D1722671

Körner/Patzak/Volkmer

Betäubungsmittelgesetz
Arzneimittelgesetz · Grundstoffüberwachungsgesetz

www.beck.de

ISBN 978 3 406 62465 0

Beck'sche Kurz-Kommentare

Band 37

Betäubungsmittelgesetz
Arzneimittelgesetz
Grundstoffüberwachungsgesetz

Begründet von

Dr. Harald Hans Körner
Oberstaatsanwalt a. D.

Fortgeführt von

Jörn Patzak
Staatsanwalt in Trier

Dr. Mathias Volkmer
Staatsanwalt, z. Z. Wissenschaftlicher Mitarbeiter beim
Generalbundesanwalt in Karlsruhe

7., neu bearbeitete Auflage

Verlag C. H. Beck München 2012

Vorwort zur 7. Auflage

I. Vorwort von Jörn Patzak

Es ist eine große Ehre für mich, den „*Körner*", also **den** BtMG-Kommentar schlechthin, zusammen mit Herrn *Dr. Mathias Volkmer* fortführen zu dürfen. Die Übernahme dieses Werks stellt eine enorme Herausforderung dar, da es nun unsere Aufgabe ist, die bekanntermaßen hohe Qualität des „*Körner*" beizubehalten. Um dem gerecht zu werden, haben *Dr. Mathias Volkmer* und ich uns die Kommentierung entsprechend unserer Neigung und Kenntnisse aufgeteilt. Ich bin im Wesentlichen für die Bearbeitung der betäubungsmittelrechtlichen Vorschriften zuständig in der Hoffnung, meine Kenntnisse aus meiner langjährigen Tätigkeit als Betäubungsmitteldezernent bei der *Staatsanwaltschaft Trier* mit engem Grenzbezug zu den Niederlanden in das Werk einfließen lassen zu können. Das Betäubungsmittelrecht ist für mich nicht nur mein berufliches Betätigungsfeld, sondern eine Herzensangelegenheit!

Oberste Prämisse bei der Neuauflage des „*Körner*" war für uns, das Werk praxistauglich zu gestalten, wobei wir besonderen Wert auf Übersichtlichkeit und gute Lesbarkeit gelegt haben. Dazu haben wir ein neues Gliederungs- und Randnummernsystem eingeführt. Die Kommentierung der Vorschriften ist nun fast durchgehend wie folgt aufgeteilt (mit kleinen Abweichungen abhängig von der jeweils zu kommentierenden Vorschrift): A. Historie/Zweck der Vorschrift, B. Fallzahlen, C. Objektiver Tatbestand, D. Erscheinungsformen, E. Subjektiver Tatbestand, F. Rechtswidrigkeit/Schuld, G. Versuch, H. Täterschaft/Teilnahme, I. Rechtsfolgen, J. Konkurrenzen, K. Verfahren. Um zu verhindern, dass es wie bei der Vorauflage zu Randnummern von über 2000 kommt, haben wir § 29 in Teile untergliedert, z.B. Teil 2 für den Anbau oder Teil 4 für das Handeltreiben, in denen die Randnummerzitierung von Neuem beginnt (zukünftig wird daher beispielsweise wie folgt zitiert: § 29/Teil 4, Rn. 5). Anders als im „*Körner*" bisher üblich, haben wir uns bei der Nennung von Rechtsprechungsfundstellen auf eine überschaubare Anzahl beschränkt und zitieren — wenn möglich — veröffentlichte Entscheidungen lediglich unter Hinweis auf die Fundstelle (ohne Entscheidungsdatum und Aktenzeichen). Aus Gründen der Übersichtlichkeit haben wir zudem ein neues Kapitel „Stoffe" eingeführt, in dem unter Teil 1 die Betäubungsmittel, unter Teil 2 die Arzneimittel und unter Teil 3 die Grundstoffe aufgeführt sind. Um die Suche nach den einzelnen Betäubungsmitteln zu vereinfachen, erfolgte die Unterteilung in Stoffe/Teil 1 nach pharmakologischen Gesichtspunkten, der nun wie folgt gegliedert ist: Kap. 1 – Vorbemerkungen, Kap. 2 – Cannabis-Produkte und Cannabinoide, Kap. 3 – Kokain-Produkte und Tropanalkaloide, Kap. 4 – Opium-Produkte und Opioide, Kap. 5 – Stark wirksame Analgetika mit Nicht-Opiod-Struktur, Kap. 6 – Amphetamin und seine Derivate, Kap. 7 – Methaqualon-Derivate, Kap. 8 – Piperazin-Derivate, Kap. 9 – Piperidin-/Pyrrolidin-Derivate, Kap. 10 – Alkylindol-Gruppe, Kap. 11 – Barbiturate, Kap. 12 – Benzodiazepine und Kap. 13 – Diverse. Bei der Gliederung dieses Teils konnte ich auf die fachkundige Beratung von Herrn *Dr. Rainer Dahlenburg*, Pharmakologe beim *BKA*, zurückgreifen: hierfür vielen Dank! Mein Dank gilt auch Frau Dr. *Sabine Goldhausen* und Herrn *Dr. Siegfried Zörntlein*, jeweils Chemiker beim *LKA Rheinland-Pfalz*, die mir insbesondere bei den Fragestellungen zu Cannabis und den „Legal Highs" mit Rat und Tat zur Seite standen.

Bei der Neuauflage des „*Körner*" habe ich mich neben der Neugliederung auf die gründliche Überarbeitung der Kommentierung und die Einarbeitung der aktuellen Rechtsprechung konzentriert. Besondere Schwerpunkte habe ich im Teil „Drogen im Straßenverkehr" (den ich aus systematischen Gründen in Vorbem. §§ 29 ff. BtMG eingegliedert habe), bei der leichtfertigen Todesverursachung nach

Vorwort

§ 30 Abs. 1 Nr. 3 BtMG, beim Waffenhandel mit nicht geringen Mengen nach § 30a Abs. 2 Nr. 2 BtMG, bei der Aufklärungs- und Präventionshilfe nach § 31 BtMG und im Stoffteil bei Cannabis sowie den sog. „Legal Highs" (Stichwort: „Spice") gesetzt. Neu ist ein Kapitel zur Rechtslage im Ausland (Niederlande/ Österreich/Tschechische Republik), die Darstellung der Inhalte der Richtlinien der Bundesländer zu § 31a BtMG (mit Ausnahme von Sachsen, da ich hier keine Informationen erhalten konnte) und eine Zusammenstellung der Fallzahlen aus der Polizeilichen Kriminalstatistik sowie der Strafverfolgungsstatistik bei den einzelnen Strafvorschriften. Folgende Gesetzesänderungen seit Erscheinen der 6. Auflage habe ich eingearbeitet: das Gesetz zur diamorphingestützten Substitutionsbehandlung vom 15. 7. 2009 mit Einführung von § 29 Abs. 1 S. 1 Nr. 7 lit. b BtMG, das Gesetz zur Änderung arzneimittelrechtlicher und anderer Vorschriften v. 17. 7. 2009, das 43. StRÄndG v. 29. 7. 2009 mit Einführung von § 46b StGB und Anpassung des § 31 BtMG, das Arzneimittelmarktneuordnungsgesetz vom 22. 12. 2010 mit Änderung der §§ 12 und 19 BtMG und fünf Betäubungsmittelrechts-Änderungsverordnungen, nämlich die 21. BtMÄndV v. 18. 2. 2008, die 22. BtMÄndV v. 19. 1. 2009, die 23. BtMÄndV v. 19. 3. 2009, die 24. BtMÄndV v. 18. 12. 2009 und die 25. BtMÄndV v. 11. 5. 2011.

Neben den bereits genannten Naturwissenschaftlern möchte ich mich an dieser Stelle auch bei folgenden Personen für ihren fachkundigen Rat bedanken: Frau *Daniele Weymar,* Staatsanwältin bei der *Staatsanwaltschaft Maastricht,* Herrn *Anton Klas,* Führerscheinstelle bei der *Kreisverwaltung Bernkastel-Wittlich,* Herrn Rechtsanwalt *Dennis Lehnert* (für seine wertvolle Recherchearbeit) und Frau *Nadja Wirth,* Koordinationsstelle Sucht beim *LWL Westfalen-Lippe* (von der ich Vieles über suchtpräventive Ansätze erfahren konnte). Ferner gilt mein Dank den Bediensteten des *Zollfahndungsamts Frankfurt am Main,* Dienstsitz Kaiserslautern, und der *Kriminalinspektion Wittlich,* stellvertretend den Leitern ZOAR *Robert Cadet* und KHK *Bernd Rehm,* von denen ich alles über die Verfolgung von Betäubungsmitteldelikten lernen durfte. Dies gilt besonders für ZI *Wolfgang Schmitz,* mit dem ich einerseits einige Drogenringe zerschlagen, andererseits aber auch vielen Abhängigen den Weg aus dem Teufelskreis der Sucht ebnen konnte. Bekanntermaßen erfordert das Betäubungsmittelrecht nicht nur vertiefte juristische Kenntnisse, sondern setzt beim Anwender auch fachübergreifendes Wissen voraus. Durch die Unterstützung der genannten Personen hoffe ich vielfältiges Fachwissen in den Kommentar einbringen zu können.

Zum Schluss möchte ich auch meinem Lektor, Herrn *Andreas Harm,* für die hervorragende Zusammenarbeit danken. Mein herzlichster Dank aber gilt meiner Frau, Richterin am Amtsgericht *Marion Patzak,* für ihre unermüdliche Korrekturarbeit.

Damit bleibt mir nur zu hoffen, dass wir unser Ziel erreichen, den Leser mit der 7. Auflage des *„Körner"* wie gewohnt zufrieden zu stellen, und dass wir uns als würdige Nachfolger von Herrn Dr. *Harald Hans Körner* präsentieren werden.

Trier, September 2011   *Jörn Patzak*

E-Mail: joern.patzak@betaeubungsmittelrecht.info
Internet: www.betaeubungsmittelrecht.info

II. Vorwort von Mathias Volkmer

Gewohnheit stören,
Heißt alles stören.

./.

Ein Schritt aus dem Gewohnten,
merk' ich wohl, er zieht unhaltsam hin
auf neue Bahnen

(SHAKESPEARE – 1610)

(GRILLPARZER – 1848)

Heerscharen von Juristen schätzen *den Körner* seit Jahren als einen unverzichtbaren Begleiter im beruflichen Alltag, sind mit Aufbau und Stuktur vertraut und finden deshalb jede gesuchte Information sprichwörtlich im Handumdrehen. Die hinter uns liegende Arbeit an der 7. Auflage des Kommentars stand daher stets unter der Vorgabe, trotz aller wissenschaftlichen Begeisterung und Schaffenslust Altbewährtes nicht mit allzu flinker Feder zu verwerfen und das unverkennbare Gesicht *des Körner* – ungeachtet der Vielzahl neu aufzunehmender Informationen – in seinen Wesenszügen zu erhalten. Wir hoffen sehr, dass uns diese Gratwanderung gelungen ist.

Anlass zur Überarbeitung gab es reichlich: Neben der neu aufgenommenen Kommentierung zum Grundstoffüberwachungsgesetz (GÜG) – *der Körner* enthält nun eine vollständige Kommentierung des nationalen Rechts der psychotropen Substanzen – waren auch im Recht der Arzneimittel vielfältige Änderungen einzupflegen. Berücksichtigung fanden neben zahlreichen Entscheidungen der obergerichtlichen Rechtsprechung u. a. das Gesetz zur Änderung arzneimittelrechtlicher und anderer Vorschriften vom 17. Juli 2009, die Verordnung zur Bestimmung von Dopingmitteln und Festlegung der nicht geringen Mengen vom 28. September 2009 sowie das Gesetz zur Neuordnung des Arzneimittelmarktes in der gesetzlichen Krankenversicherung vom 22. Dezember 2010. Der Aufbau der Kommentierung ist grundlegend überarbeitet und inhaltlich in großen Teilen erweitert worden: Der Rechtsanwender wird den Einstieg in die Lösung arzneimittel(straf)rechtlicher Fragestellungen künftig regelmäßig über die im 2. Kapitel der Vorbemerkungen zum AMG enthaltenen Erläuterungen zum Arzneimittelbegriff nach § 2 AMG finden. Die Kommentierung der einschlägigen Tathandlungen findet sich nunmehr unter den einzelnen Tatbeständen. Neu aufgenommen wurde ein Kapitel zur Haftung für Arzneimittelschäden (Vorbemerkungen, Kapitel 3). Anmerkungen zu ausgewählten Phänomenen des Arzneimittelstrafrechts (etwa zum Doping im Sport, zum Pharma-Marketing, zum Versandhandel mit Arzneimitteln, zur rechtlichen Einstufung von psychoaktiven Pflanzen sowie zum unerlaubten Umgang mit Giften) finden sich im anschließenden Kapitel 4. Wesentliches Augenmerk wurde – unter dem Gesichtspunkt der Praxistauglichkeit – darauf gelegt, einschlägige Stoff- und Merkmalskataloge, in Bezug genommene supranationale Rechtsnormen sowie sonstige Vorgaben unmittelbar in die Erläuterungen zu den jeweiligen Tatbeständen aufzunehmen. Häufig wird sich hierdurch die – zuweilen nicht ganz simple und im Einzelfall zeitaufwendige – Suche nach tatbestandsrelevanten externen Bestimmungen zunächst erübrigen.

Mein Dank gilt neben den von meinem geschätzten Koautor und BtMG-Experten *Jörn Patzak* erwähnten Personen ganz besonders unserem Lektor Herrn *Andreas Harm*, darüber hinaus allen, die mir ihr Vertrauen geschenkt und die durch ihre vorbehaltlose Unterstützung wesentlich zur Fertigstellung der Arbeiten beigetragen haben. In erster Linie gebührt Dank jedoch meiner Familie für ihr unermessliches Verständnis und ihre Geduld.

Abschließend sei mir die Bitte an die Leser gestattet, mit (konstruktiver) Kritik und Anregung nicht hinter dem Berg zu halten. Für Hinweise auf aktuelle (vor allem unveröffentlichte) Entscheidungen danke ich Ihnen im Voraus!

Bitterfeld, September 2011

Dr. Mathias Volkmer

E-Mail: mathias.volkmer@arzneimittel-strafrecht.info
Internet: www.arzneimittel-strafrecht.info

Inhaltsübersicht

Inhaltsübersicht

Inhalt

Einleitung

Kommentar zum
Gesetz über den Verkehr mit Betäubungsmitteln
(BtMG)

Inhalt

Inhalt

Inhalt

Gesetz über den Verkehr mit Arzneimitteln (Arzneimittelgesetz – AMG)

Inhalt

Gesetz zur Überwachung des Verkehrs mit Grundstoffen, die für die unerlaubte Herstellung von Betäubungsmitteln missbraucht werden können (Grundstoffüberwachungsgesetz – GÜG)

Stoffe

Inhalt

Inhalt

Abkürzungen

Abkürzungen

Abkürzungen

DÄrztBl	Deutsches Ärzteblatt
DAR	Deutsches Autorecht (Zeitschrift)
DAZ	Deutsche Apothekerzeitung
DEA	Drug Enforcement Agency – Drogenfahndungsdienst der Vereinigten Staaten
DGH	Drogengerichtshilfe
DHS	Deutsche Hauptstelle für Suchtgefahren
d. h.	das heißt
ders.	derselbe
dies.	dieselben
Diss.	Dissertation
DJ	Deutsche Justiz (Zeitschrift)
DJZ	Deutsche Juristenzeitung (Zeitschrift)
DMW	Deutsche Medizinische Wochenschrift
DOM	Dimethoxymethylamphetamin
DÖV	Die öffentl Verwaltung = Zeitschrift
DR	Deutsches Recht (Zeitschrift)
DRiZ	Deutsche Richterzeitung
Drogalkohol	Zeitschrift
DrogenR	Drogen Report (Zeitschrift)
Drs.	Drucksache
DStrZ	Deutsche Strafrechtszeitung
Dtsch ApothZ (DAZ)	Deutsche Apotheker Zeitung
Dtsch Med Wschr (DMW)	Deutsche Medizinische Wochenschrift
DVBl.	Deutsches Verwaltungsblatt
DVO	Durchführungsverordnung
Entw.	Entwurf
EDU	European Drug Unit
EG	Einführungsgesetz
EG	Europäische Gemeinschaft
EGGVG	Einführungsgesetz zum Gerichtsverfassungsgesetz
EGMR	Europäischer Gerichtshof für Menschenrechte
Einf.	Einführung
Einl.	Einleitung
EKMR	Europäische Kommission für Menschenrechte
EMRK	Europäische Menschenrechtskonvention
Entsch.	Entscheidung
Entw.	Entwurf
EU	Europäische Union
EuGH	Gerichtshof der Europäischen Gemeinschaften
EuGRZ	Europäische Grundrechte (Zeitschrift)
EUROPOL	Europäisches Polizeiamt
FA	Führungsaufsicht
FamRZ	Zeitschrift für das gesamte Familienrecht
FATF	Financial Action Task Force on Money Laundering
FAZ	Frankfurter Allgemeine Zeitung
FE	Fahrerlaubnis
Fn.	Fußnote
FR	Frankfurter Rundschau
Fschr	Festschrift
g	Gramm
GA	Goltdammer's Archiv für Strafrecht
GBA	Generalbundesanwalt

Abkürzungen

Ges.	Gesetz
GStA	Generalstaatsanwaltschaft
GG	Grundgesetz
Ggf.	gegebenenfalls
GjS	Gesetz über die Verbreitung jugendgefährdender Schriften
GMBl.	Gemeinsames Ministerialblatt
GrüLi	Grüne Liste für Lebensmittel
GRUR	Gewerblicher Rechtsschutz und Urheberrecht (Zeitschrift)
GS	Gesetzessammlung
GÜG	Grundstoffüberwachungsgesetz
GVBl	Gesetz- und Verordnungsblatt
GVG	Gerichtsverfassungsgesetz
GWG	Geldwäschegesetz
h	Stunden
Hamb. Ärztebl	Hamburger Ärzteblatt (Zeitschrift)
HbBtMR	Kreuzer, Handbuch des Betäubungsmittelstrafrechts
HessÄrztBl. St	Hessisches Ärzteblatt (Zeitschrift)
Hess VGH	Hessischer Verwaltungsgerichtshof
HGB	Handelsgesetzbuch
h. L.	herrschende Lehre
h. M.	herrschende Meinung
HmbStVollzG	Hamburgisches Strafvollzugsgesetz
HRRS	Online-Zeitschrift für Höchstrichterliche Rspr. im Strafrecht
HStVollzG	Hessisches Gesetz über den Vollzug der Freiheitsstrafe und der Sicherungsverwahrung
HWG	Heilmittelwerbegesetz
HZA	Hauptzollamt
i. d. F.	in der Fassung
i. d. R.	in der Regel
i. Erg.	im Ergebnis
i. e. S.	im engeren Sinne
IKPO	Internationale kriminalpolizeiliche Organisation
IMK	Innenministerkonferenz
INCB	International Narcotic Control Board
Int	Der Internist (Zeitschrift)
IP	International Politik (Zeitschrift)
IRG	Gesetz über die Internationale Rechtshilfe in Strafsachen
i. S.	im Sinne
i. V. m.	in Verbindung mit
i. w. S.	im weiten Sinne
JA	Justistische Arbeitsblätter (Zeitschrift)
JAMA	Journal of the American Medical Association
JAT	Journal of Analytical Toxicology
JGG	Jugendgerichtsgesetz
JBSuchtg	Jahrbuch Suchtgefahren
JOFS	Journal of Forensic Sciences
JMBl	Justizministerialblatt
JR	Juristische Rundschau (Zeitschrift)
JugendW	Jugendwohl (Zeitschrift)
JuS	Juristische Schulung (Zeitschrift)

Abkürzungen

JVA	Justizvollzugsanstalt
JW	Juristische Wochenschrift (Zeitschrift)
JZ	Juristische Zeitung (Zeitschrift)
KE	Konsumeinheit
KG	Kammergericht Berlin
kg	Kilogramm
KK	Karlsruher Kommentar
Komm.	Kommentar
KP	Kriminalpolizei
KR	Kriminalistik, Zeitschrift für die gesamte kriminalistische Wissenschaft und Praxis
Krim	Kriminalist (Zeitschrift)
KrimJ	Kriminologisches Journal
krit.	kritisch
KritJ	Kritische Justiz (Zeitschrift)
KritV	Kritische Vierteljahreschrift für Gesetzgebung und Rechtswissenchaft (Zeitschrift)
LFGB	Lebensmittel- und Futtermittelgesetzbuch
LG	Landgericht
lit.	Litera
Lit.	Literatur
LK	Leipziger Kommentar
LKA	Landeskriminalamt
LM	Lindenmaier-Möhring, Nachschlagewerk für Entscheidungen des Bundesgerichtshofes
LMBG	Lebensmittel- und Bedarfsgegenständegesetz
LMKV	Lebensmittel-Kennzeichnungs-Verordnung
LS	Leitsatz
LSD	Lysergid
LZ	Leipziger Zeitschrift
m	Meter
MBl.	Ministerialblatt
MDR	Monatsschrift für Deutsches Recht
m. E.	meines Erachtens
MedKlin	Medizinische Klinik (Zeitschrift)
MedR	Medizin in Recht und Ethik (Zeitschrift)
Med Trib	Medical Tribune (Zeitschrift)
Med Welt	Die Medizinische Welt (Zeitschrift)
mg	Milligramm
Münch Med Wsch (MMW)	Münchner Medizinische Wochenschrift (Zeitschrift)
MPU	Medizinisch-Psychologische Untersuchung
MRK	Menschenrechtskonvention
MSchrKrim	Monatsschrift für Kriminologie und Strafrechtsreform
MSchrKrimPsych	Monatsschrift für Kriminalpsychologie und Strafrechtsreform
m. w. N.	mit weiteren Nachweisen
NdsRpfl	Niedersächsische Rechtspflege (Zeitschrift)
NemV	Nahrungsergänzungsmittel-Verordnung
NervA	Der Nervenarzt (Zeitschrift)
Neurol Psychiat	Zeitschrift für Neurologie und Psychiatrie
n. F.	neue Fassung
NIDA	National Institute of Drug Abuse

Abkürzungen

Abkürzungen

Abkürzungen

Literaturverzeichnis

Achtelik, Olaf Christoph (Hrsg.)
Risikoorientierte Geldwäschebekämpfung, Praktikerhandbuch auf Basis des neuen Geldwäschegesetzes (GwG) 2008.

Ackermann, Jürg-Beat
Geldwäscherei, Eine vergleichende Darstellung des Rechts und der Erscheinungsformen in den USA und der Schweiz = Money laundering, 1992.

Adams, Manfred/Eberth, Alexander
Die Therapievorschriften des BtMG in der Praxis, NStZ 1983, 193.

Adams, Manfred/Gerhardt, Bernd-Peter
Die Berücksichtigung der Behandlungsbedürftigkeit von Drogenabhängigen im Rahmen des Ermittlungs-, Erkenntnis- und Vollstreckungsverfahrens, NStZ 1981, 241.

Aden, Anneke/Stolle, Martin/Thomasius, Rainer
Cannabisbezogene Störungen bei Jugendlichen und jungen Erwachsenen, Sucht 2011, 215.

Albrecht, Hans-Jörg
Drogenpolitik und Drogenstrafrecht, BewHi 1993, 5.

Allmers, Volker
Entkriminalisierung der Betäubungsmittelkonsumenten, ZRP 1991, 41.

Alzen, G./Banning, St./Günther, R.
Sonographische Nachweisbarkeit von Betäubungsmittelbehältnissen im Gastrointestinaltrakt, RöFo 1987, 544.

Altvater, Gerhard
Das 34. Strafrechtsänderungsgesetz – § 129 b StGB, NStZ 2003, 179

Ambos, Kai
Drogenkrieg in den Anden, Rahmenbedingungen und Wirksamkeit der Drogenpolitik in den Anbauländern mit Alternativen, 1992.

Ambos, Kai
Recht auf Rausch, Anmerkungen zu den Entscheidungen des zweiten Senats des BVerfG vom 9. 3. 1994 und des kolumbianischen Verfassungsgerichts vom 5. 5. 1994, MschrKrim 1995, 47.

Amelung, Knut/Wirth, Stefan
Die Rechtsprechung des BVerfG seit 1990 zum Schutz der materiellen Grundrechte im Strafverfahren, StV 2002, 161.

Arzt, Günther
Geldwäsche und rechtsstaatlicher Verfall, JZ 1993, 913.

Aulinger, Susanne
Rechtsvergleich und Rechtswirklichkeit bei der Strafverfolgung von Drogenkonsumenten, Die Anwendung von § 31 a BtMG im Kontext anderer Einstellungsvorschriften, 1997.

Baale, Jochen
Der Besitzwille im Betäubungsmittelrecht, NStZ 1987, 214.

Bach, Florian
Arrest bei mehreren Tatbeteiligten, StV 2006, 446.

Backmann, Ben
Versand frei für Tierarzneimittel, PharmR 2010, 377.

Bader, Thomas
Für und Wider von Methadon beim Namen genannt, DrogenR 1990, 9.

Bälz, Kilian Rudolf
Isalmisches Kreditwesen: Religion, Wirtschaft und Recht im Islam, ZVglRWiss 2010, 272.

Literatur

Barreto da Rosa, Steffen
Gesamtschuldnerische Haftung bei der Vermögensabschöpfung, NJW 2009, 1702.

Barton, Stephan
Sozial übliche Geschäftstätigkeit und Geldwäsche (§ 261 StGB), StV 1993, 156.

Basdorf, Clemens/Schneider, Ursula/König, Peter
Zum Umgang des Revisionsgerichts mit § 64 StGB, in: Bernsmann, Klaus/Fischer, Thomas/Rissing-van Saan, Ruth (Hrsg.), Festschrift für Ruth Rissing-van Saan zum 65. Geburtstag am 25. Januar 2011, Berlin 2011, S. 59.

Bastigkeit, Matthias
Rauschgifte, 1. Auflage, 2003.

Bathsteen, Michael/Legge, Ingeborg
Substitutionsprogramme mit Methadon, Kriminalistik 2001, 236.

Becker, Christian/Meinicke, Dirk
Die sog. Quellen-TKÜ und die StPO, StV 2011, 50.

Beiter, T./Zimmermann, M./Fragasso, A./Hudemann, J./Niess, A.M./Bitzer, M./Lauer, U.M./Simon, P.
Direct and long-term detection of gene doping in conventional blood samples, Gene Therapy 2010, 1.

Bensch, Andreas
Der Begriff des „Handeltreibens" im Betäubungsmittelgesetz, 2005.

Bernsmann, Klaus
Geldwäsche (§ 261 StGB) und Vortatkonkretisierung, StV 1998, 46.

Berr, Wolfgang/Krause, Martin/Sachs, Hans/Berr-Krause-Sachs
Drogen im Straßenverkehrsrecht, 2007 (zitiert: *Berr/Krause/Sachs*).

Beutgen, Monika
Kräuter- und Früchtetees: eine Produktgruppe auf der Suche nach ihrer rechtlichen Identität, in: Hagenmeyer, Moritz/Welsch, Michael (Hrsg.), Festschrift für Michael Welsch, 1. Aufl., Hamburg 2010.

Bilsdorfer, Peter
Klarere Strafzumessungsregeln bei Steuerhinterziehung, NJW 2009, 476.

Birkholz, M./Kropp, St./Bleich, St./Klatt, A./Ritter, E.
Exkorporation von Betäubungsmitteln, Kriminalistik 1997, 277.

Bittmann, Folker
Telefonüberwachung im Steuerstrafrecht und Steuerhinterziehung als Vortat der Geldwäsche seit dem 1. 1. 2008, wistra 2010, 125.

Bochnik, H.J.
Suchtbehandlung oder Suchtförderung durch Drogenfreigabe, HessÄrztBl. 1992, 446.

Böhm, Klaus Michael
Das neue Europäische Haftbefehlsgesetz, NJW 2006, 2592.

Böllinger, Lorenz
Gesundheitsvorsorge für Fixer strafbar?, JA 1991, 292.

Böllinger, Lorenz
Strafrecht, Drogenpolitik und Verfassung, KritV 1991, 393.

Böllinger, Lorenz
Grenzenloses symbolisches Strafrecht, KritJ 1994, 405.

Böllinger, Lorenz
Der Kampf um Cannabis als Medizin, KrimJ 2007, 42.

Bölter, Herbert
Ist der Betrieb von Fixerstuben wirklich straflos?, Eine Erwiderung auf Professor Dr. Hoffmann-Riem (NStZ 1998, 7 ff.), NStZ 1998, 224.

Bönke, Detlef Otto
Die neue Bußgeldvorschrift gegen Drogen im Straßenverkehr (§ 24a Abs. 2 StVG), NZV 1998, 393.

Bopp, Thomas/Holzapfel, Henrik
Inverkehrbringen nicht zugelassener Arzneimittel, PharmR 2006, 87.

Literatur

Bossong, Horst/Stöver, Heino
  Methadonbehandlung, 1992.
Bovens, Michael/Bernhard, Werner
  Reinheitsgehalte von Heroin-, Cocain- und Cannabissicherstellungen in der
  Schweiz im Jahre 2002, Kriminalistik 2003, 313.
Braum, Stefan
  Europäische Strafgesetzlichkeit, 2003.
Brause, Hans Peter
  Zur Beweiswürdigungsproblematik in Freispruchsfällen, NStZ-RR 2010, 329.
Bray, Jeremy/Zarkin, Gary/Ringwalt, Chris/Qi, Junfeng
  The relationship between marijuana initation and dropping out of high school,
  Health Economics 2000, 9.
Breimann, Albert
  Ärzte dürfen nicht länger von der Justiz verfolgt werden, DrogenR 1991, 48.
Briellmann, Thomas/Dussy, Franz/Scherzmann, Thomas/Dittmann, Volker
  Cocain und Heroin auf Banknoten, Kriminalistik 2001, 113.
Brink, Ulrich/Schmidt, Karsten
  Münchener Kommentar zum Handelsgesetzbuch, 2. Auflage, 2009 (zitiert: MK-
  HGB/Bearbeiter)
Brixius, Kerstin
  Grenzen für geldwerte Zuwendungen auf verschreibungspflichtige Arzneimittel
  nach den „Bonus-Taler". Entscheidungen des BGH, (zugleich Anmerkung zu
  BGH, U. v. 9. 9. 2010 – I ZR 98/08, I ZR 26/09, I ZR 125/08 –), GRUR-
  Prax 2010, 497.
Brockhaus, Matthias/Dann, Matthias/Teubner, Patrick/Tsambikakis, Michael
  Im Auftrag der Krankenkasse – Der Vertragsarzt im Wettbewerb – zugleich
  eine Anmerkung zu OLG Braunschweig, wistra 2010, 234, wistra 2010,
  418.
Brook, Judith/Balka, Elinor/Whiteman, Martin
  The Risk for Late Adolescence of Early Adolescent Marijuana Use, AJPH 1999,
  1549.
Bruggmann, Thomas
  Haut- und Händedesinfektionsmittel: Abschied vom Arzneimittel-Dogma,
  PharmR 2010, 97.
Bublitz, Jan Christoph
  Doping-Kontrollen im Staatsexamen? Über leistungssteigernde Substanzen und
  Chancengleichheit in Prüfungen, ZJS 2010, 306.
Buermeyer, Ulf/Bäcker, Matthias
  Zur Rechtswidrigkeit der Quellen-Telekommunikationsüberwachung auf
  Grundlage des § 100 a StPO, HRRS 2009, 433.
Burmann, Michael/Heß, Rainer/Jahnke, Jürgen/Janker, Helmut
  Straßenverkehrsrecht, Kommentar, 21. Auflage, 2010 (zitiert: Burmann/Heß/
  Jahnke/Janker).
Busch/v. Gräfe/Hufeland/Link/Müller
  Encyclopädisches Wörterbuch der medicinischen Wissenschaften, Bd. 14,
  1836.
Buschmann, Claas/Foißner, Christine/Schmidt, Volker/Herre, Sieglinde/Tsokos, Michael
  Letale Kokainintoxikation eines Bodypackers, Kriminalistik 2009, 480.
Cassardt, Gunnar
  Zur Feststellung der nicht geringen Menge im Betäubungsmittelstrafrecht, NStZ
  1995, 327.
Cebulla, Mario
  Gegenstand der Geldwäsche, wistra 1999, 281.
Czettritz, Peter von/Strelow, Tanja
  Das VG Köln, die Zweifelsfallregelung und die Abgrenzung von Medizinpro-
  dukten zu Arzneimitteln, zugleich Anmerkung zu VG Köln v. 14. 10. 2009 –
  24 K 4394 –, MPR 2010, 1.

Literatur

Dähne, Harald
Klinische Prüfung mit Betäubungsmitteln, Ein Beitrag zur Deregulierung im Arzneimittelrecht, MedR 2003, 547.

Dahm, Joachim/Hamacher, Rolfjosef
Geldwäschebekämpfung und strafrechtliche Verfahrensgarantien, wistra 1995, 206.

Daldrup, Thomas
Naturwissenschaftliche Grundlagen der Fahrlässigkeit – Zeitspanne der Nachweisbarkeit – Zuverlässigkeit von Drogenvortests, Blutalkohol 2011, 72.

Dallmeyer, Jens
Verletzt der zwangsweise Brechmitteleinsatz gegen Beschuldigte deren Persönlichkeitsrechte?, StV 1997, 606.

Dannecker, Gerhard
Korruption durch Zuwendung finanzieller Leistungen an Ärzte – zugleich eine Anmerkung zur Entscheidung des OLG Braunschweig vom 23. 2. 2010, GesR 2010, 281.

de Boor, Wolfgang/Frisch, Wolfgang/Rode, Irmgard
Entkriminalisierung im Drogenbereich?, 1991.

Delewski, Mark
Nahrungsergänzungsmittel am Scheideweg, in: Hagenmeyer, Moritz/Welsch, Michael (Hrsg.), Festschrift für Michael Welsch, 1. Auflage, 2010.

Dencker, Friedrich
Strafrecht und Aids – Strafprozesse gegen Sterbende, StV 1992, 125.

Derksen, Roland
Die Hinterlegung einer Anleitung zur Herstellung von Sprengstoffen in einer Mailbox – ein strafbarer Verstoß gegen das Waffengesetz?, NJW 1998, 3760.

Dettling, Heinz-Uwe
Anwendungsfähigkeit als Arzneimitteleigenschaft – Ein Beitrag zur Abgrenzung von Ausgangsstoffen und Arzneimitteln, PharmR 2003, 79.

Dettling, Heinz-Uwe
Schlussanträge in Sachen DocMorris – Generalanwältin contra EuGH, Handelsware contra Heilmittel, PharmR 2003, 194.

Dettling, Heinz-Uwe/Kieser, Timo/Ulshöfer, Matthias
Zytostatikaversorgung nach der AMG-Novelle (Teil 2), PharmR 2009, 546.

Dettling, Heinz-Uwe/Koppe-Zagouras, Christina
Antiinfektiva und Desinfektiva: Arzneimittel, Medizinprodukte, Biozide oder Kosmetika? – Beispiel Chlorhexidin-Produkte –, PharmR 2010, 152.

Dettling, Heinz-Uwe/Lenz, Christofer
Der pharmazeutische Unternehmer beim Mitvertrieb von Arzneimitteln – Zugleich Anmerkung zum Urteil des Oberverwaltungsgerichts Berlin vom 16. August 2001 – OVG 5 B 3.00, PharmR 2002, 96.

Dettmeyer, Reinhard/Musshoff, Frank/Madea, Burkhard
Die zwangsweise Verabreichung von Vomitmitteln als ärztlicher Eingriff gem. § 81 a Abs. 1 StPO, MedR 2000, 316.

Deutsch, Erwin/Lippert, Hans-Dieter
Kommentar zum Arzneimittelgesetz (AMG), 3. Auflage, 2011.

Dieners, Peter
Niedergelassene Vertragsärzte als „Beauftragte der Krankenkassen"?: von der Überdehnung eines Straftatbestandes, PharmR 2010, 613.

Dieners, Peter/Reese, Ulrich/Anhalt, Ehrhard
Handbuch des Pharmarechts, Grundlagen und Praxis, München 2010 (zitiert: Dieners/Reese).

Dierlamm, Alfred
Geldwäsche und Steuerhinterziehung als Vortat – Die Quadratur des Kreises, in: Hiebl, Stefan/Kassebohm, Nils/Lilie, Hans u. a. (Hrsg.), Festschrift für Volkmar Mehle, Zum 65. Geburtstag am 11. 11. 2009, 1. Auflage, 2009, S. 177.

Dierlamm, Alfred/Krey, Volker
Gewinnabschöpfung und Geldwäsche, JR 1992, 353.

Literatur

Dietel, Moritz / Guttau, Thomas
Betrügt ein Apotheker die gesetzlichen Krankenkassen, wenn er Rabatte nicht weitergibt?, PharmR 2010, 440.

Eberbach, Wolfram
Einziehung und Verfall beim illegalen Betäubungsmittelhandel – Eine Untersuchung anhand von Fällen, NStZ 1985, 294.

Eberbach, Wolfram
Zwischen Sanktion und Prävention – Möglichkeiten der Gewinnabschöpfung nach dem StGB, NStZ 1987, 486.

Ebert, Christoph
Das Handeltreiben mit Betäubungsmitteln im Sinne von § 29 I 1 Nr. 1 BtMG, Die Auslegung des Begriffes „Handeltreiben" mit Betäubungsmitteln, dargestellt an der Strafbarkeit des Versuches, 1997.

Eckardt
Erythropoiethin, Karriere eines Hormons, DÄBl. 1989, 245.

Eggerts, Olaf / Klümper, Mathias
Die Strafbarkeit niedergelassener Ärzte gemäß § 299 StGB, Was ändert sich auf Grund des Beschlusses des OLG Braunschweig, A&R 2010, 211.

Eichholz, Rainer
Die Bedeutung der arzneimittelrechtlichen Produkthaftung für das Blutspenden und den Vertrieb von Blutkonserven, NJW 1991, 732.

Eikermann, Erika
Heilkundige Frauen und Giftmischerinnen, eine pharmaziehistorische Studie aus forensisch-toxikologischer Sicht: Darlegung einzelner Giftmordfälle aus dem 19. Jahrhundert und 20. Jahrhundert, Beschreibung der verwendeten Gifte und ihrer Geschichte, Bonn 2004.

Eisenmenger, Wolfgang
Drogen im Straßenverkehr – Neue Entwicklungen, NZV 2006, 24.

Endriß, Rainer
Das Problem der nicht geringen Menge im Betäubungsmittelrecht – Bestandsaufnahme und Aussicht –, StV 1984, 258.

Endriß, Rainer / Kinzig, Jörg
Neuralgische Punkte des Betäubungsmittelstrafrechts, NJW 2001, 3217.

Engel, Thorsten
Die Eigentumsfähigkeit und Diebstahlstauglichkeit von Betäubungsmitteln, NStZ 1991, 520.

Erbs, Georg / Kohlhaas, Max
Strafrechtliche Nebengesetze mit Straf- und Bußgeldvorschriften des Wirtschafts- und Verwaltungsrechts, Loseblattausgabe, 184. Auflage, 2011.

Erlei, Mathias
Mit dem Markt gegen Drogen?, Lösungsansätze für das Drogenproblem aus ökonomischer Sicht, 1995.

Eser, Albin / Lenckner, Theodor
Festschrift für Theodor Lenckner zum 70. Geburtstag, 1998.

Faber, Alexander
Doping als unlauterer Wettbewerb und Spielbetrug, 1974.

Feulner, Walter
Zum Giftmord und seinem Nachweis, 1983.

Fijnaut, Cyrille / De Ruyver, Brice
Für eine gemeinsame Bekämpfung der drogenbedingten Kriminalität in der Euregio Maas-Rhein, 2008.

Findeisen, Michael
„Underground Banking" in Deutschland, WM 2000, 2125.

Fischer, Benedikt / Oviedo-Joekes, Eugenia / Blanken, Peter / Haasen, Christian / Rehm, Jürgen / Schlechter, Martin T. / Strang, John / van den Brink, Wim
Heroin-assisted Treatment (HAT) a Decade Later, Journal of Urban Health 2007, 552.

Literatur

Fischer, Thomas
Drogengeschäfte in der Asservatenkammer, StV 1990, 520.

Fischer, Thomas
Anrechnung von Drogentherapien auf Freiheitsstrafen von mehr als 2 Jahren, StV 1991, 237.

Fischer, Thomas
Strafgesetzbuch und Nebengesetze, Kommentar, 58. Auflage, 2011 (zitiert: *Fischer*).

Flammann, Jens
AusZeiten: Wie reagiert man auf Doping am Arbeitsplatz?, AuA 2010, 412.

Frank, Christoph/Titz, Andrea
Die Kronzeugenregelung zwischen Legalitätsprinzip und Rechtsstaatlichkeit, ZRP 2009, 137.

Franke, Ulrich/Wienroeder, Karl
Betäubungsmittelgesetz, Kommentar, 3. Auflage, 2008 (zitiert: *Franke/Wienroeder*).

Frei, Heinz
Methadon-Bilanz: düster, SuchtR 1991, 52.

Freier, Friedrich von
Recht und Pflicht in der medizinischen Humanforschung, Zu den rechtlichen Grenzen der kontrollierten Studie, Berlin, 2009.

Freislederer, Andreas/Bautz, Werner/Schmidt, Volker
Body-Packing: Wertigkeit moderner bildgebender Verfahren zum Nachweis inkorporierter Transportmedien, ArchKrim 1988, 143.

Fried, Peter/Watkinson, Barbara/James, Deborah/Gray, Robert
Current and former marihuana use: preliminary findings of a longitudinal study of effects on IQ in young adults, CMAJ 2002, 887.

Fritschi, G./Megges, G./Rübsamen, Klaus/Steinke, Wolfgang
Empfehlungen zur „nicht geringen Menge" einiger Betäubungsmittel und Cannabisharz, NStZ 1991, 470.

Frömmel, Monika
Therapie unter dem Druck der Freiheitsstrafe, StV 1985, 389.

Fromm, Heinz
Finanzermittlungen – Ein Herzstück der OK-Bekämpfung? – Kriminalpolitische Anmerkungen zu Finanzermittlungen bei Organisierter Kriminalität – Bilanz und Forderungen, Kriminalistik 1998, 463.

Fuchs, Jörg/Götze, Elke Anna
Patientengerechte Arzneimittelinformation in Packungsbeilagen – Diskussion und Bewertung der wesentlichen Änderungen in der aktuellen „Readability Guideline", pharmind 2009, 1094.

Fuhrmann, Stefan/Klein, Bodo/Fleischfresser, Andreas
Arzneimittelrecht, Handbuch für die pharmazeutische Rechtspraxis, 2010 (zitiert: *Fuhrmann/Klein/Fleischfresser*).

Fulda, Christian B.
Die Compassionate Use-Verordnung – mehr Fragen als Antworten?, PharmR 2010, 517.

Gaede, Karsten
Verfassungswidrigkeit der gewerbsmäßigen bzw. bandenmäßigen Steuerhinterziehung (§ 370a AO), HRRS 2004, 318.

Galen, Margarete Gräfin von
Bekämpfung der Geldwäsche – Ende der Freiheit der Advokatur?, NJW 2003, 117.

Gastpar, Markus/Rösinger, Clemens
Substitutionsgestützte Behandlung der Opiatabhängigkeit, DÄrztBl. 1993, 1246.

Gawen, Mike
Illegale Drogen – Die schleichende Kapitulation einer Gesellschaft, 2. Auflage, 2009.

Literatur

Gazeas, Nikolaos / Grosse-Wilde, Thomas / Kießling, Alexandra
Die neuen Tatbestände im Staatsschutzstrafrecht – Versuch einer ersten Auslegung der §§ 89 a, 89 b und 91, NStZ 2009, 593.

Gehrmann, Ludwig
Vorbeugende Abwehr von Verkehrsgefahren durch haschischkonsumierende Kraftfahrer, NZV 1998, 457.

Geis, Mark
Tatbestandsüberschreitungen im Arztstrafrecht am Beispiel der „Beauftragtenbestechung" des Kassenarztes nach § 299 StGB, wistra 2005, 369.

Geis, Mark
Ist jeder Kassenarzt ein Amtsarzt?, wistra 2007, 361.

Geschwinde, Thomas
Rauschdrogen, Marktformen und Wirkungsweisen, 6. Auflage, 2007 (zitiert: *Geschwinde*, 2007).

Geyer, H. / Mareck-Engelke, U. / Reinhart, U. / Thevis, M. / Schänzer, W.
Positive Dopingfälle mit Norandrosteron durch verunreinigte Nahrungsergänzungsmittel, DZSM 2000, 378.

Geyer, H. / Parr M. K. / Mareck, U. / Reinhart, U. Schrader Y. / Schänzer, W.
Analysis of Non-Hormonal Nutritional Supplements for Anabolic-Androgenic Steroids, Results of an International Study, Int. J. Sports Med. 2004, 124.

Gillmeister, Ferdinand
Auslieferung und Auslieferungshaft – mit Berücksichtigung des Betäubungsmittelrechts, NJW 1991, 2245.

Glatzel, Johann
Zur Vernehmungsfähigkeit beschuldigter Drogenabhängiger, StV 1981, 191.

Glatzel, Johann
Zur Vernehmungsfähigkeit Drogenabhängiger, StV 1994, 46.

Glocker, Moritz
Die strafrechtliche Bedeutung von Doping, De lege lata und de lege ferenda, 2009.

Göhler, Erich
Ordnungswidrigkeiten, Kommentar, 15. Auflage, 2009 (zitiert: *Göhler*).

Graber, Christoph K.
Geldwäscherei, Ein Kommentar zu Art. 305bis und 305ter StGB, 1990.

Graf, Jürgen Peter (Hrsg.)
Beck'scher Onlinekommentar zur StPO, Edition 10, Stand 15. 4. 2011 (zitiert: BeckOK-StPO/*Bearbeiter*).

Graf, Jürgen Peter / Jäger, Markus / Wittig, Petra (Hrsg.)
Wirtschafts- und Steuerstrafrecht, Kommentar, 2011.

Greco, Luís
Zur Strafwürdigkeit des Selbstdopings im Leistungssport, GA 2010, 622.

Grinspoon, Lester / Bakalar, James B.
Marihuana, Die verbotene Medizin, 8. Auflage, 1997.

Groß, Anke / Soyka, Michael
Buprenorphin – ein neuer Ansatz in der Pharmakotherapie opiatabhängiger Patienten, Suchtmed 1999, 5.

Grotenhermen, Franjo / Karus, Michael
Cannabis, Straßenverkehr und Arbeitswelt, 2002.

Grotenhermen, Franjo / Reckendrees, Britta
Die Behandlung mit Cannabis und THC, Medizinische Möglichkeiten, rechtliche Lage, Rezepte, Praxistipps, 2006.

Grundmann, Stefan
Berücksichtigung ausländischer Rechtsvorstellungen im Strafrecht, NJW 1985, 1251.

Grundmann, Stefan
Nochmals: Zur Berücksichtigung ausländischer Rechtsvorstellungen im Strafrecht, NJW 1987, 2129.

Literatur

Grüner, Gerhard
Die zwangsweise Vergabe von Brechmitteln, Jus 1999, 122.

Guttmann, Jens
Die verschuldensunabhängige Arzneimittelhaftung in der Vioxx-Rechtsprechung: zugleich Besprechung des Urteils des BGH vom 16. März 2010, A&R 2010, 163.

Haasen, Christian/Vertheim, Uwe/Degkwitz, Peter/Kuhn, Silke/Hartwig, Christina/Reimer, Jens
Eine multizentrische, randomisierte, kontrollierte Therapiestudie zur diamorphingestützten Behandlung Opiatabhängiger, Sucht 2007, 268.

Haffke, Bernhard
Gesundheitsbegriff und Neokorporatismus dargestellt am Beispiel der Auseinandersetzung über die rechtliche Zulässigkeit der Substitutionsbehandlung Drogenabhängiger, MedR 1990, 243.

Hannich, Rolf (Hrsg.)
Karlsruher Kommentar zur StPO, 6. Auflage, 2008 (zitiert: KK-StPO/*Bearbeiter*)

Hansjakob, Thomas
Hanfshops – Gesundheitszenten oder Drogenumschlagplätze?, Hanfsäcklein, Hanftaler, Hanftee und Hanfsamen als Gegenstand der Strafverfolgung, Kriminalistik 1999, 273.

Harbort, Stephan
Fahrunsicherheit nach Einnahme von Benzodiazepinen, NZV 1997, 209.

Harbort, Stephan
Zum Verkehrsgefährdungs-Profil der Amphetaminderivate ("Ecstasy"), NZV 1998, 15.

Hardtung, Bernhard
Die Körperverletzungsdelikte, JuS 2008, 960.

Haring
Kriminell oder nicht kriminell: Der User, SuchtR 1991, 48.

Harnack, Erich
Das Gift in der dramaturgischen Dichtung der antiken Literatur, 1908.

Harney, Anke
Die Haftung des Pharmaherstellers beim Einzelimport und beim Compassionate Use, PharmR 2010, 18.

Harzer, Regina
Der provozierende Helfer und die Beihilfe am untauglichen Versuch, StV 1996, 336.

Hassemer, Winfried
Prävention im Strafrecht, Jus 1987, 257.

Hassemer, Winfried
Symbolisches Strafrecht und Rechtsgüterschutz, NStZ 1989, 553.

Hassemer, Winfried
Kennzeichen und Krisen des modernen Strafrechts, ZRP 1992, 378.

Hassemer, Winfried
Rauschgiftbekämpfung durch Rauschgift?, Jus 1992, 110.

Hassemer, Winfried
Entkriminalisierung im Betäubungsmittelstrafrecht, KritV 1993, 198.

Hasskarl, Horst
Rechtsfragen bei der Anwendung eines nicht zugelassenen Arzneimittels, PharmR 2010, 444.

Heckmann, Wolfgang
Drogennot- und -todesfälle, Eine differentielle Untersuchung der Prävalenz und Ätiologie der Drogenmortalität: Drogentodesfälle in Berlin, Bremen, Hamburg, Drogennotfälle in Bremen und Hamburg, 1993.

Heinemann, Antje-Katrin/Löllgen, Noëmi
Die Umsetzung der Europäischen Geweberichtlinie durch das deutsche Gewebegesetz – Neuerungen und Auswirkungen in der Praxis, PharmR 2007, 183.

Literatur

Heinz, Wolfgang
Diversion im Jugendverfahren, ZRP 1990, 7 ff.

Heintschell-Heinegg, Bernd/Joecks, Wolfgang/Miebach, Klaus
Münchener Kommentar zum StGB, Bd. 2/2 − §§ 80–184f StGB (zitiert: MK-StGB/*Bearbeiter*).

Held, Hanna Karin
Anm. zu EuGH: Hersteller dürfen Packungsbeilagen verschreibungspflichtiger Arzneimittel unter bestimmten Voraussetzungen im Internet veröffentlichen, GRUR-Prax 2011, 244.

Hellebrand, Johannes
Methadon − Chance oder Illusion? 1988.

Hellebrand, Johannes
Einsatz der Staatsanwaltschaft im Glaubenskrieg?, ZRP 1989, 161.

Hellebrand, Johannes
Drogen und Justiz, 1992.

Hellebrand, Johannes
Große Jagd auf kleine Fische, ZRP 1992, 247.

Hellebrand, Johannes
Wende im Methadon-Glaubenskrieg?, NStZ 1992, 13.

Heller, Robert E./Soschinka, Holger
Waffenrecht, Handbuch für die Praxis, 2. Auflage, 2008.

Hentschel, Peter/König, Peter/Dauer, Peter
Straßenverkehrsrecht, Kommentar, 41. Auflage, 2011 (zitiert: *Hentschel/König/Dauer*)

Herzberg, Rolf Dietrich
Der Fall Hackethal: Strafbare Tötung auf Verlangen?, NJW 1986, 1635.

Herzog, Felix/Achtelik, Olaf
Geldwäschegesetz, (GWG), Kommentar, 2010.

Herzog, Felix/Mülhausen, Dieter
Geldwäschebekämpfung und Gewinnabschöpfung, Handbuch der straf- und wirtschaftsrechtlichen Regelungen, 2006.

Herzog, Reinhard
Strukturelle Analyse des Arzneimittel- und Verordnungsmarktes 2010, AB (Apotheker Berater) 2010, 3.

Heßhaus, Matthias/Pannenbecker, Arnd
Zur Bezeichnung von Arzneimitteln, PharmR 2001, 382.

Hettenbach, Michael/Kalus, Volker/Möller, Manfred/Uhle, Axel
Drogen und Straßenverkehr, 2. Auflage, 2010 (zitiert: *Hettenbach/Kalus/Möller/Uhle*).

Hetzer, Wolfgang
Der Geruch des Geldes − Ziel, Inhalt und Wirkung der Gesetze gegen Geldwäsche, NJW 1993, 3298.

Hetzer, Wolfgang
Steuer und Strafe − Neue kriminalpolitische Orientierungen, Kriminalistik 1998, 234.

Hetzer, Wolfgang
Geldwäschebekämpfung oder Staatsbankrott − Der Gesetzgeber zwischen Geiselnehmern und Steuerhinterziehern, Kriminalistik 1999, 218.

Hetzer, Wolfgang
Systemgrenzen der Geldwäschebekämpfung?, ZRP 1999, 245.

Hieke, Mario
Die Auskunftspflicht des pharmazeutischen Unternehmers nach § 84a Abs. 1 AMG, PharmR 2005, 35.

Hilger, Hans
Neues Strafverfahrensrecht durch das OrgKG − 1. Teil −, NStZ 1992, 457.

Hilger, Hans
Neues Strafverfahrensrecht durch das OrgKG − 2. Teil −, NStZ 1992, 523.

Literatur

Hillig, Karl W.
Genetic evidence for speciation in Cannabis (Cannabaceae), Genetic Resources and Crop Evolution 2005, 161.

Hofmann, Albert
LSD – mein Sorgenkind, Die Entdeckung einer „Wunderdroge", 13. Auflage, 2007.

Hoffmann, Gero
Neuordnung des Betäubungsmittelrechts, hier: Kontrolle der Grundstoffe, z. B. Essigsäureanhydrid, MDR 1983, 444.

Hofmann, Hans-Peter/Nickel, Lars Christoph
Der Sondervertriebsweg für zur Vornahme eines Schwangerschaftsabbruchs zugelassene Arzneimittel, DVBl 2000, 682.

Hoffmann-Riem, W.
Straflosigkeit des Betreibens von Drogenberatungs- und Drogenhilfestelle mit Konsummöglichkeit, NStZ 1998, 7.

Horn, Eckhard
Das „Inverkehrbringen" als Zentralbegriff des Nebenstrafrechts, NJW 1977, 2329.

Hudalla, Manfred
Kriminelle Aspekte der Sterbehilfe, Kriminalistik 1995, 561.

Huestis, Marilyn/Henningfield, Jack/Cone, Edward
Blood Cannabinoids. I. Absorption of THC and Formation of 11-OH-THC and THCCOOH During and After Smoking Marihuana, Journal of Analytical Toxicology 1992, 276.

Huffman, John W./Szklennik, Paul/Almond, Amanda/Bushell, Kristen/Selley, Dana/ He, Hengjun/Cassidy, Michael/Wiley, Jenny/Martin, Billy
1-Pentyl-3-phenylacetylindoles, a new class of cannabimimetic indoles, Bioorganic & Medicinal Chemistry Letters 2005, 4110.

Hufnagel, Sven
Der Strafverteidiger unter dem Generalverdacht der Geldwäsche gemäß § 261 StGB, Eine rechtsvergleichende Darstellung (Deutschland, Österreich, Schweiz und USA), 2004.

Hügel, Herbert/Junge, Wilfried/Lander, Carola/Winkler, Karl-Rudolf
Deutsches Betäubungsmittelrecht, 8. Auflage, 10. Ergänzungslieferung, Stand März 2011 (zitiert: *Hügel/Lander/Junge/Winkler*).

Hund, Horst
Der Geldwäschetatbestand – mißglückt oder mißverstanden?, ZRP 1996, 163.

Hunnius, Curt/Ammon, Hermann Philipp Theodor
Hunnius pharmazeutisches Wörterbuch, 9. Auflage, 2004.

Hußmann, Nils
Anmerkung zu EuGH, Urteil vom 22. 5. 2010: Finanzielle Verordnungsanreize für Arztpraxen, A&R 2010, 129.

Hüttebräuker, Astrid/Müller, Rolf-Georg
Die Abgrenzung der Arzneimittel von den Lebensmitteln, NVwZ 2008, 1185.

Ivanov, Viktor
Keine Macht den Drogen, IP 2011, 94.

Jahn, Matthias
Ein neuer Straftatbestand gegen eigenverantwortliches Doping? – Anmerkungen aus strafprozessualer Sicht, SpuRt 2005, 141.

Jahn, Matthias/Ebner, Markus
Die Anschlussdelikte – Geldwäsche (§§ 261–262 StGB), JuS 2009, 597.

Jäkel, Christian
Die rechtliche Einstufung von Desinfektionsmitteln in Deutschland, PatR/ Q-med 2009, 23.

Jäkel, Christian
Hemmnisse für den Compassionate Use durch die 15. AMG-Novelle, PharmR 2009, 323.

Literatur

Jäkel, Christian
Abgrenzung von Arzneimitteln und Biozid-Produkten am Beispiel der Desinfektionsmittel., Anmerkung zum Beitrag Bruggmann, Die Abgrenzung der Biozid-Produkte von Arzneimitteln & Co. – Ein Update (StoffR 2009, 263 ff.) StoffR 2010, 99.

Jäkel, Christian
Chlorhexidin zwischen Medizin und Recht – warum Haut- und Hände-Desinfektionsmittel mit medizinischer Zweckbestimmung keine Biozid-Produkte sind, Anmerkung zu Dettling/Koppe-Zagouras (PharmR 2010, 152 ff.) PharmR 2010, 397.

Jäkel, Christian
Haut- und Händedesinfektionsmittel mit medizinischer Zweckbestimmung bleiben Arzneimittel: Replik zu Bruggmann (PharmR 2010, 97 ff.) PharmR 2010, 278.

Jansen, Gabriele
Zeuge und Aussagepsychologie, 2004.

Jeßberger, Florian
Kooperation und Strafzumessung, Der Kronzeuge im deutschen und amerikanischen Strafrecht, 1999.

Joecks, Wolfgang, Miebach, Klaus
Münchener Kommentar zum StGB, Band 5 – Nebenstrafrecht 1, 2007 (zitiert: MK-StGB/*Bearbeiter*).

Jung, Heike
Der Kronzeuge – Garant der Wahrheitsfindung oder Instrument der Überführung?, ZRP 1986, 38.

Kage, Uwe
Das Medizinproduktegesetz, Staatliche Risikosteuerung unter dem Einfluss europäischer Harmonisierung, 2005.

Kaiser, Peter/Moc, Norbert/Zierholz, Heinz-Peter
Das Gastmahl der Mörderin, Giftmorde aus drei Jahrhunderten, 1. Auflage, 1997.

Kalf, Wolfgang
Muss die Veränderung der Konkurrenzverhältnisse die Strafe beeinflussen?, NStZ 1997, 66.

Kappel, Sibylle/Scheerer, Sebastian
Das Betäubungsmittelgesetz im neuen System sozialer Kontrolle, Richter als Therapeuten?, StV 1982, 182.

Kargl, Walter
Begründungsprobleme des Dopingstrafrechts, NStZ 2007, 489.

Katholnigg, Oskar
Neue Verfahrensmaßnahmen in Betäubungsmittelsachen, NStZ 1981, 417.

Katholnigg, Oskar
Aus der Rechtsprechung zu den Vorschriften über betäubungsmittelrechtliche Straftäter (§§ 35 ff. BtMG), NStZ 1984, 496.

Katholnigg, Oskar
Aus der Rechtsprechung zu den Vorschriften über betäubungsmittelrechtliche Straftäter (§§ 35 ff. BtMG), NJW 1987, 1456.

Katholnigg, Oskar
Aus der Rechtsprechung zu den Vorschriften über betäubungsmittelrechtliche Straftäter (§§ 35 ff. BtMG), NJW 1990, 2296.

Katholnigg, Oskar
Aus der Rechtsprechung zu den Vorschriften über betäubungsmittelrechtliche Straftäter (§§ 35 ff. BtMG), NJW 1995, 1330.

Katholnigg, Oskar
Die Zulassung von Drogenkonsumräumen und strengere Kriterien bei der Substitution – das Dritte Gesetz zur Änderung des Betäubungsmittelgesetzes, NJW 2000, 1217.

Literatur

Katholnigg, Oskar
Ist die Entkriminalisierung von Betäubungsmittelkonsumenten mit scharfen Maßnahmen zur Eindämmung der Betäubungsmittelnachfrage vereinbar?, GA 1990, 193.

Kempf, Eberhard
Der geliebt/gehasste Kronzeuge und sein Verteidiger, StV 1999, 67.

Kett-Straub, Gabriele
Die Tücken der Heimtücke in der Klausur, JuS 2007, 515.

Keup, Wolfram
Methadon-Substitution, HessÄrztBl. 1991, 302.

Kindermann, Walter
Alle reden von Methadon, SuchtR 1989, 3.

Kindhäuser, Urs/Neumann, Ulfrid/Paeffgen, Hans-Ullrich/Albrecht, Hans-Jörg
Strafgesetzbuch, 3. Auflage, 2010 (zitiert: *Kindhäuser/Neumann/Paeffgen*).

Kirk, Beate
Der Contergan-Fall, Eine unvermeidbare Arzneimittelkatastrophe?; zur Geschichte des Arzneistoffs Thalidomid, 1999.

Kloepfer, Michael
Umweltschutz als Verfassungsrecht – Zum neuen Art. 20 a GG, DVBl 1996, 73.

Kloesel, Arno/Cyran, Walter
Arzneimittelrecht, Kommentar, Loseblattausgabe, 2010.

Klötzer, Antje
Ist der niedergelassene Vertragsarzt tatsächlich tauglicher Täter der §§ 299, 331 StGB?, NStZ 2008, 12.

Knauer, Christoph
Die Abgrenzung von Arzneimitteln und Zwischenprodukten – Zur Auslegung von § 2 AMG aus strafrechtlicher Sicht, Zugleich Anmerkung zu BGH vom 6. November 2007 – 1 StR 302/07, PharmR 2008, 199.

Knecht, Thomas
Methamphetamin – Gefährlicher Inhaltsstoff der „Thai-Pille", Kriminalistik 2002, 402.

Knust, Elisabeth
Genetik, Allgemeine Genetik, molekulare Genetik, Entwicklungsgenetik, 2004.

Köhler, Michael
Freiheitliches Rechtsprinzip und Betäubungsmittelstrafrecht, ZStW 1992, 3.

Köhler, Michael
Rechtsgut, Tatbestandsstruktur und Rechtswidrigkeitszusammenhang, MDR 1992, 739.

Köhler, Michael
Selbstbestimmung und ärztliche Therapiefreiheit im Betäubungsmittelstrafrecht, NJW 1993, 762.

Kölbl, Heinz
Alarm im Mutterleib, SuchtR 1992, 2.

Köllisch, Tilman/Löbmann, Rebecca
Die Veränderung der Deliquenz Opiatabhängiger unter diamorphingestützter Behandlung, MschrKrim 2008, 38.

König, Peter
Stundenarithmetik bei der Feststellung fahrlässiger Drogenfahrt?, DAR 2007, 626.

König, Peter
Paternalismus im Sport: Aspekte der Dopingbekämpfung mit strafrechtlichen Mitteln, in: Fateh-Moghadam, Bijan/Ellscheid, Günter/Schroth, Ulrich (Hrsg.), Grenzen des Paternalismus, [Ulrich Schroth zum 60. Geburtstag], 2010, S. 267.

König, Peter
Sportschutzgesetz – Pro und Contra; Argumente für ein Sportschutzgesetz, SpuRt 2010, 106.

Literatur

König, Peter
Zur fahrlässigen Drogenfahrt nach „länger" zurückliegendem Drogenkonsum, NStZ 2009, 425 ff.

König, Stefan
Wieder da: Die „große" Kronzeugenregelung, NJW 2009, 2481.

Koeppe, Armin
Medikamente im Alter, in: Jahrbuch Sucht 2010. 1. Auflage, 2010.

Körner, Harald Hans
Bekämpfung von Drogensucht und internationalem Drogenhandel, ZRP 1980, 57.

Körner, Harald Hans
Neuordnung des Betäubungsmittelrechts, NJW 1982, 673.

Körner, Harald Hans
Die Einfuhr und die Durchfuhr von Betäubungsmitteln, Rechtsprechungsübersicht zum BtMG, StV 1983, 471.

Körner, Harald Hans
Zur Frage der Zurückstellung der Vollstreckung mehrerer Freiheitsstrafen gemäß § 35 BtMG, JR 1983, 433.

Körner, Harald Hans
Betäubungsmitteldelikte im Ausland, NStZ 1986, 306.

Körner, Harald Hans
Der Schmuggel und der Handel mit Betäubungsmitteln in Körperöffnungen und im Körper, StV 1988, 449.

Körner, Harald Hans
Die Vorschaltbeschwerde gegen die Verweigerung der Zurückstellung der Strafvollstreckung – Teil 2, NStZ 1995, 63.

Körner, Harald Hans
Die Vorschaltbeschwerde gegen die Verweigerung der Zurückstellung der Strafvollstreckung – Teil 3, NStZ 1998, 227.

Körner, Hans Harald
Und seid ihr nicht willig, so brauchen wir Gewalt, DrogenR 1992, 38.

Körner, Harald Hans
Zur Praxis im Bereich des Betäubungsmittelrechts nach Wegfall der fortgesetzten Tat, StV 1998, 626.

Körner, Harald Hans / Sagebiel, M.
Die Vorschaltbeschwerde gegen die Verweigerung der Zurückstellung der Strafvollstreckung – Teil 1, NStZ 1992, 216.

Körner, Hans Harald
Die Strafrechtspraxis im Labyrinth neuer Betäubungsmittelrechtsbestimmungen, NJW 1993, 233.

Körner, Hans Harald
Rechtsprechungsübersicht zu Geldwäschedelikten in Deutschland und in der Schweiz, NStZ 1996, 64.

Körner, Hans Harald
Wer nicht wäscht, der nicht gewinnt, NJW 1996, 2143.

Körner, Hans Harald
Kronzeugen-Regelung zur Dopingbekämpfung nur durch die Justiz, SpuRt 2002, 226.

Körner, Hans Harald
Wenn Sportverbände die Arbeit von Justiz und Polizei übernehmen – Widerspruch gegen eine Kronzeugenregelung im Sanktionssystem der Sportverbände, SpuRt 2002.

Körner, Hans Harald
Dopingkriminalität: Mit der Taschenlampe im Dunkelfeld, Kriminalistik 2003, 102.

Körner, Harald Hans / Dach, Eberhard
Geldwäsche, Ein Leitfaden zum geltenden Recht, 1994.

Literatur

Komo, Emil
Die verordnete Intoxikation, Zur strafrechtlichen Kontrolle von Psychopharma-
kaschäden, 1978.

Kornbeck, Jacob
Dopingbekämpfung: Harmonisierungspotential durch die EU nach Inkrafttreten
des Vertrags von Lissabon?, MschrKrim 2010, 198.

Koyuncu, Adem
Das Haftungsdreieck Pharmaunternehmen – Arzt – Patient, Verschulden und
Mitverschulden bei der Haftung für Arzneimittelschäden, 2004.

Koyuncu, Adem
Das Mitverschulden des Patienten in der Arzneimittelhaftung, PharmR 2005,
289.

Kraatz, Erik
Dogmatische Probleme bei der Sanktionierung von Drogenrauschfahrten – eine
Bestandsaufnahme, DAR 2011, 1.

Krack, Ralf
Handeltreiben mit Betäubungsmitteln nach deren Sicherstellung, Jus 1995,
585.

Krais, Julia
Beraterverträge mit Ärzten: nationale und internationale Anti-Korruptionsas-
pekte, PharmR 2010, 513.

Kreß, Claus
Das neue Recht der Geldwäschebekämpfung, wistra 1998, 121.

Kreuzer, Arthur
Cannabisprohibition verfassungswidrig?, Sucht 1992, 201.

Kreuzer, Arthur
Aktuelle Fragen des Drogenwesens in der Jugendkriminalrechtspflege, ZRP
1971, 111.

Kreuzer, Arthur
Drogen und Delinquenz, Eine jugendkriminologisch-empirische Untersuchung
der Erscheinungsformen und Zusammenhänge, 1975.

Kreuzer, Arthur
Reform des Drogenstrafrechts, ZRP 1975, 206.

Kreuzer, Arthur
Strafrecht als Hindernis sinnvoller AIDS-Prophylaxe? Verunsicherung bei Apothekern wegen der Abgabe von Injektionsgerät an Drogenabhängige, NStZ
1987, 268.

Kreuzer, Arthur
Therapie und Strafe, Versuch einer Zwischenbilanz zur Drogenpolitik und zum
Betäubungsmittelgesetz von 1981, NJW 1989, 1505.

Kreuzer, Arthur
Zur Bewertung von Haschisch in der Strafrechtsprechung des BGH, DRiZ
1991, 173.

Kreuzer, Arthur
Die Haschisch-Entscheidung des BVerfG, NJW 1994, 2400.

Kreuzer, Arthur
Drogenkontrolle zwischen Repression und Therapie – Deutsche Erfahrungen –,
NStZ 1998, 217.

Kreuzer, Arthur
Handbuch des Betäubungsmittelstrafrechts, 1998 (zitiert: *Bearbeiter* in HbBtMR).

Kreuzer, Arthur
Aspekte der Begutachtung und Unterbringung Drogenabhängiger, in: Schütz,
Harald/Kaatsch, Hans J./Thomsen, Holger (Hrsg.), Medizinrecht – Psychopa-
thologie – Rechtsmedizin, Diesseits und jenseits der Grenzen von Recht und
Medizin ; Festschrift für Günter Schewe, 1991, S. 87.

Kreuzer, Arthur
Wohin mit dem User, SuchtR 1991, 68.

Literatur

Kreuzer, Arthur/Hürlimann, Michael
Alte Menschen als Täter und Opfer, Alterskriminologie und humane Kriminalpolitik gegenüber alten Menschen, 1992.

Kreuzer, Arthur/Wille, Rolf
Drogen, Kriminologie und Therapie, 1988.

Krumdiek, Nicole
Cannabis sativa L. und das Aufleben alter Vorurteile, NStZ 2008, 437.

Krych, Matthäus/Hiddemann, Wolfgang
Die Problematik der Durchführung von Therapieoptimierungsstudien im häma-
tologisch–onkologischen Fachgebiet nach dem Inkrafttreten der geplanten
12. Novelle des AMG aus der Sicht des klinisch tätigen Onkologen, PharmR
2004, 73.

Kuhn, Silke/Schu, Martina/Vogt, Irmgard/Schmidt, Martin/Simmedinger, Renate
Die psychosoziale Behandlung im bundesdeutschen Modellprojekt zur heroingestützten Behandlung Opiatabhängiger, Sucht 2007, 278.

Kühne, Hans-Heiner
Methadon: Letzte Hilfe im Drogenelend?, ZRP 1989, 1.

Kühne, Hans-Heiner
Kein Ende der Methadon–Debatte, NJW 1992, 1547.

Kühne, Hans-Heiner
Strafprozessrecht, Eine systematische Darstellung des deutschen und europäischen Strafverfahrensrechts, 8. Auflage, 2010.

Küper, Wilfried
Strafrecht, besonderer Teil, Definitionen mit Erläuterungen, 7. Auflage, 2008.

Kudlich, Hans
Sportschutzgesetz – Pro und Contra – Argumente gegen ein Sportschutzgesetz,
SpuRt 2010, 108.

Kudlich, Hans/Noltensmeier, Silke
Die Anordnung des Verfalls (§§ 73 ff. StGB) bei verbotenem Insiderhandel nach
§ 38 i. V. m. § 14 WpHG, wistra 2007, 121.

Kuhn, Silke/Haasen, Christian
Abschlussbericht – Repräsentative Erhebung zum Umgang mit suchtmittelabhängigen älteren Menschen in stationären und ambulanten Pflegeeinrichtungen, 2009.

Kujath, Peter/Boos, Carsten/Wulff, Peter/Bruch, Hans-Peter
Medikamentenmissbrauch beim Freizeitsportler im Fitneßbereich, DÄBl. 1998,
774.

Kunz, Eugen
Gehirndoping: Unheil oder Segen?, Diskussion und ggf. Regelungsbedarf auf
dem Gebiet des „Neuro–Enhancements", MedR 2010, 471.

Kurze, Martin
Empirische Daten zur Zurückstellungspraxis gem. § 35 BtMG, NStZ 1996, 178.

Lackner, Karl/Kühl, Kristian/Dreher, Eduard/Maassen, Hermann
Strafgesetzbuch, Kommentar, 27. Auflage, 2011 (zitiert: *Lackner/Kühl*).

Lampe, Ernst-Joachim
Der neue Tatbestand der Geldwäsche (§ 261 StGB), JZ 1994, 123.

Lange, Julian/Wagner, Emanuel
Fremdtötung oder eigenverantwortliche Selbstschädigung?, NStZ 2011, 67.

Lanzerath, Markus Antonius
Panoramawandel der Giftmorde, Eine Analyse von Sektionsfällen der Jahre
1946–2005 aus dem Institut für Rechtsmedizin der Universität Bonn, 2009.

Laufhütte, Heinrich Wilhelm/Rissing-van Saan, Ruth/Tiedemann/Klaus
Leipziger Kommentar zum StGB, 12. Aufl. 2006 (zitiert: LK-StGB/*Bearbeiter*).

Leipold, Klaus
Strafrechtliche Aspekte des Doping, NJW-Spezial 2006, 423.

Leipold, Klaus/Beukelmann, Stephan
Das Strafrecht und die Lauterkeit des sportlichen Wettbewerbs, NJW-Spezial
2010, 56.

Literatur

Leupold, Heike / Hein, Jakob / Huss, Michael
  Methylphenidat und Suchtentwicklung, Sucht 2006, 395.
Liebig, Justus
  Anwendbarkeit bundesdeutschen Straf- und Ordnungswidrigkeitenrechts auf Alttaten in der DDR, NStZ 1991, 372.
Liemersdorf, Thilo / Miebach, Klaus
  Beihilfe zum Handeltreiben nach § 11 Abs. 1 des Betäubungsmittelgesetzes, MDR 1979, 981.
Lindner, Josef Franz
  „Neuro-Enhancement" als Grundrechtsproblem, MedR 2010, 463.
Lippert, Hans-Dieter
  Die klinische Prüfung von Tierarzneimitteln, MedR 2003, 451.
Livio, F. / Rauber-Lüthy, C. / Biollaz, J. / u. a.
  Methylphenidat Missbrauch, Paediatrica 2009, 45.
Löbmann, Rebecca
  Diamorphingestützte Behandlung und Kriminalität, Sucht 2007, 288.
Löwe-Krahl, Oliver
  Die Strafbarkeit von Bankangestellten wegen Geldwäsche nach § 261 StGB, wistra 1993, 123.
Lübke, Wolfgang / Müller, Ulrike / Bonenberger, Saskia
  Steuerfahndung, Situation erkennen, vermeiden, richtig beraten, 1. Auflage, 2008.
Luedtke, Ulrich
  Flunitrazepam (Rohypnol)-Missbrauch durch Drogenabhängige, Westf. ÄrztBl. 1992, 402.
Madea, Burkhard / Brinkmann, Bernd
  Handbuch gerichtliche Medizin, 2003.
Madea, Burkhard / Dettmeyer, Reinhard
  Basiswissen Rechtsmedizin, 2007.
Madea, Burkhard / Grellner, W.
  Langzeitfolgen und Todesfälle bei Anabolikaabusus, Rechtsmedizin 1996, 33.
Maeffert, Uwe
  Geringer Besitz, StV 2004, 627.
Maiwald, Manfred
  Zur Problematik der „besonders schweren Fälle" im Strafrecht, NStZ 1984, 433.
Malek, Klaus
  Die neue Kronzeugenregelung und ihre Auswirkungen auf die Praxis der Strafverteidigung, StV 2010, 200.
Malek, Klaus
  Betäubungsmittelstrafrecht, 3. Auflage, 2008 (zitiert: *Malek*).
Mand, Elmar J.
  Rabatte und Zugaben durch Apotheken, NJW 2010, 3681.
Mansdörfer, Marco
  Das europäische Strafrecht nach dem Vertrag von Lissabon, oder: Europäisierung des Strafrechts unter nationalstaatlicher Mitverantwortung, HRRS 2010, 11.
Marc, B. / Gherardi, R. K. / Baud, F. J. / Garnier, M. / Diamant-Berger, O.
  Managing drug dealers who swallow the evidence, BMJ 1989, 1082.
Marcelli, Walter
  Diebstahl „verbotener" Sachen, NStZ 1992, 220.
March, Alexander
  Sport in der Suchtgesellschaft – Suchttendenzen im Sport, Prävention und Identität im Fluchtpunkt zweier Moderne-Konzeptionen, 2004.
Maunz, Theodor / Dürig, Günter
  Grundgesetz, Kommentar, 2009 (zitiert: *Maunz / Dürig*).
Maur, Alexander
  Wann ist der Namenszusatz „akut" zulässig?, Anmerkung zu OLG München, U. v. 25. 2. 2010 – 29 U 5347/09, AB (Apotheker Berater) 2010, 15.

Literatur

Mayer, Michael
   Die strafrechtliche Rückrufpflicht des pharmazeutischen Unternehmers, PharmR 2008, 236.

Mayer, Michael
   Strafrechtliche Produktverantwortung bei Arzneimittelschäden, Ein Beitrag zur Abgrenzung der Verantwortungsbereiche im Arzneiwesen aus strafrechtlicher Sicht, 2008.

Megges, Gerhardt/Steinke, Wolfgang/Wasilewski, Jürgen
   Die Präzisierung des Begriffs „nicht geringe Menge" im Sinne des Betäubungsmittelgesetzes, NStZ 1985, 163.

Merkel, Reinhard
   Neuartige Eingriffe ins Gehirn, Verbesserung der mentalen condicio humana und strafrechtliche Grenzen, ZStW 2009, 919.

Messmer, Hermann
   Haschischverbot und Gleichbehandlung, ZRP 1970, 80.

Mestel, Andreas
   Abgrenzung kosmetischer Mittel von Arzneimitteln, StoffR 2005, 230.

Mettke, Melanie
   Die strafrechtliche Ahndung von Drogenfahrten nach den §§ 315 c Abs. 1 Nr. 1 a, 316 StGB, NZV 2000, 199.

Meuser, Stephan/Platter, Julia
   Die Bewertung der klinischen Prüfung von Arzneimitteln durch die Ethik-Kommission – eine Verwaltungsentscheidung besonderer Art?, PharmR 2005, 395.

Meyer, Friedrich
   Zur Rechtslage bei der Unterbringung drogenabhängiger Jugendlicher, die nach § 93 a JGG vollzogen wird, MDR 1982, 177.

Meyer, Jürgen/Hetzer, Wolfgang
   Neue Gesetze gegen die Organisierte Kriminalität – Geldwäschebekämpfung, Gewinnabschöpfung und Einsatz technischer Mittel zur akustischen Überwachung von Wohnungen für Beweiszwecke im Bereich der Strafverfolgung, NJW 1998, 1017.

Meyer, Stephan
   Strukturelle Vollzugsdefizite als Gleichheitsverstoß, DÖV 2005, 551.

Meyer-Goßner, Lutz
   Hinweise zur Abfassung des Strafurteils aus revisionsrechtlicher Sicht, NStZ 1988, 529.

Meyer-Goßner, Lutz
   Strafprozessordnung, Kommentar, 54. Auflage, 2011 (zitiert: *Meyer-Goßner*).

Meyers
   Lexikon der Naturwissenschaften, 2008.

Middel, Claus-Dieter/Hübner, Marlis/Pühler, Wiebke
   Pankreainseln – Was tun, wenn ein Organ zum Gewebe wird?, MedR 2010, 23.

Miebach, Klaus/Feilcke, Burkhard
   Probleme des Allgemeinen Teils des StGB in Strafurteilen aus revisionsrechtlicher Sicht – Teil 2 –, NStZ 2007, 570.

Missliwetz, Johann
   KO-Tropfen in anderem Gewande, Kriminalistik 1991, 56.

Moll, Stephan
   Das Ende der (juristischen) Methadon-Debatte?, NJW 1991, 2334.

Möller, Manfred/Kauert, Gerold/Tönnes, Stefan/u. a.
   Leistungsverhalten und Toxikokinetik der Cannabinoide nach inhalativer Marihuanaaufnahme, Blutalkohol 2006, 361.

Möllers, Thomas M. J./Poppele, Mauritz
   BGH: Geltung der Preisbindung für aus dem Ausland versendete Arzneimittel – Sparen Sie beim Medikamentenkauf!, LMK 2010, 310 439.

Literatur

Müller, Rolf-Georg
Grundfragen des Arzneimittelbegriffs und der Zweifelsregelung, NVwZ 2009, 425.

Mußhoff, Frank
Urinbefunde nach Aufnahme von Heroin, GIT Labor-Fachzeitschrift 2007, 13.

Natz, Alexander
„Aktuelles aus Brüssel", PharmR 2010, 40.

Nelles, Ursula/Velten, Petra
Einstellungsvorschriften als Korrektiv für unverhältnismäßige Strafgesetze?, NStZ 1994, 366.

Nestler, Cornelius
(Mit-)Täterschaft beim bewaffneten Betäubungsmittelhandel, StV 2002, 504.

Nestler-Tremel, Cornelius
Auch für Ausländer gilt allein das deutsche Strafrecht, NJW 1986, 1408.

Niehaus, Holger
Der Begriff des Handeltreibens mit Betäubungsmitteln, JR 2005, 192.

Nobis, Frank
Strafobergrenze durch hohes Alter, NStZ 2006, 489.

Nöhle, Ulrich
Vom LMG über das LMBG zum LFGB – and what's next?, ZLR 2010, 391.

Nothacker
Das Absehen von der Verfolgung im Jugendstrafverfahren (§ 45 JGG), JZ 1982, 57.

Oglakcioglu, Mustafa/Henne-Bruns, Doris/Wittau, Matthias
Unerlaubte Einfuhr von Betäubungsmitteln durch „Bodypacking" – Rechtliche und medizinische Grundlagen, NStZ 2011, 73.

Ohm, Karin-Heide
Der Giftbegriff im Umweltstrafrecht, 1985.

Oswald, Katja
Weicher Paternalismus und das Verbot der Teilnahme untergebrachter Personen an klinischen Arzneimittelprüfungen, in: Fateh-Moghadam, Bijan/Ellscheid, Günter/Schroth, Ulrich (Hrsg.), Grenzen des Paternalismus, [Ulrich Schroth zum 60. Geburtstag], 2010, S. 94.

Pabel, Hermann-Josef
Sind Verkehrsverbote nach dem Arzneimittelgesetz auch Anwendungsverbote für den behandelnden Arzt?, NJW 1989, 759.

Paeffgen, Hans-Ullrich
Betäubungsmittel-Strafrecht und der Bundesgerichtshof, 50 Jahre Bundesgerichtshof, Band IV 2000, 695.

Paeffgen, Hans-Ullrich
§ 129 a StGB und der prozessuale Tatbegriff, NStZ 2002, 281.

Pallenbach, Ernst/Holzbach, Rüdiger
Die stille Sucht, Missbrauch und Abhängigkeit von Arzneimitteln; mit 3 Tabellen, 2009.

Park, Tido/Heinz, Meike
Kapitalmarktstrafrecht, Handkommentar, 2. Auflage, 2008.

Parnefjord, Ralph
Das Drogentaschenbuch, 4. Auflage, 2007.

Parzeller, Markus/Prittwitz, Sabina/Heise, Hannah-Silvia/Prittwitz, Cornelius
Ausgewählte rechtliche Aspekte zu Doping im Sport im Kontext des Betäubungsmittelgesetzes (BtMG), Zeitschrift für Stoffrecht 2009, 269.

Patzak, Jörn
Die aktuellen Entwicklungen im Betäubungsmittelrecht, Der Kriminalist 2008, 317.

Patzak, Jörn/Bohnen, Wolfgang
Betäubungsmittelrecht, 2. Auflage, 2011 (zitiert: *Patzak/Bohnen*).

Patzak, Jörn/Goldhausen, Sabine
Die aktuellen Wirkstoffgehalte von Cannabis, NStZ 2007, 195.

Literatur

Patzak, Jörn / Goldhausen, Sabine
Die aktuellen Wirkstoffgehalte von Cannabis, NStZ 2011, 76.

Patzak, Jörn / Goldhausen, Sabine / Kleine, Siegfried
Züchtung von Hochleistungscannabis in Indoor-Plantagen, Der Kriminalist 2007, 159, 228.

Patzak, Jörn / Goldhausen, Sabine / Marcus, Alexander
Cannabis – längst keine „weiche" Droge mehr!, Der Kriminalist 2006, 100.

Patzak, Jörn / Marcus, Alexander / Goldhausen, Sabine
Cannabis – wirklich eine harmlose Droge?, NStZ 2006, 259.

Patzak, Jörn / Volkmer, Mathias
„Legal-High"-Produkte – wirklich legal? – Kräutermischungen, Badezusätze und Lufterfrischer aus betäubungs- und arzneimittelrechtlicher Sicht, NStZ 2011, 498.

Paul, Carsten
Der Begriff des Handeltreibens nach dem Betäubungsmittelgesetz, StV 1998, 623.

Paul, Carsten
Zur Rechtsfolge des § 30 a II Nr. 2 BtMG, NStZ 1998, 222.

Peglau, Jens
Die neue „Kronzeugenregelung" (§ 46 b StGB), wistra 2009, 409.

Peglau, Jens
Das Gesetz zur Reform der Führungsaufsicht und zur Änderung der Vorschriften über die nachträgliche Sicherungsverwahrung, NJW 2007, 1558.

Peitsch, Ulrike
Substitutionsbehandlung i. v.-Opiatabhängiger: Umgang mit Beikonsum bei L-Polamidon, Westf. ÄrztBl. 1992, 348.

Pestalozza, Christian
Risiken und Nebenwirkungen: Die Klinische Prüfung von Arzneimitteln am Menschen nach der 12. AMG-Novelle, NJW 2004, 3374.

Petermann, Frank Thomas / Brunner, Andreas
Sterbehilfe im Fokus der Gesetzgebung, Referate der Tagung vom 4. 9. 2008 im Kongresshaus Zürich, 2010.

Pfortner, Peter
Die Arzneimitteländerungsrichtlinie 2004/27/EG: Neue Impulse bei der Abgrenzung zwischen „dual use" Produkten und Arzneimitteln? (Teil 2), PharmR 2004, 419.

Pluisch, Frank
Zur prozessualen Verwertbarkeit von Einlassungen im Alkohol- und Drogenrausch, NZV 1994, 52.

Pohlmann, Hans / Jabel, Hans-Peter / Wolf, Thomas
Strafvollstreckungsordnung und gesetzliche Grundlagen, Kommentar, 8. Auflage, 2001 (zitiert: *Pohlmann / Jabel / Wolf*).

Poser, Wolfgang / Poser, Sigrid / Thaden, Annette / Eva-Condemarin, Pedro / Dickmann, Ulrich / Stötzer, Annette
Mortalität bei Patienten mit Arzneimittelabhängigkeit und Arzneimittelabusus, SuchtG 1990, 319.

Pragal, Oliver
Das Pharma-"Marketing" um die niedergelassenen Kassenärzte: „Beauftragtenbestechung" gemäß § 299 StGB!, NStZ 2005, 133.

Prittwitz, Cornelius
Einfuhr und Durchfuhr von Betäubungsmitteln, – Versuch und Vollendung dieser Tatbestände –, NStZ 1983, 850.

Rabl, Walter / Sigrist, Thomas
Kein Gassenheroin – Nur Guarana, Eine Analyse, Kriminalistik 1993, 271.

Rascke, Peter / Kalke, Jens
Cannabis in Apotheken, Kontrollierte Abgabe als Heroinprävention, 1997.

Ratajczak, Thomas / Bergmann, Karl-Otto
Arzneimittel und Medizinprodukte, Neue Risiken für Arzt, Hersteller und Versicherer, 1997.

Literatur

Rath, Jürgen
Grundfälle zum Unrecht des Versuchs, Jus 1998, 1006.

Rauber, K. / Müller, D.
Abdomenübersichtsaufnahme zur Identifizierung von Rauschgiftschmugglern, DMW 1983, 1549.

Rebmann, Kurt
Die Zuständigkeit des Generalbundesanwalts zur Verfolgung terroristischer Straftaten – Vorschläge zu notwendiger Ergänzung, NStZ 1986, 289.

Rebmann, Kurt / Schnarr, Karl-Heinz
Der Schutz des gefährdeten Zeugen im Strafverfahren, Möglichkeiten de lege lata, Erfordernisse de lege ferenda, NJW 1989, 1185.

Reese, Ulrich
Vertragsärzte und Apotheker als Straftäter? – eine strafrechtliche Bewertung des „Pharma Marketings", PharmR 2006, 92.

Rehmann, Wolfgang A. / Greve, Kai
Arzneimittelgesetz, (AMG); Kommentar, 3. Auflage, 2008 (zitiert: *Rehmann*).

Reinhart, Andreas
Abgrenzungsproblematik kosmetische Mittel – Schönheit auch von innen, Lebensmittel heute – Qualität & Recht 2010, 283.

Remmers, Burkhard
Die Entwicklung der Gesetzgebung zur Geldwäsche, 1998.

Rennert, Klaus
Der Arzneimittelbegriff in der jüngeren Rechtsprechung des BVerwG, NVwZ 2008, 1179.

Repantis, Dimitris
Die Wirkung von Psychopharmaka bei Gesunden, in: Wienke, Albrecht/Eberbach, Wolfram/Janke, Kathrin u. a. (Hrsg.), Die Verbesserung des Menschen, Tatsächliche und rechtliche Aspekte der wunscherfüllenden Medizin, 2009, 63.

Riemann, J. F. / Kohler, B.
Endoskopische Extraktion eines heroingefüllten Kondoms aus dem Magen, DMW 1986, 1080.

Riemenschneider, Sabine / Paetzold, Harald
Absolutes Drogenverbot im Straßenverkehr, DAR 1997, 60.

Rochholz, Gertrud / Kaatsch, Hans-Jürgen
Gefahr im Verzug! Notwendigkeit einer zeitnahen Blutentnahme bei Straßenverkehrsdelikten, Blutalkohol 2011, 129.

Rochholz, Gertrud u. a.
Opiat-Nachweis in Urin, Blut und Haaren nach Verzehr mohnhaltiger Backwaren, Blutalkohol 2004, 319.

Rogall, Klaus
Die Vergabe von Vomitivmitteln als strafprozessuale Zwangsmaßnahme, NStZ 1998, 66.

Rönnau, Thomas
Vermögensabschöpfung im Wandel, ZRP 2004, 191.

Rösinger, Clemens / Gastpar, Markus
Methadon-Substitution in der Behandlung schwerkranker Opiatabhängiger, DÄrztBl. 1991, 2462.

Roßmadl, Josef
Die Qualifikationstatbestände bei Bandenmitgliedschaft im Betäubungsmittelstrafrecht (§§ 30 Abs. 1 Nr. 1, 30a Abs. 1 BtMG), 2005.

Rübenstahl, Markus / Stapelberg, Franziska
Anwaltliche Forderungsbeitreibung in bemakeltes Vermögen: grundsätzlich keine Geldwäsche! (Anmerkung zu BGH, Urteil vom 4. 2. 2010 – 1 StR 95/09), NJW 2010, 3692.

Rübsamen, Klaus
Analytische und forensische Aspekte der kriminaltechnischen Untersuchung von Betäubungsmitteln, NStZ 1991, 310.

Literatur

Rüter, C. F. / Vogler, Theo
Ein Grenzfall – Die Bekämpfung der internationalen Drogenkriminalität, JR 1988, 136.

Salditt, Franz
Allgemeine Honorierung besonderer Aufklärungshilfe, StV 2009, 375.

Sankol, Barry
Überwachung von Internet-Telefonie, CR 2008, 13.

Satzger, Helmut
Die Europäisierung des Strafrechts, Eine Untersuchung zum Einfluß des Europäischen Gemeinschaftsrechts auf das deutsche Strafrecht, 2001.

Satzger, Helmut
Die Internationalisierung des Strafrechts als Herausforderung für den strafrechtlichen Bestimmtheitsgrundsatz, JuS 2004, 943.

Satzger, Helmut / Schmitt, Bertram / Widmaier, Gunter
Strafgesetzbuch, Kommentar, 1. Auflage, 2009 (zitiert: SSW-StGB/*Bearbeiter*)

Sauer, Bettina
Tapentadol – Ein Molekül, zwei Mechanismen, PharmaZ-Online 2009 Ausgabe 43.

Sauer, W. / Freislederer, M. / Graw, M. / Schmidt, V.
Sonographie bei intrakorporalem Drogenschmuggel, DMW 1989, 1865.

Schaefer, Christoph
Effektivität und Rechtsstaatlichkeit der Strafverfolgung – Versuch einer Grenzziehung, NJW 1997, 2437.

Schäfer, Carsten / Paoli, Letizia
Drogenkonsum und Strafverfolgungspraxis, Eine Untersuchung zur Rechtswirklichkeit der Anwendung des § 31 a BtMG und anderer Opportunitätsvorschriften auf Drogenkonsumentendelikte, 2006.

Schäfer, Gerhard / Sander, Günther M. / van Gemmeren, Gerhard
Praxis der Strafzumessung, 4. Auflage, 2008.

Schaumann, Karsten
Alter, Krankheit und Behinderung im deutschen Strafrecht, insbesondere im Strafzumessungsrecht, 2001.

Scherp, Dirk
Internationale Tendenzen in der Geldwäschebekämpfung, wistra 1998, 81.

Scherp, Dirk
Geldwäschebekämpfung außerhalb des Finanzsektors: der „risikobasierte Ansatz" und seine Auswirkungen, Kriminalistik 2010, 282.

Schied, H. W.
Nutzen und Risiken von Methadon-Programmen aus der Sicht eines Psychiaters, DrogenR 1990, 9.

Schild, Wolfgang
Die Bande des § 30 BtMG als Organisation, NStZ 1983, 69.

Schimmel, I. / Drobnik, S. / Röhrich, J.
Passive Cannabisexposition unter realistischen Bedingungen, Blutalkohol 2010, 269.

Schlette, Volker
Ethik und Recht bei der Arzneimittelprüfung – Landesrechtliche Ethik-Kommission nach der 12. AMG-Novelle und die unfreiwillige Vorreiterrolle des Landes Berlin –, NVwZ 2006, 785.

Schlösser, Jan
Die Bestimmung des erlangten Etwas i. S. v. § 73 I 1 StGB bei in Folge von Straftaten abgeschlossenen gegenseitigen Verträgen – Zum Streit des 5. Senats und des 1. Senats des BGH über den Umfang der Verfallserklärung, NStZ 2011, 121.

Schmandt, Stefan
Höchstrichterliche Anforderungen an besondere Beweiskonstellationen – Aussage gegen Aussage, Aussagen von Mitbeschuldigten oder des „Kronzeugen", StraFo 2010, 446.

Literatur

Schmidt, Hans Wolfgang
Zur Strafzumessung bei Verstößen gegen das BtMG, MDR 1979, 884.

Schmidbauer, Wolfgang / Vom Scheidt, Jürgen
Handbuch der Rauschdrogen, 2004.

Schneider, Hartmut
Zur Entkriminalisierung der Konsumverhaltensweisen des Betäubungsmittelstrafrechts im Lichte internationalrechtlicher Verpflichtungen, StV 1992, 489.

Schneider, Hartmut
Haschisch im sanktionsfreien Raum – das Konsumverhalten im Lichte der Entscheidung des Bundesverfassungsgerichts, StV 1994, 390.

Schneider, Hendrik
Strafrechtliche Grenzen des Pharmamarketings, Zur Strafbarkeit der Annahme umsatzbezogener materieller Zuwendungen durch niedergelassene Vertragsärzte, HRRS 2010, 241.

Schneider, Ursula
Die Reform der Führungsaufsicht, NStZ 2007, 441.

Schneider, Ursula
Die Reform des Maßregelrechts, NStZ 2008, 68.

Schneider, Uwe H.
Hawala – Multikulti im Zahlungsverkehr, EuZW 2005, 513.

Schöch, Heinz
Kriminologische Differenzierung bei der Zweierbande, NStZ 1996, 166.

Schönke, Adolf / Schröder, Horst / Eser, Albin
Strafgesetzbuch, Kommentar, 28. Auflage, 2010 (zitiert: Sch/Sch/ *Bearbeiter*).

Schrader, Henning
Der Begriff „Vertrieb von Betäubungsmitteln" und das Bestimmtheitsgebot, NJW 1986, 2874.

Schreiber, Lothar Hans
Beeinträchtigung der Sehfähigkeit durch Drogen. Eine vielfach verharmloste Wirkung des Drogenkonsums, Kriminalistik 1997, 737.

Schreiber, Lothar Hans
Das Urteil des BGH zu Ecstasy, NJW 1997, 777.

Schübel, Eva
Strafbarkeit des Betriebs einer Apothekenkette, NStZ 2003, 122.

Schütz, Harald
Screening von Drogen und Arzneimitteln mit Immunoassays, 3. Auflage, 1999.

Schütz, Harald / Weiler, Günter
Risiken nichtbestätigter Drogenanalysen, StV 1999, 452.

Schwarzburg, Peter
Tatbestandsmäßigkeit und Rechtswidrigkeit der polizeilichen Tatprovokation, Univ., Diss.-Göttingen, 1991, Bd. 321, 1991.

Schwitters, Jan Hendrik
Die Vorverlagerung der Strafbarkeit beim unerlaubten Handeltreiben im Betäubungsmittelstrafrecht, 1998.

Seppelt, Hans-Joachim / Schück, Holger
Anklage: Kinderdoping, Das Erbe des DDR-Sports, 1999.

Servais, Desiree
Die Opiat-Substitution mit Methadon, Kriminalistik 1999, 124.

Servais, Desiree
Methadontrinklösung: Problematik der intravenösen Applikation, DÄrztBl. 1999, 988.

Setsevits, Siegbert
Der hilflose Staatsanwalt – Von der Wirkungslosigkeit des Strafrechts in Arzneimittelsachen, StV 1982, 280.

Sibyl, Stein
Ein Meilenstein für das europäische „ne bis in idem", NJW 2003, 1162.

Literatur

Siegel, Thorsten
Entscheidungsfindung im Verwaltungsverbund, Horizontale Entscheidungsvernetzung und vertikale Entscheidungsstufung im nationalen und europäischen Verwaltungsverbund, 2009.

Sigrist / Germann / Sutter
Intoxikation mit Stechapfelgift Scopolamin, Kriminalistik 1998, 219.

Slotty, Martin
Das Betäubungsmittelgesetz 1982, Kurzbericht für die Strafrechtspraxis, NStZ 1981, 321.

Slotty, Martin
Neuer Anlauf zur Neuordnung des Betäubungsmittelrechts, ZRP 1981, 60.

Sobotta, Daniel
Der Vertragsarzt – tatsächlich Beauftragter der Krankenkassen? Betrachtungen zum Beschluss des OLG Braunschweig v. 23. 2. 2010 und zugleich Replik auf Dannecker, GesR 2010, 281, GesR 2010, 471.

Spickhoff, Andreas
Medizinrecht, Kommentar, 2011.

Spitzer, Giselher
Doping in der DDR, Ein historischer Überblick zu einer konspirativen Praxis; Genese – Verantwortung – Gefahren, 2004.

Sproll, Constanze / Lachenmeier, Dirk
Methodische Fehler bei der forensischen Interpretation der Folgen des Konsums von mohnhaltigen Lebensmitteln, Blutalkohol 2007, 361.

Stallberg, Christian
Herstellerzwangsabschläge als Rechtsproblem – Verwerfungen von GKV-Änderungsgesetz und AMNOG, PharmR 2011, 38.

Stegherr, Susanne
Zur Zulässigkeit sog. Gesundheitsräume, NStZ 1995, 322.

Stein, Ulrich
Offensichtliche und versteckte Probleme im neuen § 24 a Abs. 2 StVG („Drogen im Straßenverkehr"), NZV 1999, 441.

Steinke, Wolfgang
Änderung des Betäubungsmittelgesetzes notwendig? ZRP 1992, 413.

Stelkens, Paul / Bonk, Heinz Joachim / Sachs, Michael
Verwaltungsverfahrensgesetz, Kommentar, 7. Auflage, 2008.

Stephan, Michael
Auswirkungen der Strafgesetzgebung auf das materielle Recht, StRR 2009, 333.

Straßburger, Jana / Meilicke, Rainer / Cichutek, Klaus
Arzneimittelrechtliche Anforderungen an Arzneimittel für neuartige Therapien aus humanen Pankreata : zugleich eine Replik auf Pühler et al., „Pankreainseln – Was tun, wenn ein Organ zum Gewebe wird?", (MedR 2010, 23 ff.), MedR 2010, 835.

Strate, Gerhard
Mit Taktik zur Wahrheitsfindung, ZRP 1987, 314.

Streit, Helmut
Lebensmittel oder Arzneimittel? – Möglichkeiten einer Abgrenzung, IntPrax (internistische praxis) 2001, 449.

Streit, Helmut
Nahrungsergänzungsmittel – Möglichkeiten ihrer Beurteilung, in: Hagenmeyer, Moritz / Welsch, Michael (Hrsg.), Festschrift für Michael Welsch. 1. Auflage, 2010, S. 305.

Sürmann, Heike
Arzneimittelkriminalität – ein Wachstumsmarkt?, 2007.

Swobada, Sabine
Betrug und Erpressung im Drogenmilieu: Abschied vom einheitlichen Vermögensbegriff, NStZ 2005, 476,.

Literatur

Täschner, Karl-Ludwig
Probleme der Aussagetüchtigkeit bei Drogenabhängigen, NStZ 1993, 322.

Täschner, Karl-Ludwig
Kritische Anmerkung zur Heroinstudie, Sucht 2008, 46.

Täschner, Karl-Ludwig
Therapie der Drogenabhängigkeit, Ein Handbuch, 1983.

Tag, Brigitte
Der Körperverletzungstatbestand im Spannungsfeld zwischen Patientenautonomie und Lex artis, Eine arztstrafrechtliche Untersuchung, 2000.

Teichler, Hans Joachim
Schlack-Golodkowski und der Sport, Dopinganalytik aus Mitteln des Häftlingsfreikaufs, DA (Deutschland Archiv) 2010, 625.

Terbach, Matthias
Rechtsschutz gegen die staatsanwaltschaftliche Zustimmungsverweigerung zur Verfahrenseinstellung nach §§ 153 II, 153 a II StPO, NStZ 1998, 172.

Tettinger, Peter J./Wank, Rolf/Ennuschat, Jörg
Gewerbeordnung, Kommentar, 8. Auflage, 2011.

Thamm, Berndt Georg
Andenschnee. Die lange Linie des Kokain, 1994.

Thane, Katja/Wickert, Christian/Verthein, Uwe
Konsummuster, Risikoverhalten und Hilfebedarfe von KonsumentInnen in den offenen Drogenszenen Deutschlands, Sucht 2011, 141.

Theisinger, Thomas
Verkehrsrechtliche Maßnahmen in Drogensachen, NStZ 1981, 294.

Theune, Werner
Grundsätze und Einzelfallfragen der Strafzumessung aus der Rspr. des BGH, StV 1985, 162.

Theune, Werner
Auswirkungen der Drogenabhängigkeit auf die Schuldfähigkeit und die Zumessung von Strafe und Maßregeln, NStZ 1997, 57.

Theune, Werner
Die Beurteilung der Schuldfähigkeit in der Rechtsprechung des Bundesgerichtshofs – 2. Teil, NStZ-RR 2003, 225.

Thiele, Frank
Neue polizeiliche Aufgaben für den Zollfahndungsdienst, Kriminalistik 2004, 178.

Thode, Marina
Die außergerichtliche Einziehung von Gegenständen im Strafprozess, NStZ 2000, 62.

Thomasius, Rainer
Cannabiskonsum und -missbrauch: Deutschlands Suchtproblem Nr. 3 bei Jugendlichen und jungen Erwachsenen, MschrKrim 2006, 107.

Tillmanns, Christian
Arzneimittelfälschungen – regulatorische Rahmenbedingungen und Haftungsfragen, PharmR 2009, 66.

Tillmanns, Christian
Publikumswerbeverbote – jüngere Rechtsprechung und Tendenzen, PharmR 2010, 382.

Tisch, Lutz
Die Rolle der Apotheke in der Arzneimittelversorgung im Binnenmarkt, EuR 2007, 93.

Toonen, Marcel/Ribot, Simon/Thissen, Jac
Yield of illicit indoor cannabis cultivation in the netherlands, Journal of forensic sciences 2006, 1050.

Trafkowski, Jens/Musshoff, Frank/Madea, Burkhard
Positive Opiatbefunde nach Aufnahme von Mohnprodukten, Blutalkohol 2005, 431.

L

Literatur

Treeck, Bernhard van
   Das große Cannabis-Lexikon, 2000.
Tünnesen, Bernd
   Criminal Poisoning I, Autopsien und post-mortale Untersuchungen in Deutschland, Österreich und der Schweiz, 2008.
Ullmann, Rainer
   Drogenkonsumräume – Ausweg oder Irrweg?, Kriminalistik 2000, 578.
Ullmann, Rainer
   Wenn Sucht Krankheit ist, ist Substitutionsbehandlung Krankenbehandlung, StV 2003, 293.
Ulmer, Albrecht
   Substitution unter neuer Rechtslage, 1998.
Ulsenheimer, Klaus
   Zur Strafbarkeit des Arztes beim „off-label-use" von Medikamenten, in: Bernsmann, Klaus/Fischer, Thomas/Rissing-van Saan, Ruth (Hrsg.), Festschrift für Ruth Rissing-van Saan zum 65. Geburtstag am 25. Januar 2011, 2011, 701.
Valerius, Brian
   Zur Strafbarkeit des Dopings de lege lata und de lege ferenda, in: Bernsmann, Klaus/Fischer, Thomas/Rissing-van Saan, Ruth (Hrsg.), Festschrift für Ruth Rissing-van Saan zum 65. Geburtstag am 25. Januar 2011, 2011, 717.
van der Gouwe, D./Ehrlich, .E./van Laar, M. W.
   Het drugsbeleid in Nederland, Trimbos-instituut, 2009.
Vitt, Elmar
   Nochmals: Zur Eigentumsfähigkeit und Diebstahlstauglichkeit von Betäubungsmitteln, NStZ 1992, 221.
Voit, Wolfgang
   Anforderungen des AMG an die Ausgestaltung der Probandenversicherung bei der Durchführung klinischer Studien und ihre Konsequenzen für Sponsor, Prüfarzt und Ehtik-Kommission, PharmR 2005, 345.
Volkmer, Mathias
   Geldentschädigung bei überlanger Verfahrensdauer?, NStZ 2008, 608.
von Bülow, Albrecht
   Kontrollierter Heroingenuss – eine bisher kaum bekannte Konsumvariante, KrimJ 1989, 118.
von Bülow, Albrecht
   Ansätze und Perspektiven bundesdeutscher Drogentherapie, ZRP 1990, 21.
von Danwitz, Klaus-Stephan
   Anmerkung zu einem Irrweg in der Bekämpfung der Drogenkriminalität, StV 1995, 431.
von Hippel, Eike
   Drogen- und Aids-Bekämpfung durch Methadon-Programme?, ZRP 1988, 289.
von Hippel, Eike
   Methadon: Letzte Hilfe im Drogenelend?, ZRP 1989, 311.
Voß, Marko
   Die Tatobjekte der Geldwäsche, 2010.
Wabnitz, Heinz-Bernd/Janovsky, Thomas
   Handbuch des Wirtschafts- und Steuerstrafrechts, 3. Auflage, 2007.
Wagner, Gerhard
   Das Zweite Schadensersatzrechtsänderungsgesetz, NJW 2002, 2049.
Wagner, Heinz
   Rechtliches Gehör im Ermittlungsverfahren, ZStW 1997, 545.
Wagner, Marc
   Klinische Prüfung mit Betäubungsmitteln und die Verkehrserlaubnis nach § 3 BtMG – ein Junktim, MedR 2004, 373.
Wagner, Marc
   Cannabis für Kranke – Das Bundesverwaltungsgericht im Rausch?, PharmR 2008, 18.

Literatur

Waldmann, Helmut
Methadon-Sucht, DrogenR 1992, 10.

Wanke, Klaus / Täschner, Karl-Ludwig
Rauschmittel, Drogen – Medikamente – Alkohol, 5. Auflage, 1985.

Warius, Silke
Das Hawala-Finanzsystem in Deutschland – ein Fall für die Bekämpfung von Geldwäsche und Terrorismusfinanzierung?, Eine Untersuchung unter Einbeziehung aufsichtsrechtlicher und anderer gesetzlicher Rahmenbedingungen, 2009.

Warntjen, Maximilian / Schelling, Philip
Der Vertragsarzt als „Beauftragter" der Krankenkassen: Mitarbeiter von pharmazeutischen Unternehmen im Visier der Staatsanwaltschaft?, PharmR 2010, 509.

Weber, Klaus
Was lässt der Beschluss des 3. Strafsenats des BGH vom 10. 7. 2003 vom Handeltreiben übrig?, NStZ 2004, 66.

Weber, Klaus
Betäubungsmittelgesetz, Kommentar, 3. Auflage, 2009 (zitiert: *Weber*).

Wegmann, Henning
Entwurf zum Sportschutzgesetz: ja – aber richtig!, CaS (Causa Sport) 2010, 242.

Weichert, Johannes
Aus der Rechtsprechung zu den Vorschriften über betäubungsmittelabhängige Straftäter (§§ 35 ff. BtMG), NJW 1999, 827.

Weider, Hans-Joachim
Die Strafmilderung für den Aufklärungsgehilfen nach § 31 Nr. 1 BtMG, NStZ 1984, 391.

Weider, Hans-Joachim
Die neue Rechtsprechung zum Aufklärungsgehilfen nach § 31 BtMG, NStZ 1985, 481.

Weider, Hans-Joachim
Vom Dealen mit Drogen und Gerechtigkeit, Strafverfahrenswissenschaftliche Analyse und Kritik der Verteidigung in Betäubungsmittelsachen, 2000.

Werner, Karin
Die Anrechnung einer erfolglosen Drogentherapie auf die Strafe nach § 36 BtMG, StV 1989, 505.

Wesemann, Horst / Voigt, Lea
Strafklageverbrauch bei BtM- und Waffen-Delikten, StraFo 2010, 452.

Weßlau, Edda
Zur Zulässigkeit der zwangsweisen Verabreichung von Brechmitteln zwecks Erbrechens von Betäubungsmittelportionen, StV 1997, 341.

Westphal, Folker u. a.
Morphin und Codein im Blut nach Genuss von Mohnsamen, Blutalkohol 2006, 14.

Winkler, Karl-Rudolf
Entkriminalisierung des Haschischkonsums – Stein des Weisen oder verhängnisvoller Dammbruch?, SuchtR 1993, 29.

Winkler, Karl-Rudolf
Zur Zulässigkeit von „Fixerstuben", StV 1995, 216.

Winkler, Walter
Verbrechen und Vergehen gegen das Betäubungsmittelgesetz, NStZ 2001, 301.

Winkler, Walter
Verbrechen und Vergehen gegen das Betäubungsmittelgesetz, NStZ 2006, 328.

Wirth, Ingo / Strauch, Hansjürg
Rechtsmedizin, Grundwissen für die Ermittlungspraxis, 2. Auflage, 2006.

Wittau, Matthias / Weber, D. / Reher, B.
„Bodypacker" als chirurgischer Notfall, Der Chirurg 2004, 436.

Wittern, Andreas / Baßlsperger, Maximilian
Verwaltungs- und Verwaltungsprozessrecht, Grundriss für Ausbildung und Praxis, 19. Auflage, 2007 (zitiert: *Wittern / Baßlsperger*).

Literatur

Wörz, Thomas
Doping und psychische Abhängigkeit, in: Wörz, Thomas (Hrsg.), Doping, Aufklärung und Maßnahmen der Prävention ; Schulen für Leistungssport im internationalen Vergleich, 2007, S. 1.

Wüterich, Christoph / Breucker, Matthias
Plädoyer für eine Kronzeugenregelung zur Dopingbekämpfung, SpuRt 2002, 133.

Zerwas, Herbert / Demgensky Sascha
Islamic Banking in Deutschland und Bankerlaubnis nach dem Kreditwesengesetz, WM 2010, 629.

Zier, Ursula
Lateinamerikanische Drogenkuriere im Konflikt zwischen Bestechungs- und Schuldbekennungskultur, StV 1990, 475.

Zimmermann, Frank
Wann ist der Einsatz von Strafrecht auf europäischer Ebene sinnvoll? – Die neue Richtlinie zum strafrechtlichen Schutz der Umwelt, ZRP 2009, 74.

Zschockelt, Alfons
Verbrechen und Vergehen gegen das Betäubungsmittelgesetz – 2. Teil, NStZ 1997, 266.

Zuck, Rüdiger
Der Standort der besonderen Therapieeinrichtungen im deutschen Gesundheitswesen, NJW 1991, 2933.

Zuck, Rüdiger
Doping, NJW 1999, 831.

Zuck, Rüdiger / Lenz, Christofer
Der Apotheker in seiner Apotheke, NJW 1999, 3393.

Zwerling, Craig / Ryan, James / Orav, Endel John
The Efficacy of Preemployment Drug Screening for Marihuana and Cocain in Predicting Employment Outcome, Journal of the American Medical Association 1990, 2639.

Einleitung

Die Entwicklung der Rauschgiftszene und der Betäubungsmittelgesetzgebung in der Bundesrepublik Deutschland

Seit Jahrtausenden konsumieren die Menschen der verschiedensten Kulturen 1 bewusstseinsverändernde Drogen als **Genuss- und Rauschmittel,** als **Heil- und Schlafmittel,** als **Gift- und Hexentrank,** als **Liebes- und Heldentrank** nach festen Regeln. Schon immer gab es Drogen, die in der einen Gesellschaft als Genussmittel gepflegt und verbreitet oder als Medizin erlaubt waren, in der anderen Gesellschaft aber geächtet und verboten waren. Die **Assyrer, Sumerer, Ägypter und Griechen** gewannen ebenso wie die Chinesen aus dem **Milchsaft des Schlafmohns (Papaver somniferum) das Opium** (opos = griech. Saft) als einschläfernde und schmerzstillende Droge. Der älteste Hinweis auf den Schlafmohn finden wir auf Keilschrifttafeln der Sumerer (3000 Jahre v. Chr.). Bis in die Neuzeit beherrschten Opiumrezepte die Arzneibücher und Arzneimittelforschung. Ägyptische Händler brachten das Opium nach Griechenland. Die Ärzte und Priester der Kultstätte Epidaurus verabreichten Opium als Wunderheilmittel. **Diagoras, Heraklid, Hippokrates, Nikander** erwähnen in ihren Schriften Opium als Heilmittel. Die Wirkungen des Schlafmohnes spielten in der griechischen Mythologie eine große Rolle. Schlafmohn, Mohnblüte und Mohnsaft wurden in der griechischen Dichtung besungen. Der Schlafmohn wurde personifiziert und als Gottheit verehrt. In Homers Odyssee **(800 v. Chr.)** werden die Wirkungen des Opium besungen. Auch unter den römischen Kaisern **Nero** und **Mark Aurel** waren Opiumzubereitungen üblich.

In den frühen **südamerikanischen Kulturen** wurden halluzinogene Pflanzen 2 als Heil- und Genussmittel genutzt. Seit Jahrhunderten kaut die südamerikanische Bevölkerung **Kokablätter,** gegen Hunger, Durst, Müdigkeit, Erschöpfung und Krankheit in ähnlicher Weise wie im afrikanischen Jemen die Bevölkerung **Khatblätter** kaut. Rauschgifte inspirierten und ruinierten Künstler von der Antike bis in die Neuzeit.

Die älteste Naturdroge war **Cannabis,** die als Nutz- und Kultpflanze in der ganzen Welt verbreitet war. Um **3000 v. Chr.** wurde Cannabis in zahlreichen ostasiatischen Kulturen wie **China** und **Indien,** aber auch in **Afrika und Europa** angebaut. Während in **Indien** der Hanf als Geschenk des Gottes Shiva verehrt und konsumiert wurde, ließ der **ägyptische Emir** Sudun Sheikuni Haschischkonsumenten ins Gefängnis werfen.

Zahlreiche Kräuter, Blüten und Früchte, Pflanzen, Pilze, Sträucher und Bäume, 4 Pflanzensäfte, Wurzelextrakte und Tiersekrete dienten im Laufe der Jahrhunderte als **Genussmittel, Heilmittel, Rauschmittel, Reinigungsmittel** und **Gifte.** Die Menschen gingen im Rahmen ihrer kulturellen Bräuche zumeist vernünftig mit ihnen um, ohne dass Gesetze, Verbote und Strafen sich als notwendig erwiesen. Es war Theophrastus Bombastus von Hohenheim, genannt **Paracelsus** (1493–1541), der darauf hinwies, dass es die vom Menschen **gewählte Dosis** ist, von der es abhängt, ob ein Stoff sich als Genussmittel, Heilmittel oder Gift erweist.

Im **christlichen und islamischen Kulturkreis** kam es im **16. bis 18. Jahr-** 5 **hundert** wiederholt zur **Prohibition von Kaffee und Kaffeehäusern,** von **Tabak und Rauchsalons.** Kaffeetrinker und Tabakraucher wurden schwer bestraft, weil sie ihre eigene Gesundheit und die ihrer Gäste beeinträchtigten.

Bis in die **Neuzeit der Drogengeschichte** erwiesen sich neu entdeckte 6 **Heilmittel** nach Missbrauch auch als schädliche **Suchtmittel.** Im Jahre **1680** pries der englische Modearzt Sydenham seinen wohlhabenden Patienten das **Opium** als die **beste Schmerzdroge** und verordnete bei zahlreichen Krankheiten seine Opiumzubereitung Laudanum Sydenham, eine Mischung aus spanischem Wein, Opium, Safran, Zimt und Nelken, ohne die suchterzeugenden Nebenwirkungen zu erkennen. In Frankfurt (Main) gab es seit **1753** die sog. „**Frankfurter Pillen**", ein Gemisch aus Zucker und Opium, von denen Kleinkindern eine halbe Pille empfohlen wurde. Bekannt wurden auch die weltberühmten „**Hoffmann's-Tropfen**" mit nur noch 5% Opiatanteil. Die schädlichen Nebenwirkungen des Opiums wurden lange Zeit nicht zur Kenntnis genommen. Die britische **East-India-Company** weitete **1780** ihre Opiumproduktion in Indien aus und erzielte riesige Umsätze durch Opiumexporte nach **China**. Ende des 18. Jahrhunderts ergänzte die Regierung Chinas das Opiumrauchverbot mit einem Opiumimportverbot und traf damit insb. die britische East-India-Company.

7   Im Jahre **1803** isolierte der deutsche Apotheker Friedrich **Sertüner** ein Alkaloid aus dem Opium und nannte diesen Stoff „**Morphin**" nach Morpheus, dem griechischen Gott der Träume. Sertüner gewann mit dem **Morphium** die erste Pflanzenbase und begründete einen neuen Wissenschaftszweig, die Alkaloidchemie. Im 19. Jahrhundert wurde **Opium zur Volksdroge**. Die Ärzte verschrieben hunderte Variationen von **Opiumarzneien:** Laudanum, Opium gegen Pocken, Ruhr, Cholera, Gicht, Pest, Masern, Durchfall, Asthma, Katarrh, Epilepsie, Angina, Fieber- und Reisekrankheiten, Verwundungen, Brüche und Amputationen. Leichte Opiumzubereitungen kamen als Schlaf- und Hustenmittel für Kinder in den Apothekenhandel (wie z.B. „Aachener Schlafhonig", „Dr. Zöhrers Kinderglück", „Mutter Baileys Beruhigungssyrup").

8   Die Darmstädter Pharmafirma E. Merck & Co. produzierte seit 1827 Morphium und baute die industrielle Produktion nach und nach aus (das Medikament „**Merck's Morphine**"). Viele Krankheiten und Beschwerden wurden mit gespritztem Morphium behandelt. Morphium wurde vereinzelt missbraucht und eskalierte in einer schwer heilbaren Krankheit, der **Morphiumsucht.** Die Morphiumsucht war eine **Abhängigkeit von ärztlich verschriebenem Morphin,** ganz anders als die **heutige Opiatabhängigkeit,** die auf dem **Missbrauch von illegalem Straßenheroin beruht.** Es gab Morphiumabhängige, die ihren Konsum zu steuern vermochten und jahrelang ein unauffälliges Leben führten. Andere versanken in der Morphiumsucht auf ewig. Die Morphiumsucht hieß auch **Soldaten- und Wehrmachtskrankheit.**

9   Auf die Bemühungen der chinesischen Regierung, den Opiumhandel zu unterbinden, reagierte England mit einer militärischen Intervention. Von **1839–1842** dauerte der **1. Opiumkrieg.** Mit dem **2. Opiumkrieg** von **1856–1860** erzwang England die Legalisierung von Opium in China.

10   Dem deutschen Chemiker Albert **Niemann** gelang es im Jahre **1860,** das Hauptalkaloid der Cocapflanze, das zwar bereits entdeckt war, chemisch darzustellen und nannte es Kokain. Die Fa. E. Merck & Co. produzierte in Darmstadt seit 1862 das Medikament „**Merck's Cocaine**". Die deutsche Pharmafirma Merck und die amerikanische Firma Park & Davis entwickelten in der Folgezeit Tausende von Kokainpräparaten, die als Wundermittel gegen nahezu jede Krankheit den Weltmarkt eroberten und Riesengewinne bescherten. Wegen der lokalanästhetischen Wirkung wird Kokain bis zum heutigen Tage als **Heilmittel** genutzt. Kokain eroberte aber nicht nur als Heilmittel, sondern auch als **Genussmittel** die internationalen Märkte. Es wurden **Coca-Weine, Coca-Teesorten, Coca-Pastillen, Coca–Zigaretten und Coca-Erfrischungsgetränke** in großem Umfange produziert. Am bekanntesten wurde das Erfrischungsgetränk der 1891 gegründeten Coca Cola-Company, das bis 1903 Coca-Bestandteile enthielt. Der Versuch, eine **Morphiumsucht mit Kokain zu behandeln,** schlug fehl.

11   Als der suchtbildende Charakter des Morphins durch Louis Lewin **1879** nachgewiesen wurde, eroberten sich die **Cannabis-Medizinen** den Weltmarkt. Cannabis-Produkte, die bislang nur in der Korbflechterei, Seilerei sowie in der Sack- und Textilindustrie Verwendung gefunden hatten, wurden vielfältige Heilmittel.

Fertigarzneimittel mit extractum Cannabis indica oder mit tinctura Cannabis indica wurden gegen Husten, Schlafstörungen, Krämpfe, Epilepsie, Schwindsucht, Asthma und Hühneraugen verabreicht. Das Schlafmittel „Somnius" mit 15% Cannabisanteilen, eine Tinktur von der Firma Dr. Dralle fand weiten Absatz. Die Zigarettenfirma „Simon-Arzt" brachte 1870 **Cannabis-Zigaretten** auf den deutschen Markt (z. B. die Marke „Simon-Arzt Nr. 2" mit 7% Cannabisanteilen). Cannabis wurde Ende des 19. Jahrhunderts immer bedeutsamer als Rohstoff für die **Papier-, Textil- und Seilindustrie.** Die Hanfpflanze eroberte wegen ihrer vielseitigen Verwendungsmöglichkeiten den Weltmarkt und wurde wegen ihres günstigen Preises für die Holz- und Kunstfaser-Industrie zu einer bedrohlichen Konkurrenz.

1874 erhitzte der englische Chemiker C. H. **Wright** Morphin mit Acetylan- 12 hydrid, um ein Mittel gegen die Morphinsucht zu gewinnen, nachdem in der medizinischen Wissenschaft die Notwendigkeit erkannt worden war, **therapeutische Konzepte gegen die Morphiumsucht und Kokainsucht** zu entwickeln. Er gewann das **Diacetylmorphin** und erprobte es erfolglos mit Hunden. 1875 wird in San Francisco das Opiumrauchen chinesischer Einwanderer mit Strafe bedroht. 1887 folgte ein Opiumeinfuhrverbot. **1875** beschrieb Levinstein das Krankheitsbild der **Morphinsucht,** die sich damals alarmierend **unter Ärzten, Künstlern und Soldaten** ausbreitete. Die größte Menge an Opiaten wurde um 1890 verbraucht oder missbraucht. Allein in China wurden 20.000 t Opium konsumiert.

Am 27. 6. **1898** brachten die Elberfelder Farbenfabriken, die 1897 neben den 13 Farbchemie-Labors ein Pharmakologisches Institut gegründet hatten, ein neues Medikament gegen Hustenreiz und Morphinsucht auf den Markt und ließen hierfür das geschützte Warenzeichen „**Heroin**" eintragen. Heroin wurde 1897 von **Dr. Hoffmann** und **Dr. Dreser** nach mehrstündigem Kochen von Morphin mit Essigsäureanhydrit und einer Folge von Reinigungsprozessen gewonnen. Nachdem es zunächst an Fischen, Fröschen und Kaninchen, später am Menschen, getestet worden war, eroberte Heroin als Antihustenmittel, Schmerzmittel und Wunderwaffe gegen die Morphinsucht den Weltmarkt und erzielte Rekordumsätze. **Heroin** wurde nicht nur als **Husten- und Schmerzmittel,** sondern auch gegen Grippe, Herzbeschwerden, Multiple Sklerose, gynäkologische Beschwerden, Nymphomanie, Hypochondrie, Idiotie und gegen Halluzinationen verordnet. Die **deutsche Pharmaindustrie** war damals **größter Alkaloidproduzent der Welt.** Sie stellte deshalb bei der Vermarktung der Opiumarzneien den therapeutischen Wert in den Vordergrund und verharmloste mögliche Nebenwirkungen der Präparate. In den Jahren 1900–1915 produzierten die Farbenfabriken jährlich 1 Tonne Heroin und exportierten den Stoff in alle Welt. Auf das Bekanntwerden schädlicher Wirkungen reagierte man, indem man diese Arzneimittel der Apothekerkontrolle unterstellte. Durch die Kaiserliche Verordnung betreffend den Verkehr mit Arzneimitteln v. 22. 10. 1901 (RGBl. I, 380) wurde das Feilhalten und der Verkauf von Opiumarzneien den Apotheken übertragen. Die Kaiserliche Verordnung enthielt aber keinerlei Strafbestimmungen.

In der Zeit vom **1. bis 26. 2. 1909** tagte in Schanghai eine internationale 14 Kommission, die sich mit Maßnahmen gegen den **Opiummissbrauch** in China beschäftigte. Auch das Deutsche Reich nahm an dieser internationalen Opiumkonferenz teil. 1910 wurden 118 t, 1911 104 Tonnen, 1913 162 t Opium nach Deutschland eingeführt, wovon ca. 55% zu Morphin und 45% zu Heroin verarbeitet wurde. Im Deutschen Reich produzierten mittlerweile 6 pharmazeutische Firmen Heroinpräparate.

Im Rahmen des 1. Internationalen Opiumabkommens (IOA) v. **23. 1. 1912** in 15 Den Haag **(Haager Abkommen)** wurde unter Vorsitz von Bischof Brent Opium, Kokain, Morphium geächtet und die **Grundlage für die Drogenprohibition im 20. Jahrhundert** geschaffen. 1913 und 1914 folgten zwei weitere Opiumkonferenzen in Den Haag. Die **Harrison-Narcotic-Act** untersagte 1914 in den USA den Handel mit Opiaten und Kokain. Neben den Handelsbeschränkungen sollte das Gesetz aber auch den **Verschreibungsmissbrauch von Ärzten** eindämmen und Skript-, Dope- und Trafiking-Doktors eindämmen. 1916 wurden im Deutschen Reich noch 7,8 t Heroin und 14,3 t Morphin hergestellt.

16 Durch Unterzeichnung des Haager Abkommens im Jahre **1912** wurde das Deutsche Reich verpflichtet, innerhalb von 12 Monaten die Vorschriften des Haager Abkommens zur Bekämpfung des internationalen Drogenmissbrauches in das deutsche Recht zu transformieren. Zum Schutz der deutschen Pharmaindustrie verweigerte jedoch Deutschland noch auf der dritten Haager Opiumkonferenz im Jahre 1914 die Unterzeichnung, was weltweite Entrüstung hervorrief. Infolge von Handelsblockaden des Ersten Weltkrieges entstanden für die deutsche Alkaloidindustrie Versorgungsprobleme. In den Feldlazaretten wurden in steigendem Maße Opium, Morphin und andere Schmerzmittel benötigt. Mit der Verordnung betreffend den Handel mit Opium und anderen Betäubungsmitteln v. **22. 3. 1917** (RGBl. I, 256) wurde der Verkehr mit Betäubungsmitteln eingeschränkt und neu geregelt. Opium, Morphin, Opiumalkaloide, Kokain usw. durften nur als Heilmittel verwendet und in Apotheken abgegeben werden. Diese Verordnung enthielt erstmals Strafbestimmungen. Zunehmende **Versorgungsschwierigkeiten** machten die Verordnung über den Verkehr mit Opium v. **15. 12. 1918** (RGBl. I, 1447) erforderlich, die durch die Verordnung v. **20. 8. 1919** ergänzt wurde (RGBl. I, 1474) und als **Kriegsnotverordnung** die Versorgungskanäle beschränkte. Die Verordnung über den Verkehr mit Opium v 15. 12. 1918 führte erstmals die **Erlaubnispflicht** ein für den Verkehr mit Betäubungsmitteln und gebrauchte erstmals den Begriff Handeltreiben. Zuwiderhandlungen wurden mit Gefängnis bis zu 6 Monaten und mit Geldstrafe bis zu 10.000 Mark bedroht.

17 Im Januar **1919** trat in den Vereinigten Staaten das **Prohibitionsgesetz** in Kraft, das jeglichen **Konsum und Handel von Alkohol untersagte**. Bereits im 19. Jahrhundert hatte sich in den USA eine puritanische Bewegung entwickelt, die im Alkohol eine Ursache für Kriminalität und Niedergang sah, die als **Mäßigkeitsbewegung** zunächst den exzessiven Alkoholmissbrauch eindämmen wollte und später sich in politischen Bewegungen wie der **National Prohibition Party** und der **Anti Saloon-League** für ein Totalverbot von Alkohol einsetzte. Doch das Alkoholverbot, das ein Genussmittel ächten und dessen Missbrauch und Verbreitung verhindern wollte, bewirkte das exakte Gegenteil. **An Stelle der bislang legalen Handelsfirmen und Wirtshäuser** schossen **illegale Handelsfirmen und Schwarzbrennereien, illegale Kneipen und Straßenhändler** aus dem **Boden.** Die eigens aufgebaute Prohibitionsverwaltung wurde mit zahlreichen Antragstellungen und Korruptionsangeboten lahmgelegt. Whisky-Schmuggler aus dem Ausland, **Mafiabanden** übernahmen das illegale Alkoholgeschäft und lieferten sich blutige **Bandenkriege.** Obwohl die **Alkoholprohibition** in den USA ein **Lehrbeispiel für das Scheitern einer kompromisslosen Prohibitionspolitik** abgab, wurde in den folgenden Jahrzehnten in missionarischem Eifer weltweit immer wieder **auf die problemlösende Kraft der Prohibition vertraut** mit geringem Erfolg. Es dauerte bis zum Jahre 1933, bis der neue Präsident Franklin D. Roosevelt dem Alkoholverbot in den USA ein Ende setzte und die Alkoholindustrie wieder belebte.

18 Mit Inkrafttreten des Versailler Vertrages v. **28. 6. 1919** (vgl. Gesetz v. 16. 7. 1919, RGBl. I, 681) wurde Deutschland aber dann durch Art. 295 Abs. 1 des Vertrages verpflichtet, das bislang nicht unterzeichnete Haager Abkommen von 1912 als verbindlich anzuerkennen. Der Druck der Siegermächte des **Ersten Weltkrieges** führte sodann zum 1. deutschen Betäubungsmittelgesetz, dem Gesetz zur Ausführung des internationalen Opiumgesetzes v. 30. 12. 1920 (RGBl. I, 1921). Das **OpiumG 1920** stellte generell den Verstoß gegen die Erlaubnispflicht unter Strafe und bedrohte in § 8 die Einfuhr, Ausfuhr, Herstellung, Verarbeitung, Erwerb, Veräußerung, das sonstige Inverkehrbringen, Aufbewahren, Feilhalten, Abgeben von Betäubungsmitteln ohne die in § 2 vorgeschriebene Erlaubnis mit Gefängnisstrafe bis zu 6 Monaten und Geldstrafe bis zu 10.000 Mark. Es gab aber eine Gesetzeslücke: Der **erlaubnislose Handel** mit Betäubungsmitteln, insb. der **erlaubnislose Vermittler** von Betäubungsmittelgeschäften war aber nicht strafbewehrt. Das Änderungsgesetz v. **21. 3. 1924** (RGBl. I, 290) erhöhte die Strafandrohung auf Gefängnis bis zu 3 Jahren. Der unerlaubte Umgang mit Heroin war zwar strafbar, die wissenschaftliche und medizinische Verwendung war aber nicht untersagt. In den Jahren **1925 bis 1930** erreichte die **Heroinproduktion** ihren alarmierenden Höhepunkt. Mehr als 20 Pharmafirmen in Deutschland stellten ca. 30 t Heroin her, von denen nur 10 t medizinisch verwendet wurden und riesige Heroinmengen durch illegale Kanäle auf den illegalen Drogenschwarzmarkt abflossen. **1926** produzierte die **Weimarer Republik** noch 2.400 kg Kokain, 20.700 kg Morphin und 1.800 kg Heroin. In Deutschland breitete sich in den **20er Jahren** zunächst in Künstlerkreisen, später auch in breiten Bevölkerungsschichten der Kokainmissbrauch aus. Berlin und Paris entwickelten sich zu Zentralen der Kokainkultur. Der 47. Deutsche Ärztetag im Jahre **1928** in Danzig stand wegen des Kokainmissbrauches denn auch unter dem Leitthema: Die Gefahren der Rauschgifte für das deutsche Volk und ihre Bekämpfung. Das Reichsgericht verurteilte **1926** einen Arzt wegen dessen Kokainverschreibungen, weil dieser seinem suchtkranken Patienten mehr geschadet als geholfen habe.

Nach Übernahme der völkerrechtlichen Verpflichtung durch Ratifizierung des **19** **Zweiten Genfer Abkommens** v. **19. 2. 1925** (RGBl. II [1929], 409) durch das Gesetz v. **19. 2. 1929** (RGBl. II, 407) schuf der deutsche Gesetzgeber das erste umfassende und richtungsweisende Betäubungsmittelgesetz, das Gesetz über den Verkehr mit Betäubungsmitteln **(OpiumG 1929)** v. 10. 12. 1929 (RGBl. I, 215), das sämtliche geltende Verordnungen integrierte und vorhandene Gesetzeslücken schloss. Der Handel mit Betäubungsmitteln wurde ebenso wie die anderen Umfangsformen von einer Erlaubnispflicht abhängig gemacht und das **unerlaubte Handeltreiben**, einschließlich der Vermittlungsgeschäfte, mit Strafe bedroht. Das Gesetz sah erstmals die Möglichkeit vor, durch Rechtsverordnung dem Gesetz neue Stoffe zu unterstellen.

Ziel des OpiumG war es, zu verhindern, dass bestimmte Stoffe und Zubereitungen zu anderen Zwecken als zur Heilung oder wissenschaftlichen Forschung verwendet wurden und dass die Bevölkerung vor dem Missbrauch von Rauschgiften geschützt wurde. Am **19. 12. 1930** trat die erste BtMVV in Kraft, auch **Morphingesetz** genannt. Danach durften Betäubungsmittel nur verschrieben werden, wenn ihre Anwendung ärztlich begründet war. In der Zeit nach dem Genfer Abkommen von 1931 gingen sowohl die Produktion als auch die medizinische Verordnung von Heroin erheblich zurück.

Zur gleichen Zeit entbrannte in den USA ein **Konkurrenzkampf zwischen** **20** **Firmen, die Kunstfasern, und Firmen, die Naturfasern** aus **Cannabis** herstellten. Die Amerikaner **R. Hearst, H. Anslinger** und **A. Mellon** verbündeten sich gegen den Cannabishandel und verfehmten den Rohstoff als **Teufelsdroge.**

Als 1924 in den USA Heroin verboten wurde, stieg die **Mafia in den Verei-** **21** **nigten Staaten** in das illegale Rauschgiftgeschäft ein und baute diesen lukrativen Geschäftszweig von heutigen Tage immer weiter aus. **1930** wurde durch den **Präsidenten des amerikanischen Narcoticbureaus (FBNDD),** *Anslinger,* **Cannabis als Mörderkraut und Killerdroge verfemt** und mit zweifelhaftem Fallmaterial in Verbindung gebracht, obwohl die **La Guardia-Studie** die These widerlegte, Cannabis mache gewalttätig. **1937** wurde die **Marihuana-Tax-Act** unterzeichnet. Erneut fand die **Prohibition-Argumentation** weltweit Zustimmung und es wurde Cannabis als **Teufelsdroge** der **Krieg erklärt.**

Das deutsche **Dritte Reich** betrieb zwar einerseits eine radikale Rauschgiftbe- **22** kämpfung, ließ aber andererseits den Rauschgiftmissbrauch in Regierungs- und in Militärkreisen geschehen. Die Reichszentrale zur Bekämpfung der Rauschgiftvergehen im Reichskriminalpolizeiamt in Berlin registrierte **1942** 4.000 süchtige Straftäter. Sehr ernst wurden Verschreibungsdelikte von Ärzten genommen. 1932 wurden ca. 1.700 Verfahren wegen missbräuchlicher Verschreibungen eingeleitet. Im gesamten Reichsgebiet wurden auf Gauebene Zentralstellen für die Suchtbekämpfung geschaffen, die die Bemühungen aller Sicherheits- und Ordnungskräfte in Arbeitsgemeinschaften für die Suchtbekämpfung zusammenfassten. **1942** be-

zeichnete Professor Graf vom Kaiser Wilhelm-Institut in Berlin – Dahlem die
Suchtbereitschaft als „Gefahr für den Volkskörper" (vgl. *Tautz* SuchtR 2000, 55).
Das deutsche OpiumG v. 10. 12. 1929 (RGBl. I, 215), geändert durch die Gesetze v. 22. 5. **1933** (RGBl. I, 215) und v. 9. 1. 1934 (RGBl. I, 22) blieb auch nach
dem Zweiten Weltkrieg in Kraft, da es vom Alliierten Kontrollrat nicht aufgehoben wurde.

    Die Vereinten Nationen übernahmen **nach dem Zweiten Weltkrieg die
internationale Suchtstoffkontrolle** und trieben diese durch Vorbereitung internationaler Suchtstoffübereinkommen voran. Auch nach Inkrafttreten des Grundgesetzes v. 24. 5. 1949 galt in Deutschland das OpiumG 1929 als vorkonstitutionelles
Recht fort. Am **2. 5. 1952** konnte die Hamburger Kriminalpolizei im Hafen die
erste größere deutsche Heroinsicherstellung von 6 kg vornehmen. Von 1954 bis
1958 entzog die Bundesopiumstelle den Pharmafirmen die Erlaubnis zur Heroinproduktion.

23   **Nach dem Zweiten Weltkrieg** baute die **sizilianische Mafia** bei Palermo
eine eigene Heroinproduktion auf. In Südfrankreich entwickelte sich die **„French
Connection".** Am 23. 5. **1951** entdeckte die Marseiller Kriminalpolizei das erste
französische Heroinlabor, dem **1952** die Entdeckung eines weiteren Heroinlabors
folgte. Die Heroinsicherstellungen in Europa nahmen stetig zu. Der internationale
Charakter des organisierten Rauschgifthandels wurde offenbar und man strebte
deshalb internationale Abkommen zur Bekämpfung des Drogenhandels an. Ende
der 60er Jahre wurden die Mafiabosse Guerini und 10 ihrer Leute in einer Marseiller Bar von gedungenen Killern erschossen. Die Marseiller Rauschgift-Mafia
unter den Brüdern Venturi und dem Paten Gaetan Zampa verbündete sich mit der
sizilianischen Rauschgiftmafia, mit türkischen Terroristen und der **türkischen
Mafia** und stieg mit diesen gemeinsam in das internationale Rauschgift- und Waffengeschäft ein. In vielen Ländern bildeten sich **„ehrenwerte Gesellschaften"**
von sozial integrierten, wirtschaftlich und politisch mächtigen Persönlichkeiten, die
mit weißer Weste aus dem Hintergrund, hinter dem Deckmantel anerkannter
Wirtschaftsunternehmen, internationale Rauschgiftgeschäfte planten und organisierten. Kriminalbeamte, Richter, Staatsanwälte, Journalisten, V-Leute und Untergrundagenten, die sich mit der organisierten Rauschgift-Kriminalität allzu intensiv
beschäftigten, wurden umgebracht.

24   **Die Rauschgiftszene wurde zum Spiegelbild politischer Konflikte.** Der
Vietnamkrieg hatte nicht nur zahlreiche süchtige Amerikaner, sondern auch
zahlreiche amerikanische Dealer geboren. Der **6-Tage-Krieg** und die **Palästinen-
ser**-Konflikte trieben israelische und arabische Rauschgiftdealer in die deutsche
Rauschgiftszene. Der **Unabhängigkeitskampf der Surinamer** entließ zahlreiche
surinamische Abenteurer auf die niederländische und deutsche Rauschgiftszene. In
den Niederlanden bauten **chinesische Geheimgesellschaften** internationale
Rauschgifthandelsorganisationen mit strengem Sittenkodex auf, lagerten riesige
Heroinmengen der Sorte „Hongkong-Rocks" in Lagerhäusern in Rotterdam sowie Amsterdam und überließen großenteils Surinamern den Weiterverkauf.

    Von der Türkei aus bauten **armenische und kurdische Freiheitsbewegun-
gen** Rauschgiftvertriebsnetze auf, um mit den Erlösen die Waffenkäufe der Bewegung zu finanzieren (vgl. *Behr* Weltmacht Droge, 1980).

25   **1954** wurden in Deutschland 1.648 Rauschgiftdelikte gemeldet. Es wurden
1.145 Täter ermittelt, davon 269 als illegale Rauschgifthändler und Rauschgiftschmuggler. 876 Täter machten sich als Konsumenten oder Süchtige durch
Verstoß gegen das OpiumG strafbar. Das *BKA* begründete den gegenüber 1953
eingetretenen Rückgang der Zahlen damit, dass Deutschland kein Absatzmarkt
für Drogenhändler sei und die Verbraucher leichter und billiger an Drogen aus
legalen Beständen kommen könnten. 1954 ermittelten die Polizei und die
Staatsanwaltschaft gegen 214 Ärzte und 20 Apotheker wegen Verstoßes gegen die
BtMVV v. 19. 12. 1930, allein in 36 Fällen wegen unbegründeter Betäubungsmittelverschreibungen für ihre süchtigen Ehefrauen. Auf dem Deutschen Ärztetag von
1955 wurden Leitsätze betreffend die Gefahren der Rauschgiftsucht und ihre Be-

kämpfung und Richtlinien zur **Behandlung von rauschgiftsüchtigen Ärzten** formuliert.

Nach dem Zweiten Weltkrieg wurde die ehemals vom Völkerbund wahrge- **26** nommene internationale Drogenkontrolle der Suchtstoffkommission den Vereinten Nationen übertragen. Anslinger setzte sich dafür ein, dass in den USA ein härteres Drogengesetz, der **Narcotic Control Act,** geschaffen wurde. Aufgrund des gro-ßen Einflusses, den der Vorsitzende des FBNDD *Anslinger* sowohl auf die Weltge-sundheitsorganisation (WHO) als auch auf die Regierungen der internationalen Staatengemeinschaft hatte, wurde bei der Formulierung der Single Convention of Narcotic Drugs **Cannabis mit Morphin gleichgestellt.** Im Rahmen des inter-nationalen Einheitsübereinkommens von 1961 über Suchtstoffe **(Single Conven-tion of Narcotic Drugs von 1961)** gelang es, eine Reihe internationaler Ab-kommen und Protokolle zusammenzufassen und die Völkergemeinschaft auf einheitliche Grundsätze im Umgang mit illegalen Drogen zu verpflichten. Dieses **Suchtstoffübereinkommen,** dem nach und nach fast alle Länder der Welt beige-treten sind, hat bis heute fundamentale Bedeutung und hat die meisten nationalen Betäubungsmittelgesetze des 20. Jahrhunderts geprägt. **1962** schied *Anslinger* aus dem Amt.

1968 setzte eine stark **gesellschaftskritische Bewegung gegen das Estab- 27 lishment** ein, die nicht nur auf der Straße und an den Universitäten die Aus-einandersetzung mit den Herrschenden suchte, sondern auch mit bewusstseins-erweiternden Drogen experimentierte und einen alternativen Lebensstil suchte. Es bildeten sich in der Folgezeit subkulturelle Drogenzirkel und Drogenszenen.

Das OpiumG von 1929, das in erster Linie als Verwaltungsgesetz den legalen Verkehr mit Betäubungsmitteln regelte und dessen Strafbestimmungen im Wesent-lichen die Einfuhr, den Besitz und Erwerb weicher Drogen durch drogenkon-sumierende Außenseiter der Gesellschaft und missbräuchliche Verschreibungen weniger Ärzte erfasste, wurde der 1969 in der Bundesrepublik Deutschland einsetzenden Drogenwelle nicht mehr gerecht. Das Einheitsübereinkommen von 1961 über Suchtstoffe wurde durch das **internationale Übereinkommen von 1971 über psychotrope Stoffe** ergänzt. Das Übereinkommen von 1971 erwei-terte nämlich die Drogenkontrolle über die klassischen Suchtstoffe hinaus auf hal-luzinogene Stoffe, Stimulanzien, Sedativa und Tranquilizer. 1972 wurde das Ein-heitsübereinkommen von 1961 neu gefasst. Die Bundesrepublik Deutschland ratifizierte zum einen die **Single Convention on Narcotic Drugs v. 30. 3. 1961** durch das Gesetz v. 4. 9. 1973 (BGBl. II, 1353) und durch die Bekanntma-chung über das Inkrafttreten v. 15. 8. 1974 (BGBl. II, 1211) und zum anderen das **Übereinkommen über psychotrope Stoffe v. 21. 2. 1971** durch das Gesetz v. 30. 8. 1976 (BGBl. II, 1477) und durch die Bekanntmachung v. 31. 8. 1976 (BGBl. II, 1239) und hatte diese Übereinkommen nach Inkrafttreten in innerstaat-liches Recht umzusetzen.

1969 erklärte US-Präsident *Nixon* ähnlich wie beim Alkoholverbot und beim **28** Cannabisverbot den Drogen Heroin und Kokain den Krieg **(War on Drugs)** und bekämpfte den internationalen Drogenhandel wie den internationalen Terrorismus als Staatsfeinde.

1971 wurde deshalb das bis dahin geltende OpiumG von 1929 umfassend novel- **29** liert. Es trat als **Gesetz über den Verkehr mit Betäubungsmitteln (BtMG)** v. 22. 12. 1971 (BGBl. I, 2092) am 25. 12. 1971 in Kraft und wurde am 10. 1. 1972 (BGBl. I, 1) bekanntgemacht. Ziel des BtMG 1972 war es, den **legalen Drogenverkehr** vollständig zu **kontrollieren** und den **illegalen Drogenverkehr** möglichst vollständig zu **unterdrücken.** Wie das OpiumG hielt das BtMG an der generellen Erlaubnispflicht für den Umgang mit Betäubungsmitteln fest, er-gänzte aber die Strafbestimmungen erheblich. Der Gesetzgeber war überzeugt, **mit Mitteln der Repression Drogensucht und Drogenhandel wirksam bekämpfen** und besiegen zu können. Unzureichende Kenntnisse und Schreckens-berichte über die Droge Cannabis verführten dazu, die sog. weiche Droge Can-nabis zusammen mit Opium, Morphin, Thebain, Codein und Kokain als Betäubungsmittel in § 1 BtMG aufzuzählen und einheitlichen Strafbestimmungen zu unterwerfen.

30   Im allgemeinen Teil der amtlichen Begründung des von der Bundesregierung eingebrachten Gesetzesentwurfes (BR-Drs. 665/70) sind die Motive für die umfangreiche Novellierung festgehalten:

„Der Missbrauch von Rauschgiften, die im Opiumgesetz als Betäubungsmittel bezeichnet werden, droht ein gefährliches Ausmaß zu erreichen. Dieses Phänomen lässt sich nicht mehr als eine vorübergehende Mode deuten und abtun. Einer Seuche gleich breitet es sich mehr und mehr auch in der Bundesrepublik Deutschland aus. Immer weitere Kreise der Bevölkerung werden von dieser Welle erfasst. In besonderem Maße droht der Jugend Gefahr, oft schon während der Pubertät. Die Zahl der Jugendlichen, die den Einstieg in die Drogenwelt vollziehen, nimmt zu. Es zeigt sich dabei, dass die Altersschwelle, auf der der Einstieg erfolgt, absinkt. Selbst Kinder bleiben davon nicht verschont. Der Ernst der Situation wird durch Todesfälle, die sich in jüngster Zeit, insb. bei Jugendlichen ereignet haben, in eindringlicher Weise unterstrichen.

Die Rauschgiftkriminalität hat im Jahre 1969 um 151,8% gegenüber den im Vorjahr erfassten Rauschgiftdelikten zugenommen. So wie die Dinge liegen, zeichnet sich eine weitere Zunahme für das Jahr 1970 ab. Dabei ist zu bedenken, dass die Statistik nur ein unvollkommenes Spiegelbild der wirklichen Situation ist. Die Dunkelziffer ist bei der Rauschgiftkriminalität besonders hoch. Ihr tatsächlicher Umfang übersteigt die statistischen Angaben um ein Mehrfaches. Es ist nicht zuletzt der illegale Handel, der eine erhebliche Zunahme verzeichnet und geradezu gefährliche Formen annimmt.

Als eine der Maßnahmen der Bundesregierung, die in einem umfassenden Aktionsprogramm zur Bekämpfung der Rauschgiftsucht vorgesehen sind, dient das Gesetz dem Ziel, der Rauschgiftwelle in der Bundesrepublik Deutschland Einhalt zu gebieten und damit große Gefahren von dem einzelnen und der Allgemeinheit abzuwenden. Es geht darum, den einzelnen Menschen, **insb. den jungen Menschen vor schweren und nicht selten irreparablen Schäden an der Gesundheit und damit vor einer Zerstörung seiner Persönlichkeit, seiner Freiheit und seiner Existenz zu bewahren.** Es geht darum, die Familie vor der Erschütterung zu schützen, die ihr durch ein der Rauschgiftsucht verfallenes Mitglied droht. Es geht darum, der Allgemeinheit den hohen Preis zu ersparen, den ihr die Opfer einer sich ungehemmt ausbreitenden Rauschgiftwelle abverlangen würden. Es geht schließlich darum, die Funktionsfähigkeit der Gesellschaft nicht gefährden zu lassen. ...

Diese Regelung bildet ein wichtiges **Instrument namentlich zur Bekämpfung der illegalen Händler. Diese Menschen, die gewissenlos am Unglück der anderen Menschen profitieren, sollen in Zukunft die ganze Schärfe des Gesetzes erfahren.** Beobachtungen zeigen, dass sie sich in zunehmendem Maße auch in der Bundesrepublik Deutschland zu Banden zusammenschließen, die wie Spionagedienste organisiert sind. Dabei werden auch Kinder und Jugendliche auf der untersten Stufe des Bandennetzes eingesetzt. In der Regel sind diese bereits süchtig und werden mit sogenanntem Stoff bezahlt, so dass sie willfährige Werkzeuge der Bandenführung darstellen. ...

Ein besonderes Kennzeichen der Rauschgiftwelle ist die **erhebliche Zunahme des Verbrauches von indischem Hanf (Cannabis sativa)** und des darin enthaltenen Harzes **(Haschisch).** Es handelt sich dabei um ein Haluzinogen, das nach der in der medizinischen Wissenschaft überwiegenden Meinung bei Dauergebrauch zu Bewusstseinsveränderungen und zu psychischer Abhängigkeit führen kann. Der psychoaktive Wirkungsmechanismus beruht offenbar auf dem darin enthaltenen isomeren **Tetrahydrocannabinol (THC),** das erst seit wenigen Jahren voll synthetisiert hergestellt werden kann. Bei der Droge treten offenbar keine Entziehungssymptome auf und es besteht nur eine geringe Tendenz, die Dosis zu erhöhen. Mit großer Wahrscheinlichkeit ist davon auszugehen, dass die Droge eine **Schrittmacherfunktion** ausübt. Der Umsteigeeffekt auf härtere Drogen zeigt sich besonders bei jungen Menschen. Praktisch vollziehen sie mit ihr den Einstieg in die Welt der Rauschgifte. Die exakten biochemischen Vorgänge, die sich im menschlichen Körper beim Genuss dieser Droge vollziehen, sind noch weithin unbekannt. ...".

Das BtMG von **1972** war als wirkungsvolle Sofortmaßnahme zur Kontrolle des Verkehrs mit Rauschgiften und zur Bekämpfung der Rauschgiftsucht gedacht und zwar noch vor einer Neuordnung des gesamten Suchtmittelrechtes.

Nachdem bereits **US-Präsident Nixon das Rauschgift zum Staatsfeind 31 Nr. 1** erklärt hatte, führten die nachfolgenden amerikanischen Präsidenten mit immer mehr Militäreinsatz einen hoffnungslosen Krieg gegen die Drogen. Dieser **„war on drugs"** bestimmte in den nächsten Jahrzehnten die repressiven Drogenbekämpfungsstrategien in aller Welt.

Nachdem aber seit 1973 die Haschischproblematik nachließ, die sichergestellten **32 Heroinmengen,** die Zahl der **Herointoten** sich vervielfachten und Heroinhändlerbanden vom goldenen Dreieck (Grenzland zwischen Burma, Thailand und Laos) aus große Heroinmengen nach Amsterdam und von dort aus in großen oder in kleinen Mengen per „Ameisenverkehr" nach Deutschland transportierten, brachte bereits **1975** das Land Nordrhein-Westfalen im Bundesrat einen neuen Gesetzentwurf zur Verschärfung der Strafvorschriften des BtMG ein. Die Bundesregierung, die jedoch eine Novellierung des gesamten Gesetzes plante, wandte sich gegen eine erneute isolierte Änderung der Strafvorschriften. Unbemerkt breitete sich gleichzeitig neben der durch das BtMG erfassten Rauschgiftsucht und Rauschgiftkriminalität eine legale Form von Drogensucht, nämlich die **Medikamentensucht,** seuchenartig in allen Schichten der Bevölkerung aus. Die durch missbräuchliche Verschreibungen bewirkte **Überfütterung der Bevölkerung mit Psychopharmaka** führte zu Suchtproblemen **(z. B. Polytoxikomanie, Barbituratabhängigkeit),** die den Problemen einer Opiatsucht ähnlich sind. In der Rauschszene bildeten sich graue Arzneimittelabsatzmärkte. Die Strafvorschriften des AMG **1976** mit einer Strafandrohung bis zu 1 Jahr Freiheitsstrafe boten keinerlei Möglichkeit, gegen Arzneimitteldealer und ärztliche verordnete Intoxikationen wirksam einzuschreiten. Seit **1977** bauten immer mehr **straff organisierte Rauschgifthändlerorganisationen** in der Bundesrepublik ihre Vertriebssysteme auf und nutzten die Bundesrepublik als Drogenumschlagplatz. Türkische Gastarbeiter und kurdische Heroinhändlerorganisationen überschwemmten die Bundesrepublik mit türkischem und syrischem Heroin. **Die armenische Terror-Organisation „ASALA",** die verbotene türkische Partei **„MHP"** und ihre Jugendorganisation: **„Graue Wölfe"** und ihre Auslandsvertretung **„Türk-Föderation"** („Föderation Demokratischer Türkischer Idealistenvereinigungen in Europa") wurden international mit Mordanschlägen und Heroingeschäften in Verbindung gebracht.

Die Strafverfolgungsbehörden in der Bundesrepublik mussten der anwachsenden **33** organisierten Kriminalität besondere **verdeckte Ermittlungsmethoden** entgegensetzen, wie den V-Mann und Verdeckten Ermittler, Scheinfirmen und Scheingeschäfte, Telefonüberwachung sowie Observation. Die Zahl der im Zusammenhang mit Rauschgiftdelikten festgenommenen Täter erreichte **1979** fast 50.000. Die Zahl der Drogentoten stieg 1979 auf 623. Die Strafverfolgungsbehörden stellten 207 kg Heroin im Jahre 1979 sicher und rechneten mit bis zu **100.000 Opiatabhängigen,** und ca. 300.000 Medikamentensüchtigen, mit bis zu 1.000.000 Alkoholsüchtigen. Für diese Drogenabhängigen standen nur **wenige Therapieplätze** zur Verfügung.

Da legte die Bundesregierung mit Datum vom 9. 11. **1979** den Entwurf eines **34** Gesetzes zur Neuordnung des Betäubungsmittelrechtes vor, dessen Strafbestimmungen durch Erhöhung des Strafrahmens von 10 auf 15 Jahre und durch die Bildung von Verbrechenstatbeständen den bandenmäßigen Heroinhandel abschrecken und verdrängen sollten. Da der Gesetzentwurf aber neben den Strafverschärfungen für die Rauschgifthändler keine Bestimmungen für drogenabhängige Straftäter enthielt, scheiterte dieser Gesetzentwurf ebenso wie der von der CDU/CSU-

Fraktion am 23. 10. 1979 eingebrachte Entwurf eines Gesetzes zur Änderung des BtMG.

Das BtMG wurde durch das **Gesetz v. 28. 7. 1981** (BGBl. I, 287) neu gefasst und trat am 1. 1. 1982 in Kraft. Es brachte eine **grundlegende Neugestaltung und Vereinfachung des Betäubungsmittelrechtes,** Strafverschärfung für schwere Rauschgiftkriminalität und sozialtherapeutische Rehabilitation für abhängige Straftäter **(Grundsatz: Therapie statt Strafe).** Im Einzelnen verfolgte das Gesetz folgende Ziele:

1. Die internationalen Suchtstoffübereinkommen wurden in das Betäubungsmittelrecht der Bundesrepublik Deutschland umgesetzt, die Kontrolle des legalen Betäubungsmittelverkehrs wurde gestrafft, die Kontrolle wurde auf 27 weitere Stoffe und ca. 55 Präparate gem. dem internationalen Übereinkommen von 1971 über psychotrope Stoffe ausgedehnt. **Anstelle des BtMG 1972 und 16 Verordnungen trat das BtMG 1982 mit drei Anlagen und vier Verordnungen.** Von den 16 Verordnungen verblieben nur noch:
   a) eine Verordnung über die Einfuhr, Ausfuhr und Durchfuhr von Betäubungsmitteln gem. § 11 Abs. 2 BtMG, die **BtMAHV** (BGBl. I, 1420), vgl. Anh. C 3,
   b) eine Verordnung über die Abgabe und den Erwerb von Betäubungsmitteln gem. § 12 Abs. 4 BtMG, die **BtMBinHV** (BGBl. I, 1425), vgl. Anh. C 2,
   c) eine Verordnung über die Verschreibung von Betäubungsmitteln, die **BtMVV** gem. § 13 Abs 3 BtMG (BGBl. I, 1427), vgl. Anh. C 1,
   d) eine Betäubungsmittel-Kostenverordnung, die BtMKostV (BGBl. I, 1433), vgl.Anh. C 4.
2. Ferner strebte das Gesetz durch Neufassung der Straftatbestände und durch eine **Erhöhung des Strafmaßes** der angedrohten zeitlichen Freiheitsstrafe für die Grundtatbestände von drei auf vier Jahre und für schwerwiegende Taten von 10 **auf 15 Jahre** eine wirkungsvolle Bekämpfung des organisierten Rauschgifthandels an.
3. Durch Verzicht auf Strafvollstreckung und Absehen von Anklageerhebung sollte kleinen bis mittleren betäubungsmittelabhängigen Straftätern geholfen werden, wenn diese sich einer Behandlung ihrer Abhängigkeit unterziehen. Der Gesetzgeber schuf im 7. Abschnitt des Gesetzes in den §§ 35 bis 38 **Sondervorschriften für betäubungsmittelabhängige Straftäter.** Das **Absehen von Strafe** wurde auf alle Tathandlungen, die mit dem **Eigenverbrauch geringer Mengen** in Zusammenhang stehen, ausgedehnt.
4. Schließlich sollte im Rahmen des § 31 BtMG durch Strafmilderung oder Absehen von Strafe Tätern, durch deren Information Rauschgiftdelikte aufgedeckt oder schwere Rauschgiftdelikte verhindert werden können **(sog. Aufklärungsgehilfen),** geholfen, die Auftraggeber und Hinterleute ausgeschaltet und die internationalen Rauschgifthandelsorganisationen eingedämmt werden.

Mit dem neuen Gesetz gelang es, die bislang ansteigenden Zahlen der Drogenabhängigen und Drogentoten zunächst zum Stillstand zu bringen, das Netz der Therapieeinrichtungen in der Bundesrepublik auszubauen und die festgenommenen und verurteilten Drogenabhängigen unter Verzicht auf Strafvollstreckung zum Teil schneller einer geeigneten Therapie zuzuführen.

35   **Der internationale Drogenhandel breitete sich** jedoch unbeeindruckt durch die neuen erhöhten Strafandrohungen in der Bundesrepublik weiter aus. Die **Schmuggelmethoden und Geschäftsmethoden** der organisierten Händler **verfeinerten sich** so, dass die Polizei trotz verbesserter personeller und finanzieller Ausstattung vielerorts den Kontakt zum illegalen Handel weitgehend verlor, und das **Dunkelfeld sich ausbreitete.**

Die **besonderen Probleme bei der Gewinnung, Führung und dem Einsatz von V-Leuten** und der Verwertung ihrer anonymen Angaben ließen den V-Mann vom Beweismittel zum bloßen Informationsmittel werden. Nachdem vermehrt V-Leute die zulässigen Grenzen der Tatprovokation überschritten und dies bei ihren verdeckten Vernehmungen verschwiegen, erschwerte der *BGH* in zunehmendem Maße die Verwertung verdeckter Vernehmungen unbekannter, nicht preisgegebener V-Leute. Seitdem der *Große Senat des BGH* die verdeckte Vernehmung des V-Mannes durch das Gericht außerhalb der Hauptverhandlung nicht mehr zuließ, sondern den V-Mann wie jeden anderen Zeugen behandelte, hat die Kriminalpolizei viele ihrer V-Leute und damit zugleich den Kontakt zum organisierten Drogenhandel verloren.

Neben Haschisch und Heroin eroberte **Kokain** den illegalen Betäubungsmittel- 36 telmarkt. Die Regierung und Wirtschaft von einzelnen südamerikanischen Staaten finanzierten sich zum erheblichen Teil aus den Millionenumsätzen mit Kokain **(Columbian Connection; Bolivian Connection).** Die seit 1977 langsam ansteigende **Kokainwelle** erreichte die Bundesrepublik und führte auch in der hier jährlich zu immer höheren Sicherstellungsraten. Während 1967 nur 1 g Kokain im Bundesgebiet festgestellt werden konnte, wurden im Jahre 1977 7.669 g und 1984 171 kg Kokain beschlagnahmt. Die **südamerikanischen Rauschgiftkuriere aus Peru, Kolumbien und Bolivien** mit Kokainsendungen im Koffer oder im Darm überschwemmten Europa mit der Modedroge Kokain. Die Zahl der Kokainkonsumenten in der Bundesrepublik nahm stetig zu.

Am **1. 9. 1984** traten aufgrund der **1. BtMÄndV v. 13. 7. 1984** eine Reihe 37 von Änderungen des BtMG und der BtMVV in Kraft. Nachdem die starken Schlaf- und Schmerzmittel **„Valoron"**, **„Medinox"**, **„Vesparax"** und **„Mandrax"** im BtMG 1982 betäubungsmittelrechtlichen Vorschriften unterstellt worden waren, unterstellte die 1. BtMÄndV neben anderen Änderungen die als Betäubungsmittelersatzstoffe missbrauchten Arzneimittel **„Temgesic"** und **„Fortral"** dem BtMG. Am 1. 8. 1986 trat die **2. BtMÄndV** in Kraft. Das Amphetaminderivat **Fenetyllin,** Wirkstoff der weitverbreiteten Aufputschpille **Captagon** wurde der Anlage III, Teil A unterstellt. Die Anlage III C wurde durch 33 Benzodiazepine erweitert. Für die in Verkehr befindlichen Zubereitungen dieser Stoffe wurden Ausnahmen von den betäubungsmittelrechtlichen Vorschriften zugelassen. Die **Kokainwelle in der Bundesrepublik** breitete sich aus und führte jährlich zu neuen Sicherstellungsrekorden: 1987 zu 82 kg Kokain. Weltweit war ein Trend zur Polytoxikomanie erkennbar. In Amerika breitete sich das Inhalieren der **Kokainbase „Crack"** und das Rauchen des **Kokainsulfats „Bazuko"** epidemisch aus. In Europa mehrten sich die Amphetamin-Laboratorien. Es wurde die **Herstellung von synthetischen Drogen** zu einem gefährlichen Kriminalitätszweig von vornehmlich Hobbychemikern. Die deutsche Justiz sah sich den besonderen **Problemen der Körperschmuggler** ausgesetzt, die unter großen gesundheitlichen Risiken per Flugzeug Heroin und Kokain in Körperöffnungen bzw. im Magen-Darm-Trakt oder durch Deutschland transportierten.

Zu **Beginn der Achtziger Jahre** rief die **Reagan-Administration** eine 38 **Ausweitung des Drogenkrieges (war on drugs)** aus und verschärfte 1986 in einem neuen Antidrogengesetz die Strafandrohung für den Crack-Handel.

AIDS breitete sich erschreckend schnell aus und ermöglichte nach öffentlicher 39 Diskussion der Spritzeninfektion die vorher so **umstrittenen Methadonprogramme** und **Spritzenaustauschprogramme.** Vom 1. 1. 1982 bis zum 31. 12. 1988 wurden beim *Bundesgesundheitsamt* 2.779 AIDS-Erkrankungen (72,1% homo- oder bisexuelle Männer, 10% Opiatfixer), davon 1.146 AIDS-Todesfälle (41,2%) registriert. Ambulante Drogentherapiemaßnahmen setzten sich neben der stationären Therapie durch. In der Bundesrepublik wurde vermehrt eine Legalisierung der Betäubungsmittel diskutiert. Ende 1988 wurde die **Wiener Suchtstoffkonvention** unterzeichnet. Mit einem Monitoring-System nahm man zunächst, den illegalen Grundstoffhandel zu treffen. Nach einem Bericht der Zeitschrift Suchtreport 1988, Heft 2, ließ sich die deutsche Drogenszene wie folgt beschreiben:

In der Bundesrepublik Deutschland sind ca. 3–4 Mio. Cannabisabhängige bekannt, ca. 80.000 sind Abhängige harter Drogen wie Heroin, Kokain, Amphetamin. Jährlich erhöhen sich kontinuierlich die beschlagnahmten Mengen an Rauschmitteln. Die Anzahl der Drogentoten hat zunehmende Tendenz. 1988 waren es 673 Tote. 9,7% der Jugendlichen zwischen 12 und 24 Jahren haben irgendwann Rauschmittel genommen, 4% von den 12 bis 18jährigen, 15% der 18 bis 24jährigen. 7% der BtMG-Tatverdächtigen sind unter 18 Jahre alt. Die Drogenkriminalität ist kaum mehr in den Griff zu bekommen. Dabei überrascht, dass trotz Aids-Gefährdung und öffentlicher Diskussion der Spritzeninfektion die Zahl der neuen Heroinkonsumenten nicht abnahm, sondern noch anstieg, also keine abschreckende Wirkung entfaltete. Dies wird erklärt mit einer sich ausbreitenden Neigung, sich ungehemmter dem Drogenmissbrauch hinzugeben. Der Konsument entscheidet sich für eine „**Sweet Short Life**" – Lebensperspektive. Bei der Drogenarbeit geht es deshalb nicht mehr nur um die Behandlung der Drogensucht, sondern auch um die Aids-Epidemie. Ca. 400.000 Menschen sind in der Bundesrepublik medikamentenabhängig. Der Deutsche gibt im Jahr über 400,– DM pro Kopf für Medikamente aus. An der dritten Stelle im Umsatz liegen die Psychopharmaka. Von den in Deutschland niedergelassenen Ärzten werden 24 Mill. Schlafstörungen bzw. psychogene Störungen in 12 Monaten diagnostiziert: dagegen werden 10,2 Mill. mal Tranquilizer und 11,4 Mill. mal Hypnotika und Sedativa in einem Zeitraum von 12 Monaten verordnet. Etwa 2 Mill. Alkoholiker bedürfen medizinischer Behandlung. 25 bis 30% aller Schüler in der Bundesrepublik nehmen regelmäßig Medikamente, um Leistungsprobleme, Konzentrationsschwächen und psychosoziale Auswirkungen zu überwinden. Die **Bundesrepublik** ist zu einer **Gesellschaft von Süchtigen** geworden. Die **Drogenszene** ist ein **Spiegelbild dieser Gesellschaft**.

40   Aufgrund Art. 1 des Gesetzes v. 23. 9. 1990 i. V. m. Anl. I, Kap. X, Sachgebiet D, Abschnitt II, Nr. 20 des **Einigungsvertrages** v. 31. 8. 1990 (BGBl. II, 885, 1081) wurde das BtMG zur Herstellung der nationalen Einheit in dieser Form nach Art. 8 des Einigungsvertrages mit bestimmten weiteren Maßgaben (Anl. I, Kap. X, Sachgebiet D, Abschnitt III, Nr. 1) auch im Gebiet der ehemaligen **Deutschen Demokratischen Republik** (DDR) in Kraft gesetzt. In der ehemaligen DDR war das OpiumG durch das **Suchtmittelgesetz** (GBl. I, Nr. 58, 572) ersetzt worden.

41   Durch eine **3. BtMÄndV** v. 28. 2. 1991 wurde eine Vielzahl neuer Stoffe dem BtMG unterstellt. Das immense Anwachsen der Zahlen von Neueinsteigern und Drogentoten führte im Dezember 1989 zu dem Beschluss der Regierungschefs von Bund und Ländern unter Einbeziehung von Organisationen und Experten, einen Nationalen Drogenbekämpfungsplan zu entwickeln und in einer Nationalen Drogenkonferenz zu verabschieden. Am 30. 3. **1990** fand eine **Sonderkonferenz der Innen-, Justiz-, Jugend-, Kultus- und Gesundheitsminister in Bonn** statt, die mit einer gemeinsamen **Entschließung der Länder** zur Drogenbekämpfung endete. Am 13. 6. 1990 wurde zu Beginn einer nationalen Drogenkonferenz vom Bundeskanzler ein „**Nationaler Rauschgiftbekämpfungsplan**" verabschiedet. Die durch die Wiedervereinigung Deutschlands, durch Unterbringung von Asylantenströmen und durch Öffnung der Grenzen (Schengener Abkommen) stark gebeutelten Länderhaushalte führten aber zu einer nur unzureichenden Umsetzung des Nationalen Rauschgift-Bekämpfungsplans. Stattdessen wurde die bisherige vornehmlich repressive Drogenpolitik in der Öffentlichkeit in Frage gestellt, niedrigschwellige Substitutionsprogramme, kontrollierte Ver- und Abgabe von Heroin an Schwerstabhängige diskutiert.

42   Ausgehend von einem **Vorlagebeschluss des** *Landgerichts Lübeck* v. 19. 12. **1991** (NJW 1992, 1571 = StV 1992, 168), der ein **Recht auf Rausch** einforderte und die gesetzliche **Ungleichbehandlung von Alkohol und Haschisch als verfassungswidrig** ansah, erlebte Deutschland eine **heftige drogenpolitische Diskussion** um die Legalisierung von Cannabis (vgl. Stoffe/Teil 1, Rn. 68ff.) und um die Freigabe harter Drogen (vgl. Stoffe/Teil 1, Rn. 254ff.). Angesehene **Ökonomieprofessoren** entwickelten **Konzepte,** wie mit einem Staatsmonopol bzw. staatlich kontrollierter Abgabe von Betäubungsmitteln der illegale Drogenmarkt ausgetrocknet werden könnte. Deutsche Großstädte wie Frankfurt am Main, Hamburg, Dortmund usw., die von ausufernden offenen Drogenszenen, Schwerstab-

hängigen und Drogentoten am meisten getroffen waren, lösten sich aus ihrer Abhängigkeit von Land und Bund und fanden sich zusammen mit anderen Drogenmetropolen Europas in der **Initiative: Europäische Städte im Zentrum des illegalen Drogenhandels** und sorgten mit ihrem jährlichen Zusammentreffen für neue Schubkraft in der unbeweglich gewordenen Drogenpolitik Europas. Nach einem wenig erfolgreichen Drogenbekämpfungskrieg in den vorausgegangenen 20 Jahren fand nun zwischen den Parteien ein **Glaubenskrieg um Substitution, kontrollierte Ab- und Vergabe von Opiaten, um Spritzenabgabe und Fixerstuben** statt, der zu zahlreichen gegensätzlichen Gesetzentwürfen führte, insgesamt die Situation aber nicht bereinigte und zu **keiner parteiübergreifenden neuen deutschen Drogenpolitik** führte.

Der Gesetzgeber strebte wegen der weitgehenden Wirkungslosigkeit hoher **43** Strafandrohungen nun mit einer Vielzahl von Gesetzentwürfen an, den internationalen Drogenhandel durch **Gewinnaufspürung, Gewinnabschöpfung und Geldwäschetatbestand** an seiner finanziellen Ferse zu treffen und den Drogenabhängigen gleichzeitig mehr Therapiewege zu eröffnen. Als **Geheimwaffe** gegen den organisierten Rauschgifthandel sollten sich die **Finanzermittlungen** erweisen, obwohl diese bei der Bekämpfung der Wirtschaftskriminalität bislang nur bescheidene Erfolge brachten. Das Gesetz zur **Änderung des Außenwirtschaftsgesetzes,** des Strafgesetzbuches und anderer Gesetze v. 28. 2. 1992 (BGBl. I, 372) führte bei den Verfallsvorschriften des StGB das Bruttogewinnprinzip anstelle des bisherigen Nettogewinnes ein. Ein Gesetz zur Einführung eines **Zeugnisverweigerungsrechts für Beratung** in Frage der Betäubungsmittelabhängigkeit v. 1. 8. 1992 (BGBl. I, 1366) garantiert die Vertrauensbasis zwischen Drogenberater und Abhängigen. Das **Gesetz zur Bekämpfung des illegalen Rauschgifthandels und anderer Erscheinungsformen der Organisierten Kriminalität (OrgKG)** v. **15. 7. 1992** (BGBl. I, 1302) bescherte eine **Vermögensstrafe** (§ 43a StGB), einen **erweiterten Verfall** (§ 73d StGB), einen **Geldwäschetatbestand** (§ 261 StGB) sowie eine Serie neuer Verbrechenstatbestände im BtMG (wie z. B. bandenmäßiger Handel mit nicht geringen Mengen von Betäubungsmitteln, Missbrauch von Jugendlichen usw.) mit Strafandrohungen von 1–15 Jahren Freiheitsstrafe. Die Strafandrohung für den Grundtatbestand des § 29 BtMG wurde von 4 auf 5 Jahre Freiheitsstrafe erhöht.

Das **Gesetz zur Änderung des BtMG** v. 9. 9. 1992 (BGBl. I, 1593) ermög- **44** lichte der Staatsanwaltschaft, mit einem eingeschränkten Opportunitätsprinzip von der Strafverfolgung bei geringen Eigenkonsummengen des Drogenkonsumenten (§ 31a BtMG) oder bei Therapieantritt des Drogenabhängigen (§ 37 BtMG) abzusehen, erleichterte die Anrechnung von Therapien auf die Strafe (§ 36 BtMG), erschwerte die Widerrufsmöglichkeiten der Zurückstellung und erweiterte die Rechtsmittelmöglichkeiten gegen die Verweigerung der Zurückstellung der Strafvollstreckung (§ 35 Abs. 2 u. Abs. 5 BtMG). Die. **4. BtMÄndV** v. 23. 12. 1992 (BGBl. I, 2483) erweiterte und korrigierte den Katalog der Betäubungsmittel und erleichterte die ärztliche Verschreibung von Betäubungsmitteln. Am 11. 2. 1993 stellte die Stadt Frankfurt beim *Bundesgesundheitsamt* in Berlin ein Ausnahmeantrag nach § 3 Abs. 2 BtMG, in einem wissenschaftlichen Forschungsprojekt beim Frankfurter Gesundheitsamt die ärztlich kontrollierte Vergabe von Heroin (Diamorphin) an Schwerabhängige erproben zu dürfen **(DIAPRO-Projekt).** Dieser Antrag wurde im Januar 1994 abgelehnt. Die Stadt Frankfurt klagte dagegen erfolgreich beim Verwaltungsgericht Berlin. Da es wegen der internationalen Geltung des deutschen Strafrechts gem. § 6 Nr. 5 StGB Schwierigkeiten mit der nationalen Erlaubnisnorm des § 3 BtMG gab, wurde das Ausführungsgesetz Suchtstoffübereinkommen von 1988 v. 2. 8. 1993 (BGBl. I, 1407) in § 29 Abs. 1 BtMG die Formulierung „ohne Erlaubnis nach § 3 BtMG" durch den neutralen Begriff „unerlaubt" ersetzt.

Das **Ausführungsgesetz Suchtstoffübereinkommen** 1988 v. **2. 8. 1993** füg- **45** te zudem eine Verbotsnorm (§ 18a BtMG) und Strafvorschriften gegen den unerlaubten Umgang mit Grundstoffen für die Betäubungsmittelherstellung (§ 29

Abs. 1 Nr. 11 BtMG) ein. Mit dem **Geldwäschegesetz** v. 25. 10. 1993 (BGBl. I, 1170) sollte den Strafverfolgungsbehörden das **Aufspüren von Gewinnen aus schweren Straftaten** und die **Bekämpfung der Geldwäsche** erleichtert werden. Die **5. BtMÄndV v. 18. 1. 1994** brachte eine Reihe von neuen Ausnahmeregelungen für diverse Diazepine u. Barbiturate und stufte **Methadon** als **verschreibungsfähiges Betäubungsmittel** in Anl. III Teil A des BtMG und in § 2 Abs. 1 BtMVV ein. Am 24. 1. 1994 genehmigte die Direktion des **Schweizer Bundesamtes für Gesundheitswesen** den Gesamtversuchsplan und die Ausführungsbestimmungen für die Versuche der **ärztlichen Verschreibung von Heroin** in zahlreichen schweizer Städten. Am 1. 3. 1994 wurde nach den zahlreichen Gesetzesänderungen eine neue Fassung des Deutschen BtMG bekanntgemacht (BGBl. I, 358).

46   Mit dem **dritten Suchtstoffübereinkommen der Vereinten Nationen v. 20. 12. 1988** (BGBl. [1993] II, 1136) wurde versucht, die strafrechtliche Betäubungsmittelkontrolle durch eine Verbesserung der internationalen Zusammenarbeit zu intensivieren. Das Suchtstoffübereinkommen 1988 ist in Deutschland am **28. 2. 1994** (BGBl. I, 342) in Kraft getreten. Das Übereinkommen regelt die internationale Rechtshilfe, die internationale Verfolgung des Grundstoffhandels und der Geldwäsche sowie die kontrollierte Weiterleitung von Betäubungsmitteltransporten. Auch die europäischen Staaten befassten sich im Rahmen der europäischen Einigung immer häufiger mit Betäubungsmittelrecht und Drogenpolitik. Das **Schengener Durchführungs-Übereinkommen** v. 19. 6. 1990 (BGBl. [1998] II, 1010) und der Vertrag über die Europäische Union i. d. F. des Vertrages von Amsterdam v. 2. 10. 1997 (BGBl. [1998] II, 386) widmeten sich zahlreichen Drogenfragen.

47   **Die Grundsatzentscheidung des Bundesverfassungsgerichts v. 9. 3. 1994** (BVerfGE 90, 145 = NJW 1994, 1577 = NStZ 1994, 397 = StV 1994, 295) wurde von vielen als drogenpolitische Weichenstellung, als Appell an den Gesetzgeber verstanden, die gesetzliche Regelung des Umganges mit Cannabis-Produkten kritisch zu überdenken und den Cannabiskonsumenten von Strafverfolgung zu befreien. Dabei war das Gericht **weder** zu einem **Grundrecht auf Rausch noch** zu einer gesundheitlichen **Unbedenklichkeit von Cannabis**-Produkten gelangt und hatte dem Gesetzgeber grundsätzlich zugebilligt, am Cannabisverbot und den Strafvorschriften des BtMG für den Umgang mit Cannabis-Produkten festzuhalten. Die entsprechend einem Nord-Süd-Gefälle unterschiedliche und widersprüchliche Strafverfolgungspraxis von Cannabis-Konsumdelikten in den einzelnen deutschen Bundesländern und die in diesen Ländern weit voneinander abweichenden Grenzwerte der geringen Betäubungsmittelmenge konnten trotz mehrmaliger Treffen der Landesjustizminister nicht vereinheitlicht werden. Während die südlichen Bundesländer für eine strikte Strafverfolgung votierten und in einer Liberalisierung ein falsches Signal für die Jugend sahen, das zum Massenkonsum verführen könnte, hatten sich Hamburg, Hessen und Schleswig-Holstein für großzügige Opportunitätsregelungen ausgesprochen. Die **Hessische Landesregierung** sprach sich für eine **staatlich kontrollierte Cannabisabgabe** in staatlichen Drug-Shops aus. Die **Schleswig-holsteinische Landesregierung** strebte ein Erprobungsprojekt eines **staatlich kontrollierten Verkaufs von Cannabis-Produkten in Apotheken** an. Beide Initiativen scheiterten jedoch.

48   Durch das Gesundheitseinrichtungen-Neuordnungs-Gesetz (GNG) v. 24. 6. 1994 (BGBl. I, 1416) wurde das **Bundesinstitut für Arzneimittel und Medizinprodukte** (*BfArM*) als Rechtsnachfolgerin des *Bundesgesundheitsamtes* Berlin mit seinen Instituten neu gegliedert und gesetzlich geregelt. Mit dem **Grundstoffüberwachungsgesetz** v. **7. 10. 1994** (BGBl. I, 2835) schuf der Gesetzgeber nach dem Geldwäschegesetz das zweite strafrechtliche Spezialgesetz gegen den international organisierten Betäubungsmittelhandel, um damit die missbräuchliche Abzweigung und Verwendung von bestimmten chemischen Erzeugnissen (Grundstoffen) zum Zwecke der unerlaubten Herstellung von Betäubungsmitteln zu verfolgen und zu verhindern. Mit dem **Verbrechensbekämpfungsgesetz** v. 28. 10.

1994 (BGBl. I, 3186) erhielt das BtMG neue Verbrechenstatbestände mit Mindest-
strafandrohungen von 5 Jahren und Höchststrafen bis zu 15 Jahren, so z. B. der
bewaffnete Handel mit nicht geringen Mengen von Betäubungsmitteln. Die sog.
Körner-Gutachten von 1993 u. 1994 boten eine Rechtsgrundlage für die Einrichtung von Konsum-Räumen an und lösten einen **heftigen juristischen und
politischen Meinungsstreit um die Zulässigkeit von Konsum-Räumen** aus.
Am **17. 11. 1994** brachte die Freie und Hansestadt Hamburg unter der Drs. 49
Nr. 1038/94 erneut ihren **Gesetzesentwurf zur ärztlich kontrollierten Vergabe von Heroin** ein, der den Bundestag und Bundesrat bereits in der
12. Legislaturperiode beschäftigt hatte und nun unter BT-Drs. 13/205 als Gesetzentwurf des Bundesrates beraten wurde. Am 28. 6. 1995 brachte die Hansestadt
Hamburg einen **Gesetzentwurf** zur Regelung **der Zulässigkeit von staatlich
anerkannten Gesundheits- bzw. Konsumräumen** ein (Drs. Nr. 389/95), der
unter BT-Drs. 13/4982 als Gesetzentwurf des Bundesrates beraten wurde.

In dieser Zeit breitete sich in Deutschland eine **neue Drogenwelle** von **Disco** 50
und **Party-Drogen** aus. **Ecstasy-Tabletten** mit Wirkstoffen von **MDA,
MDMA** und **MDE** überschwemmten Deutschlands Musik- und Jugendszene und
stellten Drogenhilfe und Strafverfolger vor neue Aufgaben. Durch die 6., 7., 8.,
9. BtMÄndV und durch das **2. BtMGÄndG** wurden in den Jahren **1995** und
1996 zahlreiche Designerdrogen dem BtMG unterstellt und der **legale Anbau
von Nutzhanf** gesetzlich geregelt. Die Fraktion Bündnis 90/Die Grünen gewannen durch drei Gesetzentwürfe zur Humanisierung der Drogenpolitik und
zur Änderung des BtMG große Aufmerksamkeit: I. Rückzugräume (BT-
Drs. 13/3017), II. Heroinverschreibung (BT-Drs. 13/3671), III. Legalisierung von
Cannabis (BT-Drs. 13/4480). **1997** verschärfte die US-Regierung den **Krieg gegen Drogen in Südamerika** drastisch. Sie investierte von 1997 bis 2000 mehr als
2.000 Millionen US-Dollar in die Bekämpfung des Kokaanbaus und der Kokain-
herstellung. Doch der kostspielige Drogenkrieg **führte nicht zu einer Verringerung des Kokainproblems.**

Der **Cannabisheimanbau,** der **Handel mit Cannabissamen** und der **Han-** 51
del mit Cannabislebensmitteln boomten in Deutschland seit **1997.** In allen
deutschen Großstädten etablierten sich **Head-, Grow- oder Smart-Shop sowie
Versandfirmen,** die Paraphernalia, Anbau- und Konsumzubehör, Rauschpflanzen
und Rauschpilze zum Kauf anboten. THC-arme und THC-reiche Cannabisscho-
kolade, Cannabisbier, Cannabisknusperriegel, Cannabisduftkissen, Cannabisseife
und Cannabishaarshampoo, Hanftextilien und Hanfdämmstoffe fanden weite Verbreitung. Im **Internet** entwickelte sich ein neuer, kaum fassbarer **zweiter
Rauschgiftmarkt,** der alle Arten von Betäubungsmitteln, Arzneimitteln, von
Grundstoffen und Designerdrogen, von Dopingmitteln und Giften anonym anbie-
tet. Durch die **10. BtMÄndV** v. 20. 1. **1998** (BGBl. I, 74 ff) wurde nicht nur die
BtMVV total neu formuliert, die ärztliche **Verschreibung von Codein und
Flunitrazepam an Drogenabhängige** dem BtMG unterstellt, sondern auch die
Anlagen zum BtMG neu gestaltet, weitere Designerdrogen aufgenommen und der
Missbrauch von Rauschpflanzen, Rauschpilzen sowie Cannabissamen mit
Strafe bedroht. Die **11., 12. u 13. BtMÄndV** ergänzten lediglich den Katalog der
BtM.

Nach 16 Jahren Drogenpolitik durch eine Union aus CDU und FDP übernahm 52
Ende 1998 eine **Koalition von SPD und BÜNDNIS 90/DIE GRÜNEN die
Bundesregierung** und vereinbarte erhebliche Veränderungen auf dem Gebiet der
Drogenpolitik. Zunächst wurde die politische Verantwortung der Drogen und
Suchtprobleme aus dem Bundesinnenministerium herausgelöst und ins Bundesge-
sundheitsministerium übernommen, das auch die Bundesdrogenbeauftragte stellte.
Die **neue Bundesregierung** brachte **1999** einen Gesetzentwurf zur **Regelung
der Konsumräume** auf den Weg und bereitete für das **Jahr 2000** eine bun-
desweite **klinische Arzneimittelstudie zur ärztlich kontrollierten Heroinvergabe** vor, in dessen Rahmen innerhalb von drei Jahren in sieben deutschen
Städten an Schwerabhängige Heroin als Prüfarzneimittel ärztlich kontrolliert und

psychosozial sowie wissenschaftlich begleitet ausgegeben werden sollte. Das **3. BtMÄndG** wurde am **28. 3. 2000** Gesetz. Es regelte nicht nur den Betrieb von Konsumräumen in einem § 10a BtMG mit einer Übergangsregelung in § 39 BtMG, fasste die Strafvorschriften des § 29 Abs. 1 S. 1 Nr. 10 und Nr. 11 BtMG neu und brachte weitreichende Änderungen für die Substitutionsbehandlung. **Im Juni 2000** verabschiedete der Europäische Rat einen **Drogenaktionsplan der Europäischen Union** für **2000 bis 2004** mit fünf Zielen:

a) Koordinierung der Drogenpolitik,
b) Information und Evaluierung der Maßnahmen,
c) Verringerung der Nachfrage nach Drogen,
d) Verringerung des Drogenangebots,
e) internationale Zusammenarbeit.

Auch wenn das 3. BtMÄndG v. 28. 3. 2000 viele Wünsche offen ließ und als Minimalkompromiss verabschiedet wurde, hat das Gesetz gleichzeitig die **vierte Säule der deutschen Drogenpolitik,** die **Überlebenshilfe** (die **akzeptierende Drogenhilfe,** die **Schadensminimierung** oder **Harm Reduction**) begründet. Nicht wenige meinen, erst dadurch beim Umgang mit Drogenabhängigen die **Menschenwürde über eine lebenszerstörende Repression gesiegt** habe.

53 Die **15. BtMÄndV v. 19. 6. 2001** bescherte eine umfassende **Neuregelung der BtMVV** und neue Regelungen für Cannabissamen sowie Rauschpflanzen.

54 In der **deutschen Drogen- und Musikszene** sowie in Europa, in den USA und in Asien nahm die **Verbreitung** und der Missbrauch **von Ecstasy und anderer Partydrogen** explosionsartig zu. Daneben war in Deutschland ein starker Anstieg des **Missbrauchs von hochprozentigen Cannabissorten** und von **legalen Drogen wie Alkohol und Nikotin** unter den Jugendlichen zu beobachten. Ein **Trend** zeigte sich **weg von den „Elendsdrogen"** wie Heroin, Morphin und Crack zu **bunten Psychopillen und Designerdrogen.** Der **Missbrauch von Dopingdrogen** nicht nur zum Bodybuilding, sondern auch im Spitzensport nahm weltweit zu, was zur Einrichtung von **nationalen Antidopingagenturen (NADA-WADA)** und eines international geltenden **World-Anti-Doping-Codes** v. 20. 2. 2003 führte.

55 Die Bundesregierung bemühte sich, verstärkt den **Missbrauch von legalen Drogen wie Alkohol, Nikotin und Tabletten** einzudämmen und förderte vor allem die **Prävention und Hilfe** an Stelle der Repression und erteilte zahlreiche **Forschungsaufträge.** In **jährlichen Drogen- und Suchtberichten** wurden die Ziele und die Erfolge der Bundesdrogenbeauftragten formuliert. Die **neue deutsche Drogenpolitik** basierte nun wie in vielen anderen Ländern auch auf **vier Säulen:** 1.) **Prävention,** 2.) **Überlebenshilfe (Harm Reduction),** 3.) **Therapie** und 4.) **Repression.** Der frühere Rauschgift-Bekämpfungsplan aus dem Jahr 1990, der die Repression besonders betont hatte, wurde ersetzt durch den **Aktionsplan Drogen und Sucht von November 2003,** dessen Umsetzung von einem **nationalen Drogen- und Suchtrat** unter Leitung der **Bundesdrogenbeauftragten** begleitet und gefördert wird. Im Vordergrund standen Bemühungen, den Missbrauch lokaler Drogen (Alkohol, Tabak und Medikamente) zurückzudrängen. Doch so richtig die **Betonung der Prävention** war, sie ging einher mit einer **Vernachlässigung der Repression.**

56 Hochfliegende Reformansätze, ein **einheitliches Drogengesetz** für legale und illegale Drogen, für Betäubungsmittel, Arzeimittel, Genussmittel und Dopingmittel zu schaffen und mit einer Präventionsklausel den Vorrang der Prävention zu gewährleisten, wurden schnell aufgegeben. Stattdessen verfolgte man den **Weg des „more of the same"** und ergänzte die vorhandenen Regelungen mit der **16., 17. 18. und 19. BtMÄndV.** Mit dem **ersten Justizmodernisierungsgesetz v. 24. 8. 2004** wurde die Bearbeitung der Anträge auf Zurückstellung der Strafvollstreckung zugunsten von Therapiemaßnahmen vom Staatsanwalt auf die Rechtspfleger übertragen.

Am **19. 5. 2005** beschloss der Council der Europäischen Union den neuen **EU-** 57
Drugs-Action-Plan 2005 bis 2008. Danach sollen die EU-Mitgliedstaaten bis
2007 einen **nationalen Koordinator** für die Bekämpfung des Rauschgiftkonsums
benennen und **nationale Drogenaktionspläne** schaffen, was in Deutschland
bereits geschehen ist.

Am **12. 12. 2005** wurde die Neufassung des Gesetzes über den Verkehr mit 58
Arzneimitteln **(AMG)** bekannt gemacht, die im Hinblick auf die Vielzahl der
zwischenzeitlichen Gesetzesänderungen notwendig geworden war. Am **1. 1. 2006**
traten Änderungen in den §§ 2,3 und 29 Abs. 1 Nr. 1 des Gesetzes zur Überwachung des Verkehrs mit Grundstoffen **(GÜG)** in Kraft, welches schließlich durch
das Gesetz zur Neuregelung des Grundstoffüberwachungsrechts vom 11. 3. 2008
(BGBl. I, S. 306) neu gefasst wurde.

Der **20. BtMÄndV vom 14. 7. 2007** mit der Aufnahme des Stoffes m-CPP in 59
Anl. II folgte im Januar 2009 die auf ein Jahr befristete **21. BtMÄndV**, mit der der
Gesetzgeber auf die sich im Laufe des Jahres 2008 rasch verbreitende **Modedroge**
„Spice" reagierte. Unter diesem Namen wurde eine als Räucherwerk angeprie-
sene Mischung aus nicht oder nur schwach psychoaktiv wirksamen Kräutern vertrieben. Zusätzlich wurden den „Spice"-Produkten das synthetische Cannabinoid
CP 47, 497 und das Alkylindol-Derivat JWH-018 beigemischt, um beim Konsum
einen cannabisähnlichen Rauschzustand hervorzurufen. Die Nürnberger Abend-
zeitung titelte beispielsweise am 7. 8. 2008: „Psycho-Droge überschwemmt Nürnberg: Jeder kann sie kaufen!" In der Folgezeit war eine Entwicklung ähnlich der
Designer-Drogen Mitte der 90er Jahre des letzten Jahrhunderts zu beobachten. Es
kamen nämlich Nachfolge-Produkte von „Spice" unter anderem Namen, z.B.
„Bombay Blue", auf den Markt, bei denen andere, nicht dem BtMG unterfallende synthetische Cannabinoide oder Alkylindol-Derivate zugesetzt waren, etwa
JWH-019 und JWH-073. Diese wurden in der **22. BtMÄndV** dem BtMG unterstellt. Zugleich wurden JWH-018 und CP 47, 497 dauerhaft als Betäubungsmittel
eingestuft. Diese Entwicklung setzte sich in vermeintlich harmlosen und legalen
Produkten, die als **Badesalze** oder **Lufterfrischer** angeboten wurden, fort, denen
jedoch Cathinonderivate und Piperazine zugesetzt wurden, um beim Konsum
Amphetamin- und Ecstasy-ähnliche Wirkungen hervorzurufen. Die Kräutermischungen, Badesalze und Lufterfrischer werden daher auch **„Legal Highs"**
genannt.

Nach vorangegangenem bundesweiten Modellprojekt zwischen 1998 und 2007 60
wurde mit **Gesetz zur diamorphingestützten Substitution vom 15. 7. 2009**
(BGBl. I, S. 1801) die Substitution mit Diamorphin für Schwerstabhängige in
staatlich zugelassenen Einrichtungen eingeführt.

Am 18. 5. 2011 trat die **25. BtMÄndV v. 11. 5. 2011** mit Änderungen der 61
Position „Cannabis" in den Anl. I bis III in Kraft, um cannabishaltige Fertigarzneimittel zuzulassen. Der Gesetzgeber will hierdurch erreichen, dass in Deutschland cannabishaltige Fertigarzneimittel hergestellt und nach entsprechender klinischer Prüfung und Zulassung als weitere Therapieoption verschrieben werden
können (BR-Drs. 130/11). Zugleich wurde bei Flunitrazepam mit Wirkung vom
1. 11. 2011 der Zusatz gestrichen, mit dem bisher eine Zubereitung dieses Stoffes
mit einem bestimmten Wirkstoffgehalt von betäubungsmittelrechtlichen Vorschriften ausgenommen war.

Gesetzestext

Gesetz über den Verkehr mit Betäubungsmitteln (Betäubungsmittelgesetz – BtMG)

In der Fassung der Bekanntmachung vom 1. März 1994 (BGBl. I S. 358)

Geänd. durch Art. 3 § 1 Gesundheitseinrichtungen-NeuordnungsG v. 24. 6. 1994 (BGBl. I S. 1416), § 34 Grundstoffüberwachungsgesetz v. 7. 10. 1994 (BGBl. I S. 2835), Art. 2 § 4 Bundesgrenzschutzneuregelungsgesetz v. 19. 10. 1994 (BGBl. I S. 2978), Art. 9 Verbrechensbekämpfungsgesetz v. 28. 10. 1994 (BGBl. I S. 3186), VO v. 14. 9. 1995 (BGBl. I S. 1161), VO v. 29. 3. 1996 (BGBl. I S. 562), G v. 4. 4. 1996 (BGBl. I S. 582), VO v. 14. 11. 1996 (BGBl. I S. 1728), VO v. 28. 1. 1997 (BGBl. I S. 65), G v. 18. 6. 1997 (BGBl. I S. 1430), VO v. 20. 1. 1998 (BGBl. I S. 74), G v. 26. 1. 1998 (BGBl. I S. 160), VO v. 7. 10. 1998 (BGBl. I S. 3126), VO v. 24. 9. 1999 (BGBl. I S. 1935), Drittes BtMG-Änderungsgesetz v. 28. 3. 2000 (BGBl. I S. 302), 14. BtMÄndV v. 27. 9. 2000 (BGBl. I S. 1414), 15. BtMÄndV v. 19. 6. 2001 (BGBl. I S. 1180), 16. BtMÄndV v. 28. 11. 2001 (BGBl. I S. 3338), 17. BtMÄndV v. 12. 2. 2002 (BGBl. I S. 612), Art. 2 G v. 26. 6. 2002 (BGBl. I S. 2261), Art. 18 VO v. 25. 11. 2003 (BGBl. I S. 2304), Art. 1 VO v. 22. 12. 2003 (BGBl. I 2004 S. 28), Art. 1 VO v. 10. 3. 2005 (BGBl. I S. 757), Art. 15 G v. 21. 6. 2005 (BGBl. I S. 1818), Art. 35 VO v. 31. 10. 2006 (BGBl. I S. 2407), Art. 1 G v. 22. 12. 2006 (BGBl. I S. 3416), VO v. 14. 2. 2007 (BGBl. I S. 154), VO v. 18. 2. 2008 (BGBl. I S. 246), Art. 1 VO v. 19. 1. 2009 (BGBl. I S. 49), Art. 1 G v. 15. 7. 2009 (BGBl. I S. 1801), Art. 5 G v. 17. 7. 2009 (BGBl. I S. 1990), Art. 2 G v. 29. 7. 2009 (BGBl. I S. 2288), Art. 1 und Art. 2 VO v. 18. 12. 2009 (BGBl. I S. 3944), Art. 6 G v. 22. 12. 2010 (BGBl. I S. 2262) und Art. 1 VO v. 11. 5. 2011 (BGBl. I S. 821)

FNA 2121-6-24

Inhaltsübersicht

Erster Abschnitt. Begriffsbestimmungen

§ 1. Betäubungsmittel

(1) Betäubungsmittel im Sinne dieses Gesetzes sind die in den Anlagen I bis III aufgeführten Stoffe und Zubereitungen.

(2) [1]Die Bundesregierung wird ermächtigt, nach Anhörung von Sachverständigen durch Rechtsverordnung mit Zustimmung des Bundesrates die Anlagen I bis III zu ändern oder zu ergänzen, wenn dies

1. nach wissenschaftlicher Erkenntnis wegen der Wirkungsweise eines Stoffes, vor allem im Hinblick auf das Hervorrufen einer Abhängigkeit,
2. wegen der Möglichkeit, aus einem Stoff oder unter Verwendung eines Stoffes Betäubungsmittel herstellen zu können, oder
3. zur Sicherheit oder zur Kontrolle des Verkehrs mit Betäubungsmitteln oder anderen Stoffen oder Zubereitungen wegen des Ausmaßes der mißbräuchlichen Verwendung und wegen der unmittelbaren oder mittelbaren Gefährdung der Gesundheit

erforderlich ist. [2] In der Rechtsverordnung nach Satz 1 können einzelne Stoffe oder Zubereitungen ganz oder teilweise von der Anwendung dieses Gesetzes oder einer auf Grund dieses Gesetzes erlassenen Rechtsverordnung ausgenommen werden, soweit die Sicherheit und die Kontrolle des Betäubungsmittelverkehrs gewährleistet bleiben.

(3) [1] Das Bundesministerium für Gesundheit wird ermächtigt, in dringenden Fällen zur Sicherheit oder zur Kontrolle des Betäubungsmittelverkehrs durch Rechtsverordnung ohne Zustimmung des Bundesrates Stoffe und Zubereitungen, die nicht Arzneimittel sind, in die Anlagen I bis III aufzunehmen, wenn dies wegen des Ausmaßes der mißbräuchlichen Verwendung und wegen der unmittelbaren oder mittelbaren Gefährdung der Gesundheit erforderlich ist. [2] Eine auf der Grundlage dieser Vorschrift erlassene Verordnung tritt nach Ablauf eines Jahres außer Kraft.

(4) Das Bundesministerium für Gesundheit (Bundesministerium) wird ermächtigt, durch Rechtsverordnung ohne Zustimmung des Bundesrates die Anlagen I bis III oder die auf Grund dieses Gesetzes erlassenen Rechtsverordnungen zu ändern, soweit das auf Grund von Änderungen der Anhänge zu dem Einheits-Übereinkommen von 1961 über Suchtstoffe in der Fassung der Bekanntmachung vom 4. Februar 1977 (BGBl. II S. 111) und dem Übereinkommen von 1971 über psychotrope Stoffe (BGBl. 1976 II S. 1477) (Internationale Suchtstoffübereinkommen) in ihrer jeweils für die Bundesrepublik Deutschland verbindlichen Fassung erforderlich ist.

§ 2. Sonstige Begriffe

(1) Im Sinne dieses Gesetzes ist
1. Stoff:
   a) chemische Elemente und chemische Verbindungen sowie deren natürlich vorkommende Gemische und Lösungen,
   b) Pflanzen, Algen, Pilze und Flechten sowie deren Teile und Bestandteile in bearbeitetem oder unbearbeitetem Zustand,
   c) Tierkörper, auch lebender Tiere, sowie Körperteile, -bestandteile und Stoffwechselprodukte von Mensch und Tier in bearbeitetem oder unbearbeitetem Zustand,
   d) Mikroorganismen einschließlich Viren sowie deren Bestandteile oder Stoffwechselprodukte;
2. Zubereitung:
   ohne Rücksicht auf ihren Aggregatzustand ein Stoffgemisch oder die Lösung eines oder mehrerer Stoffe außer den natürlich vorkommenden Gemischen und Lösungen;
3. ausgenommene Zubereitung:
   eine in den Anlagen I bis III bezeichnete Zubereitung, die von den betäubungsmittelrechtlichen Vorschriften ganz oder teilweise ausgenommen ist;
4. Herstellen:
   das Gewinnen, Anfertigen, Zubereiten, Be- oder Verarbeiten, Reinigen und Umwandeln.

(2) Der Einfuhr oder Ausfuhr eines Betäubungsmittels steht jedes sonstige Verbringen in den oder aus dem Geltungsbereich dieses Gesetzes gleich.

Zweiter Abschnitt. Erlaubnis und Erlaubnisverfahren

§ 3. Erlaubnis zum Verkehr mit Betäubungsmitteln

(1) Einer Erlaubnis des Bundesinstitutes für Arzneimittel und Medizinprodukte bedarf, wer
1. Betäubungsmittel anbauen, herstellen, mit ihnen Handel treiben, sie, ohne mit ihnen Handel zu treiben, einführen, ausführen, abgeben, veräußern, sonst in den Verkehr bringen, erwerben oder
2. ausgenommene Zubereitungen (§ 2 Abs. 1 Nr. 3) herstellen
will.

(2) Eine Erlaubnis für die in Anlage I bezeichneten Betäubungsmittel kann das Bundesinstitut für Arzneimittel und Medizinprodukte nur ausnahmsweise zu wissenschaftlichen oder anderen im öffentlichen Interesse liegenden Zwecken erteilen.

§ 4. Ausnahmen von der Erlaubnispflicht

(1) Einer Erlaubnis nach § 3 bedarf nicht, wer

1. im Rahmen des Betriebs einer öffentlichen Apotheke oder einer Krankenhausapotheke (Apotheke)
   a) in Anlage II oder III bezeichnete Betäubungsmittel oder dort ausgenommene Zubereitungen herstellt,
   b) in Anlage II oder III bezeichnete Betäubungsmittel erwirbt,
   c) in Anlage III bezeichnete Betäubungsmittel auf Grund ärztlicher, zahnärztlicher oder tierärztlicher Verschreibung abgibt oder
   d) in Anlage II oder III bezeichnete Betäubungsmittel an Inhaber einer Erlaubnis zum Erwerb dieser Betäubungsmittel zurückgibt oder an den Nachfolger im Betrieb der Apotheke abgibt,
   e) in Anlage I, II oder III bezeichnete Betäubungsmittel zur Untersuchung, zur Weiterleitung an eine zur Untersuchung von Betäubungsmitteln berechtigte Stelle oder zur Vernichtung entgegennimmt,
2. im Rahmen des Betriebs einer tierärztlichen Hausapotheke in Anlage III bezeichnete Betäubungsmittel in Form von Fertigarzneimitteln
   a) für ein von ihm behandeltes Tier miteinander, mit anderen Fertigarzneimitteln oder arzneilich nicht wirksamen Bestandteilen zum Zwecke der Anwendung durch ihn oder für die Immobilisation eines von ihm behandelten Zoo-, Wild- und Gehegetieres mischt,
   b) erwirbt,
   c) für ein von ihm behandeltes Tier oder Mischungen nach Buchstabe a für die Immobilisation eines von ihm behandelten Zoo-, Wild- und Gehegetieres abgibt oder
   d) an Inhaber der Erlaubnis zum Erwerb dieser Betäubungsmittel zurückgibt oder an den Nachfolger im Betrieb der tierärztlichen Hausapotheke abgibt,
3. in Anlage III bezeichnete Betäubungsmittel
   a) auf Grund ärztlicher, zahnärztlicher oder tierärztlicher Verschreibung oder
   b) zur Anwendung an einem Tier von einer Person, die dieses Tier behandelt und eine tierärztliche Hausapotheke betreibt,
   erwirbt,
4. in Anlage III bezeichnete Betäubungsmittel
   a) als Arzt, Zahnarzt oder Tierarzt im Rahmen des grenzüberschreitenden Dienstleistungsverkehrs oder
   b) auf Grund ärztlicher, zahnärztlicher oder tierärztlicher Verschreibung erworben hat und sie als Reisebedarf
   ausführt oder einführt,
5. gewerbsmäßig
   a) an der Beförderung von Betäubungsmitteln zwischen befugten Teilnehmern am Betäubungsmittelverkehr beteiligt ist oder die Lagerung und Aufbewahrung von Betäubungsmitteln im Zusammenhang mit einer solchen Beförderung oder für einen befugten Teilnehmer am Betäubungsmittelverkehr übernimmt oder
   b) die Versendung von Betäubungsmitteln zwischen befugten Teilnehmern am Betäubungsmittelverkehr durch andere besorgt oder vermittelt oder
6. in Anlage I, II oder III bezeichnete Betäubungsmittel als Proband oder Patient im Rahmen einer klinischen Prüfung oder in Härtefällen nach § 21 Absatz 2 Satz 1 Nummer 6 des Arzneimittelgesetzes in Verbindung mit Artikel 83 der Verordnung (EG) Nr. 726/2004 des Europäischen Parlaments und des Rates vom 31. März 2004 zur Festlegung von Gemeinschaftsverfahren für die Geneh-

migung und Überwachung von Human- und Tierarzneimitteln und zur Errichtung einer Europäischen Arzneimittel-Agentur (ABl. L 136 vom 30. 4. 2004, S. 1) erwirbt.

(2) Einer Erlaubnis nach § 3 bedürfen nicht Bundes- und Landesbehörden für den Bereich ihrer dienstlichen Tätigkeit sowie die von ihnen mit der Untersuchung von Betäubungsmitteln beauftragten Behörden.

(3) [1] Wer nach Absatz 1 Nr. 1 und 2 keiner Erlaubnis bedarf und am Betäubungsmittelverkehr teilnehmen will, hat dies dem Bundesinstitut für Arzneimittel und Medizinprodukte zuvor anzuzeigen. [2] Die Anzeige muß enthalten:

1. den Namen und die Anschriften des Anzeigenden sowie der Apotheke oder der tierärztlichen Hausapotheke,
2. das Ausstellungsdatum und die ausstellende Behörde der apothekenrechtlichen Erlaubnis oder der Approbation als Tierarzt und
3. das Datum des Beginns der Teilnahme am Betäubungsmittelverkehr.

[3] Das Bundesinstitut für Arzneimittel und Medizinprodukte unterrichtet die zuständige oberste Landesbehörde unverzüglich über den Inhalt der Anzeigen, soweit sie tierärztliche Hausapotheken betreffen.

§ 5. Versagung der Erlaubnis

(1) Die Erlaubnis nach § 3 ist zu versagen, wenn

1. nicht gewährleistet ist, daß in der Betriebsstätte und, sofern weitere Betriebsstätten in nicht benachbarten Gemeinden bestehen, in jeder dieser Betriebsstätten eine Person bestellt wird, die verantwortlich ist für die Einhaltung der betäubungsmittelrechtlichen Vorschriften und der Anordnungen der Überwachungsbehörden (Verantwortlicher); der Antragsteller kann selbst die Stelle eines Verantwortlichen einnehmen,
2. der vorgesehene Verantwortliche nicht die erforderliche Sachkenntnis hat oder die ihm obliegenden Verpflichtungen nicht ständig erfüllen kann,
3. Tatsachen vorliegen, aus denen sich Bedenken gegen die Zuverlässigkeit des Verantwortlichen, des Antragstellers, seines gesetzlichen Vertreters oder bei juristischen Personen oder nicht rechtsfähigen Personenvereinigungen der nach Gesetz, Satzung oder Gesellschaftsvertrag zur Vertretung oder Geschäftsführung Berechtigten ergeben,
4. geeignete Räume, Einrichtungen und Sicherungen für die Teilnahme am Betäubungsmittelverkehr oder die Herstellung ausgenommener Zubereitungen nicht vorhanden sind,
5. die Sicherheit oder Kontrolle des Betäubungsmittelverkehrs oder der Herstellung ausgenommener Zubereitungen aus anderen als den in den Nummern 1 bis 4 genannten Gründen nicht gewährleistet ist,
6. die Art und der Zweck des beantragten Verkehrs nicht mit dem Zweck dieses Gesetzes, die notwendige medizinische Versorgung der Bevölkerung sicherzustellen, daneben aber den Mißbrauch von Betäubungsmitteln oder die mißbräuchliche Herstellung ausgenommener Zubereitungen sowie das Entstehen oder Erhalten einer Betäubungsmittelabhängigkeit soweit wie möglich auszuschließen, vereinbar ist oder
7. bei Beanstandung der vorgelegten Antragsunterlagen einem Mangel nicht innerhalb der gesetzten Frist (§ 8 Abs. 2) abgeholfen wird.

(2) Die Erlaubnis kann versagt werden, wenn sie der Durchführung der internationalen Suchtstoffübereinkommen oder Beschlüssen, Anordnungen oder Empfehlungen zwischenstaatlicher Einrichtungen der Suchtstoffkontrolle entgegensteht oder dies wegen Rechtsakten der Organe der Europäischen Gemeinschaften geboten ist.

§ 6. Sachkenntnis

(1) Der Nachweis der erforderlichen Sachkenntnis (§ 5 Abs. 1 Nr. 2) wird erbracht

1. im Falle des Herstellers von Betäubungsmitteln oder ausgenommenen Zubereitungen, die Arzneimittel sind, durch den Nachweis der Sachkenntnis nach § 15 Absatz 1 des Arzneimittelgesetzes,
2. im Falle des Herstellens von Betäubungsmitteln, die keine Arzneimittel sind, durch das Zeugnis über eine nach abgeschlossenem wissenschaftlichem Hochschulstudium der Biologie, der Chemie, der Pharmazie, der Human- oder der Veterinärmedizin abgelegte Prüfung und durch die Bestätigung einer mindestens einjährigen praktischen Tätigkeit in der Herstellung oder Prüfung von Betäubungsmitteln,
3. im Falle des Verwendens für wissenschaftliche Zwecke durch das Zeugnis über eine nach abgeschlossenem wissenschaftlichem Hochschulstudium der Biologie, der Chemie, der Pharmazie, der Human- oder der Veterinärmedizin abgelegte Prüfung und
4. in allen anderen Fällen durch das Zeugnis über eine abgeschlossene Berufsausbildung als Kaufmann im Groß- und Außenhandel in den Fachbereichen Chemie oder Pharma und durch die Bestätigung einer mindestens einjährigen praktischen Tätigkeit im Betäubungsmittelverkehr.

(2) Das Bundesinstitut für Arzneimittel und Medizinprodukte kann im Einzelfall von den im Absatz 1 genannten Anforderungen an die Sachkenntnis abweichen, wenn die Sicherheit und Kontrolle des Betäubungsmittelverkehrs oder der Herstellung ausgenommener Zubereitungen gewährleistet sind.

§ 7. Antrag

[1] Der Antrag auf Erteilung einer Erlaubnis nach § 3 ist in doppelter Ausfertigung beim Bundesinstitut für Arzneimittel und Medizinprodukte zu stellen, das eine Ausfertigung der zuständigen obersten Landesbehörde übersendet. [2] Dem Antrag müssen folgende Angaben und Unterlagen beigefügt werden:

1. die Namen, Vornamen oder die Firma und die Anschriften des Antragstellers und der Verantwortlichen,
2. für die Verantwortlichen die Nachweise über die erforderliche Sachkenntnis und Erklärungen darüber, ob und auf Grund welcher Umstände sie die ihnen obliegenden Verpflichtungen ständig erfüllen können,
3. eine Beschreibung der Lage der Betriebsstätten nach Ort (gegebenenfalls Flurbezeichnung), Straße, Hausnummer, Gebäude und Gebäudeteil sowie der Bauweise des Gebäudes,
4. eine Beschreibung der vorhandenen Sicherungen gegen die Entnahme von Betäubungsmitteln durch unbefugte Personen,
5. die Art des Betäubungsmittelverkehrs (§ 3 Abs. 1),
6. die Art und die voraussichtliche Jahresmenge der herzustellenden oder benötigten Betäubungsmittel,
7. im Falle des Herstellens (§ 2 Abs. 1 Nr. 4) von Betäubungsmitteln oder ausgenommenen Zubereitungen eine kurzgefaßte Beschreibung des Herstellungsganges unter Angabe von Art und Menge der Ausgangsstoffe oder -zubereitungen, der Zwischen- und Endprodukte, auch wenn Ausgangsstoffe oder -zubereitungen, Zwischen- oder Endprodukte keine Betäubungsmittel sind; bei nicht abgeteilten Zubereitungen zusätzlich die Gewichtsvomhundertsätze, bei abgeteilten Zubereitungen die Gewichtsmengen der je abgeteilte Form enthaltenen Betäubungsmittel und
8. im Falle des Verwendens zu wissenschaftlichen oder anderen im öffentlichen Interesse liegenden Zwecken eine Erläuterung des verfolgten Zwecks unter Bezugnahme auf einschlägige wissenschaftliche Literatur.

§ 8. Entscheidung

(1) [1]Das Bundesinstitut für Arzneimittel und Medizinprodukte soll innerhalb von drei Monaten nach Eingang des Antrages über die Erteilung der Erlaubnis entscheiden. [2]Es unterrichtet die zuständige oberste Landesbehörde unverzüglich über die Entscheidung.

(2) [1]Gibt das Bundesinstitut für Arzneimittel und Medizinprodukte dem Antragsteller Gelegenheit, Mängeln des Antrages abzuhelfen, so wird die in Absatz 1 bezeichnete Frist bis zur Behebung der Mängel oder bis zum Ablauf der zur Behebung der Mängel gesetzten Frist gehemmt. [2]Die Hemmung beginnt mit dem Tage, an dem dem Antragsteller die Aufforderung zur Behebung der Mängel zugestellt wird.

(3) [1]Der Inhaber der Erlaubnis hat jede Änderung der in § 7 bezeichneten Angaben dem Bundesinstitut für Arzneimittel und Medizinprodukte unverzüglich mitzuteilen. [2]Bei einer Erweiterung hinsichtlich der Art der Betäubungsmittel oder des Betäubungsmittelverkehrs sowie bei Änderungen in der Person des Erlaubnisinhabers oder der Lage der Betriebsstätten, ausgenommen innerhalb eines Gebäudes, ist eine neue Erlaubnis zu beantragen. [3]In den anderen Fällen wird die Erlaubnis geändert. [4]Die zuständige oberste Landesbehörde wird über die Änderung der Erlaubnis unverzüglich unterrichtet.

§ 9. Beschränkungen, Befristung, Bedingungen und Auflagen

(1) [1]Die Erlaubnis ist zur Sicherheit und Kontrolle des Betäubungsmittelverkehrs oder der Herstellung ausgenommener Zubereitungen auf den jeweils notwendigen Umfang zu beschränken. [2]Sie muß insbesondere regeln:
1. die Art der Betäubungsmittel und des Betäubungsmittelverkehrs,
2. die voraussichtliche Jahresmenge und den Bestand an Betäubungsmitteln,
3. die Lage der Betriebsstätten und
4. den Herstellungsgang und die dabei anfallenden Ausgangs-, Zwischen- und Endprodukte, auch wenn sie keine Betäubungsmittel sind.

(2) Die Erlaubnis kann
1. befristet, mit Bedingungen erlassen oder mit Auflagen verbunden werden oder
2. nach ihrer Erteilung hinsichtlich des Absatzes 1 Satz 2 geändert oder mit sonstigen Beschränkungen oder Auflagen versehen werden,

wenn dies zur Sicherheit oder Kontrolle des Betäubungsmittelverkehrs oder der Herstellung ausgenommener Zubereitungen erforderlich ist oder die Erlaubnis der Durchführung der internationalen Suchtstoffübereinkommen oder von Beschlüssen, Anordnungen oder Empfehlungen zwischenstaatlicher Einrichtungen der Suchtstoffkontrolle entgegensteht oder dies wegen Rechtsakten der Organe der Europäischen Gemeinschaften geboten ist.

§ 10. Rücknahme und Widerruf

(1) [1]Die Erlaubnis kann auch widerrufen werden, wenn von ihr innerhalb eines Zeitraumes von zwei Kalenderjahren kein Gebrauch gemacht worden ist. [2]Die Frist kann verlängert werden, wenn ein berechtigtes Interesse glaubhaft gemacht wird.

(2) Die zuständige oberste Landesbehörde wird über die Rücknahme oder den Widerruf der Erlaubnis unverzüglich unterrichtet.

§ 10a. Erlaubnis für den Betrieb von Drogenkonsumräumen

(1) [1]Einer Erlaubnis der zuständigen obersten Landesbehörde bedarf, wer eine Einrichtung betreiben will, in deren Räumlichkeiten Betäubungsmittelabhängigen eine Gelegenheit zum Verbrauch von mitgeführten, ärztlich nicht verschriebenen Betäubungsmitteln verschafft oder gewährt wird (Drogenkonsumraum). [2]Eine Erlaubnis kann nur erteilt werden, wenn die Landesregierung die Voraussetzungen

für die Erteilung in einer Rechtsverordnung nach Maßgabe des Absatzes 2 geregelt hat.

(2) [1]Die Landesregierungen werden ermächtigt, durch Rechtsverordnung die Voraussetzungen für die Erteilung einer Erlaubnis nach Absatz 1 zu regeln. [2]Die Regelungen müssen insbesondere folgende Mindeststandards für die Sicherheit und Kontrolle beim Verbrauch von Betäubungsmitteln in Drogenkonsumräumen festlegen:

1. Zweckdienliche sachliche Ausstattung der Räumlichkeiten, die als Drogenkonsumraum dienen sollen;
2. Gewährleistung einer sofort einsatzfähigen medizinischen Notfallversorgung;
3. medizinische Beratung und Hilfe zum Zwecke der Risikominderung beim Verbrauch der von Abhängigen mitgeführten Betäubungsmittel;
4. Vermittlung von weiterführenden und ausstiegsorientierten Angeboten der Beratung und Therapie;
5. Maßnahmen zur Verhinderung von Straftaten nach diesem Gesetz in Drogenkonsumräumen, abgesehen vom Besitz von Betäubungsmitteln nach § 29 Abs. 1 Satz 1 Nr. 3 zum Eigenverbrauch in geringer Menge;
6. erforderliche Formen der Zusammenarbeit mit den für die öffentliche Sicherheit und Ordnung zuständigen örtlichen Behörden, um Straftaten im unmittelbaren Umfeld der Drogenkonsumräume soweit wie möglich zu verhindern;
7. genaue Festlegung des Kreises der berechtigten Benutzer von Drogenkonsumräumen, insbesondere im Hinblick auf deren Alter, die Art der mitgeführten Betäubungsmittel sowie die geduldeten Konsummuster; offenkundige Erst- oder Gelegenheitskonsumenten sind von der Benutzung auszuschließen;
8. eine Dokumentation und Evaluation der Arbeit in den Drogenkonsumräumen;
9. ständige Anwesenheit von persönlich zuverlässigem Personal in ausreichender Zahl, das für die Erfüllung der in den Nummern 1 bis 7 genannten Anforderungen fachlich ausgebildet ist;
10. Benennung einer sachkundigen Person, die für die Einhaltung der in den Nummern 1 bis 9 genannten Anforderungen, der Auflagen der Erlaubnisbehörde sowie der Anordnungen der Überwachungsbehörde verantwortlich ist (Verantwortlicher) und die ihm obliegenden Verpflichtungen ständig erfüllen kann.

(3) Für das Erlaubnisverfahren gelten § 7 Satz 1 und 2 Nr. 1 bis 4 und 8, §§ 8, 9 Abs. 2 und § 10 entsprechend; dabei tritt an die Stelle des Bundesinstituts für Arzneimittel und Medizinprodukte jeweils die zuständige oberste Landesbehörde, an die Stelle der obersten Landesbehörde jeweils das Bundesinstitut für Arzneimittel und Medizinprodukte.

(4) Eine Erlaubnis nach Absatz 1 berechtigt das in einem Drogenkonsumraum tätige Personal nicht, eine Substanzanalyse der mitgeführten Betäubungsmittel durchzuführen oder beim unmittelbaren Verbrauch der mitgeführten Betäubungsmittel aktive Hilfe zu leisten.

Dritter Abschnitt. Pflichten im Betäubungsmittelverkehr

§ 11. Einfuhr, Ausfuhr und Durchfuhr

(1) [1]Wer Betäubungsmittel im Einzelfall einführen oder ausführen will, bedarf dazu neben der erforderlichen Erlaubnis nach § 3 einer Genehmigung des Bundesinstitutes für Arzneimittel und Medizinprodukte. [2]Betäubungsmittel dürfen durch den Geltungsbereich dieses Gesetzes nur unter zollamtlicher Überwachung ohne weiteren als den durch die Beförderung oder den Umschlag bedingten Aufenthalt und ohne daß das Betäubungsmittel zu irgendeinem Zeitpunkt während des Verbringens dem Durchführenden oder einer dritten Person tatsächlich zur Verfügung steht, durchgeführt werden. [3]Ausgenommene Zubereitungen dürfen nicht in Länder ausgeführt werden, die die Einfuhr verboten haben.

(2) [1]Die Bundesregierung wird ermächtigt, durch Rechtsverordnung ohne Zustimmung des Bundesrates das Verfahren über die Erteilung der Genehmigung zu regeln und Vorschriften über die Einfuhr, Ausfuhr und Durchfuhr zu erlassen, soweit es zur Sicherheit oder Kontrolle des Betäubungsmittelverkehrs, zur Durchführung der internationalen Suchtstoffübereinkommen oder von Rechtsakten der Organe der Europäischen Gemeinschaften erforderlich ist. [2]Insbesondere können

1. die Einfuhr, Ausfuhr oder Durchfuhr auf bestimmte Betäubungsmittel und Mengen beschränkt sowie in oder durch bestimmte Länder oder aus bestimmten Ländern verboten,
2. Ausnahmen von Absatz 1 für den Reiseverkehr und die Versendung von Proben im Rahmen der internationalen Zusammenarbeit zugelassen,
3. Regelungen über das Mitführen von Betäubungsmitteln durch Ärzte, Zahnärzte und Tierärzte im Rahmen des grenzüberschreitenden Dienstleistungsverkehrs getroffen und
4. Form, Inhalt, Anfertigung, Ausgabe und Aufbewahrung der zu verwendenden amtlichen Formblätter festgelegt

werden.

§ 12. Abgabe und Erwerb

(1) Betäubungsmittel dürfen nur abgegeben werden an

1. Personen oder Personenvereinigungen, die im Besitz einer Erlaubnis nach § 3 zum Erwerb sind oder eine Apotheke oder tierärztliche Hausapotheke betreiben,
2. die in § 4 Abs. 2 oder § 26 genannten Behörden oder Einrichtungen.
3. (weggefallen)

(2) [1]Der Abgebende hat dem Bundesinstitut für Arzneimittel und Medizinprodukte außer in den Fällen des § 4 Abs. 1 Nr. 1 Buchstabe e unverzüglich jede einzelne Abgabe unter Angabe des Erwerbers und der Art und Menge des Betäubungsmittels zu melden. [2]Der Erwerber hat dem Abgebenden den Empfang der Betäubungsmittel zu bestätigen.

(3) Die Absätze 1 und 2 gelten nicht bei

1. Abgabe von in Anlage III bezeichneten Betäubungsmitteln
   a) auf Grund ärztlicher, zahnärztlicher oder tierärztlicher Verschreibung im Rahmen des Betriebes einer Apotheke,
   b) im Rahmen des Betriebes einer tierärztlichen Hausapotheke für ein vom Betreiber dieser Hausapotheke behandeltes Tier,
2. der Ausfuhr von Betäubungsmitteln und
3. Abgabe und Erwerb von Betäubungsmitteln zwischen den in § 4 Abs. 2 oder § 26 genannten Behörden oder Einrichtungen.

(4) [1]Das Bundesministerium für Gesundheit wird ermächtigt, durch Rechtsverordnung ohne Zustimmung des Bundesrates das Verfahren der Meldung und der Empfangsbestätigung zu regeln. [2]Es kann dabei insbesondere deren Form, Inhalt und Aufbewahrung sowie eine elektronische Übermittlung regeln.

§ 13. Verschreibung und Abgabe auf Verschreibung

(1) [1]Die in Anlage III bezeichneten Betäubungsmittel dürfen nur von Ärzten, Zahnärzten und Tierärzten und nur dann verschrieben oder im Rahmen einer ärztlichen, zahnärztlichen oder tierärztlichen Behandlung einschließlich der ärztlichen Behandlung einer Betäubungsmittelabhängigkeit verabreicht oder einem anderen zum unmittelbaren Verbrauch überlassen werden, wenn ihre Anwendung am oder im menschlichen oder tierischen Körper begründet ist. [2]Die Anwendung ist insbesondere dann nicht begründet, wenn der beabsichtigte Zweck auf andere Weise erreicht werden kann. [3]Die in Anlagen I und II bezeichneten Betäubungsmittel dürfen nicht verschrieben, verabreicht oder einem anderen zum unmittelbaren Verbrauch überlassen werden.

(2) ¹Die nach Absatz 1 verschriebenen Betäubungsmittel dürfen nur im Rahmen des Betriebs einer Apotheke und gegen Vorlage der Verschreibung abgegeben werden. ²Diamorphin darf nur vom pharmazeutischen Unternehmer und nur an anerkannte Einrichtungen nach Absatz 3 Satz 2 Nummer 2a gegen Vorlage der Verschreibung abgegeben werden. ³Im Rahmen des Betriebs einer tierärztlichen Hausapotheke dürfen nur die in Anlage III bezeichneten Betäubungsmittel und nur zur Anwendung bei einem vom Betreiber der Hausapotheke behandelten Tier abgegeben werden.

(3) ¹Die Bundesregierung wird ermächtigt, durch Rechtsverordnung mit Zustimmung des Bundesrates das Verschreiben von den in Anlage III bezeichneten Betäubungsmitteln, ihre Abgabe auf Grund einer Verschreibung und das Aufzeichnen ihres Verbleibs und des Bestandes bei Ärzten, Zahnärzten, Tierärzten, in Apotheken, tierärztlichen Hausapotheken, Krankenhäusern und Tierkliniken zu regeln, soweit es zur Sicherheit oder Kontrolle des Betäubungsmittelverkehrs erforderlich ist. ²Insbesondere können

1. das Verschreiben auf bestimmte Zubereitungen, Bestimmungszwecke oder Mengen beschränkt,
2. das Verschreiben von Substitutionsmitteln für Drogenabhängige von der Erfüllung von Mindestanforderungen an die Qualifikation der verschreibenden Ärzte abhängig gemacht und die Festlegung der Mindestanforderungen den Ärztekammern übertragen,
2a. das Verschreiben von Diamorphin nur in Einrichtungen, denen eine Erlaubnis von der zuständigen Landesbehörde erteilt wurde, zugelassen,
2b. die Mindestanforderungen an die Ausstattung der Einrichtungen, in denen die Behandlung mit dem Substitutionsmittel Diamorphin stattfindet, festgelegt,
3. Meldungen
   a) der verschreibenden Ärzte an das Bundesinstitut für Arzneimittel und Medizinprodukte über das Verschreiben eines Substitutionsmittels für einen Patienten in anonymisierter Form,
   b) der Ärztekammern an das Bundesinstitut für Arzneimittel und Medizinprodukte über die Ärzte, die die Mindestanforderungen nach Nummer 2 erfüllen und
   Mitteilungen
   c) des Bundesinstituts für Arzneimittel und Medizinprodukte an die zuständigen Überwachungsbehörden und an die verschreibenden Ärzte über die Patienten, denen bereits ein anderer Arzt ein Substitutionsmittel verschrieben hat, in anonymisierter Form,
   d) des Bundesinstituts für Arzneimittel und Medizinprodukte an die zuständigen Überwachungsbehörden der Länder über die Ärzte, die die Mindestanforderungen nach Nummer 2 erfüllen,
   e) des Bundesinstituts für Arzneimittel und Medizinprodukte an die obersten Landesgesundheitsbehörden über die Anzahl der Patienten, denen ein Substitutionsmittel verschrieben wurde, die Anzahl der Ärzte, die zum Verschreiben eines Substitutionsmittels berechtigt sind, die Anzahl der Ärzte, die ein Substitutionsmittel verschrieben haben, die verschriebenen Substitutionsmittel und die Art der Verschreibung
   sowie Art der Anonymisierung, Form und Inhalt der Meldungen und Mitteilungen vorgeschrieben,
4. Form, Inhalt, Anfertigung, Ausgabe, Aufbewahrung und Rückgabe des zu verwendenden amtlichen Formblattes für die Verschreibung sowie der Aufzeichnungen über den Verbleib und den Bestand festgelegt und
5. Ausnahmen von § 4 Abs. 1 Nr. 1 Buchstabe c für die Ausrüstung von Kauffahrteischiffen erlassen werden.

³Für das Verfahren zur Erteilung einer Erlaubnis nach Satz 2 Nummer 2a gelten § 7 Satz 2 Nummer 1 bis 4, § 8 Absatz 1 Satz 1, Absatz 2 und 3 Satz 1 bis 3, § 9 Absatz 2 und § 10 entsprechend. ⁴Dabei tritt an die Stelle des Bundesinstitutes für

Arzneimittel und Medizinprodukte jeweils die zuständige Landesbehörde, an die Stelle der zuständigen obersten Landesbehörde jeweils das Bundesinstitut für Arzneimittel und Medizinprodukte. [5] Die Empfänger nach Satz 2 Nr. 3 dürfen die übermittelten Daten nicht für einen anderen als den in Satz 1 genannten Zweck verwenden. [6] Das Bundesinstitut für Arzneimittel und Medizinprodukte handelt bei der Wahrnehmung der ihm durch Rechtsverordnung nach Satz 2 zugewiesenen Aufgaben als vom Bund entliehenes Organ des jeweils zuständigen Landes; Einzelheiten einschließlich der Kostenerstattung an den Bund werden durch Vereinbarung geregelt.

§ 14. Kennzeichnung und Werbung

(1) [1] Im Betäubungsmittelverkehr sind die Betäubungsmittel unter Verwendung der in den Anlagen aufgeführten Kurzbezeichnungen zu kennzeichnen. [2] Die Kennzeichnung hat in deutlich lesbarer Schrift, in deutscher Sprache und auf dauerhafte Weise zu erfolgen.

(2) Die Kennzeichnung muß außerdem enthalten

1. bei rohen, ungereinigten und nicht abgeteilten Betäubungsmitteln den Gewichtsvomhundertsatz und bei abgeteilten Betäubungsmitteln das Gewicht des enthaltenen reinen Stoffes,
2. auf Betäubungsmittelbehältnissen und – soweit verwendet – auf den äußeren Umhüllungen bei Stoffen und nicht abgeteilten Zubereitungen die enthaltene Gewichtsmenge, bei abgeteilten Zubereitungen die enthaltene Stückzahl; dies gilt nicht für Vorratsbehältnisse in wissenschaftlichen Laboratorien sowie für zur Abgabe bestimmte kleine Behältnisse und Ampullen.

(3) Die Absätze 1 und 2 gelten nicht für Vorratsbehältnisse in Apotheken und tierärztlichen Hausapotheken.

(4) Die Absätze 1 und 2 gelten sinngemäß auch für die Bezeichnung von Betäubungsmitteln in Katalogen, Preislisten, Werbeanzeigen oder ähnlichen Druckerzeugnissen, die für die am Betäubungsmittelverkehr beteiligten Fachkreise bestimmt sind.

(5) [1] Für in Anlage I bezeichnete Betäubungsmittel darf nicht geworben werden. [2] Für in den Anlagen II und III bezeichnete Betäubungsmittel darf nur in Fachkreisen der Industrie und des Handels sowie bei Personen und Personenvereinigungen, die eine Apotheke oder eine tierärztliche Hausapotheke betreiben, geworben werden, für in Anlage III bezeichnete Betäubungsmittel auch bei Ärzten, Zahnärzten und Tierärzten.

§ 15. Sicherungsmaßnahmen

[1] Wer am Betäubungsmittelverkehr teilnimmt, hat die Betäubungsmittel, die sich in seinem Besitz befinden, gesondert aufzubewahren und gegen unbefugte Entnahme zu sichern. [2] Das Bundesinstitut für Arzneimittel und Medizinprodukte kann Sicherungsmaßnahmen anordnen, soweit es nach Art oder Umfang des Betäubungsmittelverkehrs, dem Gefährdungsgrad oder der Menge der Betäubungsmittel erforderlich ist.

§ 16. Vernichtung

(1) [1] Der Eigentümer von nicht mehr verkehrsfähigen Betäubungsmitteln hat diese auf seine Kosten in Gegenwart von zwei Zeugen in einer Weise zu vernichten, die eine auch nur teilweise Wiedergewinnung der Betäubungsmittel ausschließt sowie den Schutz von Mensch und Umwelt vor schädlichen Einwirkungen sicherstellt. [2] Über die Vernichtung ist eine Niederschrift zu fertigen und diese drei Jahre aufzubewahren.

(2) [1] Das Bundesinstitut für Arzneimittel und Medizinprodukte, in den Fällen des § 19 Abs. 1 Satz 3 die zuständige Behörde des Landes, kann den Eigentümer

auffordern, die Betäubungsmittel auf seine Kosten an diese Behörden zur Vernichtung einzusenden. ² Ist ein Eigentümer der Betäubungsmittel nicht vorhanden oder nicht zu ermitteln, oder kommt der Eigentümer seiner Verpflichtung zur Vernichtung oder der Aufforderung zur Einsendung der Betäubungsmittel gemäß Satz 1 nicht innerhalb einer zuvor gesetzten Frist von drei Monaten nach, so treffen die in Satz 1 genannten Behörden die zur Vernichtung erforderlichen Maßnahmen. ³ Der Eigentümer oder Besitzer der Betäubungsmittel ist verpflichtet, die Betäubungsmittel den mit der Vernichtung beauftragten Personen herauszugeben oder die Wegnahme zu dulden.

(3) Absatz 1 und Absatz 2 Satz 1 und 3 gelten entsprechend, wenn der Eigentümer nicht mehr benötigte Betäubungsmittel beseitigen will.

§ 17. Aufzeichnungen

(1) ¹ Der Inhaber einer Erlaubnis nach § 3 ist verpflichtet, getrennt für jede Betriebsstätte und jedes Betäubungsmittel fortlaufend folgende Aufzeichnungen über jeden Zugang und jeden Abgang zu führen:
1. das Datum,
2. den Namen oder die Firma und die Anschrift des Lieferers oder des Empfängers oder die sonstige Herkunft oder den sonstigen Verbleib,
3. die zugegangene oder abgegangene Menge und den sich daraus ergebenden Bestand,
4. im Falle des Anbaues zusätzlich die Anbaufläche nach Lage und Größe sowie das Datum der Aussaat,
5. im Falle des Herstellens zusätzlich die Angabe der eingesetzten oder hergestellten Betäubungsmittel, der nicht dem Gesetz unterliegenden Stoffe oder der ausgenommenen Zubereitungen nach Art und Menge und
6. im Falle der Abgabe ausgenommener Zubereitungen durch deren Hersteller zusätzlich den Namen oder die Firma und die Anschrift des Empfängers.
² Anstelle der in Nummer 6 bezeichneten Aufzeichnungen können die Durchschriften der Ausgangsrechnungen, in denen die ausgenommenen Zubereitungen kenntlich gemacht sind, fortlaufend nach dem Rechnungsdatum abgeheftet werden.

(2) Die in den Aufzeichnungen oder Rechnungen anzugebenden Mengen sind
1. bei Stoffen und nicht abgeteilten Zubereitungen die Gewichtsmenge und
2. bei abgeteilten Zubereitungen die Stückzahl.

(3) Die Aufzeichnungen oder Rechnungsdurchschriften sind drei Jahre, von der letzten Aufzeichnung oder vom letzten Rechnungsdatum an gerechnet, gesondert aufzubewahren.

§ 18. Meldungen

(1) Der Inhaber einer Erlaubnis nach § 3 ist verpflichtet, dem Bundesinstitut für Arzneimittel und Medizinprodukte getrennt für jede Betriebsstätte und für jedes Betäubungsmittel die jeweilige Menge zu melden, die
1. beim Anbau gewonnen wurde, unter Angabe der Anbaufläche nach Lage und Größe,
2. hergestellt wurde, aufgeschlüsselt nach Ausgangsstoffen,
3. zur Herstellung anderer Betäubungsmittel verwendet wurde, aufgeschlüsselt nach diesen Betäubungsmitteln,
4. zur Herstellung von nicht unter dieses Gesetz fallenden Stoffen verwendet wurde, aufgeschlüsselt nach diesen Stoffen,
5. zur Herstellung ausgenommener Zubereitungen verwendet wurde, aufgeschlüsselt nach diesen Zubereitungen,
6. eingeführt wurde, aufgeschlüsselt nach Ausfuhrländern,
7. ausgeführt wurde, aufgeschlüsselt nach Einfuhrländern,

8. erworben wurde,
9. abgegeben wurde,
10. vernichtet wurde,
11. zu anderen als den nach den Nummern 1 bis 10 angegebenen Zwecken verwendet wurde, aufgeschlüsselt nach den jeweiligen Verwendungszwecken und
12. am Ende des jeweiligen Kalenderhalbjahres als Bestand vorhanden war.

(2) Die in den Meldungen anzugebenden Mengen sind
1. bei Stoffen und nicht abgeteilten Zubereitungen die Gewichtsmenge und
2. bei abgeteilten Zubereitungen die Stückzahl.

(3) Die Meldungen nach Absatz 1 Nr. 2 bis 12 sind dem Bundesinstitut für Arzneimittel und Medizinprodukte jeweils bis zum 31. Januar und 31. Juli für das vergangene Kalenderhalbjahr und die Meldung nach Absatz 1 Nr. 1 bis zum 31. Januar für das vergangene Kalenderjahr einzusenden.

(4) Für die in Absatz 1 bezeichneten Meldungen sind die vom Bundesinstitut für Arzneimittel und Medizinprodukte herausgegebenen amtlichen Formblätter zu verwenden.

§ 18 a. *(aufgehoben)*

Vierter Abschnitt. Überwachung

§ 19. Durchführende Behörde

(1) ¹Der Betäubungsmittelverkehr sowie die Herstellung ausgenommener Zubereitungen unterliegt der Überwachung durch das Bundesinstitut für Arzneimittel und Medizinprodukte. ²Diese Stelle ist auch zuständig für die Anfertigung, Ausgabe und Auswertung der zur Verschreibung von Betäubungsmitteln vorgeschriebenen amtlichen Formblätter. ³Der Betäubungsmittelverkehr bei Ärzten, Zahnärzten und Tierärzten, pharmazeutischen Unternehmern im Falle der Abgabe von Diamorphin und in Apotheken, tierärztlichen Hausapotheken, Krankenhäusern und Tierkliniken unterliegt der Überwachung durch die zuständigen Behörden der Länder. ⁴Diese überwachen auch die Einhaltung der in § 10 a Abs. 2 aufgeführten Mindeststandards; den mit der Überwachung beauftragten Personen stehen die in den §§ 22 und 24 geregelten Befugnisse zu.

(2) Das Bundesinstitut für Arzneimittel und Medizinprodukte ist zugleich die besondere Verwaltungsdienststelle im Sinne der internationalen Suchtstoffübereinkommen.

(3) ¹Der Anbau von Nutzhanf im Sinne des Buchstabens d der Ausnahmeregelung zu Cannabis (Marihuana) in Anlage I unterliegt der Überwachung durch die Bundesanstalt für Landwirtschaft und Ernährung. ²Artikel 40 Absatz 1 und 4 Unterabsatz 1 der Verordnung (EG) Nr. 1122/2009 der Kommission vom 30. November 2009 mit Durchführungsbestimmungen zur Verordnung (EG) Nr. 73/2009 des Rates hinsichtlich der Einhaltung anderweitiger Verpflichtungen, der Modulation und des integrierten Verwaltungs- und Kontrollsystems im Rahmen der Stützungsregelungen für Inhaber landwirtschaftlicher Betriebe gemäß der genannten Verordnung und mit Durchführungsbestimmungen zur Verordnung (EG) Nr. 1234/2007 hinsichtlich der Einhaltung anderweitiger Verpflichtungen im Rahmen der Stützungsregelung für den Weinsektor (ABl. L 316 vom 2. 12. 2009, S. 65) in der jeweils geltenden Fassung sowie § 25 Absatz 1 und 3 und § 29 der InVeKoS-Verordnung gelten entsprechend. ³Die Bundesanstalt für Landwirtschaft und Ernährung darf die ihr nach § 31 der InVeKoS-Verordnung von den zuständigen Landesstellen übermittelten Daten sowie die Ergebnisse von im Rahmen der Regelungen über die einheitliche Betriebsprämie durchgeführten THC-Kontrollen zum Zweck der Überwachung nach diesem Gesetz verwenden.

§ 20. Besondere Ermächtigung für den Spannungs- oder Verteidigungsfall

(1) [1]Die Bundesregierung wird ermächtigt, durch Rechtsverordnung ohne Zustimmung des Bundesrates dieses Gesetz oder die auf Grund dieses Gesetzes erlassenen Rechtsverordnungen für Verteidigungszwecke zu ändern, um die medizinische Versorgung der Bevölkerung mit Betäubungsmitteln sicherzustellen, wenn die Sicherheit und Kontrolle des Betäubungsmittelverkehrs oder der Herstellung ausgenommener Zubereitungen gewährleistet bleiben. [2]Insbesondere können

1. Aufgaben des Bundesinstitutes für Arzneimittel und Medizinprodukte nach diesem Gesetz und auf Grund dieses Gesetzes erlassenen Rechtsverordnungen auf das Bundesministerium übertragen,
2. der Betäubungsmittelverkehr und die Herstellung ausgenommener Zubereitungen an die in Satz 1 bezeichneten besonderen Anforderungen angepaßt und
3. Meldungen über Bestände an
   a) Betäubungsmitteln,
   b) ausgenommenen Zubereitungen und
   c) zur Herstellung von Betäubungsmitteln erforderlichen Ausgangsstoffen oder Zubereitungen, auch wenn diese keine Betäubungsmittel sind,

angeordnet werden. [3]In der Rechtsverordnung kann ferner der über die in Satz 2 Nr. 3 bezeichneten Bestände Verfügungsberechtigte zu deren Abgabe an bestimmte Personen oder Stellen verpflichtet werden.

(2) Die Rechtsverordnung nach Absatz 1 darf nur nach Maßgabe des Artikels 80a Abs. 1 des Grundgesetzes angewandt werden.

(3) (weggefallen)

§ 21. Mitwirkung anderer Behörden

(1) Das Bundesministerium der Finanzen und die von ihm bestimmten Zollstellen wirken bei der Überwachung der Einfuhr, Ausfuhr und Durchfuhr von Betäubungsmitteln mit.

(2) [1]Das Bundesministerium der Finanzen kann im Einvernehmen mit dem Bundesministerium des Innern die Beamten der Bundespolizei, die mit Aufgaben des Grenzschutzes nach § 2 des Bundespolizeigesetzes betraut sind, und im Einvernehmen mit dem Bayerischen Staatsminister des Innern die Beamten der Bayerischen Grenzpolizei mit der Wahrnehmung von Aufgaben betrauen, die den Zolldienststellen nach Absatz 1 obliegen. [2]Nehmen die im Satz 1 bezeichneten Beamten diese Aufgaben wahr, gilt § 67 Abs. 2 des Bundespolizeigesetzes entsprechend.

(3) Bei Verdacht von Verstößen gegen Verbote und Beschränkungen dieses Gesetzes, die sich bei der Abfertigung ergeben, unterrichten die mitwirkenden Behörden das Bundesinstitut für Arzneimittel und Medizinprodukte unverzüglich.

§ 22. Überwachungsmaßnahmen

(1) Die mit der Überwachung beauftragten Personen sind befugt,

1. Unterlagen über den Betäubungsmittelverkehr oder die Herstellung oder das der Herstellung folgende Inverkehrbringen ausgenommener Zubereitungen einzusehen und hieraus Abschriften oder Ablichtungen anzufertigen, soweit sie für die Sicherheit oder Kontrolle des Betäubungsmittelverkehrs oder der Herstellung ausgenommener Zubereitungen von Bedeutung sein können,
2. von natürlichen und juristischen Personen und nicht rechtsfähigen Personenvereinigungen alle erforderlichen Auskünfte zu verlangen,
3. Grundstücke, Gebäude, Gebäudeteile, Einrichtungen und Beförderungsmittel, in denen der Betäubungsmittelverkehr oder die Herstellung ausgenommener Zubereitungen durchgeführt wird, zu betreten und zu besichtigen, wobei sich die beauftragten Personen davon zu überzeugen haben, daß die Vorschriften

über den Betäubungsmittelverkehr oder die Herstellung ausgenommener Zubereitungen beachtet werden. Zur Verhütung dringender Gefahren für die öffentliche Sicherheit und Ordnung, insbesondere wenn eine Vereitelung der Kontrolle des Betäubungsmittelverkehrs oder der Herstellung ausgenommener Zubereitungen zu besorgen ist, dürfen diese Räumlichkeiten auch außerhalb der Betriebs- und Geschäftszeit sowie Wohnzwecken dienende Räume betreten werden; insoweit wird das Grundrecht auf Unverletzlichkeit der Wohnung (Artikel 13 des Grundgesetzes) eingeschränkt. Soweit es sich um industrielle Herstellungsbetriebe und Großhandelsbetriebe handelt, sind die Besichtigungen in der Regel alle zwei Jahre durchzuführen,

4. vorläufige Anordnungen zu treffen, soweit es zur Verhütung dringender Gefahren für die Sicherheit oder Kontrolle des Betäubungsmittelverkehrs oder der Herstellung ausgenommener Zubereitungen geboten ist. Zum gleichen Zweck dürfen sie auch die weitere Teilnahme am Betäubungsmittelverkehr oder die weitere Herstellung ausgenommener Zubereitungen ganz oder teilweise untersagen und die Betäubungsmittelbestände oder die Bestände ausgenommener Zubereitungen unter amtlichen Verschluß nehmen. Die zuständige Behörde (§ 19 Abs. 1) hat innerhalb von einem Monat nach Erlaß der vorläufigen Anordnungen über diese endgültig zu entscheiden.

(2) Die zuständige Behörde kann Maßnahmen gemäß Absatz 1 Nr. 1 und 2 auch auf schriftlichem Wege anordnen.

§ 23. Probenahme

(1) [1]Soweit es zur Durchführung der Vorschriften über den Betäubungsmittelverkehr oder die Herstellung ausgenommener Zubereitungen erforderlich ist, sind die mit der Überwachung beauftragten Personen befugt, gegen Empfangsbescheinigung Proben nach ihrer Auswahl zum Zwecke der Untersuchung zu fordern oder zu entnehmen. [2]Soweit nicht ausdrücklich darauf verzichtet wird, ist ein Teil der Probe oder, sofern die Probe nicht oder ohne Gefährdung des Untersuchungszwecks nicht in Teile von gleicher Qualität teilbar ist, ein zweites Stück der gleichen Art wie das als Probe entnommene zurückzulassen.

(2) [1]Zurückzulassende Proben sind amtlich zu verschließen oder zu versiegeln. [2]Sie sind mit dem Datum der Probenahme und dem Datum des Tages zu versehen, nach dessen Ablauf der Verschluß oder die Versiegelung als aufgehoben gelten.

(3) Für entnommene Proben ist eine angemessene Entschädigung zu leisten, soweit nicht ausdrücklich darauf verzichtet wird.

§ 24. Duldungs- und Mitwirkungspflicht

(1) Jeder Teilnehmer am Betäubungsmittelverkehr oder jeder Hersteller ausgenommener Zubereitungen ist verpflichtet, die Maßnahmen nach den §§ 22 und 23 zu dulden und die mit der Überwachung beauftragten Personen bei der Erfüllung ihrer Aufgaben zu unterstützen, insbesondere ihnen auf Verlangen die Stellen zu bezeichnen, in denen der Betäubungsmittelverkehr oder die Herstellung ausgenommener Zubereitungen stattfindet, umfriedete Grundstücke, Gebäude, Räume, Behälter und Behältnisse zu öffnen, Auskünfte zu erteilen sowie Einsicht in Unterlagen und die Entnahme der Proben zu ermöglichen.

(2) Der zur Auskunft Verpflichtete kann die Auskunft auf solche Fragen verweigern, deren Beantwortung ihn selbst oder einen seiner in § 383 Abs. 1 Nr. 1 bis 3 der Zivilprozeßordnung bezeichneten Angehörigen der Gefahr strafgerichtlicher Verfolgung oder eines Verfahrens nach dem Gesetz über Ordnungswidrigkeiten aussetzen würde.

§ 24a. Anzeige des Anbaus von Nutzhanf

[1]Der Anbau von Nutzhanf im Sinne des Buchstabens d der Ausnahmeregelung zu Cannabis (Marihuana) in Anlage I ist bis zum 1. Juli des Anbaujahres in dreifa-

cher Ausfertigung der Bundesanstalt für Landwirtschaft und Ernährung zur Erfüllung ihrer Aufgaben nach § 19 Abs. 3 anzuzeigen. [2] Für die Anzeige ist das von der Bundesanstalt für Landwirtschaft und Ernährung herausgegebene amtliche Formblatt zu verwenden. [3] Die Anzeige muß enthalten:

1. den Namen, den Vornamen und die Anschrift des Landwirtes, bei juristischen Personen den Namen des Unternehmens der Landwirtschaft sowie des gesetzlichen Vertreters,
2. die dem Unternehmen der Landwirtschaft von der zuständigen Berufsgenossenschaft zugeteilte Mitglieds-/Katasternummer,
3. die ausgesäte Sorte unter Beifügung der amtlichen Etiketten, soweit diese nicht im Rahmen der Regelungen über die einheitliche Betriebsprämie der zuständigen Landesbehörde vorgelegt worden sind,
4. die Aussaatfläche in Hektar und Ar unter Angabe der Flächenidentifikationsnummer; ist diese nicht vorhanden, können die Katasternummer oder sonstige die Aussaatfläche kennzeichnende Angaben, die von der Bundesanstalt für Landwirtschaft und Ernährung anerkannt worden sind, wie zum Beispiel Gemarkung, Flur und Flurstück, angegeben werden.

[4] Die Bundesanstalt für Landwirtschaft und Ernährung übersendet eine von ihr abgezeichnete Ausfertigung der Anzeige unverzüglich dem Antragsteller. [5] Sie hat ferner eine Ausfertigung der Anzeige den zuständigen Polizeibehörden und Staatsanwaltschaften auf deren Ersuchen zu übersenden, wenn dies zur Verfolgung von Straftaten nach diesem Gesetz erforderlich ist. [6] Liegen der Bundesanstalt für Landwirtschaft und Ernährung Anhaltspunkte vor, daß der Anbau von Nutzhanf nicht den Voraussetzungen des Buchstabens d der Ausnahmeregelung zu Cannabis (Marihuana) in Anlage I entspricht, teilt sie dies der örtlich zuständigen Staatsanwaltschaft mit.

§ 25. Kosten

(1) Das Bundesinstitut für Arzneimittel und Medizinprodukte erhebt für seine Amtshandlungen, Prüfungen und Untersuchungen nach diesem Gesetz und den auf Grund dieses Gesetzes erlassenen Rechtsverordnungen Kosten (Gebühren und Auslagen).

(2) Das Bundesministerium wird ermächtigt, durch Rechtsverordnung ohne Zustimmung des Bundesrates die gebührenpflichtigen Tatbestände näher zu bestimmen und dabei feste Sätze oder Rahmensätze vorzusehen.

Fünfter Abschnitt. Vorschriften für Behörden

§ 26. Bundeswehr, Bundespolizei, Bereitschaftspolizei und Zivilschutz

(1) Dieses Gesetz findet mit Ausnahme der Vorschriften über die Erlaubnis nach § 3 auf Einrichtungen, die der Betäubungsmittelversorgung der Bundeswehr und der Bundespolizei dienen, sowie auf die Bevorratung mit in Anlage II oder III bezeichneten Betäubungsmitteln für den Zivilschutz entsprechende Anwendung.

(2) [1] In den Bereichen der Bundeswehr und der Bundespolizei obliegt der Vollzug dieses Gesetzes und die Überwachung des Betäubungsmittelverkehrs den jeweils zuständigen Stellen und Sachverständigen der Bundeswehr und der Bundespolizei. [2] Im Bereich des Zivilschutzes obliegt der Vollzug dieses Gesetzes den für die Sanitätsmaterialbevorratung zuständigen Bundes- und Landesbehörden.

(3) Das Bundesministerium der Verteidigung kann für seinen Geschäftsbereich im Einvernehmen mit dem Bundesministerium in Einzelfällen Ausnahmen von diesem Gesetz und den auf Grund dieses Gesetzes erlassenen Rechtsverordnungen zulassen, soweit die internationalen Suchtstoffübereinkommen dem nicht entgegenstehen und dies zwingende Gründe der Verteidigung erfordern.

(4) Dieses Gesetz findet mit Ausnahme der Vorschriften über die Erlaubnis nach § 3 auf Einrichtungen, die der Betäubungsmittelversorgung der Bereitschaftspolizeien der Länder dienen, entsprechende Anwendung.

(5) (weggefallen)

§ 27. Meldungen und Auskünfte

(1) [1]Das Bundeskriminalamt meldet dem Bundesinstitut für Arzneimittel und Medizinprodukte jährlich bis zum 31. März für das vergangene Kalenderjahr die ihm bekanntgewordenen Sicherstellungen von Betäubungsmitteln nach Art und Menge sowie gegebenenfalls die weitere Verwendung der Betäubungsmittel. [2]Im Falle der Verwertung sind der Name oder die Firma und die Anschrift des Erwerbers anzugeben.

(2) Die in § 26 bezeichneten Behörden haben dem Bundesinstitut für Arzneimittel und Medizinprodukte auf Verlangen über den Verkehr mit Betäubungsmitteln in ihren Bereichen Auskunft zu geben, soweit es zur Durchführung der internationalen Suchtstoffübereinkommen erforderlich ist.

(3) [1]In Strafverfahren, die Straftaten nach diesem Gesetz zum Gegenstand haben, sind zu übermitteln

1. zur Überwachung und Kontrolle des Verkehrs mit Betäubungsmitteln bei den in § 19 Abs. 1 Satz 3 genannten Personen und Einrichtungen der zuständigen Landesbehörde die rechtskräftige Entscheidung mit Begründung, wenn auf eine Strafe oder eine Maßregel der Besserung und Sicherung erkannt oder der Angeklagte wegen Schuldunfähigkeit freigesprochen worden ist,

2. zur Wahrnehmung der in § 19 Abs. 1 Satz 2 genannten Aufgaben dem Bundesinstitut für Arzneimittel und Medizinprodukte im Falle der Erhebung der öffentlichen Klage gegen Ärzte, Zahnärzte und Tierärzte
   a) die Anklageschrift oder eine an ihre Stelle tretende Antragsschrift,
   b) der Antrag auf Erlaß eines Strafbefehls und
   c) die das Verfahren abschließende Entscheidung mit Begründung; ist mit dieser Entscheidung ein Rechtsmittel verworfen worden oder wird darin auf die angefochtene Entscheidung Bezug genommen, so ist auch diese zu übermitteln.

[2]Die Übermittlung veranlaßt die Strafvollstreckungs- oder die Strafverfolgungsbehörde.

(4) Die das Verfahren abschließende Entscheidung mit Begründung in sonstigen Strafsachen darf der zuständigen Landesbehörde übermittelt werden, wenn ein Zusammenhang der Straftat mit dem Betäubungsmittelverkehr besteht und die Kenntnis der Entscheidung aus der Sicht der übermittelnden Stelle für die Überwachung des Betäubungsmittelverkehrs erforderlich ist; Absatz 3 Satz 1 Nr. 2 Buchstabe c zweiter Halbsatz gilt entsprechend.

§ 28. Jahresbericht an die Vereinten Nationen

(1) [1]Die Bundesregierung erstattet jährlich bis zum 30. Juni für das vergangene Kalenderjahr dem Generalsekretär der Vereinten Nationen einen Jahresbericht über die Durchführung der internationalen Suchtstoffübereinkommen nach einem von der Suchtstoffkommission der Vereinten Nationen beschlossenen Formblatt. [2]Die zuständigen Behörden der Länder wirken bei der Erstellung des Berichtes mit und reichen ihre Beiträge bis zum 31. März für das vergangene Kalenderjahr dem Bundesinstitut für Arzneimittel und Medizinprodukte ein. [3]Soweit die im Formblatt geforderten Angaben nicht ermittelt werden können, sind sie zu schätzen.

(2) [1]Die Bundesregierung wird ermächtigt, durch Rechtsverordnung mit Zustimmung des Bundesrates zu bestimmen, welche Personen und welche Stellen Meldungen, nämlich statistische Aufstellungen, sonstige Angaben und Auskünfte, zu erstatten haben, die zur Durchführung der internationalen Suchtstoffüberein-

kommen erforderlich sind. [2] In der Verordnung können Bestimmungen über die Art und Weise, die Form, den Zeitpunkt und den Empfänger der Meldungen getroffen werden.

Sechster Abschnitt. Straftaten und Ordnungswidrigkeiten

§ 29. Straftaten

(1) [1] Mit Freiheitsstrafe bis zu fünf Jahren oder mit Geldstrafe wird bestraft, wer

1. Betäubungsmittel unerlaubt anbaut, herstellt, mit ihnen Handel treibt, sie, ohne Handel zu treiben, einführt, ausführt, veräußert, abgibt, sonst in den Verkehr bringt, erwirbt oder sich in sonstiger Weise verschafft,
2. eine ausgenommene Zubereitung (§ 2 Abs. 1 Nr. 3) ohne Erlaubnis nach § 3 Abs. 1 Nr. 2 herstellt,
3. Betäubungsmittel besitzt, ohne zugleich im Besitz einer schriftlichen Erlaubnis für den Erwerb zu sein,
4. (weggefallen)
5. entgegen § 11 Abs. 1 Satz 2 Betäubungsmittel durchführt,
6. entgegen § 13 Abs. 1 Betäubungsmittel
   a) verschreibt,
   b) verabreicht oder zum unmittelbaren Verbrauch überläßt,
7. entgegen § 13 Absatz 2
   a) Betäubungsmittel in einer Apotheke oder tierärztlichen Hausapotheke,
   b) Diamorphin als pharmazeutischer Unternehmer
   abgibt,
8. entgegen § 14 Abs. 5 für Betäubungsmittel wirbt,
9. unrichtige oder unvollständige Angaben macht, um für sich oder einen anderen oder für ein Tier die Verschreibung eines Betäubungsmittels zu erlangen,
10. einem anderen eine Gelegenheit zum unbefugten Erwerb oder zur unbefugten Abgabe von Betäubungsmitteln verschafft oder gewährt, eine solche Gelegenheit öffentlich oder eigennützig mitteilt oder einen anderen zum unbefugten Verbrauch von Betäubungsmitteln verleitet,
11. ohne Erlaubnis nach § 10 a einem anderen eine Gelegenheit zum unbefugten Verbrauch von Betäubungsmitteln verschafft oder gewährt, oder wer eine außerhalb einer Einrichtung nach § 10 a bestehende Gelegenheit zu einem solchen Verbrauch eigennützig oder öffentlich mitteilt,
12. öffentlich, in einer Versammlung oder durch Verbreiten von Schriften (§ 11 Abs. 3 des Strafgesetzbuches) dazu auffordert, Betäubungsmittel zu verbrauchen, die nicht zulässigerweise verschrieben worden sind,
13. Geldmittel oder andere Vermögensgegenstände einem anderen für eine rechtswidrige Tat nach Nummern 1, 5, 6, 7, 10, 11 oder 12 bereitstellt,
14. einer Rechtsverordnung nach § 11 Abs. 2 Satz 2 Nr. 1 oder § 13 Abs. 3 Satz 2 Nr. 1, 2 a oder 5 zuwiderhandelt, soweit sie für einen bestimmten Tatbestand auf diese Strafvorschrift verweist.

[2] Die Abgabe von sterilen Einmalspritzen an Betäubungsmittelabhängige und die öffentliche Information darüber sind kein Verschaffen und kein öffentliches Mitteilen einer Gelegenheit zum Verbrauch nach Satz 1 Nr. 11.

(2) In den Fällen des Absatzes 1 Satz 1 Nr. 1, 2, 5 oder 6 Buchstabe b ist der Versuch strafbar.

(3) [1] In besonders schweren Fällen ist die Strafe Freiheitsstrafe nicht unter einem Jahr. [2] Ein besonders schwerer Fall liegt in der Regel vor, wenn der Täter

1. in den Fällen des Absatzes 1 Satz 1 Nr. 1, 5, 6, 10, 11 oder 13 gewerbsmäßig handelt,
2. durch eine der in Absatz 1 Satz 1 Nr. 1, 6 oder 7 bezeichneten Handlungen die Gesundheit mehrerer Menschen gefährdet.

(4) Handelt der Täter in den Fällen des Absatzes 1 Satz 1 Nr. 1, 2, 5, 6 Buchstabe b, Nr. 10 oder 11 fahrlässig, so ist die Strafe Freiheitsstrafe bis zu einem Jahr oder Geldstrafe.

(5) Das Gericht kann von einer Bestrafung nach den Absätzen 1, 2 und 4 absehen, wenn der Täter die Betäubungsmittel lediglich zum Eigenverbrauch in geringer Menge anbaut, herstellt, einführt, ausführt, durchführt, erwirbt, sich in sonstiger Weise verschafft oder besitzt.

(6) Die Vorschriften des Absatzes 1 Satz 1 Nr. 1 sind, soweit sie das Handeltreiben, Abgeben oder Veräußern betreffen, auch anzuwenden, wenn sich die Handlung auf Stoffe oder Zubereitungen bezieht, die nicht Betäubungsmittel sind, aber als solche ausgegeben werden.

§ 29 a. Straftaten

(1) Mit Freiheitsstrafe nicht unter einem Jahr wird bestraft, wer

1. als Person über 21 Jahre Betäubungsmittel unerlaubt an eine Person unter 18 Jahren abgibt oder sie ihr entgegen § 13 Abs. 1 verabreicht oder zum unmittelbaren Verbrauch überläßt oder
2. mit Betäubungsmitteln in nicht geringer Menge unerlaubt Handel treibt, sie in nicht geringer Menge herstellt oder abgibt oder sie besitzt, ohne sie auf Grund einer Erlaubnis nach § 3 Abs. 1 erlangt zu haben.

(2) In minder schweren Fällen ist die Strafe Freiheitsstrafe von drei Monaten bis zu fünf Jahren.

§ 30. Straftaten

(1) Mit Freiheitsstrafe nicht unter zwei Jahren wird bestraft, wer

1. Betäubungsmittel unerlaubt anbaut, herstellt oder mit ihnen Handel treibt (§ 29 Abs. 1 Satz 1 Nr. 1) und dabei als Mitglied einer Bande handelt, die sich zur fortgesetzten Begehung solcher Taten verbunden hat,
2. im Falle des § 29a Abs. 1 Nr. 1 gewerbsmäßig handelt,
3. Betäubungsmittel abgibt, einem anderen verabreicht oder zum unmittelbaren Verbrauch überläßt und dadurch leichtfertig dessen Tod verursacht oder
4. Betäubungsmittel in nicht geringer Menge unerlaubt einführt.

(2) In minder schweren Fällen ist die Strafe Freiheitsstrafe von drei Monaten bis zu fünf Jahren.

§ 30 a. Straftaten

(1) Mit Freiheitsstrafe nicht unter fünf Jahren wird bestraft, wer Betäubungsmittel in nicht geringer Menge unerlaubt anbaut, herstellt, mit ihnen Handel treibt, sie ein- oder ausführt (§ 29 Abs. 1 Satz 1 Nr. 1) und dabei als Mitglied einer Bande handelt, die sich zur fortgesetzten Begehung solcher Taten verbunden hat.

(2) Ebenso wird bestraft, wer

1. als Person über 21 Jahre eine Person unter 18 Jahren bestimmt, mit Betäubungsmitteln unerlaubt Handel zu treiben, sie, ohne Handel zu treiben, einzuführen, auszuführen, zu veräußern, abzugeben oder sonst in den Verkehr zu bringen oder eine dieser Handlungen zu fördern, oder
2. mit Betäubungsmitteln in nicht geringer Menge unerlaubt Handel treibt oder sie, ohne Handel zu treiben, einführt, ausführt oder sich verschafft und dabei eine Schußwaffe oder sonstige Gegenstände mit sich führt, die ihrer Art nach zur Verletzung von Personen geeignet und bestimmt sind.

(3) In minder schweren Fällen ist die Strafe Freiheitsstrafe von sechs Monaten bis zu zehn Jahren.

§ 30 b. Straftaten

§ 129 des Strafgesetzbuches gilt auch dann, wenn eine Vereinigung, deren Zwecke oder deren Tätigkeit auf den unbefugten Vertrieb von Betäubungsmitteln im Sinne des § 6 Nr. 5 des Strafgesetzbuches gerichtet sind, nicht oder nicht nur im Inland besteht.

§ 30 c. Vermögensstrafe

(1) [1]In den Fällen des § 29 Abs. 1 Satz 1 Nr. 1, 5, 6, 10, 11 und 13 ist § 43 a des Strafgesetzbuches anzuwenden. [2]Dies gilt nicht, soweit der Täter Betäubungsmittel, ohne mit ihnen Handel zu treiben, veräußert, abgibt, erwirbt oder sich in sonstiger Weise verschafft.

(2) In den Fällen der §§ 29 a, 30, 30 a und 30 b ist § 43 a des Strafgesetzbuches anzuwenden.

§ 31. Strafmilderung oder Absehen von Strafe

[1]Das Gericht kann die Strafe nach § 49 Abs. 1 des Strafgesetzbuches mildern oder, wenn der Täter keine Freiheitsstrafe von mehr als drei Jahren verwirkt hat, von Strafe absehen, wenn der Täter

1. durch freiwillige Offenbarung seines Wissens wesentlich dazu beigetragen hat, daß die Tat über seinen eigenen Tatbeitrag hinaus aufgedeckt werden konnte, oder
2. freiwillig sein Wissen so rechtzeitig einer Dienststelle offenbart, daß Straftaten nach § 29 Abs. 3, § 29 a Abs. 1, § 30 Abs. 1, § 30 a Abs. 1, von deren Planung er weiß, noch verhindert werden können.

[2]§ 46 b Abs. 2 und 3 des Strafgesetzbuches gilt entsprechend.

§ 31 a. Absehen von der Verfolgung

(1) [1]Hat das Verfahren ein Vergehen nach § 29 Abs. 1, 2 oder 4 zum Gegenstand, so kann die Staatsanwaltschaft von der Verfolgung absehen, wenn die Schuld des Täters als gering anzusehen wäre, kein öffentliches Interesse an der Strafverfolgung besteht und der Täter die Betäubungsmittel lediglich zum Eigenverbrauch in geringer Menge anbaut, herstellt, einführt, ausführt, durchführt, erwirbt, sich in sonstiger Weise verschafft oder besitzt. [2]Von der Verfolgung soll abgesehen werden, wenn der Täter in einem Drogenkonsumraum Betäubungsmittel lediglich zum Eigenverbrauch, der nach § 10 a geduldet werden kann, in geringer Menge besitzt, ohne zugleich im Besitz einer schriftlichen Erlaubnis für den Erwerb zu sein.

(2) [1]Ist die Klage bereits erhoben, so kann das Gericht in jeder Lage des Verfahrens unter den Voraussetzungen des Absatzes 1 mit Zustimmung der Staatsanwaltschaft und des Angeschuldigten das Verfahren einstellen. [2]Der Zustimmung des Angeschuldigten bedarf es nicht, wenn die Hauptverhandlung aus den in § 205 der Strafprozeßordnung angeführten Gründen nicht durchgeführt werden kann oder in den Fällen des § 231 Abs. 2 der Strafprozeßordnung und der §§ 232 und 233 der Strafprozeßordnung in seiner Abwesenheit durchgeführt wird. [3]Die Entscheidung ergeht durch Beschluß. [4]Der Beschluß ist nicht anfechtbar.

§ 32. Ordnungswidrigkeiten

(1) Ordnungswidrig handelt, wer vorsätzlich oder fahrlässig

1. entgegen § 4 Abs. 3 Satz 1 die Teilnahme am Betäubungsmittelverkehr nicht anzeigt,
2. in einem Antrag nach § 7, auch in Verbindung mit § 10 a Abs. 3 oder § 13 Absatz 3 Satz 3, unrichtige Angaben macht oder unrichtige Unterlagen beifügt,
3. entgegen § 8 Abs. 3 Satz 1, auch in Verbindung mit § 10 a Abs. 3, eine Änderung nicht richtig, nicht vollständig oder nicht unverzüglich mitteilt,

4. einer vollziehbaren Auflage nach § 9 Abs. 2, auch in Verbindung mit § 10 a Abs. 3, zuwiderhandelt,
5. entgegen § 11 Abs. 1 Satz 1 Betäubungsmittel ohne Genehmigung ein- oder ausführt,
6. einer Rechtsverordnung nach § 11 Abs. 2 Satz 2 Nr. 2 bis 4, § 12 Abs. 4, § 13 Abs. 3 Satz 2 Nr. 2, 3 oder 4, § 20 Abs. 1 oder § 28 Abs. 2 zuwiderhandelt, soweit sie für einen bestimmten Tatbestand auf diese Bußgeldvorschrift verweist,
7. entgegen § 12 Abs. 1 Betäubungsmittel abgibt oder entgegen § 12 Abs. 2 die Abgabe oder den Erwerb nicht richtig, nicht vollständig oder nicht unverzüglich meldet oder den Empfang nicht bestätigt,
8. entgegen § 14 Abs. 1 bis 4 Betäubungsmittel nicht vorschriftsmäßig kennzeichnet,
9. einer vollziehbaren Anordnung nach § 15 Satz 2 zuwiderhandelt,
10. entgegen § 16 Abs. 1 Betäubungsmittel nicht vorschriftsmäßig vernichtet, eine Niederschrift nicht fertigt oder sie nicht aufbewahrt oder entgegen § 16 Abs. 2 Satz 1 Betäubungsmittel nicht zur Vernichtung einsendet, jeweils auch in Verbindung mit § 16 Abs. 3,
11. entgegen § 17 Abs. 1 oder 2 Aufzeichnungen nicht, nicht richtig oder nicht vollständig führt oder entgegen § 17 Abs. 3 Aufzeichnungen oder Rechnungsdurchschriften nicht aufbewahrt,
12. entgegen § 18 Abs. 1 bis 3 Meldungen nicht richtig, nicht vollständig oder nicht rechtzeitig erstattet,
13. entgegen § 24 Abs. 1 einer Duldungs- oder Mitwirkungspflicht nicht nachkommt,
14. entgegen § 24 a den Anbau von Nutzhanf nicht, nicht richtig, nicht vollständig oder nicht rechtzeitig anzeigt oder
15. Betäubungsmittel in eine Postsendung einlegt, obwohl diese Versendung durch den Weltpostvertrag oder ein Abkommen des Weltpostvereins verboten ist; das Postgeheimnis gemäß Artikel 10 Abs. 1 des Grundgesetzes wird insoweit für die Verfolgung und Ahndung der Ordnungswidrigkeit eingeschränkt.

(2) Die Ordnungswidrigkeit kann mit einer Geldbuße bis zu fünfundzwanzigtausend Euro geahndet werden.

(3) Verwaltungsbehörde im Sinne des § 36 Abs. 1 Nr. 1 des Gesetzes über Ordnungswidrigkeiten ist das Bundesinstitut für Arzneimittel und Medizinprodukte, soweit das Gesetz von ihm ausgeführt wird, im Falle des § 32 Abs. 1 Nr. 14 die Bundesanstalt für Landwirtschaft und Ernährung.

§ 33. Erweiterter Verfall und Einziehung

(1) § 73 d des Strafgesetzbuches ist anzuwenden
1. in den Fällen des § 29 Abs. 1 Satz 1 Nr. 1, 5, 6, 10, 11 und 13, sofern der Täter gewerbsmäßig handelt, und
2. in den Fällen der §§ 29 a, 30 und 30 a.

(2) ¹Gegenstände, auf die sich eine Straftat nach den §§ 29 bis 30 a oder eine Ordnungswidrigkeit nach § 32 bezieht, können eingezogen werden. ²§ 74 a des Strafgesetzbuches und § 23 des Gesetzes über Ordnungswidrigkeiten sind anzuwenden.

§ 34. Führungsaufsicht

In den Fällen des § 29 Abs. 3, der §§ 29 a, 30 und 30 a kann das Gericht Führungsaufsicht anordnen (§ 68 Abs. 1 des Strafgesetzbuches).

Siebenter Abschnitt. Betäubungsmittelabhängige Straftäter

§ 35. Zurückstellung der Strafvollstreckung

(1) [1] Ist jemand wegen einer Straftat zu einer Freiheitsstrafe von nicht mehr als zwei Jahren verurteilt worden und ergibt sich aus den Urteilsgründen oder steht sonst fest, daß er die Tat auf Grund einer Betäubungsmittelabhängigkeit begangen hat, so kann die Vollstreckungsbehörde mit Zustimmung des Gerichts des ersten Rechtszuges die Vollstreckung der Strafe, eines Strafrestes oder der Maßregel der Unterbringung in einer Entziehungsanstalt für längstens zwei Jahre zurückstellen, wenn der Verurteilte sich wegen seiner Abhängigkeit in einer seiner Rehabilitation dienenden Behandlung befindet oder zusagt, sich einer solchen zu unterziehen, und deren Beginn gewährleistet ist. [2] Als Behandlung gilt auch der Aufenthalt in einer staatlich anerkannten Einrichtung, die dazu dient, die Abhängigkeit zu beheben oder einer erneuten Abhängigkeit entgegenzuwirken.

(2) [1] Gegen die Verweigerung der Zustimmung durch das Gericht des ersten Rechtszuges steht der Vollstreckungsbehörde die Beschwerde nach dem Zweiten Abschnitt des Dritten Buches der Strafprozeßordnung zu. [2] Der Verurteilte kann die Verweigerung dieser Zustimmung nur zusammen mit der Ablehnung der Zurückstellung durch die Vollstreckungsbehörde nach den §§ 23 bis 30 des Einführungsgesetzes zum Gerichtsverfassungsgesetz anfechten. [3] Das Oberlandesgericht entscheidet in diesem Falle auch über die Verweigerung der Zustimmung; es kann die Zustimmung selbst erteilen.

(3) Absatz 1 gilt entsprechend, wenn

1. auf eine Gesamtfreiheitsstrafe von nicht mehr als zwei Jahren erkannt worden ist oder
2. auf eine Freiheitsstrafe oder Gesamtfreiheitsstrafe von mehr als zwei Jahren erkannt worden ist und ein zu vollstreckender Rest der Freiheitsstrafe oder der Gesamtfreiheitsstrafe zwei Jahre nicht übersteigt

und im übrigen die Voraussetzungen des Absatzes 1 für den ihrer Bedeutung nach überwiegenden Teil der abgeurteilten Straftaten erfüllt sind.

(4) Der Verurteilte ist verpflichtet, zu Zeitpunkten, die die Vollstreckungsbehörde festsetzt, den Nachweis über die Aufnahme und über die Fortführung der Behandlung zu erbringen; die behandelnden Personen oder Einrichtungen teilen der Vollstreckungsbehörde einen Abbruch der Behandlung mit.

(5) [1] Die Vollstreckungsbehörde widerruft die Zurückstellung der Vollstreckung, wenn die Behandlung nicht begonnen oder nicht fortgeführt wird und nicht zu erwarten ist, daß der Verurteilte eine Behandlung derselben Art alsbald beginnt oder wieder aufnimmt, oder wenn der Verurteilte den nach Absatz 4 geforderten Nachweis nicht erbringt. [2] Von dem Widerruf kann abgesehen werden, wenn der Verurteilte nachträglich nachweist, daß er sich in Behandlung befindet. [3] Ein Widerruf nach Satz 1 steht einer erneuten Zurückstellung der Vollstreckung nicht entgegen.

(6) Die Zurückstellung der Vollstreckung wird auch widerrufen, wenn

1. bei nachträglicher Bildung einer Gesamtstrafe nicht auch deren Vollstreckung nach Absatz 1 in Verbindung mit Absatz 3 zurückgestellt wird oder
2. eine weitere gegen den Verurteilten erkannte Freiheitsstrafe oder freiheitsentziehende Maßregel der Besserung und Sicherung zu vollstrecken ist.

(7) [1] Hat die Vollstreckungsbehörde die Zurückstellung widerrufen, so ist sie befugt, zur Vollstreckung der Freiheitsstrafe oder der Unterbringung in einer Entziehungsanstalt einen Haftbefehl zu erlassen. [2] Gegen den Widerruf kann die Entscheidung des Gerichts des ersten Rechtszuges herbeigeführt werden. [3] Der Fortgang der Vollstreckung wird durch die Anrufung des Gerichts nicht gehemmt. [4] § 462 der Strafprozeßordnung gilt entsprechend.

§ 36. Anrechnung und Strafaussetzung zur Bewährung

(1) [1] Ist die Vollstreckung zurückgestellt worden und hat sich der Verurteilte in einer staatlich anerkannten Einrichtung behandeln lassen, so wird die vom Verurteilten nachgewiesene Zeit seines Aufenthaltes in dieser Einrichtung auf die Strafe angerechnet, bis infolge der Anrechnung zwei Drittel der Strafe erledigt sind. [2] Die Entscheidung über die Anrechnungsfähigkeit trifft das Gericht zugleich mit der Zustimmung nach § 35 Abs. 1. [3] Sind durch die Anrechnung zwei Drittel der Strafe erledigt oder ist eine Behandlung in der Einrichtung zu einem früheren Zeitpunkt nicht mehr erforderlich, so setzt das Gericht die Vollstreckung des Restes der Strafe zur Bewährung aus, sobald dies unter Berücksichtigung des Sicherheitsinteresses der Allgemeinheit verantwortet werden kann.

(2) Ist die Vollstreckung zurückgestellt worden und hat sich der Verurteilte einer anderen als der in Absatz 1 bezeichneten Behandlung seiner Abhängigkeit unterzogen, so setzt das Gericht die Vollstreckung der Freiheitsstrafe oder des Strafrestes zur Bewährung aus, sobald dies unter Berücksichtigung des Sicherheitsinteresses der Allgemeinheit verantwortet werden kann.

(3) Hat sich der Verurteilte nach der Tat einer Behandlung seiner Abhängigkeit unterzogen, so kann das Gericht, wenn die Voraussetzungen des Absatzes 1 Satz 1 nicht vorliegen, anordnen, daß die Zeit der Behandlung ganz oder zum Teil auf die Strafe angerechnet wird, wenn dies unter Berücksichtigung der Anforderungen, welche die Behandlung an den Verurteilten gestellt hat, angezeigt ist.

(4) Die §§ 56a bis 56g und 57 Abs. 5 Satz 2 des Strafgesetzbuches gelten entsprechend.

(5) [1] Die Entscheidungen nach den Absätzen 1 bis 3 trifft das Gericht des ersten Rechtszuges ohne mündliche Verhandlung durch Beschluß. [2] Die Vollstreckungsbehörde, der Verurteilte und die behandelnden Personen oder Einrichtungen sind zu hören. [3] Gegen die Entscheidungen ist sofortige Beschwerde möglich. [4] Für die Entscheidungen nach Absatz 1 Satz 3 und nach Absatz 2 gilt § 454 Abs. 4 der Strafprozeßordnung entsprechend; die Belehrung über die Aussetzung des Strafrestes erteilt das Gericht.

§ 37. Absehen von der Erhebung der öffentlichen Klage

(1) [1] Steht ein Beschuldigter in Verdacht, eine Straftat auf Grund einer Betäubungsmittelabhängigkeit begangen zu haben, und ist keine höhere Strafe als eine Freiheitsstrafe bis zu zwei Jahren zu erwarten, so kann die Staatsanwaltschaft mit Zustimmung des für die Eröffnung des Hauptverfahrens zuständigen Gerichts vorläufig von der Erhebung der öffentlichen Klage absehen, wenn der Beschuldigte nachweist, daß er sich wegen seiner Abhängigkeit der in § 35 Abs. 1 bezeichneten Behandlung unterzieht, und seine Resozialisierung zu erwarten ist. [2] Die Staatsanwaltschaft setzt Zeitpunkte fest, zu denen der Beschuldigte die Fortdauer der Behandlung nachzuweisen hat. [3] Das Verfahren wird fortgesetzt, wenn

1. die Behandlung nicht bis zu ihrem vorgesehenen Abschluß fortgeführt wird,
2. der Beschuldigte den nach Satz 2 geforderten Nachweis nicht führt,
3. der Beschuldigte eine Straftat begeht und dadurch zeigt, daß die Erwartung, die dem Absehen von der Erhebung der öffentlichen Klage zugrunde lag, sich nicht erfüllt hat, oder
4. auf Grund neuer Tatsachen oder Beweismittel eine Freiheitsstrafe von mehr als zwei Jahren zu erwarten ist.

[4] In den Fällen des Satzes 3 Nr. 1, 2 kann von der Fortsetzung des Verfahrens abgesehen werden, wenn der Beschuldigte nachträglich nachweist, daß er sich weiter in Behandlung befindet. [5] Die Tat kann nicht mehr verfolgt werden, wenn das Verfahren nicht innerhalb von zwei Jahren fortgesetzt wird.

(2) [1] Ist die Klage bereits erhoben, so kann das Gericht mit Zustimmung der Staatsanwaltschaft das Verfahren bis zum Ende der Hauptverhandlung, in der die

tatsächlichen Feststellungen letztmals geprüft werden können, vorläufig einstellen. [2]Die Entscheidung ergeht durch unanfechtbaren Beschluß. [3]Absatz 1 Satz 2 bis 5 gilt entsprechend. [4]Unanfechtbar ist auch eine Feststellung, daß das Verfahren nicht fortgesetzt wird (Abs. 1 Satz 5).

(3) Die in § 172 Abs. 2 Satz 3, § 396 Abs. 3 und § 467 Abs. 5 der Strafprozeßordnung zu § 153a der Strafprozeßordnung getroffenen Regelungen gelten entsprechend.

§ 38. Jugendliche und Heranwachsende

(1) [1]Bei Verurteilung zu Jugendstrafe gelten die §§ 35 und 36 sinngemäß. [2]Neben der Zusage des Jugendlichen nach § 35 Abs. 1 Satz 1 bedarf es auch der Einwilligung des Erziehungsberechtigten und des gesetzlichen Vertreters. [3]Im Falle des § 35 Abs. 7 Satz 2 findet § 83 Abs. 2 Nr. 1, Abs. 3 Satz 2 des Jugendgerichtsgesetzes sinngemäß Anwendung. [4]Abweichend von § 36 Abs. 4 gelten die §§ 22 bis 26a des Jugendgerichtsgesetzes entsprechend. [5]Für die Entscheidungen nach § 36 Abs. 1 Satz 3 und Abs. 2 sind neben § 454 Abs. 4 der Strafprozeßordnung die §§ 58, 59 Abs. 2 bis 4 und § 60 des Jugendgerichtsgesetzes ergänzend anzuwenden.

(2) § 37 gilt sinngemäß auch für Jugendliche und Heranwachsende.

Achter Abschnitt. Übergangs- und Schlußvorschriften

§ 39. Übergangsregelung

[1]Einrichtungen, in deren Räumlichkeiten der Verbrauch von mitgeführten, ärztlich verschriebenen Betäubungsmitteln vor dem 1. Januar 1999 geduldet wurde, dürfen ohne eine Erlaubnis der zuständigen obersten Landesbehörde nur weiterbetrieben werden, wenn spätestens 24 Monate nach dem Inkrafttreten des Dritten BtMG-Änderungsgesetzes vom 28. März 2000 (BGBl. I S. 302) eine Rechtsverordnung nach § 10a Abs. 2 erlassen und ein Antrag auf Erlaubnis nach § 10a Abs. 1 gestellt wird. [2]Bis zur unanfechtbaren Entscheidung über einen Antrag können diese Einrichtungen nur weiterbetrieben werden, soweit die Anforderungen nach § 10a Abs. 2 oder einer nach dieser Vorschrift erlassenen Rechtsverordnung erfüllt werden. [3]§ 29 Abs. 1 Satz 1 Nr. 10 und 11 gilt auch für Einrichtungen nach Satz 1.

§ 39a. Übergangsregelung aus Anlass des Gesetzes zur Änderung arzneimittelrechtlicher und anderer Vorschriften

Für eine Person, die die Sachkenntnis nach § 5 Absatz 1 Nummer 2 nicht hat, aber am 22. Juli 2009 die Voraussetzungen nach § 141 Absatz 3 des Arzneimittelgesetzes erfüllt, gilt der Nachweis der erforderlichen Sachkenntnis nach § 6 Absatz 1 Nummer 1 als erbracht.

§§ 40, 40a. (gegenstandslos)

§ 41. (weggefallen)

Anlagen
(zu § 1 Abs. 1)

Spalte 1 enthält die International Nonproprietary Names (INN) der Weltgesundheitsorganisation. Bei der Bezeichnung eines Stoffes hat der INN Vorrang vor allen anderen Bezeichnungen.

Spalte 2 enthält andere nicht geschützte Stoffbezeichnungen (Kurzbezeichnungen oder Trivialnamen). Wenn für einen Stoff kein INN existiert, kann zu seiner eindeutigen Bezeichnung die in dieser Spalte fett gedruckte Bezeichnung verwendet werden. Alle anderen nicht fett gedruckten Bezeichnungen sind wissenschaftlich nicht eindeutig. Sie sind daher in Verbindung mit der Bezeichnung in Spalte 3 zu verwenden.

Spalte 3 enthält die chemische Stoffbezeichnung nach der Nomenklatur der International Union of Pure and Applied Chemistry (IUPAC). Wenn in Spalte 1 oder 2 keine Bezeichnung aufgeführt ist, ist die der Spalte 3 zu verwenden.

Anlage I
(nicht verkehrsfähige Betäubungsmittel)

INN	andere nicht geschützte oder Trivialnamen	chemische Namen (IUPAC)
Acetorphin	–	{4,5α-Epoxy-7α-[(R)-2-hydroxypentan-2-yl]-6-methoxy-17-methyl-6,14-ethenomorphinan-3-yl}acetat
–	Acetyldihydrocodein	(4,5α-Epoxy-3-methoxy-17-methylmorphinan-6α-yl)acetat
Acetylmethadol	–	(6-Dimethylamino-4,4-diphenylheptan-3-yl)acetat
–	Acetyl-α-methylfentanyl	N-Phenyl-N-[1-(1-phenylpropan-2-yl)-4-piperidyl]acetamid
–	–	4-Allyloxy-3,5-dimethoxyphenethylazan
Allylprodin	–	(3-Allyl-1-methyl-4-phenyl-4-piperidyl)propionat
Alphacetylmethadol	–	[(3R,6R)-6-Dimethylamino-4,4-diphenylheptan-3-yl]acetat
Alphameprodin	–	[(3RS,4SR)-3-Ethyl-1-methyl-4-phenyl-4-piperidyl]propionat
Alphamethadol	–	(3R,6R)-6-Dimethylamino-4,4-diphenylheptan-3-ol
Alphaprodin	–	[(3RS,4SR)-1,3-Dimethyl-4-phenyl-4-piperidyl]propionat
Anileridin	–	Ethyl[1-(4-aminophenethyl)-4-phenylpiperidin-4-carboxylat]
–	BDB	1-(1,3-Benzodioxol-5-yl)butan-2-ylazan
Benzethidin	–	Ethyl{1-[2-(benzyloxy)ethyl]-4-phenylpiperidin-4-carboxylat}
Benzfetamin	Benzphetamin	(Benzyl)(methyl)(1-phenylpropan-2-yl)azan
–	–	1-(1,3-Benzodioxol-5-yl)-2-(pyrrolidin-1-yl)propan-1-on
–	Benzylfentanyl	N-(1-Benzyl-4-piperidyl)-N-phenylpropanamid
–	Benzylmorphin	3-Benzyloxy-4,5α-epoxy-17-methylmorphin-7-en-6α-ol
Betacetylmethadol	–	[(3S,6R)-6-Dimethylamino-4,4-diphenylheptan-3-yl]acetat
Betameprodin	–	[(3RS,4RS)-3-Ethyl-1-methyl-4-phenyl-4-piperidyl]propionat
Betamethadol	–	(3S,6R)-6-Dimethylamino-4,4-diphenylheptan-3-ol
Betaprodin	–	[(3RS,4RS)-1,3-Dimethyl-4-phenyl-4-piperidyl]propionat

INN	andere nicht geschützte oder Trivialnamen	chemische Namen (IUPAC)
Bezitramid	–	4-[4-(2-Oxo-3-propionyl-2,3-dihydrobenzimidazol-1-yl)pi-peridino]-2,2-diphenylbutanni-tril
Brolamfetamin	Dimethoxybromamfetamin (DOB)	(RS)-1-(4-Brom-2,5-dimetho-xyphenyl)propan-2-ylazan
–	Bromdimethoxyphenethylamin (BDMPEA)	4-Brom-2,5-dimethoxyphen-ethylazan
–	**Cannabis** (Marihuana, Pflanzen und Pflanzenteile der zur Gattung Cannabis gehörenden Pflanzen)	–

– ausgenommen
  a) deren Samen, sofern er nicht zum unerlaubten Anbau bestimmt ist,
  b) wenn sie aus dem Anbau in Ländern der Europäischen Union mit zertifiziertem Saatgut von Sorten stammen, die am 15. März des Anbaujahres in dem in Artikel 10 der Verordnung (EG) Nr. 1120/2009 der Kommission vom 29. Oktober 2009 mit Durchführungsbestimmungen zur Betriebsprämienregelung gemäß Titel III der Verordnung (EG) Nr. 73/2009 des Rates mit gemeinsamen Regeln für Direktzahlungen im Rahmen der gemeinsamen Agrarpolitik und mit bestimmten Stützungsregelungen für Inhaber landwirtschaftlicher Betriebe (ABl. L 316 vom 2. 12. 2009, S. 1) in der jeweils geltenden Fassung genannten gemeinsamen Sortenkatalog für landwirtschaftliche Pflanzenarten aufgeführt sind, ausgenommen die Sorten Finola und Tiborszallasi, oder ihr Gehalt an Tetrahydrocannabinol 0,2 vom Hundert nicht übersteigt und der Verkehr mit ihnen (ausgenommen der Anbau) ausschließlich gewerblichen oder wissenschaftlichen Zwecken dient, die einen Missbrauch zu Rauschzwecken ausschließen,
  c) wenn sie als Schutzstreifen bei der Rübenzüchtung gepflanzt und vor der Blüte vernichtet werden,
  d) wenn sie von Unternehmen der Landwirtschaft angebaut werden, die die Voraussetzungen des § 1 Abs. 4 des Gesetzes über die Alterssicherung der Landwirte erfüllen, mit Ausnahme von Unternehmen der Forstwirtschaft, des Garten- und Weinbaus, der Fischzucht, der Teichwirtschaft, der Imkerei, der Binnenfischerei und der Wanderschäferei, oder die für eine Beihilfegewährung nach der Verordnung (EG) Nr. 73/2009 des Rates vom 19. Januar 2009 mit gemeinsamen Regeln für Direktzahlungen im Rahmen der gemeinsamen Agrarpolitik und mit bestimmten Stützungsregelungen für Inhaber landwirtschaftlicher Betriebe und zur Änderung der Verordnungen (EG) Nr. 1290/2005, (EG) Nr. 247/2006, (EG) Nr. 378/2007 sowie zur Aufhebung der Verordnung (EG) Nr. 1782/2003 (ABl. L 30 vom 31. 1. 2009, S. 16) in der jeweils geltenden Fassung in Betracht kommen und der Anbau ausschließlich aus zertifiziertem Saatgut von Sorten erfolgt, die am 15. März des Anbaujahres in dem in Artikel 10 der Verordnung (EG) Nr. 1120/2009 genannten gemeinsamen Sortenkatalog für landwirtschaftliche Pflanzenarten aufgeführt sind (Nutzhanf) oder
  e) zu den in den Anlagen II und III bezeichneten Zwecken –

–	**Cannabisharz** (Haschisch, das abgesonderte Harz der zur Gattung Cannabis gehörenden Pflanzen)	–
Carfentanil	–	Methyl[1-phenethyl-4-(N-phenylpropanamido)piperidin-4-carboxylat]
Cathinon	–	(S)-2-Amino-1-phenylpropan-1-on
–	2C I	4-Iod-2,5-dimethoxyphen-ethylazan
–	6-CI-MDMA	[1-(6-Chlor-1,3-benzodioxol-5-yl)propan-2-yl](methyl)azan

INN	andere nicht geschützte oder Trivialnamen	chemische Namen (IUPAC)
Clonitazen	–	{2-[2-(4-Chlorbenzyl)-5-nitrobenzimidazol-1-yl]ethyl} diethylazan
–	Codein-N-oxid	4,5α-Epoxy-3-methoxy-17-methylmorphin-7-en-6α-ol-17-oxid
–	2 C-T-2	4-Ethylsulfanyl-2,5-dimethoxyphenethylazan
–	2 C-T-7	2,5-Dimethoxy-4-(propylsulfanyl)phenethylazan
Codoxim	–	(4,5α-Epoxy-3-methoxy-17-methylmorphinan-6-ylidenaminooxy)essigsäure
Desomorphin	Dihydrodesoxymorphin	4,5α-Epoxy-17-methylmorphinan-3-ol
Diampromid	–	N-{2-[(Methyl)(phenethyl)amino]propyl}-N-phenylpropanamid
–	Diethoxybromamfetamin	1-(4-Brom-2,5-diethoxyphenyl)propan-2-ylazan
Diethylthiambuten	–	Diethyl(1-methyl-3,3-di-2-thienylallyl)azan
–	N,N-Diethyltryptamin (Diethyltryptamin, DET)	Diethyl[2-(indol-3-yl)ethyl]azan
–	Dihydroetorphin (18,19-Dihydroetorphin)	(5R,6R,7R,14R)-4,5α-Epoxy-7α-[(R)-2-hydroxypentan-2-yl]-6-methoxy-17-methyl-6,14-ethanomorphinan-3-ol
Dimenoxadol	–	(2-Dimethylaminoethyl)[(ethoxy)(diphenyl)acetat]
Dimepheptanol	Methadol	6-Dimethylamino-4,4-diphenylheptan-3-ol
–	Dimethoxyamfetamin (DMA)	1-(2,5-Dimethoxyphenyl)propan-2-ylazan
–	Dimethoxyethylamfetamin (DOET)	1-(4-Ethyl-2,5-dimethoxyphenyl)propan-2-ylazan
–	Dimethoxymethylamfetamin (DOM, STP)	(RS)-1-(2,5-Dimethoxy-4-methylphenyl)propan-2-ylazan
–	Dimethylheptyltetrahydrocannabinol (DMHP)	6,6,9-Trimethyl-3-(3-methyloctan-2-yl)-7,8,9,10-tetrahydro-6H-benzo[c]chromen-1-ol
Dimethylthiambuten	–	Dimethyl(1-methyl-3,3-di-2-thienylallyl)azan
–	N,N-Dimethyltryptamin (Dimethyltryptamin, DMT)	[2-(Indol-3-yl)ethyl]dimethylazan
Dioxaphetylbutyrat	–	Ethyl(4-morpholino-2,2-diphenylbutanoat)
Dipipanon	–	4,4-Diphenyl-6-piperidinoheptan-3-on
–	DOC	1-(4-Chlor-2,5-dimethoxyphenyl)propan-2-ylazan
Drotebanol	–	3,4-Dimethoxy-17-methylmorphinan-6β,14-diol
Ethylmethylthiambuten	–	(Ethyl)(methyl)(1-methyl-3,3-di-2-thienylallyl)azan

INN	andere nicht geschützte oder Trivialnamen	chemische Namen (IUPAC)
–	Ethylpiperidylbenzilat	(1-Ethyl-3-piperidyl)benzilat
Eticyclidin	PCE	(Ethyl)(1-phenylcyclohexyl)azan
Etonitazen	–	{2-[2-(4-Ethoxybenzyl)-5-nitrobenzimidazol-1-yl]ethyl}diethylazan
Etoxeridin	–	Ethyl{1-[2-(2-hydroxyethoxy)ethyl]-4-phenylpiperidin-4-carboxylat}
Etryptamin	α-Ethyltryptamin	1-(Indol-3-yl)butan-2-ylazan
–	FLEA	N-[1-(1,3-Benzodioxol-5-yl)propan-2-yl]-N-methylhydroxylamin
–	p-Fluorfentanyl	N-(4-Fluorphenyl)-N-(1-phenethyl-4-piperidyl)propanamid
Furethidin	–	Ethyl{4-phenyl-1-[2-(tetrahydrofurfuryloxy)ethyl]piperidin-4-carboxylat}
–	**Heroin** (Diacetylmorphin, Diamorphin) – ausgenommen Diamorphin zu den in den Anlagen II und III bezeichneten Zwecken –	[(5R,6S)-4,5-Epoxy-17-methylmorphin-7-en-3,6-diyl]diacetat
Hydromorphinol	14-Hydroxydihydromorphin	4,5α-Epoxy-17-methylmorphinan-3,6α,14-triol
–	N-Hydroxyamfetamin (NOHA)	N-(1-Phenylpropan-2-yl)hydroxylamin
–	β-Hydroxyfentanyl	N-[1-(2-Hydroxy-2-phenylethyl)-4-piperidyl]-N-phenylpropanamid
–	Hydroxymethylendioxyamfetamin (N-Hydroxy-MDA, MDOH)	N-[1-(1,3-Benzodioxol-5-yl)propan-2-yl]hydroxylamin
–	β-Hydroxy-3-methylfentanyl (Ohmefentanyl)	N-[1-(2-Hydroxy-2-phenylethyl)-3-methyl-4-piperidyl]-N-phenylpropanamid
Hydroxypethidin	–	Ethyl[4-(3-hydroxyphenyl)-1-methylpiperidin-4-carboxylat]
Lefetamin	SPA	[(R)-1,2-Diphenylethyl]dimethylazan
Levomethorphan	–	(9R,13R,14R)-3-Methoxy-17-methylmorphinan
Levophenacylmorphan	–	2-[(9R,13R,14R)-3-Hydroxymorphinan-17-yl]-1-phenylethanon
Lofentanil	–	Methyl[(3R,4S)-3-methyl-1-phenethyl-4-(N-phenylpropanamido)piperidin-4-carboxylat]
Lysergid	N,N-Diethyl-D-lysergamid (LSD, LSD-25)	N,N-Diethyl-6-methyl-9,10-didehydroergolin-8β-carboxamid

46

INN	andere nicht geschützte oder Trivialnamen	chemische Namen (IUPAC)
–	MAL	3,5-Dimethoxy-4-(2-methyl-allyloxy)phenethylazan
–	MBDB	[1-(1,3-Benzodioxol-5-yl)bu-tan-2-yl](methyl)azan
–	Mebroqualon	3-(2-Bromphenyl)-2-methyl-chinazolin-4(3*H*)-on
Mecloqualon	–	3-(2-Chlorphenyl)-2-methyl-chinazolin-4(3*H*)-on
	Mescalin	3,4,5–Trimethoxyphenethyl-azan
Metazocin	–	3,6,11-Trimethyl-1,2,3,4,5,6-hexahydro-2,6-methano-3-benzazocin-8-ol
–	Methcathinon (Ephedron)	2-Methylamino-1-phenylpro-pan-1-on
–	Methoxyamfetamin (PMA)	1-(4-Methoxyphenyl)propan-2-ylazan
–	5-Methoxy-*N,N*-diisopropyltryptamin (5-MeO-DIPT)	Diisopropyl[2-(5-methoxyin-dol-3-yl)ethyl]azan
–	5-Methoxy-DMT (5-MeO-DMT)	[2-(5-Methoxyindol-3-yl)ethyl]dimethylazan
–	–	(2-Methoxyethyl)(1-phenyl-cyclohexyl)azan
–	Methoxymetamfetamin (PMMA)	[1-(4-Methoxyphenyl)propan-2-yl](methyl)azan
–	Methoxymethylendioxy-amfetamin (MMDA)	1-(7-Methoxy-1,3-benzodi-oxol-5-yl)propan-2-ylazan
–	–	(3-Methoxypropyl)(1-phenyl-cyclohexyl)azan
–	Methylaminorex (4-Methylaminorex)	4-Methyl-5-phenyl-4,5-dihy-dro-1,3-oxazol-2-ylazan
Methyldesorphin	–	4,5α-Epoxy-6,17-dimethyl-morphin-6-en-3-ol
Methyldihydromorphin	–	4,5α-Epoxy-6,17-dimethyl-morphinan-3,6α-diol
–	Methylendioxyethylamfetamin (*N*-Ethyl-MDA, MDE, MDEA)	[1-(1,3-Benzodioxol-5-yl)pro-pan-2-yl](ethyl)azan
–	Methylendioxymetamfetamin (MDMA)	[1-(1,3-Benzodioxol-5-yl)pro-pan-2-yl](methyl)azan
–	α-Methylfentanyl	*N*-Phenyl-*N*-[1-(1-phenylpro-pan-2-yl)-4-piperidyl]propan-amid
–	3-Methylfentanyl (Mefentanyl)	*N*-(3-Methyl-1-phenethyl-4-piperidyl)-*N*-phenylpropan-amid
–	Methylmethaqualon	3-(2,4-Dimethylphenyl)-2-methylchinazolin-4(3*H*)on
–	4-Methylmethcathinon (Mephedron)	1-(4-Methylphenyl)-2-methylaminopropan-1-on
–	Methylphenylpropionoxypipe-ridin (MPPP)	(1-Methyl-4-phenyl-4-piperi-dyl)propionat
–	Methyl-3-phenylpropylamin (1M–3PP)	(Methyl)(3-phenylpropyl)azan

INN	andere nicht geschützte oder Trivialnamen	chemische Namen (IUPAC)
–	Methylphenyltetrahydropyridin (MPTP)	1-Methyl-4–phenyl-1,2,3,6–tetrahydropyridin
–	Methylpiperidylbenzilat	(1-Methyl-3-piperidyl)benzilat
–	4-Methylthioamfetamin (4-MTA)	1-[4–(Methylsulfanyl)phenyl]propan-2-ylazan
–	α-Methylthiofentanyl	N-Phenyl-N-{1-[1-(2-thienyl)propan-2-yl]-4-piperidyl}propanamid
–	3-Methylthiofentanyl	N-{3-Methyl-1-[2-(2-thienyl)ethyl]-4-piperidyl}-N-phenyl-propanamid
–	α-Methyltryptamin (α-MT)	1-(Indol-3-yl)propan-2-ylazan
Metopon	5-Methyldihydromorphinon	4,5α-Epoxy-3-hydroxy-5,17–dimethylmorphinan-6-on
Morpheridin		Ethyl[1-(2-morpholinoethyl)-4-phenylpiperidin-4-carboxylat]
–	**Morphin-N-oxid**	(5R,6S)-4,5-Epoxy-3,6-dihydroxy-17-methylmorphin-7-en-17-oxid
Myrophin	Myristylbenzylmorphin	(3-Benzyloxy-4,5α-epoxy-17-methylmorphin-7-en-6-yl)tetradecanoat
Nicomorphin	3,6-Dinicotinoylmorphin	(4,5α-Epoxy-17-methylmorphin-7-en-3,6α-diyl)dinicotinat
Noracymethadol	–	(6-Methylamino-4,4-diphenylheptan-3-yl)acetat
Norcodein	N-Desmethylcodein	4,5α-Epoxy-3-methoxymorphin-7-en-6α-ol
Norlevorphanol	(–)-3-Hydroxymorphinan	(9R,13R,14R)-Morphinan-3-ol
Normorphin	Desmethylmorphin	4,5α-Epoxymorphin-7-en-3,6α-diol
Norpipanon	–	4,4-Diphenyl-6-piperidinohexan-3-on
–	Parahexyl	3-Hexyl-6,6,9-trimethyl-7,8,9,10-tetrahydro-6H-benzo[c]chromen-1-ol
–	PCPr	(1-Phenylcyclohexyl)(propyl)azan
Phenadoxon	–	6-Morpholino-4,4-diphenylheptan-3-on
Phenampromid	–	N-Phenyl-N-(1-piperidinopropan-2-yl)propanamid
Phenazocin	–	6,11-Dimethyl-3-phenethyl-1,2,3,4,5,6-hexahydro-2,6-methano-3-benzazocin-8-ol
Phencyclidin	PCP	1-(1-Phenylcyclohexyl)piperidin
–	Phenethylphenylacetoxypiperidin (PEPAP)	(1-Phenethyl-4-phenyl-4-piperidyl)acetat

INN	andere nicht geschützte oder Trivialnamen	chemische Namen (IUPAC)
–	Phenethylphenyltetrahydropyridin (PEPTP)	1-Phenethyl-4-phenyl-1,2,3,6-tetrahydropyridin
Phenpromethamin	1-Methylamino-2-phenylpropan (PPMA)	(Methyl)(2-phenylpropyl)azan
Phenomorphan	–	17-Phenethylmorphinan-3-ol
Phenoperidin	–	Ethyl[1-(3-hydroxy-3-phenylpropyl)-4-phenylpiperidin-4-carboxylat]
Piminodin	–	Ethyl[1-(3-anilinopropyl)-4-phenylpiperidin-4-carboxylat]
–	PPP	1-Phenyl-2-(pyrrolidin-1-yl)propan-1-on
Proheptazin	–	(1,3-Dimethyl-4-phenylazepan-4-yl)propionat
Properidin	–	Isopropyl(1-methyl-4-phenylpiperidin-4-carboxylat)
–	Psilocin (Psilotsin)	3-(2-Dimethylaminoethyl)indol-4-ol
–	Psilocin-(eth)	3-(2-Diethylaminoethyl)indol-4-ol
Psilocybin	–	[3-(2-Dimethylaminoethyl)indol-4-yl]dihydrogenphosphat
–	Psilocybin-(eth)	[3-(2-Diethylaminoethyl)indol-4-yl]dihydrogenphosphat
–	–	2-(Pyrrolidin-1-yl)-1-(p-tolyl)propan-1-on
Racemethorphan	–	(9RS,13RS,14RS)-3-Methoxy-17-methylmorphinan
Rolicyclidin	PHP (PCPy)	1-(1-Phenylcyclohexyl)pyrrolidin
–	**Salvia divinorum** (Pflanzen und Pflanzenteile)	–
Tenamfetamin	Methylendioxyamfetamin (MDA)	(RS)-1-(1,3-Benzodioxol-5-yl)propan-2-ylazan
Tenocyclidin	TCP	1-[1-(2-Thienyl)cyclohexyl]piperidin
	Tetrahydrocannabionole, folgende Isomeren und ihre stereochemischen Varianten:	
–	**Δ 6a(10a)-Tetrahydrocannabinol** (Δ 6a(10a)-THC)	6,6,9-Trimethyl-3-pentyl-7,8,9,10-tetrahydro-6H-benzo[c]chromen-1-ol
–	**Δ 6a-Tetrahydrocannabinol** (Δ 6a-THC)	(9R,10aR)-6,6,9-Trimethyl-3-pentyl-8,9,10,10a-tetrahydro-6H-benzo[c]chromen-1-ol
–	**Δ 7-Tetrahydrocannabinol** (Δ 7-THC)	(6aR,9R,10aR)-6,6,9-Trimethyl-3-pentyl-6a,9,10,10a-tetrahydro-6H-benzo[c]chromen-1-ol
–	**Δ 8-Tetrahydrocannabinol** (Δ 8-THC)	(6aR,10aR)-6,6,9-Trimethyl-3-pentyl-6a,7,10,10a-tetrahydro-6H-benzo[c]chromen-1-ol

INN	andere nicht geschützte oder Trivialnamen	chemische Namen (IUPAC)
–	**Δ 10-Tetrahydrocannabinol** (Δ 10-THC)	(6aR)-6,6,9-Trimethyl-3-pentyl-6 a,7,8,9-tetrahydro-6H, benzo[c]chromen-1-ol
–	**Δ 9(11)-Tetrahydro-cannabinol** (Δ 9(11)-THC)	(6aR,10aR)-6,6-Dimethyl-9-methylen-3-pentyl-6 a,7,8,9, 10,10 a-hexahydro-6 H-benzo[c]chromen-1-ol
–	Thenylfentanyl	N-Phenyl-N-(1-thenyl-4-piperidyl)propanamid
–	Thiofentanyl	N-Phenyl-N-{1-[2-(2-thienyl) ethyl]-4-piperidyl}propanamid
Trimeperidin	–	(1,2,5-Trimethyl-4-phenyl-4-piperidyl)propionat
–	Trimethoxyamfetamin (TMA)	1-(3,4,5-Trimethoxyphenyl) propan-2-ylazan
–	2,4,5-Trimethoxyamfetamin (TMA-2)	1-(2,4,5-Trimethoxyphenyl) propan-2-ylazan

– die Ester, Ether und Molekülverbindungen der in dieser Anlage aufgeführten Stoffe, wenn sie nicht in einer anderen Anlage verzeichnet sind und das Bestehen solcher Ester, Ether und Molekülverbindungen möglich ist;
– die Salze der in dieser Anlage aufgeführten Stoffe, wenn das Bestehen solcher Salze möglich ist;
– die Zubereitungen der in dieser Anlage aufgeführten Stoffe, wenn sie nicht
  a) ohne am oder im menschlichen oder tierischen Körper angewendet zu werden, ausschließlich diagnostischen oder analytischen Zwecken dienen und ihr Gehalt an einem oder mehreren Betäubungsmitteln jeweils 0,001 vom Hundert nicht übersteigt oder die Stoffe in den Zubereitungen isotopenmodifiziert oder
  b) besonders ausgenommen sind;
– die Stereoisomere der in dieser oder einer anderen Anlage aufgeführten Stoffe, wenn sie als Betäubungsmittel missbräuchlich verwendet werden sollen;
– Stoffe nach § 2 Absatz 1 Nummer 1 Buchstabe b bis d mit in dieser oder einer anderen Anlage aufgeführten Stoffen, sowie die zur Reproduktion oder Gewinnung von Stoffen nach § 2 Absatz 1 Nummer 1 Buchstabe b bis d geeigneten biologischen Materialien, wenn ein Missbrauch zu Rauschzwecken vorgesehen ist.

Anlage II
(verkehrsfähige, aber nicht verschreibungsfähige Betäubungsmittel)

INN	andere nicht geschützte oder Trivialnamen	chemische Namen (IUPAC)
Amfetaminil	–	(Phenyl)[(1-phenylpropan-2-yl)amino]acetonitril
–	Benzylpiperazin (BZP)	1-Benzylpiperazin
–	**Butobarbital**	5-Butyl-5-ethylpyrimidin-2,4,6(1H,3H,5H)-trion
–	meta-Chlorphenylpiperazin (m-CPP)	1-(3-Chlorphenyl)piperazin
Amineptin	–	7-(10,11-Dihydro-5 H-dibenzo[a,d][7]annulen-5-ylamino)heptansäure
Aminorex	–	5-Phenyl-4,5-dihydro-1,3-oxazol-2-ylazan
Butalbital	–	5-Allyl-5-isobutylbarbitursäure
–	**Cannabis** (Marihuana, Pflanzen und Pflanzenteile der zur Gattung	–

INN	andere nicht geschützte oder Trivialnamen	chemische Namen (IUPAC)
	Cannabis gehörenden Pflanzen)	

– sofern sie zur Herstellung von Zubereitungen zu medizinischen Zwecken bestimmt sind –

INN	andere nicht geschützte oder Trivialnamen	chemische Namen (IUPAC)
Cetobemidon	Ketobemidon	1-[4-(3-Hydroxyphenyl)-1-methyl-4-piperidyl]propan-1-on
–	*d*-Cocain	Methyl[3β-(benzoyloxy)tropan-2α-carboxylat]
–	CP 47,497, (*cis*-3-[4-(1,1-Dimethylheptyl)-2-hydroxyphenyl]-cyclohexanol)	5-(1,1-Dimethylheptyl)-2-[(1RS,3SR)-3-hydroxycyclohexyl]-phenol
–	CP 47,497-C6-Homolog (*cis*-3-[4-(1,1-Dimethylhexyl)-2-hydroxyphenyl]-cyclohexanol)	5-(1,1-Dimethylhexyl)-2-[(1RS,3SR)-3-hydroxycyclohexyl]-phenol
–	CP 47,497-C8-Homolog (*cis*-3-[4-(1,1-Dimethyloctyl)-2-hydroxyphenyl]-cyclohexanol)	5-(1,1-Dimethyloctyl)-2-[(1RS,3SR)-3-hydroxycyclohexyl]-phenol
–	CP 47,497-C9-Homolog (*cis*-3-[4-(1,1-Dimethylnonyl)-2-hydroxyphenyl]-cyclohexanol)	5-(1,1-Dimethylnonyl)-2-[(1RS,3SR)-3-hydroxycyclohexyl]-phenol
–	**Dextromethadon**	(*S*)-6-Dimethylamino-4,4-diphenylheptan-3-on
Cyclobarbital	–	5-(Cyclohex-1-en-1-yl)-5-ethylpyrimidin-2,4,6(1H,3H,5H)-trion
Dextromoramid	–	(*S*)-3-Methyl-4-morpholino-2,2-diphenyl-1-(pyrrolidin-1-yl)butan-1-on
Dextropropoxyphen	–	[(2S,3R)-4-Dimethylamino-3-methyl-1,2-diphenylbutan-2-yl]propionat
–	**Diamorphin**	[(5R,6S)-4,5-Epoxy-17-methylmorphin-7-en-3,6-diyl]diacetat

– sofern es zur Herstellung von Zubereitungen zu medizinischen Zwecken bestimmt ist –

INN	andere nicht geschützte oder Trivialnamen	chemische Namen (IUPAC)
Difenoxin	–	1-(3-Cyan-3,3-diphenylpropyl)-4-phenylpiperidin-4-carbonsäure

– ausgenommen in Zubereitungen, die ohne einen weiteren Stoff der Anlagen I bis III je abgeteilte Form bis zu 0,5 mg Difenoxin, berechnet als Base, und, bezogen auf diese Menge, mindestens 5 vom Hundert Atropinsulfat enthalten –

INN	andere nicht geschützte oder Trivialnamen	chemische Namen (IUPAC)
–	**Dihydromorphin**	4,5α-Epoxy-17-methylmorphinan-3,6α-diol
–	Dihydrothebain	4,5α-Epoxy-3,6-dimethoxy-17-methylmorphin-6-en
Diphenoxylat	–	Ethyl[1-(3-cyan-3,3-diphenylpropyl)-4-phenylpiperidin-4-carboxylat]

– ausgenommen in Zubereitungen, die ohne einen weiteren Stoff der Anlagen I bis III bis zu 0,25 vom Hundert oder je abgeteilte Form bis zu 2,5 mg Diphenoxylat, berechnet als Base, und, bezogen auf diese Mengen, mindestens 1 vom Hundert Atropinsulfat enthalten –

INN	andere nicht geschützte oder Trivialnamen	chemische Namen (IUPAC)
–	**Ecgonin**	3β-Hydroxytropan-2β-carbonsäure
–	**Erythroxylum coca** (Pflanzen und Pflanzenteile der zur Art Erythroxylum coca –	

INN	andere nicht geschützte oder Trivialnamen	chemische Namen (IUPAC)
	einschließlich der Varietäten bolivianum, spruceanum und novogranatense – gehörenden Pflanzen)	
Ethchlorvynol	–	1-Chlor-3-ethylpent-1-en-4-in-3-ol
Ethinamat	–	(1-Ethinylcyclohexyl)carbamat
–	**3-O-Ethylmorphin** (Ethylmorphin)	4,5α-Epoxy-3-ethoxy-17-methylmorphin-7-en-6α-ol

– ausgenommen in Zubereitungen, die ohne einen weiteren Stoff der Anlagen I bis III bis zu 2,5 vom Hundert oder je abgeteilte Form bis zu 100 mg Ethylmorphin, berechnet als Base, enthalten –

Etilamfetamin	N-Ethylamphetamin	(Ethyl)(1-phenylpropan-2-yl)azan
Fencamfamin	–	N-Ethyl-3-phenylbicyclo[2.2.1]heptan-2-amin
Glutethimid	–	3-Ethyl-3-phenylpiperidin-2,6-dion
–	**Isocodein**	4,5α-Epoxy-3-methoxy-17-methylmorphin-7-en-6β-ol
Isomethadon		6-Dimethylamino-5-methyl-4,4-diphenylhexan-3-on
–	JWH-018 (1-Phentyl-3-(1-naphthoyl)indol	(Naphthalin-1-yl)(1-pentyl-1 H-indol-3-yl)methanon
–	JWH-019 (1-Hexyl-3-(1-naphthoyl)indol)	(Naphthalin-1-yl)(1-hexyl-1 H-indol-3-yl)methanon
–	JWH-073 (1-Butyl-3-(1-naphthoyl)indol)	(Naphthalin-1-yl)(1-butyl-1 H-indol-3-yl)methanon
Levamfetamin	Levamphetamin	(R)-1-Phenylpropan-2-ylazan
–	Levmetamfetamin (Levometamfetamin)	(R)-(Methyl)(1-phenylpropan-2-yl)azan
Levomoramid	–	(R)-3-Methyl-4-morpholino-2,2-diphenyl-1-(pyrrolidin-1-yl)butan-1-on
Levorphanol	–	(9R,13R,14R)-17-Methyl-morphinan-3-ol
Mazindol	–	5-(4-Chlorphenyl)-2,5-dihydro-3 H-imidazol[2,1-a]isonindol-5-ol
Mefenorex	–	3-Chlor-N-(1-phenylpropan-2-yl)propan-1-amin
Meprobamat	–	(2-Methyl-2-propylpropan-1,3-diyl)dicarbamat
Mesocarb	–	(Phenylcarbamoyl)[3-(1-phenylpropan-2-yl)-1,2,3-oxadiazol-3-ium-5-yl]azanid
Metamfetamin	Methamphetamin	(2S)-N-Methyl-1-phenylpropan-2-amin
Methaqualon	–	2-Methyl-3-(2-methylphenyl)-chinazolin-4(3H)-on
Methyprylon	–	3,3-Diethyl-5-methyl-piperidin-2,4-dion
–	Oripavin	4,5α-Epoxy-6-methoxy-17-methylmorphina-6,8-dien-3-ol

INN	andere nicht geschützte oder Trivialnamen	chemische Namen (IUPAC)
(RS)-Metamfetamin	Metamfetaminracemat	(RS)-(Methyl)(1-phenylpropan-2-yl)azan
–	Methadon-Zwischenprodukt (Premethadon)	4-Dimethylamino-2,2-diphenylpentannitril
(RS;SR)-Methylphenidat	–	Methyl[(RS;SR)(phenyl)(2-piperidyl)acetat]
–	**Mohnstrohkonzentrat** (das bei der Verarbeitung von Pflanzen und Pflanzenteilen der Art Papaver somniferum zur Konzentrierung der Alkaloide anfallende Material)	–
–	Moramid-Zwischenprodukt (Premoramid)	3-Methyl-4-morpholino-2,2-diphenylbutansäure
Nicocodin	6-Nicotinoylcodein	(4,5α-Epoxy-3-methoxy-17-methylmorphin-7-en-6α-yl) nicotinat
Nicodicodin	6-Nicotinoyldihydrocodein	(4,5α-Epoxy-3-methoxy-17-methylmorphinan-6α-yl)nicotinat
–	**Papaver bracteatum** (Pflanzen und Pflanzenteile, ausgenommen die Samen, der zur Art Papaver bracteatum gehörenden Pflanzen)	–
– ausgenommen zu Zierzwecken –		
–	Pethidin-Zwischenprodukt A (Prepethidin)	1-Methyl-4-phenylpiperidin-4-carbonitril
–	Pethidin-Zwischenprodukt B (Norpethidin)	Ethyl(4-phenylpiperidin-4-carboxylat)
–	Pethidin-Zwischenprodukt C (Pethidinsäure)	1-Methyl-4-phenylpiperidin-4-carbonsäure
Oxymorphon	14-Hydroxydihydromorphinon	4,5α-Epoxy-3,14-dihydroxy-17-methylmorphinan-6-on
Phendimetrazin	–	(2S,3S)-3,4-Dimethyl-2-phenylmorpholin
Phenmetrazin	–	3-Methyl-2-phenylmorpholin
Pholcodin	Morpholinylethylmorphin	4,5α-Epoxy-17-methyl-3-(2-morpholinoethoxy)morphin-7-en-6α-ol

– ausgenommen in Zubereitungen, die ohne einen weiteren Stoff der Anlagen I bis III als Lösung bis zu 0,15 vom Hundert, je Packungseinheit jedoch nicht mehr als 150 mg, oder je abgeteilte Form bis zu 20 mg Pholcodin, berechnet als Base, enthalten –

Propiram	–	N-(1-Piperidinopropan-2-yl)-N-(2-pyridyl)propanamid
Pyrovaleron	–	2-(Pyrrolidin-1-yl)-1-(p-tolyl)pentan-1-on
Racemoramid	–	(RS)-3-Methyl-4-morpholino-2,2-diphenyl-1-(pyrrolidin-1-yl)butan-1-on
Racemorphan	–	(9RS,13RS,14RS)-17-Methyl-morphinan-3-ol
–	**Δ 9-Tetrahydrocannabinol** (Δ 9-THC)	6,6,9-Trimethyl-3-pentyl-6 a,7,8,10 a-tetrahydro-6 H-benzo[c]chromen-1-ol

INN	andere nicht geschützte oder Trivialnamen	chemische Namen (IUPAC)
–	Tetrahydrothebain	4,5α-Epoxy-3,6-dimethoxy-17-methylmorphinan
Secbutabarbital	Butabarbital	5-(Butan-2-yl)-5-ethylpyrimidin-2,4,6(1H,3H,5H)-trion
Thebacon	Acetyldihydrocodeinon	(4,5α-Epoxy-3-methoxy-17-methylmorphin-6-en-6-yl) acetat
–	Thebain	4,5α-Epoxy-3,6-dimethoxy-17-methylmorphina-6,8,-dien
cis-Tilidin	–	Ethyl[(1RS,2RS)-2-dimethylamino-1-phenylcyclohex-3-encarboxylat]
Vinylbital	–	5-Ethenyl-5-(pentan-2-yl)pyrimidin-2,4,6(1H,3H,5H)-trion
Zipeprol	–	1-Methoxy-3-[4-(2-methoxy-2-phenylethyl)piperazin-1-yl]-1-phenylpropan-2-ol

– die Ester, Ether und Molekülverbindungen der in dieser Anlage sowie die Ester und Ether der in Anlage III aufgeführten Stoffe, ausgenommen γ-Hydroxybuttersäure (GHB), wenn sie nicht in einer anderen Anlage verzeichnet sind und das Bestehen solcher Ester, Ether und Molekülverbindungen möglich ist;
– die Salze der in dieser Anlage aufgeführten Stoffe, wenn das Bestehen solcher Salze möglich ist, sowie die Salze und Molekülverbindungen der in Anlage III aufgeführten Stoffe, wenn das Bestehen solcher Salze und Molekülverbindungen möglich ist und sie nicht ärztlich, zahnärztlich oder tierärztlich angewendet werden;
– die Zubereitungen der in dieser Anlage aufgeführten Stoffe, wenn sie nicht
   a) ohne am oder im menschlichen oder tierischen Körper angewendet zu werden, ausschließlich diagnostischen oder analytischen Zwecken dienen und ihr Gehalt an einem oder mehreren Betäubungsmitteln, bei Lyophilisaten und entsprechend zu verwendenden Stoffgemischen in der gebrauchsfertigen Lösung, jeweils 0,01 vom Hundert nicht übersteigt oder die Stoffe in der Zubereitung isotopenmodifiziert oder
   b) besonders ausgenommen sind.

Anlage III
(verkehrsfähige und verschreibungsfähige Betäubungsmittel)

INN	andere nicht geschützte oder Trivialnamen	chemische Namen (IUPAC)
Alfentanil	–	N-{1-[2-(4-Ethyl-5-oxo-4,5-dihydro-1H-tetrazol-1-yl)ethyl]-4-methoxymehyl-4-piperidyl}-N-phenylpropanamid
Allobarbital	–	5,5-Diallylbarbitursäure
Alprazolam	–	8-Chlor-1-methyl-6-phenyl-4H-[1,2,4]triazolo[4,3-a][1,4]benzodiazepin

– ausgenommen in Zubereitungen, die ohne einen weiteren Stoff der Anlagen I bis III je abgeteilte Form bis zu 1 mg Alprazolam enthalten –

| Amfepramon | Diethylpropion | 2-Diethylamino-1-phenyl-propan-1-on |

– ausgenommen in Zubereitungen ohne verzögerte Wirkstofffreigabe, die ohne einen weiteren Stoff der Anlagen I bis III je abgeteilte Form bis zu 22 mg, und in Zubereitungen mit

INN	andere nicht geschützte oder Trivialnamen	chemische Namen (IUPAC)

verzögerter Wirkstofffreigabe, die ohne einen weiteren Stoff der Anlagen I bis III je abgeteilte Form bis zu 64 mg Amfepramon, berechnet als Base, enthalten –

Amfetamin	Amphetamin	(*RS*)-1-Phenylpropan-2-ylazan
Amobarbital	–	5-Ethyl-5-isopentylbarbitursäure
Barbital	–	5,5-Diethylbarbitursäure

– ausgenommen in Zubereitungen, die
   a) ohne einen weiteren Stoff der Anlagen I bis III bis zu 10 vom Hundert oder
   b) ohne am oder im menschlichen oder tierischen Körper angewendet zu werden, ausschließlich diagnostischen oder analytischen Zwecken dienen und ohne einen weiteren Stoff der Anlagen I bis III je Packungseinheit nicht mehr als 25 g Barbital, berechnet als Säure, enthalten –

Bromazepam	–	7-Brom-5-(2-pyridyl)-1,3-dihydro-2*H*-1,4-benzodiazepin-2-on

– ausgenommen in Zubereitungen, die ohne einen weiteren Stoff der Anlagen I bis III je abgeteilte Form bis zu 6 mg Bromazepam enthalten –

Brotizolam	–	2-Brom-4-(2-chlorphenyl)-9-methyl-6*H*-thieno[3,2-*f*][1,2,4]triazolo[4,3,-*a*][1,4]diazepin

– ausgenommen in Zubereitungen, die ohne einen weiteren Stoff der Anlagen I bis III bis zu 0,02 vom Hundert oder je abgeteilte Form bis zu 0,25 mg Brotizolam enthalten –

Buprenorphin	–	(5*R*,6*R*,7*R*,14*S*)-17-Cyclopropylmethyl-4,5-epoxy-7-[(*S*)-2-hydroxy-3,3-dimethylbutan-2-yl]-6-methoxy-6,14-ethanomorphinan-3-ol
Camazepam	–	(7-Chlor-1-methyl-2-oxo-5-phenyl-2,3-dihydro-1*H*-1,4-benzodiazepin-3-yl)(dimethylcarbamat)
–	**Cannabis** (Marihuana, Pflanzen und Pflanzenteile der zur Gattung Cannabis gehörenden Pflanzen)	–

– nur in Zubereitungen, die als Fertigarzneimittel zugelassen sind –

Cathin	(+)-Norpseudoephedrin (D-Norpseudoephedrin)	(1*S*,2*S*)-2-Amino-1-phenylpropan-1-ol

– ausgenommen in Zubereitungen, die ohne einen weiteren Stoff der Anlagen I bis III bis zu 5 vom Hundert als Lösung, jedoch nicht mehr als 1600 mg je Packungseinheit oder je abgeteilte Form bis zu 40 mg Cathin, berechnet als Base, enthalten –

Chlordiazepoxid	–	7-Chlor-2-methylamino-5-phenyl-3*H*-1,4-benzodiazepin-4-oxid

– ausgenommen in Zubereitungen, die ohne einen weiteren Stoff der Anlagen I bis III je abgeteilte Form bis zu 25 mg Chlordiazepoxid enthalten –

Clobazam	–	7-Chlor-1-methyl-5-phenyl-1,3-dihydro-2*H*-1,5-benzodiazepin-2,4(5*H*)-dion

– ausgenommen in Zubereitungen, die ohne einen weiteren Stoff der Anlagen I bis III je abgeteilte Form bis zu 30 mg Clobazam enthalten –

Clonazepam	–	5-(2-Chlorphenyl)-7-nitro-1,3-dihydro-2*H*-1,4-benzodiazepin-2-on

INN	andere nicht geschützte oder Trivialnamen	chemische Namen (IUPAC)

– ausgenommen in Zubereitungen, die ohne einen weiteren Stoff der Anlagen I bis III bis zu 0,25 vom Hundert als Tropflösung, jedoch nicht mehr als 250 mg je Packungseinheit oder je abgeteilte Form bis zu 2 mg Clonazepam enthalten –

Clorazepat – (RS)-7-Chlor-2-oxo-5-phenyl-2,3-dihydro-1 H-1,4-benzodiazepin-3-carbonsäure

– ausgenommen in Zubereitungen, die ohne einen weiteren Stoff der Anlagen I bis III je abgeteilte Form bis zu 50 mg, als Trockensubstanz nur zur parenteralen Anwendung bis zu 100 mg, Clorazepat als Dikaliumsalz enthalten –

Clotiazepam – 5-(2-Chlorphenyl)-7-ethyl-1-methyl-1,3-dihydro-2 H-thieno[2,3-e][1,4]diazepin-2-on

– ausgenommen in Zubereitungen, die ohne einen weiteren Stoff der Anlagen I bis III je abgeteilte Form bis zu 20 mg Clotiazepam enthalten –

Cloxazolam – 10-Chlor-11 b-(2-chlor-phenyl)-2,3,7,11 b-tetrahy-dro[1,3]oxazolo[3,2-d][1,4]benzodiazepin-6(5H)-on

– **Cocain** (Benzoylecgoninmethylester) Methyl[3β-(benzoyloxy)tro-pan-2β-carboxylat]

– **Codein** (3-Methylmorphin) 4,5α-Epoxy-3-methoxy-17-methylmorphin-7-en-6α-ol

– ausgenommen in Zubereitungen, die ohne einen weiteren Stoff der Anlagen I bis III bis zu 2,5 vom Hundert oder je abgeteilte Form bis zu 100 mg Codein, berechnet als Base, enthalten. Für ausgenommene Zubereitungen, die für betäubungsmittel- oder alkoholabhängige Personen verschrieben werden, gelten jedoch die Vorschriften über das Verschreiben und die Abgabe von Betäubungsmitteln. –

Delorazepam – 7-Chlor-5-(2-chlorphenyl)-1,3-dihydro-2 H-1,4-benzo-diazepin-2-on

Dexamfetamin Dexamphetamin (S)-1-Phenylpropan-2-ylazan

Dexmethylphenidat – Methyl[(R,R)(phenyl)(2-piperidyl)acetat]

– **Diamorphin** [(5R,6S)-4,5-Epoxy-17-methylmorphin-7-en-3,6-diyl]diacetat

– nur in Zubereitungen, die zur Substitutionsbehandlung zugelassen sind –

Diazepam – 7-Chlor-1-methyl-5-phenyl-1,3-dihydro-2 H-1,4-benzodia-zepin-2-on

– ausgenommen in Zubereitungen, die ohne einen weiteren Stoff der Anlagen I bis III bis zu 1 vom Hundert als Sirup oder Tropflösung, jedoch nicht mehr als 250 mg je Packungsein-heit, oder je abgeteilte Form bis zu 10 mg Diazepam enthalten –

Dihydrocodein – 4,5α-Epoxy-3-methoxy-17-methylmorphinan-6α-ol

– ausgenommen in Zubereitungen, die ohne einen weiteren Stoff der Anlagen I bis III bis zu 2,5 vom Hundert oder je abgeteilte Form bis zu 100 mg Dihydrocodein, berechnet als Base, enthalten. Für ausgenommene Zubereitungen, die für betäubungsmittel- oder alkoholab-hängige Personen verschrieben werden, gelten jedoch die Vorschriften über das Verschrei-ben und die Abgabe von Betäubungsmitteln. –

Dronabinol – (6aR,10aR)-6,6,9-Trimethyl-3-pentyl-6 a,7,8,10 a-tetrahydro-6 H-benzo[c]chromen-1-ol

INN	andere nicht geschützte oder Trivialnamen	chemische Namen (IUPAC)
Estazolam	–	8-Chlor-6-phenyl-4 H-[1,2,4] triazolo[4,3-a]benzodiazepin

– ausgenommen in Zubereitungen, die ohne einen weiteren Stoff der Anlagen I bis III je abgeteilte Form bis zu 2 mg Estazolam enthalten –

Ethylloflazepat	–	Ethyl[7-chlor-5-(2-fluorphenyl)-2-oxo-2,3-dihydro-1 H-1,4-benzodiazepin-3-carboxylat]
Etorphin	–	(5R,6R,7R,14R)-4,5-Epoxy-7-[(R)-2-hydroxypentan-2-yl]-6-methoxy-17-methyl-6,14-ethenomorphinan-3-ol
Fenetyllin	–	1,3-Dimethyl-7-[2-(1-phenylpropan-2-ylamino)ethyl]-3,7-dihydro-2 H-purin-2,6(1H)-dion
Fenproporex	–	(RS)-3-(1-Phenylpropan-2-ylamino)propannitril

– ausgenommen in Zubereitungen, die ohne einen weiteren Stoff der Anlagen I bis III je abgeteilte Form bis zu 11 mg Fenproporex, berechnet als Base, enthalten –

Fentanyl	–	N-(1-Phenethyl-4-piperidyl)-N-phenylpropanamid
Fludiazepam	–	7-Chlor-5-(2-fluorphenyl)-1-methyl-1,3-dihydro-2 H-1,4-benzodiazepin-2-on
Flunitrazepam	–	5-(2-Fluorphenyl)-1-methyl-7-nitro-1,3-dihydro-2 H-1,4-benzodiazepin-2-on
Flurazepam	–	7-Chlor-1-(2-diethylaminoethyl)-5-(2-fluorphenyl)-1,3-dihydro-2 H-1,4-benzodiazepin-2-on

– ausgenommen in Zubereitungen, die ohne einen weiteren Stoff der Anlagen I bis III je abgeteilte Form bis zu 30 mg Flurazepam enthalten –

Halazepam	–	7-Chlor-5-phenyl-1-(2,2,2-trifluorethyl)-1,3-dihydro-2 H-1,4-benzodiazepin-2-on

– ausgenommen in Zubereitungen, die ohne einen weiteren Stoff der Anlagen I bis III je abgeteilte Form bis zu 120 mg Halazepam enthalten –

Haloxazolam	–	10-Brom-11 b-(2-fluorphenyl)-2,3,7,11 b-tetrahydro[1,3]oxazolo[3,2-d][1,4] benzodiazepin-6(5H)-on
Hydrocodon	Dihydrocodeinon	4,5α-Epoxy-3-methoxy-17-methylmorphinan-6-on
Hydromorphon	Dihydromorphinon	4,5α-Epoxy-3-hydroxy-17-methylmorphinan-6-on
–	γ-Hydroxybuttersäure (GHB)	4-Hydroxybutansäure

– ausgenommen in Zubereitungen zur Injektion, die ohne einen weiteren Stoff der Anlagen I bis III bis zu 20 vom Hundert und je abgeteilte Form bis zu 2 g γ-Hydroxybuttersäure, berechnet als Säure, enthalten –

Ketazolam	–	11-Chlor-2,8-dimethyl-12 b-phenyl-8,12 b-dihydro-4 H-[1,3]oxazino[3,2-d][1,4]benzodiazepin-4,7(6H)-dion

INN	andere nicht geschützte oder Trivialnamen	chemische Namen (IUPAC)

– ausgenommen in Zubereitungen, die ohne einen weiteren Stoff der Anlagen I bis III je abgeteilte Form bis zu 45 mg Ketazolam enthalten –

Levacetylmethadol	Levomethadylacetat (LAAM)	[(3S,6S)-6-Dimethylamino-4,4-diphenylheptan-3-yl]acetat
Levomethadon	–	(R)-6-Dimethylamino-4,4-diphenylheptan-3-on
Loprazolam	–	6-(2-Chlorphenyl)-2-[(Z)-4-methylpiperazin-1-ylmethylen]-8-nitro-2,4-dihydro-1H-imidazo[1,2-a][1,4]benzodiazepin-1-on

– ausgenommen in Zubereitungen, die ohne einen weiteren Stoff der Anlagen I bis III je abgeteilte Form bis zu 2,5 mg Loprazolam enthalten –

Lorazepam	–	(RS)-7-Chlor-5-(2-chlorphenyl)-3-hydroxy-1,3-dihydro-2H-1,4-benzodiazepin-2-on

– ausgenommen in Zubereitungen, die ohne einen weiteren Stoff der Anlagen I bis III je abgeteilte Form bis zu 2,5 mg Lorazepam enthalten –

Lormetazepam	–	7-Chlor-5-(2-chlorphenyl)-3-hydroxy-1-methyl-1,3-dihydro-2H-1,4-benzodiazepin-2-on

– ausgenommen in Zubereitungen, die ohne einen weiteren Stoff der Anlagen I bis III je abgeteilte Form bis zu 2 mg Lormetazepam enthalten –

Medazepam	–	7-Chlor-1-methyl-5-phenyl-2,3-dihydro-1H-1,4-benzodiazepin

– ausgenommen in Zubereitungen, die ohne einen weiteren Stoff der Anlagen I bis III je abgeteilte Form bis zu 10 mg Medazepam enthalten –

Methadon	–	(RS)-6-Dimethylamino-4,4-diphenylheptan-3-on
Methylphenidat	–	Methyl[(RS;RS)(phenyl)2-piperidyl)acetat]
Methylphenobarbital	Mephobarbital	(RS)-5-Ethyl-1-methyl-5-phenylbarbitursäure

– ausgenommen in Zubereitungen, die ohne einen weiteren Stoff der Anlagen I bis III je abgeteilte Form bis zu 200 mg Methylphenobarbital, berechnet als Säure, enthalten –

Midazolam	–	8-Chlor-6-(2-fluorphenyl)-1-methyl-4H-imidazo[1,5-a][1,4]benzodiazepin

– ausgenommen in Zubereitungen, die ohne einen weiteren Stoff der Anlagen I bis III bis zu 0,2 vom Hundert oder je abgeteilte Form bis zu 15 mg Midazolam enthalten –

–	Morphin	(5R,6S)-4,5-Epoxy-17-methylmorphin-7-en-3,6-diol
Nabilon	–	(6aRS,10aRS)-1-Hydroxy-6,6-dimethyl-3-(2-methyloctan-2-yl)-6,6a,7,8,10,10a-hexahydro-9H-benzo[c]chromen-9-on
Nimetazepam	–	1-Methyl-7-nitro-5-phenyl-1,3-dihydro-2H-1,4-benzodiazepin-2-on
Nitrazepam	–	7-Nitro-5-phenyl-1,3-dihydro-2H-1,4-benzodiazepin-2-on

INN	andere nicht geschützte oder Trivialnamen	chemische Namen (IUPAC)

– ausgenommen in Zubereitungen, die ohne einen weiteren Stoff der Anlagen I bis III bis zu 0,5 vom Hundert als Tropflösung, jedoch nicht mehr als 250 mg je Packungseinheit, oder je abgeteilte Form bis zu 10 mg Nitrazepam enthalten –

Nordazepam   –   7-Chlor-5-phenyl-1,3-dihy-dro-2 H-1,4-benzodiazepin-2-on

– ausgenommen in Zubereitungen, die ohne einen weiteren Stoff der Anlagen I bis III bis zu 0,5 vom Hundert als Tropflösung, jedoch nicht mehr als 150 mg je Packungseinheit, oder je abgeteilte Form bis zu 15 mg Nordazepam enthalten –

Normethadon   –   6-Dimethylamino-4,4-diphenylhexan-3-on

–   **Opium**   –
(der geronnene Saft der zur Art Papaver somniferum gehören-den Pflanzen)

– ausgenommen in Zubereitungen, die nach einer im homöopathischen Teil des Arzneibuches beschriebenen Verfahrenstechnik hergestellt sind, wenn die Endkonzentration die sechste Dezimalpotenz nicht übersteigt –

Oxazepam   –   7-Chlor-3-hydroxy-5-phenyl-1,3-dihydro-2 H-1,4-benzodiazepin-2-on

– ausgenommen in Zubereitungen, die ohne einen weiteren Stoff der Anlagen I bis III je abgeteilte Form bis zu 50 mg Oxazepam enthalten –

Oxazolam   – $(2RS,11bSR)$-10-Chlor-2-methyl-11 b-phenyl-2,3,7,11 b-tetrahydro[1,3]oxazolo[3,2-d] [1,4]benzodiazepin-6(5H)-on

– ausgenommen in Zubereitungen, die ohne einen weiteren Stoff der Anlagen I bis III je abgeteilte Form bis zu 20 mg Oxazolam enthalten –

Oxycodon   14-Hydroxydihydrocodeinon   4,5α-Epoxy-14-hydroxy-3-methoxy-17-methylmorphi-nan-6-on

–   **Papaver somniferum**
(Pflanzen und Pflanzenteile, aus-genommen die Samen, der zur Art Papaver somniferum (ein-schließlich der Unterart setige-rum) gehörenden Pflanzen)

– ausgenommen, wenn der Verkehr mit ihnen (ausgenommen der Anbau) Zierzwecken dient und wenn im getrockneten Zustand ihr Gehalt an Morphin 0,02 vom Hundert nicht über-steigt; in diesem Fall finden die betäubungsmittelrechtlichen Vorschriften nur Anwendung auf die Einfuhr, Ausfuhr und Durchfuhr –

– ausgenommen in Zubereitungen, die nach einer im homöopathischen Teil des Arzneibuches beschriebenen Verfahrenstechnik hergestellt sind, wenn die Endkonzentration die vierte De-zimalpotenz nicht übersteigt –

– ausgenommen in Zubereitungen, die ohne einen weiteren Stoff der Anlagen I bis III bis zu 0,015 vom Hundert Morphin, berechnet als Base, enthalten und die aus einem oder mehre-ren sonstigen Bestandteilen in der Weise zusammengesetzt sind, dass das Betäubungsmittel nicht durch leicht anwendbare Verfahren oder in einem die öffentliche Gesundheit gefähr-denden Ausmaß zurückgewonnen werden kann –

Pemolin   –   2-Imino-5-phenyl-1,3-oxazo-lidin-4-on

– ausgenommen in Zubereitungen, die ohne einen weiteren Stoff der Anlagen I bis III je abgeteilte Form bis zu 20 mg Pemolin, berechnet als Base, enthalten –

Pentazocin   – $(2R,6R,11R)$-6,11-Dimethyl-3-(3-methylbut-2-en-1-yl)-1, 2,3,4,5,6-hexahydro-2,6-methano-3-benzazocin-8-ol

INN	andere nicht geschützte oder Trivialnamen	chemische Namen (IUPAC)
Pentobarbital	–	(*RS*)-5-Ethyl-5-(pentan-2-yl)barbitursäure
Pethidin	–	Ethyl(1-methyl-4-phenyl-piperidin-4-carboxylat)
Phenobarbital	–	5-Ethyl-5-phenylbarbitursäure

– ausgenommen in Zubereitungen, die ohne einen weiteren Stoff der Anlagen I bis III bis zu 10 vom Hundert oder je abgeteilte Form bis zu 300 mg Phenobarbital, berechnet als Säure, enthalten –

Phentermin	–	2-Benzylpropan-2-ylazan

– ausgenommen in Zubereitungen, die ohne einen weiteren Stoff der Anlagen I bis III je abgeteilte Form bis zu 15 mg Phentermin, berechnet als Base, enthalten –

Pinazepam	–	7-Chlor-5-phenyl-1-(prop-2-in-1-yl)-1,3-dihydro-2*H*-1,4-benzodiazepin-2-on
Pipradrol	–	Diphenyl(2-piperidyl)methanol
Piritramid	–	1'-(3-Cyan-3,3-diphenyl-propyl)[1,4'-bipiperidin]-4'-carboxamid
Prazepam	–	7-Chlor-1-cyclopropylmethyl-5-phenyl-1,3-dihydro-2*H*-1,4-benzodiazepin-2-on

– ausgenommen in Zubereitungen, die ohne einen weiteren Stoff der Anlagen I bis III je abgeteilte Form bis zu 20 mg Prazepam enthalten –

Remifentanil	–	Methyl{3-[4-methoxycarbonyl-4-(*N*-phenylpropanamido)piperidino]propanoat}
Secobarbital	–	5-Allyl-5-(pentan-2-yl)barbitursäure
Sufentanil	–	*N*-{4-Methoxymethyl-1-[2-(2-thienyl)ethyl]-4-piperidyl}-*N*-phenylpropanamid
Tapentadol	–	3-[(2*R*,3*R*)-1-Dimethylamino-2-methylpentan-3-yl]phenol
Temazepam	–	(*RS*)-7-Chlor-3-hydroxy-1-methyl-5-phenyl-1,3-dihydro-2*H*-1,4-benzodiazepin-2-on

– ausgenommen in Zubereitungen, die ohne einen weiteren Stoff der Anlagen I bis III je abgeteilte Form bis zu 20 mg Temazepam enthalten –

Tetrazepam	–	7-Chlor-5-(cyclohex-1-enyl)-1-methyl-1,3-dihydro-2*H*-1,4-benzodiazepin-2-on

– ausgenommen in Zubereitungen, die ohne einen weiteren Stoff der Anlagen I bis III je abgeteilte Form bis zu 100 mg Tetrazepam enthalten –

Tilidin	*trans*-Tilidin	Ethyl(1*RS*,2*SR*)-2-dimethylamino-1-phenylcyclohex-3-encarboxylat]

– ausgenommen in Zubereitungen, die ohne einen weiteren Stoff der Anlagen I bis III bis zu 7 vom Hundert oder je abgeteilte Form bis zu 300 mg Tilidin, berechnet als Base, und, bezogen auf diese Mengen, mindestens 7,5 vom Hundert Naloxonhydrochlorid enthalten –

Triazolam	–	8-Chlor-6-(2-chlorphenyl)-1-methyl-4*H*-[1,2,4]triazolo[4,3-*a*][1,4]benzodiazepin

– ausgenommen in Zubereitungen, die ohne einen weiteren Stoff der Anlagen I bis III je abgeteilte Form bis zu 0,25 mg Triazolam enthalten –

INN	andere nicht geschützte oder Trivialnamen	chemische Namen (IUPAC)
Zolpidem	–	N,N-Dimethyl-2-[6-methyl-2-(p-tolyl)imidazo[1,2-*a*]pyridin-3-yl]acetamid

– ausgenommen in Zubereitungen zur oralen Anwendung, die ohne einen weiteren Stoff der Anlagen I bis III je abgeteilte Form bis zu 8,5 mg Zolpidem, berechnet als Base, enthalten –
– die Salze und Molekülverbindungen der in dieser Anlage aufgeführten Stoffe, wenn sie nach den Erkenntnissen der medizinischen Wissenschaft ärztlich, zahnärztlich oder tierärztlich angewendet werden;
    die Zubereitungen der in dieser Anlage aufgeführten Stoffe, wenn sie nicht

  a) ohne am oder im menschlichen oder tierischen Körper angewendet zu werden, ausschließlich diagnostischen oder analytischen Zwecken dienen und ihr Gehalt an einem oder mehreren Betäubungsmitteln, bei Lyophilisaten und entsprechend zu verwendenden Stoffgemischen in der gebrauchsfertigen Lösung, jeweils 0,01 vom Hundert nicht übersteigt oder die Stoffe in den Zubereitungen isotopenmodifiziert oder

  b) besonders ausgenommen sind. Für ausgenommene Zubereitungen – außer solchen mit Codein oder Dihydrocodein – gelten jedoch die betäubungsmittelrechtlichen Vorschriften über die Einfuhr, Ausfuhr und Durchfuhr. Nach Buchstabe b der Position Barbital ausgenommene Zubereitungen können jedoch ohne Genehmigung nach § 11 des Betäubungsmittelgesetzes ein-, aus- oder durchgeführt werden, wenn nach den Umständen eine missbräuchliche Verwendung nicht zu befürchten ist.

Kommentar

Gesetz über den Verkehr mit Betäubungsmitteln (Betäubungsmittelgesetz – BtMG)

In der Fassung der Bekanntmachung v. 1. März 1994 (BGBl. I, S. 358), zuletzt geändert durch Art. 1 VO v. 11. Mai 2011 (BGBl. I, S. 821)

Erster Abschnitt. Begriffsbestimmungen

Betäubungsmittel

1 (1) Betäubungsmittel im Sinne dieses Gesetzes sind die in den Anlagen I bis III[1] aufgeführten Stoffe und Zubereitungen.

(2) [1] Die Bundesregierung wird ermächtigt, nach Anhörung von Sachverständigen durch Rechtsverordnung mit Zustimmung des Bundesrates die Anlagen I bis III zu ändern oder zu ergänzen, wenn dies

1. nach wissenschaftlicher Erkenntnis wegen der Wirkungsweise eines Stoffes, vor allem im Hinblick auf das Hervorrufen einer Abhängigkeit,
2. wegen der Möglichkeit, aus einem Stoff oder unter Verwendung eines Stoffes Betäubungsmittel herstellen zu können, oder
3. zur Sicherheit oder zur Kontrolle des Verkehrs mit Betäubungsmitteln oder anderen Stoffen oder Zubereitungen wegen des Ausmaßes der mißbräuchlichen Verwendung und wegen der unmittelbaren oder mittelbaren Gefährdung der Gesundheit

erforderlich ist. [2] In der Rechtsverordnung nach Satz 1 können einzelne Stoffe oder Zubereitungen ganz oder teilweise von der Anwendung dieses Gesetzes oder einer auf Grund dieses Gesetzes erlassenen Rechtsverordnung ausgenommen werden, soweit die Sicherheit und die Kontrolle des Betäubungsmittelverkehrs gewährleistet bleiben.

(3) [1] Das Bundesministerium für Gesundheit wird ermächtigt, in dringenden Fällen zur Sicherheit oder zur Kontrolle des Betäubungsmittelverkehrs durch Rechtsverordnung ohne Zustimmung des Bundesrates Stoffe und Zubereitungen, die nicht Arzneimittel sind, in die Anlagen I bis III aufzunehmen, wenn dies wegen des Ausmaßes der mißbräuchlichen Verwendung und wegen der unmittelbaren oder mittelbaren Gefährdung der Gesundheit erforderlich ist. [2] Eine auf der Grundlage dieser Vorschrift erlassene Verordnung tritt nach Ablauf eines Jahres außer Kraft.

(4) Das Bundesministerium für Gesundheit (Bundesministerium) wird ermächtigt, durch Rechtsverordnung ohne Zustimmung des Bundesrates die Anlagen I bis III oder die auf Grund dieses Gesetzes erlassenen Rechtsverordnungen zu ändern, soweit dies auf Grund von Änderungen der Anhänge zu dem Einheits-Übereinkommen von 1961 über Suchtstoffe in der Fassung der Bekanntmachung vom 4. Februar 1977 (BGBl. II S. 111) und dem Übereinkommen von 1971 über psychotrope Stoffe (BGBl. 1976 II S. 1477) (Internationale Suchtstoffübereinkommen) in ihrer jeweils für die Bundesrepublik Deutschland verbindlichen Fassung erforderlich ist.

---

[1] Die Anlagen I–III sind auf S. 43–60 abgedruckt.

Übersicht

A. Begriffsbestimmung

I. Betäubungsmittel

1   Unter Betäubungsmitteln sind Stoffe zu verstehen, die nach wissenschaftlicher
Erkenntnis wegen ihrer Wirkungsweise eine Abhängigkeit hervorrufen können,
deren betäubende Wirkungen wegen des Ausmaßes einer missbräuchlichen Verwendung unmittelbar oder mittelbar Gefahren für die Gesundheit begründen oder
die der Herstellung von Betäubungsmitteln dienen (*BVerfG* NJW 1998, 669). Die

Bezeichnung Betäubungsmittel wurde seit dem internationalen Opiumabkommen von 1912 verschiedentlich neben den Begriffen **Suchtmittel** oder **Drogen** gebraucht, fand aber erst in dem Opiumgesetz von 1929 (Gesetz über den Verkehr mit Betäubungsmitteln) eine allgemeine Anwendung. Auch das BtMG von 1972 und das BtMG von 1981 gebrauchten dann einheitlich diesen Begriff zur Umschreibung von Stoffen und Zubereitungen sowohl im verwaltungsrechtlichen als auch im strafrechtlichen Teil. Der Begriff Betäubungsmittel umfasste zunächst einmal stark wirksame Analgetica und Lokalanaesthetica wie sie in der Medizin Anwendung fanden. Heute umfasst dieser Begriff Suchtstoffe aller Art **mit und ohne therapeutischen Nutzen.** Obwohl in anderen deutschsprachigen Ländern die Bezeichnungen „**Suchtstoff**" und „**Suchtmittel**" Verwendung finden und bei Übersetzungen der internationalen Abkommen die Bezeichnung „Suchtstoff" anstelle von Betäubungsmittel gewählt wurde, hat sich nunmehr die Bezeichnung Betäubungsmittel im deutschen Betäubungsmittelrecht durchgesetzt, die auch in Art. 74 Nr. 19 GG, in § 6 Nr. 5 StGB und § 81 AMG Eingang gefunden hat.

Der Begriff Betäubungsmittel bildet den **Oberbegriff für Stoffe und Zube-** 2 **reitungen.** In § 2 Abs 1 Nr. 1 bis 3 finden sich die Legaldefinitionen der Begriffe Stoff, Zubereitung und ausgenommene Zubereitung. Eine Legaldefinition für Betäubungsmittel ist im Gesetz aber nicht enthalten.

1. Katalog der Betäubungsmittel. Der Gesetzgeber hat es – abweichend vom 3 AMG – nicht den Naturwissenschaften überlassen, den Begriff des Betäubungsmittels zu bestimmen, sondern im Interesse der Rechtsklarheit sich für das **System der Positivliste** entschieden. Die Vorschrift des § 1 BtMG begrenzt den Anwendungsbereich des BtMG und alle zu seiner Durchführung erlassenen Rechtsverordnungen auf die in den Anl. I bis III genannten Stoffe und Zubereitungen. Betäubungsmittel im Sinne des Gesetzes sind nur die dort abschließend genannten **Stoffe** und **Zubereitungen.** Durch eine Generalklausel am Ende der Anl. I (5. Spiegelstrich) werden zudem Stoffe als Betäubungsmittel eingestuft, die zwar selbst nicht in den Anl. aufgeführt sind, aber in den Anl. I bis III genannte Wirkstoffe enthalten oder zur Reproduktion bzw. Gewinnung von Stoffen i. S. d. § 2 Abs. 1 Nr. 1 b) bis d) BtMG bestimmt und ein Missbrauch zu Rauschzwecken vorgesehen ist. Für die Unterstellung von Stoffen unter das Betäubungsmittelgesetz waren in erster Linie die Anhänge der beiden **UN-Conventionen** von 1961 und 1971 ausschlaggebend, da die Bundesrepublik Deutschland Vertragspartei dieser Conventionen ist. Änderungen der Anhänge beschließt die **Suchtstoffkommission der Vereinten Nationen** und müssen von den Vertragsparteien binnen 180 Tagen bzw. 90 Tagen umgesetzt werden.

Der Katalog der Betäubungsmittel in den Anl. I, II und III kann nach § 1 Abs. 2 4 BtMG durch die Bundesregierung nach Anhörung von Sachverständigen durch Rechtsverordnung mit Zustimmung des Bundesrates ergänzt oder geändert werden. Das Bundesministerium für Gesundheit kann in bestimmten Fällen eine entsprechende Rechtsverordnung ohne Zustimmung des Bundesrates erlassen, und zwar nach § 1 Abs. 3 BtMG in dringenden Fällen – sog. Dringlichkeitsverordnung – und nach § 1 Abs. 4 BtMG zur Anpassung an Suchtstoffübereinkommen. Die Aufnahme von Substanzen in Anl. I bis III des BtMG steht jedoch dem deutschen Gesetz- und Verordnungsgeber nicht völlig frei. Die drei internationalen Suchtstoffübereinkommen beeinflussen den Gesetzgeber ebenso wie die wissenschaftliche Einschätzung der Gefährlichkeit dieser Stoffe.

Die Anl. I bis III, die an die Stelle der früheren 9 Gleichstellungsverordnungen 5 getreten sind, wurden seit 1984 durch folgende BtMÄndV geändert und ergänzt (★ = Dringlichkeitsverordnung):

BtMÄndV	Vom	Fundstelle (BGBl. I, S.)	Nennenswerte Änderungen
1.	6. 8. 1984	1081	DOB, PMA, MMDA, MDA, Buprenorphin, Papaver orientale (Papaver bracteatum), Papaversomniferum
2.	23. 7. 1986	1099	Cathinon, DMA, MDMA, Papaver bracteatum, Opium, Papaver somniferum, Diazepam und weitere benzodiazepinhaltige Stoffe
3.	28. 2. 1991	712	MDE, MPPP, Codein
4.	23. 12. 1992	2483	Erythroxylum coca, Codein, Ethylmorphin, d-Cocain, Papaver somniferum
5.	18. 1. 1994	99	Codein, Ethylmorphin, Methadon, Morphin, Diazepam
6.★	14. 9. 1995	1161	MBDB
7.	29. 3. 1996	562	Aufnahme folgender Ausnahmeregelungen zu Cannabis (Marihuana): a) die Samen, b) beim Verkehr mit Pflanzenmaterial mit einem THC-Gehalt, der 0,3% nicht übersteigt und ausschließlich gewerblichen, einen Missbrauch ausschließenden Zwecken dient, c) bei Anpflanzungen als Schutzstreifen bei der Rübenzüchtung und d) bei bestimmten Nutzhanfsorten, deren THC-Gehalt 0,3% nicht übersteigt
8.	14. 11. 1996	1728	Methcathinon
9.★	28. 1. 1997	65	BDB, MBDB, FLEA, DOC, PCPr
10.	20. 1. 1998	74	BDB, MBDB, FLEA, DOC, PCPr, DOB, PMA, MMDA, MDE, MDMA, MDA, Änderung der Ausnahmeregelungen bei Cannabis (Marihuana), Einfügung des 5. Spiegelstrichs in Anl. I, Codein, Ecgonin, Dronabinol
11.	23. 6. 1998	1510	
12.★	7. 10. 1998	3126	Mebroqualon, 6-Cl-MDMA, 2C-T-2, 4-MTA, PPP

BtMÄndV	Vom	Fundstelle (BGBl. I, S.)	Nennenswerte Änderungen
13.★	24. 9. 1999	1935	Mebroqualon, 6-Cl-MDMA, 2 C-T-2, 4-MTA, PPP, 3-Methoxy-DMT, PPMA
14.★	27. 9. 2000	1414	Mebroqualon, 6-Cl-MDMA, 2 C-T-2, 4-MTA, PPP, TM A2, 5-Methoxy-DMT, PPMA, PMMA, 5-MeO-DIPT
15.	19. 6. 2001	1180	Neufassung der Anlagen mit der dauerhaften Aufnahme von Mebroqualon, 6-Cl-MDMA, 2 C-T-2, 4-MTA, PPP, TM A2, 5-Methoxy-DMT, PPMA, PMMA, 5-MeO-DIPT
16.	28. 11. 2001	3338	Isocodein, Zolpidem, GHB
17.	12. 2. 2002	612	
18.	22. 12. 2003	28	Amineptin
19.	10. 3. 2005	757	Neufassung des 5. Spiegelstrichs der Anl. I
20.★	14. 2. 2007	154	m-CPP
21.	18. 2. 2008	246	Salvia divinorum, m-CPP, Methamphetamin, Methaqualon
22.★	22. 1. 2009	49	CP-47,497, JWH-018
23.	19. 3. 2009	560	
24.	18. 12. 2009	3944	Mephedron, CP-47, 497, JWH-018, JWH-019, JWH-073, Tapentadol (ab 1. 6. 2010)
25.	11. 5. 2011	821	Aufnahme von Ausnahmeregelungen bei Cannabiszubereitungen in Form zugelassener Fertigarzneimittel zu medizinischen Zwecke, Streichung von Flunitrazepam als ausgenommenen Zubereitungen

2. Anlagen zum BtMG. a) Aufbau. Die Anlagen sind in **nicht verkehrsfä-** 6
hige (Anl. I), in **verkehrsfähige, aber nicht verschreibungsfähige** (Anl. II)
und in **verschreibungsfähige Betäubungsmittel** (Anl. III) gegliedert. Die
Anl. sind dabei jeweils in 3 Spalten unterteilt, wobei die Betäubungsmittel in
alphabetischer Reihenfolge genannt werden. Spalte 1 enthält die International
Nonproprietary Names (INN) der Weltgesundheitsorganisation, Spalte 2 andere
nicht geschützte Stoffbezeichnungen. In Spalte 3 ist die jeweilige chemische Stoffbezeichnung nach der Nomenklatur der International Union of Pure and Applied
Chemistry (IUPAC) aufgenommen worden.

7   **b) Betäubungsmittel der Anl. I.** Die Anl. I umfasst die nicht verkehrsfähigen Stoffe. Es handelt sich hierbei um gesundheitsschädliche Stoffe, die für medizinische Zwecke ungeeignet sind oder deren therapeutischer Wert in keinem vernünftigen Verhältnis zu ihrer Schädlichkeit steht. Sie dürfen nach § 13 Abs. 1 S. 3 BtMG nicht verschrieben, nicht verabreicht und nicht zum unmittelbaren Verbrauch überlassen werden. Nach § 3 Abs. 2 BtMG darf aber das *BfArM* in Bonn den Umgang mit Betäubungsmitteln von beschränktem therapeutischen Wert zu **wissenschaftlichen oder anderen öffentlichen Zwecken** erlauben.

8   **c) Betäubungsmittel der Anl II.** In der Anl. II wurden die **verkehrsfähigen, aber nicht verschreibungsfähigen Betäubungsmittel** zusammengefasst, die nur in der Pharmaindustrie als Rohstoffe, Grundstoffe, Halbsynthetika und Zwischenprodukte verwendet werden, die jedoch in Zubereitungen ebenso wie die Stoffe der Anl. I gem. § 13 Abs. 1 S. 3 BtMG nicht als Betäubungsmittel verschrieben, nicht verabreicht und nicht zum Verbrauch überlassen werden dürfen. Zubereitungen, die jedoch nur eine geringe Menge Betäubungsmittel enthalten, dürfen als ausgenommene Zubereitungen i. S. v. § 2 Abs. 1 Nr. 3 BtMG auch verschrieben werden. Arzneimittel, die nur eine beschränkte Menge eines Betäubungsmittelwirkstoffs enthalten, wie z. B. Difenoxin, Diphenoxylat, Ethylmorphin, Pholcodin oder Propiram, sind von den betäubungsmittelrechtlichen Bestimmungen beim Verschreiben und Handel freigestellt.

9   **d) Betäubungsmittel der Anl. III.** Die Anl. III enthält die **verkehrs- und verschreibungsfähigen Betäubungsmittel.** Diese können nach § 13 Abs. 1 S. 1 BtMG von Ärzten, Zahnärzten und Tierärzten im Rahmen einer ärztlichen, zahnärztlichen oder tierärztlichen Behandlung verschrieben werden.

10   **3. Umstufung.** Die bei der Zulassung von Arzneimitteln stattfindende **Nutzen-Risiko-Bewertung** erfolgt auf Basis der vom Antragsteller vorgelegten Unterlagen unter Berücksichtigung der über diesen Stoff verfügbare Literatur. Sie führt gelegentlich zu einer **Umstufung in den Anlagen** zum BtMG, wenn der Stoff in der Drogenszene in größerem Umfange missbraucht wurde. Ebenso kann eine Umstufung erfolgen, wenn eine Substanz nicht mehr medizinisch verwendet wird. Methadon wurde z. B. durch die 5. BtMÄndV vom 13. 3. 1993 in Anl. II gestrichen und in Anl. III eingeordnet. Mit der 10. BtMÄndV hat der Gesetzgeber die Codeinpräparate in Anl. III zum BtMG und in der BtMVV den betäubungsmittelrechtlichen Vorschriften unterstellt, soweit Betäubungsmittelabhängige einer Substitutionsbehandlung mit Codein unterzogen werden sollen. In der gleichen Verordnung hat der Gesetzgeber **Dronabinol** in die Anl. III umgestuft und damit als Medikament gegen Erbrechen bei Krebspatienten und zur Appetitanregung bei AIDS-Patienten verschreibungsfähig gemacht. Durch Gesetz vom 21. 7. 2009 (BGBl. I, S. 1801) wurde **Diamorphin** von Anl. I in Anl. II und Anl. III verschoben und kann seitdem als Substitutionsmittel nach der BtMVV verschrieben werden.

II. Betäubungsmittelähnliche Stoffe und Zubereitungen

11   Zahlreiche toxische, berauschende oder suchtbildende Stoffe und Zubereitungen unterliegen nicht dem BtMG, sondern anderen Spezialgesetzen:

– als Lebensmittel, Genussmittel, Pflege- und Reinigungsmittel, als Riechstoffe und Insektenvertilgungsmittel dem **Lebensmittel- und Bedarfsgegenständegesetz (LMBG),**
– als Arzneimittel dem **Arzneimittelgesetz (AMG),**
– als Pflanzenschutzmittel dem **Pflanzenschutzgesetz (PflSchG),**
– als Wasch- und Reinigungsmittel dem **Wasch- und Reinigungsmittelgesetz (WRMG),**
– und als gefährliche und giftige Stoffe und gefährliche Zubereitungen dem **Chemikaliengesetz (ChemG).**

III. Arzneimittel

Der Gesetzgeber hat die genannten Spezialgesetze als Gesamtsystem geschaffen, **12** um den Gesundheitsschutz der Bevölkerung und des Verbrauchers umfassend zu gewährleisten. Die Begriffe **Betäubungsmittel** und **Arzneimittel** schließen sich jedoch nicht gegenseitig aus, sondern ergänzen und überschneiden sich vielfach (vgl. Vorbem. AMG Rn. 165; *Weber* § 1 Rn. 197). Nach § 81 AMG bleiben vielmehr die Vorschriften des Betäubungsmittelrechts unberührt. Auf Arzneimittel, die Betäubungsmittel i. S. d. BtMG sind, finden daher neben den Vorschriften des Arzneimittelrechts auch diejenigen der Betäubungsmittelgesetzgebung Anwendung (BGHSt. 43, 336, 341 = NJW 1998, 258, 259 = StV 1998, 136; *Franke/Wienroeder* § 1 Rn. 10). Das Betäubungsmittelrecht behandelt Betäubungsmittel teilweise ausdrücklich zugleich als Arzneimittel. Dies ergibt sich z. B. aus den Regelungen zu den verschreibungsfähigen Betäubungsmitteln in § 13 BtMG i. V. m. der Anl. III zu § 1 BtMG und der BtMVV. §§ 9 und 11 BtMVV bezeichnen die betäubungsmittelhaltigen Zubereitungen ausdrücklich als Arzneimittel. Auch aus § 1 Abs. 3 BtMG lässt sich nicht der Umkehrschluss ziehen, dass Betäubungsmittel, deren Einstufung auf dieser Verordnungsermächtigung beruht, nicht zugleich auch Arzneimittel sein können. Das Betäubungsmittelrecht ist ein Spezialgebiet des Arzneimittelrechts, das wegen der besonderen Gefährlichkeit der Substanzen einer erhöhten staatlichen Kontrolle unterliegt. In Einzelfällen unterliegen Betäubungsmittel aber nicht der vollen betäubungsmittelrechtlichen Kontrolle, weil nach Auffassung des Gesetzgebers die arzneimittelrechtliche Kontrolle ausreicht. So wurde eine Reihe von Betäubungsmitteln, die von Ärzten als Arzneimittel eingesetzt werden, als ausgenommene Zubereitungen i. S. v. § 2 Abs. 1 Nr. 3 BtMG von der betäubungsmittelrechtlichen Kontrolle ausgenommen, soweit sie einen bestimmten Wirkstoffgehalt nicht überschreiten (s. § 2 Rn. 47 ff.). Wurde ein Stoff bislang nicht in die Anl. I bis III des BtMG aufgenommen, so ist regelmäßig zu prüfen, ob er nicht als Arzneimittel der arzneimittelrechtlichen Kontrolle unterliegt (*BGH NStZ 1998, 258 ff. = StV 1998, 136 ff.).

IV. Grundstoffe

Große Probleme bereiten die für die illegale Betäubungsmittelherstellung ver- **13** wendeten Stoffe. Die Bundesrepublik sah sich in früheren Jahren im In- und Ausland massiven Vorwürfen ausgesetzt, weil eine ganze Reihe chemischer Grundstoffe wie **Essigsäureanhydrid** (zur Herstellung von Heroin), **Ergotamintatrat** (zur Herstellung von LSD), **Diethylether** (zur Kokainherstellung), **Ephedrin** und **Phenylaceton** (zur Herstellung von Amphetamin) oder **Acetyl-Anthranil-Säure** (zur Herstellung von Methaqualon) aus deutschen pharmazeutischen Werken in großen Mengen in Rauschgiftküchen in aller Welt sichergestellt wurde und die Strafverfolgungsbehörden gegen diese Transporte nicht einschreiten konnten. Diese Grundstoffe wurden nicht dem BtMG unterstellt, da sie für eine größere Anzahl legaler Produktionsprozesse in der chemischen Industrie und in der Lederindustrie benötigt werden. Man vertraute zunächst auf die freiwillige Selbstkontrolle der Herstellerfirmen und ihre Unterstützung der Strafverfolgungsbehörden. Doch die Täter verstanden es sehr gut, nicht nur die Herstellerfirmen, sondern auch die Polizei und den Zoll über den Verwendungszweck der Stoffe und über ihre Transportroute zu täuschen. Die Möglichkeit, diese Grundstofftransporte tatbestandsmäßig als Beihilfe zum Handeltreiben oder zur Herstellung erfassen zu können, scheiterte an der Schwierigkeit, die Transporte im Ausland bis zum Betäubungsmittellabor zu verfolgen.

Für die Kontrolle der spezifischen Chemikalien zur illegalen Drogenherstellung **14** enthielt nun die **Wiener Suchtstoffkonvention von 1988** als Kompromiss, wonach die zu kontrollierenden Stoffe in zwei Listen A und B eingestuft werden sollten. **Liste A** enthält die Stoffe: **Ephedrin, Ergometrin, Ergotamin, Lysergsäure, Phenylaceton** und **Pseudoephedrin, Liste B** die Stoffe: **Essig-**

säureanhydrid, Acethon, Antranylsäure, Ethylether, Phenylessigsäure und **Piperidin.** Die Staaten verpflichteten sich, für beide Stoffgruppen ein **Monito-ring-System** zu schaffen, das im Rahmen einer engen Zusammenarbeit mit der Industrie – wenn auch auf freiwilliger Grundlage – sicherstellt, dass die Hersteller und Händler der genannten Stoffe den zuständigen Behörden verdächtige Lieferungen und Bestellungen melden. Auf diesen Meldungen sollten sich weitere Maßnahmen aufbauen, insb. Sicherstellung und Benachrichtigung anderer Staaten über import-, export- oder transitverdächtige Lieferungen. Alle Sendungen im Import und Export sollten detaillierte Kennzeichnungen tragen. Für Stoffe der Liste A wurde zusätzlich eine Verpflichtung zur vorherigen Meldung aller Exporte an die Kontrollbehörden der Empfängerländer vorgesehen.

15   Die Bundesregierung legte im Juli 1991 einen **Arbeitsentwurf eines Grund-stoffüberwachungsgesetzes (GÜG)** vor, mit besonderen Verwaltungs-, Straf- und Bußgeldvorschriften, der die einschlägigen Vorschriften der **Suchtstoff-übereinkommen von 1988** und die **EWG-VO Nr. 3677/90 v. 13. 12. 1990** innerstaatlich umsetzte. Das GÜG ist seit Oktober 1994 in Kraft und wurde ebenso wie die Verordnung über Verstöße gegen das Grundstoffüberwachungsgesetz (GÜG-VV) vom 24. 7. 2002 (BGBl. I, S. 2915) durch das Gesetz zur Neuregelung des Grundstoffüberwachungsrechts vom 11. 3. 2008 (BGBl. I, S 306) ersetzt.

V. Designerdrogen

16   Unter **Designerdrogen** versteht man die in geheimen illegalen Laboratorien hergestellten Suchtstoffe, die nicht dem BtMG unterstehen und durch geringfügige Abwandlungen am Molekularaufbau bestimmten Betäubungsmitteln in ihrer chemischen Struktur und in ihren pharmakologischen Eigenschaften nachgeahmt wurden und sich so der gesetzlichen Kontrolle durch das BtMG entziehen. Hierunter fallen die **Amphetaminderivate (Entactogene), Fentanylderivate, Pethidinderivate, Tryptamin–Derivate und PCP–Derivate.** Da die Produktion von illegalen synthetischen Drogen nicht von klimatischen Bedingungen abhängt und vielfach mit wenigen Chemikalien und wenigen Gerätschaften ohne spezielle chemische Kenntnisse in Küchen- und Keller-Laboratorien zu bewerkstelligen ist, kommt der Kontrolle des legalen Chemikalienhandels und der Bekämpfung des illegalen Grundstoffhandels zunehmende Bedeutung zu. Die erfolgreichen **Bemühungen der Grundstoffüberwachungs-Stelle (GÜS)** des *BKA* und *ZKA* haben zu einer Verdrängung des illegalen Grundstoffhandels und der Produktion synthetischer Drogen in das Ausland geführt. Neben der herausragenden Stellung der Niederlande bei der illegalen Produktion und dem illegalen Vertrieb synthetischer Drogen haben mehrere Staaten Osteuropas (Polen, Tschechien, Republik Slowakei, Estland, Lettland) mit professionellen Produktionsstätten und spezialisiertem Personal sich als Produzenten synthetischer Drogen erhebliche Marktanteile erobert. Deutschland bietet diesen illegalen Produzenten von synthetischen Drogen einen ständig wachsenden Absatzmarkt.

17   Durch die 3., 4., 6., 8., 10., 12., 13., 14., 15., 16. und 17. BtMÄndV wurden zahlreiche solcher **Designerdrogen,** sowie deren Isomere, Ester, Ether, Molekülverbindungen und Salze neu aufgenommen und als verkehrsfähige Betäubungsmittel eingestuft. Einige bereits dem BtMG unterstellte Stoffe wurden umgestuft oder gestrichen. Die neuen Stoffe haben keinerlei medizinische Bedeutung, werden illegal hergestellt und als Suchtmittel missbraucht. Designerdrogen, die regelmäßig nicht dem BtMG unterstehen, können auf Grund ihrer objektiven Zweckbestimmung auch Arzneimittel i. S. v. § 2 AMG darstellen, selbst wenn diese Stoffe oder Zubereitungen nicht als Fertigarzneimittel zugelassen wurden und nach der Tat als Betäubungsmittel eingestuft wurden. Für die Herstellung derartiger Arzneimittel bedarf es einer Erlaubnis nach § 13 Abs. 1 AMG. Das Herstellen und Inverkehrbringen kann strafbar sein nach den §§ 95 Abs. 1 Nr. 1, 96 Nr. 4 AMG (vgl. *OLG Frankfurt* NJW 1996, 3090 f. = StV 1996, 488; BGHSt. 43, 336 = NStZ 1998, 258 ff. = StV 1998, 136). Es begegnet **keinen verfassungsrecht-**

lichen Bedenken, die Substanzen Methyl-Methaqualon und MBDB **unter die Arzneimittel einzuordnen;** dass diese Substanzen zugleich Betäubungsmittel sind, steht dem nicht entgegen (*BVerfG* NJW 2006, 2684).

VI. Betäubungsmittelimitate

Soweit Stoffe nicht dem BtMG unterstehen, aber wissentlich als Betäubungsmit- 18 tel ausgegeben werden, ist dies nach der **Spezialvorschrift des § 29 Abs. 6 BtMG** strafbar (vgl. § 29/Teil 29, Rn. 1 ff.).

B. Betäubungsmitteleigenschaft
I. Positiv- und Negativwirkungen der Anlagen

Der Betäubungsmittelkatalog entfaltet positive und negative Auswirkungen. Die 19 Positivwirkung besteht darin, dass bei den aufgezählten Stoffen und Zubereitungen der Betäubungsmittelcharakter nicht mehr unter Beweis gestellt werden muss. Die Negativwirkung äußert sich darin, dass nur die aufgezählten Stoffe und Zubereitungen dem BtMG unterliegen **(Enumerationsprinzip)**. Eine Analogie ist nicht möglich. Die Betäubungsmittel sind alphabetisch und nicht nach Gefährlichkeit geordnet. Das System der Positivliste dient der **Rechtsklarheit** und **Rechtssicherheit**. Der Katalog der Betäubungsmittel umfasst allerdings nur einen kleinen Teil der tatsächlich vorkommenden psychowirksamen Substanzen. Nicht zu den Betäubungsmitteln gehören die sog. Alltags- und Genussdrogen, wie Koffein, Nikotin und Alkohol, die Chemikalien des täglichen Lebens, die als Schnüffelstoffe missbraucht werden (Benzin, Klebstoffe, Farbverdünner, Lackverdünner, Reinigungsmittel, Gase und Gifte) sowie eine Reihe psychotrop wirkender Pflanzen, die als biogene Drogen bekannt sind, z.B. Stechapfel, Engelstrompete, Bilsenkraut, Tollkirsche, Alraune und Herbstzeitlose.

II. Konstitutive Wirkung der Aufnahme von Stoffen in die Anlagen

1. Betäubungsmittel i. S. d. BtMG. Die Aufnahme von Stoffen und Zube- 20 reitungen in die 3 Anlagen zum BtMG hat konstitutive Wirkungen. Es macht sie zu Betäubungsmitteln, ohne dass es zusätzlich einer konkreten Berauschungsqualität oder Konsumfähigkeit bedarf (BayObLGSt. 2002, 135 = NStZ 2003, 270; *München* NStZ-RR 2010, 23; *Weber* § 1 Rn. 16). Aus Tarnungsgründen werden Betäubungsmittelgemische häufig in ungenießbare Flüssigkeiten, Gase oder Steinblöcke verwandelt, eingefärbt, in Holräume gegossen oder eingeschweißt, bevor sie wieder in konsum- und rauschfähige Formen umgewandelt werden (s. dazu § 29/ Teil 4, Rn. 10); ihre Betäubungsmitteleigenschaft geht hierdurch nicht verloren (BayObLGSt. 2002, 135 = NStZ 2003, 270 = NStZ 2003, 270; *Zweibrücken*, Urt. v. 25. 5. 2010, 1 Ss 13/10; *Weber* § 1 Rn. 15).

2. Anhaftungen/Rückstände. Auch geringste (Rest-)Substanzen können ein 21 Betäubungsmittel i. S. des BtMG sein. Selbst wenn ein Haschischgemisch nur noch ¹/₆ der zur Erzielung eines Rauschzustandes notwendigen Wirkstoffmenge enthält, Gewichtsmenge und Wirkstoffmenge aber feststellbar sind, kann an der Betäubungsmitteleigenschaft kein Zweifel bestehen (*BayObLG* [*Kotz/Rahlf*] NStZ-RR 2004, 129). Dies gilt allerdings nicht mehr bei nicht mehr konsumfähigen Anhaftungen oder bloßen, nicht wiegbaren Rückständen eines Betäubungsmittels (*LG Berlin* NStZ 1985, 128; *LG Verden* StV 1986, 21; *BayObLG* StV 1986, 145). Die Betäubungsmitteleigenschaft setzt nämlich das Vorhandensein einer derart großen Menge voraus, die für sich alleine zum Konsum geeignet wäre (*München* NStZ-RR 2010, 23; *Düsseldorf* NStZ 1992, 443; a.A. *Hügel/Junge/Lander/Winkler* § 29 Rn. 13.2.4); es kommt dabei nur auf die grundsätzliche **Gebrauchsfähigkeit** an, nicht aber darauf, ob die Menge auch geeignet ist, einen Rauschzustand herbeizuführen (*BayObLG* StV 1986, 145; MK-StGB/*Kotz* § 29 Rn. 939; *Patzak/Bohnen* Kap. 2, Rn. 70).

22   **3. Wirkstoffgehalt.** Ob die Betäubungsmitteleigenschaft auch einen **Wirk-stoffgehalt** voraussetzt, hängt von der Art des Stoffes i. S. d. § 2 BtMG ab:

23   **a) Chemische Elemente und Verbindungen nach § 2 Nr. 1 lit. a) BtMG,** z. B. Heroin, Kokain oder Amphetamin, sind nur dann Betäubungsmittel, wenn sie einen in den Anlagen genannten Wirkstoff enthalten (vgl. *BayObLG,* Urt. v. 26. 11. 2002, 4 St RR 113/02 [zu THC]). Der Besitz von Streckmitteln, in denen z. B. neben Koffein oder Paracetamol kein Wirkstoff i. S. d. BtMG nachge-wiesen werden kann, ist daher straflos.

24   **b) Pflanzen und Pflanzenteile, die in den Anl. I bis III ausdrücklich genannt sind,** namentlich Cannabis, Papaver somniferum, Papaver bracteatum, Erythroxylum coca und Salvia divinorum, **unterfallen dagegen auch dem BtMG, wenn sie keinen Wirkstoff enthalten,** sofern nicht ausdrücklich eine Ausnahme vorgesehen ist (vgl. dazu § 2 Rn. 8 ff.). Ansonsten hätte es einer Auf-nahme dieser Pflanzen und Pflanzenteile in die Anl. I bis III nicht bedurft, da die hierin enthaltenen psychoaktiven Wirkstoffe ohnehin in den Anl. zum BtMG ent-halten sind, namentlich Δ9-THC als Bestandteil der Cannabispflanze, Cocain und Ecgonin als Bestandteile der Cocapflanze sowie Opium als Bestandteil der Mohn-pflanze. Außerdem wären die Ausnahmeregelungen für die wirkstofflosen Samen der Cannabispflanze und von Papaver somniferum überflüssig, hätte der Gesetzge-ber eine Anwendbarkeit des BtMG von einem Wirkstoffgehalt in diesen Pflanzen abhängig machen wollen. Eine weitreichende betäubungsmittelrechtliche Überwa-chung von Cannabis, Papaver somniferum, Papaver bracteatum, Erythroxylum coca und Salvia divinorum ist aber erforderlich wegen der von diesen Pflanzen ausgehenden Gefahr, abhängig von Aufzuchtmethode und Reifegrad psychoaktive Stoffe mit einem erheblichen Missbrauchspotential erzeugen zu können. Aus die-sem Grund kann eine Strafbarkeit bei diesen Pflanzen und deren Pflanzenteilen auch nicht unter dem Gesichtspunkt der teleologischen Reduktion entfallen, wenn kein Wirkstoff festgestellt wird.

25   **c) Sonstige Pflanzen und Pilze ohne Wirkstoffgehalt.** Auch **sonstige Pflanzen und Pilze ohne Wirkstoffgehalt sowie deren Teile und Bestand-teile** stellen nach dem 5. Spiegelstrich der Anl. I (2. Alt.) Betäubungsmittel dar, wenn sie zum Zwecke des Missbrauchs zur Gewinnung oder Reproduktion von Stoffen mit einem in den Anl. I bis III genannten Wirkstoff verwendet werden sollen (s. § 2 Rn. 5 ff., 32).

III. Wirkungen der einzelnen Betäubungsmittel

26   Zu den Wirkungen der einzelnen Betäubungsmittel s. Stoffe/Teil 1. Die Wir-kungen der einzelnen Arzneimittel sind in Stoffe/Teil 2 beschrieben.

IV. Veränderungen/Verlust der Betäubungsmitteleigenschaften

27   In § 2 BtMG befindet sich eine Legaldefinition für **Stoffe** und **Zubereitun-gen.** Solange durch Verarbeitung wie Vermischen, Verdünnen, Verbacken der in den Anlagen genannte Suchtstoff erhalten bleibt, ist die neu gewonnene Zuberei-tung als Tatobjekt für die Tatbegehungsweisen der §§ 29 ff. BtMG tauglich. Erst wenn durch die Verarbeitung oder chemische Umwandlung ein neuer, nicht in den Anl. I bis III enthaltender Stoff entsteht, wäre das BtMG nicht mehr anwend-bar. Bei chemischen Elementen und Verbindungen i. S. d. § 2 Abs. 1 Nr. 1 lit. a BtMG kann die **Betäubungsmitteleigenschaft wieder verloren** gehen, wenn durch vielfaches Verdünnen und Vermischen irgendwann keinerlei Betäubungsmit-telwirkstoff mehr enthalten ist (vgl. § 2 Rn. 45).

C. Änderung und Ergänzung der Anlagen I bis III

I. Ermächtigungsgrundlage für die Bundesregierung nach § 1 Abs. 2 BtMG

Infolge ständig wechselnder Konsum- und Missbrauchsgewohnheiten, neuer **28** Stoffe und Arzneimittelzubereitungen und neuer wissenschaftlicher Erkenntnisse befinden sich der Kreis der Betäubungsmittel und ihre Einstufung ständig im Fluss. So können Medikamente von heute die Betäubungsmittel von morgen sein. Da eine Änderung der Anl. I–III im normalen Gesetzgebungsverfahren viel zu schwerfällig und zeitraubend wäre, der Gesetzgeber aber gerade veränderten Situationen auf dem Drogenmarkt schnell begegnen muss, ist die Abgrenzung und Einstufung der Betäubungsmittel dem Verordnungsgeber überlassen worden. Um Änderungen des Betäubungsmittelkataloges auf die erforderlichen Fälle zu begrenzen, setzt eine BtMÄndV nach § 1 Abs. 2 BtMG aber nicht nur die Zustimmung des Bundesrates, sondern auch ein Votum eines Sachverständigengremiums voraus.

II. Voraussetzungen einer Änderung oder Ergänzung der Anlagen zum BtMG

Die Bundesregierung wird nach Anhörung von Sachverständigen und Zustim- **29** mung des Bundesrates ermächtigt, in folgenden drei Fällen die Anl. I bis III zu ändern oder zu ergänzen:

1. wenn sich ein Stoff **in der Wissenschaft als Sucht bildend** erwiesen hat,
2. wenn ein Stoff zur **Herstellung von Betäubungsmitteln** verwendet wird,
3. wenn dies zur **Sicherheit oder zur Kontrolle** des Verkehrs mit Betäubungsmitteln oder anderen Stoffen wegen des Ausmaßes der missbräuchlichen Verwendung und wegen der unmittelbaren oder mittelbaren Gesundheitsgefährdung erforderlich ist.

Während der suchtbildende Charakter eines Stoffes nach Nr. 1 die Einstufung als **30** Betäubungsmittel ermöglicht, rechtfertigt die Möglichkeit, aus einem Stoff Betäubungsmittel herzustellen, die Einstufung nach Nr. 2. Kann ein Abhängigkeitspotential des Stoffes nicht nachgewiesen werden, aber eine erhebliche missbräuchliche Verwendung des Stoffes mit einer unmittelbaren oder einer mittelbaren Gesundheitsgefährdung der Bevölkerung festgestellt werden, so kann eine Einstufung nach Nr. 3 erfolgen. Der Bundesminister für Gesundheit hat unter Vorsitz des *BfArM* einen **Sachverständigen-Ausschuss** gebildet, dem zahlreiche Experten angehören aus der Wissenschaft und Forschung, von Verbänden und von der Justiz, von der Arzneimittelkommission der Ärzte und Apotheker und vom Bundesverband der Pharmazeutischen Industrie. Die Experten werden vom Bundesminister für Gesundheit für 3 Jahre berufen und tagen zweimal jährlich. Das *BfArM* mit seiner Beraterkommission steht der Bundesregierung bei diesen Entscheidungen zur Verfügung. Die Aufnahme eines Arzneimittels in die Anl. I bis III des BtMG und damit die Unterstellung des Medikamentes unter betäubungsmittelrechtliche Vorschriften bedeutet regelmäßig einen erheblichen Eingriff in die Interessen der pharmazeutischen Industrie und des pharmazeutischen Großhandels, da der Absatz dieses Stoffes nach einer derartigen Unterstellung zumeist rasch sinkt. Bei einer Änderung der Anlagen und Umstufung von Betäubungsmitteln der Anl. I in die Anl. III ist stets zu beachten, dass Deutschland die **Suchtstoffübereinkommen von 1961 und 1971 ratifiziert** hat und bzgl. einzelner Betäubungsmittel **besondere Verpflichtungen übernommen** hat.

III. Ermächtigungsgrundlage des § 1 Abs. 3 BtMG

Der Bundesminister für Gesundheit kann ausnahmsweise **Stoffe mit Miss-** **31** **brauchspotential, die keine Arzneimittel** sind, ohne vorherige Zustimmung des Bundesrates aus Gründen des Gesundheitsschutzes **vorläufig für 1 Jahr** in die Anl. I bis III zum BtMG durch Rechtsverordnung aufnehmen. Die Ermächtigungsgrundlage des § 1 Abs. 3 BtMG, die durch Art. 2 Nr. 1 OrgKG v. 15. 7. 1992 in das BtMG eingefügt wurde, will die Zeitprobleme, die bei einer geplanten Unterstellung von gefährlichen Stoffen unter das BtMG nach § 1 Abs. 2 BtMG entstehen, bewältigen. Häufig werden Stoffe und Zubereitungen missbraucht, deren Abhängigkeitspotential noch nicht ausreichend wissenschaftlich nachgewiesen ist. Häufig werden Stoffe hergestellt, die weder AM sind, noch in den Anlagen zum BtMG genannt sind, aber in ihrer chemischen Struktur von Betäubungsmitteln nur unwesentlich abweichen (sog. **Designerdrogen**). Obwohl diese Stoffe häufig gefährlicher oder zumindest ebenso gefährlich wie Betäubungsmittel sind, konnte gegen deren Missbrauch erst eingeschritten werden, wenn das in § 1 Abs. 2 BtMG beschriebene zeitaufwändige Verfahren abgeschlossen war. Um schnell und wirksam derartigen gefährlichen Tendenzen Einhalt zu gebieten, kann der Bundesgesundheitsminister zur Sicherheit und Kontrolle des Betäubungsmittelverkehrs diese Stoffe und Zubereitungen im Wege einer Eilverordnung für 1 Jahr dem BtMG unterstellen und gleichzeitig das ordnungsgemäße Prüfungs- und Unterstellungsverfahren nach § 1 Abs. 2 BtMG einleiten.

32   Der Zusatz „die keine Arzneimittel sind" geht auf die Stellungnahme der Bundesregierung im Gesetzgebungsverfahren zurück. Mit dem Zusatz sollte dafür Sorge getragen werden, dass nicht eine überraschende Rechtsänderung zu unüberschaubaren gesundheitlichen Beeinträchtigungen bei Patienten führt (vgl. Gesetzentwurf der Bundesrates für ein OrgKG, BT-Drs. 12/989, S. 54). Hieraus ergibt sich, dass nur zugelassene Arzneimittel im Interesse der Patienten von der Verordnungsermächtigung ausgenommen werden sollten. Dies erklärt sich – neben der Rücksicht auf die Medikation von Patienten – daraus, dass diese Arzneimittel bereits aufgrund des arzneimittelrechtlichen Zulassungsverfahrens einer hinreichenden Kontrolle unterliegen und eine Eilkompetenz insoweit entbehrlich ist. Gegen die Interpretation des § 1 Abs. 3 BtMG, wonach nur zugelassene Arzneimittel nicht zu Betäubungsmitteln erklärt werden dürfen, ist von Verfassungs wegen nichts zu erinnern (*BVerfG* NJW 2006, 2684 ff.).

33   Mit der 6. BtMÄndV v. 1. 4. 1995 hat der Bundesminister für Gesundheit 4 Designerdrogen u. a. MBDB dem BtMG vorläufig für 1 Jahr unterstellt. Da das gleichzeitig eingeleitete Unterstellungsverfahren nach § 1 Abs. 2 BtMG nicht innerhalb Jahresfrist abgeschlossen werden konnte, lief die **Dringlichkeitsverordnung** im September 1996 aus und der Umgang mit den 4 Designerdrogen war wieder erlaubt und straffrei (zu den Fundstellen der einzelnen BtMÄndV s. Rn. 5). Nun unterstellte der Bundesgesundheitsminister mit der 9. BtMÄndV v. 28. 1. 1997 weitere 10 Stoffe im Wege einer Dringlichkeitsverordnung der Anl. I des BtMG für 1 Jahr, darunter erneut die vier Stoffe, die mit der 6. BtMÄndV v. 14. 9. 1995 bereits für 1 Jahr unterstellt waren. Die erneute Unterstellung dieser vier Stoffe entsprach insoweit nicht dem Gesetz, als bei den vier Stoffen nach Ablauf von mehr als einem Jahr und in Anbetracht der geringen Sicherstellungsmengen von Dringlichkeit nicht die Rede sein konnte. Hier wurden die Regelungen des § 1 Abs. 2 bzw. § 1 Abs. 4 BtMG und das Zustimmungserfordernis des Bundesrates eindeutig umgangen. Mit der 10. BtMÄndV wurden diese Stoffe, u. a. MBDB, ordnungsgemäß und unbefristet dem BtMG unterstellt und der formelle Mangel geheilt. Auch mit der 14. BtMÄndV v. 27. 9. 2000 wurden nach Ablauf der Jahresfrist 12 synthetische Drogen, die bereits mit der 13. BtMÄndV dem BtMG unterstellt worden waren, erneut der Anl. I zum BtMG für 1 Jahr unterstellt. Mit der 15. BtMÄndV v. 19. 6. 2001 wurden die 14 Designerdrogen, die mit der 14. BtMÄndV für ein Jahr dem BtMG unterstellt worden waren, endgültig in die Anl. I zum BtMG aufgenommen, weil diese auf dem illegalen Drogenmarkt als Ecstasy-Tabletten illegal gehandelt worden waren. Durch die 22. BtMÄndV v. 19. 1. 2009 sind das synthetische Cannabinoid CP-47, 497 und das Alkylindol-Derivat JWH-018, die in Kräutermischungen wie z. B. „Spice" nachgewiesen wurden, im Wege einer Dringlichkeitsverordnung nach § 1 Abs. 3 BtMG in Anl. II neu eingefügt worden. Mit der 24. BtMÄndV v. 18. 12. 2009 erfolgte die unbefristete Unterstellung, zudem wurden JWH-019 und JWH-073 in Anl. II aufgenommen.

IV. Ermächtigungsgrundlage für den Bundesminister für Gesundheit nach § 1 Abs. 4 BtMG

Im Gegensatz zu Abs. 2 soll die Ermächtigungsgrundlage des § 1 Abs. 4 BtMG **34** Änderungen und Ergänzungen der Anl. I bis III ermöglichen, die sich aus internationalen Suchtstoffübereinkommen ergeben. Insoweit ist keine Anhörung von Sachverständigen und keine Zustimmung des Bundesrates notwendig.

D. Rechtsprechung des BVerfG zur Aufnahme von Betäubungsmitteln in die Anlagen I bis III

I. Rechtsprechung des BVerfG zu den Ermächtigungsgrundlagen

Zwar hat der Gesetzgeber nach Art. 103 Abs. 2 GG selbst die Voraussetzungen **35** der Strafbarkeit sowie Art und Maß der Strafe zu bestimmen und darf diese Entscheidung nicht den Organen der vollziehenden Gewalt überlassen (vgl. BVerfGE 75, 329; 78, 374). Art. 104 Abs. 1 S. 1 GG fordert bei Androhung von Freiheitsstraße, dass der Gesetzgeber mit hinreichender Deutlichkeit selbst bestimmt, was strafbar sein soll (vgl. BVerfGE 78, 374). Bei der Übertragung von Rechtssetzungsbefugnissen auf die Exekutive hat der Gesetzgeber Art. 80 Abs. 1 S. 2 GG zu beachten. Er muss im formellen Gesetz selbst die Entscheidung darüber treffen, welche Fragen durch die Rechtsverordnung geregelt werden sollen; er muss die Grenzen einer solchen Regelung festsetzen und angeben, welchem Ziel die Regelung dienen soll (vgl. BVerfGE 2, 307; 23, 62). Dies hat er hier getan. Der Bürger kann schon aus den Rechtsnormen des § 1 BtMG ersehen, in welchen Fällen und mit welcher Tendenz von den Ermächtigungen des Abs. 2, 3 und 4 Gebrauch gemacht werden kann und welchen Inhalt die aufgrund der Ermächtigung erlassene Rechtsverordnung haben kann (vgl. BVerfGE 1, 14; 41, 251; 56, 1). Im Übrigen hat der Gesetzgeber selbst die Grundlagen der Strafbarkeit in den §§ 29 bis 30 b BtMG geregelt, insb. die als strafwürdig angesehenen Handlungsmodalitäten im Einzelnen aufgeführt und die Rechtsfolgen einer Straftat bestimmt. Ergänzend sind die Vorschriften des allgemeinen Teils des Strafgesetzbuches heranzuziehen. Danach stellt die Benennung von Betäubungsmitteln durch Rechtsverordnung nur eine zulässige Spezifizierung der im Wesentlichen durch formelles Gesetz geregelten Straftatbestände des BtMG dar. Die Aufgabe der Exekutive ist darauf beschränkt, durch Rechtsverordnung die Stoffe konkret zu benennen, die dem Betriff Betäubungsmittel unterfallen, und sie dadurch in den Anwendungsbereich des Gesetzes einzubeziehen. Der sachliche Grund dafür liegt auf der Hand. Die Verordnungsermächtigung soll die rasche Anpassung der Anl. des BtMG an die wechselnden Konsumgewohnheiten, an den Vertrieb und den Konsum neuer Stoffe und Zubereitungen sowie an neue wissenschaftliche Erkenntnisse ermöglichen und sicherstellen. Die Ermächtigungsgrundlagen des § 1 Abs. 2 und 3 BtMG und die aufgrund der einzelnen BtMÄndV erfolgten Änderungen und Ergänzungen der Anl. I bis III zu § 1 Abs 1 BtMG sind **verfassungsrechtlich unbedenklich** (*BVerfG* NJW 1992, 107; *BVerfG* NStZ 1997, 444 = StV 1997, 405). Die Gültigkeit einer BtMÄndV wird auch nicht dadurch in Frage gestellt, dass dort die Identität der gem. § 1 Abs. 2 BtMG angehörten Sachverständigen nicht offengelegt ist (*BayObLG* NStZ 1995, 194).

II. Rechtsprechung des BVerfG zur Aufnahme von MDMA und MDE in die Anl. I durch eine Änderungsverordnung

Der Aufnahme vom Methylendioxymeth-Amphetamin (MDMA) durch die 2. **36** BtMÄndV v. 23. 7. 1986 und Methylendioxyethyl-Amphetamin (MDE) durch die 3. BtMÄndV v. 28. 2. 1991 in die Anl. I begegnen unter den Gesichtspunkten des Vorbehalts und des Vorrangs des Gesetzes sowie der Gesetzesbestimmtheit keine durchgreifenden verfassungsrechtlichen Bedenken, denn sie stützt sich auf § 1 Abs. 2 bzw. Abs. 3 BtMG und hat insoweit eine ausreichende Ermächtigungsgrundlage (*BVerfG* NStZ 1997, 444 = StV 1997, 405).

III. Rechtsprechung des BVerfG zur Aufnahme von Cannabis in die Anlagen zum BtMG

37 Der Gesetzgeber hat in den 3 Anlagen **nicht zwischen harten und weichen Drogen unterschieden,** um deutlich zu machen, dass die Bestimmungen des BtMG für alle Betäubungsmittel gleich gelten und die unterschiedliche Gefährlichkeit von Stoffen und Zubereitungen **allein in der Strafzumessung** Berücksichtigung finden soll. Dies ist immer wieder kritisiert worden. Das *LG Lübeck* und das *LG Frankfurt* haben im Rahmen einer **Normenkontrolle dem BVerfG** die Akten vorgelegt, weil die gesetzliche **Ungleichbehandlung von Alkohol und Cannabis** und die Gleichbehandlung von weichen und harten Drogen im BtMG mit der Verfassung nicht zu vereinbaren seien (vgl. Stoffe/Teil 1, Rn. 69 ff.). Mit seiner Grundsatzentscheidung v. 9. 3. 1994 hat das *BVerfG* diese Bedenken aber zurückgewiesen und die Verfassungsmäßigkeit des Cannabisverbotes und der Anwendung der Straftatbestände auf Cannabis bejaht (BVerfGE 90, 145 = NJW 1994, 1577 = StV 1994, 295 m. Anm. *Kreuzer* NJW 1994, 2400 u. m. Anm. *Nelles/Velten* NStZ 1994, 366 = StV 1994, 298 m. Anm. *Schneider* StV 1994, 390 = JZ 1994, 860 m. Anm. *Gusy*). In den folgenden Jahren bestätigte das *BVerfG* diese Rspr. immer wieder: *BVerfG* NStZ 1997, 498; *BVerfG* NJW 2004, 3620 = StraFo 2004, 310; *BVerfG* Blutalkohol 2006, 37; vgl. dazu auch *Patzak/Marcus/Goldhausen* NStZ 2006, 259).

E. Umgestaltung der Anlagen zum BtMG

38 Die Bundesregierung der 13. Legislaturperiode versuchte die Schwierigkeit, die ständig neuen Designerdrogen festzustellen, zu bewerten und dem BtMG zu unterstellen, dadurch zu beheben, dass sie im Rahmen eines Entwurfes eines Dritten Gesetzes zur Änderung des BtMG v. 27. 1. 1997 vom strengen **Enumerationsprinzip** der Anlagen abweichen und mit der Unterstellung von 4 chemischen Grundstrukturen (Generic Definitions) alle Derivate der **Amphetamine,** der **Fentanyle,** der **Phencyclidine,** und der **Tryptamine** erfassen wollte. Der wesentliche Vorteil einer solchen sog. **Generic-Klausel** bestünde in der Erfassung einer Summe missbrauchsfähiger Derivate der betreffenden Stammsubstanzen und wäre somit ein wichtiger Schritt hin zu einer **präventiven Systematik.** Eine gesetzliche Erfassung aller technisch möglichen und für Missbrauchszwecke geeigneten Abwandlungen (Strukturen) synthetischer Betäubungsmittel würde dazu führen, dass das BtMG nicht wegen jedem neu auftauchenden abgewandelten Stoff im Wege einer BtMÄndV ergänzt werden müsste.

Dagegen wurden Bedenken erhoben, dass dadurch der Bestimmtheitsgrundsatz verletzt würde. Auch der Versuch des Verordnungsgebers, mit der 14. BtMÄndV eine **Generic-Klausel** einzuführen und die Anlagen des BtMG neu zu fassen, scheiterte. Die Kritik erscheint nicht überzeugend. Auch im geltenden BtMG sind Sammelbegriffe enthalten. Außerdem erwähnt die Anl. I im Gegensatz zur Cocapflanze nicht die zahlreichen Cannabissorten, sondern nur die Gattung Cannabis. Die in jüngster Zeit aufgetauchten illegal produzierten **Piperazin- und Cathinon-Derivate** haben die **Diskussion um eine Generic-Klausel** neu belebt.

Sonstige Begriffe

2 (1) Im Sinne dieses Gesetzes ist
1. Stoff:
  a) **chemische Elemente und chemische Verbindungen sowie deren natürlich vorkommende Gemische und Lösungen,**
  b) **Pflanzen, Algen, Pilze und Flechten sowie deren Teile und Bestandteile in bearbeitetem oder unbearbeitetem Zustand,**

c) **Tierkörper, auch lebender Tiere, sowie Körperteile, -bestandteile und Stoffwechselprodukte von Mensch und Tier in bearbeitetem oder unbearbeitetem Zustand,**

d) **Mikroorganismen einschließlich Viren sowie deren Bestandteile oder Stoffwechselprodukte;**

2. **Zubereitung:**
ohne Rücksicht auf ihren Aggregatzustand ein Stoffgemisch oder die Lösung eines oder mehrerer Stoffe außer den natürlich vorkommenden Gemischen und Lösungen;

3. **ausgenommene Zubereitung:**
eine in den Anlagen I bis III bezeichnete Zubereitung, die von den betäubungsmittelrechtlichen Vorschriften ganz oder teilweise ausgenommen ist;

4. **Herstellen:**
das Gewinnen, Anfertigen, Zubereiten, Be- oder Verarbeiten, Reinigen und Umwandeln.

(2) **Der Einfuhr oder Ausfuhr eines Betäubungsmittels steht jedes sonstige Verbringen in den oder aus dem Geltungsbereich dieses Gesetzes gleich.**

Übersicht

A. Zweck der Vorschrift

1   Die Vorschrift enthält **Legaldefinitionen** für die Begriffe Stoffe, Zubereitungen und Herstellen. In Abs. 2 wird zudem klargestellt, dass jedes sonstige Verbringen eines Betäubungsmittels in oder aus dem Geltungsbereich des BtMG der Ein- oder Ausfuhr gleichsteht. Der Stoffbegriff in Nr. 1 wurde durch Gesetz zur Änderung arzneimittelrechtlicher und anderer Vorschriften vom 17. 7. 2009 (BGBl. I, S. 1990) an die entsprechende Definition in § 3 AMG angepasst.

B. Stoffe

2   Die Legaldefinition des Stoff-Begriffs in Nr. 1 lehnt sich an den Stoff-Begriff des § 3 AMG und die Begriffe der internationalen Suchtstoffübereinkommen von 1961 und 1971 an. Im Gegensatz zum BtMG 1972 zählt das geltende BtMG nicht mehr alle Stoffe abschließend im Gesetz auf. Vielmehr befindet sich eine Positivliste aller Stoffe und Zubereitungen in den Anl. I, II und III zum BtMG. Im Unterschied zu Gegenständen werden Stoffe nicht gebraucht, sondern verbraucht. Der § 2 Abs. 1 Nr. 1 BtMG umschreibt folgende biologischen Materialien, in denen Stoffe sich darbieten können:

I. Chemische Elemente und Verbindungen sowie deren natürlich vorkommende Gemische und Lösungen

3   **1. Elemente Verbindungen und Verbindungen.** Dem Stoff-Begriff unterfallen zunächst nach § 2 Abs. 1 Nr. 1 lit. a BtMG **chemische Elemente und Verbindungen,** wozu vor allem **Ester, Ether, Isomere, Molekülverbindungen** und **Salze** zählen. Es handelt sich um Betäubungsmittel, wenn die chemischen Elemente und Verbindungen in den Anl. I bis III bezeichnete Wirkstoffe enthalten und keine ausgenommene Zubereitung (s. dazu Rn. 47 ff.) vorliegt. Die Begriffsbestimmung in § 2 Abs. 1 Nr. 1 lit. a führt dazu, dass z. B. bei Heroin, Kokain oder Amphetamin nicht nur die **Hydrochloride,** sondern auch die **Basen** und **Sulfate,** und zwar unabhängig von ihrem Reinheitsgrad, vom BtMG erfasst werden. Zu Injektionen werden in der Regel Salze verwendet, da diese – anders als Basen – wasserlöslich sind. Basen dagegen lassen sich leichter in den gasförmigen Zustand überführen, weshalb sie beim Rauchen und Inhalieren gegenüber den schwer verdampfbaren Salzen bevorzugt verwendet werden (*Rübsamen* NStZ 1991, 310, 311). Da dem Stoff-Begriff jegliche chemische Form einer Substanz unterfällt, unterscheiden die Anlagen auch nicht mehr zwischen **Rohopium und Opium, Kokain** und **Rohkokain** und **Morphium** und **Rohmorphin.**

2. Natürlich vorkommende Gemische und Lösungen. Als Stoff und nicht **4** als Zubereitung werden zudem **die natürlich vorkommenden Gemische und Lösungen der chemischen Elemente und Verbindungen** behandelt. Unter einem **Gemisch** versteht man einen Stoff, der aus mindestens 2 Reinstoffen besteht, z. B. Opium, das sich aus Codein, Ethylmorphin, Morphin, Thebain und weiteren Opiumalkaloiden zusammensetzt (*Hügel/Junge/Lander/Winkler* § 2 Rn. 8). Eine **Lösung** ist ebenfalls ein homogenes Gemenge aus mindestens 2 Stoffen, die im Gegensatz zum Gemisch jedoch in molekularer Verteilung enthalten sind (*Weber* § 2 Rn. 21). Gemische und Lösungen, die nicht natürlich vorkommen, sondern hergestellt werden, sind Zubereitungen i. S. d. § 2 Abs. 1 Nr. 2 BtMG.

II. Pflanzen, Pflanzenteile und Pflanzenbestandteile

1. Betäubungsmitteleigenschaft. Zu den Stoffen zählen nach § 2 Abs. 1 **5** Nr. 1 lit. b BtMG auch Pflanzen und deren Teile und Bestandteile, wobei es keine Rolle spielt, ob diese bearbeitet wurden oder nicht. Es gibt drei Möglichkeiten, damit Pflanzen, Pflanzenteile und Pflanzenbestandteile dem BtMG unterfallen:

– wenn sie in den Anl. I bis III bezeichnet sind und nicht als Betäubungsmittel ausgenommen wurden, oder
– wenn sie in den Anl. I bis III genannte Wirkstoffe enthalten und zu Missbrauchszwecken verwendet werden sollen (5. Spiegelstrich der Anl. I, 1. Alt.), oder
– wenn sie – ohne solche Wirkstoffe zu enthalten – zu Missbrauchszwecken der Gewinnung bzw. Reproduktion von Stoffen mit in den Anl. I bis III genannten Wirkstoffgehalten dienen (5. Spiegelstrich der Anl. I, 2. Alt.).

Eine **missbräuchliche Verwendung** i. S. d. 5. Spiegelstrichs ist anzunehmen, **6** wenn der Gebrauch dem Zweck dient, sich die psychotrope Wirkung des Stoffs nutzbar zu machen (*Weber* § 1 Rn. 150; MK-StGB/*Rahlf* § 1 Rn. 74).

Der 5. Spiegelstrich der Anl. I zum BtMG ist verfassungsrechtlich nicht zu bean- **7** standen, da er aufgrund einer ordnungsgemäßen mit Zustimmung des Bundesrates zustande gekommenen Rechtsverordnung der Bundesregierung nach § 1 Abs. 2 S. 1 Nr. 3 BtMG erfolgt ist.

2. Pflanzen. In der Systematik des BtMG ist zwischen Pflanzen, die ausdrück- **8** lich in den Anl. I bis III genannt sind, und solchen, die nur Wirkstoffe der Anl. I bis III enthalten, zu unterscheiden. Für die in den Anl. I bis III genannte Pflanzen gilt der 5. Spiegelstrich der Anl. I und damit das Missbrauchserfordernis nicht (*Weber* § 1 Rn. 161).

a) Ausdrücklich dem BtMG unterstellt worden sind folgende Rauschpflan- **9** zen, wobei diese keinen Wirkstoff enthalten müssen (s. dazu § 1 Rn. 24):

aa) Cannabis (Hanf). (1) Betäubungsmitteleigenschaft. Nach Anl. I sind **10** sämtliche Pflanzen und Pflanzenteile der zur Gattung Cannabis gehörenden Pflanzen Betäubungsmittel, unabhängig davon, ob es sich um männliche oder weibliche Pflanzen handelt.

(2) Ausnahmen. Ausgenommen hiervon sind nach lit. b bis lit. e der auf Can- **11** nabis folgenden Position in der Anl. I (zu der Ausnahme bei Cannabissamen nach lit. a vgl. Rn. 24):

– **Pflanzen, die als Schutzstreifen bei der Rübenzüchtung gepflanzt** und **12** vor der Blüte vernichtet werden (lit. c),
– **Pflanzen aus bestimmten EU-Nutzhanfsorten,** die von in lit. d des auf die **13** Position Cannabis folgenden Spiegelstrichs genannten **Unternehmen der Landwirtschaft angebaut werden** (vgl. dazu § 29/Teil 2, Rn. 46 ff.),
– **Pflanzen oder Pflanzenteile aus zugelassenen EU-Nutzhanfsorten** oder **14** **sonstige Pflanzen mit einem THC-Gehalt von nicht mehr als 0,2%**

THC, wenn der Verkehr mit ihnen ausschließlich **gewerblichen oder wissen-schaftlichen Zwecken dient, die einen Missbrauch zu Rauschzwecken ausschließen** (lit. b). Nach der Änderung dieser Ausnahmeregelung durch Ge-setz vom 22. 12. 2009 (BGBl. I, S. 2262) ist der Umgang mit den Sorten **Finola** und **Tiborszallasi** hiervon ausdrücklich ausgenommen. Lit. b gilt nicht für den Anbau dieser Nutzhanfpflanzen, der erlaubnispflichtig ist, es sei denn, die Pflan-zen werden von Unternehmen der Landwirtschaft angebaut, die lit. d unterfallen,

14a — **Pflanzen und Pflanzenteile,** sofern sie zur **Herstellung von Zubereitungen zu medizinischen Zwecken** bestimmt sind (lit. e). In diesem Zusammenhang ist Cannabis zur Herstellung von Zubereitungen zu medizinischen Zwecken mit der 25. BtMÄndV v. 11. 5. 2011 in Anl. II und Cannabis in Zubereitungen, die als Fertigarzneimittel zugelassen sind, in Anl. III aufgenommen worden.

15   Die Voraussetzungen der Ausnahmeregelung in lit. b, nämlich **der gewerbliche oder wissenschaftliche Verwertungszweck, müssen nicht nur beim Ver-käufer, sondern vor allem bei dem Endnutzer** vorliegen. Bei Weitergabe an einen Abnehmer muss daher gewährleistet sein, dass dieser eine Verarbeitung vor-nimmt, bis letztlich ein unbedenkliches Produkt, wie Seile, Papier oder Textilien, hergestellt ist (*LG Ravensburg* NStZ 1998, 306). Am gewerblichen Zweck fehlt es daher, wenn Cannabisprodukte aus Nutzhanf zu Konsumzwecken an Endverbrau-cher verkauft werden (z. B. bei sog. Knasthanf [BayObLGSt. 2002, 135 = NStZ 2003, 270]).

16   Die Ausnahmebestimmung soll das **Marktpotential des Rohstoffes Hanf** und seine Verwendungsmöglichkeiten zur industriellen und möglicherweise energeti-schen Verwendung **erschließen und nicht die Bevölkerung mit THC-schwachen Zubereitungen** zu persönlichen Konsumzwecken **versorgen,** auch nicht das grundsätzliche Cannabisverbot aufweichen. Diese Rechtsansicht ergibt sich nicht nur aus dem Wortlaut der Ausnahmeregelung, sondern auch aus den Begründungen zur 7. und 10. BtMÄndV. In der BT-Drs. 13/3052 v. 1. 2. 1996 ist davon die Rede, dass die Wiederzulassung des Anbaues von THC-armen Hanfsor-ten den Nutzhanf als landwirtschaftliche Nutzpflanze fördern soll, zur Gewinnung von z. B. Papier oder Textilien. In der BR-Drs. 881/1997 zur 10. BtMÄndV wer-den technologische Entwicklungen zur Verwertung von Nutzhanf beschrieben. Die Begründungen zeigen, dass der Gesetzgeber THC-arme Cannabissorten als Rohstoffe für Textilien, Seile, Dämmstoffe und zur Energiegewinnung zur Verfügung stellen wollte, **nicht aber Nutzhanf nutzbar machen wollte für Lebensmittel oder Genussmittel.** So sieht das auch das *OLG Zweibrücken,* dass in einem Fall, in dem in einem sog. „Headshop" wirkstoffarmes Marihuana aus behördlich genehmigtem Anbau verkauft wurde, gewerbliche Zwecke und damit die Ausnahmeregelung nach lit. b verneint hat (*Zweibrücken,* Urt. v. 25. 5. 2010, 1 Ss 13/10 = OLGSt. BtMG § 29 Nr. 18).

17   Der Verkauf von **THC-haltigen Lebensmittel oder Getränke aus Hanf** kann nur dann der Ausnahmeregelung der lit. b das auf die Position Cannabis fol-genden Spiegelstrichs unterfallen, wenn der gewerbliche oder wissenschaftliche Verwendungszweck bei Verkäufer und Endnutzer vorliegen. Werden Cannabispro-dukte aus Nutzhanf (Back- und Teigwaren, Süßwaren, Wurstwaren, Milchproduk-te, Teemischungen, Limonaden, Bier usw.) aber zu Konsumzwecken an Endver-braucher verkauft, ist diese Voraussetzung nicht erfüllt (s. dazu im Einzelnen Stoffe/Teil 1, Rn. 40 ff.; a. A. *Weber* § 1 Rn. 236 f., der auf die Orientierungswerte des *BGVV* abstellt).

18   **bb) Papaver bracteatum (Ziermohn).** Nach Anl. II handelt es sich bei Pflan-zen und Pflanzenteilen der zur Art Papaver bracteatum gehörenden Pflanzen um Betäubungsmittel. Ausgenommen von der Strafbarkeit nach dem BtMG ist jedoch der Umgang mit den Pflanzen und Pflanzenteilen zu Zierzwecken (vgl. den auf die entsprechende Position in Anl. II folgenden Spiegelstrich).

19   **cc) Erythroxylum coca (Cocapflanze).** Im Gegensatz zu Cannabis unterste-hen nur bestimmte Cocapflanzensorten dem BtMG, nämlich **Erythroxylum coca**

bolivianum, spruceanum und **novogranatense** (Anl. II). Bei der Cocapflanze gibt es keine Unterscheidung in Rausch-Coca und Nutz-Coca. Jeglicher Umgang mit den genannten Pflanzen ist **verboten und strafbar.**

dd) Papaver somniferum (Schlafmohn). Die Pflanzen und Pflanzenteile der 20 zur Art **Papaver somniferum** sowie der Unterart **Papaver setigerum** gehörenden Pflanzen sind in Anl. III aufgenommen worden. Auf die entsprechende Position in Anl. III folgen 3 Spiegelstriche mit Ausnahmen, u. a. beim Verkehr – ausgenommen dem Anbau – mit wirkstoffarmen Pflanzen (Morphin-Gehalt höchstens 0,02%) zu Zierzwecken.

ee) Salvia divinorum (Aztekensalbei). Durch die 21. BtMÄndV v. 18. 2. 21 2008 (BGBl. I, S. 246) wurden die Pflanzen und Pflanzenteile der Pflanze **Salvia divinorum**, auch Azteken- oder Zaubersalbei genannt, ohne weitere Ausnahme in Anl. I aufgenommen. Salvia divinorum enthält den Wirkstoff Salvinorin A, der selbst aber nicht dem BtMG unterstellt ist, so dass der Umgang mit Salvinorin A in extrahierter Form nach BtMG nicht strafbewehrt ist.

b) Wirkstofftragende Pflanzen. Zu den **wirkstofftragenden Pflanzen,** die 22 nicht ausdrücklich in den Anl. I bis III genannt sind, aber nach dem 5. Spiegelstrich Betäubungsmittel darstellen, wenn sie als Betäubungsmittel missbräuchlich verwendet werden sollen, gehören die **Mescalin** enthaltenden Kakteenarten **Ariocarpus fissuratus** (Cimarron-Kaktus), **Lophophora williamsii** (Peyotl-Kaktus) und **Echinopsis pachanoi** (San Pedro-Kaktus, s. zu den Kakteenarten im Einzelnen Stoffe/Teil 1, Rn. 377 ff.), die **Cathin/Cathinon** enthaltende Kath-Pflanze **Catha edulis** (s. dazu Stoffe/Teil 1, Rn. 382 ff.), die **Dimethyltryptamin** (DMT) enthaltende Wald-Liane **Oco yage** und die Trichterwinde **Ipomea violacea,** die **Lysergsäure** enthält.

3. Pflanzenteile sind abgetrennte, selbst nicht lebensfähige Teile der Pflanze 23 (*Weber* § 2 Rn. 7). Hierzu zählen neben **Wurzeln, Stängeln, Blättern und Fruchtständen,** wie z. B. Cannabisblüten oder Blätter der Kath-Pflanze, auch **Samen und Sporen.**

a) Zu den **Samen der in den Anl. I bis III genannten Pflanzen:**

aa) Samen der Cannabispflanze. (1) Betäubungsmitteleigenschaft. Die 24 Samen der Cannabispflanze sind Betäubungsmittel i. S. d. § 1 Abs. 1 BtMG, da sie als Pflanzenteile ausdrücklich in Anl. I genannt sind. Die Betäubungsmitteleigenschaft des Samens setzt damit weder eine besondere Keimfähigkeit, noch eine berauschende Wirkung, noch einen THC-Gehalt voraus. Eines Rückgriffs auf den 5. Spiegelstrich der Anl. I bedarf es nicht, so dass auch nicht erforderlich ist, dass der Täter die Samen missbräuchlich verwenden will (*Weber* § 1 Rn. 161; MK-StGB/*Rahlf* § 1 Rn. 33).

(2) Ausnahmen. Die Samen von Cannabis sind nach lit. a des der Position 25 Cannabis in Anl. I zu § 1 Abs. 1 BtMG folgenden Spiegelstrichs von den betäubungsmittelrechtlichen Vorschriften allerdings **ausgenommen,** wenn sie **nicht zum unerlaubten Anbau** bestimmt sind, sondern als Rohstoff oder als Tierfutter genutzt werden sollen. Hintergrund dieser Regelung ist, dass Cannabis-Samen keinen Wirkstoffgehalt enthalten (*Geschwinde*, 2007, Rn. 143), so dass ein Missbrauch zu Rauschzwecken erst durch den Anbau möglich wird. Der Umgang mit Samen der Cannabispflanze zum Zwecke des unerlaubten Cannabisanbaus ist aber verboten und nach § 29 Abs. 1 BtMG strafbar.

Zudem ist der Handel mit **in der EU zugelassenen Nutzhanfsamen** von den 26 betäubungsmittelrechtlichen Vorschriften **ausgenommen,** da er in der Regel für den erlaubten Cannabisanbau und für die industrielle Verarbeitung des Nutzhanfes bestimmt ist.

(3) Vogel- und Hasenfutter aus Cannabissamen. Dient der Cannabissamen 27 unabhängig von der **Bezeichnung als Vogelfutter oder Hasenfutter** und unabhängig von der Art der Verpackung und Werbung erkennbar nicht als Tierfutter

oder industrieller Rohstoff, sondern dem **unerlaubten Anbau,** so handelt es sich
hierbei um Betäubungsmittel.

28   **(4) Lebensmittel aus Cannabissamen.** Die aus Hanfsamen hergestellten Lebensmittel wie z. B. Hanfsamen-Salatöl, Hanfsamen-Schokolade, Hanfsamen-Bier,
Hanfsamen-Gebäck, unterfallen nicht dem BtMG. Die nussartigen Hanfsamen
enthalten ca. 30–35% hochwertiges Öl, 25% Eiweiß, 20–30% Kohlenhydrate und
10–15% Mineralstoffe. Hanfsamen sind wegen des hohen Anteils ungesättigter
Fettsäuren zur vielfältigen Verarbeitung von Lebensmitteln besonders geeignet. Aus
Hanfsamen wird ein besonders gesundes **Speiseöl** gewonnen. Das Hanföl eignet
sich aber auch zur Herstellung von **Hanfbutter** und **Hanfmargarine.** Nach Ab-
pressen des Hanföles können durch Vermahlen der Pressrückstände Hanfmehl und
andere eiweißreiche Lebensmittel gewonnen werden. **Hanfeiweiß** soll sich als
Zusatz für die Produktion von **Nudeln, Backwaren** wie **Brot, Kuchen, Gebäck,** von **Suppen** und **Soßen,** von Süßigkeiten wie **Schokolade, Pralinen,
Müsliriegel** und von anderen Lebensmitteln wie **Tofu oder Joghurt** eignen. Der
hanftypische Geschmack ist ungewöhnlich, zumindest gewöhnungsbedürftig. Werden Cannabis-Samenplätzchen verkauft, so ist dies zulässig. Werden Cannabis-
Samenplätzchen als Haschischplätzchen verkauft, so kommen § 29 Abs. 6 BtMG
und ein Verstoß gegen das LMBG in Betracht. Werden Hanf-Bier oder andere
Alkoholika aus THC-freien Cannabis-Samen hergestellt, so ist ein BtMG-Verstoß
ausgeschlossen, da die mögliche Berauschung auf dem Alkohol und nicht auf einem THC-Gehalt beruht.

29   **(5) Heilmittel aus Cannabissamen.** Aus Hanfsamen lassen sich **Körperpflegemittel** und **Arzneimittel** gewinnen, z. B. zur Behandlung von Schuppenflechten, **Schorf, Juckreiz, Hautallergien und Hautkrankheiten wie Neurodermitis.** Solche Produkte unterfallen nicht dem BtMG.

30   **(6) Geduldsspiele oder Duftsäckchen aus Cannabissamen.** Es werden verschiedene Gedulds- und Würfelspiele oder Duftsäckchen aus Cannabis-Samen
angeboten, deren verschleiertes Ziel es ist, Samen von THC-reichen Cannabissorten für den privaten Cannabisanbau zu vermarkten (vgl. *Hansjakob* Kriminalistik
1999, 273). Der Handel mit diesen Spielen oder Duftsäckchen ist als unerlaubter
Handel mit Betäubungsmitteln zu bewerten, da diese Samen dem Anbau dienen.
Entsprechend macht sich auch der Käufer des unerlaubten Erwerbs von Betäubungsmitteln strafbar.

31   **bb) Samen des Ziermohns (Papaver bracteatum).** Die Samen des Ziermohns sind nach Anl. II vom Anwendungsbereich des BtMG ausgenommen.

32   **cc) Samen der Cocapflanze (Erythroxylum coca).** Die Samen Erythroxylum coca und den Varietäten bolivianum, spruceanum und novogranatense unterstehen uneingeschränkt dem BtMG, da Anl. II insoweit keine Ausnahme vorsieht.

33   **dd) Schlafmohnsamen. (1) Betäubungsmitteleigenschaft.** Die **Samen
des Schlafmohns** sind bei der Position **Papaver somniferum** in Anl. III zu § 1
Abs. 1 BtMG ausdrücklich von den betäubungsmittelrechtlichen Vorschriften ausgenommen. Der in großen Mengen benötigte und gehandelte Schlafmohn-Samen
unterliegt als Lebensmittelzutat **(Mohnbrötchen, Mohnkuchen)** keinerlei Han-
delseinschränkungen. Der Handel mit Schlafmohn-Samen bedarf deshalb keiner
Erlaubnis. Erst mit dem Anbau von Schlafmohn beginnt der strafrechtliche relevante Bereich, ganz gleich, ob damit Mohnblumen oder Opium gewonnen werden soll.

34   **(2) Lebensmittel aus Schlafmohnsamen.** Für zahlreiche Backwaren werden
Schlafmohn-Samen als Zutat benötigt, z. B. **Mohnbrötchen, Mohnzopf, Mohnkuchen, Mohngebäck, Mohntorte, Mohndessert.** Diese Backwaren können
ohne Erlaubnis verkauft, erworben, konsumiert und verarbeitet werden. In den
Haftanstalten ist der Konsum von Mohnbackwaren indes teilweise untersagt, da
ansonsten positive Urinkontrollergebnisse nicht mehr eindeutig interpretiert werden können. Drogentests können nämlich nach dem Mohnsamenverzehr positiv

reagieren, da Mohnsamen eine Reihe von Opiat-Alkaloide wie z.B. Morphin, Codein, Noscapin und Papaverin enthalten. Der für die Verwirklichung der Ordnungswidrigkeit nach § 24a StVG maßgebliche Grenzwert von 10 mg/ml Morphin im Blut kann allerdings nur durch den Konsum unrealistisch großer Mengen an Mohnsamen oder -kuchen erreicht werden (*Eisenmenger* NZV 2006, 24, 26).

ee) Salvia divinorum (Aztekensalbei). Für die Samen von Salvia dinorum 35 sind keine Ausnahmen geregelt worden.

b) Samen der wirkstofftragenden Pflanzen. Bei Samen von Pflanzen, die 36 nicht in den Anl. I bis III genannt sind, richtet sich die Betäubungsmitteleigenschaft nach dem 5. Spiegelstrich der Anl. I (s. dazu Rn. 5 ff.). Das kommt z.B. in Betracht bei **Kakteen-Samen,** die zur Gewinnung von mescalinhaltigen Pflanzen dienen. Der Hinweis eines Versandhändlers auf die Verwendung „Nur zu botanischen Zwecken" oder als „Anschauungsmaterial" und die Warnung, dass der Verzehr zu Wahrnehmungsstörungen und Halluzinationen führen kann, führt nicht zu einem Verlust der Betäubungsmitteleigenschaft.

4. Pflanzenbestandteile. Unter **Pflanzenbestandteilen** versteht man die In- 37 haltsstoffe der Pflanze, insbesondere Pflanzensäfte (Harze, Öle, Milch) und deren Inhaltsstoffe (Alkaloide, Bitterstoffe, Farbstoffe, Fette), z.B. die im Schlafmohn enthaltenen Alkaloide Morphin, Codein und Äthylmorphin, die in den Cocablättern enthaltenen Wirkstoffe Kokain und Ecgonin, der an den Cannabisblättern haftende Harz (Haschisch) und der innewohnende Wirkstoff THC (= Tetrahydrocannabinol) oder das aus dem Peyotl-Kaktus gewonnene Mescalin. Damit müssten strenggenommen alle Inhaltsstoffe von Pflanzen, die in den Anl. I bis III aufgenommen wurden, nach § 2 BtMG i.V.m. § 1 Abs. 1 BtMG und der jeweiligen Anl. dem BtMG unterfallen, auch wenn sie selbst keinen Wirkstoff enthalten, z.B. die im Schlafmohn (Papaver Somniferum) enthaltenen **Opiumalkaloide Narcotin, Noscapin** und **Papaverin.** Bei den in den Anl. ausdrücklich aufgeführten Pflanzen greift der 5. Spiegelstrich der Anl. I nicht ein, womit es auch nicht auf die missbräuchliche Verwendung ankommt. Eine derart enge Auslegung liefe aber dem Schutzzweck des BtMG zuwider. Sie würde nämlich dazu führen, dass eine Vielzahl von nicht psychotrop wirkenden Stoffen ungewollt dem BtMG unterstünden. Folglich gelten nur solche Pflanzenbestandteile als Betäubungsmittel, die ausdrücklich in den Anlagen zum BtMG genannt werden (im Ergebnis ebenso *Hügel/Junge/ Lander/Winkler* § 2 Rn. 5; MK-StGB/*Rahlf* § 2 Rn. 7)

III. Pilze sowie deren Teile und Bestandteile

1. Betäubungsmitteleigenschaft. Pilze und ihre Teile und Bestandteile 38 unterfallen nach § 2 Abs. 1 Nr. 1 lit. b BtMG dem Stoff-Begriff, und zwar nicht nur die üblicherweise als Pilz bezeichneten **Fruchtkörper** aus Pilzstil und -hut, sondern auch die **Pilzsporen** (= der ungeschlechtlichen Vermehrung dienende Keimzellen), die **Zellfäden (Hyphen)** sowie das daraus gebildete **Pilzgeflecht (Mycel).** Da jedoch in den Anl. I bis III selbst keine Pilze genannt sind, kommt insoweit eine Anwendung des BtMG nur über den 5. Spiegelstrich der Anl. I in Betracht (s. Rn. 5 ff.).

2. Biologisch-systematische Einordnung der Pilze. In der Biologie be- 39 trachten einige die Pilze (Fungi) nicht als Pflanzen, da sie keine Photosynthese durchführen. Sie sehen sie auch nicht als Tiere an, obwohl sie sich teilweise von Pflanzen ernähren. Vielmehr sollen sie zu einer eigenständigen Lebensform zusammengefasst werden. Dieser Auffassung folgten das *AG Hamburg* (StraFO 2004, 360) und das *OLG Koblenz* (NStZ-RR 2006, 218), die entschieden, dass (jedenfalls im Jahr 2004) psilocybin-und/oder psilocinhaltige Pilze nicht dem Anwendungsbereich des BtMG unterfallen. Nach einer anderen Betrachtungsweise gehören Pilze zu den niederen Pflanzen, und hier zusammen mit den Algen, Sporen und Flechten zu der Gruppe von **Sporenpflanzen,** den sog. Thallus-Pflanzen (= Lagerpflanzen). Diese Ansicht vertrat der *BGH* (NJW 2007, 524 ff. = StV 2007,

300), der das BtMG auch auf Pilze für anwendbar erklärte (so auch *BayObLG* NStZ 2003, 270). Das *BVerfG* ließ die biologisch-systematische Einordnung der Pilze zwar offen, stellte aber fest, dass Pilze doch Pflanzen sind, weil der Begriff nicht nach wissenschaftlichen, sondern nach umgangssprachlichen Kriterien zu bestimmen ist (StraFo 2009, 526; vgl. auch *BGH* NJW 2007, 524, 525 = StV 2007, 300). Strafrechtlich relevant ist dieser Streit allerdings nur bei Delikten mit Tatzeit vor dem 18. 3. 2005, da bis dahin der maßgebliche 5. Spiegelstrich, der durch die 10. BtMÄndV eingefügt und durch die 15. BtMÄndV erweitert wurde, noch wie folgt lautete: „Pflanzen und Pflanzenteile, Tiere und tierische Körperteile in bearbeitetem oder unbearbeitetem Zustand mit in dieser oder einer anderen Anlage aufgeführten Stoffen, sowie Früchte, Pilzmycelien, Samen, Sporen und Zellkulturen, die zur Gewinnung von Organismen mit in dieser oder einer anderen Anlage aufgeführten Stoffen geeignet sind, wenn ein Missbrauch zu Rauschzwecken vorgesehen ist." Dem durch diese Formulierung eröffneten Spielraum bei der Auslegung des Pflanzenbegriffs setzte der Gesetzgeber mit der am 18. 3. 2005 in Kraft getretenen 19. BtMÄndV ein Ende, indem er in der Klausel den Begriff der auch die Pilze mit umfassenden „Organismen" aufnahm. Mit Änderung des § 2 durch Gesetz vom 23. 7. 2009 sind Pilze ausdrücklich Stoffe i. S. d. BtMG.

40 **3. Pilzarten.** Neben dem **Mutterkornpilz** (Claviceps Purpurea), ein Schmarotzerpilz, der die Wirkstoffe **Ergotamin** und **Lysergsäurediäthylamid** (LSD) enthält, spielen in der Drogenszene zahlreiche **psilocybin**-haltige Pilze (Psilos) – frisch geerntet oder getrocknet – als Betäubungsmittel eine erhebliche Rolle. Folgende Pilzgattungen besitzen einzelne halluzinogene Pilzsorten mit **Psilocybin** und/oder **Dimethyltryptamin (DMT)**

– die **Psilocybe-Pilze** (Kahlköpfe),
– die **Stropharia-Pilze** (Träuschlinge),
– die **Conocybe- und Inocybe-Pilze** (Samthäubchen und Rissilze),
– die **Panaeolus-Pilze** (Düngerlinge),
– die **Hypholoma-Pilze** (Schwefelköpfe),
– die **Gymnopilus-Pilze** (Flämmlinge),
– die **Pluteus-Pilze** (Dachpilze).

Vgl. im Einzelnen Stoffe/Teil 1, Rn. 485 ff.

41 **4. Rauschpilze-Duftkissen.** Auch Duftkissen des Typs **Mexico I, Mexico II, Hawaii I, Hawaii II,** die mit 2–5 g von Pilzen der Art **Stropharia Cubensis** mit den Wirkstoffen **Psilocybin** und **Psilocin** gefüllt sind, stellen Betäubungsmittel dar, auch wenn beim Verkauf ein Merkblatt ausgehändigt wird, wonach es in Deutschland nach dem BtMG gesetzlich verboten sei, den Inhalt zu verzehren und die Pilze nur als Duftstoffe genutzt werden dürfen. Auch hier dienen die Hinweise lediglich der Verschleierung des illegalen Tuns. Ein vermeidbarer Verbotsirrtum kommt in diesen Fällen regelmäßig nicht in Betracht (vgl. *BayObLG* NStZ 2003, 270).

IV. Algen und Flechten

42 Algen und Flechten sind im Zug der Anpassung an das AMG durch Gesetz vom 23. 7. 2009 in § 2 Abs. 1 Nr. 1 lit. b BtMG dem Stoff-Begriff unterstellt worden. **Algen** sind im Wasser lebende, eukaryotische, pflanzenartige Lebewesen, die Photosynthese betreiben (*Meyer*, Lexikon der Naturwissenschaften, S. 20). Bei **Flechten** handelt es sich um eine symbiotische Lebensgemeinschaft zwischen einem Pilz und einem oder mehreren Photosynthese betreibenden Partnern (*Meyer*, Lexikon der Naturwissenschaften, S. 272). Zurzeit sind keine Algen und Flechten bekannt, die Betäubungsmittel enthalten.

V. Tierkörper und Stoffwechselprodukte von Mensch und Tier

43 Stoffe sind nach § 2 Abs. 1 Nr. 1 lit. c BtMG ferner Tierkörper einschließlich Körperteile und Körperbestandteile sowie Stoffwechselprodukte von Menschen und Tieren, jeweils in bearbeitetem oder unbearbeitetem Zustand. Zu den **Stoff-wechselprodukten** zählen z. B. Körperausscheidungen, wie etwa Schleimabson-derungen. Eine Anwendung des BtMG kommt nur über den 5. Spiegelstrich in Betracht (s. Rn. 5 ff.), wie bei den **Schleimabsonderungen von einigen Kröten-, Frosch-, Echsen- und Schlangenarten**, die in den Anlagen genann-te Wirkstoffe enthalten. Dies sind z. B. die mexikanische Kröte **Bufo Alvarius** und die amerikanische Kröte **Bufo Vulgaris**, welche aus Drüsen hinter den Ohren einen milchig-weißen Schleim absondern, der den Wirkstoff 5-Methoxy-DMT enthält. Kröte und Schleim stellen somit ein Betäubungsmittel dar, wenn sie der Rauscherzielung dienen sollen (s. dazu Stoffe/Teil 1, Rn. 472).

VI. Mikroorganismen

Letztlich unterfallen dem Stoff-Begriff Mikroorganismen einschl. Viren sowie **44** deren Bestandteile und Stoffwechselprodukte (§ 2 Abs. 1 Nr. 1 lit. d BtMG). **Mik-roorganismen** sind meist einzellige Lebewesen, die wegen ihrer geringen Größe nur durch Vergrößerung im Mikroskop sichtbar gemacht werden können; man unterscheidet zwischen eukaryontischen Mikroorganismen, die einen echten Zell-kern besitzen, und prokaryonrischen Mikroorganismen ohne echten Zellkern (*Meyer*, Lexikon der Naturwissenschaften, S. 611).

VII. Verlust der Betäubungsmitteleigenschaft

Eine ursprünglich gegebene Betäubungsmitteleigenschaft kann wieder verloren **45** gehen, nämlich wenn eine Substanz keinen Wirkstoffgehalt mehr aufweist. Dies gilt allerdings nur für die Betäubungsmittel in Form von **chemischen Elemen-ten und Verbindungen** nach § 2 Nr. 1 lit. a BtMG, nicht aber für die in den Anl. I bis III ausdrücklich genannten Pflanzen und Pflanzenteile. Bei diesen han-delt es sich auch um Betäubungsmittel, wenn sie keinen Wirkstoffgehalt besitzen (s. Rn. 10 und § 1 Rn. 24). Ein **Mangel an Konsumfähigkeit** führt nicht zu einem Verlust der Betäubungsmitteleigenschaft. Auch wenn ein Drogenhändler oder Drogenproduzent Teppiche oder Kleidungsstücke mit verflüssigten Betäu-bungsmitteln getränkt hat, in Gase verwandelt, mit Giften vermischt, in Metall, Kunstlack, Wachs oder Stein verschweißt hat und damit ihrer unmittelbaren Kon-sumfähigkeit beraubt hat, so bleiben diese Produkte Betäubungsmittel. Auch ein Körperschmuggler, der Betäubungsmittel in verschluckten Präservativen im Ma-gen-Darm-Trakt transportiert und nicht konsumieren kann, besitzt Betäubungs-mittel. Enthält aber ein Stoffgemisch (z. B. gestrecktes Heroin) durch vielfaches Verdünnen und Vermischen irgendwann keinerlei Betäubungsmittelwirkstoff mehr oder beschränkt sich ein Betäubungsmittel auf Anhaftungen, die nicht mehr zu einer messbaren Wirkstoffmenge zusammengefasst werden können, so hat der Stoff bzw. die Zubereitung seine Betäubungsmitteleigenschaft verloren (vgl. § 1 Rn. 20 ff.).

C. Zubereitungen

Sowohl im legalen als auch im illegalen Betäubungsmittelhandel werden zu- **46** meist Zubereitungen/Stoffgemische gehandelt. **Der Begriff Zubereitung** in § 2 Abs. 1 Nr. 2 BtMG entspricht den in Art. 1 S. 1 lit. s des Einheitsüber-einkommens 1961 und des Übereinkommens von 1971 enthaltenen Definitionen. In Art. 1 Abs. 1 lit. s des EinhÜbK wird Zubereitung als „festes oder flüssiges Gemisch, das einen Suchstoff enthält", definiert. Diese Definition wird dahin ausgelegt werden müssen, dass das verarbeitete Betäubungsmittel sei-nen Suchtstoffcharakter und damit seine Schädlichkeit behalten haben muss. Ent-scheidend ist, dass das Endprodukt als Zubereitung einen der in den Anlagen I, II oder III zu § 1 aufgeführten Stoffe enthält. Haschischplätzchen stellen Betäu-bungsmittel dar, auch wenn die Backzubereitung nur geringfügige Cannabisanteile enthält.

D. Ausgenommene Betäubungsmittelzubereitungen

47   **1. Begriff der ausgenommenen Zubereitungen.** Der in den Anl. II und III dieses Gesetzes enthaltene Begriff **„ausgenommene Zubereitung"** wird in § 2 Abs. 1 Nr. 3 BtMG definiert und entspricht Art. 3 Abs. 3 des Übereinkommens von 1971.

48   Ausgenommene Zubereitungen, die in abgeteilter Form, also als Ampullen, Dragees, Kapseln, Suppositorien im Arzneimittelhandel sind, sind nach § 2 Abs. 1 Nr. 3 BtMG **von betäubungsmittelrechtlichen Bestimmungen ausgenommen,** soweit der Wirkstoffgehalt unter den in den jeweiligen Spiegelstrichen der Anl. II und III festgesetzten Grenzmengen liegt oder sie Zusatzstoffe in einer bestimmten vorgeschriebenen Menge enthalten und keine Ausnahme von der Ausnahme vorliegt (s. dazu Rn. 51 f.). In diesem Fall werden Betäubungsmittelzubereitungen **wie Arzneimittel behandelt,** auch wenn sie Betäubungsmittelzubereitungen bleiben. Bis zum Grenzwert gelten die Vorschriften des AMG, über dem Grenzwert die Vorschriften des BtMG. Enthält eine Zubereitung mehrere Stoffe der Anl. II und III, so ist bei jedem Stoff zu prüfen, ob der Grenzwert überschritten ist bzw. ob der verlangte Zusatzstoff, wie z. B. Naloxon dem tilidinhaltigen Valoron®, enthalten ist.

49   **2. Handel mit ausgenommenen Zubereitungen.** Wird mit ausgenommenen Zubereitungen außerhalb von Apotheken Handel getrieben, so kommt § 95 Abs. 1 Nr. 4 AMG in Betracht. Ist der Grenzwert der Wirkstoffmenge überschritten, so ist der Handel mit diesen Zubereitungen nach § 29 Abs. 1 S. 1 Nr. 1 BtMG strafbar.

50   **3. Herstellung ausgenommener Zubereitungen.** Auch die Herstellung ausgenommener Zubereitungen bedarf einer Erlaubnis des *BfArM* (§ 3 Abs. 1 S. 1 Nr. 2 BtMG). Wer eine ausgenommene Zubereitung ohne diese Erlaubnis herstellt, macht sich nach § 29 Abs. 1 S. 1 Nr. 2 BtMG strafbar.

51   **4. Einfuhr, Ausfuhr und Durchfuhr ausgenommener Zubereitungen (1. Ausnahme von der Ausnahme).** Am Ende der Anl. III hat der Gesetzgeber eine **Ausnahme von der Ausnahmeregelung** gemacht. Dort heißt es in lit. b des letzten Spiegelstrichs: „Für ausgenommene Zubereitungen – außer solchen mit Codein oder Dihydrocodein – gelten jedoch die betäubungsmittelrechtlichen Vorschriften über die Einfuhr, Ausfuhr und Durchfuhr." Dies heißt, dass für die Einfuhr, die Ausfuhr und die Durchfuhr aller in Anl. III genannten ausgenommenen Zubereitungen die Ausnahme vom BtMG nicht gelten soll, sondern derartige Einfuhr-, Ausfuhr- und Durchfuhrvorgänge den §§ 29 Abs. 1 Nr. 1, 29 Abs. 3, 30 BtMG unterfallen (*BGH* NStZ-RR 2011, 119 = StraFo 2011, 105; zum Konkurrenzverhältnis, wenn die Ein-, Aus- oder Durchfuhr ein Teilakt des Handeltreibens ist, s. § 29/Teil 5, Rn. 265). Dies wird allerdings nach dem letzten Satz des letzten Spiegelstrichs in Anl. III wieder für ausgenommene Zubereitungen von **Barbital** eingeschränkt, wenn nach den Umständen eines missbräuchliche Verwendung nicht zu befürchten ist. Betäubungsmittelhaltige Medikamente, die die in Anl. III BtMG genannten Wirkstoffe enthalten, sind deshalb sicherzustellen oder zu beschlagnahmen, wenn sich im grenzüberschreitenden Warenverkehr befinden und von keiner Genehmigung begleitet werden. Einfache Rezepte gelten auf dem Versandweg nicht als Genehmigung. Da diese Regelungen dem Normalbürger nicht bekannt und nicht verständlich sein dürften, scheint es sachgerecht sein, bei geringeren Mengen von den Einstellungsmöglichkeiten nach den §§ 153, 153 a StPO Gebrauch zu machen.

52   **5. Verschreibung und Abgabe von ausgenommenen Zubereitungen an betäubungsmittelabhängige Personen (2. Ausnahme von der Ausnahme).** Eine weitere Ausnahme gilt für die in der Anl. III aufgenommenen Betäubungsmittel **Codein und Dihydrocodein.** Während die ausgenommene Zubereitung dieser Betäubungsmittel an Normalpatienten auf Normalrezept als Arzneimittel verschrieben werden dürfen, gelten für die Verschreibung und die Abgabe an betäubungsmittelabhängige Personen die Vorschriften des BtMG.

6. Wegfall der Ausnahme bei Dextropropoxyphen und Flunitrazepam. 53 **Dextropropoxyphen** war lange Zeit eine **ausgenommene Betäubungsmittel- zubereitung** der Anl. II entsprechend § 2 Abs. 1 Nr. 3 BtMG. Bei einem Wirkstoffgehalt von über 135 mg galten die betäubungsmittelrechtlichen Vorschriften, bei einem Wirkstoffgehalt darunter galten die arzneimittelrechtlichen Vorschriften. Verkauften Dealer Tabletten mit einem Wirkstoffgehalt von 65 mg, so war dieser unerlaubte Handel nach § 95 Abs. 1 Nr. 4 AMG strafbar. Mit der 19. BtMÄndV v. 10. 3. 2005 (BGBl. I, S. 757) wurde die Ausnahme bei Dextropropoxyphen gestrichen und diese Substanz generell dem BtMG ohne Rücksicht auf den Wirkstoffgehalt unterstellt, so dass dieses Opiat mit heroinähnlicher Wirkung **ausschließlich nach den Vorschriften des BtMG** zu beurteilen ist. Gleiches gilt für **Flunitrazepam** nach der Streichung der Ausnahme durch die 25. BtMÄndV v. 11. 5. 2011 mit Wirkung vom 1. 11. 2011 (s. Stoffe/Teil 1, Rn. 549).

E. Herstellen

Der Begriff Herstellen knüpft sowohl an den Begriff des Herstellens in § 4 54 Abs. 14 des AMG als auch an den Begriff in § 7 Abs. 1 des LMBG an. Zum Begriff des Herstellens gehört aber entsprechend Art. 1 Abs. 1 lit. n des Einheits-Übereinkommens von 1961, Art. 1 lit. i des Übereinkommens von 1971 auch das Reinigen und Umwandeln. Über die genannten Übereinkommen hinaus wurde in den Herstellungsbegriff des Gesetzes auch das Gewinnen von Betäubungsmitteln einbezogen.

Während im BtMG von 1972 in § 3 und § 11 zwischen Herstellung, Verarbei- 55 tung und Gewinnung noch unterschieden wurde, fasst die neue Legaldefinition 6 verschiedene Tatbegehungsweisen unter den Begriff des Herstellens zusammen, nämlich: **Gewinnen, Anfertigen, Zubereiten, Be- oder Verarbeiten, Reinigen und Umwandeln**, nicht aber das **Kennzeichnen, Abpacken** und **Umfüllen** (s. dazu im Einzelnen § 29/Teil 3, Rn. 11 ff.). Der **Sammeltatbestand** des Herstellens umfasst nunmehr ähnlich wie der nicht im Gesetz definierte Begriff des Handeltreibens eine breite Palette von Tätigkeiten. Während das Handeltreiben den Vertriebs- und Verkaufsbereich umschreibt, umfasst das Herstellen den Produktions- und Verarbeitungsprozess. Die Ernte von Cannabisblättern und Fruchtständen, wie auch das Abschneiden von Hanfblättern stellt Gewinnen i. S. v. § 2 Abs. 1 Nr. 4 BtMG und damit eine Form der Herstellung dar (*Karlsruhe* NStZ-RR 2002, 85 = StV 2002, 431).

F. Einfuhr und Ausfuhr (Abs. 2)

§ 2 Abs. 2 BtMG bestimmt, dass jedes Verbringen von Betäubungsmitteln in den 56 oder aus dem Geltungsbereich dieses Gesetz der Einfuhr und Ausfuhr gleichsteht. Legaldefinitionen für diese Begriffe gibt es im BtMG nicht, auch wenn in § 2 Nr. 5 bis 7 des Regierungsentwurfs v. 9. 1. 1980 zum BtMG noch Legaldefinitionen mit folgendem Wortlaut enthalten waren:

– „**Einfuhr**": Das Verbringen eines Betäubungsmittels aus dem Ausland in den Geltungsbereich dieses Gesetzes.",
– „**Ausfuhr**": Das Verbringen eines Betäubungsmittels aus dem Geltungsbereich dieses Gesetzes in das Ausland.",
– „**Durchfuhr**": Das Verbringen eines Betäubungsmittels durch den Geltungsbereich dieses Gesetzes ohne weiteren als den durch die Beförderung oder den Umschlag bedingten Aufenthalt und ohne, dass das Betäubungsmittel zu irgendeinem Zeitpunkt während des Verbringens dem Durchführenden oder einer dritten Person tatsächlich zur Verfügung steht."

Unabhängig von fehlenden Definitionen erfüllt jedes Verbringen in den Gel- 57 tungsbereich des BtMG den Einfuhrtatbestand und umgekehrt jedes Verbringen aus dem Geltungsbereich den Ausfuhrtatbestand. Verbringen setzt voraus, dass die Gegenstände durch menschliches Einwirken über die Grenze gelangen, gleichgültig ob der Täter das Betäubungsmittel fährt, trägt oder in seinem Körper versteckt oder geschluckt bei sich hat (BGHSt. 38, 315 = NStZ 1992, 543). Der Geltungsbereich des BtMG ist betroffen, wenn der Täter die deutsche Hoheitsgrenze überschreitet. Zum deutschen Hoheitsgebiet, auf das das Übereinkommen von Schengen vom 16. 4. 1985 und das SDÜ keine Auswirkungen haben (*Weber* § 2 Rn. 63), gehören auch die Zollausschlussgebiete Büsingen/Baden und Helgoland (vgl. Art. 3 Abs. 1 des modifizierten Zollkodex vom 23. 4. 2008) sowie die Freihäfen, z. B. Hamburg, Cuxhaven und Bremerhaven, und die österreichischen Gemeinden Jungholz und Mittelberg (*Weber* § 2 Rn. 59; MK-*Kotz* § 2 Rn. 32; *Hügel/Junge/Lander/Winkler* § 2 Rn. 19; *BGH* NJW 1983, 1275; zur Auflösung des Freihafens Hamburg zum 1. 1. 2013 s. BGBl. I [2011], 50; zum Geltungsbereich des BtMG vgl. im Einzelnen § 29/Teil 5, Rn. 24 ff.).

Zweiter Abschnitt. Erlaubnis und Erlaubnisverfahren

Erlaubnis zum Verkehr mit Betäubungsmitteln

3 (1) **Einer Erlaubnis des Bundesinstitutes für Arzneimittel und Medizinprodukte bedarf, wer**

1. Betäubungsmittel anbauen, herstellen, mit ihnen Handel treiben, sie, ohne mit ihnen Handel zu treiben, einführen, ausführen, abgeben, veräußern, sonst in den Verkehr bringen, erwerben oder
2. ausgenommene Zubereitungen (§ 2 Abs. 1 Nr. 3) herstellen will.

(2) **Eine Erlaubnis für die in Anlage I bezeichneten Betäubungsmittel kann das Bundesinstitut für Arzneimittel und Medizinprodukte nur ausnahmsweise zu wissenschaftlichen oder anderen im öffentlichen Interesse liegenden Zwecken erteilen.**

Übersicht

A. Erlaubnispflicht

I. Erlaubnispflicht nach § 3 BtMG

1   Ursprünglich regelte der deutsche Gesetzgeber den Verkehr mit den Betäubungsmitteln so, dass er den **Großverkehr** durch die Einführung von **Erlaubnis- und Bezugsscheinpflichten** und den **Kleinverkehr** durch die **ärztliche Rezeptpflicht** und die **Apothekenpflicht** kontrollieren wollte. Das ärztliche Rezept sollte bei dem verordnenden approbierten Arzt und bei dem Apotheker die Erlaubnis nach § 3 BtMG ersetzen. Die Approbation des Arztes bzw. Apothekers bot und bietet eine gewisse Gewähr gegen Missbrauch, weshalb diese beiden Berufsgruppen aufgrund von Art. 10 des Internationalen Opiumabkommens von 1912 von der Erlaubnispflicht freigestellt wurden (RGSt. 62, 371).

2   Zwar gilt in unserem demokratischen Rechtsstaat grundsätzlich die Devise „**In dubio pro libertate**". Was nicht ausdrücklich verboten ist, ist im Zweifel erlaubt. Wegen der Gefährlichkeit der Betäubungsmittel gilt im BtMG das Gegenteil: „**Was nicht ausdrücklich erlaubt ist, ist verboten**". Jedoch ist nicht alles, was verboten ist, auch strafbar. Der Verkehr mit Betäubungsmitteln ist grundsätzlich verboten. Der Abschnitt 2 des BtMG enthält **die Grundregel des BtMG,** wonach der Verkehr mit Betäubungsmitteln nur dann legal ist, wenn das *BfArM* hierzu die Erlaubnis erteilt hat (§ 3 BtMG). Diese Grundregel grenzt den legalen Verkehr vom illegalen Verkehr mit Betäubungsmitteln ab. Ohne eine Erlaubnis oder ohne ärztliche Verschreibung ist somit eine Teilnahme am Betäubungsmittelverkehr nicht nur verboten (§ 3 BtMG), sondern auch strafbar (§§ 29 bis 30a BtMG), sofern nicht ein Ausnahmefall des § 4 BtMG vorliegt oder in den Anl. I bis III zum BtMG geregelt ist. Neben der grundsätzlichen Erlaubnis des *BfArM* sind im Einzelfall aber bei Einfuhr-, Ausfuhr- und Durchfuhrgeschäften zusätzlich Einzelgenehmigungen einzuholen (§ 11 BtMG). Ferner unterliegt jeder Erlaubnisinhaber den Meldepflichten der §§ 12 und 18 BtMG und hat dem *BfArM* in regelmäßigen Abständen über seine Verkehrshandlungen und seinen Bestand an Betäubungsmitteln Meldung zu machen. In § 4 Abs. 1 bis Abs. 3 BtMG sind die **Ausnahmen von der Erlaubnispflicht** zusammengefasst. Der Gesetzgeber hat durch das 3. BtMGÄndG die Erlaubnispflicht nach § 3 BtMG durch § 10a BtMG ergänzt, der die Rahmenbedingungen und die Verfahrensweise für die Erteilung einer **Betriebserlaubnis zum Betreiben von Konsumräumen** regelt.

3   Die meisten Straftatbestände des BtMG unterliegen dem **Grundsatz der Verwaltungsakzessorietät,** setzen das Fehlen einer Erlaubnis der zuständigen Behörde voraus bzw. scheiden aus, wenn eine derartige Erlaubnis vorgelegt wird. Entscheidend ist allein die Wirksamkeit des Verwaltungsakts, nicht die materielle Rechtmäßigkeit. Ist die Erlaubnis materiellrechtlich fehlerhaft, so darf der Inhaber sich aus Vertrauensschutzgründen auch darauf berufen. Ist die Erlaubnis erkennbar so fehlerhaft oder erschlichen, dass sie nichtig ist, entfällt der Vertrauensschutz. In jedem Einzelfall bedarf es deshalb der Prüfung, ob eine gültige Erlaubnis vorlag und ob sich das Verhalten innerhalb des Erlaubnisrahmens bewegte. Das Vorliegen oder Fehlen einer Erlaubnis nach § 3 BtMG gehört zum Tatbestand. Die **irrtümliche Annahme,** es liege eine wirksame Erlaubnis vor, ist ein Tatbestandsirrtum

i. S. v. § 16 Abs. 1 StGB. Auch die irrtümliche Annahme, zu dem nach § 4 Abs. 2 BtMG von der Erlaubnispflicht befreiten Personenkreis zu gehören, stellt einen **Tatbestandsirrtum** dar. Im Gegensatz dazu stellt der Irrtum, einer Erlaubnis nach § 3 BtMG nicht zu bedürfen, oder der Irrtum über die Grenzen der Erlaubnis bzw. über die Grenzen der Erlaubnisfreiheit einen **Verbotsirrtum** i. S. v. § 17 Abs. 1 StGB dar (*BGH* NStZ 1993, 594). Nach der gefestigten Rspr. des *BGH* ist der Verbotsirrtum unvermeidbar, wenn der Täter trotz der ihm nach den Umständen des Falles, seiner Persönlichkeit sowie seines Lebens- und Berufskreises zuzumutenden Anspannung des Gewissens die Einsicht in das Unrechtmäßige nicht zu gewinnen vermochte. Im Zweifel trifft ihn jedoch eine Erkundigungspflicht. Bei Verstoß gegen die Erkundigungspflicht ist der Verbotsirrtum vermeidbar (*BGH* NStZ 1996, 338 = StV 1996, 424).

II. Erlaubnispflicht nach dem AMG

Ist mit dem Antrag auf Teilnahme am Betäubungsmittelverkehr gleichzeitig eine 4
Erprobung des Betäubungsmittels als Arzneimittel verbunden, so ist zu beachten, dass neben der Erlaubnispflicht nach § 3 BtMG noch die Einholung arzneimittelrechtlicher Erlaubnisse beim *BfArM* erforderlich sein kann. So können eine Herstellungserlaubnis nach § 13 AMG, eine Erlaubnis zur klinischen Prüfung nach § 40 Abs. 1 S. 3 Nr. 6 AMG oder eine Zulassung eines Arzneimittels für den Verkehr erforderlich sein.

B. Erlaubnispflichtige Tätigkeiten

Alle in § 3 Abs. 1 BtMG genannten Handlungen unterliegen dem Erlaubnisvor- 5
behalt des *BfArM*, sofern nicht ein Ausnahmefall des § 4 BtMG gegeben ist. Dies sind:
- Der **Anbau** (s. § 29/Teil 2, Rn. 19),
- die **Herstellung** (s. § 29/Teil 3, Rn. 11 ff.),
- das **Handeltreiben** (s. § 29/Teil 4, Rn. 24 ff.),
- die **Einfuhr** (s. § 29/Teil 5, Rn. 8 ff.),
- die **Veräußerung** (s. § 29/Teil 7, Rn. 2 ff.),
- die **Abgabe** (s. § 29/Teil 8, Rn. 3 ff.),
- das **sonstige Inverkehrbringens** (s. § 29/Teil 9, Rn. 3 ff.),
- der **Erwerb** (s. § 29/Teil 10, Rn. 4 ff.) und
- das **Herstellen ausgenommener Zubereitungen** (§ 29/Teil 12, Rn. 2 f.).

Der **Abgabenbegriff** des § 3 BtMG entspricht nicht vollständig dem Abgabe- 6
begriff der Strafvorschrift des § 29 Abs. 1 S. 1 Nr. 1 BtMG. **Abgabe i. S. d. Apotheken- und Arzneimittelrechts** bedeutet die Übertragung der Verfügungsgewalt über ein Betäubungsmittel auf einen anderen, wobei es vom Standpunkt der Betäubungsmittelversorgung und Betäubungsmittelkontrolle ohne Bedeutung ist, ob der Stoff entgeltlich oder unentgeltlich weitergegeben wird.

Der **Besitz** und das **Durchführen**, das **Vernichten** und **Unterschieben von** 7
Betäubungsmitteln sind weder erlaubnisfähig noch erlaubnispflichtig, sind aber unter bestimmten Voraussetzungen strafbar. Die **Straftatbestände** der §§ 29 ff. BtMG sind regelmäßig als **verwaltungsakzessorische** Tatbestände formuliert. Voraussetzung ist also, dass der Täter **ohne Erlaubnis** handelte.

Für das durch die 24. BtMÄndV mit Wirkung vom 1. 6. 2010 dem BtMG un- 8
terstellte **Tapentadol** hat der Gesetzgeber eine Übergangsregelung geschaffen. Wer bis zum 30. 11. 2010 eine Erlaubnis nach § 3 Abs. 1 BtMG beantragt hat, ist zum Umgang mit Tapentadol bis zur unanfechtbaren Ablehnung des Antrags berechtigt (BGBl. I [2009], S. 3944).

I. Fälle des erlaubten Anbaus

Unabhängig von der Aufzuchtsform, vom Umfang, von der Zielrichtung und 9
von den Erfolgschancen ist grundsätzlich für den Anbau von Betäubungsmitteln,

auch für die Aufzucht von nur einer Pflanze, eine Erlaubnis nach § 3 BtMG erforderlich (zum Begriff des Anbaus s. § 29/Teil 2, Rn. 19 ff.). Dies gilt insb. für folgende Pflanzen:

10 **1. Cocapflanzen.** Nachdem durch die 4. BtMÄndV die Pflanzen und Pflanzenteile von Erythroxylumcoca bolivianum, spruceanum und novogranatense in Anl. II des BtMG als verkehrsfähige Betäubungsmittel aufgenommen wurden, bedarf der Kokanbauer einer Erlaubnis nach § 3 Abs. 1 BtMG.

11 **2. Cannabispflanzen.** Da Cannabis zu den nicht verkehrsfähigen Betäubungsmitteln gehört, ist der Anbau von Cannabis (indischem Hanf) grundsätzlich erlaubnispflichtig. Soweit **Cannabispflanzen als Schutzstreifen bei der Rübenzüchtung** angebaut und vor der Blüte vernichtet werden, ist dieser Anbau von Anl. I ausgenommen und bedarf keiner Erlaubnis (lit. c des auf die Position Cannabis folgenden Spiegelstrichs). Nachdem durch die 7. BtMÄndV v. 29. 3. 1996 die Ausnahmeregelung der Position Cannabis in Anl. I durch lit. d auf Nutzhanf von bis zu 0,2% THC ausgedehnt worden ist und Unternehmen der Landwirtschaft einer bestimmten Größenordnung zertifizierte Nutzhanfsorten anbauen dürfen (s. dazu § 24a Rn. 1 ff.), ist beim **Anbau von Nutzhanf** die Beantragung einer **Erlaubnis nach § 3 BtMG beim BfArM** nicht mehr erforderlich. Entsprechend Art. 1 des 2. BtMÄndG v. 4. 4. 1996 (BGBl. I, S. 582) unterliegt aber der Anbau von Nutzhanf der **Überwachung durch die Bundesanstalt für Landwirtschaft und Ernährung in Frankfurt am Main** (§ 19 Abs. 3 S. 1 BtMG) und ist daher nach § 24a BtMG mit einem amtlichen Formblatt anzuzeigen. Der Verkehr mit Nutzhanf zur Herstellung von Seilen, Papier, Textilien usw. nach Neuformulierung der Ausnahmeregelungen für Cannabis in Anl. I, lit. b zum BtMG durch die 7. BtMÄndV v. 29. 3. 1996 bedarf keiner Erlaubnis nach § 3 BtMG mehr, wenn **zertifiziertes Saatgut** oder **THC-arme Sorten mit bis zu 0,2% THC** ausschließlich zu gewerblichen oder wissenschaftlichen Zwecken gehandelt werden und ein Missbrauch zu Rauschzwecken ausgeschlossen ist (s. dazu § 2 Rn. 10 ff.). Der Verkehr mit Cannabis bleibt aber erlaubnispflichtig, wenn die Hanfsorte einen höheren THC-Gehalt als 0,2% aufweist oder wenn die geplante Vertriebsform den Missbrauch zu Rauschzwecken nicht auszuschließen vermag (*VG Berlin*, Urt. v. 8. 8. 1996, VG 14 A 342.93).

12 **3. Schlafmohnanbau.** Erst mit der 8. GleichstellungsV im Jahre 1978 wurde der **Anbau der Mohnsorten Papaver orientale (Papaver bracteatum,** Türkenmohn) und **Papaver somniferum** (Schlafmohn) erlaubnispflichtig und durch das neue BtMG seit Januar 1982 bei Fehlen der Erlaubnis unter Strafe gestellt. Im Rahmen der 1. BtMÄndV v. 6. 8. 1984 wurden der Anbau und die Gewinnung der zur Art **Papaver orientale** gehörenden Pflanzen und Pflanzenteile, soweit diese **Zierzwecken** dienen, wieder von den betäubungsmittelrechtlichen Bestimmungen ausgenommen, da sie kein Morphin, sondern fast ausschließlich Thebain (mit nur geringer narkotischer Wirkung) enthalten. Im Rahmen der 2. BtMÄndV v. 1. 8. 1986 wurde der **Papaver orientale** ganz aus der Anl. II gestrichen. Weiterhin unter Strafe gestellt blieb nach Anl. II der Anbau von **Papaver bracteatum,** sofern er nicht zu Zierzwecken erfolgt. Der **Papaver somniferum,** ehemals nur verkehrsfähiges, nicht verschreibungsfähiges Betäubungsmittel, wurde aus der Anl. II genommen und in die Anl. III eingegliedert als verkehrsfähiges und verschreibungsfähiges Betäubungsmittel, um die **Verschreibung von homöopathischen Zubereitungen** zu ermöglichen. Durch die 4. BtMÄndV wurde die kleinkapselige Mohnsorte **Papaver somniferum setigerum** ebenfalls der Anl. III unterstellt. Ganz gleich ob Gärtner, Landwirt, Wissenschaftler oder Hausfrau, jeder benötigt zum Anbau von **Papaver somniferum** eine Erlaubnis des **BfArM.**

13 **4. Salvia divinorum.** Durch die 21. BtMÄndV v. 18. 2. 2008 (BGBl. I, 246) wurden die Pflanzen und Pflanzenteile der Pflanze Salvia divinorum, auch Azteken- oder Zaubersalbei genannt, ohne weitere Ausnahme in Anl. I aufgenommen

(s. dazu auch § 2 Rn. 21). Der Anbau von Salvia divinorum ist daher erlaubnispflichtig.

5. Khatanbau und der Anbau weiterer Rauschpflanzen. Auch für den 14 Anbau der **wirkstofftragenden Pflanzen,** die zwar nicht ausdrücklich in den Anl. I bis III genannt sind, aber nach dem 5. Spiegelstrich der Anl. I Betäubungsmittel darstellen, wenn sie als Betäubungsmittel missbräuchlich verwendet werden sollen, z. B. **Mescalin** enthaltende Kakteenarten, die **Cathin/Cathinon** enthaltende Kath-Pflanze oder **psilocybinhaltige Pilze,** ist eine Erlaubnis nach § 3 BtMG erforderlich (s. § 2 Rn. 22).

II. Fälle des erlaubten Herstellens

Entsprechend dem Herstellungsbegriff von § 2 Abs. 1 Nr. 4 BtMG enthält der 15 Katalog nicht mehr wie in § 3 BtMG 1972 die Gewinnung und Verarbeitung, sondern die Herstellung von Betäubungsmitteln (zum Begriff des Herstellens s. § 29/Teil 3, Rn. 11 ff.). In §§ 3 Abs. 1, 11 Abs. 1 BtMG 1972 war nur die gewerbsmäßige Herstellung erlaubnispflichtig. Nach § 3 BtMG 1982 bedarf **jede Herstellung** der Erlaubnis. Auch **die Herstellung ausgenommener Zubereitungen** steht unter dem Erlaubnisvorbehalt (§ 3 Abs. 1 Nr. 2 BtMG).

Beantragt ein Pharmaunternehmen die Herstellung des verkehrs- und verschrei- 16 bungsfähigen Betäubungsmittels Delta-9-Tetrahydrocannabinol (= Dronabinol) zu wissenschaftlichen Zwecken in bestimmten Betriebsräumen, so bedeutet die erteilte **Herstellungserlaubnis** noch **nicht gleichzeitig** die Erlaubnis, die für die Herstellung erforderlichen Standardsubstanzen **zu erwerben** und das hergestellte Dronabinol auch außerhalb des Betriebsgeländes **verbringen und verkaufen zu dürfen,** obwohl Dronabinol als wirksames Arzneimittel gegen Erbrechen bei Krebspatienten und zur Appetitanregung bei AIDS-Patienten inzwischen anerkannt ist. Ein Apotheker wiederum kann wegen der Befreiung von der Erlaubnispflicht nach § 4 Abs. 1 BtMG das in Anl. III eingestufte Dronabinol ohne **Erlaubnis nach § 3 BtMG herstellen.** Sofern es sich aber um die Herstellung eines Arzneimittels handelt, ist ergänzend zu prüfen, ob es einer **Herstellungserlaubnis nach § 13 AMG** bedarf.

III. Fälle des erlaubten Erwerbs und der erlaubten Abgabe

Für den Erwerb und für die Abgabe von Betäubungsmitteln ist eine Erlaubnis 17 nach § 3 BtMG erforderlich. Der erlaubte Erwerb und die erlaubte Abgabe von Betäubungsmitteln sind im Einzelnen in der **BtMBinHV,** Ordnungswidrigkeiten sind in § 7 BtMBinHV i. V. m. § 32 BtMG und unerlaubter strafbarer Erwerb sowie unerlaubte strafbare Abgabe in § 29 Abs. 1 S. 1 Nr. 1 BtMG geregelt. Beantragt eine Forschungseinrichtung beim *BfArM* **für die Durchführung einer klinischen Studie** zur Wirksamkeit des Betäubungsmittels Cannabis Sativa bei der Behandlung von AIDS- und Krebs-Patienten eine Erlaubnis nach § 3 BtMG für den Erwerb und die Abgabe von **Delta-9-Tetrahydrocannabinol-Kapseln,** die als **Dronabinol** in Anl. III zum BtMG genannt sind, so dürfen die der wissenschaftlichen Verwendung dienenden Betäubungsmittel nicht für andere Zwecke abgegeben werden. Soweit Betäubungsmittel nicht einwandfrei geliefert werden oder bei der klinischen Studie nicht verbraucht werden, sind sie an den Lieferanten zurückzugeben oder zu vernichten, dürfen aber nicht für nicht erlaubte Zwecke verwendet werden. Beantragt eine Forschungseinrichtung bei der Bundesopiumstelle für die Durchführung einer klinischen Studie die Erlaubnis für den Erwerb und die Abgabe der in Anl. III zum BtMG genannten Betäubungsmittel **Methadonhydrochlorid** und **Levacetylmethadolhydrochlorid (LAAM)** zur Substitutionsbehandlung von opiatabhängigen Patienten, so dürfen die Betäubungsmittel regelmäßig nur innerhalb der genehmigten Studie und innerhalb der genehmigten Frist verwendet werden.

IV. Fälle der erlaubten Verschreibung, Verabreichung oder Abgabe

18   Soweit Ärzte oder Apotheker Betäubungsmittel der Anl. II oder III verschreiben, verabreichen oder abgeben, sind sie gem. § 4 BtMG von der Erlaubnispflicht nach § 3 BtMG befreit und wegen ihrer Ausbildung und Approbation nur dem § 13 BtMG unterworfen. Sofern sie aber mit Betäubungsmitteln der Anl. I zu Forschungszwecken umgehen wollen, bedürfen sie einer Ausnahmeerlaubnis nach § 3 Abs. 2 BtMG. Die Patienten des Arztes und Kunden des Apothekers bedürfen ebenfalls als Erwerber keiner Erlaubnis nach § 3 BtMG, sondern einer Verschreibung. Strittig ist, ob ein Arzt im Rahmen einer klinischen Arzneimittelprüfung (§§ 40, 41 AMG), bei der Betäubungsmittel der Anl. III eingesetzt werden sollen, einer Erlaubnis nach § 3 BtMG bedarf oder nur § 13 BtMG unterworfen ist. Das *BfArM* verlangt zu Recht eine zusätzliche Erlaubnis, da die klinische Prüfung nicht nur therapeutischen (= § 13 BtMG), sondern auch wissenschaftlichen Zwecken diene (*Wagner* MedR 2004, 373). Die Gegenmeinung hält § 13 BtMG für die allein zutreffende Norm sowohl bei einer individuellen Behandlung als auch bei einer zulässigen klinischen Prüfung von Arzneimitteln an kranken Versuchspersonen. Erlaubnispflichtig sind nach dieser Auffassung nach § 3 BtMG lediglich klinische Prüfungen von Arzneimitteln mit gesunden Versuchspersonen (*Dähne* MedR 2003, 547).

V. Fälle der erlaubten Einfuhr, Ausfuhr und Durchfuhr

19   Die Einfuhr und Ausfuhr sind, sofern sie auf Umsatz mit Betäubungsmitteln gerichtet sind, bereits als Handeltreiben erlaubnispflichtig. Die Erlaubnispflicht nach § 3 BtMG gilt aber auch für die Einfuhr und Ausfuhr, wenn sie zu wissenschaftlichen Zwecken ausgeübt werden, wenn sie dem Eigenkonsum dienen oder wenn die Absicht der Gewinnerzielung nicht nachweisbar ist. Auch die Einfuhr von Cannabis zur Selbstmedikation bedarf grundsätzlich der Erlaubnis (*BVerfG*, Beschl. v. 12. 7. 2005, 2 BvR 1772/02). Seit Inkrafttreten der 25. BtMÄndV am 18. 5. 2011 unterliegen aber **Cannabiszubereitungen, die als Fertigarzneimittel zugelassen sind**, der Anl. III, so dass nunmehr bei der Einfuhr von im Ausland verschriebenen Cannabisfertigarzneimitteln die Ausnahmeregelung des § 4 Abs. 1 Nr. 4 eingreifen kann (s. dazu im Einzelnen § 29/Teil 5, Rn. 13 ff.). Bei der Durchfuhr wurde von einer Erlaubnispflicht abgesehen, da der Durchführende regelmäßig nicht im Geltungsbereich des BtMG wohnt. Neben der generellen Einfuhrerlaubnis bedarf es je nach Fallgestaltung noch **zusätzlicher Einzelgenehmigungen** gem. § 11 BtMG. Die Ein-, Ausfuhr und Durchfuhr von Betäubungsmitteln sind im Einzelnen in der BtMAHV geregelt. Ordnungswidrigkeiten im Rahmen der Ein- und Ausfuhr sind in § 16 BtMAHV i. V. m. § 32 BtMG geregelt.

VI. Fälle des erlaubten Handeltreibens

20   Alle Formen des legalen Handeltreibens zwischen befugten Teilnehmern am Betäubungsmittelverkehr sind grundsätzlich nicht nur sowohl für den Verkäufer als auch für den Käufer, sondern auch für alle Geschäftsvermittler erlaubnispflichtig. Zwar benötigten früher bei einem Verkauf einer größeren Menge Opium mit Morphingehalt nur der Verkäufer und der Käufer eine separate Verkehrserlaubnis (RGSt. 65, 161). Die Vermittlung von Betäubungsmittelgeschäften zwischen befugten Teilnehmern am Betäubungsmittelverkehr war vor 1930 weder erlaubnispflichtig noch strafbar. Heute sind alle unter den Begriff Handeltreiben fallenden eigennützigen, auf den Umsatz von Betäubungsmitteln gerichteten Tätigkeiten erlaubnispflichtig, auch nur gelegentliche, einmalige oder bloß vermittelnde Bemühungen. Auf die Form, in der Handel getrieben wird, oder auf den Zweck der Geschäftstätigkeit kommt es ebenso wenig an wie auf den Umstand, ob der Betäubungsmittelhändler überhaupt Verfügungsgewalt über die Betäubungsmittel hat. Nicht nur Betäubungsmittelgroßhändler, sondern auch Handelsvertreter, Kommis-

sionäre, Handelsmakler, Spediteure und Lagerhalter bedürfen einer Erlaubnis nach § 3 BtMG. So ist derzeit umstritten, ob eine Firma, die einen Dosierautomaten und ein Computersystem für die Dosierung, Verabreichung und Abrechnung von Methadon-Rationen im Rahmen der ambulanten Substitutionstherapie entwickelt hat, einer Erlaubnis nach § 3 BtMG bedarf, wenn sie die von den Apothekern aufgrund Verschreibung an die Arztpraxen gelieferten Methadonmengen in einer Art von Mischkalkulation zusammen mit den Unkosten für den Dosierautomaten den Krankenkassen in Rechnung stellt. Erzielt ein selbstständiger Gewerbetreibender mit dem Absatz von Methadon und der Abrechnung von Substitutionsleistungen Umsätze, so besteht grundsätzlich eine Erlaubnispflicht. Wickelt der Gewerbetreibende aber quasi als Hilfspersonal von Ärzten oder Apothekern, die gem. § 4 BtMG wegen ihrer Approbation von der Erlaubnispflicht befreit sind, für diese mit dem Dosierautomaten die Vergabe und Abrechnung der Methadonrationen ab, so erscheint diese Tätigkeit erlaubnisfrei zu sein, da sie ja der Kontrolle des Arztes und des Apothekers unterliegen.

VII. Fälle des erlaubten Besitzes

Der Besitz findet in § 3 BtMG keine besondere Erwähnung, weil er im legalen **21** Bereich regelmäßig notwendige Folge der in Abs. 1 genannten erlaubnispflichtigen Handlungen ist und kein Bedürfnis für eine erneute Erlaubniserteilung des Besitzes gegeben ist. Währenddessen hat der Besitz im illegalen Bereich große Bedeutung als Auffangtatbestand und findet deshalb in den Strafbestimmungen des § 29 Abs. 1 S. 1 Nr. 3 und des § 29 a BtMG gesonderte Erwähnung.

C. Ausnahmen von der Erlaubnispflicht

In § 4 Abs. 1 bis Abs. 3 BtMG sind Ausnahmen von der Erlaubnispflicht für be- **22** sondere Berufsgruppen wie Arzt, Zahnarzt, Tierarzt, Apotheker, Strafverfolgungsbehörden und befugte Teilnehmer am Betäubungsmittelverkehr zusammengefasst (s. § 4 Rn. 1 ff.).

D. Erlaubnisantrag nach § 3 BtMG

Für Erlaubnisanträge ist in Deutschland die zuständige Behörde das **23** **Bundesinstitut für Arzneimittel und Medizinprodukte (*BfArM*)** **– Bundesopiumstelle –** **Kurt Georg Kiesinger Allee 3** **53175 Bonn,** das im Jahr 2000 von Berlin nach Bonn umgezogen ist (s. dazu im Einzelnen § 19 Rn. 4). Der Vorzug einer **Bundeserlaubnisbehörde** liegt darin, dass im Gegensatz zu den Ländergesundheitsbehörden die Entscheidungen nach **einheitlichen Kriterien** erfolgen, dass diese Behörde einen **Gesamtüberblick** über den legalen Betäubungsmittelverkehr und die entsprechenden Umgehungsbemühungen erhält und den legalen **Betäubungsmittelverkehr zentral steuern** kann. Beim Versand von sichergestellten Drogen, bei operativen Ermittlungsverfahren und polizeilich kontrollierten Betäubungsmitteltransporten handelt es sich nicht um legale Verkehrsformen, so dass das *BfArM* nicht eingeschaltet werden muss (vgl. hierzu § 4 Rn. 23 ff.). Die **Erfordernisse für einen Antrag** nach § 3 BtMG sind im Einzelnen in § 7 BtMG beschrieben.

E. Erlaubnisentscheidung

Das *BfArM* soll innerhalb von 3 Monaten nach Eingang des Antrags über die Er- **24** teilung der Erlaubnis entscheiden und die zuständige oberste Landesbehörde über die getroffene Entscheidung (§ 8 Abs. 1 BtMG) unterrichten. Die 3-Monatsfrist dient dazu, dass ein Antragsteller – insb. in Einzelfällen – kurzfristig erfährt, ob die Verwaltungsbehörde seinem Begehren zustimmt. Der Umgang mit Betäubungsmitteln der Anl. II und III bedarf der Erlaubnis nach § 3 Abs. 1 BtMG, die im **Ermessen der Behörde** steht (*BVerwG* NJW 2005, 3300). Für den Umgang mit Betäubungsmitteln, die in Anl. I genannt werden, kann nur **ausnahmsweise** eine Erlaubnis nach § 3 Abs. 2 BtMG zu wissenschaftlichen oder anderen im öffentlichen Interesse stehenden Zwecken erteilt werden. Das *BfArM* kann dem Antragsteller **Gelegenheit geben, Mängeln des Antrages abzuhelfen** (§ 8 Abs. 2 BtMG). Es kann die Erlaubnis zur Beschränkung des notwendigen Inhalts mit **Beschränkungen, Befristungen, Bedingungen und Auflagen** versehen (§ 9 BtMG). Die Erlaubnis nach § 3 BtMG **kann** aus den Gründen des § 5 Abs. 2 BtMG und **muss** aus den Gründen des § 5 Abs. 1 Nr. 1 bis Nr. 7 BtMG versagt werden. Nach § 10 BtMG kann die Erlaubnis zurückgenommen bzw. widerrufen werden.

25   Durch die zentrale Erfassung aller Betäubungsmittelerlaubnisinhaber gewinnt das *BfArM* einen **Gesamtüberblick über den legalen Betäubungsmittelverkehr** und kann diesen durch geeignete Maßnahmen **kontrollieren und steuern.** Die zentrale Erfassung der Erlaubnisinhaber ermöglicht gleichzeitig die Feststellung, dass der Verkehr mit Betäubungsmitteln von nicht erfassten Personen illegal ist, sofern sie nicht zu dem Personenkreis des § 4 BtMG gehören. Die Erlaubnis ist **höchstpersönlich** und deshalb **nicht übertragbar** und **nicht vererblich.**

26   Die Erlaubnis kann auch **juristischen Personen** oder **nicht rechtsfähigen Vereinen** erteilt werden. So kann auch eine **Gemeinde** Erlaubnisinhaber für ein städtisches Drogenprojekt sein. Die Erlaubnis wird aber gem. §§ 5 Abs. 1 Nr. 1, 7 S. 2 Nr. 3 BtMG **für ganz bestimmte, nicht austauschbare Betriebsstätten** erteilt. Sie ist **befristet** und **muss vor Beginn des Betäubungsmittelverkehrs vorliegen.**

27   Die Erteilung einer Erlaubnis nach § 3 BtMG stellt einen begünstigenden, gestaltenden **Verwaltungsakt** (§ 35 VwVfG) dar und wirkt **konstitutiv** unabhängig von der rechtlichen Richtigkeit **(Verwaltungsakzessorietät).** Die Zusage einer **zukünftigen Erlaubnis** wirkt nicht konstitutiv. Eine **spätere Erlaubnis** heilt nicht das frühere Fehlen der Erlaubnis. Der Strafrichter prüft im Einzelfall nur, ob eine formell wirksame Erlaubnis vorliegt. Ob die Verwaltungsentscheidung materiellrechtlich richtig ist, hat er nicht zu überprüfen; es sei denn, die Fehlerhaftigkeit der Entscheidung wäre offensichtlich und der Verwaltungsakt deshalb nichtig (§ 44 VwVfG). Bei nichtigen Verwaltungsakten fehlt es ebenso wie bei zurückgenommenen oder aufgehobenen (§§ 48, 49 VwVfG) Entscheidungen an der erforderlichen Erlaubnis (*Franke/Wienroeder* § 3 Rn. 2).

F. Erlaubnis für Tätigkeiten im Ausland

28   Derjenige, der **im Ausland aufgrund einer dort erteilten Erlaubnis handelt,** kann nicht bestraft werden. Dies gilt umso mehr, als international allgemein von einer Erlaubnis- oder Genehmigungspflicht auszugehen ist (vgl. Art. 30 Abs. 1 des Einheits-Übereinkommens 1961 und Art. 8 Abs. 1 des Suchtstoffübereinkommens 1971). Insgesamt kommt es auf **die für den Begehungsort maßgebliche Erlaubnis** an.

29   Verhandelt ein Drogenhändler ohne Erlaubnis im Inland über die Lieferung von Betäubungsmitteln, die er in einem Nachbarland, wo diese Stoffe nicht dem BtMG unterstehen, gelagert hat, und verkauft diese an einen Abnehmer ohne Inlandsberührung in einem Drittland, so macht er sich im Inland wegen unerlaubten Handeltreibens strafbar. Würde man Personen, deren **Zuverlässigkeit** zweifelhaft ist, ohne Erlaubnis einen unkontrollierten Handel mit Auslandsbetäubungsmitteln vom Bundesgebiet aus gestatten, wäre die Gefahr nicht auszuschließen, dass diese Betäubungsmittel letztlich auch ins Bundesgebiet gelangten (vgl. zur Erlaubnispflicht einer im Inland entfalteten Waffenhandelstätigkeit über im Ausland befindliche Waffen und Lieferung in einen Drittstaat, *BGH* NStZ 1996, 286 = wistra 1996, 107).

G. Ausländische Erlaubnis für Inlandstätigkeit

Eine ausländische Erlaubnis schützt den Täter nicht davor, sich im Inland wegen **30** des Fehlens einer Erlaubnis des *BfArM* nach § 29 BtMG strafbar zu machen (vgl. BT-Drs. 12/3533, 16 f.).

H. Ein- und Ausfuhrgenehmigungspflicht

I. National

Die generelle Verkehrserlaubnis nach § 3 BtMG ist zu unterscheiden von den **31** **Genehmigungs- und Meldepflichten im Einzelfall** (§§ 11 bis 18 BtMG). Das System der Import- und Exportgenehmigungen (§ 11 BtMG i. V. m. der BtMAHV) stellt sicher, dass für jede einzelne Transaktion von den zuständigen nationalen Behörden in Form von Import- und Exportgenehmigungen vorher eine Genehmigung eingeholt wird. Die Vertragsparteien des Einheits-Übereinkommens 1961 gestatten sich gegenseitig die Ein- und Ausfuhr und den internationalen Handel im legalen Betäubungsmittelverkehr unter den in Art. 31 genannten Voraussetzungen und Genehmigungspflichten.

II. International

Wenn ein Erlaubnisinhaber für einen medizinischen und wissenschaftlichen **32** Zweck ein bestimmtes Rauschmittel aus dem Ausland importieren will, muss seine zuständige nationale Behörde der internationalen Drogenbehörde zuerst eine entsprechende Schätzung der gewünschten Betäubungsmittelmenge zwecks Bestätigung vorlegen (Art. 12 und 18 des Einheits-Übereinkommens 1961). Darin ist die Drogenmenge anzugeben, die für die Abdeckung des medizinischen und wissenschaftlichen Bedarfs des Landes bzw. des Antragstellers erforderlich ist. Nach Erhalt der Bestätigung der Schätzung durch die Internationale Drogenbehörde in Wien darf die zuständige Behörde des importierenden Landes im Rahmen dieser Schätzung eine entsprechende Importgenehmigung für einen ordnungsgemäß konzessionierten Importeur ausstellen (Art. 21 und 31 des Einheits-Übereinkommens 1961). Die fragliche Transaktion darf aber erst nach Abschluss dieses Verfahrens durchgeführt werden.

I. Versagung der Erlaubnis

Bei der Versagung der Erlaubnis nach § 8 BtMG handelt es sich um einen belas- **33** tenden Verwaltungsakt, da durch die Ablehnung der beantragten Erlaubnis der Antragsteller beschwert wird.

I. Zwingende Versagungsgründe

§ 5 Abs. 1 BtMG enthält zwingende Versagungsgründe, die kein Ermessen mehr **34** eröffnen. Gem. § 5 Abs. 2 BtMG **kann** eine Erlaubnis versagt werden. Eine Erlaubnis **ist** abzulehnen, wenn einer der zwingenden Versagungsgründe des § 5 Abs. 1 Nr. 1 bis Nr. 6 BtMG vorliegt und die Mängel nicht nach Fristsetzung gem. § 8 Abs. 2 BtMG beseitigt wurden (§ 5 Abs. 1 Nr. 7 BtMG). Es ist umstritten, ob die zwingenden Versagungsgründe von § 5 Abs. 1 Nr. 1 bis Nr. 7 BtMG mit Hilfe von Beschränkungen, Bedingungen oder Auflagen gem. § 9 BtMG überwunden werden können (vgl. § 5 Rn. 2).

II. Verbot der Erlaubniserteilung

Der Verkehr mit den in der Anl. I genannten Betäubungsmitteln ist grundsätz- **35** lich verboten. Diese Stoffe und Zubereitungen gelten als medizinisch bedeutungslos, so dass auch kein Bedarf für eine Erlaubnis zum Verkehr besteht. Die Ausnahme von § 3 Abs. 1, nämlich § 13 BtMG gilt nur für die Betäubungsmittel der Anl. III. Die **Einstufung in Anl. I** stellt ein **absolutes Verkehrsverbot** dar und entspricht der Verbotsvorschrift des § 9 BtMG 1972. Dieses Verkehrsverbot kann nur vom *BfArM* ausnahmsweise aufgehoben werden (§ 3 Abs. 2 BtMG).

J. Ausnahmegenehmigungen nach § 3 Abs. 2 BtMG

36   Das *BfArM* kann gem. § 3 Abs. 2 BtMG eine Ausnahmebewilligung für in Anl. I bezeichnete Betäubungsmittel in einem konkret abgegrenzten Bereich für **wissenschaftliche oder andere im öffentlichen Interesse liegende Zwecke** erteilen. Das *BfArM* erteilt gem. § 3 Abs. 2 BtMG Ausnahmeerlaubnisse auf Antrag an wissenschaftliche Einrichtungen, Untersuchungsanstalten der Länder und Kommunalbehörden, Apotheken, private Laboratorien, Forschungsabteilungen pharmazeutischer Firmen und Lieferanten der vorgenannten Einrichtungen sowie **ausnahmsweise auch an Individualpersonen** (s. Rn. 50). Nach dem Gesetzeswortlaut ist von einer alternativen Zweckbestimmung (zu wissenschaftlichen **oder** anderen im öffentlichen Interesse liegenden Zwecken) und nicht von einer kumulativen Zweckbestimmung (sowohl wissenschaftlich als auch im öffentlichen Interesse) auszugehen. In der Regel liegen wissenschaftliche Zwecke auch im öffentlichen Interesse, da Wissenschaft und Forschung vom Staat garantiert, geschützt und gefördert werden (vgl. Art. 5 Abs. 3 GG). Wissenschaftliche Zwecke sind somit speziell genannte Unterfälle der Verfolgung öffentlicher Interessen (*VG Berlin* NJW 1997, 816 = StV 1996, 621). Auch bei einem Ausnahmeantrag müssen die Formalien des § 7 BtMG beachtet, die notwendige Sachkenntnis nach § 6 BtMG belegt und das Nichtvorliegen von Versagungsgründen des § 5 BtMG nachgewiesen werden. Da bei einem Ausnahmeantrag **verschiedene Gesetzeszwecke miteinander konkurrieren oder kollidieren** können, ist regelmäßig zu prüfen, ob nicht durch **geeignete Auflagen** den gegensätzlichen Gesetzeszwecken gleichzeitig entsprochen werden kann. Dabei dürfen **Auflagen nach § 9 BtMG** nur insoweit erfolgen, wie sie für den Antragsteller auch **zumutbar und erfüllbar** sind. Anderenfalls ist der Antrag abzulehnen. Sind die Auflagen erkennbar eine **verschleierte Ablehnungsentscheidung,** weil sie von dem Antragsteller eine Sachkenntnis, eine Zuverlässigkeit, eine Fortbildung, eine Betriebsstätte, Kontrollpersonal oder bauliche Sicherungsvorkehrungen **in einem nicht erfüllbaren bzw. in einem unverhältnismäßigen Umfang** verlangen, so ist ein derartiger Bescheid nicht mit dem Gesetz zu vereinbaren. Ein Schwerkranker im Rollstuhl kann für die Lagerung von verhältnismäßig geringen Mengen von Cannabis-Medizin keinen Aufwand wie ein medizinisches Institut betreiben.

I. Wissenschaftlicher Zweck

37   **1. Freiheit der Forschung.** Wissenschaft ist alles, was nach Inhalt und Form als ernsthafter planmäßiger Versuch zur Ermittlung der Wahrheit anzusehen ist (BVerfGE 35, 79, 113 = NJW 1973, 1176; *Weber* § 3 Rn. 90). Wissenschaft heißt der autonome geistige Prozess planmäßiger, methodischer und eigenverantwortlicher Suche nach Erkenntnissen sachbezogen–objektiver Wahrheit sowie kommunikativer Vermittlung solcher Erkenntnisse (*Maunz-Dürig/Scholz* Art. 5 Abs. 3, Rn. 91). Da Wissenschaft und Forschung vom Staat garantiert, geschützt und gefördert werden (Art. 5 Abs. 3 GG), Fremdbestimmung und Zensur nicht zulässig sind (BVerfGE 35, 79, 113 = NJW 1973, 1176), müssen Gegenstand, Ziel, Methode, Vermittlung und äußere Bedingungen der Forschung grundsätzlich frei sein, weshalb Verwaltungsbehörden und Gerichten bei der Prüfung von Forschungsprojekten lediglich eine qualifizierte Plausibilitätskontrolle zusteht (*BVerfG* NVwZ 1994, 894; *VG Berlin* NJW 1997, 816 = StV 1996, 621). Die Freiheit der Forschung unterliegt nur den von der Verfassung gezogenen Schranken. Durch das Forschungsprojekt dürfen nicht andere Grundrechte im Übermaß verletzt, der Bestand der Bundesrepublik Deutschland oder die freiheitlich demokratische Grundordnung in Frage gestellt werden. Benötigt ein Mitarbeiter eines wissenschaftlichen Forschungsinstituts für Untersuchungen, Testversuche oder wissenschaftliche Demonstrationen Cocablätter oder Cannabispflanzen, so kann dies nach

§ 3 Abs. 2 BtMG unter der Auflage sicherer Aufbewahrung genehmigt werden (*BfArM*, Beschl. v. 20. 10. 1995, 6 VI 12–7650–4274421–1026/95).

2. Trägerschaft eines Forschungsprojektes. Die verfassungsmäßig verbürgte **38** Forschungsfreiheit kann **auch von juristischen Personen des öffentlichen Rechts** in Anspruch genommen werden, so dass eine Stadt wie Frankfurt oder ein Land wie Schleswig-Holstein, wenn dieses sich in einer den Forschungsbereichen der Universitäten vergleichbaren Situation befinden, Träger eines Forschungsprojektes sein kann.

3. Umfang der Prüfungspflicht der Verwaltungsbehörde. Trotz der Un- **39** antastbarkeit der Forschungsfreiheit umfasst die qualifizierte Plausibilitätsüberprüfung mehr als eine bloße formelle Überprüfung des Antrages. Die Verwaltungsbehörde hat zu prüfen, ob die vorgetragenen Tatsachen belegt sind, ob dem Projekt ethische oder rechtliche Erwägungen entgegenstehen und ob Forschungszweck und Forschungsziel mit dem Projekt überhaupt erreichbar sind. Sie hat sich jedoch **bei wissenschaftlichem Meinungsstreit neutral** zu verhalten. So hat das *BVerwG* **zu Recht gerügt,** dass die Erlaubnisbehörde bei dem **wissenschaftlichen Meinungsstreit,** ob der Wirkstoff **Dronabinol** eine gleichwertige Therapie-Alternative zu **Cannabis** bei der Behandlung von Multiple-Sklerose darstelle **einseitig und damit voreingenommen** von einem gleichwertigen Wirkstoff ausgegangen sei, obwohl sowohl Cannabis als auch Dronabinol keine zugelassenen Arzneimittel darstellten, weil abschließend Wirksamkeitsnachweise von beiden Stoffen noch nicht vorliegen (vgl. *BVerwG* NJW 2005, 3300).

4. Wissenschaftliches Konzept und Methodik. Wissenschaftliche Zwecke **40** wie z. B. medizinisch-pharmazeutische Versuche setzen einen wissenschaftlichen Arbeitsansatz voraus, bei dem der Umgang mit dem Betäubungsmittel nicht einem einzelnen Anwendungs- oder Konsumfall, sondern der Klärung noch unbekannter Sachverhalte dient. Von einem wissenschaftlichen Ansatz kann nur gesprochen werden, wenn sach- und fachkompetente, wissenschaftlich erfahrene Personen an einem ausgereiften, überwachten Modellvorhaben arbeiten. Das wissenschaftliche Forschungsprojekt bzw. der wissenschaftliche Modellversuch muss gem. § 7 Abs. 1 S. 2 Nr. 8 BtMG die wissenschaftlichen Fragestellungen, die Untersuchungsmethode, das Versuchsgebiet, den Versuchszeitraum, die Auswahl der Probanden, die für das Versuchsprojekt verantwortlichen Personen, die vorgesehenen Räumlichkeiten und die benötigten Betäubungsmittelmengen unter Bezugnahme auf die einschlägige wissenschaftliche Literatur benennen. Das Modellvorhaben muss eine Risikoabschätzung vornehmen, um unvertretbare Gefährdungen der Bevölkerung zu vermeiden. Das Modellvorhaben muss wissenschaftlich begleitet und in seinem Verlauf kontrolliert werden, um es bei ungünstiger Entwicklung abbrechen zu können. Das Modellvorhaben muss reversibel sein, d. h. bei Beendigung des Modellvorhabens müssen die Anfangsbedingungen wiederherstellbar sein.

So lehnte das *BfArM* das **Kieler Cannabiskonzept** (s. dazu Rn. 67) wegen **41** Unbestimmtheiten bei der Methodik ab. Die Ein- und Ausschlussbedingungen zur Teilnahme am Modellprojekt (wie Altersbegrenzung und Einwilligungsfähigkeit) seien unzureichend dargelegt, die Erhebungsinstrumente (Frage- und Dokumentationsbögen), das Auswertungskonzept, die Kriterien der Verlaufskontrolle und die Abbruchsmöglichkeit des Gesamtprojektes, der Nutzen und die Risiken des Modellprojekts seien nicht ausreichend dargestellt (*BfArM*, Beschl. v. 21. 5. 1997, 8–7650–4297770).

5. Erreichbarkeit der Zielvorstellungen des Modellprojektes. Ein Mo- **42** dellprojekt muss die beschriebenen Zielvorstellungen erreichen können. Ergibt aber das Forschungskonzept, dass die Zielvorstellung des Modellprojektes mit dem Forschungs- und Durchführungsplan gar nicht erreichbar sind, so besteht kein Grund für die Erteilung einer Ausnahmegenehmigung.

Bei dem **Kieler Cannabisprojekt** (s. Rn. 67) beanstandete das *BfArM* die vier **43** Zielvorstellungen des Cannabismodellprojekts seien nicht in ausreichendem Maße mit den angegebenen Methoden erreichbar. Dies waren: Bewertung des Risikos für die Anwender, Einschätzung des Risikos für die Bevölkerung, effektive Gestaltung der Generalprävention und Unsicherheit der Rechtsgrundlagen bei der Strafverfolgung. Es seien keine aussagekräftigen Daten, kein wissenschaftlich fundierter Vorher- und Nachhervergleich, sondern nur zweifelhafte Grobschätzungen zu erwarten, so dass die geplante experimentelle Anwendung am Menschen unter Nutzen-Risiko-Gesichtspunkten (Erkenntnisgewinn gegen Risiken) nicht gerechtfertigt sei (*BfArM*, Beschl. v. 21. 5. 1997, 8–7650–4297770).

44   **6. Forschungslücken.** Es ist jedoch sehr umstritten, ob das *BfArM* den Forschungs- und Durchführungsplan auf Lücken und Risiken im Einzelnen überprüfen kann und darf und ob das *BfArM* die Wissenschaftlichkeit eines jeden Projektes analog zu denjenigen Beurteilungskriterien bewerten darf, die für klinische Arzneimittelprüfungen gelten. Soll ein Betäubungsmittel aber als Arzneimittel erprobt werden, wird eine zusätzliche klinische Prüfung nach § 40 Abs. 1 S. 3 Nr. 6 AMG erforderlich sein.

45   Keinesfalls darf durch eine Überspitzung der Durchführungs- und Teilnahmebedingungen die Freiheit der Forschung eingeschränkt werden, wenn der Antragsteller bereit ist, die Risiken für die Bevölkerung und für die Anwender durch weitgehende Kontrollen gering zu halten. Dem *BfArM* steht nicht die Befugnis einer obersten Forschungszensurinstanz zu, weder aufgrund des BtMG, noch aufgrund des Gesundheitseinrichtungen-Neuordnungsgesetzes v. 26. 4. 1994 (BGBl. I, S. 1416). Zwar ist es Aufgabe des *BfArM*, die Sicherheit und Ordnung zu überwachen und die Gesundheit der Bevölkerung nicht durch riskante Forschungsvorhaben zu gefährden. Die Ausnahmeanträge nach § 3 Abs. 2 BtMG sind aber nach juristischen und medizinischen, nicht nach politischen Erwägungen zu bescheiden. Die Praxis des *BfArM* darf nicht politisch dazu missbraucht werden, Forschungsvorhaben, die von der herrschenden Drogenpolitik der Bundesregierung abweichen, zu verhindern. Denn diese Vorschrift soll ja gerade eine Fortentwicklung durch Wissenschaft und Forschung ermöglichen (vgl. die harte Kritik des *VG Berlin* NJW 1997, 816 = StV 1996, 621 m. Anm. *Körner*).

46   Ein wissenschaftliches Forschungsprojekt kann nicht mit der Begründung abgelehnt werden, die Forschungsfrage sei unerheblich oder bereits durch andere Untersuchungen beantwortet. In gleicher Weise steht auch einem Forschungsvorhaben nicht entgegen, dass bereits andere Wissenschaftler im In- oder Ausland dieser Forschungsfrage nachgehen. Denn ein Forschungsprojekt bleibt aufgrund der in Art. 5 Abs. 3 GG garantierten Wissenschaftsfreiheit auch zulässig, wenn keine Forschungslücke besteht (*VG Berlin* NJW 1997, 816 = StV 1996, 621 m. Anm. *Körner*).

47   Die Ergebnisse der **ärztlich kontrollierten Opiatvergabe von *Dr. J. Marks* in der Merseyregion/Liverpool** und der **Schweizer Heroinstudie** lassen sich aufgrund der örtlichen Besonderheiten und aufgrund der besonderen Klientenauswahl nicht einfach auf deutsche Verhältnisse übertragen. Deshalb diente auch das **Heroinvergabeprojekt DIAPRO der Stadt Frankfurt** erneuten wissenschaftlichen Zwecken. Denn es wollte erforschen, ob es im Rhein-Main-Gebiet Formen medizinisch behandlungsbedürftiger Opiatabhängigkeit gibt, bei denen eine medizinische Indikation gem. § 13 BtMG zur Verabreichung von Diamorphin (Heroin) festgestellt werden kann, und ob dieser Stoff aus der Anl. I zu § 1 BtMG heraus und in die Anl. III hineingenommen werden sollte. Aus der Verordnungsermächtigung des § 1 Abs. 2 BtMG ergibt sich geradezu, dass die Einordnung der verschiedenen Betäubungsmittel in die Anlagen zu § 1 BtMG anhand wissenschaftlicher Forschungsergebnisse u. a. auch über die pharmakologische Wirkung untersuchter Betäubungsmittel überdacht und geändert werden kann und soll. Deshalb kann die Versagung der Ausnahmegenehmigung auch nicht damit begründet werden, das entsprechende Betäubungsmittel sei nicht verkehrsfähig (*VG Berlin* NJW 1997, 816 = StV 1996, 621 m. Anm. *Körner*). Die Auffassung des *BfArM*, wonach **Betäubungsmittel der Anl. I nur in arzneilicher Form er-**

probt werden dürfen, ergibt sich **weder aus dem BtMG noch aus dem Einheits-Übereinkommen v. 1961.**

7. Erprobung einer geänderten Rechtslage. Die vom Gesetzgeber in § 3 **48** Abs. 2 BtMG eröffnete ausnahmsweise Erteilung einer Erlaubnis zum Umgang mit nicht verkehrsfähigen Betäubungsmitteln ist ausschließlich auf Zwecke begrenzt, die das gesetzliche Verbot und den Schutzzweck des Gesetzes nicht im Kern berühren. Ein Antrag, der die Erprobung einer im Verbotsumfang und im Schutzzweck geänderten Rechtslage beinhaltet, geht über das dem *BfArM* in § 3 Abs. 2 BtMG eröffnete Verwaltungsverfahren hinaus und betrifft Bereiche, über die der Gesetz- und Verordnungsgeber zu befinden haben. Eine Erlaubnis nach § 3 Abs. 2 BtMG kann als Verwaltungsakt und nach der Grundkonzeption des Gesetzes nur in begründeten und nach Verkehrsarten spezifizierten Einzelfällen erteilt werden, wobei zusätzlich der für den Gesundheitsschutz unerlässliche Verbotsrahmen des BtMG als solcher unangetastet bleiben muss.

Das *BfArM* lehnte das **Kieler Cannabisabgabeprojekt** in Apotheken (s. Rn. 67) **49** u. a. deshalb ab, weil es für einen Zeitraum von 5 Jahren für weite Bevölkerungskreise in Schleswig-Holstein (ca. 50.000 bis 80.000 Cannabiskonsumenten) das Cannabisverbot teilweise aufhebe, weil es auf eine nicht auf Einzelfälle beschränkbare Freigabe und Weiterverbreitung von Cannabisprodukten gerichtet gewesen sei. Allein der Gesetzgeber habe zu entscheiden, ob es zulässig sein solle, das derzeitige Verkehrsverbot für Cannabisprodukte ganz oder teilweise aufzuheben, um Erfahrungen mit einer alternativen Rechtslage zu sammeln (*BfArM*, Beschl. v. 21. 5. 1997, 8–7650–4297770).

II. Persönliches Interesse an einer Ausnahmebewilligung

Anträge von **Privatpersonen** auf Erteilung einer Ausnahmeerlaubnis gem. § 3 **50** Abs. 2 BtMG zum Erwerb, Besitz, Untersuchung, Anbau, Herstellung, Verarbeitung, Abgabe, Einfuhr oder zum Verkauf von Betäubungsmitteln der Anl. I haben regelmäßig keine Aussicht auf Erfolg, da sie nicht der Wissenschaft dienen und nicht im öffentlichen Interesse liegen, **es sei denn,** der Antrag diene **sowohl den individuellen Interessen des Antragstellers und zugleich einem öffentlichen Anliegen** (vgl. Rn. 56 ff.).

1. Genuss-Interesse. Der Antrag einer Frau auf Erteilung einer Ausnahmeerlaubnis nach § 3 Abs. 2 BtMG, **um Cannabis im Zustand gepflegter Entspannung genießen zu können,** wurde vom *BfArM* durch Bescheid v. 16. 1. **51** 2001, 8–7650–4447100–1103/00, und der dagegen erhobene Widerspruch durch Widerspruchsbescheid v. 12. 9. 2002 mit der Begründung zurückgewiesen, die beantragte Erlaubnis widerspreche dem Verkehrsverbot des BtMG, ein Missbrauch sei nicht auszuschließen und ein öffentliches Interesse an einer Ausnahmeerlaubnis sei nicht erkennbar. Das *VG Köln* wies die Klage mit der Begründung zurück, es bestünde kein öffentliches Interesse an einer Ausnahmeerlaubnis und auch das *BVerfG* habe in seinem Beschl. v. 9. 3. 1994 ein Recht auf Rausch verneint. Das Erleben eines Rausches und die Erzielung einer Entspannung durch Cannabis sei für ein menschenwürdiges und freiheitliches Leben nicht notwendig. Die Verwehrung des Cannabisanbaus zum Zwecke des Eigenkonsums sei im Rahmen der Rechtsgüterabwägung zumutbar und eine angemessene Belastung (*VG Köln*, Urt. v. 23. 3. 2004, 7 K 9695/01). Das Genuss-Interesse spielt im Lebensmittelrecht eine erhebliche Rolle, nicht aber im AMG und BtMG, wo der Gesundheitsschutz im Vordergrund steht.

2. Religiöses Interesse. Das individuelle Interesse, in **Ausübung des Grundrechts der Religionsfreiheit Cannabis anzubauen** und bei rituellen Versammlungen der Rastas Cannabis als heiliges Kraut, das auf dem Grabe Salomons gewachsen sei, zu rauchen, erlaubt keine Ausnahmegenehmigung nach § 3 Abs. 2 BtMG, zumal das öffentliche Interesse, mit dem BtMG die Volksgesundheit zu schützen, gerade entgegensteht (BVerwGE 112, 314 = NJW 2001, 1365).

53   **3. Künstlerisches Interesse.** Nicht nur religiöse, sondern auch **künstlerische Bedürfnisse von Einzelpersonen** rechtfertigen ohne zusätzliche Gründe keine Ausnahmeerlaubnis. Etwas anderes kann sich ergeben, wenn ein **öffentliches Interesse** an einem künstlerischen Betäubungsmittelevent bestehen sollte.

54   **4. Medizinisches Interesse.** Die Entscheidung, einem Patienten den Erwerb, den Anbau oder den Besitz von Cannabis zu gestatten, stellt regelmäßig eine Einzelfallentscheidung dar, die die **konkreten Gefahren des Betäubungsmitteleinsatzes** dem **möglichen therapeutischen Nutzen** des Betäubungsmittels gegenüberstellen muss. Hierbei ist zu beachten, dass zahlreiche Betäubungsmittel sowohl schädliche als auch heilsame Wirkungen haben und diese von Dosis, gesundheitlicher Disposition des Patienten und der Konsumform abhängen. Bei schweren Erkrankungen wie Tumor, multipler Sklerose oder AIDS mit nur geringer Aussicht auf Heilung stellt es bereits einen therapeutischen Nutzen dar, wenn der Stoff zu einer **Verbesserung des subjektiven Befindens** beiträgt und **Beschwerden lindert.** Die Erlaubnisbehörde hat **im Einzelfall abzuwägen,** ob dem Schutz der Bevölkerung vor den Gefahren durch Betäubungsmittel oder dem Schutz des Patienten durch heilende oder lindernde Wirkungen der Betäubungsmittel der Vorrang gebührt, bzw. ob durch eine ausgewogene Ausnahmeregelung mit Auflagen nicht beide Ziele zu verwirklichen sind. Die medizinische Behandlung muss aber gleichzeitig **im öffentlichen Interesse** liegen (vgl. Rn. 56 ff.).

55   Wenn ein Haschischerwerb zum **Eigenkonsum** und zur Eigenbehandlung erfolgen soll, so fehlt es deshalb sowohl an einem wissenschaftlichen als auch an einem anderen im öffentlichen Interesse liegenden Zweck, so dass der Verwaltungsbehörde der Zugang zu einer Ermessensentscheidung nach § 3 Abs. 2 BtMG nicht eröffnet ist (*VG Berlin*, Urt. v. 1. 12. 1988, 14 A 258.87). Der Wunsch eines Alkoholkranken, nach mehreren erfolglosen stationären und ambulanten Therapieversuchen **seine Alkoholsucht durch Eigenbehandlung mit Cannabisharz zu überwinden,** begründet regelmäßig keinen in § 3 Abs. 2 BtMG genannten Ausnahmetatbestand, sondern ein typisches Individualinteresse, auch wenn der Antragsteller damit ein gemeinnütziges Leben anstrebt. Denn weder wird nach bewährten medizinischen Prinzipien eine Serie von Cannabisanwendungsfällen erprobt, beobachtet und ausgewertet, noch sucht ein sachkundiger Therapeut mit einer neuartigen Behandlungsform die Auseinandersetzung mit abweichenden Therapiekonzepten. Vielmehr sucht hier ein Bürger, eine Rauschform durch eine andere Rauschform zu ersetzen. Dies ist nicht erlaubnisfähig.

III. Öffentliches Interesse an einer Ausnahmebewilligung

56   Ein Vorhaben liegt im öffentlichen Interesse, wenn es die Allgemeinheit betrifft, d. h. wenn das Wohl der Allgemeinheit in Gegensatz zu den Rechten oder Vorteilen des einzelnen Staatsbürgers gestellt wird. Öffentliche Interessen sind deshalb zumeist nicht gegeben, wenn Individualrechte im Vordergrund stehen. Es ist umstritten, welche öffentlichen Interessen neben dem im Gesetz genannten wissenschaftlichen Zweck hier noch in Betracht kommen.

57   **1. Spannungs- und Verteidigungsfall.** Für den **Spannungs- oder Verteidigungsfall** wurde in § 20 BtMG eine besondere Ermächtigung für die Bundesregierung vorgesehen, durch Rechtsverordnung Aufgaben des *BfArM* auf den Bundesminister zu übertragen und den Betäubungsmittelverkehr zu regeln. Für einen begrenzten Katastrophen-, Krisen- oder Unglücksfall wäre eine Ausnahmegenehmigung des *BfArM* gem. § 3 Abs. 2 BtMG denkbar.

58   **2. Notwendige medizinische Versorgung.** Auch die **notwendige medizinische Versorgung einzelner oder mehrerer Patienten bzw. der Bevölkerung** mit Cannabis-, Opium-, Coca- oder Heroinprodukten zu therapeutischen Zwecken kann **im öffentlichen Interesse** liegen, wie sich aus § 5 Abs. 1 Nr. 6 BtMG ergibt. Beantragt ein Patient, ein Arzt oder eine Klinik eine Ausnahmegenehmigung nach § 3 Abs. 2 BtMG für den **Erwerb, den Anbau bzw. den Besitz von Cannabisprodukten oder von Opiaten,** um in einem begründeten Einzelfall oder in einer **Reihe von Einzelfällen im öffentlichen Interesse mehrere Patienten mit Betäubungsmittelarzneien zu therapieren** bzw. um neue Betäubungsmittelarzneien zu erproben, so kann die Verwaltungsbehörde eine Ausnahmeerlaubnis (notfalls unter Auflagen) erteilen (vgl. *BVerfG* NJW 2000, 3126 unter Hinweis auf *VG Berlin* NJW 1997, 816, 818 = StV 1996, 621, 623 m. Anm. *Körner; BVerwG* NJW 2001, 1365; *BVerwG* NJW 2005, 3300). Denn das BtMG führt die notwendige medizinische Versorgung mit Betäubungsmitteln **in § 5 Abs. 1 Nr. 6 BtMG,** aber auch in den **§§ 20 Abs. 1, 26 BtMG** ausdrücklich als Gesetzeszweck und damit als öffentlichen Zweck an. **Die medizinische Versorgung der Bevölkerung** ist nach der Rspr. des *BVerfG* kein globaler Akt, der sich auf eine Masse nicht unterscheidbarer Personen bezieht. Sie realisiert sich vielmehr stets durch die Versorgung einzelner Individuen, die ihrer bedürfen. Die medizinische Versorgung der Bevölkerung erfasst nie alle Mitglieder der Bevölkerung zugleich, sondern richtet sich lediglich an diejenigen, die jeweils ein bestimmtes Krankheitsbild oder Vorsorgebild aufweisen. Nach Art. 2 Abs. 2 GG hat **jeder das Recht auf Leben und körperliche Unversehrtheit. Staatliche Organe dürfen** den Schutzbereich dieses Grundrechtes **nicht** dadurch verletzen, dass sie **Maßnahmen ergreifen, die verhindern, dass eine Krankheit geheilt, gemildert oder gelindert wird** und Patienten ohne Not körperlichen Schmerzen oder Beschwerden ausgesetzt werden. Insbesondere dürfen staatliche Organe nicht den Zugang zu prinzipiell verfügbaren Therapiemethoden zur nicht unwesentlichen Leidensmilderung unterbinden. Das Grundrecht auf Leben und körperliche Unversehrtheit steht in enger Beziehung zur **Menschenwürde,** die zu achten und zu schützen nach Art. 1 GG Aufgabe aller staatlichen Gewalt ist. **Die Therapierung schwerkranker Menschen verfolgt nicht nur deren individuellen Interessen, sondern ist ein humanes Anliegen der Allgemeinheit, darauf vertrauen zu dürfen, im Krankheitsfall mit jeder erdenklichen medizinischen Hilfe versorgt zu werden.** Die **Erlaubnisbehörde** hat hier **kein Auswahlrecht,** welche medizinische Versorgung sachgerecht ist (*BVerfG* NJW 1999, 3399; *BVerwG* NJW 2005, 3300; *Böllinger* KrimJ 2007, 42). Zur Cannabis-Medizin s. Rn. 68 ff. und zur Heroin-Medizin Rn. 62 ff.

3. Interesse an einer Gesetzesänderung. Bei der Prüfung im öffentlichen **59** Interesse liegender Zwecke müssen aber solche Ziele ausscheiden, deren Berücksichtigung sich nicht mehr als Regelung eines Ausnahmefalles darstellen, sondern das generelle gesetzliche Verbot des BtMG in sein Gegenteil verkehren würden. Die vom Gesetzgeber in § 3 Abs. 2 BtM eröffnete ausnahmsweise Erlaubnis zum Umgang mit nicht verkehrsfähigen Betäubungsmitteln ist ausschließlich auf Zwecke begrenzt, die das gesetzliche Verbot und den Schutzzweck des BtMG nicht im Kern berühren. Ein Antrag, der die Erprobung einer im Verbotsumfang und im Schutzzweck geänderten Rechtslage beinhaltet, geht über das dem *BfArM* in § 3 Abs. 2 BtMG eröffnete Verwaltungsverfahren hinaus und betrifft Bereiche, über die der Gesetzgeber oder Verordnungsgeber zu befinden haben. Das *BfArM* lehnte das **Kieler Cannabisprojekt** (s. Rn. 67) deshalb ab, weil nur der Gesetz- und Verordnungsgeber entscheiden könnten, ob es zulässig sein soll, das derzeitige Verkehrsverbot für Cannabis partiell aufzuheben, um Erfahrungen mit einer alternativen Rechtslage zu sammeln. Der Kieler Ausnahmeantrag strebe eine nicht auf Einzelfälle beschränkte Freigabe und Weiterverbreitung von Cannabisprodukten an.

K. Entscheidungen des BfArM

I. Methadon-Modellvorhaben des Landes Nordrhein-Westfalen

Am 25./26. 6. 1987 beschloss die nordrhein-westfälische Landesregierung die **60** Durchführung eines fünfjährigen Modellversuchs zur Polamidon-gestützten Rehabilitation Drogenabhängiger, der Anfang 1988 aufgrund eines Erlasses des Gesundheitsministers für 120 Patienten in den Städten Bochum, Düsseldorf und Essen anlief. Das von dem Institut „Prognos" wissenschaftlich begleitete Modellvorhaben sollte die Frage klären, ob die in der Schweiz erprobte Polamidon-gestützte Rehabilitation trotz gewisser Unterschiede in der Rechtslage und im Gesundheitswesen in Deutschland erfolgreich zu praktizieren sei. Für die ärztliche Verschreibung und Verabreichung von Polamidon bedurfte es keiner Erlaubnis nach § 3 Abs. 1 BtMG, sondern lediglich einer ärztlich begründeten Indikation i. S. v. § 13 BtMG iV. m. der BtMVV. Für das Modellvorhaben, das wissenschaftlichen und anderen im öffentlichen Interesse liegenden Zwecken diente, war auch keine Ausnahmegenehmigung nach § 3 Abs. 2 BtMG erforderlich, weil es sich nicht um eine medizinische Behandlung mit nicht verkehrsfähigen Betäubungsmitteln der Anl. I, sondern sich um in Anl. III und in der BtMVV bezeichnete verkehrs- und verschreibungsfähige Betäubungsmittel handelte. Da deshalb beim damaligen *BGA* keine Ausnahmegenehmigung für das Modellvorhaben beantragt wurde, versuchte das *BGA* unter Berufung auf § 5 Abs. 2 S. 2 BtMVV, wonach es bei Missbrauch die Ausgabe von Betäubungsmittelrezepten verweigern kann, durch Übersendung von Auflagenbescheiden die Polamidonbehandlung der behandelnden Ärzte einzuschränken (vgl. *Hellebrand*, Methadon – Chance oder Illusion, 1988, S. 12 f.). Auch in dem **Versagungsbescheid v. 14. 1. 1994, GVI 3–7650–218/93**, über den Ausnahmeantrag der Stadt Frankfurt für eine ärztlich kontrollierte Vergabe von Diamorphin bezeichnete das *BGA* das **Methadon–Projekt in Nordrhein-Westfalen als nicht mit den Zwecken des BtMG vereinbar** (§ 5 Abs. 1 Nr. 6 BtMG) und deshalb auch nicht gem. § 3 Abs. 2 BtMG als im öffentlichen Interesse liegend.

II. Diamorphin–Projekt der Stadt Frankfurt am Main (DiAPRo)

61   Die Stadt Frankfurt beantragte am 11. 2. 1993 beim damaligen *BGA* eine Ausnahmegenehmigung nach § 3 Abs. 2 BtMG für ein wissenschaftlich begleitetes Pilotprojekt, mit dem über fünf Jahre erforscht werden sollte, ob Diamorphin (Heroin) aus der Anl. I zu § 1 des BtMG heraus und in die Anl. III hineingenommen werden sollte, weil es Formen medizinisch behandlungsbedürftiger Opiatabhängigkeit gebe, bei denen eine medizinische Indikation gem. § 13 BtMG zur ärztlichen Verabreichung von Diamorphin festgestellt werden könne. In Großbritannien hergestelltes Heroin sollte mit Genehmigung des *BGA* eingeführt werden, um es im Rahmen des Projektes an 50 bis 100 Schwerstopiatabhängige zu verabreichen. Das *BGA* lehnte mit Bescheid v. 14. 1. 1994, GVI 3–7650–218/94, den Ausnahmeantrag der Stadt Frankfurt ab und wies den dagegen erhobenen Widerspruch mit Widerspruchsbescheid v. 16. 9. 1994, 7140–00–38/6326, zurück. Die Stadt Frankfurt erhob daraufhin am 1. 6. 1995 Verpflichtungsklage, der das *VG Berlin* wegen Ermessensfehler der Verwaltungsbehörde mit Urt. v. 27. 6. 1996 stattgab und diese unter Aufhebung des Versagungsbescheides und des Widerspruchsbescheides verpflichtete, den Ausnahmeantrag der Stadt Frankfurt erneut nach Maßgabe der Urteilsbegründung zu bescheiden (*VG Berlin* NJW 1997, 816 = StV 1996, 621 m. Anm. *Körner*). Das Bundesinstitut legte jedoch am 19. 9. 1996 gegen das Urteil Berufung beim *OVG Berlin* ein. Obwohl das Bundesgesundheitsministerium im Jahr 2000 ein bundesweites medizinisch kontrolliertes Heroinvergabeprojekt plante, wurde an der Rechtsauffassung festgehalten und das Rechtsmittel nicht zurückgenommen. Wegen Erledigung der Hauptsache wurde vom *OVG Berlin* das Urteil des *VG Berlin* für wirkungslos erklärt und das Verfahren am 5. 5. 2003 eingestellt (OVG IB 86/96).

III. Bundesdeutsches Modellprojekt zur heroingestützten Behandlung Opiatabhängiger

62   Im Koalitionsvertrag der rot-grünen Bundesregierung wurde im Oktober 1998 ein **Modellversuch zur ärztlich kontrollierten Originalstoffvergabe nach schweizer Vorbild mit wissenschaftlicher Begleitung** vereinbart. Im Jahre

1999 wurde eine Trägergemeinschaft aus Bund, Ländern und Städten zur Vorbereitung und Durchführung eines Modellversuches zur heroingestützten Behandlung gegründet, an der die Städte **Bonn, Essen, Frankfurt, Hamburg, Hannover, Karlsruhe, Köln und München** teilnahmen und einen Prüfarzt als Verantwortlichen benannten. Im Rahmen des bundesdeutschen Modellprojekts zur heroingestützten Behandlung Opiatabhängiger erhielten Drogenabhängige, bei denen bisherige Drogentherapien nicht erfolgreich waren oder bei denen die Methadonsubstitution nicht befriedigend verlief, in zwei Studienphasen von je 12 Monaten versuchsweise injizierbares Heroin als Medikament; eine Kontrollgruppe bekam parallel die Ersatzdroge Methadon. Beide Gruppen mit 1.120 Teilnehmern wurden regelmäßig medizinisch betreut und erhielten eine psychosoziale Begleittherapie. Die von Prof. Dr. *Krausz,* **Zentrum für interdisziplinäre Suchtforschung der Universität Hamburg,** entwickelte Therapiestudie zur Evaluation der Effekte der Heroinbehandlung erfolgte als klinische kontrollierte Vergleichsuntersuchung nach den **Richtlinien der „Good Clinical Practice" (GCP)** sowie den Bestimmungen des AMG und des BtMG. Sie sollte sich über 24 Behandlungsmonate erstrecken. Das Design sollte den therapeutischen Wert, d. h. die **Wirksamkeit der Heroinbehandlung** bei definierten Zielgruppen **im Vergleich zur etablierten** therapeutischen Alternative, der **Methadon–Substitution,** überprüfen. Dies erfolgte im Rahmen eines integrierten Behandlungssettings, d. h. in einer kombinierten Behandlung aus medikamentöser/medizinischer Intervention und psychosozialer Begleittherapie. Das Zentrum für interdisziplinäre Suchtforschung der Universität Hamburg unter der Leitung von Prof. Dr. *Krausz* erhielt am 16. 8. 2001 vom *BfArM* gem. § 40 Abs. 1 S. 3 Nr. 6 AMG die Bestätigung, dass alle Voraussetzungen für eine klinische Arzneimittelprüfung erfüllt seien. Da die Voraussetzungen für das bundesdeutsche Heroinmodellprojekt bei allen deutschen Städten nicht gleichzeitig vorlagen, begann die Arzneimittelstudie in den einzelnen Städten zu unterschiedlichen Terminen. Da nach dem Prüfplan die Heroinmedizin nur in der Einrichtung selbst zum Verbrauch überlassen werden durfte, erhielten die Patienten und Studienteilnehmer ihre Erlaubnis nicht in die Hand. Vielmehr wurden ihre Einzelerlaubnisse im Prüfzentrum aufbewahrt.

Der pharmazeutische Unternehmer war im arzneimittelrechtlichen Sinne Inverkehrbringer der Prüfarzneimittel. Prüfarzneimittel waren IV-Trockenampullen mit Morphinpulver (Heroin-Hydrochlorid-Monohydrat). Es wurden keine Heroinzigaretten und keine Herointabletten verabreicht. Dem Unternehmer oblag die Verantwortung für Prüfung, Lagerung und Freigabe der Heroinsubstanz gem. der PharmBetrV und für die Einhaltung der die Abgabe betreffenden Vorschriften der BtMBinHV. Voraussetzung hierfür war das Vorliegen der arzneimittelrechtlich und betäubungsmittelrechtlich notwendigen landes- oder bundesbehördlichen Genehmigungen zur Durchführung des Modellprojekts, zur inländischen Herstellung, zum Inverkehrbringen und zur Abgabe der Prüfarzneimittel. Die Transporteure der Prüfarzneimittel benötigten keine Erlaubnis nach § 3 BtMG. Sie waren nämlich nach § 4 Abs. 1 Nr. 5 BtMG von der Erlaubnispflicht befreit. In den Studienzentren wurden Prüfärzte tätig, die über eine befristete und auf die Methadon-Ambulanz bzw. auf die Diamorphin-Ambulanz beschränkte Erlaubnis nach § 3 BtMG verfügten und deren Tätigkeit nach § 67 Abs. 1 AMG der zuständigen Landesbehörde anzuzeigen war. Entsprechende Nachweise erhielt der pharmazeutische Unternehmer in Kopie. Den Studienzentren oblag die Verantwortlichkeit nach den §§ 17 und 18 BtMG sowie nach § 4 BtMBinHV.

Nach **Abschluss des bundesweiten Modellprojektes im Jahre 2006** wurde dieses zunächst mit einer Verlängerungsgenehmigung bis zum 30. 6. 2007 fortgeführt. Nachdem die klinischen Begleitstudien des Zentrums für Interdisziplinäre Suchtforschung in Hamburg zu dem Ergebnis gekommen waren, dass beim Modellprojekt eine deutliche gesundheitliche Verbesserung und ein Rückgang des illegalen Drogenkonsums erreicht worden ist (s. dazu BT-Drs. 16/11515, *Haasen* u. a. Sucht 2007, 268; *Kuhn* u. a. Sucht 2007, 278; *Löbmann* Sucht 2007, 288; *Köllisch/*

63

64

Löbmann MSchrKrim 2008, 38; kritisch zu den Untersuchungsergebnissen: *Täschner* Sucht 2008, 46 und *Hügel/Junge/Lander/Winkler* § 29 Rn. 17.2), wurde der Einsatz von Diamorphin als Substitutionsmittel durch **Gesetz zur diamorphingestützten Substitution vom 15. 7. 2009 (BGBl. I, S. 1801)** gesetzlich verankert.

IV. Einrichtung und Unterhaltung von sog. Gesundheitsräumen bzw. Konsumräumen

65   Das Land Nordrhein-Westfalen befürwortete die Einrichtung von Konsumräumen, die von mehreren Großstädten des Landes geplant waren, und wandte sich mit Schreiben v. 21. 6. 1994 an das BfArM zwecks Ausnahmegenehmigung, das mit Schreiben v. 22. 9. 1994 mitteilte, die Einrichtung und Unterhaltung von Gesundheitsräumen könne nicht genehmigt werden wegen Verstoßes gegen § 29 Abs. 1 S. 1 Nr. 10 BtMG a. F. in verschiedenen Alternativen (Verschaffen, Gewähren und öffentliches Mitteilen einer Gelegenheit zum unbefugten Verbrauch von Betäubungsmitteln). Der Gesetzgeber hat im Jahre 2000 eine **Sondererlaubnis für den Betrieb von Drogenkonsumräumen in § 10a BtMG eingeführt** und die Landesregierungen ermächtigt, Erlaubnisse in einer Landesverordnung zu regeln (s. dazu im Einzelnen § 10a Rn. 1 ff.).

V. Drug-Checking durch Drogenberater, Drogenberatungslehrer und Therapeuten

66   Das *BfArM* hält die Entgegennahme, Aufbewahrung, Untersuchung und Weitergabe von Betäubungsmitteln zum Zwecke der Drogenuntersuchung nur durch Apotheker und staatliche Untersuchungsstellen für zulässig. Drogenuntersuchungen durch Drogenberater, Drogenberatungslehrer, Therapeuten, Trainer oder Privatpersonen sind nach Auffassung des *BfArM* verboten und strafbar. Anträge auf Ausnahmegenehmigungen gem. § 3 Abs. 2 BtMG wurden nicht erteilt (vgl. Schreiben v. 9. 2. 1996, GVT1–7535; Schreiben v. 9. 10. 1996, GS 4.1. A. 9307–32714/96).

VI. Cannabis-Projekt des Landes Schleswig-Holstein

67   Das Land Schleswig-Holstein hat im Auftrag der Gesundheitsminister der deutschen Länder einer Forderung des *BVerfG* v. 9. 3. 1994 entsprochen und ein wissenschaftliches Modellprojekt erarbeitet, mit dem erforscht werden sollte, ob ein legaler kontrollierter Verkauf von Cannabis in Apotheken eine Möglichkeit bietet, ohne Ansteigen des Konsums die Märkte von harten und weichen Drogen zu trennen, Cannabiskonsumenten von der illegalen Drogenszene fernzuhalten und zu entkriminalisieren und dem Rauschgifthandel einen Teilmarkt zu entziehen (s. dazu *Raschke/Kalke*, Cannabis in Apotheken, 1997). Der am 10. 2. 1997 beim *BfArM* eingereichte Ausnahmeantrag gem. § 3 Abs. 2 BtMG wurde durch Bescheid v. 21. 5. 1997 (S–7650–4297770) zurückgewiesen. Neben vielfältigen Mängeln des wissenschaftlichen Konzepts sah das *BfArM* bei dem beantragten Projekt die Sicherheit und Kontrolle des Betäubungsmittelverkehrs nicht gewährleistet, die gesundheitliche Bedrohung der Bevölkerung durch Cannabis und den Drogenmissbrauch gefördert, den vom Modellprojekt erwarteten Erkenntniszuwachs als überaus gering an und den freien Zugang zu Cannabis gerade von Jugendlichen in nicht wünschenswerter Weise erleichtert. Bei einer Abwägung von Nutzen und Risiken des Projektes würden die Risiken bei weitem überwiegen. Gegen diesen Ablehnungsbescheid erhob die Kieler Landesregierung mit Schreiben v. 19. 6. 1997 zwar Widerspruch, aber keine Verwaltungsklage. Als Gegenargumente waren zu prüfen, ob durch das Erprobungsprojekt nicht die Sicherheit und Kontrolle des Cannabisverkehrs verstärkt, die gefährliche Drogenszene auf der Straße eingedämmt und Gesundheitsschäden bei konsumentschlossenen Bürgern verringert werden könnten.

VII. Medizinische Versorgung von Einzelpatienten mit Cannabis-medizin zur Gesundheiterhaltung

1. Situation bis zum Urteil des *BVerwG* vom 19. 5. 2005. Seit Dr. *Grinspoon* **68** in seinem Werk „Marihuana – die verbotene Medizin" die verschiedenen medizinischen Anwendungsmöglichkeiten von Cannabis als Medikament (zur Behandlung von multipler Sklerose, Migräne, Neurodermitis und Juckreiz, von Chronischer Schmerzzuständen, von Menstruationskrämpfen und Wehenschmerzen, von Paraplegie und Quadriplegie, von Epilepsie, von Glaukom (Grüner Star), von Beschwerden von Aidskranken und Tumorkranken nach Chemotherapie) im Einzelnen beschrieben hat (vgl. auch *Grotenhermen/Reckendrees*, Die Behandlung mit Cannabis und THC, 2006), haben Ärzte in aller Welt sowohl erlaubt als auch unerlaubt Tausende von Patienten mit THC-haltigen Arzneimitteln oder mit illegalen Cannabisprodukten behandelt und in Versuchsreihen neue therapeutische Anwendungsmöglichkeiten dieses jahrhundertealten Heilmittels Cannabis erprobt. Es haben sich nationale und internationale Arbeitsgemeinschaften gebildet zur Nutzung von Cannabis als Medizin. Jedoch je mehr z. B. stark voneinander abweichende wissenschaftliche Untersuchungsergebnisse vorlagen, umso verbissener und emotionaler verlief ein **Grabenkrieg um die Zulassung von Cannabis als Medizin.**

Etwa 1.000 Patienten stellten zur Linderung verschiedenster Krankheiten und **69** Beschwerden bei dem *BfArM* Anträge auf Ausnahmegenehmigung, die zum großen Teil mit ähnlicher Begründung zurückgewiesen wurden (Beschl. v. 19. 7. 2000, 8–7650–44.41089–564/00). Auch ihre Widersprüche und Verwaltungsgerichtsklagen blieben erfolglos, weil *BfArM*, Verwaltungsgerichte und Verfassungsgericht sich gegenseitig die Verantwortlichkeit zuschoben.

Am 14. 12. 1999 legten 8 Patienten, die an schweren Erkrankungen wie multipler Sklerose, HIV, Hepatitis C, Epilepsie u. a. litten und zur Linderung ihrer Leiden **70** von Ärzten mit Cannabisprodukten behandelt werden wollten, ohne sich einem strafrechtlichen Risiko auszusetzen, **Verfassungsbeschwerde beim *BVerfG*** ein, weil § 29 Abs. 1 BtMG die Einfuhr, den Erwerb und den Besitz von Cannabis verbiete, das zu medizinischen Zwecken dringend benötigt werde. Die 3. Kammer des 2. Senates des *BVerfG* nahm die Verfassungsbeschwerde aus formalen Gründen nicht an (da der Rechtsweg noch nicht erschöpft war), wies aber in der Begründung darauf hin, dass ein Antrag auf Ausnahmegenehmigung beim *BfArM* nach § 3 Abs. 2 BtMG nicht aussichtslos sei, da die medizinische Versorgung der Bevölkerung mit Betäubungsmitteln – auch im Einzelfall – einen öffentlichen Zweck darstelle, der eine Ausnahmegenehmigung rechtfertige (*BVerfG* NJW 2000, 3126; so auch *BVerfG*, Beschl. v. 12. 7. 2005, 2 BvR 1772/02).

Diese **deutliche Kritik des *BVerfG*** blieb aber **vom *BfArM* unbeachtet.** Die **71** Nichtannahme der Verfassungsbeschwerde und der Hinweis des *BVerfG* auf die Möglichkeit einer Ausnahmegenehmigung waren für einen kranken Antragsteller wenig hilfreich, da das *BfArM* alle Anträge auf Ausnahmegenehmigungen ablehnte. Die Entscheidung des *BVerfG* war aber auch **ein Signal und eine Aufforderung an den Gesetzgeber, die medizinische Verwendung von Cannabisprodukten generell zu erlauben und zu regeln.** 6 Monate nach der vorgenannten Entscheidung des *BVerfG* lehnte das *BfArM* am 3. 8. 2000 erneut einen Ausnahmeantrag eines schwer körperbehinderten Rechtsanwaltes ab, ihm den Umgang mit Cannabis zur heilenden und lindernden Behandlung seiner Multiplen Sklerose zu erlauben, da ihm THC mehr helfe als Dronabinol. Das *BfArM* vertrat entgegen dem *BVerfG* weiter seine Auffassung, das Therapieanliegen einer einzelnen Person diene allein der Gesundheit des Antragstellers und damit nur einem individuellen, nicht einem öffentlichen Interesse und sei daher nicht erlaubnisfähig (so auch *Wagner* PharmR 2004, 20). Die Klage des Antragstellers gegen den Ablehnungsbescheid wurde vom *VG Köln* mit gleicher Begründung zurückgewiesen. Das *BVerwG* gab der Sprungrevision des Klägers mit Urt. v. 19. 5. 2005 jedoch statt (*BVerwG* NJW 2005, 3300). Es machte wie das *BVerfG* deutlich, dass **die medizi-**

nische Versorgung der Bevölkerung keinen verbalen Akt darstellt, der sich auf eine Masse nicht unterscheidbarer Personen bezieht, sondern sich vielmehr **stets durch die Versorgung einzelner Individuen realisiert,** die ihrer bedürfen. Nach Art. 1 GG sei es Aufgabe aller staatlichen Gewalt, das Grundrecht auf Leben und körperliche Unversehrtheit zu achten und zu schützen. Die Therapierung schwer kranker Menschen liege nicht nur in deren individuellem Interesse, **sondern sei ein Anliegen der Allgemeinheit.** Eine zu therapeutischen Zwecken erteilte Ausnahmegenehmigung helfe über die **Hürde der fehlenden Verkehrsfähigkeit** hinweg, stelle aber **nicht die Verschreibungsfähigkeit** her. **Ärzte dürfen Cannabis nicht verschreiben und nicht einsetzen** wegen des Verbotes von § 13 BtMG. Sie dürfen aber einen Cannabis konsumierenden Patienten betreuen, behandeln und begleiten.

Der Argumentation der Erlaubnisbehörde ist Folgendes entgegen zu halten:

72   **a) Zweifelhafte Wirksamkeit von natürlichen Cannabismischungen.** Dass natürliche Cannabismischungen bei bestimmten Beschwerden oder Schmerzen heilen oder lindern können, wird vom *BfArM* zwar nicht mehr bestritten. Gleichwohl wurden in den Bescheiden der Behörde immer wieder Zweifel und Bedenken geltend gemacht, die unberechtigt oder längst wissenschaftlich widerlegt sind.

73   **b) Unzureichende Erprobung.** Obwohl die Antragsteller regelmäßig eine Ausnahmegenehmigung nach § 3 Abs. 2 BtMG begehrten, erhielten sie häufig die ablehnende Begründung, Cannabismischungen könnten **zurzeit noch nicht zugelassen** werden. Arzneimittel könnten entweder als **Prüfarzneimittel zu wissenschaftlichen Zwecken** im Rahmen einer klinischen Prüfung, als **Fertigarzneimittel pharmazeutischer Unternehmen** oder als in der Apotheke hergestellte **Rezepturarzneimittel** in Verkehr gebracht werden. Natürlich kann die **Zulassung einer Cannabisfertigarznei nur auf der Grundlage des AMG und BtMG** erfolgen. Danach müssen insbesondere reproduzierbare Qualität, Wirksamkeit und Unbedenklichkeit des Arzneimittels wissenschaftlich nachgewiesen werden. Nur wenn diese Voraussetzungen erfüllt sind, können die entsprechenden Wirkstoffe verschreibungsfähig gemacht und in die Anl. III des BtMG aufgenommen werden. Nach Auffassung des *BfArM* waren nur die Überprüfungen der Cannabiswirkstoffe **Nabilon** und **Dronabinol** abgeschlossen und die **Aufnahme natürlicher Cannabismischungen und Cannabisextrakte** in die Anl. III zum BtMG wegen schädlicher Beimengungen nicht zu verantworten.

74   **c) Langwierigkeit wissenschaftlicher Untersuchungen.** Das *BfArM* tat so, als sei die medizinische Nutzung von Cannabismischungen und Cannabisextrakten eine ganz neue Substanz, die erst viele Jahre lang erforscht werden müsste. Dabei gehörten **schon Ende des 19. Jahrhunderts Extractum Cannabis Indica** oder **Tinktura Cannabis Indica zu den weltweit verbreitetsten Arzneimitteln,** die schon damals umfassend erforscht waren. Fast alle zugelassenen Arzneimittel weisen irgendwelche Nebenwirkungen auf. Mit dieser Begründung kann eine Zulassung bis zum Ende des 21. Jahrhunderts aufgeschoben werden. Außerdem sind natürliche Cannabismischungen als Medizin **längst in den Niederlanden und Kanada zugelassen.** Apotheker könnten jederzeit **taugliche Cannabisrezepturarzneimittel** anbieten. Es gibt eine nicht mehr überschaubare Flut wissenschaftlicher Abhandlungen zu dieser Frage.

75   **d) Übersehen wirksamer natürlicher Cannabismischungen im Ausland.** Am 1. 9. 2003 wurden in den **niederländischen Apotheken** zwei Cannabissorten mit hohem Gehalt an Dronabinol (THC) zugelassen: **SIMM 18® mit ca, 15% Dronabinol und 0,7% Cannabidiol,** das vom Stichting-Institut für medizinisches Marihuana hergestellt wird und 8,80 € pro Gramm kostet und **BEDRO-CAN® mit ca. 18% Dronabinol und 0,8% CBD,** das von der Firma Bedrocan hergestellt wird und pro Gramm 10 € kostet. Das Büro für medizinisches Cannabis des Gesundheitsministeriums führt eine Qualitätskontrolle durch und

organisiert die Verteilung. Die Patienten müssen die Medizin selbst bezahlen. Seit dem 20. 6. 2005 ist **Sativex®,** ein **Cannabisextrakt,** produziert von **GW Pharmaceuticals** und vertrieben von dem Unternehmen **Bayer,** in Kanada für die Behandlung neuropathischer Schmerzen bei Erwachsenen mit Multipler Sklerose verschreibungsfähig. Im April 2005 wurde Kanada das erste Land der Welt, das Sativex® zugelassen hat. Sativex® wird unter die Zunge gesprüht und enthält gleiche Mengen an THC und CBD (zur Zulassung in Deutschland s. Rn. 79).

e) Synthetische Cannabismedizin. Es wurde die These aufgestellt, dass we- **76** gen vorhandener **synthetischer THC-Arzneimittel** die medizinische Versorgung von Patienten mit dem **Rohprodukt** nicht erforderlich sei. Die synthetische Cannabismedizin sei besser. Es bestehe kein Bedarf an natürlichen Cannabismischungen. Die Verwaltungsbehörde hat aber nicht das Recht, in die **ärztliche Therapiefreiheit** einzugreifen und dem Arzt vorzuschreiben, **statt dem Naturprodukt Cannabis sei mit synthetischem THC zu behandeln** (zu Dronabinol s. Rn. 79).

f) Zulassungshindernis: Internationale Verträge. Das *BfArM* vertrat die **77** Auffassung, eine Zulassung von natürlichen Cannabisgemischen für medizinische Zwecke **verstoße gegen das Einheits-Übereinkommen** von 1961. Dies traf in dieser Allgemeinheit nicht zu (so auch *Weber* § 3 Rn. 117). Dass Suchtstoffe, auch Cannabis (vgl. Art. 49 lit. f Einheits-Übereinkommen 1961 – und nicht etwa nur in arzneilicher Form), für medizinische und wissenschaftliche Zwecke, also für öffentliche Zwecke gebraucht und kontrolliert verabreicht werden dürfen, wenn ein Missbrauch ausgeschlossen wird, ergibt sich u. a. aus Art. 2 Abs. 5 lit. b, Art. 19 Abs. 1 lit. a, Art. 21 Abs. 1 lit. a, Art. 32 des Einheits-Übereinkommens von 1961. In Art. 30 Abs. 1 lit. c heißt es, dass die Genehmigungspflicht für die Suchtstoffverteilung nicht auf Personen erstreckt werden muss, die zur Wahrnehmung therapeutischer oder wissenschaftlicher Aufgaben ordnungsgemäß befugt und tätig sind. Zwar sollen die Vertragsparteien für die Lieferung oder Abgaben von Suchtstoffen an Einzelpersonen ärztliche Verordnungen vorschreiben. Diese Verpflichtung braucht aber nicht auf Suchtstoffe erstreckt werden, die von Einzelpersonen im Zusammenhang mit ihrer ordnungsgemäß genehmigten therapeutischen Tätigkeit rechtmäßig beschafft, verwendet, abgegeben oder verabreicht werden. Auch diese These des *BfArM* war vorgeschoben und nicht überzeugend (vgl. *BVerwG* NJW 2005, 3300).

2. Situation seit dem Urteil des *BVerwG* vom 19. 5. 2005. Seit dem Urteil **78** des *BVerwG* vom 19. 5. 2005 hat das *BfArM* bis zum 18. 11. 2010 54 Erlaubnisse nach § 3 Abs. 2 BtMG zum Erwerb von Cannabis zur Anwendung im Rahmen einer medizinisch betreuten und begleiteten Selbsttherapie erteilt, davon 34 für den Erwerb von Cannabis-Blüten, 22 für den Erwerb von Cannabis-Extrakt, und 2 für Cannabis-Blüten und -Extrakt (BT-Drs. 17/3810 v. 18. 11. 2010). In der Mehrzahl dieser Fälle lagen ärztliche Diagnosen von chronischen Schmerzen (21 Fälle) und schmerzhafter Spastik bei Multipler Sklerose (17 Fälle) zugrunde. Die Erlaubnis nach § 3 Abs. 2 BtMG berechtigt in der Regel nur zum Erwerb von Cannabis in besonders benannten Apotheken, so dass andere Verkehrsarten, insb. die Einfuhr von Cannabis, nicht hiervon umfasst und damit strafbar sind.

Im Hinblick auf die weiterentwickelten Erkenntnisse zur Wirksamkeit canna- **79** bishaltiger Arzneimittel (**Sativex®**, das im Vereinigten Königreich und in Spanien zugelassen ist, **Marinol®**, das in den USA und anderen nicht-europäischen Staaten zugelassen ist, sowie **Nabilon®;** vgl. BT-Drs. 17/3810) wurden mit der 25. BtMÄndV v. 11. 5. 2011 die betäubungsmittelrechtlichen Voraussetzungen für die Zulassung- und Verschreibungsfähigkeit cannabishaltiger Fertigarzneimittel geschaffen. In Anl. I, lit. e, Anl. II und III wurden daher Ausnahmeregelungen für Cannabis zur Herstellung von Zubereitungen zu medizinischen Zwecken und zur Verschreibung von Zubereitungen, die als Fertigarzneimittel zugelassen sind, eingefügt (vgl. BT-Drs. 130/11). Den ersten Zulassungsantrag in Deutschland für ein Mundspray mit dem Handelnamen Sativex®, das THC und Cannabidiol enthält, hat die *Firma Almirall* gestellt (PharmZ-Online v. 18. 5. 2011). Sativex® ist ab dem 1. 7. 2011 in Deutschland auf dem Markt (s. dazu Stoffe/Teil 1, Rn. 61).

VIII. Cannador-Projekt

80   Das *BfArM* erteilte am 28. 8. 1997 dem Europäischen Institut für onkologische und immunologische Forschung in Berlin unter Leitung von Prof. Dr. *Gorter* eine Ausnahmegenehmigung (811–7650–4275308–1719/97) für einen Großversuch mit einem klinischen Vergleich von Cannabis mit einem synthetischen THC-Medikament in einer Softgelatinekapsel und einem wirkstofffreien Placebo-Präparat. Das Europäische Institut für onkologische und immunologische Forschung in Berlin untersuchte in einer doppelblinden, placebokontrollierten Studie in Deutschland, Schweiz, Österreich und in den Niederlanden zunächst in 9 Untersuchungsstationen in Berlin (3), Bonn, Bern, Darmstadt, Halle, Regensburg und St. Gallen, später in 30 Zentren in diesen Ländern, die **Wirksamkeit sowohl von Cannabisextrakt** als auch von **Delta-9-Tetrahydrocannabinol (= Dronabinol) bei Anorexie/Kachexie bei fortgeschrittenen Tumorerkrankungen.**

L. Verstöße gegen die Erlaubnispflicht

81   Sofern keine Ausnahmen der §§ 3, 4, 12, 13, 26 BtMG, der Betäubungsmittel-verordnungen oder der Anlagen zum BtMG vorliegen, sind die in § 3 BtMG genannten Verkehrsformen mit Betäubungsmitteln ohne eine Erlaubnis in den §§ 29 bis 30 a BtMG als Vergehen und Verbrechen mit Strafe bedroht oder mit Bußgeld nach § 32 BtMG belegt.

M. Überschreiten des Erlaubnisumfanges
I. Formelles Verwaltungsrecht

82   Ist das Verhalten von der Verwaltungsbehörde grundsätzlich erlaubt worden, verstößt der Erlaubnisinhaber aber gegen formelle Beschränkungen, Bedingungen oder Auflagen des Bescheides (§ 9 BtMG), so handelt es sich um Verwaltungsunrecht, das zumindest als Ordnungswidrigkeit nach § 32 BtMG mit einem Bußgeld bedroht ist.

II. Inhaltliche Überschreitungen des Erlaubnisumfangs

83   Handelt es sich bei der Überschreitung der Erlaubnis um ein Verhalten, das den inhaltlichen Umfang der Erlaubnis überschreitet, z. B. wegen unerlaubter Verkehrsart oder unerlaubter Betäubungsmittelart, wird der legale Betäubungsmittelverkehr auf unbefugte Geschäftspartner ausgedehnt und ist nach § 29 Abs. 1 BtMG strafbar.

84   Auch der Inhaber einer Erlaubnis zum Handeltreiben mit Betäubungsmitteln handelt unerlaubt, wenn er mit einem **Partner** Handel treibt, der **keine Erlaubnis** hat (*LG Koblenz* NStZ 1984, 272). Gibt ein Apotheker, der Nichtinhaber einer Abgabeerlaubnis des *BfArM* ist, Betäubungsmittel an einen Kunden ab, der im Besitz einer Erwerbserlaubnis des *BfArM* ist, so macht er sich nach § 29 Abs. 1 S. 1 Nr. 1 BtMG wegen Abgabe strafbar, wenn keine Ausnahmeregelung nach § 4 Abs. 1 Nr. 1 BtMG Anwendung findet.

III. Fristablauf einer Erlaubnis

85   Der Fristablauf einer befristeten Erlaubnis steht dem Fehlen einer Erlaubnis gleich. Lediglich bei der Strafzumessung dürfte sich strafmildernd auswirken, dass der Angeklagte früher einmal Erlaubnisinhaber war.

IV. Erschlichene Erlaubnis

86   Zweifelhaft ist die Auffassung, dass eine erschlichene Erlaubnis einer nichtigen Erlaubnis gleichsteht oder wegen Rechtsmissbrauchs keine Wirkung entfaltet.

Auch **eine erschlichene Erlaubnis** entfaltet verwaltungsrechtlich zunächst einmal **Wirksamkeit.** Dem steht nicht entgegen, dass das Erschleichen einer Verschreibung nach § 29 Abs. 1 S. 1 Nr. 9 BtMG strafbar ist und dass der Betäubungsmittelerwerber, der bewusst mit einer rechtswidrig erlangten Erlaubnis oder gefälschten Verschreibung Betäubungsmittel erlangt, sich nach § 29 Abs. 1 S. 1 Nr. 1 BtMG wegen unerlaubten Erwerbs von Betäubungsmitteln strafbar macht (vgl. § 4 Rn. 15 f.).

N. Rechtsmittel

I. Verwaltungsgerichtliches Verfahren

Gem. § 40 VwGO ist gegen einen Versagungsbescheid der Verwaltungsgerichtsweg gegeben. Bei einem **Versagungsbescheid** handelt es sich um einen **belastenden Verwaltungsakt,** da durch die Ablehnung der beantragten Ausnahmegenehmigung der Antragsteller beschwert wird. Auf den Erlass eines begünstigenden Verwaltungsaktes (VA) besteht kein Rechtsanspruch. Vor Erhebung einer Verwaltungsgerichtsklage sind Rechtmäßigkeit und Zweckmäßigkeit des VA in einem **Vorverfahren** nachzuprüfen. Gegen einen ablehnenden Bescheid des *BfArM* kann der Antragsteller innerhalb eines Monats nach Bekanntgabe bei dem *BfArM* **Widerspruch** einlegen (§§ 68–70 VwGO). Da es sich bei dem Bundesinstitut um eine oberste Bundesbehörde handelt, entscheidet das *BfArM* selbst über den Widerspruch (§ 73 Abs. 1 Nr. 2 VwGO). Gegen einen ablehnenden Widerspruchsbescheid ist Verwaltungsgerichtsklage **(Anfechtungsklage, Verpflichtungsklage, Feststellungsklage entsprechend § 42 VwGO)** beim *VG Köln*, dem für den Sitz des *BfArM* zuständige VG, zulässig (§§ 74, 79 VwGO). 87

Das Verwaltungsgericht überprüft nur, **ob die Behörde ihr Ermessen fehlerfrei ausgeübt hat** (§ 114 VwGO). Zwar ist die Behörde nicht verpflichtet, alle erdenklichen Argumente für und wider eine Genehmigung im Bescheid erschöpfend abzuwägen. Aus dem Bescheid muss sich jedoch ergeben, dass die Behörde die Argumente der Antragsschrift geprüft hat, keine lückenhafte und keine gesetzwidrige Prüfung vorgenommen und eine nachvollziehbare und vertretbare Entscheidung getroffen hat. Bei der Ablehnung einer Ausnahmegenehmigung nach § 3 Abs. 2 BtMG setzt die Ermessensentscheidungsfreiheit erst dann ein, wenn rechtsfehlerfrei festgestellt wurde, dass ein im wissenschaftlichen oder öffentlichen Interesse liegender Zweck vorlag. Diese Auslegung dieser unbestimmten Rechtsbegriffe unterliegt der vollständigen Kontrolle durch das Verwaltungsgericht, und erst wenn diese Prüfung abgeschlossen ist, wird geprüft, ob die Genehmigung ermessensfehlerfrei versagt wurde. Gegen das Urteil des *VG Köln* ist **Berufung beim OVG** möglich (§ 46 VwGO). Das *BVerwG* in Leipzig entscheidet über das Rechtsmittel der **Revision** gegen Urteile des OVGs (§ 49 VwGO). 88

II. Vorbeugender Rechtsschutz

Vor der Erhebung einer Verfassungsbeschwerde gegen ein drohendes Ermittlungsverfahren und gegen die Strafandrohung gem. § 29 Abs. 1 S. 1 Nr. 1 u. Nr. 3 BtMG i.V.m. § 1 Abs. 1 BtMG und Anl. I wegen unerlaubten Anbaus, Einfuhr, Erwerbs oder Besitzes von Cannabis ohne schriftliche Erlaubnis muss ein Beschwerdeführer, der Cannabis zur Heilung oder Linderung einer Krankheit einsetzen möchte, versuchen, eine **Ausnahmeerlaubnis zum Anbau, zur Einfuhr, zum Erwerb, zum Besitz von Cannabis nach § 3 Abs. 2 BtMG** zu erlangen. Er muss nicht zur Erschöpfung des Rechtsweges vor Erhebung einer Verfassungsbeschwerde gegen drohende Ermittlungs- und Strafverfahren einen **Antrag auf vorbeugenden Rechtsschutz** gegen polizeiliche oder staatsanwaltliche Ermittlungen **gem. §§ 23 ff. EGGVG** stellen (a. A. *BVerfG* NJW 2000, 3126). Die Vorschriften der §§ 23 ff. EGGVG ermöglichen nämlich lediglich die gerichtliche Nachprüfung von Maßnahmen der Justizverwaltung, die zur Regelung einzelner konkreter Angelegenheiten bereits getroffen wurden. **Eine vorbeugende Unter-** 89

lassungsklage ist nach den §§ 23 ff. EGGVG **nicht statthaft.** So kann ein Cannabiskonsument, der aus medizinischen Gründen auf Cannabis angewiesen zu sein glaubt, nicht nach § 23 EGGVG beim OLG vorläufigen Rechtsschutz vor Maßnahmen der Justizbehörden, wie zukünftige Ermittlungen, Durchsuchungen, Beschlagnahmen oder Festnahmen wegen Anbaus, Erwerbs oder Besitzes beantragen. Eine derartige Gerichtsentscheidung käme der Erteilung einer Ausnahmeerlaubnis gleich. Erfolgen gegen den Antragsteller strafprozessuale Zwangsmaßnahmen (Durchsuchung, Beschlagnahme, Festnahme) hinsichtlich erledigter oder nicht erledigter Anordnungen, so kann Rechtsschutz durch Beschwerde gem. §§ 304 ff. StPO oder nach § 98 Abs. 2 S. 2 StPO erlangt werden. Der **Rechtsweg gem. § 23 EGGVG** ist insoweit nach § 23 Abs. 3 EGGVG **ausgeschlossen** (*Frankfurt*, Beschl. v. 16. 4. 2002, 3 VAs 6/02; OLG *Karlsruhe*, Beschl. v. 23. 1. 2003 und v. 28. 5. 2003, 2 VAs 15/02).

III. Antrag auf Erlass einer einstweiligen Anordnung und Verfassungsbeschwerden beim BVerfG

90   Kollidieren das Recht auf freie Entfaltung der Persönlichkeit, der Gleichheitsgrundsatz oder die Grundrechte auf ungestörte Religionsausübung, auf Meinungsoder Kunstfreiheit, auf freie Berufsausübung oder der Volksgesundheit oder einer anderen Verfassungsnorm, so ist eine Abwägung erforderlich. Außer Zweifel steht, dass der **Schutz der Volksgesundheit verfassungsrechtlichen Rang** genießt (BVerfGE 90, 145 = NJW 1994, 1577 = StV 1994, 295 m. Anm. *Kreuzer* NJW 1994, 2400 u. m. Anm. *Nelles/Velten* NStZ 1994, 366 = StV 1994, 298 m. Anm. *Schneider* StV 1994, 390 = JZ 1994, 860 m. Anm. *Gusy*). Betäubungsmittelmissbrauch und Drogenabhängigkeit stellen schwere Gefahren für die Volksgesundheit dar. Ihre Abwehr kann auch Eingriffe in andere Grundrechte rechtfertigen. So muss im Einzelfall das **Grundrecht auf Religionsfreiheit, Kunstausübung, Berufsausübung oder Persönlichkeitsentfaltung gegenüber dem gleichfalls Verfassungsrang genießenden Schutzgut der Volksgesundheit zurücktreten.** Vorrang hat zumeist **das öffentliche Interesse** (*BVerwG* NJW 2001, 1365).

IV. Verschiedene Rechtsmittel- und Klagemöglichkeiten gegen Erlaubnisinhaber

91   **1. Anträge und Klagen von Grundstückseigentümern gegen einen geplanten bzw. festgelegten Standort einer erlaubten Drogenhilfeeinrichtung.** Es gibt zahlreiche Fälle, in denen Nachbar-Grundstückseigentümer ein geplantes, erlaubtes Drogenhilfeprojekt gutheißen, aber sich gegen die Standortwahl wenden, weil sie Gefahren für das Wohnviertel und/oder eine Verlagerung der Drogenszene befürchten. Das *VG Frankfurt* hat mit Beschl. v. 17. 4. 2002, 8 G 1379/02, einen **Antrag von** einem **Nachbar-Grundstückseigentümer** als unzulässig zurückgewiesen, im Wege einer einstweiligen Anordnung wegen Dringlichkeit zu untersagen, **an einem bestimmten Ort eine Heroinambulanz für die Durchführung des Modellversuchs kontrollierter Heroinabgabe zu eröffnen.** Da politische Planungen keine Außenwirkungen entfalteten und die Bürger noch nicht in ihren Rechten verletzten, seien sie verwaltungsrechtlich nicht überprüfbar. Erst wenn die politische Entscheidung nach Abschluss des Baugenehmigungsverfahrens zu einer konkreten Baugenehmigung geführt habe, entstehe ein Rechtsschutzbedürfnis für die Inanspruchnahme **gerichtlichen Eilrechtsschutzes, um den Vollzug der Baugenehmigung zu stoppen.**

92   Das *VG Frankfurt* hat sodann mit Beschl. v. 18. 7. 2002, 5 G 1108/02, den **Antrag von Eltern von Schulkindern, aus Jugendschutzgründen** nach § 123 Abs. 1 S. 1 VwGO im Wege der einstweiligen Anordnung zu untersagen, an einem bestimmten Standort eine Heroinambulanz zu eröffnen, **weil die Einrichtung in der Nähe von mehreren Schulen und Sozialeinrichtungen liege,** als unbegründet abgelehnt, da die Antragsteller nur Vermutungen, aber keinen aus Grundrechten herzuleitenden Unterlassungsanspruch begründen konnten. Die

dagegen eingelegte Beschwerde wurde vom *Hess. VGH* durch Beschl. v. 4. 12. 2002, 11 TG 2370/02, zurückgewiesen (zur Eignung eines Schulwegs in der Nähe der Drogenszene vgl. *OVG Nordrhein-Westfalen* NWVBl 1991, 120; *OVG Nordrhein-Westfalen* NJW 2000, 3800 ff).

2. Widerspruch gegen die Baugenehmigung. Das *VG Frankfurt* wies mit **93** Beschl. v. 6. 11. 2002, 8 G 3397/02, den Antrag von Nachbarn, die **Widerspruch gegen eine Baugenehmigung** zur Errichtung einer Heroinambulanz in einem Wohnviertel erhoben hatten, die aufschiebende Wirkung des Widerspruchs nach § 80 a Abs. 3 VwGO anzuordnen, als unbegründet zurück, da es sich um ein Mischgebiet handelte und bei der genehmigten Heroinambulanz keine Anhaltspunkte bestünden, dass sie sich zu einem gefährlichen Treffpunkt von Drogenabhängigen entwickele. Die gegen diese Entscheidung eingelegte Beschwerde wurde vom *Hess. VGH* durch Beschl. v. 12. 3. 2003, 3 TG 3259/02, zurückgewiesen unter Hinweis auf ähnliche Streitigkeiten um eine Drogenhilfeeinrichtung zur Substitutionsbehandlung.

Ausnahmen von der Erlaubnispflicht

4 (1) Einer Erlaubnis nach § 3 bedarf nicht, wer

1. **im Rahmen des Betriebs einer öffentlichen Apotheke oder einer Krankenhausapotheke (Apotheke)**
   a) **in Anlage II oder III bezeichnete Betäubungsmittel oder dort ausgenommene Zubereitungen herstellt,**
   b) **in Anlage II oder III bezeichnete Betäubungsmittel erwirbt,**
   c) **in Anlage III bezeichnete Betäubungsmittel auf Grund ärztlicher, zahnärztlicher oder tierärztlicher Verschreibung abgibt oder**
   d) **in Anlage II oder III bezeichnete Betäubungsmittel an Inhaber einer Erlaubnis zum Erwerb dieser Betäubungsmittel zurückgibt oder an den Nachfolger im Betrieb der Apotheke abgibt,**
   e) **in Anlage I, II oder III bezeichnete Betäubungsmittel zur Untersuchung, zur Weiterleitung an eine zur Untersuchung von Betäubungsmitteln berechtigte Stelle oder zur Vernichtung entgegennimmt,**
2. **im Rahmen des Betriebs einer tierärztlichen Hausapotheke in Anlage III bezeichnete Betäubungsmittel in Form von Fertigarzneimitteln**
   a) **für ein von ihm behandeltes Tier miteinander, mit anderen Fertigarzneimitteln oder arzneilich nicht wirksamen Bestandteilen zum Zwecke der Anwendung durch ihn oder für die Immobilisation eines von ihm behandelten Zoo-, Wild- und Gehegetieres mischt,**
   b) **erwirbt,**
   c) **für ein von ihm behandeltes Tier oder Mischungen nach Buchstabe a für die Immobilisation eines von ihm behandelten Zoo-, Wild- und Gehegetieres abgibt oder**
   d) **an Inhaber der Erlaubnis zum Erwerb dieser Betäubungsmittel zurückgibt oder an den Nachfolger im Betrieb der tierärztlichen Hausapotheke abgibt,**
3. **in Anlage III bezeichnete Betäubungsmittel**
   a) **auf Grund ärztlicher, zahnärztlicher oder tierärztlicher Verschreibung oder**
   b) **zur Anwendung an einem Tier von einer Person, die dieses Tier behandelt und eine tierärztliche Hausapotheke betreibt,**
   erwirbt,
4. **in Anlage III bezeichnete Betäubungsmittel**
   a) **als Arzt, Zahnarzt oder Tierarzt im Rahmen des grenzüberschreitenden Dienstleistungsverkehrs oder**

    b) auf Grund ärztlicher, zahnärztlicher oder tierärztlicher Verschreibung erworben hat und sie als Reisebedarf
ausführt oder einführt
5. gewerbsmäßig
    a) an der Beförderung von Betäubungsmitteln zwischen befugten Teilnehmern am Betäubungsmittelverkehr beteiligt ist oder die Lagerung und Aufbewahrung von Betäubungsmitteln im Zusammenhang mit einer solchen Beförderung oder für einen befugten Teilnehmer am Betäubungsmittelverkehr übernimmt oder
    b) die Versendung von Betäubungsmitteln zwischen befugten Teilnehmern am Betäubungsmittelverkehr durch andere besorgt oder vermittelt oder
6. in Anlage I, II oder III bezeichnete Betäubungsmittel als Proband oder Patient im Rahmen einer klinischen Prüfung oder in Härtefällen nach § 21 Absatz 2 Satz 1 Nummer 6 des Arzneimittelgesetzes in Verbindung mit Artikel 83 der Verordnung (EG) Nr. 726/2004 des Europäischen Parlaments und des Rates vom 31. März 2004 zur Festlegung von Gemeinschaftsverfahren für die Genehmigung und Überwachung von Human- und Tierarzneimitteln und zur Errichtung einer Europäischen Arzneimittel-Agentur (ABl. L 136 vom 30. 4. 2004, S. 1) erwirbt.

(2) Einer Erlaubnis nach § 3 bedürfen nicht Bundes- und Landesbehörden für den Bereich ihrer dienstlichen Tätigkeit sowie die von ihnen mit der Untersuchung von Betäubungsmitteln beauftragten Behörden.

(3) [1] Wer nach Absatz 1 Nr. 1 und 2 keiner Erlaubnis bedarf und am Betäubungsmittelverkehr teilnehmen will, hat dies dem Bundesinstitut für Arzneimittel und Medizinprodukte zuvor anzuzeigen. [2] Die Anzeige muß enthalten:

1. den Namen und die Anschriften des Anzeigenden sowie der Apotheke oder der tierärztlichen Hausapotheke,
2. das Ausstellungsdatum und die ausstellende Behörde der apothekenrechtlichen Erlaubnis oder der Approbation als Tierarzt und
3. das Datum des Beginns der Teilnahme am Betäubungsmittelverkehr.

[3] Das Bundesinstitut für Arzneimittel und Medizinprodukte unterrichtet die zuständige oberste Landesbehörde unverzüglich über den Inhalt der Anzeigen, soweit sie tierärztliche Hausapotheken betreffen.

A. Zweck der Vorschrift

Der Erlaubniszwang des § 3 BtMG gilt grundsätzlich allgemein, also auch für **1** Ärzte, Apotheker und wissenschaftliche Forschungsanstalten, soweit nicht eine Ausnahme nach § 4 BtMG vorliegt. Dass Ärzte und Apotheker nicht in § 3 BtMG genannt sind, ist unerheblich, da in dieser Bestimmung überhaupt keine Berufsgruppen genannt sind. Da **Apotheker und Ärzte** durch ihre **Approbation eine Gewähr gegen Missbrauch** bieten, wurden sie aufgrund des Schlusssatzes des Art. 10 des Internationalen Opiumabkommens vom Erlaubniszwang freigestellt, sofern ärztliche Betäubungsmittelverschreibungen zu Heilzwecken ausgestellt werden. Schon aus der längst vor dem Inkrafttreten des Opiumgesetzes ergangenen Reichsgerichtsentscheidung in RGSt. 35, 332 ergab sich, dass dem Apotheker eine gewisse Prüfungspflicht in Bezug auf die ihm vorgelegten Rezepte dahingehend obliegt, ob es sich überhaupt um ein ordnungsgemäßes ärztliches Rezept handelt, dann aber auch, ob sich hinter dem Rezept nicht eine rechtswidrige Handlung versteckt. Ein äußerlich ordnungsgemäßes Rezept begründet eine widerlegbare Vermutung dafür, dass es sich um eine Verordnung zu Heilzwecken handelt, die allein den Apotheker von der Erlaubnispflicht des § 3 BtMG nach § 4 Abs. 1 BtMG befreit (RGSt. 62, 392). Die Vorschrift ersetzt den § 3 Abs. 4 BtMG 1972 und erläutert im Einzelnen die Fälle, in denen es einer Erlaubnis des *BfArM* nicht bedarf. Die ärztlichen Hausapotheken sind entfallen, da sie im Betäubungsmittelverkehr keine Bedeutung mehr haben. Die Vorschrift zählt abschließend auf, welche Berufsgruppen von der Erlaubnispflicht befreit sind. Die **Ausnahmen** des § 4 Abs. 1 BtMG gelten aber **nur** für Betäubungsmittel der **Anl. II und III,** die Ausnahmen des § 4 Abs. 2 BtMG auch für Betäubungsmittel der Anl. I. **Nur das in § 4 BtMG beschriebene gesetzmäßige Verhalten** ist auch ohne Erlaubnisbescheid nach § 3 BtMG rechtmäßig. Missbraucht eine Person, die nach § 4 BtMG von der Erlaubnispflicht befreit ist, die Sonderstellung zu **Verstößen gegen das BtMG,** so handelt **auch sie unerlaubt.** Die Befreiung gilt insoweit nicht, da der gesetzliche Rahmen verlassen wurde. Der Apotheker oder Arzt, der **für illegale Geschäfte Betäubungsmittel herstellt,** der Pharmalieferant, der **Betäubungsmittelsendungen zu unbefugten Personen befördert,** der Chemiker eines Untersuchungslabors, der mit dem **Verkauf von Betäubungsmittelasservaten**

sein Einkommen aufbessert, oder der polizeiliche Hundeführer, der Betäubungsmittel außerhalb des Trainingsgeländes **im Wald vergräbt für Unbefugte,** können sich nicht auf § 4 BtMG berufen.

Die Vorschrift wurde durch Gesetz zur Änderung arzneimittelrechtlicher und
anderer Vorschrift vom 17. 7. 2009 (BGBl. I, S. 1990) angepasst und um Abs. 1
Nr. 6 ergänzt.

B. Ausnahmen für Apotheker

2   Nach § 4 Abs. 1 Nr. 1 BtMG wird nicht der Apotheker in Person, sondern nur
der **Apothekenbetrieb** von der Erlaubnispflicht befreit (RGSt. 62, 381;
RGSt. 69, 101). Die Betreiber öffentlicher Apotheken und von Krankenhausapotheken, ebenso wie ihr Hilfspersonal, bedürfen keiner Erlaubnis des *BfArM* für die
Herstellung von Betäubungsmitteln der Anl. II und III, für den Erwerb von Betäubungsmitteln vom Großhändler oder Produzenten, für die Abgabe von Betäubungsmitteln der Anl. III aufgrund ärztlicher Verschreibung, für die Rückgabe von
Betäubungsmitteln der Anl. II und III an den Großhändler und für die Weitergabe
von Betäubungsmitteln an den Apothekenerwerber. Sie müssen aber im Besitz
einer Erlaubnis nach den Bestimmungen des ApoG und des AMG sein. Die Apotheker unterliegen ferner der Anzeigepflicht des § 4 Abs. 3 BtMG, bevor sie am
Betäubungsmittelverkehr teilnehmen dürfen.

3   Wollen **Apotheker Betäubungsmittel der Anl. I,** wie z. B. Cannabis oder
Heroin, erwerben oder abgeben, so sind sie nicht von § 4 Abs. 1 BtMG von der
Erlaubnispflicht befreit, sondern bedürfen **wie jeder andere** einer **Ausnahmegenehmigung** nach § 3 Abs. 2 BtMG. Im Rahmen des Modellprojektes des Landes
Schleswig-Holstein „Kontrollierte Abgabe von Cannabis in Apotheken" (s. dazu
§ 3 Rn. 67) hätte jeder Apotheker und jeder Apothekenkunde einer Ausnahmegenehmigung nach § 3 Abs. 2 BtMG bedurft (*BfArM*, Beschl. v. 21. 5. 1997,
8–7650–4297770).

I. Herstellung

4   Während eine pharmazeutische Firma zur Herstellung von Dronabinol einer Erlaubnis nach § 3 BtMG des *BfArM* benötigt, kann ein Apotheker ohne besondere
Erlaubnis aus kristallinem Cannabidiol das in Anl. III zum BtMG eingestufte Dronabinol in einer öffentlichen Apotheke herstellen.

II. Erwerb

5   Erwirbt ein Apotheker nicht für die Apotheke, sondern für sich als Privatperson
Betäubungsmittel oder entfernt ein Apotheker aus dem Apothekenbetrieb Betäubungsmittel, um sie anderenorts (z. B. in der Privatwohnung seiner Mutter oder in
einem angemieteten Zimmer zu verwahren und zu verwenden), so liegt keine
Ausnahme des § 4 Abs. 1 Nr. 1 BtMG vor, weil dieses Verhalten nicht im Rahmen
des Apothekenbetriebes erfolgt. Ohne Erlaubnis nach § 3 BtMG bzw. ohne ärztliche Verschreibung ist der Erwerb und die Weitergabe der Betäubungsmittel **zu
betriebsfremden Zwecken** unerlaubt und strafbar (RGSt. 69, 101). Hat ein
angestellter Apotheker in der Apotheke morphinhaltige Zubereitung als Arzneimittel weggenommen und sie dort alsbald seinem Körper bestimmungsgemäß
einverleibt, so stellt dieser Verbrauch keinen unerlaubten Erwerb und keine unerlaubte Abgabe an sich selbst dar (RGSt. 67, 193). Es kommt aber neben einer Unterschlagung ein Sichverschaffen in sonstiger Weise nach § 29 Abs. 1 S. 1 Nr. 1
BtMG in Betracht.

III. Abgabe

6   Wird aber ein Betäubungsmittel der besonderen Sicherung des Apothekenbetriebes entzogen, ohne dass es etwa durch Verbrauch aus dem Verkehr verschwindet (RGSt. 62, 369; RGSt. 67, 193) und wird es einem Apothekenkunden außer-

halb der Apotheke ausgehändigt, so ist das Verbringen der Betäubungsmittel durch den Apotheker aus dem Apothekenbetrieb nicht durch die Ausnahme des § 4 Abs. 1 Nr. 1 BtMG gedeckt, sondern ohne Erlaubnis nach § 3 BtMG als Abgabe strafbar (RGSt. 69, 101).

Die Abgabe von Betäubungsmitteln in einer Apotheke kann ohne Erlaubnis 7 nach § 3 BtMG lediglich aufgrund einer ärztlichen Verschreibung erfolgen, die ein Arzt zur Heilung eines Patienten, für den Bedarf seiner Sprechstunde oder für eine von ihm ärztlich zu versorgende Krankenanstalt ausgestellt hat. Die Befreiung von der Erlaubnispflicht gilt aber nur soweit, als der Apotheker von einer ärztlichen Verordnung ausgehen kann, die unter Beachtung der ärztlichen Wissenschaft und des geltenden Rechts zustande gekommen ist. Hat ein Arzt in einer dem Apotheker erkennbaren Weise opiumhaltige Arzneimittel nicht zur Heilung oder Linderung einer Krankheit, sondern **als Genussmittel verschrieben,** so befreit § 4 Abs. 1 Nr. 1 BtMG den Apotheker bei der Abgabe nicht von der Erlaubnispflicht des § 3 BtMG. Wird einem Apotheker an Stelle einer ärztlichen Verordnung ein von einer **Krankenhausschwester** oder einem **Arzt unterzeichneter Bestell-schein** mit diversen opiumhaltigen Arzneimitteln vorgelegt, ohne dass dieser eine ärztliche Verordnung für den Bedarf der ärztlichen Sprechstunde oder für die ärztlich zu versorgende Krankenanstalt enthält, so stellt eine Lieferung der Betäubungsmittel eine unerlaubte Abgabe von Betäubungsmitteln dar (RGSt. 62, 281; RGSt. 62, 369).

Hat ein Apothekenkunde, um sich Betäubungsmittel zu verschaffen, für dessen 8 Bezug er keine ärztlichen Rezepte mehr erhielt, nach vorheriger Verabredung mit einem Apothekenangestellten, durch eine Mittelsperson ein auf ein harmloses Brom-Präparat ausgestelltes Rezept vorlegen lassen und damit dem Apotheken-angestellten eine Scheingrundlage für die **Aushändigung eines Aliud** (des gewünschten Betäubungsmittels) verschafft, so war der Apothekenangestellte trotz Vorlage eines wirksamen Rezeptes nicht von der Erlaubnispflicht des § 3 BtMG durch § 4 Abs. 1 Nr. 1 lit. c BtMG befreit und handelte **ohne Erlaubnis** (RGSt. 65, 59). Ist dem Apotheker bekannt, dass der Morphium verschreibende Arzt unter **Verletzung der Regeln der ärztlichen Wissenschaft** vor der Rezeptausstellung weder sich über dessen Gesundheitszustand ausreichend unterrichtet, noch diesen untersucht hatte, so darf er ein vorliegendes **Blankorezept** nicht entsprechend **ausfüllen** und auf diese ärztliche Versorgung hin kein Morphium abgeben, da er weder eine Erlaubnis nach § 3 BtMG hat, noch durch dieses Rezept von der Erlaubnispflicht gem. § 4 Abs. 1 Nr. 1 lit. c BtMG befreit ist (RGSt. 64, 145). Behauptet ein Arzt gegenüber dem Apotheker bei einem Telefongespräch, dass er das **Kokain als Heilmittel** verschrieben habe und kam das Kokain nach den Gesamtumständen zur Heilung erkennbar nicht in Betracht, so befreit diese Verschreibung den Apotheker nicht von der Erlaubnispflicht des § 3 BtMG.

Die Freistellung der Apotheker von der Erlaubnispflicht nach § 4 Abs. 1 Nr. 1 9 lit. d BtMG umfasst aber nicht, wie im **Kieler Cannabisprojekt** geplant, den Apothekenverkauf von 5 g-Beuteln von Cannabis. Bei Cannabis handelt es sich um ein nicht verkehrsfähiges, nicht verschreibungsfähiges Betäubungsmittel der Anl. I. Eine Abgabe im Rahmen des Apothekenbetriebes wäre daher auch nicht nach § 3 Abs. 1 BtMG, sondern nur im Rahmen einer Ausnahmegenehmigung für jeden einzelnen Apotheker nach § 3 Abs. 2 BtMG möglich

IV. Einfuhr

Soweit ein Apotheker Betäubungsmittel ein- oder ausführen will, wird er gem. 10 § 4 Abs. 1 BtMG nicht von der Erlaubnispflicht befreit. Wenn sie sich bei der Beförderung von Betäubungsmitteln nicht der Dienstleistung eines befugten Teilnehmers am Betäubungsmittelverkehr bedienen wollen, benötigen sie neben der **Erlaubnis nach § 3 BtMG** zusätzlich einer **Einfuhrgenehmigung nach § 11 BtMG.**

V. Entgegennahme zur Untersuchung und Weiterleitung an eine befugte Untersuchungsstelle oder zur Vernichtung

11   Seit den 70er-Jahren wandten sich immer wieder besorgte Eltern, die den Verdacht hatten, ihre Kinder würden Betäubungsmittel konsumieren, an Apotheker mit der Bitte um Rat und um vertrauliche Untersuchung vorgefundener Stoffe. Nach dem BtMG waren bislang **Apotheker weder zur Entgegennahme, Weiterleitung oder Vernichtung illegaler Betäubungsmittel der Anl. I ausdrücklich befugt, noch zur Strafanzeige verpflichtet** (§ 138, 139 StGB). Der Apotheker war nicht berechtigt, illegale Betäubungsmittel sicherzustellen und zu vernichten. § 16 BtMG gilt nicht für Betäubungsmittel der Anl. I, sondern für nicht mehr verkehrsfähige Betäubungsmittel aus dem legalen Betäubungsmittelverkehr. Ferner vermag der Apotheker die Besonderheiten des Verfahrens nach § 16 BtMG kaum zu gewährleisten. Die Weitergabe der Betäubungsmittel an die Polizei steht im Konflikt mit seiner beruflichen Schweigepflicht (§ 203 Abs. 1 StGB) und seinem Zeugnisverweigerungsrecht (§ 53 Abs. 1 Nr. 3 StPO). In der Entgegennahme von Betäubungsmitteln der Anl. I durch den Apotheker zu Untersuchungszwecken lag zwar regelmäßig kein rechtsgeschäftlicher Erwerb, aber u. U. ein sonstiges Sichverschaffen oder ein Besitz von Betäubungsmitteln i. S. v. § 29 Abs. 1 BtMG vor. Gleichwohl benötigte der Apotheker für seine Aufbewahrung, Rückgabe oder Abgabe von Betäubungsmitteln der Anl. I ebenso wie **Eltern, Lehrer, Pfleger, Schwestern, Sozialarbeiter,** die einem Betäubungsmittelabhängigen die **Betäubungsmittel in Wahrnehmung familiärer, fürsorglicher, beruflicher Verantwortung wegnehmen,** eine Erlaubnis nach § 3 BtMG (zu möglicherweise bestehenden Rechtfertigungsgründen s. § 29/Teil 10, Rn. 45 ff., 61).

12   Um insb. die **Apotheker** von der Güterabwägung des § 34 StGB zu befreien, ist durch Gesetzesänderung v. 9. 9. 1992 **§ 4 Abs. 1 Nr. 1 BtMG um die Ausnahmeregelung in lit. e ergänzt** worden, wonach sie zur Untersuchung, Weiterleitung an untersuchungsberechtigte Stellen oder zur Vernichtung **von der Erlaubnispflicht befreit** sind. Diese Ausnahme gilt im Gegensatz zu den Ausnahmen lit. a bis d für alle Betäubungsmittel der Anl. I bis III. Mit der zunehmenden Verbreitung von Ecstasy-Pillen der unterschiedlichsten Zusammensetzung wurde zunehmend die Möglichkeit diskutiert, Opiatgemische und Disco-Tabletten unbekannter Zusammensetzung durch Drogenhilfestationen für Konsumenten untersuchen zu lassen, um Warnhinweise vor schädlichen Drogenzubereitungen geben zu können **(Drug-Checking).** In einigen Großstädten wurden **fahrbare Testlaboratorien (Drugmobils)** am Rande von Musikgroßveranstaltungen platziert, um vor Ort Drogentests vorzunehmen. Nach Auskunft des *BfArM* gilt der Ausnahmetatbestand des § 4 Abs. 1 BtMG ausschließlich für Inhaber einer apothekenrechtlichen Erlaubnis und für sein Hilfspersonal im Rahmen des Apothekenbetriebes und kann nicht auf andere Berufsgruppen übertragen werden; wegen der **abschließenden Regelung** könne weder nach § 3 Abs. 1 noch nach § 3 Abs. 2 BtMG einer **anderen Berufsgruppe** eine Erlaubnis erteilt werden (*BfArM*, Auskunft v. 9. 10. 1996, GS 4.1 – A 9307–32714/96).

13   Verschiedene Landesapothekenkammern haben landesweit für das Umfeld von Drogenkonsumenten eine Möglichkeit geschaffen, dass **besorgte Verwandte, Eltern, Lehrer, Trainer, Erzieher usw. Rauschmittelverdachtsproben** bei einer Apotheke abgeben und gegen eine Unkostengebühr von 15–25,– Euro mit modernen Analysemethoden qualitativ und anonym beim *Zentrallaboratorium deutscher Apotheker (ZLA)* in Eschborn untersuchen lassen können mit anschließender Vernichtung der Probe. Das *ZLA* in Eschborn besitzt eine Erlaubnis nach § 3 BtMG. Die meisten von der Erlaubnispflicht befreiten Apotheker lehnen Untersuchungen zum Konsumentenschutz und Untersuchungen außerhalb der Apotheken ab. Eine Reihe von jüngeren Apothekern befürworten aber ein **ambulantes Apothekermobil,** das in Notfällen bei Musikgroßveranstaltungen vor Ort zu Drogenuntersuchungen bereitstehen sollte. Nach § 1 Abs. 3 ApoG gilt jedoch die

Betriebserlaubnis nur für den Apotheker, dem sie erteilt ist und für die in der Erlaubnisurkunde bezeichneten **Apothekenräume.** Um sich nicht dem Vorwurf des unerlaubten Betreibens einer fahrbaren Apotheke nach § 23 ApoG auszusetzen, würde ein Apothekeruntersuchungsmobil als Notfallregelung einer Sondergenehmigung der Apothekerkammer bedürfen. Der Verordnungsgeber hat 1994 bei Änderung der ApoBetrO von 1987 zwar die berufliche Tätigkeit, insb. die Abgabe von Arzneimitteln und Betäubungsmitteln auf die Apothekenräume konzentriert, das Präventivangebot von Einwegspritzen und Kondomen aber ausdrücklich ausgenommen. Das *BVerwG* hat denn auch die Abgabe von Arzneimitteln über einen Autoschalter nicht mit § 17 Abs. 1 S. 1 ApoBetrO für vereinbar gehalten, da die Plazierung des Kunden in seinem Auto die Inanspruchnahme der Beratung erschwert und das Interesse an einer schnellen Abwicklung nicht mit der Sorgfaltspflicht des Apothekers und mit den Risiken der Stoffe zu vereinbaren sei (*BVerwG*, Urt. v. 22. 1. 1998, 3 C 6/97). Bei einem Drugmobil sollen zwar keine Arzneimittel aus dem Apothekenangebot abgegeben werden, sondern nur unbekannte Stoffe und Zubereitungen aus präventiven Erwägungen entgegengenommen, getestet und zweifelhafte Gemische an besondere Untersuchungsstellen weitergeleitet werden. Die Beratung im Drugmobil durch einen Apotheker darf aber i. S. d. Rspr. des *BVerwG* nicht durch besondere Erwartungen und Wünsche oder durch den Zeitdruck des Kunden beeinträchtigt sein.

Soweit Apotheker Betäubungsmittel zur Vernichtung entgegennehmen, oder **14** nach Untersuchung der Betäubungsmittel vernichten, sind sie ebenso wie die im Rahmen des § 4 Abs. 2 BtMG genannten Bundes- und Landesbehörden von der Erlaubnispflicht befreit.

C. Ausnahmen für Betäubungsmittelerwerber

Der Patient oder Tierhalter, der in Apotheken aufgrund ärztlicher Verschreibung **15** Betäubungsmittel der Anl. III erwerben will, bedarf keiner Erlaubnis des *BfArM*, da die ordnungsgemäße ärztliche Verschreibung eine Einzelerlaubnis darstellt (§ 4 Abs. 1 Nr. 3 BtMG). Weiß der Angeklagte, dass die **Verschreibung** nicht ärztlich begründet ist und deshalb **mißbräuchlich** erfolgte, so ist dies so zu beurteilen, als habe er die **Betäubungsmittel ohne Verschreibung** erworben. Der Erwerb von Betäubungsmitteln aus Apotheken ist nämlich nur aufgrund **ärztlich begründeter Verschreibung** erlaubnisfrei und zulässig (RGSt. 62, 369, 383; RGSt. 73, 393). Hat ein Erwerber den Arzt widerrechtlich durch Gewalt oder Drohung **zu einer Verschreibung gezwungen,** so ist der Erwerb aufgrund dieser Verschreibung **nicht erlaubnisfrei** (RG JW 1932, 3351, Nr. 21). Lässt ein Betäubungsmittelabhängiger, um sich Betäubungsmittel in der Apotheke zu beschaffen, für dessen Bezug er keine Rezepte mehr vom Arzt erhielt, nach vorheriger Verabredung mit einem Apothekenangestellten, einer Mittelsperson in der Apotheke ein Rezept vorzeigen, das auf ein harmloses Brompräparat ausgestellt ist, und erhält er aufgrund dieses Rezeptes **ein Aliud** ausgehändigt, so ist er mangels ärztlich begründeten Betäubungsmittelrezeptes beim Erwerb **nicht von der Erlaubnispflicht befreit** (RGSt. 65, 59) und macht sich wegen unerlaubten Erwerbs von Betäubungsmittel strafbar.

Wurden die Betäubungsmittel, wie der Patient aufgrund des Gespräches mit **16** dem Arzt wusste, nicht zur Heilung oder Linderung, sondern **als Genussmittel verschrieben,** so ist der Erwerber trotz ärztlicher Verschreibung **nicht** durch § 4 Abs. 1 Nr. 3 BtMG **von der Erlaubnispflicht befreit** (RGSt. 62, 369).

D. Ausnahmen für Ärzte

Die Aufzählung des § 3 BtMG enthält nicht die ärztlichen Tätigkeiten wie Ver- **17** schreiben, Verabreichen und Überlassen zum unmittelbaren Gebrauch, da diese Handlungen nicht erlaubnisfähig sind, sondern der Sonderregelung des § 13 und der BtMVV unterliegen.

I. Verschreibung von Betäubungsmitteln

18   Die Verschreibung und Abgabe auf Verschreibung von Betäubungsmitteln sind
nicht im 2. Abschnitt des BtMG, sondern im Bereich des 3. Abschnitts und in der
BtMVV geregelt. Während § 12 BtMG die Vorschriften über die Abgabe von Betäubungsmitteln enthält, ist die ärztliche Verschreibung, Verabreichung und Überlassung von Betäubungsmitteln in § 13 BtMG geregelt. Während § 3 BtMG den
legalen und illegalen Geschäftsverkehr mit Betäubungsmitteln regelt, befassen sich
§ 13 BtMG und die BtMVV mit dem therapeutischen Betäubungsmittelverkehr
zwischen Arzt, Apotheker und Patient. Eine Erlaubnis wird hier durch die ärztliche
Prüfung und Anordnung, meist durch ein Rezept ersetzt. Ärzte und Apotheker
bieten **aufgrund ihrer Approbation** und ihrer **beruflichen Erfahrung** eine
gewisse Gewähr gegen Missbrauch von Betäubungsmitteln, weshalb sie aufgrund
von Art. 10 des Internationalen Opiumabkommens von der Erlaubnispflicht freigestellt wurden (RGSt. 62, 371). Die Befreiung von der Erlaubnispflicht durch die
Ausnahmen des § 4 BtMG gilt aber nur für eine verantwortungsbewusste Berufsausübung zu Heilzwecken. Ein Arzt ist jedoch auch bei wissenschaftlich
umstrittenen ärztlichen Verschreibungen von Betäubungsmitteln von der Erlaubnispflicht befreit. Immer jedoch dann, wenn ein Arzt seine **beruflichen Möglichkeiten** unter Missachtung ärztlicher Grundsätze **missbraucht** oder gar Straftaten
begeht, ist eine Befreiung nach § 4 BtMG ausgeschlossen und die Verschreibung
grundsätzlich erlaubnispflichtig.

II. Erwerb auf Verschreibung

19   Nicht nur die Patienten, sondern auch die Ärzte können nach § 4 Abs. 1 Nr. 3
BtMG ohne Erlaubnis mit einem Rezept **für ihren Praxisbedarf, für den
Krankenhausbedarf** oder **für die Tierklinik** Betäubungsmittel der Anl. III erwerben. Erwirbt ein Arzt Betäubungsmittel mit einem Rezept nicht zur Heilung
von Patienten und nicht zum Praxisbedarf oder zum Krankenhausbedarf, sondern
als Genussmittel bzw. **Suchtmittel für sich selbst** oder Dritte, so ist er nicht
durch § 4 Abs. 1 BtMG von der Erlaubnispflicht befreit, sondern macht sich ohne
Erlaubnis nach § 3 BtMG auch nach § 29 Abs. 1 BtMG strafbar (*AG Frankfurt*,
Urt. v. 1. 11. 1999, 941 Ls 87 Js 27086.0/99).

III. Grenzüberschreitender ärztlicher Dienstleistungsverkehr, Ein-
und Ausfuhr von Betäubungsmitteln als Reisebedarf aufgrund ärztlicher
Verschreibung

20   Werden von einem Patienten **im grenzüberschreitenden Verkehr Betäubungsmittel** in einer der Dauer der Reise angemessenen Menge aufgrund ärztlicher Verschreibung oder Bescheinigung **für den eigenen Bedarf** ein- oder ausgeführt, so ist dieser Umfang mit Betäubungsmitteln gem. § 4 Abs. 1 Nr. 4 lit. b
BtMG nur erlaubnisfrei, wenn es sich um Betäubungsmittel der Anl. III (verschreibungsfähige Betäubungsmittel) handelt. Bei Betäubungsmitteln der Anl. II u. III
gilt aufgrund § 11 Abs. 2 BtMG nach § 15 Abs. 1 Nr. 2 BtMAHV insoweit ein
vereinfachter grenzüberschreitender Verkehr (s. dazu § 29/Teil 5, Rn. 15 ff.). Der
Reisende ist bei der Einfuhr/Ausfuhr von Antragstellungen, Genehmigungen und
Abfertigungen befreit. Seit Inkrafttreten der 25. BtMAndV v. 11. 5. 2011 am
18. 5. 2011 handelt es sich bei **Cannabis in Zubereitungen, die als Fertigarzneimittel zugelassen sind**, nach Anl. III um verkehrs- und verschreibungsfähige
Betäubungsmittel. Die obigen **Ausnahmen** für den Reiseverkehr gelten daher
auch für Cannabisfertigarzneimittel, die in den Niederlanden ärztlich verschrieben
wurden. § 4 Abs. 1 Nr. 4 BtMG befreit sowohl den reisenden Patienten, der mit
ärztlichem Rezept Betäubungsmittel der Anl. III erworben hat und damit ein-
oder ausreisen will, als auch den **grenzüberschreitenden Arzt** bei der Einfuhr
und Ausfuhr von Betäubungsmitteln der Anl. III von der Erlaubnispflicht. Die
Ausnahme von der Erlaubnispflicht wird ergänzt durch die Ausnahme von der

Genehmigungspflicht bei der Ein- und Ausfuhr, die aufgrund § 11 Abs. 2 BtMG in § 15 BtMAHV geregelt ist (sog. vereinfachtes Verfahren). Mit Inkraftsetzung des Übereinkommens zur Durchführung und des **Übereinkommens von Schengen** v. 19. 6. 1990 können ärztlich verschriebene Betäubungsmittel ohne weitere Formalitäten in eine Vertragspartei des Schengener Abkommens mitgeführt werden, wenn eine behördlich ausgestellte oder beglaubigte **Bescheinigung gem. Art. 75** des vorbezeichneten Übereinkommens vorliegt. Form und Inhalt der Bescheinigung wurden von den Vertragsparteien des Schengener Abkommens vereinbart. Die Bescheinigung wird für im eigenen Staat ansässige Personen ausgestellt, die in eine andere Vertragspartei des Schengener Abkommens reisen wollen und die aufgrund einer ärztlichen Verschreibung während dieser Zeit Betäubungsmittel benötigen. Die Gültigkeitsdauer der Bescheinigung beträgt **maximal 30 Tage.** Die Bescheinigung ist in Deutschland durch den verschreibenden Arzt auszustellen und durch die oberste Landesgesundheitsbehörde oder eine von ihr beauftragte Stelle zu beglaubigen. Für jedes verschriebene Betäubungsmittel ist eine gesonderte Bescheinigung erforderlich. Eine Kopie der Bescheinigung verbleibt bei der beglaubigenden Stelle. Der Arzt darf für den Reisebedarf Betäubungsmittel für bis zu 30 Tage verschreiben. Vordrucke der Bescheinigung können bei Bedarf beim *BfArM* angefordert werden. Diese Regelung ist insb. von Bedeutung für das grenzüberschreitende Mitführen von Substitutionsdrogen.

E. Ausnahmen für Spediteure und Lagerhalter

Spediteure und Lagerhalter, die gewerbsmäßig für befugte Teilnehmer am Be- **21** täubungsmittelverkehr die Beförderung, Lagerung und Aufbewahrung von Betäubungsmitteln übernehmen, bedürfen keiner Erlaubnis nach § 3 BtMG (§ 4 Abs. 1 Nr. 5 BtMG). Die Überwachung des legalen Betäubungsmittelverkehrs wird von dem *BfArM* nach der BtMAHV vorgenommen. Wer im illegalen Betäubungsmittelverkehr Rauschgift transportiert, versendet, lagert oder aufbewahrt, verstößt gegen § 3 BtMG. **Zweigen** Transporteure und Lagerhalter im Rahmen der Aufbewahrung und der Beförderung für befugte Teilnehmer am Betäubungsmittelverkehr Betäubungsmittel für eigene Zwecke oder für Dritte **ab,** so benötigen sie für diese Aufgaben **eine Erlaubnis** nach § 3 BtMG.

F. Ausnahmen für Teilnehmer an Arzneimittelstudien

Durch den mit Gesetz zur Änderung arzneimittelrechtlicher und anderer Vor- **22** schriften vom 17. 7. 2009 neu eingefügten § 4 Abs. 1 Nr. 6 BtMG wird Probanden die Teilnahme an einer klinischen Arzneimittelstudie oder einem Härtefallprogramm nach § 21 Abs. 2 S. 1 Nr. 6 AMG (sog. „compassionate use"), bei denen Mittel nicht ärztlich verabreicht, sondern zur selbständigen Einnahme mitgegeben werden, erleichtert. Durch den Verweis auf Art. 83 der Verordnung (EG) Nr. 726/ 2004 wird klargestellt, dass das betreffende Mittel entweder Gegenstand eines Antrags auf Erteilung einer Genehmigung für das Inverkehrbringen oder Gegenstand einer noch nicht abgeschlossenen klinischen Prüfung sein muss (Art. 83 Abs. 2 der Verordnung (EG) Nr. 726/2004; *Hügel/Junge/Lander/Winkler* § 4 Rn. 10).

G. Ausnahmen für Bundes- und Landesbehörden

Da Strafverfolgungsbehörden und staatliche Untersuchungsbehörden aufgrund **23** ihrer **besonderen beruflichen Verantwortung und besonderen beruflichen Erfahrung** eine besondere Gewähr gegen Missbrauch bieten und besondere im 4. und 5. Abschnitt des BtMG geregelte Kontrollaufgaben wahrzunehmen haben, wurden sie in § 4 BtMG von der Erlaubnispflicht befreit. Nach § 4 Abs. 2 BtMG bedürfen **Bundes- und Landesbehörden** für ihren dienstlichen Umgang mit Betäubungsmitteln nicht der Erlaubnis des *BfArM.* Der Kosten- und Verwaltungsaufwand erschien unbegründet und widersinnig, wenn man die Strafverfolgungsmaßnahmen und die Kontrolltätigkeiten von Behörden, deren Aufgabe es ist, den

Betäubungsmittelverkehr zu überwachen, von der Erlaubnis des *BfArM* abhängig machen würde. Gerichte, Staatsanwaltschaften, Polizei-, Zoll- und Bundesgrenzschutzbehörden bedürfen nun nicht mehr für die Sicherstellung, für den Inlandstransport, für die Aufbewahrung, für die Ein- und Ausfuhr, für die Untersuchung, für die Vernichtung, für die Abgabe und für die Ausbildung von Rauschgiftspürhunden und Hundeführern einer Erlaubnis nach § 3 BtMG.

I. Untersuchung von Betäubungsmitteln

24   § 4 Abs. 2 BtMG befreit nur die Bundes- und Landesbehörden von der Erlaubnispflicht, die in irgendeiner Form am legalen Verkehr mit Betäubungsmitteln teilnehmen oder an Überwachungs- oder Strafverfolgungsaufgaben beteiligt sind, **nicht aber z. B. wissenschaftliche Institute, Universitäten, Schulen, nicht Drogenhilfe- oder Therapieeinrichtungen, nicht Sportvereine und Trainingsstätten.** Die **Leitung einer Justizvollzugsanstalt,** die bei jeder Einlieferung von Häftlingen, bei Brief- und Paketsendungen mit Drogentests prüfen muss, ob dabei Betäubungsmittel eingeschmuggelt werden, die durch Urinuntersuchungen und Haftraumdurchsuchungen nach Betäubungsmitteln forschen muss, die durch Hausstrafen die Entstehung einer Drogenszene in der Haftanstalt bekämpft, ist von der Erlaubnispflicht im Rahmen ihrer Aufgaben befreit. Zwar befassen sich auch **Drogenberatungslehrer und Chemielehrer öffentlicher Schulen, Drogenberater und Drogentherapeuten** von Drogenhilfe- und Therapieeinrichtungen, Sporttrainer und Sportärzte mit den gefährlichen Wirkungen von Arzneimitteln und Betäubungsmitteln, mit Drogenprävention, Drogenhilfe und Drogentherapie. Der in § 4 Abs. 2 BtMG geregelte erlaubnisfreie Umgang mit Betäubungsmitteln, wie Beförderung, Sicherstellung, Aufbewahrung, Untersuchung und Vernichtung von Betäubungsmitteln, ist jedoch ausschließlich auf die **staatlichen Strafverfolgungs- und Untersuchungsstellen** beschränkt. So wie ein **Landwirtschaftsminister** Landwirten keine Ausnahmeerlaubnis zum legalen Anbau von Schlafmohn erteilen kann, kann auch ein **Landeskultusminister** den Drogenberatungslehrern seines Landes **keine Erlaubnis** zu Drogenuntersuchungen **erteilen.** Da der § 4 Abs. 2 BtMG keine beispielhafte, sondern **abschließende Aufzählung** von Ausnahmen enthält, kann sich eine Erlaubnisfreiheit für **Drogenberater, Beratungslehrer, Diskothekenbetreiber, Schüler-, Studenten-** und **Elternvertretungen, Sporttrainer** und **Sportärzte** nicht aus einer Gesetzesanalogie ergeben. Vielmehr benötigen diese Personen eine Erlaubnis nach § 3 Abs. 1 oder Abs. 2 BtMG (*BfArM*, Beschl. v. 9. 2. 1996, G VI 1–535; Beschl. v. 9. 10. 1996, GS 4.1 A 9307–32714/96).

II. Austausch, Beförderung und Versendung von Betäubungsmittelproben

25   Gem. § 4 Abs. 2 BtMG bedürfen die Polizei- und Zollbehörden keiner Erlaubnis, wenn sie im Rahmen der internationalen Zusammenarbeit bei der Strafverfolgung oder bei der wissenschaftlichen Forschung Betäubungsmittelproben transportieren bzw. austauschen. Gem. § 11 Abs. 2 BtMG ist die Bundesregierung zur Sicherheit und Kontrolle des Betäubungsmittelverkehrs und zur Durchführung internationaler Suchtstoffübereinkommen zu Sonderregelungen der Ein-, Aus- und Durchfuhr von Betäubungsmitteln ermächtigt. Nach § 14 Abs. 1 BtMAHV können Bundes- und Landesbehörden nach dem in Abs. 2 und Abs. 3 geregelten **vereinfachten Verfahren** Betäubungsmittel ein- und ausführen, indem sie mit den von **Interpol** entwickelten Formblättern das *BfArM* unterrichten. Gem. § 12 Abs. 3 Nr. 3 BtMG sind die Polizei- und Zollbehörden bei Abgabe und Erwerb von Betäubungsmitteln zwischen den in § 4 Abs. 2 oder § 26 BtMG genannten Behörden von den Vorschriften des § 12 Abs. 1 und Abs. 2 BtMG befreit.

26   Nach § 4 Abs. 1 Nr. 5 lit. b BtMG sind die Besorgung, die Vermittlung und die Versendung von Betäubungsmitteln zwischen befugten Teilnehmern am Betäubungsmittelverkehr von der Erlaubnispflicht des § 3 BtMG befreit. Werden Betäu-

bungsmittelproben zwischen befugten Stellen kontrolliert auf dem **diplomatischen Kurierweg** des Auswärtigen Amtes oder **durch einen Flugkapitän einer Fluggesellschaft im sog. Luftbeutel** transportiert und am Zielort von Kontrollbeamten abgeholt, so sind diese gem. § 4 Abs. 1 Nr. 5 BtMG von der Erlaubnispflicht befreit.

Nach Nr. 2 Abs. 2 der **Allgemeinen Geschäftsbedingungen der Deutschen Post AG** für den **internationalen Paketversand** und nach Art. 18 des internationalen Postpaketübereinkommens ist es untersagt, Paketen Betäubungsmittel oder andere berauschende Mittel beizufügen, es sei denn, die Versendung erfolgt zu wissenschaftlichen oder ähnlichen im öffentlichen Interesse liegenden Zwecken in Länder, die sie unter dieser Bedingung zulassen. Ähnlich ist die Regelung in Art. 26 des Weltpostvertrages für Briefsendungen. Die Versendung von Betäubungsmittelproben ins Ausland ist deshalb nur erlaubt, wenn sie wissenschaftlichen Untersuchungszwecken dient und das Zielland mit einem Betäubungsmittelfrachtdienst einverstanden ist. Nach Auskunft der Deutschen Post AG gelten diese Grundsätze jedoch nicht für den **innerdeutschen Postverkehr.** Hier ist entscheidend, dass die postalische Beförderung im Einklang mit dem deutschen BtMG steht. Die gewerbsmäßige Beförderung von Betäubungsmitteln per Post zwischen befugten Teilnehmern am Betäubungsmittelverkehr ist erlaubnisfrei (§ 4 Abs. 1 Nr. 1 lit. a BtMG), sofern ausreichende Sicherungsmaßnahmen (besondere Verpackungs-, besondere Versendungsformen) nach § 15 BtMG getroffen werden. Je größer die Betäubungsmittelmenge, umso umfangreicher müssen die Sicherungsvorkehrungen sein. 27

III. Aufbewahrung, Verwertung und Vernichtung von Betäubungsmitteln

Der Umgang mit sichergestellten Betäubungsmitteln ist geregelt in Verwaltungsvorschriften der Länder (z. B. Rundschreiben des MdI Rheinland-Pfalz vom 22. 7. 2010). Nähere Einzelheiten zur Vernichtung von Betäubungsmittel ergeben sich aus dem Hausverfügungen der örtlichen Staatsanwaltschaft. Im Übrigen ist die **Verwertung bzw. Vernichtung** von eingezogenen Betäubungsmitteln in § 75 StVollstrO geregelt, der auf § 74 StVollstrO verweist. Nach § 75 Abs. 3 StVollstrO hat die Vollstreckungsbehörde bei der Vernichtung von Betäubungsmitteln § 16 BtMG zu beachten, wonach die Vernichtung **in Gegenwart von zwei Zeugen** in einer Weise zu erfolgen hat, die eine auch nur teilweise Wiedergewinnung der Betäubungsmittel ausschließt, sowie den Schutz von Mensch und Umwelt vor schädlichen Einwirkungen sicherstellt (*Pohlmann/Jabel/Wolf* § 75 Anm. 3). Die Vollstreckungsbehörde bedarf im Rahmen ihrer dienstlichen Tätigkeit keiner Erlaubnis nach § 3 BtMG, wenn sie eingezogene und verfallene Betäubungsmittel einer anderen Stelle zur Vernichtung oder Verwertung übergibt. Diese Abgabe erfolgt im Rahmen ihrer dienstlichen Tätigkeit (§ 4 Abs. 2 BtMG) und ist kein Verkehr, wie er in § 3 BtMG gemeint ist. Die Vollstreckungsbehörde kann aber gem. §§ 74, 75 StVollstrO die Betäubungsmittel an andere Behörden (z. B. **Lehr- und Ausbildungseinrichtungen, Zollhundeschule**) zur Verwertung nach eigener Entschließung oder aber auch an Private (pharmazeutische Industrie, Apotheken, Laboratorien) zur Demonstration oder zur Verwertung abgeben, die ihrerseits dann ggf. einer Erlaubnis nach § 3 BtMG bedürfen. Die Vollstreckungsbehörde hat sich im letzteren Fall bei Privatpersonen davon zu überzeugen, ob eine solche Erlaubnis erforderlich ist und ob sie vorliegt. Ein **Rauschgifthundeführer,** der die für die Hunde bestimmten Betäubungsmittel verkauft, ist nicht von der Erlaubnispflicht befreit, handelt unerlaubt und macht sich strafbar. 28

IV. Strafverfolgungsaufgaben

Die Erlaubnisfreiheit nach § 4 Abs. 2 BtMG gilt aber **allein für die dienstliche, nicht für private Tätigkeiten eines Beamten.** Nicht jedes dienstliche Verhalten und nicht jedes Verhalten, das im öffentlichen Interesse liegt, ist je- 29 doch durch § 4 BtMG von der Erlaubnispflicht befreit, sondern nur ein Verhalten, das den **Dienst-, Verwaltungs- und Strafvorschriften entspricht** (*BGH* NStZ 1988, 558 = StV 1988, 432). Einerseits kann es keine grundsätzliche Erlaubnisfreiheit für dienstwidriges oder strafbares Verhalten geben. Andererseits hat der Gesetzgeber aufgrund des berechtigten besonderen Vertrauens in die berufliche Verantwortung der Strafverfolgungsbeamten diese im Rahmen ihrer tatsächlich und rechtlich riskanten Tätigkeit grundsätzlich von der Erlaubnispflicht befreit, solange sie ihre Aufgaben im öffentlichen Interesse und im Rahmen der geltenden Vorschriften und im Rahmen der Anordnungen ihrer Vorgesetzten wahrnehmen. Nicht jeder formelle Verstoß gegen Dienstvorschriften, nicht jede Ordnungswidrigkeit, sondern nur materielle Verstöße bzw. Überschreitungen von Dienstvorschriften oder der Missbrauch beruflicher Möglichkeiten für berufsfremde Zwecke führen zum Verlust der Freistellung von der Erlaubnispflicht gem. § 4 BtMG. Im dienstlichen Interesse liegt z. B. auch die Vortragstätigkeit eines Staatsanwalts unter Mitnahme eines nach den betäubungsmittelrechtlichen Vorschriften gesicherten Asservatenkoffers mit Betäubungsmitteln im Rahmen von Drogenpräventionsveranstaltungen. Ein Staatsanwalt ist zwar grundsätzlich repressiv tätig. Aber gerade bei einem Betäubungsmittelstaatsanwaltschaft gehören auch präventive Aufgaben zum diesem Tätigkeitsfeld.

V. Verdeckte Ermittlungen und Scheinverhandlungen

30   Wenn verdeckte Ermittler von Bundes- oder Landesbehörden im Rahmen der Strafverfolgung und im Rahmen erteilter Anweisungen mit und ohne Tatprovokation **Scheinverhandlungen über den Ankauf** von Betäubungsmitteln führen oder Betäubungsmittel in Besitz nehmen, so sind sie nach § 4 Abs. 2 BtMG für ihre dienstliche bzw. quasidienstliche Tätigkeit beim Umgang mit Betäubungsmitteln von der Erlaubnispflicht befreit und machen sich nicht strafbar (*BGH* NStZ 1988, 558 = StV 1988, 432). Das gilt auch für nach § 1 VerpflichtungsG verpflichtete V-Leute (BGHSt. 42, 230 = NJW 1996, 3158 = StV 1997, 182; *Weber* § 4 Rn. 95). Fehlt eine förmliche Verpflichtung, machen sich die V-Leute nicht strafbar, wenn sie entsprechend der erteilten Weisung handeln (*Weber* § 4 Rn. 97).

VI. Unterstützung der Strafverfolgung

31   Beteiligen sich Personen auf eigene Faust und ohne Kenntnis der Polizei bei der verdeckten Bekämpfung der Rauschgiftkriminalität, so machen sie sich nicht wegen Handeltreibens mit Betäubungsmitteln strafbar, wenn sie nicht auf den Umsatz der Betäubungsmittel abzielen, sondern die Ware **der Polizei in die Hände treiben** und den Stoff **aus dem Verkehr ziehen wollen** (*BGH* NStZ 1988, 558 = StV 1988, 432). Führt jemand ohne Abstimmung mit der Polizei eine geringe Menge Haschisch mit sich, um mit dieser als Warenprobe dazu beizutragen, dass größere Mengen von Haschisch der Polizei zugespielt und damit aus dem Verkehr gezogen werden, so vermag der Verwendungszweck den Besitztatbestand nicht auszuschließen. **Mangels Absprache** mit der Polizei kommt auch eine **Befreiung von der Erlaubnispflicht nicht in Betracht** (*BGH* NStZ 1988, 558 = StV 1988, 432).

VII. Kontrollierte Transporte

32   Werden zur Ermittlung von Hinterleuten oder Abnehmern bzw. zur Aufdeckung von Verteilerwegen durch verdeckte Ermittler größere Mengen von Betäubungsmitteln ein- oder ausgeführt oder wird der Betäubungsmitteltransport durch verdeckte Ermittler kontrollierend begleitet und wurde **unter Beachtung der Vorschriften Nr. 29 lit. a bis d der RiStBV** der kontrollierte Transport von der Staatsanwaltschaft genehmigt, so sind die verdeckten Ermittler gem. § 4 Abs. 2 und § 12 Abs. 2 BtMG von der Erlaubnispflicht befreit. **Die staatsanwaltschaftliche Genehmigung ersetzt die Erlaubnis nach § 3 BtMG,** selbst wenn im

Einzelfall die RiStBV falsch angewendet worden sein sollten. Wurde die genehmigende Staatsanwaltschaft durch unvollständige oder unzutreffende Aktenvermerke über die Tatprovokation im Ausland oder über die Abnehmerstruktur im Inland getäuscht oder wurden ihr die Ablehnungsgründe vorher angesprochener Staatsanwaltschaften verschwiegen, so befreit die **erschlichene Erlaubnis** ebenso wenig wie eine fehlende Erlaubnis von der generellen Erlaubnispflicht nach § 3 BtMG, so dass die unerlaubte Einfuhr der Betäubungsmittel sich als strafbar erweist (vgl. *LG Köln*, Urt. v. 1. 7. 1994, 108-13/94 m. Anm. *von Danwitz* StV 1995, 431).

VIII. Milieutypische Straftaten

Bei der Regelung des Einsatzes verdeckter Ermittler in der StPO sind die Befugnisse dahin begrenzt worden, dass ihnen die Mitwirkung an sog. **Keuschheitsproben** und die Begehung **milieutypischer Straftaten** gesetzlich nicht gestattet wurde. Da es nach § 3 BtMG keine Erlaubnis für eine Straftat geben kann (*LG Koblenz* NStZ 184, 272 = MDR 1984, 513), kann auch § 4 Abs. 2 BtMG keine Erlaubnisfreiheit für rechtswidriges und strafbares Verhalten schaffen. Der Besitz, die Abgabe oder die Veräußerung von Betäubungsmitteln bleibt strafbar trotz des Zweckes der Erhellung von kriminellen Organisationsstrukturen, wenn der Stoff erkennbar **in der Szene versickert** (*BGH* NStZ 1988, 558 = StV 1988, 432). Sofern zur Anbahnung eines 20 kg Kokain-Geschäftes 3 g Kokain als Vertrauensgeschäft abgewickelt und die 3 g Kokain als Probe vom Polizeiagenten unkontrolliert an den Geschäftspartner übergeben wird, rechtfertigt § 4 Abs. 2 BtMG das polizeiliche Verhalten nicht mehr, wenn eine weitere polizeiliche Kontrolle des Betäubungsmitteltransportes im Ausland nicht mehr gewährleistet ist. Es handelt sich um ein zumindest unerlaubtes **fahrlässiges Inverkehrbringen** von Betäubungsmitteln (*BGH* NJW 1998, 767 = StV 1999, 79). **33**

IX. Straftaten der Strafverfolger

Sobald Strafverfolger oder Mitarbeiter von Untersuchungsstellen selbst unerlaubte Rauschgiftgeschäfte durchführen oder ihren Beruf dahin missbrauchen, dass sie oder Dritte sichergestellte Betäubungsmittelmengen für sich oder Dritte abzweigen, so sind sie für jeglichen beruflichen oder privaten Missbrauch von Betäubungsmitteln nicht von einer Erlaubnis nach § 3 BtMG befreit und machen sich nach § 29 Abs. 1 BtMG strafbar (*BGH* NJW 1989, 1228 = StV 1989, 137). **34**

H. Sicherungspflichten

Auch wer von der Erlaubnispflicht befreit ist und am legalen Betäubungsmittelverkehr teilnimmt, hat gem. § 15 BtMG die Betäubungsmittel, die sich in seinem Besitz befinden, gesondert **aufzubewahren und gegen unbefugte Entnahme zu sichern.** Das *BfArM* hat besondere Richtlinien über Maßnahmen zur Sicherung von Betäubungsmitteln, insb. im Krankenhausbereich, entwickelt und kann darüber hinaus weitere Anordnungen treffen (s. dazu § 15 Rn. 2 ff.). So sind auch besondere Sicherungen bei Betäubungsmitteltransporten erforderlich. Anderenfalls kommt beim Abhandenkommen ein strafbares Inverkehrbringen von Betäubungsmitteln in Betracht. **35**

I. Anzeigepflichten

Um die Betreiber von Apotheken und tierärztlichen Hausapotheken, die nach § 4 Abs 1 Nr. 1 und Nr. 2 BtMG von der Erlaubnispflicht befreit sind, einer Kontrolle zu unterziehen, werden sie bei Teilnahme am Betäubungsmittelverkehr zu einer Anzeige verpflichtet (§ 4 Abs. 3 BtMG). Als Betreiber einer Apotheke ist der Inhaber der apothekenrechtlichen Erlaubnis (§§ 1, 9, 14, 16 und 17 des ApoG) anzusehen. Bei Krankenhausapotheken können dies auch juristische Personen oder Personenvereinigungen sein. Die Meldepflicht ermöglicht dem *BfArM* einmal die Kontrolle über notwendige Abgabemeldungen nach § 12 Abs. 2 BtMG im Sinne der **36**

BtMBinHV, die Zuweisung der vorgesehenen Betäubungsmittelteilnehmernummer und die Unterrichtung der für die Überwachung zuständigen Landesbehörde.

J. Irrtum über die Befreiung von der Erlaubnispflicht und die Strafbarkeit

37   Da das Fehlen einer behördlichen Erlaubnis zum Straftatbestand des § 29 Abs. 1 BtMG gehört, stellt die irrige Annahme einer Erlaubnis einen **Tatbestandsirrtum** nach § 16 Abs. 1 StGB dar. Weiß der Angeklagte zwar, dass er eine Erlaubnis nach § 3 BtMG nicht besitzt, geht er aber irrig davon aus, zu dem von der Erlaubnispflicht nach § 4 Abs. 2 BtMG befreiten Personenkreis zu gehören, so liegt ebenfalls ein Tatbestandsirrtum vor. Ein Tatbestandsirrtum scheidet dabei aus, wenn der Angeklagte wusste, dass er weder zur Polizei, zur Zollfahndung und zum Bundesgrenzschutz gehörte, noch in dessen ausdrücklichem Auftrag handelte.

38   Nimmt der Angeklagte irrig an, dass die Polizeidienststelle im Rahmen ihrer dienstlichen Tätigkeit und ihrer Befreiung von der Erlaubnispflicht nach § 4 Abs. 2 BtMG damit einverstanden sei, dass er die Strafverfolgungsaktion fördere, so mag ihn dies von der Strafbarkeit bezüglich seiner Mitwirkung am Handeltreiben befreien, nicht aber bezüglich seiner eigenwilligen Inbesitznahme. Sein Irrtum stellt eine **irrige Vorstellung über die Grenzen der Erlaubnisfreiheit** dar und ist somit nicht Tatbestandsirrtum, sondern **Verbotsirrtum** nach § 17 StGB, dessen Vermeidbarkeit geprüft werden muss. Nach gefestigter Rspr. des *BGH* ist der Irrtum unvermeidbar, wenn der Täter trotz der ihm nach den Umständen des Falles, seiner Persönlichkeit sowie seines Lebens- und Berufskreises zuzumutenden Anspannung des Gewissens die Einsicht in das Unrechtmäßige nicht zu gewinnen vermochte. Im Zweifel trifft den Angeklagten die Erkundigungspflicht. Ein Verstoß gegen die Erkundigungspflicht belegt die **Vermeidbarkeit des Verbotsirrtums** (*BGH* NStZ 1996, 338 = StV 1996, 424).

K. Bußgeldvorschriften

39   Wer die Teilnahme am legalen Betäubungsmittelverkehr entgegen § 4 Abs. 3 S. 1 BtMG nicht anzeigt, begeht eine Ordnungswidrigkeit (§ 32 Abs. 1 Nr. 1 BtMG).

Versagung der Erlaubnis

5 (1) **Die Erlaubnis nach § 3 ist zu versagen, wenn**

1. **nicht gewährleistet ist, daß in der Betriebsstätte und, sofern weitere Betriebsstätten in nicht benachbarten Gemeinden bestehen, in jeder dieser Betriebsstätten eine Person bestellt wird, die verantwortlich ist für die Einhaltung der betäubungsmittelrechtlichen Vorschriften und der Anordnungen der Überwachungsbehörden (Verantwortlicher); der Antragsteller kann selbst die Stelle eines Verantwortlichen einnehmen,**
2. **der vorgesehene Verantwortliche nicht die erforderliche Sachkenntnis hat oder die ihm obliegenden Verpflichtungen nicht ständig erfüllen kann,**
3. **Tatsachen vorliegen, aus denen sich Bedenken gegen die Zuverlässigkeit des Verantwortlichen, des Antragstellers, seines gesetzlichen Vertreters oder bei juristischen Personen oder nicht rechtsfähigen Personenvereinigungen der nach Gesetz, Satzung oder Gesellschaftsvertrag zur Vertretung oder Geschäftsführung Berechtigten ergeben,**
4. **geeignete Räume, Einrichtungen und Sicherungen für die Teilnahme am Betäubungsmittelverkehr oder die Herstellung ausgenommener Zubereitungen nicht vorhanden sind,**

5. die Sicherheit oder Kontrolle des Betäubungsmittelverkehrs oder der Herstellung ausgenommener Zubereitungen aus anderen als den in den Nummern 1 bis 4 genannten Gründen nicht gewährleistet ist,

6. die Art und der Zweck des beantragten Verkehrs nicht mit dem Zweck dieses Gesetzes, die notwendige medizinische Versorgung der Bevölkerung sicherzustellen, daneben aber den Mißbrauch von Betäubungsmitteln oder die mißbräuchliche Herstellung ausgenommener Zubereitungen sowie das Entstehen oder Erhalten einer Betäubungsmittelabhängigkeit soweit wie möglich auszuschließen, vereinbar ist oder

7. bei Beanstandung der vorgelegten Antragsunterlagen einem Mangel nicht innerhalb der gesetzten Frist (§ 8 Abs. 2) abgeholfen wird.

(2) Die Erlaubnis kann versagt werden, wenn sie der Durchführung der internationalen Suchtstoffübereinkommen oder Beschlüssen, Anordnungen oder Empfehlungen zwischenstaatlicher Einrichtungen der Suchtstoffkontrolle entgegensteht oder dies wegen Rechtsakten der Organe der Europäischen Gemeinschaften geboten ist.

Übersicht

A. Zweck der Vorschrift

§ 5 BtMG ist an die Stelle des § 3 Abs. 3 BtMG 1972 getreten. Er schränkt den **1** Anspruch auf Erteilung einer Erlaubnis durch Versagungsgründe ein. Durch eine umfängliche Überprüfung des Antragstellers und seines Betriebes vor einer Erlaubniserteilung soll die **Sicherheit und Kontrolle des Betäubungsmittelverkehrs** gewährleistet werden. Liegt ein zwingender Versagungsgrund des § 5 BtMG vor, so bedarf es einer Ermessensentscheidung bei der Antragsprüfung nicht mehr. Der Antrag **ist** abzulehnen. § 5 Abs. 1 Nr. 1 bis Nr. 7 BtMG enthalten abschließend aufgezählte **zwingende Versagungsgründe,** sowohl für Anträge nach § 3 Abs. 1 als auch nach § 3 Abs. 2 BtMG.

B. Ausräumen zwingender Versagungsgründe

Das *BfArM* kann in der Regel in diesen Fällen lediglich dem Antragsteller eine **2** **Ausschlussfrist** zur Beseitigung der Antragsmängel gem. § 8 Abs. 2 BtMG setzen, nach deren Ablauf der zwingende Versagungsgrund unausweichlich ist. Nach Auf-

fassung des *BfArM* muss bei Vorliegen eines zwingenden Versagungsgrundes gem.
§ 5 BtMG der Antrag auf Erteilung einer Erlaubnis zurückgewiesen werden, so
dass für Beschränkungen, Bedingungen und Auflagen i. S. v. § 9 Abs. 2 BtMG kein
Raum bleibe. § 9 Abs. 2 BtMG erlaube nicht, mit Hilfe von Beschränkungen,
Bedingungen oder Auflagen die zwingenden Erfordernisse des § 5 Abs. 1 und
Abs. 2 BtMG zu umgehen bzw. abzuschwächen (*BfArM*, Beschl. v. 21. 5. 1997, 8–
7650–4297770 im Kieler Cannabis-Ausnahmeprojekt). Dieser Auffassung kann
nicht zugestimmt werden. Entscheidend ist weniger, dass der beantragte Betäubungsmittelverkehr mit dem Wortlaut übereinstimmt, sondern dem **Sinn und
Zweck des BtMG** und den Erfordernissen des § 5 Abs. 1 und Abs. 2 BtMG entspricht. Bedenken der Erlaubnisbehörde oder Mängel der Antragsunterlagen können deshalb auch durch **Auflagen** ausgeräumt werden (so auch *VG Berlin*
NJW 1997, 916 = StV 1996, 621 m. Anm. *Körner*).

C. Zwingende Versagungsgründe

3   Der frühere Versagungsgrund des fehlenden Bedürfnisses ist entfallen, nachdem
eine Bedürfnisprüfung verfassungsrechtlich nicht mehr vertretbar ist (BVerwGE 8,
121 = NJW 1959, 834; *BVerwG* NJW 1967, 1787). Dafür sind in § 5 eine Reihe
persönlicher und sachlicher Versagungsgründe im Einzelnen angeführt worden.

4   **1. Betriebsstätte ohne Verantwortlichen. Gem. § 5 Abs. 1 Nr. 1 BtMG**
muss die Erlaubnis versagt werden, wenn nicht in jeder Betriebsstätte ein Verantwortlicher ist, der für die Einhaltung der betäubungsmittelrechtlichen Vorschriften
und der Anordnungen der Überwachungsbehörden zuständig ist. Diese Sicher-
heitsvorkehrung bedingt bei Drogenerprobungsprojekten einer staatlich oder ärztlich kontrollierten Abgabe bzw. Vergabe von Betäubungsmitteln eine **ununter-
brochene Kontrolle und Verantwortung für die Sicherheitsvorkehrungen.**
Dies bereitet erhebliche organisatorische und personelle, nicht zuletzt immense
finanzielle Probleme bei der Durchführung eines Erprobungsprojektes.

5   Im Rahmen des **Kieler Cannabis-Abgabeprojektes** in Apotheken (s. § 3
Rn. 67) hat das *BfArM* die Apothekenausstattung als ausreichende Betriebsstätte für
den Umgang mit Betäubungsmitteln anerkannt (*BfArM*, Beschl. v. 21. 5. 1997, 8–
7650–429777.0).

6   **2. Fehlende Sachkenntnis der Verantwortlichen. Gem. § 5 Abs. 1 Nr. 2
BtMG** muss die Erlaubnis versagt werden, wenn die vorgesehenen Verantwortlichen aufgrund ihrer Berufsausbildung, ihrer Berufserfahrung und aufgrund ihrer
berufsrechtlichen Pflichten nicht über die gem. § 6 BtMG erforderliche Sachkenntnis verfügen. Es muss im Einzelfall geprüft werden, ob die vorliegende Berufsausbildung und Berufserfahrung für die beantragte Tätigkeit ausreicht.

7   Im Rahmen des **Modellprojektes des Landes Schleswig-Holstein** „Kontrollierte Abgabe von Cannabis in Apotheken" war nicht nur bei jedem einzelnen
Apotheker, sondern auch bei jedem einzelnen Cannabisanbauer, Cannabisliefean-
ten und Cannabiserwerber die nach § 6 BtMG erforderliche Sachkenntnis zu
überprüfen. Selbst bei den regelmäßig sachkundigen Apothekern sei bei dem ungewöhnlichen Vergabeprojekt eine **weitergehende Sachkenntnis** erforderlich
(*BfArM*, Beschl. v. 21. 5. 1997, 8–7650–4297770).

Bei **schwerkranken Antragstellern**, die eine Ausnahmeerlaubnis zum Erwerb,
Besitz oder Anbau geringer Cannabismengen zur medizinischen Behandlung einer
schweren Krankheit beantragen, kann der Sachkenntnis-Nachweis dadurch erbracht werden, dass ein Humanmediziner, der den Schwerkranken betreut, die
betäubungsmittelrechtliche Verantwortung übernimmt und den Nachweis über die
erforderliche Sachkenntnis (§ 5 Abs. 1 Nr. 2 u. Nr. 6 BtMG) erbringt (*BfArM*,
Schreiben v. 12. 2. 2007).

8   **3. Unzuverlässigkeit der Verantwortlichen. Gem. § 5 Abs. 1 Nr. 3 BtMG**
ist die Erlaubnis zu versagen, wenn Bedenken gegen die Zuverlässigkeit der
benannten Verantwortlichen bestehen. So können **Rauschgiftsucht, Trunk-**

**sucht, Geisteskrankheit, Verurteilung wegen Betruges, wegen Rauschgift-
schmuggels oder Rauschgifthandels** beim Antragsteller bzw. Verantwortlichen
eine Erlaubniserteilung verbieten. Auch die Mitgliedschaft in einer Betäubungsmittel konsumierenden Sekte oder finanzielle Schwierigkeiten können Bedenken
an der Zuverlässigkeit des Antragstellers bzw. des Verantwortlichen hervorrufen.

Das **Modellprojekt des Landes Schleswig-Holstein** „Kontrollierte Abgabe   9
von Cannabis in Apotheken" scheiterte neben zahlreichen anderen Mängeln an der
Schwierigkeit, nicht nur für jeden abgebenden Apotheker, sondern auch **für jeden
einzelnen Cannabiserwerber,** die Zuverlässigkeit beweisen zu müssen. Das
BfArM verwies in seinem Bescheid v. 21. 5. 1997 (8–7650–4297770) darauf, dass
ein Apotheker nicht für alle Cannabiskunden quasi als Schirmherr eine Erwerbserlaubnis beantragen könne. Das BtMG kenne keine Schirmherrerlaubnis. Die Zuverlässigkeitsprüfung eines jeden Cannabiskonsumenten nach § 5 Abs. 1 Nr. 3
BtMG führe den gesamten Modellversuch quasi zum Scheitern.

4. Ungeeignete Räume, Einrichtungen und Sicherungen. Gem. § 5   10
Abs. 1 Nr. 4 BtMG ist die Erlaubnis zu versagen, wenn die Räumlichkeiten,
Einrichtungen und Sicherheitsvorkehrungen für den beantragten Betäubungsmit-
telverkehr ungeeignet bzw. nicht ausreichend ausgestattet und gesichert sind.

Für die Ausstattung von Laboratorien und Apotheken sind hier besondere Si-   11
cherheitsstandards zu beachten (vgl. auch § 7 Rn. 7).

5. Gefährdung der Sicherheit und Kontrolle des Betäubungsmittelver-   12
kehrs. Gem. § 5 Abs. 1 Nr. 5 BtMG ist die Erlaubnis zu versagen, wenn durch
das beantragte Projekt die Sicherheit und Kontrolle des Betäubungsmittelverkehrs
gefährdet ist. Der Grundsatz der Sicherheit und Kontrolle im Betäubungsmittelverkehr, der den legalen Betäubungsmittelverkehr beherrscht, verlangt, dass die
Erlaubnis bereits versagt wird, wenn die **Sicherheit oder Kontrolle im Betäubungsmittelverkehr nicht gewährleistet ist.** Es obliegt der **Beweislast des
Antragstellers** darzulegen, dass die Betäubungsmittel nicht dem illegalen Betäubungsmittelverkehr zugeführt werden und ein Missbrauch der Betäubungsmittel
ausgeschlossen ist. Dabei gilt als Missbrauch nach der Definition der WHO „die
einmalige, mehrmalige oder ständige Verwendung ohne medizinische Indikation
bzw. in übermäßiger Dosierung".

a) Die Erteilung der Erlaubnis zum unkontrollierten Verkehr mit THC-haltigen   13
Cannabispflanzen zu den verschiedensten **Produktionszwecken wie z. B.
Brennstoffentwicklung** und die Erteilung einer **Anbauerlaubnis von Cannabis zum Eigenkonsum** verstoßen gegen den Versagungsgrund des § 5 Abs. 1
Nr. 5 BtMG, wonach die Sicherheit und Kontrolle des Betäubungsmittelverkehrs
gewährleistet sein muss, wenn keine Vorkehrungen vorgesehen sind zu verhindern,
dass Dritte in den Besitz der Cannabispflanzen gelangen (*VG Berlin*, Urt. v. 8. 8.
1996, 14 A 342.93; *VG Berlin*, Urt. v. 12. 9. 1996, 14 A 245.94).

b) Bei dem **Kieler Erprobungsprojekt einer Cannabisabgabe durch Apo-**   14
theker beanstandete das *BfArM*, dass mangels ausreichender Kontrolle der Teil-
nahmeberechtigung und mangels Verwendungskontrolle der abgegebenen Canna-
bisbeutel bei den Erwerbern nicht ausgeschlossen werden könne, dass die
Cannabiserwerber die 5-g-Beutel **an Dritte weitergeben** würden, Beutel ansammeln und auch in größeren Mengen verkaufen würden. Die Erwägung im
Antrag, die 5 g-Beutel zu höheren Preisen als im illegalen Markt anzubieten, würde bei mäßiger Erhöhung des Preises eine Abzweigung für den illegalen Markt nur
einschränken, nicht aber ausschließen, bei erheblicher Verteuerung nur zu einem
geringen Absatz führen (*BfArM*, Beschl. v. 21. 5. 1997, 8–7650–4247770).

Eine Ausnahme-Erlaubnis nach § 3 Abs. 2 BtMG zum **Erwerb, Besitz oder
Anbau geringer Cannabismengen zur therapeutischen Behandlung einer
schweren Krankheit** unter ärztlicher Aufsicht verstößt nicht generell gegen § 5
Abs. 1 Nr. 5 BtMG, da eine **ärztliche Betreuung** die erforderliche **Sicherheit
und Kontrolle gewährleisten kann** (*BVerwG* NJW 2005, 3300).

15   **c)** Je gefährlicher das Betäubungsmittel ist, umso höhere Anforderungen sind an die Sicherheitsvorkehrungen zu stellen. Bei einem **ärztlichen Heroinvergabeprojekt** muss die Sicherheit und Kontrolle bei der Anlieferung, bei der Lagerung, bei der Vergabe und insb. bei Take-home-Rationen des Stoffes gewährleistet sein. Vielfach kann den Sicherheitsbedenken des *BfArM* durch Auflagen, Beschränkungen oder Bedingungen der Erlaubnis (§ 9 BtMG) Rechnung getragen werden.

16   **6. Beeinträchtigung der medizinischen Versorgung, Förderung des Betäubungsmittelmissbrauchs, Erhaltung von Betäubungsmittelabhängigkeit.** Die Erlaubnis nach § 3 BtMG ist zu versagen, wenn die Art und der Zweck des beantragten Verkehrs nicht mit dem **Zweck dieses Gesetzes** vereinbar sind, **die notwendige medizinische Versorgung** der Bevölkerung sicherzustellen, **daneben aber den Missbrauch von Betäubungsmitteln** oder die missbräuchliche Herstellung ausgenommener Zubereitungen, sowie das **Entstehen oder Erhalten einer Betäubungsmittelabhängigkeit** – soweit wie möglich – auszuschließen. Die in § 5 Abs. 1 Nr. 6 BtMG enthaltenen Ziele des Gesetzgebers gehören ebenso wie die Grundsätze des § 13 Abs. 1 BtMG zu den Grundpfeilern des BtMG, die Ausbreitung der Drogensucht mit aller Kraft durch Prävention, Repression, Drogenhilfe und Drogentherapie einzudämmen. Jedoch schreibt § 5 Abs. 1 Nr. 6 BtMG nicht vor, dass die Betäubungsmittelabhängigkeit nur durch Drogenfreiheit zu überwinden ist. Vielmehr lässt er unterschiedliche Wege zu. So verbietet er auch nicht Substitutionsprogramme, die über Sucht erhaltende **Zwischenschritte erst zum Fernziel der Drogenfreiheit** gelangen. Mit der Änderung des § 13 BtMG und der Neuformulierung der BtMVV haben der Gesetzgeber und der Verordnungsgeber klargestellt, dass zur ärztlichen Behandlung einer Betäubungsmittelabhängigkeit auch Betäubungsmittel der Anl. III verschrieben und verordnet werden dürfen und sollen. Auch wenn zunächst damit eine Sucherhaltung verbunden ist, die für eine psychosoziale Begleitung und gesundheitliche Stabilisierung genutzt wird. Auch die **Einschränkung in § 5 Abs. 1 Nr. 6 BtMG „soweit wie möglich"** verdeutlicht, dass die Drogenfreiheit nicht als Nahziel, sondern regelmäßig nur als **Fernziel** erreichbar erscheint. Aus den §§ 1 Abs. 2 Nr. 1 und Nr. 3 BtMG wird deutlich, dass der Gesetzgeber zur Erreichung der in § 5 Abs. 1 Nr. 6 BtMG genannten Ziele auch die Möglichkeit sah, nach wissenschaftlicher Erforschung einzelner Betäubungsmittel diese umzustufen und einer Drogentherapie zugänglich zu machen. Die Grundsätze der §§ 5 Abs. 1 Nr. 6 u. 13 Abs. 1 BtMG stehen weder einer ärztlichen Substitutionstherapie mit psychosozialer Begleitung, noch einer ärztlich kontrollierten Heroinvergabe an Schwerstabhängige entgegen, wenn die Behandlung nach stabilisierenden Zwischenschritten zur Überwindung der Betäubungsmittelabhängigkeit der Probanden beitragen will.

17   **a)** Das *BfArM* hat das **Kieler Cannabisprojekt** unter Hinweis auf § 5 Abs. 1 Nr. 6 BtMG abgelehnt, weil hier nicht eine **medizinische Versorgung der Bevölkerung** sicherzustellen sei und einer medizinischen Indikation entsprechend AIDS-Kranke und Tumor-Kranke mit Cannabismedizinen behandelt werden sollten, sondern gerade **gesunde Cannabiskonsumenten** mit gesundheitsschädlichen Cannabisrationen versorgt werden sollten zur Überprüfung generalpräventiver Effekte. Das Cannabisprojekt müsse aber auch abgelehnt werden, da es nicht bemüht sei, den Missbrauch von Cannabis – soweit wie möglich – auszuschließen, sondern gar zu erleichtern. Effektive Bekämpfungsmaßnahmen seien nicht vorgesehen und würden dem Projektziel auch zuwiderlaufen. Das Cannabisprojekt ziele schließlich nicht darauf, eine Cannabis-Abhängigkeit, soweit wie möglich, auszuschließen. Auch wenn das Abhängigkeitspotential von Cannabis gering sei, fördere das Projekt einen erleichterten Zugang, einen Dauerkonsum, ein Horten von Tagesrationen und eine Zunahme von Cannabis-Abhängigkeit (*BfArM*, Beschl. v. 21. 5. 1997, 8–7650–4297770).

18   **b)** Die Erteilung der Erlaubnis zum **Anbau von THC-haltigen Cannabispflanzen** zum Eigenverbrauch ist zu versagen, wenn sie den Zielen des BtMG widerspricht. Die Erlaubnis nach § 3 BtMG ist zwingend zu versagen, wenn die Art und der Zweck des beantragten Verkehrs nicht mit dem Zweck des BtMG vereinbar sind, die **notwendige medizinische Versorgung der Bevölkerung sicherzustellen,** daneben aber den Missbrauch von Betäubungsmitteln sowie das Entstehen oder Erhalten einer Betäubungsmittelabhängigkeit, soweit wie möglich, auszuschließen (§ 5 Abs. 1 Nr. 6 BtMG; *VG Berlin,* Urt. v. 8. 8. 1996, 14 A 342.93; *VG Berlin,* Urt. v. 12. 9. 1996, 14 A 245.94). Denn durch die Erteilung einer Erlaubnis zum unbegrenzten und unkontrollierten Anbau THC-reicher Cannabispflanzen zum Eigenkonsum einer Einzelperson würde der Cannabismissbrauch ausgedehnt, ohne dass dies zur medizinischen Versorgung der Bevölkerung erforderlich wäre.

Der Erwerb, Besitz und Anbau von Cannabis von einem Schwerkranken zur therapeutischen Anwendung unter ärztlicher Kontrolle verstößt nicht regelmäßig gegen § 5 Abs. 1 Nr. 6 BtMG, wenn er nicht zum Betäubungsmittelmissbrauch, sondern zur Heilung oder Linderung einer schweren Krankheit und zur ärztlichen Versorgung eines Schwerkranken dient (*BVerwG* NJW 2005, 3300).

c) Das *BfArM* hat das **Frankfurter Heroinvergabeprojekt** (s. § 3 Rn. 61) u. a. 19 unter Berufung auf § 5 Abs. 1 Nr. 6 BtMG abgelehnt, weil das Projekt gegen den Zweck des BtMG verstoße, die notwendige medizinische Versorgung der Bevölkerung sicherzustellen und das Entstehen oder Erhalten einer Betäubungsmittelabhängigkeit (soweit wie möglich) auszuschließen. Diamorphin sei aufgrund seiner Eigenschaften im Gegensatz zu Levomethadon nicht als stoffliche Substitutionsmittel in Therapien mit dem Ziel der Drogenfreiheit geeignet und als Heilmittel für die medizinische Versorgung der Bevölkerung nicht erforderlich. Diese Auffassung war nicht haltbar und ist vom *VG Berlin* (= siehe unten) beanstandet worden.

Die Vergabe von Diamorphin an Schwerabhängige kann nicht nur die gesundheitliche Verfassung und die psychosoziale Befindlichkeit der Opiatabhängigen verbessern und ihnen Wege zu einem drogenfreien Leben eröffnen. Sie kann gleichzeitig zur Förderung nicht intravenöser Konsumformen, zur Verringerung von Infektionskrankheiten wie HIV-Infektion und Hepatitis und Senkung der Mortalitäts- und Morbiditätsrate führen. Die Verabreichung von Diamorphin dient auch der medizinischen Versorgung der Bevölkerung, wenn sie wegen ihrer pharmakologischen Wirkung bei den Patienten zu medizinischen Zwecken, also zur Heilung oder Linderung von Krankheiten als Arzneimittel angewendet wird. Die ärztliche Verabreichung von Diamorphin dient der medizinischen Versorgung der Bevölkerung, falls es medizinische Indikationen für die Verschreibung und ärztliche Verabreichung von Heroin zur Linderung der Symptome bei Abhängigkeit gibt. Ein Forschungsprojekt, das diese Fragen klären will, verstößt nicht gegen das BtMG, sondern dient ihm (*VG Berlin* NJW 1997, 816 = StV 1996, 621 m. Anm. *Körner*). Letztlich wurde die diamorphingestützte Substitutionsbehandlung aufgrund der guten Erfahrungen in dem Modellprojekt durch Gesetz vom 15. 7. 2009 (BGBl. I, S. 1801) freigegeben (s. dazu im Einzelnen § 3 Rn. 62 ff. u. § 13 Rn. 47 ff.).

7. Beeinträchtigung der persönlichen Lebensführung, der religiösen, 20 **künstlerischen und wirtschaftlichen Freiheit von Einzelpersonen.** Würden künstlerische, religiöse oder wirtschaftliche Bedürfnisse oder sonstige Privatinteressen von Einzelpersonen Ausnahmeerlaubnisse rechtfertigen, so wären Tür und Tor für den Betäubungsmittelmissbrauch eröffnet (*BVerwG* NJW 2001, 1365; vgl. auch § 3 Rn. 50 ff.).

8. Nicht fristgerechte Mängelbeseitigung. Gem. § 5 Abs. 1 Nr. 7 BtMG 21 ist die Erlaubnis zu versagen, wenn den **Beanstandungen** der Verwaltungsbehörde an den vorgelegten Antragsunterlagen **nicht** innerhalb der gesetzten Frist (§ 8 Abs. 2 BtMG) **abgeholfen** wird.

Bei dem **Cannabisprojekt der schleswig-holsteinischen Landesregierung,** 22 das die Abgabe von Cannabisprodukten unter bestimmten Voraussetzungen in

Apotheken ermöglichen wollte, wies das Forschungskonzept nach Auffassung des *BfArM* nicht nur **ausfüllbare Lücken,** sondern auch Ziele auf, die **mit den Grundsätzen des § 5 BtMG nicht zu vereinbaren** und nicht von einem Forschungsprojekt, sondern nur vom Gesetzgeber zu verwirklichen seien (*BfArM,* Beschl. v. 21. 5. 1997, 8–7650–4297770).

D. Versagungsgrund des § 5 Abs. 2 BtMG – Verstoß gegen internationale Suchtstoffübereinkommen oder Rechtsakte der EU

23   Im Erlaubnisverfahren muss geprüft werden, ob eine beantragte Erlaubnis der Durchführung der internationalen Suchtstoffübereinkommen oder Rechtsakten der Europäischen Gemeinschaften entgegensteht. In diesem Falle kann die Erlaubnis versagt werden (§ 5 Abs. 2 BtMG). Die Entscheidung steht im Ermessen der Behörde. Zur Ablehnung eines Erlaubnisantrages reicht nicht die pauschale Begründung aus, das beantragte Projekt verstoße gegen das Einheits-Übereinkommen von 1961 und das zu erprobende Betäubungsmittel gehöre zu den in Anl. I aufgenommenen, nicht verkehrsfähigen Suchtstoffen. Denn die **internationalen Suchtstoff-Übereinkommen wollen gerade nicht den therapeutischen Einsatz von Suchtstoffen verbieten** (*BVerwG* NJW 2005, 3300).

24   **a) Art. 4 Einheits-Übereinkommen 1961.** Alle Vertragsparteien treffen Maßnahmen, um nach Maßgabe des Übereinkommens u. a. Gewinnung, Verteilung, Verwendung und Besitz von Suchtstoffen auf ausschließlich medizinische und wissenschaftliche Zwecke zu beschränken (Art. 4 lit. c des Einheits-Übereinkommens 1961). Ein medizinisch kontrolliertes Diamorphin-Vergabe-Projekt, das die Vorschriften des BtMG und der BtMVV beachtet, verstößt nicht gegen Art. 4 des Einheits-Übereinkommens 1961. Ein medizinisch kontrolliertes Vergabeprojekt, das Cannabis- bzw. THC-haltige Arzneimittelmittel an AIDS- oder Tumor-Kranke verabreicht, verstößt ebenfalls nicht gegen Art. 4 des Einheits-Übereinkommens 1961. Soweit sich die Kieler Apothekenmodell auf die wissenschaftliche Erforschung der Cannabisabgabe an eine begrenzte Zahl von Projektteilnehmer beschränkt, ist Art. 4 der Single Convention 1961 nicht verletzt. Der Wortlaut der Art. 2 Abs. 5 lit. b und Art. 4 des Einheits-Übereinkommens 1961 verdeutlicht, dass das Verbot von Betäubungsmitteln nicht immer das geeignete Mittel sein muss, um das Gut Volksgesundheit zu erhalten. Das Einheits-Übereinkommen verpflichtet als völkerrechtlicher Vertrag Staaten mit unterschiedlichen Gesellschaftssystemen, Sozialstrukturen, Suchtstrukturen. Darum verpflichtet es die Vertragsparteien zwar zur generellen Ächtung von Drogen, lässt aber offen, wie man dies am wirkungsvollsten erzielt. In einer hochtechnisierten Gesellschaft mit verfestigten Suchtstrukturen kann auch die kontrollierte Weitergabe von bestimmten Drogen letztlich dazu beitragen, die Volksgesundheit zu erhalten und zu fördern.

25   **b) Art. 19 Einheits-Übereinkommen 1961.** Nach Art. 19 Abs. 1 lit. a des Einheits-Übereinkommens 1961 reichen die Unterzeichnerstaaten alljährlich dem Suchtstoffamt Schätzungen über die Mengen von Suchtstoffen ein, die für medizinische und wissenschaftliche Zwecke verbraucht werden sollen. Allein die Existenz dieser Vorschrift bestätigt die international erkannte Notwendigkeit, mit Betäubungsmitteln medizinische und wissenschaftliche Forschung und Erprobung vorzunehmen.

26   **c) Art. 30 Einheits-Übereinkommen 1961.** Die Vertragsparteien schreiben eine Genehmigungspflicht für den Suchtstoffhandel und die Suchtstoffverteilung vor, soweit diese nicht durch staatliche Unternehmen erfolgen (Art. 30 Abs. 1 lit. a Einheits-Übereinkommen 1961). Die Vertragsparteien sind verpflichtet, für die Lieferung oder Abgabe von Suchtstoffen an Einzelpersonen ärztliche Verordnungen vorzuschreiben, wobei diese Vorschrift nicht auf Suchtstoffe erstreckt zu werden braucht, die von Einzelpersonen im Zusammenhang mit ihrer ordnungsgemäß genehmigten therapeutischen Tätigkeit rechtmäßig beschafft, verwendet, abgegeben oder verabreicht werden (Art. 30 Abs. 2 lit. b [i] Einheits-Übereinkommen

1961). Auch die Art. 19 und Art. 30 Einheits-Übereinkommen 1961 stehen einer Ausnahmegenehmigung nach § 3 Abs. 2 BtMG zu wissenschaftlichen Zwecken nicht im Wege.

d) Art. 36 und Art. 38 Einheits-Übereinkommen 1961. Die Vertragspar- **27** teien haben alle durchführbaren Maßnahmen zur Verhütung des Missbrauchs von Suchtstoffen zu ergreifen sowohl zur Früherkennung, Behandlung, Aufklärung, Nachbehandlung als auch zur **sozialen Wiedereingliederung** (Art. 38 Abs. 1 Einheits-Übereinkommen 1961). Nach Art. 36 Abs. 2 Einheits-Übereinkommen 1961 können die Vertragsparteien an Stelle von Verurteilung oder Bestrafung zusätzlich **Maßnahmen der Behandlung, Aufklärung, Nachbehandlung, Rehabilitation und sozialen Wiedereingliederung** nach Art. 36 Abs. 1 Einheits-Übereinkommen 1961 vorsehen. Auch diese Vorschrift verbietet nicht, sondern ermutigt zu wissenschaftlichen Erprobungsprojekten.

Nach dem Bescheid des *BfArM* v. 14. 1. 1994 verstieß das **Frankfurter Dia- 28 morphin-Vergabeprojekt** angeblich gegen das Einheits-Übereinkommen 1961 (*BfArM*, Beschl. v. 14. 1. 1994, G VI 3–7650–218/93). Es stand jedoch nicht nur im Einklang mit den Bestimmungen des Einheits-Übereinkommens von 1961 über Suchtstoffe, sondern verfolgte geradezu die drogenpolitischen Ziele, zu denen die Unterzeichnerstaaten aufgerufen haben, nämlich medizinische und wissenschaftliche Forschung, Behandlung, Aufklärung, Nachbehandlung, Rehabilitation und soziale Wiedereingliederung von Suchtkranken (so auch *VG Berlin* NJW 1997, 816 = StV 1996, 621 m. Anm. *Körner*).

Nach dem Bescheid des *BfArM* v. 19. 7. 2000, 8–7650–44.41089–564/00 verstößt die **medizinische Versorgung von AIDS- und Tumor-Kranken mit Cannabis** angeblich gegen das Einheits-Übereinkommen 1961. Auch diese These dürfte anfechtbar sein (vgl. § 3 Rn. 68 ff.).

Sachkenntnis

6 (1) **Der Nachweis der erforderlichen Sachkenntnis (§ 5 Abs. 1 Nr. 2) wird erbracht**

1. **im Falle des Herstellens von Betäubungsmitteln oder ausgenommenen Zubereitungen, die Arzneimittel sind, durch den Nachweis der Sachkenntnis nach § 15 Absatz 1 des Arzneimittelgesetzes,**
2. **im Falle des Herstellens von Betäubungsmitteln, die keine Arzneimittel sind, durch das Zeugnis über eine nach abgeschlossenem wissenschaftlichem Hochschulstudium der Biologie, der Chemie, der Pharmazie, der Human- oder der Veterinärmedizin abgelegte Prüfung und durch die Bestätigung einer mindestens einjährigen praktischen Tätigkeit in der Herstellung oder Prüfung von Betäubungsmitteln,**
3. **im Falle des Verwendens für wissenschaftliche Zwecke durch das Zeugnis über eine nach abgeschlossenem wissenschaftlichem Hochschulstudium der Biologie, der Chemie, der Pharmazie, der Human- oder der Veterinärmedizin abgelegte Prüfung und**
4. **in allen anderen Fällen durch das Zeugnis über eine abgeschlossene Berufsausbildung als Kaufmann im Groß- und Außenhandel in den Fachbereichen Chemie oder Pharma und durch die Bestätigung einer mindestens einjährigen praktischen Tätigkeit im Betäubungsmittelverkehr.**

(2) **Das Bundesinstitut für Arzneimittel und Medizinprodukte kann im Einzelfall von den im Absatz 1 genannten Anforderungen an die Sachkenntnis abweichen, wenn die Sicherheit und Kontrolle des Betäubungsmittelverkehrs oder der Herstellung ausgenommener Zubereitungen gewährleistet sind.**

A. Anwendungsbereich

1   So wie in Art. 34 lit a. des Übereinkommens von 1961 und in Art. 8 Abs. 4 des Übereinkommens von 1971 die Sachkenntnis des Verantwortlichen vorgeschrieben ist, muss der Antragsteller nach § 5 Abs. 1 Nr. 2 BtMG die Sachkenntnis des Verantwortlichen nachweisen. In § 6 Abs. 1 BtMG werden für verschiedene Arten des Betäubungsmittelverkehrs **unterschiedliche Anforderungen an die Sachkenntnis des Verantwortlichen** gestellt. Durch Gesetz zur Änderung arzneimittelrechtlicher und anderer Vorschriften vom 23. 7. 2009 (BGBl. I, S. 3578) wurde Abs. 1 Nr. 1 an die Vorschriften im AMG angepasst.

B. Anforderungen nach Abs. 1

2   Die Anforderungen an die Sachkenntnis unterscheiden sich nach dem jeweiligen Verwendungszweck:

3   **1. Herstellung von Betäubungsmitteln oder ausgenommenen Zubereitungen, die Arzneimittel sind.** Für das Herstellen von Betäubungsmitteln oder ausgenommenen Zubereitungen, die Arzneimittel sind, wird der Nachweis durch Vorlage der Approbation als Apotheker oder eines Zeugnisses über ein abgeschlossenes biologisches, chemisches, pharmazeutisches oder medizinisches Hochschulstudium sowie eine mindestens zweijährige praktische Tätigkeit auf dem Gebiet der qualitativen und quantitativen Analyse bzw. sonstiger Qualitätsprüfungen von Arzneimitteln erbracht (§ 6 Abs. 1 Nr. 1 BtMG i. V. m. § 15 Abs. 1 AMG).

4   **2. Herstellung von Betäubungsmitteln, die keine Arzneimittel sind.** Für die Herstellung von Betäubungsmitteln, die keine Arzneimittel sind, sind der Abschluss eines biologischen, chemischen, pharmazeutischen, humanmedizinischen oder veterinärmedizinischen Hochschulstudiums sowie die Bestätigung einer mindestens einjährigen praktischen Tätigkeit in der Herstellung oder Prüfung von Betäubungsmitteln erforderlich (§ 6 Abs. 1 Nr. 2 BtMG).

5   **3. Verwendung für wissenschaftliche Zwecke.** Für die Verwendung von Betäubungsmitteln zu wissenschaftlichen Zwecken wird neben dem Abschluss eines unter Rn. 4 genannten naturwissenschaftlichen Studiums keine praktische Erfahrung vorausgesetzt (§ 6 Abs. 1 Nr. 3 BtMG).

6   Im Rahmen des von der Kieler Landesregierung geplanten Cannabis-Projektes bestätigte das *BfArM* (Beschl. v. 21. 5. 1997, 8–650–4297770; s. hierzu § 3 Rn. 67), dass **Apotheker** zwar im Regelfall bei dem in § 4 BtMG umschriebenen Tätigkeiten der Gesundheitsvorsorge über besondere Sachkenntnis verfügen. Für den Verkauf von Cannabisprodukten, die nicht aus pharmazeutischer Herstellung herrühren, die in 5 g-Beuteln an Drogenkonsumenten zu Genusszwecken abgegeben werden sollten, benötigen sie nicht nur wie jeder andere auch eine Erlaubnis nach § 3 Abs. 1 i. V. m. § 3 Abs. 2 BtMG (da die Ausnahme des § 4 BtMG insoweit nicht gilt), sondern auch eine **weitergehende Sachkenntnis.**

7   **4. Verwendungen in allen anderen Fällen.** Bei der Verwendung von Betäubungsmittel in den übrigen Fällen reicht der Nachweis einer abgeschlossenen Berufsausbildung als Groß- und Außenhandelskaufmann in den Fachbereichen Chemie und Pharma und eine Berufserfahrung im Betäubungsmittelverkehr von einem Jahr aus (§ 6 Abs. 1 Nr. 4 BtMG).

C. Abweichungen von den Anforderungen

8   Das *BfArM* kann im Einzelfall von den in Abs. 1 aufgezählten Anforderungen an die Sachkenntnis abweichen und höhere oder geringere Voraussetzungen verlangen (§ 6 Abs. 2 BtMG).

9   Im Rahmen des Kieler Cannabis-Projektes war bei den **Apothekenkunden**, die Cannabis erwerben wollten und sollten und einer Erwerbserlaubnis nach § 3 Abs. 1 i. V. m. § 3 Abs. 2 BtMG bedurften, eine Sachkenntnis zweifelhaft. Sowohl

bei den Apothekern als auch bei den Apothekenkunden kam wegen der nicht gewährleisteten Sicherheit und Kontrolle des Betäubungsmittelverkehrs nach Auffassung des *BfArM* eine Ausnahme nach § 6 Abs. 2 BtMG nicht in Betracht (Beschl. v. 21. 5. 1997, 8–7650–4297770).

Antrag

7 ¹Der Antrag auf Erteilung einer Erlaubnis nach § 3 ist in doppelter Ausfertigung beim Bundesinstitut für Arzneimittel und Medizinprodukte zu stellen, das eine Ausfertigung der zuständigen obersten Landesbehörde übersendet. ²Dem Antrag müssen folgende Angaben und Unterlagen beigefügt werden:

1. die Namen, Vornamen oder die Firma und die Anschriften des Antragstellers und der Verantwortlichen,
2. für die Verantwortlichen die Nachweise über die erforderliche Sachkenntnis und Erklärungen darüber, ob und auf Grund welcher Umstände sie die ihnen obliegenden Verpflichtungen ständig erfüllen können,
3. eine Beschreibung der Lage der Betriebsstätten nach Ort (gegebenenfalls Flurbezeichnung), Straße, Hausnummer, Gebäude und Gebäudeteil sowie der Bauweise des Gebäudes,
4. eine Beschreibung der vorhandenen Sicherungen gegen die Entnahme von Betäubungsmitteln durch unbefugte Personen,
5. die Art des Betäubungsmittelverkehrs (§ 3 Abs. 1),
6. die Art und die voraussichtliche Jahresmenge der herzustellenden oder benötigten Betäubungsmittel,
7. im Falle des Herstellens (§ 2 Abs. 1 Nr. 4) von Betäubungsmitteln oder ausgenommenen Zubereitungen eine kurzgefaßte Beschreibung des Herstellungsganges unter Angabe von Art und Menge der Ausgangsstoffe oder -zubereitungen, der Zwischen- und Endprodukte, auch wenn Ausgangsstoffe oder -zubereitungen, Zwischen- oder Endprodukte keine Betäubungsmittel sind; bei nicht abgeteilten Zubereitungen zusätzlich die Gewichtsvomhundertsätze, bei abgeteilten Zubereitungen die Gewichtsmengen der je abgeteilte Form enthaltenen Betäubungsmittel und
8. im Falle des Verwendens zu wissenschaftlichen oder anderen im öffentlichen Interesse liegenden Zwecken eine Erläuterung des verfolgten Zwecks unter Bezugnahme auf einschlägige wissenschaftliche Literatur.

A. Antragsverfahren

Die Vorschrift ersetzt die Vorschriften der Verordnung über die Zulassung zum Verkehr mit Betäubungsmitteln v. 1. 4. 1930 (RGBl. I, S 113). Aus Gründen der Verwaltungsvereinfachung muss der Antragsteller seinen Antrag nicht zunächst an das zuständige Landesinnenministerium richten, sondern kann **direkt beim** *BfArM* seinen Antrag auf Erlaubniserteilung stellen. Die zuständige oberste Landesbehörde erhält vom *BfArM* die Antragstellung (§ 7 Abs. 1 S. 1 BtMG), die Entscheidung (§ 8 Abs. 1 S. 2 BtMG), die späteren Änderungen der Entscheidung (§ 8 Abs. 3 S. 4 BtMG), die Rücknahme oder den Widerruf der Entscheidung (§ 10 Abs. 2 BtMG) mitgeteilt. **1**

B. Antragserfordernisse

Der Antrag muss schriftlich gestellt werden und die in Nr. 1 bis Nr. 8 genannten Angaben und Unterlagen enthalten. Die Antragserfordernisse entsprechen den **2**

Versagungsgründen des § 5 Abs. 1 Nr. 1 bis Nr. 7 BtMG. Der Antragsteller hat dem *BfArM* die **aktuellen Verhältnisse** wahrheitsgemäß mitzuteilen.

3   **1. Namen und Anschriften (§ 7 Abs. 1 S. 2 Nr. 1 BtMG).** Die Namen, Vornamen, die Firma und die Anschriften, die Nachweise über die erforderliche Sachkenntnis der Antragsteller und der Verantwortlichen dürfen **nicht nur umschrieben oder angekündigt** werden, sie müssen **konkret angegeben** werden. **Jeder,** der am Betäubungsmittelverkehr teilnehmen will, bedarf einer gesonderten Erlaubnis. Es reicht nicht aus, einen Antrag für die gesamte Belegschaft einer Firma, für das gesamte Personal einer Behörde oder für die Mitglieder eines bestimmten Berufsstandes oder Vereines zu stellen, da das *BfArM* bei jeder einzelnen vorgesehenen Person die Sachkenntnis und Zuverlässigkeit überprüfen muss. Das BtMG kennt keine generelle Erlaubnis für bestimmte **Schirmherren** oder Multiplikatoren.

4   Bei dem Kieler **Cannabis-Erprobungsprojekt** in schleswig-holsteinischen Apotheken (s. § 3 Rn. 67) wurde als Träger das Land Schleswig-Holstein, vertreten durch das Gesundheitsministerium in Kiel, als Verantwortlicher für die Projektdurchführung das Kieler Gesundheitsministerium, als Verantwortliche für die Cannabisveräußerung die Apotheker und Apothekerinnen des Landes Schleswig-Holstein, die durch die Landesgesundheitsbehörde später benannt würden, und als Leiter der wissenschaftlichen Forschung das ISD-Forschungsinstitut in Hamburg benannt. Der allgemeine Hinweis auf die Apotheker und Apothekerinnen, die von der obersten Landesgesundheitsbehörde von Schleswig-Holstein im Einzelnen noch benannt würden, war nach Auffassung des *BfArM* nicht konkret genug i. S. v. § 7 Abs. 1 S. 2 Nr. 1 BtMG, um die Sachkenntnis und Zuverlässigkeit der Personen überprüfen zu können. Da an dem Forschungsprojekt der staatlich kontrollierten Cannabisabgabe in Apotheken aber außerdem Cannabisanbauer, Cannabishändler und Cannabisverbraucher teilnehmen sollten, bedurften nicht nur die abgebenden Apotheker, sondern alle am Betäubungsmittelverkehr teilnehmenden Personen, also auch die Landwirte, die Lieferanten und die Apothekenkunden einer Einzelerlaubnis, bei Betäubungsmittel der Anl. I sogar einer Ausnahmeerlaubnis nach § 3 Abs. 2 BtMG (*BfArM*, Beschl. v. 21. 5. 1997, 8–7650–4297770).

5   **2. Nachweis der Sachkenntnis und der Zuverlässigkeit (§ 7 Abs. 1 S. 2 Nr. 2 BtMG).** Bei Erlaubnisanträgen für Apotheker oder Forschungsinstitute ist der Nachweis einfacher zu erbringen als für Privatpersonen, die am Betäubungsmittelverkehr teilnehmen wollen. Hier bedarf es neben polizeilichen Führungszeugnissen besonderer Bescheinigungen und Zeugnisse, die Betäubungsmittelkonsumenten regelmäßig nicht erbringen können.

6   **3. Beschreibung der Betriebsstätten (§ 7 Abs. 1 S. 2 Nr. 3 BtMG).** Eine bloße Mitteilung der Firmenanschrift reicht nicht aus. Vielmehr verlangt § 7 Abs. 1 S. 2 Nr. 3 BtMG eine exakte Beschreibung der Lage der Betriebsstätten nach Ort, Straße, Hausnummer, Gebäude und Gebäudeteil sowie der Bauweise des Gebäudes. Die exakte Beschreibung der Lage und Bauweise muss erkennen lassen, in welchen Räumen die Anzucht, das Laboratorium und/oder der Vertrieb von Betäubungsmitteln eingerichtet sein sollen und ob gesundheitliche Belange vom im Gebäude wohnenden oder arbeitenden Menschen betroffen sind. Die Erörterung, dass Cannabis im Rahmen eines Erprobungsprojektes in Gesundheitsämtern, Drogenberatungsstellen und Apotheken abgegeben werden könnte, aber im Interesse der Sicherheit und Kontrolle des Betäubungsmittelverkehrs und wegen der besonderen Sachkunde der Apotheker die Abgabe in schleswig-holsteinischen Apotheken beantragt wird, ermöglicht diese individuelle Prüfung nicht. Beim Anbau von Betäubungsmittelpflanzen sind die Lage und die Sicherung des für die Aussaat bestimmten Grundstücks exakt sowohl mit den Grundbuchdaten als auch mit der postalischen Anschrift anzugeben.

7   **4. Nachweis der Sicherungen (§ 7 Abs. 1 S. 2 Nr. 4 BtMG).** Bei der Lagerung und Produktion von Betäubungsmitteln sind die Sicherungen der Lager-

und Produktionsstätten ausreichend zu beschreiben. Hier muss **im Einzelnen** angegeben werden, ob und wie die Betäubungsmittel in Stahlschränken aufbewahrt und verschlossen sind, wie die **Stahlschränke** verankert sind, wie die Fensteröffnungen und Türen **verschlossen und gesichert** sind durch **Alarmanlage** oder **Bewegungsmelder,** wie und wann die technischen Laborgeräte geprüft und gesichert werden. Beim Anbau von Betäubungsmitteln sind die Sicherung durch **Umzäunung, Umpflanzung, Kontrollgänge oder durch Bildschirmüberwachung** zu beschreiben (§ 7 Abs. 1 S. 2 Nr. 4 BtMG).

5. Art des Betäubungsmittelverkehrs (§ 7 Abs. 1 S. 2 Nr. 5 BtMG). Für 8 jeden Umgang mit Betäubungsmitteln ist eine gesonderte Erlaubnis zu beantragen. Wer eine Erlaubnis zum **Anbau** oder zur **Herstellung** eines bestimmten Betäubungsmittels besitzt, ist deshalb weder zum **Erwerb** noch zur **Einfuhr** oder zum **Handel** mit den gewonnenen Betäubungsmitteln befugt. Das Cannabisprojekt der Kieler Landesregierung, das Cannabis in schleswig-holsteinischen Apotheken abgeben wollte, verstieß gegen §§ 5, 6 und 7 BtMG, weil es sich nicht dazu äußerte, welche Personen das im Versuch benötigte Cannabis liefern sollten, wer auf welche Weise die benötigten THC-haltigen Cannabispflanzen anbauen, ernten und verarbeiten sollte und die abzugebenden 5 g-Beutel herstellen und liefern sollte. Alle diese Tätigkeiten bedurften einer Erlaubnis, bevor das Gesamtprojekt überhaupt genehmigungsfähig wurde (*BfArM*, Beschl. v. 21. 5. 1997, 8–7650–4297770).

6. Voraussichtliche Jahresmenge der herzustellenden oder benötigten 9 **Betäubungsmittel (§ 7 Abs. 1 S. 2 Nr. 6 BtMG).** Die notwendigen Jahresmengen müssen nach § 7 Abs. 1 S. 2 Nr. 6 BtMG benannt werden, um die Betäubungsmittelmenge auf den notwendigen Umfang zu beschränken (§ 9 S. 1 Nr. 2 BtMG) und um die nach Art. 19 des Einheits-Übereinkommens 1961 vorgeschriebenen Schätzungen des Suchtstoffbedarfes vornehmen zu können. Die Begründung des **Kieler Cannabisprojektes,** die für die Projektdurchführung voraussichtlich benötigte Jahresmenge an Cannabis sei wegen großer Unsicherheiten nicht zu schätzen, verstieß gegen § 7 Abs. 1 S. 2 Nr. 6 BtMG und ließ keine Erlaubnis zu. Denn § 9 Abs. 1 BtMG verpflichtet das *BfArM*, eine Erlaubnis nach § 3 BtMG auf den notwendigen Umfang zu beschränken (*BfArM*, Beschl. v. 21. 5. 1997, 8–7650–4297770). So werden zahlreiche Erlaubnisse auf wenige Gramm oder Bruchteile eines Gramms eines bestimmten Betäubungsmittels beschränkt. Müssen Betäubungsmittel aus dem Ausland für ein Forschungs- oder Therapieprojekt eingeführt werden, so bedarf es neben der Einfuhrerlaubnis nach §§ 3 und 11 BtMG einer Genehmigung der internationalen Drogenbehörde in Wien nach Art. 12 Einheits-Übereinkommen 1961, die zuvor eine Schätzung der benötigten Gesamtmenge durch die nationale Erlaubnisbehörde voraussetzt.

7. Herstellungsverfahren (§ 7 Abs. 1 S. 2 Nr. 7 BtMG). Wer eine Erlaub- 10 nis für die Herstellung der Substanz Delta 9-Tetrahydrocannabinol (= Dronabinol) beantragt, muss das Herstellungsverfahren **(ein- oder zweistufige Synthese, Extraction)** beschreiben, ob er die Substanz aus importierten Rohextrakten und pflanzlichem **Ausgangsmaterial** gewinnen will, ob er selbst Cannabispflanzen mit hohem oder mäßigem THC-Gehalt **züchten und verarbeiten** will, ob er THC-haltige Zubereitungen **einführen und umarbeiten** will (§ 7 Abs. 1 S. 2 Nr. 5 und Nr. 7 BtMG).

8. Erläuterung des Forschungsprojektes (§ 7 Abs. 1 S. 2 Nr. 8 BtMG). 11 Bei im öffentlichen Interesse liegendem Betäubungsmittelverkehr oder wissenschaftlichen Erprobungsprojekten ist der verfolgte Zweck unter Bezugnahme auf die einschlägige wissenschaftliche Erläuterung im Einzelnen **nachvollziehbar zu erläutern** (§ 7 Abs. 1 S. 2 Nr. 8 BtMG). Es braucht aber **keine Forschungslücke** nachgewiesen werden und nicht begründet werden, warum sich der Antragsteller bei verschiedenen gleichwertigen Forschungsmethoden für eine bestimmte Methode entschieden hat. Denn sofern keine Versagungsgründe vorliegen, steht der Verwaltungsbehörde bezüglich der Methode des Pilotprojektes lediglich eine **qua-**

lifizierte Plausibilitätskontrolle zu (*VG Berlin* NJW 1997, 816 = StV 1996, 621 m. Anm. *Körner*).

12   Ändern sich die vom Antragsteller zur Erreichung einer Erlaubnis mitgeteilten Angaben, so hat er gem. § 8 Abs. 3 S. 1 die neuen Daten unverzüglich dem Bundesgesundheitsamt mitzuteilen, ggf. einen neuen Antrag zu stellen.

C. Bußgeldvorschrift

13   Wer in einem Antrag nach § 7 BtMG unrichtige Angaben macht oder unrichtige Unterlagen beifügt, handelt nach § 32 Abs. 1 Nr. 3 BtMG ordnungswidrig.

Entscheidung

8 (1) ¹**Das Bundesinstitut für Arzneimittel und Medizinprodukte soll innerhalb von drei Monaten nach Eingang des Antrages über die Erteilung der Erlaubnis entscheiden. ²Es unterrichtet die zuständige oberste Landesbehörde unverzüglich über die Entscheidung.**

(2) ¹Gibt das Bundesinstitut für Arzneimittel und Medizinprodukte dem Antragsteller Gelegenheit, Mängeln des Antrages abzuhelfen, so wird die in Absatz 1 bezeichnete Frist bis zur Behebung der Mängel oder bis zum Ablauf der zur Behebung der Mängel gesetzten Frist gehemmt. ²Die Hemmung beginnt mit dem Tage, an dem dem Antragsteller die Aufforderung zur Behebung der Mängel zugestellt wird.

(3) ¹Der Inhaber der Erlaubnis hat jede Änderung der in § 7 bezeichneten Angaben dem Bundesinstitut für Arzneimittel und Medizinprodukte unverzüglich mitzuteilen. ²Bei einer Erweiterung hinsichtlich der Art der Betäubungsmittel oder des Betäubungsmittelverkehrs sowie bei Änderungen in der Person des Erlaubnisinhabers oder der Lage der Betriebsstätten, ausgenommen innerhalb eines Gebäudes, ist eine neue Erlaubnis zu beantragen. ³In den anderen Fällen wird die Erlaubnis geändert. ⁴Die zuständige oberste Landesbehörde wird über die Änderung der Erlaubnis unverzüglich unterrichtet.

A. Zweck der Vorschrift

1   Die Vorschrift ersetzt den § 3 Abs. 1 S. 2 BtMG 1972. Sie regelt das Verfahren, nach dem das *BfArM* nach pflichtgemäßem Ermessen über einen Erlaubnisantrag durch Erteilung oder Versagung der Erlaubnis entscheidet.

B. Zuständigkeit

2   Für die Erlaubnisentscheidung ist das
Bundesinstitut für Arzneimittel und Medizinprodukte (BfArM)
– Bundesopiumstelle –
Friedrich Ebert Allee 38
53113 Bonn
Telefon 0 22 82 07–30
Telefax 0 22 82 07–52 10 zuständig (zum *BfArM* s. im Einzelnen § 19 Rn. 4 ff.).

3   Weder das **Bundesgesundheitsministerium** noch das **Landesgesundheitsministerium** ist für die Erlaubniserteilung nach § 3 BtMG zuständig. Auch das Landwirtschaftsministerium kann keine Anbauerlaubnis für Cannabis oder Schlafmohn nach § 3 BtMG erteilen.

4   § 8 räumt dem *BfArM* zur sachgerechten Prüfung der Antragserfordernisse (§ 7 Abs. 1 Nr. 1 bis Nr. 8 BtMG) eine **dreimonatige** Entscheidungsfrist ein. Diese Frist ist nicht zwingend, da das Bundesgesundheitsamt u. U. umfangreiche Überprüfungen vornehmen muss.

C. Mängelbeseitigungsfrist

Werden bei der Prüfung Mängel festgestellt und wird dem Antragsteller Gele-   5
genheit zur Beseitigung der Mängel geboten, so wird der Ablauf der Dreimonats-
frist durch die Mängelbeseitigungsfrist **gehemmt**. § 8 Abs. 2 BtMG entspricht der
Regelung des § 17 Abs. 3 AMG.

D. Erlaubnisentscheidung

Die Erlaubnis ist höchstpersönlich und erfolgt unter einer BtM-Nr. durch be-   6
gründeten **Verwaltungsakt** mit Rechtsmittelbelehrung. Das *BfArM* beschränkt
die Erlaubnis auf den notwendigen Umfang (§ 9 Abs. 1 BtMG) und versieht sie
mit Nebenbestimmungen (§ 9 Abs. 2 BtMG). Der Bescheid benennt die für den
Betäubungsmittelverkehr verantwortliche Person und die Betriebsräume. Er ist
beschränkt auf eine bestimmte Verkehrsart mit einer bestimmten Betäubungsmittelart bis zu einer bestimmten Jahreshöchstmenge für einen bestimmten Zweck.

Das *BfArM* hat nach den allgemeinen Grundsätzen des Verwaltungsrechtes sein   7
Ermessen auszuüben und dabei die Grundsätze des BtMG (§§ 5, 13 BtMG) zu
berücksichtigen. Die Ermessensentscheidungen müssen erkennen lassen, **von wel-
chen tatsächlichen und rechtlichen Erwägungen das *BfArM*** bei seiner
Ermessensausübung ausgegangen ist. Das *BfArM* wird im Sinne der Sicherheit des
Betäubungsmittelverkehrs **Ausnahmeerlaubnisse nur unter Auflagen oder
Bedingungen** erteilen, um das **Missbrauchsrisiko möglichst gering** zu halten.
Versagt das *BfArM* gem. § 5 BtMG die Erlaubnis, so müssen die Versagungsgründe
im Einzelnen erläutert werden.

Neben den persönlichen Versagungsgründen des § 5 Abs. 1 BtMG kann das   8
BfArM gem. § 5 Abs. 2 BtMG als besondere Verwaltungsbehörde i. S. d. internationalen Suchtstoffübereinkommens eine Erlaubnis versagen, wenn dies aufgrund
von Beschlüssen oder Suchtstoffübereinkommen zur **Gewährleistung der Sicherheit und Kontrolle** des Betäubungsmittelverkehrs erforderlich erscheint.

E. Mitteilungspflichten des Antragstellers und Änderungsentscheidungen bei Veränderung der Voraussetzungen

Ändern sich beim Antragsteller die Voraussetzungen der erteilten Erlaubnis, so   9
hat er dies nach § 8 Abs. 3 BtMG unverzüglich mitzuteilen. Diese Pflicht des Antragstellers hätte eigentlich in § 7 BtMG geregelt werden müssen. Sie wurde hier
zusammen mit den Reaktionen der Behörde, den Änderungsentscheidungen, geregelt. Das *BfArM* ändert die bestehende Erlaubnis ab oder erteilt auf Antrag eine
neue Erlaubnis (§ 8 Abs. 3 BtMG).

F. Rechtsmittel

Gegen die Versagung der Erlaubnis ist **Verpflichtungsklage,** gegen die Be-   10
schränkung der Erlaubnis ist **Anfechtungsklage** beim Verwaltungsgericht nach
Durchführung des Widerspruchsverfahrens beim *BfArM* zu erheben. Die Klage
war beim *VG Berlin* **gegen die Bundesrepublik Deutschland** zu erheben,
solange das *BfArM* seinen Hauptsitz in Berlin hatte. Nach dem Umzug nach Bonn
ist das *VG Bonn* zuständig.

Die Stadt Frankfurt erhob gegen die **Versagung der Ausnahmeerlaubnis** für   11
ihr ärztlich kontrolliertes Diamorphin-Vergabeprojekt (*BfArM*, Beschl. v. 14. 1.
1994) und gegen den **Widerspruchsbescheid** v. 16. 9. 1994 beim *VG Berlin*
Verpflichtungsklage, das dieser Klage durch Urt. v. 27. 6. 1996 entsprach (*VG
Berlin* NJW 1997, 816 = StV 1996, 621 m. Anm. *Körner*). Nachdem die Bundesregierung im Jahre 2000 ein bundesweites medizinisch kontrolliertes Heroinvergabeprojekt förderte, wurde nach Einlegung der Berufung vom *OVG Berlin* wegen
Erledigung der Hauptsache das Urteil des *VG Berlin* v. 27. 6. 1996 für wirkungslos
erklärt und das Verfahren am 5. 5. 2003 (OVG IB 86/96) eingestellt.

G. Straf- und Bußgeldvorschriften

12   Die unerlaubte weitere Teilnahme am Betäubungsmittelverkehr verstößt als Straftat gegen § 29 Abs. 1 S. 1 Nr. 1 oder Nr. 3 BtMG.

Als Ordnungswidrigkeit kann gem. § 32 Abs. 1 Nr. 3 geahndet werden, wenn entgegen § 8 Abs. 3 S. 1 BtMG eine Änderung nicht richtig, nicht vollständig oder nicht unverzüglich mitgeteilt wird.

Beschränkungen, Befristung, Bedingungen und Auflagen

9   (1) [1]Die Erlaubnis ist zur Sicherheit und Kontrolle des Betäubungsmittelverkehrs oder der Herstellung ausgenommener Zubereitungen auf den jeweils notwendigen Umfang zu beschränken. [2]Sie muß insbesondere regeln:

1. die Art der Betäubungsmittel und des Betäubungsmittelverkehrs,
2. die voraussichtliche Jahresmenge und den Bestand an Betäubungsmitteln,
3. die Lage der Betriebsstätten und
4. den Herstellungsgang und die dabei anfallenden Ausgangs-, Zwischen- und Endprodukte, auch wenn sie keine Betäubungsmittel sind.

(2) Die Erlaubnis kann

1. befristet, mit Bedingungen erlassen oder mit Auflagen verbunden werden oder
2. nach ihrer Erteilung hinsichtlich des Absatzes 1 Satz 2 geändert oder mit sonstigen Beschränkungen oder Auflagen versehen werden,

wenn dies zur Sicherheit oder Kontrolle des Betäubungsmittelverkehrs oder der Herstellung ausgenommener Zubereitungen erforderlich ist oder die Erlaubnis der Durchführung der internationalen Suchtstoffübereinkommen oder von Beschlüssen, Anordnungen oder Empfehlungen zwischenstaatlicher Einrichtungen der Suchtstoffkontrolle entgegensteht oder dies wegen Rechtsakten der Organe der Europäischen Gemeinschaften geboten ist.

A. Zweck der Vorschrift

1   Die Vorschrift ersetzt den § 3 Abs. 2 BtMG 1972 und die §§ 4 bis 6 BtMZulVO v. 1. 4. 1930. Aus Gründen der Sicherheit, Überschaubarkeit und der Kontrolle des Betäubungsmittelverkehrs sollen Betäubungsmittelverkehrserlaubnisse auf den erforderlichen Umfang beschränkt werden (§ 9 Abs. 1 S. 1 BtMG), um zu vermeiden, dass Erlaubnisse zu illegalen Zwecken missbraucht werden.

B. Umfang der Erlaubnis

2   Die Erlaubnis wird schriftlich erteilt. Die Vorschrift des § 9 BtMG regelt **Form, Inhalt und den Umfang** der Erlaubnis. Die Erlaubnis hat den **sachlichen und zeitlichen Geltungsbereich** der Erlaubnis exakt zu beschreiben. Die Erlaubnis hat die **berechtigte Person**, die **Art der Betäubungsmittel** und des Betäubungsmittelverkehrs, die voraussichtliche **Jahresmenge** und den **Bestand** an Betäubungsmitteln, die **Lage der Betriebstätten** und den **Herstellungsgang,** die **Dauer** und **Beschränkungen** der Erlaubnis zu enthalten. Die Erlaubnis ist höchstpersönlich und nicht übertragbar.

C. Beschränkungsmöglichkeiten

3   Die Aufzählung der Beschränkungsmöglichkeiten der Erlaubnis in § 9 Abs. 1 S. 2 BtMG ist nicht abschließend. Vielmehr kann das *BfArM* auch andere Beschränkungen und Auflagen vornehmen, wenn die Sicherheit oder die Kontrolle des Betäubungsmittelverkehrs oder die Verpflichtung der Bundesrepublik Deutschland zur Durchführung der internationalen Suchtstoffübereinkommen dies verlangen. So kann das *BfArM* als nationale Überwachungsbehörde Maßnahmen des internationalen Suchtstoffkontrollamtes (INCB) in Wien innerstaatlich vollziehen und Verkehrserlaubnisse ändern (§ 9 Abs. 2 BtMG). **Bedingungen oder Auflagen** müssen aber auch dem **Verhältnismäßigkeitsgrundsatz** entsprechen, müssen zumutbar und erfüllbar sein. Sie müssen sich an der Gefährlichkeit und Menge der Betäubungsmittel orientieren. So kann für die Aufbewahrung geringer Cannabis-Mengen nicht die Herrichtung eines besonderen Lager- und Schutzraumes verlangt werden.

I. Beschränkungen beim Anbau vom Betäubungsmitteln

Wird der Anbau von Betäubungsmittelpflanzen vom *BfArM* ausnahmsweise erlaubt, so sind folgende Beschränkungen möglich: Es dürfen nur bestimmte Betäubungsmittelsorten gesät werden, die Anpflanzungen dürfen nicht in der Nähe von Durchgangsstraßen liegen, die Anpflanzungen dürfen eine bestimmte Größe nicht überschreiten, die Anpflanzungen müssen durch eine Randbepflanzung verdeckt werden bzw. eingezäunt werden, der Anbauer muss Kontrollgänge vornehmen, die Pflanzen müssen vor der Reife geerntet werden und gegen Diebstahl und Missbrauch müssen geeignete Vorkehrungen getroffen werden. **4**

II. Beschränkungen bei der Herstellung von Betäubungsmitteln

Die Herstellung von Betäubungsmitteln kann auf wissenschaftliche Zwecke oder auf eine bestimmte Menge aus bestimmten Stoffen beschränkt werden. Ist ein Apotheker von der Erlaubnispflicht zur Herstellung von Betäubungsmitteln nach § 4 BtMG befreit, so kann dennoch für die Herstellung von Arzneimittelrohstoffen eine Herstellungserlaubnis nach § 13 AMG in Betracht kommen. **5**

III. Beschränkungen bei der Durchführung von Forschungsstudien

Eine klinische Studie kann **befristet** werden. Der Beginn der Studie kann davon abhängig gemacht werden, dass über die mündliche Genehmigung hinaus der schriftliche Bescheid zugegangen ist. Die Durchführung der Studie kann **auf bestimmte Räume begrenzt** werden. **6**

Die Durchführung einer medizinischen Forschungsstudie mit Betäubungsmitteln kann von einer **pharmakologisch-toxikologischen Prüfung,** von einer umfassenden **präklinischen oder klinischen Prüfung** einer zuständigen Ethikkommission, von den Ergebnissen eines anderen **Forschungsvorhabens,** von **Änderungen der Forschungsdesigns** oder von einer Verbesserung des **Nutzen-Risikoverhältnisses** abhängig gemacht werden. **7**

Die Erlaubnis kann mit der Auflage verbunden werden, bei den wissenschaftlichen Untersuchungen nicht verbrauchte Betäubungsmittelmengen an den Lieferanten **zurückzugeben** oder unter Beachtung der Vorschriften des § 16 Abs. 1 BtMG **zu vernichten.** Die Erlaubnis kann mit der Auflage verbunden werden, dass entsprechend § 15 BtMG den vom *BfArM* erstellten **Richtlinien** über Maßnahmen zur Sicherung von Betäubungsmittelvorräten entsprochen wird (s. § 15 Rn. 2). Die Erlaubnis kann mit der Auflage verbunden werden, dass der Teilnehmer an einer klinischen Prüfung den Empfang von Take-home-Dosen mit Datum und Unterschrift bescheinigt und die Bescheinigung mit den Angaben des Patienten innerhalb von 3 Tagen dem *BfArM* mitgeteilt werden. **8**

IV. Beschränkungen bei zwingenden Versagungsgründen nach § 5 BtMG

Liegt ein Tatbestand vor, der durch § 5 Abs. 1 oder Abs. 2 BtMG erfasst ist, so muss nach Auffassung des *BfArM* der Antrag auf Erteilung der Erlaubnis zurück- **9** gewiesen werden, so dass für § 9 BtMG kein Raum bliebe. § 9 BtMG solle nicht § 5 auflockern und mit Hilfe von Beschränkungen, Bedingungen und Auflagen die Möglichkeit einer Erlaubniserteilung eröffnen. § 9 BtMG komme nur bei Verneinung des § 5 BtMG in Betracht (*BfArM*, Beschl. v. 21. 5. 1997, 8–7650–4297770, über den Kieler Cannabis-Ausnahmeantrag). Dieser Auffassung kann indes nicht zugestimmt werden. Denn gerade die Beschränkungen nach § 9 Abs. 2 BtMG erlauben Wege, um die zwingenden Versagungsgründe des § 5 BtMG auszuräumen und eine Teilnahme am Betäubungsmittelverkehr zu ermöglichen (*VG Berlin* NJW 1997, 816 = StV 1996, 623 m. Anm. *Körner*).

D. Rechtsmittel

10   Auch die Beschränkungen der Erlaubnis sind Verwaltungsakte, die auf dem Verwaltungsrechtsweg angefochten werden können.

E. Bußgeldvorschrift

11   Verstößt jemand gegen eine vollziehbare Auflage nach § 9 Abs. 2 BtMG, begeht er eine Ordnungswidrigkeit gem. § 32 Abs. 1 Nr. 4 BtMG.

Rücknahme und Widerruf

10 (1) ¹**Die Erlaubnis kann auch widerrufen werden, wenn von ihr innerhalb eines Zeitraumes von zwei Kalenderjahren kein Gebrauch gemacht worden ist. ²Die Frist kann verlängert werden, wenn ein berechtigtes Interesse glaubhaft gemacht wird.**

(2) **Die zuständige oberste Landesbehörde wird über die Rücknahme oder den Widerruf der Erlaubnis unverzüglich unterrichtet.**

A. Anwendungsbereich

1   Die Vorschrift ist an die Stelle des § 3 Abs. 3 S. 2 BtMG von 1972 getreten und ergänzt § 8 Abs. 3 BtMG. Bei früheren Gesetzentwürfen wurden die Rücknahme- und Widerrufsgründe ausdrücklich den Versagungsgründen des § 5 BtMG gleichgestellt. Das Wort „auch" verweist darauf, dass im Übrigen die §§ 48, 49 Verwaltungsverfahrensgesetz gelten, wonach Rücknahme und Widerruf stets im **Ermessen der Behörde** stehen.

2   Die Erlaubnis **muss** vom BfArM **zurückgenommen** werden, wenn bei ihrer Erteilung einer der Versagungsgründe nach § 5 Abs. 1 Nr. 1 bis Nr. 7 BtMG vorgelegen hat. Die Erlaubnis **kann zurückgenommen** werden, wenn ein Versagungsgrund nach § 5 Abs. 2 BtMG vorlag.

Die Erlaubnis **muss** vom BfArM **widerrufen** werden, wenn nachträglich einer der Versagungsgründe des § 5 Abs. 1 Nr. 1 bis Nr. 7 BtMG eintritt.

Die Erlaubnis **kann widerrufen** werden, wenn nachträglich ein Versagungsgrund nach § 5 Abs. 2 BtMG eintritt, wenn von der Erlaubnis 2 Jahre kein Gebrauch gemacht wurde (§ 10 Abs. 1 S. 1 BtMG). Aus Gründen der Übersicht, der Kontrolle und der Beschränkung des Betäubungsmittelverkehrs durch das BfArM bedürfen nicht genutzte Erlaubnisse des Widerrufs.

B. Rechtsmittel

3   Der Widerruf ist ebenso wie die Rücknahme der Erlaubnis ein **belastender Verwaltungsakt,** gegen die der Verwaltungsrechtsweg (Widerspruch/Anfechtungsklage) zu beschreiten ist.

Erlaubnis für den Betrieb von Drogenkonsumräumen

10a (1) ¹Einer Erlaubnis der zuständigen obersten Landesbehörde bedarf, wer eine Einrichtung betreiben will, in deren Räumlichkeiten Betäubungsmittelabhängigen eine Gelegenheit zum Verbrauch von mitgeführten, ärztlich nicht verschriebenen Betäubungsmitteln verschafft oder gewährt wird (Drogenkonsumraum). ²Eine Erlaubnis kann nur erteilt werden, wenn die Landesregierung die Voraussetzungen für die Erteilung in einer Rechtsverordnung nach Maßgabe des Absatzes 2 geregelt hat.

(2) ¹Die Landesregierungen werden ermächtigt, durch Rechtsverordnung die Voraussetzungen für die Erteilung einer Erlaubnis nach Absatz 1 zu regeln. ²Die Regelungen müssen insbesondere folgende Mindeststandards für die Sicherheit und Kontrolle beim Verbrauch von Betäubungsmitteln in Drogenkonsumräumen festlegen:

1. Zweckdienliche sachliche Ausstattung der Räumlichkeiten, die als Drogenkonsumraum dienen sollen;
2. Gewährleistung einer sofort einsatzfähigen medizinischen Notfallversorgung;
3. medizinische Beratung und Hilfe zum Zwecke der Risikominderung beim Verbrauch der von Abhängigen mitgeführten Betäubungsmittel;
4. Vermittlung von weiterführenden und ausstiegsorientierten Angeboten der Beratung und Therapie;
5. Maßnahmen zur Verhinderung von Straftaten nach diesem Gesetz in Drogenkonsumräumen, abgesehen vom Besitz von Betäubungsmitteln nach § 29 Abs. 1 Satz 1 Nr. 3 zum Eigenverbrauch in geringer Menge;
6. erforderliche Formen der Zusammenarbeit mit den für die öffentliche Sicherheit und Ordnung zuständigen örtlichen Behörden, um Straftaten im unmittelbaren Umfeld der Drogenkonsumräume soweit wie möglich zu verhindern;
7. genaue Festlegung des Kreises der berechtigten Benutzer von Drogenkonsumräumen, insbesondere im Hinblick auf deren Alter, die Art der mitgeführten Betäubungsmittel sowie die geduldeten Konsummuster; offenkundige Erst- oder Gelegenheitskonsumenten sind von der Benutzung auszuschließen;
8. eine Dokumentation und Evaluation der Arbeit in den Drogenkonsumräumen;
9. ständige Anwesenheit von persönlich zuverlässigem Personal in ausreichender Zahl, das für die Erfüllung der in den Nummern 1 bis 7 genannten Anforderungen fachlich ausgebildet ist;
10. Benennung einer sachkundigen Person, die für die Einhaltung der in den Nummern 1 bis 9 genannten Anforderungen, der Auflagen der Erlaubnisbehörde sowie der Anordnungen der Überwachungsbehörde verantwortlich ist (Verantwortlicher) und die ihm obliegenden Verpflichtungen ständig erfüllen kann.

(3) Für das Erlaubnisverfahren gelten § 7 Satz 1 und 2 Nr. 1 bis 4 und 8, §§ 8, 9 Abs. 2 und § 10 entsprechend; dabei tritt an die Stelle des Bundesinstituts für Arzneimittel und Medizinprodukte jeweils die zuständige oberste Landesbehörde, an die Stelle der obersten Landesbehörde jeweils das Bundesinstitut für Arzneimittel und Medizinprodukte.

(4) Eine Erlaubnis nach Absatz 1 berechtigt das in einem Drogenkonsumraum tätige Personal nicht, eine Substanzanalyse der mitgeführten Betäubungsmittel durchzuführen oder beim unmittelbaren Verbrauch der mitgeführten Betäubungsmittel aktive Hilfe zu leisten.

Übersicht

A. Entstehungsgeschichte und Zweck der Vorschrift

I. Geschichte der Konsum- bzw. Gesundheitsräume in Deutschland bis 1999

1   Da in Deutschland der Drogenkonsum in Krisenzentren und Drogenkaffees nicht gestattet war, konsumierte die zumeist wohnsitzlosen, therapieresistenten Fixer ihren Stoff häufig unweit vom Ort des Erwerbs im Unrat der Drogenszene, in Bahnhofs- oder Kneipentoiletten, in Abbruchhäusern, in Eisenbahnwaggons, im Gebüsch von Parkanlagen oder auf Kinderspielplätzen. Stress, Verfolgungsängste, Hektik, Unvorsichtigkeit und unhygienische Bedingungen bestimmten den Injektionsablauf häufig. Das Wasser wurde oft aus dem Toilettenbecken oder einer Pfütze aufgezogen. Saubere Spritzen waren meistens nicht vorhanden. Da der Staat den Konsum von Betäubungsmitteln zwar nicht billigt, aber akzeptiert, stellte sich die Frage, ob er bei den Konsumenten, die jegliche Therapie verweigerten, nicht geeignete Vorsorgemaßnahmen treffen musste, dass diese möglichst risikoarm konsumieren können. Die Einrichtung von Gesundheitsräumen bot die Möglichkeit, die geschilderte Verelendung und Gesundheitsgefährdung für einen bestimmten Konsumentenkreis erheblich einzudämmen.

2   **1. Frankfurt (Main).** Die bei dem *GenStA bei dem OLG Frankfurt* angesiedelte **Zentralstelle für die Bekämpfung der Betäubungsmittelkriminalität (ZfB)** wurde als Teilnehmer der **Frankfurter Montagsrunde** um ein Rechtsgutachten gebeten, ob die Stadt Frankfurt unter bestimmten rechtlichen Vorgaben in Frankfurt am Main Gesundheitsräume einrichten und unterhalten könnte. In **2 Rechtsgutachten v. 17. 5. 1993 und v. 5. 12. 1994** kam *Körner* zu dem Ergebnis, dass die Einrichtung und Unterhaltung von Gesundheitsräumen unter bestimmten Voraussetzungen weder gegen das deutsche BtMG noch gegen internationales Suchtstoffübereinkommen verstoßen (Gutachten zur Zulässigkeit von Gesundheitsräumen v. 17. 5. 1993 in *Erlei*, Mit dem Markt gegen Drogen, 1995, 385 ff. = StV 1994, 683; Gutachten zur Zulässigkeit von Gesundheitsräumen v. 5. 12. 1994 in *Erlei* a. a. O. S. 399 ff.). Diese beiden Rechtsgutachten erregten unter dem Namen **„Körner-Gutachten"** weltweit Aufsehen, wurden tausendfach vervielfältigt und weltweit versandt. Auf der Grundlage der ersten beiden Rechtsgutachten sprachen sich alle Vertreter der an der Frankfurter Montagsrunde teilnehmenden Behörden, alle Parteien des Frankfurter Magistrats in Abstimmung mit allen betroffenen Behörden der Stadt und des Landes für die Einrichtung von Gesundheitsräumen aus. Vier Gesundheitsräume bzw. Konsumräume wurden in der Folgezeit eingerichtet und betrieben, die i. S. d. Safer–Use–Regeln Wert legten auf Hygiene, Sicherheit, Ruhe und Erreichbarkeit der Abhängigen. Neben hygienischen Konsumbedingungen sollten soziale Kontakte geknüpft und Hilfs– und Therapieangebote vermittelt werden. Der Name Gesundheitsraum rührte daher, weil man ursprünglich in diesen Räumen neben dem hygienischen Konsum und der gesundheitlichen Stabilisierung eine breite Palette von gesundheitsfördernden Ausstiegs-Angeboten bereithalten wollte. Die von *Körner* erstellten Gutachten orientierten sich an dem durch das BtMG geschützten Rechtsgut der Volksgesundheit und schlossen im Wege einer teleologischen restriktiven Auslegung die Anwendung des sehr unbestimmten Tatbestandes des § 29 Abs. 1 S. 1 Nr. 10 BtMG nach Unterscheidung der Begriffe Möglichkeit und Gelegenheit aus, um dem Widerstreit helfender und strafender Kräfte verfassungskonform gerecht zu werden und um juristische Auslegungsstreitigkeiten nicht zum Nachteil drogenabhängiger Personen auszutragen (s. dazu § 29/Teil 20, Rn. 8).

2. Düsseldorf. Am 6. 7. 1993 beschloss das **Kabinett in Nordrhein-** 3 **Westfalen,** einen Antrag auf Einrichtung eines Gesundheitsraumes beim *BfArM* zu stellen. Mit Schreiben v. 22. 9. 1994 teilte das Bundesinstitut mit einem ablehnenden Bescheid mit, dass die Einrichtung eines Gesundheitsraumes nicht genehmigt werden könnte, da es eine Verschaffung einer Gelegenheit zum unbefugten Verbrauch darstellen und nach § 29 Abs. 1 S. 1 Nr. 10 BtMG strafbar wäre (*BfArM,* Beschl. v. 22. 9. 1994, GS 4.1 – A 1320–16252/95).

3. Hamburg. Der erste deutsche Konsumraum wurde Anfang 1994 vom Ver- 4 ein „Freiraum" in Hamburg als „Drugmobil" eingerichtet. Gegen die Gesundheitssenatorin *Fischer-Menzel* wurde wegen des Verdachts des Verschaffens von Gelegenheit zum unbefugten Verbrauch bzw. wegen öffentlicher Mitteilung dieser Gelegenheit ein Ermittlungsverfahren eingeleitet, aber später eingestellt. Wegen der umstrittenen Rechtsgrundlage wurden die Konsumräume in Hamburg zunächst unter anderen Bezeichnungen betrieben. Von 1994–2000 wurden in Hamburg 8 Konsumräume eingerichtet.

4. Auswirkungen der Drogenkonsumräume. Die **juristische und politi-** 5 **sche Diskussion in Deutschland** beharrte zunächst auf einer die Strafbarkeit bejahenden, **formalistischen Wortlautinterpretation.** Allmählich verwandelte sich die Meinung von *Körner* zu einer **respektablen Minderheitsmeinung** und gewann **zunehmend mehr Anhänger** (s. dazu z.B. *Böllinger* JA 1991, 292, 294; *Hoffmann-Riem* NStZ 1998, 7; *Kreuzer* NStZ 1998, 217, 219 f.; a.A. *Winkler* StV 1995, 216; *Stegherr* NStZ 1995, 322; *Bölter* NStZ 1998, 224; *Katholnigg* NJW 2000, 1217; eine umfassende Darstellung der Pro– und Kontra-Argumente findet sich bei *Ullmann* Kriminalistik 2000, 578).

Die unbestreitbaren positiven Auswirkungen der Frankfurter Konsumräume reg- 6 ten überall in der Bundesrepublik zum Nachdenken und zur Nachahmung an. Offizielle Konsumräume gab es bald in Frankfurt am Main, Hamburg, Hannover, Saarbrücken und zahlreiche inoffizielle in ganz Deutschland. Soweit der UN-Ausschuss für Drogenkontrolle in Wien (INCB) den pauschalen Vorwurf erhob, die Konsumräume verstießen nicht nur gegen das BtMG, sondern auch gegen internationale Suchtstoff-Konventionen, die vor Jahren gegen Fixerstuben der damaligen Zeit, die Opiumhöhlen, formuliert worden seien (vgl. INCB-Report 1999, S. 26 f.; INCB-Report 2000, S. 46, 61; INCB-Report 2001, S. 74), übersah er, dass Art. 36 Abs. 1 lit. b Single Convention von 1961, Art. 22 Abs. 1 lit. b des Übereinkommens von 1971 und Art. 3 Abs. 4 lit. d des Wiener Suchtstoff-Übereinkommens von 1988 übereinstimmend den Vertragsparteien freistellen, bei

Personen, die Suchtstoffe missbrauchen, anstelle oder zusätzlich zu einer Verurteilung oder Bestrafung Maßnahmen zur Behandlung, Aufklärung, Erziehung, Nachsorge, Rehabilitation und/oder sozialen Wiedereingliederung vorzusehen (vgl. *Katholnigg* NJW 2000, 1217, 1224). Gerade diese Ziele sollen aber in einem gut geführten Konsumraum verwirklicht werden, um die Besucher über eine niedrigschwellige Drogenhilfe zu einer Substitutionsbehandlung, ambulanten oder stationären Therapie zu einer sozialen Wiedereingliederung zu führen. Wie emotional der politische Meinungsstreit um die Zulässigkeit von Drogenkonsumräumen geführt wurde, zeigte sich schon an den verwendeten Begriffen. Während die Befürworter von **Gesundheitsräumen** sprachen, weil durch die Bereitstellung hygienischer Konsumbedingungen und ärztlicher Notfallhilfe der Gesundheitserhaltung gedient würde, nannten die Gegner sie abwertend **Fixerräume, Drogenhöhlen oder Injektionszellen,** wo Drogenabhängige sich mit staatlicher Genehmigung einen Schuss geben und gesundheitlich zugrunde richten (vgl. *Katholnigg* NJW 2000, 1217).

II. Einführung der Vorschrift des § 10a BtMG

7   Der deutsche Gesetzgeber legalisierte mit dem 3. BtMGÄndG v. 28. 3. 2000 (BGBl. I, S. 302) und der neu geschaffenen Vorschrift des § 10a BtMG das **Betreiben von Konsumräumen in Deutschland.** Die neue Vorschrift trat am 1. 4. 2000 in Kraft. Für die bereits bestehenden Drogenkonsumräume wurde in § 39 BtMG eine Übergangsregelung geschaffen. Die neue Vorschrift des § 10a BtMG war Ausdruck eines Wandels in der Drogenpolitik, wo nach einem erfolglosen Kampf für eine drogenfreie Gesellschaft die Einsicht von der Notwendigkeit von **harm reduction (von Lebenshilfe, von Überlebenshilfe und akzeptierender Drogenhilfe)** gewachsen war. Die internationale und deutsche Drogenpolitik beruhten seit einigen Jahren nicht nur mehr auf den drei Säulen Prävention, Therapie und Repression, sondern auch auf einer vierten Säule der harm reduction. In Deutschland waren bereits erste Schritte mit der Vergabe von Einmalspritzen, mit der Einrichtung von Substitutionsambulanzen, von Krisen- und Übernachtungszentren für Drogenabhängige, mit Drug-Checking-Modellen in der Nähe von Musikgroßveranstaltungen gemacht worden, denen nun die Konsumräume folgten. Als letzter Schritt der harm reduction erfolgte in Deutschland ein Modellversuch einer ärztlich kontrollierten Heroinvergabe in mehreren deutschen Großstädten, der letztlich zur Freigabe der diamorphingestützten Substitutionsbehandlung in staatlich anerkannten Einrichtungen durch Gesetz vom 15. 7. 2009 (BGBl. I, S. 1801) führte (s. dazu § 13 Rn. 47 ff.).

8   Von der Möglichkeit einer Rechtsverordnung haben nur sechs Bundesländer Gebrauch gemacht, nämlich **Berlin, Hamburg, Hessen, Niedersachsen, Nordrhein-Westfalen** und **Saarland** (s. Anh. C 7). Dies bedeutet aber gleichzeitig, dass Konsumräume jeglicher Art in den anderen Bundesländern generell illegal sind, Betreiber und Besucher sich strafbar machen.

B. Begriffe und Voraussetzungen des Drogenkonsumraumes

9   § 10a Abs. 1 BtMG enthält eine Legaldefinition des Begriffes Drogenkonsumraum. Unter einem Drogenkonsumraum ist eine Einrichtung zu verstehen, in deren Räumlichkeiten Betäubungsmittelabhängigen eine Gelegenheit zum Verbrauch von mitgeführten, ärztlich nicht verschriebenen Betäubungsmitteln verschafft oder gewährt wird.

10   **1. Einrichtung.** Einzelpersonen, Verwandte oder Bekannte, ein behandelnder Arzt, ein Drogentherapeut, ein Sozialarbeiter oder ein Bewährungshelfer erhalten keine Erlaubnis zum Betreiben einer Einrichtung. Es bedarf nämlich einer Drogenhilfe-Vereinigung, die aufgrund ihrer personellen, sachlichen und finanziellen Ausstattung in der Lage ist, eine Vielzahl von Drogenabhängigen i.S.v. § 10a Abs. 2 BtMG zu betreuen.

2. Räumlichkeiten. Diese Organisation muss für die in § 10a BtMG beschrie-   11
benen Aufgaben auch geeignete abgeschlossene bzw. abschließbare Aufenthalts-
räume zur Verfügung haben. Denn die Konsumräume sollen im Vergleich zum
Drogenmissbrauch auf Straßen, Parkanlagen oder Gleisanlagen, in unterirdischen
Gängen, in Kanälen und Heizungsschächten Hygiene und Hilfe im Krisenfall bieten. Eisenbahnwaggons und Wohnmobile sind zwar auch verschließbar, bieten aber
wegen ihrer räumlichen Enge und wegen des Defizits an Hygiene nicht den Standard i. S. v. § 10a BtMG. Wohncontainer hingegen, wie sie z. B. in Luxemburg
verwendet werden, dürften ausreichen.

3. Betäubungsmittelabhängige. Nach § 10a BtMG dürfen Drogenkonsum-   12
räume nicht Drogenprobierern und Gelegenheitskonsumenten, sondern nur Personen offen stehen, die beim Besuch der Einrichtung von Betäubungsmitteln abhängig sind.

4. Eigenverbrauch. Nach der Legaldefinition dürfen die Konsumräume den   13
betäubungsmittelabhängigen Besuchern nur eine Gelegenheit **zum eigenen Verbrauch** mitgeführter, **ärztlich nicht verschriebener Betäubungsmittelrationen,** nicht zum Handeltreiben, nicht zum Erwerb, nicht zur Abgabe oder zur
Verabreichung von Betäubungsmittel bieten. Ärztlich verschriebene Betäubungsmittel wie **Substitutionsdrogen** sind beim Arzt oder zu Hause, nicht aber in
Konsumräumen zu verbrauchen.

5. Geringe Menge. Während § 10a BtMG zur mitgeführten Betäubungsmit-   14
telmenge nichts aussagt, kann nach § 31a Abs. 1 S. 2 BtMG in den Räumen nur
eine geringe Betäubungsmittelmenge geduldet werden.

C. Rahmenbedingungen für die Einrichtung
von Drogenkonsumräumen

Die Vorschrift bestimmt die rechtliche Grundlage für die **Erteilung einer Er-**   15
laubnis zum Betrieb eines Drogenkonsumraums (Betriebserlaubnis). Eine
bundesgesetzliche Regelung i. S. d. Art. 72 Abs. 2 GG war nach Auffassung des
Gesetzgebers erforderlich, da nur so einheitliche Rahmenbedingungen für die
Zulassung und den Betrieb von Drogenkonsumräumen geschaffen werden könnten, soweit sich die Länder für die Einrichtung solcher Räumlichkeiten entscheiden. Bundesgesetzliche Rahmenbedingungen seien auch erforderlich, um die einheitliche und vertragsgemäße Umsetzung der Vorschriften der internationalen
Suchtstoffübereinkommen beim Betrieb der Drogenkonsumräume sicherzustellen.
Gleichzeitig hat der Bundesgesetzgeber für die Betreiber und das Personal der
Konsumräume einen neuen Straftatbestand des § 29 Abs. 1 S. 1 Nr. 11 BtMG
geschaffen, den bisherigen § 29 Abs. 1 S. 1 Nr. 10 BtMG eingeschränkt und in
§ 31a Abs. 1 S. 2 BtMG für die Konsumraumbesucher, die eine Betäubungsmittelration mitführen, eine strafprozessuale Vorschrift für das Absehen von Strafverfolgung eingefügt (vgl. hierzu § 31a Rn. 113 ff.).

Eine Rechtsgrundlage für Drogenkonsumräume in einem Bundesland setzt zwei   16
Schritte voraus. Zunächst muss der Landesgesetzgeber mit dem ersten Schritt entscheiden, ob er überhaupt Drogenkonsumräume in seinem Land zulassen will. In
diesem Falle muss er nach § 10a Abs. 1 S. 2 und Abs. 2 BtMG eine Rechtsverordnung für die Erteilung von Erlaubnissen schaffen. Bei dieser Rechtsverordnung
muss er sich an den in § 10a Abs. 2 S. 2 BtMG genannten zehn Mindeststandards
für die Sicherheit und Kontrolle beim Verbrauch von Betäubungsmitteln in Drogenkonsumräumen orientieren.

§ 10a Abs. 2 S. 1 BtMG enthält eine **Verordnungsermächtigung der Lan-**   17
desregierungen, damit sie im Interesse der persönlichen und allgemeinen Sicherheit in Drogenkonsumräumen und deren unmittelbarer Umgebung die erforderlichen gesundheitlichen Hilfen und die Anforderungen an die personelle und
sachliche Ausstattung der Räume (Mindeststandards) bedarfsgerecht konkretisieren
können. Nachdem die CDU-geführten Länder Hessen und Saarland im Vermitt-

lungsausschuss eine Klarstellung erzwangen, wonach die Einrichtung der Räume mit dem Ziel geschehen müsse, die Süchtigen zum Ausstieg aus dem Drogengebrauch zu bewegen, müssen die Verordnungen sich dazu äußern, wie das geschehen soll.

18   Andererseits beinhaltet diese Regelung die Gefahr der Rechtsuneinheitlichkeit. Denn die einzelnen Landesverordnungsgeber werden u. U. recht unterschiedliche Rechtsverordnungen oder gar keine Rechtsverordnung schaffen und die Landesverwaltungen werden die Anträge auf Erteilung einer Erlaubnis zum Betrieb von Konsumräumen recht unterschiedlich bescheiden. Eine bundesrechtliche Regelung und eine Erlaubniserteilung durch das *BfArM* in Bonn hätte eher zu einer Rechtseinheitlichkeit geführt.

D. Mindeststandards

19   § 10a Abs. 2 S. 2 BtMG bestimmt gem. Art. 80 Abs. 1 S. 2 GG **Inhalt, Zweck und Ausmaß der erteilten Ermächtigung.** Die Aufzählung ist nicht abschließend. Die Landesregierungen können vielmehr im Rahmen der Länderkompetenz, insb. im Hinblick auf die erforderlichen psychosozialen und ggf. therapeutischen Angebote in Drogenkonsumräumen, weitere Anforderungen festlegen. Von der entsprechenden Übernahme der in den §§ 5 und 6 BtMG geregelten Bedingungen für die Erteilung einer Erlaubnis nach § 3 BtMG ist bewusst abgesehen worden, da in Drogenkonsumräumen spezielle Voraussetzungen für die Sicherheit und Kontrolle des Betäubungsmittelverkehrs erforderlich sind. Die nach den Nr. 1 bis Nr. 10 des Abs. 2 S. 2 von den Ländern auszufüllenden Mindeststandards sollen vor allem die Gesundheit, die Sicherheit und die Kontrolle bei dem geduldeten Verbrauch von mitgeführten, ärztlich nicht verschriebenen Betäubungsmitteln gewährleisten.

20   Die zehn Rahmenbedingungen sollen als Minimalforderungen dem Landesverordnungsgeber eine Orientierung bieten und nicht durch Maximalerfordernisse die Einrichtungen von Konsumräumen verhindern. Die **sachliche Ausstattung** ist zweckdienlich i. S. d. **Nr. 1,** wenn die Räume hell beleuchtet und sauber sind und jederzeit gut überwacht werden können. Die Räume müssen für Konsumvorgänge geeignet, nicht bequem und behaglich sein. Bei der nach **Nr. 2 sofort einsatzfähigen medizinischen Notfallversorgung** ist nicht an einen jederzeit anwesenden Arzt, sondern an die Möglichkeit, bei Gesundheitskrisen rasch einen **Notarztwagen herbeizurufen** und ggf. an einen **Notarztkoffer** gedacht. Die in **Nr. 3** genannte **medizinische Beratung und Hilfe** zum Zwecke der Risikominderung beim Verbrauch muss nicht von einem Arzt vorgenommen werden. Sie umfasst gem. § 10a Abs. 4 BtMG nicht die Substanzanalyse und nicht die aktive Hilfeleistung beim Injektionsvorgang, aber das Bereithalten hygienischer Spritzensets und risikomindernder Hilfsmittel. Die in **Nr. 4** erwähnte **Vermittlung von weiterführenden und ausstiegsorientierten Angeboten der Beratung** (Wohnung, Verpflegung, Hygiene, Jobvermittlung, Arztvermittlung) und **ambulanter und stationärer Therapie** muss grundsätzlich möglich sein, aber nicht bei jedem Besucher erfolgen. Soweit **Nr. 5 und Nr. 6** Maßnahmen zur **Verhinderung von Straftaten** nach dem BtMG **in den Räumen und im unmittelbaren Umfeld der Räume** verlangen, müssen diese weder in einer ständigen Anwesenheit von Polizeibeamten, noch in regelmäßigen Polizeikontrollen bestehen. Vielmehr reichen eine klare Hausordnung, eine ständige Zugangskontrolle, eine ständige Konsumkontrolle durch Mitarbeiter der Einrichtung in und vor den Räumen, sowie Vereinbarungen zwischen Betreiber und Polizei aus, beim Auftreten von Störern oder Dealern in oder vor den Konsumräumen die Polizei zu alarmieren. Soweit die **Nr. 7** eine **genaue Festlegung des Kreises der berechtigten Benutzer** von Drogenkonsumräumen fordert, kann dies durch die Hausordnung und eine Ausstellung von Besucherausweisen erfolgen, der nach Ausfüllen eines Vordruckes ausgestellt wird. Es müssen nicht regelmäßig eine Erfragung und Überprüfung der Personalien, des Alters, der Dauer der Drogenkarriere und des

Konsummusters erfolgen, weder eine körperliche Durchsuchung noch eine regelmäßige ärztliche Untersuchung durchgeführt werden und weder ein Personalausweis, noch eine kostspielige Plastikchipkarte vorgelegt werden. Soweit die **Nr.** 8 eine **Dokumentation und Evaluation** der Arbeit fordert, ist dies bei fast allen Drogenhilfeeinrichtungen selbstverständlich. Schließlich sind nach **Nr. 9 und Nr.** 10 die Benennung einer sachkundigen Person, die als **Verantwortlicher** die Einrichtung gegenüber der Erlaubnisbehörde vertritt, und von **fachlich ausgebildetem und persönlich zuverlässigem Personal** in ausreichender Zahl erforderlich. Die zehn Rahmenbedingungen sollen Mindeststandards gewährleisten. Das Ziel, den Besucher von Drogenkonsumräumen in allgemeiner oder individueller Form zum Ausstieg zu bewegen, kann durch mündliche oder gedruckte Informationen und Beratungen über die verschiedensten Drogenhilfe- und Therapieangebote angestrebt werden (vgl. im Einzelnen *Katholnigg* NJW 2000, 1217).

E. Erlaubnisverfahren

§ 10a Abs. 3 S. 1 BtMG nennt die Vorschriften des Gesetzes, die im **Verfahren 21 zur Erteilung von Erlaubnissen nach § 10a BtMG entsprechend anzuwenden** sind. Dies betrifft vor allem die formalen Voraussetzungen des Erlaubnisantrages, der Entscheidung und ihrer möglichen Beschränkungen und Auflagen, sowie der Rücknahme und des Widerrufs einer Erlaubnis nach § 10a BtMG. § 10a Abs. 3 S. 2 BtMG trägt einerseits dem Umstand Rechnung, dass für die Erteilung der Erlaubnis nach § 10a BtMG – abweichend von § 3 BtMG – die oberste Landesgesundheitsbehörde zuständig ist.

Ist diese Rechtsverordnung erlassen, so ist in einem zweiten Schritt von den 22 Verantwortlichen des geplanten Drogenkonsumraums **ein Antrag auf eine Betriebserlaubnis** zu stellen. Der Antrag ist über den zuständigen Oberbürgermeister oder Landrat und über den Regierungspräsidenten an die für das Gesundheitswesen zuständige oberste Landesbehörde zu richten. Bei dem Antrag sind die in der Landesverordnung genannten Voraussetzungen zu erfüllen, die gewünschten Anlagen, insb. eine ausführliche Hausordnung, beizufügen.

F. Entscheidungen

Nach § 10a Abs. 1 BtMG kann ein Drogenkonsumraum nur nach Erteilung einer 23 behördlichen Erlaubnis eröffnet und betrieben werden. Da ein Drogenkonsumraum nicht ohne Berücksichtigung insb. der örtlichen Drogensituation, der dort vorhandenen Hilfsangebote für Suchtkranke und der finanziellen Gesamtplanung der Suchtkrankenhilfe eröffnet werden kann, soll die Erlaubnis – abweichend von § 3 BtMG – **von der zuständigen obersten Landesbehörde** und nicht vom *BfArM* erteilt werden. Aus demselben Grund sieht § 10a Abs. 1 S. 2 BtMG vor, dass die Landesregierungen über den **Erlass der Rechtsverordnung** entscheiden, die Voraussetzung für die Erteilung einer Erlaubnis ist.

Die Erlaubnisbehörde kann im Einzelfall **Änderungen und Ergänzung der 24 vorgesehenen Ausstattung, Personalauswahl, Personalplanung,** insb. der **Hausordnung** verlangen, kann entsprechend § 9 Abs. 2 BtMG die **Betriebserlaubnis** nach § 10a BtMG **beschränken, befristen, mit Bedingungen und Auflagen versehen,** deren Einhaltung von der Gesundheitsaufsichtsbehörde (Regierungspräsidium oder delegiert auf das örtlich zuständige Gesundheitsamt wegen der durch Ortsnähe bedingten besseren Kenntnisse) zu überwachen ist. Andererseits ist es im Interesse der Bundesaufsicht geboten, dass das *BfArM* über erteilte Erlaubnisse nach § 10a BtMG und deren Änderungen regelmäßig unterrichtet wird (vgl. § 7 S. 1, § 8 Abs. 1 S. 2 und Abs. 3 S. 3 sowie § 10 Abs. 2 BtMG).

G. Substanzanalysen in Konsumräumen

Das Verbot der Substanzanalyse in § 10a Abs. 4 BtMG soll **klarstellen,** dass das 25 Personal sich nur um **hygienische Konsumbedingungen** und um **Infektions-**

vermeidung, nicht aber um aktive Unterstützung des Drogenkonsums bemühen darf. Diese Bestimmung des § 10a Abs. 4 BtMG war nicht nur absolut überflüssig, sondern stellt angesichts aller wissenschaftlichen Erkenntnisse von „harm reduction" einen unverständlichen gesetzlichen Rückschritt dar. Wer das Elend von Opiatabhängigen kennt, die infolge von Wundmalen oder zerstochenen Venen keine Injektionsstelle finden oder aus eigener Kraft sich nicht den Arm abbinden oder die Spritze setzen können, sieht in diesem **Verbot aktiver Konsumhilfe** ein **Defizit an Barmherzigkeit und Menschlichkeit.** Derartige **Drogenhilfe darf daher nicht strafbar** sein. Zudem könnten Substanzanalysen Verbraucher vor Gesundheitsschäden durch illegale Heroinzubereitungen mit giftigen Beimengungen wie Strychnin, Gips oder Scheuerpulver bewahren. Angesichts der im Jahr 2010 vermehrt festgestellten Beimischungen, z. B. von Milzbranderregern in Heroinproben oder von bedenklichen Zusatzstoffen in Marihuana, forderte die Fraktion BÜNDNIS 90/DIE GRÜNEN am 9. 6. 2010 den Bundestag auf, die Schaffung einer Rechtssicherheit für die Substanzanalyse durch die Bundesregierung zu veranlassen (BT-Drs. 17/2050).

H. Drug-Checking

26   Auch wenn sich das Verbot der Substanzanalyse nach dem Wortlaut auf die Konsumräume beschränkt, so kann doch aus dem Kontext entnommen werden, dass der Gesetzgeber unter Inkaufnahme gesundheitlicher Risiken das Drug-Checking und Drug-Testing von Privatpersonen, Lehrern und Drogenhilfe-Vereinigungen am Rande von Musik- oder Sportgroßveranstaltungen ebenso missbilligen wollte wie Substanzanalysen in Drogenhilfezentren. Die Untersuchung sowohl von verunreinigten Opiaten als auch von synthetischen Partydrogen soll trotz erfolgreicher Erprobungsprojekte in Berlin und Hannover und trotz positiver Erfahrungen mit Drug-Checking in den Niederlanden allein auf die Apotheker und die zugelassenen chemischen Untersuchungslaboratorien beschränkt bleiben (s. dazu im Einzelnen § 29/Teil 20, Rn. 45).

Dritter Abschnitt. Pflichten im Betäubungsmittelverkehr

Einfuhr, Ausfuhr und Durchfuhr

11 (1) [1]**Wer Betäubungsmittel im Einzelfall einführen oder ausführen will, bedarf dazu neben der erforderlichen Erlaubnis nach § 3 einer Genehmigung des Bundesinstitutes für Arzneimittel und Medizinprodukte.** [2]**Betäubungsmittel dürfen durch den Geltungsbereich dieses Gesetzes nur unter zollamtlicher Überwachung ohne weiteren als den durch die Beförderung oder den Umschlag bedingten Aufenthalt und ohne daß das Betäubungsmittel zu irgendeinem Zeitpunkt während des Verbringens dem Durchführenden oder einer dritten Person tatsächlich zur Verfügung steht, durchgeführt werden.** [3]**Ausgenommene Zubereitungen dürfen nicht in Länder ausgeführt werden, die die Einfuhr verboten haben.**

(2) [1]**Die Bundesregierung wird ermächtigt, durch Rechtsverordnung ohne Zustimmung des Bundesrates das Verfahren über die Erteilung der Genehmigung zu regeln und Vorschriften über die Einfuhr, Ausfuhr und Durchfuhr zu erlassen, soweit es zur Sicherheit oder Kontrolle des Betäubungsmittelverkehrs, zur Durchführung der internationalen Suchtstoffübereinkommen oder von Rechtsakten der Organe der Europäischen Gemeinschaften erforderlich ist.** [2]**Insbesondere können**

1. die Einfuhr, Ausfuhr oder Durchfuhr auf bestimmte Betäubungsmittel und Mengen beschränkt sowie in oder durch bestimmte Länder oder aus bestimmten Ländern verboten,

2. **Ausnahmen von Absatz 1 für den Reiseverkehr und die Versendung von Proben im Rahmen der internationalen Zusammenarbeit zugelassen,**
3. **Regelungen über das Mitführen von Betäubungsmitteln durch Ärzte, Zahnärzte und Tierärzte im Rahmen des grenzüberschreitenden Dienstleistungsverkehrs getroffen und**
4. **Form, Inhalt, Anfertigung, Ausgabe und Aufbewahrung der zu verwendenden amtlichen Formblätter festgelegt werden.**

A. Zweck der Vorschrift

Nachdem der 2. Abschnitt die Voraussetzungen für die Teilnahme am legalen **1** Betäubungsmittelverkehr (Erlaubnis und Erlaubnisverfahren) regelt, beschäftigt sich der 3. Abschnitt mit den Pflichten des nach § 3 BtMG Berechtigten im **legalen Betäubungsmittelverkehr im Einzelnen.** Während die **Erlaubnis** einen **Befähigungsnachweis** voraussetzt, dient die **Einzelgenehmigung statistischen Zwecken und zur Kontrolle.**

B. Kreis der Berechtigten

Die Vorschrift des § 11 BtMG ist an die Stelle des § 6 BtMG 1972 getreten. **2** Wer sich am Verkehr mit Betäubungsmitteln beteiligen will, bedarf der **generellen Erlaubnis** des *BfArM* nach § 3 BtMG. Daneben benötigt der Berechtigte für jeden einzelnen Einfuhr- und jeden Ausfuhrvorgang eine **Einfuhr- bzw. eine Ausfuhrgenehmigung** des *BfArM*.

Während die in § 11 BtMG ebenfalls geregelte Durchfuhr dort definiert wird, **3** fehlen gesetzliche Definitionen für die Ein- und Ausfuhr. Unter Einfuhr ist das Verbringen eines Betäubungsmittels aus dem Ausland in den Geltungsbereich dieses Gesetzes zu verstehen (BGHSt. 34, 180 = NJW 1987, 721 = StV 1987, 67; *BGH* NStZ 1990, 442 = StV 1990, 408; *BGH* NStZ 1992, 545 = StV 1992, 578; *BGH* NStZ 2000, 150 = StV 2000, 620; *Weber* § 29 Rn. 742; *Hügel/Junge/Lander/Winkler* § 29 Rn. 5.1.1; MK-StGB/*Kotz* § 29 Rn. 505; s. dazu § 29/Teil 5 Rn. 8), unter Ausfuhr das Verbringen eines Betäubungsmittels aus dem Geltungsbereich dieses Gesetzes in das Ausland (BGHR BtMG § 29 Abs. 1 Nr. 1 Ausfuhr 1 [4 StR 129/06] = BeckRS 2006, 09255; s. dazu § 29/Teil 6, Rn. 4).

C. Ausnahmen von der Genehmigungspflicht

1. Bundes- und Landesbehörden im grenzüberschreitenden Bereich. **4** Von der Genehmigungspflicht sind ausgenommen die in § 4 Abs. 2 und § 26 BtMG genannten **Behörden und Einrichtungen,** die generell keiner Erlaubnis bedürfen. Nach der aufgrund § 11 Abs. 2 BtMG in § 14 Abs. 1 BtMAHV geregelten Ausnahme dürfen Bundes- und Landesbehörden Betäubungsmittel für den Bereich ihrer dienstlichen Tätigkeit und die von ihnen für die Untersuchung von Betäubungsmittel beauftragten Behörden nach dem § 14 Abs. 2 bis Abs. 4 BtMAHV geregelten **vereinfachten Verfahren** ein- und ausführen. Die Vorschriften der §§ 1 bis 12 BtMAHV finden insoweit keine Anwendung.

Beim **internationalen Austausch von Betäubungsmittelproben** aus Betäu- **5** bungsmittelsicherstellungen und beim Austausch von Vergleichsmustern neuer oder wenig verbreiteter Betäubungsmittel wäre die regelmäßige Einholung von Ein- und Ausfuhrgenehmigungen umständlich und zeitraubend. *Interpol* hat deshalb **Vordrucke** für die Versendung von Betäubungsmittelproben zwischen den angeschlossenen nationalen Polizeibehörden entwickelt (vgl. auch § 4 Rn. 25 ff.). Neben den Interpol-Regelungen hat der Verordnungsgeber aber nicht auf eine Meldepflicht der Polizeidienststellen über die Ein- und Ausfuhr von Betäubungsmittelproben an das *BfArM* verzichtet, da das *BfArM* als besondere Verwaltungs-

dienststelle im internationalen Suchtstoff-Verkehr gem. § 19 Abs. 2 BtMG die
legalen grenzüberschreitenden Betäubungsmittelströme zu überwachen hat.

6   **2. Ärzte, Patienten und Transportunternehmen im grenzüberschreitenden Bereich.** Auch die Ärzte, die Betäubungsmittel zur zulässigen Berufsausübung oder zur Ersten-Hilfe-Leistung in angemessener Menge beim grenzüberschreitenden Verkehr mit sich führen sowie Patienten, die aufgund ärztlicher
Verschreibung oder Bescheinigung für den eigenen Bedarf Betäubungsmittel in
angemessener Menge beim grenzüberschreitenden Verkehr mit sich führen oder
Transportunternehmen, die im internationalen Reiseverkehr Betäubungsmittel in
angemessener Menge als Ausrüstung für die Erste-Hilfe-Leistung oder sonstige
Notfälle mit sich führen, sind nicht an die §§ 1 bis 12 BtMAHV gebunden, sondern können nach der aufgund § 11 Abs. 2 BtMG im § 15 Abs. 1 und Abs. 2
BtMAHV geregelten Ausnahme im vereinfachten Verfahren angemessene Betäubungsmittelmengen ein- und ausführen.

7   Nach Inkraftsetzung des Übereinkommens von Schengen v. 19. 6. 1990 am
26. 3. 1995 kann der Arzt für den Reisebedarf Betäubungsmittel maximal für bis
zu 30 Tage verschreiben auf einem speziellen Formular.

8   **3. Substitutionsdrogen als Reisebedarf.** Die Änderung von § 15 Abs. 1
BtMAHV durch Art. 3 der 4. BtMÄndVO ermöglichte es, dass Ärzte und Patienten auch Betäubungsmittelzubereitungen der Anl. II, die auf ärztliche Verschreibung im Ausland erworben worden sind, als Reisebedarf einführen können. Gem.
§ 5 Abs. 7 BtMVV sollte der 7-Tagesbedarf für in Deutschland lebende Patienten
dabei nicht überschritten sein.

D. Ausfuhrverbote

9   Die Ausfuhr von ausgenommenen Zubereitungen in Länder mit entsprechenden
Einfuhrverboten ist verboten (§ 11 Abs. 1 S. 3 BtMG). Dies entspricht Art. 3
Abs. 3 lit. c i. V. m. Art. 13 Abs. 2 des Übereinkommens 1971. Einfuhrverbote
bezüglich ausgenommener Zubereitungen haben z. B. Pakistan, Madagaskar und
Südafrika erlassen.

E. Ermächtigungsgrundlage

11   Durch § 11 Abs. 2 BtMG wird die Bundesregierung ermächtigt, das Verfahren
über die Erteilung der Genehmigung zu regeln und Vorschriften über die Einfuhr,
Ausfuhr und Durchfuhr zu erlassen. Es wurde die Bundesregierung ermächtigt und
nicht der Bundesminister für Gesundheit, weil außer diesem Bundesminister auch
die Bundesminister der Finanzen (Zoll), des Innern (Polizei und Bundespolizei) und der Wirtschaft beteiligt sind. Der Zustimmung des Bundesrates bedarf
es nicht, da ausschließlich Bundesbehörden die Einfuhr, Ausfuhr und Durchfuhr
überwachen. In § 11 Abs. 2 S. 2 BtMG ist ein Katalog von Möglichkeiten aufgezählt, in welcher Weise die Bundesregierung den Betäubungsmittelverkehr bei der
Einfuhr, Ausfuhr und Durchfuhr im Einzelnen durch Form, Inhalt, Ausgabe und
Aufbewahrung amtlicher Formblätter regeln, kontrollieren und beschränken kann.
Von der Ermächtigungsgrundlage wurde Gebrauch gemacht durch die **BtMAHV**.
In die Rechtsverordnung wurden die umfangreichen Bestimmungen der internationalen Abkommen über die Abwicklung des internationalen Handels mit Betäubungsmitteln sowie die Rechtsakte der Organe der europäischen Gemeinschaften
einbezogen.

F. Genehmigungsverfahren

12   Eine Einfuhr- bzw. Ausfuhrgenehmigung kann bei Einhaltung der Formalitäten
einem Erlaubnisinhaber nicht versagt werden aus den in § 5 Abs. 1 BtMG genannten Gründen. Vielmehr hat der Inhaber einer Einfuhr- oder Ausfuhrerlaubnis nach
§ 3 Abs. 1 S. 1 einen Rechtsanspruch auf die Erteilung von Einzelgenehmigungen.

Bieten sich im Rahmen des Verfahrens der Erteilung von Einfuhr- bzw. Ausfuhr-genehmigungsscheinen Verdachtsmomente, dass die notwendigen Voraussetzungen der Erlaubnis nicht mehr vorliegen, so ist die Erlaubnis, nicht die Einzelgenehmigung, zu versagen bzw. zu widerrufen.

G. Straf- und Bußgeldvorschriften

Die **Ein- und Ausfuhr von Betäubungsmitteln** ohne Einzelgenehmigung ist **13** eine Ordnungswidrigkeit nach § 32 Abs. 1 Nr. 5 BtMG. Die **Durchfuhr** ohne zollamtliche Überwachung (§ 11 Abs. 1 S. 3 BtMG) ist als Vergehen in § 29 Abs. 1 S. 1 Nr. 5 unter Strafe gestellt. Da die **Einfuhr und Ausfuhr von ausgenom-menen Zubereitungen** weder einer generellen Erlaubnis nach § 3 BtMG noch einer Einzelgenehmigung nach § 11 Abs. 1 BtMG bedürfen und somit einer Kon-trolle des Bundesgesundheitsamtes entzogen sind, wird bislang ein Verstoß gegen dieses Verbot weder mit Bußgeld noch mit einer Strafe bedroht. **Verstöße** gegen Bestimmungen einer **Rechtsverordnung** nach § 11 Abs. 2 Nr. 1 sind als Verge-hen mit Strafe (§ 29 Abs. 1 S. 1 Nr. 14), Verstöße gegen Bestimmungen einer Rechtsverordnung nach § 11 Abs. 2 S. 2 Nr. 2 bis Nr. 4 BtMG als Ordnungswid-rigkeiten mit Bußgeld (§ 32 Abs. 1 Nr. 6 BtMG) bedroht.

Abgabe und Erwerb

12 (1) Betäubungsmittel dürfen nur abgegeben werden an

1. Personen oder Personenvereinigungen, die im Besitz einer Erlaubnis nach § 3 zum Erwerb sind oder eine Apotheke oder tierärztliche Hausapotheke betreiben,
2. die in § 4 Abs. 2 oder § 26 genannten Behörden oder Einrichtungen.
3. (weggefallen)

(2) [1] Der Abgebende hat dem Bundesinstitut für Arzneimittel und Me-dizinprodukte außer in den Fällen des § 4 Abs. 1 Nr. 1 Buchstabe e un-verzüglich jede einzelne Abgabe unter Angabe des Erwerbers und der Art und Menge des Betäubungsmittels zu melden. [2] Der Erwerber hat dem Abgebenden den Empfang der Betäubungsmittel zu bestätigen.

(3) Die Absätze 1 und 2 gelten nicht bei

1. Abgabe von in Anlage III bezeichneten Betäubungsmitteln
   a) auf Grund ärztlicher, zahnärztlicher oder tierärztlicher Verschrei-bung im Rahmen des Betriebes einer Apotheke,
   b) im Rahmen des Betriebes einer tierärztlichen Hausapotheke für ein vom Betreiber dieser Hausapotheke behandeltes Tier,
2. der Ausfuhr von Betäubungsmitteln
3. Abgabe und Erwerb von Betäubungsmitteln zwischen den in § 4 Abs. 2 oder § 26 genannten Behörden oder Einrichtungen.

(4) [1] Das Bundesministerium für Gesundheit wird ermächtigt, durch Rechtsverordnung ohne Zustimmung des Bundesrates das Verfahren der Meldung und der Empfangsbestätigung zu regeln. [2] Es kann dabei insbe-sondere deren Form, Inhalt und Aufbewahrung sowie eine elektronische Übermittlung regeln.

A. Anwendungsbereich

Während § 3 BtMG die Voraussetzungen der generellen Erlaubnis regelt, betrifft **1** § 12 BtMG **die Berechtigung** zum legalen Erwerb, zur legalen Veräußerung und zur legalen Abgabe von Betäubungsmitteln **im Einzelfall**. Die Vorschrift ist an die Stelle des § 4 BtMG 1972 (Bezugsscheinpflicht) getreten und vereinfacht das bisherige Verfahren für die legale Abgabe und den legalen Erwerb von Betäubungsmitteln ganz erheblich. Der Abgebende und der Erwerber wurden von der Verpflichtung befreit, für jeden einzelnen Vorgang zuvor beim *BfArM* einen Bezugsschein auf den Namen des Erwerbers einzuholen. Stattdessen wurde in § 12 Abs. 1 der Kreis der Teilnehmer am Abgabe- und Erwerbsverfahren zusammengefasst und die Bezugsscheinpflicht in § 12 Abs. 2 durch eine Meldepflicht ersetzt. Voraussetzung ist aber, dass sowohl bei dem Abgebenden als auch bei dem Erwerber entweder eine Erlaubnis nach § 3 BtMG oder eine Befreiung von der Erlaubnis nach §§ 4 oder 26 BtMG vorliegt.

B. Kreis der Berechtigten

2   Betäubungsmittel dürfen abgegeben werden an die Inhaber einer Erlaubnis zum Erwerb nach § 3 BtMG oder an die von der Erlaubnispflicht befreiten Behörden und Einrichtungen (§ 4 Abs. 2, § 26 BtMG).

C. Ausnahmen von der Meldepflicht

3   Der Meldepflicht des § 12 unterliegt nicht die Abgabe von Betäubungsmitteln in Apotheken aufgrund ärztlicher, zahnärztlicher oder tierärztlicher Verschreibung oder in tierärztlichen Hausapotheken für ein vom Betreiber der Hausapotheke behandeltes Tier (§ 12 Abs. 3 Nr. 1 BtMG). Die Abgabe und der Erwerb von Betäubungsmitteln zwischen den in § 4 Abs. 2 oder § 26 BtMG genannten Behörden oder Einrichtungen unterliegen ebenfalls nicht der Meldepflicht. Werden Betäubungsmittelasservate zur Untersuchung (Begutachtung) übersandt, so entfällt zwar die Meldepflicht, nicht aber die Sicherungspflicht des § 15 BtMG und die Aufzeichnungspflicht des § 17 BtMG. Die Absendung und die Rückgabe, der Transportweg und der Transporteur sind in einem besonderen Asservatenordner aktenkundig zu machen. Lediglich der Erwerb der im Gesetz genannten Behörden und Einrichtungen unterliegt § 12 Abs. 1 Nr. 2 BtMG.

D. Prüfungspflicht

4   Der Abgebende muss sich vom Erwerber nachweisen lassen, dass er befugt ist, die bestellten Betäubungsmittel der Art und Menge nach zu beziehen, z.B. durch Einsichtnahme in die Erlaubnis. Die **Betreiber von Apotheken** und tierärztlichen Hausapotheken dürfen **nur Betäubungsmittel der Anl. II und III** erlaubnisfrei erhalten. Die Betreiber der Apotheken müssen aber ebenso wie die Beamten der Bundes- und Landesbehörden (vgl. §§ 4 und 26 BtMG) ihre Berechtigung durch Urkunden nachweisen.

E. Ermächtigungsgrundlage

5   Der Bundesminister für Gesundheit hat von der Ermächtigung des § 12 Abs. 4 BtMG Gebrauch gemacht und die Betäubungsmittel-Binnenhandels-Verordnung v. 16. 12. 1981 (BtMBinHV) geschaffen. Die Vorschrift wurde durch das Arzneimittelmarktneuordnungsgesetz vom 22. 12. 2010 (BGBl. I, S. 2262) geändert, um die notwendigen rechtlichen Voraussetzungen zur Einführung eines elektronischen Abgabebelegverfahrens in der BtMBinHV für Meldepflichten aus § 12 Abs. 2 BtMG zu schaffen; dadurch soll ermöglicht werden, dass die Abgabemeldungen für Betäubungsmittel künftig auch auf elektronischen Datenträgern oder über das Internet beim *BfArM* eingereicht werden können (BT-Drs. 17/2413, S. 34).

F. Straf- und Bußgeldvorschriften

6   Verstöße gegen § 12 Abs. 1 und § 12 Abs. 2 BtMG oder gegen eine Rechtsverordnung nach § 12 Abs. 4 BtMG werden gem. § 32 Abs. 1 Nr. 6 und Nr. 7 BtMG als Ordnungswidrigkeiten verfolgt.

Verschreibung und Abgabe auf Verschreibung

13 (1) ¹Die in Anlage III bezeichneten Betäubungsmittel dürfen nur von Ärzten, Zahnärzten und Tierärzten und nur dann verschrieben oder im Rahmen einer ärztlichen, zahnärztlichen oder tierärztlichen Behandlung einschließlich der ärztlichen Behandlung einer Betäubungsmittelabhängigkeit verabreicht oder einem anderen zum unmittelbaren Verbrauch überlassen werden, wenn ihre Anwendung am oder im menschlichen oder tierischen Körper begründet ist. ²Die Anwendung ist insbesondere dann nicht begründet, wenn der beabsichtigte Zweck auf andere Weise erreicht werden kann. ³Die in Anlagen I und II bezeichneten Betäubungsmittel dürfen nicht verschrieben, verabreicht oder einem anderen zum unmittelbaren Verbrauch überlassen werden.

(2) ¹Die nach Absatz 1 verschriebenen Betäubungsmittel dürfen nur im Rahmen des Betriebs einer Apotheke und gegen Vorlage der Verschreibung abgegeben werden. ²Diamorphin darf nur vom pharmazeutischen Unternehmer und nur an anerkannte Einrichtungen nach Absatz 3 Satz 2 Nummer 2 a gegen Vorlage der Verschreibung abgegeben werden. ³Im Rahmen des Betriebs einer tierärztlichen Hausapotheke dürfen nur die in Anlage III bezeichneten Betäubungsmittel und nur zur Anwendung bei einem vom Betreiber der Hausapotheke behandelten Tier abgegeben werden.

(3) ¹Die Bundesregierung wird ermächtigt, durch Rechtsverordnung mit Zustimmung des Bundesrates das Verschreiben von den in Anlage III bezeichneten Betäubungsmitteln, ihre Abgabe auf Grund einer Verschreibung und das Aufzeichnen ihres Verbleibs und des Bestandes bei Ärzten, Zahnärzten, Tierärzten, in Apotheken, tierärztlichen Hausapotheken, Krankenhäusern und Tierkliniken zu regeln, soweit es zur Sicherheit oder Kontrolle des Betäubungsmittelverkehrs erforderlich ist. ²Insbesondere können

1. das Verschreiben auf bestimmte Zubereitungen, Bestimmungszwecke oder Mengen beschränkt,
2. das Verschreiben von Substitutionsmitteln für Drogenabhängige von der Erfüllung von Mindestanforderungen an die Qualifikation der verschreibenden Ärzte abhängig gemacht und die Festlegung der Mindestanforderungen den Ärztekammern übertragen,
2 a. das Verschreiben von Diamorphin nur in Einrichtungen, denen eine Erlaubnis von der zuständigen Landesbehörde erteilt wurde, zugelassen,
2 b. die Mindestanforderungen an die Ausstattung der Einrichtungen, in denen die Behandlung mit dem Substitutionsmittel Diamorphin stattfindet, festgelegt,
3. Meldungen
   a) der verschreibenden Ärzte an das Bundesinstitut für Arzneimittel und Medizinprodukte über das Verschreiben eines Substitutionsmittels für einen Patienten in anonymisierter Form,
   b) der Ärztekammern an das Bundesinstitut für Arzneimittel und Medizinprodukte über die Ärzte, die die Mindestanforderungen nach Nummer 2 erfüllen und
   Mitteilungen
   c) des Bundesinstituts für Arzneimittel und Medizinprodukte an die zuständigen Überwachungsbehörden und an die verschreibenden Ärzte über die Patienten, denen bereits ein anderer Arzt ein Substitutionsmittel verschrieben hat, in anonymisierter Form,
   d) des Bundesinstituts für Arzneimittel und Medizinprodukte an die zuständigen Überwachungsbehörden der Länder über die Ärzte, die die Mindestanforderungen nach Nummer 2 erfüllen,

e) des Bundesinstituts für Arzneimittel und Medizinprodukte an die obersten Landesgesundheitsbehörden über die Anzahl der Patienten, denen ein Substitutionsmittel verschrieben wurde, die Anzahl der Ärzte, die zum Verschreiben eines Substitutionsmittels berechtigt sind, die Anzahl der Ärzte, die ein Substitutionsmittel verschrieben haben, die verschriebenen Substitutionsmittel und die Art der Verschreibung

sowie Art der Anonymisierung, Form und Inhalt der Meldungen und Mitteilungen vorgeschrieben,

4. Form, Inhalt, Anfertigung, Ausgabe, Aufbewahrung und Rückgabe des zu verwendenden amtlichen Formblattes für die Verschreibung sowie der Aufzeichnungen über den Verbleib und den Bestand festgelegt und

5. Ausnahmen von § 4 Abs. 1 Nr. 1 Buchstabe c für die Ausrüstung von Kauffahrteischiffen erlassen werden.

[3] Für das Verfahren zur Erteilung einer Erlaubnis nach Satz 2 Nummer 2a gelten § 7 Satz 2 Nummer 1 bis 4, § 8 Absatz 1 Satz 1, Absatz 2 und 3 Satz 1 bis 3, § 9 Absatz 2 und § 10 entsprechend. [4] Dabei tritt an die Stelle des Bundesinstitutes für Arzneimittel und Medizinprodukte jeweils die zuständige Landesbehörde, an die Stelle der zuständigen obersten Landesbehörde jeweils das Bundesinstitut für Arzneimittel und Medizinprodukte. [5] Die Empfänger nach Satz 2 Nr. 3 dürfen die übermittelten Daten nicht für einen anderen als den in Satz 1 genannten Zweck verwenden. [6] Das Bundesinstitut für Arzneimittel und Medizinprodukte handelt bei der Wahrnehmung der ihm durch Rechtsverordnung nach Satz 2 zugewiesenen Aufgaben als vom Bund entliehenes Organ des jeweils zuständigen Landes; Einzelheiten einschließlich der Kostenerstattung an den Bund werden durch Vereinbarung geregelt.

Übersicht

Kap. 1. Ärztliche Verschreibungen, Verabreichungen und Verbrauchsüberlassungen (§ 13 Abs. 1 BtMG)

Übersicht

A. Zweck der Vorschrift

1   Die Vorschrift stellt eine Ausnahme von § 3 BtMG dar. Während § 3 BtMG den legalen und illegalen Verkehr mit Betäubungsmitteln regelt, befasst sich § 13 BtMG mit dem Betäubungsmittelverkehr **zu therapeutischen Zwecken**, mit dem Verschreiben, Verabreichen und der Verbrauchsüberlassung. Eine Erlaubnis ist insoweit nach § 3 BtMG nicht erforderlich. Die **ärztliche Therapiefreiheit** wird bei der Verschreibung von Betäubungsmitteln zwar nicht durch die Schulmedizin eingeschränkt, aber durch die in der BtMVV vorgegebenen Behandlungsziele und Behandlungsmodalitäten **eingegrenzt.** Zu den bisherigen in der BtMVV beschriebenen **ärztlichen, zahnärztlichen und tierärztlichen Behandlungszielen** ist nach Änderung des § 13 Abs. 1 BtMG aufgrund des BtMÄndG v. 9. 9. 1992 (BGBl. I, S. 1593) und nach Änderungen der BtMVV durch die 4. BtMÄndV v. 23. 12. 1992 (BGBl. I, S. 2483) die **Behandlung einer Betäubungsmittelabhängigkeit** hinzugetreten. Mit der **10. BtMÄndV** v. 20. 11. 1998 (BGBl. I, S. 74), mit der **15. BtMÄndV** v. 25. 6. 2001 (BGBl. I, S. 1180) und mit der **23. BtMÄndV** v. 19. 3. 2009 (BGBl. I, S. 560) wurden die Vorschriften über das Verschreiben von Substitutionsmitteln in der BtMVV und die Anl. III des BtMG ergänzt und präzisiert. Durch Gesetz zur diamorphingestützten Substitutionsbehandlung vom 15. 7. 2009 (BGBl. I, S. 1801) wurde § 13 BtMG zuletzt geändert.

2   Nach dem Gesetz und der Berufsordnung dient der Arzt der **Gesundheit des einzelnen Menschen und des gesamten Volkes** (§ 1 BÄO). Kriminalpolitische Zwecke wie die **Bekämpfung der Beschaffungskriminalität und die Trockenlegung des Drogenmarktes** sind nicht mit dem § 13 BtMG zu vereinbaren und **nicht Aufgabe des Arztes.** Ebenso kann allein das Ruhigstellen Abhängiger in Freiheit, Krankenhaus oder in Gefängnissen mit Polamidon in einem staatlichen Behandlungsprogramm ebenso wie das **Experimentieren mit der Gesundheit** von Drogenabhängigen **nicht Aufgabe der Ärzteschaft** sein (vgl. *Köhler*

NJW 1993, 762 ff.). Andererseits dient diese Vorschrift ebenso wie die BtMVV dazu, die **ärztliche Therapie- und Rezeptierfreiheit zu begrenzen** und dafür zu sorgen, dass die **Sicherheit und Kontrolle des legalen Betäubungsmittelverkehrs** durch die ärztliche Behandlung mit Betäubungsmitteln nicht beeinträchtigt werden. Zur Durchführung von klinischen Studien (§§ 40, 41 AMG) ist eine Verkehrserlaubnis nach § 3 BtMG erforderlich. Sofern Betäubungsmittel zu anderen als rein therapeutischen Zwecken benötigt werden, z. b. als Reagenzien oder Vergleichsmuster für analytische Untersuchungen, zur Narkotisierung von Versuchstieren oder zur Durchführung einer klinischen Prüfung reicht eine ärztlich begründete Behandlung i. S. v. § 13 BtMG nicht aus, sondern es bedarf einer Verkehrserlaubnis nach § 3 BtMG. Denn es stehen nicht der ärztliche Heilauftrag mit Lebenserhaltung, Krankheitsheilung und Leidensminderung, sondern wissenschaftliche Ziele im Vordergrund (*Wagner* MedR 2004, 373; a. A. *Dähne* MedR 2003, 547).

B. Kreis der Berechtigten

Die Befugnisse des § 13 Abs. 1 BtMG beschränken sich auf **Ärzte, Zahnärzte** 3 **und Tierärzte.** Während nur der Arzt selbst die Verschreibung von Betäubungsmitteln vornehmen kann, können auch **Hilfskräfte** des behandelnden Arztes oder **Pflegepersonen auf Weisung des Arztes Betäubungsmittel verabreichen oder zum unmittelbaren Verbrauch überlassen.** Dies geht aus der Formulierung: „im Rahmen einer ärztlichen, zahnärztlichen oder tierärztlichen Behandlung" hervor. Da sowohl das Verabreichen als auch das Überlassen zum unmittelbaren Verbrauch sofortige Anwendungsformen umschreibt, ist damit auch zum Ausdruck gebracht, dass die **Betäubungsmittel ausschließlich zur direkten Anwendung oder Einnahme in Praxis oder Krankenhaus und nicht zur Mitnahme oder zum späteren Gebrauch** dienen dürfen. In § 5 BtMVV sind die Befugnisse bei der Behandlung von Opiatabhängigen besonders geregelt.

Ein **Polizeiarzt** darf nicht zu Therapiezwecken von der Polizei beschlagnahmte 4 Betäubungsmittel verwenden. Ein **Betriebsarzt** eines pharmazeutischen Unternehmens darf nicht Betäubungsmittel aus dem Labor oder der Vertriebsabteilung für eine Behandlung entnehmen. Vielmehr sind sie beide im Rahmen der Patientenbehandlung oder des Praxisbedarfes an die Vorschriften der BtMVV gebunden.

I. Verschreibung

Nur der Arzt ist befugt, Substitutionsmittel für einen Patienten zu verschreiben 5 (§ 5 Abs. 2, 3, 4, 5, 8 BtMVV). Wird ein Betäubungsmittel als Substitutionsmittel verschrieben, so darf der Arzt das Rezept nur in den Fällen des § 5 Abs. 8 BtMVV **(Take-home-Verschreibung und Auslandsurlaub-Verschreibung)** an den Patienten aushändigen. Ansonsten dürfen nur der **verschreibende Arzt,** sein **ärztlicher Vertreter** bzw. **sein besonders beauftragtes, eingewiesenes und kontrolliertes Hilfsperson** das Betäubungsmittelrezept in der Apotheke einlösen (§ 5 Abs. 5 S. 2 BtMVV). Ein Arzt, der Diamorphin verschreibt, darf die Verschreibung nach § 5 Abs. 5 S. 3 BtMVV nur einem pharmazeutischen Unternehmer vorlegen.

II. Überlassung

Nach § 5 Abs. 6 BtMVV können nicht nur der behandelnde Arzt, sein ärztlicher 6 Vertreter, sondern auch das **von ihm angewiesene oder beauftragte,** eingewiesene und kontrollierte medizinische, pharmazeutische oder in staatlich anerkannten Einrichtungen der Suchtkrankenhilfe **tätige und dafür ausgebildete Personal** die Betäubungsmittel an Patienten zur freien Verfügung abgeben, aber **zum unmittelbaren Verbrauch überlassen.** Der Adressat erlangt selbst keine Verfügungsgewalt an dem Stoff. Nach § 5 Abs. 7 BtMVV darf die Betäubungsmitteldosis nicht nur **in der Praxis** des behandelnden Arztes, sondern auch **im Kranken-**

haus, in einer **Apotheke** oder in einer von der zuständigen Landesbehörde **anerkannten Einrichtung** oder **am Krankenbett** bei ärztlich bescheinigter Pflegebedürftigkeit **bei einem Hausbesuch** zum unmittelbaren Verbrauch überlassen werden. Die Überlassung von Substitutionsmitteln an die genannten Einrichtungen zur Lagerung bis zur Verbrauchsüberlassung ist dem Arzt unter eigener Verantwortung erlaubt (§ 5 Abs. 7 S. 2 BtMVV).

III. Verabreichung

7   Das zum Überlassen zum unmittelbaren Verbrauch Gesagte gilt auch für die Verabreichung. Darunter ist die unmittelbare Anwendung von Betäubungsmitteln am Körper des Patienten ohne dessen aktive Beteiligung zu verstehen (s. § 29/Teil 15, Rn. 97).

C. Behandlungsbereiche und Behandlungszwecke
I. Behandlungsbereiche

8   § 13 Abs. 1 BtMG zählt ebenso wie die §§ 1 bis 5 BtMVV im Einzelnen folgende Behandlungsbereiche auf:
– die **ärztliche Anwendung** (§ 2 BtMVV),
– die **zahnärztliche Anwendung** (§ 3 BtMVV),
– die **tierärztliche Anwendung** (§ 4 BtMVV) von Betäubungsmitteln,
– die ärztliche **Behandlung einer Betäubungsmittelabhängigkeit** (§ 5 BtMVV).
Die Verschreibung kann gem. §§ 1 bis 5 BtMVV
– für einen **Patienten zur Einzelfallbehandlung** (§§ 2 Abs. 1, 3 Abs. 1, 4 Abs. 1, 5 Abs. 1 BtMVV),
– für ein **Tier zur Einzelfallbehandlung,**
– für den **Praxisbedarf** bis zur Menge seines durchschnittlichen zweiwöchigen Bedarfs (§§ 2 Abs. 3, 3 Abs. 2, 4 Abs. 3 BtMVV),
– für den **Stationsbedarf** (§§ 2 Abs. 4, 3 Abs. 3, 4 Abs. 4 BtMVV)
erfolgen.

II. Behandlungszwecke

9   Betäubungsmittel finden bei der ärztlichen Behandlung von Mensch und Tier, bei **Beschwerden an Hals, Nase, Ohr, Auge, Kehlkopf, Kiefer,** im Rahmen der **Anästhesie,** bei der Behandlung von **AIDS-** und von **Tumor-Erkrankungen,** bei **schweren Schmerzzuständen, Hustenanfällen** und **Schlafbeschwerden,** bei der Behandlung von **psychischen Erkrankungen** und bei der ärztlichen **Behandlung einer Opiatabhängigkeit** Anwendung. Im Vordergrund stehen jedoch die Schmerzbehandlung und die Substitutionsbehandlung. Zur Behandlung von **Aufmerksamkeits-, Defizit-, Überaktivitäts-Störungen (ADHS-Syndrom)** erfolgen Betäubungsmittelverschreibungen von **Ritalin (Methylphenidat).**

III. Behandlung schwerer Schmerzen

10   Nicht nur bei Tumor-Schmerzen, sondern auch bei postoperativen Schmerzen, bei schwerem Rheuma, entzündlichen Gelenkerkrankungen (Arthrosen), Phantomschmerzen, schweren Nervenschmerzen (Polyneuropathien) und bei starken Rückenschmerzen kommt die Verschreibung von morphiumhaltigen Schmerzmitteln **(Opioiden)** in Betracht. Die Angst vor der Suchtgefahr ist bei sorgfältiger Dosiseinstellung und ärztlicher Überwachung durch den Schmerztherapeuten unbegründet. Immer wieder ist von einem skandalösen Versorgungsdefizit bei der Schmerzbehandlung die Rede. Mehr als 90% der Tumorpatienten könnten durch eine Opiatmedikation ohne bzw. mit wesentlich gelinderten Schmerzen leben. Es

sei unzumutbar, dass der Arzt besondere Betäubungsmittelrezepte bei der Bundesopiumstelle anfordere, diese dreiteiligen Betäubungsmittelrezepte besonders ausfüllen und aufbewahren müsse unter Beachtung der besonderen Vorschriften der
BtMVV. Es ist aber eine irrationale Angst der Ärzte vor Opiaten und vor dem
BtMG für diese Situation verantwortlich. Zunächst können zahlreiche einfache
Opioide auf normalem Rezept verschrieben werden. Mit den veränderten Regelungen der BtMVV wurde die Möglichkeit der Verschreibung von starken Opioiden wie **Morphin oder Polamidon** in besonders schweren Krankheitsfällen auf
alle für die **Behandlung stärkster Schmerzzustände** einsetzbaren Betäubungsmittel ausgedehnt. Durch die Neufestsetzung der Betäubungsmittelhöchstmengen
für 30 Tage ist zum einen Problemen bei der Wochenendversorgung begegnet
worden und zum andern die Möglichkeit geschaffen worden, Patienten auch **für
Reisen und Urlaubsaufenthalte die benötigten Betäubungsmittel** zu verschreiben. Für Reisen von Schmerzpatienten kann ein Opioid-Ausweis und/
oder Patientenbrief ausgestellt werden, der die Schmerztherapie beschreibt. Kein
Schwerkranker braucht mehr unerträgliche Schmerzen auszuhalten. Der behandelnde Arzt hat zahlreiche Betäubungsmittel wie z. B. Morphin zur Verfügung, die
er auf Rezept verschreiben kann und für die neue Höchstmengen festgelegt wurden.

IV. Behandlung der Betäubungsmittelabhängigkeit

So wie bei chronischen Schmerzen ist bei der Behandlung einer **Betäubungs- 11
mittelabhängigkeit** vielfach die Verschreibung und **Verabreichung von Betäubungsmitteln unumgänglich.** In § 13 Abs. 1 S. 1 BtMG wurde der Zweck
„Behandlung einer Betäubungsmittelabhängigkeit" ausdrücklich für zulässig erklärt
und in § 5 BtMVV diese Behandlung mit Betäubungsmitteln im Einzelnen geregelt.

D. Betäubungsmittel

I. Nicht verschreibungsfähige Betäubungsmittel

Die **in den Anl. I u II bezeichneten Betäubungsmittel** dürfen nicht ver- 12
schrieben, verabreicht oder einem anderen zum unmittelbaren Verbrauch überlassen werden. Ihre Verschreibung, Verabreichung oder Gebrauchsüberlassung ist
nach § 13 Abs. 1 S. 3 BtMG **unbegründet.** Es sollen von vornherein Stoffe aus
der Krankenbehandlung ferngehalten werden, die **ohne therapeutischen Wert**
sind oder deren therapeutischer Wert in keinem vernünftigen Verhältnis zu ihrer
Schädlichkeit steht.

Im Ausnahmefall können zwar von dem *BfArM* bei nicht verschreibungsfähigen 13
Betäubungsmitteln mit beschränktem therapeutischem Wert aus den Anl. I und II
der Umgang und der Verbrauch zu wissenschaftlichen oder anderen im öffentlichen Interesse liegenden Zwecken ausnahmsweise nach § 3 Abs. 2 BtMG genehmigt werden, z. B. zur medizinischen Behandlung und Schmerzlinderung. Die
Ausnahmegenehmigung gem. § 3 Abs. 2 stellt nur eine **Verkehrserlaubnis** dar,
**rechtfertigt indes keine Verschreibung und Verabreichung des Betäu-
bungsmittels durch einen Arzt.** Wegen des Verbotes des § 13 BtMG kann der
Arzt nur betreuen und begleiten (*BVerwG* NJW 2005, 3300). Das *BfArM* kann
zu wissenschaftlichen Zwecken aber ein **Therapieprojekt mit Betäubungsmitteln der Anl. I nach § 3 Abs. 2 BtMG genehmigen.** Wird ein Antrag auf
Ausnahmegenehmigung jedoch abgelehnt, so bleibt nur die gesetzliche Möglichkeit der **Umstufung** dieses Betäubungsmittels in die Anl. III.

II. Verschreibungsfähige Betäubungsmittel

1. Zulässige Betäubungsmittelarten. Ärztlich begründet kann nur die 14
Verschreibung, die Verabreichung und die Gebrauchsüberlassung von Betäubungsmitteln der Anl. III sein (vgl. § 13 Abs. 1 BtMG), sofern die übrigen Voraus-

setzungen vorliegen. Alfentanil, Cocain, Etorphin, Pentobarbital, Remifentanil und Sufentanil dürfen gem. § 2 Abs. 1 lit. b BtMVV nicht patientenbezogen, sondern nur für den Praxis- und Stationsbedarf verschrieben werden (*Hügel/Junge/ Lander/Winkler* § 2 BtMVV Rn. 3.2). Seit Inkrafttreten der 25. BtMÄndV v. 11. 5. 2011 am 18. 5. 2011 ist **Cannabis in Zubereitungen, die als Fertigarzneimittel zugelassen sind**, als verkehrs- und verschreibungsfähiges Betäubungsmittel der Anl. III eingestuft.

15   **2. Zulässige Betäubungsmittelmengen.** Nach § 2 Abs. 1 lit. a BtMVV dürfen bis zu 2 der dort genannten Betäubungsmittel unter Einhaltung der festgesetzten Höchstmengen verschrieben werden. In begründeten Einzelfällen sind Ausnahmen möglich (§ 2 Abs. 2 BtMVV). Diese **Abweichungen** müssen mit dem **Großbuchstaben A** gekennzeichnet werden. In §§ 3 und 4 BtMVV sind die Betäubungsmittelarten und Betäubungsmittelhöchstmengen für Verschreibungen **eines Zahnarztes** und **eines Tierarztes** im Einzelnen festgesetzt. **Verschreibungen über Substitutionsmittel** sind mit einem **Großbuchstaben S** zu kennzeichnen (§ 5 Abs. 4 BtMVV).

E. Begründetheit der ärztlichen Behandlung mit Betäubungsmitteln

I. Indikation für die Behandlungsmethode

16   Die Behandlung eines Patienten mit Betäubungsmitteln beruht auf dem autonomen Behandlungsverhältnis zwischen Arzt und Patienten. Sie findet Grund und Grenze einerseits in der nach ärztlicher Aufklärung erfolgten rechtfertigenden Einwilligung, andererseits in der ärztlichen Verantwortung, Sorgfalt und Therapiefreiheit. Eine Behandlung ist ärztlich begründet, wenn nach Ausschöpfung aller medizinischen Erkenntnisse und unter Beachtung rechtlicher Vorschriften und medizinischer Grundsätze eine Indikation für die Auswahl und Durchführung einer bestimmten Behandlungsmethode zum Wohle des Patienten besteht. So kann die Verabreichung eines stark wirksamen opioiden Schmerzmittels wie **Fortral** zur Dauertherapie chronischer starker Schmerzzustände unter bestimmten Voraussetzungen **nahe liegend und medizinisch begründet** sein. Bei besonders schweren Schmerzen, die nicht anders beherrschbar sind, kommt auch die Injektion hoher Dosen von Betäubungsmitteln in Betracht.

17   **Nicht indiziert** ist eine Betäubungsmittelverabreichung, wenn ein Arzt ohne Eingangsuntersuchung, ohne ärztliche Aufklärung und ohne Begründung eines Behandlungsvertrages einen Probanden in das Methadonprogramm aufnimmt und ihm ein Fläschchen Methadon überlässt, ohne dass überhaupt eine Opiatabhängigkeit vorliegt. Nachdem ein bisher Haschisch, Ecstasy und Benzodiazepine schluckender Patient an einer Methadoninjektion verstorben war, verurteilte das *LG Ulm* den Arzt wegen fahrlässiger Verabreichung von Betäubungsmitteln (§ 29 Abs. 1 S. 1 Nr. 6 lit. b, Abs. 4 BtMG i. V. m. § 2 a BtMVV a. F. und bestrafte ihn mit einer erheblichen Geldstrafe (*BGH* NStZ 1998, 414 = StV 1998, 593). Der *BGH* verwarf die Revision des Arztes.

II. Ärztliche Sorgfalt

18   Ein Arzt hat bei der Behandlung mit Betäubungsmitteln wegen der gefährlichen Substanz ganz besonders die anerkannten Regeln nach dem Stande der medizinischen Wissenschaft zu beachten. Ein niedergelassener Arzt, der mehrere Hundert Opiatabhängige mit Methadon substituiert, kann nicht ärztlich sorgfältig arbeiten, sondern nur eine Massenabfertigung betreiben (vgl. BGHSt. 52, 271 = NStZ 2008, 574 = StV 2008, 471). Zwar muss nicht jede Nichtbeachtung medizinischer Sorgfalt bei der ärztlichen Anamnese, bei der ärztlichen Untersuchung, bei der Diagnose, bei dem Behandlungskonzept, bei der Dosiseinstellung, bei der Kontrolle des Therapieverlaufes oder bei der Dokumentation zu einer ärztlich unbegründeten Therapie führen. Eine **Mehrzahl von Sorgfaltspflichtverletzungen** weisen eine Behandlung aber als ärztlich unbegründet aus.

Ist der substituierende Arzt bei der Untersuchung, Diagnose, Dosisbestimmung 19 alkoholisiert oder unter Einfluss von Drogen gewesen, so kann nicht von einer ärztlich begründeten Behandlung die Rede sein. Eine ärztliche Verschreibung von Betäubungsmitteln ist auch ärztlich nicht begründet, wenn **die verordnete Menge medizinisch nicht notwendig** war (BGHSt. 1, 318).

III. Ultima-Ratio-Regel

Die Verschreibung, das Verabreichen und das Überlassen von verschreibungsfä- 20 higen Betäubungsmitteln durch einen Arzt, Zahnarzt oder Tierarzt ist nur dann zulässig, wenn ihre Anwendung am oder im menschlichen oder tierischen Körper begründet ist. Die Anwendung ist insb. dann nicht begründet, wenn der beabsichtigte Zweck auf andere Weise erreicht werden kann. Die in § 13 Abs. 1 BtMG enthaltene **ultima ratio-Grundregel** für ärztliche Betäubungsmittelverschreibungen „**Die Betäubungsmittelanwendung ist nur begründet, wenn der beabsichtigte Zweck nicht auf andere Weise erreicht werden kann**", ist auch nach mehreren Gesetzesänderungen erhalten geblieben und appelliert an den Arzt, bei der Behandlung von Mensch und Tier

– zum Zwecke der **Heilung,**
– zum Zwecke der **Schmerzlinderung** oder
– zur **Lebenserhaltung** möglichst andere Wege zu beschreiten als die Verschreibung, Verabreichung oder Überlassung von Betäubungsmitteln an den Patienten.

Der § 13 Abs. 1 BtMG steht in einem Zusammenhang mit dem **Grundsatz** 21 **des „Nihil Nocere"** (Dem Patienten soll nichts schaden) und dem gesetzgeberischen Ziel des § 5 Abs. 1 Nr. 6 BtMG. Nach dem **Eid des Hippokrates** verpflichtet sich ein jeder Arzt, seine **Patienten vor allem zu schützen, was ihnen schaden könnte** oder Unrecht täte **(ab omnia noxia et iniuria vindicaturum ...).** Nach § 5 Abs. 1 Nr. 6 BtMG soll das BtMG

– die **notwendige medizinische Versorgung der Bevölkerung sicherstellen** und daneben
– den **Missbrauch von Betäubungsmitteln** und
– das **Entstehen und Erhalten einer Betäubungsmittelabhängigkeit soweit wie möglich ausschließen.**

Der Arzt hat entsprechend der Ulima-Ratio-Klausel in jedem Einzelfall zu prü- 22 fen, ob er die Betäubungsmittelverschreibung oder die Betäubungsmittelverabreichung nicht durch die Verschreibung oder Verabreichung von Arzneimitteln oder eine andere Behandlungsart ersetzen kann. Ein Großteil der substituierten Patienten sind in herkömmlichem Sinne therapieresistent, sind in abstinenzorientierter Therapie gescheitert oder wegen ausgeprägter psychiatrischer Komorbidität für eine andere Therapie nicht erreichbar.

Können Schmerzzustände oder Schlafbeschwerden durch Änderungen der **Le-** 23 **bensweise, Änderungen der Ernährung, durch Sport oder harmlose Arzneimittel** beseitigt werden, so verstößt die suchtfördernde Verschreibung von Betäubungsmitteln gegen die Ultima-Ratio-Regel, selbst wenn sie die Schmerzen oder Schlafbeschwerden beseitigt. Die Vergabe von dem Substitutionsmittel Methadon erweist sich zwar als hilfreich, aber ist gleichzeitig **eine krankheitsverlängernde Maßnahme,** die nur gerechtfertigt werden kann als **ultima ratio,** als **lebenserhaltende Maßnahme.**

IV. Ärztliche Therapiefreiheit

Andererseits bedeutet eine Abweichung von der h.L. der medizinischen Wis- 24 senschaft, vom Indikationskatalog der Bundesärztekammer oder von den Richtlinien der Krankenkassen im Einzelfall noch nicht, dass die Behandlung mit Betäubungsmitteln ärztlich unbegründet war. Die h.L. der medizinischen Wissenschaft, der Indikationskatalog und die Stellungnahmen der Bundesärztekammer stellen nur Orientierungsrichtlinien dar, an denen sich der verantwortungsvolle Arzt im Rah-

men seiner ärztlichen Therapiefreiheit orientieren kann. Sie binden ihn nicht bei
der Wahl der Behandlungsmethode im Rahmen des § 13 BtMG, setzen ihn aber
einem **erhöhten Begründungszwang bei der Durchführung einer Außenseitermethode** aus. Die Substitutionskommissionen der Krankenkassen entscheiden nicht über die Rechtmäßigkeit einer Betäubungsmittelbehandlung, sondern
nur über die Kostenübernahme, die sie von bestimmten Indikationen abhängig
machen (s. dazu Rn. 53 ff.). So kann ein Arzt zur Besserung einer schweren Drogenabhängigkeit und ihrer Folgeerscheinungen eine Substitutionstherapie für erforderlich halten, weil im konkreten Einzelfall eine **Abstinenztherapie** aus äußeren Gründen vorerst **nicht möglich** ist, in Anbetracht des Gesamtzustandes des
Abhängigen **nicht aussichtsreich** erscheint oder **von dem Abhängigen abgelehnt** wird (vgl. *Köhler* NJW 1993, 762; *Zuck* NJW 1991, 2933).

V. Rechtsprechung zur begründeten Betäubungsmittelbehandlung

25   Nachdem Anfang des 20. Jahrhunderts ärztliche Erhaltungstherapien weltweit
übliche Praxis gewesen waren, verlangte erstmals die BtMVV v. 19. 12. 1930, dass
Betäubungsmittel nur verschrieben werden dürfen, wenn ihre Anwendung **ärztlich begründet** ist. Das *RG* und ihm folgend der *BGH* (RGSt. 60, 368;
RGSt. 62, 369, 385; BGHSt. 1, 322; BGHSt. 29, 6 = NJW 1979, 1943) hatten
sich bei der Prüfung der ärztlichen Begründetheit einer Substitutionsbehandlung
an den weitaus überwiegend **anerkannten Regeln der ärztlichen Wissenschaft** orientiert und die hiervon abweichende wissenschaftliche Überzeugung
einzelner Ärzte als unmaßgeblich angesehen. Die Justiz hatte mit dieser Rspr., wie
Haffke es formulierte, einen **Kooperationsvertrag mit der ärztlichen Wissenschaft** abgeschlossen, die Definitionsmacht über Gesundheit und Krankheit, die
Zulässigkeit einer Substitutionsbehandlung an die nationale Schulmedizin abgetreten und den **ärztlichen Standesorganisationen eine Art von Richtlinienkompetenz** bei der Formulierung von Indikationen eingeräumt, welches ärztliche
Verhalten als unbegründet zu bestrafen war und welches nicht, von welchem **Gesundheitsbegriff** auszugehen war, einem **medizinischen** oder einem **psychosozialen** (*Haffke* MedR 1990, 243 ff; *Moll* NJW 1991, 2334).

26   Die **Eigenverantwortlichkeit** des vor Ort therapeutisch tätigen Arztes wurde
eingeschränkt bis aufgehoben durch ständig neue Leitsätze, Richtlinien, Stellungnahmen und Entschließungen der Bundesärztekammer. Diese Grundlinien
bestimmten nicht nur die Rspr. der Strafjustiz, sondern auch die Verwaltungspraxis
des *BGA* (heute *BfArM*). Zudem hatten die Grundgedanken der Rspr. des *RG* in
§ 5 Abs. 1 Nr. 6 BtMG Eingang gefunden. Gem. § 5 Abs. 1 Nr. 6 BtMG war
regelmäßig Drogenfreiheit anzustreben und das Entstehen oder Erhalten einer
Betäubungsmittelabhängigkeit soweit wie möglich auszuschließen. Die §§ 5 Abs. 1
Nr. 6 und § 13 BtMG ließen eine Betäubungsmittelvergabe nur zu, wenn eine
ärztliche Behandlung und Heilung eines Drogenabhängigen ohne Betäubungsmittel unmöglich erschien. Ein Substitutionsprogramm mit Polamidon verstieß deshalb nur nicht gegen das Gesetz, wenn es
– als **medizinisches Forschungs- und Erprobungsprogramm vom** *BGA* **in
Berlin genehmigt** oder **geduldet** wurde oder
– sich auf **medizinische Indikationen** stützte, die nach **der deutschen Schulmedizin** den Einsatz von Betäubungsmittel erfordern.

27   Solange der Indikationskatalog der Bundesärztekammer in Deutschland als verbindliche Leitlinie der deutschen Schulmedizin anerkannt wurde, die **Aufrechterhaltung der Sucht als ärztlicher Kunstfehler** bewertet und sozialmedizinisch
begründete Substitutionstherapien staatsanwalschaftliche Ermittlungen bzw. standesrechtliche Maßnahmen nach sich zogen, verschrieben nur wenige deutsche
Ärzte Betäubungsmittel als Substitutionsmittel an Opiatabhängige. Entweder substituierten sie mit Medikamenten oder sie verschrieben gegen die vorgetragenen
Beschwerden Psychopharmaka. Nunmehr gerieten die Ärzte abermals in staatsanwalschaftliche Ermittlungen wegen des Verdachts der Körperverletzung (§§ 223,

230 StGB) durch suchterhaltende bzw. suchtvertiefende Arzneimittelverschreibungen. Nicht wenige Ärzte versuchten deshalb, die opiatabhängigen Patienten und ihre an Erpressung grenzenden Suchtstoffforderungen durch einmalige Gefälligkeitsverschreibungen zu vertreiben. Sie überließen damit aber gleichzeitig die ärztliche Behandlung von Drogenabhängigen zum Teil einer Reihe von Kollegen, die es mit Berufspflichten und Verschreibungsformalitäten nicht allzu genau nahmen und die Drogenabhängigen mit Psychopharmaka belieferten. Die Justiz befand sich in der schwierigen Situation, unter den von der Schulmedizin abweichenden Medizinern **neben den sozial engagierten Drogentherapeuten** die **schwarzen Schafe des Berufsstandes** zu erkennen, die opiatabhängige Patienten finanziell oder sexuell ausbeuteten und sie durch Verschreibungsmissbrauch nur noch tiefer in ihre Suchtkarriere stürzten. Mit Recht forderten die Bevölkerung und auch die beteiligten Ärzte angesichts der zunehmenden Verelendung und AIDS-Verseuchung der Drogenszene vom Gesetzgeber klare gesetzliche Bestimmungen, auf die sich Ärzte und Drogenpatienten berufen könnten.

Seit den 70er Jahren mehrten sich im ganzen Bundesgebiet **Ermittlungsver-** **28**
fahren und Urteile gegen Ärzte, die vornehmlich mit dem nicht für die Suchttherapie zugelassenen Levomethadonhydrochlorid (L-Polamidon) Opiatabhängige substituierten und damit nicht nur gegen die §§ 5 Nr. 6, 13, 29 Abs. 1 Nr. 6 BtMG 1981 (vormals § 11 Abs. 1 Nr. 9 BtMG 1972), sondern auch gegen die anerkannten Regeln der medizinischen Wissenschaft (der deutschen Schulmedizin) verstießen. Von besonderer Bedeutung war ein Urteil des *LG Düsseldorf* v. 28. 8. 1990 (XII − 47/89 − KLs 611 Js 1162/87) zur Polamidonbehandlung, durch das ein nicht vorbestrafter, geständiger 45jähriger Arzt wegen unerlaubten Verschreibens von Betäubungsmitteln zu einer Gesamtgeldstrafe verurteilt wurde, da dessen sorgfältig vorgenommene Polamidonbehandlung nicht stationär erfolgte und nicht der deutschen Schulmedizin entsprach. Der *BGH* hob das Düsseldorfer Urteil am 17. 5. 1991 mit folgender Begründung auf: Der Straftatbestand des unerlaubten Verschreibens von Betäubungsmitteln (hier: Ersatzdroge L-Polamidon) liege **nicht schon deswegen** vor, weil der Arzt **durch das Verschreiben gegen die Regeln der Schulmedizin oder die Stellungnahme der Bundesärztekammer verstoßen habe** (BGHSt. 37, 383 = NJW 1991, 2359 m. Anm. *Moll* NJW 1991, 2334 und m. Anm. *Kühne* NJW 1992, 1547, *Köhler* NJW 1993, 762, *Hellebrand* NStZ 1992, 13, *Winkler* Sucht 1992, 59, *Hassemer* JuS 1992, 110, *Wagner* DÄrzte-Bl. 1991, 1693). Am 4. 12. 1992 sprach eine andere Strafkammer des *LG Düsseldorf* den Arzt nach den neuen *BGH*-Rspr. von den Vorwürfen frei.

Mit dieser Entscheidung sprach der *BGH* der Bundesärztekammer nicht nur **29**
jegliche Richtlinienkompetenz bei der Formulierung von Indikationen ab, betonte die **Therapiefreiheit des einzelnen Arztes** bei der Suchtbehandlung und schloss auch eine **sozialmedizinische Indikation** für eine ambulante Substitutionsbehandlung nicht aus. Die **Gleichsetzung der Regeln der ärztlichen Wissenschaft mit der Schulmedizin sei rechtsfehlerhaft,** führe zu einer **Kriminalisierung medizinisch vertretbarer abweichender Auffassungen** und **verhindere** mittels Strafandrohung die **Entwicklung neuer Therapien.** Gerade auf einem medizinisch umstrittenen Gebiet wie dem der Verschreibung von Betäubungsmitteln bestünde auch nach den Regeln der ärztlichen Wissenschaft für den Arzt ein von diesem im Rahmen der **Therapiefreiheit zu verantwortender Entscheidungsspielraum bei der Methodenwahl.** Die **ärztlichen Berufsorganisationen** verfügte insoweit **nicht** über eine **Richtlinienkompetenz zur Aufstellung** eines für den Strafrichter **verbindlichen Indikationskataloges.** Eine von den Richtlinien oder vom Indikationenkatalog der Bundesärztekammer abweichende Substitutionsbehandlung mit Betäubungsmitteln wie Polamidon, die von einem Arzt unter Anwendung ärztlicher Sorgfalt vorgenommen wird, verstößt jedenfalls seitdem nicht mehr gegen das BtMG, sondern unterliegt nur noch landesrechtlicher Kontrolle. Es ist **nicht Aufgabe der Justiz, medizinische Streitfragen zu lösen und für eine bestimmte Behandlungsmethode Partei zu ergreifen.** Für die Justiz sind danach nur noch die Fälle übrig geblieben, in denen

Ärzte gegen ärztliche Sorgfaltspflichten verstoßen haben (s. dazu § 29/Teil 15, Rn. 8 ff.).

30   Nach der Neuordnung des Betäubungsmittelrechts durch das BtMG v. 28. 7. 1991 nach dem vorgenannten Urteil des *BGH* und nach Regelung der Kassenabrechnung einer Substitutionsbehandlung durch die NUB-Richtlinien v. 4. 12. 1990 war in Deutschland der **Weg zur Substitutionsbehandlung frei.** Nach den Substitutionsrichtlinien v. 4. 12. 1990 war die substitutionsgestützte Therapie seit 1991 **als vertragsärztliche Leistung anerkannt.** Das **Mitgabeverbot** von Substitutionsmitteln durch den *BGH* wurde vom Gesetzgeber erstmals 1992 mit der **4. BtMÄndV** unterlaufen und dem Arzt erlaubt, eine Verschreibung für **drei Tagesdosen** dem Patienten unter gewissen Voraussetzungen mitzugeben. Seit der **10. BtMÄndV** ist die Mitgabe einer Verschreibung für **sieben Tagesdosen** zur eigenverantwortlichen Einnahme erlaubt. Durch die 23. BtMÄndV vom 25. 3. 2009 wurde zudem ein Wochenendrezept mit der Verschreibung eines Substitutionsmittels in der bis zu 2 Tagen benötigten Menge eingeführt.

F. Voraussetzungen der Behandlung mit Betäubungsmitteln in Deutschland

I. Beschränkungen der ärztlichen Rezeptierfreiheit

31   Auch wenn die Verschreibungen von Betäubungsmitteln begründet sind, unterliegt der Arzt bei der Auswahl der Betäubungsmittelzubereitung, Betäubungsmittelkonzentration, der Betäubungsmittelmenge, der Darreichungsform und der Gestaltung der Verschreibung **strengen Verschreibungsbeschränkungen,** wie sie in der BtMVV enthalten sind, so z. B.:

– Der sachliche Anwendungsbereich der ärztlichen Verschreibung von Betäubungsmitteln wird nicht nur durch die Aufzählung der verschreibungsfähigen Betäubungsmittel in der Anl. III, sondern wegen der Beschränkung einzelner verschreibungsfähiger Betäubungsmittel auf **bestimmte Verwendungszwecke** durch §§ 2 bis 5 BtMVV begrenzt. So sind in der BtMVV die Verschreibung **für den einzelnen Patienten,** für den **Praxisbedarf,** für den **Stationsbedarf,** für den **Arzt, Zahnarzt und Tierarzt** gesondert geregelt.
– Die Betäubungsmittel dürfen nicht als Stoff, sondern müssen **als Zubereitungen** verschrieben werden (§ 1 BtMVV, § 5 Abs. 4 BtMVV).
– Die Betäubungsmittelzubereitungen dürfen nur mit einem **bestimmten Höchstgehalt** an Betäubungsmitteln verschrieben werden.
– Für einen Patienten dürfen von bestimmten Betäubungsmitteln **in 30 Tagen nur 2 Betäubungsmittel** unter Einhaltung festgesetzter Höchstmengen verschrieben werden (§ 2 Abs. 1 lit. a BtMVV).
– **Verschreibungen von mehreren Betäubungsmitteln oder auf Vorrat** sind nur ausnahmsweise zulässig.
– Die Verschreibung, Verabreichung, die Mitgabe und Überwachung von Substitutionsmitteln bei Opiatabhängigen unterliegen weiteren strengen Einschränkungen des § 5 BtMVV. Wird gegen die Beschränkungen der BtMVV verstoßen, so kann es sich um **strafrechtlich folgenlose Verstöße,** um **Ordnungswidrigkeiten nach § 17 BtMVV** i. S. v. § 32 Abs. 1 Nr. 6 BtMG, um **Straftaten nach § 16 BtMVV** i. S. v. § 29 Abs. 1 S. 1 Nr. 14 BtMG oder nach § 29 Abs. 1 S. 1 Nr. 6 i. V. m. § 13 BtMG handeln.

II. Verschreibungsformalitäten

32   Bei der Betäubungsmittelverschreibung ist ein **dreiteiliges amtliches Formblatt handschriftlich auszufüllen,** ganz gleich, ob es sich um ein Privatrezept oder Kassenrezept handelt (§ 8 BtMVV). Betäubungsmittel dürfen nur auf einem dreiteiligen grün gedruckten Sonderrezept im Durchschreibeverfahren verschrieben werden. Die Teile I und II des Betäubungsmittelrezeptes werden dem Patienten vom Arzt ausgehändigt, während Teil III zur Kontrolle beim Arzt verbleibt.

Von der vom Patienten vorgelegten Teilen I und II ist Teil II zur Verrechnung mit der Krankenkasse bestimmt, während I zur Kontrolle beim Apotheker verbleibt. Ein Betäubungsmittelrezept muss einen **bestimmten Inhalt** ausweisen:

- **Name, Vorname und Anschrift des Patienten,**
- **Ausstellungsdatum,**
- **Betäubungsmittelzubereitung,**
- **Darreichungsform, Stückzahl** usw.,
- **Wirkstoffmenge,**
- **Gewichtsmenge,**
- **Name und Anschrift des verschreibenden Arztes,**
- und die **Unterschrift des verschreibenden Arztes** (§ 9 BtMVV). Ähnliches gilt für die Angaben auf dem Betäubungsmittelanforderungsschein (§ 11 BtMVV).

Die amtlichen Formblätter (§ 8 BtMVV) und die Betäubungsmittel-Anforde- **33** rungsscheine (§ 10 BtMVV) sind nicht nur **in bestimmter Weise auszufüllen,** sondern auch **in bestimmter Weise zu verwenden, diebstahlsicher aufzubewahren,** bzw. **zurückzugeben.** Über den Verbleib und den Bestand verschreibungsfähiger Betäubungsmittel sind **Aufzeichnungen** zu machen. Die Bestimmungen über die Form der Verschreibung und über die in sie aufzunehmenden Angaben dienen dazu, die Möglichkeiten einer missbräuchlichen Verwendung des Rezeptes und seiner Verfälschung zu verringern. Der Gesetzgeber hat hiernach die Gefahren, die auch mit der begrenzten Freigabe von Betäubungsmitteln für Heilzwecke verbunden sind, nicht allein dadurch eindämmen wollen, dass er die ärztliche Verschreibung eines derartigen Mittels unter Strafandrohung vom Bestehen eines anders nicht erreichbaren Heilungszieles abhängig macht. Die Formverstöße bei der Verschreibung von Betäubungsmitteln bedeuten noch keine ärztlich unbegründete Verschreibung, sondern nach § 17 BtMVV allenfalls Ordnungswidrigkeiten nach § 32 Abs. 1 Nr. 6 BtMG. **Ärztlich unbegründete Betäubungsmittelverschreibungen** hingegen können Straftaten darstellen nach **§ 29 Abs. 1 S. 1 Nr. 6** oder **§ 29 Abs. 1 S. 1 Nr. 14 BtMG** (s. dazu § 29/Teil 15, Rn. 8 ff.). Das *BfArM* kann gem. § 8 Abs. 2 S. 2 BtMVV die **Ausgabe von Betäubungsmittelrezeptformularen versagen,** wenn der begründete Verdacht besteht, dass die Betäubungsmittelrezepte nicht den betäubungsmittelrechtlichen Vorschriften entsprechend verwendet werden.

G. Ambulante Substitutionsbehandlung

I. Geschichte der Substitutionsbehandlung

In den 60er Jahren entdeckte das Ärzteehepaar *Vincent Dole* und *Marie Nys-* **34** *wander* in New York, dass man Heroinabhängige auf Methadon umstellen kann (Substitution) und wegen der längeren Wirkung des Methadons die Entzugserscheinungen verhindern, die Sucht besser kontrollieren und behandeln kann. Das von der Frankfurter Firma Hoechst entwickelte synthetische Opiat **Polamidon (Levomethadon)** wurde 1942 im 2. Weltkrieg entwickelt und als schweres Schmerzmittel in Lazaretten benutzt. Es hatte ähnliche Wirkungen wie Morphium und Heroin, wirkte schmerzstillend angstdämpfend, suchtfördernd. 1963 erhielten *Dole* und *Nyswander* in den USA eine Ausnahmegenehmigung für eine versuchsweise Behandlung von Rauschgiftabhängigen, anfangs mit Heroin, später mit Methadon. In aller Welt folgten in den letzten 20 Jahren Methadon-Substitutions-Programme der unterschiedlichsten Art: **Methadon-Detoxification-Programm,** ein kurzfristiges Programm mit ständiger Reduzierung der Methadon-Dosis bis auf Null, **Maintenance to Abstinence,** ein langfristiges Programm mit dem Ziel der Abstinenz nach Erreichung der gesundheitlichen Stabilisierung, sozialer Reintegration und beruflicher Rehabilitation und das **Methadon-Maintenance-Programm,** ein langfristiges reines Suchterhaltungsprogramm mit der Umstellung von Heroin auf Methadon.

35   In Deutschland uferte die Diskussion um das Pro und Contra einer Substitutionsbehandlung zu einem Glaubenskrieg aus. Die emotionale Methadondiskussion war nicht nur ein **juristischer und medizinischer Glaubenskrieg,** um den Einsatz von synthetischen Opiaten an Heroinabhängige, sondern auch ein **Konflikt zwischen einem abstinenzorientierten und einem suchterhaltenden Drogenhilfesystem.** Er war auch Ausdruck einer Entwicklung von der Dominanz der Psychiatrie zur Dominanz der Sozialarbeit in der Suchtkrankenhilfe. Die Auseinandersetzung in Wissenschaft und Literatur um die Substitutionsbehandlung hielt bis in das Jahr 1992 an (hierzu einige Literaturhinweise: *Bader* DrogenR 1990, 9; *Bochnik* HessÄrzteBl 1992, 446; *Breimann* DrogenR 1991, 48; *Frei* SuchtR 1991, 52; *Haffke* MedR 1990, 243; Hellebrand, Methadon, Chance oder Illusion?, 1988; *Hellebrand* ZRP 1989, 161; *Hellebrand* NStZ 1992, 13; *von Hippel* ZRP, 1988, 289; *ders.* ZRP 1989, 311; *Keup* HessÄrzteBl. 1991, 302; *Kindermann* SuchtR 1989, 3 H 6/89, 24 ff; *Körner* MedR 1993, 257; *Kühne* ZRP 1989, 1; *ders.* NJW 1992, 1547; *Moll* NJW 1991, 2334; *Schied* DrogenR 1990, 9; *Waldmann* DrogenR 1992, 10 f).

36   **1. Nordrhein-Westfalen.** Während das 1. Deutsche Methadon-Programm der **Therapiekette Niedersachsen** in den Jahren 1972 bis 1975 von 20 psychisch gestörten und schwer motivierbaren jugendlichen Drogenabhängigen nach Genehmigung durch das damalige *BGA* nach widersprüchlichen Berichten **wenig zufrieden stellend** verlief, verlief das von der **Landesregierung von Nordrhein-Westfalen** am 14. 7. 1987 für zunächst 5 Jahre beschlossene und 1988 in den Städten Bochum, Düsseldorf und Essen mit 25 Patienten begonnene und später ausgedehnte hochschwellige Erprobungsvorhaben medikamentengestützter Rehabilitation bei intravenös konsumierenden Opiatabhängigen entgegen umfangreicher Kritik (Das bringt euch alle in den Knast! Spiegel Nr. 5/1988, 82 ff.) **erfolgreich** (vgl. zur rechtlichen Begründung *Hellebrand* Methadon, Chance oder Illusion?, 1988; zum Modell: *Bossong/Stöver* Methadonbehandlung 1992, 45 ff.). Bei 247 langjährigen Drogenabhängigen des vom *BGA* geduldeten Modellversuchs führte die Behandlung mit Polamidon nach 5 Jahren entsprechend dem Bericht des Forschungsinstitutes **Prognos** zu einer **erheblichen Verbesserung und Stabilisierung ihres körperlichen Allgemeinzustandes,** verbesserte **Beziehungen zu Familie und Bekanntenkreis** und führte bei zahlreichen Abhängigen zu einer **beruflichen Wiedereingliederung.**

37   **2. Hamburg.** 1989 entschloss sich die Freie und Hansestadt Hamburg zu einem **Einzelfallmodell der Polamidonbehandlung durch niedergelassene Ärzte.** Die medizinisch-ärztlichen Leistungen wurden durch die kassenärztliche Vereinigung, die psychosoziale Begleitung durch die Sozialbehörden finanziert. Die klassischen medizinischen Indikationen, die am 4. 2. 1988 vom Arbeitskreis Ausweichdrogen des Ausschusse Psychiatrie, Psychotherapie und Psychohygiene der Bundesärztekammer formuliert worden waren und am 9. 2. 1990 ergänzt wurden, wurden von der Hamburger Ärztekammer um sozialmedizinische Zulassungskriterien ergänzt (sog. **Hamburger Modell**). Die Abgabe des Substitutionsmittels erfolgte unter Aufsicht in Apotheken, Arztpraxen oder Drogenambulanzen (vgl. *Bossong/Stöver,* Methadonbehandlung, 1992, 46–48; *von Bülow* ZRP 1990, 21; *Rösinger/Gaspar* DÄrztBl. 1991, 2462; *Gaspar/Rösinger* DÄrzteBl. 1993, 1246 ff). Von anfänglich 113 im Jahre 1990, über 1.200 im Jahre 1994 stiegen die Substitutionsbehandlungen in Hamburg auf 3.000 im Jahr 1997 an (*Bathsteen/Legge* Kriminalistik 2001, 236).

38   **3. Andere Bundesländer.** In der Folgezeit führten zahlreiche Bundesländer die **Polamidon-Substitution als Ergänzung und nicht als billige Konkurrenz für bestehende abstinente Therapieangebote** entweder nach dem **Modellvorhaben von Nordrhein-Westfalen** oder nach dem **Hamburger Modell** ein. Das **Saarland** übernahm das Modell von Nordrhein-Westfalen, **Niedersachsen** führte ein klinisches Erprobungsprogramm ein. Das Hamburger Modell war

Vorbild für Substitutionsvorhaben in **Bremen**, in **Schleswig-Holstein** und in **Berlin**. Auch in **Bayern** wurde an der psychiatrischen Klinik der Universität München seit 1988 ein Methadon-Substitutionsprojekt durchgeführt.

Die in den verschiedenen Bundesländern erarbeiteten Indikationskataloge gin- **39** gen erheblich über die klassischen Indikationen der Bundesärztekammer von 1988 (DÄrzteBl. 1988, 244) hinaus. Auch das damalige *BGA*, das bis 1992 die Ausgabe von Betäubungsmittelrezepten von Auflagen abhängig machte, ging über die Indikationen der Bundesärztekammer hinaus. In allen Bundesländern wurde eine **Substitutionskommission, eine Sachverständigenkommission oder Ethik-kommission** geschaffen zur Beratung niedergelassener Ärzte, aber auch zur Entscheidung, ob in Grenzfällen eine Indikation besteht. Im Jahr 2002 wurden in Deutschland 46.000 Menschen mit Substitutionsdrogen behandelt, im Jahr 2003 52.700, im Jahr 2004 57.700, im Jahr 2005 61.000, im Jahr 2006 64.500, im Jahr 68.800 und im Jahr 2008 72.200 (Quelle: www.drogenbeauftragte.de – Drogen- und Suchtbericht 2009). Die Substitutionsbehandlung ist damit entgegen ihrer anfänglichen Diskreditierung heute die am **weitesten verbreitete Standardbehandlung der Opiatabhängigkeit.** Während beim Heroinmissbrauch im Gehirn sich Intoxikations- und Entzugsphasen abwechseln, führt die Einnahme von Substitutionsmitteln zu einer gesundheitlichen Stabilisierung des Körpers des Heroinabhängigen und verhindert Opiathunger und Entzugserscheinungen. Durch die Substitutionsbehandlung wird entgegen vielfältiger Annahmen die **Suchtdauer auch nicht verlängert.** Die Substitutionsbehandlung vermag nicht mehr und nicht weniger als andere Therapieformen (wie z. B. die Abstinenztherapie) **nur 20–30% der Probanden aus der Sucht herauszuführen.**

II. Bestimmungszwecke der Substitutionsbehandlung

Substitution i. S. der BtMVV ist die Anwendung eines ärztlich verschriebenen **40** Betäubungsmittels bei einem opiatabhängigen Patienten (§ 5 Abs. 1 S. 1 BtMVV). Mit der Änderung des § 13 BtMG durch das BtMGÄndG v. 9. 9. 1992 wurde die gesetzliche Voraussetzung geschaffen, Betäubungsmittel auch **zur Behandlung einer Betäubungsmittelabhängigkeit** anzuwenden. § 5 BtMVV regelt ausführlich die Substitutionsbehandlung von Opiatabhängigen. Ziele der qualifizierten Substitutionsbehandlung sind nach **§ 5 Abs. 1 BtMVV**:

1. Die Behandlung der Opiatabhängigkeit mit dem Ziel der **schrittweisen Wiederherstellung der Betäubungsmittelabstinenz** einschließlich der Besserung und Stabilisierung des Gesundheitszustandes,
2. die Unterstützung der Behandlung einer **neben der Opiatabhängigkeit bestehenden schweren Erkrankung** oder
3. die **Verringerung der Risiken** einer Opiatabhängigkeit **während einer Schwangerschaft und nach der Geburt**.

III. Zugelassene Substitutionsmittel

In § 5 Abs. 4 S. 2 und § 5 Abs. 9 a BtMVV sind die zur Behandlung von Opiat- **41** abhängigen zugelassenen Betäubungsmittel aufgeführt. Es dürfen verschrieben werden:

– **Levomethadon, Methadon, Buprenorphin** und – in Ausnahmefällen – **Codein** und **Dihydrocodein** nur in Zubereitungen,
– **Diamorphin** als zur Substitution zugelassenes Arzneimittel sowie
– ein anderes zur Substitution zugelassenes Arzneimittel.

Der Verordnungsgeber wollte mit der Aufzählung verschiedener Substitutions- **42** mittel unter unterschiedlichen Voraussetzungen dem substituierenden Arzt eine **differenzierte, patientenbezogene Auswahl des Substitutionsmittels und der Behandlung** ermöglichen. Für die Auswahl des Substitutionsmittels ist der allgemein **anerkannte Stand der medizinischen Wissenschaft** maßgebend (§ 5 Abs. 2 S. 1 Nr. 1, Nr. 2, Nr. 4, Nr. 6, S. 2, Abs. 4, Abs. 8, Abs. 10 BtMVV).

Bei der Beurteilung ist differenziert zu beurteilen, welche Regelungen aufgrund des Betäubungsmittelrechts verbindlich sind und welche aufgrund der Arzneimittel-Richtlinien. Die verschriebene Arzneiform darf – mit Ausnahme des Diamorphins – **nicht zur parenteralen Anwendung, also nicht zur Injektion,** bestimmt sein (§ 5 Abs. 4 S. 3 BtMVV). Bei der **Take-home-Verschreibung flüssiger Arzneiformen** sollten **entsprechende Rezepturen** Injektionen erschweren. Die Verschreibung über ein Substitutionsmittel ist **mit einem S zu kennzeichnen** (§ 5 Abs. 4 BtMVV). Nach Änderung des § 5 Abs. 3 BtMVV durch die 23. BtMÄndV vom 19. 3. 2009 (BGBl. I, S. 560) ist die Verschreibung von **Levacetylmethadol** (LAAM) als Substitutionsmittel nicht mehr zugelassen. Im Jahr 2008 wurden von 72.200 gemeldeten Substitutionspatienten 59,7% mit Methadon, 20,5% mit Levomethadon, 18,9% mit Buprenorphin, 0,4% mit Dihydrocodein, 0,3% mit Diamorphin (zu diesem Zeitpunkt noch auf Basis einer Ausnahmegenehmigung nach § 3 Abs. 2 BtMG) und 0,1% mit Codein substituiert (Quelle: www.drogenbeauftragte.de – Drogen- und Suchtbericht 2009).

43   **1. Levomethadon.** Levomethadon (L- oder R–Methadon) ist das **linksdrehende Isomer des Methadon** (*Geschwinde*, 2007, Rn. 3020). Es wird unter dem Handelsnamen **Polamidon** vertrieben (s. zu Levomethadon im Einzelnen Stoffe/Teil 1, Rn. 314). Bei einer **L-Polamidon-Lösung** zur Substitution ist die Lösung zu jeweils gleichen Volumenteilen mit entweder viskoser Grundlösung NRF S 20 oder mit der ebenfalls viskosen Trägerlösung der NRF-Morphinrezeptur 2.4. oder mit Zuckersirup DAB zu versetzen und in kindergesichertem Einzeldosisbehältnis abzupacken. Nicht konform zu den Arzneimittelrichtlinien rezeptierte L-Polamidon-Lösung zur Substitution in kindergesichertem Einzeldosisbehältnis mag zwar dem Betäubungsmittelrecht entsprechen, ist aber nicht zu Lasten der GKV verordnungsfähig.

44   **2. Methadon.** Methadon (D,L-Methadon, Methadon-Razemat) ist das am häufigsten verwendete Substitutionsmittel, das entweder als **Trinklösung** in der Apotheke zubereitet wird oder sich **in Tablettenform** unter dem Handelsnamen **Methadict** im Pharmahandel befindet (zu Methadon s. Stoffe/Teil 1, Rn. 306 ff.). In Form des Präparates Methadict eignet sich Methadon nicht für die Verordnung zu Lasten der GKV im Take-home-Fall. Da jede Tablette nämlich einzeln im **kindergesicherten Einzeldosisbehältnis** in der Apotheke verarbeitet werden müsste, z. B. indem sie mit jeweils 50 ml **Viskoser Grundlösung NRF S 20** versetzt wird, würde es sich um Rezepturen handeln und entsprechende Mehrkosten verursachen. Methadon-Hydrochlorid wird nach besonderer Rezeptur in Apotheken hergestellt. Vier Liter einer in der Apotheke hergestellten Methadonlösung 1% NRF29.1 „sine" bestehen aus folgenden Ausgangsstoffen:

Methadon-Hydrochlorid	40,00 g
Chinolin-Gelb	0,40 g
Glycerinum	1.000,00 g
Acidum Citricum Anhydr. Cryst.	2,00 g
Kalium Sorbicum Pulv.	4,40 g
Aqua Purificata	3.153,20 g
Methadonlösung	4.200,00 g

45   **3. Buprenorphin.** In Deutschland unterliegt das Thebain-Derivat Buprenorphin als verkehrs- und verschreibungsfähiges Betäubungsmittel der Anl. III und darf entsprechend § 2 BtMVV verschrieben und verabreicht werden. Als Substitutionsmittel ist Buprenorphin in Deutschland zugelassen und in § 5 Abs. 4 BtMVV genannt (zu Buprenorphin s. im Einzelnen Stoffe/Teil 1, Rn. 281 ff.). Es wird von der Pharmaindustrie unter Markennamen wie Norspan®, Temgesic®, Transtec Pro® und Subutex® vertrieben. Subutex-Patienten sind **weitaus aktiver** als Methadonpatienten und **wollen Betreuung und Beschäftigung.** Subutex® wird insb. im Niedrigdosis-Bereich verabreicht und hilft bei Unverträglichkeit anderer

Substitutionsmittel. Nach einer Vergleichsuntersuchung der Uniklinik Wien sollte eine Substitutionstherapie **bei drogenabhängigen Schwangeren** wegen **zahlreicher Vorzüge** mit Buprenorphin erfolgen. Die **Frühgeburtenrate** und die **Mortalitätsrate der Neugeborenen** war **extrem gering**, die **Entzugsdauer** und der **Behandlungsbedarf der Kinder** waren **erheblich geringer.** Während **in zahlreichen europäischen Ländern** Subutex® das **verbreitetste Substitutionsmittel** ist, wird es in Deutschland seltener als Methadon angewendet (s. Rn. 42).

4. Codein und Dihydrocodein. In begründeten Ausnahmefällen dürfen auch **46** **Codein** und **Dihydrocodein** als Substitutionsmittel verschrieben werden (zu Codein s. Stoffe/Teil 1, Rn. 223 ff., und zur Dihydrocodein Stoffe, Teil 1, Rn. 286 f.). Ausnahmefälle sind anzunehmen, wenn

- die anderen Substitutionsmittel nicht vertragen werden,
- eine erfolgreiche Substitution mit Codein in Dihydrocodein fortgesetzt werden soll, oder
- der Proband für den Wechsel des Substitutionsmittels nicht zu motivieren ist. Sie sind aber **Substitutionsmittel zweiter Wahl.** Auch diese Substitutionsmittel sind **mit einem S zu kennzeichnen.** Sonderregelungen enthält § 5 Abs. 6 BtMVV. Bei Codein und Dihydrocodein gelten die betäubungsmittelrechtlichen Vorschriften nicht nur **zur Behandlung einer Betäubungsmittelabhängigkeit,** sondern **auch zur Behandlung einer Alkoholabhängigkeit.** Diese Ausnahmeregelung ergibt sich aus Anl. III zum BtMG. Da eine derartige Behandlung wissenschaftlich umstritten ist, wollte der Gesetzgeber die Kontrolle auf diese Fälle ausdehnen. Codein und Dihydrocodein wurden mit der 10. BtMÄndV v. 20. 11. 1998 (BGBl. I, S. 74) von der Anl. II in die Anl. III des BtMG umgestuft. Es handelt sich aber regelmäßig um ausgenommene Zubereitungen, die keine Betäubungsmittel darstellen und als Hustenarzneimittel verschrieben werden können. Werden diese **Codein- und Dihydrocodein-Präparate aber für betäubungsmittelabhängige Personen** verschrieben, so gelten die betäubungsmittelrechtlichen Vorschriften für Verschreibung und Abgabe (vgl. Anl. III zum BtMG).

5. Diamorphin. Die Substitution mit Diamorphin wurde durch Gesetz zur **47** diamorphingestützten Substitution vom 15. 7. 2009 (BGBl. I, S. 1801) eingeführt. Vorausgegangen war ein bundesdeutsches Modellprojekt in den Jahren 1998 bis 2007 (s. dazu § 3 Rn. 62 ff.). Von einer Substitution im eigentlichen Sinne kann aber bei Diamorphin tatsächlich keine Rede sein, da keine „Ersetzung" eines Suchtmittels erfolgt (*Hügel/Junge/Lander/Winkler* § 5 BtMVV Rn. 16). Bei Diamorphin handelt es sich nämlich ebenso wie Diacethylmorphin um Heroin (vgl. Anl. I), nur dass der Abhängige anstelle von verunreinigtem Straßenheroin ein reines, streckmittelfreies pharmazeutisches Produkt erhält (s. dazu § 29/Teil 16, Rn. 23). Dies unterscheidet Diamorphin von den übrigen Substitutionsmitteln.

a) Voraussetzungen zur Verschreibung, Verabreichung, Verbrauchs- 48 überlassung von Diamorphin. Diamorphin kann nur ein Arzt mit besonderer Qualifikation verschreiben. Erforderlich ist eine suchttherapeutische **Qualifikation** nach § 5 Abs. 2 Nr. 6 BtMVV, die sich auch auf eine Behandlung mit Diamorphin erstreckt, oder eine 6-monatige Tätigkeit des Arztes im Modellprojekt (§ 5 Abs. 9 a S. 2 Nr. 1 BtMVV; zur Qualifikation s. Rn. 58 ff.). Eine Vertretung durch einen nicht ausreichend qualifizierten Arzt ist gem. § 5 Abs. 3 S. 10 BtMVV nicht möglich (*Hügel/Junge/Lander/Winkler* § 5 BtMVV Rn. 18.3). Nach § 5 Abs. 9 a S. 1 BtMVV darf Diamorphin – anders als die übrigen Substitutionsmittel – zur **parenteralen, also intravenösen Anwendung** verschrieben werden. An einer Substitutionsbehandlung mit Diamorphin kann nur teilnehmen, wer **das 23. Lebensjahrs vollendet hat** (§ 5 Abs. 9 a S. Nr. 2 BtMVV) und folgende Voraussetzungen erfüllt:

49   **aa) Langjährige Opiatabhängigkeit.** Eine Substitution mit Diamorphin ist nur möglich bei einer seit **mindestens 5 Jahren bestehenden Opiatabhängigkeit** des Patienten, verbunden mit schwerwiegenden somatischen und psychischen Störungen bei derzeit **überwiegend intravenösem Konsum** (§ 5 Abs. 9a S. Nr. 2 BtMVV). Bei der Feststellung der Zeitdauer der Opiatabhängigkeit wird sich der Arzt mit Ausnahme von vorhandenen Erkenntnissen aus früheren medizinischen Maßnahmen oder von Drogenberatungsstellen auf die Angaben des Patienten verlassen müssen (*Hügel/Junge/Lander/Winkler* § 5 BtMVV Rn. 17.3). Von einem überwiegend intravenösem Konsum muss sich der Arzt im Rahmen der körperlichen Untersuchung überzeugen.

50   **bb) Therapieresistenz.** Weitere Voraussetzung für eine Substitution mit Diamorphin ist der **Nachweis über 2 erfolglos beendete Behandlungen** der Opiatabhängigkeit, davon eine mindestens 6-monatige Behandlung (§ 5 Abs. 9a S. Nr. 2 BtMVV). Als Behandlung im Sinne dieser Vorschrift gelten nur medizinisch begründete Entwöhnungstherapien, nicht aber Aufenthalte in Selbsthilfegruppen wie z.B. Synanon oder Suchthilfe Fleckenbühl (*Hügel/Junge/Lander/Winkler* § 5 BtMVV Rn. 17.4). Wann diese Behandlungen stattgefunden haben, spielt keine Rolle. Erfolglos ist eine Behandlung, wenn sie nicht planmäßig beendet wurde, z.B. bei einem endgültigen Abbruch der Therapie oder Entlassung aus disziplinarischen Gründen.

51   **b) Behandlung in einer staatlich anerkannten Einrichtung.** § 5 Abs. 9b S. 1 BtMVV schreibt vor, dass die Behandlung mit Diamorphin nur in einer durch die zuständige Landesbehörde **anerkannten Einrichtung** mit Anschluss an das örtliche Suchthilfesystem und ausreichender sachlicher und personeller Ausstattung erfolgen darf. Nur dort darf das Diamorphin verschrieben, verabreicht oder zum unmittelbaren Verbrauch überlassen werden. Der Konsum darf **nur unter Aufsicht** des Arztes oder des sachkundigen Personals erfolgen (§ 5 Abs. 9c BtMVV). Anders als bei der Methadon-Substitution (§ 5 Abs. 2 Nr. 2 BtMVV) ist eine **psychosoziale Betreuung** in den ersten 6 Monaten der Behandlung **zwingend** vorgeschrieben (§ 5 Abs. 9c S. 3 BtMVV).

52   **c) Überprüfung der Indikation.** Nach § 5 Abs. 9d S. 1 BtMVV ist die Behandlung mit Diamorphin **nach spätestens 2 Jahren Behandlungsdauer** zu überprüfen. Es soll festgestellt werden, ob die Voraussetzungen der Behandlung noch gegeben sind und ob die Behandlung fortzusetzen ist. Dies geschieht durch Einholung einer **Zweitmeinung** durch einen entsprechend qualifizierten Arzt, der nicht in der Einrichtung arbeitet (§ 5 Abs. 9d S. 2 BtMVV). Wird hierbei festgestellt, dass eine Behandlung nicht mehr indiziert ist, muss sie **beendet** werden (§ 5 Abs. 9d S. 3 BtMVV). Hintergrund dieser Regelung ist es, dem Vorwurf zu begegnen, die Diamorphinvergabe sei von vorneherein auf eine lebenslange Suchterhaltung ausgerichtet (BT-Drs. 16/1151, S. 11; *Hügel/Junge/Lander/Winkler* § 5 BtMVV Rn. 20.1).

IV. Voraussetzungen der Substitutionsbehandlung

53   **1. Geeignetheit des Patienten für eine Substitution (Indikation).** Das Verschreiben eines Substitutionsmittels ist nur zulässig, wenn und solange eine Indikation besteht und der Patient für eine Substitutionsbehandlung geeignet ist (§ 5 Abs. 2 S. 1 Nr. 1 BtMVV). Die Diagnose, ob ein Patient für eine Substitutionsbehandlung geeignet ist, kann nur nach eingehender **ärztlicher Anamnese** erfolgen und nicht auf Diktat des Patienten hin geschehen. Zunächst sollte eine **somatische Anamnese** und eine **körperliche Untersuchung** durchgeführt werden. Eine internistische und neurologische Untersuchung sollten behandlungsbedürftige Begleiterkrankungen der Drogenabhängigkeit ergeben. Eine **psychische Anamnese** kann nicht nur psychiatrische Erkrankungen und psychische Entwicklungsstörungen, sondern auch die **Grundstimmung** des Patienten erhellen. Die **soziale Anamnese** lässt die soziale Situation des Patienten und seiner

Bezugspersonen erkennen. Und schließlich hat eine **Drogenanamnese** aufzuklären, welche legalen und illegalen Suchtstoffe der Patient, wann, wie lange, wie viel, in welcher Applikationsform konsumiert hat, wie viele Entzugsversuche, wie viele stationäre und ambulante Therapieversuche und Drogenrückfälle er vor dem jetzigen Substitutionswunsch durchlebt hat. Da nur bei einer längeren Opiatabhängigkeit, bei der Abstinenzbehandlungen versagt haben, eine Methadon-Substitution in Betracht kommt (Ultima-Ratio-Regel) sind der Gesundheitszustand des Patienten, die körperlichen Erkrankungen und die psychischen Beschwerden, die bisherige Drogenkarriere, die gescheiterten Therapiebemühungen und die Konsumgewohnheiten von erheblicher Bedeutung. Begehrt der Patient die Substitutionsdroge ausschließlich zu Genusszwecken bzw. zur Suchterhaltung, ohne an der Überwindung seiner Drogenproblematik arbeiten zu wollen, so ist er **mangels Therapiebereitschaft** für eine Substitutionsbehandlung ungeeignet. Der Patient ist auch für eine Substitutionsbehandlung ungeeignet, wenn er sich weigert, sich der Hausordnung und dem Therapieprogramm, den Anweisungen des behandelnden Arztes und der psychosozialen Betreuung des Sozialarbeiters zu unterwerfen.

Bei der Indikation hat der Arzt **zwei Gruppen der Substitutionsbehandlung** 54 **zu unterscheiden:** Eine erste Gruppe, die als **Privatpatienten** nach ärztlicher Überzeugung mit Methadon entsprechend der BtMVV und den **Richtlinien der Bundesärztekammer (BÄK)** zur Durchführung der substitutionsgestützten Behandlung Opiatabhängiger behandelt wird und eine zweite Gruppe, die zu Lasten der **gesetzlichen Krankenkasse** entsprechend der **MvV-Richtlinie** des Bundesausschusses der Ärzte und Krankenkassen (= Richtlinie zu Untersuchungs- und Behandlungsmethoden der vertragsärztlichen Versorgung) substituiert wird (früher BUB-Richtline). Die privat abgerechnete Substitution muss sich nicht an den MvV-Richtlinien orientieren. Eine von den Krankenkassen finanzierte Substitutionsbehandlung bedarf der Bewilligung, der Kostenzusage und der Beachtung der MvV-Richtlinien. Die Richtlinienkompetenz ist in § 5 Abs. 11 BtMVV geregelt.

a) Indikation nach den Richtlinien der Bundesärztekammern Gem. § 5 55 Abs. 1 BtMVV darf der Arzt zur Behandlung einer Betäubungsmittelabhängigkeit (Substitution) Substitutionsmittel nur verschreiben, wenn und so lange die Anwendung des Betäubungsmittels unter den Voraussetzungen des § 13 Abs. 1 BtMG, insb. unter **Beachtung der Regeln der ärztlichen Kunst,** erfolgt. Die Indikation für eine Substitutionsbehandlung ist **im Rahmen ärztlicher Therapiefreiheit grundsätzlich primär von dem behandelnden Arzt zu verantworten,** auch wenn die Krankenkassen nur bei bestimmten Indikationen die Kosten übernehmen. **Die Bundesärztekammer** hat unverbindliche **Richtlinien zur Durchführung der substitutionsgestützten Behandlung Opiatabhängiger v. 19. 2. 2010** (DÄrztBl. 2010, 511) formuliert (s. Anh. C 8). Nach Nr. 2 ist substitutionsgestützte Behandlung bei Vorliegen einer manifesten Opiatabhängigkeit indiziert, wenn diese in Abwägung aller entscheidungsrelevanten Gesichtspunkte gegenüber primär abstinenzorientierten Therapieformen die erfolgversprechendere Behandlung darstellt. Eine manifeste Opiatabhängigkeit ist nach den Richtlinien anzunehmen, wenn drei oder mehr der folgenden Kriterien über einen Zeitraum von 12 Monaten gleichzeitig vorhanden sind:

– starker bis übermäßiger Wunsch, Opiate zu konsumieren,
– verminderte Kontrollfähigkeit bezüglich des Beginns, der Beendigung und der Menge des Konsums,
– Nachweis einer Toleranzentwicklung,
– ein körperliches Entzugssyndrom,
– fortschreitende Vernachlässigung anderer Vergnügen oder Interessen zu Gunsten des Substanzkonsums; erhöhter Zeitaufwand, um die Substanz zu beschaffen,
– anhaltender Substanzkonsum trotz des Nachweises eindeutig schädlicher Folgen.

b) Indikation nach den MvV-Richtlinien. Nicht jede im Rahmen der The- 56 rapiefreiheit aufgrund ärztlicher Überzeugung gestellte Indikation eines behandelnden Arztes kann zu Lasten der Krankenkassen durchgeführt und abgerechnet werden, sondern nur eine an der Richtlinie des Gemeinsamen Bundesausschusses zu Untersuchungs- und Behandlungsmethoden der vertragsärztlichen Versorgung vom 20. 1. 2011 (MvV-Richtlinie) orientierte Substitutionsbehandlung (BAnz. 2011, S. 1342; s. Anh. C 9). Nach der Präambel in Anl. I Nr. 2 der MvV-Richtlinien stellt das **alleinige Auswechseln des Opiates** durch ein Substitutionsmittel keine geeignete Behandlungsmethode dar und ist von der Leistungspflicht der Gesetzlichen Krankenversicherung (GKV) nicht umfasst. **Oberstes Ziel der Behandlung ist die Suchtmittelfreiheit.** Ist dieses Ziel nicht unmittelbar und zeitnah erreichbar, so ist im Rahmen eines umfassenden Behandlungskonzeptes, das erforderliche begleitende psychiatrische und/oder psychotherapeutische Behandlungs- oder psychosoziale Betreuungs-Maßnahmen mit einbezieht, eine Substitution zulässig. Eine Leistungspflicht der Krankenkassen für die begleitende psychiatrische und/oder psychotherapeutische Betreuung besteht nur insoweit, als diese zur Krankenbehandlung erforderlich ist. Die nach der BtMVV vorgesehene **psychosoziale Betreuung** fällt nicht unter die Leistungspflicht der GKV. Anl. I Nr. 2 § 1 der MvV-Richtlinien regelt die Voraussetzungen zur Durchführung der substitutionsgestützten Behandlung bei manifest Opiatabhängigen in der vertragsärztlichen Versorgung. Die Richtlinie gilt für alle Substitutionen, unabhängig davon, mit welchen nach der BtMVV zugelassenen Substitutionsmitteln sie durchgeführt werden. Die Drogenabhängigkeit ist als Krankheit und die Substitutionsbehandlung als Behandlungsmethode anerkannt. Die Substitution ist keine Notfall-Medikation, sondern Regel-Behandlung. Als manifest opiatabhängig i. S. d. MvV-Richtlinie gelten auch solche Abhängige, die bereits mit einem Drogenersatzstoff (z. B. Codein) substituiert werden. Neben den Vorgaben dieser Richtlinie sind die einschlägigen gesetzlichen Bestimmungen, insb. dem BtMG und der BtMVV zu beachten. Nach Anl. I Nr. 2 § 3 Abs. 4 MvV-Richtlinien enthält das **umfassende Therapiekonzept** eine ausführliche Anamnese, eine körperliche Untersuchung, eine Abklärung von Suchtbegleit- und Suchtfolgeerkrankungen, eine Abwägung zwischen einer drogenfreien und einer substitutionsgestützten Behandlung, eine Feststellung des Hilfebedarfes im Rahmen einer Drogenberatung und einer psychosozialen Betreuung, die Erstellung eines individuellen Therapieplanes, die zeitliche und qualitative Festlegung von Therapiezielen, die Auswahl und Dosierung des Substitutionsmittels, ein Dosierungsschema, das die Art und Dauer der Reduktion des Substitutionsmittels festlegt, die Planung und Durchführung von psychosozialen Betreuungsmaßnahmen und/oder psychiatrischen und psychotherapeutischen Behandlungsmaßnahmen, die Verlaufs- und Ergebniskontrollen nebst unangekündigter Beigebrauchskontrollen, den und den Abschluss einer Behandlungsvereinbarung mit dem Patienten. Als **Ausschlusskriterien** werden genannt: Abhängigkeit von anderen psychotropen Substanzen, wie Alkohol, Kokain, Benzodiazepam, oder den Beigebrauch von Stoffen, deren Konsum nach Art und Menge den Zweck der Substitution gefährdet (Anl. I Nr. 2 § 4 MvV-Richtlinien).

57   Das *BSG Kassel* (NJW 1997, 823) hat entschieden, dass der Bundesausschuss der Ärzte und Krankenkassen in Richtlinien auf der Grundlage von § 92 Abs. 1 SGB – hier Methadon-Richtlinien – regeln darf, unter welchen Voraussetzungen eine Substitutionsbehandlung bei heroinabhängigen Versicherten zu Lasten der gesetzlichen Krankenkassen erfolgen kann und dass eine vergleichbar schwere Erkrankung i. S. d. BUB-Richtlinien (a. F.) vorliegt, wenn die Erkrankung nur durch eine Substitution unter ärztlicher Aufsicht mit Aussicht auf Erfolg behandelt werden kann. Das *BSG* (NJW 1996, 2450) hat eine Kostenerstattung der Methadon-Substitution verneint, wenn die Substitutionsbehandlung ohne Therapieplan erfolgte. Die Nichtbeachtung der BUB-Richtlinien (a. F.) und der BtMVV könne zum Widerruf der Qualifikationsgenehmigung zur Abrechnung von Methadon-Substitutionsbehandlungen bei i. v. Heroinabhängigen führen.

58   **2. Geeignetheit des Therapeuten für eine Substitutionsbehandlung.** Nicht nur der Patient, sondern auch der Arzt muss für die Substitutionsbehandlung besonders geeignet sein. Er sollte die bei einem Arzt unterstellte Sachkenntnis und

Zuverlässigkeit besitzen (entsprechend § 5 Abs. 1 Nr. 2 und Nr. 3 BtMG, § 5 Abs. 2 Nr. 6 BtMVV), die sich im Fall der Behandlung mit **Diamorphin** auch auf dieses Betäubungsmittel erstrecken muss, sofern der Arzt nicht bereits 6 Monate im Modellprojekt tätig war (§ 5 Abs. 9a S. 2 Nr. 1 BtMG, s. auch Anl. I Nr. 2 § 2 der MvV-Richtlinien). Aufgrund § 48 Abs. 2 Nr. 6 AMG kann das Gesundheitsministerium die Verschreibung von Substitutionsmitteln von der Erlangung eines Facharztes mit der Zusatzbezeichnung für die Behandlung von Suchtkrankheiten abhängig machen. Zumindest sollten Ärzte, die Betäubungsmittelabhängige behandeln, sich durch einen Fortbildungskursus über die verschiedenen Möglichkeiten und Risiken der Behandlung von Suchtkrankheiten eingehend informiert haben.

Die **fachliche Befähigung** für die Durchführung und Abrechnung der Substi- 59 tution in der vertragsärztlichen Versorgung gilt als nachgewiesen durch Vorlage eines Zeugnisses über den Erwerb der Fachkunde: „**Suchtmedizinische Grundversorgung" (50 Std. Fortbildung)** entsprechend Nr. 16 BÄK-Richtlinien. Die für die Substitution mit Diamorphin erforderliche Zusatzqualifikation wird durch Teilnahme an einer eigens von den Landesärztekammern angebotenen, 6-stündigen Fortbildungsveranstaltung, die auch im Rahmen der 50-Stunden Zusatz-Weiterbildung angeboten wird, erworben (DÄrztBl. 2010, 476). Im Jahr 2008 waren in Deutschland bei den Ärztekammern 6.919 suchttherapeutisch qualifizierte Ärzte registriert, von denen 2.673 tatsächlich Suchtbehandlungen durchführten (Quelle: www.drogenbeauftragte.de – Drogen- und Suchtbericht 2009).

Die **Zuverlässigkeit des Therapeuten** steht in Frage, wenn er selbst drogen- 60 abhängig oder alkoholsüchtig ist oder Drogenabhängige als Personal bei der Substitutionsbehandlung beschäftigt. Erhält ein betrunkener oder nicht opiatabhängiger Patient vom Arzt Substitutionsdrogen, so weckt dies Zweifel an der Zuverlässigkeit des Arztes. Die kassenärztlichen Richtlinien erlauben in der Regel maximal 50 Substitutionspatienten und nur in Ausnahmefällen mehr (Anl. I Nr. 2 § 10 Abs. 4 MvV-Richtlinien; Nr. 15 BÄK-Richtininen; vgl. BGHSt. 52, 271 = NJW 2008, StV 2008, 471; s. dazu Rn. 115). Ein Arzt, der mehrere Hundert Opiatabhängige mit Methadon versorgt, mag zwar geschäftstüchtig sein. Ihm fehlt aber regelmäßig die Eignung für eine verantwortungsvolle Substitutionstherapie. Denn **Substitutionstherapie** soll **keine Fließbandarbeit,** sondern eine **verantwortungsvolle Zusammenarbeit** zwischen qualifizierten Ärzten und guten Sozialarbeitern sein.

Ein Arzt, der **keine ausreichende Qualifikation** für eine Substitutionsbe- 61 handlung i. S. v. § 5 Abs. 2 Nr. 6 BtMVV besitzt, darf seit dem 1. 7. 2002 nur unter strengen Voraussetzungen und unter **Zusammenarbeit mit einem Konsiliarius bis zu 3 Patienten** mit Substitutionsmitteln behandeln (§ 5 Abs. 3 BtMVV). Die Konsiliarius-Regelung, die nicht für die Diamorphinbehandlung gilt (§ 5 Abs. 3 S. 10 BtMVV), soll ermöglichen, dass **substitutionsgestützte Behandlungen auch in ländlichen Bereichen** erfolgen kann, ohne dass der Arzt wegen einzelner betäubungsmittelabhängiger Patienten eine suchttherapeutische Qualifikation erlangen muss. Nach § 5a Abs. 2 BtMVV muss ein substituierender Arzt **jede Substitutionsbehandlung dem** *BfArM* in einer vorgesehenen Form **mitteilen.** Das Bundesinstitut führt ein **Substitutionsregister,** um Vielfachverschreibung und Ärztehopping zu verhindern.

3. Behandlungskonzept und psychosoziale Betreuung. Die Verschrei- 62 bung eines Substitutionsmittels ohne Behandlungskonzept ist unzulässig. Nur wenn nach ausführlicher Patientenaufklärung mit Einwilligung des Patienten ein Behandlungskonzept erarbeitet wurde, das neben dem Verschreiben eines Substitutionsmittels erforderliche begleitende psychiatrische, psychotherapeutische oder psychosoziale Behandlungs- und Betreuungsmaßnahmen einbezieht, ist eine Substitutionsbehandlung zulässig (§ 5 Abs. 2 S. 1 Nr. 2 BtMVV). Nach Anl. I Nr. 2 §§ 5 u. 7 MvV-Richtlinien hat der substituierende Arzt die medizinische Indikation, das Behandlungskonzept, die geplante psychosoziale Betreuung und die Abbruchkriterien der Beratungskommission der KV bzw. dem *BfArM* zur Überprüfung mitzuteilen. Es reicht für eine zulässige Behandlung nicht aus, wenn der substituierende Arzt gegenüber dem Patienten eine psychosoziale Begleitung für erforderlich erklärt. Vielmehr muss er **auf die Betreuungsmaßnahmen hinwirken** (vgl. Nr. 3 BÄK-Richtlinien).

63   Aus § 5 Abs. 1 Nr. 6 BtMG geht klar hervor, dass es eines der obersten Ziele des bestehenden BtMG ist, das Entstehen oder Erhalten einer Betäubungsmittelabhängigkeit **soweit wie möglich** auszuschließen. Der konzeptionslose Verzicht, auf psychosoziale Begleitmaßnahmen hinzuwirken, würde die Fortsetzung einer Substitutionsbehandlung nicht mehr rechtfertigen. In der Praxis findet sich die ganze Bandbreite zwischen gar keiner oder sehr ausgeprägter psychosozialer Begleitung. Auch wenn Unterschiede wegen der divergierenden Persönlichkeiten der Patienten zwangsläufig und auch notwendig sind, auch wenn die psychosoziale Begleitung im Laufe der Behandlung lockerer werden kann, darf der Arzt auf Bemühungen um Psycho- oder Sozialtherapie nicht verzichten. Eine **psychosoziale Minimalbetreuung** im 5-Minuten-Takt darf **keine Feigenblattfunktion** neben einer chemischen Ruhigstellung von Probanden haben. Andererseits kann eine **psychosoziale Überbetreuung** durchaus auch schädlich sein, wenn sie den Entwicklungsprozess hin zur Selbstverantwortung für die Lebensführung behindert.

64   Zwar stellt die Nichtbeachtung von § 5 Abs. 2 S. 1 Nr. 2 und Nr. 4 lit. b BtMVV keinen Verstoß gegen §§ 16 oder 17 BtMVV dar und führt deshalb nicht zu einer Strafbarkeit nach § 29 Abs. 1 S. 1 Nr. 14 BtMG oder einer Ordnungswidrigkeit nach § 32 Abs. 1 Nr. 6 BtMG. Die Verschreibung von Polamidon ohne psychosoziale Begleitung stellt jedoch nach § 13 BtMG eine ärztlich unbegründete Behandlung mit Betäubungsmitteln dar, die zur Strafbarkeit nach § 29 Abs. 1 S. 1 Nr. 6 BtMG führen kann.

65   **4. Beratung zur psychosozialen Betreuung der Substitution durch eine Drogenberatungsstelle.** Vor der Aufnahme einer psychosozial begleiteten Substitutionsbehandlung ist eine umfassende Beratung des Klienten entweder durch eine Drogenberatungsstelle oder durch den substituierenden Arzt erforderlich. Da die Substitutionstherapie nur für Klienten in Betracht kommt, für die zurzeit keine Abstinenztherapie in Frage kommt, sind junge Drogenabhängige mit kurzer Abhängigkeitsdauer, Gelegenheitskonsumenten, Suchtkranke, die nicht von Opiaten abhängig sind und Drogenabhängige, die noch keinerlei Abstinenzversuche gemacht haben, besonders eingehend zu beraten.

66   Grundlage einer psychosozialen Betreuung des Klienten ist zunächst eine umfassende Erhebung der persönlichen und sozialen Situation aufgrund der Selbstauskünfte des Klienten. So sind die gesundheitliche Situation, die körperlichen, geistigen und psychischen Fähigkeiten und Defizite, die Lebensgeschichte des Klienten, die Drogenkarriere, das soziale Umfeld, die juristische Situation, die finanzielle Situation, die berufliche Situation, die Wohnsituation, die Neigungen und Interessen, die sozialen Fähigkeiten und Zukunftspläne des Probanden zu erfragen. Sodann sind die Ziele der Behandlung zu erarbeiten, dem Klienten verschiedene Methoden der psychosozialen Einzel- und Gruppenbetreuung anzubieten, ihn immer wieder zur Reflektierung und Bewältigung seiner Lebenssituation, zur Teilnahme an Freizeitangeboten und Zusammenarbeit mit dem Betreuer zu motivieren. Wünscht der Klient nach eingehender Beratung eine psychosozial begleitete Substitutionstherapie, so stellt die Beratungsstelle im Auftrag des Klienten einen Antrag auf Kostenübernahme der psychosozialen Betreuung nach den §§ 39 ff. BSHG beim zuständigen Sozialamt, während die Finanzierung der ärztlichmedizinischen Leistungen nach den MvV-Richtlinien erfolgt.

V. Verfahren bei einer Substitutionsbehandlung

67   **1. Dokumentationspflichten.** Beginn, Verlauf und Beendigung der Substitutionsbehandlung einschließlich der Einbindung in eine Begleittherapie für jeden einzelnen Patienten hat der Arzt zu dokumentieren (§ 5 Abs. 7 S. 1, Abs. 10 BtMVV; vgl. auch Nr. 14 BÄK-Richtlinien; Anl. I Nr. 2 § 7 MvV-Richtlinien). Der Nachweis vom Verbleib und Bestand der Betäubungsmittel in den in § 1 bis 3

BtMVV genannten Einrichtungen ist nach den Grundsätzen des § 13 BtMVV zu dokumentieren. Der Arzt hat diese Erkenntnisse nicht mehr wie früher der zuständigen Landesbehörde anzuzeigen (vgl. § 2a Abs. 9 BtMVV a. F.), sondern lediglich die Dokumentation auf Verlangen der zuständigen Landesbehörde zur Einsicht und Auswertung vorzulegen oder einzusenden.

Nach Anl. I Nr. 2 § 7 MvV-Richtlinien dokumentiert der Arzt die festgestellte **68** medizinische Indikation und die im Rahmen des umfassenden Behandlungskonzeptes vorgesehenen weiteren medizinischen Behandlungsmaßnahmen. Außerdem sind die Substitutionsmodalitäten festzulegen, sowie die Abbruchkriterien bei fortgesetztem, die Substitution gefährdenden Beigebrauch. Darüber hinaus ist in der Dokumentation anzugeben, durch welche Stelle die begleitende psychosoziale Betreuung durchgeführt wird. Beginn und Beendigung einer Substitution hat der Arzt unverzüglich der zuständigen Kassenärztlichen Vereinigung und der leistungspflichtigen Krankenkasse anzuzeigen.

Ulmer spricht von einem **Dokumentationsdilemma des Arztes,** das sich **69** ständig **zwischen der ärztlichen Schweigepflicht und der ärztlichen Absicherung** abspiele. Dies scheint überzeichnet zu sein (*Ulmer*, Substitution unter neuer Rechtslage, 1998, S. 158). Die Dokumentationspflichten zwingen den Arzt, vor allem sich selbst **ständig Rechenschaft** abzulegen, **ob der beschrittene Therapieweg richtig und ausreichend** ist. Die behördliche Kontrolle ist der seltene Ausnahmefall, der zumeist erst nach mehreren Missgeschicken wie eine Rotampel aufleuchtet.

2. Beantragung und Genehmigung der Substitutionsbehandlung. Die **70** Behandlung ist nur dann im Rahmen der Leistungspflicht der gesetzlichen Krankenkassen zulässig, wenn die Substitution des jeweiligen Patienten durch den substitutionsberechtigten Vertragsarzt bei der zuständigen Kassenärztlichen Vereinigung **beantragt wurde** und **ein zustimmendes Votum der Beratungskommission der Kassenärztlichen Vereinigung** vorliegt (Anl. I Nr. 2 § 11 MvV-Richtlinien). Substitutionen mit Diamorphin dürfen nur in Einrichtung durchgeführt werden, die über die erforderliche Erlaubnis nach § 5 Abs. 9b BtMVV verfügen und denen die zuständige Kassenärztliche Vereinigung eine Genehmigung erteilt hat (Anl. I Nr. 2 § 2 Abs. 2 MvV-Richtlinien).

Die Kassenärztlichen Vereinigungen richten nach Anl. I Nr. 2 § 9 der MvV- **71** Richtlinien fachkundige Kommissionen zur Beratung bei der Erteilung von Genehmigungen für Substitutionsbehandlungen und zur Überprüfung der Indikationsstellungen zur Substitution nach § 3 durch Stichproben im Einzelfall ein. Die Kommission besteht aus 6 Mitgliedern. 3 Mitglieder werden von der Kassenärztlichen Vereinigung benannt, darunter sollen 2 Ärzte mit besonderer Erfahrung in der Behandlung von Suchtkranken sein. 2 in Drogenproblemen fachkundige Mitglieder werden von den Landesverbänden der Krankenkassen und 1 in Drogenproblemen fachkundiges Mitglied von den Verbänden der Ersatzkassen benannt. Die Kommission hat auch die Qualität der vertragsärztlichen Substitution und das Vorliegen der Voraussetzungen der Anl. I Nr. 2 § 3 MvV-Richtlinien durch Stichproben im Einzelfall zu überprüfen (Qualitätssicherungskommissionen). Das Ergebnis der Überprüfung ist dem substituierenden Arzt mitzuteilen. Gelingt es trotz wiederholter Anhörung und Beratung nicht, bei dem Arzt eine richtliniengemäße Substitutionsbehandlung zu erreichen, kann dem Arzt die Genehmigung zur Durchführung und Abrechnung der Substitution durch die Kassenärztlichen Vereinigungen entzogen werden.

3. Behandlungsvertrag und Ausweise. Zwischen dem Arzt und dem Patien- **72** ten wird in Abstimmung mit der Einrichtung zur psychosozialen Betreuung ein **Behandlungsvertrag** geschlossen. Darin verpflichtet sich der Patient während der Behandlungsdauer

– **kooperativ** am gesamten Behandlungsangebot **mitzuarbeiten,**
– sich regelmäßigen **ärztlichen Kontrollen** zu unterziehen,

- das Substitutionsmittel **regelmäßig einzunehmen,**
- auch **unangemeldete Kontrollen** auf Beikonsum zu ermöglichen,
- behandelnde Ärzte und psychosoziale Betreuer bzw. deren Vertreter bei deren Zusammenarbeit von ihrer **Schweigepflicht zu entbinden,**
- die Bereitschaft zum **Verzicht auf Konsum von anderen Suchtmitteln** zu erklären,
- **keinen Drogenhandel** zu betreiben,
- die **ärztlichen Anordnungen** in Bezug auf die **Teilnahme am öffentlichen Straßenverkehr** zu beachten.

73   Der behandelnde Arzt stellt dem Patienten einen Subsitutions-**Behandlungsausweis** aus (vgl. Nr. 10 BÄK-Richtlinien), in dem das Substitutionsmittel und die aktuelle Tagesdosis in mg aufgeführt ist. Die letzte Eintragung sollte nicht älter als 3 Monate sein.

74   **4. Reaktionen auf Verstöße gegen den Behandlungsvertrag. a) Arzt-Patienten-Gespräch.** Beikonsum ist bei einer Substitutionsbehandlung nicht **die Ausnahme, sondern die Regel.** Beikonsum zwingt nicht regelmäßig zum Therapieabbruch. Bei nachgewiesenem Beikonsum sollte zunächst die Ursache eruiert und nach Möglichkeiten der Beseitigung gesucht werden, dies in Zusammenarbeit mit der psychosozialen Beratungsstelle. In einem Arzt-Patienten-Gespräch lassen sich häufig die Gründe finden, wie z. B. außergewöhnliche Stresssituation, zusätzliche Erkrankung, erhöhte körperliche Betätigung, die durch Dosisanpassung zur Reduzierung oder Beendigung des Beikonsums führen. Bei einem **reinen Opiatabhängigen** stellt der Beigebrauch eine **Fehlentwicklung** dar, bei einem **polytoxikomanen Opiatabhängigen** stellt Beigebrauch im Rahmen der Substitution aber ein **Symptom seiner Krankheit** dar. Der substituierende Arzt hat nach Anl. I Nr. 2 § 3 Abs. 5 MvV-Richtlinie immer die Vor- und Nachteile der Fortführung der Substitution abzuwägen. Führt eine **Ursachenforschung** und die **Anpassung der Therapie** nicht zum gewünschten Ergebnis, sind Interventionen des Arztes unverzichtbar (Nr. 12 BÄK-Richtlinien).

75   **b) Stufenleiter von Sanktionen.** Bei fortgesetztem Beikonsum, Nichtteilnahme an der psychosozialen Betreuung, bei Verweigerung von Urinkontrollen und Praxisbesuchen, bei Drogenhandel oder anderen Straftaten in den Praxisräumen muss der Arzt stufenweise reagieren. Erweisen sich **Ermahnungen, Verwarnungen, Fristsetzungen, die Ankündigung einer stationären Entgiftung** und die **Einschränkung der Take-home-Dosen** als wirkungslos, muss ein Abbruch der Behandlung erfolgen (Nr. 12 BÄK-Richtlinien).

76   **c) Ärztliche Bußgelder.** Die von einzelnen Ärzten abgeschlossenen Zusatzverträge mit einem stufenweisen privaten **Bußgeldkatalog,** wonach bei jedem Medikamentenbeigebrauch, bei Alkoholmissbrauch, bei Verweigerung von Urinkontrollen oder bei sonstigem Fehlverhalten Bußgelder von 5,– bis 25,– Euro fällig werden, sind **nicht nur sittenwidrig,** sondern auch mit der Atmosphäre einer freiwilligen Substitutionsbehandlung **nicht vereinbar.**

77   **5. Konsultationspflicht.** Nach § 5 Abs. 2 Nr. 5 BtMVV hat der Patient im erforderlichen Umfang, „in der Regel" wöchentlich, den behandelnden Arzt zu konsultieren. Auf eine Konsultation kann verzichtet werden, wenn dem Patienten die Substitutionsmittel täglich zum unmittelbaren Verbrauch überlassen werden (§ 5 Abs. 6 und Abs. 7 BtMVV; nach der alten Regelung war mindestens ein Arzt-Patient-Kontakt in der Woche vorgeschrieben). Jede Take-home-Verschreibung ist dem Patienten nur im Rahmen einer persönlichen ärztlichen Konsultation auszuhändigen (§ 5 Abs. 8 S. 8 BtMVV). Die regelmäßige Konsultation soll ärztliche Untersuchungen, Kontrollen und Beratungen begünstigen.

78   **6. Kontrollpflichten.** Der substituierende Arzt hat eine Reihe von Kontrollpflichten (vgl. Nr. 11 BÄK-Richtlinien).

a) **Kontrolle des Therapieverlaufes.** Der Patient hat in der Regel einmal wö- 79
chentlich den behandelnden Arzt zu konsultieren (§ 5 Abs. 2 Nr. 5 BtMVV). Der
Arzt hat bei den Besuchen zu überprüfen, wie der Patient die Betäubungsmitteldosis verträgt und ob eine Dosisänderung erforderlich ist. Die Verabreichung des
Substitutionsmittels ist nur ein Teil der Behandlung. Es müssen regelmäßig Gespräche mit dem Patienten und medizinische Untersuchungen zur Kontrolle des Gesundheitszustandes stattfinden. Die psychosoziale Betreuung und ärztliche Behandlung müssen koordiniert werden.

Nach Anl. I Nr. 2 § 3 Abs. 5 MvV-Richtlinien überprüft der substituierende 80
Arzt regelmäßig die Fortschritte des Patienten hinsichtlich der Ziele der medizinischen Maßnahmen des vorgesehenen Gesamtkonzeptes. Insb. ist kritisch zwischen
den Vor- und Nachteilen einer Fortführung der Substitution gegenüber dem
Übergang in eine drogenfreie Behandlung abzuwägen. Der Zeitraum der Reduktion bzw. des allmählichen Absetzens des Substitutionsmittels sind in Zusammenarbeit mit dem Patienten in einem Behandlungs- bzw. Dosierungsschema festzulegen. Bei Nebenkonsum ist wegen der damit möglicherweise verbundenen
lebensbedrohlichen Gefährdung eine sorgfältige individuelle Risikoabwägung zwischen Fortführung und Beendigung der Substitution vorzunehmen.

b) **Mehrfachsubstitutionen.** Der substituierende Arzt hat zu prüfen, ob der 81
Patient noch von einem anderen Arzt verschriebenes Substitutionsmittel oder
Ausweichmittel erhält und konsumiert. Mehrfachbehandlungen kann der Arzt aber
nur feststellen, wenn der Patient darüber berichtet oder ein Arztkollege oder eine
Krankenkasse über die Mehrfachbehandlung ihn informiert. Eine zentrale Erfassung von ärztlichen Substitutionsbehandlungen findet seit dem 1. 7. 2002 in anonymisierter Form durch die Meldungen an das Bundessubstitutionsregister statt.
Nach Anl. I Nr. 2 § 7 Abs. 3 MvV-Richtlinien benachrichtigen die Krankenkassen
zur Verhinderung von Mehrfachsubstitutionen alle beteiligten Ärzte, wenn Meldungen vorliegen, dass ein Patient durch mehrere Ärzte substituiert wird oder
mehrere Anträge auf Substitution gestellt hat. Die Ärzte legen unter Beteiligung
des Patienten schriftlich fest, welcher Arzt die Substitution durchführt. Die leistungspflichtige Krankenkasse und die Beratungskommission der KV sind entsprechend zu benachrichtigen.

c) **Beikonsum.** Der Arzt hat Erhebungen anzustellen, ob der Patient Stoff ge- 82
braucht, deren Konsum nach Art und Menge den Zweck der Substitution gefährdet. Der *BGH* hat die Notwendigkeit regelmäßiger Kontrollen bei der Behandlung
von Drogenabhängigen betont (BGHSt. 29, 6 = NJW 1979, 1943). Die Vergabe
der Methadon-Trinklösung ist nicht verbieten, wenn erheblicher Beikonsum
besteht. Insbesondere ist darauf zu achten, dass eine gleichzeitige Einnahme von
Alkohol oder anderen Sedativa zu starken Depressionen mit tödlichem Ausgang
führen kann. Ein alkoholisierter Patient muss von der Vergabe von Methadon an
diesem Tage ausgeschlossen werden. Für die Substitutionstherapie ist das regelmäßige Screening auf eventuellen Beigebrauch illegaler Drogen erforderlich. Um die
Kontrollen von Praxen, Ambulanzen und Tageskliniken zu erleichtern, wurden
spezielle Beigebrauchstests entwickelt. Gem. § 5 Abs. 2 Nr. 4 BtMVV müssen
unangemeldete, stichprobenartige Urinkontrollen erfolgen. Vom behandelnden Arzt ist sicherzustellen, dass durch die Anwendung **geeigneter labordiagnostischer Verfahren** in unregelmäßigen Abständen der Missbrauch von substi-
tutionsgefährdenden Stoffen erkannt wird (Anl. I Nr. 2 § 3 Abs. 4 Nr. 8 der MvV-
Richtlinien; Nr. 11 der BÄK-Richtlinien).

So kann ein Urintest das Vorhandensein von Cannabinoiden, Kokain, Opiaten, 83
Methamphetamin oder Benzodiazepinen neben dem Substitut Methadon nachweisen. **Fehlerquellen der immunchemischen Verfahren** müssen berücksichtigt
werden. Immunoassays wie RIA, EMIT und FPIA dürfen nicht überbewertet
werden wegen der vielfältigen Möglichkeiten der **Fälschung der Urinproben**
und der **mangelnden Zuverlässigkeit der Testverfahren.** Sollen therapeutische
oder juristische Konsequenzen gezogen werden, so ist unbedingt die **Bestäti-**

gungsanalyse eines Fachlabors erforderlich. Es gibt Möglichkeiten, sich bei der Urinkontrolle vor **manipulierten Proben** und vor **Fremdurinen** zu schützen. Der Urin im Gefäß sollte angenommen werden, solange er noch körperwarm ist. Der Urin sollte auf Methadon-Abbausubstanzen untersucht werden. Enthält er keine, so dürfte die Probe manipuliert sein. Überraschen kann man den Patienten, wenn man wegen des Auslaufens des Gefäßes oder Mängeln des Untersuchungsmaterials eine **erneute Urinprobe verlangt**. Im Rahmen der **Diamorphinbehandlung** kann durch Urinanalysen festgestellt werden, ob der Patient auch Straßenheroin (Diacetylmorphin) konsumiert. Während Diamorphin frei von weiteren Substanzen ist, weisen Urinproben nach dem Konsum von Straßenheroin regelmäßig das Abbauprodukt Acetylcodein auf (*Mußhoff* GIT Labor-Fachzeitschrift 2007, 13)

84   Besonders problematisch erweist sich der häufige Beikonsum von **Flunitrazepam (Rohypnol®)**, das wegen starker psychotroper Wirkung zu schweren Verhaltensstörungen und Behinderungen therapeutischer Inventionen führen kann (*Peitsch* WestÄrzteBl. 1992, 348 ff; *Luetke* WestÄrzteBl. 1992, 402 ff). Eine hohe Zahl von **Drogentodesfällen** beruht gerade auf dem **Mischkonsum von Heroin und Rohypnol®**. Das Auffinden von Flunitrazepam ist aber problematisch, da die Substanz zu weniger als 1% unverändert im Urin ausgeschieden wird. Der immunologische Nachweis gelingt nur, wenn einer der Hauptmetabolite mit ausreichender Sensitivität nachgewiesen werden kann. Soll speziell der Missbrauch von Flunitrazepam im Urin nachgewiesen werden, empfiehlt sich auf jeden Fall eine besondere Analyse. Das BtMG und die BtMVV schreiben die Häufigkeit und den Umfang der Urinkontrolle nicht vor. Nach 14-tägigen Urinkontrollen bei Eintritt sollten überraschende Urinkontrollen obligatorisch sein. Der Verzicht aus Screenings oder die Beschränkung der Untersuchungen auf bestimmte Substanzen, um nicht die Substitution wegen Beikonsums abbrechen zu müssen oder um keine Kostenrisiken einzugehen, stellt eine unzureichende ärztliche Kontrolle dar, die vom *BGH* nicht gebilligt wird.

85   **d) Missbrauch der Substitutionsmittel.** Ferner hat der Arzt zu prüfen, ob der Patient die verschriebenen Substitutionsmittel nicht bestimmungsgemäß verwendet, auf der Drogenszene verkauft oder zum Verkauf Restmengen ansammelt. Durch Ermittlungen der Polizei kann der substituierende Arzt erfahren, dass sein Patient Substitutionsdrogen auf der Drogenszene zum Verkauf anbietet oder verkauft hat.

86   **7. Substitutionsregister.** Ab dem 1. 7. 2002 wurde durch das *BfArM* ein bundesweites Substitutionsregister aufgebaut auf der Basis anonymisierter Daten (Patientencode). Substitutionsärzte haben jede Verschreibung von Substitutionsmitteln gem. § 5a Abs. 2 BtMVV dem *BfArM* zu melden, um Vielfachverschreibungen und Ärztehopping zu verhindern (vgl. Nr. 5 BÄK-Richtlinien).

87   **8. Dosisfindung.** Bei Einleitung der Substitutionstherapie ist die Einstellung auf die erforderliche Dosis mit besonderer Sorgfalt vorzunehmen. In schwierigen Fällen sollte die **Dosisfindung** stationär erfolgen (Nr. 5 BAK-Richtlinien). Bei der Methadon-Dosierung sind drei Phasen zu unterscheiden: die Einstellungsphase, die Dauerdosierung und das Ausschleichen. Verstöße gegen die Dosierungsregeln des § 2 BtMVV können gem. § 16 Abs. 1 Nr. 2 lit. a BtMVV nach § 29 Abs. 1 S. 1 Nr. 14 BtMG strafbar sein.

88   **9. Verordnungsbeispiele.** Das Betäubungsmittelrezept sollte möglichst nicht die Angabe des Volumens, sondern die Gramm- oder Milligramm-Menge an Methadon-Hydrochlorid enthalten. Empfohlen wird die Abteilung in Tagesportionen bereits bei Herstellung in der Apotheke. Zwingend vorgeschrieben ist dies für den Take-home-Bedarf. Es ist deshalb notwendig, dass die Apotheke über die jeweilige Tagesdosis des Patienten informiert ist. Im Falle von Take-home-Verordnungen müssen auch die Daten der Einnahmetage angegeben sein.

a) Normalverschreibung. Ein Monatsrezept für 28 Tage ist auf den Namen 89
des Patienten auszustellen und wird vom Arzt oder einem Beauftragten eingelöst
z. B.: „**Methadon-Hydrochlorid-Lösung 1% (NRF 29.1.) 28 (achtund-
zwanzig) Tagesdosen zu 75 mg Methadon-Hydrochlorid**".

b) Take-home-Verschreibung. Das Rezept ist auf den Namen des Patienten 90
auszustellen und wird von ihm (persönlich) in der Apotheke eingelöst. Der Patient
soll 7 Portionen zu je 5 ml-Lösung erhalten: „**Methadon-Lösung 1% nach
NRF 19. 1. 50 mg Methadon-Hydrochlorid-Einzeldosen, Anwendungsta-
ge: 21., 22., 23., 24., 25., 26., 27. 1. 1999, täglich eine Einzeldosis einnehmen**".

c) Verschreibung für den ausschleichenden Entzug. Ausgehend von seiner 91
bisherigen Erhaltungsdosis von 80 mg Methadon-Hydrochlorid täglich soll ein
Patient während einer mindestens einmonatigen Austiegsphase zunächst für die
Dauer einer Woche um täglich 5 mg Methadon-Hydrochlorid verringerte
Dosen erhalten. Das Rezept ist auf den Namen des Patienten auszustellen, wird
aber vom Arzt oder seinem Beauftragten eingelöst: „**0,455 g Methadon-
Hydrochlorid-Lösung 1% (NRF 129.1.) in Einzeldosen zu 80–50 mg in 5-
mg-Stufen, für 3. bis 9. April 1999, Anw gem schriftl Anw**".

d) Verschreibung in nicht abgeteilter Form. Ein Patient ist noch nicht gut 92
auf seine Erhaltungsdosis eingestellt. Die jeweilige Tagesgabe muss kurzfristig festgesetzt werden. Diese Form der Verschreibung setzt voraus, dass der Arzt über
geeignete Einrichtungen verfügt, um die betreffende Dosis Methadon-
Hydrochlorid bei Bedarf mit der erforderlichen Sicherheit und Genauigkeit volumetrisch abzufassen. Das Rezept ist auf den Namen des Patienten auszustellen,
wird aber vom Arzt oder seinem Beauftragten eingelöst: „**3,0 g Methadon-
Hydrochlorid, 300 ml Lösung (NRF 29.1.)**".

10. Betäubungsmittelverschreibung und Rezepteinlösung. Die Verschrei- 93
bung über ein Substitutionsmittel ist gem. § 5 Abs. 4 BtMVV von dem behandelnden Arzt vorzunehmen und mit dem Buchstaben **S** zu kennzeichnen. **Nur
der Arzt, sein ärztlicher Vertreter** und sein in § 5 Abs. 6 BtMVV umschriebe-
nes **medizinisches oder pharmazeutisches Hilfspersonal** darf das **Betäubungsmittelrezept der Apotheke vorlegen** (§ 5 Abs. 5 S. 2 BtMVV). Die Betäubungsmittelrezepte dürfen **nicht dem Patienten ausgehändigt** werden, aber
durch Übersendung der Apotheke vorgelegt werden. Um einen reibungslosen Ablauf der substitutionsgestützten Behandlung zu garantieren, sollen rechtzeitig
mit den Apothekern die Lieferungs- und Vergabemodalitäten besprochen werden,
ohne dass dies die Kontrollpflichten des Apothekers einschränkt (Nr. 7 BÄK-
Richtlinien). Die Gültigkeit einer Betäubungsmittelverschreibung für die Substitution eines bestimmten Patienten beim Arzt beträgt 1 Monat, was die **Abgabe in
Teilmengen durch die Apotheke** an den Arzt ermöglicht. Eine retrospektive
Verschreibung von Methadon wäre unzulässig, weil sie einen Missbrauch begünstigen würde. Da aber eine tägliche Verschreibung kaum durchführbar ist, kann für
30 Tage im Voraus Methadon verschrieben werden. Das Rezept verbleibt bei dem
Apotheker. Der Arzt teilt sodann dem Apotheker jeweils die Tagesmenge mit, die
der Apotheker regelmäßig anliefert.

Vor der Abgabe der Substitutionsdroge durch die Apotheke muss in der Apothe- 94
ke ein **gültiges Betäubungsmittelrezept** vorliegen, auf der die Gesamtmenge
des benötigten Betäubungsmittel festgelegt ist. Am Ende des Monats können die
tatsächlich verbrauchten Teilmengen dokumentiert werden. **Die Gesamtdoku-
mentation muss stimmen.** Bei den Substitutionsmitteln, die dem Arzt übergeben
werden, kann auf die Zugabe von Dickungsmitteln verzichtet werden, wenn
dieser dies wünscht. Der Arzt ist dann selbst verantwortlich, dass der Patient die
Betäubungsmittel in nicht injizierbarer Form einnimmt (mit Orangensaft, Sprudel
oder Cola).

95   **11. Betäubungsmittellagerung.** Der Arzt darf die benötigen Substitutionsmittel in seiner Praxis, im Krankenhaus, in einer Apotheke oder in einer von der zuständigen Landesbehörde anerkannten geeigneten Einrichtung lagern. Er hat jedoch die notwendigen Sicherheitsvorkehrungen zu treffen, den Bestand und den Verbleib der Betäubungsmittel im Einzelnen zu dokumentieren (§ 5 Abs. 7 S. 2, Abs. 10, Abs. 12 BtMVV). Er hat die Sicherungsmaßnahmen gem. § 15 BtMG zu ergreifen, die Betäubungsmittelmengen und die Betäubungsmittelrezepte in einem Tresor aufzubewahren und nicht unbeaufsichtigt im Wartebereich zu verwahren.

96   **Das Poolen von Methadonmengen** für einzelne Patienten ist nicht zulässig. Der Arzt verwaltet das Eigentum des Patienten, die Einzelmengen müssen dem jeweiligen Patienten zuzuordnen sein. Nicht benötigte Restmengen dürfen nicht für andere Patienten angewendet werden. Entweder sind sie am nächsten Tag demselben Patienten zu verabreichen oder an die Apotheke zurückzugeben. Es ist unzulässig, Praxisbedarf für den Take-home-Bedarf einzelner Patienten zu verwenden. Leere Polamidon-Flaschen sind in besonderen Behältern zu sammeln, um einen Missbrauch zu verhindern **(Austausch von vollen Fläschchen gegen leere).**

97   **12. Ausgabebedingungen.** Das Substitutionsmittel ist dem Patienten **in der Praxis** des behandelnden Arztes oder in einer von ihm angewiesenen oder beauftragten Praxis, oder **in einem Krankenhaus** oder **in einer Apotheke** oder in einer hierfür von der zuständigen Landesbehörde **anerkannten anderen geeigneten Einrichtung** in einer Dosis für einen Tag zum unmittelbaren Verbrauch zu überlassen (§ 5 Abs. 7 S. 1 BtMVV). Dabei kann die Überlassung des Substitutionsmittels nicht nur durch den behandelnden Arzt persönlich, sondern auch durch seinen **ärztlichen Vertreter** oder von dem von ihm angewiesenen oder beauftragten, eingewiesenen und kontrollierten medizinischen, pharmazeutischen oder in staatlich anerkannten Einrichtungen der Suchtkrankenhilfe tätigen und dafür **ausgebildeten Personal** erfolgen (§ 5 Abs. 6 S. 1 BtMVV). Dies kann auch im Einzelfall ein **beauftragter Apotheker** sein.

98   **Die Applikation von Polamidon bzw. Methadon** hat **nur oral** mittels nicht injizierbarer Trinklösung (nicht in parenteraler Anwendung, vgl. § 5 Abs. 4 BtMVV) täglich zu erfolgen. Sie soll durch den Arzt oder durch qualifiziertes ärztliches Hilfspersonal zu festgelegten Zeiten und Orten persönlich durchgeführt werden. Es sollte **immer nur ein Patient** mit dem Substitutionsmittel bedient werden. Die **Trinklösung** muss vom Patienten in jedem Falle **vor den Augen der verantwortlichen Person** eingenommen werden (vgl. auch Nr. 8 BÄK-Richtlinien). In keinem Fall darf einem nahen Angehörigen oder einem Bekannten das Betäubungsmittel ausgehändigt werden, auch wenn der Patient am persönlichen Erscheinen verhindert ist.

99   **13. Ärztliches Hilfspersonal.** Durch die 10. BtMÄndV, in Kraft getreten zum 1. 2. 1998, wurde die Berechtigung zur Vergabe von dem behandelnden Arzt und seinen Praxismitarbeitern auf folgende Personen erweitert: auf einen ärztlichen Vertreter, auf vom behandelnden Arzt angewiesenes oder beauftragtes, eingewiesenes und kontrolliertes medizinisches oder pharmazeutisches Personal, auf in staatlich anerkannten Einrichtungen der Suchtkrankenhilfe tätiges und dafür ausgebildetes Personal (§ 5 Abs. 6 S. 1 BtMVV). Sozialarbeiter und Sozialpädagogen, die entweder über eine suchttherapeutische Zusatzqualifikation verfügen oder von einem substituierenden Arzt geschult worden sind, können die Substitutionsvergabe vornehmen, wenn sie von dem substituierenden Arzt konkret eingewiesen, beauftragt und kontrolliert werden. Die Einweisung muss aber nicht vom behandelnden Arzt, sondern kann auch durch einen Fortbildungskurs erfolgen (§ 5 Abs. 6 S. 2 BtMVV). **Die rechtliche und fachliche Verantwortung für das Überlassen eines Substitutionsmittels zum unmittelbaren Verbrauch verbleibt nämlich beim Arzt.**

100   **14. Haus- und Krankenhausbesuche.** Bei **kurzfristiger Verhinderung, pflegebedürftiger Krankheit, an Wochenenden oder Feiertagen** kann der

Arzt das Substitut durch examinierte Krankenschwestern, durch Krankenpfleger einer Sozialstation oder einer anderen Einrichtung zu Hause oder im Krankenbett, in einem Krankenhaus oder einer Kurklinik zum Gebrauch überlassen oder verabreichen lassen (§ 5 Abs. 7 S. 1 BtMVV). Wird der Patient jedoch verhaftet und in eine Polizeizelle eingeliefert, so ist nicht der festnehmende Polizeibeamte, sondern nur der Polizeiarzt zur Überlassung des Substitutionsmittels befugt.

15. Bezug von Methadon als Praxisbedarf und die Methadonvergabe 101
mit dem Dosierautomaten. Die Methadonmengen können vom Arzt zum Praxisbedarf bis zur Menge seiner durchschnittlichen 2-Wochen-Bedarfs auf einem Betäubungsmittelrezept verschrieben, geliefert und bis zu einem Monatsbedarf vorrätig gehalten werden (§ 2 Abs. 3 BtMVV). Bei 50 Patienten, die durchschnittlich täglich 100 mg Methadon erhalten, umfasst z. B. der 2-Wochen-Bedarf 70.000 mg bzw. der Monatsbedarf 140.000 mg, wobei jeweils die Take-home-Mengen abzuziehen sind, da die Take-home-Mengen vom Arzt nicht ausgehändigt, sondern nur verschrieben werden dürfen (§ 5 Abs. 8 BtMVV). Da der **Portionierungsautomat nur als Applikationshilfe für den Praxisbedarf** dient und der Arzt die Dosis dem Patienten nicht zur freien Verfügung abgibt, **kommen weder die §§ 13, 21, 43, 95 AMG, noch die §§ 3, 29 Abs. 1 BtMG zur Anwendung (also keine strafbare Herstellung, Verarbeitung oder Abgabe von Arzneimitteln oder Betäubungsmitteln).** Die Portionierung der Methadonlösung wird volumetrisch vorgenommen und durch automatische Gewichtskontrolle gegengeprüft. Die Überlassung der abgeteilten Methadonmenge zum unmittelbaren überwachten Verbrauch wird automatisch dokumentiert. Das Dokumentationssystem erstellt Tagesprotokolle, die den Ort der Ambulanz, den verantwortlichen Arzt und die Uhrzeit der Einzelvergabe festhalten. Es weist gem. § 13 BtMVV automatisch nicht nur die Ein- und Ausgänge und den Bestand des Tages, sondern auch den Methadonbestand am Monatsende nach; zudem erfasst der Automat auch, wann welcher Patient wie viel Methadonlösung erhalten hat.

16. Wochenendrezept und Take-home-Verschreibung. Die Take-home- 102
Regelung, die nicht für Diamorphin gilt (§ 5 Abs. 4 S. 5 BtMVV), ist eine Ausnahme von der grundsätzlichen Einnahmekontrolle, die unter bestimmten Voraussetzungen eine Mitgabe zur eigenverantwortlichen Einnahme erlaubt. Der Arzt hat die Möglichkeit, wenn die bisherige Behandlung erfolgreich verlief und Ausschlussgründe nicht ersichtlich sind, abweichend von § 5 Abs. 5 BtMVV pro Woche ausnahmsweise Rezepte mit einer Ration des benötigten Betäubungsmittels von **bis zu 2 Tagen** dem Patienten auszuhändigen und ihm dessen eigenverantwortliche Einnahme zu erlauben (§ 5 Abs. 8 S. 1 BtMVV, sog. **Wochenendrezept,** das durch die 23. BtMÄndV v. 19. 3. 2009 [BGBl. I, S. 560] eingeführt wurde). Das Wochenendrezept, das nur einmal pro Woche ausgehändigt werden darf, ist mit dem Buchstaben „Z" zu kennzeichnen (§ 5 Abs. 8 S. 3 BtMVV). Die Verschreibung einer Wochenendration ist möglich, wenn der Verlauf der Behandlung dies zulässt, Risiken der Selbst- oder Fremdgefährdung soweit wie möglich ausgeschlossen sind und die Sicherheit und Kontrolle des Betäubungsmittelverkehrs nicht beeinträchtigt werden (§ 5 Abs. 8 S. 2 BtMVV).

Sobald und solange sich der Zustand des Patienten stabilisiert hat und eine 103
Überlassung zum unmittelbaren Verbrach nicht mehr erforderlich ist, kann der Arzt eine Verschreibung über die **bis zu 7 Tagen** benötigte Menge des Substitutionsmittels aushändigen (§ 5 Abs. 8 S. 4 BtMVV, sog. **Take-home-Verschreibung).** Eine Take-home-Verschreibung ist zu unterlassen, wenn der Patient Stoffe konsumiert, die ihm zusammen mit der Einnahme des Substitutionsmittels gefährden, wenn wegen der Toleranzbildung der Patient noch nicht auf eine stabile Dosis eingestellt werden konnte, oder wenn der Patient weitere Suchtstoffe missbräuchlich konsumiert (vgl. § 5 Abs. 8 S. 3 BtMVV). Mit diesen Ausschlusskriterien soll **leichtfertigen Take-home-Verschreibungen entgegengewirkt werden.** Die Take-home-Verordnung wird ausführlich in Nr. 9 der BÄK-Richtlinien beschrieben und erläutert. Die Patienten haben **keinen Rechtsanspruch auf eine Take-**

home-Verordnung, da sie eine **zuverlässige Mitwirkung des Patienten** voraussetzt. Wochenendrezept und Take-Home-Verordnungen sind dem Patienten im Rahme einer persönlichen ärztlichen Konsultation auszuhändigen (§ 5 Abs. 8 S. 10 BtMVV).

104   Der Arzt darf die Take-home-Dosen aber nicht an Stelle des Apothekers selbst herstellen und an den Patienten herausgeben. Zwar sind Verstöße gegen die Beschränkung des § 5 Abs. 8 BtMVV nicht in § 16 BtMVV erwähnt und können auch nicht als sonstige Beschränkungen i. S. d. Vorschrift verstanden werden. Eine Strafbarkeit nach § 29 Abs. 1 S. 1 Nr. 14 BtMG ist deshalb ausgeschlossen. Es liegt auch kein Verstoß gegen § 29 Abs. 1 S. 1 Nr. 6 BtMG vor, weil dort die Abgabe nicht geregelt ist. Allein der Verstoß gegen das Apothekenmonopol begründet hier nicht eine Strafbarkeit nach § 29 Abs. 1 S. 1 Nr. 1 BtMG, insb. wenn der abgegebene Stoff aufgrund ärztlicher Verschreibung durch den Apotheker dem Arzt ausgeliefert wurde. Es liegt aber ein strafbarer Verstoß gegen § 43 Abs. 3 AMG i. V. m. § 95 Abs. 1 Nr. 4 AMG vor. Verschreibt aber ein Arzt Take-home-Dosen ohne die gesetzlichen Voraussetzungen und muss mit dem Weiterverkauf der Betäubungsmittel gerechnet werden, so kann ein fahrlässiges Inverkehrbringen von Betäubungsmitteln in Betracht kommen. Substitutionsmittel für eine Take-home-Verschreibung dürfen nur in Einzeldosen in **kindergesicherter Verpackung** abgegeben werden (§ 12 Abs. 1 Nr. 4 BtMVV). Bei flüssigen Arzneizubereitungen müssen Single-Dosen hergestellt werden. Bei Fertigarzneimitteln ist eine **Blisterverpackung** ausreichend. Die direkte Abgabe des Substitutionsmittels Methadon durch einen Arzt an Patienten stellt aber eine unerlaubte Abgabe von Betäubungsmitteln und bei Eigennützigkeit unerlaubtes Handeltreiben mit Betäubungsmitteln dar, wenn dies ohne einen Behandlungsverlauf, der eine Take-home-Verschreibung gerechtfertigt hätte, erfolgt (BGHR BtMG § 13 Abs. 1 Abgabe 1 [3 StR 44/09].

105   **17. Betäubungsmittelversorgung bei Auslandsaufenthalten.** Nach § 5 Abs. 8 S. 7 BtMVV kann der Arzt unter Berücksichtigung der in Abs. 8 genannten Voraussetzungen zur Sicherstellung der Versorgung mit Betäubungsmitteln bei Auslandsaufenthalten des Patienten diesem Betäubungsmittelverschreibungen über einen längeren als den in S. 4 genannten Zeitraum (mehr als 7 Tage) aushändigen und ihm dessen eigenverantwortliche Einnahme erlauben. Diese Verschreibungen dürfen in einem Jahr die für eine bis zu 30 Tagen benötigte Menge nicht überschreiten und müssen besonders gemeldet werden (§ 5 Abs. 8 S. 8 u. S. 9 BtMVV).

106   Mit Inkrafttreten des Übereinkommens zur Durchführung des **Übereinkommens von Schengen v. 19. 3. 1995** am 26. 3. 1995 können ärztlich verschriebene Betäubungsmittel ohne weitere Formalitäten in eine Vertragspartei des Schengener Abkommens mitgeführt werden, wenn eine behördlich ausgestellte oder beglaubigte Bescheinigung gem. Art. 75 des vorbezeichneten Übereinkommens vorliegt. Form und Inhalt der Bescheinigung wurden von den Vertragsparteien des Schengener Abkommens vereinbart. Die Bescheinigung wird für im eigenen Staat ansässige Personen ausgestellt, die in eine andere Vertragspartei des Schengener Abkommens reisen wollen und die auf Grund einer ärztlichen Verschreibung während dieser Zeit Betäubungsmitteln benötigen. Die Gültigkeitsdauer der Bescheinigung beträgt maximal 30 Tage. Für jedes verschriebene Betäubungsmittel ist eine gesonderte Bescheinigung erforderlich. Bei der **Grenzabfertigung** ist zu beachten: Führt ein Reisender z. B. wegen Krankheitsbeschwerden oder wegen Substitutionsbehandlung buprenorphinhaltige Arzneimittel mit sich, so muss er zu seiner Berechtigung eine **Bescheinigung des behandelnden Arztes** vorlegen, aus der **Dosierung und Dauer der Reise** ersichtlich sind, damit festgestellt werden kann, ob die angeblich für den persönlichen Bedarf **mitgeführte Menge** gemessen an der Dauer seines Aufenthalts und seiner Krankheitsbeschwerden als **üblich und legal i. S. v. § 73 Abs. 2 Nr. 6 i. V. m. § 15 BtMAHV** angesehen werden kann.

107   **18. Substitutionsbescheinigung.** Kann ein Patient seinen behandelnden Arzt zeitweilig oder auf Dauer aus wichtigem Grund (z. B. im Urlaub) nicht aufsuchen,

so hat dieser die Möglichkeit, eine **Substitutionsbescheinigung** auszustellen. Das Formular hierfür ist das Betäubungsmittelrezept, es muss die in § 5 Abs. 9 BtMVV benannten Bestandteile enthalten und ist für den **vertretenden Arzt am Urlaubs- und Kurort** bestimmt, der nach Abschluss seiner Bemühungen den behandelnden Arzt unterrichtet.

19. Therapieabbruch. Die Substitutionsbehandlung kann sowohl vom Therapeuten als auch vom Probanden abgebrochen werden. Unter **Therapieabbruch** ist zu verstehen, wenn der Arzt oder der Klient sich nicht an die vereinbarten Bedingungen der Substitutionsbehandlung halten und sich trennen. Vom Therapieabbruch ist die **Therapiebeendigung** zu unterscheiden.   108

20. Therapiebeendigung. Eine indizierte ärztliche Substitutionsbehandlung hat unter Wahrung der Regeln der ärztlichen Kunst und unter Beachtung des BtMG und der BtMVV nur solange zu erfolgen, wie die Voraussetzungen für diese subsidiäre Behandlungsmethode vorliegen. Die Substitution muss beendet werden, **wenn und solange die Voraussetzungen entfallen** (§ 5 Abs. 2 S. 1 BtMVV). Hat sich die Lebenssituation des Patienten stabilisiert oder ist die vorgesehene Behandlungszeit ohne Verlängerung endgültig abgelaufen, so kann das Substitutionsmittel ausschleichend abgesetzt und die Behandlung beendet werden.   109

a) Therapiebeendigung wegen ärztlich nicht beherrschbaren Beigebrauchs. Beikonsum ist nicht regelmäßig ein ausreichender Grund für ein Abbruch der Substitutionsbehandlung. Denn häufig ist das **problematischer Beikonsum Symptom der Krankheit** „Opiatabhängigkeit". Häufig ist der Beikonsum eng mit einer schlechten physischen Verfassung oder mit einer **fehlerhaften Einstellung der Methadondosis** verbunden. Die durch eine niedrige Methadondosis hervorgerufene Entzugssymptomatik wird vom Abhängigen häufig durch einen Beikonsum von Heroin oder durch sedierende Substanzen wie Benzodiazepine ausgeglichen. Ein ausreichende Methadondosis vermindert oder verhindert vielfach den Beigebrauch. So wie eine erzwungene Abstinenz kontraindiziert ist, ist eine übertriebene Herunterdosierung wenig hilfreich. Wissenschaftliche Untersuchungen haben aufgezeigt, dass ein **Abbruch der Substitutionsbehandlung nach Feststellung von Beikonsum** in einer nicht zu verantworteten Weise das **Mortalitätsrisiko bei Patienten steigern** kann (vgl. *Ullmann* StV 2003, 293). Andererseits ist eine Substitutionsbehandlung nur solange mit geltenden Recht vereinbar, als **neben der Verabreichung der Substitutionsdosis eine psychosoziale Betreuung** stattfindet und **der behandelnde Arzt den Beikonsum noch beherrschen kann.**   110

Ein Beigebrauch kann nur **solange vom Arzt geduldet werden, wie er ihn im Rahmen der Therapie beherrscht.** Substitution darf **nicht im Abfüllen eines Patienten mit Polamidon** erstarren. Wenn der Therapeut keinerlei Einfluss mehr auf den Beigebrauch und das Verhalten des Probanden hat, muss er die Therapie beenden und den Probanden an einen Therapeuten weiterleiten, der andere oder weitergehende Einflussmöglichkeiten hat, wenn er nicht im Falle eines Todesfalles massive Schwierigkeiten mit der Justiz bekommen will.   111

b) Therapiebeendigung wegen Mehrfachsubstitution, wegen Nichtteilnahme und wegen nicht bestimmungsgemäßer Verwendung der Substitutionsmittel. Nach Anl. I Nr. 2 § 8 MvV-Richtlinien ist unter folgenden Sachverhalten die Substitution zu beenden: 112

– gleichzeitige Substitution durch einen anderen Arzt, sofern die **Mehrfachsubstitution** nicht nach § 7 Abs. 3 MvV-Richtlinien einvernehmlich eingestellt wird,

– **nicht bestimmungsgemäße Verwendung** des Substitutionsmittels,

– **Ausweitung oder Verfestigung des Gebrauchs** von Suchtstoffen neben der Substitution,

– **dauerhafte Nichtteilnahme** des Substituierten an begleitenden Therapiemaßnahmen,

– **Feststellung der Kommission der Kassenärztlichen Vereinigung nach § 9 MvV-Richtlinien,** dass die Voraussetzungen des § 3 nicht mehr vorliegen.

113   Während eine Substitutionsbehandlung ohne Indikation als Verstoß gegen § 13 BtMG nach § 29 Abs. 1 S. 1 Nr. 6 BtMG strafbar ist, ist ein Verstoß gegen die Beschränkungen der §§ 2 und 5 BtMVV bei der Substitutionsbehandlung gem. § 16 BtMVV nach § 29 Abs. 1 S. 1 Nr. 14 BtMG strafbar bzw. gem. § 17 BtMVV nach § 32 Abs. 1 Nr. 6 BtMG ordnungswidrig.

114   Wurden wesentliche Voraussetzungen der Methadonbehandlung vorgetäuscht oder sind sie nicht nur nachträglich entfallen, sondern können auch nicht mehr geschaffen werden, so ist die Behandlung zu beenden. Können die Hindernisse aber beseitigt werden, so ist der Patient an einen Arztkollegen zu überweisen. Von einer eventuellen Beendigung der Behandlung ist unverzüglich die kooperierende Institution der psychosozialen Versorgung zu unterrichten. Sind die Voraussetzungen für die Substitutionsbehandlung entfallen, so ist die Substitution zu beenden (§ 5 Abs. 2 S. 1 BtMVV; vgl. auch Nr. 11 der BÄK-Richtlinien).

115   **21. Behandlungskapazitäten von Substitutionsärzten.** Der Bundesausschuss der Ärzte und Krankenkassen hatte zunächst die **Zahl der vertragsärztlich durchzuführenden Substitutionsbehandlungen pro Arzt** auf **10,** später auf **20** dann auf **50 begrenzt.** Heute ist ein Arzt **in der Regel nicht mehr als 50 Opiatabhängige gleichzeitig** substituieren (Anl. I Nr. 2 § 10 Abs. 4 MvV-Richtlinien; vgl. auch Nr. 15 der **BÄK-Richtlinien**). Die Kassenärztliche Vereinigung kann in geeigneten Fällen jedoch zur Sicherstellung der Versorgung den Genehmigungsumfang erweitern, wenn ein Arzt oder eine Gemeinschaftspraxis oder eine ambulante Drogenhilfeeinrichtung größere personelle und sachliche Kapazitäten für die schwierige Substitutionsbehandlung aufweisen. Die Anzahl gemeldeter Substitutionspatienten pro Arzt sah im Jahr 2008 wie folgt aus: 25,2% der Ärzte hatten bis zu 3 Patienten, 56,5% der Ärzte 4 bis 50 Patienten, 16,6% der Ärzte 51 bis 150 Patienten und 1,7% der Ärzte über 150 Patienten (Quelle: www.drogenbeauftragte.de – Drogen- und Suchtbericht 2009).

Kap. 2. Abgabe von Betäubungsmitteln auf Verschreibung in der Apotheke (§ 13 Abs. 2 S. 1 BtMG)

Übersicht

A. Zweck der Vorschrift

116   § 13 Abs. 2 BtMG ergänzt die ärztliche Grundregel des § 13 Abs. 1 durch die weitere Grundregel des legalen Betäubungsmittelverkehrs, wonach verschreibungsfähige Betäubungsmittel **nur in einer Apotheke** und **gegen Vorlage einer ärztlichen Verschreibung** abgegeben werden dürfen. Die Vorschrift ist an die

Stelle des § 8 Abs. 1 BtMG von 1972 getreten und entspricht §§ 43 Abs. 1 und 48 Abs. 1 AMG. Die Befugnis ist aber auf die Apothekenräume beschränkt. Außerhalb der Apotheke dürfen die Betäubungsmittel nicht abgegeben werden.

B. Kreis der Berechtigten

Die Formulierung „im Rahmen des Betriebs einer Apotheke" besagt, dass nicht **117** nur der Apotheker selbst, sondern auch seine Hilfspersonen Betäubungsmittel aufgrund ärztlicher Verschreibung abgeben können.

C. Prüfungspflichten des Apothekers

Der Apotheker ist nach dem Gesetz **nicht nur Erfüllungsgehilfe des Arztes,** **118** sondern hat **Beratungs- und Kontrollpflichten gegenüber Arzt und Patienten.** Bei Belieferung von Betäubungsmittelrezepten niedergelassener Ärzte durch einen Apotheker bestehen nicht nur Geschäftsbeziehungen, sondern auch eine **Behandlungsgemeinschaft zwischen Arzt und Apotheker.** Auch bei Straftaten kommt es vielfach zu einer **kriminellen Zusammenarbeit von Arzt und Apotheker.** Eine Behandlungsgemeinschaft aus Arzt und Apotheker ergibt sich aus § 13 BtMG und den **Bestimmungen der BtMVV,** die eine Zusammenarbeit von Arzt und Apotheker im Einzelnen beschreiben. Der Apotheker hat vor Belieferung eines Betäubungsmittelrezeptes regelmäßig Prüfpflichten.

I. Formelle Prüfungen

Der Apotheker bzw. sein Hilfspersonal haben vor der Abgabe die **Formerfor-** **119** **dernisse** der ärztlichen Verschreibung streng zu prüfen.

Zunächst hat er zu prüfen, ob die Verschreibung **von einem Arzt** herrührt. Unter einem Arzt i. S. d. BtMVV und i. S. d. BtMG ist eine im Inland approbierte Medizinalperson zu verstehen, die auch im Inland die Heilkunde ausübt. Betäubungsmittelverschreibungen von nicht im Inland approbierten Ärzten dürfen nicht beliefert werden.

Sodann hat der Apotheker festzustellen, ob die Verschreibung auf einem **Be-** **120** **täubungsmittelformblatt** vorgenommen wurde und ob die wesentlichen Voraussetzungen einer **Betäubungsmittelverschreibung vollständig und ordnungsgemäß** vorliegen. Verschreibt ein **Arzt nicht für seine Patienten Betäubungsmittel, sondern auf dem Gebiet der Tierheilkunde** Betäubungsmittel für Versuchstiere, so darf die Verschreibung nicht beliefert werden (vgl. BGHSt. 7, 248). Umgekehrt darf eine Betäubungsmittelverschreibung eines Tierarztes zur Behandlung am Menschen nicht beliefert werden. Die BtMVV enthält spezielle Vorschriften für die Betäubungsmittelverschreibungen von Ärzten, Zahnärzten und Tierärzten (§§ 2 bis 4 BtMVV). Der Apotheker hat zu prüfen, ob ihm eine **echte, falsche oder gefälschte Verschreibung** vorliegt. Gibt der Apotheker Betäubungsmittel wie Polamidon oder Codein-Lösung in der Apotheke gegen § 13 Abs. 2 BtMG **ohne Betäubungsmittelverschreibung** ab, so macht er sich nach § **29 Abs. 1 S. 1 Nr. 7 lit. a BtMG** strafbar.

II. Inhaltliche Prüfungen

Zwar hat der Apotheker in der Regel **nicht die ärztliche Diagnose, die** **121** **Wirksamkeit der Betäubungsmittelverschreibung** und **des ärztlichen Therapieplanes** zu überprüfen. Der Apotheker hat aber darüber zu wachen, ob der Verschreibung gesetzliche **Verschreibungshindernisse oder Verschreibungsverbote** entgegenstehen, ob mit der Verschreibung die Bestimmungen des BtMG bzw. der BtMVV umgangen werden sollen. Eine Betäubungsmittelverschreibung ist auch unbegründet, wenn der Apotheker erkennt, dass die **verordnete Betäubungsmittelmenge** dem Verschreibungszweck widerspricht. Denn § 13 BtMG erlaubt dem Apotheker **lediglich Betäubungsmittelverschreibungen** zu beliefern, **die der Heilung oder der Linderung** im Rahmen ärztlich begründeter

Behandlung dienen, und nicht Rezepte, die **dem Genuss oder dem Betäubungsmittelmissbrauch** dienen. Die Apothekerbetriebsordnung regelt die Prüfpflicht des Apothekers im Einzelnen. Enthält eine Betäubungsmittelverschreibung einen für den abgebenden Apotheker **erkennbaren Fehler, Zweifel oder Irrtum**, ist sie unleserlich oder ergeben sich aus der Person oder aus dem Verhalten des Rezepteinlösers besondere inhaltliche Bedenken, so dürfen die Betäubungsmittel **solange nicht ausgehändigt werden, bis die Unklarheit beseitigt ist** (vgl. § 12 BtMVV). Kann am Wochenende oder in Urlaubszeiten eine Rückfrage bei dem verschreibenden Arzt oder seinem Vertreter nicht erfolgen, und sind die Bedenken auch nicht durch glaubhafte Versicherungen des Apothekenkunden ausräumbar, so kann eine **Rückfrage bei einem Notfallarzt oder eine Teilbelieferung des Rezeptes** in Betracht kommen. Ergeben sich nach der **Take-home-Verschreibung** bei dem Apotheker die in § 5 Abs. 2 Nr. 4 lit. a bis lit. d BtMVV beschriebenen **Missbrauchssachverhalte**, so darf der Apotheker die Verschreibung nicht uneingeschränkt beliefern, sondern muss durch einen **Kontakt mit dem Arzt** eine Änderung der Verordnung anstreben. Eine **Teilbelieferung am Wochenende wegen Nichterreichbarkeit des Arztes** oder eine Verabreichung unter Sicht stellt keinen Eingriff in die Therapiefreiheit und keine unerlaubte Ausübung der Heilkunde dar, weil der substituierende Arzt durch seine Art der Verschreibung (Einnahme in Apotheke oder zu Hause) und durch seinen Verzicht auf telefonische Erreichbarkeit die **Kontrollpflichten dem Apotheker übertragen** hat.

III. Nicht berufsgemäßes Verhalten

122   **1. Ort der Geschäfte.** Die Befugnis, Arzneimittel und Betäubungsmittel zu verkaufen, beschränkt sich auf den **Apothekenraum (sog. Offizin,** § 17 ApoBetrO, vgl. dazu *Spickhoff/Walter* § 17 ApoBetrO Rn. 2 ff.; zu der Ausnahme hiervon beim Apothekenversandhandel s. § 11 a ApoG), wird aber von einzelnen Apothekern missbraucht zu **Drogengeschäften an fragwürdigen Orten.** Bei den rechtlichen Auseinandersetzungen um die Zulässigkeit von Versandapotheken wurde immer wieder auf die Notwendigkeit hingewiesen, Arzneimittel und Betäubungsmittel nur im Offizin nach besonderer Beratung des Kunden auszuliefern. Wenn Apotheker außerhalb von Apotheken **in Kellerräumen, dunklen Treppenhäusern, auf Parkplätzen oder gar auf der Drogenszene** Pakete mit Drogen ohne Erläuterungen gegen Bargeld übergeben, so ist dies regelmäßig kriminell.

123   **2. Ungewöhnliche Lieferanten.** Beziehen Apotheker ihr Methadonpulver nicht von einer zugelassenen deutschen Pharmafirma, sondern **illegal von der niederländischen Drogenszene,** so verstößt dies in mehrfacher Hinsicht gegen das Gesetz.

124   **3. Ungewöhnliche Kunden.** Zeigen Ärzte oder Privatleute Kaufinteresse an **Methadon-Litermengen ohne Betäubungsmittelrezept,** so sind zweifelsfrei kriminelle Geschäfte geplant.

125   **4. Ungewöhnliche Verpackung/Abfüllung, Beschriftung und Preise.** Wenn Apotheker Arzneimittel oder Betäubungsmittel **unter Codebezeichnungen** wie z. B. **3 l Wasser** oder **eine Kiste Bücher, ein Karton Hemden ohne jegliche Gebrauchsanweisung zu Sonderpreisen** verkaufen, verstößt dies eindeutig gegen das Gesetz. Wenn Apotheker Methadonflüssigkeit **ohne Warnfarbstoff in Mineralwasserflaschen** abfüllen mit Sprudeletikett, so ist dies kriminell.

126   **5. Ungewöhnliche Lieferungen.** Einzelne Apotheker stellen für einzelne Ärzte **exorbitante Mengen Methadonflüssigkeit** her. Allein schon der Umfang der Lieferung verdeutlicht bisweilen, dass diese Substitutionsdrogen nicht für eine ordnungsgemäße Substitution Verwendung finden können.

Denn eine Substitutionsbehandlung ist **nur zulässig,** wenn sie die **Kriterien** 127 **des § 5 BtMVV beachtet** und **von einer psychosozialen Betreuung begleitet ist.** Diese Pflichten kann ein niedergelassener Arzt in der Regel **bei höchstens 50 Substitutionspatienten** erfüllen (s. dazu Rn. 115). Dies beschränkt auch die Bestellmengen von Methadon. Bei Verstößen gegen § 13 Abs. 2 BtMG macht sich der Apotheker **nach § 29 Abs. 1 S. 1 Nr. 7 lit. a BtMG strafbar.**

D. Aufbewahrungs- und Dokumentationspflichten des Apothekers

Der Apotheker hat nach Prüfung der Verschreibung auf der Rückseite von Teil I 128 des Betäubungsmittelrezepts Name und Anschrift der Apotheke, das Abgabedatum anzugeben und zu unterschreiben und diese Verschreibungsteile 3 Jahre aufzubewahren (vgl. § 12 Abs. 3 u. Abs. 4 BtMVV). Nach §§ 13, 14 BtMVV hat der Apotheker den **Zu- und Abgang von Betäubungsmitteln** und von Ausgangsstoffen für die Herstellung von Betäubungsmittelrezepturen vollständig und ordnungsgemäß **zu dokumentieren. Verstöße** gegen die Aufzeichnungs- und Aufbewahrungspflichten der §§ 13, 14 BtMVV können sich als **Ordnungswidrigkeiten nach § 17 Nr. 9 BtMVV** darstellen, so z. B. die Herstellung von Dihydrocodein-Saft aus angelieferten Dihydrocodeinhydrogentartrat-Pulver (= Codein-Pulver) oder die Herstellung von Methadon-Lösung aus Methadon-Pulver, reinem Wasser, Glycerin und Warenfarbe.

Kap. 3. Abgabe von Diamorphin durch pharmazeutische Unternehmen (§ 13 Abs. 2 S. 2 BtMG)

Übersicht

A. Zweck der Vorschrift

Nach dem durch Gesetz zur diamorphingestützten Substitutionsbehandlung 129 vom 15. 7. 2009 mit Wirkung vom 21. 7. 2009 eingefügten § 13 Abs. 2 S. 2 BtMG (BGBl. I, S. 1801) darf das Substitutionsmittel **Diamorphin** nur gegen Vorlage ärztlicher Verschreibung von einem pharmazeutischen Unternehmer an eine anerkannte Einrichtung abgeben werden. Mit der Vorschrift trägt der Gesetzgeber dem Umstand Rechnung, dass in § 47 b AMG ein Sondervertriebsweg geregelt wurde, nach dem Diamorphin nicht über den üblichen Weg vom Hersteller über den pharmazeutischen Großhändler und die Apotheke, sondern unmittelbar vom pharmazeutischen Unternehmer zur behandelnden Einrichtung geliefert werden muss (vgl. BT-Drs. 16/11515, S. 10).

B. Kreis der Berechtigten

§ 13 Abs. 2 S. 2 BtMG wendet sich ausschließlich an pharmazeutische Unter- 130 nehmer. **Pharmazeutischer Unternehmer** ist in Anlehnung an § 4 Abs. 18 AMG der Inhaber der Zulassung (*Hügel/Junge/Lander/Winkler* § 29 Rn. 16.1.2; s. auch § 29/Teil 16, Rn. 24). Der Kreis der pharmazeutischen Unternehmer beschränkt sich damit nicht nur auf den Hersteller, sondern es zählen auch Vertriebsunternehmer und Mitvertreiber hierzu (MK-StGB/*Freund* § 4 Rn. 38; *Spickhoff/Heßhaus* § 4 AMG Rn. 15; s. § 29/Teil 16, Rn. 24). Der pharmazeutische Unternehmer handelt nach § 29 Abs. 1 S. 1 Nr. 7 lit. b BtMG strafbar, wenn er Diamorphin ohne Vorlage einer ärztlichen Verschreibung abgibt oder wenn die Einrichtung, an die das Diamorphin geliefert wird, nicht über die notwendige staatliche Anerkennung verfügt (s. § 29/Teil 16, Rn. 25).

Kap. 4. Abgabe von Betäubungsmitteln im Rahmen des Betriebes einer tierärztlichen Hausapotheke (§ 13 Abs. 2 S. 3 BtMG)

Übersicht

A. Zweck der Vorschrift

131   Eine Verschreibung ist nicht erforderlich, wenn Betäubungsmittel im Rahmen einer tierärztlichen Hausapotheke abgegeben werden (§ 13 Abs. 2 S. 3 BtMG). Allerdings darf die Abgabe nur zur Anwendung an einem vom Betreiber der Hausapotheke behandelten Tier erfolgen. Die Vorschrift erlaubt keine Abgabe von Betäubungsmitteln in einer tierärztlichen Hausapotheke aufgrund einer Verschreibung eines anderen Tierarztes. Damit soll der Betreiber der tierärztlichen Apotheke selbst in die Pflicht genommen werden.

B. Kreis der Berechtigten in der tierärztlichen Apotheke

132   Nicht nur der Tierarzt persönlich, auch sein Hilfspersonal ist befugt, seinen Weisungen entsprechend Betäubungsmittel im Rahmen der tierärztlichen Apotheke abzugeben.

C. Erwerber der Betäubungsmittel

133   Nach § 4 Abs. 1 Nr. 3 BtMG sind die Apothekenkunden aufgrund einer ärztlichen, zahnärztlichen oder einer tierärztlichen Verschreibung und die Tierhalter aufgrund einer tierärztlichen Behandlung in einer tierärztlichen Hausapotheke von einer Erlaubnis nach § 3 BtMG befreit.

Kap. 5. Ermächtigungsgrundlage des § 13 Abs. 3 BtMG

134   Die Ermächtigung des § 13 Abs. 3, die dem § 8 Abs. 2 BtMG von 1972 entspricht, ermöglicht es der Bundesregierung, durch Einflussnahme auf den legalen Betäubungsmittelverkehr die Missbrauchsmöglichkeiten beim Verschreiben und Abgeben von Betäubungsmitteln unter Kontrolle zu bringen. Aufgrund dieser Ermächtigung ist die BtMVV geschaffen worden. Diese Verordnung richtet sich sowohl an die Ärzte als auch an die Apotheker. Für eine Verordnung nach § 13 Abs. 3 BtMG bedarf die Bundesregierung der Zustimmung des Bundesrates, da im Gegensatz zu den sonstigen betäubungsmittelrechtlichen Vorschriften die zuständigen Landesbehörden bei Ärzten und Apothekern bestimmte Überwachungsaufgaben haben.

Kap. 6. Straf- und Bußgeldvorschriften

135   Wer Betäubungsmittel **entgegen § 13 Abs. 1 BtMG** verschreibt, verabreicht oder zum unmittelbaren Verbrauch überlässt, macht sich nach § 29 Abs. 1 S. 1 Nr. 6 BtMG strafbar (s. dazu § 29/Teil 15)

136   Wer Betäubungsmittel **entgegen § 13 Abs. 2 S. 1 und S. 3 BtMG** in einer Apotheke oder tierärztlichen Hausapotheke abgibt, wird durch § 29 Abs. 1 S. 1 Nr. 7 lit. a BtMG mit Strafe bedroht (s. § 29/Teil 16, Rn. 3 ff.). Pharmazeutische Unternehmer, die Diamorphin entgegen § 13 Abs. 2 S. 2 BtMG abgeben, unterfallen § 29 Abs. 1 S. 1 Nr. 7 lit. b BtMG (§ 29/Teil 16, Rn. 22 ff.).

137   Wer einer **Rechtsverordnung nach § 13 Abs. 3 S. 2 Nr. 1 oder Nr. 3 BtMG zuwiderhandelt,** also bestimmte **Verschreibungsgrundsätze oder Ver-**

schreibungshindernisse missachtet, verstößt gegen § 29 Abs. 1 S. 1 Nr. 14 BtMG.

Wer schließlich einer Rechtsverordnung nach § 13 Abs. 3 S. 2 Nr. 2 BtMG, also **138** **Formalvorschriften,** zuwiderhandelt, begeht nach § 32 Abs. 1 Nr. 6 BtMG eine Ordnungswidrigkeit.

Kennzeichnung und Werbung

14 (1) ¹Im **Betäubungsmittelverkehr sind die Betäubungsmittel unter Verwendung der in den Anlagen aufgeführten Kurzbezeichnungen zu kennzeichnen.** ²Die **Kennzeichnung hat in deutlich lesbarer Schrift, in deutscher Sprache und auf dauerhafte Weise zu erfolgen.**

(2) **Die Kennzeichnung muß außerdem enthalten**
1. **bei rohen, ungereinigten und nicht abgeteilten Betäubungsmitteln den Gewichtsvomhundertsatz und bei abgeteilten Betäubungsmitteln das Gewicht des enthaltenen reinen Stoffes,**
2. **auf Betäubungsmittelbehältnissen und – soweit verwendet – auf den äußeren Umhüllungen bei Stoffen und nicht abgeteilten Zubereitungen die enthaltene Gewichtsmenge, bei abgeteilten Zubereitungen die enthaltene Stückzahl; dies gilt nicht für Vorratsbehältnisse in wissenschaftlichen Laboratorien sowie für zur Abgabe bestimmte kleine Behältnisse und Ampullen.**

(3) **Die Absätze 1 und 2 gelten nicht für Vorratsbehältnisse in Apotheken und tierärztlichen Hausapotheken.**

(4) **Die Absätze 1 und 2 gelten sinngemäß auch für die Bezeichnung von Betäubungsmitteln in Katalogen, Preislisten, Werbeanzeigen oder ähnlichen Druckerzeugnissen, die für die am Betäubungsmittelverkehr beteiligten Fachkreise bestimmt sind.**

(5) ¹Für **in Anlage I bezeichnete Betäubungsmittel darf nicht geworben werden.** ²Für **in den Anlagen II und III bezeichnete Betäubungsmittel darf nur in Fachkreisen der Industrie und des Handels sowie bei Personen und Personenvereinigungen, die eine Apotheke oder eine tierärztliche Hausapotheke betreiben, geworben werden, für in Anlage III bezeichnete Betäubungsmittel auch bei Ärzten, Zahnärzten und Tierärzten.**

A. Anwendungsbereich

Die Vorschrift ist an die Stelle der aufgrund § 7 BtMG 1972 erlassenen Verord- **1** nung über Ankündigung und Beschriftung von Betäubungsmitteln enthaltenden Arzneien v. 14. 4. 1930 (RGBl. I, S 144) getreten. Sie dient der Kontrolle im Betäubungsmittelverkehr unter Anpassung der deutschen Bezeichnungen an die **internationalen Kurzbezeichnungen** der Weltgesundheitsorganisation und an die wissenschaftlichen Bezeichnungen der internationalen Abkommen von 1961 und 1971. Mit §§ 14 Abs. 1 bis Abs. 4 BtMG ist der Gesetzgeber der Verpflichtung aus Art. 3 Abs. 3 Einheits-Übereinkommen 1961 nachgekommen.

B. Kennzeichnungspflicht

§ 14 BtMG legt fest, dass die in den Anlagen angeführte Kurzbezeichnung zur **2** Kennzeichnung zu verwenden ist. Da die Kontrolle des legalen Betäubungsmittelverkehrs vor allem eine **Mengenkontrolle** darstellt, legt § 14 Abs. 2 BtMG fest, dass und wie die Kennzeichnung die Gewichtsmengen zu enthalten hat.

Nicht nur die Betäubungsmittel selbst müssen entsprechend den Anlagen ge- **3** kennzeichnet werden, sondern auch die Werbungs-, Angebots- und Verkaufsdrucksachen müssen die Betäubungsmittel entsprechend den Anlagen bezeichnen,

damit nicht **Betäubungsmittel unter anderen Bezeichnungen** angeboten und
für sie geworben wird (§ 14 Abs. 4 BtMG).

C. Werbung für Betäubungsmittel

4   § 14 Abs. 5 BtMG regelt die legale Werbung für Betäubungsmittel und entspricht damit Art. 10 Abs. 2 des Übereinkommens von 1971. Für die in **Anl. I**
genannten nicht verkehrsfähigen Betäubungsmittel darf **nicht geworben** werden.
Für die in **Anl. II und III** genannten verkehrsfähigen Betäubungsmittel darf **nur
in Fachkreisen** der Industrie, des Handels und des Apothekengewerbes geworben
werden. Für die verschreibungsfähigen Betäubungsmittel der Anl. III darf zusätzlich auch bei Ärzten, Zahnärzten und Tierärzten geworben werden. Diese Regelung entspricht § 8 Abs. 1 des Heilmittelgewerbegesetzes.

D. Rechtsfolgen

5   Wer entgegen § 14 Abs. 1 und Abs. 4 BtMG **Betäubungsmittel** nicht vorschriftsmäßig bezeichnet, handelt gem. § 32 Abs. 1 Nr. 8 BtMG ordnungswidrig.
     Wer entgegen § 14 Abs. 5 BtMG für **Betäubungsmittel** wirbt, macht sich
nach § 29 Abs. 1 S. 1 Nr. 8 BtMG strafbar (s. hierzu im Einzelnen § 29/Teil 17,
Rn. 2 ff.).

Sicherungsmaßnahmen

15 [1] **Wer am Betäubungsmittelverkehr teilnimmt, hat die Betäubungsmittel, die sich in seinem Besitz befinden, gesondert aufzubewahren und gegen unbefugte Entnahme zu sichern.** [2] **Das Bundesinstitut für
Arzneimittel und Medizinprodukte kann Sicherungsmaßnahmen anordnen, soweit es nach Art oder Umfang des Betäubungsmittelverkehrs,
dem Gefährdungsgrad oder der Menge der Betäubungsmittel erforderlich
ist.**

A. Zweck der Vorschrift

1   Die Vorschrift soll verhindern, zumindest erschweren, dass der illegale Betäubungsmittelhandel sich im Wege des Diebstahls, der Unterschlagung oder der
unbefugten Entnahme aus legalen Betäubungsmitteldepots versorgt. Um die Dieb-
stahlsgefahr möglichst gering zu halten, wird der **Erlaubnisinhaber** deshalb je
nach Menge und Gefährdungsgrad der Betäubungsmittel **zu besonderen Sicherungsmaßnahmen** verpflichtet. Die Vorschrift entspricht Art. 8 Abs. 2 lit. c des
Übereinkommens von 1971.

B. Aufbewahrungspflicht (Satz 1)

I. Sicherheitsvorkehrungen für Erlaubnisinhaber nach § 3 BtMG

2   Nach § 7 Abs. 1 S. 2 Nr. 4 BtMG hat jeder Antragsteller für eine Betäubungs-
mittelerlaubnis die vorhandenen Sicherungsvorkehrungen zu beschreiben. Das
BfArM hat **Richtlinien** entwickelt, wie Betäubungsmittelvorräte von Erlaubnis-
habern nach § 3 BtMG besonders gegen unbefugte Wegnahme zu sichern sind.
Diese Richtlinien, die auch als Merkblätter beim *BfArM* angefordert werden können, unterscheiden **drei Vorkehrungen** (Stand: 1. 1. 2007, abgedruckt bei *Hügel/
Junge/Lander/Winkler* § 15 Rn. 2.2):

3   **1. Aufbewahrung in Schränken.** Bei der Aufbewahrung in einem Schrank ist
ein Wertschutzschrank mit einem Widerstandsgrad I oder höher nach EN 1143-1,
der bei einem Eigengewicht von unter 1.000 kg in geeigneter Wand oder geeignetem Boden befestigt ist, zu verwenden.

2. **Aufbewahrung in Räumen.** Werden Betäubungsmittel nicht in einem 4
Stahlschrank, sondern in einem Raum aufbewahrt, muss dieser mit zertifizierten
Wertschutzraumtüren mit einem Widerstandsgrad von III oder höher nach
EN 1143-1 und mit besonders sicheren Wänden, Decken und Fußböden ausgestattet sein. Der Raum darf keine Fenster haben oder er ist, sofern Fenster erhalten
bleiben müssen, mit Gittern zu sichern.
3. **Zusätzliche elektrische Überwachung.** Wenn die Art oder der Umfang 5
des Betäubungsmittelverkehrs es erfordern, kann auch zusätzlich zu den mechanischen Vorkehrungen eine elektrische Überwachung durch eine Einbruchmeldean-
lage notwendig werden.

**II. Sicherheitsvorkehrungen im Krankenhausbereich, in öffentlichen
Apotheken, Arztpraxen sowie Alten- und Pflegeheimen**

Die vorgenannten Sicherungsmaßnahmen gelten nach der Richtlinie des *BfArM* 6
über Maßnahmen zur Sicherung von Betäubungsmittelvorräten im Krankenhausbereich, in öffentlichen Apotheken, Arztpraxen sowie Alten- und Pflegeheimen
vom 1. 1. 2007 (abgedruckt in *Hügel/Junge/Lander/Winkler* § 29 Rn. 2.3) auch im
medizinisch-pharmazeutischen Bereich. Daher müssen auch **Ärzte und ihr Hilfspersonal in Gesundheitsämtern, ärztlichen Kliniken, Praxen und Ambulanzen,** die im Rahmen der Schmerzbehandlung oder einer Substitutionsbehandlung Betäubungsmittel aufbewahren und an Patienten vergeben, ebenso wie die
Apotheker den Bestand der Betäubungsmittel sorgfältig dokumentieren, sicher
aufbewahren und gegen unbefugte Wegnahme sichern.

III. Sicherheitsvorkehrungen für Strafverfolgungsbehörden

Strafverfolgungsbehörden und Untersuchungsbehörden des Bundes und der 7
Länder müssen trotz ihrer Befreiung von der Erlaubnispflicht nach § 4 BtMG die
notwendigen Sicherungsmaßnahmen bei Sicherstellung, Aufbewahrung, Untersuchung und Vernichtung von Betäubungsmitteln nach § 15 BtMG treffen. Nach
den **Asservatenvorschriften der Polizei** ist für eine sichere Zwischenaufbewah-
rung der Betäubungsmittel und -utensilien in einem besonderen Asservatenraum
unter besonderem Verschluss Sorge zu tragen (s. z. B. Rundschreiben des Ministeriums des Inneren und für Sport in Rheinland-Pfalz vom 22. 7. 2010). Die gerichtlich eingezogenen, für Lehr- und Vergleichszwecke (Mustersammlung) gesondert aufbewahrten Betäubungsmittelasservate sind gem. § 15 BtMG gesondert
aufzubewahren und gegen unbefugte Wegnahme zu sichern. Betäubungsmittel-
überführungsstücke in Straf- und Bußgeldsachen sind in einem Stahlschrank oder
Asservatenraum besonders gegen Wegnahme zu sichern.

C. Anordnung von Sicherheitsmaßnahmen (Satz 2)

Das *BfArM* kann nach § 15 Satz 2 BtMG Sicherheitsmaßnahmen anordnen, 8
soweit dies aufgrund der Art und Umfang des Betäubungsmittelverkehrs, des Ge-
fährdungsgrades oder der Menge der Betäubungsmittel erforderlich ist. Als Sicherheitsmaßnahmen kommen die in den Richtlinien des *BfArM* genannten Vorkehrungen in Betracht. Einem Anbauer kann aber auch aufgegeben werden, dass der
Anbau an versteckten Orten stattfindet, die **Felder eingezäunt** oder **überwacht** werden, **wirkstoffarme Sorten** ausgewählt werden oder die **Ernte vor
der Reife** stattfindet.
Richtet sich die Anordnung gegen einen Einzelnen, handelt es sich um einen 9
Verwaltungsakt. Bei einer Anordnung für eine Gruppe, z. B. Hersteller oder
Anbauer, liegt eine **Allgemeinverfügung** vor (*Weber* § 15 Rn. 5; *Hügel/Junge/
Lander/Winkler* § 15 Rn. 4).

D. Rechtsfolgen

10   Wer den Anordnungen des Bundesgesundheitsamtes nach Satz 2, bestimmte Sicherungsmaßnahmen durchzuführen, zuwiderhandelt, begeht eine Ordnungswidrigkeit gem. § 32 Abs. 1 Nr. 9 BtMG. Ein Verstoß gegen Satz 1 ist nicht ausdrücklich sanktioniert; werden aber Betäubungsmittel aufbewahrt, ohne sie gegen Wegnahme zu sichern, und sie werden entwendet, kommt ein fahrlässiges Inverkehrbringen von Betäubungsmitteln nach §§ 29 Abs. 1 S. 1 Nr. 1, Abs. 4 BtMG in Betracht (*Weber* § 15 Rn. 9; s. dazu auch § 29/Teil 9, Rn. 5).

Vernichtung

16 (1) [1]**Der Eigentümer von nicht mehr verkehrsfähigen Betäubungsmitteln hat diese auf seine Kosten in Gegenwart von zwei Zeugen in einer Weise zu vernichten, die eine auch nur teilweise Wiedergewinnung der Betäubungsmittel ausschließt sowie den Schutz von Mensch und Umwelt vor schädlichen Einwirkungen sicherstellt.** [2]**Über die Vernichtung ist eine Niederschrift zu fertigen und diese drei Jahre aufzubewahren.**

(2) [1]**Das Bundesinstitut für Arzneimittel und Medizinprodukte, in den Fällen des § 19 Abs. 1 Satz 3 die zuständige Behörde des Landes, kann den Eigentümer auffordern, die Betäubungsmittel auf seine Kosten an diese Behörden zur Vernichtung einzusenden.** [2]**Ist ein Eigentümer der Betäubungsmittel nicht vorhanden oder nicht zu ermitteln, oder kommt der Eigentümer seiner Verpflichtung zur Vernichtung oder der Aufforderung zur Einsendung der Betäubungsmittel gemäß Satz 1 nicht innerhalb einer zuvor gesetzten Frist von drei Monaten nach, so treffen die in Satz 1 genannten Behörden die zur Vernichtung erforderlichen Maßnahmen.** [3]**Der Eigentümer oder Besitzer der Betäubungsmittel ist verpflichtet, die Betäubungsmittel den mit der Vernichtung beauftragten Personen herauszugeben oder die Wegnahme zu dulden.**

(3) **Absatz 1 und Absatz 2 Satz 1 und 3 gelten entsprechend, wenn der Eigentümer nicht mehr benötigte Betäubungsmittel beseitigen will.**

A. Anwendungsbereich

1   Auch die Vorschrift des § 16 will verhindern, dass legale Betäubungsmittelbestände in die Kanäle des illegalen Drogenmarktes fließen. Während § 15 BtMG Sicherungsmaßnahmen für die verkehrsfähigen Betäubungsmittel regelt, befasst sich § 16 mit den **Betäubungsmitteln, die nicht mehr verkehrsfähig sind** oder nicht mehr benötigt werden. Die Vorschrift ist an die Stelle des § 2 Abs. 1 und Abs. 5 S. 2 BtMG 1972 getreten.

B. Vernichtung (Abs. 1)

2   § 16 Abs. 1 BtMG schreibt vor, dass nicht mehr verkehrsfähige Betäubungsmittel zu vernichten sind.

3   **1. Vernichtung.** Unter Vernichtung ist die endgültige Zerstörung der Betäubungsmittel durch physikalische oder chemische Einwirkungen zu verstehen. Es reicht also nicht das Vergraben, Wegschütten oder Verarbeiten aus. Vielmehr soll durch Verbrennen oder einen ähnlichen Vorgang jegliche Wiederverwendung der Betäubungsmittel ausgeschlossen werden.

4   **2. Nicht verkehrsfähige Betäubungsmittel.** Nicht verkehrsfähig sind Betäubungsmittel, die verdorben sind oder wegen Überschreitens der Haltbarkeitsfrist unbrauchbar geworden sind. Betäubungsmittel, die im legalen Verkehr nicht mehr verkehrsfähig und wertlos geworden sind, sind jedoch regelmäßig in der illegalen

Drogenszene verkehrsfähig und wertvoll. Die erste Sicherungsmaßnahme gegen einen Abfluss nicht verkehrsfähiger Betäubungsmittel in die illegale Drogenszene ist die Pflicht, diese unbrauchbaren Drogen zu vernichten.

3. Verfahren. Der Wert der zu vernichtenden unbrauchbaren Betäubungsmittel 5 auf dem illegalen Drogenmarkt bedeutet eine gewisse Versuchung für den für die Vernichtung verantwortlichen Drogenasservatenverwalter. § 16 Abs. 1 BtMG sieht deshalb gerade für den Fall der Vernichtung besondere Sicherungsmaßnahmen zur Überwachung der Vernichtung vor. Die Vernichtung hat in Gegenwart von zwei Zeugen zu erfolgen. Sie muss in einer Niederschrift protokolliert werden. Die Staatsanwaltschaften regeln zumeist durch Hausverfügung, wie die Vernichtung gerichtlich eingezogener Betäubungsmittelasservate durchzuführen ist. Regelmäßig listet ein(e) Rechtspfleger(in) die zu vernichtenden Betäubungsmittel auf unter Mitwirkung eines Mitarbeiters der Asservatenverwaltung. Nach Genehmigung der Liste durch den Geschäftsleiter verbringen der Rechtspfleger und Asservatenverwalter mit einem Dienstwagen die Betäubungsmittel zu bestimmten Terminen in eine bestimmte Müllverbrennungsanlage, wo beide das Verbringen und Verbrennen der Betäubungsmittel im Verbrennungsschacht überwachen und protokollieren.

C. Aufforderung zur Übersendung und Übernahme der Vernichtung durch das BfArM (Abs. 2)

Der Eigentümer von Betäubungsmitteln ist nach § 16 Abs. 2 S. 1 BtMG ver- 6 pflichtet, auf Aufforderung des *BfArM* Betäubungsmittel zum Zwecke der Vernichtung auf seine Kosten einzusenden. Kommt er der Aufforderung zur Einsendung oder zur Vernichtung der Betäubungsmittel nicht binnen einer zuvor gesetzten Frist von 3 Monaten nach, so können das *BfArM*, in den Fällen des § 19 Abs. 1 S. 3 BtMG die zuständige Landesbehörde, bzw. die von diesen Behörden beauftragten Personen, die Vernichtung gem. § 16 Abs. 2 S. 2 BtMG übernehmen. Gleiches gilt, wenn ein Eigentümer nicht vorhanden oder zu ermitteln ist. Nach § 16 Abs. 2 S. 3 BtMG hat der Eigentümer die Betäubungsmittel zum Zwecke der Vernichtung an die zuständigen Behörden auszuhändigen.

Die Verwertung und Vernichtung von beschlagnahmten Betäubungsmitteln im 7 Rahmen eines Strafverfahrens richtet sich nach §§ 74 und 75 der Strafvollstreckungsordnung i. V. m. den §§ 12 und 26 BtMG.

D. Nicht mehr benötigte Betäubungsmittel (Abs. 3)

Die vom Eigentümer nicht mehr benötigten Betäubungsmittel sind zu vernich- 8 ten wie die nicht mehr verkehrsfähigen Betäubungsmittel.

E. Rechtsfolgen

Verstöße gegen § 16 BtMG werden gem. § 32 Abs. 1 Nr. 10 BtMG als Ord- 9 nungswidrigkeiten geahndet. Eignet sich ein Drogenverwalter die zu vernichtenden Betäubungsmittel an, lagert sie und verkauft sie, so macht er sich wegen Sichverschaffens, Besitzes oder wegen Handeltreibens nach § 29 Abs. 1 S. 1 BtMG strafbar.

Aufzeichnungen

17 (1) [1]**Der Inhaber einer Erlaubnis nach § 3 ist verpflichtet, getrennt für jede Betriebsstätte und jedes Betäubungsmittel fortlaufend folgende Aufzeichnungen über jeden Zugang und jeden Abgang zu führen:**
1. das Datum,
2. den Namen oder die Firma und die Anschrift des Lieferers oder des Empfängers oder die sonstige Herkunft oder den sonstigen Verbleib,

3. **die zugegangene oder abgegangene Menge und den sich daraus ergebenden Bestand,**
4. **im Falle des Anbaues zusätzlich die Anbaufläche nach Lage und Größe sowie das Datum der Aussaat,**
5. **im Falle des Herstellens zusätzlich die Angabe der eingesetzten oder hergestellten Betäubungsmittel, der nicht dem Gesetz unterliegenden Stoffe oder der ausgenommenen Zubereitungen nach Art und Menge und**
6. **im Falle der Abgabe ausgenommener Zubereitungen durch deren Hersteller zusätzlich den Namen oder die Firma und die Anschrift des Empfängers.**

²**Anstelle der in Nummer 6 bezeichneten Aufzeichnungen können die Durchschriften der Ausgangsrechnungen, in denen die ausgenommenen Zubereitungen kenntlich gemacht sind, fortlaufend nach dem Rechnungsdatum abgeheftet werden.**

(2) **Die in den Aufzeichnungen oder Rechnungen anzugebenden Mengen sind**
1. **bei Stoffen und nicht abgeteilten Zubereitungen die Gewichtsmenge und**
2. **bei abgeteilten Zubereitungen die Stückzahl.**

(3) **Die Aufzeichnungen oder Rechnungsdurchschriften sind drei Jahre, von der letzten Aufzeichnung oder vom letzten Rechnungsdatum an gerechnet, gesondert aufzubewahren.**

A. Aufzeichnungspflicht

1   Die Vorschrift gilt nur für Erlaubnisinhaber und ersetzt die Lagerbuchpflicht des § 5 BtMG 1972 durch **detaillierte Aufzeichnungspflichten.** Die Aufzeichnungen ermöglichen sowohl dem Erlaubnisinhaber als auch dem *BfArM* eine **Bestandskontrolle** und eine **Überwachung der einzelnen Zu- und Abgänge.** Diese Aufzeichnungen dienen dem Erlaubnisinhaber als Grundlage für die Meldungen nach § 18 BtMG und lassen ihn Betäubungsmittelverluste durch Verderb, Vernichtung, chemische Veränderung oder durch Diebstahl rasch erkennen. Die Vorschrift hat erhebliche Bedeutung bei dem legalen Betäubungsmittelgroßhandel.

2   **Fortlaufende Aufzeichnungen** i. S. v. § 17 BtMG sind nur solche, die auch in unmittelbarem zeitlichem Zusammenhang mit den eintragungspflichtigen Vorgängen, insb. alsbald nach Zugang oder Abgang eines Betäubungsmittels, vorgenommen werden (*BayObLG* NStE 1992 Nr. 1 zu § 32 BtMG).

3   § 17 Abs. 1 BtMG enthält besondere Aufzeichnungspflichten für die Erlaubnisinhaber nach § 3 Abs. 1 BtMG, für die legale Herstellung, für den legalen Anbau, für den legalen Handel bzw. Abgabe und für den legalen Erwerb.

4   Auch für den **legalen Betäubungsmittelverkehr,** der im Wege der Ausnahmeerlaubnis nach § 3 Abs. 2 BtMG genehmigt wurde, sieht der § 17 Abs. 1 BtMG besondere Aufzeichnungspflichten vor.

5   Die besonderen Dokumentationspflichten des Betäubungsmittel verschreibenden Arztes ergeben sich aus § 5 Abs. 9 und § 13 BtMVV.

B. Rechtsfolgen

6   Verstöße gegen § 17 BtMG sind als Ordnungswidrigkeiten in § 32 Abs. 1 Nr. 11 BtMG mit Geldbuße bedroht.

Meldungen

18 (1) **Der Inhaber einer Erlaubnis nach § 3 ist verpflichtet, dem Bundesinstitut für Arzneimittel und Medizinprodukte getrennt für jede**

Betriebsstätte und für jedes Betäubungsmittel die jeweilige Menge zu melden, die

1. beim Anbau gewonnen wurde, unter Angabe der Anbaufläche nach Lage und Größe,
2. hergestellt wurde, aufgeschlüsselt nach Ausgangsstoffen,
3. zur Herstellung anderer Betäubungsmittel verwendet wurde, aufgeschlüsselt nach diesen Betäubungsmitteln,
4. zur Herstellung von nicht unter dieses Gesetz fallenden Stoffen verwendet wurde, aufgeschlüsselt nach diesen Stoffen,
5. zur Herstellung ausgenommener Zubereitungen verwendet wurde, aufgeschlüsselt nach diesen Zubereitungen,
6. eingeführt wurde, aufgeschlüsselt nach Ausfuhrländern,
7. ausgeführt wurde, aufgeschlüsselt nach Einfuhrländern,
8. erworben wurde,
9. abgegeben wurde,
10. vernichtet wurde,
11. zu anderen als den nach den Nummern 1 bis 10 angegebenen Zwecken verwendet wurde, aufgeschlüsselt nach den jeweiligen Verwendungszwecken und
12. am Ende des jeweiligen Kalenderhalbjahres als Bestand vorhanden war.

(2) Die in den Meldungen anzugebenden Mengen sind

1. bei Stoffen und nicht abgeteilten Zubereitungen die Gewichtsmenge und
2. bei abgeteilten Zubereitungen die Stückzahl.

(3) Die Meldungen nach Absatz 1 Nr. 2 bis 12 sind dem Bundesinstitut für Arzneimittel und Medizinprodukte jeweils bis zum 31. Januar und 31. Juli für das vergangene Kalenderhalbjahr und die Meldung nach Absatz 1 Nr. 1 bis zum 31. Januar für das vergangene Kalenderjahr einzusenden.

(4) Für die in Absatz 1 bezeichneten Meldungen sind die vom Bundesinstitut für Arzneimittel und Medizinprodukte herausgegebenen amtlichen Formblätter zu verwenden.

A. Meldepflicht

Die Vorschrift ist an die Stelle von Art. 4 Nr. 6 der Verordnung über die Verarbeitung von Betäubungsmitteln v. 20. 2. 1935 (RGBl. I, S. 212) und von § 6 der Verordnung über den Bezug von Betäubungsmitteln v. 17. 11. 1972 (BGBl. I, S. 2141), geändert durch Verordnung v. 25. 3. 1974 (BGBl. I, S. 775), getreten und begründet für die **Erlaubnisinhaber** der verschiedenen Verkehrsformen (§ 18 Abs. 1 Nr. 1 bis Nr. 12 BtMG) eine Meldepflicht. **1**

Die gem. § 4 BtMG **von der Erlaubnispflicht befreiten Personen** unterliegen nicht den **Meldepflichten** des § 18 BtMG. **2**

Aufgrund der Meldungen wird das *BfArM* in die Lage versetzt, den **Betäubungsmittelverkehr zu kontrollieren und zu überwachen** und seine **Berichtspflicht** gegenüber dem Internationalen Suchtstoffkontrollamt in Wien nachzukommen entsprechend den Art. 13 und Art. 20 des Übereinkommens von 1961 und Art. 16 Abs. 4 des Übereinkommens von 1971. **3**

Im Gegensatz zur unverzüglichen Einzelmeldepflicht des § 12 Abs. 2 BtMG hat die Bestandsmeldung des § 18 halbjährlich zu erfolgen (§ 18 Abs. 3 BtMG). Die Meldepflicht bedeutet die Verpflichtung, die Aufzeichnungen nach § 17 auf den vom BfArM herausgegebenen amtlichen Formblättern dem *BfArM* mitzuteilen (§ 18 Abs. 4 BtMG). **4**

Die **früher** in § 2a Abs. 9 BtMVV enthaltene **Meldepflicht** ist entfallen. **5**

B. Rechtsfolgen

6   Wer entgegen § 18 Abs. 1 bis Abs. 3 BtMG seine Meldungen nicht richtig, nicht vollständig oder nicht rechtzeitig erstattet, begeht eine Ordnungswidrigkeit nach § 32 Abs. 1 Nr. 12 BtMG.

Verbote

18a *(aufgehoben)*

Diese Vorschrift ist nach Inkrafttreten des Grundstoffüberwachungsgesetzes (GÜG) entfallen.

Vierter Abschnitt. Überwachung

Durchführende Behörde

19 (1) [1]Der Betäubungsmittelverkehr sowie die Herstellung ausgenommener Zubereitungen unterliegt der Überwachung durch das Bundesinstitut für Arzneimittel und Medizinprodukte. [2]Diese Stelle ist auch zuständig für die Anfertigung, Ausgabe und Auswertung der zur Verschreibung von Betäubungsmitteln vorgeschriebenen amtlichen Formblätter. [3]Der Betäubungsmittelverkehr bei Ärzten, Zahnärzten und Tierärzten, pharmazeutischen Unternehmern im Falle der Abgabe von Diamorphin und in Apotheken, tierärztlichen Hausapotheken, Krankenhäusern und Tierkliniken unterliegt der Überwachung durch die zuständigen Behörden der Länder. [4]Diese überwachen auch die Einhaltung der in § 10a Abs. 2 aufgeführten Mindeststandards; den mit der Überwachung beauftragten Personen stehen die in den §§ 22 und 24 geregelten Befugnisse zu.

(2) Das Bundesinstitut für Arzneimittel und Medizinprodukte ist zugleich die besondere Verwaltungsdienststelle im Sinne der internationalen Suchtstoffübereinkommen.

(3) [1]Der Anbau von Nutzhanf im Sinne des Buchstabens d der Ausnahmeregelung zu Cannabis (Marihuana) in Anlage I unterliegt der Überwachung durch die Bundesanstalt für Landwirtschaft und Ernährung. Artikel 40 Absatz 1 und 4 Unterabsatz 1 der Verordnung (EG) Nr. 1122/2009 der Kommission vom 30. November 2009 mit Durchführungsbestimmungen zur Verordnung (EG) Nr. 73/2009 des Rates hinsichtlich der Einhaltung anderweitiger Verpflichtungen, der Modulation und des integrierten Verwaltungs- und Kontrollsystems im Rahmen der Stützungsregelungen für Inhaber landwirtschaftlicher Betriebe gemäß der genannten Verordnung und mit Durchführungsbestimmungen zur Verordnung (EG) Nr. 1234/2007 hinsichtlich der Einhaltung anderweitiger Verpflichtungen im Rahmen der Stützungsregelung für den Weinsektor (ABl. L 316 vom 2. 12. 2009, S. 65) in der jeweils geltenden Fassung sowie § 25 Absatz 1 und 3 und § 29 der InVeKoS-Verordnung gelten entsprechend. [2]Die Bundesanstalt für Landwirtschaft und Ernährung darf die ihr nach § 31 der InVeKoS-Verordnung von den zuständigen Landesstellen übermittelten Daten sowie die Ergebnisse im Rahmen der Regelungen über die einheitliche Betriebsprämie durchgeführten THC-Kontrollen zum Zweck der Überwachung nach diesem Gesetz verwenden.

A. Anwendungsbereich

Der 4. Abschnitt des BtMG befasst sich in den $\S\S$ 19 bis 25 mit der **Überwa-** 1
chung des Betäubungsmittelverkehrs. Er ist an die Stelle des $\S$ 2 BtMG von
1972 getreten.

Die Vorschrift des $\S$ 19 weist dem *BfArM* als selbstständiger **Bundesoberbe-** 2
hörde die zentrale **Aufsicht über den gesamten legalen wie illegalen Betäu-**
bungsmittelverkehr in der Bundesrepublik zu. Entgegen der Aufgliederung der
Verwaltungsbehörden in die Eingriffsverwaltung der Unterbehörden und die Fach-
und Rechtsaufsicht der Mittel- und Oberbehörden ist das *BfArM* **Eingriffs- und**
Aufsichtsverwaltung zugleich.

Abs. 3 der Vorschrift wurde zuletzt mit Gesetz vom 22. 12. 2010 (BGBl. I, 3
S. 2262) europäischem Recht angepasst.

B. Zuständige Behörden

I. Bundesinstitut für Arzneimittel und Medizinprodukte (BfArM) in Bonn

Das *Bundesinstitut für Arzneimittel und Medizinprodukte* (*BfArM*) ist Nachfol- 4
geeinrichtung des ehemaligen *Bundesgesundheitsamts.* Das durch Gesetz v. 27. 2.
1952 (BGBl. I, S. 121) eingerichtete Bundesgesundheitsamt mit Sitz in Berlin
wurde durch das Gesetz über die Neuordnung zentraler Einrichtungen des Gesundheitswesens v. 24. 6. 1994 (BGBl. I, S. 1416) neu gegliedert und in Bundesinstitut für Arzneimittel und Medizinprodukte umbenannt. Als Ausgleichsmaßnahme
für den Regierungsumzug wurde das *BfArM* im Jahr 2001 von Berlin nach Bonn
verlegt. Innerhalb des *BfArM* regelt die sog. *Bundesopiumstelle* (*BOPST*) den Verkehr mit Betäubungsmitteln und Grundstoffen. Die Anschrift der *Bundesopiumstelle*
im *BfArM*: Kurt Georg Kiesinger-Allee 3 – D 53175 **Bonn,** Telefon: 02 28/2 07 30
oder 01 8 88/3 07-0; Telefax: 02 28/2 07 52 10 oder 01 8 88/3 07 52 10; E-Mail:
btm@bfarm.de.

Das *BfArM* ist **Erlaubnisbehörde** gem. den $\S\S$ 3 bis 10 BtMG und hat die 5
Einhaltung der Erlaubnisse, Beschränkungen, Befristungen, Bedingungen und
Auflagen zu überwachen. Es ist zuständig für die **Anfertigung, Ausgabe und**
Auswertung der Betäubungsmittelanforderungsscheine und der **zur Ver-**
schreibung von Betäubungsmitteln vorgeschriebenen amtlichen Form-
blätter ($\S\S$ 8, 10, 15 BtMVV). Zudem führt das *BfArM* das **Substitutionsregis-**
ter, das Mehrfachverschreibungen unterbinden soll ($\S$ 5a BtMVV), und es ist gem.
$\S$ 31 Abs. 3 BtMG zuständige Bußgeldbehörde zur Verfolgung vielfältiger **Ord-**
nungswidrigkeiten.

Entsprechend Art. 17 des Übereinkommens von 1961 und Art. 6 des Überein- 6
kommens von 1971 ist das *BfArM* auch eine besondere **internationale Verwal-**
tungsdienststelle zur Durchführung der internationalen Suchtübereinkommen
($\S$ 19 Abs. 2 BtMG). Sie sammelt und wertet alle nach $\S$ 27 BtMG eingehenden
Meldungen und Auskünfte aus und erstellt gem. $\S$ 28 BtMG den **Jahresbericht**
an die Vereinten Nationen.

II. Bundesanstalt für Landwirtschaft und Ernährung in Frankfurt

Lediglich der Anbau (nicht der Handel) von Nutzhanf i. S. v. lit. d der Ausnah- 7
meregelung zu Cannabis in Anl. I unterliegt der Überwachung durch die *Bundes-*
anstalt für Landwirtschaft und Ernährung (*BLE*), Deichmanns Aue 29, 53179
Bonn (Zentrale), Tel.: 02 28–9 96 84 50, Telefax: 02 28–68 45 34 44, E-Mail:
info@ble.de.

Die *BLE* hat im Rahmen des Verfahrens zur Gewährung einer **EU-Beihilfe** für 8
den **Anbau von Nutzhanf** Kontrollen nach der EU-Marktordnung durchzuführen, die gleichzeitig auch den Anforderungen betäubungsmittelrechtlicher Überwachungsmaßnahmen entsprechen **(Begehung und Kontrolle der angebauten**

Flächen, Probenahme und analytische Untersuchung des THC-Gehaltes in den angebauten Sorten). Da die Anbauer von Nutzhanf in aller Regel auch eine EU-Beihilfe beantragen werden, vermeidet diese Regelung einerseits Doppelarbeiten. Anderseits wird aber auch der Anbau von Nutzhanf in die Überwachung einbezogen, für den keine EU-Beihilfe beantragt wird.

III. Landesgesundheitsbehörden

9   Nur in Ausnahmefällen obliegt die betäubungsmittelrechtliche Überwachung den **Landesbehörden (Gesundheitsministerium, Regierungspräsidium, Landesgesundheitsamt).** Landesbehörden können jedoch nur insoweit betäubungsmittelrechtliche Vorschriften durchführen, wie dies im BtMG oder in den aufgrund des BtMG erlassenen Verordnungen bestimmt ist. Entsprechend der BtMVV ist in § 19 Abs. 1 S. 3 BtMG normiert worden, dass die betäubungsmittelrechtliche Überwachung bei Ärzten, Zahnärzten, Tierärzten, in Apotheken, tierärztlichen Hausapotheken, Krankenhäusern und Tierkliniken der **Überwachung durch die zuständigen Landesbehörden** obliegt. Auch die Durchführung apothekenrechtlicher Vorschriften, wie die Überwachung der Einrichtung von Betäubungsmittelschränken nach § 9 Abs. 3 der Apotheken-Betriebsordnung, ist Aufgabe der Landesbehörden. Mit diesen Aufgaben können der Regierungspräsident oder die Landesgesundheitsämter beauftragt werden. Den Landesbehörden stehen die Befugnisse nach den §§ 22 bis 24 BtMG zu.

Besondere Ermächtigung für den Spannungs- oder Verteidigungsfall

20 (1) [1]Die **Bundesregierung wird ermächtigt, durch Rechtsverordnung ohne Zustimmung des Bundesrates dieses Gesetz oder die auf Grund dieses Gesetzes erlassenen Rechtsverordnungen für Verteidigungszwecke zu ändern, um die medizinische Versorgung der Bevölkerung mit Betäubungsmitteln sicherzustellen, wenn die Sicherheit und Kontrolle des Betäubungsmittelverkehrs oder der Herstellung ausgenommener Zubereitungen gewährleistet bleiben.** [2]Insbesondere können

1. **Aufgaben des Bundesinstitutes für Arzneimittel und Medizinprodukte nach diesem Gesetz und auf Grund dieses Gesetzes erlassenen Rechtsverordnungen auf das Bundesministerium übertragen,**
2. **der Betäubungsmittelverkehr und die Herstellung ausgenommener Zubereitungen an die in Satz 1 bezeichneten besonderen Anforderungen angepaßt und**
3. **Meldungen über Bestände an**
   a) **Betäubungsmitteln,**
   b) **ausgenommenen Zubereitungen und**
   c) **zur Herstellung von Betäubungsmitteln erforderlichen Ausgangsstoffen oder Zubereitungen, auch wenn diese keine Betäubungsmittel sind,**

angeordnet werden. [3]**In der Rechtsverordnung kann ferner der über die in Satz 2 Nr. 3 bezeichneten Bestände Verfügungsberechtigte zu deren Abgabe an bestimmte Personen oder Stellen verpflichtet werden.**

(2) **Die Rechtsverordnung nach Absatz 1 darf nur nach Maßgabe des Artikels 80 a Abs. 1 des Grundgesetzes angewandt werden.**

(3) (weggefallen)

1   Diese Vorschrift enthält für die Bundesregierung eine **besondere Ermächtigungsgrundlage,** nämlich durch Rechtsverordnung ohne Zustimmung des Bundesrates dieses Gesetz und die auf Grund dieses Gesetzes erlassenen Rechtsverordnungen für Verteidigungszwecke abzuändern.

Nach § 20 Abs. 1 BtMG ergangene Verordnungen finden nach Abs. 2 **nur im** 2 **Spannungs- bzw. Verteidigungsfall** Anwendung, wie dem Hinweis auf Art. 80 a Abs. 1 GG zu entnehmen ist.

Mitwirkung anderer Behörden

21 (1) **Das Bundesministerium der Finanzen und die von ihm bestimmten Zollstellen wirken bei der Überwachung der Einfuhr, Ausfuhr und Durchfuhr von Betäubungsmitteln mit.**

(2) [1]**Das Bundesministerium der Finanzen kann im Einvernehmen mit dem Bundesministerium des Innern die Beamten der Bundespolizei, die mit Aufgaben des Grenzschutzes nach § 2 des Bundespolizeigesetzes betraut sind, und im Einvernehmen mit dem Bayerischen Staatsminister des Innern die Beamten der Bayerischen Grenzpolizei mit der Wahrnehmung von Aufgaben betrauen, die den Zolldienststellen nach Absatz 1 obliegen.** [2]**Nehmen die im Satz 1 bezeichneten Beamten diese Aufgaben wahr, gilt § 67 Abs. 2 des Bundespolizeigesetzes entsprechend.**

(3) **Bei Verdacht von Verstößen gegen Verbote und Beschränkungen dieses Gesetzes, die sich bei der Abfertigung ergeben, unterrichten die mitwirkenden Behörden das Bundesinstitut für Arzneimittel und Medizinprodukte unverzüglich.**

A. Anwendungsbereich

§ 21 BtMG regelt die Aufgaben der Zollbehörden, der Bundespolizei und der 1 Bayerischen Grenzpolizei, die im Einvernehmen mit dem Bayerischen Staatsminister des Inneren mit der Wahrnehmung der Aufgaben betraut werden kann.

B. Zollbehörden

I. Aufbau der Zollbehörden

Die Bundesfinanzbehörden sind nach § 1 FVG wie folgt aufgebaut: 2

– **Obere Behörde** ist das Bundesfinanzministerium,
– **Oberbehörden** sind die Bundesmonopolverwaltung für Branntwein, das Bundesausgleichsamt, das Bundeszentralamt für Steuern und das Bundesamt für zentrale Dienste und offene Vermögensfragen,
– **Mittelbehörden** sind die Bundesfinanzdirektionen und das Zollkriminalamt (ZKA),
– **örtliche Behörden** sind die Hauptzollämter einschließlich ihrer Dienststellen (Zollämter) und die Zollfahndungsämter.

II. Aufgaben der Zollbehörden bei der Einfuhrkontrolle

Die Aufgaben der Zollverwaltung sind im Zollverwaltungsgesetz (ZollVG) um- 3 schrieben. Bei der Überwachung des legalen grenzüberschreitenden Betäubungsmittelverkehrs wirken der Bundesminister der Finanzen und die von ihm bestimmten Zolldienststellen mit im Rahmen der nach § 11 Abs. 2 BtMG zu erlassenden Rechtsverordnung. Die BtMAHV umreißt die Aufgaben des Zolls bei der Kontrolle des legalen internationalen Betäubungsmittelverkehrs. Die Vorschrift entspricht dem § 74 Abs. 1 AMG.

Verstöße gegen das BtMG werden hauptsächlich von den Zollfahndungsämtern 4 bearbeitet, die nach § 24 Abs. 1 ZFdG bei der Überwachung des grenzüberschreitenden Warenverkehrs mitwirken, ohne selbst die Grenzaufsicht durchzuführen. Dies wird von den Hauptzollämtern übernommen (§ 12 Abs. 2 FVG), die die Grenzen mittels der sog. Kontrolleinheiten Verkehrswege (KEV, früher: Mobile Kontrollgruppen [MKG]) kontrollieren (*Thiele* Kriminalistik 2004, 178). Zudem gibt es noch weitere Kontrollorgane des Zolls, z. B. die Kontrolleinheiten Flughafen

Überwachung-Waren und Kontrolleinheit Flughafen-Reise. Das *ZKA* überwacht und lenkt die entsprechenden Ermittlungen der Zollfahndungsämter und unterstützt diese mit erkennungsdienstlichen Einrichtungen sowie mit Einrichtungen für kriminalwissenschaftliche und -technische Untersuchungen; ferner gewährt es die erforderliche Einsatzunterstützung (§ 3 Abs. 5 und Abs. 8 ZFdG).

5   Gem. § 386 Abs. 2 Nr. 1 AO ermittelt die Finanzbehörde bei Verdacht einer Steuerstraftat den Sachverhalt auch dann, wenn gleichzeitig andere Straftatbestände vorliegen (BGHSt. 36, 283 = NStZ 1990, 38 = wistra 1990, 59). Da beim Betäubungsmittelschmuggel nicht nur Steuerstraftatbestände betroffen sind, ermittelt die Finanzbehörde nicht selbstständig entsprechend §§ 386 Abs. 2, 399, 400, 401 AO, sondern die **Zollfahndungsbeamten als Ermittlungspersonen der Staatsanwaltschaft** (§§ 208 Abs. 1 Nr. 1, 404 AO) mit gleichen Rechten und Pflichten wie die Polizeibeamten nach den Vorschriften der StPO (*Weber* § 21 Rn. 40; *Thiele* Kriminalistik 2004, 178, 181).

6   **1. Überwachung des legalen und illegalen Betäubungsmittelverkehrs.** § 21 BtMG lässt keinen Zweifel daran, dass die Zolldienststelle nicht nur für die Überwachung des **legalen** grenzüberschreitenden **Betäubungsmittelverkehrs,** sondern auch für die Überwachung und Strafverfolgung des **illegalen Betäubungsmittelschmuggels** zuständig ist. § 21 Abs. 1 BtMG unterscheidet nämlich nicht zwischen legalem und illegalem Betäubungsmittelverkehr. § 21 Abs. 3 BtMG stellt ebenso wie § 32 Abs. 1 Nr. 14 BtMG für die Ordnungswidrigkeit nur klar, dass neben der Meldung von illegalen Schmuggelfällen an das *ZKA* und das *BKA* Verstöße im legalen Betäubungsmittelverkehr an das *BfArM,* als zentrale Überwachungsbehörde, zu melden sind (s. dazu Rn. 15).

7   Die **Bundeszollverwaltung** ist gem. § 1 Abs. 1 u. Abs. 4 ZollVG für die **Überwachung und Erfassung des gesamten Warenverkehrs,** auch der verbotenen Ware **Rauschgift** zuständig.

8   **2. Bannbruch.** Eingeführte Betäubungsmittel sind Zollgüter und der zuständigen Zollstelle zu gestellen (§ 4 ZollVG). Bei der Gestellung von Zollgütern hat die Zollverwaltung die Einhaltung aller **absoluten und relativen Einfuhrverbote und Einfuhrbeschränkungen** zu überwachen. Verstößt jemand gegen zollrechtliche Einfuhr-, Ausfuhr- oder Durchfuhrbestimmungen, so begeht er einen **Bannbruch** gem. § 372 Abs. 1 AO oder einen schweren (bewaffneten oder bandenmäßigen) Bannbruch gem. § 373 AO, eine Steuerstraftat nach § 369 Abs. 1 AO. Aus § 372 Abs. 2 i. V. m. § 370 Abs. 1 AO ergibt sich, dass der Bannbruch ein Vergehen darstellt, soweit nicht § 372 Abs. 2 AO auf eine Strafandrohung eines Verbrechenstatbestandes oder einer Ordnungswidrigkeit verweist. § 372 Abs. 2 AO bestimmt nicht den Tatbestand, sondern den Strafrahmen für den Bannbruch. Da neben dem Bannbruch regelmäßig weitere spezialgesetzliche Tatbestände erfüllt sind, bestimmt § 372 Abs. 2 AO, dass die Strafandrohung des § 372 AO hinter der Androhung von Strafe oder Geldbuße der spezialgesetzlichen Regelungen (hier des BtMG) subsidiär bleibt (*Erbs-Kohlhaas/Senge* § 372 AO Rn. 2, 20).

9   **3. Steuerhinterziehung**. Nach Art. 212 Zollkodex entstehen bei der unerlaubten Einfuhr von Betäubungsmitteln keine Einfuhrumsatzsteuer und keine Zollschuld. Dies hat der *EuGH* bereits Anfang der 80er Jahre entschieden (*EuGH* NStZ 1981, 185 = StV 1981, 274; *EuGH* NStZ 1983, 79 mit Anm. *Endriss* = StV 1983, 12; *EuGH* NStZ 1984, 268 m. Anm. *Endriss* = StV 1984, 150).

10   **4. Vorlage von Postsendung an die Staatsanwaltschaft.** Die Zollbehörde nimmt die zollamtliche Überwachung i. S. d. § 10 ZollVG wahr, die der Durchführung der Besteuerung nach der AO dient. Die Zollbediensteten dürfen Sendungen öffnen und prüfen (§ 10 Abs. 4 ZollVG), die ihnen die Deutsche Post AG bei einem Verstoß auf Verstöße gegen Einfuhr-, Durchfuhr- oder Ausfuhrverbot nach § 5 Abs. 1 ZollVG zur Nachprüfung vorlegt.

11   Bei zureichenden tatsächlichen Anhaltspunkten für Verstöße gegen das BtMG darf die Zollbehörde die Postsendungen auch **der Staatsanwaltschaft vorlegen**

(**§ 12 ZollVG**). Die Gestellung und Überwachung des Zollgutes einerseits und die Verhinderung verbotswidriger Einfuhren und dessen anschließende Zuleitung an die Strafverfolgungsbehörden bilden eine **untrennbare Einheit** und werden durch die Grundrechtseinschränkungen des ZollVG gerechtfertigt (so schon früher *Stuttgart* NJW 1969, 1545; *Hamm* NJW 1970, 1754; *Bremen* NJW 1972, 1678; *LG Bayreuth* NJW 1970, 574).

Bei nicht deklarierten Betäubungsmitteln in Brief- und Postsendungen werden **12** die Zollbehörden aus originärer Zuständigkeit tätig. Sie haben nämlich nach § 208 Abs. 1 Nr. 1 AO den Auftrag, Steuerstraftaten aufzuklären und zu verfolgen. Steuerstraftaten (§§ 369 ff. AO) liegen hier in der Form des Bannbruches vor (§ 372 AO), auch wenn bei der Einfuhr der Betäubungsmittel keine Zollschuld und keine Einfuhrumsatzsteuerschuld entsteht (s. Rn. 9). Die zuständigen Beamten des Hauptzollamts und des Zollfahndungsamts handeln als Ermittlungspersonen der Staatsanwaltschaft (§§ 402 Abs. 1, 404 AO, 152 GVG).

Die Zollbehörden sind in ihrer Eigenschaft als Zollfahndungsbehörde nicht nur **13** berechtigt, ihr bei der Zollüberwachung gewonnenes Wissen strafrechtlich zu nutzen, sondern gem. § 163 Abs. 2 StPO verpflichtet, ihre im Rahmen des § 208 AO gewonnenen Erkenntnisse der Staatsanwaltschaft vorzulegen. Werden bei der Zollüberwachung Betäubungsmittel gefunden, stellen Hauptzollamt oder Zollfahndungsamt entweder selbst gem. §§ 94, 98 StPO die Sendung sicher oder sie führen unter Weiterleitung der Postsendung mit Betäubungsmittelinhalt über die Staatsanwaltschaft eine richterliche Postbeschlagnahme herbei. Dies ist erforderlich, da die Verfügungsgewalt der Post durch die Weitergabe der Postsendung an die Zollbehörden (postamtlicher Gewahrsam) nicht aufgehoben wird, sondern fortdauert (BGHSt. 23, 329). Verbleibt die Sendung bei der Post, so kann diese auf Anregung der Zollfahndung nach den §§ 99, 100 StPO beschlagnahmt werden. Die Staatsanwaltschaft kann deshalb in jedem Falle die beschlagnahmten Beweismittel verwerten.

C. Bundespolizei und Bayerische Grenzpolizei (Abs. 2)

Zur verstärkten Bekämpfung der Rauschgiftkriminalität sieht § 21 Abs. 2 vor, **14** dass der Bundesminister der Finanzen im Einvernehmen mit dem Bundesminister des Innern Beamte der Bundespolizei ebenfalls mit der Überwachung des illegalen grenzüberschreitenden Betäubungsmittelverkehrs beauftragen kann. Die Beamten der **Bundespolizei** und die Beamten der **Bayerischen Grenzpolizei** unterstehen insoweit der Fachaufsicht der Zollverwaltung und besitzen die gleichen Befugnisse wie die Zollbeamten (Abs. 2 S. 2 i. V. m. § 67 Abs. 2 BPolG). Die Bayerische Grenzpolizei ist seit dem 1. 4. 1998 in die Landespolizei eingegliedert; da es sich hierbei nur um eine organisatorische Maßnahme handelt, steht der Fortbestand der Regelung nicht in Frage (*Weber* § 21 Rn. 52).

D. Unterrichtungspflicht (Abs. 3)

Die nach § 21 Abs. 1 und Abs. 2 BtMG tätigen Behörden sind gem. § 21 Abs. 3 **15** BtMG verpflichtet, jeden Verdacht von Verstößen gegen Verbote und Beschränkungen des BtMG dem *BfArM* zu melden. Anders als bei § 74 Abs. 1 Nr. 2 AMG handelt es sich bei der Unterrichtungspflicht nach § 21 Abs. 3 BtMG nicht um eine Ermessensvorschrift (*Hügel/Junge/Lander/Winkler* § 21 Rn. 5; *Weber* § 21 Rn. 53).

Überwachungsmaßnahmen

22 (1) **Die mit der Überwachung beauftragten Personen sind befugt,**
1. **Unterlagen über den Betäubungsmittelverkehr oder die Herstellung oder das der Herstellung folgende Inverkehrbringen ausgenommener**

Zubereitungen einzusehen und hieraus Abschriften oder Ablichtungen anzufertigen, soweit sie für die Sicherheit oder Kontrolle des Betäubungsmittelverkehrs oder der Herstellung ausgenommener Zubereitungen von Bedeutung sein können,

2. von natürlichen und juristischen Personen und nicht rechtsfähigen Personenvereinigungen alle erforderlichen Auskünfte zu verlangen,

3. Grundstücke, Gebäude, Gebäudeteile, Einrichtungen und Beförderungsmittel, in denen der Betäubungsmittelverkehr oder die Herstellung ausgenommener Zubereitungen durchgeführt wird, zu betreten und zu besichtigen, wobei sich die beauftragten Personen davon zu überzeugen haben, daß die Vorschriften über den Betäubungsmittelverkehr oder die Herstellung ausgenommener Zubereitungen beachtet werden. Zur Verhütung dringender Gefahren für die öffentliche Sicherheit und Ordnung, insbesondere wenn eine Vereitelung der Kontrolle des Betäubungsmittelverkehrs oder der Herstellung ausgenommener Zubereitungen zu besorgen ist, dürfen diese Räumlichkeiten auch außerhalb der Betriebs- und Geschäftszeit sowie Wohnzwecken dienende Räume betreten werden; insoweit wird das Grundrecht auf Unverletzlichkeit der Wohnung (Artikel 13 des Grundgesetzes) eingeschränkt. Soweit es sich um industrielle Herstellungsbetriebe und Großhandelsbetriebe handelt, sind die Besichtigungen in der Regel alle zwei Jahre durchzuführen,

4. vorläufige Anordnungen zu treffen, soweit es zur Verhütung dringender Gefahren für die Sicherheit oder Kontrolle des Betäubungsmittelverkehrs oder der Herstellung ausgenommener Zubereitungen geboten ist. Zum gleichen Zweck dürfen sie auch die weitere Teilnahme am Betäubungsmittelverkehr oder die weitere Herstellung ausgenommener Zubereitungen ganz oder teilweise untersagen und die Betäubungsmittelbestände oder die Bestände ausgenommener Zubereitungen unter amtlichen Verschluß nehmen. Die zuständige Behörde (§ 19 Abs. 1) hat innerhalb von einem Monat nach Erlaß der vorläufigen Anordnungen über diese endgültig zu entscheiden.

(2) **Die zuständige Behörde kann Maßnahmen gemäß Absatz 1 Nr. 1 und 2 auch auf schriftlichem Wege anordnen.**

A. Anwendungsbereich

1   Die Vorschriften der §§ 22 bis 24 ersetzen § 2 Abs. 2 des BtMG von 1972. In §§ 22 und 23 sind die Befugnisse der Überwachungspersonen und in § 24 die Duldungs- und Mitwirkungspflichten der Teilnehmer am legalen Betäubungsmittelverkehr geregelt.

B. Überwachungsmaßnahmen

2   Die Überwachungspersonen sind befugt, **folgende Überwachungsmaßnahmen** vorzunehmen:
– Unterlagen einzusehen und abzulichten (§ 22 Abs. 1 Nr. 1 BtMG),
– Auskünfte zu verlangen (§ 22 Abs. 1 Nr. 2 BtMG),
– Grundstücke und Räumlichkeiten zu betreten und zu besichtigen (§ 22 Abs. 1 Nr. 3 BtMG),
– zur Verhütung dringender Gefahren vorläufige Anordnungen zu treffen, wie z.B. weitere Teilnahme am Betäubungsmittelverkehr ganz oder teilweise zu untersagen oder Betäubungsmittelbestände unter Verschluss zu nehmen (§ 22 Abs. 1 Nr. 4 BtMG),
– Proben zum Zwecke der Untersuchung zu fordern oder zu entnehmen (§ 23 BtMG).

C. Androhung und Festsetzung von Zwangsmitteln

Die der Verwaltungsbehörde zustehenden Überwachungsmaßnahmen aus § 22 **3**
BtMG enthalten keine ausdrückliche Befugnis, Ärzten, die unkontrolliert Betäubungsmittel oder codeinhaltige Medikamente mit Suchtpotential an Drogenabhängige missbräuchlich verschreiben, die Verschreibung von Betäubungsmitteln der
Anl. III auch nur teilweise oder vorläufig zu untersagen. Die vorläufigen Anordnungen nach § 22 Abs. 1 Nr. 4 BtMG betreffen ausschließlich Sachverhalte, die
die Überwachungsperson im Rahmen der Überwachungsmaßnahmen feststellen.
Zwar kann ergänzend zu diesen Überwachungsbefugnissen auf die polizeiliche
Generalklausel Rückgriff genommen werden. Aber auch die Maßnahmen nach der
polizeilichen Generalklausel müssen dem Grundsatz der Verhältnismäßigkeit entsprechen. Ein Verbot jedweder Behandlung mit Medikamenten der Anl. III zum
BtMG in der Arztpraxis käme einem ärztlichen Berufsverbot gleich. Ein Berufsverbot setzt aber zuvor einen Widerruf der Approbation gem. § 5 BÄO oder ein
Ruhen der Approbation gem. § 6 BÄO voraus. Die Verwaltungsbehörde kann aber
mit weniger schwerwiegenden Maßnahmen, wie z.B. strikter Überwachung auf
Einhaltung der aus § 5 Abs. 9 BtMVV folgenden Dokumentationspflichten oder
mit Androhung und Festsetzung polizeilicher Zwangsmittel, zur Einhaltung der
Verschreibungsvorschriften auf die Ärzte einwirken. Die Verwaltungsbehörde kann
schließlich bei der Bundesopiumstelle anregen, dem Arzt bzw. der Ärztin die Ausgabe von Betäubungsmittelrezepten zu versagen (*OVG Saarland*, Beschl. v. 11. 3.
2002, 9 W 8/01, 9 U 1/02, DRspr. ROM Nr. 2004/2031).

Probenahme

23 (1) [1]Soweit es zur Durchführung der Vorschriften über den Betäu-
bungsmittelverkehr oder die Herstellung ausgenommener Zubereitungen erforderlich ist, sind die mit der Überwachung beauftragten Personen befugt, gegen Empfangsbescheinigung Proben nach ihrer Auswahl zum Zwecke der Untersuchung zu fordern oder zu entnehmen. [2]Soweit nicht ausdrücklich darauf verzichtet wird, ist ein Teil der Probe oder, sofern die Probe nicht oder ohne Gefährdung des Untersuchungszwecks nicht in Teile von gleicher Qualität teilbar ist, ein zweites Stück der gleichen Art wie das als Probe entnommene zurückzulassen.

(2) [1]Zurückzulassende Proben sind amtlich zu verschließen oder zu versiegeln. [2]Sie sind mit dem Datum der Probenahme und dem Datum des Tages zu versehen, nach dessen Ablauf der Verschluß oder die Versiegelung als aufgehoben gelten.

(3) Für entnommene Proben ist eine angemessene Entschädigung zu leisten, soweit nicht ausdrücklich darauf verzichtet wird.

Die Vorschrift regelt, wie die Überwachungspersonen die Probenentnahme **1**
vorzunehmen und zu entschädigen haben. § 23 ist an die Stelle von § 2 Abs. 2 S. 6
und S. 7 BtMG von 1972 getreten.

Duldungs- und Mitwirkungspflicht

24 (1) Jeder Teilnehmer am Betäubungsmittelverkehr oder jeder Hersteller ausgenommener Zubereitungen ist verpflichtet, die Maßnahmen nach den §§ 22 und 23 zu dulden und die mit der Überwachung beauftragten Personen bei der Erfüllung ihrer Aufgaben zu unterstützen, insbesondere ihnen auf Verlangen die Stellen zu bezeichnen, in denen der Betäubungsmittelverkehr oder die Herstellung ausgenommener Zubereitungen stattfindet, umfriedete Grundstücke, Gebäude, Räume, Behälter und Behältnisse zu öffnen, Auskünfte zu erteilen sowie Einsicht in Unterlagen und die Entnahme der Proben zu ermöglichen.

(2) Der zur Auskunft Verpflichtete kann die Auskunft auf solche Fragen verweigern, deren Beantwortung ihn selbst oder einen seiner in § 383 Abs. 1 Nr. 1 bis 3 der Zivilprozeßordnung bezeichneten Angehörigen der Gefahr strafgerichtlicher Verfolgung oder eines Verfahrens nach dem Gesetz über Ordnungswidrigkeiten aussetzen würde.

A. Anwendungsbereich

1   Die Vorschrift ersetzt § 2 Abs. 2 BtMG von 1972 und regelt die Duldungs- und Mitwirkungspflicht des legalen Teilnehmers am Betäubungsmittelverkehr.

2   Der **kontrollierte legale Teilnehmer** am Betäubungsmittelverkehr hat folgende Pflichten:
– Die Überwachungsmaßnahmen gem. §§ 22 und 23 BtMG zu dulden,
– die Überwachungspersonen bei der Erfüllung ihrer Aufgaben zu unterstützen,
– den Weg zu den Grundstücken und Räumlichkeiten zu zeigen, Räume und Behältnisse zu öffnen,
– Auskünfte zu erteilen und Einsichtnahme in die Unterlagen zu gewähren,
– die Entnahme von Proben zu ermöglichen (§ 24 Abs. 1 BtMG).

3   Das ehemals in § 2 Abs. 2 BtMG von 1972 enthaltene **Auskunftsverweigerungsrecht** ist nunmehr in § 24 Abs. 2 geregelt. Es entspricht dem § 55 StPO.

B. Bußgeldvorschrift

4   Wer entgegen § 24 Abs. 1 BtMG einer Duldungs- oder Mitwirkungspflicht nicht nachkommt, begeht eine Ordnungswidrigkeit gem. § 32 Abs. 1 Nr. 13 BtMG.

Anzeige des Anbaus von Nutzhanf

24a [1]Der Anbau von Nutzhanf im Sinne des Buchstabens d der Ausnahmeregelung zu Cannabis (Marihuana) in Anlage I ist bis zum 1. Juli des Anbaujahres in dreifacher Ausfertigung der Bundesanstalt für Landwirtschaft und Ernährung zur Erfüllung ihrer Aufgaben nach § 19 Abs. 3 anzuzeigen. [2]Für die Anzeige ist das von der Bundesanstalt für Landwirtschaft und Ernährung herausgegebene amtliche Formblatt zu verwenden. [3]Die Anzeige muß enthalten:

1. den Namen, den Vornamen und die Anschrift des Landwirtes, bei juristischen Personen den Namen des Unternehmens der Landwirtschaft sowie des gesetzlichen Vertreters,
2. die dem Unternehmen der Landwirtschaft von der zuständigen Berufsgenossenschaft zugeteilte Mitglieds-/Katasternummer,
3. die ausgesäte Sorte unter Beifügung der amtlichen Etiketten, soweit diese nicht im Rahmen der Regelungen über die einheitliche Betriebsprämie der zuständigen Landesbehörde vorgelegt worden sind,
4. die Aussaatfläche in Hektar und Ar unter Angabe der Flächenidentifikationsnummer; ist diese nicht vorhanden, können die Katasternummer oder sonstige die Aussaatfläche kennzeichnende Angaben, die von der Bundesanstalt für Landwirtschaft und Ernährung anerkannt worden sind, wie zum Beispiel Gemarkung, Flur und Flurstück, angegeben werden.

[4]Die Bundesanstalt für Landwirtschaft und Ernährung übersendet eine von ihr abgezeichnete Ausfertigung der Anzeige unverzüglich dem Antragsteller. [5]Sie hat ferner eine Ausfertigung der Anzeige den zuständigen Polizeibehörden und Staatsanwaltschaften auf deren Ersuchen zu

übersenden, wenn dies zur Verfolgung von Straftaten nach diesem Gesetz erforderlich ist. [6]Liegen der Bundesanstalt für Landwirtschaft und Ernährung Anhaltspunkte vor, daß der Anbau von Nutzhanf nicht den Voraussetzungen des Buchstabens d der Ausnahmeregelung zu Cannabis (Marihuana) in Anlage I entspricht, teilt sie dies der örtlich zuständigen Staatsanwaltschaft mit.

A. Anwendungsbereich

Die in § 24 BtMG geregelten Mitwirkungspflichten der Teilnehmer am Betäubungsmittelverkehr bzw. der Hersteller ausgenommener Zubereitungen werden in § 24a BtMG durch eine **Anzeigepflicht für Anbauer von Nutzhanf** ergänzt. In der Vorschrift wird der Inhalt der Anzeigen im Einzelnen vorgeschrieben. Die Anzeige sollte Überwachung und Kontrolle des unerlaubten Anbaues von Nutzhanf und, bei Verdacht einer Straftat, die Strafverfolgung des unerlaubten Anbaues von Cannabis (Marihuana) erleichtern. Zu diesem Zweck muss jeder Anbau von Nutzhanf der *Bundesanstalt für Landwirtschaft und Ernährung (BLE)* angezeigt werden (zur *BLE* s. im Einzelnen § 19 Rn. 7). Eine Ausfertigung der Anzeige soll nach Eingangsbestätigung durch die *BLE* außer dem Antragsteller auch dem zuständigen Landeskriminalamt zur Unterstützung der Erfüllung seiner Aufgaben zugeleitet werden. Insb. können dadurch gesetzwidrige Anbauflächen von Hanf schnell identifiziert und Verstöße gegen die Anbauverbote des BtMG verfolgt werden. 1

Die Vorschrift wurde durch das 2. BtMGÄndG vom 4. 4. 1996 (BGBl. I, S. 582) in das BtMG aufgenommen und durch Gesetz zur Änderung arzneimittelrechtlicher und anderer Vorschriften vom 17. 7. 2009 (BGBl. I, S. 1990) modernisiert. 2

B. Anbau von Nutzhanf

1. Nutzhanf. Für den Anbau von Nutzhanf sind z. Zt. nur folgende Nutzhanfsorten, die beim Anbau lediglich einen THC-Gehalt von etwa 0,2% erreichen, zugelassen (Quelle: www.ble.de): 3

- Asso,
- Beniko,
- Cannakomp,
- Carma,
- Carmagnola,
- Chamaeleon,
- Codimono,
- Cs,
- Delta-Ilosa,
- Delta 405,
- Denise,
- Diana,
- Dioica 88,
- Epsilon 68,
- Fedora 17,
- Fedrina 74;
- Felina 32,
- Ferimon,
- Fibranova,
- Fibrimon 24,

- Fibrimor,
- Fibrol,
- Futura 75,
- KC Dora,
- Kompolti,
- Kompolt hibrid TC,
- Lipko,
- Lovrin 110,
- Monisseed,
- Monoica,
- Red Petiole,
- Santhica 23, 27 und 70,
- Silesia,
- Silvana,
- Szarvasi,
- Tygra,
- Uniko B,
- Uso 31,
- Wielkoposkie,
- Zenit.

Dieser Katalog kann bei Erfüllung der saatgutrechtlichen Voraussetzungen durch Änderungsverordnung der europäischen Kommission nach Befassung des Verwaltungsausschusses Flachs und Hanf erweitert werden. Durch den Anbau von nicht zertifiziertem Saatgut entgegen der Ausnahmeregelung zu Cannabis, lit. d, macht sich der Landwirt wegen unerlaubten Anbaus von Betäubungsmitteln gem. § 29 4

Abs. 1 S. 1 Nr. 1 BtMG strafbar, es sei denn, es greift eine andere Ausnahmeregelung zu Cannabis (lit. b und c) ein (s. dazu im Einzelnen § 29/Teil 2, Rn. 46 ff.).

5   **2. Unternehmen der Landwirtschaft.** Nutzhanf darf nur von Unternehmen
der Landwirtschaft angebaut werden, die
- entweder die Voraussetzungen des § 1 Abs. 4 des Gesetzes über die Alterssicherung der Landwirte (ALG) v. 29. 7. 1994 (BGBl. I, S. 1891) erfüllen, mit Ausnahme von Unternehmen der Forstwirtschaft, des Garten- und Weinbaus, der
  Fischzucht, der Teichwirtschaft, der Imkerei, der Binnenfischerei und der Wanderschäferei,
- oder die für eine Beihilfegewährung nach der Verordnung (EG) Nr. 73/2009 des
  Rates vom 19. 1. 2009 mit gemeinsamen Regeln für Direktzahlungen im Rahmen der gemeinsamen Agrarpolitik und mit bestimmten Stützungsregelungen
  für Inhaber landwirtschaftlicher Betriebe und zur Änderung der Verordnung
  (EG) Nr. 1290/2005, (EG) Nr. 247/2006, (EG) Nr. 378/2007 sowie zur Aufhebung der Verordnung (EG) Nr. 1782/2003 (ABl. L 30 vom 31. 1. 2009, S. 16) in
  der jeweils geltenden Fassung in Betracht kommen (s. dazu im Einzelnen
  § 29/Teil 2, Rn. 50).

6   **Landwirt** ist, wer als Unternehmer ein auf Bodenbewirtschaftung beruhendes
Unternehmen der Landwirtschaft betreibt, das die Mindestgröße nach § 1 Abs. 5
ALG erreicht (§ 1 Abs. 2 S. 1 ALG). **Unternehmer** ist, wer seine berufliche Tätigkeit selbständig ausübt; auch beschränkt haftende Gesellschafter einer Personenhandelsgesellschaft oder Mitglieder einer juristischen Person gelten als Landwirt,
wenn sie hauptberuflich im Untenehmen tätig und wegen dieser Tätigkeit nicht
kraft Gesetzes in der gesetzlichen Rentenversicherung versichert sind (§ 1 Abs. 2
S. 2 und S. 3 ALG). Privatpersonen, die die Landwirtschaft nicht als Beruf oder
nicht selbständig ausüben, unterfallen nicht der Ausnahmeregelung (*Weber* § 24 a
Rn. 21).

C. Anzeigepflicht des Anbauunternehmens

7   **1. Inhalt der Anzeige.** Das Unternehmen der Landwirtschaft, das Nutzhanf
anbauen möchte, muss seinen Namen und seine Anschrift und die von der zuständigen Berufsgenossenschaft zugeteilte Mitglieds- bzw. Katasternummer angeben.
Zum Nachweis der Verwendung zertifizierten Saatgutes sind der Anbauanzeige
ferner die ausgesäte Sorte mitzuteilen und alle amtlichen Etiketten der verwendeten Sorten beizufügen, soweit diese nicht bereits im Rahmen der Regelung über
die einheitliche Betriebsprämie der zuständigen Landesbehörde vorgelegt worden
sind. Bei neuem Versuchssaatgut oder nicht zertifiziertem Saatgut bedarf der Anbau der üblichen Genehmigung nach § 3 BtMG.

8   Cannabisanbauanzeigen dürfen von der *BLE* nicht ohne **amtliche Zertifizierungsetiketten** bestätigt werden. Wird die Anbauanzeige des Landwirts durch
das BLE auch ohne die nach § 24 a BtMG erforderliche Vorlage der amtlichen
Etiketten bestätigt, so kommt für Mitarbeiter der *BLE* eine Beihilfe zum unerlaubten Anbau von Betäubungsmitteln nur dann in Betracht, wenn sie konkret davon
Kenntnis hatten, dass Cannabis ohne Vorliegen einer der Ausnahmeregelungen
angebaut wurde. Allein aus dem Umstand, dass die amtlichen Etiketten der Anzeige des Landwirtes nach § 24 a BtMG nicht beigefügt wurden, kann noch nicht
ohne weiteres geschlossen werden, dass nicht zertifiziertes Saatgut ausgesät wurde.

9   **2. Form und Frist.** Die Anzeige hat bis zum 1. Juli des Anbaujahrs zu erfolgen
und ist mit amtlichem Formblatt in dreifacher Ausfertigung an die *BLE* zu richten
(§ 24 a S. 1 und S. 2 BtMG).

10   **3. Folgen eines Verstoßes gegen die Anzeigepflicht.** Ein Verstoß des
Landwirtes gegen die Anzeigepflicht nach § 24 a BtMG, z. B. durch die Nichtbeifügung der amtlichen Etiketten oder eine verspätete Anzeige, stellt für ihn eine
Ordnungswidrigkeit gem. § 32 Nr. 14 BtMG dar.

D. Mitteilungspflicht der Behörde

Auf Ersuchen der Staatsanwaltschaft und Polizei hat die *BLE* diesen eine 11
Ausfertigung der Anzeige zu übersenden, wenn dies zur Verfolgung von Straftaten
nach dem BtMG erforderlich ist (§ 24 a S. 5 BtMG), z. B. zur Prüfung, ob es sich
bei einem von der Polizei entdeckten Feld mit Hanfpflanzen um einen legalen
Anbau handelt (*Weber* § 24 a Rn. 8).

§ 24 a S. 6 BtMG verpflichtet die *BLE* dazu, bei konkreten Anhaltspunkten für 12
einen unerlaubten Anbau von Cannabis **von sich aus** die Staatsanwaltschaft hierüber zu informieren. Kommt ein Mitarbeiter der *BLE* dem nicht nach, kann ein
Verdacht der Strafvereitelung im Amt gem. § 258 a StGB bestehen.

Kosten

25 (1) **Das Bundesinstitut für Arzneimittel und Medizinprodukte erhebt für seine Amtshandlungen, Prüfungen und Untersuchungen
nach diesem Gesetz und den auf Grund dieses Gesetzes erlassenen
Rechtsverordnungen Kosten (Gebühren und Auslagen).**

(2) **Das Bundesministerium wird ermächtigt, durch Rechtsverordnung
ohne Zustimmung des Bundesrates die gebührenpflichtigen Tatbestände
näher zu bestimmen und dabei feste Sätze oder Rahmensätze vorzusehen.**

Die Vorschrift ersetzt den ehemaligen § 10 BtMG von 1972. § 25 schafft eine 1
Ermächtigungsgrundlage für den Bundesminister für Gesundheit, die zur De-
ckung der durch Amtshandlungen des *BfArM* entstehenden Kosten neu durch
Rechtsverordnung zu regeln. Aufgrund dieser Ermächtigungsgrundlage wurde die
Betäubungsmittel-Kostenverordnung v. 16. 12. 1981 geschaffen.

Fünfter Abschnitt. Vorschriften für Behörden

Bundeswehr, Bundespolizei, Bereitschaftspolizei und Zivilschutz

26 (1) **Dieses Gesetz findet mit Ausnahme der Vorschriften über die
Erlaubnis nach § 3 auf Einrichtungen, die der Betäubungsmittelversorgung der Bundeswehr und der Bundespolizei dienen, sowie auf die
Bevorratung mit in Anlage II oder III bezeichneten Betäubungsmitteln
für den Zivilschutz entsprechende Anwendung.**

(2) **¹In den Bereichen der Bundeswehr und der Bundespolizei obliegt
der Vollzug dieses Gesetzes und die Überwachung des Betäubungsmittelverkehrs den jeweils zuständigen Stellen und Sachverständigen der Bundeswehr und der Bundespolizei. ²Im Bereich des Zivilschutzes obliegt
der Vollzug dieses Gesetzes den für die Sanitätsmaterialbevorratung zuständigen Bundes- und Landesbehörden.**

(3) **Das Bundesministerium der Verteidigung kann für seinen Geschäftsbereich im Einvernehmen mit dem Bundesministerium in Einzelfällen Ausnahmen von diesem Gesetz und den auf Grund dieses Gesetzes
erlassenen Rechtsverordnungen zulassen, soweit die internationalen
Suchtstoffübereinkommen dem nicht entgegenstehen und dies zwingende Gründe der Verteidigung erfordern.**

(4) **Dieses Gesetz findet mit Ausnahme der Vorschriften über die Erlaubnis nach § 3 auf Einrichtungen, die der Betäubungsmittelversorgung
der Bereitschaftspolizeien der Länder dienen, entsprechende Anwendung.**

(5) (weggefallen)

A. Anwendungsbereich

1   Der 5. Abschnitt befasst sich mit Sonderregelungen für eine Reihe von Behörden. § 26 BtMG überträgt in den Bereichen der **Bundeswehr, der Bundespolizei (früher Bundesgrenzschutz), der Bereitschaftspolizei** und des **Zivilschutzes** den Vollzug dieses Gesetzes und die Überwachung des Betäubungsmittelverkehrs den jeweils dort zuständigen Stellen und nimmt sie weitgehend von der Überwachung durch das *BfArM* aus. Diese Behörden sind selbst verantwortlich und bedürfen **weder einer Erlaubnis nach § 3, noch einer Einzelgenehmigung nach § 11 BtMG,** soweit sie ihrem gesetzlichen Auftrag folgen (s. dazu § 4 Rn. 23 ff.). Sie können gem. § 14 BtMAHV die Betäubungsmittel im sog. **vereinfachten Verfahren** ein- und ausführen (vgl. § 11 Rn. 4 f.). Diese Regelungen gelten auch für konkret **beauftragte V-Personen** und verdeckte Ermittlungsbeamte im Untergrund, **nicht** aber für **V-Personen ohne konkreten Auftrag.** Sie haben jedoch dem *BfArM* gem. § 27 Abs. 2 BtMG insoweit über ihren Betäubungsmittelverkehr **Auskunft** zu geben, als es zur Durchführung internationaler Suchtstoffübereinkommen erforderlich ist.

B. Bundeswehr, Bundespolizei und Bereitschaftspolizei

2   Nach § 26 Abs. 1 BtMG sind Einrichtungen, die einer gesetzmäßigen Betäubungsmittelversorgung der Bundeswehr und der Bundespolizei dienen, von dem Erfordernis einer Erwerbserlaubnis des *BfArM* nach § 3 BtMG befreit. Als Folge dieser Regelung ist auch die Abgabe von Betäubungsmitteln an Einrichtungen der Bundeswehr und der Bundespolizei nach § 12 Abs. 1 Nr. 2 BtMG erlaubt, ohne dass diese Einrichtungen eine Erwerbserlaubnis besitzen müssen. Entsprechendes gilt nach § 26 Abs. 4 BtMG für die Bereitschaftspolizeien der Länder.

3   Aus der in Art. 47 Abs. 1 des Zusatzabkommens v. 3. 8. 1959 zum Natotruppenstatut geregelten Verpflichtung der Bundesrepublik folgt, dass die vorgenannten Ausnahmevorschriften für die Bundeswehr in § 26 Abs. 1 und § 12 Abs 1 Nr. 2 BtMG für die Stationierungstruppen entsprechend anzuwenden sind. Darüber hinaus ist davon auszugehen, dass auch unter Berücksichtigung des Art. II des Natotruppenstatus die **Stationierungsstreitkräfte** wegen ihrer Stellung als Hoheitsträger **nicht einem nach deutschem Recht vorgeschriebenen Verwaltungsverfahren unterworfen** sind. Die Dienststelle der amerikanischen Truppe fordert die benötigten Betäubungsmittel bei einer deutschen zuständigen Stelle an, die die Betäubungsmittel mit einer Abgabemeldung übergibt und eine Kopie an das *BfArM* sendet. Die amerikanische Dienststelle bestätigt dem *BfArM* den Empfang und übernimmt die weitere Überwachung der Betäubungsmittel.

4   **1. Versorgung von Kampfpiloten der Bundeswehr oder anderer Streitkräfte mit Betäubungsmitteln. Die Anweisung und Versorgung von Kampfpiloten mit Betäubungsmitteln zur erhöhten Wachsamkeit (Go-Pillen),** um Müdigkeit und **Erschöpfung der Piloten zu verhindern,** um Todesfälle von Soldaten durch sog „**Friendly-Fire**" (Fehlgeschosse befreundeter Einheiten) und **Kollateralschäden** (Fehlgeschosse auf Zivilisten) zu vermeiden, und um den immer wachen Piloten, der in Sekundenschnelle entscheiden muss, ob er seine todbringende Fracht abfeuert oder nicht, zu gewährleisten, werden nicht im BtMG geregelt, bedürfen aber einer besonderen **Rechtsgrundlage.** Dabei ist zu berücksichtigen, dass ein **ziviler Verkehrsteilnehmer,** der unter Einfluss von Amphetaminen im Auto steuert, **bestraft wird** und seinen **Führerschein verliert,** ein **Pilot** aber **unter Amphetamineinwirkung einen hochkomplizierten Tarnkappen-Kampfjet fliegen darf,** wie im **Irak- und Afghanistan-Krieg** geschehen. Dass **berauschten Kampfpiloten** entgegen dem militärischen Drogenprogramm Fehler unterlaufen, sie **Pannen und Unfälle** verursachen, ist nicht verwunderlich.

5   Bereits im **Dritten Reich** wurden **Kampfflieger mit Methamphetamin** auf ihre Kampfeinsätze vorbereitet. Auch die Soldaten der **US-Amerikaner** und **Bri-**

ten und **Japaner** wurden mit Methamphetamin stimuliert. Kampfpiloten erhalten
vielfach vor ihrem Einsatz Aufputschmittel wie z.B. **Dexedrin** (= Dex-
Amphetamin-Sulfat), **Pervitin** (= Methyl-Amphetamin), **Speed–Tabletten** oder
das Herzmittel **Atropin,** zur erhöhten Wachsamkeit (Go-Pillen). Kommt der Pilot
auf den Stützpunkt zurück, so erhält er bisweilen **No Go-Pills, No Action-Pills,
Downers,** wie z.B. **Valium,** oder andere **Benzodiazepine.** Ohne Einnahme von
Go-Pills als auch No Go-Pills erhalten bisweilen Kampfpiloten keine Einsatzer-
laubnis.

2. Ärztliche Behandlung von Soldaten. Israelische Forscher experimentie-   **6**
ren mit Cannabisprodukten, ob diese Therapie bei Soldaten, die unter psychischen
Kriegsfolgen leiden, schwere **posttraumatische Stresssymptome (PTSD)** abbauen helfen kann. In den Vereinigten Staaten wurden **Heroin, MDA und andere Betäubungsmittel** zur **Behandlung von Kriegsheimkehrern** getestet. In
Deutschland bedürfen derartige Programme einer Erlaubnis nach § 3 Abs. 2
BtMG.

C. Zivilschutz

Die unter Rn. 2 genannten Rechte stehen auch dem Zivilschutz zu, allerdings   **7**
beschränkt auf die in Anl. II und III. Der Vollzug des BtMG und die Überwachung des Betäubungsmittelverkehrs obliegen in diesem Fall den für die Sanitätsmaterialbevorratung zuständigen Bundes- und Landesbehörden (Abs. 2 S. 2).

D. Ermächtigung zur Zulassung von Ausnahmen

Wenn zwingende Gründe der Verteidigung es erfordern, kann das Bundesminis-   **8**
terium der Verteidigung für seinen Geschäftsbereich nach § 26 Abs. 3 BtMG im
Einvernehmen mit dem Bundesministerium für Gesundheit Ausnahmen vom
BtMG und den aufgrund des BtMG erlassenen Rechtsverordnungen zulassen.
Diese dürfen aber nicht im Widerspruch zu den internationalen Suchtstoffüberein-
kommen stehen.

Meldungen und Auskünfte

27 (1) [1]**Das Bundeskriminalamt meldet dem Bundesinstitut für Arzneimittel und Medizinprodukte jährlich bis zum 31. März für das
vergangene Kalenderjahr die ihm bekanntgewordenen Sicherstellungen
von Betäubungsmitteln nach Art und Menge sowie gegebenenfalls die
weitere Verwendung der Betäubungsmittel.** [2]**Im Falle der Verwertung
sind der Name oder die Firma und die Anschrift des Erwerbers anzugeben.**

(2) **Die in § 26 bezeichneten Behörden haben dem Bundesinstitut für
Arzneimittel und Medizinprodukte auf Verlangen über den Verkehr mit
Betäubungsmitteln in ihren Bereichen Auskunft zu geben, soweit es zur
Durchführung der internationalen Suchtstoffübereinkommen erforderlich
ist.**

(3) [1]**In Strafverfahren, die Straftaten nach diesem Gesetz zum Gegenstand haben, sind zu übermitteln**

**1. zur Überwachung und Kontrolle des Verkehrs mit Betäubungsmitteln
bei den in § 19 Abs. 1 Satz 3 genannten Personen und Einrichtungen
der zuständigen Landesbehörde die rechtskräftige Entscheidung mit
Begründung, wenn auf eine Strafe oder eine Maßregel der Besserung
und Sicherung erkannt oder der Angeklagte wegen Schuldunfähigkeit
freigesprochen worden ist,**

2. **zur Wahrnehmung der in § 19 Abs.** 1 Satz 2 genannten Aufgaben dem **Bundesinstitut für Arzneimittel und Medizinprodukte im Falle der Erhebung der öffentlichen Klage gegen Ärzte, Zahnärzte und Tierärzte**
   a) **die Anklageschrift oder eine an ihre Stelle tretende Antragsschrift,**
   b) **der Antrag auf Erlaß eines Strafbefehls und**
   c) **die das Verfahren abschließende Entscheidung mit Begründung; ist mit dieser Entscheidung ein Rechtsmittel verworfen worden oder wird darin auf die angefochtene Entscheidung Bezug genommen, so ist auch diese zu übermitteln.**
   [2] **Die Übermittlung veranlaßt die Strafvollstreckungs- oder die Strafverfolgungsbehörde.**

(4) **Die das Verfahren abschließende Entscheidung mit Begründung in sonstigen Strafsachen darf der zuständigen Landesbehörde übermittelt werden, wenn ein Zusammenhang der Straftat mit dem Betäubungsmittelverkehr besteht und die Kenntnis der Entscheidung aus der Sicht der übermittelnden Stelle für die Überwachung des Betäubungsmittelverkehrs erforderlich ist; Absatz 3 Satz 1 Nr. 2 Buchstabe c zweiter Halbsatz gilt entsprechend.**

A. Meldepflichten des BKA

1   Da die Rauschgiftsofortmeldungen der Kriminalpolizei und der Zolldienststellen, die Mitteilungen der Staatsanwaltschaften und Gerichte zentral beim *BKA* in Wiesbaden zusammenlaufen, unterliegt lediglich das *BKA* und nicht jede einzelne Dienststelle der Polizei und Justiz der Meldepflicht über die Art und Menge der sichergestellten Betäubungsmittel. Die **jährlichen Meldungen des** *BKA* reichen aus, um der aus dem internationalen Suchtstoffübereinkommen erwachsenden Mitteilungsverpflichtung (Art. 19 Abs. 1, Art. 20 Abs. 1 lit e. des Übereinkommens von 1961 und Art. 16 Abs. 1 lit. b und Abs. 3 des Übereinkommens von 1971) gegenüber den internationalen Suchtstoffkontrollbehörden nachzukommen.

2   Das *BKA* Wiesbaden sammelt alle verfügbaren Daten zum Rauschgiftproblem und erstellt darüber hinaus ebenso wie die Landeskriminalämter **Rauschgiftlageberichte,** in denen die Situation in **Quartals- und Jahresberichten** beschrieben wird anhand der neuesten statistischen Zahlen.

B. Meldepflichten der Strafvollstreckungs-\nund Strafverfolgungsbehörden

3   In § 27 Abs. 3 u. Abs. 4 BtMG wurden entsprechend Nr. 50 MiStra die Mitteilungspflichten der Strafvollstreckungs- und Strafverfolgungsbehörden (Staatsanwaltschaften und Gerichte) in Betäubungsmittelsachen neu geregelt. Diese Regelungen wurden durch das Justizmitteilungsgesetz und Gesetz zur Änderung kostenrechtlicher Vorschrift und anderer Gesetze vom 1. 7. 1998 (BGBl. I, S. 1430) eingefügt.

4   Adressat der Mitteilungen nach § 27 Abs. 3 Nr. 1 BtMG sind die **nach § 19 Abs. 1 S. 3 BtMG zuständigen Landesbehörden.** Diesen sind zur Wahrnehmung der in § 19 Abs. 1 S. 3 BtMG beschriebenen Aufgaben nicht nur die Urteile gegen Ärzte, Zahnärzte und Tierärzte, sondern auch Strafurteile mitzuteilen, die mit dem Betäubungsmittelverkehr dieser Personen in Zusammenhang stehen.

5   Nach § 27 Abs. 3 Nr. 2 BtMG sind dem *BfArM* zur Wahrnehmung der in § 19 Abs. 1 S. 2 BtMG genannten Aufgaben von der Justiz Anklageschriften, Urteile und Strafbefehle gegen Ärzte, Zahnärzte und Tierärzte zu übermitteln.

6   Während § 27 Abs. 3 BtMG in den eigentlichen Betäubungsmittelsachen **Mitteilungspflichten** enthält, besteht bei den sonstigen Strafsachen des § 27 Abs. 4 BtMG, die im Zusammenhang mit dem Betäubungsmittelverkehr stehen, lediglich eine **Mitteilungsbefugnis.** Die Entscheidungen dürfen der zuständigen Landesbehörde übermittelt werden. § 27 Abs. 3 und Abs. 4 BtMG enthalten keine Mitteilungspflichten an das *BKA* und die Landeskriminalämter.

Jahresbericht an die Vereinten Nationen

28 (1) [1]Die Bundesregierung erstattet jährlich bis zum 30. Juni für das vergangene Kalenderjahr dem Generalsekretär der Vereinten Nationen einen Jahresbericht über die Durchführung der internationalen Suchtstoffübereinkommen nach einem von der Suchtstoffkommission der Vereinten Nationen beschlossenen Formblatt. [2]Die zuständigen Behörden der Länder wirken bei der Erstellung des Berichtes mit und reichen ihre Beiträge bis zum 31. März für das vergangene Kalenderjahr dem Bundesinstitut für Arzneimittel und Medizinprodukte ein. [3]Soweit die im Formblatt geforderten Angaben nicht ermittelt werden können, sind sie zu schätzen.

(2) [1]Die Bundesregierung wird ermächtigt, durch Rechtsverordnung mit Zustimmung des Bundesrates zu bestimmen, welche Personen und welche Stellen Meldungen, nämlich statistische Aufstellungen, sonstige Angaben und Auskünfte, zu erstatten haben, die zur Durchführung der internationalen Suchtstoffübereinkommen erforderlich sind. [2]In der Verordnung können Bestimmungen über die Art und Weise, die Form, den Zeitpunkt und den Empfänger der Meldungen getroffen werden.

Die Vorschrift schafft eine **Rechtsgrundlage** für die Erstellung des Jahresberichtes an die Vereinten Nationen durch die Bundesregierung und für die Mitwirkungspflicht der zuständigen Landesbehörden. Die Bundesrepublik Deutschland hat damit die in Art. 18 des Übereinkommens von 1961 und Art. 16 des Übereinkommens von 1971 enthaltene Verpflichtung in das deutsche Betäubungsmittelrecht umgesetzt. Soweit den mitwirkenden Landesbehörden keine zuverlässigen Daten vorliegen, müssen die Angaben geschätzt werden (§ 28 Abs. 1 S. 3 BtMG). **1**

§ 28 Abs. 2 BtMG ermöglicht es der Bundesregierung, im Wege einer **Rechts- 2 verordnung** zu zuverlässigerem Zahlenmaterial zu gelangen. Das *BKA* Wiesbaden sammelt alle verfügbaren Zahlen zum Rauschgiftproblem und erstellt darüber hinaus ebenso wie die **Landeskriminalämter Rauschgiftlageberichte,** in denen die Situation in **Quartals- und Jahresberichten** beschrieben wird anhand der neuesten statistischen Zahlen.
Das *BKA* erstellt aufgrund der **Informationen von Interpol** und der durch die **Verbindungsbeamten des** *BKA* in aller Welt gewonnenen Daten außerdem **Jahresberichte zur Rauschgiftsituation in Europa und zur Rauschgiftweltlage,** leistet damit Beiträge zum internationalen polizeilichen Informationsaustausch auf dem Interpolweg und fördert die **Rauschgiftzentralstelle bei** *Europol*.
Die Jahresberichte der Bundesregierung und der anderen Nationen ermöglichen **3** **weltweite Lagebilder der Vereinten Nationen** und fördern die Arbeit der nationalen und internationalen Gremien der Rauschgiftbekämpfung.

Sechster Abschnitt. Straftaten und Ordnungswidrigkeiten

Vorbemerkungen zu §§ 29 ff. BtMG

Kap. 1. Entstehungsgeschichte des BtMG

1   Das OpiumG und das darauf folgende BtMG 1972 befassten sich zunächst vorwiegend mit der Regelung des **legalen Betäubungsmittelverkehrs.** Mit Fortschreiten der Rauschgiftwelle in der Bundesrepublik erwiesen sich die Strafvorschriften zur Bekämpfung des **illegalen Rauschgifthandels** und des **Rauschgiftmissbrauchs** wichtiger als die Verwaltungsvorschriften im legalen Betäubungsmittelverkehr. So sind im BtMG 1981 an die Stelle der §§ 11 bis 13 des BtMG 1972 der 6. Abschnitt dieses Gesetzes mit 6 Strafvorschriften und zusätzlich der 7. Abschnitt mit 4 Vorschriften für betäubungsmittelabhängige Straftäter getreten. 1992 hat der Gesetzgeber das Netz der Strafvorschriften nochmals erweitert und mit dem **§ 29 a und § 30 a BtMG** zwei **neue Verbrechenstatbestände** eingefügt sowie mit §§ 30 b, 30 c, 33 BtMG die Verfolgung auswärtiger Organisationen und die Gewinnabschöpfung erweitert. Mit der neuen Opportunitätsvorschrift des § 31 a BtMG wurde der Staatsanwaltschaft das Recht eingeräumt, ohne Zustimmung des Gerichts bei Verfahren gegen Konsumenten und Abhängige von Verfolgung abzusehen. Der 6. Abschnitt ist auf 11 Vorschriften angewachsen. Das BtMG, das zunächst im Wesentlichen repressiven Charakter hatte, verfolgt inzwischen auch eine Vielzahl therapeutischer Anliegen. Dies darf bei der Interpretation der Strafvorschriften nicht aus dem Auge verloren werden.

2   Bei Gesetzesänderungen stellt sich regelmäßig in der **Übergangszeit** die Frage, von welchen Bestimmungen ausgegangen werden muss. Auch bei im Jahr 1981 begangenen Taten stellte sich die Frage, ob das am 1. 1. 1982 in Kraft getretene BtMG v. 28. 7. 1981 Anwendung finden musste, wenn es gegenüber dem BtMG v. 10. 1. 1972 die mildere Regelung darstellte (§ 2 Abs. 3 StGB). Bei der Prüfung, welches Gesetz das mildere i. S. d. § 2 Abs. 3 StGB ist, waren nicht nur die Tatbestände und Strafandrohungen der verschiedenen Gesetze abstrakt zu vergleichen. Maßgebend war vielmehr, welche Regelung für den konkreten Fall nach dessen besonderen Umständen die dem Täter günstigere Beurteilung zuließ; das auf diese Weise ermittelte Gesetz war sodann als Ganzes anzuwenden (BGHSt. 20, 22; *BGH* NStZ 1983, 80; *BGH* StV 1983, 109).

3   § 29 a BtMG n. F. stellt i. S. v. § 2 StGB nicht eine mildere Strafvorschrift als § 29 Abs. 3 BtMG a. F. dar. Trotz gleichen Strafrahmens handelt es sich bei § 29 a BtMG um ein Verbrechen, bei § 29 Abs. 3 BtMG a. F. um ein Vergehen. Der in § 29 Abs. 1 BtMG a. F. bestimmte Normalstrafrahmen ist geringer als derjenige, der sich für minder schwere Fälle nach § 29 a Abs. 2 BtMG n. F. eröffnet (*BGH* StV 1993, 364).

Kap. 2. Auswirkungen einer Betäubungsmittelabhängigkeit

Übersicht

A. Begriff der Betäubungsmittelabhängigkeit

Betäubungsmittelabhängigkeit erfordert einen **Zustand seelischer (psychi-** 4
scher) oder seelischer und körperlicher (physischer) Abhängigkeit von
einer Substanz mit Wirkung auf das Zentralnervensystem, der durch periodische
oder ständig wiederholte Einnahme charakterisiert ist und dessen Merkmale je
nach der Art des Suchtstoffes variieren. Eine erheblich verminderte Schuldfähigkeit
braucht nicht vorzuliegen (vgl. *Stuttgart* MDR 1989, 285).

Die seit dem 1. 1. 2000 geltende Klassifizierung nach **ICD-10** (Internationale 5
statistische Klassifikation der Krankheiten und verwandte Gesundheitsprobleme)
enthält 10 Abhängigkeitstypen (zur Betäubungsmittelabhängigkeit im Einzelnen
s. § 35 Rn. 57 ff.):

- F10: Psychische und Verhaltensstörungen durch Alkohol,
- F11: Psychische und Verhaltensstörungen durch Opioide,
- F12: Psychische und Verhaltensstörungen durch Cannabinoide,
- F13: Psychische und Verhaltensstörungen durch Sedativa und Hypnotika,
- F14: Psychische und Verhaltensstörungen durch Kokain,
- F14: Psychische und Verhaltensstörungen durch andere Stimulanzien einschl.
  Koffein,
- F15: Psychische und Verhaltensstörungen durch Hallozinogene,
- F16: Psychische und Verhaltensstörungen durch Tabak,
- F17: Psychische und Verhaltensstörungen durch flüchtige Lösungsmittel,
- F18: Psychische und Verhaltensstörungen durch multiplen Substanzgebrauch
  und Konsum anderer psychotroper Substanzen.

Die gleichzeitige Abhängigkeit von mehreren Substanzen wird als **Polytoxiko-** 6
manie bezeichnet (*Weber* § 1 Rn. 47; *Malek* 2. Kap. Rn. 14).

B. Verminderte Schuldfähigkeit aufgrund
einer Betäubungsmittelabhängigkeit

Nach der Rspr. des *BGH* kann die einen Menschen beherrschende Sucht nach 7
Betäubungsmitteln unter Umständen zu einer krankhaften seelischen Störung oder
zu einer tiefgreifenden Bewusstseinsstörung und damit zu einer erheblichen Verminderung oder zum Ausschluss der Schuldfähigkeit führen. Es reicht aber nicht
aus, einem Angeklagten im Rahmen allgemeiner Strafzumessungserwägungen
zugute zu halten, dass er drogenabhängig sei. Vielmehr muss **geprüft werden, ob**
die Verstöße gegen das BtMG **in einer gem. §§ 20 bzw. 21 StGB relevanten**
Weise von der Drogenabhängigkeit beeinflusst waren. Die Voraussetzungen
der §§ 20 und 21 StGB müssen aber eingehend geprüft werden, da sie nur in besonders schwerwiegenden Suchtfällen vorliegen. Nach ständiger Rspr. des *BGH*
führt **allein die Abhängigkeit von Betäubungsmitteln noch nicht zur An-**
nahme einer verminderten oder aufgehobenen Schuldfähigkeit (*BGH*
NJW 1981, 1221; *BGH* NStZ-RR 2006, 88; *Fischer* § 21 Rn. 13; *Schäfer/Sander/*
van Gemmeren Rn. 531). Im Gegenteil: **Nur ausnahmsweise** ist bei einem Rauschgiftkonsumenten von einer verminderten Schuldfähigkeit auszugehen, wenn langjähriger Betäubungsmittelkonsum zu schwersten Persönlichkeitsveränderungen i. S.
einer schweren anderen seelischen Abartigkeit geführt hat, der Täter unter starken
Entzugserscheinungen litt und durch sie dazu getrieben wurde, sich mittels einer
Straftat Drogen zu beschaffen, ferner unter Umständen dann, wenn das Delikt im

Zustande eines akuten Rausches verübt wurde (BGHR StGB § 21 BtM-Auswirkungen 12 [3 StR 276/95]; *BGH* NStZ 2001, 82; *BGH* NStZ-RR 2008, 274). Zu einer erheblichen Verminderung der Hemmungsfähigkeit kann auch die **Angst des Drogenabhängigen vor Entzugserscheinungen** führen, die er schon als äußerst unangenehm erlebt hat und kurz bevorstehend erlebt.

I. Gesamtwürdigung

8   Dabei sind für die Beurteilung der verminderten Schuldfähigkeit maßgebend vor allem das **Alter,** die **gesundheitliche Verfassung,** die **Drogenkarriere,** die **Persönlichkeit** des Konsumenten, **Art, Menge** und **Dauer des Rauschmittelkonsums** sowie die Umstände, die für die Begehung der Tat bestimmend waren. § 21 StGB kommt nur dann in Betracht, wenn die **Tat selbst durch die Auswirkungen der Abhängigkeit beeinflusst (Kausalität)** war (*BGH* NJW 1981, 1221; BGHR StGB § 21 BtM-Auswirkungen 12 [3 StR 276/95]; *BGH* NStZ-RR 1997, 227 = StV 1997, 517; *BGH* NStZ 2003, 370; *BGH* NStZ-RR 2004, 39; *BGH* NStZ-RR 2006, 88).

9   Begeht ein Abhängiger Vermögensdelikte unterschiedlichen Charakters, die nach seinen Angaben nur mittelbar der Befriedigung seiner Sucht dienten, liegt die Ausnahme einer erheblich verminderten Steuerungsfähigkeit eher fern. Bei einem morphinsüchtigen Arzt, der sich mittelbar oder unmittelbar Suchtmittel zu beschaffen und Praxisbedarfsrezepte zu erlangen sucht, liegt eine verminderte Schuldfähigkeit nahe, während beim Erstreben langfristiger Steuervorteile durch eine unrichtige Steuererklärung der § 21 StGB eher fernliegt (*BGH* NStZ 2001, 85). Die pauschale Schlussfolgerung von Heroinabhängigkeit auf die Anwendbarkeit von § 21 StGB ist unzulässig und führt auf Revision der Staatsanwaltschaft deshalb zur Aufhebung des Strafausspruches (*BGH*, Urt. v. 17. 5. 1989, 2 StR 172/89). Die bloße Behauptung eines Heroinhändlers, er habe von einer größeren Heroinmenge selbst einige Hits verbraucht, sei drogenabhängig und konsumiere seit längerer Zeit Heroin, genügt für sich allein nicht zur Annahme verminderter Schuldfähigkeit (*BGH* NJW 1981, 1221 = StV 1981, 237). Gegen eine erheblich verminderte Schuldfähigkeit spricht, wenn der Angeklagte trotz seines langjährigen Konsums wegen eines bestimmten Betäubungsmittels im Kilobereich mit einem anderen Betäubungsmittel handelt (*BGH* NStZ-RR 2004, 39). Insgesamt kann man den Eindruck gewinnen, dass die Rspr. des *BGH* zur verminderten Schuldfähigkeit bei Betäubungsmittelabhängigen mehr von generalpräventiven Überlegungen als vom Schuldprinzip geprägt ist (*Theune* NStZ-RR 2003, 225).

10   Hohe Anforderungen hat der *BGH* an eine **akute Rauschgiftintoxikation,** die die Schuldfähigkeit einschränkt, gestellt, nämlich eine massive psychopathologische Symptomatik i. S. v. Realitätsverlust, Halluzinationen oder Wahnvorstellungen (*BGH* NStZ-RR 1996, 289 = StV 1996, 536) Bei derartigen Symptomen liegt aber eine Schuldunfähigkeit nahe.

11   Behauptungen des Angeklagten, er sei durch den Betäubungsmittelkonsum in seiner Schuldfähigkeit beeinträchtigt gewesen, bedürfen der Aufklärung, notfalls durch ein Sachverständigengutachten. Konnte ein Angeklagter seinen Betäubungsmittelkonsum genau kontrollieren und deshalb sogar die Aufhebung der Bewährungsauflage erreichen, nahm in letzter Zeit lediglich sein Haschischkonsum etwas zu und konsumierte er kurz vor der Tat wieder einmal, so ist die Annahme einer erheblich verminderten Schuldfähigkeit ohne eingehende Begründung nicht nachvollziehbar (*BGH*, Urt. v. 18. 1. 1989, 2 StR 614/89). Ein Gericht ist jedoch nicht gehalten, die Behauptungen eines Angeklagten über das hohe Ausmaß und die lange Dauer seines bisherigen Konsums von Betäubungsmitteln als unwiderlegbar hinzunehmen, wenn Anhaltspunkte für die Richtigkeit dieser Angaben fehlen oder sie sogar kaum mit der nicht beeinträchtigten Lebensführung des Angeklagten (Berufstätigkeit) sowie mit fehlenden gesundheitlichen Folgen (Entzugserscheinungen) nach seiner Inhaftierung vereinbar sind (*BGH* NStZ-RR 2009, 59).

Steht die erhebliche Verminderung der Schuldfähigkeit des Angeklagten nach 12
eingehender Prüfung der oben genannten Umstände fest, so muss das Gericht die
**verminderte Schuldfähigkeit schon bei der Strafrahmenwahl berücksich-
tigen** und erwägen, ob anstelle eines besonders schweren Falles nach § 29 Abs. 3
BtMG die Strafe dem Grundtatbestand des § 29 Abs. 1 BtMG zu entnehmen ist
bzw. ob ein minder schwerer Fall des Verbrechenstatbestandes vorliegt; zwingend
ist eine Strafrahmenverschiebung aber nicht (*BGH* [*Theune*] NStZ 1986, 154; *Schä-
fer/Sander/van Gemmeren* Rn. 536). Die verminderte Schuldfähigkeit ist nach der
Berücksichtigung bei der Strafrahmenwahl nicht verbraucht, sondern muss auch
bei der Strafzumessung im engeren Sinne in die Gesamtbeurteilung mit einfließen.

II. Verminderte Schuldfähigkeit bei den einzelnen Betäubungsmitteln

1. Haschischabhängigkeit. Selbstverständlich kann auch die Schuldfähigkeit 13
eines Abhängigen vom Cannabistyp erheblich vermindert sein, aber eben nur
dann, **wenn zu der Abhängigkeit die unter Rn. 7 genannten Faktoren
hinzutreten.** Die Voraussetzungen des § 21 StGB wurden bejaht bei einer **auf
Haschischkonsum beruhenden Psychose mit manischem Schub** (*BGH*
NStZ 1989, 17 = StV 1989, 386).

Hat ein Angeklagter seit seinem 14. Lebensjahr Haschisch konsumiert und ist 14
nicht mehr davon losgekommen, so ist **wegen langjährigen Haschischkonsums**
eine verminderte Schuldfähigkeit jedenfalls **zu prüfen und zu erörtern** (*BGH*
StV 1988, 198). Die Feststellung, der Angeklagte konsumiere regelmäßig Cannabis, wenn etwas da sei, und er habe vor der Tat mehr als zwei Züge aus einer Wasserpfeife genommen, belegt keinen akuten Cannabisrausch (*BGH,* Urt. v. 21. 3.
2001, 1 StR 32/01 = BeckRS 2001, 30169017)). Haben bei einem Angeklagten
mit langjährigem Haschischkonsum die psychiatrischen, neurologischen und test-
psychologischen Untersuchungen **keine Anhaltspunkte für eine Depravation
oder schwere Persönlichkeitsveränderungen** ergeben und hat der Angeklagte
nicht unter Entzugserscheinungen gehandelt, so kann die sachverständig beratene
Strafkammer trotz starkem psychischem Verlangen des Angeklagten auf Wiederholung des Drogenerlebnisses die **Voraussetzungen des § 21 StGB verneinen**
(*BGH* StV 1988, 198 m. Anm. *Kamischke*).

a) Haschisch und Alkohol. Der Kombination von Cannabis und Alkohol 15
muss bei der Prüfung des § 21 StGB **besondere Aufmerksamkeit** geschenkt
werden. Wurden auf einer Party neben Alkohol auch Betäubungsmittel wie LSD,
Kokain, Ecstasy konsumiert und zudem Haschisch geraucht, so bedarf die Frage
der erheblichen Verminderung der Schuldfähigkeit nach § 21 StGB gründlicher
Prüfung (*BGH* NStZ-RR 1996, 289). Zum Zusammenwirken von **Alkohol,
Normoc-Tabletten und Cannabis** vgl. *BGH,* Beschl. v. 4. 2. 1999, 4 StR 16/99
= BeckRS 1999, 30045700.

b) Haschisch und Insulin. Zur Prüfung verminderter Schuldfähigkeit bei Zu- 16
sammentreffen von langjährigem **Haschischkonsum und regelmäßigen Insu-
lin-Injektionen** infolge Diabetes vgl. *BGH* StV 1989, 103.

2. Amphetaminabhängigkeit. Zur Frage der verminderten Schuldfähigkeit 17
bei Amphetaminabhängigkeit vgl. *BGH* NStZ-RR 1997, 227 = StV 1997, 517.
Zu Amphetamin und Alkohol vgl. *BGH* NStZ 2001, 83.

3. Kokainabhängigkeit. Zum Zustand eines akuten **Kokainrausches** vgl. 18
BGH, Beschl. v. 10. 2. 1998, 4 StR 662/97 und *BGH* StV 2005, 19. Auch die
Kombination von Alkohol und Betäubungsmitteln (Kokain und Heroin)
bedarf besonderer Aufmerksamkeit und einer Gesamtbetrachtung, ob die beiden
Faktoren, **Alkohol und Rauschgift,** eine erhebliche Verminderung der Schuldfähigkeit bewirkt haben könnten (*BGH* StV 1992, 569; *BGH* NStZ 1996, 334;
BGH NStZ 2001, 88 = StV 2001, 622). Die Auffassung einer Strafkammer, wonach sich die Wirkungen von Alkohol und Kokain gegenseitig aufheben, ist unzutreffend. Vielmehr können sich derartige Wirkungen überlagern, unkontrolliert

potenzieren und das Hemmungsvermögen zusätzlich beeinträchtigen (vgl. *BGH* StV 2000, 612; *BGH* NStZ 2001, 88 = StV 2001, 622).

19   **4. Opiatabhängigkeit und Arzneimittelmissbrauch.** Auch die **Kombination von Betäubungsmittelabhängigkeit und Tablettenmissbrauch** bzw. die Verwendung eines Suchtersatzstoffes (wie z. B. des **Schlafmittels „Medinox")**, kann die Prüfung der Frage einer Abhängigkeit notwendig machen. Der Übergang von Betäubungsmitteln auf Schlafmittel ist nicht selten. Es entspricht medizinischer Erfahrung, dass der Missbrauch von Schlafmitteln zu einer Wirkungsumkehr von einer einschläfernden zu einer anregenden Wirkung führen kann (*BGH* StV 1989, 103). Zur Drogenabhängigkeit von **Heroin und der Substitutionsdroge Codein** vgl. *BayObLG* NJW 1999, 1794 ff.

20   **5. Polytoxikomanie.** Sehr weit verbreitet ist die Vielfachabhängigkeit **(Polytoxikomanie).** Der Abhängige konsumiert die Rauschmittel, die er gerade bekommt, nacheinander, durcheinander, mit unheilvollen Wechselwirkungen, heute Heroin und Tabletten, morgen Kokain oder Crack, übermorgen Tabletten und Alkohol, dann nur Crack, um anschließend sich mit Alkoholika zuzuschütten. Zur Wechselwirkung von **Alkohol, Heroin und Amphetaminen** (*BGH*, Beschl. v. 23. 8. 2000, 2 StR 281/00 = BeckRS 2000, 30128087). Zur chronischen Polytoxikomanie durch Missbrauch von **Alkohol, Heroin und Codein** vgl. *BGH* NStZ 2001, 82 und *BGH* NStZ-RR 2004, 331.

III. Entzugserscheinungen

21   Wurde der Täter durch starke Entzugserscheinungen zur Tat angetrieben, so liegt eine Einschränkung der Schuldfähigkeit vielfach nahe (vgl. *BGH* NStZ-RR 2008, 274). Diese Täter lassen bei der Tatausführung geringste Vorsichtsvorkehrungen vermissen, **verhalten sich zumeist extrem auffällig und persönlichkeitsfremd.** Sie schlagen Scheiben und Türen von Apotheken, Arztpraxen und Wohnungen ein, verletzen sich stark, um an Drogen zu kommen, berauben und verletzen ihre Opfer oftmals wegen geringster Geldbeträge brutal. Die Abstinenz- oder Entzugserscheinungen bei Heroinabhängigen sind außerordentlich vielfältig. Zunächst sind physische und psychische Abstinenzsymptome zu unterscheiden. Nach *Glatzel* (StV 1984, 62) hat es sich unter psychiatrischen Sachverständigen eingebürgert, die Schwere des Entzuges in Abstinenzgraden zu messen. So umfasst der **Abstinenzgrad 1:** Gähnen, Schwitzen, Tränenfluss, laufende Nase, Persönlichkeitsveränderungen und Schlafstörungen. Beim **Abstinenzgrad 2** verstärken sich die unter 1 genannten Symptome und es kommt zusätzlich zur Pupillenerweiterung, zu Gänsehaut, zu Muskelkrämpfen, zu Schüttelfrost und Hitzewallungen, zu Knochen- und Muskelschmerzen und zu Appetitlosigkeit. Beim **Abstinenzgrad 3** verstärken sich die genannten Symptome weiterhin und es kommt zur Schlaflosigkeit, Blutdruckanstieg, Temperaturanstieg, beschleunigter und tiefer Atmung, Zunahme der Pulsfrequenz, Rastlosigkeit und Übelkeit. Schließlich ist der **Abstinenzgrad 4** dann erreicht, wenn die geschilderten Symptome ihren Höhepunkt erreichen und wenn das Bild bestimmt ist durch fiebriges Aussehen, Gewichtsverlust, spontane Ejakulation oder Orgasmus, Bluteindickung, Durchfall und Erbrechen. Neben der Schwierigkeit, die einzelnen Symptome zu erkennen, ist zu beachten, dass **Drogenabhängige** bisweilen **bestrebt sind, ihre körperlichen Entzugserscheinungen zu dissimulieren,** um das Ausmaß der Abhängigkeit zu verschleiern und um Therapiemaßnahmen zu verhindern. Insb. die psychischen Entzugserscheinungen sind bisweilen schwer zu erkennen. Die quälenden Entzugserscheinungen können die Fähigkeit eines Probanden beeinträchtigen, seine Interessen vernünftig wahrzunehmen und zu einer gefährlichen Aussagefreudigkeit führen.

IV. Angst vor Entzugserscheinungen

22   Schon **die Angst** eines Heroinabhängigen **vor Entzugserscheinungen,** die er schon als äußerst unangenehm erlebt hat und als nahe bevorstehend einschätzt, die

ihn erheblich unter Druck setzt und zu Beschaffungsdelikten antreibt, kann die Hemmungsfähigkeit i. S. d. § 21 StGB erheblich beeinträchtigen (BGH NStZ-RR 1997, 227 = StV 1997, 517; *BGH* NStZ 1999, 448; *BGH* NStZ 2006, 151 = StV 2006, 185; *BGH* NStZ-RR 2008, 274). Dabei ist aber wesentlich, dass die **Tatbegehung von der Angst vor Entzugserscheinungen maßgeblich bestimmt gewesen ist** (*BGH* NStZ 2001, 83; *BGH* NStZ-RR 2001, 81; *BGH* NStZ 2006, 151 = StV 2006, 185). Der *BGH* hat dies bislang nur in Fällen von **Heroin-**Abhängigkeit, von **Kokain-**Abhängigkeit, von **Crack-**Abhängigkeit und **Amphetamin-**Abhängigkeit bejaht.

Ein angeblich **indirekter Beschaffungsdruck,** wonach ein Angeklagter durch 23 seinen ihm physisch und psychisch weit überlegenen Betäubungsmittellieferanten zum Weiterverkauf angetrieben wurde und aus Angst diesem Druck erlag, vermag eine verminderte Schuldfähigkeit nicht zu begründen, da es sich um **eine regelmäßig zu bewältigende Herausforderung** handelt, bei der **nicht die §§ 20, 21 StGB,** sondern wenn überhaupt die **§§ 34, 35 StGB zu prüfen** wären (BGHR StGB § 21 BtM-Auswirkungen 14 = BeckRS 2003, 08715).

C. Rauschtaten

Begibt sich jemand in eine Drogenabhängigkeit in dem Bewusstsein, im Zu- 24 stand des Rausches möglicherweise bestimmte Straftaten zu begehen, z. B. mit Betäubungsmitteln Handel zu treiben, einen Diebstahl oder Raub auszuführen, um Geld für den Drogenerwerb zu beschaffen, so hindert die zur Tatzeit bestehende Schuldunfähigkeit oder eingeschränkte Schuldfähigkeit unter dem Gesichtspunkt der **actio libera in causa** nicht die Annahme einer strafrechtlichen Verantwortlichkeit (*BGH* NJW 1977, 590).

D. Sachkunde des Gerichts

Bei der Frage, ob eine Verminderung der Steuerungsfähigkeit sich als erheblich 25 i. S. v. § 21 StGB darstellt, handelt es sich um eine Rechtsfrage, die der Tatrichter ohne Bindung an Äußerungen von Sachverständigen zu beantworten hat. Allein bei der Beurteilung der Vorfragen nach den medizinisch-psychiatrischen Anknüpfungstatsachen kann der Tatrichter sachverständiger Hilfe bedürfen, sofern er nicht aufgrund eigener Sachkunde befinden kann (BGHSt. 43, 66, 77 = NJW 1979, 2460; *BGH* StV 1999, 309; *BGH* NStZ-RR 2004, 39). Eine bloße **Drogenabhängigkeit ohne weitere Auffälligkeiten** oder sonstige besondere Umstände gibt noch **keinen Anlass, einen medizinischen Sachverständigen** zur Frage einer etwaigen Beeinträchtigung der Schuldfähigkeit hinzuzuziehen (BGHR StPO § 244 Abs. 2 Schuldfähigkeit 2 [1 StR 368/90]). Ein Rechtsfehler zugunsten des Angeklagten kann darin liegen, dass das Gericht von einer drogenbedingt erheblich verminderten Schuldfähigkeit ausgeht, ohne einen in Drogensachen erfahrenen ärztlichen Sachverständigen gehört zu haben bzw. **ohne das für sich ausnahmsweise in Anspruch genommene besondere Fachwissen in den Urteilsgründen ausgewiesen zu haben.** Die Sachrüge der Staatsanwaltschaft kann zur Urteilsaufhebung führen, wenn die Urteilsgründe das insoweit erforderliche Fachwissen des Gerichtes nicht ausweisen, da nicht geprüft wurde, ob es infolge chronischen Rauschmittelmissbrauchs zu einer **Depravation der Persönlichkeit** des Täters, zu einer **toxischen Verwahrlosung** oder zu **cerebralen Funktionsstörungen** mit Leistungsausfällen nach Entgiftungen oder nach deutlichen Entzugserscheinungen gekommen ist (*Köln* MDR 1981, 598).

Bei der Erörterung der Schuldfähigkeit **reichen formelhafte Ausführungen** 26 **nicht** aus. Vielmehr bedarf es einer Auseinandersetzung mit der Drogenabhängigkeit des Angeklagten (*BGH* StV 1983, 414; *BGH* StV 1991, 156). **Bloße Vermutungen stellen keine Erfahrung und kein Fachwissen einer Strafkammer dar.** Misst eine Strafkammer dem Umstand, dass der Angeklagte bei seiner Festnahme weder Medinox-Tabletten noch ein entsprechendes Rezept bei sich hatte, entscheidende Bedeutung für die Überzeugung bei, dass der Angeklagte die Tab-

lettenabhängigkeit als Schutzbehauptung vortrage, so wendet sie einen nichtbeste-
henden Erfahrungssatz an, wonach Rauschgiftabhängige zu jeder Zeit eine bestimmte Menge ihres Rauschgift bei sich führen. Beruht ein Urteil auf dieser fehlerhaften Erwägung, so ist es aufzuheben (*Frankfurt*, Beschl. v. 17. 11. 1986, 1 Ss
392/86). Der **relativ gute Eindruck,** den ein Angeklagter mit längerer Drogenkarriere nach zahlreichen gescheiterten Therapieversuchen, nach 7,5 Monaten
Haft und 10 Monate nach der Tat in der Hauptverhandlung auf das Gericht macht,
reichen zu einer **Verneinung einer verminderten Schuldfähigkeit** durch das
Gericht nicht aus, wenn andererseits feststeht, dass er **nicht einmal in der Lage
war,** selbst in die Niederlande **zu fahren** oder den beauftragten Fahrer zu begleiten. Hier war ein **Sachverständiger zu hören** (*BGH* StV 1991, 156). Der
Rückfall in die Drogenabhängigkeit nach einer zeitweiligen Abstinenz kann **nicht
als vorwerfbarer Umstand** angesehen werden, der die Ablehnung der Strafrahmenmilderung nach §§ 21, 49 StGB rechtfertigen würde (*BGH* NStZ 1992, 547
= StV 1992, 570). Die Versagung der Strafmilderung nach § 21, 49 StGB mit der
Begründung, der Angeklagte habe sich selbst in den Zustand der verminderten
Schuldfähigkeit versetzt, ist **floskelhaft.** Denn der Süchtige weiß regelmäßig um
die Wirkungsweise des Rauschgifts und **kommt trotzdem nicht davon los**
(*BGH* StV 1988, 18).

27   War ein Angeklagter zur Tatzeit bereits 2 bis 3 Jahre lang heroinsüchtig und spätestens bei Beginn seines Handeltreibens mit Betäubungsmitteln hochgradig abhängig, spritzte er täglich drei- bis viermal Heroin, stand er unter dem ständigen
Druck der Heroinbeschaffung und litt er bei seiner Festnahme unter so starken
Entzugserscheinungen, dass sofort ein Arzt hinzugezogen werden musste, so kann
**eine Strafkammer unter Hinweis auf seine in zahlreichen Verfahren ge-
gen Heroinabhängige gewonnene Sachkunde eine erhebliche Verminderung des Hemmungsvermögens feststellen und auch ohne Sachverständigen von einer verminderten Schuldfähigkeit i. S. v. § 21 StGB ausgehen**
(*BGH*, Beschl. v. 6. 4. 1979, 2 StR 29/79; *BGH*, Urt. v. 2. 12. 1981, 2 StR 542/
82; *BGH*, Urt. v. 16. 5. 1984, 2 StR 97/84).

28   Schnupft ein Angeklagter nur 1 g 40%iges Kokain pro Woche, **ohne erkennbares Suchtverhalten,** so kann die Strafkammer **auch ohne Sachverständigen**
eine verminderte Steuerungsfähigkeit verneinen (BGHR BtMG § 29 Abs. 3 Nr. 4
Menge 9 [3 StR 287/91]). Eine mit Betäubungsmittelsachen befasste Strafkammer
kann **aufgrund eigener Sachkunde** ohne Sachverständigengutachten bei einem
Angeklagten nach jahrelangem Haschischkonsum einerseits aufgrund von geschilderten Persönlichkeitseigenheiten eine psychische Abhängigkeit feststellen, andererseits aber die **Voraussetzung des § 21 StGB verneinen** und lediglich bei der
Strafzumessung eine geminderte Schuld zugrunde legen (BGHR StPO § 244
Abs. 2 Schuldfähigkeit 2 [1 StR 368/90])

E. Erfordernis eines Sachverständigengutachtens

29   Wenn ausnahmsweise **Anhaltspunkte für eine erhebliche Verminderung**
der Schuldfähigkeit gegeben sind, wie langzeitige starke Drogenabhängigkeit und
festgestellte Entzugserscheinungen, oder langjährige Drogenabhängigkeit verbunden mit mehrfachen Verurteilungen wegen BtMG-Verstößen, so kann eine Strafkammer eine verminderte Schuldfähigkeit nicht verneinen, ohne zuvor **einen
Sachverständigen hinzuzuziehen** (*BGH* NStZ 2003, 370; *Düsseldorf* StV 1984,
236). Beschreibt ein Ehemann einer Angeklagten, seine Frau habe Psychopharmaka (Adumbran®, Valium®, Lexotanil®) wie Brot gegessen, unter Tabletteneinfluss
gestanden, dann ganz kleine Augen gehabt und seltsam geschaut, einen Selbst-
mordversuch mit einem Rasiermesser unternommen, so kann der **Antrag auf
Einholung eines psychiatrischen Sachverständigengutachtens** auch dann
nicht als völlig ungeeignet zurückgewiesen werden, wenn die Strafkammer
die unterschiedlichen Zeugenaussagen für unbestimmt und ungenau oder un-
glaubwürdig würdigt (*BGH* NStZ 1985, 562).

Stellt eine Strafkammer im Rahmen der Beweisaufnahme bei den Angeklagten **30** für die Zeit vor der Tat eine langjährige Drogenabhängigkeit fest, und bekunden Zeugen, dass bei der körperlichen Durchsuchung der auf frischer Tat festgenommenen Angeklagten an den Armen frische Einstichstellen bemerkt wurden, so kann die Strafkammer **nicht ohne nähere Prüfung der Einlassung der Angeklagten folgen, sie seien zur Tatzeit nicht mehr abhängig gewesen.** Vielmehr hätten die Feststellungen die Strafkammer drängen müssen, die Frage etwaiger Schuldunfähigkeit ausdrücklich zu erörtern und einen **Sachverständigen** zur Beurteilung der strafrechtlichen Verantwortlichkeit hinzuzuziehen (*BGH* StV 1981, 401). Kommt der **Menge des im Urin** des Angeklagten nachgewiesenen Kokains Bedeutung zu, kann dies die Einholung eines Sachverständigengutachtens notwendig machen (BGHR StGB § 21 BtM-Auswirkungen 10 [3 StR 436/90]).

Will das Tatgericht das Vorliegen einer drogenbedingten krankhaften seelischen **31** Störung oder schweren seelischen Abartigkeit im Einzelfall positiv feststellen, so reicht die insoweit erforderliche Beurteilung regelmäßig über die richterliche Fachkunde und allgemeine Lebenserfahrung hinaus. Bisweilen ist sogar die gewöhnliche ärztliche Sachkunde nicht mehr ausreichend. Es bedarf in der Regel eines weiterreichenden **medizinischen psychiatrischen Spezialwissens** (*Köln* NJW 1976, 1801; *Köln* MDR 1981, 598). Ist bei einem drogenabhängigen Angeklagten ein neurologischer Befund wie eine **altersbedingte Hirnatrophie** festgestellt worden, so ist zur Beurteilung der Schuldfähigkeit zumindest ein **psychiatrischer Sachverständiger,** u. U. ein **neurologisches Sachverständigengutachten** erforderlich (*BGH* NStZ 1991, 80 = StV 1991, 244). Ähnliches gilt, wenn **frühkindliche Gehirnschädigungen** in die Beurteilung einzubeziehen sind (BGHR StGB § 20 Sachverständiger 4 [5 StR 102/89]).

Weicht das erkennende Gericht bei der Frage der Schuldfähigkeit des drogen- **32** abhängigen Angeklagten von einem **eingeholten Sachverständigengutachten ab** (*BGH* StV 1985, 154), so **reicht es nicht aus,** wenn das Gericht im Urteil seine **entgegengesetzte Meinung mitteilt.** Vielmehr muss das Gericht den **Nachweis eigener Sachkunde erbringen.** Es reicht nicht aus, auf die jahrelange Erfahrung mit psychiatrischen Begutachtungen und mit Rauschgiftabhängigen zu verweisen. Es muss sich mit den für die Frage der Schuldfähigkeit in Betracht kommenden Umständen und dem Sachverständigengutachten **im Einzelnen auseinandersetzen** (*BGH* [*Holtz*] MDR 1980, 104; *BGH* NStZ 1985, 421 = StV 1986, 138) und **seine Gegenansicht im Einzelnen begründen.** Die Pflicht des Richters, den Sachverständigen in dem erforderlichen Umfang zu leiten (§ 78 StPO) und die Pflicht zur Sachverhaltsaufklärung erfordern es, dass in einem Fall, in dem das Gericht auf einer abweichenden Tatsachengrundlage zu einem anderen Ergebnis als der **Sachverständige** kommt, diesem **Gelegenheit gegeben** werden muss, sich etwa nach einem Hinweis durch den Vorsitzenden **mit** den vom Gericht festgestellten **Anknüpfungstatsachen auseinanderzusetzen** und sie in seine Beurteilung einzubeziehen (*BGH* NStZ 1985, 421 = StV 1986, 138).

Hat das **erstbefasste Tatgericht** aufgrund eines Sachverständigengutachtens **33** eine erheblich verminderte Schuldfähigkeit des Angeklagten **nicht ausschließen** können, so kann nach Aufhebung des Urteils das **2. Gericht nicht auf einen Sachverständigen verzichten** oder die **Voraussetzungen des § 21 StGB verneinen.** Dies wäre nur möglich gewesen, wenn das Zweitgericht aufgrund eigener Sachkunde die Verneinung eingehend begründet hätte (BGHR StPO § 244 Abs. 2 Sachverständiger 9 [2 StR 533/90]).

F. Sachverständigengutachten zur Vernehmungsfähigkeit und zur Glaubwürdigkeit

Die Vernehmungsfähigkeit eines Zeugen bzw. eines Beschuldigten steht in- **34** frage, wenn dieser **unter Entzugserscheinungen** lediglich eine Aussage macht, um die Vernehmung hinter sich zu bringen und um anschließend in Ruhe gelassen zu werden. Bei der Prüfung der Verwertbarkeit und Zuverlässigkeit von Angaben eines festgenommenen drogenabhängigen Zeugen (§§ 136 a, 69 Abs. 3, 163 Abs. 3 StPO) ist festzustellen, **in welcher Verfassung der Zeuge bei der Festnahme** war, wann er einem Arzt vorgeführt wurde und welche Wahrnehmungen dieser machte, wann die polizeilichen und richterlichen Vernehmungen stattfanden, wie lange er nach der Festnahme keine Ruhemöglichkeit hatte und ob Beamte wegen Zweifeln an der körperlichen Konstitution eine Vernehmung bzw. Befragung ablehnten (*BGH*, Urt. v. 18. 11. 1983, 2 StR 241/83). Eine **Strafkammer mit besonderer Sachkunde** auf dem Gebiet des Drogenmissbrauchs kann auch ohne Sachverständigenbeistand zu der Schlussfolgerung gelangen, der Angeklagte sei **im Zeitpunkt der Vernehmung vernehmungsfähig** gewesen, wenn der in Drogensachen erfahrene Vernehmungsrichter keine Entzugserscheinungen bemerkte und dem Angeklagten wiederholt anbot, an diesem Tag die Vernehmung nicht durchzuführen (*BGH* NStZ 1984, 178 = StV 1984, 61 m. Anm. *Glatzel*). Die **Floskel,** es gäbe keine Anhaltspunkte, die Glaubwürdigkeit der drogenabhängigen Zeugin in Zweifel zu ziehen, **genügt nicht,** die **eigene Sachkunde des Tatgerichtes nachzuweisen** und das beantragte Sachverständigengutachten wegen angeblichen Drogenmissbrauchs und neurotischer Persönlichkeitsstruktur abzulehnen, selbst wenn die Zeugin eine Untersuchung verweigert (*BGH* NStZ 1991, 47 = StV 1991, 405). Zur sachgerechten Beurteilung eines **drogenabhängigen Zeugen** reicht die Einholung eines **aussagepsychologischen Gutachtens** dann nicht aus, wenn die Auswirkungen einer rauschmittelbedingten Intoxikation auf Auffassungsgabe und Vorstellungsbild von einem **psychiatrischen Sachverständigen** beurteilt werden müssen (*BGH* NStZ 1987, 423 = StV 1987, 475; *BGH* StV 1990, 7).

Kap. 3. Strafzumessung

Übersicht

A. Beschränkte revisionsrechtliche Kontrolle

In der Rspr. ist anerkannt, dass die Strafzumessung grundsätzlich Sache des Tat- **35**
richters ist. Er allein ist in der Lage, sich aufgrund der Hauptverhandlung einen
umfassenden Eindruck von Tat und Täter zu verschaffen. Das Revisionsgericht
kann nur eingreifen, wenn ein Rechtsfehler vorliegt. Dies ist dann der Fall, wenn
der Tatrichter von einem falschen Strafrahmen ausgegangen ist, seine Strafzumessungserwägungen in sich fehlerhaft sind oder gegen rechtlich anerkannte Strafzwecke verstoßen oder wenn sich die verhängte Strafe nach oben oder unten von ihrer
Bestimmung löst, gerechter Schuldausgleich zu sein, so dass ein grobes Missverhältnis zwischen Strafe und Schuld besteht (BGHSt. 17, 35; BGHSt. 29, 319 =
NJW 1981, 334; *BGH* NStZ 1990, 84; *BGH* NStZ 1990, 334). Dabei ist eine
ins einzelne gehende Richtigkeitskontrolle ausgeschlossen (BGHSt. 34, 345 =
NStZ 1987, 450 = StV 1987, 337; *BGH* NStZ 2009, 496).

B. Strafrahmen
I. Vergehen (§ 29 Abs. 1 BtMG)

36   § 29 Abs. 1 BtMG sieht ohne Unterscheidung nach der Gefährlichkeit der Betäubungsmittel Freiheitsstrafe bis zu 5 Jahren oder Geldstrafe vor. Bei Annahme eines besonders schweren Falles nach § 29 Abs. 3 BtMG liegt der Strafrahmen zwischen 1 Jahr und 15 Jahren.

37   **1. Geldstrafe.** Bei Konsumdelikten wie dem Erwerb und Besitz von Betäubungsmitteln in kleineren Mengen ist in erster Linie an die diversen Einstellungsmöglichkeiten mit oder ohne Auflage zu denken (§§ 31 a, 29 Abs. 5 BtMG, §§ 153, 153 a StPO). Kann in der Hauptverhandlung auf eine Strafe nicht verzichtet werden, so ist bei geringfügigen Konsum- oder Handels-Vorwürfen zunächst an eine Geldstrafe zu denken, insb. wenn damit wirksam auf den Angeklagten eingewirkt werden kann. Verfügt der Angeklagte über keinerlei Geldmittel, so kann eine Geldstrafe untunlich sein.

38   Bei einem geständigen, nicht vorbestraften Angeklagten, der eine kleine Menge an Betäubungsmitteln erwarb, kann die Geldstrafe **gem. § 59 StGB vorbehalten** bleiben.

39   **2. Freiheitsstrafe.** Der Strafrahmen des § 29 Abs. 1 BtMG reicht für **vorsätzliche Verstöße** bis zu 5 Jahren. Für eine **Fahrlässigkeitstat** sieht § 29 Abs. 4 BtMG eine Höchststrafe von 1 Jahr Freiheitsstrafe vor. Die besonders schweren Fälle, die in § 29 Abs. 3 S. 2 BtMG als Regelbeispiele aufgeführt sind, sehen Freiheitsstrafen von nicht unter 1 Jahr vor; gem. § 38 Abs. 2 StGB reicht der Strafrahmen bis zu 15 Jahren. Ist ein besonders schwerer Fall des § 29 Abs. 3 BtMG zweifelhaft, so ist es angebracht, den Grundtatbestand auszuschöpfen. Zu Geldstrafe und kurzfristiger Freiheitsstrafe s. im Einzelnen Rn. 43 ff.

II. Verbrechen (§§ 29 a, 30, 30 a BtMG)

40   **1. Grundtatbestand.** Die **Verbrechenstatbestände des § 29 a BtMG** reichen von 1 Jahr bis zu 15 Jahren Freiheitsstrafe. Die als **Verbrechen in § 30 BtMG** ausgestalteten Straftaten werden mit Freiheitsstrafen von 2 Jahren bis 15 Jahren bedroht. Die **Verbrechenstatbestände des § 30 a BtMG** sehen eine Mindestfreiheitsstrafe von 5 Jahren vor und reichen bis zu 15 Jahren Freiheitsstrafe.

41   **2. Minder schwere Fälle. a) Strafrahmen.** Die Strafrahmen in **minder schweren Fällen** sehen wie folgt aus:
- § 29 a Abs. 2 BtMG: 3 Monate bis 5 Jahre Freiheitsstrafe,
- 30 Abs. 2 BtMG: 3 Monate bis 5 Jahre Freiheitsstrafe,
- 30 a Abs. 3 BtMG: 6 Monate bis 10 Jahre Freiheitsstrafe; das Höchstmaß der Freiheitsstrafe ist durch Gesetz zur Änderung arzneimittelrechtlicher und anderer Vorschriften vom 17. 7. 2009 von fünf auf zehn Jahre erhöht worden (BGBl. I, 1990; zu den Rechtsfolgen bei Annahme eines unzutreffenden Strafrahmens bei § 30 a Abs. 3 BtMG vgl. *BGH* NStZ 2010, 714).

42   **b) Gesamtwürdigung.** Entscheidend für das Vorliegen eines minder schweren Falles ist nach der Rspr. des *BGH*, ob das gesamte Tatbild einschließlich aller subjektiver Momente und der Täterpersönlichkeit vom Durchschnitt der erfahrungsgemäß gewöhnlich vorkommenden Fälle in einem so erheblichen Maße abweicht, dass die Anwendung des Ausnahmestrafrahmens geboten erscheint (*BGH* NStZ 2003, 440 = StV 2003, 285). Für die Prüfung dieser Frage ist eine **Gesamtbetrachtung** erforderlich, bei der alle Umstände heranzuziehen und zu würdigen sind, die für die Wertung der Tat und des Täters in Betracht kommen, gleichgültig, ob sie der Tat selbst innewohnen, sie begleiten, ihr vorausgehen oder nachfolgen. Die Erschwerungsgründe und die Milderungsgründe sind vom Tatrichter nach pflichtgemäßem Ermessen gegeneinander abzuwägen (BGHR BtMG § 30 Abs. 2 Wertungsfehler 3 = NStZ 1999, 193; *BGH* NStZ 2003, 440 = StV 2003, 285).

C. Geldstrafe und kurzfristige Freiheitsstrafe

I. Geldstrafe anstelle kurzfristiger Freiheitsstrafe

Nach § 47 Abs. 1 StGB setzt eine **kurzfristige Freiheitsstrafe** von unter **43** 6 Monaten voraus, dass besondere Umstände, die in der Tat oder in der Persönlichkeit des Täters liegen, **die Verhängung einer Freiheitsstrafe zur Einwirkung auf den Täter oder zur Verteidigung der Rechtsordnung unerlässlich machen.** Die kurzzeitige Freiheitsstrafe muss sich nach einer Gesamtwürdigung aller Umstände als **unverzichtbar** erweisen. Die Unerlässlichkeit, die sich **aus den Urteilsgründen ergeben** muss (*Karlsruhe* StV 2005, 275), bedeutet mehr als die Erforderlichkeit und stellt höhere Anforderungen als das Gebotensein (*Bremen* StV 1994, 130; *Fischer* § 47 Rn. 10). **Besondere Umstände in der Tat oder in der Persönlichkeit des Täters** liegen dann vor, wenn entweder bestimmte Tatsachen die konkrete Tat von den durchschnittlichen, gewöhnlich vorkommenden Taten gleicher Art unterscheidet oder wenn bestimmte Eigenschaften (z.B. kriminelle Neigungen) oder Verhältnisse (z.B. Begehung mehrerer Taten, Vorstrafen) bei dem Täter einen Unterschied gegenüber dem durchschnittlichen Täter derartig strafbarer Handlungen begründen. Zu berücksichtigen sind hierbei die **Anzahl,** das **Gewicht** und der **zeitliche Abstand von Vorstrafen,** die **Umstände** der vorliegenden Taten und deren **Schuldgehalt** sowie die **Lebensverhältnisse** des Täters. Zu den Umständen der Tat können die **Art,** die **Menge,** der **Wirkstoffgehalt** und die **Toxizität** des veräußerten Rauschgifts zählen, die die Tat **vom Durchschnittsfall abheben.** Erwägungen, die dem verletzten Tatbestand allgemein zugrunde liegen, sind keine besonderen Umstände (BGHSt. 24, 40, 46). Selbst bei Vorliegen dieser Umstände darf Freiheitsstrafe nur verhängt werden, wenn sie **unerlässlich** ist, und zwar **entweder zur Einwirkung auf den Täter oder/und zur Verteidigung der Rechtsordnung.** An den Begriff der Unerlässlichkeit werden höhere Anforderungen gestellt als an ein **„Gebotensein"** in § 56 Abs. 3 StGB oder an ein **„Erforderlichsein".** Die Unerlässlichkeit ist Ausdruck der sog. **Ultima-ratio-Klausel** (BT-Drs. V/4094, S. 5 f.; BGHSt. 24, 40), die die regelmäßig schädliche kurzfristige Freiheitsstrafe zur seltenen Ausnahme machen soll, unabhängig von der Frage, ob eine Strafaussetzung in Betracht kommt. Unerlässlich ist eine Freiheitsstrafe nur dann, wenn **eine andere schuldangemessene Sanktion wie selbst eine hohe Geldstrafe keinesfalls ausreicht** und wenn auf sie nicht verzichtet werden kann (*BGH* StV 1994, 370; *BGH* NStZ 1996, 429; *BGH* NStZ 2004, 554; *Düsseldorf* StV 1991, 264; *Zweibrücken* StV 1992, 323; *Schleswig* StV 1993, 29; *Frankfurt* StV 1995, 27; *Bremen* StV 1994, 130; *Berlin* StV 1997, 640; *Köln* NJW 2001, 3491; *Frankfurt* NStZ-RR 2004, 74). Bei einem **Ersttäter** ist die Verhängung einer kurzen Freiheitsstrafe in der Regel nicht unerlässlich und zu vermeiden (*Frankfurt,* Beschl. v. 30. 6. 1999, 4 Ss 92/99).

Der Gesetzgeber hat die kurzfristige Freiheitsstrafe als **Ultima ratio** gedacht. **44** Allgemeine generalpräventive Überlegungen zur wirksamen Bekämpfung des Rauschgiftmarktes rechtfertigen noch nicht die Verhängung einer kurzfristigen Freiheitsstrafe. Die Ultima ratio-Regel darf auch nicht bei bestimmten Tätergruppierungen missachtet werden. **Jede Schematisierung bei besonderen Tatoder besonderen Tätergruppen** (wie z.B. nordafrikanische, albanische, russische, türkische Rauschgiftstraßenhändler) ist zu vermeiden zugunsten einer **Gesamtbetrachtung im Einzelfall** (vgl. *Frankfurt* StV 1995, 27). Von einer besonderen Begründung kann nur abgesehen werden, wenn sich **aus den Urteilsgründen ergibt,** dass **nur die Verhängung einer kurzen Freiheitsstrafe vertretbar** und die Verhängung einer Geldstrafe rechtsfehlerhaft gewesen wäre (*Frankfurt,* Beschl. v. 11. 3. 2004, 2 Ss 12/04).

1. Ersttäter. Bei Ersttätern mit geringfügigem BtMG-Vorwurf kann nicht aus **45** generalpräventiven Erwägungen regelmäßig auf Freiheitsstrafe erkannt werden (vgl. auch § 29 Abs 5 BtMG, § 31 a BtMG). Allein der Tatbestand des **Handeltreibens**

nötigt noch nicht zu einer Freiheitsstrafe. Insb. bei **Haschisch-Kleinhandel** ist bei Ersttätern eine Geldstrafe zu prüfen. Eine Freiheitsstrafe kann in den Fällen geboten sein, in denen die sichergestellte Betäubungsmittelmenge erkennbar eine Warenprobe für eine große Betäubungsmittelmenge darstellt oder in denen einzelne Haschisch-Kleindealer in der Rauschgiftszene laufend angetroffen werden und aus Gründen des Entdeckungsrisikos nur eine kleine Betäubungsmittelmenge bei sich führen (*Frankfurt*, Urt. v. 30. 10. 1989, 1 Ss 329/89; *Hamm* wistra 1989, 234; *Frankfurt*, Beschl. v. 27. 3. 1996, 1 Ss 187/95). Bei einem **Ersttäter des Haschischkleinhandels** kann **nicht ohne Hinzutreten weiterer Umstände von einer professionellen Täterschaft** ausgegangen werden. Treten zur Ersttat noch die bisherige Straffreiheit, das Geständnis, die Sicherstellung der weichen Droge hinzu, so ist eine Freiheitsstrafe auch unter Hinweis auf die Verteidigung der Rechtsordnung nicht unerlässlich.

46   **2. Wiederholungstäter.** Die Beurteilung der Frage, ob die Verhängung einer Freiheitsstrafe unter 6 Monaten zur Einwirkung auf den Täter wegen der in der Tat oder in der Persönlichkeit liegenden besonderen Umstände unerlässlich ist, hängt auch beim Wiederholungstäter von den gesamten Umständen des Einzelfalles ab, isnb. von der Anzahl, dem Gewicht und dem zeitlichen Abstand der Vorstrafen, den Umständen der vorliegenden Tat und deren Schuldgehalt, sowie den Lebensverhältnissen des Täters ab (*Schleswig* StV 1993, 29; *Frankfurt*, Beschl. v. 26. 10. 1994, 1 Ss 123/94; *Berlin*, Beschl. v. 19. 6. 1996, (5) 1 Ss 112/96 (17/96)). Zu den in der Persönlichkeit des Täters liegenden besonderen Umständen, die eine kurzfristige Freiheitsstraße ausnahmsweise rechtfertigen, kann gehören, dass der Täter sich durch die Warnfunktion von Vorstrafen nicht hat beeindrucken lassen. Dies bedarf aber der Feststellung (*Karlsruhe* StV 2005, 275).

47   **3. Bestimmte Tätergruppierungen.** Generalpräventive Überlegungen gegenüber einer bestimmten Tätergruppierung rechtfertigen bei **Drogen-Massendelikten** allein nicht, von einer Geldstrafe zugunsten einer Freiheitsstrafe abzusehen. Bewegt sich die **Tat** nach Art, Menge und Wirkstoffgehalt der Betäubungsmittel **am unteren Rand** einer durch derartige Taten herbeigeführten Gefährdung Dritter, so können nicht generalpräventive Überlegungen **gegenüber einer bestimmten Tätergruppierung** oder einer **bestimmten Kriminalitätsszene auf einen Angeklagten übertragen** werden und mit Freiheitsstrafe umgesetzt werden, ohne dass bei dem Angeklagten besondere kriminelle Neigungen oder Tatumstände hervorgetreten sind. Der Umstand, dass der Angeklagte als **Marokkaner** zu einer Personengruppe gehört, die typischerweise an den Umschlagplätzen der Stadt als Kleindealer in Erscheinung tritt, **kriminalisiert eine ganze Bevölkerungsgruppierung** und ist deshalb **als Strafzumessungserwägung ungeeignet.** Hat ein Rauschgiftstraßenhändler die Taten als **algerischer Asylbewerber** begangen, so kann ihm nicht der Missbrauch des Asylantenstatus zu Rauschgeschäften besonders zum Vorwurf gemacht werden, nur weil **im Bereich der Frankfurter Konstabler Wache** und auf den angrenzenden Nebenstraßen zahlreiche **Asylbewerber nordafrikanischer Herkunft, den Schutz des Asylverfahrens missbrauchend,** dort professionell mit Haschisch handeln. Stattdessen bedarf es einer Feststellung einer **besonderen kriminellen Intensität gerade des Angeklagten** und seiner Komplizen, die vom Durchschnittsfall erheblich abweicht (*Frankfurt*, Beschl. v. 22. 5. 1995, 1 Ss 460/94; *Frankfurt*, Beschl. v. 27. 3. 1996, 1 Ss 187/95; *Frankfurt*, Beschl. v. 14. 5. 1996, 1 Ss 81/96). Das **OLG Frankfurt** hat dabei **nachfolgende pauschalisierende Argumentationen zurückgewiesen:** Das fast offene Handeltreiben mit kleineren Mengen Haschisch im Bereich der Frankfurter Zeil, Konstabler Wache und Hauptwache in Frankfurt am Main werde seit geraumer Zeit ganz überwiegend von nordafrikanischen Landsleuten der Angeklagten betrieben, welche sich in aller Regel als Asylbewerber in Deutschland aufhalten. Diesen Tätern müsse, auch wenn sie noch so professionell arbeitsteilig zusammenwirkten, durch deutliche Sanktionen vor Augen gehalten werden, dass der **Rechtsstaat Bundesrepublik Deutschland ein solches Ver-**

halten nicht hinnehme. Dessen Bürger sei darüber hinaus nicht zu erklären, warum die Rechtsordnung auf derart massive Rechtsbrüche **lediglich mit Geldstrafe reagiere** und dadurch unter Umständen **Anreize zu neuen gleichgelagerten Straftaten gebe.** Denn ein Asylbewerber, der nicht einmal Sozialhilfe bezogen habe und folglich die Geldstrafe nicht locker bezahlen könne, würde durch eine derartige Verurteilung erheblich **in Versuchung geführt, die verhängte Strafe durch neuerlichen Rauschgifthandel zu finanzieren.** Unabhängig davon sei potentiellen Tätern mit deutlichen Freiheitsstrafen vor Augen zu führen, dass sich eine Abwägung zwischen einer eventuell zu erwartenden Geldstrafe und dem möglichen finanziellen **Profit aus der Tat nicht lohne.** Bei Verhängung kurzfristiger Freiheitsstrafen müssten die Verurteilten schließlich damit rechnen, bei einer erneuten Straftat in Haft genommen und zu einer Freiheitsstrafe ohne Bewährung verurteilt zu werden.

4. Einkommensschwache Täter. Auf Freiheitsstrafe darf nicht deshalb er- **48** kannt werden, weil der Täter als **Sozialhilfeempfänger mangels Einkommens** eine **Geldstrafe nicht zahlen kann.** Erforderlichenfalls ist dann eine Ersatzfreiheitsstrafe zu vollstrecken. Die Gefahr, dass ein **labiler Täter** versucht sein kann, sich das Geld für die **Geldstrafe durch Straftaten zu verschaffen,** ist ein dem Geldstrafensystem anhaftender Nachteil. Auch Freiheitsstrafe mit Bewährung weist Risiken auf. Diese Argumentation liefe darauf hinaus, dass Einkommensschwache besonders hart mit Freiheitsstrafe bestraft würden, weil sie die Geldstrafe nicht zahlen können. Die Ultima ratio-Regel verbietet eine derartige Logik (*Frankfurt*, Beschl. v. 22. 6. 1995, 1 Ss 460/94). Auch der Umstand, dass das **Strafverfolgungsrisiko der Verhängung einer Geldstrafe** zur Erhöhung der Rauschgiftmenge oder **zur Erhöhung des Rauschgiftpreises** führen könnte, erlaubt wegen der Ultima ratio-Regel keine Freiheitsstrafe (*Frankfurt*, Beschl. v. 27. 6. 1995, 1 Ss 115/95). Sinn der Strafzumessung und der **Auswahl der Strafart** ist die Verhängung einer **tatschuldabhängigen Sanktion** und **nicht** eine der Generalprävention dienende **Produktivität** (*Frankfurt* NJW 1997, 1647).

5. Bewaffnete Täter oder bedrohliche Täter. Besondere Umstände in der **49** Persönlichkeit des Straßenhändlers können darin liegen, dass er die Passanten beim Ansprechen bedrohlich in die Enge treibt oder mit einem Messer zum Kaufen animiert. Ein derartiges Verhalten kann die Verhängung einer Freiheitsstrafe erfordern, weil dieses Verhalten erheblich vom durchschnittlichen Verhalten eines Straßenhändlers abweicht.

6. Maskierte Straßenhändler. Die Maskierung eines Straßenhändlers mit ei- **50** ner Fastnachtsmaske, Strumpf- oder Nikolausmaske kann einen von den Durchschnittsfällen abweichenden Umstand darstellen (vgl. hierzu *BGH* NStZ 1998, 188), wenn der Täter sich durch die Maske unbeobachtet fühlt und keine Rücksicht auf die Passanten nimmt.

7. Besonders gefährliche Betäubungsmittelarten. Hat der Straßenhändler **51** nach Art, Menge und Wirkstoffgehalt mit Betäubungsmitteln mit vergleichsweise geringem Gefährdungspotential gehandelt (z. B. mit einer **kleinen Haschischmenge**), so handelt es sich um keine ungewöhnliche Fallgestaltung, die eine Freiheitsstrafe erfordern würde (*Frankfurt*, Beschl. v. 27. 3. 1996, 1 Ss 187/95; zum Erwerb von 33 **MDMA-Tabletten** vgl. *Berlin* StV 1998, 427). Der *BGH* hat mehrfach darauf hingewiesen, dass **Amphetamin** auf der Schwereskala der Gefährlichkeit von Betäubungsmitteln nur einen mittleren Platz einnimmt. Deshalb kann die Gefährlichkeit dieses Rauschgifts allein keine Unerlässlichkeit einer kurzen Freiheitsstrafe bekunden (*BayObLG* NJW 1996, 798; vgl. dazu aber § 29/Teil 4, Rn. 370). Da auch der Handel und der sonstige Umgang mit dem besonders gefährlichen, stark Sucht erzeugenden Rauschgift **Heroin weit verbreitet** ist und daher insoweit zu den durchschnittlichen, gewöhnlich vorkommenden Taten gleicher Art zu rechnen ist, kann nach dem Regelungszusammenhang der genannten Vorschriften zur Begründung besonderer Umstände nicht allein auf die Eigenschaft eines Betäubungsmittels als besonders gefährliche Droge abgestellt werden (*Karlsruhe* StV 2005, 275). Hat der Straßenhändler mit der wegen seines geringen Preises und wegen seines hohen Suchtpotentials besonders gefährlichen **Kokainzubereitung Crack** gehandelt, so stellt dies zwar eine Tatbestandsvoraussetzung, aber keinen besonderen Umstand der Tat dar (*Frankfurt*, Beschl. v. 13. 7. 2000, 1 Ss 103/00). Als **besonders gefährlich** kann jedoch ein Gemisch angenommen werden, dem **Gifte oder andere schädliche Streckstoffe beigemengt** wurden, die von den 10 üblichen Zubereitungen abweichen.

52 **8. Betäubungsmittelhandel an besonderen Orten.** Die Tatbegehung „auf öffentlichem Straßenland" stellt in Deutschland bislang kein besonderer Umstand i. S. v. § 47 StGB dar, obwohl dieser Tatort die **Einbindung unbeteiligter Bürger** in den **vielfach nicht ungefährlichen Rauschgiftstraßenhandel** bedeutet. In anderen Ländern wird der Straßenhandel wegen Beeinträchtigung des Sicherheitsgefühls der Bevölkerung strafschärfend bewertet. Denn der Rauschgifthandel und der Rauschgifterwerb finden im Regelfall auf öffentlichem Straßengelände statt. Von den Durchschnittsfällen weichen aber Drogengeschäfte in **Schulen, Jugend- und Sportheimen, Krankenhäusern, Kinderspielplätzen, Gefängnissen**, in **öffentlichen Gebäuden und Bahnen** ab (*Berlin* StV 1997, 640).

II. Zahlungserleichterungen

53 Bei einer Geldstrafe hat der Tatrichter nach § 42 StGB zwingend von Amts wegen zu prüfen, ob einem Angeklagten nach seinen persönlichen und wirtschaftlichen Verhältnissen nicht zuzumuten ist, die Geldstrafe sofort zu bezahlen. Die richtige Anwendung dieser Vorschrift unterliegt revisionsrechtlicher Kontrolle. Wenn Erwägungen im Urteil überhaupt fehlen, kann ein Rechtsfehler zum Nachteil des Angeklagten nicht ausgeschlossen werden und das Revisionsgericht muss das Urteil im Rechtsfolgenausspruch aufheben, soweit eine Entscheidung über Zahlungserleichterungen (Bestimmung der Zahl und Höhe von Raten und Festsetzung von Fälligkeitsterminen) unterblieben ist (*Frankfurt*, Beschl. v. 8. 7. 1991, 1 Ss 220/91; *Hamburg* MDR 1982, 776). Da nach dem geltenden Tagessatzsystem die Entscheidung über **Zahlungserleichterungen** sich als **selbständiger 3. Akt der Strafzumessung** darstellt, besteht kein untrennbarer Zusammenhang, der zur Aufhebung des gesamten Geldstrafenausspruchs nötigen würde (*Frankfurt*, Beschl. v. 9. 4. 1996, 2 Ss 85/96).

III. Zusätzliche Geldstrafe

54 § 41 StGB ermöglicht, wenn dies unter Berücksichtigung der persönlichen und wirtschaftlichen Verhältnisse des Täters angebracht ist, diesen nicht nur an der Freiheit, sondern auch am Vermögen zu strafen (*Schäfer/Sander/van Gemmeren* Rn. 214 ff.). Neben einer längeren Freiheitsstrafe, bei deren Zumessung die zusätzliche Geldstrafe aber Berücksichtigung finden muss, macht eine zusätzliche Geldstrafe aber nur Sinn, wenn der Täter über erhebliche Einkünfte oder Vermögen verfügt. Denn anderenfalls würde die zusätzliche Geldstrafe dazu führen, dass sie entweder durch Dritte beglichen wird oder im Wege der Ersatzfreiheitsstrafe vollstreckt wird (vgl. *BGH* NStZ-RR 2003, 20). Die Bemessung einer zusätzlichen Geldstrafe gem. § 41 StGB hat nach den Grundsätzen des § 40 StGB zu erfolgen, also mit einer begründeten Tagessatzanzahl und Tagessatzhöhe (*BGH* NStZ-RR 2004, 167 = StV 2004, 167).

D. Jugendstrafe

55 Eine Jugendstrafe ist zu verhängen, wenn wegen der **schädlichen Neigungen** des Jugendlichen, die in der Tat hervorgetreten sind, **Erziehungsmaßregeln oder Zuchtmittel zur Erziehung nicht ausreichen** oder wenn **wegen der Schwere der Schuld Jugendstrafe** erforderlich erscheint (§ 17 Abs. 2 JGG). **Schädli-**

che Neigungen i. S. v. § 17 Abs. 1 JGG liegen nach der ständigen Rspr. des *BGH* sowie der *OLG* vor, wenn bei dem jugendlichen oder heranwachsenden Täter **erhebliche Anlage- oder Erziehungsmängel** gegeben sind, die ohne eine längere Gesamterziehung des Täters die **Gefahr weiterer Straftaten** begründen. Regelmäßig bedarf es zur Feststellung schädlicher Neigungen, dass bereits vor der Tat Persönlichkeitsmängel vorlagen, die auf die Tat Einfluss hatten und befürchten lassen, dass der Angeklagte weitere Straftaten begehen wird (BGHR JGG § 17 Abs. 2 JGG Schädliche Meinungen 7 [2 StR 65/95], *BGH* NStZ 1998, 263 = StV 1998, 331; *Hamm* StV 2001, 176; *Hamm* StV 2005, 69). Die Annahme eines solchen Falles bedarf **eingehender Begründung** und der sorgfältigen Darlegung, dass es sich **nicht um bloße Gelegenheitstaten** handelte. Allein der **wiederholte Verkauf sog. harter Drogen durch einen nicht vorbestraften Jugendlichen** reicht für sich genommen zur Bejahung schädlicher Neigungen noch nicht aus, ebenso wenig die Verwendung sog. **Bodypacks** bei der Tatbegehung, da dies die übliche Aufbewahrung von Straßenverkäufern darstellt (*Hamm* StV 2005, 69). Nach ständiger Rspr. des *BGH* sind für die Entscheidung, ob wegen schwerer Schuld Jugendstrafe verhängt werden soll (§ 17 Abs. 2 JGG) und wie sie im Einzelfall zu bemessen ist (§ 18 Abs. 2 JGG), primär **das Wohl des Jugendlichen** und damit vorrangig **der Erziehungsgedanke** maßgebend (BGHSt. 16, 263; *BGH* NStZ 1982, 332; *Brandenburg* StV 2001, 175; *Berlin* StV 2009, 91). Erst in zweiter Linie ist die Schwere der Schuld zu berücksichtigen, die nach dem **Gewicht der Tat im Einzelfall** und der **persönlichkeitsbegründeten Beziehungen des Jugendlichen zu dieser konkreten Tat** zu ermessen ist. Dabei wird eine schwere Schuld umso eher anzunehmen sein, je gewichtiger das Tatunrecht und die Tatfolgen zu bewerten sind und der Entwicklungsstand des Jugendlichen unter Berücksichtigung seines gesamten Persönlichkeitsbildes fortgeschritten ist (*BGH* NStZ 1982, 332; *BGH* StV 1998, 335 [Einfuhr von 15 Kilogramm Kokain]; *Frankfurt* StV 2009, 92). Das äußere Tatgeschehen findet mithin insoweit Berücksichtigung, als es Schlüsse auf das Maß der persönlichen Schuld zulässt (*BGH* StV 1994, 602). Ist ein minder schwerer Fall des unerlaubten Handeltreibens mit Betäubungsmitteln in Betracht zu ziehen ist, bedarf die besondere Schwere der Schuld nach § 17 Abs. 2 JGG näherer Prüfung (*Hamm*, Beschl. v. 8. 6. 2010, 3 RVs 6/10).

Auch bei der **Bemessung der Höhe der Jugendstrafe** sind gem. § 18 Abs. 2 **56** JGG vorrangig **erzieherische Gesichtspunkte** zu berücksichtigen. Die Strafrahmen des allgemeinen Strafrechts behalten aber auch im Jugendstrafrecht insoweit ihre Bedeutung, als in ihnen die Bewertung des Tatunrechts zum Ausdruck kommt. Das Tatgericht setzt die Höhe der Jugendstrafe nicht nach dem Strafrahmen des BtMG fest, sondern orientiert sich insofern am allgemeinen Strafrecht, als es dessen Strafandrohung mitteilt und ausführt, dass die Taten des Angeklagten keine minderschweren Fälle darstellen. Die erkannte Jugendstrafe hat der notwendigen erzieherischen Dauer zu entsprechen.

Nach § 18 Abs. 1 S. 2 JGG ist das **Höchstmaß der Jugendstrafe 10 Jahre. 57** Auch wenn die Verhängung einer Strafe im oberen Bereich dieses Strafrahmens **allein mit dem Erziehungsgedanken nicht mehr zu begründen** ist, kann ihre Berechtigung sich aus anderen Strafzwecken, namentlich aus **Sühne und dem Erfordernis gerechten Schuldausgleichs**, ergeben (*BGH* StV 1982, 121; BGHR JGG § 17 Abs. 2 Strafzwecke 1 [5 StR 234/86]; *BGH* StV 1994, 598). Ist die Straffälligkeit eines jugendlichen kurdischen Angeklagten im Zusammenhang mit dem Vorwurf des unerlaubten Handeltreibens mit Betäubungsmitteln darauf zurückzuführen, dass dieser auf sich allein gestellt als Asylbewerber Schwierigkeiten hat, sich aus dem Dunstkreis des von Kurden kontrollierten und organisierten Drogenhandels herauszuhalten, so mussten die **jugendstrafrechtlichen Reaktionen** darauf gerichtet sein, **den Jugendlichen aus dem Einflussbereich erwachsener kurdischer Dealer herauszuhalten** und durch eine **intensive pädagogische Einzelbetreuung** ein verändertes Normverständnis zu erarbeiten (*AG Bremen-Blumenthal* StV 1994, 600).

58   Bei gleichzeitiger Aburteilung von Taten, auf die teils Jugendstrafrecht, teils allgemeines Strafrecht anzuwenden wäre, darf nicht sowohl auf Jugendstrafe als auch auf Erwachsenenstrafrecht erkannt werden. Vielmehr ist entsprechend dem Schwergewicht der Taten **entweder nur nach Jugendstrafrecht oder nur nach Erwachsenenstrafrecht** zu verurteilen (BGHR JGG § 32 Schwergewicht 5 [2 StR 278/98]). Bei der Verhängung einer **sehr hohen Freiheitsstrafe gegen einen jungen Angeklagten** ist nach § 46 Abs. 1 S. 2 StGB darauf zu achten, dass der Resozialisierungszweck der Strafe Beachtung findet (*BGH* NStZ 2003, 495 = StV 2003, 222).

E. Strafrahmenwahl

I. Strafrahmen

59   Strafzumessungserwägungen sind rechtsfehlerhaft, wenn der Tatrichter von einem falschen Strafrahmen ausgeht. Um dem Revisionsgericht eine Nachprüfung zu ermöglichen, muss das Gericht deutlich machen, von welchem Strafrahmen es ausgegangen ist, ob es z.B. die Strafe dem § 29 Abs. 1 oder § 29 Abs. 3 BtMG entnommen hat (*BGH* NJW 1978, 174; *BGH* StV 1981, 124; *Düsseldorf* StV 2001, 224).

II. Mindeststrafe

60   Die Mindeststrafe des Regelstrafrahmens ist **nicht nur denkbar leichtesten Fällen** einer Deliktsverwirklichung **vorbehalten,** sondern auch, wenn die strafmildernden Umstände derart überwiegen, dass die belastenden Umstände demgegenüber zurücktreten. Die Mindeststrafe darf nur verhängt werden, wenn neben erheblichen Strafmilderungsgründen keine wesentlichen Strafschärfungsgründe vorliegen (*Frankfurt* NJW 1980, 654). Die Verhängung der Mindeststrafe setzt aber eine eingehende Begründung und Abwägung der wesentlichen, für und gegen den Angeklagten sprechenden Umstände voraus. Aus der Begründung muss sich ergeben, weshalb auf einen der Eckpunkte des Strafrahmens zurückgegriffen und nicht auf eine Strafe innerhalb des sich kraft gesetzlicher Vorbewertung des Unrechts ergebenden Strafrahmens erkannt worden ist (*BGH* StV 1992, 570). Verhängt der Tatrichter die gesetzlich vorgesehene Mindeststrafe, obgleich der **Schweregrad der Taten** unter den gegebenen Umständen **nicht im Bereich der unteren Grenze** liegt, so ist das Urteil falsch angewendet und das Urteil auf Revision hin aufzuheben (*Hamm* JMBl NRW 1977, 91). Es ist nicht zu beanstanden, wenn das Gericht die Verhängung der Mindeststrafe für vertretbar und ausreichend hält, weil der bislang nicht vorbestrafte Angeklagte durch die Untersuchungshaft besonders stark beeindruckt wurde und es sich bei der Tat um ein **einmaliges Versagen** handelte (*BGH*, Urt. v. 18. 1. 1983, 5 StR 827/82). Auch bei der Annahme eines besonders schweren Falles kann die Verhängung der Mindeststrafe aus Rechtsgründen nicht beanstandet werden, wenn die Schuld aus besonderen Gründen als gering zu bewerten ist. Aber auch hier muss sich der Tatrichter mit der Frage auseinandersetzen, ob bei einer Verurteilung wegen eines besonders schweren Falles nicht die Verteidigung der Rechtsordnung die Vollstreckung der Strafe gebietet (*BGH*, Urt. v. 25. 5. 1977, 3 StR 130/77). Zur Höhe der Freiheitsstrafe und zur **kurzfristigen Freiheitsstrafe** vgl. Rn. 43 ff.

III. Zu niedrige Strafe

61   Bei der Gestaltung der gerechten Strafe darf der Richter **nicht willkürlich** verfahren. Er wird geleitet und muss sich leiten lassen. Seine erste Richtschnur ist der gesetzliche Strafrahmen, mit dem der Gesetzgeber eine abstrakte Strafdrohung dahin getroffen hat, welche Strafen für die denkbar leichtesten und die denkbar schwersten praktisch vorkommenden Fälle angemessen sein sollen. Das bedeutet, dass die Mindeststrafe nur dann verhängt werden darf, wenn die **Schuld an der unteren Grenze** der praktisch vorkommenden Fälle liegt. Die Mindeststrafen sind vom Gesetzgeber für sehr leichte Fälle gedacht. Ein **Unterschreiten des gesetzlichen Strafrahmens** ist fehlerhaft (BGHSt. 21, 139). Verhängt der Tatrichter die gesetzlich vorgesehene Mindeststrafe, obgleich der Schweregrad der Tat unter den gegebenen Umständen nicht im Bereich der unteren Grenze liegt, so ist das Gesetz falsch angewendet worden. Die auf Revision der Staatsanwaltschaft gebotene sachlich rechtliche Nachprüfung durch das Revisionsgericht führt dann zur Aufhebung des tatrichterlichen Urteils (*Hamm* NJW 1977, 2087). Überwiegen die Strafschärfungsgründe an Zahl und Gewicht ganz erheblich die Milderungsgründe und stehen die erkannten Strafen in keinem angemessenen Verhältnis zum Unrechtsgehalt und zur Gefährlichkeit der Tat sowie zum Grad der persönlichen Schuld der Täter, so stellt die Strafe (nach unten hin) keinen gerechten Schuldausgleich mehr dar und die Strafzumessung verletzt das Gesetz.

Die Strafe darf sich nicht von ihrer Bestimmung als **gerechter Schuldaus-** 62 **gleich** nach unten lösen. Davon kann aber keine Rede sein, wenn das Strafmaß die Untergrenze des Strafrahmens erheblich übersteigt und nicht erheblich vom Strafantrag des Staatsanwaltes abweicht (*BGH*, Urt. v. 11. 8. 1981, 1 StR 357/81). Eine niedrige Strafe kann nicht damit begründet werden, das Gericht habe eine **Strafaussetzung zur Bewährung ermöglichen** wollen (BGHSt. 29, 319 = NJW 1981, 692). Dass eine Strafkammer die Möglichkeiten der Strafschärfung aus Gründen der Generalprävention nicht ausdrücklich angesprochen hat, stellt keinen Rechtsfehler dar, die den Strafausspruch in Frage stellt, da eine erschöpfende Aufzählung aller Strafzumessungserwägungen nicht erforderlich ist (*BGH*, Urt. v. 27. 6. 1984, 3 StR 143/84).

1. Haschisch. Liegen die Voraussetzungen eines besonders schweren Falles 63 gem. § 29 Abs. 3 a. F. vor und sind keine Milderungsgründe erkennbar, so kann der Handel mit der beträchtlichen Menge von 2 kg **Haschisch**, also einer **vielfachen nicht geringen Menge** nicht mit der Mindeststrafe von 1 Jahr bestraft werden (*BGH*, Urt. v. 6. 10. 1983, 4 StR 464/83). Auch wenn es sich bei Haschisch um ein Betäubungsmittel geringerer Gefährlichkeit handelt, steht bei gewerbsmäßigem Handeltreiben mit 32,5 kg Cannabis auch unter Berücksichtigung der Milderungsgründe eine Freiheitsstrafe von 2 Jahren **in keinem angemessenen Verhältnis zum Grad der persönlichen Schuld** des Angeklagten, zum Unrechtsgehalt und zur Gefährlichkeit der Tat, sondern **löst sich weit von** ihrer **Bestimmung, gerechter Schuldausgleich** zu sein und liegt nicht mehr innerhalb des dem Tatrichter eingeräumten Beurteilungsspielraumes (*BGH* NStZ 1990, 84).

Bei der rechtstreuen Bevölkerung würde bei Kenntnis der Umstände des Falles 64 es auf Unverständnis stoßen, dass beim Handeltreiben mit der großen Menge von 47 kg **Cannabisharz** eine Freiheitsstrafe von 2 Jahren ausgesprochen und nicht einmal vollstreckt werden soll. Die Verteidigung der Rechtsordnung erlaubt weder dieses Strafmaß noch die Nichtvollstreckung der Freiheitsstrafe (*BGH*, Urt. v. 17. 8. 1976, 1 StR 355/76). Haben die Angeklagten als „Hintermänner" Rauschgiftlieferungen von 290 kg Haschisch (7,6 kg THC) bzw. von 183 kg Haschisch (5,5 kg THC) mit Kurieren abgewickelt, so stehen Freiheitsstrafen von 3 bzw. 3 Jahren u. 10 Mon. in keinem angemessenen Verhältnis zur persönlichen Schuld, zum Unrechtsgehalt u. zur Gefährlichkeit der Tat (BGHR StGB § 46 Abs. 1 Strafhöhe 9 [2 StR 644/93]). Bei 3 Haschischtransporten von 10, 30 und 65 kg von den Niederlanden nach Deutschland ist eine Gesamtfreiheitsstrafe von 2 Jahren 6 Monaten unverhältnismäßig niedrig (BGHR BtMG § 30 Abs. 2 Wertungsfehler 3 = NStZ 1999, 193).

2. Heroin. Bei Handeltreibenden mit 1.000 g **Heroin** stößt auch unter Be- 65 rücksichtigung von Milderungsgründen eine Freiheitsstrafe von 4 Jahren als **unvertretbar milde** auf Bedenken, da bei dem festgestellten Umfang Strafen von bis zu 8 Jahren regelmäßig verhängt werden (BGHR BtMG § 29 Strafzumessung 13 [4 StR 362/90]). Wenn beim Handel mit 109 kg Heroin mit einem Wirkstoffanteil von 85 kg im Hinblick auf das umfassende Geständnis die Aufklärungshilfe gem.

§ 31 BtMG und ein einwandfreies Vorleben auf eine Freiheitsstrafe von 12,5 Jahren, also 2,5 Jahre unter der Höchststrafe, erkannt wird, so kann von einer unvertretbar milden Strafe nicht die Rede sein (*BGH*, Urt. v. 15. 5. 1991, 2 StR 514/90).

66   **3. Kokain.** Bei einer Verurteilung wegen unerlaubten Handeltreibens mit 4,5 kg Kokain bzw. 2,7 kg Kokainhydrochloridwirkstoff ist eine Freiheitsstrafe von 2 Jahren mit Bewährung nicht mehr hinnehmbar (*BGH* NStZ 1994, 494). Hält die Strafkammer bei einem Transport von **26.756,3 g Kokainzubereitung** mit einem Kokainhydrochloridanteil von 78% eine „ganz empfindliche Freiheitsstrafe für erforderlich, die sich deutlich von den sonst für Kurierfälle verhängten absetzt", und verhängt sie gleichwohl eine Freiheitsstrafe von lediglich 5 Jahren, so weicht diese im Vergleich mit in ähnlich schweren Fällen der Einfuhr von Betäubungsmitteln verhängten Strafen so weit nach unten ab, dass sie nicht mehr innerhalb des dem Tatrichter eingeräumten Beurteilungsrahmens liegt. Sie steht in keinem angemessenen Verhältnis zum Maß der persönlichen Schuld des Angeklagten, zum Unrechtsgehalt und zur Gefährlichkeit der Tat (BGHR BtMG § 29 Strafzumessung 25 [2 StR 263/93]).

IV. Durchschnittliche Strafe

67   Höchst unklar sind die Begriffe des **Durchschnittsfalles** und der **durchschnittlichen Strafe,** Floskeln wie z. B. ein **Fall der Alltagskriminalität,** einer der praktisch **am häufigsten vorkommenden Fälle,** ein erfahrungsgemäß **immer wiederkehrender Fall.** Man sollte diese Begriffe deshalb meiden. Denn die Schwere der Tat kann sowohl an den denkbaren als auch an den praktisch am häufigsten vorkommenden Fällen gemessen werden. Es ist zweifelhaft, ob der Maßstab für den Durchschnittsfall dem begrenzten Erfahrungsbereich des Tatrichters oder der Kriminalstatistik zu entnehmen ist (vgl. hierzu im Einzelnen *Mösl* NStZ 1984, 160f.). *Theune* (StV 1985, 208 f.) ist beizupflichten, wenn er unter den tatsächlich vergleichbaren Fällen den mittelschweren Fall in der Mitte zwischen den Fällen, für die bereits eine Mindeststrafe ausreiche, und denen, für welche schon die Höchststrafe verhängt wurde, einordnet.

V. Unvertretbar hohe Strafe

68   Der Strafausspruch wird vom Revisionsgericht aufgehoben, wenn die verhängte Freiheitsstrafe unvertretbar hoch ist, das **für vergleichbare Fälle übliche Strafmaß erheblich überschreitet** und damit den Anforderungen für einen gerechten Schuldausgleich nicht mehr entspricht. Ein auffallend hohes Strafmaß kann ohne nähere Begründung keinen Bestand haben (vgl. *BGH* NStZ-RR 1997, 228). Unterstellt ein Tatrichter **alle möglichen strafmildernden Umstände** und gibt sie auch in den Urteilsgründen als Strafmilderungsgründe wieder, **verhängt aber gleichwohl eine sehr hohe Strafe,** so besteht die Gefahr, dass der Strafausspruch den Unrechts- und Schuldgehalt unvertretbar überschritten hat und der Strafausspruch aufgehoben werden muss (*BGH* NStZ-RR 2003, 214). Der Schutz der Allgemeinheit durch Abschreckung, nicht nur des Angeklagten, sondern auch anderer möglicher künftiger Rechtsbrecher rechtfertigt eine schwerere Strafe, als sie sonst angemessen wäre, nur dann, wenn hierfür eine Notwendigkeit besteht. Das trifft aber allein in den Fällen zu, wo bereits eine **gemeinschaftsgefährliche Zunahme solcher oder ähnlicher Straftaten,** wie die zur Aburteilung stehen, festgestellt worden ist (*BGH* NStZ 1982, 463 = StV 1982, 522; *BGH* NStZ 1983, 501; *BGH* StV 1983, 501). Die Erwägung, das Urteil wirke weit in die örtlichen Gastarbeiterkreise hinein, reicht zur Begründung einer generalpräventiven Erhöhung der Strafe nicht aus (*BGH*, Beschl. v. 3. 11. 1983, 3 StR 377/82). Unzulässig ist schließlich die Erwägung, der Angeklagte habe **an sich eine höhere als die nach dem anzuwendenden Strafrahmen zulässige Strafe verdient,** weil Bezugspunkt für die Findung der Strafe **nicht** eine Strafe sein kann, die **über der**

Höchstgrenze des eröffneten Strafrahmens liegt (*BGH*, Urt. v. 15. 12. 1982, 2 StR 619/82).

Droht **im Ausland eine unerträglich hohe Freiheitsstrafe,** so kann dies zu 69 einer **Ablehnung des Erlasses eines Auslieferungshaftbefehls** führen, z. B. Strafen in Griechenland von 10 Jahren Freiheitsstrafe wegen Abgabe von 2,5 g Haschisch (*Karlsruhe* MDR 1997, 188) und von 10 Jahren Freiheitsstrafe wegen Verkaufs von 0,05 g Heroin-Kokain-Gemisches (*Zweibrücken* StV 1996, 105), oder in der Türkei von 3 Jahren und 4 Monaten Zuchthaus für den Erwerb und die Abgabe von 0,05 g Heroingemisch (*Stuttgart* NStZ-RR 2002, 181).

1. Haschisch. Einen durchgreifenden Bewertungsfehler hat der 2. Strafsenat 70 des *BGH* erkannt in einem Urteil, in dem eine Strafkammer für die Mitwirkung an einem Handel mit 12 kg **Haschisch** und einer Lieferung von weiteren 12 kg Haschisch an einen Scheinaufkäufer der Polizei als Ausgangspunkt eine Freiheitsstrafe von 8 Jahren angenommen und nach Anwendung von § 31 BtMG eine Freiheitsstrafe von 2 Jahren und 6 Monaten verhängt hatte, da die Tat entgegen den Urteilsausführungen nicht in den mittleren bis oberen Bereich des Strafrahmens gehörte (*BGH*, Beschl. v. 4. 4. 1986, 2 StR 142/86). Eine Verurteilung eines Angeklagten wegen Handels mit 9 kg und mit weiteren 25 kg Haschisch mit einem polizeilichen Scheinaufkäufer zu einer Freiheitsstrafe von 8 Jahren und 6 Monaten löst sich eindeutig von ihrer Bestimmung, gerechter Schuldausgleich zu sein und liegt damit außerhalb des dem Tatrichter eingeräumten, von den Revisionsgerichten zu respektierenden Rahmens, insb. wenn noch eine Strafrahmenverschiebung nach §§ 21, 49 Abs. 1 StGB vorzunehmen und die Verstrickung durch einen Lockspitzel erheblich zu berücksichtigen ist (*BGH* NStZ 1985, 415 = StV 1985, 366). Werden nicht alle mildernden Gesichtspunkte gewürdigt, so stellt eine Freiheitsstrafe von 8 Jahren für eine kurzfristige Zwischenlagerung einer ungewöhnlich großen Haschischmenge ein zu hohes Strafmaß dar (*BGH*, Beschl. v. 21. 2. 1996, 5 StR 15/96).

2. Amphetamin. Amphetamin nimmt auf der Schwere-Skala der Gefährlich- 71 keit der Betäubungsmittel nach der Rspr. des *BGH* nur einen mittleren Platz ein, weshalb bei einem Handel mit 1740 g Amphetamin mit einem Wirkstoffgehalt von 450 g bei mehreren Milderungsgründen eine Freiheitsstrafe von 6 Jahren als unvertretbar erachtet wurde (*BGH* StV 1990, 494; vgl. aber § 29/Teil 4, Rn. 370).

3. Heroin. Eine Einzelstrafe von **2 Jahren ohne Begründung** ist beim Ver- 72 kauf von ca. 1 g **Heroin** nicht nachvollziehbar, insb. weil der Angeklagte auf Drängen des heroinabhängigen Mittäters handelte (*BGH*, Urt. v. 4. 11. 1980, 1 StR 392/80). Hat ein Angeklagter 12,01 g Heroinzubereitung und 1,65 g Kokain zum Zwecke der Veräußerung aufbewahrt, so ist eine Freiheitsstrafe von **3 Jahren und 6 Monaten** als gerechter Schuldausgleich nicht zu rechtfertigen (*BGH*, Beschl. v. 12. 8. 1998, 2 StR 349/98). Verkauft ein Angeklagter 53 g Heroin und sagt die Lieferung weiterer 100 g Heroin zu, so verstößt eine Freiheitsstrafe von **8 Jahren** ohne eingehende Begründung gegen den Grundsatz der Verhältnismäßigkeit. Es kann nämlich dann nicht ausgeschlossen werden, dass dem Gesichtspunkt der **Generalprävention ein zu hohes Gewicht** beigemessen wurde. Eine hohe Strafe kann aber nicht allein auf generalpräventive Erwägungen gestützt werden (*BGH*, Beschl. v. 5. 3. 1981, 1 StR 50/81). Hat sich ein wegen Erwerbes von Betäubungsmitteln vorbestrafter Angeklagter wegen unerlaubten Handeltreibens mit 59 g und 12 g Heroin und wegen Einfuhr von 300 g Heroin strafbar gemacht, so sind die zwei Einsatzstrafen von **4 und 5 Jahren** und die Gesamtstrafe von **8 Jahren nicht mehr als angemessener Schuldausgleich,** sondern als unvertretbar hohe Strafe anzusehen (*BGH*, Beschl. v. 17. 7. 1992, 2 StR 5/92).

Bei einer ganzen Reihe gewichtiger Strafmilderungsgründe lässt trotz 73 großer Betäubungsmittelmenge (1 kg Heroin) ein Strafmaß von **11 Jahren** besorgen, dass die Strafkammer von einem von den Feststellungen nicht getragenen Schuldumfang ausgeht (*BGH* StV 1992, 270). Wurde ein ausländischer Angeklagter von seinem Gläubiger zur Schuldentilgung zu einem Herointransport veranlasst, stand sein Transport unter polizeilicher Überwachung, konnte das Rauschgift sichergestellt werden, war der nur unwesentlich vorbestrafte Angeklagte nicht nur geständig, sondern leistete auch Aufklärungshilfe nach § 31 BtMG, so ist wegen der Kilogrammenge der nach §§ 27, 49 StGB gemilderte Strafrahmen in Ordnung, das Strafmaß von **9 Jahren** in Anbetracht der geleisteten Beihilfehandlung und der vorliegenden Milderungsgründe **unvertretbar hoch** (*BGH* StV 1992, 271; vgl. auch *BGH* StV 1993, 71). Auch unter Berücksichtigung der **außerordentlich großen Menge der gehandelten Droge (75 kg Heroin mit einer Wirkstoffmenge von über 35 kg)** kann bei einer Gesamtstrafe von **9 Jahren und 6 Monaten** nicht davon gesprochen werden, dass der Tatrichter nach einer eingehenden Gesamtwürdigung den Wert- und Zweckvorstellungen des Gesetzes nicht gerecht geworden wäre. Vielmehr ist die **Strafhöhe vertretbar** (*BGH* StV 2000, 613).

74   **4. Kokain.** Eine Freiheitsstrafe von **7 Jahren** für einen nicht ungewöhnlichen Transport von 1 kg Kokain mit 96% Wirkstoff war unangemessen hoch (BGH, B v 13. 3. 1996 – 2 StR 514/96). Eine Freiheitsstrafe von **12 Jahren** ist unvertretbar hoch, wenn die Beteiligung an einem Rauschgiftgeschäft über 35 kg Kokain der Tätigkeit eines Gehilfen nahe kommt und die Mittäterschaft nach Art und Umfang nicht ausreichend dargelegt wird. Der aktive Tatbeitrag beschränkte sich darauf, 35 kg Kokain vom Frachtschiff im Hafen an Land zu bringen (*BGH* StV 1996, 661).

VI. Ungewöhnlich hohe Strafe

75   Ungewöhnlich hohe Strafen bedürfen einer Begründung, die das Abweichen vom Üblichen an den Besonderheiten des Falles verständlich macht (*BGH* StV 1983, 102; *BGH* NStZ 1983, 268 = StV 1983, 102). Je höher sich die erkannte Strafe dem Höchstmaß nähert, umso höher sind die Anforderungen an die Strafzumessung und die Würdigung der strafmildernden Umstände (vgl. *BGH* StV 1992, 270).

VII. Höchststrafe

76   Bei der Verhängung der Höchststrafe müssen die Urteilsgründe im Regelfall ergeben, dass der Tatrichter das **Vorhandensein strafmildernder Umstände geprüft hat,** auch wenn er das Vorliegen oder deren Auswirkung auf die Strafhöhe **im Ergebnis verneint** (*BGH* MDR 1978, 623; *BGH* StV 1983, 102; *Mösl* NStZ 1984, 160; *Schmidt* MDR 1984, 12). Der ehemalige Bundesrichter *Mösl* (DRiZ 1979, 166) hat den Grundsatz aufgestellt, dass die Höchststrafe **nicht dem theoretisch denkbar schwersten Fall vorbehalten** ist, sondern dass sie einen ganzen Bereich denkbar schwerer Fälle abdeckt, in denen keinerlei Milderungsgründe zu erkennen sind. Wollte man die Höchststrafe des gesetzlichen Strafrahmens für den theoretisch denkbar schwersten Fall reservieren, so könnte diese nie verhängt werden. Denn es sind immer Fälle vorstellbar, in denen jemand ein noch größeres Rauschgiftdepot unterhält, einen noch größeren Rauschgifttransport fährt, die doppelte oder vielfache Menge der zu beurteilenden Menge herstellt, aufkauft oder verkauft. Der *BGH* hat die vorgenannten Erwägungen einer Strafkammer in einem Falle von Besitz von 5 kg Heroin bestätigt (*BGH*, Beschl. v. 22. 12. 1981, 2 StR 605/81).

VIII. Gesamtstrafe

77   Die Strafzumessung ist grundsätzlich Sache des Tatrichters. Es ist seine Aufgabe, auf der Grundlage des umfassenden Eindrucks, den er in der Hauptverhandlung von Tat und Täterpersönlichkeit gewonnen hat, die wesentlichen entlastenden und belastenden Umstände festzustellen, sie zu bewerten und gegeneinander abzuwägen. Ein Eingriff des Revisionsberichts ist in der Regel nur möglich, wenn die

Zumessungserwägungen in sich fehlerhaft sind, das Tatgericht gegen rechtlich anerkannte Strafzwecke verstößt oder sich die verhängte Strafe nach oben oder unten von ihrer Bestimmung löst, gerechter Schuldausgleich zu sein. Eine ins Einzelne gehende Richtigkeitskontrolle ist ausgeschlossen (BGHSt. 34, 345, 349). Diese Grundsätze gelten auch für die Bildung der Gesamtstrafe (BGHR StGB § 54 Abs. 1 Bemessung 5 = NStZ 1990, 344). An die Begründung der Strafhöhe sind allerdings umso größere Anforderungen zu stellen, je mehr sich die Strafe der unteren oder oberen Grenze des Zulässigen nähert. So ist auch die Gesamtstrafenbildung eingehend zu begründen, wenn die Einsatzstrafe nur geringfügig überschritten wird (BGHSt. 24, 268, 271). Wird bei 16 umfangreichen Rauschgiftgeschäften ein Geschäft mit 5 Jahren Freiheitsstrafe bestraft und diese Einsatzstrafe bezüglich der 15 weiteren Geschäfte nur um 1 Jahr auf 6 Jahre Gesamtfreiheitsstrafe erhöht, so bedarf dies eingehender Begründung (*BGH* NStZ 2006, 568 = StraFo 2005, 384). Wird bei der Bildung einer Gesamtstrafe aus zwei Freiheitsstrafen wegen Heroinhandels eine der beiden Taten **nicht einmal knapp** in den charakteristischen Umrissen und mit den wesentlichen Strafzumessungserwägungen beschrieben, so kann eine **gesamtschauende Würdigung** der Einzelstrafen und der Zumessungsgründe der Gesamtstrafe nicht erfolgen. Führt die Strafkammer lediglich zugunsten des Angeklagten aus, die spätere Tat sei nur begangen worden, **um den aus der Sicherstellung eines Herointransportes entstandenen Schaden teilweise zu decken,** so ist diese Erwägung zweifelhaft und unzureichend (*BGH,* Urt. v. 23. 9. 1983, 2 StR 370/83). Zwar kann im Rahmen des § 54 Abs. 2 StGB die Gesamtstrafe bis in die Nähe der Summe der Einzelstrafen heranreichen. **Eine die Summe der Einzelstrafen fast erreichende Gesamtstrafe** bedarf jedoch **besonderer Begründung.** Lässt die Höhe einer Gesamtfreiheitsstrafe besorgen, dass das Landgericht **bei der Bemessung der Gesamtfreiheitsstrafe** sich zu sehr von der Gesamtzahl der Einzeltaten und der **Summe der Einzelstrafen** hat leiten lassen, **ohne** eine **Gesamtabwägung** vorzunehmen, so ist die Gesamtstrafenbildung fehlerhaft. Die **annähernde Summe der Einzelstrafen** ist in der Regel ein **falscher Orientierungspunkt** (*BGH,* Beschl. v. 12. 2. 2003, 2 StR 451/03). Vielmehr gilt es, den **zeitlichen und sachlichen Zusammenhang** und die **gleichförmige Begehung in großen Abständen oder in schneller Reihenfolge** zu bedenken und in einer **Gesamtwürdigung** einen **gerechten Schuldausgleich** zu finden. Dies ist nicht der Fall, wenn eine Vielzahl von Taten gerade einmal in ihrer Summe die nicht geringe Menge überschreiten (*BGH* StV 2003, 555 [3 StR 278/02]; *BGH* StV 2003, 555 [2 StR 464/03]; *BGH* NStZ-RR 2003, 214).

F. Strafaussetzung zur Bewährung

I. Freiheitsstrafe bis zu einem Jahr (§ 56 Abs. 1 StGB)

§ 56 Abs. 1 StGB verlangt **nicht die Überzeugung,** sondern **lediglich die 78 Erwartung,** dass sich der Verurteilte schon die Verurteilung zur Warnung dienen lässt und auch ohne Strafvollstreckung keine Straftaten mehr begehen wird. Da die im Wesentlichen auf tatsächlichem Gebiet liegende Prognoseentscheidung eine **tatrichterliche Ermessensentscheidung** darstellt, ist sie der Überprüfung durch das Revisionsgericht weitgehend entzogen. Das Revisionsgericht ist nicht befugt, seine eigene Prognose an die Stelle der Prognose des Tatrichters zu setzen, sondern kann die Entscheidung des Tatrichters **nur auf Rechts- und Ermessensfehler hin überprüfen.** Dennoch muss die Bejahung oder Verneinung einer positiven Sozialprognose vom Gericht **in nachvollziehbarer Weise im Urteil dargestellt werden.** Dem Gericht wird im Rahmen des § 56 Abs. 1 StGB ein besonders **weiter Beurteilungsspielraum** zugestanden und seine Entscheidungen sind bis zur Grenze des Vertretbaren hinzunehmen (*BGH* NStZ 1984, 360). Seine nach § 56 Abs. 1 StGB erforderliche Prognoseentscheidung muss der Strafrichter aber im **Rahmen einer Gesamtbewertung** vornehmen, in die er das Vorleben und die Persönlichkeit des Täters, seine gegenwärtigen Lebensverhältnisse, die einzelnen

Umstände der Tat, sein Verhalten nach der Tat, die Wirkungen der erlittenen U-Haft einbeziehen muss (*Schäfer/Sander/van Gemmeren* Rn. 130 ff.). Handelt es sich bei dem Angeklagten um eine einschlägige oder gewichtig vorbestrafte Person oder um einen Bewährungsversager, so bedarf eine positive Sozialprognose besonders sorgfältiger Ausführungen (*BayObLG*, Urt. v. 14. 1. 2003, 4 StRR 127/02).

79 Bei einer **Freiheitsstrafe unter 6 Monaten ist die Strafaufsetzung zur Bewährung bei einer günstigen Prognose zwingend** (§ 56 Abs. 1 i. V. m. Abs. 3 StGB).

II. Freiheitsstrafe bis zu 2 Jahren (§ 56 Abs. 2 StGB)

80 Das Gericht kann unter den Voraussetzungen des § 56 Abs. 1 StGB auch eine Freiheitsstrafe, die 2 Jahre nicht übersteigt, zur Bewährung aussetzen, wenn nach der Gesamtwürdigung von Tat und Persönlichkeit des Verurteilten besondere Umstände vorliegen (§ 56 Abs. 2 StGB). Der *BGH* hat **seine ursprüngliche strenge Auffassung aufgegeben,** wonach § 56 Abs. 2 StGB nur anwendbar sei, wenn Umstände vorliegen, die der Tat **„Ausnahmecharakter"** verleihen und den Stempel des **„Außergewöhnlichen"** aufdrücken. Nach übereinstimmender Auffassung aller Strafsenate des *BGH* reichen **Umstände aus, die im Vergleich mit gewöhnlichen, durchschnittlichen, allgemeinen oder einfachen Minderungsgründen von besonderem Gewicht** sind und eine Strafaussetzung trotz des erheblichen Unrechts- und Schuldgehalts der Tat, der sich in der Strafhöhe widerspiegelt, also nicht unangebracht und den vom Strafrecht geschützten Interessen nicht zuwiderlaufend erscheinen lassen. Ob solche Umstände vorliegen, muss stets auf der Grundlage einer **umfassenden Gesamtwürdigung von Tat und Täterpersönlichkeit** geprüft werden (vgl. *BGH* StV 1992, 417; *Schäfer/Sander/van Gemmeren* Rn. 155 ff.)

81 Dabei lässt sich häufig nicht genau abgrenzen, ob die Umstände die Tat oder den Täter betreffen; denn Umstände der Tat können auch für die Würdigung der Täterpersönlichkeit Bedeutung haben, Umstände in der Täterpersönlichkeit die Tat beeinflusst haben. Auch können Umstände, die bei einer Einzelbewertung nur **durchschnittliche, einfache Bewertungsgründe** wären, **durch das Zusammentreffen** in solches **Gewicht** erlangen, dass ihnen die **Bedeutung besonderer Umstände** zukommt (*BGH*, Urt. v. 6. 10. 1982, 2 StR 485/82). Die Versagung der Strafaussetzung zur Bewährung mag dann mit der bloßen Wiedergabe des Gesetzeswortlautes des § 56 Abs. 2 StGB ausreichend begründet sein, wenn Fälle zu beurteilen sind, die keine Besonderheiten aufweisen. Insb. wenn das Tatgericht aufgrund eingehender Erörterungen einen besonders schweren Falles nach § 29 Abs. 3 BtMG verneint hat, bedarf es keiner besonders ausführlichen Erörterung der Aussetzungsfrage (*BGH*, Urt. v. 10. 6. 1986, 5 StR 168/86). Entlastende Umstände dürfen bei der Bewährungsentscheidung nicht deshalb außer Betracht bleiben, weil sie angeblich bei der Strafrahmenmilderung bzw. Strafzumessung im engeren Sinne verbraucht worden seien. Liegen jedoch günstige Umstände vor, so reicht eine **formelhafte Begründung** nicht aus, sondern es ist eine eingehende Abwägung aller in Betracht zu ziehenden Umstände in den Urteilsgründen geboten (*BGH* StV 1981, 70; BGHR StGB § 56 Abs. 1 Sozialprognose 31 [2 StR 27/02]). Enthält ein Strafkammerurteil zahlreiche Umstände, die **in ihrer Gesamtheit von solchem Gewicht** sind, dass sie eine Strafaussetzung nach § 56 Abs. 2 StGB rechtfertigen können, dann ist es fehlerhaft, wenn der Tatrichter ohne die erforderliche Gesamtwertung die Strafaussetzung trotz günstiger Prognose i. S. v. § 56 Abs. 1 StGB formelhaft versagt, weil weder in der Person des Angeklagten noch in der Tat besondere Umstände vorliegen.

82 Gelangt das Gericht zu einer **günstigen Sozialprognose,** so kann es die Strafaussetzung zur Bewährung nicht mit dem bloßen Hinweis auf die **Verteidigung der Rechtsordnung** ablehnen. Vielmehr ist nach der Gesamtwürdigung der Tat und der Persönlichkeit gesondert zu prüfen, ob unter dem Gesichtspunkt der Erhaltung der Rechtstreue der Bevölkerung die Vollstreckung der Strafe erforderlich

ist (*BGH* StV 1981, 121). Bei der Frage, ob die Verteidigung der Rechtsordnung die Vollstreckung einer Freiheitsstrafe gebietet (§ 56 Abs. 3 StGB) sind nicht nur alle Milderungsgründe, sondern auch die in der Sache erlittene Untersuchungshaft stets zu berücksichtigen (*BGH* StV 1991, 157; *BGH* StV 1991, 560; *BGH* StV 1998, 260; *BGH* NStZ-RR 1999, 281; *BayObLG* StV 1994, 186;).

1. Strafaussetzung zur Bewährung bei Betäubungsmittelabhängigen. 83
Zur Strafaussetzung bei Bewährung bei günstiger Sozialprognose eines Betäubungsmittelabhängigen vgl. *BGH* NJW 1991, 3289 = StV 1991, 414. Die Tatsache der Rückfälligkeit rechtfertigt die Nichtaussetzung der erneuten Strafe zur Bewährung dann nicht, wenn der Tatrichter außer Acht lässt, dass der Angeklagte im Gegensatz zu früher nunmehr seit längerer Zeit ein tadelfreies, geordnetes Leben führt (*BGH* StV 1991, 346).

2. Strafaussetzung zur Bewährung beim Handeltreiben. Es ist nicht zu 84
beanstanden, wenn das Landgericht die Tatsachen, dass der Angeklagte nach einer Probeübernahme vom weiteren Drogengeschäft Abstand genommen hat, sich seit 15 Jahren ohne Verurteilung in der Bundesrepublik aufhält, durch seinen Freund in die Angelegenheit hineingeschliddert ist und ein Vollzug der Strafe erhebliche Auswirkungen auf das Familienleben hätte, als **besondere Umstände i. S. d. § 56 Abs. 2 StGB** wertete und wegen des Scheiterns des Geschäftes auch den Gesichtspunkt der Verteidigung der Rechtsordnung nicht besonders angesprochen hat (*BGH*, Urt. v. 30. 11. 1983, 3 StR 445/83; *BGH*, Urt. v. 29. 3. 1984, 4 StR 149/84; *BGH*, Urt. v. 4. 10. 1989, 2 StR 261/89). Besondere Umstände können sein: Unbestraftsein, Geständnis, Aufklärungshilfe, Finanzierung des Eigenkonsums, Therapiebereitschaft, Tatprovokation usw. (BGHR StGB § 56 Abs. 1 Sozialprognose 31 [2 StR 27/02]). Revisionsrechtlich war in einem Einzelfall auch nicht zu beanstanden, dass die Strafkammer **die Lebenssituation eines ausländischen Angeklagten** als besonderen Umstand i. S. d. § 56 Abs. 2 StGB wertete, dessen gewerbsmäßiges Handeltreiben mit Betäubungsmitteln dadurch mit veranlasst worden war, dass ihm bei seinen **Zukunftssorgen die durch das Arbeitsverbot für Asylbewerber erzwungene Untätigkeit unerträglich erschien** (*BGH* StV 1991, 560).

In der Regel greift das Revisionsgericht in die Aussetzungsentscheidung des 85
Tatgerichts nur bei Fehlern oder sachfremden Erwägungen ein. Die Erwägung eines Gerichts, es bestehe ein besonderes Interesse an der Vollstreckung der Strafe bei Rauschgiftdelikten, weil angesichts der steigenden Anzahl dieser Delikte zur Abschreckung potentieller Täter an der Vollstreckung ein Bedürfnis bestehe, ist fehlerhaft. Diese Begründung würde zu dem nicht zu billigenden Ergebnis führen, dass **eine ganze Deliktsgruppe generell von der Möglichkeit der Strafaussetzung ausgeschlossen** würde. Dies ist **unzulässig** (*BGH*, Beschl. v. 15. 9. 1988, 1 StR 506/88; *BGH*, Beschl. v. 22. 12. 1988, 2 StR 664/88). Es ist auch **unzulässig**, den **Handel mit Kokain und Heroin wegen der besonderen Gefährlichkeit** dieser Rauschmittel als Deliktsgruppe **generell aus dem Anwendungsbereich des § 56 StGB herauszunehmen** (*BGH* NStZ-RR 1999, 281). Es ist rechtsfehlerhaft, wenn eine Strafkammer die Strafaussetzung zur Bewährung mit der pauschalen Begründung versagt, die Kammer halte an ihrem Grundsatz fest, dass ein Angeklagter, der während des Laufs einer Bewährungszeit erneut eine vorsätzliche Straftat begangen hat, in keinem Falle mehr eine Strafaussetzung zur Bewährung beanspruchen kann (*BGH*, Beschl. v. 23. 6. 1983, 1 StR 376/83). Die Versagung der Bewährung, weil die Drogen konsumierende Angeklagte sich **nicht mit ihrer Drogenproblematik auseinandergesetzt** hat, und die Befürchtung, sie würde im Falle der Strafaussetzung **die Verurteilung zu leicht nehmen**, rechtfertigt die Begründung nicht hingenommen werden (*BGH*, Beschl. v. 22. 12. 1988, 2 StR 664/88).

Liegt eine **ungünstige Sozialprognose** aufgrund einer umfassenden Gesamt- 86
abwägung vor, so kann eine **niedrige Strafe** nicht damit begründet werden, das Gericht habe eine **Strafaussetzung zur Bewährung ermöglichen wollen**

(BGHSt. 29, 319 = NJW 1981, 692). Das Bestreben, dem Angeklagten Strafaussetzung zur Bewährung zu bewilligen, darf nicht dazu führen, die **schuldangemessene Strafe zu unterschreiten** oder Gesichtspunkte der Strafzumessung mit solchen der Strafaussetzung zur Bewährung zu vermengen (*BGH*, Beschl. v. 14. 7. 1993, 3 StR 251/93).

G. Maßregeln der Besserung und Sicherung
I. Entzug der Fahrerlaubnis und Fahrerlaubnissperre
87   S. dazu Rn. 302 ff.

II. Unterbringung in einer Entziehungsanstalt
88   S. dazu § 35 Rn. 480 ff.

III. Berufsverbot
89   Die nach dem Verfahrensstand begründete Erwartung, dass im Hauptverfahren ein Berufsverbot nach § 70 StGB angeordnet werden wird, genügt noch nicht, um das vorläufige Berufsverbot nach § 132a Abs. 1 StPO auszusprechen. Der Eingriffsintensität und der Eingriffswirkungen wegen gebieten Art. 12 Abs. 1 GG und das Rechtsstaatsgebot, ein vorläufiges Berufsverbot nur dann für verfassungsrechtlich unbedenklich anzusehen, wenn festgestellt werden kann, dass die sofortige Unterbindung weiterer Berufsausübung zur Abwehr konkreter Gefahren für wichtige Gemeinschaftsgüter erforderlich ist.

90   Dies hat das *BVerfG* zum vorläufigen Berufsverbot für Rechtsanwälte nach § 150 Abs. 1 BRAO wiederholt ausgesprochen (BVerfGE 44, 105; 48, 292). Für das vorläufige Berufsverbot nach § 132a Abs. 1 StPO gilt nichts anderes (*Düsseldorf* NStZ 1984, 379 = StV 1984, 234; *Karlsruhe* StV 1985, 49).

H. Strafzumessungsfehler
91   Der Rechtsfolgenausspruch kann durch das Revisionsgericht grundsätzlich nur dahingehend überprüft werden, ob die **Strafzumessungserwägungen in sich rechtsfehlerhaft** sind, ob der Tatrichter rechtlich **anerkannte Strafzwecke außer Betracht gelassen** oder ob sich die Strafe so weit nach oben oder nach unten von ihrer Bestimmung gelöst hat, gerechter Schuldausgleich zu sein, dass sie **nicht mehr innerhalb des Spielraums** liegt, der dem Tatrichter bei der Strafzumessung eingeräumt ist. Der Tatrichter muss allerdings die für die Bemessung der Strafe wesentlichen Umstände in dem Urteil so vollständig wiedergeben, dass es möglich ist, das dabei ausgeübte Ermessen auf Rechtsfehler zu überprüfen (BGHR StPO § 267 Abs. 3 S. 2 Strafrahmenwahl 1 [3 StR 368/86]; *Schäfer/Sander/van Gemmeren* Rn. 747).

I. Unauflösbare Widersprüche bei den Feststellungen
92   Unauflösbare Widersprüche in den Strafzumessungserwägungen führen zur Aufhebung des Strafausspruchs. Die Feststellung, eine Angeklagte habe vergeblich versucht, aus eigener Kraft von ihrer Sucht loszukommen, steht im Widerspruch zu der Strafzumessungserwägung, sie habe **noch nie ernsthafte und anhaltende Anstrengungen gemacht,** gegen ihre Drogenabhängigkeit anzukämpfen (*BGH*, Beschl. v. 4. 3. 1980, 5 StR 52/80). Es ist widersprüchlich, wenn im Urteil ausgeführt wird, die Angeklagten seien seit geraumer Zeit **nicht mehr drogenabhängig** gewesen, an anderer Stelle aber ausgeführt wird, dass bei der Festnahme der Angeklagten frische Einstichstellen an den Armen festgestellt worden seien (*BGH*, Beschl. v. 30. 4. 1981, 4 StR 177/81). Es ist nicht zu vereinbaren, wenn es einerseits heißt, der Angeklagte habe **zur Tatzeit unter Bewährung** gestanden, bei Erörterung der Vorstrafen aber darauf hingewiesen wurde, dass die Bewährungszeit gerade abgelaufen sei (*BGH*, Beschl. v. 2. 12. 1980, 1 StR 677/80). Es ist rechts-

fehlerhaft, einem Angeklagten **außerordentliche Bedenkenlosigkeit,** mit der er die Gefahr für die Gesundheit und das Leben vieler seiner eigenen Interessen hintangestellt habe, anzulasten, wenn dieser das Rauschgift vernichtet hat, weil er nicht riskieren wollte, den Tod eines Menschen herbeizuführen und sich vor der Weitergabe des Rauschgiftes einem Verbindungsmann der Polizei anvertraut hat (*BGH,* Urt. v. 11. 4. 1979, 2 StR 1/79). Die Strafzumessungsgründe sind widersprüchlich, wenn der Angeklagte einerseits als ,,**Profi und versierter Händler**" bezeichnet wird, andererseits aber der Tatrichter dem Angeklagten glaubt, dass er **sein erstes Rauschgiftgeschäft versucht** habe (*BGH,* Urt. v. 27. 7. 1979, 1 StR 369/79). Zur Aufhebung des Strafausspruches führt, wenn die Strafkammer es einerseits für erschwerend hält, dass der Angeklagte **allzu leicht bereit** gewesen sei, sich auf illegale Geschäfte einzulassen, andererseits aber feststellt, der Angeklagte sei erst nach anfänglichem Zögern auf das Geschäft eingegangen (*BGH,* Urt. v. 6. 4. 1978, 2 StR 59/78). Die strafschärfende Berücksichtigung des Umstandes, der Angeklagte habe sich **über die Gefährlichkeit des Heroins hinweggesetzt,** ist fehlerhaft, wenn gleichzeitig festgestellt wurde, dass er durch eine V-Person zur Tat gedrängt wurde (*BGH,* Beschl. v. 18. 3. 1980, 5 StR 62/80).

Es führt zur Urteilsaufhebung, wenn die Strafkammer einerseits ausführt, der **93** Angeklagte habe **dem Drängen des V-Mannes wochenlang Widerstand geleistet,** andererseits aber feststellt, der V-Mann sei nicht auf einen tatunentschlossenen Angeklagten getroffen (*BGH* StV 1982, 152). Die Strafzumessungserwägungen sind widersprüchlich, wenn dem Angeklagten als Verkäufer 41 g Heroinzubereitung zur Last gelegt werden, gleichzeitig aber festgestellt wird, dass der Käufer die vom Angeklagten empfangene Heroinzubereitung erst auf diese Menge gestreckt hat (*BGH* StV 1983, 1). Die **bedingungslose Unterordnung einer türkischen Ehefrau** unter den Ehemann und Haushaltsvorstand steht nicht im Widerspruch zu der Feststellung einer gewissen Selbstständigkeit der Ehefrau, wenn die Strafkammer der Überzeugung war, die Angeklagte habe sich im Laufe der Jahre von ihrer traditionellen Rolle gelöst (*BGH,* Urt. v. 21. 9. 1983, 2 StR 441/83). Die Annahme, der Angeklagte habe insgesamt 1,5 kg Haschisch erworben, verträgt sich nicht mit der Feststellung, er habe 1.200 g Haschisch bereits verkauft, 330 g Haschisch seien noch bei ihm sichergestellt worden. Die Feststellung, der Angeklagte habe die **Gesamtmenge** von 1.500 g mit Ausnahme des selbst verbrauchten Teils weiter veräußert, ist unvereinbar mit der Sicherstellung von 330 g Haschisch. Die Annahme, der Angeklagte habe **nur einen geringfügigen Teil** der 1.500 g Haschisch **selbst verbraucht,** steht nicht im Einklang mit den Ausführungen über einen maßgeblichen, mit dem Sold nicht mehr finanzierbaren Eigenverbrauch (*BGH,* Urt. v. 1. 6. 1983, 2 StR 182/83).

Die Erwägung, wonach eine Angeklagte aus mehreren Umständen die Möglich- **94** keit eines Schmuggeltransportes **hätte schließen müssen,** steht nicht im Einklang mit der als wahr unterstellten Bewertung, die Angeklagte verfüge nur über einen **sehr geringen Intelligenzquotienten** (*BGH,* Beschl. v. 14. 11. 1990, 2 StR 454/90; vgl. auch *BGH* NStZ 2011, 302).

Bejaht der Strafrichter im Rahmen des § 30 BtMG einen minder schweren Fall **95** der Einfuhr von Betäubungsmitteln in nicht geringer Menge im Rahmen einer Gesamtwürdigung, so ist es widersprüchlich, wenn er für das allein aus der Einfuhr bestehende tateinheitliche Handeltreiben einen besonders schweren Fall des § 29 Abs. 3 BtMG annimmt (*BGH,* Beschl. v. 30. 7. 1986, 2 StR 49/86).

II. Unauflösbare Widersprüche im Urteilstenor

Ist ein Angeklagter nach dem Urteilstenor zu vier Jahren Freiheitsstrafe verurteilt **96** worden, nach den Urteilsgründen aber zu vier Jahren und sechs Monaten, so ist das Urteil im Strafausspruch aufzuheben (*BGH,* Beschl. v. 25. 11. 1994, 3 StR 514/94; *BGH,* Beschl. v. 27. 6. 2003, 2 StR 197/03; vgl. auch *BGH,* Beschl. v. 23. 8. 2000, 2 StR 292/00 [hier: Änderung des Strafausspruchs durch den *BGH*]), es sei denn, es handelt sich um ein offenkundiges Fassungsversehen, das eine Berichtigung zulassen könnte (vgl. BGHR StPO § 260 Abs. 1 Urteilstenor 2 [5 StR 232/89]).

III. Lückenhafte Strafzumessung

97   Lückenhaft ist die Wertung immer dann, wenn ein Urteil sich angesichts der vorliegenden Strafzumessungstatsachen nicht mit den vom Gesetz oder der höchstrichterlichen Rspr. für bedeutsam erachteten Wertungsgesichtspunkten auseinandersetzt. So beanstandete der *BGH* wiederholt, dass die in einem Urteil vorhandenen Strafzumessungstatsachen nicht oder nur unzureichend gewürdigt wurden. So reicht es nicht aus, im Urteil eine **Betäubungsmittelabhängigkeit,** eine **Tatprovokation durch einen V-Mann,** eine **Aufklärungshilfe** gem. § 31 BtMG festzustellen, ohne später darzulegen, **ob und in welcher Weise** sich dieser Umstand bei der Strafrahmenprüfung oder der Strafzumessung im engeren Sinne **ausgewirkt hat** (*BGH* StV 1988, 388). Fehlerhaft ist auch, wenn **ohne Auseinandersetzung mit den Strafzumessungstatsachen** die Strafkammer sich für einen bestimmten Strafrahmen oder ein bestimmtes Strafmaß ausspricht. So beanstandete der *BGH* die Urteilsausführungen, dass angesichts der Vorverurteilungen und der Verbüßungen das Gericht den Angeklagten auch dann keine Milderung nach §§ 21, 49 StGB zubilligen würde, wenn sie infolge einer Drogenabhängigkeit vermindert schuldfähig gewesen wären (*BGH*, Beschl. v. 30. 4. 1981, 4 StR 177/81). Es ist fehlerhaft, sowohl wenn eine Strafaussetzung zur Bewährung trotz günstiger Sozialprognose verneint, als auch eine Strafaussetzung zur Bewährung gewährt wird ohne Darlegung der Voraussetzungen.

IV. Strafzumessungs-Schemata und Strafmaßlisten

98   **Mathematisierungen** und **schematische Vorgehensweisen** sind dem Wesen der Strafzumessung grundsätzlich fremd (*Detter* NStZ 2002, 415). Aus diesem Grunde kann Strafzumessung auch nicht nach dem Gewicht oder der Wirkstoffmenge der Betäubungsmittel allein oder nach einer **Strafmaßtabelle** vorgenommen werden. Vielmehr bedarf es einer Gesamtabwägung aller strafzumessungsrelevanten Umstände (BGHSt. 35, 345, 350; *BGH* NStZ-RR 1999, 101; *BGH*, Beschl. v. 3. 12. 2002, 3 StR 406/02).

V. Inhaltsleere Strafzumessungsformeln

99   Da im Betäubungsmittelverfahren außer der Art und Menge der Betäubungsmittel nur wenige die Tat prägenden Umstände bekannt sind, liegt die Gefahr nahe, sich zu **inhaltsleeren Strafzumessungsformeln** oder **fragwürdigen Erwägungen** zu flüchten, die ein sonst fehlerfreies Urteil anfechtbar machen. Inhaltsleere Formeln lassen erkennen, dass die gebotene Gesamtwürdigung unterlassen worden ist. Dies stellt einen Rechtsfehler dar. Die Floskel, die Strafkammer halte „nach Wertung aller für und gegen den Angeklagten sprechenden Gesichtspunkte" eine Freiheitsstrafe in bestimmter Höhe für erforderlich, ist keine ausreichende Strafzumessungserwägung (*BGH*, Beschl. v. 13. 11. 1980, 2 StR 112/81). Die Formel „Da Feststellungen über die persönlichen Verhältnisse des Angeklagten nicht getroffen werden konnten, mussten **allgemeine Erwägungen** im Vordergrund stehen", rechtfertigt es nicht, von einer Gesamtbewertung des Tatgeschehens, der Tatumstände und der Täterpersönlichkeit abzusehen (*BGH*, Beschl. v. 2. 4. 1982, 2 StR 111/82). Die Begründung eines Tatrichters, die Strafe sei **an den Grundsätzen des § 46 StGB** ausgerichtet, ist eine fehlerhafte Leerformel (*Schmidt* MDR 1979, 884).

VI. Verbot moralisierender Erwägungen

100   Die Strafzumessung darf nicht auf **Pseudogründen,** auf gefühlsmäßigen, unklaren Erwägungen beruhen. **Moralisierende und polemisierende Erwägungen,** die nicht erkennen lassen, welcher Gesichtspunkt entlastend oder belastend ist,

dem Schuldausgleich oder der Prävention dienen, sind unsachlich und damit überflüssig, zumal sie den Eindruck eines befangenen Gerichts hinterlassen. So wenn bei einem Betäubungsmittelhändler straferschwerend gewertet wird, er habe sich **am Unglück anderer Menschen bereichert,** der **Handel mit Rauschgiften sei gefährlich, ohne Bezug zum konkreten Fall herzustellen.** Aus den Urteilsgründen müssen die Bedeutung und das Gewicht der vom Strafrichter festgestellten Strafzumessungstatsachen für die Bewertung des Unrechts- und Schuldgehalts der beurteilten Taten klar erkennbar und nachvollziehbar sein (*BGH* NStZ 1987, 405 = StV 1987, 387; *BGH* StV 1998, 76; *BGH*, Beschl. v. 26. 9. 2001, 1 StR 394/01). Die Wendungen, „der Angeklagte habe sich wie ein **Hai im Haifischbecken** bewegt", „sich **geschnappt, was zu schnappen war",** habe „in seiner Lebensführung über **keine moralischen Maßstäbe** verfügt", „von ihm sei wegen seines rücksichtslosen Vorteilstrebens **Übles zu erwarten",** begründen die **Besorgnis,** dass der Richter sich **nicht vom Gesetz, sondern von Gefühlen leiten ließ** (*BGH*, Beschl. v. 15. 10. 2003, 2 StR 332/03; vgl. auch *BGH* NStZ 2002, 646).

VII. Andere Wertungsfehler

Fehlerhaft ist auch, wenn **derselbe Umstand** gleichzeitig **strafschärfend und** 101 **strafmildernd** gewürdigt wird (*BGH*, Beschl. v. 29. 4. 1987, 2 StR 500/87). Fehlerhaft ist, wenn eine Strafkammer einem Angeklagten eine außerordentliche Bedenkenlosigkeit anlastet, mit der er das Leben anderer gefährdet habe, wenn dieser das Rauschgift vernichtet und sich einem polizeilichen V-Mann anvertraut hatte (*BGH*, Beschl. v. 11. 4. 1979, 2 StR 1/79). In gleicher Weise ist es ein Wertungswiderspruch, wenn einerseits die erhebliche Drogenabhängigkeit strafmildernd, andererseits die Addition der Konsummengen aber strafschärfend gewertet werden, da die Konsummengen ja Ausdruck und Folge der Drogenabhängigkeit sind.

VIII. Verbot der Doppelverwertung von Tatbestandsmerkmalen

Umstände, die schon Merkmale des gesetzlichen Tatbestandes sind, dürfen bei 102 der Strafzumessung nicht erneut berücksichtigt werden (§ 46 Abs. 3 StGB). Darüber hinaus dürfen Umstände, die gesetzgeberischer Anlass für die Strafnorm waren oder für die Tat typisch sind, nicht nochmals strafschärfend gewertet werden (*BGH* NStZ-RR 2004, 80).

1. Besondere Verwerflichkeit des Handeltreibens. S. dazu § 29/Teil 4, 103 Rn. 323 ff.

2. Gewinnstreben. S. dazu § 29/Teil 4, Rn. 327 ff. 104

3. Eigennutz. S. dazu § 29/Teil 4, Rn. 330. 105

4. Erreichen des Drogenmarktes. S. dazu § 29/Teil 4, Rn. 333. 106

5. Umstände allgemeiner Lebensführung. Umstände allgemeiner Lebens- 107 führung dürften nur dann bei der Strafzumessung berücksichtig werden, wenn sie wegen ihrer engen Beziehung zur Tat Schlüsse auf den Unrechtsgehalt zulassen oder Einblicke in die innere Einstellung des Täters zur Tat gewähren (*BGH* NStZ-RR 2001, 295; *BGH* NStZ-RR 2010, 25 [eigennütziges Wesen als Triebfeder für die Delikte]).

6. Besondere Gefährlichkeit einzelner Betäubungsmittelarten. Es wird 108 zwischen den Strafsenaten des *BGH* darüber gestritten, ob die strafschärfende Erwägung der **besonderen Gefährlichkeit der Drogen Heroin, Kokain oder Crack** dem **Doppelverwertungsverbot** unterliegt und deshalb unzulässig ist. Die nach § 1 Abs. 1 BtMG in den Anl. I bis III des BtMG aufgeführten Stoffe und Zubereitungen sind wie Tatbestandsmerkmale in die Straf- und Ordnungswidrigkeitstatbestände ohne Unterschiede eingeflossen und unterliegen dem gleichen

Strafrahmen. Nach Auffassung des 5. Strafsenates ist eine differenzierte Strafzumessung nach Maßgabe des unterschiedlichen Gefährlichkeitsgrades der von den BtMG-Tatbeständen gleichermaßen erfassten betroffenen Betäubungsmittel wie harte Drogen (Heroin, Kokain und Crack) im Vergleich zu „weichen" Drogen wie Khat, Cannabis usw. nicht zu beanstanden (*BGH* NStZ 1999, 625; *BGH* StV 2000, 613). Der Umstand, dass es sich bei Heroin oder Kokain um eine besonders gefährliche und harte Droge handelte, darf aber **nicht straferschwerend berücksichtigt werden, wenn** das **Rauschgift nicht zum Verkauf, sondern nur zum Eigenkonsum** bestimmt war (BayObLGSt. 1988, 62; *BayObLG* StV 1993, 29; *Frankfurt* StV 2010, 136).

IX. Fehlen von Strafmilderungsgründen

109   Zwar kann eine vorhandene wirtschaftliche Notlage, eine Rauschgiftabhängigkeit, ein Geständnis, eine Aufklärungsbereitschaft, eine Therapiebereitschaft strafmildernd berücksichtigt werden, das Fehlen denkbarer Strafmilderungsgründe ist aber deshalb kein Strafschärfungsgrund, sondern ein Normalfall (*BGH* MDR 1980, 858).

110   **1. Fehlen einer wirtschaftlichen Notlage.** Das Fehlen einer wirtschaftlichen Notlage ist kein Strafschärfungsgrund (*BGH*, Beschl. v. 1. 10. 1980, 3 StR 367/80).

111   **2. Fehlen einer Betäubungsmittelabhängigkeit.** Auch das Fehlen einer Betäubungsmittelabhängigkeit kann nicht strafschärfend gewertet werden (*BGH* StV 1981, 69; BGHR StGB § 46 Abs. 2 Lebensumstände 11 = StV 1991, 64; *BGH* NStZ-RR 2011, 90 = StV 2011, 224; *Düsseldorf* StV 1994, 23).

112   **3. Fehlen eines Geständnisses.** Auch das Fehlen eines vollen bzw. umfassenden Geständnisses rechtfertigt keine Strafschärfung (*BGH* StV 1992, 113; *BGH* StraFo 2011, 60).

113   **4. Fehlen eines Wiedergutmachungswillens.** Das Fehlen eines Wiedergutmachungswillens, einer Kooperationsbereitschaft oder Therapiebereitschaft darf nicht strafschärfend berücksichtigt werden, da Tatmodalitäten, Persönlichkeitsmerkmale und andere Umstände auch wertneutral sein können und zum regelmäßigen Erscheinungsbild gehören können (*Frankfurt*, Beschl. v 31. 3. 1999, 3 Ss 19/99). **Kein Strafschärfungsgrund** kann sein, dass ein Angeklagter **in Kenntnis seiner Drogenabhängigkeit bzw. seiner HIV-Infektion** gegen das BtMG verstößt (*BGH*, Beschl. v. 22. 5. 1991, 2 StR 82/91).

114   **5. Fehlen eines Anlasses für die Straftat.** Die Erwägung, dass der Angeklagte **ohne Not** eine gesicherte Lebensstellung als Beamter aufgegeben hat, sich von seiner Familie getrennt und in ein fremdes Milieu sich begeben hat, bevor er die Tat beging, ist fehlerhaft, da dieser Umstand die private Lebensführung des Angeklagten betrifft und diese nur insoweit für die Strafzumessung Bedeutung hat, als sie in Beziehung zu der abgeurteilten Tat steht (*BGH* StV 1985, 102; BGHR StGB § 46 Abs. 2 Vorleben 12 [3 StR 73/90]; *BGH* NStZ-RR 2011, 90 = StV 2011, 224). Straferschwerend kann nicht berücksichtigt werden, dass der Angeklagte **ohne erkennbaren Grund** den Wunsch nach Heroinbeschaffung erfüllt habe (*BGH*, Beschl. v. 30. 4. 1981, 4 StR 182/81). Das Gericht kann auch nicht zu Lasten des Angeklagten werten, dass er **weder sozial haltlos noch von Dritten verführt** worden sei, sondern im Gegenteil **sozial gefestigt** sei, einen **festen Arbeitsplatz** habe und **in geordneten Verhältnissen lebe.** Die Erwägung, der Angeklagte sei **nicht unverschuldet** in die Situation gekommen, Haschisch zu erwerben und weiterzugeben, ist fehlerhaft (*BGH* StV 1981, 516); die Erwägung, der Angeklagte habe es **nicht nötig gehabt,** zur Gründung oder zur Aufrechterhaltung seiner Existenz Rauschgifthandel zu betreiben, kann nicht zu Lasten des Angeklagten gesehen werden (*BGH* StV 1985, 102). Ebenso unzulässig ist die strafschärfende Erwägung, der Angeklagte habe sich als **unfähig erwiesen,** mit

der Drogenabhängigkeit fertig zu werden (*BGH*, Beschl. v. 4. 3. 1980, 5 StR 52/ 80). Berücksichtigt werden darf allerdings, dass **ein in besonders guten Verhältnissen lebender Angeklagter** nicht den geringsten Anlass zu einer auf Bereicherung gerichteten Tat hatte und dies deshalb unter den gegebenen Umständen besonders verwerflich war (*BGH* StV 1981, 56; *BGH* StV 1981, 624).

X. Berücksichtigung nicht verwertbarer Vortaten und Vorstrafen, abgetrennter oder eingestellter Verfahren

Nicht alle Rauschgiftgeschäfte eines Angeklagten dürfen im Rahmen der Straf- **115** zumessung verwertet werden. Die Berücksichtigung zum Nachteil des Angeklagten, er habe sich durch eine einschlägige Vorstrafe nicht warnen lassen, ist fehlerhaft, wenn die **Vorverurteilung im Register bereits getilgt ist oder zu tilgen war** (*BGH* StV 1998, 17; *BGH*, Beschl. v. 9. 4. 2008, 2 StR 31/08; BGHR BZRG § 51 Verwertungsverbot 10 [1 StR 50/09]). Das Verwertungsverbot gem. § 51 Abs. 1 BZRG greift auch dann ein, wenn die Tilgungsfrist zwar zum Zeitpunkt der neuen Tat noch nicht verstrichen war, wohl aber vor Ende der Hauptverhandlung in der Tatsacheninstanz bereits abgelaufen ist (*BGH* NStZ 1983, 19; *BGH* NStZ 1983, 30).

Begeht ein Angeklagter eine Tat, nachdem ihm zuvor **eine Anklage** wegen **116** Haschischhandels **zugestellt worden** war, so kann die **Nichtbeachtung** dieser in der Anklage liegenden **Warnung** strafschärfend bewertet werden, auch wenn das gesonderte Verfahren später eingestellt wurde (*BGH*, Urt. v. 13. 8. 1986, 2 StR 291/86).

Es ist unzulässig, ohne vorherigen **rechtlichen Hinweis** zu Lasten des Ange- **117** klagten Rauschgiftgeschäfte zu werten, die ursprünglich angeklagt, aber später **in der Hauptverhandlung gem. § 154 Abs. 2 StPO eingestellt wurden** (*BGH* NStZ 1981, 100; *BGH* NStZ 2000, 594; *Schäfer/Sander/van Gemmeren* Rn. 371). Der Angeklagte muss sich darauf einstellen können, ob ihm Taten, von deren Verfolgung abgesehen wurde, angelastet werden können.

XI. Verbot der Doppelbestrafung

1. Verbot der Doppelbestrafung in der Europäischen Union nach **118** **Art. 54 bis 58 SDÜ.** Bei **Vertragsparteien des SDÜ**, die die Anerkennung des Verbotes der doppelten Strafverfolgung ratifiziert haben, wird gem. **Art. 54 bis 58 SDÜ** der Grundsatz des Art. 103 Abs 3 GG **(ne bis in idem)** auch auf ausländische Urteile erstreckt (s. dazu im Einzelnen § 29/Teil 4, Rn. 459). Dabei kommen sowohl **ausländische Verurteilungen als auch ausländische Freisprüche** in Betracht (BGHSt. 46, 307 = NStZ 2001, 557 = StV 2001, 495; *Hamburg* wistra 1996, 193; *BayObLG* NStZ-RR 2001, 245 = StV 2001, 263; *LG Mannheim* NStZ-RR 1996, 147).

2. Nochmalige Aburteilungsmöglichkeit bei Urteilen von Nicht-EU- **119** **Staaten.** Ausländische Urteile können die Strafklage nur dann verbrauchen, wenn die gegenseitige Anerkennung und Vollstreckung von Strafurteilen in zwischenstaatlichen Rechtshilfeverträgen geregelt ist wie z. B. bei den Schengen-Unterzeichnerstaaten. Die Tatsache, dass ein Angeklagter wegen derselben Tat von einem auswärtigen Gericht mit einer Freiheitsstrafe belegt wurde, die er auch verbüßt hat, steht im Grundsatz einer erneuten Strafverfolgung dieser Tat in der Bundesrepublik nicht entgegen, weil ein **Verbrauch der Strafklage durch Urteile ausländischer Gerichte nicht eintritt.** Das verfassungsrechtliche Verbot der Doppelverfolgung aus Art. 103 Abs 3 GG **(ne bis in idem)** will die zweifache Verurteilung **im Geltungsbereich des GG** verhindern, gilt jedoch nicht für den Fall, dass eine der beiden Verurteilungen im Ausland erfolge (BVerfGE 12, 62 = NJW 1961, 867; *BGH* NJW 1969, 1542; *BVerfG* StraFo 2008, 151; *BGH* NStZ 1986, 312 = StV 1986, 292; *BGH* JR 1988, 160 m.Anm. *Rüter-Vogler* JR 1988, 138 ff.; *BGH* StV 1988, 18). Die nochmalige Aburteilung verstößt weder gegen das GG noch gegen die MRK. Zum einen schreibt § 51 Abs. 3 StGB vor, dass bei der Strafzumessung des deutschen Gerichtes die **im Ausland** wegen der gleichen Tat **erlittene Strafe** auf die im Inland zu verhängende neue Strafe **anzurechnen** ist. Ferner steht es nach § 153c Abs. 1 Nr. 3 StPO **im Ermessen der Strafverfolgungsbehörde,** ob sie wegen der gleichen Tat **nochmals Anklage** erhebt (*Frankfurt* NJW 1979, 1111; vgl. auch *BVerfG* StraFo 2008, 151). Ein nochmaliges Strafverfahren ist insb. angezeigt, wenn der auswärtige Strafrahmen vom Strafrahmen des deutschen BtMG erheblich abweicht und nur eine unzureichende Sühne darstellt, wenn die Bezüge zur Bundesrepublik überwiegen und wenn politische Veränderungen oder Änderungen der Strafvorschriften im Ausland eine Nichtverbüßung oder nur Teilverbüßung der erhaltenen Strafe für möglich erscheinen lassen.

120   **3. Nichtverfolgung von Auslandstaten nach § 153c StPO. Der Respekt vor fremden Rechtsanschauungen und ausländischen Rechtsverordnungen** gebietet in der Regel eine Anwendung des § 153c StPO, wenn der Verfolgte im Ausland wegen der Taten im Tatort- und Heimatstaat schon rechtskräftig verurteilt worden ist. Denn die deutsche Justiz sollte nicht den Eindruck erwecken, als wolle sie sich zum **Weltrichter in Strafzumessungsfragen** aufspielen (*Rüter-Vogler* JR 1988, 136 ff.).

121   Beantragt ein im Ausland wegen BtMG verurteilter Deutscher, seine Strafe in Deutschland zu verbüßen, und wird dies auch bewilligt, so kann er gem. § 56 Abs. 3 IRG nach deutschem Recht nicht mehr verfolgt werden.

122   **4. Grundsatz der Spezialität. Der Grundsatz der Spezialität** schließt eine **Verurteilung unter einem anderen rechtlichen Gesichtspunkt** nicht aus, sofern ihm **derselbe Sachverhalt** zugrunde liegt (§ 264 StPO) und der zusätzlich herangezogene Straftatbestand ebenfalls auslieferungsfähig ist. Die unerlaubte Einfuhr von Betäubungsmitteln in nicht geringer Menge kann ein Teil des dem Angeklagten angelasteten Tuns sein und mit dem als Handeltreiben beurteilten Verhalten in Tateinheit stehen. Es handelt sich dann um die gleiche Tat, die lediglich eine ergänzende rechtliche Würdigung erfahren hat. Sofern der zusätzlich herangezogene Tatbestand in beiden Ländern ebenfalls strafbar ist, bestehen keine Bedenken (BGHSt. 19, 118; BGHSt. 20, 109; *BGH* NStZ 1985, 318; *BGH* StV 1987, 6; *BGH*, Beschl. v. 24. 9. 2010, 1 StR 373/10; *EuGH* NJW 2009, 1057). Der Spezialitätsgrundsatz schließt nicht aus, dass **Umstände,** die eine Straftat darstellen, **auf die sich die Auslieferung nicht erstreckt, bei der Überzeugungsbildung** hinsichtlich der Auslieferungstat **berücksichtigt** werden dürfen. Ein Sachverhalt, der nicht zur Auslieferungstat gehört, darf **aber nicht bei der Bestimmung der Strafhöhe** für die Auslieferungstat zum Nachteil des Angeklagten Verwendung finden. Denn ein Geschehen, das nicht den Gegenstand des Verfahrens bildet, darf die Strafe für die Auslieferungstat nicht erhöhen (*BGH* NJW 1987, 3088). Auch bei der vereinfachten Auslieferung gilt der Spezialitätsgrundsatz (*BGH*, Beschl. v. 10. 7. 1992, 3 StR 164/92; *BGH*, Beschl. v. 24. 9. 2010, 1 StR 373/10).

XII. Verbot des Strafmaßvergleichs

123   Die Strafzumessungserwägungen stellen eine **Gesamtbetrachtung** dar, die immer nur **für eine bestimmte Person** gilt. Aus **einer aus der Sicht eines Angeklagten unverständlich milden Bestrafung des Mitangeklagten** kann der Angeklagte **keine Rechte** für die Zumessung seiner eigenen Strafe herleiten. Ein **Strafmaßvergleich** ist **nicht zulässig.** Ein Angeklagter kann nur aus Strafzumessungsfehlern oder Strafzumessungslücken Rechte herleiten (*BGH* StraFo 2005, 208).

I. Strafmilderungserwägungen

I. Vorleben und Person des Täters

Trifft einen Angeklagten die Strafe wegen bestimmter, in seiner Person liegender **124** Umstände wesentlich härter als jemanden, bei dem sie fehlen, so muss, um eine annähernde Gleichheit der Wirkung zu gewährleisten, durch Milderung der Strafe ein Ausgleich geschaffen werden. Die Frage der Strafempfindlichkeit stellt sich in der Regel schuldunabhängig und ist bereits bei der Strafrahmenwahl zu beantworten (BGHSt. 7, 28; *BGH* NJW 1998, 3286).

1. Kinder als Betäubungsmitteltäter. Personen unter 14 Jahren sind Kinder **125** und strafunmündig nach den §§ 1, 19 StGB. Gem. § 19 StGB dürfen Kinder strafrechtlich nicht verfolgt werden. In jedem Stadium des Strafverfahrens ist eine Strafverfolgung unzulässig (Verfahrenshindernis). Da die Strafmündigkeit Strafverfolgungsvoraussetzung ist, darf ein Ermittlungsverfahren nur eingeleitet werden, wenn der Beschuldigte 14 Jahre alt ist. Ist die tatverdächtige Person nach den Umständen des Einzelfalles weniger als 14 Jahre alt, so ist sie **kein Beschuldigter und strafprozessuale Maßnahmen scheiden aus.** Es besteht dann weder ein Festnahmerecht, noch die Möglichkeit einer Beschuldigtenvernehmung. **Ist das Lebensalter nicht zweifelhaft,** bedarf es auch keiner Lebensalterbestimmung, so z.B. wenn ein entsprechendes Ausweispapier vorgelegt wird (*BGH* NStZ 1998, 50 = StV 1997, 623). **Eine Strafbarkeit scheidet** dann **aus.** Ist die **Strafunmündigkeit** aber **zweifelhaft,** sind die tatverdächtigen Straßendealer festzuhalten, zu durchsuchen und erkennungsdienstliche Maßnahmen zu treffen. Sofern der Verhältnismäßigkeitsgrundsatz dies wahrt, und dies wird bei dem Rauschgiftstraßenhandel die Regel sein, so sind **Altersfeststellungsgutachten (körperliche Untersuchungen, radiologische Untersuchungen und zahnmedizinische Untersuchungen)** trotz der anfallenden Kosten in Auftrag zu geben, um einer Zukunft vorzubeugen, dass die Behauptung, Kind zu sein, in der Drogenszene zu einer Modeschutzbehauptung wird.

2. Altersrückentwicklungs- und Altersabbauerscheinungen des Ange- **126 klagten.** Nach den Erkenntnissen der Gerontologie und Geriatrie setzt das Alter nicht mit einem bestimmten Lebensjahrzehnt ein, sondern beginnt als Entwicklungsprozess, als physiologischer Alterungsprozess im Augenblick der Geburt. Diese Biomorphose zeigt bei jedem Menschen einen individuellen Verlauf. So kann ein 50-jähriger Mann körperlich, geistig oder psychisch abgebauter sein als ein 70-jähriger Mann. Es ist grundsätzlich **zwischen kalendarischem** und **biologischem Alter** zu unterscheiden. Altersabbau und Altersrückbildungserscheinungen des **physiologischen Alterns** sind grundsätzlich weder eine Krankheit, noch stellen sie eine seelische oder geistige Abnormität dar i.S.d. §§ 20, 21 StGB. Sie sind aber im Rahmen der Strafzumessung ähnlich wie Entwicklungsdefizite bei jugendlichen Angeklagten zu berücksichtigen. Keinesfalls dürfen Alterstäter grundsätzlich wie Kinder als strafunmündig gelten.

Die Fähigkeit eines alternden Menschen, der Einsicht in das Unerlaubte seines **127** Tuns gemäß zu handeln, kann durch einen **pathologischen Altersabbau** (allgemeine Arteriosklerose, Cerebralsklerose) beeinträchtigt sein, ohne dass Intelligenzausfälle oder das äußere Erscheinungsbild auf ein Schwinden der geistigen oder seelischen Kräfte hindeuten. Im Gegenteil, häufig **verbirgt eine gut erhaltene körperliche Fassade starke psychische Persönlichkeitsabbauerscheinungen** (*Kreuzer/Hürlimann* Alte Menschen als Täter und Opfer, Alterskriminologie und humane Kriminalpolitik, 1992; *Schaumann* Alter, Krankheit und Behinderung im deutschen Strafrecht, 2001). Bei der Prüfung der **Strafempfindlichkeit** ist auch das Alter des Angeklagten zu berücksichtigen. Das relativ hohe Alter eines Angeklagten kann neben anderen Strafmilderungsgründen bei einer Verurteilung zu einer hohen Freiheitsstrafe (hier 9 Jahre) ein **wesentlicher Strafmilderungsgrund** sein. Es darf nicht außer Betracht bleiben, dass ein Angeklagter 5–6 Jahrzehnte seines Lebens straffrei gelebt hat und nun seinen **Lebensabend in Straf-haft** verbringen soll (*BGH* StV 1990, 303; *BGH* StV 1991, 206; *BGH* NStZ-RR 1999, 136; *BGH* NStZ 2006, 500). Andererseits kann **auch bei einem 82 Jahre alten und kranken Angeklagten** wegen einer **extreme Schwere der Schuld** die weitere Vollstreckung einer Freiheitsstrafe geboten sein. Es sind gerade **die besonders rüstigen Alterstäter,** die bisweilen auf internationalen Flughäfen als **Drogenschmuggler** in Erscheinung treten. **Allein das Alter von 70 oder 80 Jahren** schließt eine Bestrafung nicht aus, sondern schafft vielmehr **Probleme der Strafvollstreckung** und der Art des Strafvollzuges. Liegt nach einem psychiatrischen Gutachten bei einem zur Tatzeit 60-jährigen Angeklagten nur eine **leichte Form einer altersbedingten Hirnatrophie** vor, so ist gegen eine nur leichte Einschränkung der Schuldfähigkeit und entsprechende strafmildernde Berücksichtigung nichts einzuwenden (*BGH* NStZ 1991, 80 = StV 1991, 244). Zur Klärung der Frage einer altersbedingten Einschränkung der Einsichts-fähigkeit kann die Einholung eines Sachverständigengutachtens erforderlich sein (*BGH* NStZ 1983, 34 = StV 1983, 13; *BGH* StV 1989, 102; *BGH* StV 1994, 15; *BGH* NStZ-RR 2002, 258)

128　Das Grundrecht der Menschenwürde gem. Art. 1 GG erfordert **bei älteren Angeklagten, insb. bei von Siechtum und Todesnähe gekennzeichneten alten kranken Angeklagten,** die Freiheitsstrafe bereits in Erkenntnisverfahren so zu bemessen, dass der Verurteilte **nicht lediglich eine vage Hoffnung, sondern eine realistische Chance erhält, noch zu Lebzeiten die Freiheit wieder zu erlangen.** Ein Verweis allein auf vollstreckungs- oder gnadenrechtliche Korrekturen ist unzulässig, weil bereits die Strafe gerechter Schuldausgleich zu sein hat. Eine Ungleichbehandlung zu jüngeren Angeklagten besteht wegen der höheren Strafempfindlichkeit nicht. Zunächst ist durch eine Prognose die Lebenserwartung des Angeklagten festzustellen. Übersteigt sodann der ins Auge gefasste Halbstrafen- oder Zweidrittelzeitpunkt der nach allgemeinen Kriterien zu verhängenden Freiheitsstrafe die Lebenserwartung abzüglich eines von Todesnähe gekennzeichneten Lebensrestes, so ist zwingend ein minder schwerer Fall anzunehmen und die Strafe entsprechend zu verringern (*BGH* NStZ 2006, 500 m. Anm. *Nobis* NStZ 2006, 489 ff.; BVerfGE 45, 187, 245; BVerfGE 72, 105, 116). Ist das **nahe Lebensende des Verurteilten erst im Strafvollzug erkennbar,** bei einem todkranken Strafgefangenen, von dem nur noch eine eingeschränkte Gefahr erneuter Straftaten ausgeht, so kann die **Achtung der Menschenwürde,** zu der auch ein Sterben in Würde gehört, eine **Unterbrechung der Strafvollstreckung** auch dann gebieten, wenn weder die Todesgefahr von der Strafvollstreckung ausgeht, noch der Verurteilte außerhalb des Anstaltskrankenhauses wirkungsvoller behandelt werden kann (*Hamburg* NStZ-RR 2006, 285).

129　**3. Krankheiten des Angeklagten. Leidet** ein Angeklagter unter einer schweren Erkrankung und hat er nur noch eine **geringe Lebenserwartung,** dann kann ihn eine Freiheitsstrafe besonders hart treffen und ein Ausgleich der Schuld kann uU auch durch eine geringere als die sonst schuldangemessene Strafe erreicht werden. Derartige Lebensumstände sind aber nicht ungeprüft zu übernehmen, sondern aufzuklären und festzustellen. Eine **Bechterew-Wirbelsäulenerkrankung** oder eine **Multiple Sklerose,** eine **schwere körperliche Behinderung, bösartige Tumorerkrankungen** (*BGH* StV 1991, 207) oder eine **schwere Debilität** können zu einer besonderen Strafempfindlichkeit führen. Die **Angst, vor dem Ausbruch einer schweren unheilbaren Krankheit** oder infolge schwerer Krankheit bald zu sterben, kann die Wirkung einer Freiheitsstrafe verstärken und deshalb eine geringere als die sonst angemessene Strafe genügen lassen, um einen gerechten Schuldausgleich herbeizuführen. Schwere Erkrankungen sind sowohl bei der **konkreten Strafzumessung** als auch bei der **Strafrahmenwahl** zu berücksichtigen.

130　Das Gericht muss sich mit einer bei einem Angeklagten vorhandenen **Aids-Infektion** bzw. einer inzwischen ausgebrochenen **Aids-Erkrankung** im Hinblick auf die Strafempfindlichkeit und besonderen Wirkungen der Strafe für das künftige

Leben des Angeklagten auseinandersetzen (*BGH* StV 1989, 152; *BGH* NJW 1991, 763 = StV 1991, 105; *BGH* NStZ 1991, 527 = StV 1991, 105; vgl. auch *Dencker* StV 1992, 125 ff.). Im Rahmen der Prüfung, welche Beweggründe der Angeklagte für die Tat hatte, und welche besonderen Wirkungen von der Strafe insgesamt für sein künftiges Leben zu erwarten sind, ist zu untersuchen, ob bereits die **HIV-Infektion** und die **Kenntnis des Angeklagten** davon **ein die Tat mitauslösender Faktor** gewesen sein kann und deshalb insgesamt strafmildernd ins Gewicht fallen kann. Einen Angeklagten, der unter einer schweren Erkrankung leidet und nur noch eine geringe Lebenserwartung hat, kann eine Freiheitsstrafe besonders hart treffen. In solchen Fällen kann ein Ausgleich der Schuld unter Umständen auch durch eine geringere als die sonst schuldangemessene Strafe erreicht werden (*Köln* StV 1988, 67).

4. Schwangerschaft der Angeklagten. Die **Strafempfindlichkeit** einer An- **131** geklagten wird **nicht stets oder regelmäßig** allein **dadurch erheblich erhöht,** dass sie **schwanger ist** und die **Geburt ihres Kindes** voraussichtlich in die **Zeit des Freiheitsentzuges** fällt. **Nur bei Vorliegen besonderer Umstände** führt die Schwangerschaft zur Strafmilderung. In der Regel kann die Schwangere in einem Krankenhaus entbinden und in der Vollzugsanstalt in einem Mutter-Kind-Heim oder in besonderen Räumen der Frauenhaftanstalt das Kind versorgen. Ist bei der Geburt mit Komplikationen zu rechnen oder können Mutter und Kind nicht zusammenbleiben, so kann die Schwangerschaft sich strafmildernd erweisen (*BGH* NJW 1998, 3286).

5. Drogenabhängigkeit des Angeklagten. Die Drogensucht als ungünstige **132** Dauerdisposition des Täters wirkt sich strafmildernd aus (zur Drogenabhängigkeit s. auch Rn. 4 ff.). Nicht jede Abhängigkeit von Betäubungsmitteln begründet für sich allein schon eine erhebliche Verminderung der Schuldfähigkeit. Im Gegenteil, **nur ausnahmsweise** ist bei einem Rauschgiftsüchtigen von einer **verminderten Schuldfähigkeit** auszugehen, wenn langjähriger Betäubungsmittelgenuss zu **schwersten Persönlichkeitsveränderungen** geführt hat, der Täter unter **starken Entzugserscheinungen** litt und durch sie dazu getrieben wurde, sich mittels einer Straftat Drogen zu beschaffen, ferner unter Umständen dann, wenn das **Delikt im Zustande eines akuten Rausches** verübt wurde (*BGH* NStZ-RR 1997, 225; *BGH* StV 1997, 517; *BGH* NStZ 2002, 31; BGHR StGB § 21 BtM-Auswirkungen 14 = NStZ-RR 2004, 165; *Theune* NStZ 1997, 57; *Schäfer/Sander/van Gemmeren* Rn. 994; vgl. dazu auch Rn. 7 ff.). **Die Nichterörterung der Frage,** ob der Dealer **zur Tatzeit drogenabhängig** war, und ob sein strafbares Verhalten in Zusammenhang mit einer Abhängigkeit stand, etwa zur Finanzierung des Drogenbedarfs diente, ist ein Strafzumessungsfehler, wenn eine Reihe von Umständen auf eine mögliche Abhängigkeit hinweisen (*BGH* StV 1981, 177; *BGH* StV 1983, 148; *Frankfurt* StV 2010, 136; *Weber* Vor §§ 29 ff. Rn. 668). Es ist fehlerhaft, eine erhebliche Verminderung der Schuldfähigkeit des Angeklagten trotz 10-jährigen Drogenmissbrauchs in den Urteilsgründen nicht zu erörtern (*BGH,* Beschl. v. 3. 6. 1986, 4 StR 205/86). Hat ein Angeklagter eine Therapie ordnungsgemäß beendet und hat er infolge schwerer Betäubungsmittelsucht erneut gegen das BtMG verstoßen, so darf die Betäubungsmittelabhängigkeit nicht als erhebliche Rechtsfeindlichkeit strafschärfend herangezogen werden (*BGH,* Beschl. v. 12. 9. 1986, 2 StR 472/86).

Stellt eine Strafkammer im Rahmen der Beweisaufnahme bei den Angeklagten **133** für die Zeit vor der Tat eine **langjährige Drogenabhängigkeit** fest und bekunden Zeugen, dass bei der Festnahme die Angeklagten an den Armen frische Einstichstellen hatten, so kann die Strafkammer nicht ohne nähere Prüfung der Einlassung der Angeklagten folgen, sie seien zur Tatzeit nicht mehr abhängig gewesen. Vielmehr hätten die Feststellungen der Strafkammer drängen müssen, die Frage etwaiger Schuldunfähigkeit bzw. verminderter Schuldfähigkeit ausdrücklich zu erörtern und einen Sachverständigen zur Beurteilung der strafrechtlichen Verantwortlichkeit hinzuzuziehen (*BGH* StV 1981, 401). Weiß der Süchtige um die

Wirkungsweise des Rauschgifts und **kommt trotzdem von der Droge nicht los,** so darf ihm eine Strafmilderung nicht mit der Begründung verweigert werden, er habe sich selbst in den Zustand der verminderten Schuldfähigkeit versetzt (BGHR BtMG § 21 Strafrahmenverschiebung 10 = StV 1988, 18). Die Erwägung, angesichts der Vorverurteilungen könne einem Angeklagten auch dann keine Milderung nach §§ 21, 49 StGB zugebilligt werden, wenn er **infolge Drogenabhängigkeit vermindert zurechnungsfähig** gewesen wäre, ist unzulässig. Eine Strafmilderung kann nach §§ 21, 49 StGB nicht allein deshalb versagt werden, weil der Täter **früher ähnliche Taten begangen** hat, ohne dass früher eine verminderte Schuldfähigkeit vorlag (*BGH* StV 1981, 401).

134 Hat der Angeklagte eine längere Drogenkarriere und mehrere Entziehungskuren hinter sich, so bedarf es einer eingehenden Prüfung, ob ein Sachverständiger hinzuzuziehen ist und ob die eigene Sachkunde der Strafkammer ausreicht. Bei der Erörterung der Schuldfähigkeit **reichen formelhafte Ausführungen nicht aus.** Vielmehr bedarf es einer Auseinandersetzung mit der Drogenabhängigkeit des Angeklagten (*BGH* StV 1983, 414). War ein Angeklagter zur Tatzeit bereits 2–3 Jahre lang heroinsüchtig und spätestens bei Beginn seines Handeltreibens mit Betäubungsmitteln hochgradig abhängig, spritzte er täglich drei- bis viermal Heroin, stand er unter dem ständigen Druck der Heroinbeschaffung und litt er bei seiner Festnahme unter so starken Entzugserscheinungen, dass sofort ein Arzt hinzugezogen werden musste, so kann eine Strafkammer unter Hinweis auf ihre in zahlreichen Verfahren gegen Heroinabhängige gewonnene Sachkunde eine erhebliche Verminderung des Hemmungsvermögens feststellen und auch **ohne Sachverständigen von einer verminderten Schuldfähigkeit i. S. v. § 21 StGB ausgehen** (*BGH,* Beschl. v. 6. 4. 1979, 2 StR 29/79).

135 Liegen keine besonderen Anhaltspunkte für eine erhebliche Verminderung der Schuldfähigkeit vor, so kann der Tatrichter **auf einen Sachverständigen verzichten** und aus eigener Sachkunde das Vorliegen der Voraussetzungen des § 21 StGB verneinen (*BGH,* Urt. v. 25. 2. 1981, 3 StR 13/81; *Schmidt* MDR 1981, 883). Da **ein Sachverständiger seinem Gutachten die Angaben des Angeklagten zugrunde legen muss,** erscheint eine Beauftragung eines Gutachters nur sinnvoll, wenn das Gericht diesen Angaben des Angeklagten zu folgen vermag. **Die bloße Behauptung eines Heroinhändlers,** er habe von einer größeren Heroinmenge selbst einige Hits verbraucht, sei drogenabhängig und konsumiere seit längerer Zeit Heroin, genügt für sich allein nicht zur Annahme verminderter Schuldfähigkeit (*BGH* StV 1981, 237). **Die Prüfung** der Voraussetzungen der §§ 20 und 21 StGB darf nicht **auf unzulässige Weise umgangen** werden. Die Urteilsbegründung einer Strafkammer, dass den Angeklagten angesichts ihrer Vorverurteilungen und Strafverbüßungen auch dann keine Milderung nach §§ 21, 49 StGB zugebilligt worden wäre, wenn sie infolge Drogenabhängigkeit vermindert schuldfähig gewesen wäre, verdeutlicht, dass keine Prüfung der §§ 20 und 21 StGB vorgenommen wurde, obwohl Anhaltspunkte für eine Drogenabhängigkeit vorlagen (*BGH,* Beschl. v. 30. 4. 1981, 4 StR 177/81; *Schoreit* NStZ 1982, 64).

136 Das Tatgericht ist von Rechts wegen zwar nicht gehalten, einem Sachverständigengutachten zur Frage der strafrechtlichen Verantwortlichkeit zu folgen (vgl. BGHSt. 8, 113, 117 f.; BGHR StGB § 21 Sachverständiger 11 = NStZ-RR 1997, 225). Folgt der Tatrichter der Auffassung des Sachverständigen nicht, so muss er allerdings dafür eine Sachkunde erkennen lassende Begründung geben, die dem Revisionsgericht eine Nachprüfung ermöglicht (BGHR StGB § 21 Ursachen, mehrere 1 [3 StR 485/86]), und sich ferner mit allen in Betracht kommenden Gesichtspunkten auseinandersetzen, die im konkreten Fall Einfluss auf die strafrechtliche Verantwortlichkeit zur Tatzeit gehabt haben können (*Koblenz,* Beschl. v. 29. 11. 2010, 1 Ss 197/10).

137 **6. Beschaffungsdelikte des Angeklagten.** Eine exakte Abgrenzung zwischen Händlern und Konsumenten ist nicht möglich. Vielmehr begegnen uns meistens Mischformen. Zahlreiche Konsumenten bemühen sich, durch Kommissionsge-

schäfte Geld oder Stoff für ihren Drogenbedarf zu erlangen. Zahlreiche Händler konsumieren neben ihren Geschäften gelegentlich Betäubungsmittel.

Direkte Beschaffungsdelikte wie Apothekeneinbrüche oder Raub von **138** Rauschmitteln mit anschließendem Konsum durch einen unter akuten Entzugserscheinungen leidenden Drogenabhängigen legen ebenso wie akute toxische Bewusstseinsstörungen (akuter Rausch oder Delirium) die Prüfung des § 20 StGB nahe. **Bei indirekten Beschaffungsdelikten** (Diebstahl mit anschließendem Verkauf oder Tausch der Beute gegen Betäubungsmittel, Kommissionsgeschäfte) kommt meistens nur der § 21 StGB bei chronisch intoxiertem Zustand nach fortgeschrittener Drogenkarriere in Betracht. Vielfach sind nicht einmal die Voraussetzungen des § 21 StGB gegeben. Handelt jemand **nicht aus Gewinnsucht,** sondern zur **Finanzierung seiner Betäubungsmittelsucht,** so kann sich dieser Umstand strafmildernd auswirken. Für die Strafzumessung ist von Bedeutung, wo der **Schwerpunkt des Verhaltens** liegt, bei der Gewinnsucht oder bei der Betäubungsmittelsucht und deren Finanzierung.

Auch wenn bei Fällen von Beschaffungskriminalität eine erheblich verminderte **139** Schuldfähigkeit des Angeklagten i. S. v. **§ 21 StGB** zum Tatzeitpunkt **zu verneinen** ist, ist der Tatrichter nicht von der Prüfung entbunden, ob das Hemmungsvermögen des Angeklagten infolge Heroingenusses **auch ohne** § 21 StGB herabgesetzt und seine **Schuld gemindert war** (*BGH* StV 1993, 71).

7. Persönliche und wirtschaftliche Verhältnisse des Angeklagten. Es ist **140** als ein Verstoß gegen das sachliche Recht anzusehen, wenn das Gericht entgegen § 46 Abs. 2 StGB ausschließlich die Umstände der Tat würdigt und **die Persönlichkeit und wirtschaftlichen Verhältnisse des Täters** überhaupt nicht oder **nur unzureichend behandelt** (*BGH* NStZ 1982, 433; *BGH* StV 1983, 22; BGHR StPO § 267 Abs. 3 S. 1 Strafzumessung 17 [2 StR 380/97]). Fehlen im Urteil ausreichende Feststellungen zu den persönlichen Verhältnissen, dem Vorleben und dem Verhalten des Angeklagten nach der Tat sowie zur Frage, welche Wirkungen von der Strafe für das künftige Leben der Verurteilten in der Gesellschaft zu erwarten sind, so führt dieser Mangel zur Aufhebung des Strafausspruches (*BGH* StV 1983, 456). Die Strafzumessung beruht auf einer Ganzheitsbetrachtung von Tatgeschehen und Täterpersönlichkeit. Denn ohne die Kenntnis der Täterpersönlichkeit lässt sich weder das Maß der persönlichen Schuld dieses Täters noch das Maß und die Art seiner Resozialisierungsbedürftigkeit, insb. seine Strafempfindlichkeit beurteilen. Derart lückenhafte Urteilsgründe machen dem Revisionsgericht die Nachprüfung unmöglich, ob der Tatrichter die Strafzumessungsgründe umfassend gewürdigt hat.

Das durch **wirtschaftliche Not** oder durch die Fürsorge für die Kinder geprägte Tatmotiv eines Angeklagten ist ein **bestimmter Strafzumessungsgrund,** **141** **dessen Nichterörterung die Strafzumessung rechtsfehlerhaft macht** (*BGH* StV 1992, 570). Macht der Angeklagte zur Person keine Angaben, so muss das Gericht auf anderem Wege durch Ermittlungen im persönlichen Umfeld oder durch Verlesen von Urkunden Näheres über die Person in Erfahrung bringen (*BGH* NStZ 1991, 231; *BGH* NStZ-RR 1998, 17; *Fischer* § 46 Rn. 37; *Schäfer/Sander/van Gemmeren* Rn. 750). Bezieht ein Angeklagter Sozialhilfe und verfügt über ein Bankguthaben von 12.600 DM, so mag diese wirtschaftliche Situation nicht als ungünstige Lage einen besonderen Strafmilderungsgrund darstellen. Ist das Guthaben aber erst nach dem Tatentschluss angefallen und war die wirtschaftliche Situation bei Tatentschluss ungünstig, so kann dies strafmildernd berücksichtigt werden (*BGH* StV 1991, 560).

8. Berufliche Verhältnisse des Angeklagten und die Arbeitslosigkeit. **142** Wird einem Asylbewerber durch der Ausländerbehörde eine Berufstätigkeit untersagt und wird er in einem Asylantenwohnheim untergebracht, wo viele seiner Landsleute mit Betäubungsmitteln handeln, so bedeuten die **Arbeitslosigkeit und die besondere Situation im Asylantenwohnheim eine besondere Versuchung** zum Drogenhandel. Diese Situation, die nahezu alle noch nicht anerkannten Asylbewerber betrifft, aber auch für eine Vielzahl in vergleichbarer Lage lebende Bürger in Deutschland, wie Dauerarbeitslose gilt, stellt aber **keinen besonderen Strafmilderungsgrund dar**. Bedeutet die Berufsausübung eines Angeklagten eine **besondere Verführungssituation,** so können diese Verhältnisse strafmildernd berücksichtigt werden, so z. B. wenn **ohne jegliche Kontrolle** einem **Asservatenverwalter** die Aufbewahrung, einem **Rechtspfleger** die Vernichtung beschlagnahmter Betäubungsmittel überlassen werden. Zwar kann eine finanzielle Not zur Tatzeit strafmildernd wirken (*BGH* StV 1988, 248). Der Strafmilderungsgrund verliert aber an Gewicht, wenn die **Notlage selbst verschuldet** wurde (*BGH* StV 1995, 584).

143   **9. Bindung an einen fremden Kulturkreis. In Deutschland** gilt **deutsches Strafrecht**; ihm unterliegen **Deutsche wie Ausländer**. Es versteht sich von selbst, dass auch für die Auslegung von Gesetzen die **Vorstellungen der deutschen Rechtsgemeinschaft maßgeblich** sind (vgl. *BGH* NStZ 1995, 79 = StV 1996, 208).

144   Für die Berücksichtigung **ausländischer Rechtsvorstellungen** ist innerhalb der Strafzumessung kein Raum. Das in seinem Heimatstaat höher oder niedriger liegende Strafmaß kann im Rahmen des deutschen Strafmaßes keinen Einfluss auf die Bestrafung des Angeklagten haben. Allgemein wird in Rspr. und Lit. in der Berücksichtigung der Ausländereigenschaft beim Strafmaß ein Verstoß gegen Art. 3 GG gesehen. Die Schuld ist nicht zu trennen von der Rechtsordnung, nach der sie vorausgesetzt wird. Umgekehrt entzieht sich die Schuld einem Rückgriff auf andere Rechtsordnungen. **Die Übernahme ausländischer Rechtsvorstellungen bei der Strafzumessung** würde **gegen den Grundsatz nulla poena sine lege,** Art 103 Abs. 2, GG **verstoßen**. Die Vorschrift des § 3 StGB, das Territorialitätsprinzip, gebietet, dass das deutsche Strafrecht auf Taten angewendet wird, die im Inland begangen wurden. **Auch für Ausländer gilt allein das deutsche Strafrecht**. Fremde **Verhaltensmuster und Vorstellungen** können in der Regel nur dann strafmindernd berücksichtigt werden, wenn sie im Einklang mit der fremden Rechtsordnung stehen. Stehen die Verhaltensmuster und Vorstellungen nicht im Einklang mit der fremden Rechtsordnung oder wurden sie **im Herkunftsland in ähnlicher Weise gleich oder sogar strenger bestraft,** so besteht kaum Grund zu strafmildernder Berücksichtigung (*BGH* NStZ 1995, 80 = StV 1996, 25; *Grundmann* NJW 1985, 1251; *ders.* NJW 1987, 2129; *Nestler-Tremel* NJW 1986, 1408).

145   Die Bindung an im Ausland erlaubte **fremde religiöse, kulturelle oder medizinische Bräuche,** Besonderheiten des Drogenkonsums, **kulturelle und politische Besonderheiten in Drogenproduktionsländern** lassen beim Kulturvergleich die Tat in einem mildern Licht erscheinen (*BGH*, Beschl. v. 28. 8. 1979, 1 StR 282/79; *BGH*, Beschl. v. 27. 11. 1979, 5 StR 711/79). Gehört der Angeklagte einem westafrikanischen Stamm an, der bei religiösen Anlässen oder Krankheiten Cannabis raucht, so kann dies strafmildernd wirken. Strafmildernd wirkt sich aus, wenn die **Tatausführungen** eines in der Türkei aufgewachsenen Täters **von althergebrachten Sitten und Wertvorstellungen seiner Heimat** geprägt ist (*BGH* NStZ 1982, 115). Hat der Angeklagte in Südamerika an der Herstellung und dem Vertrieb von Betäubungsmitteln im staatlichen Auftrage oder auf staatlichem Befehl mitgewirkt, weil die dortigen **Machthaber am illegalen Betäubungsmittelhandel mitverdienen,** so kann sich dies nicht strafmildernd auswirken (*Frankfurt*, Beschl. v. 18. 1. 1985, 1 Ws 11/85), wenn dieses Verhalten auch dort strafbar war. Ist ein Verhalten **nach chinesischem wie deutschem Recht verboten und strafbar, widerspricht** aber **nicht dem traditionellen Gebahren im chinesischen Kulturkreis,** so ist für eine Strafmilderung kein Raum (*BGH* NStZ 1996, 80 = StV 1996, 25).

146   **10. Privatleben des Angeklagten.** Allgemeine Vorwürfe gegen die Lebensführung des Täters dürfen nicht strafschärfend verwertet werden (*BGH*, Urt. v. 19. 10. 1978, 4 StR 549/78). **Das Privatleben** eines Angeklagten ist nur insoweit

von Bedeutung, als es Beziehung zur abgeurteilten Tat hat. Es kann einem nicht vorbestraften Angeklagten nicht strafschärfend zur Last gelegt werden, er habe **ohne Arbeitseinkommen ein aufwändiges Leben** geführt und habe sich **im kriminellen Umfeld bewegt** (*BGH* StV 1981, 178), er habe als Beamter ohne Not seine **gesicherte Lebensstellung aufgegeben** (*BGH* StV 1985, 56). Die bisherige **Lebensführung** und die in erster Linie selbst verschuldete, **aus der Arbeitsscheu erwachsene Arbeitslosigkeit** dürfen nur strafschärfend berücksichtigt werden, wenn sie eine Beziehung zur abgeurteilten Tat aufweisen (*BGH* StV 1982, 419; *BGH* StV 1982, 567; *BGH* StV 1985, 56). **Abenteuerlust** ist kein Straferschwerungsgrund (*BGH*, Beschl. v. 15. 4. 1981, 3 StR 194/81). **Die äußere Erscheinung** oder die **Verwahrlosung** eines rauschgiftsüchtigen Dealers kann nicht strafschärfend beurteilt werden. Je höher der Dealer in der Hierarchie des Drogenhandels aufsteigt, umso seltener trägt er Ware bei sich, umso seltener tätigt er Geschäfte in der Rauschgiftszene. Je bedeutsamer seine Funktion im Handel, umso mehr passt er sich in Aussehen und Lebensweise den Honoratioren der Gesellschaft an, je geringer seine Funktion, umso mehr passt er sich dem Äußeren und Verhalten des Fixers an.

11. Ausländerstatus des Angeklagten. Der Ausländerstatus eines Angeklagten ist regelmäßig ein **neutraler Umstand.** Die **Ausländereigenschaft** eines Angeklagten rechtfertigt für sich **allein noch nicht** die Annahme einer **strafmildernd** zu berücksichtigenden besonderen Strafempfindlichkeit. Nur besondere Umstände, wie etwa Verständigungsprobleme, abweichende Lebensbedingungen und erschwerte familiäre Kontakte können sich im Einzelfall strafmildernd auswirken (*BGH* NStZ-RR 2004, 11; *BGH* NStZ 2006, 35; *BGH* NStZ-RR 2010, 337). Da der **ausländische Gefangene** häufig nicht nur auf Familienbesuch und Heimatzeitungen, Heimatbräuche und Speisen der Heimat verzichten, sich mit Mitgefangenen und Bediensteten nur schwer verständigen kann, ist das Erleben der Haft für ihn besonders hart und deshalb strafmildernd zu sehen (*BGH* StV 1992, 106). Ob der Vollzug einer Freiheitsstrafe außergewöhnliche Wirkungen auf den Täter hat, **hängt von seinen gesamten persönlichen Verhältnissen ab,** zu denen auch Verständigungsprobleme, die bei zunehmender Haftdauer ohnehin an Bedeutung verlieren, abweichende Lebensgewohnheiten und erschwerte familiäre Kontakte gehören können. Die Annahme, die Strafvollstreckung im Inland werde den Angeklagten als Ausländer voraussichtlich besonders hart treffen, verliert weitgehend ihre Bedeutung, **wenn die Strafvollstreckung überwiegend im Heimatland erfolgen kann** und dadurch die besonderen Härten bei der Strafvollstreckung im Inland entfallen (*BGH* NStZ 1997, 79 = StV 1997, 184; *BGH* NStZ 1998, 348 = StV 1998, 67).

Indes dürften solche **Probleme bei Ausländern, die ihren Lebensmittelpunkt nach Deutschland verlegt haben** und **seit vielen Jahren hier leben, kaum erheblich** sein (*BGH* NStZ 1997, 77 = StV 1997, 183). Es ist dem Tatrichter aber nicht verwehrt zu berücksichtigen, dass ein ausländischer Angeklagter sich immer noch zwischen dem heimatlichen Kulturkreis, aus dem er stammt, und dem hiesigen zerrissen fühlt und ihm deshalb schwerer als anderen fallen mag, sich normgerecht zu verhalten (*BGH* NStZ-RR 1997, 1 = StV 1997, 183).

12. Bisherige straffreie Lebensführung des Angeklagten. Es ist nicht zu beanstanden, wenn das Gericht die bisherige Unbestraftheit eines Angeklagten strafmildernd berücksichtigt, die **Überbewertung** dieser Tatsache aber **ablehnt** (*BGH* NStZ 1988, 70 = StV 1988, 60). Die Erwägung, es sei selbstverständlich, dass der Angeklagte während seines ganzen bisherigen Lebens gearbeitet und für seine Familie gesorgt habe und stelle deshalb keinen Strafmilderungsgrund dar, ist fehlerhaft (*BGH*, Beschl. v. 26. 2. 1980, 2 StR 23/80). Es ist rechtsfehlerhaft, die bisherige straffreie Lebensführung eines Angeklagten nicht als Strafmilderungsgrund zu berücksichtigen mit der Begründung, die straffreie Lebensführung sei **kein Verdienst, sondern eine Selbstverständlichkeit** (*BGH* NStZ 1982, 376; *BGH* StV 1984, 71; *BGH* NStZ 1988, 70; *Schäfer/Sander/van Gemmeren* Rn. 359).

Nicht zu beanstanden ist, wenn eine Strafkammer darauf hinweist, dass das Fehlen von Vorstrafen unter besonderen Umständen zugunsten eines Angeklagten honoriert werden kann, im vorliegenden Falle solche besonderen Umstände **im Hinblick auf den kurzen Aufenthalt** in der Bundesrepublik jedoch nicht erkannt werden können (*BGH*, Urt. v. 18. 9. 1981, 2 StR 237/81).

150   **13. Straffreiheit zwischen Tat und Hauptverhandlung** Hat ein vorbestrafter Angeklagter die Zeit von seiner Festnahme bis zu seiner späten Hauptverhandlung zu einem gesetzestreuen Lebenswandel genutzt und ist strafrechtlich nicht mehr in Erscheinung getreten, so ist diese positive Änderung des Lebenswandels strafmildernd zu berücksichtigen (*BGH* StV 1983, 513).

II. Abstufungen der Schuld

151   **1. Geringe Tatbeteiligung (Beihilfe).** Die Strafe für den Gehilfen richtet sich nach der Strafdrohung für den Täter, ist aber nach § 49 Abs. 1 StGB zu mildern (§ 27 Abs. 2 StGB). § 49 Abs. 1 StGB führt nicht zu einer Milderung des Regelstrafrahmens, sondern zu einer Strafrahmenverschiebung. Ein Gehilfe kann wegen eines **Vergehens** des Haupttäters nach § 29 Abs. 1 BtMG mit einer Freiheitsstrafe bis zu 36 Monaten (§ 49 Abs. 1 Nr. 2 StGB) rechnen, bei einem **besonders schweren Fall** nach § 29 Abs. 3 BtMG mit einer Freiheitsstrafe zwischen 3 Monaten und 11 Jahren und 3 Monaten (§ 49 Abs. 1 Nr. 2 und Nr. 3 StGB), bei einem **Verbrechen** nach § 30 BtMG mit einer Freiheitsstrafe zwischen 6 Monaten und 11 Jahren und 3 Monaten (§ 49 Abs. 1 Nr. 2 und Nr. 3 StGB) bestraft werden. Maßgeblich für die Einordnung der Schuld eines Gehilfen ist das **Gewicht seiner Beihilfehandlung,** auch wenn die Schwere der Haupttat mit zu berücksichtigen ist. So kann trotz Schwere der Haupttat die Beihilfe sich als minder schwer darstellen (*BGH* NStZ-RR 2003, 264).

152   **2. Geringes Maß der Tatintensität.** Es kann **strafmildernd** herangezogen werden, dass die Tat nur mit **Dolus eventualis** begangen wurde. Es wäre aber **fehlerhaft, den Dolus directus strafschärfend** heranzuziehen, da dies den Regelfall darstellt (vgl. *BGH* StV 1984, 190; *BGH* StV 1990, 304). Ebenso wäre es verfehlt, eine Fahrlässigkeit strafmildernd zu werten, da für die Fahrlässigkeit ein eigener Strafrahmen in § 29 Abs. 4 BtMG vorgesehen ist.

153   **3. Scheitern der Bemühungen (Versuch).** Bei einer Verurteilung wegen Versuchs ist es rechtsfehlerhaft, strafschärfend zu berücksichtigen, der Angeklagte habe bis zuletzt die Tat ausführen wollen und sei nur durch das Eingreifen der Polizei von einem Weiterhandeln abgehalten worden. Hätte er von sich aus von der weiteren Tatausführung Abstand genommen, hätte der **persönliche Strafaufhebungsgrund des Rücktrittes vom Versuch** vorgelegen. Dass er es nicht tat, führt zu seiner Bestrafung wegen der versuchten Tat, darf ihm aber bei der Strafzumessung nicht strafschärfend angelastet werden (*BGH* NStZ 1983, 217; *BGH* StV 1983, 237; *BGH* StraFo 2009, 341). Bedenklich ist es, wenn von der Milderungsmöglichkeit nach §§ 23, 49 StGB wegen versuchter Tat nicht Gebrauch gemacht wird, weil es **nicht der Verdienst des Angeklagten** sei, dass es **nicht zur Vollendung** gekommen sei. Der damit verbundene Vorwurf, der Täter habe den Versuch nicht aus eigenem Antrieb aufgegeben, ist bedenklich, da der freiwillige Rücktritt ja nicht nur Strafmilderung, sondern Straflosigkeit bewirkt (§ 24 StGB).

III. Mitverschulden dritter Personen

154   **1. Überführung und Verführung durch polizeiliche Lockspitzel.** Die Tatprovokation durch eine polizeiliche V-Person oder einen Verdeckten Ermittler ist ein wesentlicher Strafmilderungsgrund (*BGH* NStZ 1994, 335 = StV 1994, 368; *BGH* NStZ 1999, 501; *BGH* NStZ 2008, 39 = StV 2008, 21; *Schäfer/Sander/van Gemmeren* Rn. 471). Nach der Rspr. des *BGH* ist der Einsatz polizeilicher

Lockspitzel im Rahmen der Ermittlung und der Bekämpfung besonders gefährlicher und schwer aufklärbarer Straftaten, zu denen auch der Rauschgifthandel gehört, innerhalb der durch das Rechtsstaatsprinzip gezogenen Grenzen geboten und rechtmäßig (*BGH* NJW 1980, 1761; *BGH* NStZ 1981, 70; *BGH* NStZ 1994, 335 = StV 1994, 368; BGHSt. 45, 321 = NJW 2000, 1123 = StV 2000, 57). Auch die Nichtbeachtung zulässiger Grenzen staatlicher Tatprovokation hindert nicht die Verfolgung und Bestrafung, sondern bedeutet einen gewichtigen schuldunabhängigen Strafmilderungsgrund (BGHSt. 32, 345 = NJW 1984, 2300 = StV 1984, 321; vgl. Rn. 158 ff.).

Der *BGH* entwickelte seit 1975 eine Serie von **Bewertungskriterien**, wie der **155** **Einsatz von V–Leuten und verdeckten Ermittlern** bei der **Strafrahmenprüfung** und bei der **Strafzumessung im engeren Sinne** zu berücksichtigen ist. Um das Gewicht der Tatprovokation im Rahmen einer Gesamtabwägung zu bewerten, hat der *BGH* folgende wesentlichen Bewertungskriterien herausgearbeitet (vgl. *BGH* NStZ 1981, 70; *BGH* NJW 1981, 1626 = StV 1981, 392 m. Anm. *Mache*; *BGH* NStZ 1988, 550 m. Anm. *Endriß* = StV 1987, 435; *BGH* NStZ 1988, 133 = StV 1988, 60; BGHSt. 45, 321 = NJW 2000, 1123 = StV 2000, 57):

– **die Grundlage und das Ausmaß des gegen den Angeklagten bestehenden Verdachtes** (Hinweise, Aussagen, TÜ-Protokolle, Vorstrafen),
– **die Art und die Intensität der Einflussnahme** (Zahl der Provokationen, Zahl der Betäubungsmittelgeschäfte, Zusammenarbeit mit anderen V–Leuten und Verdeckten Ermittlern),
– **der Zweck der Einflussnahme** (Ausfindigmachen von Mittätern, Hinterleuten, Raschgiftdepots),
– **die eigenen, nicht fremd gesteuerten Aktivitäten des Angeklagten** (Tatprovokation als Antwort auf frühere Angebote des Angeklagten).

Die **Rechtsfolgen einer Tatprovokation** wirken **nur auf den Täter, der** **156** durch die Tatprovokation **beeinflusst wurde,** und greifen nicht von dem allein provozierten Haupttäter auf dessen Komplizen oder Gehilfen über. Regelmäßig ist bei der Strafzumessung **jeder Angeklagte besonders zu beurteilen,** da es **nicht zu einer Fernwirkung der Tatprovokation** von einem provozierten Angeklagten auf nicht fremd bestimmten Mitangeklagten kommt (*BGH* StV 1984, 321). Bei der **Gesamtabwägung** ist aufgrund der **Besonderheiten des Einzelfalles** festzustellen, ob das tatprovozierende Verhalten polizeilicher Lockspitzel (Agent provocateur) in Gestalt von V–Personen oder Verdeckten Ermittlern sich innerhalb der durch das Rechtsstaatsprinzip gesetzten Grenzen bewegte (*BGH* NStZ 1992, 275; *BGH* NStZ 1992, 488). Denn das dem GG immanente Rechtsstaatsprinzip untersagt es den Strafverfolgungsbehörden, auf die Verübung von Straftaten hinzuwirken, wenn die Gründe dafür vor diesem Prinzip nicht bestehen können (*BVerfG*, Beschl. v. 11. 9. 1980, 2 BvR 995/80). Sind die **Urteilsfeststellungen** oder die **Strafzumessungsgründe lückenhaft** und lassen die wesentlichen Voraussetzungen, die den Einsatz eines Agent provocateurs rechtfertigen, offen, insb. die Grundlagen und das Ausmaß eines vor dem Kontakt mit dem Angeklagten gegen ihn bestehenden Verdachtes, in welcher Art und in welchem Ausmaß der Agent den Angeklagten beeinflusste, **so liegt ein auf die Sachrüge hin zu überprüfender Rechtsfehler vor** und das **Urteil** hat **keinen Bestand** (*BGH* NStZ 1981, 104 = StV 1981, 163; BGHR StGB § 46 Abs. 1 V–Mann 3 = StV 1988, 296). **Eine nicht begründete Weigerung der Behörden,** ihren **über die Hintergründe des Rauschgifttransportes informierten** Beamten Aussagegenehmigung zur Beantwortung der Beweisfrage zu erteilen, ist bei der Beweiswürdigung zu berücksichtigen und im Zweifelsfall bei der Strafzumessung **zugunsten des Angeklagten** zu werten (vgl. BGHSt. 36, 44 = NJW 1989, 1228; *BGH* StV 1989, 237).

Werden bei Lockspitzeleinsätzen gegen tatverdächtige bzw. tatgeneigte Personen **157** **die zulässigen Grenzen der Tatprovokation eingehalten** und auch die MRK beachtet, so stellt die Tatprovokation ein **normaler Strafzumessungsgrund** dar.

Je intensiver die Tatprovokation, umso gewichtiger die Strafmilderung, **je unbedeutender die Tatprovokation,** umso weniger ist sie bei der Strafzumessung zu berücksichtigen (BGHSt. 32, 345 = NJW 1984, 2300 = StV 1984, 321; *BGH* NStZ 1999, 501; BGHSt. 45, 321 = NJW 2000, 1123 = StV 2000, 57; *Hamm* NStZ 2003, 279). Soweit sich die Tatprovokation eines polizeilichen agent provocateurs im Einzelfall **im Rahmen der zulässigen Grenzen** bewegte, so kann das Drängen im Rahmen der Strafzumessung **zur Strafmilderung** oder im Rahmen einer umfassenden Abwägung aller bedeutsamen tat- und täterbezogenen Umstände **zusammen mit anderen Milderungsgründen zur Verneinung eines besonders schweren Falles** des § 29 Abs. 3 BtMG oder **zur Annahme eines minder schweren Falles eines Verbrechens** nach § 29a Abs. 2, § 30 Abs. 2 oder nach § 30a Abs. 3 BtMG führen (vgl. BGHR BtMG § 29 Abs. 3 Strafrahmenwahl 3 = StV 1988, 296). Bei Straftaten gegen das BtMG begründet es jedoch keinen minder schweren Fall, wenn der Täter zur Tat durch einen Dritten provoziert wurde, der zwar früher als polizeilicher Lockspitzel tätig war, jedoch im konkreten Fall nicht im Auftrag oder mit Billigung der Strafverfolgungsbehörden tätig geworden ist (*Düsseldorf* NStZ-RR 1999, 282).

158   **2. Überschreitung der zulässigen Grenzen der Tatprovokation. a) Kein Verfahrenshindernis, sondern eine Strafzumessungserwägung.** Überschreitet die Tatprovokation im Einzelfall die zulässigen Grenzen, so ist nach Auffassung aller Strafsenate des *BGH* **kein Verfahrenshindernis** anzunehmen. Vielmehr ist auch dieses extreme Versagen eines Agenten **in der Strafzumessung** zu berücksichtigen. Das Ausmaß der Strafmilderung bedarf – ebenso wie in den Fällen unangemessener Verfahrensverzögerung – exakter Bestimmung in den Urteilsgründen (vgl. *BVerfG* NStZ 1997, 591; *BGH* StV 1997, 451; *BGH* NStZ 1999, 181; BGHSt. 45, 321 = NJW 2000, 1123 = StV 2000, 57; s. auch Rn. 188ff.). In der Regel wird bei Überschreitung der zulässigen Grenzen ein besonders schwerer Fall des § 29 Abs. 3 zu verneinen, ein minder schwerer Fall des § 29a Abs. 2, § 30 Abs. 2 oder des § 30a Abs. 3 BtMG zu bejahen oder gar vom Grundtatbestand des § 29 Abs. 1 BtMG auszugehen sein. Erlangt die Tatprovokation durch einen staatlichen Lockspitzel im Vergleich zu der Schuld einer nicht schon vorher tatbereiten Person ein derartiges **Übergewicht,** so kann sie bereits im Rahmen der Strafrahmenprüfung Anlass für eine **Verneinung eines besonders schweren Falles** sein (BGHR BtMG § 29 Abs. 3 Strafrahmenwahl 3 = StV 1988, 296).

159   **b) Provokation unbescholtener Bürger.** Wird ein **nicht vorbestrafter, unbescholtener** und **des Handels mit Betäubungsmitteln bis dahin nicht verdächtiger und nicht tatgeneigter** Angeklagter von einem polizeilichen Lockspitzel, dem die Polizei finanzielle Zuwendungen für die Überführung von Rauschgifthändlern versprochen hatte und der sich Vorteile in einem gegen ihn anhängigen Betäubungsmittelverfahren erhoffte, auf gut Glück angesprochen und gefragt, ob er eine größere Menge Heroin liefern könne, so befreit ihn **kein Verfahrenshindernis** vor der Bestrafung wegen Heroinhandels, wenn er auf diese Anstiftung reagiert, verhandelt, Stoff zu beschaffen sucht oder liefert. Der Staat darf zwar grundsätzlich unbescholtene Bürger nicht zur Begehung von Straftaten verleiten. Die öffentliche Gewalt darf nicht Irrtums-, Täuschungs- oder Zwangslagen seiner Bürger ausnutzen oder gar herbeiführen. Der Staat ist aufgrund des Sozialstaatsprinzipes (Art. 20 Abs. 1 GG) verpflichtet, die Rechtstreue und die Solidarität seiner Bürger zu unterstützen, nicht die Widerstandskraft seiner Bürger zu testen, Schwächen des Bürgers aufzudecken und bloßzustellen und der Strafverfolgung auszusetzen. Die **Unschuldsvermutung** würde **ins Gegenteil verkehrt,** wenn der Staat **unschuldige Bürger durch Tatprovokation in schuldige verwandelt.** Der Staat würde sich dem Vorwurf eines widersprüchlichen und arglistigen Verhaltens aussetzen, wenn er durch Tatprovokation seine **Bürger vom Wege des Rechts abbringen** und strafverfolgen würde, um sie anschließend **wieder auf den Weg des Rechts zurückzuführen** (*BGH* NStZ 1982, 156; vgl. auch *Fischer/Maul* NStZ 1992, 10).

Andererseits ist es **Aufgabe der staatlichen Ermittlungsbehörden**, durch **160** **verdeckte Ermittlungen** und **Tatprovokationen** in die **getarnten Absatznetze des internationalen Rauschgifthandels einzudringen** und das aus dem deutschen Markt befindliche **Rauschgift sicherzustellen,** um die Bevölkerung vor den Gefahren der Rauschgiftabhängigkeit und des Rauschgifthandels zu schützen. Allein das Fehlen eines hinreichenden Tatverdachts, bereits mit Rauschgift gehandelt zu haben, oder sich am Rauschgifthandel beteiligen zu wollen, genügte dem *BGH* deshalb zunächst nicht, die Zulässigkeit der Strafverfolgung in Frage zu stellen (*BGH* NJW 1981, 1626 = 1981, 392). Vielmehr musste nach der Rspr. des *BGH* bei der Strafzumessung den Fragen nachgegangen werden, **welchen Anlass** die Kriminalpolizei hatte, diesen bislang **unbescholtenen Bürger einer Kontrolle** zu **unterziehen** und einer **Tatprovokation auszusetzen,** ob dem Betroffenen **die Verstrickung in Schuld und Strafe zugemutet** werden dürfe, in der Erwartung, dadurch weitere **Straftaten aufzuklären** bzw. zu **verhindern, Hinweise auf illegale Handelsstrukturen** oder illegale **Betäubungsmitteldepots** zu erlangen oder nur, um **ihn selbst zu überführen** (*BGH* StV 1981, 163; *BGH* NJW 1981, 1626 = StV 1981, 599; BGHSt. 32, 345 = NJW 1984, 2300 = StV 1984, 321 m. Anm. *Bruns* StV 1984, 388; *BGH* NStZ 1992, 275; BGHR StGB § 46 Abs. 1 V-Mann 12 = StV 1995, 131; *BGH* NStZ 1995, 506 = StV 1995, 364).

Während der *BGH* zunächst in ständiger Rspr. in der Nichtbeachtung der zuläs- **161** sigen Grenzen der Tatprovokation kein Verfahrenshindernis, sondern nur einen gewichtigen Strafmilderungsgrund sah, bei dem auch die Unterschreitung der sonst schuldangemessenen Strafe geboten sein kann (BGHSt. 32, 345, 350 = NJW 1984, 2300 = StV 1984, 321 m. Anm. *Bruns* StV 1984, 388; *BGH* NStZ 1995, 506 = StV 1995, 364), hat der **Europäische Gerichtshof für Menschenrechte (EGMR)** in der polizeilichen Tatprovokation eines bis dahin unbestraften Bürgers einen **Verstoß gegen den durch Art. 6 Abs. 1 MRK geschützten Grundsatz des fairen Verfahrens** erkannt und ein Verfahrenshindernis angenommen, auch wenn die Zulässigkeit von Beweismitteln sich nach nationalem Recht regelt (*EGMR* [*Teixeira de Castro* gegen Portugal] EuGRZ 1999, 660 = NStZ 1999, 47 m. Anm. *Sommer* = StV 1999, 127 m. Anm. *Kempf* u. m. Anm. *Kinzig* StV 1999, 288; vgl. auch EGMR [*Lüdi* gegen Schweiz] StV 1992, 599). Die Begründung der Entscheidung des EGMR dokumentiert jedoch, dass es sich bei dem Betroffenen um eine auf der Szene bekannte Person handelte, die ohne Drängen auf Anfrage zur Heroinbeschaffung bereit war und bei der weitere Heroinbeutel bei der Festnahme gefunden wurden.

Der *BGH* hat nach Überdenken der Rspr. des *EGMR* (vgl. *BGH* NStZ 1999, **162** 501 = StV 1999, 631; *BGH* NStZ 1999, 625 = StV 1999, 651; vgl. auch *Bay-ObLG* StV 1999, 632 m. Anm. *Taschke*) in einer **Grundsatzentscheidung v. 18. 11. 1999, 1 StR 221/99** (BGHSt. 45, 321 = NJW 2000, 1123 = StV 2000, 57; fortgeführt durch *BGH* NStZ 2001, 53 = StV 2000, 604 und BGHSt. 47, 44 = NStZ 2001, 553 = StV 2001, 492; krit. *Endriss/Kinzig* NStZ 2000, 271; *dies.* NJW 2001, 3222; *Sinner/Kreuzer* StV 2000, 116; *Sommer* StraFo 2000, 150) die Gerichte verpflichtet, **in den Urteilsgründen festzustellen,** ob und wie eine unverdächtige und zunächst nicht tatgeneigte Person durch die von einem Amtsträger geführte VP in einer dem Staat zuzurechnenden Weise unter **Verstoß gegen den Grundsatz des fairen Verfahrens gem. Art. 6 Abs. 1 MRK** zu einer Straftat verleitet wurde und **wie dieser Verstoß** im Rahmen der Strafzumessung bei der Festsetzung der Rechtsfolgen **kompensiert wurde.** Die Kompensation des Gerichtes reicht von der **Ablehnung eines besonders schweren Falles** trotz Vorliegens eines Regelbeispiels über die **Annahme eines minder schweren Falles** und das **Zurückgehen auf die gesetzliche Mindeststrafe bis zur Einstellung des Verfahrens nach den §§ 153, 153 a StPO** bei Vergehen oder – selbst bei Verbrechen – bis zur Verwarnung mit Strafvorbehalt. In dem der Entscheidung zugrunde liegenden Fall ließ sich der unbescholtene Angeklagte erst nach der vierten Tatprovokation auf das Rauschgiftgeschäft ein. In der gleichen

Entscheidung empfahl der *BGH* der Staatsanwaltschaft dafür Sorge zutragen, dass die tatsächlichen Voraussetzungen des Tatverdachts zeitnah in den Ermittlungsakten dokumentiert werden.

163   **c) Intensive, hartnäckige und unverhältnismäßige Tatprovokation.** Beschränkte sich die Einwirkung des Lockspitzels auf **wiederholte verlockende Angebote** und war der Angeklagte von Anfang an **zu Verhandlungen** und später **zur Lieferung bereit,** so erscheint das Drängen des Agenten im Vergleich zum wachsenden Geschäftsinteresse und den Absatzbemühungen des Angeklagten **nicht unvertretbar übergewichtig** zu sein und ist deshalb nicht besonders strafmildernd zu werten. Illegale Rauschgiftgeschäfte stellen wie legale Handelsgeschäfte ein **dynamisches Geschehen** dar, in dem Käufer und Verkäufer **erst nach tastenden Vorgesprächen** ihre Absichten zu erkennen geben und erst nach lange andauernden Verhandlungen über Preis, Menge und Qualität zusammenfinden oder scheitern; sie sind von **gegenseitigem Misstrauen** und Taktieren beider Seiten geprägt (BGHSt. 32, 345 = NJW 1984, 2300 = StV 1984, 321 m. Anm. *Bruns* StV 1984, 388). Gelingt es einem polizeilichen Agenten **erst nach wochenlangem Widerstand und wiederholten Weigerungen** eines Angeklagten durch ständige **länger andauernde Überredungsversuche,** durch **Vorwürfe** und durch **Versprechen hoher Geldsummen,** die **Hemmschwelle** des bislang rechtstreuen Angeklagten **abzubauen** und für die Abwicklung von Rauschgiftgeschäften geneigt zu machen, so erlangt eine den **Verhältnismäßigkeitsgrundsatz** missachtende Tatprovokation im Rahmen der Strafzumessung ein hohes Gewicht (*BGH* NStZ 1982, 156 = StV 1982, 151; BGHSt. 32, 345 = NJW 1984, 2300 = StV 1984, 321 m. Anm. *Bruns* StV 1984, 388). Provoziert der Agent durch mündliche, telefonische oder schriftliche Drohungen mit Worten, Waffen oder Gewalt, er werde bei Nichtlieferung der Betäubungsmittel **offen stehende Spielschulden eintreiben, den Arbeitgeber von Vorstrafen unterrichten, die Ehefrau von Liebesverhältnissen benachrichtigen, seine Homosexualität bekanntzumachen,** ihn bei der **Polizei anzeigen,** ihn der **Rauschgiftmafia ausliefern,** ihn **krankenhausreif schlagen** oder **totschlagen,** so kann eine derartige unzulässige Tatprovokation nicht nur strafbar, sondern auch im Rahmen der Strafzumessung derart **übergewichtig** sein, dass der Verstoß gegen das BtMG zurücktritt (BGHR StGB § 46 Abs. 1 V-Mann2 = StV 1988, 295; BGHR BtMG § 29 Strafzumessung 16 = StV 1991, 469; BGHR StGB § 46 Abs. 1 V-Mann 12 = StV 1995, 131).

164   **d) Quantensprung.** Die Rspr. des *BGH* zur unzulässigen Tatprovokation hat in zwei Entscheidungen die Unzulässigkeit der Tatprovokation aus einem Quantensprung **(Steigerung des Unrechtsgehaltes der angesonnenen Tat)** hergeleitet. Wurde eine Person, die **bisher nur mit der „weichen Droge" Haschisch** handelte, zum **Heroinhandel veranlasst,** so ist die Tatprovokation unzulässig (BGHSt. 47, 44 = NStZ 2001, 553 = StV 2001, 492). Wurde eine Person, die **bislang nur Betäubungsmittel zum Eigenverbrauch** erwarb, zum Betäubungsmittelerwerb **zum Weiterverkauf verführt,** so kann die erhebliche Steigerung des Unrechtsgehaltes der angesonnenen Tat **(Quantensprung)** zur Unzulässigkeit der Tatprovokation führen (*BGH* NStZ 2001, 553 = StV 2001, 492). Der Verhältnismäßigkeitsgrundsatz gebietet es nämlich, dass die Überschreitung der zulässigen Grenzen **nicht nur zur Strafmilderung** führt, sondern dass das Gericht **nachvollziehbar darlegt, wie sich dies** auch **auswirkt.**

165   **e) Provozierte Luftgeschäfte.** Wird eine tatverdächtige Person von einer V-Person zu einem Luftgeschäft **(Mitwirkung bei einem inszenierten Betäubungsmittelgeschäft ohne vorhandenes Rauschgift, ohne Gefährdung einer dritten Person)** veranlasst, so sind die zulässigen Grenzen der Tatprovokation nicht überschritten. Gleichwohl kann sich dieser Umstand strafmildernd auswirken und mit anderen Milderungsgründen zu einem minderschweren Fall führen (*BGH* NStZ-RR 2000, 57; *BGH* StV 2000, 555).

166   **f) Intensive Tatvorbereitung und Tatsteuerung durch den Agent provocateur.** Das Vorgehen eines mit Billigung der Polizeibehörden handelnden Lockspitzels überschreitet die Grenze der zulässigen Tatprovokation und wirkt sich erheblich strafmildernd aus, wenn er **kein vorhandenes Bezugs-, Vertriebs- oder Produktionssystem aufzudecken versucht,** sondern **einen zweifelsfrei nachweisbaren strafbaren Sachverhalt zu inszenieren versucht,** indem er einen anderen, der von einem Rauschgiftgeschäft, einem Rauschgiftschmuggel, von Rauschgiftanbau oder Rauschgiftherstellung bereits Abstand genommen hat, durch Bereitstellung optimaler Tatbedingungen zur Tat zu provozieren sucht (*LG Verden* StV 1982, 364; *LG Frankfurt am Main* StV 1984, 415; *LG Berlin* StV 1984, 457), z.B. durch **Beschaffung großer Geldsummen,** durch **Beschaffung von Chemikalien, Grundstoffen, Laborgeräten** (*BGH* NStZ 1993, 584 = StV 1994, 15), durch **Bereitstellung eines Tatfahrzeuges** (*BGH* NStZ 1984, 78 = StV 1984, 4), durch Bereitstellung von einem **Anbaugelände,** von **Laborräumen** oder **Lagerräumen,** durch Beschaffung oder Beiseiteschaffung von **Ausweispapieren,** einer **Aufenthaltserlaubnis, Gewerbeerlaubnis** oder eines **Firmenunternehmens** (*BGH* StV 1982, 221; *BGH* NStZ 1984, 78 = StV 1984, 4), durch Bereitstellung von beschlagnahmten **Betäubungsmitteln aus der Asservatenkammer** (*BGH* NStZ 1989, 331 = StV 1989, 137; *Fischer* StV 1990, 520), so ist die **Tatprovokation** und **Tatsteuerung** bei der Strafzumessung derart **übergewichtig,** dass – wenn überhaupt – nur eine geringe Strafe in Betracht kommt.

g) Locken in eine Falle und die Beweismittelmanipulation durch Tatprovokation. Die zulässigen Grenzen der Tatprovokation sind überschritten, wenn unverdächtige Personen **künstlich in Tatverdacht** oder Tatverdächtige **in einen unerwünschten Betäubungsmittelbesitz** gebracht werden. Wirft eine VP wenige Augenblicke vor dem Zugriff der Polizei das Rauschgiftpaket eines Rauschgiftscheingeschäftes einem bestimmten Tatbeteiligten zu, deponiert die VP das von einer Verkäufergruppe erhaltene Rauschgiftpaket im Kofferraum eines Pkws eines Tatbeteiligten kurz vor dem Zugriffszeichen an die Polizei, lässt eine VP nach einem gescheiterten Scheingeschäft den Verhandlungspartner eine Tüte halten, in der sich Kokain befindet, bestellt eine VP telefonisch auf den Namen eines Tatverdächtigen ohne dessen Wissen in der Türkei eine Heroinlieferung, bei dessen Eintreffen die Polizei zugreift, bestellt eine VP einen nicht zu überführenden Tatverdächtigen zu einem Treffen in eine Ruine oder in ein Kellergewölbe, wo Rauschgift deponiert ist, und die Polizei auf ihn wartet, übernimmt eine VP von einem Beschuldigten nach Verhandlungen 1 kg Heroingemisch, das er zunächst zu Hause mit Milchzucker auf 4 kg Heroingemisch streckt und liefert er die 4 kg Heroingemisch mit dem Bemerken bei der Polizei ab, der Verkäufer habe 4 kg an ihn geliefert (*BGH,* Beschl. v. 3. 8. 1990, 2 StR 320/90), so **führt dieses widersprüchliche bis arglistige Verhalten** des Agenten, das den Angeklagten **mit zweifelhaften Mitteln in eine Straftat lockte** oder eine **Straftat fingierte,** je nach Fallgestaltung **entweder zum Freispruch** oder zur **extrem niedrigen Strafe,** wenn die Vorkommnisse erst in der Hauptverhandlung aufgeklärt werden können.

h) Eindringen in die Intimsphäre durch Tatprovokation. Nutzt eine Agentin der Polizei ihre Attraktivität dahingehend, dass sie mit dem Angeklagten **nur zu Sexualkontakten bereit** ist, **wenn** dieser eine größere Menge Kokain beschafft, so sind die zulässigen Grenzen der Tatprovokation überschritten. Baut ein Agent provocateur zu einem Mädchen eine **Liebesbeziehung** auf, nicht um eine bei dem Mädchen nicht vorhandene Tatentschlossenheit zum Rauschgifthandel zu bewirken, sondern um sie als **Werkzeug zur Ermittlung und Überführung von Rauschgifthändlern zu benutzen,** um sie schließlich selbst wegen Beihilfe zum Handeltreiben festzunehmen, so sind die Grenzen zulässiger Tatprovokation überschritten (*AG Heidenheim* NJW 1981, 1628; *LG Münster* NStZ 1983, 474). Zwar darf ein wegen Drogendelikten vorbestrafter Drogenhändler auch unter **Einsatz seiner früheren Verlobten** als Lockspitzel zu Heroingeschäften provoziert und dafür bestraft werden (*BGH* StV 1982, 522). Wird ein Angeklagter aber

167

168

nur durch intensive Bitten seiner als V-Person tätigen **Ehefrau, Verlobten, Geliebten, Schwester, Tochter** usw. (vgl. *BVerfG* wistra 2000, 216) oder **im Rahmen einer sexuellen Beziehung** mit einer als VP tätigen Prostituierten entgegen anfänglicher Weigerung zu Rauschgiftgeschäften veranlasst, so kommt diesem **Eindringen in die Privat- und Familiensphäre** unter **Ausnutzung von Zuneigung** und **sexueller Erregung** strafmildernde Bedeutung zu (*BGH* StV 1983, 148; *BGH* StV 1994, 369).

169   **i) Heranführen von VP's an und Tatprovokation von inhaftierten Beschuldigten.** Nach Entscheidungen des *BGH* ist es **nicht zulässig, einen Informanten oder eine VP an einen Untersuchungsgefangenen heranzuführen, um diesen auszuhorchen und auszuforschen** (*BGH* NJW 1987, 2525 = StV 1987, 283; *BGH* NJW 1996, 2940; *BGH* NJW 1998, 3506 = NStZ 1999, 147; BGHSt. 55 = NStZ 2010, 526 = StV 2010, 465). Diese Erwägungen gelten auch **in gleicher Weise** für **das Einschleusen einer VP in eine JVA unter Vorspiegelung einer begangenen Straftat bzw. rechtskräftigen Verurteilung,** um dieser VP zu ermöglichen, in der JVA ein Vertrauensverhältnis aufzubauen und einen Untersuchungs- oder Strafgefangenen zu bewegen, **während eines Hafturlaubs/Freiganges ein Scheingeschäft über eine größere Menge Betäubungsmittel abzuwickeln.** Sinn und Zweck des Strafvollzuges ist es, den Gefangenen zu befähigen, zukünftig in sozialer Verantwortung ein Leben ohne Straftaten zu führen (§ 2 S. 1 StrVollzG). Den sich hieraus für den Staat ergebenden **Fürsorgepflichten** dürfte es diametral zuwiderlaufen, wenn auf einen Gefangenen durch staatlich gesteuerte Tatprovokation eingewirkt wurde, dass dieser erneut Straftaten begehen soll, zumal er sich in der Haftsituation derartigen Einwirkungen schwieriger entziehen kann als im freien Leben. Eine derartige Tatprovokation dürfte einen **Verstoß gegen den Grundsatz des fairen Verfahrens gem. Art. 6 Abs. 1 MRK** darstellen und im Rahmen der Strafzumessung nur die gesetzliche Mindeststrafe oder eine Einstellung des Verfahrens nach § 153, 153a StPO erlauben, insb. nach den Entscheidungen des EGMR (s. Rn. 158 ff.).

170   **j) Beidseitige Tatprovokation und Umzingeln des Angeklagten mit V-Leuten.** Es ist zwar unbedenklich, wenn auf der Käuferseite ein Schein ein polizeilicher V-Mann als Vermittler und ein polizeilicher Verdeckter Ermittler als Kaufinteressent mit dem Verkäufer verhandelt haben (*BGH* NStZ 1981, 257 = StV 1981, 276; *BGH* NStZ 1994, 39). Ein Angeklagter wird aber durch eine Tatprovokation **zum bloßen Objekt staatlichen Handelns herabgewürdigt,** wenn er sowohl von einem **Scheinaufkäufer der Polizei** als auch von einem **Scheinverkäufer der Polizei,** also von **beiden Seiten gleichzeitig solange bedrängt wird,** bis er die beiden Agenten als Vermittler **zu einem Scheingeschäft zusammenführt,** das ihm dann später allein zur Last gelegt wird. Nähern sich zwei Scheinaufkäufer der Polizei einem Angeklagten, der eine Pistole kaufen will, in der Rolle eines Waffenhändlers und eines Heroinhändlers und versuchen sie, ihn zu einer Lieferung von 1 kg Heroin für 80.000 DM gegen eine Provision von 10 Pistolen „Beretta" zu gewinnen, so überschreiten sie die Grenzen rechtsstaatlicher Tatprovokation, wenn sie dem lediglich an einer Pistole interessierten Türken ein Haschischstück zum Rauchen und als Dealerstatus übergeben, ihm 10 Pistolen „Beretta" und 100.000 DM vorzeigen und der eine Scheinaufkäufer ihm anbietet, das 1 kg Heroin für den zweiten Scheinaufkäufer selbst zu liefern, mit dem zusammen der Angeklagte später festgenommen werden soll (*LG Koblenz,* Urt. v. 5. 10. 1982, 102 Js 6765/80). **Inszeniert die Polizei im Bundesgebiet ein Betäubungsmittelgeschäft** der Art, dass sie die Betäubungsmittel ins Inland verbringt, **Lieferant und Verkäufer durch V-Leute darstellen lässt** und **in dieses vorbereitete Schauspiel den Angeklagten hineinlockt,** so nähert sich die Strafmilderung der Mindeststrafe, da dies mit Strafverfolgung nur noch wenig zu tun hat.

171   **3. Tatprovokation im Ausland. a) Umzingelung des Angeklagten im Ausland.** Die Grundsätze der Rspr. des *BGH* zur Tatprovokation gelten auch, wenn der Provokateur **im Dienste eines ausländischen Staates** stand (BGHR StGB § 46 Abs. 1 V-Mann 3 = StV 1988, 296; BGHR StGB § 46 Abs. 1 V-Mann 9 = NStZ 1992, 275) oder wenn die Tatprovokation von deutschen oder auswärtigen V-Leuten **im Ausland** stattfand. Auch eine im Ausland von einem V-Mann eines auswärtigen Landes vorgenommene Provokation ist strafmildernd bei der Strafzumessung und Strafrahmenprüfung zu berücksichtigen. Es wäre nämlich inkonsequent, gem. dem Weltrechtsprinzip (§ 6 Nr. 5 StGB) im Ausland begangene Betäubungsmitteldelikte durch inländische Behörden und Gerichte zu verfolgen, dabei aber die im Ausland erfolgte Tatprovokation auch außer Betracht zu lassen (*BGH* StV 1988, 296). Der Umstand, dass die Tätigkeit von V-Personen inländischer Dienststellen im Ausland dazu führt, dass ein bislang nicht des Rauschgiftschmuggels verdächtiger ausländischer Staatsbürger Betäubungsmittel in die Bundesrepublik einführt, ist ein für die Strafzumessung verwertbarer Umstand i. S. d. § 267 Abs. 3 S. 1 StPO (BGHR BtMG § 29 Strafzumessung 23 = StV 1993, 115). Der *BGH* hat wiederholt die Grenzen einer zulässigen Tatprovokation überschritten gesehen, ohne ein Verfahrenshindernis anzunehmen, wenn **aufgrund von Tatprovokation Betäubungsmittel zunächst durch VE ins Inland verbracht** und durch eine **erneute Tatprovokation im Inland Dritte zur Annahme dieser Betäubungsmittel bewogen** wurden oder wenn ein Beschuldigter provoziert wurde, zwischen einem VE als Verkäufer und einem VE als Käufer zu vermitteln. Auch wenn Urteilsfeststellungen bisweilen aufgrund von Sperrerklärungen zu Sachverhaltsverzerrungen führen können, sah die Rspr. in nachfolgenden Fällen eine erhebliche Strafmilderung für erforderlich an: *BGH* MDR 1988, 626; *BGH*, Beschl. v. 28. 1. 1991, 2 StR 207/91; *BGH* StV 1993, 127; AG *Frankfurt* StV 1993, 133; vgl. auch *von Danwitz* StV 1995, 431).

b) Angeklagte als Spielball zwischen deutschen und auswärtigen Kräf- 172
ten. Der 2. Strafsenat des *BGH* beanstandete mit Beschl. v. 20. 7. 1990, 2 StR 178/90, die unzureichende Darstellung und Würdigung der Tatprovokation in dem angefochtenen Urteil des *LG Frankfurt am Main*, in dem ein Angeklagter von in- und ausländischen V-Personen umzingelt war. Ein angeklagter Drogenhändler war **zum Spielball zwischen zwei tatprovozierenden V-Personen** geworden. Er war in Pakistan erfolglos von einem norwegischen V-Mann namens Najib zum Heroinhandel provoziert worden, hatte anschließend von einer anderen pakistanischen VP namens Rashid 4 kg Heroin zur Aufbewahrung erhalten und war sodann solange bedrängt worden, bis er bereit war, das Heroin auf Anweisung der ersten VP (Najib) Kaufinteressenten (nämlich norwegischen Kriminalbeamten) zur Übergabe in Wiesbaden anzubieten. Nachdem die pakistanische Polizei im Zusammenwirken mit dem *BKA Wiesbaden* die 4 kg Heroin nach Frankfurt gebracht, in einem Schließfach deponiert und die VP Rashid dem angereisten Angeklagten den Schließfachschlüssel übergeben hatte, war der Angeklagte nicht einmal bereit, das Rauschgift aus dem Schließfach zu holen. Er wurde deshalb beim gemeinsamen Gang mit den norwegischen Scheinaufkäufern in der Nähe des Schließfaches festgenommen. In den Akten hatte zunächst nichts darüber gestanden, wie der Angeklagte in Pakistan in den Besitz der 4 kg Heroin gekommen war. Infolgedessen stand auch in der Anklageschrift der *StA Wiesbaden* hierüber nichts. Über einen ähnlichen Sachverhalt hatte der *BGH* bereits am 6. 4. 1988 zu entscheiden (BGHR StGB § 46 Abs. 1 V-Mann 2 = StV 1988, 295).

Wenn ein Agent provocateur einer deutschen Polizeibehörde durch lang andau- 173
ernde hartnäckige und intensive Einwirkungen und durch überhöhte Kaufpreisangebote einen Tatverdächtigen, der keine Betäubungsmittel nach Deutschland liefern wollte, **im Ausland solange provoziert,** bis dieser bereit ist, **nach Deutschland zu kommen** und **Betäubungsmittel in die Bundesrepublik einzuführen und zu verkaufen,** so liegt auch hier kein Verfahrenshindernis vor, wenn der Tatverdächtige im Inland verhaftet wird. Vielmehr ist auch diese **Über-**

schreitung der zulässigen Grenzen der Tatprovokation in der **Strafzumessung zu würdigen** (*BGH* StV 1984, 407; *BGH* NStZ 1985, 361 = StV 1985, 273, 415; *BGH* NJW 1987, 3087 = StV 1988, 7; *BGH* StV 1993, 115).

174   **c) Fehlender Inlands-Bezug.** Sprechen deutsche V-Personen oder deutsche Verdeckte Ermittler mit Unterstützung auswärtiger Polizeibehörden Rauschgiftgroßhändler in Südamerika oder Südostasien, die bislang ihr Rauschgift nicht nach Deutschland lieferten, solange mit der Legende an, sie seien als Kaufleute, Spediteure, Reeder oder Flugbegleiter in der Lage, Rauschgiftsendungen oder Rauschgiftkoffer unentdeckt durch den Zoll nach Deutschland zu bringen, in einem Firmendepot einzulagern und an Kaufinteressenten in Teilmengen auszuliefern, bis diese tatsächlich größere Rauschgiftmengen auf dem Land-, Luft- oder Seeweg – von der Polizei begleitet bzw. kontrolliert – nach Deutschland liefern, so sind die zulässigen Grenzen der Tatprovokation dann überschritten, **wenn jeglicher Inlandsbezug fehlt, in Deutschland keinerlei Kunden der Zielperson existieren** und im Wege einer nochmaligen Tatprovokation im Inland Rauschgift-Abnehmer gefunden werden oder aus dem Ausland herangelockt werden müssen. Denn das **BtMG verpflichtet die Strafverfolgungsbehörden** ja gerade dazu, **die deutsche Bevölkerung vor dem Hereindringen gefährlicher Betäubungsmittel aus dem Ausland zu bewahren.** Angesichts der übervollen Rauschgiftlager in den Produktionsländern dieser Welt wäre es geradezu widersinnig und kontraproduktiv, **in Deutschland einen zusätzlichen künstlichen Rauschgiftabsatzmarkt zu schaffen,** Betäubungsmittel und Täter künstlich durch Tatprovokation im Ausland nach Deutschland zu locken, um **mit Scheinerfolgen die Polizeistatistik aufzubessern.** Erreicht eine VP durch Tatprovokation im Ausland, dass ein Drogenhändler aufgrund einer Legende der VP einen unbegleiteten **Rauschgiftkoffer** für einen deutschen Flughafen aufgibt, dass der Koffer weder von der Polizei noch von der Fluggesellschaft behindert, sondern per Flugzeug nach Deutschland gebracht und **wie ein Köder an der Leine ausgelegt wird,** bis im Wege der nochmaligen Tatprovokation im In- oder Ausland gewonnene Abholer anreisen und **bei der Kofferabholung festgenommen** werden, so sind mangels ausreichenden Inlandsbezuges die Grenzen der zulässigen Tatprovokation überschritten. Die Strafverfolgungsbehörden sollten die Genehmigung einer Tatprovokation im Ausland von einem Inlandsbezug abhängig machen. War eine derartige Fallgestaltung aber unvermeidbar, so ist eine erhebliche Strafmilderung geboten. Zu Recht nennt *von Danwitz* dies einen **Irrweg in der Bekämpfung der Drogenkriminalität** (StV 1995, 431 ff.; vgl. auch *Fischer/Maul* NStZ 1992, 10).

175   **4. Keuschheitsprobe von V-Personen und Verdeckten Ermittlern.** Wird eine VP oder eine VE im Rahmen eines behördlichen Ermittlungsauftrages und einer Legende von den zu überwachenden Straftätern durch Beteiligung an einem Verstoß gegen das BtMG auf die Probe gestellt **(sog. Keuschheitsprobe),** ob er für die Polizei arbeitet, so kann diese Zwickmühle bei geringfügigen Verstößen sich strafmildernd auswirken. Denn vom Legalitätsprinzip sind sie nicht befreit.

176   **5. Nichteinschreiten der Strafverfolgungsbehörden.** Anders als bei einer Tatprovokation kann aus Art. 6 Abs. 1 MRK kein Anspruch auf frühzeitiges Eingreifen der Strafverfolgungsbehörden und auf Verhinderung weiterer Straftaten hergeleitet werden, und das Zuwarten der Strafverfolgungsbehörden **nicht strafmildernd gewertet werden** (*BGH* NStZ-RR 2003, 172).

177   **6. Haftbedingte Betäubungsmittelabhängigkeit.** Fand ein Angeklagter **während seiner Inhaftierung** erstmals **Kontakt zu Betäubungsmitteln** oder wurde er **im Gefängnis** von einem Mitgefangenen zum Konsum angehalten oder „angefixt", so ist dies bei Bewertung seiner späteren Beschaffungskriminalität strafmildernd zu werten (*BGH* StV 1993, 27).

IV. Besonderheiten der Betäubungsmittel

1. Menge der Betäubungsmittel. Eine kleine Menge von Betäubungsmitteln **178** kann sich strafmildernd auswirken (vgl. § 29/Teil 4, Rn. 342).

2. Art der Betäubungsmittelart. Die einzelnen Drogen weichen unabhängig **179** vom Begriff der nicht geringen Menge und seiner gewichtsmäßigen Festlegung wegen der **Verschiedenartigkeit ihrer Wirkungen** auf die Konsumenten in ihrer Gefährlichkeit voneinander ab. In diesem Zusammenhang darf **Haschisch als „weiche" Droge** strafmildernd berücksichtigt werden (*BGH* StV 1987, 203). Dem Umstand, dass es sich um eine „weiche" Droge mit geringerer Gefährlichkeit handelt, braucht das Gericht kein bestimmendes Gewicht beizumessen (§ 267 Abs. 3 StPO), weil der *BGH* dies bei der Bemessung des Grenzwertes der nicht geringen Menge bereits berücksichtigt hat (*BGH*, Beschl. v. 16. 12. 1992, 3 StR 506/92). Bei **Heroin** und **Kokain** bzw. **Crack** handelt es sich um sog. „harte" Drogen, die sich strafschärfend auswirken können (zu **Heroin:** *BGH* StV 1987, 203; *BGH* NStZ-RR 1998, 148; vgl. auch *BGH* NJW 2011, 2067; zu **Kokain:** *BGH* StV 2000, 613; *Frankfurt* StV 2010, 136). Dies gilt indes nur bei Delikten mit Fremdgefährdung, da die Gefährlichkeit einer Droge einem Angeklagten nicht angelastet werden darf, wenn er das Betäubungsmittel **nur zum Eigenverbrauch erworben und besessen** hat, weil bei einem bestimmungsgemäßen Gebrauch nur eine Selbstschädigung in Betracht kommt (BayObLGSt. 1988, 62; *BayObLG* StV 1993, 29; *Frankfurt* StV 2010, 136). **Amphetamin** nimmt nach Auffassung des *BGH* auf der Gefährlichkeitsskala nur einen mittleren Platz ein, weshalb die Gefährlichkeit dieses Stoffes keinen wesentlichen Strafschärfungsgrund begründet (BGHR BtMG § 29 Strafzumessung 12 = StV 1990, 494; zur Kritik hieran s. § 29/Teil 4, Rn. 370).

3. Wirkstoffgehalt der Betäubungsmittel. Nicht nur die Art und die Menge **180** und die damit zusammenhängende Gefährlichkeit der Betäubungsmittel, sondern **auch der Wirkstoffgehalt der sichergestellten Betäubungsmittel** ist für den Unrechts- und Schuldgehalt der Tat im Rahmen der Strafzumessung von besonderer Bedeutung. Deshalb darf auf eine nach den Umständen des Einzelfalles mögliche genaue Feststellung der Wirkstoffmenge für eine sachgerechte schuldangemessene Festsetzung der Strafen im Betäubungsmittelstrafrecht grundsätzlich nicht verzichtet werden (s. dazu § 29/Teil 4, Rn. 375 ff.).

V. Nachtatverhalten

1. Geständnis. Der 4. Strafsenat des *BGH* hat in einem Urteil beanstandet, dass **181** bei der Strafzumessung nicht ausdrücklich das Unbestraftsein, **das rückhaltlose Geständnis** und die aufrichtige Reue gewürdigt worden sind, sondern nur pauschal auf sonstige Milderungsgründe hingewiesen worden war (*BGH*, Urt. v. 7. 8. 1986, 4 StR 336/86). Das Verhalten eines Angeklagten im Prozess, das Leugnen wie das Geständnis dürfen **nicht schematisch,** sondern müssen auf ihre Ursachen und Ziele hin **untersucht** werden. Wird ein Geständnis unter dem Druck der Beweise erst sehr spät und unvollständig (entsprechend den belastenden Aussagen) abgegeben, ist es kein **Ausdruck von Einsicht und Reue,** sondern von **Prozessstrategie** und als Strafmilderungsgrund wenig geeignet (*BGH* StV 1991, 108; *Fischer* § 46 Rn. 50 a). In der Regel ist ein an belastenden Aussagen orientiertes Geständnis auch aus prozessökonomischen Gründen wertlos, wenn eine Überführung bereits ohne das Geständnis gelungen war. Bei der Strafzumessung ist zu bedenken, dass ein Geständnis wenig wiegt, wenn der Angeklagte spät nur das einräumt, was ihm durch die Festnahmesituation, durch Ergebnisse der Telefonüberwachung oder Observation ohnehin unschwer zu beweisen war (BGHR StGB § 46 Abs. 2 Verteidigungsverhalten 3 [4 StR 67/88]; *BGH*, Beschl. v. 11. 3. 1998, 3 StR 620/97; BGHSt. 43, 195 = NJW 1998, 86 = StV 1997, 583; *BGH* StV 2004, 415; *BGH*, Beschl. v. 26. 4. 2006, 5 StR 51/06). Dennoch kann ein spätes und unvollständiges Geständnis strafmildernd gewertet werden (*BGH*, Urt. v. 4. 9. 1991, 2 StR 300/91).

182   **2. Therapiebereitschaft.** Dass die Therapiebereitschaft strafmildernd Berücksichtigung finden muss, wird aus den besonderen Therapievorschriften der §§ 35 ff. BtMG deutlich. Das ernsthafte Bemühen um Überwindung der Drogenabhängigkeit und das Durchstehen mehrerer Bewährungen ist strafmildernd zu sehen (*BGH* StV 1992, 13). Allein der Umstand, dass ein Drogenabhängiger sich **nicht von sich aus** sofort nach seiner Entlassung um einen Therapieplatz **bemüht hat,** reicht nicht aus, bei einer Verurteilung wegen unerlaubten Handeltreibens mit BtM trotz Vorliegens einer erheblich verminderten Schuldfähigkeit von einer Strafmilderung nach § 49 Abs. 1 StGB abzusehen. Es bedarf besonderer Feststellungen darüber, dass ein mehrfach wegen Drogendelikten bestrafter Angeklagter für ihn bestehende **Therapiemöglichkeiten ausgeschlagen** und noch **nie ernsthafte und anhaltende Anstrengungen unternommen hat,** gegen seine Drogenabhängigkeit anzukämpfen (vgl. *Celle* StV 1983, 203). So kann negativ bewertet werden, wenn der Angeklagte einen ihm angebotenen Therapieplatz ablehnt. Allerdings ist zu beachten, dass **die Weigerung, therapeutische Hilfen anzunehmen,** nur dann als schulderhöhend berücksichtigt werden kann, wenn sie nicht gerade durch seinen die verminderte Schuldfähigkeit begründenden Zustand bedingt war (*Köln* NStZ 1982, 250).

183   **3. Aufklärungshilfe.** Der Strafausspruch ist fehlerhaft, wenn die **Anwendbarkeit von § 31 BtMG nicht geprüft** wurde, obgleich der Sachverhalt dazu gedrängt hätte (*BGH* NStZ-RR 1996, 181; *BGH* NStZ-RR 2002, 251; *BGH* NStZ 2002, 47; *BGH* StraFo 2005, 169; *BGH* NStZ 2006, 177 = StV 2005, 558; *BGH* NStZ 2010, 385). Wegen der erheblichen **Gefahr von Falschbelastungen** darf das Gericht bei Bestreiten des Angeklagten und bei Fehlen objektiver Beweismittel es sich bei der Überzeugungsbildung vom Aufklärungserfolg auch wegen der Folgewirkungen nicht zu leicht machen (vgl. § 31 Rn. 108 ff.).

184   Tritt nach Überzeugung des Gerichts **kein Aufklärungserfolg** ein, so ist § 31 BtMG nicht anwendbar. Die Aufklärungsbereitschaft kann **aber im Rahmen des § 46 StGB** berücksichtigt werden, sofern sie ernsthaft erscheint (s. § 31 Rn. 89).

185   **4. Schadenswiedergutmachung.** Hat ein heroinabhängiger Täter, der bei einem gemeinschaftlichen Raub im Drogenmilieu 1 kg Haschisch und 1.700 DM erbeutete, die Vorwürfe eingeräumt, sich **bei dem Opfer entschuldigt** und sich um **Schadenswiedergutmachung und Rückerstattung des Geldes bemüht,** so ist dies strafmildernd zu werten (*BGH* StV 1993, 71).

186   **5. Berücksichtigung einer eingetretenen Resozialisierung.** Innerhalb des Spielraums der schuldangemessenen Strafe trifft den Tatrichter die Pflicht, **die von der Strafe ausgehende Wirkung für das künftige Leben** des Täters zu berücksichtigen. Dazu gehört auch die Vermeidung unbeabsichtigter Nebenwirkungen von Verurteilung und Strafvollzug, etwa die Gefahr, dass die Strafe einen bisher sozial ausreichend eingepassten Täter aus der sozialen Ordnung herausreißt. Die Gefahr, dass ein **langer anhaltender Freiheitsentzug** zu einer **Desozialisierung des Verurteilten** führen kann, rechtfertigt allein noch nicht die Unterschreitung der schuldangemessenen Strafe. Es ist allerdings nicht zu beanstanden, wenn im Rahmen einer Gesamtwürdigung berücksichtigt wird, dass der Verurteilte bei einer **zu hohen Strafe** infolge des Strafvollzugs die Fähigkeit verlöre, sich dem Leben in Freiheit anzupassen bzw. dass ihm durch eine hohe Strafe die Wiedereingliederung in die Gesellschaft unangemessen erschwert werde (*BGH* StV 1989, 478; *BGH* StV 1991; 513). Hat sich eine Angeklagte mit ihrem Ehemann **nach ihrer Aburteilung** in den Niederlanden wegen eines Betäubungsmitteldelikts in mehreren Jahren eine **neue Existenz** in Italien aufgebaut, die durch eine zweite Bestrafung in der Bundesrepublik gefährdet würde, so ist dies im Rahmen der Strafzumessung strafmildernd zu würdigen (*BGH* NStZ 1986, 312 = StV 1986, 292).

VI. Auswirkungen von Verfahren und Strafe

1. Lange Verfahrensdauer. Das Rechtsstaatsprinzip des GG fordert die ange- **187**
messene Beschleunigung des Strafverfahrens. Eine von den Strafverfolgungsorganen
zu verantwortende erhebliche Verzögerung verletzt den Beschuldigten in seinem
Recht auf ein faires rechtsstaatliches Verfahren (vgl. BVerfGK 2, 239, 246 =
NJW 2004, 2398). Ob eine mit dem Rechtsstaatsprinzip des GG nicht in Einklang
stehende Verfahrensverzögerung vorliegt, richtet sich nach den besonderen Umständen des Einzelfalls. Von Bedeutung sind dabei insb. der durch die Verzögerung
der Justizorgane verursachte Zeitraum der Verfahrensverlängerung, die Gesamtdauer des Verfahrens, die Schwere des Tatvorwurfs, der Umfang und die Schwierigkeit
des Verfahrensgegenstands sowie das Ausmaß der mit dem Andauern des schwe-
benden Verfahrens für den Betroffenen verbundenen besonderen Belastungen.
Keine Berücksichtigung finden hingegen Verfahrensverzögerungen, die der Beschuldigte selbst, sei es auch durch zulässiges Prozessverhalten, verursacht hat (vgl.
BVerfG NJW 1993, 3254; BVerfGK 2, 239, 246 = NJW 2004, 2398; *BVerfG*
NStZ-RR 2005, 346). Die lange **Dauer des Verfahrens** wirkt dabei ebenso strafmildernd wie der Zeitabstand **zwischen Tat und Verurteilung** (*BGH* NStZ
1997, 29; *BGH* StV 2009, 638; *Fischer* § 46 Rn. 61). Eine überlange Verfahrensdauer beeinflusst nämlich die Strafempfindlichkeit und ist daher regelmäßig im
Rahmen der Strafzumessung zu berücksichtigen. Allein die Verfahrensverlängerung, die dadurch entsteht, dass auf Revision des Angeklagten ein Urteil aufgehoben und die Sache zur erneuten Verhandlung und Entscheidung zurückverwiesen
wird, begründet regelmäßig keine rechtsstaatswidrige Verfahrensverzögerung, auch
dann nicht, wenn dies zum zweiten Mal erforderlich ist (*BGH* NStZ-RR 2010,
40). Ein derartiger Verfahrensausgang ist Ausfluss einer rechtsstaatlichen Ausgestaltung des Rechtsmittelsystems. Der Strafmilderungsgrund der langen Verfahrensdauer darf **nicht deshalb versagt werden,** weil sie darauf zurückzuführen ist,
dass der Angeklagte die Tat vor der Hauptverhandlung **geleugnet** hat (*BGH*
StV 1983, 103).

2. Rechtsstaatswidrige Verfahrensverzögerung. Von dem allgemeinen **188**
Strafmilderungsgesichtspunkt der langen Verfahrensdauer ist die rechtsstaatswidrige
Verfahrensverzögerung i.S.d. Art. 6 Abs. 1 S. 1 MRK zu unterscheiden. Bei der
Frage, ob eine dem Rechtsstaatsgebot widerstreitende Verfahrensverzögerung vorliegt, und bei der Bestimmung der gebotenen Reaktion sind der durch die **Verzö-**
gerung der Justizorgane verursachte Zeitraum der Verfahrensverlängerung,
die Gesamtdauer des Verfahrens, **die Schwere des Tatvorwurfs,** der Umfang
und die **Schwierigkeit des Verfahrensgegenstandes** sowie das **Ausmaß der**
mit dem Andauern des Verfahrens verbundenen **Belastungen** des Beschuldigten
bzw. Angeklagten zu berücksichtigen.

Nach der früheren Rspr. des *BGH* war auch eine rechtsstaatswidrige Verfah- **189**
rensverzögerung regelmäßig bei der Strafzumessung mildernd zu berücksichtigen (s. nur BGHSt. 46, 159 = NJW 2001, 1146 = StV 2001, 89; vgl. auch
BVerfG NJW 2003, 2897; zur Möglichkeit der Verfahrenseinstellung bei Extremfällen s. Rn. 195). Diese Rspr. hat der Große Senat des *BGH* mit seiner Entscheidung v. 17. 1. 2008 aufgegeben: Ist der Abschluss eines Strafverfahrens rechts-
staatswidrig derart verzögert worden, dass dies bei der Durchsetzung des staatlichen
Strafanspruchs unter näherer Bestimmung des Ausmaßes berücksichtigt werden
muss, so ist anstelle der bisher gewährten Strafminderung in der Urteilsformel
auszusprechen, dass zur Entschädigung für die überlange Verfahrensdauer ein be-
zifferter Teil der verhängten Strafe als vollstreckt gilt (sog. „Vollstreckungslösung“: BGHSt. 52, 124 = NJW 2008, 860 = StV 2008, 133; krit. *Fischer* § 46
Rn. 142 f.).

Im Falle einer rechtsstaatswidrigen Verfahrensverzögerung hat der Tatrichter wie **190**
folgt vorzugehen (vgl. BGHSt. 52, 124 = NJW 2008, 860 = StV 2008, 133; *BGH*
NStZ-RR 2008, 368; *Weber* Vor §§ 29 ff. Rn. 994 ff.):

191 a) Zunächst sind Art und des Ausmaß der Verfahrenverzögerung sowie ihre Ursachen zu ermitteln und im Urteil konkret festzustellen; der Tatrichter hat in wertender Betrachtung zu entscheiden, ob und in welchem Umfang der zeitliche Abstand zwischen Tat und Urteil sowie die besonderen Belastungen, denen der Angeklagte wegen der überlangen Verfahrensdauer ausgesetzt war, bei der Straffestsetzung in den Grenzen des gesetzlich eröffneten Strafrahmens mildernd zu berücksichtigen sind.

192 b) In einem zweiten Schritt ist zu prüfen, ob die ausdrückliche Feststellung der rechtsstaatswidrigen Verfahrensverzögerung genügt; ist dies der Fall, so muss diese Feststellung in den Urteilsgründen klar hervortreten.

193 c) Reicht eine solche Feststellung als Entschädigung nicht aus, hat das Gericht unter Berücksichtigung der Umstände des Einzelfalls, wie der Umfang der staatlich zu verantwortenden Verzögerung, das Maß des Fehlverhaltens der Strafverfolgungsorgane sowie die Auswirkungen all dessen auf den Angeklagten, festzulegen, welcher bezifferte Teil der Strafe zur Kompensation der Verzögerung als vollstreckt gilt. Ist die Verfahrensdauer als solche sowie die hiermit verbundenen Belastungen des Angeklagten bereits mildernd in die Strafbemessung eingeflossen, wird sich die Anrechnung häufig auf einen eher geringen Bruchteil der Strafe zu beschränken haben.

194 d) In einem letzten Schritt ist in die Urteilsformel die im Hinblick auf die Kriterien nach § 46 StGB angemessene Strafe aufzunehmen und gleichzeitig festzustellen, welcher bezifferte Teil dieser Strafe als Entschädigung für die überlange Verfahrensdauer als vollstreckt gilt (zur Frage, wie eine überlange Verfahrendauer bei einem Freispruch oder einer erzieherisch gebotenen Jugendstrafe kompensiert werden könnte, s. *Volkmer* NStZ 2008, 608).

195 In Fällen **besonders extremer Verfahrensverzögerung** kommt auch eine Verfahrenseinstellung gem. § 153 StPO (*BGH* NStZ 1990, 94; *BGH* NJW 1996, 2739; vgl. auch BGHSt. 35, 137 = NJW 1988, 2188 = StV 1988, 236) oder eine Verwarnung mit Strafvorbehalt nach § 59 StGB in Betracht (*BVerfG* NStZ 2004, 335 m. krit. Anm. *Foth*). Nach Auffassung des 2. Strafsenats des *BGH* kann ein durch rechtsstaatswidrige Verfahrensverzögerung bewirkter Verstoß gegen Art. 6 Abs. 1 S. 1 MRK in außergewöhnlichen Einzelfällen, wenn eine angemessene Berücksichtigung des Verstoßes im Rahmen einer Sachentscheidung bei umfassender Gesamtwürdigung nicht mehr in Betracht kommt, gar zu einem Verfahrenshindernis führen (BGHSt. 46, 159 = NJW 2001, 1146 = StV 2001, 89).

196 **3. Besondere Strafempfindlichkeit. a) Berücksichtigung der Untersuchungshaft als Strafmilderungsgrund.** Die Verbüßung von Untersuchungshaft führt grundsätzlich nach § 51 Abs. 1 S. 1 StGB **zur Anrechnung** auf die zu vollstreckende Strafe, aber **nicht zu einer Strafmilderung** (*BGH* NStZ 2005, 212; *BGH* NStZ-RR 2005, 168). Zwar sind überdurchschnittliche Belastungen, die dem Täter durch das Verfahren entstehen, bei der Strafzumessung zu seinen Gunsten zu berücksichtigen. Besondere mit dem Vollzug der Untersuchungshaft verbundene Nachteile können jedoch strafmildernd berücksichtigt werden, wie z.B. besonders harte Haftbedingungen, Einschränkungen des Besucherverkehrs, Diskriminierungen usw. (*BGH* NStZ 2006, 620 = StV 2006, 630).

197 **b) Berücksichtigung der Haftsituation für Ausländer.** Da der **ausländische Gefangene** häufig nicht nur auf Familienbesuch und Heimatzustellung, Heimatbräuche und Speisen der Heimat verzichten muss, sich mit Mitgefangenen und Bediensteten nur schwer verständigen kann, ist das Erleben der Haft für ihn besonders hart und deshalb strafmildernd zu sehen (*BGH* StV 1992, 106).

198 **c) Drohende Ausweisung.** Grundsätzlich sind ausländerrechtliche Folgen eines Urteils keine bestimmenden Strafzumessungsgründe und deshalb nicht zu erörtern. Dies gilt auch für die drohende Ausweisung. Ist die Ausweisung nicht nur möglich, sondern zwingende Folge des Urteils, so kann ausnahmsweise eine strafmildernde Berücksichtigung geboten sein. Ob ein Verurteilter, der sein Bleiberecht durch erhebliche Straffälligkeit verwirkt hat, durch eine Ausweisung so hart getroffen wird, dass dies ausdrücklich strafmildernd zu erwägen ist, hängt von den Umständen des Einzelfalles ab (*BGH* NStZ 1997, 77 = StV 1997, 183; *BGH* NStZ 1996, 595; *BGH* NStZ 1999, 240 = StV 1999, 250; *BGH* NStZ-RR 2000, 297; *Stuttgart* StV 2000, 82). Die drohende Ausweisung eines Ausländers ist kein bestimmender Strafzumessungsgrund für Personen, die nach der Haftentlassung ohnehin das Bundesgebiet verlassen hätten.

d) Berücksichtigung von Auslandsverurteilungen, Vermeidung unzu-   **199** **lässiger Doppelbestrafungen.** Neben der Schuld des Täters kann auch die **Strafempfindlichkeit** (§ 46 Abs. 1 S. 2 StGB), die möglicherweise von den Nebenfolgen der Tat und seinen persönlichen Verhältnissen abhängt, für die Strafzumessung von Bedeutung sein. So kann eine **rechtlich zulässige Mehrfachverfolgung** und Doppelbestrafung eine **zusätzliche Härte** bedeuten, die ihn wegen seiner familiären Verhältnisse besonders belastet (*BGH* StV 1983, 326). Trägt ein Angeklagter, der wegen desselben Herointransportes sowohl im ehemaligen Jugoslawien als auch in der Bundesrepublik verfolgt und verurteilt wurde, vor, die rechtlich zulässige Doppelbestrafung und mehrfache Verfolgung stelle eine besondere Härte für ihn dar und belaste ihn wegen seiner familiären Verhältnisse besonders, so ist es fehlerhaft, wenn eine Strafkammer ausführt, der Angeklagte habe vor der Tat bedenken sollen, dass er Frau und 5 Kinder habe und deshalb von seinem kriminellen Tun Abstand nehmen sollen. Die Strafkammer hätte sich anstelle der Zulässigkeit der Doppelbestrafung mit der aus der Doppelbestrafung herrührenden besonderen Strafempfindlichkeit auseinandersetzen müssen (*BGH* NStZ 1983, 408 = StV 1983, 326). Haben nach den Urteilsfeststellungen die amerikanischen Angeklagten wegen ihrer Betäubungsmittelgeschäfte in den USA eine erneute Bestrafung in den USA zu erwarten, so fällt diese zulässige Mehrfachverfolgung strafmildernd ins Gewicht (*BGH* StV 1992, 155).

e) Berücksichtigung von im Ausland erlittener Freiheitsentziehung. Die   **200** Anrechnung der im Ausland erlittenen Freiheitsentziehung ist zwingend vorgeschrieben (BGHSt. 27, 287). Eines ausdrücklichen Ausspruches über die Anrechnung der im Ausland erlittenen Freiheitsentziehung bedarf es nicht, wenn von der Ausnahmevorschrift des § 51 Abs. 3 S. 2 i. V. m. § 51 Abs. 1 S. 2 StGB kein Gebrauch gemacht wird. Die Freiheitsentziehung ist von Gesetzes wegen anzurechnen. Nach § 51 Abs. 4 S. 2 StGB hat der Tatrichter aber nach seinem Ermessen den **Maßstab** zu bestimmen, nach welchem die **Anrechnung** zu erfolgen hat. Das tatrichterliche Urteil muss erkennen lassen, dass und in welcher Weise dieses Ermessen ausgeübt worden ist. Der Tatrichter hat bei seinem Ermessen, in welcher Weise **die im Ausland verhängte und vollstreckte Strafe anzurechnen** ist, das im Ausland erlittene Strafübel einzuschätzen und in ein dem inländischen Strafensystem zu entnehmendes Äquivalent umzusetzen. Die Entscheidung über den Anrechnungsmaßstab und die Anrechnung kann vom Revisionsgericht nur auf Rechtsfehler hin überprüft werden und ist bis zur Grenze des Vertretbaren hinzunehmen (*Hamm* StV 1999, 652). Der Tatrichter muss beachten, dass im Urteilstenor enthalten sein muss, nach welchem Maßstab die im Ausland erlittene Freiheitsentziehung anzurechnen ist. Ein Urteil ist insoweit aufzuheben, als der Maßstab für die Anrechnung der im Ausland erlittenen Freiheitsentziehung nicht bestimmt wurde (*BGH* StV 1982, 72; *BGH* StV 1982, 419; *BGH* NStZ 1984, 214). Wenn sich dieser Maßstab, der **in der Regel 1:1** beträgt, aus den Urteilsgründen ergibt, kann das Revisionsgericht von sich aus den Urteilstenor ändern (*BGH* NStZ-RR 2003, 364; *BGH* NJW 2004, 3789 = StV 2004, 653; *BGH* NStZ-RR 2009, 370). Das Anrechnungsverhältnis von im Ausland erlittener Haft **kann** im Einzelfall günstiger als eine Anrechnung im Regelverhältnis 1:1 festgesetzt werden, wenn der Angeklagte im Ausland **besonders schwere Haftbedingungen** erdulden musste. Dies kann selbst dann gelten, wenn die erschwerten Haftumstände **bereits bei der Bemessung der Strafhöhe berücksichtigt** worden sind (*BGH* StV 1982, 468). Wird inländische Geldstrafe auf Freiheitsstrafe angerechnet, so entspricht 1 Tag Freiheitsentziehung einem Tagessatz (§ 51 Abs. 4 S. 1 StGB), bei **ausländischer Geldstrafe** kann das anders sein (§ 51 Abs. 2 S. 2 StGB).

201　　**aa) Anrechnungsbeispiele. Belgien:** *BGH* NStZ 2001, 157; *BGH*, Beschl. v. 28. 5. 2008, 2 StR 214/08 = BeckRS 2008, 13075 [jeweils 1:1]; **Dänemark:** *BGH*, Beschl. v. 13. 9. 2007, 5 StR 296/07 = BeckRS 2007, 15723 [1:1]); **Frankreich**: *BGH*, Beschl. v. 20. 4. 1999, 4 StR 698/98 = BeckRS 1999, 30055640 [1:1]; **Großbritannien:** *BGH* NStZ 1997, 327; *BGH*, Beschl. v. 7. 5. 2004, 2 StR 458/03 = BeckRS 2004, 05764 [jeweils 1:1]; **Italien:** *BGH*, Beschl. v. 18. 6. 2004, 2 StR 147/04 = BeckRS 2004, 06964 [1:1]; **Luxemburg:** *BGH*, Beschl. v. 15. 8. 2007, 2 StR 337/07 = BeckRS 2007, 14441 [1:1]; **Niederlande:** *BGH*, Beschl. v. 4. 7. 2007, 1 StR 298/07 = BeckRS 2007, 11733; *BGH*, Beschl. 1. 12. 2009, 3 StR 470/09 = BeckRS 2009, 89527 [jeweils 1:1]; **Österreich:** *BGH*, Beschl. v. 6. 4. 2006, 3 StR 93/06 = BeckRS 2006, 05385 [1:1]; **Schweden:** *BGH*, Beschl. v. 2. 6. 1995, 2 StR 198/95 [1:1]; **Schweiz:** *BGH*, Beschl. v. 15. 4. 2008, 1 StR 166/08 = BeckRS 2008, 07822 [1:1].

202　　**bb) Besonders harte Haftbedingungen.** Besonders harte Haftbedingungen können sich äußern in **Überbelegung, Personalmangel, Seuchengefahr, mangelnder Hygiene, unzureichender Verpflegung oder fehlender ärztlicher Versorgung,** in gesundheitsschädlichen Zellen **(Nässe, ohne Heizung),** in **Kontakt-** und **Verständigungsschwierigkeiten** oder in **Misshandlungen.** Gefängnisse in der **Türkei** weisen besonders harte Haftbedingungen auf. In kleineren örtlichen Gefängnissen in der **Türkei** sind die Haftbedingungen häufig unzureichend, aber erträglich. Hier ist eine Anrechnung von 1:1,5 geboten. Die größeren Zivilgefängnisse zeichnen sich vielfach durch Überbelegung, Enge und mangelhafte Hygiene aus. Hier ist eine Anrechnung von 1:2 geboten. Ungewöhnlich hart ist der Aufenthalt in türkischen Militärgefängnissen. Hier ist sogar eine Anrechnung von 1:3 möglich (vgl. *BGH*, Beschl. v. 1. 2. 1984, 3 StR 549/83). Es bedarf jedoch anstelle einer pauschalen Betrachtungsweise einer **Klärung der Haftbedingungen im Einzelfall.** So ist das Gefängnis von Nicosia/Zypern ordentlich (1:1).

203　　Auch die Gefängnisse in **Marokko** weisen harte Haftbedingungen auf (*BGH*, Beschl. v. 2. 7. 1982, 2 StR 332/82). Ob dies ein Anrechnungsverhältnis von 1:2 oder gar 1:3 erfordert, hängt vom Einzelfall ab (*AG Bremen* StV 1992, 429; *Zweibrücken* OLGSt StGB § 51 Nr. 7 = GA 1993, 126).

204　　Harte Haftbedingungen in **Spanien** beschäftigen immer wieder die Gerichte. War ein Angeklagter in Spanien mit 10–60 Mithäftlingen in einer kleinen Zelle untergebracht, die voller Ungeziefer und schmutzig war, mit zwei Stühlen, kaltem Wasser und kaltem Essen, so kann die dort erlittene Auslieferungshaft im Verhältnis von **1:2** erfolgen (*LG Zweibrücken* NStZ 1988, 71; vgl. auch *Berlin* NStZ-RR 1997, 350; *LG Köln* StraFo 1999, 176; *Hamm* StraFo 2000, 172). Das *LG Kempten* (Urt. v. 24. 11. 1988, 1 KLs 12 Js 10566/84) gelangte zu einer Anrechnung von **1:3** bei einem aus Spanien ausgelieferten Verurteilten, der in unhygienischer spanischer Haft mit Tuberkulose, Hepatitis und AIDS infiziert und Gewalttätigkeiten ausgesetzt war (ebenso *Düsseldorf* StV 1995, 426; *LG Kleve* StV 1995, 140). Auch das *LG Bremen* (StV 1992, 326) ging von einem Maßstab von 1:3 aus, da unwiderlegbar blieb, dass der Angeklagte in spanischer Untersuchungshaft mit 100 Personen in einer Sammelzelle untergebracht war, die aus stark verschmutzten Holzverschlägen ohne Matratzen bestand, die von Kakerlaken und Wanzen befallen war, als einzige Toilette ein Loch im Boden hatte, weder Tische noch Stühle enthielt und wo körperliche Misshandlungen durch Häftlinge und Wärter an der Tagesordnung waren. Im Einzelfall wurde für eine Auslieferungshaft im Gefängnis von Madrid Carabanchel nur ein Verhältnis von 1:1 angenommen (*Zweibrücken* NStZ-RR 1996, 241 = StV 1997, 84).

205　　Neben **Türkei, Marokko, Spanien** sind besonders harte Haftbedingungen angenommen worden bei einer Inhaftierung in: **Australien** (*BGH* NStZ-RR 2009, 370 [1:2]), **Kamerun** (*LG Köln* NStE Nr. 20 zu § 51 StGB [1:3]), **Kenia** (*LG*

Zweibrücken NStZ-RR 1997, 206 [1:3]), **Libanon** (*LG Landau* NStZ 1981, 64 [1:1.5]), **Paraguay** (*BGH* wistra 1987, 60; *LG Zweibrücken* NStE Nr. 25 zu § 51 StGB [1:2]).

4. Berücksichtigung von Nebenstrafen. Eine **mit einer Strafe verbunde-** 206 **ne Nebenfolge** kann die **Sanktion empfindlicher** machen und Anlass für Strafmilderung sein (vgl. *BGH* NStZ 2000, 137). So muss immer geprüft werden, ob die Verhängung einer **Unterbringung** neben einer Strafe Einfluss auf die Strafhöhe hat. Auch die **Einziehung** von wertvollen Tatfahrzeugen muss bei der Strafzumessung berücksichtigt werden. Der Tatrichter muss berufliche Konsequenzen einer Verurteilung wie z. B. zwingend vorgeschriebene **beamtenrechtliche, ehrengerichtliche oder standesrechtliche Konsequenzen** bei der Straffestsetzung in Erwägung ziehen. Darüber hinaus kann er nach pflichtgemäßem Ermessen auch nur mögliche Konsequenzen zum Anlass einer Strafmilderung nehmen, wenn sie durch die Bestrafung ausgelöst werden können und die Sanktion empfindlicher machen.

Droht einem Rechtsanwalt, Notar, Steuerberater, Apotheker oder Arzt im eh- 207 rengerichtlichen Verfahren ein **befristetes oder eingeschränktes Berufsverbot,** der **Verlust der Zulassung** bzw. **der Approbation** oder droht mit der Bestrafung der **Verlust eines gesicherten Arbeitsplatzes** oder die **Gefährdung** einer beruflichen **Existenz** (BGHR StGB § 46 Abs. 1 Schuldausgleich 22 = StV 1991, 207; BGHR StGB § 46 Abs. 1 Schuldausgleich 23 = StV 1991, 157; *BGH* StV 1991, 207; *BGH* NStZ 1996, 539; *BGH* StV 2004, 71), so ist dies im Rahmen der Strafzumessung zu würdigen. Kommt ein Strafrichter bei der Strafzumessung zu dem Ergebnis, dass die Verhängung der an sich verwirkten Strafe **neben den zu erwartenden beamtenrechtlichen Konsequenzen zu hart wäre,** so muss er die **Strafe mildern,** auch wenn dadurch die berücksichtigte **beamtenrechtliche Konsequenz,** Entlassung aus dem Dienst, **entfällt** (BGHSt. 35, 148 = NJW 1988, 2749).

5. Einziehungsentscheidungen. Die Einziehung gem. § 74 Abs. 2 Nr. 1 208 StGB ist Nebenstrafe und daher Teil der Strafzumessung, die eine Gesamtbetrachtung erfordert. Ein erheblicher wirtschaftlicher Verlust durch Einziehung kann strafmildernd wirken (*BGH*, Beschl. v. 14. 6. 2000, 2 StR 217/00; *BGH*, Beschl. v. 18. 7. 2000, 4 StR 258/00). Bei Einziehung eines Tatfahrzeuges von erheblichem Wert ist es erforderlich zu erörtern, ob die Einziehung strafmildernd wirkt. Einer Erörterung bedarf es nicht, wenn angesichts des Wertes die Einziehung nicht wesentlich die Strafzumessung zu beeinflussen vermag (BGHR StGB § 46 Abs. 1 Schuldausgleich 39 [2 StR 205/01]; *BGH* StV 2003, 444).

6. Erweiterter Verfall. Da der erweiterte Verfall nur unrechtmäßig erlangte 209 Vermögensvorteile abschöpfen will, ist die damit verbundene Vermögenseinbuße kein Strafmilderungsgrund (*BGH* NStZ 1995, 491 = StV 1995, 297; *BGH* NStZ 2000, 137).

7. Zusammentreffen von mehreren Strafmilderungsgründen kann die 210 Wirkung einzelner Strafmilderungsgründe potenzieren und auch eine Änderung des Strafrahmens bewirken.

J. Strafschärfungserwägungen

I. Vorleben und Person des Täters

1. Konkret begründete generalpräventive Überlegungen. Ziel der Gene- 211 ralprävention ist es, durch die **Härte des Strafausspruches** bei möglichen künftigen Tätern ein **Gegengewicht zu der Versuchung oder Neigung** zu schaffen, **gleiches oder ähnliches wie der Angeklagte zu tun** (BGHSt. 17, 354, 357; BGHSt. 28, 318; *BGH* NStZ 1986, 358). Generalpräventive Erwägungen dürfen zwar bei der Strafzumessung von Rauschgifthändlern nicht übersehen werden. Da generalpräventive Gesichtspunkte aber nur im Rahmen der schuldangemessenen

Strafe zu Lasten des Angeklagten berücksichtigt werden dürfen, ist der Strafzweck der Abschreckung **bei der Strafrahmenwahl nicht** zu erwägen (*BGH* StV 1984, 71). **Bei der konkreten Strafbemessung** darf der Gesichtspunkt der allgemeinen Abschreckung, den der Gesetzgeber bei der Aufstellung eines bestimmten Strafrahmens bereits berücksichtigt hat, daher **nicht lediglich unter Heranziehung der Tatbestandsmerkmale** strafschärfend berücksichtigt werden (§ 46 Abs 3 StGB). Bei der Berücksichtigung generalpräventiver Gesichtspunkte dürfen nur solche Umstände herangezogen werden, die außerhalb der bei Aufstellung eines bestimmten Strafrahmens von dem Gesetzgeber bereits berücksichtigten allgemeinen Abschreckung liegen (*BGH* NStZ 1988, 570; *BGH* StraFo 2008, 336). Der Schutz der Allgemeinheit durch Abschreckung – nicht nur des Angeklagten, sondern auch anderer möglicher künftiger Rechtsbrecher rechtfertigt eine schwerere Strafe – als sonst angemessen wäre – nur dann, wenn hierfür eine Notwendigkeit besteht. Das trifft aber allein in den Fällen zu, **wo bereits eine gemeinschaftsgefährdende Zunahme solcher oder ähnlicher Straftaten, wie sie zur Aburteilung stehen, festgestellt worden ist.**

212   **Generalpräventive Erwägungen** haben nur Bestand, wenn der Tatrichter **in den Urteilsgründen die Tatsachen darlegt,** anhand derer das Revisionsgericht prüfen kann, ob eine **gemeinschaftsgefährdende Zunahme von Straftaten** der zur Aburteilung stehenden Art anzunehmen ist. Dies kann regelmäßig durch Anführung **statistischen Materials** für den gegenwärtigen und den früheren Zustand geschehen (*BGH* NStZ 1986, 358; *BGH* StV 1990, 109; *Düsseldorf* StV 1992, 232). Die Anführung statistischen Materials ist jedoch entbehrlich, wenn die Zunahme derartiger Delikte durch entsprechende Veröffentlichungen **so allgemein bekannt** ist, dass **weitere Feststellungen hier entbehrlich** sind (*BayObLG* StV 1989, 155; *Frankfurt*, Beschl. v. 7. 12. 1995, 1 Ss 271/95).

213   Die Tatsache der gemeingefährlichen Zunahme von Drogendelikten und die Notwendigkeit der Abwehr der Drogenfälle ist so allgemeinkundig, dass sie in der Hauptverhandlung nicht erörtert zu werden braucht (*BGHR* BtMG § 29 Strafzumessung 14 [3 StR StR 423/90]). Das Gericht, das wegen der allgemein bekannten Häufung von Betäubungsmitteldelikten auch die abschreckende Wirkung der Strafe auf andere potentielle Täter betont, muss allerdings berücksichtigen, dass der **Strafzweck der Abschreckung anderer nur innerhalb das Spielraumes der schuldangemessenen Strafe** berücksichtigt werden darf. Eine generalpräventive Erwägung, wonach nicht nur der Angeklagte, sondern auch **die im Drogengeschäft ebenfalls tätigen Familienangehörigen des Angeklagten von** weiteren Rauschgiftgeschäften **abgeschreckt** werden sollen, ist fehlerhaft und verkennt, dass eine dem Schuldausgleich dienende Strafe nur den Täter selbst treffen darf (*BGHR* StGB § 46 Abs. 1 Spezialprävention [2 StR 319/86]). Die Erwägung, das Urteil wirke weit in die **örtlichen Gastarbeiterkreise** hinein, reicht zur Begründung einer generalpräventiven Erhöhung der Strafe nicht aus (*BGH*, Beschl. v. 3. 11. 1982, 3 StR 377/82). Die generalpräventiven Erwägungen, dass es sich bei **Crack** wegen seines geringen Preises und wegen seines **hohen Suchtpotentials** um ein **besonders gefährliches Betäubungsmittel** handelt und der Angeklagte sich als Schwarzafrikaner in die **weit verzweigte Straßenhändlerszene eingereiht** habe, rechtfertigen keine Freiheitsstrafe und Strafverschärfung, da der Angeklagte als **Ersttäter** und Verkäufer von **geringen Crackmengen nicht vom Durchschnittsfall besonders abwich** (*Frankfurt*, Beschl. v. 14. 5. 1996, 1 Ss 81/96).

214   Die Annahme einer gemeinschaftsgefährdenden **außergewöhnlichen Zunahme von Drogendelikten in den Justizvollzugsanstalten** hat der Tatrichter in den Urteilsgründen durch Anführung von Tatsachen zu belegen, damit das Revisionsgericht prüfen kann, ob er mit Recht von einer gemeinschaftsgefährdenden Zunahme ausgegangen ist. Der Tatrichter ist regelmäßig verpflichtet, statistisches Material für den gegenwärtigen und den früheren Zustand anzuführen, wie es z. B. durch Auskünfte der JVAs über den Drogenhandel in Gefängnissen zu gewinnen sein könnte (*BayObLG* NStZ 1988, 570 = StV 1988, 434). Der von einer Straf-

kammer zur Frage der Generalprävention herangezogene **Erfahrungssatz,** dass angesichts der bei einem großen Teil der Bevölkerung Südamerikas herrschenden Armut **auch hohe Freiheitsstrafen potentielle Kuriere nicht abschrecken werden, besteht nicht.** Der für eine solche Reise versprochene Lohn mag zwar regelmäßig so beträchtlich über dem, was sie sonst mit ihrer Arbeitskraft verdienen können, liegen. Angesichts der eigenen finanziellen Misere mag die Aussicht, eine für sie so große Menge Geld verdienen zu können, überaus verlockend sein. Es kann aber nicht generell festgestellt werden, dass die Höhe der verhängten Freiheitsstrafe dadurch ihre abschreckende Wirkung verlieren würde, auch wenn jeder auf das Gelingen des eigenen Unternehmens vertraut (BGHR StGB § 46 Abs. 1 Generalprävention 9 = NStZ 1995, 77).

2. Fehlen eines Anlasses für den Drogenhandel. Vgl. Rn. 114.   **215**

3. Ziele des Angeklagten. Der **direkte Vorsatz** darf nicht straferschwerend **216** herangezogen werden, da er den **Regelfall** darstellt (*BGH* StV 1990, 304).

4. Berufliche Stellung des Angeklagten. Die berufliche Stellung und die **217** Lebensführung eines Täters darf nur dann zu seinen Lasten berücksichtigt werden, wenn **zwischen dem Beruf und der Straftat eine innere Beziehung** besteht, wenn sich aus der beruflichen Stellung besondere Pflichten ergaben, deren Verletzung im Hinblick auf die abzuurteilende Tat Bedeutung hatte (*BGH* NStZ 1987, 172 = StV 1987, 149; *BGH* NStZ 1987, 405 = StV 1987, 387; *BGH* StV 1998, 467; BGHR StGB § 46 Abs. 2 Lebensumstände 19 = StV 2002, 540).

a) Therapeuten, Priester und Pädagogen. Es wirkt sich strafschärfend aus, **218** wenn ein **Drogentherapeut, Priester, Lehrer, eine Krankenschwester** oder ein **Vollzugsbeamter** Drogenabhängige mit Drogen versorgen, obwohl ihnen gerade die Erhaltung der Volksgesundheit, die Bekämpfung der Drogenabhängigkeit, die Resozialisierung und Heilung von Drogenabhängigen obliegt. Bietet ein **Drogentherapeut in seiner Meditations- und Hypnosepraxis** eine Heilung von der Opiatsucht durch Selbsterkenntnisse und Selbsterfahrungen durch psychische und physische Reinigungs- und Entspannungsprogramme an, verkauft und verabreicht er im Rahmen dieser Kurse synthetische Drogen wie MDA und MDMA, so kann in dem **Vertrauensmissbrauch der süchtigen Patienten** ein straferhöhender Umstand liegen.

b) Kriminalbeamte, Zollfahnder, Staatsanwälte und Richter. In gleicher **219** Weise kann sich straferhöhend auswirken, wenn ein **Kriminalbeamter, Zollfahndungsbeamter, Staatsanwalt oder Richter,** denen die Bekämpfung des Drogenhandels übertragen ist, ihre berufliche Stellung missbrauchen für eigennützige Drogengeschäfte. Hat aber ein ehemaliger **Kriminalbeamter** sich in ein **kriminelles Umfeld** begeben, das er **aus der Zeit seiner Berufstätigkeit** her **kannte** und nutzte seine Kenntnisse für den Kokainhandel, so darf dies nicht strafschärfend bewertet werden (*Frankfurt*, Beschl. v. 9. 4. 1996, 2 Ss 85/96). Die Erwägungen, dass der Angeklagte „**als Kriminalbeamter, der Rechtsbrüche** verhindern sollte, diese hier stattdessen **beging**", dass er „als Kriminalbeamter, dessen Aufgabe es ist, für die Einhaltung der Gesetze Sorge zu tragen, diese selbst gebrochen hat" begegnen aber durchgreifenden rechtlichen Bedenken, wenn sie die Verurteilung wegen Strafvereitelung im Amt betreffen. Die erschwerende Bewertung des Umstandes, dass der Angeklagte als Kriminalbeamter Straftaten begangen hat, verstößt gegen das Doppelverwertungsverbot des § 46 Abs. 3 StGB, weil damit bei der Strafzumessung ein Umstand herangezogen worden ist, der den Gesetzgeber dazu bestimmt hat, den Tatbestand der **Strafvereitelung im Amt** gegenüber dem Grundtatbestand des § 258 StGB unter eine erhöhte Strafandrohung zu stellen und der deshalb auch auf jede Straftat dieser Art zutrifft (*BGH* NJW 1989, 1228 = StV 1989, 137).

c) V-Leute und Verdeckte Ermittler. Missbraucht ein **V-Mann der Krimi-** **220** **nalpolizei** sein Wissen und seine Beziehungen zur Kriminalpolizei zur Verschleierung und Ausübung eigener Heroingeschäfte bzw. zur Beseitigung von Konkurrenten, so kann in diesem Vertrauensbruch ein straferhöhendes Merkmal gesehen werden (*BGH*, Urt. v. 9. 2. 1982, 1 StR 849/81; *Schmidt* MDR 1982, 885). Die besondere Versuchungssituation bei bestimmten Berufsgruppen vermag zwar die Entgleisungen zu erklären, nicht aber zu rechtfertigen. Sie erlaubt regelmäßig keine Strafmilderung, sondern infolge erhöhter Verantwortung nur eine Straferhöhung.

221   **d) Ärzte und Apotheker.** S. dazu im Einzelnen § 29/Teil 15, Rn. 155 ff.

222   **e) Politiker und Diplomaten.** Ist der Beschuldigte entweder **Diplomat** oder **Konsul** i. S. d. §§ 18, 19 GVG oder genießt er gem. § 20 GVG i. V. m. Art. 25 GG diplomatische Immunität als sog. Sonder- oder Spezialbotschafter (= Ad hoc-Diplomat), so unterliegt er nicht der deutschen Gerichtsbarkeit und genießt auch bei Drogendelikten Immunität (s. dazu auch § 29/Teil 5, Rn. 171). Solange die **Identität** des Diplomaten und die **Echtheit seiner Ausweispapiere zweifelhaft** sind, gilt dies jedoch nicht. Eine einem **Sonderbotschafter** zugesicherte Immunität, die keine Funktion zu schützen hat und lediglich ad personam erteilt wurde, ist nicht anerkennbar und für die Strafjustiz unbeachtlich (BGHSt. 32, 275 = NJW 1984, 2048). Die Immunität eines Sonderbotschafters stellt **keinen persönlichen Strafausschließungsgrund,** sondern lediglich ein **vorläufiges Verfahrenshindernis** dar, das nur bis zur Beendigung der Immunität der Durchführung des Strafverfahrens wegen nicht in Ausübung der Mission begangener Straftaten entgegensteht. Die Immunität eines Mitgliedes einer diplomatischen Vertretung entfällt nach Beendigung seiner dienstlichen Tätigkeit mit der Ausreise bzw. dem Ablauf einer hierfür gewahrten angemessenen Frist. Nach Beendigung der Mission können nach herrschender prozessrechtlicher Theorie Mitglieder diplomatischer Vertretungen wegen nicht in Ausübung ihres Dienstes begangener Straftaten von der StA und Gerichten mit Haftbefehl verfolgt und bestraft werden (*Düsseldorf* NStZ 1987, 87).

223   **5. Ausländerstatus des Angeklagten.** Die Ausländereigenschaft ist grundsätzlich ein neutraler Umstand, der keine Strafschärfung rechtfertigt (vgl. *BGH* NStZ 1993, 337 = StV 1993, 358; *BGH* NStZ-RR 2006, 137; *Schleswig* StraFo 2000, 209). Sie ist für die Bewertung der Schuld und als Grundlage für die Strafzumessung **grundsätzlich ohne Bedeutung.** In **Deutschland gilt deutsches Strafrecht,** ihm unterliegen auch Nichtdeutsche. Es versteht sich von selbst, dass auch für die Auslegung des Gesetzes die **Vorstellungen der deutschen Rechtsgemeinschaft maßgeblich sind,** sonst würde im Wege der Auslegung § 3 StGB unterlaufen (*BGH* NStZ 1995, 79; *BGH* NStZ 1996, 80; *Düsseldorf* StV 1995, 526). Die strafschärfende Wertung, der Angeklagte habe durch den Heroinhandel das ihm von der Bundesrepublik Deutschland gewährte **Gastrecht missbraucht,** würde gegen den Gleichheitsgrundsatz des Art. 3 Abs. 1 und Abs. 3 GG verstoßen und der Ausländereigenschaft straferhöhende Bedeutung beimessen (*BGH* StV 1991, 19).

224   Die Strafzumessungserwägung, ein ausländischer Angeklagter habe **bereits ein Jahr nach seiner Einreise** nach Europa nicht davor zurückgeschreckt, sich bei der Ersten sich bietenden Gelegenheit seines Vorteils wegen über die deutschen Strafvorschriften hinwegzusetzen, ist fehlerhaft (*BGH* StV 1987, 20). Ausführungen im Urteil, der Angeklagte habe sich in ungewöhnlicher Hartnäckigkeit und Schamlosigkeit **über die Gesetze seines Gastlandes hinweggesetzt,** wofür er fühlbar bestraft werden müsse, sind fehlerhaft und bedingen eine Aufhebung des Urteils im Strafausspruch. Denn **von einem Ausländer kann kein größerer Respekt vor der deutschen Rechtsordnung gefordert werden als von einem deutschen Staatsbürger** (vgl. *Frankfurt*, Beschl. v. 3. 10. 1984, 5 Ss 198/84). Der **Asylbewerberstatus** ist ebenso wie die augenblickliche Diskreditierung von gesetzestreuen Asylbewerbern durch Straftaten begehende Asylbewerber kein Strafschärfungsgrund (*BGH* NStZ 1993, 337 = StV 1993, 358; *BGH* NStZ-RR 2006, 137; *Celle* StV 1993, 195;). Bedenkenfrei ist die Erwägung, dass ein **Auslän-**

der Vorteile missbraucht, die sich aus seiner Ausländereigenschaft ergeben oder dass ein Ausländer es ablehnt, sich mit den inländischen Rechtsvorstellungen vertraut zu machen (*BayObLG* NJW 1964, 364). Es ist auch zulässig, einen straferschwerenden Umstand darin zu sehen, dass ein Ausländer **illegal in die Bundesrepublik einreiste,** um Straftaten zu begehen (*BGH* MDR 1973, 369).

Schließlich ist gegen die generalpräventive Erwägung, dass bei ausländischen, **225** nicht abhängigen Drogenhändlern, in deren Heimat für den Heroinhandel besonders drakonische Strafen drohen, durch weitestgehende Ausschöpfung des gesetzlichen Strafrahmens der Anreiz beseitigt werden müsse, ihre Heroingeschäfte in die weniger gefährliche Bundesrepublik zu verlegen, nichts einzuwenden (*BGH* NStZ 1982, 112 m. krit. Anm. Wolfslast; a. A. *Lange* ZStW 1982, 772, vgl auch. kontrovers *Grundmann* NJW 1985, 1235; *ders.* NJW 1987, 2129; *Nestler-Tremel* NJW 1986, 1408; *ders.* StV 1986, 83). Unbedenklich ist aber die Erwägung, wegen der **Zunahme von Rauschgiftdelikten und von Gewalttätigkeiten im Zusammenhang mit Nationalitätenkonflikten in Asylantenheimen** müssten generalpräventive Gesichtspunkte bei der Strafzumessung berücksichtigt werden (*BGH* StV 1991, 105). **Nicht strafschärfend** darf hingegen berücksichtigt werden, dass Ausländer dann, wenn sie in ihrem Heimatland mit einer deutlich höheren Strafe als in Deutschland rechnen müssten, auch hier schwerer bestraft werden könnten als deutsche Staatsangehörige. Die nach deutschem Recht zu verhängende Strafe kann nicht deswegen höher ausfallen, weil dieselbe **Tat nach dem Heimatland des Täters mit einer besonders scharfen Sanktion belegt wird** (*BGH* NStZ-RR 1996, 71 = StV 1996, 205).

6. Vorstrafen und ihre Warnfunktion. Werden im Rahmen der Strafzumes- **226** sung Vorstrafen zum Nachteil des Angeklagten erwähnt, so ist eine nähere Auseinandersetzung mit den den Vorstrafen zugrundeliegenden Straftaten erforderlich.

Der Tatrichter muss die Zeiten der Verurteilungen, die Tatzeiten sowie die Art **227** und Höhe der erkannten Rechtsfolgen im Einzelnen mitteilen. Außerdem bedarf es **ausreichender Feststellungen über die den einzelnen Verurteilungen zugrundeliegenden Sachverhalte** und den hiermit zusammenhängenden **Schuldumfang,** damit ihr **Gewicht für die Strafzumessung** auch deutlich wird und das Revisionsgericht feststellen kann, ob das Tatgericht die Vorstrafen in ihrer Bedeutung und Schwere für den Schuldspruch richtig gewertet hat (BGHSt. 43, 106 = NJW 1997, 2828 = StV 1998, 16; *Köln* NStZ 2003, 421; *Schäfer/Sander/van Gemmeren* Rn. 374). So ist insb. von Bedeutung, ob die **Vorstrafen einschlägig** sind, **die Zahl der** einschlägigen **Vorstrafen,** die **Rückfallursache** und die **Rückfallgeschwindigkeit.** Vorstrafen, die nach den Bestimmungen des BZRG **zu tilgen** waren, dürfen bei der Strafzumessung keine Berücksichtigung zum Nachteil des Angeklagten finden (*BGH* StV 2003, 444).

Von einer genauen Darlegung der den **Vorverurteilungen** zugrunde lie- **228** genden Sachverhalte **kann** allenfalls dann **ausnahmsweise abgesehen werden,** wenn in Fällen geringerer Bedeutung der Sachverhalt schon aus der Angabe der angewendeten Vorschriften hinreichend erkennbar wird (z. B. Fahren ohne Fahrerlaubnis) oder wenn etwa die Auflistung der Vorstrafen nur allgemein der Darlegung auch anderer Fälle der Missachtung strafrechtlicher Normen durch den Angeklagten dient, also ersichtlich in keiner Weise auf Art und Schwere früher begangener Straftaten abgestellt worden ist (*Frankfurt,* Beschl. v. 24. 11. 2002, 1 Ss 44/02).

Verjährte Taten können, wenn auch nicht mit demselben Gewicht wie nicht **229** verjährte Taten, bei der Strafzumessung strafschärfend berücksichtigt werden (BGHR StGB § 46 Abs. 2 Vorleben 24 = StV 1994, 423; *BGH,* Beschl. v. 9. 4. 2002, 5 StR 57/02).

Es ist auch zulässig, **bisher noch nicht abgeurteilte Straftaten strafschär-** **230** **fend** zu berücksichtigen, wenn diese weiteren Taten nicht nur als bloßer Verdacht vorliegen, sondern prozessordnungsgemäß und so bestimmt festgestellt wurden, dass sie in ihrem Unrechtsgehalt abzuschätzen sind und eine Doppelbestrafung ausgeschlossen ist (*BGH* NStZ-RR 1997, 130; *BGH*, Beschl. v. 9. 10. 2003, 4 StR 359/03).

231   Es ist nicht zu beanstanden, wenn Vorverurteilungen mit der Erwägung nicht strafschärfend gewertet werden, sie seien nicht einschlägig und lägen lange Zeit zurück (*BGH*, Urt. v. 28. 10. 1987, 3 StR 376/87). Kann der Tatrichter nicht ausschließen, dass der Angeklagte bei einer früheren **Verurteilung in der DDR** zu Unrecht bzw. unangemessen hoch bestraft wurde, dann kann er derartige Vorstrafen nicht oder nicht in diesem Maße straferhöhend berücksichtigen. Vielmehr bedarf eine derartige DDR-Vorstrafe besonders kritischer Bewertung (*BGH* wistra 1992, 62).

232   Verkauft ein Angeklagter **während einer laufenden Hauptverhandlung wegen Drogenhandels** Betäubungsmittel, so ist dies strafschärfend heranzuziehen. Strafschärfend darf sogar gewertet werden, dass der Angeklagte die Tat begangen hat, **nachdem ihm bereits die Anklageschrift in dem inzwischen eingestellten Verfahren wegen Haschischhandels zugestellt** worden war und er sich die Anklageschrift **nicht zur Warnung** dienen ließ (*BGH*, Urt. v. 13. 8. 1986, 2 StR 291/86). Hat ein Angeklagter **während eines Hafturlaubes** noch schwerwiegender mit Betäubungsmitteln gehandelt als der Vorwurf, der ihn in Strafhaft brachte, so wiegen der Vertrauensmissbrauch und die Nichtbeachtung der Warnfunktion bei der Strafzumessung schwer.

233   Der **suchtbedingte Rückfall** eines drogenabhängigen Dealers ist grundsätzlich anders zu beurteilen als ein Rückfall eines drogenfreien Dealers (*BGH* NStZ 1992, 547 = StV 1992, 570). Beim drogenfreien Dealer führt der Rückfall regelmäßig zur Strafverschärfung. Eine Strafschärfung ist nur dann zulässig, wenn der Rauschgifttäter nach seinen intellektuellen Fähigkeiten und seiner allgemeinen Motivierbarkeit imstande war, die Warnung zu verstehen und sich nach ihr zu richten. Haben den Angeklagten weder zahlreiche Verurteilungen wegen Verstoßes gegen das BtMG, noch eine Unterbringung in eine Entziehungsanstalt jeweils von einem alsbaldigen Rückfall abhalten können, so stellt sich die Frage, ob der Angeklagte aufgrund der bei ihm seit Jahren bestehenden Rauschmittelabhängigkeit und seiner dadurch hervorgerufenen Persönlichkeitsveränderung in der Lage war, **die Warnfunktion der Vorverurteilungen** in ihrer Bedeutung und Tragweite zu erkennen und sich entsprechend zu verhalten. Die Frage, ob ein Angeklagter aufgrund einer drogenbedingten krankhaften seelischen Störung oder schweren seelischen Abartigkeit in der Lage war, die Warnfunktion der Vorverurteilungen zu erkennen, überfordert in der Regel die richterliche Fachkunde und Lebenserfahrung. Es wird deshalb insoweit das Fachwissen eines in Drogensachen erfahrenen **medizinisch-psychiatrischen Sachverständigen** notwendig sein (*Köln* NJW 1976, 1801; *Köln* NStZ 1981, 437).

234   **7. Fehlen von Drogenabhängigkeit, Notlage, Therapiebereitschaft, Einsicht und sonstigen Strafmilderungsgründen.** S. Rn. 109 ff.

II. Verhalten nach der Tat

235   **1. Prozessuales Verhalten nach der Tat.** Das Verhalten des Angeklagten nach der Tat (§ 46 Abs. 2 StGB) kann sich strafschärfend nur dann auswirken, wenn es nachteilige Rückschlüsse auf den Schuld- und Unrechtsgehalt der Tat zulässt. Das Verhalten eines Angeklagten im Ermittlungsverfahren oder Strafverfahren darf nur strafschärfend herangezogen werden, wenn es trotz der ihm zustehenden Verteidigungsfreiheit auf **Rechtsfeindschaft und einsichtslosem Starrsinn** beruht, die auf eine besondere Gefährlichkeit schließen lässt oder die Gefahr weiterer künftiger Rechtsbrüche befürchten lässt. **Leugnen, fehlende Unrechtseinsicht, fehlende Reue, fehlende Aufklärungsbereitschaft, fehlende Therapiebereitschaft, fehlende Schadenswiedergutmachung eines bestreitenden Angeklagten** dürfen nicht strafschärfend gewertet werden, da diese Verhaltensweisen **zu seiner Verteidigung gehören** und **kein Ausdruck von Rechtsfeindlichkeit** oder besonderer Gefährlichkeit darstellen. Das Recht auf Verteidigung verbietet es regelmäßig, dem Angeklagten einen Vorwurf daraus zu machen, dass er sich gegen ihn belastende Zeugenaussagen wendet und seine Täterschaft so lange leugnet, bis ihm angesichts der eindeutigen Beweislage ein weiteres Bestreiten nicht mehr Erfolg versprechend erscheint. Eine derartige **Verteidigungsstrategie** darf auch nicht als hohes Maß an Uneinsichtigkeit im Rahmen der Strafzumessung berücksichtigt werden. **Das Schweigen** eines Angeklagten im Ermittlungsverfahren oder in der Hauptverhandlung, **ein wechselndes Aussageverhalten,** die Wahrnehmung eines Auskunfts- oder Zeugnisverweigerungsrechtes als Zeuge in einem abgetrennten Verfahren, darf weder bei der Beweiswürdigung, noch bei der Strafzumessung dem Angeklagten zum Nachteil gereichen. Die strafschärfende Erwägung, der Angeklagte habe sich nicht zu einem vollen Geständnis durchgerungen, ist unzulässig (*BGH* StV 1992, 13; *BGH* StraFo 2011, 60). Anders als eine Gefühlskälte bei der Tatausübung darf der Umstand, dass der die Tat bestreitende Angeklagte seinem Opfer in der Hauptverhandlung **keinerlei Mitleidsempfindungen** entgegenbrachte, nicht strafschärfend gewertet werden, weil eine derartige Gemütsregung als Eingeständnis gewertet werden kann und damit die Verteidigungsposition gefährden würde (vgl. *BGH* StV 1996, 661; *BGH* NStZ 1999, 47; *BGH* StV 2002, 74; *BGH* StV 2002, 74; *BGH* NStZ–RR 2009, 148 = StV 2009, 80; *BGH* NStZ–RR 2010, 88 = StraFo 2010, 81; *BGH* NStZ 2010, 692)

Auch **die Flucht eines Angeklagten** kann nicht strafschärfend gewertet werden (*BGH*, Beschl. v. 30. 3. 1977, 3 StR 75/75), es sei denn, die Flucht diente nicht dazu, sich der Strafe zu entziehen, sondern um ein bestimmtes Rauschgiftgeschäft verwirklichen zu können (*BGH* NStZ–RR 1997, 99; *BGH*, Beschl. v. 18. 7. 2001, 3 StR 234/01 = BeckRS 2001, 30194119). Soll die Flucht aus spezialpräventiven Gründen strafschärfend wirken, so ist dies **nur innerhalb der schuldangemessenen Strafe** möglich (BGHR StGB § 46 Abs. 2 Nachtatverhalten 8 [3 StR 121/87]). **236**

2. Nachtaten. Hat der Angeklagte nach der abgeurteilten Tat weitere Straftaten begangen, so kann dies strafschärfend berücksichtigt werden, wenn dies auf die Gefahr künftiger Rechtsverstöße schließen lässt und eine Doppelbestrafung ausgeschlossen ist (BGHR StGB § 46 Abs. 2 Nachtatverhalten 2 = NStZ 1998, 404; *BGH*, Urt. v. 12. 6. 2001, 4 StR 104/01). Setzt ein nicht drogenabhängiger Angeklagter nach seiner Haftentlassung seine Drogengeschäfte unvermindert fort, ohne sich die **Festnahme als Warnung** dienen zu lassen, so kann seine **Uneinsichtigkeit und Hartnäckigkeit** strafschärfend gewertet werden. Verkauft ein Angeklagter nachweisbar während des Laufs seiner Hauptverhandlung nach Verlassen des Justizgebäudes weiter Betäubungsmittel, so bedarf das Unbeeindrucktsein von BtMG und von der Strafjustiz einer nachdrücklichen Strafe. **237**

3. Zusammentreffen mehrerer Tatbegehungsweisen. In der Regel ist das tateinheitliche Zusammentreffen mehrerer Tatbestände geeignet, den Unrechtsund Schuldgehalt der Tat zu verstärken und kann deshalb ein Strafschärfungsgrund sein (*BGH* NStZ 1987, 70; *BGH* NStZ 1993, 434), z. B. wenn ein Angeklagter mehrere Formen der Betäubungsmitteldelinquenz wie Anbau, Erwerb, Herstellung und Handel verwirklicht oder wenn ein Betäubungsmittelhändler einen Eigenimport oder eine Eigenproduktion der gehandelten Betäubungsmittel betreibt. **Rechtlich fehlerhaft ist aber die Strafschärfung,** wenn das Handeltreiben mit dem Tatbestand des Erwerbs zusammentrifft oder wenn **Tatbestandsalternativen ohne zusätzlichen Unrechtsgehalt verdrängt werden.** Denn sonst würde der konsumierende Dealer härter bestraft als der nicht konsumierende Dealer, der nur Dritte schädigt. Bei Zusammentreffen von Handeltreiben und Erwerb ist vielmehr eine Strafmilderung wegen Eigenkonsums zu prüfen (*BGH* NStZ 1993, 434; *BGH* StV 1999, 434). Der besondere Unrechtsgehalt einer im Handeltreiben aufgehenden Einfuhr kann straferhöhend gewertet werden (*BGH*, Urt. v. 1. 2. 1985, 2 StR 482/84). **238**

Treffen mit dem Handeltreiben tateinheitlich andere Begehungsformen wie Erwerb oder Einfuhr zusammen, so kann bei der Bemessung der Strafe der im Han- **239** deltreiben aufgehende Erwerb oder die Einfuhr straferschwerend berücksichtigt werden. Dies gilt aber nur für den Fall, dass die zum Eigenverbrauch erworbene Menge zu der Menge, mit der Handel getrieben wurde, hinzukommt, nicht aber, wenn der Angeklagte das Betäubungsmittel gewerbsmäßig zum Handeltreiben gekauft, dann aber von dem erworbenen Rauschgift geringe Mengen selbst verbraucht hat. Dieser Erwerb verkürzt die in den Handel gelangte Menge und darf deshalb nicht strafschärfend verwertet werden (*BGH* StV 1991, 105; *BGH* StV 1998, 599). Geht eine versuchte Durchfuhr im Handeltreiben auf, so kann dieses Zusammentreffen zweier Begehungsweisen als schulderhöhender Umstand bei der Strafzumessung berücksichtigt werden (*BGH*, Urt. v. 19. 12. 1984, 2 StR 604/84). Gleiches gilt für ein tateinheitliches Zusammentreffen mit versuchter Einfuhr.

K. Strafmaßrevision

I. Revisibilität des Strafmaßes

240   Die **Strafzumessung ist grundsätzlich Sache des Tatrichters und nicht mit der Revision angreifbar.** Der Tatrichter ist **allein** in der Lage, aufgrund des umfassenden Eindruckes, den er in der Hauptverhandlung von der Tat und der Person des Angeklagten gewonnen hat, die für die Strafzumessung bestimmenden entlastenden und belastenden Umstände festzustellen, zu bewerten und gegeneinander abzuwägen. Ein Revisionsgericht kann nur eingreifen, wenn der Tatrichter fehlerhafte Erwägungen angestellt hat, oder wenn erforderliche Erwägungen und Wertungen unterblieben sind und das Urteil auf dem Mangel beruhen kann oder wenn sich die verhängte Strafe nicht im Rahmen der schuldangemessenen Strafe hält, **gegen rechtlich anerkannte Strafzwecke verstoßen** hat oder sich **die verhängte Strafe nach oben oder unten von ihrer Bestimmung gelöst hat, gerechter Schuldausgleich zu sein** (BGHSt. 29, 319; *BGH* NStZ 2006, 568; *BGH* NStZ-RR 2011, 143). Nur in diesem Rahmen kann eine Gesetzesverletzung i. S. v. § 337 Abs. 1 StPO vorliegen. **Eine ins Einzelne gehende Richtigkeitskontrolle ist ausgeschlossen** (BGHSt. 34, 345, 349 = NStZ 1987, 450 = StV 1987, 337; *BGH* NStZ 2009, 496). Welches Gewicht einem einzelnen Umstand innerhalb der Gesamtwürdigung gebührt, hat **grundsätzlich der Tatrichter zu entscheiden.** Soweit die Revision eine andere Bewertung zur Geltung bringen möchte, kann sie damit nicht gehört werden. **In Zweifelsfällen muss die Strafzumessung des Tatgerichtes respektiert werden.**

241   **Mathematisierungen** und **schematische Vorgehensweisen** sind dem Wesen der Strafzumessung grundsätzlich fremd (*Detter* NStZ 2002, 415). Aus diesem Grunde kann Strafzumessung auch nicht nach dem Gewicht oder der Wirkstoffmenge der Betäubungsmittel allein oder nach einer **Strafmaßtabelle** vorgenommen werden (s. auch Rn. 98). Vielmehr bedarf es einer Gesamtabwägung aller strafzumessungsrelevanten Umstände (BGHSt. 35, 345, 350; *BGH* NStZ-RR 1999, 101; *BGH*, Beschl. v. 3. 12. 2002, 3 StR 406/02).

II. Zugrunde gelegter Strafrahmen

242   Auf die Mitteilung des der Strafzumessung zugrunde gelegten Strafrahmens darf in den Urteilsgründen nicht verzichtet werden, wenn sich der Strafrahmen nicht unmittelbar aus dem Gesetz ergibt, sondern aufgrund von Strafschärfungs- oder Strafmilderungsgründen rechnerisch zu ermitteln ist. Strafzumessungserwägungen sind rechtsfehlerhaft, wenn der **Tatrichter von einem falschen Strafrahmen ausgegangen** ist (*BGH* NJW 1968, 174; *BGH* StV 1981, 124; *Düsseldorf* StV 2001, 224).

III. Umfang der Strafzumessungserwägungen

243   Eine **erschöpfende Aufzählung** aller Strafzumessungserwägungen ist **weder vorgeschrieben noch möglich.** Es genügt vielmehr, wenn die Umstände aufgeführt werden, die **für die Strafzumessung bestimmend** waren (§ 267 Abs. 3

S. 1 StPO; BGH StPO § 267 Abs. 1 S. 1 Strafzumessung 2 [3 StR 616/86]; BGH NStZ-RR 2008, 343 = StraFo 2008, 81). **Die die Strafzumessung im engeren Sinne bestimmenden Gesichtspunkte** sind aber in der Regel umso eingehender darzulegen, je mehr sich die Strafe dem unteren oder dem oberen Bereich des Strafrahmens nähert (*BGH* StV 1991, 346). Eine äußerst knappe und wesentliche Strafzumessungstatsachen nicht erfassende Darstellung weckt die Besorgnis, dass eine **umfassende Abwägung der maßgeblichen Strafzumessungstatsachen** unterblieben ist (*BGH*, Beschl. v. 29. 11. 1990, 2 StR 523/90).

Die pauschale Bezugnahme auf die schon zur **Bestimmung des Strafrahmens** 244 herangezogenen Umstände verwehrt dem Revisionsgericht die Prüfung, ob sich der Tatrichter bei der Strafzumessung von rechtsfehlerfreien Erwägungen hat leiten lassen. Vielmehr bedarf auch die **Strafzumessung im engeren Sinne** einer Gesamtwürdigung aller für und gegen den Angeklagten sprechenden Umstände, bei der der Tatrichter jedoch auf einzelne Erwägungen der Strafrahmenbestimmung zurückkommen darf (*BGH* StV 1991, 346).

IV. Verbot des Strafmaßvergleiches

Orientiert sich eine Strafkammer bei der Strafzumessung allein an **Freiheits-** 245 **strafen,** die **in anderen Verfahren gegen Mittäter** verhängt wurden, so ist dies regelmäßig fehlerhaft (*BGH* MDR 1979, 986). Ein Grundsatz, dass Mittäter, wenngleich von verschiedenen Gerichten, bei vermeintlich gleicher Tatbeteiligung gleich hoch zu bestrafen seien, besteht nicht und kann in dieser Form nicht bestehen, weil die Vergleichsmöglichkeiten zwischen den in verschiedenen Verfahren gewonnenen Ergebnissen zu gering sind, ganz besonders zur inneren Tatseite und zum Maß der Schuld. Denn bestimmender Maßstab für die Strafzumessung ist in jedem Falle **die persönliche Schuld des Täters.** Dieser Grundsatz darf nicht gegenüber schematischen allein rechnerischen oder vergleichenden Erwägungen zurücktreten. Daher ist es **rechtsfehlerhaft,** eine als **Schuld angemessen angesehene Strafe** allein **im Hinblick auf gegen Mittäter verhängte niedrigere Strafen herabzusetzen** (*Detter* NStZ 2002, 134; *BGH* NStZ-RR 2002, 105). Das Verhältnis der gegen die beiden angeklagten Ehepartner verhängten Strafen zueinander unterliegt der tatrichterlichen Beurteilung und bedarf von der Revision nicht angegriffen werden, es sei denn, es würde sich um eine **unerträgliche Diskrepanz** handeln (*BGH* MDR 1977, 808). Allerdings kann bei der Strafzumessung der Gesichtspunkt, dass gegen Mittäter verhängte Strafen auch in einem gerechten Verhältnis zueinander stehen sollten, nicht völlig außer Betracht bleiben (*BGH* StV 1981, 122; vgl. auch *BGH* NStZ 1983, 268). **Einerseits schließt der** *BGH* **eine vergleichende Strafzumessung aus. Andererseits** hat der *BGH* in zahlreichen Fällen den **Strafausspruch aufgehoben,** weil die Strafe das **für vergleichbare Fälle übliche Maß erheblich überschreite,** ohne dass dies an den Besonderheiten des Falles **verständlich gemacht** worden sei (*BGH* StV 1983, 237; *BGH* StV 1984, 151).

Alle aufgehobenen Urteile litten nach Auffassung des *BGH* an einem **Wer-** 246 **tungsfehler.** Je höher das Strafmaß des Tatrichters ausfällt, umso mehr prüft der *BGH*, ob das Strafmaß ausreichend und fehlerfrei begründet wurde. Der *BGH* stützt sich dabei auf das in der strafgerichtlichen Praxis übliche Maß vergleichbarer Fälle (vgl. *Theune* StV 1985, 208). *Theune* (StV 1985, 207) kritisiert mit Recht den unerfreulichen Zustand, dass bei vergleichbaren Taten, für die in etwa die gleichen Strafzumessungstatsachen festgestellt wurden, **in verschiedenen Landgerichtsbezirken,** ja vielfach **bei verschiedenen Strafkammern am gleichen Ort** nicht einmal annähernd gleich hohe, sondern **stark abweichende Strafen** verhängt werden. Obwohl es bei der Bemessung der schuldangemessenen Freiheitsstrafe innerhalb eines Strafrahmens keine Tarife und Taxen gibt, ist es häufig angewandten Strafrahmen möglich und nach dem Gerechtigkeitsgebot auch notwendig, die tatsächlich bereits entschiedenen Fälle der übrigen Abteilungen des *AG* oder der anderen Strafkammern des *LG* zum Vergleich bei der Strafzumessung heranzuziehen, **wenn man Schaden für die Rechtspflege und das Ansehen der Justiz vermeiden will** (vgl. hierzu auch *Körner* NStZ 1984, 222). **Mit der Revision** ist jedoch die Nichtberücksichtigung der örtlichen Rspr. vergleichbarer Fälle **nicht anfechtbar.**

V. Urteilsaufhebung im Strafausspruch

247 Wird ein Urteil im Strafausspruch aufgehoben, so bedeutet dies i.d.R. nicht, dass der neu entscheidende Richter nun zu einem niedrigeren oder höheren Strafmaß gelangen muss. Vielmehr muss der Strafausspruch **nunmehr fehlerfrei** begründet werden. Dabei kann das neu entscheidende Gericht **auch zum gleichen Strafmaß gelangen.** Hat das erstentscheidende Tatgericht aber erhebliche strafmildernde oder strafschärfende Gesichtspunkte nicht gewürdigt, so wird sich dies regelmäßig auch im Strafmaß des zweitentscheidenden Gerichts niederschlagen. Dem zweitentscheidenden Gericht ist es aber verwehrt, ihn bindende mehrdeutige Feststellungen so zu ergänzen, dass sich nunmehr ein zwar eindeutiges, für den Angeklagten aber nachteiliges Bild ergibt, und die neuen Feststellungen dann gegen den Angeklagten zu verwenden (*BGH* StV 1986, 142; *BGH* StV 1991, 19).

248 Hält der neu entscheidende Tatrichter eine **gleich hohe Strafe** wie im früheren Urteil für erforderlich, so hat er dies **eingehend zu begründen** (*BGH*, Beschl. v. 3.3. 1989, 4 StR 66/89). Wurde ein Urteil im Strafausspruch aufgehoben, so muss die Strafkammer deutlich machen, warum sie bei unverändertem Schuldumfang auf die gleiche Strafe erkannt hat, insb. wenn zusätzlich ein Geständnis und die Belastung durch überlange Verfahrensdauer hinzugetreten sind (*BGH* StV 1991, 19).

Kap. 4. Drogen im Straßenverkehr

Übersicht

Patzak

A. Vorbemerkungen

I. Statistiken

249   Das *Statistische Bundesamt* veröffentlicht jährlich Zahlen zu **Verkehrsunfällen unter dem Einfluss anderer berauschender Mittel.** Dabei merkt das Statistische Bundesamt regelmäßig an, dass von einer **hohen Dunkelziffer** auszugehen sei. Betrachtet man die letzten Jahre, so ergibt sich folgendes Bild:

Jahr	1996	1997	1998	1999	2000	2001	2002
Unfälle (insgesamt)	927	909	1.118	1.352	1.603	1.653	1.931
Unfälle (Personenschäden)	611	612	730	880	1.015	1.080	1.262

Jahr	2003	2004	2005	2006	2007	2008	2009
Unfälle (insgesamt)	2.109	2.220	1.989	2.011	2.008	2.125	1.774
Unfälle (Personenschäden)	1.409	1.521	1.373	1.372	1.415	1.487	1.320

250   Die deutliche Steigerung seit 1998 **bedeutet nicht einen verstärkten Drogenmissbrauch der Verkehrsteilnehmer,** sondern eine **erhöhte Aufklärung** aufgrund geänderter gesetzlicher Bestimmungen, besserer Drogentests und der intensiven Schulung von Polizeibeamten.

251   Das *Kraftfahrtbundesamt* veröffentlicht die Zahlen der Drogendelikte im Straßenverkehr ohne Alkoholdelikte. Diese Zahlen umfassen nicht nur Verkehrsunfälle, sondern **jegliche Drogendelikte im Verkehr.** Danach gab es folgende Fälle:

Jahr	1999	2000	2001	2002	2003	2004	2005	2006	2007	2008
Fall-zahlen	2.800	6.000	9.700	12.800	17.000	24.700	27.900	27.400	27.600	31.000

252   Auch in dieser Übersicht zeigt sich, dass **aufgrund verstärkter Kontrollen** der Polizei immer mehr Drogendelikte im Verkehr erkannt werden.

II. Untersuchungsmethoden

253   Ein Drogenkonsum ist mit **Urin-, Schweiß-, Haar- oder Blutproben** nachzuweisen. Als Testverfahren stehen z. B. Radio-Immuno-Assay (RIA), Enzym-Immuno-Assay (EIA), Fluoreszenz-Polarisations-Immuno-Assay (FPIA), Lumineszenz-Immuno-Assay (LIA), Ascent-Multi-Immuno-Assay (AMIA), Cloned-Enzyme-Donor-Immuno-Assay (CEDIA) oder Drug-Wipe-Tests zur Verfügung. Die **Drogenschnelltests** in Form von Schweiß- bzw. Wischtests (Drug-Wipe-Test) oder Urintests (z. B. der Mahsan-Test) sowie immunchemische Vortests von Untersuchungslaboren (Immunassays) reichen zur beweiskräftigen Bestimmung eines Drogeneinflusses jedoch nicht aus. Diese Tests zeigen möglicherweise auch noch ein positives Ergebnis an, wenn der Betroffene schon nicht mehr unter dem Einfluss einer psychoaktiven Substanz steht, z. B. kann bei Cannabis die psychoinaktive THC-Carbonsäure noch bis zu 9 Wochen nach dem Konsum zu einem positiven Ergebnis des Schnelltests führen (vgl. *dazu Berr/Krause/Sachs* Rn. 321 ff.). Zudem weisen die Schnelltests eine relativ hohe Fehlerquote auf und können verschiedene Substanzen einer Stoffgruppe nicht unterscheiden (*Daldrup* Blutalkohol 2011, 72, 77). Einen Schnelltest, der nicht auch Abbauprodukte, sondern nur aktiv wirkende Substanzen nachweist, gibt es zurzeit noch nicht (*Rochholz/Kaatsch* Blutalkohol 2011, 129, 131). Positive Testergebnisse bedürfen daher regelmäßig einer **bestätigenden und differenzierenden chemischen Untersuchung.** Als **Bestätigungsanalysen** kommen beispielsweise die Dünnschichtchromatographie (DC), die Gaschromatographie (GC), die Hochdruckflüssigkeitschromatographie (HPLC) oder die Massenspektrometrie (MS) in Betracht (vgl. *Schütz/Weiler* StV 1999, 452 ff.). Zum Nachweis, dass der Angeklagte zur Tatzeit unter dem Einfluss eines berauschenden Mittels stand, ist eine gaschromatografisch-massenspektrometrische Blutanalyse durch ein Untersuchungslabor erforderlich (s. hierzu Rn. 265). Die Betäubungsmittel sind dabei im Blut, aber auch im Urin unterschiedlich lange nachweisbar, wie sich aus der folgenden Zusammenstellung ergibt (*Schütz*, 1999, S. 79 ff.; vgl. auch *Weiler/Schütz* in HbBtMR § 8 Rn. 23 ff.):

Substanz	Nachweisdauer im Urin	Nachweisdauer im Blut
Amphetamine	ca. 1–3 Tage	ca. 6 Stunden
Cannabis	24–36 Stunden bei einmaligem Konsum 5 Tage bei gelegentlichem Konsum 10 Tage bei täglichem Konsum bis zu 90 Tagen bei chronischem Abusus	ca. 5–12 Stunden (THC) mehrere Tage bis wenige Wochen (THC-Carbonsäure)
Kokain	4 bis 12 Stunden (Kokain) 1–4 Tage (Benzoylecgonin)	6 Stunden
Opiate	2 bis 3 Tage	mehrere Stunden bis Tage (dosisabhängig)

III. Experimentelle Untersuchungen

1. Auswirkungen des Cannabiskonsums auf den Blutspiegel. a) Studie 254 von Huestis/Henningfield/Cone. *Huestis/Henningfield/Cone* haben im Jahr 1992 die Blutspiegel von THC und dessen Stoffwechselprodukten, das psychoaktive Hydroxy-THC (OH-THC) sowie die psychoinaktive THC-Carbonsäure (THC-COOH) untersucht, indem sie 6 männlichen Probanden Marihuana-Zigaretten mit zwei unterschiedlich hohen THC-Gehalten, 1,75 % THC und 3,55 % THC, konsumieren ließen, um dann in regelmäßigen Abständen Blutproben zu nehmen. Die Studie zeigt, dass beim Konsum höherer THC-Konzentrationen der Blutspiegel von THC und seinen Abbauprodukten zum einen steigt und zum anderen THC und seine Abbauprodukte länger nachweisbar sind, wie nachfolgende Untersuchungsergebnisse (Mittelwerte) zeigen (*Huestis/Henningfield/Cone* JAT 1992, 276 ff.):

Dosis	Analyt	Höchste Konzentration (ng/ml)	Zeit bis zur höchsten Konzentration (h)	Nachweisdauer (h)	Konzentration nach dem ersten Zug (ng/ml)
1,75 mg	THC	84,3	0,14	7,2	7,0
3,55 mg	THC	162,2	0,14	12,5	18,1
1,75 mg	OH-THC	6,7	0,25	4,5	0,2
3,55 mg	OH-THC	7,5	0,20	11,2	./.
1,75 mg	THC-COOH	24,5	2,43	84,0	0,2
3,55 mg	THC-COOH	54,0	1,35	152,0	0,2

255   **b) Maastricht-Studien.** In der sog. **1. Maastricht-Studie** haben *Möller/Kauert/Thönnes* u. a. im Jahr 2006 das Leistungsverhalten von 20 Gelegenheitskonsumenten nach dem Konsum von Cannabis untersucht. Auch sie haben den Wirkstoffverlauf von THC und seinen Abbauprodukten nach dem Rauchen von niedrig- und hochdosierten Cannabis-Zigaretten (17 mg bzw. 36 mg THC pro Joint) ermittelt. Unmittelbar nach Rauchende lagen die THC-Konzentrationen (Mittelwerte) bei der höheren Dosis bei 95,1 mg/ml und bei der niedrigeren Dosis bei 58 ng/ml. Nach 6 Stunden sanken die THC-Konzentrationen auf unter 2 ng/ml, bei 80% der Proben sogar unter 1 ng/ml. Im Einzelnen sieht das Untersuchungsergebnis (Mittelwerte) wie folgt aus (*Möller/Kauert/Thönnes* u. a. Blutalkohol 2006, 361 ff.; vgl. auch *Hettenbach/Kalus/Möller/Uhle* § 3 Rn. 109):

Zeit nach dem Rauchen	Serum					
	Bei Aufnahme von 36 mg THC			Bei Aufnahme von 17 mg THC		
	THC	HO-THC	THC-COOH	THC	HO-THC	THC-COOH
5	95,1	5,5	21,9	58,0	3,0	11,0
15	27,7	5,0	33,4	16,9	2,7	18,1
30	19,5	4,6	31,0	10,8	2,3	16,1
45	14,3	4,0	27,7	7,7	2,0	13,9
60	10,4	3,4	25,6	6,1	1,9	13,2
120	5,9	2,2	20,4	3,0	1,2	10,4
180	3,0	1,4	15,4	1,7	0,8	8,3
240	1,8	1,0	12,7	0,9	0,4	6,0
300	1,2	0,7	10,0	0,6	0,3	4,6
360	0,9	0,5	8,4	0,5	0,3	4,9

256   *Möller/Kauert/Thönnes* u. a. haben die Versuchsteilnehmer zudem **Leistungstests** unterzogen. Während der ersten 2 bis 3 Stunden nach dem Konsum (= THC-Werte zwischen 5 und 10 ng/ml) waren die Probanden in der Feinmotorik, in der Impulskontrolle und der Wahrnehmungs- sowie Denkfähigkeit signifikant beeinträchtigt. Bis zu 5 Stunden nach Konsumende (= THC-Werte von 2 bis 5 ng/ml) war noch eine Beeinträchtigung der Feinmotorik feststellbar, während bei Messwerten von unter 1 ng/ml keine Auffälligkeiten mehr nachweisbar waren.

257   Die **2. Maastricht-Studie** aus dem Jahr 2009 kam hinsichtlich der Blutkonzentrationen zu ähnlichen Ergebnissen (*Hettenbach/Kalus/Möller/Uhle* § 3 Rn. 115 ff.). Im Unterschied zur 1. Maastricht-Studie wurden neben 12 Gelegenheitskonsumenten auch 12 chronische Cannabiskonsumenten in die Versuche einbezogen. Die Leistungstests ergaben, dass die chronischen Konsumenten weitgehend unauffällig waren. Verglichen mit einer Placebogruppe war nur die Reaktionsfähigkeit der chronischen Konsumenten verringert. Die Gelegenheitskonsumenten dagegen schnitten bei allen Leistungstests deutlich schlechter ab.

B. Bußgeldvorschrift des § 24 a StVG

0,5 Promille-Grenze

24a (1) **Ordnungswidrig handelt, wer im Straßenverkehr ein Kraftfahrzeug führt, obwohl er 0,25 mg/l oder mehr Alkohol in der Atemluft oder 0,5 Promille oder mehr Alkohol im Blut oder eine Alko-**

holmenge im Körper hat, die zu einer solchen Atem- oder Blutalkoholkonzentration führt.

(2) ¹Ordnungswidrig handelt, wer unter der Wirkung eines in der Anlage zu dieser Vorschrift genannten berauschenden Mittels im Straßenverkehr ein Kraftfahrzeug führt. ²Eine solche Wirkung liegt vor, wenn
eine in dieser Anlage genannte Substanz im Blut nachgewiesen wird.
³Satz 1 gilt nicht, wenn die Substanz aus der bestimmungsgemäßen Einnahme eines für einen konkreten Krankheitsfall verschriebenen Arzneimittels herrührt.

(3) Ordnungswidrig handelt auch, wer die Tat fahrlässig begeht.

(4) Die Ordnungswidrigkeit kann mit einer Geldbuße bis zu dreitau-
send Euro geahndet werden.

(5) Das Bundesministerium für Verkehr, Bau und Stadtentwicklung
wird ermächtigt, durch Rechtsverordnung im Einvernehmen mit dem
Bundesministerium für Gesundheit und Soziale Sicherung und dem
Bundesministerium der Justiz mit Zustimmung des Bundesrates die Liste
der berauschenden Mittel und Substanzen in der Anlage zu dieser Vorschrift zu ändern oder zu ergänzen, wenn dies nach wissenschaftlicher
Erkenntnis im Hinblick auf die Sicherheit des Straßenverkehrs erforderlich ist.

Anlage (zu § 24 a)

Liste der berauschenden Mittel und Substanzen

Berauschende Mittel	Substanzen
Cannabis	Tetrahydrocannabinol (THC)
Heroin	Morphin
Morphin	Morphin
Cocain	Cocain
Cocain	Benzoylecgonin
Amfetamin	Amfetamin
Designer-Amfetamin	Methylendioxyamfetamin (MDA)
Designer-Amfetamin	Methylendioxyethylamfetamin (MDE)
Designer-Amfetamin	Methylendioxymetamfetamin (MDMA)
Metamfetamin	Metamfetamin

I. Tatbestände des § 24 a StVG

Mit Wirkung zum 1. 8. 1998 sind die Vorschriften zum Fahren unter Alkohol- **258**
oder Drogeneinfluss in einem neuen § 24 a StVG geregelt worden (StVG i. d. F. v.
27. 4. 1998 und 28. 4. 1998, BGBl. I, S. 795, 810). Als Ordnungswidrigkeit werden geahndet:

a) Nach **Abs. 1** das Führen eines Kraftfahrzeuges unter Alkoholeinfluss, wobei **259**
sich die bußgeldbewehrte Alkoholmenge über die Jahre verändert hat. Bis zum
31. 3. 2001 wurde noch zwischen einer Blutalkoholkonzentration von mindestens 0,5‰ und einer solchen von mindestens 0,8‰ im Blut (= mindestens
0,25 mg bzw. 0,40 mg Alkohol in der Atemluft) mit verschieden hohen Geldbu-

ßen unterschieden. Seit dem 1. 4. 2001 wird nur noch eine Blutalkoholkonzentration ab 0,5‰ vom Tatbestand erfasst.

260 b) Nach **Abs. 2** das Führen eines Kraftfahrzeuges unter dem Einfluss eines in der Anlage zu § 24a aufgezählten berauschenden Mittels (s. dazu Rn. 262ff.). Die ursprüngliche in der Anlage aufgeführten Mittel und Substanzen wurden durch Verordnung vom 6. 6. 2007 (BGBl. I, S. 1045) um Kokain, MDA und Methamphetamin (Metamfetamin) ergänzt.

261   Der Umstand, dass der Bußgeldtatbestand alkoholbeeinflusste Fahrer nur bei Erreichen eines bestimmten Blutalkoholgrenzwertes, Fahrer unter Drogeneinfluss bei jedem Quantum mit Bußgeld bedroht, **verstößt weder gegen den verfassungsrechtlich garantierten Gleichheitsgrundsatz, noch gegen das Rechtsstaatsprinzip, noch gegen den Verhältnismäßigkeitsgrundsatz.** Da nur beim Alkohol anerkannte Grenzwerte vorliegen, um gefährliche von ungefährlichen Verhaltensweisen abzugrenzen, konnte der Gesetzgeber bei Fahren unter Drogeneinfluss sich auf die nur wenige Stunden andauernde Nachweisbarkeit von unbestritten schädlichen Rauschmitteln im Blut beschränken. Der Gleichheitsgrundsatz gebietet es nicht, alle potentiell gefährlichen Stoffe in gleicher Weise zu verbieten oder zuzulassen. Vielmehr kann der Gesetzgeber auf den Einfluss unterschiedlicher Substanzen auf das Fahrverhalten unterschiedlich reagieren (*Bönke* NZV 1998, 393, 394f.; *Stein* NZV 1999, 441, 445f.). Die Vorschrift des § 24a Abs. 2 StVG ist **nicht verfassungswidrig;** sie verstößt weder gegen das **Übermaßverbot** noch gegen den **Gleichheitssatz** (*BVerfG* NJW 2005, 349 = NZV 2005, 270ff. = StV 2005, 383; *Zweibrücken* Blutalkohol 2002, 129; *BayObLG* NJW 2003, 1681 = NZV 2003, 252).

II. Führen von Kraftfahrzeugen unter Drogenwirkung

262   Nach § 24a Abs. 2 StVG wird derjenige mit Bußgeld bedroht, der **auch ohne Beeinträchtigung der Fahrsicherheit** unter Wirkung eines in der Anlage zu § 24a StVG genannten Rauschmittels im öffentlichen Straßenverkehr ein Kraftfahrzeug führt, sofern die Wirkung einer dieser Substanzen im Blut nachgewiesen wird. Es handelt sich um ein abstraktes Gefährdungsdelikt, das als Auffangtatbestand zu den §§ 316, 315c Abs. 1 Nr. 1 StGB die Sicherheit im Straßenverkehr erhöhen soll (vgl. BT-Drs. 13/3764, S. 4, 6).

263   **1. Führen von Kraftfahrzeugen im Straßenverkehr. Kraftfahrzeuge** sind nach § 1 Abs. 2 StVG Landfahrzeuge, die durch Maschinenkraft bewegt werden, ohne an Bahngleise gebunden zu sein. Der Bußgeldtatbestand gilt daher nicht für Fahrräder (wohl aber für Fahrräder mit Hilfsmotor und Mofas, *Hentschel/König/ Dauer* § 1 StVG Rn. 2), Schienenfahrzeuge, Flugzeuge oder Schiffe. **Geführt** wird ein Kraftfahrzeug, wenn es verantwortlich in Bewegung gesetzt wird (*Bremen* VRS 106, 426). Das ist nicht der Fall, wenn das Fahrzeug geschoben oder abgeschleppt wird. Zum **Straßenverkehr** zählen alle Vorgänge im öffentlichen Verkehrsraum. Ein Verkehrsraum ist wiederum öffentlich, wenn er entweder ausdrücklich oder mit stillschweigender Duldung des Verfügungsberechtigten für jedermann oder aber zumindest für eine allgemein bestimmte größere Personengruppe zur Benutzung zugelassen ist und auch so benutzt wird (vgl. BGHSt. 16, 7, 9f. = NJW 1961, 1124; *BGH* NJW 2004, 1695; *Hentschel/König/Dauer* § 1 StVO Rn. 13f.).

264   **2. Unter der Wirkung eines in der Anlage zu § 24a StVG genannten Mittels. a) Berauschende Mittel.** Als berauschende Mittel sind in der Anlage zu § 24a StVG aufgeführt: **Tetrahydrocannabinol, Morphin, Kokain, Benzoylecgonin, Methylendioxyamphetamin (MDA), Methylendioxyethylamphetamin (MDE), Methylendioxymethamphetamin (MDMA) und Methamphetamin.** Fährt jemand unter Einwirkung **anderer Rauschmittel** mit dem Pkw, z.B. unter dem Einfluss von synthetischen Cannabinoiden der JWH-Gruppe, so scheidet der Ordnungswidrigkeitentatbestand aus.

b) Unter der Wirkung. Der Fahrzeugführer steht „**unter der Wirkung**" ei- 265
nes dieser Betäubungsmittel, wenn die jeweilige psychoaktive Substanz vom Körper aufgenommen und noch nicht vollständig abgebaut wurde (*Stein* NZV 1999,
441; *ders.* NZV 2001, 485; *ders.* NZV 2003, 250; *Hentschel/König/Dauer* § 24a
StVG Rn. 21). Das ist nach Abs. 2 der Fall, wenn eine der unter Rn. 264 genannten Substanzen **im Blut nachgewiesen** wird (*BayObLG* NZV 2004, 267
= NStZ 2004, 703 = StV 2004, 323; *Karlsruhe* NZV 2007, 248); das bloße Mitführen der Rauschmittel oder ein positiver Urin- bzw. Schweißtest reichen ebenso wenig aus, wie der Nachweis der unwirksamen THC-Carbonsäure (*München*
NJW 2006, 1606; *Hamm* NZV 2001, 485 m. abl. Anm. *Stein*; *AG Saalfeld* NStZ
2004, 49).

c) Keine Ausfallerscheinungen notwendig. Eine konkrete **Fahrunsicher-** 266
heit und/oder eine geminderte Fahrtüchtigkeit müssen bei § 24a StVG nicht
festgestellt werden. § 24a StVG soll die Fälle erfassen, in denen zwar eine rauschmittelbedingte Beeinträchtigung der Leistungsfähigkeit als Kraftfahrer vorliegt, eine
strafrechtliche Ahndung nach § 316 StGB **wegen Fehlens von Beweisgrenz-**
werten für die **absolute Fahrunsicherheit** und wegen **Fehlens von nachweis-**
baren Ausfallerscheinungen (relative Fahrunsicherheit) nicht möglich ist
(vgl. dazu Rn. 291 ff.). Da die in der Anlage in § 24a Abs. 2 StVG genannten
Rauschmittel **regelmäßig Störungen bzw. Beeinträchtigungen der Fahr-**
tüchtigkeit hervorrufen, wird von einem Vorhandensein einer bestimmten Substanz im Zeitpunkt der Blutanalyse auf die Wirkung von bestimmten Rauschmitteln im Zeitpunkt des Fahrens geschlossen. Im Einzelnen kommt es u. a. zu
folgenden Beeinträchtigungen (*Patzak/Bohnen* Kap. 1, Rn. 7, 12, 16, 20; *Hentschel/*
König/Dauer § 24a StVG Rn. 19):

– **Cannabis**: Denk- und Wahrnehmungsstörungen, Gangunsicherheit, Verlangsa-
mung der Sinneseindrücke;
– **Heroin/Morphin**: Konzentrationsstörungen, Verlängerung der Reaktions-
zeit;
– **Kokain/Amphetamin/Methamphetamin**: Abnahme der Urteilsfähigkeit,
Müdigkeit, erhöhte Risikobereitschaft und Enthemmung.

d) Analytischer Grenzwert. Da der Gesetzgeber im Gegensatz zum Alkohol 267
keine bestimmte Wirkstoffmindestgrenze festgelegt hat, wurde teilweise angenommen, § 24a Abs. 2 StVG sei auch beim Nachweis nur geringster Spurenwerte
erfüllt (sog. Nullwertgrenze: *Zweibrücken* NStZ 2002, 95; *Zweibrücken*, Beschl. v.
13. 11. 2003, 1 Ss 215/03; *Stein* NZV 1999, 441, 445). Dem ist das *BVerfG* in
Bezug auf THC mit Beschluss vom 21. 12. 2004 (NJW 2005, 349) entgegen getreten und hat Entscheidungen der Vorinstanzen, die § 24a Abs. 2 StVG bei nachgewiesenen THC-Konzentrationen von weniger als 0,5 ng/ml bejaht hatten (*AG*
Kandel, Urt. v. 11. 11. 2003, 7084 Js 9433/00, und *Zweibrücken,* Beschl. v. 13. 11.
2003, 1 Ss 215/03), mit folgender Begründung aufgehoben: Angesichts der Tatsache, dass sich die Nachweisdauer für das Vorhandensein von THC in Blutproben
infolge technischen Fortschritts wesentlich erhöht hat, muss eine Konzentration
festgestellt werden, die es als möglich erscheinen lässt, dass der untersuchte Kraftfahrzeugführer am Straßenverkehr teilgenommen hat, obwohl seine Fahrtüchtigkeit eingeschränkt war; dies setzt eine THC-Konzentration von deutlich oberhalb
des Nullwerts voraus. Eine konkrete Wirkstoffgrenze (sog. **analytischer Grenz-**
wert) legte das *BVerfG* zwar selbst nicht fest, hat aber zu erkennen gegeben, dass es
entsprechend den Empfehlungen der ebenfalls vom *Bundesministerium für Verkehr* angesiedel-
ten Grenzwert-Kommission einen Grenzwert von 1 ng/ml THC bevorzugt, wobei
es offensichtlich die THC-Konzentration im **Blutserum** meint (*Weber* Vor
§§ 29 ff. Rn. 1513), die im Vergleich zum Vollblut doppelt so hoch ist (*Haase/Sachs*
NZV 2008, 221; *Berr/Krause/Sachs* Rn. 164; *Grotenhermen/Karus* S. 336). Die
aktuellen Empfehlungen der Grenzwert-Kommission, die bereits einen Sicherheitsabschlag enthalten, lauten wie folgt (Blutalkohol 2007, 311; vgl. *Patzak/Boh-*
nen Kap. 2, Rn. 133):

THC:	1 ng/ml	MDMA:	25 ng/ml
Morphin:	10 ng/ml	MDE/MDA:	25 ng/ml
Benzoylecgonin:	75 ng/ml	Amphetamin:	25 ng/ml
Cocain:	10 ng/ml	Metamphetamin:	25 ng/ml

268   **aa) Rspr. zu den einzelnen Substanzen**. Den vom *BVerfG* aufgestellten Grundsätzen und den Empfehlungen der Grenzwert-Kommission folgend hat die Rspr. die Grenzwerte für folgende Substanzen festgelegt:

– **THC**: 1 ng/ml (*Zweibrücken* NJW 2005, 2168 = StV 2005, 443; *Koblenz* RR 2005, 385; *Karlsruhe* NZV 2007, 248; *Frankfurt a. M.* NStZ-RR 2007, 249; *Brandenburg* Blutalkohol 2008, 125).

– **Amphetamin**: 25 ng/ml (*Zweibrücken* NJW 2005, 2168; *München* NStZ 2006, 535 = StV 2006, 531; *Celle* NStZ 2009, 711).

– **Benzoylecgonin**: 75 ng/ml (*Bamberg* Blutalkohol 2007, 253; *Hamm* NZV 2007, 248; *Zweibrücken* Blutalkohol 2009, 335, wonach § 24 a Abs. 2 StVG auch vorliegen kann, wenn der auf die Wirkung von Kokain hindeutende Blutanalysewert auf den Genuss des kokainhaltigen Teegetränkes „Mate de Coca" zurückzuführen ist).

– **Morphin**: 10 ng/ml (*Köln* DAR 2005, 699; *Bamberg* Blutalkohol 2007, 255).

– **Sonstige**: Soweit noch kein gerichtlich festgelegter Grenzwert vorliegt, sind ebenfalls die von der Grenzwert-Kommission vorgeschlagenen analytischen Grenzwerte für die jeweilige Substanz heranzuziehen.

269   **bb) Mehrere Substanzen unterhalb des Grenzwertes**. Mehrere nachgewiesene Substanzen i. S. d. § 24 a Abs. 2 StVG, die jeweils unter den analytischen Grenzwerten liegen, können nicht addiert werden. Es ist vielmehr zugunsten des Betroffenen davon auszugehen, dass – sofern keine weiteren Auffälligkeiten festgestellt werden (s Rn. 270) – alle Substanzen in Bezug auf die Fahrtüchtigkeit wirkungslos waren und somit auch keine relevante Kombinationswirkung auftreten kann (*Koblenz* NJW 2009, 1222).

270   **cc) Unterschreitung des Grenzwertes und Ausfallerscheinungen**. Auch bei Unterschreitung des analytischen Grenzwertes wird § 24 a Abs. 2 StVG teilweise unter der Bedingung bejaht, dass beim Betroffenen zusätzlich **wirkstofftypische Beeinträchtigungen** nachgewiesen werden (*Bamberg* [Senat] Blutalkohol 2007, 255: die Erreichung des analytischen Grenzwertes ist keine objektive Bedingung der Ahndbarkeit; *Celle* NStZ 2009, 711; a. M. *Bamberg* [Einzelrichter] Blutalkohol 2006, 238; *Zweibrücken* NZV 2005, 430 = Blutalkohol 2006, 235). Als Beeinträchtigungen sollen z. B. in Betracht kommen: vom Arzt festgestellte träge Pupillenreaktionen bei Tag oder bei Nacht, Intentionstremor bei Finger/Finger- und Finger/Nasenprobe oder ein massiv fehlerhaftes Zeitempfinden (*Haase/Sachs* NZV 2008, 221, 222; vgl. auch *München* NJW 2006, 1606). Dieser Rspr. ist entgegenzuhalten, dass zurzeit noch keine hinreichend gesicherten Erkenntnisse dafür vorliegen, dass bei Blutwerten unterhalb des analytischen Grenzwertes überhaupt eine Rauschmittelwirkung anzunehmen ist (so auch *Haase/Sachs* Rn. 529 ff., wohl auch *Hügel/Junge/Lander/Winkler* v. § 29 Rn. 4.4.2; vgl. *Burmann/Heß/Jahnke/Janker* § 24 a StVG Rn. 5 a). So kommt etwa die 1. Maastricht-Studie (s. Rn. 255 f.) für THC zu dem Ergebnis, dass unter 1 ng/ml keine signifikanten Beeinträchtigungen vorliegen. Zwar verlangt § 24 a Abs. 2 StVG als abstraktes Gefährdungsdelikt nur, dass die betreffende Substanz in einer Konzentration nachweisbar ist, die eine Beeinträchtigung der Fahrsicherheit zumindest als **möglich** erscheinen lässt. Dies ist aber mangels gesicherter naturwissenschaftlicher Erkenntnisse momentan nicht der Fall, so dass die vorhandenen Zweifel nicht zu Lasten des Betroffenen gehen dürfen (ebenso *Hettenbach/Kalus/Möller/Uhle* § 3 Rn. 182 b; *Berr/Krause/Sachs* Rn. 539 m. w. N.; *Wehowsky* Blutalkohol 2006, 125, 128). Hinzu kommt, dass die Feststellung von wirkstofftypischen Beeinträchtigungen des Fahrzeugführers, wie sie von der Rspr. gefordert wird, erheblich fehleranfällig ist. Festzustellen ist zunächst, dass im Rahmen des § 24a Abs. 2 StVG nur Beeinträchtigungen unterhalb der Schwelle der Ausfallerscheinungen i. S. d. §§ 315c, 316 StGB in Betracht kommen können, da ansonsten die Straftat vorläge. Gerade solche unterschwelligen Auffälligkeiten des Betroffenen können aber durchaus andere Ursachen als einen Drogeneinfluss haben (so auch *Haase/Sachs* Rn. 230), wie auch ein bei der *StA Trier* geführtes Verfahren exemplarisch zeigt (8032 Js 26.800/08). Dort hat der zuständige Polizeibeamte bei einer Verkehrskontrolle einen aktuellen THC-Einfluss eines Fahrzeugführers vermutet, da dieser einen verlangsamten Denkablauf aufwies und ein Mahsan-Drogentest positiv auf THC ausfiel. Der die Blutprobe entnehmende Arzt attestierte etwa 35 Minuten später eine gestörte Konvergenzreaktion, eine unsichere Kehrtwende beim Spitze-Hacke-Gang, ein Zittern beim Romberg-Steh-Test, eine unsichere Einbein-Steh-Probe, eine unsichere Finger-Finger- und Finger-Nase-Probe sowie einen deutlichen Drogen-/Medikamenteneinfluss. Das toxikologische Gutachten kam zu einem überraschenden Ergebnis: Da kein THC und kein Hydroxy-THC, sondern nur 17 ng/ml THC-Carbonsäure nachgewiesen werden konnte, war ein aktueller Cannabiseinfluss zum Blutentnahmezeitpunkt nicht in Betracht zu ziehen. Dieser Fall zeigt also, dass die Feststellungen von Polizeibeamten und Ärzten nicht zum Beleg eines wissenschaftlich noch nicht erwiesenen Rauschmitteleinflusses bei Blutwerten unterhalb der analytischen Grenzwerte herangezogen werden können.

dd) Substanznachweis nach dem Konsum von Lebensmitteln. Der Verzehr **271** von hanfhaltigen Lebensmitteln führt nicht zu einem positiven THC-Befund im Blut oder Urin (*Below/Rosenstock/Lignitz* Blutalkohol 2005, 442; *Möller* Blutalkohol 2004, 16, 19). Morphin wurde dagegen in verschiedenen wissenschaftlichen Studien nach dem Konsum mohnhaltiger Lebensmittel im Urin und Blut nachgewiesen (*Rochholz* u. a. Blutalkohol 2004, 319; *Trafkowski/Musshoff/Madea* Blutalkohol 2005, 431; *Westphal* u. a. Blutalkohol 2006, 14; *Hügel/Junge/Lander/Winkler* v. § 29 Rn. 4.4.2; s. auch *Sproll/Lachenmeier* Blutalkohol 2007, 360), allerdings kann der Grenzwert von 10 mg/ml Morphin im Blut nur durch den Konsum unrealistisch großer Menge an Mohnsamen oder -kuchen erreicht werden (*Eisenmenger* NZV 2006, 24, 26).

ee) Substanznachweis nach dem Passivkonsum von Cannabis. *Schim-* **272** *mel/Drobnik/Röhrich* u. a. (Blutalkohol 2010, 269 ff.) haben untersucht, wie sich der Passivkonsum von Haschisch und Marihuana in Urin- und Blutproben niederschlägt. Dazu haben sie in einem Selbstversuch mit 8 Personen mehrere Stunden in einem Coffeeshop in den Niederlanden verbracht, passiv Cannabis konsumiert und zu verschiedenen Zeiten Urin- und Blutproben genommen. Das Ergebnis: Keine Urinprobe überschritt die Cutoff-Konzentration von 25 ng/ml, so dass eine Urinprobe bei einer Verkehrskontrolle nicht positiv anzeigen dürfte. Die THC-Werte im Blut lagen alle unter der für eine Ordnungswidrigkeit nach § 24a Abs. 2 StVG notwendigen Grenze von 1 ng/ml.

3. Ausnahme bei Einnahme eines verschriebenen Arzneimittels. Die **273** Ordnungswidrigkeit nach § 24a Abs. 2 scheidet aus, wenn der festgestellte Drogeneinfluss darauf zurückzuführen ist, dass das Betäubungsmittel dem Betroffenen für einen konkreten Krankheitsfall verschrieben wurde (Abs. 2 S. 3; *Riemenschneider/Paetzold* DAR 1997, 60 ff.). Die Ausnahme fällt jedoch weg, wenn das Betäubungsmittel missbräuchlich, d. h. nicht bestimmungsgemäß eingenommen wurde (*Hentschel/König/Dauer* § 24a StVG Rn. 22). Die Arzneimittelklausel war nicht unumstritten, weil auch vom Arzt verschriebene Substanzen die gleichen negativen Wirkungen auf die Sicherheit des Straßenverkehrs haben können wie illegale Rauschmittel. Es setzt sich aber die Auffassung durch, dass bei medikamentösem Einsatz der Droge eine Gefährdung des Straßenverkehres nur bei Missbrauch, aber nicht bei indizierter Einnahme der Substanzen drohe.

4. Subjektiver Tatbestand. § 24a Abs. 2 StVG kann vorsätzlich und fahrlässig **274** (Abs. 3) verwirklicht werden:

275   **a) Vorsatz.** Der Vorsatz braucht sich nur auf das Fahren unter der Wirkung der genannten Substanzen erstrecken, nicht aber auf die Nachweisbarkeit (*Hentschel/König/Dauer* § 24a StVG Rn. 26a). Erforderlich ist, dass der Betroffene die Möglichkeit fortdauernder Wirkung des Rauschmittelkonsums **zum Tatzeitpunkt** erkannte oder eine solche zumindest billigend in Kauf nahm (vgl. *Hamm* NStZ 2005, 709 = NZV 2005, 428).

276   **b) Fahrlässigkeit.** Fahrlässigkeit liegt vor, wenn der Betroffene bei Beachtung der ihm nach den Umständen möglichen und zumutbaren Sorgfalt die fortdauernde Rauschmittelwirkung bei Antritt der Fahrt hätte erkennen können und müssen (*Saarbrücken* NJW 2007, 309, 311; *Hentschel/König/Dauer* § 24a StVG Rn. 25b). Es ist nicht notwendig, dass er zu einer exakten physiologischen und biochemischen Einordnung der Wirkweise in der Lage ist oder einen messbaren Wirkstoffeffekt verspürt hat oder für möglich hält, zumal er die Unberechenbarkeit von Rauschdrogen in Bedacht nehmen muss (*Saarbrücken* NJW 2007, 309, 311; *Berlin* Blutalkohol 2009, 415; *Jena* Blutalkhol 2010, 247; *König* NStZ 2009, 425, 426; *Weber* Vor §§ 29ff. Rn. 1517). Danach ist (jedenfalls) die Fahrlässigkeit regelmäßig zu bejahen, wenn beim Betroffenen verhältnismäßig **hohe Wirkstoffkonzentrationen** festgestellt wurden, die auf eine relativ geringe Zeitspanne zwischen Konsum und Fahrantritt hindeuten. So hat das *OLG Bremen* (NZV 2006, 726) bei 44 ng/ml THC bewusste Fahrlässigkeit angenommen, ungeachtet dessen, dass der Betroffene zwischen Cannabiskonsum und Führen des Pkw eine Nacht geschlafen haben will. Problematisch sind die Fälle, in denen nur **Wirkstoffkonzentrationen in Höhe des analytischen Grenzwertes** nachgewiesen werden können und der Betroffene angibt, der Drogenkonsum liege längere Zeit (ab etwa 20 Stunden) zurück. Hier kann jedoch nichts anderes gelten, denn selbst wenn man der Einlassung des Betroffenen Glauben schenken will, obliegt es dessen Sorgfaltspflicht, erst dann mit einem Fahrzeug am Straßenverkehr teilzunehmen, wenn er sich in einem verkehrsfähigen Zustand befindet (*Hentschel/König/Dauer* § 24a StVG Rn. 25b; *Burmann/Heß/Jahnke/Janker* § 24a StVG Rn. 7a; *König* DAR 2007, 626; *ders.* NStZ 2009, 425, 428; *Kraatz* DAR 2011, 1, 5; a.M. *Hamm* NJW 2005, 3298 [6,9 ng/ml THC]; *Saarbrücken* NJW 2007, 1373 [2 ng/ml THC]; *Frankfurt* NStZ-RR 2007, 249 [1 ng/ml THC]; *Celle* NStZ 2009, 710 [2,7 ng/ml THC]; *Häcker* Blutalkohol 2011, 80ff.; vgl. auch *Daldrup* Blutalkohol 2011, 72ff., wonach der Nachweis von 1 ng/mL THC bei einem einmaligen oder gelegentlichen Konsum ausreicht, um einen zeitnahe Konsum nachzuweisen, bei einem regelmäßigen/täglichen Konsum aber auch ein Zeitintervall von einem Tag zwischen Aufnahme und Fahrtantritt möglich sein kann). Der Vorwurf der Fahrlässigkeit kann in diesen Fällen in der Regel nur dann entfallen, wenn dem Betroffenen Betäubungsmittel ohne seine Kenntnis verabreicht wurden und er zum Zeitpunkt der Drogenfahrt noch keine Wirkung verspürt. Erfolgte die Aufnahme der Rauschmittel durch das Trinken aus einem fremden Glas in einem von der Drogenszene frequentierten Lokal, liegt auch bei einem unbeabsichtigten Konsum eine fahrlässige Begehungsweise i. S. d. § 24a StVG vor (*Berlin* NZV 2003, 250 m. Anm. *Stein*).

277   **5. Konkurrenzen.** § 24a StVG ist ein **Dauerdelikt**, d.h. die gesamte Fahrt ist als einheitliche Tat im materiell-rechtlichen Sinne zu werten, auch wenn der Fahrzeugführer die Fahrt mit dem Ziel anschließender Weiterfahrt kurzzeitig unterbricht (*AG Lüdingshausen* NZV 2007, 485; NZV 2008, 419; NZV 2010, 365; *Burmann/Heß/Jahnke/Janker* § 24a StVG Rn. 12). Fährt der Betroffene sowohl unter Alkoholeinwirkung i. S. d. Abs. 1 als auch unter Rauschmitteleinwirkung nach Abs. 2, liegt **Tateinheit** vor. Zwischen dem unerlaubten Besitz von Betäubungsmitteln und der zeitgleich begangenen Ordnungswidrigkeit nach Abs. 2 StVG besteht verfahrensrechtlich keine Tatidentität i. S. d. § 264 StPO, sondern **Realkonkurrenz,** wenn das Mitsichführen der Betäubungsmittel im Kraftfahrzeug in keinem inneren Beziehungs- bzw. Bedingungszusammenhang mit dem Fahrvorgang steht (*BGH* NStZ 2004, 694 m. Anm. *Bohnen* = NZV 2005, 52 = StV 2005, 256; BGHR StVG § 24a Abs. 2 = Blutalkohol 2009, 210; *BGH* NStZ 2009, 705

= StraFO 2009, 288; a. A. *Oldenburg* StV 2002, 240). Entscheidend ist hier also der **Zweck der Fahrt**. Diente die Fahrt dem Drogentransport, ist strafprozessuale Tatidentität und damit auch Tateinheit gegeben (BGHR StVG § 24a Abs 2 = Blutalkohol 2009, 210; *Patzak/Bohnen* Kap. 2, Rn. 147 f.) mit der Folge, dass die Ordnungswidrigkeit gem. § 21 Abs. 1 S. 1 OWiG hinter die Straftat zurücktritt; das Fahrverbot kann nach § 21 Abs. 1 S. 2 OWiG dennoch verhängt werden. Hat der unter Drogeneinfluss stehende Fahrzeugführer die Betäubungsmittel nur beiläufig mit sich geführt, liegen zwei Taten im strafprozessualen und auch im materiell-rechtlichen Sinne vor, da die objektiven tatbestandlichen Ausführungshandlungen dieser beiden Delikte sich nicht einmal teilweise decken; sie stellen bei natürlicher Betrachtungsweise – ungeachtet der zeitlichen Überschneidung bei der Tatbegehung – **zwei selbstständige, auf gesondert gefassten Tatentschlüssen beruhende körperliche Willensbetätigungsakte** dar. Beide Tatbestände knüpfen zwar an die Existenz eines Betäubungsmittels (im Blut bzw. als körperliche Sache) an, greifen aber in ihrer Struktur nicht ineinander (*LG München* NZV 2001, 359; *BGH* NStZ 2004, 694 m. Anm. *Bohnen* = NZV 2005, 52 = StV 2005, 256).

III. Rechtsfolgen

1. Bußgeldrahmen. Vorsätzliche Verstöße gegen § 24a StVG können mit einem Bußgeld mit bis zu 3.000 Euro geahndet werden. Bei fahrlässiger Begehungsweise (Abs. 3) reduziert sich das Bußgeld nach § 17 Abs. 2 OWiG auf maximal 1.500 Euro. Gemäß § 31 Abs. 2 Nr. 4 OWiG beträgt die Verjährungsfrist sowohl bei Vorsatz als auch bei Fahrlässigkeit 6 Monate. Der Bußgeldkatalog sieht für den Erstverstoß ein Bußgeld von 500 Euro vor. Hat der Betroffene bereits eine Eintragung im Verkehrszentralregister nach § 24a StVG, § 316 oder § 315c Abs. 1 Nr. 1 a) StGB, erhöht es sich auf 1.000 Euro, bei mehreren Voreintragungen auf 1.500 Euro (Nr. 242 BKatV). **278**

2. Fahrverbot. Nach § 25 Abs. 1 S. 2 StVG tritt neben das Bußgeld regelmäßig ein Fahrverbot als Denkzettel- und Besinnungsmaßnahme (*Hentschel/König/Dauer* § 25 StVG Rn. 11). Davon kann nur ausnahmsweise abgesehen werden, nämlich wenn die Tatumstände so aus dem Rahmen üblicher Begehungsweise fallen, dass die Vorschrift über das Regelfahrverbot offensichtlich nicht darauf zugeschnitten ist, oder wenn die Anordnung eine ganz außergewöhnliche Härte für den Betroffenen darstellen würde (*Hentschel/König/Dauer* § 25 StVG Rn. 18). Trifft § 24a Abs. 2 StVG bei gleichzeitiger Erfüllung eines Straftatbestandes zurück, kann das Fahrverbot nach § 21 Abs. 1 S. 1 OWiG weiterhin verhängt werden. Der Bußgeldkatalog sieht für den Ersttäter ein Fahrverbot von 1 Monat vor, bei Wiederholungstätern 3 Monate (Nr. 242 BKatV). **279**

C. Strafbarkeit nach den §§ 316, 315 c StGB

Gefährdung des Straßenverkehrs

315c (1) Wer im Straßenverkehr

1. ein Fahrzeug führt, obwohl er
a) infolge des Genusses alkoholischer Getränke oder anderer berauschender Mittel oder
b) infolge geistiger oder körperlicher Mängel
nicht in der Lage ist, das Fahrzeug sicher zu führen, oder
2. grob verkehrswidrig und rücksichtslos
a) die Vorfahrt nicht beachtet,
b) falsch überholt oder sonst bei Überholvorgängen falsch fährt,
c) an Fußgängerüberwegen falsch fährt,

   d) **an unübersichtlichen Stellen, an Straßenkreuzungen, Straßenein-
mündungen oder Bahnübergängen zu schnell fährt,**

   e) **an unübersichtlichen Stellen nicht die rechte Seite der Fahrbahn
einhält,**

   f) **auf Autobahnen oder Kraftfahrstraßen wendet, rückwärts oder entgegen der Fahrtrichtung fährt oder dies versucht oder**

   g) **haltende oder liegengebliebene Fahrzeuge nicht auf ausreichende
Entfernung kenntlich macht, obwohl das zur Sicherung des Verkehrs erforderlich ist,**

**und dadurch Leib oder Leben eines anderen Menschen oder fremde Sa-
chen von bedeutendem Wert gefährdet, wird mit Freiheitsstrafe bis zu
fünf Jahren oder mit Geldstrafe bestraft.**

   (2) **In den Fällen des Absatzes 1 Nr 1 ist der Versuch strafbar.**

   (3) **Wer in den Fällen des Absatzes 1**

1. die Gefahr fahrlässig verursacht oder

2. fahrlässig handelt und die Gefahr fahrlässig verursacht,
   wird mit Freiheitsstrafe bis zu zwei Jahren oder mit Geldstrafe bestraft.

Trunkenheit im Verkehr

316   (1) **Wer im Verkehr (§§ 315 bis 315 d) ein Fahrzeug führt, obwohl
er infolge des Genusses alkoholischer Getränke oder anderer berauschender Mittel nicht in der Lage ist, das Fahrzeug sicher zu führen,
wird mit Freiheitsstrafe bis zu einem Jahr oder mit Geldstrafe bestraft,
wenn die Tat nicht in § 315 a oder § 315 c mit Strafe bedroht ist.**

   (2) **Nach Absatz 1 wird auch bestraft, wer die Tat fahrlässig begeht.**

I. Tathandlungen

280   **1. § 316 StGB.** Tathandlung i. S. d. **§ 316 StGB** ist das Führen eines Fahrzeuges im Verkehr im Zustand der rauschbedingten Fahruntüchtigkeit, entweder unter
Einwirkung des Alkohols oder anderer berauschender Mittel. Dem Tatbestand
unterfallen neben Kraftfahrzeugen auch Fahrräder, Motorräder, Schiffe und Flugzeuge (*Fischer* § 316 StGB Rn. 4). Das Fahrzeug muss gesteuert werden, ein Schieben oder Abschleppen eines Fahrzeugs reicht nicht aus. Es handelt sich um ein
abstraktes Gefährdungsdelikt. Geschütztes Rechtsgut ist die Sicherheit des
Verkehrs. Die Tat ist eigenhändiges Delikt und kann sowohl im **Luftverkehr,** im
Eisenbahnverkehr, im **Schifffahrtsverkehr** als auch im **Straßenverkehr** begangen werden.

281   **2. § 315 c StGB.** Tathandlung i. S. d. **§ 315 c StGB** ist das Führen eines Fahrzeuges in fahruntüchtigem Zustand und die gleichzeitige Gefährdung eines anderen an Leib oder Leben oder einer fremden Sache von bedeutendem Wert. Die
Vorschrift umfasst nur Taten im Straßenverkehr, bei entsprechenden Gefährdungen
im Bahn-, Schiffs- und Luftverkehr greift § 315 a StGB ein. § 315 c StGB ist ein
konkretes Gefährdungsdelikt und **ein eigenhändiges Delikt.**

II. Andere berauschende Mittel

282   Nach höchstrichterlicher Rspr. sind neben Alkohol andere berauschende Mittel
solche, die **in ihren Auswirkungen denen des Alkohols vergleichbar** sind
und zu einer Beeinträchtigung des Hemmungsvermögens sowie der intellektuellen
und motorischen Fähigkeit führen (*BGH* VRS 53, 356; *Köln* VRS 80, 451; *Ger-
chow* Blutalkohol 1987, 238). Dabei handelt es sich vornehmlich um folgende Mittel:

283   **1. Betäubungsmittel.** Zu den berauschenden Mitteln i. S. d. § 316 Abs. 1
StGB zählen zum einen die in den Anlagen I bis III zu § 1 Abs. 1 BtMG aufge-

führten Betäubungsmittel, insb. **Haschisch, Marihuana, Amphetamin, Heroin, Kokain und Polamidon,** da diese in ihren Auswirkungen denen des Alkohols vergleichbar sind (vgl dazu *BGH* VRS 53, 356; *Düsseldorf* NZV 1993, 276; NZV 1994, 326; *Hentschel/König/Dauer* § 316 StGB Rn. 57 ff.; *Burmann/Heß/ Jahnke/Janker* § 316 StGB Rn. 27).

2. Arzneimittel. Den anderen berauschenden Mitteln i. S. d. §§ 315 c, 316 unterfallen auch **Medikamente,** die nicht als Betäubungsmittel i. S. d. BtMG eingestuft sind, aber das zentrale Nervensystem (Gehirn, Rückenmark) beeinflussen. Diese Medikamente sind nicht in einer Positivliste verzeichnet. Angesichts der Vielzahl der Arzneimittel und der Fluktuation auf dem Arzneimittelmarkt wäre eine solche Liste nie vollständig und auf dem neuesten Stand. Zur Beurteilung, ob Medikamente in der eingenommenen Dosierung oder Kombination eine berauschende Wirkung haben, ist in der Regel die Einholung eines Sachverständigengutachtens notwendig (*Köln* NZV 1991, 158 [zu Rohypnol® und Codein]; *Stuttgart* NJW 1966, 410 [zu Librium®]; *Düsseldorf* VM 1978, Nr 97 [zu Mandrax]; *Köln* Blutalkohol 1977, 124 [zu Numinal und Valium® in nicht festgestellter Menge]). Bejaht wurde die Rauschmittel-Eigenschaft im jeweiligen Einzelfall bei folgenden Medikamenten:

– **Lexotanil®:** *BayObLG* NZV 1990, 317; *Hamburg* Blutalkohol 1982, 470; *Celle* NJW 1986, 2385 = Blutalkohol 1986, 224 ff.;
– **Dolviran®:** *Koblenz* NJW 1980, 1910,
– **Eusedon:** *AG Köln* Blutalkohol 1981, 263 m Anm *Schewe,*
– hochdosierte **Appetitzügler:** *LG Freiburg* NStZ-RR 2007, 186 = NZV 2007, 378,
– **Valium®:** *Frankfurt* Blutalkohol 1979, 407 [bei Einnahme von 25 bis 30 Tabletten Valium® 5]; einschränkend *Hamm* Blutalkohol 1978, 454. Wie Valium® können sämtliche zu der **Benzodiazepin-Reihe** gehörenden Monopräparate aufgrund ihrer dem Alkohol vergleichbaren Wirkung als andere berauschende Mittel bezeichnet werden; Einschränkungen können sich aber bei Kombinationspräparaten ergeben (*Harbort* NZV 1997, 209, 212 ff.)

Es muss festgestellt werden, dass der Angeklagte zur Tatzeit **unter dem Einfluss eines berauschenden Mittels** stand. Dies kann nur mittels **einer gaschromatografisch-massenspektrometrischen Blutanalyse** durch ein Untersuchungslabor geschehen (vgl. dazu Rn. 253). Zwar ist es für den Tatrichter auch möglich, ohne eine Blutprobe nur aus bestimmten Indizanzeichen auf eine **drogenbedingte Fahruntüchtigkeit** zu schließen. Entsprechend der zu dieser Problematik bei den Trunkenheitsdelikten ergangenen Rspr. (*Koblenz* VRS 50, 288; *Hamm* VRS 59, 40) ist dies jedoch nur bei zweifelsfreier Feststellung sonstiger Umstände, die auf eine rauschmittelbedingte Fahruntüchtigkeit schließen lassen, möglich (*Fischer* § 316 StGB Rn. 37).

III. Begriff der Fahruntüchtigkeit

Fahruntüchtigkeit setzt voraus, dass die Gesamtleistungsfähigkeit des Fahrzeugführers infolge Enthemmung sowie geistig-seelischer und körperlicher Ausfälle soweit herabgesetzt ist, dass er nicht mehr fähig ist, sein **Fahrzeug im Straßenverkehr** eine längere Strecke, und zwar auch bei plötzlichem Eintritt schwieriger Verkehrslagen, sicher zu steuern (BGHSt. 13, 83; *BGH* NJW 1959, 1047; BGHSt. 44, 219 = NZV 1999, 48; vgl. **für Radfahrer** *BayObLG* VRS 66, 203; VRs 83, 191). Unterschieden wird zwischen absoluter und relativer Fahruntüchtigkeit

1. Absolute Fahruntüchtigkeit. Bei absoluter Fahruntüchtigkeit wird ab einem bestimmten Beweisgrenzwert unwiderlegbar vermutet, dass der Täter nicht in der Lage ist, ein Kraftfahrzeug im Straßenverkehr sicher zu führen.

288   **a) Bei Alkohol.** Beim Alkohol war die Rspr. aufgrund guter Quantifizierbarkeit, bekannten Stoffwechselverhaltens sowie überprüfbarer und bedingt reproduzierbarer Wirkungsweise in der Lage, klare Grenzwerte einer Blutalkoholkonzentration festzulegen, bei der der Betreffende in seiner psycho-physischen Leistungsfähigkeit so vermindert und in seiner Gesamtpersönlichkeit so wesentlich verändert ist, dass er den Anforderungen des Verkehrs nicht mehr durch rasches, angemessenes und zielbewusstes Handeln zu genügen vermag (BGHSt. 37, 89 = NStZ 1990, 491; BGHSt. 44, 219, 221 = NJW 1999, 226). Bei Führern von Kraftfahrzeugen hat die höchstrichterliche Rspr. **eine Beweisvermutung für eine Blutalkoholkonzentration von 1,1‰** geschaffen. Bei 1,1‰ muss dem Fahrzeuglenker nicht mehr nachgewiesen werden, dass er infolge der Trunkenheit fahruntüchtig war. Er gilt als absolut fahruntüchtig (BGHSt. 37, 89 = NStZ 1990, 491). Bei Radfahrern gilt eine Blutalkoholkonzentration von 1,6‰ (*Hamm* NZV 1992, 198; 1998, 161; *Karlsruhe* NStZ-RR 1997, 356; vgl. auch *BayObLG* NJW 1992, 1906).

289   **b) Nach Einnahme von anderen berauschenden Mitteln.** Anders als beim Alkohol mangelt es nach wie vor an Erfahrungswerten, um die Beeinträchtigung der Fahrtüchtigkeit nach Betäubungsmittel- oder Arneimittelkonsum exakt zu beschreiben. Es hilft auch nicht weiter, dass nach allgemeiner Auffassung die Abhängigkeit von einem Rauschgift die Fähigkeit zum Führen eines Kraftfahrzeuges aufhebt (*Nobel* Kriminalistik 1985, 130, 149; *Täschner* SuchtG 1989, 254, 258; zum Gefährdungspotential von Benzodiazepinen: *Harbort* NZV 1997, 209 ff; zur Beeinträchtigung der Verkehrssicherheit durch die Einnahme von Amphetaminen und Amphetaminderivaten: *Harbort* NZV 1998, 15 ff; *Schreiber* Kriminalistik 1997, 737). Es gibt bisher **keine zuverlässigen medizinischen Erkenntnisse,** ab welcher Menge Wirkstoff im Blut durch ein bestimmtes Betäubungsmittel eine so starke Beeinflussung des Menschen eintreten würde, dass er nicht mehr in der Lage wäre, ein Kraftfahrtzeug im Straßenverkehr sicher zu führen (BGHSt. 44, 219, 221 = NJW 1999, 226; *BGH*, Beschl. v. 7. 10. 2008, 4 StR 272/08 = BeckRS 2009, 5128). Damit gibt es bei anderen berauschenden Mitteln i. S. d. §§ 315 c, 316 StGB jedenfalls zurzeit auch **keinen dem Alkohol vergleichbaren „absoluten" Grenzwert für eine Fahruntüchtigkeit** (für **Opiate**: *Frankfurt* NZV 1992, 289; *BGH* NJW 1999, 226; für **Kokain:** *BGH* NJW 1999, 226; a. A. *AG Tiergarten* Blutalkohol 2010, 248 [352 ng/ml Benzoylecgonin]; für **Amphetamin:** vgl. *AG Bielefeld* NZV 2008, 420; für **MDE:** *Düsseldorf* NStZ-RR 2000, 12; für **Methamphetamin**: *BGH* StV 2009, 359; für **Benzodiazepine**: *BGH* NStZ 2001, 245; für **THC:** BGHSt. 44, 219, 224 f. = NZV 1999, 48, 49; *Köln* NJW 1990, 2945 = NZV 1990, 439 = StV 1992, 167; *Zweibrücken* NStZ-RR 2004, 149 = StV 2004, 322; *Naumburg* NJW 2005, 3505 = NZV 2006, 98; *Jena* Blutalkohol 2008, 75; *Saarbrücken* Blutalkohol 2011, 41). Auch der sog. **Cannabis-Influence-Factor (CIF),** eine von Wissenschaftlern entwickelte mathematische Formel zur Berechnung der Fahruntüchtigkeit nach dem Konsum von Cannabis (vgl. dazu *Berr/Krause/Sachs* Rn. 192 ff.), kann nicht zur Bestimmung einer absoluten Fahruntüchtigkeit herangezogen werden (*Naumburg* NZV 2006, 98; *Thüringen* Blutalkohol 2008, 75; a. A. *AG Moers* Blutalkohol 2004, 276; *AG Greifswald* Blutalkohol 2007, 43). Es bedarf neben dem Nachweis von Drogenwirkstoffen im Blut vielmehr der Feststellung **weiterer aussagekräftiger Beweisanzeichen,** um eine **relative Fahruntüchtigkeit** zu begründen (BGHSt. 44, 219, 222 = NJW 1999, 226; *BGH* NZV 2008, 528 m. Anm. *König* NZV 2008, 49; *Hamm* Blutalkohol 2010, 433; *Saarbrücken* Blutalkohol 2011, 41). Andernfalls greift der eigens für diese Fälle geschaffene § 24 a Abs. 2 StVG ein.

290   **c) Nach Mischkonsum von Alkohol und anderen berauschenden Mitteln.** Solange ein Alkoholwert von unter 1,1‰ vorliegt, führt auch die zusätzliche Einnahme von anderen berauschenden Mitteln nicht zu einer absoluten Fahruntüchtigkeit; auch hier sind weitere Auffälligkeiten zur Bejahung einer **relativen Fahruntüchtigkeit** notwendig (*München* StV 1997, 255 ff. [0,89‰ Alkohol und

0,51 mg/L Benzoylecgonin]; *Düsseldorf* NStZ-RR 2000, 12 = NZV 1999, 174 [0,81‰ Alkohol und 63 ng/ml MDE]; *Berlin*, Beschl v 6. 2. 2004, (3) 1 Ss 392/01 [0,67‰ Alkohol und 8,2 ng/ml Kokain]; *Naumburg* NJW 2005, 2505 = NZV 2006, 98 [0,61‰ Alkohol und THC]).

2. Relative Fahruntüchtigkeit. Eine relative Fahruntüchtigkeit liegt vor, **291** wenn abgesehen von der durch berauschende Mittel bewirkten Beeinträchtigung der Leistungsfähigkeit des Konsumenten erst **weitere festgestellte Tatsachen** erweisen, dass der Genuss dieser Mittel in der konkreten Verkehrssituation zu dessen Fahruntüchtigkeit geführt hat (sog. Ausfallerscheinungen, BGHSt. 31, 42 = NJW 1982, 2263; *BGH* NStZ 1999, 407 m Anm *Schreiber* NJW 1999, 1770; *BGH* NZV 2008, 528; *BGH* StV 2009, 359; *Köln* NJW 1990, 2945; *Frankfurt* NStZ-RR 2002, 17; *Zweibrücken* NStZ-RR 2004, 247 = NZV 2005, 164; *Fischer* § 316 StGB Rn. 39). Die verkehrsspezifischen Untauglichkeitsindizien dürfen deshalb nicht lediglich eine allgemeine Drogenenthemmung erkennen lassen, sondern müssen sich unmittelbar auf die Beeinträchtigung der Fahreignung beziehen. Die Anforderung an Art und Ausmaß drogenbedingter Ausfallerscheinungen sind jedoch geringer, je höher die im Blut festgestellte Wirkstoffkonzentration ist; bei nur einem Beweisanzeichen muss dies besonders gravierend sein und zuverlässig festgestellt worden sein (BGHSt 44, 219 = NJW 1999, 226, 227; *Zweibrücken* NStZ-RR 2004, 247 = NZV 2005, 164; vgl. *Koblenz* NStZ-RR 2005, 245).

a) Fahrfehler. Als Ausfallerscheinung, die die Annahme einer relativen Fahrun- **292** tüchtigkeit begründen kann, kommt zunächst ein **auffälliges Fahrverhalten** in Betracht, das sich in **ungewöhnlichen Fahrfehlern** oder einer **regelwidrigen, besonders sorglosen, riskanten oder leichtsinnigen Fahrweise** zeigen kann (BGHSt 44, 219, 225 f. = NJW 1999, 226, 227; *Köln* NJW 1990, 2945 = StV 1992, 167; *Düsseldorf* NZV 1993, 276 = StV 1993, 312 ff; *Zweibrücken* StV 2003, 624). Beispiele für Fahrfehler sind:

– Auffahrunfall und Überfahren einer roten Lichtzeichenanlage (*Saarbrücken* NJW 2008, 1396),
– Übersehen des Haltesignals eines Polizeibeamten durch einen langjährigen Berufskraftfahrer (*Frankfurt* NZV 1995, 116),
– unmotivierte Lenkbewegungen (*Jena* Blutalkohol 2008, 75),
– erhebliches Unterschreiten des Sicherheitsabstandes trotz schlechter Sicht infolge starken Regens über einen längeren Zeitraum (*LG Trier*, Urt. v. 7. 7. 2008, 8002 Js 23773/07.7Ns),
– Fahren ohne ersichtlichen Grund mit Nebelscheinwerfern und Feststellung erweiterter Pupillen (*Zweibrücken* NZV 2005, 164).

b) Kausalität. Erforderlich ist aber, dass das auffällige Fahrverhalten durch die **293** Aufnahme anderer berauschender Mittel zumindest mitverursacht worden ist. Die Kausalitätsfrage beantwortet sich so: **Ein Fahrfehler ist nur dann rauschbedingt, wenn der Fahrer diesen im nüchternen Zustand nicht begangen hätte.** So stellt eine **erhöhte Geschwindigkeit in einem Baustellenbereich** ein **auch bei nüchternen Fahrern häufiges Fehlverhalten** dar, das deshalb keinen Rückschluss auf eine durch Alkoholkonsum und Drogenkonsum bewirkte Fahruntüchtigkeit zulässt, selbst wenn ein Alkohol- und ein Amphetaminkonsum des Fahrers vor Fahrtantritt erwiesen sind (*Düsseldorf* NZV 1999, 174). Eine auffällige Fahrweise unter Drogeneinfluss bei der **Flucht vor der Polizei** lässt nur dann auf eine drogenbedingte Fahruntüchtigkeit schließen, wenn nicht das Streben des Angeklagten auf Flucht, sondern eine rauschmittelbedingte Enthemmung im Vordergrund steht (*BGH* NStZ-RR 2001, 173 = NZV 2000, 419 = StV 2000, 619; *Düsseldorf* NJW 1997, 1382).

c) Nicht fahrbezogene Auffälligkeiten. Nicht nur Fahrfehler können eine **294** relative Fahruntüchtigkeit **begründen, sondern es kann auch aus anderen nicht fahrtbezogenen Umständen hierauf** geschlossen werden (BGHSt. 44,

219, 225 f. = NJW 1999, 226; *BayObLG* NStZ 1997, 240 = NZV 1997, 127). Auch die Feststellungen von Auffälligkeiten durch die **Polizeibeamten in der Anhaltesituation oder durch den Arzt bei der anschließenden Blutentnahme** können zum Beleg einer relativen Fahruntüchtigkeit herangezogen werden. Eine Beeinträchtigung der Fahrtüchtigkeit wurde z. B. bei folgenden Auffälligkeiten angenommen:

– Beantwortung von Fragen nur nach mehrmaliger Wiederholung (*BayObLG* NStZ 1997, 240 = NZV 1997, 127),
– starke Benommenheit, lallende, verwaschene Sprache und unsicherer Gang (*Frankfurt* NStZ-RR 2002, 17; vgl. BGHSt. 44, 219, 226 = NJW 1999, 226),
– Beeinträchtigung der Körperbeherrschung, wie z. B. Stolpern und Schwanken beim Gehen (*Düsseldorf* NJW 1994, 2428),
– unsichere Finger-Finger-Probe, Gleichgewichtsstörungen und verlangsamte Reaktion (*LG München* Blutalkohol 2006, 43).

295   **Nicht ausreichend** sind hingegen **bloße Anzeichen für einen Drogenkonsum**, da sie den Schluss auf verkehrsrelevante Ausfallerscheinungen nicht zulassen, wie gerötete Augen, verwaschene, nicht aber lallende Sprache, und eine verzögerte Reaktion, sofern keine weiteren Auffälligkeiten hinzutreten (*Hamm*, Beschl. v. 8. 5. 2007, 4 Ss 159/07; *Düsseldorf* NJW 1994, 2428; *Patzak/Bohnen* Kap. 2, Rn. 142). Auch eine Fahrt zur Nachtzeit mit **erweiterten Pupillen** (sog. Mydriasis) und einer dadurch bedingten erhöhten Blendungsempfindlichkeit genügt nach der Rspr. für die Annahme einer drogenbedingten relativen Fahruntüchtigkeit nicht, sondern es muss mit Hilfe eines Sachverständigen geprüft werden, ob tatsächlich zum Zeitpunkt der Fahrt eine konkrete Sehbeeinträchtigung vorlag oder ob der Angeklagte unter Umständen aufgrund seiner Drogengewöhnung in der Lage war, die Sehbehinderung zu kompensieren (BGHSt. 44, 219 = NJW 1999, 226; *Frankfurt* NStZ-RR 2002, 17; *Weber* Vor §§ 29 ff. Rn. 1426; krit. *Patzak/Bohnen* Kap. 2, Rn. 143 f. unter Bezugnahme auf ein Gutachten des *Instituts für Rechtsmedizin der Universität Mainz* aus dem Jahr 2008, wonach eine Kompensation dieser drogenbedingten Sehschwäche ausgeschlossen ist; vgl. auch *Schreiber* Kriminalistik 1997, 737). **Entzugserscheinungen** reichen ebenso wenig für die Annahme einer relativen Fahruntüchtigkeit aus, selbst wenn der Täter waghalsig gefahren ist. Es bedarf insoweit der Feststellung, dass die Fahrweise durch den Drogenentzug bedingt war, etwa weil dieser zu einer erhöhten Risikobereitschaft oder Selbstüberschätzung geführt hat oder weil sich die Entzugserscheinungen auf die Wahrnehmungs- und Reaktionsfähigkeit des Angeklagten ausgewirkt haben (*BGH* NZV 2008, 528 = Blutalkohol 2008, 309).

IV. Subjektiver Tatbestand

296   §§ 315 c StGB, 316 StGB können vorsätzlich und fahrlässig begangen werden.

297   **1. Vorsatz** liegt vor, wenn der Täter zumindest eine alkohol- bzw. drogenbedingte Fahrtüchtigkeit für möglich hält und bei der Fahrt billigend in Kauf nimmt (*Koblenz* NZV 2001, 357; *Hentschel/König/Dauer* § 316 StGB Rn. 75). Vorsatz wird bei Alkohol und anderen berauschenden Mitteln in der Praxis eher zurückhaltend bejaht, da dem Täter selten nachzuweisen ist, Ausfallerscheinungen vor oder während der Fahrt wahrgenommen zu haben (*Weber* Vor §§ 29 ff. Rn. 1429). Bei § 315 c StGB muss sich der Vorsatz auch auf die Gefahr beziehen.

298   **2. Fahrlässigkeit** ist anzunehmen, wenn der Täter durch den bewussten Konsum großer Mengen Alkohol objektiv fahrunsicher geworden ist; es obliegt nämlich der Sorgfaltspflicht eines jeden Fahrzeugführers, seine Fahrtauglichkeit vor Fahrtantritt kritisch zu prüfen (*Hentschel/König/Dauer* § 316 StGB Rn. 81). Für die anderen berauschenden Mittel gilt nichts anderes, da der Täter die Unberechenbarkeit der Drogen, insbesondere lange andauernde und atypische Rauschzustände, einkalkulieren muss (*Weber* Vor §§ 29 ff. Rn. 1431).

V. Konkurrenzen und Strafklageverbrauch

§ 316 StGB ist ein Dauerdelikt, bei dem die gesamte Fahrt, auch bei kurzfristi-   299
gen Unterbrechungen mit dem Ziel der Weiterfahrt, eine einheitliche Tat darstellt
(s. dazu Rn. 277). Eine neue Tat liegt nur nach einer Fahrunterbrechung, die zu
einem neuen Entschluss der Weiterfahrt führt, vor (z.B. bei einer Unfallflucht,
BGHSt. 21, 203 = NJW 1967, 942; *Saarbrücken* NJW 2008, 1396; *Fischer* § 316
StGB Rn. 56). § 315c StGB ist kein Dauerdelikt, sondern mit Eintritt der Gefahr
vollendet und mit deren Beseitigung beendet (*Fischer* § 315c StGB Rn. 23). § 316
StGB tritt hinter § 315c Abs. 1 Nr. 1 StGB zurück.

Transportiert der Täter bei der Drogenfahrt i. S. d. §§ 315c, 316 StGB gleichzei-   300
tig Betäubungsmittel, liegt Tateinheit vor, wenn das Mitsichführen der Betäubungsmittel im Kfz in einem inneren Beziehungs- bzw. Bedingungszusammenhang
mit dem Fahrvorgang steht (s. Rn. 277). Ist ein Angeklagter wegen Erwerbs von
Betäubungsmitteln rechtskräftig verurteilt worden, so ist die Strafklage hinsichtlich
einer etwa eineinhalb Stunden nach dem Erwerb angetretenen Fahrt mit einem
Pkw im Zustand der Fahruntüchtigkeit infolge zwischenzeitlichen Rauschgiftgenusses auch dann nicht verbraucht, wenn in der Anklageschrift wegen des Betäubungsmitteldelikts erwähnt war, dass der Angeklagte die erworbenen Betäubungsmittel bei der unmittelbar nach der Tat unter Rauschgifteinfluss durchgeführten
polizeilichen Kontrolle mit sich geführt hat (*BayObLG* NJW 1991, 2360). Wenn
der in einem Verfahren abgeurteilte Diebstahl und die anschließende Fahrt unter
Einwirkung von Rohypnoltabletten im fahruntüchtigen Zustand, die Gegenstand
eines zweiten Verfahrens ist, eine Tat i. S. d. § 264 StPO bildet, ist Strafklageverbrauch und eine durch Art. 103 Abs. 3 GG verbotene Doppelbestrafung zu befürchten (vgl. *BGH* NJW 1981, 997; *Köln* NZV 1991, 158).

VI. Rechtsfolgen

Die Trunkenheit im Straßenverkehr gem. **§ 316 StGB wird mit Geldstrafe**   301
oder Freiheitsstrafe bis zu 1 Jahr bestraft, die Gefährdung des Straßenverkehrs
gem. **§ 315c StGB mit Geldstrafe oder mit Freiheitsstrafe bis zu 5 Jahren**.
Darüber hinaus wird dem Täter in diesen Fällen regelmäßig **die Fahrerlaubnis
nach § 69 StGB zu entziehen sein**, da die Erfüllung beider Tatbestände die
Ungeeignetheit des Täters zum Führen von Kraftfahrzeugen indiziert (§ 69 Abs. 2
StGB). Unterbleibt eine Entziehung der Fahrerlaubnis, kommt die Verhängung
eines **Fahrverbots gem. § 44 StGB** in Betracht. Das Fahrverbot kann auch neben der Fahrerlaubnisentziehung erfolgen, um dem Täter das Führen von nicht
führerscheinpflichtigen Kraftfahrzeugen (z.B. Mofa) zu verwehren.

D. Entziehung der Fahrerlaubnis
I. Entziehung der Fahrerlaubnis nach § 69 StGB

1. Zweck der Fahrerlaubnisentziehung. Wird jemand wegen einer rechts-   302
widrigen Tat, die er bei und im **Zusammenhang mit dem Führen eines
Kraftfahrzeuges** oder unter Verletzung der Pflichten eines Kraftfahrzeugführers
begangen hat, verurteilt oder nur deshalb nicht verurteilt, weil seine Schuldunfähigkeit erwiesen oder nicht auszuschließen ist, so entzieht ihm das Gericht die
Fahrerlaubnis, wenn sich aus der Tat ergibt, dass er zum Führen von Kraftfahrzeugen ungeeignet ist (§ 69 Abs. 1 StGB). Die Entziehung der Fahrerlaubnis ist **weder Strafe, noch dient sie der allgemeinen Verbrechensbekämpfung.** Die
Maßregelvorschrift dient nicht dem Schutz vor rechtswidrigen Taten, sondern hat
einen konkreten speziellen Schutzzweck, sie dient der **Sicherheit des Straßenverkehrs** (BGHSt. 50, 93 = NStZ 2005, 503 = StV 2005, 551). Durch die Anordnung der Entziehung kann die Strafzumessung jedoch insoweit beeinflusst werden, als sie die Strafe von ihrer spezialpräventiven und sichernden Funktion
entlastet. Im Gegensatz hierzu ist das **Fahrverbot** gemäß § 44 StGB eine **Neben-**

strafe, die neben Freiheitsstrafe oder Geldstrafe tritt. Mit der Entziehung der Fahrerlaubnis ist regelmäßig eine **Sperre für die Neuerteilung der Fahrerlaubnis** verbunden.

303   **2. Ungeeignetheit zum Führen von Kraftfahrzeugen bei Regelbeispielen (§ 69 Abs. 2 StGB).** Die Gefährdung des Straßenverkehrs (§ 315 c StGB), die Trunkenheit im Verkehr (§ 316 StGB), die Unfallflucht bei erheblichem Sach- oder Personenschaden (§ 142 StGB), und der Vollrausch **indizieren, dass** der Täter ohne weitere Feststellungen **regelmäßig** als **ungeeignet** zum Führen von Kraftfahrzeugen anzusehen ist (§ 69 Abs. 2 StGB). Eine Auseinandersetzung mit der Frage der Ungeeignetheit ist in diesem Fall nur erforderlich, wenn ernsthafte Anhaltspunkte dafür vorliegen, dass ein Ausnahmefall gegeben sein könnte (*Fischer* § 69 StGB Rn. 14 m. w. N.).

304   **3. Ungeeignetheit zum Führen von Kraftfahrzeugen bei anderen Delikten.** § 69 Abs. 1 StGB ist aber nicht nur bei den in § 69 Abs. 2 StGB genannten Verkehrsverstößen anwendbar, sondern auch **bei sonstigen strafbaren Handlungen.** In Betracht kommen im Drogenbereich vor allem Transport- und Schmuggelfahrten von Betäubungsmittelhändlern und -kurieren. Wann in diesen Fällen eine Ungeeignetheit anzunehmen ist, war lange Zeit umstritten:

305   **a) Frühere Rechtsprechung.** In früheren *BGH*-Entscheidungen wurde angenommen, dass bereits **schwerwiegende oder wiederholte Straftaten unter Benutzung eines Kraftfahrzeugs** eine Ungeeignetheit indizieren. Insb. bei **schwerwiegenden Betäubungsmitteldelikten** wurde im Führen eines Kraftfahrzeugs zur Begehung von Rauschgiftlieferungen oder Rauschgiftschmuggelfahrten eine **Regelvermutung** für eine charakterliche Unzuverlässigkeit zum Führen von Kraftfahrzeugen gesehen. **Je größer die transportierte Rauschgiftmenge und je häufiger der Angeklagte Betäubungsmitteltransporte bzw. Betäubungsmittelgeschäfte abwickelte,** umso wahrscheinlicher war die Annahme der charakterlichen Unzuverlässigkeit und die Entziehung der Fahrerlaubnis. Mehrere Strafsenate des *BGH* entschieden, dass Handeltreiben mit bzw. die Einfuhr von einer größeren Menge von Betäubungsmitteln in aller Regel eine erhebliche charakterliche Unzuverlässigkeit belege, die auch die Ungeeignetheit zum Führen eines Kraftfahrzeuges ergebe, wenn der Täter im Rahmen des Tatgeschehens ein Kraftfahrzeug geführt hat (BGHR StGB § 69 Abs. 1 Entziehung 3; *BGH* NStZ 1992, 586; *BGH* StV 1994, 314; *BGH* StV 1999, 18; *BGH* StV 1999, 18; *BGH* NStZ 2000, 26; *BGH* NStZ-RR 2000, 297; *BGH* Blutalkohol 2000, 453; *BGH* NStZ 2003, 658). Wenn der Angeklagte sein Fahrzeug **bei der Durchführung von Betäubungsmittelgeschäften** nutzte, war nach dieser Auffassung **regelmäßig** von einer **charakterlichen Unzuverlässigkeit** beim Führen von Kraftfahrzeugen auszugehen. Von der Entziehung der Fahrerlaubnis konnte nicht deshalb abgesehen werden, weil der Angeklagte erklärt, zukünftig ein drogenfreies Leben führen zu wollen (*BGH* [*Holtz*] MDR 1992, 932). Bei folgenden **schwerwiegenden und/oder wiederholten Verstößen gegen das BtMG** ist die charakterliche Zuverlässigkeit zum Führen von Kraftfahrzeugen verneint worden:

- Transport von 5.850 g Haschisch, 200 g Heroin und 5 g Kokain (*BGH* NStZ 1992, 586; BGHR StGB § 69 Abs. 1 Entziehung 3 [1 StR 404/91]),
- Transport von 3.200 g Haschisch (*Düsseldorf* DAR 1992, 1987 = StV 1992, 219),
- Transport von 70 g Kokain von den Niederlanden nach Deutschland unter erheblichem Einfluss von Alkohol und Kokain und Vorverurteilungen wegen Betäubungsmittelschmuggels (*BGH* NStZ-RR 1997, 232),
- Nutzung eines Pkw nicht nur in einem Einzelfall, sondern insgesamt **elfmal** nach langer Tatvorbereitung zu **Herointransporten** über lange Strecken (*BGH* NStZ 1992, 586).

306   **b) Neue Rechtsprechung. Diese weite Auslegung des Begriffs der Ungeeignetheit sah sich erheblicher Kritik ausgesetzt.** Es wurde entgegen gehalten, dass es **keinen Erfahrungssatz** gebe, wonach ein Betäubungsmittelhändler oder ein Betäubungsmittelschmuggler, der regelmäßig alle Verkehrsregeln einhält, **zum Führen von Kraftfahrzeugen ungeeigneter** wäre **als andere Bürger.** Auch gebe es keinen allgemeinen Erfahrungssatz, wonach jeder Täter, der Betäubungsmittel in seinem Kraftfahrzeug transportiere, deshalb **zu besonders riskanter Fahrweise** entschlossen sei, um sich im Zweifel um den Preis der Gefährdung anderer durch Flucht einer Feststellung zu entziehen. Folgende Entscheidungen führten dazu, dass nunmehr höhere Anforderungen zur Bejahung der Ungeeignetheit zu stellen sind:

aa) 4. Strafsenat. Der **4. Strafsenat des** *BGH* hat verlangt, der Rspr. zur **307** strafgerichtlichen Entziehung der Fahrerlaubnis **schärfere, dem Sinn und Zweck der Maßregel entsprechende Strukturen** zu geben. Ergebe die Anlasstat keinen konkreten Hinweis darauf, dass der Täter auch in Zukunft seine eigenen kriminellen Interessen über die Sicherheit des Straßenverkehrs stelle, so entferne sich die Entziehung der Fahrerlaubnis von ihrer Rechtsnatur als Maßregel und gewinne den Charakter einer Nebenstrafe. Außer bei den in § 69 Abs. 2 StGB genannten Katalogtaten (also etwa § 142 oder § 316 StGB) sei es grundsätzlich unzulässig, schon aus der Tat (etwa Diebstahlsfahrt oder Rauschgifttransport) auf die Ungeeignetheit zum Führen von Kraftfahrzeugen zu schließen. Nur wenn die konkrete Gefahr bestehe, dass der Täter sich beispielsweise einer Kontrolle oder Verfolgung unter Missachtung der Verkehrsinteressen anderer entziehen wolle, komme die Entziehung der Fahrerlaubnis in Betracht. Es müsse zwischen der abgeurteilten Straftat und dem Führen des Kraftfahrzeuges ein **verkehrsspezifischer Zusammenhang** bestehen (*BGH* NStZ 2003, 311; *BGH* NStZ-RR 2003, 122). Mit einem **Anfragebeschluss vom 16. 9. 2003** (NStZ 2004, 86 = StV 2004, 128) sprach sich der 4. Strafsenat für diese neue Auslegung des § 69 StGB bei allgemeinen Straftaten aus und bejahte bei diesen Taten die Ungeeignetheit zum Führen von Kraftfahrzeugen nur noch dann, wenn in der Tat konkrete Anhaltspunkte dafür zu erkennen waren, dass der Täter bereit war, die Sicherheit des Straßenverkehrs seinen eigenen kriminellen Interessen unterzuordnen, mit anderen Worten, wenn ein spezifischer **Zusammenhang zwischen Tat und Verkehrssicherheit** vorlag (vgl. auch *BGH*, Beschl. v. 30. 9. 2003, 4 StR 314/03; *BGH*, Beschl. v. 10. 2. 2004, 4 StR 24/04; *BGH*, Beschl. v. 6. 4. 2004, 4 StR 100/04).

bb) 2. und 3. Strafsenat. Der 2. Strafsenat stimmte der Ansicht des 4. Strafse- **308** nates im Wesentlichen zu (*BGH* NStZ 2004, 144 = NJW 2004, 1541 = StV 2004, 132). Nach seiner Auffassung rechtfertigt die Gefahr der Begehung von weiteren Straftaten im Zusammenhang mit dem Führen eines Kraftfahrzeugs die Feststellung der Ungeeignetheit nur dann, wenn solche Taten zugleich die Sicherheit des Verkehrs gefährden würden. Verlangt werde eine **konkrete Gefährdung von Verkehrssicherheitsbelangen.** Eine empirische Erfahrung, dass derjenige, der Diebesgut oder Betäubungsmittel in seinem Fahrzeug transportiere, zu verkehrsgefährdender Fahrweise neige, gebe es nicht. Die **Lebenserfahrung lege vielmehr die Annahme nahe,** dass sich ein solcher **Täter möglichst unauffällig und regelkonform** verhalten werde, um keinen Anlass für verkehrspolizeiliche Kontrollen zu geben. Der 2. Strafsenat hielt aber eine Befassung des Großen Senates des *BGH* für Strafsachen wegen der Bedeutung der Frage für erforderlich (*BGH*, Beschl. v. 9. 10. 2003, 3 StR 322/03; *BGH*, Beschl. v. 21. 1. 2004, 2 AR 347/03; *BGH* Blutalkohol 2004, 261; *BGH* DAR 2005, 288). Auch der 3. Strafsenat trat dem Vorschlag des 4. Strafsenats bei (*BGH*, Beschl. v. 13. 1. 2004, 3 AR 30/03).

cc) 5. Strafsenat. Eine **vermittelnde Position** nahm der 5. Strafsenat des **309** *BGH* ein (*BGH* NStZ 2004, 148). Er hielt es für zulässig, den verkehrsspezifischen Zusammenhang durch den Gesamtzusammenhang der Urteilsgründe zu belegen. Hierfür könne der Umstand herangezogen werden, dass sich der Angeklagte bei Begehung der Tat bewusst in eine Situation begeben habe, die geeignet infolge einer Kontrolle zu **relevanten Risiken für Belange der Verkehrssicherheit** führen könne. Solches könnte – sofern es an Gegenindizien (etwa widerstandslose

Hinnahme einer tatsächlich erfolgten Kontrolle) fehle – etwa bei einer **Flucht-fahrt**, bei einer **Beförderung von Tatbeute, Rauschgift oder Schmuggelgut in beträchtlichem Ausmaß** mit dem Kfz oder bei einer Fahrt unter **Mitsich-führen von Waffen** in Betracht gezogen werden.

310   **dd) 1. Strafsenat.** Anders als der 2. und 4. Strafsenat war der 1. Strafsenat des *BGH* der Ansicht (*BGH* NStZ 2003, 658 = NStZ-RR 2004, 281; *BGH*, Beschl. v. 13. 5. 2004, 1 ARs 31/03) die systematische Stellung des § 69 StGB spreche für die Annahme, die Maßregel diene **nicht nur dem Schutz der Verkehrssicherheit, sondern auch dem allgemeinen Schutz vor rechtswidrigen Taten.** Auch derjenige, der seine Fahrerlaubnis und sein Kraftfahrzeug zwar zu regelgerechter Teilnahme am Verkehr benutze, aber bewusst zur Begehung gewichtiger rechtswidriger Taten einsetze, könne zum Führen von Kraftfahrzeugen ungeeignet sein. Der sich **aus dem Missbrauch der Fahrerlaubnis ergebende Eignungsmangel** habe auch in der Regel einen Bezug zur Verkehrssicherheit.

311   **ee) Entscheidung des Großen Senats des BGH.** Der Große Senat des *BGH* hat mit seinem Beschl. v. 27. 4. 2005 (BGHSt. 50, 93 = NStZ 2005, 503 = StV 2005, 551) klargestellt, dass die Maßregel nicht die allgemeine Kriminalitätsbekämpfung, **sondern nur die Sicherheit des Straßenverkehrs bezweckt.** Er hat sich der **Rspr. des BVerfG** angeschlossen, die eine verwaltungsrechtliche Entziehung der Fahrerlaubnis aufgrund charakterlich-sittlicher Mängel an die Prognose geknüpft hat, dass der Betroffene bereit ist, das Interesse der Allgemeinheit an sicherer und verkehrsgerechter Fahrweise den jeweiligen eigenen Interessen unterzuordnen und hieraus resultierende Gefährdungen oder Beeinträchtigungen des Verkehrs in Kauf zu nehmen (*BVerfG* NJW 2002, 2378 ff.). Grundlage für die Beurteilung der Eignungsfrage nach § 69 StGB bilde für den Strafrichter die Anlasstat. Aus der Tat könne sich die charakterliche Ungeeignetheit des Täters zum Führen von Kraftfahrzeugen für den Strafrichter aber nur dann ergeben, wenn die **Anlasstat selbst tragfähige Rückschlüsse darauf zulasse,** dass der Täter bereit sei, die **Sicherheit des Straßenverkehrs seinen eigenen kriminellen Zielen unterzuordnen. Maßstab hierfür sei die Gefährlichkeit des Täters für den Straßenverkehr** (*Fischer* § 69 StGB Rn. 44; *Weber* Vor §§ 29 ff. Rn. 1460).

312   **c) Indizien für eine Ungeeignetheit.** Nach der Entscheidung des Großen Senats des *BGH* wird die Entziehung der Fahrerlaubnis bei nicht verkehrsspezifischen Betäubungsmitteldelikten eher die Ausnahme sein. So sind Belange der Verkehrssicherheit z. B. nicht berührt bei der bloßen Nutzung eines Kraftfahrzeugs zur **Suche nach Rauschgiftlieferanten oder Rauschgiftkäufern** oder in **Kurierfällen,** solange kein verkehrswidriges Verhalten vorliegt. Ein allgemeiner Erfahrungssatz, dass Transporteure von Rauschgift im Fall von Verkehrskontrollen zu besonders riskanter Fahrweise entschlossen seien, besteht nämlich nicht (*BGH* NStZ 2003, 311; BGHR StGB § 69 Abs. 1 Entziehung 14). Allein die Benutzung eines Kraftfahrzeuges zum Transport von Rauschgift reicht auch dann für die Entziehung der Fahrerlaubnis nicht aus, wenn durch ein präpariertes Versteck besondere Vorkehrungen gegen die Entdeckung des Rauschgift getroffen worden sind (*BGH* StV 2006, 186). **Es reicht auch nicht aus,** wenn der Beschuldigte während der Fahrt **unter dem Einfluss von Betäubungsmitteln steht,** da in diesem Fall keine Straftat und somit keine Tat i. S. d. § 69 StGB nachweisbar ist, sondern nur die Ordnungswidrigkeit nach § 24a Abs. 2 StVG. Die **Entziehung der Fahrerlaubnis ist erst dann gerechtfertigt,** wenn der Angeklagte eine schwerwiegende Straftat (unerlaubtes Handeltreiben mit Betäubungsmitteln oder Einfuhr von Betäubungsmitteln) im Zusammenhang mit dem Führen eines Kraftfahrzeugs begeht und die Sicherheit des Straßenverkehrs gleichzeitig gefährdet, etwa auf einer verkehrswidrigen Flucht mit hoher Geschwindigkeit oder beim Einbau eines **Schmuggelverstecks** mit der Folge, dass das Fahrzeug dadurch verkehrsuntüchtig geworden ist. Eine Ungeeignetheit kommt auch in Betracht, wenn der Angeklagte ein Wohnmobil als **fahrbares Laboratorium** missbraucht, dessen Laboreinrichtungen und Chemikalien die Sicherheit des Straßenverkehrs gefährdeten.

d) Erwartung weiterer Verletzungen von Kraftfahrerpflichten. Einer **313** Entziehung der Fahrerlaubnis bedarf es nur, wenn aufgrund der Gesamtumstände weitere Verletzungen der Kraftfahrerpflichten zu erwarten sind und durch die Belassung der Fahrerlaubnis Gefahren für die allgemeine Verkehrssicherheit entstehen. Ist festgestellt, dass der zur Tat und auch zur Verwendung des Kraftfahrzeugs von einer VP veranlasste Angeklagte Schuld und Reue gezeigt hat und in Zukunft keine weiteren Straftaten dieser Art mehr begehen wird und sind keine weiteren Verletzungen von Kraftfahrerpflichten zu erwarten, so erlaubt eine **Gesamtabwägung** keine Entziehung der Fahrerlaubnis (*BGH* StV 1999, 18). Ergibt eine Gesamtabwägung, dass wegen eines umfassenden Geständnisses und einer umfassenden Aufklärungshilfe (der Angeklagte hat eine Lawine von Festnahmen und Sicherstellungen losgetreten) es in Zukunft zu keinen weiteren Verstößen gegen das BtMG und keinem Missbrauch der Fahrerlaubnis mehr kommen wird, so ist eine Entziehung der Fahrerlaubnis nicht gerechtfertigt (*BGH* StV 1999, 18). Eine Gesamtwürdigung der Täterpersönlichkeit, soweit sie in der Tat zum Ausdruck gekommen ist, ist fehlerhaft, wenn sie nicht berücksichtigt, dass die unter Benutzung eines Kraftfahrzeugs begangenen Betäubungsmitteldelikte bereits **mehr als vier Jahre zurückliegen** (*BGH*, Beschl. v. 24. 4. 1997, 4 StR 151/97).

4. Straftaten als Beifahrer. Bei einer Maßregelanordnung gegen einen Bei- **314** fahrer sind **besonders gewichtige Argumente für den verkehrsspezifischen Zusammenhang** und für die Ungeeignetheit zum Führen von Kraftfahrzeugen zu fordern (*BGH* NStZ-RR 2004, 57; *BGH* NStZ 2004, 617). Sie kommt etwa in Betracht, wenn der Beifahrer als Mittäter an dem Betäubungsmitteldelikt auf die verkehrswidrige Fahrweise des Fahrzeugführers einwirkt (*BGH* NStZ 2004, 617).

5. Fehlen einer Fahrerlaubnis. Hat sich der Angeklagte durch die Tat **315 als ungeeignet zum Führen von** Kraftfahrzeugen erwiesen, so ist ihm die **Fahrerlaubnis** auch dann zu entziehen, wenn er **im Zeitpunkt der Tat** eine solche **noch nicht besessen** hat, die Verwaltungsbehörde sie ihm aber in Unkenntnis der Tat zwischenzeitlich erteilt hat (*BGH*, Beschl. v. 2. 6. 1987, 4 StR 253/87). Sofern der Täter keine Fahrerlaubnis besitzt, braucht nur eine Sperre angeordnet zu werden (§ 69a Abs. 1 S. 3 StGB).

6. Vorläufige Fahrerlaubnisentziehung. Sowohl durch eine vorläufige Ent- **316** ziehung der Fahrerlaubnis nach § 111a StPO als auch durch eine Sicherstellung, Verwahrung und Beschlagnahme des Führerscheins gemäß § 94 StPO kann die Maßregel der Einziehung (§ 69 StGB) vorbereitet werden (vgl. § 69a Abs. 6 StGB, 111a Abs. 3 bis 5 StPO). Ist der Täter infolge einer vorläufigen Entziehung nicht mehr ungeeignet, so entfällt die Anordnung, selbst dann, wenn die Fristen des § 69a StGB nicht erreicht sind. Bei der vorläufigen Entziehung der Fahrerlaubnis i. S. v. § 111a StPO ist ein dringendes und sofortiges **Bedürfnis der Öffentlichkeit an der Ausschaltung des Täters vom Straßenverkehr** erforderlich. Bei drogenbedingten Eingriffen in den Straßenverkehr i. S. v. § 69 Abs. 2 StGB bestehen regelmäßig keine Bedenken an einer sofortigen vorbeugenden Maßnahme des § 111a StPO. Das Gleiche gilt bei auffälliger Häufigkeit von schwerwiegenden Straftaten unter Einsatz eines Kraftfahrzeugs, die eine rücksichtslose Einstellung des Täters und eine Wiederholungsgefahr offenbaren. In den übrigen Fällen muss sorgfältig geprüft werden, ob der **Sicherungszweck schon vor der Rechtskraft des Urteils** eine Ausschaltung vom Straßenverkehr rechtfertigt **oder ob weniger einschneidende Maßnahmen** bis zur Hauptverhandlung ausreichen (*Düsseldorf* NZV 1992, 331 = StV 1992, 219).

7. Auswirkungen der Maßnahmen. Die Fahrerlaubnis erlischt mit Rechts- **317** kraft der gerichtlichen Entscheidung. Der von den deutschen Behörden ausgestellte **Führerschein** ist **einzuziehen.** Gem. § 69b StGB ist bei ausländischen Fahrerlaubnissen die Entziehung der Fahrerlaubnis nur bei Verstoß gegen Verkehrsvorschriften zulässig. In den ausländischen Fahrausweisen werden die Entziehung der Fahrerlaubnis und die Sperre vermerkt (§ 69b Abs. 2 StGB). Der Umstand, dass der Täter niemals eine Fahrerlaubnis besessen hat, keine Fahrerlaubnis mehr besitzt, eine Fahrerlaubnis verloren hat, oder sie ihm durch Strafrichter auf dem Verwaltungswege entzogen wurde, schließt die Anordnung der Maßnahme nicht aus.

318 **8. Sperre für die Erteilung einer Fahrerlaubnis.** Entzieht das Gericht die Fahrerlaubnis, so bestimmt es zugleich die Dauer, für die keine neue Fahrerlaubnis erteilt werden darf (Sperre = § 69a StGB). In der Urteilsformel wird neben dem Entzug der Fahrerlaubnis und der Einziehung des Führerscheins bestimmt, dass die Verwaltungsbehörde vor Ablauf der Sperrfrist keine neue Fahrerlaubnis erteilen darf. Besitzt der Angeklagte keine Fahrerlaubnis, so wird lediglich eine Sperre verhängt. Mit der Anordnung ist zugleich die Dauer der Sperre zu bestimmen und zwar von 6 Monaten bis zu 5 Jahren (§ 69a Abs. 1 S. 1 StGB). Hatte man dem Angeklagten die Fahrerlaubnis bereits vorläufig entzogen und seinen Führerschein beschlagnahmt, so vermindert sich das Mindestmaß der Sperre um diese Zeit. Die Zeit von 3 Monaten darf aber nicht unterschritten werden (§ 69a Abs. 4 u. 6 StGB). Der Mindestzeitraum verlängert sich auf 1 Jahr, wenn gegen den Täter in den letzten drei Jahren bereits einmal eine Sperre angeordnet wurde (§ 69a Abs. 3 StGB). In Ausnahmefällen ist eine Verlängerung der Höchstfrist von 5 Jahren bis zu lebenslanger Sperre möglich (§ 69a Abs. 1 S. 2 StGB). Die Dauer hängt davon ab, wie lange die Ungeeignetheit des Täters zum Führen eines Kraftfahrzeugs voraussichtlich bestehen wird. Nach § 69a Abs. 7 StGB ist eine vorzeitige Aufhebung der Sperre möglich, wenn sich u. U. aufgrund einer Nachschulung ergeben hat, dass der Verurteilte nicht länger ungeeignet ist. Nach Ablauf oder nach vorzeitiger Aufhebung der Sperre entscheidet die Verwaltungsbehörde über die Neuerteilung der Fahrerlaubnis.

II. Verwaltungsrechtliche Entziehung der Fahrerlaubnis

319 Auf weit breiterer Grundlage als der Strafrichter ist die Verwaltungsbehörde zuständig und verpflichtet, die Fahrerlaubnis zu entziehen, wenn sich der Fahrerlaubnisinhaber als ungeeignet erweist. Geregelt ist dies in der zum 1. 1. 1999 in Kraft getretenen **Fahrerlaubnisverordnung (FeV)**. Nach § 2 FeV darf derjenige im Verkehr nicht teilnehmen, der sich infolge körperlicher oder geistiger Mängel nicht sicher im Verkehr bewegen kann, sofern er nicht in geeigneter Weise Vorsorge trifft, dass andere nicht gefährdet werden. Wer Rauschmittel konsumiert hat, hat danach auf die Verkehrsteilnahme zu verzichten. In § 13 FeV wurden Regelungen über die Klärung von Eignungszweifeln bei Alkoholmissbrauch und in § 14 FeV Regelungen über die Klärung von Eignungszweifeln bei Medikamenten- und Betäubungsmittelmissbrauch getroffen. Ist der Inhaber einer Fahrerlaubnis ungeeignet zum Führen eines Kfz, hat ihm die Fahrerlaubnisbehörde nach § 46 Abs. 1 FeV die Fahrerlaubnis zu entziehen. Nach § 3 Abs. 3 StVG darf die Fahrerlaubnisbehörde jedoch den Sachverhalt im Entziehungsverfahren nicht berücksichtigen, solange gegen den Inhaber der Fahrerlaubnis ein Strafverfahren anhängig ist, in dem die Entziehung der Fahrerlaubnis nach § 69 StGB in Betracht kommt.

320 **1. Den Fahrerlaubnisentzug vorbereitende Maßnahmen. a) Obligatorische Anordnung eines ärztlichen Gutachtens. § 14 Abs. 1 S. 1 FeV** verpflichtet die Fahrerlaubnisbehörde, die Beibringung eines ärztlichen Gutachtens anzuordnen, wenn Tatsachen die Annahme begründen, dass eine Abhängigkeit von Betäubungsmitteln i. S. d. BtMG (Abs. 1 S. 1 Nr. 1 FeV), eine Einnahme von Betäubungsmitteln i. S. d. BtMG (Abs. 1 S. 1 Nr. 2 FeV) oder ein Missbrauch von psychoaktiv wirkenden Arzneimitteln vorliegt (Abs. 1 S. 1 Nr. 3 FeV; *VGH Baden-Württemberg* NZV 2002, 294). Ein ärztliches Gutachten ist nur anzuordnen, wenn **Zweifel** an den in Abs. 1 S. 1 Nr. 1 bis Nr. 3 FeV genannten Umständen bestehen; ist unter solchen Sachverhalt erweisen, bedarf es keines ärztlichen Gutachtens (*Hentschel/König/Dauer* § 14 FeV Rn. 11).

321 **aa) Voraussetzungen.** Voraussetzung für die Anordnung der Fahrerlaubnisbehörde zur Beibringung eines ärztliches Gutachten ist, **dass hinreichend konkrete**

Verdachtsmomente vorliegen, die einen Eignungsmangel als naheliegend erscheinen lassen (*BVerfG* NJW 2002, 2378). Der **bloße Besitz von Betäubungsmitteln** rechtfertigt alleine noch nicht die Annahme, dass eine Einnahme von Betäubungsmitteln i. S. d. § 14 Abs. 1 S. 1 Nr. 2 FeV gegeben ist (*OVG Münster* NZV 2002, 427; *OVG Koblenz* NJW 2009, 1522; *Berr/Krause/Sachs* Rn. 787 ff.). Dies kann aber anders aussehen, wenn im Rahmen einer Hausdurchsuchung neben den Betäubungsmitteln auch Konsumutensilien in der Wohnung des Betroffenen sichergestellt werden (*VG Augsburg* Blutalkohol 2010, 374; *Hentschel/König/Dauer* § 14 FeV Rn. 15).

bb) Bei anderen Betäubungsmitteln als Cannabis. Ein ärztliches Gutach- **322** ten nach Abs. 1 S. 1 Nr. 2 FeV ist anzuordnen, wenn Anhaltspunkte für einen (auch nur einmaligen) Drogenkonsum anderer Betäubungsmittel als Cannabis vorliegen, der Nachweis aber noch aussteht (*Hentschel/König/Dauer* § 14 FeV Rn. 13).

cc) Bei Cannabis. Bei **Cannabis** reicht dagegen der Verdacht auf einen ein- **323** maligen Konsum für die Anordnung eines ärztlichen Gutachtens nicht aus. Vielmehr sind Anhaltspunkte dafür erforderlich, dass (vgl. *BVerfG* NJW 2002, 2378; *OVG Koblenz* NJW 2009, 1522):

– ein **regelmäßiger Konsum** vorliegt (zur Definition des regelmäßigen Konsums s. Rn. 333) oder
– ein **gelegentlicher Konsum** vorliegt **und zusätzlich ein in Nr. 9.2.2. der Anl. 4 zu den §§ 11, 13 und 14 FeV genannter Umstand**, z. B. das fehlende Trennungsvermögen des Betroffenen zwischen Konsum und der Teilnahme im Straßenverkehr, gegeben ist (zur Definition des gelegentlichen Konsums s. Rn. 331).

Von einem **regelmäßigen Konsum** i. S. d. § 14 Abs. 1 Nr. 2 FeV kann ausge- **324** gangen werden, wenn der Fahrerlaubnisinhaber

– Angaben gemacht hat, die auf einen mehr als gelegentlichen Konsum hindeuten,
– er in Besitz von mehr als 10 g Cannabis war,
– oder ihm ein mehrfacher Besitz von kleineren Mengen von Cannabis in einem kurzen Zeitraum nachgewiesen werden kann (*Hettenbach/Kalus/Möller/Uhle* § 2 Rn. 150).

Die Einräumung gelegentlichen Cannabiskonsums und des Besitzes von 200 g **325** Haschisch für den Eigenbedarf kann jedoch ohne Hinzutreten weiterer Umstände nicht gemäß § 14 Abs. 1 S. 1 Nr. 2 FeV die Annahme begründen, dass eine Einnahme von Betäubungsmitteln vorliegt, wenn die Anknüpfungstatsachen im Zeitpunkt der Anordnung zur Beibringung des ärztlichen Gutachtens zweieinhalb Jahre zurückliegen (*VGH Kassel* Blutalkohol 2011, 44).

b) Fakultative Anordnung eines ärztlichen Gutachtens. Nach § 14 Abs. 1 **326** S. 2 FeV kann die Fahrerlaubnisbehörde ein Gutachten anordnen, wenn der Betroffene Betäubungsmittel widerrechtlich besitzt oder besessen hat, wobei der Besitz nachgewiesen sein muss. Beim Besitz von Cannabis müssen zusätzliche konkrete Anhaltspunkte dafür vorliegen, dass fahreignungsrelevante Defizite beim Betroffenen vorliegen oder dieser nicht zwischen dem Konsum von Cannabis und der Teilnahme am Straßenverkehr trennen kann (*OVG Münster* NZV 2002, 427; *Hentschel/König/Dauer* § 14 FeV Rn. 19 m. w. N.).

c) Beibringung eines medizinisch-psychologischen Gutachtens (MPU). **327** Die Beibringung eines medizinisch-psychologischen Gutachtens kann nach § 14 Abs. 1 S. 3 FeV angeordnet werden, wenn neben einer gelegentlichen Einnahme von **Cannabis** weitere Tatsachen Zweifel an der Fahreignung begründen. Bei der Einnahme **anderer Betäubungsmittel** als Cannabis, also z. B. Heroin oder Kokain, führt der Nachweis des bloßen Konsums oder der Abhängigkeit ohne weiteres zur Nichteignung; hierfür reicht eine ärztliche Untersuchung als schonender Persönlichkeitseingriff aus. **Bei Cannabis** muss hingegen zwischen **gelegentlichem und regelmäßigem Gebrauch dahingehend unterschieden werden,** dass bei gelegentlichem Konsum die Fahreignung in der Regel gegeben ist, bei regelmäßigem Konsum zumeist die Fahreignung zweifelhaft bzw. ausgeschlossen ist. Bei Cannabiskonsum fehlt die Eignung zum Führen von Kraftfahrzeugen also nur dann, wenn entweder feststeht, dass der Fahrer regelmäßig Cannabis konsumiert oder wenn neben gelegentlichem Cannabiskonsum **weitere Umstände Zweifel an der Fahreignung** begründen. Dies ist z. B. dann der Fall, wenn der **Cannabiskonsum im Zusammenhang mit dem Fahren erfolgt** (*OVG Hamburg* NJW 2006, 1367), wenn **Persönlichkeitsverlust oder Störungen der Persönlichkeit** vorliegen oder wenn **zusätzlicher Gebrauch von Alkohol oder anderen psychoaktiv wirkenden Stoffen vorliegt** (*OVG Bremen* NJW 2000, 2438). Zweifeln, die sich aus solchen weiteren Umständen ergeben, kann durch eine medizinisch-psychologische Untersuchung nachgegangen werden.

328   § 14 Abs. 1 S. 3 FeV greift nur ein, wenn eine gelegentliche Einnahme von Cannabis feststeht (*Hentschel/König/Dauer* § 14 FeV Rn. 19). Die Beibringung eines medizinisch-psychologischen Gutachtens darf daher nicht nach **§ 14 Abs. 1 S. 3 FeV** angeordnet werden, wenn nur geklärt werden soll, ob der Fahrerlaubnisinhaber gelegentlich oder regelmäßig Cannabis konsumiert, dies muss mit einem Gutachten nach § 14 Abs. 1 S. 1 FeV erfolgen.

329   **2. Entzug der Fahrerlaubnis. a) Fehlende Charaktereignung.** Gem. § 46 Abs. 1 FeV und § 3 Abs. 1 StVG muss die Fahrerlaubnisbehörde eine Fahrerlaubnis entziehen, wenn sich deren Inhaber als ungeeignet zum Führen von Kraftfahrzeugen erweist. **Ungeeignet** ist insb., wer **wegen körperlicher oder geistiger Mängel** ein Kfz nicht sicher führen kann, wer **unter erheblicher Wirkung geistiger Getränke oder anderer berauschender Mittel** am Verkehr teilgenommen oder **sonst gegen verkehrsrechtliche Vorschriften oder Strafgesetze erheblich verstoßen** hat. Liegt ein Verstoß gegen nicht verkehrsrechtliche Vorschriften vor, ist allerdings zu berücksichtigen, dass die Entziehung der Fahrerlaubnis eine **Sicherungsmaßnahme und keine Strafe** ist, sie also nicht als zusätzliche Nebenstrafe verhängt werden kann. Vielmehr kommt es darauf an, ob die charakterliche Eignung zum Führen von Kraftfahrzeugen fehlt. Dies ist der Fall, wenn **zu befürchten ist, dass die Fahrerlaubnis zu Straftaten nicht verkehrsrechtlicher Art missbraucht wird** oder wenn der Besitzer der Fahrerlaubnis strafbare Handlungen nicht verkehrsrechtlicher Art erleichtert oder den betreffenden in seiner Neigung hierzu fördert. Die charakterliche Eignung fehlt weiterhin dann, wenn die Art und Weise der Straftaten charakterliche Anlagen erkennen lässt, die, wenn sie sich im Straßenverkehr auswirken, die Allgemeinheit gefährden oder die Befürchtung rechtfertigen, dass der Täter auch Verkehrsvorschriften missachten werde.

330   **b) Fahreignung des Cannabiskonsumenten. aa) Einmaliger oder gelegentlicher Konsum von Cannabis ohne Bezug zum Straßenverkehr.** Nach dem verfassungsrechtlichen Grundsatz der Angemessenheit der eingreifenden Maßnahmen im Verhältnis zum Anlass des Einschreitens ist der einmalige oder nur gelegentliche Cannabiskonsum ohne Bezug zum Straßenverkehr nicht als hinreichendes Verdachtselement für eine Fahreignungsprüfung zu bewerten (Nr. 9.2.2. der Anl. 4 zu den §§ 11, 13 und 14 FeV; *OVG Münster* Blutalkohol 2009, 292).

331   **bb) Gelegentlicher Konsum von Cannabis mit Verkehrsbezogenheit.** Der gelegentliche Cannabiskonsum kann die Fahrerlaubnisentziehung begründen, wenn hinreichend konkrete Verdachtsmomente für das Vorliegen eines der Zusatzelemente i. S. v. Nr. 9.2.2. der Anl. 4 zu §§ 11, 13 und 14 FeV, wie z. B. fehlende Trennung zwischen Fahren und Konsum, bestehen (*VGH Mannheim* NJW 2006, 934). **Gelegentlicher Konsum** ist anzunehmen, wenn der Betroffene Cannabis mehrmals, aber deutlich weniger als täglich konsumiert (*VGH Baden-Württemberg* NZV 2004, 213; *Hentschel/König/Dauer* § 2 StVG Rn. 17 e). Ein einmaliger Konsum ist noch nicht als gelegentlicher Konsum zu verstehen (*VGH Mannheim* NJW 2007, 2571; *OVG Koblenz* NJW 2009, 1522; *OVG Lüneburg* ZfSch 2009, 358; a. A. *OVG Hamburg* NJW 2006, 1367 [einmaliger Konsum reicht für gelegentliche Einnahme aus]). Aus einem in einer Blutanalyse nachgewiesenen **THC-**

Carbonsäure-Wert von über 100 ng/ml kann auf einen gelegentlichen Konsum geschlossen werden (*VGH Kassel* NJW 2009, 1523; *OVG Lüneburg* ZfSch 2009, 358; *Hentschel/König/Dauer* § 2 StVG Rn. 17 f.; *Hettenbach/Kalus/Möller/ Uhle*, § 2 Rn. 185). Die gelegentliche Cannabiseinnahme kann sich auch aus anderen Umständen erschließen, z. B. aus den eigenen Angaben des Betroffenen oder daraus, dass er zuvor schon einmal als Cannabiskonsument in Erscheinung getreten war. Das *OVG Koblenz* hat in seinem Beschl. v. 2. 3. 2011, 10 B 11.400/10 (DAR 2011, 279), entschieden, dass auch eine THC-Carbonsäure-Konzentration von 94 ng/ml die Annahme eines gelegentlichen Cannabiskonsums rechtfertigt, wenn der Betroffene zunächst Angaben zu seinem Konsumverhalten verweigert bzw. geltend macht, noch nie Betäubungsmittel konsumiert zu haben. Um bei dem Betroffenen nicht von einem gelegentlichen Cannabiskonsum auszugehen zu können, müsse sich dieser nämlich ausdrücklich auf einen Erstkonsum berufen und die entsprechenden Einzelumstände dieses Konsums substantiiert und glaubhaft darlegen.

Das Zusatzelement des **fehlenden Trennungsvermögens** (Nr. 9.2.2 Anl. 4 zu **332** den §§ 11, 13, 14 FeV) ist nachgewiesen, wenn der Fahrerlaubnisinhaber unter dem Einfluss einer THC-Konzentration von mindestens 1 ng/ml am Straßenverkehr teilgenommen hat (*OVG Lüneburg* DAR 2003, 480; *VGH Mannheim* NJW 2006, 2135; *OVG Berlin* Blutalkohol 2009, 356; *Hentschel/König/Dauer* § 2 StVG Rn. 17 g; a. M. [mindestens 2,0 mg/ml THC]: *VGH München* Blutalkohol 2006, 414; *OVG Saarlouis* Blutalkohol 2007, 388). Dabei spielt es keine Rolle, ob die nachgewiesene THC-Konzentration auf einem aktiven oder passiven Konsum von Cannabis beruht (*VGH Mannheim* NZV 2005, 214).

cc) Regelmäßiger Cannabiskonsum. Gem. § 3 Abs. 1 und § 46 Abs. 1 FeV **333** i. V. m. Nr. 9.2.1. der Anl. 4 zu §§ 11, 13 und 14 FeV ist bei regelmäßiger Einnahme von Cannabis im Regelfall ausgeschlossen, so dass die Fahrerlaubnisbehörde zur Entziehung der Fahrerlaubnis regelmäßig verpflichtet ist (BVerwGE 133, 186 = NJW 2009, 2151). Aus einem **THC-Carbonsäure-Wert von über 150 ng/ml** ist auf eine regelmäßige Einnahme von Cannabis zu schließen (*OVG Lüneburg* DAR 2003, 480; *Berr/Krause/Sachs* Rn. 914; *Hettenbach/Kalus/ Möller/Uhle*, 2010, Rn. 150).Tatsachen für einen regelmäßigen Cannabiskonsum können sich aber auch aus anderen Umständen ergeben, z. B. aus den Angaben des Fahrerlaubnisinhabers oder aus Tagebuchaufzeichnungen (vgl. BVerwGE 133, 186 = NJW 2009, 2151).

dd) Cannabisabhängigkeit. Langjähriger Cannabismissbrauch schließt die **334** Eignung zum Führen von Kraftfahrzeugen aus. Die Eignung kann nur **aufgrund des Nachweises einer einjährigen Abstinenz wiedergewonnen** werden (*VGH München* NZV 1999, 100).

c) Fahreignung beim Konsum der übrigen Substanzen. Ein Kraftfahrer, **335** der andere Betäubungsmittel als Cannabis konsumiert hat, ist im Regelfall als ungeeignet zum Führen von Kraftfahrzeugen anzusehen, ohne dass ihm das Führen eine Kraftfahrzeuges unter der Wirkung des Betäubungsmittels nachgewiesen werden muss (*OVG Saarlouis* NJW 2006, 2651; *VGH Mannheim* NZV 2007, 326; *OVG Hamburg* NJW 2008, 1465; *OVG Magdeburg* Blutalkohol 2011, 115; *Hentschel/König/Dauer* § 2 StVG Rn. 17 f.; *Berr/Krause/Sachs* Rn. 1015). Dies gilt schon dann, wenn bei ihm bislang nur einmal der Konsum von Betäubungsmitteln festgestellt worden ist. Ausnahmen von dieser Regel sind grundsätzlich nur dann anzuerkennen, wenn in der Person des Betäubungsmittelkonsumenten Besonderheiten bestehen, die darauf schließen lassen, dass seine **Fähigkeit, ein Kraftfahrzeug im Straßenverkehr sicher, umsichtig und verkehrsgerecht zu führen,** sowie sein **Vermögen, zwischen dem Konsum von Betäubungsmitteln und der Teilnahme am Straßenverkehr zuverlässig zu trennen,** nicht erheblich herabgesetzt sind. Im Fahrerlaubnisentziehungsverfahren obliegt es grundsätzlich dem Fahrerlaubnisinhaber, das Bestehen solcher **atypischen Umstände in seiner Person substantiiert darzulegen** (*OVG Koblenz* DAR 2001, 183).

336 **d) Weigerung, sich untersuchen zu lassen.** Nach § 46 Abs. 3 i. V. m. § 11 Abs. 8 FeV darf die Fahrerlaubnisbehörde auf die Nichteignung des Betroffenen dann schließen, **wenn dieser sich weigert, sich untersuchen zu lassen oder wenn er das geforderte Gutachten nicht fristgerecht beibringt.** Denn in einem derartigen Verweigerungsverhalten lässt der Fahrerlaubnisinhaber die von einem Kraftfahrzeugführer zu fordernde Einsicht dafür vermissen, dass die Sicherheit des Straßenverkehrs seinen eigenen Belangen vorgeht. Die Behauptung, es verstoße gegen den Gleichheitsgrundsatz, dass die **Straßenverkehrsbehörde die Fahreignung von Betäubungsmittelkonsumenten strenger prüfe als bei Konsumenten legaler Drogen,** geht fehl, da im Sicherheitsrecht Gefahren ohne Rücksicht darauf begegnet werden muss, ob anderen Gefahren mit gleichem Nachdruck begegnet werden kann (*VGH München* NZV 1993, 46).

337 Die Weigerung, sich einer angeordneten Untersuchung zu stellen, darf aber nicht zum Nachteil des Betroffenen gewürdigt werden, **wenn die Anordnung** der Straßenverkehrsbehörde **nicht gerechtfertigt, nicht erforderlich oder nicht verhältnismäßig war oder dem Betroffenen nicht wirksam zugegangen ist** (*VGH München* NZV 1996, 509; *OVG Koblenz* NJW 2000, 2581; *OVG Hamburg* NJW 2006, 1367).

338 Im Hinblick darauf, dass die Anordnung einer medizinisch-psychologischen Untersuchung für den Betroffenen mit gravierenden Rechtsfolgen verbunden ist, kann ein **bloßer Verdacht** Bedenken gegen die Eignung des Fahrerlaubnisinhabers **nicht begründen.** Die Verkehrsbehörde muss **einen durch Tatsachen getragenen Anfangsverdacht für die Einnahme von Betäubungsmitteln** belegen. In der Regel wird die der Behörde obliegende Ermittlung in derartigen Fällen keine besonderen Schwierigkeiten aufwerfen, da sie sich auf **Sachverhaltsfeststellungen aus einem zuvor durchgeführten Straf- oder Bußgeldverfahren** stützen kann, die der Betroffene nämlich gegen sich gelten lassen muss. Dass sich ein Antragsteller offenbar **in der Drogenszene aufhält oder bewegt,** reicht nicht aus. Ein Fahrerlaubnisinhaber ist erst dann verpflichtet, sich auf Anforderung der Fahrerlaubnisbehörde untersuchen zu lassen und das entsprechende Gutachten beizubringen, wenn diese **einen durch Tatsachen getragenen Anfangsverdacht für die Einnahme von Betäubungsmitteln belegen kann** (*OVG Koblenz* NJW 2000, 2581).

339 Die **Anordnung, zur Klärung der Eignung eines Fahrerlaubnisinhabers zum Führen eines Kraftfahrzeugs** gem. § 14 Abs. 2 Nr. 2 i. V. m. § 46 FeV wegen nachgewiesenen Drogenkonsums ein medizinisch-psychologisches Gutachten (MPU) beizubringen, ist **nicht an die Einhaltung einer festen Frist** nach dem letzten erwiesenen Betäubungsmittelmissbrauch **gebunden.** Entscheidend ist, ob unter Berücksichtigung aller Umstände insb. nach Art, Umfang und Dauer des Drogenkonsums, noch hinreichende Anhaltspunkte zur Begründung eines Gefahrenverdachts bestehen (*BVerwG* NJW 2005, 3081).

340 **3. Wiedererlangung der Eignung.** War die **Eignung** zum Führen von Kraftfahrzeugen ausgeschlossen, so kann sie aus ärztlicher Sicht nur dann wieder als gegeben angesehen werden, wenn durch Tatsachen der **Nachweis** geführt wird, **dass keine Abhängigkeit mehr besteht** bzw. Suchtmittel nicht mehr regelmäßig eingenommen werden. Je länger der Zeitraum des Drogenkonsums währte, desto länger muss die Zeit bemessen werden, für die der Betroffene seine **Abstinenz lückenlos und zweifelsfrei nachzuweisen** hat. Dieser Nachweis kann **nicht mit einem Attest** eines Facharztes für Neurologie und Psychiatrie geführt werden, das jegliche psychischen und neurologischen Besonderheiten verneint und von keinerlei Anzeichen für eine Drogenabhängigkeit ausgeht. Nur eine **umfassende medizinisch-psychologische Untersuchung** kann den Nachweis erbringen, dass keine Rückfallgefahr mehr besteht (*VGH München* NJW 1991, 288; *VGH Mannheim* NZV 2002, 476; *VGH Mannheim* NZV 2002, 477; *VGH Mannheim* NZV 2005, 215).

Kap. 5. Rechtslage im Ausland

Übersicht

A. Vorbemerkung

Rauschgiftdelikte, die sich als „unbefugter Vertrieb" von Betäubungsmitteln **341** darstellen, unterfallen nach dem Weltrechtsprinzip in § 6 Nr. 5 StGB der deutschen Strafgewalt, unabhängig davon, ob es sich um einen deutschen oder ausländischen Straftäter handelt (s. dazu § 29/Teil 4, Rn. 146 ff.). Im Übrigen findet das deutsche Strafecht für Auslandstaten nur nach Maßgabe der §§ 7, 9 StGB Anwendung (s. § 29/Teil 4, Rn. 146 und § 29/Teil 10, Rn. 14). Bei Straftaten Deutscher im Ausland ist Voraussetzung für die Anwendung des deutschen Strafrechts, dass die Tat **am Tatort mit Strafe** bedroht ist (§ 7 Abs. 2 Nr. 1 StGB). Nicht ausreichend ist, dass die Tat im Ausland eine andere Maßnahme als Strafe vorsieht, z.B. bloße Ordnungswidrigkeiten, die nur mit Ordnungsmaßnahmen zu ahnden sind (BGHSt. 27, 5 = NJW 1976, 2354; vgl. *Liebig* NStZ 1991, 372). Für die Frage, ob Eigenkonsumdelikte Deutscher im Inland strafbewehrt sein können, muss die Tat also auch im Ausland strafbar sein.

B. Niederlande

In den Niederlanden sind Betäubungsmitteldelikte im „Opiumwet" geregelt. **342**

I. Unterscheidung nach harten und weichen Drogen

Im Opiumwet wird zwischen harten und weichen Drogen („harddrugs" und **343** „softdrugs") unterschieden:
In Liste 1 („Lijst I) werden u.a. folgende Substanzen als **harte Drogen** eingestuft: Amphetamin, Cathinon, Kokain, Codein, DMT, Haschischöl („hennepolie") Heroin, Methamphetamin, MDMA, Opium, THC.
Weiche Drogen sind nach Liste 2 („Lijst II") u.a.: Haschisch („hasjiesj"), Marihuana („hennep") und seit dem 1.12. 2008 auch psilocybinhaltige Pilze, sog. Paddos (hierzu zählt – anders als im BtMG – auch der Fliegenpilz [„amanita muscaria var. muscaria"]).

II. Strafrahmen

344   Art. 2 Opiumwet besagt, dass es verboten ist, ein Mittel, das in der zu diesem Gesetz gehörenden Liste 1 aufgeführt ist,

- innerhalb oder außerhalb des niederländischen Hoheitsgebiets zu bringen,
- anzubauen, zuzubereiten, zu bearbeiten, zu verarbeiten, zu verkaufen, zu liefern, zu erteilen oder zu transportieren,
- bei sich zu führen,
- herzustellen.

Gleiches gilt nach Art. 3 Opiumwet für Substanzen der Liste 2.

345   Vom strafbaren Anbau ausgenommen ist die Aufzucht von Nutzhanf im Wege des Freilandanbaus (Art. 12 der Durchführungsvorschriften v. 9. 12. 2002).

346   Für die verschiedenen Begehungsweisen sehen die Art. 10 und Art. 10a Opiumwet für die harten Drogen und Art. 11 und Art. 11a Opiumwet für die weichen Drogen unterschiedlich hohe Strafandrohungen vor (*van der Gouwe/Ehrlich/van Laar*, 2009, S. 6):

347   ### 1. Harte Drogen

Begehungsweise	Angedrohte Höchststrafe (Freiheitsstrafe/Geldstrafe)
Ein- und Ausfuhr	12 Jahre und/oder 74.000 Euro
Anbau, Zubereitung, Bearbeitung, Verarbeitung, Verkauf, Lieferung, Transport, Herstellung	8 Jahre und/oder 74.000 Euro
Besitz	4 Jahre und/oder 74.000 Euro
Besitz zum Eigenverbrauch	1 Jahr und/oder 18.500 Euro

348   ### 2. Weiche Drogen

Begehungsweise	Angedrohte Höchststrafe (Freiheitsstrafe und/oder Geldstrafe)
Ein- und Ausfuhr	4 Jahre und/oder 74.000 Euro
Anbau, Zubereitung, Bearbeitung, Verarbeitung, Verkauf, Lieferung, Transport, Herstellung	2 Jahre und/oder 18.500 Euro
Anbau, Zubereitung, Bearbeitung, Verarbeitung, Verkauf, Lieferung, Transport, Herstellung **von großen Mengen**	6 Jahre und/oder 74.000 Euro
Besitz von mehr als 30 Gramm	2 Jahre und/oder 18.500 Euro
Besitz, Herstellung, Verkauf von bis zu 30 Gramm	1 Monat und/oder 3.700 Euro

349   Die **große Menge** wird in einer Verwaltungsvorschrift vom 5. 1. 2007 wie folgt definiert: 500 Gramm Cannabis, 200 Cannabispflanzen oder 500 Einheiten eines anderen Mittels der Liste II.

III. Sonderregelung beim Besitz geringer Mengen zum Eigenverbrauch

Der Besitz von bis zu 5 Gramm weicher Drogen, 0,5 Gramm harter Drogen **350** oder 5 Cannabispflanzen zum Eigenverbrauch ist zwar auch nach niederländischem Recht strafbar, jedoch werden nach Opportunitätsgesichtspunkten keine weiteren Ermittlungen durchgeführt und keine Sanktionen verhängt, sondern die Betäubungsmittel nur beschlagnahmt und vernichtet. Ausgenommen von dieser Regelung sind Jugendliche, die auch bei geringen Mengen mit einer Strafverfolgung rechnen müssen. Da also auch der Besitz von weniger als 30 Gramm in den Niederlanden grundsätzlich strafbar ist, ist auch der entsprechende Auslandsbesitz eines Deutschen in den Niederlanden somit über § 7 Abs. 2 Nr. 1 StGB in Deutschland verfolgbar; ob die Verfolgung aus Opportunitätsgründen unterblieb, ist ohne Bedeutung (*Düsseldorf* NStZ 1985, 268 = StV 1985, 235; *Fischer* § 7 Rn. 7).

IV. Sonderregelung für den Verkauf von Haschisch und Marihuana in Coffeeshops

1. AHOJG-Kriterien. Coffeeshops sind Lokale **in niederländischen Städ- 351 ten,** in denen die Besucher neben dem Verzehr von alkoholfreien Getränken auch Marihuana und Haschisch beziehen können. Während der Besucher eines Coffeeshops **früher bis zu 30 g** Cannabis beziehen konnte, ist die Bezugsmenge **auf 5 g begrenzt** worden. Im Jahr 2007 gab es in den Niederlanden 702 konzentrierte, das heißt staatlich zugelassene Coffeeshops, davon die Hälfte in Städten mit mehr als 200.000 Einwohnern (im Jahr 1999 gab es noch 846 Coffeeshops; vgl. *van der Gouwe/Ehrlich/van Laar*, 2009, S. 9). Entgegen weiterläufiger Meinung ist der Verkauf und Erwerb der Betäubungsmittel im Coffeeshop aber **nicht straflos, er wird vielmehr nur geduldet,** so dass auch der Erwerb von 5 Gramm Haschisch oder Marihuana durch einen Deutschen in einem niederländischen Coffeeshop nach § 7 Abs. 2 Nr. 1 BtMG dem deutschen Strafrecht unterfällt. Der Verkauf in konzessionierten Coffeeshops unterliegt folgenden Regularien (sog. AHOJG-Kriterien; vgl. *EuGH*, Urt. v. 16. 12. 2010, C 137/09 = BeckRS 2010, 91439; *van der Gouwe/Ehrlich/van Laar*, 2009, S. 6):

– es dürfen nur 5 Gramm Haschisch oder Marihuana (Haschischöl gilt als harte Droge) pro Kunde verkauft werden,
– der Verkauf harter Drogen ist untersagt,
– der Verkauf an Personen unter 18 Jahren ist verboten, ihnen darf auch kein Zutritt zum Coffeeshop gewährt werden,
– der Coffeeshop darf keine Belästigungen verursachen,
– der Coffeeshop darf keinen Alkohol ausschenken,
– der Coffeeshop darf nur insgesamt 500 Gramm Haschisch und/oder Marihuana zum Verkauf vorrätig halten.

2. Problem Drogentourismus. Die Coffeeshop-Politik in den Niederlanden **352** zieht es zwangsläufig nach sich, dass auch viele ausländische Cannabiskonsumenten vornehmlich aus Deutschland, Belgien, Frankreich und Luxemburg die Coffeeshops aufsuchen, um sich hier „quasi legal" mit Haschisch und Marihuana zu versorgen, was ihnen in ihren Heimatländern nicht möglich wäre. Die 14 in Maastricht zugelassenen Coffeeshops ziehen pro Tag etwa 10.000 und im Jahr über 3,9 Millionen Besucher an, von denen 70% nicht in den Niederlanden wohnen (*EuGH*, Urt. v. 16. 12. 2010, C 137/09 = BeckRS 2010, 91439). Um diesen Drogentourismus einzuschränken, hat die Stadt Maastricht den Inhabern von Coffeeshops verboten, Personen, die ihren tatsächlichen Wohnsitz nicht in den Niederlanden haben, den Zutritt zum Coffeeshop zu gewähren. Nachdem ein Coffeeshop geschlossen worden war, weil sich der Betreiber nicht an die Anordnung der Stadt Maastricht gehalten hatte, klagte der Coffeeshop-Betreiber erfolglos. Der *EuGH* hält das Zutrittsverbot für nicht in den Niederlanden ansässige Personen im Hinblick auf das Ziel, nämlich die Bekämpfung des Drogentourismus und die damit einhergehenden Belästigungen, für rechtens (*EuGH*, Urt. v. 16. 12. 2010, C 137/09 = BeckRS 2010, 91439).

353   Im Mai 2011 hat die niederländische Regierung beschlossen, dass sämtliche der 670 Coffeeshops in den Niederlanden schrittweise in geschlossene Clubs umgewandelt werden müssen, zu denen Ausländer keinen Zutritt mehr haben dürfen (www.focus.de v. 28. 5. 2011).

V. Cannabissamen

354   Der Besitz und Verkauf von **Cannabissamen** ist in den Niederlanden nicht unter Strafe gestellt (s dazu auch § 2 Rn. 43 ff.).

C. Österreich

355   In Österreich wird der Umgang mit Betäubungsmitteln im Suchtmittelgesetz (SMG) geregelt. Nach § 27 Abs. 1 SMG wird mit Freiheitsstrafe bis zu einem Jahr oder mit Geldstrafe bestraft, wer

– Suchtgift erwirbt, besitzt, erzeugt, befördert, einführt, ausführt oder einem anderen anbietet, überlässt oder verschafft (Nr. 1),
– Opiummohn, den Kokastrauch oder die Cannabispflanze zum Zwecke der Suchtgiftgewinnung anbaut (Nr. 2) oder
– psilocin-, psilotin- oder psilocybinhaltige Pilze einem anderen anbietet, überlässt, verschafft oder zum Zwecke des Suchtgiftmissbrauchs anbaut. Bei gewerbsmäßiger Begehungsweise der Nr. 1 und Nr. 2 oder bei Taten im Zusammenhang mit Minderjährigen oder als Mitglied einer kriminellen Vereinigung sehen § 27 Abs. 3 und Abs. 4 SMG eine Freiheitsstrafe von bis zu 3 Jahren vor.

356   Wird die Straftat ausschließlich **zum persönlichen Gebrauch** begangen, kann die Strafe bis zu 6 Monaten Freiheitsstrafe oder Geldstrafe betragen.

357   Der **Handel mit Suchtgift** ist in § 28a SMG je nach Art der Begehungsweise mit höheren Freiheitsstrafen bis hin zur lebenslangen Freiheitsstrafe (Abs. 5) bedroht.

D. Tschechische Republik

358   Seit dem 1. 1. 2010 gilt in Tschechien ein neues Strafgesetz und eine Regierungsverordnung betreffend die Begrenzung von Art und Mengen von Betäubungsmitteln. Der Umgang mit Betäubungsmitteln in geringer Menge wird nur noch als **Ordnungswidrigkeit** verfolgt, der Umgang mit Betäubungsmitteln oberhalb der geringen Menge als **Straftat**.

I. Besitz von Betäubungsmitteln in geringer Menge zum Eigenkonsum

359   Der Besitz von Betäubungsmitteln in geringer Menge zum Eigenkonsum wird als Ordnungswidrigkeit mit einer Geldbuße bis zu 15.000 Tschechischen Kronen bestraft (= ca. 615 Euro [Stand Mai 2011]). Die geringe Menge wurde in der Rechtsverordnung Nr. 467/2009 wie folgt definiert:

– bis 2 g Methamphetamin oder 0,6 g Methamphetaminbase,
– bis 1,5 g Heroin oder 0,2 g Heroinbase,
– bis 1 g Kokain oder 0,54 g Kokainbase,
– bis 4 Ecstasy-Pillen (MDMA/MDA/MDE) oder 0,34 g der jeweiligen Base,
– bis 15 g Marihuana oder 1,5 g THC,
– bis 5 g Haschisch oder 1 g THC.

360   Ordnungswidrig ist zudem der Anbau von bis zu 5 Cannabispflanzen zum Eigenkonsum. Ein Deutscher, der in Tschechien Betäubungsmittel in geringer Menge besitzt, macht sich damit nicht nach dem StGB strafbar (s. Rn. 341).

II. Umgang mit Betäubungsmitteln in nicht geringer Menge

Der Umgang mit Betäubungsmitteln oberhalb der geringen Menge, der sog. **361** nicht geringen Menge, stellt in der Tschechischen Republik eine **Straftat dar.**

§ 284 des Tschechischen Strafgesetzbuches regelt dabei den **Besitz von Betäu- 362 bungsmitteln zum eigenen Verbrauch.** Nach Abs. 1 wird mit Freiheitsstrafe bis zu 1 Jahr bestraft, wer Haschisch oder Marihuana in nicht geringer Menge zum Eigenkonsum besitzt, bei den übrigen Betäubungsmitteln liegt die Strafandrohung nach Abs. 2 bei maximal 2 Jahren Freiheitsstrafe. Für besonders schwerwiegende Begehungsformen sehen Abs. 3 und Abs. 4 Freiheitsstrafen von bis zu 8 Jahren vor.

Beim unerlaubten **Anbau von Betäubungsmitteln für den eigenen Ver- 363 brauch** wird in § 285 des Tschechischen Strafgesetzbuches zwischen Cannabis (Freiheitsstrafe bis zu 6 Monaten oder Geldstrafe) und anderen Betäubungsmittelpflanzen, z.B. psilocybinhaltigen Pilzen (Freiheitsstrafe bis zu 1 Jahr oder Geldstrafe), unterschieden.

§§ 286, 287 des Tschechischen Strafgesetzbuches stellen die Herstellung und das **364** Handeltreiben mit – abhängig von der Begehungsweise – Freiheitsstrafen von bis zu 3 Jahren, bis zu 5 Jahren oder bis zu 8 Jahren unter Strafe.

Straftaten

29 (1) [1]Mit Freiheitsstrafe bis zu fünf Jahren oder mit Geldstrafe wird bestraft, wer

1. Betäubungsmittel unerlaubt anbaut, herstellt, mit ihnen Handel treibt, sie, ohne Handel zu treiben, einführt, ausführt, veräußert, abgibt, sonst in den Verkehr bringt, erwirbt oder sich in sonstiger Weise verschafft,
2. eine ausgenommene Zubereitung (§ 2 Abs. 1 Nr. 3) ohne Erlaubnis nach § 3 Abs. 1 Nr. 2 herstellt,
3. Betäubungsmittel besitzt, ohne zugleich im Besitz einer schriftlichen Erlaubnis für den Erwerb zu sein,
4. (weggefallen)
5. entgegen § 11 Abs. 1 Satz 2 Betäubungsmittel durchführt,
6. entgegen § 13 Abs. 1 Betäubungsmittel
   a) verschreibt,
   b) verabreicht oder zum unmittelbaren Verbrauch überläßt,
7. entgegen § 13 Absatz 2
   a) Betäubungsmittel in einer Apotheke oder tierärztlichen Hausapotheke,
   b) Diamorphin als pharmazeutischer Unternehmer
   abgibt,
8. entgegen § 14 Abs. 5 für Betäubungsmittel wirbt,
9. unrichtige oder unvollständige Angaben macht, um für sich oder einen anderen oder für ein Tier die Verschreibung eines Betäubungsmittels zu erlangen,
10. einem anderen eine Gelegenheit zum unbefugten Erwerb oder zur unbefugten Abgabe von Betäubungsmitteln verschafft oder gewährt, eine solche Gelegenheit öffentlich oder eigennützig mitteilt oder einen anderen zum unbefugten Verbrauch von Betäubungsmitteln verleitet,
11. ohne Erlaubnis nach § 10 a einem anderen eine Gelegenheit zum unbefugten Verbrauch von Betäubungsmitteln verschafft oder gewährt, oder wer eine außerhalb einer Einrichtung nach § 10 a bestehende Gelegenheit zu einem solchen Verbrauch eigennützig oder öffentlich mitteilt,
12. öffentlich, in einer Versammlung oder durch Verbreiten von Schriften (§ 11 Abs. 3 des Strafgesetzbuches) dazu auffordert, Betäubungsmittel zu verbrauchen, die nicht zulässigerweise verschrieben worden sind,

13. Geldmittel oder andere Vermögensgegenstände einem anderen für eine rechtswidrige Tat nach Nummern 1, 5, 6, 7, 10, 11 oder 12 bereitstellt,
14. einer Rechtsverordnung nach § 11 Abs. 2 Satz 2 Nr. 1 oder § 13 Abs. 3 Satz 2 Nr. 1, 2 a oder 5 zuwiderhandelt, soweit sie für einen bestimmten Tatbestand auf diese Strafvorschrift verweist.

[2]Die Abgabe von sterilen Einmalspritzen an Betäubungsmittelabhängige und die öffentliche Information darüber sind kein Verschaffen und kein öffentliches Mitteilen einer Gelegenheit zum Verbrauch nach Satz 1 Nr. 11.

(2) In den Fällen des Absatzes 1 Satz 1 Nr. 1, 2, 5 oder 6 Buchstabe b ist der Versuch strafbar.

(3) [1]In besonders schweren Fällen ist die Strafe Freiheitsstrafe nicht unter einem Jahr. [2]Ein besonders schwerer Fall liegt in der Regel vor, wenn der Täter

1. in den Fällen des Absatzes 1 Satz 1 Nr. 1, 5, 6, 10, 11 oder 13 gewerbsmäßig handelt,
2. durch eine der in Absatz 1 Satz 1 Nr. 1, 6 oder 7 bezeichneten Handlungen die Gesundheit mehrerer Menschen gefährdet.

(4) Handelt der Täter in den Fällen des Absatzes 1 Satz 1 Nr. 1, 2, 5, 6 Buchstabe b, Nr. 10 oder 11 fahrlässig, so ist die Strafe Freiheitsstrafe bis zu einem Jahr oder Geldstrafe.

(5) Das Gericht kann von einer Bestrafung nach den Absätzen 1, 2 und 4 absehen, wenn der Täter die Betäubungsmittel lediglich zum Eigenverbrauch in geringer Menge anbaut, herstellt, einführt, ausführt, durchführt, erwirbt, sich in sonstiger Weise verschafft oder besitzt.

(6) Die Vorschriften des Absatzes 1 Satz 1 Nr. 1 sind, soweit sie das Handeltreiben, Abgeben oder Veräußern betreffen, auch anzuwenden, wenn sich die Handlung auf Stoffe oder Zubereitungen bezieht, die nicht Betäubungsmittel sind, aber als solche ausgegeben werden.

Gliederung

Teil 1. Vorbemerkungen zu § 29 BtMG

Übersicht

A. Vergehenskatalog

1   § 29 Abs. 1 BtMG soll wie der frühere § 11 Abs. 1 BtMG 1972 mit einem **möglichst lückenlosen Katalog von Tatbegehungsweisen** eine wirkungsvolle Bekämpfung des illegalen Umgangs mit Betäubungsmitteln ermöglichen. So wurden 1981 in § 29 Abs. 1 Nr. 1 BtMG zwei neue Begehungsweisen, nämlich der illegale Anbau und das illegale Sichverschaffen in sonstiger Weise eingefügt und der ehemalige Herstellungsbegriff in § 2 Abs. 1 Nr. 4 BtMG erweitert. In § 29 Abs. 1 Nr. 4 BtMG, der mittlerweile weggefallen ist, wurden das Bereitstellen von Geldmitteln zum unerlaubten Handeltreiben oder Herstellen von Betäubungsmitteln und in § 29 Abs. 1 Nr. 8 BtMG das Werben für Betäubungsmittel als zusätzliche Straftatbestände ausgestaltet. 1992 ist vom Gesetzgeber klargestellt worden, dass die Abgabe von sterilen Einmalspritzen an Betäubungsmittelabhängige kein Verschaffen von Gelegenheit zum Verbrauch darstellt. Der umfangreiche Geldwäschestraftatbestand ist im Rahmen des OrgKG nicht in das BtMG, sondern als § 261 in das StGB eingeordnet worden. Der illegale Verkehr mit Grundstoffen wurde zunächst 1994 ebenso wie die öffentliche Aufforderung zum Betäubungsmittelverbrauch als neuer Straftatbestand eingefügt. Inzwischen regelt ein Spezialgesetz, das wie das BtMG aufgebaute Grundstoffüberwachungsgesetz, den Umgang mit Grundstoffen. Die §§ 18a und 29 Abs. 1 S. 1 Nr. 11 BtMG wurden deshalb wieder gestrichen. Nach der Regelung der Zulässigkeit von Drogenkonsumräumen in § 10a BtMG wurden die Straftatbestände des § 29 Abs. 1 S. 1 Nr. 10 u. Nr. 11 BtMG neu formuliert.

B. Betäubungsmittelkatalog

2   Die Betäubungsmittel wurden nicht im BtMG definiert, sondern in den Anl. I bis III abschließend aufgezählt. Sie werden laufend im Wege der Rechtsverordnung gem. § 1 Abs. 2 u. Abs. 3 BtMG ergänzt Die Vergehens- und Verbrechenstatbestände gelten für alle Betäubungsmittelarten der Anl. I bis III zum BtMG (vgl. hierzu § 1 Rn. 1 ff.). Die **Nichtunterscheidung von „weichen" und „harten"** Betäubungsmitteln bei den Strafvorschriften war wiederholt Gegenstand drogenpolitischer Auseinandersetzungen. Dabei darf nicht übersehen werden, dass trotz des einheitlichen Strafrahmens der unterschiedlichen Gefährlichkeit der Betäubungsmittel im Rahmen der Strafzumessung Rechnung getragen werden kann (vgl. Vorbem. §§ 29 ff. Rn. 179).

3   Zur **Anlage I** gehören neben anderen:
Cannabis (Marihuana), Cannabisharz (Haschisch), Cathinon, Diacethylmorphin (Heroin), Dimethoxybromamphetamin (DOB), Dimethoxymethylamphetamin (DOM), Dimethoxyamphetamin (DMA), Dimethoxyethylamphetamin (DOET), Dimethyltryptamin (DMT), Lysergid (LSD), Mescalin (Methylendioxyamphetamin (MDA), Methylendioxymethamphetamin (MDMA), Phencyclidin (PCP), Psilocybin.

Zur **Anlage II** gehören neben anderen: **4**
Cannabis zur Herstellung von Zubereitungen zu medizinischen Zwecken, Delta-9-Tetrahydrocannabinol, Dextromoramid, Kokablätter und Kokapflanzen, Dextropropoxyphen, Ecgonin, Levorphanol, Papaver bracteatum, Pethidin, Phendimetrazin, Propiram, Thebain.

Zur **Anlage III** gehören neben anderen: **5**
Alfentanil, Amphetamin, Barbital, Buprenorphin, Cannabis in Zubereitungen, die als Fertigarzneimittel zugelassen sind, Cathin, Kokain, Codein, Diamorphin (Heroin), Diazepam, Dihydrocodein, Etorphin, Fentanyl, Fenetyllin, Flunitrazepam, Hydrocodon, Hydromorphon, Levacetylmethadol (LAAM), Levomethadon (L-POLAMIDON), Methadon, Methamphetamin, Methaqualon, Methylphenidat, Morphin, Nabilon, Normethadon, Opium, Oxycodon, Papaver somniferum (= Schlafmohn), Pentazocin, Pethidin, Phenmetrazin, Secobarbital, Tilidin.

Um ein Betäubungsmittel handelt es sich nicht mehr, wenn lediglich nicht konsumfähige **Anhaftungen** oder bloße, nicht wiegbare **Rückstände** eines Betäubungsmittels vorhanden sind (*LG Berlin* NStZ 1985, 128; *LG Verden* StV 1986, 21; *BayObLG* StV 1986, 145). Die Betäubungsmitteleigenschaft setzt nämlich das Vorhandensein einer derart großen Menge voraus, die für sich alleine zum Konsum geeignet wäre (*München* NStZ-RR 2010, 23; *Düsseldorf* NStZ 1992, 443; a. A. *Hügel/Junge/Lander/Winkler* § 29 Rn. 13.2.4). Bei bloßen Anhaftungen oder nicht wiegbaren Rückständen ist dies nicht mehr der Fall. Dagegen können auch geringste (Rest-)Substanzen ein Betäubungsmittel i. S. des BtMG sein, sofern die Menge zum Konsum ausreicht (vgl. dazu im Einzelnen § 1 Rn. 20 ff.). **6**

C. Strafrahmen des § 29 Abs. 1 BtMG

§ 29 Abs. 1 BtMG enthält die **Vergehenstatbestände durchschnittlicher 7 Schwere.** Diese Grundtatbestände sind seit 1992 mit **Geldstrafe oder Freiheitsstrafe von bis zu 5 Jahren** bedroht gegenüber 3 Jahren in § 11 Abs. 1 BtMG 1972 und 4 Jahren im BtMG 1982. Nach dem Willen des Gesetzgebers soll diese Straferhöhung die Täter treffen, die – ohne selbst abhängig zu sein – Gewinn aus der Abhängigkeit anderer zu ziehen versuchen. Von der Erhöhung sollen keine Personen betroffen werden, die aufgrund eigener Abhängigkeit straffällig geworden sind (BT-Drs. 9/500, S. 2).

Die Strafrahmen gelten für alle in den drei Anlagen zu diesem Gesetz genannten Betäubungsmittel in gleicher Weise und unterscheiden nicht nach der Gefährlichkeit und dem Suchtpotential der in Verkehr gebrachten Betäubungsmittel. Der Gesetzgeber hat bewusst wegen der Wandlungsfähigkeit der Drogenszene auf eine Unterscheidung zwischen weichen und harten Drogen und auf eine strafschärfende Hervorhebung der harten Droge Heroin verzichtet. Der Gesetzgeber hat es den Gerichten überlassen, im Rahmen der Strafzumessungserwägungen die Gefährlichkeit und das Suchtpotential einzelner Drogen zu berücksichtigen, zwischen weichen und harten Drogen zu differenzieren und die umfassenden Strafrahmen nach oben und unten auszuschöpfen. Zwischen weichen und harten Drogen unterscheidet lediglich das Niederländische Opiumgesetz (Opiumwet) i. d. F. vom 4. 9. 1985 (*Fijnaut/De Ruyver*, 2008, 70 ff.). Inzwischen herrscht auch die Erkenntnis vor, dass es sinnvoller ist, **zwischen harten und weichen Gebrauchsmustern** als zwischen harten und weichen Drogen zu unterscheiden. **8**

Handelt es sich um **Betäubungsmittellimitate**, so beschränkt § 29 Abs. 6 **9** BtMG den Anwendungsbereich des § 29 Abs. 1 BtMG auf die Begehungsweisen des Handeltreibens, Abgebens oder Veräußerns (s. dazu im Einzelnen § 29/Teil 29, Rn. 1 ff.).

Der Umgang mit **Grundstoffen zur Betäubungsmittelherstellung**, wie z. B. **10** Ergotamintatrat oder Essigsäureanhydrid, der früher in § 18 a BtMG verboten und nach § 29 Abs. 1 Nr. 11 BtMG strafbar war, unterfällt heute nicht mehr dem BtMG, sondern ist in § 19 Grundstoffüberwachungsgesetz (GÜG) geregelt.

11   Wurden die Stoffe bzw. Zubereitungen bei den Strafbestimmungen des BtMG ausgenommen, so gelten die Straftatbestände und Strafrahmen des AMG. Gleiches gilt für **Designerdrogen**, die nicht Betäubungsmittel i. S. d. BtMG sind; sie sind als Arzneimittel i. S. d. AMG zu verstehen (BGHSt. 43, 336 = NStZ 1998, 258 = StV 1998, 136; vgl. auch § 1 Rn. 12).

D. Absehen von Strafe

12   Das Gericht kann **bei geringfügigen Verstößen** gem. **§ 29 Abs. 5 BtMG** oder gem. **§ 31 a BtMG** von **Strafe absehen,** wenn die Straftat dem Eigenverbrauch in geringer Menge dient. Gem. § 31 BtMG kann es die Strafe mildern oder von Strafe absehen, wenn der Täter durch freiwillige Offenbarung der Tataufklärung oder der Verhinderung von Straftaten dient, oder gem. **§ 37 BtMG** von einer Verurteilung absehen, wenn der drogenabhängige Täter sich freiwillig in Therapie begeben hat.

E. Erlaubnisvorbehalt

I. Erlaubnis nach § 3 BtMG

13   Die meisten Straftatbestände stellen Verstöße gegen § 3 dieses Gesetzes dar. Entsprechend der nebenstrafrechtlichen Konstruktion des BtMG ist **grundsätzlich legal** und nicht strafbar, was **gem. § 3 BtMG erlaubt** worden ist. Verstoßen Erlaubnisinhaber gegen Verwaltungsvorschriften dieses Gesetzes, so haben diese Verstöße als Ordnungswidrigkeiten nur Bußgelder zur Folge. Bei den Straftatbeständen ist deshalb das **Fehlen der Erlaubnis Tatbestandsmerkmal** (*BGH* NStZ 1996, 338 = StV 1996, 424; *Weber* § 29 Rn. 25; MK–StGB/*Kotz* § 3 Rn. 10; a. A. [Rechtfertigungsgrund] *Körner*, 6. Auflage, § 29 Rn. 239 [für das Handeltreiben]; *Malek* 2. Kap, Rn. 47; *Ebert,* Das Handeltreiben mit Betäubungsmitteln i. S. v. § 29 Abs. 1 S. 1 Nr. 1 BtMG, 2005, 8 ff.). Es ist in jedem Einzelfall zunächst festzustellen, ob die Tathandlung einer Erlaubnis nach § 3 BtMG bedurfte oder ob ein **Ausnahmefall des § 4 BtMG** gegeben ist. Bedurfte es einer Erlaubnis, so ist zu prüfen, ob eine wirksame Erlaubnis vorlag. Auch wer eine vom *BfArM* erteilte Erlaubnis zum Handeltreiben mit Betäubungsmitteln besitzt, macht sich strafbar, wenn sein Handeln **die Grenze des materiell Erlaubten überschreitet.** Verpflichtete sich ein Erlaubnisinhaber gegenüber einem Dritten, der keine Erlaubnis zum Erwerb und Handel mit Betäubungsmitteln besaß, 100 kg Codein zum Kilogrammpreis von 5.000 DM zu liefern und bestellt diese Menge bei seinem Lieferanten, so hat er unerlaubt Handel getrieben, da ihm das *BfArM* keine Erlaubnis zu illegalen Geschäften erteilt hatte und er die Befugnisse seiner Erlaubnis überschritt (*LG Koblenz* NStZ 1984, 272).

14   Auch wenn eine befristete Erlaubnis zeitlich abgelaufen ist oder widerrufen wurde, handelt der Täter ohne Erlaubnis. Hat ein Erlaubnisinhaber aber im erlaubten Rahmen eine Frist versäumt, den Umfang oder Auflagen der Erlaubnis überschritten, so handelt es sich um Verwaltungsunrecht, das als Ordnungswidrigkeiten verfolgt werden.

15   Durch das Ausführungsgesetz Suchtstoffübereinkommen 1988 wurde im § 29 Abs. 1 BtMG die Formulierung „ohne Erlaubnis nach § 3 Abs. 1 Nr. 1" durch das Wort „unerlaubt" ersetzt. In Übereinstimmung mit der internationalen Geltung des deutschen Strafrechts war gem. § 6 Nr. 5 StGB klarzustellen, dass auch Auslandstaten strafbar sind, wenn es an der Erlaubnis der dort zuständigen Behörden fehlt. Dies war auch bislang schon in der Rspr. des *BGH* zum Ausdruck gekommene Überzeugung (vgl. BGHSt. 27, 30; BGHSt. 34, 334; *BGH* NStZ 1986, 320). Dabei ist davon auszugehen, dass eine Erlaubnis des Bundesgesundheitsamtes als Staatshoheitsakt im Ausland keine Wirkungen entfalten kann, der Betäubungsmittelhändler im Ausland also stets ohne eine solche Erlaubnis handelt (vgl. BT-Drs. 12/3533, 16; *Hügel/Junge/Lander/Winkler* § 29 Rn. 1.3).

Derjenige, der im **Ausland** aufgrund einer dort erteilten Erlaubnis handelt, **16** kann schlechterdings nicht bestraft werden (vgl. BT-Drs. 12/3533, 16; *Hügel/ Junge/Lander/Winkler* § 29 Rn. 1.3). Dies gilt umso mehr, als international allgemein von einer Erlaubnis- oder Genehmigungspflicht auszugehen ist (vgl. Art. 30 Abs. 1 des Einheitsübereinkommens von 1961 über Suchtstoffe, BGBl. [1973] II, S. 1353, der durch das Protokoll zur Änderung des Einheitsübereinkommens von 1961 über Suchtstoffe, BGBl. [1975] II S. 2 keine Änderung erfahren hat, und Art. 8 Abs. 1 des Übereinkommens von 1971 über psychotrope Stoffe, BGBl. [1976] II, S. 1477). Daher soll statt der Verweisung auf die fehlende Erlaubnis des Bundesgesundheitsamtes allgemein von unerlaubten Tätigkeiten gesprochen werden. Damit wird verdeutlicht, dass es auf die für den Begehungsort maßgebliche Erlaubnis ankommt. Ist allerdings Begehungsort auch der Geltungsbereich des BtMG, muss der Täter die insoweit nach § 3 Abs. 1 BtMG maßgebliche Erlaubnis des Bundesgesundheitsamtes besitzen; die ausländische Erlaubnis schützt ihn nicht davor, hier ohne Erlaubnis des Bundesgesundheitsamtes unerlaubt zu handeln und sich somit strafbar zu machen. Dies gilt insb. auch für den Tatbestand der Einfuhr.

Bei den übrigen Nummern des § 29 Abs. 1 BtMG soll es dagegen – abgesehen **17** von Nr. 3 – bei der geltenden Regelung verbleiben, da hier nationale verwaltungsrechtliche Regelungen bewehrt sind. Das bedeutet, dass derjenige, der Betäubungsmittel im Ausland erlaubt erworben hat, sie auch im Inland besitzen darf. Allerdings bedarf er für die Einfuhr der Erlaubnis nach § 3 Abs. 1 Nr. 1 BtMG, sofern nicht – wie beim Mitführen von ärztlich verordnetem Reisebedarf – ohnehin ein Tatbestand vorliegt, der gem. § 4 Abs. 1 BtMG von der Erlaubnispflicht ausgenommen ist (vgl. auch § 15 BtMAHV).

Zur Rechtsklarheit wird allerdings eine schriftliche Erlaubnis gefordert, wie sie **18** bei einer vom Bundesgesundheitsamt erteilten Erlaubnis stets vorliegen wird. Dem Erwerber von Betäubungsmitteln im Ausland, der sie in den Geltungsbereich des Betäubungsmittelgesetzes verbringen will, ist zuzumuten, sich ggf. eine Bescheinigung über die Erlaubtheit des Erwerbs ausstellen zu lassen, wenn nicht ohnehin eine schriftliche Erlaubnis vorliegt (BT-Drs. 12/3533, 16).

II. Ausnahmen von der Erlaubnispflicht

§ 4 BtMG sieht Ausnahmen von der Erlaubnispflicht des § 3 BtMG für ver- **19** schiedene Berufsgruppen vor, die im Rahmen ihrer Berufsausübung typischerweise mit Betäubungsmitteln zu tun haben, z. B. Apotheker, Ärzte, Spediteure, Lagerhalter und Bundes- und Landesbehörden, sowie beim Mitführen von ärztlich verordnetem Reisebedarf (s. dazu im Einzelnen § 4 Rn. 1 ff.).

F. Tathandlungen in der Urteilsformel

Nicht nur die Urteilsgründe, sondern auch die Urteilsformel müssen erkennen **20** lassen, gegen welchen Straftatbestand des BtMG der Angeklagte verstoßen hat. Eine Urteilsformel, dass der Angeklagte wegen Verstoßes gegen das BtMG verurteilt wurde, entspricht nicht den Anforderungen des § 260 Abs. 4 StPO, denn sie lässt nicht erkennen, gegen welche Tatbestände des BtMG der Angeklagte verstoßen hat (vgl. BGHR StPO § 260 Abs 4 S 1 Tatbezeichnung 3; *Düsseldorf* NStE Nr. 18 zu § 260 StPO; *Meyer-Goßner* § 260 Rn. 23; BeckOK-StPO/*Eschelbach* § 260 Rn. 22).

Die Urteilsformel bedarf der Klarstellung, wenn sie durch Aufnahme nicht not- **21** wendigen Inhalts unübersichtlich geworden ist. So ist die tateinheitliche Verurteilung wegen Besitzes von Betäubungsmitteln in nicht geringer Menge neben dem unerlaubten Handeltreiben nicht nur unnötig, sondern auch rechtsfehlerhaft, da die Lagerhaltung von Betäubungsmitteln bereits Handeltreiben darstellt und der Besitz im Rahmen einer Bewertungseinheit hinter dem Handeltreiben zurücktritt (s. § 29/Teil 4, Rn. 409 f.).

Nach § 15 StGB ist nur vorsätzliches Handeln strafbar, fahrlässiges lediglich, **22** wenn es ausdrücklich mit Strafe bedroht ist. Der **Zusatz vorsätzlicher Tatbege-**

hung gehört daher nicht in die Urteilsformel, die fahrlässige Tat ist hingegen besonders zu kennzeichnen. Die Erwähnung von Tatmodalitäten, die anders als bei § 30 Abs. 1 Nr. 4 BtMG kein eigenes Unrecht darstellen, sondern als Regelbeispiele für die Strafrahmenwahl nach § 29 Abs. 3 BtMG allein für die Strafzumessung von Bedeutung sind, z.B. Bezeichnungen des unerlaubten Handeltreibens als gewerbsmäßig oder die Gefährdung der Gesundheit mehrerer Menschen nach der Strafzumessungsregel des § 29 Abs. 3 S. 2 BtMG, ist nicht in die Urteilsformel aufzunehmen, sondern lediglich im Verzeichnis der angewendeten Vorschriften zu benennen (BGHSt. 27, 287, 289; *BGH* NStZ 1992, 546; vgl. auch § 29/Teil 26, Rn. 82).

23   Im Gegensatz zu diesen Strafzumessungsregeln müssen **Tatbestandsmerkmale** von qualifizierten Verbrechenstatbeständen in der Urteilsformel zum Ausdruck kommen. So muss die Verurteilung wegen unerlaubten Handeltreibens in nicht geringer Menge in § 29a BtMG und wegen unerlaubter Einfuhr von nicht geringen Mengen in § 30 Abs. 1 Nr. 4 BtMG lauten (*BGH* NStZ 1992, 546). Die Gewerbsmäßigkeit in § 30 Abs. 1 Nr. 2 BtMG und das Merkmal als Mitglied einer Bande in § 30 Abs. 1 Nr. 1 BtMG und in § 30a Abs. 1 BtMG müssen im Urteilstenor genannt werden. Bei § 30 und § 30a BtMG muss auch zwischen dem Bandenhandel mit Betäubungsmitteln und dem Bandenhandel mit nicht geringen Mengen von Betäubungsmitteln unterschieden werden (*Zschockelt* NStZ 1997, 266). Auch wenn nur der bewaffnete Betäubungsmittelhandel mit nicht geringen Mengen Betäubungsmitteln mit Strafe bedroht ist, gehören sowohl das Merkmal nicht geringe Menge als auch die Bewaffnung in die Urteilsformel. Die Urteilsformel sollte deshalb lauten wegen mit Waffen begangenen unerlaubten Handeltreibens mit Betäubungsmitteln in nicht geringen Mengen (§ 30a Abs. 2 Nr. 2 BtMG).

G. Fallzahlen

I. PKS (Polizeiliche Kriminalstatistik)

24   1. Verhältnis der Betäubungsmittelarten bei den Verstößen gegen § 29 BtMG.

Jahr	2004	2005	2006	2007	2008	2009	2010
Rauschgiftdelikte insgesamt	283.708	276.740	255.019	248.355	239.951	235.842	231.007
Allgemeine Verstöße nach § 29 BtMG davon mit:	200.378	194.444	178.841	171.496	171.496	169.689	165.880
Heroin	23.161	22.592	21.422	20.986	20.490	20.125	18.171
Kokain	14.660	14.728	13.755	12.932	12.895	12.316	10.497
LSD	207	207	221	239	221	149	162
Amphetamin/Methamphetamin und Derivate in Pulver- oder flüssiger Form	14.034	15.845	18.329	20.468	22.509	22.387	25.685
Amphetamin/Methamphetamin und Derivate in Tabletten- bzw. Kapselform (Ecstasy)	7.383	6.328	4.996	4.739	4.598	3.511	2.577
Cannabis	131.587	124.170	110.638	102.931	100.651	102.096	99.562
Sonstige	9.341	10.574	9.480	9.201	8.022	9.105	9.216

2. Verhältnis der Verstöße gegen § 29 BtMG nach der Deliktsart. 25

Jahr	2004	2005	2006	2007	2008	2009	2010
Rauschgiftdelikte insgesamt	283.708	276.740	255.019	248.355	239.951	235.842	231.007
Allgemeine Verstöße nach § 29 BtMG	200.378	194.444	178.841	171.496	171.496	169.689	165.880
Handel und Schmuggel i. S. v. § 29 Abs. 1 S. 1 Nr. 1 BtMG	70.761	67.320	60.914	60.112	48.358	48.253	47.034
Anbau gem. § 29 Abs. 1 S. 1 Nr. 1 BtMG	2.554	2.534	2.838	3.099	3.770	3.361	3.475
Verschreibung und Verabreichung durch Ärzte gem. § 29 Abs. 1 S. 1 Nr. 6 BtMG	136	59	102	63	54	41	106
Werbung gem. § 29 Abs. 1 S. 1 Nr. 8 BtMG	24	7	6	9	12	7	17
Bereitstellung von Geldmitteln gem. § 29 Abs. 1 S. 1 Nr. 13 BtMG	60	40	47	49	41	42	44

II. Strafverfolgungsstatistik 26

Jahr	2003	2004	2005	2006	2007	2008	2009
Straftaten nach dem BtMG insgesamt	53.988	57.325	58.630	58.892	48.363	68.519	67.025
§ 29 Abs. 1 S. 1 Nr. 1 BtMG	31.611	32.997	31.861	31.041	22.437	35.220	32.375
§ 29 Abs. 1 S. 1 Nr. 3 BtMG (Besitz)	10.896	12.334	14.607	15.503	15.357	20.825	22.339
§ 29 Abs. 1 S. 1 Nr. 2 und Nr. 5 ff. BtMG (andere Begehungsweise nach § 29 Abs. 1 BtMG)	298	275	288	284	143	256	374
§ 29 Abs. 3 Nr. 1 BtMG (gewerbsmäßige Begehungsweise)	1.263	1.271	1.270	1.359	1.029	1.512	1.583
§ 29 Abs. 3 Nr. 2 BtMG (Gefährdung der Gesundheit mehrerer Menschen)	16	22	26	19	16	18	14
§ 29 Abs. 4 BtMG (Fahrlässige Begehung)	23	13	19	13	0	1	4

Teil 2. Unerlaubtes Anbauen von Betäubungsmitteln
(§ 29 Abs. 1 S. 1 Nr. 1 BtMG)

Übersicht

A. Zweck der Vorschrift/Entstehungsgeschichte

Im BtMG von 1972 war zwar der legale Anbau von Betäubungsmitteln im § 3 **1**
BtMG der Kontrolle des Bundesgesundheitsamtes unterworfen, der illegale Anbau
aber absichtlich straflos gelassen worden (vgl. *Hamburg* NJW 1978, 2349). Der
Anbau war auch weder als versuchte oder vollendete Gewinnung (*Hamburg*
NJW 1978, 2349), noch als Besitz strafbar. Grund für die Straflosigkeit des Anbau-
es war, dass die Anbaufälle in der Bundesrepublik Deutschland wegen des für die
Betäubungsmittelpflanzen ungünstigen Klimas selten waren und zumeist später zu
einem strafbaren Besitz von Betäubungsmitteln führten. Seit den heißen Sommern
von 1982 und 1983 ist zweifelsfrei erwiesen, dass auch in der Bundesrepublik
Deutschland bei günstiger Witterung ganze Felder von Cannabis sativa und Papaver somniferum angebaut und auch geerntet werden können. Erstmals wurden in
Mainz, Hattersheim, München und in Würzburg von Privatleuten und Kriminalbeamten Opiumfelder mit erstaunlich hohem Wuchs und ausgeprägter Reife entdeckt und die Pflanzen in erntereifem Zustand beschlagnahmt. Es waren insb.
Landwirte und Gärtner, die aus Dresden, CSSR, Jugoslawien, Ungarn oder Polen
stammen, die den heimatlichen Brauch des Mohnanbaues hier zu Zier- und Back-
zwecken pflegen. Der Mohnsamen ist eine beliebte Kuchenzutat. Mit Mohnkolben werden Kränze und Grabgestecke garniert. Da der unerlaubte Anbau im Vergleich zu den anderen Verstößen gegen § 3 BtMG nicht als geringerwertig
eingestuft werden konnte, wurde die Tathandlung des Anbaues in den Katalog des
§ 29 Abs. 1 Nr. 1 BtMG 1981 aufgenommen. Damit wurde auch der im Art. 36
des Einheits-Übereinkommens von 1961 übernommenen Verpflichtung Rechnung getragen, wonach der Anbau nicht nur einer besonderen Kontrolle (vgl.
Art. 22 bis 28 des Einheits-Übereinkommen von 1961), sondern auch Strafbestimmungen zu unterwerfen ist. Da gerade der Anbau die Grundlage für die Gewinnung von Betäubungsmitteln und Grundlage für den Verkehr mit Betäubungsmitteln darstellt, besteht international ein besonderes Interesse, gegen den
illegalen Anbau einzuschreiten. Nach dem Einheitsübereinkommen von 1961 über
Suchtstoffe, dem Deutschland beigetreten ist, kann eine Vertragspartei den Cannabisanbau, dem Koka- und Schlafmohnanbau gestatten unter Beachtung der für
Opiummohn vorgesehenen Kontrollsystems (vgl. Art. 23, 26, 28 Einheits-Übereinkommen von 1961). Allerdings haben die Vertragsparteien die erforderlichen
Maßnahmen zu treffen, um den Missbrauch der Blätter und den unerlaubten Verkehr mit Cannabis zu verhindern (vgl. Art. 28 Abs. 3 Einheits-Übereinkommen
von 1961). Beim Anbau von Cannabis zu gärtnerischen und gewerblichen Zwecken (Fasern u. Samen) findet das Übereinkommen keine Anwendung (vgl.
Art. 28 Abs. 2 Einheits-Übereinkommen von 1961).

2   Als sich nach Schaffung des Anbaustraftatbestandes herausstellte, dass man mit
diesem Straftatbestand die landwirtschaftliche Nutzung des Hanf als gewinnbringenden Biorohstoff behinderte, formulierte man in den nächsten Jahren immer
mehr Ausnahmen vom Cannabisanbauverbot. So wurde durch die 7. BtMÄndV v.
29. 3. 1996 (BGBl. I, 562) in lit. c des auf die Position Cannabis folgenden Spiegelstrichs in Anl. I Teil B der Anbau von Cannabispflanzen als Schutzstreifen bei
der Rübenzüchtung sowie in lit. d der Anbau von bestimmten Nutzhanfsorten
durch Unternehmen der Landwirtschaft mit einer vorgeschriebenen Mindestgröße
von betäubungsmittelrechtlichen Vorschriften ausgenommen (zur Entwicklung der
Ausnahmeregelungen bzgl. des erlaubnisfreien Verkehrs mit Cannabis s. Rn. 46 ff.).
Diese Ausnahmevorschriften für den Cannabisanbau wurden im Wesentlichen
wortgleich zunächst durch die 10. BtMÄndV v. 20. 1. 1998 (BGBl. I, 74) und
schließlich durch die 15. BtMGÄndV v. 19. 6. 2001 (BGBl. I, 1180) in lit. c und
lit. d des auf die Position Cannabis folgenden Spiegelstrichs in Anl. I übernommen.
Lediglich das Erfordernis einer Mindestgröße des landwirtschaftlichen Betriebs
gem. lit. d wurde gestrichen, um eine Ungleichbehandlung zu vermeiden (BR-
Drs. 252/01, 44; *Weber* § 24 a Rn. 23).

3   Mit dem Gesetz zur Änderung arzneimittelrechtlicher und anderer Vorschriften
vom 17. 7. 2009 (BGBl. I, 1990) wurde in lit. b und lit. d der Verweis auf die einschlägigen EG-Verordnungen angepasst; aktuell unterfallen diesen Ausnahmeregelungen die Nutzhanfsorten, die am 15. März des Anbaujahres in dem in Art. 10
der Verordnung (EG) Nr. 1120/2009 genannten gemeinsamen Sortenkatalog für
landwirtschaftliche Pflanzenarten aufgeführt sind (s. dazu § 24 a Rn. 3).

B. Fallzahlen und Statistiken

4   Im **Jahr 1982** wurden im Bundesgebiet 30 Ermittlungsverfahren und im **Jahr
1983** 29 Ermittlungsverfahren wegen ungenehmigten Schlafmohnanbaues eingeleitet. Die Zahl der Cannabisanbaufälle lagen 5 bis 10 mal höher. Die Fälle, in denen
vereinzelte Cannabispflanzen auf Balkonen oder Fensterbrettern von vornehmlich
Schüler-, Lehrer- oder Studentenwohnungen entdeckt und sichergestellt wurden,
mehrten sich. Aber auch Cannabisfelder kamen vermehrt vor. In den **Jahren 1994
und 1995** wurden insgesamt 1.227 Fälle illegalen Cannabisanbaues in Deutschland
polizeilich registriert und 15.082 Cannabispflanzen sichergestellt. Im **Jahre 1997**
wurden laut PKS in Deutschland 2.822 Fälle illegalen Betäubungsmittelanbaues
registriert (Steigerung um 45,5%), bei dem es sich fast ausnahmslos um Cannabisanbau handelte. Dabei wurden 76.000 Cannabispflanzen sichergestellt. Die PKS für
die Jahre 1996 bis 2010 enthält folgende Fallzahlen zum unerlaubten Anbau gem.
§ 29 Abs. 1 S. 1 Nr. 1 BtMG (zu den Fallzahlen s. auch § 29/Teil 1, Rn. 24 ff.):

Jahr	1996	1997	1998	1999	2000	2001	2002
Fälle	1.939	2.822	3.060	2.647	2.365	2.106	2.199

2003	2004	2005	2006	2007	2008	2009	2010
2.684	2.554	2.534	2.838	3.099	3.770	3.361	3.475

5   Auch wenn in diesen Zahlen Fälle des unerlaubten Handeltreibens und des Anbaus von Betäubungsmitteln als Mitglied einer Bande nicht enthalten sind, spiegelt
sich in den deutlich gestiegenen Fallzahlen zwischen den Jahren 1995 und 2009
wider, dass **seit Mitte/Ende der 90er Jahre** in Deutschland immer mehr Cannabispflanzen in sog. **Indoor-Plantagen** angepflanzt werden (*Patzak/Marcus/Gold-
hausen* NStZ 2006, 259; *Patzak/Goldhausen/Kleine* Der Kriminalist 2007, 159).
Hierbei handelt es sich um einen Anbau in Gewächshäusern oder sonstigen Gebäuden, bei dem mittels spezieller Aufzuchtmethoden (Saatgut, Bewässerung,
Dünger, UV-Lampen) besonders THC-reiche Cannabispflanzen gezüchtet werden.
Statistisch wird zwischen Klein-, Groß- und Profiplantagen unterschieden. Unter

die **Kleinplantagen** fallen Anpflanzungen von mehr als 20 bis zu 100 Pflanzen mit einem relativ geringen Organisationsaufwand, **Großplantagen** sind solche mit mehr als 100 bis zu 1.000 Pflanzen und einem hohen Organisationsaufwand. Zu den **Profiplantagen** zählen Anlagen mit mehr als 1.000 Pflanzen und einem sehr hohen Organisationsaufwand. Während im Jahr 2000 in **Nordrhein-Westfalen** nur 10 Kleinplantagen, 3 Großplantagen und keine Profiplantage festgestellt wurden, waren es dort im Jahr 2006 12 Kleinplantagen, 36 Großplantagen und 21 Profiplantagen mit einer Gesamtzahl von 46.300 Pflanzen bei den Profiplantagen (*Patzak/Goldhausen/Kleine* Der Kriminalist 2007, 159, 160 f.). Ähnlich sah es in den übrigen Bundesländern aus: in **Berlin** beispielsweise wurden im Jahr 2006 30.364 Cannabispflanzen sichergestellt, im Jahr 2005 waren es noch 1.802 Pflanzen. Diese Entwicklung zeigt sich auch in den **bundesweiten Zahlen für die Jahre 2007 bis 2010** (*BKA*, Jahreskurzlage Rauschgift 2007 bis 2010):

Indoor-Plantagen in Deutschland	Profi	Groß	Klein
2007	21	93	233
2008	18	112	285
2009	26	98	218
2010	22	105	221

Im **Jahr 2009** wurden in Deutschland 91.310 Pflanzen aus dem **Indoor-Anbau** **6** **beschlagnahmt**, wovon mit 22% die meisten Plantagen auf Nordrhein-Westfalen entfielen (*BKA*, Jahreskurzlage Rauschgift 2009, S. 5), **im Jahr 2010** waren es 74.502 Pflanzen. Die meisten Indoor-Plantagen des Jahres 2010 wurden in Baden-Württemberg und Niedersachsen registriert (jeweils 13%), wobei gleich mehrere Länder eine höhere Fallzahl an Indoor-Profi und -Indoor-Großplantagen verzeichneten, insb. Niedersachsen mit 18% (*BKA*, Jahreskurzlage Rauschgift 2010, S. 5).

Trotz der klimatisch eher ungünstigen Bedingung in Deutschland nahm in den **7** letzten Jahren auch der **Outdoor-Anbau** immer mehr zu, wie sich aus der folgenden Tabelle ergibt (*BKA*, Jahreskurzlage Rauschgift 2007 bis 2010):

Outdoor-Plantagen in Deutschland	Profi	Groß	Klein
2007	1	14	68
2008	2	15	85
2009	2	9	56
2010	1	9	36

Die meisten der 67 Outdoor-Plantagen des **Jahres 2009**, bei denen 5.324 Pflan- **8** zen sichergestellt wurden, entfielen auf Bayern (24%).

C. Cannabisanbauverbot und die Verfassung in Deutschland

Das umfassende Verbot des unerlaubten Umganges mit Cannabis verstößt nicht **9** gegen den Grundsatz der Verhältnismäßigkeit, sondern dient den Zielen des Gesetzgebers, mit dem BtMG die Volksgesundheit zu schützen. Die Erlaubnispflicht für den Anbau von Cannabis verstößt nicht gegen das Grundrecht auf freie Entfaltung der Persönlichkeit (Art. 2 Abs. 1 GG). Ein **Recht auf Rausch,** das den zulässigen Beschränkungen der allgemeinen Handlungsfreiheit durch verfassungsgemäße Rechtsnormen entzogen wäre, **gibt es nicht** (BVerfGE 90, 145 = NJW 1994, 1577 = StV 1994, 295; *BVerfG* NJW 2004, 3620). Es gibt auch kein Anrecht auf den Anbau von Cannabispflanzen zur Eigenversorgung (*BVerfG* NStZ 1995, 37). Das Verbot des Anbaues von Cannabis ist **verfassungsgemäß** und verstößt nicht gegen das Grundrecht auf freie Entfaltung der Persönlichkeit (Art. 2 Abs. 1 GG) und berührt nicht den Schutzbereich der Religionsfreiheit (Art. 4 Abs. 1 und Abs. 2 GG), wenn ein Bürger Cannabis anbauen will als heiliges Kraut, das auf dem Grabe Salomons gewachsen sei und das er bei rituellen Versammlungen der Rastas konsumieren wolle (*BVerwG* NJW 2001, 1365).

D. Objektiver Tatbestand

I. Betäubungsmittelpflanzen

10   Nur der Anbau der unter Anl. I bis III genannten Betäubungsmittelpflanzen ist strafbar. Der Anbautatbestand ist nicht wie in Art. 1 Abs. 1 lit. i des Einheits-Übereinkommens von 1961 begrenzt auf die Kultur des Opiummohns, des Kokastrauches und der Cannabispflanze, wenngleich diese auch die wesentlichen Erscheinungsformen darstellen. Als Betäubungsmittel i. S. d. BtMG gelten Pflanzen,

– die ausdrücklich in den Anl. I bis III genannt sind und kein Ausnahmefall vorliegt oder
– die einen dort aufgeführten Wirkstoff enthalten, und missbräuchlich als Betäubungsmittel verwendet werden sollen (5. Spiegelstrich der Anl. I, 1. Alt.; s. dazu § 2 Rn. 5).

11   **1. Ausdrücklich dem BtMG unterstellte Pflanzen.** Folgende Pflanzen sind ausdrücklich in den Anl. I bis III aufgeführt, so dass es für die Verwirklichung des Anbautatbestands keine Rolle spielt, ob die Pflanzen einen Wirkstoffgehalt aufweisen (s. dazu § 1 Rn. 24) oder welche Menge oder Qualität geerntet werden kann (*München* NStZ-RR [*Kotz/Rahlf*] 2010, 199). Der Anbau dieser Pflanzen ist immer strafbar, es sei denn in den Anl. I bis III ist eine Ausnahme vorgesehen (s. dazu auch § 2 Rn. 8 ff.):

12   **a) Cannabis.** Sämtliche Pflanzen und Pflanzenteile der zur Gattung Cannabis gehörenden Pflanzen unterfallen nach Anl. I dem BtMG. Der Anbau von Cannabispflanzen ist damit grundsätzlich nicht erlaubt. **Ausgenommen** ist zum einen der Anbau von Cannabispflanzen als Schutzstreifen bei der Rübenzüchtung, sofern diese vor der Blüte vernichtet werden; in diesem Fall bedarf es nicht einmal einer Erlaubnis nach § 3 BtMG. Zum anderen ist der Anbau von bestimmten Nutzhanfsorten durch Unternehmen der Landwirtschaft gestattet (s. dazu im Einzelnen Rn. 46 ff.).

13   **b) Kokasorten.** Die **Pflanzen und Pflanzenteile** von **Erythroxylum coca** einschließlich der Varietäten **bolivianum, spruceanum und novogranatense** sind nach Anl. II Betäubungsmittel. Eine Ausnahme für den **Anbau** ist nicht vorgesehen.

14   **c) Papaver bracteatum (Ziermohn).** Pflanzen und Pflanzenteile von Papaver bracteatum sind nach Anl. II verkehrs-, aber nicht verschreibungsfähige Betäubungsmittel. Von dieser Regelung uneingeschränkt ausgenommen sind die Samen und der **Anbau zu Zierzwecken.**

15   **d) Papaver somniferum (Schlafmohn).** Die Pflanzen und Pflanzenteile der Schlafmohnsorten **Papaver somniferum** und **Papaver setigerum** sind mit Ausnahme der Samen in Anl. III als verkehrsfähige und verschreibungsfähige Betäubungsmittel eingeordnet. Ausgenommen ist der Verkehr mit ihnen zu Zierzwecken und wenn ihr Gehalt an Morphin in getrocknetem Zustand 0,02% nicht übersteigt (1. auf die Position Papaver somniferum folgender Spiegelstrich). Hiervon ist aber der **Anbau** von Pflanzen von Papaver somniferum und Papaver setigerum wieder ausgenommen, so dass dieser auch einer Erlaubnis bedarf, wenn er zu Zierzwecken erfolgt (*Weber* § 1 Rn. 550).

16   **e) Salvia divinorum (Aztekensalbei).** Durch die 21. BtMÄndV v. 18. 2. 2008 (BGBl. I, 246) wurden die Pflanzen und Pflanzenteile der Pflanze **Salvia divinorum**, auch Azteken- oder Zaubersalbei genannt, ohne Ausnahmeregelungen in Anl. I aufgenommen.

2. Wirkstofftragende Pflanzen und Pilze. Seit der 5. Spiegelstrich am Ende   **17**
der Anl. I durch die 10. BtMÄndV vom 20. 1. 1998 eingefügt worden ist, gelten
auch nicht in den Anl. I bis III ausdrücklich genannt Pflanzen und Pflanzenteile als
Betäubungsmittel, wenn sie dort aufgeführte Wirkstoffe enthalten und als Betäubungsmittel missbräuchlich verwendet werden sollen. Dazu zählen:

– die **mescalinhaltigen Kakteenarten Ariocarpus fissuratus** (Cimarron-
  Kaktus), **Lophophora williamsii** (Peyotl-Kaktus) und **Echinopsis pachanoi**
  (San Pedro-Kaktus),
– der **LSD-haltige Mutterkornpilz**
– die **Kath-Pflanze** mit den Wirkstoffe **Cathin und Cathinon**
– die **Dimethyltryptamin** (DMT) enthaltende Wald-Liane **Oco yage,**
– die **psilocybinhaltigen Pilze,** die mittlerweile unabhängig von der biologischen Einordnung als Pflanzen oder als eigenständige Lebensform dem BtMG
  unterfallen (s. § 2 Rn. 38 ff.).

Dies gilt auch für die **Pilzmycelien und Pilzsporen.** Da diese noch keinen   **18**
Wirkstoff enthalten, galten sie nach früherer Rechtslage auch bei einer Miss-
brauchsabsicht nicht als Betäubungsmittel. Mit der 15. BtMÄndV v. 19. 6. 2001
wurde der 5. Spiegelstrich am Ende der Anl. I um eine 2. Alt. ergänzt, so dass
seitdem auch Mycelien, Sporen und Zellkulturen in sog. Zauberpilzsortimenten
oder Anbauboxen in Deutschland Betäubungsmittel der Anl. I darstellen, weil
diese zur Gewinnung von Psilocybin-Pilzen geeignet sind und bei denen ein
Missbrauch zu Rauschzwecken vorgesehen ist.

II. Anbau

1. Definition. Unter Anbau von Betäubungsmitteln ist das Erzielen pflanzli-   **19**
chen Wachstums durch gärtnerische Bemühungen zu verstehen, wozu die Aussaat
von Betäubungsmittelsamen sowie die Pflege oder die Aufzucht von in den Anl. I
bis III zum BtMG genannten Betäubungsmittelpflanzen zählen (*Dresden* NStZ-
RR 1999, 372; zu den einzelnen Tathandlungen s. Rn. 24 ff.). Im Gegensatz zum
gewollten Anbau steht die **wilde Aussaat** durch Vögel oder Wind. Wer aber Betäubungsmittelsamen aussät und den Erfolg seiner Aussaat der Witterung überlässt,
baut Betäubungsmittel an, denn der Anbau setzt weder eine gärtnerische Pflege der
Einsaat oder der Einpflanzung noch eine dauerhafte Wachstumsförderung voraus.

Der Anbaubegriff setzt **keine besondere Kulturform, keinen besonderen**   **20**
Betrieb und keinen besonderen Umfang voraus. So muss Anbau nicht in einem gärtnerischen oder landwirtschaftlichen Betrieb erfolgen. Auch die Kleinkul-
tur von Betäubungsmittelpflanzen im Blumentopf, Balkonkasten, Garten, Gewächshaus, auf Feld-, Wiesen- oder Waldgelände stellt Anbau dar. Der Anbau ist
auch bei Aufzucht **nicht wirkstoffhaltiger Betäubungsmittelpflanzen** gegeben
(s. § 1 Rn. 24). Allein der Besitz von Samen stellt allerdings noch keinen Anbau
dar.

2. Motiv. Für einen strafbaren Anbau ist nicht erforderlich, dass die Aufzucht   **21**
oder Pflege von Betäubungsmittelpflanzen mit dem Ziel erfolgt, hieraus konsumfähige Betäubungsmittel zu gewinnen. Es reicht bereits aus, wenn mit dem Anbau
bezweckt wird, die Pflanzen als Zierpflanzen aufzustellen (zur Ausnahme bei Papaver bracteatum s. Rn. 61) oder um sie zu Textilien, Arzneimittel, Kosmetika, Papier, Seile oder Baumaterialien zu verarbeiten. Auch der Anbau von Betäubungsmittelpflanzen aus biologischen, wirtschaftlichen, religiösen, künstlerischen,
politischen oder wissenschaftlichen Interessen erfüllt den Tatbestand. Werden
aber abgeschnittene Rauschpflanzen nur zu Dekorationszwecken aufbewahrt, so
scheidet ein Anbau aus. Ein Anbau liegt dagegen vor, wenn die abgeschnittenen
Rauschpflanzen in Wasser, Erde oder Nährflüssigkeiten verbracht werden, um
pflanzliches Wachstum zu erzielen oder Ableger zu gewinnen.

Ein **strafbarer Anbau liegt nicht vor**, wenn die Tathandlung zum Zwecke   **22**
eines in den Ausnahmeregelungen in den Anl. I bis III genannten Zweckes erfolgt,

also beim Anbau von Cannabispflanzen als Schutzstreifen bei der Rübenzüchtung, dem Anbau von Nutzhanf durch berechtigte landwirtschaftliche Unternehmen und beim Anbau von Papaver bracteatum zu Zierzwecken.

23   Das Züchten, Düngen und Pflegen von mexikanischen Psilocybin-Pilzen und meskalinhaltigen Peyotl- und San Pedro-Kakteen in Zuchtschalen und kleinen Gewächshäusern zum **Zwecke des Rauscherzielung** kann gem. der Generalklausel am Ende der Anl. I zum BtMG einen strafbaren Anbau von Betäubungsmitteln darstellen, da die Wirkstoffe der genannten Rauschpilze und Rauschkakteen dem BtMG unterstehen (s. dazu § 2 Rn. 38).

24   **3. Einzelne Tathandlungen des Anbaus.** Der Anbau beginnt mit der **Aussaat,** d. h. mit dem Verbringen des Samen in die Erde in einer Weise, dass aus ihm eine Pflanze selbständig wachsen kann (*Weber* § 29 Rn. 46). Der Anbau umfasst des Weiteren alle Handlungen, die für die Pflege oder die Aufzucht von in den Anl. I bis III genannten Betäubungsmittelpflanzen notwendig sind. Dazu zählen insb.:

– das **Einpflanzen** einer Cannabispflanze oder eines Cocaflänzchens in einen Blumentopf oder Balkonkasten (vgl. *BGH* NStZ 1990, 285; *Düsseldorf* NStZ 1985, 30; *BayObLG* NStZ 1994, 496),
– die **Samenkeimung** in Erde, Hydrokulturen, Perliten, Steinwolle oder in feuchten Papiertüchern, in einer Keimschale bis zum Wurzelaustritt,
– das **Eintopfen,** das **Bewässern,** das **Düngen,** und das **Belichten,**
– das **Kreuzen,** das **Aufbinden und Stützen,** sowie das **Einzäunen** oder das **Schützen der Anbaufläche.**

25   **Nicht mehr zum Anbauen** gehören aber das Abschneiden, Ernten, Trocknen, Einweichen und sonstige Bearbeiten des abgetrennten Pflanzenmaterials, die bereits zur Herstellung zählen (*Karlsruhe* NStZ-RR 2002, 85 = StV 2002, 431; *BayObLG* NStZ-RR 2002, 181; *Weber* § 29 Rn. 65). Die Pflege von Cannabistopfpflanzen in einem Blumengeschäft, auf einem Ausstellungsgelände oder in einer privaten Wohnung von Personen, die diese Pflanze nicht aufgezogen, sondern von Dritten erhalten haben, stellt Anbauen dar. Solange sich Cannabistopfpflanzen im Wuchs befinden, vom Verkäufer oder Käufer mit Wasser, Licht oder Düngemitteln gepflegt werden, treiben sowohl der Verkäufer als auch der Käufer von Cannabiszierpflanzen Anbau.

26   Das Bereithalten von Cannabistopfpflanzen in einem Garten zum Verkauf kann nicht nur Anbau, sondern bereits unerlaubtes Handeltreiben mit Betäubungsmitteln darstellen. Das Bereithalten von Cannabisschnittpflanzen stellt jedoch keinen Betäubungsmittelanbau dar, kann aber als Besitz von Betäubungsmittel strafbar sein.

27   **4. Tathandlungen von Grundstückseigentümern, Mietern und Wohnungsinhabern. a) Grundstückseigentümer.** Nach §§ 93, 94 Abs. 1, Abs. 2 BGB sind die Erzeugerpflanzen und gem. § 99 Abs. 1 BGB deren Sachfrüchte Eigentum des Grundeigentümers. Dies gilt auch nach der Trennung der Ernte von den Mutterpflanzen (§ 953 BGB). Durch den Anbau von Betäubungsmittelpflanzen erlangt der Landwirt originär Eigentum; § 134 BGB gilt nicht, da das Eigentum durch Realakt erlangt wird (vgl. *Vitt* NStZ 1992, 221). Der Eigentümer des Samens oder der Betäubungsmittelpflanzen macht sich aber nicht wegen Anbaus von Betäubungsmitteln strafbar, sondern der Anbautreibende, auch wenn der Täter regelmäßig Eigentümer sein mag.

28   Der Grundstückseigentümer oder Grundstücksbesitzer kann sich aber wegen **Anbaues** von Betäubungsmittel **durch Unterlassen** strafbar machen. Kann einem Angeklagten nicht nachgewiesen werden, dass er in einem Beet seines Gartens Cannabispflanzen gesät, gepflanzt und gepflegt hat, so ergibt sich aus der Eigenschaft als Grundstückseigentümer aber dann eine Garantenpflicht, den Anbau zu verhindern gem. § 13 Abs. 1 StGB, wenn das Grundstück unter Ausnutzung der besonderen Beschaffenheit als Mittel der Tatbegehung eingesetzt wurde, nicht aber schon dann, wenn das Grundstück lediglich der Ort ist, an dem die Tat sich ab-

spielte (*Zweibrücken* StV 1986, 483). Hat eine Frau es **zugelassen** auf dem gemeinsamen Anwesen mit Wohngebäude und Gartengelände, dass ihr Lebensgefährte in einem umzäunten Gartenteil 19 Cannabispflanzen anbaute, so hat sie sich nicht der Beihilfe zum unerlaubten **Anbau von Betäubungsmitteln durch Unterlassen** schuldig gemacht, da der Garten keine besondere Gefahrenquelle begründete und sie **keine Garantenstellung** traf, die Straftat ihres Lebensgefährten zu unterbinden (*Zweibrücken* NStZ-RR 2000, 119 = StV 1999, 212).

b) Mieter. In der Regel machen sich Mieter oder Nutzungsberechtigte (= Be- **29** sitzer) eines Grundstückes, auf dem Dritte Betäubungsmittelpflanzen angebaut haben, nicht wegen Anbaues strafbar, wenn sie sich selbst nicht um eine Aufzucht der Pflanzen bemüht haben. Nach Auffassung des *OLG Zweibrücken* kann allein aus der Tatsache, dass der Angeklagte **Mitbenutzer eines Gartens** ist, in dem Cannabispflanzen herangewachsen sind, nicht auf eine Strafbarkeit wegen unerlaubten Anbaues geschlossen werden, nur weil der Angeklagte den **Anbau nicht verhindert** habe. Eine Garantenpflicht ergebe sich nicht allein aus der bloßen Sachherrschaft über das Grundstück. Es müssen besondere Umstände vorliegen, die eine derartige Garantenpflicht begründen (*Zweibrücken* StV 1986, 483).

c) Wohnungsinhaber. Die **bloße Kenntnis** der Angeklagten **vom Vorhan-** **30** **densein von Cannabispflanzen** durch den in der gemeinsam angemieteten und genutzten Wohnung und von der Aufzucht derselben durch den Lebensgefährten zur Marihuanagewinnung und zum Eigenkonsum reicht für einen mittäterschaftlichen Anbau von Betäubungsmitteln nicht aus; in Betracht kommt eine aber psychische Beihilfe (*Karlsruhe* NStZ-RR 1998, 27 = StV 1998, 80).

III. Erlaubnispflicht

Nur der unerlaubte Anbau von Betäubungsmitteln ist strafbar. Die Einstufung **31** der Betäubungsmittelpflanzen durch den Gesetzgeber entscheidet darüber, ob der Anbau dieser Pflanzen erlaubnisfrei ist, ob gem. § 3 Abs. 1 BtMG auf Antrag der Anbau unter welchen Bedingungen erlaubt werden kann oder ob gem. § 3 Abs. 2 BtMG der Anbau nur als Ausnahmefall zugelassen werden kann.

1. Ausnahmen von der Erlaubnispflicht. Bestimmte relativ ungefährliche **32** Pflanzen, aus denen Betäubungsmittel gewonnen werden können, hat der Gesetzgeber nicht in die Anlagen zum BtMG aufgenommen oder von den betäubungsmittelrechtlichen Bestimmungen ausgenommen. So ist der Anbau und die Gewinnung von **Pflanzen und Pflanzenteilen der Papaver bracteatum zu Zierzwecken** von den Betäubungsmittelvorschriften ausgenommen worden, da sie kein Morphin, sondern ausschließlich das nur gering narkotisierende Thebain enthalten. Das Thebain untersteht aber Anl. II. Der Anbau der hochtoxischen **Nachtschattengewächse,** wie Alraune, Bilsenkraut, Stechapfel, Tollkirsche oder Engelstrompete, ist nicht erlaubnispflichtig und nicht verboten, trotz der berauschenden Wirkung der in diesen Pflanzen enthaltenen Wirkstoffe Atropin, Scopolamin und Hyoscyamin. Der Anbau von **Khat, psilocybinhaltigen Pilzen,** des **LSD-haltigen Mutterkornpilzes,** des **mescalinhaltigen Peyotl**-Kaktus ist – da deren Wirkstoffe dem BtMG unterstehen – nur erlaubnisfrei, wenn mit dem Anbau kein Betäubungsmittelmissbrauch vorgesehen ist. Bei den in den einzelnen Anlagen zum BtMG genannten Betäubungsmittelpflanzen hat der Gesetzgeber ferner für bestimmte Zwecke oder bei bestimmten niedrigen Wirkstoffgehalten generelle Ausnahmen von der Erlaubnispflicht nach § 3 BtMG zugelassen. So ist der Anbau von Cannabis als Schutzstreifen bei der Rübenzüchtung oder der Anbau von bestimmten Nutzhanfsorten durch landwirtschaftliche Betriebe (s. dazu Rn. 61).

2. Anbau-Erlaubnis nach § 3 Abs. 1 BtMG. Soweit Pflanzen dem BtMG **33** unterfallen und Ausnahmeregelungen nicht vorliegen (zu den Ausnahmeregelungen s. Rn. 11 ff.), bedarf jeglicher Anbau solcher Pflanzen der Erlaubnis. Der Anbau von **Erythroxylum coca** einschließlich der Sorten **bolivianum, sprucea-**

num und **novogranatense** und **Papaver somniferum sowie die Varietät setigerum** bedürfen einer Erlaubnis nach § 3 Abs. 1 BtMG, die im Ermessen des *BfArM* in Berlin liegt.

34   Anbauvorhaben von Erzeugergemeinschaften können weder vom Wirtschaftsministerium noch vom Landeskriminalamt genehmigt werden, sondern bedürfen der Erlaubnis des *BfArM*. Ein noch nicht beschiedener Antrag kann nicht als Duldung bzw. als konkludente Erlaubniserteilung des *BfArM* interpretiert werden (Ermittlungsverfahren der *Staatsanwaltschaft Kassel* 458 Js 20.742.4/90, 458 Js 28.953.4/90). 16 hessische Landwirte bauten im Auftrag des Hessischen Landwirtschaftsministeriums 1990 auf 24 ha Schlafmohn an, obwohl das *BfArM* wegen unvollständiger Unterlagen und Bedenken der Polizei für den Anbau keine Erlaubnis erteilt hatte. Nach polizeilicher Entdeckung der Mohnfelder wurden die Mohnpflanzen teilweise verbrannt, teilweise umgepflügt und beschlagnahmt sowie teilweise die Mohnfelder bewacht. Drogenabhängige hatten sich bei den Mohnfeldern versorgt. Die Ermittlungsverfahren gegen die Landwirte und gegen die Verantwortlichen des Ministeriums wurden eingestellt.

35   **3. Anbau–Ausnahmeerlaubnis im Einzelfall nach § 3 Abs. 2 BtMG.** Der Anbau von nicht verkehrsfähigen Betäubungsmittelpflanzen der Anl. I ist grundsätzlich verboten und nicht erlaubnisfähig. Der Anbau dieser Pflanzen kann nur genehmigt werden, wenn in einem Ausnahmefall neben den Voraussetzungen des § 3 Abs. 1 BtMG eine Erlaubnis wissenschaftlichen oder anderen im öffentlichen Interesse liegenden Zwecke dient (§ 3 Abs. 2 BtMG). Dies ist im Ergebnis unbefriedigend, da der Anbau von Cannabis (Anl. I) strengeren Erfordernissen unterliegt als der Anbau des wesentlich gefährlicheren Schlafmohns (Papaver somniferum).

36   **4. Erlaubnisbefreiung nach § 4 Abs. 2 BtMG beim Anbau.** Strafverfolgungsbehörden oder Laboratorien der Landeskriminalämter oder der Zollbehörden benötigen für die Aufbewahrung und Pflege beschlagnahmter Betäubungsmittelpflanzen keine Erlaubnis, sofern diese Pflanzen als Beweismittel bis zum rechtskräftigen Abschluss des Strafverfahrens benötigt werden. Nach Abschluss des Verfahrens und Einziehung der Betäubungsmittel sind die Pflanzen zu vernichten. Die Aufbewahrung und Pflege des Pflanzenmaterials nach Rechtskraft des Urteils als Lehr- und Anschauungsmaterial fallen nicht mehr unter die erlaubnisfreie dienstliche Tätigkeit. Hier bedarf es deshalb einer Erlaubnis nach § 3 Abs. 1 oder Abs. 2 BtMG.

IV. Geltungsbereich des BtMG beim Anbau

37   Das Anbauen von Betäubungsmitteln eines Deutschen im Ausland unterliegt dem Weltrechtsprinzips des § 6 Nr. 5 StGB, wenn es dazu dienen, Betäubungsmittel **entgeltlich** in den Besitz eines anderen zu bringen (= „Vertrieb i. S. d. § 6 Nr. 5 StGB, vgl. *Weber* § 29 Rn. 95). Der Anbau von Betäubungsmitteln **von Deutschen im Ausland** zum Zwecke des Eigenkonsums ist nur nach § 7 Abs. 2 Nr. 1 StGB strafbar, wenn die Tat auch am Tatort mit Strafe bedroht ist (zur Rechtslage beim Verkauf von Cannabissamen im Ausland s. Rn. 43 und zur Rechtslage im Ausland im Allgemeinen s. Vorbem. §§ 29 ff. Rn. 341 ff.).

E. Erscheinungsformen des Anbaus

I. Legaler Umgang mit Betäubungsmittelsamen

38   **1. Schlafmohnsamen.** Die Samen von Papaver bracteatum und Papaver somniferum sind grundsätzlich von den betäubungsmittelrechtlichen Vorschriften und damit **vom Verkehrsverbot ausgenommen** (s. § 2 Rn. 31, 33 ff.). Diese Samensorten sind in jeder Samenhandlung frei käuflich. Schlafmohnsamen haben als Backwarenzutat eine erhebliche wirtschaftliche Bedeutung. Der strafrechtlich relevante Bereich beginnt erst mit dem Anbau der Pflanzen. Der Erwerb von Schlaf-

mohnsamen zu Anbauzwecken stellt dabei noch keinen versuchten Anbau, sondern lediglich eine straflose Vorbereitungshandlung dar. Wird aber der Schlafmohnsamen in die Erde gesteckt, so handelt es sich um Anbau von Schlafmohn, der mit Strafe bedroht ist (s. zum Versuchsbeginn Rn. 74).

2. Cannabissamen (Nutzhanfsorten). a) Nicht zum Anbau bestimmte 39
Samen. Der Umgang mit Cannabissamen ist nach lit. a des auf die Position Cannabis folgenden Spiegelstrichs in Anl. I grundsätzlich von den betäubungsmittelrechtlichen Vorschriften **ausgenommen,** wenn die Samen **nicht zum unerlaubten Anbau bestimmt** sind. Handelt es sich um Cannabissamen, die tatsächlich nicht dem unerlaubten Anbau dienen, sondern nachweislich als Vogel-, Hühneroder Hasenfutter genutzt werden sollen, so unterliegt der Samenhandel nicht den betäubungsmittelrechtlichen Vorschriften. Wer aus THC-freien Cannabissamen Lebensmittel wie Hanfspeiseöl, Hanfschokolade, Hanfgebäck oder Hanfnudeln gewinnt, wer mit Hanfsamen Speisen würzt bzw. zubereitet, macht sich nicht nach dem BtMG strafbar. Zur Rechtslage beim Umgang mit Lebensmitteln aus THC-haltigen Cannabispflanzenprodukten (Cannabisblüten, Haschischharz oder Haschischpulver) s. Stoffe/Teil 1, Rn. 45 ff.).

b) Zum Anbau bestimmte Samen. Sind die Cannabis-Samen **zum Anbau** 40
bestimmt, so ist dies grundsätzlich **strafbar.** Es gibt jedoch 2 Ausnahmen, nämlich
– beim Anbau von Cannabispflanzen als **Schutzstreifen bei der Rübenzüchtung,** wenn sie vor der Blüte vernichtet werden (lit. b des auf die Position Cannabis folgenden Spiegelstrichs in Anl. I),
– und beim Anbau von Cannabispflanzen durch die in lit. d des auf die Position Cannabis folgenden Spiegelstrichs genannten **Unternehmen der Landwirtschaft,** wenn es sich um eine mit EU-Hanfbeihilfe geförderte und **zugelassene THC-arme Nutzhanfsorte** handelt (lit. d des auf die Position Cannabis folgenden Spiegelstrichs in Anl. I; zum Nutzhanfanbau s. im Einzelnen Rn. 46 ff.).

II. Illegaler Umgang mit Cannabissamen

Der Erwerb, der Besitz, die Einfuhr, die Ausfuhr und der Handel mit Cannabis- 41
samen unterlag seit der 7. BtMÄndV v. 29. 3. 1996 zunächst nicht mehr der betäubungsmittelrechtlichen Überwachung, da in Anl. I Teil eine Ausnahmeregelung bzgl. der Cannabissamen eingeführt wurde. Dies führte dazu, dass zahlreiche deutsche und niederländische Versandfirmen mit Spezialkatalogen vielfältige Cannabissamenarten für den häuslichen illegalen Cannabisanbau anboten. Diese Cannabissorten mit hohem THC-Gehalt wurden in zählbarer Körnerzahl zu Stückpreisen angeboten mit Sortenbeschreibungen über Blüte- und Erntezeit, über Höhe (bis zu 3 m hoch), über Ertrag (bis zu mehren Kilogramm pro Pflanze), über THC-Gehalt (bis zu 25%). Die Ausbreitung des illegalen häuslichen Cannabisanbaues befreite zahlreiche Konsumenten von der Notwendigkeit, zur Selbstversorgung mit Cannabis die illegale Szene aufzusuchen. Um die Ausweitung des illegalen Cannabisanbaues und des Versandhandels mit Cannabissamen einzuschränken, wurde die Straflosigkeit des Umgangs mit Cannabissamen mit der 10. BtMÄndV v. 20. 1. 1998 aufgehoben, sofern der Samen nach den Umständen zum unerlaubten Anbau bestimmt ist. Diese Regelung wurde durch die 15. BtMÄndV v. 19. 6. 2001 wortgleich in lit. a des auf die Position Cannabis folgenden Spiegelstrichs in Anl. I übernommen.

Trotzdem bieten auch weiterhin zahlreiche Firmen in Zeitschriftenanzeigen oder 42
im Internet hochwertige Cannabissamen zu hohen Preisen von den Niederlanden oder von der Schweiz aus für den illegalen Cannabisanbau in Deutschland an.

1. Illegaler Cannabissamen-Handel vom Ausland aus. In den **Nieder-** 43
landen sind der Besitz und Handel mit Marihuana-Samen **nicht verboten und nicht strafbar.** Die Firma Sensi Seed in Amsterdam bietet in einem deutschsprachigen Versand-Katalog und im Internet (www.sensiseeds.com) nach Vorauszah-

lung die Übersendung von jeweils verschiedenen Cannabissamen für den Indoor-
und Outdoor-Anbau mit Anbauanleitung an, nicht ohne im Kleingedruckten
darauf hinzuweisen, dass die Gesetze in Europa bezüglich Marihuanasamen in jedem Land anders ausgelegt werden, dass der Handel mit Marihuanasamen in man-
chen Ländern verboten und strafbar ist, dass Sensi Seed niemanden zu ungesetz-
lichen Handlungen anstiften will und alle Samen unter dem Vorbehalt übersandt
werden und dass sie von Dritten nicht gesetzwidrig angewendet werden (zur Frage,
ob die Werbung durch Sensi Seed in deutschen Zeitungen oder Zeitschriften § 29
Abs. 1 Nr. 8 BtMG unterfällt, s. § 29/Teil 17 Rn. 12). U. a. bietet Sensi Seed folgende Samen an, bei denen es angesichts des hohen Preises auf der Hand liegt, dass
die Samen dem illegalen Anbau dienen (Quelle: www.sensiseeds.com; I = Indoor-
anbau, G = Gewächshausanbau, O = Outdooranbau):

SENSI SEED Cannabis-Samen-Sorte – Kreuzungen –		Packungspreis von 10 Samen	Höhe einer Pflanze bis zu (in Metern)	Mengen-ertrag einer Pflanze	Besonderheiten
Shiva Shanti II	G	20,01 €	1,50	100 g	Scharfes Indikaaroma
Shiva Skunk	G	66,00 €	1,25	125 g	„Herr des Bangs"
Sensi Skunk	G	26,00 €	1,50	100 g	starke, reichhaltige Zitrusvariante
California Indica	G	44,00 €	1,30	125 g	mehr Gewicht, Schnelligkeit und den tiefen Unterton von Haschisch, der sich mit dem herrlichen Zitrusduft der Mutter verbindet
Fruity Juice	G	99,00 €	1,80	150 g	Kreuzung von Sativa und Indica
Skunk #1	G	29,00 €	1,50	100 g	Mischung verschiedener Sorten aus Zentral- und Südamerika, Afghanistan und Thailand
Shiva Shanti	I	33,00 €	1,30	125 g	bietet allen Graslieb-habern eine Chance zur Aufzucht
Nothern Lights #5 X Haze	I	136,99 €	1,80	150 g	enorm kräftige und produktive Sorte
Afghani #1	I	50,00 €	1,30	125 g	schnell, leicht ziehbare Sorte
MR. Nice G13 X Hash Plant	I	142,00 €	1,30	100 g	Ultimative Indica, gemacht für Raucher, die ihre Grenzen testen wollen
ED Rosenthal Big Bud	I	140,00 €	1,40	135 g	starkes, unglaublich süßes Aroma

SENSI SEED Cannabis-Samen-Sorte – Kreuzungen –	Packungspreis von 10 Samen	Höhe einer Pflanze bis zu (in Metern)	Mengen-ertrag einer Pflanze	Besonderheiten
Early Skunk	O 33,00 €	3,00	500 g	Spitzenresultate und beständige Leistung im Outdoor-Bereich
Ruderalis Skunk	O 44,00 €	3,00	300 g	gedacht für kurze, unberechenbare Sommer
Jamaican Pearl	O 55,00 €	3,00	400 g	süßliche, potente Outdoor-Sativa
Mexican Sativa	O 22,00 €	3,00	400 g	Noten von Sandelholz und Anissamen, die umhüllt werden vom stechenden, frischen und harzlastigen Geruch des Originals aus Oaxacan
Early Girl	55,00 €	2,00	250 g	Fette, klebrige Säulen von Buds mit deutlichem Haschgeruch, die ein weiches, lang anhaltendes Brausen im Körper besorgen
Durban	O 55,00 €	2,00	400 g	viel Ertrag und gleichmäßig verlässliche Ernten

2. Illegaler Cannabissamen-Handel in Deutschland. Die meisten Canna- **44** bissamenanbieter in Deutschland haben ihr Katalogangebot, ihre Werbeanzeigen und die Schaufensterauslagen ihrer Headshops dahin geändert, dass sie nun Cannabissamen in besonderen Tüten mit Aufklebern als Vogel-, Hühner-, Fisch- oder Hasenfutter, als Lebensmittel oder Backzutat zu hohen Preisen anbieten oder mit Mahnhinweisen versehen, dass diese Samen nicht zum Anbau verwendet werden dürfen. Diese Samenhändler orientieren sich an den Gesetzesänderungen und versuchen bisweilen mit Werbungskampagnen und Hinweisetiketten das geltende Recht zu umgehen (vgl. *AG Tiergarten*, Urt. v. 2. 4. 2001, 283 Ds 326/99). Kann aber aus den Gesamtumständen (zu hoher Preise für Tierfutter, Anzeigentexte, Verpackungsbeschriftung, Sortiment von Anbauzubehör, Fehlen jeglicher Artikel für die Tierhaltung) geschlossen werden, dass die Cannabissamen zur illegalen Aufzucht von Cannabispflanzen gelagert und zum Verkauf bereitgehalten werden, so macht sich der Händler nach § 29 Abs. 1 S. 1 Nr. 1 BtMG wegen unerlaubten Handeltreibens mit Betäubungsmitteln strafbar, auch wenn die Samen ohne weiteres Anbauzubehör verkauft und in nicht zählbarer Menge abgepackt wurden.

Übergibt ein Samenhändler nach Inkrafttreten der 10. BtMÄndV einen Teil sei- **45** ner Cannabissamenvorräte der Polizei, so verdeutlicht dies zwar, dass er insoweit keinen Betäubungsmittelhandel betreiben will. Schafft er aber andere Samenvorräte aus seinem Laden in einen Kellerraum, ohne dies der Polizei mitzuteilen, so kann das Lagern und Bereithalten dieser Samenmenge für den Verkauf Handeltreiben darstellen (*LG Stuttgart*, Beschl. v. 8. 7. 1998, 10 Qs 80/98; *LG Stuttgart*, Urt. v. 26. 3. 1999, 17 KLs 222 Js 31697/98). Der *BGH* verwarf die Revision (*BGH*, Beschl. v. 15. 9. 1999, 1 StR 365/99), das *BVerfG* nahm die Verfassungsbeschwerde nicht zur Entscheidung an (*BVerfG*, Beschl. v. 20. 1. 2000, 2 BvR 1994/99). Auch wenn der Cannabissamen selbst kein THC enthält und das THC-Potential sich erst später bei der Aufzucht der Pflanzen je nach Pflege beim Kunden in unterschiedlicher Weise realisiert, kann zumindest bedingter Vorsatz bzgl. des Handeltreiben mit einer nicht geringen Menge von Betäubungsmitteln i. S. v. § 29 a Abs. 1 Nr. 2 BtMG angenommen werden, wenn es sich um eine große Anzahl an Pflanzen handelt, die der Täter kontrolliert aufzieht. In einem Fall, in dem der Beschuldigte lediglich 5 Cannabispflanzen unkontrolliert aufwachsen ließ, ist zu Recht mangels Vorsatzes nur der Grundtatbestand des § 29 Abs. 1 S. 1 Nr. 1 BtMG bejaht worden (*Düsseldorf* NStZ 1999, 88). Hier ist jedoch zu prüfen, ob ein ungeschriebener besonders schwerer Fall nach § 29 Abs. 3 S. 1 BtMG vorliegt, der sich aus der beträchtlichen Samenmenge, dem hohen Verkaufswert, dem beträchtlichen Anbauvolumen und zukünftigen THC-Potential ergeben könnte.

III. Legaler Anbau von Nutzhanf in Deutschland

46　　Der Anbau von Hanf war 1982 aufgrund einer Expertenanhörung im damaligen *BGA* in Berlin unabhängig von der Höhe des THC-Gehaltes durch das BtMG verboten worden, weil damals auch bei THC-armen Hanfsorten grundsätzlich die Möglichkeit des Missbrauches angenommen wurde und die wirtschaftliche Bedeutung des Hanfanbaues in der Bundesrepublik bereits in den 50er Jahren als gering eingestuft wurde. Als sich im Laufe der 80er Jahre die öffentliche Diskussion um eine landwirtschaftliche Nutzung des Hanfes als gewinnbringender Biorohstoff verstärkte, erteilte das damalige *BGA* in Berlin mehrere Ausnahmegenehmigungen für den Anbau von Cannabis zu Forschungszwecken. Die Bundesforschungsanstalt für Landwirtschaft (FAL), Institut für Pflanzenbau in Braunschweig, führte 1992/1993 Feldversuche mit der Faserhanfsorte Felina 34 und weiteren Sorten durch. Aufgrund einer Expertenanhörung gem. § 1 Abs. 2 BtMG am 26. 6. 1995 wurden die Verbotsgründe für den Anbau neu bewertet, nachdem festgestellt worden war, dass ein Missbrauch THC-armer Hanfsorten heutzutage nicht mehr zu erwarten ist, weil deren Verwendung weder für Drogenhändler profitabel, noch für Missbraucher geeignet sei.

47　　Bei dieser Gelegenheit wurde darauf hingewiesen, dass aus anderen europäischen Ländern, die bereits seit Jahren Nutzhanf anbauten, Entwendungen bzw. Verkauf von THC-armen Nutzhanf zu illegalen Zwecken nicht bekannt geworden bzw. nach vereinzelten Versuchen wieder aufgegeben worden seien. Im Interesse eines ökologischen und ökonomischen Nutzens für die Landwirtschaft empfahlen deshalb die Sachverständigen einstimmig, landwirtschaftlichen Betrieben den kontrollierten Anbau von **Nutzhanf mit einem Gehalt bis zu 0,3% THC** zu ermöglichen. Die Zulassung des THC-armen Nutzhanfes wurde schließlich auch in den Voten mehrerer Bundestagsausschüsse und in der Entschließung des Bundesrates v. 13. 10. 1995 (BR–Drs. 559/95) gefordert. Es sollte die Möglichkeit geschaffen werden, das Marktpotential für die Hanfpflanze und eine Vielzahl ihrer Verwendungsmöglichkeiten zur industriellen und energetischen Verwertung zu erschließen (Industrie-Hanf). Ferner sollten deutsche Landwirte die von der EU gewährten Flächenbeihilfen für den Hanfanbau in Anspruch nehmen können.

48　　Nach Neuformulierung der Ausnahmeregelung für Cannabis in Anl. I Teil B zum BtMG durch die 7. BtMÄndV v. 29. 3. 1996, die durch die 15. BtMÄndV vom 19. 6. 2001 im Wesentlichen unverändert in den auf die Position Cannabis in Anl. I folgenden Spiegelstich aufgenommen wurde, kann Cannabis nunmehr unter folgenden Voraussetzungen erlaubnisfrei angebaut werden:

49　　a) von **Rübenzüchtern,** die Cannabis als Schutzstreifen bei der Rübenzüchtung pflanzen und vor der Blüte vernichten (= Ausnahme lit. c) unterliegen nicht den betäubungsmittelrechtlichen Bestimmungen,

b) von **Unternehmen der Landwirtschaft,** die 50
   – entweder die Voraussetzungen des § 1 Abs. 4 des Gesetzes über die Alterssicherung der Landwirte v. 29. 7. 1994 (BGBl. I, 1891) erfüllen, mit Ausnahme von Unternehmen der Forstwirtschaft, des Garten- und Weinbaus, der Fischzucht, der Teichwirtschaft, der Imkerei, der Binnenfischerei und der Wanderschäferei,
   – oder die für eine Beihilfegewährung nach der Verordnung (EG) Nr. 73/2009 des Rates vom 19. 1. 2009 mit gemeinsamen Regeln für Direktzahlungen im Rahmen der gemeinsamen Agrarpolitik und mit bestimmten Stützungsregelungen für Inhaber landwirtschaftlicher Betriebe und zur Änderung der Verordnung (EG) Nr. 1290/2005, (EG) Nr. 247/2006, (EG) Nr. 378/2007 sowie zur Aufhebung der Verordnung (EG) Nr. 1782/2003 (ABl. L 30 vom 31. 1. 2009, S. 16) in der jeweils geltenden Fassung in Betracht kommen,
   – und die ausschließlich zertifiziertes Saatgut von Sorten anbauen, die am 15. März des Anbaujahres in dem in Art. 10 der Verordnung (EG) Nr. 1120/2009 genannten gemeinsamen Sortenkatalog für landwirtschaftliche Pflanzenarten aufgeführt sind (Legaldefinition für Nutzhanf; vgl. auch § 24 a Rn. 3). Die Einschränkung der 15. BtMÄndV, dass diese Pflanzen lediglich einen THC-Gehalt von höchstens 0,2% (nach der 10. BtMÄndV noch 0,3%) haben dürfen, ist weggefallen.

Ziel der Ausnahmeregelungen war und ist es, die **Nutzpflanze Hanf in ihren** 51 **historischen Verarbeitungsmöglichkeiten** wieder nutzbar zu machen und **in den gewerblichen Kreislauf zu bringen,** ohne allerdings den Zugang für mögliche Drogenkonsumenten erleichtern zu wollen. In unverarbeitetem Zustand sollte der Nutzhanf nicht ohne behördliche Erlaubnis an Endabnehmer gelangen, da die Missbrauchsmöglichkeiten nicht abschließend zu übersehen sind (*LG Ravensburg* NStZ 1998, 306).

Zur Einhaltung der vorgenannten Bedingungen für einen legalen Cannabisanbau wurde durch das 2. BtMGÄndG v. 4. 4. 1996 (BGBl. I 1996, 582) der Nutz- 52 hanfanbau der **Kontrolle der Bundesanstalt für Landwirtschaft und Ernährung in Frankfurt** unterstellt **(§ 19 Abs. 2 BtMG)** und die Anbauer verpflichtet, in einer **Anbauanzeige** z. B. die Personalien des landwirtschaftlichen Unternehmens, die Lage und Größe der Anbauflächen und die ausgesäte Nutzhanfsorte mitzuteilen (§ 24 a BtMG). Wer den Anbau von Nutzhanf nicht, nicht richtig, nicht vollständig oder nicht rechtzeitig anzeigt und die **erforderlichen Saatgutetiketten** nicht beifügt, handelt ordnungswidrig und kann mit einer Geldbuße belegt werden (§ 32 Nr. 14 BtMG).

Nicht erlaubnisfrei ist der Anbau dieser Nutzhanfsorten durch **Nichtberechtig-** 53 **te** (Privatleute, Kaufleute, Kleingärtner und wissenschaftliche Institute), die die Voraussetzungen des Alterssicherungsgesetzes für Landwirte nicht erfüllen, oder der Nutzhanfanbau in der **Forstwirtschaft,** im **Garten- und Weinbau,** in der **Fischzucht,** in der **Teichwirtschaft,** in der **Imkerei,** in der **Binnenfischerei** und in der **Wanderschäferei.** Das Züchten von 680 Cannabistopfpflanzen auf einem Feld und von 200 Cannabistopfpflanzen in einem Gewächshaus einer Gärtnerei aus THC-armen zertifizierten Saatgut ist daher ohne Erlaubnis nach § 3 BtMG unerlaubt und strafbar, weil die Ausnahmeregelung des lit. d des auf Cannabis folgenden Spiegelstrichs der Anl. I für landwirtschaftliche Betriebe nicht erfüllt ist und ein Missbrauch zu Rauschzwecken nicht ausgeschlossen ist. Gleiches gilt für das Züchten in einem Gewerbebetrieb an verschiedenen Orten, das Verkaufen und das landesweite Versenden von 7.331 THC-armer Cannabiszierpflanzen in Töpfen und Blumenkübeln zu jeweils 5–6 Cannabispflanzen, auch wenn diese aus zertifiziertem, zugelassenem Euro-Faserhanf-Saatgut gewonnen worden waren.

Ist eine industrielle Nutzung des Faserhanfes nicht beabsichtigt und das Pflan- 54 zenmaterial zur Rauscherzielung geeignet, so ist der Handel ohne Erlaubnis mit diesen Produkten als unerlaubter Betäubungsmittelhandel strafbar. Nach Auskunft der Bundesopiumstelle v. 20. 9. 1996 benötigt man zur Erzielung einer psychotropen Wirkung durch das Rauchen von Cannabispflanzen lediglich 5–10 mg Delta-9 THC oder 1,7–10 g Faserhanf-Pflanzenmaterial (*AG Obernburg*, Beschl. v. 27. 3. 1998, 112 Js 12.019/96). Nach der Definition der WHO gilt als Missbrauch die einmalige, mehrmalige oder ständige Verwendung ohne medizinische Indikation bzw. die Verwendung in übermäßiger Dosierung.

IV. Legaler Verkehr mit Betäubungsmittelpflanzen

55   **1. Schnittpflanzen.** Nach Neuformulierung der Ausnahmeregelung für Cannabis in Anl. I Teil B zum BtMG durch die 7. BtMÄndV v. 29. 3. 1996 unterlag der **Verkehr** mit **Nutzhanfpflanzen mit THC-Gehalt bis zu 0,3%** nicht dem BtMG, wenn er ausschließlich gewerblichen Zwecken dient, die einen Missbrauch zu Rauschzwecken ausschließen (Ausnahme lit. b). Die Regelung wurde durch die 10. BtMÄndV vom 20. 1. 1998 in lit. b ergänzt: Zum einen wurde der Verkehr mit Nutzhanf, der aus dem Anbau von **zertifiziertem Saatgut der EU** stammt, von betäubungsmittelrechtlichen Vorschriften ausgenommen, sofern der Verkehr mit ihm **ausschließlich gewerblichen oder wissenschaftlichen, einen Missbrauch ausschließenden Zwecken** dient; eine Höchstgrenze für den THC-Gehalt dieser ohnehin wirkstoffarmen Nuthanfsorten wurde nicht mehr aufgenommen (1. Alt.). Zum anderen wurde als 2. Alt. eine Ausnahmeregelung für den Verkehr mit **sonstigen Pflanzen, deren THC-Gehalt 0,3% nicht übersteigt**, zu den oben genannten gewerblichen oder wissenschaftlichen Zwecken eingeführt. Mit der 15. BtMÄndV vom 19. 6. 2001 wurden diese Regelungen in lit. b des auf die Position Cannabis folgenden Spiegelstrichs in Anl. I übernommen, allerdings unter Reduzierung der Grenze des THC-Gehalts beim Verkehr mit sonstigen, nicht zu dem Nutzhanf zählenden Pflanzen zu gewerblichen oder wissenschaftlichen Zwecken auf 0,2% (zu den Voraussetzungen des gewerblichen und wissenschaftlichen Verwendungszwecks s. im Einzelnen § 2 Rn. 14 ff.).

56   Die **gewerbliche Nutzung**, der Erwerb und der Handel mit in landwirtschaftlichen Betrieben angebautem und abgeerntetem **Nutzhanf zu Zierzwecken** (z. B. Collagen aus Hanfblättern) oder zur Gewinnung oder Verarbeitung von Papier, Dämmstoffen oder Textilien ist damit von der Erlaubnispflicht ausgenommen. Die Abgabe von Cannabispflanzen und Pflanzenteilen an Privatpersonen in der Form von Schnittgrün oder Dekorationsware ist wegen der unzureichenden Kontrollmöglichkeiten und der Gefahr missbräuchlicher Verwendung aber nicht erlaubnisfrei und strafbar.

57   Der Handel mit abgeschnittenen Mohnkolben von Papaver somniferum (Schlafmohn), die **zu Zierzwecken** in Blumenhandlungen zur Garnierung von Kränzen und Blumengestecken Verwendung finden, unterstehen nicht dem BtMG, wenn der **Morphin-Gehalt in getrocknetem Zustand 0,02% nicht übersteigt** (vgl. den auf die Position Papaver somniferum folgenden Spiegelstrich in Anl. III).

58   **2. Topfpflanzen.** Wer als Unternehmer der Landwirtschaft Nutzhanf-Stecklinge legal aufzieht und pflegt, zur Weiterzucht bzw. zur Weiterverarbeitung entsprechend den Vorgaben des BtMG liefert, betreibt **einen erlaubnisfreien Cannabisanbau** (s. dazu § 2 Rn. 14 ff.). Wer in einem Ladengeschäft Topfpflanzen mit hochprozentigen Cannabissorten oder mit zugelassenen THC-armen Nutzhanfsorten pflegt und zum Verkauf bereithält, betreibt **entgegen den Ausnahmen lit. b und lit. d** des auf die Position Cannabis folgenden Spiegelstrichs in Anl. I als nicht landwirtschaftliches Unternehmen illegalen Betäubungsmittelanbau und illegalen Betäubungsmittelhandel, da trotz geringen Wirkstoffgehaltes entgegen Ausnahme lit. b **ein Missbrauch zu Rauschzwecken nicht ausgeschlossen ist** (*LG Nürnberg*, Urt. v. 10. 2. 1997, 6 Ns 353 Js 17.901/96; *BayObLG*, Beschl. v. 9. 7. 1997, 4 StRR 139/97, s. dazu § 2 Rn. 15 ff.).

F. Subjektiver Tatbestand

I. Vorsatz

Der subjektive Tatbestand setzt Vorsatz (§ 29 Abs. 1 S. 1 Nr. 1 BtMG) oder 59
Fahrlässigkeit (§ 29 Abs. 4 BtMG) voraus. Zum **Vorsatz** gehört, dass der Täter
weiß (Dolus directus) **oder zumindest für möglich hält und billigend in
Kauf nimmt** (Dolus eventualis), dass

– er mit seinem Verhalten nicht zugelassene Betäubungsmittelsamen aussät bzw.
  Betäubungsmittelpflanzen aufzieht,
– der Anbau von Betäubungsmittelpflanzen zu einem unerlaubten Zweck dient,
– weder eine gesetzliche Ausnahme noch eine behördliche Erlaubnis vorliegt.

So macht sich mangels Vorsatzes nicht wegen Anbaus von Betäubungsmitteln
strafbar, wenn durch das Ausbringen von Cannabissamen als Vogelfutter unabsicht-
lich Cannabispflanzen aufwachsen.

Der Täter muss den botanischen Namen der Betäubungsmittelpflanze, die Art 60
und den exakten Umfang des Wirkstoffgehaltes sowie die genaue Einordnung in
die Anlagen zum BtMG nicht kennen, wenn er weiß bzw. für möglich hält, dass
der Anbau derartiger Pflanzen unter den von ihm gewählten Bedingungen nach
dem BtMG nicht erlaubt ist.

Der mit dem **Anbau verfolgte Zweck** kann den Tatbestand ausschließen. Will 61
der Landwirt Cannabis als Schutzstreifen für die Rübenzüchtung pflanzen, so
scheidet der Tatbestand aus (s. 2 Rn. 12). Im Übrigen ist unerheblich, ob er die
Cannabispflanzen aus botanischen, künstlerischen oder politischen Interessen oder
zum Zwecke des Eigenkonsums aufzieht. Beim Anbau von Papaver bracteatum
schließt der verfolgte Zierzweck den Tatbestand aus. Beim unerlaubten Anbau von
Khat, Psilocybin-Pilzen oder Rauschkakteen muss dem Täter bewusst sein, dass
diese Pflanzen in bearbeitetem oder unbearbeitetem Zustand als Betäubungsmittel
missbraucht werden sollen.

II. Fahrlässigkeit

Eine fahrlässige Begehungsweise ist nach § 29 Abs. 4 BtMG strafbar. Da Betäu- 62
bungsmittelsamen bisweilen auch als Vogelfutter Verwendung finden, ist nicht
auszuschließen, dass ein Samenhändler mit Samen Vögel füttert und dass das Aus-
werfen von Cannabissamen infolge Unachtsamkeit zu einem fahrlässigen wilden
Cannabisanbau führt. In der Regel entstehen aber fahrlässige Begehungsweisen
über einen vermeidbaren Tatbestandsirrtum.

III. Einlassungen

Erklärt der Beschuldigte, er habe die Psilocybinpilze wie Champignons und 63
Steinpilze **als Speisepilze gezogen,** nicht um diese als Betäubungsmittel missbräuchlich zu verwenden, sondern um sie **im Rahmen eines Pilzgerichtes zu
verzehren,** so vermögen die Begleitumstände u. U. diese Einlassung zu widerlegen. Erklärt ein Beschuldigter, die Nutzhanfpflanzen zu gewerblichen Zwecken,
bei denen ein Missbrauch ausgeschlossen sei, zu verkaufen und beim Verkauf durch
einen Sticker auf das Verbot, Hanf zu Rauschzwecken zu missbrauchen, hinzuweisen, so muss auch diese Einlassung im Einzelfall widerlegt werden. Wurden **Cannabissamen als Vogelfutter oder Hasenfutter** abgepackt und kostete der Samen ein Vielfaches von dem Normalpreis für Tierfutter und ist der Laden auf den
Verkauf von Anbauzubehör, nicht aber auf Tierzubehör und Tierfutter spezialisiert, so kann sich eine derartige Einlassung als **Schutzbehauptung** erweisen.

Behauptet ein Beschuldigter, den Hanf **zum Schutz von Rübenfeldern** ge- 64
pflanzt zu haben und deshalb keiner Erlaubnis zu bedürfen, so muss er nicht nur
die Rübenzüchtung, sondern auch die Vernichtung der Pflanzen vor der Blüte
belegen. Behauptet jemand, der große Mengen Cannabissamen hochpotenter Sorten besitzt und um die lang anhaltende Keimfähigkeit von Hanfsaat weiß, **mit**

dem Anbau bis zur Legalisierung von Cannabis warten zu wollen und verweist darauf, dass er in seiner Pflanzenzuchtanlage ausschließlich Salat und Tomaten angebaut habe, so kann diese Einlassung durch Zeugenaussagen von Cannabis-Samenkunden, durch Geschäftsaufzeichnungen in Notiz- und Geschäftsbüchern oder durch Zeitschrifteninserate und Computerdaten widerlegt werden.

IV. Irrtumsfälle

65   **1. Tatbestandsirrtum.** Ein den Vorsatz ausschließender Tatbestandsirrtum (§ 16 StGB) kommt in Betracht, wenn der Täter über ein deskriptives Tatbestandsmerkmal irrt, z. B. wenn er beim Anbau nicht wusste, dass er eine Rauschpflanze aufzog. Im Sortiment der Samengeschäfte gibt es Tüten, die Samen des Papaver somniferum enthalten unter Phantasienamen wie „Bastelmohn", „Feuerwerk"-Mohn, „Königin der Nacht", „Bunte Mischung von Ziermohn". Die Käufer gehen deshalb vielfach davon aus, die Tüten enthielten Ziermohn und säen ihn unbedenklich im Garten aus. Ein vorsätzlicher unerlaubter Schlafmohn-Anbau scheidet hier wegen Tatbestandsirrtums über die Samenart aus. Es kommt allenfalls Fahrlässigkeit in Betracht, wenn er einen klein gedruckten Hinweis auf der Samentüte unbeachtet ließ, bei dem Bastelmohn handele es sich um Papaver somniferum, der nur mit besonderer Erlaubnis der Bundesopiumstelle angebaut werden dürfe. Erwarb ein Käufer in einer Tier- und Samenhandlung einen Beutel Cannabissamen, der zur Umgehung des BtMG als Vogelfutter verpackt und beschriftet war, streute er diesen Samen vor Vögeln aus im Glauben, es handele sich um Vogelfutter und förderte damit den Wuchs von Cannabispflanzen, so scheidet wegen Tatbestandsirrtum ein vorsätzlicher Anbau aus. Es kommt lediglich Fahrlässigkeit nach § 29 Abs. 4 BtMG in Betracht, wenn er wegen Achtlosigkeit dem Irrtum anheim fiel. Dies kommt in Betracht, wenn er die Beschriftung der Tüte nicht las oder das Vogelfutter in einem Tierzubehörgeschäft erwarb.

66   Nimmt der Angeklagte irrig an, auch **eine Erlaubnis nach § 3 BtMG für den Anbau von Cannabis zu besitzen,** weil er in der Vergangenheit bei der Bundesopiumstelle mehrere Erlaubnisse beantragt und erhalten hatte, so irrt er nicht über das Cannabisanbauverbot, sondern über die Existenz eines Behördenbescheides. Seine Vorstellung entspricht nicht der Wirklichkeit. Das Fehlen der Erlaubnis ist Tatbestandsmerkmal. Der Irrtum hierüber ist ein Tatbestandsirrtum (§ 16 StGB). Nimmt der Angeklagte irrig tatsächliche Umstände an, wonach sein Landwirtschaftsunternehmen die nach alter Rechtslage geforderte Mindestgröße aufweist, so dass er aufgrund der Ausnahme der Anl. I Teil B lit. d a. F. von der Anbauerlaubnis befreit gewesen wäre, so liegt ebenfalls ein Tatbestandsirrtum vor.

67   **2. Untauglicher Versuch.** Ein strafbarer untauglicher Anbauversuch kommt in Betracht, wenn der Täter irrtümlich das Vorhandensein eines deskriptiven Tatbestandsmerkmals glaubt und wenn er irrtümlich von einem tauglichen Tatobjekt oder Tatmittel für den unerlaubten Anbau ausgeht **(umgekehrter Tatbestandsirrtum).** Möchte der Täter Cannabispflanzen in einer Hydrokultur aufziehen, mischt in einer Pflanzwanne Cannabissamen nicht mit der Erde, sondern mit porösem Tongranulat, ohne dieses Pflanzensubstrat zu wässern, so handelt es sich um einen strafbaren untauglichen Anbauversuch, wenn er irrtümlich glaubte, das Mittel Tongranulat ermögliche den Verzicht auf jegliches Wasser. Erwirbt ein Bürger in einer Gärtnerei eine Kiste mit 10 Zimmergrünpflanzen der Sorte „Aralia elegantissima" im Glauben, es handele sich um Cannabispflanzen, hegt und pflegt sie und stellt sie in seinem Laden als Cannabispflanzen aus, so handelt es sich um einen strafbaren untauglichen Anbauversuch, da der Täter sich eine Sachlage vorstellt, die in Wahrheit nicht besteht, die aber strafbar wäre, wenn sie objektiv vorliegen würde.

68   **3. Verbotsirrtum.** Ein Verbotsirrtum liegt vor, wenn der Täter das **Verbot** des unerlaubten Betäubungsmittelanbaues überhaupt **nicht kennt,** einen nicht existierenden Rechtfertigungsgrund für sich in Anspruch nimmt oder wenn ihm aus

anderen Gründen das **Bewusstsein fehlt, Unrecht zu tun,** z. B. wenn der Täter irrtümlich davon ausgeht, dass das von ihm geplante Anbauvorhaben aufgrund einer Gesetzeslücke nicht verboten und strafbar sei. War die Verbotsunkenntnis für den Täter vermeidbar, so kann die Strafe nach § 49 Abs. 1 StGB gemildert werden. Fehlte dem Täter bei Begehung der Tat das Unrechtsbewusstsein und war der Irrtum unvermeidbar, so handelte er ohne Schuld (§ 17 StGB). Auch aus einem Subsumtionsirrtum kann ein Verbotsirrtum resultieren, wenn der Täter aufgrund der fehlerhaften Einschätzung der Norm oder normativer Tatbestandsmerkmale davon ausgeht, sein Verhalten sei rechtswidrig.

Hält der Täter aufgrund eines veralteten BtMG-Textes den Anbau von Betäu- **69** bungsmittelpflanzen nach deutschem Recht für nicht verboten und nicht strafbar, so handelt es sich um einen vermeidbaren Verbotsirrtum. Hält der Täter den Schlafmohnanbau irrtümlich für nicht erlaubnispflichtig, weil er meint, wenn der Erwerb von Samen keiner Erlaubnis bedürfe, so könne auch das Aussäen des Samens und das Aufziehen der Pflanzen nicht erlaubnispflichtig sein, so ist der **Verbotsirrtum vermeidbar und unentschuldbar.** Durch die vielfachen Veröffentlichungen über illegalen Betäubungsmittelanbau sind Erlaubnispflicht, Verbot und Strafbarkeit hinlänglich bekannt. Ein Blick in das geltende BtMG, eine Anfrage beim Samenzüchter, bei der Polizei, bei einem Rechtsanwalt oder bei der Justiz bzw. bei landwirtschaftlichen Beratungsstellen kann die gewünschte Aufklärung bringen.

Glaubte eine Angeklagte infolge Unachtsamkeit irrig, die von ihr zum Weiter- **70** verkauf bezogenen und im Ladengeschäft gepflegten 104 Pflanztöpfe mit jeweils 6 Cannabispflanzen, die weniger als 0,3% THC enthielten, seien keine Betäubungsmittel, die Pflege und der Verkauf derselben seien nicht verboten, so handelt es sich nicht um einen Irrtum über ein deskriptives Tatbestandsmerkmal, sondern um einen **vermeidbaren Subsumtions- und Verbotsirrtum,** der eine Strafmilderung erlaubt. Denn die Angeklagte hatte zwar die Hanfpflanzen als Betäubungsmittel aufgrund anderer Ermittlungsverfahren eingeordnet, aufgrund des niedrigen THC-Gehaltes von weniger als 0,3% THC aber geglaubt, es liege die Ausnahmeregel des lit. b des auf die Position Cannabis folgenden Spiegelstrichs in Anl. I betreffend vor. Eine Rückfrage bei einer zuständigen Verwaltungsstelle, bei den Strafverfolgungsbehörden oder bei einem Rechtsanwalt hätte sie darüber aufgeklärt, dass sie die Ausnahmeregel nicht erfüllte. Das LG *Ravensburg* hätte deshalb nicht zur Fahrlässigkeit nach Tatbestandsirrtum, sondern zu einem vermeidbaren Verbotsirrtum gelangen müssen (*LG Ravensburg* NStZ 1998, 306). Das *LG Nürnberg* (Urt. v. 10. 2. 1997, 6 Ns 353 Js 17.901/96; vgl. auch *BayObLG*, Beschl. v. 9. 7. 1997, 4 StRR 139/97) hat denn auch in einem vergleichbaren Fall, in dem ein Angeklagter für seinen Hanfladen 20 Cannabistopfpflanzen mit einem THC-Gehalt von 0,002% zum Weiterkauf bezogen und gepflegt hatte, im Glauben, der Anbau und der Handel mit Cannabissorten von weniger als 0,3% THC seien grundsätzlich nicht strafbar, als vermeidbaren Verbotsirrtum angesehen. Glaubte der Käufer einer THC-armen Cannabistopfpflanze, der Erwerb und der weitere Anbau seien nicht verboten, da der Verkäufer den Anbau von THC-armen Hanf der Bundesanstalt für Landwirtschaft und Ernährung angezeigt hatte, so handelt es sich lediglich um einen vermeidbaren Verbotsirrtum, da sich der Angeklagte durch Rückfragen bei der Polizei, dem Bundesgesundheitsamt oder bei anderen Behörden ohne Schwierigkeit die sichere Kenntnis verschaffen hätte können, dass ihm als Endabnehmer der Erwerb, Besitz und weitere Anbau der Cannabispflanze nicht gestattet war (*AG Worms*, Urt. v. 17. 4. 1997, 303 Js 21.022/96 Cs).

Glaubt ein Angeklagter, für den Anbau von Cannabis oder von Psilocybin- **71** Pilzen keiner Erlaubnis nach § 3 BtMG zu bedürfen bzw. aufgrund der Ausnahmen in lit. d des auf die Position Cannabis folgenden Spiegelstrichs in Anl. I bzw. aufgrund der Ausnahmen des § 4 Abs. 2 BtMG von der Erlaubnispflicht befreit zu sein und fehlt ihm aufgrund dieses Irrtums die Einsicht, Verbotenes zu tun, so handelt es sich um einen Verbotsirrtum (vgl. *BGH* NStZ 1996, 338). Der **Ver-**

botsirrtum ist **unvermeidbar,** wenn der Täter trotz der ihm nach den Umständen des Falles, seiner Persönlichkeit sowie seines Lebens- und Berufskreises zuzumutenden Anspannung des Gewissens die Einsicht in das Unrechtmäßige nicht zu gewinnen vermochte. Dabei trifft ihn jedoch eine **Erkundigungspflicht** (BGHSt. 21, 18, 21). Ein Verbotsirrtum ist regelmäßig **vermeidbar,** wenn durch Rückfrage bei der zuständigen Erlaubnisbehörde, bei der Polizei oder einem Rechtsanwalt, oder wenn durch Einblick in ein Fachbuch der Irrtum über das Erlaubniserfordernis hätte vermieden werden können (*BGH* NStZ 1993, 594; *BGH* NStZ 1996, 338 = StV 1996, 424).

72   Ein **Verbotsirrtum ist** ebenfalls **vermeidbar,** wenn die Beschuldigten bei Anwendung der gesteigerten Erkundigungspflicht nach ihren persönlichen Fähigkeiten und Kenntnissen die Einsicht in die Unrechtmäßigkeit ihres Handelns mit psilocybinhaltigen Rauschpilzen hätten gewinnen können. Wer wie die niederländischen Versandhändler und deren deutsche Internetkundschaft eine gesetzliche Regelung spitzfindig unter Ausnutzung vermeintlicher Regelungslücken zu unterlaufen versuchen, dürfen dabei bezüglich der Erlaubtheit ihres Handelns nicht auf Mindermeinungen oder vom allgemeinen Sprachgebrauch abweichende, rein fachwissenschaftliche Begriffsdefinitionen vertrauen und eindeutige Gesetzesmaterialien und Kommentarerläuterungen außer acht lassen (*Berlin* JR 1977, 379; BayObLGSt. 2002, 135 = NStZ 2003, 270).

73   **4. Wahndelikt.** Während beim Verbotsirrtum dem Täter das Bewusstsein der objektiven Rechtswidrigkeit seines Verhaltens fehlt, nimmt der Täter beim Wahndelikt irrig an, dass sein objektiv strafloses Verhalten strafbar sei. So kann der Täter an die Existenz einer Strafnorm glauben, die es in Wirklichkeit nicht gibt, einen anerkannten Rechtfertigungsgrund übersehen (= **umgekehrter Verbotsirrtum**) oder durch eine fehlerhafte Bewertung von normativen Tatbestandsmerkmalen den Normbereich irrig ausdehnen (= **umgekehrter Subsumtionsirrtum**). Das Wahndelikt bleibt straflos, weil niemand für ein nicht verbotenes Verhalten verantwortlich gemacht werden kann. Ein Drogenhändler pflanzt in seinem Garten eine Reihe von hochtoxischen Nachtschattengewächsen wie Alraune, Bilsenkraut, Stechapfel, Tollkirsche und Engelstrompete an, um die Rauschmittel-Wirkstoffe: Atropin, Scopolamin und Hyoscyamin zu gewinnen und als Betäubungsmittel zu verkaufen. Aufgrund des 5. Spiegelstrichs am Ende der Anl. I zum BtMG hält er diese Rauschpflanzen als Betäubungsmittel und den Anbau für strafbar. Da diese Pflanzen jedoch dem BtMG nicht unterstehen, bleibt dieser Anbau als Wahndelikt straflos.

G. Versuch

I. Abgrenzung straflose Vorbereitung/Versuch

74   Straflose Vorbereitungshandlungen und der strafbare Versuchsbeginn sind nach den Kriterien des allgemeinen Strafrechts abzugrenzen. Als **bloße, straflose Vorbereitungshandlungen** für einen Anbau zu werten sind z. B. das Anbieten von Betäubungsmittelsamen per Zeitungsinserat, das Anliefern von Betäubungsmittelsamen aufgrund von Bestellung an den Kunden, der Kauf und das Lagern von Samen zur alsbaldigen Aussaat, das Beantragen einer Anbauerlaubnis sowie die Vorbereitung des Ackerbodens, von Gewächshäusern, von Saatkasten und Saatbeeten für die Aussaat durch Umgraben, Erdlockern, Planieren. Straflos ist auch das Anmieten eines Hauses zum späteren Anbau von Cannabispflanzen (*BGH* NJW 2011, 1461). **Ein strafbarer Versuch** dagegen liegt vor beim unmittelbaren Ansetzen zur Aussaat, z. B. beim Transport der Samentüten zum vorbereiteten Saatbeet, beim Einfüllen von Samen in eine Schürze oder in ein Streugerät oder beim Mischen von Samen mit Sand oder Dünger für die anschließende Aussaat.

II. Vollendung/Beendigung

Die **Vollendung** tritt ein, wenn der Täter den Samen oder den Setzling so in 75 die Erde gebracht hat, dass pflanzliches Wachstum möglich ist. Vollendetes Anbauen kann aber nicht nur in der Aussaat, sondern auch in der Pflege einer Betäubungsmittelpflanze bestehen. Beim Anbauen handelt es sich um ein **Unternehmensdelikt**, das keinen Erfolg voraussetzt (keine bestimmte Größe, kein Wirkstoffgehalt, keine Reife). Weitere gärtnerische Tätigkeiten wie Wässern, Düngen, Unkraut jäten, Belichten, Schützen vor Wind und Wetter stellen wie das Aussäen vollendetes Anbauen dar. Der **Anbau ist beendet**, wenn der Täter die Ernte vorbereitet bzw. nach der Aussaat sich nicht mehr um das Wachstum bemüht und die Pflanzen verkümmern lässt (vgl. BGHR BtMG § 29 a Abs. 1 Nr. 2 Handeltreiben 4 [1 StR 476/04]).

Mit der **Ernte,** also mit dem Abschneiden oder Mähen der Betäubungsmittel- 76 pflanzen, mit dem Einsammeln der Früchte von der Pflanze, mit dem Beschneiden und Abschaben der Säfte von den Pflanzen zur Gewinnung von Wirkstoffkonzentraten (= Ernte) beginnt die Herstellung in der Form der Gewinnung (vgl. § 2 Abs. 1 Nr. 4 BtMG; *Karlsruhe* NStZ-RR 2002, 85 = StV 2002, 431; *BayObLG*, NStZ-RR 2002, 181).

H. Täterschaft/Teilnahme

I. Abgrenzung Mittäterschaft/Beihilfe

1. Mittäterschaft. Mittäterschaft ist nicht schon im Falle des einseitigen Ein- 77 verständnisses mit der Tat eines anderen und der Bestätigung eines solchen Einverständnisses gegeben. Notwendig ist vielmehr, dass jeder Beteiligte im Sinne einer zumindest konkludent gefassten gemeinschaftlichen Willensentschlusses seine eigene Tätigkeit durch die Handlung des anderen ergänzen und diese sich zurechnen lassen will, dass mithin alle **in bewusstem und gewolltem Zusammenwirken** handeln. Eine mittäterschaftliche Begehungsweise bei der Mitwirkung an der Aufzucht von Cannabispflanzen in einer Indoor-Anlage kommt z.B. in Betracht bei einem gewichtigen Tatbeitrag in Form der Vermietung der Räumlichkeit, Hilfe beim Umbau und tägliche Versorgung der Pflanzen (*BGH* NStZ 2006, 578).

Die **bloße Kenntnis** einer Angeklagten vom Vorhandensein von Cannabis- 78 pflanzen durch den in der gemeinsam angemieteten und genutzten Wohnung und von der Aufzucht derselben durch den Lebensgefährten zur Marihuanagewinnung und zum Eigenkonsum **reicht** für einen mittäterschaftlichen Anbau von Betäubungsmitteln aber **nicht aus** (*Karlsruhe* NStZ-RR 1998, 27 = StV 1998, 80). Auch kann eine Mittäterschaft nicht auf den Erfahrungssatz gestützt werden, dass in einer größeren Cannabisplantage stets eine Überwachung des Verantwortlichen stattfindet; dies kann genauso wenig unterstellt werden wie die Annahme, dass Rauschgiftgeschäfte im Kilogrammbereich stets bewaffnet durchgeführt werden (*BGH* NStZ-RR 2010, 51).

2. Beihilfe. Wer **ohne eigene Anbauinteressen** die Bemühungen eines Drit- 79 ten, Betäubungsmittelpflanzen aufzuziehen, durch **Hilfstätigkeiten** wie z.B. Beschaffung von Anbauzubehör oder Einschalten von Belichtungs- oder Bewässerungsanlagen unterstützt, kann sich wegen Beihilfe zum Anbau strafbar machen. So ist auch eine reine **Erntehelfertätigkeit** ohne eigene Tatherrschaft lediglich als Beihilfe einzustufen (*LG Arnsberg*, Urt. v. 21. 9. 2009, 6 KLs 262 Js 1034/07 [16/09]). Ferner kann im Verwahren der Schlüssel zu den Pflanzräumen und der Kontrolle der Anbauräume eine Beihilfe zum Handeltreiben mit Betäubungsmitteln gesehen werden (*BGH* NStZ-RR 2010, 51). Eine **Beihilfe** zum Anbau ist ferner anzunehmen, wenn eine Angeklagte die Aufzucht von 26 Cannabispflanzen in einem eigens für den Anbau mit spezieller Beleuchtungsanlage und Abluftanlage ausgestatteten Zimmer des Lebensgefährten in der gemeinsamen Wohnung durch gemeinsame Mietzahlung und Zimmerpflege ermöglicht, verstärkt bzw.

erleichtert, also den Anbau des Lebensgefährten fördert (*Karlsruhe* NStZ-RR 1998, 27 = StV 1998, 80). Hat eine Frau es zugelassen auf dem gemeinsamen Anwesen mit Wohngebäude und Gartengelände, dass ihr Lebensgefährte in einem umzäunten Gartenteil 19 Cannabispflanzen anbaute, so hat sie sich nicht der Beihilfe zum unerlaubten **Anbau von Betäubungsmitteln durch Unterlassen** schuldig gemacht, da der Garten keine besondere Gefahrenquelle begründete und sie **keine Garantenstellung** traf, die Straftat ihres Lebensgefährten zu unterbinden (*Zweibrücken* NStZ-RR 2000, 119 = StV 1999, 212).

80   Ohne konkrete Unterstützung von strafbaren Anbaubemühungen stellt die Weitergabe bzw. der Verkauf von **Anbauleitfäden, Kochbüchern, Rauchfibeln,** von **Verkaufskatalogen,** die Cannabissamen und Anbauzubehör anbieten, von **Hanfbranchenführern,** die alle Firmen, Initiativen und Behörden, die sich mit dem Anbau, der Verarbeitung und dem Vertrieb von Cannabisprodukten befassen, **keine Beihilfe** zum unerlaubten Anbau dar. Dieses Verhalten ist auch nicht als **strafbares Werben** für Betäubungsmittel gem. § 29 Abs. 1 S. 1 Nr. 8 BtMG, nicht als öffentliche oder eigennützige Mitteilung einer Gelegenheit zum unbefugten Verbrauch und Erwerb von Betäubungsmitteln gem. § 29 Abs. 1 S. 1 Nr. 10 BtMG und nicht als öffentliche Aufforderung zum Verbrauch von Betäubungsmitteln nach § 29 Abs. 1 S. 1 Nr. 12 BtMG strafbar. Diese Schriften werben regelmäßig nicht für Betäubungsmittel, sondern nur für Anbauzubehör. Der Handel mit Anbauzubehör und Konsumwerkzeugen ist aber strafos und die Werbung hierfür somit rechtmäßig. Diese Schriften ermöglichen gerade keinen Erwerb und Verbrauch von Betäubungsmitteln, sondern informieren nur über Anbaumöglichkeiten und weisen bisweilen sogar auf die Strafbestimmungen des BtMG hin.

II. Beihilfe durch den Verkauf von Anbauzubehör

81   Eine Samenhandlung, ein Headshop oder eine Versandfirma, die Zuchtmaterialien, wie Anbauanleitungsbücher, Minigewächshäuser, Pflanz- und Keimschalen, Belichtungsanlagen, Spezialheizungen, Nahrungsflüssigkeiten und Spezialdünger, sowie Pflanzenschutzmittel, anbietet und verkauft, macht sich in der Regel nicht wegen Beihilfe zum illegalen Betäubungsmittelanbau strafbar, es sei denn, sie setzt sich über die Ausnahmeregelungen des BtMG hinweg. Da der Umgang mit Betäubungsmittelsamen unter bestimmten Voraussetzungen nicht strafbar ist und das genannte Anbauzubehör auch für einen legalen Anbau verwendet werden kann, scheidet in der Regel eine Strafbarkeit des Zubehörhändlers wegen Teilnahme am Anbau aus (s. dazu § 29/Teil 4, Rn. 166). Der Anbau-Zubehörhändler riskiert aber eine teilweise oder vollständige Gewerbeuntersagung, wenn eine Förderung des illegalen Betäubungsmittelanbaus nahe liegt. Mit Ratifizierung des Suchtstoff-Übereinkommens v. 1988 hat sich Deutschland aber verpflichtet, mit Strafvorschriften den Handel mit Betäubungsmittelanbauzubehör zu unterbinden.

III. Rechtslage im Ausland bei der Informationsverbreitung

82   In anderen Ländern ist die öffentliche Informationsverbreitung zum Anbau von Betäubungsmittelpflanzen jedoch zum Teil strafbar. In **England** wurde der Autor des Buches „Tricameral Sinsemilla Harvesting Superior Cannabis Every Fortnight" 1996 festgenommen und wegen Anbaues und wegen Gewährung von Gelegenheit zum illegalen Cannabisanbau zu 2 Jahren Gefängnis mit Bewährung verurteilt. In **Belgien** wurde der Herausgeber des „Het-Blad" (= Hanfblattes) zu einer viermonatigen Gefängnisstrafe und einer Geldstrafe von 200.000 Belgischen Francs verurteilt, weil eine veröffentlichte Einladung zu einer Protestveranstaltung der belgischen Cannabis-Bewegung als öffentliche Aufforderung zum illegalen Betäubungsmittelanbau und Betäubungsmittelkonsum ausgelegt wurde. In **Frankreich** wurden die Präsidenten der französischen Cannabis-Legalisierungsbewegung CIRC (Collectif dé Information et de Recherche Cannabique) zu Geldstrafen von 10.000 und 30.000 France verurteilt wegen Planung einer verbotenen Veranstaltung zur Legalisierung des Cannabisanbaues und Cannabiskonsums.

I. Rechtsfolgen

I. Anbau geringer Mengen

Ein **Absehen von der Strafverfolgung** durch die Staatsanwaltschaft nach 83
§ 31 a Abs. 1 BtMG bzw. ein Absehen von Strafe durch das Gericht gem. § 29
Abs. 5 bzw. 31 a Abs. 2 BtMG wegen Anbaus geringer Mengen von Betäubungsmitteln ist nur möglich, wenn der **Anbau zum Eigenverbrauch** erfolgte. Erfolgte der Anbau zu anderen Zwecken, z. B. aus botanischen, religiösen, medizinischem Interesse, so ist die Einstellung eines Verfahrens wegen Anbaues einer
Betäubungsmittelpflanze nur nach den §§ 153, 153 a StPO möglich. Zudem
kommt ein Absehen von Strafverfolgung **nur bei Pflanzen** in Betracht, **die ohne
besondere Aufzuchthilfen**, wie Wärmelampen oder Spezialdünger, **angebaut
werden**. Eine geringe Menge ist nicht mehr bei mehr als 3 Pflanzen anzunehmen;
bei Pflanzen aus dem Treibhausanbau, bei denen hohe Erträge an konsumfähigen
Pflanzenmaterial erzielt werden können, scheidet eine Anwendung der §§ 29
Abs. 5, 31 a BtMG aus (vgl. § 31 a Rn. 24). Die Auffassung des *LG Hamburg*, wonach eine Anwendung des § 29 Abs. 5 BtMG noch in Betracht kam, obwohl der
Angeklagte in einem kleinen Treibhaus **14 Cannabispflanzen**, deren Blätter
700 g wogen und deren Blütenspitzen und Kopfblätter sich noch nicht zur Marihu-
ana-Herstellung eigneten, angebaut, um nach Aufzucht der Pflanzen die Blätter zu
trocknen und zu rauchen, erscheint nicht mehr zeitgemäß (*LG Hamburg* StV 1997,
307).

In Fällen, in denen das Gericht die Voraussetzungen der §§ 29 Abs. 5, 31 a 84
BtMG bei **5,4 g Cannabis** zum Eigenverbrauch und **4 Hanfpflanzen** von nur
30–40 cm Höhe feststellt, muss das Gericht die Gründe, die es veranlasst hat, im
konkreten Einzelfall von dieser grundsätzlichen Verpflichtung abzuweichen, eingehend darlegen (*Koblenz* NStZ 1998, 260 = StV 1998, 82). So betont der *Bay-
ObLG*, das Übermaßverbot zwinge nicht zur Einstellung des Verfahrens oder zum
Absehen von der Verfolgung, wenn der einschlägig vorbestrafte Täter nur
2 Cannabispflanzen angebaut und sich nur gelegentlich Cannabisprodukte beschafft hat, zur Tatzeit aber **polytoxikoman** war und auch andere Drogen besessen
hat (*BayObLG* NStZ 1994, 496). Dies war auch von Verfassung wegen nicht zu
beanstanden. So hat das *BVerfG* kurze Zeit nach der Grundsatzentscheidung v.
9. 3. 1994 (BVerfGE 90, 145 = NJW 1994, 1577 = StV 1994, 295) am 1. 9. 1994
einstimmig beschlossen, dass die Verurteilung eines Jugendlichen durch das *AG
Saarbrücken* zu 2 Freizeitarresten und 150 unentgeltlichen Arbeitsstunden für gemeinnützige Zwecke wegen unerlaubten Anbaues und Besitzes von Cannabis von
Verfassung wegen nicht zu beanstanden sei (*BVerfG* NStZ 1995, 37). Der Jugendliche hatte im Pachtgarten seines Vaters **25 Cannabispflanzen** zum Eigenverbrauch
angebaut, **1 g Haschisch** und **36 g Marihuana** besessen. Hat ein Angeklagter
zwecks Dekoration seines Hanfladens **120 Pflanzen THC-armen Nutzhanfes**
mit einem Wirkstoffgehalt von unter 0,3% bezogen und die Pflanzen in seinem an
den Hanfladen angrenzenden Pearcing-Studio gepflegt, so kann nicht mehr von
einer geringen Cannabismenge i. S. v. § 29 Abs. 5 BtMG die Rede sein (*AG
Worms*, Urt. v. 17. 4. 1997, 303 Js 21.022/96; *Koblenz*, Beschl. v. 1. 10. 1997, 2 Ss
244/97).

II. Besonders schwere Fälle

1. Regelbeispiele. Nach § 29 Abs. 3 S. 2 Nr. 1 BtMG stellen der **gewerbs-** 85
mäßige Anbau und nach § 29 Abs. 3 S. 2 Nr. 2 der die **Gesundheit mehrerer
Menschen gefährdende Anbau** in der Regel besonders schwere Fälle dar. Der
gewerbsmäßige Anbau von Betäubungsmitteln ist als besonders schwerer Fall
mit einer Mindeststrafe von 1 Jahr bedroht. Die Anwendung dieser Strafzumessungsregel setzt aber eine **gründliche Gesamtabwägung** voraus (vgl. § 29/
Teil 26, Rn. 3 ff.). Das *AG Halle* (Urt. v. 30. 9. 1999, 300 Ls 561 Js 19.916/99)
und das *LG Halle* (Urt. v. 22. 12. 1999, 29 Ns 208/99) verurteilten einen Ange-

klagten, der während einer laufenden Bewährungszeit (von einer Gesamtfreiheitsstrafe von 2 Jahren wegen unerlaubten Handeltreibens mit Cannabis) in einer
eigens für die Cannabisaufzucht angemieteten Wohnung eine Cannabis-Indoor-
anlage mit automatischer Beleuchtung, Belichtung, Bewässerung und Belüftung
aufgebaut und 84 junge Cannabispflanzen aufgezogen hatte, wegen gewerbsmäßigen unerlaubten Anbaues von Betäubungsmitteln (§§ 29 Abs. 1 S. 1 Nr. 1; 29
Abs. 3 S. 2 Nr. 1 BtMG) zu einer Freiheitsstrafe von 2 Jahren und 9 Monaten. Der
Angeklagte hatte in einem Laden eine besonders THC-reiche und ertragsreiche
unerlaubte Cannabissamensorte (JUICY FRUIT) ausgewählt, die nach 50–
60 Tagen blühen, zwei Ernten erbringen, bis zu 140 cm hoch wachsen und jeweils
bis zu 150 g Ertrag bringen sollte. Bei einer Aufzucht im Glashaus sollte gar ein
Ertrag von bis zu 750 g pro Pflanze möglich sein. Der Angeklagte habe gewerbsmäßig gehandelt, da er durch den Anbau sowohl zum wiederholten Verkauf mit
einem nicht unbeträchtlichen Gewinn sich eine fortlaufende Einnahmequelle von
einiger Zeit und Dauer sich verschaffen, als auch zum wiederholten Eigenkonsum
mit den beträchtlichen Erntemengen eine fortlaufende Kostenersparnis bei der
Beschaffung der Cannabiskonsummengen für den Eigenbedarf erreichen wollte.

86   Hat ein Angeklagter ein Grundstück von 3.500 qm mit mehreren Gewächshäusern einer Gärtnerei gepachtet, die Gewächshäuser mit besonderen Belichtungs-
und Bewässerungsanlagen ausgestattet und zirka 3.000 Cannabispflanzen mit hohem THC-Gehalt aufgezogen, geerntet und zu verkaufsgerechten Marihuana-
Paketen verarbeitet, so ist von einem gewerbsmäßigen Anbau i. S. v. § 29 Abs. 3
BtMG auszugehen, der eine Freiheitsstrafe von über 2 Jahren rechtfertigt (*LG
Wiesbaden*, Urt. v. 29. 10. 2001, 20 Js 85.895/97).

87   **2. Ungeschriebene besonders schwere Fälle.** Hat ein angeklagter Cocaanbauer in seiner südamerikanischen Heimat zur Erzielung hoher Ernteerträge mit
großen Mengen von Schädlingsvernichtungsmitteln und Wirkstoffsteigerungsmit-
teln die mit Cocasträuchern bepflanzten Böden großflächig gedüngt und verseucht, mit den Rückständen von Dünger und Pestiziden die **Gewässer vergiftet,
Pflanzen, Fische und sonstige Tiere vernichtet, die Gesundheit seiner
Landarbeiter** massiv **geschädigt**, so handelt es sich um einen ungeschriebenen
besonders schweren Anbaufall, der erhöhte Strafe verdient. Neben den aufgezählten Regelbeispielen können auch die **besondere Dauer** und der **besondere
Umfang** der Betäubungsmittelanbaues im Rahmen einer Gesamtschau als ungeschriebener besonders schwerer Fall des § 29 Abs. 3 BtMG gewertet werden.

III. Verbrechen

88   **1. Anbau nicht geringer Mengen von Betäubungsmittelpflanzen (§ 29 a
Abs. 1 Nr. 2 BtMG).** Der Anbau nicht geringer Mengen von Betäubungsmittelpflanzen ist im Verbrechenstatbestand des § 29 a BtMG zwar nicht genannt. Beim
Anbau von Betäubungsmittelpflanzen kann aber zugleich ein Besitz von Betäubungsmitteln vorliegen (*BGH* NStZ 1990, 285 = StV 1990, 263), der bei Nichterreichen der nicht geringen Menge i. S. d. § 29 a Abs. 1 Nr. 2 BtMG jedoch hinter
den Anbau zurücktritt (*BGH* NStZ 1990, 285; *BayObLG* NStZ 1998, 261;
s. Rn. 104). Sobald aber die Wirkstoffmenge der Betäubungsmittelpflanzen die
Grenze zur nicht geringen Menge überschritten hat und der Besitz damit den Verbrechenstatbestand des § 29 a Abs. 1 Nr. 2 BtMG erfüllt, tritt der Besitz als Verbrechenstatbestand nicht mehr zurück, sondern verdrängt den Anbau (*BayObLG*
NStZ 1998, 261; *Dresden* NStZ-RR 1999, 372; *Karlsruhe* NStZ-RR 2002, 85;
a. A. *Düsseldorf* NStZ 1999, 88 = StV 1999, 437; s. Rn. 105). In einem Sonderfall,
bei dem der Angeklagte eine geringe Anzahl von Cannabispflanzen anbaute und
sich die nicht geringe Menge THC erst im Laufe der nicht mehr vom Täter kontrollierten Wachstumsperiode entwickelte, kam eine Strafbarkeit wegen unerlaubten Besitzes nicht geringer Mengen i. S. d. § 29 a Abs. 1 Nr. 2 BtMG aber nicht in
Betracht, weil der Täter eine geringe Anzahl von Cannabispflanzen anbaute und
sich erst im Laufe der vom Täter nicht kontrollierten Wachstumsperiode eine nicht

geringe Menge THC in den Pflanzenbestandteilen aufgebaut hat. Hat der Täter **keine sichere und bestimmte Kenntnis vom** Vorhandensein der **herangereiften, nicht geringen Wirkstoffmenge,** konnte er weder mit einer nicht geringen Wirkstoffmenge rechnen, noch billigend in Kauf nehmen, so verbleibt in solchen Fällen nur eine Strafbarkeit wegen unerlaubten Anbaues i. S. d. § 29 Abs. 1 S. 1 Nr. 1 BtMG (*Düsseldorf* NStZ 1999, 88 = StV 1999, 437). Hat ein Angeklagter ein Feld Cannabispflanzen zu **Absatzzwecken angebaut,** die Pflanzen geerntet und 9.531 g Cannabis mit 665 g THC erzielt, so tritt der Anbau hinter dem Handeltreiben zurück und der Angeklagte ist wegen Handeltreibens mit nicht geringen Mengen nach § 29 a Abs. 1 Nr. 2 BtMG zu bestrafen (*LG Zweibrücken*, Urt. v. 18. 1. 1996, 412 Js 8316/93).

2. Bandenmäßiger Betäubungsmittelanbau. Der **bandenmäßig betriebene Anbau** ist als Verbrechen nach § 30 Abs. 1 Nr. 1 BtMG zu verfolgen. Wenn es sich um eine nicht geringe Menge handelt, ist der bandenmäßige Anbau sogar gem. § 30 a BtMG mit einer Mindeststrafe von 5 Jahren zu bestrafen. Mit dem Verbrechenstatbestand soll insb. der organisierte Betäubungsmittelanbau in den Rauschgiftanbauländern bekämpft werden. Nur selten werden jedoch auswärtige Betäubungsmittelproduzenten vor deutschen Gerichten stehen. **89**

3. Minder schwere Fälle. Hat der Angeklagte nur etwas mehr als die nicht geringe Menge von Betäubungsmittelpflanzen zum Eigenkonsum besessen, so kommt ein minderschwerer Fall nach § 29 a Abs. 2 BtMG in Betracht (vgl. *BGH* NStZ 1990, 285 = StV 1990, 263; *BayObLG* NStZ 1998, 261). **90**

Die Einstufung des Besitzes von nicht geringen Mengen an Rauschgift als Verbrechen in § 29 a Abs. 1 Nr. 2 BtMG ist nur deshalb erfolgt, um der von der größeren Menge ausgehenden Gefahr der Abgabe an Dritte hinreichend Rechnung zu tragen. Die strafschärfende Verwertung dieser abstrakten Gefahr sowohl im Rahmen der allgemeinen Strafzumessungserwägungen als auch bei der Prüfung, ob ein minderschwerer Fall in Betracht kommt, verstößt aber gegen das Doppelverwertungsverbot des § 46 Abs. 3 StGB (*BayObLG* NStZ 1998, 261). Das Vorliegen eines minderschweren Falles i. S. v. § 29 a Abs. 2 BtMG kann nicht mit der Erwägung verneint werden, es habe aufgrund der auf einer Grünfläche von 50 m² mit 50 Cannabispflanzen gewonnenen Gesamtmenge von 5,4 kg rauchbaren Marihuana mit einer Wirkstoffmenge von 81 g THC und aufgrund der Konsumgewohnheiten des Angeklagten die erhöhte Gefahr bestanden, dass der überwiegende Teil des gewonnenen Rauschgiftes an Dritte weitergegeben würde. Geht der Tatrichter davon aus, dass der Angeklagte Rauschgift zum Eigenverbrauch besessen hat, so darf die rein abstrakte Möglichkeit der Weitergabe an Dritte dann nicht straferschwerend berücksichtigt werden, wenn keinerlei Anhaltspunkte für einen Sinneswandel des Täters erkennbar sind (*BayObLG* NStZ 1998, 261). **91**

IV. Strafmilderungserwägungen

Folgende Umstände beim Anbau können strafmildernd berücksichtigt werden (zu den Strafzumildungsgründen im Allgemeinen s. Vorbem. §§ 29 ff. Rn. 124 ff.): **92**

– Der **geringe Wirkstoffgehalt** der aufgezogenen Rauschpflanzen wie z. B. der THC-Gehalt von weniger als 0,3 % beim Nutzhanf,
– der **geringe Umfang des Anbaus** (einzelne Blumentöpfe und Pilzkulturschalen),
– die **geringe Gewichtsmenge** oder **geringe Wirkstoffmenge** der Betäubungsmittelpflanzen,
– der **laienhafte Anbau** von Betäubungsmittelpflanzen, der zu **geringem Ertrag** und hohen Aufwendungen an Zeit und Geld führte,
– das **Vertrocknen und Verderben der Pflanzen** durch falsche Pflege oder Wettereinflüsse oder die eigenhändige **Vernichtung der Pflanzen,**
– ein **Geständnis,**

- eine **Aufklärungshilfe** bei beim Auffinden weiterer Betäubungsmittelkulturen und bei der Ermittlung von Auftraggebern (§ 31 BtMG),
- das **Motiv:** Erfolgte der Betäubungsmittelanbau zu **botanischen, religiösen, medizinischen oder wissenschaftlichen Zwecken,** um **politisch** zu provozieren, um bei den Medien Aufsehen zu erregen oder zu Eigenkonsumzwecken, so kann der Anbauzweck im Einzelfall strafmildernd wirken. Ähnlich ist auch der Anbau **zu Dekorationszwecken** zu beurteilen.

V. Strafschärfungserwägungen

93   Im Rahmen der Strafzumessungserwägungen kann sich strafschärfend auswirken (zu den Strafschärfungserwägungen im Allgemeinen s. Vorbem. §§ 29 ff. Rn. 211 ff.):

- die **besondere Gefährlichkeit der Betäubungsmittelpflanze**, z.B. wenn **Schlafmohnpflanzen** über einen hohen Wirkstoffgehalt verfügen oder Cannabisstauden mit starkem THC-Gehalt hochgezüchtet wurden,
- **der besondere Umfang des Anbaus** (Felderwirtschaft von Rauschpflanzen, umfangreiche Gewächshäuser mit Betäubungsmittelkulturen),
- eine **lange Dauer** des Anbauprogramms und die damit verbundene Tatintensität,
- die **besonderen Begleitumstände** des Anbaues (z.B. Anbau von Rauschpflanzen in der Nähe von Schulen, Betäubungsmittelpflanzen im Strafvollzug; vgl. *Hamburg* NJW 1978, 2349),
- eine **große Gewichtsmenge** von Rauschpflanzen, erst recht eine **große Wirkstoffmenge** der Rauschpflanzen, sofern die nicht geringe Menge nicht Tatbestandsmerkmal eines Verbrechenstatbestandes darstellt,
- die **besondere Ausstattung** von Home-Grow mit Beleuchtungs-, Bewässerungs- und Belichtungsanlagen als Ausdruck eines professionellen Anbaus. Die Erwägung, der Angeklagte habe Cannabispflanzen **in außergewöhnlich professioneller Weise** angebaut, verstößt dann aber gegen das **Doppelverwertungsverbot,** wenn zuvor schon der hohe Ertrag des Anbaues strafschärfend berücksichtigt wurde (*BayObLG* NStZ 1998, 261).
- Der **Zweck des Anbaus:** Erfolgte der unerlaubte Anbau zur unerlaubten gewerblichen Gewinnung, Verarbeitung bzw. Vertrieb von Betäubungsmitteln, so tritt der Anbau zwar hinter der Herstellung bzw. dem Handeltreiben zurück, das Aufeinanderfolgen mehrerer Akte eines Tatgeschehens kann sich aber als straferhöhend auswirken.

VI. Strafmaßbeispiele

94   Ein Angeklagter, der auf seinem Anwesen ein Beet mit **8 großen Cannabispflanzen** duldete, wurde zu einer Geldstrafe von 10 Tagessätzen wegen Anbaues verurteilt (*Zweibrücken*, Beschl. v. 3. 7. 1985, 1 Ss 123/85). Das Erdulden der Aufzucht von **26 Cannabispflänzchen** in einer Höhe von 40 cm in einem speziell mit Beleuchtungsanlage und Abluftanlage ausgestatteten Anbauzimmer durch den Lebensgefährten wurde mit einer Geldstrafe von 30 Tagessätzen à 15 DM bestraft (*Karlsruhe* NStZ-RR 1998, 27 = StV 1998, 80). Ein Angeklagter, der zum Eigenkonsum **2 weibliche Cannabispflanzen** bis zur Ernereife aufzog, wurde wegen unerlaubten Anbaues von Betäubungsmitteln zu 4 Monaten Freiheitsstrafe verurteilt (*BayObLG* NStZ 1994, 496). Ein Angeklagter wurde wegen der Aussaat und Aufzucht von **fünf 3,50 m hohe Cannabispflanzen** mit 20 kg Blattmaterial und einer Wirkstoffmenge von 11,34 g THC wegen Besitzes von nicht geringen Mengen von Cannabis zu 6 Monaten Freiheitsstrafe mit Bewährung verurteilt (*Düsseldorf* NStZ 1999, 88). Ein anderer Angeklagter wurde von einer Strafkammer wegen Anbaues von **mehreren Cannabispflanzen** zum Eigenverbrauch mit einer Gesamtwirkstoffmenge von 16,95 g THC zu einer Freiheitsstrafe von 1 Jahr mit Bewährung verurteilt (vgl. *BGH* NStZ 1990, 285 = StV 1990, 263). In einem

bayerischen Fall wurde ein Angeklagter, der auf einer Grünfläche von **50 qm 50 Cannabispflanzen** anbaute, deren Gesamtmenge ein Gewicht von **5,4 kg** rauchbaren Marihuana mit einer **THC-Wirkstoffmenge von 81 g** ergab, wegen Besitzes von Betäubungsmitteln in nicht geringen Mengen zu einer Freiheitsstrafe von 1 Jahr und 6 Monaten mit Bewährung verurteilt (*BayObLG* NStZ 1998, 261). Ein Angeklagter, der **6 Cannabispflanzen mit 3,2 kg Pflanzenmaterial** und einer Wirkstoffmenge von 87,42 g THC in einem Gewächshaus aufzog, wurde von der Strafkammer zu einer Freiheitsstrafe von 1 Jahr mit Bewährung verurteilt (*Dresden* NStZ-RR 1999, 372). Ein Angeklagter, der **84 junge Cannabispflanzen** einer besonders THC- und ertragsreichen Sorte in einer selbst gebauten **automatisierten Indoor-Anlage** aufgezogen hatte während laufender Bewährung, wurde wegen gewerbsmäßigen Anbaus zu einer Freiheitsstrafe von 2 Jahren und 9 Monaten verurteilt (*LG Halle*, Urt. v. 22. 12. 1999, 29 Ns 208/99). Das *Landgericht Trier* verurteilte im Dezember 2005 ein deutsches Ehepaar, das im Auftrag eines niederländischen Hintermannes auf dem ehemaligen Militärflughafen in Bitburg insgesamt mindestens **9.780 Cannabispflanzen** mit einem geschätzten Marktwert von mindestens 1.000.000 € unter professionellen Bedingungen (z. B. Einsatz von 112 Ventilatoren, 394 Wärmelampen und einer Entlüftungsanlage mit Kohlefiltern) aufgezogen hatte, unter Anwendung des § 31 BtMG jeweils zu Freiheitsstrafen von 3 Jahren und 6 Monaten; im Hinblick auf die Aufklärungshilfe des Ehepaars konnte auch der niederländische Hintermann gefasst und im Januar 2007 zu einer Freiheitsstrafe von 6 Jahren und 6 Monaten verurteilt werden (*Patzak/Goldhausen/ Kleine* Der Kriminalist 2007, 159). Eine Angeklagte, bei der **1.166 Cannabispflanzen und 5.180,4 g getrocknete Cannabisaufbereitungen** in einer professionell betriebenen Indoor-Plantage sichergestellt wurden und der nachgewiesen werden konnte, durch 4 Ernten insgesamt weitere **22.139 g hochwertiges Marihuana** erzielt zu haben, wurde wegen unerlaubten Handeltreibens mit Betäubungsmittel in vier Fällen zu einer Gesamtfreiheitsstrafe von 5 Jahren verurteilt (*LG Trier*, Urt. v. 10. 7. 2009, 8031 Js 32213/08.1 KLs).

VII. Einziehung

Die zum Anbau und Betrieb einer Cannabisplantage benötigten Asservate unter- 95 liegen nach § 74 Abs. 1 StGB als Tatmittel der Einziehung; eines Rückgriffs auf § 33 Abs. 2 BtMG bedarf es daher nicht (*BGH* StraFo 2009, 81).

VIII. Sonstige Rechtsfolgen des illegalen Anbaus

Illegaler Anbau von Cannabis- oder Marihuanapflanzen **in den Wohnräumen** 96 **in größeren Mengen** kann einen Verstoß gegen die vertraglichen Nebenpflichten des Mieters darstellen und eine **fristlose Kündigung** rechtfertigen (*AG Köln* WuM 2008, 595; *AG Hamburg-Blankenese* WE 2008, 137). Das *AG Köln* hat allerdings bei einem ein- oder zweimaligen Anbau von Cannabis in einer Mietwohnung zum Eigenkonsum keinen Kündigungsgrund gesehen (*AG Köln* WuM 2006, 220). Pflanzt ein Mieter Cannabis **im Garten** in geringer Menge und konsumiert das anschließend in seiner Wohnung, so kann der Vermieter **nicht fristlos kündigen** (*LG Lüneburg*, 6 U 104/94), auch dann nicht, wenn sich die Ermittlungen der Kriminalpolizei nachteilig auf den Ruf des Vermieters ausgewirkt haben. Das Gericht war der Meinung, dass der Vermieter den Mieter vor einer Kündigung hätte abmahnen und dann abwarten müssen, ob sich der Mieter danach vertragsgerecht verhalten würde. Es sei zu berücksichtigen, dass dem Besitz und Konsum von Cannabis in geringer **Menge keine bedeutende strafrechtliche Konsequenz** mehr zukomme.

In Berlin wurde dem Inhaber eines Head-Shops, der in seinen Geschäftsräumen 97 Cannabispflanzen, Cannabissamen und Anleitungsbücher zum Anbau von Cannabispflanzen und zur Gewinnung von Cannabisharz feilbot, die Gewerbeerlaubnis untersagt. Nach Auffassung des Gerichts hat der Erlaubnisinhaber mit seinem Gewerbebetrieb dem Anbau und dem Genuss von Cannabis Vorschub geleistet und sich als Gewerbetreibender als unzuverlässig erwiesen, auch wenn sein Verhalten weder ein strafbares oder ordnungswidriges, noch eine schuldhafte Handlung darstelle (*VG Berlin*, Beschl. v. 10. 12. 1980, VG 4 A 362/80). Eine Teilgewerbeuntersagung ist im Schutzinteresse der Allgemeinheit nur insoweit gerechtfertigt, als Anleitungsbücher für den Anbau von Cannabis zum Verbrauch als Betäubungsmittel angeboten werden. Soweit Literatur über den Anbau von Cannabis als Nutzpflanze oder über die Geschichte des Cannabisanbaues angeboten werden, ist eine Teilgewerbeuntersagung nicht gerechtfertigt (*Bayrisches VG München*, Beschl. v. 26. 1. 1996, M1 6S 955935).

J. Konkurrenzen

I. Anbau und Handeltreiben

98   **1. Bei reiner Gewinnerzielungsabsicht.** Baut der Täter Betäubungsmittel an, um sie später komplett gewinnbringend weiterzuverkaufen, handelt es sich beim Anbau um einen Teil des Handeltreibens, ohne dass sich die Frage der Tateinheit, Tatmehrheit oder Gesetzeskonkurrenz stellt (vgl. BGHSt. 25, 290; BGHSt. 30, 28 = NJW 1981, 1325; *BGH* NStZ 2006, 578; BGHR BtMG § 29a Abs. 1 Nr. 2 Handeltreiben 5 = StraFo 2009, 81; *Weber* § 29 Rn. 109). So treten bei einem Angeklagten, der auf einem Feld Cannabispflanzen anbaute, die Pflanzen erntete und 9.531 g Cannabis mit 665 g THC zum Zwecke des Weiterverkaufs erzielte, der Anbau und der Besitz hinter dem Handeltreiben (in diesem Fall in nicht geringer Menge nach § 29a Abs. 1 Nr. 2 BtMG) zurück (*LG Zweibrücken*, Urt. v. 18. 1. 1996, 412 Js 8316/93). Erwirbt ein Deutscher in dem Samen- und Anbauladen der SENS I SEED BANK in Amsterdam Samen von einer THC-reichen Cannabissorte, züchtet zu Absatzzwecken in den Niederlanden zentnerweise stark THC-haltige Cannabispflanzen und verbringt sie nach Deutschland zum Verkauf, so treten der Samenerwerb, der Anbau, der Besitz und die Herstellung im Rahmen einer **Bewertungseinheit** als Teilakte des Tatgeschehens auch im Rahmen des Verbrechenstatbestandes hinter dem Handeltreiben mit nicht geringen Mengen von Cannabis zurück; der Handel mit nicht geringen Mengen und die Einfuhr von nicht geringen Mengen stehen jedoch in **Tateinheit** (vgl. § 29a Rn. 173).

99   **2. Bei Gewinnerzielungs- und Eigenkonsumabsicht.** Ist nur ein Teil des Anbaus für den gewinnbringenden Absatz bestimmt, während der übrige Teil dem Eigenkonsum dient, stehen Anbau und Handeltreiben mit Betäubungsmitteln in Tateinheit (*Weber* § 29 Rn. 109).

100   **3. Mehrere Ernten.** Werden mehrere Ernten aus jeweils gesonderten Anbauvorgängen gewonnen und anschließend vermarktet, ist jeder Anbauvorgang als **neue, selbständige Tat** zu werten (*BGH* NStZ 2005, 650 = StraFo 2005, 470; *BGH*, Beschl. v. 15. 10. 2008, 2 StR 352/08; *Weber* § 29 Rn. 109). So war eine Plantagenbesitzerin, die in einem bestimmten Tatzeitraum auf ein und derselben Anbaufläche vier Ernten gewonnen und anschließend vermarktet hatte, wegen Handeltreibens mit nicht geringen Mengen in 4 Fällen zu verurteilen (vgl. *BGH* NStZ 2005, 650 = StraFo 2005, 470).

101   Findet der Anbau aber in einer Weise statt, dass die Ernten durch die Nutzung mehrerer Anbauflächen mit Pflanzen unterschiedlicher Reifestadien sukzessive erfolgen, ohne dass eine genaue Zuordnung zu einem Anbauvorgang möglich ist, ist von **einer Tat im materiell-rechtlichen Sinne** auszugehen (vgl. *LG Trier*, Urt. v. 10. 7. 2009, 8031 Js 32213/08.1 Kls). Die Umstände einer solchen Plantage, insb. die Ausstattung der Anlage, der Zeitraum des Anbaus sowie der hohe Ertrag, können aber im Rahmen der Strafzumessung strafschärfend berücksichtigt werden.

II. Anbau und Herstellung

102   Beim Anbau und bei der Herstellung von Betäubungsmitteln handelt es sich **um zwei Taten**, deren Ausführungshandlungen in keinem Einzelakt auch nur teilweise zusammentreffen; vielmehr folgt die Herstellung mit dem Erntevorgang dem Anbau nach (s. Rn. 105). Tateinheit kann nicht schon aufgrund eines einheitlichen Motivs, der Verfolgung eines Endzweckes oder einer Grund-Folge-Beziehung angenommen werden (BayObLGSt. 2001, 166 = NStZ-RR 2002, 181; *BayObLG* bei *Kotz/Rahlf* NStZ-RR 2003, 161; *Schleswig* SchlHA 2005, 337; *Weber* § 29 Rn. 106; vgl. auch BGHSt. 22, 206, 208; *BGH* NStZ 185, 70). Das unerlaubte Anbauen und das unerlaubte Herstellen von Betäubungsmitteln stehen deshalb zueinander in **Tatmehrheit.** Der Anbau stellt ein Aliud und nicht einen strafbaren Versuch der Gewinnung (Herstellung) dar (*Hamburg* NJW 1978, 2349).

Der sowohl beim Anbau als auch beim Herstellen gegebene **unerlaubte Besitz** **103** wird verdrängt und **kann** mangels Wertgleichheit **Anbau und Herstellen nicht zu einer Tat verklammern** (vgl. BGHSt. 42, 162 = NStZ 1996, 604; Bay-ObLGSt. 2001, 166 = NStZ-RR 2002, 181). Fasst der Angeklagte, der die Betäubungsmittelpflanzen zum Eigenkonsum anbaut, vor der Ernte den Entschluss, einen Teil der Ernte zu verkaufen, so besteht jedoch zwischen Anbau und Handeltreiben Tateinheit.

III. Anbau und Besitz

Der Besitz i. S. d. § 29 Abs. 1 S. 1 Nr. 3 BtMG hat gegenüber den anderen Tat- **104** bestandsalternativen des § 29 Abs. 1 BtMG keinen eigenen Unrechtsgehalt und wird deshalb von den spezielleren Erscheinungsformen **verdrängt.** Er kommt lediglich als **Auffangtatbestand** in Betracht in den Fällen, in denen der Täter Verfügungsmacht über die Betäubungsmittel hatte, nicht aber nachgewiesen werden kann, auf welchem Wege er diese erlangt hat oder wie er zu den Betäubungsmittelpflanzen bzw. zu dem Betäubungsmittelfeld gekommen ist, sofern er diese anschließend nicht gepflegt hat. Der Auffangtatbestand des Besitzes tritt ansonsten hinter den Tatbeständen des Anbaues und der Herstellung zurück (*BGH* NStZ 1990, 285; *BayObLG* NStZ 1998, 261; *Weber* § 29 Rn. 108; MK-*Rahlf* § 29 Rn. 93).

Dies gilt jedoch nur, solange die Wirkstoffmenge der besessenen Betäubungs- **105** mittelpflanzen die Schwelle zur nicht geringen Menge nicht erreicht. Der Anbau nach § 29 Abs. 1 Nr. 1 BtMG steht weder in Tateinheit, noch in Tatmehrheit zu § 29 a Abs. 1 Nr. 2 BtMG; vielmehr wird der Anbautatbestand durch den Verbrechenstatbestand des § 29 a Abs. 1 Nr. 2 BtMG **verdrängt** (*BGH*, Beschl. v. 26. 1. 2011, 5 StR 555/10; *BayObLG* NStZ 1998, 261; *Dresden* NStZ-RR 1999, 372; *Karlsruhe* NStZ-RR 2002, 85; a. A. *Düsseldorf* NStZ 1999, 88 = StV 1999, 437).

Teil 3. Unerlaubtes Herstellen von Betäubungsmitteln
(§ 29 Abs. 1 S. 1 Nr. 1 BtMG)

Übersicht

A. Zweck der Vorschrift

Die Bundesrepublik ist zwar kein Produktionsland für klassische Betäubungsmit- **1** tel wie Opium, Heroin und Kokain. Sie entwickelt sich aber in zunehmendem Maße zu einem **Produktionsland und Exportland** für
– illegal hergestellte **synthetische Betäubungsmittel,**
– illegal hergestellte **suchtfördernde Arzneimittel** und
– **Chemikalien und Grundstoffe,** die für die Herstellung sowohl von traditionellen als auch von synthetischen Rauschgiften benötigt werden.

Der Tatbestand der Betäubungsmittelherstellung erlangt bei der Bekämpfung der **2** Rauschgiftkriminalität eine immer größere Bedeutung, da neben dem Anbau von

Betäubungsmittelpflanzen die Produktion und Verarbeitung synthetischer Betäubungsmittel ständig zunimmt. Da die Produktion von illegalen synthetischen Drogen im Gegensatz zum Anbau illegaler Betäubungsmittel nicht von idealen klimatischen Bedingungen abhängig ist, sondern vielfach ohne großen Aufwand mit wenigen Chemikalien und wenigen Gerätschaften nach Chemiebuchanleitung in Küchen- oder Keller-Laboratorien zu bewerkstelligen ist, kommt der Kontrolle des legalen Chemikalienhandels und der Bekämpfung des illegalen Grundstoffhandels eine zunehmende Bedeutung zu. Die erfolgreichen Bemühungen der Grundstoff-Überwachungsstelle (GÜS) des BKA und ZKA haben zu einer Verdrängung des illegalen Grundstoffhandels und der Produktion synthetischer Drogen von Deutschland ins Ausland geführt. Neben der herausragenden Stellung der **Niederlande** bei der Produktion und dem Vertrieb synthetischer Drogen haben mehrere Staaten in **Osteuropa** (Polen, Tschechische Republik, Slowakei, Estland, Lettland) mit professionellen Produktionsstätten und spezialisierten Professoren, Chemikern und Chemiestudenten sich als Produzenten illegaler synthetischer Betäubungsmittel einen Marktanteil erobert. **Deutschland** bietet diesen illegalen Produzenten einen lukrativen, ständig wachsenden illegalen **Absatzmarkt.** Die Wurzel des illegalen Betäubungsmittelhandels ist die illegale Betäubungsmittelherstellung. Der Gesetzgeber wollte durch Aufzählung der Tatbegehungsweisen in § 2 Abs. 1 Nr. 4 BtMG den **Produktionsprozess von Betäubungsmitteln** möglichst lückenlos treffen. Ergänzend zu dem Herstellungstatbestand hat der Gesetzgeber mit Schaffung des Grundstoffüberwachungsgesetzes (GÜG) die die illegale Betäubungsmittelproduktion vorbereitenden illegalen Grundstoffgeschäfte mit Verwaltungsvorschriften erschwert und mit Strafvorschriften bedroht.

B. Fallzahlen und Statistiken

3

Illegale BtM-Herstellung in Kleinlaboratorien in Deutschland									
1981	1982	1983	1984	1985	1986	1987	1988	1989	1990
4	7	19	11	15	43	43	50	46	36

1991	1992	1993	1994	1995	1996	1997	1998	1999	2000
31	20	22	31	16	18	16	15	7	13

2001	2002	2003	2004	2005	2006	2007	2008	2009	2010
7	6	14	7	8	7	10	25	24	16

Von **428 Laboratorien** von 1981–1997 stellte der größte Anteil, nämlich 73% =

313	**Amphetamin**zubereitungen her.
65	**Laboratorien befassten sich mit** Amphetaminderivaten **wie z. B.** DMT, DOB, DOM, MDA, MBDB, MDE, PMA, TMA,
17	**Stellten** Kokain**produkte her,**
10	**befassten sich mit** Meskalin,
7	**Stellten** Methaqualon **her,**
5	**Stellten** Cannabisprodukte **her,**
3	**befassten sich mit** Methadonprodukten,
2	**befassten sich mit** LSD,
1	**Labor stellte** Codein **her.**
5	**Laboratorien befassten sich mit** sonstigen Stoffen.
428	

In den **Jahren 2003 und 2004** wurden in Deutschland nur 14 bzw. 7 illegale **4** Rauschgiftlabore entdeckt, die der Produktion von Betäubungsmitteln dienten. 2004 wurden keine Labore mit Produktionskapazitäten festgestellt, die für die Versorgung eines Marktes mit größeren Betäubungsmittelmengen ausgereicht hätten. Vielmehr dienten die Produktionsstätten lediglich der Deckung des Eigenbedarfs (sog. Küchenlabore). Dies verwundert nicht, da die Großproduktion von Betäubungsmitteln in Entwicklungsländern und in den Niederlanden nicht nur billiger, sondern mit erheblich geringerem Entdeckungsrisiko erfolgen kann. In Deutschland wurden im **Jahre 2004** aufgrund des sog. freiwilligen Monitoring-Systems der chemischen Industrie und der gemeinsamen Grundstoff-Überwachungsstelle ZKA/BKA (GÜS) schon sehr frühzeitig durch gemeinschaftliche Grundstoff-Überwachungsmaßnahmen und durch Lieferverzichte der chemischen Industrie in 66 Fällen Missbrauchssachverhalte erkannt und die Auslieferung von mehr als 700 t von zur Rauschgiftherstellung geeigneten Grundstoffen und Chemikalien verhindert.

Auch in den Jahren **2005 bis 2006** wurden in Deutschland nur wenige Rauch- **5** giftlabore entdeckt. Im **Jahr 2005** waren es 8 Labore, 6 zur Herstellung von Amphetamin bzw. Methamphetamin und 2 GHB-Labore (BKA, Daten zur Rauschgiftkriminalität 2005 in Deutschland, S. 4). Von den 7 im **Jahr 2006** festgestellten Laboren handelte es sich um 3 Produktionsstätten von Amphetamin, 2 zur Herstellung von Methamphetamin, 1 zur Synthese von MDMA und 1 Fentanyl-Labor (*BKA*, Jahreskurzlage Rauschgift 2006, S. 5). In den beiden folgenden Jahren stieg die Zahl der Labore dann erstmals seit 2003 wieder deutlicher an. Im **Jahr 2007** waren es 10 Labore, davon 5 für Amphetamin, 3 für Methamphetamin, 1 für GHB und 1 für Fentanyl (*BKA*, Jahreskurzlage Rauschgift 2007, S. 8). Im **Jahr 2008** wurden 25 Labore entdeckt, nämlich 22 Produktionsstätten für Amphetamin und Methamphetamin sowie 3 GHB-Labore (*BKA*, Jahreskurzlage Rauschgift 2008, S. 8), im **Jahr 2009** 24 Labore, davon 16 zur Herstellung von Methamphetamin, 6 zur Herstellung von Amphetamin und 2 zur Herstellung von GHB (*BKA*, Jahreskurzlage Rauschgift 2009, S. 11), im **Jahr 2010** 16 Labore, davon 13 zur Herstellung von Methamphetamin, 2 zur Herstellung von Amphetamin und 1 zur Herstellung synthetischer Cannabinoide (*BKA*, Jahreskurzlage Rauschgift, 2010).

C. Objektiver Tatbestand

I. Betäubungsmittel

1. Betäubungsmitteleigenschaft. Der Herstellungstatbestand gilt nur für die **6** in den **Anl. I bis III zu § 1 Abs. 1 BtMG genannten Stoffe und Zubereitungen** wie sie in § 2 Abs. 1 Nr. 1 und Nr. 2 BtMG definiert sind. So unterstehen z. B. nicht alle Opiate und Amphetamine mangels Aufnahme in die Anl. I bis III dem BtMG.

2. Designerdrogen. Unter Designerdrogen versteht man die in geheimen ille- **7** galen Laboratorien hergestellten Suchtstoffe, die gegenüber dem BtMG unterstehenden Betäubungsmitteln in ihrem Molekülaufbau leicht abgewandelt sind und daher der betäubungsmittelrechtlichen Kontrolle entzogen sind. So sind in den letzten Jahren mehrere **Amphetaminderivate** durch die Anlagen des BtMG erfasst worden mit der Folge, dass kurze Zeit danach neue abgewandelte Amphetaminderivate auf den Markt erschienen, für die das BtMG nicht galt. Das BtMG von 1982 enthielt die Amphetaminderivate Methamphetamin **(Pervitin®)** und Dimethoxymethylamphetamin **(DOM).** Danach erschienen auf dem Drogenmarkt die Amphetaminderivate Dimethoxybromamphetamin **(DOB),** Methylendioxyamphetamin **(MDA),** Methoxyamphetamin **(PMA),** Methoxymethylendioxyamphetamin **(MMDA),** Trimethoxyamphetamin **(TMA),** die durch die 1 BtM-ÄndV vom 6. 6. 1984 dem BtMG unterstellt wurden. Anschließend tauchten die Designerdrogen 3, 4 Methylen-Dioxymethamphetamin **(MDMA),** Dimethoxyethylamphetamin **(DOET)** und Dimethoxyamphetamin **(DMA)** auf dem Drogenmarkt auf. Sie wurden durch die 2. BtMÄndVO vom 1. 8. 1986 dem BtMG unterstellt. Auch die Grundsubstanzen **Fentanyl, Tryptamin, Pethidin** und **Phencyclidin** regten zahlreiche Untergrundchemiker zu neuen synthetischen Drogen aus der Retorte an, indem sie durch geringfügige Änderungen der Molekularstruktur nicht dem BtMG unterstehende **Fentanylderivate, Pethidinderivate** und **Phencyclidinderivate** herstellten.

8　　Die Designerdrogen verfügen nicht selten über eine vielfach stärkere Wirkung als die aus Pflanzen gewonnenen Rauschgifte. Die synthetischen Drogen werfen auch ungewöhnlich hohe Gewinne ab. So können mit Chemikalien für 500,– Euro Amphetamine für einen Verkaufswert von 40.000,– Euro hergestellt werden. Zu den oben genannten Stoff-Familien sind in jüngster Zeit die synthetischen Cannabinnoide, Cathin-Derivate und **Piperazine** in sog. Legal Highs, die als vermeintlich harmlose Kräutermischungen, Badesalze oder Lufterfrischer angeboten werden, hinzugetreten. Deshalb wurden in den letzten Jahren **m-CPP, Mephedron und verschiedene JWH-Alkylindole** dem BtMG unterstellt.

9　　Um das **Nachlaufspiel der Strafverfolgungsbehörden** hinter ständig neuen Designerdrogen zu beenden, hat startete das **Land Baden-Württemberg erfolglos eine Gesetzesinitiative** gestartet, wonach **nach einem vorgeschlagenen § 29 Abs. 7 BtMG die Herstellung** von Stoffen und Zubereitungen auch dann nach § 29 Abs. 1 BtMG strafbar sein sollte. Stattdessen wird nun eine **Generic-Klausel** diskutiert, in der ganze Stoffgruppen zusammengefasst werden sollen (s. dazu im Einzelnen § 1 Rn. 38).

10　　**3. Grundstoffe.** Bei Grundstoffen handelt es sich um chemische Produkte, die zur Herstellung von Betäubungsmitteln notwendig sind, z. B. **Essigsäureanhydrid** zur Herstellung von Heroin, **Ergotamintatrat** zur Herstellung von LSD, **Diethylether** zur Kokainherstellung, **Ephedrin** und **Phenylaceton** zur Herstellung von Amphetamin oder **Acetyl-Anthranil-Säure** zur Herstellung von Methaqualon. Grundstoffe unterliegen nicht dem BtMG, sondern dem Grundstoffüberwachungsgesetz (GÜG, s. dazu § 1 Rn. 13 ff.).

II. Herstellen

11　　In § 2 Nr. 4 BtMG ist eine Legaldefinition des Herstellens enthalten. Danach umfasst das Herstellen das **Gewinnen, Anfertigen, Zubereiten, Be- oder Verarbeiten, Reinigen und Umwandeln,** also alle die Vorgänge, die dem Handeltreiben vorausgehen (zur Herstellung der einzelnen Betäubungsmittel s. Rn. 32 ff.). Diese Definition entspricht in etwa dem Begriff des Herstellens in § 4 Abs. 14 AMG und § 7 Abs. 1 LMBG und Art. 1 Abs. 1 lit. n des Einheits-Übereinkommens von 1961. Der Begriff des Herstellens ist gegenüber dem BtMG 1972 erweitert worden und enthält wie der Begriff des Handeltreibens nunmehr eine Summe von Tatbegehungsweisen. **Nicht zum Herstellungsbegriff** gehören – im Gegensatz zu § 4 Abs. 14 AMG – das **Umfüllen, Abfüllen, Abpacken, Abwiegen und Kennzeichnen** von Betäubungsmittel.

12　　Die **Herstellung ausgenommener Zubereitungen** i. S. v. § 2 Abs. 1 Nr. 3 BtMG unterfällt nicht § 29 Abs. 1 S. 1 Nr. 1 BtMG, sondern § 29 Abs. 1 S. 1 Nr. 2 BtMG (s. dazu § 29/Teil 12, Rn. 1 ff.)

Zu den Begehungsweisen des Herstellens gehören im Einzelnen:

13　　**1. Gewinnen. a) Begriffsbestimmung.** Die ehemals selbstständige Tatbegehungsweise Gewinnen wurde in den umfassenden Begriff des Herstellens einbezogen. Unter Gewinnung ist die **mechanische oder chemische Trennung von Betäubungsmittelpflanzen und deren Produkte zu verstehen** (*Karlsruhe* NStZ-RR 2002, 85 = StV 2002, 431; *Weber* § 2 Rn. 29; *Hügel/Junge/Lander/ Winkler* § 2 Rn. 17). Die Gewinnung führt zu Naturprodukten (BayObLGSt. 59, 273), die aber noch keine konsumfähigen Betäubungsmittel darstellen müssen, sondern auch Zwischenprodukte sein können. Die dem Anbau folgende **Ernte** ist also Gewinnung.

b) Tathandlungen des Gewinnens sind z. B. das Abstreifen des aus der Can- **14** nabispflanze ausgetretenen Harzes, die Ernte von Cannabisblüten und Cannabisfruchtständen, das Sammeln von Cocablättern und das Abschaben des geronnenen Opiummilchsaftes nach Einschneiden der reifen Mohnkapseln (vgl. Art. 1 Abs. 1 lit. t des Einheits-Übereinkommens 1961). Durch das spätere Abschneiden und Trocknen der Kopfblätter der Hanfpflanze gewinnt der Täter Betäubungsmittel (*Düsseldorf* NStZ 1985, 30). Das Sammeln von psilocybinhaltigen Pilzen auf der Wiese oder im Wald ist nicht nur eine Form der Verschaffung von Betäubungsmitteln, sondern auch eine Art Gewinnung.

2. Anfertigen. Auch § 4 Abs. 4 AMG nennt das Anfertigen als eine Erschei- **15** nungsform des Herstellens. Unter diesem Begriff ist im Gegensatz zur natürlichen Gewinnung **die chemische Entwicklung halb- oder vollsynthetischer Betäubungsmittel** in Laboratorien oder Rauschgiftküchen zu verstehen. Dabei macht es keinen Unterschied, ob es sich um Handarbeit oder maschinelle Produktion handelt. Auch bei der Anfertigung müssen die Produkte keine fertigen Betäubungsmittel, sondern können Zwischenprodukte sein.

3. Zubereiten. a) Begriffsbestimmung. In § 2 Abs. 1 Nr. 2 BtMG hat das **16** Ergebnis des Zubereitens, nämlich die Zubereitung, eine Definition erfahren. Unter Zubereitung ist danach die **chemische oder mechanische Verbindung von Stoffen** zu Betäubungsmitteln zu verstehen. Auch die **Lösung** von Stoffen in bzw. mit Flüssigkeiten ist Zubereiten. **Zubereitungen** sind Stoffgemische oder Lösungen aus einem oder mehreren Betäubungsmitteln mit anderen Stoffen.

b) Tathandlungen des Zubereitens sind alle Mischungs-, Streckungs- und **17** Lösungsvorgänge (vgl. *Weber* § 2 Rn. 32). Das Strecken von Betäubungsmitteln z. B. mit Milchzucker, Coffein oder Paracetamol, um mit der größeren Stoffmenge einen höheren Kaufpreis zu erzielen, ist das häufigste Beispiel. Zum Zubereiten gehört aber auch das Lösen von Heroin in Äthanol, um es in Originalwhiskyflaschen zu schmuggeln, oder das Verfeinern, z. B. von marokkanischem Haschisch mit hochwertigem Libanon-Haschisch, um es durch die Aromaübertragung wertvoller zu machen. Das Aufkochen von Mohnkapseln zu Opiumsuppe oder zu morphinhaltigem Opiumtee ist ebenfalls Zubereitung (*BGH* StV 1987, 250).

4. Reinigen. a) Begriffsbestimmung. Unter Reinigung ist **die mechani- 18 sche oder chemische Befreiung von Fremdstoffen** zu verstehen (*Weber* § 2 Rn. 37; vgl. *BGH* NStZ 1993, 391).

b) Tathandlungen des Reinigens sind z. B. das **Trocknen, Sieben und Fil- 19 tern.** Sind nach der Herstellung von Ecstasy Fässer mit Aceton übrig geblieben, in denen sich noch Reste von MDE befinden, so stellt auch das Herausfiltern des MDE aus den Aceton-**Rückständen** eine Betäubungsmittelherstellung dar (*LG Essen*, Urt. v. 22. 5. 1997, 25(1/97) 56 Js 574/96). Gleiches gilt für die Reinigungsprozesse bei der Herstellung von Heroin Nr. 4, wodurch dieses nur geringe Verunreinigungen aufweist und höchste Heroinbasenanteile erreicht. Auch eine Form des Reinigens ist das Trocknen von Rauschpflanzen oder Rauschpilzen, um durch den Flüssigkeitsentzug den Wirkstoffgehalt zu sichern.

5. Umwandeln. a) Begriffsbestimmung. Umwandeln liegt vor bei der **20 chemischen oder mechanischen Veränderung von Stoffen** in neue Betäubungsmittel mit neuartigen Eigenschaften.

b) Tathandlungen des Umwandelns. Die Verwandlung des Rohopiums in **21** Rauchopium (Chandu) durch Röst- und Fermentierungsprozesse, des Rohopiums in Morphinbase (Morphinhydrochlorid) durch Filterung, der Morphinbase in Heroin (Diacetylmorphin) durch **Acetylierung, Erhitzung und Filterung** oder des Cannabisharzes in Haschischöl sind Umwandlungsbeispiele.

6. Be- und Verarbeiten. a) Begriffsbestimmung. Unter **Bearbeitung** wer- **22** den **alle mechanischen und chemischen Veränderungen** von Betäubungsmitteln, ohne dass die stoffliche Zusammensetzung der Betäubungsmittel eine Änderung erfährt, und ohne dass es zu neuen Stoffeigenschaften kommt, zusammengefasst. Unter **Verarbeitung** sind die **Einwirkungen auf Stoffe zu verstehen**, die zu einer Zubereitung oder zu einem neuen Stoff führen.

23   **b) Tathandlungen des Be- und Verarbeitens** sind z. B. das **Formen** von Rohopium in Kugeln oder Brote, das Stampfen von Cannabisharz oder Cocablätter und das **Pressen** von Cannabisharz in Platten. Formen der Bearbeitung und Verarbeitung sind auch das Pressen von Tabletten mit einer Handtablettierpresse oder Tablettiermaschine. Das **Einfüllen** von Haschisch oder Heroin in Leinensäckchen, das **Kennzeichnen** der Betäubungsmittel und das Verpackungsmaterial mit Rauschgiftstempeln und -siegeln, das **Verpacken** und **Verplomben** der Betäubungsmittelsäckchen sind **keine** Beispiele des Be- oder Verarbeitens, sondern des Handeltreibens (vgl. *Koblenz* OLGSt. Nr. 1 zu § 2 BtMG). Auch die **Verblisterung** von Betäubungsmitteltabletten mit einer Blisterverpackungsmaschine ist keine Herstellung, aber Handeltreiben.

24   Bisweilen werden Kokainzubereitungen aber auch andere Betäubungsmittel mit Farbstoffen, Chemikalien oder mit Eisenspänen **vermischt und überlagert,** um Rauschgift-Vortestverfahren und kriminaltechnische Untersuchungen zu unterlaufen, die auf bestimmte Farben oder Stoffe ansprechen. Die Maskierung von weißem Kokain mit rotem Farbstoff mit Eisenthiocyanat oder Eisenrhodanid führt zu rotem oder schwarzem Kokainpulver, das die Reaktion von Kokainvortests verhindert. Diese Maskierung stellt eine Verarbeitung und damit Herstellung von Betäubungsmitteln dar.

25   Im internationalen Rauschgifthandel und Rauschgiftschmuggel werden immer häufiger Betäubungsmittel **chemisch verändert** und **in einen anderen Aggregatszustand** versetzt, Damenunterwäsche, Windeln, Textilien und Teppiche mit verflüssigten Betäubungsmitteln **getränkt und gehärtet**, Betäubungsmittel **mit** Alkohol **vermischt** in Spirituosen-Flaschen **abgefüllt,** Betäubungsmittelpulver oder -Granulat mit Kunststoff-Gemischen **versetzt** und aus diesem Gemisch Fahrzeugteile, Hartschalenkoffer, Kunstgegenstände, Aschenbecher usw. gepresst. Für Körperschmuggler werden Kokain und Heroin verflüssigt, diese Betäubungsmittelflüssigkeit in Body-Packs **gefüllt,** da sie beim Röntgen des Magen-Darm-Trakts schwieriger zu erkennen sind. Am Zielort werden aus diesen verwandelten und getarnten Gegenständen und Behältnissen wieder pulverisierte Betäubungsmittel gewonnen. Diese chemische Verwandlung ist nicht nur eine Vorbereitung des Einfuhrschmuggels, sondern eine selbständige Herstellungsstraftat in Form des Bearbeitens. Es bedarf besonderer Laboratorien und besonderer Chemiker für derartige Produktionsprozesse, die nicht nur die Wirkungspalette der Stoffe erweitern, sondern die Stoffe für Schmuggelzwecke tarnen, und für die Rückgewinnungsprozesse bereitstehen, die die Gegenstände wieder in Rauschgift-Handelsware verwandeln.

III. Erlaubnispflicht

26   **1. Erlaubnis nach § 3 BtMG.** In §§ 3 Abs. 1, 11 Abs. 1 BtMG 1972 war nur die gewerbsmäßige Herstellung erlaubnispflichtig. Nach § 3 Abs. 1 BtMG 1982 bedarf jede Herstellung der Betäubungsmittel aus der Anl. II oder Anl. III einer Erlaubnis. Für wissenschaftliche oder andere im öffentlichen Interesse liegenden Zwecke kann das *BfArM* auch für die Herstellung von in Anl. I bezeichneten Betäubungsmittel, wie Marihuana, Cannabisharz, Heroin, Lysergid (LSD) oder Mescalin, eine Erlaubnis erteilen (§ 3 Abs. 2 BtMG).

27   **2. Ausnahmen von der Erlaubnispflicht.** Nach § 4 Abs. 1 Nr. 1 lit. a BtMG ist der Apotheker im Rahmen des Betriebes einer öffentlichen Apotheke von der Erlaubnispflicht für die Herstellung von Betäubungsmitteln nach § 3 Abs. 1 BtMG befreit, sofern es sich um verschreibungspflichtige Betäubungsmittel der Anl. III handelt. So kann er das in Anl. III genannte Betäubungsmittel Dronabinol herstellen und aufgrund ärztlicher Verschreibung abgeben (s. dazu Stoffe/Teil 1, Rn. 99).

IV. Geltungsbereich des BtMG beim Herstellen

1. Herstellen durch einen Deutschen im Ausland. Das Herstellen, Gewin- **28** nen und Verarbeiten von Betäubungsmitteln eines Deutschen im Ausland unterliegt dem Weltrechtsprinzips des § 6 Nr. 5 StGB, wenn diese Tathandlungen dazu dienen, Betäubungsmittel **entgeltlich** in den Besitz eines anderen zu bringen; in diesem Fall liegt nämlich ein „Vertrieb" i. S. d. § 6 Nr. 5 StGB vor (vgl. *BGH* StV 1992, 155; MG–StGB/*Rahlf* § 29 Rn. 17 i. V. m. Rn. 133; a. A. *Fischer* § 6 Rn. 5; offen gelassen bei *Weber* Vor §§ 29 ff. Rn. 114). Erfolgt das Herstellen, Gewinnen und Verarbeiten durch einen Deutschen im Ausland zum **Zwecke des Eigenkonsums,** unterliegt die Tat nach § 7 Abs. 2 Nr. 1 StGB der deutschen Strafgewalt und ist im Inland verfolgbar, wenn die Taten im Ausland mit Strafe bedroht sind (zur Rechtslage im Ausland s. Vorbem. §§ 29 ff. Rn. 341 ff.). Auch die im Inland geleistete Mittäterschaft bzw. Beihilfe zu der von Ausländern in den USA betriebenen unerlaubten gewerbsmäßigen Herstellung von LSD durch Beschaffung des Stoffes **Ergotamintatrat** ist nach deutschem Strafrecht verfolgbar. Denn nach § 9 Abs. 2 S. 2 StGB gilt für die Teilnahme das deutsche Strafrecht, wenn der Teilnehmer an einer Auslandstat im Inland teilgenommen hat, auch wenn die Tat nach dem Recht des Tatortes nicht mit Strafe bedroht ist (vgl. *BGH* NStZ 1983, 277 = StV 1983, 266).

2. Herstellen durch einen Ausländer im Ausland zum Zwecke des Ei- **29** **genkonsums.** Das Herstellen, Gewinnen und Verarbeiten von Betäubungsmitteln eines **Ausländers** im Ausland zum Zwecke des Eigenkonsums unterliegt nach § 6 Nr. 5 StGB nicht der deutschen Strafgewalt und ist im Inland daher nicht verfolgbar (*Fischer* § 6 Rn. 5; *Knauth* NJW 1979, 1085). Weder eine extensive Auslegung des Vertriebsbegriffs noch eine Gesetzesanalogie des § 6 Nr. 5 StGB erlauben eine Ausweitung des Katalogs von Straftatbeständen zu Ungunsten des Täters. Der Gesetzgeber hat den umfassenden Katalog der Tatbegehungsweisen, in §§ 29 und 30 BtMG und in Art. 36 Einheits-Übereinkommen 1961 nicht in § 6 Nr. 5 StGB aufgenommen und damit die Verfolgung von Auslandsstraftaten beschränkt.

3. Herstellen durch einen Ausländer im Ausland zum Zwecke des Wei- **30** **terverkaufs.** Dient der Herstellung einer dem Vertrieb, also dem Handeltreiben, erlaubt aber das **Weltrechtsprinzip** nach § 6 Nr. 5 StGB eine Ausdehnung der deutschen Strafgewalt auf **Auslandstaten ausländischer Täter** (vgl. *BGH* NStZ 1993, 584 = StV 1994, 15; *Fischer* § 6 Rn. 5). Unter Vertrieb ist dabei jede Tätigkeit zu verstehen, durch die ein Betäubungsmittel entgeltlich in den Besitz eines anderen gebracht wird (*Düsseldorf* NStZ 1985, 268; *Fischer* § 6 Rn. 5).

So sind nach § 6 Nr. 5 BtMG auch amerikanische Mitglieder einer Bande von **31** deutschen Behörden nach deutschem Recht verfolgbar, die, um neben dem Ersatz aller Auslagen ein Honorar von 1 Mio. Dollar zu erhalten, von 1986–1988 1.918.000 Stück **MDMA-Tabletten in Guatemala produzieren,** hiervon 863.000 MDMA-Tabletten in die USA einführten und dort verkauften, wobei sie wussten, dass die amerikanische Drogenbehörde den Stoff MDMA in die Liste verbotener Analogstoffe zu nicht verkehrsfähigen Substanzen nach Anl. I des amerikanischen Controlled Substances Act (CSA) aufgenommen hatte und dass daher **jede Einfuhr und jeder Vertrieb in die USA strafrechtlich verboten** war. Die Strafverfolgung ist auch dann nicht rechtsmissbräuchlich, wenn der durch das USA-Geschäft unmittelbar und konkret betroffene Staat bereit ist, die Strafverfolgung zu übernehmen. Dieser Umstand ist allein für die Staatsanwaltschaft für die Frage des Absehens von der Verfolgung gem. § 153 c Abs. 1 Nr. 1 StPO von Bedeutung. Die Verfolgung von Auslandsstraftaten von Ausländern erscheint insb. sachgerecht, wenn im **Einzelfall besondere Inlandsbezüge** oder sonstige **besondere Anknüpfungspunkte** erkennbar sind. Wurden die Beschuldigten für ihre Betäubungsmittelproduktion **durch eine deutsche Chemiefirma für ihr USA-Geschäft mit Rohstoffen für ihr Europageschäft mit den Betäubungsmittelendprodukten beliefert,** verlegten die Beschuldigten ihr Geschäft von den USA nach Europa wegen des hohen Strafverfolgungsrisikos in den USA und ist eine Überführung der Tatverdächtigen in Deutschland nur durch eine einheitliche Aufklärung des gesamten Tatkomplexes in Deutschland möglich, so ist eine deutsche Strafverfolgung auch der Auslandstaten der ausländischen Bandenmitglieder notwendig (*BGH* StV 1992, 155).

D. Erscheinungsformen des Herstellens

I. Herstellung von Cannabisharz (Haschisch)

32   Die in weiten Teilen der Erde verbreitete zweihäusige Hanfpflanze wurde früher in Mitteleuropa zur Papier-, Faser- und Ölgewinnung angebaut. Als Drogenhanf werden die Cannabis-Sorten Cannabis sativa, Cannabis indica und Cannabis ruderalis bzw. Kreuzungen hieraus verwendet (*Patzak/Goldhausen* NStZ 2010, 76). Zur Blütezeit tritt aus den obersten Blättern und Blütenspitzen der weiblichen Pflanzen THC enthaltender Harz aus und überzieht die Pflanzenspitze mit einem klebrigen Film. Der Hanfbauer geht entweder zur Blütezeit in Lederbekleidung durch die dichten Hanffelder und schabt anschließend mit einem Messer den an der Kleidung klebenden Cannabisharz ab. Oder aber der Hanfbauer erntet die Blütenstände, trocknet sie, zerreibt sie auf einem Teppich und klopft den Harz durch das Gewebe. Die Harzklümpchen werden zu Platten, Blöcken oder Broten geformt, mit Prägestempel versehen und in Leinensäckchen eingenäht. Grünlicher Cannabisharz stammt zumeist aus der Türkei (sog. **Grüner Türke**) oder Marokko, schwarzes Haschisch aus Pakistan, Afghanistan und Nepal (sog. **Schwarzer Afghane**), während im Libanon ein rötlicher oder brauner Cannabisharz (sog. **Roter Libanese**) gewonnen wird. Im Libanon werden nach der Ernte und einer Trockenzeit von einem Monat die getrockneten Hanfpflanzen in einem luftdicht verschlossenen Raum gelagert, bis die Pflanzen dunkelbraun geworden sind. Die Pflanzen werden mehrfach gewendet und mit Dreschflegeln bearbeitet. Die Stiele werden ausgesondert. Der zurückbleibende Tabak wird durch Siebe verschiedener Feinheit gerieben, so dass Haschischpulver der verschiedenen Feinheit und Qualität entsteht. Das Pulver wird abgewogen und in weiße Leinensäckchen gefüllt. Anschließend kommen die Säckchen unter eine Presse und werden zu Platten gepresst. Die Cannabisplatten werden dann in Plastikfolie eingeschweißt und vertrieben.

II. Herstellung von Cannabisöl

33   Die Herstellung von Cannabisöl unterscheidet sich nur unwesentlich von der Zubereitung von Kaffee. Gemahlenes Marihuana- oder Haschischpulver wird in einen Behälter gefüllt, der in einem mit Lösungsmitteln (Alkohol) gefüllten Behälter hängt. Von oben lässt man durch ein Rohr Wasser einfließen. Durch Erhitzen des Lösungsmittels steigen die Dämpfe hoch, kondensieren und tropfen auf das Cannabispulver. Beim Durchsickern des Lösungsmittels durch die Pflanzenteilchen werden das THC und die anderen Bestandteile gelöst und die Lösung setzt sich am Boden des Behälters ab.

34   Eine neuartige Methode ist das Extrahieren des Öls mit Hilfe einer im Internet für etwa 20 Euro zu beziehenden Plastikröhre, dem sog. „Honey Bee Extractor". Durch das Einfüllen von Butangas in die Plastikröhre können Harzkristalle gelöst und daraus wiederum ein zähflüssiges Öl mit zumeist hohen Wirkstoffgehalten gewonnen werden.

III. Herstellung von Heroin

35   Zur Herstellung von Heroin werden **Morphinbase (Morphinhydrochlorid), Essigsäureanhydrid, Natriumcarbonat und Wasser** benötigt. Wichtigster Grundstoff für die Heroinherstellung ist neben der Morphinbase das Essigsäureanhydrid, das die illegalen Heroinhersteller – wie vormals die Pharmazeutischen Werke – von deutschen, japanischen und chinesischen Pharmazeutischen Werken

en gros bezogen (*Hoffmann* MDR 1983, 444; *Körner* NJW 1982, 67). Essigsäureanhydrid unterstand zunächst dem Verbot des § 18 a BtMG, später dem GÜG. Zur
Herstellung von 1 t Heroin Nr. 4 werden 1.000 Liter Essigsäureanhydrid benötigt.
Die Morphinbase und das Essigsäureanhydrid werden 2 Stunden in einem Topf
gekocht. Anschließend lässt man den Sud erkalten. Es wird sodann Wasser zugegeben und die gesamte Menge so lange umgerührt, bis sich Sud und Wasser verbinden. Die Flüssigkeit wird gefiltert, wobei Rückstände der Morphinbase weggeschüttet werden. In die gefilterte Flüssigkeit wird löffelweise Natriumcarbonat
beigegeben, um das Wasser vom Heroin zu trennen. Es entsteht eine Flüssigkeit,
die wie geschlagene Dickmilch aussieht. Das Heroin setzt sich am Boden ab. Die

Stationen ... *der illegalen Heroinherstellung*

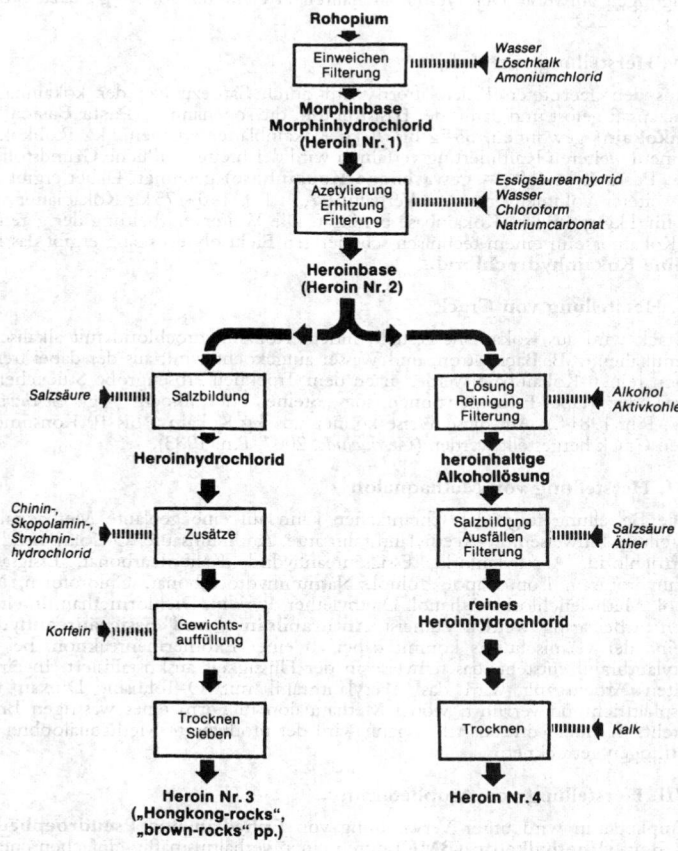

Skizze: BKA Wiesbaden

Flüssigkeit wird abgeschüttet. Der Bodensatz wird mit heißem Wasser und einem Leinentuch als Sieb durchgesiebt und so das Heroin vom Carbonat getrennt. Das auf dem Leinentuch verbleibende Heroin wird getrocknet.

36   Es ist zwischen Heroin Nr. 1, Nr. 2, Nr. 3 und Nr. 4 zu unterscheiden. Unter **Heroin Nr. 1** versteht man Morphinhydrochlorid, bei **Heroin Nr. 2** handelt es sich um Heroinbase, also um reines Diacetylmorphin vor der Umwandlung in eine Salzverbindung und ohne Zusätze und Streckmittel; Heroinbase ist als graue oder braune feste Substanz wasserunlöslich. Bei **Heroin Nr. 3** handelt es sich um Heroinhydrochlorid mit Zusätzen wie Strychnin, Scopolamin und Procain, Chinin und Coffein als Streckmittel. **Heroin Nr. 3** ist eine braune oder graue grobkörnige Substanz, die insb. unter dem Namen: „Brown-Sugar" oder „Honkong-Rocks" bekannt ist. „Honkong-Rocks" stammen vornehmlich aus den ostasiatischen Ländern des Goldenen Dreiecks. Der Heroinbasengehalt liegt regelmäßig bei 40–50%. **Bei Heroin Nr. 4** handelt es sich um weißes oder cremefarbenes feines Pulver, das aufgrund intensiver Reinigungsprozesse bei der Herstellung nur geringe Verunreinigungen aufweist. Der Heroinbasenanteil erreicht 60–90%. Vgl. dazu Stoffe/ Teil 1, Rn. 229.

IV. Herstellung von Kokain

37   Aus den geernteten Kokablättern wird durch Säurezusätze der kokainhaltige Pflanzensaft gelöst und damit der Basisrohstoff, die sogenannte **„Pasta Basica" (= Rohkokain)** gewonnen. 55 kg bis 70 kg Kokainblätter ergeben 1 kg Rohkokain. In einem weiteren Raffinierungsverfahren wird der breiig weißliche Grundstoff zur sog. **„Pasta Levada" (= gewaschene Kokainbase)** gereinigt. Dabei ergibt sich ein weiterer Volumenverlust im Verhältnis 2,5 : 1,0. 140–175 kg Kokablätter werden für 1 kg gereinigte Kokainbase benötigt. Die Weiterverarbeitung der gereinigten Kokainbase in einem technisch schwierigen Elektrolysevorgang ergibt das **kristalline Kokainhydrochlorid.**

V. Herstellung von Crack

38   Crack wird aus Kokain hergestellt, indem Kokainhydrochlorid mit alkalischen Chemikalien, z. B. Backnatron, und Wasser aufgekocht wird; aus der dabei freigesetzten reinen Kokainbase werden nach dem Trocknen erbsengroße Stückchen in beiger oder weißer Farbe gewonnen (sog. „Steine" oder „Rocks"; vgl. *Geschwinde*, 2007, Rn. 1981 f.). Auf diese Weise können aus 1 g Kokain 6 bis 10 Konsumeinheiten Crack hergestellt werden (*Geschwinde*, 2007, Rn. 1983).

VI. Herstellung von Methaqualon

39   Die Bestellung folgender Chemikalien kann auf eine geplante Methaqualonherstellung hinweisen: N-Acetylanthralinsäure, Anthralinsäure, O-Toluisin, Phosphortrichlorid, Acethylchlorid, Essigsäureanhydrid, Kaliumkarbonat, Essigsäure, Tetrahydrofuran, Isopropanol, Toluol, Natriumhydrocarbonat, Chloroform, Methanol, Methylenchlorid, Äthanol, Diethylether, Pyridin, Dichlormethan. In einem ersten Arbeitsgang werden zumeist **Anthranilsäure und Essigsäureanhydrid** miteinander vermischt. Es kommt dabei zu einer Exothermenreaktion, bei der Acetylanthranil entsteht, das teilweise in der Flüssigkeit auskristallisiert. In einem zweiten Arbeitsgang wird das Acetylanthranil mit O-Toluisin, Dioxan und Phosphattrichlorid verrührt, wobei Methaqualon in Form eines wässrigen Breies entsteht. In einem dritten Arbeitsgang wird der produzierte Methaqualonbrei mit Zentrifugen getrocknet.

VII. Herstellung von Amphetamin

40   Amphetamin wird unter Verwendung von **Ephedrin** und **Pseudroephedrin** bzw. **Benzylmethylketon (BMK)** durch einen verhältnismäßig einfachen chemischen Vorgang hergestellt, indem ein an das Kohlenstoffatom gebundenes Hetero-

atom durch eine Aminoverbindung ersetzt wird (sog. reduktive Aminierung, s. *Geschwinde*, 2007, Rn. 2201). Die Bestellung von BMK bei Chemikalienhandlungen durch Privatpersonen kann daher den Verdacht der illegalen Amphetaminherstellung auslösen. Da der Handel mit BMK jedoch überwacht wird, rufen die Bestellung von Essigsäureanhydrid, Phenylessigsäure und Natriumacetat und die Bestellung von Essigsäureethylester, Benzylzyanid und Natriummethylat ebenfalls den Verdacht der Amphetaminherstellung hervor, weil diese Chemikalien die Herstellung von BMK ermöglichen.

VIII. Herstellung von Methamphetamin (Crystal speed)

Das seit 1986 dem BtMG unterstehende Methamphetamin (Crystal speed) lässt **41** sich schnell und einfach aus dem Grundstoff **Ephedrin** herstellen, der in zahlreichen Hustensäften und Asthmamitteln enthalten ist. In einem Heimlabor lässt sich aus Ephedrin oder dem synthetisch hergestellten **Pseudoephedrin** mit wenigen Chemikalien Methamphetamin zusammenkochen.

IX. Herstellung von MDMA, MDA und MDE

Die Herstellung von Ecstasy-Tabletten mit den Wirkstoffen MDMA, MDA oder **42** MDE kann ohne besondere chemische Spezialkenntnisse mit einfachem Laborgerät in Hobbyküchen erfolgen. Dabei besteht die Möglichkeit, die bekannten Ausgangsstoffe für die Herstellung von methylendioxy- und methoxy-substituierten Amphetaminen, nämlich **Piperonylmethylketon (PMK) oder Benzomethylketon (= Phenylaceton = BMK)** entweder aus den ätherischen Ölen der Sassafras-Staude (Safrol) bzw. der Vanilleschoten (Vanillin) oder aus dem voll synthetischen Benzaldehyden Piperonal und Safrol zu gewinnen.

X. Herstellung von Psilocybin

Das Sammeln von psilocybinhaltigen Pilzen (= Ernte) ist ebenso wie die Isolie- **43** rung bzw. Extrahierung des Wirkstoffes Psilocybin aus Rauschpilzen eine strafbare Herstellung von Betäubungsmitteln. Wer psilocybinhaltige Pilze züchtet, erntet, verarbeitet und an Personen liefert, die aus den Pilzen die verbotenen Wirkstoffe Psilocybin oder Psilocin gewinnen wollen oder die Rauschpilze konsumieren wollen, macht sich wegen Handeltreibens mit Betäubungsmitteln strafbar. Der Anbau, der Besitz und die Herstellung treten als Teilakte einer Bewertungseinheit hinter dem Handeltreiben zurück.

XI. Herstellung von Designerdrogen, die nicht dem BtMG unterliegen

Stellt der Täter Designerdrogen her, die wegen geringfügiger Abänderung der **44** Zusammensetzung nicht unter die Kataloge der Anlagen I bis III zum BtMG fallen, so können, wenn die Designerdroge den Arzneimittelbegriff des AMG erfüllt, die Straftatbestände der unerlaubten Herstellung und des unerlaubten Inverkehrbringens von Arzneimitteln in Betracht kommen (BGHt. 43, 336 = NStZ 1998, 258 = StV 1998, 136). In dem Fall der *StA Gießen* stellte ein Angeklagter **MBDB (Methyl-Benzo-Dioxol-Butanamin)**, das damals nicht dem BtMG unterlag, aus Piperonyl-Ethyl-Keton (PEK) und anderen Stoffen her. In einer Schutzschrift, die bei seiner Festnahme aufgefunden wurde, führte er aus, er verwende die Chemikalien ausschließlich für legale naturwissenschaftliche Forschungsarbeiten auf dem Gebiet der nicht unter das BtMG fallenden Designer-Drogen. Er beabsichtige die Entwicklung und Erprobung neuer Amphetamin-, Fentanyl-, Methadon-, Methaqualon-, Pethidin-, Phencyclidin-, Tropan- und Tryptaminderivate. Dabei sollten die **Molekülstrukturen so modifiziert** werden, dass die gewünschten pharmakologischen Eigenschaften dominieren und unerwünschte Eigenschaften reduziert oder beseitigt werden. Dies könne man als **Pharmaforschung** oder als **Drug-Design,** nicht aber als Herstellung von Betäubungsmitteln bezeichnen. Das *LG Gießen* sprach den Angeklagten deshalb vom

Vorwurf des Verstoßes gegen das BtMG frei, weil der in einem Schütteltrichter sichergestellte Rückstand von 1 g MBDB-Wirkstoff ein **nicht konsumfähiges Zwischenprodukt** darstelle, das nicht dem AMG unterliege. Der *BGH* hob das freisprechende Urteil auf, da es sich bei Designer-Drogen, die nicht dem BtMG unterliegen, um Arzneimittel i. S. d. AMG handele und weil das unerlaubte Herstellen bereits mit dem Anfertigen eines Vor- oder Zwischenproduktes vollendet sei (BGHSt. 43, 336 = NStZ 1998, 258 = StV 1998, 136; s. auch *Frankfurt* NJW 1996, 3090 = StV 1996, 488).

E. Subjektiver Tatbestand

45   Der subjektive Tatbestand kann in Vorsatz oder in Fahrlässigkeit bestehen.

I. Vorsatz

46   Der Täter muss nicht die exakte chemische Bezeichnung des Betäubungsmittels kennen und auch nicht wissen, ob die Betäubungsmittel zur Anl. I, II oder III des BtMG gehörten. Es muss ihm aber bewusst sein, dass er einen Suchtstoff hergestellt hat, dass die Herstellung erlaubnispflichtig ist und er eine solche Erlaubnis nicht oder nicht mehr besitzt. Wird ein Beschuldigter beim Umgang mit Grundstoffen in einem Labor angetroffen, so bleibt er straflos, wenn ihm nicht nachgewiesen werden kann, dass er verbotene Stoffe herstellen wollte und wenn kein Verstoß gegen das GÜG vorliegt.

II. Fahrlässigkeit

47   Auch die fahrlässige Herstellung ist nach § 29 Abs. 4 BtMG strafbar. Wussten zwei leitende Angestellte (ein kaufmännischer und ein chemisch-technischer Angestellter) eines Chemieunternehmens nicht, dass es sich bei MDMA um einen nicht verkehrsfähigen Stoff handelte und wirkten sie mit anderen Personen an der Produktionsentscheidung von Amphetaminstoffen mit, nahmen sie ihre Prüfungspflicht, ob der herzustellende Stoff gegen das BtMG verstieß, nur unzureichend wahr, indem sie Warnhinweise des *BKA* missachteten, sich nicht um den Text eines aktuellen BtMG bemühten und trotz Fehlens einer Rechtsabteilung keinen rechtskundigen Anwalt hinzuzogen, so wirkten sie fahrlässig an der Herstellung und Veräußerung von Betäubungsmitteln mit. Mangels irgendwelcher Vorteile durch den Auftrag handelten sie uneigennützig, so dass Handeltreiben entfiel (*BGH* StV 1992, 155).

III. Einlassungen

48   Behauptet ein beschuldigter Rechtsanwalt, der bei einer deutschen Pharmafirma MDMA herstellen ließ, um damit den Appetitzügler Novatrim zu produzieren, und weltweit zu verbreiten, er habe zwar gewusst, dass in den USA jeglicher Verkehr mit MDMA und in Guatemala die Herstellung von MDMA verboten sei, aber nicht gewusst, dass die Herstellung von MDMA in Deutschland verboten sei, so wird diese Einlassung durch die Feststellungen widerlegt, wonach der Beschuldigte an Stelle einer Spedition den Transport der Millionen Novatrim-Tabletten mit eigenem Fahrzeug selbst durchgeführt, die Etiketten an den Behältnissen entfernt, das beigefügte Untersuchungsergebnis vernichtet und die zurückgebliebenen Tablettenmuster eingesammelt hat (*Karlsruhe*, Beschl. v. 21. 6. 1989, 2 Ws 124/89).

IV. Irrtumsfälle

49   **1. Tatbestandsirrtum.** Glaubte der Inhaber eines Pharmaunternehmens aufgrund von falschen Stoffmustern und falschen Untersuchungsergebnissen, die ihm vorgelegt wurden, seine Mitarbeiter produzierten einen Grundstoff für die Arzneimittelproduktion, obwohl tatsächlich MDMA produziert wurde, so führt seine von der Wirklichkeit abweichende Vorstellung zu einem Tatbestandsirrtum (§ 16 StGB), der im Falle der Verletzung der Sorgfalt zu einer fahrlässigen Betäubungsmittelherstellung führt.

2. Verbotsirrtum. Kennt ein Betäubungsmittelhersteller die Wesensmerkmale **50** eines Stoffes wie MDMA, dass er auf das zentrale Nervensystem wirkt, Suchtpotential besitzt und in der Drogenszene gehandelt wird, so irrt er nicht über die tatsächlichen Elemente des Begriffes Betäubungsmittel, auch wenn er sich darauf beruft, nicht gewusst zu haben, dass MDMA dem deutschen BtMG unterliegt. Dies ist **kein Tatbestandsirrtum.** Ein Irrtum über das strafrechtliche Verbotensein eines Stoffes (Verbotsirrtum) ist dann unbeachtlich, wenn der Angeklagte zwar die konkreten Vorschriften nicht kannte, sich aber bewusst war, gegen Vorschriften des AMG, GÜG oder BtMG zu verstoßen. Geschäftsleute, die im Tonnenbereich mit einem zur Herstellung von Betäubungsmitteln geeigneten Stoff handeln, müssen sich über Rechtsänderungen informieren und dürfen sich nicht darauf verlassen, dass die Rechtsvorschriften sich erst nach Geschäftsabwicklung ändern werden. Eine infolge Unterlassung des Einblicks in aktuelle Fachliteratur oder Unterlassung von Nachforschungen bei Behörden oder einem Rechtsanwalt bestehender Verbotsirrtum ist vermeidbar und hindert eine Bestrafung nicht (*BGH* NStZ 1996, 236). Bei fehlendem Bewusstsein ist der **Verbotsirrtum zudem meist vermeidbar** durch eindeutige Klärung des Rechtsstatus. Ist der Angeklagte von Beruf Rechtsanwalt, so ist ihm diese Notwendigkeit der Klärung des Rechtsstatus auch geläufig. Ist der Angeklagte von Beruf Chemiker, so ist er ebenfalls damit vertraut, dass einzelne Stoffe der strafrechtlichen Überwachung unterstehen und andere nicht und er dies jeweils klären muss (*LG Offenburg*, Urt. v. 18. 12. 1990, 7 KLs 3/90). Hat ein deutscher Angeklagter im Ausland an der Herstellung von Betäubungsmitteln im staatlichen Auftrag oder auf staatlichen Befehl hin mitgewirkt, weil die dortigen Machthaber am illegalen Betäubungsmittelhandel mitverdienen, so bleibt die Auslandstat strafbar, wenn die Betäubungsmittelherstellung in diesem Land mit Strafe bedroht ist. Es ist aber u. U. ein Verbotsirrtum zu prüfen. Auch die irrtümliche Annahme, keiner Erlaubnis nach § 3 BtMG zu bedürfen oder von der Erlaubnispflicht nach § 4 BtMG befreit zu sein, führt zu einem Verbotsirrtum (§ 17 StGB; *BGH* NStZ 1996, 338 = StV 1996, 424; *BGH* NStZ 1993, 594).

F. Versuch

I. Abgrenzung straflose Vorbereitung/Versuch

Bei den verschiedenen Tatbegehungsweisen der Herstellung ist zur Feststellung **51** der Grenze vom Vorbereitungsstadium zum Versuchsstadium jeweils gesondert zu ermitteln, ob und wann eine Gefährdung des geschützten Rechtsgutes Volksgesundheit einsetzt. Da die Tatbegehungsweisen der Herstellung sich als Unternehmensdelikte darstellen, bleibt wenig Raum für Versuchshandlungen. Der Versuch ist dennoch gem. § 29 Abs. 2 BtMG strafbar.

1. Betäubungsmittelanbau als Vorbereitungshandlung. Der Anbau ist **52** zwar ein Vorstadium der Gewinnung, stellt aber noch keinen Beginn der Gewinnung dar. Auch die Beschaffung eines Opiummessers oder die Fahrt zum Opium- bzw. Cannabisfeld stellen straflose Vorbereitungshandlungen dar.

2. Betäubungsmittelernte als Gewinnung. Die versuchte Gewinnung be- **53** ginnt mit dem Trennungsvorgang bei der Ernte. Bei der Opiumernte ist dieser Zeitpunkt von erheblicher Bedeutung. Werden nämlich die Mohnkapseln zu früh eingeschnitten, so fließt der Saft zur Erde und die Ernte ist verloren. Beschneidet ein unerfahrener Opiumbauer die Mohnkapseln zu tief, so ergießt sich der Milchsaft nach innen und es kann nicht geerntet werden. In diesen Fällen verbleibt es bei der versuchten Gewinnung. Die Entnahme des Mohns aus den Schlafmohnpflanzen stellt keine Verarbeitung von Betäubungsmitteln dar, da der Mohn nicht der

Betäubungsmittelherstellung, sondern der Herstellung von Backwaren dient. Das Mähen und Ernten eines Cannabisfeldes kann eine Gewinnung darstellen. Die Ernte von Cannabisblättern und Cannabisfruchtständen, wie auch das Abschneiden und Einsammeln der Hanfblätter stellen Gewinne i. S. d. § 2 Abs. 1 Nr. 4 BtMG und damit eine Form der Herstellung dar (*Karlsruhe* NStZ-RR 2002, 85 = StV 2002, 431).

54   **3. Besitz, Einrichtung, Vermietung von Laboratorien, Laborgeräten, Fahrzeugen oder Verkauf einer Chemiefabrik.** Allein das polizeiliche Vorfinden eines Labors, besonderer Transportbehältnisse oder besonderer Fahrzeuge und chemischer Fachliteratur begründet noch keinen Herstellungstatverdacht. Denn es ist nicht selten, dass Chemiestudenten mit gefährlichen Chemikalien laborieren und mit hochexplosiven Stoffen experimentieren. Erst das Hinzutreten bestimmter Grundstoffe und bestimmter Herstellungsrezepte begründen einen illegalen Herstellungsverdacht, reicht aber vielfach zum Nachweis eines Herstellungsversuches nicht aus.

55   Die **Einrichtung eines Laboratoriums** mit Laborgeräten, der **Einkauf der für die Herstellung notwendigen Grundstoffe** und Gerätschaften stellen ebenso wie das Anbieten von Räumen oder der Auftrag an einen Chemiker Vorbereitungshandlungen dar (*Frankfurt*, Beschl. v. 13. 9. 1990, 1 Ws 183/90 – 1 Ws 140/90). Die Übergabe einer Produktionsbeschreibung von Methaqualon, der Ankauf von Grundstoffen und Gerätschaften zur Methaqualonherstellung, der Verkauf von Tablettenpressen, die Verschiffung von Chemikalien und Gerätschaften zu einem geplanten Labor nach Liberia/Afrika stellen noch Vorbereitungshandlungen zur Herstellung dar. Mit der Ausstattung eines chemischen Labors mit Gerätschaften und Rührkesseln und Grundstoffen beginnt der Herstellungsversuch noch nicht (*LG Köln*, Urt. v. 22. 11. 1990, 108 – 84/90; *LG Köln*, Urt. v. 11. 9. 1991, 113 – 23/91).

56   **4. Ankauf und Anlieferung von Grundstoffen.** Da die deutschen Chemiefirmen eine ganze Reihe chemischer Grundstoffe mit auch sehr breitem legalen Verwendungsspektrum wie Aceton, Diethylether, Natriumcarbonat, Schwefelsäure oder Essigsäureanhydrid herstellen, die keine Betäubungsmittel sind, aber die zur Herstellung von Betäubungsmitteln in den illegalen Rauschgiftlaboratorien benötigt werden, stellt sich insb. die Frage, ob der Verkauf, der Erwerb und der Transport dieser Grundstoffe zur Produktionsstätte mehr als Vorbereitungshandlungen, nämlich einen Beginn der Herstellung darstellen. Allein der Erwerb und Transport der Grundstoffe Essigsäureanhydrid (wird zur Heroinherstellung benötigt), Ergotaminatrat (wird zur LSD-Produktion benötigt), Aceton (= wird zur Kokainherstellung benötigt), Phenylaceton oder Benzylmethylketon (werden zur Amphetaminherstellung benötigt), Acetyl-Anthranilsäure (wird zur Methaqualonproduktion benötigt) oder Diethyl-Ether (wird zur Heroin- und Kokain-Herstellung benötigt) ist nicht als Herstellungsversuch, aber u. U. **nach dem GÜG strafbar.** Solange noch kein Labor aufgebaut ist, ist die Beschaffung der Grundstoffe für die Betäubungsmittelherstellung **bloße Vorbereitungshandlung.** Der Erwerber und der Transporteur der Grundstoffe kann deshalb nicht wegen einer Beteiligung an der Betäubungsmittelherstellung verfolgt werden.

57   **5. Arbeit mit den Grundstoffen.** Ist aber die **Anlieferung der Stoffe schon bis in die Nähe des Labors erfolgt** und der Aufbau eines Labors so weit gediehen, dass sofort nach Eingang der Stoffe mit dem ersten Produktionsprozess begonnen werden kann, so kann in der Anlieferung bereits ein Versuch vorliegen. Denn mit der Herstellung wird begonnen, wenn der Täter im Sinne von § 22 StGB **unmittelbar zur Tatausführung ansetzt,** also der Täter oder ein Mittäter Handlungen vornimmt, die nach dem Tatplan in ungestörtem Fortgang unmittelbar zur Tatbestandserfüllung der Herstellung führen sollen oder die in unmittelbaren räumlichen oder zeitlichen Zusammenhang mit ihr stehen. Sobald mit den Grundstoffen gearbeitet wird, liegt schon **versuchte Herstellung** vor (vgl. *Hoff-*

mann MDR 1983, 446). Unzweifelhaft geht die Vorbereitung in den Versuch über, wenn mit dem Arbeitsprozess begonnen wird, z. B. wenn elektrische Schalter, Zeitschaltuhren oder Heizstufenregler eingeschaltet, wenn Schläuche der Wasserversorgung der Kühlanlage angeschlossen, Ventile geöffnet werden, wenn Leitungen, Glaskolben oder sonstige Gefäße mit Flüssigkeiten, Gasen oder pulverisierten Stoffen gefüllt sind, wenn die Laboranlage brodelt, kocht oder dampft, Flüssigkeiten sich verfärben oder austreten. Kann durch die Synthese verschiedener Chemikalien kein Betäubungsmittel entstehen, so bleibt es bei dem Versuch und ein Rücktritt vom Versuch erscheint denkbar. Wird durch die Synthese verschiedener Stoffe eine Vorstufe eines Betäubungsmittels, ein Zwischenprodukt oder ein Betäubungsmittelendprodukt erarbeitet, so liegt bereits Vollendung vor.

6. Belieferung des Herstellers mit Streckmitteln, Grundstoffen oder Chemikalien. Die Belieferung eines Mitangeklagten mit den für die Herstellung von Betäubungsmitteln benötigten chemikalischen Grundsubstanzen begründet zunächst noch keinen Verstoß gegen das BtMG, sondern gegen GÜG. Führte die Grundstofflieferung zum Einsatz derselben und zur Herstellung von Betäubungsmitteln, so machen sich Grundstofflieferant und -produzent auch nach dem BtMG strafbar. Die Tatbeiträge der Beteiligten sind Teil einer Tat und nur das Zusammenwirken der verschiedenen Tatbeiträge führt zur Verwirklichung des Straftatbestandes des § 29 Abs. 1 S. 1 Nr. 1 BtMG. **58**

7. Aktivierung und Reaktivierung eines Labors. Auch die Reaktivierung eines stillgelegten Labors vermag den Herstellungsprozess in Gang zu setzen (*LG Köln*, Urt. v. 9. 10. 1990, 108 – 74/90). **59**

II. Vollendung/Beendigung

Der Herstellungsvorgang ist nicht erst bei Erreichen eines konsumfertigen Endprodukts **vollendet**. Die Herstellung ist ein Unternehmensdelikt. Deshalb ist die Tat bereits vollendet, wenn eine in § 2 Abs. 4 BtMG genannte Tätigkeit entwickelt wird. Zur Vollendung gehört kein Herstellungserfolg. Wird das Heroin beispielsweise durch übertriebenes Strecken verdorben, so liegt doch eine vollendete Herstellung in der Form des Zubereitens bzw. Verarbeitens vor. Mit der Aufnahme der Drogenherstellung in der Absicht, das Rauschgift anschließend zu verkaufen, ist der Tatbestand des Handeltreibens erfüllt und die Herstellung tritt zurück (*BGH* NStZ 1993, 391 = StV 1994, 22). **60**

Beendet ist die Herstellung, wenn der Täter den von ihm geplanten Produktionsprozess zu Ende geführt hat und keine weitere Veränderung des gewonnenen Zwischen- oder Endproduktes beabsichtigt. Es sind folgende Fälle zu unterscheiden: **61**

1. Anfertigung durch Synthese. Mit dem Mischen vorhandener Bestände von Anthranilsäure und Essigsäureanhydrid ist die Herstellung vollendet und konkrete Anstrengungen zum Absatz von Betäubungsmitteln i. S. v. Handeltreiben sind unternommen, bevor auch nur ein Betäubungsmittelgeschäft angebahnt worden ist (*LG Köln*, Urt. v. 22. 11. 1990, 108 – 84/90; *LG Köln*, Urt. v. 11. 9. 1991, 113 – 23/91). **62**

2. Testproduktion. Ein Angeklagter, der zur großindustriellen Herstellung von Methaqualon in Tonnenmengen umfangreiche Laborgerätschaften, Chemikalien und Verpackungsmaschinen nach Afrika verschifft, macht sich bereits vor Produktionsbeginn in Afrika wegen vollendeter Herstellung strafbar, wenn er in Deutschland mit den Gerätschaften in einer Art von Probelauf eine kleine Menge Methaqualon herstellt. **63**

3. Weiterverarbeitung und Erhaltung. Mit dem Abschaben des geronnenen Opiummilchsaftes bei der Ernte ist die Herstellung bereits vollendet, nach der Weiterverarbeitung zum Verkauf aber erst beendet. Hat der Angeklagte Cannabis- **64**

pflanzen abgeerntet, zerschnitten und portioniert und sodann die Portionen tiefgefroren, so ist die Herstellung beendet (*Karlsruhe* NStZ-RR 2002, 85 = StV
2002, 431).

65   **4. Rückgewinnung.** Nachdem die Umwandlung von Betäubungsmitteln in
einen anderen Aggregatzustand und das Imprägnieren von Textilien und Gegenständen mit verflüssigten Betäubungsmitteln zur Tarnung bei der Schmuggelreise
immer häufiger geschieht, ergibt sich am Ziel der Schmuggelreise die Notwendigkeit, aus diesen Kunststoff- oder Alkoholgemischen mit Hilfe von Chemikalien die
Betäubungsmittel zu **extrahieren** (mit **Aceton, Natron, Ammoniak, Salzsäure** usw.). Bisweilen reicht auch eine mechanische Zerstörung und Pulverisierung.
Für die **Rückgewinnung der Betäubungsmittel** werden zum Teil besondere
Rückgewinnungslaboratorien eingerichtet. Werden die Herstellung und die Rückgewinnung von derselben Person in einem zeitlichen Zusammenhang vorgenommen, so mag die Rückgewinnung zur Beendigung der Herstellung gehören. In der
Regel ist aber mit der Verarbeitung oder Gewinnung des Betäubungsmittelgemisches der Produktionsprozess zur Ruhe gekommen und beendet. Mit der späteren
Rückgewinnung beginnt zumeist ein neuer Herstellungsprozess.

G. Täterschaft/Teilnahme

66   Der Tatbestand der illegalen Betäubungsmittelherstellung setzt **nicht** voraus,
dass die **Betäubungsmittel dem Täter gehören.** Arbeitgeber wie Arbeitnehmer
des illegalen Produktionsprozesses können sich als Mittäter strafbar machen. Wird
der Produktionsprozess durch die Anlieferung von Grundstoffen durch Mitwirkung und Kontrolle beim Produktionsprozess, durch Verarbeitung und Verpackung
von Stoffen, durch Abtransport oder Lagerung von Stoffen gefördert, so ist nach
den **allgemeinen Abgrenzungskriterien Mittäterschaft und Beihilfe** zur
Herstellung zu prüfen.

67   **1. Vermittlung und Ausstattung von Laborräumen.** Wer, um Betäubungsmittel gewinnbringend zu verkaufen, im Rahmen eines größeren Perso-
nenkreises durch Überlassen von Räumen und Geld aktiv die Gewinnung von
Betäubungsmitteln fördert, z.B. durch **Vermittlung eines Hauses zum Labor-
aufbau,** durch **Weiterleitung von Geld zum Ankauf von Basisgrundstoffen,**
durch Mitwirkung beim **Einräumen des Labors,** oder durch **Überlassen von
Räumen** zur Betäubungsmittelherstellung, bereitet als Mittäter nicht nur Herstellung und Handel vor, sondern nimmt, selbst wenn es noch zu keinen konkreten
Absatzbemühungen gekommen ist, sowohl an der Herstellung als auch an dem
Handel teil. Denn er ermöglicht damit auch den Absatz der hergestellten Stoffe
und erlangt Betäubungsmittel zum Weiterverkauf (vgl. hierzu *BGH* StV 1982, 260;
BGH NStZ 1986, 557 = StV 1986, 527).

68   Allein die Kenntnis und Billigung eines Wohnungsinhabers von der Herstellung
und Lagerung der Betäubungsmittel in seiner Wohnung erfüllt die Voraussetzung
strafbarer Beihilfe jedoch nicht (*BGH* StV 2007, 81). Hier fehlt es an einer Förderung durch aktives Tun. Eine Strafbarkeit des Wohnungsinhabers durch **Unterlassen** kommt nur dann in Betracht, wenn die Wohnung unter Ausnutzung der besonderen Beschaffenheit als Mittel zu Tatbegehung eingesetzt wurde (vgl. dazu
§ 29/Teil 2, Rn. 27 ff.).

69   **2. Anlieferung von Grundstoffen.** Der **Grundstofflieferant** kann je nach
Tatinteresse und Tatherrschaft **Mittäter** des Betäubungsmittelhändlers bzw. Betäu-
bungsmittelherstellers **oder auch nur Teilnehmer** an dessen Tat sein. Arbeitsteilige Mittäterschaft beim Handeltreiben mit Betäubungsmitteln kommt nur dann in
Betracht, wenn auch festgestellt werden kann, dass der Grundstofflieferant mit
Täterwillen im Zusammenwirken mit den übrigen Beteiligten aufgrund eines gemeinsamen Tatplanes seinen Tatbeitrag durch die Beschaffung der Grundstoffe erbrachte (BGHSt. 47, 134 = NStZ 2002, 210 = StV 2002, 256; BGHR BtMG § 29

Abs. 1 Nr. 1 Handeltreiben Nr. 37 [3 StR 145/93] und Nr. 39 [2 StR 331/93]).
Eine **untergeordnete Tätigkeit** deutet schon objektiv darauf hin, dass ein Beteiligter **nur Gehilfe** war. Liefert ein Angeklagter einem Mitangeklagten für die Herstellung von MDA und MDMA geeignete Chemikalien, 13.000 Gelatine-Kapseln und ein Kapselfüllgerät nebst Zubehör, so ist zu prüfen, ob der Angeklagte als Gehilfe fremdes Tun bloß fördert oder sich als gleichberechtigter Partner und Mittäter an der unerlaubten Herstellung bzw. an dem unerlaubten Handeltreiben beteiligt. War der Angeklagte lediglich mit der Anlieferung von Chemikalien und Gerätschaften befasst, ohne an der Herstellung oder der geplanten Veräußerung mitzuwirken und ohne Tatherrschaft über das weitere Tatgeschehen auszuüben, so liegt die Gehilfenschaft näher (vgl. *BGH* NStZ 1993, 584; zur Beihilfe durch **Streckmittel-Transporte** s. auch *BGH* NStZ 1993, 444; *BGH* NStZ 1994, 501).
Zur Begründung von Mittäterschaft beim Handeltreiben reicht es nicht aus, dass ein Angeklagter als Lieferant von Essigsäureanhydrid tätig wird und bei der Vorbereitung der Transportfahrten in die Türkei mitwirkt, auch wenn er weiß, dass mit den Grundstoffen Heroin hergestellt werden soll. Denn er ist damit weder in die Heroinherstellung noch in den Heroinabsatz eingebunden und hat auch nicht das notwendige enge Verhältnis zum Heroin-Umsatzgeschäft. Eine Gehilfenschaft liegt deshalb nahe (*BGH* StV 2005, 666).
Betreibt eine internationale kriminelle Vereinigung fortgesetzt und gewerbsmä- **70** ßig die Herstellung von Lysergsäurediäthylamid (LSD) und sind einzelne Bandenmitglieder damit beauftragt, für die bislang in der Bundesrepublik nach dem BtMG straflose Beschaffung der Grundsubstanz **Ergotamintatrat** und den Schmuggel des Stoffes in die USA Sorge zu tragen, so bereiten sie die Herstellung i. S. d. einer versuchten Herstellung nach § 29 Abs. 1 S. 1 Nr. 1 BtMG nicht nur vor, sondern sie nehmen als Mittäter an der späteren vollendeten Herstellung und dem vollendeten Handeltreiben teil, weil ihre Taten Teilakte der einheitlichen organisierten Willensbildung und Tatausführung sind (*Frankfurt*, Beschl. v. 24. 11. 1977, 4 HEs 252/77). Erschöpft sich der Tatbeitrag eines Angeklagten aber in der Lieferung von Chemikalien und Gegenständen, ohne an dem Herstellungsprozess und an dem späteren Absatz der Betäubungsmittel beteiligt zu sein, so ist er nur als Gehilfe zur Rechenschaft zu ziehen.

3. Mitwirkung am Herstellungsprozess. Wurden von einem Angeklagten **71** zwei Grundstoffe bestellt und das Labor besichtigt, von dem anderen Angeklagten aber zusammen mit einem Chemiker das gesamte Labor eingerichtet und die chemischen Versuche unternommen, so kann trotz der Zusammenarbeit, der beidseitigen Absicht, Amphetamin herzustellen und dem wirtschaftlichen Interesse beider Angeklagter Mittäterschaft nur angenommen werden, wenn im Urteil festgestellt wird, in welchem Umfang, in welcher Weise und unter welchen Voraussetzungen jeder der beiden an der Erlösen der Amphetaminherstellung hätte beteiligt werden sollen. Bei den geringen Tatbeiträgen des ersten Angeklagten liegt nämlich eine Beihilfe und Nichtbeteiligung am Erlös nahe (BGHR BtMG § 29 Abs. 1 Nr. 1 Handeltreiben 21 [1 StR 103/90]). Rührt ein Angeklagter gegen Tageshonorar in einem Labor für mehrere Personen, die eine nicht geringe Menge von Methaqualon herstellen wollten, in einem Bottich einen Methaqualonbrei, so hat er kein eigenes Herstellungs- und Absatzinteresse, sondern sein Gehilfenvorsatz ist nur auf die Förderung des Handeltreibens durch Dritte gerichtet (*LG Köln*, Urt. v. 6. 11. 1990, 108 – 84/90).

4. An- und Verkauf eines illegal produzierenden Betäubungsmittella- 72 bors. Mit dem Verkauf eines illegal produzierenden Betäubungsmittellabors oder einer illegal Betäubungsmittel produzierenden Chemiefabrik treibt der Verkäufer regelmäßig Handel mit Betäubungsmitteln, fördert aber nicht mehr die Herstellung. Mit dem Kauf und der Übernahme eines illegal produzierenden Labors oder einer Chemiefabrik kann nicht nur eine gemeinschaftliche Herstellung, sondern auch eine Mittäterschaft beim Handeltreiben verbunden sein.

H. Rechtsfolgen

I. Herstellung geringer Mengen

73 Bei der Herstellung von geringen Mengen von Betäubungsmitteln lediglich zum Eigenverbrauch kann ein Absehen von Strafverfolgung gem. § 31a Abs. 1 BtMG oder ein Absehen von Strafe gem. § 29 Abs. 5 BtMG zwar grundsätzlich in Betracht kommen, wird aber in der Praxis selten sein.

II. Besonders schwere Fälle

74 **1. Unerlaubte gewerbsmäßige Herstellung.** Die **gewerbsmäßige Herstellung** ist gem. § 29 Abs. 3 S. 2 Nr. 1 BtMG als besonders schwerer Fall strafbar. Voraussetzung ist hier, dass der Angeklagte durch wiederholte Herstellungsvorgänge einen erheblichen Teil seines Lebensunterhaltes bestreiten wollte oder bestritt.

75 **2. Gesundheitsgefährdende Herstellung.** Die gesundheitsgefährdende Herstellung ist als besonders schwerer Fall des § 29 Abs. 3 S. 2 Nr. 2 BtMG ausgestaltet. Nach der amtlichen Begründung zum früheren § 11 Abs. 4 S. 1 BtMG von 1972 soll dann ein besonders schwerer Fall in der Form der **Gefährdung der Gesundheit mehrerer Menschen** vorliegen, „wenn erhebliche Mengen von Betäubungsmittel in geheimen Laboratorien mit der Absicht hergestellt werden, diese illegal abzusetzen" (BT-Drs. VI/1877, S. 9). Die Auslegung des an die Stelle des § 11 Abs. 4 S. 1 BtMG von 1972 getretenen Vorschrift des § 29 Abs. 3 S. 2 Nr. 2 BtMG nach Wortlaut und Sinnzusammenhang ergibt jedoch, dass es sich bei dieser Vorschrift entgegen der vorgenannten Gesetzgeberabsicht nicht um ein abstraktes, sondern um ein **konkretes Gefährdungsdelikt** handelt (*Weber* § 29 Rn. 1722; *Hügel/Junge/Lander/Winkler* § 29 Rn. 28.2). Beachtet der Hersteller die geringsten **Schutzmaßnahmen** nicht und bewirkt bei seinen Mitarbeitern dadurch eine Heroinsucht, so kann § 29 Abs. 3 S. 2 Nr. 2 BtMG vorliegen.

76 **3. Ungeschriebener besonders schwerer Fall.** Ein ungeschriebener besonders schwerer Fall i. S. v. § 29 Abs. 3 S. 1 BtMG kann bejaht werden, wenn der Täter bei der Herstellung der Betäubungsmittel ohne Sachkenntnis und ohne geeignete Einrichtungen **besonders leichtfertig** gehandelt hat. Da bei der illegalen Herstellung von Betäubungsmitteln geringfügige Fehler in den meist nur notdürftig ausgestatteten Laboratorien tödliche Wirkungen hervorrufen können, kann in der **Beimengung zu großer Strychninmengen** beispielsweise ein ungeschriebener besonders schwerer Fall liegen. Hat ein Kokainhersteller bei der Produktion tonnenweise Kerosin, Schwefelsäure, Ätzkalk und Aceton verarbeitet und mit den Rückständen der Chemikalien bei der Kokainherstellung eine Brand- oder Explosionsgefahr hervorgerufen, Böden und Gewässer verseucht, Pflanzen und Fische vernichtet, Hausbewohner oder Produktionsarbeiter durch Einatmen giftiger Gase und Dämpfe erheblich in ihrer Gesundheit geschädigt, so verdient er erhöhte Strafe.

III. Verbrechen

77 **1. Herstellung nicht geringer Mengen.** Die Herstellung von nicht geringen Mengen von Betäubungsmitteln ist nach § 29a Abs. 1 Nr. 2 BtMG als Verbrechen mit einer Mindeststrafe von 1 Jahr Freiheitsstrafe bedroht. Da der Hersteller in der Regel aber diese hergestellten nicht geringen Mengen verkauft, zumindest zum Verkauf besitzt (= Handeltreiben), tritt diese Verbrechensalternative hinter dem Handeltreiben mit nicht geringen Mengen zurück.

78 **2. Minder schwere Fälle nach § 29a Abs. 2 BtMG.** Wurden aber nicht geringe Mengen Betäubungsmittel lediglich zum Eigenverbrauch hergestellt, so ist an einen minder schweren Fall zu denken (vgl. *BGH* NStZ 1990, 285). Auch wenn der Grenzbereich der nicht geringen Menge nur unwesentlich überschritten wurde, kommt ein minder schwerer Fall nach § 29a Abs. 2 BtMG in Betracht.

3. Bandenmäßige Herstellung oder industrielle Fertigung auf interna- 79
tionaler Ebene. Die bandenmäßige Herstellung ist **gem. § 30 Abs. 1 Nr. 1**
BtMG als Verbrechen strafbar mit einer Mindeststrafe von 2 Jahren Freiheitsstrafe.
Die bandenmäßige Herstellung nicht geringer Mengen von Betäubungsmitteln ist
nach **§ 30 a BtMG als Verbrechen mit einer Mindeststrafe von 5 Jahren**
ausgestaltet worden.

4. Bewaffnete Herstellung nicht geringer Mengen. Wird der **Herstel-** 80
lungsprozess von bewaffneten Tätern, die die Produkte in großen Mengen
gewinnbringend verkaufen wollen, ausgeführt, so liegt ein Verbrechen nach § 30 a
Abs. 2 Nr. 2 BtMG wegen Handeltreibens mit nicht geringen Mengen von Betäubungsmitteln unter Mitführung von Schusswaffen mit einer Mindeststrafandrohung
von 5 Jahren Freiheitsstrafe vor.

IV. Strafmilderungserwägungen

Zu den Strafmilderungserwägungen im Allgemeinen s. Vorbem. §§ 29 ff.
Rn. 124 ff.

1. Geständnis. Verkürzt ein Angeklagter durch ein umfassendes Geständnis 81
entweder den Umfang der Ermittlungen oder die Dauer der Beweisaufnahme in
der Hauptverhandlung, so ist dies strafmildernd zu werten.

2. Aufklärungshilfe. Erfüllte ein Angeklagter die Voraussetzungen des § 31 82
BtMG, indem er mit seinen Angaben ganz oder teilweise
– zur **Aufklärung des ungeklärten Herstellungsprozesses,**
– zum **Auffinden der nicht vorgefundenen Betäubungsmittel** und Grundstoffe,
– zur **Entdeckung des unbekannten Laboratoriums oder Drogenbunkers**
oder
– zur **Überführung von Drahtziehern, Auftraggebern und Bandenmitglie-**
dern beiträgt, so kann dies zu einer Strafrahmenverschiebung, aber auch zu einer Strafmilderung im engeren Sinne führen (vgl. § 31 Rn. 68 ff.).

3. Schadenswiedergutmachung. Das *LG Gießen* bewertete es als erheblich 83
strafmildernd, dass ein Angeklagter von seinem Gesamterlös von 100.000 DM
freiwillig 27.500 DM zurückgab und die Polizei zu verborgenen Erdbunkern mit
600 kg Chemikalien für die Amphetaminproduktion führte (*LG Gießen*, Urt. v.
1. 11. 1991, 3 Js 171431/90 – 7 KLs).

4. Umfang der Herstellung. Ein funktionstüchtiges Kleinlabor ist zunächst 84
kein Strafmilderungsgrund, sondern der Normalfall. Betreibt der Angeklagte die
Betäubungsmittelherstellung ohne Laboratorium in kleinem Umfang zu Hause
zum Eigenkonsum, so kann dies strafmildernd wirken. Entgegen dem *LG Frankfurt
am Main* (Urt. v. 13. 2. 1991, 5/15 KLs 89 Js 27988/88) vermögen sich auch die
Umstände, dass die Grundstoffe sowie die Gerätschaften im Handel frei erhältlich
und dass die Herstellungsanleitung im Buchhandel zu beziehen sind, nicht strafmildernd auszuwirken, da sie den Regelfall beschreiben.

5. Schlechte Erträge der Produktion. Erzielt der Angeklagte aufgrund feh- 85
lender chemischer Fachkenntnisse, unzureichendem Ausbildungsstand oder unzureichendem Laboratorium nur seinen Bemühungen nur ungenießbare Zwischenprodukte oder sind die Zubereitungen bei der Herstellung misslungen oder
verdorben, so kann dies strafmildernd gewertet werden.

6. Sicherstellung, Verlust und Vernichtung von Drogenvorräten. Soweit 86
durch Ermittlungsmaßnahmen oder unzuverlässige Mitarbeiter bei dem Drogenschmuggel und bei dem Verkauf hergestellter Drogen Mengen verloren gehen,
vernichtet werden oder sonst wie nicht den Verbraucher erreichen, wirkt sich dies
strafmildernd aus (*LG Offenburg*, Urt. v. 18. 12. 1990, 7 KLs 3/90).

7. Jugendverfehlungen. Haben Jugendliche oder Studenten aus Begeisterung 87
für die Chemie Stoffe und Zubereitungen hergestellt, deren Verbreitung nach dem

BtMG verboten ist, so kann das Strafmaß gesenkt werden. Das *AG Gelnhausen* (Urt. v. 28. 3. 1994, 4 JsR 6 Js 13371/93 jug.) verurteilte 5 Heranwachsende, Teilnehmer eines Chemieleistungskurses einer Abiturklasse, die nach Versuchen mit Sprengstoff in Apotheken sich Phenylaceton (Benzylmethylketon) beschafft hatten und insgesamt 118 g Amphetamin in einem Kellerlabor hergestellt und zum Teil konsumiert hatten, wegen gemeinschaftlicher Herstellung von Betäubungsmitteln in nicht geringen Mengen zu 100 bzw. 150 Stunden gemeinnütziger Arbeit.

88 **8. Besondere Strafempfindlichkeit eines Ausländers.** Strafmildernd wirkt sich zugunsten eines Angeklagten aus, wenn er sich in Deutschland als Ausländer ohne familiäre Kontakte in Haft befindet. Eine weitere besondere Härte stellt es dar, wenn er nach einem „Plea Bargain Agreement" mit der zuständigen amerikanischen Staatsanwaltschaft mit einer **erneuten erheblichen Strafverfolgung in den USA rechnen muss** und eine Anrechnung der in Deutschland verbüßten Haft nicht gewährleistet ist. Die Erwartung einer **zulässigen Mehrfachbestrafung** kann erheblich strafmildernd wirken, weil sie für den Verurteilten die ihn belastenden Straftatfolgen erhöht. Besonders hart erweist sich, wenn das in den USA zu erwartende Strafmaß über der nach deutschem Recht zulässigen Höchststrafe liegt (*BGH* StV 1992, 155).

89 **9. Einfluss verdeckter Ermittler und V-Leute.** Das *BVerfG* hat den Einsatz polizeilicher Lockspitzel zur Aushebung eines mit der unerlaubten Herstellung von Betäubungsmitteln befassten Labors ausdrücklich gebilligt (*BVerfG* NStZ 1987, 276). Wurde eine ursprünglich **nicht tatbereite Person** durch Lieferung von Grundstoffen und Laborgerätschaften eines Agent provocateur zur Herstellung gedrängt und dadurch im Dienste des Verbrechensbekämpfung in Unrecht und Schuld verstrickt, so kann sich nach dem Ergebnis einer Gesamtwürdigung aller maßgeblichen Umstände ein schon bei der Strafrahmenwahl zu berücksichtigender Strafmilderungsgrund ergeben, wenn die Strafverfolgungsbehörden bei der Herstellung quasi Regie führten (vgl. *BGH* NStZ 1986, 102 = StV 1986, 100; *BGH* StV 1988, 296; *BGH* NStZ 1988, 550; *BGH* NStZ 1992, 275). Stand am Anfang der Unternehmung aber der Entschluss des Angeklagten und seines Mittäters zum Aufbau des Labors sowie zur Herstellung der Drogen und ihrer Vermarktung, verfolgte der Angeklagte dieses Ziel mit großer Energie, unter Einsatz eines eigenen Labors, eigener Syntheseanleitung, eigener Tätigkeit und Geldmittel sowie durch eigene erfolgreiche, teils erfolglose Einwirkung auf ursprünglich nicht tatbereite Apotheker und Chemiker, so stellt die Lieferung von Grundstoffen und Gerätschaften durch einen verdeckten Ermittler keinen Strafmilderungsgrund dar (*BGH* NStZ 1993, 584).

90 **10. Herstellung „weicher", weniger gefährlicher Drogen.** Die Herstellung „weicher" Drogen kann sich wegen der geringeren Gefährlichkeit der Drogen erheblich strafmildernd auswirken.

V. Strafschärfende Erwägungen

Zu den Strafschärfungsgründen im Allgemeinen s. Vorbem. §§ 29 ff. Rn. 211 ff.

91 **1. Herstellung trotz Vorstrafen oder früherer Verfahren.** Wurde ein Angeklagter bereits früher unter dem Verdacht der Betäubungsmittelherstellung festgenommen und inhaftiert, weil in seinem Labor umfangreiche Grundstoffe vorgefunden wurden, später jedoch mangels ausreichenden Nachweises einer Herstellung entlassen und nahm er nach der Haftentlassung die Produktion von Amphetamin wieder auf, so kann bei der Strafzumessung die Missachtung der Warnfunktion durch die Festnahme in der früheren Sache sich straferhöhend auswirken (vgl. *BGH* NStZ 1982, 326). Hat ein Angeklagter kurz vor seiner Festnahme 2 kg Amphetamin, die er in seinem Labor hergestellt hatte, vergraben und setzt er nach seiner Haftentlassung die Herstellungsbemühungen fort, so ist dies strafschärfend zu werten (*LG Gießen*, Urt. v. 1. 11. 1991, 5 Js 171431/90 – 7 KLs).

92 Hat ein wegen bandenmäßiger Herstellung von MDMA und MDA-Tabletten in einem Labor in den Niederlanden zu 5 Jahren Freiheitsstrafe verurteilter Nieder-

länder kurze Zeit nach der Haftentlassung mit Gefängnisbekannten profimäßig erneut in Deutschland ein MDMA-Labor mit großem Aufwand eingerichtet und betrieben und wenige Monate nach Entdeckung dieses Labors erneut mit seinen Komplizen ein profi- und bandenmäßig betriebenes Großlabor in einem Bunker eingerichtet, so wirken diese **Rückfallgeschwindigkeit, Uneinsichtigkeit** und **verfestigte kriminelle Einstellung** erheblich strafschärfend (*LG Frankfurt/Oder,* Urt. v. 25. 9. 2002, 22 KLs 13/02–220 Js 28398/01).

2. Zweck und Motiv der Herstellung. Auch bei der Herstellung ist der 93 Zweck im Rahmen der Strafzumessung beachtlich, ob der Täter aus biologischer, chemischer Liebhaberei, zur Befriedigung seiner Sucht oder zum Gelderwerb die Betäubungsmittelherstellung betrieben hat. Stellt der Täter Betäubungsmittel oder eine besonders gefährliche Betäubungsmittelzubereitung her, um bestimmte Konsumenten von sich abhängig zu machen oder um die von ihm verachteten Drogenabhängigen umzubringen, so wirkt sich dieses Motiv straferhöhend aus.

3. Ungewöhnliches Gewinnstreben. Erfolgt die Betäubungsmittelherstellung 94 zur Gewinnerzielung, so tritt im Rahmen der Bewertungseinheit die Herstellung hinter dem Handeltreiben zurück; bei dem Eigennutz und Gewinnstreben bereits zum Tatbestand gehören. Hat ein Angeklagter aber, indem er für eine Tablette, die er für wenige Pfennige produzierte, einen Verkaufspreis von 14 DM pro Tablette verlangt, ein **exorbitantes Gewinnstreben** bewiesen und mit der illegalen Herstellung von MDMA und der Verteilung der Drogen bei seinem USA-Geschäft rund 1,8 Mio. US-Dollar, bei seinem Europageschäft rund 2 Mio. US-Dollar erlöst und war er deshalb in der Lage, den ihn beratenden Chemiker zweimal je 1 Mio. US-Dollar zuzusagen, so wirkt sich dieses exorbitante Gewinnstreben straferhöhend aus (*LG Offenburg,* Urt. v. 18. 12. 1990, 7 KLs 3/90).

4. Täuschung der Chemikalienlieferanten. Erlangt der Angeklagte die 95 Grundstoffe für die Herstellung durch Täuschung der Chemiefirmen mit gefälschten Ausweisen, Briefbögen, Scheinfirmen oder fingierten Produktionsbeschreibungen oder erreicht er Ausnahmegenehmigungen der Behörden durch gefälschte oder inhaltlich unwahre Urkunden, so kann dies als Ausdruck besonderer krimineller Intensität strafschärfend wirken.

5. Dauer des Herstellungsprozesses. Hat ein Angeklagter die illegale Dro- 96 genherstellung und den illegalen Drogenvertrieb zu seinem Beruf gemacht und von 1986–1989 fast täglich gegen das amerikanische und deutsche BtMG verstoßen, so wirkt sich dies straferschwerend aus (*LG Offenburg,* Urt. v. 18. 12. 1990, 7KLs 3/90; vgl. *BGH* NStZ 1993, 585). Hat ein illegaler Produktionsprozess **über mehrere Jahre** stattgefunden, so ist diese Verfehlung besonders gewichtig (*LG Frankfurt/Oder,* Urt. v. 25. 9. 2002, 22 KLs 13/02 – 220 Js 28398/01).

6. Qualität und Gefährlichkeit der Produkte. Weisen die hergestellten Be- 97 täubungsmittel einen hohen Wirkstoffgehalt oder gefährliche Beimengungen und damit eine erhöhte Gefährlichkeit auf, so wirkt dies strafschärfend.

7. Vielfalt der hergestellten Stoffe. Haben die Angeklagten nicht nur Ge- 98 schäftsräume und eine Garage mit einer umfangreichen Laboreinrichtung versehen, sondern mit den beschafften Grundstoffen eine Vielfalt an Betäubungsmitteln, wie Methylendioxyamphetamin (MDA), Dimethoxyamphetamin (DMA), Dimethoxy-Brom-Amphetamin (DOB), hergestellt und mit Rohopium, Heroin und LSD experimentiert, so kann dies strafschärfend gewertet werden (*AG Dieburg,* Urt. v. 23. 3. 1993, 18 Js 25234.2/91).

8. Umfang des Produktionsprozesses. Haben die Angeklagten in einem 99 Ecstasy-Labor mindestens 184 kg MDMA-Base, was sich in 1.800.000 Ecstasy-Tabletten pressen ließ und in einem zweiten Großlabor mindestens 243 kg MDMA-Base, was ausreichte, um 2.400.000 Ecstasy-Tabletten zu pressen, so bewegt sich die Strafzumessung wegen der gewaltigen Betäubungsmittelmengen im oberen Strafrahmenbereich (*LG Frankfurt/Oder*, Urt. v. 25. 9. 2002, 22 KLs 13/02).

100   **9. Art des Herstellungsvorganges.** Den verschiedenen Tatbegehungsweisen, die vom Herstellungstatbestand umfasst werden, kommt unterschiedliches Gewicht zu. Sofern die einzelnen Akte unabhängig vom gesamten Herstellungsprozess beurteilt werden können, können sich das Anfertigen, das Zubereiten und Verarbeiten im Einzelfall als gefährlicher und tatintensiver erweisen als die Reinigung von Betäubungsmitteln. Diesen Unterschieden kann im Rahmen der Strafzumessung Rechnung getragen werden. Haben die illegalen Produzenten von Ecstasy-Tabletten den Betrieb ihres Drogenlabors so perfektioniert, dass die Laboranlagen Produktionszyklen in dichter Folge und damit einen hohen Ausstoß hochprozentiger Ware gewährleisten konnten, so wirken sich diese hohe Professionalität und kriminelle Intensität nachteilig im Rahmen der Strafzumessung aus (*LG Frankfurt/ Oder*, Urt. v. 25. 9. 2002, 22 KLs 13/02).

101   **10. Art der Herstellungsstätte.** Die kriminelle Intensität wird ferner daran deutlich, ob der Täter eine kleine, mittelgroße, große Produktionsstätte mit wenig, einigen, umfangreichen chemischen Grundstoffen aufgebaut hat und damit in der Lage war, kleine oder große Mengen, harmlose oder gefährliche Betäubungsmittel zu produzieren. So macht es schon einen Unterschied, ob es sich um ein einfaches mobiles Labor, das aus mehreren Säcken mit Chemikalien und Plastikschüsseln besteht, um ein Badezimmerlabor oder um ein voll eingerichtetes Chemielabor im Keller einer Millionärsvilla, einer Chemiefirma oder um ein als Labor umgebautes Frachtschiff handelt. Haben die Hersteller mit großem zeitlichen, finanziellen und personellen Aufwand ein abgelegenes Grundstück ausgesucht, erworben, mit modernster Labortechnik für eine industrielle Großproduktionsanlage ausgestattet und Produktions- und Vertriebsprozesse besonders abgeschirmt, so wirken sich diese Professionalität und kriminelle Intensität strafschärfend aus (*LG Frankfurt/Oder*, Urt. v. 25. 9. 2002, 22 KLs 13/02).

102   **11. Zusammentreffen mehrerer Tatbegehungsweisen.** Die Verbindung der im Rahmen ein und desselben Güterumsatzes aufeinander folgenden unterschiedlichen Teilakte wie die Herstellung, Reinigung, Verpackung und Auslieferung zu einer Tat i. S. einer Bewertungseinheit des Handeltreibens (BGHSt. 30, 28 = NJW 1981, 1325) verbietet es nicht, den besonderen Schuldgehalt der einzelnen Teilakte bei der Strafzumessung zu bewerten und zu berücksichtigen (BGHR BtMG § 29 Strafzumessung 3 [2 StR 571/88]).

I. Konkurrenzen
I. Mehrere Tathandlungen innerhalb eines Herstellungsprozesses

103   Muss der Täter zur Herstellung eines Betäubungsmittels innerhalb der erforderlichen Herstellungsprozesses mehrere Tathandlungen vornehmen, liegt nur eine Tat der Herstellung vor, z. B. beim **Gewinnen** von Marihuana durch Abschneiden der Blätter und Blüten und dem anschließenden **Be- oder Verarbeiten**.
104   Die Ernte von Cannabisblüten und -fruchtständen stellt ebenso wie das Abschneiden von Hanfblättern oder das Abschaben von Cannabisharz ein **Gewinnen** i. S. v. § 2 Abs. 1 Nr. 4 BtMG und damit eine Alternative der Betäubungsmittelherstellung dar, die aber keine Konkurrenz begründet (*Karlsruhe* NStZ-RR 2002, 85 = StV 2002, 431).

II. Herstellen und Anbau

105   Werden Hanfpflanzen angebaut, und später die Kopfblätter geerntet und damit Betäubungsmittel gewonnen, so tritt der Anbau nicht hinter der Herstellung zurück, sondern steht mit der Herstellung in **Tatmehrheit**. Der Anbau wird nämlich nicht von der Herstellung mit umfasst, sondern stellt eine Vorstufe zu dem späteren Vorgang der Herstellung dar. **Herstellen und Anbauen** von Cannabis treffen daher **tatmehrheitlich** zusammen (BayObLGSt. 2001, 166 = NStZ-RR 2002, 181; *BayObLG* NStZ-RR [*Kotz/Rahlf*] 2003, 161; *Schleswig* SchlHA. 2005, 337; *Weber* § 29 Rn. 106).

III. Herstellen und Handeltreiben

1. Bei reiner Gewinnerzielungsabsicht. Die im Rahmen ein und desselben   **106** Güterumsatzes aufeinander folgenden unselbständigen unterschiedlichen Teilakte wie die Herstellung, Verpackung, Veräußerung und Auslieferung werden zu einer Tat des Handeltreibens i. S. einer **Bewertungseinheit** verbunden, ohne dass sich die Frage der Tateinheit, Tatmehrheit oder Gesetzeskonkurrenz stellt (BGHSt. 25, 290; BGHSt. 30, 28 = NJW 1981, 1325; *BGH* NStZ 2006, 578). Die unerlaubte bandenmäßige Herstellung von Betäubungsmitteln in nicht geringer Menge tritt als Teilakt hinter dem unerlaubten bandenmäßigen Handeltreiben mit Betäubungsmitteln in nicht geringer Menge im Rahmen einer Bewertungseinheit des § 30 a Abs. 1 BtMG zurück. Der Teilakt der Reinigung von Betäubungsmittelgemischen im Rahmen der Herstellung tritt als Vorstufe des Handeltreibens hinter dem Handelstreiben zurück, sofern die hergestellten Stoffe bzw. Zubereitungen verkauft werden sollen (*BGH* NStZ 1993, 391 = StV 1994, 22). Beschlossen zwar Angeklagte, in den Niederlanden arbeitsteilig ein versteckt arbeitendes Chemielabor einzurichten, darin die Amphetamin-Derivate MDA und MDMA in Pulver- und Tablettenform herzustellen und diese über eine Gruppe von Großabnehmern gewerbsmäßig zu vermarkten, sprach der eine Angeklagte nach Vorfinanzierung mit 15.000 DM und nach Beschaffung von verschiedenen Laborgeräten einen Apotheker mit dem Auftrag an, für die Herstellung von 100 kg MDA die Grundstoffe zu bestellen und zu beschaffen, so treten diese Bemühungen als Teilakte hinter dem Handeltreiben zurück (*BGH* NStZ 1993, 584).

2. Bei Gewinnerzielungs- und Eigenkonsumsabsicht. Hat der Angeklagte   **107** einen Teil der Betäubungsmittel zum Eigenkonsum und einen anderen Teil zum Verkauf hergestellt, so stehen Handeltreiben und Herstellung in **Tateinheit.**

IV. Herstellen und Besitz

Der **Auffangtatbestand des Besitzes** tritt hinter den Tatbeständen des Anbaus   **108** und der Herstellung zurück (*BGH* NStZ 1990, 285; *Düsseldorf* NStZ 1985, 30). Der Besitz nicht geringer Mengen tritt ebenfalls hinter dem Verbrechenstatbestand der Herstellung nicht geringer Mengen zurück (*Karlsruhe* NStZ-RR 2002, 85 = StV 2002, 431).

Teil 4. Unerlaubtes Handeltreiben mit Betäubungsmitteln (§ 29 Abs. 1 S. 1 Nr. 1 BtMG)

Übersicht

Patzak   371

Patzak   375

A. Zweck der Vorschrift

I. Rechtsgut

Aufgrund Art. 36 Abs. 1 lit. a des Einheits-Übereinkommens (Single Conven- **1** tion 1961), Art. 5, Art. 7 b und Art. 22 Abs. 1 lit. a Suchtstoffübereinkommen von 1971 sowie Art. 3 Abs. 1 lit. a i) und iii) Suchtstoffübereinkommen von 1988 musste der deutsche Gesetzgeber das unerlaubte Handeltreiben mit Betäubungsmitteln in vielfältiger Weise mit Strafe bedrohen. Zur Begründung der Pönalisierung der Tatbegehungsweise Handeltreiben mit Betäubungsmitteln werden folgende geschützte Rechtsgüter genannt: **Schutz der individuellen Gesundheit, Schutz der allgemeinen Gesundheit** bzw. der **Volksgesundheit, Jugendschutz, Familienschutz, Schutz der ärztlichen Versorgung der Bevölkerung, Schutz vor organisierter Kriminalität, Schutz des Vermögens, Schutz der Solidargemeinschaft, und Schutz des Wirtschafts- und Finanzsystems.**

Sowohl der **Gesetzgeber** (BT-Drs. IV/1386, 6; BT-Drs. VI/1877, 5; BR- **2** Drs. 665/70; BR-Drs. 546/79, 37; BT-Drs. 8/3551, BT-Drs. 8/4267; BT-Drs. 9/27, BT-Drs. 9/500) als auch das *Reichsgericht* (RGSt. 60, 365; RGSt. 61, 161) und der **BGH** (BGHSt. 31, 163, 168 = NJW 1983, 692; BGHSt. 37, 179, 182 = NStZ 1991, 392 m. Anm. *Beulke/Schröder* = StV 1992, 272 m. Anm. *Nestler-Tremel*; BGH NStZ-RR 2004, 183) haben als geschütztes Rechtsgut vor allen anderen die **Volksgesundheit** genannt und diese immer wieder neu definiert und begrenzt. Der **BGH** hat auf die massive Kritik in der Literatur und unter Berücksichtigung der Grundsatzentscheidung des *BVerfG* (BVerfGE 90, 145 = NJW 1994, 1577 = StV 1994, 295 m. Anm. *Kreuzer* NJW 1994, 2400 u. m. Anm. *Nelles/Velten* NStZ 1994, 366 = StV 1994, 298 m. Anm. *Schneider* StV 1994, 390 = JZ 1994, 860 m. Anm. *Gusy*) das geschützte Rechtsgut Volksgesundheit neu beschrieben: Der Gesetzgeber verfolge mit dem BtMG den Zweck, die menschliche Gesundheit sowohl die einzelnen wie der Bevölkerung im ganzen vor den von Betäubungsmitteln ausgehenden Gefahren zu schützen und die Bevölkerung, vor allem Jugendliche, vor Abhängigkeit von Betäubungsmitteln zu bewahren (BGHSt. 42, 1 = NStZ 1996, 139 = StV 1996, 317).

Kriminalpolitisch soll der Tatbestand des Handeltreibens frühzeitige und flä- **3** chendeckende Interventionen gegen illegale Rauschgifthändler, insb. gegen internationale Drogenhandelsorganisationen ermöglichen und nahezu lückenlos alle auf Betäubungsmittelabsatz gerichteten Bemühungen erfassen. Der Straftatbestand des Handeltreibens ist die **bedeutsamste strafrechtliche Waffe, um den ausufernden illegalen Drogenmarkt zu bekämpfen.**

Schutzgut der betäubungsmittelrechtlichen Strafnormen sind nicht allein und **4** nicht in erster Linie das Leben und die Gesundheit des einzelnen wie bei den §§ 211 ff., 222, 223 ff. StGB. Vielmehr soll Schäden vorgebeugt werden, die sich für die Allgemeinheit aus dem verbreiteten Konsum vor allem harter Drogen und den daraus herrührenden Gesundheitsbeeinträchtigungen der Einzelnen ergeben **(Schutzgut Volksgesundheit).** Wegen ihrer abstrakten Gefährlichkeit für dieses komplexe und universelle, nicht der Verfügung des einzelnen unterliegende Rechtsgut sind die mannigfachen Formen des unerlaubten Umganges mit Betäubungsmitteln unter Strafe gestellt. Bei der Beurteilung der Tathandlungen als gefährlich ist aber der Aspekt der Selbstgefährdung denknotwendig eingeschlossen, weil der zu verhindernde Konsum in aller Regel eine Selbstgefährdung bedeutet. Dieser Gesichtspunkt kann daher zur Normeinschränkung nicht herangezogen werden. Daran ändert sich nichts, wenn sich die abstrakte Gefährdung für das Schutzgut in Einzelfällen darin konkretisiert, dass Menschen infolge des Genusses zu Tode kommen oder an der Gesundheit beschädigt werden (BGHSt. 31, 163, 168 = NStZ 1983, 174; BGHSt. 37, 179, 182 = NStZ 1991, 392 m. Anm. *Beulke/Schröder* = StV 1992, 272 m. Anm. *Nestler–Tremel*). Hauptangriffspunkt im Rahmen der Diskussion ist die weit verbreitete Auffassung, dass das **Drogenverbot und**

die Strafverfolgung zum Teil die Missstände schaffen, die mit den Strafvorschriften bekämpft werden sollen. Erweisen sich Strafvorschriften aber als **kontraproduktiv,** verursachen sie Schäden, anstelle zu schützen, so wäre der Gesetzgeber aufgerufen, die Gesetze zu ändern. Gerade das Rechtsgut der Volksgesundheit ist in den vergangenen Jahren in der **Literatur scharfer Kritik** ausgesetzt gewesen (vgl. *Albrecht* BewHi 1993, 5 ff; *Böllinger* KritJ 1991, 393 ff.; *ders.* KritJ 1994, 405 ff; *Hassemer* JuS 1987, 258 ff.; *ders.* JuS 1992, 110 ff.; *ders.* NStZ 1989, 553, *ders.* ZRP 1992, 378; *ders.* KritV 1993, 198 ff;. *Köhler* MDR 1992; 739 ff; *ders.* ZStW 1992, 3 ff.; *ders.* Festschrift für Miyazawa 1995, 177 ff.; *Nestler-Tremel* StV 1992, 272 ff.; *ders.* in HbBtMG § 11, Rn. 357 ff.; *Paeffgen*, Festschrift 50 Jahre *BGH*, Band IV, 2000, S. 695 ff. Prittwitz, Strafrecht und Risiko, 1993; *Zaczyk* StV 1992, 377 ff.).

II. Deliktsart

5   Der Tatbestand des Handeltreibens ist **kein Erfolgsdelikt,** sondern ein **Unternehmensdelikt,** das weder eigene Umsatzgeschäfte mit Betäubungsmitteln noch deren Absatz voraussetzt (*BGH* NStZ 2000, 95 = StV 1999, 432 [besondere Form von Unternehmensdelikt]; *BGH* NJW 2005, 1589 = StV 2005, 334; *BGH* NStZ 2007, 531 = StV 2007, 302 [unechtes Unternehmensdelikt]; *Franke/Wienroeder* § 29 Rn. 23; *Hügel/Junge/Lander/Winkler* § 29 Rn. 4.1.1; *Patzak/Bohnen* Kap. 2, Rn. 52; *Malek* 2. Kap., Rn. 135; kritisch *Neuhaus* NStZ 2001, 39). Da das Handeltreiben nicht den Eintritt einer Gefahr voraussetzt, sondern ein bloßes Tun oder Unterlassen zur Tatbestandsverwirklichung ausreicht, ist es zugleich ein **abstraktes Gefährdungsdelikt** (*Weber* § 29 Rn. 251; *Malek* 2. Kap., Rn. 135).

B. Verfassungsmäßigkeit der Vorschrift

6   Das *BVerfG* hat keine verfassungsmäßigen Bedenken an der Bestimmtheit des Straftatbestandes des Handeltreibens geäußert und die Definition der Rspr. (s. dazu Rn. 24 ff.) unbeanstandet gelassen (*BVerfG*, Beschl. v. 25. 2. 1993, 2 BvR 2229/ 92; BVerfGE 90, 145 = NJW 1994, 1577 = StV 1994, 295 m. Anm. *Kreuzer* NJW 1994, 2400 u. m. Anm. *Nelles/Velten* NStZ 1994, 366 = StV 1994, 298 m. Anm. *Schneider* StV 1994, 390 = JZ 1994, 860 m. Anm. *Gusy; BVerfG* NJW 2004, 3620).

C. Objektiver Tatbestand

I. Betäubungsmittel

7   **1. Betäubungsmitteleigenschaft.** Mit Strafe bedroht ist das unerlaubte Handeltreiben mit Betäubungsmitteln i. S. v. § 1 BtMG. Betäubungsmittel sind danach **die in den Anl. I, II und III des BtMG genannten Stoffe und Zubereitungen** (zur Betäubungsmitteleigenschaft s. § 1 Rn. 20 ff.). Was unter Stoffen und Zubereitungen zu verstehen ist, gilt nach § 2 Abs. 1 Nr. 1 und Nr. 2 BtMG (s. dazu § 2 Rn. 2 ff.). Beim Handeltreiben mit **Betäubungsmitteln in nicht geringer Menge** greift der Qualifikationstatbestand des § 29 a Abs. 1 Nr. 2 BtMG ein.

    Die Betäubungsmitteleigenschaft eines Stoffes wird allein durch seine Aufnahme in die Positivliste der Anl. I bis III begründet, ohne dass es zusätzlich einer konkreten Berauschungsqualität oder Konsumfähigkeit bedarf (BayObLGSt. 2002, 135; *München* NStZ-RR 2010, 23). Auch geringste (Rest-)Substanzen können ein Betäubungsmittel i. S. des BtMG sein, z. B. ein wiegbares Haschischgemisch, das nur noch $^1/_6$ der zur Erzielung eines Rauschzustandes notwendigen Wirkstoffmenge enthält (*BayObLG* [*Kotz/Rahlf*] NStZ-RR 2004, 129).

8   **2. Anhaftungen/Rückstände.** Nicht mehr unter den Betäubungsmittelbegriff fallen nicht mehr konsumfähige **Anhaftungen** oder nicht wiegbare **Rückstände** eines Betäubungsmittels (*LG Berlin* NStZ 1985, 128; *LG Verden* StV 1986, 21; *BayObLG* StV 1986, 145), da die Betäubungsmitteleigenschaft das Vorhandensein

einer derart großen Menge voraussetzt, die für sich alleine zum Konsum geeignet wäre (*München* NStZ-RR 2010, 23; *Düsseldorf* NStZ 1992, 443; a. A. *Hügel/Junge/ Lander/Winkler* § 29 Rn. 13.2.4). Es kommt nicht darauf an, ob die Menge auch geeignet ist, einen Rauschzustand herbeizuführen, entscheidend ist vielmehr die grundsätzliche **Gebrauchsfähigkeit**, (*BayObLG* StV 1986, 145; MK-StGB/*Kotz* § 29 Rn. 939; *Patzak/Bohnen* Kap. 2, Rn. 70; s. dazu auch § 1 Rn. 20 f.).

3. Wirkstoffgehalt. Ob die Betäubungsmitteleigenschaft auch einen **Wirk-** 9 **stoffgehalt** voraussetzt, hängt von der Art des Stoffes i. S. d. § 2 BtMG ab. **Chemische Elemente und Verbindungen nach § 2 Nr. 1 lit. a) BtMG,** z. B. Heroin, Kokain oder Amphetamin, sind nur dann Betäubungsmittel, wenn sie einen in den Anlagen genannten Wirkstoff enthalten (vgl. *BayObLG*, Urt. v. 26. 11. 2002, 4 St RR 113/02 [zu THC]). **Pflanzen und Pflanzenteile, die in den Anl. I bis III ausdrücklich genannt sind, unterfallen dagegen auch dem BtMG, wenn sie keinen Wirkstoff enthalten,** sofern nicht ausdrücklich eine Ausnahme vorgesehen ist (vgl. dazu § 1 Rn. 22 ff.; § 2 Rn. 8 ff.). Auch **sonstige Pflanzen und Pilze ohne Wirkstoffgehalt sowie deren Teile und Bestandteile** stellen nach dem 5. Spiegelstrich der Anl. I (2. Alt.) Betäubungsmittel dar, wenn sie zum Zwecke des Missbrauchs zur Gewinnung oder Reproduktion von Stoffen mit einem in den Anl. I bis III genannten Wirkstoff verwendet werden sollen (s. § 2 Rn. 5 ff., 32).

4. Verwandelte und verarbeitete, nicht konsumierbare Betäubungsmit- 10 **tel.** Nicht nur die in Anl. I bis III genannten Stoffe und Zubereitungen können unabhängig von der Menge und von dem Wirkstoffgehalt Gegenstand des Handeltreibens sein, sondern auch die durch **Verarbeitung (Vermischen, Verdünnen, Verflüssigen, Verbacken) neu gewonnenen Betäubungsmittelzubereitungen,** sofern sie nicht im Gesetz ausdrücklich ausgenommen sind und sofern sie durch die Stoffumwandlung ihre **Suchtstoffeigenschaft nicht verloren** haben. Um ihre Entdeckung zu verhindern und um ihr Tun zu verschleiern, verwandeln nicht wenige Betäubungsmittelhändler die Betäubungsmittel in harmlos ausschauende Gebrauchsgegenstände oder Lebensmittel, die vorübergehend ihre Konsumfähigkeit verlieren. Die Vermischung von Alkoholika mit verflüssigtem Kokain und Abfüllung in Original-Spirituosenflaschen, deren Inhaltsstoffe später wieder getrennt werden müssen, wird häufig angewandt, weil die Betäubungsmittel hierdurch hervorragend verborgen werden können. Die Vermischung von Kokain mit Lebensmittelzutaten, das Verarbeiten, Einfärben und Verpacken als schwarze oder weiße Markentafelschokolade ist ebenfalls eine beliebte Betäubungsmittelverwandlung. Die Verbindung von Kokainpulver, Heroinpulver, Haschischpulver mit Flüssigglas, Kunstharz, Wachs, Kunststoff oder Sägemehl zu einem neuen Werkstoff, das Einfärben mit Spezialfarben, das Pressen und Härten der neuen Zubereitungen schafft neue Gebrauchsgegenstände, wie z. B. Hartschalenkoffer, Computer, Glasscheiben, Masken oder Skulpturen, die keinen Bezug mehr zu Rauschgift haben und auch ohne Rückwandlung nicht konsumierfähig sind. Werden Betäubungsmittelzubereitungen verflüssigt und Textilien, Lederprodukte oder Papierprodukte mit den Betäubungsmittelflüssigkeiten imprägniert, so sind die Betäubungsmittel nicht mehr sichtbar und konsumierbar. Beliebt ist es, Handtücher, Jeans, Damenwäsche oder Teppiche, in neuerer Zeit auch Buchseiten und Geschäftspapiere mit Kokain zu tränken. Erkennbar sind derartige Betäubungsmittelprodukte bisweilen nur daran, dass sie sich bretthart anfühlen, Kristalle aufweisen und einen typischen Geruch absondern.

Da der Zweck des BtMG über den Schutz von Individualrechtsgütern hinaus- 11 reicht bis zum Schutz der Allgemeinheit vor jeglichen schädlichen Wirkungen des Betäubungsmittelverkehrs, stellen auch Stoffe, die zeitweise ihre Berauschungsqualität oder Konsumfähigkeit verloren haben, Betäubungsmittel dar. Das BtMG würde ohne diesen erweiterten Schutzzweck geradezu auffordern, in besonders riskanten Zeiträumen die Stoffe oder Zubereitungen durch Manipulationen dem Anwendungsbereich des BtMG zu entziehen, um sie später nach Belieben wieder in konsum- und rauschfähige Darreichungsformen zurückzuführen. Der **Handel mit nicht konsumierbaren Betäubungsmittelzubereitungen** ist daher uneingeschränkt **strafbar** (BayObLGSt. 2002, 135 = NStZ 2003, 270). Dies verwundert nicht, da auch der Verkauf von noch nicht oder nicht mehr vorhandenen, versteckten, verloren gegangenen, polizeilich sichergestellten oder verschluckten Betäubungsmitteln als Handeltreiben strafbar ist.

12   **5. Nutzhanfpflanzen.** Pflanzen und Pflanzenteile der Gattung **Cannabis** unterfallen nach Anl. I dem BtMG, es sei denn, diese dienen der Herstellung von Zubereitungen zu medizinischen Zwecken, oder sind Betandteile von Zubereitungen, die als Fertigarzneimitteln zugelassen sind (vgl. Anl. II und Anl. III, die insoweit durch die 25. BtMÄndV v. 11. 5. 2011 geändert wurden). Der Handel mit **Nutzhanfpflanzen**, der aus dem Anbau von zertifiziertem Saatgut der EU stammt, ist aber von betäubungsmittelrechtlichen Vorschriften ausgenommen, sofern der Verkehr mit ihm **ausschließlich gewerblichen oder wissenschaftlichen, einen Missbrauch ausschließenden Zwecken** dient; eine Höchstgrenze für den THC-Gehalt dieser ohnehin wirkstoffarmen Nutzhanfsorten wurde nicht mehr aufgenommen (s. lit. b des auf die Position Cannabis folgenden Spiegelstrichs). Der Umgang mit Nutzhanf zur industriellen Verarbeitung und Verwertung zu Papier, Dämmstoffen, Treibstoff, Textilien, bei dem ein Missbrauch zu Rauschzwecken ausgeschlossen ist, ist daher von der betäubungsmittelrechtlichen Überwachung ausgeschlossen. Diese Ausnahmeregelung wurde geschaffen, um das Marktpotential für die Hanfpflanze und eine Vielzahl ihrer Verwendungsmöglichkeiten zur industriellen und energetischen Verwertung zu erschließen. Erfolgt der Verkauf der Nutzhanfpflanzen aber an den Endverbraucher zu persönlichen Konsumzwecken, so ist dieser Handel unerlaubt und strafbar, wenn ein Missbrauch zu Rauschzwecken nicht ausgeschlossen ist, so z. B. wenn Cannabispflanzen im Blumentopf an Cannabiskonsumenten verkauft werden (vgl. *LG Nürnberg*, Urt. v. 10. 2. 1997, 6 Ns 353 Js 17901/96; BayObLGSt. 2002, 135 = NStZ 2003, 270; *Zweibrücken*, Urt. v. 25. 5. 2010, 1 Ss 13/10; zu den Voraussetzungen der gewerblichen und wissenschaftlichen Verwendung s. im Einzelnen § 2 Rn. 14 ff.).

13   **6. Cannabispflanzen mit einem THC-Gehalt von nicht mehr als 0,2%.** Lit. b des auf die Position Cannabis folgenden Spiegelstrich enthält noch eine weitere Ausnahme für den **gewerblichen oder wissenschaftlichen, einen Missbrauch ausschließenden Verkehr** mit **sonstigen Pflanzen, deren THC-Gehalt 0,2% nicht übersteigt** (s. dazu § 2 Rn. 14)

14   **7. Rausch- und Zauberpilze mit Psilocybin-Gehalt.** Bei den **psilocybinhaltigen Pilzen** handelt es sich um Betäubungsmittel i. S. d. BtMG, wenn sie nach dem 5. Spiegelstrich der Anl. I zu Missbrauchszwecken verwendet werden sollen (s. dazu § 2 Rn. 38 ff.). Durch die Änderung des § 2 BtMG mit Gesetz vom 23. 7. 2009 wurden Pilze ausdrücklich dem BtMG unterstellt (§ 2 Nr. 1 lit. b BtMG). Zu der damit nicht mehr aktuellen Diskussion, ob es sich bei Pilzen um Pflanzen handelt oder nicht, s. § 2 Rn. 39.

15   **8. Tiere und tierische Körperteile.** Auch Tiere, tierische Körperteile und tierische Körperflüssigkeiten können Betäubungsmittel darstellen, wenn sie Betäubungsmittelwirkstoffe enthalten, sofern sie als Rauschmittel missbräuchlich verwendet werden sollen. Dies kann bei **amerikanischen und mexikanischen Kröten,** die einen Schleim absondern, der **Dimethyltryptamin (DMT)** enthält, der Fall sein (s. § 2 Rn. 43).

16   **9. Arzneimittel, die dem BtMG unterstellt sind.** In der Bundesrepublik sind ca. 70.000 Fertigarzneimittel im Handel, die im Einzelnen in der Roten Liste des Bundesverbandes der Pharmazeutischen Industrie e. V. beschrieben werden und sich in rezeptfreie, rezeptpflichtige und betäubungsmittelrezeptpflichtige Arzneimittel aufgliedern. Da die deutschen Arzneimittelhersteller laufend neue **Monopräparate** (= mit einem Wirkstoff) und **Kombinationspräparate** (= mit ver-

schiedenen Wirkstoffen) auf den Arzneimittelmarkt bringen, von denen ein Teil schädliche (hier suchterzeugende oder suchtfördernde) Nebenwirkungen aufweist, sind das *BfArM* und der Gesetzgeber gezwungen, den Katalog der in den drei Anlagen zum BtMG genannten Betäubungsmittel laufend zu ergänzen, indem diese Arzneimittel ab einem bestimmten Wirkstoffgehalt, ganz oder für eine bestimmte Patientenauswahl dem BtMG unterstellt werden. So verwandeln sich innerhalb kurzer Zeit Arzneimittel in Betäubungsmittel. Der illegale Handel mit diesen Stoffen verwandelt sich von einem Verstoß gegen das AMG in einen Verstoß gegen das BtMG. So wurden neben anderen

– **Pervitin** als Methylamphetamin 1941
– **Jetrium** als D-Moramid 1960
– **Polamidon** als Levomethadon 1971
– **Ritalin** als Methylphenidat 1972
– **Preludin** als Phenmetrazin 1972
– **Valoron** als Tilidin 1978
– **Mandrax** als Methaqualon 1982
– **Norminox** als Methaqualon 1982
– **Somnibel** als Methaqualon 1982
– **Rebuso** als Methaqualon 1982
– **Vesparax** als Secobarbital 1982
– **Medinox** als Secobarbital 1982
– **Somnupan** als Cyclobarbital 1982
– **Temgesic** als Buprenorphin 1984
– **Cesametic** als Nabilon 1984
– **Fortral** als Pentazocin 1984
– **Captagon** als Fenetyllin 1986
– **Codein, Dihydrocodein** und **Flunitrazepam** im Jahre 1998

dem BtMG unterstellt.

10. Ausgenommene Betäubungsmittelzubereitungen. Ein Großteil der 17 suchtfördernden Wirkstoffe der Anl. III zum BtMG stellen bis zu einem bestimmten Wirkstoffgehalt Arzneimittelzubereitungen dar, die von den betäubungsmittelrechtlichen Vorschriften **ganz oder teilweise** ausgenommen sind, und können auf einfachem Rezept als Arzneimittel verschrieben werden **(ausgenommene Zubereitungen nach § 2 Abs. 1 Nr. 3 BtMG).** Ab einem bestimmten Wirkstoffgehalt stellen Stoffe wie z.B. Codein, Dihydrocodein, Tilidin, Cathin aber Betäubungsmittel dar. Dabei ist zu beachten, dass einige Substanzen bei dem inländischen Umgang als ausgenommene Zubereitungen, bei der **Ein- und Ausfuhr** aber wie Betäubungsmittel behandelt werden (s. dazu § 2 Rn. 47 ff.).

11. Betäubungsmittelersatzstoffe. Betäubungsmittelersatzstoffe sind Stoffe, 18 die ähnliche Eigenschaften aufweisen wie Betäubungsmittel und wegen des Betäubungsmittelverbotes ersatzweise angeboten werden. Der Handel mit Betäubungsmittelersatzstoffen ist, sofern sie nicht dem BtMG oder AMG unterfallen, nicht strafbar. Diese Ersatzstoffe haben nichts mit den Betäubungsmitteln oder Arzneimitteln zu tun, die als Substitutionsmittel bei der Behandlung von Opiatabhängigen eingesetzt werden. Betäubungsmittelersatzprodukte haben in der Bundesrepublik zugenommen. Neben den Rauschgiftersatzstoffen wie z.B. **„Lettucene"** werden **Parfums, Seife, Cremes, Kerzen, Räucherstäbchen mit Opium- und Cannabisgeruch** angeboten, ohne dass sie Betäubungsmittelwirkstoffe enthalten. Die Werbung und die Mode nutzen die Möglichkeit, dem Verbraucher einen Hauch verbotener Produkte anzubieten. Wer Betäubungsmittelersatzstoffe verkauft, wirbt weder für Betäubungsmittel (§ 29 Abs. 1 S. 1 Nr. 8 BtMG), noch verleitet er zum Konsum (§ 29 Abs. 1 S. 1 Nr. 10 BtMG). Er fördert vielmehr den Absatz, Kauf und Konsum von Betäubungsmittelersatzstoffen.

12. Betäubungsmittelimitate. Im Gegensatz zu den Ersatzstoffen, die dem 19 Verbraucher anstelle von Betäubungsmitteln angeboten werden, sind Imitate Stoffe, die wider besseres Wissen wegen ihrer Ähnlichkeit zu Betäubungsmitteln dem Verbraucher **als echte Betäubungsmittel verkauft** werden. In diesem Fall greift die Sonderegelung des § 29 Abs. 6 BtMG ein (s. dazu § 29/Teil 29 Rn. 1). Will der Verkäufer aber **echte Betäubungsmittel verkaufen,** ohne zu wissen, dass es Imitate sind, so gilt **§ 29 Abs. 1 S. 1 Nr. 1 BtMG** (vgl. § 29/Teil 29, Rn. 42).

20   **13. Designerdrogen.** Der Handel mit Suchtstoffen, die nicht dem BtMG unterstehen, aber infolge nur geringfügiger Abwandlungen der Molekularstruktur ähnliche pharmakologische Eigenschaften wie Betäubungsmittel aufweisen (sog. Designerdrogen), ist nicht nach dem BtMG, sondern nach den §§ 95, 96 AMG strafbar (s. dazu § 1 Rn. 16 f.). War der Täter aber im Glauben, bei den von ihm gelieferten Designerdrogen handele es sich um echte Betäubungsmittel, und **wollte echte Betäubungsmittel verkaufen,** in Wirklichkeit waren es aber nur **Scheindrogen,** so liegt Handeltreiben mit Betäubungsmitteln nach dem BtMG vor (*BGH* NStZ 1992, 191; s. hierzu im Einzelnen § 29/Teil 29, Rn. 42). Der 3. Strafsenat hat Bedenken, diese sehr weitgehende Rechtsprechung fortzuführen (*BGH* NStZ 2007, 102 = StV 2007, 80). Der 1. Strafsenat des *BGH* hatte diese Bedenken nicht. **Maßgeblich sei die Vorstellung des Täters von Art und Wirkstoffgehalt des Rauschgiftes im Zeitpunkt der Abrede,** auf nachträgliche Abweichungen bei der Lieferung komme es nicht an (*BGH* NStZ-RR 2006, 350).

21   **14. Grundstoffe.** Nicht das BtMG, sondern das GÜG bedroht denjenigen mit Strafe, der ohne Erlaubnis mit Betäubungsmittelgrundstoffen wie **Essigsäureanhydrid, Ergotamintatrat, Aceton oder Phenylaceton** Handel treibt. Wenn dem Täter der Verwendungszweck bekannt war, konnte er früher sich mit der Beschaffung von Betäubungsmittelgrundstoffen wegen Beihilfe zur unerlaubten Betäubungsmittelherstellung bzw. wegen Beihilfe zum Handeltreiben strafbar machen. Seit dem 1. 3. 1994 war der unerlaubte Handel mit Betäubungsmittelgrundstoffen nach § 29 Abs. 1 Nr. 11 i. V. m. § 18 a BtMG a. F. strafbar. Seit dem 1. 5. 1995 ist nach Aufhebung der §§ 18 a, 29 Abs. 1 Nr. 11 BtMG der unerlaubte Handel mit Grundstoffen nach § 29 des am 1. 3. 1995 in Kraft getretenen **Grundstoffüberwachungsgesetzes (GÜG)** strafbar (zum Handeltreiben mit Grundstoffen nach § 29 Abs. 1 Nr. 1 GÜG vgl. *LG Kleve* NStZ RR 1997, 211; vgl. auch *BGH* NStZ 1996, 236).

22   **15. Streckmittel.** Der unerlaubte Handel mit Arzneimitteln wie **Coffein, Paracetamol** oder **Lidocain** in der Drogenszene ohne Bezug zu einem Betäubungsmittelgeschäft oder zu einer Betäubungsmittelproduktion stellt nur einen **Verstoß gegen das AMG** dar und kann nach § 95 Abs. 1 Nr. 4 AMG bestraft werden. Durch den Transport eines nicht dem BtMG unterfallenden Streckmittels, wie z. B. eines **Paracetamol-Coffein-Gemischs,** mit dem hochwertiges Heroin gestreckt werden soll, kann ein Kurier eine **unerlaubtes Handeltreiben mit Betäubungsmitteln als Mittäter oder Gehilfe** fördern, je nachdem, ob der Angeklagte nach seiner Vorstellung ein so enges Verhältnis zu dem Rauschgiftgeschäft des ihn beauftragenden Großdealers oder der Organisation hatte, dass man davon ausgehen muss, er habe mit Tätewillen im Zusammenwirken mit anderen an einem gemeinsamen Tatplan mitgewirkt. Der Transport von Paracetamol, das zum Strecken von Heroin dienen soll, ist aber nur dann Beihilfe zum Handeltreiben mit Betäubungsmitteln, wenn eine konkrete Haupttat zumindest in dem Sinne festgestellt werden kann, dass ein **konkretes Betäubungsmittelgeschäft angebahnt** werden soll (*BGH* NStZ 1993, 444 = StV 1993, 473; *BGH* NStZ 1994, 501; *BGH* StV 1995, 524; *LG Freiburg* StV 2006, 138). Hat ein Angeklagter den **Verkauf von mehreren Kilogramm Streckmittel** vermittelt, so scheitert eine Verurteilung wegen Handeltreibens nach § 29 Abs. 1 S. 1 Nr. 1 und § 29 Abs. 6 BtMG, wenn nicht festgestellt wurde, dass er entweder die **Streckmittel als Betäubungsmittel** oder die **Streckmittel als Betäubungsmittelimitate** ausgab. Es scheitert auch eine Verurteilung wegen Beihilfe zum Handeltreiben mit nicht

geringen Mengen von Betäubungsmitteln, wenn nicht festgestellt werden kann, **welche Heroingeschäfte** durch die vom Angeklagten vermittelten Streckmittelmengen **gefördert wurden** (BGHR BtMG § 29 Abs. 6 Handeltreiben 1 [2 StR 491/97]; *LG Freiburg* StV 2006, 138). Es verbleiben die Vorschriften des AMG. Das *LG Frankfurt* verurteilte einen Angeklagten wegen Beihilfe zum Handeltreiben mit Betäubungsmitteln in nicht geringen Mengen in 5 Fällen, der 5 Paracetamol-Lieferungen zwischen 12 kg und 50 kg an Schweizer Heroinhändler zum Heroinstrecken verkaufte und damit diese beim Heroinhandel unterstützte (*LG Frankfurt*, Urt. v. 25. 2. 1999, 5/17 KLs 84 Js 21.735.4/95).

16. Pflanzenschutzmittel und Gifte. Der illegale Handel mit diesen gefährli- 23 chen Stoffen untersteht nicht dem BtMG, sondern dem Chemikaliengesetz und speziellen Giftverordnungen. Handelt jemand mit **Zyankali, Strychnin** oder anderen Giftampullen, die er illegal an lebensmüde Personen verkauft, so kann er sich wegen Verstoßes gegen das Chemikaliengesetz strafbar machen (vgl. *München*, Beschl. v. 1. 3. 1993, 3 Ws 48/93).

II. Begriff des Handeltreibens

1. Definition. Unter Handeltreiben ist **jede eigennützige, auf Umsatz ge- 24 richtete Tätigkeit zu verstehen, auch wenn diese sich nur als gelegentlich, einmalig oder ausschließlich vermittelnd darstellt** (BGHSt. 6, 246 = NJW 1954, 1537; BGHSt. 50, 252 = NStZ 2006, 171 = StV 2006, 19; *Weber* § 29 Rn. 153 f.; MK-StGB/*Rahlf* § 29 Rn. 272 ff.; *Hügel/Junge/Lander/Winkler* § 29 Rn. 4.1.1; *Franke/Wienroeder* § 29 Rn. 22; *Patzak/Bohnen* Kap. 2, Rn. 50; *Malek* 2. Kap., Rn. 86). Diese Definition steht im Einklang mit dem Rahmenbeschluss 2004/757/JI des Rates der Europäischen Union v. 25. 10. 2004 zur Festlegung von Mindestvorschriften über die Tatbestandsmerkmale strafbarer Handlungen und die Strafen im Bereich des illegalen Drogenhandels (ABl. L 335/8 v. 11. 11. 2004; vgl. BGHSt. 50, 252 = NStZ 2006, 171 = StV 2006, 19).

2. Auf Umsatz gerichtete Tätigkeit. Als Tathandlung des Handeltreibens 25 i. S. d. § 29 Abs. 1 S. 1 Nr. 1 BtMG reicht es aus, wenn der Täter eine auf Umsatz gerichtete Tätigkeit entfaltet (zu den Tathandlungen im Einzelnen s. Rn. 45 ff.). Es wird weder ein Besitz von Betäubungsmitteln noch die Erfüllung des Verpflichtungsgeschäftes vorausgesetzt. Neben den Tatbegehungsweisen des **Produktionsprozesses** (Anbauen, Ernten, Synthetisieren, Verarbeiten, Umarbeiten, Vermischen, Reinigen, Tablettieren, in Konsum und Handelsportionen Aufteilen) unterfallen auch die verschiedenen Formen des **Vertriebsprozesses** (Lagerung, Verpackung, Werbung, Vermittlung, Verkaufsverhandlungen, Auslieferung) und die anschließenden **Zahlungsvorgänge** (Mahnung, Eintreiben, Geldanlage, Geldwäscherei) dem Begriff des Handeltreibens. Bereits durch eine ernst gemeinte Anfrage kann der Tatbestand des Handeltreibens vollendet sein. Im Gegensatz zu vielen anderen europäischen Ländern bedroht der Tatbestand des Handeltreibens damit auch die **vorsichtigen und mächtigen Drahtzieher des internationalen Drogenhandels,** die **niemals Betäubungsmittel bei sich führen oder anfassen,** sondern lediglich **telefonische Verhandlungen führen** oder **Aufträge in Hinterzimmern erteilen.** Eine Verurteilung wegen unerlaubten Handeltreibens mit Betäubungsmitteln ist nur zulässig, wenn die Art und Menge eines oder mehrerer Betäubungsmittel und das **strafbare Verhalten** des Angeklagten so **konkret bezeichnet** werden können, dass erkennbar wird, welche Umsatz fördernde Taten von der Verurteilung umfasst werden (*BGH* StV 1991, 245; s. dazu Rn. 465). Dass der Umsatz durch die Tathandlung wirklich gefördert wird oder diese dazu überhaupt geeignet war, ist nicht erforderlich (BGHSt. 30, 359; *BGH* NStZ [*Winkler*] 2002, 191; *Weber* § 29 Rn. 246).

3. Eigennützigkeit. Zum ungeschriebenen Tatbestandsmerkmal Eigennützig- 26 keit s. beim subjektiven Tatbestand Rn. 182 ff.

27   **4. Abgrenzung zu Abgabe und Veräußerung.** Veräußerung liegt bei einer uneigennützigen Weitergabe an einen anderen vor, so z. B. beim **Verkauf zum Selbstkostenpreis** (*BGH* NStZ 1991, 89 = StV 1990, 548). Die **unentgeltliche Übergabe** von Betäubungsmitteln ist **Abgabe** (*BGH* NStZ 1991, 89 = StV 1990, 548; *BGH* NStZ-RR 1999, 89 = StV 1999, 428; *BayObLG* NStZ 2004, 401 = StV 2004, 606). So erfüllt die Schenkung von Betäubungsmitteln regelmäßig als **altruistisches Handeln** nicht den Tatbestand des Handeltreibens (vgl. aber auch Rn. 105).

28   **5. Geschichte des Begriffs des Handeltreibens.** Das BtMG enthält keine Definition des Handeltreibens. Auch die an Legaldefinitionen so reiche Single Convention von 1961 verrät nicht, was unter Handeltreiben zu verstehen ist. In § 6 Nr. 5 StGB ist noch immer von „unbefugtem Vertrieb" die Rede. Danach gilt das deutsche Strafrecht unabhängig von dem Recht des Tatorts für den im Ausland begangenen unbefugten Vertrieb von Betäubungsmitteln. Als unbefugter Vertrieb ist jede Tätigkeit zu verstehen, durch die ein Stoff i. S. d. BtMG entgeltlich in den Besitz eines anderen gebracht werden soll (Sch-Sch/*Eser* § 6 Rn. 6; *Fischer* § 6 Rn. 5). Unter **Vertrieb** i. S. d. § 6 Nr. 5 StGB ist ein zweiseitiger Vorgang zu verstehen, auf der einen Seite die Abgabe der Betäubungsmittel durch den Veräußerer, auf der anderen Seite die Entgegennahme durch den Erwerber (*Hamm* NJW 1978, 2346). Der Begriff des **„Feilhaltens"** in § 45 Abs. 1 Nr. 6 AMG 1961 wurde in § 96 Nr. 11 AMG 1976 durch den Begriff des **Inverkehrbringens** ersetzt. Da die Bestimmungen des BtMG sich vorwiegend mit dem legalen Verkehr mit Betäubungsmitteln beschäftigen und in nur wenigen Strafbestimmungen den unerlaubten Handel mit Betäubungsmitteln regeln, wollte man sich ursprünglich bei der Definition des Begriffes „Handeltreiben" an den Begriffen des legalen „Handelsgewerbes" und „Handelsgeschäftes" im HGB orientieren. Unter einem **„Handelsgewerbe"** ist dort jede erlaubte, selbstständige, in der Absicht der Gewinnerzielung vorgenommene Tätigkeit zu verstehen, die planmäßig und für eine gewisse Dauer ausgeübt wird (MK-HGB/*Schmidt* § 343 Rn. 4). Im Sinne des HGB ist ein **„Handelsgeschäft"** das Geschäft eines Kaufmannes, das zum Betrieb seines Handelsgewerbes gehört (vgl. § 343 Abs. 1 HGB). Die Rspr. hat sehr früh erkannt, dass diese am ehrbaren Kaufmann orientierten Begriffe des „Handelsgewerbes" und des „Handelsgeschäftes" für die Definition der Tathandlung im Rahmen eines Straftatbestandes untauglich sind, und hat diese wichtigste Tatbegehungsweise des BtMG in einer Serie von Entscheidungen erheblich umfassender definiert als im HGB, um damit möglichst viele Erscheinungsformen des illegalen Drogenhandels mit Strafandrohung zu treffen.

29   **a) Definition des Reichsgerichts.** Das Gesetz über den Verkehr mit Betäubungsmitteln v. 10. 12. 1929 **(Opiumgesetz)** machte nicht nur den Handel mit Betäubungsmitteln von einer Erlaubnis abhängig, sondern bedrohte erstmals den unerlaubten Handel mit Betäubungsmitteln in § 10 Abs. 1 Nr. 1 OpiumG 1930 mit Strafe (vgl. RGSt. 51, 379; RGSt. 53, 310; RGSt. 58, 159). Zwar hatte das *RG* schon am 8. 5. 1929 betont, dass der Begriff des Handeltreibens in Anlehnung an die Begriffe in den aufgrund des Ersten Weltkrieges erlassenen Notverordnungen **im weitesten Sinne zu verstehen** sei und in einer eigennützigen, auf Güterumsatz gerichteten Tätigkeit bestehe (RGSt. 63, 161, 163). Es bedurfte aber noch der Schließung der Lücke, einen Vermittler bestrafen zu können. Am 25. 4. 1932 definierte das *RG* aber erstmals den Begriff Handeltreiben im Straftatbestand des § 10 Abs. 1 Nr. 1 OpiumG 1930 als **„das eigensüchtige Entfalten einer auf den Umsatz von Betäubungsmitteln gerichteten Tätigkeit"**, „gleichviel, in welcher Form und unter welchen Namen sie ausgeübt wird" (*RG* DJZ 1932, 808).

30   **b) Definition und weite Auslegung des *BGH*.** Da das OpiumG 1930 als vorkonstitutionelles Recht auch nach Inkrafttreten des Grundgesetzes v. 24. 5. 1949 fortgalt, hatte auch der *BGH* sich mit dem Begriff des Handeltreibens ausein-

anderzusetzen. 1954 folgte der *BGH* der Definition des *RG* und sah im Handeltreiben **„jede eigennützige, auf Umsatz gerichtete Tätigkeit, auch die nur gelegentliche oder nur einmalige, auch die bloß vermittelnde Tätigkeit"** (BGHSt. 6, 246 = NJW 1954, 1537). Auch nach Inkrafttreten des BtMG von 1972 bekannte sich der *BGH* weiterhin zu einer weiten Auslegung des Begriffs des Handeltreibens, um der gesetzgeberischen Absicht einer umfassenden Erfassung des Rauschgifthandels Rechnung zu tragen, der durch Arbeitsteilung, Delegation und Tarnung gekennzeichnet ist. Angesichts der sich ständig wandelnden Erscheinungsformen des Handeltreibens auf den illegalen Drogenmärkten der Welt erschien eine **abschließende Aufzählung von Handelstätigkeiten** im Gesetz problematisch und eine **lückenlose Erfassung** absatzorientierter Tatgehungsweisen **durch eine Formel besser zu erreichen** zu sein. Um mit diesem Tatbestand einen möglichst **lückenlosen Katalog** absatzorientierter Tatbegehungsweisen, die sich im Einzelfall decken, aber auch überschneiden können, zu erfassen, wurde das Handeltreiben nach folgender Definition formuliert: Unter Handeltreiben sind alle **„eigennützigen Bemühungen zu verstehen, die darauf gerichtet sind, den Umsatz mit Betäubungsmitteln zu ermöglichen oder zu fördern, selbst wenn es sich nur um eine einmalige oder auch nur vermittelnde Tätigkeit handelt"** (vgl. nur BGHSt. 25, 290 = NJW 1974, 959; *BGH* NJW 1979, 1259; BGHSt. 30, 277 = NJW 1982, 708; BGHSt. 34, 124 = NJW 1986, 2584 = StV 1986, 434; *BGH* NJW 1991, 305; *BGH* NStZ 1994, 398; BGHSt. 43, 8 = NStZ 1997, 344; *BGH* NJW 1999, 2683 m. Anm. *Körner* NStZ 2000, 95; *BGH* NStZ 1999, 572 m. Anm. *Neuhaus* NStZ 2001, 39; *BGH* NStZ 2004, 105 m. Anm. *Weber* NStZ 2004, 66; *BGH* NStZ-RR 2004, 183 = StraFo 2004, 251; *BGH* NStZ-RR 2005, 88; *BGH* NJW 2005, 1589).

Bereits 1977 wurden **bloße Verkaufsverhandlungen** als **vollendetes Handel-** **31** **treiben** bewertet (*BGH*, Beschl. v. 26. 10. 1977, 3 StR 537/77). In seiner Entscheidung v. 3. 6. 1981 führte der *BGH* noch aus: Missbilligter Erfolg i. S. d. Tatbestandes ist nur ein Vorgang, der das Rauschgift auf dem Weg zum Konsumenten weiterbringt (*BGH* StV 1981, 549). Kurze Zeit später entschied er jedoch: Auf die tatsächliche Förderung des erstrebten Umsatzes kommt es nicht an; Handeltreiben ist kein Erfolgsdelikt (BGHSt. 30, 277 = NStZ 1982, 163; *BGH* NStZ 1992, 38).

c) Kritik an dem weiten Begriff des Handeltreibens. Seit Jahrzehnten be- **32** anstanden insbesondere Strafverteidiger und Rechtswissenschaftler in der Literatur die weite Auslegung des Begriffs des Handeltreibens und beklagen den Verlust an Rechtsstaatlichkeit, die Auflösung der Tatbestandsbestimmtheit, das **Verschwimmen von Rechtsfiguren wie Vorbereitung, Versuchung, Vollendung, Täterschaft und Teilnahme,** fehlende Rücktrittsmöglichkeiten sowie die Gefahr von Verdachtsstrafen. So wird kritisiert, dass wegen der **Vorverlagerung der Strafbarkeit** beim Handeltreiben Vorbereitungs- und Versuchsstadien entfallen und zur Vollendung aufgewertet werden, dass **typische Hilfstätigkeiten als Täterschaft erscheinen,** dass **Vorbereitungshandlungen** wie die Beschaffung von Hilfsmitteln, Streckmitteln und Hilfsinstrumenten, Geschäftsreisen und Verhandlungen ohne Stoffübergabe **bereits als vollendetes Handeltreiben** verstanden würden. Es kann einerseits nicht bestritten werden, dass der weite Begriff des Handeltreibens in Einzelfällen zu strafrechtlichen Problemen führte, die nur teilweise umstrittenen Einzelfallentscheidungen zu lösen waren. Es darf andererseits aber nicht übersehen werden, dass, von wenigen Ausnahmen einmal abgesehen, die Justizpraxis 70 Jahre lang die große Masse von Rauschgifthandelsachen angemessen lösen konnte und die bisherigen Alternativvorschläge andere **Schattenseiten aufwiesen** oder den **strafrechtlichen Schutz weit zurücknehmen** mussten. Die Kritik in der Lit. berücksichtigte weder, dass der Gesetzgeber nicht nur die weite Vorverlagerung des Handeltreibens wollte, noch, dass er aus kriminalpolitischen Gründen sogar neue Tatbestände in den §§ 29 Abs. 1 S. 1 Nr. 10 und Nr. 11 BtMG schuf, die noch vor der Schwelle des Handeltreibens strafrechtlichen Schutz bieten sollten. Die Kritik, dass wegen der Vorverlagerung der Vollendungsschwelle das Versuchsstadium beim Handeltreiben nur selten anwendbar ist, erwähnt nicht, dass § 29 Abs. 2 BtMG bei den anderen 13 Begehungsweisen eine häufigere Anwendungsbreite bietet. Schließlich berücksichtigte die Kritik auch nicht, dass zahlreiche Länder **das deutsche BtMG** gerade deshalb als **vorbildlich** ansehen, weil es die ernsthafte, eigennützige und verbindliche Kauf- oder Verkaufserklärung **(Erklärungsdelikt)** und **nicht die dingliche Übergabe in den Vordergrund stellt.** Diese Regelung ermöglicht es nämlich, den **im Hintergrund agierenden Großdealer, Auftraggeber und Bandenchef,** der niemals Betäubungsmittel anfasst, sondern nur Dritte anweist, Betäubungsmittel herzustellen, zu lagern, zu verpacken, zu transportieren, zu kaufen oder zu verkaufen, **entsprechend seinem erhöhten Verantwortungsgrad als Händler zur Verantwortung zu ziehen.**

Die Literatur hat schon sehr frühzeitig dem weiten Begriff des Handeltreibens widersprochen:

33   **aa) Handeltreiben als Auffangtatbestand.** *Liemersdorf/Miebach* (MDR 1979, 981 ff.) haben die Ausuferung der Tatmodalität Handeltreiben dadurch eingrenzen wollen, dass sie wegen des umfangreichen Kataloges von Tatbegehungsweisen in § 29 Abs. 1 BtMG das Handeltreiben nur noch als Lücken schließenden Auffangtatbestand interpretieren wollten.

34   **bb) Handeltreiben als Erfolgsdelikt.** *Roxin* (StV 1992, 517 ff., vgl. auch StV 2003, 619) sieht im Handeltreiben ein Erfolgsdelikt. Der Erfolg liege im Umsatz. Handeltreiben sei nur anzunehmen, wenn der Täter an der Übertragung von Betäubungsmitteln von einer Person auf eine andere Person mitwirke.

35   **cc) Kein Handeltreiben ohne schuldrechtlichen Vertrag (Vertragstheorie).** Zumindest einen schuldrechtlichen Vertrag wollen einzelne Autoren als Voraussetzung des Handeltreibens (so u. a. auch *Weber*, BtMG, 2. Aufl, § 29 Rn. 144).

36   **dd) Handeltreiben als Entäußerungshandlung.** In Anlehnung an BGH (StV 1981, 549) bedarf nach Auffassung von **Harzer** (StV 1996, 336 ff.) die Rspr. des *BGH* einer objektiven Einschränkung. Handeltreiben könne nur angenommen werden, wenn der Täter die Betäubungsmittel durch eine Entäußerungshandlung dem Erwerber hinbringt. Auch *Nestler* (HbBtMR § 11, Rn. 840 ff.) möchte die extreme Subjektivierung und Grenzenlosigkeit des objektiven Tatbestandes des Handeltreibens durch Formulierung eines tatbestandlichen Handlungserfolges, durch das **Erfordernis der Übertragung der Betäubungsmittel von einer Person zu einer anderen** zurückschneiden und damit wieder eine Unterscheidung von Vorbereitung, Versuch, Vollendung, Täterschaft und Teilnahme ermöglichen (so auch *Endriß/Kinzig* NJW 2001, 3217; *Krack* JuS 1995, 585; *Paeffgen*, Festschrift 50 Jahre BGH, 2000, 695 ff.; *Schwitters*, 1998, 162; *Strate* ZRP 1987, 314; *Zaczyck* JR 1998, 256). *Bensch* (Der Begriff des Handeltreibens im BtMG, Diss. 2005, 177) und *Ebert* (Das Handeltreiben mit Betäubungsmitteln i. S. v. § 29 Abs. 1 Nr. 1 BtMG, Diss. 1997), haben diese Problematik ebenfalls ausführlich dargestellt. Auch *Neumann* (NStZ 2001, 39 ff.) teilte diese Kritik der vorgenannten Autoren und verweist darauf, dass eine rechtsfeindliche Gesinnung (nämlich Absicht, mit den Betäubungsmitteln Umsätze tätigen zu wollen) nicht mit unserem Tatstrafrecht vereinbar sei und keine Strafbarkeit wegen Handeltreibens begründen könne. Wolle das Kriminalrecht das bloße Denken der Menschen regeln, dann regierte das Schreckensinstrument des Gesinnungsstrafrechtes (so auch *Rath* JuS 1998, 1006, 1007). Der Täter müsse zumindest mit einer nach außen erkennbaren, auf die Veräußerung von Betäubungsmitteln gerichteten Tätigkeit ansetzen.

37   **ee) Betäubungsmittelgeschäfte mit objektiver Gefahr eines Betäubungsmittelumsatzes.** *Schwarzburg* (Tatbestandsmäßigkeit und Rechtswidrigkeit der polizeilichen Tatprovokation, 1991, 56 ff.) will das Handeltreiben auf die Betäubungsmittelgeschäfte beschränken, die objktiv die Gefahr eines Betäubungsmittelumsatzes beinhalten.

ff) Eigene Umsatzgeschäfte. *Paul* (StV 1998, 623 ff.) möchte die weite Vor- **38** verlagerung der Strafbarkeit und die Grenzenlosigkeit zwischen Beihilfe und Täterschaft durch eine einengende Auslegung rückgängig machen und nur die Förderung eigener Umsatzgeschäfte als Täterschaft und die Förderung fremder Umsatzgeschäfte als Beihilfe zum Handeltreiben behandeln **(Umsatztheorie).**

gg) Neudefinierung von Vorbereitungshandlung und Versuch. In ähnli- **39** cher Weise will *Ebert* (Das Handeltreiben mit Betäubungsmitteln i. S. v. § 29 Abs. 1 Nr. 1 BtMG, 1997, 159 ff.) die weite Vorverlagerung der Strafbarkeit des Handeltreibens einschränken, indem er das Vorbereitungsstadium und das Versuchsstadium neu definiert. *Paeffgen* (Festschrift 50 Jahre *BGH,* Bd. IV, 2000, 695 ff.) kritisiert, dass der *BGH* die **Strafbarkeit des unerlaubten Handeltreibens unter Missachtung der Grundsätze des Allgemeinen Teils des StGB ständig weiter nach vorne verlagere** und dabei den Bezug zum geschützten und beschützbaren Rechtsgut verliere. Die Verfolgung von erfolglosen Verkaufsbemühungen und Scheinverhandlungen **schütze nicht die Volksgesundheit,** sondern stelle eine **moderne Form der Geisterbeschwörung** dar, denen man z. T. im Wege der Tatprovokation gewonnene Tatverdächtige zum Opfer bringe.

d) Reaktionen des *BGH* auf die Kritik. Der *BGH* war zunächst in zahlrei- **40** chen Einzelentscheidungen bemüht, der uferlosen Ausdehnung des Tatbestandes des Handeltreibens Einhalt zu gebieten. Andererseits sah er die Gefahr, durch eine Beschränkung des Begriffes erhebliche Lücken im Rechtsgüterschutz zu schaffen. Der *BGH* hat zwar die Kritik der Lit. anerkannt, nicht aber ihre Lösungsvorschläge der Probleme. Auch nach der neueren Rspr des *BGH* erfasst das Handeltreiben i. S. v. § 29 Abs. 1 BtMG jedes eigennützige Bemühen, das darauf gerichtet ist, den Umsatz von Betäubungsmitteln zu ermöglichen oder zu fördern. Erforderlich ist aber nun zusätzlich, dass Tätigkeiten erfolgen, die auf die Ermöglichung oder Förderung eines bestimmten Umsatzgeschäftes mit Betäubungsmitteln zielen (BGHSt. 47, 134 = NStZ 2002, 210 = StV 2002, 256).

Am **10. 7. 2003** griff **der 3. Strafsenat des *BGH*** die Kritik in der Lit. auf und **41** gab in einem **Anfragebeschluss** v. 10. 7. 2003 seine Absicht kund, den **Begriff des Handeltreibens im BtMG neu zu bestimmen,** falls ihm die anderen Senate des *BGH* folgen würden, um zu dieser Frage den Großen Senat des *BGH* für Strafsachen anzurufen (*BGH* NStZ 2003, 105 = StV 2003, 501 m. Anm. *Roxin* StV 2003, 619 u. m. Anm. *Weber* NStZ 2004, 66, u. m. Anm. *Gaede* StraFo 2003, 391). Nachdem der 3. Strafsenat Eingrenzungsmodelle des Handeltreibens wie das Abstellen auf Verhaltensweisen, die dem Tätigkeitsbereich eines Händlers zugerechnet werden können, wie das Verlangen nach einem schuldrechtlichen Vertrag, und/oder die Forderung einer Übertragung der Betäubungsmittel wegen drohender Strafbarkeitslücken verworfen hatte, schlug er einem Vorbild aus dem Waffenrecht folgend zur Bestimmung des Begriffes Handeltreibens die **Schaffung eines Katalogs von einzelnen handelstypischen Tätigkeiten** vor, der **Handlungen im Vorfeld,** ausgesprochene **typische Hilfstätigkeiten** und nachfolgende **Geldtransaktionen** aussparen sollte. Nach diesem Vorschlag würde mit Betäubungsmitteln Handel treiben, wer diese eigennützig und in der Absicht, ihren Umsatz zu ermöglichen oder zu fördern, **ankauft, erwirbt, sich in sonstiger Weise verschafft, einführt, ausführt, feilhält, Bestellungen entgegennimmt oder aufsucht, veräußert, anderen überlässt, sonst in den Verkehr bringt oder den Erwerb, den Vertrieb oder das Überlassen vermittelt.** Dieser Vorschlag wollte ein vollendetes Handeltreiben des Ankäufers verneinen, wenn er zwar in ernsthafte Verhandlungen mit dem Lieferanten eintritt, ohne sich mit diesem zu einigen. Dieses Verhalten sei als Versuchshandlung zu werten, die nicht nur zur Strafmilderung, sondern nach freiwilligem Rücktritt vom Versuch auch zur Strafbefreiung nach § 24 StGB führen könne.

e) Erwiderungen. Zahlreiche Anmerkungen setzten sich in der Lit. positiv und **42** negativ mit dem Reformvorhaben auseinander (*Gaede* StraFo 2003, 391; *Gaede* HRRS 2005, 250; *Niehaus* JR 2005, 192; *Roxin* StV 2003, 619; *Schmidt* NJW

2005, 3250; *Weber* NStZ 2004, 66 ff). *Weber* trat dem Anfragebeschluss im Einzelnen entgegen (NStZ 2004, 66). Er hat dargelegt, dass die Justizpraxis mit der derzeitigen weiten Auslegung des Handeltreibens trotz der zu Recht beanstandeten Widrigkeiten relativ gut zurechtkomme, dass der vorgeschlagene Katalog seinerseits eine Reihe von neuartigen, erheblichen Lücken und Widersprüchen hervorrufen würde und dass eine Änderung der *BGH*-Rechtsprechung deshalb nicht erforderlich sei.

43   Auch der 2. Senat des BGH sah keinen Grund zu einer Änderung bei der Auslegung des Handeltreibensbegriffes im BtMG, wenn die Gerichte die von der Rspr. entwickelten Abgrenzungskriterien hinreichend beachteten; die vorgeschlagene Katalogisierung verschiedener handelstypischer Tätigkeiten sei nicht geeignet, die Auslegungsprobleme zu lösen (*BGH* NStZ-RR 2004, 183 = StraFo 2004, 251). Während der **4. Strafsenat des BGH** am 27. 1. 2004 in der Vorlegungsfrage dem 3. Strafsenat teilweise zustimmte und darüber hinaus eine eigene Einigungs-Lösung und Vertragstheorie entwickelte (Beschl. v. 27. 1. 2004, 4 ARs 23/03), sprachen sich auch der **1. Strafsenat** (Beschl. v. 25. 3. 2004, 1 ARs 21/03) und der **5. Strafsenat** (Beschl. v. 22. 1. 2005, 5 ARs 46/03) für die Beibehaltung der bisherigen Rspr. aus. Alle Senate lehnten die vom 3. Strafsenat vorgeschlagene asymmetrische Differenzierung zwischen Kauf- und Verkaufsbemühungen ab. Der 3. Strafsenat des *BGH* legte sodann gem. § 132 Abs. 2 GVG die Rechtsfrage nach dem Vollendungszeitpunkt des Handeltreibens dem Großen Senat des *BGH* mit Vorlagebeschluss vom 13. 1. 2005 zur Entscheidung vor (*BGH* NJW 2005, 1589 = StV 2005, 334; vgl. im Einzelnen *Bensch*, Der Begriff des Handeltreibens im BtMG, Diss. 2005).

44   **f) Entscheidung des Großen Senates v. 26. 10. 2005.** Am **26. 10. 2005** erteilte dann **der Große Senat des** *BGH* allen Änderungswünschen des 3. Strafsenates eine deutliche Absage (BGHSt. 50, 252 = NStZ 2006, 171 = StV 2006, 19 m. Anm. *Krumdiek* StV 2006, 634). Mit dieser Grundsatzentscheidung bleibt es nun für Jahre dabei, dass es zum vollendeten Handeltreiben ausreicht, wenn der Täter bei einem beabsichtigten Ankauf von zum gewinnbringenden Weiterverkauf bestimmten Betäubungsmitteln **in ernsthafte Verhandlungen mit dem potentiellen Verkäufer eintritt.** Vollendetes Handeltreiben setzt lediglich ernsthafte, eigennützige und verbindliche Ankaufs- oder Verkaufserklärungen, nicht den Besitz von Betäubungsmitteln, nicht eine erfolgreiche Einigung und nicht eine Betäubungsmittelübergabe voraus. Um aber einer Ausuferung des Tatbestandes Handeltreiben Einhalt zu gebieten, signalisierte der Große Senat des *BGH*, dass künftig die **Abgrenzung Vorbereitung/Versuch/Vollendung** und von **Beihilfe und Täterschaft** beim Handeltreiben künftig strenger geprüft werden müsse. Entsprechend dieser Zielvorgabe **definierten die Strafsenate des** *BGH* **die Abgrenzung Vorbereitung/Versuch/Vollendung** (vgl. *BGH* StV 2006, 136; *BGH* NStZ 2007, 100 = StV 2006, 639, s. dazu Rn. 232 ff.) und **Beihilfe/Täterschaft** (vgl. BGHSt. 51. 219 = NStZ 2007, 338 = StV 2007, 303; *BGH* NStZ-RR 2007, 246 = StV 2008, 19; *BGH* NStZ 2008, 285 = StV 2008, 580; *BGH* NStZ-RR 2009, 93; *BGH* NStZ-RR 2009, 254; *BGH* NStZ-RR 2010, 31; s. dazu Rn. 253 ff.) neu.

III. Tathandlungen des Handeltreibens

45   Das Handeltreiben setzt weder einen Besitz von Betäubungsmitteln noch die Erfüllung des Verpflichtungsgeschäftes voraus. Bereits der Abschluss fast aller **entgeltlichen Verpflichtungsgeschäfte** des BGB und des HGB, wie z. B. Kaufvertrag, Dienstvertrag, Werkvertrag, Mietvertrag, Pachtvertrag, Darlehen, Auftrag, Verwahrung, Lager-, Einfuhr- und Ausfuhrgeschäfte, Kommissionsgeschäfte, Speditions- und Frachtgeschäfte, kann Handeltreiben darstellen, wenn die Tätigkeit auf den gewinnbringenden Absatz von Betäubungsmitteln abzielt. Zudem unterfallen die Tatbegehungsweisen des **Produktionsprozesses** (Anbauen, Ernten, Synthetisieren, Verarbeiten, Umarbeiten, Vermischen, Reinigen, Tablettieren, in Konsum

und Handelsportionen Aufteilen) und die verschiedenen Formen des **Vertriebsprozesses** (Lagerung, Verpackung, Werbung, Vermittlung, Verkaufsverhandlungen, Auslieferung) sowie die anschließenden **Zahlungsvorgänge** (Mahnung, Eintreiben, Geldanlage, Geldwäscherei) dem Begriff des Handeltreibens. Die Tathandlung setzt **keinen auf Dauer ausgerichteten Geschäftsbetrieb** und **kein wiederholtes Verhalten** voraus. Es genügt **eine gelegentliche oder einmalige** auf Umsatz gerichtete Tätigkeit. Das angestrebte Geschäft muss konkret bestimmt sein nach Betäubungsmittelart, -menge, Preis usw. Anhand der vom *BGH* entwickelten Abgrenzungskriterien muss regelmäßig geprüft werden, ob ein **strafloses Vorfeldverhalten oder** schon ein **strafbares Absatzbemühen** vorliegt. Dabei sind insb. folgende Fallgruppen zu unterscheiden

– Ankauf von Betäubungsmitteln, s. dazu Rn. 46 ff.,
– Ankaufbemühungen zum Zwecke des Weiterverkaufs, s. dazu Rn. 50 ff.,
– Bereithalten von Betäubungsmitteln zum Weiterverkauf, s. dazu Rn. 62 ff.,
– Verkauf von Betäubungsmitteln – Erfüllungsgeschäft, s. dazu Rn. 70 ff.,
– Verkauf von Betäubungsmitteln – Verpflichtungsgeschäft, s. dazu Rn. 76 ff.,
– Verkaufsbemühungen, s. dazu Rn. 89 ff.,
– Produktionsprozesse, s. dazu Rn. 98 f.,
– Vermittlungsgeschäfte, s. dazu Rn. 100 ff.,
– Betäubungsmittelhandel durch Schenkungen, s. dazu Rn. 105,
– Betäubungsmittelhandel im Rahmen von Arbeitsverträgen, s. dazu Rn. 106 ff.,
– Betäubungsmittelhandel im Rahmen von Dienst- und Werkverträgen, s. dazu Rn. 108 ff.,
– Betäubungsmittelhandel im Rahmen von Miet- und Pachtverträgen, s. Rn. 110 ff.,
– Betäubungsmittelhandel im Rahmen von Darlehen-, Finanzierungs- und sonstigen Geldgeschäften, s. Rn. 114 ff.,
– Betäubungsmittelhandel im Rahmen von Fracht-, Einfuhr- und Ausfuhrbemühungen, s. Rn. 124 ff.,
– Betäubungsmittelhandel im Zusammenhang mit sonstigen Straftaten, s. Rn. 135 ff.

1. Ankauf von Betäubungsmitteln. a) Ankauf zum Zwecke des Weiter- **46** **verkaufs.** Nicht nur Verkäufer, sondern auch Käufer machen sich wegen Handeltreibens strafbar, wenn ihre Bemühungen auf Umsatz mit Betäubungsmitteln gerichtet sind. Beim Kauf ist der **Verwendungszweck** entscheidend. So ist der **Einkauf von Betäubungsmitteln zum Zwecke des Weiterverkaufs** Handeltreiben (BGHSt. 30, 277, 279; BGHR BtMG § 29 Abs. 1 Nr. 1 Handeltreiben 20 [1 StR 642/89]; BGHR BtMG § 29 Abs. 1 Nr. 1 Handeltreiben 27 = StV 1993, 308; zum Bereithalten von Betäubungsmitteln zum Weiterverkauf s. Rn. 62 ff.). **Feststellungen zur Verwendungsabsicht** und zur Beteiligung des Angeklagten an Drogengeschäften können nicht durch die Vermutungen ersetzt werden wie z. B. durch die Tatsache, dass der Angeklagte einen schweren Pkw mit gerichtsbekannt hohen Unterhaltskosten hält und dadurch bestrebt ist, seine Stellung im Frankfurter Drogenhandel zu erhalten (*BGH*, Beschl. v. 14. 4. 1982, 2 StR 24/82). Andererseits müssen die Absatzbemühungen nicht nach außen erkennbar sein (*BGH*, Urt. v. 27. 6. 1984, 3 StR 143/84). Der Verwendungszweck kann sich nicht nur aus **Erklärungen des Käufers,** sondern auch aus der **Menge** der gekauften Betäubungsmittel, aus der **Art der Verpackung,** aus der **Art und dem Ort der späteren Aufbewahrung** ergeben. Indizien für das Handeltreiben können sein, wenn beim Täter eine Feinwaage oder unbenutzte Minigrip-Tütchen zum Verpacken von Betäubungsmitteln aufgefunden werden.

b) Ankauf zum Zwecke des Eigenkonsums. Der Einkauf zum Zwecke des **47** Eigenkonsums ist kein Handeltreiben, sondern bloßer Erwerb. Im bloßen gemeinschaftlichen Einkauf größerer Mengen von Betäubungsmitteln zum Eigenbedarf von mehreren Drogenkonsumenten ist kein Handeltreiben zu erblicken, nur weil sie durch den gemeinsamen Einkauf einen günstigen Preis erzielten (*BGH*

StV 1984, 248; *BGH* NStZ 1986, 127 = StV 1986, 61, 162; BGHR BtMG § 29 Abs. 1 Nr. 1 Handeltreiben 33 = StV 1992, 420). Ist der Angeklagte, der Heroin erlangt hat, noch unschlüssig, ob er die Betäubungsmittel bei den Behörden abliefern oder gewinnbringend weiterveräußern sollte, so liegt lediglich Erwerb und kein Handeltreiben vor (*BGH* NStZ 1999, 572).

48   **c) Umtauschgeschäfte.** Der Warenumtausch, die **Rückgabe** schlechten Stoffes gegen Geld oder guten Stoff, ist **keine erneute selbstständige Tat, sondern Rückabwicklung des Kaufvertrages** als Teil des Handeltreibens (*BGH* NStZ 2005, 232; *BGH* NStZ 2007, 58; *BGH* NStZ-RR 2010, 24; *BGH* NStZ-RR 2010, 353). Auch die Rückgabe entwendeter Betäubungsmittel wegen Bedrohung stellt kein Handeltreiben dar (BGHSt. 30, 359 = NStZ 1982, 250 = StV 1982, 260). Hat ein Angeklagter Substanzen ohne Betäubungsmittelwirkstoff erworben und **eingeführt und diese zu Reklamationszwecken wieder ausgeführt** und nach Umtausch im Ausland **echte Betäubungsmittel eingeführt**, so diente die Abwicklung nur einem Umsatzgeschäft und ist nur ein Handeltreiben (*BGH* NStZ 2005, 232).

49   **d) Tauschverträge (Barter–Trading).** Tauschverträge sind in der Drogenszene von großer Bedeutung. Teilweise ist die Bezahlung in Stoff **(Drogenwährung)** beliebter als in Geld. Wer nicht Ware gegen Geld, sondern Heroin gegen Kokain, Betäubungsmittel gegen Schmuck, Gold, Edelsteine, Autos oder sonstige Waren eintauscht, um mit den Betäubungsmitteln Umsätze zu erzielen, treibt Handel. Wer mit Schmuggelfahrzeugen Heroin importiert und in den gleichen Schmuggelverstecken Waffen zu den Heroinlieferanten exportiert und das Rauschgift mit den Waffen bezahlt, treibt ebenfalls Handel. Besondere Formen von Tauschverträgen sind die **Dreiecksgeschäfte oder Kompensationsverträge.** Handeltreiben setzt jedoch **Eigennutz** voraus, also dass dem Täter **beim Tausch ein Vorteil zukommen muss.** Tauscht ein Täter Kokain gegen Heroin zum oder sogar unter dem Selbstkostenpreis ein und strebt er ein über den Erwerb des Heroins hinausgehenden wirtschaftlichen Nutzen nicht an, so liegt kein Handeltreiben, sondern ein unerlaubtes **Veräußern** von Kokain **in Tateinheit mit unerlaubtem Erwerb** vor (*BGH* NStZ-RR 2001, 118).

50   **2. Ankaufsbemühungen zum Zwecke des Weiterverkaufs.** Die Rspr. hat in den vergangenen Jahren bei ernsthaften, aber im Ergebnis erfolglosen Ankaufbemühungen wie z. B. Bestellungen oder Verhandlungen über den Ankauf zum Weiterverkauf bestimmter Betäubungsmittel, sofern sie das Stadium allgemeiner Anfragen verlassen hatten, vollendetes Handeltreiben angenommen (so u. a. 1. Strafsenat: BGHR BtMG § 29 Abs. 1 Nr. 1 Handeltreiben 4 = NStZ 1986, 557; 2. Strafsenat: *BGH* NStZ-RR 1996, 48; 3. Strafsenat (BGHR BtMG § 29 a Abs. 1 Nr. 2 Handeltreiben 1 [3 StR 31/95]); 4. Strafsenat: *BGH* NJW 1995, 470 = StV 1995, 76; 5. Strafsenat: BGHSt. 29, 239 = NJW 1980, 2204).

51   Ein Anfragebeschluss des 3. Strafsenats v. 10. 7. 2003 (NStZ 2004, 105 = StV 2003, 501 m. Anm. *Gaede* StraFo 2003, 391 u. m. Anm. *Roxin* StV 2003, 619) griff zahlreiche Kritik in der Fachliteratur auf, wonach der Begriff des Handeltreibens so weit vorverlagert worden sei, dass Vorbereitungshandlungen und Versuchshandlungen kaum denkbar seien und deshalb mit dem Bestimmtheitsgrundsatz nicht mehr zu vereinbaren sei. In dem Anfragebeschluss beabsichtigte der 3. Strafsenat des *BGH*, den weiten Anwendungsbereich des unerlaubten Handeltreibens sowohl mit einem abschließenden Katalog handelsüblicher Tätigkeiten einzuengen, als auch durch eine Neubewertung erfolgloser Ankaufsbemühungen einzuschränken. Dem Strafsenat lagen fünf Sachverhalte vor, bei denen der Angeklagte zwar ernsthaft am Ankauf von Betäubungsmitteln interessiert war, bei zwei Telefongesprächen wollte er noch die Voraussetzung einer Lieferung klären (Zweifel an der Lieferfähigkeit, Beschaffung der Telefonnummer des Lieferanten). Bei drei Reisen zu Lieferanten in die Niederlande konnte er sich mit dem Verkäufer nicht einigen, bekam entweder keine Ware oder andere Ware (Amphetamin statt Kokain).

Sowohl *Weber* (NStZ 2004, 66) als auch der 2. Strafsenat des *BGH* (*BGH* NStZ- **52**
RR 2004, 183; *BGH* StV 2005, 271) widersprachen zu Recht der vorgeschlagenen Asymmetrie zwischen erfolglosen Verkaufsbemühungen (= vollendetes Handeltreiben) und erfolglosen Einkaufsbemühungen (wäre Vorbereitungshandlung
oder Versuch), da der Verkauf den Einkauf voraussetze und deshalb der Einkauf
nicht minder gefährlich sei als der Weiterverkauf. Entscheidend sind nach der
Rspr. des *BGH* das Bemühen des Täters, den Betäubungsmittelabsatz zu fördern.
Im Übrigen habe die Rspr. ausreichende Abgrenzungskriterien herausgearbeitet,
um dem unterschiedlichen Gefährdungsgrad von illegalen Handelstätigkeiten gerecht zu werden. Dem kann nur zugestimmt werden. Der 3. Strafsenat legte gem.
§ 132 Abs. 2 GVG mit Vorlagebeschluss v. 13. 1. 2005 dem Großen Senat für
Strafsachen folgende Rechtsfrage zur Entscheidung vor (NJW 2005, 1589 = StV
2005, 334): Reicht es für die Annahme von vollendetem Handeltreiben aus, wenn
der Täter bei einem beabsichtigten Ankauf von zum Weiterverkauf bestimmten
Betäubungsmitteln in ernsthafte Verhandlungen eintritt, aber keine Einigung mit
dem Lieferanten erzielt? Der Große Senat bejahte diese Frage und bestätigte damit
die bisherige Rspr. (BGHSt. 50, 252 = NStZ 2006, 171 = StV 2006, 19).

Bei den Ankaufsbemühungen sind folgende Stadien von Bedeutung:

a) Allgemeine Unterhaltungen und Veröffentlichungen über Betäu- **53**
bungsmittel. Allgemeine unverbindliche Unterhaltungen über Drogen, Drogengeschäfte Dritter, Drogenmarkt oder Drogenlokale im Wirtshaus oder am Telefon
sind keine Absatzbemühungen, sondern Informationsbemühungen und kein Handeltreiben. Zeitungsberichte, Zeitschriften, Sach- oder Fachbücher, die Drogen,
Drogenzubereitung, Drogenkonsum, Drogenanbau, Drogenherstellung, Drogenhandel, Drogenpreise, Drogenszenen, Schmuggelwege usw. beschreiben, vermitteln
Informationen über Drogen und Märkte, wollen aber keine Umsätze mit Drogen,
sondern Umsätze mit Berichten und Büchern über Drogen erzielen. Deshalb ist
dies kein Handeltreiben.

b) Bloße Voranfragen und Kaufvorgespräche. Bloße Voranfragen und all- **54**
gemeine Angebote wie „Willst du Ware?", „Hast du Stoff?", stellen noch kein
Handeltreiben dar, sondern **unverbindliche Vorbereitungshandlungen.** Gleiches gilt für folgenden Fall: Der Angeklagte will Kokain zum Weiterverkauf erwerben. Er telefoniert unverbindlich mit mehreren Händlern in den Niederlanden
und in Deutschland und fragt nach Kokainpreisen. Beide Seiten wollen sich bloß
informieren. In diesen Fällen wird kein bestimmtes Umsatzgeschäft gefördert
(*BGH* NStZ 2004, 105 = StV 2003, 501 m. Anm. *Roxin* StV 2003, 619). Sobald
der Angeklagte jedoch eine **bestimmte Betäubungsmittelbestellung** aufgibt,
wird das Vorbereitungsstadium verlassen, **auch wenn der Lieferant über keine**
Ware verfügt. Erst die Verpflichtungserklärung oder ein schlüssiges Verhalten
(Geschäftsabschluss per Handschlag) verdeutlichen den Absatzwillen. Kann sich der
Gesprächspartner nicht entscheiden, oder will er sich nicht binden, so entfällt das
Handeltreiben.

c) Reise und Suche nach Lieferanten, Transportunternehmen und Ab- **55**
satzmärkten ohne Kontaktaufnahmen. Die allgemeine Suche nach Lieferanten, Kaufinteressenten, Transportunternehmen oder Absatzmärkten, ohne konkrete
Geschäfte anzubahnen, ist **bloße Vorbereitungshandlung.** Eine Reise ins Ausland, um dort Lieferanten kennenzulernen oder aufzusuchen, um dort neue Märkte und Einkaufsmöglichkeiten zu erkunden, stellt so lange eine Vorbereitungshandlung dar, wie sich der Beschuldigte nicht zu konkreten Geschäften verpflichtet.
Reist ein Kaufinteressent ohne Vereinbarung mit dem Lieferanten an, kann aber
mit diesem wegen dessen Festnahme nicht verhandeln, so bleibt es bei der Vorbereitung (*BGH* NStZ 1996, 507 = StV 1996, 548). Eine Busreise nach Amsterdam,
die Besichtigung von Coffee-Shops, Samenhandlungen, Head- und Smart-Shops,
der Besuch von Drogenmuseen oder von Cannabisgärtnereien, die Cannabisprodukte zum Kauf anbieten, die Mitnahme von Preislisten, Visitenkarten und Katalogen, die Preise und Lieferbedingungen zum Betäubungsmittelerwerb enthalten,

stellen **straflose Vorbereitungshandlungen** dar. Die Fahrt nach Amsterdam, die Suche nach einem bestimmten Heroinverkäufer in einem bestimmten Coffee-Shop ohne vorherige Verabredung stellt eine bloße Vorbereitungshandlung dar, wenn der Verkäufer verhaftet war, der Coffee-Shop geschlossen war und/oder die Täter keinen anderen zuverlässigen Verkäufer kannten oder trafen. Die Angeklagten haben **noch nicht zur Verwirklichung des Tatbestandes unmittelbar angesetzt** (*BGH* StV 1985, 14). Zur Erkundung von Lieferquellen und zum Auskundschaften potentieller Abnehmer vgl. BGHR BtMG § 29a Abs. 1 Nr. 2 Handeltreiben 1 [3 StR 31/95]; BGHR BtMG § 29 Abs. 1 Nr. 1 Handeltreiben 20 [1 StR 642/89].

56   **d) Eintritt in ernsthafte Kaufswegverhandlungen.** Seit Jahrzehnten entspricht es der ständigen Rspr. des *BGH*, dass selbst ernsthafte, aber erfolglose Ankaufbemühungen, dass eine **verbindliche Betäubungsmittelbestellung zum Weiterverkauf** zum vollendeten Handeltreiben ausreicht, auch wenn der Lieferant des Verkäufers sich vergeblich um die Ware bemüht, über keine Ware verfügt, auf dem Weg zur Lieferung festgenommen wird oder Betäubungsmittelimitate statt Betäubungsmittel liefert. Das Stadium allgemeiner Anfragen und Unterhaltungen über Drogen wird aber bereits dann verlassen, wenn der Täter in der Absicht, Betäubungsmittel zum gewinnbringenden Weiterverkauf zu erwerben, **in ernsthafte Kaufsverhandlungen mit einem potentiellen Verkäufer eintritt (**BGHSt. 29, 239 = NJW 1989, 2204; *BGH* NStZ 1992, 38 = StV 1992, 516; *BGH* NStZ 1986, 557 = StV 1986, 527; BGH NStZ-RR 1996, 48; BGHR BtMG § 29a Abs. 1 S. 2 Handeltreiben 1 [3 StR 31/95]; BGHSt. 50, 252 = NStZ 2006, 171 = StV 2006, 19; BGHR BtMG § 29 Abs. 1 Nr. 1 Handeltreiben 64 = StV 2006, 136; *Weber* § 29 Rn. 372). Hier ist schon vollendetes Handeltreiben gegeben, selbst wenn das Geschäft nicht zustande kommt, weil keine Einigung mit dem Lieferanten erzielt wird oder die angesprochene Person trotz ernsthafter Bemühungen keinen Lieferanten findet. Ein versuchtes Handeltreiben ist anzunehmen, wenn der Täter in ernsthafte Kaufsverhandlungen mit einem Dealer eintritt, der ihm jedoch von Anfang an nichts verkaufen will oder gar nicht liefern kann (BGHR BtMG § 29 Abs. 1 Nr. 1 Handeltreiben 64 = StV 2006, 136; s. dazu auch Rn. 236). Wird bei oder nach einer Betäubungsmittellieferung eine **Nachbestellung** vorgenommen, so stellt auch diese Nachbestellung Handeltreiben dar (BGHR BtMG § 29 Abs. 1 Nr. 1 Handeltreiben 32 [1 StR 71/92]). Erreicht die schriftliche **Bestellung per Post oder per Telefax** den Lieferanten nicht, weil die Sendung verloren geht, so liegt **lediglich Versuch** vor.

57   **e) Betäubungsmittelbestellung per Post.** Der Besteller eines zum Weiterkauf bestimmten Betäubungsmittelpäckchens macht sich wegen vollendeten Handeltreibens strafbar, auch wenn die Lieferung ihn nicht erreicht.

58   **f) Kaufangebote gegenüber Lieferanten, deren Ware polizeilich sichergestellt worden ist.** Die Tatsache, dass das bei den Kaufverhandlungen ins Auge gefasste Rauschgift infolge polizeilicher Sicherstellung dem Verkäufer nicht mehr verfügbar ist, bedeutet **keinen untauglichen Versuch** und hindert nicht die Bejahung eines **vollendeten Handeltreibens.** Das Handeltreiben ist ein Erklärungsdelikt und setzt weder einen Besitz von Betäubungsmitteln noch bestehende Liefermöglichkeiten, sondern allein das Bemühen, Umsätze mit Betäubungsmitteln zu ermöglichen bzw. zu fördern, voraus. Denn der Händler kann trotz polizeilicher Sicherstellung die Ware anderweitig beschaffen (vgl. BGHSt. 29, 239; *BGH* NStZ 1992, 38 = StV 1992, 516; *BGH* NStZ 1994, 441 = StV 1995, 524 m. Anm. *Harzer* StV 1996, 336; *BGH* NJW 1998, 767 = StV 1999, 79; *BGH* NStZ 2008, 465 = StV 2008, 417; *BGH* NStZ 2008, 573 = StV 2008, 420; *BGH* NStZ 2010, 522 = StV 2010, 683; *Weber* § 29 Rn. 267; MK-StGB/*Rahlf* § 29 Rn. 309).

59   **g) Probenkauf.** Im Drogenhandel ist vor Verkaufsabschluss die Übergabe und Prüfung einer Warenprobe üblich, um die **Qualität** des Stoffes und damit den **Preis** der Betäubungsmittel einschätzen zu können. Bei größeren Betäubungsmittelgeschäften ist die Probe kostenlos. Auch wenn das spätere Drogengeschäft scheitert, ist mit Übergabe einer Betäubungsmittelprobe das Handeltreiben bereits vollendet. Folgt dem Verkauf einer Betäubungsmittelprobe die Warenlieferung, so hat sich der Verkäufer nur wegen eines Rauschgiftgeschäftes zu verantworten, weil **Probenlieferung und Warenlieferung Teilakte eines Handelsgeschäftes** sind.

h) Vertrauenskauf. Vor größeren Betäubungsmittelgeschäften ist es üblich, **60 den Käufer zu testen,** um nicht Gefahr zu laufen, dass es sich um einen Scheinaufkäufer der Polizei oder um einen mittellosen Käufer mit Raubabsichten handelt. Die Verkäufer wickeln deshalb häufig vor der Lieferung der großen Kilogramm-Menge mit dem Käufer ein Gramm-Geschäft ab mit der Abrede, nach erfolgreichem Geschäftsabschluss die große Restmenge nachzuliefern. Beide **Teillieferungen gehören zu einem Rauschgiftgeschäft** (BGHR BtMG § 29 Abs. 1 Nr. 3 Konkurrenzen 4 [2 StR 302/89]; vgl. *BGH* NStZ 1996, 443 = StV 1996, 99). Kommt es nach der Probenübergabe oder nach der Abwicklung des Vertrauenskaufs zur Festnahme, so ergibt sich der Geschäftsumfang nach dem Umfang des Verpflichtungsgeschäftes, nicht nach der sichergestellten Menge. Dass nur die erste Rate der Warenlieferung beschlagnahmt wurde, findet dann bei der Strafzumessung Berücksichtigung.

i) Dreiecksgeschäft. Anstelle für die Ware den Kaufpreis zu zahlen, findet un **61** ter Dealern bisweilen nur eine Verrechnung statt (Kompensationsgeschäfte oder Bartertrading). A liefert an B 1 kg Heroin und bestellt bei ihm dafür 30 kg Haschisch. B hat kein Haschisch vorrätig, aber ein Forderung gegenüber C in Höhe von 30.000 Euro aus Rauschgiftgeschäften. C zahlt 30.000 Euro an A. A, B und C machen sich wegen Handeltreibens strafbar, sofern jeder damit einen Gewinn erstrebt.

3. Bereithalten von Betäubungsmitteln zum Weiterverkauf. Die bloße **62** Betäubungsmittelverwahrung, das Versteckthalten und das Bereithalten von Betäubungsmitteln stellen ein ohne Kundenkontakt und ohne Verkaufsgespräche bereits vollendetes Handeltreiben i. S. d. BtMG dar, wenn diese Verhaltensweisen auf den Umsatz mit Betäubungsmitteln gerichtet sind (BGHSt. 30, 359; BGHR BtMG § 29 Abs. 1 Nr. 1 Handeltreiben 20 [1 StR 642/89]). Schon die Inbesitznahme von Betäubungsmitteln ist als Handeltreiben zu werten, wenn mit ihr eine umsatzfördernde Handlung vorgenommen wird oder der Täter eine solche Handlung zumindest beabsichtigt (*BGH* StV 1981, 235; *BGH*, Urt. v. 26. 8. 1993, 4 StR 326/93). Das Aufsuchen eines Parks mit drei Heroinbriefchen, um dort nach Abnehmern zu schauen, ist vollendetes Handeltreiben (BGHR BtMG § 29 Abs. 1 Nr. 1 Handeltreiben 20 [1 StR 642/89]).

Allein der nicht konkretisierte Wille eines Besitzers, Betäubungsmittel abzuset **63** zen, reicht für das Handeltreiben jedoch nicht aus. Vielmehr bedarf es **konkreter Anstrengungen, um einen konkreten Betäubungsmittelumsatz zu ermöglichen oder zu fördern** (*BGH* NStZ 1990, 545). Die bloße Feststellung, ein Angeklagter habe maßgeblich an der Heroinverteilung mitgewirkt, ohne Betäubungsmittel besessen zu haben und ohne irgendwie nach außen in Erscheinung zu treten, ist nicht konkret genug (*BGH* StV 1991, 101). Aus einer vorrätig gehaltenen Betäubungsmittelmenge, aus **telefonischen Kundenbestellungen,** aus dem Auslegen einer **Kokainstraße** und dem Besitz einer einsatzfähig **aufgehängten Präzisionswaage** kann das Tatgericht in einer Gesamtschau auf eine Verkaufsabsicht schließen. Wird ein Angeklagter im Besitz von 58 g Kokain, einem **Folienschweißgerät** und **Verpackungsmaterial** mit Kokainanhaftungen angetroffen und sind keinerlei Anhaltspunkte für einen Eigenkonsum feststellbar, so wäre es eine Überspannung richterlicher Überzeugungsbildung, hier nur von Besitz auszugehen, da eine Gesamtwürdigung zur Annahme von Handeltreiben nötigt (*BGH,* Urt. v. 7. 5. 1986, 2 StR 182/86).

Das **Vorrätighalten von verkaufsbereiten Drogenpackungen mit dem 64 Ziel des späteren Verkaufs in** einer **Wohnung,** in einem **Drogenlokal** oder in einem **Drogenpark** stellt Handeltreiben dar (*BGH* NStZ 1992, 86; BGHR BtMG § 29 Abs. 1 Nr. 1 Handeltreiben 42 [2 StR 203/94]; BGHR BtMG § 29 Abs. 1 Nr. 1 Handeltreiben 47 = StV 1995, 197).

65   Die Verkaufsabsicht kann nicht allein aus der **Persönlichkeit,** der **Vorbelastung,** der **Erwerbslosigkeit** des Angeklagten und der **Portionierung** der sichergestellten Betäubungsmittel geschlossen werden. Das **Verhalten** und die **Dauer des Aufenthalts in der Drogenszene,** das **Abholen von Verkaufsportionen aus einem Versteck,** das Bereithalten einer **Rauschgiftwaage** und von **Verpackungsmaterial, Verkaufsabrechnungen, Devisen** und **Wechselgeld** können aber auf eine Verkaufsabsicht schließen lassen (*Frankfurt,* Beschl. v. 27. 9. 1995, 2 Ss 261/95), selbst wenn ein konkretes Verkaufsgeschäft nicht nachgewiesen ist. Wurden in einem Pkw des Angeklagten 35 Folienbeutel mit 5,16 g Heroinzubereitungen, in der Wohnung des Angeklagten 208 Folienbeutel mit 29,52 g Heroinzubereitung nebst 54 g Heroinzubereitung in 3 Tüten sichergestellt, so ergibt sich der Verwendungszweck der Verkaufsabsicht aus der Menge und der Verpackung der Betäubungsmittel, da eine Vorratshaltung zum Eigenbedarf in dieser Menge und Aufteilung abwegig erscheint (*Hamm* StraFo 1997, 223). **Bei Transaktionen von mehreren 100 g oder Kilogramm** von harten Drogen **liegt eine Konsumvorrathaltung fern,** da Drogenabhängige in aller Regel über keine ausreichenden Geldmittel verfügen und auch keine größere Vorratshaltung pflegen (BGHR StGB § 21 BtM-Auswirkungen 14 [1 StR 147/03]). Für „weiche" Drogen kann nichts anderes gelten.

66   Wer gegen Honorar für einen hinterlegenden Dealer ein Betäubungsmittellager unterhält und jeweils bei Bedarf ihm die verkaufte Menge aushändigt, treibt als Täter oder Gehilfe Handel. Auch das **Umfüllen, Abfüllen, Abwiegen, Abpacken, Auszeichnen, Kennzeichnen, Versenden,** sind Ausdrucksformen des Handeltreibens (*BGH* NStZ 1994, 495; BGHSt. 43, 8 = NStZ 1998, 257 = StV 1997, 305).

67   Die Abholung von **Betäubungsmitteln aus einem Depot** lässt allein noch nicht die Beurteilung des Verhaltens als täterschaftliches Handeltreiben zu. Denn erst aus den Beweggründen, seinen Vorstellungen über Menge und Qualität und seiner **Verwertungsabsicht** lässt sich schließen, ob er den Absatz mit Betäubungsmitteln fördern wollte und ob er als Täter oder Gehilfe gehandelt hat (*BGH,* Beschl. v. 12. 1. 1990, 2 StR 613/89).

68   Erlaubt ein Drogenhändler einem Angeklagten, aus seinem Keller 160 g Heroingemisch zu holen und verkauft dieser sie gewinnbringend, so liegt insoweit Handeltreiben vor. Erlaubt der Drogenhändler dem Angeklagten sodann, 290 g **Heroin aus seinem Keller** zum gewinnbringenden Verkauf zu holen, so bleibt nur eine Beihilfe, wenn er keine Absatzbemühungen entfaltet hat (*BGH,* Beschl. v. 7. 6. 1991, 2 StR 204/91).

69   Andererseits kommt nur Besitz und nicht Handeltreiben in Betracht, wenn der Wohnungsinhaber, in dessen Wohnung Heroin gefunden wurde, unwiderlegbar vorträgt, er habe das Heroin zur kurzfristigen Aufbewahrung erhalten, **ohne zu wissen, was damit beabsichtigt** gewesen sei (*BGH,* Beschl. v. 23. 8. 1990, 5 StR 339/90). Nicht jedes Betäubungsmittellager dient jedoch dem Absatz. Wird der Stoff in einem Versteck nur **zum Eigenkonsum** oder, **um ihn dem Zugriff der Polizei zu entziehen,** verwahrt, so macht sich der Verwahrer lediglich wegen Besitzes nach § 29 Abs. 1 S. 1 Nr. 3 BtMG strafbar (vgl. *BGH* NJW 1992, 381 = StV 1993, 248).

70   **4. Verkauf von Betäubungsmitteln – Erfüllungsgeschäft. a) Lieferung der Betäubungsmittel.** Die Erfüllung des obligatorischen Geschäftes, z. B. eines Kaufvertrages, durch **die Lieferung und Aushändigung der Betäubungsmittel** stellt den typischen Fall des Handeltreibens dar (BGHSt. 31, 145 = NJW 1983, 636 = StV 1983, 108; *Weber* § 29 Rn. 333; *Patzak/Bohnen* Kap. 2, Rn. 51). Handeltreiben ist dabei auch gegeben, wenn der vereinbarte Kaufpreis nicht gezahlt wird oder mangels Geld nicht gezahlt werden kann, da die Umsatzförderung nicht

erzielt werden, sondern nur angestrebt sein muss (BGHSt 30, 277 = NJW 1982, 708).

Meistens übergibt der Verkäufer die Betäubungsmittel oder lässt sie übergeben. **71** **Übergibt ein Drogenstraßenhändler** gegen Bezahlung zwar wortlos, aber eigennützig ein Drogenpäckchen, das er im Mundbereich bei sich führt, **mit der Zunge,** indem er die **Kundin küsst,** ein Päckchen, das er in der Hand bei sich führt, bei der Begrüßung **mittels Handschlag,** ein Päckchen, das er in einem Zigarettenpäckchen bei sich führt, oder beim Rauchen, indem er **seinem Gegenüber Zigaretten anbietet,** so kann diese besondere Übergabeform Handeltreiben darstellen. Eine besondere Übergabeform ist der „**fliegende Wechsel".** Der Verkäufer fährt mit seinem Pkw am Pkw des Käufers vorbei und **wirft** das Paket **durch das Wagenfenster.** Bisweilen wird der Stoff auch **in einen Garten oder Briefkasten** geworfen, durch **Übergabe eines Auto- oder Schließfachschlüssels ersetzt** oder das Rauschgiftpaket per Fallschirm abgeworfen oder vom Meer an das Land geschwemmt.

b) Entgegennahme des Kaufpreises. Die Entgegennahme des Kaufpreises für **72** den Lieferanten im Ausland und die Weiterleitung des Kaufpreises an den Lieferanten ist Handeltreiben (*BGH,* Urt. v. 20. 3. 1985, 2 StR 861/84), auch wenn keine Sicherheit besteht, dass das Entgelt in die Verfügungsgewalt des Lieferanten gelangt. Denn das Interesse des Kassierers besteht an der Erlangung der Gegenleistung für die Ware Rauschgift in seiner Verfügungsgewalt. Liefert ein pakistanischer Haschischhändler nach Probelieferung von 16 kg und 15 kg Haschisch in Konservendosen verpackt, in zwei Lieferungen mit jeweils fünf Koffern zweimal 100 kg Haschisch – in Konservendosen abgefüllt – und eine Lieferung mit 200 kg Haschisch in Dosen als unbegleitetes Reisegepäck nach Frankfurt und schickt, da er wegen eines Strafverfahrens wegen Handels mit 12 t Haschisch Pakistan nicht verlassen kann, seinen in die Haschischgeschäfte eingeweihten pakistanischen Strafverteidiger mit einer als Kennzeichen vereinbarten halben 500-DM-Note und mit in einem Füllhalter versteckten Anweisungen nach Frankfurt zur Entgegennahme des Kaufpreises von 280.000 DM, zu Verhandlungen über Unkosten des Frankfurter Abnehmers und zur **Weitergabe des Kaufgeldes** an einen nach Frankfurt georderten eingeweihten pakistanischen **Devisenhändler und Geldwäscher,** so liegt in dem Verhalten des Strafverteidigers ebenso wie in dem Verhalten des Devisenhändlers nicht nur eine Begünstigungshandlung abgeschlossener Rauschgiftlieferungen, sondern eine sukzessive Mittäterschaft bei der Einfuhr und dem Handeltreiben nicht geringer Mengen von Betäubungsmitteln (*LG Frankfurt,* Urt. v. 31. 5. 1977, R 2 KLs 35/76).

c) Kommissionsgeschäfte. Auch die **Lieferung von Betäubungsmitteln 73 auf Kommissionsbasis,** d. h. der Verkäufer liefert die Ware an seinen Kunden im Vertrauen, dass dieser nach Weiterverkauf der Ware den Kaufpreis entrichtet, ist Handeltreiben, unabhängig davon, ob diese Ware verkauft wird und ob sie dem Lieferanten bezahlt wird.

d) Beitreibung des Kaufpreises. Auch das **Eintreiben des Kaufpreises 74** durch den Verkäufer oder dessen Kassierer ist eine Form des Handeltreibens (vgl. BGHSt 31, 145 = NJW 1983, 636 = StV 1983, 109).

e) Beitreibung des Kaufpreises und der Betäubungsmittellieferung mit 75 Drohung oder Gewalt. Überlässt ein Betäubungsmittelhändler seinem Kunden, der ihn über seine Zahlungsfähigkeit und Zahlungswilligkeit getäuscht hat, die verkauften Drogen ohne Kaufpreiszahlung, so hat er keinen Anspruch auf deren Rückgabe, weder im Wege der Naturalrestitution (§ 249 Abs. 1 BGB) noch in Form von Geldersatz (§ 251 Abs. 1 BGB). Eine derartige Forderung ist **wegen unzulässiger Rechtsausübung** mit Treu und Glauben unvereinbar. Ihm steht nach Verbrauch der Drogen durch den Kunden kein Anspruch auf Geldersatz zu. Will er die Bezahlung der Betäubungsmittel **mit Nötigungsmitteln durchsetzen,** erstrebt er demgemäß eine **unrechtmäßige Bereicherung** i. S. d. § 253

Abs. 1 StGB (BGHSt. 48, 322 = NStZ 2004, 37 = StV 2003, 612 m. Anm. *Kühl* NStZ 2004, 387). Wurden zwei Angeklagte von einem Kunden bei Drogengeschäften betrogen, dass dieser dem einen den restlichen Kaufpreis und dem anderen eine Restlieferung Kokain schuldig blieb, und setzten die beiden den Kunden durch Faustschläge und durch Drücken eines scharfen Flaschenhalses an sein Gesicht unter Druck, seinen Verpflichtungen nachzukommen, so liegt der **Vorwurf der versuchten schweren räuberischen Erpressung** nahe. Unabhängig von der Frage, ob die Angeklagten gem § 823 Abs. 2 BGB i. V. m. § 263 StGB Schadensersatz wegen Betruges verlangen konnten (*BGH* NStZ 2003, 151), stand ihnen wegen § 134 BGB kein Anspruch auf Restzahlung und Restlieferung zu. Da sie jedoch von berechtigten Ansprüchen ausgingen, befanden sie sich in einem **Tatbestandsirrtum** (§ 16 Abs. 1 S. 2 StGB), der ihnen die **Absicht einer unrechtmäßigen Bereicherung** nahm. Sie können deshalb nur wegen **gefährlicher Körperverletzung und Nötigung** bestraft werden (*BGH* NStZ 2002, 597).

76 **5. Verkauf von Betäubungsmitteln – Verpflichtungsgeschäft. a) Abschluss des Verpflichtungsgeschäfts.** Das Handeltreiben ist **kein Erfolgsdelikt.** Handeltreiben ist bereits bei einem Verpflichtungsgeschäft über Betäubungsmittel gegeben und setzt **kein Erfüllungsgeschäft,** also keine Übergabe von Betäubungsmitteln voraus. Die Betäubungsmittel müssen weder vom Verkäufer noch einem Dritten am Orte des Geschäftsabschlusses bereitgehalten werden. Der Stoff muss **nicht einmal** bei dem Verkäufer **vorrätig sein.** Handeltreiben setzt **keinen Betäubungsmittelbesitz** beim Verkäufer voraus und erfasst insoweit auch **Täterpersönlichkeiten, die es scheuen, mit den Drogen selbst in Berührung zu kommen.** (BGHSt. 6, 246; *BGH* NStZ 1986, 557 = StV 1986, 527; *BGH* NStZ 1992, 38 = StV 1992, 516; BGHR BtMG § 29 Abs. 1 Nr. 1 Handeltreiben 31 = StV 1992, 517 m. Anm. *Roxin*). Es reicht aus, dass der Verkäufer gegenüber dem Kaufinteressenten **zu liefern verpflichtet.** Auch wenn die Verhandlungen oder der mit den Verhandlungen erstrebte Umsatz später scheitern, weil die **Beschaffung und Übereignung sich als unmöglich erweisen,** weil der angekündigte Herointransport nicht mehr eintrifft oder der Lieferant des Verkäufers festgenommen wird, so hat dennoch der Verkäufer Handel getrieben (BGHR BtMG § 29 Abs. 1 Nr. 1 Handeltreiben 31 = StV 1992, 517 m. Anm. *Roxin*). Die Tatsache, dass ein Angeklagter im Zeitpunkt der Lieferungsvereinbarung noch keine gesicherte Lieferquelle hatte, sondern lediglich eine reelle Chance sieht, mit Hilfe bereits bestehender Kontakte eine solche Bezugsquelle zu erschließen und vereinbarungsgemäß liefern zu können, steht der Annahme **vollendeten** Handeltreibens nicht entgegen, auch wenn die Beschaffung der Betäubungsmittel scheitert (BGHR BtMG § 29 Abs. 1 Nr. 1 Handeltreiben 31 = StV 1992, 517 m. Anm. *Roxin*; *BGH* NStZ 2000, 207).

77 Handeltreiben setzt kein Eigentum an den verkauften Betäubungsmitteln voraus. Die verkauften Drogen müssen auch **nicht im Eigentum** des Verkäufers stehen. Es ist auch nicht erforderlich, dass die Geschäftstätigkeit zu eigenen Umsatzgeschäften führt. Wer es gegen Honorar übernimmt, im Inland vorrätige Betäubungsmittel Dritter oder noch vom Ausland einzuführende Betäubungsmittel Dritter im Inland zu verkaufen, und damit **fremde Umsatzgeschäfte** eigennützig fördert, treibt Handel (BGHSt. 29, 239 = NJW 1980, 2204), unabhängig ob es später tatsächlich zum Absatz der Betäubungsmittel kommt.

78 Bisweilen vereinbaren die Verhandlungspartner auch **gemischte Kaufverträge.** Der Käufer oder Verkäufer verpflichtet sich zu besonderen Nebenleistungen wie die Vermittlung von Kundschaft, nur mit diesem Vertragspartner Geschäfte abzuwickeln, oder Ware zu bunkern, falls ein besonderer Preis gezahlt wird. Eine besondere Form des gemischten Handelsgeschäftes ist der An- und Verkauf einer Mischung von legalen und illegalen Gütern. Ein Verkäufer liefert eine Lkw-Ladung Kartoffeln und inliegend 1 Sack Haschisch oder eine Schiffsladung Kies, dazwischen 1 Sack Heroin. Einzelne organisierte Tätergruppierungen nutzen legale

Handels-, Transport- und Lagerungsgeschäfte, um ihre Betäubungsmittelgeschäfte zu verschleiern und um im Rahmen ihrer legalen Geschäfte illegale Waren quasi unkostenfrei gleichzeitig zu transportieren, zu lagern und zu verkaufen. Auch in der Bundesrepublik gibt es bereits Grundstrukturen organisierter Kriminalität, die sich dieser „gemischten Geschäfte" bedienen.

b) Verkaufsverhandlungen. Das Handeltreiben ist ein **Unternehmensdelikt.** **79**
Im Rahmen des illegalen Rauschgifthandels ist wegen der wiederholten Verhandlungen mangels schriftlicher Verträge meist nicht eindeutig zu klären, wann und zwischen wem die Einigung stattfand. Diese Erfahrungen hat der *BGH* in seiner Rspr. berücksichtigt. Das Handeltreiben ist bereits bei einem Verpflichtungsgeschäft über Betäubungsmittel gegeben und setzt kein Erfüllungsgeschäft, also keine Übergabe von Betäubungsmittel voraus. Es ist nicht einmal ein zweiseitiger mündlicher oder schriftlicher Kaufvertrag mit einer vollständigen Einigung der Parteien über den Kaufgegenstand, Kaufmenge, Verpackung, Qualität, Leistungsort und Leistungszeit von Nöten. Es genügt **jede Mitwirkung an den Kaufverhandlungen, jede Vertragsanbahnung.** Die Kaufverhandlungen müssen **nicht erfolgreich durch eine Einigung abgeschlossen werden und müssen nicht den angestrebten Umsatz erreichen,** nur ermöglichen oder fördern. Selbst Verhandlungen über die Frage, ob ein schuldrechtlicher Vertrag abgeschlossen werden soll, stellt bereits Handeltreiben dar. Das Eingehen von Lieferverpflichtungen, ohne eine gesicherte Lieferantenzusage zu besitzen, stellt bereits vollendetes Handeltreiben dar (BGHR BtMG § 29 Abs. 1 Nr. 1 Handeltreiben 31 = StV 1992, 517 m. Anm. *Roxin*; *BGH* NStZ 2000, 207; *BGH* NStZ 2006, 577).

c) Ernsthafte und verbindliche Verkaufserklärungen und die gescheiter- **80**
ten Verkaufsverhandlungen. Für die Tatbestandserfüllung reicht es aus, dass der Verkäufer das **Stadium unverbindlicher Gespräche verlässt** und **ernsthafte und verbindliche Verkaufsangebote persönlich, telefonisch, schriftlich oder per Telefax** einem Adressaten unterbreitet und diese Erklärung dem Adressaten auch zugeht **(Erklärungsdelikt).** Bereits das **ernsthafte und verbindliche Verkaufsangebot** stellt Handeltreiben dar, wenn es sich mit konkreten Konditionen an einen bestimmten Adressaten wendet und zum späteren Absatz von Rauschgift dienen soll. Ein durch welches Kommunikationsmedium auch immer übermitteltes Verkaufsangebot auf Lieferung einer bestimmten Betäubungsmittelmenge zu einem bestimmten Preis stellt sich als empfangsbedürftige Willenserklärung dar, die als Handeltreiben tatbestandliche Wirksamkeit entfaltet, wenn sie von dem potentiellen Kaufinteressenten entgegengenommen wird bzw. dem Adressaten postalisch, telefonisch oder telegraphisch zugeht. Aus den Erklärungen muss für den Adressaten hervorgehen, dass und wie der Täter sich verpflichten will, Umsatz mit Betäubungsmitteln zu treiben, **auch wenn die Lieferung später nicht zustande kommt** (Handeltreiben ist **Unternehmensdelikt, kein Erfolgsdelikt).** Unerheblich ist es, ob es später tatsächlich zu Umsatzgeschäften kommt, ob der Täter über das angebotene Betäubungsmittel überhaupt verfügen konnte oder ob er eine gesicherte Lieferantenzusage hatte (s. Rn. 76 f.). Auch **gescheiterte Verkaufsverhandlungen** stellen deshalb **vollendetes Handeltreiben** dar (BGHR BtMG § 29 Abs. 1 Nr. 1 Handeltreiben 31 = StV 1992, 517 m. Anm. *Roxin*; *BGH* NStZ-RR 1996, 48; *BGH* NStZ 2000, 207; BGHR BtMG § 29 Abs. 1 Nr. 1 Handeltreiben 61 = StV 2005, 271; BGHSt. 50, 252 = NStZ 2006, 171 = StV 2006, 19). Bietet der Angeklagte 4 kg Heroin an und kann später wegen Schwierigkeiten seiner Lieferanten nur 1 kg Heroin liefern, so handelte er mit 4 kg Heroin (BGHR BtMG § 29 a Abs. 1 Nr. 2 Handeltreiben 1 [3 StR 31/95]). Verpflichtet sich der Verkäufer ernsthaft und verbindlich, echte Betäubungsmittel zu verkaufen, obwohl er ohne sein Wissen nur Betäubungsmittellimitate oder gar keine Ware besitzt, so stellt die Verkaufserklärung bereits vollendetes Handeltreiben nach § 29 Abs. 1 Nr. 1 BtMG dar (*BGH* NStZ 1992, 191 = StV 1992, 118; *BGH* NJW 1999, 2683 = StV 1999, 432).

81 Weiß der Angeklagte von Anfang an, dass es ihm unmöglich sein wird, die von ihm angebotenen Betäubungsmittel zu beschaffen, so handelt es sich nicht um ein ernsthaftes, in Gewinnabsicht unterbreitetes Verkaufsangebot, sondern um ein **Scheinangebot,** das weder den § 29 Abs. 1 noch § 29 Abs. 6 BtMG, höchstens § 263 StGB erfüllt (*BGH* StV 1988, 254).

82 Die Verpflichtungserklärungen können **ausdrücklich** oder **schlüssig** erfolgen. Das schweigende Überreichen einer Speisekarte mit einliegender Drogenpreisliste in einem China-Restaurant kann ebenso wie das wortlose Deuten auf eine Nummer dieser Liste Handeltreiben darstellen. Nicht nur schlüssige, sondern auch **verschlüsselte Erklärungen** stellen Handeltreiben dar, wenn sie bestimmbar sind.

83 **Erst die Verpflichtungserklärung** oder ein **schlüssiges Verhalten** (Geschäftsabschluss per Handschlag) **verdeutlichen den Absatzwillen.** Kann sich der Verkäufer nicht entscheiden oder will er sich nicht binden, so entfällt das Handeltreiben (*BGH* NStZ 1999, 572).

84 Im Rahmen von Telefongesprächen oder Geschäftskorrespondenzen kann das Zubereiten von Heroin als **„Teigkneten"** und **„Brot backen",** das Verkaufen als **„Arbeiten"** und **„Spielen",** die Betäubungsmittel als **„Pulver, Schokolade, Kassetten, Karten, Kisten, Koffer, Dosen, Stücke, Autos, Reifen, Hemden, Weißes, Waschmittel, Grünes oder Schwarzes"** bezeichnet werden. Aus den Gesamtumständen kann sich ergeben, dass hier über eine bestimmte Menge einer bestimmten Betäubungsmittelart verhandelt wurde. Es muss nur zwischen den Verhandlungspartnern klar sein, dass es um ein bestimmtes Betäubungsmittel geht (*BGH,* Beschl. v. 18. 5. 1988, 3 StR 71/80). Das **Verkaufsangebot** muss nicht einmal von dem Angeklagten persönlich, sondern kann **durch Dritte** unterbreitet worden sein.

85 Lässt ein niederländischer Dealer eine Telefonistin von Amsterdam aus deutschen Kunden telefonische Betäubungsmittelangebote unterbreiten, Betäubungsmittelbestellungen aufnehmen und schriftlich festhalten, so stellt auch dieser Deal als **Tele-Marketing** bzw. **Tele-Canvassing** Handeltreiben dar.

86 **d) Verkaufsverhandlungen mit polizeilichen Scheinaufkäufern.** Auch wenn die **Kaufverhandlungen polizeilich überwacht** werden oder wenn ein V-Mann der **Polizei nur zum Schein** sich als Käufer an den Verhandlungen **beteiligt** und der erstrebte Umsatz nicht erreicht werden kann, liegt beim Verkäufer Handeltreiben vor. Ernsthafte Verkaufsverhandlungen oder sonstige Kontakte mit einem polizeilichen Scheinaufkäufer oder mit unter polizeilicher Überwachung stehenden Personen mit eigennütziger Umsatzorientierung stellen keinen untauglichen Versuch, sondern vollendetes Handeltreiben dar (BGHSt. 30, 277; BGHR BtMG § 29 Abs. 1 Nr. 1 Handeltreiben 31 = StV 1992, 517 m. Anm. *Roxin*; *BGH* NJW 1998, 767 = StV 1999, 79; *BGH* NStZ 2000, 207).

87 **e) Verkaufsgeschäfte nach polizeilicher Sicherstellung.** Selbst der polizeiliche Austausch von Betäubungsmitteln durch Imitate oder die polizeiliche Sicherstellung des Rauschgifts hindert nicht ein anschließendes Handeltreiben. Die Sicherstellung **durch die Polizei oder den Zoll oder die Überwachung durch VP oder VE** hindern ein Handeltreiben weder beim Verkäufer noch bei dem Käufer (*BGH* NStZ 1992, 38 = StV 1992, 516 m. Anm. *Roxin*; *BGH* NStZ 1994, 39; *BGH* NStZ 1994, 441 = StV 1995, 524 m. Anm. *Krack* JuS 1995, 585; *BGH* NStZ-RR 1996, 374; *BGH* NJW 1998, 767 = StV 1999, 79; *BGH* NStZ 2008, 465 = StV 2008, 417; *BGH* NStZ 2008, 573 = StV 2008, 420; *BGH* NStZ 2010, 522 = StV 2010, 683). Der Polizist, der sichergestellte Betäubungsmittel nicht asserviert, sondern weiterverkauft, treibt Handel (BGHSt. 36, 44 = NStZ 1989, 331 = StV 1989, 137).

88 **f) Verkaufsverhandlungen mit einem Ripp-Dealer.** Ernsthafte Verkaufsverhandlungen mit einem Ripp-Dealer, der keinerlei Betäubungmittel kaufen oder verkaufen will, sondern sich in einem geeigneten Augenblick mit Gewalt die Betäubungsmittel oder das Bargeld aneignen will, stellen ebenfalls keinen untaug-

lichen Versuch, sondern vollendetes Handeltreiben dar, da der Täter sich ernsthaft mit seinen Erklärungen verpflichtet (vgl. auch Rn. 50 ff.).

6. Verkaufsbemühungen. a) Verkaufsvorgespräche. Bloße Voranfragen und **89** allgemeine Angebote wie „Willst Du Ware?" oder „Hast Du Stoff?", stellen noch kein Handeltreiben dar, sondern unverbindliche Vorbereitungshandlungen. Eine allgemeine **unverbindliche Unterhaltung** über Drogen, Drogengeschäfte Dritter, Drogenmarkt oder Drogenlokale ist noch kein Handeltreiben (BGHR BtMG § 29 Abs. 1 Nr. 1 Handeltreiben 7 [1 StR 76/88]). Hat der Angeklagte vor einer Lieferung von Betäubungsmitteln noch erhebliche Schwierigkeiten zu überwinden, wie Grundstoffbeschaffung, Gründung einer Scheinfirma, Einrichtung eines Labors, Beschaffung von Finanzmitteln und lässt dies auch seinen Gesprächspartner erkennen, so handelt es sich noch um das **Vorfeld einer Umsatzförderung, um Verkaufsvorgespräche** und um eine **straflose Vorbereitungshandlung,** sofern § 30 StGB nicht gegeben ist (*BGH* NStZ 2007, 100 = StV 2006, 639; vgl. auch *BGH* StV 2007, 82). Handeltreiben liegt erst mit einem **ernsthaften und verbindlichen Verkaufsangebot** vor (s. Rn. 80 ff.).

b) Ansprechen von Kaufinteressenten. Wer ohne eigenes Interesse am Be- **90** täubungsmittelgeschäft in der Drogenszene Kaufinteressenten anspricht und diese zu einem bestimmten Dealer oder in eine bestimmtes Drogenlokal führt in der Erwartung, nach Geschäftsabschluss eine Konsummenge zu erhalten, leistet **Beihilfe** zum Erwerb oder zum Handel, je nachdem, ob er dem **Verkäufer oder dem Erwerber dienlich** war. Hat sich auf Drängen einer VP eine Angeklagte bereit erklärt, mit dieser zu ihrem Lieferanten zu fahren und den Verkauf von nur 1 kg für ein Honorar von 1.600 DM **zu vermitteln** und hat die VP abredewidrig bei dem Lieferanten 7 kg Haschisch und 2 kg Amphetamine bestellt, so kann die Angeklagte **bzgl. des 1 kg als Täterin,** bzgl. der weiteren 6 kg Haschisch und der 2 kg Amphetamine **nur als Gehilfin** bestraft werden (*BGH*, Beschl. v. 3. 8. 1990, 2 StR 320/90).

Wer Kaufinteressenten auf der Drogenszene **anspricht** und für ein Trinkgeld zu **91** einem bestimmten Drogenlokal oder zu einer bestimmten Wohnung **schickt,** ohne ein bestimmtes Betäubungsmittelgeschäft zu fördern, treibt noch keinen Handel, sondern verschafft nur eine konkrete **Gelegenheit zum Erwerb** von Betäubungsmitteln, unabhängig ob der Dealer anwesend ist und ob Ware vorhanden ist.

c) Versendung schriftlicher Angebots- und Preislisten und sonstige 92 Werbungsbemühungen. Werbung ist die **Bereitschaftserklärung des Verkäufers, an jedermann zu bestimmten Bedingungen Betäubungsmittel zu liefern** und die **Einladung an Kaufinteressenten, Kaufangebote zu unterbreiten.** Illegale Betäubungsmittelwerbung ist somit eine Tatprovokation, aber noch kein Handeltreiben mit Betäubungsmitteln. Die Versendung von Preislisten und Lieferbedingungen für die Beschaffung von Betäubungsmitteln ist weder vollendetes noch versuchtes Handeltreiben, sondern Vorbereitungshandlung. Der Adressat wird eingeladen, Betäubungsmittelbestellungen aufzugeben. Handeltreiben ist ein Erklärungsdelikt. Versuchshandlungen i. S. v. § 29 Abs. 2 BtMG sind erst denkbar, wenn ein ernsthaftes, konkretes mündliches oder schriftliches Verkaufsangebot den Verkäufer zwar verlassen hat, aber den Adressaten noch nicht erreicht hat. Obwohl die Verkaufswerbungsbemühungen ebenfalls den Kaufvertrag nur vorbereiten, sind diese Vorbereitungshandlungen gesondert durch § 29 Abs. 1 S. 1 Nr. 8 BtMG unter Strafe gestellt. Nach § 14 Abs. 5 BtMG ist die Werbung für Betäubungsmittel der Anl. I verboten und nach § 29 Abs. 1 S. 1 Nr. 8 BtMG strafbar. Die Versandfirmen, die Hersteller und die Anbauer von Betäubungsmitteln, die Produkte der Anl. I in Zeitungs- oder Zeitschriftenanzeigen, im Rundfunk oder mit Briefkastenwurfzettel anbieten, sind ebenso wie die Verantwortlichen dieser Medien zwar **nicht nach § 29 Abs. 1 S. 1 Nr. 1 BtMG (unerlaubtes Handeltreiben), aber nach § 29 Abs. 1 S. 1 Nr. 8 BtMG (unerlaubte Werbung)** mit Strafe bedroht.

93   Wenn der Coffeeshop „the Bulldogg" in einer niederländischen Zeitung inseriert „Jeden Mittwoch zwei Päckchen Hasch für den Preis von einem!", so ist dies nur die Vorbereitung des Handeltreibens. Diese **Einladung an das Publikum,** Haschisch im Coffeeshop zu kaufen, stellt kein Handeltreiben, aber Werbung i. S. v. § 29 Abs. 1 S. 1 Nr. 8 BtMG dar. Wenn jeder Kunde des Coffeeshops an der Kasse beim Bezahlen als Werbegeschenk eine Haschischprobe erhält, so kann diese Verkaufsförderung aber Handeltreiben darstellen. Regelmäßig stellen die **Internet-Texte** ähnlich den Zeitungsinseraten und Schaufensterauslagen keine konkreten Verkaufsangebote i. S. d. unerlaubten Handeltreibens von Betäubungsmitteln, sondern nur allgemeine Hinweise und **Einladungen an Kaufinteressenten** dar, auf einem bestimmten Weg bestimmte **Kaufangebote/Bestellungen** abzugeben (invitatio ad offerendum). Diese erklärte Bereitschaft, Kaufangebote von unbekannten Interessenten entgegenzunehmen, ist noch **bloße Vorbereitungshandlung des Verkäufers.** Handeltreiben ist erst dann gegeben, wenn sich ein Verkäufer gegenüber einem bestimmten Kaufinteressenten verpflichtet, eine bestimmte Betäubungsmittelmenge zu bestimmten Konditionen zu liefern. Auch der Tatbestand des § 29 Abs. 1 S. 1 Nr. 10 BtMG liegt vielfach nicht vor, wenn der Anbietende sich nicht auf fremde Erwerbs- bzw. Abgabequellen bezieht, sondern als eigener Anbieter auftritt. Ob die Internet-Angebote eine Gelegenheit verschaffen durch Herstellung von Kontakten zwischen Betäubungsmittelanbietern und Betäubungsmittelabnehmern, ist zweifelhaft. Allein aus den Internet-Texten erschließt sich diesen nämlich noch nicht unmittelbar eine konkrete Abgabe- bzw. Erwerbsquelle. Diese wird vielmehr offenbar erst auf E-Mail-Anfrage unter der angegebenen Kontaktadresse – und damit nichtöffentlich – mitgeteilt, so dass eine Strafbarkeit gem § 29 Abs. 1 S. 1 Nr. 10 BtMG ausscheidet.

94   **d) Suche nach einem Drogenversteck/Drogenbunker.** Begibt sich ein Angeklagter zu einem Grundstück oder einem Waldstück, auf dem andere Personen Drogenverstecke/Drogenbunker angelegt haben, sucht der Angeklagte anhand einer von einem inhaftierten Mittäter gefertigten Lageskizze vergeblich nach den Drogenverstecken, um die vergrabenen Betäubungsmittel später zu verkaufen, so handelt es sich um eine straflose Vorbereitungshandlung. Es kommt allerdings die Verabredung eines Verbrechens des Handeltreibens mit nicht geringen Mengen von Betäubungsmitteln in Betracht. Die Ausführungshandlung beginnt erst mit dem Freilegen und Anfassen der Betäubungsmittel.

95   Das Abholen von Betäubungsmitteln aus einem Drogenversteck, das Ausgraben von Betäubungsmitteln aus einem Erdbunker im Wald, aus einem Blumenbeet, die Entnahme eines Behältnisses mit Betäubungsmitteln aus einem Schließfach oder die Abholung eines Pakets oder Gepäckstücks mit Betäubungsmittelinhalt bei der Post, Bahn oder Fluggesellschaft, stellen Täterschafts- oder Teilnahme-Formen des Handeltreibens dar, da sie den Absatz von Betäubungsmitteln fördern.

96   **e) Kunden- bzw. Lieferantensuche ohne Betäubungmittel und ohne Kontaktaufnahme, die Geschäftsreisen des Verkäufers ohne Kundenkontakt.** Die **allgemeine Suche nach Lieferanten, Kaufinteressenten, Transporteuren in der Drogenszene,** das **bloße Erkunden von Einkaufsquellen und Absatzmärkten ohne Kontaktaufnahme** mit einem Geschäftspartner stellt noch kein Handeltreiben, sondern eine **bloße Vorbereitungshandlung** dar. Auch die Reise in eine bestimmte Stadt, das bloße Umhören und Erfragen von Absatzmöglichkeiten, das Erkunden von Märkten ohne konkrete Liefervereinbarungen stellen nur Vorbereitungshandlungen dar. Die Anreise eines Verkäufers zu seinem Lieferanten, ohne diesen anzutreffen, stellt eine bloße Vorbereitungshandlung dar (*BGH* NStZ 1996, 507 = StV 1996, 548).

97   **f) Kunden- und Geschäftsbesuche, Geschäftsreisen mit Lieferanten oder Kundenkontakt.** Wird die Suche des Verkäufers nach einem Kaufinteressenten konkret, hat er einen potentiellen Kunden im Auge und nimmt mit diesem Kunden vergeblich Kontakt auf, so überschreiten seine Bemühungen die Grenzen des § 22 StGB und er macht sich wegen vollendeten Handeltreibens strafbar

(BGHR BtMG § 29 Abs. 1 Nr. 1 Handeltreiben 19 [3 StR 313/89]). Das Aufsuchen von Kaufinteressenten, um von diesen Betäubungsmittelbestellungen entgegenzunehmen, ist Handeltreiben (vgl. BGHSt. 40, 94; BGHR BtMG § 29 Abs. 1 Nr. 1 Handeltreiben 61 = StV 2005, 271). Wer sich im Auftrag eines Dealers gegen Honorar **bemüht, Kaufinteressenten** in der Drogenszene **zu suchen** und dem Dealer an einem bestimmten Orte zuzuführen, potenzielle Interessenten anspricht, treibt ebenso Handel wie der Dealer, der in die anschließenden Verkaufsverhandlungen eintritt (*BGH*, Beschl. v. 10. 1. 1978, 2 StR 716/77; *BGH*, Urt. v. 31. 1. 1979, 2 StR 526/78). So wie das ernsthafte Verkaufsangebot bereits Handeltreiben darstellt, genügt bereits die Verpflichtungserklärung des Vermittlers, Drogenlieferanten bzw. Drogenkunden zu bestimmten Konditionen beizubringen, zum Handeltreiben (*BGH* MDR 1979, 981).

7. Produktionsprozesse. a) Anbau von Betäubungsmitteln. Wer Betäu- **98** bungsmittel anbaut, um diese gewinnbringend zu ernten und zu verkaufen, treibt Handel (BGHR BtMG § 29a Abs. 1 Nr. 2 Handeltreiben 4 [1 StR 476/04]; *BGH* NStZ 2006, 578; s. dazu auch § 29/Teil 2, Rn. 98).

b) Produktions- und Lieferbemühungen. Erklärt sich ein Angeklagter ge- **99** gen Gewinnbeteiligung bereit, seine Erfahrung bei der Methaqualon-Herstellung einzubringen und beim Aufbau einer Großproduktion in Liberia mitzuwirken, **bestellt er bei verschiedenen Chemikalienfirmen** für seine Auftraggeber Grundstoffe für die Methaqualon-Herstellung, um Rabatte zu verdienen und um an seinen Auftraggeber eigene **Methaqualonrohmasse und Tablettenpressen verkaufen** zu können, mietet er in Belgien ein Haus an und **baut dort ein Labor auf,** wirkt er an der Methaqualon-Herstellung und **Produktionskontrolle** mit, so treibt er mit den hergestellten 64 kg Methaqualon Handel, auch wenn der Stoff wegen der Festnahme noch nicht verkauft werden konnte (*LG Köln*, Urt. v. 22. 11. 1990, 108 – 84/90; *LG Köln*, Urt. v. 11. 9. 1991, 113 – 23/91). Denn unternimmt eine Person konkrete Anstrengungen, um einen Betäubungsmittelabsatz zu ermöglichen oder zu fördern, so reicht dies für das Handeltreiben aus, selbst wenn er nicht mehr mit dem Absatz beginnen kann (*BGH* StV 1986, 527). Fördert jemand als Hilfskraft tageweise die von mehreren Personen betriebene Methaqualonherstellung durch **Rühren von Paste** mit Chemikalien und Wasser in Kochkesseln eines Labors und anschließendes **Trocknen mit Hilfe von Zentrifugen** gegen ein Tageshonorar, so ist sein Gehilfenvorsatz auf die Förderung des Handeltreibens mit nicht geringen Mengen von Betäubungsmitteln gerichtet (*LG Köln*, Urt. v. 6. 11. 1990, 108 – 84/90). Ein Angeklagter, der zunächst mit anderen verabredet hat, Amphetamin in großem Umfang herzustellen und zu verkaufen, später sich aber darauf beschränkt hat, zwei **Chemikalien zu bestellen** und ein **Haus zu besichtigen, in dem das Labor eingerichtet** werden sollte, macht sich nur wegen Beihilfe zum Handeltreiben schuldig, wenn ihm keine erhebliche Beteiligung am erwarteten Erlös nachgewiesen werden kann. Währenddessen sind diejenigen, die sich aus Eigennutz an der Einrichtung des Labors und der Herstellung des Stoffes beteiligten, als Mittäter einzustufen (*BGH*, Beschl. v. 29. 3. 1990, 1 StR 103/90). Wer sich zum Zwecke späteren günstigen Kokainbezugs und Kokainabsatzes an der Reinigung des herzustellenden und abzusetzenden Kokains beteiligt, treibt Handel (*BGH* NStZ 1993, 391). War der Angeklagte, der für die Herstellung von Betäubungsmitteln **Chemikalien und Gegenstände lieferte,** nicht in den Produktions- und nicht in den Vertriebsprozess einbezogen zu sein, so liegt **Beihilfe zum Handeltreiben** nahe. Andererseits kann ein Angeklagter mit der Aufnahme der Betäubungsmittelherstellung im Ausland durch andere **Mittäter** wegen seiner Absicht, die Drogen anschließend zu verkaufen, Mittäter sein (*BGH* NStZ 1993, 584 = StV 1994, 15; vgl. auch § 29/Teil 3, Rn. 66 ff.).

8. Vermittlungsgeschäfte. Erst durch das OpiumG von 1930 wurde auch das **100** unerlaubte Vermitteln von Betäubungsmittelgeschäften, ohne Betäubungsmittel in der Hand zu haben und ohne ein Lager zu unterhalten, als Handeltreiben mit Strafe bedroht. Nicht nur die Anbahnung von eigenen Kaufverträgen, sondern auch die **Förderung fremder Betäubungsmittelgeschäfte** durch Broker, Kommissionäre, Handelsvertreter und Handelsmakler stellt Handeltreiben dar. Die Vermittlung oder Nennung potentieller Kunden an den Verkäufer und die Zuführung von Betäubungsmittelkaufinteressenten, die bereit sind, für vorhandene Ware einen höheren Preis als den Einkaufspreis zu zahlen, stellen ebenso wie die Kundenwerbungsbemühungen gegen Provision Handeltreiben dar, je nach dem Grad des eigenen Interesses des Vermittlers als Mittäter oder Gehilfe (BGHSt. 34, 124 = NJW 1986, 2584; BGHR BtMG § 29 Abs. 1 Nr. 1 Handeltreiben 19 = NStZ 1990, 330; BGH NStZ 1994, 39; BGH NStZ-RR 2011, 57).

101   Auch das erfolglose Angebot, eine Person als Weiterverkäufer zu gewinnen und ihm Ware auf Kommissionsbasis zu liefern, ist Handeltreiben (BGHR BtMG § 29 Abs. 1 Nr. 1 Handeltreiben 23 [3 StR 184/90]). Der **drogenabhängige Vermittler (Checker)** erhält für die Vermittlung zumeist Betäubungsmittel, der nicht drogenabhängige Vermittler Geld. Die ernsthafte, aber vergebliche **Suche nach einem Drogenlieferanten bzw. Drogenvermittler** stellt vollendetes, nicht nur versuchtes Handeltreiben dar (BGHSt. 34, 124 = NJW 1986, 2896). Wer im Auftrag eines Dealers sich gegen Honorar **bemüht, Kaufinteressenten** in der Drogenszene **zu suchen** und dem Dealer an einem bestimmten Ort zuzuführen, treibt ebenso Handel wie der Dealer, der in die anschließenden Verkaufsverhandlungen eintritt (BGH, Beschl. v. 10. 1. 1978, 2 StR 716/77; BGH, Urt. v. 31. 1. 1979, 2 StR 526/78). So wie das ernsthafte Verkaufsangebot bereits Handeltreiben darstellt, genügt bereits die Verpflichtungserklärung des Vermittlers, Drogenkundschaft zu bestimmten Konditionen beizubringen, zum Handeltreiben (BGH MDR 1979, 981).

102   Auch die **Vermittlung von Rauschgiftkurieren, Rauschgiftchemikern, Rauschgiftaufbewahrern, Rauschgiftfinanziers** stellt Handeltreiben dar, weil diese Tätigkeit der Förderung des Rauschgiftabsatzes dient. Die Vermittlung eines Kuriers für Rauschgifttransporte gegen einen Anteil am Gewinn stellt eine unmittelbare Einschaltung in ein Rauschgiftgeschäft dar und ist als Handeltreiben zu werten (BGH NStZ 1986, 232). In jedem Einzelfall ist jedoch zu prüfen, ob Beihilfe oder Mittäterschaft vorliegt.

103   Wer ohne eigenes Interesse am Betäubungsmittelgeschäft in der Drogenszene Kaufinteressenten anspricht und diese zu einem bestimmten Dealer oder in eine bestimmtes Drogenlokal führt in der Erwartung, nach Geschäftsabschluss eine Konsummenge zu erhalten, leistet **Beihilfe** zum Erwerb oder zum Handel, je nachdem, ob er dem **Verkäufer oder dem Erwerber dienlich** war. Hat sich auf Drängen einer VP eine Angeklagte bereit erklärt, mit dieser zu ihrem Lieferanten zu fahren und den Verkauf von nur 1 kg für ein Honorar von 1.600 DM **zu vermitteln** und hat die VP abredewidrig bei dem Lieferanten 7 kg Haschisch und 2 kg Amphetamine bestellt, so kann die Angeklagte **bzgl. des 1 kg als Täterin,** bzgl. der weiteren 6 kg Haschisch und der 2 kg Amphetamine **nur als Gehilfin** bestraft werden (BGH, Beschl. v. 3. 8. 1990, 2 StR 320/90).

104   Wer Kaufinteressenten in der Drogenszene **anspricht** und für ein Trinkgeld zu einem bestimmten Drogenlokal oder zu einer bestimmten Wohnung **schickt,** ohne ein bestimmtes Betäubungsmittelgeschäft zu fördern, treibt noch keinen Handel, sondern verschafft nur eine konkrete **Gelegenheit zum Erwerb** von Betäubungsmitteln, unabhängig ob der Dealer anwesend ist und ob Ware vorhanden ist, vgl § 29/19, Rn. 40 f.

105   **9. Betäubungsmittelhandel durch Schenkungen.** Die Schenkung von Betäubungsmitteln erfüllt regelmäßig als nicht eigennütziges, sondern altruistisches Handeln nicht den Tatbestand des Handeltreibens, sondern der Abgabe. Werden jedoch Heroinbriefchen **aus eigennützigen Gewinnmotiven verschenkt,** um neue Drogenstammkunden zu gewinnen oder ehemalige Drogensüchtige als Kunden zurückzugewinnen, so können diese **Werbegeschenke** als Handeltreiben zu werten sein (Hügel/Junge/Lander/Winkler § 29 Rn. 4.1.2).

10. Betäubungsmittelhandel im Rahmen von Arbeitsverträgen. Wer sich **106** als **Arbeitnehmer** im Unternehmen eines Drogenherstellers oder Drogenhändlers gegen Arbeitslohn verpflichtet hat, **durch seine tägliche Arbeit die Umsatzgeschäfte mit Betäubungsmitteln zu ermöglichen oder zu fördern,** treibt als Gehilfe oder arbeitsteilig als Mittäter Handel, auch wenn er im Rahmen einer Drogenhandelsfirma oder Drogenhändlerorganisation nur vorbereitende Aufgaben übernommen hat, selbst wenn er keine unmittelbare Entlohnung für eine einzelne Tätigkeit enthält (*BGH* NStZ-RR 1996, 20; zur Frage der Eigennützigkeit s. Rn. 182 ff.).

Folgende **Arbeitsvorgänge** eines Arbeitnehmers können **Handeltreiben** dar- **107** stellen:

- eine Betäubungsmittelernte aufzukaufen,
- Grundstoffe und Geräte zur Betäubungsmittelherstellung zu beschaffen (*LG Köln,* Urt. v. 11. 4. 1991, 113 – 23/91),
- eine Heroinküche anzumieten oder auszurüsten,
- Chemiker zur Betäubungsmittelherstellung zu stellen oder zu vermitteln,
- Betäubungsmittelzubereitungen herzustellen,
- Schmuggelbehältnisse für Drogen zu beschaffen und herzustellen,
- Schmuggelfahrzeuge und präparierte Koffer zu vermieten bzw. zu vermitteln,
- Betäubungsmittel zu verpacken und in Schmuggelfahrzeuge einzuschweißen,
- Rauschgifttransporte zu überwachen (BGHR BtMG § 29 Abs. 1 Nr. 1 Handeltreiben 46 [3 StR 149/94]),
- Zoll- und Polizeikontrollen bei Rauschgifttransporten mit Vorwarnung, Geld, Gewalt oder List zu überwinden (BGHR BtMG § 29 Abs. 1 Nr. 1 Einfuhr 5 [4 StR 229/87]; BGHR BtMG § 29 Abs. 1 Nr. 1 Handeltreiben 46 [3 StR 149/94]),
- Betäubungsmittelgeschäfte zu finanzieren (*BGH* StV 1986, 300; *BGH* NStZ 1992, 38 = StV 1992, 516; *BGH* NJW 1993, 3338 = StV 1994, 63),
- Betäubungsmittel auf dem Land-, See- oder Luftweg illegal in Briefen, Containern, Schmuggelbehältnissen, in Diplomaten- oder Steward-Gepäck zu befördern (*BGH* NStZ 1986, 274),
- Rauschgiftkuriere, Begleitschutz oder Drogenverteiler zu vermitteln oder anzuwerben,
- Betäubungsmittel ein-, durch- oder auszuführen (BGHSt. 51. 219 = NStZ 2007, 338 = StV 2007, 303; BGH NStZ-RR 2007, 246 = StV 2008, 19; *BGH* NStZ-RR 2009, 93; *BGH* NStZ-RR 2009, 254; *BGH* NStZ-RR 2010, 318).
- Betäubungsmittel anzubieten und zu verkaufen (*BGH,* Beschl. v. 26. 1. 1978, 3 StR 537/77),
- Betäubungsmittel zu testen bzw. zu untersuchen (*BGH,* Urt. v. 27. 6. 1984, 2 StR 143/84; *LG Trier,* Urt. v. 2. 11. 2010, 8031 Js 3193/10 jug.),
- Verkaufsgeschäfte zu überwachen (vgl. *BGH,* Urt. v. 6. 4. 1994, 2 StR 76/94),
- Betäubungsmittel im Inland aus Schmuggelfahrzeugen auszubauen (BGHSt. 29, 239 = NJW 1980, 2204),
- Betäubungsmittel zu Absatzzwecken aufzubewahren und zu verstecken (BGHSt. 30, 359 = NStZ 1982, 250; *BGH* NStZ 1992, 546; BGHR BtMG § 29 Abs. 1 Nr. 1 Handeltreiben 42 [2 StR 203/94]),
- Wohnung für Herstellung, Strecken, Verpacken bereitzustellen (*BGH* NStZ 1994, 92),
- Betäubungsmittel zu strecken und zu verpacken (*BGH* NStZ 1986, 415),
- Betäubungsmittelerlöse einzutreiben, einzukassieren und zu transferieren (BGHR BtMG § 29 Abs. 1 Nr. 3 Konkurrenzen 5 [2 StR 47/93]),
- in ein Schmuggelfahrzeug eingebaute Rauschgiftpakete auszubauen (*BGH* NStZ-RR 1999, 24).

11. Betäubungsmittelhandel im Rahmen von Dienst- und Werkverträ- **108** **gen.** Wer als selbstständiger Handwerker für einen Dealer Schmuggelbehältnisse, Schmuggelanzüge oder Laborgeräte herstellt, ohne mit den Drogen und dem Drogengeschäft in Berührung zu kommen, treibt keinen Handel. Ebenso wenig macht sich der Kaufmann, der an einen Drogenhersteller, Dealer oder Schmuggler Ausrüstungsgegenstände verkauft, wegen Handeltreibens strafbar. Sie nehmen nur an einer **Vorbereitungshandlung** teil.

109   Von besonderer Bedeutung sind die **gemischten Dienst- und Werkverträge.** Der Auftraggeber zahlt kein Honorar in Geld für die Leistung, sondern liefert als Gegenleistung Drogen, z. B. wenn ein Dealer Drogenabhängige Stoff verpacken, wiegen, mischen oder verkaufen lässt und diese Dienstleistungen mit Heroinkonsummengen bezahlt. Versorgt ein Freier oder ein Zuhälter heroinsüchtige Frauen mit Stoff als Gegenleistung für sexuelle Leistungen, so treiben sie Handel (*BGH*, Urt. v. 16. 1. 1979, 1 StR 643/78; *BGH*, Urt. v. 31. 7. 1979, 1 StR 324/79; *BGH*, Urt. v. 30. 1. 1980, 3 StR 471/79; *BGH*, Urt. v. 29. 10. 1980, 3 StR 323/80).

110   **12. Betäubungsmittelhandel im Rahmen von Miet- und Pachtverträgen.** Wer als **Vermieter/Verpächter** seine Gaststätte, Kellerräume, Laborräume, Haus, Wohnung, Garten, Garagen, Wagen oder Schiff oder Privatfahrzeug einem Dealer gegen Entgelt überlässt, treibt keinen Handel, wenn dieser ohne Beteiligung des Vermieters die Räume zum Rauschgifthandel nützt. Vielmehr nimmt er nur an einer Vorbereitungshandlung teil. Der Vermieter von Räumen hat ebenso wenig wie der Inhaber einer Wohnung ohne weiteres rechtlich dafür einzustehen, dass in seinen Räumen durch Dritte keine Straftaten begangen werden.

111   Aus der Eigenschaft als **Grundstückseigentümer oder Wohnungsinhaber** ergibt sich nur dann eine Garantenpflicht, wenn das Grundstück oder die Wohnung unter Ausnutzung der besonderen Beschaffenheit als Mittel der Tatbegehung (z. B. zum **Anbau von Cannabispflanzen**) eingesetzt wird, nicht aber schon dann, wenn das Grundstück oder die Wohnung **lediglich der Ort ist, an dem sich die Tat abspielt** (*BGH* StV 1993, 25; *Zweibrücken* StV 1986, 483; vgl. dazu im Einzelnen § 29/Teil 2, Rn. 27 ff.).). Das bloße Dulden von Rauschgiftgeschäften in der Wohnung stellt für den Wohnungsinhaber keine Beihilfe zum Handeltreiben mit Betäubungsmitteln dar (*BGH* NStZ 2010, 221 = StV 2010, 128). Eine Verurteilung wegen Beihilfe zum Handeltreiben durch Unterlassen setzt eine **Garantenpflicht** voraus. Der Inhaber einer Wohnung hat nicht ohne weiteres rechtlich dafür einzustehen, dass **in seinen Räumen durch Dritte Betäubungsmittel abgewogen, portioniert, aufbewahrt und verkauft** werden (*BGH* NStZ 1999, 451; *BGH* StV 2003, 280; *BGH* NStZ 2010, 221 = StV 2010, 128). Eine Garantenpflicht des Wohnungsinhabers ist aber gegeben, wenn die Wohnung wegen ihrer besonderen Beschaffenheit oder Lage – also über ihre Eigenschaft als Wohnung hinaus – eine Gefahrenquelle darstellt, die er so zu sichern und zu überwachen hat, dass sie nicht zum Mittel für eine leichtere Tatausführung missbraucht werden kann (BGHSt. 30, 391, 396 = NStZ 1982, 245; *BGH* NJW 1993, 76 = StV 1993, 29; *BGH* StV 1999, 212; vgl. auch § 29/Teil 13, Rn. 25 f.). Wer als Vermieter/Verpächter durch Überlassen eines Rauschgiftlokals an einen Dealer sich an der Durchführung eines konkreten Rauschgiftgeschäftes oder am fortdauernden Betrieb eines Rauschgifthandelunternehmens gegen Gewinnbeteiligung beteiligt, treibt Handel, weil seine eigennützigen Bemühungen nicht nur auf den Pachtzins gerichtet sind, sondern auch den **Umsatz des Pächters mit Betäubungsmitteln.** Wer sein Drogenschmuggelunternehmen, sein Vertriebsnetz oder seine Schmuggelkolonnen an Rauschgifthändler vermietet, treibt ebenfalls Handel.

112   Wer als Vermieter seine Räume dem Mieter mit der Abrede zur Verfügung stellt, dass der Mietzins in Betäubungsmitteln zu bezahlen ist, die dieser anschließend verkaufen will, treibt Handel (vgl. *BGH*, Urt. v. 14. 5. 1985, 4 StR 165/85). Gleiches gilt, wenn ein Gastwirt ein Hotelzimmer zum Strecken oder Bunkern von Heroin zur Verfügung stellt und dafür einen Teil der Ware verlangt. Auch hier gibt es gemischte Miet-Kaufverträge. Vermietet ein Bordellinhaber sein Zimmer an Prostituierte unter der Bedingung, dass sie ihren Drogenbedarf bei ihm decken müssen, so treibt er Handel.

Wer als **Mieter/Pächter** eines Spielsalons, einer Gaststätte oder einer Garage **113** den Raum **als Rauschgiftumschlagplatz betreibt** und von den dort verkehrenden Dealern und Kurieren für die abgewickelten Geschäfte **Provisionen einkassiert,** treibt Handel. Wer als Mieter/Pächter eines Rauschgiftumschlagplatzes Rauschgiftkonsumenten und Rauschgifthändler in seinem Lokal uneingeschränkt mit Drogen umgehen lässt und nur an deren Zeche, nicht aber an deren Rauschgiftgeschäften partizipiert, treibt keinen Handel, er gewährt aber u. U. Gelegenheit zum unbefugten Verbrauch, Erwerb und Abgabe (§ 29 Abs. 1 S. 1 Nr. 10 BtMG; vgl § 29/Teil 19, Rn. 44 ff.). Allein aus der **Auffindung von Betäubungsmitteln in den Räumen einer Wohngemeinschaft,** aus denen heraus Betäubungsmittelverkäufe getätigt worden sind, kann **nicht** gefolgert werden, sämtliche Bewohner hätten Kenntnis und Zugriff auf die Betäubungsmittel gehabt und wären **wegen Handeltreibens zu bestrafen** (*BGH* StV 2000, 67).

13. Betäubungsmittelhandel im Rahmen von Darlehens-, Finanzie- 114 rungs- und sonstigen Geldgeschäften. a) Investieren von sauberem und schmutzigem Geld in konkrete Betäubungsmittelgeschäfte. Das Bereitstellen von sauberem und schmutzigem Geld und anderen Vermögenswerten für konkrete Betäubungsmittelgeschäfte kann Handeltreiben darstellen. Stellen ein oder mehrere Angeklagte für einen anderen zur Durchführung einer gewinnbringenden Herstellung, Einfuhr oder Verkaufs von Betäubungsmitteln Geldmittel oder andere Vermögenswerte dergestalt zur Verfügung, dass sie sich am Tatgeschehen insgesamt oder teilweise als Mittäter oder Gehilfe beteiligen, so erfüllen sie den Tatbestand des unerlaubten Handeltreibens mit Betäubungsmitteln, ganz gleich, ob es sich um sauberes oder schmutziges Geld handelt. Denn Handeltreiben ist jede eigennützige auf Betäubungsmittelumsatz gerichtete Tätigkeit, ohne dass es zu eigenen Umsatzgeschäften oder auch nur zur Anbahnung bestimmter Rauschgiftgeschäfte gekommen sein muss; für die Vollendung des Tatbestandes genügt es vielmehr, dass der Täter das Stadium allgemeiner Anfragen verlässt und ernsthafte An- oder Verkaufsverhandlungen führt. Die finanzielle Mitwirkung setzt aber voraus, dass das konkret individualisierbare Drogengeschäft noch nicht beendet ist (*BGH* StV 1986, 300; BGHR BtMG § 29 Abs. 1 Nr. 4 Bereitstellen 1 [5 StR 382/88]; *BGH* NStZ 1990, 545 = StV 1990, 549; *BGH* NStZ 1992, 495 = StV 1992, 161; BGHR BtMG § 29 Abs. 1 Nr. 13 Bereitstellen 1 [2 StR 739/94]). So hat der *BGH* in folgenden zwei Fällen Handeltreiben mit Betäubungsmitteln bejaht:

2 Angeklagte hatten im Rahmen eines Kokaingeschäftes gegen Zusage eines **115** 20%igen Honorars nach Einfuhr und Beschlagnahme eines 15 kg Kokain enthaltenden Koffers beim Zoll 30.000 US-Dollar und 52.000 DM Geldmittel zur Auslösung aus dem Zollbereich des Frankfurter Flughafens bereitgestellt. Sie verhandelten mit den angeblich korrupten Flughafenbeamten, bei denen es sich in Wirklichkeit um verdeckte Ermittler handelte, um den beschlagnahmten Kokainkoffer herauszubekommen. Obwohl die Angeklagten an der Einfuhr des Kokainkoffers nicht mitgewirkt hatten, bestätigte der *BGH* die Verurteilung wegen mittäterschaftlichen Handeltreibens, das in dem Bereitstellen des Geldes zur Auslösung des Koffers gesehen wurde (BGHR BtMG § 29 Abs. 1 Nr. 13 Bereitstellen 1 [2 StR 739/94]).

Ein Angeklagter hatte Geldmittel in Höhe von 6.500 DM ohne eigenes wirt- **116** schaftliches Interesse zum Ankauf einer großen Menge hochwertigen Heroins in Thailand und zum anschließenden Transport in die Schweiz und in die Bundesrepublik bereitgestellt, wo das Rauschgift jeweils gewinnbringend veräußert werden sollte. Entsprechend diesem Plan wurde das Heroin in die Schweiz geschafft. Der *BGH* bestätigte die Verurteilung wegen Beihilfe zum unerlaubten Handeltreiben mit Betäubungsmitteln, die in der Bereitstellung des Geldes gesehen wurde (*BGH* NStZ 1995, 140 = StV 1995, 25).

b) Bereitstellen von Geldmitteln und anderen Vermögenswerten zum 117 allgemeinen unerlaubten Betäubungsmittelhandel i. S. v. § 29 Abs. 1 S. 1 Nr. 13 BtMG. Das Bereitstellen von Geldmitteln zum unerlaubten Handeltreiben mit Betäubungsmitteln (§ 29 Abs. 1 S. 1 Nr. 13 BtMG) ist ein subsidiärer Auffangtatbestand, der hinter die durch dasselbe Tatgeschehen verwirklichte Beihilfe oder Mittäterschaft zum unerlaubten Handeltreiben mit Betäubungsmitteln zurücktritt (*BGH* NStZ 1995, 140 = StV 1995, 25). Der Auffangtatbestand des § 29 Abs. 1 S. 1 Nr. 13 BtMG kommt insb. dann zur Anwendung, wenn das Rauschgiftgeschäft nicht begangen wurde, wenn das Rauschgiftgeschäft nicht versucht wurde oder wenn die Voraussetzungen für einen Schuldspruch wegen Handeltreibens oder Beihilfe zum unerlaubten Handeltreiben mit Betäubungsmitteln nicht nachgewiesen werden können (BGHR BtMG § 29 Abs. 1 Nr. 4 Bereitstellen 1 [5 StR 382/88]; *BGH* NStZ 1990, 545 = StV 1990, 549; *BGH* NJW 1991, 305 = StV 1990, 549; *BGH* NStZ 1992, 495 = StV 1992, 161; *BGH* NStZ 1995, 140). Der *BGH* hat dies in folgendem Fall angenommen: Ein Angeklagter übergab in Istanbul einem türkischen Rauschgifthändler Y 40 Mio. türkische Lira, der ihm versprochen hatte, mit dem Geld ein Rauschgiftgeschäft durchzuführen und dann 80 Mio. türkische Lira an den Angeklagten zurückzuzahlen. Es konnte nicht festgestellt werden, dass Y das Geschäft tatsächlich durchführte. Nicht auszuschließen war, dass Y von Anfang an die Absicht hatte, den Angeklagten um das Geld zu betrügen. Ein vollendetes oder versuchtes Handeltreiben in Mittäterschaft schied aus, da nicht feststand, ob der Angeklagte überhaupt mit Betäubungsmitteln handeln wollte. In der Hingabe des Geldes zum Zwecke des Handeltreibens lag bereits mangels jeder Konkretisierung der in Aussicht genommenen Tat auch kein selbstständiges Handeltreiben des Angeklagten. Eine Beihilfe zum Handeltreiben schied aus, da nicht feststand, ob Y überhaupt mit Betäubungsmitteln Handel trieb. Die Geldhingabe erfüllte deshalb nur den subsidiären Tatbestand des Bereitstellens von Geldmitteln (*BGH* NJW 1990, 545 = StV 1990, 549; s. dazu § 29/Teil 22, Rn. 4 ff.).

118   **c) Beitreibung des Kaufpreises, der Geldumtausch und die Geldtransporte.** Der Begriff des unerlaubten Handeltreibens mit Betäubungsmitteln umfasst nach ständiger Rspr. des *BGH* nicht nur **Beschaffung und Lieferungen von Betäubungsmitteln,** sondern auch die erforderlichen Zahlungsvorgänge. Für die **Zahlung und Beitreibung des Kaufpreises** ist dies anerkannt (BGHSt. 31, 145 = NJW 1983, 636 = StV 1983, 108; *BGH* StV 1995, 641). Aber auch unterstützende Finanztransaktionen wie das **Einsammeln** und **Transportieren von Drogenerlösen** in z. B. ausländischer Währung zu Wechselstuben im In- oder Ausland, das **Sortieren, Zahlen und Bündeln** zumeist kleiner Geldscheine per Hand oder mit Zählmaschinen, das **Umtauschen** der Banknoten in Euro- oder Dollar-Scheine, das **Transportieren** der Banknoten per Kurier **vom Abnehmer zu dem Lieferanten weiter an die Hintermänner** (*BGH* NStZ 1992, 495; *BGH* StV 1995, 641) können Formen des Handeltreibens darstellen.

119   Die Beteiligung am Handeltreiben mit Betäubungsmitteln kann auf verschiedenen Stufen der Handelskette jedoch im Ergebnis unterschiedlich zu beurteilen sein (*BGH* NStZ 1999, 467). Auf der **untersten Ebene** der Handelskette ist Beendigung des Handeltreibens regelmäßig bereits dann anzunehmen, wenn der Empfänger die vereinbarte Drogenportion und der Lieferant das Entgelt erhalten hat, mögen auch Forderungen von Großhändlern, aus deren Beständen die Lieferung stammte, noch offen sein. Für diese Konstellation gilt die Aussage der Rspr., dass offene Kaufpreisforderungen von Hintermännern der Beendigung der Tat nicht entgegenstehen (*BGH* NStZ 1992, 495 = StV 1992, 161; *BGH* StV 1995, 641; BGHSt. 43, 158 = NStZ 1998, 42 = StV 1997, 589).

120   Greifen im Rahmen der Betätigung internationaler Drogenhändler **in einem organisierten Absatz- und Finanzsystem ein Warenverteilungs-** und ein diesen unmittelbar unterstützender Finanzzyklus ineinander, so sind Handlungen zur Förderung des Geldkreislaufes bis zur Übergabe der Erlöse aus den Drogengeschäften an den Verkäufer der Gesamtmenge der Betäubungsmittel Formen der Beteiligung am Handeltreiben im Rahmen der Organisation. Der Aufbau und die Betätigung einer Sammelstelle für im Straßenhandel eingenommene Drogengelder, das Veranlassen oder die Durchführung des Transports der gesammelten Gelder durch Kuriere über Landesgrenzen hinweg, der Umtausch in die gewünschte Währung zur Bezahlung von Drogenlieferungen oder die Umwandlung in Buchgeld und die Weiterleitung der Geldbeträge in Richtung auf den Drogenlieferanten oder dessen Zahlstelle sind dann zum unerlaubten Handeltreiben mit Betäubungsmitteln zu rechnen. Dies gilt ebenso für das Führen eines bankmäßig betriebenen Kontokorrentsystems mit Vorabstimmung über die sofortige Verfügbarkeit von bereits gewaschenen Drogengeldern. Solche Handlungen schaffen in einem Distanzgeschäft die Voraussetzung dafür, dass ein beschleunigter Geldfluss entsteht, damit den Lieferanten rasch Finanzmittel zur Verfügung stehen. Diese Tathandlungen des Handeltreibens mit Betäubungsmitteln sind unabhängig davon, ob das in Großmengen angelieferte und auf verschiedene Stufen der Handelskette verteilte Rauschgift die Händler, Zwischenhändler und Endverbraucher bereits erreicht hat oder nicht. Jedenfalls ist der **Geldfluss in solchen Fällen noch nicht zur Ruhe gekommen.** Das Einfordern, das Kassieren und das Weiterleiten des Entgelts für eine bereits erfolgte, aber bereits sichergestellte Rauschgiftlieferung können noch dem Rauschgiftumsatz dienen, wenn sie im Rahmen eines eingespielten Bezugs- und Vertriebssystems stattfinden und damit der nächsten Rauschgiftlieferung den Boden bereiten (*BGH* NStZ 1992, 495 = StV 1992, 161; *BGH* StV 1995, 641; *BGH* NStZ RR 1997, 85 = StV 1996, 662; *BGH* NStZ-RR 1998, 27 = StV 1997, 591; *BGH* NStZ-RR 1998, 25 = StV 1998, 588; BGHSt. 43, 158 = NStZ 1998, 42 = StV 1997, 589; *Zschockelt* NStZ 1998, 238).

d) Beteiligung am Geldkreislauf (Geldwäsche). Bei Beteiligung am Geld-   121
kreislauf **vor Beendigung** des Handeltreibens nach §§ 29, 29 a, 30 oder 30 a
BtMG ist nach allgemeinen Grundsätzen zu klären, ob zu einer konkret individualisierbaren Tat **Beihilfe oder Mittäterschaft** geleistet wurde. Wenn das Rauschgift bereits sichergestellt worden ist, können Einfordern, Kassieren und Weiterleiten des Rauschgiftentgeltes den Rauschgiftumsatz meist nicht mehr objektiv fördern. Handeltreiben kann aber trotzdem in den Fällen vorliegen, in denen das Rauschgift zwar sichergestellt worden ist, dies dem Täter aber bei seinem weiterhin auf Rauschgiftumsatz ausgerichteten Tun nicht bekannt ist. Des Weiteren können Einfordern, Kassieren und Weiterleiten des Entgelts für eine bereits erfolgte, aber sichergestellte Rauschgiftlieferung insofern dem Rauschgiftumsatz dienen, als sie im Rahmen eines eingespielten Bezugs- und Vertriebssystems stattfinden und damit der nächsten Rauschgiftlieferung den Boden bereiten (*BGH* NStZ-RR 1997, 85 = StV 1996, 662; *BGH* NStZ 1999, 467 = StV 2000, 80).

Ist der Geldfluss aber **bereits zur Ruhe gekommen** und das **Handeltreiben**   122
beendet, so kommen als Anschlusstaten die §§ 257, 258, 261 StGB in Betracht
(*BGH* StV 1995, 641; *BGH* NStZ-RR 1998, 27 = StV 1997, 591; BGHSt. 43, 158 = NStZ 1998, 42 = StV 1997, 589). Hat ein Rauschgiftkurier im Jahr 1995 einen Lkw-Transport mit 17 Kisten à 35 kg, also 595 kg Haschisch von Tanger nach Deutschland gebracht, aber anstelle von 200.000 DM nur 85.000 DM Kurierlohn erhalten, so stellt die mit Waffengewalt erhobene Drohung zur Zahlung des Resthonorars im Jahr 1998 keine Förderung des Rauschgiftumsatzes aus dem Jahr 1995 mehr dar, weil der Geldfluss und das Handeltreiben lange schon beendet waren. Vielmehr handelt es sich um eine erneute Straftat nach Beendigung (*BGH* NStZ 1999, 467 = StV 2000, 80).

e) Tilgung von Forderungen und Geldumtausch. Die Mitwirkung eines   123
Angeklagten im Rahmen der Tilgung einer Forderung aus Rauschgiftlieferungen
in Form von Übermittlung von Geld oder Waschen von Geld kann je nach Sachlage unerlaubtes Handeltreiben oder bei fehlendem Eigennutz Beihilfe zum Handeltreiben darstellen (*BGH*, Urt. v. 20. 3. 1985, 2 StR 861/84). Wurde durch einen Angeklagten Geld in verschiedenen Währungen bei einer Heroinhändlergruppe eingesammelt, **umgetauscht** und wurden 75.000 DM als Kurierhonorar mit nach Frankfurt am Main genommen, um dort 12 kg Heroin zu übernehmen, die ein Kurier dorthin verbracht hatte, so liegt bereits **in der Geldbeschaffungsaktion Handeltreiben** (*BGH* NJW 1992, 380 = StV 1992, 516).

124   14. Betäubungsmittelhandel im Rahmen von Fracht-, Einfuhr- und Ausfuhrbemühungen. Wer Betäubungsmittel zum gewinnbringenden Weiterverkauf im Inland transportiert, einführt oder ausführt bzw. durch Dritte transportieren, einführen oder ausführen lässt, treibt als Täter oder Gehilfe Handel, auch wenn es später nicht mehr zu Verkaufsgeschäften kommt (vgl. dazu im Einzelnen Rn. 46). Auch die **feste und realistische Zusage** eines Kapitäns eines Motorschiffes, mehrere Tonnen Haschisch für ein bestimmtes Entgelt an einen bestimmten Ort **zu transportieren,** ist bereits unerlaubtes vollendetes Handeltreiben, auch wenn es nicht zum Transport kommt (BGHR BtMG § 29 Abs. 1 Nr. 1 Handeltreiben 18 [3 StR 120/89]).

125   a) Suche nach Drogenkurieren. Sucht ein Geschäftsmann unter der Rubrik „Stellenmarkt" in einer Zeitung Interessenten für die Frachtstrecke per Lkw nach Dänemark, um diese Interessenten als Drogenkurier anzuwerben, die zwischen Lebensmittelsäcken, Obst und Gemüse Säcke mit Cannabis und Khat-Pflanzenmaterial transportieren sollen, so stellt dies eine straflose Einladung, sich zu bewerben, und **straflose Vorbereitung eines Drogengeschäftes** dar. Andererseits kann bereits das **verbindliche Anwerben eines bestimmten Drogenkuriers** bzw. Transportmittlers Handeltreiben darstellen, wenn dieses Bemühen einem konkreten späteren Absatz von Betäubungsmitteln dienen soll (*Karlsruhe* NStZ-RR 1998, 348 = StV 1998, 602).

126   b) Anwerben eines Rauschgiftkuriers. Das Anwerben eines Rauschgiftkuriers stellt ein Angebot auf Übernahme einer Kuriertätigkeit an eine bestimmte Person gegen Entgelt, eine empfangsbedürftige Willenserklärung dar, die mit Zugang beim Adressaten als Handeltreiben tatbestandliche Wirksamkeit entwickelt, sofern sie ernsthaft und verbindlich erfolgt. Das Anwerben ist bereits eine **strafbare Absatzbemühung,** wenn ein bestimmter Betäubungsmitteltransport fest vereinbart ist (*Karlsruhe* NStZ-RR 1998, 348 = StV 1998, 602).

127   c) Beschaffung von Schmugglerausrüstung und Schmugglerfahrzeugen. Die Beschaffung von Schmugglerbehältnissen, Schmugglerfahrzeugen und Schmugglerausstattung (Koffer und Kisten mit doppeltem Boden, Fahrzeuge mit Spezialhohlräumen, Schmugglerbauchbinden und Schmugglerbüstenhalter, Plastikhandschuhe, Abführmittel, Reiseunterlagen und Flugtickets) stellt eine bloße Vorbereitungshandlung dar.

128   Auch wenn sich aus dem Einbau eines Schmuggelverstecks in ein Fahrzeug ergibt, dass das Fahrzeug zum Einsatz beim illegalen Betäubungsmittelschmuggel bzw. Betäubungsmittelhandel eindeutig bestimmt ist, ist damit noch keine konkrete Tat des Handeltreibens festgestellt. Die Aktivitäten aller an dem Erwerb und der Herrichtung des Fahrzeugs Beteiligten liegen allein auf der Ebene der Vorbereitungshandlung. Für eine Mittäterschaft reicht zwar aus, dass jemand mit Täterwillen den Umsatz mit Betäubungsmitteln notfalls auch im Vorbereitungsstadium fördert. Es muss aber ein konkretes Geschäft laufen oder zumindest angebahnt sein. Dann kommt Mittäterschaft oder Beihilfe in Betracht. Ohne Anhaltspunkte für eine konkrete Einbindung des Schmuggelfahrzeuges zu einem illegalen Betäubungsmitteltransport, also ohne konkrete Haupttat gibt es weder Beihilfe noch Mittäterschaft. Die Beschaffung und Überführung des Schmuggelfahrzeuges verbleibt Vorbereitungshandlung (*BGH* NJW 2001, 1289 = NStZ 2001, 323 = StV 2001, 459; *Hamm* StV 2005, 271). Der **Versuch einer Beihilfe** ist **nicht strafbar** (*BGH* NStZ 1983, 462). Die Beschaffung und Überführung eines Schmuggelfahrzeuges mit eingebautem Schmuggelversteck stellt auch kein strafbares Sichbereiterklären zur Begehung eines Schmuggelverbrechens nach § 30 Abs. 2 StGB dar. Die Zusage eines Tatbeitrages, der rechtlich als Beihilfe zu einem Verbrechen zu werten wäre, ist nicht nach § 30 Abs. 2 StGB strafbar.

129   d) Kurierbeauftragung, Kurierzusage und Kuriertransport. Auch der **Kurier, der gegen Entlohnung selbstständig Rauschgift transportiert und einführt** oder dieses versucht, ohne selbst Käufer oder Verkäufer zu sein, treibt

Handel. Unter Kurier ist derjenige zu verstehen, der **selbstständig und eigennützig für andere Betäubungsmitteltransporte durchführt,** ohne selbst Käufer oder Verkäufer zu sein. Die **Kuriertätigkeit** besteht abweichend von den Kauf-, Verkaufs- und Vermittlungsbemühungen ähnlich den Einfuhr-, Ausfuhr- und Durchfuhrbemühungen **nicht allein in Erklärungen,** sondern in einer **Transporttätigkeit,** die auf die Übertragung der Betäubungsmittel von einer Person auf eine andere Person abzielt und die Betäubungsmittel auf den Weg bringt, um das in Gang befindliche Umsatzgeschäft zu fördern. Der Beginn der Strafbarkeit der versuchten Tatbegehung wird üblicherweise mit Hilfe des § 22 StGB ermittelt, wenn der Täter unmittelbar zur Tatausführung ansetzt. Im Rahmen des **unechten Unternehmensdeliktes Handeltreiben** kann das unmittelbare Ansetzen im Handlungsverlauf jedoch **von dem Vorbereitungsstadium unmittelbar zur formellen Vollendung übergehen,** da beim Unternehmensdelikt Handeltreiben, **Vorbereitung, Versuch und Vollendung zusammenschmelzen.** Es ist nicht erforderlich, dass die Kuriertätigkeit zu eigenen Umsatzgeschäften führen soll, da auch die **eigennützige Förderung fremder Verkäufe,** etwa durch Vermittlung von Vertragspartnern oder Ware, vom Begriff des Handeltreibens erfasst wird (BGHSt 34, 124 = NJW 1986, 2584 = StV 1986, 434; BGHR BtMG § 29 Abs. 1 Nr. 1 Handeltreiben 13 = StV 1989, 202; *BGH* StV 1990, 109; BGHR BtMG § 29 Abs. 1 Nr. 1 Handeltreiben 36 = StV 1993, 474; *BGH* NStZ-RR 1999, 186 = StV 1999, 427; *BGH* NStZ 2004, 696). Es ist aber sorgfältig zu prüfen, ob sich der Kurier als Mittäter oder nur als Gehilfe beim Handeltreiben schuldig gemacht hat (vgl. BGHSt. 51, 219 = NStZ 2007, 338 = StV 2007, 303; s. dazu im Einzelnen Rn. 258 ff.). **Fördert** der Kurier hingegen **den bloßen Erwerb zum Eigenverbrauch** der Auftraggeber, so liegt **kein Handeltreiben** vor (sog. **Erwerbskurier;** *BGH*, Urt. v. 14. 9. 1988, 3 StR 333/88).

Schon einzelne Handlungen eines Angeklagten wie das **Anwerben eines Ku- 130 riers** (vgl. *BGH* NStZ 2008, 40; *BGH*, Beschl. v. 23. 4. 2009, 3 StR 83/09), die **Beauftragung** eines Kuriers, die **Ausbildung** oder **Unterrichtung** eines Kuriers, die Mitwirkung bei der **Befestigung der Betäubungsmittel** auf dem Rücken des Kuriers, die Vermittlung eines Kuriers, die **Betreuung des Kuriers,** das Verbringen des Kuriers zum Flughafen, **die Ausstattung des Kuriers** mit Flugschein und Geld, die **Begleitung** und die **Überwachung** des Kuriers, die **Abholung** des Kuriers auf einem Zielflughafen, die **Entgegennahme des Rauschgifterlöses** vom Kurier, die **Auszahlung des Kurierlohnes** können die objektiven Voraussetzungen des Handeltreibens erfüllen, wenn diese Bemühungen einem konkreten Betäubungsmittelabsatz dienen sollen.

e) Scheitern der Anreise zur Betäubungsmittelübernahme trotz Zusage 131 des Kuriers zum Schmuggeltransport. In einem Fall hatte sich der Angeklagte zu einem Kuriertransport von 10 kg Heroin von Amsterdam nach Spanien bereiterklärt. Er konnte die Kuriertätigkeit jedoch nicht entfalten, da seine Bemühungen um ein Transitvisum für Frankreich scheiterten (= straflose Vorbereitungshandlung: *BGH* NJW 1991, 305 = StV 1990, 549). In einem anderen Fall, in dem ein Kurier zugesagt hatte, in die Türkei zu reisen, einen Schmuggelkoffer mit 5 kg Heroin zu übernehmen und nach Deutschland zu bringen, musste der vereinbarte Hinreiseflugtermin verschoben werden. Der Kurier gab dann sein Vorhaben auf. Hier wurde Rücktritt vom Versuch der Beteiligung an der unerlaubten Einfuhr nach § 30 Abs. 2 StGB angenommen (*BGH* NStZ-RR 2003, 137 = StV 2003, 217).

f) Übernahme eines Kurierauftrages und erfolglose Anreise zum Über- 132 gabeort. Die Übernahme eines Kurierauftrags und die erfolglose Anreise zum Übergabeort stellen regelmäßig noch kein unmittelbares Ansetzen zur Tatausführung des Kuriertransports, sondern nur eine **straflose Vorbereitungshandlung** dar (*BGH* StV 1985, 14; *BGH* NJW 1987, 720 = StV 1986, 527). Zu dieser Fallgruppe gehören, dass der anreisende Kurier den Übergabeort für den Rauschgiftkoffer nicht findet, den Mittelsmann nicht antrifft, die Übergabezeit verfehlt, den

Schlüssel oder Lageplan verliert, das Schließfach oder Versteck nicht findet oder leer vorfindet, oder den Lageplan nicht versteht. Sobald ein Abholer zum Öffnen des Schließfaches oder zum Graben bei einem Erdversteck ansetzt, liegt ein versuchtes Handeltreiben vor. Bleibt es bei der Vorbereitung des Handeltreibens, so ist jedoch noch an eine **Verabredung des Verbrechens** des Handeltreibens mit nicht geringen Mengen von Betäubungsmitteln zu denken (*BGH* NStZ 1996, 507).

133   **g) Übernahme eines Kurierauftrages und Scheitern der Betäubungsmittelübernahme wegen Sicherstellung der Betäubungsmittel.** Scheitert die Übernahme der Betäubungsmittel durch den Kurier, weil die zu transportierenden Betäubungsmittel bereits polizeilich **sichergestellt** wurden, kann dennoch eine Beihilfe zum unerlaubten Handeltreiben mit Betäubungsmitteln vorliegen (*Weber* § 29 Rn. 567), so z. B. bei einem Kurier, der sich auf den Weg nach Deutschland machte, um dort Betäubungsmittel zum Zwecke des Weitertransports entgegenzunehmen, obwohl diese bereits von der Polizei sichergestellt worden waren (*BGH* NStZ 2008, 573 = StV 2008, 420; krit. *BGH* NStZ 2008, 465 = StV 2008, 417; s. dazu auch Rn. 304). Der 1. Strafsenat des *BGH* hat die Verurteilung eines Angeklagten wegen Handeltreibens mit Betäubungsmitteln bestätigt, der von P. beauftragt worden war, 75.000 DM zusammenzubringen, das Geld mit einem Pkw zu dem Kurier T. zu bringen, dafür 12 kg Heroin entgegenzunehmen und dem P. zu überbringen. Der Angeklagte und P. wussten nicht, dass T. bereits zuvor an der Grenze festgenommen und das Rauschgift sichergestellt worden war. Dennoch hat T. den P. kurz nach seiner Festnahme angerufen und ihm mitgeteilt, er hätte das Heroin bei sich zur Abholung bereit. Der 1. Strafsenat sah bereits in der Beschaffung des Geldes ein unmittelbares Ansetzen zum Handeltreiben (*BGH* NJW 1992, 380 = StV 1992, 516 m. Anm. *Roxin*)

134   **h) Beteiligung an telefonischen Verhandlungen, Anreise, Aufenthalt und vergebliches Warten im Hotelzimmer.** Reist ein Angeklagter nach telefonischen Verhandlungen über 79 kg Kokain mit Geld zum Übergabeort und wartet in einem Hotelzimmer vergeblich auf Anweisungen und eine Betäubungsmittelübergabe, so stellt dieses Bemühen nicht bloß Vorbereitung, sondern Absatzbemühungen und vollendetes Handeltreiben dar. Wegen Nichtdurchführung der Betäubungsmittelübergabe und fehlender Verfügungsgewalt kommt aber u. U. nur Beihilfe zum Handeltreiben mit nicht geringen Mengen von Betäubungsmitteln in Betracht (*BGH* NStZ-RR 1996, 48).

135   **15. Betäubungsmittelhandel im Zusammenhang mit sonstigen Straftaten. a) Betäubungsmittelerlangung durch Wegnahme.** Nicht nur der rechtsgeschäftliche Erwerb, sondern auch die strafbare Aneignung von Betäubungsmittel kann sich als strafbares Handeltreiben darstellen, wenn damit eine umsatzfördernde Handlung beabsichtigt ist (BGHSt. 30, 359 = NStZ 1982, 250; *BGH* NStZ 1993, 44 unter Aufgabe von BGHSt. 30277 = NStZ 1982, 163). Werden die Betäubungsmittel jedoch weggenommen, **um sie** anschließend **zu vernichten** oder um **den Dealern eine Lehre zu erteilen,** so scheidet ein Handeltreiben aus (*BGH* NStZ 2005, 155). Nach Einführung der Tatmodalität „Sichverschaffen in sonstiger Weise" durch das BtMG 1982, die das Erlangen der tatsächlichen Verfügungsgewalt ohne abgeleiteten Erwerb selbstständig mit Strafe bedroht, wurde erneut darüber gestritten, ob die Tatmodalität Handeltreiben bei strafbarer Inbesitznahme zum Zwecke des Weiterverkaufs gegeben ist. Nach der bisherigen *BGH*-Rspr. kann daran jedoch kein Zweifel bestehen (anders *Ebert*, Das Handeltreiben mit Betäubungsmitteln i. S. v. § 29 Abs. 1 S. 1 Nr. 1 BtMG, Diss. 2005, 147 ff.).

136   **b) Betäubungsmittelerlangung durch Vortäuschung der Zahlungsabsicht.** Lässt sich ein Drogenkäufer Drogen, die er weiterverkaufen will, mit der Absicht aushändigen, diese nicht zu bezahlen, so macht er sich wegen Handeltreibens mit Betäubungsmitteln strafbar (BGHSt. 48, 322 = NStZ 2004, 37 m. Anm. *Kühl* NStZ 2004, 387 u. m. Anm. *Swoboda* NStZ 2005, 476).

c) Betäubungsmittelaneignung ohne Weiterverkaufsabsicht. Die Aneig- 137
nung von Drogen ohne nachgewiesenen Eigennutz ist lediglich ein **unerlaubtes
Sicherverschaffen** (*BGH* StV 1993, 570). Ein Sichverschaffen scheidet aus, wenn
der Angeklagte über die weggenommenen Betäubungsmittel kein tatsächliches
Herrschaftsverhältnis begründen und **keinen Besitz begründen** wollte, sondern
dem Geschädigten lediglich einen **Denkzettel verpassen** und die **Betäubungsmittel vernichten** wollte (*BGH* NStZ 2005, 155). Werden einem Dealer Betäubungsmittel weggenommen, um sie **lediglich als Pfand für die Rückzahlung**
eines gewährten Darlehens zu behalten, so macht er sich nicht wegen Täterschaft
oder Beihilfe zum Handeltreiben, sondern **nur wegen unerlaubten Besitzes
bzw. Sichverschaffens** von Betäubungsmitteln strafbar, bei einer nicht geringen
Menge wegen Besitzes von nicht geringen Mengen nach § 29 a BtMG (*BGH*
StraFo 2005, 82).

d) Wiederbeschaffung der Betäubungsmittel oder des Kaufgeldes durch 138
den betrogenen Käufer im Wege einer Straftat. Anders als bei dem Umtausch einer zum Zwecke des Weiterverkaufs erworbenen Rauschgiftmenge in
eine andere, bei dem die Umtauschvereinbarung beide Mengen zu einer Handlung
verbindet, bildet der Verlust des Rauschgifts durch eine Straftat eine Zäsur. Die
gewaltsame Wiederbeschaffung des verloren gegangenen Rauschgifts zum Weiterverkauf stellt sich als neue Tat des Handeltreibens dar (BGHSt. 43, 252 =
NJW 1998, 168 = StV 1998, 26).

Verlangen betrogene Rauschgiftkäufer, die anstelle von Betäubungsmitteln für 139
ihr Kaufgeld teilweise nur Schokoladenimitate erhielten, vom Verkäufer nach Entführung und Bedrohung von dessen Freundin das Kaufgeld gegen Rückgabe der
Geisel, so liegt Handeltreiben in nicht geringen Mengen von Betäubungsmitteln
sowie erpresserischer Menschenraub nahe. Wegen fehlender Absicht einer rechtswidrigen Bereicherung wird aber zum Teil statt erpresserischen Menschenraubs nur
Freiheitsberaubung, Nötigung und Körperverletzung angenommen (*BGH* NStZ
2003, 151 m. Anm. *Kindhäuser/Wallau* u. m. Anm. *Mitsch* JuS 2003, 122 u. m. Anm.
Engländer JR 2003, 163; a. A. *Swoboda* NStZ 2005, 476).

Haben Betäubungsmittelhändler nach dem Kauf von Betäubungsmitteln zum 140
Weiterverkauf und Übergabe des Rauschgifts durch den Lieferanten den gezahlten
Kaufpreis diesem wieder ab- und zurückgenommen, so handelt es sich bei dem
Geld nicht um eine fremde Sache i. S. d. Raubtatbestandes (§ 249 Abs. 1 StGB).
Aus dem Verbot des unerlaubten Handeltreibens mit Betäubungsmitteln folgt
die Nichtigkeit der Übereignung des gezahlten Kaufgeldes (§ 134 BGB, vgl.
BGHSt. 31, 145). Die gewaltsame Rücknahme des Geldes erweist sich als Nöti-
gung nach § 240 Abs. 1 StGB (*BGH* NStZ-RR 2000, 234 = StV 2000, 619).

e) Gewaltanwendung zur Duldung eines geplanten Rauschgifthandels. 141
Verübt ein Angeklagter Tätlichkeiten oder Drohungen gegenüber einem Dritten,
dass dieser geplante Rauschgiftgeschäfte in seinen Räumen duldet, so liegt weder
Erpressung (§ 253 StGB), noch schwere räuberische Erpressung (§ 255 StGB) vor,
da der erstrebte Vorteil, nämlich Gewinne aus Rauschgiftgeschäften, nicht die
Kehrseite des zugefügten Nachteils „Einschränkung der Besitzrechte" darstellte.
Vielmehr liegt nur versuchte Nötigung vor (*BGH* NStZ 2002, 254 = StV 2002,
81). Anders wäre dies, wenn der Angeklagte den Dritten zwingen würde, in seinen
eigenen Räumen Betäubungsmittel von ihm zu kaufen und zu bezahlen.

f) Erschleichen von Kaufgeld und dessen Erhaltung durch Straftat. Wer 142
von Betäubungsmittelkaufinteressenten durch **Vortäuschung von Rauschgiftliefermöglichkeiten** Geld erlangt, treibt keinen Handel mit Betäubungsmitteln
(auch nicht den des § 29 Abs. 6 BtMG), sondern begeht **Betrug** gem. § 263 StGB
(*BGH* NStZ 2003, 185 = StV 2003, 281). Wer **mit Gewalt oder Nötigung**
durch Vortäuschung von Rauschgiftliefermöglichkeiten von Betäubungsmittelkaufinteressenten Geld erlangt, treibt keinen Handel, sondern begeht **Erpressung.**
Wer nach Vortäuschung von Rauschgiftliefermöglichkeiten von Betäubungsmittelkaufinteressenten Geld erlangt und gegenüber dem Rückforderungsverlangen der

Betäubungsmittelkaufinteressenten Gewalt und Drohungen einsetzt, um das Kaufgeld ohne Gegenleistung zu erhalten, begeht Erpressung gem. § 253 StGB (*BGH* NStZ 2002, 33; vgl. auch *BGH* NStZ 2003, 151 m. krit. Anm. *Kindhäuser/Rochus* = StV 2002, 425).

IV. Täter

143   Täter des Handeltreibens kann jedermann sein. Der Täter muss **keine Kaufmannseigenschaften** haben und **kein Handelsgewerbe** betreiben. Es kann auch ein legaler Betäubungsmittelsgroßhändler, Arzt, Apotheker oder Polizeibeamter in Einzelfällen illegalen Handel mit Betäubungsmitteln treiben, wenn für diese Geschäfte keine behördliche Erlaubnis vorliegt.

V. Erlaubnispflicht

144   **1. Bedeutung der Erlaubnis.** Durch das Ausführungsgesetz Suchtstoffübereinkommen 1988 v. 2. 8. 1993 (BGBl. I, 1407) wurde in § 29 Abs. 1 S. 1 Nr. 1 BtMG die Formulierung **„ohne Erlaubnis nach § 3 Abs. 1 Nr. 1"** durch das Wort **„unerlaubt"** ersetzt, um den Besonderheiten der internationalen Geltung des deutschen Strafrechts gem. § 6 Nr. 5 StGB, für die keine Erlaubnis nach § 3 BtMG erteilt werden kann, Rechnung zu tragen. Das Merkmal „unerlaubt" hat nicht nur rechtfertigende, sondern tatbestandsausschließend Wirkung, es ist mithin **ein Tatbestandsmerkmal** (*BGH* NStZ 1996, 338 = StV 1996, 424; *Weber* § 29 Rn. 25; MK-StGB/*Kotz* § 3 Rn. 10; a. A. [Rechtfertigungsgrund] noch *Körner,* 6. Auflage, § 29 Rn. 239 [für das Handeltreiben]; *Malek* 2. Kap. Rn. 47; *Ebert,* Das Handeltreiben mit Betäubungsmitteln i. S. v. § 29 Abs. 1 S. 1 Nr. 1 BtMG, 2005, 8 ff.).

145   **2. Erlaubnis für den legalen Betäubungsmittelhandel.** Für **jeden legalen oder illegalen Betäubungsmittelhandel** ist **grundsätzlich eine Erlaubnis des** *BfArM* **erforderlich** (§ 3 Abs. 1 Nr. 1 BtMG). Auch **Kommissionäre, Broker, Handelsvertreter und Handelsmakler** bedürfen grundsätzlich einer Erlaubnis. Eine Erlaubnis für den Binnenhandel berechtigt nicht zu Im- und Exportgeschäften mit Betäubungsmitteln. Das Erlaubnisverfahren ist in §§ 5–10 BtMG geregelt. So muss ein Antragsteller u. a. die erforderliche Sachkenntnis und Zuverlässigkeit und geeignete Räume nachweisen und die Sicherheit und Kontrolle im Betäubungsmittelverkehr gewährleisten. Nach § 4 Abs. 1 Nr. 5 BtMG sind die Spediteure und Lagerhalter, die gewerbsmäßig für befugte Teilnehmer am Betäubungsmittelverkehr die Beförderung, Lagerung und Aufbewahrung von Betäubungsmitteln übernehmen, **von der Erlaubnispflicht befreit.** Wer aber im illegalen Betäubungsmittelverkehr Betäubungsmittel kauft, transportiert, lagert oder verkauft, bedarf hingegen der Erlaubnis und macht sich ohne Erlaubnis strafbar. Liefert der Inhaber einer Auslandsfirma, die zur Abgabe von Betäubungsmitteln an Firmen oder Privatpersonen berechtigt ist, an Firmen oder Personen im Ausland, die nicht im Besitz einer rechtswirksamen Erlaubnis zum Erwerb und zur Einfuhr von Betäubungsmitteln sind, nicht nur die Betäubungsmittel, sondern auch gefälschte Einfuhr- und Erwerbserlaubnisse, so macht er sich wegen unerlaubten Handeltreibens strafbar. Ist die **Erlaubnis** eines legalen Betäubungsmittelgroßhändlers **abgelaufen,** so kann auch er sich wegen illegalen Handeltreibens strafbar machen. Wurde eine Erlaubnis zurückgegeben oder nicht verlängert, so handelt der legale oder illegale Drogenhändler unerlaubt und macht sich nach § 29 Abs. 1 BtMG strafbar. In subjektiver Hinsicht ist jedoch Dolus eventualis und Fahrlässigkeit zu prüfen.

VI. Geltungsbereich des BtMG

146   **1. Betäubungsmittelhandel im Ausland.** Der Grundsatz, dass das deutsche Strafrecht für die Taten gilt, die im Inland begangen werden **(§ 3 StGB),** wird durch die Tatortzuständigkeitsregelung des **§ 9 StGB** ergänzt. Danach ist eine Tat

an jedem Ort begangen, an dem der Täter handelt oder hätte handeln müssen, an dem der Erfolg eingetreten ist oder hätte eintreten sollen. Die Teilnahme ist sowohl an dem Ort begangen, an dem der **Täter** handelte, als auch an jedem Ort, an dem der **Teilnehmer** handelte. Dies ist insbesondere zu beachten, wenn verschiedene Personen an einem Verhandlungs-, Herstellungs- und Lieferungsprozess von Betäubungsmitteln in verschiedenen Ländern mitwirkten (*BGH* NStZ 1983, 277; *BGH* NJW 1999, 2683 = StV 1999, 432; *BGH* NJW 2002, 453 = StV 2002, 256).

Im Rahmen eines internationalen Betäubungsmittelschmuggelunternehmens **147** haben die das Heroin einführenden Haupttäter eine Vertriebshandlung im Inland begangen (§ 9 Abs. 1 StGB). Da die Teilnahme auch am Ort der Haupttat begangen ist, gilt auch **für den ausschließlich im Ausland tätigen Gehilfen** deutsches Strafrecht gem §§ 3, 9 Abs. 2 S. 1 StGB (*BGH*, Urt. v. 7. 11. 1984, 2 StR 477/84).

Hat ein niederländischer Angeklagter als Händler 285 kg Haschisch von Pakistan **148** über Portugal in die Niederlande transportiert und wurde ein Teil des Rauschgiftes von einem Mittäter in die Bundesrepublik verbracht, wo der Angeklagte einen Teil verkaufte, so ist das **Handeltreiben** als eine **Inlandstat (§ 9 Abs. 1 StGB)** zu beurteilen (*BGH* NStZ 1986, 415). Auf das Weltrechtsprinzip des § 6 Nr. 5 StGB kommt es in diesen Fällen nicht an (vgl. auch *BGH* NJW 1992, 382).

2. Weltrechtsprinzip. Rauschgiftdelikte, die von Bundesbürgern oder Auslän- **149** dern bzw. Staatenlosen im Ausland ohne behördliche Erlaubnis begangen wurden, können in der Bundesrepublik strafrechtlich verfolgt werden, wenn sie der deutschen Strafgewalt unterliegen und sich als „unbefugter Vertrieb" von Betäubungsmitteln i. S. v. § 6 Nr. 5 StGB darstellen. *Schrader* (NJW 1986, 2874) hat die Entstehungsgeschichte des Begriffs **„Vertrieb"** als Übersetzung von französisch „distribution" und englisch „distribution" untersucht und Vertrieb als jegliche Weitergabeakte ohne Erfordernis der Entgeltlichkeit definiert. *Schrader* räumt zwar ein, dass „distribution" noch ein weiterer Begriff als das englische Wort Vertrieb ist, er will aber die Auslegung und Fortentwicklung durch die Rspr. nicht gelten lassen. Er hält eine Neuformulierung des § 6 Nr. 5 StGB mit einem eindeutigen Begriff oder eine Verweisung auf bestimmte Tatbestände dringend für geboten. Die **h. M.** versteht im Gegensatz zum Begriff des „Handeltreiben" im BtMG unter Vertrieb jede Tätigkeit, jedes Bemühen, Betäubungsmittel entgeltlich in den Besitz eines anderen zu verbringen (*Fischer* § 6 Rn. 5; Sch-Sch/*Eser* § 6 Rn. 6; *Körner* NStZ 1986, 306). Der Vertrieb umfasst deshalb Fälle des Handeltreibens, des Erwerbs zum Weiterverkauf, der Veräußerung, der Einfuhr und der Ausfuhr, **soweit sie dem Absatz von Betäubungsmitteln dienen** (*BGH* StV 1990, 550). Dies gilt auch für das Herstellen und den Anbau von Betäubungsmitteln i. S. d. § 29 Abs. 1 S. 1 Nr. 1 BtMG zum Zwecke des gewinnbringenden Weiterverkaufs (vgl. *Weber* § 29 Rn. 95; s. auch § 29/Teil 3, Rn. 28). Dienen aber das Herstellen, Gewinnen, Verarbeiten, das Anbauen und das Besitzen sowie der Erwerb **dem Eigenkonsum, gehören sie nicht zum Vertrieb** (BGHSt. 34, 1 = NStZ 1986, 320 = StV 1986, 473; *BGH* NJW 1987, 2168 = StV 1987, 338; *BGH* StV 1990, 550). Es gibt keinen allgemeinen Grundsatz des Völkerrechts, der die Anwendung des Weltrechtsprinzips auf den unbefugten Vertrieb von Betäubungsmitteln verbietet (z. B. Verkauf eines niederländischen Dealers in den Niederlanden an Deutsche zum Weiterverkauf in der Bundesrepublik). Im Gegenteil, die Vorschrift des § 6 Nr. 5 StGB findet ihre besondere Rechtfertigung in dem Einheitsübereinkommen von 1961. Aus dem Übereinkommen ergibt sich eindeutig, dass die Unterzeichnerstaaten, zu denen neben anderen die Niederlande und die Bundesrepublik gehören, sich zu einer weltweiten internationalen Zusammenarbeit bei der Bekämpfung der Betäubungsmittelkriminalität zusammengeschlossen haben.

Das Weltrechtsprinzip wirkt in der Praxis nicht als starrer Grundsatz. Es zwingt **150** die deutschen Strafverfolgungsbehörden, nicht ohne Rücksicht auf die Umstände des Einzelfalles einzuschreiten (BGHR StGB § 6 Nr. 5 Vertrieb 2 = StV 1992, 155). Die Staatsanwaltschaft hat ein Verfolgungsermessen, das auch Raum für Rücksichten auf nationale Interessen des Auslandes lässt. So kann sie **gem. § 153 c Abs. 1 Nr. 1 StPO von Verfolgung absehen** bei Straftaten, die außerhalb des Geltungsbereiches der StPO begangen oder durch eine im Ausland vollstreckte Strafe ausreichend geahndet sind (§ 153 c Abs. 1 Nr. 3 StPO). Bei Nachteilen für die Bundesrepublik oder bei einem Entgegenstehen überwiegender öffentlicher Interessen kann sie bei Auslandstaten die Anklage zurücknehmen und das Verfahren einstellen (§ 153 c Abs. 3 StPO). **Der Respekt vor fremden Rechtsanschauungen und ausländischen Rechtsordnungen** gebietet in der Regel eine Anwendung des § 153 c StPO, wenn der Verfolgte im Ausland wegen der Taten im Tatort- und Heimatstaat schon rechtskräftig verurteilt worden ist (*Rüter/Vogler* JR 1988, 136 ff.).

151   **3. Betäubungsmittelerwerb im Ausland zum Weiterverkauf.** Sowohl der Veräußerer nimmt mit der Übergabe, als auch der einkaufende Händler nimmt mit der Entgegennahme der Betäubungsmittel an dem zweiseitigen Vorgang des Vertriebes teil, **sofern die Betäubungsmittel Absatzzwecken dienen.** Die Weiterverkaufsabsicht kann sich aus Äußerungen des Käufers beim Ankauf oder aus der erworbenen Betäubungsmittelmenge ergeben (BGHSt. 34, 1 = NStZ 1986, 320 = StV 1986, 473; BGHR BtMG § 29 Abs. 1 Nr. 1 Handeltreiben 27 = StV 1993, 308; *BGH* StV 1992, 469; *BGH* MDR 1993, 1148; *BGH* MDR 1993, 1152).

152   Schon das planmäßige Mitwirken an dem Erwerb von 18 kg Haschisch und 120 g Cannabisöl in Marokko, sowie das Einbauen dieses Rauschgiftes in den präparierten Tank des mitgeführten Fahrzeuges beim Erwerb der Betäubungsmittel im Ausland sind Handlungen, die den später beabsichtigten Absatz in Österreich gefördert haben. Dass es wegen der Rauschgiftbeschlagnahme in Spanien zu diesem Absatz weder in Deutschland noch in Österreich gekommen ist, steht einem vollendeten Handeltreiben und einer Strafverfolgung in Deutschland nicht entgegen (*BGH*, Beschl. v. 15. 5. 1984, 5 StR 257/84). Für die Vollendung des Tatbestands genügt es, dass der Täter sich mit dem ernsthaften Willen, Betäubungsmittel zu erwerben, an eine Person wendet, die als Verkäufer oder Vermittler in Betracht kommt, auch wenn das Geschäft letztlich nicht zustande kommt, weil der Verkäufer trotz ernsthafter Bemühungen keinen Lieferanten findet.

153   **4. Betäubungsmittelverkauf im Ausland.** Danach ist insbesondere **der Verkauf von Betäubungsmitteln durch Deutsche oder Ausländer im Ausland** nach dem deutschen BtMG strafbar (*BGH* NStZ 1983, 511; *BGH* NJW 1985, 1035 = StV 1985, 106; *BGH* NStZ 1985, 361; *BGH* NStZ 1986, 320; *BGH* NJW 1986, 2895 m. Anm. Herzog = StV 1986, 473; BGHSt. 34, 334 = NJW 1987, 2168 = StV 1987, 338 m. Anm. *Rüter/Vogler* JR 1988, 136 [zur Anwendung des Weltrechtsprinzipes, wenn ein **Niederländer** wegen eines **in den Niederlanden** begangenen Betäubungsmittelhandels auf deutsches Ersuchen von Spanien zur Strafverfolgung an die Bundesrepublik ausgeliefert wird]; *BGH* StV 1992, 155; *BGH* NStZ 2003, 269). Beim Handeltreiben mit Betäubungsmitteln im Ausland bestehen **keine Unterschiede zwischen dem deutschen und dem ausländischen Straftäter.**

154   Gründet ein Angeklagter, der Methaqualon-Tabletten in größerem Umfange illegal nach **Südafrika** liefern will, zur Umgehung des deutschen BtMG in **Liechtenstein** eine pharmazeutische Firma und in **Sambia** eine Vertriebsfirma und lässt 7 Millionen Methaqualon-Tabletten in der **Schweiz** herstellen und in 27 Lieferungen durch Kuriere ohne die in der Schweiz erforderliche Bewilligung des eidgenössischen Gesundheitsamtes nach Afrika ausführen, so ist er gem. § 6 Nr. 5 u. § 7 Abs. 2 Nr. 1 StGB auch nach deutschem Strafrecht strafbar, da diese Auslandstat auch gegen das deutsche Recht verstößt. Das *LG Köln* verurteilte einen Angeklagten deshalb wegen Handeltreibens zu 2 Jahren und 6 Monaten Freiheitsstrafe (*BGH*, Beschl. v. 4. 2. 1987, 2 StR 12/87).

Haben deutsche Polizeiagenten mit dem Einverständnis der niederländischen **155** Behörden niederländische Dealer nach einem Rauschgiftgeschäft in den Niederlanden **auf deutsches Hoheitsgebiet** zu den deutschen Abnehmern der Dealer **gelockt,** so entfällt nicht die deutsche Strafgewalt (vgl. zu den kontrollierten Betäubungsmitteltransporten und zum Einsatz von Agents provocateurs im Ausland § 29/Teil 5, Rn. 81 ff., zur **Tatprovokation im Ausland** vgl. aber Vorbem. §§ 29 ff. Rn. 171 ff.

5. Grenzüberschreitende Förderung eines Betäubungsmitteltransportes **156** **im Inland vom Ausland her.** Nach dem im deutschen Recht geltenden Ubiquitätsprinzip ist eine Tat nicht nur an dem ausländischen Ort begangen, an dem der Täter gehandelt hat, sondern auch dort, wo die tatbestandlich vorausgesetzte Wirkung eingetreten ist (§ 9 Abs. 1 StGB). Bemühen sich vom Ausland aus Rauschgifthändler um die Anwerbung oder Vermittlung von Rauschgiftkurieren in Deutschland oder um Aufbau eines Kurier- bzw. Zwischenlagersystems, ohne dass die Bundesrepublik Bestimmungsort der beabsichtigten oder getätigten Rauschgifttransporte ist, so stellt dieses missbräuchliche Hineinwirken in deutsche Schutzbelange einen Begehungsort im Inland (§ 9 StGB) dar, der ein Einschreiten der deutschen Behörden gegen diesen inländischen Akt von Handeltreiben darstellt (*Karlsruhe* StV 1998, 602).

D. Erscheinungsformen

I. Arten des Betäubungsmittelhandels

1. Straßenhandel. In der Regel finden Drogengeschäfte zwischen **Käufer, 157 Vermittler und Verkäufer auf den Straßen oder in Haus- und Hof-Eingängen der Drogenszene** statt. Nicht selten gehen Kaufgeld und Ware **durch mehrere Hände von begleitenden Läufern.** Erst eine längere Observation oder Videoaufnahme der Polizei lässt das Zusammenspiel diverser Personen erkennen, die der Vermittler zusammenbringt.

2. Telefonhandel. Der Straßenhandel wird heute vielfach durch Telefonge- **158** schäfte abgelöst oder zumindest vorbereitet. Die **Kaufinteressenten kennen den Vermittler und Verkäufer nicht mehr persönlich,** sondern haben nur noch eine Handynummer, wo sie ihre Bestellung aufgeben und erfahren, an welchem Ort ein Bote die Ware übergeben wird, z.B. an einer Straßenbahnhaltestelle, in einer S-Bahnlinie oder in einer bestimmten Toilettenanlage. Vermittler und Verkäufer, die ihr Handy laufend wechseln, können mit Telefonüberwachungen (§§ 100a, 100g StPO), der liefernde Bote **(Läufer)** durch Observation (§§ 161, 163f StPO) überführt werden.

3. Betäubungsmittelhandel über Call-Center. Um einer Telefonüberwa- **159** chung zu entgehen, unterhalten manche Dealer **Call-Center mit Vermittlern, die zahlreiche Handys bedienen und eingehende telefonische Bestellungen mit verschiedenen Handys mehrfach weiterleiten** zu dem Betreiber des Call-Centers und dessen Läufer, die die Betäubungsmittel ausliefern. Die Kaufinteressenten kennen weder die Vermittler des Call-Centers noch den Dealer, sondern nur die Nummer des Call-Centers. Die Absprachen zwischen dem Call-Center-Betreiber, dem Verkäufer und dem Läufer werden mit anderen Handys bestritten als mit den Handys, die von den Kaufinteressenten angewählt werden. Mit einem richterlichen Beschluss gem. § 100i Nr. 1 und Nr. 2 StPO besteht die Möglichkeit, mittels **IMSI-Catcher den Standort des Call-Centers und den mit dem Call-Center in Verbindung stehenden Handyverkehr** zu ermitteln und den Netzbetreiber zu verpflichten, die IMSI- und IMEI-Nummern zu übermitteln zur Vorbereitung von TKÜ-Maßnahmen der mit dem Call-Center in Verbindung stehenden Handys (*AG Frankfurt,* Beschl. v. 4. 10. 2006, 5120 Js 235675/06–931 Gs).

160   **4. Betäubungsmittelhandel per E-Mail.** Im modernen Betäubungsmittelhandel spielt mittlerweile auch die elektronische Kommunikation mittels E-Mail
eine große Rolle. Rechtsgrundlage für den Abruf der auf dem Mailserver des Pro-
viders nach Beendigung des Übertragungsvorgangs gespeicherten Nachrichten
(unabhängig oben gelesen oder ungelesen) durch die Ermittlungsbehörden ist 94
StPO (*BVerfG* NJW 2009, 2431; *BGH* NStZ 2010, 345; *Meyer-Goßner* § 94
Rn. 19 a; BeckOK-StPO/*Ritzert* § 94 Rn. 1). Während des Übermittlungsvor-
gangs vom Absender zum Mailserver und vom Mailserver zum Empfänger kann
eine Überwachung nur nach § 100 a StPO erfolgen (*Meyer-Goßner* § 100 a Rn. 6 b;
BeckOK-StPO/*Graf* § 100 a Rn. 28).

161   **5. Betäubungsmittelhandel per Internettelefonie.** Neben der E-Mail ist
auch die Internettelefonie ein beliebtes Telekommunikationsmittel von Betäu-
bungsmitteldealern geworden. Die Kommunikation erfolgt dabei mittels des Inter-
nets über einen DSL-Anschluss (sog. Voice over IP = VoIP). Da es sich auch bei
Gesprächen über VoIP um Telekommunikation handelt, kann eine Überwachung
nur nach Maßgabe des § 100 a StPO erfolgen (BeckOK-StPO/*Graf* § 100 a
Rn. 31; a. A. *Sankol* CR 2008, 13). Umstritten ist die Überwachung der Internet-
telefonie mittels des Anbieters **Skype**, bei dem die Kommunikation zwischen den
Gesprächsteilnehmern, sei es als Telefonate oder Videotelefonie, verschlüsselt übertragen wird, so dass eine herkömmliche Telefonüberwachung keinen Erfolg verspricht. Erforderlich ist vielmehr die Installation einer Spionagesoftware („Troja-
ner") auf dem zu überwachenden Rechner, durch den die Tastatureingaben oder
Sounddaten vor der Verschlüsselung durch die Ermittlungsbehörden nachverfolgt
werden können (sog. Quellen-TKÜ). Auch hier ist § 100 a StPO die Rechtsgrundlage (*LG Hamburg* Beschl. v. 31. 8. 2010, 608 Qs 17/10; *AG Bayreuth* MMR
2010, 266 m. Anm. *Bär*; BeckOK-StPO/*Graf* § 100 a Rn. 114; a. A. *Hamburg* StV
2009, 630 m. Anm. *Vogel/Brodowski*; *Buermeyer/Bäcker* HRRS 2009, 433; *Becker/
Meinicke* StV 2011, 50).

162   **6. Betäubungsmittelhandel per Post.** Der Verkäufer oder der Rauschgiftkurier, der per Post eine **Sendung mit Rauschgift absendet** oder an einem Bahn-
hof oder an einem Flughafen eine **bestellte Rauschgiftlieferung als Gepäck
aufgibt,** macht sich nicht nur wegen versuchten, sondern wegen **vollendeten
Handeltreibens** strafbar, da er den Umsatz mit Betäubungsmitteln mit der Post-
aufgabe mit seinen Kräften ermöglicht hat. Bei der **Aufgabe eines Postpakets
mit Betäubungsmitteln im Ausland** liegt jedoch nur **versuchte Einfuhr** vor,
wenn das Paket nicht an geplanten Zielort in der Bundesrepublik ankommt (*BGH*
NStZ 2004, 110). Der Abholer oder Empfänger eines Rauschgiftpäckchens, der
bei Post, Bahn oder Zoll das inzwischen von der Polizei oder dem Zoll entleerte
und mit Rauschgiftimitat gefüllte Päckchen abholt, macht sich als Täter oder Gehilfe wegen vollendeten, nicht wegen versuchten Handeltreibens strafbar, weil die
gehandelten Betäubungsmittel nicht real vorhanden sein müssen (so schon
BGHSt. 6, 246; *BGH* NStZ 1992, 38; *BGH* StV 1995, 524; a. A. *Harzer* StV 1996,
338 ff.; *Krack*, JuS 1995, 585 ff., der einen untauglichen Versuch des Handeltreibens
annimmt).

163   **7. Betäubungsmittelhandel per Internet (E-Commerce).** Mit den **Such-
maschinen im world wide web** lassen sich Bezugsquellen für nahezu alle illegalen Betäubungsmittel, Arzneimittel, Biodrogen, Nahrungsergänzungsmittel oder
Dopingmittel finden. Von Amphetaminen bis Zauberpilze ist alles im **elektroni-
schen Versandhandel** zu beziehen. Bezahlt wird mit Kreditkarte oder über
Transferfirmen wie Western Union. Geliefert wird per Post, via Airmail, per Ku-
rierdienst oder per Hausbote. Vorwiegend sind es niederländische Firmen, die die
Produktpalette **niederländischer Cannabis-Samen-Handlungen und Smart-
Shops** europaweit anbieten, ohne auf die Illegalität der Produkte in den meisten
Ländern hinzuweisen. Vermehrt bieten aber auch **deutsche Head- und Grow-
Shops** oder **private Hersteller und Anbieter auf ihrer Home-Page** Drogen-

produkte an. In den elektronischen Warenkorb können als Bestellung gelegt werden: **Haschischkekse, Haschischpralinen, Haschischöl, Marihuanatüten und Haschischpäckchen, Cannabis-Samentüten, Wasserpfeifen, Vaporizer, Joint-Zubehör, Magic-Mushrooms, Hanf- und Psilocybin-Duftkissen, Guarana, Ephedrin, Coffein, Melatonin und Creatin,** alle Arten von **Nahrungsergänzungsmitteln oder Dopingmitteln.** Bei dem Drogenhandel im Internet stellen sich vielfältige Fragen: 1. Ist das ins Netz gestellte Angebot strafbar?, 2. Liegt der Tatort im In- oder im Ausland?, 3. Welches deutsche Recht ist anwendbar?, 4. Wie sichere ich die Website?, 5. Wie kann ich den für den Inhalt verantwortlichen Domain-Inhaber und den für das Netz verantwortlichen Provider feststellen, vernehmen und ggf durchsuchen?, 6. Wie komme ich an eine inaktuelle Website?. Die Polizei und der Zoll gehen deshalb auf **virtuelle Streife** und **Netzwerkfahndung** und führen anlassbezogene Ermittlungen mit Sondereinheiten gegen die **Internetkriminalität.**

Regelmäßig stellen die Internet-Texte ähnlich den Zeitungsinseraten und **164** Schaufensterauslagen keine konkreten Verkaufsangebote i. S. d. unerlaubten Handeltreibens mit Betäubungsmitteln, sondern nur allgemeine Hinweise und **Einladungen an Kaufinteressenten** dar, auf einem bestimmten Wege bestimmte **Kaufangebote/Bestellungen abzugeben** (invitatio ad offerendum). Diese erklärte Bereitschaft, Kaufangebote von unbekannten Interessenten entgegenzunehmen, ist noch **bloße Vorbereitungshandlung des Verkäufers.** Handeltreiben ist erst dann gegeben, wenn sich ein Verkäufer gegenüber einem bestimmten Kaufinteressenten verpflichtet, eine bestimmte Betäubungsmittelmenge zu bestimmten Konditionen zu liefern.

Geht aus dem Internetangebot hervor, dass der Anbieter **Betäubungsmittel in** **165** **einem Laden- oder Lagerraum zum Verkauf bereithält,** z. B. Tüten mit 3, 5, 10 und 50 g Cannabis-Samen, Cannabis-Harz, Cannabis-Pralinen oder Rauschpilze zu festen Preisen, so besteht der Verdacht des unerlaubten **Handeltreibens mit Betäubungsmitteln** nach § 29 Abs. 1 S. 1 Nr. 1 BtMG. Ist weder ein Laden noch ein Lagerraum des Anbieters bekannt, weil dieser die eingehenden Bestellungen an ein Unternehmen in den Niederlanden, Schweiz oder USA weiterleitet, so besteht der Verdacht der **öffentlichen und eigennützigen Mitteilung einer Gelegenheit zum unbefugten Erwerb bzw. zum unbefugten Erwerb bzw. zur unbefugten Abgabe von Betäubungsmitteln** nach § 29 Abs. 1 S. 1 Nr. 10 BtMG.

II. Handel mit Betäubungsmittelutensilien

Der Verkauf oder der Kauf von Drogenkonsumwerkzeugen (Spritzen, Rauch- **166** geräte, Inhalator, Zigarettenpapier), von Drogenhandelswerkzeugen (Waage, Verpackungsmaterial, Streckmittel, Folienschweißgeräte), von Drogenliteratur (über Wirkungen von Betäubungsmitteln, über Anbau von Rauschpflanzen, über Herstellung von Betäubungsmitteln, über die Zubereitung von Betäubungsmittelkochrezepten), von Schmuggelbehältnissen, Schmuggelfahrzeugen und Schmugglerausstattung (Koffer und Kisten mit doppeltem Boden, Fahrzeuge mit Spezialhohlräumen, Schmugglerbauchbinden und Schmugglerbüstenhalter, Plastikhandschuhe, Abführmittel, Reiseunterlagen und Flugtickets (*BGH* NStZ 2001, 323 = StV 2001, 459), von Laborgerätschaften (Glaskolben, Reagenzgläser, Chemikalien, Licht- und Elektroausstattung), oder von Anbauzubehör (Samen, Düngemittel, Pflanzwannen, Gewächshäuser, Beleuchtungs- und Heizungsanlagen) stellen im Hinblick auf das Handeltreiben regelmäßig **Vorbereitungshandlungen** dar. Ist der Beschaffer von Ausrüstungsgegenständen jedoch konkret in ein Rauschgiftgeschäft eingebunden, so kann auch eine Beihilfe zum Handeltreiben, in Ausnahmefällen eine Mittäterschaft vorliegen, was nach allgemeinen Kriterien zu prüfen ist. In Ausnahmefällen kann der Handel mit Cannabissamen oder mit Grundstoffen jedoch nach Sondervorschriften des BtMG oder des GÜG strafbar sein.

167   Die Lieferung von **Chemikalien, von Gelatinekapseln und eines Kapsel-füllgerätes** nebst Zubehör für die Herstellung von MDA und MDMA, wenn sie der Förderung fremder Umsatztätigkeit dient, stellt Beihilfe zum Handeltreiben dar (*BGH* NStZ 1994, 91 = StV 1994, 15). Der Kauf von Drogenwerkzeugen ist eine typische Vorbereitungstat für die Produktion. Der Handel mit **Rauchgeräten, Betäubungsmittelwaagen, Spritzen, Plastikbeuteln und Schmuggelkoffern** indiziert zwar den Betäubungsmittelhandel, ist aber **ohne Bezug zum Betäubungsmittelgeschäft** straflos. Der Verkauf von **Laborgerätschaften** wie **Kolben, Glasflaschen und Kesseln, Bunsenbrennern, Erwärmungs-, Misch-, Wiege- und Testgerätschaften** ist ohne Bezug zu einem konkreten Rauschgifthandel oder zu einer konkreten Rauschgiftproduktion als Vorbereitungshandlung zur illegalen Herstellung straflos. Anders ist es, wenn der Gerätelieferant in die illegale Herstellung oder in den illegalen Handel eingebunden ist (vgl. *BGH* NStZ 1994, 91 = StV 1994, 15). Das Rauschgift-Artikelgeschäft „The Old Man" in Amsterdam bot für 33 Gulden **präparierte Coca Cola-, Fanta- und Sprite-Dosen** an, mit denen man eine Unze Heroin schmuggeln kann. Selbst dieser Handel mit Schmuggelbehältnissen wird durch das BtMG bislang nicht erfasst. Der Handel mit Drogenwerkzeugen stellt weder eine unerlaubte Werbung für Betäubungsmittel (§ 29 Abs. 1 S. 1 Nr. 8 BtMG, § 29/Teil 17, Rn. 6), noch ein Verschaffen einer Gelegenheit bzw. Verleiten zum Gebrauch von Betäubungsmitteln dar (§ 29 Abs. 1 S. 1 Nr. 11 BtMG, vgl. § 29/Teil 20, Rn. 36 ff.), es sei denn in den Drogeninstrumenten sind noch konsumfähige Betäubungsmittelreste enthalten, vgl. Rn. 8). Im Rahmen eines Drogengeschäftes kann die Besorgung einer **Betäubungsmittelwaage** oder einer **Tablettiermaschiene** sich aber als Beihilfe oder Mittäterschaft beim Handeltreiben darstellen.

III. Betäubungsmittelhandel im Strafvollzug

168   Spätestens seit die Justizvollzugsanstalten zu einem erheblichen Anteil Betäubungsmitteltäter beherbergen, wird in den Gefängnissen auch rege mit Betäubungsmitteln gehandelt. In den JVA's stellen Naturalien die Währung für Tauschgeschäfte dar: ein Stück Haschisch kostet eine Bombe (= ein Glas Kaffee). Man nennt dieses Haschischstück auch „Bombenpiece". Man kann ein Stück Haschisch auch für einen Koffer (= Packung Tabak) erwerben. Man spricht insoweit von einem „Kofferpiece". Das **Verkaufen von Betäubungsmitteln gegen Waren** in der JVA stellt zweifelsfrei Handeltreiben dar (vgl. *BayObLG* NStZ 1988, 570; *München* StRR 2010, 476). Da in JVA's erhebliche Mengen an Betäubungsmitteln eingeschmuggelt und gehandelt werden, ist nach § 84 Abs. 2 StVollzG (bzw. § 70 Abs. 2 HmbStVollzG; Art. 91 Abs. 2 BayStVollzG; Art. 46 Abs. 2 HStVollzG) die Suche nach Betäubungsmitteln in Körperhöhlen und Körperöffnungen, auch im Analbereich gestattet (*BVerfG* StV 2009, 253 [mit Einschränkungen für die Untersuchungshaft]; *Karlsruhe* NStZ 1983, 191). § 84 Abs. 2 StVollzG erlaubt jedoch nur die Untersuchung von Körperöffnungen ohne medizinische Hilfsmittel, so dass eine Darmspiegelung (Rektoskopie) hiervon nicht gedeckt ist (*Stuttgart*, Beschl. v. 31. 8. 1990, 4 Ws 67/90). Rechtsgrundlage für die Durchsuchung der Hafträume, auch unter Einsatz eines Spürhundes, ist § 84 Abs. 1 S. 1 StVollzG (vgl. *Nürnberg* NStZ 1997, 359). Zur Unterbindung von Betäubungsmittelmissbrauch und Betäubungsmittelhandel sind stichprobenweise Urinkontrollen nach Betäubungsmittelrückständen zulässig, auch in unbekleidetem Zustand, um dadurch eine Manipulation durch den Gefangenen auszuschließen (vgl. *Hamm*, Beschl. v. 3. 4. 2007, 1 Vollz (Ws) 113/07; *Jena* NStZ-RR 2008, 59). Gegen einen Angeklagten in Untersuchungshaft darf die Anordnung einer Urinkontrolle jedoch nur erfolgen, wenn konkrete Hinweise auf den Konsum von Betäubungsmitteln bestehen (*LG Koblenz* StraFo 2008, 119).

IV. Betäubungsmittelschmuggel in eine Justizvollzugsanstalt (Schlepper)

Erhält **ein Strafgefangener** wegen bevorstehender Vollzugslockerungen oder **169** **ein JVA-Bediensteter** oder **JVA-Besucher** von Gefangenen den Auftrag, in Freiheit bei einem Drogenhändler oder Verbindungsmann Betäubungsmittel abzuholen, zu bezahlen, an den JVA-Kontrollen vorbei in die Haftanstalt und den Auftraggebern auszuhändigen gegen Zahlung eines Honorars oder Verrechnung mit Schulden, so **treibt er als Mittäter oder Gehilfe Handel mit Betäubungsmitteln** (vgl. *BGH* NStZ-RR 2010, 254), so z. B. bei einer Bediensteten einer JVA, die einem Strafgefangenen von ihr eingeschmuggelte Betäubungsmittel zum Verkauf an einen Mitgefangenen zu überhöhten Preisen zur Verfügung stellte und an dem vom Gefangenen erzielten Gewinn hälftig beteiligt werden wollte (*München* StRR 2010, 476). Wird der Schmuggeltransport in die JVA aus **bloßer Gefälligkeit** durchgeführt, so ist **Abgabe** von Betäubungsmitteln nach Aushändigung der Betäubungsmittel in der JVA gegeben (vgl. *BGH* NStZ-RR 2008, 319). Die Tatausführung geschieht zumeist durch Verstecken von Betäubungsmitteln **in den Kleidern** oder **in Geschenkpaketen**. Beliebt ist auch die Methode, die übernommenen Betäubungsmittel **in Präservative** zu verpacken, die Kondome **hinunterzuschlucken oder anal im Enddarm** zu verstauen und später in der JVA herauszuholen bzw. auszuscheiden. Beschafft sich ein **Strafgefangener** während des offenen Vollzugs Betäubungsmittel und **schmuggelt sie für sich selbst** in die JVA ein, um sie dort zu verkaufen, so treibt er mit Betäubungsmitteln Handel. Das Einschmuggeln der Betäubungsmittel in die JVA wirkt sich **strafschärfend** aus.

Wird ein Heroinschmuggler, Heroinhändler oder Heroinkonsument wegen **170** Handeltreibens einer bestimmten Betäubungsmittelmenge festgenommen, entdeckt die Polizei aber nicht das gesamte mitgeführte Heroin, so stellt das Einschmuggeln der Restmenge in die Anstalt **kein erneutes Handeltreiben** dar, weil sich der **Rest der Betäubungsmittel in seiner Mundhöhle, im Magen-Darm-Trakt oder eingeschoben im Enddarm** befindet. Denn aus dem Verstecken der Restmenge der Betäubungsmittel vor der Polizei kann dem Angeklagten kein Vorwurf gemacht werden, da er sich nicht selbst zu überführen brauchte und häufig keine Gelegenheit gegeben ist, sich vor der Einlieferung des Stoffes gefahrlos zu entledigen (*BGH* MDR 1982, 447). **Das Einschmuggeln und Besitzen von Betäubungsmittelrestmengen in der JVA** darf im Rahmen der Strafzumessung wegen des Handeltreibens mit der Gesamtmenge **nicht straferschwerend gewertet werden** (*BayObLG* NStZ 1988, 570). Die **Fortsetzung des Heroinbesitzes eines Drogenhändlers nach Einlieferung in die JVA** durch einen abhängigen Angeklagten darf **nicht als besondere kriminelle Energie strafschärfend verwertet** werden, wenn die Fortsetzung des Heroinbesitzes auf der **Vermeidung einer Selbstbelastung** beruht (*BGH* StV 1988, 385).

E. Subjektiver Tatbestand

Der subjektive Tatbestand erfordert zunächst Vorsatz oder Fahrlässigkeit. Hinzu **171** kommt, dass der Täter seine umsatzfördernden Bemühungen aus eigennützigen Motiven entwickelt (s. Rn. 182 ff.).

I. Vorsatz

1. Direkter Vorsatz. Der Vorsatz umfasst **das Wissen, dass es um Betäu- 172 bungsmittel geht,** dass zum Handel eine **behördliche Erlaubnis** notwendig ist und der Täter eine solche Erlaubnis nicht besitzt und dass er mit dem Geschäft den **Absatz von Betäubungsmitteln fördert,** sowie das **ernsthafte Wollen,** mit diesen Stoffen **Umsätze zu erzielen.**

a) Betäubungsmittelart. Der Vorsatz muss die Art des Betäubungsmittels um- **173** fassen. Der Täter muss nicht wissen, zu welcher Anlage des BtMG die Drogen gehören, und er muss nicht wissen, ob es sich um Stoffe oder Zubereitungen handelt. Es reicht aus, wenn er die Betäubungsmittelart kennt, mit der er umgeht (*BayObLG* StV 1998, 590). Hat ein Täter mit einer größeren Menge von nicht dem BtMG unterstehenden **Procain** Handel getrieben im Glauben, es handele sich um **Speed,** um eine nicht dem BtMG unterliegende Amphetaminart, so wollte er nicht mit Betäubungsmitteln Handel treiben, sondern mit einem Arzneimittel (*Köln* OLGSt. § 1 BtMG Nr. 1; vgl. auch Rn. 225). Der *BGH* hat darauf hingewiesen, dass nicht jede Einlassung eines Angeklagten, er habe die Betäubungsmittelart nicht gekannt, ohne weiteres als unwiderlegbar hingenommen und der Entscheidung zugrunde gelegt werden darf, wenn für ihre Richtigkeit keine zureichenden Anhaltspunkte bestehen (*BGH* StV 1998, 589).

174   **b) Gewichtsmenge und Wirkstoffmenge.** Für den Unrechtsgehalt der Tat und die Schuld des Täters ist es von Bedeutung, ob der Angeklagte die **Menge der Betäubungsmittel und die Höhe des Wirkstoffgehaltes kannte.** Das Urteil muss daher Feststellungen enthalten, ob der Angeklagte die **Betäubungsmittelart,** die **Betäubungsmittelmenge** und die **Betäubungsmittelqualität** kannte, ob er den Wirkstoffgehalt für niedrig, hoch oder sehr hoch gehalten hat oder ob er dies nur billigend in Kauf genommen hat (vgl. BGHR BtMG § 29 Strafzumessung 19 [3 StR 306/91]; *BGH* StV 2006, 184; *BayObLG* StV 1998, 590; *Jena* NStZ-RR 2006, 220 = StV 2006, 530; *Schäfer/Sander/van Gemmeren* Rn. 995). Es ist nicht unzulässig, wenn das Tatgericht wegen Nichtvorliegens eines chemischen Untersuchungsergebnisses **objektiv** zugunsten des Angeklagten davon ausgeht, das Rauschgift sei **von geringer Qualität** gewesen, in **subjektiver** Hinsicht aber entsprechend den Angaben des Angeklagten **von guter Qualität** ausging. Wurde bei einem Angeklagten ein Koffer mit 2 kg Kokain beschlagnahmt, ging die Strafkammer aber davon aus, der **Angeklagte** habe **nur 1 kg Kokain angenommen,** so beschränkt sich der Schuldumfang und die Strafkammer darf bei der Strafrahmenbestimmung und Strafzumessung im engeren Sinne nur 1 kg zugrunde legen (*BGH*, Urt. v. 16. 10. 1991, 2 StR 425/91). Ergibt sich abweichend von der Anklageschrift **in der Hauptverhandlung** für das Tatgericht eine Veränderung der tatsächlichen Urteilsgrundlage in Form eines **umfangreicheren Geschäftsvolumens,** größere Betäubungsmittelmenge, bessere Betäubungsmittelqualität und damit größere Wirkstoffmenge, so kann dies nicht ohne **rechtlichen Hinweis** dem Urteil zugrunde gelegt werden (BGHR StPO § 265 Abs. 4 Hinweispflicht 11 = StV 1991, 502).

175   **2. Verkaufswille.** Neben dem Wissen setzt der Vorsatz einen **ernsthaften und verbindlichen Verkaufswillen** voraus. Nur wer sich zum Verkauf von Betäubungsmitteln verpflichtet, handelt vorsätzlich. Wer nur Überlegungen anstellt, ob und wie man mit Heroingeschäften viel Geld verdienen könnte, verfügt noch nicht über einen Absatzwillen. Der Verkaufswille muss auch **ernsthaft** sein.

176   **a) Verbindlichkeit.** War der **Täter noch unschlüssig,** ob er das in seinem Besitz befindliche Rauschgift mit Gewinn weiterveräußern oder den Strafverfolgungsbehörden aushändigen sollte, so **scheidet Handeltreiben aus** (*BGH* NStZ 1999, 572 m. Anm. *Neuhaus* NStZ 2001, 39). **Prahlt** ein Betrunkener vor Prostituierten, er sei ein großer Dealer und liefere schon für 30.000 DM 1 kg Heroin, so liegt mangels einer ernsthaften Willenserklärung kein Vorsatz vor. Ist ein Verhandlungspartner noch **völlig unentschlossen** und trifft deshalb **keine konkreten Absprachen** über den Verkauf von Betäubungsmitteln, führt er nur großsprecherische Reden, ohne Kenntnisse über Lieferanten, Preise, Bezugsquellen, Transportwege zu haben, so wird aus diesem Verhalten **kein Verkaufswille** deutlich (*LG Frankfurt,* Beschl. v. 13. 3. 1987, 90 Js 35220/86 – 29 KLs). Kaufen Betäubungsmittelkonsumenten gemeinsam Betäubungsmittel ein, um einen günstigen Preis zu erzielen und um vom Verkäufer Geschenke oder sonstige Annehmlichkeiten zu erhalten, so liegt nur **Erwerbswille,** kein Verkaufswille vor (*BGH* StV 1985, 235; *BGH* NStZ 1986, 127 = StV 1986, 61). Stellt das Urteil lediglich fest, dass es den Angeklagten darum ging, mit dem Auto eine Heroinmenge abzu-

holen, die mehr als eine Konsummenge darstellte, so ist damit noch nicht Eigennutz festgestellt, da es um die Anlegung eines Vorrats zum Eigenkonsum gehen konnte (*Frankfurt*, Beschl. v. 29. 4. 1996, 1 Ss 96/96).

b) Scheinerklärungen. aa) Scheinerklärungen in Betrugsabsicht. Wer **177** Kaufverhandlungen führt, nicht um Drogen abzusetzen, sondern um den Kaufinteressenten im Rahmen des fingierten Geschäftes **zur Zahlung zu veranlassen oder auszurauben,** treibt keinen Handel. Ist sich der Beschuldigte von Anfang an der Unmöglichkeit der Beschaffung von Betäubungsmitteln entsprechend seinem Verkaufsangebot bewusst, handelt es sich nicht um ein ernsthaftes in Gewinnabsicht unterbreitetes Verkaufsangebot, sondern lediglich um ein **Scheinangebot.** Je nach Sachlage kann **Betrug,** aber kein Handeltreiben vorliegen (*BGH* StV 1988, 254; *BGH* NStZ 2002, 33; *BGH* NStZ 2003, 153 m. Anm. *Kindhäuser/Wallau* = StV 2002, 425; *BGH* NStZ-RR 2003, 185 = StV 2003, 618). Denn auch derjenige erleidet einen **Vermögensschaden,** der eine Geldleistung **im Rahmen eines verbotenen oder sittenwidrigen Geschäftes** erbringt, ohne die vereinbarte Gegenleistung zu erhalten, so dass **Betrug** gegeben ist (BGHR StGB § 263 Abs. 1 Vermögensschaden 60 = NStZ 2002, 33).

bb) Scheinerklärungen wegen Sicherstellungsabsicht. Wer im Rahmen **178** eines Scheingeschäftes **Rauschgift** entgegen seinen objektiven Erklärungen **nicht in den Geschäftsverkehr** bringen will, sondern an einer Geschäftsabwicklung nur teilnimmt, um die **Händler der Polizei in die Hände zu treiben** und um den Stoff aus dem Verkehr zu ziehen, handelt nicht vorsätzlich (*BGH* NStZ 1988, 558 = StV 1988, 432; *BGH* NStZ, 1996, 338 = StV 1996, 424 m. Anm. *Sonnen* JA 1996, 744). Es verbleibt aber häufig der Vorwurf des Besitzes.

Erkannte ein Angeklagter in seinem Geschäftspartner einen Rauschgiftfahnder **179** und glaubte, das für ihn beschaffte Rauschgift werde einer für die Rauschgiftbekämpfung zuständigen Behörde zugeführt und damit aus dem Verkehr gezogen, so war sein Verhalten nicht strafbar (*BGH*, Urt. v. 2. 5. 1984, 2 StR 129/84). **Misslingen ernsthafte Bemühungen** einer zufällig in ein Rauschgiftgeschäft verwickelten Person, **die Polizei infolge von Sprachschwierigkeiten einzuschalten** und damit den **Erfolg eines geplanten Rauschgiftgeschäftes zu verhindern** und kommt in seiner Gegenwart das Geschäft zustande, so liegt gleichwohl mangels Vorsatzes keine Beihilfe zum Handeltreiben vor (*BGH* StV 1981, 549). Es liegt auf der Hand, dass solche Einlassungen bei den Tatgerichten **nur Glauben** finden, **wenn** hierfür **schlüssig** erscheinende Anhaltspunkte vorliegen.

cc) Scheinerklärungen im Rahmen staatlicher Tatprovokation. Nach der **180** Rspr. des *BGH* kann in Fällen **staatlicher Tatprovokation** grundsätzlich aus dem Verfassungsrecht **kein Verfahrenshindernis** hergeleitet werden (BGHSt. 32, 345 = NStZ 1985, 131 = StV 1984, 321; BGHSt. 33, 283 = NStZ 1985, 517 = StV 1985, 398; *BGH* NJW 1986, 75 = StV 1985, 309; s. dazu Vorbem. §§ 29 ff. Rn. 154 ff.). Denn die staatliche Beteiligung an einem Drogengeschäft, die darauf zielt, Betäubungsmittel **aus dem Verkehr zu ziehen,** ist nicht missbilligenswert (*BGH* StV 1981, 549; *BGH* NJW 1998, 767 = StV 1999, 79). Die staatliche Beteiligung an einem Drogengeschäft durch einen Polizeiagenten als Scheinaufkäufer oder Scheinverkäufer, die darauf zielt, Betäubungsmittel aus dem Verkehr zu ziehen, stellt kein Handeltreiben dar. Das Inverkehrbringen von Betäubungsmitteln durch Ermittlungsbehörden zur weiteren Sachaufklärung oder zur Überführung einer Händlerorganisation im Wege eines polizeilich kontrollierten Transportes ist zwar umstritten (vgl. *von Danwitz* StV 1995, 431), **erfüllt** aber **in subjektiver Hinsicht nicht den Tatbestand des Handeltreibens.** Gerät infolge Sorgfaltspflichtverletzung das Rauschgift allerdings außer Kontrolle, so kommt aber fahrlässiges Inverkehrbringen in Betracht (vgl. *BGH* NJW 1998, 767 = StV 1999, 79). Der **Scheincharakter** des Rauschgiftgeschäftes **auf Seiten des Polizeiagenten** raubt den Erklärungen des Täters **nicht die Ernsthaftigkeit** und den Vorsatz. Die **Tat des Verkäufers** ist auch **vollendet,** wenn auf der Käuferseite ein polizeilicher

Scheinaufkäufer auftritt und der erstrebte Umsatz nicht erreicht wird (*BGH* StV 1981, 276; *BGH* StV 1982, 169).

181   dd) Scheinerklärungen durch Vorspiegelung der Verkäufereigenschaft. Gibt ein Angeklagter an, er sei bei den Verkaufsverhandlungen nicht als echter Verkäufer und Geschäftsherr aufgetreten, sondern habe für eine Händlergruppierung gegenüber dem Kaufinteressenten nur den Verkäufer geschauspielert, so bedarf es einer Auseinandersetzung mit dieser Einlassung, die mangels Eigennutzes zur Beihilfe zum Handeltreiben führen kann (BGHR StPO § 261 Überzeugungsbildung 29 = StV 1998, 597).

182   3. Eigennützigkeit. a) Definition. Neben dem Vorsatz setzt der subjektive Tatbestand das ungeschriebene Tatbestandsmerkmal der **Eigennützigkeit,** also eine besondere Form von **Bereicherungsabsicht** voraus. Eigennützig ist eine Tätigkeit nur, wenn das Handeln des Täters vom Streben nach Gewinn geleitet wird oder sich irgendeinen anderen **materiellen oder objektiv messbaren immateriellen persönlichen Vorteil** verspricht, durch den er materiell oder immateriell besser gestellt wird (BGHSt. 34, 124 = NJW 1986, 2584 = StV 1986, 434; *BGH* NStZ 1992, 594 = StV 1993, 75; *BGH* BGHR BtMG § 29 Abs. 1 Nr. 1 Handeltreiben 41 = NStZ 1994, 398; *BGH* NStZ-RR 2000, 234 = StV 2000, 619; *BGH* NStZ 2000, 432; *BGH* NStZ-RR 2005, 88; *BGH* NStZ 2006, 578; *BGH,* Beschl. v. 18. 1. 2011, 3 StR 479/10). Handeltreiben scheidet danach aus, wenn Tätigkeiten entfaltet werden, die zwar auf den Umsatz von Betäubungsmitteln gerichtet werden, der Täter aber **uneigennützig** handelt, z. B. beim Verschenken von Betäubungsmitteln oder beim Weiterverkauf zum Selbstkostenpreis. Es ist nicht erforderlich, dass ein **Vorteil** im Wege einer Absprache **fest vereinbart ist,** das bloße Hoffen des Täters hierauf reicht aus (*Weber* § 29 Rn. 313).

183   Die Eigennützigkeit ist **kein die Strafbarkeit begründendes persönliches Merkmal** i. S. v. § 28 Abs. 1 StGB (*BGH* NStZ 2000, 432). Der Täter muss nicht von einem ganz ungewöhnlich übersteigerten Gewinnstreben beherrscht sein, wie es etwa der Gewinnsucht i. S. d. §§ 283a Nr. 1, 283d Abs. 3 Nr. 1 StGB eigen ist. Die Eigennützigkeit ist **nicht identisch mit Gewerbsmäßigkeit.** Vielmehr begründet die Gewerbsmäßigkeit einen besonders schweren Fall des Handeltreibens. Nach der Rechtsprechung des *BGH* ist es ohne Bedeutung für das Handeltreiben, aus welchen Beweggründen der Täter den Gewinn erzielen will (*BGH* NStZ 2006, 578).

184   Das Urteil muss zu der Eigennützigkeit des Handeltreibens **konkrete Feststellungen und nicht nur Vermutungen** enthalten. Es genügt nicht, wenn festgestellt wird, der Angeklagte sei bereit gewesen, beim Absatz des Heroins mitzuwirken. Eine Mitwirkung kann nämlich ausschließlich von fremdnützigen Beweggründen getragen sein (*Frankfurt,* Beschl. v. 12. 9. 1996, 1 Ss 202/96). Ein Urteil wegen täterschaftlichen Handeltreibens kann nicht bestehen bleiben, wenn sich im Urteil keine Feststellungen zum Eigennutz befinden. Bloße Hinweise auf **Erfahrungssätze,** wonach Kokaingeschäfte **ab einer bestimmten Größenordnung auch unter guten Freunden nicht ohne Vorteilserwartung** abgewickelt werden oder wonach Rauschgifthändler unbeteiligte Personen ohne nachvollziehbaren Grund an der Abwicklung von Rauschgiftgeschäften in einer solchen Größenordnung nicht teilnehmen ließen, reichen zur Annahme von Eigennutz nicht aus, sondern bedürfen konkreterer Darlegungen (*BVerfG* NJW 1996, 116; BGHR BtMG § 29 Beweiswürdigung 9 = StV 1992, 469; BGHR BtMG § 29 Beweiswürdigung 11 [1 StR 665/92]; *Celle* StV 2010, 134). Weder das Gewicht der übergebenen Haschischplatte noch die Zahl der übergebenen grünen 20-DM-Scheine reicht zur Feststellung von Eigennutz aus, soweit die Möglichkeit der Abgabe zum Selbstkostenpreis nicht ausgeschlossen ist (*Berlin* StV 1998, 591).

185   b) Materielle Vorteile in Form eines Entgelts. Grundsätzlich sind **Art und Höhe des Entgelts** oder sonstigen Vorteils festzustellen und im Urteil mitzuteilen. Eindeutige Feststellungen können auch nicht durch bloße Vermutungen ersetzt werden. Liegt die Eigennützigkeit aufgrund eines konkreten Honorars auf der Hand, so bedarf es **im Urteil** keiner Auseinandersetzung (*BGH*, Beschl. v. 12. 9. 1991, 4 StR 418/91 = NStE Nr. 75 zu § 29 BtMG). Eine **ausdrückliche Entgeltvereinbarung** ist nicht erforderlich (*BGH* NStZ 1996, 498). Die Vorteilserwartung kann sich **aus den Umständen,** namentlich aus der Art und dem Umfang der auf Umsatz gerichteten Tätigkeit sowie aus der Art und dem Umfang des persönlichen Aufwandes des Täters ergeben. Es reicht aus, wenn der Handelnde aufgrund von **Bemerkungen, Hinweisen, Gesprächen des Auftraggebers** oder aufgrund früherer Geschäfte, Abrechnungen mit einem Entgelt rechnen konnte (*BGH* NStZ 1996, 498).

Eine Vergütung gilt **als stillschweigend vereinbart,** wenn die Leistung nach **186** diesen bekannten Umständen gegen Vergütung erbracht wird. Das Entgelt muss **nicht beziffert** sein. Es reicht aus, wenn ein **beziffertes Entgelt nicht festzustellen** ist, den Vorteil bzw. die Gewinnerwartung zu umschreiben (*BGH*, Urt. v. 9. 8. 1984, 4 StR 399/84). Das Entgelt muss **nicht über dem Marktpreis** liegen, ihm nicht einmal entsprechen (*BGH*, Urt. v. 27. 11. 1980, 4 StR 550/80). Die **Lieferung von Ware auf Kommission,** das heißt die Bezahlung erfolgt erst nach Erlangung des Weiterverkaufserlöses, stellt eine solche **Gewinnerwartung** dar. Die **Gewinnerwartung muss sich in der Folge nicht realisieren.** Es kommt nicht darauf an, aus welchem Grund der Täter den Gewinn erzielen will (*BGH* NStZ 2006, 578). Es muss die Gewinnerzielungsmöglichkeit auch nicht durch eine Marktanalyse nachgewiesen werden, vielmehr reicht die **Hoffnung auf Gewinn** aus (*BGH*, Beschl. v. 21. 7. 1992, 5 StR 325/92). Nimmt der Angeklagte das Betäubungsmittel erst nach Erscheinen der Polizei an sich, nachdem eine andere Person es weggelegt hatte, versteht sich eine Gewinnerwartung nicht von selbst (*BGH* StV 1993, 570). Das Entgelt muss auch **nicht in Geld** bestehen. Auch Tauschgegenstände können Entgelt sein. Auch die Zahlungen in Wertpapieren, Gold oder Wertgegenständen bedeuten ein Entgelt. Da in der Drogenszene die Drogen nicht nur Ware, sondern auch Währung darstellen, besteht die Entgelteinbarung häufig in der Bezahlung in **„Rauschgift-Währung".** Beliebt ist die **Bezahlung von Rauschgift mit Waffen, Diebes- und Hehlereigut** oder mit **gestohlenen Kreditkarten.** Auch der Tausch Heroin gegen Kokain fällt hierunter (vgl. *Frankfurt*, Beschl. v. 13. 3. 2001, 2 Ss 28/01).

Ist der Angeklagte nur anteilig an der Gesamtmenge des Rauschgifts beteiligt **187** und will hiervon auch nur einen Teil weiterverkaufen, so liegt nur in Bezug auf den zum Weiterverkauf bestimmten Anteil Eigennützigkeit vor; im Übrigen hat er lediglich fremdes Handeltreiben gefördert (*BGH* NStZ 2010, 224 = StraFo 2010, 80).

c) Sonstige materielle Vorteile. Eigennutz beim Handeltreiben mit Betäu- **188** bungsmitteln ist auch dann gegeben, wenn die **Rauschgiftgeschäfte nicht gesondert vergütet** werden, sondern sonstige materielle Vorteile erzielt werden. So kann ein enger **Zusammenhang mit einem Arbeitsverhältnis** die Eigennützigkeit begründen, z. B. die Sicherung einer Arbeitsmöglichkeit und Unterkunft in einer Gaststätte, selbst wenn dies auch auf einer verwandtschaftlichen Verbundenheit heraus resultiert (*BGH* NStZ 2004,696). Von einem täterschaftlichen Handeltreiben ist auch bei einem Angeklagten auszugehen, der als Türsteher und Fahrer eines Bordellinhabers nicht nur Wach- und Fahrerdienste erbrachte, sondern Rauschgiftlieferungen, Portionierung und Verkauf an Prostituierte übernahm (*BGH* NStZ-RR 1996, 20). Gleiches gilt, wenn ein Angeklagter Betäubungsmittelgeschäfte für einen anderen tätigt, um gegen Entlohnung in einem Kiosk beschäftigt zu werden (vgl. *BGH* NStZ-RR 2004, 146 = StraFo 2004, 145).

d) Immaterielle Vorteile und geldwerte Leistungen. Als Entgelt für Be- **189** täubungsmittellieferungen können auch **Leistungen** vereinbart werden. Es genügt ein **persönlicher Vorteil** irgendeiner Art. Ein **immaterieller Vorteil** kommt bei der gebotenen zurückhaltenden Auslegung nur in Betracht, wenn er einen **objektiv messbaren Inhalt** hat und den Empfänger **tatsächlich besserstellt**

(BGHSt. 34, 124 = NJW 1986, 2584 = StV 1986, 434; BGHR BtMG § 29 Abs. 1 Nr. 1 Handeltreiben 41 = NStZ 1994, 398; *BGH* NStZ-RR 2000, 234 = StV 2000, 619; *BGH* NStZ-RR 2005, 88; *Weber* § 29 Rn. 306). Ist weder ein objektiv messbarer materieller, noch ein objektiv messbarer immaterieller Vorteil feststellbar, so kommt nur eine Beihilfe zum Handeltreiben in Betracht (*BGH* StV 1999, 428), z. B. wenn sich der Käufer verpflichtet, als Gegenleistung für eine Rauschgiftlieferung mehrere **Kaufinteressenten zu vermitteln, Heroin zu transportieren, zu strecken, aufzubewahren, eine Wohnung, einen Arbeitsplatz, einen Reisepass, eine Waffe, eine Ehepartnerin oder eine Liebesdienerin zu beschaffen.** Eigennützig handelt auch, wer sich Betäubungsmittellieferungen durch **sexuelle Leistungen** bezahlen lässt (*BGH* NJW 1980, 1344; *BGH* NStZ 1982, 519; *BGH* NStZ 1997, 89 = StV 1996, 664). Auch die Erlangung von Hinweisen und Tipps zu Bezugsquellen oder Abnehmern stellen einen immateriellen Vorteil dar (*Hügel/Junge/Lander/Winkler* § 29 Rn. 4.1.2.; *Franke/Wienroeder* § 29 Rn. 38). Eine immaterielle Besserstellung kann ferner in der Erhaltung oder Stärkung der familiären Verbundenheit des Täters liegen (*BGH* NStZ 2006, 578). Eigennützigkeit liegt in der Regel aber nicht vor, wenn ein Beteiligter beim Handeltreiben mit Betäubungsmitteln nur deshalb mitwirkt, weil er eine Liebesbeziehung zu ihm aufrecht erhalten will (*BGH* NStZ 1992, 594 = StV 1993, 75).

190   **Beispiele:** Wer für die ihm gewährte **Übernachtungsmöglichkeit** in Amsterdam Kokain als Entgelt hingibt, verkauft **Kokain gegen Leistung** (*BGH*, Urt. v. 14. 5. 1985, 4 StR 165/85). Die kostenlose Nutzung einer Wohnung, die von einem Rauschgifthändler finanziert und als Depot benutzt wird, stellt einen nicht unerheblichen Vorteil dar (BGHR BtMG § 29 Abs. 1 Nr. 1 Handeltreiben 42 [2 StR 203/94]). Ein Rauschgiftdealer, der kein Honorar erhält, aber kostenlos **die Annehmlichkeiten einer Flugreise und eines Auslandsaufenthaltes** erlebt, erlangt einen Vorteil, auch wenn er sich als nicht reisefreudig bezeichnet. Wer mit Heroin gefüllte Präservative schluckt und im Darm transportiert, um am Ende einer Flugreise durch einen Asylantenschlepper **Unterstützung bei der Stellung eines Asylantrages, Unterkunft und Arbeit** zu erhalten, handelt eigennützig. Rechnet jemand damit, dass er als Gegenleistung kein Honorar, sondern **ein Darlehen** erhalten würde, so handelt er eigennützig, auch wenn ihm nur ein Geldbetrag von 500 DM geliehen wurde (*BGH*, Beschl. v. 16. 2. 1984, 1 StR 32/84). Die Tilgung einer Darlehensschuld seines Vaters bedeutet eine immaterielle Besserstellung (BGHR BtMG § 29 Abs. 1 Nr. 1 Handeltreiben 48 [2 StR 329/95]).

191   **e) Vermeidung von Nachteilen.** Auch in der **Vermeidung eines sonst eintretenden Nachteils** kann ein Vorteil gesehen werden (*BGH*, Urt. v. 7. 8. 1985, 2 StR 787/84). Der Nutzen kann z. B. darin bestehen, dass dem Kurier als Belohnung für den Transport und für die Förderung fremder Umsatzgeschäfte **Spielschulden oder andere Schulden erlassen** werden (BGHR BtMG § 29 Abs. 1 Nr. 1 Handeltreiben 25 [3 StR 395/90]). Übernimmt ein Angeklagter Cannabis zum Weiterverkauf, um mit den Erlösen seine **Haschischschulden zu tilgen**, so handelt er eigennützig (*Frankfurt*, Urt. v. 13. 3. 2001, 2 Ss 28/01). **Erspart** ein Angeklagter durch das Betäubungsmittelgeschäft **Aufwendungen**, die er hätte erbringen müssen, um einem Freund die Einreise nach Deutschland zu ermöglichen, so handelte er eigennützig (*BGH*, Beschl. v. 27. 3. 1991, 3 StR 31/91). Der Eigennutz entfällt auch nicht dadurch, dass ein Kurier **neben der Vorteilszusage durch die Drohung**, anderenfalls halbtot geschlagen zu werden, zu dem Transport bestimmt worden ist (BGHR BtMG § 29 Abs. 1 Nr. 1 Handeltreiben 25 [3 StR 395/90]). In dem Bestreben eines V-Mannes der Polizei, durch Mitwirkung an einem Rauschgiftgeschäft den Verdacht auszuräumen, er sei als Polizeispitzel tätig, kann kein messbarer Vorteil i. S. d. Eigennutzes gesehen werden (BGH NStZ 1994, 398). **Das Unterbleiben angedrohter Repressalien** erweist sich nicht als Vorteil i. S. e. Eigennutzes. Es entzieht sich einer objektiven Bewertung

und führt im Ergebnis lediglich zu einer Beihilfe zum unerlaubten Handeltreiben (*BGH* NStZ-RR 2000, 234 = StV 2000, 619).

f) Verkaufsgeschäfte zum eigenen Nutzen. Nur wenn der Täter die Betäu- **192** bungsmittel ganz oder teilweise **mit Gewinn** oder gegen einen sonstigen Vorteil **weiterverkaufen** will, liegt eigennütziges Handeltreiben vor (*BGH* StV 1985, 235; *BGH* NStZ 1986, 127 = StV 1986, 61). Auch wenn der Täter den **Gewinn später an Dritte** (Sohn, Tochter, Freundin, Freund) **weitergeben oder sonst für diese verwenden will,** handelt er eigennützig. Denn der Gewinn soll ihm zunächst selbst zufließen.

Eigennütziges Handeltreiben ist bereits gegeben, wenn der Verkaufserlös nur zur **193** **Finanzierung des eigenen Drogenkonsums** dient (*BGH* NStZ 1996, 498).

Für das Handeltreiben ist es nicht erforderlich, dass die Tätigkeit zu eigenen Umsatzgeschäften führen soll. Denn auch die **Förderung fremder Umsatzge- schäfte** kann **zum eigenen Nutzen** erfolgen und wird vom Handeltreiben mit umfasst, sofern sie sich nicht auf eine ganz untergeordnete Tätigkeit beschränkt. Doch ist dafür regelmäßig Voraussetzung, dass der Täter mit den Betäubungsmitteln selbst befasst ist wie ein Kurier oder Straßenverkäufer (BGHSt. 34, 124 = NJW 1986, 2584; BGHR BtMG § 29 Abs. 1 Nr. 1 Handeltreiben 25 [3 StR 395/90]; *BGH* NStZ-RR 1999, 186; *BGH* NStZ-RR 2000, 278; *BGH* NStZ 2000, 482; s. dazu im Einzelnen Rn. 253 ff.).

Wer mit Haschischerlösen nicht nur seinem in finanzielle Schwierigkeiten gera- **194** tenen **Arbeitgeber helfen,** dessen Firma sanieren und nicht nur den Arbeitskollegen den Arbeitsplatz erhalten, sondern auch den **eigenen Arbeitsplatz sichern** will, handelt beim Handeltreiben **eigennützig** (*BGH,* Urt. v. 8. 1985, 2 StR 787/84). Steht nicht fest, dass er mit seinem Verhalten seinen Arbeitsplatz sichern wollte, so kommt Beihilfe zum Handeltreiben in Betracht (*BGH* NStZ-RR 1996, 374). Wer fremde Umsatzgeschäfte **zum eigenen Vorteil** durch **Fortführung begonnener Verhandlungen** über den Liefertermin, Übergabeort, Qualität der Ware, Zahlungsbedingungen oder Warenumtausch fördert, handelt eigennützig (*BGH,* Urt. v. 11. 6. 1985, 5 StR 245/85). Andererseits dürfen die **Anforderungen** aber auch nicht überspannt werden, insb. wenn es um Kilogramm-Geschäfte geht. Der **1. Strafsenat des *BGH*** hat in einer Strafsache, der ein Angeklagter sich damit verteidigte, dass er lediglich in einer Art von Freundschaftsdienst, also altruistisch, tätig geworden sei, es für die Annahme von Eigennutz ausreichen lassen, dass **nach Art und Umfang der Tätigkeit andere als eigennützige Motive nach Lage des Falles ausschieden** und ist für diese Entscheidung kritisiert worden. Dabei hat der Senat lediglich die **Gesamtabwägung des Tatgerichtes** bestätigt, der nach Lage des Falles aus den einzelnen Umständen der Geschäftsabwicklung (Art, Umfang, Rauschgiftmenge, Gewinn, Risiko) einen Freundschaftsdienst als erkennbare Schutzbehauptung zurückgewiesen und eine Gewinnerwartung angenommen hatte (*BGH* StraFo 2004, 180).

g) Verkaufsgeschäfte ohne Eigennutz aus Gefälligkeit oder Freund- **195** **schaft.** Wer ein Rauschgiftgeschäft nicht als gemeinsames Geschäft will, sondern nur das **Geschäft seiner Verwandten aushilfsweise fördern will** und **ohne persönlichen Vorteil und ohne Gewinnerwartung** agiert, handelt nicht eigennützig. **Täter** eines unerlaubten Handeltreibens mit Betäubungsmitteln kann nur sein, **wer selbst eigennützig handelt.** Es ist aber in den Fällen fehlenden Eigennutzes **Beihilfe zum Handeltreiben** zu prüfen (*BGH* StV 2002, 254; *BGH* StV 2002, 255; *BGH* NStZ-RR 2005, 88; *BGH* NStZ 2005, 228). Die für das täterschaftliche Handeltreiben unerlässliche Eigennützigkeit liegt in der Regel bei einem arbeitsteiligen Zusammenwirken vor, so dass nähere Ausführungen zum subjektiven Element der Eigennützigkeit entbehrlich sein können; das ist aber nicht der Fall, wenn der Angeklagte in die konkreten Veräußerungsgeschäfte nicht einzogen war und nicht erkennbar ist, dass er für seine Beteiligung hätte entlohnt werden sollen (*BGH* NStZ-RR 2010, 254).

196   War aber der Arbeitnehmer ohne Honorar **seinem Arbeitgeber** bei der Abwicklung von Rauschgiftgeschäften oder Rauschgifttransporten **behilflich,** so
handelte er nicht eigennützig. Unter diesen Umständen ist die Zusage, einen Lkw
eines Kuriers zu suchen, für die Ausladung Sorge zu tragen, und/oder die Auslieferung vorzunehmen, nur eine **Beihilfehandlung.** Allein die Beschäftigung in einer
Spedition begründet noch nicht eine Vorteilserwartung. Die Annahme, seinen
Arbeitsplatz damit zu sichern, bedarf einer ausdrücklichen Feststellung (BGHR
BtMG § 29 Beihilfe 2 = NStZ-RR 1996, 374; *BGH* StV 1999, 428). Hatte eine
Angeklagte lediglich das Bestreben, **der in sie gesetzten Erwartung und Verantwortung gerecht zu werden,** ohne wirtschaftliches Eigeninteresse, so fehlt es
am Eigennutz (*BGH*, Beschl. v. 8. 12. 2004, 2 StR 451/04 = BeckRS 2005,
00452).

197   Wenn zwei Brüder gemeinsam Betäubungsmittelgeschäfte abwickeln, muss die
Strafkammer sich eine Überzeugung bilden und in dem Urteil zum Ausdruck
bringen, in welcher Höhe **jeder einzelne Bruder am Umsatz des Geschäftes
beteiligt** war. Unterlässt die Strafkammer derartige Feststellungen oder geht sie
davon aus, dass bei **einem Bruder keine Gewinnerwartung** oder finanzielle
Beteiligung vorhanden war, so entfällt ein Eigennutz und es kommt nur fremdnüt-
zige Handlung und eine **Beihilfehandlung** in Betracht (*BGH*, Beschl. v. 9. 10.
1990, 5 StR 394/90). Hat **einer von zwei Brüdern** in der gemeinsamen Wohnung eine von seinem inhaftierten Bruder hinterlassene Heroinmenge entdeckt
und mit dessen Einverständnis verwahrt, in der Absicht, die zu erzielenden Erlöse
ohne eigenen Vorteil an seinen Bruder abzuführen, 150 g Heroin abgegeben und
200 g Heroin mit Gewinn verkauft, so liegt mangels Eigennutzes nur **Beihilfe** zum
Handeltreiben in Tateinheit mit Besitz vor (*BGH* StV 1992, 232). Hat ein Angeklagter ohne eigenen Vorteil **für einen Freund** 100 g Kokain verkauft für
18.000 DM und hat dieser einen Gewinn von 3.000 DM erzielt, so stellt diese
Gefälligkeit des Angeklagten keinen Eigennutz dar (*BGH* StV 1992, 469).

198   Hat eine Tatbeteiligte durch die Mitwirkung an einem Betäubungsmittelgeschäft
keinen eigenen Vorteil angestrebt, sondern sich nur **die weitere Zuneigung
einer Freundin, einer Frau, einer Geliebten, eines Geliebten** sichern wollen, so fehlt es am Eigennutz, wenn auch **kein immaterieller messbarer Vorteil**
erkennbar ist (*BGH* NStZ 1992, 594 = StV 1993, 75). Der *BGH* nahm aber eine
immaterielle Besserstellung bei der Gewinn-Weiterleitung an den Bruder in einem
Fall an, in dem der Täter den Familienfrieden hierdurch rettete, den Vorteil der
Aufrechterhaltung der familiären Verbundenheit erlangte und vom Gewinn seines
Bruders profitierte (*BGH* NStZ 2006, 578 = StraFo 2006, 388).

199   Transportiert jemand **aus Gefälligkeit** ein Heroinpäckchen vom Verkäufer zum
Käufer und liefert den Kaufpreis ohne Honorarerwartung an den Verkäufer ab, um
mit ihm anschließend essen zu gehen, so fehlt es an der Eigennützigkeit und es
kommt nur Beihilfe zum Handeltreiben in Betracht. Will der Angeklagte nur den
Eigennutz eines anderen mit seinem Tatbeitrag unterstützen und selbst keinen
wirtschaftlichen Gewinn erzielen, so kommt nur Beihilfe in Betracht (*BGH* StV
2002, 255). In jedem Einzelfall ist nach den allgemeinen Grundsätzen der Abgrenzung die Beteiligungsform zu prüfen, ob Mittäterschaft oder Beihilfe vorliegt (s.
dazu Rn. 270 ff.). Verkaufen zwei Angeklagte 15 g Heroinzubereitung nur deshalb
an heroinabhängige Personen, weil ihnen Repressalien für den Fall der Weigerung
von ihrem Auftraggeber angedroht wurden, ohne für ihre Tätigkeit eine Gegenleistung zu erhalten, so waren sie mangels Eigennutzes nur Gehilfen. Das **Unterbleiben angedrohter Repressalien** stellt sich **nicht als Vorteil** dar (*BGH* NStZ-
RR 2000, 234).

200   **h) Einkaufsgeschäfte ohne Gewinn.** Wer **Rauschgift einkauft,** um die Betäubungsmittel **ohne Gewinn** weiterzugeben oder zu teilen, handelt ohne Vor-
teilsabsicht, ohne Gewinn und damit ohne Eigennutz (BGHR BtMG § 29 Abs. 1
Nr. 1 Handeltreiben 33 = StV 1992, 420). Erlangt einer von zwei Rauschgiftkonsumenten, die Betäubungsmittel einkaufen, als Einkäufer neben dem günstigen

Einkauf materielle oder immaterielle Vorteile, so mag zwar Eigennutz vorliegen, aber kein Verkaufswille (*BGH* StV 1985, 235). Eigennützigkeit ist nicht schon in bloßem gemeinsamen Einkauf größerer Betäubungsmittelmengen für den Eigenbedarf mehrerer Drogenkonsumenten zu sehen, auch wenn dadurch ein **besonders günstiger Einkaufspreis** erzielt wird (BGHR BtMG § 29 Abs. 1 Nr. 1 Handeltreiben 33 = StV 1992, 420). **Mengenrabatt** oder **Provisionen,** die der Erwerber an seine Miterwerber weitergibt, sind Ausdruck von **Altruismus** und **nicht von Eigennutz.** Nur wenn der Erwerber diese Vorteile für sich behält, kommt Eigennützigkeit in Betracht (BGHR BtMG § 29 Abs. 1 Nr. 1 Handeltreiben 26 = StV 1992, 65).

i) Verkauf zum Selbstkostenpreis. Gibt ein Drogentherapeut, Sozialarbeiter **201** oder Bewährungshelfer einem Opiatabhängigen **zum Selbstkostenpreis** „weiche" Drogen, um ihn von „harten" Drogen wegzubringen, so liegt kein Handeltreiben vor. Verkauft jemand Betäubungsmittel **zum Einkaufspreis** ohne jeglichen weiteren Vorteil, so treibt er mangels Eigennutzes keinen Handel (BGHSt. 42, 162 = NStZ 1996, 604 = StV 1996, 668; *BGH*, Beschl. 9. 3. 2005, 4 StR 585/04; *BayObLG* StV 1993, 478; *Berlin* StV 1998, 591). Verkauft ein Angeklagter Kokain aus Beständen seines kokainsüchtigen Freundes **zum Einkaufspreis** mit dessen Einwilligung, um diesen von der Sucht wegzubringen, so macht er sich mangels Eigennutzes nicht des Handeltreibens, sondern der **Veräußerung** schuldig.

j) Unentgeltliche Weitergabe. Die **unentgeltliche Übergabe** von Betäu- **202** bungsmitteln ist kein Handeltreiben, sondern **Abgabe** (vgl. *BGH* NStZ 1991, 89 = StV 1990, 548; *BGH* NStZ-RR 1999, 89 = StV 1999, 428; *BayObLG* NStZ 2004, 401 = StV 2004, 606). So erfüllt die Schenkung von Betäubungsmitteln regelmäßig als **altruistisches Handeln** nicht den Tatbestand des Handeltreibens. Das **Verschenken von Betäubungsmitteln zur Werbung und als Kostprobe** kann aber eigennützig sein, um damit Bestellungen der Adressaten herbeizuführen.

k) Tausch von Betäubungsmitteln. Ein Angeklagter, der bei seinem Liefe- **203** ranten Kokain gegen Heroin eintauscht und dabei Waren im Werte seiner Selbstkosten erhält, also vom Tausch nicht wertmäßig profitiert, handelt **nicht eigennützig** und kann nur wegen unerlaubten Erwerbes in Tateinheit mit unerlaubter Abgabe bestraft werden (*BGH* NStZ-RR 2001, 118).

2. Bedingter Vorsatz. Bedingter Vorsatz kommt in Betracht, wenn der Täter **204** die Tatbestandsverwirklichung weder anstrebt noch für sicher, sondern nur für möglich hält. Nach der vom *BGH* angewandten Abgrenzung von der bewussten Fahrlässigkeit entspricht das kognitive Element des bedingten Vorsatzes dem der bewussten Fahrlässigkeit. Jedoch ist der **bewusst fahrlässig Handelnde** mit der als möglich erkannten Folge nicht einverstanden und vertraut auf ihren Nichteintritt, während der bedingt vorsätzlich Handelnde mit dem Eintritt des Erfolges einverstanden ist und ihn billigend in Kauf nimmt. Hat der bei einem Rauschgiftgeschäft Mitwirkende ernsthaft mit der Anwesenheit und dem Eingreifen der Polizei gerechnet und nur im Vertrauen darauf das Geschäft gefördert, so kann ihm auch dann mit Vorsatz i. S. des Handeltreibens zur Last gelegt werden, wenn er zugleich die Gefahr gesehen hat, dass es entgegen seinen Erwartungen und Hoffnungen doch zur Vollendung der geplanten Tat kommen könne (*BGH* StV 1981, 549; vgl. auch *BGH* NStZ 1999, 572 m. Anm. *Neuhaus* NStZ 2001, 39). Das Urteil muss Feststellungen darüber enthalten, ob der **Angeklagte die Betäubungsmittelart, die -menge und die -qualität kannte,** ob er den Wirkstoffgehalt für niedrig, hoch oder sehr hoch gehalten hat oder ob er dies nur billigend in Kauf genommen hat (*BGH* StV 1983, 332; *BGH* StV 1998, 589).

Haben zwei Angeklagte für einen Kurierlohn von 10.000 DM sich mit ihrer **205** Familie in die Türkei begeben und dort zwei Wohnmobile übernommen, in die zusammen 40 kg 50%igen Heroins eingebaut waren, und nach Deutschland beför-

dert, so haben sie mit nicht geringen Mengen von Betäubungsmitteln Handel getrieben, auch wenn sie die tatsächlich geschmuggelte Menge und den Wirkstoffgehalt nicht kannten. Jemand, der Umgang mit Drogen hat, ohne ihren Wirkstoffgehalt zu kennen oder zuverlässige Auskunft darüber erhalten zu haben, ist beim
Fehlen sonstiger Anhaltspunkte im Allgemeinen **mit jedem Reinheitsgrad einverstanden, der nach den Umständen in Betracht kommt.** Jemand, der
einverstanden war, **Rauschgift in jeder Größenordnung zu befördern,** ist im
Allgemeinen mit der beförderten Menge **einverstanden, wenn sie innerhalb
des in Betracht kommenden Rahmens** lag (*BGH* NStZ-RR 1997, 121 = StV
1996, 674). Wenn eine Strafkammer aufgrund von Lieferantenäußerungen und
aufgrund der Größe der Schmuggelverstecke, der Besonderheiten der Heroingeschäfte sowie der Höhe der Honorare jedem Angeklagten eine Transportmenge
von 4–5 kg Heroin zugeordnet hat, so ist diese **Schätzungsgrundlage des
Schuldumfangs** nicht zu beanstanden (*BGH* NStZ-RR 1997, 121 = StV 1996,
674). Zwar wird ein Drogenkurier, der weder auf die Menge des ihm übergebenen
Rauschgifts Einfluss nehmen, noch diese Menge überprüfen kann, jedenfalls dann,
wenn zwischen ihm und seinem Auftraggeber kein persönliches Vertrauensverhältnis besteht, in der Regel auch **damit rechnen müssen, dass ihm mehr
Rauschgift zum Transport übergeben wird,** als man ihm offenbart. Lässt er
sich auf ein derartiges Unternehmen ein (z. B. weil ihm **die zu transportierende,
zu verkaufende Menge gleichgültig ist**), dann liegt es auf der Hand, dass er die
Einfuhr einer **Mehrmenge billigend in Kauf nimmt** (*BGH* NStZ-RR 1997,
121; *BGH* NStZ 1999, 467 = StV 1999, 432; *BGH* NStZ-RR 2004, 281). Gegen
einen derartigen bedingten Vorsatz können aber **Umstände** sprechen, die dem
Kurier die Überzeugung vermitteln, sein **Auftraggeber habe die Wahrheit gesagt** (Bemessung des Kurierlohnes nach Bereitschaft zu einer bestimmten Menge,
die später gewogen wird). **Ein fahrlässiges Handeltreiben** hinsichtlich der
Mehrmenge kann dem Angeklagten nur vorgeworfen werden, wenn er bei Aufbringen der objektiv gebotenen und subjektiv zumutbaren Sorgfalt hätte erkennen
müssen, um welche Rauschgiftmenge es sich handelte. Die mangelnde Überprüfung des Transportbehältnisses kann ihm jedenfalls dann nicht vorgeworfen werden, wenn das Rauschgift so in einem Schmuggelversteck eingearbeitet war, dass
eine Öffnung des Schmuggelverstecks den Transport in der vorgesehenen Form in
Frage gestellt hätte (*BGH* NStZ 1999, 467). Ein krankenversicherter Angeklagter,
der nicht in der Apotheke mit Rezept, sondern in der Drogenszene 100 Aufputschtabletten ohne Herstellerbezeichnung sowohl zum Eigenkonsum als auch
zum Weiterverkauf erwirbt und der aufgrund der Gesamtumstände erkennen kann,
dass es sich um keine im legalen Handel befindlichen Arneimittel handelt, erwirbt
mit bedingtem Vorsatz Betäubungsmittel, wenn ihm **gleichgültig ist,** ob es sich
bei den Aufputschtabletten um Methylendioxyamphetamin (MDA) der Anl. 1 zum
BtMG oder um Methylamphetamin handelt (*LG Frankfurt*, Urt. v. 14. 4. 1988,
5/31 Ns – 87 Js 13271/87). Hält er irrtümlich MDA für Methylamphetamin, so
handelte es sich um einen **unbeachtlichen Subsumtionsirrtum.**

206   Erhält ein Angeklagter von seinem Auftraggeber ein Rauschgiftpäckchen mit
nicht geringen Mengen von Betäubungsmitteln zum Transport mit der **Information,** es handele sich um **Haschisch,** so kann ihm der **tatsächliche Inhalt, nämlich Heroin,** nur zur Last gelegt werden, wenn **objektive Umstände festgestellt
werden (Aussehen von Päckchen oder Inhalt, Höhe des Honorars, Beschriftung usw.),** dass der Angeklagte den Erklärungen des Auftraggebers **misstraut,** eine nicht geringe Menge von **Heroin als möglich in Betracht zieht,** sie
billigend in Kauf nimmt bzw. sich mit ihr abfindet (*BGH* StV 1997, 589).

II. Fahrlässigkeit

207   Fahrlässiges Handeltreiben ist nach § 29 Abs. 4 BtMG strafbar und unterliegt einer **Strafandrohung bis zu 1 Jahr Freiheitsstrafe und Geldstrafe.** Lässt sich
dem Angeklagten ein zur Last gelegtes **vorsätzliches Handeltreiben** mit Betäu-

bungsmitteln nicht nachweisen, ist zu prüfen, ob er die Tat **fahrlässig begangen** hat (BGHR BtMG § 29 Abs. 4 Fahrlässigkeit 1 [2 StR 137/93]).

Diese Fälle sind **extrem selten.** In den meisten Fällen liegt nämlich **Dolus** **208** **eventualis** vor, weil der Täter **die Betäubungsmittelart und -menge zwar nicht** positiv **kannte, aber doch in Betracht zog.** Vielfach wird übersehen, dass eine fahrlässige Begehung von Verbrechenstatbeständen nur in Betracht kommt, wenn sie im Gesetz besonders geregelt ist. Der fahrlässige Umgang mit nicht geringen Mengen von Betäubungsmitteln regelt sich deshalb immer nach § 29 Abs. 4 BtMG mit einer Strafandrohung von höchstens 1 Jahr.

Unbewusst fahrlässig handelt, wer die Sorgfalt im Geschäfts- und Reisever- **209** kehr, zu der er nach den Umständen, persönlichen Fähigkeiten und Kenntnissen verpflichtet und imstande ist, außer Acht lässt und infolgedessen den Tatbestand verwirklicht. Bei der **bewussten Fahrlässigkeit** erkennt der Täter die Möglichkeit, dass er zum Schmuggel missbraucht wird, ist mit dem Schmuggel nicht einverstanden, handelt aber entgegen seiner Einsicht pflichtwidrig und kontrolliert die Gepäckstücke nicht auf doppelten Boden, ungewöhnlichen Inhalt oder ungewöhnliches Gewicht. Bei der **unbewussten Fahrlässigkeit** verhindert eine Pflichtverletzung die Voraussehbarkeit, ist also ein Erkenntnisfehler. Bei der bewussten Fahrlässigkeit unterschätzt der Täter den Grad der Möglichkeit.

Auch fahrlässiges unerlaubtes Handeltreiben mit Betäubungsmitteln setzt eine **210** **eigennützige** auf Güterumsatz gerichtete Tätigkeit voraus (BGHSt. 35, 57 = NJW 1988, 1333 = StV 1988, 67; BGHR BtMG § 29 Abs. 4 Handeltreiben 2 [2 StR 501/91]). Ein Kurier, der **keine Kenntnisse vom Schmuggelversteck** hatte und der sich **nicht über die Art des Schmuggelgutes informierte,** kann ebenso wie der Händler, der aus **Nachlässigkeit nicht erkannt hat, dass er Betäubungsmittel verkauft,** sich wegen fahrlässigen Handeltreibens strafbar machen (*BGH* NStZ 1983, 174). Beförderte eine Frau einen Bekannten mit ihrem Wagen, der in einer Gaststätte einen Rucksack abgeben wollte, ohne den Inhalt des Rucksacks (21 kg Haschisch) zu kennen, so entfaltet sie hiermit keine eigennützige Tätigkeit, wenn sie für das Umsatz fördernde Verhalten keinen persönlichen Vorteil hat, sei es auch nur eine Belohnung auf sexuellem Gebiet; die verbleibende fahrlässige Beihilfe zum unerlaubten Handeltreiben ist nicht strafbar (BGHSt. 35, 57 = NJW 1988, 1333 = StV 1988, 67)

III. Irrtumsfälle

1. Tatbestandsirrtum. Ein den Vorsatz ausschließender Tatbestandsirrtum **211** (§ 16 StGB) kommt in Betracht, wenn der Täter bei der Erfüllung des Tatbestandes über ein deskriptives Tatbestandsmerkmal irrt, also wenn die **Vorstellung des Täters nicht mit der Wirklichkeit übereinstimmt,** etwa wenn der Täter **weder ein Betäubungsmittel, noch ein Imitat,** sondern eine **zulässige Ware verkaufen will,** tatsächlich aber Betäubungsmittel liefert.

Beispiele: Ein türkischer In- und Exportkaufmann (T) erwirbt von einem tür- **212** kischen Landwirt (L) eine LKW-Ladung Aprikosenkonserven in München und verpflichtet sich, diese an eine deutsche Konservenfirma (K) weiterzuverkaufen. Ein Großteil der **Konservendosen ist mit Cannabisharz gefüllt.** Dieser Inhalt ist aber nur dem türkischen Landwirt L und dem deutschen Kunden K bekannt. T will **weder Betäubungsmittel noch Betäubungsmittelimitate,** sondern **Früchte verkaufen.** Er nimmt irrig einen Sachverhalt an, bei dem das Tatbestandsmerkmal Betäubungsmittel bei den von ihm verkauften Konserven nicht gegeben ist. Dieser **tatsächliche Irrtum** schließt den Vorsatz aus. T bleibt daher straflos, da Fahrlässigkeit nicht in Betracht kommt.

Ein marokkanischer Händler beliefert einen marokkanischen Friseur in Deutsch- **213** land mit **100 Pakete Haschischpulver,** die in Paketen mit Henna-**Haarfärbemittel** verpackt sind. Der Händler will nach seiner unwiderlegbaren Einlassung an den Friseur weder Haschisch noch das Haschisch-Imitat Henna, sondern ein

Haarfärbemittel verkaufen. Ob hier nicht Fahrlässigkeit vorliegt, ist sorgfältig zu prüfen.

214   Ein Bäckereigehilfe, dessen Chef in seinem Ladenbetrieb auch mit Heroin handelt, vergreift sich und händigt einem Bäckereikunden versehentlich einen **Beutel mit Heroin** an stelle eines **Beutels mit Mehl** aus. Der nicht eingeweihte Bäckereigehilfe will Mehl verkaufen. Sein tatsächlicher Irrtum schließt den Vorsatz aus. Sein Chef macht sich wegen der Lagerung des Heroins zum Verkauf im Bäckereibetrieb wegen vollendeten Handeltreibens mit Betäubungsmitteln strafbar.

215   Ein türkischer Kaufmann verkauft einen Leinensack im Glauben, er enthalte 1 kg Heroin für 40.000 DM. Tatsächlich enthält der Leinensack aber 1 kg Paracetamol. Dieser Irrtum ist unbeachtlich, da der Täter Heroin verkaufen will und sich zur Lieferung von 1 kg Heroin verpflichtet hat. Er ist wegen vollendeten Handeltreibens mit Heroin zu bestrafen.

216   Ein Kaffeehändler, der für einen Auftraggeber auf seinem Frachtschiff zwischen mehreren Säcken kolumbianischen Kaffees mehrere Säcke Kokain transportiert hat, liefert versehentlich an einen seiner **Kaffeekunden 1 Sack Kokain** aus. Die Verwechslung stellt einen **error in objecto,** einen Irrtum über den Inhalt dar, der den Tatbestand ausschließt, falls keine Sorgfaltspflichtverletzung auf Fahrlässigkeit hindeutet.

217   Ein Angestellter verkauft in einem Anbauzubehör-Geschäft 1 Tüte mit Aufschrift **Vogelfutter,** die nicht zugelassene, THC-haltige **Cannabissamen** enthält, im Glauben, es sei Vogelfutter. Aufgrund des hohen Preises und der besonderen Begleitumstände, dass im Laden ausschließlich Anbauzubehör und kein Tierzubehör verkauft werden, liegt jedoch Fahrlässigkeit nahe.

218   Geht der Angeklagte irrtümlich von der **Existenz einer behördlichen Erlaubnis** der Bundesbehörde für den Handel mit einer bestimmten Betäubungsmittelart und einer bestimmten Betäubungsmittelmenge aus, so liegt ein **Tatbestandsirrtum** vor (§ 16 StGB). Irrt der Angeklagte aber über das **Rechtswidrigkeitsmerkmal „unerlaubt"** bzw. fehlt ihm das **Bewusstsein, Unrecht zu tun,** so liegt kein Tatbestandsirrtum, sondern ein **Verbotsirrtum** vor.

219   **2. Untauglicher Versuch oder umgekehrter Tatbestandsirrtum.** Ein strafbarer untauglicher Versuch des Handeltreibens kommt in Betracht, wenn der Täter irrtümlich an das Vorhandensein eines deskriptiven Tatbestandsmerkmals glaubt, wenn er irrtümlich von einem tauglichen Tatobjekt oder Tatmittel für das unerlaubte Handeltreiben ausgeht (umgekehrter Tatbestandsirrtum) und trotz des Charakters des Unternehmensdeliktes noch keine Vollendung des Handeltreibens eingetreten ist. Ein Drogenhändler, der irrtümlich Pseudodrogen als echte Betäubungsmittel verkauft, macht sich mit diesem untauglichen Absatzbemühen wegen vollendeten Handeltreibens nach § 29 Abs. 1 BtMG strafbar, weil er mit seiner verbindlichen Verkaufserklärung den Tatbestand vollendet, unabhängig, ob er über die notwendige Ware verfügt oder nicht (vgl. hierzu § 29/Teil 29, Rn. 42).

220   **Beispiele:** Ein Drogenhändler, der irrtümlich Betäubungsmittelimitate bei einem Lieferanten als Betäubungsmittel zum Weiterverkauf einkauft, macht sich mit diesem untauglichen Erwerbsbemühen wegen vollendeten Handeltreibens nach § 29 Abs. 1 S. 1 Nr. 1 BtMG strafbar, weil er mit seiner verbindlichen Kauferklärung, Bezahlung und Lagerung der Ware bereits das Erklärungsdelikt Handeltreiben vollendet hat (*BGH* NStZ 1992, 191 = StV 1992, 118 [Erwerb des Streckmittels **Paracetamol/Coffein** im Glauben, es sei **Heroin** zum Weiterverkauf]; *BGH* StV 1997, 638 [Kauf von **Vitamintabletten** als **Ecstasy-Tabletten** zum Weiterverkauf]; *BGH* NStZ 2000, 95 m. Anm. *Körner* = StV 1999, 432 [Erwerb von 8 kg **Kokain-Imitat als Kokain** zum gewinnbringenden Weiterverkauf]).

221   Ein Dealer erhält im Briefkasten einen Zettel mit einer Heroinbestellung, die er annimmt und beliefert. Er glaubt irrig, der Besteller sei A und wirft das Heroin in dessen Briefkasten. Der Besteller war aber B. A will kein Heroin. Der Irrtum über die Person des Bestellers **(error in persona)** ist ohne Bedeutung, da die erfolglose Lieferung an A eine Absatzbemühung und damit vollendetes Handeltreiben dar-

stellt. Ein Dealer, der sich bei der Betäubungsmittelauslieferung vergreift und versehentlich einen Aktenkoffer ohne Betäubungsmittel übergibt, macht sich trotz des Irrtums **(error in objecto)** wegen seiner vorausgegangenen Erklärungen wegen vollendeten Handeltreibens strafbar.

Ein **Auftraggeber,** der eine Person als Kurier anwerben will, aber ihr noch 222 misstraut, schickt diesen zunächst auf eine **Probetour mit Betäubungsmittelimitaten in einem Koffer** zum Übergabeort (= Vorbereitungshandlung, kein Irrtum). Der Kurier glaubt aber bei seiner Reise, Betäubungsmittel zu transportieren. Er setzt auch unmittelbar zum Schmuggeltransport an, weshalb von einem **untauglichen Versuch** des Handeltreibens und der Einfuhr auszugehen ist. Ein **Rauschgiftkurier** reist zum Übergabeort, nimmt weisungsgemäß in einem Hotelzimmer einen Koffer an sich. An Stelle des **Rauschgiftkoffers** ergreift er aber einen **Kleiderkoffer** und bringt diesen im Glauben, er enthalte Heroin, nach Deutschland (= **untauglicher Versuch).** Ergreift der **Chauffeur** eines mutmaßlichen Dealers auf dem **Flughafen** einen **falschen Koffer,** den er für den Rauschgiftkoffer seines Herrn hält und bringt ihn aus dem Zollbereich, so liegt ein **untauglicher Versuch** vor. Ein untauglicher Versuch scheidet aber aus, wenn der Täter durch vorausgegangene Verpflichtungserklärungen bereits vollendetes Handeltreiben begangen hat.

3. Verbotsirrtum. Ein Verbotsirrtum würde vorliegen, wenn der Täter das 223 Verbot des unerlaubten Handeltreibens mit Betäubungsmittel nicht kennt, einen nicht existierenden Rechtfertigungsgrund für sich in Anspruch nimmt oder wenn ihm aus anderen Gründen das Bewusstsein fehlt, Unrecht zu tun. Dabei braucht der Täter die konkrete Strafbarkeit seines Verhaltens nicht zu kennen. Es genügt, dass er weiß oder hätte erkennen können, Unrecht zu tun. Selbst wenn der Täter es nur für möglich hält, Unrecht zu tun, hat er Unrechtsbewusstsein, wenn er diese Möglichkeit in seinen Willen aufnimmt. Ist der Irrtum unvermeidbar, so handelt er ohne Schuld. Ist der Verbotsirrtum vermeidbar, so kann die Strafe gemildert werden (§§ 17, 49 StGB). Ein Verbotsirrtum ist zu prüfen, wenn der Angeklagte glaubt, dass bestimmte Betäubungsmittelarten **nicht dem BtMG unterliegen,** dass bestimmte Umgangsformen mit Betäubungsmitteln in Deutschland **keiner Erlaubnis bedürfen, nicht verboten** bzw. **nicht mit Strafe bedroht** sind, wenn er irrtümlich glaubt, im BtMG für sich eine **Gesetzeslücke** gefunden zu haben, das **BtMG sei geändert worden,** im Genuss eines **Rechtfertigungsgrundes** zu sein oder wenn ihm irrtumsbedingt die **Einsicht fehlte, Unrecht zu tun.** Die Irrtümer eines Angeklagten, der Handel mit Cannabis sei nicht nur in den Niederlanden und Spanien, sondern auch in der Bundesrepublik straffrei, und solange man nur über Betäubungsmittel verhandle und nicht liefere, sei dies nicht strafbar, sind unentschuldbare Verbotsirrtümer.

4. Subsumtionsirrtum. Ein Dealer D irrt darüber, dass ein Gemisch aus 95% 224 Zucker und 5% Heroinbase noch als Betäubungsmittel i. S. d. BtMG gilt und dass Amphetamin dem BtMG untersteht. Der Irrtum über die rechtliche Bewertung des Tatbestandsmerkmals Betäubungsmittel ist ein **Subsumtionsirrtum, ist ein unbeachtlicher Verbotsirrtum.** D hätte sich ohne Schwierigkeiten Gewissheit darüber verschaffen können, dass auch schlechte Heroingemische Betäubungsmittel darstellen und dass Amphetamin dem BtMG untersteht.

Hält ein Angeklagter aufgrund bestimmter Erläuterungen seines Auftraggebers 225 den Inhalt eines Rauschgiftpäckchens irrtümlich für **Haschisch an Stelle von Heroin,** so handelt es sich um einen unbeachtlichen Subsumtionsirrtum, da er in jedem Falle Betäubungsmittel transportieren will. Bei der Strafzumessung kann ihm dann aber nur die Betäubungsmittelart Haschisch zur Last gelegt werden, es sei denn, die Einlassung sei widerlegbar (*BGH* StV 1998, 589). Haben zwei Angeklagte von einem Holländer ein Pulver als **Speed** gekauft, das **in Wirklichkeit Procain** (das nicht dem BtMG untersteht) war und nach Deutschland eingeführt, verstanden sie unter **Speed eine nicht dem BtMG unterstehende Amphetamin-Art,** so ist ihr Subsumtionsirrtum unbeachtlich und sie sind wegen Verstoßes gegen das AMG zu bestrafen. Haben die Angeklagten unter **Speed ein dem BtMG unterliegendes Amphetamin** verstanden und das Pulver auch als Betäubungsmittel eingeführt und vertrieben, so ist der Subsumtionsirrtum unbeachtlich, ihre Kauf- und Verkaufserklärungen entscheidend und sie sind wegen vollendeten Handeltreibens und wegen (untauglichen) Einfuhrversuches strafbar (*Köln* OLGSt. § 1 BtMGE Nr. 1). Haben Angeklagte zum gewinnbringenden Weiterverkauf in Amsterdam **Vitamintabletten** gekauft, nach Deutschland gebracht, **im Glauben,** es handele sich um **Ecstasy-Tabletten** und den Irrtum sodann bemerkt, so sind sie nicht wegen versuchten Erwerbs von Betäubungsmitteln, sondern wegen vollendeten Handeltreibens mit Betäubungsmitteln in Tateinheit mit untauglichem Einfuhrversuch zu verurteilen (*BGH* StV 1997, 638).

226   **5. Irrtum über gesetzliche Vorschriften.** Unterliegt der Angeklagte einem **vermeidbaren Verbotsirrtum** gleichstehenden Subsumtionsirrtum, so bleibt der Vorsatz unberührt und es wirkt lediglich strafmildernd, wenn sein Vorhaben ihm unter Berücksichtigung seiner Fähigkeiten und Kenntnisse hätte **Anlass sein müssen,** über dessen **mögliche Rechtswidrigkeit nachzudenken** oder sich bei einer **zuständigen Stelle zu erkundigen** und er auf diesem Wege zur Unrechtseinsicht gekommen wäre. Hierbei ist auf die Auskunft einer zuständigen, sachkundigen, unvoreingenommenen Person abzustellen, die mit der Auskunfterteilung kein Eigeninteresse verfolgt und die **Gewähr für eine objektive, sorgfältige, pflichtgemäße und verantwortungsbewusste Auskunftserteilung bietet,** wie z.B. ein Vertreter der zuständigen Genehmigungsbehörde (*BayObLG* JR 1989, 386; *BayObLG* NJW 1998, 3430).

227   Handelt ein Angeklagter mit großen Mengen von Methaqualon-Tabletten, die er von der Schweiz aus in südafrikanische Staaten ohne schweizerische Genehmigung exportiert, so ist sein **Irrtum,** Methaqualon **sei in der Bundesrepublik kein Betäubungsmittel,** unerheblich, denn er weiß, dass er ohne schweizerische Genehmigung gegen schweizerisches BtMG verstößt. Seine Tat wäre in der Bundesrepublik nach deutschem Recht ebenfalls strafbar (NStZ [*Schoreit*] 1988, 354). Ein infolge von Unterlassung von Nachforschungen bei Polizei und Staatsanwaltschaft eingetretener Irrtum eines Pharma-Herstellers über die Änderung des BtMG, wonach die Herstellung und der Vertrieb von MDMA in Deutschland nicht strafbar sei, ist vermeidbar und unentschuldbar (*BGH* NStZ 1996, 236; vgl. zum Irrtum, keiner Genehmigung zu bedürfen *BGH* NStZ 1993, 594).

228   **6. Irrtum über Rechtfertigungsgründe.** Wer glaubt, er dürfe zur Aufdeckung eines Rauschgifthandels auch ohne konkrete Absprache mit einer Bundes- oder Landesbehörde i.S.v. § 4 Abs. 2 BtMG Betäubungsmittel in Besitz nehmen, irrt über einen Rechtfertigungsgrund und unterliegt einem Verbotsirrtum (*BGH* NStZ 1996, 338 = StV 1996, 424).

229   Hat der Angeklagte im Ausland an der Herstellung und dem Vertrieb von Betäubungsmitteln im staatlichen Auftrage oder auf staatlichen Befehl mitgewirkt, weil die dortigen Machthaber am illegalen Betäubungsmittelhandel mitverdienten, so bleibt die Auslandstat strafbar, wenn der Betäubungsmittelhandel in diesem Land mit Strafe bedroht ist. Der Irrtum, das Handeln im staatlichen Auftrage rechtfertige ihn, ist ein unentschuldbarer Verbotsirrtum (vgl. *Frankfurt*, Beschl. v. 18. 1. 1985, 1 Ws 11/85). Wirkt ein Deutscher im Auftrag eines bolivianischen Generals und eines bolivianischen Polizeimajors an Coca-Paste-Sammel- und Transportaktionen eines Kokaingroßhändlers mit, unterstützt er Polizeiaktionen gegen illegale Coca-Laboratorien und Coca-Transporte und den anschließenden Verkauf der beschlagnahmten Coca-Paste, so befindet er sich in einem **vermeidbaren Verbotsirrtum, wenn er glaubt,** dass die **Aufträge und Genehmigungen korrupter Politiker oder Polizeioffiziere sein Handeln rechtfertigten.** Der nur schwer nachvollziehbare Irrtum über die Rechtswidrigkeit hätte unschwer durch Rückfragen bei der Polizei, bei der Justiz oder der Rechtsanwalt vermieden werden können (*LG Frankfurt*, Urt. v. 8. 7. 1985, 50 Js 26078/82). Ein Seemann eines Kokainschmuggelschiffes, der das Schiff deshalb nicht verlässt, weil der

Kapitän nicht nur eine erhöhte Heuer verspricht, sondern droht, mit dem Verlassen des Schiffes sei eine Todesgefahr für seine Familie und ihn selbst verbunden, kann zwar irrtümlich glauben, zum Befolgen der illegalen Befehle berechtigt zu sein. Dieser **Verbotsirrtum** ist aber **vermeidbar,** weil **auch der Rechtsunkundige weiß, dass Befehle zu illegalen Handlungen nicht befolgt werden dürfen** (*LG München,* Urt. v. 5. 3. 1991, 9 Kls 338 Js 13742/90).

7. Wahndelikt (umgekehrter Verbotsirrtum). Während beim Verbotsirrtum 230
dem Täter das Bewusstsein der objektiven Rechtswidrigkeit seines Verhaltens fehlt, nimmt der Täter beim Wahndelikt irrig an, dass ein **objektiv strafloses Verhalten strafbar sei** (umgekehrter Verbotsirrtum). So **glaubt** der Täter bisweilen **an Strafvorschriften, die es gar nicht gibt** oder **versteht sie falsch.**

Beispiele: Ein Rauschgiftschmuggler übernimmt den Auftrag, einen als Arz- 231
neimitteltransport getarnten Lastzug mit dem Streckmittel Lidocain von Deutschland nach Syrien für die Heroinherstellung zu transportieren, wo er von einem Dritten weiter in die Türkei transportiert werden soll. Da er glaubt, Lidocain sei sowohl als Betäubungsmittel als auch als Grundstoff sowohl nach dem BtMG als auch nach dem GÜG verboten und strafbar und da er keine Erlaubnisse nach dem BtMG und nach dem GÜG besitzt, fährt er nachts auf Umwegen zur Grenze, wo er bei der Kontrolle einen Betäubungsmittelschmuggel einräumt. Lidocain untersteht jedoch weder dem BtMG noch dem GÜG. Der Rauschgiftschmuggler ist ohne Einbindung in ein bestimmtes Rauschgiftgeschäft oder in eine bestimmte Betäubungsmittelherstellung weder nach dem BtMG noch nach dem GÜG strafbar, er kann allenfalls nach dem AMG zur Verantwortung gezogen werden. Er beging ein Wahndelikt.

F. Versuch

I. Straflose Vorbereitung

Gem. § 22 StGB beginnt das Versuchsstadium **erst in dem Augenblick, in** 232
der der Täter nach seiner Vorstellung von der Tat unmittelbar zur Tatbestandsverwirklichung ansetzt. Alle Verhaltensweisen, die bei wertender Betrachtung weit im Vorfeld des beabsichtigten Güterumsatzes liegen, stellen bloße Vorbereitungshandlungen dar (vgl. BGHSt. 50, 252 = NStZ 2006, 171 = StV 2006, 19; *BGH*, Beschl. v. 15. 2. 2011, 3 StR 491/10), z. B.:

- Präparierung eines Fahrzeugs für Schmuggelfahrten (*BGH* NStZ 2001, 323 = StV 2001, 459),
- der Transport von Streckmitteln für noch nicht konkretisierbare Betäubungsmittelgeschäfte (*BGH* NStZ 1993, 444 = StV 1993, 473; BGHR BtMG § 29 Abs. 1 Nr. 1 Handeltreiben 43 = StV 1994, 429),
- die Darlehensgewährung für ein etwaiges Betäubungsmittelgeschäft sowie das Bemühen um ein Visum zur Ermöglichung einer zukünftigen Kuriertätigkeit (*BGH* NStZ 1990, 545 = StV 1990, 549),
- allgemeine Anfragen nach Betäubungsmitteln und Erkundungsfahrten (BGHR BtMG § 29 Abs. 1 Nr. 1 Handeltreiben 7 [1 StR 76/88]; *BGH* NStZ-RR 1996, 48),
- die Anmietung eines Hauses zum Zwecke des geplanten Anbaus von Cannabis, welches gewinnbringend weiterverkauft werden soll, solange die Anmietung nicht im Hinblick auf bereits konkretisierte Verkäufe erfolgt (*BGH* NJW 2011, 1461).

Gerade profimäßiges Handeltreiben zeichnet sich durch **sorgfältige Tatvorbe-** 233
reitung und durch **Verschleierung der Tatausführung** aus. Die meisten dieser Vorbereitungshandlungen sind noch straffrei. So verstoßen noch nicht gegen das BtMG:

6. Abschnitt. Straftaten und Ordnungswidrigkeiten

- **das Erkunden der örtlichen Drogenszene,** die **Schmuggelwege** und **Lieferkanäle** zu diesem Handelsplatz durch Führen von Informationsgesprächen und Besichtigung von Grenzübergängen,
- **die Anschaffung von Spezialausrüstung** zur Drogenherstellung (Geräte und Grundstoffe) und zum Drogenschmuggel (Schmuggelbehältnisse), der Aufbau eines Labors, einer Tablettier-, Verblisterungs- und Verpackungsmaschine,
- **die Gründung von Im- und Exportscheinfirmen** zur Verschleierung der Drogentransporte,
- **die Einrichtung von Scheinkonten, Geldüberweisungssystemen und Geldwaschanlagen.**

234   War das vom Verkäufer **in Aussicht gestellte Rauschgift nach Kenntnis sowohl des Verkäufers als auch des Käufers** noch gar nicht auf dem Markt und war die geplante Herstellung der Betäubungsmittel von einer Reihe von Bedingungen abhängig und deshalb ungewiss, so liegt **noch kein verbindliches und noch kein ernsthaftes Verkaufsangebot,** sondern nur eine **unverbindliche Vorverhandlung,** also nur eine Vorbereitungshandlung vor, die allenfalls nach § 30 Abs. 2 StGB strafbar sein kann (*BGH* NStZ 2007, 100 = StV 2006, 639). Gleiches gilt, wenn Verhandlungen nur innerhalb der potenziellen Käuferseite geführt werden, um abzuklären, wie mit einem künftigen Verkäufer in Kontakt zu treten sei, welche Mengen gekauft werden sollten und wie der Kauf zu finanzieren sei (*BGH* NStZ 2007, 287 = StV 2007, 82).

235   Zum Übergang der straflosen Vorbereitungshandlung zum strafbaren Handeltreiben bei den **Ankaufsbemühungen** s. Rn. 46 ff., beim **Bereithalten von Betäubungsmitteln zum Weiterverkauf** s. Rn. 62 ff., bei den **Verkaufsverhandlungen und -bemühungen** s. Rn. 70 ff., bei **Vermittlungsgeschäften** s. Rn. 100 ff., beim **Handeltreiben im Rahmen von verschiedenen Vertragsverhältnissen** s. Rn. 106 ff. und beim **Handeltreiben im Rahmen von Fracht-, Einfuhr und Ausfuhrbemühungen** s. Rn. 124 ff.

II. Versuch/Vollendung

236   **1. Versuch.** Zwar ist der Versuch des Handeltreibens nach § 29 Abs. 2 BtMG strafbar. Da der Begriff des Handeltreibens aber weder eine Vertragsanbahnung noch ein Erfolg der Verkaufsbemühungen noch das Vorhandensein von Ware voraussetzt, bleiben nur wenige Verhaltensweisen denkbar, die über die Vorbereitung hinaus einen Versuch darstellen. Wegen der Ausgestaltung der Tatmodalität Handeltreiben als unechtes Unternehmensdelikt kann § 29 Abs. 2 BtMG als Auffangtatbestand nur die Fälle erfassen, die sich im Rahmen der materiellen Versuchsstrafbarkeit nicht bereits als vollendetes Handeltreiben darstellen und im Versuchsstadium stecken bleiben. Der *BGH* hat in folgenden Fällen versuchtes Handeltreiben angenommen (vgl. BGHSt. 50, 252 = NStZ 2006, 171 = StV 2006, 19):

- bei fehlgeschlagenen Bemühungen, als Rauschgiftkurier zu agieren (BGH NJW 1987, 720 = StV 1986, 527),
- bei der Geldübergabe zur Durchführung eines gescheiterten Rauschgiftgeschäfts (BGH NStZ 1990, 545 = StV 1990, 549),
- bei dem Versuch eines Angeklagten, Betäubungsmittel von einem Dealer zu erwerben, **der ihm von Anfang an nichts verkaufen wollte oder gar nicht liefern konnte;** durch die telefonische und persönliche Kontaktaufnahme zu den Dealern hat der Angeklagte einerseits das bloße Vorbereitungsstadium bereits verlassen, andererseits aber das Vollendungsstadium noch nicht erreicht (BGHR BtMG § 29 Abs. 1 Nr. 1 Handeltreiben 64 = StV 2006, 136).

237   Ebenso liegt versuchtes Handeltreiben vor, wenn eine schriftliche Bestellung eines Weiterverkäufers per Post oder per Telefax den Lieferanten nicht erreicht, weil die Sendung verloren geht, der Lieferant umgezogen oder verstorben ist.

2. Vollendung. Im Rahmen des unechten Unternehmensdeliktes führt das **238** unmittelbare Ansetzen im Handlungsverlauf in der Regel unmittelbar zur formellen Vollendung des § 29 Abs. 1 S. 1 Nr. 1 BtMG. Mit Ausnahme der in Rn. 236 f. genannten Fälle tritt daher Vollendung ein, wenn der Täter mit seinen umsatzfördernden Bemühungen in Worten oder Taten erkennbar begonnen hat. Dies ist etwa der Fall bei einer JVA-Bediensteten, die einen Gefangenen angesprochen hat, ob er von ihr eingeschmuggelte Betäubungsmittel in der Anstalt zu überhöhten Preisen weiterverkaufen und den Gewinn mit ihr teilen wolle. Da die Durchführung des Tatplans nur noch von der Zustimmung des Gefangenen abhing und die JVA-Bedienstete alle Handlungen vorgenommen hat, die nach ihrer Vorstellung im Falle der Zustimmung des Gefangenen und der ungestörten Durchführung des Plans ohne Zwischenakte unmittelbar in die Tatbestandserfüllung eingemündet hätten, liegt vollendetes Handeltreiben vor (*München* StRR 2010, 476). Es sind folgende Fallgruppen zu unterscheiden:

a) Handeltreiben durch Rechtsgeschäft. Für die Annahme vollendeten **239** Handeltreibens reicht es aus, dass der Täter bei einem beabsichtigten An- oder Verkauf von zum gewinnbringenden Weiterverkauf bestimmten Betäubungsmitteln **in ernsthafte Verhandlungen mit dem potentiellen Verkäufer eintritt** (BGHSt. 50, 252 = NStZ 2006, 171 = StV 2006, 19). Sobald der Täter sich **zu einer umsatzfördernden Tätigkeit verpflichtet** hat, ist nach der Rspr. des *BGH* aber kein Raum mehr für die Vorbereitung oder einen Versuch des Handeltreibens. Ein vollendetes Handeltreiben mit Betäubungsmitteln liegt bereits dann vor, wenn der Verkäufer dem Kaufinteressenten ein verbindliches und ernsthaftes Verkaufsangebot unterbreitet hat (*BGH* NJW 1954, 1537; BGHSt. 29, 239 = NJW 1980, 2204; *BGH* NStZ 2000, 207). Da es sich beim Handeltreiben um ein **Unternehmensdelikt** handelt, stellt das **Scheitern von Verkaufsverhandlungen** nicht nur versuchtes, sondern vollendetes Handeltreiben dar. Vollendetes Handeltreiben ist auch anzunehmen, wenn jemand Betäubungsmittel bei einem lieferbereiten Betäubungsmittellieferanten bestellt, der **Versuch, die Betäubungsmittel zum Weiterverkauf zu erwerben, aber misslingt** (BGHSt. 29, 239 = NJW 1980, 2204; *BGH* NStZ 1986, 557 = StV 1986, 527; BGHR BtMG § 29 Abs. 1 Nr. 1 Handeltreiben 31 = StV 1992, 517). Anders verhält es sich, wenn der Angeklagte, in der festen Absicht, Betäubungsmittel zu erwerben, an Dealer geraten ist, die von Anfang an ihm nichts verkaufen wollten oder gar nicht liefern konnten, dann liegt nur versuchtes Handeltreiben mit Betäubungsmitteln vor (s. Rn. 236).

b) Handeltreiben durch sonstige Tätigkeiten. Bei sonstigen Tätigkeiten mit **240** dem Ziel des gewinnbringenden Absatzes von Betäubungsmitteln ist zur Überschreitung des Vorbereitungsstadiums erforderlich, dass die Tätigkeiten auf ein konkretes Umsatzgeschäft zielen, das bereits „angebahnt" ist oder „läuft", woran es nach Ansicht des *BGH* bei einer bloßen Erkundungsfahrt in die Niederlande (*BGH* NStZ 1996, 507) oder bei der Präparierung eines Fahrzeuges für Schmuggelfahrten fehlt (*BGH* NStZ 2001, 323 = StV 2001, 459; s. dazu Rn. 232 ff.). Demzufolge ist beim Anbauen oder Herstellen ein vollendetes Handeltreiben anzunehmen, sobald der Täter Betäubungsmittel, z. B. Cannabispflanzen einschl. der Samen, in Besitz hat, ohne dass es bei der Aufzucht von Betäubungsmittelpflanzen der Ernte bedarf (vgl. BGHR BtMG § 29 a Abs. 1 Nr. 2 Handeltreiben 4 [1 StR 476/04]; *Weber* § 29 Rn. 558). Befindet sich der Täter noch in einem Stadium, in dem er noch keinen Umgang mit Betäubungsmitteln hat, wird der Bereich der straflosen Vorbereitung verlassen, wenn sich die Handlungen auf ein konkretes Umsatzgeschäfte beziehen (*Weber* § 29 Rn. 558; s. auch Rn. 40). Daran fehlt es bei der Anmietung eines Hauses zum geplanten Anbau von Cannabis, welches gewinnbringend weiterverkauft werden soll, solange die Anmietung nicht im Hinblick auf bereits konkretisierte Verkäufe erfolgt (*BGH*, Beschl. v. 15. 2. 2011, 3 StR 491/10; zum Versuchsbeginn beim Anbauen s. auch § 29/Teil 2, Rn. 74).

241   **c) Überwachung des Geschäfts.** Im Gegensatz zur Einfuhr, bei dem die zollamtliche Überwachung des Transitgepäckes den Eintritt der Vollendung verhindert, vermag beim Rauschgiftscheingeschäft die **kriminalpolizeiliche Überwachung** die Vollendung nicht zu hemmen.

242   **d) Sicherstellung/Scheinaufkäufer.** Das Auftreten von Scheinaufkäufern bei
den Vertragsverhandlungen (BGHSt. 30, 277 = NJW 1982, 708) hemmt ebenso
wenig wie die **polizeiliche Sicherstellung** oder der **Austausch der** von Tätern
bereit gelegten **Ware** den Eintritt der Vollendung, weil vollendetes Handeltreiben
keine Ware und keinen Geschäftserfolg voraussetzt (*BGH* NStZ 1992, 38 =
StV 1992, 516 m. Anm. *Roxin; BGH* NJW 1998, 767 = StV 1999, 79; *BGH*
NStZ 2008, 465 = StV 2008, 417 [der aber durch die Sicherstellung des Rauschgifts eine Beendigung in Erwägung zieht]; *BGH* NStZ 2008, 573 = StV 2008,
420; *BGH* NStZ 2010, 522 = StV 2010, 683; *Weber* § 29 Rn. 267, 567; MK-
StGB/*Rahlf* § 29 Rn. 309).

III. Beendigung

243   Die Tathandlung ist beendet, wenn die umsatzfördernden Bemühungen entweder **endgültig abgebrochen** oder **erfolgreich abgeschlossen** sind. Die umsatzfördernden Bemühungen sind nicht immer mit dem Austausch von Ware und
Kaufpreis abgeschlossen, sondern beginnen erst mit der **Weiterleitung des
Rauschgiftes und des Rauschgifterlöses an die Auftraggeber, Verteilung
des Gewinnes unter den Auftraggebern und Verteilung der Honorare
unter den Beauftragten** (vgl. auch *BGH*, Urt. v. 20. 3. 1985, 2 StR 861/84).
Handeltreiben ist aber dann nicht mehr möglich, wenn nach der Vorstellung der
Beteiligten jedweder Rauschgiftumsatz, zu dem die auf den Erlös gerichteten Bemühungen Bezug haben können, beendet ist, **wenn der Waren- und Geldfluss
zur Ruhe gekommen ist.** Wann eine Beendigung des Handeltreibens i. S. d.
BtMG anzunehmen ist, muss für die verschiedensten Beteiligten bisweilen unterschiedlich beantwortet werden:

244   Läuft das Handeltreiben auf der **untersten Ebene** der Handelskette ab, ist Beendigung des Handeltreibens regelmäßig bereits dann anzunehmen, wenn der
Empfänger die vereinbarte Drogenportion und der Lieferant das Entgelt erhalten
hat, mögen auch Forderungen von Großhändlern, aus deren Beständen die Lieferung stammte, noch offen sein (*BGH* NStZ 1992, 495 = StV 1992, 161; *BGH*
StV 1995, 641; BGHSt. 43, 158 = NStZ 1998, 42 = StV 1997, 589; *BGH* NStZ-
RR 1998, 25 = StV 1998, 588; *BGH* NStZ 1999, 467 = StV 2000, 80).

245   Bei einem internationalen Drogenhändler **in einem organisierten Absatz-
und Finanzsystem** greifen ein Warenverteilungs- und ein diesen unmittelbar
unterstützender Finanzzyklus regelmäßig ineinander, so dass Handlungen zur Förderung des Geldkreislaufes bis zur Übergabe der Erlöse aus den Drogengeschäften
an den Verkäufer der Gesamtmenge der Betäubungsmittel Formen der Beteiligung
am Handeltreiben im Rahmen der Organisation sind. Bemühte sich ein Angeklagter um das Auslaufen eines Schmuggelschiffes, das auf der Fahrt vom Libanon nach
Holland wegen Seeuntüchtigkeit und Proviantmangel im Freihafen Emden einlaufen musste, und den beabsichtigten Erfolg des Haschischschmuggelunternehmens,
das er mitgeplant, organisiert und vorbereitet hatte (Absatz von 3 t Haschisch), so
stellen auch diese späten Bemühungen Mittäterschaft, Formen des vollendeten
Handeltreibens dar, da die **Ware noch nicht zur Ruhe gekommen** war (*BGH*,
Urt. v. 2. 9. 1980, 2 StR 284/80). Übernimmt ein Angeklagter die Organisation,
Durchführung und Überwachung des Heroinumschlags von Aachen nach Spanien
und die in Aachen eingehenden Drogenerlöse in spanischer Währung in DM um-
zutauschen und in die Türkei zu transferieren, so stellen diese Geldtransporte noch
Teilakte des Handeltreibens und keine Begünstigungshandlung dar (*BGH*, Urt. v.
15. 5. 1991, 2 StR 514/90).

246   Der 3. Strafsenat des *OLG Frankfurt* erkannte in einem Fall, in dem ein Frankfurter Haschischkunde lange Zeit die Bezahlung einer Haschischlieferung aus Pa-

kistan schuldig geblieben war und der Lieferant einen Beauftragten nach Frankfurt am Main entsandte, in der Entgegennahme und Weiterleitung des Rauschgifterlöses an den Eigentümer **nicht nur eine Beihilfe oder Begünstigung,** sondern noch einen wesentlichen Teilakt des Gesamtgeschehens Handeltreiben, da der **Geldfluss noch nicht zur Ruhe gekommen** war. Obwohl der Angeklagte mit der vorherigen Abwicklung der Rauschgiftlieferung nichts zu tun hatte und erst nachträglich gegen Honorar mit dem Transfer des Rauschgifterlöses an den Lieferanten beauftragt worden war, wurde er als Mittäter zum vollendeten Handeltreiben angesehen (*Frankfurt,* Beschl. v. 24. 11. 1976, 2 Ws 637/76). Die Übermittlung des aus einer Betäubungsmittellieferung geschuldeten Geldbetrages **vom Abnehmer zum Lieferanten** gehört zum **Schlussakt des Handeltreibens** (Beendigung), die anschließende Weiterbeförderung des Betäubungsmittelerlöses aber gehört nicht mehr zum Handeltreiben, sondern ist ein Begünstigungsakt. Der *BGH* hat deshalb in Fällen von **Geldtransporten nach abgeschlossenen Heroingeschäften** keine Teilnahme am Handeltreiben, sondern nur noch eine **Begünstigungshandlung gem § 257 StGB** bzw. eine **Geldwäsche-Handlung gem § 261 StGB** gesehen (*BGH* StV 1985, 505; *BGH* NStZ 1992, 495 = StV 1992, 161; *BGH* StV 1995, 641; vgl. auch *Köln* StraFo 2005, 253). Neben Begünstigung und Geldwäsche sind die Tatbestände der Strafvereitelung und der Bereitstellung von Geldmitteln zum Handeltreiben zu prüfen (*BGH* StV 1995, 641).

Die Sicherstellung von Betäubungsmitteln im Rahmen eines Handeltreibens mit **247** Betäubungsmitteln führt nicht zur Beendigung der Tat, so dass eine Beihilfe an der Haupttat möglich bleibt (*BGH* NStZ 2008, 573 = StV 2008, 420; *BGH* NStZ 2010, 522 = StV 2010, 683; a. A. *BGH* NStZ 2008, 465 = StV 2008, 417; s. dazu im Einzelnen Rn. 304).

IV. Verabredung eines Verbrechens

Haben zwei Angeklagte vereinbart, in die Niederlande zu fahren, um dort Betäubungsmittel in nicht geringer Menge zum Weiterverkauf einzukaufen, nach Deutschland zu bringen und dort gewinnbringend abzusetzen, und scheiterte das Vorhaben in den Niederlanden, weil der Lieferant nicht erreichbar war, so stellt die Anreise **lediglich eine Vorbereitungshandlung** dar, bei einer telefonischen Besuchsvorankündigung wäre das **Versuchsstadium,** bei Aufnahme von Verhandlungen das **Vollendungsstadium** bei Einzahlung des Verkaufserlöses das **Beendigungsstadium** erreicht worden. Das Verhalten kann jedoch eine Verurteilung wegen **Verabredens des Verbrechens eines Handeltreibens mit nicht geringen Mengen von Betäubungsmitteln** rechtfertigen (*BGH* NStZ 1996, 507 = StV 1996, 548; vgl. auch *BGH* NStZ 2001, 323 = StV 2001, 459).

G. Rechtfertigungs- und Entschuldigungsgründe
I. Rechtfertigender Notstand (§ 34 StGB)

Haben die Mitglieder einer Frachtschiffbesatzung erst während der Seefahrt erfahren, dass auf hoher See ein Motorboot 28 Säcke mit 658 kg Kokain an Bord bringe und sie diese gefährliche Fracht gegen zusätzliche Belohnung neben der vorgesehene Fracht Sand nach Europa transportieren sollten und hat der Kapitän bei einem Zwischenaufenthalt in Paramaribo der Besatzung, die geschlossen das Schiff verlassen wollte, gedroht, für **jeden, der das Schiff verlasse,** bestehe **einschließlich Familie Todesgefahr,** so war dennoch die Vereinbarung eines Extralohnes und die weitere Teilnahme an dem Kokaintransport nicht gem. § 34 StGB gerechtfertigt. Nach § 34 StGB sind Handlungen im Nötigungsnotstand nicht gerechtfertigt, bei dem sich der Täter für Abwendung eines ihm angedrohten Übels (hier Todesgefahr) **zum Werkzeug eines rechtswidrig handelnden Dritten machen lässt** (vgl. Sch-Sch/*Perron* § 34 Rn. 41 b; *LG München,* Urt. v. 5. 3. 1991, 9 Kls 338 Js 13742/90).

II. Entschuldigender Notstand (§ 35 StGB)

250   Hält es eine Strafkammer für nicht ausschließbar, dass der Angeklagte erst unter der ernsten **Bedrohung, es könne seiner Verlobten und deren beiden Kindern etwas passieren,** sich bereit erklärte, an den Kokaingeschäften sich zu beteiligen, so muss sie die Voraussetzungen eines entschuldigenden Notstandes gem. § 35 StGB prüfen. Die Urteilsgründe müssen dann erkennen lassen, **inwieweit die Gefahr gegenwärtig und ob sie abwendbar war, welche Gedanken sich der Angeklagte hierzu machte und inwieweit die Hinnahme der Gefahr zumutbar** war (BGHR StGB § 35 Abs. 1 Gefahr, gegenwärtige 1 [1 StR 665/92]). Sieht die Strafkammer für die Richtigkeit oder Unrichtigkeit dieser entlastenden Angaben aber **keine ausreichenden Beweise,** so muss sie diese Umstände nicht als unwiderlegbar den Urteilsfeststellungen zugrunde legen. Vielmehr muss der Tatrichter auf der Grundlage des gesamten Beweisergebnisses entscheiden, ob diese Angaben geeignet sind, die richterliche Überzeugungsbildung zu beeinflussen (BGHR StGB § 35 Abs. 1 Gefahr, gegenwärtige 1 [1 StR 665/92]).

251   Bleiben die gegen eine Kokainfracht protestierenden **Seeleute eines Kokainfrachtdampfers** bei einem Zwischenaufenthalt an Bord, weil der Kapitän droht, bei Verlassen des Schiffes bestünde für sie und ihre Familie **Todesgefahr,** außerdem gäbe es für den Kokaintransport ein Sonderhonorar, so liegt auch **kein entschuldigender Nötigungsnotstand i. S. v. § 35 StGB** vor; sie blieben nämlich nicht nur an Bord wegen der Todesgefahr, sondern auch wegen der zusätzlichen Heuer. Wegen der großen Gefahr, die von einer Kokainfracht von 658 kg ausgeht, war **die akute Todesgefahr durch Verlassen des Schiffes und Untertauchen in der Heimat eher zumutbar** (LG München, Urt. v. 5. 3. 1991, 9 Kls 338 Js 13742/90). Nach einem allgemein international geltenden Grundsatz des Völkerrechts wird die Berufung auf einen **Befehl von oben** jedenfalls dann als Entschuldigungsgrund abgelehnt, wenn der Befehl offensichtlich ein illegales Verhalten anordnete.

H. Täterschaft/Teilnahme

I. Alleintäterschaft

252   Gem. § 25 Abs. 1 StGB ist derjenige stets Täter, der die Tat selbst begeht. Alleintäter beim Handeltreiben ist, wer das Betäubungsmittelgeschäft ohne Hilfe von Mittätern zum eigenen Nutzen durchführt. Bei der **Förderung fremder Umsatzgeschäfte** liegt je nach Tatbeitrag Mittäterschaft oder Beihilfe vor (s. Rn. 253).

II. Mittäterschaft

253   Haben mehrere Tatbeteiligte als **gleichberechtigte Partner** an der Durchführung der Tat **mitgewirkt** und den Tatausgang **maßgeblich mitbestimmt** und haben sie **gemeinsam den Taterfolg gewollt,** so liegt Mittäterschaft nahe (zur Abgrenzung zwischen Mittäterschaft und Beihilfe s. Rn. 270 ff.). Für eine mittäterschafte Begehungsweise ist erforderlich, dass der Täter selbst **eigennützig** handelt, d. h. er muss sich von seinem Tun einen persönlichen Vorteil versprechen, durch den er materiell oder immateriell besser gestellt wird (zur Eigennützigkeit s. Rn. 182 ff.); wer selbst nicht eigennützig handelt, sondern lediglich den Eigennutz eines anderes fördert, ist nur Gehilfe des fremdes Handeltreiben (s. dazu Rn. 278).

254   **1. Mittäterschaft beim An- und Verkauf von Betäubungsmitteln.** Mittäterschaft liegt vor, wenn der an einer Tat Beteiligte seinen Tatbeitrag als Teil der Tätigkeit des anderen und umgekehrt die Tätigkeit des anderen als Ergänzung seines eigenen Tatanteils wollte. **Die bloße Anwesenheit** beim Ankauf von Betäubungsmitteln ohne weitere Feststellungen reicht nicht für die Feststellung eines mittäterschaftlichen Handeltreibens aus (BGH StV 1988, 514). Bei der Frage, ob

ein Angeklagter wegen Täterschaft oder Teilnahme zum Handeltreiben zu bestrafen ist, kommt dem **Interesse des Angeklagten am Abschluss des Geschäfts** besondere Bedeutung zu. Eine zähe und 5 Stunden andauernde Verhandlungsführung, sechsmaliges Hin- und Herfahren zwischen Kaufinteressent und Heroinbesitzer, die große Menge des zum Verkauf stehenden Heroins, der Transport der Heroinprobe und des Kaufgeldes und das für den Angeklagten bestehende **Risiko** sprechen dafür, dass der Geschäftsabschluss des Angeklagten eigennützig erfolgte und der Angeklagte Mittäter war (*BGH* NStZ 1981, 394). Ein Angeklagter, der für eine Provision von 17.500 DM einem Heroinlieferanten einen Kaufinteressenten für 3,5 kg Heroin vermittelt, mit diesem einen Kaufpreis von 120.000 DM pro kg aushandelt, sich das Kaufgeld vorzeigen lässt und in der Folgezeit eine andere Person an den Käufer heranführt, ist kein Gehilfe, sondern Mittäter (*BGH* StV 1981, 602; vgl. auch *BGH* StV 1983, 109).

Ein Angeklagter ist Mittäter, wenn er den Weiterverkauf **maßgeblich** dadurch **255** **mit vorbereitet** hat, dass er für das Strecken und Abpacken des Heroins seine Wohnung zur Verfügung gestellt und teilweise selbst bei dieser Tätigkeit mitgewirkt, sowie seine Ehefrau zur Mithilfe veranlasst hat, sodann Verkaufsfahrten verabredet, in seinem Pkw durchgeführt und schließlich durch Bereithalten und Anreichen des Heroins zu dessen **Verkauf und Übergabe beigetragen** hat. Da der Angeklagte in Erwartung eines großen Gewinnanteils auf die Art und den Umfang der Ein- und Verkaufsfahrten und die abgewickelten Heroingeschäfte **maßgeblich Einfluss** ausgeübt hat, ist er als Mittäter zu bestrafen (*BGH*, Urt. v. 15. 10. 1980, 2 StR 478/80). Wer zusammen mit einem anderen in arbeitsteiliger Weise auf den Umfang der abgewickelten Heroingeschäfte und auf den Zeitpunkt und die Art eines Großteiles der durchgeführten Ein- und Verkaufsfahrten **maßgeblichen Einfluss** ausübt, um einen **gemeinsamen Gewinn** zu erzielen, um davon seinen Anteil zu bekommen, ist als Mittäter zu beurteilen (*BGH* NJW 1987, 720 = StV 1986, 527; *BGH* NStZ 1991, 91; *BGH* NStZ 1992, 323). Wer Rauschgift bei sich deponiert, um den Umsatz der gesamten Menge zu fördern und einen Teil der Ware absetzt, ist Mittäter (*BGH* [*Holtz*] MDR 1980, 455).

2. Mittäterschaft des Lieferanten. Der Drogenverkäufer im In- oder im Aus- **256** land ist regelmäßig kein Mittäter des kaufenden Dealers, wenn dieser die erworbenen Betäubungsmittel transportiert, lagert oder weiterverkauft. Vielmehr sind beide selbstständige Täter, wenn sie nicht eine gemeinschaftliche Geschäftstätigkeit vereinbart haben. Ein Betäubungsmittellieferant in den Niederlanden hat mit der Übergabe der Ware in den Niederlanden das Handeltreiben beendet und beteiligt sich nicht mehr an der anschließenden Einfuhr und dem weiteren Vertrieb der Betäubungsmittel durch den Erwerber in Deutschland (*BGH* NStZ 2003, 269).

3. Mittäterschaft bei der Betäubungsmittelaufbewahrung. Auch das Auf- **257** bewahren von Betäubungsmitteln für einen Dritten, das zur gewinnbringenden Veräußerung bestimmt ist, kann ein Tatbeitrag sein, der die Annahme von Mittäterschaft rechtfertigt (BGHR BtMG § 29 Abs. 1 Nr. 1 Handeltreiben 42 [2 StR 203/94]; vgl. auch *BGH* StV 1995, 197; *BGH* NStZ-RR 2004, 146). Ob es sich jedoch so verhält, bestimmt sich nach **allgemeinen Grundsätzen des Strafrechts zur Abgrenzung der Täterschaft zur Beihilfe.** Ein Entgelt von 1.000 € allein spricht noch nicht für Mittäterschaft, wenn über Umsatzgeschäfte mit den Betäubungsmitteln nichts bekannt ist und der Angeklagte weder mit der Beschaffung noch mit dem Absatz irgendetwas zu tun hatte (*BGH* StV 2005, 555).

4. Mittäterschaft des Kuriers am Handeltreiben. Der Schuldspruch wegen **258** (Allein-)Täterschaft hinsichtlich der unerlaubten Einfuhr bedingt nicht notwendig die Bewertung eines Kuriers gleichzeitig auch als (mit-)täterschaftliches Handeltreiben. Vielmehr bedarf es auch beim Handeltreiben der Abgrenzung der Mittäterschaft zur Beihilfe nach den allgemeinen Grundsätzen des Strafrechts. Beschränkt sich die Tätigkeit des Kuriers auf den **bloßen Transport der Betäubungsmittel**, handelt er nach der neueren Rspr. des *BGH* nicht als Mittäter des

Handeltreibens, sondern als Gehilfe; Mittäterschaft beim Handeltreiben kommt nur in Betracht, wenn der Kurier erhebliche, über den Transport hinausgehende Tätigkeiten entfaltet (BGHSt. 51. 219 = NStZ 2007, 338 = StV 2007, 303; *Hügel/ Junge/Lander/Winkler* § 29 Rn. 4.1.4; *Franke/Wienroeder* § 29 Rn. 63 ff.; krit. *Weber* § 29 Rn. 624 ff.; zur Frage Täterschaft/Teilnahme des Kuriers hinsichtlich der Einfuhr s. im Einzelnen § 29/Teil 5, Rn. 192). Die Rspr. hierzu hat sich wie folgt entwickelt:

259   **a) Ältere Rechtsprechung.** Nach der älteren Rspr. des *BGH* war bei Kurierfahrern, die wussten, dass die von ihnen transportierten Betäubungsmittel für den gewinnbringenden Absatz durch den Auftraggeber bestimmt sind, von einem mittäterschaftlichen Handeltreiben mit Betäubungsmitteln auszugehen, wenn die Rolle des Kuriers nicht nur von ganz untergeordneter Bedeutung war (*BGH* NStZ 1983, 124; *BGH* NStZ-RR 1999, 24; *BGH* NStZ 2000, 482 *BGH* NStZ-RR 2000, 278; *BGH* NStZ 2004, 696). Dies war etwa dann der Fall, wenn der Täter eine Entlohnung für seine Kuriertätigkeit erhalten sollte oder während des Transports faktische Zugriffsmöglichkeit auf die Betäubungsmittel hatte (vgl. *BGH* NStZ-RR 1999, 186 = StV 1999, 427; *BGH*, Beschl. v. 16. 2. 2000, 3 StR 541/ 99; *München* NStZ 2006, 456).

260   **b) Neuere Rechtsprechung.** Nachdem der Große Senat des *BGH* in seiner Entscheidung vom 26. 10. 2005 (BGHSt. 50, 252 = NStZ 2006, 171 = StV 2006, 19) eine deutlichere Abgrenzung zwischen Mittäterschaft und Beihilfe bei untergeordneten Tätigkeiten im Rahmen des Handeltreibens gefordert hatte, entwickelte sich bei den Strafsenaten des *BGH* eine neue strengere und engere Rspr. zur untergeordneten Rolle eines Betäubungsmittelkuriers und zur Abgrenzung von Beihilfe u. Täterschaft (vgl. nur *BGH* NStZ-RR 2006, 88; *BGH* NStZ 2006, 455; *BGH* NStZ 2006, 577 = StR 2007, 83; *BGH* NStZ-RR 2006, 350; *BGH*, Beschl. v. 7. 9. 2006, 3 StR 277/06). Nach den zahlreichen Einzelfall-Entscheidungen erarbeitete der **2. Strafsenat des** *BGH* mit Urt. v. 28. 2. 2007 (BGHSt. 51. 219 = NStZ 2007, 338 = StV 2007, 303) und mit Beschl. v. 30. 3. 2007 (BGH NStZ-RR 2007, 246 = StV 2008, 19; vgl. auch *BGH* NStZ 2008, 285 = StV 2008, 580) schließlich Grundsätze, nach denen eine zutreffende **Einordnung der Beteiligung des Kuriers** erfolgen kann. Zunächst ist bei der Bewertung nicht nur der Teilbereich des Transportes von Betäubungsmitteln oder Geld, sondern **der gesamte konkrete Tatbestand für das Umsatzgeschäft** ins Auge zu fassen. Sodann ist zu prüfen, ob der Beteiligte beim Rauschgiftumsatz **eine täterschaftliche Gestaltungsmöglichkeit beim An- oder Verkauf der Betäubungsmittel oder deren Transport** hatte. Ein **mittäterschaftliches Handeltreiben** liegt dann vor, wenn der Beteiligte erhebliche, über den Transport hinausgehende Tätigkeiten entfaltet (s. dazu Rn. 263). **Eine Gehilfenstellung** ist insbesondere dann anzunehmen, wenn die Tathandlung sich auf den (Teil-)Transport von Betäubungsmitteln zwischen selbstständig agierenden Lieferanten u. Abnehmern oder innerhalb der Sphäre von Lieferanten- oder Abnehmer-Organisationen beschränkte und der Beteiligte nicht in der Lage war, das Rauschgiftgeschäft insgesamt maßgeblich mitzugestalten. Eine Kuriertätigkeit, die sich im bloßem Transport von Betäubungsmitteln erschöpft, stellt regelmäßig nur eine untergeordnete Hilfstätigkeit dar. Denn es geht in diesen Fällen dem Kurier nicht in erster Linie um den Umsatz von Betäubungsmitteln (Veräußerung an Abnehmer), sondern **um die Entlohnung für seine Transportleistung**. Dabei kommt es nicht darauf an, ob der Kurier ein niedriges oder erhebliches Honorar zu erwarten hat und ob er zeitweise faktische Verfügungsgewalt über das transportierte Rauschgift, das ggf. auch inkorporiert sein kann (s. Rn. 262), erlangt. Denn der Kurier ist in der hierarchischen Organisation des Rauschgiftumsatzes an unterer Stelle einzuordnen.

261   Dieser Entscheidung haben sich mehrere Strafsenate angeschlossen: So sah der 3. Strafsenat des *BGH* beim Transport des Kaufgeldes vom Käufer zum Lieferanten sowie der bestellten Betäubungsmittel in umgekehrte Richtung (*BGH* NStZ-

RR 2009, 93) und der Vermittlung der Übergabe der Drogen und dem reinen Transport des Kaufgeldes durch den Kurier nur eine Beihilfe (*BGH* NStZ-RR 2010, 318). Der 4. Strafsenat des *BGH* entschied, dass eine erhebliche Honorierung für die Kuriertätigkeit für die Bewertung als mittäterschaftliches Handeltreiben ohne Belang ist; selbst wenn der Kurier das Transportfahrzeug anmietet, ist noch nicht von einem weitergehenden Einfluss auf die Gestaltung des Transports durch den Kurier auszugehen, sofern er während der Kurierfahrt mit einem ihm vom Auftraggeber zur Verfügung gestellten Mobiltelefon zum Übergabeort geleitet wird (*BGH* NStZ-RR 2009, 254).

Da der **Körperschmuggler,** der auf Anweisung von Dritten die Rauschgift- **262** Body-Packs verschluckt und in seinem Magen–Darm-Trakt verbirgt und transportiert, allein über die in seinem Körper befindlichen Betäubungsmittel verfügen kann, wurde der Körperschmuggler zumeist als Täter und nicht als Gehilfe des Handeltreibens gewertet und bestraft (vgl. *München* NStZ-RR 2006, 55 m. Anm. *Kotz* NStZ 2006, 456). Abweichend davon hatte der *BGH* bereits früher einen Kuriertransport mit inkorporiertem Kokain als Beihilfe eingestuft (*BGH*, Beschl. v. 20. 5. 1999, 2 StR 148/99). Nach der neuen *BGH*-Rspr. übt ein Rauschgift-Körperschmuggler, der Rauschgiftpacks von einem Ort zum anderen Ort auf dem Luftweg transportiert, **nur eine untergeordnete Tätigkeit** aus und ist im Rahmen des Handeltreibens lediglich als Gehilfe zu bestrafen, da er lediglich seinen Körper als **lebendes Schmuggelbehältnis, als reisenden Koffer** für die Betäubungsmittel zur Verfügung stellt (*BGH*, Beschl. v. 31. 1. 2007, 2 StR 506/06 = BeckRS 2007, 3970; *BGH*, Beschl. v. 31. 1. 2007, 2 StR 546/06 = BeckRS 2007, 3972; BGHSt. 51. 219 = NStZ 2007, 338 = StV 2007, 303; *BGH* NStZ-RR 2007, 246 = StV 2008, 19; zur Teilnahmeform des Körperschmugglers bei der Einfuhr s. § 29/Teil 5, Rn. 192).

c) Erhebliche, über den Transport hinausgehende Tätigkeiten. In fol- **263** genden Fällen ist von einer erheblichen, über den Transport hinausgehenden Tätigkeit des Kurier auszugehen mit der Folge, dass nicht nur Beihilfe, sondern **Mittäterschaft** vorliegt (vgl. BGHSt. 51. 219 = NStZ 2007, 338 = StV 2007, 303; *BGH* NStZ-RR 2007, 246 = StV 2008, 19):

– bei der Beteiligung des Kuriers am An- und Verkauf des Rauschgifts,
– bei einem eigenen Interesse des Kuriers am weiteren Schicksal des Gesamtgeschäfts, z. B. bei seiner Einbindung in eine gleichberechtigte verabredete arbeitsteilige Durchführung eines Umsatzgeschäftes oder weil er eine Beteiligung am Umsatz oder dem zu erzielenden Gewinn erhalten soll (BGHR BtMG § 29 Ab. 1 Nr. 1 Handeltreiben 36 [4 StR 69/93]),
– bei einer Beteiligung des Kuriers an der Gründung von Exportgesellschaften für die Beförderung der Drogen (*BGH* NStZ 2007, 288),
– bei einer weitgehenden Einflussmöglichkeit des Transporteurs auf Art und Menge der zu transportierenden Drogen sowie auf die Gestaltung des Transports (vgl. *BGH* NStZ-RR 2007, 246 = StV 2008, 19),
– wenn der Kurier die transportierten Drogen am Zielort aufzubewahren, zu portionieren, chemisch umzuwandeln oder zu verpacken hat (vgl. *BGH*, Beschl. v. 7. 3. 2001, 2 StR 23/01 *BGH* StraFo 2007, 332),

5. Mittäterschaft bei sonstigen Betäubungsmitteltransporten. Zwar kön- **264** nen auch schon einzelne Handlungen eines Angeklagten wie **Anwerben eines Kuriers,** die Mitwirkung bei der Befestigung des Betäubungsmittels auf dem Rücken des Kuriers, die **Betreuung des Kuriers,** das Verbringen des Kuriers zum Flughafen, die **Ausstattung des Kuriers** mit Flugschein und Geld, die **Abholung des Kuriers** auf einem Zielflughafen, die Entgegennahme des Rauschgifterlöses vom Kurier, **die Auszahlung des Kurierlohnes** für ein Honorar von 20.000 DM die objektiven Voraussetzungen der **Mittäterschaft** erfüllen. Wer **gegen Spesen und Honorar** im Auftrag eines Kokainlieferanten dessen **Rauschgiftkurier** in einer Wohnung **unterbringt, Flugscheine kauft,** mit dem Kokainschmuggelkoffer **ausstattet,** ihn während des Fluges **begleitet und überwacht** und anweist,

ist zwar kein gleichberechtigter Partner, aber **Mittäter des Lieferanten und des Kuriers,** sowohl beim Handeltreiben als auch bei der Einfuhr (vgl. *BGH* NStZ-RR 2000, 278; *BGH* NStZ 2000, 482), denn seine Mitwirkung war nicht von untergeordneter Art.

265   In der Regel bedarf es einer **Gesamtabwägung aller Umstände** des Einzelfalles. Wer mittellose Ausländer im Ausland mit dem Versprechen, ihnen in der Bundesrepublik zu einem Arbeitsplatz, zu einer Unterkunft und einem Asylantrag zu verhelfen, zu einem Transport von Heroin im Magen-Darm-Trakt verleitet, sie im Schlucken von Rauschgiftpäckchen unterweist, mit Rauschgift und Reiseunterlagen ausstattet, auf die Reise schickt oder begleitet, wer in Berlin-Schönefeld als **Asylantenschlepper** Betäubungsmittelkuriere empfängt, zum Grenzübergang Friedrichstraße verbringt, mit der U-Bahn nach Berlin-West begleitet, nach Ausscheiden der Betäubungsmittel in einem Ausländerwohnheim unterbringt, das Honorar auszahlt, treibt als **Mittäter** Handel (*LG Berlin*, Urt. v. 22. 5. 1984, 6 OpKLs 9/84 (36/84); *LG Berlin*, Urt. v. 19. 6. 1984, 3 OpKLs 15/84 [46/84]). War es jedoch Aufgabe des Angeklagten, ohne Einbindung und ohne Umsatzbeteiligung während eines Zwischenstopps zwei Kuriere kurzzeitig zu betreuen, so liegt eher eine Beihilfe nahe (*BGH* StraFo 2007, 332).

266   **Reisen mehrere Personen in die Niederlande zum gemeinsamen Ankauf** von Betäubungsmitteln und **anschließendem Weiterverkauf** in Deutschland, so muss dies nicht in jedem Falle ein mittäterschaftliches Handeltreiben bedeuten. Vielmehr ist sein eigenes Tatinteresse an der Gesamtmenge bzw. einer Teilmenge zu prüfen. Hatte der Fahrer oder Beifahrer des Pkw bei einzelnen Einkaufsfahrten keinen erkennbaren Vorteil durch den Einkauf und war auch beim Absatz der Betäubungsmittel nicht beteiligt, so **kommt** nur eine **Beihilfe in Betracht** (*BGH* NStZ 2003, 90). Unternehmen mehrere Personen eine gemeinsame Rauschgiftbeschaffungsfahrt in die Niederlande, um hierdurch die Transportkosten zu reduzieren und den Einkaufspreis zu minimieren, ist jedem mittäterschaftlich die **gesamte Handelsmenge und auch die für den Eigenkonsum bestimmten Gesamtmenge zuzurechnen,** selbst wenn beim Ankauf und beim Transport nicht sämtliche Beteiligte unmittelbar mitgewirkt haben (BGHR BtMG § 29a Abs. 1 Nr. 2 Menge 10 = NStZ-RR 2003, 57). Demgegenüber hat der 2. Strafsenat des *BGH* entschieden, dass eine Zurechnung der Gesamtmenge nur möglich ist, wenn diese ungeteilt eingeführt wurde; wurde aber der Anteil aus der Gesamtmenge bereits in den Niederlanden entnommen, liege die Annahme eines Interesses des Angeklagten an der Menge der Mitfahrer fern (*BGH* NStZ 2003, 90 = StV 2003, 279). Dieser Entscheidung ist entgegen zu halten, dass im Falle solcher Einkaufsfahrten das Interesse der Handelnden wegen des günstigeren Preises beim Kauf einer größeren Menge immer auf die Gesamtmenge gerichtet ist, so dass es nicht darauf ankommen kann, ob die Menge vor der Einfuhr geteilt wird oder nicht (so auch *Weber* § 29a Rn. 137 u. *Winkler* NStZ 2003, 247, 248; a. A. *Stuttgart* NStZ 2001, 603).

267   **6. Mittäterschaft bei der Betäubungsmittelproduktion.** Der Lieferant von Chemikalien, Grundstoffen und Gerätschaften kann je nach Tatinteresse, Tatherrschaft und Eingebundensein in die Betäubungsmittelgeschäfte Gehilfe oder Mittäter des Handeltreibens sein. Erklärt sich ein Angeklagter bereit, seine Erfahrung bei der Methaqualon-Herstellung zu vermitteln und beim Aufbau einer Großproduktion in Liberia mitzuwirken, **bestellt er bei verschiedenen Chemikalienfirmen** für seine Auftraggeber Grundstoffe für die Methaqualon-Herstellung, um Rabatte zu verdienen und um an seinen Auftraggeber eigene **Methaqualonrohmasse und Tablettenpressen verkaufen** zu können, mietet er in Belgien ein Haus an und **baut dort ein Labor auf,** wirkt er an der Methaqualon-Herstellung und **Produktionskontrolle** mit, so treibt er mit den hergestellten 64 kg Methaqualon Handel, auch wenn der Stoff wegen der Festnahme noch nicht verkauft werden konnte (*LG Köln*, Urt. v. 22. 11. 1990, 108 – 84/90; *LG Köln*, Urt. v. 11. 9. 1991, 113 – 23/91). Denn unternimmt eine Person konkrete Anstrengun-

gen, um einen Betäubungsmittelabsatz zu ermöglichen oder zu fördern, so reicht dies für das Handeltreiben aus, selbst wenn er nicht mehr mit dem Absatz beginnen kann (*BGH* StV 1986, 527). Andererseits kann ein Angeklagter mit der Aufnahme der Betäubungsmittelherstellung im Ausland durch andere Mittäter wegen seiner Absicht, die Drogen anschließend zu verkaufen, Mittäter sein (vgl. *BGH* NStZ 1993, 584 = StV 1994, 15; *BGH* NStZ 2002, 210 = StV 2002, 256). Zur **Mittäterschaft bei der Aufzucht von Cannabispflanzen** vgl. *BGH* NStZ 2006, 578; s. auch § 29/Teil 2, Rn. 77.

7. Mittäterschaft in der Bande. Eine Bandenmitgliedschaft begründet keine **268** Mittäterschaft (*BGH* NStZ 2002, 375). Auch Gehilfen können Bandenmitglieder sein (BGHSt. 47, 214 = NStZ 2002, 318 = StV 2002, 191; *BGH* NStZ 2002, 375; s. dazu im Einzelnen § 30 Rn. 56 ff.). Haben Bandenmitglieder in maßgeblicher Weise an den Taten mitgewirkt, so liegt Mittäterschaft nahe (*BGH* NStZ 2002, 375).

III. Sukzessive Mittäterschaft

Es liegt eine sukzessive Mittäterschaft vor, wenn ein Täter mit dem anderen Tä- **269** ter **während der Ausführung der Tat, jedoch vor deren Beendigung** in Kenntnis der wesentlichen die Strafbarkeit begründenden Umstände sich zur gemeinschaftlichen Fortsetzung des strafbaren Vorhabens verbindet, so wenn sich jemand nach der Rauschgiftlieferung gegenüber dem Lieferanten gegen Honorar bereiterklärt, beim Kunden den Kaufpreis einzutreiben und diesen dem Lieferanten zu überweisen, und zum Kunden deshalb anreist (*Frankfurt*, Beschl. v. 24. 11. 1976, 3 Ws 637/76). Bemüht sich ein Angeklagter um das Auslaufen eines Schmuggelschiffes, das auf der Fahrt vom Libanon nach Holland wegen Seeuntüchtigkeit und Proviantmangel im Freihafen Emden einlaufen musste, um den beabsichtigten Erfolg des Haschischschmuggelunternehmens, **das er mitgeplant, organisiert und vorbereitet hat** (Absatz von 3 t Haschisch), so stellen auch diese Bemühungen sukzessive Mittäterschaftsformen des vollendeten Handeltreibens dar, da die Ware noch nicht zur Ruhe gekommen ist (*BGH*, Beschl. v. 2. 9. 1980, 2 StR 284/80).

IV. Beihilfe

1. Abgrenzung Mittäterschaft/Beihilfe. Auch in Fällen des Handeltreibens **270** mit Betäubungsmitteln ist anhand allgemeiner Abgrenzungskriterien zu prüfen, ob der Tatbeitrag als **bloße Förderung fremden Tuns** oder als **eigene, vom Täterwillen getragene Tathandlung** erscheint. Diese Frage ist nach den gesamten Umständen, die von der Vorstellung des Angeklagten umfasst werden, in wertender Betrachtung zu beurteilen. Wesentliche Anhaltspunkte für diese Wertung können das **eigene Interesse am Taterfolg (Gefälligkeit, Trinkgeld, Honorar, Gewinnbeteiligung)**, der **Umfang der Tatbeteiligung**, die **Tatherrschaft** bzw. der **Wille zur Tatherrschaft** sein; eine **ganz untergeordnete Tätigkeit** deutet schon objektiv auf eine **bloße Gehilfenstellung** hin (*BGH* NStZ 2000, 482; *BGH* NStZ-RR 2001, 148; *BGH* NStZ 2004, 696; BGHR BtMG § 29 Abs. 1 Nr. 1 Handeltreiben 62 = StV 2005, 666; *BGH* NStZ 2006, 455; *BGH* NStZ 2006, 454; *BGH* NStZ 2006, 577 = StV 2007, 83; *BGH* NStZ-RR 2010, 318; *BGH* NStZ-RR 2011, 57).

Nach der Entscheidung des Großen Senates des *BGH* vom 26. 1. 2005 waren **271** die Grenzen zwischen Beihilfe und Täterschaft neu zu bestimmen. Kommt dem Angeklagten lediglich eine ganz untergeordnete Position im Tatgeschehen zu (Randfigur, Helferrolle), so liegt Beihilfe nahe (BGHSt. 50, 252 = NStZ 2006, 171 = StV 2006, 19; BGHSt. 51, 219 = NStZ 2007, 338 = StV 2007, 303 *BGH* NStZ 2010, 318; *BGH* NStZ-RR 2011, 57; *Winkler* NStZ 2005, 315; *ders.* NStZ 2006, 328). Diese Grundsätze gelten auch für denjenigen, der ein Betäubungsmittelgeschäft **vermittelt** (*BGH* NStZ-RR 2011, 57). Ein **Kurier**, dessen

Tätigkeit sich in bloßem Transport von Drogengeldern oder Betäubungsmitteln erschöpft, ist regelmäßig nur Gehilfe (s. dazu Rn. 258 ff.). Zu **psychischen Beihilfe** s. im Einzelnen Rn. 274 ff.

272   Hat der Gehilfe **keine konkrete Vorstellung von der Art, Menge und Gefährlichkeit** der gehandelten Betäubungsmittel, so wirkt dies zwar auf den Schuldgehalt, schließt aber nicht die Strafbarkeit aus. Es sind dann **die für den Angeklagten günstigsten Umstände** anzunehmen. Der **Zweifelssatz** findet aber **keine Anwendung,** wenn ihm **alle in Betracht kommenden Alternativen recht sind und er sie in Betracht zieht** (*BayObLG* NStZ-RR 2002, 53).

273   **2. Grundsatz der Akzessorietät.** Als Gehilfe wird bestraft, wer vorsätzlich einem anderen zu dessen vorsätzlich begangener rechtswidriger Tat Hilfe leistet (§ 27 Abs. 1 StGB). Nach dem **Prinzip der Akzessorietät** setzt die Teilnahme eine strafbare Haupttat voraus. Nach dem Prinzip der limitierten Akzessorietät wird aber **jeder Beteiligte** (Haupttäter wie Gehilfe) **ohne Rücksicht auf die Schuld des anderen nach seiner Schuld bestraft** (§ 29 StGB). Es reicht nicht aus festzustellen, dass die Angeklagte in ihrer Wohnung den Hauptangeklagten bei 345 Taten in der Form von Abpacken, Vermitteln und Ausliefern von Betäubungsmitteln unterstützt hat. Vielmehr müssen **auch die einzelnen Unterstützungshandlungen konkretisiert** werden. Auch die Beihilfebeiträge müssen **nach Zeit, Ort, näheren Umständen, Häufigkeit des Tätigwerdens konkret festgestellt werden** (*BGH* NStZ 1999, 451). Maßgeblich für die Einordnung der Schuld eines Gehilfen ist das **Gewicht seiner Beihilfehandlung,** auch wenn die Schwere der Haupttat mit zu berücksichtigen ist (*BGH* NStZ-RR 2003, 264). Besteht der **Tatbeitrag des Gehilfen aus einer einzigen Handlung,** so ist sein Verhalten als eine Tat zu werten, auch wenn der **Haupttäter gleichzeitig mehrere rechtliche selbstständige Handlungen** begeht (*BGH* NStZ 1993, 584; *BGH* NStZ-RR 2003, 309 = StV 2003, 618). In den Fällen, in denen **besonders persönliche Merkmale** (§ 28 Abs. 1 StGB) die Strafbarkeit begründen oder über Strafrahmen oder Ausschluss der Strafbarkeit entscheiden, wirken diese Merkmale nur für den Beteiligten, bei dem sie vorliegen (§ 28 Abs. 2 StGB), so z. B. die **Arzt- oder Apothekerstellung** oder die **Gewerbsmäßigkeit.** Bei Tätern und Gehilfen kommt eine Bestrafung wegen gewerbsmäßiger Begehungsweise nur in Betracht, wenn sie selbst gewerbsmäßig gehandelt haben. Wurden einem Gehilfen eines gewerbsmäßig handelnden Haupttäters keine Gewinne in Aussicht gestellt, so ist er lediglich wegen Beihilfe zum Handeltreiben strafbar (*BGH* NStZ 1994, 92; vgl. § 29/Teil 26, Rn. 24). Will der Angeklagte ein Handeltreiben mit nicht geringen Mengen von Betäubungsmitteln unterstützen, hat aber der Haupttäter lediglich mit Betäubungsmittelimitaten Handel getrieben, dann kann er auch nur wegen **Beihilfe zum Imitathandel** bestraft werden (*BGH* NStZ 1995, 401).

274   **3. Psychische Beihilfe. a) Tatenloses Dabeistehen.** Neben der physischen ist auch die psychische Unterstützung der Haupttat als Beihilfe zu bewerten. Jedoch setzt auch diese Tatbeteiligung voraus, dass der Angeklagte die Tat entweder durch ein **bestimmtes positives Tun** fördert oder es trotz bestehender Erfolgsabwendungspflicht **unterlässt, den Ablauf der Tat zu verhindern, zu erschweren, abzuschwächen** oder für den Täter riskanter zu machen (*BGH* NStZ-RR 1996, 290; *BGH* NStZ 2010, 224 = StV 2010, 129). Schon das **tatenlose Dabeistehen** bei der Abwicklung eines Rauschgiftgeschäftes kann psychische Beihilfe sein, wenn die Anwesenheit den Haupttäter in seinem Tatentschluss bestärkt oder ihm ein erhöhtes Gefühl der Sicherheit gibt. Für die Annahme psychischer Beihilfe bedarf es aber dann besonderer Feststellungen.

275   **b) Tatenloses Mitfahren.** Ist weder festgestellt, dass ein Fahrteilnehmer die Tatbegehung förderte, noch dass der Angekl über die Tatbegehung erleichtern wollte, so scheidet eine Beihilfe zum Handeltreiben aus (BGHR StGB § 27 Abs. 1 Hilfeleisten 15 [4 StR 422/95]; *BGH* NStZ 2010, 224 = StV 2010, 129). Erfährt eine Frau auf der Rückfahrt von einer Amsterdamreise kurz vor der Grenze von ihren Be-

gleitern, dass diese Heroin eingekauft haben, und machte sie diesen deswegen **Vorwürfe,** so kann in der weiteren Mitfahrt und dem **Schweigen** zu einer geplanten Abrede ihrer Begleiter keine physische und keine psychische Beihilfe, weder durch positives Tun noch durch Unterlassung gesehen werden (*BGH* StV 1982, 516). Allein dass der Angeklagte einen entsprechenden Vorsatz später während der Fahrt aufgrund der erlangten Informationen fasste, begründet seine Strafbarkeit wegen Beihilfe nicht (*BGH* NStZ 1983, 452; *BGH* NStZ 2010, 224 = StV 2010, 129). Hat die Lebensgefährtin eines Heroinhändlers während einer Autofahrt als Beifahrerin von einem kurz bevorstehenden Heroingeschäft erfahren und bei einem Stopp auf dem Standstreifen der Autobahn **die bevorstehende Heroinübergabe in dem ihr gehörenden Jeep billigend in Kauf genommen,** so liegt eine **psychische Beihilfe** zum Handeltreiben vor (*BGH*, Beschl. v. 9. 6. 2006, 2 StR 186/06 = BeckRS 2006, 08916).

c) Überlassen einer Wohnung. aa) Entdeckung der Betäubungsmittel **276** **erst nach der Wohnungsüberlassung.** Ohne aktive Beteiligung erfüllt allein die Kenntnis und Billigung der Lagerung und des Verkaufs von Betäubungsmitteln aus der zur Verfügung gestellten Wohnung heraus noch nicht die Voraussetzungen einer passiven Beihilfe zum Handeltreiben (anders bei Gewinnbeteiligung). Das Dulden bzw. Nichteinschreiten kommt nur als Beihilfe in Betracht, wenn der Wohnungsinhaber rechtlich verpflichtet ist, gegen Betäubungsmittelhandel in der Wohnung einzuschreiten (§ 13 Abs. 1 StGB). Eine solche Rechtspflicht besteht aber grundsätzlich nicht. Stellt eine Frau dem Angeklagten, mit dem sie befreundet ist, **ihre Wohnung zur Verfügung,** so kann weder aus ihrer Beziehung noch aus ihrer Eigenschaft als Wohnungsinhaberin eine Garantenpflicht entnommen werden, die die Annahme einer Beihilfe zum Handeltreiben durch Unterlassen rechtfertigen würde. Die **Nichthinderung des Ehemannes** am Betäubungsmittelhandel **in der ehelichen Wohnung** ist ohne besondere Garantenpflicht nicht strafbar (*Karlsruhe* StV 2007, 306). Weder eine allgemeine Bürgerpflicht noch eine moralisch-sittliche Pflicht begründet eine Garantenstellung und ein unechtes Unterlassungsdelikt (*BGH* NStZ 1992, 86; *BGH* NStZ 1999, 451 = StV 1999, 430; *BGH* NStZ-RR 2003, 153; *BGH* NStZ-RR 2006, 349 = StV 2007, 81; *Koblenz* StraFo 2005, 521; *Dresden* StraFo 2005, 522).

bb) Kenntnis vom Betäubungsmittelhandel vor der Wohnungsüberlassung. Eine andere Bewertung kann sich ergeben, wenn der Vermieter seine Wohnung wegen der besonderen Lage oder Ausstattung für Betäubungsmittelgeschäfte zur Verfügung stellt (*BGH* NJW 1993, 76 = StV 1993, 28; *BGH* NStZ-RR 2002, 146). Stellt ein Angeklagter einer Gruppe von Rauschgifthändlern seine Wohnung zum Strecken von Rauschgift zur Verfügung, um günstig von diesen Konsumengen von Kokain kaufen zu können, so kommt Beihilfe zum Handeltreiben in Betracht (*BGH* StV 1995, 624). Es ist aber stets zu prüfen, ob ein Fall des Verschaffens oder Gewährens einer Gelegenheit zum unbefugten Erwerb oder zur unbefugten Abgabe von Betäubungsmitteln nach § 29 Abs. 1 S. 1 Nr. 10 BtMG oder eine Beihilfe zum Handeltreiben vorliegt, wenn die Wohnung wegen ihrer besonderen Lage oder Ausstattung zu dem unbefugten Zweck eigens überlassen wird, z. B. zur Einrichtung einer Crack-Küche, zur Crack-Produktion und zum Crack-Vertrieb (vgl. *BGH* NStZ-RR 2006, 349 = StV 2007, 81).

4. Uneigennützige Beihilfe. Fehlt es beim Gehilfen am **Eigennutz,** so **278** kommt bei umsatzfördernden Handlungen **nur Beihilfe in Betracht** (*BGH* StV 1999, 428; *BGH* NStZ 2005, 228; *BGH* StRR 2009, 403; *BGH* NStZ-RR 2010, 254). Ist der Angeklagte bei einer Betäubungsmitteleinfuhr nur anteilig an der Gesamtmenge beteiligt und will von seinem Anteil nur ein Drittel gewinnbringend weiterverkaufen, so liegt auch nur in Bezug auf dieses Drittel die für täterschaftliches Handeltreiben erforderliche Eigennützigkeit vor; im Übrigen hat der Angeklagte fremdes Handeltreiben gefördert (*BGH* NStZ 2010, 224). Lediglich Gehilfe ist, wer Betäubungsmittel weiterverkauft und den Erlös anschließend an den Auftraggeber übergibt (*BGH* StRR 2009, 403).

279   **5. Beihilfehandlungen in neutralen Alltagssituationen.** Zwar stellt grundsätzlich jede Handlung, die den Taterfolg des Täters in irgendeiner Weise objektiv fördert, eine Hilfeleistung i. S. v. § 27 StGB dar. Stellt jemand Werkzeuge oder ein Fahrzeug dem Täter für Straftaten zur Verfügung, so fördert er diese zwar. Es bedarf jedoch einer bewertenden Betrachtung im Einzelfall, **wenn die Hilfeleistung in neutralen Alltagshandlungen besteht.** Hat der Helfende **kein sicheres Wissen vom Tatplan und hält er eine deliktische Verwendung nur für möglich,** so bleibt sein Verhalten **straflos.** Zielt der Haupttäter auf eine bestimmte Straftat und **weiß der Hilfeleistende dies,** so ist sein Tatbeitrag als **Beihilfe** zu werten. Das Zurverfügungstellen eines Autos an einen Dealer oder Schmuggler zum täglichen Gebrauch ist danach straflos. Die **Überlassung eines präparierten Kfz für eine konkrete Straftat** ist jedoch **strafbare Beihilfe** (*Düsseldorf* StV 2003, 626). Eine **fahrlässige Beihilfe zum unerlaubten Handeltreiben** mit Betäubungsmitteln ist **nicht strafbar** (BGHR BtMG § 29 Abs. 4 Handeltreiben 2 [2 StR 501/91]).

280   **6. Erwerbsgehilfen.** Leistet ein Angeklagter an einen Betäubungsmittelverkäufer beim Betäubungsmitteleinkauf zum Weiterverkauf ohne eigene Vorteile Freundschaftsdienste, indem er den Lieferanten anruft, einen Teil seiner eingekauften Ware zum Selbstkostenpreis an seinen Freund weitergibt, so kommt Beihilfe zum Handeltreiben, Veräußerung, Verschaffen von Gelegenheit zum Erwerb oder zur Abgabe in Betracht (*BGH* StV 2002, 254).

281   **7. Verkaufs-, Verhandlungs- und Schutzgehilfen.** Wer gegen Zahlung eines Trinkgeldes für einen Dealer die **Telefonnummer und Autokennzeichen** von dessen Kaufinteressenten **überprüft,** wer im Rahmen von Kaufverhandlungen den Kaufinteressenten **Schließfach- oder Autoschlüssel oder Botschaften,** in denen der Verhandlungsort und Termin mitgeteilt wird, **überbringt,** ohne am eigentlichen Geschäft beteiligt zu sein, macht sich als Gehilfe strafbar. **Beobachtet jemand während der Kaufverhandlungen** in einem Lokal die Lokalbesucher oder auf der Straße vor dem Lokal die Fußgänger und den Fahrzeugverkehr, um das Herannahen von Drogenfahndern zu erkennen, so leistet er regelmäßig Beihilfe. Wer im Auftrag eines Unbekannten gegen Entgegennahme von 10.000 DM 100 g **Heroin übergeben** und dies **in seine Wohnung** zum Strecken des Stoffes mit Puderzucker **führte,** kann Beihilfe begangen haben (*BGH*, Urt. v. 23. 9. 1986, 5 StR 330/86). Stellt ein Heroinverkäufer A bei seinen Verhandlungen über 3 kg Heroin den Angeklagten als seinen Begleiter einem Kaufinteressenten vor, ohne ihn an den Verkaufsgesprächen zu beteiligen und versucht der Angeklagte den Kaufinteressenten für ein Heroingeschäft mit ihm **abzuwerben,** so zeigt dies, dass der Angeklagte an dem Geschäft des A kein Eigeninteresse hat und nur als Gehilfe fungiert (BGHR BtMG § 29 Abs. 1 Nr. 1 Handeltreiben 6 [2 StR 63/88]). Hat ein Angeklagter mit einer Waffe den Drogenhändler zum Verhandlungsort begleitet und vor dem Lokal postiert, um die dortigen **Betäubungsmittelverhandlungen zu sichern,** so leistet er Beihilfe zum Handeltreiben, wenn er weder an den Verhandlungen teilnimmt, noch in den Gegenstand der Verhandlungen konkret eingeweiht wurde. Der **gelegentliche eigenhändige Verkauf** von Betäubungsmitteln für Freunde und die **Verrichtung von Telefondienst** zwecks Terminabsprachen zwischen Kaufinteressenten und Verkäufern begründet noch keine Mittäterschaft, wenn der Beschuldigte außer mit Gegenleistungen für seine Tätigkeit nicht an dem Geschäftsgewinn beteiligt war und sich sein Handeln lediglich als Hilfstätigkeit darstellt (*Düsseldorf* StV 1992, 15).

282   Ein Arbeitnehmer, der zwischen seinem in finanziellen Schwierigkeiten befindlichen Firmenchef als Betäubungsmittelverkäufer und einem Betäubungsmittelkaufinteressenten ein Rauschgiftgeschäft vermittelt, ohne an den späteren Verkaufsverhandlungen teilzunehmen, weil er sich dadurch die wirtschaftliche **Rettung der Firma** und die Möglichkeit einer weiteren gewinnbringenden Zusammenarbeit mit dem Chef versprach, macht sich wegen eigennützigen Handeltreibens mit Betäubungsmitteln strafbar. Vermittelt ein Angeklagter nicht aus Ei-

gennutz, sondern **aus freundschaftlicher Verbundenheit** Käufer für Betäubungsmittel, so kann keine Mittäterschaft, sondern nur Beihilfe angenommen werden (BGHR BtMG § 29 Abs. 1 Nr. 1 Handeltreiben 14 [2 StR 539/88]; vgl. auch *BGH* NStZ 2010, 523).

8. Aufbewahrungs- und Verpackungsgehilfen. Zwar kann das Aufbewah- 283
ren von Rauschgift, das gewinnbringend veräußert werden soll, einen Tatbeitrag
darstellen, der die Annahme mittäterschaftlichen Handeltreibens rechtfertigt (*BGH*
NStZ-RR 2003, 309; *BGH* StV 2005, 555). Eine nur **beschränkte Eigennützigkeit** spricht jedoch für eine Beihilfe, so wenn das Verhalten der **Deckung des
Eigenbedarfs** dient (*BGH* NStZ-RR 2003, 309), das Versprechen oder die Zahlung eines einmaligen **verhältnismäßig geringen Entgeltes** (BGHR BtMG § 29
Abs. 1 Nr. 1 Handeltreiben 47 [4 StR 637/94]) oder wenn das **Honorar nur
einen Risikozuschlag** zur Miete darstellt (*BGH* StV 1998, 587).

a) Aufbewahrung von Betäubungsmitteln und -behältnissen. Hatte der 284
Angeklagte mit dem Drogenankauf oder Drogenverkauf nichts zu tun und beschränkte sich sein Zutun auf die Verwahrung, die Vermittlung von Räumen oder
den Zugang von Räumen, so liegt Beihilfe zumindest nahe. Der Trinker, der täglich an einer Trinkhalle steht und seine Hosentaschen Drogenverkäufern als beweglichen Heroinbunker gegen Zahlung einiger Flaschen Bier zur Verfügung stellt,
begeht Beihilfe zum Handeltreiben. Wer **ohne eigenes Interesse an einem
Heroingeschäft** aus Gefälligkeit **kurzfristig** für einen Dealer in seiner Wohnung
oder in seinem Auto eine Rauschgifttüte **aufbewahrt** und den Dealer ständig zur
Abholung mahnt, leistet Beihilfe zum Handeltreiben, wenn er den Stoff bis zum
Verkauf aufbewahrt und sodann zu dessen Auto bringt (vgl. *BGH*, Urt. v. 6. 5.
1980, 1 StR 103/80; *BGH* NStZ-RR 2003, 309; *BGH* StV 2004, 604; *BGH*
StV 2005, 555).

b) Beschaffung von Räumen. Die **Beschaffung eines abgeschlossenen** 285
Kellerraums als Drogenbunker und die **Begleitung der Kaufinteressenten**
dorthin gegen Honorar reicht nach Gesamtwürdigung zumeist nur zu einer Beihilfehandlung aus (*BGH* StV 1995, 197). War ein Angeklagter beim unerlaubten
Handeltreiben weder mit dem Einkauf, dem Transport, dem Absatz des Rauschgifts, noch mit der Finanzierung beauftragt, sondern **überließ lediglich** mehreren
Dealern seine **Wohnung zur Übernachtung und zum Strecken** der Betäubungsmittel, so ist von **Beihilfe** auszugehen (*BGH* StV 1995, 624; *BGH* NStZ-
RR 2003, 309 = StV 2003, 618).

c) Aktivitäten in Räumen. Wer in Gegenwart anderer Beteiligter beim Aus- 286
packen eines Klumpen Heroin hilft, **eine Flasche** zum Zermahlen des Klumpens
bereitstellt, etwas Mehl zum Auffüllen der Heroinmenge bringt, und/oder
beim Verpacken des pulverisierten Heroins Hilfe leistet, kann wegen ganz untergeordneter Hilfstätigkeit bereits objektiv Gehilfe sein. Daneben bedarf es aber noch
der Abgrenzungsprüfung von Mittäterschaft und Beihilfe nach den allgemeinen
Grundsätzen des Strafrechts (*BGH* NStZ 1988, 507; vgl. auch *BGH* NStZ 1994,
92). War ein Angeklagter in einem Drogenlokal als Küchenhilfe beschäftigt und
bewohnte in dem Haus ein Zimmer, so stellt **die bloße Veränderung des Dro-
genverstecks und die Aufbewahrung** in seinem Zimmer eine Beihilfe zum
Handeltreiben in Tateinheit mit Besitz dar (*BGH* NStZ 1994, 548 = StV 1995, 26;
BGH NStZ-RR 2000, 312 = StV 2000, 620). Verwahrt ein Angeklagter in einer
vom Vermieter finanzierten und als **Depot genutzten Wohnung,** die ihm **kostenlos zum Wohnen überlassen** wurde, Heroin auf zur gewinnbringenden Veräußerung, so handelte er **wegen des Mietvorteils eigennützig** und macht sich
wegen **täterschaftlichen Handeltreibens** strafbar (BGHR BtMG § 29 Abs. 1
Nr. 1 [2 StR 203/94]).

d) Duldung von Betäubungsmitteln in Räumen. Ein Wohnungsinhaber, 287
der die Einlagerung und den Verkauf von Drogen durch einen Mitbewohner duldete, kann nicht einmal wegen Beihilfe zum Handeltreiben verurteilt werden, weil

er nicht verpflichtet ist, dagegen einzuschreiten (*BGH* NStZ 1999, 451; *BGH* NStZ-RR 2003, 153 = StV 2003, 280; *BGH* NStZ 2010, 221 = StV 2010, 128). Werden jedoch die Räume aufgrund ihrer besonderen Beschaffenheit oder Lage überlassen zum Betäubungsmittelhandel, so gilt dies natürlich nicht (*BGH* NJW 1993, 76; *BGH* NStZ-RR 2002, 146).

288   **9. Kuriertätigkeit/ Einfuhrhilfe.** Beschränkt sich die Tätigkeit des Kuriers auf den **bloßen Transport der Betäubungsmittel,** handelt er nach der neueren Rspr. des *BGH* nicht als Mittäter des Handeltreibens, sondern als Gehilfe; Mittäterschaft an Handeltreiben kommt nur in Betracht, wenn der Kurier erhebliche, über den Transport hinausgehende Tätigkeiten entfaltet (BGHSt. 51. 219 = NStZ 2007, 338 = StV 2007, 303; s. dazu im Einzelnen Rn. 258 ff.). So wurde in folgenden Fällen eine Beihilfe des Kuriers angenommen:

– beim Transport des Kaufgeldes vom Käufer zum Lieferanten sowie der bestellten Betäubungsmittel in umgekehrte Richtung (*BGH* NStZ-RR 2009, 93),
– bei der Vermittlung der Übergabe der Drogen und dem reinen Transport des Kaufgeldes durch den Kurier (*BGH* NStZ-RR 2010, 318),
– bei der Anmietung des Transportfahrzeugs und dem anschließenden Drogentransport, selbst wenn der Kurier hierfür eine erhebliche Honorierung erhalten sollte (*BGH* NStZ-RR 2009, 254; vgl. auch *BGH*, Beschl. v. 13. 6. 2001, 5 StR 180/01).

289   Auch **bloße Kurierbegleiter oder Kuriergehilfen ohne Einbindung** in das Tatgeschehen, die bloß übersetzen oder dem Kurier die Wegstrecke aufzeigen, können **Beihilfe** begehen (*BGH* NStZ 2005, 228). War es Aufgabe des Angeklagten, ohne Einbindung und Umsatzbeteiligung während eines Zwischenstopps zwei Rauschgiftkuriere kurzzeitig zu betreuen, so liegt Beihilfe vor (*BGH*, Beschl. v. 28. 2. 2007, 2 StR 57/07 = BeckRS 2007, 05460). Die **Abholung eines Kuriers am Flughafen** ist Beihilfe (BGHR BtMG § 29 Abs. 1 Nr. 1 Handeltreiben 58 [3 StR 340/02]).

290   **10. Chauffeurdienste.** Leistet ein Angeklagter nur Chauffeurdienste und bestimmt der mitfahrende Täter alleine, ob und wann auf welcher Fahrstrecke der Transport durchzuführen war, ist der Angeklagte weder beim Ankauf, bei der Übernahme der Betäubungsmittel, noch beim Verkauf zugegen und **hält ihn der Mitfahrer vom Kernbereich des Geschäftes fern,** so ist die Feststellung, der Angeklagte habe trotz der finanziellen Vorteile nur Beihilfe geleistet, nicht zu beanstanden (*BGH* NStZ 1984, 423; *BGH*, Beschl. v. 21. 4. 2004, 5 StR 122/04).

291   **Das bloße Führen eines Kfz** mit Betäubungsmitteln im Beisein des Besitzers stellt u. U. nicht einmal eine Beihilfehandlung dar, wenn der Angeklagte das fremde Tun in keiner Weise fördern wollte (*BGH* NStZ 1985, 318 = StV 1985, 279; *BGH* NStZ 1993, 233; BGHR BtMG § 29 Beweiswürdigung 15 [4 StR 241/96]). Fährt ein Angeklagter einen Dritten zu einem Treffen zwecks Anbahnung eines Betäubungsmittelgeschäftes und ist **bei den Gesprächen anwesend,** so kann nur eine Beihilfehandlung angenommen werden, wenn der Wille, das Geschäft zu fördern, ausreichend festgestellt wurde (BGHR BtMG § 29 Abs. 1 Nr. 1 Handeltreiben 17 [2 StR 239/88]). Beihilfe zum Handeltreiben liegt vor, wenn der Fahrer eines Rauschgifthändlers vermutet, die Fahrt habe etwas mit Rauschgiftgeschäften zu tun und er vereinbarungsgemäß seine Unkosten ersetzt bekommen wird (*BGH*, Urt. v. 2. 4. 1980, 2 StR 12/80; *BGH*, Urt. v. 15. 7. 1980, 5 StR 362/80). Sollte ein heroinabhängiger Angeklagter **weder beim Verkauf** der Betäubungsmittel mitwirken, **noch am Verkaufserlös beteiligt** werden und bestand sein Interesse allein darin, für die Beförderung des Dealers eine Entlohnung in Form von Heroin zum Eigenverbrauch zu erhalten, so liegt eine Beihilfe nahe (*BGH*, Urt. v. 17. 1. 1978, 1 StR 714/77). Wer zunächst gutgläubig einen Rauschgifthändler chauffiert, während der Fahrt von dessen Absicht erfährt und sodann sein Fahrzeug zum Herointransport zur Verfügung stellt, **ohne an der Geschäftsabwicklung und ohne am Gewinn beteiligt zu sein,** kann nicht als Mittäter eingestuft werden

(*BGH*, Urt. v. 26. 6. 1980, 1 StR 290/80). Auch wenn der Gehilfe bewusst über wesentliche Einzelheiten der Haupttat im Unklaren bleibt und zu erkennen gibt, dass ihm alle Tatmodalitäten recht sind, ist die Beihilfe nicht infrage gestellt, sondern nur der Schuldumfang berührt (*BayObLG* NStZ-RR 2002, 53). Die Wendung, der Angeklagte habe dem Fahrer und dem Eigentümer des Fahrzeugs und des darin versteckten Haschisch als Beifahrer zur Seite gestanden, reicht nicht zur Begründung einer Beihilfehandlung aus, wenn der Angeklagte der Annahme war, als Beifahrer könne ihm nichts passieren, da ihm das Rauschgift nicht gehöre (*BGH* StV 1983, 283). Begleitet ein Vater seinen Sohn auf der Fahrt zum vereinbarten Übergabeort eines Rauschgiftgeschäftes, nicht um auf das Rauschgiftgeschäft Einfluss zu nehmen, sondern um seinen Sohn **vor den Nachstellungen der Geschäftspartner zu schützen,** so liegt weder Mittäterschaft von Vater und Sohn vor, sondern Beihilfe (*BGH*, Urt. v. 25. 4. 1978, 1 StR 78/78). Eine Ehefrau, die nur als Werkzeug des Ehemannes an dessen Rauschgiftgeschäften teilnimmt, ist regelmäßig nur Gehilfin (*BGH*, Beschl. v. 16. 1. 1979, 1 StR 643/78).

11. Kurzfristige Betäubungsmitteltransporte. Wer aus Gefälligkeit ein **292** Päckchen Haschisch dem Käufer überbringt und dessen Kaufpreis an den Verkäufer abliefert, ist mangels Eigennutz kein Mittäter des Verkäufers (*BGH*, Urt. v. 9. 10. 1974, 3 StR 245/74). Wer für ein Trinkgeld im Auftrag eines Dealers, unter den Augen seines Auftraggebers, eine Plastiktüte von einem Fahrzeug zu einem anderen Fahrzeug verbringt, leistet Beihilfe zum Handeltreiben, wenn er **kein eigenes finanzielles Interesse** am Gelingen des Rauschgiftgeschäftes verfolgt (vgl. BGHR BtMG § 29 Abs. 1 Nr. 1 Handeltreiben 57 = StV 2002, 489). Das Verbringen eines Päckchens Kokain, das einem Dritten gehört, von einem Zimmer in ein anderes von ihm bewohntes Zimmer und Verstecken desselben ist Beihilfe zum Handeltreiben (*BGH* NStZ-RR 2000, 312). War ein Angeklagter bereit, für ein Honorar von 150 DM einen Pkw anzumieten und mit diesem Pkw einen Mitangeklagten, der eine Plastiktüte mit 2 kg Kokain mit sich führte, von Venlo/NL zu einer Autobahnraststätte auf deutscher Seite zu fahren, so macht er sich wegen Beihilfe zum Handeltreiben strafbar (*BGH*, Beschl. v. 30. 7. 1997, 2 StR 340/97).

12. Produktionsgehilfen und Transporteure von Chemikalien, Grund- 293 stoffen und Gerätschaften. Ist der Angeklagte, der für die Herstellung von Betäubungsmitteln **Chemikalien und Gegenstände liefert,** nicht in den Produktions- und nicht in den Vertriebsprozess einbezogen, so liegt **Beihilfe** zum Handeltreiben nahe. Fördert jemand als Hilfskraft tageweise die von mehreren Personen betriebene Methaqualon-Herstellung durch **Rühren von Paste** mit Chemikalien und Wasser in Kochkesseln eines Labors und anschließendes **Trocknen mit Hilfe von Zentrifugen** gegen ein Tageshonorar, so ist sein Gehilfenvorsatz auf die Förderung des Handeltreibens mit nicht geringen Mengen von Betäubungsmitteln gerichtet (*LG Köln*, Urt. v. 6. 11. 1990, 108 – 84/90). Ein Angeklagter, der zunächst mit anderen verabredet hat, Amphetamin in großem Umfang herzustellen und zu verkaufen, später sich aber darauf beschränkt hat, **zwei Chemikalien zu bestellen** und ein **Haus zu besichtigen, in dem das Labor eingerichtet werden sollte,** macht sich nur wegen **Beihilfe zum Handeltreiben** schuldig, wenn ihm keine erhebliche Beteiligung am erwarteten Erlös nachgewiesen werden kann. Während dessen sind diejenigen, die sich aus Eigennutz an der Einrichtung des Labors und der Herstellung des Stoffes beteiligten, als Mittäter einzustufen (BGHR BtMG § 29 Abs. 1 Nr. 1 Handeltreiben 21 [1 StR 103/90]). Die **Lieferung von Paracetamol als Streckmittel** für Heroin kann **Beihilfe** zum Handeltreiben mit Betäubungsmitteln darstellen, wenn sie fremdes Absatzbemühen unterstützt (*BGH* NStZ 1993, 444; *BGH* StV 1994, 429; *BGH* NStZ 1994, 501). Die **Lieferung von Chemikalien, von Gelatine-Kapseln und einem Kapselfüllgerät** nebst Zubehör für die Herstellung von MDA und MDMA, wenn sie der Förderung fremden Betäubungsmittelabsatzes dient, stellt **Beihilfe** zum Handeltreiben dar (*BGH* NStZ 1993, 584 = StV 1994, 15). Die

Lieferung von Grundstoffen für die Betäubungsmittelherstellung kann Beihilfe zum Handeltreiben darstellen (BGHR BtMG § 29 Abs. 1 Nr. 1 Handeltreiben 62 = StV 2005, 666). Auch die **Anlieferung von Grundstoffen für die Herstellung von Betäubungsmittelimitaten** stellt zumeist nur eine **Beihilfe** zum Imitathandel dar (*BGH* NStZ 2002, 210 = StV 2002, 256).

294   **13. Abholung von Betäubungsmittelbehältnissen.** Wer für seinen Bruder aus Gefälligkeit **bei der Post** ein Päckchen mit Betäubungsmitteln abholt und ihm überbringt, das dieser sich aus Thailand schicken ließ, macht sich wegen Beihilfe zum Handeltreiben strafbar, auch wenn der Zoll zuvor die Betäubungsmittel sichergestellt und durch Imitate ersetzt hat (*BGH* NStZ 1994, 441 = StV 1995, 524).

295   **14. Inkassohilfe.** Bedient sich ein Dealer bei der Geschäftsabwicklung zweier Landsleute, von denen einer die Tüte mit dem Betäubungsmittel überbringt und einer die **Plastiktüte mit dem Geld bei dem Käufer abholt,** so machen sich beide Landsleute der Beihilfe zum Handeltreiben schuldig, sofern sie nur fremdes Tun fördern wollten (*BGH* StV 2002, 255). Wurde ein Angeklagter von einem Betäubungsmittelverkäufer damit beauftragt, vor der Übergabe des Stoffes eine Tüte mit zusammengeknüllten Geldscheinen zu zählen, so hat er mit dem **Zählen des Geldes** Beihilfe zum Handeltreiben geleistet, sofern er an dem Betäubungsmittelgeschäft kein Eigeninteresse verfolgte.

296   **15. Dolmetscherdienste.** Wer als **Übersetzer** an Kaufverhandlungen **ohne eigenes Geschäftsinteresse** teilnimmt, kann Beihilfe zum Handeltreiben leisten. Wer als Übersetzer und Wortführer für eine Lieferantengruppe mit einem ausländischen Kaufinteressenten die Verhandlungen führt und dabei ein eigenes Geschäftsinteresse verfolgt, ist Mittäter. Ein Angeklagter, dem es darum ging, eine Mitfahrgelegenheit nach Spanien, wo er lange gelebt hatte, wahrzunehmen und seine Auslagen erstattet zu bekommen, ist als Gehilfe einzustufen, wenn er den Tätern bei den spanischen Behörden Dolmetscherdienste leistete und Tatfahrzeuge führte, ohne Interesse an dem Schmuggelgut von 24 kg Haschisch zu haben (*BGH* StV 1987, 203).

297   **16. Unterstützung durch Darlehen.** In dem Bereitstellen von **Geldmitteln** ohne eigenes Interesse am Rauschgiftgeschäft kann eine Beihilfe zum Handeltreiben liegen. Stellt jemand seinen **Wagen als Pfand** zur Verfügung, damit ein Haschischdealer von seinem Kunden einen Vorschuss erhält, mit dem die Haschischlieferung beim Haschischbauern bezahlt werden soll, so treibt er Handel, wenn er dafür einen Vorteil erlangt. Stellt er seinen **Wagen** oder Geld **unentgeltlich** für die Bezahlung von Haschisch zur Verfügung, so stellt dies Beihilfe zum Handeltreiben dar (*BGH* NStZ 1982, 384).

298   **17. Bergungs- und Tarnungshilfe.** Sammelt ein Angeklagter nach einem Verkehrsunfall für den Betäubungsmittelhändler die Haschischplatten auf und hilft, sie in ein sicheres Versteck zu bringen, so ist er wegen Beihilfe zum Handeltreiben in Tateinheit mit Besitz von nicht geringen Mengen von Betäubungsmitteln zu bestrafen (BGHR BtMG § 29 Abs. 1 Nr. 3 Besitz 4 [2 StR 393/97]). In einem ähnlichen Fall der Bergungshilfe hat der *BGH* jedoch Mittäterschaft angenommen, weil die Tätigkeit der Bergung nicht nur von untergeordneter Bedeutung war (vgl. *BGH* NStZ-RR 1999, 24).

299   **18. Anwaltliche Hilfe.** Erscheint ein Dealer zu den Verhandlungen über Betäubungsmittel in Begleitung eines Rechtsanwaltes und lässt sich gegen Honorar **bei Vereinbarung der Verkaufsbedingungen** über die Lieferung von Betäubungsmitteln **anwaltlich beraten,** so leistet der Rechtsanwalt Beihilfe zum Handeltreiben (ähnlicher Fall der Beihilfe zur Erpressung vgl. *BGH* StV 1982, 517). Hat sich ein pakistanischer Rechtsanwalt mit Spezialausbildung als Zollfahnder als Strafverteidiger von Rauschgiftschmuggelfällen spezialisiert und einen wegen Handels mit mehreren Tonnen Haschisch angeklagten Mandanten nicht nur

verteidigt, sondern diesen **bei der Fortführung seiner Drogengeschäfte beraten,** sich als **vollinformierter Geldkurier und Finanzier** für die Abholung von 280.000 DM in Frankfurt zur Verfügung gestellt und sich in Frankfurt 900.000 DM von den Abnehmern vorzählen lassen, so hat er nicht nur die vorausgegangenen Betäubungsmittelgeschäfte begünstigt, sondern sich sukzessiv an den Drogengeschäften als Mittäter beteiligt (*LG Frankfurt*, Urt. v. 31. 5. 1977, R 2 KLs 35/76; *Frankfurt*, Beschl. v. 24. 11. 1976, 3 Ws 637/76). In Berlin wurde 1989 ein Rechtsanwalt in der JVA Tegel festgenommen. Ihm wurde **Betäubungsmittelhandel in der JVA** vorgeworfen, in 7 Fällen bei Sprechstunden Gefangenen insgesamt 550 g Haschisch und 70 g Heroin übergeben zu haben. Die Drogen soll er als Bote von Bezugspersonen der Insassen übernommen und in Briefumschlägen eingeschleust haben. Für den Transport von Haschisch soll er 500 DM, für Heroin 700 DM von den Gefangenen gefordert haben.

19. Polizeiliche Hilfe. Übergibt ein mit Drogensachen befasster Kriminalbeamter an einen V-Mann oder an einen Drogenhändler aus dem Asservatenschrank der Polizei Haschisch zum privaten Konsum und zum Verkauf, belässt ein Kriminalbeamter einer V-Person, die von Rauschgifthändlern 280 g Amphetamin zum Weiterverkauf auf Kommission erhalten hat, 265 g Amphetamin zum privaten Verkauf, so leistet er zumindest Beihilfe zum Handeltreiben (BGHSt. 36, 44 = NJW 1989, 1228 = StV 1989, 137). Beteiligt er sich mit Eigeninteresse an den Rauschgiftgeschäften, so ist er Mittäter. **300**

Ein Beamter der Autobahnpolizei, der außerdienstlich für das Zustandekommen von 5 Drogengeschäften sorgte, indem er die Abwicklung absicherte und dem für seine Schutztätigkeit bei den exorbitanten Tablettengeschäften 350.000 DM und für den Fall der Entdeckung ein neuer Job versprochen worden war, machte sich wegen Beihilfe zum Handeltreiben strafbar (*OVG Münster* NVwZ-RR 1999, 649). Auch eine polizeiliche Falschauskunft kann eine Beihilfe zum unerlaubten Handeltreiben und ein untauglicher Versuch der Verletzung eines Dienstgeheimnisses darstellen (§ 353b Abs. 2 StGB), so wenn der Beamte einem Dealer mitteilt, er habe aus einer Liste des *LKA* entnommen, dass keine TÜ-Maßnahmen gegen ihn liefen. In Wirklichkeit hatte der Beamte in eine falsche Liste eingesehen (*BGH* NStZ 2002, 33). **301**

20. Beihilfe zum Handeltreiben mit Betäubungsmitteln durch Unterlassen von Polizeibeamten/Zollbeamten. Hat ein **Kriminalbeamter im Rahmen seiner Berufsausübung** allgemein Kenntnis erlangt, dass eine bestimmte Person regelmäßig mit einem präparierten Pkw Rauschgift von den Niederlanden nach Deutschland in nicht geringen Mengen einführt und auf einem bestimmten Parkplatz abstellt und verlangt er von dieser Person deshalb unter Androhung von Ermittlungsmaßnahmen, ohne in die Einzelheiten der Betäubungsmitteltransporte eingeweiht zu sein, für sein Nichteinschreiten ein **Schweigegeld** von 1.000 DM pro Transport, so scheidet mangels konkreter Förderung einer Haupttat eine Beihilfe zum Handeltreiben aus zugunsten einer Strafbarkeit wegen **Erpressung in Tateinheit mit Bestechlichkeit** nach § 332 Abs. 1 und Abs. 3 StGB (*LG Kiel*, Urt. v. 27. 3. 2003, 594 Js 8742/01). Reichte dem Kriminalbeamten nach einiger Zeit das Schweigegeld nicht mehr aus und verlangte er dann für die Begleitung, die Umleitung und den Schutz ihm mitzuteilender Transporte während seiner Dienstzeit ein **Schutzgeld bzw. Gewinnbeteiligung,** so besteht zusätzlich der Verdacht der **Beihilfe oder Mittäterschaft zum Handeltreiben** mit Betäubungsmitteln. Ein **Zollbeamter,** der gemeinsam mit einem Kriminalbeamten **im gleichen Kraftzentrum Bodybuilding** betreibt und der weiß, dass sein Bekannter regelmäßig von Reisen aus Thailand kofferweise Betäubungsmittel und Dopingmittel über den Flughafen einschmuggelt und mehrmals gegen **Überlassung einer 1.000-Stück-Packung Anabol-Tabletten** die Koffer mit Drogen **an der Zollkontrolle vorbei** bringt, begeht **Beihilfe zum Handeltreiben mit Betäubungsmitteln durch Unterlassen** (vgl. auch *BVerwG* NVwZ-RR 1999, 649). **302**

303 **21. Überführungshilfe.** Misslingen ernsthafte Bemühungen einer zufällig in ein Rauschgiftgeschäft verwickelten Person, die Polizei infolge von Sprachschwierigkeiten einzuschalten und damit den Erfolg eines geplanten Rauschgiftgeschäftes zu verhindern und kommt in seiner Gegenwart das Geschäft zustande, so liegt gleichwohl mangels Vorsatzes weder eine physische noch eine psychische Beihilfe zum Handeltreiben vor (*BGH*, Urt. v. 3. 6. 1981, 2 StR 235/81).

304 **22. Beihilfe nach Sicherstellung der Betäubungsmittel.** Beihilfe zum unerlaubten Handeltreiben mit Betäubungsmittel ist auch nach polizeilicher Sicherstellung der Betäubungsmittel möglich (*Weber* § 29 Rn. 567). Diese Auffassung vertritt auch der 2. Strafsenat des *BGH*, der folgenden Fall zu entscheiden hatte: Der Angeklagte erkundigte sich im Auftrag des Bestellers der Betäubungsmittel telefonisch nach dem Verbleib eines niederländischen Drogenkuriers, der bereits einige Stunden zuvor mit 8 kg Haschisch, 3 kg Streckmitteln und 10.000 Ecstasy-Tabletten nach dem Grenzübertritt nach Deutschland festgenommen worden war. Der 2. Strafsenat des *BGH* sieht hierin eine Beihilfe zum unerlaubten Handeltreiben mit Betäubungsmitteln in nicht geringer Menge, da die Haupttat trotz der Sicherstellung der Betäubungsmittel nicht beendet war und der Angeklagte daher noch Beihilfe leisten konnte (*BGH* NStZ 2010, 522 = StV 2010, 683; vgl. auch *BGH* NJW 1994, 2162 und *Winkler* NStZ 2010, 685). Der 2. Strafsenat folgt damit dem 1. Strafsenat des *BGH*, der die Verurteilung eines Kuriers wegen Beihilfe zum unerlaubten Handeltreiben mit Betäubungsmitteln bestätigte, der sich auf den Weg nach Deutschland machte, um dort Betäubungsmittel zum Zwecke des Weitertransports entgegenzunehmen, obwohl diese bereits von der Polizei sichergestellt worden waren (*BGH* NStZ 2008, 573 = StV 2008, 420). Der 5. Strafsenat ließ dagegen in seiner Entscheidung von 7. 2. 2008 offen, ob die Sicherstellung von Betäubungsmitteln zu einer Beendigung der Haupttat des unerlaubten Handeltreibens mit Betäubungsmitteln führt, so dass eine Beihilfe – hier durch Führen von Verkaufsgesprächen und Anwerben eines Kuriers – nicht mehr möglich wäre; für eine solche Beendigung könnte nach Auffassung des 5. Strafsenats aber sprechen, dass der Waren- und Geldfluss zur Ruhe gekommen sei (*BGH* NStZ 2008, 465 = StV 2008, 417).

305 **23. Versuchte Beihilfe.** Will jemand, der einen Betäubungsmittelverkäufer begleitet, durch Zureden die vorgespielte Angst eines Scheinankäufers beseitigen, so begeht er lediglich eine versuchte Beihilfe (*BGH* StV 1981, 72). Die versuchte Beihilfe zum Handeltreiben ist **straflos**. Strafbar ist aber die Beihilfe zum versuchten Handeltreiben (*BGH* NStZ 1983, 462 = StV 1983, 283). Wird jemand ohne sein Wissen in ein Rauschgiftgeschäft verwickelt und macht, nachdem er davon Kenntnis erlangt hat, zu dem Scheinaufkäufer der Polizei eine Bemerkung, die weder geeignet ist, das Rauschgiftgeschäft zu erleichtern, noch das Geschäft zu fördern, so liegt eine straflose versuchte Beihilfe zum Handeltreiben vor (*BGH* StV 1981, 72).

V. Anstiftung/Umstiftung

306 Ein zu einer Tat bereits Entschlossener (**omni modo facturus**) kann nicht mehr angestiftet werden, jedoch liegt in einer **Bestärkung seines Entschlusses** eine **psychische Beihilfe**. Wird dagegen der spätere Täter veranlasst, an Stelle der Tat, zu der er entschlossen war, eine andere Tat zu begehen, so handelt es sich um eine als **Anstiftung zu wertende Umstiftung** (*BGH* NStZ-RR 1996, 1).

VI. Begünstigungshandlungen

307 Erst nach Beendigung des Handeltreibens, wenn Betäubungsmittelabsatz und Geldfluss zur Ruhe gekommen sind, ist Raum für die Anschlussdelikte **Begünstigung, Geldwäsche** (s. dazu auch § 29/Teil 22, Rn. 19 ff.) und **Strafvereitelung.**

1. Geldtransporte. Hier kommen insb. die Geldtransporte ins Ausland in Betracht. Sind die Rauschgifterlöse noch nicht in Sicherheit gebracht und noch nicht zur Ruhe gekommen, so stellen die Geldtransporte ins Ausland Formen der Mittäterschaft im Rahmen des Handeltreibens dar. Sind die Rauschgifterlöse bereits durch Einzahlung auf ein Konto oder durch Aufbewahrung in einem Versteck zur Ruhe gekommen, so stellen die späteren Geldtransporte ins Ausland nur noch Begünstigungshandlungen dar. 308

Beispiele: Ein Türke hatte aus Rauschgiftgeschäften 300.000 DM erlöst. Im Sommer 1978 wollte er dieses Geld in die Türkei bringen lassen. Davon sollten in der Nähe von Adana (Türkei) Häuser gekauft werden. Im August beauftragte er den Angeklagten, das Geld in die Türkei zu transportieren. Der Angeklagte hatte dies schon zweimal zuvor für ihn getan und besaß sein Vertrauen. Er wusste auch, dass das Geld aus Rauschgiftgeschäften stammte. Für den **Geldtransport** sollte er 10.000 DM als Belohnung erhalten. Zusammen mit einem Komplizen verpackte der Angeklagte das Geld in Marlboro-Zigarettenstangen und flog mit dem so verpackten Geld nach Istanbul, wo beide von zwei Brüdern des Rauschgifthändlers, die dieser zuvor telefonisch verständigt hatte, empfangen wurden. Die Strafkammer verneinte Begünstigung und Handeltreiben und sprach den **Geldkurier** frei. Auf Revision der Staatsanwaltschaft hob der 2. Strafsenat des *BGH* das Urteil auf. Denn: Bringt jemand Erlöse aus Rauschgiftgeschäften eines Dritten ins Ausland, so liegt darin objektiv eine Hilfeleistung i. S. d. § 257 StGB, weil ein solches Verhalten geeignet ist, dem Täter die Vorteile der Tat zu sichern. Es versteht sich von selbst, dass damit das Geld dem Zugriff innerstaatlicher Behörden (Sicherstellung, Verfallserklärung) entzogen wird. Es liegt nahe, dass der in die Herkunft des Geldes eingeweihte Transporteur dies weiß, will und bezweckt. Ohne Überspannung der an die richterliche Überzeugung zu stellenden Anforderungen dürfte deshalb nur unter besonderen, außergewöhnlichen Umständen Raum für die Anerkennung der Möglichkeit sein, dass jemandem, der im Auftrag eines Rauschgifthändlers Geld aus dessen Rauschgiftgeschäften gegen hohe Bezahlung und unter Zuhilfenahme von Verstecken heimlich ins Ausland schafft, die Absicht der Vorteilssicherung gefehlt haben könnte (*BGH* StV 1985, 505). Heute wäre der gleiche Sachverhalt insb. nach § 261 StGB zu prüfen. 309

Verbringt ein Verteidiger im Auftrag der Ehefrau seines inhaftierten Mandanten noch nicht beschlagnahmte Drogenerlöse ins Ausland und zahlt sie dort auf ein Nummernkonto unter einem Kennwort ein, hebt er mit Vollmacht seines Mandanten Drogenerlöse von dessen Girokonto ab, um damit die Verteidigung zu finanzieren oder um das Geldmittel vor dem Zugriff der Strafverfolgungsbehörden zu retten, so kommt eine **Maßnahmenvereitelung** (§ 258 StGB) oder eine **Geldwäsche** (§ 261 StGB) in Betracht. 310

2. Beweismittelbeseitigung. Begibt sich ein Verteidiger eines wegen Drogendelikten inhaftierten Gastwirtes in dessen Lokal, vernichtet dort sein Geschäftsbuch, in dem sein Mandant alle Betäubungsmittelgeschäfte aufgezeichnet hat, besucht anschließend dessen Wohnung, entnimmt die unter dem Wohnzimmerteppich versteckten Heroinbeutel und spült sie die Toilette hinunter, so begeht er **Strafvereitelung.** Lässt aber ein Verteidiger eine **Haschplatte,** anstelle sie der Justiz zur Verfügung zu stellen, **vernichten,** die eine Mutter in dem von ihrem Sohn gefahrenen Fahrzeug gefunden hat, die aber nicht ihrem Sohn eindeutig zugeordnet werden konnte, so hat der Verteidiger keine Betäubungsmittel besessen und mangels Besitzes und mangels Handeltreibens des Sohnes auch nicht vereitelt, dass sein Mandant wegen einer rechtswidrigen Tat bestraft wurde (*Zweibrücken*, Beschl. v. 16. 7. 1982, 1 Ss 171/81). **Leitete ein Verteidiger ein als Verteidigerpost bezeichnetes Schreiben** eines inhaftierten Mandanten mit genauen Anweisungen über die Durchführung von Rauschgiftgeschäften und über die Geldanlage der dabei erzielten Gewinne an dessen Ehefrau weiter, **kontrollierte** im Auftrage seines Mandanten durch Telefongespräche **die Abwicklung von Verkaufsgeschäften** von 85 kg in den Niederlanden lagernden Haschischpaketen 311 und gab die erhaltenen Informationen schriftlich und mündlich an seinen inhaftierten Mandanten weiter, so förderte er unter Ausnutzung seiner Stellung als Verteidiger und Organ der Rechtspflege gewinnbringende Umsatzgeschäfte mit Betäubungsmitteln, trieb gegen entsprechende Honorarzahlung Handel mit Betäubungsmitteln (*AG Aachen*, Beschl. v. 19. 7. 1983, 41 Gs 2525/83)

312   Übernimmt ein Verteidiger in der JVA von seinem Mandanten Schriftstücke in einem offenen **Briefumschlag, in dem Anweisungen** und eine Skizze in türkischer Sprache an den Adressaten enthalten sind, **vergrabenes Heroin anhand der Skizze auszugraben und zu verkaufen**, so stellt die Briefbeförderung des Verteidigers an den Adressaten eine versuchte Strafvereitelung in Tateinheit mit einer Beihilfehandlung zum Handeltreiben dar, wenn der Verteidiger vom Briefinhalt Kenntnis genommen hat und der Adressat weisungsgemäß die versteckten Betäubungsmittel verkauft hat. Die Tatsache, dass ein Verteidiger die Verteidigung eines wegen Heroinhandels in U-Haft befindlichen Beschuldigten übernommen hatte und dafür ein hohes Honorar erhalten sollte, rechtfertigt nicht den Schluss, dass er von dem Inhalt des ihm übergebenen Schreibens Kenntnis genommen hat und Heroingeschäfte fördern wollte, zumal die Skizze und der fremdsprachige Kassiber auch die Beseitigung von verstecktem belastendem Beweismaterial oder die Sicherung von versteckten Rauschgifterlösen regeln konnte. Die bloße Vermutung, der Verteidiger habe Rauschgiftgeschäfte seines Mandanten fördern wollen, kann die notwendigen Feststellungen nicht ersetzen (*BGH*, Beschl. v. 22. 12. 1986, 2 StR 603/86).

313   Das **Einwirken eines Verteidigers auf einen Zeugen** mit dem Ziel, diesen zu einer Falschaussage zu veranlassen, stellt keinen seine Ausschließung rechtfertigenden strafbaren Versuch der Strafvereitelung dar, solange der Zeuge nicht falsch aussagt (*Frankfurt* StV 1992, 360). Zu einer Verteidigerin, die **Betäubungsmittel bzw. Waffen** zu ihrem Mandanten **in die JVA einschmuggelte**, bzw. einschmuggeln ließ s. *BGH* StV 1991, 401. Hat ein Verteidiger auf Wunsch seines wegen Verstoßes gegen das BtMG in U-Haft befindlichen Mandanten dessen Ehefrau einen **Gefangenenbrief übermittelt**, der sie – wie er wusste – über das **Versteck von 50 g Heroingemisch unterrichtete** und ihr den Auftrag erteilte, diese **Betäubungsmittel an einen anderen abzugeben** und bei diesem **Schulden aus Heroinlieferungen einzutreiben,** so stellt dieses Verhalten versuchte Strafvereitelung in Tateinheit mit Beihilfe zum unerlaubten Handeltreiben mit nicht geringen Mengen von Betäubungsmittel dar, bei dem der Strafausschließungsgrund des § 258 Abs. 5 StGB zu beachten ist (*BGH* NStZ 1996, 39 = StV 1995, 586).

314   **3. Vereitelung der Strafverfolgung.** Lässt ein Streifenpolizist einen Kleindealer gegen Zahlung eines Handgeldes **laufen, teilt** ein Polizeibeamter das bei einer Durchsuchung sichergestellte **Drogengeld mit dem Dealer, unterlässt** ein Drogenfahnder die **Durchsuchung** bestimmter Örtlichkeiten oder kündigt Lokalinhabern Rauschgiftrazzien rechtzeitig an, weil der Betroffene ihm regelmäßig sein Feriendomizil zum kostenlosen Sommerurlaub überlässt, so stellen diese **Formen der Kollusion und Korruption** Beispiele der §§ 257, 258, 258 a StGB dar. Duldet ein **Kriminalbeamter,** dass der von ihm geführte V-Mann sich von zwei Kurieren 280 g Amphetamin zum Weiterverkauf überbringen lässt und dieses Rauschgift in Teilmengen verkauft und lässt er sich an Stelle einer Beschlagnahme des Stoffes nur 15 g Amphetamin aushändigen, um damit seiner Behörde ein Scheingeschäft über 1.000 DM vorzutäuschen, verzichtet er auf die Festnahme des V-Mannes und der beiden Kuriere und auf die Unterrichtung seiner Vorgesetzten und der Staatsanwaltschaft, so macht er sich wegen Strafvereitelung im Amt schuldig. Sowohl bei der Strafrahmenprüfung als auch bei der Strafzumessung im engeren Sinne darf wegen des **Doppelverwertungsverbotes** dabei nicht als erschwerend angesehen werden, dass der Angeklagte als Kriminalbeamter, dessen Aufgabe es ist, Rechtsbrüche zu verhindern und für die Einhaltung der Gesetze Sorge zu tragen, das Gesetz gebrochen hat. Denn dieser Umstand war Grund für die Schaffung des **Amtsdelikts** des § 258 a StGB (*BGH* StV 1989, 137).

I. Rechtsfolgen

I. Handeltreiben mit geringen Mengen

Beim Handeltreiben mit Betäubungsmitteln in geringer Menge sind die §§ 29   **315** Abs. 5, 31 a BtMG nicht anwendbar.

II. Besonders schwere Fälle des Handeltreibens

Häufig wird von den Gerichten übersehen, dass bereits bei der **Ermittlung des**   **316** **Strafrahmens** eine umfassende Abwägung aller wesentlichen tat- und täterbezogenen Gesichtspunkte vorzunehmen ist, auch wenn keiner der aufgezählten besonders schweren Fälle vorliegt. Diese **Gesamtschau** ist nicht erst bei der **Strafzumessung in engerem Sinne** vorzunehmen, sondern bereits bei der Prüfung, ob ein ungeschriebener besonders schwerer Fall vorliegt oder von einem geschriebenen besonders schweren Fall abgewichen werden muss (s. § 29/Teil 26, Rn. 3 ff.). Bei den in § 29 Abs. 3 S. 2 BtMG genannten Regelbeispielen handelt es sich um keine selbstständigen Qualifikationstatbestände des Handeltreibens, sondern nur um **Strafzumessungsregeln.** Demgemäß müssen die Voraussetzungen der Vorschrift für jeden Tatbeteiligten, Täter wie Gehilfen, gesondert geprüft werden (s. § 29/Teil 26, Rn. 25).

1. Geschriebene besonders schwere Fälle. In § 29 Abs. 3 BtMG sind zwei   **317** Regelbeispiele genannt: Der **gewerbsmäßige Betäubungsmittelhandel** (§ 29 Abs. 3 S. 2 Nr. 1 BtMG; s. dazu im Einzelnen § 29/Teil 26, Rn. 11 ff.) und die **Gesundheitsgefährdung mehrerer Menschen** (§ 29 Abs. 3 S. 2 Nr. 2 BtMG; s. dazu im Einzelnen § 29/Teil 26, Rn. 30 ff.).

2. Ungeschriebene besonders schwere Fälle. Beispielsfälle für ungeschriebene besonders schwere Fälle des Handeltreibens mit Betäubungsmitteln sind (vgl.   **318** auch § 29/Teil 26, Rn. 50 ff.): Das Einschmuggeln und Verkaufen von Heroin in Krankenhäusern, Schulen, Therapieanstalten und Vollzugsanstalten (vgl. *Frankfurt*, Urt. v. 5. 9. 2000, 2 Ss 222/00), das Anfixen von nichtdrogenabhängigen Kaufinteressenten, das Verführen eines ehemaligen Drogenabhängigen nach erfolgreicher Entziehungskur durch preisgünstiges Verkaufsangebot, der Drogenverkauf hinter dem Deckmantel einer Arztpraxis, eines Jugendheimes oder eines Drogentherapiezentrums oder der bewaffnete oder gewaltsame Handel mit Betäubungsmitteln, die die nicht geringe Menge noch nicht erreichen. Auch das Handeltreiben mit Betäubungsmitteln, die im Magen-Darm-Trakt oder in Körperöffnungen verborgen sind und zum Verkauf bereit gehalten werden, kann einen ungeschriebenen besonders schweren Fall darstellen.

III. Verbrechen des Handeltreibens

1. § 29 a BtMG. Der gewinnbringende Verkauf von Betäubungsmitteln durch   **319** eine Person über 21 Jahre an eine Person unter 18 Jahren unterfällt der Tatbestandsalternative der Abgabe nach **§ 29 a Abs. 1 Nr. 1 BtMG** (s. dazu § 29 a Rn. 13). Er ist ebenso als Verbrechen mit einer Mindestfreiheitsstafe von 1 Jahr ausgestaltet wie das Handeltreiben mit Betäubungsmitteln in nicht geringer Menge nach **§ 29 a Abs. 1 Nr. 2 BtMG.**

2. § 30 BtMG. Nach § 30 BtMG sind folgende Qualifikationen des Handel-   **320** treibens mit Freiheitsstrafen von nicht unter 2 Jahren strafbewehrt:
– Bandenmäßiges Handeltreiben mit Betäubungsmitteln **(§ 30 Abs. 1 Nr. 1 BtMG)**,
– gewerbsmäßige Abgabe von Betäubungsmitteln als Person über 21 Jahre an Personen unter 18 Jahren nach **§ 30 Abs. 1 Nr. 2 BtMG**, die auch das Handeltreiben mitumfasst,

– Abgabe von Betäubungsmitteln mit leichtfertiger Todesverursachung (**§ 30 Abs. 1 Nr. 3 BtMG**, worunter ebenfalls das Handeltreiben fällt, s. dazu § 30 Rn. 88).

321   **3. § 30 a BtMG.** Das **bandenmäßige Handeltreiben** und das **bewaffnete Handeltreiben von Betäubungsmitteln in nicht geringer Menge** sind gem. § 30 a BtMG mit einer Freiheitsstrafe von nicht unter 5 Jahren bedroht. Dieser Strafandrohung unterliegt auch, wer gilt als **Person über 21 Jahre Personen unter 18 Jahren dazu bestimmt**, mit Betäubungsmitteln unerlaubt Handel zu treiben.

IV. Strafzumessungsfehler

322   **1. Generalpräventive Erwägungen beim Handeltreiben.** Da der Gesichtspunkt der Generalprävention vom Gesetzgeber bei der Formulierung jedes Straftatbestandes bedacht und bei der Ausgestaltung des Strafrahmens berücksichtigt wurde, verstößt eine Strafschärfung, die allgemein mit der Generalprävention begründet wird, gegen das Doppelverwertungsverbot des § 46 Abs. 3 StGB (*BGH*, Beschl. v. 25. 11. 1981, 2 StR 516/81; vgl. auch BGHR StGB § 46 Abs. 1 Generalprävention 9 = NStZ 1995, 77).

323   **2. Besondere Verwerflichkeit des Handeltreibens.** In dieser Frage sind sich die Strafsenate des *BGH* nicht vollständig einig. Während der **4. Strafsenat des BGH** (vgl. NStZ 1987, 405; BGHSt. 44, 361 = NJW 1999, 1724 = StV 1999, 529; Beschl. v 26. 8. 1999, 4 ARs 5/99; so auch *OLG Frankfurt* StV 1997, 639) stets eine unzulässige Doppelverwertung von Strafzumessungstatsachen gem § 46 Abs. 3 StGB annimmt, sehen **die übrigen Strafsenate des *BGH*** in der Anlastung der Verwirklichung einer regelmäßigen schweren Deliktsvariante innerhalb desselben Straftatbestandes **grundsätzlich keinen Verstoß gegen das Doppelverwertungsverbot** und **nur im Einzelfall** in der strafschärfenden Berücksichtigung eine **bloße Leerformel und einen Wertungsfehler** (1. Strafsenat: NStZ 1986, 368; Beschl. v. 24. 8. 1999, 1 ARs 12/99; **2. Strafsenat:** Beschl. v. 25. 1. 1984, 2 StR 811/83; Beschl. v. 1. 9. 1999, 2 ARs 355/99; **3. Strafsenat:** NJW 1980, 1344; Beschl. v. 12. 8. 1999, 3 ARs 14/99; NStZ-RR 2010, 24 = StV 2010, 133; **5. Strafsenat:** NStZ 1999, 625; NStZ 2000, 95 = StV 2000, 73).

324   **a) Leerformel und Wertungsfehler.** Wenn die Verwerflichkeit des Handeltreibens **ohne besondere Fallgestaltung als bloße Leerformel** genutzt wird, oder wenn das **Gewinnstreben nicht als Wesensmerkmal des Handeltreibens, sondern als Strafschärfungsgrund genutzt** wird, kann ein **Wertungsfehler** vorliegen und die Erwägung **gegen das Doppelverwertungsverbot verstoßen.** Dass der Gesetzgeber das Handeltreiben nicht generell als die verwerflichste und unter Strafe gestellten Tatbegehungsweisen einstuft, ergibt sich schon an der höheren Mindeststrafandrohung bei der Einfuhr von nicht geringen Mengen von Betäubungsmitteln nach § 30 Abs. 1 Nr. 4 BtMG gegenüber dem Handeltreiben mit nicht geringen Mengen von Betäubungsmitteln nach § 29 a BtMG (vgl. BGHSt. 44, 361 = NJW 1999, 1724 = StV 1999, 529; *Düsseldorf* StV 1994, 23; *Frankfurt* StV 1997, 639). Bei Fallgestaltungen, bei denen sich das **Handeltreiben im Gesamtvergleich als weniger gewichtige Tatvariante** darstellt oder wenn der Angeklagte noch **keine Bemühungen entfaltet hat, die Betäubungsmittel in den Verkehr zu bringen**, wie z. B. wenn das Handeltreiben auf eine polizeiliche Tatprovokation zurückgeht oder wenn die Tat über gescheiterte Verkaufsverhandlungen nicht hinaus gekommen ist oder die **Anlieferung erfolglos bleibt** (sog. **Luftgeschäfte**), erweist sich der Strafschärfungsgrund Handeltreiben als bloße **Leerformel** bzw. als **Wertungsfehler** (BGHSt. 44, 361 = NJW 1999, 1724 = StV 1999, 529; *BGH* 1999, 625 = StV 1999, 651; *BGH* NStZ 2000, 95 = StV 2000, 73).

325   **b) Besonders verwerfliche Formen des Handeltreibens.** Die strafschärfende Erwägung, das unerlaubte Handeltreiben mit Betäubungsmitteln sei die ver-

werflichste Tatvariante des § 29 Abs. 1 S. 1 Nr. 1 BtMG, **verstößt im Grundsatz nicht gegen das Doppelverwertungsverbot des § 46 Abs. 3 StGB**, wenn sie im Sinne eines faktischen Stufenverhältnisses das Handeltreiben unter den verschiedenen Tatvarianten als eine schwerere Deliktsvariante, als besonders strafwürdig ansieht und wenn es sich konkret um eine besonders intensive Rechtsgutverletzung handelt (vgl. *BGH* NStZ 2010, 24 = StV 2010, 133). Denn besonders verwerfliche Formen des Handeltreibens oder die Begehung mehrerer rechtlich unselbstständiger Teilakte des Handeltreibens dürfen strafschärfend gewertet werden. Eine derartige Betrachtung unterscheidet sich nicht von der differenzierten Strafzumessung nach Maßgabe des unterschiedlichen Gefährlichkeitsgrades der von den BtMG-Tatbeständen gleichermaßen erfassten unterschiedlichen Betäubungsmittel. Auch im Rahmen des StGB ist es durchaus unbedenklich und zulässig, unterschiedliche Tatvarianten eines Tatbestandes unterschiedlich zu gewichten. Eine besondere kriminelle Energie liegt aber nicht vor, wenn der Täter Verhaltensweisen unterlässt, die bei legalem Verhalten üblich wären. So ist ein Handel mit Betäubungsmitteln am frühen Morgen oder zur Nachtzeit ebenso wenig straferhöhend wie der Handel auf See oder im Wald. Die zu bestimmten Zeiten an bestimmten Orten geringere Polizeidichte hat der Angeklagte nicht zu vertreten. Die Urteilsgründe müssen eine besondere, über die Tatbegehung hinausgehende kriminelle Intensität offenbaren (*BGH* StV 1986, 58).

3. Geldforderung. Die strafschärfende Wertung, dass der Angeklagte von dem **326** mittellosen Drogenabhängigen Geld für die Drogen verlangt habe, ist fehlerhaft.

4. Gewinnstreben. Auch **Merkmale des Handeltreibens** dürfen wegen des **327** Verbotes der Doppelverwertung von Tatbestandsmerkmalen (§ 46 Abs. 3 StGB) nicht zusätzlich zur Strafschärfung herangezogen werden (vgl. *Detter* NStZ 1996, 424; *Schäfer/Sander/van Gemmeren* Rn. 999). So dürfen das **Gewinnstreben,** das Handeln um des finanziellen Vorteils willen, der **Grundsatz der Gewinnmaximierung,** der **reine Eigennutz,** die **Bereicherung am Unglück anderer Menschen,** der **Wunsch, auf leichte Art Geld zu verdienen,** die **Geschäfte mit dem Elend** der Drogenabhängigen, die Absicht, mit den Rauschgifterlösen ein Haus zu bauen, eine Urlaubsreise zu finanzieren, die reine Geschäftemacherei, eifriges Verkaufsbemühen als subjektive Tatbestandsmerkmale nicht strafschärfend herangezogen werden, ebenso nicht, dass der Angeklagte **kein Konsument, sondern ein „reiner Dealer"** war (vgl. BGHR StGB § 46 Abs. 3 Handeltreiben 2 [3 StR 120/90 – „allein um des finanziellen Vorteils willen"]; *BGH* StV 1991, 19 [„Haschischhandel ... vorwiegend aus Gewinnstreben betrieben"]; *BGH,* Beschl. v. 21. 10. 1992, 3 StR 470/92 [„aus Gewinnstreben das Rauschgift veräußert"]; *BGH,* Beschl. v. 4. 3. 1994, 2 StR 49/94 [„Möglichkeit, Geld zu verdienen"]; *BGH,* Beschl. v. 12. 8. 1994, 2 StR 348/94 [„skrupellos aus bloßer Gewinnsucht"]; *BGH* NStZ-RR 1997, 50 [„aus eigener Profitgier"]; *BGH* NStZ 2000, 137 [„aus eigensüchtigem Motiv"]; *Düsseldorf* StV 1994, 23 [„allein aus Gewinnstreben"]). Der 4. Strafsenat des *BGH* hat einen Verstoß gegen das Doppelverwertungsverbot in einem Fall angenommen, in dem das Landgericht strafschärfend berücksichtigte, dass der Angeklagte jederzeit aus dem Geschäft hätte aussteigen können, nicht drogenabhängig war und nicht aus finanzieller Not, sondern ausschließlich in Gewinnerzielungsabsicht handelte (NStZ-RR 2011, 90 = StV 2011, 224).

Der 1. Strafsenat des *BGH* hat hingegen wiederholt darauf hingewiesen, dass es **328** häufig nur **ungeschickte oder missverständliche Formulierungen** sind, die als Doppelverwertung von Tatbestandsmerkmalen erscheinen. Die Wendung, der Angeklagte habe nicht zur Deckung des Eigenbedarfes, sondern wegen des finanziellen Gewinnes gedealt, sei keine Doppelverwertung, sondern eine missverständliche Floskel (*BGH,* Urt. v. 8. 11. 1983, 1 StR 628/83; *BGH,* Urt. v. 11. 9. 2003, 1 StR 146/03, insoweit in NStZ 2004, 398 nicht abgedruckt). Strafschärfung ist z. B. möglich bei **übersteigertem Gewinnstreben, bei besonders verwerflichen Verkaufsmethoden, bei besonders starkem Strecken** von Betäubungsmitteln, **um ungewöhnliche Gewinne zu erzielen,** bei Strecken mit Waschpulver, **bei erpressungsähnlicher Preisgestaltung** (vgl. *BGH* NStZ-RR 1997, 50; *BGH* NStZ 2000, 95 = StV 2000, 73; *BGH* NStZ-RR 2010, 25; *Schäfer/Sander/van Gemmeren* Rn. 999; s. dazu Rn. 351).

329   Ob nach Auffassung des 4. Strafsenats des *BGH* auch strafschärfend gewertet werden kann, dass das Gewinnstreben nicht der Finanzierung der Suchtmittel diente, sondern ausschließlich gewinnorientiert motiviert war (*BGH*, Beschl. v. 5. 11. 1992, 4 StR 506/92), erscheint fraglich.

330   **5. Eigennutz.** Das eigennützige Vorgehen darf nicht strafschärfend berücksichtigt werden. Denn ohne Eigennutz käme nur eine Verurteilung wegen Beihilfe zum Handeltreiben mit der sich aus § 27 Abs. 2 S. 2 StGB ergebenden Milderungsmöglichkeit in Betracht. Das Eigeninteresse ist Voraussetzung für die Annahme von Täterschaft bzw. Mittäterschaft. Eine Strafschärfung wegen Eigeninteresses verstößt deshalb gegen § 46 Abs. 3 StGB.

331   **6. Verstricken von Betäubungsmittelabnehmern in Straftaten.** Die Erwägung, der Angeklagte habe durch die Verkäufe seine Abnehmer in Straftaten verstrickt, verstößt ohne zusätzliche Erläuterung gegen das **Doppelverwertungsverbot des § 46 Abs. 3 StGB,** weil dieser Umstand regelmäßig zum Handeltreiben gehört (*BGH* BeckRS 2004, 00100 = StraFo 2004, 214).

332   **7. Durchführung und Vollendung des Handeltreibens.** Es verstößt gegen das Doppelverwertungsverbot, wenn dem Angeklagten als **Bedenkenlosigkeit** strafschärfend vorgehalten wird, dass er **die Tat überhaupt begangen** habe, **an Stelle** davon **Abstand zu nehmen** bzw. **sie abzubrechen** (vgl. *BGH*, Beschl. v. 23. 9. 2003, 4 StR 308/03; *BGH*, Beschl. v. 15. 10. 2003, 2 StR 332/03), oder dass er eine Tatausführung **so geschickt geplant habe,** dass ohne ihn als Mittäter die Tat nicht hätte **erfolgreich ausgeführt** werden können (*BGH* [*Detter*] NStZ 2003, 472; *BGH* [*Detter*] NStZ 2004, 136). Das Fortführen eines Rauschgiftgeschäfts nach Verzögerungen oder Scheitern und das Verbringen des Rauschgifts an den Übergabeort ist im Normalfall des Handeltreibens kein Strafschärfungsgrund (*BGH*, Beschl. v. 15. 4. 1997, 1 StR 48/97).

333   **8. Erreichen des Drogenmarktes.** Die strafschärfende Berücksichtigung, dass die Betäubungsmittel zum großen Teil oder ganz auf den Markt gekommen sind, ist fehlerhaft, da dies Umstände des Normalfalles sind und das Fehlen eines besonderen Strafmilderungsgrundes wie das Nichterreichen des Drogenmarktes wegen Sicherstellung nicht strafschärfend gewertet werden darf (*BGH*, Beschl. v. 23. 6. 1993, 2 StR 47/93).

334   **9. Umstände allgemeiner Lebensführung.** Umstände allgemeiner Lebensführung dürften nur dann bei der Strafzumessung berücksichtig werden, wenn sie wegen ihrer engen Beziehung zur Tat Schlüsse auf den Unrechtsgehalt zulassen oder Einblicke in die innere Einstellung der Täters zur Tat gewähren (*BGH* NStZ-RR 2001, 295; *BGH* NStZ-RR 2010, 25 [eigennütziges Wesen als Triebfeder für die Delikte]).

V. Strafmilderungserwägungen

Zu den Strafmilderungserwägungen im Allgemeinen s. Vorbem. §§ 29 ff. Rn. 124 ff.

335   **1. Drogenabhängigkeit des Angeklagten.** Die Drogensucht eines Betäubungsmittelhändlers als ungünstige Dauerdisposition wirkt sich strafmildernd aus. Nicht jede Abhängigkeit von Betäubungsmitteln begründet für sich allein schon eine erhebliche Verminderung der Schuldfähigkeit (s. dazu auch Vorbem. §§ 29 ff. Rn. 132 ff.).

336   **2. Notstandsähnliche Konfliktlagen.** Wurde ein **ausstiegewilliges Bandenmitglied** eines internationalen Drogensyndikats nach früheren Betäubungs-

mitteltransporten durch **Androhung von Körperverletzungen bzw. durch Androhung einer Strafanzeige** wegen der früheren Betäubungsmitteltransporte zu einem erneuten Betäubungsmitteltransport veranlasst, so kann diese zwar nicht ausweglose, aber konfliktreiche Situation strafmildernd gewürdigt werden.

3. Mitverantwortung des Drogenabnehmers. Nicht nur die Tatprovokation 337 eines polizeilichen V-Mannes oder verdeckten Ermittlers, auch die Art und der Umfang der **Tatprovokation eines** nicht polizeilichen **Drogenabnehmers** kann sich strafmildernd auswirken (vgl. Vorbem. §§ 29 ff. Rn. 154 ff.). Wurde der Angeklagte durch eine Person zum Betäubungsmittelgeschäft verleitet, die früher einmal als polizeilicher Lockspitzel tätig war, im konkreten Fall aber ohne Auftrag und ohne Billigung der Polizeibehörde tätig wurde, so kann dies zwar strafmildernd bewertet werden, bedarf aber keiner Strafrahmenverschiebung (*Düsseldorf* NStZ-RR 1999, 281).

4. Polizeilich kontrollierte Betäubungsmittellieferungen und polizeili- 338 **che Dauerobservation.** Wurden mit Hilfe eines polizeilichen Lockspitzels provozierte Rauschgiftgeschäfte **so überwacht,** dass eine erhebliche Gefährdung des angegriffenen Rechtsgutes ausgeschlossen war und das **Rauschgift nicht an den Endverbraucher** gelangen konnte, so kann dies unter dem **Gesichtspunkt des geringeren Erfolgsunwertes** strafmildernd gewürdigt werden. Bei **polizeilich kontrollierten Rauschgifttransporten,** die polizeilich überwacht zu den Rauschgiftabnehmern und Drahtziehern des organisierten Betäubungsmittelhandels führen sollen, ist der Gesichtspunkt des geringeren Erfolgsunwerts regelmäßig in die Gesamtbetrachtung einzubeziehen. Es kann strafmildernd zu berücksichtigen sein, dass die Übergabe des Rauschgifts **unter der Aufsicht der Polizei erfolgte** und die Polizei durch Sicherstellung die Übergabe des Rauschgifts hätte verhindern können (BGHR BtMG § 29 Strafzumessung 10 = StV 1990, 204; *BGH* StV 2000, 555; *BGH* NStZ 2004, 694 = StV 2004, 604). Diese Erwägung **verwandelt** aber **schwere Betäubungsmittelverbrechen nicht in Normalverstöße,** da dem Täter die **erfolgreiche Polizeiarbeit nicht gutgeschrieben werden kann,** die Normalfall sein sollte. Hat nach einem anfänglichen Scheitern eines Rauschgiftgeschäftes die Polizei einen Beteiligten im Ausland als Agenten gewonnen, der die Bestellung, den Transport, die Lagerung und die Übergabemodalitäten für 250.000 Methaqualontabletten vollständig bestimmen konnte, und fand die Abwicklung des Rauschgiftgeschäfts und der Schmuggeltransport unter absoluter Kontrolle des *BKA* in Deutschland und von *DEA* in den USA statt, so ist dies erheblich strafmildernd zu werten (*LG Hamburg*, Urt. v. 4. 10. 1989, 5/89 KLs 125Js 162/88).

5. V-Mann-Status des Angeklagten. Der Umstand, dass der Angeklagte in 339 der Vergangenheit erfolgreich für die Polizei als V-Mann gearbeitet hat, vermag sich im Regelfall bei eigenen Rauschgiftgeschäften nicht strafmildernd auswirken. Da er das besondere Vertrauen der Polizei missbraucht und seine Rolle zur Verschleierung der Straftat genutzt hat, ist eher von einem größeren Unrechts- und Schuldgehalt auszugehen (*BGH*, Beschl. v. 9. 2. 1982, 1 StR 849/81).

6. Strafmildernde Tatmotive und Tatziele. Wickelte ein Angeklagter Be- 340 täubungsmittelgeschäfte ab, um mit den Erlösen seine häuslichen-wirtschaftlichen Schwierigkeiten zu beheben, um die Behandlungs- bzw. Operationskosten von nahen Angehörigen zu finanzieren, so kann dies strafmildernd gewertet werden. So ist zu berücksichtigen, dass ein Angeklagter in dem Heroinhandel die **einzige Chance** sah, das **notwendige Geld für eine Operation** seiner sterbenskranken Ehefrau zusammenzubekommen. Erwirbt und verkauft ein Angeklagter Methadon mit einem geringen Verdienst, um **Opiatabhängige von quälenden Entzugserscheinungen** und **Beschaffungskriminalität zu befreien,** so kann trotz des Eigennutzes diese Form der Hilfsbereitschaft strafmildernd gewertet werden.

7. Geringes Maß der Pflichtwidrigkeit und der Tatintensität. Strafmil- 341 dernd kann sich eine **dilettantische Tatausführung** auswirken, da sie das geschützte Rechtsgut der Volksgesundheit nur gering gefährden konnte (*BGH* StV 1993, 27).

342 **8. Menge der Betäubungsmittel.** Beim Handel mit geringen Mengen Betäubungsmitteln kann im Gegensatz zu anderen Begehungsweisen weder nach § 29 Abs. 5 BtMG noch nach § 31 a BtMG von Strafe abgesehen werden. Die geringe Menge kann sich aber strafmildernd auswirken. Ein häufiger Strafzumessungsfehler ist es, bei der Menge der gehandelten Betäubungsmittel nicht zu unterscheiden zwischen dem für den Verkauf und den für den Eigenkonsum bestimmten Anteil und deshalb von einer überhöhten Gesamtmenge auszugehen; dies muss der Tatrichter notfalls unter Beachtung des Zweifelssatzes schätzen (*BGH* StV 1993, 473; *BGH* NStZ-RR 2008, 153 = StV 2008, 581; *Frankfurt* StV 2010, 136).

343 **9. Schlechte Qualität der Betäubungsmittel.** Die Qualität des gehandelten Betäubungsmittels (Wirkstoffgehalt und Reinheit) ist für die Strafzumessung von entscheidender Bedeutung. Schlechte bzw. schwache Betäubungsmittelgemische strahlen in der Regel eine **geringere Gefährlichkeit** als hochprozentige Betäubungsmittelgemische aus. Der Umstand, dass konkrete Feststellungen zur Qualität des verkauften Heroins nicht getroffen werden können, erlaubt es dem Gericht nicht, diese Frage offen zu lassen. Vielmehr ist auf Grund der Gesamtumstände und des Grundsatzes „in dubio pro reo" anzugeben, von welcher Mindestqualität ausgegangen wurde (*BGH* NStZ-RR 2008, 319; *BGH* NStZ 2008, 471).

344 **10. Sicherstellung der Betäubungsmittel.** Die **vollständige Sicherstellung aller Betäubungsmittel** kann ein wesentlicher Strafmilderungsgrund sein. Strafmildernd wirkt sich aus, dass die sichergestellten Betäubungsmitteln **nicht auf den Drogenmarkt zu den Verbrauchern** gelangten (*BGH* NStZ 2004, 694; *BGH* NStZ 2006, 577; *BGH* NStZ-RR 2006, 220).

345 **11. Fehlen lieferbarer Betäubungsmittel.** Hat ein Angeklagter Stoffe als Betäubungsmittel verkauft, die in Wirklichkeit keine Betäubungsmittel waren, so liegt zwar vollendetes Handeltreiben vor, die Tat war indes **objektiv weniger gefährlich.** Hat ein Angeklagter die Verkaufsverhandlungen über Betäubungsmittel abgeschlossen, ohne später auch liefern zu können, so ist zwar vollendetes Handeltreiben eingetreten, die Tat hatte aber **einen geringeren Erfolgsunwert** gegenüber einer Betäubungsmittellieferung.

346 **12. Nichtlieferung der Betäubungsmittel.** Wenn der Täter freiwillig **die Lieferung der Betäubungsmittel unterlassen** hat (z.B. aus Gewissensbissen, wegen des Alters oder Gesundheit seiner Kundschaft), kann dies ein wesentlicher Strafmilderungsgrund sein, mit dem sich der Tatrichter auseinandersetzen muss (*BGH* StV 1984, 201).

347 **13. Verlorene Betäubungsmittel.** Hat ein Drogendealer einen Großteil der erworbenen oder geraubten Betäubungsmittel beim Transport oder bei der Flucht verloren, so schmälert dies seine Geschäftstätigkeit und kriminelle Intensität (*BGH* StV 1993, 27).

348 **14. Vernichtung der Betäubungsmittel.** Es ist strafmildernd zu berücksichtigen, wenn ein Angeklagter vor seiner Entdeckung aus freiem Entschluss sein Rauschgiftlager vernichtet, damit niemand zu Schaden kommt.

349 **15. Nicht für das Inland bestimmte Betäubungsmittel.** Die Erwägung, dass die Drogen nicht für Deutschland, sondern **für das benachbarte Ausland bestimmt** waren, kann **bei der Einfuhr von Betäubungsmitteln** berücksichtigt werden (*BGH*, Beschl. v. 16. 12. 1992, 3 StR 506/92), ist aber **im Rahmen des Handeltreibens** ein fehlerhafter Strafmilderungsgrund angesichts des international geschützten Rechtsgutes der Volksgesundheit. Die **Volksgesundheit der Nachbarstaaten ist nicht minder wertvoll** als unsere eigene.

350 Es stellt keinen Milderungsgrund dar, den der Tatrichter hätte erörtern müssen, dass der Angeklagte vorhatte, das unerlaubt eingeführte Heroin **wieder auszufüh-**

ren. Zwar ist beachtlich, ob ein Verstoß gegen das BtMG schädliche Auswirkungen auf die Bevölkerung zeigte. Es ist aber nicht entscheidend, ob diese Auswirkungen die deutsche Bevölkerung oder eine Bevölkerung im Ausland trafen oder treffen sollten, da der Gesetzgeber den Vertrieb von Betäubungsmitteln unabhängig vom Tatort unter Strafe gestellt hat (BGHR BtMG § 30 Strafzumessung 1 = NStZ-RR 1996, 116; *BGH*, Beschl. v. 6. 9. 2001, 3 StR 312/01).

VI. Strafschärfungserwägungen

Zu den Strafschärfungserwägungen im Allgemeinen s. Vorbem. §§ 29 ff. Rn. 211 ff.

1. Deutlich übersteigertes Gewinnstreben. Strafschärfend kann ein **deut-** 351 **lich übersteigertes Gewinnstreben,** eine **Profitgier** gewertet werden (*BGH* NStZ-RR 1997, 50; *BGH* NStZ-RR 2010, 25; *Schäfer/Sander/van Gemmeren* Rn. 1003; vgl. aber auch Rn. 323 ff.). Für die Annahme einer Profitgier, die im Einzelnen festgestellt sein muss, reicht es nicht aus, dass der Angeklagte keine Drogen konsumiert, sich in keinen wirtschaftlichen Schwierigkeiten befindet und dennoch mit Rauschgift möglichst schnell Geld verdienen will. Insoweit kann nur von einem üblichen Gewinnstreben, das Tatbestandsmerkmal des Handeltreibens ist, die Rede sein (vgl. *BGH* StV 1981, 123; BGHR StGB § 46 Abs. 3 Handeltreiben 1 [1 StR 154/89]). Nicht beanstandet hat der *BGH* die Erwägung, dass eine Strafkammer die gewinnorientierte Motivation des Angeklagten für verwerflicher hielt als die Motivation, den Eigenkonsum zu finanzieren (BGHR StGB § 46 Abs. 3 Handeltrieben 3 [3 StR 120/90]). Strafschärfend kann gewertet werden, dass die Angeklagten gegen Ende der Geschäftsbeziehungen aus Gewinnstreben die Heroinzubereitungen in einem **erheblichen Umfange streckten,** um so aus der aufgebauten Geschäftsbeziehung einen höchstmöglichen Gewinn zu erzielen (*BGH* NStZ 1982, 205; *BGH*, Urt. v 25. 10. 1989, 3 StR 313/89). Ferner sind straferhöhend zu würdigen: Die **Lagerung aufgezogener Heroinspritzen im Eisschrank** als Kostprobe für die Heroinkäufer (*BGH*, Urt. v. 1. 2. 1985, 2 StR 482/84), das Verschenken einzelner Heroinpackungen mit besonders gefährlichem Stoff zur Absatzförderung (*BGH*, Urt. v. 25. 10. 1989, 3 StR 313/89), **das Ausnutzen von Marktenge und Stoffverknappung** zu überhöhten Preisen oder das Verlangen von Wucherpreisen bei unter Entzugserscheinungen stehenden Käufern. Ein überzeichnetes Gewinnstreben kann sich daraus ergeben, dass ein Dealer seine drogenabhängigen Kunden durch **Einführung von Rabattmarken und Rabattkarten** veranlasst, nur bei ihm und mehr Drogen als benötigt zu kaufen. So führte ein niederländischer Dealer eine „Nationale Trippen Kaart" mit 11 Abrissen ein. Die 11. Heroinration war kostenlos. Hält ein Dealer seine in einem besonderen Provisionssystem durch Anlegen von Fixerkarteien und Terminkalender für Hausbesuche seine Drogenweiterverkäufer zu intensivem Verkauf an, so ist ein deutlich übersteigertes Gewinnstreben zu prüfen.

2. Aus der Tat erkennbare Gesinnung. Zwar darf im Rahmen der Strafzu- 352 messung nicht die allgemeine Gesinnung eines Angeklagten, aber die aus der Tat erkennbare Gesinnung gewertet werden. So liegt in **Drogenverkauf an Kinder und Geistesgestörte** eine besondere strafschärfende **Gewissenlosigkeit.** In der **brutalen Vergewaltigung** und Misshandlung **eines drogenabhängigen Strichmädchens,** das den Stoff nicht bezahlen konnte, liegt eine sich strafschärfend auswirkende **Grausamkeit.** Im **Zurücklassen einer Heroinabhängigen im hilflosen Zustand** nach Heroinkauf und Konsum liegt eine besondere strafschärfende **Rücksichtslosigkeit.** Mischt ein Dealer einem Heroinabnehmer, der seine Schulden nicht bezahlen kann, als Denkzettel Gips oder andere gefährliche Stoffe in das Gemisch, so wirkt die **aus der Tat sprechende rücksichtslose und grausame Gesinnung** sich strafschärfend aus.

Begleitet ein Dealer seinen unter Entzugserscheinungen leidenden Kunden zum 353 Schaufenster eines begehrten Diebesgutes und wartet, bis dieser die Scheibe einschlägt und mit dem gewünschten Diebesgut das Heroin bezahlt, so kann diese **gewissenlose und gefühllose Haltung,** die aus der Tat spricht, straferschwerend gewürdigt werden. Die Sozialschädlichkeit des Täterverhaltens wird jedoch zumeist **nicht allein durch vornehmlich täterbezogene Umstände** wie etwa **Hartnäckigkeit** des deliktischen Wollens sowie **Kaltblütigkeit** und **Unverfrorenheit** des Vorgehens bestimmt.

354   Entschloss sich ein in Deutschland lebender türkischer Angeklagter **aus Rache für die erlittene Diskriminierung** als Gastarbeiter, deutsche Prostituierte zu vergewaltigen und durch Heroinverkäufe an deutsche Drogenabhängige sich finanziell zu entschädigen, so kann dieses Motiv strafschärfend gewertet werden. Geht ein Türke, der der rechtsextremen Partei MHP bzw. deren Jugendorganisation Ülkücü nahesteht oder der deutschen Auslandsvertretung „Türkföderation" angehört, dem Heroinhandel nach, um **mit den Erlösen Waffen für den Kampf** gegen linksorientierte türkische Organisationen **zu finanzieren,** kann dieser Beweggrund strafschärfend gewürdigt werden. In gleicher Weise kann das Motiv, Befreiungsbewegungen der PLO oder der kurdischen PKK durch Erlöse von Heroingeschäften zu finanzieren, strafschärfend gewertet werden, da die **Austragung politischer Konflikte auf deutschem Boden** sozialethisch nur missbilligt werden kann.

355   Betreibt ein ausländischer Angeklagter Heroingeschäfte, um damit **Jugendliche zu vergiften,** die angeblich **ausländerfeindlich** gegen seine Heimat aufgetreten sind, so wirkt sich dies straferhöhend aus.

356   **3. Risikoverlagerung auf das ausführende Personal.** Bedient sich ein Angeklagter gegen geringes Honorar notleidender Personen als Drogeneinkäufer, Drogenkuriere, Drogenlagerhalter, Drogenverkäufer und Geldeintreiber, so kann diese Risikoverlagerung zu seinem Nachteil strafschärfend gewertet werden. Denn hier ist **nicht der Umfang der Aktivitäten, sondern der Umfang der Tatverantwortung** bei der Strafzumessung entscheidend.

Steckt ein Dealer bei einer Drogenrazzia einem mit festgenommenen Drogenabhängigen Betäubungsmittel zu, um **sich zu entlasten und diesen zu belasten,** so kann dieses Verhalten strafschärfend gewertet werden.

357   **4. Ausnutzung von Armut, Krankheit und Arbeitslosigkeit.** Wer mittellose Ausländer im Ausland mit dem Versprechen, ihnen in der Bundesrepublik zu einem **Arbeitsplatz,** zu einer **Unterkunft** oder einem **Asylantrag** zu verhelfen, zu einem Transport von Heroin im Magen-Darm-Trakt verleitete, sie im Schlucken von Rauschgiftpäckchen unterwies, mit Rauschgift und Reiseunterlagen ausstattete, auf die Reise schickte oder begleitete, wer in Berlin-Schönefeld als **Asylantenschlepper** Rauschgiftkuriere empfing, zum Grenzübergang Friedrichstraße verbrachte, mit der U-Bahn nach Berlin-West begleitete, nach Ausscheiden der Betäubungsmittel in einem Ausländerwohnheim unterbrachte, verdient eine erhöhte Strafe wegen Ausnutzung von Armut und Arbeitslosigkeit der Heroinkuriere [vgl. *LG Berlin*, Urt. v. 22. 5. 1984, 6 OpKLs 9/84 (36/84); *LG Berlin*, Urt. v. 19. 6. 1984, 3 OpKLs 15/84 (46/84)]. Wer die lebensbedrohliche Situation von Frauen dahin ausnutzt, dass er seine Unterstützung bei der Suche nach Arbeit, Unterkunft, Medikamenten oder Geld davon abhängig macht, dass diese in menschenunwürdiger Weise das Schlucken von Drogenbehältnissen üben und ihre **Körperöffnungen in lebensbedrohlicher Weise zum Drogenschmuggel zur Verfügung stellen,** verdient erhöhte Strafe.

358   **5. Ausnutzung von Drogenabhängigkeit und Entzugserscheinungen.** Wer von drogenabhängigen Kaufinteressenten mit Entzugserscheinungen überhöhte Kaufpreise für Betäubungsmittel fordert, zeigt ein deutlich übersteigertes Gewinnstreben, eine Profitgier, die strafschärfend gewertet werden kann (BGHR StGB § 46 Abs. 3 Handeltreiben 2 [3 StR 120/90]).

359   **6. Ausnutzung Drogenabhängiger zur Prostitution.** Beweist ein Angeklagter beim Rauschgifthandel eine besonders niederträchtige Gesinnung dergerge-

stalt, dass er die Notlage heroinsüchtiger Mädchen ausnutzt und sie durch Heroinlieferungen zum Geschlechtsverkehr oder zur Arbeit in seinem Bordell veranlasst bzw. drogenabhängige Jugendliche zu homosexuellen Handlungen veranlasst, so kann dies strafschärfend gewertet werden (vgl. *BGH*, Urt. v. 29. 10. 1980, 3 StR 323/80).

7. Ausnutzung der intramuralen Drogenszene in Gefängnissen. Während der eigennützige **Handel und Schmuggel von Betäubungsmitteln in einer JVA** strafschärfend gewürdigt werden kann, lässt der **Konsum von Betäubungsmitteln** in der JVA, welche bei der Einlieferung nicht entdeckt wurden, bei einem drogenabhängigen Angeklagten nicht ohne weiteres auf besondere kriminelle Energie schließen (*BGH* StV 1988, 385). Der **Besitz und Erwerb** von geringen Mengen von Betäubungsmitteln in Gefängnissen kann nicht mit dem an Gefährlichkeit und Verwerflichkeit gänzlich anders zu beurteilenden Handeltreiben mit Betäubungsmitteln in Gefängnissen gleichgestellt werden (*BayObLG* NStZ 1988, 570 = StV 1988, 434). Das Einschmuggeln von wenigen Gramm Haschisch in eine JVA zum Eigenkonsum oder zum Konsum eines einsitzenden Angehörigen begründet für sich allein weder einen unbenannten schweren Fall des § 29 Abs. 3 BtMG (*Koblenz* NStZ 1993, 549) noch einen schwerwiegenden Verstoß nach § 29 Abs. 1 BtMG. Nach dem *BGH* ist auch fehlerhaft, straferhöhend zu beurteilen, wenn ein Angeklagter eine Restmenge von Betäubungsmitteln nicht bei seiner polizeilichen Vernehmung an- und abgegeben hat, sondern **in die JVA geschmuggelt** hat, um sie dort zu konsumieren (*BGH* MDR 1982, 447). Wer aber während der Verbüßung einer hohen Freiheitsstrafe wegen Betäubungsmittelhandels Drogen in die JVA einschmuggeln lässt **unter Überwindung erheblicher Sicherheitsvorkehrungen,** um die Drogen an die **für Drogen besonders anfälligen Gefangenen zu verkaufen,** verdient erhöhte Strafe (*Frankfurt*, Urt. v. 5. 9. 2000, 2 Ss 222/00). Wer durch extern arbeitende **Häftlinge, Urlauber, Freigänger, Besucher, JVA-Beamte oder Zulieferer** Betäubungsmittel in die JVA einschmuggeln lässt, wer **von außen Heroinpäckchen über die Mauer** der Haftanstalt wirft, wo ein informierter Häftling beim Hofgang die Rauschgiftlieferung entgegennimmt und an die Abnehmer in der JVA ausliefert oder wer wegen Stoffverknappung **im Gefängnis Wucherpreise** für Betäubungsmittel fordert, hat bei der Bestrafung wegen Handeltreibens wegen Überwindung der Eingangskontrolle mit verschärfter Strafe zu rechnen.

8. Ausnutzung des Hafturlaubes. Auch beim Straßenhandel mit einer kleinen Crackmenge kann die Ausnutzung eines Hafturlaubes zu Drogengeschäften strafschärfend gewertet werden (*AG Frankfurt*, Urt. v. 20. 10. 2003, 5340 Js 218585/03).

9. Ausnutzung von Schulen und Krankenhäusern für Drogengeschäfte. Das eigennützige Einschmuggeln und Verkaufen von Betäubungsmitteln in **Krankenhäusern**, **Schulen** und **Therapieanstalten**, das Verführen eines ehemaligen Drogenabhängigen nach erfolgreicher Entziehungskur durch preisgünstige Verkaufsangebote, der Drogenverkauf hinter dem Deckmantel einer **Arztpraxis**, eines **Jugendheimes**, einer **Apotheke** oder eines **Drogentherapiezentrums**, verdient eine erhöhte Strafe.

Ein Gesetzentwurf des BMJ aus dem Jahre 1990, der den **Drogenhandel in und in der Nähe von Schulen, Kindergärten und Spielplätzen** und an ähnlichen Orten als besonders schweren Fall des § 29 Abs. 3 BtMG mit erhöhter Strafe verfolgen wollte, wurde wegen Abgrenzungsschwierigkeiten nicht weiter verfolgt. Gleichwohl kann diese Erwägung **strafschärfend** herangezogen werden.

10. Ausnutzung öffentlicher Ämter, Beziehungen bzw. öffentlicher Gelder für Drogengeschäfte. Wer einen Beamten, öffentlichen Angestellten oder Arbeiter, der in irgendeiner Weise mit der Bekämpfung der Drogenkriminalität befasst ist, durch Geldbeträge oder Vorteilszusagen zu **Informationen, zur Unterlassung von Durchsuchung oder Festnahme** oder zur **Teilnahme an**

360

361

362

363

364

Rauschgiftgeschäften bewegt **(Korruption und Kollusion)** und diese Möglichkeiten für Drogengeschäfte ausnutzt, bedarf besonders harter Strafe. Es bedarf jedoch besonderer Beziehungen zwischen dem Beruf und der Tat. Gelingt es einem Angeklagten unter Vortäuschung einer Schwerbeschädigung, Arbeitslosigkeit, eines Studiums, einer politischen Verfolgung oder Umschulungsmaßnahme, sich öffentliche Unterstützungsgelder oder eine Wohnung zu erschleichen, und **nutzt** er diese **finanzierte Freiheit zum Drogenhandel,** so kann dies strafschärfend gewertet werden (*BGH*, Urt. v. 14. 4. 1981. 1 StR 119/81).

365   **11. Organisierter Drogenhandel.** Der organisierte Drogenhandel im Bereich des vielfrequentierten Nahverkehrs kann strafschärfend berücksichtigt werden, da dies mit einer gefährdenden Versuchung Unbeteiligter einhergeht (*BGH* NStZ-RR 2008, 153).

366   **12. Besonderheiten der Betäubungsmittel.** Im Rahmen der Strafzumessung kommt der **Art des Rauschgifts und seiner Gefährlichkeit** eine eigenständige Bedeutung zu. Maßgebend für den Unrechts- und Schuldgehalt der Tat ist aber daneben insb. **die Menge der Betäubungsmittel.** Daher kann **auf nähere Feststellungen zum Wirkstoffgehalt regelmäßig nicht verzichtet werden,** soweit eine nicht geringe Menge in Betracht kommt (*BGH* NJW 1992, 380 = StV 1991, 564; *BGH* NJW 1994, 1885 = StV 1994, 375; *BGH* StV 2000, 613; *BGH* StV 2001, 461; *Frankfurt* NStZ-RR 2003, 23; *Frankfurt* StV 2010, 136).

367   **a) Art der Betäubungsmittel. aa) Cannabis.** Übertreibt der Tatrichter die Beschreibung der **Gefährlichkeit der „weichen" Drogen Cannabis („vergiftet unsere Jugend")** und schreibt ihr Wirkungen zu, die nach den Erkenntnissen der Wissenschaft eindeutig widerlegt sind, so kann eine derartige Strafschärfungserwägung keinen Bestand haben. Denn der Strafrahmen gilt grundsätzlich für alle Betäubungsmittelarten in gleicher Weise, so dass eine „weiche" Droge auch im Vergleich zu einer harten Droge nicht straferhöhend gewertet werden darf. Hingegen ist nicht zu beanstanden, wenn das Tatgericht **niederländische Cannabissorten mit extrem hohen THC-Gehalten** als gefährlicher einstuft als **stark gestrecktes Straßencannabis aus Marokko.**

368   **bb) Heroin.** Strafschärfend kann sich auswirken: die Geschäfte mit dem besonders schädlichen Betäubungsmittel **Heroin,** das gefährlicher ist als Haschisch und Marihuana (*BGH* StV 1987, 203; *BGH* NStZ-RR 1998, 148; vgl. auch *BGH* NJW 2011, 2067).

369   **cc) Kokain und Crack.** Die Gefährlichkeit der gehandelten Droge Kokain darf strafschärfend gewürdigt werden (*BGH* StV 2000, 613; *Frankfurt* StV 2010, 136). Der **Aspekt der besonderen Gefährlichkeit der unreinen Droge Crack** kann **strafschärfend** eine Rolle spielen, aber **nur im Zusammenhang mit der Menge und der Zusammensetzung des Betäubungsmittels. Entscheidend** ist **nicht die abstrakte Gefährlichkeit einer Droge,** sondern die **konkrete Gefährlichkeit der Tat.** Hat der Angeklagte als Ersttäter lediglich einen Crackstein von 0,15 g Kokainbase für 30 DM erworben und für 50 DM weiterveräußert und wurde der Crackstein polizeilich sichergestellt, so hebt sich die Tat von den üblichen Rauschgifttaten im Schuldgehalt eher nach unten als nach oben ab und erfordert regelmäßig nicht die Verhängung einer Freiheitsstrafe (*Frankfurt*, Beschl. v. 16. 4. 1998, 1 Ss 140/98).

370   **dd) Amphetamin/Methamphetamin. Amphetamin** nimmt nach Auffassung des *BGH* auf der Gefährlichkeitsskala nur einen mittleren Platz ein, weshalb die Gefährlichkeit dieses Stoffes keinen wesentlichen Strafschärfungsgrund begründet (BGHR BtMG § 29 Strafzumessung 12 = StV 1990, 494). Die straferschwerende Bewertung, dass der Angeklagte mit der harten Droge Amphetamin gehandelt habe, lasse – so der *BGH* – eine Überbewertung zum Nachteil des Angeklagten besorgen, da die Amphetamine auf der Schwereskala der Gefährlichkeit von Betäubungsmitteln nur einen mittleren Platz einnehmen (*BGH* NStZ 1993, 287 = StV 1993, 422; *BGH* StV 1997, 75; BayObLGSt. 2001, 132; offen gelassen

in *BGH*, Beschl. v. 3. 4. 2002, 2 StR 84/02 = BeckRS 2002, 03713). Tatsächlich dürfte Amphetamin, jedenfalls aber **Methamphetamin**, zu den Betäubungsmitteln höherer Gefährlichkeit zählen (*BVerfG* NStZ-RR 1997, 342 = StV 1998, 405; *Weber* Vor §§ 29 ff. Rn. 787; vgl. auch BGHSt. 52, 89 = NJW 2009, 863 = StraFo 2009, 121 m. Anm. *Patzak* Sucht 2009, 30).

ee) MDMA/MDE/MDA. Das amphetaminähnliche Abhängigkeitspotential **371** von **MDMA** ist kein Grund für eine Strafmilderung (*BGH*, Urt. v. 12. 11. 1991, 1 StR 328/91). Die Annahme, Ecstasy-Tabletten hätten eine mit harten Drogen vergleichbare Gefährlichkeit, ist nach Auffassung des 5. Strafsenats unzutreffend (*BGH* StV 1999, 436; offen gelassen in *BGH*, Beschl. v. 3. 4. 2002, 2 StR 84/02 = BeckRS 2002, 03713). Angesichts des **Gefährdungspotentials von Ecstasy-Tabletten** durch die Nervenzellen zerstörende Wirkung, von der nach neueren neurobiologischen Forschungen auszugehen ist, erscheint die **Rspr. des BGH fragwürdig** (vgl. BGHSt. 52, 89 = NJW 2009, 863 = StraFo 2009, 121 m. Anm. *Patzak* Sucht 2009, 30; *Schmidt* NJW 2003, 3090, 3095; *Weber* § 1 Rn. 454; *ders.* Vor §§ 29 ff. Rn. 787).

b) Gewichtsmenge der gehandelten Betäubungsmittel. Nicht nur der **372** Wirkstoffgehalt des Rauschgiftes, auf das sich die Straftat bezieht, sondern auch die **Rauschgiftmenge** als solche ist ein **bestimmender Strafzumessungsgrund** (*BGH* NStZ 1991, 591). Bei einer großen Betäubungsmittelmenge mit einem geringen Wirkstoffgehalt bleibt nicht die Menge außer Betracht, sondern ist Ausdruck des Geschäftsvolumens, selbst wenn die geringe Konzentration sich strafmildernd auswirkt (*Weber* Vor §§ 29 ff. Rn. 792; *Patzak/Bohnen* Kap. 3, Rn. 15). Die Menge der Betäubungsmittel kann sich aber nur strafschärfend auswirken, wenn sie **dem Angeklagten bekannt** war.

Ohne **Feststellung der Menge** der gehandelten Betäubungsmittelzubereitun- **373** gen kann der **Mindestschuldumfang** nicht beurteilt werden (BGHR BtMG § 29 Strafzumessung 19 [3 StR 306/91]; BGHSt. 40, 73 = NJW 1994, 1885 = StV 1993, 375; *BGH* StV 2000, 613). Deshalb muss das Urteil Feststellungen darüber enthalten, mit welcher Mindestmenge Handel getrieben wurde. Hat **jeder von mehreren Angeklagten** jeweils nur, wenn auch zur gleichen Zeit, für sich selbst **eine bestimmte Menge** von Betäubungsmitteln bei demselben Lieferanten erworben und dann unabhängig von dem anderen weiterveräußert, so kann den Angeklagten **nicht Handeltreiben mit der insgesamt** von ihnen erworbenen **Menge** von Betäubungsmitteln zur Last gelegt werden (*BGH* StV 1989, 202). Bei der Beurteilung des Schuldumfanges darf die angekaufte und die weiterverkaufte, die angekaufte und die zurückgegebene Menge nicht doppelt gezählt werden.

Fehlerhaft ist die straferschwerende Berücksichtigung, dass Handeln **im nicht 374 unerheblichen Umfange** gegeben sei, obwohl nur der Verkauf von 4 g 10%igem Heroingemisch nachgewiesen werden konnte. Die Strafkammer hätte sich an den **von der Rspr. entwickelten Grenzwerten der nicht geringen Wirkstoffmenge** orientieren müssen (*BGH*, Beschl. v. 12. 6. 1985, 2 StR 271/85). Entbehrt ein Urteil jeglicher Feststellung darüber, mit welcher Mindestmenge von welcher Qualität Handel getrieben wurde, so nötigt dies zur Aufhebung des Urteils (vgl. BGHR BtMG § 29 Abs. 1 Nr. 1 Schuldumfang 1 [2 StR 214/88]; BayObLGSt. 2002, 33; *Köln* StV 2004, 419; *Jena* StV 2006, 530). Die Berücksichtigung der starken oder **ungewöhnlichen Überschreitung des Grenzwertes** zur nicht geringen Menge verstößt nicht gegen das Doppelverwertungsverbot von Tatbestandsmerkmalen. Der Handel mit weit über das Maß der nicht geringen Menge hinausgehenden Betäubungsmittelmengen kann sich strafschärfend auswirken (s. dazu § 29 a Rn. 146).

c) Wirkstoffgehalt und Qualität der sichergestellten Betäubungsmittel. 375 Während fehlende Feststellungen zum Wirkstoffgehalt der verkauften Betäubungsmittel bisweilen den **Bestand des Schuldspruchs** nicht gefährden, weil das Vorliegen einer nicht geringen Menge ausgeschlossen ist, führt das Fehlen von Feststellungen zum Wirkstoffgehalt regelmäßig zur **Fehlerhaftigkeit des Straf-**

ausspruches. Denn nicht nur die Art und die Menge und die damit zusammenhängende Gefährlichkeit der Betäubungsmittel, sondern **insb. der Wirkstoffgehalt der sichergestellten Betäubungsmittel** ist für den Unrechts- und Schuldgehalt der Tat im Rahmen der Strafzumessung von besonderer Bedeutung. Deshalb darf auf eine nach den Umständen des Einzelfalles mögliche genaue Feststellung der Wirkstoffmenge für eine sachgerechte schuldangemessene Festsetzung der Strafen im Betäubungsmittelstrafrecht grundsätzlich nicht verzichtet werden. **Soweit konkrete Feststellungen nicht getroffen werden können,** da die Betäubungsmittel nicht zur Verfügung stehen, muss das Tatgericht dennoch **unter Berücksichtigung der übrigen festgestellten Umstände und des Grundsatzes „in dubio" pro reo die Wirkstoffkonzentration bestimmen** (s. dazu im Einzelnen § 29a Rn. 179 ff.).

376   **aa) Besonderheiten des Wirkstoffgehaltes.** Strafschärfend kann sich auswirken: der Handel mit Heroin von **hohem Reinheitsgrad,** von **außerordentlich guter Qualität** und damit von **besonderer Gefährlichkeit.** Werden **verschiedene Betäubungsmittel** sichergestellt, so ist durch **Addierung der Quoten** zu prüfen, ob die verschiedenen Wirkstoffanteile zusammen eine nicht geringe Menge ergeben (s. § 29a Rn. 97). Dabei ist aber zu beachten, dass die sichergestellten Betäubungsmittel zum Teil als Base, zum Teil als Hydrochlorid vorliegen können, dass die nicht geringe Menge vom *BGH* teilweise als Hydrochlorid, teilweise als Base errechnet wurde. Zur Bestimmung der nicht geringen Menge müssen diese Wirkstoffgehalte einheitlich ermittelt oder umgerechnet werden. So ist die Kokainbase durch Multiplikation mit dem Faktor 1,11 in Kokainhydrochlorid umzurechnen (s. § 29a Rn. 79).

377   **bb) Wirkstoffgehalt nicht sichergestellter Betäubungsmittel.** Wurden die Betäubungsmittel nicht sichergestellt und war deshalb eine Wirkstoffuntersuchung nicht möglich, oder konnte das Untersuchungslabor die sichergestellten Betäubungsmittel nicht rechtzeitig bis zur Hauptverhandlung untersuchen, so hat der Tatrichter alle Aufklärungsmöglichkeiten auszuschöpfen. So ist unter Berücksichtigung aller festgestellten Umstände, insb. des Preises und der Herkunft, der Verpackung, der Verplombung, des Aussehens, der Beurteilung durch andere Tatbeteiligte, der Qualität des Lieferanten oder der Möglichkeit des Streckens zu untersuchen, von welcher Mindestqualität und damit Mindestwirkstoffgehalt auszugehen ist. Können auch auf diese Weise hinreichend sichere Feststellungen nicht getroffen werden, so ist von dem für den Angeklagten günstigsten Mischungsverhältnis auszugehen, das nach den Umständen in Betracht kommt. Dabei ist zwar der Zweifelsgrundsatz „in dubio pro reo" zu beachten, jedoch ist nicht erforderlich, stets von der denkbar schlechtesten Qualität auszugehen (s. dazu im Einzelnen § 29a Rn. 194 ff.).

378   **cc) Entbehrlichkeit einer Wirkstoffuntersuchung im Ausnahmefall.** Von genaueren Feststellungen darf nur **im Bereich des § 29 Abs. 5 BtMG** oder **ausnahmsweise** dann abgesehen werden, **wenn ausgeschlossen ist,** dass eine **genaue Angabe des Wirkstoffgehaltes das Strafmaß zugunsten des Angeklagten beeinflussen kann.** Dies ist z. B. der Fall, wenn das Gericht lediglich die **Mindeststrafe** verhängt hat (*BGH* NStZ 1990, 395; *Frankfurt* NStZ-RR 2003, 23; *Frankfurt* StV 2005, 559; s. auch § 29/Teil 28, Rn. 33).

Es darf aber trotz der unbedeutenden Größenordnung nicht von Wirkstoffuntersuchungen abgesehen werden, wenn Umstände strafschärfend herangezogen werden, deren konkrete Gewichtung an die Wirkstoffmenge der Betäubungsmittel gebunden ist, wenn also genauere Feststellungen sich auf das Strafmaß auswirken können wie z. B. **besonders gefährliches Betäubungsmittel, besonders hohes Suchtpotential, zur Förderung der Drogenabhängigkeit oder Häufung der Betäubungsmittelgeschäfte** (*Frankfurt* StV 2005, 559).

379   **d) Giftigkeit der Betäubungsmittel.** Auch eine **schlechte Qualität** der Stoffe kann sich in einem Einzelfalle straferhöhend erweisen. Strafschärfend kann

sich auch auswirken der Handel mit durch **Giftbeimengungen** (zum Beispiel Strychnin) besonders gefährlichen Betäubungsmittelzubereitungen, die Verminderung der Qualität und die **Verfälschung von Betäubungsmitteleigenschaften** durch Streckung mit Milchzucker oder anderen Stoffen (*BGH*, Beschl. v. 20. 10. 1976, 2 StR 415/76). Während bei der Ermittlung der nicht geringen Menge allein die reine Wirkstoffmenge und die Gefährlichkeit der Reinsubstanz entscheidend sind, kann bei der Strafzumessung im engeren Sinn die **besondere Gefährlichkeit des Betäubungsmittelgemisches** eine besondere Bedeutung erlangen. Die **Verunreinigung** von Heroin mit Gips oder Waschpulver oder die Verunreinigung von Kokain mit Backpulver zu Crack oder mit Petroleum zu Basuko bedeutet eine erhöhte Lebensgefährdung (vgl. *Frankfurt* StV 1991, 110 m. Anm. *Körner*).

e) Handelsmenge und Konsummenge. Für die Bestimmung des Schuldum- **380** fanges und für die Strafzumessung ist von Bedeutung, **wie viel Rauschgift für die Eigenversorgung** und **wie viel zum Weiterverkauf** benutzt wurde (*BGH* StV 1993, 473; *BGH* StV 1993, 473; *BGH* NStZ-RR 2008, 153 = StV 2008, 581; *Frankfurt* StV 2010, 136). Behält der Täter einen Teil der Gesamtmenge für sich als Entgelt zum Eigenkonsum, so kann beim Handeltreiben nur die verkaufte Menge zugrunde gelegt werden (*BGH*, Beschl. v. 8. 9. 1992, 5 StR 431/92). Hat der Täter Rauschmittel in einem Vorgang **teils zum Weiterverkauf und teils zum Eigenverbrauch** erworben, so muss der Tatrichter diese Anteile genau bestimmen, notfalls muss er den für den Verkauf bestimmten Anteil unter Beachtung des Zweifelssatzes schätzen. Die Schätzung muss aber auf einer konkreten Tatsachengrundlage beruhen, die dem Revisionsgericht die Strafzumessung nachzuvollziehen erlaubt (*BGH* StraFo 2003, 315).

f) Provozierte Handelsmenge. Die uneingeschränkte Berücksichtigung der **381** Menge des Rauschgifts, mit der ein Angeklagter Handel getrieben hat, ist rechtsfehlerhaft, wenn die Bedeutung dieses Umstandes dadurch relativiert wird, dass **Vertrauensleute der Polizei darauf hingewirkt haben,** dass der Täter mit einer **möglichst großen Menge Handel treibt** (*BGH* StV 1998, 600; vgl. auch *BGH* StV 1994, 369). Bemühte sich ein Angeklagter auf Drängen einer polizeilichen VP, Käufer für Heroin zu finden, der sich im Besitz einer anderen polizeilichen VP befand, und hatte er auf die Menge und die Qualität des ihm zugespielten Rauschgifts keinerlei Einfluss, so ist nicht nur die massive Tatprovokation strafmildernd zu werten, sondern es können die Qualität und die **Menge des von den V-Personen beschafften Rauschgifts nur bedingt strafschärfend** wirken (*BGH* StV 1991, 565). In derartigen Fällen stellt sich die Frage, ob nicht **trotz großer Betäubungsmittelmengen,** die sonst schuldangemessene Strafe unterschritten werden muss (*BGH*, Beschl. v. 8. 11. 1985, 2 StR 446/85; *BGH* StV 1988, 295; vgl. auch Vorbem. §§ 29 ff. Rn. 170).

g) Handel mit verschluckten Betäubungsmitteln. So wie beim **Body-** **382** **Packer-Syndrom** das Verstecken von Drogenpackungen im Magen-Darm-Bereich der **Drogenschmuggler** sich strafeerhöhend auswirken kann, kann sich das Handeltreiben mit verschluckten Drogen strafschärfend auswirken. So bedienen sich bisweilen **Dealer** des eigenen oder fremden Körpers als **lebende Betäubungsmittelverstecke**, in dem sie Drogenpäckchen hinunterschlucken oder in Körperöffnungen einschieben lassen. Das Verbergen von Betäubungsmittelbehältnissen (Bubbles) im Magen-Darm-Trakt kann einen **unbeschriebenen besonders schweren Fall** des § 29 Abs. 3 S. 1 BtMG darstellen, weil die Täter die Betäubungsmittel absichtlich an schwer zugänglichen Stellen versteckt halten (s. § 29/Teil 26, Rn. 68 ff.). Eine Strafschärfung ist angemessen, wenn es **besonderer Anstrengungen bedarf, um ein Versteck ausfindig zu machen oder den Zugang zu darin befindlichen Betäubungsmitteln zu gewinnen.** Unter besonderen Anstrengungen sind Kontrollmaßnahmen zu verstehen, die wegen des außergewöhnlichen Aufwandes gewöhnlich unterbleiben und die ein normal, nicht übereifrig suchender Kontrollbeamter ohne besonderen Anlass nicht durchführen würde. So hat die Rspr das Verstecken in einer Socke als leicht erreichbar, das Verstecken **unter der Unterwäsche oder in Körperöffnungen** als besonderes Versteck angesehen (*BayObLG* NJW 1962, 216; *BGH* MDR 1980, 630). Der Umstand, dass Betäubungsmittel an schwer zugänglicher Stelle bzw. in einem besonderen Schmuggelversteck verborgen gehalten werden, kann auch nach Wegfall des § 11 Abs. 4 Nr. 6 lit. b BtMG a. F. nicht nur beim Einfuhrschmuggel von Betäubungsmitteln (*BGH* NStZ 1982, 472), sondern auch beim Straßenhandel mit Betäubungsmitteln straferschwerend gewertet werden bzw. begründet eine **erhöhte Straferwartung.** Im Vergleich zu den in den 60/70er Jahren erörterten Fallgruppen ist der **Magen–Darm–Trakt** des Täters nach Verschlucken und Verbergen von Betäubungsmittelbehältnissen eine in der Tat **schwer zugängliche Stelle,** die Exkorporation der Betäubungsmittelbehältnisse eine außergewöhnliche, unhygienische und medizinisch komplizierte Kontrollmaßnahme, die die Anwendung des § 29 Abs. 3 S. 1 BtMG rechtfertigen kann. Im Einzelfall ist jedoch zu beachten, dass **nicht in jedem Schluckerfall** ohne Begründung ein besonders schwerer Fall angenommen werden kann, sondern dass es einer **Gesamtabwägung aller einzelnen Umstände** bedarf, um einen **ungeschriebenen besonders schweren Fall** anzunehmen (a. A. *BayObLG* StV 2003, 623, das wegen der Selbstgefährdung keinen Strafschärfungsgrund sieht).

383   **13. Art der Tatausführung. a) Art und Umfang der Geschäftsführung.** Der bei der Tat aufgewendete Wille, d. h. die kriminelle Intensität, ist bei der Strafzumessung von entscheidender Bedeutung. Wichtiger als der Umfang der unmittelbaren Tatausführung ist der Umfang einer **nachweisbaren Tatverantwortung** eines Hintermannes, der die Betäubungsmittel u. U. nie in Händen hatte. So wie eine laienhafte, ängstliche oder tölpelhafte Tatausführung (Verkäufer bietet mit lauter Stimme Heroin in nicht von Drogenhändlern und Konsumenten besuchten Speiselokal zum Kauf an, trägt Haschischplatten und Heroinbeutel unverdeckt unter dem Arm durch die Innenstadt) einen Gelegenheitstäter ausweist, zeichnen **sorgfältige Geschäftsvorbereitungen und eine vorsichtige Geschäftsabwicklung den erfahrenen Dealer** aus. Zwar verfügt jeder Drogenhändler über eine eigene Art von Vertriebstechnik und besondere Geschäftsbedingungen. Im Rahmen von Rauschgiftgeschäften werden jedoch folgende Eigenarten immer wieder deutlich, die im Rahmen der Strafzumessung bei der Prüfung der Art der Geschäftsabwicklung von Bedeutung sind. Es ist sehr wohl zu unterscheiden, ob ein Angeklagter den **Heroinhandel als Nebenerwerb oder als Haupterwerb** genutzt hat, ob er ein illegales Labor oder ein **Drogenhandelsunternehmen** allein, mit seiner Familie, mit Fahrzeugen und Angestellten betrieben hat (vgl. *BGH*, Urt. v. 1. 2. 1985, 2 StR 482/84). Strafschärfend kann gewertet werden, dass die Angeklagten gegen Ende der Geschäftsbeziehungen aus Gewinnstreben die Heroinzubereitungen in einem **erheblichen Umfange streckten,** um so aus der aufgebauten Geschäftsbeziehung einen höchstmöglichen Gewinn zu erzielen (*BGH* NStZ 1982, 205). Auch das **breite Streuen von Betäubungsmitteln** beim Absatz kann strafschärfend gesehen werden (BGHR StGB § 46 Abs. 3 Handeltreiben 2 [3 StR 120/90]).

Ferner sind straferhöhend zu würdigen: Die Lagerung aufgezogener Heroinspritzen im Eisschrank als Kostprobe für die Heroinkäufer (*BGH*, Urt. v. 1. 2. 1985, 2 StR 482/84), das Ausnutzen von Marktenge und Stoffverknappung zu überhöhten Preisen, das Verlangen von Wucherpreisen bei unter Entzugserscheinungen stehenden Käufern.

384   **Die Drogenkleinhändler und Drogenzwischenhändler** kaufen regelmäßig ihre Drogen selbst ein, wiegen sie, mischen und strecken sie, verpacken sie verkaufsgerecht in Beutel und Briefchen, verstecken ihre Ware zuhause oder in der Szene, suchen Kaufinteressenten, führen die Verkaufsverhandlungen und übergeben auch selbst die Ware. Bisweilen bedienen sie sich auch der Unterstützung von Helfern oder bestreiten die Geschäfte gemeinsam. Das Straßengeschäft wird **schnell, ohne viele Worte** und gegen Barzahlung abgewickelt. Die Ware lagert

meist in unmittelbarer Nähe. **Die Vorsichtsmaßnahmen sind gering.** Man schaut sich um, ob man beobachtet wird, geht mit dem Käufer in ein Lokal oder in eine Wohnung. Der Straßenhändler bevorzugt zwar auch seine Stammkunden. Fehlen jedoch die Stammkunden, erhält auch der unbekannte Laufkunde seine Ware, nachdem er einem prüfenden Blick standgehalten hat.

Der erfahrene Drogengroßhändler pflegt im Regelfall möglichst **keinen** **385** **Stoff anzufassen** und wird deshalb nur selten im Besitz größerer Mengen von Betäubungsmitteln angetroffen. Er trägt höchstens eine **Warenprobe** bei sich, die er dem Käufer zur Qualitätsprüfung vorzeigen kann und die es ihm erlaubt, im Falle der Festnahme zu behaupten, er sei Drogenkonsument. Der Drogengroßhändler lässt regelmäßig **Dritte das Entdeckungsrisiko tragen.** Er bestellt im Ausland die Ware und lässt den Stoff durch Dritte gegen Honorar oder Gewinnbeteiligung ins Inland einführen und verstecken. Bisweilen überprüft er den Vertriebsweg, die Polizei- und Zollkontrollen und seine Mitarbeiter, indem er sie zunächst ohne Stoff anreisen lässt. War Polizei im Spiel, so erfolgt eine ungefährliche Polizeikontrolle, die weitere Aktivitäten verbietet. Der Drogengroßhändler bevorzugt Rauschgiftverstecke, die schwer auffindbar sind und schwer einem Besitzer zuzuordnen sind. Der eine Dealer schätzt das Vergraben des Stoffes in Garten-, Park-, Wiesen- und Waldgeländen, in Kiesgruben oder auf Müllhalden, da man sich diesen Orten unbemerkt nähern kann. Aus Befürchtung vor Regen und Schnee lassen andere Dealer lieber den Stoff in Plastiktüten in Rohbauten, Abbruchhäusern, in Kellerräumen und Treppenhäusern abstellen. Wegen der Gefahr des Abhandenkommens bevorzugen andere Dealer das Unterbringen von Rauschgift in Mülleimern und Briefkästen angemieteter Scheinwohnungen, in Schließfächern oder geparkten Autos. Der Drogengroßhändler sucht seine Mitarbeiter und Gehilfen vornehmlich unter süchtigen Prostituierten und Strichjungen, arbeitslosen Jugendlichen, Ausländern ohne Arbeitserlaubnis und ohne Aufenthaltserlaubnis, unter zahlungsunfähigen Drogenkonsumenten und unter Familienmitgliedern. Er arbeitet zumeist weder mit ahnungslosen, noch mit voll informierten Komplizen zusammen. Jeder weiß soviel, wie er zur Erledigung seines beschränkten Auftrages benötigt. Die Mitarbeiter eines Groß-Dealers sind häufig in vielfacher Hinsicht von ihm abhängig. Sie benötigen den Stoff und das Geld des Groß-Dealers; sie fürchten mögliche Rachemaßnahmen und dass der Dealer sie bei Kriminalpolizei oder Ausländerbehörde preisgibt.

Der erfahrene Groß-Dealer lässt Dritte nach Kaufinteressenten Ausschau halten **386** und Verhandlungen führen, ohne zunächst selbst in Erscheinung zu treten. Ähnlich dem Zuhälter sitzt er im Lokal oder Cafe und wartet darauf, was seine Zuträger und Verkaufsagenten ihm vermitteln. Der Drogengroßhändler **lässt die Kaufinteressenten** zunächst **auf verschiedene Weise testen,** um festzustellen, ob sie mit der Polizei zusammenarbeiten und ob sie in der Lage sind, den Kaufpreis zu bezahlen. Der eine Drogengroßhändler **beliefert keine deutschen und amerikanischen Kaufinteressenten,** um nicht an polizeiliche Scheinaufkäufer und CID-Agenten zu geraten und verkauft aus Vorsicht nur an türkische, israelische, arabische, italienische und griechische Kundschaft. Der andere Drogengroßhändler lässt seine Verkaufsagenten mehrere Tage lang mit den Kaufinteressenten in verschiedenen Städten in verschiedenen Lokalen verkehren, um Einzelheiten in Erfahrung zu bringen, ob und wie der Kaufinteressent in Drogenlokalen bekannt ist, ob er **Verhaltensauffälligkeiten** zeigt, ob er frühere Rauschgiftgeschäfte und Geschäftspartner nachweisen kann, ob er gute von schlechter **Ware zu unterscheiden** vermag, ob er bereit ist, Haschisch mitzurauchen, für wen er die Ware kauft, wo er wohnt, wie er lebt und wo er arbeitet, wie er verhandelt, ob sein Kaufgeld echt und ausreichend ist, ob er allein, bewaffnet, in Begleitung oder gefolgt von Personen erscheint. Der dritte Großdealer beobachtet aus der Entfernung persönlich das Kontakttreffen seiner Agenten mit dem Kaufinteressenten. Er steht telefonisch mit seinen Agenten in Kontakt und dirigiert sie per Auto zu einer **Serie von Orten,** um festzustellen, ob ihnen ein verdächtiges Auto folgt. Er lässt den Kaufinteressenten im Ungewissen, wann und wo während der Treffen die Übergabe erfolgen wird. Er lässt durch Dritte die Ware aus dem Bunker holen und zum Übergabeort bringen. Er lässt den Kaufinteressenten in ein fremdes Auto steigen und zum Übergabeort in eine Wohnung oder in ein Lokal bringen. Der vierte Großdealer lässt die **Übergabe der Betäubungsmittel durch die Übergabe einer Nachricht oder eines Schlüssels ersetzen.** Der Käufer erfährt nach Bezahlung der Ware durch das Schreiben, durch eine Skizze oder durch einen Schlüssel, aus welchem Versteck er sich die Ware abholen kann, in welchem Auto, Briefkasten, Schließfach, in welcher Telefon- oder Toilettenzelle die Ware lagert. Der fünfte Großdealer verlangt von dem Käufer **Vorauskasse** und seinen Reisepass als Pfand. Die Ware wird erst später geliefert. Der sechste Großdealer verlangt zunächst ein **Vertrauensgeschäft** über eine Teilmenge, nach dessen Gelingen er die Restmenge liefern wird, um in Erfahrung zu bringen, ob der Kaufinteressent „reell" ist und nicht von der Polizei stammt.

387   Rauschgiftgroßhändler pflegen ihre Rauschgifterlöse nicht auf Bankkonten einzuzahlen, sondern bar in gemieteten Zimmern aufzubewahren, per Boten ins Ausland zu bringen, in Grundstücke und Lokale zu investieren. Neben den genannten Vorsichtsmaßnahmen pflegen Rauschgifthändler **falsche Namen und Pässe** zu benutzen, um Festnahmen aufgrund vorliegender Haftbefehle zu entgehen und um Vorstrafen vergessen zu machen. Rauschgifthändler vermeiden wegen der Gefahr von Telefonüberwachungen häusliche Telefongespräche, benutzen **harmlose Codebezeichnungen** und bemühen sich um einen guten Ruf als besonders hilfsbereiter und arbeitswilliger Zeitgenosse und Nachbar. Nicht selten verschleiern sie ihre Rauschgiftgeschäfte, indem sie als **Hinweisgeber für die Kriminalpolizei** auftreten. Mit gezielten Hinweisen können sie zum einen lästigen Konkurrenten beseitigen; zum andern bietet die Hinweistätigkeit ihnen die Möglichkeit, sich im Falle der Festnahme damit zu verteidigen, sie hätten Täter und Rauschgift der Kriminalpolizei zuführen wollen.

388   **b) Stufen des Betäubungsmittelhandels und Gewicht der Tatverantwortung.** Nicht wie im legalen Handel, sondern auch im illegalen Handel werden die Handlungen durch die **Handelsstufe, den Grad der Verantwortung und der Entscheidungsbefugnis eines Unternehmers** geprägt. Die Frage, ob der Angeklagte selbst **Lieferant des Rauschgifts** und damit **Geschäftsherr** war, ist für die Bestimmung des Schuldgehaltes seiner Tat erheblich. Sie berührt die Feststellung zum Schuldspruch (*BGH* StV 1992, 272). Die **Rolle,** die ein Angeklagter **im Rahmen eines Betäubungsmittelunternehmens** spielte, bedarf der Aufklärung, Beschreibung und des Nachweises im Urteil und darf nicht nur floskelhaft festgestellt werden. So ist von Bedeutung, ob der Angeklagte sich als **Heroingroßhändler, Heroinzwischenhändler, Heroinhändler, Heroineinzelhändler** oder **heroinverkaufender Drogenkonsument** zu verantworten hat, ob er **Drahtzieher** oder **Laufbursche** einer kriminellen Vereinigung war. Soweit die Urteilsfeststellungen hierzu ausreichend sind, so kann strafschärfend berücksichtigt werden, dass ein Angeklagter an maßgeblicher Stelle in der **Chefetage einer Haschischhandelsorganisation** stand (*BGH,* Urt. v. 2. 9. 1980, 5 StR 284/80).

389   Das **Gewicht** der vom Täter transportierten **Rauschgift- oder Wirkstoffmenge** kann, muss aber nicht dem **Gewicht der Tatverantwortung** entsprechen. Die zahlreichen Tütenträger und Kofferträger schleppen häufig große Rauschgiftmengen und tragen ein hohes Entdeckungsrisiko. Die **Hinterleute und Auftraggeber fassen zumeist die großen Rauschgiftmengen gar nicht an,** tragen höchst selten eine kleine Warenprobe, aber große Gewinne bei sich. So wäre es verfehlt, den Großdealer, der mit einer kleinen Probe in der Tasche angetroffen wird, als Gelegenheitskonsumenten und den die Rauschgifttüte tragenden Konsumenten wegen des Kg-Inhaltes als Großdealer zu bestrafen. **Nicht allein die Rauschgiftmenge, sondern die Tatverantwortung ist bei Hinterleuten gewichtig.** Da Handeltreiben mit nicht geringen Mengen von Betäubungsmitteln keinen Besitz und keine persönlichen Verkaufsverhandlungen voraussetzt, sondern auch bei verbalen ernsthaften und verbindlichen, eigennützigen Absatzbemühun-

gen vorliegt, sind Hinterleute **wegen des Gewichts ihrer Tatverantwortung hart zu bestrafen.**

c) Professionelles Handeltreiben. Für die Annahme von professionellem 390 Handeltreiben bedarf es besonderer Urteilsfeststellungen. Werden im Rahmen der Strafzumessung an Stelle einer Würdigung von Tatsachen nur moralisierende Ausführungen gemacht ohne Bezug zum Fall, wie z. B. der Angeklagte habe sich am Unglück anderer Menschen bereichert oder der Rauschgifthandel sei gefährlich, so kann der Strafausspruch keinen Bestand haben (*Schäfer/Sander/van Gemmeren* Rn. 1001). Fehlerhaft ist es, ein profihaftes Vorgehen, einen Betäubungsmittelhandel großen Stils zu behaupten, den Angeklagten als routinierten Profi und versierten Händler der Rauschgiftszene zu beurteilen, wenn sich den Urteilsfeststellungen derartiges nicht entnehmen lässt (*BGH*, Beschl. v. 21. 1. 1983, 2 StR 807/82). **Speichert ein Dealer** die Daten seiner Betäubungsmittelgeschäfte in einer **elektronischen Minidatenbank** bzw. in einem **Taschencomputer** und sperrt die Entschlüsselung und Auswertung durch die Polizei mit einem besonderen **Codesystem,** organisiert er bei der Geschäftsabwicklung eine besondere **Gegenobservation mit Sprechfunkgeräten,** so sind dies Ausdrucksformen einer besonderen kriminellen Intensität. Beliefert ein Angeklagter mit seiner gesamten Familie und mit mehreren Fahrzeugen nicht nur in den Niederlanden, sondern gegen Aufpreis ab einer Mindestabnahmemenge auch in Deutschland sowohl niederländische als auch deutsche Kundschaft mit verschiedenen Betäubungsmittelarten mit einer „schon professionell zu nennenden Organisation", so kann dieses **professionelle Handeltreiben** straferhöhend gewertet werden (*BGH*, Urt. v. 1. 2. 1985, 2 StR 482/84).

Die **Maskierung eines Dealers** darf zwar normalerweise als Verminderung des 391 Entdeckungsrisikos nicht strafschärfend gewertet werden. Anders ist dies jedoch, wenn dieses Verhalten die Gefährlichkeit des Täters, die Art der Tatausführung oder die Tatfolgen prägt (er fühlt sich unerkannt und braucht keine Rücksichten zu nehmen), weil es dann den bei der Tat aufgewendeten Willen kennzeichnet (*BGH* NStZ 1998, 188 = StV 1998, 652).

d) Dauer des Betäubungsmittelhandels. Eine **besondere Häufung** von 392 Handelsdelikten bzw. ein **langer Tatzeitraum** sind gefährlicher und strafwürdiger als gelegentliche Augenblickstaten. Eine dreiste **Tatwiederholung** an demselben Tatort, u. U. vor den Augen der Polizei, gebietet eine harte Bestrafung. Insb. der organisierte Straßenkleinhandel, bei dem die Tätergruppierungen arbeitsteilig und konspirativ Verkaufsgespräche, Geldübergabe oder Betäubungsmitteübergabe untereinander so aufteilen und tarnen, dass erhebliche Observations- und Beweisschwierigkeiten bestehen. Hier gilt es, **Serien von Kleintaten zu bündeln,** Gewerbsmäßigkeit nachzuweisen und empfindlich zu bestrafen.

e) Verwerfliche Werbungsmethoden. Strafschärfend können eine verwerfliche Kundenwerbung oder eine verwerfliche Verkaufsmethode wie das „**Anfixen**" **von Kaufinteressenten** gewertet werden (*BGH*, Urt. v. 4. 4. 1978, 1 StR 48/78; *BGH*, Urt. v. 30. 1. 1980, 3 StR 471/79). So ist auch die **Lagerung aufgezogener Heroinspritzen im Eisschrank als Kostprobe** für Heroinkäufer straferhöhend zu würdigen (*BGH* StV 1985, 415). Liefert ein Heroindealer **kostenlos** zu seinem Heroinpack ein **neues Spritzenbesteck,** um eine Spritzeninfektion seiner Kunden zu verhindern, so kann dies hingegen u. U. strafmildernd gewertet werden.

f) Versickern der Betäubungsmittel auf dem illegalen Markt. Der Umstand, dass die Betäubungsmittel **in den illegalen Verkehr gelangt** sind und nicht sichergestellt wurden, sind keine Strafschärfungsgründe, sondern **ein Normalfall** des Handeltreibens (*BGH*, Beschl. v. 23. 6. 1993, 2 StR 47/93; vgl. hierzu Rn. 333). **Anderes** kann sich ergeben, wenn der Angeklagte **ein besonderes Vertriebsnetz aufgebaut** hat.

g) Verkauf an Minderjährige. Hat ein Täter **aus der gleichen Erwerbs-** 395 **menge** Betäubungsmittel an Erwachsene verkauft **und Betäubungsmittel**

an **Minderjährige** abgegeben, so liegt zwar eine Bewertungseinheit vor, bei der Handeltreiben und Abgabe an Minderjährige in Tateinheit stehen, bei der Strafzumessung ist aber die gesamte Tat zu bewerten und zu berücksichtigen, welcher Teil an Erwachsene und welcher Teil an Jugendliche verkauft wurde (*BGH* NStZ 2004, 109 = StV 2003, 619). In der Regel liegen hier Verbrechenstatbestände vor (§ 29 a Abs. 1 Nr. 1 und § 30 Abs. 1 Nr. 2 BtMG).

396   **h) Gewaltsame Verkaufsmethoden und gewaltsames Eintreiben von Drogenerlösen.** Das gewaltsame Eintreiben von Schulden durch **Schlägertrupps** oder durch **Entführung** und **Aussetzung** sind Ausdruck eines kaltblütigen und berechnenden Gewinnstrebens unter Ausnutzung von Drogenabhängigen, was strafschärfend gewürdigt werden kann (*BGH*, Urt. v. 14. 6. 1978, 3 StR 190/78; *BGH*, Urt. v. 16. 5. 1979, 1 StR 151/79). Pflegt ein Heroindealer seine unbezahlten Forderungen durch **Schläge** oder **Messerschnitte** auf den Arm oder das Bein seiner männlichen Kunden oder durch **Zigarettenbrandmale auf die Brüste** weiblicher Kundinnen zu kennzeichnen, so wirkt sich die tateinheitliche Körperverletzung strafenhöhend aus. Zwingt ein Dealer eine Drogenkonsumentin gewaltsam, ihre Schulden abzuarbeiten, indem sie in einem Ausländerwohnheim **reihenweise Geschlechtsverkehr** ausüben und mit dem Kampfhund des Dealers sexuell verkehren muss, so ist eine erhebliche Straferhöhung geboten. War ein Angeklagter infolge Drogenkonsums erheblich vermindert steuerungsfähig, dann darf ihm eine brutale Begehungsweise, eine extreme Menschenverachtung bzw. hochgradige kriminelle Energie bei der Tatausführung nicht angelastet werden, ohne zu prüfen, ob und inwieweit dieses Vorgehen durch die Drogensucht bedingt war (vgl. *BGH*, Beschl. v. 26. 10. 1990, 2 StR 464/90). Vier Angeklagte, deren Rauschgift aus einem Pkw entwendet worden war, bedrohten eine von ihnen verdächtigte Person, um an die verschwundenen Betäubungsmittel zu gelangen. Absprachegemäß entkleideten zwei Angeklagte die entführte Person, fesselten sie mit einem Kabel und fügten ihr mit einem heißen Bügeleisen zahlreiche Brandmarken am ganzen Körper zu, die zu Verbrennungen dritten Grades führten. Mit einer Zange zerrten und drehten sie die Brustwarzen des nackten Mannes herum, bis dieser schmerzverzerrt ein Rauschgiftversteck beschrieb. Zwei Angeklagte wurden vom *LG Frankfurt* im Oktober 2006 zu Freiheitsstrafen von 8 und 10 Jahren und 6 Monaten, zwei Komplizen und Auftraggeber zu Freiheitsstrafen zwischen 3 und 4 Jahren verurteilt (*LG Frankfurt*, 3220 Js 223255/04–30 KLs).

397   **Schussverletzungen von Drogenkunden, Drogenlieferanten, Drogenkurieren oder Konkurrenten** sind als Ausdruck besonders brutalen Handeltreibens strafschärfend zu bewerten. Setzte der Angeklagte bei der Eintreibung von Rauschgifterlösen Gewalt und Erpressung ein, indem er den Eintreibern ein **Messer an die Kehle** setzte oder die Schuldner mit einer **Eisenkette zu fesseln** drohte, so wirkt sich dies straferhöhend aus (*BGH*, Beschl. v. 16. 2. 1990, 3 StR 390/89). Zwingt ein Drogenhändler einen Lieferanten, eine Heroinlieferung kostenlos ihm zu überlassen, und lässt er durch einen Komplizen dem nicht drogenkonsumierenden Lieferanten **gewaltsam eine Heroinspritze zur Vorwarnung** verabreichen, so wiegt eine derartige brutale Tatausführung schwer.

398   **Verschleppten Dealer einen Komplizen an einen abgelegenen Ort,** schlugen ihn und bedrohten ihn mit dem Tode, weil sie glaubten, er habe Betäubungsmittel unterschlagen, so liegt weder räuberische Erpressung noch erpresserischer Menschenraub vor, da sich die Täter nicht zu Unrecht bereichern wollten. Die **Brutalität** wirkt aber beim Handel straferhöhend (BGHSt. 32, 32 = NJW 1991, 3161 = StV 1992, 375). Führt ein Drogenhändler, dessen Straßenverkäufer angeblich das Heroin verloren hat, in einem Keller eine **Femegerichtsverhandlung** durch und lässt zur Einwirkung auf den Angeklagten, damit dieser die Unterschlagung und das Drogenversteck einräume, eine **Todesstrafe versuchsweise vollstrecken**, indem er den Straßenverkäufer lebend fesseln und wie in einen Sarg **in eine Obstkiste einnageln** lässt, so stellt diese Brutalität einen besonderen Strafverschärfungsgrund des Handeltreibens dar (*LG Frankfurt*, 12 Jahre

Freiheitsstrafe). Dass ein Angeklagter den Käufer von Betäubungsmitteln aus Wut über die Nichterfüllung seiner Geldforderungen zu töten versucht, begründet nicht zwingend das Mordmerkmal der niedrigen Beweggründe, wirkt sich aber beim Handeltreiben erheblich straferhöhend aus (*BGH* StV 1995, 301).

i) Erpresserischer und Angst auslösender Betäubungsmittelhandel. 399
Droht ein Drogenhändler für den Fall schlechter Verkaufsergebnisse seinen Straßenverkäufern massive Strafen wie Ausschluss aus der Gemeinschaft, Kürzung ihres Honorars, Wegnahme ihres Pkws, Freiheitsentziehung von Frau und Kindern, Körperverletzung oder gar die Tötung an, so ist dies straferhöhend zu würdigen. Nimmt ein Drogenhändler Landsleuten die Pässe ab und droht für den Fall, dass sie ihre Straßenverkäufe von Drogen einstellen, an, Straftaten der Justiz bzw. Ausländerbehörden anzuzeigen, so ist dies ein straferhöhender Umstand.

j) Bewaffneter Betäubungsmittelhandel. Der internationale Betäubungsmit- 400
telhandel ist eng mit dem internationalen illegalen Waffenhandel verknüpft. Vielfach dienen die Betäubungsmittelgeschäfte von Befreiungsbewegungen und kriminellen Vereinigungen dazu, ihre Waffenkäufe für die Bewegung zu finanzieren. Wegen der **erhöhten Gefährlichkeit bewaffneter Betäubungsmittelhändler** dürfte das Mitführen von Waffen regelmäßig einen ungeschriebenen besonders schweren Fall des § 29 Abs. 3 BtMG darstellen. Handelt der Angeklagte **mit Betäubungsmitteln in nicht geringer Menge** unter **Mitführen von Waffen**, so liegt der **Verbrechenstatbestand des § 30 a Abs. 2 Nr. 2 BtMG** vor.

k) Internationaler Betäubungsmittelhandel und grenzüberschreitender 401
Betäubungsmittelhandel. Zum Nachteil kann einem Angeklagten gereichen, dass er seine Geschäfte nicht nur an seinem Wohnort, in seiner Heimat, sondern **im In- und Ausland, international** betreibt. Der besondere Unrechtsgehalt einer im Handeltreiben aufgehenden Einfuhr kann straferhöhend gewertet werden (*BGH*, Urt. v. 12. 11. 1974, 1 StR 538/74; *BGH*, Beschl. v. 20. 10. 1977, 4 StR 488/77). Unterhält ein Angeklagter ein **internationales Betäubungsmittelvertriebsnetz** mit Produktionsstätten, Handelsfilialen und Geldwaschanlagen in diversen Ländern der Welt, so wirkt sich diese kriminelle Intensität strafschärfend aus. Ist die Einbindung des Angeklagten als **Rauschgifthändler von herausragendem Format** in eine **international operierende Heroinhändlerorganisation** aber **nicht durch Tatsachen erwiesen,** so darf die Strafe diesen Gesichtspunkt bei der Strafzumessung auch nicht zum Nachteil des Angeklagten berücksichtigen (*BGH*, Beschl. v. 21. 5. 1980, 3 StR 136/80; *BGH*, Urt. v. 13. 12. 1990, 4 StR 466/90).
§ 30 b BtMG ermöglicht auch **internationale kriminelle Betäubungsmit-** 402
telhandelsorganisationen, die nur Organisationsformen im **Ausland** unterhalten, nach § 129 StGB zu verfolgen.

14. Tatauswirkungen. a) Treiben in wirtschaftliche Not. Wird ein Dro- 403
genabhängiger vom Drogenverkäufer durch die teuren Drogengeschäfte **in den wirtschaftlichen Ruin,** zum Verkauf von Haus und Vermögen **getrieben,** so kann diese hartnäckige Zielverfolgung strafschärfend gewertet werden. Ähnliches gilt, wenn die Drogenabhängigen in die Prostitution getrieben werden.

b) Krankheit durch Betäubungsmittelhandel. Wird durch den Drogenhan- 404
del die Gesundheit mehrerer Menschen gefährdet, so ist § 29 Abs. 3 Nr. 2 BtMG zu prüfen. Sind der Rückfall in die Abhängigkeit oder in Krankheiten bei Drogenabhängigen nicht Begleiterscheinungen des Drogenkonsums, sondern vorhersehbare Tatauswirkungen konkreter Betäubungsmittelverkäufe, so ist dies bei der Strafzumessung zu würdigen.

c) Tod durch Betäubungsmittelhandel. Wird ein Drogenabhängiger durch 405
schlechten Stoff oder Drohungen **in eine gesundheitliche Krise oder in den Selbstmord getrieben,** so ist eine leichtfertige Todesverursachung durch Betäubungsmittelabgabe nach dem § 30 Abs. 1 Nr. 3 BtMG zu prüfen.

406　　d) **Geschäft mit dem Tod.** Wer **lebensmüden Jugendlichen,** die wegen **Liebeskummer oder Arbeitslosigkeit** ihrem Leben ein Ende setzen wollen, per Kleinanzeige oder auf einer Internetseite einen **schnellen sanften Freitod zu Discountpreisen** durch einen **Betäubungsmittelcocktail mit Gebrauchsanweisung** anbietet und diese Betäubungsmittel zur Selbsttötung verkauft, hat mit einer erhöhten Strafe zu rechnen.

407　　Wer an **schwerkranke, alte und lebensmüde Patienten,** die sich vergeblich um Zyankali oder Natrium-Pento-Barbital bemüht haben, **Betäubungsmittel wie Natrium-Pento-Barbital zum hundert- bis tausendfachen Preis** zum Zwecke der Selbsttötung verkauft, mag zwar sich wegen Beihilfe zur Selbsttötung und nicht nach § 30 Abs. 1 Nr. 3 BtMG strafbar machen (s. § 30 Rn. 99), verdient aber im Rahmen des § 29 Abs. 1 BtMG eine verschärfte Strafe. Denn hier geht es nicht um Vermittlung eines sanften humanen Sterbens, sondern um ein Kapitalschlagen aus der Angst von schwerkranken Menschen vor einem qualvollen und unwürdigen Tod.

J. Konkurrenzen

408　　Der Gesetzgeber hat in § 29 Abs. 1 S. 1 Nr. 1 BtMG einen möglichst vollständigen Katalog der unerlaubten Begehungsformen aufgestellt, die dazu geeignet sind, Betäubungsmittel unkontrolliert in einer die Allgemeinheit gefährdenden Weise in den Verkehr zu bringen; er hat dabei in Kauf genommen, dass sich im Einzelfall mehrere dieser Begehungsformen decken oder überschneiden können, ohne dass sich deshalb die Frage nach Tateinheit, Tatmehrheit oder Gesetzeskonkurrenz zu stellen braucht. So kann ein Täter Betäubungsmittel erwerben, besitzen oder abgeben, ohne damit Handel zu treiben, während er umgekehrt damit Handel treiben kann, ohne es in irgendeiner Form in seinen Besitz zu bringen. Bezweckt ein Täter den Güterumsatz mit Betäubungsmitteln, so gehen nicht nur der Erwerb, der Besitz und die Veräußerung, sondern auch die Ein- und die Ausfuhr als rechtlich unselbstständige Teilakte des Gesamtgeschehens in dem sie umfassenden Handeltreiben auf, sog. Bewertungseinheit (s. dazu Rn. 409).

I. Bewertungseinheit

409　　**1. Grundsatz.** Sämtliche Betätigungen, die sich auf den Vertrieb derselben, in einem Akt erworbenen Betäubungsmittel beziehen, sind als eine Tat des unerlaubten Handeltreibens anzusehen, weil bereits der Erwerb und Besitz von Betäubungsmitteln, die zum Zwecke gewinnbringender Weiterveräußerung bereitgehalten werden, den Tatbestand des Handeltreibens in Bezug auf die Gesamtmenge erfüllen. Zu dieser Tat gehören als unselbstständige Teilakte i. S. einer Bewertungseinheit auch die späteren Veräußerungsgeschäfte, soweit sie dasselbe Rauschgiftgeschäft betreffen, und die innerhalb dieses Bezugsrahmens aufeinander folgenden Teilakte wie Erwerb, Einfuhr, Besitz, Veräußerung und Geldüberweisung. Diese Begehungsweisen werden vom gesetzlichen Tatbestand in dem pauschalisierenden, verschiedenartige Tätigkeiten umfassenden Begriff des Handeltreibens zu einer **Bewertungseinheit** verbunden (BGHSt. 25, 290; BGHSt. 30, 28; *BGH* NStZ 2000; 207; *BGH* NStZ 2000, 262; *BGH* NStZ 2004, 105; *BGH* NStZ 2007, 529; *BGH* NStZ 2008, 470; *BGH* NStZ-RR 2008, 385; *BGH* NStZ-RR 2009, 320; *BGH* NStZ 2000, 540; *BGH* StraFo 2010, 348; *BGH* NStZ-RR 2010, 216; *Weber* § 29 Rn. 722; MK-StGB/*Rahlf* § 29 Rn. 381; *Hügel/Junge/Lander/Winkler* § 29 Rn. 4.4.3; *Franke/Wienroeder* § 29 Rn. 68; *Malek* 2. Kap., Rn. 112 ff. *Patzak/Bohnen* Kap. 2, Rn. 103 ff.; vgl. hierzu auch *Kalf* NStZ 1997, 66; *Körner* StV 1998, 626). Mehrere Rauschgiftgeschäfte sind dann als eine Tat des Handeltreibens zu werten, wenn sie in einem Handlungsteil, etwa beim Erwerb, bei der Lieferung oder bei der Bezahlung des Kaufpreises, in einer Gesamtmenge oder in einem Geldbetrag zusammentreffen, so z.B. wenn mehrere Verkaufsangebote auf einem einheitlichen Entschluss beruhen und eine einheitliche zu liefernde Gesamtmenge in Raten betreffen, wenn mehrere Teilmengen aus einem Gesamtvorrat verkauft werden oder mehrere Rauschgiftbestellungen zusammen abgeholt oder bezahlt werden (s. im Einzelnen dazu die Fallgruppen in Rn. 417 ff.). Zur rechtlichen Einordnung von **Erwerbsvorgängen mit unterschiedlicher Zweckbestimmung** s. Rn. 438 ff.

Bewahrt der Angeklagte mit Gewinnabsicht eine **einheitlich erworbene, be- 410 stimmte Betäubungsmittelmenge** zum Verkauf auf, so erfüllt bereits dies den Tatbestand des unerlaubten Handeltreibens mit Betäubungsmitteln, und zwar in Bezug auf die Gesamtmenge. Zu dieser Tat gehören als unselbstständige Teilakte dann aber auch alle späteren Betätigungen, die auf den Vertrieb desselben Rauschgifts gerichtet sind (*BGH* StV 1994, 658; *BGH* StV 1998, 594; *BGH* NStZ 1998, 360 = StV 1998, 595; *BGH* StV 2002, 235). In die Bewertungseinheit des Handeltreibens fällt auch der **Besitz von Betäubungsmitteln**, die gewinnbringend verkauft werden sollen (BGHR BtMG § 29 Abs. 1 Nr. 1 Handeltreiben 35 = NStZ 1993, 44). Der *BGH* hat deshalb den Schuldspruch wegen Besitzes und unerlaubten Handeltreibens im Falle eines Angeklagten abgeändert, der bei der Festnahme beim Portionieren von Kokain überrascht wurde (*BGH* NStZ 1996, 93 = StV 1996, 95). Bewertungseinheit liegt auch vor, wenn der Täter **aus einer zunächst erworbenen Gesamtmenge einen Teil veräußert,** sodann den **Rest hochstreckt** und **gemeinsam mit einer hinzugekauften Menge** veräußert (*BGH* NStZ-RR 1999, 250 = StV 1998, 595).

Die Rechtsfigur der Bewertungseinheit ist auch bei Strafklageverbrauch und der 411 Frage des Erfordernisses einer Nachtragsanklage zu beachten (s. dazu im Einzelnen Rn. 456 ff.). Räumt ein Angeklagter, der wegen 18 Verkaufsfällen angeklagt ist, in der Hauptverhandlung 49 Fälle ein, so ist eine Aburteilung aller Taten ohne Nachtragsanklage nur dann möglich, wenn festgestellt werden kann, dass alle weiteren Taten mit den angeklagten Taten zur Bewertungseinheit verbunden sind und eine Tat i. S. d. § 264 StPO darstellen (*BGH* NStZ 2004, 105).

2. Fehlen einer Verklammerung und Zweifelsgrundsatz. Die Annahme 412 einer Bewertungseinheit ist geboten, wenn konkrete Anhaltspunkte vorliegen, die es rechtfertigen können, bestimmte Einzelverkäufe einer vom Angeklagten erworbenen Gesamtmenge zuzurechnen; ein sicherer Nachweis ist für die Annahme einer Bewertungseinheit nicht erforderlich (*BGH* NStZ 1996, 93 = StV 1996, 95; BGHR BtMG § 29 Bewertungseinheit 13 = StV 1997, 470; *BGH* StV 2001, 460). Der **Zweifelsatz** gebietet es aber nicht, festgestellte Einzelverkäufe zu einer Bewertungseinheit zusammenzufassen, nur weil eine **nicht näher konkretisierte Möglichkeit** besteht, dass diese ganz oder teilweise aus einer einheitlich erworbenen Rauschgiftmenge stammen (*BGH* NStZ 1997, 137; *BGH* NStZ 1998, 360 = StV 1998, 595; *München [Kotz/Rahlf]* NStZ-RR 2011, 129 f.). Auch wenn es nahe liegt, dass jeweils eine gewisse Anzahl der abgeurteilten Verkaufsmengen aus einheitlichen Vorräten stammen, kann hier kein unverhältnismäßiger Aufwand verlangt werden, um eventuell eine Bewertungseinheit festzustellen. **Eine Vermutung, die Einzelmengen stammten aus einer Gesamtmenge, bzw. eine willkürliche Zusammenfassung reichen nicht aus.** Das Gericht muss entweder zu der **Überzeugung von der einheitlichen Erwerbsmenge gelangen oder selbständige Verkaufsgeschäfte annehmen** (*BGH* NStZ-RR 1997, 344 = StV 1997, 636; *BGH* NStZ 1998, 89 = StV 1998, 636; *BGH* NStZ 1998, 360; *BGH* NStZ 2000, 540; *BGH* NStZ-RR 2006, 55).

Hat das Gericht **ernsthafte Zweifel** hinsichtlich des Wahrheitsgehaltes der von 413 einem Zeugen bekundeten Häufigkeit der Rauschgiftbeschaffungstaten des Angeklagten, so bedarf es näherer Darlegung, warum das Gericht den übrigen Angaben folgte und worauf es seine Überzeugung von dem einheitlichen Erwerbsvorgang stützte (*BGH* NStZ-RR 1997, 17 = StV 1997, 20). Andererseits entfällt die Bewertungseinheit nicht deshalb, weil der Angeklagte beim einheitlichen Erwerbsvorgang noch keine konkrete Vorstellung von den einzelnen Abnehmern und den einzelnen Absatzmengen hatte und die Verkaufsakte auf späteren verschiedenen

Entschlüssen beruhten. Denn die Bewertungseinheit **setzt nicht** wie bei dem Fortsetzungszusammenhang einen **Gesamtvorsatz** voraus, der sämtliche Teile der vorgesehenen Handlungsreihe in den wesentlichen Grundzügen ihrer künftigen Gestaltung umfassen würde (*BGH* NStZ 1995, 37 = StV 1995, 26). Bei Wegfall tatmehrheitlich angeklagter Delikte durch die Annahme einer Bewertungseinheit ist der Angeklagte von den übrigen Taten freizusprechen (*BGH* NStZ 1997, 90).

414   **3. Bewertungseinheit bei anderen Absatzdelikten.** Eine Bewertungseinheit kommt nach der Rspr. des *BGH* nicht nur beim Handeltreiben, sondern bei allen Absatzdelikten wie Handeltreiben, Veräußerung, Abgabe (sowohl an Erwachsene als auch an Minderjährige), nicht aber bei bloßen Erwerbsvorgängen zum Eigenverbrauch in Betracht (*BGH* NStZ 1997, 243 = StV 1997, 470; *BGH* StV 1999, 431; *Hügel/Junge/Lander/Winkler* § 29 Rn. 4.4.3). Nicht zu den typischen Absatzdelikten zählen mangels Übergangs der Sachherrschaft die Verbrauchsüberlassung und das Verabreichen (*Patzak/Bohnen* Kap. 2, Rn. 120; s. auch § 29/Teil 15, Rn. 159).

415   **4. Bewertungseinheit bei Mittätern.** Für die **Zusammenfassung mehrerer Teilmengen zu einer Bewertungseinheit** kommt es **bei Mittätern** auf den jeweiligen Tatbeitrag an. Ist eine Tätergruppe so organisiert, dass A die nicht geringe Gesamtmenge erwirbt und einführt, B die nicht geringe Gesamtmenge streckt, portioniert und für den Verkauf bereitstellt, während C die 70 kleineren Portionen aus der Gesamtmenge bei 70 Einzelverkäufern absetzt, so handeln A und B durch eine Handlung mit der Bewertungseinheit einer nicht geringen Menge, während sich der Straßenverkäufer C bei 70 Gelegenheiten nur mit einer einfachen Einzelmenge befasst (BGHR BtMG § 29 Bewertungseinheit 23 [3 StR 150/05]).

416   **5. Bewertungseinheit des Gehilfen.** Wegen der **Akzessorietät der Beihilfe** werden **mehrere Beihilfehandlungen** auch dann **zu einer Tat** im Rechtssinne zusammengefasst, wenn dies nach den Grundsätzen der Bewertungseinheit bei Taten des Haupttäters, zu denen Beihilfe geleistet worden ist, der Fall ist (*BGH* NStZ 1999, 451 = StV 1999, 430). Besteht der Tatbeitrag eines Gehilfen aus einer einzigen Handlung, so ist sein Verhalten als eine Tat zu werten, selbst wenn der Haupttäter gleichzeitig mehrere rechtlich selbstständige Handlungen begeht (*BGH* NStZ 1993, 584; *BGH* NStZ-RR 2003, 309 = StV 2003, 618). Hat ein Gehilfe den Einkauf, die Einfuhr oder das Vorrätighalten des Haupttäters gefördert, so liegt nur eine Beihilfehandlung zu der durch Bewertungseinheit zusammengefassten Taten des Haupttäters vor. Fördert der Gehilfe jedoch nur einzelne der Handlungen, die beim Haupttäter zu einer Bewertungseinheit zusammengefasst wurden, so erscheint die Annahme von mehreren Beihilfehandlungen zum Handeltreiben sachgerecht (*BGH* NStZ-RR 2004, 146 = StraFo 2004, 144).

417   **6. Fallgruppen. a) Wiederholter Verkauf aus einer zum Absatz bestimmten Betäubungsmittelmenge.** Häufigster Anwendungsfall der Bewertungseinheit ist der wiederholte Verkauf von Einzelmengen aus einer größeren Betäubungsmittelmenge, die zu diesem Zweck bezogen wurde. Nach ständiger Rspr. des *BGH* werden Verkaufsvorgänge, die alle einem einheitlichen Erwerbsvorgang einer bestimmten Gesamtmenge entstammen, zu einer Bewertungseinheit verbunden, da sie **im Rahmen desselben Geschäftsumsatzes** erfolgten. Bestehen konkrete Anhaltspunkte dafür, dass zahlreiche Einzelverkäufe von Betäubungsmitteln mehreren größeren Erwerbsmengen entstammen, so erfordert dies die **Bildung von mehreren Bewertungseinheiten**. Dies gilt auch, soweit es um die Abgabe von Betäubungsmitteln an Minderjährige aus derselben Erwerbsmenge geht. Handeltreiben und Abgabe an Minderjährige stehen dann in Tateinheit (*BGH* StV 1999, 431; *BGH* NStZ 2004, 109 = StV 2003, 619; *BGH* NStZ 2004, 105).

418   Der Tatrichter hat **die Zahl und Frequenz der Erwerbsvorgänge sowie die Zuordnung der einzelnen Verkäufe** zu ihnen anhand der Tatumstände **festzustellen.** Kann er genaue Feststellungen nicht treffen, hat er innerhalb des feststehenden Gesamtschuldumfangs die Zahl der Einkäufe und die Verteilung der Verkäufe auf sie **zu schätzen** (*BGH* NStZ-RR 2002, 52; *BGH* NStZ 2002, 438 = StV 2002, 257; *BGH* NStZ 2007, 102 = StV 2007, 80). Dabei darf er die Grenze zur nicht geringen Menge nach § 29a Abs. 1 Nr. 2 BtMG nur aufgrund einer ausreichenden Tatsachengrundlage als überschritten ansehen. Hat ein Angeklagter 500 Kleinstmengen Heroin in 2 Monaten an verschiedene Abnehmer verkauft und steht fest, dass die Verkaufsportionen **aus einem vorausgehenden Betäubungsmittelerwerb** von 500 g Heroingemisch stammten, **so verklammert der einheitliche Erwerb** der gesamten Menge die 500 Veräußerungsakte zu einer Bewertungseinheit, und der Angeklagte ist wegen einer Tat des Handeltreibens mit nicht geringen Mengen von Betäubungsmitteln zu bestrafen (*BGH* NJW 1995, 2300 = StV 1995, 417). In einem Fall des gewinnbringenden Verkaufs von mindestens 320 Kleinstmengen Heroin in 9 Monaten an 2 Abnehmer konnte aber das Landgericht zum Erwerb des Heroins nichts feststellen. Es hat deshalb wegen 320 Taten à 3 Monaten Freiheitsstrafe zu einer Gesamtfreiheitsstrafe von 1 Jahr und 9 Monaten verurteilt. Das Urteil wurde vom *BGH* bestätigt (*BGH* NStZ 1997, 137).

Der Annahme einer Bewertungseinheit muss nicht entgegenstehen, dass der An- **419** geklagte Teilmengen an unterschiedlichen Tagen erworben hat (*BGH* NStZ-RR 1999, 250; *Patzak/Bohnen* Kap. 2, Rn. 105). Die Beurteilung, ob selbstständige Rauschgiftgeschäfte zu einer Bewertungseinheit zusammenzufassen sind, ist zwar **in erster Linie Sache des Tatrichters,** dessen Wertung vom Revisionsgericht nur auf Rechtsfehler hin zu überprüfen ist (*BGH* StV 1997, 636; *BGH* NStZ 1998, 360). Verhält sich aber das Urteil zur Frage der Zusammenfassung einzelner Rauschgiftgeschäfte zu einer Bewertungseinheit nicht, obwohl **hinreichende tatsächliche Anhaltspunkte eine Zusammenfassung nahelegen,** so entzieht es sich einer revisionsrechtlichen Überprüfung und kann deshalb nicht bestehen bleiben (*BGH* StV 1997, 471; *BGH* NStZ 1998, 89 = StV 1997, 636). Es ist **rechtsfehlerhaft, allein auf die Anzahl der Veräußerungsgeschäfte abzustellen,** wenn sich konkrete Anhaltspunkte dafür ergeben, dass an sich selbstständige Rauschgiftverkäufe **aus derselben Erwerbsmenge** getätigt wurden (*BGH* NStZ 1998, 89 = StV 1997, 636; *BGH* NStZ 1998, 594; *BGH* StV 1998, 594).

Ausreichende Anhaltspunkte, die eine Würdigung als Bewertungseinheit durch **420** den Tatrichter tragen, hat der *BGH* bei der Feststellung von **Einkäufen größerer Betäubungsmittelmengen und zeitlich zuzuordnenden Einzelkleinverkäufen gesehen** (*BGH*, Urt. v. 12. 12. 1996, 1 StR 469/96 u. 470/96; *BGH* NStZ-RR 1996, 344). Hatte ein Angeklagter als **Mitglied einer albanischen Heroinstraßenhändlergruppierung** an 25 verschiedenen Tagen an 169 Kaufinteressenten 5-g-Bubbles mit Heroin von 15% Heroinhydrochlorid verkauft, so ist er nicht wegen 169 in Tateinheit stehenden Taten, sondern wegen 25 Taten zu bestrafen, da er an 25 Tagen die von seinen Konsumenten vorbestellten Mengen per Handy bei der Dealergruppe anforderte, **als Gesamtmenge einheitlich erhielt, am vereinbarten Sammeltreffpunkt** an die Abnehmer **verkaufte** und dafür mit einem **Tageshonorar** bezahlt wurde (*BGH* NStZ-RR 1999, 218).

b) Gleichzeitiger Verkauf von Betäubungsmitteln, die aus unterschied- **421** **lichen Vorräten stammen.** Der gleichzeitige Verkauf von aus unterschiedlichen Vorräten stammenden Heroin und Kokain im Rahmen eines Handelsgeschäftes führt zur Tateinheit (*BGH*, Beschl. v. 25. 3. 1998, 1 StR 80/98).

c) Gleichzeitiger Besitz von Betäubungsmitteln, die aus verschiedenen **422** **Ankäufen stammen.** Der bloße gleichzeitige Besitz von verschiedenen zum Handeltreiben bestimmten Mengen von Betäubungsmitteln begründet keine Bewertungseinheit. Wurde aus zwei eingekauften Mengen ein Gesamtvorrat gebildet und der Besitz zu unterschiedlichen Geschäften, die sich zeitlich überschnitten, benutzt, so liegt keine Bewertungseinheit, sondern 2 Taten des Handeltreibens vor (*BGH* NStZ 1995, 37 = StV 1995, 26; *BGH* NStZ 1996, 604 = StV 1996, 668; *BGH* NStZ-RR 1997, 144; *BGH* NStZ 1997, 243 = StV 1997, 470; *BGH*

NStZ 2000, 431; *BGH* NJW 2003, 300; *BGH* NStZ 2008, 470; *BGH* StraFo 2010, 348).

423   Bei mehreren Einkäufen von einem Lieferanten sind die Handlungen des Käufers selbst dann nicht als eine Tat im Sinne einer Bewertungseinheit anzusehen, wenn das gesamte eingekaufte Rauschgift aus demselben Vorrat der Verkäufers stammt (*BGH* NStZ-RR 2011, 25).

424   **d) Auffüllen des Betäubungsmittelvorrats (Silotheorie).** Umstritten ist die sog. **Silo-Theorie.** Nach Ansicht des 2. Strafsenats des *BGH* muss das sukzessive **Auffüllen eines Betäubungsmittelvorrates** zu einer Bewertungseinheit führen (vgl. BGHR BtMG § 29 Bewertungseinheit 3 = NStZ 1994, 547; ebenso der 3. Strafsenat des *BGH* in NStZ-RR 1997, 144; offengelassen vom 4. Strafsenat in BGHR BtMG § 29 Bewertungseinheit 4 [4 StR 746/94]). Das sukzessive Auffüllen eines Betäubungsmittelvorrates aus verschiedenen Einkaufsgeschäften kann indes keine Bewertungseinheit begründen, weil der **bloße Besitz** des Restes aus der Vorrat **nicht die Kraft hat, mehrere selbständige Taten** des unerlaubten Handeltreibens zur Tateinheit **zu verklammern,** auch wenn der Besitz häufig als untergeordneter Teilakt hinter dem Handeltreiben zurücktritt (*BGH* NStZ 1995, 37 = StV 1995, 26; *BGH* NStZ 1997, 243 = StV 1997, 470; *BGH* NStZ 2000, 540; *BGH* NStZ 2002, 438 = StV 2002, 257; *Weber* Vor §§ 29 ff. Rn. 518; *Hügel/Junge/Lander/Winkler* § 29 Rn. 4.4.3; *Franke/Wienroeder* § 29 Rn. 70; LK-StGB/*Rissing-van Saan* Vorb. 43 vor § 52). Der 3. Strafsenat des *BGH* hat die Annahme einer Bewertungseinheit in einem Silofall beanstandet, bei dem **keine Feststellungen zu den Zeitpunkten und dem Umfang der Betäubungsmittelauffüllungen mit kleinen Mengen über einen langen Zeitraum** getroffen werden konnten und **infolge fehlender Erwerbsklammer** die Einzelverkäufe deshalb als selbstständige Taten behandelt (*BGH* NStZ 2000, 540; *BGH* NJW 2002, 1810). Der 5. Strafsenat des *BGH* hat festgestellt, dass der gleichzeitige Besitz zum Handel bestimmter Betäubungsmittelmengen **aus verschiedenen Liefervorgängen,** wenn sie zusammengeschüttet werden oder getrennt bleiben, **nicht geeignet** ist, mehrere Verkaufsvorgänge **zu einer Bewertungseinheit zu verbinden** (*BGH* NStZ 2000, 431; *BGH* NJW 2003, 300).

425   **e) Mischen von Betäubungsmitteln, die aus zwei Erwerbshandlungen stammen.** Eine Bewertungseinheit ist aber anzunehmen, wenn verschiedene Betäubungsmittel auf unterschiedlichen Erwerbshandlungen miteinander vermischt werden, weil in diesem Fall schon das Bereithalten der Teilmengen in gewinnbringender Verwertungsabsicht sowie das Strecken und Vermischen zur der Gesamtmenge zum Zweck der Weiterveräußerung einheitliche Teilakte des Handeltreibens sind (vgl. *BGH* NStZ-RR 1999, 250 = StV 1998, 595; *Weber* Vor §§ 29 ff. Rn. 524).

426   **f) Besitz und Handel mit verschiedenartigen Betäubungsmitteln.** Hat ein Angeklagter in einem Akt **verschiedene Betäubungsmittelarten gleichzeitig quasi im Paket erworben** und anschließend **im Paket gleichzeitig verkauft,** so liegt eine Bewertungseinheit vor (*BGH* StV 1999, 431; vgl. auch *BGH* NStZ-RR 2002, 52). Der **gleichzeitige Besitz verschiedenartiger Betäubungsmittel,** ohne sie abgeben oder mit ihnen Handel treiben zu wollen, verletzt nur ein Gesetz (*BGH* StV 1982, 525; *BGH* StV 1982, 525). Hat ein Angeklagter bei unklarer Herkunft der Betäubungsmittel **mehrere Arten von Betäubungsmitteln in Besitz** und treibt damit Handel, so besteht zwischen beiden Fällen des Handeltreibens Tatmehrheit, da es zwischen den Begehungsarten des Besitzes und Handeltreibens an der Wertgleichheit fehlt, die dem Besitz die Kraft geben könnte, **mehrere selbstständige Fälle des Handeltreibens** zur Tateinheit zu verklammern. Es wäre ein widersinniges Ergebnis, wenn das minder schwere, untergeordnete Delikt des Besitzes in der Lage wäre, mehrere selbstständige, nach Art der Durchführung, Lieferanten- und Abnehmerkreis, Art und Gefährlichkeit des Betäubungsmittels möglicherweise ganz unterschiedliche Taten des Handeltreibens zu verbinden (*BGH* StV 1982, 524; *BGH* NStZ 2000, 262).

g) Umtausch von Betäubungsmitteln. Der Warenumtausch, d. h. die Rück- 427
gabe schlechten Stoffs gegen die gleiche Menge guten Stoffs, schafft nur dann ein
Konkurrenzverhältnis zwischen den Vorgängen, wenn mit dem Warenumtausch
auch ein neuer Preis bzw. andere Bedingungen verbunden sind. In der Regel ist
die Rückabwicklung des Kaufvertrages keine erneute Tat, sondern gehört zu einer
Bewertungseinheit des Handeltreibens (*BGH* NStZ 1994, 135 = StV 1994, 84).
Bei dem Umtausch einer zum Zwecke des Weiterverkaufs erworbenen Rauschgiftmenge in eine andere verbindet die Vereinbarung des Umtauschs als Handlungsteil, der beide Mengen betrifft, das Geschehen zu einer Einheit (*BGH* NStZ-
RR 2007, 58 = StV 2007, 83; *BGH* NStZ-RR 2010, 24; *BGH* NStZ 2011, 97 =
StV 2010, 684). Diente eine Spanienfahrt dazu, die während einer vorangegangenen Spanienfahrt erworbenen und eingeführten Betäubungsmittel, soweit sie un-
verkäuflich waren, zurückzubringen, zu reklamieren und in bessere Ware umzutau-
schen, so stellt der Umtausch, der erneute Erwerb und die erneute Einfuhr keinen
zusätzlichen Fall des unerlaubten Handeltreibens dar, denn die vorausgegangene
Einkaufsfahrt war erst mit der Reklamation beendet (*BGH* StV 1986, 342; vgl.
auch *BGH* NStZ-RR 2010, 24).

h) Verlust von Betäubungsmitteln. Die gewaltsame Wiederbeschaffung ge- 428
stohlenen, zum illegalen Handeltreiben bestimmten Rauschgifts ist im Verhältnis
zum früheren unerlaubten Handeltreiben mit diesem Rauschgift eine eigene Tat.
Der frühere Besitz des Rauschgifts kann nicht das gewaltsame, auf einem späteren
Beschluss beruhende Vorgehen des Angeklagten in einer Bewertungseinheit einbinden (*BGH* NStZ 1998, 251 m. Anm. *Erb* = StV 1998, 26 m. Anm. *Fürstenau*
StV 1998, 482).

i) Einheitliche Produktionsfläche. Eine Plantagenbesitzerin, die in einem 429
bestimmten Tatzeitraum auf ein und derselben Anbau- bzw. Produktionsfläche vier
Ernten gewonnen und anschließend vermarktet hat, ist lediglich wegen einer Tat
des Handeltreibens in nicht geringen Mengen verurteilt worden. Es sind aber ohne
Bewertungseinheit hier die vier Ernten als jeweils selbstständigen Taten anzusehen
(*BGH* NStZ 2005, 650 = StraFo 2005, 470; *BGH*, Beschl. v. 15. 10. 2008, 2 StR
352/08). Findet der Anbau aber in einer Weise statt, dass die Ernten durch die
Nutzung mehrerer Anbauflächen mit Pflanzen unterschiedlicher Reifestadien sukzessive erfolgen, ohne dass eine genaue Zuordnung zu einem Anbauvorgang möglich ist, ist von **einer Tat des Handeltreibens** auszugehen (vgl. *LG Trier*, Urt. v.
10. 7. 2009, 8031 Js 32213/08.1 KLs; s. dazu auch § 29/Teil 2, Rn. 100 f.).

j) Einheitliche Lieferzusage. Die Absprache über eine sukzessive **Lieferung** 430
von Betäubungsmittelteilmengen fasst die aufeinander folgenden Teilakte der
Veräußerung zu einer Tat zusammen, wenn die Absprache darauf gerichtet war,
eine konkrete bestimmte **Gesamtmenge** zu liefern (*BGH* NStZ 1997, 136 = StV
1997, 471; *BGH* StV 2000, 260; BGHR BtMG § 29 Bewertungseinheit 19 =
NStZ 2000, 207; *BGH* StV 2001, 461). Nach den Grundsätzen der Bewertungseinheit führen langwierige, schleppende Verhandlungen über ein und dieselbe
Rauschgiftmenge bzw. gehören mehrere gescheiterte Bemühungen, Betäubungsmittel anzukaufen, um die Lieferzusage zu erfüllen und um die gewünschte Betäubungsmittelmenge zu liefern, zu einer Bewertungseinheit. Zwar ist der Tatbestand
des Handeltreibens mit Betäubungsmitteln schon mit der konkreten Liefervereinbarung
vollendet, auch wenn der Täter zunächst kein Rauschgift beschaffen kann.
Erfüllt er die Vereinbarung aber durch Lieferung drei Tage **später,** so handelt
es sich noch um ein und denselben Güterumsatz und damit um eine Bewertungseinheit (*BGH* StV 1996, 483).

k) Einheitliche Bezahlung mehrerer Rauschgiftgeschäfte. Mehrere 431
Rauschgiftgeschäfte stehen in Tateinheit, wenn sie in einem Handlungsteil etwa
der gemeinsamen Bezahlung des Restkaufpreises in einem Betrag zusammentreffen
(BGHR BtMG § 29 Abs. 1 Nr. 3 Konkurrenzen 5 [2 StR 47/93]; BGHSt. 43,
158 = NStZ 1998, 42 = StV 1997, 589; *BGH* NStZ 2004, 105; *BGH* NStZ 2008,
42; *BGH* NStZ 2011, 97 = StV 2010, 684).

432   Wird eine Heroinlieferung von 1 kg trotz Einschaltung eines Geldeintreibers vom Käufer nicht bezahlt und lassen sich Verkäufer, Käufer und Geldeintreiber bei Verhandlungen darauf ein, dass nach Lieferung von 2 weiteren Kilogramm Heroin nunmehr 3 kg Heroin von dem Käufer zu bezahlen sind, so ist von einem Handeltreiben und nicht von zwei selbstständigen Heroingeschäften auszugehen (BGHR BtMG § 29 Abs. 1 Nr. 3 Konkurrenzen 5 [2 StR 47/93]). Bei der Verbindung des Eintreibens des Kaufpreises für eine Betäubungsmittellieferung mit Verhandlungen über weitere Lieferungen hatte das Tatgericht zwei Handlungen in Tatmehrheit angenommen, was vom *BGH* beanstandet wurde, weil es sich um ein und dieselbe Tat handeln würde (§ 52 StGB). Gleichwohl ein unbefriedigendes Ergebnis.

433   Hat ein Angeklagter in zwei Fällen im Dezember 1992 und im Januar 1993 jeweils 100 g Kokain verkauft und hat er vom Käufer eine Gesamtzahlung von 11.500 DM (8.000 DM für das 1. Geschäft und 3.500 DM Anzahlung für das 2. Geschäft) empfangen, so treffen nach Auffassung des *BGH* beide Verkäufe in einem Handlungsteil zusammen und bilden eine Bewertungseinheit (BGHR BtMG § 29 Strafzumessung 29 [2 StR 514/95]). Diese Entscheidung hat *Körner* zu Recht kritisiert (StV 1998, 626): Sofern der Käufer bei einer Verkaufsvereinbarung über 2 mal 100 g Kokain sofort die 1. Lieferung bezahlt und eine Anzahlung für die zukünftige 2. Lieferung leistet, so ist wegen der **einheitlichen Lieferervereinbarung** über zwei Teilmengen eine Bewertungseinheit gegeben. Bezahlt aber der Käufer einer Kommissionslieferung von 100 g Kokain zunächst nicht und wird er bei einer **2. Lieferung** von 100 g Kokain **an die ausstehende Zahlung erinnert**, so vermögen die Bezahlung der Erstlieferung und die gleichzeitige Anzahlung für die Zweitlieferung keine Verklammerung zur Bewertungseinheit zu bewirken. Gibt der Inhaber eines sukzessiv aufgefüllten Verkaufslagers innerhalb eines halben Jahres an denselben Kunden 3 mal 100 g Kokain auf Kommissionsbasis ab, die dieser erst am Ende des Jahres **durch einen Gesamtbetrag bezahlt**, so handelt es sich beim Käufer um drei selbstständige Handlungen und um drei selbstständige Güterumsätze, die nicht vom Käufer durch einheitliche Bezahlung zu einer Bewertungseinheit zusammengefasst werden können. Der 3. Strafsenat des *BGH* hat denn auch **Bedenken** geäußert, ob der **bloße Zahlungsvorgang die Kraft hat, mehrere** an sich selbstständige **Rauschgiftgeschäfte zu einer Tat** im Rechtssinne **zu verbinden** (*BGH* NStZ 2009, 392 = StraFo 2008, 397; so auch *BGH* NStZ 1999, 411 = StV 1999, 431).

434   **l) Einheitliche Entlohnung mehrerer Aufbewahrungen.** Bewahrt der Täter jedoch für ein Entgelt und für ein und denselben Auftraggeber verschiedene Betäubungsmittelmengen auf, so verklammert der Gesamtlohn die verschiedenen Einzelakte (*BGH* NStZ-RR 1999, 119).

435   **m) Einheitlicher Geldfluss.** Die ineinandergreifenden Geschäfte der Betäubungsmittellieferungen und des Geldrückflusses für eine oder mehrere Lieferungen führen nicht zur gleichartigen Tateinheit mehrerer Fälle des unerlaubten Handeltreibens mit Betäubungsmitteln. Vielmehr bildet jeder Fall transportierter, gezählter, umgetauschter und weitergeleiteter Geldbeträge jeweils eine eigenständige Bewertungseinheit, auf die sich das unerlaubte Handeltreiben mit Betäubungsmitteln durch Förderung der Zahlung des Entgeltes für Drogenlieferungen bezieht (BGHSt. 43, 158 = NStZ 1998, 42 = StV 1997, 589).

II. Handeltreiben und die übrigen Tatbestandsalternativen des § 29 Abs. 1 S. 1 Nr. 1 BtMG

436   **1. Handeltreiben und Herstellung.** Die Herstellung von Betäubungsmitteln tritt als Vorstufe des Handeltreibens hinter diesem zurück, wenn sie bereits auf Absatz von Betäubungsmitteln gerichtet war (*BGH*, Beschl. v. 2. 11. 1988, 2 StR 571/88). Wer 5 kg Haschisch in Platten presst und wegen Nichtverkäuflichkeit derselben zu 100 g Haschischöl verarbeitet und sodann das Haschischöl zum Verkauf anbietet, kann nicht wegen zweier selbstständiger Handlungen „1. Handel mit Haschisch", „2. Herstellung und Handeltreiben mit Haschischöl" verurteilt werden. Das Pressen des Haschischs, Anbieten der Haschischplatten, Verarbeitung des Haschischs zu Haschischöl, Anbieten des Haschischöls verwirklichen den Tatbestand „Handeltreiben" nicht mehrfach, sondern dienen demselben Güterumsatz und werden als aufeinander folgende Teilakte zur Bewertungseinheit des Handeltreibens verbunden, der verschiedenartige Tätigkeiten zusammenfasst (vgl. *BGH* NStZ 1993, 391 = StV 1994, 22; *BGH* NStZ 1993, 585).

2. Handeltreiben und Erwerb. Ist der Erwerb ein Teilakt des Handeltreibens, **437** tritt der Erwerb im Wege der Bewertungseinheit hinter dem Handeltreiben zurück (BGHR BtMG § 29 Bewertungseinheit 1 = NStZ 1995, 193 = StV 1995, 256; BGHR BtMG § 29 Bewertungseinheit 4 = NJW 1995, 2300 = StV 1995, 417; *BGH* NStZ 2009, 648 = StV 2009, 675). Fallen aber der Erwerb zum Zwecke des Handeltreibens und der Erwerb zum Zwecke des Eigenverbrauchs auch nur in einem Teilakt zusammen, so steht das Handeltreiben in Tateinheit mit dem Erwerb (vgl. *BGH* StV 1986, 435; BGHR BtMG § 29 Abs. 1 Nr. 1 Konkurrenzen 5 = StV 2002, 255; *BGH* NStZ 2003, 90 = StV 2003, 279; *Weber* § 29 Rn. 726).

Die rechtliche Einordnung von **Erwerbsvorgängen mit unterschiedlicher 438 Zweckbestimmung** richtet sich nach den jeweiligen Einzelmengen.

a) Normale Menge. Liegt bereits die erworbene Gesamtmenge **unter dem 439 Grenzwert zur nicht geringen Menge,** ist unerlaubtes Handeltreiben in Tateinheit mit unerlaubtem Erwerb nach § 29 Abs. 1 S. 1 Nr. 1 BtMG gegeben.

b) Nicht geringe Menge. Übersteigt die Gesamtmenge den Grenzwert 440 zur nicht geringen Menge, so kommt es auf die jeweiligen Teilmengen an: Bei einer **nicht geringen Handelsmenge** liegt unerlaubtes Handeltreiben mit einer nicht geringen Menge nach § 29 a Abs. 1 Nr. 2 BtMG vor. Ist auch die restliche **Eigenverbrauchsmenge nicht gering,** ist Tateinheit mit unerlaubtem Besitz einer nicht geringen Menge nach § 29 a Abs. 1 Nr. 2 BtMG gegeben; bei einer darunter liegenden Eigenverbrauchsmenge dagegen Tateinheit mit unerlaubtem Erwerb nach § 29 Abs. 1 Nr. 1 BtMG (BGHR BtMG § 29 Abs. 1 Nr. 1 Konkurrenzen 5 = StV 2002, 255).

Bleibt jedoch die **Handelsmenge unter dem Grenzwert,** kommt die weitere 441 Alternative dieses Verbrechenstatbestandes, nämlich **unerlaubter Besitz der gesamten Erwerbsmenge** nach § 29 a Abs. 1 Nr. 2 BtMG in Betracht (BGHSt. 42, 123, 126 = NStZ 1996, 499 = StV 1996, 670). Diese steht dann in Tateinheit mit unerlaubtem Handeltreiben mit der Handelsmenge nach § 29 Abs. 1 S. 1 Nr. 1 BtMG, während der unerlaubte Erwerb der Eigenverbrauchsmenge nach § 29 Abs. 1 S. 1 Nr. 1 BtMG von dem Verbrechenstatbestand des unerlaubten Besitzes einer nicht geringen Menge nach § 29 a Abs. 1 Nr. 2 BtMG verdrängt wird (*BGH* NStZ 1994, 548 = StV 1995, 26; BGHR BtMG § 29 a Abs. 1 Nr. 2 Besitz 3 = NStZ-RR 1997, 49; BGHR BtMG § 29 Abs. 1 Nr. 1 Konkurrenzen 5 = StV 2002, 255; *BGH* StraFo 2003, 315).

3. Handeltreiben und Besitz. Das Besitzen von Betäubungsmitteln ist nur **442** dann ein unselbstständiges im Handeltreiben aufgehendes Teilstück des Geschehens, wenn das **Handeltreiben in Täterschaft** begangen wird (BGHSt. 30, 359; *BGH* NStZ 1992, 546). Tritt der Besitz mit **Beihilfe zum Handeltreiben** zusammen, so liegt Tateinheit nahe (*BGH* StV 1993, 474; *BGH* NStZ-RR 1996, 116; *BGH* NStZ 2011, 98 = StV 2010, 683). Besitzt jemand eine größere Rauschgiftmenge und verkauft mehrmals Teilmengen, dann ist das **minder schwere untergeordnete Delikt des Besitzes nicht in der Lage, die selbständigen Handlungen der Abgabe (des Handeltreibens) zu einer Einheit zu verbinden** (*BGH* BtMG § 29 Bewertungseinheit 12 = NStZ 1997, 344). Hat ein Kurier für den Drogentransport neben der zu transportierenden Ware Stoff zum Eigenverbrauch als Lohn erhalten, so steht das **Handeltreiben mit Besitz in Tateinheit** (*BGH*, Urt. v. 29. 11. 1978, 3 StR 433/78). Zwischen einem unerlaubten Handeltreiben mit Betäubungsmitteln und dem gleichzeitigen Besitz einer davon nicht betroffenen Menge besteht Tateinheit (*BGH* StV 1998, 594). Geht der

Besitz von Betäubungsmitteln nicht vollständig im Handeltreiben auf, weil bezüglich einer Teilmenge nicht geklärt werden kann, dass auch mit ihr Handel getrieben wurde, so besteht zwischen Handeltreiben und Besitz Tateinheit (*BGH*, Beschl. v. 29. 8. 1984, 2 StR 173/84; *BGH*, Beschl. v. 12. 10. 1990, 1 StR 539/ 90). Bewahrt jemand zwei zum gewinnbringenden Absatz bestimmte Betäubungsmittelteilmengen in jeweils nicht geringer Menge für einen anderen auf, von der er als Gegenleistung eine Teilmenge auf eigene Kosten weiterkaufen darf, so macht er sich wegen Handeltreibens in nicht geringer Menge (in Bezug auf die selbst verkaufte Menge) in Tateinheit mit Besitz in nicht geringer Menge und Tateinheit mit Beihilfe zum Handeltreiben in nicht geringer Menge (in Bezug auf die verwahrte Menge) strafbar (*BGH*, Beschl. v. 3. 5. 2011, 1 StR 214/11 [o. Beg.]). Trifft der Besitz einer nicht geringen Menge mit einer Beihilfe zum Handeltreiben zusammen, so bedarf es nicht der obligatorischen Milderung wegen Beihilfe (§ 27 StGB), da der unerlaubte Besitz von nicht geringen Mengen durch Verwahren der Betäubungsmittel in Täterschaft begangen wurde (BGHR BtMG § 29 Abs. 1 Nr. 1 Handeltreiben 35 = NStZ 1993, 44).

443   **4. Handeltreiben, Veräußerung und Abgabe.** In der Regel schließen sich Handeltreiben, Abgabe und Veräußerung gegenseitig als alternative Begehungsweisen aus. Erwirbt aber ein Angeklagter eine größere Menge Betäubungsmittel, die er zum Teil verschenkt und teilweise verkauft, so kann das Handeltreiben mit der Abgabe in Tateinheit stehen.

444   **5. Handeltreiben und Einfuhr.** Erfolgt die **Einfuhr von Betäubungsmitteln, die nicht** die Größenordnung einer **nicht geringen Menge** erreichen, zum Zwecke des Handeltreibens, so ist sie ein rechtlich unselbstständiger, im Handeltreiben aufgehender Teilakt des Gesamtgeschehens (BGHSt. 31, 163 = NStZ 1983, 692 = StV 1983, 63; *BGH* StV 1989, 202; *BGH* NStZ 2006, 172; *BGH* NStZ-RR 2010, 216). Erwirbt jemand im Ausland Haschisch zum Eigenkonsum und Heroin zum Weiterverkauf und führt beide Stoffe zu den genannten Zwecken in das Bundesgebiet ein, so stehen das **Handeltreiben** mit Heroin und die **Einfuhr** von Haschisch in Idealkonkurrenz (*BGH*, Beschl. v. 24. 11. 1978, 2 StR 616/ 78). Zwischen **täterschaftlicher Einfuhr** und **Beihilfe zum Handeltreiben** kann Tateinheit bestehen (vgl. *BGH* NStZ-RR 2006, 277; BGHSt. 51. 219 = NStZ 2007, 338 = StV 2007, 303).

445   **6. Handeltreiben und Durchfuhr.** Auch die Durchfuhr oder versuchte Durchfuhr geht im täterschaftlichen Handeltreiben auf (*BGH* NStZ 1984, 171 = StV 1984, 154; *BGH*, Beschl. v. 22. 12. 2000, 2 StR 389/00). Ebenso geht die Beihilfe zur versuchten Durchfuhr in der Beihilfe zum Handeltreiben als unselbständiger Teilakt auf (*BGH* NStZ 1984, 171 = StV 1984, 154; *BGH* StV 1985, 14).

III. Handeltreiben und Verbrechen

446   Die Verbrechenstatbestände in § 29a Abs. 1 Nr. 2 BtMG (Handeltreiben mit Betäubungsmitteln in nicht geringer Menge), § 30 Abs. 1 Nr. 1 BtMG (bandenmäßiges Handeltreiben), § 30 Abs. 1 Nr. 2 BtMG (gewerbsmäßige Abgabe von Personen über 21 Jahre an Personen unter 18 Jahren), § 30a Abs. 1 BtMG (bandesmäßiges Handeltreiben mit Betäubungsmitteln in nicht geringer Menge), § 30 Abs. 2 Nr. 1 BtMG (Bestimmen einer Person unter 18 Jahren durch eine Person über 21 Jahren zum Handeltreiben) und § 30 Abs. 2 Nr. 2 BtMG (bewaffnetes Handeltreiben mit Betäubungsmitteln in nicht geringer Menge) **gehen als spezielle Regelungen den Tatbegehungsweisen in dem § 29 Abs. 1 BtMG vor**. Ausnahmen gibt es aber bei folgenden Verbrechenstatbeständen:

447   **1. § 30 Abs. 1 Nr. 3 BtMG (leichtfertige Todesverursachung).** Das Handeltreiben mit Betäubungsmitteln nach § 29 Abs. 1 S. 1 Nr. 1 BtMG steht mit dem Verbrechenstatbestand der Abgabe, dem Verabreichen und Überlassen zum unmittelbaren Verbrauch mit leichtfertiger Todesverursachung (§ 30 Abs. 1 Nr. 3 BtMG) in Tateinheit.

2. § 30 Abs. 1 Nr. 4 BtMG (Einfuhr von Betäubungsmitteln in nicht ge- 448
ringer Menge). Die nach § 30 Abs. 1 Nr. 4 BtMG als Verbrechen eingestufte Einfuhr von Betäubungsmitteln in nicht geringer Menge, von denen nur eine Teilmenge unterhalb der nicht geringen Menge zum Handeltreiben bestimmt ist, die andere Teilmenge in nicht geringer Menge zum Eigenkonsum, steht mit dem Vergehen des Handeltreibens mit Betäubungsmitteln nach § 29 Abs. 1 S. 1 Nr. 1 BtMG in Tateinheit (BGHSt 31, 163 = NStZ 1983, 174 = StV 1983, 63. Da die Mindeststrafe des § 30 BtMG mit 2 Jahren höher als die Mindeststrafe des § 29a BtMG mit 1 Jahr Freiheitsstrafe ist, stehen auch die Einfuhr von Betäubungsmitteln in nicht geringer Menge nach § 30 Abs. 1 Nr. 4 BtMG und das Handeltreiben mit Betäubungsmitteln in nicht geringer Menge nach § 29a Abs. 1 Nr. 2 BtMG in Tateinheit (BGHSt. 40, 73 = NStZ 1994, 290 = StV 1994, 375; *BGH* NStZ 1997, 91).

IV. Verhältnis Beihilfe und Täterschaft

Hat ein Angeklagter **Beihilfe** zu einer Tat (**Verkauf** der eingeführten Ware) ge- 449
leistet, an der er als **Mittäter (Einfuhr)** beteiligt war, so muss der Schuldspruch wegen der Beihilfe entfallen (*BGH* NJW 1981, 1325 = StV 1981, 180). Dagegen besteht zwischen **Besitz und Beihilfe zum Handeltreiben** Tateinheit (*BGH* StV 1981, 624; BGHR BtMG § 29 Abs. 1 Nr. 3 Konkurrenzen 1 [5 StR 330/86]; BGHR BtMG § 29 Abs. 1 Nr. 1 Handeltreiben 36 = StV 1993, 474). Bewahrt jemand zwei zum gewinnbringenden Absatz bestimmte Betäubungsmittelteilmengen in jeweils nicht geringer Menge für einen anderen auf, von der er als Gegenleistung eine Teilmenge auf eigene Kosten weiterkaufen darf, so macht er sich wegen Handeltreibens in nicht geringer Menge (in Bezug auf die selbst verkaufte Menge) in Tateinheit mit Besitz in nicht geringer Menge und Tateinheit mit Beihilfe zum Handeltreiben in nicht geringer Menge (in Bezug auf die verwahrte Menge) strafbar (*BGH*, Beschl. v. 3. 5. 2011, 1 StR 214/11 [o. Beg.]).

Die **Mittäterschaft bei der Einfuhr** bedingt nicht notwendig eine **Mittäter-** 450
schaft bei dem darin liegenden **Handeltreiben.** Vielmehr kann zwischen **tä-**
terschaftlicher Einfuhr und **Beihilfe zum Handeltreiben** Tateinheit bestehen (vgl. *BGH* NStZ-RR 2006, 277; BGHSt. 51. 219 = NStZ 2007, 338 = StV 2007, 303). Eine **Beihilfe zum Handeltreiben** steht auch mit der **versuchten Durchfuhr** in Tateinheit (*BGH* NStZ 1984, 171 = StV 1984, 154; *BGH* StV 1985, 14).

In dem täterschaftlichen Handeltreiben des Verkäufers kann nicht zugleich eine 451
Beihilfe zu dem durch Erwerb und Weiterveräußerung beim Abnehmer vorliegenden Handeltreiben gesehen werden, da dies gleichzeitig eine Beihilfe zur eigenen Tat wäre (*Karlsruhe* NStZ-RR 1998, 314).

V. Handeltreiben und Waffendelikte

Transportiert ein Täter im Kofferraum seines Pkws gleichzeitig Waffen und Be- 452
täubungsmittel, so steht das Handeltreiben mit Betäubungsmitteln in Tateinheit mit dem Verstoß gegen das Waffengesetz (*BGH*, Beschl. v. 25. 4. 1994, 5 StR 189/94; *Wesemann/Voigt* StraFo 2010, 452, 454). Besitzt ein Täter eine Pistole in seiner Wohnung und unterhält ein Rauschgiftdepot in einem Erdbunker im Wald, so werden diese beiden Verhaltensweisen nicht gem. § 52 StGB durch dieselbe Handlung verknüpft. Führt ein Täter beim Handeltreiben mit nicht geringen Mengen von Betäubungsmitteln eine Waffe mit sich, so geht die Spezialregelung des Verbrechenstatbestandes des § 30a Abs. 2 Nr. 2 BtMG vor.

VI. Handeltreiben und andere Straftaten

Reist ein Täter ohne gültigen Pass zum Zwecke der Einfuhr und des Handel- 453
treibens mit Betäubungsmitteln ein, so stehen die BtMG-Tatbestände mit dem

Missbrauch von Ausweispapieren in Tateinheit (*BGH*, Beschl. v. 4. 2. 1987, 2 StR 619/86). Zwischen Handeltreiben und **fahrlässiger Tötung** kann Tateinheit bestehen (*Celle* MDR 1980, 74). Zwischen **bewaffnetem Handeltreiben** nach § 30a Abs. 2 Nr. 2 BtMG und einem **Tötungsdelikt** besteht Tateinheit (*BGH* NStZ 2001, 492). In Tateinheit können auch **Betrug** und Handeltreiben stehen. Verschaffte sich ein Angeklagter durch Erpressung 600 g Haschisch, verkaufte er hiervon 200 g gewinnbringend und behielt die 400 g für sich zum Eigenverbrauch, so hat der Schuldspruch auf **Erpressung** in Tateinheit mit unerlaubtem Sichverschaffen von Betäubungsmitteln (= 400 g) und in Tateinheit mit unerlaubtem Handeltreiben mit Betäubungsmitteln (= 200 g) zu lauten. Das unerlaubte Sichverschaffen mit 200 g Haschisch tritt beim Handeltreiben im Rahmen der Bewertungseinheit zurück (BGHR BtMG § 29 Abs. 1 Nr. 1 Sichverschaffen 2 [3 StR 694/93]). Hat ein Betäubungsmittelhändler seinem Betäubungsmittellieferanten nach Übergabe des Heroins sein Kaufgeld gewaltsam wieder abgenommen, macht er sich **tateinheitlich** mit dem Handeltreiben mangels Wegnahme einer fremden Sache **nicht des Raubes, sondern** lediglich **der Nötigung** schuldig (*BGH* NStZ-RR 2000, 234). Zur Tateinheit mit Geldfälschung (vgl. *BGH*, Urt. v. 21. 2. 2001, 2 StR 524/00).

VII. Handeltreiben und Mitgliedschaft in einer kriminellen Vereinigung gem. 129 StGB

454   Begeht ein Täter mehrere Straftaten des Handeltreibens mit Betäubungsmitteln als Mitglied oder Rädelsführer einer kriminellen Vereinigung, so besteht zwischen **den in Realkonkurrenz stehenden Handelsgeschäften** und der **Dauerstraftat des § 129 StGB Tateinheit** (*BGH* NJW 1980, 2029; *BGH* [*Holtz*] MDR 1980, 988; *BGH* [*Pfeiffer/Miebach*] 1984, 209; SSW-StGB/*Patzak* § 129 Rn. 37).

VIII. Zweifel bei den Konkurrenzen

455   Bleibt offen, ob die tatsächlichen Voraussetzungen der Tateinheit oder der Tatmehrheit vorgelegen haben, so ist nach dem Grundsatz „in dubio pro reo" von dem dem Angeklagten günstigeren Sachverhalt auszugehen. Dies ist **bei ungeklärtem Konkurrenzverhältnis** die **Tateinheit** (*BGH* StV 1992, 66).

K. Strafklageverbrauch

I. Strafklageverbrauch bei inländischer Verurteilung

456   Kommt in Betracht, dass eine Tat zu einer bereits abgeurteilten Bewertungseinheit gehörte, so zwingt dies zur Prüfung eines Strafklageverbrauchs (*BGH* StV 1998, 596; *BGH* StV 2002, 235). Der **Erwerb eines Betäubungsmittels** sowie dessen **Besitz** und **Abgabe** sind als **Teilakte des Handeltreibens,** damit als einheitlicher Lebensvorgang und verfahrensrechtlich als eine Tat zu werten (*BGH* NJW 1974, 959). Wer rechtskräftig wegen des Erwerbes von Betäubungsmitteln verurteilt wurde, kann nicht später nochmal wegen einzelner Verkaufsgeschäfte dieser Betäubungsmittel zur Verantwortung gezogen werden. Denn es ist Strafklageverbrauch hinsichtlich des strafbaren Geschehens auch insoweit eingetreten, als Teilmengen des erworbenen Betäubungsmittels weiter veräußert wurden und daher auch eine Verurteilung wegen Handeltreibens mit Betäubungsmitteln in Betracht gekommen wäre (*BGH* NJW 1974, 959; *BGH* StV 1984, 366). Wurde ein Angeklagter von einem Strafkammer vom dem Vorwurf rechtskräftig freigesprochen, mit der Übergabe von 20.000 DM am 4. 10. 1979 versucht zu haben, Betäubungsmittel zu erwerben, so kann er nicht von einer anderen Strafkammer für den Handel mit 12 kg Haschisch am 27. 9. 1979 und deren Bezahlung am 4. 10. 1979 verurteilt werden. Denn der Erwerb einer Menge von Betäubungsmitteln und deren spätere Bezahlung sind **Bestandteile eines einheitlichen Lebensvorganges,** stellen also eine Tat i. S. d. § 264 Abs. 1 StPO dar (*BGH* StV 1982, 60). Gleiches gilt, wenn ein Angeklagter wegen der Rückgabe von Betäubungsmitteln rechtskräftig verurteilt wurde, dann kann er nicht wegen des vorausgegangenen Erwerbes zur Verantwortung gezogen werden.

Bunkerte ein Angeklagter 4 kg Heroin und wurde nur wegen Besitzes von 1 kg **457** Heroin rechtskräftig verurteilt, so kann er nicht mehr wegen der Übermenge von 3 kg bestraft werden. Eine Verurteilung wegen unerlaubten Handeltreibens mit Betäubungsmitteln steht einer Verurteilung wegen unerlaubter Einfuhr von Betäubungsmitteln entgegen, wenn die Betäubungsmittel, mit denen nach dem 1. Urteil Handel getrieben wurde, aus der nunmehr angeklagten Einfuhr stammen (*BGH* StV 1991, 8). Ist der Angeklagte wegen der Einfuhr von mehreren Joints verurteilt worden, erstreckt sich die Entscheidung auch auf die im Zeitpunkt der gerichtlichen Entscheidung noch nicht bekannte, durch dieselbe Handlung begangene Einfuhr von 20 kg Marihuana (*BGH* StV 2010, 120). Wurde ein Täter, der nach dem Handel mit 1,5 kg Cannabis mit seinem Pkw in eine Polizeikontrolle geriet und sich mit seinem Pkw den Fluchtweg freirammte, zweimal gesondert (1 × wegen Unfallflucht und 1 × wegen Betäubungsmittelhandel) angeklagt, so verbraucht die erste Verurteilung wegen Unfallflucht die Strafklage auch wegen des Betäubungsmitteldeliktes. Denn die Unfallflucht diente der Sicherung und Aufrechterhaltung des Betäubungsmittelbesitzes und gehörte zu einem einheitlichen Lebensvorang, zu einer Tat i. S. v. § 264 StPO (*Frankfurt* StV 1994, 119).

Die Einfuhr einer Waffe und die Einfuhr von Rauschgift, beides **beim** **458** **gleichen Grenzübertritt** im gleichen Pkw verborgen, stellen verfahrensrechtlich eine Tat dar. Wurde der Angeklagte wegen der Waffe durch Strafbefehl verurteilt, so ist diese Strafe auch für die Einfuhr und das tateinheitliche fortgesetzte Handeltreiben in der Form des Verkaufes des eingeschmuggelten Heroins verbraucht (*BGH* NStZ 1989, 38 = StV 1989, 48). Die Verurteilung wegen unerlaubten Erwerbes und Besitzes einer Schusswaffe verbraucht die Strafklage wegen Verstoßes gegen das BtMG dann, wenn der Angeklagte **bei den Betäubungsmittelgeschäften die Waffe mit sich geführt** hat (*LG Freiburg* StV 1991, 16; vgl. auch § 30a Rn. 120f.).

II. Strafklageverbrauch nach Art. 54 SDÜ

In der deutschen Denkschrift zu dem **Schengener Übereinkommen v. 19. 6.** **459** **1990** heißt es, durch **Art. 54 bis 58 SDÜ** werde seitens der Bundesrepublik Deutschland der Grundsatz des Art. 103 Abs 3 GG (**ne bis in idem),** der bisher nur für inländische Urteile galt, auch auf ausländische Urteile erstreckt. Dabei kommen sowohl **ausländische Verurteilungen als auch ausländische Freisprüche** in Betracht (BGHSt. 46, 307 = NStZ 2001, 557 = StV 2001, 495; *Hamburg* wistra 1996, 193; *BayObLG* NStZ-RR 2001, 245 = StV 2001, 263; *LG Mannheim* NStZ-RR 1996, 147). Voraussetzung ist aber, dass sowohl die Bundesrepublik als auch das Land des auswärtigen Tatortes **Vertragsparteien des SDÜ** sind und die Anerkennung des Verbotes der doppelten Strafverfolgung ratifiziert haben. Eine rechtskräftige Auslandsverurteilung lässt ein **transnationales Verfahrenshinderis** entstehen. Strafklageverbrauch tritt ein, wenn **wegen derselben** **Tat** in einem anderen EU-Staat Strafverfolgung stattfindet, eine für diese Tat verhängte Sanktion vollstreckt ist, vollstreckt wird oder nicht mehr vollstreckt werden kann. Handelt es sich aber bei der doppelten Strafverfolgung **nicht um dieselbe** **Tat im Rechtssinne,** so entsteht **kein Verfahrenshindernis** (*LG Hannover* NStZ-RR 2004, 378). Auch eine **zur Bewährung ausgesetzte Freiheitsstrafe** **wegen derselben Tat** wird im Ausland vollstreckt und stellt ein Verfahrenshindernis dar (*BGH* NStZ 2001, 163 = StV 2001, 262). Auch ein **gnadenähnliches** **Absehen von der weiteren Vollstreckung** einer Freiheitsstrafe in Spanien hindert eine erneute Verfolgung (*München* StV 2001, 495).

Das Verbot mehrmaliger Bestrafung wegen derselben Tat in Art. 103 Abs 3 GG bezieht sich **nicht nur auf Urteile,** sondern auch auf **andere verfahrensabschließende und Rechtskraft bewirkende Sachentscheidungen** ausländischer Gerichte. Erfolgte eine Verfahrenseinstellung, die nach deutschem Strafverfahrensrecht nur durch das Gericht bzw. mit richterlicher Zustimmung möglich wäre (§§ 153, 153a StPO), so liegt eine ausländische verfahrensabschließende gerichtliche Entscheidung i. S. v. Art. 54 SDÜ vor, die eine erneute inländische Verurteilung verhindert. Hat ein Tatverdächtiger wegen Drogenhandelsdelikten im Ausland Bedingungen der Staatsanwaltschaft erfüllt, um ein gerichtliches Verfahren zu vermeiden, so hat diese **niederländische bzw. belgische Transactie,** bei der die Staatsanwaltschaften quasi richterliche Funktionen erledigen, Strafklage verbrauchende Wirkung i. S. v. Art. 54 SDÜ und verhindert eine erneute Verurteilung in Deutschland (*BGH* NStZ 1998, 149 m. Anm. *Wyngaert.* u. m. Anm. *Lagodny; BGH* NJW 1999, 1270 = StV 1999, 244 [zur belgischen Transactie]; BGHSt. 45, 123 = NJW 1999, 3134 = StV 1999, 478 [Ordonnance de non lieu] m. Anm. *Kühne; Köln* NStZ 2001, 558; *EuGH* NJW 2003, 1173 = StV 2003, 201 m. Anm. *Mausdörfer* StV 2003, 314; *Stein* NJW 2003, 1162, die in dieser Entscheidung des *EuGH* einen Meilenstein für den europäischen ne bis in idem-Grundsatz sieht). Andererseits können nur **verfahrensbeendende Sachentscheidungen** ein Verfahrenshindernis nach Art. 54 SDÜ begründen. Leiten in einem grenzüberschreitenden Rauschgiftfall die Ermittlungsbehörden beider Länder ein Ermittlungsverfahren gegen den Beschuldigten ein und wird in einem Land das Verfahren im Hinblick auf das andere Land **eingestellt ohne Sachprüfung,** so stellt diese Verfahrenseinstellung kein Verfahrenshindernis für das andere Land dar, da **nur die Doppelbestrafung, nicht aber die Normalbestrafung verhindert** werden soll (EuGH NJW 2005, 1337 [zur niederländischen und belgischen Transactie]). **Verfahrensabschließende Entscheidungen einer Verwaltungsbehörde** im europäischen Ausland haben aber **keine strafklageverbrauchende Wirkung** (*BayObLG* StV 2001, 263).

L. Verjährung

I. Beendigung der Tat und Beginn der Verjährungsfrist

460   Da der Tatbestand des Handeltreibens von der Anbahnung des Geschäfts bis zur Lieferung des Rauschgifts, bis zu den Kaufpreisbeitreibungen und Finanzanlagebemühungen reichen kann, ist für die Prüfung der Strafverfolgungsverjährung die Feststellung der Beendigung des Rauschgiftgeschäftes i. S. v. § 78a StGB bedeutsam, also der Zeitpunkt, wenn die umsatzfördernden Handlungen entweder **erfolgreich abgeschlossen sind** oder wenn **die Geschäftsabwicklung endgültig abgebrochen** und nicht weiter verfolgt wurde. Die Frage der Tatbeendigung und des Beginns der Strafverfolgungsverjährung muss für jeden Täter und jeden Gehilfen gesondert nach seinem Tatbeitrag festgestellt werden. Hat ein Tatgehilfe nur einen abgrenzbaren Tatbeitrag geleistet, so beginnt die Verjährung mit Abschluss dieses Tatabschnittes (*LG Bremen* StV 2001, 113).

II. Verjährungsfrist

461   Die Strafverfolgungsverjährung richtet sich nicht nach der im Einzelfall verwirkten Strafe, sondern nach der Höhe der **Regelstrafandrohung** des Gesetzes (§ 78 StGB) **ohne Berücksichtigung von Strafschärfung oder Strafmilderung. Eigenständige Privilegierungs- oder Qualifikationstatbestände (wie z. B. § 30 BtMG) verändern die Verjährungsfrist.** Die Strafmilderungs- oder Strafschärfungsvorschriften (wie z. B. §§ 29 Abs. 3, 31 BtMG) verändern den Deliktstypus nicht (§ 78 Abs. 4 StGB). Bei Änderung der Strafandrohung ist die gem. § 2 StGB geltende Strafandrohung beachtlich. Da **der besonders schwere Fall des § 29 Abs. 3 BtMG** nur eine Strafzumessungsvorschrift darstellt, ist der Grundtatbestand des § 29 Abs. 1 BtMG maßgeblich mit seiner Strafandrohung von 5 Jahren (= fünfjährige Verjährungsfrist, vgl. § 78 Abs. 3 Nr. 4 StGB). Die Taten nach § 30 BtMG (Strafrahmen 2 bis 15 Jahren, vgl. § 38 Abs. 2 StGB) verjähren nach 20 Jahren (§ 78 Abs. 3 Nr. 2 StGB). Wurde ein Angeklagter wegen Handeltreibens mit Betäubungsmitteln in nicht geringen Mengen nach dem BtMG von 1982 zu einer Freiheitsstrafe verurteilt, obwohl wegen des anzuwendenden BtMG von

1972 die Tat bereits verjährt war, so ist das Verfahren vom Revisionsgericht **nicht wegen Verfahrenshindernis gem § 260 Abs. 3 StPO einzustellen, sondern der Angeklagte freizusprechen.** Da fahrlässiges Handeltreiben mit Freiheitsstrafe bis zu 1 Jahr oder mit Geldstrafe bedroht ist, beträgt die Verjährungsfrist nach § 78 Abs. 3 Nr. 5 StGB nur 3 Jahre. Ist in einer Hauptverhandlung **vorsätzliches Handeltreiben nicht nachweisbar** und der Vorwurf des **fahrlässigen Handeltreibens** wegen Prozesshindernisses **nicht verfolgbar**, so ist freizusprechen (*BGH* NStZ 1990, 240).

Beispiele: War die unerlaubte Einfuhr von Betäubungsmitteln in nicht geringen **462** Mengen im Herbst 1981 beendet und die Strafverfolgung nach Ablauf der fünfjährigen Verjährungsfrist 1987 unter diesem rechtlichen Gesichtspunkt verjährt, so kann dennoch das im Rahmen der Bewertungseinheit in Raten abgewickelte Handeltreiben erst mit dem späteren vollständigen Absatz der Betäubungsmittel beendet und damit nicht verjährt gewesen sein. Umgekehrt steht bei tateinheitlichem Zusammentreffen von Handeltreiben und Einfuhr das verjährte Handeltreiben einer Verfolgung wegen Einfuhr nicht entgegen. Denn **jede Gesetzesverletzung unterliegt ihrer eigenen Verjährung** und die **Verjährung ist** deshalb **für jeden Tatbestand gesondert zu prüfen** (*BGH* NJW 1987, 3144; *BGH*, Beschl. v. 21. 2. 1991, 4 StR 50/90; *BGH*, Beschl. v. 10. 7. 1991, 2 StR 242/91).

Hat die Strafkammer bei Bestrafung wegen Einfuhr von nicht geringen Mengen **463** dem verjährten, tateinheitlich begangenen Handeltreiben keine entscheidungserhebliche straferschwerende Bedeutung beigemessen, so nötigt die Schuldspruchänderung nicht zur Aufhebung der Einzelstrafe (*BGH*, Beschl. v. 21. 2. 1991, 4 StR 50/90; *BGH*, Beschl. v. 10. 7. 1991, 2 StR 242/91). Dem Tatrichter ist es nicht immer verwehrt, **bei der Strafzumessung auch einen verjährten Tatteil** zum Nachteil des Angeklagten **zu berücksichtigen** (vgl. *Schäfer/Sander/van Gemmeren* Rn. 372). Hat ein Angeklagter im Jahre 1991 im Ausland mit nicht geringen Mengen von Betäubungsmitteln Handel getrieben und sie von außerhalb der EU zwar nicht nach Deutschland, aber in die EU verbracht, so verjährte das Handeltreiben mit nicht geringen Mengen gem § 78 Abs. 3 Nr. 4 StGB nach 5 Jahren, da es sich um ein Vergehen handelte, bei dem der besonders schwere Fall des § 29 Abs. 3 BtMG gem. § 12 Abs. 3 StGB nicht die Regelstrafandrohung veränderte. Das Überschreiten der EU-Grenzen erfüllte auch nicht den Verbrechenstatbestand der Einfuhr von nicht geringen Mengen von Betäubungsmitteln nach § 30 BtMG und setzte deshalb auch nicht eine 20 jährige Verjährungsfrist nach § 78 Abs. 3 Nr. 2 StGB in Lauf (vgl. *BGH* NStZ 2000, 150).

M. Verfahren

I. Verfahrenshindernis der Spezialität

Bezieht sich das Auslieferungsverfahren auf bestimmte Verstöße gegen das **464** BtMG, die im Haftbefehl geschildert wurden, legen Anklage und Urteil aber weitere selbstständige Verstöße, die nicht Gegenstand des Auslieferungsverfahrens sind, dem Angeklagten zur Last, so steht das **Verfahrenshindernis der Spezialität** (§ 83 h IRG bzw. Art. 27 RB-EuHb) entgegen und führt insoweit zur Verfahrenseinstellung (vgl. *BGH* StV 1989, 477; *BGH*, Beschl. v. 24. 9. 2010, 1 StR 373/10; *EuGH* NJW 2009, 1057; *Meyer-Goßner* Einl. Rn. 145). Die Einwilligung des Angeklagten in eine **vereinfachte Auslieferung** bedeutet nicht einen Verzicht auf den Grundsatz der Spezialität (BGHSt. 31, 51 = StV 1983, 411). Zur Auslieferung und Auslieferungshaft unter besonderer Berücksichtigung des Betäubungsmittelrechts vgl. *Gillmeister* NJW 1991, 2245 ff.; zum Europäischen Haftbefehlsgesetz s. *Böhm* NJW 2006, 2592 ff.

II. Individualisierung des Betäubungsmittelhandels

Der *BGH* weist wegen des weitreichenden Tatbestandes des Handeltreibens mit **465** Recht immer wieder darauf hin, dass die Anklageschrift und das Urteil die Art der

Betäubungsmittel, **die Zahl der dem Angeklagten zur Last gelegten Taten, die Grundzüge der Art und Weise der Tatbegehung** (Käufer, Verkäufer, Qualität, Menge, Preis, Gewinn), **die Tatzeit** und **den Begehungsort** so genau zu bezeichnen haben, dass die Identität des geschichtlichen Vorganges klargestellt und erkennbar wird, welche bestimmten Taten gemeint sind und wie sich die Taten von anderen gleichartigen strafbaren Handlungen desselben Täters unterscheiden lassen (BGHSt 40, 390 = NStZ 1995, 297 = StV 1995, 337; *BGH* StV 1997, 173). **Hochrechnungen und Schätzungen** sollen grundsätzlich **unterbleiben**. Der Richter muss aber im Rahmen seiner Überzeugungsbildung eine bestimmte Anzahl von Straftaten feststellen und sie individualisieren können, ansonsten muss er freisprechen. Nur vermögen Beschuldigte und Zeugen im Rahmen von Geständnissen, Lebensbeichten und Zeugenvernehmungen trotz intensiver Rückfragen und Vorhalte sich vielfach nur noch zu erinnern, dass sie in einem bestimmten Zeitraum an verschiedenen Orten in schablonenhafter Weise mehrmals, hundert- oder tausendfach kleinere Betäubungsmittelmengen an- oder verkauft haben, dass sie innerhalb eines bestimmten Zeitraums mindestens mehrmals, vielleicht zehnmal, vielleicht aber auch fünfzigmal mit dem Zug oder Auto nach Frankfurt bzw. Amsterdam gereist sind, größere Betäubungsmittelmengen eingekauft, nach Hause gebracht, versteckt, gelagert und dort in Raten an zahlreiche Abnehmer verkauft haben. Je häufiger die Vorgänge waren, je größer die Betäubungsmittelmenge, je höher der Preis und die Größe des Entdeckungsrisikos war, je ungewöhnlicher der Rauschgifttransport oder das Rauschgiftgeschäft verlief, umso frischer und ausführlicher ist normalerweise das Erinnerungsbild.

466 **1. Betäubungsmittelart.** Ist den Verhandlungen nicht zu entnehmen, ob von Arzneimitteln oder Betäubungsmitteln die Rede war, wie z. B. **Medinox** oder **Medinox N, Valoron** oder **Valoron N,** so ist von der für den Angeklagten günstigeren Alternative auszugehen. Bei näherem Prüfen ergibt sich vielfach, dass nicht Medinox, sondern Medinox N, ein durch Naloxon neutralisiertes Präparat, das als Arzneimittel im Apothekenhandel ist, die Rede war. Die Bezeichnung **Codein** oder **Dihydrocodein,** Diazepam oder Flunitrazepan weist zwar auf verschreibungsfähige Betäubungsmittel der Anl. III hin. Erst die Feststellung des Wirkstoffgehaltes aber vermag zu ergeben, ob es sich um ein Betäubungsmittel oder um eine **von den Betäubungsmittelvorschriften ausgenommene Zubereitung** (§ 2 Abs. 1 Nr. 3 BtMG) handelt, für die die Vorschriften des AMG gelten.

467 Ebenso unzureichend sind **allgemeine Bezeichnungen und Beschreibungen der äußeren Beschaffenheit der Betäubungsmittel oder des Kaufgeldes.** Die Betäubungsmittel müssen sowohl der Art als auch der Menge nach **eindeutig bestimmt** sein. Lässt sich aus Wirtshausverhandlungen oder einer Telefonüberwachung nur entnehmen, dass es um **Betäubungsmittel, Rauschgift, Dope, Fröhlichkeitspillen, Sexdrogen, Discopillen, Sunshine-Tabletten** ging, so reicht dies zur Konkretisierung des Handeltreibens nicht aus. Die Bezeichnung **Speed** kann auch einen nicht unter das BtMG fallenden Stoff beschreiben. Die Bezeichnung Speed ist mehrdeutig und genügt nicht zur Feststellung eines Betäubungsmittels, wenn sich die Beteiligten nicht dazu erklären, ob sie über ein aufputschens Arzneimittel oder Betäubungsmittel verhandeln wollten (*Köln* MDR 1979, 251; *Köln* MDR 1984, 75). Wird aber der Begriff Speed an anderer Stelle als Amphetamin guter Qualität bezeichnet, so ist dies nicht zu beanstanden (*BGH*, Urt. v. 1. 6. 2005, 2 StR 405/04, insoweit in NStZ 2006, 455 nicht abgedruckt). Die Bezeichnung **Ecstasy** besagt lediglich, dass es sich um eine Discodroge in Tablettenform handelt, die Stoffe enthalten kann, die dem AMG (z. B. Koffein oder Atropin), LMBG (Kreatin, Guarana), GÜG (Ephedrin) oder dem BtMG (MDMA, MDA, MDE, DOB, usw.) unterliegen. Allein aus der Farbe eines in Folie eingeschweißten Stoffes kann nicht auf Kokain geschlossen werden, sondern nur aufgrund eines chemischen Untersuchungsergebnisses (*Düsseldorf* StV 1997, 307 = StraFo 1997, 120). Die Feststellung, dass nach dem Abwiegen von 26 g Cannabis mehrere grüne Scheine übergeben worden seien, zwingt nicht zur

Schlussfolgerung des eigennützigen Handeltreibens. Vielmehr besteht die Möglichkeit, dass der Angeklagte das Rauschgift zum Selbstkostenpreis abgegeben hat (*Berlin* StV 1998, 591).

2. Anzahl der Einzeltaten. Die Anzahl der Einzeltaten und die dabei erwor- **468** benen oder gehandelten Gesamtmengen von Betäubungsmitteln dürfen jedoch nicht willkürlich zugrunde gelegt werden, weil ein Angeklagter nicht wegen willkürlich angenommener Straftaten abgeurteilt werden darf. Entscheidend muss die **Überzeugung des Gerichts** von einer bestimmten Zahl von Taten, nicht die Summe oder die Multiplikation geschätzter Zahlen sein. Wenn das Gericht bei nur wenigen konkretisierten Taten Zweifel an den Angaben des Angeklagten oder des Zeugen zur Häufigkeit der Taten nicht überwinden kann, so darf es nur wegen der konkretisierten Taten verurteilen und nicht eine Anzahl weiterer Taten geschätzt zugrunde legen. Es muss mit nachvollziehbaren Argumenten belegen, worauf es seine Überzeugung bezüglich der Häufigkeit stützt und darlegen, dass eine geringere Zahl von Taten ausgeschlossen ist (*BGH* NStZ-RR 1997, 17 = StV 1997, 20).

Im Gegensatz zu den Fällen, wo der Gesamtumfang unklar war, gibt es Fälle, bei **469** denen der Gesamterfolg, nicht aber die Einzeltaten feststehen. Kann eine konkrete Zahl von Einzeltaten nicht ermittelt werden, sondern nur ein Gesamterfolg innerhalb eines Zeitrahmens, so ist nach Auffassung des *BGH* nach dem Zweifelsatz zu Gunsten des Angeklagten anzunehmen, dass er diesen Gesamterfolg durch eine Tat verursacht hat (*BGH* NStZ 1996, 93 = StV 1996, 95).

3. Tatort, Tatzeit, Tatbegehungsweise. An die Individualisierung der Taten **470** (Tatort, Tatzeit, Mindestzahl der Taten, Mindestqualität, Mindestmenge, Sorte und Eigenschaften, Verpackung und Preis des Rauschgiftes, Tatbegehung, Geschäftspartner, Umfang des Honorars oder Erlöses usw.) dürfen nach Auffassung des *BGH* **zur Vermeidung gewichtiger Strafverfolgungslücken jedoch keine übersteigerten Anforderungen** gestellt werden. Es reicht aus, wenn die Einzeltaten nachprüfbar sind und so dargestellt werden, dass kein Zweifel am Umfang der dem Strafausspruch zugrunde liegenden Schuld entstehen kann. **Aufgrund der Feststellung muss die Tat sich von anderen gleichartigen Taten unterscheiden lassen** (vgl. *BGH* NStZ 1994, 502; *BGH* NStZ 1995, 78; BGHSt. 42, 107 = NStZ 1996, 349 = StV 1996, 472; *Düsseldorf* NStZ-RR 1998, 373). An **alltägliche** schablonenmäßig verlaufende **Massenbetäubungsmittelgeschäfte** sind **geringere Individualisierungsmaßstäbe** anzulegen als an größere Rauschgiftbestellungen, Rauschgiftlieferungen oder Rauschgifttransporte.

Pauschalisierende Umschreibungen wie: „1 g einer unbekannten Droge", **471** „beträchtliche Betäubungsmittelmengen", „mehrere hundert Gramm", „eine größere Zahl von Einzelfällen", „eine Zugladung Rauschgift", „ein Aktenkoffer voll Heroin", „für einen längeren Zeitraum", „mehrere Monate lang täglich", „Haschisch von mittlerer Art und Güte" reichen für die Feststellung konkreter Straftaten und für die Bestimmung des Schuldumfanges nicht aus (vgl. BGHSt. 40, 138 = NStZ 1994, 383; *BGH* StV 1995, 287; *BGH* StV 1997, 173; *BGH* NStZ-RR 2002, 52; *LG Koblenz* StV 1996, 590;). Bei **Serienstraftaten** bedarf es einer **nachvollziehbaren Berechnung** (BGHR BtMG § 29 Serienstraftaten 3 [3 StR 141/03]). War **unter den Beteiligten klar, welche Betäubungsmittelart** und **welche Betäubungsmittelmenge** mit den Codebezeichnungen gemeint waren, so muss dies **im Urteil festgestellt** werden (*BGH*, Beschl. v. 18. 5. 1988, 3 StR 71/88).

III. Tatrichterliche Beweiswürdigung

1. Nicht zwingende, aber mögliche Schlussfolgerungen. Die Beweiswür- **472** digung ist grundsätzlich Aufgabe des Tatrichters und kann vom Revisionsgericht nur auf Rechtsfehler überprüft werden. Urteile, die Zweifel zugunsten des Angeklagten nicht überwinden können und zum Freispruch gelangen, werden daher nur in seltenen Ausnahmefällen vom *BGH* beanstandet. Eine Revision kann in diesen Fällen nur dann Erfolg haben, wenn die Beweiswürdigung **Lücken, Unklarheiten oder Widersprüche** aufweist, **gegen Denkgesetze oder gesicherte Erfahrungsgrundsätze verstößt,** wenn sie auf **Vermutungen** beruht, **in sich fehlerhaft** ist oder wenn der Tatrichter die **Anforderungen überspannt** hat, die **an die richterliche Überzeugungsbildung** zu stellen sind (*BGH* NStZ-RR 2000, 171; *BGH* NStZ 2002, 48; *BGH* NStZ-RR 2011, 50).

473   Voraussetzung für die Überzeugung des Tatrichters von einem bestimmten Sachverhalt ist **nicht eine absolute, das Gegenteil denknotwendig ausschließende Gewissheit.** Die tatrichterlichen Schlussfolgerungen brauchen **nicht zwingend** zu sein. Es reicht aus, dass sie **möglich** sind. Es genügt **ein nach der Lebenserfahrung ausreichendes Maß an Sicherheit,** das vernünftige Zweifel nicht aufkommen lässt. Dabei haben solche Zweifel außer Betracht zu bleiben, die realer Anknüpfungspunkte entbehren und sich lediglich auf die Annahme einer bloß gedanklichen, abstrakt-theoretischen Möglichkeit gründen (ständige Rspr., *BGH* NJW 1951, 83; *BGH* NStZ 1981, 33; *BGH* NStZ 1986, 373; *BGH* NStZ-RR 1996, 202; *BGH* NStZ-RR 1999, 139; *BGH* NStZ 2000, 48; *BGH* NStZ-RR 2003, 240).

474   Vielfach schweigen die Angeklagten zu Fragen nach der Eigennützigkeit und zu ihrer finanziellen Beteiligung am Gewinn. Die Gerichte sind bei einer solchen Sachlage gehalten, sich unter beweiswürdigender Bewertung der festgestellten Tatumstände eine Überzeugung zu verschaffen, ob die Angeklagten eine Gewinnbeteiligung erhalten haben oder nicht. In diese Erwägung sind einzubeziehen, dass es **ausgesprochen fern liegt,** Tatbeteiligte würden **ohne Gewinnbeteiligung sich an umfangreichen Heroingeschäften beteiligen,** obgleich sie hierdurch ein ganz **erhebliches strafrechtliches Risiko** eingehen (*BGH* NStZ-RR 2004, 146). Wechselt ein Angeklagter seine Einlassung zur Täterschaft bzw. Beihilfe eines Betäubungsmittelverstoßes, so hat das Gericht sich unter **Gesamtwürdigung des Ergebnisses der Beweisaufnahme** eine **eigene Überzeugung** zu bilden und nicht einfach die abgewandelte Einlassung des Angeklagten zu übernehmen (*BGH* NStZ-RR 2004, 88).

475   **2. Fehlerbeispiele.** Die Beweiswürdigung einer Strafkammer hat keinen Bestand, wenn sie glaubt, bei einem Angeklagten einen Besitz von 58 g Kokain zum Zwecke des Eigenkonsums nicht ausschließen zu können, obwohl **mehrere Umstände für einen Absatzwillen** des Angeklagten sprachen. So erscheint es äußerst unwahrscheinlich, dass jemand, der im Besitz einer größeren Menge des teuren Betäubungsmittels Kokain ist und bei dem der Tatrichter ferner **keine Anhaltspunkte für einen Eigenkonsum** festgestellt hat, jene Menge zum Eigenverbrauch verwahrt. Ferner ist die festgestellte Eigenkonsumabsicht nicht mit der Zweckbestimmung des bei der Wohnungsdurchsuchung sichergestellten **Folienschweißgerätes (mit Kokainanhaftungen)** zu vereinbaren. Ein derartiges Gerät dient der Verpackung kleiner Betäubungsmittelportionen. Deshalb **drängt sich auf,** dass es im Rahmen von Umsatzgeschäften verwendet worden ist. Die Urteilsgründe geben ferner Anlass zu der Besorgnis, dass der Tatrichter **keine Gesamtwürdigung** aller einzelnen für ein Handeltreiben sprechenden Umstände vorgenommen hat und er von **zu großen Anforderungen an die für eine Verurteilung notwendige Gewissheit** ausgegangen ist (*BGH*, Urt. v. 7. 5. 1986, 2 StR 182/86). Verschweigt ein Angeklagter bei seiner Festnahme, dass er weiteres Heroin in einem Präservativ im Körper verborgen hat, so kann dies nicht ohne weiteres dahin gewürdigt werden, er habe das Rauschgift für seine Auftraggeber sichern wollen, wenn sich aufdrängt, dass er sich des weiteren Heroins in der Haft entledigen wollte und den Umfang seiner Tat verschleiern wollte (*BGH*, Beschl. v. 19. 3. 1985, 5 StR 101/85). Bei der Frage, ob ein Angeklagter **bei einem Rauschgifttransport bis zum Schluss ahnungslos** war, dürfen **bestimmte Umstände** wie die Bitte, als Beifahrer an der Fahrt teilzunehmen, **Verlegung eines Treffpunktes** zur Autobahnraststätte, **Verstecken mehrerer Beutel** in einem Gebüsch nicht außer Betracht bleiben. Bei der Würdigung des Tatgeschehens müssen die **Gepflogenheiten des Rauschgifthandels einbezogen** werden, **möglichst keine Unbeteiligten in das Tatgeschehen einzubinden, um unbedachte Handlungen und erhöhte Risiken auszuschließen** (BGHR BtMG § 29 Beweiswürdigung 15 [4 StR 241/96]).

3. Aussagepsychologie. *Jansen* (Zeuge und Aussagepsychologie, 2004) hat die **476** aussagepsychologischen Gesichtspunkte zur Zeugenaussage, die Risiken der Zeugenvernehmung und die Dokumentation der Vernehmung, die Möglichkeiten einer aussagepsychologischen Begutachtung und deren Bewertung beschrieben. Der *BGH* hat in einer Vielzahl von Entscheidungen sich mit der Notwendigkeit einer Aussagenanalyse befasst, die die Aussagegenese, die Motivationslage des Zeugen und mögliche Fehlerquellen ergründet. Der *BGH* hat in seiner Rspr. **folgende Aussagemerkmale** erwähnt (vgl. die Zusammenstellung von *Jansen*, 2004, S. 36): **a) Selbstbelastung von Zeugen, b) Erinnerungslücken, c) Detailreichtum, d) Verflechtung, e) Schilderungen von Gefühlen, f) Aussageerweiterung im Randgeschehen, g) Aussagekonstanz, h) Komplikationen** im Handlungsablauf.

4. Probleme mit Zeugen. Je häufiger ein Beschuldigter **vernommen** wur- **477** de, **umso besser** kann in der Regel seine Einlassung eingeschätzt werden. Weichen mehrere Einlassungen im Laufe des Verfahrens voneinander ab, so kommt zumeist der **Erstaussage** unmittelbar nach der Festnahme **besondere Bedeutung** zu. In diesem Zeitpunkt verfügt der Beschuldigte noch über eine gute Erinnerung, er erzählt spontan und ausführlich frei von strafprozessualen Zwängen. Tauchen Auftraggeber, Druck, Bedrohung, Krankheit, Sucht, Irrtümer erst in späteren Vernehmungen auf, so ist Vorsicht geboten.

Je weniger sich eine Tat nach Ort und Zeit ihrer Begehung konkretisieren lässt, **478** desto **höhere Anforderungen** sind an die **Überprüfung der den Angeklagten belastenden Angaben** zu stellen (stand der Zeuge unter strafbewehrter Wahrheitspflicht, wurde er offen oder verdeckt vernommen; *BGH* NStZ 1992, 48 = StV 1992, 6). **Besonderheiten bei den Aussagen eines Belastungszeugen** (wie z. B. zunächst keine Angaben, dann stark belastende Angaben nach Erfüllung von Versprechungen für den Fall belastender Angaben, später stark verminderte Belastungen) sind im Rahmen der Glaubwürdigkeitsprüfung besonders eingehend zu prüfen und nachvollziehbar im Urteil zu würdigen (*BGH* NJW 1990, 2073 = StV 1990, 439).

5. Aussage gegen Aussage. Wird bei **Aussage gegen Aussage** diejenige des **479** **einzigen Belastungszeugen** hinsichtlich einzelner Taten oder Tatmodalitäten **widerlegt**, so kann seinen übrigen Angaben nur gefolgt werden, wenn außerhalb der Aussage Gründe von Gewicht für ihre Glaubhaftigkeit vorliegen; dies ist in den Urteilsgründen aber darzulegen (BGHSt. 44, 153 = NJW 1998, 3788 = StV 1998, 580). Ein Freispruch hat auf eine Verfahrensrüge hin keinen Bestand, wenn angesichts der **Widersprüche in Zeugenaussagen** bei verschiedenen Vernehmungen sich die **Ladung und Vernehmung der Vernehmungspersonen** aufdrängte, diese jedoch unterblieb (*Frankfurt*, Urt. v. 10. 12. 1990, 4 Ss 391/90).

In einem Fall, in dem nach den Urteilsgründen **Aussage gegen Aussage** steht, **480** müssen diese erkennen lassen, dass der Tatrichter alle für die Beurteilung der Glaubwürdigkeit wesentlichen Umstände erkannt und in seine Überlegungen einbezogen hat, wobei eine Gesamtwürdigung aller Indizien geboten ist. Insb. muss sich der Tatrichter mit der Entstehungsgeschichte der Aussage, der persönlichen Glaubwürdigkeit des Zeugen und den Gründen für eine mögliche Falschbelastung des Angeklagten auseinandersetzen.

6. Aufklärungsgehilfen als Belastungszeugen. Der *BGH* hat bezüglich der **481** Überprüfung der Glaubwürdigkeit eines Aufklärungsgehilfen ausdrücklich betont, dass stets geprüft werden müsse, ob nicht ein Motiv für eine mögliche Falschbelastung in dem Bestreben des Aufklärungsgehilfen zu finden ist, sich entweder auf

Kosten des Belasteten selbst zu entlasten oder sich eine Strafmilderung nach § 31 BtMG zu verschaffen (*BGH* NStZ-RR 2002, 146 = StV 2002, 470; BGHSt. 48, 161 = NJW 2003, 1615 = StV 2003, 264; *BGH* NStZ-RR 2003, 245; *BGH* NStZ 2004, 691 = StV 2004, 579; *BGH* NStZ-RR 2005, 88 = StV 2005, 253; *Schmandt* StraFo 2010, 446, 451). Hat z. B. ein Bezieher von Betäubungsmitteln den Angeklagten als Lieferanten bezeichnet, so muss erörtert werden, ob er sich die **Vergünstigung des § 31 BtMG verschaffen** wollte, ohne den wirklichen Lieferanten zu benennen. Ist ein geständiger Mitbeschuldigter, auf dessen belastende Aussage die Überführung des Angeklagten entscheidend gestützt werden soll, bereits wegen seiner Beteiligung an derselben Betäubungsmittelstraftat verurteilt worden, muss die **Beweiswürdigung** deshalb **erkennen lassen,** ob sich der Betreffende eine **Strafmilderung als Aufklärungshilfe nach § 31 BtMG verdient hat oder nicht.** Im Anschluss daran hat der Tatrichter zu würdigen, ob sich der geständige Mitbeschuldigte und Aufklärungsgehilfe nicht nur durch die wahrheitsgemäße Belastung eines anderen eigene Vorteile verschafft hat, sondern sich möglicherweise darüber hinaus in bedenklicher Weise **zu Lasten des nicht geständigen Angeklagten eingelassen** haben kann, so durch **übertriebene Darstellung von dessen Tatbeteiligung** oder durch andere **wahrheitswidrige Bekundungen,** etwa zur Vertuschung der Beteiligung eines Dritten. Fehlen Darlegungen hierzu in den Urteilsgründen, so kann dies als **durchgreifender Erörterungsmangel** ein sachlich-rechtlicher Fehler sein. Im Hinblick auf diese Grundsätze kann die **Ablehnung von Beweisanträgen** wegen Unbeachtlichkeit Bedenken begegnen, wenn der Gegenstand der Beweisanträge eine Urteilsabsprache im Verfahren gegen den Aufklärungsgehilfen und ein **Vorteil für den Aufklärungsgehilfen durch die Belastung Dritter** ist. Kann der Angeklagte keine Fragen an den Belastungszeugen stellen oder stellen lassen, weil diesem ein weitgehendes oder umfassendes Aussageverweigerungsrecht zusteht, muss dieser Umstand **bei der Beweiswürdigung hinreichend bedacht** werden, weil die durch Vernehmung der Verhörsperson eingeführte Aussage bei Fehlen eines kontradiktorischen Verhörs **nur beschränkt hinterfragt und vervollständigt werden kann** (*BGH* NStZ 2004, 691 = StV 2004, 578).

482 **7. Drogenabhängige Zeugen. Nur in Extremfällen** ist bei drogenabhängigen Zeugen die **Zeugentüchtigkeit eingeschränkt.** Anders ist dies **während des Entzuges** oder **einer aktuellen Intoxikation.** Dann sind Sachverständigengutachten angebracht (vgl. *Glatzel* StV 1981, 191 ff.; *Täschner* NStZ 1993, 322 ff.; *BGH* StV 1982, 205 m. Anm. *Schlothauer; BGH* StV 1984, 61 m. Anm. *Glatzel; BGH* StV 1990, 7; *BGH* NStZ 1991, 47 = StV 1991, 406 m. Anm. *Blau; BGH* StV 1994, 634; *BGH* NStZ 1997, 199 = StV 1997, 61; *Hamm* StV 1999, 364). Hat ein drogenabhängiger Zeuge **nicht nur erhebliche Erinnerungslücken, sondern** macht **auch widersprüchliche Angaben,** so bedarf es einer eingehenden Würdigung (*BGH* StV 2003, 542).

483 **8. Zeugen mit psychischen Auffälligkeiten.** Besonderheiten ergeben sich beim sog. **Borderline-Syndrom** (vgl. *BGH* NStZ 1998, 366 = StV 1999, 471; *BGH,* Beschl. v. 27. 9. 2006, 2 StR 355/06; *BGH* NStZ-RR 2008, 338); bei **Psychosen aus dem schizophrenen Formenkreis** (*BGH* StV 1990, 8; *BayObLG* StV 1996, 476); bei **hirnorganischen Störungen** (*BGH* StV 1994, 634); bei **hysterischer Neurose** (*BGH* StV 1996, 367); bei **Epilepsie** (*BGH* StV 1991, 245; *Hamm* 1970, 907). Hier sind meistens Sachverständigengutachten unverzichtbar.

IV. Grundsätze der Schuldfeststellung

484 **1. Schuldprinzip.** Grundlage der Strafzumessung ist die in der Tat wirksam gewordene **Schuld des Täters** (§ 46 Abs. 1 S. 1 StGB). Weitere Strafzwecke sind die Wirkungen, die von der Strafe für das zukünftige Leben des Täters in der Gesellschaft zu erwarten sind (§ 46 Abs. 1 S. 2 StGB) und die Verteidigung der Rechtsordnung (§ 47 StGB).

Nicht die Lebensführung, sondern die **Tat des Angeklagten** ist zu bewerten. **485**
Für den Tatrichter besteht im gesetzlichen Strafrahmen ein Spielraum, innerhalb
dessen er nach seinem Ermessen alle Strafgrößen als schuldangemessen wählen
kann (zu den Strafzumessungsgesichtspunkten im Allgemeinen s. Vorbem. §§ 29 ff.
Rn. 91 ff.). Spezial- und generalpräventive Überlegungen haben ihre Bedeutung
nur innerhalb dieses Spielraums und dürfen weder zu einer Überschreitung noch
Unterschreitung der schuldangemessenen Strafe führen (vgl. *Fischer* § 46 Rn. 2 ff.).

2. Schuldumfang und notwendige Konkretisierung. Das Urteil muss die **486**
in Anklage und Eröffnungsbeschluss bezeichnete Tat betreffen. Fehlt es an der
Tatidentität i. S. v. § 264 StPO, weil das Urteil nicht die in Anklage und Eröffnungsbeschluss bezeichneten Taten, sondern eine andere Tat behandelt, so kann
das Urteil keinen Bestand haben. Die Tatbeschreibung nach Tatzeit, Tatort, Tatbegehungsweise **muss so konkretisiert werden,** dass Sie aufgrund der **Individua-
lisierungsmerkmale von anderen Straftaten unterschieden** werden kann.
Beschränkt sich die Beweiswürdigung und die Feststellung des Schuldumfanges
darauf, den Text der Anklagesätze zu wiederholen, weil sich dieser Sachverhalt
aufgrund des Geständnisses des Angeklagten und der erhobenen Beweise ergeben
hatte, so ist dies **fehlerhaft** (*BGH*, Urt. v. 16. 10. 2003, 3 StR 257/03).

Ein Urteil kann keinen Bestand haben, wenn das Tatgericht nur **unzureichen-** **487**
de Feststellungen zum Schuldumfang getroffen hat. Feststellungen zur **Betäubungsmittelart,** zur **Mindestmenge,** zur **Qualität** der erworbenen und
verkauften Betäubungsmittel, zum **Ein- und Verkaufspreis** sowie zum Anteil der
zum **Verkauf** und zum **Eigenverbrauch bestimmten Mengen** sind unentbehr-
lich (vgl. *BGH* NStZ 1991, 591 = StV 1991, 564; *BGH* StV 1993, 473; BGHR
BtMG § 29 Beweiswürdigung 13 [4 StR 410/93]; *BGH* NStZ 2007, 103; *BGH*
NStZ 2008, 471).

Der Tatrichter hat, um das Maß der persönlichen Schuld des Täters feststellen zu **488**
können, zu ermitteln, **welche betäubungsmittelrelevanten Wirkstoffmengen
sich im Betäubungsmittelgemisch** befunden haben. Er muss deshalb **entweder konkrete Feststellungen zum Wirkstoffgehalt** treffen (s. dazu § 29 a
Rn. 179 ff.) oder von der für den Angeklagten **günstigsten Qualität ausgehen,**
die nach den Umständen in Betracht kommt (s. dazu § 29 a Rn. 194 ff.). Ist eine
Wirkstoffbestimmung nicht möglich, so darf er die **Frage nach dem Wirkstoffgehalt nicht offen lassen. Allgemeine Qualitätsangaben** wie **gute oder
schlechte Qualität, erheblich gestreckt,** ohne Bemessung des Wirkstoffgehaltes
reichen nicht aus. Sie können lediglich Hilfserwägungen bei Feststellung der Wirkstoffmenge sein. Der Tatrichter muss dann vielmehr unter Berücksichtigung der
gesamten Umstände wie Herkunft, Preis, Konsumentenbeurteilung, und letztlich des Zweifelgrundsatzes feststellen, von welchem Wirkstoffgehalt und damit
von welcher Qualität die Betäubungsmittel auszugehen ist (BGHSt. 40, 73 =
NJW 1994, 1885 = StV 1994, 375; BGHSt. 42, 1 = NJW 1996, 794 = StV 1996,
95; *BGH* StV 2000, 613; *BGH* StV 2006, 184; *BGH* NStZ-RR 2008, 319; *BGH*
NStZ-RR 2011, 90; *Düsseldorf* VRS 99, 456; *BayObLG* StV 2004, 603; *Weber* Vor
§§ 29 ff. Rn. 810). Denn zumeist können nur **Feststellungen zum Wirkstoffgehalt** der verkauften Betäubungsmittelmengen klären, ob eine geringe, **normale oder nicht geringe Menge** verkauft wurde, ob eine **geringe Schuld** vorliegt
oder ob ein **Vergehen** oder ein **Verbrechen** begangen wurde.

Der Umstand, dass ein Urteil keine Feststellungen zum Wirkstoffgehalt der ver- **489**
kauften Betäubungsmittel enthält, vermag jedoch den **Bestand des Schuldspruchs** nicht zu gefährden, wenn **das Vorliegen einer nicht geringen Menge**
nach den Urteilsfeststellungen zum Gewicht der Betäubungsmittel **nicht in Betracht kommt** (s. dazu § 29 a Rn. 182). Das Fehlen von Feststellungen zum
Wirkstoffgehalt der verkauften Betäubungsmittel führt aber regelmäßig zur Fehlerhaftigkeit der Strafzumessung (*Frankfurt* NStZ-RR 2003, 23).

Wenn in der Beweisaufnahme die Art, Menge und Qualität der Betäubungsmit- **490**
tel unbekannt geblieben sind, weil die Betäubungsmittel für eine Untersuchung

nicht zur Verfügung standen, so bedarf es der **Darlegung der zum Schuldspruch führenden Erwägungen und überprüfbaren Anknüpfungstatsachen.** Die Verbindung einzelner Handlungen zu einer Bewertungseinheit entbindet den Tatrichter nicht von der **Verpflichtung, die festgestellte Mindestzahl der Einzelakte und die Mindestmenge an Betäubungsmitteln anzugeben,** für jeden Einzelakt zu prüfen, ob und in welcher Art dieser den gesetzlichen Tatbestand erfüllt und als solcher strafbar ist. **Jeder Einzelakt muss alle objektiven und subjektiven Deliktsvoraussetzungen** erfüllen. Das Gericht muss darlegen, **wie viele Einzelfälle, welche Rauschgiftmengen und welche Rauschgiftqualität** es für erwiesen hält. Ansonsten sind die Feststellungen im Schuldumfang unzureichend und führen zur Aufhebung (*BGH* StV 1982, 225). Bei der Aburteilung von Serienstraftaten bedarf es einer nachvollziehbaren Berechnung (BGHR BtMG § 29 Serienstraftaten 3 [3 StR 141/03]).

491   Enthält das Urteil **keine Feststellungen zur Eigennützigkeit,** ist aber zweifelsfrei festgestellt, dass der Angeklagte das Heroin verkaufsgerecht portionierte, so reichen die Feststellungen aus, wenn keine Anhaltspunkte für eine Veräußerung unter Einkaufspreis vorliegen. Die Schlussfolgerung, das aus dem Bunker verkaufte Heroin habe dieselbe Qualität wie das später dort noch aufgefundene Heroin ist nicht nur möglich, sondern nahe liegend (*BGH* StV 1982, 225; *BGH* NStZ [*Schoreit*] 1989, 312). Die Erwägung, der Angeklagte habe an andere Abhängige Betäubungsmittel vermittelt, ist zu ungenau, da sie nicht erkennen lässt, ob der Angeklagte mit den erworbenen Betäubungsmitteln ein fremdes Umsatzgeschäft förderte oder ein eigenes Geschäft betrieben hat (*BGH* StV 2001, 406).

492   **3. Lückenhafte Tatsachenfeststellungen.** Das Gericht hat nicht nur **die den Schuldspruch begründenden Tatsachen** festzustellen, sondern auch alle **den Strafausspruch begründenden Tatsachen** festzustellen, die für die Tat- und Täterbeurteilung von Bedeutung sind, die Rückschlüsse auf den Unrechtsgehalt und die innere Einstellung des Täters erlauben wie **Beweggründe** und **Tatziele, kriminelle Intensität, Tatausführung** und **Tatauswirkungen, Vorleben** und **Vorstrafen, die persönlichen, beruflichen** und **wirtschaftlichen Verhältnisse,** das **Verhalten nach der Tat** und **im Prozess.** Fehlerhaft ist, wenn das Urteil nicht die für die Strafzumessung erforderlichen Feststellungen oder nur unzureichende Feststellungen enthält. Fehlerhaft ist es, profihaftes Vorgehen strafschärfend zu werten, wenn sich **den Urteilsfeststellungen eine derartige Einschätzung nicht entnehmen lässt** (*BGH*, Beschl. v. 21. 1. 1983, 2 StR 807/82). Können genaue Feststellungen zum Schuldumfang nicht vorgenommen werden, so ist nach dem Grundsatz „in dubio pro reo" nur von dem **zweifelsfreien Schuldumfang** auszugehen. Lässt sich ein Mindestschuldumfang nicht feststellen, so ist der Angeklagte freizusprechen (*BGH* StV 1982, 225). Wurde ein Urteil **im Strafausspruch aufgehoben,** so muss die Strafkammer deutlich machen, warum sie **bei unverändertem Schuldumfang auf die gleiche Strafe** erkannt hat, insbesondere wenn zusätzlich ein Geständnis und die Belastung durch überlange Verfahrensdauer hinzugetreten sind (*BGH* StV 1991, 19). Fehlerhaft ist auch, wenn Feststellungen zwar vorhanden sind, die sie begründenden Tatsachen aber fehlen. **Für jeden Tatbeteiligten** sind **gesondert** die Strafzumessungstatsachen festzustellen.

Das Fehlen von **eigenen Feststellungen** zu den persönlichen und wirtschaftlichen Verhältnissen führt zur Aufhebung eines Urteils. Die **Verweisung** auf derartige Feststellungen in anderen aufgehobenen Entscheidungen genügt nicht. Auch wenn der Angeklagte in der Hauptverhandlung Angaben über seinen Lebenslauf verweigert, erweist sich das Fehlen der betreffenden Feststellungen als ein Sachmangel. Der Tatrichter muss versuchen, aus anderen Erkenntnisquellen, insb. durch Vernehmung von Verwandten des Angeklagten, ein Bild von dessen Persönlichkeit zu gewinnen (*BGH* NStZ 1991, 231; *BGH* NStZ-RR 1998, 17; *Fischer* § 46 Rn. 37; *Schäfer/Sander/van Gemmeren* Rn. 750).

493   **4. Berücksichtigung von Vermutungen.** Nur erwiesene Tatsachen dürfen dem Schuldspruch und Strafausspruch zugrunde gelegt werden. So darf **die bloße**

Vermutung, der Angeklagte habe „vermutlich schon seit längerem mit verbotenen Rauschgiftgeschäften zu tun" gehabt, nicht zum Nachteil des Angeklagten verwertet werden (*BGH*, Beschl. v. 21. 5. 1980, 3 StR 136/80). Gibt ein Angeklagter an, er habe geglaubt, in den Tüten sei Haschisch und nicht Heroin, die er transportiert habe, so kann diese Einlassung nicht mit der unbelegten Vermutung widerlegt werden, der Angeklagte habe der Erklärung seines Auftraggebers misstraut (*BGH* StV 1998, 589). Wenn ohne konkrete Feststellungen und ohne Nachweis zu Lasten eines Angeklagten gewertet wird, dass er seinen **Lebensunterhalt durch Heroinhandel bestritten** habe, lediglich aufgrund der Umstände, dass er rund $3/4$ Jahre keiner Arbeit nachging und auf Kosten anderer lebte, so liegt eine unbegründete Verdachtsstrafe vor (*BGH*, Beschl. v. 30. 1. 1981, 2 StR 744/80). Ohne Feststellungen im Urteil dürfen Angeklagte weder als **„Betäubungsmittelhändler großen Stils"** angesehen werden (*BGH*, Urt. v. 1. 3. 1978, 3 StR 37/78), noch als **„routinierte Profis der Rauschgiftszene"** bestraft werden (*BGH*, Urt. v. 17. 7. 1979, 1 StR 379/79; *BGH*, Urt. v. 31. 7. 1979, 1 StR 286/79). Feststellungen zur Beteiligung des Angeklagten an Drogengeschäften können nicht durch Vermutungen ersetzt werden. Der **Lebenszuschnitt,** insb. die **Haltung eines schweren Pkw mit gerichtsbekannt hohen Unterhaltskosten,** verdeutlicht allein nicht eine bedeutende Rolle des Angeklagten im Frankfurter Drogenhandel und sein Bestreben, seine Stellung im Frankfurter Drogenhandel zu erhalten (*BGH*, Beschl. v. 14. 4. 1982, 2 StR 24/82). Kann nicht sicher festgestellt werden, dass der Angeklagte neben Kurierdiensten auch Eigengeschäfte abgewickelt hat, so dürfen **die nicht bewiesenen Eigengeschäfte** nicht bei der Strafzumessung verwertet werden (*BGH* StV 1987, 20).

5. Verstöße gegen Denkgesetze und Erfahrungssätze. Die Feststellung, es 494 sei absolut ausgeschlossen, dass sich ein Heroindealer, der ein 50 g-Heroingeschäft plant, mit einer Bekannten, die davon nichts erfahren sollte, auf den Weg macht, um diese kurzfristig aussteigen und warten zu lassen, ist fehlerhaft (*BGH* StV 1983, 403). Misst eine Strafkammer dem Umstand, dass der Angeklagte bei seiner Festnahme weder Medinox-Tabletten noch ein entsprechendes Rezept bei sich hatte, entscheidende Bedeutung für die Überzeugung zu, dass der Angeklagte die Tablettenabhängigkeit als Schutzbehauptung vortrage, so wendet sie einen nicht bestehenden Erfahrungssatz an, wonach **Rauschgiftabhängige zu jeder Zeit** eine bestimmte Menge ihres **Rauschmittels bei sich führen.** Beruht ein Urteil auf dieser fehlerhaften Erwägung, so ist es aufzuheben (*Frankfurt*, Beschl. v. 17. 11. 1986, 1 Ss 392/86).

Es existiert kein Erfahrungssatz des Inhalts, dass der Anteil des THC in **Canna-** 495 **bis-Harz** 10% beträgt (*Frankfurt* NJW 1986, 2386). Allein die Erfahrung, dass **Heroin** in der Regel bis auf 25% Heroinanteil gestreckt wird, rechtfertigt es nicht in allen Fällen, in denen der Heroinanteil nicht festgestellt werden kann, ohne weiteres von diesem Erfahrungswert auszugehen. Da auch Heroinzubereitungen mit wesentlich geringeren Heroinanteilen gehandelt werden, muss der Tatrichter entweder konkrete Feststellungen über die Qualität des Heroingemisches treffen, oder aber von dem für den Angeklagten günstigsten Mischungsverhältnis ausgehen (*BGH* StV 1982, 207). Ein Erfahrungssatz, dass eingeführtes türkisches Heroin ausnahmslos einen Basisanteil von mindestens 60% habe, besteht nicht (*BGH*, Urt. v. 11. 1. 1984, 2 StR 593/83). Es gibt keinen Erfahrungssatz, dass **Kokain** üblicherweise ohne Beimengen verkauft werde. Es trifft zwar zu, dass Kokain in größeren Mengen und original im Ursprungsland verpackt häufig einen sehr hohen Wirkstoffgehalt aufweist. Dies gilt aber nicht für die in Europa im Handel befindlichen Kleinmengen (*BGH* StV 1985, 148).

Teil 5. Unerlaubtes Einführen von Betäubungsmitteln
(§ 29 Abs. 1 S. 1 Nr. 1 BtMG)

Übersicht

Patzak

A. Zweck der Vorschrift

1   Aus dem Einfuhrbegriff ergibt sich, dass der Einfuhrtatbestand nicht der Freizügigkeit von Wirtschaftsinteressen (vgl. AWG) und nicht dem staatlichen Zollanspruch (vgl. ZollVG und AO), sondern Sicherheitsinteressen und der **Volksgesundheit** der deutschen Bevölkerung dient (BGHSt. 34, 180, 183 = NJW 1987, 721 = StV 1987, 67; *BGH* NStZ 1991, 392 m. Anm. *Beulke/Schröder*; zu der umfangreichen Kritik an dem Rechtsgut Volksgesundheit vgl. § 29/Teil 4, Rn. 4).

B. Verfassungsmäßigkeit der Strafbarkeit von Einfuhrdelikten

2   Verfassungsrechtliche Bedenken bestehen nicht gegen die Methode, im Wege der Rechtsverordnung die Betäubungsmittel zu bestimmen, welche den Regelungen des BtMG unterliegen, deshalb auch nicht gegen die Strafverfolgung wegen unerlaubter Einfuhr und Handeltreiben mit Haschisch und Amphetaminen (*BVerfG* NJW 1992, 107). Das *BVerfG* hat eine Verfassungsbeschwerde im Zusammenhang mit der Einfuhr von Cannabis auch zu medizinischen Zwecken nicht angenommen, da der Rechtsweg wegen Nichtbeantragung einer Ausnahmegenehmigung noch nicht erschöpft war und die Sanktionierung der Einfuhr von Cannabisprodukten auch zu medizinischen Zwecken grundsätzlich verfassungsmäßig nicht zu beanstanden sei (BVerfGK 5, 365 = Blutalkohol 2006, 37).

C. Objektiver Tatbestand

I. Betäubungsmittel

1. Betäubungsmitteleigenschaft. Der Tatbestand setzt voraus, dass der Täter 3
Betäubungsmittel i. S. d. § 1 Abs. 1 BtMG einführt (zur Betäubungsmitteleigenschaft s. § 1 Rn. 20 ff.). Die Betäubungsmitteleigenschaft geht nicht verloren,
wenn das Rauschgift in flüssiger oder sonst umgewandelter Form illegal eingeführt
wird, um sie bei einer Zollkontrolle besser verbergen zu können. (s. dazu § 1
Rn. 20).

2. Ausgenommene Zubereitungen. Auch die Einfuhr **von ausgenomme-** 4
nen Zubereitungen (z. B. Diazepam), die nach § 2 Abs. 1 Nr. 3 BtMG grundsätzlich nicht dem BtMG unterfallen, ist nach § 29 Abs. 1 S. 1 Nr. 1 BtMG
strafbewehrt, da lit. b des letzten Spiegelstrichs in Anl. III regelt, dass für alle ausgenommenen Zubereitungen der Anl. III – außer solchen mit Codein und Dihydrocodein – die betäubungsmittelrechtlichen Vorschriften über die Ein-, Ausund Durchfuhr gelten (BGHSt. 56, 52 = NStZ-RR 2011, 119 = StraFo 2011, 105
m. krit. Anm. *Kotz* NStZ 2011, 461; s. auch § 2 Rn. 47 ff.; zum Verhältnis der Ein-,
Aus- und Durchfuhr von ausgenommenen Zubereitungen mit dem Handeltreiben
s. Rn. 265). Eine weitere Ausnahme besteht bei Barbital (s. § 2 Rn. 51).

3. Betäubungsmittelimitate. Die Ein- und Ausfuhr von Betäubungsmittel- 5
imitaten ist nur insoweit strafbar, als der Transport dem Absatz dient und zum
Handeltreiben führt. Geht der Schmuggler davon aus, bei dem Schmuggelgut handele es sich um echte Betäubungsmittel, obwohl es sich um keine Betäubungsmittel, sondern um Imitate handelt, so stellt sein Schmuggeltransport einen untauglichen Einfuhrversuch, aber ein vollendetes Handeltreiben nach § 29 Abs. 1 BtMG
dar, weil das Handeltreiben nicht die Existenz echter Betäubungsmittel voraussetzt.
Kennt der Schmuggler die Imitateigenschaft, so kann er sich nicht wegen der Imitateinfuhr, aber wegen des gleichzeitigen Imitathandels über § 29 Abs. 6 BtMG
nach § 29 Abs. 1 BtMG strafbar machen (*BGH* NStZ 2003, 435 = StraFo 2003,
182; s. auch § 29/Teil 29, Rn. 21 ff.).

4. Grundstoffe. Die Ein- und Ausfuhr von Grundstoffen, die zur Betäu- 6
bungsmittelherstellung dienen können, wie Essigsäureanhydrid oder Ergotramintatrat, ist nach dem GÜG strafbar (*BGH* StV 2005, 666).

5. Streckmittel. Die Einfuhr von 30 kg eines nicht dem BtMG unterliegenden 7
Paracetamol-Koffein-Gemisches als Streckmittel für Heroin aus den Niederlanden
in die Bundesrepublik stellt keine Betäubungsmitteleinfuhr und keine Grundstoffeinfuhr, aber u. U. Beihilfe zum Handeltreiben mit Betäubungsmitteln dar, wenn
mit diesem Transport die Herstellung und der Verkauf von Betäubungsmitteln
gefördert wurde (*BGH* NStZ 1993, 444 = StV 1993, 473). Es kann auch ein Verstoß gegen das AMG vorliegen.

II. Einfuhr

1. Definition. Als Einfuhr ist das **Verbringen von Betäubungsmitteln über** 8
die deutsche Hoheitsgrenze aus dem Ausland in den Geltungsbereich des
BtMG anzusehen (BGHSt. 34, 180 = NJW 1987, 721 = StV 1987, 67; *BGH*
NStZ 1990, 442 = StV 1990, 408; *BGH* NStZ 1992, 545 = StV 1992, 578; *BGH*
NStZ 2000, 150 = StV 2000, 620; *Weber* § 29 Rn. 742; *Hügel/Junge/Lander/
Winkler* § 29 Rn. 5.1.1; MK-StGB/*Kotz* § 29 Rn. 505; *Franke/Wienroeder* § 29
Rn. 74 a; zum Geltungsbereich des BtMG s. im Einzelnen Rn. 24). Die Verletzung
der zollrechtlichen **Gestellungspflicht** gehört nicht zum Einfuhrbegriff, sondern
allein zum Bannbruchbegriff des § 372 AO (BGHSt. 31, 252 = NStZ 1983, 371 =
StV 1983, 150; BGHR BtMG § 29 Abs. 1 Nr. 1 Einfuhr 20 = StV 1992, 376).

2. Verbringen. Verbringen setzt voraus, dass die Gegenstände durch menschli- 9
ches Einwirken über die Grenze gelangen, gleichgültig ob der Täter das Betäu-

bungsmittel fährt, trägt oder in seinem Körper versteckt oder geschluckt bei sich hat (BGHSt. 38, 315 = NStZ 1992, 543). Es ist unerheblich, ob die Betäubungsmittel auf dem Land-, Luft- oder Wasserweg, per Auto, Eisenbahn, Schiff, Flugzeug, per Post oder zu Fuß, im oder am Körper ins Land gebracht werden. Der Einfuhrbegriff ist dabei nicht davon abhängig, ob nun der Täter die Grenze an einem Grenzübergang überquert und sich einer Zollkontrolle stellt, oder ob er die Zollstelle umgeht und über die grüne Grenze heimlich ins Inland eindringt. Der Einfuhrbegriff setzt also keine Grenzüberschreitung an einem offiziellen Grenzübergang mit Zollkontrolle voraus.

10   Einfuhr ist aber nicht nur das persönliche, das eigenhändige Verbringen von Betäubungsmitteln, sondern auch **das Verbringenlassen** in den Geltungsbereich des BtMG durch Dritte (Rauschgiftkuriere), durch Tiere (Hunde, Brieftauben), Maschinen (unbemannte Fahrzeuge, Boote) oder andere Werkzeuge, z.B. Fallschirm, Brief, Paket (BGHR BtMG § 29 Abs. 1 Nr. 1 Einfuhr 8 = StV 1988, 205; BGHSt. 38, 32 = NStZ 1991, 537 = StV 1992, 375; *BGH* NStZ-RR 2004, 25; *Weber* § 29 Rn. 797; zur Abgrenzung Täterschaft/Teilnahme beim Verbringenlassen s. Rn. 189 ff.). Die Einfuhr setzt weder bei dem Rauschgifthändler noch bei dessen Kurier bei deren Einreise einen unmittelbaren Besitz an dem Betäubungsmittel voraus, **mittelbarer Besitz** reicht aus. Entscheidend ist, dass der Täter die tatsächliche Verfügungsmacht hat, d. h. er muss im Inland über die Betäubungsmittel verfügen können, wenn er will. Tatsächlich Gebrauch machen muss er von dieser Verfügungsmacht aber nicht (vgl. Rn. 163 ff.).

11   **3. Abgrenzung Einfuhr und Ausfuhr/Durchfuhr.** Unter **Ausfuhr** ist das Verbringen von Betäubungsmitteln aus dem Geltungsbereich des BtMG ins Ausland zu verstehen.

12   Wird das Betäubungsmittel entsprechend § 11 Abs. 1 S. 3 BtMG nur durch den Geltungsbereich des BtMG befördert und geschieht dies ohne weiteren als den durch die Beförderung oder den Umschlag bedingten Aufenthalt und ohne dass es zu irgendeinem Zeitpunkt während des Verbringens dem Reisenden oder einer dritten Person tatsächlich zur Verfügung steht, so liegt nicht der Tatbestand der **Durchfuhr** (*BGH* StV 1983, 280 = MDR 1983, 779). Der **Mangel an Verfügungsmöglichkeit** ist somit Tatbestandsmerkmal der Durchfuhr. Hat der Täter im Inland Verfügungsmöglichkeit, so liegt **Einfuhr** vor (BGHSt. 31, 374 = NStZ 1983, 415; *BGH* NStZ 2004, 693; *BGH* NStZ-RR 2010, 119 = StV 2010, 130). Der **Transitreisende** erfüllt also den Tatbestand der vollendeten Einfuhr von Betäubungsmitteln nach § 29 Abs. 1 S. 1 Nr. 1 BtMG, wenn er diese **so in das Inland verbringt, dass sie ihm oder einem Dritten tatsächlich zur Verfügung stehen.** Wird ein Flugreisender, der Gepäckstücke mit Betäubungsmitteln als Reisegepäck aufgegeben hat, nicht auf dem Zielflughafen, sondern bei einer Zwischenlandung auf einem deutschen Flughafen mit Betäubungsmitteln, die in seinem Reisegepäck enthalten sind, angetroffen, so kommt es für die Beurteilung der Frage, ob Einfuhr oder Durchfuhr vorliegt, entscheidend darauf an, ob die Zugangsmöglichkeit des Reisenden zu dem betreffenden Gepäckstück als tatsächliche Verfügungsmacht im Sinne des § 11 Abs. 1 S. 3 BtMG zu bewerten ist und ob er die Verfügungsmacht kannte.

III. Erlaubnispflicht

13   **1. Erlaubnis nach § 3 BtMG.** Das Fehlen einer Erlaubnis nach § 3 BtMG beim Einführenden ist ein weiteres Tatbestandsmerkmal. Dem Fehlen der **Einfuhrerlaubnis** können die Unwirksamkeit der Erlaubnis nach Widerruf oder Fristablauf und die Nichtbeachtung von Auflagen der Erlaubnis gleichstehen. Das *BfArM* erteilt bzw. verweigert einem Antragsteller die generelle Erlaubnis, am legalen Betäubungsmittelverkehr teilzunehmen und sich mit der Einfuhr von Betäubungsmitteln zu beschäftigen. Daneben benötigt der Erlaubnisinhaber zusätzlich für jeden Einzelfall einer Betäubungsmitteleinfuhr eine **Einfuhrgenehmigung** des *BfArM* (§ 11 BtMG), die nach den Vorschriften der BtMAHV vom 16. 12.

1981 erteilt wird. Während eine Einfuhr ohne Einzelfallgenehmigung i. S. d. § 11 BtMG eine Ordnungswidrigkeit nach § 32 Abs. 1 Nr. 5 BtMG begründet, stellt eine Einfuhr ohne generelle Erlaubnis eine Straftat i. S. d. §§ 29, 30 BtMG dar.

2. Ausnahmen von der Erlaubnispflicht. a) Ärzte, Zahnärzte und Tier- 14 **ärzte** können ohne Erlaubnis des *BfArM* im grenzüberschreitenden Dienstleistungsverkehr verkehrsfähige und verschreibungsfähige Betäubungsmittel der Anl. III ein- und ausführen (§ 4 Abs. 1 Nr. 4 lit. a BtMG). Es muss sich um voll approbierte Ärzte handeln. Sie müssen den grenzüberschreitenden Dienstleistungsverkehr und die benötigten Betäubungsmittel nachweisen können. § 4 Abs. 1 Nr. 4 lit. a BtMG vermag diese Ärzte aber nur von einer deutschen Erlaubnis zu befreien. Auswärtige Erlaubnispflichten werden durch § 4 BtMG nicht berührt. Ärzte unterliegen gem. § 15 BtMAHV dem vereinfachten grenzüberschreitenden Verkehr, d. h. sie bedürfen sowohl bei Betäubungsmitteln der Anl. II als auch der Anl. III im Einzelfall keiner Ein- und Ausfuhrgenehmigung nach § 11 BtMG.

b) Betäubungsmittelkonsumenten (Patienten). aa) Betäubungsmittel 15 **der Anl. III.** Wer im Ausland aufgrund ärztlicher, zahnärztlicher oder tierärztlicher Verschreibung nach dem deutschen BtMG verkehrfähige und verschreibungsfähige Betäubungsmittel der Anl. III erworben hat und sie als Reisebedarf einführt, ist im Gegensatz zum BtMG von 1972 ebenfalls von einer Erlaubnis nach § 3 BtMG befreit (§ 4 Abs. 1 Nr. 4 lit. b BtMG). Werden von einem Patienten **im grenzüberschreitenden Verkehr Betäubungsmittel** in einer der Dauer der Reise angemessenen Menge aufgrund ärztlicher Verschreibung oder Bescheinigung für den eigenen Bedarf ein- oder ausgeführt, so ist dieser Umgang mit Betäubungsmitteln jedoch nur erlaubnisfrei, wenn es sich um Betäubungsmittel der Anl. III (verschreibungsfähige Betäubungsmittel) handelt. Bei diesen Betäubungsmitteln gilt aufgrund § 11 Abs. 2 BtMG nach § 15 Abs. 1 Nr. 2 BtMAHV insoweit ein **vereinfachter grenzüberschreitender Verkehr.** Der Reisende ist bei der Einfuhr/Ausfuhr von Antragtragstellungen, Genehmigungen und Abfertigungen befreit.

Es ist dabei zu prüfen, ob und in welchem Umfang die Einfuhr des verkehrs- 16 und verschreibungsfähigen Betäubungsmittels **dem Reisebedarf diente** und einer Erlaubnis bedarf (*BGH* NStE Nr. 81 zu § 29 BtMG [5 StR 97/92 zu Pentazocin]). Der Reisende muss durch Vorlage einer ärztlichen Verschreibung den legalen Betäubungsmittelerwerb nachweisen. Die Betäubungsmittel müssen zu der Anl. III gehören. Das am häufigsten im Ausland, insb. in den Niederlanden, aufgrund ärztlicher Verschreibung erworbene und in das Bundesgebiet im Reiseverkehr eingeführte Betäubungsmittel **Methadon** gehört zur Anl. III. Wer aufgrund ordnungsgemäßer Verschreibung im Ausland Methadon legal erworben und besessen hat, ist nach Änderung von § 15 Abs. 1 BtMAHV durch Art. 3 der 4. BtMÄndV bei der Einfuhr dieses Methadons als Reisebedarf in das Bundesgebiet von der Erlaubnispflicht befreit (§ 4 Abs. 1 Nr. 4 lit. b BtMG). Dies gilt seit Inkrafttreten der 25. BtMÄndV am 18. 5. 2011 auf für **Cannabiszubereitungen, die als Fertigarzneimittel zugelassen** sind. Der Täter macht sich nicht wegen unerlaubter Einfuhr strafbar. Soweit die mitgeführten Betäubungsmittel zur Anl. III gehören, sind sie nur erlaubnisfrei bis zu den in der BtMVV genannten Höchstmengen. Da der voraussichtliche Reiseverlauf und die benötigte Gesamtmenge im Einzelfall nicht leicht zu ermitteln ist, sollte nur bei offensichtlichen Missbrauchsfällen im Reiseverkehr der Erlaubnismangel zu einem Strafverfahren führen. Auswärtige Erlaubnispflichten bleiben unberührt.

Auch das Verbringungsverbot von Arzneimitteln aus dem Ausland nach 17 Deutschland (§§ 72, 73 AMG) gilt nicht, wenn ein Patient Arzneimittel bei der Einreise in den Geltungsbereich des AMG in einer Menge zum persönlichen Bedarf einführt (§ 73 Abs. 2 Nr. 6 AMG).

bb) Betäubungsmittel der Anl. I und Anl. II. (1) Aus einem Nicht-EU- 18 **Mitgliedstaat.** Für nicht verkehrs- und nicht verschreibungsfähige Betäubungsmittel der **Anl. I** zum BtMG, z. B. Cannabis (sofern es sich nicht um zugelassene

Fertigarzneimittel handelt, die seit dem 18. 5. 2011 der Anl. III unterstehen), sowie die verkehrsfähigen, aber nicht verschreibungsfähigen Betäubungsmittel der
Anl. II gelten die obigen Ausnahmen für den Reiseverkehr nicht. Die Einfuhr
von Cannabis aus einem Nicht-EU-Mitgliedsstaat nach Deutschland zu therapeutischen Zwecken wäre danach eine unerlaubte Einfuhr von Betäubungsmitteln nach
§ 29 Abs. 1 S. 1 Nr. 1 BtMG, selbst wenn sie im Nicht-EU-Ausland ärztlich verschrieben wurden, weil § 4 Abs. 1 Nr. 4 lit. b BtMG hier nicht gilt und weder
eine Erlaubnis nach § 3 Abs. 1 BtMG noch eine Ausnahmeerlaubnis nach § 3
Abs. 2 BtMG vorliegen.

19   **(2) Aus einem EU-Mitgliedsstaat.** Der Wegfall der Binnengrenzkontrollen
aufgrund des Schengener Durchführungsübereinkommens hat zur Folge, dass die
Rauschgiftpolitik eines Schengen-Staates unmittelbare Auswirkungen auch auf
andere Schengen-Staaten hat. Art. 75 des Übereinkommens zur Durchführung des
Übereinkommens von Schengen v. 19. 6. 1990, in Kraft gesetzt am 26. 3. 1995,
soll deshalb sicherstellen, dass

– die durch den Wegfall der Binnengrenzkontrollen entstehenden Defizite bei der
  Rauschgiftbekämpfung beseitigt oder in anderer Weise ausgeglichen werden,
– im Hinblick auf die Verwirklichung des europäischen Binnenmarktes Reisenden
  das Mitführen von in ihren Heimatländern verschreibungsfähigen Arzneimitteln
  ermöglicht wird. Diese Regelung ist jedoch beschränkt auf die in einem Staat
  verschreibungsfähigen Arzneimittel und auf die dort ansässigen Personen. Wie
  Nr. 2 der Bek. v. 27. 3. 1995 (BAnz Nr. 72, 4349) ausführt, darf eine Bescheinigung nach Art. 75 des Schengener Durchführungsübereinkommens nur für im
  eigenen Staat ansässige Personen ausgestellt werden.

20   Dies bedeutet: Seit März 2003 können **Ärzte in den Niederlanden** bei medizinischer Indikation **Cannabis an ihre Patienten verschreiben. Ein niederländischer Staatsangehöriger** kann mit einem **in den Niederlanden ärztlich
verschriebenen Betäubungsmittel und dem Schengen-Papier** der zuständigen Behörde der Niederlande **nach Deutschland einreisen,** sofern die mitgeführten Mengen der Dauer der Reise (maximal 30 Tage) angemessen sind. Dies
bedeutet auch, dass Betäubungsmittel aller drei Anlagen zum BtMG dann zulässig
sind. Voraussetzung ist, dass das betreffende Betäubungsmittel in den Niederlanden
ein ärztlich verschriebenes Betäubungsmittel ist. Cannabis-Zubereitungen, die nicht
ärztlich verschriebene Betäubungsmittel sind, fallen nicht unter diese Regelung.

21   **Ein deutscher Staatsangehöriger** kann aber nach § 15 Abs. 1 Nr. 2 BtMAHV
**mit einem in Deutschland oder im Ausland verschriebenen Betäubungs-
mittel und dem Schengen-Papier** der zuständigen Behörde **nach Deutschland einreisen** (Rückreise). Dies bedeutet aber auch, dass **nur Betäubungsmittel der Anl. III** zum BtMG zulässig sind, z. B. seit Inkrafttreten der 25. BtMÄndV
am 18. 5. 2011 auch ärztlich verschriebene Cannabisfertigarzneimitteln (s. auch
Rn. 16). **Unerlaubt und strafbar** ist jedoch, wenn sich **ein in Deutschland
ansässiger Patient in den Niederlanden** zur Anl. I gehörende Betäubungsmittel oder Betäubungsmittel der Anl. III **für mehr als 30 Tage** verschreiben lässt
und nach Deutschland einführt.

22   **c) Frachtführer, Lagerhalter und Spediteure,** die für am Betäubungsmittelverkehr befugte Teilnehmer arbeiten und hierbei Betäubungsmittel ein- und ausführen, sind gem. § 4 Abs. 1 Nr. 5 BtMG bei der Ein- und Ausfuhr von der generellen Erlaubnispflicht, nicht aber von der Einfuhrgenehmigung des § 11 BtMG
befreit. Die Frachtführer, Lagerhalter und Spediteure, die gewerbsmäßig für unbefugte Teilnehmer am Betäubungsmittelverkehr arbeiten und illegale Rauschgifttransporte vom Ausland her einführen, können sich selbstverständlich weder auf
eine Befreiung von der Erlaubnispflicht des § 3 BtMG noch auf eine Befreiung
von der Genehmigungspflicht des § 11 BtMG berufen.

23   **d) Bundes- und Landesbehörden.** Von der Erlaubnispflicht befreit § 4 Abs. 2
BtMG schließlich die Bundes- und Landesbehörden für den Bereich ihrer dienst-

lichen Tätigkeit (§§ 19 bis 21 BtMG). Keiner Erlaubnis für die Betäubungsmitteleinfuhr bedürfen **das *BfArM*** selbst und die **obersten Landesbehörden im Gesundheitsbereich** (§ 19 BtMG), die örtlichen **Kriminalpolizei- und Zollfahndungsdienststellen,** die Landeskriminalämter, das *BKA* bei der Verfolgung der Betäubungsmittelkriminalität, die **Staatsanwaltschaften** und **Gerichte** bei der Erledigung von in- und auswärtigen Betäubungsmittelstrafsachen, **die Zollbehörden, die Bundespolizei** sowie die **Bundeswehr, der Zivilschutz und die Bereitschaftspolizei** (§ 26 BtMG). § 14 BtMAHV befreit diese Bundes- und Landesbehörden im Rahmen internationaler Zusammenarbeit von der Einund Ausfuhrgenehmigung nach §§ 1 bis 12 BtMAHV und lässt insoweit ein **vereinfachtes Verfahren** zu. Die Bekämpfung der internationalen Betäubungsmittelkriminalität und die Verfolgung von Bandenmitgliedern ein und derselben Betäubungsmittelhandels- oder Schmuggelorganisation in verschiedenen Ländern hat zu einer internationalen Zusammenarbeit von Polizei und Justiz im Rahmen der Rechshilfe geführt. Hierzu gehören nicht nur auswärtige Ermittlungen und Vernehmungen, sondern auch der Austausch von Beweismitteln und die damit vermehrten Transporte sichergestellter Betäubungsmittel vom Inland ins Ausland und vom Ausland ins Inland. Darüber hinaus hat die Bekämpfung der internationalen Betäubungsmittelkriminalität zu **kontrollierten Betäubungsmitteltransporten und Scheintransporten** in, aus und durch die Bundesrepublik durch polizeiliche Verdeckte Ermittler und V-Leute geführt. § 4 BtMG befreit nicht nur die Arbeiter, Angestellten und Beamten der genannten Landes- und Bundesbehörden von der Erlaubnispflicht, sondern auch die Vertrauenspersonen, die sich nur zeitweilig oder fallweise im Auftrage der Strafverfolgungsbehörden als Informanten oder **Agenten (Scheinaufkäufer, Scheintransporteure usw.)** im Einsatz befinden.

IV. Geltungsbereich des Einfuhrtatbestandes

1. Hoheitsgebiet der Bundesrepublik Deutschland. Zum Geltungsbereich 24 des BtMG gehört das gesamte Hoheitsgebiet der Bundesrepublik Deutschland (§ 3 StGB). Eine Einfuhr i. S. d. BtMG liegt daher auch vor, wenn Betäubungsmittel in die **Zollausschlussgebiete** wie Büsingen/Baden und Helgoland (vgl. Art. 3 Abs. 1 des modifizierten Zollkodex vom 23. 4. 2008), die **Freihäfen,** wie z. B. Bremen und Hamburg (zur Auflösung des Freihafens Hamburg zum 1. 1. 2013 s. BGBl. I [2011], 50), und die österreichischen Gemeinden **Jungholz** und **Mittelberg,** die früher als fremdgebietliche Zollanschlüsse galten, jetzt aber dem Zollgebiet der Gemeinschaft unterfallen, verbracht werden (*Hügel/Junge/Lander/Winkler* § 2 Rn. 19; MK-StGB/*Kotz* § 2 Rn. 32; *Weber* § 2 Rn. 59, 61; s. dazu auch § 2 Rn. 57). Hieran haben die Übereinkommen von Schengen v. 14. 6. 1985 und das Schengener Durchführungsübereinkommen (SDÜ) nichts geändert (*Hügel/Junge/Lander/Winkler* § 29 Rn. 5.1.1; *Weber* § 2 Rn. 63)

2. Zoll- und Wirtschaftgebiet. Wegen der klaren Regelung im BtMG beim 25 Einfuhrbegriff finden das Wirtschaftsgebiet des AWG und das Zollgebiet des ZollVG keine Berücksichtigung. Dies hat große Bedeutung, da das Wirtschaftsgebiet und das Zollgebiet vom Geltungsbereich des BtMG abweichen (*Hügel/Junge/Lander/Winkler* § 29 Rn. 5.1.1). So umfasst das Wirtschaftsgebiet nach § 4 Abs. 1 Nr. 1 AWG die fremdgebietlichen Zollanschlüsse, aber nicht die deutschen Zollausschlussgebiete. Das Zollgebiet nach dem ZollVG wiederum umfasst die fremdgebietlichen Zollanschlüsse, aber nicht die Zollausschlüsse und Zollfreigebiete.

3. Vorgeschobene Grenzdienststellen. Zur Erleichterung des internationalen 26 Reise- und Güterverkehrs sind zahlreiche zwischenstaatliche Vereinbarungen getroffen worden, nach denen die Grenzabfertigung des Eingangs- und Ausgangsstaates zusammengelegt wird, bald auf dem Hoheitsgebiet des einen, bald auf dem Hoheitsgebiet des anderen Staates. Es wurden deshalb mit Österreich, Schweiz, Frankreich, Luxemburg, Belgien, Niederlanden und Dänemark besondere Abkommen geschlossen. In diesen zwischenstaatlichen Abkommen wurde die Geltung der deutschen Vorschriften verabredet. So heißt es in **Art. 4 des deutsch-schweizerischen Abkommens:** „Wird in der Zone gegen diese Vorschriften verstoßen, so üben die Gerichte und Behörden des Nachbarstaates die Strafgerichtsbarkeit aus und urteilen, als ob diese Zuwiderhandlung in der Gemeinde begangen worden wären, der die Dienststelle zugeordnet ist". Danach ist eine Sache bereits eingeführt, wenn sie **über eine vorgeschobene Zollstelle eingebracht** wird (BayObLGSt. 1970, 78; BayObLG ZfZ 1981, 339; *Oldenburg* ZfZ 1974, 50 *BGH* NStZ 1992, 338) und nicht erst, wenn sie die zurückliegende deutsche Zoll- und Gebietsgrenze passiert hat (so *Köln* NStZ 1982, 122). Zur Abgrenzung Versuch/Vollendung bei der Einfuhr über eine vorgeschobene Grenzdienststelle s. Rn. 143 ff.

27 **4. Regelung vor der Wiedervereinigung.** Vor der Wiedervereinigung stand nach § 2 Abs. 2 BtMG der Einfuhr das Verbringen aus der Deutschen Demokratischen Republik oder aus Berlin (Ost) in den Geltungsbereich dieses Gesetzes gleich und der Ausfuhr das Verbringen aus dem Geltungsbereich dieses Gesetzes in die Deutsche Demokratische Republik oder nach Berlin (Ost) gleich (vgl. zum Inlandsbegriff hinsichtlich des Gebietes der DDR insb. *BGH* NStZ 1981, 179). Nach § 2 Abs. 1 StGB bleibt die Einfuhr von Betäubungsmitteln in die frühere DDR auch nach der Wiedervereinigung strafbar (*BGH* NStZ 1991, 495). Das Verbringen von Betäubungsmitteln aus den neuen Bundesländern in die alten Bundesländer ist keine Einfuhr mehr, sondern bei eigennütziger Absatzförderung Handeltreiben.

28 **5. Einfuhr ohne Inlandsbezug.** Eine Kokainlieferung von Südamerika in die Schweiz ohne Deutschlandbezug stellt zwar unter Berücksichtigung des § 6 Nr. 5 StGB nach dem Weltrechtsprinzip Handeltreiben, aber keine Einfuhr i. S. d. BtMG dar (*BGH* NStZ 2000,150 = StV 2000, 620).

D. Erscheinungsformen des Rauschgiftschmuggels

I. Schmuggelverstecke

29 Zwar setzt die Einfuhr von Betäubungsmitteln kein besonderes Schmuggelversteck voraus, sondern ist auch gegeben, wenn der Täter mit verbotenen Gegenständen offen die Grenze überschreitet. Das **Schmuggelversteck** ist aber **Ausdruck** der **kriminellen Intensität** und erschwert die Entdeckung der illegalen Einfuhr.

30 **1. Schmuggelbehältnisse und Hohlräume mit Betäubungsmitteln.** Das bekannteste und häufigste Schmuggelbehältnis ist der Hartschalenkoffer mit doppeltem Boden. Daneben werden aber auch Kisten, Reisetaschen, Kosmetika, Flaschen, Lebensmittel, Säcke, Tonnen, Getränke- und Konservendosen mit Betäubungsmitteln gefüllt. Durch irreführende Etiketten wird ein anderer Inhalt vorgetäuscht. Anstelle von Behältnissen werden auch massive Gegenstände (z. B. Skulpturen, Bilder, Audiogeräte, Maschinen, Souvenirs, Weihnachtsgeschenke, Möbel, Puppen und Spielzeuge) ausgehöhlt und mit Betäubungsmitteln gefüllt. Bei der Auswahl von Schmuggelbehältnissen werden entweder **besonders auffällige** oder **besonders unauffällige Behältnisse** gewählt. Wegen möglicher Regressansprüche und Dienstaufsichtsbeschwerden beschädigt ein Zöllner in der Regel ohne gezielten Hinweis keine wertvollen Gegenstände zur Prüfung, ob sie mit Rauschgift gefüllt sind. Beliebt ist der Rauschgiftschmuggel in ausgehöhlten Halbedelsteinen oder Kerzen. Die Kuriere geben sich dann als Edelsteinhändler bzw. Kerzenhändler aus. Sie deklarieren die Waren ordnungsgemäß, in der Hoffnung, dass die Betäubungsmittel in den Hohlräumen nicht entdeckt werden. Hohlräume in Autos, Flugzeugen, Schiffen und in der Eisenbahn werden als Verstecke bevorzugt. Große Haschischmengen werden vielfach in verkleidete Laderäume von Lastkraftwagen, Bussen, Wohnmobilen, Schiffen und Flugzeugen, in Container mit doppeltem Boden oder ausgehöhlte Wände eingebaut. Nicht selten befinden sich

in den Schmuggelbehältnissen Kleider oder wertlose Gegenstände, die Umhüllung selbst aber ist gefüllt mit Betäubungsmitteln, wie z. B. Kisten mit Tonzeug, in dessen Kistenbrettern Heroin verborgen ist, Körbe mit verdorbenem Gemüse oder Fisch, dessen Flechtwerk mit Haschisch gefüllt ist, Fässer mit Abfällen, in dessen Wänden Haschisch steckt, Metallflaschen, die mit Gas gefüllt sind, deren Schutzhülle Haschischöl fasst. Häufig ist in Blechkanistern oder Blechdosen ein zweites Behältnis eingearbeitet, das mit Rauschgift gefüllt ist. So spenden Spraydosen, Deodorants oder Rasierschaumdosen Pasten oder Flüssigkeiten, ohne das „**Behältnis im Behältnis**" zu verraten. Im Sommer 2010 beschlagnahmte die kolumbianische Polizei einen nachgemachten WM-Pokal, in dem 11 kg Kokain versteckt waren.

2. Behältnisse mit illegalen Betäubungsmitteln inmitten von Behältnissen mit legalen Transportgütern. Werden in einem Warenlager, auf Lastkraftwagen, Frachtschiffen oder in Frachtflugzeugen zwischen einer großen Zahl gleich aussehender Behältnisse, die legale Transportgüter enthalten, einzelne Behältnisse mit illegalen Betäubungsmitteln verborgen, so ist ähnlich wie bei der Kontrolle des Auto- oder Flugreiseverkehrs die Entdeckung der Betäubungsmittel bei Stichproben erschwert. So erfreut sich der **Schmuggel von Kokain in Kaffee** aus Kolumbien großer Beliebtheit. Entweder werden **Kokainpakete zwischen Kaffeebohnen** verpackt oder es wird **gemahlener Kaffee zu 20% mit Kokainpulver** gemischt und originalverpackt. Der Kokain-Kaffee sieht aus wie gemahlener Kaffee und riecht wie gemahlener Kaffee. Es gibt aber auch die List, **zwischen 100 Kaffeesäcke einen Sack Kokain** zu legen. Diesen Sack will später niemand aufgeladen haben.   **31**

3. Verschleierung und Umwandlung der Betäubungsmittel. Um die Betäubungsmittel unsichtbar zu machen, wird bisweilen die Verflüssigungsmethode gewählt. Heroin oder Kokain von hoher Reinheit wird gelöst, **Kleider, Handtücher, Gepäckstücke oder Decken** werden mit dieser Lösung getränkt und anschließend getrocknet. Pro Decke lassen sich 500 g **Heroin durch Verflüssigung unsichtbar machen.** Um nach dem Schmuggeltransport das Heroin zurückzugewinnen, werden die Stoffe in erhitztem Wasser eingeweicht und ausgedrückt. Nach Zugabe von Natriumcarbonatlösung in die Flüssigkeit fällt das Heroin an der Oberfläche der Lösung aus und kann abgeschöpft werden. Anschließend wird das Produkt durch Trocknung wieder in Heroin pulverisiert (*BGH*, Urt. v. 13. 11. 1990, 5 StR 413/90). Werden zu starke Lösungen verwendet, so bleibt die Belegung der Stoffe nicht verborgen. Der Zöllner kann unschwer feststellen, dass die Stoffe sich steif anfühlen und Kristalle erkennen lassen. Heroin wird bisweilen auch in Äthanol gelöst und in Original-**Whiskyflaschen abgefüllt.** Beim Verdunsten des Äthanols bildet sich eine breiförmige Masse, die als weißes Pulver zurückbleibt. In ähnlicher Weise wird Kokain in Flüssigkeiten, zumeist Alkohol, gelöst und in Original-Spirituosenflaschen geschmuggelt (*BGH*, Beschl. v. 4. 8. 2004, 2 StR 262/04). Mit **Kokain** präparierte Gewebe werden mit Aceton geweicht. So kann eine Flasche Whisky bis zu 700 g Kokainhydrochlorid enthalten. Auch das Tränken von Teppichen mit **Cannabisöl** wurde erfolgreich versucht. Das **Einbacken von Haschisch in einen Kuchen,** die **Ummantelung** eines Betäubungsmittelbehältnisses **mit Flüssigwachs** zu einer Kerze oder **das Einwachsenlassen** von Betäubungsmittelbehältnissen **in Kohlköpfen** sind weitere Umwandlungsbeispiele. Die Betäubungsmitteleigenschaft geht durch die Umwandlung nicht verloren (s. Rn. 3).   **32**

4. Schmuggelbehältnisse aus Betäubungsmitteln. So wie die einen Schmuggler die Zöllner dadurch täuschen, dass sie legale Waren in das Behältnis packen, die illegalen Betäubungsmittel aber in den Wänden des Behältnisses (in den Kistenbrettern, in dem Stoff oder Leder der Tasche) verbergen, vermischen andere Schmuggler pulverisierte Betäubungsmittel mit Kunststoffen, gewinnen aus dem Gemisch neue Werkstoffe, aus denen sie später Behältnisse herstellen. So wer-   **33**

den beispielsweise Hartschalenkoffer, Werkzeugkisten, Blumenvasen, Kunstgegenstände und Kleinmöbel aus Kokainbase-Kunststoff gepresst. Der Zoll durchsucht häufig nur den Inhalt eines Behältnisses, aber nicht die Hülle.

34   **5. Schmuggel von Betäubungsmitteln am Körper.** Die geringsten Vorbereitungen sind erforderlich, wenn der Schmuggler die Betäubungsmittel unmittelbar am Körper oder in den Kleidern trägt (sog. Träger). Er klebt Betäubungsmittel mit Klebstreifen oder Pflaster an den Arm, an das Bein oder an den Bauch. Er steckt sie in die Manteltaschen, in die Unterhose, in den Rollkragen seines Pullovers, unter den Hut oder die Perücke, in seine Schuhe oder in die Strümpfe. Besondere Formen des Körperschmuggels sind dann bereits gegeben, wenn der/die Täter/in die Betäubungsmittel in den Saum seiner Kleidungsstücke einnäht, die Körbchen des Büstenhalters mit Betäubungsmitteln anreichert, das Gewebe einer Damenbinde mit Heroin wattiert, die Schuhabsätze oder das Gipsbein mit Betäubungsmitteln füllt.

35   **6. Schmuggel von Betäubungsmitteln in Körperöffnungen.** Das Verstecken von Betäubungsmitteln in Körperöffnungen ist ebenfalls eine beliebte Schmuggelform. Von den **Körperschmugglern (sog. Body-Packern),** die zwischen 80 und 150 Rauschgiftpäckchen mit 8, 10 oder 15 g Heroin oder Kokain verschlucken und auf einer Flugreise im Magen-Darm-Trakt transportieren, sind die **Straßenhändler (sog. Body-Stuffer)** zu unterscheiden, die kleine Crack-, Heroin- oder Kokain-Bubbles im Mund herumtragen, beim Verkauf herausnehmen, beim Herannahen der Polizei aber hinunterschlucken. Die Kontrolle von Körperöffnungen ist zumeist auch mit besonderen Unannehmlichkeiten verbunden. Betäubungsmittelmengen werden entweder in natürlichen Körperöffnungen wie z.B. im Mund, in den Ohren, im After und in der Scheide **(sog. Schieber)** oder im Körper nach oraler Aufnahme (sog. **Schlucker**) im Magen-Darm-Trakt transportiert. Obwohl dieses Versteck dem Träger bzw. der Trägerin im Falle der Entdeckung **keine Möglichkeit** lässt, **sich von den Betäubungsmitteln zu distanzieren,** transportieren zahlreiche Rauschgifthändler und -kuriere den Stoff am oder im Körper, weil Polizeibeamte und Zollbeamte eine Körperkontrolle häufig zu vermeiden suchen. Als Transportbehältnisse werden einfache Ballons, Latexhandschuhe oder Kondome verwendet, teilweise aber auch eigens hierfür hergestellte Verpackungen aus mehrere Lagen Latex oder Wachs, die beim Röntgen schwerer zu entdecken sein sollen (*Oglakcioglu/Henne-Bruns/Wittau* NStZ 2011, 73).

36   Eine besondere bizarre und gefährliche Schmuggelmethode ist das **Einpflanzen von Betäubungsmittelpäckchen** in Beine, Arme oder in sonstiges Muskelgewebe sowie von **Silikonkissen mit verflüssigtem Heroin oder Kokain weiblichen Kurierinnen in die Brüste** und die **operative Entnahme** der Päckchen nach Überschreiten der Grenze. Solche Betäubungsmittelimplantate sind noch aufwändiger und gefährlicher als geschluckte Betäubungsmittelpäckchen. In vereinzelten Fällen wurde bei Leichenüberführungen das Rauschgift **in den Leichnam hineinoperiert.**

37   Pro Jahr werden in der Bundesrepublik ca. 700–800 Körperschmuggler entdeckt. Auf dem Frankfurter Flughafen beträgt die Quote der Körperschmuggler bereits 47%, davon 28% Träger, 10% Schlucker, 8% Schieber. Durchschnittlich trägt ein Körperschmuggler zwischen 300 und 700 g Rauschgift im Magen-Darm-Trakt. In einem vom *BGH* entschiedenen Fall aus dem Jahr 2009 hatte ein Schmuggler 100 Presslinge mit insgesamt rund einem Kilogramm Kokain inkorporiert (*BGH* NStZ 2010, 522). Oftmals nehmen die Schmuggler Substanzen (z.B. Diphenoxylat oder Atropin) zu sich, um die Ausscheidung der Betäubungsmittel zu verzögern, sog. Stopper (*Oglakcioglu/Henne-Bruns/Wittau* NStZ 2011, 73).

38   Wegen der geringen Entdeckungsgefahr sind Fälle von Körperschmuggel im Magen-Darm-Trakt auf den Flughäfen immer häufiger. Neben zahlreichen Einzelkurieren treten in jüngster Zeit immer häufiger Schmugglergruppen in Erscheinung. Ein Indiz zur Feststellung eines Körperschmugglers können die von ihm mit

sich geführten Gegenstände sein: So führen sie im Reisegepäck häufig Medikamente gegen Magenschleimhautentzündungen, Darmgeschwüre, Brechreiz und Sodbrennen mit sich und verfügen über Abführmittel, Rizinusöl, Schmerzmittel, Puder, Salben und Plastikhandschuhe, **um den Ausscheidungsvorgang** möglichst schmerzfrei **steuern** zu können. Die von Zollfahndern bei der Beobachtung von Körperschmugglern gewonnenen Erkenntnisse haben zu einem **Verdachtsraster** geführt, das Auffälligkeiten im Auftreten, im Aussehen, in der Herkunft, in der Reiseroute, beim Reisegepäck und bei mitgeführten Reiseutensilien umfasst. **Positiver Urintest, Drug-Wipe-Test** (= Drogenwischtest) und/oder **Röntgenaufnahmen** begründen den Verdacht der Inkorporierung.

7. Schmuggel von Betäubungsmitteln in lebenden Tierkörpern. Mit Zu- 39 nahme des Körperschmuggel-Unwesens entwickelte sich eine qualvolle Schmuggelvariante, nämlich der Rauschgiftschmuggel in Tierkörpern, insb. in Hundekörpern und in anderen Haustieren. Entweder werden Hunde so gequält, bis sie Rauschgiftbehältnisse schlucken oder ihnen werden mit Betäubungsmitteln gefüllte Präservative eingepflanzt und die Operationsnarben verschleiert. Sofern die Implantate sichtbar erscheinen, werden die Tiere als trächtig mit Tierarztbescheinigungen ausgegeben. In einen Dalmatiner, Bernhardiner, Bobtail, Schäferhund oder Labradorhund können Implantate von 1–2,5 kg hineinoperiert werden. Die Tiere werden vornehmlich von Südamerika in Luft-Transport-Hundeboxen per Luftfracht transportiert. Ihr kränkliches Aussehen wird mit den Strapazen des Fluges erklärt. Die Rauschgiftbehältnisse sind nur durch Operation zu entfernen.

II. Schmuggelmethoden und Verschleierungstechniken

Die Schmuggelmethoden sind keine Tatbestandsmerkmale der verbotenen Ein- 40 fuhr, aber wichtige Strafzumessungserwägungen. Auch wenn die in § 11 Abs. 4 Nr. 6 lit. b BtMG 1972 als besonders schwere Fälle aufgezählten Schmuggelmethoden Verheimlichung durch besonders angebrachte Vorrichtungen oder Versteckthalten an schwer zugänglichen Stellen im § 29 und § 30 BtMG nicht ausdrücklich erwähnt sind, haben die besonders raffinierten Schmuggelmethoden **als ungenannte besonders schwere Fälle** im Rahmen des § 29 Abs. 3 BtMG nach wie vor besondere Bedeutung (s. dazu § 29/Teil 26, Rn. 66 ff.). Das Verbringen der Betäubungsmittel kann im heutigen Massenverkehr offen oder verschleiert, durch Schmuggelbehältnisse oder Schmuggelverstecke, durch Ablenkungs- oder Täuschungsmanöver erfolgen. Die Schmuggelmethoden sind so vielgestaltig, dass sie hier nicht alle, aber die wesentlichen Erscheinungsformen, aufgezählt werden können. Die Schmuggelmethoden sind deswegen so vielgestaltig, da die pulverisierten Schmuggelgüter Heroin und Kokain in den kleinsten Hohlräumen Platz finden.

1. Umgehung der Zollbeamten. Neben dem Verstecken, Ablenken und 41 Täuschen ist das Umgehen der Zollbeamten eine beliebte Schmuggelmethode. Nicht nur das Verbringen von Betäubungsmitteln zu Fuß, per Auto oder per Flugzeug über die grüne Grenze fällt hierunter. Allein auf einem Flughafen gibt es zahlreiche Möglichkeiten, Betäubungsmittel am Zoll vorbeizubringen. Beliebt sind die **Verstecke, die dem Reisenden nicht zugeordnet werden können,** wie die Toilette in der Eisenbahn oder in dem Flugzeug, der leere Sitz oder das leere Abteil in der Bahn oder dem Bus, der Mülleimer oder der Frachtraum. Der Täter kann sich der Flugzeugbesatzung, des Gepäckabfertigungs-, des Reinigungspersonals bedienen und im Wege der Gefälligkeit oder Bestechung durch diese die Betäubungsmittel als unbegleitetes Fluggepäck ohne Zollkontrolle auf das Flugfeld oder direkt in das Flugzeug herausschaffen lassen. Er kann am Zielort das unbegleitete Fluggepäck durch bösgläubiges, bestochenes Abfertigungspersonal an der Zollkontrolle vorbei nach draußen bringen lassen, wo es abgeholt wird. Er kann das Schmuggelgepäckstück auf dem Gepäckband zurücklassen und später durch einen Dritten bei der Sammelstelle für verlorengegangenes Gepäck abholen lassen. Unberechtigte Flughafen-Zutritts-Ausweise und Fluglinien-Badges öffnen Türen am Zoll vorbei. Verkleidet ein Schmuggler sich als Pilot, als VIP, als Polizei- oder Zollbeamter, so kommt er zumeist leicht an der Zollkontrolle vorbei.

42 **2. Ablenkung der Zollbeamten.** Neben dem Verstecken der Betäubungsmittel ist das Ablenken der Zollbeamten von einer Zollkontrolle eine ebenso bedeutsame Schmuggelmethode. Die **Erregung von Mitleid, Bewunderung, Hilfsbereitschaft oder Abscheu** sind beliebte Methoden sowohl der Trickdiebe als auch der Schmuggler. Folgende Methoden werden immer wieder angewandt: Verstecken von Drogen in stinkendem Fisch, verdorbenem Fleisch, in blutigen Damenbinden und verdreckter Unterwäsche, in faulem Obst und Gemüse. Ein geplanter Brechdurchfall kurz vor der Zollkontrolle schreckt Zöllner ab. Das Stillen von Babys kurz vor der Zollkontrolle, das Vorzeigen weiblicher Reize, Mitführen von schreienden Kindern bzw. von alten oder kranken Personen weckt menschliche Gefühle und animiert zum unkontrollierten Passierenlassen. Anfragen beim Zollbeamten nach Hotel, Taxi oder Vorort, Vortäuschen von Schmerzen oder eines Unfalles ruft Hilfsbereitschaft und Höflichkeit hervor und dämpft die Zollkontrolle. Das Vorschicken von Komplizen, die den Zollbeamten anpöbeln, beleidigen, beschmutzen, wegen unverzollter Spirituosen beschäftigen, damit die nachfolgenden Rauschgiftkuriere ohne Kontrolle durchgewunken werden, wird ebenfalls vielfach angewandt.

43 Gute Kenntnis von der Praxis des Luftfrachtverkehrs und die Mitwirkung von geeigneten Insidern am Frachtumschlagplatz ermöglichen, eine Zollkontrolle zu verhindern. Angestellte der Flughafengesellschaften sowie der an den Flughäfen tätigen Lagerhausgesellschaften und Luftfrachtspediteure haben Zugang zu den Luftfrachtsendungen, bevor sie einer Zollbehörde zugeführt oder an andere Flughäfen weitergeleitet werden. Die Rauschgiftfracht wird vor der Zollbehandlung beiseite geschafft oder durch in den Papieren beschriebene Frachtstücke ausgetauscht und ordnungsgemäß den Zollbehörden zugeführt.

44 **3. Täuschung der Zollbeamten.** Internationale Schmuggelorganisationen versuchen die Rauschgift- und Zollfahndung auf den internationalen Flughäfen dadurch zu täuschen, dass sie **ungewöhnliche Flugrouten** fliegen, ungewöhnliche Flugunterbrechungen oder Flugänderungen vornehmen. Da Flugzeuge aus Rauschgiftanbaugebieten auf bestimmten internationalen Flughäfen besonders gründlich unter Mitwirkung von Rauschgifthunden kontrolliert werden, auf anderen Flughäfen weniger scharf überprüft werden, bevorzugen viele Rauschgiftkuriere, mehrmals umzusteigen, um ihren Abflughafen und ihr Flugziel zu verschleiern. Durch Besteigen des Flugzeuges kurz vor dem Abflug erreicht der Täter, dass sein Name nicht mehr in die bereits geschlossene **Passagierliste** aufgenommen wird. Eine weitere Vorsichtsmaßnahme ist das gleichzeitige Abreisen verschiedener Schmugglergruppierungen, die sich an bestimmten Orten treffen, Koffer mit Rauschgift übernehmen und an den nächsten Zielort bringen. Vielfach führen die verschiedenen Schmugglergruppierungen **Taschen oder Koffer von gleichem Aussehen** mit sich, von denen nur einer mit Betäubungsmitteln gefüllt ist. Die gleichen Gepäckstücke erlauben nicht nur einen ständigen unauffälligen Wechsel der Rauschgiftbehältnisse, sondern auch im Falle der Festnahme die Einlassung von einer Kofferverwechslung **(sog. Schmugglerstaffette)**.

45 Eine ähnliche Schmuggelmethode ist die Täuschung, von einem Schmuggelunternehmen Abstand genommen zu haben. Ein Schmuggler transportiert einen Koffer mit leerem Schmuggelversteck und leeren Tüten ohne Anhaftungen. Sein Begleiter transportiert in seinem Schmuggelkoffer die Rauschgiftbeutel. Im Falle der Entdeckung behauptet der Schmuggler mit leerem Koffer, er habe sich gegenüber dem Auftraggeber geweigert, Heroin anstelle von Haschisch zu transportieren. Aus Verärgerung habe vermutlich der Auftraggeber seinem ahnungslosen Begleiter das Heroin in den Koffer untergeschoben **(Rücktrittmethode)**.

46 Die Rauschgifthändler schicken zwei äußerlich gleiche Containersendungen hintereinander zum Bestimmungshafen ab. Der Container mit legaler Fracht wird ordnungsgemäß und demonstrativ abgefertigt. Beim Eintreffen des zweiten mit

Rauschgift beladenen Containers werden mit den Zollpapieren der ersten Sendung eine Zollabfertigung vorgetäuscht und aus dem Hafen geordert. Die erste Sendung wird unter einem Vorwand an den Absender zurückgesendet. Auf diese Weise wurden 7 Tonnen Haschisch am 24. 2. 1988 in Antwerpen am Zoll vorbeigebracht (**Containermethode**).

Weitere Beispiele sind: Ein Täter erkennt bei einem Transitaufenthalt die beson- **47** ders intensive Zollkontrolle des Transitgepäckes und lässt deshalb durch die Stewardess sein **Transitgepäck als Inlandsgepäck abfertigen**. Eine Schmugglerin stopft ihr Kleid mit Kissen, die mit Heroin gefüllt sind, aus und **täuscht damit eine Schwangerschaft vor**. Ein Schmuggler humpelt mit einem heroingefüllten Gipsbein durch die Sperre. Eine Schmugglerin schlüpft nach der Landung in die von der Stewardess zur Verfügung gestellten Kleider und durchschreitet mit dem Heroin **verkleidet als Stewardess** unkontrolliert die Kontrolle. Ein Flugzeugreiniger verbringt mit dem Müll das im Flugzeug verbliebene Heroin ins Inland.

4. Täuschung der Rauschgiftsuchhunde. Heroin, das luftdicht in Plastikfo- **48** lie eingeschweißt, mit mehreren Plastik- und Leinensäckchen umgeben verpackt ist, kann durch technische Suchgeräte nur gefunden werden, wenn Heroinstaub nach außen gedrungen ist, also bei unsauberer Verpackung. Besser als Sauggeräte riecht der Rauschgifthund durch Koffer, Kleidung und Verpackung die Betäubungsmittel. Vielfach täuscht der Täter nicht nur den Zöllner, sondern auch den Zollhund. Wegen des starken Rauschgiftgeruches wird häufig eine **Geruchsabdeckung** mit stark riechenden getrockneten Fischen, faulem Fleisch, Mottenkugeln, Kölnisch Wasser, Knoblauch, Räucherstäbchen oder Toilettensteinen vorgenommen. Werden die verschweißten Betäubungsmittelbeutel in ein Paraffin-Bad getaucht, so haben Rauschgifthunde Schwierigkeiten, das Haschisch zu riechen. Werden Haschischplatten eingegipst, so saugt der Gips zwar den starken Cannabisgeruch auf. Sobald aber diese Gipsbehältnisse auf den Boden fallen und zerbrechen, ist der Haschischgeruch sehr leicht feststellbar. Starker Anisgeruch vermag zwar Rauschgifthunde abzulenken, erregt aber die Aufmerksamkeit der Hundeführer. Das Tränken von Baumwollwatte mit einer überlriechenden Flüssigkeit und das Einpacken von Betäubungsmitteln in diese überriechende Watte vermag zwar die Spürhunde abzulenken, aber die Zöllner zu alarmieren (*BGH*, Urt. v. 27. 6. 1984, 3 StR 143/84).

5. Unbegleitete Schmuggelsendungen (Schmuggel ohne Kurier). Einige **49** Drogengroßhändler in Südamerika haben sich dafür entschieden, anstatt neue unzuverlässige Rauschgiftkuriere anzuwerben und loszuschicken, sowohl im Abflugsland als auch im Zielland **dauerhafte Mitarbeiter im Bereich der Zollbehörden, des Fluggepäckabfertigungs- und Reinigungspersonals oder der Flugbegleiter der Fluggesellschaften zu gewinnen, um damit die Zollkontrollen zu unterlaufen.** Das Flughafenpersonal kennt nicht nur die Örtlichkeiten, das Kontrollpersonal und die Kontrollzeiten. Sie können dem Bildschirm genau entnehmen, wann die Maschine landet oder abfliegt, wann das Gepäck ausgeladen und zur Kontrolle durch Rauschgifthunde transportiert wird. Ein Rauschgifthändler kann einen mit Rauschgift gefüllten Koffer oder Container mit fingierten Etiketten durch diese Personen auf das Flugfeld bringen lassen, von wo es mit dem anderen Fluggepäck unbemerkt eingeladen wird. In dem Schmuggelkoffer befindet sich nicht selten ein Rucksack, der das Rauschgift enthält. Am Zielflughafen erhält die Kontaktperson die Nachricht, dass ein unbegleitetes Gepäckstück auf der Maschine ist mit einer roten Schleife oder besonderen Markierung. Diese Kontaktperson trennt am Zielort dieses Gepäckstück von dem übrigen Gepäck vor dem Transport zum Zoll, entnimmt den Rucksack dem Koffer und verbringt den Rucksack zu Zeiten geringer Kontrolldichte außerhalb des Fluggeländes, wo entweder ein Abholer wartet oder es lagert das Rauschgift in seinem Spind ein und übergibt es später einzelnen Kaufinteressenten. Der Schmuggelkoffer wiederum gelangt ohne Rauschgift zur Zollkontrolle. Sowohl die Mitarbeiter am Abflughafen als auch am Zielflughafen erhalten für ihre Mitwirkung **Transport- oder Service-Honorare.**

50   Während die Helfershelfer **am Abflughafen** regelmäßig, von Amtsdelikten wie Vorteilsannahme und Bestechung einmal abgesehen, sich nur wegen Beihilfe zur Ausfuhr und Beihilfe zum Handeltreiben mit nicht geringen Mengen von Betäubungsmitteln strafbar machen, ist **am Zielflughafen** nach den **allgemeinen Abgrenzungskriterien** zu prüfen, ob sich die Kontaktleute, von Amtsdelikten abgesehen, nur wegen Beihilfe oder wegen Mittäterschaft zur Einfuhr und zum Handeltreiben mit nicht geringen Mengen von Betäubungsmitteln strafbar gemacht haben. Haben die Kontaktleute das unbegleitete Gepäck nicht nur nach draußen am Zoll vorbeigebracht, sondern auch gelagert und mit Kaufinteressenten verhandelt, so liegt Mittäterschaft nahe.

III. Aufklärungsmethoden

51   **1. Überwachung durch Kontrollbeamte.** Die Übereinkommen von Schengen I von 1985 und von Schengen II von 1990 haben Grenzkontrollen nicht ersatzlos abgeschafft, sondern gleichzeitig Schritte zur Vereinheitlichung polizeilicher Operationen als Grundlage einer **vereinheitlichten Strafverfolgungspraxis** für die Schengenstaaten bei verschiedenen polizeilichen Ermittlungsmethoden unternommen und Nachteile, Datenaustausch und grenzüberschreitende Observation bis hin zur Rechtshilfe in Strafsachen geregelt. Nach wie vor werden gezielte persönliche Kontrollen von Polizei- und Zollbeamten zur Überführung von Schmugglern führen. Besonders erfolgreich sind die Überwachungsgruppen der Zollfahndungsämter auf den deutschen Flughäfen, die wie Verdeckte Ermittler sich unter die Flugreisenden mischen und das Verhalten der Reisenden bei der Gepäckabholung vom Band beobachten.

52   **2. Chemische und technische Kontrollmethoden.** Zoll und Polizei kommen bei der Verfolgung des Rauschgift-, Waffen- und Sprengstoffschmuggels neben dem Einsatz von Kontrollbeamten und Spezialhunden nicht mehr ohne chemische und elektronische Aufspürgeräte aus. So werden computergesteuerte **Röntgenanlagen, Neutronenstrahl-Detektoren** und **Gasanalysengeräte** verwendet, z.B. das tragbare HazMatID 360®, mit dem mittels Infrarot-Spektroskopie Betäubungsmittel identifiziert werden können.

53   **3. Körperliche Durchsuchungen und Untersuchungen.** Auf den internationalen Flughäfen werden in großer Zahl sog. Körperschmuggler entdeckt, die in ihrem Magen-Darm-Trakt Betäubungsmittelbehältnisse transportieren (sog Maulesel, lebende Koffer), die mühsam hinuntergeschluckt und am Zielort wieder ausgeschieden werden sollen. In der Drogenszene mehren sich die Fälle, in denen Dealer und Konsumenten beim Herannahen von Kriminalbeamten Betäubungsmittelbriefchen oder -päckchen verschlucken (Bubbles) oder in Körperöffnungen einschieben. Kriminalbeamte und Zollfahnder können nur **einfache körperliche Durchsuchungen** gem. § 102 StPO vornehmen, um an die Betäubungsmittel zu gelangen. Unter einer Durchsuchung ist die Suche in den am Körper befindlichen Kleidungsstücken nach Betäubungsmitteln, das Absuchen des bekleideten Körpers und die Nachschau am unbekleideten Körper bzw. an Teilen desselben und in den ohne weiteres zugänglichen Körperöffnungen (Mundhöhle, Ohrmuschel, Faust, Achsel) zu verstehen. Der wesentliche Unterschied zwischen einer **Durchsuchung** und einer **Untersuchung** liegt darin, dass die einfache körperliche Durchsuchung dem Zweck dient, sowohl die vom Willen des Betroffenen unabhängige **Beschaffenheit seines Körpers,** als auch das Vorhandensein von Fremdkörpern in den natürlichen Körperöffnungen durch sinnliche Wahrnehmung ohne körperliche Eingriffe festzustellen. Die Suche nach Fremdkörpern in den natürlichen, nicht ohne weiteres zugänglichen Körperöffnungen ist hiernach dem Begriff der **körperlichen Untersuchung** zuzuordnen und nicht dem Begriff der Durchsuchung (*Meyer-Goßner* § 81 a Rn. 9). Vor allem liegt auf der Hand, dass der **Geni-**

talbereich nicht dem Bereich der „ohne weiteres zugänglichen Körperöffnungen" zugeordnet werden kann. Soll es zu einer Augenscheineinnahme dieses Körperbereichs kommen, so ist eine Mitwirkung des Betroffenen oder eines Arztes erforderlich, der diesen Bereich erst zugänglich machen kann **(körperlicher Eingriff).** Beim Besuch eines Musikfestivals wurde eine Frau im Rahmen einer allgemeinen Betäubungsmittelkontrolle (Razzia) kontrolliert. Die Körperkontrolle der zu diesem Zeitpunkt hochschwangeren Frau umfasste auch den Genitalbereich. Die Feststellungsklage der Betroffenen beim *VGH München* ergab, dass es sich hierbei um eine körperliche Untersuchung handelte, die einen Beschluss nach § 81a StPO voraussetzte (*VGH München* NVwZ-RR 1999, 310). Zur Zulässigkeit körperlicher Eingriffe und Untersuchungen nach § 81a StPO s. Rn. 72 ff.

4. Öffnen der Mundhöhle. Bei einem Anfangsverdacht auf Handel mit im 54 Munde verborgenen Betäubungsmitteln (sog. Schlucker) ist die Durchsuchung der Person, einschließlich der **Eröffnung und Besichtigung der Mundhöhle, notfalls unter Anwendung körperlichen Zwangs** zum Auffinden von Beweismitteln und zur Verhinderung ihres Beiseiteschaffens durch Verschlucken der Betäubungsmittelbehältnisse rechtmäßig (*Celle* NStZ 1998, 87 ff). Dabei muss aber immer der **Grundsatz der Verhältnismäßigkeit** Beachtung finden. Dies bedeutet, dass zwar Hilfsmittel, wie z. B. ein weicher Mundkeil eingeschoben werden darf, um ein Zubeißen auf die Hände der Beamten zu vermeiden. Das Hineinhauen eines **harten Mundkeils,** der zu Atemnot oder Verletzungen führt, ist jedoch ebenso unverhältnismäßig wie das **Strangulieren des Halses.** Der Zuziehung eines Arztes bedarf es nicht, wenn der Umfang der Suche den Einsatz medizinischer Mittel nicht erfordert.

5. Abwarten der natürlichen Ausscheidung (via naturalis). Da Body- 55 Packer Betäubungsmittelbehältnisse durch Einnahme von Medikamenten zur Hemmung der Darmbeweglichkeit bis zu drei Wochen im Magen-Darm-Trakt halten können (*Oglakcioglu/Henne-Bruns/Wittau* NStZ 2011, 73), kann für die Vorführung zum Haftrichter meistens die Ausscheidung auf dem natürlichen Wege (via naturalis) nicht abgewartet werden. Der Bundesminister der Justiz erwog deshalb Ende 1989 in einem Gesetzesentwurf (II A 3–4630/11 – 7 – 452332/89) eine gesetzliche Regelung einer Unterbringung von Körperschmugglern in einem abgeschlossenen Teil eines Krankenhauses für die Dauer von fünf Tagen. Der Gesetzentwurf wurde aber niemals Gesetz. Hat ein festgenommener Beschuldigter Betäubungsmittelbehältnisse in seinem Körper aber erst teilweise ausgeschieden oder ist es aufgrund der dadurch bedingten akuten Gefährdung notwendig, ihn zu einem Facharzt auszuführen oder in ein Krankenhaus mit intensivmedizinischer Betreuung aufzunehmen, so wird über den Antrag auf Erlass und Vollstreckung eines Haftbefehls im Wege einer symbolischen Vorführung entschieden und in einem späteren Termin ihm rechtliches Gehör zu den Vorwürfen gewährt.

6. Einsatz von Abführmitteln. Durch Einsatz von Abführmitteln kann die 56 Ausscheidung auf einen Zeitraum von 1 bis 3 Stunden verkürzt werden (*Oglakcioglu/Henne-Bruns/Wittau* NStZ 2011, 73). Die Rspr. des *EGMR* zum Einsatz von Brechmitteln (s. Rn. 67) ist auf Abführmittel nicht übertragbar, da die Vergabe von Abführmitteln im Vergleich zur Vergabe von Brechmitteln aus rechtsmedizinischer Sicht weniger gefährlich ist (vgl. *Dettmeyer/Musshoff/Madea* MedR 2000, 316, 319; *Wittau/Weber/Reher u. a.* Der Chirurg 2004, 436, 438). Der *EGMR* hat in seiner Entscheidung vom 11. 7. 2006 zum Brechmitteleinsatz ausgeführt, dass ein zwangsweiser medizinischer Eingriff, der zur Aufklärung einer Straftat beitragen kann, nicht grundsätzlich verboten ist, sondern einer Abwägung zwischen der Schwere des Delikts und folgender Umstände bedarf: Notwendigkeit des zwangsweise vorgenommenen medizinischen Eingriffs zur Erlangung von Beweisen, die Gesundheitsgefahren für den Verdächtigen, die Art, wie der Eingriff vorgenommen worden ist und die dadurch verursachten physischen und psychischen Leiden, inwieweit eine ärztliche Aufsicht bestand und die Auswirkungen auf die Gesundheit des Verdächtigen (*EGMR* NJW 2006, 3117, 3120 = StV 2006, 617 m. Anm. *Schumann* StV 2006, 661). Die Vergabe eines Abführmittels ist daher jedenfalls **zur Aufklärung schwerer Straftaten zulässig** (*Karlsruhe* NStZ 2005, 399 = StV 2005, 376; *Meyer-Goßner* § 81 a Rn. 22; BeckOK-StPO/*Ritzert* § 81 a Rn. 12.2), was z. B. beim Verdacht der unerlaubten Einfuhr von Betäubungsmitteln in nicht geringer Menge gem. § 30 Abs. 1 Nr. 4 BtMG in Betracht kommt. Die Beaufsichtigung eines Ausscheidungsvorganges, die anschließende Sicherstellung der Exkremente und das Heraussuchen der Betäubungsmittelbehältnisse stellen weder eine Durchsuchung der Person und seiner Sachen, noch eine körperliche Untersuchung bzw. körperlichen Eingriff dar, die eine richterliche Anordnung nach §§ 81 a oder 102 StPO voraussetzen würden. Denn der Kot gehört nicht zur beweglichen Habe, sondern zur Entsorgung (*Frankfurt*, Beschl. v. 18. 5. 1998, 1 Ws 93/98). Der Beschuldigte kann nicht gezwungen werden, zu seiner eigenen Überführung in seinen Exkrementen die Behältnisse herauszusuchen. Der Zoll hat deshalb hierfür einen speziellen Toilettenstuhl mit Waschtrommel entwickeln lassen, der die Drogenbehältnisse herausspült.

57   **7. Einsatz von Brechmitteln.** Sowohl der Rauschgiftschmuggler als auch der Straßenhändler, die Betäubungsmittelbehältnisse verschluckt haben, um sie vor einer polizeilichen Entdeckung im Magen-Darm-Trakt zu verstecken, warten entweder die natürliche Ausscheidung ab oder beschleunigen diese künstlich mit einem Abführmittel, um bei Bedarf das Rauschgift verkaufen und übergeben zu können. Haben Polizeibeamte das Verschlucken von Betäubungsmittelbehältnissen beobachtet oder haben ärztliche Untersuchungsmethoden den Verdacht ergeben, dass sich Betäubungsmittelbehältnisse im Magen-Darm-Trakt befinden, stellt sich ebenfalls die Frage, ob die **natürliche Ausscheidung abgewartet** werden muss, oder ob aus gesundheitlichen oder strafprozessualen Gründen die **Ausscheidung künstlich induziert** werden kann oder muss. In Betracht kommt dabei die **Verabreichung von Brechmitteln (Emetica)** oder die **Verabreichung von Abführmitteln (Laxantiva;** s. dazu Rn. 56). Befinden sich Drogenbehältnissen im Magen des Täters, ist durch die Vergabe von Ipecacuana-Sirup ein Zugriff durch Erbrechen in 20–30 Minuten möglich (*Oglakcioglu/Henne-Bruns/Wittau* NStZ 2011, 73). Anfangs wurde die Brechmittelvergabe von den Gerichten als zulässig erachtet. Infolge von 2 Todesfällen änderte sich die Rspr. jedoch und stellte an den Brechmitteleinsatz hohe Anforderungen (s. dazu Rn. 68), wie sich aus Folgendem ergibt:

58   **a) Todesfälle im Zusammenhang mit der Vergabe von Brechmitteln unter Anwendung von Zwang.** In Deutschland ist es seit 2001 im Zusammenhang mit der Brechmittelvergabe über eine Magensonde zu zwei Todesfällen gekommen. In beiden Fällen waren weder das Brechmittel noch die Magensonde direkt ursächlich oder mitursächlich für den tödlichen Ausgang. Beide Fälle sind durch eine **erhebliche Stresssituation** für den Betroffenen gekennzeichnet. Hinzu kommt im Hamburger Fall, dass der Betroffene eine nicht erkannte Herzerkrankung hatte, die erst durch mikroskopische Untersuchungen festgestellt werden konnte. Es handelt sich um folgende zwei tragische Ausnahmefälle:

59   – Ein mehrfach wegen Drogenhandels in Erscheinung getretener Afrikaner wurde am 9. 12. 2001 im Hamburger Stadtteil St. Georg von Polizeibeamten vorläufig festgenommen, da erneut der Verdacht eines Verstoßes gegen das BtMG wegen Handeltreibens mit Betäubungsmitteln in Form von sog. Kokain- und/oder Crack-Containern bestand. Bei der Überprüfung durch die Polizei schluckte er die verkaufsbereit im Mund mitgeführten Drogenbehältnisse herunter, um sie so dem Zugriff der Strafverfolgungsbehörden zu entziehen. Der zuständige Staatsanwalt ordnete daraufhin gem. § 81 a StPO die Vergabe von Brechmitteln an, um die verschluckten Betäubungsmittel als Beweismittel sicherzustellen, insb. um Art und Menge der Betäubungsmittel zu klären. Der englisch sprechende Beschuldigte wurde hierzu in das Institut für Rechtsmedizin des Universitätsklinikums Hamburg-Eppendorf gebracht. Da er sich trotz wiederholter, sowohl in

deutscher als auch in englischer Sprache geäußerter Angebote weigerte, Ipecacu-anha-Sirup freiwillig zu sich zu nehmen, wurde ihm dieser nach Vornahme der vorgeschriebenen Untersuchungen von der diensthabenden Ärztin mittels einer Magensonde verabreicht. Dabei wurde der Beschuldigte wegen seiner besonders heftigen Gegenwehr von bis zu 5 Polizeibeamten fixiert. Anlässlich dieser Brechmittelvergabe trat beim Beschuldigten ein Herzstillstand ein, der trotz ein-geleiteter Reanimationsmaßnahmen eine sauerstoffmangelbedingte Hirnschädi-gung zur Folge hatte, an der er am 12. 12. 2001 auf der Intensivstation der Kli-nik für Anästhesiologie des Universitätsklinikums Hamburg-Eppendorf verstarb. Als Todesursache wurde ein hypoxischer Hirntod festgestellt. Im Magen bzw. im Darm des Verstorbenen wurden insgesamt 45 Drogenbehältnisse (Crack und Kokain) gefunden. Insgesamt wurden im Rahmen des staatsanwaltschaftlichen Vorermittlungsverfahrens 9 Gutachten u. a. zu herzpathologischen, chemisch-toxikologischen und anästhesiologischen Fragen erstellt. Dadurch wurde geklärt, dass der dem Hirntod vorausgegangene **Kreislaufzusammenbruch** auf eine vorbestehende **schwere Herzerkrankung** zurückzuführen war. Angesichts der Herzerkrankung hätte sich der plötzliche Tod des Mannes auch bei einer ande-ren Gelegenheit mit Stress und erheblicher körperlicher Belastung ereignen kön-nen.

– In den frühen Morgenstunden des 27. 12. 2004 beobachteten Polizeibeamte bei **60** der Festnahme eines mutmaßlichen Drogenhändlers, wie der 35-jährige Be-schuldigte offensichtlich in Kügelchen verpackte Betäubungsmittel verschluckte. Die Beamten verbrachten ihn zum Polizeigewahrsam und ordneten eine Exkor-poration der Betäubungsmittel durch die Anwendung von Brechmitteln an. Da der Betroffene die freiwillige Einnahme des Brechmittels ablehnte, wurde die zwangsweise Vergabe angeordnet. Mit Hilfe einer Magensonde verabreichte der diensthabende Arzt des ärztlichen Beweissicherungsdienstes das Brechmittel Ipe-cacuanha. Während der Prozedur setzte sich der Betroffene zur Wehr und ver-suchte, das Erbrochene durch die Zähne zu filtern und erneut herunterzuschlu-cken. Eine Kugel mit Betäubungsmitteln wurde sichergestellt. Nachdem durch das Behandlungsgerät, das dem Betroffenen angelegt worden war, ein Sauer-stoffmangel im Blut angezeigt wurde und weißer Schaum aus Mund und Nase des Betroffenen trat, unterbrach der diensthabende Arzt die Maßnahme und rief den Notarzt. Nach wenigen Minuten trafen zwei Rettungsassistenten und kurze Zeit später ein Notarzt ein. Letzterer stellte fest, dass sowohl der Sauerstoffgehalt des Blutes als auch der Blutdruck unauffällig waren, so dass aus ärztlicher Sicht nichts gegen die Fortführung der Maßnahme sprach. Dennoch bat der Arzt des ärztlichen Beweissicherungsdienstes den Notarzt und die Rettungsassistenten, vorsichtshalber bis zum Abschluss der Exkorporation zu bleiben. Im weiteren Verlauf der Maßnahme wurden drei weitere Kugeln mit Betäubungsmitteln si-chergestellt. Da sich die Vitalfunktionen des Betroffenen plötzlich massiv ver-schlechterten, führten der Notarzt und die Rettungsassistenten lebenserhaltende Maßnahmen durch und verlegten den Betroffenen schließlich in die Intensivsta-tion eines Krankenhauses, wo er am 7. Januar 2005 verstarb. 3 Päckchen mit Betäubungsmitteln hatte der Betroffene zuvor während seines Krankenhaus-aufenthaltes rektal ausgeschieden; ein weiteres wurde bei der Obduktion des Leichnams im Magentrakt gefunden. Die Leiche wurde am 10. 1. 2005 im Krankenhaus St. Josefsstift in Bremen, wo der Betroffene verstorben war, von Rechtsmedizinern des *Instituts für Rechtsmedizin der Charity-Universitätsmedizin Berlin* auf der Grundlage eines Beschlusses des *AG Bremen* v. 8. 1. 2005 obdu-ziert. Als Todesursache wurde ein akuter Kreislaufkollaps, der einen hypoxischen Hirnschaden zur Folge hatte, festgestellt. Das von der *Staatsanwaltschaft Bremen* in Auftrag gegebene Gutachten der Rechtsmedizin v. 26. 5. 2005 stellt einen un-mittelbaren Zusammenhang zwischen der Verabreichung des Brechmittels und dem Tod des Tatverdächtigen nicht fest. Es fanden sich auch keine Hinweise für eine Fehllage der Magensonde mit der Folge, dass Wasser in die Lunge gelangt wäre. Ob die diagnostizierte Vorschädigung des Herzens den eingetretenen

Kreislaufkollaps verursacht oder der Betroffene bei dem Versuch, das Erbrochene durch die Zähne zu filtern, Wasser eingeatmet hat, lässt es offen. Ausdrücklich wird hervorgehoben, dass auch eine Vergiftung durch Kokain, welches aus den im Magen-Darm-Trakt befindlichen Drogenbehältnissen diffundiert ist, nicht ausgeschlossen werden kann. Die folgenden Ermittlungen und ein weiteres Gutachten ergaben dann jedoch, dass das Verhalten des Notarztes für den Eintritt des Todes relevant gewesen sein könnte. Der Polizeiarzt, der dem Betroffenen unsachgemäß zu große Mengen Wasser per Schlauch in den Magen gepumpt hatte, wurde von der *Staatsanwaltschaft Bremen* im Mai 2006 wegen fahrlässiger Tötung angeklagt, weil nach Auffassung des Sachverständigen der Tod des Patienten durch nasses Ertrinken eingetreten sei. Das *Landgericht Bremen* sprach den Polizeiarzt am 4. 12. 2008 frei (607 Js 1237%0–7 (27) KLs). Der *BGH* hob das Urteil am 29. 4. 2010 auf die Revisionen der Mutter und des Bruders des Verstorbenen als Nebenkläger auf: die Annahme des Landgerichts, der tödliche Erfolg sei für den Angeklagte nicht vorhersehbar und vermeidbar gewesen, halte rechtlicher Nachprüfung nicht stand. Zur Brechmittelanwendung führte der *BGH* aus, das Bedürfnis nach Fortsetzung der Exkorporation sei nach Bergen des ersten Kokainkügelchens zum Nachweis eines vom Beschuldigten begangenen Vergehens stark herabgesetzt, das Fortfahren jedenfalls unverhältnismäßig (*BGH* NJW 2010, 2595 m. Anm. *Eidam* = StV 2010, 678).

61   **b) Rspr. zur Brechmittelanwendung. aa) Ursprüngliche Vorgehensweise**. Etwa seit 1992 wurde bei mutmaßlichen Rauschgiftstraßenhändlern der zwangsweise Einsatz von Abführmitteln und des Brechmittels Ipecacuanha-Sirup mit und ohne Sonde zur Exkorporation verschluckter Betäubungsmittelbehältnisse im Zuständigkeitsbereich der *Generalstaatsanwaltschaften Düsseldorf, Frankfurt am Main* und *Bremen* gem. § 81 a StPO unter Beachtung des Verhältnismäßigkeitsgrundsatzes praktiziert. Die praktizierte Methode wurde von den zuständigen Gerichten wiederholt geprüft und als zulässig angesehen (*Düsseldorf*, Beschl. v. 15. 3. 1994, 2 AR 32/94 – 3 Ws 4/94, *Düsseldorf*, Beschl. v. 19. 9. 1995. 2 Ss 290/95; *AG Frankfurt am Main*, Beschl. v. 19. 4. 1994 und Urt. v. 10. 5. 1994, 87 Js 7653.5/94–933 Ds 1006; *LG Wuppertal*, Urt. v. 17. 5. 1995. 29 Ns – 3 Js 1058/93; *LG Bremen* StV 1997, 358).

62   **bb) Entscheidung des OLG Frankfurt vom 11. 10. 1996.** Das *OLG Frankfurt* hat in einem ungewöhnlichen Einzelfall, bei dem **sowohl das Brechmittel Ipecacuanha-Sirup und Apomorphin in fragwürdiger Form** verabreicht wurden, am 11. 10. 1996 entschieden, dass der zwangsweise Einsatz von Brechmitteln zur Beweissicherung bei der Überführung von Rauschgiftstraßenhändlern, die vermutlich Betäubungsmittelbehältnisse verschluckt haben, **weder mit § 81 a StPO, noch mit der Verfassung vereinbar** sei und einem **Beweiserhebungs- und Beweisverwertungsverbot** unterliegen würde (*Frankfurt* NJW 1997, 1647 = StV 1996, 651). Die Begründung, es liege bei der zwangsweisen Brechmittelanwendung durch den Polizeiarzt weder eine körperliche Untersuchung noch ein ärztlicher Eingriff, sondern **lediglich eine Beweismittelsicherung** vor, so dass die gesundheitlichen Risiken weder mit § 81 a StPO, noch mit dem verfassungsrechtlich garantierten Schutz der Menschenwürde und dem allgemeinen Persönlichkeitsrecht des Angeklagten vereinbar seien, stießen auf erheblichen Widerspruch (*Dallmeyer* StV 1997, 606; *Weßlau* StV 1997, 341; *Schaefer* NJW 1997, 2437; *Rogall* NStZ 1998, 66; *Grüner* JuS 1999, 122; *Naucke* StV 2000, 1; *Dettmeyer/Musshoff/Madea* MedR 2000, 316 ff.; *Amelung/Wirth* StV 2002, 161, 167; Zaczyk StV 2002, 125; vgl. auch *Binder/Seemann* NStZ 2002, 234–238).

63   Trotz der zweifelhaften Begründung des Urteils des *OLG Frankfurt* setzte der *Generalstaatsanwalt* in Frankfurt am Main mit Rundverfügung vom 11. 10. 1996, 406/38–25, seine früheren Rundverfügungen aus und untersagte die zwangsweise Anwendung von Brechmitteln generell. In Bremen wurde die zwangsweise Brechmittelanwendung weiter praktiziert. Die Auswirkungen der Entscheidung des *OLG Frankfurt* auf die Bekämpfung des Rauschgiftstraßenhandels, insb. des

Crack-Handels in Frankfurt am Main, waren beträchtlich. Beobachtete die Polizei bei mutmaßlichen Straßenhändlern eindeutige Schluckbewegungen, so war der Beschuldigte wegen fehlender Gewahrsamsfähigkeit unverzüglich in ein Krankenhaus mit intensivmedizinischer Betreuung zu verbringen und auf die natürliche Ausscheidung verschluckter Betäubungsmittelbehältnisse zu warten. Wegen der vielerorts fehlenden Aufnahmebereitschaft bei den Frankfurter Krankenhäusern für derartige Schluckerpatienten wurde in Frankfurt am Main eine Notambulanz mit polizeilicher Überwachung in einem Frankfurter Krankenhaus geschaffen. Spezielle Toilettenstühle wurden für das geplante Konzept angeschafft. Die Ausscheidungen wurden sodann im gerichtsmedizinischen Institut in Frankfurt am Main darauf untersucht, ob sie Betäubungsmittelbehältnisse und wie viel Betäubungsmittel sie enthielten. Wegen der unzureichenden Kontrollmöglichkeiten bei den Ausscheidungen konnten Rauschgiftstraßenhändler in Frankfurt am Main monatelang fast ungefährdet dealen und die Polizei verspotten. Die Strafverfolger schreckten wegen der immensen tatsächlichen und rechtlichen Probleme bisweilen vor der Festnahme zurück.

cc) Rechtsprechung der Oberlandesgerichte in der Folgezeit. Andere **64** Oberlandesgerichte billigten in der Folge eine zwangsweise Brechmittelvergabe unter der Voraussetzung, dass der Verhältnismäßigkeitsgrundsatz beachtet wird (*Bremen* NStZ-RR 2000, 270; *Berlin* NStZ-RR 2001, 204 = JR 2001, 162; *Berlin* StV 2000, 122 m. Anm. *Zaczyk* StV 2002, 125). Das *OLG Frankfurt* hielt zwar weiterhin an seiner Auffassung von der Rechtswidrigkeit der Brechmittelanwendung fest, verneinte aber, dass der Verfahrensverstoß in der festgestellten Art zu einem Beweisverwertungsverbot oder zu einem Strafmilderungsgrund führe, da kein Verstoß gegen die Menschenrechtskonvention in diesem Fall durch Strafmilderung ausgeglichen werden müsse (*OLG Frankfurt* NStZ-RR 2003, 23).

dd) Krisenbewältigungsklausel. Nachdem aber am 12.12. 2001 ein 19- **65** jähriger Afrikaner, der im Verdacht stand, Kokainkügelchen inkorporiert zu haben, **in Hamburg** nach einem Vomitivmittel-Einsatz verstorben war (s. Rn. 59), wurde bundesweit die Brechmittelanwendung einer erneuten rechtlichen Überprüfung unterzogen. Wissenschaftliche Symposien gelangten zu dem Ergebnis, dass bei einem sich heftig zur Wehr setzenden Tatverdächtigen **das zwangsweise Legen oder Schieben einer Magensonde mit Ipecacuanha-Sirup erheblich riskanter** sei **als** die bloße **Injektion des Morphium-Derivats Apomorphin**. **Der hessische** *Generalstaatsanwalt* änderte daraufhin seine Rundverfügung. Er übertrug nunmehr den Ärzten, beim Einzelfall nach ihrer Diagnose zu entscheiden, ob Apomorphin zu injizieren oder ob Ipecacuanha-Sirup mittels Sonde zu verabreichen sei. Leistet der Beschuldigte bei einer angekündigten Brechmittelanwendung heftige Gegenwehr und gerät dabei in einen auffallenden Erregungszustand, so ist bei einer Brechmittel- oder Abführmittelanwendung auf eine Sonde so lange zu verzichten, bis aufgrund einer ärztlichen Aufklärung oder einer Ruhephase der Erregungszustand und die Gegenwehr abgeklungen sind **(sog. Krisenbewältigungsklausel,** vgl. Rundverfügung des *Generalstaatsanwalts Frankfurt* v. 12. 8. 2003, 406/38–25, die nach der im Folgenden genannten Entscheidung des *EGMR* wieder aufgehoben wurde, s. Rn. 67).

ee) Rechtsprechung des BVerfG. Die lang erwartete **erste Entscheidung 66 des** *BVerfG* **zur Brechmittelanwendung** erfolgte im Jahre 1999. In der oben bereits genannten Strafsache, in der das *OLG Düsseldorf* (Beschl. v. 19. 9. 1995, 2 Ss 290/95 – 45/95) die zwangsweise Brechmittelanwendung als zulässig erachtet hatte, wurde die **Verfassungsbeschwerde der Verteidigung** von der 2. Kammer des 2. Senates des *BVerfG* nicht zur Entscheidung angenommen und in einem obiter dictum in einer Brechmittelanordnung nach § 81a StPO **kein Verstoß gegen die Menschenwürde** und **keine Verletzung des Grundsatzes der Selbstbelastungsfreiheit** gesehen (*BVerfG* NStZ 2000, 96 = StV 2000, 1 m. Anm. *Naucke* und m. Anm. *Rixen* NStZ 2000, 381). Das *BVerfG* sah **keine grundsätzlichen verfassungsrechtlichen Bedenken** gegen eine zwangsweise

Brechmittelvergabe nach § 81 a StPO, wenn der Verhältnismäßigkeitsgrundsatz Beachtung findet. Zwei erfolglose Verfassungsbeschwerden wegen Magenoperationen zur Sicherstellung von Kokain-Bubbles wurden ähnlich beschieden (*BVerfG* NStZ 2002, 211; *BVerfG* NStZ 2002, 606).

67   **ff) Entscheidung des EGMR in Straßburg.** Mit Beschwerde v. 30. 1. 2000 wandte sich ein 1994 wegen Drogenkleinhandels zu einer Freiheitsstrafe von 6 Monaten mit Bewährung verurteilter Afrikaner, dessen Verurteilung auf einem verschluckten Betäubungsmittelbehältnis mit 0,2 Gramm Kokain beruhte, an den *EGMR*, nachdem das *BVerfG* seine Verfassungsbeschwerde nicht angenommen hatte, reklamierte Verletzungen von Art. 6 und 13 der EMRK und beantragte, die Bundesrepublik Deutschland zu verurteilen, die angegriffenen Entscheidungen aufzuheben, den Beschwerdeführer zu entschädigen und die menschenrechtswidrige Praxis der Brechmittelvergabe aufzugeben. 12 Jahre nach der Tat (1993) und 5 Jahre nach seiner Beschwerdeeinlegung zum *EGMR* verhandelten am 23. 11. 2005 21 europäische Richter des *Großen Senats des EGMR* in einer öffentlichen Anhörung die streitige Brechmittelfrage. Die **Große Strafkammer des EGMR** entschied in der Rechtssache *JALLOH ./. Bundesrepublik Deutschland am* **11. 7. 2006,** dass die **zwangsweise Verabreichung von Brechmitteln im konkreten Fall gegen Art. 3, 6 und 8 MRK verstößt,** da durch die Einflößung des Brechmittels per Nasen-Magen-Sonde die Gesundheit des Betroffenen gefährdet wurde, dieser durch die Fixierung von 4 Polizisten erheblich gelitten hat und eine **mildere Alternative in Form des Ausscheidens auf natürlichem Wege** bestand (*EGMR* NJW 2006, 3117 = StV 2006, 617 m. Anm. *Schumann* StV 2006, 661; *Schmidt* NJW 2007, 3252).

68   Eine Brechmittelvergabe ohne Einverständnis des Beschuldigten ist damit **nicht mehr zulässig** (*Eidam* NJW 2010, 2599; vgl. *BGH* NJW 2010, 2595 = StV 2010, 678; a. A. *Meyer-Goßner* § 81 a Rn. 22; BeckOK-StPO/*Ritzert* § 81 Rn. 12.2, wonach der Einsatz von Brechmitteln zur Aufklärung von schweren Straftaten zulässig sein soll). Auf die Vergabe von Abführmitteln ist die Entscheidung des *EGMR* nicht übertragbar (s. Rn. 56).

69   **8. Operative Entfernung der Rauschgift-Bubbles.** Eine Magenoperation allein aus Gründen der Beweismittelsicherung ist rechtswidrig, bei Vorliegen medizinischer Notwendigkeit jedoch verfassungsrechtlich zulässig. Ein Polizeibeamter verbrachte einen des Körperschmuggels Verdächtigen in ein Krankenhaus wegen eines lebensbedrohlichen Mageninhaltes. Nach Auffassung eines Internisten im Krankenhaus war nach einer Magenspiegelung die Entnahme der Kokainpäckchen aus dem Magen-Darm-Trakt mittels Gastrokopie zu gefährlich, weil sie sich verklumpt hatten. Er verlegte deshalb den Patienten auf die chirurgische Station zur Entfernung mittels Magenoperation (Gastrotomie). Nach einem Magenschnitt wurden so 14 Bubbles exkorporiert. Der Körperschmuggler erstattete Strafanzeige gegen den Polizeibeamten und die behandelnden Ärzte wegen Körperverletzung. Der Eingriff sei zur Gesundheitserhaltung nicht notwendig gewesen. Der GStA *Münster* verwarf mit Beschwerdebescheid v. 22. 11. 1996 die Beschwerde gegen die Einstellungsbescheide der *StA Münster* gegen die Kriminalbeamten und die Ärzte. Im anschließenden Klageerzwingungsverfahren verwarf das *OLG Hamm* (Beschl. v. 20. 5. 1997, 2 Ws 540/96) die Anträge auf gerichtliche Entscheidung. Der Beschluss betreffend des Polizeibeamten wurde auf Verfassungsbeschwerde v. 11. 7. 1997 vom *BVerfG* wegen unzureichender Aufklärung aufgehoben, weil das Gericht das Vorbringen des Beschwerdeführers, es hätten keinerlei Anhaltspunkte für eine Lebensgefahr und für die Notwendigkeit einer Zwangsoperation bestanden, nicht ausreichend gewürdigt habe (*BVerfG* EuGRZ 1988, 466). Die Verfassungsbeschwerde des Verurteilten gegen die Einstellung des Verfahrens gem. § 153a Abs. 1 StPO gegen Zahlung einer Auflage von 1.000,– DM hinsichtlich der behandelnden Ärzte wurde vom *BVerfG* nicht zur Entscheidung angenommen (*BVerfG* NStZ 2002, 211). Nachdem auf Anordnung des *OLG Hamm* die Ermittlungen bezüglich des Kriminalbeamten wieder aufgenommen worden und das Verfahren

erneut eingestellt worden war, blieben die erneute Beschwerde und der Antrag auf gerichtliche Entscheidung ohne Erfolg. Die erneute Verfassungsbeschwerde wurde zur Entscheidung nicht angenommen (*BVerfG* NStZ 2002, 606).

9. Gesundheitliche Risiken und Todesfälle. Verschluckte Betäubungsmit- 70 telbehältnisse und Betäubungsmittelimplantate führen im Körper nicht nur zu Schwellungen und Entzündungen, sondern können bei Beschädigung der Behältnisse auch zu lebensgefährlichen Risiken führen. Außerdem weisen die für den Transport im Körper verwendeten Verpackungen vielfach eine hohe Durchlässigkeit von Drogen auf. Nicht nur der Konsum der Betäubungsmittel, auch der Transport im Magen-Darm-Trakt bringen zahlreiche gesundheitliche Risiken mit sich (Body-Packer-Syndrom), wie zahlreiche gesundheitliche Zwischenfälle bei Betäubungsmittelkurieren zeigen (vgl. dazu nur *Buschmann u. a.* Kriminalistik 2009, 490). Hunderte Körperschmuggler (auch Maultiere genannt) sterben jährlich, weil die Giftpakete im Körper aufgehen. 10 g Kokain wirken wie 10 g Zyankali im Magen-Darm-Trakt absolut tödlich.

Tödliche Intoxikationen sind nicht nur von Drogenkurieren (Body-Packern), 71 sondern auch von Straßenhändlern (Body-Stuffern), die die Drogen kurzfristig dem Zugriff von Ermittlungsbeamten entziehen wollen, beschrieben worden (*Birkholz* u. a. Kriminalistik 1997, 277, 281; hinsichtlich verschiedener Fallbeispiele zu Todesfällen von Körperschmugglern s. *Körner*, 6. Auflage, § 29 Rn. 967).

10. Zulässigkeit körperlicher Eingriffe zu Strafverfolgungszwecken. a) 72 **§ 81 a StPO.** Durch die Einführung des § 81 a StPO wurde der Streit in der Literatur über die Zulässigkeit zwangsweiser körperlicher Eingriffe zu Strafverfolgungszwecken zunächst beendet. Ende des 19. und Anfang des 20. Jahrhunderts ergab sich das Problem, dass **ertappte Hoteldiebe und Spione Perlen, Schmuck, Mikrofilme** etc. vor der Polizei hinunterschluckten. Der § 81 a StPO sollte nun ermöglichen, dass zwecks Auffindung von Sachen, die als Beweismittel oder Einziehungsstücke in Betracht kamen, eine Untersuchung des Körperinnern einschließlich der Körperöffnungen ermöglicht werden sollte. Zu den körperlichen Eingriffen rechnete man schon damals die **Verabreichung von Abführmitteln und Brechmitteln** (vgl. im Einzelnen *Rogall* NStZ 1998, 66). § 81 a StPO erlaubt nicht jeden körperlichen Eingriff, sondern nur Eingriffe, die der Feststellung von Tatsachen dienen, die für das Verfahren von Bedeutung sind, also der Exkorporation von Beweismitteln oder von Sachen, die der Einziehung oder dem Verfall unterliegen.

b) Ärztliche Untersuchungen und Eingriffe. Unter Beachtung des Verhält- 73 nismäßigkeitsgrundsatzes muss der körperliche Eingriff von einem Arzt nach den Regeln der ärztlichen Kunst vorgenommen werden und es darf dabei kein erheblicher Nachteil für die Gesundheit des Beschuldigten zu befürchten sein (vgl. *BGH* NJW 2010, 2595, 2597 f. m. Anm. *Eidam* = StV 2010, 678). Eine einfache rektale Untersuchung von Körperschmugglern verbietet sich häufig wegen der Gefahr, ein gefülltes Kondom zum Platzen zu bringen. Die Staatsanwaltschaft ist befugt, zum Zwecke der Rektaluntersuchung einen Arzt zum Sachverständigen zu bestellen. Weigert sich der Arzt, die Untersuchung durchzuführen, kann gegen ihn ein Ordnungsgeld verhängt werden, im entschiedenen Fall 1.000 DM (*LG Trier* NJW 1987, 722). Entsteht zwischen dem Arzt und dem Gericht eine Meinungsverschiedenheit über die Art der ärztlichen Behandlung, also Verweigerung einer Sondenlegung und einer Brechmittelzufuhr, da eine natürliche Ausscheidung ausreichend oder eine sofortige Operation nicht zwingend sei, so liegt darin keine Verletzung der Mitwirkungspflicht und keine Strafvereitelung, sondern dies ist Ausdruck der ärztlichen Therapiefreiheit und ärztlichen Verantwortung.

aa) Ärztliche Untersuchungsmethoden. Bei der körperlichen Untersu- 74 chung des Flugreisenden stellt sich die Frage, wie weit die Rauschgiftcontainer im Magen-Darm-Trakt (Magen-Dünndarm-Dickdarm-Enddarm) vorgedrungen sind, ob eine Rektoskopie, eine Koloskopie oder eine Röntgenaufnahme erforderlich ist. In den meisten Fällen verspricht eine Abdomen-Leeraufnahme mit Belichtungsautomatik den größten Erfolg. Die Filme werden am Tageslichtssystem entwickelt. Bisweilen werden auch zusätzlich noch Beckenaufnahmen gemacht. In Einzelfällen wird ein Kolonkontrasteinlauf durchgeführt oder sonographiert. Die Gastroduodenoskopie mit einem Glasendoskop sowie die Rekto- bzw. Kolonoskopie ermöglichen nur den Magen den Zwölffingerdarm endoskopisch zu betrachten. Ein positiver Nachweis von Betäubungsmittelpäckchen ist hier nur wenige Stunden nach Ingestion bei Reiseantritt zu erwarten. Nach mehrstündigem Flug der Betäubungsmittelschmuggler scheitern diese Untersuchungsmethoden jedoch meistens (zu den verschiedenen Untersuchungsmethoden und ihren Fehlerquellen vgl. *Körner* StV 1988, 448; vgl. auch *Dettmeyer/Musshoff/Madea* MedR 2000, 316 ff.; *Wittau/Weber/Reher u. a.* Der Chirurg 2004, 436 ff.). Die Röntgen-Untersuchung ist die derzeit erfolgreichste Untersuchungsmethode. Gelingt es dem Patienten, im Zeitpunkt der Aufnahme bestimmte Muskel- oder Darmbewegungen vorzunehmen, so sind die Behältnisse auf dem Röntgenbild nicht zu erkennen. Bisweilen füllen Rauschgiftschmuggler das Heroin in Kapseln und umgeben diese Kapseln mit dem in den Dentallaboratorien verwendeten Kunststoff „Dentacryl" und schlucken diese Kunststoffkügelchen. Diese Kügelchen können weder aufplatzen, noch werden sie bei einer Röntgenaufnahme sichtbar. Bei Kurierinnen, die angeben, schwanger zu sein, verbietet sich eine **Röntgenuntersuchung.** Hier muss **sonographiert** werden. *Freislederer/Bautz/Schmidt* (ArchKrim. 1988, 143) haben bei humanexperimentiellen Versuchen in der **Computertomographie** mit 91% die höchste Detektionsquote gefunden, empfehlen aber wegen verschiedener Nachteile die Anwendung in der kriminalpolizeilichen Praxis nicht (zur Vergabe von Abführ- und Brechmitteln s. Rn. 56, 67 f.).

75 Es stellen sich die Fragen, von wem, wie und wo die ärztlichen Untersuchungen vorgenommen werden können, in der Flughafenklinik, beim Polizeiarzt, im Polizeipräsidium, in der Fachklinik. Entscheidungen des Zollbeamten können unterschiedlich ausfallen bis zum Verzicht auf die ärztliche Untersuchung und Beschränkung der Kontrolle auf das Reisegepäck (vgl. auch *Alzen/Banning/Günther* RöFo 1987, 544; *Freislederer/Bautz/Schmidt* ArchKrim. 1988, 143; *Rauber/Müller* DMW 1983, 1549; *Riemann/Kohler* DMW 1986, 1080; *Sauer/Freislederer/Graw/Schmidt* DMW 1989, 1865).

76 **bb) Mängel von Röntgenaufnahmen. Röntgenaufnahmen** zeigen zumeist die Lage von mutmaßlich verschluckten Behältnissen auf und begründen damit den Verdacht des Körperschmuggels. In ca. 10–20% der Fälle bestätigt sich der Verdacht jedoch nicht bzw. zeigt das Röntgenbild die später ausgeschiedenen Behältnisse nicht (vgl. *Wittau/Weber/Reher u. a.* Der Chirurg 2004, 436 ff.). So wie der Körperschmuggler mit Blaupapier das Erkennen des Rauschgifts zu verschleiern versucht, versuchen die Körperschmuggler bisweilen ein Sichtbarmachen der Betäubungsmittelbehältnisse zu verhindern. Kokain wird verflüssigt und in Body-Packs abgefüllt. Die Body-Packs sind leichter zu schlucken und auf dem Röntgenbild kaum zu erkennen. Eine Ultraschallaufnahme verläuft hier aber meistens erfolgreich. Auch fällt der Urintest zumeist positiv aus und am Zielort muss das Flüssigkokain wieder in Pulverform umgewandelt werden.

77 **cc) Verfälschung des Urins und Beseitigung von Drogenspuren im Urin.** Schmuggler, die einen Urintest befürchten, können Chemikalien über Kleinanzeigen beziehen, die Drogenspuren aus dem Urin herauswaschen oder den Urin so verfälschen, dass spätere Urintests scheitern. Schmuggler können aber auch sauberen Fremdurin in einem Röhrchen, das in einer Zigarettenschachtel steckt, für den Fall einer Kontrolle erwerben und bereithalten. Es gibt Spezialunterwäsche für männliche und weibliche Schmuggler, in die Präservative mit sauberem Urin eingenäht sind.

78 **c) Richterliche Anordnungen und Gefahr im Verzuge.** Bedarf es zum Auffinden des Betäubungsmittels **körperlicher Eingriffe,** also dass in den Körper hineingegriffen werden muss (vaginal oder rektal) oder dass dem Körper Medika-

mente, Säfte, Spritzen oder Strahlen zugeführt werden müssen, damit er die Drogenbehältnisse preisgibt, so ist ein **richterlicher Beschluss gem. § 81a StPO** von Nöten, der das Grundrecht des Beschuldigten auf körperliche Unversehrtheit einschränkt, sofern er diesem ärztlichen Eingriff nicht freiwillig zustimmt. Auch eine **Röntgenuntersuchung des Beschuldigten zur Feststellung von Body-Packs in seinem Körper** bedarf grundsätzlich richterlicher Anordnung. Bei **Gefahr im Verzug** kann auch der Staatsanwalt oder seine Ermittlungsperson (§ 152 GVG) die Anordnung treffen. Nach Vorliegen eines richterlichen Beschlusses nach den §§ 81a bis 81d StPO kann die Polizei oder die Zollfahndung dem bestehenden Tatverdacht mit Unterstützung eines Arztes nachgehen und die **Ausscheidung und Sicherstellung** der Drogen bewirken. Im Einzelfall ist zu prüfen, ob die Maßnahme unerlässlich ist und in angemessenem Verhältnis zur Schwere der Tat steht und die **Stärke des Tatverdachts in einem angemessenen Verhältnis zur Schwere und Erfolgsaussicht des Körpereingriffes** zu sehen ist (*BVerfG* NJW 2004, 3697; BeckOK-StPO/*Ritzert* § 81a Rn. 12; *Meyer-Goßner* § 81a Rn. 18).

d) Beweisverwertungsverbot. Die unzutreffende Annahme einer Gefahr im **79** Verzuge durch die Staatsanwaltschaft führt nicht zur Unverwertbarkeit des erlangten Beweismittels, wenn eine richterliche Anordnung nach § 81a StPO erfolgt wäre und das Strafverfolgungsinteresse gegenüber dem Recht auf körperliche Unversehrtheit überwiegt (*Frankfurt*, Beschl. v. 18. 5. 1998, 1 Ws 93/98; vgl. *Karlsruhe* NStZ 2005, 399 = StV 2005, 376 m. Anm. *Dallmeyer*).

e) Rechtsmittel gegen die Eingriffsanordnungen. Gegen die richterliche **80** Anordnung nach § 81a Abs. 2 StPO bei Verdacht des Rauschgiftschmuggels am Körper ist die Beschwerde gem. § 304 Abs. 1 StPO zulässig. Zur Prüfung der Rechtmäßigkeit der von der Staatsanwaltschaft oder der Polizei bzw. dem Zoll nach § 81a Abs. 2 StPO wegen Gefahr im Verzuge angeordneten körperlichen Untersuchung ist der Rechtsweg nach § 23 EGGVG nicht eröffnet. Auch nach Vollzug der Maßnahme verbleibt es bei der Rechtmäßigkeitskontrolle durch den in entsprechender Anwendung des § 98 Abs. 2 StPO zuständigen Amtsrichter (BGHSt. 37, 79, 82 = NStZ 1990, 445 = StV 1992, 55; *Karlsruhe* NStZ 1986, 567; *Meyer-Goßner* § 81a Rn. 30; BeckOK-StPO/*Ritzert* § 81a Rn. 21); gleiches gilt bei der Beanstandung der Rechtmäßigkeit der Art und Weise des Vollzugs einer durch Staatsanwaltschaft, Polizei oder Zoll angeordneten körperlichen Untersuchung (*BGH* NStZ 1999, 200; BeckOK-StPO/*Ritzert* § 81a Rn. 21).

IV. Von Polizei und Zoll kontrollierte Betäubungsmitteltransporte

1. Begriffe. Unter kontrollierten Transporten sind **illegale Transporte von 81 verbotenen Waren** (Rauschgift, Chemikalien, Gifte, Sprengstoff, Waffen, Falschgeld, Hehlereigüter usw.) zu verstehen, die **von Polizei oder Zoll beobachtet, kontrolliert oder begleitet werden, gegen die** die **Strafverfolgungsbehörden** trotz Kenntnis bewusst und gewollt zunächst **nicht** auf erkennbare Weise **einschreiten wollen,** um am Zielort nicht nur die Transporteure, sondern auch die Abnehmer und Auftraggeber ermitteln und überführen zu können (vgl. die Definitionen in Nr. 29a RiStBV). Erlangt die Kriminalpolizei durch Informationen, Observationen oder Telefonüberwachung davon Kenntnis, dass eine Rauschgiftlieferantentruppe einen illegalen Rauschgifttransport zu unbekannten Abnehmern entsandt hat und können Kuriere, Schmuggelfahrzeuge/Schmuggelschiff und die Reiseroute in Erfahrung gebracht werden, so obliegt es polizeilicher Taktik, wann und wo der Zugriff erfolgt. Die Polizei muss das Idealziel anstreben, durch Kontrollierung des Transportes alle Beteiligten, also Lieferanten, Kuriere und Abnehmer, in einer gemeinsamen Operation festzunehmen und das Rauschgift sicherzustellen. Die Zahl der **kontrollierten Betäubungsmittelweiterleitungen** durch das Bundesgebiet wächst stetig. Sie sind Ausdruck funktionierender internationaler Zusammenarbeit von Polizei- und Zollbehörden. Bei den kontrollierten Transporten sind verschiedene Fallgruppen zu unterscheiden: Die **kontrollierten**

Einfuhrtransporte, die **kontrollierten Ausfuhrtransporte** und die **kontrollierten Durchfuhrtransporte.**

82   **2. Kontrollierte Inlandtransporte.** Bei kontrollierten Inlandstransporten befinden sich Lieferung, Kuriere und Abnehmer im Inland. Es begegnet keinen Bedenken, wenn die Kriminalpolizei einen Rauschgifttransport von Frankfurt nach München verfolgt bzw. begleitet, um die vermutlichen Abnehmer in München zu ermitteln und neben den Auftraggebern und Kurieren festnehmen zu können. Das Legalitätsprinzip verpflichtet Polizei und Staatsanwaltschaft nicht, die Täter bei ihrem ersten Auftreten festzunehmen, sondern erlaubt die spätere Festnahme in einer beweisträchtigen Situation (vgl. *LG Frankfurt*, Urt. v. 3. 7. 1987, 90 Js 9892/ 83). Die Einleitung eines Ermittlungsverfahrens hat unverzüglich zu erfolgen. Es ist aber zulässig, das erkennbare polizeiliche Einschreiten zeitweise aufzuschieben, um die Hinterleute, Abnehmer und Finanziers eines Rauschgifttransportes zu ermitteln und festzunehmen (vgl. KK-StPO/*Schoreit* § 152 Rn. 38). Das Risiko des Beweismittelverlustes, nämlich, dass die Observation abreißt, die Täter und der Rauschgifttransport verlorengehen, muss durch geeignete Überwachungsmaßnahmen möglichst gering gehalten werden, kann aber nicht ausgeschaltet werden. Erscheint die Zugriffsmöglichkeit nicht mehr gewährleistet, weil die Täter sich auf unübersichtliches Gelände oder ins Ausland begeben wollen, so hat regelmäßig die Festnahme der Kuriere vor dem Überführen der Abnehmer Vorrang.

83   Bedenklich erscheint hingegen eine missbräuchliche Verlagerung des Aufgriffs, z. B. wenn ein für das Rhein-Main-Gebiet bestimmter Rauschgifttransport von Hessen allein deshalb nach Bayern gezogen wird, um die Kuriere dort einer höheren Strafe zuzuführen. Diese Verlagerung ist ein Umstand, der im Rahmen der Strafzumessung gewürdigt werden kann.

84   **3. Kontrollierte Einfuhr.** Bei der kontrollierten Einfuhr befindet sich die Lieferantengruppe im Ausland, **will sich aber den deutschen Rauschgiftmarkt erschließen** und sendet die Rauschgiftlieferung **an unbekannte Abnehmer ins Bundesgebiet.** Sind die Kuriere und der Reiseweg bekannt, so kann die Kontrolle des Transportes ab Grenzübertritt erfolgen. Wegen der großen Gefahr, dass die Observationen erkannt und die Verfolger abgeschüttelt werden, muss die Kriminalpolizei anstreben, **den Kurier der Rauschgiftlieferung für polizeiliche Zwecke zu gewinnen** (sog. **Controlled delivery**) oder einen V-Mann oder einen Verdeckten Ermittler der Polizei an die Lieferanten heranzuführen, **der als Kurier an dem Rauschgifttransport mitwirkt** oder als Reisebegleiter fungiert (sog. **Convoy operation**). Ein Verdeckter Ermittler der deutschen Polizei, der für die Lieferanten persönlich einen derartigen kontrollierten Transport aus dem Ausland ins Inland verbringt, macht sich nicht wegen illegaler Einfuhr und Handeltreibens mit Betäubungsmitteln strafbar (*Staatsanwaltschaft Frankfurt/Main*, 90 Js 2332/84; *LG Frankfurt*, Urt. v. 3. 7. 1987, 90 Js 9892/83). Er verbringt zwar als Werkzeug des Auftraggebers Betäubungsmittel in das Inland. Gleichwohl transportiert er aber in dienstlicher Tätigkeit die Betäubungsmittel in die Bundesrepublik, **nicht um sie in den Verkehr zu bringen, sondern aus dem Verkehr zu ziehen.** Er bedarf weder der generellen Einfuhrerlaubnis (§ 4 Abs. 2 BtMG), noch der individuellen Einfuhrgenehmigung nach §§ 3, 14 Abs. 1 BtMAHV. Findet die **kontrollierte Einfuhr** nicht durch einen Polizeiagenten statt, so wirkt sich bei der Bestrafung des Transporteurs der **Umstand der polizeilichen Überwachung** der Einfuhr wegen des **geringeren Erfolgsunwertes** strafmildernd aus.

85   Die polizeiliche operative Zusammenarbeit zwischen zwei Staaten spielt sich häufig vor Einleitung eines Strafverfahrens im **Vorfeld der Rechtshilfe** ab. Dabei ist aber zu beachten, dass deutsche Observationsbeamte, Verdeckte Ermittler der Polizei wie auch deutsche V-Leute nach Genehmigung der Dienstreise im Ausland keine Befugnisse, weder nach deutschem noch nach auswärtigem Recht haben, sondern nur die auswärtigen Polizeidienststellen in deren Zuständigkeit und in deren Ermittlungsverfahren als deren Werkzeuge unterstützen können, sofern diese Unterstützung von den auswärtigen Behörden erbeten und genehmigt wurde. **Die**

deutschen Beamten unterstehen den auswärtigen Beamten und dem auswärtigen Recht und handeln nach Weisung und Anordnung der auswärtigen Behörden. Die bei der gemeinschaftlichen polizeilichen Operation im Ausland gewonnenen Beweismittel können erst nach Einleitung eines Strafverfahrens im Wege der Rechtshilfe in das deutsche Verfahren eingeführt werden. Nach § 59 IRG i. V. m. § 138–140 RiVASt können **sowohl V-Personen als auch Verdeckte Ermittler** sowohl in deutschen wie in ausländischen Ermittlungsverfahren **sowohl in Deutschland als auch im Ausland** eingesetzt werden. Diese Einsätze stellen sich im Einzelfall **als förmliche Rechtshilfe** oder **als Teilnahme an Amtshandlungen ausländischer Behörden** im Ausland oder **als Teilnahme eines ausländischen Hoheitsträgers an einer Amtshandlung im Inland** dar.

War der Einsatz von V-Leuten oder Verdeckten Ermittlern der deutschen Polizei im Ausland **grundsätzlich zulässig** und erfolgte der Einsatz im Einvernehmen mit den auswärtigen Behörden, so bestehen keine Bedenken gegen eine Verwertung der im Ausland gewonnenen Erkenntnisse.

Zentrale deutsche Polizeibehörden müssen sich bei Einsätzen im Ausland nicht **86** nur um eine Genehmigung, sondern um die **Genehmigung der zuständigen Behörde im Ausland** bemühen. Sie müssen sich von den zuständigen auswärtigen Ministerien die Genehmigungsbehörde benennen lassen und dieser den Einsatz melden. Teilt das Ministerium eine falsche Behörde mit, so hat dies die deutsche Polizei nicht zu vertreten. Wurden die deutschen Beamten aber **unbefugt ohne jegliche Genehmigung** auf auswärtigem Hoheitsgebiet tätig, so bedeutet dies einen völkerrechtlichen Verstoß, der nicht dem Angeklagten, sondern nur dem verletzten Staat einen Rechtsanspruch verschafft. Die unbefugt im Ausland gewonnenen Erkenntnisse führen **regelmäßig nicht** zu einem **Verwertungsverbot,** sondern nur zu einer **Berücksichtigung in der Strafzumessung.**

Die Festnahme der am Übergabeort in Deutschland erscheinenden Abnehmer **87** bereitet keine rechtlichen Probleme. Rechtliche Schwierigkeiten entstehen aber, wenn nach der Betäubungsmitteleinfuhr durch den Polizeiagenten die Auftraggeber, die Abholer oder die Kunden im Inland nicht erscheinen oder telefonisch den vereinbarten Übergabeort nach Frankreich, Belgien oder in die Schweiz verlegen, was einen erneuten Betäubungsmitteltransport des Polizeiagenten nötig machen könnte.

4. Provozierte Einfuhrtransporte. Ist eine Strafverfolgung durch ein Gericht **88** der Bundesrepublik Deutschland nur deshalb möglich geworden, weil zwei Gewährsleute eines Landeskriminalamts im Einvernehmen mit der niederländischen Polizei und einer ihrer Gewährspersonen bei dem Angeklagten in den Niederlanden Heroingemisch zur Einfuhr nach Deutschland und Lieferung nach Frankfurt am Main bestellten, worauf dieser und seine mitangeklagte Ehefrau bei der Überbringung dort festgenommen wurden, so ergibt sich hieraus kein Verfahrenshindernis, erst recht nicht, wenn die niederländischen Behörden selbst an der Strafverfolgung mitwirkten. Unter Gesichtspunkten des Völkerrechts wäre ein vorläufiges Verfahrenshindernis allenfalls dann zu erwägen, wenn der niederländische Staat mit Grund eine Verletzung völkerrechtlicher Regeln und eine Wiedergutmachung in Form unverzüglicher, die Weiterverfolgung durch die deutsche Justiz ausschließender Rückführung geltend gemacht hätte (vgl. *BGH* NStZ 1985, 361 = StV 1985, 273).

Ein Verlocken oder Entführen eines Heroinhändlers mittels List aus dem Ausland **89** in die Bundesrepublik kann aber nur ein von deutschen Gerichten gem. Art. 25 GG zu beachtendes vorläufiges, nicht endgültiges Verfahrenshindernis darstellen, wenn der fremde Staat in das Verbringen nach Deutschland nicht eingeschaltet war und wegen dieses Vorgangs Ansprüche aus völkerrechtswidriger Verletzung seiner Gebietshoheit gegenüber der Bundesrepublik geltend machen würde. Wenn diese Ansprüche ihrer Art nach der Durchführung des ansonsten der deutschen Gerichtsbarkeit unterliegenden Strafverfahrens entgegenstanden, wie z. B. das Verlangen der Wiedergutmachung in Form der unverzüglichen Rücklieferung

rung des Entführten, wäre von einem vorläufigen Verfahrenshindernis auszugehen. Dem Angeklagten selbst können weder aus einem Rückforderungsanspruch des verletzten Staates noch aus Verletzungen des Auslieferungsrechtes eigene Rechte erwachsen, die seiner Strafverfolgung entgegenständen (BGHSt. 18, 218; *BGH* NStZ 1984, 563; *BGH* NStZ 1985, 361 = StV 1985, 273). Es steht aber außer Frage, dass einem grenzüberschreitenden Lockspitzelverhalten im Rahmen der Strafzumessung erhebliche Bedeutung zu käme.

90   **Bedenken** können sich aber ergeben, wenn **die Lieferantengruppe im Ausland sich den deutschen Rauschgiftmarkt gar nicht erschließen wollte,** das Rauschgift gar nicht nach Deutschland liefern wollte und lediglich durch **intensive und lang andauernde Provokationen deutscher Agenten verführt** wurde, die Betäubungsmittel selbst nach Deutschland zu liefern oder durch Verdeckten Ermittler liefern zu lassen. Führt der polizeiliche Verdeckte Ermittler Betäubungsmittel, die ohne seine Aktivitäten niemals nach Deutschland gelangt wären, in die Bundesrepublik ein und übergibt er den Stoff in der Bundesrepublik erst später an noch zu suchende Abnehmer, so würde der Agent seinem dienstlichen Auftrag zuwiderhandeln. Anstelle das Bundesgebiet vom hereinströmenden Rauschgift zu bewahren und der deutschen Rauschgiftszene Rauschgift zu entziehen, würde er nicht für das Bundesgebiet bestimmtes Rauschgift nach Deutschland verbringen und künstlich Bedarf wecken (vgl. BGHR StPO vor § 1/Verfahrenshindernis Tatprovokation 1 = StV 1988, 295).

91   **5. Verbotene Einfuhrprovokationen und Verkaufseinsätze.** Im amerikanischen Rechtskreis sind zwar verdeckte Verkaufseinsätze als „Sell-bust" bzw. „Reserve undercover operations" zulässig. Nach deutschem Recht sind verdeckte Einfuhrprovokationen und anschließend verdeckte Verkaufseinsätze der Kriminalpolizei nicht zulässig. Die Tatinitiative muss vom Täter im Ausland ausgehen, die Polizei und der Zoll haben bei der Strafverfolgung zu reagieren, wenn wahrscheinlich ist, dass der geplante Betäubungsmitteltransport direkt oder auf Umwegen für Deutschland bestimmt ist. Die Polizei kann diese Betäubungsmittel zum Schein ankaufen, übernehmen, lagern, transportieren, um die Täter zu überführen und die Betäubungsmittel aus dem Verkehr zu ziehen. Nach deutschem Recht sind milieutypische Straftaten von Strafverfolgern nicht zulässig. Es ist deshalb nicht zulässig, dass deutsche Polizeiagenten ohne Inlandskunden und ohne Inlandsauftraggeber vom Ausland her Betäubungsmittel ins Inland verbringen, um es auf der deutschen Drogenszene zu verkaufen und über die Kaufinteressenten an Hinterleute zu gelangen (s. *von Danwitz* StV 1995, 431, der zu Recht von Irrwegen in der Bekämpfung der Drogenkriminalität spricht, wenn künstlich Betäubungsmittelkriminalität im Inland geschaffen wird, in die man unbescholtene Bürger im Wege der Tatprovokation verwickelt und diese sodann bestraft). Der *BGH* hatte bislang in einer Sache zu entscheiden, in der die Strafverfolgungsbehörden bereits sichergestelltes Kokain (17,97 kg) mit dem Ziel, die Kaufinteressenten zu ermitteln, u. a. über V-Personen erneut in den Verkehrskreislauf gebracht hatten, und zwar durch Übergabe von jeweils 1 g und 2 g als Proben an Interessenten in Deutschland sowie durch Übergabe der restlichen 17,93 kg an Interessenten in Italien, letzteres in Zusammenarbeit mit den italienischen Strafverfolgungsbehörden und zunächst unter enger, später unter phasenweise eher gelockerter Kontrolle seitens der Polizei (*BGH* NJW 1998, 767 = StV 1999, 79). Anerkannt ist bisher nur, dass die staatliche Beteiligung an einem Drogengeschäft, die darauf zielt, Betäubungsmittel aus dem Verkehr zu ziehen, nicht missbilligenswert und deshalb nicht strafbar ist. Zu der Konstellation des kontrollierten Inverkehrbringens hat der *BGH* in der zitierten Entscheidung aber ausgeführt, es sei bisher nicht anerkannt, dass auch eine solche Ermittlungsmaßnahme erlaubt sei. Für den konkreten Fall entschied der *BGH*, dass das Verhalten der Ermittlungsbehörden andererseits aber auch nicht zu einem Strafverfolgungshindernis führe, sondern die Strafe lediglich zu mildern wäre. Ob die Drogen abgebenden Strafverfolger sich selbst strafbar machen, hatte der *BGH* in diesem Fall nicht zu prüfen. § 4 Abs. 2 BtMG befreit

die Bundes- und Landesbehörden von der Erlaubnispflicht des § 3 BtMG nur für rechtmäßige Berufstätigkeiten, ist also kein Freibrief für illegale Transaktionen. In den Nr. 29 a–d RiStBV sind die Voraussetzungen der kontrollierten Transporte von Betäubungsmitteln geregelt. § 4 Abs. 2 BtMG vermag somit nur ausreichend polizeilich kontrollierten Betäubungsmitteltransporten und Betäubungsmittelangeboten das Merkmal der Rechtmäßigkeit zu verleihen. Werden Betäubungsmittelmengen unkontrolliert und unwiderruflich von Polizeiagenten aus Polizeibeständen nicht nur vorgezeigt, sondern an Kaufinteressenten geliefert und verloren, so sind derartige Lieferungen ohne Erlaubnis nach § 3 BtMG nicht durch die Befreiung des § 4 Abs. 2 BtMG gedeckt, sondern tatbestandsmäßig i. S. v. § 29 Abs. 1 BtMG. Sie können lediglich im Einzelfall aufgrund einer Güterabwägung gerechtfertigt sein.

Außerdem ist ein **Beweismittelverlust** zu beklagen, wenn die Rauschgiftlieferung, die zur Überführung des Lieferanten benötigt wird, im Zeitpunkt der Hauptverhandlung in dieser Form nicht mehr existiert, sondern in zahlreiche und durch Mischung veränderte Teilmengen aufgespalten würde. Polizeiliche Rauschgiftdepots wären die notwendige Folge und würden eine große Missbrauchsgefahr bilden. Bei der Strafzumessung ist von erheblicher Bedeutung, ob einem Angeklagten von deutschen Kriminalbeamten Stoff aus dem Ausland angeboten wird. **92**

6. Polizeiliche Scheinfirmen, Speditions- und Vertriebsunternehmen. 93 Im internationalen Drogengeschäft haben einige Drogengroßhändler bzw. Drogengroßhandelsorganisationen ihre Schmuggelstrategie und Schmuggeltechniken geändert. Anstelle eine endlose Zahl von Kofferträgern und Körperschmugglern unter vielfältigen Risiken anzuwerben, auszustatten, zu kontrollieren und zum Kunden zu entsenden, versuchen sie an besonderen internationalen Drogenumschlagsplätzen durch Korruption oder Kollusion dauerhaft Einzelpersonen und/ oder Firmen als feste Mitarbeiter zu gewinnen, die in der Lage sind, aufgrund ihrer Berufsstellung größere Rauschgiftsendungen im Koffer oder Container, die begleitet oder unbegleitet transportiert werden, an dem Zoll vorbeizubringen und an einem sicheren Ort einzulagern, wo die anreisenden Abnehmer ungefährdet das bestellte Rauschgift abholen können. Es entfällt zweimal jeweils die Zollkontrolle.

Es ist zulässig, wenn ein deutscher Verdeckter Ermittler, der im Ausland von einem Drogenkartell als Kurier angeworben wurde, unter Polizeikontrolle eine Betäubungsmittellieferung nach Deutschland zu einer polizeilichen Schein(vertriebs)firma verbringt, wo die Kunden des Kartells Teilmengen abholen wollen. Entweder müssen die Betäubungsmittelkunden des Kartells nach Vorzeigen der Ware festgenommen werden oder es bedarf eines weiteren kontrollierten Folgetransportes ins Ausland, wo die Transporteure und Abnehmer festgenommen und das Rauschgift beschlagnahmt werden kann. **94**

Würde ein deutscher Polizeiagent eines polizeilichen Speditionsunternehmens **95** oder einer polizeilichen Import-/Export-Scheinfirma im Ausland einem Drogenkartell zusagen, eine Drogenlieferung nicht nur nach Deutschland zu transportieren, sondern gegen Honorar auch dort zu vermarkten, so wäre dieses Vorhaben als Strafverfolgungsmaßnahme gegen Auftraggeber, Hinterleute und Abnehmer zulässig und nur dann rechtswidrig, wenn der Agent die eingeführten Betäubungsmittel in Deutschland in Umlauf bringen oder im deutschen Markt versickern lassen würde.

7. Kontrollierte Weiterleitungen vom Ausland durch das Inland ins 96 Ausland. Von großer praktischer Bedeutung sind schließlich die Rauschgifttransporte aus dem Ausland, die unter ständiger polizeilicher Observation im, durch und wieder aus dem Bundesgebiet ins benachbarte Ausland laufen sollen auf dem Land-, Luft- oder Seewege. Es handelt sich hierbei um keine kontrollierten Durchfuhren, sondern um kontrollierte Weiterleitungen. Bei grenzüberschreitenden Rauschgifttransporten von internationalen Rauschgiftorganisationen per Lastzug, Eisenbahn, Luftfracht oder per Frachtschiff ist es von großer Bedeutung, das Ziel des Transportes, die Abnehmer und die Finanziers festzustellen. Befindet sich dieses Ziel im Ausland, so muss im Einzelfall geprüft werden, ob im Interesse einer wirksamen internationalen Rauschgiftbekämpfung die deutschen Zoll- und Polizeibehörden auf den Zugriff (Festnahme des Transporteurs und Sicherstellung der Betäubungsmittel) bei der Einreise, Durchreise und Ausreise im Inland verzichten können, um die Transporte unter allen denkbaren Sicherungsmaßnahmen in das ausländische Empfangsland weiterlaufen zu lassen, um dort die Hintermänner und Finanziers entdecken und mitüberführen zu können. Eine kontrollierte Weiterleitung kommt aber nur in Betracht, wenn ermittlungsmäßig im Ausland ein Mehrwert gegenüber dem Inland erreicht werden kann, wenn das Ausland zusichert, ab der Grenze eine lückenlose Observation und Strafverfolgung zu garantieren und ausführlich über den Fortgang des Verfahrens zu berichten. Problematisch erscheint aber bei kontrollierten Weiterleitungen, die Tätergruppierung aufzuspalten, einen Teil im Inland festzunehmen und einen anderen Teil ins Ausland entkommen zu lassen, um die dortigen Hintermänner zu überführen, wenn damit Beweisverluste verbunden sind.

97   **a) Voraussetzungen kontrollierter Weiterleitungen.** Vor einer kontrollierten Weiterleitung von Betäubungsmitteln sind **in Deutschland** folgende Fragen zu prüfen:

– Kontrollierte Rauschgiftweiterleitungen ins Ausland müssen **Ausnahmefälle** sein. Sie setzen **schwerwiegende Straftaten** (besonders schwere Fälle oder Verbrechen gegen das BtMG) voraus **(Verhältnismäßigkeitsgrundsatz).**
– Die Zielpersonen des Betäubungsmitteltransportes, die Drahtzieher und Finanziers des gewerbsmäßigen oder organisierten Betäubungsmittelgeschäfts können anderweitig nicht überführt werden **(Subsidiaritätsprinzip,** vgl. Nr. 29 b RiStBV).
– In Fällen, in denen der kontrollierte Transport durch Deutschland in das Ausland weitergeleitet wird, ist die jeweilige **ausländische Rechtslage** zu **beachten.** In bestimmten Ländern liegt eine verfolgbare Straftat nur dann vor, wenn die Betäubungsmittel das Staatsgebiet erreichen. In diesen Fällen können die Betäubungsmittel nicht durch Imitate ersetzt werden. Der Einsatz der V-Leute oder Verdeckten Ermittler muss nach deutschem und ausländischem Recht zulässig und im Nachbarland möglich sein.
– Vor der Ausreise der Täter muss der **Nachbarstaat zusichern,** dass eine **lückenlose Kontrolle des Transportes** von der Grenze bis zum Endbestimmungsort garantiert wird.
– Der **Nachbarstaat** muss **versichern,** dass **Kuriere, Hintermänner und Abnehmer verfolgt** und festgenommen werden.
– Der Nachbarstaat muss die **Verurteilung** und die Strafvollstreckung der Täter anstreben.
– Das **Rauschgift** muss im Nachbarstaat **sichergestellt** werden.
– Die ausländischen Justizbehörden müssen die **Auslieferung des Kuriers** an die Bundesrepublik Deutschland nach Durchführung des auswärtigen Verfahrens **zusichern,** sofern nicht die Voraussetzungen des § 153 c Abs. 1 Nr. 3 StPO (Opportunitätsprinzip) gegeben sind.
– Die Behörden des Nachbarstaates haben eine **fortlaufende Unterrichtung** der deutschen Strafverfolgungsbehörden bis zum Verfahrensabschluss zu gewährleisten (vgl. Nr 29 b Abs. 2 RiStBV).

98   **b) Entscheidungen der Staatsanwaltschaft.** Kontrollierte Weiterleitungen von Betäubungsmitteltransporten bedürfen in Deutschland der **Zustimmung des zuständigen Staatsanwalts** (Nr. 29 c RiStBV). Die Zuständigkeit der Staatsanwaltschaft richtet sich nach den Nr. 29 a bis 29 d RiStBV. Wenn wegen der Tat noch kein Ermittlungsverfahren anhängig ist, ist regelmäßig bei der kontrollierten Einfuhr und Durchfuhr die **Staatsanwaltschaft zuständig,** in dessen **Bezirk der Grenzübergang** liegt, über den die Betäubungsmittel eingeführt werden, bei der kontrollierten Ausfuhr der Staatsanwalt zuständig, in dessen Bezirk der Transport

beginnt (Nr. 29 c RiStBV). Der **zuständige Staatsanwalt benachrichtigt die anderen betroffenen Staatsanwaltschaften** (Nr. 29 a RiStBV). Sind von einem kontrollierten Transport mehrere Staatsanwaltschaften betroffen, so kann der **Generalstaatsanwalt** Meinungsunterschiede zwischen den Staatsanwaltschaften **schlichten.** Liegen die genannten Voraussetzungen vor, so stimmt die Staatsanwaltschaft einer kontrollierten Weiterleitung von Betäubungsmitteln zu.

Wurden die Hinterleute im Zielland bereits nach Eintreffen des ersten kontrollierten Transportes verhaftet, so ist für eine Weiterleitung eines zweiten kontrollierten Transportes kein Raum mehr. Ebenso scheidet eine Weiterleitung aus, wenn die Zielpersonen im Ausland auf Warnung hin das Land verlassen haben. Ist eine Kontrolle des Rauschgifttransportes im Inland oder im benachbarten Ausland nicht hinreichend gewährleistet, ist die Möglichkeit, im Ausland neben den Kurieren die Hinterleute und Abnehmer ermitteln und ergreifen zu können, unwahrscheinlich, so verlangt das Legalitätsprinzip eine umgehende Ergreifung des Kuriers und eine baldige Sicherstellung der Rauschgiftlieferung im Inland (vgl. Nr. 29 b Abs. 1 RiStBV). Wurden die ausreisenden Täter trotzdem im Nachbarland nicht strafrechtlich verfolgt oder extrem niedrig bestraft, so ist kein Raum für § 153 c Abs. 1 Nr. 3 StPO. Das Legalitätsprinzip verpflichtet die Staatsanwaltschaft, die Ermittlungen wieder aufzunehmen und Anklage bei dem zuständigen Gericht zu erheben

c) Einsatz von Beamten bei der Begleitung eines kontrollierten Transportes. Die Teilnahme ausländischer Beamter an der Begleitung eines „Kontrollierten Transportes" durch die oder in die Bundesrepublik Deutschland ist zulässig, wenn die nach den polizeilichen Rechtshilfeverkehr regelnden Übereinkommen zu beteiligenden in- und ausländischen Stellen ihre Zustimmung erteilt haben (vgl. hierzu die Richtlinien für den Verkehr mit dem Ausland in strafrechtlichen Angelegenheiten – RiVASt –, Zweiter Teil und Anhang II mit Nachweis der mit den einzelnen Staaten getroffenen bilateralen Übereinkünfte zum polizeilichen Rechtshilfeverkehr). Soweit VP oder Verdeckte Ermittler im Ausland tätig werden, handelt es sich um Eingriffe in ausländische Hoheitsrechte, so dass die Zustimmung auch des Auslandsstaates eingeholt werden muss.

8. Passierenlassen von transitreisenden Rauschgiftflugkurieren. Die Bekämpfung der internationalen Rauschgiftkriminalität würde es eigentlich erfordern, transitreisende Rauschgiftflugkuriere kontrolliert durch einen deutschen Zollfahndungsbeamten zu ihren Abnehmern, Auftraggebern und Kontaktpersonen weiterfliegen zu lassen, um nicht nur die austauschbaren Werkzeuge, sondern die Drahtzieher des internationalen Rauschgiftgeschäftes zu überführen. Das Legalitätsprinzip zwingt die Zollfahndungsbeamten und die Staatsanwaltschaft nicht, Transitreisende mit Betäubungsmitteln im Gepäck auf deutschen Flughäfen festzunehmen und die Betäubungsmittel sicherzustellen, wenn die Ergreifung des Rauschgiftkuriers und die Sicherstellung der Betäubungsmittel auf dem Zielflughafen gewährleistet ist. Die Staatsanwaltschaft verzichtet insoweit nicht auf die Strafverfolgung, sondern schiebt sie lediglich hinaus. Im Gegensatz zu den kontrollierten Land- und Seetransporten verbleibt beim entdeckten Rauschgifttransitflugreisenden zunächst der Zollfahndung und der Staatsanwaltschaft nur geringe Zeit (wenige Stunden), um sich mit den Strafverfolgungsbehörden des Ziellandes in Verbindung zu setzen, um den dortigen Aufgriff vorzubereiten und um sich vom Zielland die o. g. Zusicherungen geben zu lassen. Handelt es sich bei den Drahtziehern um Persönlichkeiten des öffentlichen Lebens (Politiker, Militärs, Industrielle, Polizeioffiziere), so wird in zahlreichen Ländern eine Unterstützung abgelehnt. Vielfach lehnen auch die Zielländer aus Personalgründen, aus finanziellen Gründen oder aus rechtlichen Bedenken einen sofortigen Zugriff ab. Es ist deshalb zumeist ein Zugriff im deutschen Transitbereich nicht zu umgehen.

Eine Weiterreise von Körperschmugglern kommt in der Regel aus gesundheitlichen Gründen nicht in Betracht. Sie müssen unmittelbar nach Entdeckung des Rauschgifts im Körper ärztlich überwacht werden. Der Ausscheidungsvorgang ist zumeist bis zum vorgesehenen Anschlussflug nicht abgeschlossen, so dass ein Abholer am Zielflughafen eine Festnahme erahnen und die Weiterreise des Kuriers nicht mehr sinnvoll erscheinen würde.

102   **9. Unbegleitete Rauschgiftlieferungen.** Sind die Rauschgiftsendungen (Bahn-, Luft- oder Schiffsfracht) unbegleitet, so ist die Weiterleitung zumeist unproblematisch, da Absender und Empfänger außer Landes sind. Das Rauschgift kann zum großen Teil durch Ersatzstoffe ausgetauscht und die Festnahme der Abholer im Empfangsstaat sorgfältig vorbereitet werden.

103   Auch **Postsendungen mit Betäubungsmitteln** können kontrolliert an das Zielland weitergeleitet werden. Bisweilen wird jedoch in fehlgeleiteten Postsäcken Rauschgift gefunden und zunächst richterlich beschlagnahmt. Wenn nun das Zielland anschließend Interesse an dem Postsack mit Rauschgift bekundet und die Strafverfolgung der Adressaten übernehmen will, so muss nicht wegen des vorliegenden richterlichen Beschlagnahmebeschlusses die kontrollierte Weiterleitung auf dem Rechtshilfewege erfolgen. Vielmehr kann die Staatsanwaltschaft die Aufhebung des Beschlagnahmebeschlusses beantragen und die Postsendung wie Reisegepäck kontrolliert ins Ausland weiterlaufen lassen.

104   **10. Probleme mit dem Legalitätsprinzip.** Gem. §§ 152 Abs. 2, 163 Abs. 1 StPO sind Kriminalpolizei und Staatsanwaltschaft zwar verpflichtet, bei begründetem Verdacht unverzüglich einzugreifen, nicht aber sofort Zwangsmittel zu ergreifen. Das **Legalitätsprinzip** verlangt zwar grundsätzlich eine Strafverfolgung im Geltungsbereich der deutschen StPO und lässt nicht ausreichen, dass die Täter im benachbarten Ausland verfolgt werden. Sinn und Zweck des Verfolgungszwanges ist es, den Strafverfolgungsanspruch des Staates – von Ausnahmen abgesehen (Opportunitätsprinzip) – zu verwirklichen, um die **Gleichheit vor dem Gesetz** zu garantieren (Art. 3 GG). Unterlassen die Strafverfolgungsbehörden die Festnahme, so können sie sich wegen Strafvereitelung im Amt strafbar machen. Nun kann in Einzelfällen das Aufschieben der Rauschgiftsicherstellung dadurch umgangen werden, dass das Rauschgift ganz oder zum großen Teil aus den Rauschgiftbehältnissen entnommen wird und durch Füllmaterial bzw. durch Rauschgiftimitate ersetzt wird. Dieses Verfahren ist jedoch häufig nicht durchzuführen, weil die Polizei nicht unbemerkt an das Schmuggelversteck gelangen kann.

105   Durch das Passierenlassen der Tatverdächtigen und des kontrollierten Transportes ins Ausland zum Zwecke der Identifizierung und Festnahme möglichst vieler Angehörigen eines Händlerringes zusammen mit der Sicherstellung des Rauschgiftes am endgültigen Bestimmungsort im Ausland, ist kein gesetzwidriges Absehen von Strafverfolgung und kein Verstoß gegen das Legalitätsprinzip gegeben. Es wird auf die **deutsche Strafverfolgung** nicht verzichtet. Sie wird **lediglich aufgeschoben.** Die Staatsanwaltschaft lässt aus Gründen internationaler Strafverfolgung die Verschiebung und Erschwerung der Verwirklichung des deutschen Strafverfolgungsanspruches zu. Die lückenlose Kontrolle des Rauschgifttransportes innerhalb der deutschen Grenzen und die Weiterführung an das polizeiliche Observationsteam des Nachbarstaates ist bereits ein polizeiliches Einschreiten, das die Überführung im Ausland vorbereitet. Auch nach Verlassen des Bundesgebietes bleibt der Transport nach deutschem Recht verfolgbar. Das Weltrechtsprinzip gewährt den deutschen Strafverfolgungsbehörden bei der Verwirklichung des Legalitätsprinzips bezüglich des Zeitpunktes und des Ortes des Zugriffes einen Spielraum. In der Präambel, in Art. 35 und in Art. 36 des Einheits-Übereinkommens von 1961 über Suchtstoffe (Single Convention) haben sich die Unterzeichnerstaaten, unter anderem auch die Nachbarstaaten der Bundesrepublik, im Interesse der Gesundheit und des Wohles der Menschheit zu einer wirksamen, weltweiten internationalen Zusammenarbeit bei der Bekämpfung der Rauschgiftkriminalität und zu einer angemessenen Bestrafung von Rauschgifttätern verpflichtet. Die Bestrafung der ins Ausland entlassenen und von der auswärtigen Polizei an der Grenze empfangenen Kuriere und Begleitpersonen, ist durch die Single Convention ebenso gewährleistet wie die Bestrafung der gesuchten Hinterleute.

E. Subjektiver Tatbestand

Der subjektive Tatbestand setzt zumindest bedingten Vorsatz oder Fahrlässigkeit **106** voraus.

I. Vorsatz

1. Direkter Vorsatz. Vorsatz ist der Wille zur Tatbestandsverwirklichung in **107** Kenntnis aller Tatumstände. Der Täter muss wissen, dass er Betäubungsmittel **ins Inland verbringt** oder verbringen lässt, dass er über diese Betäubungsmittel im Inland tatsächlich verfügen kann, dass hierzu eine Erlaubnis erforderlich ist und er eine solche Erlaubnis nicht besitzt. Hat ein Angeklagter, der in den Niederlanden lebt, mit seinem Kokainlieferanten in Kolumbien vereinbart, eine nicht geringe Menge von Betäubungsmitteln nach Den Haag zu liefern und wurde das Rauschgift ohne Wissen des Bestellers durch die Kurierin zunächst nach Frankfurt zum Weitertransport in die Niederlande verbracht, so fehlt dem Angeklagten der Vorsatz für eine Einfuhr von Betäubungsmitteln in die Bundesrepublik, wenn die Beteiligten nicht für den Bedarfsfall stillschweigend den Umweg über Frankfurt vereinbart hatten (BGHR BtMG § 29 Abs. 1 Nr. 1 Einfuhr 32 [2 StR 674/93]). War ein Angeklagter mit einem Herointransport von Amsterdam nach Deutschland nicht einverstanden und vertraute darauf, sein Begleiter werde ihn nicht zum Schmuggeln missbrauchen, so scheidet auch Dolus eventualis aus (BGHR BtMG § 29 Abs. 1 Nr. 4 Einfuhr 1 [1 StR 649/87]).

Bei **Transitfällen** reicht es im Rahmen des subjektiven Tatbestandes aus, wenn **108** der Flugreisende, der Fluggepäck mit Rauschgift aufgegeben hat und im Falle einer Zwischenlandung im Inland auf Verlangen erhalten kann, die **tatsächliche Zugangsmöglichkeit zum Reisegepäck** während des Transitaufenthaltes **kannte,** auch wenn er davon keinen Gebrauch machen wollte (*BGH* NStZ-RR 2010, 119 = StV 2010, 130).

Über die tatsächliche Verfügungsmacht hinaus setzt die Einfuhr **keine beson- 109 dere Verwendungsabsicht** des Einführenden voraus. Der Täter muss das eingeführte Gut im Inland nicht verkaufen oder weitergeben wollen. Die Absicht des Täters, das Gut später wieder ausführen zu wollen, stellt den Einfuhrtatbestand nicht infrage. Die Einfuhr zum Zwecke des Weiterverkaufs ist Handeltreiben, sofern es nicht um nicht geringe Mengen von Betäubungsmitteln geht, da die Tatbegehungsweisen des Erwerbes und der Einfuhr hinter dem Handeltreiben zurücktreten (s. auch § 29/Teil 4, Rn. 444). Die Einfuhr zum Zwecke des Eigenkonsums ist Einfuhr, da der Besitz hinter der Einfuhr zurücktritt (BGHSt. 25, 385; *BGH* NStZ 1981, 352 = StV 1981, 625).

2. Dolus eventualis. Bedingter Vorsatz kommt in Betracht, wenn der Täter die **110** Tatbestandsverwirklichung weder anstrebt, noch für sicher, sondern nur für möglich hält. Nach der vom *BGH* angewandten Abgrenzung zur bewussten Fahrlässigkeit entspricht das kognitive Element des bedingten Vorsatzes dem der bewussten Fahrlässigkeit; jedoch ist der bewusst fahrlässig Handelnde mit der als möglich erkannten Folge nicht einverstanden und vertraut auf ihren Nichteintritt, während der bedingt vorsätzlich Handelnde mit dem Eintritt des Erfolges in dem Sinne einverstanden ist, dass er ihn billigend in Kauf nimmt. Dabei erkennt der Täter den Erfolgseintritt als möglich und nicht ganz fern liegend. Das Gericht kann die Einlassung des Angeklagten, an Drogen habe er nicht gedacht, im Lichte der verschiedenen Beweisanzeichen (Schwere, Größe, Volumen des Rollenkoffers, Höhe des Transportlohns, Art der Verpackung, Reisenotizen, Reiseroute, Telefonkontakte) im Rahmen einer Gesamtschau würdigen und zu dem Ergebnis gelangen, dass der Angeklagte mit bedingtem Vorsatz handelte. Beim Dolus eventualis muss sich die Wahrscheinlichkeit des Erfolges so deutlich aufdrängen, dass sein Verhalten nicht anders interpretiert werden kann, denn als Billigung des Erfolges bzw. Sich-Abfinden mit dem Erfolg. Nur wenn sich dem Angeklagten aufdrängte, er transportiere Betäubungsmittel, kann sein Verhalten nicht anders interpretiert werden, als billige er den Betäubungsmittelschmuggel.

111   Es ist im Rauschgifthandel und Rauschgiftschmuggel üblich, für Rauschgift **Codewörter** zu benutzen. So ist fast regelmäßig dem Kurier, der „Edelsteine, Devisen, Gold, Autos, Ersatzteile" im Koffer oder Lkw nach Deutschland zu transportieren hat, aufgrund des Milieus des Auftraggebers, des Schmuggelversteckes, der Reiseanweisungen, des Honorars oder der Adressaten bewusst, dass er Rauschgift transportiert und dass dieser Schmuggel sehr gefährlich und illegal ist. Hier ist in der Regel von einem Dolus eventualis auszugehen. Einem Rauschgiftkurier kann bei der Einfuhr nur die Rauschgiftart, die Rauschgiftmenge und die Rauschgiftkonzentration angelastet werden, die er kannte. Es reicht aber nicht aus, dass er sie **für möglich hielt,** sondern er muss sie billigend in Kauf genommen haben (*BGH*, Beschl. v 20. 12. 1983, 5 StR 913/83).

112   **a) Betäubungsmittelart.** Es reicht nicht die Feststellung aus, der Angeklagte habe gewusst, dass er ein gefährliches Rauschgift einführte. Soll das Strafmaß an der Gefährlichkeit des Heroins ausgerichtet werden, so bedarf es der Feststellung, dass er eine Vorstellung von der Gefährlichkeit des Heroins hatte; wusste ein Angeklagter nicht, dass das von ihm eingeführte Rauschgift Heroin war, dann darf dem Urteil nicht strafschärfend zugrunde gelegt werden, dass die von ihm eingeführte Heroinmenge dem mehr als Zehntausendfachen der Grenzmenge von 1,5 g Heroinhydrochlorid entsprach und der Angeklagte mit 11 Jahren Freiheitsstrafe bestraft werden (BGHR BtMG § 29 Strafzumessung 5 [1 StR 11/89]). Die Einlassung einer Kokaintransporteurin, sie habe ihrer Schwägerin geglaubt, auf den Reisen von Paraguay nach Deutschland nicht Rauschgift, sondern Goldstaub in den Reisetaschen zu transportieren, muss vom Gericht widerlegt werden. So muss das Gericht nachvollziehbar die Umstände erörtern, woraus sich ergibt, dass die Kurierin entgegen ihrer Einlassung aufgrund der gemeinsamen Probereise, der Höhe der Spesen und des Honorars, der Abnehmer, der Besonderheiten der Schmuggelreisen und der Art der Schmuggelpäckchen den Erklärungen der Auftraggeberin misstraute, die deutlichen Verdachtsmomente bewusst ignorierte, naheliegende Möglichkeiten zur Überprüfung wie das Auspacken eines Päckchens nicht wahrnahm und die Wahrscheinlichkeit billigend in Kauf nahm, dass es sich um Kokain handelte (*BGH* StV 1995, 524). Für den Schuldumfang und für die Strafzumessung ist es erheblich, ob der Flugreisende das Rauschgift ins Bundesgebiet zum Eigenkonsum oder zum Weiterverkauf bringen wollte, ob er die Menge und den Reinheitsgehalt der transportierten Betäubungsmittel kannte. Von besonderer Bedeutung ist, inwieweit der Angeklagte von der Art und Menge des transportierten Rauschgiftes Kenntnis hatte (*BGH*, Urt. v. 2. 11. 1983, 2 StR 543/83). Obwohl ein Angeklagter behauptet hatte, er habe geglaubt, Amphetamine an Stelle von Kokain zu schmuggeln, hat der *BGH* nicht beanstandet, dass die Strafkammer aus den Gesamtumständen (Drogen- und Szeneerfahrung des Angeklagten, keine Rückfragen usw.) einen bedingten Vorsatz bezüglich der Betäubungsmittelart annahm (*BGH* NStZ-RR 1997, 197).

113   **b) Betäubungsmittelmenge.** Zwar wird ein Drogenkurier, der weder auf die Menge des ihm übergebenen Rauschgiftes Einfluss nehmen, noch diese Menge überprüfen kann, jedenfalls dann, wenn zwischen ihm und seinem Auftraggeber kein persönliches Vertrauensverhältnis besteht, in der Regel auch damit rechnen müssen, dass ihm mehr Rauschgift zum Transport übergeben wird, als man ihm offenbart. Lässt er sich auf ein solches Unternehmen ein (z. B. weil ihm die zu transportierende Menge gleichgültig ist), dann liegt es auf der Hand, dass er die **Einfuhr einer Mehrmenge billigend in Kauf nimmt.** Dies liegt nahe, wenn das Schmuggelversteck für noch größere Rauschgiftmengen geeignet gewesen wäre (*BGH* NStZ-RR 1997, 121; *BGH* NStZ 1999, 467 = StV 1999, 432; *BGH* NStZ-RR 2004, 281). Gegen einen derartigen bedingten Vorsatz können allerdings Umstände sprechen, die dem Kurier die Überzeugung zu vermitteln vermögen, sein Auftraggeber habe ihm die Wahrheit gesagt. Ein solcher Umstand kann die Bemessung des Kurierlohnes nach der angegebenen Menge jedenfalls dann sein, wenn der Auftraggeber damit rechnen muss, dass sein Kurier – wenn auch erst später – erfährt, wie viel Rauschgift er tatsächlich transportiert hat. In diesem Fall kann dann nur die geringere von der Vorstellung des Angeklagten umfasste Menge zugrunde gelegt werden.

Führt der Täter eine Betäubungsmittelmenge ein, die tatsächlich größer ist, als er **114** es sich vorstellte, so darf die von seinem Vorsatz nicht umfasste Mehrmenge nur dann als tatschulderhöhend gewertet und mithin strafschärfend berücksichtigt werden, wenn ihn insoweit der **Vorwurf der Fahrlässigkeit** trifft (§ 29 Abs. 4 BtMG). Das setzt voraus, dass der bei der Aufbringung der objektiv gebotenen und ihm subjektiv zuzumutenden Sorgfalt erkannt hätte, um welche Rauschgiftmenge es sich tatsächlich handelte (BGHR BtMG § 30 Beweiswürdigung 1 = StV 1996, 90; *BGH* NStZ-RR 2004, 281). Die mangelnde Überprüfung des Transportbehältnisses wird ihm jedenfalls dann nicht vorgeworfen werden können, wenn das Rauschgift so in den Karton oder die Stereoanlage eingearbeitet war, dass es nur durch eine aufwendige Untersuchung mit der Folge, dass im Transport in der vorgesehenen Form u. U. gar nicht mehr möglich, hätte entdeckt werden können nen (*BGH* NStZ 1999, 467 = StV 1999, 432). Glaubten nach Überzeugung der Strafkammer alle 3 Angeklagten, es würde 1 kg Heroin (an Stelle der tatsächlich transportierten 4 kg Heroin) eingeführt, und hatten sie keinen Anlass, mit einer Mehrmenge rechnen zu müssen, so darf bei der Strafzumessung weder direkt noch indirekt von einer Menge von 4 kg Heroin ausgegangen werden. Bewertet die Strafkammer die große Menge strafschärfend, ohne ausdrücklich deutlich zu machen, ob sie von 1 oder 4 kg Heroin ausgeht und erkennt trotz erheblicher Strafmilderungsgründen auf eine Freiheitsstrafe von 11 Jahren, so ist zu besorgen, dass sie von einem falschen Schuldumfang ausgegangen ist (*BGH* StV 1992, 270). Kann einem Angeklagten nicht widerlegt werden, dass er an Stelle der tatsächlichen 2.187 g Kokain von nur 1.000 g Kokain beim Schmuggeltransport ausgegangen ist, so darf bei der Strafzumessung auch nur die Menge von 1.000 g zugrunde gelegt werden (*BGH*, Urt. v. 16. 10. 1991, 2 StR 425/91).

c) Betäubungsmittelwirkstoffgehalt. Jemand, der Umgang mit Betäubungs- **115** mitteln hat, ohne ihren Wirkstoffgehalt zu kennen oder ohne zuverlässige Auskunft darüber erhalten zu haben, ist bei Fehlen sonstiger Anhaltspunkte im Allgemeinen mit jedem Reinheitsgrad einverstanden, der nach den Umständen des Einzelfalles in Betracht kommt (*BGH* NStZ-RR 1997, 121). Ein Täter, der die Wirkung des eingeführten Heroins durch Sniefen kannte, der wusste, wie stark er den Stoff noch strecken konnte, um damit seine heroinabhängigen Partner zufriedenzustellen, kann sich nicht darauf berufen, die Qualität nicht gekannt zu haben. Sein Vorsatz umfasste die Qualität (*BGH*, Urt. v. 14. 9. 1983, 3 StR 283/83). Kann dem Angeklagten die Kenntnis von der im Schmuggelversteck verborgenen Menge bzw. Qualität der Betäubungsmittel nicht nachgewiesen werden, so ist im Zweifel zu Gunsten des Angeklagten von Mindestwerten auszugehen. Trifft eine Strafkammer keine Feststellungen darüber, welche Vorstellungen sich der Angeklagte über die Qualität bzw. den Reinheitsgehalt des Heroins gemacht hat, so dass unklar bleibt, ob er den Reinheitsgrad für hoch oder niedrig gehalten hat, so kann sie bei der Strafzumessung nicht ausführen, dem Angeklagten sei die tödliche Konzentration nicht zuzurechnen, weil ihm der Wirkstoffgehalt unbekannt gewesen sei (*BGH*, Beschl. v. 1. 6. 1983, 3 StR 163/83).

d) Abweichungen im Kausalverlauf. Der Kausalverlauf muss zwar vom Vor- **116** satz umfasst sein, lässt sich aber nie in allen Einzelheiten voraussehen. Vorsatz ist schon dann gegeben, wenn der Kausalverlauf adäquat verläuft. Nur bei erheblichen Abweichungen der Vorstellung vom tatsächlichen Verlauf wird Versuch anzunehmen sein. Vereinbaren die Angeklagten einen Rauschgiftschmuggeltransport mit 2 Fahrzeugen, dass sie in einem vorausfahrenden Pkw ohne Rauschgift das Terrain bei der Grenzkontrolle erkunden wollten und in dem folgenden Pkw das Rauschgift transportiert werden sollte, so ist die Abweichung vom vorgestellten Kausalverlauf nicht so erheblich, wenn die Rauschgiftpakete im ersten Pkw eingebaut wurden, dass eine Strafbarkeit ausscheiden würde. Die Angeklagten wussten und wollten durch ihre Fahrt den Betäubungsmitteltransport fördern. Ihr objektives Tun war zwar ein Mehr als das Gewollte. Dennoch ist ihnen das darin enthaltene gewollte Weniger zuzurechnen (BGHR BtMG § 29 Abs. 1 Nr. 1 Handeltreiben 46 [3 StR 149/94]).

II. Fahrlässigkeit

117   Gem. § 29 Abs. 4 BtMG ist auch die fahrlässige Einfuhr strafbar. In seltenen Ausnahmefällen kommt Fahrlässigkeit in Betracht, wenn der Täter mit dem Schmuggel von Rauschgift nicht einverstanden war, die Gefahr der Einfuhr aber für möglich hielt, sich aber **entgegen dieser Einsicht pflichtwidrig verhielt, die Gefahr der Einfuhr von Betäubungsmitteln in Kauf nahm, ohne sie zu billigen** (*BGH* NStZ 1983, 174; *BGH* NStZ 1986, 462; BGHR BtMG § 29 Abs. 4 Einfuhr 1 [1 StR 649/87]).

118   In der Regel kommt keine Fahrlässigkeit, sondern Dolus eventualis in Betracht, wenn die Reisenden der Rauschgiftszene entstammen oder das Gepäckstück von Personen in Empfang genommen haben, die erkennbar der Rauschgiftszene zugerechnet werden. Eine **Pflichtwidrigkeit** i. S. v. Fahrlässigkeit besteht in der Regel darin, dass der Täter sich zur Kofferbeförderung bereiterklärt hat, ohne den Koffer im Einzelnen zu untersuchen, obwohl ihm bekannt ist, dass z. B. aus der Türkei, Thailand usw. fortlaufend versucht wird, mittels präparierter Koffer Rauschgift in die Bundesrepublik einzuschmuggeln. Fahrlässigkeitsfälle sind denkbar bei Stewardessen und Diplomaten, die auf der Heimreise für ihre Kollegen Päckchen und Reisegepäck in die Bundesrepublik mitzunehmen pflegen. Entdeckt ein Reisender, dass ein Gepäckstück, das er mitnehmen soll, leer ist, Abfälle oder sonstige wertlose Dinge enthält, dass ein wenig gefüllter Koffer ungewöhnlich schwer ist, über auffällig dicke Seitenwände verfügt, so hätte er bei verständiger Würdigung der Gesamtumstände misstrauisch werden und die Mitnahme des Koffers ablehnen müssen. Er hätte damit rechnen müssen, dass er auf seinem Flug Rauschgift transportieren soll. Wird ein Reisender gebeten, im Falle der Kofferkontrolle sich schnell von dem mitgenommenen Koffer zu entfernen, so liegt Fahrlässigkeit nahe, wenn er das Gepäckstück dennoch transportiert. Wurden in einem Rauschgiftkoffer mehr Betäubungsmittel eingebaut, als ihm bekanntgegeben wurde, so kann auch bei Fehlen von Dolus directus und Dolus eventualis bezüglich der Mehrmenge Fahrlässigkeit vorliegen, die die Tatschuld erhöhen und die Strafe verschärfen kann (BGHR BtMG § 30 Beweiswürdigung 1 = StV 1996, 90; *BGH* NStZ-RR 2004, 281). Führt der Täter Betäubungsmittel zum Zwecke des Handeltreibens vorsätzlich ein (= vorsätzliches Handeltreiben) und transportiert zusätzlich eine ihm nicht bekannte Teilmenge, scheidet eine tateinheitlich begangene fahrlässige Einfuhr oder ein tateinheitlich begangenes fahrlässiges Handeltreiben der nicht vom Vorsatz erfassten Teilmenge durch dieselbe Handlung aus; § 29 Abs. 4 BtMG kommt nicht zur Anwendung (*BGH* NJW 2011, 2067).

119   Da der Gesetzgeber neben der vorsätzlichen unerlaubten Einfuhr auch die fahrlässige unerlaubte Einfuhr unter Strafe gestellt hat, reicht es nicht aus, den bedingten Vorsatz zu verneinen. Die Nichtprüfung einer fahrlässigen Begehungsweise durch den Tatrichter zwingt auf die Revisionsrüge hin zur Aufhebung des freisprechenden Urteils (*BGH* NStZ 1983, 174). Bleibt es wegen der Zollüberwachung beim Einfuhrschmuggel beim Versuch, so kann die Fahrlässigkeit zum Freispruch führen, sofern ein Handeltreiben ausscheidet. Denn ein **fahrlässiger Einfuhrversuch** ist nicht strafbar. War die Schmuggelladung – wie zumeist – zum Weiterverkauf bestimmt, so bleibt ein tateinheitlich vollendetes fahrlässiges Handeltreiben zu prüfen. War der Gehilfe einer versuchten Einfuhr fahrlässig, so bleibt auch dieses Verhalten straflos, da eine **fahrlässige Beihilfe zur versuchten Einfuhr** nicht strafbar ist, es sei denn, der Gehilfe hätte gleichzeitig andere Tatbestände des BtMG erfüllt.

III. Einlassungen

Auch wenn die Einlassungen von bei der Einreise festgenommenen Personen, **120** sie hätten von dem Rauschgift in den Koffern, Paketen, Autos keinerlei Ahnung gehabt, sich stereotyp wiederholen, bedürfen sie in jedem Einzelfall sorgfältiger Prüfung, wenn eine Aufklärungsrüge keinen Erfolg haben soll (*BGH* NStZ-RR 1996, 374). Denn vereinzelt werden **Ausnahmefälle** bekannt, in denen raffinierte Rauschgiftschmuggler **naive und leichtgläubige Reisende** für ihre Schmuggelunternehmen **missbrauchen.** So sprechen bisweilen Betäubungsmittelschmuggler ahnungslose Reisende des gleichen Fluges, die über wenig Gepäck verfügen und am Schalter der Luftfahrtgesellschaft in der Schlange warten, an, einzelne Übergepäckstücke auf ihr Flugticket eintragen zu lassen, um das Entdeckungsrisiko zu mindern und um Übergepäckkosten zu sparen. Wird bei einem Transitaufenthalt in diesen Gepäckstücken Rauschgift vorgefunden, so geraten diese Reisenden in den Verdacht des Rauschgiftschmuggels, gegen den sie sich nur sehr schwer zu Wehr setzen können.

1. Einlassungen in sog. Kofferträgerfällen. Den häufigen Einlassungen, **121** man habe von dem Inhalt keine Kenntnis, da diese vertauscht worden seien, oder man habe die Koffer mangels eigener Koffer von einem Bekannten für die Reise ausgeliehen und diesen beim Packen nicht weiter untersucht, oder man habe den Koffer aus Gefälligkeit für einen Dritten transportiert, wobei man aber gedacht habe, der Koffer habe einen legalen Inhalt, stehen folgende Überlegungen gegenüber, die Anlass zu Zweifeln, zu Ermittlungen, zur weiteren Aufklärung und zur Überzeugungsbildung in der Hauptverhandlung geben können:

– Das Rückflugticket kann gegen die Einlassung sprechen, man habe sich nach Deutschland begeben, um dort Arbeit zu suchen.
– In der Regel packt ein Reisender seinen Koffer selbst, reist mit seinem eigenen Koffer und kennt dessen Gewicht und Inhalt, so dass ihm erhebliche Veränderungen des Koffervolumens nach Einbau des doppelten Bodens, Veränderungen des Gewichtes und des Aussehens auffallen. Flugreisenden aus Drogenherkunftsländern ist nicht nur aus Presse, Funk und Fernsehen, sondern aufgrund öffentlicher Diskussion und zahlreicher Festnahmen allgemein bekannt, dass Rauschgifthändler in präparierten Koffern ihre Betäubungsmittel in ferne Länder gegen Honorar transportieren lassen. Ein umständlicher Anreiseweg und die Verschleierung des Abreiseortes können Indiz für die Schmuggelabsicht sein.
– Der Kofferinhalt (Kleider und Schriftstücke, fehlende Warenmuster und fehlende Kundenlisten), die Reiseroute, die hohen Reisespesen, das Rückflugticket, ein Vergleich des Preisniveau des Abreiselandes mit dem Preisniveau der Bundesrepublik sprechen häufig gegen die behauptete Rolle des reisenden Handelsvertreters.
– Das Nichterscheinen eines vermeintlichen Abholers, das Fehlen des angeblich vertauschten Koffers, der Gepäcknummeraufkleber auf dem Flugticket, die Lage der Reparaturwerkstatt in der Türkei, und das Verhalten des Reisenden beim Gang vom Gepäckband zur Zollkontrolle oder bei der Gepäckidentifizierung lassen die genannten Einlassungen zumeist als Schutzbehauptung erkennen. Die Einlassung ist widerlegt, wenn festgestellt werden kann, dass der Reisende bereits auf der Hinreise diese Gepäckstücke bei sich führte.
– Enthält der Rauschgiftkoffer Kleider, die dem Angeklagten passen, oder persönliche Sachen wie Briefe, Fotos, Visitenkarten, bes. Kosmetika, so ist die Einlassung vom Koffertausch widerlegt.
– Die finanziellen Aufwendungen des Auftraggebers für den Kurier und das Kurierhonorar verdeutlichen häufig die Menge und den Wert der Schmuggelware.

2. Einlassungen in sog. Autofällen. Werden Betäubungsmittel in dem eige- **122** nen PKW eines Reisenden in einem Schmuggelversteck entdeckt, so heißt es häufig, man habe in der Türkei eine Panne gehabt, den Wagen in eine Reparaturwerkstatt gebracht, wo Schmuggelversteck und Rauschgift in den Wagen gelangt sein müssten. Werden Betäubungsmittel in dem Pkw entdeckt, der nach Angaben des Wagenführers einem Dritten gehört, so heißt es immer wieder, er habe nur den Auftrag gehabt, den Wagen in die Bundesrepublik zu überführen.

123   Wiederholt wurden in einer Art von Racheakt persönlichen Feinden oder beruflichen Konkurrenten Betäubungsmittel durch Einbau in einen Pkw oder durch Verstecken in Kleidung unterschoben. Einer derartigen Einlassung ist deshalb intensiv nachzugehen (*BGH* NStZ-RR 1996, 374). Dabei handelte es sich jedoch meistens um keine großen Betäubungsmittelmengen. Es ist aber regelmäßig für einen Betäubungsmittelschmuggler zu riskant, größere Betäubungsmittelmengen durch einen ahnungslosen Fahrzeugführer schmuggeln zu lassen. Denn er würde das Auto mit wertvoller Schmuggelladung bei einer Panne oder einem Verkehrsunfall unbeaufsichtigt stehen lassen und eine Entdeckung der Betäubungsmittel durch eine Reparaturwerkstatt oder durch die Polizei nicht verhindern.

124   **3. Einlassungen in sog. Paketfällen.** Es gibt kaum eine Form des Rauschgiftschmuggels, bei dem die Strafverfolgungsbehörden so viele Rechtsprobleme und Beweisschwierigkeiten zu überwinden haben, wie bei dem Schmuggel per Brief und Paket. Nur wenn es gelingt, den Empfänger bei dem Auspacken und Verwerten der Rauschgiftsendung zu beobachten, ist eine Überführung möglich. Regelmäßig behaupten die Empfänger, ahnungslos zu sein und den Absender der Postsendung, dessen Inhalt und den Grund oder Opfer böser Absichten des Absenders bzw. Opfer einer Namensverwechslung geworden zu sein. Auch wird behauptet, der Absender habe die Drogen wohl für sich selbst übersandt, ohne den Adressaten vorher zu verständigen.

125   Hinzu kommt die Schwierigkeit, dass die Namen des Absenders und Empfängers vielfach frei erfunden sind. Nicht selten werden Rauschgiftsendungen an einen Phantasienamen (c/o Dritter = care of = z. Hd. von einem Dritten) adressiert und an eine Sammelanschrift einer Haus- oder Wohngemeinschaft gesandt. Der eingeweihte Empfänger kennt den vereinbarten Phantasienamen und fischt die Sendung aus dem Sammelbriefkasten. Meldet sich der Zoll, stellt sich der Dritte ahnungslos. Werden Betäubungsmittel in einem Brief in die Bundesrepublik gesandt, so kann der Adressat des Briefes dann nicht wegen Einfuhr von Betäubungsmitteln verurteilt werden, wenn die Möglichkeit nicht auszuschließen ist, dass die Betäubungsmittel ohne Wissen und ohne Willen des Adressaten an diesen abgesandt wurden, um ihn für geleistete Dienste zu entschädigen (*BayObLG* StV 1988, 55). Hat aber jemand ein Paket, das Betäubungsmittel enthält, bei der Post oder bei dem Zoll abgeholt, bzw. sich ausliefern lassen und nach dem Auspacken weder die Polizei noch den Zoll alarmiert, so ist davon auszugehen, dass die Existenz und der Verwendungszweck der Betäubungsmittel dem Empfänger bekannt sind.

IV. Irrtumsfälle

126   **1. Tatbestandsirrtum. a) Irrtum über den Stoff.** Ein schuldausschließender Tatbestandsirrtum kommt nur in Betracht, wenn der Täter ohne Fahrlässigkeit **nicht wusste**, dass es sich bei den transportierten Stoffen um Betäubungsmittel handelte, was z. B. der Fall sein kann, wenn in einer Sendung Henna (Haarfärbemittel) Haschischpulver in Folie verpackt war. Bei einem Spediteur, der angeblich Betäubungsmittel im Glauben, es handele sich um zugelassene Güter, transportierte, ist jedoch immer zu prüfen, ob aufgrund ungewöhnlicher Umstände bei der Auftragserteilung, bei der Fahrtroute, bei der Verpackung, bei dem Auftraggeber oder dem Empfänger, bei den Transportpapieren oder den Zahlungsbedingungen Anlass bestand, an der Art des Transportgutes zu zweifeln, ob sein Irrtum auf Fahrlässigkeit beruhte und über § 16 Abs. 1 S. 2 StGB zur Strafbarkeit wegen fahrlässiger Einfuhr führt (§ 29 Abs. 1, Abs. 4 BtMG). Keine Fahrlässigkeit ist anzunehmen, wenn eine Krankenschwester bei einem Betäubungsmitteltransport davon ausgeht, sie befördere Arzneimittel und keine Betäubungsmittel, nachdem ihr sie

beauftragender Chef, ein kokainsüchtiger Arzt, der im Ausland 1 kg Kokain gekauft und Arzneimittelpackungen des rezeptpflichtigen Lokalanästhetikums Tetracain, das als Pantocain in Arzneimittelhandel ist, mit Kokain gefüllt hatte, ihr vorspielt, sie bringe preisgünstige Medikamente in seine Privatklinik in die Bundesrepublik.

Die Feststellungen des Tatgerichts zum Unrechtsbewusstsein des Angeklagten **127** müssen eindeutig und ausreichend sein. Bot ein Kaufmann aus Kampala/Uganda Marihuana einer Firma der Bundesrepublik an, die ihm als Hersteller pharmazeutischer und kosmetischer Produkte bekanntgegeben worden war und hatte er zweimal fernmündlich bei der Firma vergeblich in Erfahrung zu bringen versucht, ob „crude drugs" (unverarbeitete Drogen wie Marihuana-Pflanzenmaterial) Betäubungsmittel in der Bundesrepublik darstellen, so bedarf das Unrechtsbewusstsein eingehender Prüfung (BGHR BtMG § 29 Abs. 1 Nr. 1 Handeltreiben 16 [1 StR 716/88]).

b) Irrtum über das Vorliegen der Erlaubnis. Nimmt ein Lkw-Fahrer auf- **128** grund einer Täuschung seines Chefs irrtümlich an, sein Chef habe für den Betäubungsmitteltransport die notwendige Erlaubnis nach § 3 Abs. 1 Nr. 1 BtMG erhalten, so liegt ein Tatbestandsirrtum vor, der nach § 16 StGB den Vorsatz ausschließt.

2. Untauglicher Versuch. Bei dem Versuch kommt es auf die Vorstellung des **129** Täters von der Tat an (§ 22 StGB). Ein Versuch ist nicht nur gegeben, wenn der Täter tatsächlich mit der Tatausführung beginnt, sondern auch, wenn der Täter sich irrig einen Sachverhalt vorstellt, der strafbar wäre, läge er vor (vgl. BGHSt. 16, 285). So liegt ein untauglicher Versuch vor, wenn ein Täter im Ausland beim Amphetaminkauf Procain erhalten hat und bei der Einfuhr irrig davon ausging, echte Betäubungsmittel transportiert zu haben (vgl. *Köln*, Beschl v. 19. 8. 1983, 3 Ss 338/83). Kauften die Angeklagten zum gewinnbringenden Weiterverkauf in Amsterdam Tabletten, die sie für Ecstasy-Tabletten hielten, und bemerkten sie in Deutschland, dass es sich um Vitamintabletten handelte, so machten sie sich wegen vollendeten Handeltreibens in Tateinheit mit untauglich versuchter Einfuhr von Betäubungsmitteln strafbar (*BGH* StV 1997, 638). Ein untauglicher Versuch liegt auch vor, wenn das Schmuggelversteck in Wirklichkeit leer war bzw. Medikamente enthielt oder wenn der Schmuggler im Ausland eine Fahrkarte zur Grenzüberfahrt kauft und irrig mit dem Zug in die entgegengesetzte Richtung zur Grenze fährt. Der Schmuggler, der im Ausland mit Rauschgift im Rucksack die grüne Grenze überschreiten will, sich aber im Wald verirrt und zurückläuft, begeht einen untauglichen Einfuhrversuch. Ist bei einem Transitaufenthalt die Herausgabe eines mit Betäubungsmitteln gefüllten Gepäckstückes wegen der kurzen Dauer des Zwischenaufenthaltes in einer Spitzenverkehrszeit vor dessen Weiterförderung mit dem Anschlussflugzeug unmöglich, geht der Täter aber irrig von einer Zugangsmöglichkeit zum Rauschgift während des Transitaufenthaltes aus, so kommt eine versuchte Einfuhr in Betracht. Geht ein Rauschgiftkurier auf dem Flughafen irrig davon aus, er sei nicht bei einem Transitaufenthalt in Frankfurt, sondern an seinem Zielflughafen Brüssel angekommen, wo ihm das Gepäck ausgehändigt würde, so macht er sich wegen versuchter Einfuhr strafbar (vgl. *BGH* StV 1989, 237).

Geht ein Betäubungsmittelkurier oder ein Posteinlieferer, der in Kolumbien ein **130** Betäubungsmittelbehältnis für mehrere Auftraggeber nach Deutschland befördern bzw. bei der Post aufgeben sollte, aber nicht irrtümlich von einem Betäubungsmittelinhalt aus, sondern packt in betrügerischer Weise in das Behältnis Ersatzstoffe wie Papier oder Mottenpulver ein, so liegt weder ein untauglicher Einfuhrversuch von ihm, noch eine Beteiligung seiner Auftraggeber an einem Einfuhrversuch vor. Es liegt aber eine Mittäterschaft des unerlaubten Handeltreibens mit nicht geringen Mengen von Betäubungsmitteln nach § 29a Abs. 1 Nr. 2 BtMG in Tateinheit mit der Verabredung zum Verbrechen der unerlaubten Einfuhr nicht geringer Mengen von Betäubungsmitteln vor (*BGH* NStZ 2004, 110 m. Anm. *Krack* NStZ 2004, 697).

131   **3. Verbotsirrtum.** Weiß der Transporteur, dass er die Pflanzendroge Khat auf seinem Lkw geladen hat, unterliegt aber dem Irrtum, dass diese Rauschdroge dem BtMG untersteht, so befindet er sich in einem Subsumtionsirrtum, der als Verbotsirrtum behandelt wird. Kennt der Täter alle Umstände des Einfuhrtatbestandes, geht aber irrig von der Rechtmäßigkeit seines Betäubungsmitteltransportes aus, so liegt Verbotsirrtum vor, bei dem zu prüfen ist, ob er entschuldbar oder unentschuldbar ist. Jeder Bundesbürger weiß, dass der Umgang mit Betäubungsmitteln grundsätzlich nicht erlaubnisfrei, sondern verboten ist und er sich genauestens informieren muss, will er bei einem Betäubungsmitteltransport eine Strafverfolgung vermeiden. Irrt der Täter darüber, dass er für die Einfuhr einer Erlaubnis nach § 3 BtMG bedurfte, so handelt es sich um einen Irrtum über die Rechtswidrigkeit, um einen Verbotsirrtum (§ 17 StGB), der den Vorsatz nicht berührt, aber die Möglichkeit einer Strafmilderung aufweist.

132   **4. Wahndelikt (umgekehrter Verbotsirrtum).** Stimmt die Vorstellung des Täters vom Sachverhalt nicht mit der Wirklichkeit überein, dass er Betäubungsmittel über die Grenze transportiert, geht der Täter aber irrig von der Rechtswidrigkeit seines Drogentransportes aus, so ist seine Einfuhr straflos. Ein Reisender, der im Ausland aufgrund ärztlicher Verschreibung legal Betäubungsmittel der Anl. III des BtMG erwirbt und einführt und ein Arzt, der Betäubungsmittel der Anl. III im grenzüberschreitenden Dienstleistungsverkehr einführt sowie ein Kriminalbeamter, der in dienstlicher Tätigkeit Betäubungsmittel in die Bundesrepublik einführt, die aber in Unkenntnis des § 4 Abs. 1 Nr. 4 lit. a BtMG davon ausgehen, ihr Verbringen der Betäubungsmittel in die Bundesrepublik sei unerlaubt, bleiben straflos.

F. Versuch

133   Der Versuch der Einfuhr von Betäubungsmitteln ist strafbar (§ 29 Abs. 2 BtMG). Bei der Abgrenzung zwischen strafloser Vorbereitungshandlung und strafbarem Versuchsbeginn sowie von Vollendung und Beendigung sind folgende Schmuggelwege zu unterscheiden:

I. Einfuhr auf dem Landweg

134   **1. Abgrenzung von Vorbereitung und Versuch bei der Einfuhr auf dem Landweg.** Das Versuchsstadium beginnt erst, wenn die Betäubungsmittel dem Einführer oder Auftraggeber zur Verfügung stehen und er Kurier bzw. Einführer Handlungen vornimmt, die **in ungestörtem Fortgang unmittelbar zur Tatbestandserfüllung führen sollen** und in unmittelbarem räumlichen und zeitlichen Zusammenhang mit ihr stehen und somit das geschützte Rechtsgut: Volksgesundheit bereits unmittelbar gefährden. Der strafbare Versuch beginnt daher erst kurz vor Erreichen der Hoheitsgrenze (BGHSt. 36, 249 = NStZ 1989, 579 = StV 1989, 526; *BGH* wistra 1993, 26; *Weber* § 29 Rn. 751), was noch der Fall ist, wenn das Fahrzeug noch einige Kilometer von der Grenze entfernt ist (*Weber* § 29 Rn. 760). Hat der Täter allerdings bei einer Einfuhrfahrt über die Autobahn die letzte Ausfahrt vor dem Grenzübergang passiert, so dass er unter normalen Umständen zum Grenzübergang gelangen muss, liegt versuchte Einfuhr vor (*Düsseldorf* NStZ 1994, 548; *Weber* § 29 Rn. 762; MK-StGB/*Kotz* § 29 Rn. 511).

135   **2. Beispiele für straflose Einfuhrvorbereitungen.** Die **Suche nach Drogenkurieren** per Zeitungsannonce, die Einladung an Passanten zu einer kostenlosen Urlaubsreise, wenn sie bereit wären, auf der Rückreise einen Rauschgiftkoffer nach Deutschland zu transportieren, stellen Vorbereitungshandlungen für die Einfuhr dar. Es ist jedoch in diesen Fällen Handeltreiben zu prüfen (s. dazu § 29/Teil 4, Rn. 264). Der **Erwerb der Schmuggelausrüstung** (Schmuggelfahrzeuge, Werkzeuge, Schmuggelanzüge mit Geheimtaschen, Leibbinden, Koffer mit doppeltem Boden, Reiseunterlagen und gefälschte Ausweis- und Handelspapiere) stellt als bloße Reisevorbereitung noch keinen Beginn der Ausführungshandlung und damit noch keine versuchte Einfuhr dar. Der **Ankauf und die Überführung**

eines Schmuggelfahrzeuges mit Schmuggelversteck ohne Einbindung in ein konkretes Schmuggelunternehmen ist straflose **Vorbereitungshandlung**. Es kommt aber u. U. § 30 Abs. 2 StGB in Betracht (*BGH* NStZ 2001, 323 = StV 2001, 459; s. dazu § 30 Rn. 153 ff.). Das Einnähen der Schmuggelware in einen Mantel, das Verpacken der Schmuggelware in einen Koffer, das Bereitlegen der Schmuggelware sind Vorbereitungshandlungen und noch kein Versuch (vgl. RGSt. 68, 418; RGSt. 71, 53; RGSt. 74, 7). Die **Übergabe der Schmuggelware zur Verpackung und Beförderung** ist noch Einfuhrvorbereitung (a. A. RGSt. 53, 43). Die Übergabe der Schmuggelware an einen Mittelsmann, der die Ware nur einem weiteren Mittelsmann zur schmuggelgerechten Verpackung und zum Weitertransport übergeben soll, ist ebenfalls nur Vorbereitungshandlung (a. A. RGSt. 53, 45; RGSt. 71, 53).

Die Reise ins Ausland, um dort Schmuggelware abzuholen, ist lediglich 136 Tatvorbereitung der Einfuhr (*BGH*, Urt. v. 1. 10. 1974, 1 StR 444/74). Gleiches gilt für eine vergebliche Auslandsreise zur Übernahme von Schmuggelgut (RGSt. 49, 211; *BGH*, Urt. v. 1. 10. 1974, 1 StR 444/74) und die infolge Ausbleibens des Lieferanten vergebliche Auslandsreise zur Übernahme bereits ins Inland verbrachten Schmuggelgutes, um es an seinen Bestimmungsort zu schaffen (RGSt. 49, 211). Allein der **Ankauf von Schmuggelware im Ausland** zum Zwecke der Einfuhr ist ebenfalls nur Vorbereitung der Einfuhr (*BGH* StV 1986, 62).

Das Ausspähen einer günstigen Übertrittsmöglichkeit über die Grenze oder das 137 Abwarten einer günstigen Absatzmöglichkeit ist noch Einfuhr- bzw. Ausfuhrvorbereitung (RGSt. 52, 282).

Fährt ein türkischer Lastzug mit legaler Ladung, zwischen der größere Heroin- 138 mengen versteckt sind, auf der Autobahn Richtung Deutschland und liefert bei jeder angefahrenen Raststätte eine Teilmenge Heroin an Abholer aus, so liegt kein Einfuhrversuch vor, wenn die Betäubungsmittel bis zur Grenze ausgeliefert sind. Bei der nicht in Grenznähe in Brüssel vorgenommenen Rauschgiftübergabe an die zum Weitertransport (Einfuhr in die Bundesrepublik) bereiten Kuriere liegt noch keine unmittelbare Rechtsgutgefährdung vor, weil erst nach Durchführung mehrerer Zwischenakte (Beladung und Tarnung des Schmuggelfahrzeugs, Fahrt zur Grenze) mit der Tatbestandserfüllung begonnen werden konnte (*BGH* NJW 1985, 1035 = StV 1985, 106). Ein Angeklagter, der ins Ausland reist, um dort Betäubungsmittel zu kaufen oder um ein mit Betäubungsmitteln beladenes Schmuggelfahrzeug in Empfang zu nehmen und in die Bundesrepublik einzuführen, macht sich wegen versuchter Einfuhr erst dann strafbar, wenn er sich **mit dem beladenen Schmuggelfahrzeug unmittelbar der deutschen Grenze nähert.** Wenn aber auf der Fahrt zur deutschen Grenze noch beträchtliche Strecken durch Spanien und/oder Frankreich, u. U. mit Übernachtung im Hotel (*BGH* NStZ 1983, 224), zurückgelegt werden müssen oder wenn dem Schmuggeltransport **unüberwindliche Hindernisse entgegenstehen,** wie Entdeckung des Rauschgiftes, Verkehrsunfall oder Erkrankung des Kuriers, dann kann mangels unmittelbarer Gefährdung der Volksgesundheit nur von einer Vorbereitungshandlung die Rede sein (*BGH* NStZ 1983, 462 = StV 1983, 283; *BGH* NStZ 1983, 511; BGHSt. 36, 249 = NStZ 1989, 579 = StV 1989, 526; *BGH* StV 1993, 308 = wistra 1993, 26). Bisweilen kann eine straflose Einfuhrvorbereitung aber ein strafbares Handeltreiben darstellen.

3. Beispiele für Versuchshandlungen. Der Versuch der unerlaubten Einfuhr 139 von Betäubungsmitteln in einem Kraftfahrzeug beginnt regelmäßig erst mit dem **Sich-in-Bewegung-setzen zur Grenzüberschreitung kurz vor Erreichen der Hoheitsgrenze** oder einer vor ihr eingerichteten Zollstelle. Denn zur Ausführung einer Straftat wird erst dann unmittelbar i. S. v. § 22 StGB angesetzt, wenn der Täter oder einer der Mittäter Handlungen vornimmt, die nach dem Tatplan **in ungestörtem Fortgang unmittelbar zur Tatbestandserfüllung führen** sollen oder die in unmittelbar räumlichen und zeitlichen Zusammenhang mit ihr stehen, wenn er subjektiv die Schwelle zum „Jetzt geht es los!" überschreitet und objektiv zur tatbestandsmäßigen Angriffshandlung ansetzt, so dass sein Tun ohne Zwischenakte in die Tatbestandserfüllung übergeht. Die Urteilsfeststellungen, dass der Angeklagte sich dem Grenzübergang näherte, reicht nicht aus (*BGH* NStZ 1983, 511; BGHSt. 36, 249 = NStZ 1989, 579 = StV 1989, 526; *BGH* StV 1993, 308 = wistra 1993, 26). Bei Abholung der Schmuggelware und bei Übergabe an einen zur Beförderung über die Grenze bereiten Kurier ist das Vorbereitungsstadium erst überschritten, wenn der Kurier zur Grenzüberschreitung in Grenznähe ansetzt. Bei Fußgängern, Rad- und Kraftfahrern ist, bevor nach dem Tatplan ungestört zum Verbringen der Betäubungsmittel über die Hoheitsgrenze unmittelbar angesetzt werden kann, die Annäherung an die Grenze vorgelagert. Kurz vor der Grenze oder der Kontrollstelle aber geht es mit dem Versuch los. Befindet sich die Kontrollstelle auf der Autobahn, so setzt der Täter dann zur unerlaubten Einfuhr an, wenn er die letzte mögliche Ausfahrt nicht benutzt hat, so dass er unter normalen Umständen bei ungehinderter Weiterfahrt die Grenze passieren wird (*Düsseldorf* NStZ 1994, 548; *Weber* § 29 Rn. 762; MK-StGB/*Kotz* § 29 Rn. 511). Wird einem Rauschgiftkurier vor der geplanten Einfuhr per Reisebus das mitgeführte Haschisch von einem Mitreisenden gestohlen und später von dem Dieb eingeführt, so wird die vom Auftraggeber und dem Rauschgiftkurier gesetzte **Kausalkette unterbrochen.** Der Auftraggeber und der Kurier können wegen dieser wesentlichen **Abweichung vom vorgestellten Kausalverlauf** nur wegen gemeinschaftlichen Einfuhrversuchs verurteilt werden. Die vom Dieb vorgenommene Vollendung der Einfuhr kann dem Auftraggeber und dem Kurier nicht zugerechnet werden (*BGH* NStZ 1991, 537 = StV 1992, 375).

140   **4. Abgrenzung Vollendung/Beendigung bei der Einfuhr auf dem Landweg.** Die **Vollendung** der Einfuhr setzt zu dem Zeitpunkt ein, in dem das Rauschgift die Grenze zum deutschen Hoheitsgebiet und zur Geltung des BtMG passiert (BGHR BtMG § 29 Abs. 1 Nr. 1 Einfuhr 20 = StV 1992, 376 m.Anm. *Zaczyk; BGH* NStZ 1997, 286). **Beendet** ist die Einfuhr grundsätzlich, wenn das Rauschgift im Inland in Sicherheit und damit zur Ruhe gekommen ist (BGHSt 3, 40, 44; *BGH* NStZ 1990, 39). Wird die Tat aber von den Strafverfolgungsbehörden nach deren Vollendung aufdeckt und verhindert, tritt die Beendigung bereits zu diesem Zeitpunkt ein (*BGH* NStZ 1990, 39).

II. Einfuhr auf dem Schienenweg

141   **1. Abgrenzung Vorbereitung und Versuch.** Der Kauf einer Fahrkarte für die Schmuggelreise und der Aufenthalt eines Reisenden mit einem mit Betäubungsmitteln gefüllten Koffer auf dem Bahnsteig sind noch Vorbereitungshandlungen. Der Antritt einer ununterbrochenen Schmuggelreise per Bahn und die versuchte Einfuhr beginnt mit dem Besteigen des abfahrbereiten Zuges (RGSt. 58, 71; RGSt. 58, 360).

142   Verbringt jemand 57 Stangen Rohopium im Gewicht von 1.041 g mit einem Lastzug vom Iran nach Österreich und verbirgt das Rauschgift in einem Pappkarton mit Lebensmitteln und gibt diesen im Hauptbahnhof von Linz als Reisegepäck nach Stuttgart auf, so gehen dessen Vorbereitungshandlungen mit der **Gepäckaufgabe des Kartons als Reisegepäck** und mit der Beladung des Zuges in das **Versuchsstadium** und mit dem **Überfahren der österreichischen/deutschen Grenze** in die **vollendete Einfuhr** über, auch wenn der Angeklagte das Gepäck gar nicht begleitet, sondern erst einen Tag später mit einem anderen Zug nachreist und am Reisegepäckschalter im Hauptbahnhof Stuttgart Herausgabe begehrt und dabei festgenommen wird (*BGH* NStZ 1986, 274 = StV 1986, 156).

143   **2. Abgrenzung von Versuch und Vollendung bei der vorgeschobenen Grenzabfertigung.** Solange der Betäubungsmitteltransport auf der Schiene die deutsche Hoheitsgrenze noch nicht überschritten hat, kann bei Landtransporten in der Regel die **Vollendung** nicht eintreten (BGHR § 29 Abs. 1 Nr. 1 Einfuhr 73 [3 StR 396/87]).

Bei vorgeschobenen Grenzabfertigungen (s. dazu Rn. 26) sind Betäubungsmittel 144 bereits eingeführt, wenn sie **über eine vorgeschobene Zollstelle eingebracht** werden (vgl. BGHSt. 31, 215 = NJW 1983, 1276 = StV 1983, 330; *BGH* NStZ 1992, 338; BayObLGSt. 1970, 78; BayObLG ZfZ 1981, 339; *Seelig* NStZ 1982, 293) und nicht erst, wenn sie die zurückliegende deutsche Zoll- und Gebietsgrenze passiert haben (*Köln* NStZ 1982, 122). Zum **deutsch-österreichischen Grenzabfertigungsabkommen** s. *BGH*, Beschl. v. 9. 7. 1991, 1 StR 368/91; zum **deutsch-polnischen Grenzabfertigungsabkommen** s. *BGH* NStZ 2000, 321, zum **deutsch-belgischen Grenzabfertigungsabkommen** BGHSt 31, 215 = NJW 1983, 1276 = StV 1983, 330.

Verschweigt ein Reisender, ohne die politische Grenze der Bundesrepublik zu 145 überschreiten und ohne Gegenstände in das deutsche Wirtschaftsgebiet einzuführen, an einem Abfertigungsplatz der deutschen Zollbehörde im Ausland (hier deutsches Zollamt in Salzburg) den deutschen Zollbeamten seine Rauschgiftladung, so ist außerhalb der Bundesrepublik **die Einfuhr bereits vollendet** (*BayObLG* ZfZ 1971, 117; *BayObLG* ZfZ 1981, 339).

Auch wenn aufgrund Art. 4 Abs. 2 des **deutsch-niederländischen Grenzab-** 146 **fertigungsabkommens** vom 30. 5. 1958 Betäubungsmittel zwar noch auf niederländischem Hoheitsgebiet, aber bei einer vorgeschobenen Grenzabfertigung durch deutsche Beamten **in einem fahrenden Reisezug** bei einem Reisenden gefunden werden, vollendet dieser bereits den Einfuhrtatbestand (*BGH* MDR 1974, 239). Umgekehrt liegt nur **Einfuhrversuch** vor, wenn der Reisende innerhalb dieser Zone mit vorgeschobener Grenzabfertigung auf niederländischem Staatsgebiet von **niederländischen Zollbeamten kontrolliert,** entdeckt und zum Zollamt mitgenommen wird (*BGH* NStZ 1993, 287 = StV 1993, 422). Die früheren Entscheidungen beruhten im Wesentlichen noch auf einem Einfuhrbegriff, der sich am Zollgebiet und der zollrechtlichen Gestellungspflicht orientierten. Nun hat der 2. Strafsenat des *BGH* trotz verändertem Einfuhrbegriff an dieser Rspr. festgehalten. In einem Falle der vorgeschobenen Grenzabfertigung nach dem **deutsch-belgischen Grenzabfertigungsabkommen** sah er zu Recht die Einfuhr bereits vollendet, wenn ein Bahnreisender auf der Bahnstrecke zwischen Lüttich und der Staatsgrenze der Bundesrepublik Deutschland Betäubungsmittel mit sich führt und die Frage der hierzu berechtigten deutschen Zollbeamten nach Zollgut verneint (BGHSt. 31, 215 NJW 1983, 1276 = StV 1983, 330 m. abl. Anm. *Bick*, der nur versuchte Einfuhr anerkennt und moniert, die Rspr. des *BGH* würde zu dem seltsamen Ergebnis führen, dass ein Täter, dem die Täuschung der Zollbeamten gelungen ist, aber aus Bedenken 20 km vor der deutschen Grenze die Betäubungsmittel aus dem Zug wirft, wegen vollendeter Einfuhr zu bestrafen wäre). Nun werden nach Art. 7 des deutsch-belgischen Abkommens von dem Augenblick an, in dem die Bediensteten des Eingangsstaates ihre Amtshandlungen begonnen haben, die Rechts- und Verwaltungsvorschriften des Eingangsstaates, die die Grenzabfertigung betreffen, und damit auch das BtMG anwendbar. Es ist sicher richtig, dass darin keine Vorverlegung des deutschen Wirtschaftsgebietes i.S. des AWG liegt (*Köln* ZfZ 1981, 343) und auch keine Vorverlegung des Zoll- und Gebietsgrenze gesehen werden kann (RGSt. 48, 26). Es steht andererseits aber auch fest, dass **vertraglich fingiert wird, dass für diesen Bereich das deutsche BtMG gelten soll.** Der Geltungsbereich des BtMG ist aber im Rahmen des Einfuhrbegriffes entscheidend.

III. Einfuhr auf dem Postweg

1. Postkontrollen. Anstelle eines Rauschgiftkuriers bedienen sich vielfach die 147 Schmuggler der Post. Das Entdeckungsrisiko ist für den Betäubungsmittellieferanten im Ausland bei falscher Absenderangabe denkbar gering. Auslandsbriefe und Paketsendungen unter 1 kg werden auf den Flughäfen **durchleuchtet und kon-**

trolliert. Schwerere Sendungen gehen an die Zollämter zur Kontrolle weiter. Von 50 Heroinbriefen erreichen zumeist ca. 40 ihren Empfänger und werden von ca. 20 Empfängern auch bezahlt. Die Verlustquote wird im Preis einkalkuliert. An die Stelle des Kurierrisikos tritt das Abholerrisiko. Die Abholung von Rauschgiftpaketen und Rauschgiftkoffern kann für den Abholer recht riskant sein. Doch erfolgt die **Beschau des Paketinhaltes** nur in Form **von Stichproben.** Jedoch kann der Abholer durch Vorschicken eines nachfragenden ahnungslosen Bekannten zum Zoll, zur Spedition oder zur Busunternehmung vielfach das Risiko einschätzen. Die modernen Paketstationen, bei denen ein Paket an einem Automaten mit einer Nummer abgeholt werden kann, verringern das Entdeckungsrisiko weiter. Die Einlassung bei einer Betäubungsmittelentdeckung durch den Zoll, man habe bei dem Absender nichts oder etwas ganz anderes bestellt, ist häufig schwer zu widerlegen, wenn keine weiteren Beweismittel oder Indizien gefunden werden können.

148   **2. Beispiele für Einfuhrvorbereitung.** Die Herstellung, Präparierung und Füllung einer Schmuggelkiste mit Betäubungsmitteln ist ebenso wie der Erwerb und die Schulung einer Brieftaube Vorbereitungshandlung.

149   **3. Beispiele für Einfuhrversuch.** Mit der Absendung einer Brieftaube, dem Einwerfen bzw. der Aufgabe des Briefes oder des Paketes mit Betäubungsmitteln in Richtung Grenze ist alles geschehen, um bei ungestörtem Fortgang die Tatbestandsverwirklichung Einfuhr herbeizuführen, dass somit Versuchsbeginn vorliegt (*BGH* NStZ 2004, 110). Wird das von dem Täter im Ausland in einem Postpaket auf den Weg gebrachte Rauschgift unterwegs von einem Postbediensteten entdeckt, unterschlagen und nach Umadressierung nach Deutschland an einen Dritten weitergeleitet und eingeführt, so ist die vom Absender **in Lauf gesetzte Kausalkette unterbrochen** und eine völlig neue Kausalkette durch den Postbediensteten geschaffen, die dem Absender nicht zuzurechnen ist (*BGH* NStZ 1991, 537).

150   Haben die Absender eine **Postsendung im Ausland nicht persönlich eingeliefert, sondern sich hierzu eines Dritten bedient,** so sind sie nur dann wegen versuchter Einfuhr schuldig, wenn ihnen das **Verhalten des Dritten als eigenes Ansetzen zur Tat zuzurechnen** ist. Vereinbaren mehrere Angeklagte, ein Paket mit Kokain nach Deutschland zu senden und beauftragten einen Dritten mit der Rauschgiftbeschaffung und der Rauschgifteinlieferung, so haben sie sich zwar des Verbrechens des gemeinschaftlichen Handeltreibens mit nicht geringen Mengen Kokain nach § 29 a Abs. 1 Nr. 2 BtMG und der Verabredung eines Verbrechens nach § 30 Abs. 1 Nr. 4 i. V. m. § 30 Abs. 2 StGB schuldig gemacht. Hat der Dritte bei der Einlieferung aber bewusst aus Angst oder aus Betrugsabsicht das Paket ohne Betäubungsmittel aufgegeben, so können die Einlieferung und der Einfuhrversuch der Imitatsendung nicht den ahnungslosen Auftraggebern zugerechnet werden und diese **nicht wegen vermeintlicher Mittäterschaft bei der versuchten Einfuhr** von Betäubungsmitteln bestraft werden. Denn der einliefernde Dritte hat nicht angesetzt, Betäubungsmittel nach Deutschland auf den Weg zu bringen und einzuführen, so dass daran auch keine Mittäterschaft möglich war (*BGH* NStZ 2004, 110 m. Anm. *Krack* NStZ 2004, 697).

151   **4. Abgrenzung Vollendung/Beendigung. Vollendung** tritt ein, wenn die Postsendung mit den Betäubungsmitteln die maßgebliche Grenze überschreitet (*BGH* StV 1983, 242; *BGH* NStZ 1987, 721 = StV 1987, 67; *BGH* NJW 2011, 2065; a. A. *LG Berlin* StV 1983, 287). Werden Betäubungsmittel, die auf dem Postweg vom Ausland nach Deutschland geschickt werden sollen, bei einer Zollkontrolle im Ausland entdeckt und sodann im Wege eines polizeilich bewachten Weitertransports nach Deutschland gebracht, liegt eine wesentliche, den Vorsatz ausschließende Abweichung vom tatsächlich vorgestellten Kausalverlauf vor mit der Folge, dass sich der Täter nicht wegen vollendeter, sondern nur wegen versuchter Einfuhr strafbar gemacht hat (*BGH* NJW 2011, 2065). Der Abholer oder Empfänger eines Rauschgiftpäckchens, der mit der Absendung bei der Post, bei der Bahn

oder dem Zoll nichts zu tun hat, aber das inzwischen von der Polizei oder dem Zoll entleerte und mit Rauschgiftimitat gefüllte Päckchen abholt, macht sich als Täter oder Gehilfe wegen vollendeten, nicht wegen versuchten Handeltreibens strafbar (*BGH* NStZ 1994, 441 = StV 1995, 524). **Beendet** ist die Einfuhr, wenn das Rauschgift im Inland in Sicherheit und damit zur Ruhe gekommen ist (vgl. BGHSt. 3, 40, 44; *BGH* NStZ 1990, 39).

IV. Einfuhr auf dem Seeweg

1. Schiffskontrollen. So selten Betäubungsmittel auf Schiffen sichergestellt   152
werden, so groß sind die Rauschgiftmengen im Erfolgsfalle. Dies hat mehrere Ursachen. Ein Passagier- oder Frachtschiff ist so riesengroß und mit so vielen Versteckmöglichkeiten und Gerüchen ausgestattet, dass eine Schiffsdurchsuchung durch Zollbeamte mit den rasch ermüdenden Rauschgifthunden meistens scheitert. Bei Durchsuchungen von Schiffen mit Rauchentwicklungswarnsystem, mit Belüftung und Klimaanlagen, deren Rohre in den Schiffsbau führen, kann der Rauschgifthund bei der ausströmenden Luft die Rauschgiftfracht wittern. Die Zahl der Zollfahnder und Wasserschutzpolizeibeamten, die sich mit dem Schmuggel auf dem Seewege befassen, ist verschwindend gering. Die Beladung und Entladung des Schiffes erfolgt vielfach auf hoher See und nicht in einem Hafen. Die Betäubungsmittel werden in treibenden Säcken, Autoreifen oder in kleinen Booten an Land gebracht. Selbst bei Rauschgiftfunden in Schiffen bereitet die Zuordnung große Probleme. Eine Auswertung der Schiffsmeldepapiere (Namen der Jachten und Besatzungsmitglieder) und eine exakte Überprüfung der Ladepapiere auf fiktive Adressen und fiktive Ladungen können wertvolle Hinweise auf Schmuggelladungen geben. Bei dem Rauschgiftschmuggel auf Schiffen sind zu unterscheiden: Frachtschmuggel, Schmuggel durch die Mannschaft, und Schmuggelverstecke am/im Schiff.

2. Zuständigkeit für die Strafverfolgung auf See. Im Internationalen See-   153
recht gilt das **Flaggenprinzip (§ 4 StGB).** Ein Schiff gilt als deutsch, wenn es berechtigt ist, die deutsche Flagge zu führen. Dies sind:

– Schiffe deutscher Eigentümer,
– in Deutschland auf fremde Rechnung gebaute Schiffe, oder
– von deutschen Ausrüstern gecharterte Schiffe.

Deutsche Schiffe können **auf hoher See und in deutschen Gewässern**   154
nach StGB und StPO verfolgt werden. Befinden sich deutsche Schiffe **in fremden Gewässern**, so können sie nur auf dem **Rechtshilfeweg** verfolgt werden. **Ausländische Schiffe** unterliegen aber deutscher Strafgewalt in deutschen Gewässern, aber nicht auf hoher See und nicht in fremden Gewässern. Jeder Staat, der ernstliche Gründe zu der Annahme hat, dass ein seine Flagge führendes Schiff am unerlaubten Verkehr mit Suchtstoffen beteiligt ist, kann die Hilfe anderer Staaten bei der Bekämpfung des Betäubungsmittelverkehrs gem. Art. 108 Abs. 2 des Seerechtsübereinkommens der Vereinten Nationen erbitten. Mit Einwilligung des Flaggenstaates kann der auswärtige Staat aktiv werden, selbst wenn sich das Schiff außerhalb der Hoheitsgewässer auf hoher See befindet. Hat eine Schiffsbesatzung die Betäubungsmittelladung eines Schmuggelschiffes geraubt, so kann wegen dieser **seeräuberischen Handlungen** (Art. 15 des Übereinkommens über die Hohe See) jeder Staat strafrechtliche Maßnahmen ergreifen. Gem. § 10 StPO ist die deutsche Staatsanwaltschaft zuständig, in deren Zuständigkeitsbereich das Rauschgiftschmuggelschiff im Schiffsregister eingetragen ist.

3. Abgrenzung straflose Vorbereitung/Versuchsbeginn bei Einfuhr auf   155
See. Das Anmieten, Kaufen eines Schmuggelschiffes, das Anheuern von Seeleuten, die Beladung des Schmuggelschiffes mit der Betäubungsmittelfracht und das Fahren auf hoher See sind **Vorbereitungsstadien** einer geplanten Einfuhr. Die Fahrt eines Schmuggelschiffes von noch nicht zu deutschem Hoheitsgebiet gehörendem Gewässer auf deutsche Küstengewässer zu ist versuchte Einfuhr (RGSt. 56, 138).

156   **4. Abgrenzung Vollendung/Beendigung.** Auch bei der Einfuhr auf See ist
für die **Vollendung** maßgeblich, dass die Betäubungsmittel die Hoheitsgrenze
passieren (*Weber* § 29 Rn. 855). Das Verbringen von Betäubungsmitteln in den
deutschen Freihafen Hamburg oder in die Zollfreigebiete, wie z. B. Helgoland, ist
Verbringen in den Geltungsbereich des BtMG und damit vollendete Einfuhr (*BGH*
NStZ 1983, 371 = StV 1983, 150 m. Anm. *Strate/Schwenn*). Dabei ist unerheblich,
ob die Betäubungsmittel dem Täter bei dem Transport über die Hoheitsgrenze
oder später tatsächlich zur Verfügung standen oder nicht, und ob der Täter eine
Gestellungspflicht verletzte oder nicht. Wenn nun die im Inland bereits befindli-
chen Betäubungsmittel aus dem Freihafen in deutsches Zollgebiet verbracht wer-
den, ist dies weder Vorbereitung, Versuch noch Vollendung einer erneuten Ein-
fuhr. Dieses Verbringen der im Inland noch nicht zur Ruhe gekommenen
Schmuggelwaren ist ein Akt zwischen Vollendung und Beendigung der Einfuhr.
Beendet ist die Einfuhr auch in diesem Fall, wenn das Rauschgift im Inland in
Sicherheit und damit zur Ruhe gekommen ist (vgl. BGHSt 3, 40, 44; *BGH*
NStZ 1990, 39).

V. Einfuhr auf dem Luftweg

157   **1. Abgrenzung straflose Vorbereitung/Versuch.** Bei der Einfuhr per Flugzeug beginnt der Versuch, sofern der Abflug zum deutschen Hoheitsgebiet dem-
nächst erfolgen soll, regelmäßig bereits mit dem Einchecken des Reisegepäcks bzw.
wenn der Passagier an den Kontrollen vorbei sich zum abflugbereiten Flugzeug
begeben hat (*BGH* NStZ 1990, 442 = StV 1990, 408; *BGH* NStZ 2010, 222 =
StV 2010, 129). Sofern der Kurier die Betäubungsmittel im Handgepäck mit sich
führt, beginnt der Versuch mit dem Betreten der Maschine (*BGH* NStZ 2010, 222
= StV 2010, 129). Gleiches gilt, wenn der Kurier die Betäubungsmittel am Körper
befestigt hat (*BGH* NStZ 2005, 452 = StV 2005, 272). Wird das Schmuggelgepäck
aber nicht am Abflugtag, sondern bereits früher eingecheckt, so fehlt es an einem
unmittelbaren Zusammenhang mit der Tatbestandserfüllung, und der Versuchsbeginn tritt erst mit Reiseantritt ein (*BGH* NStZ 1990, 442 = StV 1990, 408).

158   **Straflose Vorbereitungshandlungen** sind in folgenden Fällen anzunehmen:
beim Kauf des Flugtickets und beim Verbringen des mit Betäubungsmitteln ausgestatteten Reise- und Frachtgepäcks zum Flughafen, beim Inlandstransport von Betäubungsmitteln per Flugzeug zu auswärtigen Flughäfen. Wird ein Kokainschmug-
gelunternehmen durch einen Testflug mit leerem Schmuggelkoffer vorbereitet, so
liegt in der Abholung des leeren Schmuggelkoffers zunächst eine Vorbereitungshandlung. Folgt dem Testflug aber verabredungsgemäß später das Schmuggelunternehmen, so kann in dieser Vorbereitung eine Beihilfe zum späteren tatsächlichen
Schmuggelunternehmen liegen (vgl. *BGH* StV 1983, 138). In dem Transport von
Heroin nach Brüssel, das später von zwei italienischen Staatsangehörigen in das
Bundesgebiet verbracht werden soll, liegt lediglich eine Vorbereitungshandlung
(*BGH* NJW 1985, 1035).

159   **2. Vollendung/Beendigung.** Die Rspr. unterscheidet den **Inlandreisenden,**
der die Betäubungsmittel nach Deutschland bringen will **(echte Einfuhrfälle)** und
den **Transitreisenden,** der die Betäubungsmittel nach Zwischenaufenthalt auf
einem deutschen Flughafen ins Ausland verbringen will **(unechte Einfuhrfälle):**

160   **a) Vollendung/Beendigung bei echten Einfuhrfällen.** Der Inlandflugrei-
sende **vollendet** die Einfuhr mit dem Verbringen der Betäubungsmittel in das
deutsche Hoheitsgebiet. Bei den echten Einfuhrfällen, bei denen das Rauschgift
für Deutschland bestimmt ist, tritt Vollendung ein, wenn das Rauschgift (nicht
unbedingt der Täter) die Grenze zum Hoheitsgebiet der Bundesrepublik passiert.
Der Täter muss das Rauschgift am Flughafen nicht abholen und braucht am
Flughafen keine tatsächliche Verfügungsmöglichkeit erlangen. Liegt der Bestimmungsort im Inland, so spielt für die Frage der Vollendung keine Rolle, ob das
Betäubungsmittel vor der Überschreitung der Grenze bereits entdeckt war, unter

zollamtlicher Überwachung stand und nach dem Ausladen durch ein Imitat ersetzt wurde. Die Zugriffsmöglichkeit ist allein ein Kriterium zur Abgrenzung von Einfuhr und Durchfuhr. **Beendigung** tritt ein, wenn das Rauschgift im Inland in Sicherheit und damit zur Ruhe gekommen ist (vgl. BGHSt 3, 40, 44; *BGH* NStZ 1990, 39).

b) Vollendung bei Transitflugreisenden. Obwohl nach dem erörterten Ein- **161** fuhrbegriff die Einfuhr auf dem Land-, See-, Post- und Bahnweg mit Überschreiten der Hoheitsgrenze vollendet ist, macht die Rspr. des *BGH* bei dem Betäubungsmitteltansport des Transitreisenden auf dem Flugwege Unterschiede:

aa) Vollendete Einfuhr des Transitflugreisenden. Nach § 2 Abs. 2, § 3 **162** Abs. 1 Nr. 1, § 11 Abs. 1 S. 3, § 29 Abs. 1 (§ 30 Abs. 1 Nr. 4) BtMG erfüllt den Tatbestand der unerlaubten Einfuhr von Betäubungsmitteln, wer diese so in das Inland verbringt oder verbringen lässt, dass sie ihm (oder einem Dritten) **auf dem Flughafen tatsächlich zur Verfügung stehen.**

Die Formulierung „tatsächlich zur Verfügung stehen" erfasst schon nach **163** dem Sprachgebrauch nicht nur Fälle, in denen der Täter oder eine dritte Person das **Rauschgift in Händen hat,** sondern auch solche, in denen er das **Gepäckstück ohne Schwierigkeiten erhalten kann** (BGHSt. 31, 374 = NJW 1983, 1985; *BGH* NStZ 2003, 92 = StV 2003, 281; *BGH* NStZ 2004, 693 = StV 2004, 604). Diese Möglichkeit ist bei einer Umladung des Reisegepäcks am Ort der Zwischenlandung regelmäßig gegeben. Auf eine Absicht des Einführenden, das in das Gebiet der Bundesrepublik gebrachte Rauschgift sich herausgeben zu lassen, weiterzugeben oder zu verwenden, kommt es nicht an. Bei dem Flugreisenden, der das Rauschgift in seinem Fluggepäck untergebracht hat, muss diese **Verfügungsmöglichkeit** in jedem Einzelfall aufgrund einer fehlerfreien Beweiswürdigung konkret **feststehen** (*BGH* NStZ 1986, 273 = StV 1986, 252; *BGH* NStZ 2003, 92 = StV 2003, 281; *BGH* NStZ 2004, 693 = StV 2004, 604). Ebenso muss für eine Verurteilung wegen vorsätzlicher Einfuhr festgestellt werden, dass dem Täter diese **Verfügungsmöglichkeit bekannt war** oder dass er sie **zumindest billigend in Kauf genommen** hat. Anderenfalls käme nur **fahrlässige Einfuhr** in Betracht (§ 29 Abs. 4 BtMG). Geht er von keiner Zugangsmöglichkeit aus, so kommt **versuchte oder vollendete Durchfuhr** in Betracht (*BGH* NStZ 2004, 693 = StV 2004, 604).

Der Tatrichter muss deshalb die **konkreten Umstände des Einzelfalles auf- 164 klären,** insb. den Zeitpunkt der Landung und der Entladung des Flugzeugs, die Art, die Dauer und den Ort der Zwischenlagerung und Weiterverteilung, den Ort und die Dauer der Zollkontrolle, sowie die Dienstvorschriften und praktischen Abläufe hinsichtlich der Aushändigung von Transitgepäck. Die bloße Erfahrung eines Angeklagten mit Interkontinentalflügen unter Mitführung von Sportausrüstungen belegt nicht ohne weiteres, dass der Reisende auch Erfahrung mit der Herausgabe von Transitgepäck in Frankfurt hatte und deshalb Vorsatz und konkrete Vorstellungen über seine Verfügungsmöglichkeit hatte (*BGH* NStZ 2004, 693 = StV 2004, 604). Bei der Vorstellung des Flugreisenden von der objektiven Verfügbarkeit seines mit Betäubungsmitteln gefüllten Gepäckes auf dem Transitflughafen ist **nicht die Vorstellung des Flugreisenden bei der Abreise** und die Gepäckidentifizierung auf dem Abflughafen, sondern die **Vorstellung auf dem Transitflughafen entscheidend** (*BGH*, Beschl. v. 4. 3. 1994. 2 StR 49/94).

Bestand bei einer Flugreise mit einem Zwischenaufenthalt in Deutschland die **165** Zugangsmöglichkeit zu dem Gepäckstück **i. S. einer tatsächlichen Verfügungsmacht,** konnte der Flugreisende aber diese Zugangsmöglichkeit nicht realisieren, weil das Transitfluggepäck mit Betäubungsmitteln schon zu Beginn des Umladens oder unmittelbar danach – jedenfalls bevor der Täter über das Rauschgift verfügen konnte – unter zollamtlicher Kontrolle stand, so sind die Voraussetzungen einer **vollendeten Einfuhr nicht erfüllt.** Jedoch liegt dann, wenn der Angeklagte mit der erwähnten Zugangsmöglichkeit gerechnet und sie billigend in Kauf genommen hat, versuchte Einfuhr vor (*BGH* NStZ-RR 2010, 119 =

StV 2010, 130). Eine solche tatsächliche Verfügungsgewalt über die Betäubungsmittel während der Flugunterbrechung in Deutschland muss der Täter aber spätestens im Zeitpunkt der Landung in seinen Vorsatz aufnehmen, sonst begeht er lediglich eine (versuchte) Durchfuhr nach § 29 Abs. 1 S. 1 Nr. 5 BtMG (*BGH* NStZ-RR 2010, 119 = StV 2010, 130).

166   Transportiert der Transitflugreisende Betäubungsmittel im Körper, am Körper, im Handgepäck (Bordkoffer, Schminkkoffer, Handtasche, Plastiktüte), in den Kleidern oder in den Schuhen, so unterliegt keinem Zweifel, dass die Betäubungsmittel bei einem Zwischenaufenthalt ihm tatsächlich zur Verfügung stehen und insoweit die Einfuhr vollendet ist (*BGH* NStZ 2004, 693 = StV 2004, 604; *Schmidt* NJW 2005, 3252). Einem **Körperschmuggler** steht das in seinem Magen-Darm-Trakt transportierte Rauschgift tatsächlich zur Verfügung (*BGH* NStZ 2010, 522; krit. *Oglakcioglu/Henne-Bruns/Wittau* NStZ 2011, 73, 75). Darauf, ob er während des Zwischenaufenthaltes eine konkrete Zugriffsmöglichkeit auf das im Körper befindliche Rauschgift (in einer Flughafen-Toilette) hatte, kommt es nicht an (BayObLGSt. 2003, 12; *München* NStZ-RR 2006, 55). Transportiert der Transitflugreisende gleichzeitig Betäubungsmittel im Reisegepäck, zu dem er nach seiner Vorstellung beim Zwischenaufenthalt in Deutschland Zugriffsmöglichkeit hat, so liegt **versuchte Einfuhr** vor, transportiert er außerdem Betäubungsmittel im Frachtgepäck, so liegt **versuchte Durchfuhr** vor.

167   **bb) Vollendete Durchfuhr des Transitflugreisenden.** Hat der Angeklagte dagegen z. B. wegen der kurzen Dauer des Zwischenaufenthaltes oder wegen der Nichtumladung des Reisegepäcks auf eine andere Maschine nicht die Möglichkeit, an den Rauschgiftkoffer zu gelangen, oder hatte er zumindest die Vorstellung, auf dem Transitflughafen den Koffer mit dem Rauschgift nicht herausverlangen zu können, so **fehlt es an der Zugangsmöglichkeit** zu dem Gepäckstück und der tatsächlichen Verfügungsmacht i. S. v. § 11 Abs. 1 S. 3 BtMG und es kommt an Stelle der Einfuhr nur eine **Durchfuhr** in Betracht. Hat der Angeklagte Betäubungsmittel in einem **Container** versteckt, diesen zum Versand gebracht mit Zwischenstopp und Umladung auf einem deutschen Flughafen, so ist regelmäßig ausgeschlossen, dass der Flugreisende bei einem Zwischenaufenthalt an einem deutschen Flughafen an die Containersendung herankommt, so dass der Einfuhrtatbestand ausscheidet. **Vollendete Durchfuhr** kommt erst dann in Betracht, wenn das Rauschgift nach dem Zwischenaufenthalt **wieder in das Ausland verbracht wurde**, ohne dass der Flugreisende eine Zugangsmöglichkeit in Deutschland hatte (*BGH* NStZ 1984, 171 = StV 1984, 184; s. dazu auch Rn. 12). Nur eine versuchte Durchfuhr liegt vor, wenn die Betäubungsmittel beim Zwischenaufenthalt im Inland sichergestellt werden (*BGH* NStZ 1984, 171 = StV 1984, 184; *BGH* NStZ 1984, 365 = StV 1984, 285).

168   Transportierte ein Transitflugreisender die Betäubungsmittel als Frachtgut, so stehen sie ihm bei einem **Zwischenaufenthalt auf einem deutschen Flughafen** unzweifelhaft nicht zur Verfügung. Denn der das Frachtgepäck begleitende Flugreisende kann bei einem Zwischenaufenthalt nicht den an den Endflughafen georderten Container herausverlangen (BGHSt 25, 385). Wird im Transitbereich das Rauschgift in den Containern entdeckt, so liegt keine versuchte oder vollendete Einfuhr, sondern **versuchte Durchfuhr** vor. Erst wenn das Flugzeug mit den Rauschgiftcontainern den Geltungsbereich des BtMG verlässt, ist die **Durchfuhr vollendet** (*BGH* NStZ 1984, 171 = StV 1984, 184).

169   **cc) Vollendete Einfuhr und vollendete Ausfuhr.** Hat ein Flugreisender eine Containersendung oder Reisegepäck mit Rauschgift im Ausland für einen deutschen Flughafen aufgegeben und sich nach Landung des Flugzeugs auf deutschem Hoheitsgebiet und nach der Zugangsmöglichkeit zum Gepäck dahingehend entschieden, die Rauschgiftsendung von der Fluggesellschaft zu einem ausländischen Flughafen weiterbefördern zu lassen, so kommt zunächst vollendete Einfuhr und sodann vollendete Ausfuhr in Betracht, wenn die Sendung das deutsche Hoheitsgebiet wieder verlassen hat.

**3. Rücktritt von einem Einfuhrversuch und Rücktritt vom Versuch der 170
Beteiligung am Verbrechen der unerlaubten Einfuhr auf dem Luftweg.**
Wegen Versuchs wird gem. § 24 Abs. 1 StGB nicht bestraft, wer freiwillig die wei-
tere Tatausführung aufgibt oder deren Vollendung verhindert. Wird die Tat ohne
Zutun des Zurücktretenden nicht vollendet, so wird er straflos, wenn er sich freiwillig und ernsthaft bemüht, die Vollendung zu verhindern. Ist aus der subjektiven
Sicht des Täters der Versuch fehlgeschlagen, so ist ein Rücktritt vom Versuch nicht
mehr möglich (BGHSt. 39, 221 = NStZ 1993, 433 = StV 1993, 408; BGHR
StGB § 31 Abs. 1 Freiwilligkeit 1 [4 StR 199/ 87]). Die Rspr. zur Möglichkeit
eines Rücktritts bei einem fehlgeschlagenen Versuch gem. § 24 StGB (BGHSt. 34,
53; BGHSt. 39, 221 = NStZ 1993, 443 = StV 1993, 408; *BGH* NStZ-RR 1997,
259) kann nicht ohne weiteres auf die Annahme eines fehlgeschlagenen Versuchs
der Beteiligung an einem Verbrechen übertragen werden, da der Täter beim Versuch der Beteiligung an einem Verbrechen nach seiner Vorstellung nicht unmittelbar zur Tatbestandsverwirklichung ansetzt. Hat ein Rauschgiftkurier einen Flug in
die Türkei und von dort einen Rauschgifttransport von 5 kg Heroin im Koffer von
der Türkei nach Deutschland zugesagt, hat aber wegen der Verschiebung des terminierten Kurierfluges den Schmuggelflug nicht angetreten und auf einen neuen
Termin gewartet, dann sich jedoch entschlossen, am Rauschgiftschmuggel nicht
mitzuwirken, so kann hierin ein Rücktritt vom Versuch des Verbrechens der Einfuhr von nicht geringen Mengen von Betäubungsmitteln liegen (*BGH* NStZ-
RR 2003, 137 = StV 2003, 217).

VI. Einfuhr auf diplomatischem Weg

Ob ein Diplomatenpass Immunität gewährt, ist nach völkerrechtlichen Maßstä- 171
ben zu beurteilen. Ist der Beschuldigte entweder **Diplomat** oder **Konsul** i. S. d.
§§ 18, 19 GVG oder genießt er gem. § 20 GVG i. V. m. Art. 25 GG diplomatische
Immunität als sog. **Sonder- oder Spezialbotschafter (= Ad hoc-Diplomat)**,
so unterliegt er nicht der deutschen Gerichtsbarkeit und genießt auch bei Drogendelikten Immunität (s. dazu im Einzelnen das Rundschreiben des Auswärtigen
Amtes vom 19. 9. 2008 „Zur Behandlung von Diplomaten und andere bevorrech-
tigte Personen in der Bundesrepublik Deutschland", auszugsweise abgedruckt in
Meyer-Goßner § 18 GVG Rn. 11). Eine einem Sonderbotschafter zugesicherte Immunität, die keine Funktion zu schützen hat und lediglich ad personam erteilt
wurde, ist nicht anerkennbar und für die Strafjustiz unbeachtlich (vgl. BGHSt. 32,
275 = JR 85, 77). Die **Immunität eines Sonderbotschafters** stellt keinen persönlichen Strafausschließungsgrund, sondern lediglich **ein vorläufiges Verfahrenshindernis** dar, das nur bis zur Beendigung der Immunität der Durchführung
des Strafverfahrens wegen nicht in Ausübung der Mission begangener Straftaten
entgegensteht (*Düsseldorf* NStZ 1987, 87). Die Immunität eines Mitgliedes einer
diplomatischen Vertretung entfällt nach Beendigung seiner dienstlichen Tätigkeit
mit der Ausreise bzw. dem Ablauf einer hierfür gewahrten angemessenen Frist.
Nach Beendigung der Mission können nach **herrschender prozessrechtlicher
Theorie** Mitglieder diplomatischer Vertretungen wegen nicht in Ausübung ihres
Dienstes begangener Straftaten von der Staatsanwaltschaft und Gerichten mit Haftbefehl verfolgt und bestraft werden (*Düsseldorf* NStZ 1987, 87). Die Immunität
schützt nicht den betroffenen **Diplomaten als Person,** sondern die von ihm
wahrzunehmende **Funktion des Amtes (Funktionstheorie).** Unabhängig von
der Kompetenz des Auswärtigen Amtes für die Gestaltung der Beziehungen der
Bundesrepublik mit dem Ausland, haben die Gerichte in eigener Zuständigkeit zu
prüfen, ob im Einzelfall das Verfahrenshindernis der Immunität besteht oder ob ein
Angeklagter nach den allgemeinen Regeln des Völkerrechts von der deutschen
Gerichtsbarkeit befreit ist (§ 20 GVG). Der durch die Errichtung einer (auch nachträglichen) Sondermission erlangte Immunitätsschutz ist nur dann nach Miss-
brauchsgrundsätzen verwirkt, wenn die Einreise keinerlei diplomatischem Ziel
diente und so allein zu Straftaten missbraucht wurde (BGHSt. 32, 275 = JR 85,

77). Hat **ein Betäubungsmittel schmuggelnder Angehöriger der amerikanischen Botschaft in Caracas** Deutschland in nicht amtlicher Eigenschaft aufgesucht, so ist er nicht von der deutschen Gerichtsbarkeit befreit (BGHR GVG § 20 Immunität 1 = NStZ 2004, 402). Versendet ein Botschaftsmitglied von Südamerika aus mehrere Pakete, die Süßigkeiten und Festtagswünsche enthalten sollen, aber in Wirklichkeit mehrere Kilogramm Kokain enthalten, per Diplomatenpost nach Deutschland, so schützt die diplomatische Immunität nicht vor Strafverfolgung, da diese Pakete **in privater und nicht in diplomatischer Mission versandt** wurden.

VII. Körperschmuggel

172   **Körperschmuggler** werden in **Südamerika** oder in **Südostasien** häufig von Zwischenhändlern in einschlägig bekannten Barbetrieben angeworben und in besonderen Schmuggelschulen im Schlucken und Ausscheiden von Drogenbehältnissen **(Body-Packs)** ausgebildet. Auf den **Niederländischen Antillen,** den ABC-Inseln **(Aruba, Bonaire, Curacao),** lernen die sog. **Bolletjesslikkers** (Kügelchenschlucker) Bolletjes mit ca. 8–10 g Kokain hinunterzuschlucken, anfangs 30 bis zu 120 Stück und anschließend strenge Diätvorschriften zu beachten, um dann für ein Honorar von 3.000–5.000 € die Kokainpäckchen über den Amsterdamer Flughafen Schiphol zu einem niederländischen Händler zu bringen. Das **kolumbianische Kartell „Norte del Valle"** bereitet Drogenkuriere in der Region von Pereira in einer **„Escuela para Narcomulas"** physisch und psychisch auf die Körperschmuggeltour vor. Sie lernen, Kondome mit Inhalt zu schlucken und auszuscheiden, eine spezielle Diät einzuhalten und den Umgang mit Zöllnern, bevor sie mit Kokainmengen von bis zu 1 kg im Magen-Darm-Trakt auf die Schmuggelreise gehen.

173   **1. Vorbereitungshandlungen. Das Hinunterschlucken** der Betäubungsmittelbehältnisse, das **Verstecken** dieser **im Magen-Darm-Bereich** und **die Anreise zu einem Kontaktort,** von wo aus die Schmuggelreise nach Deutschland angetreten werden soll, stellen noch Vorbereitungshandlungen dar. Ein pakistanischer Heroinkurier hatte vor, von Karachi aus über Moskau zwei Kondome gefüllt mit Heroin im Magen-Darm-Trakt über Berlin-Schönefeld per Flugzeug nach Berlin zu schmuggeln. Da kurz vor der Ankunft in Moskau Enddarmblutungen auftraten, schied der Angeklagte aus Angst vor dem Platzen der Kondome diese in Moskau aus und schüttete den Inhalt in die Flugzeugtoilette. Außer dem Handeltreiben hat sich der Angeklagte **nicht wegen versuchter Einfuhr** strafbar gemacht, da er auf einem fernen Flughafen, nämlich Moskau, zu landen, das Flugzeug zu wechseln und eine weite Strecke zu fliegen hatte, bevor in das deutsche Hoheitsgebiet eingeflogen werden konnte (*LG Berlin,* Urt. v. 22. 5. 1984, [524] 6 Op KLs 9/84 [36] 84). Der Flug nach Moskau war bzgl. der geplanten Einfuhr **Vorbereitungshandlung.**

174   **2. Versuchshandlungen.** Der Reisende, der Betäubungsmittel – verborgen in Präservativen oder sonstigen Containern – vor der Reise hinuntergeschluckt hat und die Betäubungsmittelbehältnisse im Magen-Darm-Trakt transportiert, beginnt die Einfuhr **mit dem Besteigen des Flugzeuges,** das ohne Unterbrechung einen deutschen Flughafen anfliegt (*BGH* NStZ 2005, 452 = StV 2005, 272).

175   **3. Rücktritt vom Einfuhrversuch des Körperschmugglers.** Entschließt sich ein Körperschmuggler, während des Fluges vor dem Anflug eines auswärtigen Transitflughafens, seine im Magen-Darm-Trakt geschmuggelten Heroinpäckchen nicht mehr nach Deutschland einzuführen und plant ernsthaft, das Inverkehrbringen von Heroin zu unterbinden, so liegt in dem Ausscheiden eine nicht fortgeführte Vorbereitungshandlung. Entschließt sich der Angeklagte zu der Vernichtung in der Flugzeugtoilette kurz **vor dem Anflug auf einen deutschen Flughafen,** so liegt ein **freiwilliger und ernsthafter Rücktritt vom Einfuhrversuch** vor,

der den Kurier vor Strafe befreit (§ 24 Abs. 1 StGB; vgl. *LG Berlin*, Urt. v. 22. 5. 1984, [524] 6 Op KLs 9/84 [36] 84).

Beabsichtigt ein Rauschgiftkurier, in seinem Magen-Darm-Trakt 6 Beutel He-   176
roin per Flugzeug von Beirut über Genf nach Bremen zu verbringen, so **beginnt
das Handeltreiben mit Betäubungsmitteln mit dem Abflug** in Beirut, **die
Einfuhr erst mit dem Abflug von Genf nach Bremen/Deutschland.** Befürchtet der Angeklagte während des Fluges zwischen Beirut und Genf, ein Heroinbeutel sei geplatzt, verständigt den Stewart und unterbricht den Flug zur ärztlichen Behandlung in Genf, wo er behandelt wird, die Heroinbeutel aber nicht
entfernt werden können, so liegt neben dem Handeltreiben bislang nur eine vorbereitete Einfuhr vor. Fliegt der Kurier nach seiner Entdeckung weiter nach Frankfurt und versucht während des Fluges, die Betäubungsmittel auszuscheiden und
wird in Frankfurt von Beamten des Zollfahndungsamts und einem Arzt erwartet,
so ist zwar Versuch, aber keine Vollendung eingetreten. Das Bemühen des Angeklagten, das Verbringen der Betäubungsmittel nach Deutschland zu verhindern,
scheiterte zwar, weil er die Heroinbeutel nicht ausscheiden konnte. Sein aktives
Bemühen, die Einfuhr durch die Verständigung des Stewarts und durch das Aufsuchen eines Arztes zu verhindern, stehen aber einer Erfolgsverhinderung gleich. Der
Rücktritt war jedoch **nicht freiwillig**, weil er annahm, den Schmuggeltransport
ohne ärztliche Hilfe nicht zu überleben (vgl. dazu *Fischer* § 24 Rn. 18 ff.). Das *AG
Frankfurt am Main* verurteilte ihn deshalb wegen versuchter Einfuhr von nicht
geringen Mengen von Heroin (*AG Frankfurt am Main*, Urt. v. 8. 12. 1988, 90 Js
26683/85).

4. Abgrenzung Versuch/Vollendung. Verbringt ein Körperschmuggler im   177
Rahmen eines Transitaufenthaltes auf einem deutschen Flughafen Betäubungsmittel in deutsches Hoheitsgebiet und wird dabei entdeckt, so ist die Einfuhr nicht
nur versucht, sondern **vollendet,** da er Alleingewahrsam und Tatherrschaft an den
inkorporierten Betäubungsmitteln hat und zeitlich früher vor dem Zoll über die
Betäubungsmittelbehältnisse in der Flugzeug- bzw. Flughafentoilette verfügen
konnte. Die Tatherrschaft des Körperkuriers kann nicht zweifelhaft sein. Ein tatsächliches Herrschaftsverhältnis besteht nicht nur, wenn der Täter das **Rauschgift
in den Händen hält,** sondern auch dann, wenn er es **im Körper bei sich
trägt.** Dabei kann es keinen Unterschied machen, ob für eine etwaige Verwertung
nach Ausscheiden der Behältnisse noch ein gewisser Zeitaufwand erforderlich
wäre. **Wer mit Betäubungsmitteln, die sich in seinem Körper (Mund, After, Scheide, Magen-Darm-Trakt) befinden, ins Inland einreist,** hat damit
eine **vollendete Einfuhr** von Betäubungsmitteln begangen (vgl. *BGH* StV 1990,
109 = NStE 1990 Nr. 25 zu § 30 BtMG; *BGH* NStZ 2010, 522; BayObLGSt
2003, 12 = StV 2003, 623; *München* NStZ-RR 2006, 55 m. Anm. *Kotz* NStZ
2006, 456). Befördern mehrere Personen Betäubungsmittel verschluckt im Körper
über die Grenze, so ist grundsätzlich nur jedem Täter die Menge zuzurechnen, die
er sich selbst einverleibt hat (BGHR BtMG § 29 Abs. 1 Nr. 1 Einfuhr 23 =
StV 1992, 160).

VIII. Polizeilich kontrollierte Einfuhr

Wird ein von einem Angeklagten im Ausland als Transporteur oder Fahrer an-   178
geworbener Mann durch Polizeihinweise vor der Grenzüberschreitung nach
Deutschland entlarvt und sein Transport gestoppt, so liegt **versuchte Einfuhr** vor.
Bedient sich aber ein Angeklagter als mittelbarer Täter bei der Einfuhr von Betäubungsmitteln vom Ausland nach Deutschland ohne sein Wissen eines Polizeiagenten als Transporteur, so wird dadurch nicht der **Eintritt der Vollendung gehemmt.** Zwar zielte die Tätigkeit des Polizeiagenten auf polizeiliche Sicherstellung
und war mangels Vorsatz und aufgrund § 4 Abs. 2 BtMG straflos, zwar wurde der
Transporteur als Werkzeug nicht mehr allein vom Angeklagten, sondern von der
Polizei beherrscht, dennoch blieb der Angeklagte entsprechend seinem Erfolgsinte-
resse, nach dem Umfang der Tatbeteiligung, der Tatherrschaft und Willen zur

Tatherrschaft Täter, der sich eines ungeeigneten Werkzeugs bediente, das die **gewollte Vollendung** herbeiführte (BGHR BtMG § 29 Abs. 1 Nr. 1 Einfuhr 16 [1 StR 525/89]). Kennt die Polizei nach Festnahme und Geständnis eines Schmugglers Zeit und Ort der geplanten Einreise eines zweiten Schmugglers, so **steht die Voraussehbarkeit und Kontrolle dieser Einreise** nicht dem Eintritt einer **vollendeten Einfuhr** durch den zweiten Schmuggler entgegen (BGHR BtMG § 29 Abs. 1 Nr. 1 Einfuhr 20 = StV 1992, 376 m. Anm. *Zaczyk*).

G. Rechtfertigungs- und Entschuldigungsgründe

179   Eine **Entschuldigung wegen Notstandes gem. § 35 StGB** kann ausscheiden, wenn der Angeklagte die Gefahr für seine Angehörigen selbst verursachte. War der Angeklagte mit den Drogenhändlern zu Verhandlungen eingetreten, bevor diese Drohungen gegen die Angehörigen des Angeklagten aussprachen und ließ er die Möglichkeit ungenutzt, sich im Flugzeug bei der Zwischenlandung in Amsterdam oder bei der Ankunft in Berlin-Tegel unter Angaben seiner Situation Amtsträgern anzuvertrauen, so kommt eine Strafmilderung nach § 35 Abs. 1 S. 2 i. S. v. § 49 Abs. 1 StGB nicht in Betracht (*BGH*, Urt. v. 11. 1. 1994, 5 StR 690/93). Zu den **Rechtfertigungsgründen** bei der **Einfuhr von Betäubungsmitteln von Cannabis zur Selbstmedikation** wird auf die Ausführungen bei § 29/Teil 13 Rn. 63 ff. verwiesen.

H. Täterschaft/Teilnahme

I. Alleintäterschaft

180   Gem. § 25 Abs. 1 StGB ist derjenige stets Täter, der die Tat selbst begeht. Wer in eigener Person alle Tatbestandsmerkmale des Einfuhrtatbestandes mit eigener Hand mit Wissen und Wollen erfüllt, ist grundsätzlich Täter und nicht Gehilfe. Daher begeht derjenige, der als **Einzelperson** ohne fremde Hilfe selbst die Betäubungsmittel über die Grenze bringt, eine vollendete Einfuhr, so z.B. ein Angeklagter, der das Rauschgift selbst in dem von ihm gesteuerten Pkw ohne andere am Rauschgiftgeschäft beteiligte Personen über die Grenze bringt, selbst wenn er als **Kurier** in fremdem Auftrag handelt (BGHSt. 38, 315 = NStZ 1992, 545; *BGH* NStZ-RR 1999, 186 = StV 1999, 427; BGHR BtMG § 29 Abs. 1 Nr. 1 Einfuhr 34 [3 StR 79/94]; *BGH* NStZ 2004, 696). Einer Täterschaft steht nicht entgegen, dass der Angeklagte an der Tat kein wirtschaftliches Interesse hatte, sondern die Fahrt aus Gefälligkeit für einen Bekannten unternahm. Das Merkmal des **Eigennutzes** gehört nämlich nicht zum Tatbestand der Einfuhr (BGHSt. 38, 315 = NStZ 1992, 545 = StV 1992, 578). Zu Chauffeurdiensten in Begleitung eines anderen s. Rn. 193 ff.

181   Auch bei einem **Körperschmuggler,** der Betäubungsmittel in seinem Magen-Darm-Trakt schmuggelt, kann die Tatherrschaft nicht in Frage stehen, da die Betäubungsmittel beim Passieren der Grenze sich im Alleingewahrsam des Schmugglers befinden (BGHR BtMG § 30 Abs. 1 Nr. 4 Täter 1 [2 StR 568/91]; BayObLGSt. 2003, 12 = StV 2003, 623; *München* NStZ-RR 2006, 55). Dies gilt auch, wenn der Täter Betäubungsmittel mit Hilfe eines **Tieres** (Hunde, z.B. Brieftaube) oder **technischer Hilfsmittel** (z.B. ferngesteuerte Spielzeugautos oder Modellflugzeuge) über die Grenze transportiert (MK-StGB/*Kotz* § 29 Rn. 550). Der Täterschaft steht nicht entgegen, dass jemand in Sichtweite der Grenze ein mit einem Betäubungsmitteln beladenes Fahrzeug verlässt, die Grenze zu Fuß passiert und dann wieder ins Fahrzeug einsteigt (BGHR StPO § 261 Überzeugungsbildung 18 [1 StR 555/92]; MK-StGB/*Kotz* § 29 Rn. 550).

II. Mittelbare Täterschaft

182   Einfuhr ist aber nicht nur das **persönliche, eigenhändige Verbringen** von Betäubungsmitteln, sondern auch das **Verbringenlassen** in den Geltungsbereich des BtMG **durch Dritte.** Eine Einfuhr in mittelbare Täterschaft kommt dabei in

Betracht, wenn sich der Täter, der selbst weder Allein- noch Mittäter ist, eines absichtslosen oder schuldunfähigen Werkzeugs bedient (*Fischer* § 25 Rn. 4 ff.), z. B. durch Verstecken von Betäubungsmitteln in einem LKW ohne Wissen des Fahrers (BGHR BtMG § 29 Abs. 1 Nr. 1 Einfuhr 16 [1 StR 525/89]).

III. Mittäterschaft

1. Voraussetzungen. Mittäterschaft liegt vor, wenn der an einer Tat Beteilig- **183** te seinen Tatbeitrag als Teil der Tätigkeit des anderen und umgekehrt die Tätigkeit des anderen als Ergänzung seines eigenen Tatanteiles wollte. Notwendig ist stets, dass die Tatbestandsverwirklichung, also die Verbringung von Betäubungsmitteln aus dem Ausland über die deutsche Grenze ins Inland in den Geltungsbereich des BtMG, **auf der Grundlage gemeinsamen Wollens** geschieht, dass also eine gemeinschaftlich begangene Tat vorliegt (*BGH* StV 1984, 286; *BGH* NJW 1985, 1035 = StV 1985, 106; *BGH* NStZ 2005, 229; *BayObLG* StraFo 2000, 263). Voraussetzung ist aber, dass der Täter nicht nur fremdes Tun fördern will, sondern einen Beitrag zu einer gemeinsamen Tat leisten will; sein Beitrag muss ein Teil der Tätigkeit aller darstellen und die Handlungen der anderen als Ergänzung seines eigenen Tatanteils erscheinen lassen (*BGH* NStZ 2005, 229). **Wesentliche Anhaltspunkte für eine Mittäterschaft sind der Grad des eigenen Interesses am Erfolg der Tat, der Umfang der Tatbeteiligung und die Tatherrschaft** (zu der insoweit beschränkten revisionsrechtlichen Kontrolle s. Rn. 286). Schon einzelne Handlungen wie das An-, Abwerben, Betreuen des Kuriers, seine Ausstattung mit Geld oder Fahrzeug können die Voraussetzungen der Mittäterschaft erfüllen, wenn die Angeklagten hiermit entsprechend ihrem Eigeninteresse auf die Einfuhr Einfluss nehmen (*BGH* NStZ 1990, 130; *BGH* NStZ 1991, 91; *BGH* NStZ 1993, 137; BGHSt. 38, 315 = NJW 1993, 74 = StV 1993, 578). Eine festgestellte **Mittäterschaft beim unerlaubten Handeltreiben** mit Betäubungsmitteln bedingt **nicht notwendig** auch eine **Mittäterschaft hinsichtlich des Einfuhrtatbestandes,** wenn bezüglich der Einfuhr Täterwille und Tatherrschaft nicht nachweisbar waren (s. dazu im Einzelnen § 29/Teil 4, Rn. 258). Es sind folgende Fallkonstellationen zu unterscheiden:

2. Lieferanten aus dem Ausland. Lieferanten im Ausland, die Betäubungs- **184** mittel nicht eigenhändig über die Grenze transportieren, machen sich der mittäterschaftlichen Einfuhr strafbar, wenn sie auf der Grundlage gemeinsamen Wollens mit dem Einführenden einen Tatbeitrag leisten (BGHR BtMG § 29 Abs. 1 Nr. 1 Einfuhr 19 = NStZ 1991, 91; *Franke/Wienroeder* § 29 Rn. 96). Dies ist etwa der Fall, wenn ein Lieferant einen Kurier mit dem Transport von Betäubungsmitteln nach Deutschland beauftragt oder wenn er sonst Verantwortung und Risiko hierfür übernimmt (*Weber* § 29 Rn. 814; *Franke/Wienroeder* § 29 Rn. 96). Wurde ein Angeklagter im Ausland von einem Geschäftspartner über einen geplanten Betäubungsmitteltransport nach Deutschland im Einzelnen unterrichtet und hat er gemeinsam mit ihm einen Kurier beauftragt und zu einem Abnehmer nach Deutschland gesandt, so betätigen sich die **beiden Partner als Mittäter.** Wird ein Angeklagter aber durch einen Partner lediglich allgemein unterrichtet, er wolle eine große Menge Haschisch bei marokkanischen Bauern kaufen und in die Bundesrepublik einführen und übergibt der Angeklagte anstelle eines Geldbetrages 5 kg Haschisch als Beteiligung, ohne auf das Einfuhrgeschäft Einfluss zu nehmen, so macht er sich zwar wegen mittäterschaftlichen Handeltreibens, aber nur wegen Beihilfe zur Einfuhr strafbar (*BGH* StV 1990, 264). Kein Fall der Einfuhr in Mittäterschaft liegt jedoch vor, wenn der Lieferant die Betäubungsmittel gegen vollständige Bezahlung des Kaufpreises im Ausland an den Abnehmer übergibt (*BGH* NJW 2002, 3486). Schon einzelne Handlungen eines Lieferanten, wie **Anwerben eines Kuriers, die Beauftragung und Unterweisung eines Kuriers,** die **Mitwirkung bei der Befestigung des Betäubungsmittels** auf dem Rücken des Kuriers, die **Betreuung des Kuriers,** das **Verbringen des Kuriers zum Flughafen,** die **Ausstattung des Kuriers** mit Flugschein und Geld, die **Abho-**

lung des Kuriers auf einem Zielflughafen, die **Entgegennahme des Rausch-gifterlöses** vom Kurier, die **Auszahlung des Kurierlohnes,** können die objekti-ven Voraussetzungen der **Mittäterschaft** (*BGH*, Urt. v. 30. 1. 1986, 2 StR 574/85) erfüllen.

185   **3. Erwerber im Ausland.** Gewinnt ein Angeklagter seinen Bekannten zu ei-ner gemeinsamen Reise in die Türkei, um mit einem Herointransport von 4 kg Heroin nach Deutschland insgesamt ein Honorar von 50.000,– DM zu erlangen, **planten beide die Fahrt gemeinsam und führten sie gemeinsam aus,** in-dem der Mitangeklagte die Fahrtkosten und sein Fahrzeug zur Verfügung stellt, der Angeklagte am Steuer sitzt, so ist zweifelsfrei von einer **Mittäterschaft** auszugehen (*BGH*, Urt. v. 24. 9. 1991, 2 StR 330/91). Problematisch ist die Einfuhr von Be-täubungsmitteln durch sog. Einkaufsgemeinschaften:

186   **a) Einkaufsgemeinschaft mit Gesamtmenge.** Haben sich mehrere Klein-dealer zu einer **Einkaufsgemeinschaft** zusammengeschlossen, um die jeweils benötigten Mengen, die häufig teils für den Eigenverbrauch und teils für den Wei-terverkauf bestimmt sind, gemeinsam in den Niederlanden zu erwerben, einzufüh-ren und sodann zu verteilen, um günstige Einkaufspreise zu erzielen, Zeit- und Kostenaufwand erheblich zu reduzieren, so sind die **Teilnehmer an dem Sam-meleinkauf und der Sammeleinfuhr** als **Mittäter hinsichtlich der Gesamt-menge** anzusehen, unabhängig davon, ob sie selbst mitgefahren sind oder einen aus ihrem Kreis mit der Abwicklung beauftragt haben (*BGH* NStZ-RR 2003, 57; *BGH* NStZ 2003, 91). Bei einem gemeinsamen Einkauf von Rauschgift im Aus-land und einem anschließenden gemeinsamen Transport der Gesamtmenge im Pkw der beiden Einkäufer und einem nachfolgenden Aufteilen der Betäubungs-mittel in Deutschland ist **Mittäterschaft bezogen auf die Gesamtmenge** anzu-nehmen (*BGH* [*Schoreit*] NStZ 1986, 56; BGHR BtMG § 30 Abs. 1 Nr. 4 nicht geringe Menge 6 [1 StR 287/91]). Es kann dabei keinen Unterschied machen, ob die Gesamtmenge nach dem Ankauf geteilt im Fahrzeug transportiert wird oder nicht (so aber *BGH* NStZ 2003, 90 = StV 2003, 279), da im Falle solcher Ein-kaufsfahrten das Interesse der Handelnden wegen des günstigeren Preises beim Kauf einer größeren Menge immer auf die Gesamtmenge gerichtet ist (so auch *Weber* § 29 a Rn. 137 u. *Winkler* NStZ 2003, 247, 248; a. A. *Stuttgart* NStZ 2001, 603; vgl. dazu im Einzelnen § 29 a Rn. 112).

187   Haben mehrere Rauschgiftinteressenten eine gemeinsame Beschaffungsfahrt in die Niederlande unternommen und hat ein Angeklagter **von der erworbenen Gesamtmenge nur eine kleine Teilmenge für den Eigenverbrauch erhal-ten,** während die Mitangeklagten erhebliche Teilmengen zum Weiterverkauf erhielten, so stellt die Reiseteilnahme des Angeklagten **Mittäterschaft bei der Einfuhr nicht geringer Mengen,** aber **nur Beihilfe beim Handeltreiben** dar (vgl. *BGH*, Beschl. v. 28. 6. 2001, 3 StR 392/00). Begleitet eine Angeklagte einen Mitangeklagten, der selbst keine Fahrerlaubnis besitzt, als Fahrerin eines Pkws auf 13 Haschischschmuggelreisen in die Niederlande, versteckte einen Teil der Schmugglerware im Fahrzeuginnern und in ihrem Körper und stellte einer anderen Frau ihren Büstenhalter als Schmuggelbehältnis zur Verfügung, so sprechen die Tatbeiträge für eine **Mittäterschaft,** auch wenn sie nur ein Honorar von 250 DM erhielt und nur 100 DM in die Haschischgeschäfte investierte (*BGH*, Urt. v. 21. 8. 1991, 2 StR 275/91).

188   **b) Einkaufsgemeinschaft mit einer getrennt erworbenen Teilmenge.** Al-lein der gemeinsame Transport von Betäubungsmitteln über die Grenze, die **beide Täter für sich zum Eigenkonsum erworben** hatten, begründet auch dann **nicht** den Vorwurf der **Mittäterschaft** der Einfuhr **bezüglich der Gesamt-menge,** wenn es beide gemeinsam in dem benutzten Tatfahrzeug versteckt haben (BGHR BtMG § 29 Abs. 1 Nr. 1 Einfuhr 24 = StV 1992, 376 m. Anm. *Zaczyk*; *BGH* NStZ 2003, 90 = StV 2003, 279; vgl. auch *BGH* NStZ 2005, 229 = StV 2005, 273). Haben drei Angeklagte während einer Reise in die Niederlande 18 g Haschisch und 9,77 g Kokain zum Eigenverbrauch und 1.000 LSD-Trips für

den vierten Angeklagten zum Weiterverkauf erworben, **10,62 g Haschisch in drei Teile aufgeteilt** und die 1.000 LSD-Trips in den Niederlanden dem vierten Angeklagten ausgehändigt, dann können die Angeklagten wegen täterschaftlicher Einfuhr **nur bzgl. der von ihnen jeweils transportierten Haschisch- bzw. Kokainmenge** in Tateinheit mit Beihilfe zur Einfuhr von nicht geringen Mengen LSD und Handeltreiben hiermit bestraft werden. Der vierte Angeklagte ist wegen täterschaftlicher Einfuhr in Tateinheit mit täterschaftlichem Handeltreiben mit nicht geringen Mengen von LSD zu bestrafen, da er die LSD-Trips ausschließlich für sich kaufen ließ, sie allein bezahlte, sie selbst verpackte, in seinem Körper verbarg und über die Grenze transportierte, um sie im Inland mit Gewinn zu verkaufen ohne Beteiligung der anderen Angeklagten (*BGH*, Urt. v. 3. 4. 1985, 2 StR 639/84).

4. Erwerber vom Inland aus. Da die Einfuhr nicht nur dann vorliegt, wenn **189** jemand Betäubungsmittel eigenhändig in den Geltungsbereich des BtMG verbringt, sondern auch beim **Verbringenlassen** durch Dritte, kann sich auch der Besteller von Betäubungsmitteln im Inland der täterschaftlichen Einfuhr strafbar machen, wenn er mit Täterwillen einen die Tatbestandsverwirklichung fördernden Beitrag leistet; wesentliche Anhaltspunkte für eine Mittäterschaft sind der Grad des eigenen Interesses am Erfolg der Tat, der Umfang der Tatbeteiligung und die Tatherrschaft (*BGH* NStZ 1990, 130; BGHSt. 38, 32 = NStZ 1991, 537 = StV 1992, 375; *BGH* NStZ-RR 2004, 25; *Weber* § 29 Rn. 797):

a) Ohne Einfluss auf den Transportweg. Der Besteller von Betäubungsmit- **190** teln, der überhaupt **keinen Einfluss auf den Einfuhrvorgang** hat und nur darauf wartet, dass andere ihm eingeschmuggeltes Rauschgift bringen, ist infolge seiner Bestellung **wegen Handeltreibens** strafbar, wegen der bloßen Bereitschaft zur Entgegennahme der Betäubungsmittel aber **weder Mittäter noch Gehilfe bei der Einfuhr**, selbst wenn der Besteller Geld für den Erwerb im Ausland zur Verfügung stellt (BGHR BtMG § 29 Abs. 1 Nr. 1 Einfuhr 3 = NStZ 1987, 233; *BGH* NStZ 1992, 339 = StV 1992, 579). Es kommt aber eine **Anstiftung zur Einfuhr** in Betracht.

b) Mit Einfluss auf den Transportweg. Haben aber im Rahmen fester Ge- **191** schäftsbeziehungen zwischen dem ausländischen Lieferanten und dem deutschen Besteller und Abnehmer sich **besondere Formen der Zusammenarbeit bei dem Rauschgifttransport** ergeben, in dessen Verlauf der **deutsche Abnehmer** die Abwicklung des **Transports dadurch steuert,** dass er einen **bestimmten Transportweg,** einen **bestimmten Schmuggelmodus,** einen **bestimmten Transporteur** oder einen **bestimmten Übergabemodus verlangt,** so liegt **mittäterschaftliche Einfuhr** selbst dann vor, wenn der Besteller die Person des Kuriers, Zeit und Route des Transports nicht im Detail kannte. So macht sich der Täter, der Betäubungsmittel persönlich im Ausland bestellt und vom Lieferanten per Kurier an einen vereinbarten Übergabeort in Deutschland liefern oder hier deponieren lässt, der mittäterschaftlichen Einfuhr strafbar (*BGH* StV 1986, 386 m. Anm. *Roxin*; BGHR BtMG § 29 Abs. 1 Nr. 1 Einfuhr 4 [3 StR 119/87]; BGHR BtMG § 29 Abs. 1 Nr. 1 Einfuhr 11 = NStZ 1989, 436; BGHR BtMG § 29 Abs. 1 Nr. 1 Einfuhr 17 = NStZ 1990, 130; *BGH* NStZ 2003, 434 [hier stand der Abnehmer während des Transports durch einen Kurier in telefonischem Kontakt mit dem Lieferanten]; *Weber* § 29 Rn. 806). Gleiches gilt, wenn der Abnehmer die **Ware durch eigenen Kurier, dem er das Schmuggelfahrzeug zur Verfügung stellt, im Ausland abholen** lässt (vgl. *BGH* NStZ-RR 2004, 25).

5. Transporteure im Auftrag anderer. a) Kurier. Ein Kurier, der Betäu- **192** bungsmittel in fremdem Auftrag **alleine** über die Grenze bringt, begeht eine täterschaftliche Einfuhr (BGHSt. 38, 315 = NStZ 1992, 545; *BGH* NStZ-RR 1999, 186 = StV 1999, 427; BGHR BtMG § 29 Abs. 1 Nr. 1 Einfuhr 34 [3 StR 79/94]; *BGH* NStZ 2004, 696; s. dazu Rn. 180). Wird ein **Kurier** während des Fluges und Rauschgifttransportes ständig von einem **Begleiter** überwacht und muss entsprechend der Absprache mit dem Auftraggeber vom Begleiter bezüglich der Reise, des Aufenthaltes, der Beschaffung und des Absatzes des Rauschgifts Anweisungen entgegennehmen, so erfüllt er dennoch in eigener Person alle Tatbestandsmerkmale der Einfuhr mit Wissen und Wollen und ist deshalb **Mittäter** (BGHR BtMG § 30 Abs. 1 Nr. 4 Täter 1 [2 StR 568/91].

193   **b) Chauffeur.** Wer eigenhändig als Fahrer eines Rauschgiftschmuggelautos in seiner Person alle Tatbestandsmerkmale der unerlaubten Einfuhr von Betäubungsmitteln mit Wissen und Wollen rechtswidrig und schuldhaft verwirklicht und unter dem Einfluss und in Gegenwart eines anderen die Betäubungsmittel nur in dessen Interesse ins Inland verbringt, ist grundsätzlich auch **Mittäter bei der Einfuhr, auch wenn er nur als Chauffeur und nur aus Gefälligkeit** gegen Benzinkostenersatz tätig wird (BGHSt. 38, 315 = NStZ 1992, 545 = StV 1992, 578; *BGH* NStZ 1993, 138 = StV 1993, 235; *BGH* NStZ-RR 2000, 22; *BGH* NStZ-RR 1999, 186 = StV 1999, 427 *BGH* NStZ-RR 2001, 148). Für die Mittäterschaft ist ohne rechtliche Bedeutung, dass allein der Mittäter die Initiative zu den Fahrten ergriffen, den Fahrtablauf genau bestimmt und den Angeklagten begleitet hat (vgl. BGHR BtMG § 30 Abs. 1 Nr. 4 Täter 1 [2 StR 568/91]). Täterschaft kann auch angenommen werden, wenn der Pkw-Fahrer erst in Sichtweite der Grenze davon erfährt, dass der Mitfahrer Betäubungsmittel bei sich hat. Waren Rauschgift, Geld und Lieferanten-Telefonnummern auf Fahrer und Beifahrer gleichmäßig verteilt, so ist auf eine gemeinschaftliche Beschaffungstat und Mittäterschaft bei der Einfuhr zu schließen (*BGH*, Beschl. v. 3. 12. 1997, 3 StR 599/97). Fährt der Angeklagte als ein Mitglied einer Gruppe die übrigen Angeklagten gegen Honorar an die deutsch-niederländische Grenze, weil er als einziger einen Führerschein hat, so ist auch er **Mittäter,** wenn er nicht mit dem Heroin die Grenze überfuhr, sondern der **Stoff von den anderen zu Fuß an den Grenzposten vorbei über die Grenze** gebracht wurde (*BGH* NStZ 1991, 91).

194   Hat der Chauffeur jedoch nicht alle Tatbestandsmerkmale eigenhändig verwirklicht, so sind bei der insoweit erforderlich werdenden Betrachtung der Grad des eigenen Interesses am Erfolg, der Umfang der Tatbeteiligung, die Tatherrschaft und der Wille zur Tatherrschaft als wesentliche Anhaltspunkte der Mittäterschaft bei der Einfuhr zu prüfen. Ein **bloßer Beifahrer eines Rauschgiftkuriers,** der zwar das Fahrzeug angemietet und den Transport begleitet, aber nicht das Fahrzeug geführt hat, ist aber nur Gehilfe (*BGH* StV 1999, 597; s. dazu Rn. 207 f.).

195   Bei **Einfuhrfahrten mit Vorausfahrzeug** ist zu unterscheiden: Heuern zwei Haupttäter einen Dritten als Chauffeur zu einer Beschaffungsfahrt an und befinden sich die Betäubungsmittel im Fahrzeug des Chauffeurs, der von einem Haupttäter begleitet wird, während der 2. Haupttäter mit einem anderen Fahrzeug vor dem Schmuggelfahrzeug fährt, um dieses vor Polizei- und Zollkontrollen warnen zu können, liegt bei allen Beteiligten eine mittäterschaftliche Einfuhr vor. Steuert jedoch der Dritte nur das Vorausfahrzeug, um die Haupttäter mit den im folgenden Fahrzeug befindlichen Betäubungsmitteln warnen zu können, macht er sich nur der Beihilfe zur Einfuhr strafbar (*LG Trier,* Urt. v. 16. 9. 2010, 8032 Js 4513/10).

196   **c) Mehrere Kuriere.** Reisen mehrere Rauschgiftkuriere in einem Flugzeug, so kann es geboten sein, nicht nur zwischen Mittäterschaft und Gehilfenschaft zu unterscheiden, sondern auch der Frage nachzugehen, ob mehrere Täter denselben Einfuhrtatbestand gleichzeitig und in gleichartiger Begehungsweise erfüllen, ohne Mittäter zu sein. Haben zwei Angeklagte den Transportauftrag über ca. 5 kg Heroin zum Kurierlohn von 50.000 DM übernommen und haben sie aus Sicherheitsgründen den Transport in zwei Raten von ca. 3 kg und ca. 2 kg getrennt nacheinander durchgeführt, so sind beide als **Mittäter der Gesamttransportmenge** zu behandeln, auch wenn der erste Kurier mit 3 kg entdeckt wurde und der Polizei die Festnahme des zweiten Kuriers mit den restlichen 2 kg Heroin ermöglichte (BGHR BtMG § 29 Abs. 1 Nr. 1 Einfuhr 20 = StV 1992, 376 m. Anm. *Zaczyk*).

Erschöpft sich die Beziehung zweier Rauschgiftkuriere darin, dass sie an demsel- **197**
ben Ort vom gleichen Auftraggeber gewonnen wurden, gleichzeitig Rauschgiftbehältnisse schlucken und mit demselben Flug nach Europa reisen, ohne dass sie mit
ihren Tatbeiträgen einen gemeinsamen Taterfolg anstreben, so handeln sie als **Einzeltäter.** Mittäterschaft setzt nämlich voraus, dass das Handeln des einen mit dem
des anderen derart verknüpft ist, dass es als Beitrag zu einer gemeinsamen Straftat
erscheint und jeder Tatbeteiligte mit seinem Tun die Tätigkeit des anderen ergänzen will (BGHR BtMG § 29 Abs. 1 Nr. Einfuhr 23 = StV 1992, 160).

Liegt eine **arbeitsteilige Mittäterschaft** vor, so gilt es, die Mittäter unterein- **198**
ander nach Art und Maß sowie dem Hintergrund ihrer Beteiligung deutlich zu
unterscheiden, um die **für jeden von ihnen schuldangemessene Strafe** zu
finden. So ist zu prüfen, ob jeder der Kuriere auf die Einfuhr einen nennenswerten
Einfluss hatte, oder ob sich einer der Kuriere als nutz- und tatenlos erwies, während der andere den Kurierauftrag übernahm und ausführte (*BGH*, Urt. v. 26. 1.
1983, 3 StR 431/82, insoweit in NStZ 1983, 281 nicht abgedruckt). Wird ein
Rauschgiftkurier im Transit im Frankfurter Flughafen auf der Flugreise von
Pakistan nach Malaga mit ca. 1.500 g Heroin im Reisegepäck festgenommen und
fordert er im Auftrage des Zollfahndungsamtes von seinen Auftraggebern einen
Kurier an, der an seiner Stelle wegen seiner angeblichen Schwierigkeiten mit der
Ausländerbehörde den Heroinkoffer von Frankfurt nach Malaga bringen könnte
und wird dieser Ersatzkurier vor Übernahme des Koffers in Frankfurt festgenommen, so kann in diesem Bemühen um die Inbesitznahme und den Weitertransport
des Heroinkoffers allenfalls ein **versuchtes Handeltreiben,** aber keine versuchte
Ausfuhr (= Vorbereitungshandlung) gesehen werden. Eine Verurteilung wegen
vollendeten Handeltreibens käme nur in Betracht, wenn dem Angeklagten als Mittäter die Tatbestandsverwirklichung der anderen zuzurechnen wäre. **An dem Einfuhrvorgang war der Ersatzkurier** aber **nicht beteiligt** (*BGH* NJW 1987, 720
= StV 1986, 527).

6. Begleiter von Transporteuren. Auch bei Begleitern von Rauschgiftkurie- **199**
ren ist **zwischen Beihilfe und Mittäterschaft nach allgemeinen Grundsätzen zu unterscheiden.** Erweist er mit der Begleitung des Kuriers dem Auftraggeber oder dem Kurier nicht nur eine Gefälligkeit, sondern hat ein Eigeninteresse
und eine Mitverantwortung an der Durchführung und dem Erfolg des Betäubungsmitteltransportes, das er durch Einfluss auf die Gestaltung von Übergabe und Transport, durch Überwachung, Abschirmung oder Unterstützung des
Kuriers, durch Steuerung und Kontakthaltung zum Auftraggeber oder Besteller realisiert, so liegt Mittäterschaft nahe. Beauftragt ein Rauschgiftlieferant
aus Angst vor dem Risiko den Angeklagten, der ebenfalls das Entdeckungsrisiko
fürchtet, für einen Rauschgiftkurier eine Schmuggelreise zu organisieren und
bringt der Angeklagte den ausgewählten Kurier nach Planung der Schmuggelreise
in einer Wohnung unter, stattet ihn mit dem Kokainschmuggelkoffer aus, beschafft
ihm die Reiseunterlagen und fliegt getrennt von ihm im Flugzeug, begleitet, kontrolliert und weist ihn an, aber dennoch dem Kurier das gesamte Entdeckungsrisiko überlassend, so sind Lieferant, Kurier und Kurierbegleiter zwar keine gleichberechtigten Partner, aber arbeitsteilig Mittäter sowohl beim Handeltreiben als
auch bei der Einfuhr (*BGH* NStZ-RR 2000, 278). Der Begleiter einer unerlaubten Einfuhr ist aber nicht ohne weiteres Mittäter, wenn er für ein geringes Honorar
den Betäubungsmitteltransport begleitet, ohne ein eigenes Täterinteresse zu haben, und bei geringer Tatbeteiligung (*BGH* StV 1998, 597; BGHR BtMG
§ 29 Abs. 1 Nr. 1 Einfuhr 33 = StV 1994, 422; *BGH*, Beschl. v. 13. 8. 1999,
2 StR 324/99 = BeckRS 1999, 300699409). Das **bloße Dabeisein und die
Kenntnis von einem Rauschgifttransport** ohne einen objektiv fördernden
Beitrag sind dagegen weder als Mittäterschaft noch als Beihilfe zu werten
(*BGH* NStZ 2005, 229 = StV 2005, 273; *BGH* NStZ 2010, 224 = StV 2010,
129; zur Beihilfe bei Begleitern von Rauschgifttransporten s. im Einzelnen
Rn. 207 f.).

200 **7. Rauschgiftkassierer.** Entsendet ein pakistanischer Haschischlieferant einen in seine Haschischgeschäfte voll eingeweihten Strafverteidiger und einen eingeweihten Devisenhändler nach Frankfurt, um dort 280.000 DM entgegenzunehmen, um Verhandlungen über restliche Haschischlieferungen aus Pakistan zu führen und um das entgegengenommene Geld für ihn gewinnbringend anzulegen, so sind der Anwalt und der Devisenhändler regelmäßig selbst an der Geschäftsabwicklung interessiert und wegen Mittäterschaft bei der Einfuhr zu bestrafen (*LG Frankfurt*, Urt. v. 31. 5. 1977, R2 KLs 35/76).

IV. Sukzessive Mittäterschaft

201 Sukzessive Mittäterschaft oder Beihilfe zur unerlaubten Einfuhr von Betäubungsmitteln ist auch nach der Tatvollendung möglich, sofern sie nur vor **Beendigung der Tat** erfolgt. Eine von anderen begangene Einfuhrtat darf aber nur demjenigen zugerechnet werden, der selbst vor Tatbeendigung einen Tatbeitrag zur Tatbestandsverwirklichung geleistet hat. Wird ein Angeklagter einige Zeit nach Ankunft eines Herointransportes aus der Türkei in Deutschland beauftragt, aus dem in Dortmund abgestellten Schmuggelfahrzeug 3–4 kg Heroin abzuholen und zu verkaufen, auf der Fahrt nach Dortmund aber festgenommen, so kann er vor Beendigung der Einfuhr keinen Tatbeitrag mehr zur Tatbestandsverwirklichung leisten. Er hat weder den Transportauftrag erteilt, noch Kontakt mit dem Transporteur gehabt, weder eine Betäubungsmittelteilmenge aus dem Schmuggelfahrzeug ausgebaut, noch abgesetzt (*BGH* NStZ-RR 1997, 319). **Sukzessive Mittäterschaft** liegt vor, wenn ein Täter sich mit dem anderen Täter während der Tatausführung, jedoch vor deren Beendigung in Kenntnis der wesentlichen die Strafbarkeit begründenden Umstände zur gemeinschaftlichen Fortsetzung des strafbaren Vorhabens verbindet, so wenn sich jemand nach einem Rauschgifttransport vom Ausland in die Bundesrepublik im Ausland gegenüber dem Haschischlieferanten gegen Honorar bereiterklärt, beim Kunden in Deutschland den Kaufpreis einzutreiben und dem Lieferanten zu überweisen und er nach der Einreise in die Bundesrepublik festgenommen wird (*Frankfurt*, Beschl. v. 24. 11. 1976, 3 Ws 637/76). Auch unter Berücksichtigung der Grundsätze der sukzessiven Mittäterschaft stellt die bloße Zusage eines in den Niederlanden lebenden Täters, das Betäubungsmittel nach der unerlaubten Einfuhr nach Deutschland von Deutschland in die Niederlande zu transportieren, keinen Tatbeitrag zur Einfuhr von Betäubungsmitteln nach Deutschland dar, da der Täter als hinzutretende Person keinen ursächlichen Beitrag für die Tatbestandsverwirklichungen leistet. Durch sein Einverständnis fördert der Täter die Ankunft des Rauschgifts im Inland nicht und hätte sie durch eine Mitwirkungsverweigerung nicht verhindern können (BGHR BtMG § 29 Abs. 1 Nr. 1 Einfuhr 32 [2 StR 674/93]).

V. Beihilfe

202 **1. Voraussetzungen.** Für die **Abgrenzung von Täterschaft und Beihilfe** gelten auch bei der Einfuhr die **Kriterien des allgemeinen Strafrechts** (vgl. BGHSt. 40, 299 = NStZ 1995, 120 = StV 1995, 128; *BGH* NStZ-RR 2004, 40). Das Ergebnis der **Abgrenzung beim Handeltreiben** lässt noch keine Rückschlüsse auf **Täterschaft und Beihilfe beim Einfuhrtatbestand** zu. Im Rahmen der Einfuhr von Betäubungsmitteln kommt regelmäßig als Gehilfe nur derjenige in Betracht, die Betäubungsmittel entweder **nicht eigenwillig** oder **nicht eigenhändig** über die Grenze transportiert (s. dazu Rn. 180), z. B. wer das Schmuggelfahrzeug nicht selbst steuert, sondern nur als Beifahrer begleitet und die illegale Einfuhr eines anderen unterstützen will. Die Annahme der Beihilfe setzt voraus, dass der Gehilfe die Tat entweder durch ein bestimmtes **positives Tun fördert** oder er **trotz bestehender Erfolgsabwendungspflicht unterlässt, den Ablauf der Tat zu verhindern**, zu erschweren, abzuschwächen oder für den Täter riskanter zu machen. Neben der physischen ist auch die psychische Unterstützung der Haupttat als Beihilfe zu bewerten, wobei es genügt, wenn der Haupttäter in seinem **Tatentschluss bestärkt** worden ist. Haben die Täter durch die Einfuhr von Heroin im Hoheitsgebiet der Bundesrepublik, also im Inland, die Haupttat begangen (§ 9 Abs. 1 StGB), so gilt auch für die Beihilfe des ausschließlich im Ausland agierenden Gehilfen das deutsche Strafrecht (§ 3 StGB), da die Teilnahme auch am Ort der Haupttat begangen ist (§ 9 Abs. 2 S. 1 StGB). Es sind folgende Fallgruppen zu unterscheiden:

2. Nicht eigenhändig agierender Kurier. Hatte ein Angeklagter **keinen** 203 **Einfluss auf die Bestimmung von Art und Menge des zu transportieren-den Rauschgifts, auf die Schmuggelroute und die Geschäftsbedingungen,** kannte er die Art und Menge des Rauschgifts und das Schmuggelversteck nicht und erfüllte er die Tatbestandsmerkmale der Einfuhr nicht eigenhändig, so kommt nur Beihilfe zum Handeltreiben und zur Einfuhr in Betracht (vgl. BGHR BtMG § 29 Abs. 1 Nr. 1 Handeltreiben 24 [2 StR 477/90]).

3. Kurier unter Zwang. Auch wenn ein Kurier Betäubungsmittel eigenhändig 204 über die Grenze transportiert, kann ausnahmsweise nur Beihilfe kann gegeben sein, wenn ein Angeklagter zunächst den **Transport des Heroins abgelehnt und schließlich nur unter Drohung eingewilligt,** dieses nach Europa mitzunehmen. Die Tat stellt sich jedenfalls dann als bloße Förderung fremden Tuns dar, wenn der Angeklagte **weder hinsichtlich der Zeit noch der Gestaltung des Transportes in seiner Entscheidung frei ist,** sondern sich nur aufgrund des ausgeübten Drucks den ihm erteilten Anweisungen unterordnet (*BGH* StV 1984, 286).

4. Kurier ohne Inlandsbezug. a) Vorauskurier ohne Einfluss. Dient ein 205 Kurier, der gegen Entgelt Heroin von Bangkok nach Brüssel transportiert hatte, nach den Plänen seiner Auftraggeber **ab Brüssel** ihnen **nicht mehr** als **Partner bei dem anschließend** in Aussicht genommenen **Schmuggelunternehmen** von Brüssel nach Deutschland per Pkw, so ist er bzgl. der Einfuhr nur mit einem Vorbereitungsakt (Transport des Rauschgifts nach Brüssel) beauftragt und daher nur **Einfuhrgehilfe,** da er auf das unmittelbare Tatgeschehen der Einfuhr in das Bundesgebiet keinen Einfluss mehr hat (*BGH* NJW 1985, 1035 = StV 1985, 278 m. Anm. *Roxin*). Hat der Angeklagte, der die Haschischmenge von Amsterdam nach Venlo/Niederlande transportiert, weder davon gewusst, noch für möglich erachtet, dass das Haschisch nach Deutschland eingeführt werden soll, so kann er weder als Täter noch als Gehilfe der Einfuhr verurteilt werden (*BGH* StV 1992, 555).

b) Anschlusskurier. Die bloße Zusage eines in den Niederlanden lebenden 206 Täters, dass Betäubungsmittel nach der unerlaubten Einfuhr durch einen Dritten nach Deutschland in Deutschland zu übernehmen und in die Niederlande zu transportieren, ist kein Tatbeitrag zur Einfuhr nach Deutschland, wenn der Täter als hinzutretende Person keinen ursächlichen Beitrag für die Tatbestandsverwirklichung mehr leisten konnte. Hierfür war bereits alles getan. Durch sein Einverständnis förderte er weder die Ankunft des Rauschgifts im Inland, noch hätte er durch eine Verweigerung seiner Mitwirkung die Einfuhr verhindern können. Es bleibt aber Handeltreiben zu prüfen (BGHR BtMG § 29 Abs. 1 Nr. 1 Einfuhr 32 [2 StR 674/93]). Waren die Betäubungsmittel, um deren Einfuhr sich der Angeklagte bemühte, bereits ohne sein Wissen und ohne sein Zutun nach Deutschland eingeführt worden, so scheidet eine Verurteilung wegen Einfuhr aus (*BGH* NStZ-RR 1997, 319; vgl. auch *BGH* NStZ 2008, 573 = StV 2008, 420).

5. Transportbegleiter. a) Bloße Mitfahrt. Allein in der Mitfahrt in einem 207 Rauschgiftschmuggelfahrzeug als **Beifahrer** kann noch **nicht eine Beihilfe** gesehen werden, wenn nicht dargetan werden kann, dass der Beifahrer die Haupttat wollte und die Tat des Rauschgifttransportes fördern wollte. Allein eine körperliche Anwesenheit reicht als Beihilfe nicht aus; die Hilfeleistung muss aber die Haupttat in irgendeiner Weise erleichtert oder gefördert haben und der Gehilfe muss die Vollendung der Tat wollen sowie den Willen oder das Bewusstsein haben, die Tat eines anderen zu fördern (*BGH* NStZ 1993, 233 = StV 1993, 357; *BGH* NStZ 1998, 517 = StV 1998, 598; *BGH* NStZ 2005, 229 = StV 2005, 273; *BGH* NStZ 2010, 224 = StV 2010, 129). Die Formulierung im Urteil, „der Angeklagte habe dem Fahrer und dem Eigentümer des Fahrzeugs und der darin versteckten Haschischladung **als Beifahrer zur Seite gestanden"**, reicht nicht zur Begründung einer Beihilfe aus, wenn der Angeklagte der Annahme war, als Beifahrer könne ihm nichts passieren, da ihm das Rauschgift nicht gehöre (*BGH* NStZ 1983, 462 m. Anm. *Winkler*). Erfährt eine Frau auf der Rückfahrt einer Heroineinkaufsreise nach Holland kurz vor der Grenze von ihren Begleitern, dass diese Heroin eingekauft haben und macht sie diesen deswegen Vorwürfe, so kann **in der weiteren Mitfahrt und in dem Schweigen** zu einer geplanten Einlassung ihrer Begleiter keine Beihilfehandlung gesehen werden (*BGH* StV 1982, 516). Zur Mittäterschaft eines Transportbegleiters s. 199.

208   **b) Begleitschutz und erhöhte Tarnung.** Eine Beihilfe zur Einfuhr liegt aber dann vor, wenn die Anwesenheit dem Haupttäter ein **erhöhtes Gefühl der Sicherheit** gibt **oder zum Zwecke der Tarnung** erfolgt. Hierzu bedarf es aber besonderer Feststellungen. Beihilfe zur Einfuhr ist anzunehmen, wenn einer Rauschgiftschmuggelfahrt durch die Mitreise einer jungen Frau der Anschein einer unverdächtigen Vergnügungs- bzw. Urlaubsreise verliehen werden soll (*BGH* StV 1998, 598). Auch ein Reisebegleiter, der selbst an dem Rauschgiftgeschäft kein Interesse hatte und den Handel nur auf der Hin- und Rückreise in die Niederlande psychisch durch seinen **Begleitschutz** unterstützt, leistet Beihilfe (*BGH*, Urt. v. 6. 3. 1985, 2 StR 823/84). Gleiches gilt, wenn ein Mitfahrer bei einer Betäubungsmitteleinkaufsreise im Ausland weder ein eigenes Interesse an der Tat noch Tatherrschaft bzw. Wille zur Tatherrschaft hat, aber seinen Freund beim Geldtransport auf der Hin- und beim Betäubungsmitteltransport auf der Rückreise begleitet, **um weniger verdächtig zu wirken** (BGHR BtMG § 29 Abs. 1 Nr. 1 Einfuhr 21 [3 StR 34/91]). Erschöpft sich die Tätigkeit einer Begleiterin eines Rauschgiftkuriers, der einen Rauschgiftkoffer trägt, darin, dass sie dessen privaten Koffer mit Wäsche trägt, weil sie **ohne eigenes Interesse** an dem Rauschgifttransport **dem Kurier helfen und mit ihm am Zielort ausgehen** will, so kommt für die Begleiterin nur **Beihilfe zur Einfuhr** in Betracht.

209   **6. Verstecken und Ladung von Schmuggelware.** Konnte einem Angeklagten nur nachgewiesen werden, dass er wenige Sekunden lang in einem aus Amsterdam kommenden Zug aus dem Abfallbehälter der Zugtoilette ein Päckchen mit 200 g Heroin herausgenommen und unter den Waschtisch versteckt hatte und **blieb offen,** ob er während des Transportes **Tatherrschaft** hatte oder lediglich unbekannten Tätern helfen wollte, so liegt Beihilfe zur unerlaubten Einfuhr vor (BGHR § 29 Abs. 1 Nr. 1 Einfuhr 7 [3 StR 396/87]). Hat ein Angeklagter in Marbella/Spanien große Mengen von Haschisch an eine Gruppe von Deutschen verkauft, die die Haschischmengen in Extratanks ihrer Fahrzeuge einbauten und nach Deutschland schmuggelten, so stellt die **Bereitstellung einer Garage zum Einbau des Haschisch in die Fahrzeuge** in Marbella/Spanien eine Beihilfe des Angeklagten zur unerlaubten Einfuhr von Betäubungsmitteln in nicht geringer Menge dar (*BGH* StV 2000, 261).

210   **7. Grenzführer.** Sprechen Angeklagte im Grenzbereich Ausländer an, die sie als potentielle Drogenerwerber einschätzen, und bieten sich gegen Honorar an, sie **über die Grenze zum Drogendealer zu bringen,** um sie nach dem Betäubungsmittelkauf **an eine günstige Grenzübertrittsstelle zu führen,** ohne selbst Drogen zu kaufen und zu transportieren, so machen sie sich wegen Beihilfe zur Einfuhr strafbar.

211   **8. Kurierbetreuer.** Händigte ein Angeklagter einem Kurier Flugschein, Spesengeld, Hoteladresse und Kontakttelefonnummer aus, so ist er nur wegen Beihilfe zur Einfuhr zu bestrafen, wenn danach von einem Unbekannten die Route des

Kuriers abgeändert wurde. Denn der Angeklagte hatte keine Tatherrschaft über die Einfuhr (*BGH*, Urt. v. 23. 10. 1997, 4 StR 226/97).

Versorgt ein Angeklagter einen Körperschmuggler mit Essen, Getränken und **212** Medikamenten, damit er die bereitliegenden Body-Packs hinunterschlucken kann und berät ihn, ohne eigenes Interesse an dem Rauschgifttransport zu haben, so liegt **Beihilfe** nahe. Begleitet er den Kurier, um ihm die Angst vor Brechreiz oder einer ersten Auslandsflugreise zu nehmen, so stellt diese Gefälligkeit Beihilfe dar. Gehört der Angeklagte zu einer Tätergruppe, die die Bubbles zum Schmuggel im Magen-Darm-Trakt beschafft hat und verkaufen wird, und überwacht, wie viele Body-Packs geschluckt bzw. später ausgeschieden werden, da Verlustmengen seinen Gewinn schmälern, und kontrolliert, dass der Kurier von der Reiseroute nicht abweicht, so liegt **Mittäterschaft** nahe.

9. Finanzierungsdienste. Wer sich an einem Rauschgiftgeschäft lediglich in **213** der Weise beteiligt, dass er für den Erwerb im Ausland Geld zur Verfügung stellt und nur darauf wartet, dass ein anderer ihm eingeschmuggeltes Rauschgift bringt, sonst aber überhaupt keinen Einfluss auf den Einfuhrvorgang hat, ist grundsätzlich nicht Mittäter, sondern allenfalls Gehilfe bei der Einfuhr (BGHR BtMG § 29 Abs. 1 Nr. 1 Einfuhr 3 = NStZ 1987, 233 = StV 1987, 203; *BGH* StV 1988, 205; BGHR BtMG § 29 Abs. 1 Nr. 1 Einfuhr 9 = StV 1988, 530; *BGH* NStZ 1992, 339). Überlässt jemand seinem drogenabhängigen Freund(in) einen Geldbetrag leihweise für eine Drogeneinkaufsreise in die Niederlande, fährt sie mit seinem Pkw nach Holland zu dem Lieferanten und dolmetscht bei dem Einkauf von 10 g Rohkokain, bevor er sie mit seinem Wagen wieder zurückfährt, so macht er sich zumindest der Beihilfe zum Erwerb und zur Einfuhr schuldig, auch wenn er den Umgang mit Drogen verurteilt und **nur mitwirkt, um seine Freundin nicht zu verlieren** (*Koblenz*, Urt. v. 23. 12. 1976, 1 Ss 627/76). Nach § 29 Abs. 1 S. 1 Nr. 13 BtMG wird bestraft, wer Geldmittel oder andere Vermögenswerte für einen anderen zum unerlaubten Handeltreiben mit Betäubungsmitteln oder zu deren unerlaubter Einfuhr bereitstellt, ohne an diesen Betäubungsmittelgeschäften in irgendeiner Weise mitzuwirken. Dieser Tatbestand richtet sich als Auffangtatbestand gegen Täter, die – ohne selbst als Mittäter oder Gehilfe des Betäubungsmittelhandels bzw. der -einfuhr aktiv in Erscheinung zu treten – den illegalen Rauschgiftverkehr mit zusätzlichen Geldmitteln versorgen, also gegen Drahtzieher und Finanziers des illegalen Rauschgifthandels.

10. Ablenkung und Umgehung der Zollbeamten. Wurde das Schmuggel- **214** unternehmen durch einen unmittelbaren Angriff auf das geschützte Rechtsgut Volksgesundheit bereits begonnen, so ist der Gehilfe, der seine Beteiligung für den noch nicht vorgenommenen Akt des Grenzübertritts durch **Ablenkung der Zollbediensteten zugesagt** hat, nach § 30 Abs. 1 Nr. 4 i. V. m. §§ 23, 30 Abs. 2 StGB strafbar. Begleitet ein Angeklagter seine Brüder zu einer Haschischeinkaufsreise in die Niederlande, weigert sich aber, einen Teil der Haschischplatten über die Grenze zu bringen und ist lediglich bereit, seine Brüder **über die Grenze zu winken,** um sie vor der Gefahr der Entdeckung zu bewahren, so scheidet eine Mittäterschaft mit den Brüdern aus. Es handelt sich um eine typische Beihilfehandlung, bei der der Angeklagte die Tat nicht als eigene ansah, sondern lediglich die Tat seiner Brüder fördern und vor Entdeckung schützen wollte (*BGH* StV 1983, 461). Bringt ein Flugkapitän, ein Gepäcklademeister oder eine Flugzeug-Reinigungskraft ohne Eigeninteresse an einem Schmuggeltransport ein Gepäckstück für eine bestimmte Summe **am Zoll vorbei auf das Flugfeld in das oder aus dem Flugzeug,** so kommt eine **Beihilfehandlung** in Betracht. Ist er von dem Auftraggeber **in die Transportplanung und Durchführung eingebunden,** so liegt **Mittäterschaft** nahe.

11. Beihilfe durch Unterlassen durch einen Zollbeamten. Ein **Zollbe- 215 amter,** der gemeinsam mit einem Kriminalbeamten im gleichen Sportstudio Body-Building betreibt und der allgemein weiß, dass sein Bekannter regelmäßig von Reisen aus Thailand kofferweise Betäubungsmittel und Dopingmittel über den Flughafen einschmuggelte und mehrmals gegen Überlassung einer **Schweigeprämie** von einer 1.000-Stück-Packung Anabol-Tabletten **schweigend zulässt,** dass der Kriminalbeamte sein Reisegepäck an einem Seitenausgang an der Zollkontrolle vorbeischmuggelte, machte sich nicht wegen Beihilfe zur unerlaubten Einfuhr, aber wegen **Bestechlichkeit** nach § 332 Abs 1 und Abs. 3 StGB in Tateinheit mit **Strafvereitelung** nach §§ 257, 258, 258 a StGB strafbar. Es liegt aber **Beihilfe zur Einfuhr von Betäubungsmitteln in nicht geringen Mengen durch Unterlassen** vor, als er später bei einzelnen Schmuggelunternehmen während seiner Dienstzeit durch Rundgänge und Ablenkungsmanöver eine Zollkontrolle vermeiden hilft (zur Garantenstellung eines Ordnungsamtsleiters vgl. *BGH* NJW 1987, 199; zur Garantenstellung von Schutzpolizeibeamten vgl. BGHSt. 38, 388 = NStZ 1993, 383 = StV 1993, 126).

VI. Begünstigung

216   Begünstigungshandlungen kommen nur nach Beendigung der Betäubungsmitteldelikte in Betracht, wenn die Schmuggelgüter zur Ruhe gekommen sind. Wer an dem Schmuggelunternehmen mitgewirkt hat, kann nicht wegen Begünstigung bestraft werden. In Betracht kommen die Abholung, die Verwahrung und Verwertung von gebunkertem Rauschgift oder finanzielle Transaktionen mit den auf inländischen oder ausländischen Bankkonten befindlichen Rauschgifterlösen.

I. Rechtsfolgen

I. Einfuhr geringer Mengen

217   Führt der Täter Betäubungsmittel in geringer Menge ein, kann die Staatsanwaltschaft gem. § 31 a BtMG von der Strafverfolgung oder das Gericht gem. § 29 Abs. 5 BtMG von Strafe absehen.

II. Besonders schwere Fälle der Einfuhr

218   **1. Geschriebene besonders schwere Fälle.** In § 29 Abs 3 BtMG sind zwei Regelbeispiele genannt:

219   **a) Gewerbsmäßige Einfuhr.** Die **gewerbsmäßige Einfuhr** ist in § 29 Abs. 3 S. 2 Nr. 1 BtMG als besonders schwerer Vorsfall der Einfuhr mit einem Strafrahmen von 1–15 Jahren bedroht. Diese Strafvorschrift trifft weniger Rauschgiftkuriere, sondern deren Auftraggeber, die fortlaufend Betäubungsmittelimporte nach Deutschland organisieren.

220   **b) Gefährdung der Gesundheit mehrerer Menschen.** Die **Gefährdung der Gesundheit mehrerer Menschen** ist in § 29 Abs. 3 S. 2 Nr. 3 BtMG als weiterer Beispielsfall genannt. Lässt ein Auftraggeber **aus Profitgründen** die zu transportierende **Heroinmenge mit Scheuerpulver auf die doppelte Menge strecken** und setzt damit die Gesundheit zahlreicher Konsumenten aufs Spiel, so ist die Anwendung des erhöhten Strafrahmens geboten.

221   **2. Ungeschriebene besonders schwere Fälle. a) Gesundheitsgefährdung Einzelner.** Bedeutet die Einfuhr von Betäubungsmitteln die Lebensgefährdung des Kuriers, so kann auch hier ein besonders schwerer Fall vorliegen. Zwingt ein Drogenhändler ohne ausreichende Vorkehrungen einen Kurier, Betäubungsmittelbehältnisse zu schlucken (anstelle Präservativen z. B. kantiges Papier oder Silberpapierkugeln) und im Magen-Darm-Trakt zu befördern, und **setzt er den Kurier** bei dem Drogentransport in unverantwortbarer Weise **einer erhöhten Lebensgefahr aus,** dass die Behältnisse platzen, der Kurier sich den Behörden ergeben muss oder verstirbt, so liegt ein besonders schwerer Fall vor (a. A. MK-StGB/*Kotz* § 29 Rn. 570).

b) Missbrauch der beruflichen Stellung. Der **Missbrauch der Berufsstel-** 222
lung und des Diplomatenstatus kann einen ungeschriebenen besonders schweren Fall der Einfuhr begründen.

c) Korruption und die Kollusion. Wer bei der Einfuhr **Polizei- oder Zoll-** 223
beamte für die Unterlassung von Kontrollen, Informationen, Falschurkunden **mit**
Bestechungsgeldern bezahlt oder am zu erwartenden Gewinn beteiligt,
verdient bei der Bestrafung der Einfuhr erhöhte Strafe.

d) Besondere Schmuggelverstecke. Die **besonderen Schmuggelverstecke** 224
können ebenfalls einen ungeschriebenen besonders schweren Fall darstellen (s.
dazu § 29/Teil 26, Rn. 66 ff.).

e) Gewaltsame Einfuhr. Wer durch Drohungen oder Gewalt Kuriere oder 225
Seeleute zum Betäubungsmitteltransport zwingt, verdient im Vergleich zum
Grundtatbestand eine erhöhte Strafe.

f) Bewaffnete Einfuhr. Bei der Ein- und Ausfuhr von Betäubungsmitteln tre- 226
ten die Schmuggler bisweilen auch bewaffnet auf. Die bewaffnete Einfuhr von
Betäubungsmitteln in nicht geringer Menge ist in § 30 a Abs. 2 Nr. 2 BtMG als
Verbrechen mit einer Mindestfreiheitsstrafe von 5 Jahren ausgestaltet. Wegen der
vom bewaffneten Täter ausgehenden **erhöhten Gefahr** kann es sich um einen
ungeschriebenen besonders schweren Fall des § 29 Abs. 3 S. 1 BtMG handeln, wenn der Täter Betäubungsmittel in normaler Menge einführt. Führt bei der
Durchführung eines Heroinschmuggelunternehmens der Begleiter des Rauschgiftkuriers eine Waffe bei sich, um den Kurier zu bestimmten Verhaltensweisen zu
zwingen, so wirkt sich die Bewaffnung bei dem Kurierbegleiter strafschärfend, bei
dem Kurier strafmildernd aus.

III. Verbrechen der Einfuhr

1. § 30 BtMG. Die **Einfuhr von Betäubungsmitteln in nicht geringen** 227
Mengen ist ein Verbrechen nach § 30 Abs. 1 Nr. 4 BtMG mit einer Mindeststrafe
von 2 Jahren.

2. § 30 a BtMG. Die **bandenmäßige Einfuhr** und die **bewaffnete Einfuhr** 228
von Betäubungsmitteln in nicht geringer Menge sind gem. § 30 a BtMG mit
einer Freiheitsstrafe von nicht unter 5 Jahren bedroht. Gleiches gilt nach § 30 a
Abs. 2 Nr. 1 BtMG, wenn eine **Person über 21 Jahre Personen unter**
18 Jahren bestimmt, Betäubungsmittel ohne Erlaubnis nach § 3 Abs. 1 BtMG
einzuführen.

IV. Strafzumessungsfehler

1. Verbot der Doppelverwertung von Tatbestandsmerkmalen. Die Ge- 229
fährlichkeit der Einfuhr, die der Anlass für die Schaffung des Verbrechenstatbestandes § 30 Abs. 1 Nr. 4 BtMG war, darf nicht im Rahmen des § 29 Abs. 1 und
Abs. 3 BtMG strafschärfend gewertet werden. Umstände, die bereits Merkmale des
gesetzlichen Tatbestandes sind, dürfen nämlich gem. § 46 Abs. 3 StGB bei der
Strafzumessung nicht erneut berücksichtigt werden. Der Umstand, dass der Angeklagte entgegen dem Einfuhrverbot die Zollkontrolle umging und die Betäubungsmittel über die grüne Grenze transportiert, die deutschen Zollbeamten am
Abfertigungsplatz im oder außerhalb des Bundesgebietes täuscht, als gestellungs-
pflichtiger Reisender bei der Zollkontrolle schweigt, die verbotenen Betäubungsmittel, die er mitführt, als andere Waren bezeichnet, sind zwar keine notwendigen
Tatbestandsmerkmale, aber Umstände, die gerade zur Strafbarkeit wegen Einfuhr
geführt haben und deshalb nicht nochmals strafschärfend berücksichtigt werden
dürfen. Die straferschwerende Würdigung des kriminellen Energie, dass der Angeklagte zum Zwecke des Rauschmitteleinkaufes eigens in die Niederlande fährt und
das **Risiko des Entdecktwerdens** in Kauf nimmt, verstößt gegen das Doppelverwertungsverbot (*BGH*, Urt. v. 18. 7. 1984, 3 StR 183/84). Es ist auch kein

Ausdruck besonderer krimineller Energie und einer wohlüberlegten Tat, wenn ein Täter zunächst eine Fahrt in die Niederlande unternimmt, um **die Erwerbs- und Einfuhrmöglichkeiten zu erkunden.** Vielmehr handelt es sich um einen **Normalfall,** der zwar von denkbaren milder zu bewertenden **Spontanhandlungen** abweicht, aber keine besondere Gefährlichkeit ausstrahlt. Eine strafschärfende Wertung dieses Verhaltens würde gegen das Doppelverwertungsverbot verstoßen (*BGH*, Beschl. v. 27. 7. 1984, 2 StR 418/84).

230   **2. Fehlen von Strafmilderungsgründen. Das Fehlen denkbarer Strafmilderungsgründe** darf nicht strafschärfend berücksichtigt werden (vgl. hierzu Vorbem. §§ 29 Rn. 109 ff.). So dürfen die Umstände, dass der Angeklagte nicht süchtig war oder die Betäubungsmittel nicht zum Eigenkonsum einführte, nicht straferschwerend bei der Einfuhr berücksichtigt werden (*BGH*, Beschl. v. 9. 3. 1983, 2 StR 92/83).

V. Strafmilderungserwägungen

Zu den Strafmilderungserwägungen im Allgemeinen s. Vorbem. §§ 29 ff. Rn. 124 ff.

231   **1. Eigenkonsumabsicht.** Die Absicht des Angeklagten, die eingeführten Betäubungsmittel nicht in den Verkehr zu bringen, sondern selbst zu konsumieren, **(Konsumentenschmuggel),** ist strafmildernd zu werten (*BGH* StV 2000, 621). Der Gesetzgeber hat im § 29 Abs. 1 S. 1 Nr. 1 BtMG ausdrücklich unterschieden zwischen der im Handeltreiben aufgehenden **Einfuhr mit Weiterverkaufsabsicht** und der **Einfuhr,** ohne Handel zu treiben, also **mit Eigenkonsumabsicht** und hat damit deutlich gemacht, dass er eine unterschiedliche Behandlung dieser beiden Tatbegehungsweisen wünscht. Dies ist insb. dann bei der Prüfung des minder schweren Falles (§ 30 Abs. 1 Nr. 4, Abs. 2 BtMG) von Bedeutung (*BGH* StV 2000, 621).

232   **2. Notsituation und das Bündel von Kurier-Strafmilderungsgründen.** Rauschgifthändler nutzen Elend und Geldnot von Arbeitslosen, Drogenabhängigen, Kranken, Wohnsitzlosen, Asylbewerbern, von illegal oder in Not lebenden Menschen aus, um sie mit verlockenden Kurierhonoraren für Schmuggeltransporte zu gewinnen. Dies mag die Tat zwar nachvollziehbar zu erklären, aber nicht zu rechtfertigen. Die meisten Kuriere aus Süd-Amerika, Afrika und Asien stammen aus ärmlichen Verhältnissen oder stehen vor unlösbaren Finanzproblemen wie z. B. Kosten für ärztliche Behandlung bzw. Operation. Die Anwerber von Betäubungsmittelkurieren nutzen diese Finanzprobleme, indem sie das Entdeckungsrisiko derartiger Kuriertransporte verharmlosen und die Adressaten zu Problemlösungen mit verlockenden Kurierhonoraren verführen. Jedoch rechtfertigt persönliches Leid niemals, deshalb anderen Menschen durch einen Drogentransport Leid zuzufügen. Mitleid ist ebenso wie Antipathie eine Emotion, aber kein zulässiger Strafzumessungsgrund. Wirtschaftliche Not trifft meistens mit einem Bündel weiterer wenig gewichtiger Strafmilderungsgründe zusammen. Aufgrund der Entdeckung der Betäubungsmittel ist ein Bestreiten zumeist zwecklos und ein Geständnis nahe liegend. Wegen der Beschlagnahme kann das Rauschgift keine Gefährlichkeit mehr entfalten. Da die Betäubungsmittelschmuggler vor der Festnahme nur kurze Zeit in Deutschland weilten, sind sie hier unbestraft. Die Hinweise auf den angeblichen Auftraggeber namens Mehmet, Ali, Pedro usw. erlauben zumeist nicht eine Aufklärungshilfe nach § 31 BtMG festzustellen.

233   **3. Schmerzen und Lebensgefahr beim Körperschmuggel.** Hat ein Schmuggler beim Transport von Betäubungsmitteln im Magen-Darm-Trakt wegen undichter oder beschädigter Folien von Body-Packs unerträgliche Schmerzen und befindet sich wegen des diffundierenden Kokains in erheblicher Lebensgefahr, dass eine Notoperation durchgeführt werden muss, so können diese Beschwerden strafmildernd gewertet werden.

4. Politische und religiöse Überzeugung. Die **politische und die religiö-** 234
se Überzeugung vermag allein keine Strafmilderung zu begründen. Können sich
Mitglieder einer Religionsgemeinschaft oder politischen Befreiungsbewegung aber
dem Druck und der Erwartung der Gruppe nicht entziehen und stellen eigene
Bedenken gegen einen Drogentransport zurück, so kann der geringe Spielraum,
vom Willen der Gruppe abzuweichen, die Tat zwar nicht rechtfertigen, aber erklären und strafmildernd wirken.

5. Fremder Rechts- und Kulturkreis. Bei südamerikanischen Kokainkurie- 235
ren (Mulas = Maulesel, Packesel) ergibt sich ein Kulturkonflikt zwischen der
Bestechungs- und Beziehungskultur in ihrer Heimat und der Schuldbekenntniskul-
tur der deutschen Justiz. Die Einlassungen sind teilweise deshalb so abenteuerlich,
weil man in der Heimat zur Cocapflanze eine andere Beziehung hat und mit der
Justiz nicht gewohnt ist zu kooperieren. Ein Geständnis kostet einen Südamerikaner eine besondere Überwindung und ist besonders strafmildernd zu werten. Sofern das Gericht die von einem Angeklagten geschilderten widrigen Umstände in
der Heimat für wahr unterstellt und zu dessen Gunsten verwertet, erhöht sich die
Chance für ein Teilgeständnis (vgl. *Zier* StV 1990, 475). Lebte der ausländische
Angeklagte vor seinem Schmuggeltransport längere Zeit in Deutschland, be-
herrschte die deutsche Sprache und kannte die deutsche Kultur und das deutsche
Rechtssystem, so scheidet eine Strafmilderung aus den oben genannten Gründen
aus.

6. Geringe Tatbeteiligung. Begleitet der Angeklagte einen Betäubungsmit- 236
teleinkäufer oder -verkäufer nur **als Freund** oder zu dessen persönlicher Sicherheit als Leibwächter, ohne Interesse an dem Betäubungsmitteltransport und ohne
über die Einfuhr voll in Kenntnis gesetzt zu sein, so kann die geringe Tatbeteiligung auch eine geringe Strafe erfordern.

7. Fernsteuerung von Kurieren. Beim Rauschgiftschmuggel ist zu unter- 237
scheiden, ob der Angeklagte eigenhändig im eigenen Interesse Betäubungsmittel
geschmuggelt hat oder durch einen Auftraggeber mit Schmuggelbehältnis, Betäubungsmitteln, Reiseunterlagen, Reisespesen und Reiseroute ausgestattet wurde
(Kurier) und ohne Einfluss auf Art und Umfang des Schmuggel-Transportes gegen
Honorar die Betäubungsmittel weisungsgemäß einem Dritten auszuhändigen hat.
So kann der Kurier, der weder in die Drogenbeschaffung noch in den Drogenab-
satz eingebunden war, als bloßer Gehilfe des Handeltreibens im Rahmen seiner
täterschaftlichen Einfuhr Strafmilderung erfahren, weil der Auftraggeber ihn wie
ein Werkzeug, wie ein lebendes Gefäß, wie einen lebenden Koffer befördert, fern-
gesteuert hat. Im Hinblick auf die Strafzumessung ist im Rahmen einer Hauptverhandlung der Versuch zu unternehmen, aufzuklären, was der Angeklagte im Rahmen des Schmuggelunternehmens wusste und wollte.

8. Notstandsähnliche Situationen. Wird die Schiffsbesatzung eines Fracht- 238
schiffes davon überrascht, dass auf hoher See große Mengen Kokain an Bord gebracht wurden und haben sie nach anfänglichen Bedenken aufgrund massiver Bedrohung durch den Kapitän an dem weiteren Kokaintransport mitgewirkt, ohne
Tatherrschaft zu erlangen, so stellt das Einladen auf hoher See und das Ausladen
der Kokainpakete in Bremerhaven durch die Seeleute eine Förderung fremden
Tuns, mithin Beihilfe zur unerlaubten Einfuhr und Beihilfe zum Handeltreiben dar
(*LG München*, Urt. v. 5. 3. 1991, 9 KLs 338 Js 13.742/90). Gehört der Angeklagte
zu einer Schmugglerkolonne einer Rauschgifthandelsorganisation, die für seinen
Lebensunterhalt sorgt, mit ihm Schmuggeltechniken einübt und ihm Schmuggel-
aufträge erteilt, und kann der Angeklagte ohne Gefahr für Leib und Leben aus der
Organisation nicht aussteigen, und zeigt er sich nach seiner Festnahme erleichtert,
dem Druck der Organisation entkommen zu sein, so kann diese Ausnahmesitua-
tion strafmildernd gewertet werden. Steht der Angeklagte wegen aufgelaufener
Schulden unter dem Druck seiner Gläubiger, die zur Rauschgiftmafia gehörten,

wird er von den Geldeintreibern durch 3 Schüsse nicht unerheblich verletzt und wird ihm angekündigt, er müsse sterben, wenn er nicht mitmache, so muss die Strafkammer die Voraussetzungen eines entschuldigenden Notstandes (§ 35 StGB) prüfen. Selbst bei nicht ausreichender Aufklärung der Situation kann diese Drucksituation des Angeklagten strafmildernd gewertet werden (*BGH*, Beschl. v. 6. 8. 1991, 1 StR 439/91).

239   **9. Tatprovokation durch einen polizeilichen V-Mann im Inland.** Will ein Angeklagter die Bundesrepublik verlassen, so führt die Tatprovokation im Inland, ihn durch hartnäckige Überredung, Geldzuwendung und Verlängerung der Aufenthaltserlaubnis im Bundesgebiet zu halten und ihm Heroin in der Türkei beschaffen und in die Bundesrepublik einführen zu lassen (*BGH* NStZ 1984, 78 = StV 1984, 4), zu einer Strafmilderung.

240   **10. Tatprovokation im Ausland und das Locken von Tatverdächtigen auf deutsches Gebiet.** Wenn ein Agent Provocateur durch lang andauernde, hartnäckige und intensive Einwirkungen und durch überhöhte Kaufpreisangebote einen Tatverdächtigen, der keine Betäubungsmittel nach Deutschland liefern wollte, im Ausland so lange provoziert, bis dieser bereit ist, Haschisch in die Bundesrepublik einzuführen, so liegt kein Verfahrenshindernis vor, sondern seine Tatprovokation ist strafmildernd in der Strafzumessung zu würdigen (*BGH* NStZ 1984, 519 = StV 1984, 407). Geht der Anstoß zu Verhandlungen über eine größere Menge Heroin mit anschließender Einfuhr von 11,6 kg Heroin von den Niederlanden nach Deutschland von einer polizeilichen VP aus, die dem bis dahin unverdächtigen Angeklagten Betäubungsmittelgeschäfte schmackhaft macht, indem eine zweite VP sich als Rauschgifthändler großen Stils aufspielte, so ist ein gewichtiger Strafmilderungsgrund gegeben (*BGH* StV 1993, 127). Haben zwei Gewährsleute des *LKA* mit der ausdrücklichen oder stillschweigenden Zustimmung der niederländischen Polizei und in Zusammenarbeit mit einem niederländischen V-Mann bei dem Angeklagten in den Niederlanden eine große Menge Heroingemisch zur Lieferung nach Frankfurt bestellt, worauf dieser und seine mitangeklagte Ehefrau bei der Überbringung des Stoffes in einem Frankfurter Hotel festgenommen werden, so ergibt sich hieraus weder eine Verletzung des Völkerrechts, noch ein gem. Art. 25 GG zu beachtendes Verfahrenshindernis (*BGH* NStZ 1985, 361 = StV 1985, 273), sondern nur eine Strafmilderung wegen Tatprovokation (s. dazu im Einzelnen Vorbem. §§ 29 ff. Rn. 158 ff.).

241   Veranlasst ein deutscher Verbindungsbeamter, eine deutsche VP oder eine deutsche VE in Südamerika einen Angeklagten, eine größere Menge Kokain nach Deutschland liefern zu wollen, und erklärt sich der Agent bereit, die Betäubungsmittel nach Deutschland zu transportieren, in eigener Firma zu lagern und an Kaufinteressenten auszuliefern, obwohl im Inland bislang keine Kaufinteressenten bekannt sind, und lockt der Agent sodann durch intensive Tatprovokation sowohl den Rauschgiftlieferanten als auch Kaufinteressenten für das Rauschgift zu einem bestimmten Ort, wo die Beteiligten festgenommen werden, so führt dies zu einer erheblichen Strafmilderung der Einfuhr von Betäubungsmitteln (vgl. *von Danwitz* StV 1995, 431).

242   Hat ein türkischer Gewährmann der deutschen Polizei einen in den Niederlanden lebenden Türken ohne Kenntnis der niederländischen Behörden im Rahmen von Kaufverhandlungen in den Niederlanden mit List und durch Bieten eines hohen Kaufpreises zum Verkauf von 6 kg Heroin zum Kilopreis von 120.000 DM und zur Lieferung mit einem Kleinbus in die Bundesrepublik provoziert und wurde dieser mit dem Rauschgift und einem Komplizen in Deutschland verhaftet und zu 11 Jahren Freiheitsstrafe verurteilt, so liegt zwar grundsätzlich ein Verstoß des Völkerrechts vor, der aber kein von deutschen Gerichten gem. Art. 25 GG zu beachtendes Verfahrenshindernis bedeutete, das den materiellen Strafanspruch der Bundesrepublik zum Erlöschen bringen könnte. Dem Angeklagten selbst können aus einem Völkerrechtsverstoß aber keine Rechte erwachsen. Das Urteil wurde aber im Strafausspruch aufgehoben (*BGH* StV 1986, 63). Nachdem die Niederlande mit einer Verbalnote gegen den Völkerrechtsverstoß protestiert hatten und Restitution verlangten, verurteilte das *LG Limburg* den Türken erneut zu 11 Jahren Freiheitsstrafe. Der *BGH* stellte auf Revision des Angeklagten das Verfahren vorläufig ein, um die unverzügliche Rückführung des Angeklagten in die Niederlande zu ermöglichen (*BGH* NJW 1987, 3087 = StV 1988, 7). Der *BGH* verwarf nach Rückführung des Angeklagten in die Niederlande die Revision, so dass die Verurteilung des Angeklagten zu 11 Jahren Freiheitsstrafe rechtskräftig wurde (BGHR StPO vor § 1/Verfahrenshindernis Hoheitsrechte, fremde 2 [2 StR 588/86]).

Strafmilderung ist nicht nur geboten, wenn feststeht, dass staatliche Ermittlungs-   243
organe an einer rechtswidrigen Tatprovokation beteiligt waren, sich diese in Kenntnis der die Rechtswidrigkeit begründenden Umstände zunutze gemacht haben oder sonst dafür verantwortlich sind, sondern bereits dann, wenn sich aufgrund bestimmter Tatsachen ein begründeter Verdacht ihrer Mitverantwortung aufdrängt (*BGH* NStZ 1984, 519 = StV 1984, 407).

11. Polizeilich kontrollierter Transport. Wurden mit Hilfe eines polizeili-   244
chen Lockspitzels oder mit Unterstützung eines Verdeckten Ermittlers Rauschgiftgeschäfte oder Rauschgifttransporte so überwacht, begleitet oder durchgeführt, dass eine erhebliche Gefährdung des angegriffenen Rechtsgutes ausgeschlossen war und dass das Rauschgift nicht an den Endverbraucher gelangen konnte, so kann dies von dem Gericht unter dem **Gesichtspunkt des geringeren Erfolgsunwertes** strafmildernd gewürdigt werden (*BGH* StV 1986, 100; *BGH* StV 1989, 15; *BGH* NStZ 2004, 694 = StV 2004, 604). Gewinnt nach einem anfänglichen Scheitern eines Rauschgiftgeschäfts die Polizei einen Beteiligten im Ausland als Agenten, der die Bestellung, den Transport, die Lagerung und die Übergabemodalitäten für 250.000 Methaqualontabletten vollständig bestimmen kann und findet die Abwicklung des Rauschgiftgeschäftes und des Schmuggeltransportes unter absoluter Kontrolle des *BKA* in Deutschland und von *DEA* in den USA statt, so ist dies erheblich strafmildernd zu werten (vgl. *LG Hamburg*, Urt. v. 4. 10. 1989, 5/89 KLs 125 Js 162/88). Der geringere Erfolgsunwert liegt darin, dass die Tat nur unter Mitwirkung der Polizei verwirklicht werden konnte.

12. Nicht für Deutschland bestimmte Betäubungsmittel. Die strafmil-   245
dernde Erwägung, dass die eingeführten Betäubungsmittel nicht für Deutschland bestimmt waren, sondern weiter ausgeführt werden sollten, ist fragwürdig, weil die Gefährdung der Volksgesundheit nicht nach Nationalitäten gewichtet werden kann (s. dazu im Einzelnen § 30 Rn. 173).

13. Aufklärungshilfe. Hat ein Angeklagter, der mit zwei Mittätern mit Ha-   246
schisch in das Bundesgebiet eingereist und als einziger festgenommen worden war, durch freiwillige Benennung der den Ermittlungsbehörden nicht bekannten Mittäter **zur Tataufdeckung beigetragen,** und zwar über seinen eigenen Tatbeitrag hinaus (§ 31 S. 1 Nr. 1 BtMG), und hat sich die Strafkammer dennoch nicht mit der Frage der Strafmilderung gem. § 49 StGB auseinandergesetzt, so kann der Strafausspruch keinen Bestand haben (*BGH* StV 1984, 75; s. dazu § 31 Rn. 117 ff.).

14. Besondere Strafempfindlichkeit. Lebte ein Angeklagter vor dem   247
Schmuggeltransport viele Jahre in Deutschland und versteht die deutsche Sprache, so ist kein Raum für eine Strafmilderung wegen besonderer Strafempfindlichkeit. Versteht er aber die deutsche Sprache nicht und ist mangels persönlicher Bindungen im Inland in der Haft besonders isoliert, so wirkt die besondere Strafempfindlichkeit strafmildernd.

VI. Strafschärfungserwägungen

Zu den Strafschärfungserwägungen im Allgemeinen s. Vorbem. §§ 29 ff. Rn. 211 ff.

248 **1. Erscheinungsformen des Missbrauchs beruflicher Vorrechte.** So wie Reisende aus Rauschgiftanbaugebieten einer erhöhten Zollkontrolle unterstehen, unterliegen **bestimmte Berufsgruppen und VIP's** einer verminderten Einfuhrkontrolle. Bekannte Personen des öffentlichen Lebens und bestimmte Berufsgruppen, wie Politiker, Sportler, Filmschauspieler, Musiker, Priester, Nonnen, Soldaten genießen auf den Flughäfen einen **Vertrauensvorschuss,** sowohl durch das VIP-Arrangement, als auch durch ihr öffentliches Ansehen einer Erleichterung der Zollkontrolle. Angehörige der Fluggesellschaften und sonstige Flughafenbedienstete durchlaufen unkontrolliert die Zollsperren. Wenn Mitglieder bevorrechtigter Berufsgruppen ihre Vorrechte zum Drogenschmuggel missbrauchen, ist dies strafferhöhend zu werten.

249 **2. Ausnutzung der beruflichen Stellung.** Hat ein Angeklagter nicht nur gelegentlich im Rahmen seiner Berufsausübung seine Sonderrechte zum Drogenschmuggel genutzt, sondern seine erhöhte berufliche Verantwortung zum illegalen Drogenschmuggel missbraucht, so ist dies strafschärfend zu würdigen. Dies gilt jedoch nicht bei Amtsdelikten, die den Amtsmissbrauch durch die besondere Strafandrohung des Tatbestandes bereits erfassen (BGHSt. 36, 44 = NStZ 1989, 331). Die berufliche Stellung eines Täters darf nur dann zu seinen Lasten berücksichtigt werden, wenn **zwischen dem Beruf und der Straftat eine innere Beziehung** besteht, wenn sich aus der beruflichen Stellung besondere Pflichten ergaben, deren Verletzung im Hinblick auf die abzuurteilende Tat Bedeutung hatte (BGHSt. 44, 4 = NStZ 1998, 524; StV 1998, 467; *BGH* NStZ 2000, 137; BGHR StGB § 46 Abs. 2 Lebensumstände 19 [2 StR 489/01]; s dazu im Einzelnen auch Vorbem. §§ 29 ff. Rn. 217 ff.).

250 **3. Motive der Einfuhr.** § 29 Abs. 1 S. 1 Nr. 1 BtMG unterscheidet zwar zwischen der im Handeltreiben aufgehenden Einfuhr zum Zwecke eigennützigen Umsatzes und der auf Eigenkonsum gerichteten Einfuhr. Der Strafrahmen für beide Alternative ist aber Geldstrafe oder Freiheitsstrafe bis zu 5 Jahren. Im Rahmen der Strafzumessung ist es beachtlich, ob der Einführende den Stoff **zum Eigenkonsum oder zum Weiterverkauf** einführt. Im Gegensatz zum Handeltreiben gehört das Gewinnstreben nicht zum Einfuhrtatbestand. So kann ein **übersteigertes Gewinnstreben** oder gar eine Profitgier beim Heroinschmuggel strafschärfend gewertet werden. Tritt der gewinnorientierte Drogenschmuggel hinter dem Handeltreiben zurück, so kann das Zusammentreffen dieser beiden Tatbestände die Strafe verschärfen (*Fischer* § 52 Rn. 4).

251 **4. Ausnutzung von Kranken und Minderjährigen zur Einfuhr.** Der Missbrauch von Jugendlichen, Kranken oder Drogenabhängigen für Betäubungsmitteltransporte ist ebenso wie die Ausnutzung arbeits- und erwerbsloser Personen oder stark verschuldeter Personen für Schmuggelzwecke ein straferhöhender Gesichtspunkt (vgl. auch *BGH* NStZ 1984, 519 = StV 1984, 407). Wenn ein Rauschgifthändler eine **83jährige kranke Frau,** eine **Schwangere** oder ein **Kleinkind** zum Drogentransport über die Grenze benutzt, so kann dies strafschärfend gesehen werden.

252 **5. Ausnutzung wirtschaftlicher Not und politischer Verfolgung zur Einfuhr.** Wer die wirtschaftliche Not oder die Krankheit von Menschen aus Entwicklungsländern dergestalt ausnutzt, dass er sie mit dem **wahrheitswidrigen Versprechen,** ihnen in der Bundesrepublik zu Arbeit, Unterkunft und einem Asylantrag zu verhelfen, zu einem menschenunwürdigen Verschlucken von Betäubungsmittelpäckchen veranlasst und sie auf Schmuggelreise schickt, wer als Asylantenschlepper diese Kuriere über die Grenze ins Bundesgebiet verbringt, wie ein Sklaventreiber zum Ausscheiden anweist, stellt eine besonders menschenfeindliche Gesinnung durch die Tat unter Beweis, die erhöhter Strafe bedarf (vgl. *BGH*, Urt. v. 6. 3. 1984, 5 StR 977/83). Strafferhöhend kann gewertet werden, dass ein ortskundiger Angeklagter eine Gruppe von Schmugglern auf einem Flughafen in Empfang nimmt und durch die Zollkontrolle geleitet.

6. Risikoverlagerung auf den Kurier. Bediente sich der Angeklagte bei der 253
Einfuhr eines Kuriers, der mehrere Kilogramm Heroin im Körper, im Koffer oder
eingebaut im Tank eines Schmuggelfahrzeuges nach Deutschland verbringen und
im Entdeckungsfall geopfert werden soll, während er selbst per Flugzeug zum
Zielort anreist, so kann diese Risikoverlagerung strafschärfend gewertet werden.

7. Stellung des Täters im Schmuggelunternehmen. Im Rahmen eines 254
Schmuggelunternehmens sind folgende Aufgabenbereiche zu unterscheiden: **Die
Auftraggeber** oder die Finanziers des Unternehmens, **der Lieferant** des
Schmuggelunternehmers, **die Kurieranwerber** bzw. die Schmuggelagenturen, die
sich um Anwerbung, Ausbildung und Ausrüstung der Transporteure kümmern,
die Kurierbegleiter, die dem Betäubungsmitteltransport und die Kuriere kontrollieren, **die Schlepper,** die die Rauschgiftkuriere über die Grenze bringen, sowie
die Abnehmer des Schmuggelgutes.

Nicht der Umfang der Aktivitäten, sondern der **Umfang der Tatverantwor-** 255
tung ist ausschlaggebend. Die Hinterleute eines Schmuggelunternehmens pflegen regelmäßig weder das Schmuggelgut noch das Schmuggelbehältnis anzufassen
und bedienen sich hierfür menschlicher Werkzeuge. Der Veranlasser und Hintermann einer unerlaubten Einfuhr kann schärfer bestraft werden als der Transporteur,
auch wenn sein Verhalten sich nur als Anstiftung darstellt. Denn die **Angriff der
Drahtzieher und Finanziers** auf das durch das BtMG geschützte Rechtsgut der
Volksgesundheit ist häufig von größerem Gewicht (*BGH* NStZ 1992, 545 =
StV 1992, 578). Nötigt ein Drogenhändler einen Reeder, der Reeder einen Kapitän, der Kapitän die Seeleute seines Frachtschiffes, an der Verladung und dem Ver-
bringen von Betäubungsmitteln nach Deutschland mitzuwirken, so ist bei der
Strafzumessung der unterschiedlichen Verantwortung für das Einfuhrunternehmen
Rechnung zu tragen.

8. Art der geschmuggelten Betäubungsmittel. Eine Strafkammer darf die 256
Tatsache, dass es sich bei dem eingeführten Betäubungsmittel um Heroin und damit um ein besonders gefährliches Rauschmittel handelte, in ihre nach § 30 BtMG
angestellte Gesamtbetrachtung einbeziehen und zum Nachteil des Angeklagten
berücksichtigen (*BGH*, Urt. v. 18. 5. 1982, 1 StR 31/82, insoweit in NStZ 1982,
472 nicht abgedruckt). Von einer Doppelverwertung eines Tatbestandsmerkmales
kann dabei schon deshalb keine Rede sein, weil der Tatbestand des § 30 Abs. 1
Nr. 4 BtMG keine Aufzählung einzelner Betäubungsmittelarten enthält, sondern
abstrakt für eine große Anzahl von Betäubungsmittelarten gilt, die sich zum Teil in
ihrer Wirkung und Gefährlichkeit stark voneinander unterscheiden. Der Gesetzgeber hat es den Gerichten überlassen, im Rahmen der Strafzumessungserwägungen
die Gefährlichkeit und das Suchtpotential einzelner Drogen zu berücksichtigen,
sowie **zwischen „weichen" und harten Drogen zu differenzieren.** Darüber,
dass es sich gerade bei Heroin um eine Droge von ganz außerordentlicher Gefährlichkeit, auch schon bei sehr geringen Stoffquantitäten handelt, besteht ohnehin
kein Zweifel (BGHSt. 32, 162 = NStZ 1984, 221 = StV 1984, 27). In gleicher
Weise hat das Gericht zu berücksichtigen, dass ein Angeklagter sich **ausschließlich
mit „weichen" Drogen** (Haschisch u Marihuana) beschäftigt hat (vgl. *BGH*
NStZ-RR 2006, 220; *Celle* NStZ 2005, 162 = StV 2005, 10; *Weber* Vor §§ 29 ff.
Rn. 661).

9. Menge der geschmuggelten Betäubungsmittel. Auch die Menge der 257
geschmuggelten Betäubungsmittel ist ein ganz bedeutungsvoller Strafzumessungsgrund. Eine alleinige Festlegung einer bestimmten Strafhöhe für Cannabis-, Ko-
kain- oder Heroinfälle nach einer **Strafmaßliste** oder eine **allein an der Ge-
wichts- und Wirkstoffmenge** orientierte Strafzumessung wird den Grundsätzen
der Strafzumessung nach § 46 Abs. 1 StGB und einer erforderlichen **Gesamtwürdigung** nicht gerecht (*BGH* StV 2000, 613). Allerdings ist nicht zu beanstanden,
wenn ein Gericht **die bei Kurierfällen nahezu regelmäßig vorliegenden
Strafmilderungsgründe,** wie z. B. Unbestraftheit im Inland, Geständnis nach

Sicherstellungen, erhöhte Strafempfindlichkeit als Ausländer, wirtschaftliche Not und Sicherstellung der gefährlichen Drogen, angesichts großer und gefährlicher Betäubungsmittelmengen **als nicht besonders gewichtig ansieht.** So wie der Besitz, die Abgabe und das Handeltreiben mit nicht geringen Mengen als Verbrechen nach § 29 a BtMG strafbar sind, ist **die Einfuhr von nicht geringen Mengen** in § 30 Abs 1 Nr. 4 BtMG als Verbrechen mit einer Freiheitsstrafe von 2– 15 Jahren ausgestaltet. Aber auch im Rahmen der Strafzumessung bei einer Einfuhr in normaler Menge nach § 29 Abs. 1 S. 1 Nr. 1 BtMG kann eine große, noch nicht die Grenze zur nicht geringen Menge überschreitenden Rauschgiftmenge strafschärfend berücksichtigt werden.

258   **10. Reinheit, Wirkstoffgehalt und Gefährlichkeit der Betäubungsmittel.** Ein besonders hoher Wirkstoffgehalt steigert nicht nur die **Gefährlichkeit** der Betäubungsmittel, sondern auch deren **Konsumwert** und damit den **wirtschaftlichen Wert.** Je stärker der Wirkstoffgehalt der Betäubungsmittel ist, umso größer ist die Lebensgefahr für unerfahrene Konsumenten, umso mehr Konsumeinheiten kann der Konsument durch Strecken des Stoffes gewinnen und umso mehr Handelseinheiten und Gewinn kann der Dealer durch Strecken erzielen (*BGH*, Urt. v. 28. 11. 1979, 3 StR 407/79). Wurde Heroin **ausschließlich zum Eigenkonsum eingeführt**, so darf die **Gefährlichkeit** des Heroins **nicht strafschärfend** gewertet werden. Vielmehr ist die Eigenkonsumabsicht ein Milderungsgrund (*BGH* StV 2000, 621).

259   Nicht nur der **Wirkstoff**, sondern auch **Verunreinigungen der Betäubungsmittelgemische** können besondere gesundheitliche Risiken für den Konsumenten bedeuten und sich deshalb strafschärfend erweisen. Besonders gefährliche Beimengungen bei Betäubungsmittelgemischen (wie zu **hoher Strychnin-Gehalt**) können die Gefahren des Wirkstoffs potenzieren. So wie die **Mischpräparate** anerkannter Arzneimittel besondere Risiken aufweisen, wird durch die Kombination verschiedener Betäubungsmittel (z. B. Mischung aus Heroin und Kokain, Heroin und Barbiturate) das Gefährdungspotential nicht nur addiert, sondern vervielfacht. Die daraus entstehende **Polytoxikomanie** ist äußerst schwer unter Kontrolle zu bringen und zu behandeln. Die besondere Gefährlichkeit der Stoffe wirkt sich im Rahmen der Strafzumessung strafschärfend aus.

260   Da die Qualität des verkauften Heroins für die Bestimmung des Schuldumfanges von wesentlicher Bedeutung ist, ist es fehlerhaft, diese Frage offen zu lassen. Können konkrete Feststellungen nicht getroffen werden, da die Betäubungsmittel für eine Untersuchung nicht zur Verfügung stehen, so muss das Gericht unter Berücksichtigung der festgestellten Tatumstände und des Grundsatzes „in dubio pro reo" angeben, von welcher Mindestqualität es ausgegangen ist (*BGH* StV 2006, 184; *Patzak/Bohnan* Kap. 3, Rn. 24). Wurde im Rahmen der Hauptverhandlung **weder ein Sachverständiger** zur Frage des Wirkstoffgehaltes gehört, **noch** ein entsprechendes schriftliches **Gutachten verlesen** und hatte der Angeklagte die Vorwürfe nur pauschal bestätigt, so konnte sich das Gericht keine Überzeugung von dem Wirkstoffanteil in der Hauptverhandlung verschaffen und das Urteil **beruht auf diesem Verfahrensfehler** (*BGH* StV 1994, 527). Die Schätzung zugunsten eines Angeklagten, das transportierte Kokain habe wegen der mittleren Qualität unter Berücksichtigung eines **Sicherheitsabschlages von 10%** 40% betragen, wurde vom *BGH* hingenommen, auch wenn **sehr gutes Kokain** nicht mit 100%, sondern mit ca. **85%** zu veranschlagen und eine **mittlere Qualität** nach einem Abschlag von 10% **bei 42% mit 32%** zu bemessen ist (*BGH*, Beschl. v. 28. 8. 1996, 2 StR 389/96).

261   **11. Besondere Schmuggelmethoden und Schmuggelverstecke.** Von besonderer Bedeutung ist die verdeckte Einfuhr von Betäubungsmitteln. Neben dem besonderen Schmuggelversteck und dem Verstecken an schwer zugänglichen Stellen kommen hier **besondere Schmuggelrouten** (die Reisestationen, Herkunft und Ziel des Transportes verschleiern und Kontrolldichten umgehen), **gefälschte Ausweispapiere** (die die Identität des Transporteurs tarnen), **gefälschte Trans-**

portbegleitpapiere (die den Inhalt und Verwendungszweck von Sendungen verschleiern) in Betracht. Bei der Einfuhr von Betäubungsmitteln in einem **besonderen Schmuggelversteck** kommt vielfach eine erhöhte kriminelle Intensität zum Ausdruck. Die verdeckte Einfuhr ist im Katalog der besonders schweren Fälle des BtMG 1982 zwar weggefallen (*Slotty* NStZ 1981, 321), nicht aber als Strafzumessungserwägung entfallen. Die Tatsache, dass ein Täter das Betäubungsmittel an schwer zugänglicher Stelle versteckt hielt, kann aber im Rahmen der Strafzumessung nach § 29 Abs. 1 und Abs. 3 sowie § 30 Abs 1 Nr. 4 BtMG nach wie vor straferschwerend gewertet werden (*BGH* NStZ 1982, 472; *BGH* NStZ 1983, 370 = StV 1983, 201). So kann der **Schmuggel von Heroin im Magen-Darm-Trakt** als besonders gefährliche Einfuhrmethode zum Nachteil der Bevölkerung im Rahmen der Strafzumessung nach § 30 Abs. 1 Nr. 4 BtMG straferschwerend gewertet werden. (BGHR BtMG § 29 Strafzumessung 7 = StV 1990, 109). Zwar hat das *BayObLG* in der Inkorporierung von Betäubungsmitteln zum Zwecke des Transportes keinen Strafschärfungsgrund gesehen, da dies wegen der Straflosigkeit der Selbstschädigung außerhalb des Schutzbereichs dieser Vorschrift liege (BayObLGSt. 2003, 12 = StV 2003, 623). Die Inkorporierung bedeutet aber nicht nur eine **gesundheitliche Gefährdung** des Kuriers, sondern ist **auch Ausdruck erhöhter krimineller Intensität wegen des besonderen Schmuggelverstecks.** Auch kann das Versteckthalten an schwer zugänglichen Stellen im Rahmen einer Gesamtbetrachtung zur Annahme eines ungenannten besonders schweren Falles gem. § 29 Abs. 3 S. 1 BtMG führen (*BGH* NStZ 1983, 370 = StV 1983, 201).

Allein das **Erkunden von Importwegen am Zoll vorbei** zum Transport von **262** Fässern mit verbotenen Substanzen stellt eine Vorbereitungshandlung dar und kann nicht strafschärfend gewertet werden. Werden Verhandlungen, Herstellung, Verpackung und Versendung von Methaqualon in jeweils verschiedenen Ländern vorgenommen, um durch einen Transport und Übergabeweg mit mehreren Stationen die Herkunft der Betäubungsmittel zu verschleiern, **um das Risiko der Einreisekontrolle zu senken,** so kann dies strafschärfend gewertet werden (*LG Hamburg*, Urt. v. 4. 10. 1989, 5/89 KLs 125 Js 162/88).

12. Dauer des Schmuggelunternehmens. Im Rahmen der Strafzumessung **263** ist zu unterscheiden, ob der Einführende als Gelegenheitskurier kurzfristig Betäubungsmittel über die Grenze ins Bundesgebiet brachte oder ob der Täter das Schmuggelunternehmen monatelang vorbereitet und über eine längere Zeit über mehrere Länder durchgeführt hat.

13. Chemische Umwandlung der Schmuggelware. Wandelt der Kurier Be- **264** täubungsmittel vor Reiseantritt chemisch um und macht sie unsichtbar, verflüssigt Betäubungsmittelpulver und mischt es mit Alkohol, tränkt Textilien oder Teppiche mit verflüssigten Betäubungsmitteln, um sie am Zielort erneut umzuwandeln und zu pulverisieren, ist dies Ausdruck erhöhter krimineller Intensität.

J. Konkurrenzen

I. Einführen und Handeltreiben

Nach ständiger Rspr. fasst der Tatbestand des **Handeltreibens** sämtliche Tatbe- **265** gehungsweisen vom Erwerb bis zum Absatz als unständige Teilakte des Handeltreibens zu einer Bewertungseinheit zusammen (BGHSt. 25, 290 = NJW 1974, 959). Das gilt auch für die **Einfuhr**, wenn sie dem gewinnbringenden Umsatz dient (BGHSt. 31, 163 = NStZ 1983, 692 = StV 1983, 63; *BGH* StV 1989, 202; *BGH* NStZ 2006, 172; *BGH* NStZ-RR 2010, 216 [zu § 30a BtMG]). Eine Ausnahme gilt jedoch dann, wenn der Täter ausgenommene Zubereitungen (außer Codein und Diyhrocodein) einführt. Da nach Anl. III, letzter Gedankenstrich, lit. b, nur die Ein-, Aus- und Durchfuhr dieser ausgenommenen Zubereitungen strafbar ist, ist der Täter auch nur wegen Einfuhr und nicht wegen Handeltreibens zu verurteilten (BGHSt. 56, 52 = NStZ-RR 2011, 119 = StaFo 2011, 105 m. krit. Anm. *Kotz* NStZ 2011, 461).

266   Wird jedoch eine **nicht geringe Menge von Betäubungsmitteln eingeführt,** so wird die Einfuhr vom Handeltreiben in nicht geringer Menge nicht verdrängt, sondern steht in Tateinheit, da § 30 Abs. 1 Nr. 4 BtMG mit 2 Jahren eine
höhere Mindeststrafe vorsieht als § 29a Abs. 1 Nr. 2 BtMG mit einer Mindeststrafe
von 1 Jahr für das Handeltreiben mit einer nicht geringen Menge (BGHSt. 40, 73
= NStZ 1994, 290 = StV 1994, 375). Beim bandenmäßigen Handeltreiben mit
Betäubungsmitteln in nicht geringer Menge nach **§ 30a Abs. 1 BtMG** unterfällt
die Einfuhr in nicht geringer Menge aber wieder der Bewertungseinheit (*BGH*
NStZ-RR 2010, 216).

267   Führt der Täter Betäubungsmittel zum Zwecke des Handeltreibens vorsätzlich
ein (= vorsätzliches Handeltreiben) und transportiert zusätzlich eine ihm nicht
bekannte Teilmenge (= fahrlässige Einfuhr und fahrlässiges Handeltreiben), kommt
§ 29 Abs. 4 BtMG nicht zur Anwendung (*BGH*, Urt. v. 10. 2. 2011, 4 StR 576/
10).

II. Mehrfaches Einführen nach Umtausch der Betäubungsmittel

268   **Führt der Täter** eine nicht geringe Menge **Rauschgift ein** und **tauscht dieses nach wenigen Tagen im Ausland wieder um,** so verbindet das Handeltreiben nach § 29a Abs. 1 Nr. 2 BtMG die beiden Verbrechen der Einfuhr nach
§ 30 Abs. 1 Nr. 4 BtMG zu einer Tat (*BGH* NStZ 1994, 135 = StV 1994, 84). In
einem solchen Fall kann, falls nicht ein Hinweis nach § 265 StPO gegeben werden
muss, die vom Tatrichter für angemessen erachtete Gesamtstrafe als Strafe für das
einheitliche Delikt Bestand haben, wenn das Revisionsgericht ausschließen kann,
dass der Tatrichter bei umfassender Annahme von Tateinheit das Unrecht der Tat
oder die Schuld des Angeklagten geringer bewertet hätte (*BGH* NStZ 1994, 135 =
StV 1994, 84). Hat ein Angeklagter im Ausland Substanzen ohne Betäubungsmittelwirkstoff gekauft und als Betäubungsmittel eingeführt, nach Feststellung des
Mangels zu Umtauschzwecken wieder ins Ausland zurückgebracht und nach Umtausch echte Betäubungsmittel nach Deutschland eingeführt **(Einheit von Ein-
kaufs- und Umtauschfahrt),** so liegt nur eine Einfuhrhandlung im Rechtssinne
vor in Tateinheit mit einem untauglichen Versuch von Einfuhr von Betäubungsmitteln (*BGH* NStZ 2005, 232).

III. Einführen und Besitzen

269   Die Einfuhr verdrängt den Auffangtatbestand des Besitzes (BGHSt 25, 385;
BGH NStZ 1981, 352 = StV 1981, 625).

IV. Einführen und Ausführen/Durchführen

270   **1. Verschiedene Schmuggelverstecke.** Ein Flugreisender, der im **Handgepäck, Reisegepäck und in aufgegebener Flugfracht** Betäubungsmittel mit
sich führt und dessen Betäubungsmittel bei einem Transitaufenthalt durch Rauschgifthunde entdeckt werden, macht sich strafbar wegen **vollendeter Einfuhr** der
im Handgepäck geschmuggelten Betäubungsmittel in Tateinheit mit **versuchter
Einfuhr** der im Koffer geschmuggelten Betäubungsmittel und in Tateinheit mit
versuchter Durchfuhr der in der Flugfracht befindlichen Betäubungsmittel
(*BGH* NStZ 1984, 28 = StV 1983, 505). Mangels genereller Zugriffsmöglichkeit
zur Flugfracht erfüllte das Verbringen der Betäubungsmittel in der Flugfracht den
Tatbestand der versuchten Durchfuhr. Gleiches gilt, wenn der Täter bei einem
Zwischenstopp in Deutschland mit inkorporierten Betäubungsmitteln auffällt
(vollendete Einfuhr, s. Rn. 166) und zusätzlich Betäubungsmittel in einem aufgegebenen Koffer transportiert, der ihm beim Zwischenaufenthalt nicht zur Verfügung steht (versuchte Durchfuhr); auch hier stehen diese Delikte in Tateinheit
(*BGH*, Beschl. v. 5. 9. 2008, 2 StR 375/08).

271   **2. Transitfälle und Durchfuhrfälle.** War von Anfang an sowohl die Einfuhr
als auch die Ausfuhr eines als Luftfracht beförderten Schmuggelkoffers so geplant,

dass das Inland nur als Brücke zwischen Herkunftsland und Empfängerland dienen sollte, **ohne** dass für den Einführenden **im Inland eine Verfügungsmöglichkeit** bestand, so liegt **keine Konkurrenz** vor, sondern der Tatbestand der **Durchfuhr** (*BGH* NJW 1974, 429 = MDR 1974, 243).

Befördert ein Täter bei einer Zugfahrt von Luxemburg durch die Bundesre- **272** publik nach Kopenhagen im Handgepäck Rohopium, so bestand für den Einführenden an dem als Reisegepäck beförderten Koffer im Inland **eine Dispositionsmöglichkeit,** so liegt keine Durchfuhr, sondern **Einfuhr** vor, die zur anschließenden **Ausfuhr** in einer natürlichen Handlungseinheit steht (*BGH* NJW 1974, 429 = MDR 1974, 243). Wird die Ausfuhr erst später geplant, z. B. wegen Absatzschwierigkeiten im Inland, so liegt Tatmehrheit mit der Einfuhr vor. Fasst der Täter nach dem Erwerb einen neuen Vorsatz, die Betäubungsmittel ein- oder auszuführen, beschließt er nach der Ein- und Ausfuhr die Betäubungsmittel erneut ins Inland zu verbringen, so liegt **Tatmehrheit** vor.

V. Einführen und allgemeine Straftaten

Zwischen der unerlaubten Einfuhr von Betäubungsmitteln und dem unerlaubten **273** **Führen einer Schusswaffe** bei der Schmuggelreise besteht Tateinheit (vgl. *BGH* StV 1997, 638; *BGH* NStZ 1999, 360; *BGH* NJW 1999, 3206 = StV 1999, 650; *Frankfurt* StRR 2009, 115; *Wesemann/Voigt* StraFo 2010, 452, 454). Die Einfuhr einer Waffe und die Einfuhr von Betäubungsmittel, beides beim gleichen Grenzübertritt im gleichen PKW verborgen, stellen verfahrensrechtlich eine Tat dar (*BGH* NStZ 1989, 38 = StV 1989, 48;).

Reist ein Täter ohne gültigen Pass zum Zwecke der Einfuhr und des Handel- **274** treibens mit Betäubungsmitteln ein, so stehen die BtMG-Tatbestände mit dem **Missbrauch von Ausweispapieren** in Tateinheit (*BGH*, Beschl. v. 4. 2. 1987, 2 StR 619/86).

Zwischen der unerlaubten Einfuhr von Betäubungsmitteln und **Straßenver- 275 kehrsgefährdung** nach §§ 315 b Abs. 1 Nr. 3, Abs. 3 StGB besteht Tateinheit, wenn der Täter mit seinem Schmuggelfahrzeug den Zöllner umzufahren versucht (*BGH* [*Holtz*] MDR 1980, 455).

Erfolgte die unerlaubte Einfuhr von Betäubungsmitteln im Zusammenhang mit **276** einer **Trunkenheitsfahrt nach § 316 StGB,** so stehen beide in Tateinheit, da die Einfuhr und das Fahren und Alkohol- oder Drogeneinfluss regelmäßig in einem engem Beziehungs- und Bedingungszusammenhang stehen (BGHR BtMG § 29 Strafklageverbrauch 7 = StV 1995, 62; *BGH* NStZ 2009, 705 = StV 2010, 119 = NZV 2010, 39; *Patzak/Bohnen* Kap. 2, Rn. 147 f.). Liegt neben der Einfuhr ein Fahren unter Drogeneinfluss nach § 24 a Abs. 2 StVG vor, tritt die Ordnungswidrigkeit nach § 21 Abs. 1 OWiG hinter die Straftat zurück (s. dazu Vorbem. §§ 29 ff. Rn. 277).

Auch mit **Diebstahl** kann die Einfuhr tateinheitlich zusammentreffen, z. B. **277** wenn die Einfuhr unmittelbar dem Bergen der gestohlenen Betäubungsmittel dient (ähnlich RGSt. 54, 247) oder wenn die Betäubungsmittel in einem eigens für den Schmuggel gestohlenen Pkw über die Grenze gebracht werden. Werden beim Einfuhrschmuggel **Körperverletzungen** gegen Zollbeamte, **Beleidigungen, Bedrohungen, Bestechungen** begangen, so stehen sie mit der Einfuhr in Tatmehrheit.

VI. Einführen und Abgabedelikte

1. Steuerhinterziehung. Bei der Einfuhr von Betäubungsmitteln, die nicht **278** Gegenstand des von den zuständigen Stellen streng überwachten Vertriebs zur Verwendung für medizinische und wissenschaftliche Zwecke sind, also z. B. Morphin, Heroin und Kokain, **entsteht weder eine Zollschuld** (*EuGH* NStZ 1983, 79 m. Anm. *Endriß* StV 1983, 12) **noch eine Einfuhrumsatzsteuerschuld** (*EuGH* NStZ 1984, 268 = StV 1984, 150; EuGHE 1988, 3669). Daher scheidet bei einer unerlaubten Einfuhr von Betäubungsmitteln eine Steuerhinterziehung aus (*Weber* § 29 Rn. 878; *Hügel/Junge/Lander/Winkler* § 29 Rn. 5.7).

279   **2. Bannbruch.** Neben der Verurteilung wegen unerlaubter Einfuhr von Betäubungsmitteln kommt jedenfalls eine Bestrafung wegen einfachen Bannbruchs nicht in Betracht, da § 372 AO wegen der im § 372 Abs. 2 AO enthaltenen Subsidiaritätsklausel gegenüber § 29 Abs. 1 BtMG zurücktritt (*BGH* StV 1981, 277). Zwischen den **bewaffneten Bannbruch** (§ 373 Abs. 2 Nr. 1 und Nr. 2 AO) und dem **bandenmäßigen Bannbruch** (§ 373 Abs. 2 Nr. 3 AO) dagegen ist Tateinheit möglich (*Weber* § 29 Rn. 879; *Hügel/Junge/Lander/Winkler* § 29 Rn. 5.7).

K. Strafklageverbrauch

I. Strafklageverbrauch durch inländische Verurteilung

280   Ist ein Tatgericht irrtümlich davon ausgegangen, der Angeklagte habe das veräußerte Rauschgift im Inland erworben, obwohl er es selbst nach Deutschland eingeführt hatte, so steht die Verurteilung wegen Handeltreibens einer Verurteilung der später entdeckten und angeklagten Einfuhr von Betäubungsmitteln entgegen, da die Betäubungsmittel, mit denen Handel getrieben wurde, zum Teil aus der nunmehr angeklagten Einfuhr stammten und beide Delikten eine Tat i. S. v. § 264 StPO darstellen (BGHR BtMG § 29 Strafklageverbrauch 3 = StV 1991, 8). Transportierte ein Täter bei einzelnen Fahrten Betäubungsmittel, Waffen und Prostituierte über die Grenze und wurde er zunächst wegen der Einfuhr von Waffen und wegen Menschenhandels bestraft, so kann er nicht wegen des gleichzeitigen Betäubungsmitteltransportes zum 2. Mal bestraft werden. Vielmehr tritt Strafklageverbrauch ein (*Braunschweig* NStZ-RR 1997, 80).

II. Strafklageverbrauch nach Art. 54 SDÜ

281   In der deutschen Denkschrift zu dem **Schengener Übereinkommen** v. 19. 6. 1990 heißt es, durch Art. 54 bis 58 SDÜ werde seitens der Bundesrepublik der Grundsatz des Art. 103 Abs. 3 GG **„ne bis in idem",** der bisher nur für inländische Urteile galt, **auch auf ausländische Urteile erstreckt.** Das Verbot mehrmaliger Bestrafung wegen derselben Tat in Art. 103 Abs. 3 GG bezieht sich **nicht nur** auf **Urteile,** sondern **auch** auf **andere verfahrensabschließende Sachentscheidungen der Strafgerichte.** Dabei kommen ausländische **Verurteilungen und Freisprüche** in Betracht. Bei einem Angeklagten, der von einem Gericht in Maastricht/Niederlande wegen Ausfuhr von ca. 500 g Kokain freigesprochen wurde, ist in der Hauptverhandlung wegen Einfuhr von 500 g Kokain aus den Niederlanden nach Deutschland zu prüfen, ob es sich um die gleiche prozessuale Tat handelte und ob der niederländische rechtskräftige Freispruch zum Strafklageverbrauch nach Art. 54 SDÜ führte. Das Schengener Durchführungsübereinkommen ist seit dem 26. 3. 1995 für Deutschland und die Niederlande in Kraft gesetzt. Der rechtskräftige Freispruch kann Strafklageverbrauch bewirken (BGHSt. 46, 307 = NStZ 2001, 557). Zur Klärung dieser Frage ist das Urteil aufzuheben und die Sache an den Tatrichter zurückzuverweisen (BGHSt. 16, 399 = NJW 1962, 646; *BGH* NStZ 1998, 360 = StV 1998, 595).

L. Verfahren

I. Tatort

282   Tatort bei der Einfuhr ist wegen des gleichzeitig gegebenen Besitzes von Betäubungsmitteln an jedem Ort der Transitroute anzunehmen (vgl. *BGH* NStZ 2007, 287 [zum Handeltreiben]; *Patzak/Bohnen* Kap. 5, Rn. 2).

283   Erfolgt die Übergabe von Betäubungsmitteln an den Erwerber im Ausland, wobei die Betäubungsmittel aber für einen Ort im Inland bestimmt sind, so liegt der Tatort nach § 9 StGB auch am Bestimmungsort, selbst wenn die Betäubungsmittel nicht dorthin gelangt sind (*BGH* NStZ 1997, 286).

II. Individualisierung

Die Schmuggeltransporte müssen nach **Zahl, Ort, Zeit, Betäubungsmittel-** 284
menge, Betäubungsmittelwirkstoff, Schmuggelversteck, Schmuggel-
zweck, Schmuggelhonorar in Anklageschrift und Urteil konkretisiert werden.
Der Richter muss im Rahmen der Überzeugungsbildung eine bestimmte Anzahl
von Straftaten in ihren wesentlichen Merkmalen feststellen und von anderen
gleichartigen Straftaten ohne Hochrechnungen und Schätzungen abgrenzen (vgl.
BGHSt. 40, 390 = NStZ 1995, 297 = StV 1995, 337). Der Tatrichter hat die Verpflichtung, die festgestellte **Mindestzahl der Einzelakte** und die **Mindestmen-**
ge an Betäubungsmitteln anzugeben, für jeden Einzelakt zu prüfen, ob und in
welcher Art dieser den gesetzlichen Tatbestand erfüllte und als solcher strafbar ist.
Jeder Einzelakt muss alle objektiven und subjektiven Deliktsvoraussetzungen erfüllen. Bei Serienstraftaten muss aber nicht jede einzelne Straftat mit allen individuellen Tatumständen konkretisiert werden. Es reichen die Merkmale aus, die eine
Unterscheidung der einzelnen Straftaten erlauben (BGHR StPO § 261 Überzeugungsbildung 28 [3 StR 18/97]).

III. Urteilsformel

Da die unerlaubte Einfuhr sich nach § 29 Abs. 1 S. 1 Nr. 1 BtMG als Vergehen, 285
nach § 30 BtMG als Verbrechen darstellt, reicht eine Tenorierung wegen unerlaubter Einfuhr von Betäubungsmitteln nicht aus. Der Urteilsformel muss nämlich zu
entnehmen sein, gegen welche der beiden Einfuhrvorschriften der Angeklagte
verstoßen hat. Im Falle des § 30 BtMG muss es daher heißen, wegen unerlaubter
Einfuhr von Betäubungsmitteln in nicht geringer Menge.

IV. Beschränkte revisionsrechtliche Kontrolle bei der Frage
Täterschaft/Teilnahme

Der *BGH* hat dem Tatrichter für die Wertung zwischen Täterschaft und Teil- 286
nahme einen Beurteilungsspielraum eröffnet. Solange das angefochtene Urteil
erkennen lässt, dass der Tatrichter die Abgrenzungsmaßstäbe zwischen Täterschaft
und Teilnahme richtig erkannt und den Sachverhalt vollständig gewürdigt hat, hat
das Revisionsgericht die Entscheidung des Tatrichters hinzunehmen, selbst wenn
eine andere tatrichterliche Entscheidung möglich gewesen wäre (BGHSt. 43, 153
= NStZ 1998, 49; *BGH* NStZ-RR 2001, 148; *BGH* NStZ-RR 2005, 71; *BGH*
NStZ 2007, 531)

V. Beweisführung

1. Umgang mit dem bestreitenden Angeklagten. Die Aufklärungspflicht 287
gebietet es, einen oder mehrere vom Angeklagten vor oder in der Hauptverhandlung **zur Bestätigung seiner bestreitenden Einlassung benannten Zeugen**
zu hören, wenn das Gericht die Überzeugung der Täterschaft des Angeklagten
auf die Angaben von Zeugen vom Hörensagen (*BGH* StV 1993, 114; *BGH* NStZ-
RR 1996, 374) oder auf Erfahrungssätze des täglichen Lebens stützen will. Wird
ein Angeklagter ausschließlich durch einen Mitangeklagten belastet, wird der Tatrichter seiner Aufgabe bei der Beweiswürdigung nur gerecht, wenn er **alle nahe**
liegenden Motive einer Falschbelastung durch den Mitangeklagten in seine
Überlegungen einbezogen hat, hier Falschbelastung, um den wirklichen Abnehmer
der Betäubungsmittel zu decken (BGHR BtMG § 29 Beweiswürdigung 7 =
StV 1992, 97). Die Prüfung der Glaubwürdigkeit eines Belastungszeugen ist dann
unvollständig, wenn das Gericht dem Angaben deswegen Glauben schenkt, weil der
Zeuge sich selbst belastet habe, und **außer Betracht lässt, dass der Zeuge sich**
im Hinblick auf § 31 BtMG im eigenen Verfahren entlasten wollte (*BGH*
StV 1992, 98).

288   **2. Umgang mit Indizien und Erfahrungssätzen.** Der Umstand, dass es bei einem sukzessiven Aussageverhalten des Angeklagten zu Widersprüchlichkeiten und Unglaubhaftigkeiten kommt, darf zwar im Rahmen des Indizienbeweises herangezogen werden, kann aber nicht einziges Fundament eines Beweises des bestrittenen Tatvorsatzes sein. **Aus Zweifeln an der Darstellung des Angeklagten kann kein Schuldnachweis geführt werden.** Bestehen keine schlüssigen objektivierbaren Beweisindizien über eine Verstrickung des Angeklagten in Drogenhandel oder Drogenschmuggel wie z.B. nachweisbare Kontakte zu Drogenhändlern, so reicht dies zum Nachweis des Vorsatzes nicht aus. **An die Stelle von Beweisen dürfen keine allgemeinen Überlegungen oder Erfahrungen** aus anderen Drogenprozessen treten. Die Überlegung der Anklagebehörde, kein Auftraggeber würde eine unbekannte und uneingeweihte Person mit einer großen wertvollen Menge Betäubungsmittel auf eine Reise schicken, ist im konkreten Fall zwar als Vorhalt in der Hauptverhandlung geeignet, nicht aber ausreichend, einen Tatnachweis gegen den Angeklagten zu führen. Die Überlegung kann zwar zutreffen, beweist aber nicht, dass sich der Fall so verhielt. Denn es ist nicht bewiesen, dass illegale Drogenhändler sich benehmen wie redliche und sorgfältig kalkulierende Kaufleute. Die Überlegung würde im Übrigen eine Erfolgshaftung bedeuten. Aus der Tatsache des Drogenfundes würde auf das Wissen des Transporteurs geschlossen. **Vermutungen und allgemeine Überlegungen ersetzen keine Beweismittel und sind kein Fundament für einen Schuldspruch.**

289   Stützt sich die Beweiswürdigung in rechtsfehlerhafter Weise auf **Erfahrungssätze des täglichen Leben, die es tatsächlich nicht gibt** und einer festen Tatsachengrundlage entbehren oder wird ein angeblicher Erfahrungssatz nicht nachvollziehbar dargelegt, so hält die Beweiswürdigung einer rechtlichen Überprüfung nicht stand und das Urteil wird aufgehoben. Es kann nicht vorausgesetzt werden, dass Angeklagte aus Kolumbien wissen, an welchen Tagen in der Weihnachtszeit deutsche Behörden nicht erreichbar sind. Es widerspricht nicht der Lebenserfahrung, dass ein Angestellter des Angeklagten plötzlich zum Auftraggeber der Reise des Angeklagten geworden sei, dass eine Kolumbianerin in der Weihnachtszeit ihr Kind zu Hause zurücklässt, um sich auf eine ungewisse Auslandsreise zu begeben. Es entspricht nicht der Lebenserfahrung, dass eine Frau, die sich mit Hartschalenkoffern nicht auskennt, anhand eines um 1,4 kg erhöhten Koffergewichts auf einen doppelten Boden mit Rauschgift schließen muss (BGHR BtMG § 29 Beweiswürdigung 8 = StV 1993, 116). Der Umstand, dass ein Angeklagter sich wort- und widerspruchslos festnehmen lässt und dem Mittäter, der nach Angaben des Angeklagten durch falsche Angaben in die Sache hineingezogen hat, keine Vorwürfe macht, kann nicht zu Lasten des Angeklagten verwertet werden, da darin eine unzulässige Verwertung des Schweigens des Angeklagten läge (*BGH* StV 1989, 383). Es gibt keinen allgemeinen Erfahrungssatz mit einer Wahrscheinlichkeitsaussage des Inhalts, dass Kuriere für den Transport von 3 kg Kokain nicht mehr als 3.000 US-Dollar erhalten und dies allgemein bekannt sei, wonach aus einem höheren Kurierlohn das Wissen um eine größere Kokainmenge im Versteck geschlossen werden könne (*BGH* NStZ 1993, 95 = StV 1993, 116). Es gibt keinen allgemeinen Erfahrungssatz, wonach für den Transport von bis zu 3 kg Goldstaub ein erheblich unter 1.500 US-\$ liegender Kurierlohn gezahlt würde und dies in Paraguay bekannt sei (*BGH* StV 1995, 525; zum Erfahrungswissen über die Höhe des Kurierlohns vgl. BGHR BtMG § 29 Beweiswürdigung 12 = StV 1993, 116).

290   Bei einem **bestreitenden Kurierbegleiter** hat der *BGH* es für die Überzeugungsbildung des Gerichts als ausreichend und folgende Umstände für den Schluss des Gerichts, dass der Angeklagte als Kurierbegleiter einreiste, als rechtsfehlerfrei angesehen. Seine Überzeugung von der Mittäterschaft des Angeklagten stützte das *LG* nicht nur auf die wechselnden und nicht einleuchtenden Angaben zum Grund und zur Finanzierung der Europareise, sondern auch darauf, dass der Angeklagte **Flug- und Bahnfahrscheine für genau dieselbe Reiseroute mit demselben Verkehrsmittel** wie die Kuriere hatten. Die Flüge und Weiterfahrten für die 3 Personen waren bei **derselben Agentur,** in Bogota unter **derselben Code-**

nummer mit fortlaufenden Nummern gebucht, ausgestellt und ausgehändigt
worden (*BGH*, Urt. v. 6. 10. 1993, 2 StR 349/93).

Teil 6. Unerlaubtes Ausführen von Betäubungsmitteln
(§ 29 Abs. 1 S. 1 Nr. 1 BtMG)

Übersicht

A. Zweck der Vorschrift

Auch bei der Ausfuhr dient die Vorschrift dem Schutz der **Volksgesundheit.** **1**
Die Auffassung, die illegale Ausfuhr gefährde nicht die Volksgesundheit, sondern
bewahre sie, weil gefährliche Betäubungsmittel außer Landes geschafft werden,
überzeugt nicht. Auch Betäubungsmitteldelikte, die von Bundesbürgern, Ausländern oder Staatenlosen ohne behördliche Erlaubnis im Ausland begangen werden,
gefährden die Gesundheit von Deutschen und Ausländern im Ausland und können
in der Bundesrepublik Deutschland auch strafrechtlich verfolgt werden, wenn sie
der deutschen Strafgewalt unterliegen und sich als unbefugter Vertrieb i. S. d. § 6
Nr. 5 StGB darstellen. Die internationalen Einheits-Übereinkommen von 1961
und 1971 und die Anwendung des Weltrechtsprinzips gebieten, die Bekämpfung
der Rauschgiftkriminalität nicht auf den Schutz der deutschen Bevölkerung zu
beschränken, sondern die Volksgesundheit in allen Unterzeichnerstaaten der
Suchtstoffabkommen einheitlich und gemeinschaftlich zu bewahren. Dies findet
jedoch dort eine Grenze, wo die Strafverfolgung von Betäubungsmitteldelikten im
Ausland nicht mit dem deutschen Recht vereinbar ist. Da die Bundesrepublik
Deutschland in der Regel kein Drogenherkunftsland ist, sondern einen Drogenab-
satzmarkt darstellt, ist die Ausfuhr in der Praxis nur von geringer Bedeutung.

B. Objektiver Tatbestand

I. Betäubungsmittel

Zur Erfüllung des Tatbestands ist erforderlich, dass der Täter **Betäubungsmittel** **2**
i. S. d. BtMG ausführt (zur Betäubungsmitteleigenschaft s. § 1 Rn. 20 ff.). Hat der
Angeklagte erst nach der Einfuhr der Substanzen in Deutschland festgestellt, dass
diese keine Betäubungsmittelwirkstoffe enthalten, und transportiert deshalb zu
Reklamationszwecken und zum Umtausch diese Substanzen wieder ins Ausland

zurück, so scheidet mangels Betäubungsmitteleigenschaft eine Ausfuhr von Betäubungsmitteln aus (*BGH* NStZ 2005, 232).

3   Auch die Ausfuhr **von ausgenommenen Zubereitungen**, die nach § 2 Abs. 1 Nr. 3 BtMG grundsätzlich nicht dem BtMG unterfallen, ist nach § 29 Abs. 1 S. 1 Nr. 1 BtMG strafbewehrt, da die betäubungsmittelrechtlichen Vorschriften über die Ein-, Aus- und Durchfuhr nach dem letzten Spiegelstrich in Anl. auch für alle ausgenommenen Zubereitungen der Anl. III – außer solchen mit Codein und Dihydrocodein – gelten (s. § 2 Rn. 47 ff.). Eine weitere Ausnahme besteht bei Barbital (s. § 2 Rn. 51).

II. Ausführen

4   Unter Ausführen ist das **Verbringen der Betäubungsmittel aus dem Geltungsbereich des Betäubungsmittelgesetzes über die deutsche Hoheitsgrenze in das Ausland** zu verstehen (BGHR BtMG § 29 Abs. 1 Nr. 1 Ausfuhr 1 [4 StR 129/06] = BeckRS 2006, 09255). Der Unterschied zur Durchfuhr, bei der auch ein Teilakt in dem Verbringen von Betäubungsmitteln ins Ausland liegt, besteht in der vorhandenen **Verfügungsmöglichkeit** über die Betäubungsmittel bei der Ausfuhr. Durchfuhr liegt nämlich vor, wenn der Täter Betäubungsmittel durch den Geltungsbereich des BtMG ins Ausland befördert, ohne dass es dem Reisenden oder einer dritten Person im Inland zu irgendeinem Zeitpunkt tatsächlich zur Verfügung steht (vgl. BGHSt. 31, 374 = NJW 1983, 1985; s. auch § 29/Teil 14, Rn. 5 ff.).

III. Erlaubnispflicht

5   Nur das **unerlaubte** Ausführen von Betäubungsmitteln aus Deutschland ist nach § 29 Abs. 1 S. 1 Nr. 1 BtMG strafbar. Die **legale** Ausfuhr findet entsprechend den Vorschriften der BtMAHV statt. Bei der Ausfuhr von Betäubungsmitteln als Reisebedarf ersetzt eine ärztliche Bescheinigung die ansonsten notwendige Ausfuhrgenehmigung (§ 15 Abs. 1 BtMAHV). S. dazu auch § 29/Teil 5, Rn. 24 ff.

C. Subjektiver Tatbestand

6   Die Ausfuhr setzt **Vorsatz** voraus, wobei bedingter Vorsatz ausreicht. Auch die **fahrlässige Ausfuhr** ist in § 29 Abs. 4 BtMG mit Strafe bedroht.

D. Versuch
I. Abgrenzung straflose Vorbereitung/Versuch

7   Erst wenn der Betäubungsmitteltransporteur sich unmittelbar **auf die deutsche Grenze zubewegt,** um das deutsche Hoheitsgebiet mit den Betäubungsmitteln zu verlassen, beginnt das Versuchsstadium (§ 29 Abs. 2 BtMG). Beispiele für **Vorbereitungshandlungen** der Ausfuhr sind:
– Das **Verborgenhalten von Schmuggelgut im hergerichteten Tank** eines Schmuggelkraftfahrzeuges für die Ausfuhr,
– das allgemeine **Bereitstellen oder Bereithalten von Schmuggelwaren zur verbotenen Ausfuhr** (BGHSt. 20, 152),
– die **Versendung der Schmuggelware an einen Mittelsmann** im Grenzort zur verbotenen Ausfuhr,
– **das Anlegen eines Warenlagers in Grenznähe** zum möglichen Absatz an Schmuggler,
– das **Verbringen von Schmuggelware von einem Grenzanwohner in seine Wohnung,** um sie mangels eines Abnehmers bei Gelegenheit über die Grenze zu schmuggeln,
– der **Einkauf von Schmuggelware** im Freihafen zum Zwecke der Ausfuhr (*Hamburg,* Beschl. v. 3. 4. 1951, Ss 24/51),
– der **Diebstahl von Betäubungsmitteln zum Schmuggeln im Freihafen** und die alsbaldige Dereliktion (BGHSt. 18, 242, 245).

Wird ein Rauschgiftkurier im Transit auf dem Frankfurter Flughafen bei der 8
Flugreise von Pakistan nach Malaga mit 1500 g Heroin im Reisegepäck festgenommen und fordert er im Auftrag des Zollfahndungsamtes von seinen Auftraggebern einen Kurier an, der an seiner Stelle wegen seiner angeblichen Schwierigkeiten mit der Ausländerbehörde den Heroinkoffer von Frankfurt nach Malaga bringen könnte und wird dieser Ersatzkurier **vor Übernahme des Koffers** in Frankfurt am Main festgenommen, so kann in diesem Bemühen um die Inbesitznahme und den Weitertransport des Heroinkoffers allenfalls ein **versuchtes Handeltreiben,** aber **keine versuchte Ausfuhr (= Vorbereitungshandlung)** gesehen werden. Eine Verurteilung wegen vollendeten Handeltreibens käme nur in Betracht, wenn dem Angeklagten als Mittäter die Tatbestandsverwirklichung der anderen zuzurechnen wäre. An dem Einfuhrvorgang war der Ersatzkurier aber nicht beteiligt (*BGH* NJW 1987, 720 = StV 1986, 527).

II. Vollendung/Beendigung

Mit Überschreiten der deutschen Grenze ist die **Ausfuhr vollendet,** wobei die 9
Betäubungsmittel nicht in das Hoheitsgebiet eines anderen Staates gelangen müssen; **beendet** ist die Ausfuhr, wenn die Betäubungsmittel im Ausland zur Ruhe gekommen sind (*Weber* § 29 Rn. 900).

E. Täterschaft/Teilnahme

Hinsichtlich Täterschaft und Teilnahme bei der Ausfuhr wird auf die Ausfüh- 10
rungen zur Täterschaft und Teilnahme bei der Einfuhr verwiesen (vgl. § 29/Teil 5,
Rn. 180 ff.).

F. Rechtsfolgen

I. Ausfuhr geringer Mengen

Bei der **Ausfuhr geringer Mengen** kann gem. §§ 29 Abs. 5 BtMG von Strafe 11
und gem. 31 a BtMG von der Strafverfolgung abgesehen werden, wenn diese dem
Eigenkonsum dienen.

II. Besonders schwere Fälle

Bei **gewerbsmäßiger Ausfuhr** liegt ein besonders schwerer Fall des § 29 12
Abs. 3 S. 2 Nr. 1 BtMG vor.

III. Verbrechen

1. Ausfuhr in nicht geringer Menge. Die Ausfuhr von nicht geringen Men- 13
gen von Betäubungsmitteln ist in **§ 29 a Abs. 1 Nr. 2 BtMG nicht als eigene
Tatbestandsalternative genannt**. § 29 a Abs. 1 Nr. 2 BtMG greift aber dennoch
ein, wenn der Täter die Betäubungsmittel in nicht geringer Menge neben der Ausfuhr besitzt oder mit ihnen Handel treibt.

Bei der Ausfuhr von nicht geringen Mengen Betäubungsmitteln **gilt der Ver-** 14
brechenstatbestand des § 30 Abs. 1 Nr. 4 BtMG nicht, sondern nur bei der
Einfuhr von Betäubungsmitteln in nicht geringer Menge.

2. § 30 a BtMG. Die bandenmäßige Ausfuhr von Betäubungsmitteln in nicht 15
geringer Menge und die bewaffnete Ausfuhr sind als Verbrechenstatbestände des
§ 30 a Abs. 1 und Abs. 2 Nr. 2 BtMG mit einer Mindestfreiheitsstrafe von 5 Jahren
bedroht. Gleiches gilt für das Bestimmen von Minderjährigen zur unbefugten Ausfuhr (§ 30 a Abs. 2 Nr. 1 BtMG).

G. Konkurrenzen

Die zum gewinnbringenden Absatz bestimmte Ausfuhr geht regelmäßig als un- 16
selbstständiger Teilakt im Gesamtgeschehen Handeltreiben auf (*BGH* NStZ 1988,
496; *BGH* NStZ 2004, 105 = StV 2003, 501; *Weber* § 29 Rn. 449; a. A. *Niehaus*

JR 2005, 192, 197), es sei denn, es liegt eine Ausfuhr von ausgenommenen Zubereitungen vor (s. dazu § 29/Teil 5, Rn. 265). Der **Besitz** tritt hinter der Ausfuhr zurück.

Teil 7. Unerlaubtes Veräußern von Betäubungsmitteln
(§ 29 Abs. 1 S. 1 Nr. 1 BtMG)

Übersicht

A. Objektiver Tatbestand
I. Betäubungsmittel

1 Ein Veräußern von Betäubungsmitteln i. S. d. § 29 Abs. 1 S. 1 Nr. 1 BtMG setzt die **Betäubungsmitteleigenschaft** der übergebenen Pflanze oder Substanz voraus (s. dazu § 1 Rn. 20 ff.). Der Täter macht sich gem. § 29 Abs. 6 BtMG aber auch strafbar, wenn er einen Stoff veräußert, der zwar nicht dem BtMG unterstellt ist, vom Täter aber als ein solcher ausgegeben wird (sog. Betäubungsmittelimitate, s. dazu § 29/Teil 29, Rn. 4 ff.).

II. Veräußern

2 **1. Definition.** Veräußern ist die **rechtsgeschäftliche, entgeltliche Übereignung eines Betäubungsmittels unter Einräumung der Verfügungsgewalt** (*Weber* § 29 Rn. 921; MK-StBG/*Kotz* § 29 Rn. 620; *Hügel/Junge/Lander/Winkler* § 29 Rn. 7.1) Wegen des umfassenden Anwendungsbereiches des Handeltreibens bleibt für die Veräußerung nur noch die Fallgruppe übrig, in der der Täter zwar entgeltlich, aber uneigennützig Betäubungsmittel abgibt (s. dazu Rn. 4). Veräußerung kommt nicht in Betracht, wenn der Empfänger der Betäubungsmittel schon als **Mittäter am Erwerb** beteiligt war (BGHSt. 37, 147, 149 = NJW 1991, 306 = StV 1991, 548; *BGH* StV 1984, 248).

2. Vereinbarung eines Entgelts. Veräußerung ist die durch **entgeltliches** **3** **Rechtsgeschäft** qualifizierte Form der Abgabe (BGHSt. 37, 147 = NStZ 1991, 89 m. Anm. *Schoreit-Bartner* = StV 1990, 548); diese Auslegung ist verfassungsrechtlich nicht zu beanstanden (*BVerfG* NJW 1991, 2823). Abgabe ist somit jede Gewahrsamsübertragung an einen anderen zu dessen freier Verfügungsgewalt, sofern die Gewahrsamsübertragung nicht als Veräußerung aufzufassen ist. Das Entgelt muss nicht in Geld bestehen. Veräußerung liegt auch vor, wenn der Kaufpreis mit Gegenansprüchen des Abnehmers verrechnet wird (BGHR BtMG § 29 Abs. 1 Nr. 3 Konkurrenzen 3 [1 StR 466/88]).

3. Uneigennützigkeit. Ein Veräußern liegt nur vor, wenn der Täter die Betäu- **4** bungsmittel uneigennützig gegen Entgelt abgibt, z. B. beim **Verkauf von Betäubungsmitteln zum Selbstkostenpreis** (*BGH* NStZ-RR 1997, 49; *BayObLG* StV 1993, 478) oder beim **Tausch eines Betäubungsmittels (Kokain) gegen ein anderes (Heroin) zum oder sogar unter dem Selbstkostenpreis** (in diesem Fall liegt Tateinheit mit dem unerlaubten Erwerb von Heroin vor: *BGH* NStZ-RR 2001, 118). Bei Eigennützigkeit ist Handeltreiben anzunehmen. Die Übereignung eines Betäubungsmittels ohne Gegenleistung stellt eine Abgabe nach § 29 Abs. 1 S. 1 Nr. 1 BtMG dar (zur Abgrenzung von Veräußern, Abgeben und Handeltreiben s. auch § 29/Teil 8, Rn. 6).

4. Besitzübertragung. Neben der Vereinbarung eines Entgelts ist die tatsächli- **5** che Besitzübertragung erforderlich, d. h. der Empfänger muss über die Betäubungsmittel ungehindert verfügen können (vgl. BGHSt. 52, 271 = NJW 2008, 2596 = StV 2008, 471; *Weber* § 29 Rn. 926). Hieran fehlt es, wenn die Betäubungsmittel einer anderen Person verabreicht oder zum sofortigen Konsum an eine andere Person weitergegeben werden (*BayObLG* NStZ-RR 1998, 149; *Patzak/Bohnen* Kap. 2, Rn. 65). Die Aushändigung des vereinbarten Kaufpreises ist nicht notwendig (*BGH*, Urt. v. 16. 8. 1974, 1 StR 119/74).

III. Die Erlaubnispflicht

Das Fehlen der Erlaubnis nach § 3 BtMG ist Tatbestandsvoraussetzung **6** (s. § 29/Teil 1, Rn. 13).

B. Subjektiver Tatbestand

Der subjektive Tatbestand setzt zumindest bedingten Vorsatz oder Fahrlässigkeit **7** (§ 29 Abs. 1 u. Abs. 4 BtMG) voraus.

C. Versuch
I. Abgrenzung straflose Vorbereitung/Versuch

Die Schwelle zum Versuchsbeginn wird überschritten, wenn der Täter **unmit-** **8** **telbar zur Überlassung der Betäubungsmittel ansetzt**; die bloße Vereinbarung, die Betäubungsmittel später zu übergeben, und eine Anzahlung auf den Kaufpreis reichen dafür nicht aus (*BayObLG* StV 1993, 478). Eine versuchte Veräußerung ist aber mit Übergabe von Betäubungsmitteln an einen Boten des Empfängers bzw. mit Übergabe an ein Versendungsunternehmen zu bejahen (*Weber* § 29 Rn. 937).

II. Vollendung/Beendigung

Die Abgrenzung von Versuch und Vollendung hängt von der tatsächlichen Be- **9** sitzübertragung ab (*Frankfurt*, Beschl. v. 21. 6. 2004, 1 Ss 126/04). Die Tat ist **vollendet**, sobald eine Einigung über die Entgeltlichkeit erzielt wurde und anschließend eine Besitzübertragung stattgefunden hat. Weder auf die Rechtmäßigkeit des

Vertrages noch auf die Zahlung des Kaufpreises kommt es an (BGHR BtMG § 29 Abs. 1 Nr. 1 Handeltreiben 15 [3 StR 503/88]). **Beendet** ist die Veräußerung mit Leistung des Entgelts (*Weber* § 29 Rn. 941).

D. Rechtsfolgen

I. Veräußern geringer Mengen

10   Bei der Veräußerung von geringen Mengen Betäubungsmitteln kann gem. den §§ 29 Abs. 5 und 31a BtMG nicht von Strafverfolgung bzw. Strafe abgesehen werden, weil die Veräußerung nicht im Katalog dieser Bestimmungen enthalten ist und nicht dem Eigenkonsum dient. Hier ist aber bei geringer Schuld und wenn kein öffentliches Interesse an der Strafverfolgung besteht, eine Einstellung nach § 153 StPO möglich.

II. Verbrechen

11   **1. § 29a BtMG.** Die **unerlaubte Abgabe von nicht geringen Mengen** von Betäubungsmitteln ist als Verbrechen nach § 29a Abs. 1 Nr. 2 BtMG mit einer Mindeststrafe von 1 Jahr bedroht. Da die unerlaubte Veräußerung von Betäubungsmitteln die durch ein entgeltliches Rechtsgeschäft **qualifizierte Form der unerlaubten Abgabe** von Betäubungsmitteln darstellt, ist bei Veräußerung nicht geringer Mengen Betäubungsmittel ebenfalls der Verbrechenstatbestand des § 29a Abs. 1 Nr. 2 BtMG erfüllt (*BGH* NStZ 1991, 89 = StV 1990, 548 [zu § 29 Abs. 3 S. 2 Nr. 4 BtMG a. F.]).

12   Die Abgabe von Betäubungsmitteln – unabhängig von der Menge – **durch eine Person über 21 Jahren an eine Person unter 18 Jahren** ist in § 29a Abs. 1 Nr. 1 BtMG als Verbrechen ausgestaltet.

13   **2. § 30 BtMG.** Als qualifizierte Form der Abgabe greift bei der Veräußerung von Betäubungsmitteln mit Todesfolge auch der Qualifikationstatbestand des § 30 Abs. 1 Nr. 3 BtMG mit einer Strafandrohung von mindestens 2 Jahren Freiheitsstrafe ein.

14   **3. § 30a BtMG.** Mit einer Mindestfreiheitsstrafe von 5 Jahren wird bestraft, wer als Person über 21 Jahre eine Person unter 18 Jahren zur Veräußerung von Betäubungsmitteln bestimmt (§ 30a Abs. 2 Nr. 1 BtMG).

III. Strafmilderungserwägungen

15   Zu den Strafmilderungsgründen im Allgemeinen s. Vorbem. §§ 29ff. Rn. 124ff. Strafmildernd darf **nicht gewertet** werden, dass der Angeklagte die Betäubungsmittel **zum Selbstkostenpreis** abgibt, da dies Tatbestandsvoraussetzung ist. Strafmildernd kann aber z. B. berücksichtigt werden, dass der Angeklagte:

– **nur geringe Mengen** weitergibt,
– **nur „weiche" Drogen** veräußert,
– einem gesundheitlich angegriffenen Heroinkonsumenten die **Mühen des Drogenerwerbs abnehmen** und **vor** den einsetzenden **Entzugsschmerzen bewahren** will.

IV. Strafschärfungserwägungen

16   Zu den Strafschärfungsgründen im Allgemeinen s. Vorbem. §§ 29ff. Rn. 211ff. Strafschärfend kann sich u. a. erweisen, dass der Veräußerer

– **große Betäubungsmittelmengen** weitergibt,
– mit seinem kostengünstigen Angebot den **Käufer zu einem Großeinkauf bzw. Rückfall** in den Drogenkonsum **verführt,**
– **schlechte** bzw. **gefährliche Stoffgemische** abgibt,
– Rauschgift veräußert, um die Abnehmer anschließend **bei der Polizei anzuzeigen,** damit diese unabhängig von seiner eigenen Strafverfolgung ihren Ar-

beitsplatz bzw. Führerschein verlieren bzw. **Gegenstand eines öffentlichen Skandals** werden.

Nicht strafschärfend gewertet werden darf, dass der Angeklagte **gewerbs-** **17** **mäßig** oder **eigennützig** handelt, weil diese Umstände die Annahme des Tatbestandes des Handeltreibens bedingen.

E. Konkurrenzen

I. Veräußern und Abgeben

Die Veräußerung geht als **qualifizierte Form der Abgabe** vor. Die Veräuße- **18** rung schließt mangels Gewinnerzielungsabsicht und mangels persönlichen Vorteils die Alternative des **Handeltreibens** aus.

II. Veräußern und Erwerben beim Tausch

Bei einem Tausch von Rauschmitteln ohne über den Tausch hinausgehenden **19** wirtschaftlichen Nutzen steht die Veräußerung der einen Betäubungsmittel mit dem Erwerb der anderen Betäubungsmittel in Tateinheit (*BGH* NStZ-RR 2001, 118). Treffen der Erwerb zum Eigenverbrauch und zum Veräußern von Betäubungsmitteln zusammen, so stehen der unerlaubte Erwerb und die unerlaubte Veräußerung ebenfalls in Tateinheit (*BGH* NStZ-RR 1997, 49).

III. Mehrfaches Veräußern aus einer Betäubungsmittelmenge

Veräußert der Täter in mehreren Fällen Betäubungsmittel, die aus einer einmal **20** gekauften Menge stammen, werden die Einzelakte vom Erwerb bis zum Absatz zu einer Tat des Veräußerns zusammengefasst (**sog. Bewertungseinheit**; s. dazu § 29/Teil 4, Rn. 409 ff.; *Patzak/Bohnen* Kap. 2, Rn. 103 f.)

IV. Veräußern und Besitzen

Der Besitz tritt hinter der Veräußerung zurück, wenn die Betäubungsmittel voll- **21** ständig weitergegeben werden. Dient aber nur ein Teil der Betäubungsmittelmenge der Veräußerung, ein Teil wird selbst konsumiert, stehen das Veräußern und der Besitz in Tateinheit (vgl. *BGH* bei *Schoreit* NStZ 1985, 57; *BGH* StV 1998, 593; MK-StGB/*Kotz* § 29 Rn. 644).

Sobald der unerlaubte Besitz von Betäubungsmitteln **eine nicht geringe Men-** **22** **ge** erreicht hat und deshalb als Verbrechen zu bestrafen ist, treten sowohl der unerlaubte Erwerb als auch die unerlaubte Veräußerung von Teilmengen demgegenüber zurück. Der Verbrechenstatbestand des § 29 a Abs. 1 Nr. 2 BtMG wurde u. a. auch deshalb geschaffen, um der von dem Besitz einer nicht geringen Menge von Betäubungsmitteln ausgehenden abstrakten Gefahr der Weitergabe an Dritte, die sich durch das teilweise Veräußern verwirklicht, hinreichend Rechnung zu tragen. Deshalb kommt auch dem unerlaubten Veräußern nach § 29 Abs. 1 S. 1 Nr. 1 BtMG neben dem unerlaubten Besitz von Betäubungsmitteln in nicht geringen Mengen gem. § 29 a Abs. 1 Nr. 2 BtMG keine selbstständige rechtliche Bedeutung mehr zu; die Veräußerung kann aber bei der Strafzumessung des Besitzes nicht geringer Mengen als hinzutretendes Unrecht strafschärfend wirken (*BGH* NStZ 1994, 548 = StV 1995, 26; *BGH* NStZ-RR 1997, 49).

Teil 8. Unerlaubtes Abgeben von Betäubungsmitteln
(§ 29 Abs. 1 S. 1 Nr. 1 BtMG)

Übersicht

A. Zweck der Vorschrift

1   Der Abgabetatbestand dient ebenfalls dem Schutz der **Volksgesundheit** und soll die **Betäubungsmittelverbreitung** und die **Ausweitung der Teilnehmer am Betäubungsmittelverkehr** mit Strafe bedrohen, auch dann, wenn der Täter dabei nicht eigennützig handelt.

B. Objektiver Tatbestand

I. Betäubungsmittel

2   Der Täter muss **Betäubungsmittel i. S. d. BtMG** abgeben (zur Betäubungs-mitteleigenschaft s. § 1 Rn. 20 ff.). Bei Betäubungsmittelimitaten greift § 29 Abs. 6 BtMG ein (s. dazu § 29/Teil 29, Rn. 1 ff.).

II. Abgeben

1. Definition. Abgeben i. S. d. § 29 Abs. 1 S. 1 Nr. 1 BtMG ist **die unerlaubte 3 Übertragung der eigenen tatsächlichen Verfügungsgewalt ohne rechtsgeschäftliche Grundlage und ohne Gegenleistung an einen Dritten**, der über die Betäubungsmittel frei verfügen kann (*BGH* NStZ 1991, 89 = StV 1990, 548; *BGH* NStZ-RR 1999, 89 = StV 1999, 428; *BayObLG* NStZ 2004, 401 = StV 2004, 606). Abgabe kommt nicht in Betracht, wenn der Empfänger der Betäubungsmittel schon **als Mittäter am Erwerb beteiligt war** (BGHSt. 37, 147, 149 = NJW 1991, 306 = StV 1991, 548; *BGH* StV 1984, 248). So macht sich ein Besucher eines Gesundheitsraumes, der für sich und einen Begleiter Betäubungsmittel erworben hat und diese Betäubungsmittelmenge nun für beide abteilt und die Hälfte an den anderen Besucher des Gesundheitsraumes gibt, zwar wegen unerlaubten gemeinschaftlichen Erwerbs, nicht aber wegen Abgabe von Betäubungsmitteln strafbar (vgl. *BGH* StV 1984, 248; *Düsseldorf* StV 1992, 233).

2. Übertragung der Verfügungsgewalt. Eine Abgabe liegt erst vor, wenn der 4 Täter **die tatsächliche Verfügungsgewalt an den Betäubungsmitteln auf den Abnehmer überträgt**. Hierfür ist Voraussetzung, dass der Abnehmer die Betäubungsmittel nach Belieben verbrauchen oder weitergeben kann, woran es z. B. bei der unmittelbaren Verabreichung von Betäubungsmitteln und der unmittelbaren Verbrauchsüberlassung nach § 29 Abs. 1 S. 1 Nr. 6 lit. b BtMG fehlt, da der Empfänger über die Betäubungsmittel nicht frei verfügen kann. Nur ein **Besitzer** kann auch abgeben, da er sonst nicht in der Lage wäre, die tatsächliche Verfügungsgewalt zu übertragen (*Weber* § 29 Rn. 972; vgl. auch *BGH* NStZ-RR 2007, 24).

3. Einzelne Tathandlungen. Als Form der Abgabe kommen insb. das **Verschenken, das Tauschen, das Hinterlegen und das Aufteilen eines Drogenvorrates** unter Fixern in Betracht. Auch das unentgeltliche Überlassen eines Rauschgiftdepots stellt eine Abgabe dar, bei der das Schlüsselübergabe die Betäubungsmittelübergabe ersetzen kann.

4. Abgrenzung Abgeben/Veräußern/Handeltreiben. Im Gegensatz zur 6 Abgabe setzen Veräußerung und Handeltreiben eine Gegenleistung in Form eines Entgelts voraus. Dient die Gewahrsamsübertragung von Betäubungsmittel dem eigennützigen Umsatz von Betäubungsmitteln, so ist **Handeltreiben** gegeben (*BGH* NStZ-RR 1999, 83 = StV 1999, 428). Bei einer uneigennützigen Weitergabe an einen anderen liegt **Veräußern** vor, so z. B. beim **Verkauf zum Selbstkostenpreis** (*BGH* NStZ 1991, 89 = StV 1990, 548). Die Aufteilung einer gekauften Gesamtmenge von Haschisch und Weitergabe von Teilmengen zum Selbstkostenpreis an Freunde ist mangels Eigennutz kein Handeltreiben, sondern **Veräußerung** (*BGH* StV 1984, 248).

Dient die Abgabe dem Umsatz mit Betäubungsmitteln durch einen anderen, so 7 kommt Beihilfe zum Handeltreiben in Betracht, wenn der Täter selbst uneigennützig handelt (*BGH* NStZ-RR 1999, 89 = StV 1999, 428).

III. Erlaubnispflicht

Das Fehlen der Erlaubnis ist Tatbestandsmerkmal. Liegt eine Erlaubnis nach § 3 8 BtMG vor oder gehört der Abgebende zu dem Personenkreis, für den § 4 BtMG Ausnahmen von der Erlaubnispflicht vorsieht, so scheidet der Tatbestand der illegalen Abgabe aus. Handelt es sich um eine erlaubte oder erlaubnisfreie Abgabe von Betäubungsmitteln, so sind die Vorschriften des § 12 BtMG und die der BtMBinn-HV zu beachten.

IV. Täter

Täter kann **jedermann** sein. Es gibt jedoch für die Abgabe von Betäubungsmit- 9 teln durch **Apotheker und deren Hilfspersonal** die spezielle Strafvorschrift des

§ 29 Abs. 1 S. 1 Nr. 7 BtMG, die nicht an § 12 BtMG, sondern an § 13 Abs. 2 BtMG orientiert ist (s. 29/Teil 16, Rn. 3 ff.). Für die unerlaubte Abgabe von Betäubungsmitteln durch **Ärzte** gibt es keine Spezialvorschrift. Auch ein in der Substitutionsbehandlung von Drogenabhängigen tätiger Arzt macht sich wegen unerlaubter Abgabe von Betäubungsmitteln gem. § 29 Abs. 1 S. 1 Nr. 1 BtMG strafbar, wenn und soweit er Betäubungsmittel außerhalb des Anwendungsbereichs von § 13 Abs. 1 BtMG, § 5 BtMVV an drogenabhängige Patienten zur freien Verfügung abgibt (BGHSt. 52, 271 = NStZ 2008, 574 = StV 2008, 471; BGHR BtMG § 13 Abs. 1 Abgabe 1 [3 StR 44/09]; s. dazu im Einzelnen § 29/Teil 15, Rn. 139 f.).

V. Adressaten

10   Adressat einer unerlaubten Abgabe kann **jedermann** sein. Abgabe und Veräußerung kommen nicht in Betracht, wenn der Empfänger der Betäubungsmittel als Mittäter am Erwerb beteiligt war, da hier nicht der Kreis der Teilnehmer am Betäubungsmittelverkehr erweitert wurde, sondern Empfänger wie Abgebender gleiche Befugnisse hatten. Die Abgabe von Betäubungsmitteln an einen **Fötus** erfolgt nicht an einen Dritten i. S. des Gesetzes, weil das Ungeborene rechtlich noch nicht eine eigene schutzwürdige Person ist, die über Betäubungsmittel frei verfügen könnte. In diesem Fall liegt auch keine Körperverletzung gem. § 223 StGB vor, da es sich bei dem Foetus noch nicht um einen geborenen Menschen handelt (vgl. S-S/*Eser/Sternberg-Lieben* § 223 StGB Rn. 1 a). Hat eine heroin- und methadonabhängige Schwangere in der 8. Schwangerschaftswoche Kokain genommen und hat das Kokain die Blutzufuhr unterbrochen und zu einer Verkümmerung der linken Hand und des rechten Fußes des Foetus geführt, so bleiben diese Gesundheitsbeschädigung und Missbildung daher straflos (vgl. auch *Kölbl* SuchtR 1990, 2). Eine betäubungsmittelabhängige Mutter, die ihr Baby durch Stillen mit Drogen versetzter Muttermilch schwer gesundheitlich schädigt, kann sich aber wegen fahrlässiger Körperverletzung strafbar machen.

C. Erscheinungsformen
I. Hinterlegungsfälle

11   Befürchtet ein Drogenverwahrer nach der Festnahme des Dealers und Drogenhinterlegers eine Hausdurchsuchung und gibt deshalb den Stoff in Teilmengen kostenlos an Landsleute des Dealers zum Verstecken der Drogenvorräte weiter, so macht er sich wegen Abgabe strafbar. Der Hinterleger von Rauschgift behält während der Dauer der Verwahrung mittelbaren Besitz (BGHSt. 27, 380 = NJW 1978, 1696). Durch die Verwahrung ist seine Möglichkeit, über das Rauschgift nach Belieben zu verfügen, nicht eingeschränkt. Ein Verwahrer, der den mittelbaren Besitz des Hinterlegers als fortbestehend anerkennt und keine eigene Verfügungsgewalt in Anspruch nimmt, hat gleichwohl Besitz. Gibt der Verwahrer das Rauschgiftpaket an den Hinterleger zurück, so ist dies keine Abgabe, da der Hinterleger keine zusätzliche Verfügungsgewalt erlangt. Gibt der Verwahrer das Rauschgiftpaket an einen Dritten weiter, so ist Abgabe oder Handeltreiben gegeben (*BGH* StV 1981, 127).

II. Transportfälle

12   Grundsätzlich kann ein Auftraggeber sowohl auf der **Lieferantenseite** als auch auf der Empfängerseite einem Boten die tatsächliche Verfügungsmacht einräumen. Übergibt ein Dealer Betäubungsmittel an einen Kurier bzw. Boten zum Transport, so liegt keine Abgabe vor, wenn er dem Kurier nicht die unbeschränkte Verfügungsgewalt einräumt. Wer Rauschgift lediglich zum Zwecke des Überbringens erhält und an ihm keine eigene Verfügungsgewalt erlangt und entsprechend einem ihm erteilten Auftrag handelt, macht sich nicht wegen Abgabe oder Veräußerung eines Betäubungsmittels strafbar. Hierzu wäre die Weitergabe einer eigenen Verfü-

gungsgewalt des Übertragenden erforderlich, die jedoch ein bloßer Bote oder Besitzdiener nicht hat (*BayObLG* NStZ 2004, 401 = StV 2004, 606).

Auch auf der **Empfängerseite** kann ein Besitzdiener in Gestalt eines Boten bereits die tatsächliche Verfügungsmacht über Betäubungsmittel nach deren Aushändigung an ihn dem vorgesehenen Empfänger vermitteln. In diesem Fall hat der Bote keine eigene Verfügungsgewalt, sondern übt die Verfügungsgewalt für den Empfänger schon vor der Ablieferung an ihn aus, zumindest solange er sich im Rahmen des Auftrags bewegt. Der Bote kann dem Empfänger jedoch nur dann den Besitz vermitteln und für ihn die Verfügungsgewalt ausüben, wenn auch dieser ohne Schwierigkeiten über die Betäubungsmittel verfügen kann. Dies wäre bei Einlagerung eines mit Betäubungsmitteln gefüllten Behältnisses bei der Gepäckaufbewahrung (BGHSt. 27, 380 = NJW 1978, 1696) oder bei Hinterlegung bei einem Verwahrer, der die Betäubungsmittel für den Empfänger aufbewahrt (*BGH* StV 1981, 127), unproblematisch. **13**

III. Drogenschmuggel in die JVA

Übergibt jemand an einen Freigänger Betäubungsmittel, die dieser bei seiner Rückkehr für sich zum Eigenverbrauch mitnehmen will, so liegt mit der Aushändigung vollendete Abgabe vor. Gibt jemand einem Freigänger, der Bote eines Strafgefangenen ist, bei dessen Rückkehr in die JVA Betäubungsmittel mit, so findet eine Abgabe an den Empfänger erst nach Überwindung der JVA-Eingangskontrollen statt. Denn eine Besitzvermittlung über den Boden entfällt so lange, wie der Empfänger wegen seiner Inhaftierung keine tatsächliche Gewalt ausüben kann. Es kommt bei Entdeckung des Schmuggelversuchs durch den Boten nur eine versuchte Abgabe in Betracht (*BayObLG* NStZ 2004, 401 = StV 2004, 606). Handelt der Drogenbeschaffer jedoch aus Eigennutz, so liegt bereits vollendetes Handeltreiben mit der Übergabe an den Boten vor. **14**

IV. Rückgabefälle

Die Rückgabe von Betäubungsmitteln ist keine Abgabe i. S. d. BtMG, wenn der Empfänger zuvor selbst die Verfügungsgewalt über das BtMG hatte und diese Gewalt – sei es freiwillig etwa durch Hingabe zu zeitweiliger Verwahrung, sei es unfreiwillig etwa durch Diebstahl – an den Zurückgebenden verloren hat. Denn der unerlaubten Abgabe macht sich nur strafbar, wer den Kreis der Bezugspersonen für die Betäubungsmittel verbreitet (BGHSt. 37, 147, 149 = NJW 1991, 306 = StV 1991, 548). **15**

V. Polizeiliche Überlassung von Betäubungsmitteln zur alsbaldigen Überführung und Sicherstellung

Überlässt ein Polizeiagent bei der Anbahnung eines größeren Kokaingeschäftes an den Angeklagten Kokain **unter polizeilicher Kontrolle,** um im Rahmen eines kontrollierten Transportes Kauf- bzw. Verkaufsinteressenten zu überführen und Betäubungsmittel zu beschlagnahmen, so scheidet sowohl der Abgabetatbestand, als auch der Überlassungstatbestand aus, weil die Betäubungsmittel nicht zur freien Verfügung und nicht zum unmittelbaren Verbrauch überlassen werden, sondern die Abgabe sogar § 4 Abs. 2 BtMG entspricht **(controlled deliveries).** Wird aber das Rauschgift an den Schwarzmarkt **unkontrolliert** mit dem Ziel der Ermittlung von Verkaufskanälen und von Geldflüssen abgegeben **(controlled release),** so ist dies nicht gerechtfertigt. **16**

VI. Soziale Hilfsdienste

Versorgen **Freunde, Eltern oder Drogenberater** ohne therapeutisches Konzept eine opiatabhängige Person mit ausreichend Heroin, nicht zum unmittelbaren Verbrauch (= Verbrauchsüberlassung), sondern zur freien Verfügung, um ihr neben der Stillung des Drogenhungers ein erträgliches Leben zu ermöglichen, Beschaf- **17** fungskriminalität und den Drogenerwerb auf der Drogenszene zu ersparen, so machen sie sich wegen illegaler Abgabe von Betäubungsmitteln strafbar. Versorgen **Sozialarbeiter oder Ärzte eines Gesundheitsamtes** Aids-Patienten ohne Erlaubnis und ohne Rezept mit Cannabis, so schließt ihre therapeutische Absicht den Abgabetatbestand nicht aus. Kauft ein **Pfarrer** von einem Dealer Heroin auf und verschenkt das Rauschgift in Einzeldosen in seiner Pfarrei, so macht er sich wegen unerlaubter Abgabe strafbar. Nimmt ein **Lehrer** oder **Trainer** von einem Schüler oder von dessen Eltern Betäubungsmittel zum Zwecke der Aufbewahrung, Untersuchung oder Vernichtung entgegen und leitet er den Beutel an das Schulaufsichtsamt oder an das städtische Sportamt weiter, so liegt eine unerlaubte Abgabe von Betäubungsmitteln vor, die aber gem. § 34 StGB gerechtfertigt sein kann (s. dazu § 29/Teil 13, Rn. 60 ff.).

VII. Unerlaubte Betäubungsmittelabgabe durch Apotheker außerhalb von Apotheken

18   Aus § 4 Abs. 1 BtMG ergibt sich, dass ein Apotheker nur im Rahmen des Apothekenbetriebs bei der Herstellung, dem Erwerb, der Abgabe aufgrund von ärztlichen Verschreibungen, bei der Rückgabe an einen Berechtigten, bei der Abgabe an einen Apothekennachfolger, bei der Entgegennahme zur Untersuchung oder zur Vernichtung von Betäubungsmitteln von der Erlaubnispflicht nach § 3 BtMG befreit ist.

19   Ein Apotheker, der Betäubungsmittel der Anl. II oder III ohne **Erlaubnis außerhalb des Apothekenbetriebes** an Dritte (Endverbraucher, Großhändler, Ärzte) abgibt, macht sich nach § 29 Abs. 1 S. 1 Nr. 1 BtMG strafbar, selbst wenn eine ärztliche Verschreibung vorliegt, da er insoweit von der Erlaubnispflicht nach § 4 Abs. 1 Nr. 1 lit. c und lit. d BtMG nicht befreit ist (*Staatsanwaltschaft Frankfurt*, Verf. v. 16. 10. 1997, 87 Js 33587.7/97).

20   Ein Apotheker, der **im Rahmen des Apothekenbetriebes** Betäubungsmittel der Anl. III **ohne Verschreibung** abgibt, macht sich hingegen nach der Spezialbestimmung des § 29 Abs. 1 S. 1 Nr. 7 BtMG strafbar.

21   Wer im Rahmen des Betriebes einer Apotheke Betäubungsmittel abgibt, ohne dass die in § 7 Abs. 2 BtMVV bezeichneten **Ausnahmen** für die **Ausrüstung von Kauffahrteischiffen** vorliegen, macht sich nach § 29 Abs. 1 S. 1 Nr. 14 BtMG strafbar (§ 16 Abs. 1 Nr. 4 BtMVV). Ein Verstoß gegen §§ 7 Abs. 1 S. 2 oder 7 Abs. 4 BtMVV ist eine Ordnungswidrigkeit nach § 32 Abs. 1 Nr. 6 BtM i. V. m. § 16 Abs. 1 Nr. 1 BtMVV. Zwar dürfen nach § 12 BtMVV von einem Apotheker bzw. Tierarzt Betäubungsmittel nicht abgegeben werden, wenn das **Betäubungsmittelrezept erkennbare Mängel aufweist**. Die §§ 16 und 17 BtMVV verweisen bezüglich dieser Verstöße aber nicht auf § 29 Abs. 1 S. 1 Nr. 14 BtMG.

VIII. Unerlaubte Betäubungsmittelabgabe durch Ärzte

22   Aus §§ 4 Abs. 1 und 13 Abs. 1 BtMG ergibt sich, dass Ärzte von der Erlaubnispflicht des § 3 BtMG nur insoweit befreit sind, als sie Betäubungsmittel der Anl. III verschreiben, verabreichen, zum unmittelbaren Verbrauch überlassen bzw. Betäubungsmittel aufgrund ärztlicher Verschreibung zu Behandlungszwecken erwerben bzw. im Rahmen des grenzüberschreitenden Dienstleistungsverkehrs ein- oder ausführen. Ein Arzt, der Betäubungsmittel der Anl. I oder II erwirbt, abgibt, veräußert, ein- oder ausführt, bedarf der Erlaubnis nach § 3 BtMG und macht sich ohne Erlaubnis nach § 29 Abs. 1 S. 1 Nr. 1 BtMG strafbar. Ein Arzt, der Betäubungsmittel der Anl. III an Patienten oder sonstige Privatpersonen abgibt oder verkauft, macht sich nach § 29 Abs. 1 S. 1 Nr. 1 BtMG strafbar. Die BtMVV lässt in § 5 Abs. 1 und in § 5 Abs. 7 bis Abs. 9 BtMVV lediglich ärztliche Betäubungsmittelverschreibungen und in § 5 Abs. 5, Abs. 6 und Abs. 10 BtMVV lediglich Betäubungsmittelüberlassungen zum unmittelbaren Verbrauch, aber keine Betäubungsmittelabgaben und keine Veräußerungen von Betäubungsmitteln zu. Eine

Ausnahme hiervon sind sog. Take-Home-Verschreibungen nach § 5 Abs. 8 BtMVV, bei denen der Arzt dem Patienten eine Verschreibung einer für bis zu 7 Tage benötigten Menge des Substitutionsmittels unter strengen Voraussetzungen aushändigen darf. Hält ein in der Substitutionsbehandlung von Drogenabhängigen tätiger Arzt jedoch die gesetzlichen Vorgaben von § 13 Abs. 1 BtMG, § 5 BtMVV nicht ein und ist nicht von der Erlaubnispflicht nach § 3 BtMG befreit, macht er sich wegen unerlaubter Abgabe von Betäubungsmitteln strafbar (BGHSt. 52, 271 = NStZ 2008, 574 = StV 2008, 471).

D. Subjektiver Tatbestand

Der subjektive Tatbestand setzt **Vorsatz oder Fahrlässigkeit** voraus. Mangels **23** Kausalgeschäft verlangt der subjektive Tatbestand bei der Abgabe weder Eigennützigkeit, Gewinnstreben noch Gegenleistung. Es muss nur der **Wille** vorliegen, die Betäubungsmittel **unentgeltlich zu überlassen.** Bei Eigennützigkeit kommt Handeltreiben, bei dem Verlangen auf Kostenersatz bzw. Entgelt Veräußerung in Betracht. Der Täter muss mit der Weitergabe keinen besonderen Zweck verfolgen. Die Abgabe kann sowohl zum Konsum als auch zur Weitergabe erfolgen (BayObLGSt. 1950/1951, 385). Eine **fahrlässige Abgabe** von Betäubungsmitteln kommt in Betracht, wenn ein Polizeibeamter einen Gegenstand an Angehörige eines Beschuldigten aushändigt, in dem Betäubungsmittel versteckt sind und den er nicht ausreichend durchsucht hat. Gibt der Polizeibeamte infolge unsorgfältiger Durchsuchung den vorgefundenen, mit verborgenen Betäubungsmitteln versehenen Gegenstand an den Eigentümer frei, so scheidet eine Abgabe aus, da der Kreis der am Betäubungsmittelverkehr teilnehmenden Personen gleich blieb.

E. Versuch

I. Abgrenzung straflose Vorbereitung/Versuch

Da es sich bei der Abgabe um ein dingliches Geschäft handelt, setzt der Versuch **24** voraus, dass der Täter die Betäubungsmittel besitzt und **zur Überlassung ansetzt.** Das Schenkungsangebot und das Beschaffen von Betäubungsmitteln sind aber nur Vorbereitungshandlungen im Rahmen der Abgabe. Die bloße Vereinbarung, die Betäubungsmittel später zu übergeben und eine Anzahlung auf den Kaufpreis zu entrichten, reichen für eine versuchte Abgabe nicht aus (*BayObLG* StV 1993, 478). Wer Rauschgift einem Boten übergibt, der es absprachegemäß einem Gefangenen in einer JVA als dem endgültigen Empfänger zuspielen soll, setzt dann zur Verwirklichung des Tatbestandes unmittelbar an, wenn der Bote alsbald in die JVA zurückkehrt und die **Aushändigung unmittelbar bevorsteht** (*BayObLG* NStZ 2004, 401 = StV 2004, 606).

II. Vollendung/Beendigung

Die Abgabe ist mit der Entäußerung des Besitzers **vollendet** und mit der Erlan- **25** gung der tatsächlichen Verfügungsgewalt durch den Adressaten **beendet**. In der Regel fallen Vollendung und Beendigung zusammen. Bedient sich der Abgebende bei dem Transport der Betäubungsmittel der Post, Bahn, Spedition oder einer sonstigen Beförderungsperson, so ist Vollendung in dem Augenblick eingetreten, in dem er tatsächlich die Verfügungsgewalt verliert (Aufgabe bei der Post, Bahn usw., Ablieferung durch seinen Fahrer an Dritte oder Adressaten).

F. Rechtsfolgen

I. Abgeben geringer Mengen

Bei Abgabe von geringen Mengen von Betäubungsmitteln kann das Gericht **26** nicht gem. § 29 Abs. 5 BtMG und die Staatsanwaltschaft nicht nach § 31 a BtMG von einer Bestrafung absehen. Zunächst einmal dient die Abgabe nicht dem Eigenkonsum, sondern dem Fremdkonsum. Ferner wollte der Gesetzgeber der bei jedem Fixer vorhandenen Versuchung, seinen Stoff mit anderen Konsumenten zu teilen, entgegentreten. Es bleibt aber die Möglichkeit, eine Einstellung nach § 153 StPO vorzunehmen.

II. Verbrechen

27   **1. § 29a BtMG.** Die **Abgabe von Betäubungsmitteln durch eine Person über 21 Jahren an Jugendliche unter 18 Jahren** ist nach § 29a Abs. 1 Nr. 1 BtMG als Verbrechen mit einer Freiheitsstrafe von 1 bis 15 Jahren bedroht. Es ist jedoch zu beachten, dass der Begriff der Abgabe in § 29a BtMG als Oberbegriff für die Verkehrshandlungen gebraucht wird und das Handeltreiben mit umfasst (*BGH* NStZ 1997, 89 = StV 1996, 664). Die **Abgabe von Betäubungsmitteln in nicht geringen Mengen** ist ein Verbrechen nach § 29a Abs. 1 Nr. 2 BtMG mit einem Strafrahmen von 1 bis 15 Jahren Freiheitsstrafe.

28   **2. § 30 BtMG.** Die **gewerbsmäßige Abgabe von Betäubungsmitteln an Minderjährige durch eine Person über 21 Jahre** ist ein Verbrechen nach § 30 Abs. 1 Nr. 2 BtMG mit einem Strafrahmen von 2 bis 15 Jahren Freiheitsstrafe. In § 30 Abs. 1 Nr. 3 BtMG ist eine weitere Qualifikation der Abgabe als Verbrechen mit einem Strafrahmen von 2 bis 15 Jahren ausgestaltet, nämlich die **leichtfertige Todesverursachung durch Betäubungsmittelabgabe.**

29   **3. § 30a BtMG.** Das **Bestimmen von einer Person unter 18 Jahren durch eine Person über 21 Jahre** zur Abgabe von Betäubungsmitteln ist als Verbrechen nach § 30a Abs. 2 Nr. 1 BtMG mit einer Mindestfreiheitsstrafe von 5 Jahren ausgestaltet.

III. Strafmilderungserwägungen

30   Zu den Strafmilderungsgründen im Allgemeinen s. Vorbem. §§ 29 ff. Rn. 124 ff.
      Wer bei der Weitergabe von Betäubungsmitteln auf Gewinnerzielung verzichtet, kann zumeist eine Reihe von Strafmilderungsgründen für sich beanspruchen wie z. B.:
      – Drogenabhängigkeit,
      – Hilfs- bzw. Therapiebereitschaft,
      – geringe Betäubungsmittelmengen oder solche im Grenzbereich,
      – Opfer einer Tatprovokation,
      – Ausstiegsbemühen aus Drogengeschäft,
      – Aufklärungsbemühen.

IV. Strafschärfungserwägungen

31   Nicht strafschärfend darf gewertet werden, dass es sich bei dem Angeklagten um einen Arzt handelte, der die Gefährlichkeit von Betäubungsmitteln besonders gekannt habe. Denn die **berufliche Stellung** eines Täters darf nur zu seinen Lasten berücksichtigt werden, wenn **zwischen dem Beruf und der Straftat eine besondere Beziehung** besteht (vgl. dazu Vorbem. §§ 29 ff. Rn. 217 ff.). Es sind aber auch zahlreiche Strafschärfungsgesichtspunkte in Betracht zu ziehen (zu den Strafschärfungsgründen im Allgemeinen s. Vorbem. §§ 29 ff. Rn. 211 ff.), wie z. B.:
      – große Menge von Betäubungsmitteln,
      – Art und Gefährlichkeit der Betäubungsmittel,
      – Risikoverlagerung auf den Empfänger, um konkurrierende Dealer der Polizei in die Hände zu spielen.

G. Konkurrenzen

I. Mehrfaches Abgeben aus einer Betäubungsmittelmenge

32   Bei der mehrfachen Abgabe von Betäubungsmitteln, die aus einer einmal gekauften Menge stammen, werden die Einzelakte zu einer Tat der Abgabe zusam-

mengefasst (**sog. Bewertungseinheit;** s. dazu § 29/Teil 4, Rn. 408 ff.; *Patzak/ Bohnen* Kap. 2, Rn. 103 f.)

II. Abgeben und Veräußern/Handeltreiben

Die **Veräußerung** geht als entgeltliche Weitergabe und spezieller Tatbestand der **33** **Abgabe** vor. Bei Eigennützigkeit des Betäubungsmittelgeschäfts ist weder Abgabe noch Veräußerung, sondern **Handeltreiben** gegeben.

III. Abgeben und Erwerben/Einführen

Mit vorausgegangenem **Erwerb** und **Einfuhr** kann die Abgabe in Tateinheit **34** stehen, wenn diese Handlungen zum Zwecke der Abgabe erfolgten. Keimt der Entschluss zur Abgabe erst nach der Beendigung des Erwerbs, so kann Tatmehrheit vorliegen. Wer im Ausland Drogen erwirbt und abgibt, ins Inland einführt und einen Teil im Inland gewinnbringend verkauft, macht sich des Handeltreibens in Tateinheit mit Erwerb, Abgabe und Einfuhr bezüglich des nichtverkauften Teiles schuldig (*BGH*, Beschl. v. 20. 4. 1977, 2 StR 120/77).

IV. Abgeben durch einen Apotheker

Die Abgabe tritt hinter der Spezialvorschrift des § 29 Abs. 1 S. 1 Nr. 7 BtMG **35** zurück.

V. Abgeben und Körperverletzungsdelikte

Zwischen Abgabe von Betäubungsmitteln und fahrlässiger Körperverletzung **36** oder fahrlässiger Tötung ist Tateinheit möglich.

VI. Abgeben und Verbrechen

Die Verbrechenstatbestände des § 29 a Abs. 1 Nr. 1 und Nr. 2, § 30 Abs. 1 Nr. 2 **37** und Nr. 3 BtMG gehen als lex specialis dem Grundtatbestand des § 29 Abs. 1 S. 1 Nr. 1 BtMG vor.

Teil 9. Unerlaubtes sonstiges Inverkehrbringen von Betäubungsmitteln (§ 29 Abs. 1 S. 1 Nr. 1 BtMG)

Übersicht

A. Zweck der Vorschrift

1 Bei dem sonstigen Inverkehrbringen handelt es sich um einen **Auffangtatbestand,** der gerade die Verhaltensweisen unter Strafe stellen soll, die durch das Handeltreiben, die Abgabe, die Veräußerung und das Verschaffen von Gelegenheit nicht erfasst werden. Ziel ist es, Regelungslücken bei nicht konkret nachweisbaren Entäußerungshandlungen zu schließen (*Weber* § 29 Rn. 1004).

B. Objektiver Tatbestand

I. Betäubungsmittel

2 Der Täter muss **Betäubungsmittel i. S. d. BtMG** in Verkehr bringen (zur Betäubungsmitteleigenschaft s. § 1 Rn. 20 ff.). Das Inverkehrbringen von **Betäubungsmittelimitaten** ist straflos, da § 29 Abs. 6 BtMG mangels Verweises auf das sonstige Inverkehrbringen nicht eingreift.

II. Sonstiges Inverkehrbringen

3 **1. Definition.** Sonstiges Inverkehrbringen umfasst **jedes, gleichwie geartete Eröffnen der Möglichkeit, dass ein anderer die tatsächliche Verfügung über den Stoff erlangt und ihn nach eigener Entschließung verwenden kann,** also jede Verursachung eines Wechsels der Verfügungsgewalt über die Betäubungsmittel durch einen anderen (RGSt. 62, 389; *BGH* StV 1981, 127; *Zweibrücken* NStZ 1986, 558; *Weber* § 29 Rn. 1008). Das Inverkehrbringen von Betäubungsmitteln hat gerade auf dem Gebiet der umsatzfreien Tätigkeiten seinen Hauptanwendungsbereich, da die auf Umsatz gerichteten Tätigkeiten durch das Handeltreiben ausreichend erfasst werden. Das Inverkehrbringen setzt Sachherrschaft über die Betäubungsmittel, jedoch keinen Besitz im engeren Sinn voraus (RGSt. 62, 389; *Zweibrücken* NStZ 1986, 558; MK-StGB/*Kotz* § 29 Rn. 742). Das Inverkehrbringen von Betäubungsmitteln kann sowohl gezielt in Richtung auf einen bestimmten Adressaten erfolgen als auch ziellos.

4 **2. Tathandlungen.** Das Inverkehrbringen kann durch ein **Tun oder Unterlassen** (s. hierzu Rn. 5), durch Übergabe, Dereliktion oder Duldung der Wegnahme erfolgen (zu den Erscheinungsformen des Inverkehrbringens s. Rn. 7 ff.). Gibt ein Verwahrer das Drogenpaket an den Hinterleger zurück, so scheidet ein sonstiges Inverkehrbringen aus, da die Verfügungsgewalt des Hinterlegers sich nicht verändert hat (*BGH* StV 1981, 127).

III. Inverkehrbringen durch Unterlassen

5 Nicht jedermann ist verpflichtet, das Inverkehrgelangen einer gefährlichen Ware zu verhindern. Jedermann trägt aber Verantwortung für diejenigen Gefahrenquellen, die im eigenen Herrschaftsbereich liegen (S-S/*Stree*/*Bosch* § 13 Rn. 43). So hat der Gewahrsamsinhaber von Betäubungsmitteln dafür zu sorgen, dass dieser Gewahrsam nicht auf einen anderen übergeht. Er hat den drohenden Wechsel zu verhindern. Dies gilt beispielsweise dann, wenn

– ein **Dealer nicht verhindert,** dass seine **Verkäufer** lebensgefährliche **Betäubungsmittelgemische zum Verkauf mitnehmen,**

- ein Heroin verwahrender Kaufmann nicht verhindert, dass ein Kunde, der Mehl kaufen will, aus einem Regal eine dort versteckte, **als Mehltüte getarnte Tüte mit Heroin nimmt und den Laden verlässt,**
- ein Asservatenverwalter, der Heroin zu einer Müllverbrennungsanlage zur Vernichtung gefahren hat, nichts **unternimmt, als er sieht,** wie ein **Müllverbrennungsarbeiter einen Rauschgiftsack** aus dem Brennofen für sich **beiseite schafft,**
- ein **Arzt** sein Behandlungszimmer verlässt und dadurch einem **drogenabhängigen Patienten ermöglicht, vorhandene Betäubungsmittel** und bereits unterzeichnete Blanko-Betäubungsmittelrezepte **entwenden zu können.**

IV. Erlaubnispflicht

Da gem. § 16 BtMG selbst die Vernichtung von nicht mehr verkehrsfähigen Betäubungsmitteln Formerfordernissen unterworfen ist, unterliegen auch die Dereliktion und andere Formen des Inverkehrbringens der Erlaubnis nach § 3 BtMG. Das Fehlen der Erlaubnis ist auch hier Tatbestandsmerkmal.   **6**

C. Erscheinungsformen
I. Fälle von Dereliktion

Wirft jemand Betäubungsmittel in einer Weise weg, welche die **Gefahr** begründet, **dass Dritte die Betäubungsmittel auffinden,** konsumieren oder weitergeben, so bringt er Betäubungsmittel i. S. d. § 29 Abs. 1 S. 1 Nr. 1 BtMG in Verkehr. Das ist z. B. der Fall, wenn ein Besucher eines Drogenlokals beim Eintreten eines Kriminalbeamten von diesem unbemerkt seine Drogen auf den Boden fallen lässt. Ein sonstiges Inverkehrbringen liegt auch vor, wenn ein Angeklagter in der Wohnung seines Bruders eine Packung mit Haschisch findet und dieses kurz vor der zur Wohnungsdurchsuchung eintreffenden Kriminalpolizei in Panik vom Balkon in den Hof wirft, um nicht damit in Verbindung gebracht zu werden, da er die Möglichkeit eröffnet, dass andere die tatsächliche Verfügungsmacht über das Rauschgift erlangen (*Zweibrücken* NStZ 1986, 558). Verbrennt der Täter seine Betäubungsmittel oder schüttet die Betäubungsmittel in die Toilette, so wird durch die Vernichtung das Inverkehrbringen ausgeschlossen.   **7**

II. Unterschieben von Drogen

Das Inverkehrbringen kann **gegen den Willen und ohne Wissen des Adressaten** vor sich gehen. Der Dealer, der beim Besuch eines Drogenabhängigen im Aufenthaltsraum einer drogentherapeutischen Anstalt eine Tüte mit Heroin hinterlässt oder anonyme Drogenbriefe in eine Anstalt sendet, bringt Betäubungsmittel in den Verkehr. Wer einer ihm missliebigen Person gegen deren Willen **Drogen unterschiebt,** um anschließend die Polizei zu informieren, täuscht nicht nur eine Straftat vor und verdächtigt einen anderen falsch, sondern bringt auch Drogen in Verkehr, z. B. ein **polizeilicher V-Mann,** der einem anderen polizeilichen Agenten heimlich Haschischplatten ins Jackett steckt und die Polizei alarmiert, um so seinen lästigen Konkurrenten loszuwerden, des Weiteren ein **Privatdetektiv,** der in einer Tasche eines missliebigen Betriebsratsvorsitzenden zum Zwecke dessen Entlassung einen Revolver und Rauschgift deponiert (*LG Frankfurt*, Urt. v. 20. 12. 1978, R 2 Js 67/77), oder ein **Häftling,** der im Auftrag eines anderen, der sich **für eine belastende Aussage rächen** will, ein Heroinbriefchen **einem Strafgefangenen in dessen Zelle** unterschiebt (*BGH* NStZ 2002, 311).   **8**

III. Ärztliche Verabreichungen und Verschreibungen

Auch ein Arzt, der Betäubungsmittel im Wege der mittelbaren Täterschaft mittels seiner ärztlichen Verschreibung durch den Apotheker als schuldloses oder schuldhaftes Werkzeug zu anderen als zu Heilzwecken in Verkehr bringt, kann den   **9**

Tatbestand erfüllen. Der Wechsel der Verfügungsgewalt über Betäubungsmittel kann auch durch eine Person bewirkt werden, die selbst nicht den Gewahrsam hat (= Arzt), sofern nur der Gewahrsaminhaber (= Apotheker) ihr als Werkzeug zur Verfügung steht. Als Werkzeug kommt hierbei keinesfalls nur eine willenlose oder zum Täter in irgendeinem Abhängigkeitsverhältnis stehende oder einem Kontrahierungszwang unterworfene Person in Betracht. Es genügt, dass die Mittelsperson an der Verwirklichung eines strafbaren Tatbestandes mitwirkt, ohne dass sie selbst als vorsätzlicher Täter in Betracht kommt (RGSt. 62, 388; a. A. *Horn* NJW 1977, 2329, 2333). Lässt ein Arzt oder eine Krankenschwester bei der Methadonausgabe in einer Substitutionsambulanz die Methadonfläschchen unbeaufsichtigt und ermöglicht durch die Nachlässigkeit die Mitnahme von Methadonfläschchen durch Besucher, so kommt ein fahrlässiges Inverkehrbringen in Betracht.

D. Subjektiver Tatbestand

10 Der subjektive Tatbestand setzt Vorsatz oder Fahrlässigkeit (§ 29 Abs. 4 BtMG) voraus.

I. Vorsatz

11 Der Vorsatz setzt voraus, dass es der Täter zumindest für möglich hält und billigend in Kauf nimmt, mit seinem Verhalten ursächlich den Übergang der eigenen Verfügungsgewalt auf einen Dritten zu bewirken. Der Vorsatz muss sich auch auf die Betäubungsmittel beziehen. Nimmt ein Besitzer von Betäubungsmitteln bei der Dereliktion billigend in Kauf, dass seine weggeworfenen Betäubungsmittel aufgefunden und wieder Eingang in die Rauschgiftszene finden werden, so liegt **bedingter Vorsatz** vor.

II. Fahrlässigkeit

12 Fahrlässiges Inverkehrbringen ist anzunehmen, wenn der Täter mit seiner Handlung unvorsätzlich, aber sorgfaltswidrig eine Ursache setzt dafür, dass er den eigenen Gewahrsam zugunsten eines neuen Besitzers verliert (*Horn* NJW 1977, 2329, 2335). Wollte der Täter zwar das Rauschgift der Drogenszene entziehen, warf es aber so leichtfertig weg, dass er damit rechnen musste, dass es jemand finden und sich aneignen würde, so ist von Fahrlässigkeit auszugehen.

13 **1. Fahrlässigkeit von Ärzten.** Nach § 29 Abs. 4 BtMG sind unerlaubte fahrlässige Herstellung, Handeltreiben, Ausfuhr, Veräußerung, Abgabe, Inverkehrbringen, Erwerb und Sichverschaffen strafbar, die fahrlässige Verschreibung eines Arztes gem. § 29 Abs. 1 S. 1 Nr. 6 lit. a BtMG und die fahrlässige Abgabe eines Apothekers gem. § 29 Abs. 1 S. 1 Nr. 7 BtMG hingegen nicht. Ist für einen Arzt, der Betäubungsmittel missbräuchlich verschreibt, vorhersehbar, dass der Verschreibungsadressat mit den verschriebenen Betäubungsmitteln Handel treiben wird, macht sich der Arzt wegen fahrlässigen Inverkehrbringens gem. §§ 29 Abs. 1 S. 1 Nr. 1, Abs. 4 BtMG strafbar machen (RGSt. 62, 390; BayObLGSt. 1960, 182; a. A. *Horn* NJW 1977, 2329, 2335). Kommen Ärzte oder Apotheker nicht ihrer Sorgfaltspflicht nach und schützen ihre Betäubungsmittelvorräte nicht gegen Missbrauch und Diebstahl, so können sie Betäubungsmittel fahrlässig in Verkehr bringen, wenn aufgrund ihrer Pflichtwidrigkeit Betäubungsmittel entwendet oder auf sonstige Weise illegal erlangt werden. Gleiches gilt, wenn dem Arzt Betäubungsmittelrezepte entwendet und in der Folge eingelöst werden. Die unzureichend sichere Aufbewahrung von Blanko-Betäubungsmittelrezepten ist zunächst eine Ordnungswidrigkeit gem. § 32 Abs. 1 Nr. 6 BtMG i. V. m. §§ 17 Nr. 1, 8 Abs. 4 BtMVV. Führt eine Nachlässigkeit zum Diebstahl, zur Fälschung und Einlösung der Betäubungsmittelrezepte, so kommt fahrlässiges Inverkehrbringen in Betracht, da die Verwertbarkeit vorhersehbar ist (*Hügel/Junge/Lander/Winkler* § 29 Rn. 9.4.1; MK-StGB/*Rahlf* § 29 Rn. 747).

2. Sorgfaltspflichtsverletzungen von Polizei- und Zollbeamten. Bundes- **14** und Landesbehörden bedürfen gem. **§ 4 Abs.** 2 BtMG für den Bereich ihrer dienstlichen Tätigkeit **keiner Erlaubnis** für den Verkehr mit Betäubungsmitteln. Diese Erlaubnisfreiheit gilt aber nur für ein materiell korrektes Dienstverhalten. Private Tätigkeiten oder materiell dienstwidrige Verhaltensweisen sind nicht durch § 4 Abs. 2 BtMG gerechtfertigt. Nicht jeder formelle Verstoß gegen Dienstvorschriften führt jedoch zwingend zu einer Strafbarkeit. Hat ein Polizei- oder Zollbeamter beschlagnahmte Rauschgiftvorräte oder einen Rauschgiftschmuggler, der Betäubungsmittelbehältnisse verschluckt hat, zu bewachen und eröffnet er durch seine Abwesenheit oder Unaufmerksamkeit Dritten die Möglichkeit, Verfügungsgewalt über die Betäubungsmittel zu erlangen, so kommt unerlaubtes fahrlässiges Inverkehrbringen von Betäubungsmitteln in Betracht. Hat ein Polizeibeamter zur Anbahnung eines Geschäftes über 20 kg Kokain zunächst ein unkontrolliertes Vertrauensgeschäft über 3 g Kokain abgewickelt, 3 g Kokain als Probe aus Polizeibeständen dem Geschäftspartner unkontrolliert überlassen, oder hat ein Polizeibeamter eines zunächst polizeilich kontrollierten Betäubungsmitteltransportes aus Nachlässigkeit oder Bequemlichkeit ohne Gewährleistung einer weiteren polizeilichen Überwachung ins benachbarte Ausland weiterfahren lassen, so kommt eine Abgabe bzw. ein fahrlässiges Inverkehrbringen in Betracht, die nicht durch § 4 Abs. 2 BtMG gerechtfertigt ist (vgl. hierzu *BGH* NJW 1998, 767 = StV 1999, 79).

III. Irrtumsfälle

Nimmt der Täter eine Erlaubnis irrig an, so fehlt es infolge **Tatbestandsirr- 15 tums** am Vorsatz (§ 16 StGB). Die Unkenntnis vom Erlaubniserfordernis berührt den Vorsatz nicht, sondern ist als meist **unentschuldbarer Verbotsirrtum** anzusehen (§ 17 StGB).

E. Versuch
I. Abgrenzung straflose Vorbereitung/Versuch

Das versuchte Inverkehrbringen ist gem. § 29 Abs. 2 BtMG strafbar. Mit der **16** ernsthaften und endgültigen Entäußerung **beginnt das Versuchsstadium**. Ermöglicht die Besitzentäußerung entgegen dem Vorsatz des Täters nicht die Aneignung durch Dritte, so verbleibt es beim Versuch, z. B. wenn ein Täter sein Rauschgift an einer bestimmten Stelle für einen bestimmten Adressatenkreis wegwirft, ein einsetzender Regen, Schnee oder Sturm den Stoff jedoch wegspült, ein Brief mit Drogen nicht in den Postverkehr gelangt und daher keinen Adressaten erreicht oder für andere zurückgelassenes Rauschgift nicht entdeckt oder unerkannt vernichtet wird.

II. Vollendung/Beendigung

Vollendung tritt ein, wenn das entäußerte Rauschgift einen Adressaten, es muss **17** nicht der erwünschte Adressat sein, erreicht hat. Es ist nicht erforderlich für den Eintritt der Vollendung, dass der Adressat die Betäubungsmittel als Rauschgift erkennt und behalten will. Die Möglichkeit der Aneignung ist entscheidend. Bringt der Adressat die Drogen zur Polizei oder vernichtet sie, so ist gleichwohl Vollendung eingetreten. Solange die Betäubungsmittel noch in den Händen des Boten sind, liegt nur Versuch vor. **Beendigung** fällt beim Inverkehrbringen mit der Vollendung zusammen (*Weber* § 29 Rn. 1024; MK-StGB/*Kotz* § 29 Rn. 766).

F. Täterschaft/Teilnahme

Als Täter des Inverkehrbringens kann nur bestraft werden, wer den Übergang **18** der eigenen Verfügungsgewalt bewirkt. Wer den Wechsel fremden Gewahrsams verursacht, kann nur Teilnehmer sein. Der Bote, der Beauftragte, der Makler, der abfertigende Zollbeamte, sie alle bringen die Ware nicht in den Verkehr, obwohl an deren Kausalbeitrag zum Gewahrsamswechsel kein Zweifel besteht.

G. Konkurrenzen

19   Der Tatbestand des Inverkehrbringens ist ebenso wie der Besitztatbestand und der Tatbestand der Verschaffung ein **Auffangtatbestand,** der hinter den spezielleren Tatbeständen des Handeltreibens, der Veräußerung oder der Abgabe zurücktritt (*BGH [Schoreit]* NStZ 1992, 322). Es gibt **keinen Verbrechenstatbestand des Inverkehrbringens von nicht geringen Mengen** nach § 29a Abs. 1 Nr. 2 BtMG, sofern nicht gleichzeitig Besitz, Abgabe oder Handeltreiben von nicht geringen Mengen vorliegt. Das vorsätzliche oder fahrlässige Inverkehrbringen kann mit **vorsätzlicher oder fahrlässiger Körperverletzung bzw. Tötung in Tateinheit** stehen (*Hügel/Junge/Lander/Winkler* § 29 Rn. 9.4.1).

Teil 10. Unerlaubtes Erwerben von Betäubungsmitteln
(§ 29 Abs. 1 S. 1 Nr. 1 BtMG)

Übersicht

A. Zweck der Vorschrift

Das Einheits-Übereinkommen von 1961 ächtet nicht nur den Besitz, sondern **1**
auch den Erwerb von Betäubungsmitteln (Art. 36 Abs. 1 lit. a Einheits-Übereinkommen von 1961). Die Strafwürdigkeit des Erwerbs ergibt sich nicht nur daraus,

dass er durch Zahlung exorbitanter Kaufpreise den Drogenhandel fördert, sondern auch mittels der erzielten Gewinne Gesellschaft und Staat zu korrumpieren droht. Das mit diesem Tatbestand geschützte Rechtsgut ist die **Volksgesundheit.** An der noch in der Vorauflage vertretenen Auffassung von *Körner,* dass der Erwerb von Betäubungsmitteln strafwürdiger als der Besitz sei, da bei dem Eigenbesitzer infolge Erwerbs die Gefahr der Betäubungsmittelverbreitung größer sei als bei dem Fremdbesitzer (*Körner,* 6. Auflage, § 29 Rn. 1277), wird nicht festgehalten, denn bei der Tatbestandsmäßigkeit von Erwerb und Besitz ist gleichermaßen nicht zwischen Eigen- und Fremdbesitz zu unterscheiden (s. Rn. 5 und § 29/Teil 13, Rn. 19).

B. Verfassungsmäßigkeit der Vorschrift

2   Die Strafandrohung für den illegalen Erwerb von Haschisch ist nicht verfassungswidrig (*BGH* NStZ 1993, 85 = StV 1992, 513; *Hamm* StV 1992, 521).

C. Objektiver Tatbestand

I. Betäubungsmittel

3   Der Tatbestand setzt voraus, dass der Täter **Betäubungsmittel i. S. d. BtMG** erwirbt (zur Betäubungsmitteleigenschaft s. § 1 Rn. 20 ff.).

II. Erwerben

4   **1. Definition.** Erwerben von Betäubungsmitteln liegt vor, wenn der Täter die **eigene tatsächliche Verfügungsgewalt über das Betäubungsmittel auf abgeleitetem Wege**, das heißt im einverständlichen Zusammenwirken mit dem Vorbesitzer **durch ein Rechtsgeschäft erlangt** und die Verfügungsgewalt ausüben kann, ohne Rücksicht auf das Eigentum und den Zweck des Erwerbs (vgl. *BGH* NStZ 1992, 191; *BGH* StV 1992, 66; *BayObLG* NStZ 1990, 395; *Frankfurt* StV 1989, 20; *Hamburg* NStZ 2008, 287; *Weber* § 29 Rn. 1046).

5   **2. Tatsächliche Verfügungsgewalt.** Der unerlaubte Erwerb von Betäubungsmitteln ist kein mehraktiges Delikt, das Verpflichtungsgeschäft und Erfüllungsgeschäft umfasst (*BayObLG* StV 1984, 249; vgl. *Körner* StV 1984, 527). Entscheidend für die Begründung des Erwerbtatbestands ist nicht der Abschluss des Verpflichtungsgeschäftes, sondern der **Übergang der tatsächlichen Verfügungsgewalt** in der Gestalt, dass der Empfänger über die Betäubungsmittel **frei verfügen kann** (*Weber* § 29 Rn. 1049 f., 1055). Nicht erforderlich ist, dass der Täter die Betäubungsmittel als ihm gehörend besitzt (= Eigenbesitz [§ 872 BGB]), es reicht vielmehr die Erlangung von **Fremdbesitz** aus (*Hamburg* NJW 1975, 1472; *Hügel/Junge/Lander/Winkler* § 29 Rn. 10.1; a. A. *Körner,* 6. Auflage, § 29 Rn. 1276; *Allmers* ZRP 1991, 41). Erlangt ein Bote bzw. Rauschgiftkurier als weisungsabhängiger **Besitzdiener** keine eigene Verfügungsmacht, so liegt kein Betäubungsmittelerwerb vor. Die rechtsgeschäftliche Übernahme der Betäubungsmittel zur Verwahrung stellt einen Erwerb dar, wenn der Verwahrer eigene Verfügungsgewalt erlangt (*Hamburg* NJW 1975, 1472). Erwerb liegt auch vor, wenn der Käufer aus Vorsichtsgründen die Ware nicht persönlich übernimmt, sondern ein konkretes Besitzmittlungsverhältnis vereinbart und die Ware an einen Dritten ausliefern lässt.

6   Auf die **Eigentumsverhältnisse** an den Betäubungsmitteln kommt es nicht an, da die Gefahren von der Verfügungsgewalt und nicht von den Eigentumsrechten ausgehen.

7   **3. Rechtsgeschäft.** Die Besitzerlangung kann zum einen **entgeltlich** erfolgen, also durch Kauf, Dienst- oder Werkvertrag, wobei es unerheblich ist, wie die Bezahlung erfolgt (mit Bargeld, mit Wertgegenständen oder durch Sexualkontakte). Erwerb liegt aber auch bei **unentgeltlicher** Erlangung der Betäubungsmittel vor, beispielsweise im Wege der Schenkung, des Testaments, des Erbvertrages oder des Vermächtnisses, unabhängig davon, ob das der Besitzerlangung zugrundeliegende

Rechtsgeschäft wegen späterer Anfechtung oder wegen Sittenwidrigkeit nichtig ist. Der Käufer kann auch durch Abtretung eines Herausgabeanspruches gegenüber einem Verwahrer erwerben. Erhält eine Frau im Wege der Schenkung Mescalin-Tabletten zum Eigenkonsum und kann sie beliebig darüber verfügen durch Konsum, Weiterverkauf oder Vernichtung, so liegt strafbarer Erwerb vor (*Koblenz*, Urt. v. 22. 11. 1973, 1 Ss 185/73).

4. Zweck des Erwerbes. Der Erwerb setzt keinen bestimmten Zweck (Konsum, Aufbewahrung, Vernichtung, Weiterverkauf) voraus. Der Verwendungszweck beim Rauschgifteinkauf ist jedoch dafür entscheidend, ob der Käufer wegen Erwerbes oder wegen Handeltreibens zu bestrafen ist (s. Rn. 17). Der Erwerb von Betäubungsmitteln zum Zwecke des gewinnbringenden Weiterverkaufes begründet nämlich den Tatbestand des **Handeltreibens**, in dem der Erwerb als unselbstständiger Teilakt aufgeht (BGHR BtMG § 29 Bewertungseinheit 1 = NStZ 1995, 193 = StV 1995, 256; BGHR BtMG § 29 Bewertungseinheit 4 = NJW 1995, 2300 = StV 1995, 417; *BGH* NStZ 2009, 648 = StV 2009, 675; vgl. im Einzelnen § 29/ Teil 4, Rn. 437 ff.). So ist Handeltreiben bei einem nicht Drogen konsumierenden Täter anzunehmen, der für einen Heroinkauf 50.000 DM aufwendet, ohne wissen zu wollen, was er mit dem gekauften Heroin anfangen solle, obwohl ihm nur ein Monatseinkommen von 1.500 DM zur Verfügung steht. Es bestehen bei dieser Sachlage keine vernünftigen Zweifel an der **Weiterverkaufsabsicht** und dem Eigennutz (*BGH*, Urt. v. 21. 10. 1983, 2 StR 367/83). **8**

5. Unklare Betäubungsmittelerlangung. Von einem unerlaubten Besitz kann nicht zwingend auf einen unerlaubten Erwerb geschlossen werden. Kann einem Täter nur die Verfügungsmacht über die Betäubungsmittel nachgewiesen werden, nicht aber auf welchem Wege er die Betäubungsmittel erlangt hat, so kommt nur eine Verurteilung wegen Besitzes als Auffangtatbestand in Betracht. Der Erwerbsvorgang muss im Einzelnen festgestellt und darf nicht einfach unterstellt werden. **9**

6. Abgrenzung zum Sichverschaffen auf sonstige Weise. Während beim Erwerb die Verfügungsgewalt über ein Betäubungsmittel aufgrund Rechtsgeschäfts erlangt wird, erfolgt dies beim **Sichverschaffen** auf sonstige Weise, z. B. Diebstahl, Raub, Erpressung (s. dazu § 29/Teil 11, Rn. 3 ff.). Ist nicht feststellbar, auf welche Weise der Eigenbesitz begründet wurde, greift das Sichverschaffen ein, denn der Tatbestand des Sichverschaffens soll als **Auffangtatbestand jegliche illegale Erlangung** von Drogen mit Strafe bedrohen, die nicht durch den Erwerbstatbestand geregelt ist (*Weber* § 29 Rn. 1115; a. A. *Körner*, 6. Auflage, § 29 Rn. 1276, wonach Wahlfeststellung möglich sein soll). **10**

7. Abgrenzung zum straflosen Konsum. Werden Betäubungsmittel in einzelnen Konsumportionen zum Mitgenuss oder in verbrauchsgerechter Menge **zum sofortigen Gebrauch an Ort und Stelle** hingegeben, so bestimmt der Übergeber allein, ob und inwieweit das Betäubungsmittel für den Genuss bereitgestellt wird. Daher verbleibt die Verfügungsmacht bei diesem, so dass beim Annehmenden kein Erwerb vorliegt, sondern strafloser Konsum (*BGH* StV 1992, 66; *BGH* NStZ 1993, 191 = StV 1993, 132; *Frankfurt* StV 1989, 20; *Berlin* StV 1991, 520; *BayObLG* StV 2002, 263; *München* NStZ 2006, 579; *Hamburg* NStZ 2008, 287). Schenkt ein Dealer einem Konsumenten eine Konsumeinheit Heroin dergestalt, dass er anstelle einer Übergabe die Spritze selbst dem Konsumenten setzt, dann erlangt der Konsument keine eigene Verfügungsgewalt und macht sich weder durch Erwerb noch durch Besitz strafbar (*LG München* StV 1984, 77). Auch ist das bloße Mitgenießen einer reihumgehenden Haschischzigarette kein Erwerb; es kommt aber eine gemeinschaftliche Verbrauchsüberlassung wegen des Weitergebens der Betäubungsmittel in Betracht (*BayObLG* NStZ-RR 1998, 149; *Patzak/ Bohnen* Kap. 2, Rn. 74 ff.; s. auch § 29/Teil 15, Rn. 106 ff.). **11**

Erwerb liegt aber vor, wenn sich der die Betäubungsmittel Übernehmende vom Erwerbsort entfernt, um den Konsumtermin und den Konsumort selbst zu **12**

bestimmen (*Hamburg* NStZ 2008, 287), oder jemand eine Position erlangt, die es ihm ermöglicht, mit Haschischzigaretten oder Mescalintabletten beliebig zu verfahren, sie zu verzehren, weiterzugeben oder wegzuwerfen (*Koblenz*, Urt. v. 22. 11. 1973, 1 Ss 185/73). Kauft eine Prostituierte Betäubungsmittel von ihrem Zuhälter zur freien Bestimmung von Konsumort und Konsumzeit, dann ist ein strafbarer Erwerb gegeben. Kauft die Prostituierte mit ihren Berufseinkünften von dem Zuhälter Betäubungsmittel aber zum alsbaldigen Verbrauch, so liegt nur strafloser Konsum vor.

III. Geltungsbereich

13   **1. Unerlaubte Betäubungsmittelübernahme im Ausland zum Weiterverkauf.** Die unerlaubte Betäubungsmittelübernahme im Ausland zum Weiterverkauf ist sowohl für einen Deutschen als auch für einen Ausländer nach deutschem Recht strafbar. Gem. § 6 Nr. 5 StGB gilt **unabhängig vom Recht des Tatortes für den unbefugten Vertrieb von Betäubungsmitteln im Ausland das deutsche Strafrecht** (**Weltrechtsprinzip**, vgl. BGHSt. 34, 334 = NJW 1987, 2168 = StV 1987, 338; *BGH* NStZ 2010, 521; *Düsseldorf* NStZ 1985, 268). Als unbefugter Vertrieb eines Betäubungsmittels ist jede Tätigkeit zu verstehen, durch die ein Stoff i. S. d. BtMG entgeltlich in den Besitz eines anderen gebracht werden soll (*BGH* StV 1984, 286; *Fischer* § 6 Rn. 5). Unter Vertrieb ist nicht nur der Verkauf, sondern auch der Ankauf von Betäubungsmitteln zu verstehen, sofern dieser dem Weiterverkauf dient (BGHSt. 34, 1 = NStZ 1986, 320 = StV 1986, 473).

14   **2. Betäubungsmittelübernahme eines Ausländers im Ausland zum Eigenkonsum.** Der illegale Erwerb von Betäubungsmitteln im Ausland zum Eigenkonsum stellt **keine illegale Vertriebshandlung** i. S. d. § 6 Nr. 5 StGB dar (BGHSt. 34, 1 = NStZ 1986, 320 = StV 1986, 473; *Düsseldorf* NStZ 1985, 286). Der **Betäubungsmittelerwerb eines Ausländers im Ausland** zum Eigenkonsum kann daher grundsätzlich zu keiner Strafverfolgung und Verurteilung in Deutschland führen. Soweit ein Niederländer Betäubungsmittel in den Niederlanden zum Eigenverbrauch erwirbt, handelt es sich um eine Auslandstat eines Ausländers, für die das deutsche Strafrecht nicht gilt (BGHSt. 34, 1 = NStZ 1986, 320 = StV 1986, 473; *BGH* StV 1990, 550; *BGH* StV 1992, 65). Wurde ein Ausländer wegen Erwerbs zum Weiterverkauf und wegen Erwerbs zum Eigenverbrauch im Ausland ergriffen, an Deutschland ausgeliefert und hier verurteilt, dann wird das Urteil im Strafausspruch aufgehoben, weil wegen des Fehlens der deutschen Gerichtsbarkeit für den Erwerb zum Eigenkonsum im Ausland ein Verfahrenshindernis, ein Strafverfolgungsverbot besteht (BGHSt. 31, 1 = NStZ 1986, 320 = StV 1986, 473). Der Betäubungsmittelerwerb eines Ausländers im Ausland kann allerdings gem. § 7 Abs. 2 Nr. 2 StGB verfolgt werden, wenn der **Erwerb in dem Land des Tatortes strafbar, er im Inland betroffen wurde** und ausgeschlossen werden kann, dass wegen dieser Tat ein Auslieferungsersuchen gestellt wird (vgl. BGHSt. 34, 1 = NStZ 1986, 320 = StV 1986, 473).

15   **3. Unerlaubte Betäubungsmittelübernahme eines Deutschen im Ausland zum Eigenkonsum.** Der Betäubungsmittelerwerb eines Deutschen zum Eigenkonsum im Ausland kann nach § 7 Abs. 2 Nr. 1 StGB in Deutschland mit Strafe verfolgt werden, sofern diese Tat auch nach dem auswärtigen Recht mit Strafe bedroht ist (*BGH* NStZ 1986, 320; *Düsseldorf* NStZ 1985, 268 = StV 1985, 235; *BayObLG* StraFo 2000, 230; zur Rechtslage im Ausland s. Vorbem. §§ 29 ff. Rn. 341 ff.).

16   **4. Erlaubte Betäubungsmittelübernahme im Ausland.** Der nach auswärtigem Recht legale Bezug von Betäubungsmitteln eines Deutschen im Ausland zum Eigenkonsum ist nicht strafbar. Besitzt der Erwerber die in den Niederlanden erforderliche Erlaubnis und konsumiert die in den Niederlanden legal erworbenen Betäubungsmittel, so kann er hierfür in Deutschland nicht strafrechtlich verfolgt werden. Wer im Ausland aufgrund ärztlicher,

zahnärztlicher oder tierärztlicher Verschreibung nach dem deutschen BtMG Betäubungsmittel der Anl. II und III (nicht aber Betäubungsmittel der Anl. I) erworben hat und sie als Reisebedarf einführt, ist im Gegensatz zum BtMG von 1971 ebenfalls von einer Erlaubnis nach § 3 BtMG befreit. Nach § 15 BtMAHVO sind diese Reisenden auch von einer Ein- bzw. Ausfuhrgenehmigung im Einzelfall befreit. Der Reisende muss durch Vorlage einer ärztlichen Verschreibung den legalen Betäubungsmittelerwerb nachweisen.

IV. Erlaubnispflicht

Das Fehlen einer Erlaubnis ist Tatbestandsmerkmal. Wenn ein Patient in einer **17** Apotheke Betäubungsmittel erwirbt, ersetzt die ärztliche Verschreibung die Erlaubnis. Einer Erlaubnis bedarf nur derjenige nicht, der Betäubungsmittel aufgrund einer ärztlich begründeten Verschreibung in der Apotheke erwirbt (RGSt. 62, 369; RGSt. 64, 145; RGSt. 73, 392; RGSt. 77, 17; *BGH* NJW 1957, 30; *Braunschweig* NJW 1969, 1587). Dem **Fehlen einer Erlaubnis steht das Fehlen oder die Unwirksamkeit einer Verschreibung** gleich. Selbst medizinisch indizierte Verordnungen unter falschem Namen können keine Erlaubnis zum Erwerb darstellen (*Frankfurt* NJW 1956, 1769).

Gem. § 4 Abs. 1 BtMG sind Ärzte und ihre Patienten von der Erlaubnispflicht **18** befreit und im Rahmen einer ärztlich verantwortungsvollen Behandlung ohne Erlaubnis aufgrund § 13 BtMG zum Bezug befugt aufgrund einer ordnungsgemäßen Betäubungsmittelverschreibung oder eines Praxisbedarfsrezeptes.

D. Erscheinungsformen des Erwerbs

I. Betäubungsmittelübernahme von polizeilichen Scheinaufkäufern zum Zwecke der Sicherstellung

Polizeibeamte als Scheinaufkäufer bedürfen zur Tatprovokation und zur Betäu- **19** bungsmittelübernahme keiner Erlaubnis (§ 4 Abs. 2 BtMG). Beim Rauschgiftscheingeschäft erlangt der polizeiliche V-Mann oder Untergrundagent keine eigene Verfügungsmacht und macht sich nicht wegen Erwerbs strafbar, wenn er die befugt erlangten Betäubungsmittel sofort bei seiner Dienststelle abliefert.

II. Betäubungsmittelübernahme zu präventiven und therapeutischen Zwecken

In der Ansichnahme oder Sicherstellung von Betäubungsmitteln durch Thera- **20** peuten oder Sozialarbeiter, Eltern, Lehrer usw. kann kein Erwerb gesehen werden, auch wenn nachträglich eine Genehmigung des Vorbesitzers vorliegt. Da es an einem einverständlichen Zusammenwirken durch ein Rechtsgeschäft fehlt, liegt nur ein Sichverschaffen in sonstiger Weise oder – sofern dies nicht zu konkretisieren ist – Besitz vor (a. A. *Hügel/Junge/Lander/Winkler* § 29 Rn. 10.4; s. dazu im Einzelnen § 29/Teil 13, Rn. 45).

III. Betäubungsmittelübernahme zu Demonstrationszwecken

Kaufen Pädagogen oder Therapeuten in ihrer Einrichtung Betäubungsmittel an, **21** um damit die **Gefährdung** ihrer Schüler, Studenten oder Klienten **zu demonstrieren,** so streben sie ein Rechtsgeschäft und Besitzerwechsel an und machen sich wegen Erwerbs strafbar. Setzt ein Lehrer oder Schulleiter eine **Schülerin als Lockvogel** gegen einen mutmaßlich mit Drogen handelnden Mitschüler ein und gibt ihr Geld für einen Drogenankauf, um den Schüler von der Schule verweisen zu können, so liegt eine **Anstiftung zum unerlaubten Erwerb** von Betäubungsmitteln vor. Eine Tatprovokation ist nicht mit dem schulischen Bildungsauftrag vereinbar. Wegen des öffentlichen Interesses an der Strafverfolgung und mangels Eigenkonsuminteresses scheiden ein Absehen von Strafverfolgung und eine Verfahrenseinstellung wegen Geringfügigkeit aus.

22   Tauscht ein Strafgefangener in der JVA zahlreiche Schachteln Zigaretten gegen Heroin und Haschisch ein und lagert diese in seiner Zelle, um die Betäubungsmittel anschließend **dem Justizsenator als Beweismittel zu senden,** dass in seiner JVA mit Drogen gehandelt wird, so macht sich der Häftling wegen Erwerbes von Betäubungsmitteln strafbar, da dem Angeklagten weder ein übergesetzlicher Notstand noch ein unvermeidbarer Verbotsirrtum zur Seite steht (*LG Berlin* NStZ 1987, 233). Der Fall liegt anders als bei der Wegnahme von Betäubungsmitteln aus Fürsorgegesichtspunkten durch Eltern, Lehrer oder Betreuer (s. dazu § 29/ Teil 13, Rn. 45 ff. u. Rn. 61).

IV. Betäubungsmittelübernahme durch Ärzte und Patienten

23   Ärzte und Patienten sind nur beim Erwerb zu therapeutischen Zwecken gem. § 4 BtMG von der Erlaubnispflicht befreit und aufgrund begründeter Betäubungsmittelverschreibungen zum Bezug befugt. Dient der Betäubungsmittelerwerb dem Genuss oder der Suchtbefriedigung, so ist der Erwerb erlaubnispflichtig, verboten und strafbar. Der Erwerb von Betäubungsmitteln in Apotheken aufgrund ärztlicher Verschreibungen, die süchtige Patienten oder süchtige Therapeuten durch wahrheitswidrige Behauptungen erschlichen, gefälscht oder verfälscht haben, ist strafbar (vgl. *BGH* NJW 1957, 30; *BGH* NStZ 2001, 85; *Frankfurt* NJW 1956, 1769).

24   Wer abweichend von § 29 Abs. 1 S. 1 Nr. 9 BtMG unrichtige oder unvollständige Angaben macht, um in einer Apotheke Betäubungsmittel zu erlangen, und auf diese Weise erlangt, erwirbt unerlaubt Betäubungsmittel.

V. Betäubungsmittelübernahme durch Straftaten

25   Die Besitzerlangung durch Straftaten, wie Diebstahl, Apothekeneinbruch, Raub, Erpressung, Fundunterschlagung, stellt **keinen Erwerb** dar, sondern Sicherverschaffen auf sonstige Weise (BGHR BtMG § 29 Abs. 1 Nr. 1 Sichverschaffen 3 = NStZ 2010, 222; BGHSt. 42, 123 = NStZ 1996, 499 = StV 1996, 670; s. dazu § 29/Teil 11, Rn. 9 ff.). Hat sich ein Apotheker in der Apotheke seines Arbeitgebers morphinhaltige Zubereitung zugeeignet, um körperliche Beschwerden zu lindern, so stellt dies keinen Erwerb dar, da die Verfügungsgewalt nicht durch Rechtsgeschäft erlangt wurde (RGSt. 67, 193).

VI. Betäubungsmittelübernahme durch Hoheitsakt

26   Keinen Erwerb stellen all die Fälle dar, in denen ohne Rechtsgeschäft Besitz an Betäubungsmittel erlangt wird. Die Besitzerlangung durch Sicherstellung oder Beschlagnahme der Polizei stellt keine Erwerbshandlung dar. Ebenso bedeutet die Besitzerlangung kraft Gesetzes durch Zuschlag bei der Zwangsversteigerung, durch Besitzzuweisung durch den Gerichtsvollzieher, durch gesetzliche Erbfolge keinen Erwerb i. S. d. BtMG.

VII. Hotel- und Bordellfälle

27   Bestellt ein Hotelgast oder Freier ein Hotelzimmer mit Luxusausführung bei einem Taxifahrer, einem Hotel, einem Zuhälter oder Escort-Service, ohne auf Kokain Wert zu legen, so ist er für eine kokainschnupfende Prostituierte nicht verantwortlich. Erwartet er aber bei einer Sex- und Kokainparty, dass in dem Pauschalpreis Kokain für die Prostituierte enthalten ist, so gewährt er der Frau eine Gelegenheit zum unbefugten Verbrauch des angelieferten Stoffes. Sucht der Gast selbst die Dame für die Nacht aus für das Luxusgedeck mit Kokain, so gewährt er nicht nur, sondern verschafft Gelegenheit zum unbefugten Verbrauch. Sucht der Gast auf der Drogenszene nicht nur die Frau aus, sondern kauft auch Kokain zu seiner freien Verfügung, so macht er sich wegen Betäubungsmittelerwerbs strafbar. Liefert auf Bestellung ein Zuhälter Mädchen und Kokain ins Hotelzimmer, ohne dass der Kunde von beiden Gebrauch macht, aber das zurückgelassene Kokain zur

freien Verfügung einsteckt, so liegt unerlaubter Erwerb von Betäubungsmitteln vor. Überlässt ein Freudenmädchen ihrem Freier eine Kokainlinie, schnupft mit ihm oder reibt seine Sexualzonen mit Kokain ein, so überlässt bzw. verabreicht sie unerlaubt Betäubungsmittel. Der Freier bleibt aber wegen des Konsums straflos.

E. Subjektiver Tatbestand

Der subjektive Tatbestand setzt Vorsatz oder Fahrlässigkeit voraus (§ 29 Abs. 4 **28** BtMG).

I. Vorsatz

Der Scheinaufkäufer der Kriminalpolizei will regelmäßig nicht selbst eigene Verfügungsgewalt über die Betäubungsmittel erlangen, sondern strebt die Sicherstellung der Drogen durch die Polizei an. Er handelt daher nicht vorsätzlich. **29**

II. Fahrlässigkeit

Ein Angeklagter ist wegen fahrlässigen Erwerbes zu verurteilen, wenn er bei der **30** Übernahme zweier Plastikbeutel zur Verwahrung den Inhalt der Tüten, den er unschwer als Haschisch hätte erkennen können, pflichtwidrig nicht geprüft hat und somit fahrlässig nicht erkannt hat, dass er Haschisch in Verwahrung nahm.

III. Irrtumsfälle

1. Tatbestandsirrtum. Kannte der Täter ohne Fahrlässigkeit die Betäubungs- **31** mitteleigenschaft der erworbenen Stoffe nicht, so kommt ein schuldausschließender Tatbestandsirrtum in Betracht.

2. Untauglicher Versuch (umgekehrter Tatbestandsirrtum). Erwirbt je- **32** mand Pseudodrogen irrtümlich im Glauben, es seien Betäubungsmittel zum Eigenkonsum, so ist § 29 Abs. 6 BtMG nicht anwendbar. Es liegt aber ein untauglicher Versuch des Erwerbs von Betäubungsmitteln nach § 29 Abs. 1 BtMG vor (*Zweibrücken* NStZ 1981, 66).

Erwirbt jemand Pseudodrogen zum Weiterverkauf im Glauben, es seien Be- **33** täubungsmittel, so liegt kein untauglicher Versuch, sondern Handeltreiben mit Betäubunsgmitteln nach § 29 Abs. 1 BtMG vor, da allein seine Erklärungen und Bemühungen, nicht die Eigenschaften der Ware entscheidend sind (Unternehmensdelikt). Bietet der Erwerber die Pseudodrogen einem Dritten als echte Betäubungsmittel zum Kauf an mit dem Willen, die Betäubungsmittel zu verkaufen, so liegt vollendetes Handeltreiben vor, da der Tatbestand das Vorhandensein echter Drogen nicht voraussetzt. Erwirbt jemand Pseudodrogen, wie z.B. Henna, obwohl er die fehlende Betäubungsmitteleigenschaft kennt, weil er sich die Haare mit Henna färben will, so ist dieses Verhalten weder nach § 29 Abs. 1 noch nach § 29 Abs. 6 BtMG strafbar. Hat der Erwerber die fehlende Betäubungsmitteleigenschaft erkannt und kauft dennoch die Pseudodrogen in der Absicht, diese gewinnbringend als echte Betäubungsmittel zu verkaufen, so liegen die Voraussetzungen des § 29 Abs. 6 BtMG in der Form des Handeltreibens vor und die Strafe ergibt sich aus § 29 Abs. 1 BtMG (*BGH* NJW 1992, 382; *LG Münster* NStZ 1983, 474).

3. Verbotsirrtum. Nimmt ein Täter irrtümlich an, der Erwerb von Haschisch **34** sei in Deutschland ebenso wie im Lande X straflos, so handelt es sich um einen vermeidbaren Verbotsirrtum. Wer in einer anderen als der gewohnten heimatlichen Rechtsgemeinschaft lebt, muss aber damit rechnen, dass in Deutschland andere Wertvorstellungen maßgebend sind und sich über die Rechtslage erkundigen (*Frankfurt*, Urt. v. 25. 8. 1976, 1 Ss 180/76).

4. Wahndelikt (der umgekehrte Verbotsirrtum). Geht der Täter irrig von **35** der Rechtswidrigkeit seines Drogenerwerbes aus, so liegt ein strafloses Wahndelikt vor.

F. Versuch

36   Der versuchte Erwerb ist strafbar (§ 29 Abs. 2 BtMG).

I. Abgrenzung straflose Vorbereitung/Versuch

37   Die Grenze von der Vorbereitungshandlung zum Versuch ist dann überschritten, wenn nach dem Tatplan der Abschluss des Geschäftes im engeren räumlichen und zeitlichen Zusammenhang zu den Verhandlungen **unmittelbar in die Übertragung der Verfügungsmacht an den Betäubungsmitteln einmünden** soll (BGHSt. 40, 208 = NStZ 1995, 140 = StV 1995, 25 m. Anm. *Körner; BayObLG* NStZ 1984, 320). Dabei ist für die Erfüllung des Erwerbstatbestandes der tatsächliche Übergang der Verfügungsgewalt an den Betäubungsmitteln aufgrund willensmäßiger Übereinstimmung der Beteiligten entscheidend. Das **Verpflichtungsgeschäft eines Konsumenten** ohne Erfüllungsgeschäft ist bloße Vorbereitung des Erwerbs und noch kein Versuch (*BayObLG* NStZ 1984, 320; *Weber* § 29 Rn. 1068; MK-StGB/*Kotz* § 29 Rn. 818). **Das Verpflichtungsgeschäft des Betäubungsmittelhändlers** hingegen ist bereits vollendetes Handeltreiben.

38   **1. Beispiele für Vorbereitungshandlungen.** Eine **Rauschgiftbestellung** oder der Abschluss eines Vertrages, der nur die Verpflichtung zur Übertragung der Verfügungsgewalt zum Gegenstand hat, so der **Abschluss eines Kaufvertrages**, genügen im Gegensatz zum Handeltreiben zur Erfüllung des versuchten Erwerbs nicht, da durch ein derartiges Verpflichtungsgeschäft noch **kein Wechsel der tatsächlichen Verfügungsgewalt am Betäubungsmittel** eintritt. Begibt sich ein Haschischkonsument zu seinem Lieferanten, weil dieser eine neue Lieferung erwartet, so stellen **das Warten** mit anderen Kaufinteressenten im Wohnzimmer, **das Mitbringen von Geld und einer Haschischwaage** zwar eine Kette von tatvorbereitenden Verhaltensweisen in dem vom Angeklagten gewollten Ablauf bei der erstrebten Tatbestandsverwirklichung des Drogenerwerbs dar, aber **noch kein Ansetzen zur Übergabe** von Haschisch und Geld. Es handelt sich um bloße Tatvorbereitungen und nicht um einen versuchten Erwerb (*Celle* NJW 1986, 78 = MDR 1986, 421). Auch die Erschleichung einer Verschreibung ist noch bloße Vorbereitungshandlung. Die Vorlage des gefälschten Rezeptes in der Apotheke stellt dann aber versuchten Erwerb dar, wenn die Übergabe der Betäubungsmittel möglich ist und bevorsteht.

39   **2. Beispiele für Versuchshandlungen.** Ein Erwerbsversuch liegt vor, wenn bei einer Polizeikontrolle in einem Drogenlokal die Polizei gerade eingreift, als der Verkäufer die Betäubungsmittelmenge dem Käufer übergeben will, ganz gleich, ob dieser bereits bezahlt hat. Beim Erwerb von Drogen per Postversand ist das Vorbereitungsstadium überschritten und der Versuch erreicht, wenn nach mündlicher, schriftlicher oder telefonischer Bestellung der Lieferant vereinbarungsgemäß die Rauschgiftsendung bei der Post im In- oder Ausland zur Weiterleitung an den Käufer aufgegeben hat, da nach Vorstellung beider Vertragspartner bei ungestörtem Fortgang die Tatbestandsverwirklichung erreicht wird (*BayObLG* NJW 1994, 2164).

II. Vollendung/Beendigung

40   Da die Tatbegehungsweise des Erwerbs einen Erfolg voraussetzt, liegt **Vollendung** erst vor, wenn der Täter die eigene tatsächliche Verfügungsgewalt an den Betäubungsmitteln nach dem Rechtsgeschäft erlangt hat. **Beendigung** ist erreicht, wenn der Täter die unerlaubt erlangten Betäubungsmittel in ein sicheres Versteck verbracht oder die für einen Dritten gekauften Betäubungsmittel diesem übergeben hat.

G. Täterschaft/Teilnahme

I. Mittäterschaft

Vereinbaren oder planen zwei Rauschgiftkonsumenten, gemeinsam Betäu- **41** bungsmittel zum Eigenverbrauch zu erwerben, und übernimmt einer von ihnen bei der Durchführung dieses Vorhabens den Ankauf und den Transport des Rauschgifts, dann ist sein Tatbeitrag nicht etwa deshalb als Handeltreiben zu bewerten, weil ihm die gemeinsame Tatbegehung im Rahmen des Erwerbs auch wirtschaftliche Vorteile bringt. Beide sind vielmehr regelmäßig **Mittäter des Erwerbs**. Dabei muss sich der einzelne Erwerber nicht die gemeinschaftlich erworbene, sondern nur die für ihn bestimmten Anteil zurechnen lassen (*BGH* StV 1984, 248; *Düsseldorf* StV 1992, 233). Die ihm hierbei erwachsenen Vorteile in der Form von günstigen Einkaufspreisen und niedrigen Unkosten werden nicht durch eine Weiterveräußerung des Rauschgifts erreicht; sondern sind das Ergebnis des gemeinschaftlichen Vorgehens beim Erwerb. Eigennützigkeit allein beim Erwerb zum Eigenverbrauch vermag aber den Vorwurf des Handeltreibens nicht zu begründen (vgl. *BGH* StV 1984, 248; *BGH* StV 1985, 235; *Stuttgart* NStZ-RR 1998, 214 = StV 1998, 427). Eine Verurteilung wegen Handeltreibens mit Betäubungsmitteln kann deshalb in derartigen Eigenverbrauchsfällen nicht bestehen bleiben (*BGH* NStZ 1986, 127). Die bloße Verbindung des Angeklagten mit 3 Personen **zum Zwecke des günstigen Haschisch-Einkaufes** in größerer Menge und die absprachegemäße Weitergabe der aufgeteilten Teilmengen zum Einkaufspreis an seine 3 Bekannten rechtfertigt die Beurteilung nur des **gemeinschaftlichen Erwerbs**, nicht des Handeltreibens. Bei derartigen Einkaufsgemeinschaften liegt für jeden Mittäter ein Erwerb vor, der **nicht die Gesamtmenge, sondern nur die eigene Eigenkonsummenge** umfasst (*Stuttgart* NStZ-RR 1998, 214 = StV 1998, 427). Zur Rechtlage bei der Einfuhr einer gemeinschaftlich im Ausland erworbenen Betäubungsmittelmenge s. aber § 29/Teil 5 Rn. 186 ff.).

Wer in einer Apotheke **mit einer ärztlich unbegründeten Verschreibung** **42** oder **mit einer ge- oder verfälschten ärztlichen Verschreibung** Betäubungsmittel erlangt, erwirbt ohne Erlaubnis. Hat der Angeklagte sich mit falschen Angaben ein ärztliches Rezept erschlichen, aber der noch nicht eingelöst, so kommt § 29 Abs. 1 S. 1 Nr. 9 BtMG in Betracht.

II. Beihilfe

Wer ohne eigenes Kaufinteresse Drogenkonsumenten gegen Trinkgeld bei der **43** Abwicklung eines Drogenkaufgeschäftes durch seine Begleitung Schutz bietet, macht sich wegen Beihilfe zum Erwerb strafbar (*Hamm* NJW 1978, 2346). Da der Besitzdiener in der Regel aufgrund Weisung seines Geschäftsherrn zu dessen Verfügung erwirbt und über die Betäubungsmittel im eigenen Namen nicht verfügen kann, ist er nur **Gehilfe**. Wurde dem Besitzdiener aber ein eigener Ermessensspielraum eingeräumt, so kann er **Mittäter** sein. Gibt ein Strafgefangener **ohne eigenes Kaufinteresse** einem anderen Strafgefangenen in Erwartung eines Vorteils Geld, Kaffee und Tabak, damit dieser sich bei anderen Gefangenen Betäubungsmittel beschaffen kann, so liegt darin Beihilfe zum unerlaubten Erwerb, aber kein Bereitstellen von Vermögenswerten zum Handeltreiben (*BGH*, Beschl. v. 13. 9. 1988, 5 StR 382/88).

H. Rechtsfolgen

I. Erwerb von geringen Mengen

Beim Erwerb von geringen Mengen an Betäubungsmitteln zum Eigenverbrauch **44** kann gem. § 29 Abs. 5 bzw. § 31 a BtMG die Staatsanwaltschaft von der Strafverfolgung bzw. das Gericht von Strafe absehen. Erwerben mehrere Personen im bewussten und gewollten Zusammenwirken eine bestimmte Betäubungsmittelmenge, **deren Aufteilung** in mehrere für den jeweiligen Eigenverbrauch bestimmte **An-**

teile bereits vereinbart ist, so liegt für jeden von ihnen ein Erwerb lediglich zum Eigenverbrauch (§§ 29 Abs. 5, 31a BtMG) vor (*Stuttgart* NStZ-RR 1999, 214 = StV 1998, 427).

II. Grundtatbestand

45   § 29 Abs. 1 S. 1 Nr. 1 BtMG sieht für den vorsätzlichen unerlaubten Erwerb von Betäubungsmitteln Geldstrafe oder Freiheitsstrafe bis zu 5 Jahren vor. Nach § 47 Abs. 1 StGB darf eine **Freiheitsstrafe von unter 6 Monaten** nur verhängt werden, wenn besondere Umstände, die in der Tat oder in der Persönlichkeit des Täters liegen, die Verhängung einer Freiheitsstrafe zur Einwirkung auf den Täter oder zur Verteidigung der Rechtsordnung unerlässlich machen. Diese Voraussetzungen sind in reinen Konsumfällen selten erfüllt. Handelt es sich bei dem Erwerber um einen nicht vorbestraften Ersttäter, der in gesicherten sozialen Verhältnissen lebt, berufstätig ist und seinen Lebensunterhalt selbst bestreitet, der das Rauschgift lediglich zum Eigenkonsum kauft und dessen Tat bereits längere Zeit zurückliegt, so fehlen der Tat und der Täterpersönlichkeit die besonderen Umstände, die eine kurzfristige Freiheitsstrafe erlauben würden. Die Annahmevoraussetzungen des § 47 StGB dürfen nicht schematisch anhand einzelner Umstände wie Vorstrafen, Zahl der Konsumeinheiten oder Gefährlichkeit der Substanz festgestellt werden. Vielmehr sind die besonderen Umstände des Einzelfalles in einer Gesamtbetrachtung (Vorstrafen, Anzahl der Fälle, Anzahl der Konsumeinheiten, Gewicht und Qualität der Betäubungsmittel, Lebens- und Konsumverhältnisse) zu berücksichtigen. Allein der Umstand, dass der Erwerber eine besonders gefährliche Droge, wie Heroin oder Crack, erwerben und konsumieren will, bedeutet wegen der weiten Verbreitung harter Drogen kein besonderer Umstand (*BayObLG* StV 1995, 472). Erwirbt ein Angeklagter nicht nur eine Konsumration, sondern einen Konsumvorrat, der keine nicht geringe Menge erreicht, so ist die Anlegung eines auch Dritte gefährdenden Drogenvorrates ein bedeutsamer Umstand.

III. Besonders schwere Fälle

46   Der in § 29 Abs. 3 S. 2 Nr. 1 BtMG als besonders schwerer Fall geregelte **gewerbsmäßige Erwerb** hat neben dem gewerbsmäßigen Handeltreiben keine gesonderte Bedeutung. Soweit der Erwerb dem Eigenkonsum diente, scheidet Gewerbsmäßigkeit aus, weil dieser Erwerb nicht darauf gerichtet ist, sich aus Betäubungsmittelgeschäften eine fortlaufende Einnahmequelle zu verschaffen (vgl. § 29/Teil 26, Rn. 12 ff.). Wer im Rahmen von Kaufverhandlungen als Wortführer und Wegweiser für eine Vielzahl von Drogenkonsumenten günstige Kaufbedingungen erzielt, ohne selbst über den günstigen Preis für seine Kaufmenge von den Verkäufern oder den anderen Erwerbern einen Vorteil zu erlangen, kann wegen des **intensiven Ankaufbemühens**, wegen der **Förderung der Ankaufbemühungen der übrigen Erwerber** wegen eines ungeschriebenen besonders schweren Falles nach § 29 Abs. 3 BtMG bestraft werden.

IV. Verbrechen

47   Der Erwerb von Betäubungsmitteln in nicht geringen Mengen ist nicht in **§ 29a Abs. 1 Nr. 2 BtMG** genannt. Der Verbrechenstatbestand des § 29a BtMG ist aber auch gegeben, wenn der Täter aufgrund des Erwerbs einer nicht geringen Menge von Betäubungsmitteln in einem **einheitlichen Vorrat** erlangt, also gleichzeitig nicht geringe Mengen von Betäubungsmitteln besessen hat. Der Umstand, dass der **unerlaubte Besitz hinter dem unerlaubten Erwerb** zurücktritt, steht der Anwendbarkeit des § 29a BtMG nicht entgegen. Hier verdrängt der Verbrechenstatbestand des Besitzes von nicht geringen Mengen von Betäubungsmitteln den Erwerbstatbestand (vgl. § 29a Rn. 176). Erfolgte aber der Erwerb von Betäubungsmitteln in nicht geringer Menge zu Absatzzwecken, ist ein Fall des Handeltreibens mit nicht geringen Mengen nach § 29a BtMG gegeben. Sukzessiv zum Eigenverbrauch erworbene Mengen von Betäubungsmitteln dürfen nur zu-

sammengerechnet werden, wenn sie einen gemeinsamen Vorrat bilden und ausgeschlossen ist, dass der Erwerber jeweils dann zum Neuerwerb schritt, wenn sein bisheriger Bestand aufgebraucht war. Erwerben mehrere Betäubungsmittelkonsumenten zum Zwecke des preisgünstigen Einkaufs in den Niederlanden gemeinsam **Betäubungsmittel in nicht geringe Menge,** um sie später aufzuteilen, so kann ihnen jeweils nicht die Gesamtmenge, sondern nur **ihr zum Eigenverbrauch angeschaffter Anteil** einer **Normalmenge** zugerechnet werden; es kommt aber eine tateinheitlich begangene gemeinschaftliche Einfuhr von Betäubungsmitteln in nicht geringer Menge in Betracht.

V. Strafmilderungserwägungen

Zu den Strafmilderungsgründen im Allgemeinen s. Vorbem. §§ 29 ff. Rn. 124 ff.

1. Drogenabhängigkeit. Die Drogenabhängigkeit des Täters kann sich erheb- **48** lich strafmildernd auswirken (s. dazu Vorbem. §§ 29 ff. Rn. 132). Strafmilderung kann nicht deshalb versagt werden, weil der Süchtige beim Drogenerwerb in Kenntnis der Gefährlichkeit der Betäubungsmittel gehandelt habe. Denn das Wesen der Sucht ist ihm nicht vorwerfbar (*BGH*, Beschl. v. 17. 7. 1987, 2 StR 291/87).

2. Motive der Erwerbshandlung. Beim Erwerb kommt als entscheidende **49** Erwägung das **Motiv der Erwerbshandlung** hinzu. Dient die Drogenbeschaffung lediglich der **Eigenversorgung,** so kommt diesem Umstand erhebliche strafmildernde Bedeutung zu (*BGHR BtMG* § 29 Strafzumessung 11 = StV 1991, 105). Gibt ein Professor an, er habe von einem befreundeten Arzt als Mittel zur Leistungssteigerung Metamphetamin erhalten und mit diesem Betäubungsmittel die Stresssituation bei seiner Geschäftsführer- und Rechtsanwaltstätigkeit bewältigen wollen, so ist dies strafmildernd zu werten (*LG Frankfurt am Main*, Urt. v. 14. 8. 1989, 88 Js 1952/88). Diente der Erwerb dem Absatz von Betäubungsmitteln, so liegt regelmäßig Handeltreiben vor, hinter dem der Erwerb zurücktritt. Die Strafzumessung richtet sich dann nach den Grundsätzen der Bestrafung von Handeltreiben. Im Einzelnen muss das Tatgericht feststellen und notfalls unter Beachtung des Zweifelsgrundsatz schätzen, welche Teile der erworbenen Betäubungsmittel dem Eigenkonsum bzw. dem Absatz dienten (*BGH NStZ-RR 2008, 153; Patzak/Bohnen* Kap. 3, Rn. 28).

3. Geringe Gefährlichkeit der Tat. Hat der Angeklagte die erworbenen Be- **50** täubungsmittel selbst **verbraucht, verdorben oder vernichtet,** so dass über eine Selbstschädigung hinaus kein Dritter gefährdet wurde, so ist wegen des Grundsatzes der Straflosigkeit der Selbstschädigung das Strafbedürfnis gering.

4. Sicherstellung der Betäubungsmittel. Sind die vom Angeklagten erwor- **51** benen Betäubungsmittel von der Polizei sichergestellt worden und können ihre gefährliche Wirkung nicht mehr entfalten, so ist dies strafmildernd zu würdigen (vgl. BGHR BtMG § 29 Strafzumessung 10 [2 StR 588/89]; *Patzak/Bohnen* Kap. 3, Rn. 30).

5. „Weiche" Drogen/schwache Inhaltsstoffe. Der Umstand, dass es sich **52** nur um „weiche" Drogen wie Cannabis handelte, kann strafmildernd gewertet werden. Zudem können schwache Wirkstoffgehalte die Strafe mildern.

6. Geständnis/Aufklärungshilfe. Ein Geständnis des Betäubungsmitteltäters **53** wirkt sich strafmildernd aus. Hat der Erwerber die Person und den Tatbeitrag des Veräußerers, das Drogenversteck und/oder den Lieferanten des Drogenverkäufers offenbart, so findet § 31 BtMG Anwendung.

VI. Strafschärfungserwägungen

Zu den Strafschärfungsgründen im Allgemeinen s. Vorbem. §§ 29 ff. Rn. 211 ff.

1. Art und Gefährlichkeit der Betäubungsmittel. Auch beim Erwerb sind **54** Art und Gefährlichkeit der Betäubungsmittel entscheidende Strafzumessungsgesichtspunkte. Die Gefährlichkeit einer Droge darf einem Angeklagten aber nicht strafschärfend angelastet werden, wenn er das Betäubungsmittel nur zum Eigenverbrauch erworben hat, weil bei bestimmungsgemäßem Gebrauch nur eine straflose Selbstgefährdung des Täters herbeigeführt wird (*BayObLG* StV 1993, 29; *Berlin* StV 1994, 244).

55 **2. Gewichts- und Wirkstoffmenge der Betäubungsmittel.** Strafschärfend kann sich eine Dritte gefährdende Anlegung eines Drogenvorrates oder eine nicht geringe Menge der Betäubungsmittel auswirken

56 **3. Unerlaubter Erwerb in besonderen Schutzbereichen.** Werden die Betäubungsmittel in besonderen Schutzbereichen, wie z. B. **Gefängnis, Justizgebäude, Schule, Kindergarten** oder an Orten, die der Gesundheit dienen sollen **(Krankenhaus, Therapieeinrichtung)** erworben, so kann dies strafschärfend gewertet werden.

57 **4. Unerlaubter Erwerb von Personen, die der Volksgesundheit besonders verpflichtet sind bzw. besondere Verantwortung für die Bevölkerung tragen.** Erwirbt und konsumiert ein Flugkapitän, Busfahrer, Zugführer, Autofahrer, Fluglotse, Notfallarzt, Krankenschwester während oder für die Arbeitszeit Betäubungsmittel, so ist diese bewusste Gefährdung Dritter strafschärfend zu werten, auch wenn es nicht zu drogenbedingten Unfällen kommt.

58 **5. Zusammentreffen von Erwerb und Handeltreiben.** Die Verurteilung eines Angeklagten wegen tateinheitlicher Begehung zweier Tatbestände durch den Erwerb von Betäubungsmittel teils zum Eigenkonsum, teils zum Weiterverkauf, darf nicht strafschärfend gewertet werden, weil der tateinheitliche Erwerb zum Eigenkonsum wegen der damit verbundenen Selbstgefährdung eine geringere Gefährlichkeit für die Allgemeinheit aufweist als das Handeltreiben (BGHR BtMG § 29 Strafzumessung Nr. 11 = StV 1991, 105; *BGH* StV 1998, 599).

I. Konkurrenzen

I. Erwerben verschiedener Betäubungsmittel

59 Der gleichzeitige Erwerb verschiedener Betäubungsmittel durch eine Person stellt nur eine Tat dar (*Weber* § 29 Rn. 1089).

II. Erwerben und Handeltreiben

60 **1. Erwerben zum Zwecke des Weiterverkaufs. a) Mehrere Verkaufsakte.** Hat der Täter eine Gesamtmenge eines Betäubungsmittels erworben, um es in einer größeren Zahl von Einzelakten nach und nach zu verkaufen, so bilden diese Verkaufsakte wegen des einheitlichen Erwerbs eine Straftat, auch wenn die Verkäufe auf verschiedenen Entschlüssen beruhen (**sog. Bewertungseinheit,** BGHR BtMG § 29 Bewertungseinheit 1 = NStZ 1995, 193 = StV 1995, 256; BGHR BtMG § 29 Bewertungseinheit 4 = NJW 1995, 2300 = StV 1995, 417; *BGH* NStZ 2009, 648 = StV 2009, 675; s. dazu § 29/Teil 4, Rn. 409 ff.). Eine solche Bewertungseinheit kommt aber nur bei Absatzdelikten wie Handeltreiben, Veräußern und Abgeben in Betracht, nicht aber bei Erwerbstaten, die lediglich dem Eigenverbrauch dienen (*BGH* NStZ 1997, 243).

61 **b) Mehrere unselbständige Teilakte.** Die Grundsätze der Bewertungseinheit gelten auch für unselbständige Teilakte des Handeltreibens vom Erwerb bis zum Absatz, die im Gesamtgeschehen des Handeltreibens aufgehen, wenn die jeweilige Tathandlung dem gewinnbringenden Absatz dient (BGHSt. 25, 290 = NJW 1974, 959; vgl. auch *BGH* NStZ-RR 2006, 55). Dies gilt unabhängig davon, ob der Täter von vornherein beabsichtigt hat, die Betäubungsmittel gewinnbringend abzusetzen, oder den Entschluss erst später fasste (*Weber* § 29 Rn. 722; MK-StGB/ *Kotz* § 29 Rn. 394). Zur **Beihilfe zum unerlaubten Handeltreiben** steht der unerlaubte Erwerb aber in Tateinheit (*BGH* NStE Nr. 78 zu § 29 BtMG). Beim gewinnbringenden **Tausch** von einem Betäubungsmittel (z. B. Haschisch) in ein anderes (z. B. Heroin), liegt aber Handeltreiben mit Betäubungsmitteln bzgl. des Heroins in Tateinheit mit Erwerb des Haschisch vor; erfolgt der Tausch ohne Gewinnerzielung, hat sich der Täter wegen Veräußerung in Tateinheit mit Erwerb strafbar gemacht (*Weber* § 29 Rn. 1095).

2. Erwerben mit unterschiedlicher Zweckbestimmung. Bei Erwerbs- **62** handlungen von Betäubungsmitteln **zum Teil zum Weiterverkauf,** zum **anderen Teil zum Eigenkonsum** ist zu unterscheiden, ob es sich um **geringe** oder **nicht geringe Mengen** handelt. Hat ein Täter Betäubungsmittel zu beiden Zwecken erworben, so darf der Tatrichter wegen der unterschiedlichen Auswirkungen bei der rechtlichen Einordnung und bei der Strafzumessung **nicht offen lassen, welcher Anteil für den späteren Verkauf vorgesehen war.** Er muss dies – notfalls unter Beachtung des Zweifelsatzes – im Wege der Schätzung feststellen (*BGH* StV 2002, 255; *BGH* StV 2004, 602). Die Schätzung muss aber auf einer konkreten Tatsachengrundlage beruhen. Die Schuld des Angeklagten ist nämlich **in dem Maße geringer, in dem andere Personen wegen des Eigenkonsums** des Angeklagten insoweit durch die Betäubungsmittel **nicht gefährdet sind** (*BGH* StV 2002, 255; *BayObLG* StraFo 2000, 230; *Frankfurt*, Beschl. v. 22. 1. 2004, 2 Ss 393/03).

Handelt es sich um eine **kleine Eigenverbrauchsmenge** und eine **große** **63** **Handelsmenge,** so steht das unerlaubte Handeltreiben mit nicht geringen Mengen von Betäubungsmitteln in Tateinheit mit unerlaubtem Erwerb von Betäubungsmitteln (*BGH* NStZ 2006, 173). Bei geringen Mengen verdrängt der Tatbestand des Erwerbs den Tatbestand des Besitzes (*BGH* StV 2002, 255; *BGH* StraFo 2004, 252).

Wird eine Menge erworben, von der eine **kleinere Menge zum Handeltrei-** **64** **ben,** eine **große Menge zum Eigenverbrauch** bestimmt ist, so hat sich der Angeklagte des unerlaubten Besitzes von Betäubungsmitteln in nicht geringen Mengen in Tateinheit mit unerlaubtem Handeltreiben mit Betäubungsmitteln schuldig gemacht, weil der Verbrechenstatbestand des Besitzes von nicht geringen Mengen den Erwerb von Betäubungsmitteln verdrängt (*BGH* NStZ 1994, 548; *BGH* StV 2002, 255).

Ist auch die **Handelsmenge wie die Eigenverbrauchsmenge nicht gering,** **65** so ist der Angeklagte wegen unerlaubten Besitzes von Betäubungsmitteln in nicht geringen Mengen in Tateinheit mit unerlaubtem Handeltreiben mit nicht geringen Mengen zu bestrafen (*BGH* StV 2002, 255; *BGH* NStZ 2006, 173).

III. Erwerben und Veräußern/Abgeben

Dient der Erwerb der Betäubungsmittel dem gewinnbringenden Weiterverkauf, **66** werden die Taten zu einer Bewertungseinheit des Veräußerns zusammengefasst (vgl. *BGH* NStZ 1997, 243; MK-StGB/*Rahlf* §§ 29 Rn. 644; a. A. *Weber* § 29 Rn. 956, der Tateinheit annimmt). Gleiches gilt im Verhältnis Erwerb und Absatz. Treffen der Erwerb zum Eigenverbrauch und zum Veräußern/zur Abgabe von Betäubungsmitteln zusammen, so stehen der unerlaubte Erwerb und die unerlaubte Veräußerung/Abgabe in Tateinheit (*BGH* NStZ-RR 1997, 49).

IV. Erwerben und Einführen

Wer Betäubungsmittel zum Eigenverbrauch erwirbt und sie einführt, macht sich **67** strafbar wegen unerlaubten **Erwerbs in Tateinheit mit unerlaubter Einfuhr** von Betäubungsmitteln (*BGH* NStZ 2003, 90; *BGH* NStZ 2007, 529; MK-StGB/ *Kotz* § 29 Rn. 818).

V. Erwerben und Besitzen

Der Besitz tritt hinter dem Erwerb zurück (BGHR BtMG § 29 Abs. 1 Nr. 3 **68** Konkurrenzen 2 [3 StR 115/ 87]; *BGH* StraFo 2004, 252). Der **Besitz** stellt nur einen **Auffangtatbestand** dar, der die Schwierigkeiten ausräumen soll, die sich beim Nachweis des Erwerbs ergeben. Der Umstand, dass der Erwerber schon andere Betäubungsmittel besitzt, begründet keine Tateinheit zwischen dem früheren und späteren Erwerb (*Weber* § 29 Rn. 1092; MK-StGB/*Kotz* § 29 Rn. 818).

VI. Erwerben und Verschreiben

69   Verschreibt sich ein Arzt ohne medizinische Indikation selbst ein Betäubungsmittel, stehen das unerlaubte Verschreiben und der Erwerb in Tateinheit (*BGH* NJW 1975, 2249).

VII. Erwerb und Betrug

70   Der Erwerb von Betäubungsmitteln mittels gefälschten Rezeptes steht **mit Urkundenfälschung und Betrug in Tateinheit** (*Weber* § 29 Rn. 1101). Bei Erwerb von Betäubungsmitteln mittels gestohlenen oder gefälschten Rezeptes kann auch der Hehlereitatbestand (§ 259 StGB) erfüllt sein.

VIII. Erwerben und Beschaffungskriminalität

71   Wenn jemand, um sich das Geld zur Befriedigung seiner Drogensucht zu beschaffen, Raubtaten begeht, liegt keine Tateinheit, sondern **Tatmehrheit** zwischen den Raubtaten und dem Betäubungsmittelerwerb vor (*BGH* MDR 1992, 17).

IX. Erwerb und späteres Verkehrsdelikt

72   Zwischen dem Erwerb von Betäubungsmitteln und einer anschließenden Straßenverkehrsgefährdung besteht **Tatmehrheit** (*BayObLG* NJW 1992, 2360 m. Anm. *Neuhaus* NStZ 1993, 202, s. dazu Rn. 73).

J. Strafklageverbrauch

73   Ist ein Angeklagter rechtskräftig wegen Erwerbs von Haschisch verurteilt worden und hat der Täter nicht sichergestellte Teile des Erwerbsvorganges zum Zwecke des Eigenverbrauchs in Besitz, so kann er nicht nochmals wegen Besitzes dieser Betäubungsmittelanteile verurteilt werden, da insoweit Strafklageverbrauch eingetreten ist. Eine Bestrafung wegen Besitzes wäre nur möglich, wenn der Täter den **Besitz dieser Betäubungsmittel aufgegeben oder verloren und später wieder neu begründet** hätte, wie z. B. Ankauf des beschlagnahmten Haschischs vom Asservatenverwalter der Justiz (*Zweibrücken* MDR 1993, 72). Ist ein Angeklagter, der **beim Betäubungsmittelerwerb eine Waffe bei sich führte,** rechtskräftig wegen unerlaubten Erwerbs und Besitzes einer Schusswaffe verurteilt worden, so ist die Strafklage wegen des erst später bekannt gewordenen Betäubungsmittelerwerbs verbraucht (*LG Freiburg* StV 1991, 16). Bei einem Angeklagten, der wegen **Erwerbs von Betäubungsmitteln** rechtskräftig verurteilt worden ist, ist die Strafklage nicht als verbraucht anzusehen, wenn er bei einer eineinhalb Stunden später stattfindenden Autofahrt im Zustand der infolge Rauschgiftgenusses eingetretenen Fahruntüchtigkeit eine Straßenverkehrsgefährdung (§ 315 c StGB) begeht, auch wenn in der Anklage wegen BtMG die polizeiliche PKW-Kontrolle erwähnt war (*BayObLG* NJW 1992, 2360 m. Anm. *Neuhaus* NStZ 1993, 202).

K. Verfahren

74   Eine Verurteilung ist nur zulässig, wenn das strafbare Verhalten des Angeklagten so **konkret bezeichnet** wird, dass erkennbar ist, welche bestimmten Taten von der Verurteilung erfasst werden (vgl. *BGH* NStZ 1986, 275 = StV 1986, 329). Die Taten müssen sich von anderen gleichartigen, die der Angekl begangen haben kann, genügend unterscheiden lassen. Die Feststellung, dass der Angekl seit Juni 1988 bis zu seiner Festnahme am 9. 2. 1990 täglich ein halbes Gramm Heroin

konsumierte, während seine Verlobte ebenfalls Heroin zu sich genommen hat, so dass der Angeklagte für sich und seine Verlobte insgesamt mindestens 300 g Heroin erworben hat, reicht nicht aus (*BGH* StV 1991, 245). Die Verurteilung wegen einer oder gar mehrerer Taten, die insgesamt nur vage umschrieben sind, ist insb. mit rechtsstaatlichen Grundsätzen nicht zu vereinbaren. Der Angekl würde bei einem so unbestimmten Vorwurf in seiner Verteidigungsmöglichkeit unangemessen beschränkt. Bei unbestimmten Feststellungen zum Tatvorwurf besteht zudem die Gefahr, dass der Richter für die Bestimmung des Schuldumfangs keine objektive Grundlage gewinnen konnte und sich von einer in ihren Grenzen unklaren Gesamtvorstellung leiten ließ (vgl. *BGH* StV 1986, 329).

Teil 11. Unerlaubtes Sichverschaffen in sonstiger Weise
(§ 29 Abs. 1 S. 1 Nr. 1 BtMG)

Übersicht

A. Zweck der Vorschrift

1   Die Vorschrift wurde als Auffangtatbestand geschaffen, um auch das Erlangen der tatsächlichen Verfügungsgewalt über Betäubungsmittel ohne einvernehmliche Absprache unter Strafe zu stellen und nicht nur dem Besitztatbestand zu überlassen (MK-StGB/*Kotz* § 29 Rn. 836). Gerade beim Sichverschaffen durch Straftaten wird der Rechtsfrieden weitaus mehr bedroht als beim Besitz und bei den üblichen Diebstahls-, Unterschlagungs- und Raubhandlungen (vgl. *Allmers* ZRP 1991, 42). Es handelt sich um ein Erfolgsdelikt, dass das Rechtsgut der Volksgesundheit als absolutes Gefährdungsdelikt schützt (MK-StGB/*Kotz* § 29 Rn. 835).

B. Objektiver Tatbestand

I. Betäubungsmittel

2   Der Tatbestand setzt das Sichverschaffen von **Betäubungsmitteln i. S. von § 1 Abs. 1 BtMG** voraus (vgl. dazu § 1 Rn. 20 ff.).

II. Sicherverschaffen

3   **1. Definition.** Sichverschaffen liegt vor, wenn der Täter **die tatächliche Verfügungsgewalt über ein Betäubungsmittel auf andere Weise als beim Erwerb erlangt, also ohne Rechtsgeschäft**. Dies ist z. B. bei **Diebstahl, Raub oder Erpressung** der Fall (zu den Erscheinungsformen des Sichverschaffens s. Rn. 9 ff.).

4   **2. Tatsächliche Verfügungsgewalt.** Wie beim Erwerb ist die Erlangung der **tatsächlichen Verfügungsgewalt über die Betäubungsmittel** in der Gestalt erforderlich, dass der Empfänger frei hierüber verfügen kann. Es reicht dabei die Begründung von Fremdbesitz aus, d. h. der Empfänger muss die Betäubungsmittel nicht notwendigerweise als ihm gehörend besitzen (s. hierzu § 29/Teil 13, Rn. 19). Den Verschaffenstatbestand erfüllen daher auch Eltern, Ehegatten, Erzieher, Ärzte oder Geistliche, die ihren Verwandten oder Schutzbefohlenen heimlich Betäubungsmittel wegnehmen, um sie vom Konsum abzubringen, um die Stoffe vom Apotheker untersuchen zu lassen oder um die Stoffe bei der Polizei abzuliefern; vielfach wird jedoch ein rechtfertigender Notstand i. S. v. § 34 StGB vorliegen (s. dazu im Einzelnen § 29/Teil 13, Rn. 61 ff.).

5   **3. Zweck des Sichverschaffens.** Das Sichverschaffen **setzt keinen bestimmten Zweck** (Konsum, Aufbewahrung, Vernichtung, Weiterverkauf) voraus. Erfolgt die Tat aber, um die Betäubungsmittel gewinnbringend weiterzuverkaufen, liegt unerlaubtes Handeltreiben vor. Nicht nur der legale Betäubungsmittelerwerber, sondern auch der Dieb von Betäubungsmitteln kann sich wegen Handeltreibens strafbar machen. Der *BGH* sieht in jeder Inbesitznahme durch Rechtsgeschäft oder durch eine Straftat Handeltreiben, wenn diese der Umsatzförderung mit Betäubungsmitteln dient (BGHSt. 30, 359, 361 = NStZ 1982, 250; *BGH* NStZ 1993, 44). Zur Frage, ob Betäubungsmittel taugliche Tatobjekte für Eigentumsdelikte sein können, s. Rn. 10.

6   **4. Abgrenzung zum Erwerb.** Während beim Erwerb die tatsächliche Sachherrschaft an einem Betäubungsmittel aufgrund Rechtsgeschäfts erlangt wird, erlangt der Täter diese beim Sichverschaffen auf sonstige Weise, also ohne rechtsgeschäftliche Vereinbarung. Ist nicht feststellbar, auf welche Weise der Eigenbesitz begründet wurde, greift das Sichverschaffen ein, denn der Tatbestand des Sichverschaffens soll als **Auffangtatbestand jegliche illegale Erlangung** von Drogen mit Strafe bedrohen, die nicht durch den Erwerbstatbestand geregelt ist (BGHR BtMG § 29 Abs. 1 Nr. 1 Sicherverschaffen 1 = StV 1993, 570; *Weber* § 29 Rn. 1115; a. A. *Körner*, 6. Auflage, § 29 Rn. 1349, der Wahlfeststellung für möglich hielt).

5. Abgrenzung zum sofortigen Verbrauch. Ein Sichverschaffen ist nicht 7 gegeben, wenn jemand Betäubungsmittel injiziert oder in verbrauchsgerechter Menge zum sofortigen Verbrauch überlassen bekommt, da der Konsument keine tatsächliche Verfügungsgewalt über die Betäubungsmittel erlangt (vgl. *BGH* NStZ 1993, 191 = StV 1993, 132).

III. Erlaubnispflicht

Das Sichverschaffen ist in dem Katalog des § 3 Abs. 1 Nr. 1 BtMG nicht enthal- 8 ten, da das Bundesgesundheitsamt nicht zu Straftaten, sondern nur zum rechtsgeschäftlichen Erwerb eine Erlaubnis erteilen kann. Im Gegensatz zu den übrigen Begehungsweisen des § 29 Abs. 1 S. 1 Nr. 1 BtMG hat der Gesetzgeber hier ebenso wie beim Besitztatbestand nicht einen Verstoß gegen die Verwaltungsvorschrift des § 3, sondern ein generell unerlaubtes Tun unter Strafe gestellt (*Slotty* NStZ 1981, 323). Das Fehlen einer Erlaubnis braucht deshalb im Einzelfall nicht geprüft zu werden.

C. Erscheinungsformen

I. Sichverschaffen durch Straftaten

Das Erlangen von Betäubungsmitteln im Wege von Straftaten wie Diebstahl, 9 Apothekeneinbruch, Raub, Erpressung, Fundunterschlagung (insb. das heimliche Entleeren von Drogenverstecken) ist kein rechtsgeschäftlicher Betäubungsmittelerwerb; es handelt sich vielmehr um ein Sichverschaffen in sonstiger Weise i. S. d. § 29 Abs. 1 S. 1 Nr. 1 BtMG, sofern die Betäubungsmittel nicht zum Absatz bestimmt sind (vgl. BGHR BtMG § 29 Abs. 1 Nr. 1 Sichverschaffen 3 = NStZ 2010, 222; BGHSt. 42, 123 = NStZ 1996, 499 = StV 1996, 670; BGHR BtMG § 29 Abs. 1 Nr. 1 Sichverschaffen 2 [3 StR 694/93]).

1. Betäubungsmittel als taugliche Tatobjekte für Eigentumsdelikte. 10 Auch wenn die rechtsgeschäftliche Übertragung von Betäubungsmittel regelmäßig gem. § 134 BGB nichtig ist, können Betäubungsmittel **taugliche Objekte für Eigentumsdelikte**, wie Diebstahl nach § 242 StGB oder Raub nach § 249 StGB, sein (BGHSt. 30, 277 = NJW 1982, 708, 1337; *BGH* NStZ 2006, 170 = StV 2006, 18; *Weber* § 29 Rn. 13; a. A. *Engel* NStZ 1991, 520; *Marcelli* NStZ 1992, 220). Hat jemand aufgrund einer strafbaren Handlung Rauschgift in Besitz und als Tatmittel für geplante Straftaten bereitgestellt, so können an diesen Sachen Erpressung und Betrug begangen werden. Wer einen Rauschgifthändler mit Gewalt oder durch Drohung mit einem empfindlichen Übel zur Herausgabe von Drogen nötigt, um sich zu Unrecht zu bereichern, macht sich nicht nur der Nötigung, sondern auch der räuberischen Erpressung (§§ 253, 255 StGB) schuldig (*BGH* NStZ 2002, 33). Dem Käufer von Rauschgift, das ihm trotz Zahlung des Kaufpreises in betügerischer Absicht nicht geliefert wird, kann aber gegen den Verkäufer ein Schadensersatzanspruch zustehen. Dieser kann, wenn er mit Nötigungsmitteln durchgesetzt wird, der Absicht unrechtmäßiger Bereicherung entgegenstehen (*BGH* NStZ 2003, 151 m. Anm. *Kindhäuser/Wallau* u. m. Anm. Sowada NStZ 2005, 476).

2. Beispiele. Begeben sich mehrere Täter gemeinsam nach Frankfurt, um dort 11 eine Person zu überfallen, und nehmen dieser in der Absicht rechtswidriger Zueignung mit Waffengewalt Betäubungsmittel und Geld ab, so liegt ein gemeinschaftlicher schwerer Raub in Tateinheit mit gemeinschaftlichem Sichverschaffen von Betäubungsmitteln vor. Fordern die Täter aber wegen einer vorausgegangenen Lieferung schlechten Heroins Heroin oder Geld zurück, so kann infolge Tatbestandsirrtums die Absicht rechtswidriger Zueignung gefehlt haben (*BGH*, Beschl. v. 5. 9. 1990, 2 StR 394/90). Der Klinikarzt, der sich aus dem Betäubungsmittelschrank der Station oder der Klinik Dolantin-Ampullen zum Eigenkonsum verschafft und die Entnahme durch falsche Eintragungen in öffentlichen Urkunden und Registern, wonach er das Dolantin einem bestimmten Patienten verabreicht, verschleiert, macht sich wegen Verschaffens in sonstiger Weise strafbar.

II. Sichverschaffen zur Vernichtung bzw. Strafvereitelung

12   Schaffen Komplizen, Verwandte oder Freunde „zugunsten" einer festgenommenen Person vor einer polizeilichen Wohnungsdurchsuchung Betäubungsmittel aus deren Wohnung beiseite, um die Überführung des Wohnungsinhabers zu vereiteln, so verschaffen sie sich in sonstiger Weise Betäubungsmittel (BGHR BtMG § 29 Abs. 1 Nr. 1 Sichverschaffen 1 = StV 1993, 570).

13   Nehmen Eltern, Ehegatten, Erzieher, Therapeuten, Ärzte oder Geistliche ihren Verwandten oder Schutzbefohlenen heimlich Betäubungsmittel weg, um sie vom Konsum abzubringen oder um sie bei einer begonnenen Entziehungskur zu unterstützen, so verschaffen sie sich – für eine gewisse Zeit – die Betäubungsmittel und erfüllen objektiv den § 29 Abs. 1 S. 1 Nr. 1 BtMG (s. dazu § 29/Teil 13, Rn. 45). Führen diese Personen die Betäubungsmittel aber der sofortigen Vernichtung zu, so bleibt dies mangels Erlangung einer tatsächlichen Verfügungsgewalt straflos (s. § 29/Teil 13, Rn. 46).

III. Sichverschaffen kraft Gesetzes oder durch Hoheitsakt

14   Erbt der Sohn eines Rauschgifthändlers kraft gesetzlicher Erbfolge ein Haus oder eine Segeljacht, in dessen Kellerräumen Rauschgift deponiert ist, so verschafft er sich die Betäubungsmittel auf sonstige Weise.

D. Subjektiver Tatbestand

I. Vorsatz

15   Der subjektive Tatbestand setzt Vorsatz voraus. Der Täter muss wissen, dass es sich um Betäubungsmittel handelt, die er wegnehmen, erschleichen oder abholen will. Nimmt er billigend in Kauf, dass sich im Versteck, im Garten oder in dem Schließfach Betäubungsmittel befinden, so handelt er mit bedingtem Vorsatz. Bezweckt der Täter mit dem Sichverschaffen den gewinnbringenden Absatz der Betäubungsmittel, ist Handeltreiben anzunehmen (BGHSt. 30, 359, 361 = NStZ 1982, 250; *BGH* NStZ 1993, 44).

II. Fahrlässigkeit

16   Auch **Fahrlässigkeit** ist nach § 29 Abs. 4 BtMG strafbar. Der Abholer, der infolge Nachlässigkeit den Inhalt eines Gepäckstückes oder Schließfachs nicht kennt, aber mit der Möglichkeit rechnet, dass dort Rauschgift enthalten ist, und das Risiko der Abholung auf sich nimmt, handelt fahrlässig. Gleiches gilt, wenn jemand eine mit einem Betäubungsmittel gefüllte Pfeife findet und an sich nimmt, ohne den Inhalt zu überprüfen (MK-StGB/*Kotz* § 29 Rn. 852).

E. Versuch

17   Der Versuch ist nach § 29 Abs. 2 BtMG strafbar.

I. Abgrenzung straflose Vorbereitungshandlung/Versuch

18   Mit dem Beginn der strafbaren Handlung ist auch der Versuch des Sichverschaffens gegeben. Die Beschaffung von Einbruchswerkzeug und der Gang zum Tatort bzw. Abholort sind bloße Vorbereitungshandlungen.

II. Vollendung/Beendigung

19   Die Tat ist mit dem Erlangen der eigenen Verfügungsgewalt an den Betäubungsmitteln **vollendet**. **Beendet** ist sie, wenn die Verfügungsgewalt gesichert ist (*Weber* § 29 Rn. 1126; MK-StGB/*Kotz* § 29 Rn. 857).

F. Täterschaft/Teilnahme

Täterschaft liegt vor, wenn sich der Täter eigenmächtig die freie Verfügungs- 20 gewalt an Betäubungsmitteln verschafft. **Beihilfe** liegt dagegen vor, wenn jemand auf Bitten eines Dealers für ein Trinkgeld eine Plastiktüte mit Rauschgift aus einem Schließfach entnimmt und an den Dealer weitergibt. Auch wer für einen anderen, der sich Betäubungsmittel verschaffen will, Schmiere steht oder durch seinen Körper die Betäubungsmittelübernahme verdeckt, ist Gehilfe (MK–StGB/ *Kotz* § 29 Rn. 854).

G. Rechtsfolgen

I. Sichverschaffen in geringer Menge

Verschafft sich jemand **geringe Mengen** von Betäubungsmitteln zum Eigenver- 21 brauch in sonstiger Weise, so kann die Staatsanwaltschaft gem. § 31a BGtMG von der Strafverfolgung und das Gericht gem. § 29 Abs. 5 BtMG von einer Bestrafung absehen. Das Tatbestandsmerkmal „in sonstiger Weise" ist hier von entscheidender Bedeutung. Verschafft sich jemand Rauschgift im Wege eines Raubüberfalls, so ist kein Raum für ein Absehen von Strafe.

II. Besonders schwere Fälle

Besonders schwere Fälle des Sichverschaffens ergeben sich aus der Schwere der 22 Straftat, mit der der Besitz erlangt wurde oder aus der großen Betäubungsmittelmenge. Diese Fälle können einen **ungeschriebenen besonders schweren Fall** nach § 29 Abs. 3 S. 1 BtMG darstellen.

III. Verbrechen

1. Sichverschaffen von nicht geringen Mengen. Das Sichverschaffen von 23 nicht geringen Mengen von Betäubungsmitteln ist in § 29a Abs. 1 Nr. 2 BtMG nicht ausdrücklich geregelt, sondern unterfällt dem Besitz von Betäubungsmitteln in nicht geringer Menge.

2. § 30a BtMG. Die Handlungsmodalität des unerlaubten Sichverschaffens von 24 Betäubungsmitteln in nicht geringen Mengen unter Mitführen von Waffen in § 30a Abs. 2 Nr. 2 BtMG umfasst anders als in § 29 Abs. 1 S. 1 Nr. 1 BtMG auch die rechtsgeschäftliche, einverständliche Erlangung der Verfügungsgewalt über nicht geringe Mengen von Betäubungsmitteln, wenn Waffen mitgeführt werden. Die Nichterwähnung des unerlaubten Erwerbes in § 30a Abs. 2 Nr. 2 BtMG macht deutlich, dass der Gesetzgeber den Begriff des Sichverschaffens als Oberbegriff für das Erwerben und sonstiges Sichverschaffen verwendet hat. Die erhöhte Bestrafung mit einer Mindeststrafe von 5 Jahren Freiheitsstrafe soll aber dem Waffenmitsichführen bei illegalen Drogengeschäften Einhalt gebieten, ganz gleich, ob der Erwerber sich die nicht geringen Mengen von Betäubungsmitteln mittels Rechtsgeschäftes oder Straftat verschafft (BGHSt. 42, 123 = NStZ 1996, 499 = StV 1996, 670).

H. Konkurrenzen

1. Sichverschaffen und Erwerb. Der Erwerb geht als Spezialvorschrift dem 25 Sichverschaffen in sonstiger Weise vor.

2. Sichverschaffen und Handeltreiben. Erfolgt das Sichverschaffen von Be- 26 täubungsmitteln, um diese anschließend gewinnbringend weiterzuverkaufen, geht das Sichverschaffen als Teilakt im Handeltreiben auf. Dient die Erlangung der Betäubungsmittel aber teilsweise auch dem Eigenkonsum, liegt Tateinheit zwischen Handeltreiben und Sichverschaffen auf sonstige Weise vor.

27   **3. Sichverschaffen und Besitz.** Der Besitz tritt hinter dem Sichverschaffen in sonstiger Weise zurück. Verschafft sich der Täter Betäubungsmittel in nicht geringer Menge, wird das Sichverschaffen jedoch vom unerlaubten Besitz von Betäubungsmitteln in nicht geringer Menge gem. § 29a Abs. 1 Nr. 2 BtMG verdrängt.

28   **4. Sichverschaffen und sonstige Delikte.** Diebstahl, Raub, Betrug oder Erpressung stehen regelmäßig in Tateinheit mit dem Sichverschaffen in sonstiger Weise.

Teil 12. Unerlaubtes Herstellen von ausgenommenen Zubereitungen
(§ 29 Abs. 1 S. 1 Nr. 2 BtMG)

Übersicht

A. Zweck der Vorschrift

1   Der Tatbestand des § 29 Abs. 1 S. 1 Nr. 2 BtMG dehnt den Herstellungstatbestand des § 29 Abs. 1 S. 1 Nr. 1 **auf ausgenommene Zubereitungen** (§ 2 Abs. 1 Nr. 3 BtMG) aus und möchte damit illegale Laboratorien treffen, die straflos ausgenommene Zubereitungen herstellen wollen, um sie jederzeit in Betäubungsmittelzubereitungen umwandeln zu können.

B. Objektiver Tatbestand
I. Ausgenommene Zubereitung

2   Der Begriff der ausgenommenen Zubereitung ist in § 2 Abs. 1 Nr. 3 BtMG gesetzlich definiert, nämlich als eine in den Anl. I bis III bezeichnete Zubereitung, die von den betäubungsmittelrechtlichen Vorschriften ganz oder teilweise ausgenommen ist. Insbs. in den Anl. II und III finden sich zahlreiche mit einem Spiegelstrich eingeleitete ausgenommene Zubereitungen.

II. Herstellen

3   Der Begriff des Herstellens ist ebenfalls gesetzlich definiert (§ 2 Abs. 1 Nr. 4 BtMG). Hierunter versteht man das Gewinnen, Anfertigen, Zubereiten, Be- oder Verarbeiten, Reinigen oder Umwandeln (s. dazu § 29/Teil 3, Rn. 11 ff.). Außer dem Herstellen ist der gesamte Verkehr mit ausgenommenen Zubereitungen erlaubnisfrei.

III. Erlaubnispflicht

4   Zum Tatbestand gehört das Fehlen einer Erlaubnis. Die Bezugnahme auf § 3 Abs. 1 BtMG verdeutlicht, dass strafbar nach § 29 Abs. 1 S. 1 Nr. 2 BtMG nur die illegale Herstellung von ausgenommenen Zubereitungen im Inland ist. Die Herstellung im Ausland mit Absatzinteresse ist als unerlaubtes Handeltreiben strafbar.

C. Subjektiver Tatbestand

Die Strafbarkeit nach § 29 Abs. 1 S. 1 Nr. 2 BtMG setzt Vorsatz oder beding- 5
ten Vorsatz voraus. Nach § 29 Abs. 4 BtMG ist auch die fahrlässige Begehung
strafbar.

D. Versuch

Der Versuch ist strafbar (§ 29 Abs. 2 BtMG). Zur Abgrenzung von Vorbereitung 6
und Versuch vgl § 29/Teil 3, Rn. 51 ff.

E. Konkurrenzen

Sind die ausgenommenen Zubereitungen nur Zwischenprodukt, so gehört die 7
Herstellung ausgenommener Zubereitungen zur Bewertungseinheit der Herstellung von Betäubungsmitteln. Die Herstellung ausgenommener Zubereitungen
kann mit den Vorschriften des AMG in Tateinheit stehen.

Teil 13. Unerlaubtes Besitzen von Betäubungsmitteln
(§ 29 Abs. 1 S. 1 Nr. 3 BtMG)

Übersicht

A. Zweck der Vorschrift

Aufgrund der aus dem Einheits-Übereinkommen von 1961 über Suchstoffe **1** (Single Convention on Narcotic Drugs von 1961) herrührenden Verpflichtung hat die Bundesrepublik erstmals im BtMG v. 22. 12. 1971 einen Besitztatbestand geschaffen (BT-Drs. 6/1877, S. 59). Der Besitztatbestand des § 29 Abs 1 S. 1 Nr. 3 BtMG soll den Katalog von Begehungsweisen in § 29 Abs. 1 S. 1 Nr. 1 BtMG als **Auffangtatbestand** ergänzen und wird von allen spezielleren gleichrangigen Tatbeständen verdrängt; er soll den Strafverfolgungsbehörden und den Gerichten den Nachweis des illegalen Erwerbs, Sichverschaffens oder Handeltreibens von Betäubungsmitteln ersparen (*BGH* NStZ 1996, 604). Der Besitz, der im Katalog der erlaubnispflichtigen Tätigkeiten des § 3 BtMG nicht enthalten ist, hat nur als Straftatbestand Bedeutung. Dabei wird nicht der Besitz als Zustand (Gewahrsam), sondern der Besitz als Verhalten mit Strafe bedroht.

Der Besitz stellt wie die übrigen Grundtatbestände des § 29 Abs. 1 BtMG ein **2** **abstraktes Gefährdungsdelikt** dar, das dem Schutz des Universalrechtsgutes **Volksgesundheit** dient. Daher entfaltet der Verfassungsvorbehalt keine Wirkung (vgl. *Schneider* StV 1992, 490). Entgegen der Straflosigkeit des Konsums erfährt die Strafbarkeit des Erwerbs und des Besitzes und deren Ächtung durch die internationalen Verträge ihre Begründung in der Gefahr, dass bereits der Erwerb und der Besitz kleiner Konsummengen eine abstrakte Gefahr für das geschützte Rechtsgut der Volksgesundheit darstellen, weil bei dem Konsumenten immer die Gefahr besteht, dass er zum Eigenkonsum bestimmte Betäubungsmittel mit Dritten teilt oder an sie weitergibt (*Allmers* ZRP 1991, 41, 42; *Slotty* NStZ 1981, 321, 322). Der Besitzer ist nicht nach den §§ 3, 4 BtMG zum Umgang mit Betäubungsmitteln befugt und hat nicht die behördlich überwachten Sicherungsvorkehrungen gegen Wegnahme und Missbrauch (§ 15 BtMG) vorgenommen.

Die Entscheidung des Gesetzgebers, den Konsum von Betäubungsmitteln straflos **3** zu lassen, aber **die dem Konsum vorausgehenden Tatbegehungsweisen, wie etwa den Erwerb und den Besitz, unter Strafe zu stellen,** beruht darauf, dass diese Handlungen die **Gefahr der Drogenweitergabe** und damit der **Gefährdung der Bevölkerung** bergen (zur Kritik hieran vgl. *Schneider* StV 1992, 489). Die Straflosigkeit des Konsums von Betäubungsmitteln bedeutet keine Billigung der Betäubungsmittel und keine Aufwertung der Selbstschädigung, sondern nur einen staatlichen Respekt vor der Entscheidung des einzelnen Bürgers. Um dem sich hieraus ergebenden Wertungswiderspruch gerecht zu werden, hat der Gesetzgeber die Tatbestände des Besitzes und des Erwerbs zum Konsum jedoch in §§ 29 Abs. 5, 31a BtMG nochmals eingeschränkt und für den Umgang mit kleinen Mengen von Betäubungsmitteln zum Eigenkonsum ein Absehen von Strafe bzw. eine Einstellung des Verfahrens vorgesehen.

B. Verfassungsmäßigkeit des Besitztatbestandes

4   An der Verfassungsmäßigkeit der Strafbarkeit des unerlaubten Besitzes von Betäubungsmitteln (auch des Besitzes von Cannabis) bestehen keine Zweifel (BVerfGE 90, 145, 189 = NJW 1994, 1577 m. Anm. *Kreuzer* NJW 1994, 2400, m. Anm. *Nelles/Velten* NStZ 1994, 366 = StV 1994, 298, m. Anm. *Schneider* StV 1994, 390 = JZ 1994, 860, m. Anm. *Gusy*; *BVerfG* NJW 1994, 2412; *BVerfG* NStZ 1997, 498).

C. Objektiver Tatbestand

I. Betäubungsmittel

5   **1. Betäubungsmitteleigenschaft.** Als Tatobjekt des Besitzes kommen alle **Betäubungsmittel der Anl. I bis III des BtMG** in Betracht (zum Betäubungsmittelbegriff s. § 1 Rn. 20 ff.).

6   Bei **Cannabispflanzen** spielt es für den Besitztatbestand keine Rolle, ob Cannabispflanzen noch auf der Halde stehen oder abgeerntet sind, wenn der Täter zwar Mitbesitzer, nicht aber der Anbauer ist (*BGH* NStZ 1990, 285 = StV 1990, 263).

7   Wer **Cannabissamen** verwahrt, macht sich nur wegen Besitzes von Betäubungsmitteln strafbar, wenn die Samen dem unerlaubten Betäubungsmittelanbau dienen sollen (lit. a des auf die Position Cannabis folgenden Spiegelstrichs in Anl. I, s. § 2 Rn. 25). Der Besitz von **Samen des Papaver somniferum** (Schlafmohn) ist nach Anl. III nicht verboten und demnach auch nicht nach dem Besitztatbestand strafbar (s. § 2 Rn. 33). Gleiches gilt für die Samen des **Papaver bracteatum** (Ziermohn, s. § 2 Rn. 31). Wenn der Besitzer diese Samen aber bestimmungsgemäß gebraucht, in die Erde steckt, hegt und pflegt, kann dies den Anbautatbestand erfüllen.

8   **2. Nachweis der Betäubungsmitteleigenschaft.** Der gerichtliche Nachweis der Betäubungsmitteleigenschaft kann in der Regel **nicht** allein **aufgrund eines Schnelltestergebnisses,** sondern nur aufgrund eines **anerkannten substanzspezifischen chemischen Untersuchungsergebnisses** z. B. eines Landeskriminalamts oder eines zolltechnischen Untersuchungslabors bzw. aufgrund eines Sachverständigengutachtens erfolgen. So hat das *LG Wuppertal* einen Merck-Haschischvortest als nicht ausreichend verwertbar angesehen (vgl. NStZ 1989, 427). Die allein auf das positive Ergebnis eines durchgeführten ESA-Schnelltests und die optische Untersuchung der Substanz gestützte Annahme, bei dem sichergestellten Stoff handele es sich um Heroin, ist rechtsfehlerhaft, wenn nicht in den Urteilsgründen dargelegt wird, dass es sich bei dem Schnelltest um ein wissenschaftlich abgesichertes und zuverlässiges Standardtestverfahren handelt (*Hamm* StV 1999, 420). Gerade beim ESA-Schnelltest muss sich das Gericht wegen der Messunsicherheiten von der Zuverlässigkeit der Messung und des Messergebnisses ausdrücklich überzeugen und hierzu in den schriftlichen Urteilsgründen nähere Ausführungen treffen (*Jena* StV 2006, 530).

9   Wurde im Rahmen der Hauptverhandlung **weder ein Sachverständiger** zur Frage des Wirkstoffgehalts gehört, **noch ein** entsprechendes **schriftliches Gutachten verlesen** und haben die Angeklagten die Vorwürfe nur pauschal bestätigt, so konnte sich das Gericht keine Überzeugung vom Wirkstoffanteil in der Hauptverhandlung verschaffen und das Urteil beruht auf diesem **Verfahrensfehler** (*BGH* StV 1994, 527).

10   **3. Besitz von Betäubungsmittelimitaten.** Der Besitz von **Betäubungsmittelimitaten** zum Eigenkonsum ist nicht strafbar, da in § 29 Abs. 6 BtMG ein entsprechender Verweis fehlt. Dient die Lagerung (der Besitz) von Betäubungsmittelimitaten aber dem Absatz, so ist er als Handeltreiben mit Betäubungsmittelimitaten über § 29 Abs. 6 BtMG nach § 29 Abs. 1 S. 1 Nr. 1 BtMG strafbar.

4. Besitz von Betäubungsmittelanhaftungen. Da Sinn und Zweck des ver- **11**
botenen Besitzes die Verhinderung der späteren Gebrauchsmöglichkeit und der
damit verbundenen Gefahren ist, begründet der Besitz von Betäubungsmittelutensilien mit Betäubungsmittelanhaftungen von so geringer Menge, dass sie für sich
allein zum menschlichen Konsum nicht mehr geeignet sind, keinen strafbaren Besitz an Betäubungsmitteln. Auch wenn Drogenwerkzeuge mit Betäubungsmittelanhaftungen nach § 33 BtMG eingezogen werden können, bedeutet der Besitz von
Drogenwerkzeugen mit Rückständen aus vorausgegangenem Verbrauch noch keinen strafbaren Besitz von Betäubungsmitteln. § 29 Abs. 1 S. 1 Nr. 3 BtMG setzt
vielmehr gebrauchsfähige Betäubungsmittel voraus (s. dazu § 1 Rn. 21). Nur wenn
die Betäubungsmittelrückstände noch einen erneuten Konsum erlauben (z. B.
Opiumasche) erweist sich der Besitz von Betäubungsmittelrückständen als strafbar
(*LG Berlin* NStZ 1985, 128; *BayObLG* StV 1986, 145; *Düsseldorf* NStZ 1992, 443
= StV 1992, 423; *Düsseldorf* StV 1994, 23; a. A. *Hügel/Junge/Lander/Winkler* § 29
Rn. 13.2.4).

Der Betäubungsmittelbesitz ist andererseits nicht erst mit dem Nachweis einer **12**
Wirkstoffmenge, die mindestens zu einem Rauschzustand ausreicht, gegeben.
Auch der Besitz einer noch wiegbaren Betäubungsmittelmenge, deren Wirkstoffgehalt nicht ausreicht, einen Rauschzustand herbeizuführen, erfüllt bereits den
Straftatbestand. Ausreichend ist, dass das Betäubungsmittel einen noch nachweisbaren Wirkstoffgehalt hat und in einer selbstständig konsumierbaren oder zumindest
übertragbaren Form vorliegt. In einem solchen Fall ist die für den unerlaubten
Besitz erforderliche Verfügungsmacht des Täters gegeben und es besteht die abstrakte Gefahr der Drogenweitergabe. Der strafbare Besitz entfällt erst dann, wenn
bei chemischen Elementen und Verbindungen infolge zu häufigen Streckens in
dem Stoff **kein Wirkstoffgehalt mehr nachweisbar ist.** Bei den in Anl. I bis III
genannten Pflanzen kommt es dagegen auf den Wirkstoffgehalt nicht an, sofern das
BtMG hierfür nicht ausdrücklich eine Ausnahme vorsieht (s. dazu § 1 Rn. 24).

5. Nachweis von Betäubungsmittelspuren. Das Entdecken von **Injek- 13**
tionsmalen an Armen und Beinen des Drogenabhängigen, das Auffinden von
Betäubungsmittelspuren im Urin, von **Betäubungsmittelanhaftungen an**
Drogenwerkzeugen, Hand oder Nase vermögen nichts darüber auszusagen,
wer die verbrauchten Betäubungsmittel dem Körper zuführte, ob der Konsument
vor dem Konsum mit den verbrauchten Stoffen einen Eigenvorrat anlegte und
wem die Stoffe gehörten. Hat ein Konsument Kokain geschnupft und befindet sich
noch Kokain in seinen Schleimhäuten und der Nase, so hat er daran keinen Besitz.

Der häufig mit einem **Immuno-Assay** bzw. einem **Schnelltestverfahren** er- **14**
brachte Nachweis eines Drogenkonsums begründet keinen hinreichenden Tatverdacht des Besitzes von Betäubungsmitteln. Ergibt die Auswertung einer bei einem
Beschuldigten entnommenen Urinprobe, dass er ein Cannabisprodukt und Morphin bzw. Heroin zu sich genommen hat, und zeigen Ellbogen und Handrücken
frische Einstichstellen, so ist damit lediglich strafloser Konsum, aber kein Besitz
nachgewiesen (*Berlin* StV 1992, 424). Aber selbst wenn dem positiven EMIT-Vor-
test ein positives massenspektrometrisches Untersuchungsergebnis folgt, so kann
damit nur ein strafloser Betäubungsmittelkonsum, nicht ein vorausgegangener
strafbarer Betäubungsmittelbesitz nachgewiesen werden (*Berlin* StV 1992, 424; zum
sog. straflosen Konsum s. auch Rn. 27 ff.).

II. Besitz

1. Definition. Besitz i. S. d. Betäubungsmittelgesetzes setzt **ein tatsächliches 15**
Innehaben eines tatsächlichen Herrschaftsverhältnisses und Besitzwillen
voraus, der darauf gerichtet ist, sich die Möglichkeit ungehinderter Einwirkung auf
die Sache zu erhalten (BGHSt. 26, 117; *BGH* NStZ-RR 2008, 212 = StV 2008,
417; *BGH* StV 2010, 683; *BayObLG* StV 1988, 206; *Frankfurt* StV 1989, 20;
Hamm StV 1989, 438; *Düsseldorf* NStZ 1992, 443 = StV 1992, 423; *Koblenz*
StV 2006, 24; *Berlin* NStZ-RR 1996, 345 = StV 1996, 488; *Dresden* StraFo 2005,

522; *Weber* § 29 Rn. 1169). Besitz setzt also **objektiv** eine tatsächliche Sachherrschaft für einen nennenswerten Zeitraum und **subjektiv** einen die Sachherrschaft tragenden Herrschaftswillen voraus (zum subjektiven Tatbestand s. 49 ff.). Besitz ist kein Zustand, sondern ein **Dauerdelikt** in Form eines kausalen, nicht finalen Verhaltens (BGHSt. 27, 380 = NJW 1978, 1696). Die Motivationslage ist für die Tatbestandsmäßigkeit **unbeachtlich** (*Baale* NStZ 1987, 214, s. dazu Rn. 53). Auch muss mit dem Besitz keine Gefahr für andere Personen verbunden sein (*BGH*, Urt. v. 2. 9. 1981, 2 StR 266/81; *Frankfurt*, Beschl. v. 10. 6. 1994, 1 Ss 424/93; *Frankfurt*, Beschl. v. 23. 10. 1995, 4 Ss 158/95).

16   **2. Tatsächliches Herrschaftsverhältnis.** Der Besitzbegriff entspricht nicht dem Besitz i. S. d. Bürgerlichen Rechts, sondern dem Begriff des Gewahrsams i. S. d. §§ 242, 246 StGB. Maßgeblich ist ein tatsächliches Herrschaftsverhältnis, d. h. eine auf **eine gewisse Dauer** angelegte Einwirkungsmöglichkeit mit einem **tatsächlich ungehinderten Zugang zur Sache,** was auch gegeben ist, wenn der Täter Betäubungsmittel in seinem Körper transportiert (*BGH* NStZ-RR 2007, 24). Der tatsächlichen Sachherrschaft steht nicht entgegen, dass ein Betäubungsmittelgeschäft von der Polizei überwacht wird (BGHSt. 30, 277 = NJW 1982, 708; *BGH* NStZ-RR 2008, 212 = StV 2008, 417).

17   **a) Art der Erlangung der Sachherrschaft.** Der Besitztatbestand ist sowohl in den Fällen gegeben, in denen die Verfügungsgewalt durch rechtsgeschäftlichen Erwerb erlangt, als auch auf sonstige Weise sich verschafft wurde, z. B. durch Diebstahl, Unterschlagung, Aneignung nach Dereliktion (BGHSt. 30, 277 = NJW 1982, 708; *Weber* § 29 Rn. 1178). Gleiches gilt, wenn jemand Betäubungsmittel im Wege des Erbgangs erlangt, sofern er mit der Inbesitznahme des Nachlasses tatsächliche Verfügungswalt über die Betäubungsmittel erlangt und er dies auch billigt (*Hügel/Junge/Lander/Winkler* § 29 Rn. 13.6; *Franke/Wienroeder* § 29 Rn. 133). Ist jedoch der Erwerb oder das Sichverschaffen konkret nachzuweisen, wird der Besitz hierdurch verdrängt.

18   **b) Dauer der Einwirkungsmöglichkeit.** Die Einwirkungsmöglichkeit des Täters auf die Betäubungsmittel muss **für eine gewisse Dauer** (*Hamm* StV 1989, 438) **oder jedenfalls eine nennenswerte Zeit** (*Berlin* NStZ-RR 1996, 345; *Weber* § 29 Rn. 1205) bestehen. Hieran fehlt es z. B. bei kurzfristigen Tranporttätigkeiten oder wenn Eltern, Lehrer, Sozialarbeiter usw. Betäubungsmittel aus Fürsorgegründen an sich nehmen, um sie sofort zu vernichten (s. dazu im Einzelnen Rn. 45 ff.).

19   **c) Eigen- und Fremdbesitz.** Der Besitz kann als **Eigenbesitz** und **Fremdbesitz** vorliegen, so dass unerheblich ist, ob der Täter die Betäubungsmittel als ihm gehörend oder für einen anderen – ohne die tatsächliche Verfügungsgewalt in Anspruch nehmen zu wollen – besitzt (§ 872 BGB; *BGH* NStZ 2011, 98 = StV 2010, 683; *München* NStZ-RR 2011, 56; *Weber* § 29 Rn. 1180; s. hierzu auch Rn. 21 ff.). Fremdbesitz liegt noch nicht vor, wenn einem Angeklagten nur einmal ein Schlüssel zu einem mit Betäubungsmitteln gefüllten Tresor ausgehändigt wird, aus dem der Angeklagte im Auftrag des Besitzers der Betäubungsmittel Geld herausnimmt; allein die Kenntnis von den Betäubungsmitteln reicht zur Begründung von Fremdbesitz nicht aus, solange der Angeklagte nicht befugt war, über die Betäubungsmittel zu verfügen (*BGH* NStZ 2011, 98 = StV 2010, 683). Von Fremdbesitz ist aber bei einem Angeklagten auszugehen, der einen Rauschgiftvorrat seines Bruders in einen Rucksack packt, aus dem Haus schafft und in einem Busch versteckt, wo dieser erst später aufgefunden wird. Durch das Verstecken des Rauschgifts hat der Angeklagte ein tatsächliches Herrschaftsverhältnis begründet, das jedenfalls von einem Fremdbesitzwillen für seinen Bruder getragen war (*München* NStZ-RR 2011, 56).

20   **d) Mitbesitz.** § 29 Abs. 1 S. 1 Nr. 3 BtMG greift auch ein, wenn mehrere Betäubungsmittel gemeinschaftlich besitzen, also jeder Verfügungsgewalt über die

Betäubungsmittel hat (*Stuttgart* NStZ 2002, 154; *Köln* NStZ 1981, 104; zur Zurechnung der Betäubungsmittel bei Einkaufsgemeinschaften s. Rn. 68).

e) Mittelbarer Besitz. Der Besitztatbestand umfasst ferner den mittelbaren Be-   **21** sitz, der voraussetzt, dass der Täter einen so sicheren Zugang zu den an einer bestimmten Stelle verwahrten Betäubungsmitteln hat, dass er ohne Schwierigkeiten hierüber tatsächlich verfügen kann (BGHSt. 27, 380, 382; *Hügel/Junge/Lander/Winkler* § 29 Rn. 13.2.3). Es begründet nämlich keinen sachlichen Unterschied, ob der Täter selbst unmittelbar besitzt oder ob er anderweitig einen derart sicheren Zugang zu den an einer irgendwie verwahrten Betäubungsmitteln inne hat; so behält der **Hinterleger** von Rauschgift während der Dauer der Verwahrung mittelbaren Besitz, da seine Möglichkeit, über das Rauschgift nach Belieben zu verfügen, durch die Verwahrung nicht eingeschränkt ist (BGHSt. 27, 380 = NJW 1978, 1696). Ein **Verwahrer,** der den mittelbaren Besitz des Hinterlegers als fortbestehend anerkennt und keine eigene Verfügungsgewalt in Anspruch nimmt, hat gleichwohl Besitz (*BGH* StV 1981, 127).

Beim mittelbaren Besitz ist zu unterscheiden, ob das verschlossene Behältnis ein   **22** verschlossener Raum in einem Gebäude oder ein leicht beweglicher und transportabler Gegenstand ist. Im ersten Fall dürfte Alleingewahrsam des Verwahrers, im zweiten Fall dürfte jeder Schlüsselinhaber gleichrangigen Mitgewahrsam haben. Jedoch muss für den Besitz hinzukommen, dass der Verwahrer sich den Behältnisinhalt zu Eigen macht. Wer einen Schlüsselbund übernimmt, an dem neben zahlreichen Wohnungs-, Haus- und Zimmerschlüsseln auch ein Keller- oder Autoschlüssel hängt, wo Betäubungsmittel verborgen sind, besitzt diese Betäubungsmittel nur, wenn er über sie verfügen will (Aufbewahrung oder Weitergabe). Oft versuchen es die Dealer zu vermeiden, mit dem Stoff in unmittelbare Berührung zu kommen. Sie weisen Dritte an, den Stoff in sichere Verstecke (sog. Bunker) zu bringen und dort aufzubewahren. Bei der Prüfung der tatsächlichen Herrschaftsgewalt macht es keinen Unterschied, ob der Täter die Betäubungsmittel selbst bei sich führt oder den Schlüssel zu dem Rauschgiftversteck (Schließfach, Kofferraum eines Autowracks, Koffer, Briefkasten, Spind oder Bankfach) bei sich trägt.

Beispielsfälle: Ein Angeklagter, der von einem Dritten Heroin übernimmt, um   **23** es aus Gefälligkeit oder gegen Honorar für diesen zum Weiterverkauf aufzubewahren, hat Besitz, auch wenn er als bloßer Verwahrer keine eigene Verfügungsgewalt über das Rauschgift für sich in Anspruch nehmen will (*BGH* StV 1981, 624). Auch das Innehaben von Abholscheinen oder Empfangspapieren für eine Gepäckaufbewahrung, Spedition oder Zollbehörde, die die tatsächliche Verfügungsgewalt über die dort deponierten Betäubungsmittel erschließen, begründet den Besitztatbestand (BGHSt. 27, 380 = NJW 1977, 965). Hat ein drogenabhängiger Besitzer eines Pkws nach einem Verkehrsunfall die Betäubungsmittel im Unfallfahrzeug zurückgelassen und mit dem Schlüssel den Unfallort verlassen, so hat er mittelbaren Besitz an den Betäubungsmitteln, wenn er allein im Pkw war und wenn die Betäubungsmittel ihm zugeordnet werden können. Verwahrt ein Angeklagter in einer an ihn kostenlos überlassenen Wohnung für den Vermieter, der die Wohnung finanziert und als Drogendepot benutzt, Betäubungsmittel zur gewinnbringenden Veräußerung auf, so macht er sich wegen täterschaftlichen Handeltreibens oder wegen Beihilfe zum Handeltreiben strafbar, da die kostenlose Wohnungsnutzung einen nicht unerheblichen Vorteil darstellt. Verwahrte ein Angeklagter in einem von ihm betriebenen Kiosk in einem Tresor eine größere Heroinmenge zum Verkauf auf und hatte sein mitangeklagter Angestellter einen eigenen Tresorschlüssel und damit ungehinderten Zugang zum Heroinvorrat, um Verkaufsgeschäfte vornehmen zu können, so diente der Besitz dem Umsatz und stellte strafbares Handeltreiben dar (*BGH* NStZ-RR 2004, 146). Beteiligte sich der Vermieter nicht an den Betäubungsmittelgeschäften seines Mieters, überließ diesem aber zu niedrigem Mietzins einen Kellerraum als Rauschgiftbunker, so ist vom einer Beihilfe zum Handeltreiben in Tateinheit mit Besitz auszugehen (vgl. *BGH* StV 1995, 197). Wer als Verwahrer ahnungslos ein Paket aufbewahrt, später aus Neugier öffnet, dabei

Heroin entdeckt und das Rauschgift sofort an den Hinterleger zurückgibt, macht sich weder wegen Abgabe noch wegen Besitzes, aber u. U. wegen Inverkehrbringens strafbar (*BGH* StV 1981, 127).

24   **f) Duldung des Betäubungsmittelbesitzes eines anderen.** Weiß ein Bewohner von der Betäubungsmittelabhängigkeit und dem Betäubungsmittelvorrat des anderen Mitbewohners und duldet dessen Umgang mit Betäubungsmitteln, um die Beziehung zu ihm nicht zu gefährden, obwohl er Betäubungsmittel ablehnt, so scheidet der Besitztatbestand **mangels Herrschaftswillen** aus (*Berlin* NStZ-RR 1996, 345 = StV 1996, 488). Die Auffindung von verschiedenen Betäubungsmitteln in einer von mehreren Personen benutzten Wohnung erlaubt **keine zweifelsfreie Zuordnung** und keine Überführung einzelner Personen wegen unerlaubten Besitzes, wenn die Betäubungsmittel nicht an einer Stelle versteckt sind, die auf eine gemeinsame Lagerhaltung hätte schließen lassen können (*BGH* StV 2000, 67). Allein die **Kenntnis** einer Ehefrau **vom Vorhandensein des Rauschgifts in der ehelichen Wohnung** und die Möglichkeit, sich dieser Betäubungsmittel mühelos zu bemächtigen und die Duldung dieses Zustandes, erlauben noch nicht die Annahme des unerlaubten Besitzes für beide Ehepartner (*BGH* StV 1985, 18). Ohne Sachherrschaftswillen der Ehefrau macht sie sich nicht strafbar, wenn sie erklärt, sie wolle mit dem Betäubungsmittels ihres Mannes nichts zu tun haben und mische sich nicht in seine Angelegenheiten (*Frankfurt* StV 1987, 443; *LG Oldenburg* StV 1985, 331; vgl. auch *BGH* NStZ 1999, 451 = StV 1999, 430; *BGH* NStZ-RR 2000, 119; *BGH* StV 2003, 280; *BGH* NStZ-RR 2003, 153). Das **bloße Dulden** von Verstößen gegen das BtMG erfüllt auch nicht die Voraussetzungen der Beihilfe (s. dazu § 29 Rn. 71).

25   **3. Besitz durch Unterlassen.** Allein die Tatsache, dass jemand **Mitinhaber einer Wohnung, eines Kellerraums oder eines Gartengeländes** ist, und dass er weiß und duldet, dass der Lebensgefährte Cannabispflanzen anbaut, pflegt oder besitzt, begründet keine Garantenpflicht, dieses Verhalten zu verhindern und rechtfertigt nicht ohne besondere Feststellungen die Annahme der Beihilfe zum unerlaubten Anbau von Betäubungsmitteln durch Unterlassen bzw. eines gemeinschaftlichen unerlaubten Besitzes von Betäubungsmitteln (vgl. *Karlsruhe* NStZ-RR 1998, 27 = StV 1998, 80; *Zweibrücken* NStZ-RR 2000, 119 = StV 1999, 212; *Celle* StV 2000, 624; *Koblenz* StV 2006, 24).

26   Der **Vermieter von Räumen** hat **ebenso wenig** wie der **Grundstückseigentümer** eine Garantenpflicht, zu verhindern bzw. ohne weiteres rechtlich dafür einzustehen, dass in seinen Räumen, auf seinem Grundstück ein Mitbewohner Betäubungsmittel aufbewahrt, konsumiert, verkauft (BGHSt. 30, 391 = NStZ 1982, 245). Etwas anderes gilt, wenn die Räume bzw. das Grundstück wegen der besonderen Beschaffenheit oder Lage eine Gefahrenquelle darstellen, die er so zu sichern und zu überwachen hat, dass sie zu Verstößen gegen das BtMG nicht missbraucht werden (vgl. *BGH* StV 1993, 25; *BGH* StV 1993, 29; *Zweibrücken* StV 1986, 48).

27   **4. Abgrenzung zum straflosen Konsum.** Das deutsche Strafrecht ist von dem **Prinzip der Straflosigkeit von Selbstschädigungen** beherrscht. Wer mit Betäubungsmitteln, Pflanzengiften, Arzneimitteln oder Chemikalien seine Gesundheit schädigen, sich zu vergiften versucht oder einen Dritten bei dessen Selbstschädigungs- bzw. Selbsttötungsbemühungen unterstützt, bleibt ebenso straflos wie derjenige, der gegen seine heilbare Erkrankung nichts unternimmt, weil er sterben will (vgl. *Stree* JuS 1985, 179). Zwar ist normalerweise die Beihilfe zu einer straflosen Haupttat wie dem Konsum grundsätzlich ebenso straflos. Der Gesetzgeber hat jedoch in § 29 Abs. 1 S. 1 Nr. 10 BtMG das Verschaffen und Gewähren von Gelegenheit zum Konsum als besondere Ausgestaltungen von Beihilfehandlungen zum Konsum separat unter Strafe gestellt. Dies ist zwar zulässig, bedingt aber eine sorgfältige Auslegung dieses Tatbestandes.

a) Betäubungsmittelbesitz vor dem Eigenkonsum. Der Konsument macht 28
sich trotz der **Straflosigkeit des Konsums** regelmäßig wegen der dem Verbrauch
vorausgehenden Tatbegehungsweisen des Erwerbs, der Einfuhr oder des Besitzes
strafbar. Strafbarer Besitz ist aber nicht jeder Zugang zu Betäubungsmitteln,
sondern nur, wenn dem **Konsum eine eigene Verfügungsmacht vorausgeht**
(s. dazu Rn. 16).

b) Konsumgelegenheit. Mangels Herbeiführung und Aufrechterhaltung eines 29
Herrschaftsverhältnisses liegt noch kein Besitz vor, wenn der Täter von einem Drit-
ten das **Betäubungsmittel nur zum sofortigen Genuss erhält und** es tatsäch-
lich auch sofort **zu sich nimmt** (*Hamburg* NStZ 2008, 287). Die verschiedenen
Konsumformen wie **Essen, Trinken, Schlucken, Schnupfen, Rauchen, Inji-
zieren, Inhalieren, Schnüffeln** etc. erfüllen daher also weder den Tatbestand des
Erwerbs noch des Besitzes (*BGH* StV 1993, 132; *Berlin* StV 1992, 424; *Düsseldorf*
StV 1994, 23).

c) Konsumgemeinschaften. Das Mitrauchen von Haschischzigaretten ist nur 30
dann **strafbarer Mitbesitz,** wenn eine Raucherrunde **die Betäubungsmittel
gemeinsam bezahlt, angeschafft und geraucht hat** (*Karlsruhe* MDR 1975,
166; *Patzak/Bohnen* Kap. 2 Rn. 69; *Malek* 2. Kap. Rn. 220). **Ein nicht Haschisch
besitzender Gast,** der einen Joint nach dem Konsum an den Besitzer zurück-
reicht, macht sich weder wegen Besitzes noch wegen Verbrauchsüberlassung strafbar, sondern er konsumiert straflos (*Oldenburg* NStZ 1982, 121; *Düsseldorf*
NStZ 1985, 415 = StV 1985, 282). Bei einer Konsumgemeinschaft mit mehr als
2 Beteiligten sieht dies jedoch anders aus: Lässt ein Gastgeber einen **Joint an
einen nicht besitzenden Gast** weiterkreisen, so gibt er zwar keine Betäubungsmittel ab, **überlässt** aber eigenhändig oder mittelbar durch andere Teilnehmer der
Konsumrunde allein oder mittäterschaftlich **zum Gebrauch** gem. § 29 Abs. 1
S. 1 Nr. 6 lit. b BtMG; gleiches gilt für Mitkonsumenten, die den Joint direkt
oder mittelbar über den Besitzer an einen weiteren Mitkonsumenten weitergeben
(*BayObLG* NStZ-RR 1998, 149; *Patzak/Bohnen* Kap. 2 Rn. 75; *Weber* § 29
Rn. 1347; a. A. *AG Böblingen* NStZ 1992, 192; s. dazu im Einzelnen § 29/Teil 16,
Rn. 106 ff.). Übergibt einer der Haschischbesitzer den **Joint an einen anderen
Besitzer** der Betäubungsmittel, so **gibt er weder ab noch überlässt er** zum
Gebrauch, da der Empfänger ja selbst mitbesitzt (*Allmers* ZRP 1991, 41, 42).

Beispielsfälle: Erhält eine Frau zweimal Mescalin-Tabletten zum Konsum und 31
wirft eine später weg, eine andere konsumiert sie, so ist strafbarer Besitz gegeben.
Löst jemand eine Mescalin-Tablette auf und lässt seinen Nachbarn mitkonsumie-
ren, so ist dies **strafloser Mitverzehr** (*Koblenz*, Urt. v. 22. 11. 1973, 1 Ss 185/73).
Eine Ehefrau, die gelegentlich Haschischzigaretten ihres Ehemannes **mit- oder
fertigraucht,** hat keinen Besitz an dem Haschisch (*Berlin* GA 1979, 427). Dies gilt
auch für eine Frau, die den Rest einer Heroinspritze, die sich ihr Ehemann injiziert
hat, einspritzt (*Hamm* StV 1989, 438). Bietet ein unbekannter Autofahrer so einem Autospiegel ausgebreitete Kokainlinien den Fahrzeuginsassen zum Inhalieren
oder Schnupfen an, so übt er allein die tatsächliche Sachherrschaft aus, während
die Verbraucher durch das bloße Einziehen keine ungehinderte Einwirkungsmöglichkeit erlangen, auch wenn sie sich die zu inhalierende Menge selbst abteilen
dürfen (*Berlin*, Beschl. v. 15. 6. 1988, (4) 1 Ss 120/88).

d) Sicheinführenlassen von Betäubungsmitteln. Lässt sich ein Konsument 32
von einem Dritten eine Konsumportion Heroin schenken und injizieren, so macht
er sich mangels eigener Verfügungsgewalt weder wegen Erwerbs noch wegen Besitzes strafbar (*LG München* StV 1984, 77). So wie der Konsum von Betäubungsmitteln straflos ist, ist auch das **Erdulden einer Injektion straflos,** da es keinen
Unterschied macht, ob der Konsument sich die Injektion selbst beibringt, oder
durch einen Dritten beibringen lässt. Das Erdulden einer Injektion ist auch nicht
als Beihilfe zur Verabreichung strafbar (*Berlin* JR 1991, 169). In gleicher Weise
kann sich ein Konsument von einem Dritten Betäubungsmittel in Flüssigkeit einflößen, mit Betäubungsmitteldampf einräuchern, Betäubungsmittel in Zigaretten

oder Pfeife einstreuen lassen, Betäubungsmitteltabletten oder -Zäpfchen einführen lassen, ohne sich wegen Besitzes von Betäubungsmitteln strafbar zu machen (vgl. *Düsseldorf* NStZ 1985, 415 = StV 1985, 282).

33   **5. Täter.** Nicht nur der Drogenkonsument und der Drogendealer kommen als Täter in Betracht, sondern auch der V-Mann und der Kriminalbeamte, der Arzt und der Apotheker, der Schmuggler und der Zollbeamte, der Asservatenverwalter, der Staatsanwalt und der Sachverständige, der Lehrer und das Schulkind, der Richter, der Pfarrer und der Diplomat, wenn sie die Herkunft und die Existenz der in ihrer Verfügungsgewalt befindlichen Betäubungsmittel nicht vernünftig erklären können. Im Rahmen der Betäubungsmittelkriminalität gibt es keine Bevölkerungs- oder Berufsschicht, keine Bildungs- und Altersgruppe, die über jeden Verdacht erhaben wäre.

III. Geltungsbereich

34   **1. Betäubungsmittelbesitz im Inland.** Der Besitz von Betäubungsmitteln im Inland ist sowohl für Deutsche als auch für Ausländer nach dem BtMG strafbar.

35   **2. Betäubungsmittelbesitz im Ausland. a) Durch einen Ausländer.** Der Besitz von Betäubungsmitteln zum Eigenkonsum durch einen Ausländer im Ausland ist nach deutschem Recht nicht als Auslandstat strafbar. § 6 Nr. 5 StGB erfasst nur den unbefugten Vertrieb von Betäubungsmitteln, nicht auch den Besitz (BGHSt. 34, 1 = NStZ 1986, 320 = StV 1986, 473; *BGH* NStZ 2010, 521 = StraFo 2010, 79; *Fischer* § 6 Rn. 5). Der Auslandsbesitz von Betäubungsmitteln eines Ausländers zum Weiterverkauf kann hingegen als Vertriebshandlung strafbar sein. Dies dürfte auch der Fall sein, wenn der Besitz an Betäubungsmitteln mit dessen Vertrieb in Tateinheit steht (*BGH* NStZ 2010, 521 = StraFo 2010, 79).

36   **b) Durch einen Deutschen.** Der Besitz von Betäubungsmitteln eines Deutschen im Ausland ist unabhängig von der Zweckrichtung gem § 7 Abs. 2 Nr. 1 StGB verfolgbar, wenn der Besitz auch nach dem **Recht des Tatortes im Ausland** strafbar ist (s. dazu Vorbem. §§ 29 ff. Rn. 341 ff.).

IV. Erlaubnispflicht

37   **1. Illegaler Besitz.** Nach § 3 BtMG ist nicht für den Besitz, aber für den Erwerb eine Erlaubnis erforderlich. Das Tatbestandsmerkmal: „ohne zugleich im Besitz einer schriftlichen Erlaubnis für den Erwerb zu sein", verdeutlicht, dass der Besitz strafbar ist, wenn er entweder auf einem unerlaubten rechtsgeschäftlichen Erwerb oder auf einem illegalen sonstigen Sichverschaffen beruht. § 29 Abs. 1 S. 1 Nr. 3 BtMG findet demnach auch auf die Fälle illegalen Besitzes nach Diebstahl, Raub oder Fundunterschlagung Anwendung.

38   **2. Legaler Besitz.** Ein strafbarer Besitz scheidet dann aus, wenn der Gewahrsamsinhaber die Betäubungsmittel entsprechend den **Ausnahmeregelungen des § 4 BtMG befugt erlangt hat**, also z.B. die Apotheker, die Ärzte, die Pharmagroßhändler und Lieferanten sowie Patienten im legalen Betäubungsmittelverkehr. Gem. **§ 4 Abs. 2 BtMG** bedürfen auch Bundes- und Landesbehörden, also Polizei, Zoll, Staatsanwaltschaft und Gerichte für den Bereich ihrer dienstlichen Tätigkeit sowie die von ihnen mit der Untersuchung von Betäubungsmitteln beauftragten Behörden keiner Erlaubnis nach § 3 BtMG. Gleiches gilt auch für die Strafvollzugsanstalten, die die dort existierenden Drogenszenen zu überwachen, Drogenfunde sicherzustellen und mit Hausstrafen zu belegen haben. Sie sind zum kurzfristigen Aufbewahren von Drogen befugt, damit sie anschließend aus dem Verkehr gebracht werden.

39   Durch das Ausführungsgesetz Suchtstoffübereinkommen 1988 wurde in Übereinstimmung mit der internationalen Geltung des deutschen Strafrechts gem. § 6 Nr. 5 StGB klargestellt, dass auch Auslandstaten strafbar sind, wenn es an der Erlaubnis der dort zuständigen Behörden fehlt. Das bedeutet, dass derjenige, der

Betäubungsmittel im Ausland erlaubt erworben hat, sie auch im Inland besitzen darf. Allerdings bedarf er für die Einfuhr der Erlaubnis nach § 3 Abs. 1 Nr. 1 BtMG, sofern nicht – wie beim Mitführen von ärztlich verordnetem Reisebedarf – ohnehin ein Tatbestand vorliegt, der gem. § 4 Abs. 1 von der Erlaubnispflicht ausgenommen ist (vgl. auch § 15 BtMAHV).

Zur Rechtsklarheit wird allerdings eine schriftliche Erlaubnis gefordert, wie sie **40** bei einer vom *BfArM* erteilten Erlaubnis stets vorliegen wird. Dem Erwerber von Betäubungsmitteln im Ausland, der sie in den Geltungsbereich des Betäubungsmittelgesetzes verbringen will, ist zuzumuten, sich ggf. eine Bescheinigung über die Erlaubtheit des Erwerbs ausstellen zu lassen, wenn nicht ohnehin eine schriftliche Erlaubnis vorliegt (vgl. BT-Drs. 12/3533, 17).

Werden von einem EU-Bürger im grenzüberschreitenden Verkehr ihm ver- **41** schriebene Betäubungsmittel in einer der Dauer der Reise angemessenen Menge aufgrund ärztlicher Verschreibung oder Bescheinigung für den eigenen Bedarf ein- oder ausgeführt, so ist dieser Umgang mit Betäubungsmitteln gem. § 4 Abs. 1 Nr. 4 lit. b BtMG nur erlaubnisfrei, wenn es sich um Betäubungsmittel der Anl. III (verschreibungsfähige Betäubungsmittel) handelt und er nach Art. 75 SDÜ eine Schengen-Bescheinigung vorlegen kann. Bei Betäubungsmitteln der Anl. II und III gilt aufgrund § 11 Abs. 2 BtMG nach § 15 Abs. 1 Nr. 2 BtMAHV insoweit ein vereinfachter grenzüberschreitender Verkehr. Der Reisende ist bei der Einfuhr/ Ausfuhr von Antragstellungen, Genehmigungen und Abfertigungen befreit und kann seinen berechtigten Besitz mit der Verschreibung und/oder Schengen-Bescheinigung nachweisen.

D. Erscheinungsformen des Besitzes

I. Transportfälle

1. Kurzfristige Hilfstätigkeiten. Hat jemand im Rahmen der Abwicklung ei- **42** nes Rauschgiftgeschäftes für einen nicht völlig unerheblichen Zeitraum die alleinige Herrschaftsgewalt über das Rauschgift durch einen kurzfristigen Transport oder durch eine kurzfristige Aufbewahrung willentlich ausgeübt, so hat er sich wegen unerlaubten Betäubungsmittelbesitzes strafbar gemacht. Trägt ein Angeklagter bei Nacht eine mit Heroin gefüllte Tasche über eine Strecke von mehr als 100 m ganz alleine und verschwindet dann mit dem Rauschgift durch einen dunklen Torbogen, ohne dass der im Fahrzeug auf einem Parkplatz abseits der Straße verbliebene Komplize eine Einwirkungsmöglichkeit auf den Rauschgiftbeutel hat, so liegt ein bewusstes tatsächliches Innehaben, ein tatsächliches Herrschaftsverhältnis über die Betäubungsmittel i. S. d. Besitztatbestandes vor (*BGH* NStZ-RR 1998, 148). Auch der räumlich vom Geschäftsherrn sich entfernende Besitzdiener kann Besitz i. S. d. BtMG haben (*BGH*, Urt. v. 9. 10. 1974, 3 StR 245/74). Wer vor einem Spielsalon von einem Türken beauftragt wird, eine Viertelstunde später ein Päckchen Heroin in den Spielsalon für ein Honorar von 400,– DM zu bringen, das Päckchen einsteckt und mit der Straßenbahn davonfährt, macht sich wegen Besitzes strafbar. Hier liegt keiner der engbegrenzten Ausnahmefälle vor, in denen der Annahme des Besitztatbestandes der Umstand entgegensteht, dass es sich um eine ganz kurze Hilfstätigkeit ohne eigenen Herrschaftswillen gehandelt hat, in denen also die Transportleistung auf Augenblicke beschränkt ist (*BGH*, Urt. v. 16. 5. 1979, 2 StR 170/79).

2. Kurzfristiges Verbergen. Andererseits erfüllt **nicht jede kurze Hilfstä- 43 tigkeit,** die ohne Herrschaftswillen geleistet wird, den Besitztatbestand, da ansonsten der Anwendungsbereich dieses Tatbestandes unangemessen ausgedehnt würde (BGHSt. 26, 117 = NJW 1975, 1470). Die Überlassung eines Fahrzeugs oder die Mitfahrt in einem Fahrzeug begründet noch nicht einen Besitz an den transportierten Betäubungsmitteln (*BGH*, Beschl. v. 31. 3. 1976, 2 StR 54/76). Für den Besitz genügt auch das kurzfristige Ansichnehmen ohne Herrschaftswillen nicht (*Köln*, Beschl. v. 7. 10. 1980, 1 Ss 692/80). Das nicht gewünschte Ansichnehmen einer Heroinmenge und Verbergen im Schuh für die kurze Zeit einer Personenkontrolle eines Rauschgifthändlers mag eine Rauschgiftlokal eine Begünstigung darstellen, erfüllt aber nur nach weiteren Feststellungen den Besitztatbestand (*Frankfurt*, Beschl. v. 10. 3. 1994, 1 Ss 16/94). Kein Besitz liegt auch vor, wenn ein Rauschgiftkäufer bei Kaufverhandlungen mit Drogenverkäufern in deren Zimmer wegen der herannahenden Polizei die auf dem Tisch liegenden Heroinbeutel ergreift und sie in einem Blumenkübel versteckt, um sie dem Zugriff der Polizei zu entziehen (BGHR BtMG § 29 Abs. 1 Nr. 3 Besitz 2 [2 StR 429/94]), oder wenn ein Betäubungsmittelkäufer nach Abschluss der Kaufverhandlungen auf Anweisung und unter den Augen der Haupttäter 300 g Heroin aus einem Nebenzimmer holt (*BGH* StV 1983, 200). Gleichwohl bleibt in diesen Fällen zu prüfen, ob nicht eine Beihilfe zum Handeltreiben vorliegt. Wegen Besitzes von Betäubungsmitteln in nicht geringen Mengen und Beihilfe zum Handeltreiben wurde ein Angeklagter verurteilt, der nach einer Verkehrsunfall die Tasche eines Betäubungsmittelhändlers mit Betäubungsmitteln trug, und als die Tasche aufplatzte und die Haschischplatten zu Boden fielen, diese aufsammelte (BGHR BtMG § 29 Abs. 1 Nr. 3 Besitz 4 [2 StR 393/97]).

44   **3. Betäubungsmittelschmuggel.** Der Rauschgiftkurier, der in seinem **Auto**, seinem **Handgepäck** oder in seinen **Schuhen** Betäubungsmittel einschmuggelt, hat an den Betäubungsmitteln unmittelbaren Besitz. Ein Besitz von Betäubungsmitteln liegt auch dann vor, wenn der Täter diese in seinem **Körper** versteckt oder transportiert, denn er übt eine vom Herrschaftswillen getragene Sachherrschaft über die Betäubungsmittel in seinem Magen-Darm-Trakt aus (*BGH* NStZ-RR 2007, 24). Ein Angeklagter, der in seinem aufgegebenen Flugreisegepäck Heroin von Karatschi nach Frankfurt/Main schmuggelt, und nach Entdeckung der Betäubungsmittel durch die Rauschgifthunde im Transitbereich festgenommen wird, hat weder während des Fluges noch während des Transitaufenthaltes in Frankfurt/Main tatsächliche Zugriffsmöglichkeit im Sinne eines unmittelbaren oder mittelbaren Besitzes. Er hatte lediglich Verfügungsgewalt in Karatschi insoweit, als er durch die Gepäckaufgabe den Weg des Gepäcks über die Bundesrepublik bestimmte (zu den Transitfälle s. im Einzelnen § 29/Teil 5, Rn. 11). Dieser Besitz ist als Auslandsstraftat nicht strafbar, es liegt aber eine versuchte Durchfuhr in Tateinheit mit Beihilfe zum Handeltreiben von (*BGH* StV 1984, 286).

II. Kurzzeitiger Besitz zum Zwecke der Vernichtung bzw. Übergabe an Strafverfolgungsbehörden

45   Unerlaubter Besitz von Betäubungsmitteln i. S. d. § 29 Abs. 1 S. 1 Nr. 3 BtMG liegt auch vor, wenn **Eltern, Lehrer, Erzieher, Ärzte, Apotheker, Rechtsanwälte, Sozialarbeiter, Krankenschwestern oder Pfleger aus familiärer, beruflicher oder fürsorglicher Verantwortung** Betäubungsmittel ihrer Kinder, Schüler oder sonstigen Anvertrauten in Besitz haben, um die Betäubungsmittel der Polizei zu übergeben. Das Verbringen der Betäubungsmittel zur Polizei nimmt nämlich in der Praxis regelmäßig einen längeren Zeitraum in Anspruch, so dass sowohl von einem auf eine gewisse Dauer angelegten Besitz als auch einem Besitzwillen für diesen Zeitraum auszugehen ist (MK-StGB/*Kotz* § 29 Rn. 946; *Malek* 2. Kap., Rn. 227; a. A. *LG Freiburg* StV 1984, 250; *Weber* § 4 Rn. 40, der annimmt, der Besitz sei in diesen Fällen nicht auf gewisse Dauer ausgerichtet). Ist die Tathandlung der Inbesitznahme zu konkretisieren, liegt ein Verschaffen in sonstiger Weise vor, das den Besitztatbestand verdrängt (s. § 29/Teil 11, Rn. 3). Es kommt jedoch eine Rechtfertigung der Tat gem. § 34 StGB in Betracht (s. dazu im Einzelnen § 29 Rn. 61).

46   An der auf gewisse Dauer angelegten tatsächlichen Sachherrschaft fehlt es aber, wenn Eltern, Lehrer, Sozialarbeiter usw. Betäubungsmittel an sich nehmen, um sie anschließend sofort zu vernichten; hier liegt weder ein Besitz nach § 29 Abs. 1 S. 1 Nr. 3 BtMG noch ein Sichverschaffen nach § 29 Abs. 1 S. 1 Nr. 1 BtMG vor (*Hamm* NStZ 2000, 600 = StV 2000, 624; *Stuttgart* MDR 1978, 595; *Zweibrücken*

AnwBl. 1983, 126; *Weber* § 4 Rn. 38; *Franke/Wienroeder* § 29 Rn. 133). Das ist beispielsweise der Fall, wenn Betäubungsmittel durch Hinunterspülen im WC oder durch Wegwerfen in einen Mülleimer vernichtet werden. Findet ein Lehrer, Rechtsanwalt, Trainer, Pfarrer nach dem Besuch eines Betäubungsmittelkonsumenten gegen seinen Willen Betäubungsmittel in seinen Räumen vor, die er unmittelbar danach vernichtet, so scheidet der Besitztatbestand mangels einer auf gewisse Dauer angelegten Sachherrschaft aus.

Anderes kann sich ergeben, wenn zwischen dem Auffinden der Betäubungsmit- **47** tel und der späteren Vernichtung Zwischenakte der Gewahrsamsbegründung und Abwägung der weiteren Verwendung liegen (*Weber* § 4 Rn. 37; *Hügel/Junge/Lander/Winkler* § 29 Rn. 13.3.2), so z.B. wenn der Finder noch nicht weiß, was er mit den Betäubungsmitteln anfangen soll und sie daher erst einmal in seinem Schreibtisch deponiert.

Wirft ein Angeklagter aus dem Fenster eines Hotelzimmers Heroinbeutel auf die **48** Straße, die seiner Lebensgefährtin gehören, bevor die Polizei in das Zimmer eindringt, so hat er durch die Beseitigung dieser Beweismittel keinen Willen zur Sachherrschaft bekundet (*Frankfurt* StV 1987, 443). Es bleibt aber ein Inverkehrbringen der Betäubungsmittel zu prüfen. Versteckt ein Angeklagter, der im Zimmer seines Bruders Haschisch gefunden hat, vor der zur Wohnungsdurchsuchung herannahenden Polizei die Betäubungsmittel und wirft sie in den Hinterhof, so liegt kein Besitz beim Wurf in den Hof, aber sonstiges Inverkehrbringen vor (*Zweibrücken* NStZ 1986, 558). Wird ein Fahrzeug mit mehreren Personen von der Polizei kontrolliert, und wirft eine Person beim Ein- oder Aussteigen ein Rauschgiftpäckchen mit einem Schwung aus dem Auto, so ist damit noch kein Besitz nachgewiesen (*Frankfurt*, Beschl. v. 12. 2. 1991, 3 Ss 524/90).

E. Subjektiver Tatbestand

I. Vorsatz

Der subjektive Tatbestand setzt Vorsatz voraus. Vorsatz ist gegeben, wenn der **49** Täter weiß, dass Betäubungsmittel sich in seiner Verfügungsgewalt befinden und er diese Verfügungsgewalt für sich oder einen Dritten ausüben bzw. aufrechterhalten will (sog. Herrschaftswille, s. dazu Rn. 55 f.). Es genügt aber für den subjektiven Tatbestand bereits, wenn der Täter es für möglich hält, dass er unerlaubt die Sachherrschaft über Betäubungsmittel ausübt und dies in seinen Willen aufnimmt (dolus eventualis). Die **bloße Duldung** eines Zustandes stellt aber noch keinen Willen dar, sich die ungehinderte Einwirkungsmöglichkeit zu erhalten (*Berlin* StV 1985, 18). Für **jeden Mittäter des Besitzes** von Betäubungsmitteln muss **separat die Vorstellung von der Verwendung** der Betäubungsmittel, der **Besitzwille** und das **Besitzbewusstsein** geprüft werden (*BGH* NStZ 2005, 155).

1. Kenntnis von den Substanzen und das Besitzbewusstsein. Für den Be- **50** sitz von Betäubungsmitteln reicht die **bloße Kenntnis** vom Vorhandensein der Substanzen und die tatsächliche Einwirkungsmöglichkeit auf sie nicht aus. Vielmehr muss auch der **Wille** vorhanden sein, sich die ungehinderte Einwirkungsmöglichkeit auf die Rauschmittel zu erhalten. **Unerwünschter Besitz** kann deshalb den Besitztatbestand nicht erfüllen (*Berlin* NStZ-RR 1996, 345). Der Inhaber einer Wohnung, in der Betäubungsmittel aufbewahrt werden, hat an diesen keinen Besitz, wenn er vom Umstand der Aufbewahrung erst später und fernab von seiner Wohnung Kenntnis erlangt. Wer beim Führen eines fremden Personenwagens plötzlich erkennt, dass sich Rauschgift im Wagen befindet und wer während einer Autofahrt erfährt, dass in seiner Wohnung ein Koffer mit Heroin abgestellt wurde, hat weder Besitzbewusstsein noch einen Willen zur Sachherrschaft und kann nicht wegen Besitzes bestraft werden (*BGH*, Beschl. v. 12. 2. 1980, 5 StR 47/80). Der **unbewusste Besitz** einer Person, der heimlich Rauschgift untergeschoben wurde, ist nicht strafbar.

51   **2. Absichten des Täters.** Auf die Absicht des Täters, also z.B. die Vernichtung, die Abgabe bei der Polizei oder die Aufbewahrung aus familiärer Sorge, aus
beruflicher Verantwortung, aus fürsorglicher Hilfe, um auf Missstände im Strafvollzug hinzuweisen, kommt es grundsätzlich nicht an, sondern **allein auf den Herrschaftswillen des Täters** (*Weber* § 29 Rn. 1199; MK-StGB/*Kotz* § 29 Rn. 939).
Der Beweggrund des Täters ist jedoch insb. bei den Rechtfertigungs- und
Schuldausschließungsgründen zu prüfen (s. dazu Rn. 60 ff.)

52   Die **rechtspolitische Absicht,** mit Deponieren einer kleinen Haschischmenge
und einer Selbstanzeige für eine **Legalisierung von Cannabis zu demonstrieren,** schließt den Besitztatbestand nicht aus (*BVerfG* NStZ 1997, 498). Wer Betäubungsmittel in eine JVA eintauscht um **an politische Mandatsträger ver-
schickt,** um auf den Betäubungsmittelhandel in der JVA und die Gefahren für die
Gefangenen aufmerksam zu machen, hat Betäubungsmittel besessen (*LG Berlin*
NStZ 1987, 233).

53   **3. Zweckrichtung des Besitzes.** Für die Tatbestandsverwirklichung ist grundsätzlich unerheblich, welche Zweckrichtung der Besitz hat (*Hügel/Junge/Lander/
Winkler* § 29 Rn. 13.2.4). Lagert der Täter die Betäubungsmittel zum Eigenverbrauch, so liegt Besitz vor. Das **Vorrätighalten von verkaufsbereiten Drogenpackungen** in einer Wohnung mit dem Ziel des späteren Verkaufs stellt **Handeltreiben** dar (*BGH* NStZ 1993, 44).

54   Die Zweckrichtung des Besitzes kann aber im Hinblick auf die in den Anl. I bis
III normierten **Ausnahmen** relevant werden. So ist der Besitz von **Cannabissamen** straflos, wenn die Samen nicht dem Anbau dienen (lit. a des auf die Position
Cannabis folgenden Spiegelstrichs in Anl. I). Gemäß des auf die Position Papaver
bracteatum folgenden Spiegelstrichs ist der Besitz dieser Pflanze und der Pflanzenteile zu Zierzwecken ebenfalls straflos.

55   **4. Herrschaftswille.** Der Täter muss gewollt haben, sich einen ungehinderten
Zugang zu den Betäubungsmitteln zu verschaffen und die Sachherrschaft für sich
zu erhalten (*Baale* NStZ 1987, 214; *Frankfurt*, Beschl. v. 23. 10. 1995, 4 Ss 158/95).
War eine Angeklagte jedoch bestrebt, bei einer Wohnungsdurchsuchung die Be-
täubungsmittel ihres Verlobten verschwinden zu lassen und damit den Besitz
ihres Verlobten zu erhalten, so übte sie für ihren Verlobten den Besitz aus (*Stuttgart* MDR 1978, 595). Ergreift ein Betäubungsmittelkäufer auf dem Tisch des
Verkäufers einen Heroinbeutel und versteckt ihn in dessen Blumenkübel, als die
Polizei erscheint, so scheidet der Besitz mangels Herrschaftswillen aus (BGHR
BtMG § 29 Abs. 1 Nr. 3 Besitz 2 [2 StR 429/94]). Wer als Scheinaufkäufer oder
Informant der Polizei Rauschgift erhält und bis zum Eintreffen der Polizei verwahrt, bekundet **nicht den Willen zur Sachherrschaft** (*LG Heilbronn* StV
1988, 304).

56   Erlangt jemand ohne Herrschaftswillen **in unerwünschter Weise** Betäubungsmittel und will er sich der Betäubungsmittel **sofort entledigen bzw. diese
vernichten,** so wird die tatsächliche Sachherrschaft nicht von einem entsprechenden Besitzwillen getragen (*BGH* NStZ 2005, 155). Wer aber Betäubungsmittel **Süchtigen aus Fürsorgegründen abnimmt** und zur Polizei bringt, bei
dem ist für die Dauer des Transports auch ein Herrschaftswille anzunehmen
(*Malek* 2. Kap., Rn. 227; MK-StGB/Kotz § 29 Rn. 947). Den gegenteiligen Auffassungen, die in diesen Fällen einen Besitzwillen verneinen (*LG Freiburg*
StV 1984, 250; *Weber* § 4 Rn. 40; vgl. auch *Hamm* NStZ 2000, 600), ist entgegen
zu halten, dass der Besitzwille nur erfordert, dass der Ansichnehmende die Möglichkeit ungehinderter Einwirkung auf die Sache – jedenfalls kurzfristig – erhalten
möchte; das ist auf dem Weg zur Polizei wohl eindeutig der Fall (vgl. *BGH*
StV 1988, 432; MK-StGB/*Kotz* § 29 Rn. 947). Es kommt aber die Anwendung
des Rechtfertigungsgrundes des Notstands gem. § 34 StGB in Betracht (s. dazu
Rn. 61).

II. Fahrlässigkeit

Fahrlässigkeit ist nur bei vorausgegangenem Erwerb oder Sichverschaffen in   57
sonstiger Weise strafbar (§ 29 Abs. 4 BtMG), nicht aber beim Besitz (*Hamburg*
NJW 1975, 1472).

III. Irrtumsfälle

1. Tatbestandsirrtum. Die Besitztatbestände der §§ 29 Abs. 1 S. 1 Nr. 3, 29 a   58
Abs. 1 Nr. 2 BtMG stellen den Besitz ohne Erlaubnis nach § 3 Abs. 1 erlangter
Betäubungsmittel unter Strafe. Das Fehlen der Erlaubnis gehört deshalb zum Tat-
bestand.

2. Verbotsirrtum. Der allgemeine Irrtum, aufgrund konkreter Absprachen   59
und Aufträge der Polizei keiner behördlichen Erlaubnis zu bedürfen, innerhalb
bestimmter Grenzen von einer Erlaubnispflicht befreit zu sein, stellt regelmäßig
einen Verbotsirrtum (§ 17 StGB) dar (*BGH* NStZ 1993, 594), bei dem die Vermeidbarkeit geprüft werden muss. Nach der Rspr. des *BGH* ist der Verbotsirrtum
unvermeidbar, wenn der Täter trotz der ihm nach den Umständen des Falles, seiner
Persönlichkeit sowie seines Lebens- und Berufskreises zuzumutenden Anspannung
des Gewissens die Einsicht in das Unrechtmäßige nicht zu gewinnen vermochte.
Der Verbotsirrtum ist vermeidbar, wenn der Angeklagte gegen seine Erkundigungspflicht verstoßen hat. Hat der Angeklagte nach Erkundigungen weder die
Einsicht gehabt, im Rahmen eines Betäubungsmittelscheingeschäfts Unrecht zu
tun, noch es für möglich gehalten, durch Inbesitznahme von Betäubungsmitteln
Unrecht zu tun, so handelt er im Rahmen eines unvermeidbaren Verbotsirrtumes
(*BGH* NStZ 1996, 338 = StV 1996, 424).

F. Rechtfertigungsgründe

Beim unerlaubten Besitz von Betäubungsmitteln kann in folgenden Konstella-   60
tionen der Rechtfertigungsgrund des Notstandes in Betracht kommen:

I. Minderjährigenschutz

In einem besonderen Interessenskonflikt befinden sich Eltern, Freunde oder   61
Lehrer eines Kindes oder Jugendlichen, die in dessen Zimmer Betäubungsmittel
entdecken und zum Schutz des Minderjährigen an sich nehmen. Als Obhutsgaran-
ten haben sie ihren Sohn/Tochter/Freund/Schüler/in vor den Gefahren des Betäubungsmittelmissbrauchs zu schützen; als Sicherungsgaranten sind sie verpflichtet,
Dritte vor den Gefahren zu bewahren, die von ihrem Kind ausgehen. Verhindern
sie die Straftaten ihres Kindes nicht, so machen sie sich u. U. wegen Beteiligung
strafbar und schadensersatzpflichtig, nehmen sie die Betäubungsmittel an sich, laufen sie Gefahr, wegen Besitzes von Betäubungsmitteln verfolgt zu werden oder
setzen ihr Kind bei der Ablieferung der Drogen bei der Polizei der Strafverfolgung
aus. In diesen Fällen ist die Ansichnahme und kurzzeitige Lagerung der Betäubungsmittel durch Notstand gem. § 34 StGB gerechtfertigt; es liegt nämlich eine
konkrete Gefährdung der Gesundheit des Abhängigen vor, die ein derartiges Einschreiten, für das es regelmäßig keine Alternative gibt, erforderlich macht (*Malek*
2. Kap., Rn. 227; *LG Berlin* NStZ 1987, 233; vgl. auch *BGH* StV 1988, 432).

II. Privatperson als Rauschgiftfahnder

Hat ein Angeklagter mangels eindeutiger Absprache mit der Polizei nicht den   62
Status einer polizeilichen Vertrauensperson, sondern war lediglich Privatperson, so
war er beim Umgang mit der Besitznahme von Betäubungsmitteln gem. § 4
Abs. 2 BtMG nicht von der Erlaubnispflicht befreit. Die Lagerung der Betäubungsmittel zu Hause im Keller stellt einen verbotenen Besitz dar, auch wenn er
das Rauschgift letztlich der Polizei zuspielen wollte (*BGH* NStZ 1996, 338 =

StV 1996, 424). Ein Rechtfertigungsgrund des Notstandes nach § 34 StGB ist zu verneinen, wenn andere und wirkungsvollere Möglichkeiten bestanden, um die Gefahren für Leib und Leben abzuwenden (*LG Berlin* NStZ 1987, 233).

III. Cannabiserwerb und -besitz zur Selbstmedikation

63   Das Cannabisverbot schließt das grundsätzliche Verbot ein, Haschisch und Marihuana zur Selbstmedikation zu besitzen (BVerfGK 5, 365 = Blutalkohol 43, 37). Hiervon ausgenommen sind nach Anl. III nur ärztlich verschriebene Cannabisfertigarzneimittel. Hat ein Schwerkranker mit ausgeprägt Schmerzsymptomatik nach Scheitern mehrfacher Behandlungsmethoden in Deutschland Cannabis als Schmerzmittel zum Eigenkonsum angebaut, erworben oder besessen, so macht er sich entweder nach § 29 Abs. 1 S. 1 Nr. 1 und Nr. 3 BtMG oder nach § 29a Abs. 1 Nr. 2 BtMG strafbar. Nach ständiger Rspr. des *BGH* kann er sich nur ausnahmsweise auf eine Notstandslage i. S. v. §§ 34, 35 Abs. 1 StGB berufen, wenn er nach besten Wissen und Kräften geprüft hat, ob die schweren Schmerzen auch durch eine andere legale zumutbare Behandlung zu beseitigen gewesen wären (vgl. *BGH* NStZ 1992, 487 = StV 1993, 583). Ist ein Angeklagter, bei dem das Vollbild einer Aids-Erkrankung im Stadium IV vorliegt, nach sorgfältiger Abwägung zu dem Ergebnis gelangt, dass bei ihm zugelassene Arzneimittel weder Heilung noch Linderung bringen, sondern unvertretbare Nebenwirkungen hervorrufen oder nur zu unerschwinglichen Preisen aus dem Ausland zu beschaffen sind und kann er zur Bekämpfung bestimmter Begleiterkrankungen von Aids und/oder zur Schmerzlinderung auf Cannabis nicht verzichten, so kommt zwar eine Notstandslage in Betracht. Es bedarf zur Rechtfertigung aber einer konkreten Beschreibung der Beschwerden, der in Anspruch genommenen ärztlichen Behandlung, der wirkungslosen zugelassenen Arzneimittel und der Cannabiswirkungen (*Köln* StraFo 1999, 314; *Berlin* StV 2003, 167). Ein Rechtfertigungsgrund des Notstandes nach § 34 StGB ist zu verneinen, wenn andere und wirkungsvollere Möglichkeiten bestanden, um die Gefahren für Leib und Leben abzuwenden (*LG Berlin* NStZ 1987, 233).

64   Das *LG Mannheim* (Beschl. v. 20. 3. 2002, 6 Qs 14/02) verneinte einen Notstand allein schon deshalb, weil in der Bundesrepublik Deutschland rezeptierfähige THC-Medikamente zur Verfügung stehen, auch wenn die Krankenkasse die Behandlungskosten nicht übernehmen würde. Das *AG Mannheim* (Urt. v. 15. 5. 2003, 1 Ls 310 Js 5518/02) sprach einen an Multipler Sklerose leidenden Angeklagten vom Vorwurf des Besitzes einer nicht geringen Menge von Cannabis (600 g) frei, da er zur Behandlung seiner Ataxie und Spastik auf Cannabis angewiesen war, das synthetische THC-Präparat nicht bezahlen konnte und die Krankenkasse die Behandlung einer Dronabinol-Behandlung nicht übernahm. Das *OLG Karlsruhe* hob das Urteil auf die Revision der Staatsanwaltschaft zwar auf, weil es aufgrund der bislang getroffenen tatsächlichen Feststellungen nicht ausreichend beurteilen konnte, ob der Betäubungsmittelbesitz als geeignete und erforderliche Notstandshandlung gewertet werden konnte, bestätigte aber im Grundsatz, dass Cannabisbesitz zum Zwecke der Linderung schwerer Gesundheitsbeeinträchtigungen durch Notstand gerechtfertigt sein kann, insb. wenn eine Ataxie nach dem derzeitigen Stand der medizinischen Wissenschaft nicht behandelt werden kann und ein Fortbestand der Gesundheitsbeeinträchtigungen droht (*Karlsruhe* NJW 2004, 3645 = StV 2005, 273). Der Strafsenat vermisste im angefochtenen Urteil jedoch Ausführungen, dass die Notstandshandlung zur Abwendung der drohenden Gefahr geeignet war und dass bei den verschiedenen Handlungsalternativen kein milderes Mittel zur Verfügung stand. Bei der Abwägung zwischen dem Eingriff in Schutzinteressen und der Wahrnehmung von eigenen Rettungschancen reiche es aus, dass die erfolgreiche Abwendung des Gesundheitsschadens nicht ganz unwahrscheinlich sei. Das *OLG Karlsruhe* wies aber zu Recht darauf hin, dass dem Gesichtspunkt der geringstmöglichen Aufopferung des Eingriffsgutes auch der Menge der Betäubungmittel Bedeutung zukomme. Auch unter Berücksichtigung verschiedener Verwendungszwecke wie Inhalation, Bäder usw. erschienen 600 g Cannabis sehr viel. Nach § 34 StGB **könne der Besitz von Cannabis indes nur in dem Umfang gerechtfertigt sein, der zur Linderung der Gesundheitsbeeinträchtigungen erforderlich ist.** Insoweit ist dem *OLG Karlsruhe* zuzustimmen, denn Sinn und Zweck der Strafandrohung für den unerlaubten Besitz von Betäubungsmitteln bestehen im Vergleich zum straflosen Konsum gerade darin, dass die Vorrathaltung die abstrakte Gefahr der Weitergabe an Dritte in sich birgt. Die Obergrenze für den Rechtfertigungstatbestand ist jedenfalls **bei der Schwelle der nicht geringen Menge** erreicht, so dass sich der Patient im vorliegenden Fall nicht mehr auf § 34 StGB berufen konnte. Das *AG Mannheim* sprach den Angeklagten dennoch am 19. 1. 2005 zum zweiten Mal trotz der großen Menge von 600 g frei. Die *Staatsanwaltschaft Mannheim* verfolgte ihre eingelegte Berufung nicht weiter, so dass das Urteil rechtskräftig wurde.

In zwei Fällen, in denen ein Schmerzpatient mit 267 g Cannabis mit 19,49 g **65** THC und ein Schmerzpatient mit 158,4 g Marihuana mit 8,9 g THC die nicht geringe Menge überschritten und damit eine nicht erforderliche Menge besessen hatten, verurteilte das *AG Tiergarten* die Angeklagten und verwarnte sie mit einem Geldstrafenvorbehalt gem. § 59 StGB (*AG Tiergarten*, Urt. v. 27. 11. 2003, [283] 4 Op Js 1431/00 Ls [168/00]; *AG Tiergarten*, Urt. v. 7. 1. 2004, [284] 6 Op Js 980/ 02 Ls [100/02]). Einen Schwerkranken (Aids, Hepatitis, Leberzirrhose, Schluckbeschwerden), der keine ASS-Schmerzmittel wegen Unverträglichkeit, keine Opiate wegen seiner Suchtprobleme, keine THC-haltigen Medikamente wie Dronabinol wegen Unverträglichkeit und Nichterstattung durch die Krankenkasse einnehmen konnte und sich zur Überwindung seiner Schmerzen nach Abwägung widerstreitender Interessen für den verbotenen Anbau und eine verbotene Selbstmedikation von Cannabis und gegen den Schutz der abstrakten Volksgesundheit durch Einhaltung des BtMG entschieden hatte, sprach das *AG Tiergarten* jedoch frei (NStZ-RR 2004, 281). Das Gericht sah das Verhalten des Angeklagten als gerechtfertigt trotz des Besitzes von 962 g Cannabis mit 23 g THC, da der Angeklagte für seine Sitzbäder, Kompressen, Wickel, Inhalationen und Tee erhebliche Cannabismengen benötigte.

Diese Rspr. ist angesichts der Änderungen durch die 25. BtMÄndV v. 11. 5. **65a** 2011, mit der Cannabiszubereitungen, die als Fertigarzneimittel zugelassen sind, als verkehrs- und verschreibungsfähige Betäubungsmittel eingestuft wurden (Anl. III), zu überdenken. Mit der Zulassung von Cannabisfertigarzneimitteln dürfte nunmehr in der Regel keine anders abwendbare Gefahr i. S. d. § 34 StGB mehr bestehen. Das THC-haltige Spray namens Sativex® beispielsweise verringert Spastiken bei Multilpe Sklerose-Patienten, so dass sich jedenfalls bei diesem Krankheitsbild die Notwendigkeit, auf Haschisch oder Marihuana zurückzugreifen, nicht mehr ergibt.

G. Versuch

Der Versuch des Besitzes von Betäubungsmitteln ist nicht strafbar (§ 29 Abs. 2 **66** BtMG). Der Besitz von Betäubungsmitteln ist **vollendet** mit der Begründung des tatsächlichen Herrschaftsverhältnisses, und **beendet** mit deren Sicherung (MK-StGB/*Kotz* § 29 Rn. 952).

H. Täterschaft/Teilnahme

I. Mittäterschaft

Die Frage, wer von mehreren Schmugglern die Betäubungsmittel besessen hat, **67** ist tatsächlicher Natur. Eine rechtliche Erstreckung des Besitztatbestandes auf Tatbeteiligte, die selbst keine tatsächliche Sachherrschaft hatten, kommt nicht in Betracht. Wer bei der Gepäckidentifizierung im Rahmen einer Sicherheitskontrolle auf einem Flughafen ein Gepäckstück als sein Eigentum bezeichnet, verschafft sich damit noch keinen Besitz (*BGH* StV 1982, 366). Übernimmt ein Täter Betäubungsmittel für sich und seinen Komplizen und will er dem Komplizen auch den Zugang zur Sache eröffnen, so wird nach dem Willen und der Vorstellung beider Täter mit der Übergabe der Betäubungsmittel an den einen gleichzeitig auch Besitz für den anderen Täter mitbegründet (*Karlsruhe* MDR 1975, 166). Wer nicht nur eine ganz kurze Hilfstätigkeit beim Betäubungsmitteltransport als Besitzdiener vornimmt, sondern 48 kg Haschisch in einem Mietauto zeitweilig in seiner ausschließlichen Verfügungsgewalt transportierte, nachdem die Lieferanten es dort eingeladen hatten, erlangt unerlaubten Besitz als Täter und nicht als Gehilfe (*BGH* NStZ 1996, 338 = StV 1996, 424).

68   Dabei wird im Grundsatz jedem Mittäter die **Gesamtmenge ungeteilt zugerechnet**, sofern er bis zur Aufteilung am Besitz teilhatte. Dieser Grundsatz bedarf jedoch insb. im Bereich nicht geringer Mengen Einschränkungen. Kann ein Angeklagter nur gemeinsam mit den anderen Mitbesitzern über die gesamte Betäubungsmittelmenge oder unbestimmte Anteile frei verfügen, sie bevorraten, lagern, transportieren, dann muss die Gesamtmenge jedem Mitbesitzer zugerechnet werden. Beschränkt sich jedoch die Verfügungsmöglichkeit von vornherein auf einen Anteil, der keine nicht geringe Menge darstellt, und auf die Gesamtmenge nur zur Sicherung der alsbaldigen Aufteilung (**sog. gebundener Anteilsbesitz**), so kann dem einzelnen Angeklagten **nur sein Anteilsbesitz zugerechnet werden**. Die häufigen Fälle von gemeinsamen Konsumenten-Einkaufsreisen, bei denen jeder Käufer eine einfache Menge wünscht, deren Summe aber mehr als eine nicht geringe Menge beträgt, sind wegen des arbeitsteiligen Vorgehens und dem erlangten Mitbesitz der Konsumenten an der Gesamtmenge als gemeinschaftlicher Besitz in nicht geringer Menge gem. § 29a Abs. 1 Nr. 2 BtMG zu beurteilen (*BGH* NStZ-RR 2003, 57 = StraFo 2003, 180; a. A. *Stuttgart* NStZ 2002, 154). Der **gebundene Anteilsbesitz** bei einer normalen Menge tritt hinter dem Erwerb zurück (*Stuttgart* NStZ 2001, 603).

69   Alleintäterschaft in Form von **Nebentäterschaft** und keine Mittäterschaft liegt vor, wenn zwei Täter von einem Auftraggeber Betäubungsmittel erhalten, diese zu gleichen Teil schlucken und mit demselben Flug nach Europa reisen (BGHR StGB § 25 Abs. 2 Nebentäter 1 [2 StR 333/91]; *Weber* § 29 Rn. 1224).

II. Beihilfe

70   Beihilfe zum unerlaubten Besitz von Betäubungsmitteln liegt vor, wenn die Rechtsgutsverletzung des Haupttäters ermöglicht, verstärkt oder ihre Durchführung erleichtert, also die Tat gefördert wird. Führt ein Angeklagter wenige Kilometer das Fahrzeug, so hat er damit noch nicht zur Aufrechterhaltung des illegalen Besitzes von Betäubungsmitteln beigetragen. Neben dem objektiven Beitrag zur Aufrechterhaltung des illegalen Drogenbesitzes verlangt aber der subjektive Tatbestand der Beihilfe, dass der Angeklagte überhaupt mit der Möglichkeit gerechnet hat, dass die Führung des Fahrzeuges die Aufrechterhaltung eines Drogenbesitzes fördern konnte (*BGH* NStZ 1985, 318 = StV 1985, 279).

71   Das **bloße Dulden** von Verstößen gegen das BtMG erfüllt noch nicht die Voraussetzungen der Beihilfe (BGHR StGB § 27 Abs. 1 Hilfeleisten 7 = NJW 1993, 76 = StV 1993, 28; BGHR StGB § 27 Abs. 1 Hilfeleisten 12 = StV 1994, 175). Die mit Konsum von Betäubungsmitteln zum Ausdruck kommende Billigung von Rauschgiftverkäufen oder -lagerung kann zwar **psychische Beihilfe** sein. Dies setzt jedoch Feststellungen des Gerichts voraus, dass die Tatbegehung in ihrer konkreten Gestalt objektiv gefördert oder erleichtert wurde und dass dies dem Gehilfen bewusst war (*BGH* NStZ 1993, 233 = StV 1993, 357; *BGH* StV 1999, 212).

III. Anstiftung

72   Hat ein Angeklagter an einem Drogenscheingeschäft mitgewirkt, um die Betäubungsmittel der Polizei in die Hände zu spielen und nicht um Umsätze mit Betäubungsmitteln zu machen, und dabei einen Betäubungsmittellieferanten zur Beschaffung sowie Übergabe an die polizeilichen Scheinaufkäufer veranlasst und selbst an der Aufbewahrung und dem Transport der Betäubungsmittel mitgewirkt, so liegt keine strafbare Beteiligung an einem unerlaubten Handeltreiben, aber eine Anstiftung und eine Beihilfe zum unerlaubten Besitz von nicht geringen Mengen von Betäubungsmitteln vor, wobei die Beihilfe hinter der Anstiftung zurücktritt (vgl. *BGH* NJW 1996, 338 = StV 1996, 424).

I. Rechtsfolgen

I. Besitz geringer Mengen

Der Besitz von Betäubungsmitteln in geringer Menge zum Eigenverbrauch er- **73** laubt nach §§ 29 Abs. 5, 31 a BtMG, von einer Strafverfolgung bzw. Bestrafung abzusehen. Ist mangels Eigenkonsums eine Bestrafung unerlässlich, so ist wegen der geringen Gefährlichkeit einer geringen Betäubungsmittelmenge zunächst an eine Geldstrafe zu denken. Ist wegen Handelsattributen eine Freiheitsstrafe unverzichtbar, so wirkt sich die geringe Betäubungsmittelmenge strafmildernd aus. Die Nichtanwendung der §§ 29 Abs. 5, 31 a BtMG ist nachvollziehbar zu begründen.

Bewegt sich ein Konsumentenfall im untersten Bereich der geringen Menge mit **74** 0,21 g Amphetamin (0,0145 g Amphetaminbase), mit 3,8 g Marihuana und mit 0,8 g Haschisch schlechter Qualität, so sind der vom *BVerfG* angemahnte **Verhältnismäßigkeitsgrundsatz** und das **Übermaßverbot** besonders zu beachten (BVerfGE 90, 145 = NJW 1994, 1577). Bei einem derartigen Bagatelldelikt ist, auch in Anbetracht, dass der Angeklagte einschlägig vorbestraft ist und unter Bewährung stand, zwar vertretbar, § 29 Abs. 5 BtMG abzulehnen, eine Freiheitsstrafe von 2 Monaten stellt aber keinen gerechten Schuldausgleich mehr dar und verstößt gegen den Grundsatz der Verhältnismäßigkeit. Hier wäre allenfalls eine Geldstrafe angezeigt (Karlsruhe NJW 2003, 1825 = StV 2003, 622; vgl. auch *Braunschweig* NStZ-RR 2002, 75).

II. Grundtatbestand

Nach dem Willen des Gesetzgebers soll eine kurzfristige Freiheitsstrafe weitge- **75** hend zurückgedrängt werden. Nach der Regelung des § 47 StGB darf auch beim Auffangtatbestand des Besitzes auf eine Freiheitsstrafe unter 6 Monaten nur erkannt werden, wenn sie sich aufgrund einer Gesamtwürdigung aller die Tat und den Täter kennzeichnenden Umstände als unverzichtbar erweist und eine andere schuldangemessene Sanktion nicht denkbar ist. Dies bedarf einer eingehenden und nachprüfbaren Begründung im Urteil. Der Besitz von Betäubungsmitteln nach § 29 Abs. 1 S. 1 Nr. 3 BtMG stellt im Vergleich zum Handeltreiben eine leichtere Begehungsweise dar, weshalb die Frage, ob Geldstrafe oder kurze Freiheitsstrafe verhängt wird, hier besonders streng zu prüfen ist, insb. wenn die Betäubungsmittel dem Eigenkonsum dienen. Eine floskelhafte Begründung reicht nicht aus. Dies gilt auch bei der Verhängung mehrerer kurzzeitiger Einsatzstrafen und einer daraus zu bildenden Gesamtstrafe (vgl. *Berlin* StV 1997, 640; *Köln* NStZ 2003, 421). Eine kurzfristige Freiheitsstrafe kommt nur in Betracht, wenn entweder bestimmte Tatsachen die konkrete Tat (Art, Menge, Wirkstoffgehalt der Betäubungsmittel) aus dem Durchschnitt der praktisch vorkommenden Taten dieser Art hervorheben oder wenn bestimmte Eigenschaften oder Verhältnisse beim Täter (Vorstrafen, Zahl der Verstöße) diesen von durchschnittlichen Tätern solcher Taten unterscheiden (*BayObLG* NJW 1996, 798; *Berlin* StV 1997, 640; *Berlin* StV 1998, 427; *Frankfurt* StV 1997, 253; *Karlsruhe* StV 2005, 275).

III. Besonders schwerer Fall

Der Besitz von Betäubungsmittel wird von den Regelbeispielen des § 29 Abs. 3 **76** S. 2 Nr. 1 und Nr. 2 BtMG nicht erfasst. Ein unbenannter besonders schwerer Fall kann aber vorliegen, wenn der Täter Betäubungsmittel zu Hause frei zugänglich für seine minderjährigen Kinder aufbewahrt und dabei weiß, dass diese sich aus dem Vorrat bedienen (*AG Bitburg* NStZ 2008, 472).

IV. Verbrechen

77 Der Besitz von Betäubungsmitteln in nicht geringer Menge ist als spezieller Verbrechenstatbestand in § 29 a Abs. 1 Nr. 2 BtMG mit einem Strafrahmen von 1–15 Jahren Freiheitsstrafe unter Strafe gestellt. Der Besitz von nicht geringen Mengen setzt ein tatsächliches Herrschaftsverhältnis über eine nicht geringe Betäubungsmittelmenge als **Gesamtmenge** voraus und kann **nicht durch Zusammenzählen von nach und nach erworbenen Teilmengen** erreicht.

78 Der Verbrechenstatbestand kann aber nur auf den Täter angewendet werden, der selbst ein tatsächliches Herrschaftsverhältnis über ein Betäubungsmittel in einer nicht geringen Menge hatte. Der Besitz eines Mittäters kann ihm nicht **zugerechnet** werden (*BGH* StV 1981, 58; *BGH* StV 1981, 626). Die Rauschgiftmenge ist aber jedem Mittäter ungeteilt zuzurechnen, sofern er bis zur Aufteilung am Besitz teilhatte (*BGH*, Urt. v. 25. 8. 1978, 2 StR 295/76).

79 Auch wenn der Erwerb einen Besitz nicht geringer Mengen umfasst und der Besitz hinter dem Erwerb zurücktritt, so bleibt es in diesem Fall beim Verbrechen des § 29 a BtMG, auch wenn dort der **Erwerb** nicht eigens genannt ist (BGHSt. 42, 162 = NStZ 1996, 604 = StV 1996, 668). Liegt die nicht geringe Menge noch im Grenzbereich, so kann dies einen minder schweren Fall gem. § 29 a Abs. 2 BtMG begründen (BGHSt. 32, 162 = NStZ 1984, 221 = StV 1984, 27; BGHR BtMG § 30 Abs. 2 Strafzumessung 1 = StV 2004, 603; *Berlin*, Beschl. v. 25. 3. 1999, [4] 1 Ss 63/99 [30/99]).

V. Strafmilderungserwägungen

Zu den Strafmilderungsgründen im Allgemeinen s. Vorbem. §§ 29 ff. Rn. 124 ff.

80 **1. Drogenabhängigkeit.** Die Abhängigkeit des Täters von Betäubungsmitteln zum Zeitpunkt der Tatbegehung ist ein wesentlicher Strafmilderungsgesichtspunkt und mildert auch die Vorwerfbarkeit der Missachtung der Warnung von einschlägigen Vorverurteilungen (*BGH* StV 2010, 136; s. dazu Vorbem. §§ 29 ff. Rn. 132).

81 **2. Beweggründe zum Besitz.** Der **Drogenvorrat zum Eigenkonsum** ist milder zu bestrafen als jedes andere Drogenlager. Gibt ein Professor an, er habe von einem befreundeten Arzt als **Mittel zur Leistungssteigerung** Methamphetamin erhalten und mit diesem Betäubungsmittel die Stresssituation bei seiner Geschäftsführer- und Rechtsanwaltstätigkeit bewältigen wollen, so ist dies strafmildernd zu werten (*LG Frankfurt am Main*, Urt. v. 14. 8. 1989, 88 Js 1952/88). Wird bei einer Razzia in einem Bordell ein Freier mit Kokain angetroffen, der damit seine **Lebeslust steigern** wollte oder wird ein Sportler im Besitz von Betäubungsmitteln **zum Zwecke des Doping** angetroffen, so kann dies strafmildernd gewertet werden. Wird ein Toxikologe und Therapeut in seiner Meditationspraxis im Besitz von MDA und MDMA angetroffen, so wirkt sich für ihn strafmildernd aus, wenn er die Drogen **lediglich für sich selbst im Rahmen einer Isolationstherapie** nutzte und die Herstellung der Produkte und Verabreichung an seine Patienten nicht nachzuweisen war (*LG Darmstadt*, Urt. v. 15. 10. 1990, 19 Js 37897/89). Die Aufbewahrung von Betäubungsmitteln **aus sozialen Erwägungen,** um dem drogenabhängigen Kind die Entzugsschmerzen zu ersparen bzw. um den Freund/Freundin am Drogenkonsum oder Drogenhandel zu hindern, kann strafmildernd gewertet werden.

82 **3. Art der Betäubungsmittel.** Hat der Angeklagte lediglich **Cannabisprodukte** (*BGH* StV 1987, 203; *Berlin* JR 1995, 34) oder einen **schwachen Opiumtee** (vgl. *BGH* StV 1987, 250) besessen, so kann dies strafmildernd gewürdigt werden.

83 **4. Anstiftung und Tatprovokation.** Wurde ein Drogenbesitzer von einem Bekannten erst nach längerem Widerstand dazu verleitet, für ihn eine bestimmte

Drogenmenge aufzubewahren, so kann dieser Umstand strafmildernd gewertet werden. Ähnliches gilt für die Tatprovokation durch V-Leute.

5. Notstandsähnliche Situation. Wurde ein Drogenbesitzer, auch wenn die **84** Voraussetzungen der §§ 34 und 35 StGB nicht vorliegen, von dem Eigentümer der Betäubungsmittel zu deren Aufbewahrung gezwungen, so können diese Umstände strafmildernd gewürdigt werden.

6. Besitz von Betäubungsmitteln zur Heilung oder Linderung von **85** **Krankheiten bzw. Beschwerden.** Der Besitz von Betäubungsmitteln zur Heilung oder Linderung von Beschwerden bei Krankenheiten kann sich, sofern nicht ein Rechtfertigungsgrund vorliegt (s. Rn. 63 ff.), strafmildernd auswirken.

7. Therapiebereitschaft. Da die Therapiebereitschaft nicht nur Einsichtsfähig- **86** keit dokumentiert, sondern die Basis für die §§ 35 ff. BtMG bildet, kommt ihr bei der Strafzumessung drogenabhängiger Angeklagter entscheidende Bedeutung zu.

8. Geständnis. Hat ein Drogenabhängiger bei der Polizei, um mit seiner Ver- **87** gangenheit zu brechen oder um seine Lebenssituation zu beschreiben, angegeben, welche Konsummengen er in der Vergangenheit besessen und konsumiert hat, so sollten diese Lebensgeschichten nicht in Gramm ausgewogen und zur Anklage gebracht werden, sondern, soweit möglich, nach § 154 StPO ausgeklammert werden. Das Geständnis bedarf nämlich strafmildernder Berücksichtigung.

9. Aufklärungsbereitschaft. Soweit ein Drogenbesitzer neben den sicherge- **88** stellten Betäubungsmitteln auf unbekannte Drogendepots und die Drahtzieher und Eigentümer der Drogenvorräte und Drogengeschäfte hinweist, bedarf diese Aufklä- rungsbereitschaft nach § 31 BtMG Berücksichtigung bei der Strafrahmenbestim- mung und der Strafzumessung im engeren Sinne.

10. Verbrauch bzw. Vernichtung der Betäubungsmittel. Haben die Be- **89** täubungsmittel, die Gegenstand der Anklage bilden, keinen Dritten gefährdet, bzw. können sie keinen Dritten mehr gefährden, weil der Angeklagte die Betäubungs- mittel konsumiert bzw. vernichtet hat, so ist dies strafmildernd zu werten.

VI. Strafschärfungserwägungen

Zu den Strafschärfungsgründen im Allgemeinen s. Vorbem. §§ 29 ff. Rn. 211 ff.

1. Therapieresistenz. Es kann gegen das Doppelverwertungsverbot verstoßen, **90** wenn der Tatrichter einerseits strafmildernd davon ausgeht, der Angeklagte habe wegen einer Opiatabhängigkeit die Betäubungsmittel lediglich zum Eigenkonsum besessen, straferschwerend aber das Wesensmerkmal der Sucht berücksichtigen will, dass er sich nicht aus seiner Sucht befreit bzw. Therapiemöglichkeiten verweigert habe. Die Tatsache, dass ein bereits mehrfach wegen Vergehens gegen das BtMG bestrafter Angeklagter für ihn bestehende Möglichkeiten der Therapie ausgeschla- gen und noch nie ernsthafte und anhaltende Anstrengungen unternommen hat, gegen seine Drogenabhängigkeit anzukämpfen, **kann nur in Ausnahmefällen einen straferschwerenden Umstand** darstellen (*BGH* [*Holtz*] MDR 1980, 813). Dafür sind aber besondere Feststellungen erforderlich. Allein der Umstand, dass ein Angeklagter, der sich frei von Drogen fühlt, sich aber erst nach aus sofort nach seiner Entlassung aus der Strafhaft um einen Therapieplatz bemüht, reicht jedenfalls nicht aus, um von einer Strafmilderung nach § 49 Abs. 1 StGB abzuse- hen (*Celle* StV 1983, 203). Bei Verminderung der Schuldfähigkeit (§ 21 StGB) durch Drogenabhängigkeit kann die Weigerung eines Angeklagten, bestimmte therapeutische Hilfe anzunehmen, nur dann eine Strafmilderung nach §§ 21, 49 StGB verbieten, wenn diese **Weigerung nicht durch die Suchterkrankung bedingt** war (*Köln* NStZ 1981, 457; *Köln* NStZ 1982, 250 = MDR 1982, 427). Da der Süchtige regelmäßig um die Wirkungsweise des Rauschgifts weiß und trotzdem nicht davon loskommt, bedarf es im Urteil näherer Darlegungen, **warum dem Angeklagten** mit der Versagung von Strafmilderung **vorzuwerfen ist, sich**

in einen Zustand der verminderten Schuldfähigkeit versetzt zu haben
(BGHR StGB § 21 Strafrahmenverschiebung 10 = StV 1988, 18). Denn eine
selbstverschuldete Drogensucht mit der Folge, dass der Süchtige trotz Kenntnis
von der Wirkungsweise des Rauschgifts nicht von ihm loskommt, stellt **regelmäßig keinen schulderhöhenden Umstand** dar (*BGH* NStZ 1999, 135 =
StV 1999, 312).

91   **2. Gefahr der Drogenweitergabe.** Geht der Tatrichter davon aus, dass der
Angeklagte **Betäubungsmittel zum Eigenverbrauch** besessen hat, so darf die
rein abstrakte Möglichkeit der Weitergabe an Dritte bzw. die Ausnutzung
der Sucht Dritter dann **nicht straferschwerend berücksichtigt werden,** wenn
keinerlei Anhaltspunkte für einen Sinneswandel des Täters erkennbar sind (*Bay-
ObLG* NStZ 1998, 261 = StV 1998, 81).

92   **3. Ausnutzung der Sucht.** Bisweilen werden Drogen aufbewahrt im Bewusstsein, dass mit diesem Betäubungsmittel Menschen unter Drogeneinfluss gehalten
werden sollen. Bewahrt ein Bordellportier für den Bordellwirt größere Mengen
von Heroin auf, ohne diese zu verkaufen, um diese für die süchtigen Prostituierten
des Hauses bereitzuhalten, so kann dies strafschärfend gewertet werden. Lagert ein
Entführer Betäubungsmittel, um mit diesen Stoffen eine entführte Person bzw.
zukünftig eine zu entführende Person ruhig zu stellen, so kann diese Nutzung
straferhöhend gewertet werden.

93   **4. Art und Gefährlichkeit der besessenen Betäubungsmittel.** Die Gefährlichkeit einer Droge darf einem Angeklagten nicht angelastet werden, wenn er das
Betäubungsmittel **nur zum Eigenverbrauch erworben und besessen** hat, weil
bei einem bestimmungsgemäßen Gebrauch nur eine Selbstschädigung in Betracht
kommt (BayObLGSt. 1988, 62; *BayObLG* StV 1993, 29; *Frankfurt* StV 2010, 136).
**Dienen die besessenen Betäubungsmittelmengen der Weitergabe bzw.
dem Verkauf,** so können Art und Gefährlichkeit der besessenen Drogen aber
strafschärfend wirken (*BayObLG* StV 1993, 29). Zwar gilt für alle Betäubungsmittelarten der gleiche Strafrahmen. Der *BGH* sieht keinen Verstoß gegen das Doppelverwertungsverbot des § 46 Abs. 3 StGB, wenn bei der Strafzumessung im
engeren Sinne berücksichtigt wurde, dass der Angeklagte Heroin, eines der gefährlichsten Betäubungsmittel in Besitz gehabt hatte (*BGH* NStZ 1991, 591). Zu den
Betäubungsmitteln höherer Gefährlichkeit zählen insb. Heroin und Kokain (*BGH*
NStZ-RR 1998, 148) sowie Amphetamin und seine Derivate einschl. MDA/
MDMA und MDE (*BVerfG* NStZ-RR 1997, 342 = StV 1998, 405; *Weber* Vor
§§ 29 ff. Rn. 787; vgl. auch BGHSt. 52, 89 = NJW 2009, 863 = StraFo 2009,
121; a. A. *BGH* NStZ 1993, 287 = StV 1993, 422; *BGH* StV 1997, 75, die eine
mittlere Gefährlichkeit annehmen; s. dazu § 29/Teil 4, Rn. 370).

94   **5. Menge und Qualität der besessenen Betäubungsmittel.** Die Höhe des
Wirkstoffgrades und die Menge des Betäubungsmittelgemischs ist für den Unrechtsgehalt der Tat und die Schuld des Täters von besonderer Bedeutung (*BGH*
NStZ 1991, 591). Die Einlassung eines Angeklagten, der Heroingehalt sei geringer
als 6% gewesen, kann von der Strafkammer nicht mit der Begründung zurückgewiesen werden, für die subjektive Seite sei lediglich von Bedeutung, dass der
Angeklagte gewusst habe, es handele sich um Betäubungsmittel. Abgesehen davon,
dass **Gemische mit hohem Heroingehalt wesentlich gefährlicher sind als
solche mit geringen Anteilen,** lassen sie sich durch Beifügung von Zusatzstoffen
strecken. Entsprechend vergrößert sich die Menge der Zubereitung und damit die
Möglichkeit, die Droge an noch mehr Personen als sonst abzugeben und diese in
Abhängigkeit von ihr zu bringen. Der Heroinanteil von 6% ist außergewöhnlich
niedrig und hätte deshalb nicht unberücksichtigt bleiben dürfen (*BGH* StV 1981,
337).

95   **6. Besitz mehrerer Betäubungsmittel.** Der **Besitz mehrerer Betäubungsmittelmengen** kann sich straferhöhend auswirken. Die **Kombination**

verschiedener Betäubungsmittel kann aber eine besondere Gefährlichkeit des Betäubungsmittelgemischs bedeuten und sich daher ebenfalls straferhöhend auswirken. **Mehrere** normale Mengen verschiedener Betäubungsmittel können sich durch Addition der Bruchteile zu einer nicht geringen Menge ergänzen.

7. Ort des Besitzes. a) Besitz von Betäubungsmitteln in besonderen 96 **Schutzbereichen.** Nach der Rechtsprechung des *BVerfG* soll beim Umgang mit geringen Betäubungsmittelmengen in besonderen Schutzbereichen, wie z. B. Schulen, Kindergarten, Diskotheken, Jugendheim, Krankenhäuser, beim Militär, im Strafvollzug, bei der Bedienung von komplizierten Maschinen, bei Alarm-, Kontroll- und Sicherheitsanlagen, im Straßenverkehr, Luftverkehr und Schiffsverkehr, wegen der Fremdgefährdung und Nachahmungsgefahr nicht von Strafverfolgung abgesehen werden (BVerfGE 90, 145, 189 = NJW 1994, 1577 m. Anm. *Kreuzer* NJW 1994, 2400 u. m. Anm. *Nelles / Velten* NStZ 1994, 366 = StV 1994, 298 m. Anm. *Schneider* StV 1994, 390 = JZ 1994, 860 m. Anm. *Gusy*). Vielmehr sollen die Strafvorschriften des BtMG Anwendung finden. Dies bedeutet aber nicht, dass diese Umstände regelmäßig sich strafschärfend auswirken, sondern nur, wenn es in diesen Fällen zu besonderen Rechtsgutgefährdungen kommt.

b) Besitz von Betäubungsmitteln im Gefängnis. Werden Betäubungsmittel 97 **im Gefängnis** gelagert, so kann sich dieser Umstand straferhöhend auswirken. Grundsätzlich wirkt sich das Einschmuggeln von Betäubungsmitteln in ein Gefängnis oder in eine Krankenanstalt straferhöhend aus, insb. wenn sie dem Besitzer nicht oder nicht nur zum Eigenkonsum dienen, weil dies ein Gefahrenherd für andere Strafgefangene bedeutet.

Die **Fortsetzung des Haschischbesitzes in der JVA** darf indes nicht strafer- 98 schwerend gewertet werden (*BayObLG* NStZ 1988, 570 = StV 1988, 434). **Die Fortsetzung des Heroinbesitzes nach Einlieferung in die JVA** durch einen abhängigen Angeklagten darf nicht als besondere kriminelle Energie strafschärfend verwertet werden, wenn sich die Fortsetzung des Heroinkonsums **als Ausdruck einer fortbestehenden Betäubungsmittelabhängigkeit** darstellt (*BGH* StV 1988, 385). Wird ein Heroinkonsument im Besitz von Heroin festgenommen, entdeckt die Polizei aber nicht das gesamte mitgeführte Heroin, so darf die Strafkammer **das Einschmuggeln der Restmenge von 10 g in die Anstalt zum dortigen Konsum** nicht strafschärfend werten. Denn aus dem Verstecken des Heroins vor der Polizei kann dem Angeklagten kein Vorwurf gemacht werden, **da er sich nicht selbst zu überführen brauchte** und häufig keine Gelegenheit gegeben ist, sich vor der Einlieferung des Stoffes gefahrlos zu entledigen. Die Absicht des Selbstgenusses ist nicht strafbar (*BGH* [*Holtz*] MDR 1982, 447).

8. Vorstrafen. Hat ein Angeklagter sich die polizeiliche Festnahme bzw. die 99 Inhaftierung oder die einschlägigen BtMG-Vorstrafen nicht zur Warnung dienen lassen, sondern erneut Betäubungsmittel aufbewahrt bzw. versteckt, so kann dies strafschärfend gewertet werden.

J. Konkurrenzen

I. Besitz und die Tathandlungen des § 29 Abs. 1 S. 1 Nr. 1 BtMG

Der Besitz gemäß § 29 Abs. 1 S. 1 Nr. 3 BtMG hat gegenüber dem Handeltrei- 100 ben, dem Erwerb, der Einfuhr, der Ausfuhr, der Herstellung, der Abgabe, der Veräußerung und dem Inverkehrbringen nach § 29 Abs. 1 S. 1 Nr. 1 BtMG keinen eigenen Unrechtsgehalt, sondern ist ein **reiner Auffangtatbestand.** Eine Verurteilung und Bestrafung wegen Besitzes kommt nur dann in Betracht, wenn

- die anderen Tatbegehungsweisen nicht nachgewiesen werden können (BGHSt. 25, 385; BGH NStZ 1994, 548; *BGH* NStZ 1996, 604 = StV 1996, 668),
- oder der Besitz nicht vollständig in der anderen Begehungsform aufgeht, z. B. weil nur ein Teil der Gesamtmenge verabreicht, abgegeben, veräußert wurde,

zum Handeltreiben, Herstellen oder zur Ausfuhr diente; zwischen dieser Begehungsform und dem gleichzeitigen Besitz der davon nicht betroffenen Menge besteht Tateinheit (BGHR BtMG § 29 Abs. 1 Nr. 3 Konkurrenzen 3 [1 StR 466/88]; *BGH* StV 1995, 521).

101   Zu den Konkurrenzverhältnissen mit den verschiedenen Tatbestandsalternativen des § 29 Abs. 1 S. 1 Nr. 1 BtMG im Einzelnen:

102   **1. Besitz und Veräußerung.** Die Veräußerung verdrängt den Besitztatbestand (*BGH* NStZ-RR 1997, 47).

103   **2. Besitz und Abgabe.** Regelmäßig **verdrängt die Abgabe den Besitz.** Der ständige Drogenvorrat eines Angeklagten verbindet nicht mehrfache Abgaben zu einer Tat im Rechtssinne. Vielmehr stehen die Abgabehandlungen mit dem jeweiligen Drogenbesitz in Tateinheit (*BGH*, Beschl. v. 19. 8. 1982, 1 StR 87/82; *BGH*, Beschl. v. 16. 8. 1983, 1 StR 436/83; *BayObLG* NStZ 1988, 570).

104   **3. Besitz und Erwerb/Sichverschaffen auf sonstige Weise.** Der Erwerb verdrängt regelmäßig den Besitz (*BGH* NStZ 1994, 548; *BGH* NStZ-RR 1997, 49); das gilt auch im Verhältnis Besitz und Sichverschaffen auf sonstige Weise (*Hügel/Junge/Lander/Winkler* § 29 Rn. 13.2.4). Der Verbrechenstatbestand des unerlaubten Besitzes von nicht geringen Mengen von Betäubungsmitteln stellt gegenüber dem Erwerb von nicht geringen Mengen von Betäubungsmitteln, der nicht zum Verbrechen hochgestuft worden ist, keinen Auffangtatbestand dar, sondern verdrängt diesen, weil er einen eigenen Unrechtsgehalt aufweist (*BGH* NStZ 1994, 548 = StV 1995, 26; *BGH* NStZ 1996, 604 = StV 1996, 668).

105   **4. Besitz und Einfuhr.** Der Besitz tritt regelmäßig hinter der Einfuhr zurück (*BGH*, Beschl. v. 8. 1. 1992, 5 StR 628/91).

106   **5. Besitz und Anbau/Herstellung.** Der in § 29 Abs. 1 S. 1 Nr. 3 BtMG unter Strafe gestellte unerlaubte Besitz von Betäubungsmitteln geht in dem Anbauen und Herstellen von Betäubungsmitteln auf und tritt mangels eigenem Unwertgehalt zurück (*BGH* NStZ 1990, 285 = StV 1990, 263; *Düsseldorf* NStZ 1985, 30; *BayObLG* NStZ-RR 2002, 181). Soweit der Besitz an Betäubungsmitteln jedoch nicht vollständig aus einer Herstellung herrührt und insoweit nicht in der Herstellung aufgeht, besteht zwischen dem Herstellen von Betäubungsmitteln und dem gleichzeitigen Besitz der davon nicht betroffenen Menge Tateinheit (vgl. *BGH* StV 1995, 521; *BayObLG* NStZ-RR 2002, 181).

107   Der **Verbrechenstatbestand des Besitzes von Betäubungsmitteln in nicht geringer Menge** tritt jedoch nicht hinter dem Vergehenstatbestand des Anbaues von Betäubungsmitteln nach § 29 Abs. 1 S. 1 Nr. 1 BtMG zurück, sondern **geht diesem vor** (*BayObLG* NStZ 1998, 261 = StV 1998, 81).

108   **6. Besitz und Handeltreiben.** Das **Handeltreiben verdrängt in der Regel den Besitz,** da der Besitz ebenso wie andere Tatbegehungsweisen als **Teilakt der Bewertungseinheit** Handeltreiben zurücktritt (BGHSt. 25, 290; *BGH* NStZ 1992, 546). Zwischen dem unerlaubten Handeltreiben mit Betäubunsgmitteln und dem gleichzeitigen Besitz einer davon nicht betroffenen Betäubungsmittelmenge besteht **Tateinheit** (*BGH* StV 1998, 593). Hat ein Angeklagter **zwei Betäubungsmittelmengen** in Besitz, von denen nur eine nachweisbar dem Handel diente, dann tritt der Besitz der einen Menge hinter dem Handeltreiben zurück und das Handeltreiben steht zu dem Besitz der anderen Menge **in Tateinheit,** nicht in Tatmehrheit (*BGH*, Beschl. v. 12. 10. 1990, 1 StR 539/90). Besitzt jemand Rauschgift zum Eigenverbrauch und **bestimmt er erst später Teile des Rauschgifts für den Verkauf,** schneidet jemand von einem Haschischbrocken einzelne Stücke ab, die er zum Teil selbst raucht, zum Teil an Dritte abgibt, so stehen **Besitz und Handeltreiben in Tateinheit** (*BGH*, Beschl. v. 6. 9. 1988, 1 StR 466/88). Der **ständige Besitz von Betäubungsmitteln** allein verbindet aber nicht **mehrfaches Handeltreiben** mit Betäubungsmitteln zu einer Tat im

Rechtssinne (*BGH*, Urt. v. 17. 5. 1988, 1 StR 151/88; *BGH*, Urt. v. 9. 8. 1988, 1 StR 252/88). Hat aber ein Angeklagter **mehrere Arten von Betäubungsmitteln in Besitz und treibt er damit Handel,** so besteht zwischen beiden Fällen des Handeltreibens Tatmehrheit, da zwischen den Begehungsarten des Besitzes und Handeltreibens es an der Wertgleichheit fehlt, die dem Besitz die Kraft geben könnte, mehrere selbstständige Fälle des Handeltreibens zur Tateinheit zu verklammern (*BGH* StV 1982, 524). Wurde aus zwei eingekauften Betäubungsmittelmengen **kein Gesamtvorrat** gebildet, so begründet der **Besitz der verschiedenen, jeweils zum Handeltreiben bestimmten Betäubungsmittelmengen,** wegen der zeitlichen Überschneidung **keine Bewertungseinheit,** sondern **Tatmehrheit** (*BGH* NStZ-RR 1997, 144). Der **bloße Besitz des Restes von Betäubungsmitteln aus einer Vortat** hat **nicht die Kraft,** nach sukzessivem Auffüllen des Gesamtvorrates mehrere selbstständige Taten des unerlaubten Handeltreibens mit Betäubungsmitteln zu einer Tateinheit **zu verklammern** (*BGH* NStZ 1997, 243 = StV 1997, 470).

7. Besitz und Beihilfe zum Handeltreiben. Zwischen Besitz und Beihilfe **109** zum Handeltreiben ist Tateinheit möglich, z. B. wenn die Unterstützungshandlungen in der Aufbewahrung von Betäubungsmitteln liegt (BGHR BtMG § 29 I 3 Konkurrenzen 1; *BGH* NStZ 1993, 44; *BGH* NStZ-RR 1996, 116).

II. Verschiedene Besitzhandlungen

Transportiert ein Angeklagter dieselbe Betäubungsmittelmenge innerhalb eines **110** kurzen Zeitraums an verschiedenen Tagen, aber im Rahmen ein und desselben Betäubungsmittelgeschäfts, so liegt in den verschiedenen Betätigungsakten eine natürliche Handlungseinheit und keine verschiedenen mehreren Besitzdelikte vor (*BGH* NStZ 1996, 338 = StV 1996, 424). Eine frühere Verurteilung erfasst eine Besitzausübung nur bis zu diesem Zeitpunkt. Die weitere Ausübung des unerlaubten Besitzes in der Zeit nach der Verurteilung stellt eine neue selbstständige prozessuale Tat dar (*BayObLG*, Beschl. v. 28. 5. 2001, 4 StRR 67/2001).

III. Besitz von Betäubungsmitteln an unterschiedlichen Orten

Der **gleichzeitige Besitz verschiedenartiger Betäubungsmittel** stellt nur **111** einen Verstoß gegen das BtMG dar und begründet keine Konkurrenz, auch wenn die verschiedenen Betäubungsmittelmengen an unterschiedlichen Orten aufbewahrt werden (*BGH* StV 1982, 525; *BGH* NStZ-RR 1997, 227; *BGH* NStZ 2005, 228 = StV 2005, 270; *BayObLG* NStZ-RR 2002, 181).

IV. Besitz in nicht geringer Menge und andere Tathandlungen in nicht geringer Menge

Der Besitz von Betäubungsmitteln in nicht geringer Menge tritt ebenso wie der **112** Grundtatbestand des unerlaubten Besitzes von Betäubungsmitteln regelmäßig hinter die anderen Umgangsformen mit nicht geringen Betäubungsmittelmengen zurück (*BGH* NStZ 1996, 604 = StV 1996, 668). Der Verbrechenstatbestand des unerlaubten Besitzes von Betäubungsmitteln in nicht geringen Mengen **hat aber nicht die Kraft, mehrere selbstständige, die Voraussetzungen des § 29 a Abs. 1 Nr. 2 oder § 30 Abs. 1 Nr. 4 BtMG erfüllende Taten des unerlaubten Handeltreibens mit nicht geringen Betäubungsmittelmengen,** der unerlaubten Herstellung von nicht geringen Mengen, der unerlaubten Abgabe von nicht geringen Mengen oder der unerlaubten Einfuhr von nicht geringen Mengen **zur Tateinheit zu verbinden,** so z. B. auch nicht die unerlaubte Einfuhr von Betäubungsmitteln in nicht geringen Mengen und die auf einem neuen Entschluss beruhende unerlaubte Abgabe von Betäubungsmitteln in nicht geringer Menge, die ein Teil der eingeschmuggelten Menge war. Der Umstand, dass der Angeklagte während der gesamten Dauer der strafbaren Handlung, nämlich von der Einfuhr bis zur Abgabe des Kokains, durchgängig eine nicht geringe Menge des als Gesamtmenge erworbenen Rauschgiftes im Besitz hatte, führt zu keiner anderen Bewertung (BGHSt. 42, 162 = NStZ 1996, 604 = StV 1996, 668).

113   Der unerlaubte **Besitz einer abgezweigten nicht geringen Menge zum Eigenverbrauch steht in Tateinheit mit unerlaubtem Handeltreiben mit Betäubungsmitteln in nicht geringen Mengen** (*BGH*, Beschl. v. 30. 11. 1995, 1 StR 578/95). Hat ein Angeklagter **eine nicht geringe Betäubungsmittelmenge zum Eigenverbrauch** und eine **nicht geringe Menge zum Weiterverkauf erworben,** so stehen der Besitz von nicht geringen Mengen und das Handeltreiben mit nicht geringen Mengen von Betäubungsmitteln in **Tateinheit** (*BGH* NStZ 1994, 548 = StV 1995, 26). Allerdings **treten der unerlaubte Erwerb und das unerlaubte Veräußern großer Betäubungsmittelmengen,** die nicht in § 29 a BtMG, sondern nur in § 29 Abs. 1 BtMG genannt werden, hinter dem Verbrechenstatbestand des **Besitzes von nicht geringen Mengen** von Betäubungsmitteln **zurück** (*BGH* NStZ 1994, 548 = StV 1995, 26; BGHSt. 42, 162 = NStZ 1996, 604 = StV 1996, 668; *BGH* NStZ-RR 1997, 49).

V. Besitz und Verabreichung

114   Die unerlaubte Verabreichung verdrängt den unerlaubten Besitz. Werden die vorhandenen Betäubungsmittel aber nicht vollständig verabreicht, so steht das unerlaubte Verabreichen mit dem unerlaubten Besitz des Betäubungsmittelrestes in Tateinheit (*BGH* StV 1995, 521).

VI. Besitz und Strafvereitelung

115   Eine Wahlfeststellung zwischen dem Besitztatbestand und wegen versuchter Strafvereitelung ist mangels Gleichartigkeit der verletzten Rechtsgüter nicht zulässig. Der unerlaubte Besitz von Betäubungsmitteln stellt in der sittlichen Bewertung etwas ganz anderes dar als die Strafvereitelung, die sich gegen die staatliche Rechtspflege in ihrer speziellen Aufgabe richtet, den Täter einer rechtswidrigen Tat zu bestrafen (BGHSt. 30, 77 = NStZ 1981, 352).

VII. Besitz und Straßenverkehrsdelikte

116   Zwischen dem unerlaubten Besitz von Betäubungsmitteln (§ 29 Abs. 1 S. 1 Nr. 3 BtMG) und der zeitgleich begangenen Ordnungswidrigkeit des Führens eines Kraftfahrzeuges unter der Wirkung von berauschenden Mitteln (§ 24 a Abs. 2 StVG) bzw. einer Trunkenheit im Straßenverkehr gem. § 316 StGB besteht verfahrensrechtlich keine Tatidentität i. S. d. § 264 StPO, wenn das Mitsichführen der Betäubungsmittel im Kraftfahrzeug in keinem inneren Beziehungs- bzw. Bedingungszusammenhang mit dem Fahrvorgang steht (*BGH* NStZ 2004, 694 m. Anm. *Bohnen* = StV 2005, 256; *Hamm* NZV 2010, 312 = Blutalkohol 2010, 39; a. A. *Oldenburg* StV 2002, 240; *LG München II NZV 2001, 359*; s. dazu im Einzelnen Vorbem. §§ 29 ff. Rn. 277). Ein solcher Beziehungs- bzw. Bedingungszusammenhang mit der Folge, dass sowohl strafprozessual wie auch materiell-rechtlich von einer Tat auszugehen ist, liegt vor, wenn die Fahrt unter Drogeneinfluss gerade dem Transport der Drogen dient (vgl. *BGH* NStZ 2009, 705 = StV 2010, 119 = NZV 2010, 39; *Patzak/Bohnen* Kap. 2, Rn. 147 f.).

K. Strafklageverbrauch

117   Wurde ein Angeklagter rechtskräftig wegen Erwerbs einer Haschischmenge verurteilt, von der aber nur ein Großteil sichergestellt wurde, so kann er bei späterer Sicherstellung rechtlicher Teilmengen infolge **Strafklageverbrauchs** wegen Haschischbesitzes nicht nochmals bestraft werden. So erstreckt sich z. B. die Verurteilung wegen unerlaubter Einfuhr von mehreren Joints auch auf die nicht bekannt gewesene, durch dieselbe Handlung begangene Einfuhr weiterer 20 kg Marihuana (*BGH* StV 2010, 120). Eine spätere Bestrafung wegen Besitzes von Teilmengen ist nur möglich, wenn der Angeklagte eine einstmals beschlagnahmte Haschisch-

teilmengen in irgendeiner Weise nach der Beschlagnahme erneut erlangt und besitzt (*Zweibrücken* MDR 1993, 72). Strafklageverbrauch tritt ein durch Verurteilung wegen Ladendiebstahles, wenn der Angeklagte später wegen Besitz von Betäubungsmitteln verurteilt werden soll, obwohl der Angeklagte die Betäubungsmittel beim Ladendiebstahl bei sich trug (*Braunschweig* StV 2002, 241).

Übt der Täter nach einer Verurteilung weiter den Besitz über die der Verurtei- **118** lung zugrunde liegenden Betäubungsmittel aus, liegt **eine neue strafprozessuale Tat** vor (*BayObLG* [*Kotz/Rahlf*] NStZ-RR 2002, 129; *Karlsruhe* NStZ-RR 1998, 80; *Weber* § 29 Rn. 1254).

Teil 14. Unerlaubtes Durchführen von Betäubungsmitteln (§ 29 Abs. 1 S. 1 Nr. 5 BtMG)

Übersicht

A. Entstehungsgeschichte

Im § 2 Nr. 7 des Entwurfes eines Gesetzes zur Neuordnung des Betäubungsmit- **1** telrechtes (BT-Drs. 8/3551, S. 5) war eine Definition des Begriffes der Durchfuhr vorgesehen, die zwar später fallengelassen wurde, aber als klare und eindeutige Beschreibung des Durchfuhrvorganges Aufnahme in den Wortlaut des § 11 Abs. 1, Abs. 3 BtMG fand. Es handelt sich um eine Vorschrift mit geringer praktischer Bedeutung (BT-Drs. 11/4329, S. 13).

B. Verfassungsmäßigkeit des Durchfuhrtatbestandes

Die Strafbarkeit der unerlaubten Durchfuhr von Betäubungsmitteln ist auch bei **2** Cannabisprodukten zum Eigenkonsum verfassungsrechtlich nicht zu beanstanden (BVerfGE 90, 145, 189 = NJW 1994, 1577 m. Anm. *Kreuzer* NJW 1994, 2400 u. m. Anm. *Nelles/Velten* NStZ 1994, 366 = StV 1994, 298 m. Anm. *Schneider* StV 1994, 390 = JZ 1994, 860 m. Anm. *Gusy*).

C. Objektiver Tatbestand

I. Betäubungsmittel

3   Tatobjekte der Durchfuhr sind **alle Betäubungsmittel der Anl. I bis III des BtMG** (zum Betäubungsmittelbegriff s. § 1 Rn. 20 ff.).

4   Auch die Durchfuhr **von ausgenommenen Zubereitungen**, die nach § 2 Abs. 1 Nr. 3 BtMG grundsätzlich nicht dem BtMG unterfallen, ist nach § 29 Abs. 1 S. 1 Nr. 5 BtMG strafbewehrt, da die betäubungsmittelrechtlichen Vorschriften über die Ein-, Aus- und Durchfuhr nach dem letzten Spiegelstrich in Anl. III auch für alle ausgenommenen Zubereitungen der Anl. III – außer solchen mit Codein und Dihydrocodein – gelten (s. § 2 Rn. 47 ff.). Eine weitere Ausnahme besteht bei Barbital (s. § 2 Rn. 51).

II. Durchführen

5   **1. Definition.** Durchfuhr i. S. v. § 29 Abs. 1 S. 1 Nr. 5 BtMG ist gegeben, **wenn die Betäubungsmittel entsprechend § 11 Abs. 1, Abs. 3 BtMG nur durch den Geltungsbereich des BtMG befördert werden, ohne dass diese durch die Beförderung oder den Umschlag bedingten Aufenthalt zu irgendeinem Zeitpunkt während des Verbringens dem Durchführenden oder einer dritten Person tatsächlich zur Verfügung stehen** (BGHSt. 31, 374 = NJW 1983, 1985 = StV 1983, 280; *Prittwitz* NStZ 1983, 850, 852; *Weber* § 29 Rn. 1263). Der Begriff der Durchfuhr hat also zum Inhalt, dass der Gegenstand in das Inland verbracht, darin befördert und wieder in das Ausland verbracht wird. Die beiden ersten Handlungen erfüllen den Tatbestand der Durchfuhr noch nicht, weder einer allein, noch beide gemeinsam. Vielmehr ist auch das Wiederhinausschaffen Tatbestandsmerkmal.

6   **2. Tathandlungen.** Fälle illegaler Drogendurchfuhr ergeben sich vorwiegend im **Flugverkehr**, wenn bei sehr kurzen Transitaufenthalten die Herausgabe des Fluggepäcks an den Reisenden vor dem Anschlussflug unmöglich ist, die Betäubungsmittel durch einen Rauschgiftspürhund aber entdeckt werden. Andere Fälle sind Betäubungsmittel im Luftfrachtgut oder Betäubungsmittel im verplombten Container von Land- oder Wassertransporten.

7   **3. Abgrenzung zur Ein- und Ausfuhr.** Die Durchfuhr ist weder eine Addition noch eine Kombination von Ein- und Ausfuhr, da der Durchführende im Gegensatz zum Einführenden eben **keine Verfügungsmöglichkeit im Inland hat.** Der Mangel an Verfügungsmöglichkeit ist somit Tatbestandsmerkmal. Hat der Täter im Inland eine Verfügungsmöglichkeit, so liegt Einfuhr vor (BGHSt. 31, 374 = NJW 1983, 1985 = StV 1983, 280; *BGH* StV 1984, 25; *BGH* StV 1985, 14; s. dazu auch § 29/Teil 5, Rn. 11 f.). Die Verfügungsmöglichkeit muss dabei konkret festgestellt werden, eine abstrakte Zugriffsmöglichkeit während des Aufenthalts genügt nicht (*BGH* NStZ 2004, 693 = StV 2004, 604). Bei einer Beförderung von Betäubungsmitteln im Flugverkehr liegt eine (versuchte) Einfuhr vor, wenn der Täter weiß oder wenigstens damit rechnet und billigend in Kauf nimmt, er werde ein aufgegebenes Gepäckstück während eines Zwischenaufenthalts in Deutschland jedenfalls auf Verlangen ohne Schwierigkeiten erhalten; fasst er einen solchen Vorsatz nicht spätestens bis zur Landung, begeht er eine (versuchte) Durchfuhr (*BGH* NStZ-RR 2010, 119 = StV 2010, 130). Bei **inkorporierten Betäubungsmitteln** stehen die Betäubungsmittel dem Schmuggler (sog. Body-Packer) jederzeit zur Verfügung, so dass in diesen Fällen nicht Durchfuhr, sondern Einfuhr vorliegt (*BGH* NStZ 2010, 522; vgl. auch *BGH*, Beschl. v. 5. 9. 2008, 2 StR 375/08; krit. *Oglakcioglu/Henne-Bruns/Wittau* NStZ 2011, 73).

III. Erlaubnispflicht

8   Die Durchfuhr ist entgegen der Ein- und Ausfuhr nicht erlaubnispflichtig. Da der Durchführende zumeist nicht im Geltungsbereich dieses Gesetzes wohnt und

die Betäubungsmittel nicht für das Inland bestimmt sind, bedarf diese Verkehrsform keiner Kontrolle durch das Bundesgesundheitsamt.

Anstelle der Kontrolle durch das Bundesgesundheitsamt findet bei der Durch- **9** fuhr die zollamtliche Überwachung statt. § 29 Abs. 1 S. 1 Nr. 5 BtMG stellt deshalb nicht den Verstoß gegen § 3 BtMG, sondern gegen § 11 Abs. 1, Abs. 3 BtMG unter Strafe. Das Verfahren bei der Durchfuhr wird durch eine Verordnung geregelt (§ 11 Abs. 2 BtMG). Verstöße gegen diese Verfahrensvorschrift sind in § 32 Abs. 1 Nr. 6 BtMG als Ordnungswidrigkeiten ausgestaltet. Tatbestandsmerkmal des Vergehens ist, dass der Täter die zollamtliche Überwachung umgeht oder unmöglich macht.

D. Subjektiver Tatbestand

Nach § 29 Abs. 4 BtMG ist neben der zumindest bedingt vorsätzlichen Tat auch **10** die Fahrlässigkeit strafbar (vgl. dazu im Einzelnen § 29/Teil 5, Rn. 110 ff.).

E. Versuch

Der Versuch ist strafbar (§ 29 Abs. 2 BtMG).   **11**

I. Versuchsbeginn

Der Versuch der Durchfuhr beginnt mit dem unmittelbaren Ansetzen zum **12** Transport von Betäubungsmitteln über eine deutsche Grenze ins Inland, um die Betäubugsmittel anschließend wieder aus Deutschland heraus zu transportieren (*Weber* § 29 Rn. 1267; *Prittwitz* NStZ 1983, 850, 853).

II. Vollendung/Beendigung

Vollendung liegt mit Verbringen der Betäubungsmittel über die deutsche Gren- **13** ze ins Ausland vor (BGHSt. 31, 374 = NJW 1983, 1985 = StV 1983, 280; *Weber* § 29 Rn. 1270; *Hügel/Junge/Lander/Winkler* § 29 Rn. 14.3), **Beendigung**, wenn die Betäubungsmittel im Ausland zur Ruhe gekommen sind. Möchte ein Reisender Rauschgift als Luftfracht in Containern befördern, so hat er regelmäßig bei einem Zwischenaufenthalt auf einem deutschen Flughafen keine Zugangsmöglichkeit. Sobald das Flugzeug mit dem Rauschgiftcontainer den Geltungsbereich des BtMG verlässt, ist die Durchfuhr vollendet. Wird das Rauschgift noch vor dem Weiterflug sichergestellt, ist eine versuchte Durchfuhr gegeben.

F. Rechtsfolgen

I. Durchfuhr geringer Mengen

Die Durchfuhr von Betäubungsmitteln in geringer Menge zum Eigenkonsum **14** erlaubt der Staatsanwaltschaft ein Absehen von Strafverfolgung gem. § 31 a BtMG und dem Gericht ein Absehen von Strafe nach § 29 Abs. 5 BtMG.

II. Besonders schwere Fälle

Die **gewerbsmäßige Durchfuhr** ist als besonders schwerer Fall in § 29 Abs. 3 **15** S. 2 Nr. 1 BtMG genannt.

III. Verbrechen

Im Gegensatz zur Einfuhr von Betäubungsmitteln in nicht geringer Menge gem. **16** § 30 Abs. 1 Nr. 4 BtMG ist die **Durchfuhr nicht geringer Mengen** von Betäubungsmitteln kein Verbrechen. Der Abgrenzung Durchfuhr/Einfuhr kommt daher wegen der unterschiedlichen Strafandrohung in der Praxis große Bedeutung zu (*Prittwitz* NStZ 1983, 850, 852).

G. Konkurrenzen

17 **1. Durchfuhr und Einfuhr/Ausfuhr.** Die Durchfuhr steht im Verhältnis zur Einfuhr und Ausfuhr in Gesetzeskonkurrenz in der Form der Spezialität.

18 Transportiert ein Angeklagter in einem als Luftfrachtgut aufgegebenen Koffer und einem als Reisegepäck aufgegebenen Koffer Rauschgift in demselben Flugzeug, so macht er sich der **vollendeten Einfuhr in Tateinheit mit vollendeter Durchfuhr** von Betäubungsmitteln strafbar, wenn er bei einem Transitaufenthalt auf einem deutschen Flughafen über sein Reisegepäck, nicht aber über sein Luftfrachtgut verfügen kann und sodann das Bundesgebiet mit der Anschlussmaschine verlässt (*BGH*, Urt. v. 16. 1. 1974, 2 StR 514/73 insoweit in BGHSt. 25, 385 nicht abgedruckt). Begeht der Täter bei einem Zwischenstopp in Deutschland gleichzeitig mit der **versuchten Durchfuhr** (Schmuggel von Betäubungsmitteln in einem aufgegebenen Koffer, der ihm beim Zwischenaufenthalt nicht zur Verfügung steht) eine **vollendet Einfuhr** durch inkorporierte Betäubungsmittel, stehen diese Delikte in Tateinheit (*BGH*, Beschl. v. 5. 9. 2008, 2 StR 375/08).

19 **2. Durchfuhr als Teilakt des Handeltreibens.** Die vollendete oder versuchte Durchfuhr geht im Gesamtgeschehen des täterschaftlichen Handeltreibens **als unselbstständiger Teilakt** auf (*BGH* NStZ 1984, 171 = StV 1984, 154; *BGH*, Beschl. v. 22. 12. 2000, 2 StR 389/00), es sei denn es handelt sich um die Durchfuhr ausgenommener Zubereitungen (s. dazu § 29/Teil 5, Rn. 265). Die versuchte Durchfuhr und die Beihilfe zum Handeltreiben stehen aber ebenso wie der Besitz und die Beihilfe zum Handeltreiben in Tateinheit (*BGH* NStZ 1984, 171 = StV 1984, 154; *BGH* StV 1985, 14). Die zusätzliche Beihilfetätigkeit kann bei der Strafzumessung zuungunsten des Angeklagten berücksichtigt werden.

Teil 15. Unerlaubtes Verschreiben, Verabreichen und unmittelbare Verbrauchsüberlassung (§ 29 Abs. 1 S. 1 Nr. 6 lit. a und lit. b BtMG)

Gliederung

Kap. 1. Unerlaubtes Verschreiben von Betäubungsmitteln (§ 29 Abs. 1 S. 1 Nr. 6 lit. a BtMG)

Übersicht

A. Zweck der Vorschrift

1 Ärzte und Apotheker stellen für die Bevölkerung Schaltstellen für die Versorgung mit Arzneimitteln und Betäubungsmitteln dar, die von Drogenabhängigen in ein kriminelles Geschehen verwickelt und zur Beschaffung von Suchtmitteln missbraucht werden (*Kreuzer* in HbBtMR, § 4 Rn. 301 ff.). Die Vorschrift des § 29 Abs. 1 S. 1 Nr. 6 lit. a und lit. b BtMG soll zunächst einmal im Interesse des vom BtMG bezweckten Gesundheitsschutzes möglichst weitgehend sicherstellen, dass nur Betäubungsmittel der Anl. III im Rahmen eines ärztlichen Heilverfahrens **nur im Falle unumgänglicher Notwendigkeit**

  – zum Zwecke der **Heilung,**
  – zur **Schmerzlinderung** oder
  – zur **Lebenserhaltung**

verschrieben, verabreicht, zum Verbrauch überlassen werden. Der § 29 Abs. 1 S. 1 Nr. 6 BtMG soll gemeinsam mit §§ 5 Nr. 6, 13 BtMG der Entstehung einer Sucht entgegenwirken und ein Vertiefen der Sucht dadurch verhindern, dass eine bereits **bestehende Sucht nicht** durch Verschreibungen unter Nichtbeachtung ärztlicher Sorgfaltspflichten oder durch Verstoß gegen § 13 BtMG **gefördert** wird. Die Vorschrift dient der **Gesundheit des einzelnen Menschen,** aber auch der **Gesundheit des gesamten Volkes** und der **Aufrechterhaltung der Sicherheit und Ordnung im Betäubungsmittelverkehr.** Die Vorschrift soll ferner verhindern, dass Ärzte im Rahmen der Behandlung Betäubungsmittel ihren Patienten mitgeben und **süchtige Ärzte** sich nicht auf den Namen ihrer Patienten selbst mit Betäubungsmitteln versorgen. In der Vergangenheit hat sich immer wieder das Problem ergeben, dass **drogenabhängige Patienten** einen Teil der ihnen zur Verfügung gestellten Betäubungsmittel in der Drogenszene an Dritte abgeben oder verkauften und damit den Drogenmarkt belieferten. Die Vorschrift soll deshalb gewährleisten, dass die behandelnden Ärzte **keine Betäubungsmittel zur freien Verfügung an die Patienten abgeben,** sondern sich **darauf beschränken, Betäubungsmittel zu verschreiben, zu verabreichen und zum Verbrauch zu überlassen.** Die Strafbewehrung entspricht Art. 4 lit. c, Art. 36 Abs. 1 lit. a Einheits-Übereinkommen v. 1961 und Art. 5, 7 li. a, 22 Abs. 1 lit. a Suchtstoff-Übereinkommen v. 1971.

Ermittlungsverfahren gegen Ärzte verlangen ein **besonderes Fingerspitzenge-**   **2** **fühl,** denn Ärzte müssen bei ihrem Bemühen, ihren Patienten zu helfen, in Einzelfällen sich auch außerhalb der Regeln der Schulmedizin und der Richtlinien der Bundesärztekammer bewegen. Durchsuchungs- und Beschlagnahmeaktionen in einer Arztpraxis können die **Vertrauensbeziehung zwischen Arzt und Patienten zerstören.** Die Beachtung des **Verhältnismäßigkeitsgrundsatzes** ist deshalb dringend geboten. Die Vertrauensbeziehung zwischen Arzt und Patient erstreckt sich auch auf die Anbahnung des Beratungs- und Behandlungsverhältnisses. Auch insoweit besteht ein ärztliches Zeugnisverweigerungsrecht (BGHSt. 45, 363 = NJW 2000, 1426 = StV 234 = MedR 2000, 426). Zur **Durchsuchung einer Arztpraxis** vgl. *LG Zweibrücken* StV 2000, 553 und zur **Beschlagnahme ärztlicher Unterlagen** vgl. BGHSt. 43, 300 = NStZ 1998, 471 = StV 1998, 57). Zu den Fallzahlen s. § 29/Teil 1, Rn. 25.

B. Objektiver Tatbestand

I. Betäubungsmittel

Der Straftatbestand des § 29 Abs. 1 S. 1 Nr. 6 lit. a BtMG ist nicht nur auf Be-   **3** täubungsmittel der Anl. III beschränkt, die in § 2 BtMVV mit den zulässigen Höchstmengen im Einzelnen aufgezählt werden. § 29 Abs. 1 S. 1 Nr. 6 lit. a BtMG verweist auf § 13 Abs. 1 BtMG, in dem alle drei Anlagen zum BtMG erwähnt werden. Unter Betäubungsmitteln sind alle in den Anl. I, II und III genannten Substanzen zu verstehen (zur Betäubungsmitteleigenschaft s. § 1 Rn. 20 ff.).

Arzneimittel werden von der Vorschrift nicht erfasst. Missbräuchliche Ver-   **4** schreibungen und Verabreichungen von suchterzeugenden oder suchterhaltenden Arzneimitteln sind nach §§ 223, 230 StGB als Körperverletzungsdelikte einzustufen.

II. Verschreiben eines Betäubungsmittels

Unter Verschreiben eines Betäubungsmittels ist die **schriftliche Anweisung**   **5** **auf einem Rezept an den Apotheker** zu verstehen, **an eine bestimmte Person oder ärztliche Einrichtung ein bestimmtes Betäubungsmittel zu bestimmten Bedingungen auszuhändigen.** Unter dem Begriff der ärztlichen Verschreibung sind nicht nur Anweisungen zu verstehen, die der Arzt nach Prüfung des Einzelfalles für einzelne Kranke ausstellt, sondern auch Verordnungen, die der Arzt ohne Rücksicht auf bestimmte Einzelfälle für den Bedarf seiner Sprechstunde oder für den Bedarf der von ihm ärztlich zu versorgenden Krankenanstalt ausgeschrieben hat (RGSt. 62, 284; RGSt. 64, 145). Die Beschaffung und der Umgang mit dem dreiteiligen Betäubungsmittelrezept wird in § 8 BtMVV geregelt. Die von dem Arzt auf dem Betäubungsmittelrezept vorzunehmenden Angaben ergeben sich aus § 9 BtMVV. Fertigt ein **süchtiger Arzt** sich selbst zum eigenen Bedarf eine ärztlich unbegründete Betäubungsmittelverschreibung, so liegt darin ein erlaubnisloser Erwerb i. S. v. § 29 Abs. 1 S. 1 Nr. 1 (vgl. *BGH* NJW 1975, 2249).

III. Erlaubnispflicht

6 Soweit ein Arzt verkehrs- und verschreibungsfähige Betäubungsmittel der Anl. III im Rahmen einer ärztlichen Behandlung verschreibt und deren Anwendung begründet ist, ist er von der Erlaubnispflicht befreit. Ob die Verschreibung begründet ist, ergibt sich aus den §§ 5 Abs. 1 und 13 Abs. 1 BtMG und den Bestimmungen der BtMVV (s. Rn. 8 ff.). Die Prüfung und die Erlaubniserteilung nach § 3 BtMG durch das *BfArM* wird ersetzt durch die Untersuchung, Diagnose und Kontrolle des voll approbierten Arztes. Will ein Arzt Betäubungsmittel der Anl. I und II, wie z. B. Cannabis oder Diacetylmorphin (Heroin), entgegen § 13 Abs. 1 S. 3 BtMG verschreiben, so bedarf er einer Ausnahmeerlaubnis des *BfArM* nach § 3 Abs. 2 BtMG, da Betäubungsmittel der Anl. I und II grundsätzlich nicht verschreibungsfähig sind. Verschreiben Privatpersonen, wie z. B. ärztliches Hilfspersonal oder nicht in Deutschland approbierte Ärzte, Betäubungsmittel der Anl. I, II oder III, so bedürfen sie einer Erlaubnis nach § 3 Abs. 2 BtMG, die sie regelmäßig nicht erhalten.

6a §§ 29 Abs. 1 S. 1 Nr. 6 lit. a und lit. b BtMG entfalten keine Sperrwirkungen für sonstige Verstöße gegen § 29 Abs. 1 BtMG durch Ärzte, so dass ein Arzt, der Betäubungsmittel der Anl. III im Rahmen einer Substitutionsbehandlung entgegen den Regeln der ärztlichen Kunst an einen Patienten abgibt, weiterhin der Erlaubnispflicht des § 3 BtMG unterliegt (BGHSt. 52, 271 = NStZ 2008, 574 = StV 2008, 471; BGHR BtMG § 13 Abs. 1 Abgabe 1 = A&R 2010, 37 m. Anm. *Winkler*).

IV. Täterkreis

7 Zwar kommen für die ordnungsgemäßen Betäubungsmittelverschreibungen nur im **Inland approbierte Ärzte, Zahnärzte oder Tierärzte** in Betracht (§ 13 Abs. 1 BtMG; zu den Erscheinungsformen des Verschreibens von Betäubungsmitteln durch Ärzte s. Rn. 23 ff.). Für den Missbrauchstatbestand des § 29 BtMG kommen aber **nicht nur die Ärzte**, sondern **auch ihre Patienten und ihr Personal** als Täter in Betracht. Sofern man unter Verschreibung nur schriftliche Anweisungen approbierter Ärzte versteht, begrenzt der Straftatbestand des § 29 Abs. 1 S. 1 Nr. 6 lit. a BtMG die Verstöße gegen § 13 Abs. 1 BtMG auf den Täterkreis, der allein verschreiben kann, nämlich die approbierten Ärzte. In Hinblick auf die Gesetzesmaterialien (BT-Drs. 8/3551, 43/52) hat sich aber im Schrifttum durchgesetzt, die Gebotsnorm des § 13 Abs. 1 BtMG und die Verbotsnorm des § 29 Abs. 1 S. 1 Nr. 6 lit. a BtMG würden sich nicht nur an Ärzte, sondern an jedermann wenden (*Weber* § 29 Rn. 1292; MK-StGB/*Kotz* § 29 Rn. 1017; *Hügel/ Junge/Lander/Winkler* § 29 Rn. 15; *Franke/Wienroeder* § 29 Rn. 151; zum Verschreiben von Betäubungsmittel durch Nichtärzte s. Rn. 22).

V. Unbegründetheit der Verschreibung

8 Die Verschreibung ist strafbar, wenn sie gegen § 13 Abs. 1 BtMG verstößt, d. h. wenn die Betäubungsmittelanwendung **am oder im menschlichen oder tierischen Körper unbegründet** ist. **Unbegründet** ist nach § 13 Abs. 1 S. 2 BtMG eine ärztliche Behandlung mit Betäubungsmitteln, wenn die **Anwendung von Betäubungsmitteln am oder im menschlichen oder tierischen Körper**

ärztlich nicht geboten ist. Nicht begründet ist die Anwendung insb., wenn der beabsichtigte Zweck **auf andere Weise erreicht werden kann** (Ultima-Ratio-Regel des § 13 Abs. 1 S. 3 BtMG; *Hügel/Junge/Lander/Winkler* § 29 Rn. 15.2.2), was nicht der Fall ist bei der Verschreibung von Betäubungsmitteln **als Genussmittel und nicht als Heilmittel** (RGSt. 62, 283; RGSt. 62, 387), z. B. bei der Verschreibung von Amphetaminen **als leistungssteigerndes Dopingmittel** oder eines Betäubungsmittels zur **Gewichtsabnahme,** oder bei der Verschreibung von Methadon an eine drogenabhängige Mutter, um ihr schreiendes Kind ruhig zu stellen. Verfolgt ein Arzt mit Betäubungsmittelverschreibungen oder Betäubungsmittelverabreichungen an seine Patienten keinerlei Therapieziele, sondern ausschließlich persönliche Interessen, wie übersteigertes Gewinnstreben, sexuelle Gelüste, Abwehr von Erpressungen seiner Patienten, eigene Suchtinteressen, so ist die Behandlung zweifelsfrei unbegründet. Eine Sucht des behandelnden Arztes ist dabei regelmäßig ein **Indiz für eine ärztlich unbegründete Behandlung.**

Die Frage, ob der Behandlungszweck auf andere Weise erreicht werden kann **9** oder ob nur eine Behandlung mit Betäubungsmitteln geboten ist, ist allein von dem behandelnden Arzt im Rahmen seiner **Therapiefreiheit** zu beantworten und im Rahmen der Regeln der ärztlichen Kunst und der geltenden Gesetze zu vertreten (vgl. § 5 Abs. 2 Nr. 6 S. 1 und S. 2 BtMVV; vgl. *BGH* MDR 1979, 773). Der Straftatbestand des unerlaubten Verschreibens von Betäubungsmitteln liegt nicht schon deswegen vor, weil der **Arzt durch das Verschreiben gegen die Regeln der Schulmedizin** oder **gegen die Richtlinien der Bundesärztekammer verstoßen** hat (BGHSt. 37, 383 = NStZ 1991, 779 = StV 1991, 352). Der *BGH* betonte mit dieser Entscheidung die Therapiefreiheit des einzelnen Arztes, sprach dem Vorstand der Bundesärztekammer jegliche Richtlinienkompetenz für einen verbindlichen Indikationskatalog ab und ließ auch keine sozialmedizinische Indikation für eine ambulante Substitution gelten. Eine ärztliche Substitutionsbehandlung eines niedergelassenen Arztes oder im Rahmen eines wissenschaftlichen Forschungsprogrammes kann nicht nur dann ärztlich begründet sein, wenn eine Indikation nach § 5 Abs. 1 Nr. 1 bis Nr. 3 BtMVV vorliegt, sondern auch dann, wenn ein Krankheitsfall des **Indikationskataloges der Bundesärztekammer oder der MvV-Richtlinien (s. dazu § 13 Rn. 55 f.) oder eine genehmigte vergleichbare schwere Erkrankung** vorliegt oder wenn ein Arzt nach Einwilligung seines Patienten **aufgrund ärztlicher Therapiefreiheit von den Leitlinien der ärztlichen Wissenschaft abweicht** und zum Wohle des Patienten eine Außenseitermethode anwendet (vgl. § 13 Rn. 24). Unbegründet kann sich eine ärztliche Behandlung mit Betäubungsmitteln z. B. erweisen,

– wenn **dem Arzt jegliche suchtmedizinische Qualifikation fehlt** (s. Rn. 10),
– wenn **keinerlei Indikation** vorliegt (s. dazu Rn. 14),
– wenn eine **Kontraindikation** besteht (s. dazu auch Rn. 43) oder
– wenn es zu **erheblichen Sorgfaltspflichtverletzungen** gekommen ist (s. Rn. 11 ff.):

1. Fehlen von Spezialkenntnissen bei der Behandlung von Suchtkrank- 10 heiten. Die Diagnostik und Therapie des behandelnden Arztes kann nur sinnvoll sein, wenn der Arzt auf dem Gebiet der Suchtkrankheiten über spezielle ärztliche Kenntnisse verfügt. So wie jeder Erlaubnisinhaber entsprechend §§ 5, 6 BtMG die erforderliche Sachkenntnis besitzen muss, muss auch ein mit Drogen behandelnder Arzt i. S. v. § 13 BtMG über ausreichende Sachkenntnis verfügen. **Nur ein auf dem Gebiet der Suchtkrankheit erfahrener Arzt** kann eine sorgfältige Differentialdiagnose stellen und ist zu einer Drogentherapie in der Lage (vgl. dazu § 13 Rn. 58). Es gehört zu den Besonderheiten der drogenabhängigen Patienten, dass sie sich nicht an einen erfahrenen „Drogenarzt" wenden, sondern bei Hals-Nasen-Ohrenärzten, Hautärzten, Zahnärzten oder Urologen Verschreibungen zu erschleichen suchen. Ein auf dem Gebiet der Suchtkrankheiten **unerfahrener Arzt ist verpflichtet,** den Suchtkranken dringend **an einen Facharzt zu überweisen.**

Durch den Arzt, Zahnarzt oder Tierarzt darf **nur im Bereich seines** jeweiligen **Ausbildungszweiges,** auf den seine Bestallung lautet, eine Verschreibung erfolgen. Der **Tierarzt** darf **keine Rezepte für Menschenbehandlung** ausstellen und folgerichtig auch **kein Menschenarzt für Tierbehandlung.** Auch der Zahnarzt darf nicht über seinen Bereich hinaus Verschreibungen ausstellen. So ist es ärztlich unbegründet, wenn der Leiter eines medizinisch-diagnostischen Institutes, ein Allgemeinarzt, Betäubungsmittel auf dem Gebiete der Tierheilkunde zur Verhinderung des Kollapses bei Meerschweinchen für sein Untersuchungslabor verschreibt (*BGH* NJW 1955, 679).

11   **2. Unterlassen von Untersuchungen.** Der Arzt muss den Patienten **umfassend untersucht** haben und im Patientengespräch geführt haben (vgl. Nr. 16 der BÄK-Richtlinien [DÄrztBl. 2010, 511] und Anlage I, Nr. 2, § 3 Abs. 4 der MvV-Richtlinien [BAnz. 2011, 1342; s. Anh A 9 u. A 10]). Der Arzt darf sich nicht allein auf die Angaben des Patienten verlassen, insb. wenn er ihn nicht persönlich kennt.

12   Eine Verschreibung von Substitutionsmitteln ist deshalb bereits **ärztlich nie begründet,** wenn ein Arzt entgegen § 5 Abs. 2 Nr. 4 BtMVV versäumt, sich durch eine ärztliche Untersuchung und durch ein Gespräch mit dem Patienten von dem Bestehen, von der Art und von der Schwere des behaupteten Suchtkrankheitszustandes eine eigene Überzeugung zu bilden und ohne Diagnose entscheidet, ob zur Heilung oder Linderung ein Betäubungsmittel erforderlich ist. **Ohne Untersuchungen und ohne Diagnose** kann ein Arzt nämlich nicht prüfen, ob süchtige Patienten durch **Vortäuschen von Krankheitssymptomen** versuchen, Betäubungsmittelverschreibungen zu erschleichen und ob ungefährliche Medikamente anstelle der Betäubungsmittel zur Behandlung ausreichen. Hat ein Arzt **ohne eingehende Blut- und Urinuntersuchungen** einem ihm unbekannten nicht opiatabhängigen Patienten geglaubt, er sei heroinabhängig, ihn in das ambulante Substitutionsprogramm mit Methadon aufgenommen und ein Take-home-Fläschchen Methadon **ohne Augenkontrolle** überlassen, an dessen späterer Injektion er im Zusammenwirken mit anderen Stoffen verstirbt, so hat er den § 29 Abs. 1 S. 1 Nr. 6 BtMG verletzt und § 30 Abs. 1 Nr. 3 BtMG ist zu prüfen (*BGH* NStZ 1998, 414 = StV 1998, 593).

13   **3. Mangel an Dokumentation der Untersuchungsergebnisse.** Die Untersuchungsergebnisse müssen ausführlich dokumentiert worden sein, da **ohne Dokumentation der Untersuchungsergebnisse** keine sichere Diagnose und kein Erfolg versprechender Therapieplan möglich sind (s. dazu § 13 Rn. 67 ff.). **Ohne jegliche** Dokumentation **ist** eine ärztliche **Substitutionsbehandlung riskant, unbegründet und unerlaubt nach § 13 Abs. 1 BtMG.** Eine unzureichende Dokumentation ist aber ein **nicht strafbarer ärztlicher Fehler** (§ 5 Abs. 10 BtMVV).

14   **4. Betäubungsmittelverschreibung ohne Diagnose und ohne Therapieziel (Verstoß gegen Ultima-Ratio-Regel).** Die Therapie muss auf einer **sicheren Diagnose** beruhen und ein **klares Therapieziel** verfolgen. Der Arzt ist verpflichtet, den Patient **über die Risiken von Behandlungsmethoden aufzuklären** und **Behandlungsalternativen zu prüfen und aufzuzeigen** (*BGH* NJW 1988, 1514). Zwar muss der Arzt **nicht stets den sichersten therapeutischen Weg** wählen. Ein **höheres Risiko** muss aber in den besonderen Sachzwängen des konkreten Einzelfalles oder in einer **günstigeren Heilungsprognose** eine sachliche Rechtfertigung finden (*BGH* NJW 1987, 2927 = MDR 1988, 41). Aus § 13 Abs. 1 BtMG ergibt sich, dass mit der Verschreibung von Betäubungsmitteln nur therapeutische Ziele, nämlich die Erhaltung oder die Wiederherstellung des Lebens, des Körpers oder der Gesundheit des Patienten verfolgt werden dürfen und dass Betäubungsmittelverschreibungen, die andere Ziele verfolgen, ärztlich unbegründet sind (*Hügel/Junge/Lander/Winkler* § 29 Rn. 15.2.2). § 5 Abs. 1 Nr. 6 BtMG nennt als Therapieziele, „die notwendige medizinische Versorgung der Bevölkerung sicherzustellen und den Missbrauch von Betäubungsmitteln

sowie das Entstehen und Erhalten einer Betäubungsmittelabhängigkeit soweit wie möglich auszuschließen". Die Prüfung von Behandlungsalternativen ist deshalb erforderlich, weil die **Substitutionsbehandlung nur als subsidiäre Behandlungsform hinter einer Abstinenztherapie** zulässig ist (zur Indikation vgl. § 13 53 ff.). Da eine Substitutionstherapie immer nur als Ultima ratio nach § 13 Abs. 1 S. 2 BtMG zulässig ist, ist eine Verschreibung von Betäubungsmitteln ohne Indikationsstellung und ohne Prüfung von Behandlungsalternativen regelmäßig unbegründet und nach § 29 Abs. 1 S. 1 Nr. 6 lit. a BtMG strafbar.

Ist das Krankheitsbild **durch ambulante Therapie nicht zu beherrschen,** so   15 ist eine **stationäre Therapie** geboten. Diese Frage ist in jedem Einzelfall gesondert zu prüfen. Es gibt keinen Vorrang der stationären Therapie. Betäubungsmittelverordnungen sind nicht fehlerhaft, weil sich ein Arzt für eine ambulante Therapie eines Drogenabhängigen entscheidet (vgl. § 13 Rn. 24).

5. Betäubungsmittelverschreibung mit überhöhter, lebensbedrohlicher   16 **Dosierung.** Berücksichtigt die Festlegung der Dosis weder die Konsumgewohnheiten des Patienten, noch die Konzentration des auf der Straße gehandelten Rauschgifts, so kann eine hohe Dosierung ohne vorherige Untersuchung des Patienten eine unbegründete Verschreibung bedeuten.

6. Substitutionsbehandlung ohne psychosoziale Therapie oder Be-   17 **gleitung.** Nach § 5 Abs. 2 Nr. 2 BtMVV hat der Arzt im Interesse des Behandlungszieles der Betäubungsmittelabstinenz darauf hinzuwirken, dass Betäubungsmittelabhängige, die sich einer Substitutionsbehandlung unterziehen, auch kontinuierlich an einer Psycho- und/oder Soziotherapie teilnehmen (vgl. dazu § 13 Rn. 62 ff.). Zwar stellt die Nichtbeachtung von § 5 Abs. 2 BtMVV keinen Verstoß gegen § 16 Nr. 2 lit. a BtMVV dar und führt deshalb nicht zu einer Strafbarkeit nach § 29 Abs. 1 S. 1 Nr. 14 BtMG. Unternimmt aber der Arzt **keinerlei Bemühungen um eine Psycho- oder Soziotherapie** und beschränkt sich bei der Polamidonausgabe auf ein **bloßes Erhaltungsprogramm,** so entspricht die Behandlung in ihrem Wesen nicht der BtMVV und ist **ärztlich unbegründet i. S. v. § 13 BtMG,** was eine Strafbarkeit nach § 29 Abs. 1 S. 1 Nr. 6 lit. a BtMG zur Folge haben kann.

7. Ärztliche Betäubungsmittelverschreibung ohne Gebrauchsüberwa-   18 **chung und die Aushändigung von Betäubungsmittelrezepten.** Die Verschreibung und die Verbrauchsüberlassung von Betäubungsmitteln ohne ärztliche Augenkontrolle an drogenabhängige Substitutionspatienten entgegen § 5 Abs. 5 und Abs. 6 BtMVV ist zwar nicht als Straftat in § 16 BtMVV beschrieben, stellt aber eine erhebliche ärztliche Sorgfaltspflichtverletzung dar, die sich bei Gesundheitsschäden nach dem StGB als strafbar erweisen kann. Hat der substituierende Arzt generell entgegen § 5 Abs. 2 Nr. 4 BtMVV eine Gebrauchskontrolle bei der Betäubungsmittelausgabe nicht vorgesehen, so stellt sich bereits die Verschreibung nach § 13 Abs. 1 als unbegründet und nach § 29 Abs. 1 S. 1 Nr. 6 lit. a BtMG als strafbar dar. Eine Verschreibung zu unkontrolliertem Gebrauch ist ärztlich nicht zu verantworten und deshalb nicht begründet (*BGH* MDR 1979, 773).

Die **Aushändigung von Betäubungsmittelrezepten** an drogenabhängige Pa-   19 tienten zur Selbsteinlösung zu Beginn einer Substitutionstherapie ist ebenso wie die **Abgabe von Betäubungsmitteln zur freien Verfügung** nicht nur objektiv gefährlich, sondern kann wegen der **Nichtbeachtung der unbedingt erforderlichen Sicherheitsvorkehrungen und Kontrollmaßnahmen** ärztlich fehlerhaft und unzulässig sein. So hat der *BGH* die Verurteilung eines Nervenarztes wegen fahrlässiger Tötung bestätigt, der an zwei drogenabhängigen Patientinnen je 5 Ampullen des Betäubungsmittels **Jetrium zur Selbstinjektion** verschrieben hatte. Die beiden abhängigen Mädchen spritzten sich entgegen der ärztlichen Anweisung nicht 1 Ampulle intramuskulär, sondern nacheinander 2 Ampullen intravenös und starben. Die Fahrlässigkeit des Arztes bestand darin, dass er bei seiner Behandlung nicht in Rechnung stellte, dass Drogenabhängige im Zustand des Entzuges jede

Kontrolle über sich verlieren und unberechenbar werden, dass sie insbesondere ein ihnen überlassenes Suchtmittel entgegen ausdrücklicher Anordnung intravenös injizieren und dabei eine Überdosis anwenden würden. Der Arzt hatte nicht nur, wie die Verteidigung meinte, fahrlässig den Tod eines Selbstmörders straflos mitverursacht, sondern die aus dem ärztlichen Behandlungsvertrag sich ergebende Schadensabwendungspflicht und Garantenstellung missachtet und als Täter selbst eine gefahrenträchtige Lage geschaffen (*BGH* JR 1979, 429). Der Arzt muss deshalb sowohl für eine sichere und verschlossene Aufbewahrung der Betäubungsmittelmengen als auch für eine **orale Applikation** von immer nur einzelnen Personen **unter Aufsicht** Sorge tragen. **Ohne Kontrolle** ist auch **nicht zu gewährleisten,** dass **nicht drogenabhängige oder nicht bezugsberechtigte Personen** sich Betäubungsmittel zum Verbrauch übergeben lassen, während der Wartezeit und während der Konsumzeit fremde Betäubungsmittelfläschchen oder Arzneimittel entwenden. Die Ausnahmeregelung der **Take-home-Dosis** ist nach § 5 Abs. 8 BtMVV nur unter strengen Voraussetzungen zu verantworten (s. dazu § 13 Rn. 102 ff.). Die direkte Abgabe des Substitutionsmittels Methadon an Patienten ohne einen Behandlungsverlauf, der eine Take-home-Verschreibung gerechtfertigt hätte, stellt eine unerlaubte Abgabe von Betäubungsmitteln und bei Eigennützigkeit unerlaubtes Handeltreiben mit Betäubungsmitteln dar (BGHR BtMG § 13 Abs. 1 Abgabe 1 = A&R 2010, 37 m. Anm. *Winkler*).

20 **8. Ärztliche Betäubungsmittelverschreibungen ohne Verlaufskontrolle.**
Unbegründet ist eine ärztliche Verschreibung von Betäubungsmitteln ohne Kontrolle. Der Arzt hat nicht nur auf die **Eignung** und auf die **Erforderlichkeit** der Betäubungsmittel zu achten, sondern muss auch die bei jedem süchtigen Patienten infolge der krankheitsbezogenen Einschränkung seiner Willensfreiheit vorhandene **Gefahr ausschließen,** dass dieser ein ihm verschriebenes Betäubungsmittel nicht als Heilmittel, sondern als Suchtmittel missbraucht oder auf dem grauen Markt verkauft. Im Einzelnen hat der Arzt gem § 5 Abs. 2 Nr. 4 und Nr. 5 BtMVV Erhebungen und überraschende Kontrollen durchzuführen, ob der Proband das Behandlungskonzept befolgt, von einem anderen Arzt verschriebene Betäubungsmittel erhält (Mehrfachsubstitution), Stoffe gebraucht, deren Konsum nach Art und Menge den Zweck der Substitution gefährdet, das ihm verschriebene Substitutionsmittel nicht bestimmungsgemäß verwendet, zumindest einmal wöchentlich zur ärztlichen Konsultation erscheint, die erforderlichen begleitenden psychosozialen Behandlungs- und Betreuungsmaßnahmen dauerhaft in Anspruch nimmt und bei nicht beeinflussbaren Dauerverstößen eine ärztlich unbegründete Substitutionsbehandlung abbricht (vgl. dazu § 13 Rn. 79 ff.).

21 Der Arzt hat durch **regelmäßige überraschende Kontrollen, Drogensuchttest** oder **Urinkontrollen** Art und Umfang eines möglichen Beigebrauchs festzustellen und dagegen vorzugehen. Gem § 5 Abs. 2 Nr. 4 und Nr. 5 BtMVV hat der substituierende Arzt sicherzustellen, dass durch die **Anwendung geeigneter labordiagnostischer Verfahren** in unregelmäßigen Abständen ein Gebrauch von das Ziel der Substitution gefährdenden Stoffen erkannt werden kann. Dabei haben die labordiagnostischen Untersuchungen dem Standard forensischer Untersuchungstechniken, d. h. den Laborrichtlinien für chemisch-toxikologische Untersuchungen der Gesellschaft für Toxikologische und Forensische Chemie zu genügen. Der Umstand, dass der Substitutionspatient Arzneimittel wie z. B. Rohypnol, Valium oder Alkohol bzw. andere Betäubungsmittel wie Kokain oder Haschisch neben Substitutionsmitteln gebraucht (vgl. dazu § 13 Rn. 82 ff.), macht die Behandlung noch nicht unzulässig, wenn nach Auffassung des behandelnden Arztes berechtigte **Aussichten bestehen, den Beikonsum zu beherrschen,** zunächst einzuschränken und dann auszuschließen. Erweist sich der **Beikonsum aber als nicht beherrschbar** oder als **Kontraindikation,** so ist die Substitutionsbehandlung sofort abzubrechen (vgl. Nr. 11 der BÄK-Richtlinien und Anlage I Nr. 2 § 8 Abs. 5 der MvV-Richtlinien, s. auch § 13 Rn. 110). **Kontrolliert der Arzt** entgegen § 5 Abs. 2 Nr. 4 und Nr. 5 BtMVV nicht in unregelmäßigen Abständen mit geeigneten labordiagnostischen Verfahren einen möglichen Beigebrauch, so macht er sich **nicht** nach § 29 Abs. 1 S. 1 Nr. 14 BtMG strafbar, weil die Beschränkung des § 5 Abs. 2 Nr. 4 und Nr. 5 BtMVV nicht in § 16 Nr. 2 lit. a BtMVV genannt ist. Kontrolliert der Arzt bei der Betäubungsmittelverabreichung die **Berechtigung des Patienten** und den **tatsächlichen Verbrauch der Betäubungsmittel nicht**, führt er keinerlei Drogensuchttests und Urinkontrollen durch, stellt wahrheitswidrige Bescheinigungen aus, oder duldet einen nicht beherrschbaren Beikonsum, so kann er sich unter Verstoß gegen § 13 BtMG aber wegen ungründeter Betäubungsmittelbehandlung nach § 29 Abs. 1 S. 1 Nr. 6 BtMG strafbar machen, da eine Betäubungsmittelverschreibung ohne eine ärztliche Kontrolle ärztlich unbegründet ist.

C. Erscheinungsformen des Verschreibens von Betäubungsmitteln

I. Verschreibung von Betäubungsmitteln durch Nichtärzte

§ 29 Abs. 1 S. 1 Nr. 6 lit. a BtMG bedroht das Verschreiben von Betäubungs- **22** mitteln der Anl. I, II und III durch Nichtärzte entgegen § 13 Abs. 1 BtMG, ganz gleich, ob die Anwendung begründet ist oder nicht. Verschreibungen von Betäubungsmitteln durch **Heilpraktiker, Apotheker, Praxishelferinnen, Krankenschwestern, Medizinstudenten oder Sanitäter** verstoßen gegen § 13 Abs. 1 BtMG und sind nach § 29 Abs. 1 S. 1 Nr. 6 lit. a BtMG strafbar. Die Verschreibungsbefugnisse, die aus § 13 Abs. 1 BtMG i. V. m. den Vorschriften der BtMVV erwachsen, gelten nämlich nur im Rahmen der in Deutschland zugelassenen Berufsausübung. So ist ein **Humanmediziner** nicht befugt, Betäubungsmittel zur Anwendung **auf dem Gebiet der Tierheilkunde** zu verschreiben oder umgekehrt (*BGH* NJW 1955, 679).

II. Verschreibung von Betäubungsmitteln durch Ärzte

1. Verschreibung von Betäubungsmitteln der Anl. III durch ausländische **23** Ärzte. Verschreibt ein ausländischer Arzt, der nicht Staatsangehöriger eines Mitgliedstaates der EU ist und weder in Deutschland als Arzt approbiert ist, noch zur ärztlichen Berufsausübung vorübergehend zugelassen ist, in Deutschland Betäubungsmittel der Anl. III auf einem Betäubungsmittelrezept, so verstößt die Verschreibung gegen § 13 Abs. 1 BtMG und ist nach § 29 Abs. 1 S. 1 Nr. 6 lit. a BtMG strafbar.

2. Verschreibung von Betäubungsmitteln der Anl. III außerhalb der be- **24** ruflichen Befugnisse. Die BtMVV enthält spezielle Regelungen für Betäubungsmittelverschreibungen durch einen Arzt, durch einen Zahnarzt, durch einen Tierarzt. Verschreibt ein Arzt Betäubungsmittel der Anl. III nicht im Rahmen seiner Approbation, so verstößt die Verschreibung gegen § 13 Abs. 1 BtMG und ist nach § 29 Abs. 1 S. 1 Nr. 6 lit. a BtMG strafbar.

3. Verschreibung von Betäubungsmitteln der Anl. I und II durch Ärz- **25** te. Verschreibungen von Betäubungsmitteln der Anl. I und II durch Ärzte verstoßen immer gegen § 13 Abs. 1 S. 3 BtMG und sind daher nach § 29 Abs. 1 S. 1 Nr. 6 lit. a BtMG strafbar, so z. B. die Verschreibung von Cannabis (sofern es sich nicht um zugelassene Fertigarzneimittel handelt), MDMA, LSD oder von Tetrahydrocannabinol (THC). Während Diacetylmorphin weiterhin in der Anl. I enthalten ist, darf Diamorphin seit dem Gesetz vom 15. 7. 2009 (BGBl. I, S. 1801) als Betäubungsmittel der Anl. II und Anl. III im Rahmen der Behandlung von Schwerstabhängigen unter den in § 5 Abs. 9 a bis 9 d BtMVV geregelten Vorausetzungen als Substiutionsmittel I verschrieben werden. Bei Diacetylmorphin und Diamorphin handelt es sich um die gleiche chemische Sustanz, die jeweils auch als Heroin bezeichnet wird (Anl. I). Mit den unterschiedlichen Begriffen wird das pharmazeutische Produkt (= Diamorphin) und das Straßenheroin (= Diacetylmorphin) voneinander abgegrenzt.

26   **4. Verschreibung von Cannabiszubereitungen.** Die Verschreibung von natürlichen Cannabisgemischen als Betäubungsmittel der Anl. I ist in Deutschland verboten. Da die ärztliche Verschreibung von Cannabis-Medizin zur ärztlichen Behandlung verschiedener Krankheiten wie AIDS, bösartiger Tumorerkrankung, Multipler Sklerose, Querschnittlähmung aber erprobt werden soll, hat der Gesetzgeber zunächst den Cannabis-Rohstoff **Dronabinol** der Anl. III als verschreibungsfähiges Betäubungsmittel unterstellt. Ein Arzt kann Dronabinol-Fertigpräparate auf Betäubungsmittelrezept verschreiben. Da ein dronabinolhaltiges Arzneimittel jedoch lediglich in den USA unter dem Namen **Marinol®** auf dem Pharmamarkt erhältlich ist, muss der Apotheker aufgrund der ärztlichen Verschreibung das Marinol im Wege des Einzeltransports zeitaufwändig und kostspielig aus den USA importieren (§ 73 Abs. 3 AMG). Der Apotheker kann aber ebenso aufgrund der Dronabinol-Verschreibung des Arztes die Rezeptursubstanz von deutschen Pharmaunternehmen beziehen und hieraus Dronabinol ohne eine behördliche Erlaubnis herstellen und abgeben (§ 4 Abs. 1 Nr. 1 lit. a und lit. c BtMG; vgl. dazu im Einzelnen Stoffe/Teil 1 Rn. 99). Seit Inkrafttreten der 25. BtMÄndV v. 11. 5. 2011 am 18. 5. 2011 ist **Cannabis in Zubereitungen, die als Fertigarzneimittel zugelassen sind,** als verkehrs- und verschreibungsfähiges Betäubungsmittel der Anl. III eingestuft (s dazu Stoffe/Teil 1, Rn. 61).

27   **5. Verschreibung eines Betäubungsmittels der Anl. III nicht als ausgenommene Zubereitung.** Verschreibt ein Arzt Betäubungsmittel der Anl. III zwar gem. § 13 Abs. 1 BtMG im Rahmen einer ärztlichen Behandlung, aber nicht als zugelassene Zubereitung, so verstößt er gegen § 13 Abs. 3 BtMG i. V. m. §§ 1 Abs. 1 und 5 Abs. 4 S. 2 BtMVV und macht sich nach § 16 S. 1 Nr. 1 und Nr. 2 lit. a BtMVV strafbar, der auf § 29 Abs. 1 S. 1 Nr. 14 BtMG verweist.

28   **6. Verschreibung von Betäubungsmitteln der Anl. III, die nur für andere Zwecke zugelassen sind, durch einen Arzt.** Verschreibt ein Arzt einem Patienten **zur freien Verfügung Alfentanil, Kokain, Etorphin, Pentobarbital, Remifentanil, Sufentanil,** so verstößt er gegen § 2 Abs. 1 lit. b BtMVV und macht sich nach § 16 S. 1 Nr. 2 lit. a BtMVV gem. § 29 Abs. 1 S. 1 Nr. 14 BtMG strafbar. Verschreibt er die gleichen Stoffe **für den Praxisbedarf** zur ärztlichen Anwendung (§ 2 Abs. 3 BtMVV), so ist dies zulässig. Verschreibt ein **Zahnarzt** die für Patientenverschreibungen in § 3 Abs. 1 lit. b BtMVV genannten ausgenommenen Betäubungsmittel der Anl. III oder verschreibt ein **substituierender Arzt** an Opiatabhängige andere als in § 5 Abs. 4 S. 2 BtMVV genannte Betäubungsmittel der Anl. III, so liegt eine Straftat nach § 16 S. 1 Nr. 2 lit. a BtMVV vor, die nach § 29 Abs. 1 S. 1 Nr. 14 BtMG bestraft wird. Das bloße **Unterlassen des Zusatzes „S" bei der Verschreibung** nach § 5 Abs. 4 S. 1 BtMVV stellt keine strafbare Nichteinhaltung sonstiger Beschränkungen dar, da der Zusatz „S" die Verschreibung nicht beschränkt, sondern nur kennzeichnet.

29   **7. Verschreibungen von Codein und Dihydrocodein durch Ärzte als Substitutionsdroge.** Verschreibt ein Arzt bei Aufnahme einer Substitutionsbehandlung keine Zubereitungen von Polamidon oder von Methadon, sondern Zubereitungen von Codein und Dihydrocodein, obwohl **kein Ausnahmefall vorliegt** und der Drogenabhängige auch mit Polamidon oder Methadon zu substituieren ist (s. dazu § 13 Rn. 46), so kann dieser **Verstoß gegen § 5 Abs. 4 S. 2 BtMVV eine Straftat nach § 16 S. 1 Nr. 2 lit. a BtMVV** darstellen, die gem. § 29 Abs. 1 S. 1 Nr. 14 BtMG zu bestrafen ist. Da Codein und Dihydrocodein Betäubungsmittel der Anl. III sind, die gem. § 13 Abs. 1 BtMG zur Behandlung einer Betäubungsmittelabhängigkeit verschrieben werden dürfen, scheidet eine Strafbarkeit nach § 29 Abs. 1 S. 1 Nr. 6 BtMG aus.

30   **8. Verschreibung psychotroper Medikamente neben dem Betäubungsmittel.** Verschreibt ein Arzt zur Drogensubstitution nicht nur **Dihydrocodein-Hydrogentatrat-Lösung,** sondern auch **Rohypnol®** und **Diazepam** in großen Mengen, so ist diese Verschreibung nicht nur **unwirtschaftlich,** sondern auch

unbegründet und strafbar (vgl. *Bayr. LSG*, Urt. v. 11. 11. 1998, L 12 KA 102/ 97). Verschreibt ein Arzt **neben der Substitutionsdroge** den drogenabhängigen Patienten **kontraindiziert Benzodiazepine, Tranquilizer, Antidepressiva oder Neuroleptika in erheblichem Umfang,** so verstößt er gegen § 13 BtMG und ist nach § 29 Abs. 1 S. 1 Nr. 6 lit. a BtMG strafbar. Verschreibt ein Arzt missbräuchlich suchtfördernde Arzneimittel ohne in der BtMVV genannte Substitutionsmittel, so wird dies zwar nicht durch die §§ 95, 96 AMG, aber u. U. als fahrlässige Körperverletzung oder fahrlässige Tötung durch §§ 229, 222 StGB mit Geld oder Freiheitsstrafe bedroht, wenn durch die Verschreibung ein pathologischer Zustand wie eine Sucht hervorgerufen, unterhalten oder vertieft wird oder der Tod herbeigeführt wird (*BayObLG* NJW 2003, 371).

9. Verschreibung von Betäubungsmitteln in einer zur parenteralen An- 31 wendung verwendbaren Form. Nach § 5 Abs. 4 S. 3 BtMVV dürfen Substitutionsmittel mit Ausnahme von Diamorphin (§ 5 Abs. 9 a S. 1 BtMVV) nur in einer nicht zur parenteralen Anwendung verwendbaren Form verschrieben werden. Verschreibt ein Arzt auf Bitten des Drogenabhängigen wegen der raschen Anflutung und des Kicks eine für die intravenöse Applikation besonders geeignete Methadonlösung, so verschreibt er die Betäubungsmittel nicht als Heilmittel, sondern als Suchtmittel, verstößt gegen § 13 Abs. 1 BtMG und macht sich nach § 29 Abs. 1 S. 1 Nr. 6 lit. a BtMG strafbar.

10. Unbegründete Überschreitung der festgesetzten Höchstmenge bei 32 der ärztlichen Betäubungsmittelverschreibung. Seit der 10. BtMÄndV v. 20. 1. 1998 ist in § 2 Abs. 1 BtMVV die Formulierung: „Jedoch je Anwendungstag nicht mehr als ein Zehntel dieser Mengen" und damit die **Tageshöchstdosis** von 150 mg L-Polamidon = 30 ml **entfallen.** Es sind jetzt auch höhere Tageshöchstdosen möglich. Es sind aber die **Monatshöchstmengen im Regelfall** geblieben. Im Regelfall können zwei der in § 2 BtMVV genannten Betäubungsmittel bis zur dort festgelegten Monatshöchstmenge verschrieben werden, also z. B. Methadon bis 3.000 mg und Levomethadon bis 1.500 mg. In **begründeten Einzelfällen** kann nach § 2 Abs. 2 BtMVV unter den dort genannten Voraussetzungen von der Zahl der dort genannten Betäubungsmittel und von der festgelegten Höchstmenge **mit Begründung abgewichen** werden. Überschreitet ein Arzt bei einer Betäubungsmittelverschreibung in einem nicht begründeten Einzelfall, z. B. wenn sich ein Patient nicht in Dauerbehandlung befindet, die erforderliche Sicherheit im Betäubungsmittelverkehr nicht gewährleistet ist oder auf einem Betäubungsmittelrezept die in §§ 2 Abs. 1, Abs. 2 S. 1, 3 Abs. 1, 4 Abs. 1 BtMVV festgesetzten Betäubungsmittelhöchstmengen für einen Patienten bzw. ein Tier oder die Anzahl der verschriebenen Betäubungsmittel überschreitet, so macht er sich aufgrund § 16 S. 1 Nr. 2 lit. a und c BtMVV nach § 29 Abs. 1 S. 1 Nr. 14 BtMG strafbar. Das bloße Unterlassen des Zusatzes „A" nach § 2 Abs. 2 S. 2 BtMVV stellt keine strafbare Nichteinhaltung sonstiger Beschränkungen dar, da der Zusatz die Verschreibung nicht beschränkt, sondern nur kennzeichnet. Verletzt der Arzt bei der Verschreibung nicht nur die Monatshöchstmenge, sondern überschreitet in unverantwortlicher Weise die Grenzmenge und versorgt Patienten mit der Verschreibung einer exorbitanten Menge, die therapeutisch nicht mehr, sondern **nur unter Gewinnerzielungsgesichtspunkten zu erklären** ist, so liegt ein Verstoß gegen § 13 BtMG und eine Strafbarkeit nach § 29 Abs. 1 S. 1 Nr. 6 lit. a BtMG vor.

11. Unbegründete Überschreitung des Praxis- und Stationsbedarfes bei 33 der ärztlichen Betäubungsmittelverschreibung (ad usum proprium). Überschreitet ein Arzt bei einer Betäubungsmittelverschreibung **für seinen Praxisbedarf** gem. § 2 Abs. 3 S. 1, § 3 Abs. 2 S. 1, § 4 Abs. 3 S. 1 BtMVV die Menge des durchschnittlichen Zweiwochenbedarfes und bei der Praxisvorratshaltung der Betäubungsmittel die Menge des durchschnittlichen Monatsbedarfes oder **für seinen Stationsbedarf** die Beschränkungen des § 2 Abs. 4, § 3 Abs. 3 oder § 4

Abs. 4 BtMVV **ohne besonderen Grund** und **unter Beeinträchtigung der Sicherheit im Betäubungsmittelverkehr,** so macht er sich aufgund § 16 S. 1 Nr. 2 lit. b bzw. aufgrund § 16 S. 1 Nr. 3 BtMVV nach § 29 Abs. 1 S. 1 Nr. 14 BtMG strafbar.

34   **12. Fehlerhafte ärztliche Take-home-Verschreibung.** Zwar stellen im Rahmen einer ordnungsgemäßen Substitutionsbehandlung nach § 13 Abs. 1 BtMG formelle Mängel der Take-home-Verschreibung (§ 5 Abs. 8 BtMVV) weder eine Straftat nach § 16 BtMVV noch eine Ordnungswidrigkeit nach § 17 BtMVV dar. Wenn aber nicht nur die Take-home-Verschreibung, sondern die gesamte Behandlung der Betäubunsgmittelabhängigkeit nicht mit § 13 Abs. 1 BtMG zu vereinbaren ist, dann verstößt auch eine ärztlich unbegründete Take-home-Verschreibung gegen die BtMVV und ist strafbar nach § 29 Abs 1 S. 1 Nr. 6 lit. a BtMG. Gem. § 5 Abs. 8 BtMVV darf der Arzt einem Substitutionspatienten keine Verschreibung abweichend von § 5 Abs. 5 bis Abs. 7 BtMVV über eine 7-Tage-Ration zur Einlösung und eigenverantwortlichen Einnahme aushändigen, wenn der Patient Stoffe konsumiert, die ihn zusammen mit der Einnahme des Substitutionsmittels gefährden, wenn der Patient noch nicht auf eine stabile Dosis eingestellt ist und wenn der Patient weitere Suchtmittel missbraucht (s. dazu § 13 Rn. 102 ff.). Prüft der Arzt vor der Take-home-Verschreibung diese Kontraindikationen nicht, so liegt eine massive Sorgfaltspflichtverletzung vor. Eine mangelhafte Sorgfalt ist auch gegeben, wenn die Substitutionsmittel nicht in Einzeldosen und in kindergesicherter Verpackung oder Buprenorphin nicht in Blisterpackungen zum Take-home zur eigenverantwortlichen Einnahme verschrieben werden.

35   **13. Dosisüberschreitung bei der Take-home-Verschreibung und des Vorrats für Auslandsaufenthalte.** Verschreibt ein Arzt im Rahmen einer Substitutionsbehandlung entgegen § 5 Abs. 8 BtMVV auf einem Wochenendrezept die über 2 Tage bzw. auf einem Take-home-Rezept die über 7 Tage hinausgehende Betäubungsmittelmenge oder auf einer Verschreibung für einen Auslandsaufenthalt, der den Bedarf übersteigt, so stellt dieser Verstoß keine Straftat nach § 16 S. 1 Nr. 2 lit. a BtMVV dar, da dort § 5 Abs. 8 BtMVV nicht genannt wird. Ist die Überschreitung aber so erheblich, dass dies nicht mehr als eine begründete Substitutionsbehandlung angesehen werden kann, so wäre dies ein Verstoß gegen § 13 Abs. 1 BtMG, der nach § 29 Abs. 1 S. 1 Nr. 6 lit. a BtMG strafbar ist. Die Take-home-Verschreibung gilt nicht für Diamorphin (§ 5 Abs. 4 S. 2 BtMVV).

36   **14. Verschreibung von Substitutionsmitteln als Praxisbedarf.** Nach § 2 Abs. 3, § 3 Abs. 2, § 4 Abs. 3 BtMVV darf ein Arzt, Zahnarzt oder Tierarzt bestimmte Betäubungsmittelarten bis zu einem durchschnittlichen Zweiwochenbedarf für die Praxis verschreiben und einen Betäubungsmittelvorrat bis zu einem durchschnittlichen Monatsbedarf unterhalten. Dies gilt jedoch nicht für die Verschreibung von Substitutionsmitteln. Substitutionsmittel wie Polamidon oder Methadontrinklösung sind patientenbezogen zu verschreiben und vom Arzt in der Apotheke einzulösen. Rezeptiert ein Arzt Methadon für die Praxis, um die Literflaschen dort in einzelne Fläschchen abzufüllen und zu verkaufen, ohne ein Betäubungsmittelbuch zu führen und ohne den Verbrauch zu überwachen, so entspricht eine derartige Verschreibung zwar § 2 Abs. 3 BtMVV, ist aber mit den meisten Spezialregelungen des § 5 BtMVV nicht zu vereinbaren, verstößt gegen § 13 Abs. 1 BtMG und ist nach § 29 Abs. 1 S. 1 Nr. 6 lit. a BtMG strafbar.

37   **15. Verschreibung von Betäubungsmitteln der Anl. III auf Normalrezept.** Gem. § 8 Abs. 1 S. 1 BtMVV i.V.m. § 1 Abs. 1 dürfen Betäubungsmittel nur auf einem dreiteiligen amtlichen Formblatt (Betäubungsmittelrezept) verschrieben werden. Außer in Substitutionsfällen des § 5 BtMVV darf im Notfall der Arzt die dem Notfall entsprechende Menge auch auf einem Normalrezept verschreiben. Dieses Rezept ist mit dem Wort „Notfallverschreibung" zu kennzeichnen. Daneben ist der Arzt verpflichtet, dem Apotheker unverzüglich eine gleich lautende Verschreibung auf einem Betäubungsmittelrezept mit dem

kennzeichnenden Buchstaben N nachzureichen. Das Rezept Notfallverschreibung ist mit dem in der Apotheke verbleibenden Teil des Betäubungsmittelrezeptes zu einer Einheit zu verbinden (§ 8 Abs. 6 BtMV). Verschreibt der Arzt Betäubungsmittel entgegen § 8 Abs. 1 S. 1 BtMVV auf einem nicht gültigen Betäubungsmittelrezept oder auf einem Normalrezept, verschreibt ein substituierender Arzt bei der Behandlung eines Opiatabhängigen Substitutionsmittel entgegen § 8 Abs. 6 BtMG in einem Notfall auf einem Normalrezept mit Zusatz Notfallverschreibung, so handelt er nach § 17 S. 1 Nr. 3 BtMVV ordnungswidrig i. S. v. § 32 Abs. 1 Nr. 6 BtMG.

16. Verschreibung von Betäubungsmitteln durch Ärzte unter Verletzung der BtMVV. Der Arzt muss bei der Verschreibung von Betäubungsmitteln § 13 BtMG und die Vorschriften der BtMVV beachten (vgl. § 13 Rn. 31 f.). Die **Missachtung formeller Regeln** der BtMVV können zwar zu einem **Vergehen nach § 29 Abs. 1 S. 1 Nr. 14** BtMG oder zu einer **Ordnungswidrigkeit nach § 32 BtMG** führen, sie bedeutet aber allein noch nicht, dass die ärztliche Behandlung unbegründet i. S. v. § 13 BtMG und damit nach § 29 Abs. 1 S. 1 Nr. 6 lit. a BtMG strafbar ist. Verstößt ein Arzt gegen Formalvorschriften der nach § 13 Abs. 3 BtMG erlassenen Rechtsverordnung, insb. gegen die §§ 5 bis 14 BtMVV, so handelt er vielfach **ordnungswidrig i. S. v. § 17 BtMVV** und kann gem § 32 Abs. 1 Nr. 6 BtMG mit einem **Bußgeld von bis zu 25.000 €** belegt werden vom *BfArM* **in Bonn als Bußgeldbehörde.** So verstößt z. B. die **Verschreibung von Flunitrazepan (Rohypnol) für Drogenabhängige** auf einfachem Rezept gegen **§ 17 Nr. 3 BtMVV.** 38

Nach § 16 BtMVV wird gem. § 29 Abs. 1 S. 1 Nr. 14 des BtMG bestraft, wer 39

1. entgegen § 1 BtMVV ein Betäubungsmittel nicht als Zubereitung verschreibt,
2. a) entgegen § 2 Abs. 1 oder 2 S. 1, § 3 Abs. 1 oder § 5 Abs. 1 oder Abs. 4 S. 2 BtMVV für einen Patienten,
   b) entgegen § 2 Abs. 3 S. 1, § 3 Abs. 2 S. 1 oder § 4 Abs. 3 S. 1 BtMVV für seinen Praxisbedarf oder
   c) entgegen § 4 Abs. 1 BtMVV für ein Tier
   andere als die dort bezeichneten Betäubungsmittel oder innerhalb von 30 Tagen mehr als 1 Betäubungsmittel, im Falle des § 2 Abs. 1 lit. a mehr als 2 Betäubungsmittel, über die festgesetzte Höchstmenge hinaus oder unter Nichteinhaltung der vorgegebenen Bestimmungsweise oder sonstiger Beschränkungen verschreibt,
3. entgegen § 2 Abs. 4, § 3 Abs. 3 oder § 4 Abs. 4 BtMVV
   a) Betäubungsmittel für andere als die dort bezeichneten Einrichtungen,
   b) andere als die dort bezeichneten Betäubungsmittel oder
   c) dort bezeichnete Betäubungsmittel unter Nichteinhaltung der dort genannten Beschränkungen verschreibt oder
4. entgegen § 7 Abs. 2 BtMVV Betäubungsmittel für die Ausrüstung von Kauffahrteischiffen verschreibt,
5. entgegen § 5 Abs. 9 c S. 1 Diamorphin verschreibt, verabreicht oder überlässt.

Im Rahmen der Substitutionsbehandlung ist nach § 16 BtMVV lediglich 40 § 5 Abs. 1 oder 5 Abs. 4 S. 2 BtMVV strafbewehrt. Dies folgt aus dem Wortlaut von § 16 Nr. 2 lit. a BtMVV. Nach dieser Vorschrift wird nur bestraft, „wer entgegen § 5 Abs. 1 oder § 5 Abs. 4 S. 2 BtMVV … verschreibt". Wenn der Arzt dabei Beschränkungen nicht beachtet, die in anderen Absätzen des § 5 BtMVV geregelt sind, handelt er jedenfalls nicht „entgegen § 5 Abs. 1". Die **„Nichteinhaltung sonstiger Beschränkungen"** ist somit nur strafbar, soweit es sich um Beschränkungen handelt, die in den in § 16 Nr. 2 BtMVV ausdrücklich genannten Vorschriften enthalten sind. Dies betrifft beispielsweise die Beschränkungen für das Verschreiben gem § 2 Abs. 3 („Alfentanil, Cocain nur zu Eingriffen am Auge, am Kehlkopf, an der Nase …") oder gem § 2 Abs. 4 S. 2. Für **Diamorphin** wurde mit Gesetz vom 15. 7. 2009 (BGBl. I, 1801) die Regelung in § 16 Nr. 5 BtMVV eingeführt.

41   § 5 BtMVV regelt in allen Absätzen zahlreiche Rechtspflichten beim Verschreiben von Betäubungsmitteln für Drogenabhängige. Verstöße gegen diese Pflichten sind daher zumindest rechtswidrig und können bekanntlich eine Vielzahl von Sanktionen außerhalb des Betäubungsmittelrechts auslösen, wie z. B. Schadensersatzansprüche, berufsrechtliche Verfahren oder Strafverfolgung wegen Körperverletzung. Eine Vielzahl von Formverletzungen wird weder durch das BtMG noch durch die BtMVV mit Strafe bedroht. Sie kann jedoch **Ausdruck einer** insgesamt **unsorgfältigen Substitutionsbehandlung** und damit einer unbegründeten ärztlichen Behandlung sein, die wegen Verstoßes gegen § 13 Abs. 1 BtMG nach § 29 Abs. 1 S. 1 Nr. 6 lit. a BtMG strafbar ist.

42   **17. Unbegründete Selbstverschreibung von Betäubungsmitteln durch Ärzte.** Verschreibt ein Arzt Betäubungsmittel aus der Anl. III nicht zur Behandlung seiner Patienten in der Praxis oder im Krankenhaus, sondern zur Befriedigung der eigenen Sucht, so verstößt er gegen § 13 Abs. 1 BtMG und macht sich nach § 29 Abs. 1 S. 1 Nr. 6 lit. a BtMG strafbar, da keine ärztlich kontrollierte Behandlung stattfindet, eine eigene Betäubungsmittelanwendung zur Suchterhaltung nicht begründet ist und ärztliche Behandlungsziele durch eine von einem anderen Arzt kontrollierte Substitutionsbehandlung besser zu erreichen sind (vgl. *BGH* NJW 1975, 2249).

43   **18. Unbegründete Verschreibung von Betäubungsmitteln durch Ärzte bei Kontraindikationen.** Bei **Kontraindikationen**, bei denen feststeht, dass die Behandlung mit Betäubungsmitteln aller Voraussicht nach nicht zu einer Verbesserung des Gesundheitszustandes, sondern zu einer erheblichen Gesundheits- oder gar Lebensgefährdung führen wird (vgl. § 5 Abs. 2 Nr. 1 BtMVV), ist eine ärztliche Behandlung jedenfalls dann unbegründet, wenn erkannte **Risikofaktoren ärztlich nicht beherrschbar** sind. Der Arzt muss vor einer Betäubungsmittelverschreibung **Risikofaktoren** wie z. B. **Schwangerschaft, junges Alter, vorgetäuschte Abhängigkeit, Mehrfachabhängigkeit (Polytoxikomanie), Zuckerkrankheit (Diabetes mellitus), gefährlicher Betäubungsmittelbeigebrauch, unbehandelte bzw. unkontrollierte Alkoholabhängigkeit, Leberzirrhose, Epilepsie** unter Berücksichtigung der Herstellerhinweise des bestimmten Betäubungsmittels **mit dem Patienten erörtern,** um das Behandlungsrisiko **abschätzen** und Nebenwirkungen der Betäubungsmittel **weitgehend ausschließen** zu können.

44   **19. Massen-Abfertigung von Substitutionspatienten.** Behandelt ein niedergelassener Arzt **mehr als 50 Drogenabhängige** mit einer Substitutionsdroge, so liegt **aufgrund der zeitlichen und beruflichen Belastungen** nahe, dass die Substitution **nicht dem § 13 BtMG, § 5 BtMVV** entsprechen kann und die ärztlichen Sorgfaltspflichten nicht eingehalten werden, **bei mehr als 100 ist es zweifelsfrei** (s. dazu § 13 Rn. 60; vgl. auch BGHSt. 52, 271 = NStZ 2008, 574 = StV 2008, 471). In der Regel wird bei der unkritischen Methadonvergabe auf eine ausreichende psychosoziale Betreuung und Beigebrauchskontrolle verzichtet. Dies ist nach § 29 Abs. 1 Nr. 6 lit. a BtMG aber strafbar. Die Einlassung, wegen des Mangels an Substitutionsärzten vor Ort habe man mehr Drogenabhängige substituieren müssen, rechtfertigt keine oberflächliche Behandlung.

45   **20. Unerlaubter Verkauf von Substitutionsdrogen wie Methadon.** Entnimmt ein Arzt aus dem Praxisbedarf Methadonmengen oder zweigt bei der Substitutionsbehandlung von süchtigen Patienten Methadon-Teilmengen ab und verkauft diese gesammelten Methadon-Mengen nicht zur Behandlung von Patienten, sondern zur Gewinnerzielung, so handelt er nicht im Rahmen des § 13 BtMG, sondern treibt unerlaubt Handel mit Betäubungsmitteln nach § 29 Abs. 1 S. 1 Nr. 1 BtMG. Bei nicht geringen Mengen nach § 29a BtMG, die ein Arzt in Wasserflaschen literweise erfüllt, liegt ein Verbrechen vor. Bewahrt der Arzt in seiner Praxis griffbereit geladene und schussbereite Langwaffen auf, um bei umfangreichen Methadon-Geschäften in den Praxisräumen bewaffnet zu sein, so liegt

§ 30 a Abs. 2 Nr. 2 BtMG vor (*AG Kassel*, Beschl. v. 6. 4. 2006, 273 Gs 8821 p 7064/06).

D. Subjektiver Tatbestand

I. Vorsatz

Da im Katalog des § 29 Abs. 4 BtMG der Tatbestand des § 29 Abs. 1 S. 1 Nr. 6 **46** lit. a BtMG fehlt, ist nur die vorsätzliche Begehungsweise von missbräuchlichen ärztlichen Verschreibungen strafbar.

Bei der missbräuchlichen Verschreibung setzt der Vorsatz voraus, dass der **47** Täter (Nichtarzt oder Arzt) weiß, dass er Betäubungsmittel verschreibt und dass seine Verschreibung nicht der medizinischen Wissenschaft sowie den gesetzlichen Vorschriften entspricht. Der Vorsatz setzt ferner voraus, dass der Arzt weiß, dass Verschreibungen von Betäubungsmittel ohne Untersuchung oder ohne Sachkenntnis oder ohne medizinische Indikation oder ohne ausreichende Kontrolle einen ärztlichen Kunstfehler darstellen.

Der Drogenarzt weiß, dass Suchtkranke **wegen ihres Betäubungsmittelhun- 48 gers in ihrer Willensfreiheit eingeschränkt** sind, wenn es um die Beschaffung von Betäubungsmitteln geht und dass sie einem Arzt Entzugssymptome und Therapiebereitschaft vortäuschen, um an die begehrten Betäubungsmittel zu kommen (vgl. *BayObLG* NJW 1970, 529; *BGH* NJW 1979, 1943).

Das *BayObLG* hat in einem Fall, in dem ein Arzt ohne Eingangsuntersuchung **49** an einen heroinabhängigen Patienten kontraindiziert große Mengen von dem Benzodiazepin Diazepam und Rohypnol mit dem Wirkstoff Flunitrazepam verschrieb und die Rohypnol-Verschreibungen mit Rezepten auf andere Namen verschleierte, so dass der Patient nach wenigen Monaten auch von dem Arzneimittel abhängig wurde, verlangt, dass wegen der Nähe der Schuldformen der **bewussten Fahrlässigkeit** und des **bedingten Vorsatzes** die einzelnen Merkmale der inneren Tatseite, das **Wissenselement** und das **Willenselement besonders sorgfältig zu prüfen** und mit Feststellungen zu belegen sind (*BayObLG* NJW 2003, 371).

II. Dolus eventualis

Nachdem durch die BÄK-Richtlinien und die MvV-Richtlinien (s. dazu § 13 **50** Rn. 55 ff.) sowie § 5 BtMVV die Substitutionsbehandlung von Opiatabhängigen im Einzelnen geregelt worden ist, nimmt ein in Suchtkrankheiten unerfahrener Arzt mit der Nichtbeachtung dieser Regeln bei der Betäubungsmittelbehandlung ohne alternatives Behandlungskonzept billigend in Kauf, dass er gegen § 13 BtMG verstößt und sich nach § 29 Abs. 1 S. 1 Nr. 6 BtMG strafbar macht.

III. Fahrlässigkeit

Eine fahrlässige missbräuchliche Verschreibung durch Ärzte ist nach § 29 Abs. 4 **51** **nicht strafbar.** Bei Verabreichungen oder Verbrauchsüberlassungen von Betäubungsmitteln ist nach § 29 Abs. 4 auch die fahrlässige Tat **strafbar** (vgl. zur **fahrlässigen Aufnahme in ein Methadonprogramm** ohne ausreichende Untersuchung und Kontrolle *BGH* NStZ 1998, 414 = StV 1998, 593). Als Fahrlässigkeitstaten kommen beim Arzt insb. **Verwechslungen von Ampullen und Spritzen** bei der Behandlung in Betracht. Fahrlässigkeit liegt aber auch vor, wenn ein Gastgeber damit rechnen muss, dass sein drogenkonsumierender Gast sich an den in der Wohnung oder in dem Lokal befindlichen Drogen oder Drogenrauchgeräten selbst bedient.

IV. Irrtumsfälle

1. Tatbestandsirrtum. Regelmäßig ist zu prüfen, ob der verschreibende Arzt **52** irgendwelche **falschen Vorstellungen** zum Opfer fiel. Irrt der Arzt oder Nichtarzt über tatsächliche Voraussetzungen für eine begründete ärztliche Betäubungsmuittelverschreibung (z. B. dass er irrig annimmt, die verschriebene Substanz sei zur Behandlung geeignet, der Patient sei opiatabhängig, konsumiere bislang hohe Dosen, konsumiere nur Heroin ohne Beikonsum oder werde nicht von einem zweiten Arzt substitutiert), so kann ein den Vorsatz ausschließender Tatbestandsirrtum vorliegen. Beruht der Irrtum auf Fahrlässigkeit, entfällt die Strafbarkeit wegen § 29 Abs. 4 BtMG (vgl. BGHSt. 37, 383 = NJW 1991, 2359 m. Anm. *Moll* NJW 1991, 2334 = NStZ 1991, 439 m. Anm. *Hellebrand* NStZ 1992, 13 = StV 1991, 352).

53   **2. Subsumtionsirrtum.** Irrt der Arzt aber darüber, in welcher Anlage zum BtMG die verschriebenen Betäubungsmittel aufgenommen wurden, so handelt es sich um einen Subsumtionsirrtum, der zu einem vermeidbaren Verbotsirrtum führt.

54   **3. Verbotsirrtum.** Irrt der verschreibende Arzt über die Grenzen und den Umfang seiner Verschreibungsbefugnisse, z. B. ob seine Verschreibungspraxis der herrschenden medizinischen Lehre und den Grundsätzen der BtMVV entspricht, nimmt der verschreibende Arzt irrig an, zu Forschungszwecken auch ohne besondere Erlaubnis nach § 3 BtMG Betäubungsmittel der Anl. I verschreiben zu dürfen oder glaubt der Arzt irrig, ohne Untersuchung, Anamnese und Diagnose Betäubungsmittel der Anl. III zwar nicht abgeben aber verschreiben zu dürfen, so handelt es sich regelmäßig um irrige Einschätzungen der ärztlichen Begründetheit und Rechtmäßigkeit der Betäubungsmittelverschreibung. Dies stellt einen Verbotsirrtum dar, dessen Vermeidbarkeit den Vorsatz unberührt lässt, bei Unvermeidbarkeit aber die Schuld ausschließt (§ 17 Abs. 1 StGB; BGHSt. 29, 6 = NJW 1979, 1943). Die meisten Fehlvorstellungen sind jedoch durch Studium der Fachliteratur oder durch Einholen von juristischer Beratung vermeidbar (vgl. *BayObLG* NJW 1970, 529).

E. Versuch

55   Die versuchte **missbräuchliche Verschreibung** bleibt **straflos** (§ 29 Abs: 1 S. 1 Nr. 6, § 29 Abs. 2 BtMG). Dies ist regelmäßig der Fall, wenn sich der Arzt der Verschreibung nicht durch Übergabe an den Patienten oder Apotheker entäußert. Mit der Aushändigung der Verschreibung an den Patienten oder den Apotheker ist die Verschreibung **vollendet.** Mit der Belieferung des Rezeptes ist die Verschreibung **beendet.**

F. Täterschaft/Teilnahme

56   An der unerlaubten Verschreibung kann nicht nur der Patient oder der Apotheker, sondern jedermann als Mittäter oder Teilnehmer mitwirken. Seltsamerweise findet bisweilen zwischen Täter und Opfer eine Assimilation statt. So wie verschiedentlich sich zwischen Entführer und Entführungsopfer, zwischen Straftäter und Strafverfolger eine Annäherung entwickelt hat, wachsen bisweilen drogenabhängige Patienten und Drogenarzt über das Arzt-Patientenverhältnis hinaus zu einer besonderen Schicksalsgemeinschaft zusammen. Nicht selten handelt es sich bei Täter und Opfer, beim gegen das BtMG verstoßendem Arzt und drogenabhängigen Patienten um eine Allianz aus gescheiterten Existenzen, die sich in der Katastrophe wiederfinden, weil keine Kontrollinstanz frühzeitig eingreift, weil niemand weder den einen, noch dem anderen hilft bzw sie an ihrem Tun hindert.

G. Rechtsfolgen

I. Grundtatbestand

57   § 29 Abs. 1 S. 1 Nr. 6 lit. a BtMG bedroht missbräuchliche Verschreibungen mit Geldstrafe oder Freiheitsstrafe bis zu 5 Jahren. Folgende Tätergruppierungen sind schon nach ihrer Einlassung zu unterscheiden:

– Ärzte ohne Kenntnisse über Drogentherapie, die aus **Mitleid** den Täuschungen der drogenabhängigen Patienten erliegen und ihnen das verschreiben, was sie wollen,
– Ärzte, die entgegen den Erkenntnissen der ärztlichen Wissenschaft **ohne Fachwissen, aber mit missionarischem Eifer höchst umstrittene und riskante Therapiewege** beschreiten und zur Verschleierung Krankenunterlagen fälschen,
– Ärzte, die **aus Zeitnot** nicht erkennen, dass die Verschreibungen von Drogenabhängigen begehrt und missbraucht werden. Hier werden Betäubungsmittel und Arzneimitteln ohne Untersuchungen, ohne Dokumentation, ohne Kontrolle verschrieben, zum Teil um unliebe Patienten aus dem Besucherzimmer loszuwerden.
– Vornehmlich ältere und vielfach beruflich gescheiterte Ärzte, die über breites Klientel aus der Drogenszene und Vergnügungsvierteln, nicht selten **mit eigener Suchtproblematik,** verfügen. Bei dieser Gruppe hat ein ausgeprägtes, bisweilen **übersteigertes Gewinnstreben** das ärztliche Berufsethos und die ärztliche Pflicht zu heilen und niemandem zu schaden überschattet.

II. Besonders schwere Fälle

1. Geschriebene besonders schwere Fälle. Gewerbsmäßig missbräuchliche   **58** Verschreibungen oder Verabreichungen eines Arztes sind als besonders schwerer Fall nach § 29 Abs. 3 S. 2 Nr. 1 BtMG strafbar. Ein Arzt, der seine Praxis ohne Hygiene, ohne Fachliteratur, ohne ärztliche Instrumente, ohne Krankenunterlagen und ohne Personal als Rezeptverkaufsstelle für Süchtige betreibt und jedem Praxisbesucher Betäubungsmittel der gewünschten Art und Menge verschreibt, ohne nach der Verwendung der Betäubungsmittelverschreibung zu fragen, verfolgt keine therapeutischen Zwecke wie Schmerzlinderung oder Heilung von Krankheiten, sondern **rein wirtschaftliche Zwecke.**

Hat der Arzt durch eine ärztlich unbegründete Verschreibung die Ge-   **59** **sundheit mehrerer Menschen gefährdet,** so ist ein Fall des § 29 Abs. 3 S. 2 Nr. 2 BtMG gegeben. Erforderlich sind Gefährdungen, die über die mit der Rauschmitteleinnahme typischerweise verbundenen hinausreichen, da andernfalls jede oder nahezu jede Abgabe von Betäubungsmitteln an mindestens zwei Personen zur Anwendung des § 29 Abs. 3 Satz 2 Nr. 2 BtMG führen müsste; allein die Möglichkeit einer durch die Aufnahme des Rauschgifts verursachten Intoxikationspsychose oder die Befürchtung eines durch den Konsum mitbedingten Verharrens in der Sucht bei der Abgabe von 21 Packungen Rohypnol an einen erkennbar Drogensüchtigen reichen daher nicht aus (BGHR BtMG § 29 Abs. 3 Nr. 2 Gesundheitsgefährdung 1 = NStZ 2010, 170). Führen aber Verabreichungen von Betäubungsmitteln durch Setzen von unsterilen Spritzen oder Verwendung von gefährlichen oder unreinen Rauschgiftzubereitungen zur Gesundheitsgefahr mehrerer Menschen, so liegt ein besonders schwerer Fall i. S. v. § 29 Abs. 3 S. 2 Nr. 2 BtMG vor.

2. Ungeschriebene besonders schwere Fälle. Als **ungeschriebene beson-**   **60** **ders schwere Fälle** i. S. v. § 29 Abs. 3 S. 1 BtMG sind denkbar: Das Süchtigmachen einer nicht Drogen konsumierenden Person oder das Verführen eines entzogenen Drogenkonsumenten zum Rückfall durch missbräuchliche Verschreibungen. Ärztlich unbegründete Verschreibungen von Betäubungsmitteln führen häufig nicht nur die Gefährdung der Gesundheit, sondern sogar die **Gefahr des Todes** herbei. So kann die ambulante und unkontrollierte Verschreibung von Polamidon oder Ritalin an polytoxikomane Patienten, die hohe Dosen unsteril injizieren und die Drogenwirkung durch Einnahme von zusätzlichen Opiaten oder Opiatersatzmittel potenzieren, zu lebensbedrohlichen Zuständen führen. Da einerseits das Verbringen in die Gefahr des Todes nicht mehr wie in § 11 Abs. 4 Nr. 2 BtMG in § 29 Abs. 3 BtMG als Beispielsfall genannt ist und andererseits der Verbrechenstatbestand des § 30 Abs. 1 Nr. 3 BtMG nicht durch Verschreibungen bedroht ist, ist in diesen Fällen ein ungeschriebener besonders schwerer Fall nach § 29 Abs. 3 S. 1 BtMG zu prüfen.

III. Strafmilderungserwägungen

61   Zu den Strafmilderungsgründen im Allgemeinen s. Vorbem. §§ 29 ff. Rn. 124 ff.

62   **1. Altersabbauerscheinungen.** Es sind **nicht selten sehr alte Ärzte,** die sich auf missbräuchliche Betäubungsmittelverschreibungen an Drogenabhängige einlassen. Dies ist strafmildernd zu berücksichtigen.

63   **2. Drogenabhängigkeit und Alkoholsucht.** Nicht wenige Ärzte, die missbräuchliche Verschreibungen vorgenommen haben, kennen die **Suchtprobleme ihrer Patienten aus eigenem Erleben.** Ihre geringe Widerstandskraft gegen die Wünsche der Drogenabhängigen kann auch ohne Vorliegen des § 21 StGB strafmildernd berücksichtigt werden (vgl. auch Vorbem. §§ 29 ff. Rn. 132).

64   **3. Wirtschaftliche Verhältnisse.** Befasst sich ein Arzt, dessen **Praxisbetrieb fast zum Erliegen** gekommen ist, ohne zureichende Kenntnisse auf dem Gebiet der Suchtkrankheiten mit der Behandlung von Drogenabhängigen, um mit einer Substitutionsbehandlung, die nicht der ärztlichen Kunst entspricht, seinen Lebensunterhalt zu sichern, so vermag diese **Notsituation** strafmildernd zu wirken (vgl. auch Vorbem. §§ 29 Rn. 140).

65   **4. Strafmildernde Tatmotive und die notstandsähnlichen Situationen.** Verschreiben Ärzte an opiatabhängige Patienten Betäubungsmittel unter dem Deckmantel einer Substitutionstherapie, weil die therapieresistenten Patienten ihr **Mitleid** erregen und sie ihm helfen wollen, so kann diese kontraproduktive Hilfe dennoch strafmildernd gesehen werden.

66   **5. Mitverantwortung des Patienten.** Hat der Patient den Drogenarzt massiv **getäuscht, unter Druck gesetzt, bedroht oder erpresst,** so kann diese Mitverantwortung des Opfers am Tatgeschehen strafmildernd gewertet werden.

67   **6. Geringe Betäubungsmittelmengen.** Hat der Angeklagte nur in geringem Umfang Betäubungsmittel an Drogenabhängige verschrieben, so mildert dies die Strafe. §§ 29 Abs. 5, 31a BtMG finden beim Verschreiben von geringen Mengen keine Anwendung.

68   **7. Berufsrechtliche Konsequenzen.** Hat der Angekl neben der Straferwartung mit dem **Widerruf der Approbation** oder anderen **berufsbedingten Konsequenzen** zu rechnen, so ist dies strafmildernd zu berücksichtigen (*BGH* StV 2004, 71; zu den berufsrechtlichen Konsequenzen s. im Einzelnen Rn. 80 ff.).

IV. Strafschärfungserwägungen

69   Zu den Strafschärfungsgründen im Allgemeinen s. Vorbem. §§ 29 ff. Rn. 211 ff.

70   **Nicht strafschärfend** darf gewertet werden, dass es sich bei dem Angeklagten um einen Arzt handelt, der die Gefährlichkeit der Betäubungsmittel besonders kennt, denn diese Strafvorschrift wurde insbesondere für ärztliches Fehlverhalten geschaffen.

71   Die berufliche Stellung eines Täters darf nur zu seinen Lasten berücksichtigt werden, wenn **zwischen dem Beruf und der Straftat eine besondere Beziehung** besteht (*BGH* NStZ 2000, 37 = StV 2000, 487; *Schäfer/Sander/van Gemmeren* Rn. 345). Hier **verstößt** die **strafschärfende Wertung der Arzteigenschaft** gegen das **Verbot der Doppelverwertung von Tatbestandsmerkmalen.**

72   **1. Vorstrafen. Nicht nur Vorstrafen wegen missbräuchlicher Verschreibung** erweisen sich wegen Missachtung der Warnfunktion und wegen Uneinsichtigkeit als strafschärfend. Wurde dem Angeklagten die **Qualifikationsgenehmigung zur Abrechnung von Methadon-Substitutionsbehandlung** durch die Kassenärztliche Vereinigung **widerrufen** wegen laufender Nichtbeachtung der BtMVV und der Substitutions-Richtlinien, so wirkt sich strafschärfend aus, wenn er **anschließend** bei Privatpatienten **seine Verschreibungspraxis nicht änderte.**

2. Ausgeprägtes Gewinnstreben. Steht bei einer missbräuchlichen Substitu- 73
tionsbehandlung nicht der Wille, den Patienten zu heilen, sondern ein **ausgeprägtes Gewinnstreben** im Vordergrund, so kann dies straferhöhend gewertet werden, z.B. wenn ein Arzt sich im Ausland 3 kg Heroin für ein **medizinisches
Therapiezentrum** für Drogenabhängige beschafft, um dort den Patienten(innen)
gegen hohes Honorar kontrolliert Heroininjektionen verabreichen zu können (*LG
Frankfurt am Main*, Urt. v. 27. 7. 1982, 21 KLs – 89 Js 6256/82).

3. Ausnutzung der Drogenabhängigkeit und Minderjährigkeit zu Sexu- 74
alkontakten. Verschreibt der Arzt missbräuchlich Betäubungsmittel **unter der
Bedingung,** dass drogenabhängige Patientinnen sich vor ihm entkleiden, sich
selbst und anschließend ihn **sexuell befriedigen,** mit ihm **Geschlechtsverkehr
pflegen** oder **sexuelle Spiele** ausführen und richtet der Arzt für diese Art von
Kontakt einen eigenen **Raum mit Pornobildern und Videosexfilmen** ein, so
kann dieses Verhalten strafschärfend gewertet werden.

4. Menge und Gefährlichkeit der Betäubungsmittel. S. dazu § 29/Teil 4, 75
Rn. 366.

5. Dauer der Betäubungsmittelbehandlung. S. dazu § 29/Teil 4, Rn. 392. 76

6. Sorgfaltspflichtverletzungen. Je mehr Sorgfaltspflichten bei Untersu- 77
chung, Diagnose, Therapieplan, Dokumentation, Verlaufskontrolle usw. der Arzt
bei der Behandlung mit Betäubungsmitteln missachtet, umso strafwürdiger ist sein
Verhalten.

7. Zahl der missbräuchlichen Verschreibungen und Zahl der drogenab- 78
hängigen Patienten. Der Umfang der missbräuchlichen Verschreibungen bestimmt nicht nur den Schuldumfang, sondern beeinflusst erheblich die Strafhöhe.

8. Tatauswirkungen. Die Gesundheitsschäden oder Krisen durch missbräuch- 79
liche Verschreibungen wirken sich ebenso wie die Todesfälle der missbräuchlich
mit Betäubungsmitteln versorgten Patienten straferhöhend aus.

V. Verwaltungsrechtliche Maßnahmen

1. Überwachungsmaßnahmen nach § 22 BtMG. Die der **Verwaltungsbe-** 80
hörde zustehenden **Überwachungsmaßnahmen aus § 22 BtMG** enthalten
keine ausdrückliche Befugnis, Ärzten, die unkontrolliert Betäubungsmittel oder
kodeinhaltige Medikamente mit Suchtpotential an Drogenabhängige missbräuchlich verschreiben, **die Verschreibung von Betäubungsmitteln der Anl. III
auch nur teilweise oder nur vorläufig zu untersagen.** Die vorläufigen Anordnungen nach § 22 Abs. 1 Nr. 4 BtMG betreffen ausschließlich Sachverhalte, die
die Überwachungspersonen im Rahmen der Überwachungsmaßnahmen feststellen. Zwar kann ergänzend zu diesen Überwachungsbefugnissen auf die polizeiliche
Generalklausel Rückgriff genommen werden. Aber auch die **Maßnahmen nach
der polizeilichen Generalklausel** müssen dem Grundsatz der Verhältnismäßigkeit entsprechen. Ein Verbot jedweder Behandlung mit Medikamenten der Anl. III
zum BtMG in der Arztpraxis **kommt einem ärztlichen Berufsverbot gleich.**
Ein Berufsverbot setzt aber zuvor ein **Widerruf der Approbation** gem. § 5 BÄO
oder ein **Ruhen der Approbation** gem. § 6 BÄO voraus. Die Verwaltungsbehörde kann aber mit weniger schwerwiegenden Maßnahmen, wie z.B. Überwachung auf Einhaltung der aus § 5 Abs. 9 BtMVV folgenden Dokumentationspflichten oder mit Androhung und Festsetzung polizeilicher Zwangsmittel zur
Einhaltung der Verschreibungsvorschriften auf die Ärzte einwirken. Die Verwaltungsbehörde kann schließlich **beim BfArM anregen,** der Ärztin dem Arzt
die Ausgabe von Betäubungsmittelrezepten zu versagen (*OVG Saarland*
DRspr ROM Nr. 2004/2031).

81   **2. Verwaltungsrechtliches Ruhen oder Widerruf der Approbation.** Nach § 5 Abs. 2 S. 1 BÄO ist die **Approbation eines Arztes zu widerrufen,** wenn nachträglich die Voraussetzungen nach § 3 Abs. 1 S. 1 Nr. 2 BÄO weggefallen sind. Der Arzt muss sich also eines Verhaltens schuldig gemacht haben, aus dem sich seine **Unwürdigkeit oder Unzuverlässigkeit zur Ausübung des ärztlichen Berufes** ergibt. Eine **Unwürdigkeit** i. S. v. § 6 Abs. 1 Nr. 1 BÄO liegt vor, wenn der Arzt durch sein Verhalten nicht mehr das Ansehen und das Vertrauen besitzt, das für die Ausführung seines Berufes unabdingbar nötig ist. Eine **Unzuverlässigkeit** ist gegeben, wenn er nicht mehr die Gewähr dafür bietet, dass er in Zukunft seine beruflichen Pflichten zuverlässig erfüllen wird (*BVerwG* NJW 1993, 806; NJW 1998, 2756; *BVerwG* NJW 1999, 3425). Führt ein Arzt ein nicht zu billigendes Polamidon-Substitutions-Programm durch, so ist ein Widerruf seiner Approbation nur angezeigt, wenn ihm zuvor Kontrollauflagen gemacht wurden, die er nicht beachtete (*VGH München* NJW 1985, 2211). Ein außerhalb des beruflichen Bereiches liegendes Fehlverhalten des Arztes kann die zum Widerruf der Approbation führende Annahme der Unzuverlässigkeit oder Unwürdigkeit rechtfertigen. Eine strafgerichtliche Verurteilung kann geeignet sein, einen Arzt als unwürdig zur Ausübung des ärztlichen Berufes erscheinen zu lassen.

82   Ist **wegen des Verdachts einer Straftat,** aus der sich die **Unwürdigkeit** oder **Unzuverlässigkeit** zur Ausübung des ärztlichen Berufes ergeben kann, ein Strafverfahren eingeleitet worden, so kann gem. § 6 Abs. 1 Nr. 1 BÄO das Ruhen der Approbation angeordnet werden. Ein **nicht ausreichend vorbereiteter** und **nicht ausreichend ärztlich überwachter ambulanter TURBO-Entzug** mit Naltrexon, **die Entwendung von Opiaten aus einem Giftschrank des Krankenhauses** durch einen opiatsüchtigen Anästhesisten während des Dienstes oder **sexuelle Verfehlungen an drogenabhängigen Patienten in der Praxis** können nen der Anordnung des Ruhens der Approbation rechtfertigen. Auch das aus Gewinnerzielungsgründen **massenhafte Verschreiben von Psychopharmaka an Drogenabhängige** bzw. das Verschreiben bedenklicher und **gesundheitsschädlicher Diätpillencocktails und Schlankheitskapseln an Magersüchtige** und von **bedenklichen Anabolika an Leistungssportler** können die Anordnung des Ruhens der Approbation und deren sofortige Vollziehung rechtfertigen (*OVG Münster* MedR 1988, 55; *OVG Münster* MedR 1989, 44; *VGH Mannheim* NJW 1991, 2366; *OVG Münster* NJW 1997, 2470). Eine **krankhafte Spielleidenschaft, Alkohol- oder Betäubungsmittelsucht** ist ebenfalls geeignet, die Annahme seiner Unzuverlässigkeit zur Ausübung des ärztlichen Berufes zu begründen (*VGH Kassel* NJW 1986, 2390). Nach § 6 Abs. 1 Nr. 2 i. V. m. § 3 Abs. 1 S. 1 Nr. 3 BÄO kann das **Ruhen der Approbation** angeordnet werden, wenn der Arzt **wegen einer Sucht zur Ausübung des ärztlichen Berufes unfähig oder ungeeignet ist.** Hat die Kriminalpolizei bei einer Durchsuchung der Wohnung eines Arztes, der Unmengen von dem Betäubungsmittel Fortral bezogen hatte, ein mit zahllosen gebrauchten Spritzen, Kanülen, Venülen, Braunülen, blutigen Taschentüchern und Medikamenten übersäten Raum vorgefunden und an den Armen des Arztes zahlreiche entzündete Einstichstellen festgestellt und haben Haaruntersuchungen den Verdacht des **chronischen Fortralmissbrauches** ergeben, so ist trotz Bestreitens des Arztes der **sofortige Vollzug des Ruhens der Approbation** wegen Unfähigkeit oder mangelnder Eignung unerlässlich (*OVG Koblenz* NJW 1991, 2984).

83   **3. Berufsgerichtsverfahren.** Bei Verstößen gegen die ärztlichen Berufspflichten kann die Ärztekammer ein berufsgerichtliches Verfahren einleiten und beim **Berufsgericht für Heilberufe** eine **Anschuldigungsschrift** einreichen und die Feststellung beantragen, dass der Beschuldigte **zeitweilig oder dauernd berufsunwürdig** ist. Nach § 1 Abs. 2 BerufsO ist der Arzt verpflichtet, **das Leben zu erhalten, die Gesundheit zu schützen und wieder herzustellen,** sowie **Leiden zu lindern,** d. h. Krankheiten vorzubeugen, sie zu heilen und/oder ihre Folgen zu lindern.

4. Verweigerung der Ausgabe von Betäubungsmittelrezepten durch das 84
BfArM. Nach § 8 Abs. 2 BtMVV i. V. m. § 13 Abs. 3 BtMG kann das *BfArM* die
Ausgabe von Betäubungsmittelrezepten versagen, wenn der begründete Verdacht
besteht, dass die Betäubungsmittelrezepte nicht gemäß den betäubungsmittelrechtlichen Vorschriften verwendet werden (*OVG Berlin*, Beschl. v. 22. 10. 1999,
1 SN 90.99). Das *BfArM* kann mit dieser Maßnahme die Substitutionspraxis einschränken bis zunichte machen.

5. Unbefugte Führung der Berufsbezeichnung Arzt und die unberech- 85
tigte Ausübung der Heilkunde. Hat ein Angeklagter ohne medizinisches
Examen und ohne Approbation sich mit gefälschten Urkunden beworben und
jahrelang unbefugt als Arzt in einer Substitutionsambulanz gearbeitet und an drogenabhängige Patienten unerlaubt Substitutionsmittel wie Methadon zum unmittelbaren Verbrauch überlassen, so hat er sich damit des Betruges tateinheitlich mit
unbefugter Führung eines inländischen akademischen Grades und **unbe-**
fugter Führung der Berufsbezeichnung Arzt, wegen unberechtigter Aus-
übung der Heilkunde sowie tatmehrheitlich hierzu wegen unerlaubten Überlassens von Betäubungsmitteln zum unbefugten Verbrauch nach den §§ 263 Abs. 1,
132 a Abs. 1 Nr. 1 und 2 StGB, § 5 Heilpraktikergesetz, § 29 Abs. 1 S. 1 Nr. 6
i. V. m. § 13 BtMG strafbar gemacht (*AG Frankfurt*, Urt. v. 29. 4. 2004, 940 Ds
5240 Js 2067 48/03–1002).

VI. Strafrechtliches Berufsverbot

1. Voraussetzungen. Die **Sicherungsmaßnahme Berufsverbot soll die** 86
Allgemeinheit vor den Gefahren **schützen,** die aus der Ausübung eines Berufes
durch **unzuverlässige Personen** erwachsen. Das Berufsverbot kann gegen denjenigen angeordnet werden, der wegen einer rechtswidrigen Tat verurteilt wurde, die
er **unter Missbrauch seines Berufes oder unter grober Verletzung seiner**
Berufspflichten begangen hat, wenn eine Gesamtwürdigung des Täters und der
Tat die Gefahr erkennen lässt, dass er bei weiterer Berufsausübung vergleichbare
Straftaten begehen wird (*BGH* NStZ 2004, 442). Ein **Missbrauch des Berufs**
liegt aber nur dann vor, wenn die Tat in einem **inneren Zusammenhang mit**
der Berufsausübung steht, oder unter grober Verletzung aus mit diesem Beruf
verbundenen Pflichten begangen hat, die Unzuverlässigkeit des Täters gerade in
seinem Beruf erkennbar macht und deshalb Anlass gibt, die Allgemeinheit vor den
mit der weiteren Berufsausübung des Täters drohenden Gefahren zu schützen.
Dazu genügt es nicht, wenn der Angeklagte die Tat **nicht in Ausübung seines**
Berufes, sondern **bei Gelegenheit** begangen hat, so z. B. wenn ein Arzt **bei**
Gelegenheit ohne inneren Zusammenhang mit der Berufsausübung Betrügereien begeht (*BGH* NJW 1983, 2099 = StV 1983, 327). Anders kann es liegen, wenn ein süchtiger Arzt sich betrügerisch durch Praxisbedarfs-Rezepte Mor-
phiumampullen beschafft und **unter Drogeneinwirkung seine Patienten**
behandelt und gefährdet (vgl. *BGH* NStZ 2001, 85). Dieses Ausnutzen der
durch den Beruf gebotenen Möglichkeiten, ohne dass sie mit der Berufsausübung
in einem **inneren Zusammenhang** stehen, stellt nach ständiger höchstrichterlicher Rspr. keinen Missbrauch des Berufes dar (BGHSt. 22, 144; *BGH* NJW 1975,
1712; *BGH* StV 1983, 327; *BGH* wistra 1999, 222).

Verschreibt ein Arzt sachwidrig Betäubungsmittel, so liegt ein bewusster 87
Missbrauch des Arztberufes vor, der ein Berufsverbot nahelegt. Verschreibt ein aus
den ehemaligen GUS-Staaten stammender Arzt **große Mengen von Methadon**
an nicht drogenabhängige Landsleute, weil diese ihn bedrohen, und fördert so
den illegalen Methadon-Straßenhandel, so ist ein Berufsverbot zu prüfen. Ein
Diebstahl von Opiaten durch einen Arzt in einem Krankenhaus rechtfertigt
allein kein Berufsverbot. Hat ein Anästhesist und Notarzt mit Zugang zu Opiaten
aber **während seines Nachtdienstes** in einem Krankenhaus Opiate entwendet,
sich und anderen verabreicht, so steht die **Straftat mit der Berufsausübung**

in einem inneren Zusammenhang und es besteht die Gefahr, dass er bei einer weiteren Ausübung des Arztberufes unter Drogeneinwirkung **ärztliche Kunstfehler** begeht, Hygieneregeln, Meldepflichten, Hilfsmaßnahmen und Termine missachtet, erhebliche rechtswidrige Taten begeht wie Diebstähle und Verstöße gegen das BtMG. Es geht daher von ihm eine Gefahr für die Bevölkerung aus, wenn er die Gelegenheit hat, weiterhin als Arzt tätig zu sein (*Frankfurt* NStZ-RR 2001, 16). Das Gericht kann bei vorliegenden Voraussetzungen ein Berufsverbot deshalb für nicht erforderlich halten, weil die zuständige Verwaltungsbehörde das **Ruhen oder den Widerruf der Approbation** angeordnet hat. Bei der Anordnung des Ruhens oder des Widerrufs der Approbation handelt es sich um **eine Maßnahme zur Reinhaltung des Berufsstandes.** Das vom Gericht auszusprechende Berufsverbot ist unabhängig von der jederzeit abänderbaren Entscheidung der zuständigen Verwaltungsbehörde zu beurteilen und kann nicht im Hinblick auf ein Ruhen der Approbation unterbleiben (*BGH* NJW 1975, 2249; *Frankfurt* NStZ-RR 2001, 16). Das **Berufsverbot** ist hingegen zu verhängen, wenn es der **Schutz der Allgemeinheit vor weiterer Gefährdung im Falle der fortgesetzten Berufsausübung** erforderlich macht (*BGH* NJW 1975, 2249). Liegen lediglich Beanstandungen bezüglich der Behandlung suchtkranker Patienten vor, so ist es ausreichend, wenn das **Berufsverbot beschränkt** wird (Sch-Sch/*Stree*/*Kinzig* § 70 Rn. 15), z. B. durch Untersagung der Tätigkeit als Substitutionsarzt (vgl. BGHSt. 52, 271 = NStZ 2008, 574 = StV 2008, 471; BGHR BtMG § 13 Abs. 1 Abgabe 1 = A&R 2010, 37 m. Anm. *Winkler*).

88   **2. Vorläufiges Berufsverbot (§ 132 a StPO).** Lässt die Fehleinstellung des Arztes zu suchtkranken Patienten weitere rechtswidrige Taten befürchten, da der Angeschuldigte sich unbeeindruckt vom Gang des Ermittlungsverfahrens und von der Erhebung der Anklage zeigt und mit der rechtswidrigen Behandlung suchtkranker Patienten fortfährt, so kann angesichts der Gefährlichkeit für eine Vielzahl von Patienten im öffentlichen Interesse bereits vor der Hauptverhandlung ein **vorläufiges Berufsverbot** gem. §§ 70 StGB, 132 a StPO angeordnet werden. Der **Verhältnismäßigkeitsgrundsatz** gebietet es, das **Berufsverbot** auf einen unbedingt erforderlichen Umfang **zu beschränken,** so z. B. einem niedergelassenen Arzt **lediglich die Substitutionsbehandlung oder die Behandlung Drogenabhängiger** zu untersagen. Gleichzeitig wird der Beschuldigte darauf hingewiesen, dass er sich nach § 145 c StGB strafbar macht, wenn er gegen das Berufsverbot verstößt.

89   Ein vorläufiges Berufsverbot ist aufrechtzuerhalten, wenn dringende Gründe für die Annahme bestehen, dass gegen den Angeklagten ein Berufsverbot verhängt werden wird. Lassen die Feststellungen auf eine grundsätzliche Fehleinstellung zu den ärztlichen Sorgfaltspflichten erkennen und offenbaren sie bei dem Beschuldigten eine resistente Haltung gegenüber den Bemühungen des Aufsichtsbehörde und der Standesvertretung, so indizieren sie die Gefahr der Fortsetzung des deliktischen Handelns bei der weiteren Berufsausübung. Ist wegen dauernder Verhandlungsunfähigkeit das Strafverfahren gem. § 206 a StPO eingestellt worden, so sind die dringenden Gründe für die Annahme, dass ein endgültiges Berufsverbot angeordnet würde (§ 70 StGB) weggefallen und das Berufsverbot ist aufzuheben (*LG Darmstadt*, Beschl. v. 23. 12. 2002, 930 Js 400 22/97 KLs; vgl. *Meyer-Goßner* § 132 a Rn. 12).

90   **3. Endgültiges Berufsverbot.** Deuten die Straftaten auf eine grundsätzliche Fehleinstellung des Arztes zu seinem Beruf und in seinem Verhältnis als Arzt zu seinen Patienten hin und lässt diese Grundeinstellung generell die Begehung weiterer rechtswidriger Taten befürchten, so ist ein **umfassendes Berufsverbot** zu prüfen. Hat der Angeklagte trotz einschlägiger Vorstrafe und früherer zeitlich beschränkter Berufsverbote nach Ablauf der Beschränkung erneut missbräuchliche Verschreibungen vorgenommen und ist zu erwarten, dass die gesetzliche Höchstfrist von fünf Jahren (§ 70 Abs. 1 S. 1 StGB) zur Abwehr der Wiederholungsgefahr nicht ausreicht (§ 70 Abs. 1 S 2. StGB), so ist ein **lebenslanges Berufsverbot** zu verhängen).

H. Konkurrenzen
I. Verschreibung und Tathandlungen nach § 29 Abs. 1 S. 1 Nr. 1 BtMG

Die Begehungsweise des § 29 Abs. 1 S. 1 Nr. 6 lit. a BtMG **geht als spezielle** 91
Vorschrift dem Grundtatbestand des § 29 Abs. 1 S. 1 Nr. 1 BtMG **vor.** Die ärztlich unbegründete Verschreibung kann aber in **Tateinheit** stehen mit dem **Erwerb,** wenn ein süchtiger Arzt sich selbst Betäubungsmittel verschreibt. Mit der
Aushändigung eines ärztlich nicht begründeten Rezeptes kann nicht nur eine vollendete missbräuchliche Verschreibung, sondern auch ein tateinheitliches **Inverkehrbringen** vorliegen, wenn der Arzt wusste, dass Betäubungsmittel unerlaubt
weitergegeben werden (RGSt. 62, 369).

II. Verschreibung und Betrug

Werden **Kassenrezepte** ohne ärztliche Begründetheit ausgestellt, so kommt ne- 92
ben missbräuchlicher Verschreibung **Tateinheit mit Untreue** in Betracht, bei
Privatversicherten § 29 Abs. 1 S. 1 Nr. 6 lit. a **Tateinheit mit Betrug** (*Hügel/
Junge/Lander/Winkler* § 29 Rn. 15. 3. 12). Werden Betäubungsmittel entgegen § 5
Abs. 1 S. 1 BtMVV nicht auf **Betäubungsmittelrezept,** sondern auf einfachem
Rezept verschrieben, so liegt bei Vorsatz oder Leichtfertigkeit eine **Ordnungs-
widrigkeit** nach § 32 Abs. 1 Nr. 6 BtMG vor.

III. Verschreibung und Körperverletzungs-/Tötungsdelikte

Das ärztlich nicht begründete Verschreiben von Betäubungsmitteln kann in **Tat-** 93
einheit mit den Tatbeständen nach §§ 212, 223, 224, 226, 227 StGB stehen. Die
Einwilligung des Betroffenen in eine Körperverletzung ist möglich und nicht wegen Sittenwidrigkeit unwirksam; dies gilt jedoch nicht, wenn der Konsument in
konkret lebensgefährliche Verletzungen einwilligt (BGHSt. 49, 34, 43 f. = NStZ
2004, 204 [Injektion von Heroin]; *Fischer* § 228 Rn. 10). Im Hinblick auf den
durch das BtMG bezweckten Schutz der Volksgesundheit steht eine Einwilligung
einer Verurteilung nach § 29 Abs. 1 S. 1 Nr. 6 lit. a BtMG nicht entgegen
(BGHSt. 49, 34, 43 f. = NStZ 2004, 204).

Das ärztlich nicht begründete Verschreiben von Betäubungsmitteln kann recht- 94
lich sowohl mit einer **vorsätzlichen als auch mit einer fahrlässigen Körperverletzung** zusammenfallen. Hat der Arzt mit der ärztlich nicht begründeten
Verschreibung zwar Heil- oder Linderungszwecke verfolgt, aber gewusst, dass die
Patienten als Folge seiner Opiatverschreibungen einen Gesundheitsschaden davontragen werden, so konkurriert mit der Verschreibung eine vorsätzliche Körperverletzung. Musste er jedoch bei pflichtgemäßer Überlegung mit einem Gesundheitsschaden rechnen, so konkurriert mit der missbräuchlichen Verschreibung eine
fahrlässige Körperverletzung (RGSt. 77, 18/19). Dabei ist zu beachten, dass
sich der Arzt durch Nichtverschreibung eines Betäubungsmittels und durch
pflichtwidrige Aufrechterhaltung erheblicher Schmerzen wegen Körperverletzung
durch Unterlassung strafbar machen kann, wenn die Verschreibung ärztlich geboten war (RGSt. 75, 165; *Hamm* NJW 1975, 604; vgl. auch *Körner* MedR 1993,
257). In gleicher Weise kann die missbräuchliche Verschreibung in Tateinheit stehen mit **fahrlässiger Tötung** (*BGH* JR 1979, 429 m. Anm. *Hirsch*; *Hügel/Junge/
Lander/Winkler* § 29 Rn. 15. 3. 12).

Kap. 2. Unerlaubtes Verabreichen
und unerlaubte Verbrauchsüberlassung von Betäubungsmitteln
(§ 29 Abs. 1 S. 1 Nr. 6 lit. b BtMG)

Übersicht

A. Zweck der Vorschrift

Die Strafandrohung für das Verabreichen und die Verbrauchsüberlassung dient **95** der Volksgesundheit und geht auf die bereits bei der Verschreibung benannten Artikel der Suchtstoffübereinkommen von 1961 und 1971 zurück (vgl. dazu auch Rn. 1 ff.). Soweit die beiden Umgangsformen mit Betäubungsmitteln sich nicht auf eine begründete medizinische Versorgung von Patienten beschränken, verstoßen sie gegen § 13 Abs. 1 BtMG und sind nach § 29 Abs. 1 S. 1 Nr. 6 lit. b BtMG strafbar.

B. Objektiver Tatbestand

I. Betäubungsmittel

Die Strafbarkeit der unbegründeten Verabreichung und Verbrauchsüberlassung **96** ist nicht nur auf Betäubungsmittel der Anl. III beschränkt, sondern gilt für Betäubungsmittel aller drei Anlagen.

II. Verabreichen (1. Alternative)

1. Definition. Verabreichen ist die **unmittelbare Anwendung von Betäu- 97 bungsmitteln am Körper des Patienten ohne dessen aktive Beteiligung** (*Weber* § 29 Rn. 1338; *Hügel/Junge/Lander/Winkler* § 29 Rn. 15.4; *Franke/Wienroeder* § 29 Rn. 152). Es setzt keine Mitwirkung des Patienten voraus, nicht einmal, dass dieser die Anwendung bemerkt.

98   **2. Tathandlungen.** Zu der unmittelbaren Anwendung von Betäubungsmitteln bei einem anderen gehören das **Einflößen** betäubungsmittelhaltiger Speisen oder Getränke, das **Eingeben** von Tabletten, das **Injizieren,** das **Intubieren,** das **Einreiben,** das **Infundieren** und das **Inhalieren** von Betäubungsmitteln (BGHSt. 1, 130; *Köln,* Urt. v. 11. 9. 1979, 1 Ss 667/79). Auch das heimliche Beibringen und Einflößen stellt Verabreichen dar (s. dazu Rn. 113). Zu den Erscheinungsformen des Verabreichens durch Privatpersonen s. Rn. 117 ff. und durch Medizinalpersonen s. Rn. 124 ff.

99   **3. Abgrenzung zum straflosen Konsum.** Führt jemand sich selbst Betäubungsmittel ein, so stellt dies kein Verabreichen, sondern den straflosen Konsum dar, wenn der Konsument nicht die tatsächliche Verfügungsgewalt über die Betäubungsmittel erlangt hat (s. dazu im Einzelnen § 29/Teil 13, Rn. 27 ff.).

III. Überlassen zum unmittelbaren Verbrauch (2. Alternative)

100   **1. Definition.** Unter Überlassen zum unmittelbaren Verbrauch ist das **Zuführen einer Betäubungsmitteldosis an Dritte zum sofortigen Verbrauch an Ort und Stelle** (Alleinkonsum oder Mitgenuss) zu verstehen, ohne dass der Adressat an dem Stoff selbst Verfügungsgewalt erlangt (*BGH* NStZ-RR 1998, 347 = StV 1998, 592; *Weber* § 29 Rn. 1341; *Franke/Wienroeder* § 29 Rn. 153).

101   **2. Tathandlungen.** Im Gegensatz zum Verabreichen führt beim **Überlassen zum unmittelbaren Verbrauch** nicht der Täter, sondern der Empfänger die Betäubungsmittelanwendung bzw. -einführung am oder im eigenen Körper selbst durch. Der Empfänger einer unmittelbaren Verbrauchsüberlassung erlangt dennoch keinen Besitz, sondern nur eine Konsummöglichkeit (*Köln* NStZ 1981, 104). Die Verfügungsgewalt bleibt beim Überlassenden. Immer dann, wenn dem Empfänger freigestellt wird, über die Betäubungsmittel frei zu verfügen und er an den Betäubungsmitteln Besitz erlangt, liegt **keine Verbrauchsüberlassung, sondern eine Abgabe** von Betäubungmitteln vor (*BGH* NStZ 1997, 89 = StV 1997, 89; BGHR BtMG § 29a Abs. 1 Nr. 1 Überlassen 2 [1 StR 482/98]; *BGH* NStZ-RR 1998, 347 = StV 1998, 592 *Köln* NStZ 1981, 104; *Oldenburg* NStZ 1982, 121; *Düsseldorf* NStZ 1985, 415; *Frankfurt* StV 1989, 20; BayObLG NStZ-RR 1998, 149 = StV 1998, 592 m. Anm. *Körner; Hamburg* NStZ 2008, 287). Zu den Erscheinungsformen der Verbrauchsüberlassung durch Privatpersonen s. Rn. 105 ff. und durch Medizinalpersonen s. Rn. 124 ff.

IV. Unbegründetheit der Verabreichung oder Verbrauchsüberlassung

102   Das Verabreichen oder die Verbrauchsüberlassung ist strafbar, wenn die Tat gegen § 13 Abs. 1 BtMG verstößt, d. h. wenn die Betäubungsmittelanwendung **am** oder **im menschlichen oder tierischen Körper unbegründet** ist (s. dazu im Einzelnen Rn. 8 ff.).

V. Erlaubnispflicht

103   Für die Verabreichung und die Verbrauchsüberlassung von Betäubungsmitteln kann keine Erlaubnis nach § 3 BtMG erteilt werden, da sie allein Medizinalpersonen vorbehalten bleiben soll, deren Befugnis sich aus der Approbation und § 13 BtMG und nicht aus einer verwaltungsrechtlichen Erlaubnis ergibt.

VI. Täter

104   Der Straftatbestand gilt für jedermann, nicht nur für Medizinalpersonen wie Ärzte, Apotheker, medizinisches und pharmazeutisches Hilfspersonal, sondern auch für Privatpersonen und Beamte, Studenten, Lehrer, Schulkameraden, Eltern, Sozialarbeiter, Polizeibeamte oder Sanitäter.

C. Erscheinungsformen

I. Unerlaubte Verbrauchsüberlassungen durch Privatpersonen

Personen, die nicht in § 13 Abs. 1 BtMG genannt sind, machen sich bei dem **105** Verabreichen und Überlassen von Betäubungsmitteln zum unmittelbaren Verbrauch gem. § 29 Abs. 1 S. 1 Nr. 6 lit. b BtMG regelmäßig strafbar, da sie gegen § 13 Abs. 1 BtMG verstoßen und eine Erlaubnis nach § 3 Abs. 1 BtMG hierfür nicht vorgesehen ist. Werden die Betäubungsmittel nicht zur freien Verfügung, sondern zum sofortigen Verbrauch an Ort und Stelle übergeben, so liegt keine Abgabe, sondern ein Überlassen zum unmittelbaren Verbrauch vor (BGHR BtMG § 29 Abs. 1 Nr. 1 Abgabe 1 = StV 1991, 208; *BGH* NStZ-RR 1998, 347 = StV 1998, 592; *BayObLG* StV 2002, 263; *Hamburg* NStZ 2008, 287)

1. Teilnahme an Cannabisraucherrunden. Bei den Cannabisraucherrunden, **106** bei denen ein mit Haschisch oder Marihuana gefüllter Joint von einer Person zur Verfügung gestellt und dann mit einer oder mehreren Personen gemeinsam geraucht wird, kommt es für eine Strafbarkeit nach § 29 Abs. 1 S. 1 Nr. 6 lit. b BtMG darauf an, wieviele Personen an der Raucherrunde teilnehmen:

a) Raucherrunde mit 2 Personen. Besteht eine Raucherrunde aus zwei Per- **107** sonen, also der Person, die den Joint zur Verfügung stellt, und einem Mitkonsumenten, macht sich nur der Zurverfügungstellende nach § 29 Abs. 1 S. 1 Nr. 6 lit. b StGB strafbar (*Oldenburg* NStZ 1982, 121; *Düsseldorf* NStZ 1985, 415; *Patzak/Bohnen* Kap. 2, Rn. 74). Bei dem Mitkonsumenten liegt ein Fall des straflosen Konsums vor, da er keine tatsächliche Sachherrschaft an dem Joint erlangt (s. § 29/Teil 13, Rn. 29 ff.). Die Rückgabe des Joints an den Zurverfügungstellenden als Besitzer stellt keine unerlaubte Verbrauchsüberlassung dar.

b) Raucherrunde mit mindestens 3 Personen. Nehmen an der Raucher- **108** runde dagegen mehr als zwei Personen teil, erfüllt jeder den Straftatbesand des § 29 Abs. 1 Nr. 6 lit. b BtMG. Wird der Joint in der Raucherrunde von einem Konsumenten an den nächsten Mitkonsumenten weitergegeben, also nicht jedes Mal unter Einschaltung des Zurverfügungstellenden, liegt eine **eigenhängige Verbrauchsüberlassung** der Teilnehmer der Raucherrunde vor (*BayObLG* NStR-RR 1998, 149 = StV 1998, 592; *Köln* NStZ 1981, 104; *Düsseldorf* NStZ 1985, 415). Das *AG Böblingen* hat demgegenüber in dem Weiterreichen eines Joints durch einen konsumierenden Gast keinen Verstoß gegen § 29 Abs. 1 S. 1 Nr. 6 lit. b BtMG gesehen, da **der Gast nur als Bote für den Gastgeber** tätig werde und **ohne Herrschaftsgewalt auch nicht überlassen** könnte *(AG Böblingen* NStZ 1992, 192). Dabei verkennt *das AG Böblingen*, dass ein Besitz an den Betäubungsmitteln zur Erfüllung des Tatbestandes nicht erforderlich ist (*Düsseldorf* NStZ 1985, 415). Die Verbrauchsüberlassung scheidet jedoch aus, wenn der **Joint** nicht weitergereicht wird, sondern **an den Gastgeber zurückgegeben** wird. Wird der Joint aber anschließend vom Zurverfügungstellenden an den nächsten Mitkonsumenten weitergeben, ist eine **gemeinschaftliche Verbrauchsüberlassung** (§ 25 Abs. 2 StGB) anzunehmen (*BayObLG* NStR-RR 1998, 149 = StV 1998, 592; *Weber* § 29 Rn. 1347; MK-StGB/*Kotz* § 29 Rn. 1065; *Patzak/Bohnen* Kap. 2, Rn. 75 f.).

2. Sonstige Konsumgemeinschaften. Die vorgenannten Grundsätze zum **109** Konsum von Cannabis in Raucherrunden gelten auch für die gemeinsame Einnahme von sonstigen Betäubungsmitteln. Wird z.B. eine Heroinspritze in einer Runde mit mehreren Personen zum sofortigen Konsum weitergegeben, stellt jede Weitergabe mit Ausnahme einer solchen an den Zurverfügungstellenden eine unmittelbare Verbrauchsüberlassung dar.

Bietet ein unbekannter Autofahrer auf einem Autospiegel den Insassen seines **110** Fahrzeugs oder der Chauffeur dem seinen Dienstherrn ausgebreitete **Kokainlinien zum Inhalieren oder Schnupfen** an, so überlässt er den Insassen Betäubungsmittel zum Verbrauch, während die Verbraucher durch das bloße Einziehen keine ungehinderte Einwirkungsmöglichkeit erlangen, auch wenn sie sich die zu inhalierende Menge selbst abteilen durften (*Berlin*, Beschl. v. 15. 6. 1988, (4) 1 Ss 120/88). Wird das bereitgelegte Kokain aber mit *einem* Konsumutensil eingenommen (Röhrchen oder Geldschein), das in der Runde von Konsument zu Konsument weitergegeben wird, liegt wieder eine unmittelbare (gemeinschaftliche) Verbrauchsüberlassung vor (*Patzak/Bohnen* Kap. 2, Rn. 78; *Weber* § 39 Rn. 1348)

111   **3. Konsumraumfälle.** Stellt ein Betreiber eines Konsumraums Besuchern ohne Stoff Betäubungsmittel, die andere Gäste zurückgelassen haben, zum Verbrauch zur Verfügung, so ist der Tatbestand erfüllt. Ein Besucher eines Konsumraumes, der Betäubungsmittel an einen anderen Besucher des Gesundheitsraums nur zum Mitgenuss bzw. in verbrauchsgerechter Menge zum sofortigen Verbrauch an Ort und Stelle abgibt, macht sich wegen Überlassung von Betäubungsmitteln zum unmittelbaren Verbrauch strafbar (§ 29 Abs. 1 S. 1 Nr. 6 lit. b BtMG), z. B. ein Süchtiger, der nach Erhitzen des Heroins **auf einem Teelöffel den Rest seines Heroinhits** einem anderen Fixer zur Verfügung stellt. Auch wenn der Empfänger zögert, die Injektion mit der erhaltenen gebrauchten Spritze vorzunehmen, so geschieht diese Überlassung dennoch zum sofortigen Verbrauch (*BayObLG* NStZ 1990, 395 = StV 1990, 356; *Hamm* StV 1989, 438; *Berlin* StV 1991, 520). Wer einem Drogenabhängigen **regelmäßig unentgeltlich Konsumportionen Heroin auf einem Löffel zum Aufziehen einer Spritze aushändigt,** macht sich wegen Verbrauchsüberlassung strafbar, während der Verbraucher straflos konsumiert (*BGH* NStZ 1993, 191 = StV 1993, 132).

112   **4. Bordellfälle und Hotelfälle.** Hat ein Freier, Bordellkunde, Hotelgast bei einem Hotel, Bordell, Escortservice ein Zimmer und eine Prostituierte (Liebesdienerin, Dirne, Hostess, Masseuse) gebucht und eine Luxusausführung bestellt und werden später in diesem Raum Betäubungsmittel sichergestellt, so sind folgende Fälle zu unterscheiden: Hat der Freier die Betäubungsmittel bestellt und zur Bereicherung der sexuellen Lust die Betäubungsmittel auch der Liebesdienerin überlassen, so macht er sich wegen Erwerbs und Überlassens von Betäubungsmitteln strafbar. Hat der Zuhälter der Prostituierte und unbestellte Betäubungsmittel angeliefert und beides dem Freier zum Genuss überlassen, so ist zwar der Zuhälter wegen unerlaubten Erwerbs und Überlassens von Betäubungsmitteln strafbar, der Freier bleibt aber wegen selbstschädigenden Konsums straflos. Gehörten Kokain und Champagner zum bestellten Luxusgedeck des Hauses, obwohl der Gast gar keine Betäubungsmittel zu konsumieren wünscht, so macht er sich wegen Überlassens von Betäubungsmitteln strafbar, wenn er diese der Hostess zur Verfügung stellt.

113   **5. Heimliche Betäubungsmittelüberlassungen.** Das Überlassen von Betäubungsmitteln zum unmittelbaren Verbrauch kann **auch heimlich** geschehen, was bei der Strafzumessung strafschärfend wirkt. Mischt eine **Bardame ihrem Freier** ein **Betäubungsmittel in das Getränk,** um ihn später auszurauben, so liegt nicht nur eine Körperverletzung (*BGH* NStZ-RR 1996, 100), sondern auch die Überlassung von Betäubungsmitteln zum unmittelbaren Verbrauch nach § 29 Abs. 1 S. 1 Nr. 6 lit. b BtMG vor. Ein **Soldat,** der seinen Vorgesetzten **bei der Bundeswehr** oder einer Zivilangehörigen der Bundeswehr heimlich Cannabis oder Ecstasy-Tabletten **in die Kaffeetasse oder das Bierglas** mischt, begeht nicht nur ein unerlaubtes Überlassen von Betäubungsmitteln, sondern auch ein **Dienstvergehen** (BVerwGE 103, 295 = NVwZ-RR 1997, 236; *BVerwG* NJW 1998, 1730).

114   **6. Betäubungsmittelüberlassung zu Dopingzwecken.** Hat ein Trainer dem ihm anvertrauten Sportler/innen Betäubungsmittel in die Nahrungsergänzungsmittel eingemischt und das Gemisch zu den vorgesehenen Terminen zur Einnahme überlassen, so macht er sich nach § 29 Abs. 1 S. 1 Nr. 6 lit. b BtMG strafbar.

115   **7. Prämortale Betäubungsmittelüberlassungen zum Sterben; aktive und passive Sterbehilfe mit Betäubungsmitteln.** Nach ständiger Rspr. des *BGH* und nach der einhelligen Lehre werden die Selbsttötung und die Teilnahme am

Freitod eines unheilbaren Schwerstkranken, der sich voll verantwortlich zu einem Suizid entschlossen hat, zwar missbilligt (vgl. BGHSt. 6, 147), sind aber nicht strafbar (BGHSt. 32, 262 = NJW 1984, 1469; BGHSt. 46, 279 = NStZ 2001, 324 = StV 2001, 684; Sch-Sch/*Eser* Vorbem. §§ 211 ff. Rn. 35; vgl. dazu auch § 30 Rn. 99). Hat ein **Freitodbegleiter** auf Wunsch eines unheilbar Schwerkranken, eines lebensmüden Patienten und nicht aufgrund eines überlegenen Sachwissens eines anderen, einem Suizidanten Betäubungsmittel zur Lebensbeendigung verabreicht, eingeflößt oder injiziert, so kommt eine strafbare Tötung auf Verlangen nach § 216 StGB in Betracht. Hat er dem lebensmüden Schwerkranken die Betäubungsmittel zur eigenhändigen Selbsttötung überlassen, so liegt eine **straflose Beihilfe zur Selbsttötung** nahe. Im ersten Fall liegt eine **aktive Tötung auf Verlangen** in Täterschaft vor, da sich der Lebensmüde in die Hand des Freitodbegleiters begibt und duldend von ihm Art und Zeitpunkt des Todes entgegennimmt. Im zweiten Fall ist die **Sterbehilfe passiv**, da sie dem lebensmüden Schwerkranken die volle Freiheit belässt, ob, wann und wie er sein Leben beendet. Der Freitodbegleiter begeht dann nur straflose Beihilfe zum Suizid.

Hat auf Wunsch eines unheilbar schwerkranken, lebensmüden Patienten ein **116** Freitodbegleiter mit einem ärztlichen Gutachten und Rezept in einer schweizer Apotheke 10 g des rasch anflutenden, starken **Betäubungsmittels Natrium-Pento-Barbital erworben, nach Deutschland eingeführt und dem Schwerkranken zur Selbsttötung überlassen,** so liegt zwar kein **Tötungsdelikt, aber Einfuhr und Überlassung des Betäubungsmittels** vor. Hat der Angeklagte in altruistischer Weise ohne Gefährdung Dritter lediglich aus humanem Engagement Betäubungsmittel einem Schwerstkranken zum freien Suizid beschafft, so kann sich im Rahmen der Strafzumessung das Ermessen des Tatrichters so verengen, dass lediglich eine Verwarnung mit Strafvorbehalt nach § 59 StGB dem Sonderfall gerecht wird. Der **Tatbestand der Betäubungsmittelüberlassung mit leichtfertiger Todesverursachung gem § 30 Abs. 1 Nr. 3 BtMG** ist bei diesem Sachverhalt wegen **Nichtvorliegens von Leichtfertigkeit** nicht erfüllt. Denn die Betäubungsmittelbeschaffung entsprang weder besonderem Leichtsinn noch besonderer Gleichgültigkeit, sondern **besonderer Verantwortung und besonderem Engagement** (s. dazu § 30 Rn. 115 ff.). Hat der Angeklagte irrtümlich angenommen, die Betäubungsmittelbeschaffung sei ebenso wie die Teilnahme am Freitod nicht rechtswidrig, so ist dieser Verbotsirrtum jedoch vermeidbar angesichts der leicht zu erfragenden, eindeutigen Rechtslage in der Schweiz und in Deutschland (BGHSt. 46, 279 = NStZ 2001, 324 = StV 2001, 684 m. Anm. *Sternberg-Lieben* JZ 2002, 153).

II. Unerlaubte Verabreichungen durch Privatpersonen

Wenn ein Dealer einen Neugierigen „**anfixt**", ein Fixer einem anderen Fixer **117** eine **Betäubungsmittelspritze setzt,** wenn jemand einem Konsumenten eine Plastiktüte überstülpt und ihn **mit Betäubungsmitteldämpfen einräuchert,** liegt ein Verstoß gegen § 13 Abs. 1 BtMG und damit ein Vergehen nach § 29 Abs. 1 S. 1 Nr. 6 lit. b BtMG vor, da **Betäubungsmittelverabreichungen den Ärzten,** und diese nur in beschränktem Umfang, **vorbehalten sind.** Auch **heimliche und gewaltsame Verabreichungen** sind tatbestandsmäßig.

1. Betäubungsmittelverabreichungen zum Lebensbeginn. a) Pränatale 118 Betäubungsmittelverabreichungen. Gem. § 223 StGB macht sich wegen Körperverletzung strafbar, wer einen anderen körperlich misshandelt oder an der Gesundheit beschädigt. Die körperliche Misshandlung oder Gesundheitsbeschädigung ist aber nur strafbar, wenn es sich bei dem Opfer um **einen geborenen Menschen** handelt (Sch-Sch/*Eser/Sternberg-Lieben* § 223 Rn. 1). **Pränatale Einwirkungen auf die Leibesfrucht,** die sich nach der Geburt auswirken, sind nach den §§ 223 ff., 229, 211, 222 StGB nicht strafbar, weil zu diesem Zeitpunkt der **Nasciturus noch nicht Objekt und Opfer einer Tat sein kann** (vgl. BGH NStZ 2008, 393 = StV 2008, 246; *Fischer* Vor § 211–216, Rn. 4; a. A. Sch-

Sch/*Eser*/*Sternberg-Lieben* § 223 Rn. 1 a, wonach es auf den Zeitpunkt ankommen soll, in dem sich die Handlung auszuwirken beginnt). Hat eine heroin- und methadonabhängige Schwangere in der 8. Schwangerschaftswoche Kokain genommen und hat das Kokain die Blutzufuhr unterbrochen und zu einer Verkümmerung der linken Hand und des rechten Fußes des Fötus geführt, so bleibt diese Gesundheitsbeschädigung und Missbildung straflos. Die **Weitergabe von Betäubungsmitteln von der Mutter an das ungeborene Kind** ist keine Abgabe und kein Verabreichen i. S. d. BtMG. Hat eine drogenabhängige Mutter oder ein Dritter durch Einnahme bzw. Verabreichung von Betäubungsmitteln das Absterben der noch lebenden Frucht im Mutterleib oder den Abgang der Frucht in nicht lebensfähigem Zustand herbeigeführt, so gilt dies als **Schwangerschaftsabbruch** i. S. v. § 218 StGB (BGHSt. 10, 5, 293; BGHSt. 13, 24; *BGH* NStZ 2008, 343 = StV 2008, 246). Vollendet ist die Tat mit dem Absterben der Frucht. Kommt es infolge der Betäubungsmitteleinnahme aber nicht zur Tötung der Leibesfrucht, so ist der **versuchte Eigenabbruch** straflos, der **versuchte Fremdabbruch** aber strafbar (§ 218 Abs. 4 StGB).

119   **b) Postnatale Betäubungsmittelverabreichungen.** Eine rauschgiftsüchtige Mutter, die ihr Baby durch **Stillen mit drogenversetzter Muttermilch** schwer gesundheitlich schädigt, kann sich wegen fahrlässiger Körperverletzung und wegen Verabreichung von Betäubungsmitteln strafbar machen. Das *LG Bayreuth* (Beschl. v. 11. 7. 2003, 1 KLs 1 Js 8739/02) hatte einen derartigen Fall zu entscheiden, bei dem bei einem einjährigen Kind eine mehrmonatige Aufnahme einer hohen Amphetaminmenge festgestellt wurde. Das Hauptverfahren wurde jedoch nicht eröffnet, da nicht zweifelsfrei festzustellen war, auf welchem Wege, durch Vater oder Mutter, die erheblichen Amphetaminmengen in den Körper des Kindes gelangt waren.

120   **2. Betäubungsmittelverabreichungen in Konsumräumen.** Wenn in einem behördlich genehmigten Konsumraum ein Sozialarbeiter einem Besucher mit stark zerstochenen und vereiterten Venen die vorbereitete Heroinspritze unter Vermeidung von Wunden und Schmerzen setzt, so erfüllt diese Hilfstätigkeit den Tatbestand eines strafbaren Verabreichens von Betäubungsmitteln. Wer sich, ohne eine Gegenleistung zu gewähren, von einem Dritten diesem gehörendes Heroin injizieren lässt, kann nicht wegen Beihilfe zur Verabreichung von Betäubungsmitteln nach § 29 Abs. 1 S. 1 Nr. 6 lit. b BtMG bestraft werden, sondern bleibt wegen Konsums straflos (*Berlin* JR 1991, 169).

121   **3. Betäubungsmittelverabreichungen im Sport.** Injiziert ein Sportarzt einem Sportler eine Vitaminspritze, der er zu Dopingzwecken ein Betäubungsmittel beigemischt hat, so macht er sich wegen unerlaubter Verabreichung von Betäubungsmitteln strafbar.

122   **4. Betäubungsmittelverabreichungen am Lebensende als aktive Sterbehilfe.** Hat ein Freitodbegleiter auf Wunsch eines unheilbar schwerkranken und lebensmüden Patienten und nicht aufgrund eines überlegenen Sachwissens einem Suizidanten Betäubungsmittel zur Selbsttötung verabreicht, eingeflößt oder injiziert, so kommt eine **strafbare Tötung auf Verlangen nach § 216 StGB** in Betracht, da sich der Lebensmüde in die Hand des Freitodbegleiters begibt und duldend von ihm Art und Zeitpunkt des Todes entgegennimmt. Gleichzeitig macht sich der Freitodbegleiter wegen **unerlaubten Verabreichens von Betäubungsmitteln** nach § 29 Abs. 1 S. 1 Nr. 6 lit. b BtMG strafbar.

123   Der Tatbestand der **Betäubungsmittelverabreichung mit leichtfertiger Todesverursachung gem. § 30 Abs. 1 Nr. 3 BtMG** ist bei diesem Sachverhalt aber wegen Nichtvorliegens von **Leichtfertigkeit** nicht erfüllt. Denn die Betäubungsmittelbeschaffung und die Betäubungsmittelverabreichung entsprangen weder besonderem Leichtsinn noch besonderer Gleichgültigkeit, sondern besonderer Verantwortung und besonderem Engagement (BGHSt. 46, 279 = NStZ 2001, 324 = StV 2001, 684; s. dazu auch § 30 Rn. 115 ff.).

III. Verabreichungen und Verbrauchsüberlassungen von Medizinalpersonen

Es besteht ein Unterschied zur Tatbegehungsweise des Verschreibens von Betäu- **124** bungsmitteln der Anl. III. Während nach § 13 Abs. 1 BtMG nur Ärzte Betäubungsmittel der Anl. III verschreiben dürfen, dürfen medizinisches und pharmazeutisches Hilfspersonal Betäubungsmittel der Anl. III verabreichen und zum unmittelbaren Gebrauch überlassen, wenn im Rahmen der ärztlichen Behandlung einschließlich der ärztlichen Behandlung einer Betäubungsmittelabhängigkeit ihre Anwendung am menschlichen Körper begründet ist und der beabsichtigte Zweck nach Einschätzung des Arztes auf andere Weise nicht erreicht werden kann (§ 13 Abs. 1 S. 2 BtMG). **Das medizinische und pharmazeutische Hilfspersonal des Arztes** ist aber nur dann zur Verabreichung und Überlassung befugt, wenn es von diesem **besonders angewiesen, beauftragt, eingewiesen und kontrolliert** wird (vgl. § 5 Abs. 6 BtMVV). Die ärztliche Anweisung rechtfertigt ihr Tun, ohne dass sie die ärztliche Behandlung überprüfen müssen. Die rechtliche und fachliche **Verantwortung** für das Überlassen eines Betäubungsmittels als Schmerzmittel zum unmittelbaren Verbrauch verbleibt somit **beim Arzt.**

Nicht die Verabreichung, aber die Überlassung von Betäubungsmitteln der **125** Anl. III zum unmittelbaren Verbrauch im Rahmen einer Substitutionsbehandlung durch Ärzte und entsprechendes Hilfspersonal ist in § 5 Abs. 6 und Abs. 7 BtMVV besonders geregelt. Diese Regelungen ermöglichen eine dezentralisierte Vergabe des Substitutionsmittels in Arztpraxen, Kliniken, Ambulanzen, Gesundheitsämtern, Apotheken und Krankenhäusern, verringern unnötige Anreisewege und schaffen Lösungen für die Vergabe von Substitutionsmitteln an Wochenenden und Feiertagen, im Urlaub und im Krankheitsfall für Patient und Arzt. Gleichzeitig ist durch diese Regelung die Verantwortung des Arztes gewachsen, der diese Regelung nur ausschöpfen darf, als dadurch Sicherheit und Kontrolle des Betäubungsmittelverkehrs nicht gefährdet wird.

1. Unbefugte Medizinalpersonen. Eine Verbrauchsüberlassung bzw. Verab- **126** reichung von Betäubungsmitteln liegt vor, wenn andere als die in § 5 Abs. 6 BtMVV beschriebenen Medizinalpersonen Betäubungsmittel der Anl. III zum unmittelbaren Verbrauch überlassen, da es dann an einer begründeten ärztlichen Behandlung i. S. v. § 13 Abs. 1 BtMG fehlt. Gibt im Rahmen eines ambulanten Substitutionsprogrammes an Stelle des abwesenden Arztes ein **Student,** ein **Rettungssanitäter** oder ein **Teilnehmer des Substitutionsprogrammes** Methadon zum unmittelbaren Verbrauch aus, so macht er sich nach § 29 Abs. 1 S. 1 Nr. 6 lit. b BtMG strafbar, da er nicht nur gegen § 5 Abs. 6 und Abs. 7 BtMVV, sondern auch gegen § 13 Abs. 1 BtMG verstößt. Gleiches gilt für **falsche Ärzte,** die sich mit gefälschten Urkunden die Führung eines akademischen Grades, die Berufsbezeichnung Arzt und eine Stelle in einer Substitutionsambulanz erschlichen haben, wo sie an Drogenabhängige Substitutionsdrogen zum unmittelbaren Verbrauch überlassen (*AG Frankfurt,* Urt. v. 29. 4. 2004, 940 Ds 5240 Js 206.748/03–1002).

2. Betäubungssmittel der Anl. I und II. Die Verabreichung oder Ver- **127** brauchsüberlassung im Rahmen einer ärztlichen Behandlung ist unbegründet, wenn **Betäubungsmittel der Anl. I oder II** Verwendung finden (§ 13 Abs. 1 S. 3 BtMG).

3. Andere als in der BtMVV zugelassene Betäubungsmittel der **128** **Anl. III.** Die ärztliche Verabreichung und Gebrauchsüberlassung ist unbegründet, wenn andere als in der BtMVV nur für bestimmte Verschreibungszwecke zugelassene Betäubungsmittel zum Verbrauch überlassen oder verabreicht werden.

4. Codein und Dihydrocodein. Eine Substitutionsbehandlung ist unbegrün- **129** det i. S. v. § 13 Abs. 1 BtMG, wenn im Normalfall einer Substitution **Codein** oder

Dihydrocodein entgegen § 5 Abs. 4 S. 2 BtMVV oder entgegen § 5 Abs. 6 S. 3 BtMVV zum Verbrauch überlassen werden (s. dazu Rn. 29).

130   **5. Ungeeignete Substitutionsmittel.** Eine ärztliche Behandlung verstößt gegen § 13 Abs. 1 BtMG, wenn ein ungeeignetes Betäubungsmittel an einen Drogenabhängigen zu Substitutionszwecken verabreicht oder zum unmittelbaren Verbrauch überlassen wird wie z. B. **Flunitrazepam an einen Heroinabhängigen** oder **Methadon an einen Kokainabhängigen.**

131   **6. Überhöhte und lebensbedrohliche Dosierungen.** Eine ärztliche Behandlung verstößt gegen § 13 Abs. 1 BtMG i. V. m. § 5 Abs. 6 und Abs. 8 BtMVV, wenn Betäubungsmittel in erkennbar **überhöhter bzw. lebensbedrohlicher Dosierung** zum Verbrauch überlassen werden oder verabreicht werden.

132   **7. Riskante Darreichungsformen.** Eine ärztliche Behandlung verstößt gegen § 13 Abs. 1 und Abs. 2 BtMG, wenn Betäubungsmittel in einer **unverträglichen, gesundheitlich riskanten Darreichungsform** dem Patienten zum unmittelbaren Verbrauch überlassen oder verabreicht werden. So ist im Rahmen des § 5 BtMVV für die Substitutionsbehandlung drogenabhängiger Patienten ein oraler Vergabemodus genau vorgeschrieben worden. Die ersten 6 Monate soll der Teilnehmer an einer Substitutionsbehandlung täglich eine 1,0%ige Methadonhydrochlorid-Trinklösung vor den Augen des Therapeuten hinunterschlucken. Da Drogensüchtige immer wieder versuchen, die **Methadon-Trinklösung nicht oral einzunehmen, sondern intravenös zu injizieren,** kommt es zu **Spritzenabszessen, Thrombosen und Venenverödungen.** Eine durch Methadoninjektionen bedingte Gefährdung von Suchtkranken lässt sich vermeiden, wenn die Methadon-Trinklösung durch geeignete Zusätze für Injektionen unattraktiv gemacht wird (*Servais* DÄrzteBl. 1999, 761). Verabreicht ein Arzt Polamidon im Rahmen einer Substitutionsbehandlung in der Praxis nicht oral, sondern parenteral oder überlässt er einem Patienten Polamidonflaschen zur häuslichen Injektion, so stellt dies zwar keine Straftat nach § 16 BtMVV i. V. m. § 29 Abs. 1 S. 1 Nr. 14 BtMG dar, kann aber gegen § 13 Abs. 1 BtMG verstoßen, da regelmäßig die orale Aufnahme und **nur als Ultima ratio die parenterale Aufnahme** in Betracht kommen.

133   **8. Unkontrollierte Verbrauchsüberlassungen.** Eine **unkontrollierte Verbrauchsüberlassung** von Betäubungsmitteln ist unbegründet i. S. v. § 13 Abs. 1 BtMG, wenn die Betäubungsmittel in einer nicht die Sicherheit und Kontrolle des Betäubungsmittelverkehrs gewährleistenden Form den Teilnehmern eines Substitutionsprogrammes überlassen werden, so wenn die drogenabhängigen Patienten nicht einzeln unter Augenkontrolle der Ausgabeperson die Substitutionsdroge trinken, sondern gemeinsam sich die Pola-Fläschchen zum Austrinken nehmen dürfen. Es besteht nämlich die Gefahr, dass Pola-Flaschen entwendet, nur halb ausgetrunken, volle Fläschchen durch leere Fläschchen ausgetauscht werden und die erschlichenen Mengen in der Drogenszene verkauft werden.

134   **9. Verbrauchsüberlassungen ohne Untersuchung.** Die Verabreichung oder Gebrauchsüberlassung der Betäubungsmittel der Anl. III ist unbegründet, wenn **keine Untersuchung, Anamnese, Diagnose** und **Behandlungskonzept vorausgegangen sind,** so z. B. wenn Methadon oder Polamidon als Substitutionsdroge an eine **nicht opiatabhängige Person** verabreicht oder zum unmittelbaren Verbrauch überlassen wird (*BGH* NStZ 1998, 414 = StV 1998, 593).

135   **10. Verbrauchsüberlassungen zu Genusszwecken.** Eine ärztliche Behandlung verstößt gegen § 13 Abs. 1 BtMG, wenn ein Betäubungsmittel der Anl. III an einen Drogenabhängigen nicht zur Heilung oder zur Linderung, sondern **zu Genusszwecken** verabreicht oder zum unmittelbaren Verbrauch überlassen wird (anders noch nach dem OpiumG, vgl. RGSt. 62, 391). Betreibt ein Arzt eine Privatklinik für Drogenabhängige, ohne diese dort zu behandeln, um dort den Drogenkranken Betäubungsmittel oder Arzneimittel gewinnbringend zu verabreichen

oder zum Verbrauch zu überlassen, so fehlt es an einer Behandlung i. S. v. § 13
BtMG. Verschreibt ein Arzt Betäubungsmittel zur angeblichen Schmerzbehandlung
oder zur angeblichen Behandlung von Hals-, Nasen-, Ohrenerkrankungen, um in
Wirklichkeit Drogenabhängige ohne diese Beschwerden mit Betäubungsmitteln zu
versorgen und **fälscht er** entsprechend dieser Absicht die **Patientenunterlagen,**
so liegt eine **fingierte Indikation** und damit eine unbegründete Behandlung vor.
Verabreicht ein Arzt bei einer drogenabhängigen Patientin weder zur Schmerzbehandlung, noch zu Substitutionszwecken Polamidon in gewünschter Menge zur
Suchtbefriedigung und bezahlt die Patientin den Arztbesuch mit einem Geschlechtsverkehr, so verstößt die Verabreichung gegen § 13 Abs. 1 BtMG.

11. Verbrauchsüberlassung an unerlaubten Orten. Wenn Betäubungsmittel **136**
der Anl. III von berechtigten Medizinalpersonen zu Substitutionszwecken im
Rahmen einer ärztlich begründeten Behandlung an anderen als in § 5 Abs. 6,
Abs. 7 und Abs. 12 BtMVV beschriebenen Ausgabeorten zum Verbrauch überlassen wird, so stellt dieser Verstoß weder eine Straftat, noch eine Ordnungswidrigkeit
dar. Verabreicht ein behandelnder Arzt, den eine Liebesbeziehung an eine drogenabhängige Arzthelferin seiner Substitutionspraxis bindet, dieser täglich in der Praxis
Polamidon-Injektionen und besucht sie abends in ihrer Wohnung, um nach einer
zusätzlichen Polamidonverabreichung mit ihr den Geschlechtsverkehr auszuüben,
so erfüllt dieser ärztliche Hausbesuch nicht die Ausnahmeregelung des § 5 Abs. 7
und Abs. 12 BtMVV. Diese nicht offizielle Behandlung verstößt gegen § 13 Abs. 1
und ist nach § 29 Abs. 1 S. 1 Nr. 6 lit. b BtMG strafbar. Sie erfolgt ohne sachgerechte Kontrolle und Dokumentation, erfüllt damit auch nicht die Voraussetzungen des § 5 Abs. 2, Abs. 4, Abs. 6 und Abs. 10 BtMVV und stellt keine Ultima
ratio dar.

12. Verabreichung von Betäubungsmitteln in Konsumräumen. Wenn **137**
Ärzte oder Hilfspersonen in einem staatlichen Konsumraum, in dem Drogenabhängige unter hygienischen Bedingungen Straßenheroin injizieren wollen, aber
keine geeignete Vene gefunden haben, diesen die vorbereitete Heroinspritze verabreichen, so stellt dies ein Verstoß gegen § 13 Abs. 1 BtMG dar, der nach § 29
Abs. 1 S. 1 Nr. 6 lit. b strafbar ist. Ein **Sozialarbeiter,** der einem Drogenabhängigen eine Heroin- oder Methadondosis **intravenös injiziert,** verabreicht, oder
unbefugt entgegen § 13 BtMG Betäubunsgmittel zum Gebrauch überlässt, macht
sich nach § 29 Abs. 1 S. 1 Nr. 6 BtMG strafbar.

13. Betäubungsmittelverabreichung und Verbrauchsüberlassung im **138**
Rahmen der ärztlichen Schmerzbehandlung. Die ärztliche Verabreichung
oder Verbrauchsüberlassung von Betäubungsmitteln der Anl. III zur Schmerzbehandlung stellt nicht regelmäßig einen Verstoß gegen § 13 Abs. 1 S. 2 BtMG dar,
der nach § 29 Abs. 1 S. 1 Nr. 6 lit. b BtMG strafbar wäre, nur weil entsprechend
der Ultima-ratio-Regel nicht zunächst Arzneimittel zur Substitution eingesetzt
wurden. Die Verabreichung eines stark wirksamen opioiden Schmerzmittels
zur Dauertherapie chronischer starker Schmerzzustände kann auch in hohen Dosen
gerechtfertigt sein. Der Begriff Betäubungsmittel und der Wortlaut des § 13 Abs. 1
S. 2 BtMG verwirren insb. bei der Schmerztherapie mehr als sie erläutern. Denn
Opiate bewirken insb. bei Schmerzpatienten, aber auch bei opiatabhängigen Patienten vielfach keine Betäubung, sondern eine Aufklarung, eine Normalisierung
und ein Wiedererlangen normaler geistiger und seelischer Kräfte (vgl. *Ulmer,* Substitution unter neuer Rechtslage, 1998, 52 ff.). Die Ultima-ratio-Regel des § 13
Abs. 1 BtMG erfordert nicht die Anwendung von zunächst schwachen Schmerzmitteln. Vielmehr soll sie lediglich den **missbräuchlichen Opiatgebrauch eindämmen** und das **Entstehen und Erhalten von Drogensucht, nicht aber die
notwendige medizinische Versorgung der Bevölkerung verhindern** und
Schmerzpatienten Schmerzen erdulden lassen. Die Verbrauchsüberlassung
von Morphinsulfat-Tabletten oder die Verabreichung von Fentanyl-Pflaster an
Schmerzpatienten sind **vielfach nicht Ultima-ratio-Mittel der letzten, son-**

dern der besten Wahl, verstößt deshalb trotz schwächerer Schmerzmittel weder
§ 13 Abs. 1 BtMG noch ist sie strafbar.

139   **14. Betäubungsmittelabgabe zur freien Verfügung.** Wenn Medizinalpersonen Betäubungsmittel der Anl. III im Rahmen der Schmerztherapie oder im
Rahmen der Substitutionstherapie nicht nur zum unmittelbaren Verbrauch überlassen oder verabreichen (§§ 1 Abs. 1, 5 Abs. 6, 7 und 12 BtMVV), sondern **zur
freien Verfügung abgeben,** so bewegen sie sich außerhalb des therapeutischen in
§ 4 Abs. 1, 13 Abs. 1 BtMG und in der BtMVV geregelten Bereichs. Eine Strafbarkeit nach § 29 Abs. 1 S. 1 Nr. 14 i. V. m. § 16 BtMVV ist deshalb ausgeschlossen. Es liegt aber auch kein Verstoß gegen § 29 Abs. 1 S. 1 Nr. 6 lit. b BtMG vor,
da hier nur das strafbare Verabreichen und Gebrauchsüberlassen geregelt ist. Es ist
vielmehr von einer unerlaubten Abgabe nach § 29 Abs. 1 S. 1 Nr. 1 BtMG auszugehen (BGHR BtMG § 13 Abs. 1 Abgabe 1 = A&R 2010, 37 m. Anm. *Winkler*).
Beruht die ärztliche Abgabe des Substitutionsmittels aber auf einer ordnungsgemäßen Verschreibung, die im medizinischen Bereich eine Erlaubnis nach § 3 BtMG
ersetzt, so ist fraglich, ob allein der Verstoß gegen das Apothekenmonopol eine
Strafbarkeit nach § 29 Abs. 1 S. 1 Nr. 1 BtMG begründet, insb. wenn der abgegebene Stoff aufgrund ärztlicher Verschreibung zuvor durch den Apotheker dem Arzt
angeliefert wurde. Denn das Abgabeverbot soll ja den Betäubungsmittelmissbrauch
verhindern. Sofern die vom Arzt kontrollierte Abgabepraxis Missbrauchsrisiken
ausschließt, verdient der formelle Verstoß gegen § 13 Abs. 1 BtMG, §§ 5 Abs. 6
bis Abs. 7 BtMVV eine andere Antwort, als wenn die Betäubunsgmittelabgabe zur
freien Verfügung außerhalb einer geordneten Behandlung oder ohne Verschreibung geschieht.

140   Gibt der behandelnde Arzt aber Methadonmengen zwischen 100 und 1000 ml
aus seinen Vorräten gegen Zahlung eines Geldbetrages oder entsprechende Verschreibung ab, händigt Polamidonfläschchen nicht an den Patienten, sondern an
Freunde, Bekannte als Boten zur Weitergabe ab, so liegt eine unerlaubte Abgabe
bzw. ein Handeltreiben nach § 29 Abs. 1 S. 1 Nr. 1 BtMG vor. Sammelt ein Substitutionsarzt nicht abgeholte Polamidonfläschchen und zweigt bei 20 bis 25 Drogenabhängigen, die er mit Polamidon substituiert, an deren Tagesdosis 0,5 ml Polamidon ab, füllt diese 10 ml Polamidon in ein Fläschchen, sammelt 30 derartiger
Fläschchen und gibt diese Fläschchen an eine nicht offiziell zur Substitution zugelassene drogenabhängige Patientin zur Herunterdosierung und zum Entzug während seiner einmonatigen Abwesenheit, so hat diese Abgabe von Polamidon nichts
mehr mit medizinischer Behandlung i. S. v. § 13 Abs. 1 BtMG zu tun, sondern
stellt eine unerlaubte Abgabe nach § 29 Abs. 1 S. 1 Nr. 1 BtMG dar (*AG Darmstadt,* Urt. v. 13. 2. 1995, 21 Ls 19 Js 1577/93).

141   **15. Betäubungsmitteldosierautomat.** Es stellt sich vielerorts die Frage, ob
der **Bezug von Methadon in 4 l-Kanistern zum Praxisbedarf für Metha-
don-Dosierautomaten, die automatische Portionierung, Dokumentation
und Einzelausgabe von Methadonrationen** an drogenabhängige Patienten an
Stelle der Ausgabe hunderter Dosisfläschchen eine zulässige Form der ärztlichen
Überlassung von Methadon zum unmittelbaren Verbrauch darstellt oder gegen
§ 13 Abs. 1 BtMG verstößt und nach § 29 Abs. 1 S. 1 Nr. 6 lit. b BtMG strafbar
ist. Denn der Arzt ist zwar gem. § 5 Abs. 7 S. 2 BtMVV zur Lagerung von für die
Substitution benötigter Betäubungsmittelmengen befugt. Er darf aber nicht ohne
besondere Erlaubnis gem. § 13 AMG bzw. § 3 BtMG eine Betäubungsmittelzubereitung verarbeiten bzw. herstellen, ein zulassungspflichtiges, rezeptpflichtiges und
apothekenpflichtiges Arzneimittel außerhalb von Apotheken abgeben (§§ 21, 43,
48 AMG). Die Methadon-Lösung wird auf einem Betäubungsmittelrezept als Praxisbedarf verschrieben und dokumentiert. Da der von dem Arzt in Gang gesetzte
Dosierautomat nicht die für die Einzelnen drogenabhängigen Patienten bestimmten Einzeldosen im Voraus produziert und die Einzeldosen nicht an die Patienten
zur freien Verfügung abgegeben werden, sondern lediglich einzelne Einzelrationen
Methadonlösung jeweils für den einzelnen Patienten abgeteilt und zum unmittel-

baren Verbrauch überlassen werden, stellt der Portionierungsautomat **keine unerlaubte Betäubungsmittelproduktionsmaschine,** sondern eine zulässige Applikationshilfe des Arztes für den Praxisbedarf** und für die Überlassung von
Betäubungsmittelrationen zum unmittelbaren Verbrauch dar.

Portioniert ein Arzt in einer Substitutionspraxis mit einem Dosierautomaten die   142
Methadon-Lösung im Voraus für eine spätere Wochenendausgabe oder für eine
Take-home-Vergabe nicht in der Apotheke, sondern in der Praxis, so werden die
zulässigen Wege des § 13 BtMG und der BtMVV verlassen und der Arzt macht
sich strafbar nach § 29 Abs. 1 S. 1 Nr. 1 BtMG wegen unerlaubter Betäubungsmittelherstellung und unerlaubter Betäubungsmittelabgabe, wegen unerlaubter Arzneimittelherstellung und unerlaubter Arzneimittelabgabe (§§ 2, 13, 21, 43, 48, 95,
96 AMG). Vielfach ist mit dem Methadon-Dosierautomat ein **Dokumentations-
und Abrechnungssystem** verbunden. Es stellt sich deshalb die strittige Frage, ob
die automatische Dokumentation und Kassenabrechnung eine erlaubnispflichtige
Teilnahme am Betäubungsmittelverkehr darstellt oder ob der Mitarbeiter des Arztes
wegen der Spezialregelung des § 13 BtMG und der BtMVV von der Erlaubnispflicht in diesem Therapiebereich befreit ist.

D. Subjektiver Tatbestand

I. Vorsatz

Der subjektive Tatbestand erfordert direkten **Vorsatz** oder **dolus eventualis.**   143
Beim Verabreichen und bei Verbrauchsüberlassungen setzt der Vorsatz voraus, dass
der Täter weiß, dass er im Besitz von Betäubungsmitteln ist und dass er den Willen
hat, den Adressaten die Wirkungen der Droge erdulden bzw. genießen zu lassen.

II. Fahrlässigkeit

Bei Verabreichungen oder Verbrauchsüberlassungen von Betäubungsmitteln ist   144
nach § 29 Abs. 4 BtMG auch die fahrlässige Tat strafbar. Als Fahrlässigkeitstaten
kommen beim Arzt insb. Verwechselungen von Ampullen und Spritzen bei der
Behandlung in Betracht. Fahrlässigkeit liegt aber auch vor, wenn ein Gastgeber
damit rechnen muss, dass sein Drogen konsumierender Gast sich an den in der
Wohnung oder in dem Lokal befindlichen Drogen oder Drogenrauchgeräten selbst
bedient. Hat sich ein substituierender Arzt bei der Eingangsuntersuchung und bei
der Diagnosestellung bei dem Klienten nicht ausreichend vom Vorliegen einer
Opiatabhängigkeit überzeugt und einem lediglich Cannabis, MDMA, Amphe-
ta-
mine oder Benzodiazepine konsumierenden Klienten Methadon zum Verbrauch
überlassen, so hat er gegen § 29 Abs. 1 S. 1 Nr. 6 lit. b, § 29 Abs. 4, § 13 BtMG
verstoßen (*BGH* NStZ 1998, 414 = StV 1998, 593).

Ein Arzt, der in Valencia/Spanien als opiumsüchtiger Anästhesist tätig und an   145
Gelbsucht erkrankt war, verabreichte sich mehrfach vor der Betäubung und der
Operation seiner Patienten mit der für diese vorgesehenen Opiatspritze einen Teil
der Opiatdosis und infizierte mit der gleichen Nadel die Patienten anschließend
bei der Operation mit seiner Krankheit. Aufgrund seiner Nachlässigkeit, die Sprit-
zennadel nicht zu wechseln, beging er eine fahrlässige Betäubungsmittelverabreichung, deren Anwendung im menschlichen Körper nicht begründet war und
zugleich eine fahrlässige Körperverletzung.

III. Irrtumsfälle

Hat der Angeklagte **irrtümlich angenommen,** die Betäubungsmittelbeschaf-   146
fung sei ebenso wie die Betäubungsmittelüberlassung wegen der Straflosigkeit der
Teilnahme an einer Selbsttötung nicht rechtswidrig, so ist dieser **Verbotsirrtum**
jedoch **vermeidbar** angesichts der leicht zu erfragenden, eindeutigen Rechtslage
in Deutschland.

E. Versuch

147   Gem § 29 Abs. 2 BtMG ist auch das versuchte Gebrauchsüberlassen und das versuchte Verabreichen entgegen § 13 Abs. 1 BtMG strafbar.

I. Abgrenzung straflose Vorbereitung/Versuch

148   Eine **versuchte Verabreichung** kann vorliegen, wenn die Betäubungsmittel in einer Spritze, einer Infusion oder in einem Getränk an den Adressaten herangeführt werden und dieser sich gegen das Einführen erfolgreich zur Wehr setzt. Eine **versuchte Überlassung zum unmittelbaren Verbrauch** kann vorliegen, wenn ein Gastgeber Haschischkuchen, einen Haschischjoint, Kokawein oder Opiumtee serviert und der eingeladene Gast nicht erscheint oder die angebotenen Speisen oder Getränke ablehnt.

II. Vollendung/Beendigung

149   Die Verabreichung ist **vollendet mit dem Einführen in oder an den Körper** des Empfängers (Injizieren des Heroingemisches, Ankleben des Fentanylpflasters). Die Überlassung zum unmittelbaren Verbrauch ist vollendet, wenn die Betäubungsmittel so in die Nähe des Adressaten verbrauchsfertig gebracht wurden, dass er sie an Ort und Stelle verbrauchen kann. Die Verabreichung ist **beendet,** wenn die Betäubungsmittelzufuhr **nicht mehr rückgängig gemacht werden kann,** z.B. wenn die **Betäubungsmittel einverleibt** wurden (etwa durch Schlucken einer Tatblette oder Abfließen einer Betäubungsmittelflüssigkeit).

F. Rechtswidrigkeit/Schuld

150   Die Überlassung eines Betäubungsmittels ist nicht dadurch gerechtfertigt oder entschuldigt, dass der Täter einem unheilbar schwerkranken Betäubungsmittelempfänger, dem er nicht persönlich nahesteht, zu einem freien Suizid verhelfen will (BGHSt. 46, 279 = NStZ 2001, 324 = StV 2001, 684 m.Anm. *Duttge* NStZ 2001, 546).

G. Täterschaft/Teilnahme

151   Der Täter muss für die Verabreichung oder für die Überlassung zum unmittelbaren Verbrauch keine Verfügungsmacht besitzen. Auch ein gemeinschaftliches unerlaubtes Überlassen von Betäubungsmitteln zum unmittelbaren Verbrauch (Mittäterschaft) ist möglich (*BayObLG* NStZ-RR 1998, 149 = StV 1998, 592 m.Anm. *Körner*). Anders als bei den Verschreibungen kann der Empfänger der Verabreichung bzw. der Verbrauchsüberlassung sich nicht wegen Teilnahme strafbar machen (Fall der notwendigen Teilnahme). Wer sich **von einem Dritten diesem gehörendes Heroin injizieren lässt,** macht sich **nicht wegen Beihilfe zur Verbrauchsüberlassung** strafbar (*Berlin* JR 1991, 169), da die Verbrauchsüberlassung eine verselbständigte Teilnahme an einem strafbaren Betäubungsmittelkonsum des Empfängers darstellt.

H. Rechtsfolgen

I. Besonders schwere Fälle

152   **1. Geschriebene besonders schwere Fälle. Gewerbsmäßig** missbräuchliche Verabreichungen eines Arztes sind als besonders schwerer Fall nach § 29 Abs. 3 S. 2 Nr. 1 BtMG strafbar. Ein Arzt, der seine Praxis ohne Hygiene, ohne Fachliteratur, ohne ärztliche Instrumente, ohne Krankenunterlagen und ohne Personal als Rezeptverkaufsstelle für Süchtige betreibt und Betäubungsmittelmuster zum Verbrauch überlässt gegen hohes Honorar, ist wie ein gewerbsmäßiger Drogenhändler zu bestrafen. Hat ein Arzt oder eine Privatperson durch Verabreichen oder Gebrauchsüberlassen von Betäubungsmitteln **die Gesundheit mehrerer Menschen**

gefährdet, so ist ein Fall des § 29 Abs. 3 S. 2 Nr. 2 BtMG gegeben; allein die Möglichkeit einer durch die Aufnahme des Rauschgifts verursachten Intoxikationspsychose oder die Befürchtung eines durch den Konsum mitbedingten Verharrens in der Sucht bei der Abgabe von 21 Packungen Rohypnol an einen erkennbar Drogensüchtigen reichen daher nicht aus (BGHR BtMG § 29 Abs. 3 Nr. 2 Gesundheitsgefährdung 1 = NStZ 2010, 170). Führen Verabreichungen von Betäubungsmitteln durch Setzen von unsterilen Spritzen oder Verwendung von gefährlichen oder unreinen Rauschgiftzubereitungen zur Gesundheitsgefahr mehrerer Menschen, so liegt ein besonders schwerer Fall i. S. v. § 29 Abs. 3 S. 2 Nr. 2 BtMG vor.

2. Ungeschriebene besonders schwere Fälle. Als **ungeschriebene beson-** 153
ders schwere Fälle i. S. v. § 29 Abs. 3 S. 1 BtMG sind denkbar: Das Süchtigmachen einer nicht Drogen konsumierenden Person durch sog. Anfixen oder das Verführen eines entzogenen Drogenkonsumenten zum Rückfall durch Drogenkonsum, durch Bereitstellung von Rauchgeräten, Spritzen und Drogenkostproben.

II. Verbrechen

Werden von einem Arzt oder einer anderen Person von über 21 Jahren entgegen 154
§ 13 BtMG Betäubungsmittel **Personen unter 18 Jahren verabreicht oder zum Verbrauch überlassen,** so ist ein Verbrechen nach § 29a Abs. 1 Nr. 1 BtMG gegeben mit einer Mindeststrafe von 1 Jahr. Mit Freiheitsstrafe nicht unter 2 Jahren wird auch bedroht, wer im Falle des § 29a Abs. 1 Nr. 1 BtMG **gewerbsmäßig** handelt (§ 30 Abs. 1 Nr. 2 BtMG). Der Verbrechenstatbestand des § 29a Abs. 1 Nr. 1 BtMG erfasst auch das **entgeltliche Überlassen von Betäubungsmitteln an Minderjährige** (*BGH* NStZ 1997, 89). **Verursacht ein Arzt** oder eine andere Person durch eine Verabreichung oder Verbrauchsüberlassung **leichtfertig den Tod eines Konsumenten,** so liegt ein Verbrechen nach § 30 Abs. 1 Nr. 3 BtMG vor.

III. Strafzumessungserwägungen

Zu den Strafschärfungserwägungen im Allgemeinen s. Vorbem. §§ 29 ff. Rn. 211 ff.

1. Strafzumessung bei Ärztedelikten. Strafschärfend muss gewertet werden, 155
wenn ein falscher Drogenarzt sich die Berechtigung, in einer Substitutionsambulanz Substitutionsdrogen an Drogenabhängige auszugeben, mit gefälschten Urkunden erschlichen hat. Wurde er Jahre zuvor in einer anderen Stadt bereits als falscher Drogenarzt entlarvt und verurteilt, so können auch seine Hilfsbereitschaft und seine medizinischen Kenntnisse die Strafe nur wenig mildern (*AG Frankfurt*, Urt. v. 29. 4. 2004, 940 Ds 5240 Js 206.748/03).

2. Strafzumessung bei Apothekerdelikten. S. dazu § 29/Teil 7, Rn. 51 ff.		156

3. Strafzumessung bei Freitodbegleitern. Betreibt ein Freitodbegleiter die 157
Sterbehilfe bei einem lebensmüden Schwerkranken **ausschließlich aus altruistischen und humanen Motiven,** um diesem Schmerzen und ein qualvolles Sterben zu ersparen, so ist dies bei der Bestrafung des unerlaubten Überlassens **erheblich strafmildernd** zu berücksichtigen. Im besonderen Einzelfall kann sich das **Ermessen des Tatrichters derart verengen,** dass nur eine **Verwarnung mit Strafvorbehalt** in Betracht kommt (BGHSt. 46, 279 = NStZ 2001, 324 = StV 2001, 684). Betreibt ein Freitodbegleiter die Sterbehilfe jedoch aus **egoistischen Motiven,** um aus dem Tod der lebensmüden Patienten **Kapital zu schlagen,** um selbst **Spenden zu Lebzeiten oder ein Vermächtnis zugunsten einer Vereinigung** zu erreichen, so kann dieses Gewinnstreben **strafschärfend** berücksichtigt werden, auch wenn ein Handeltreiben mit Betäubungsmitteln ausscheidet **(Geschäft mit dem Freitod).**

I. Konkurrenzen

I. Mehrere Verabreichungen und Verbrauchsüberlassungen

158   Überlässt der Täter in einer Konsumrunde **ein Betäubungsmittel an mehrere Abnehmer**, liegt nur eine Tat nach § 29 Abs. 1 S. 1 Nr. 6 lit. b BtMG vor. Die Anzahl der Konsumenten kann aber straferschwerend gewertet werden.

159   Handelt der Täter hierbei in Gewinnerziehungsabsicht, sind Verabreichung und Überlassung von Betäubungsmitteln Teilakt des Handeltreibens mit der Folge einer Bewertungseinheit (s. Rn. 161). Bei **mehreren selbständigen Verabreichungen oder Verbrauchsüberlassungen aus einer Betäubungsmittelmenge** ohne Gewinnerzielungsabsicht gelten die Grundsätze der Bewertungseinheit dagegen nicht, weil diese Begehungsweisen im Gegensatz zu Abgabe, Veräußerung und Handeltreiben nicht zu den Absatzdelikten zählen; die einzelnen Tathandlungen stehen in Tatmehrheit zueinander (*Patzak/Bohnen* Kap. 2, Rn. 120).

II. § 29 Abs. 1 S. 1 Nr. 6 lit. b BtMG und Erwerb/Einfuhr

160   Erwirbt der Täter Betäubungsmittel zum Eigenkonsum, die er später – aufgrund neu gefassten Tatentschlusses – einer anderen Person im Wege der Verbrauchsüberlassung zum gemeinsamen Konsum zur Verfügung stellt, stehen der Erwerb und die Verbrauchsüberlassung in **Tatmehrheit** (MK-StGB/*Kotz* § 29 Rn. 1080). Hat er die Verbrauchsüberlassung bereits beim Kauf der Drogen geplant, stehen Erwerb und Verbrauchsüberlassung in Tateinheit (*Patzak/Bohnen* Kap. 2, Rn. 120). Gleiches gilt für die Einfuhr (a. A. *Weber* § 29 Rn. 1367, der auch Tatmehrheit annimmt, wenn die Betäubungmittel zum Zwecke der Verbrauchsüberlassung eingeführt werden).

III. § 29 Abs. 1 S. 1 Nr. 6 lit. b BtMG und Handeltreiben

161   Das Verabreichen und das Überlassen von Betäubungsmitteln als Teilakt eines gewinnbringenden Weiterverkaufs, z. B. Überlassen von Betäubungsmitteln zum Testen als Vorbereitung eines Betäubungsmittelgeschäftes oder um den Abnehmer als Kunden zu gewinnen, geht in der Bewertungseinheit des Handeltreibens auf (vgl. *BGH* NStZ 1994, 496 = StV 1994, 659).

IV. § 29 Abs. 1 S. 1 Nr. 6 lit. b BtMG und Besitz

162   Stellt der Täter nur einen Teil seines Rauschgifts zur Verfügung und behält den Rest für sich, begeht er eine Verbrauchsüberlassung in **Tateinheit** mit dem gleichzeitigen Besitz der Restmenge (*BGH* StV 1995, 521). Wird das Betäubungsmittel vollständig überlassen, hat der Besitz gegenüber der Verbrauchsüberlassung keinen eigenen Unrechtsgehalt (*Weber* § 29 Rn. 1366).

V. § 29 Abs. 1 S. 1 Nr. 6 lit. b und Qualifikationen

163   Die Verbrechenstatbestände des § 29a Abs. 1 Nr. 1 und § 30 Abs. 1 Nr. 2 und Nr. 3 BtMG gehen als Qualifikationstatbestände § 29 Abs. 1 S. 1 Nr. 6 lit. a und lit. b und § 29 Abs. 3 BtMG vor.

164   Das **Überlassen von Betäubungsmitteln an Minderjährige (§ 29a Abs. 1 Nr. 1 BtMG)** entgegen § 13 Abs. 1 BtMG ist **Teilakt einer Bewertungseinheit** von einer vornherein beabsichtigten **gewerbsmäßigen unerlaubten Abgabe von Betäubungsmitteln an verschiedene Minderjährige** nach § 30 Abs. 1 Nr. 2 BtMG (*BGH* NStZ 1994, 496 = StV 1994, 659).

VI. § 29 Abs. 1 S. 1 Nr. 6 lit. b BtMG und Körperverletzungs-/ Tötungsdelikte nach dem StGB

165   Das ärztlich nicht begründete Verabreichen von Betäubungsmitteln kann in **Tateinheit** mit den Tatbeständen nach §§ 211, 212, 233, 224, 227 StGB stehen.

Die Einwilligung des Betroffenen in eine Körperverletzung ist möglich und nicht wegen Sittenwidrigkeit unwirksam; dies gilt jedoch nicht, wenn der Konsument in konkret lebensgefährliche Verletzungen einwilligt (BGHSt. 49, 34, 43 f. = NStZ 2004, 204 [Injektion von Heroin]; *Fischer* § 228 Rn. 10). Im Hinblick auf den durch das BtMG bezweckten Schutz der Volksgesundheit steht eine Einwilligung einer Verurteilung nach § 29 Abs. 1 S. 1 Nr. 6 lit. b BtMG nicht entgegen (BGHSt. 49, 34, 43 f. = NStZ 2004, 204).

Das nicht begründete Verabreichen von Betäubungsmitteln kann rechtlich so-   **166** wohl mit einer vorsätzlichen als auch mit einer fahrlässigen Körperverletzung zu- sammenfallen. Hat ein Arzt mit der ärztlich nicht begründeten Verabreichung zwar Heil- oder Linderungszwecke verfolgt, aber gewusst, dass die Patienten als Folge seiner Opiatverabreichungen einen Gesundheitsschaden davontragen werden, so konkurriert mit dem Verabreichen eine vorsätzliche Körperverletzung. Musste er jedoch bei pflichtgemäßer Überlegung mit einem Gesundheitsschaden rechnen, so konkurriert mit der missbräuchlichen Verabreichung eine **fahrlässige Körperverletzung** (RGSt. 77, 18).

Teil 16. Missbräuchliche Abgabe von Betäubungsmitteln in Apotheken und von Diamorphin als pharmazeutischer Unternehmer (§ 29 Abs. 1 S. 1 Nr. 7 lit. a und lit. b BtMG)

Übersicht

A. Zweck der Vorschrift

1   Die Strafbewehrung des speziellen Apothekertatbestandes entspricht Art. 4 lit. c., 36 Abs. 1 lit. a des Einheits-Übereinkommens von 1961 und Art. 5, 7 lit. a., 22 Abs. 1 lit. a des Suchtstoffübereinkommens von 1971. Die Vorschrift soll gewährleisten, dass die nach § 13 Abs. 1 BtMG verschriebenen Betäubungsmittel **nur im Rahmen des Betriebes einer Apotheke und gegen Vorlage der Verschreibung abgegeben werden** (§ 13 Abs. 2 BtMG). Die Apotheken, denen im öffentlichen Interesse das Monopol der ordnungsgemäßen Arzneimittelversorgung der Bevölkerung obliegt (§ 43 AMG), tragen bei der Abgabe der ihnen anvertrauten Betäubungsmittel eine besondere Verantwortung, die sie verpflichtet, auch die Verschreibungspraxis der Ärzte zu kontrollieren und jeglichen Missbrauch mit Betäubungsmitteln zu verhindern (*Stuttgart* NJW 1966, 412; *BayObLG* NJW 1966, 1878).

2   Die Vorschrift wurde durch Gesetz zur diamorphingestützten Substitutionsbehandlung vom 15. 7. 2009 mit Wirkung vom 21. 7. 2009 um lit. b erweitert (BGBl. I, S. 1801).

B. Objektiver Tatbestand des § 29 Abs. 1 S. 1 Nr. 7 lit. a BtMG (Missbräuchliche Abgabe von Betäubungsmitteln in Apotheken und tierärztlichen Hausapotheken)

§ 29 Abs. 1 S. 1 Nr. 7 lit. a BtMG stellt die Abgabe von Betäubungsmitteln ent- **3** gegen § 13 Abs. 2 BtMG in Apotheken oder tierärztlichen Hausapotheken unter Strafe. Zur missbräuchlichen Abgabe von Diamorphin durch pharmazeutische Unternehmer s. Rn. 22 ff.

I. Betäubungsmittel

Die Vorschrift betrifft nur Betäubungsmittel der Anl. III, da nur diese nach § 13 **4** Abs. 2 BtMG auf Verschreibung abgegeben werden dürfen (*Bamberg* OLGSt. BtMG § 29 Nr. 17 = StRR 2008, 353). Werden in Apotheken oder tierärztlichen Hausapotheken nicht verschreibungsfähige Betäubungsmittel der Anl. I und II abgegeben, greift § 29 Abs. 1 S. 1 Nr. 1, Abs. 4 BtMG ein (*Weber* § 29 Rn. 1375; s. dazu auch Rn. 34)

II. Täter

Die Vorschrift ist ein **echtes Sonderdelikt.** Sie findet nur Anwendung auf **be- 5 rechtigtes Personal** in der Apotheke und in der tierärztlichen Hausapotheke Anwendung, wozu neben dem **Apotheker** und dem **Tierarzt** auch das **pharmazeutische und tierärztliche Personal** zählt.

1. Apotheker und pharmazeutisches Personal. Das pharmazeutische Per- **6** sonal ist in Abs. 3 S. 3 ApoBetrO im Einzelnen aufgezählt. Dazu zählen: Apotheker, pharmazeutisch-technische Assistenten, Apotheker- und Apothekenassistenten, Pharmazieingenieure, pharmazeutische Assistenten sowie Personen, die sich in der Ausbildung zum Apothekerberuf, zum Beruf des pharmazeutisch-technischen Assistenten und zum Beruf des Pharmazieingenieurs befinden. Nicht zum pharmazeutischen Personal gehören dagegen Apothekenhelfer, Apothekenfacharbeiter und pharmazeutisch-kaufmännische Angestellte (§ 3 Abs. 3 S. 2 ApoBetrO). **Andere Personen** können sich jedoch wegen **Beihilfe** strafbar machen.

2. Tierarzt und tierärztliches Personal. Soweit der Tierarzt aus seiner Haus- **7** apotheke Betäubungsmittel abgibt, benötigt er keine Betäubungsmittelverschreibung, aber er ist nur berechtigt, zur Anwendung bei einem von ihm behandelten Tier Betäubungsmittel abzugeben (§ 13 Abs. 2 BtMG). Die Vorschrift gilt auch für berechtigtes tierärztliches Hilfspersonal.

III. Empfänger der Betäubungsmittel

1. Einzelperson. Bei der Abgabe von Betäubungsmitteln an den Überbringer **8** des Rezeptes besteht kein Unterschied, ob die Betäubungsmittel an den Patienten **(Individualverschreibung)** oder an den Arzt für dessen **Praxisbedarf** ausgehändigt werden.

2. Praxisbedarf. Zum Praxisbedarf zählen die Arzneimittel bzw. Betäubungs- **9** mittel, die ihrer Art nach jeweils **bei mehr als einem Patienten Verwendung** finden oder bei Notfällen sowie im Zusammenhang mit einem ärztlichen Eingriff bei mehr als einem Patienten zur Verfügung stehen müssen (*OVG Münster* PharmZ 1996, 4943). Der Arzt ist beim Betäubungsmittelbezug für den Praxisbedarf als Endverbraucher anzusehen, weil er die Betäubungsmittel **nicht weiter abgibt, sondern am Patienten anwendet.**

IV. Abgabe entgegen § 13 Abs. 2 BtMG

§ 29 Abs. 1 S. 1 Nr. 7 BtMG bedroht nur das Abgeben von Betäubungsmitteln **10** der Anl. III im Rahmen des Betriebs einer Apotheke oder Hausapotheke entgegen § 13 Abs 2 BtMG, also das Aushändigen von Betäubungsmitteln in einer Apotheke bzw. die Auslieferung von Betäubungsmitteln im Betäubungsmittelverkehr an Unbefugte ohne Vorlage einer wirksamen ärztlichen Betäubungsmittelverschreibung. Eine gesetzwidrige **Herstellung, Aufbewahrung, Beförderung oder Vernichtung** wird **nicht** mit Strafe bedroht.

11   **1. Begriff der Abgabe.** Wie beim Abgabetatbestand des § 29 Abs. 1 S. 1 Nr. 1 BtMG ist auch bei § 29 Abs. 1 S. 1 Nr. 7 BtMG unter der Abgabe die Übertragung der tatsächlichen Verfügungsgewalt an einen anderen zu verstehen (s. dazu im Einzelnen § 29/Teil 8, Rn. 3 ff.). Der Abgabebegriff geht jedoch weiter als in § 29 Abs. 1 S. 1 Nr. 1 BtMG, da er die Verstöße bei der legalen Abgabetätigkeit des Apothekers umschreibt, also die Aushändigung von Betäubungsmitteln **aufgrund Rechtsgeschäftes gegen Bezahlung**. Der Abgabebegriff umfasst also nicht nur die unentgeltliche, sondern auch die entgeltliche, die berufsmäßige und gewerbsmäßige Überlassung von Betäubungsmitteln.

12   **2. Abgabe an sich selbst.** Eine Abgabe setzt eine **Betäubungsmittelüberlassung an eine andere Person** voraus. Eignet sich ein angestellter Apotheker in der Apotheke seines Arbeitgebers morphinhaltige Zubereitungen an, um sie während des Apothekendienstes zu verbrauchen, so liegt darin **keine Abgabe an sich selbst,** da die Betäubungsmittel nicht an einen anderen überlassen wurden (RGSt. 62, 369; RGSt. 67, 193). Erwirbt ein Apotheker **nicht für die Apotheke, sondern für sich als Privatperson** Betäubungsmittel und **entfernt** der Apotheker diese Betäubungsmittel **aus dem Apothekenbetrieb,** um sie anderenorts z. B. in der Privatwohnung seiner Mutter oder in seinem angemieteten Zimmer zu verwahren, so ist dies ein **verbotener Erwerb** wegen des betriebsfremden Zweckes und die Weitergabe eine **verbotene Abgabe,** da nach § 4 Abs. 1 BtMG von der Erlaubnispflicht nur die Apotheke, nicht der Apotheker befreit ist. Wird ein Betäubungsmittel dem Betrieb der Apotheke entzogen und wird diese **Entziehung durch räumliche Trennung** erkennbar gemacht, so ist das als eine **Abgabe von Betäubungsmitteln** anzusehen (RGSt. 69, 101). Dabei ist ohne Bedeutung, dass der Stoff in der Gewalt dessen verblieben ist, der schon während der Zugehörigkeit zum Apothekenbetrieb ausgeübt hat. Das Betäubungsmittel ist nämlich aus der starken Sicherung der Apotheke ausgeschieden und in einen Bereich der größeren Missbrauchsgefahr überführt worden (RGSt. 69, 101).

13   **3. Vorlage einer ärztlichen Verschreibung.** § 29 Abs. 1 S. 1 Nr. 7 lit. a BtMG setzt die Abgabe von Betäubungsmitteln in einer Apotheke unter Verstoß gegen § 13 Abs. 2 BtMG voraus. § 13 Abs. 2 BtMG erlaubt nur die Abgabe von nach § 13 Abs. 1 BtMG verschriebenen Betäubungsmitteln gegen **Vorlage der Verschreibung**.

14   **a) Ärztliche Verschreibung.** Wesentliche Merkmale einer **wirksamen Verschreibung** sind: Verschreibungsberechtigung des Ausstellers, Einhaltung der Schriftform und die in der Verschreibung enthaltene konkrete Anweisung des Arztes, ein bestimmtes Betäubungsmittelsmittel abzugeben (*Bamberg* OLGSt. BtMG § 29 Nr. 17 = StRR 2008, 353; *Weber* § 29 Rn. 1380; s. dazu im Einzelnen Rn. 30). Nicht erforderlich ist, dass ein Betäubungsmittelrezept ausgestellt wird, so dass auch die Vorlage einer Notfallverschreibung ausreicht (*Bamberg* OLGSt. BtMG § 29 Nr. 17 = StRR 2008, 353; zur Notfallverschreibung s. auch Rn. 32). Der Tierarzt kann ohne Verschreibung aus seiner Hausapotheke Betäubungsmittel zur Anwendung bei von ihm behandelten Tieren abgeben.

15   **b) Vorlage.** Unter **Vorlage** versteht man die **körperliche Übergabe der Verschreibung** an den Apotheker. Die **bloße Versicherung** des Kunden, dass er im Besitz der erforderlichen Verschreibung sei, oder die **Zusage, die Verschreibung nachträglich vorzulegen,** reichen nicht aus. Die **Vorlage** des Betäubungsmittelrezeptes kann **regelmäßig** auch **nicht** durch einen Rückruf beim behandelnden Arzt oder durch eine telefonische Verordnung **ersetzt werden** (*AG Berlin-Tiergarten*, Urt. v. 12. 9. 1995, (332) 1 WiJs 187/92 – Ls 18/95), es sei denn, es würde ein **dringender Notfall** vorliegen (s. dazu im Einzelnen Rn. 29).

c) Prüfungs- und Beratungspflichten des Apothekers. Der Apotheker ist 16 nicht nur Erfüllungsgehilfe des verschreibenden Arztes. Er hat vor Belieferung des Betäubungsmittelrezeptes eine Prüfpflicht und Beratungspflicht. Zwar hat er **nicht die ärztliche Diagnose** und **die Wirksamkeit der Verschreibung** zu überprüfen (*Weber* § 29 Rn. 1384). Wenn auch in erster Linie den Arzt die Verantwortung für die sachliche Notwendigkeit und damit die Abgabe von Betäubungsmitteln durch die Apotheke trifft, so bedeutet dies nicht, dass der Apotheker hierdurch seiner besonderen Verantwortung für die in seiner Obhut befindlichen Betäubungsmittel und seiner Berufspflicht zur Verhütung jeglichen Betäubungsmittelmissbrauchs enthoben wäre (*Bamberg* OLGSt. BtMG § 29 Nr. 17 = StRR 2008, 353; *Hügel/Junge/Lander/Winkler* § 29 Rn. 16.2). Er hat daher darüber zu wachen, ob bei der ihm vorgelegten Betäubungsmittelverschreibung die **Formalien der BtMVV beachtet** wurden, ob die ärztliche Verschreibung **von dem unterzeichnenden Arzt herrührt oder gefälscht** wurde oder dem Betäubungsmittelmissbrauch dient (s. dazu im Einzelnen Rn. 40). § 13 BtMG erlaubt dem Apotheker, lediglich Betäubungsmittelverschreibungen zu beliefern, die **der Heilung oder der Linderung** im Rahmen ärztlicher Behandlung dienen sollen und nicht Rezepte, die **dem Genuss oder dem Betäubungsmittelmissbrauch dienen.** Diese Prüfpflicht ist im Einzelnen in § 17 Abs. 5 ApoBetrO geregelt. Gewiss begründet ein äußerlich ordnungsgemäßes Rezept eine Vermutung dafür, dass es sich um eine Verordnung zu Heilzwecken handelt. Insofern dient der Rezeptzwang auch dem Schutz des Apothekers gegen strafrechtliche Verfolgung (RGSt. 62, 281).

Ein Problem im Zusammenhang mit der Prüfungspflicht besteht bei Codein 17 und Dihydrocodein, die nach der BtMVV nur **mit besonderem Rezept an Betäubungsmittelabhängige** verschrieben werden dürfen. Der Apotheker darf daher ein Normalrezept nicht mit Codein oder Dihydrochodein beliefern, selbst wenn er den Betäubungsmittelabhängigen kennt oder eine Betäubungsmittelabhängigkeit vermutet (*Weber* § 29 Rn. 1384; *Hügel/Junge/Lander/Winkler* § 29 Rn. 16.2; s. dazu auch Rn. 40).

4. Im Rahmen des Betriebs einer Apotheke. Nach § 17 Abs. 1 ApoBetrO 18 dürfen Arzneimittel **nur in den Apothekenbetriebsräumen (Offizin) in den Verkehr** gebracht werden. Die Betäubungsmittel der Anl. III dürfen deshalb nur im Rahmen des Betriebs einer Apotheke aufgrund einer ärztlichen Verschreibung oder in einer tierärztlichen Hausapotheke an den Verbraucher abgegeben werden. Apotheken i. S. d. BtMG sind Geschäftsräume, für die eine Apothekenbetriebserlaubnis erteilt wurde. Zum Betrieb einer Apotheke gehören der Verkaufsraum (Offizin) zur Abgabe von Arzneimitteln und Betäubungsmitteln, das Laboratorium zur chemischen und technischen Anfertigung und Zubereitung von Drogen sowie die Vorratsräume. Die Erlaubnis zum Betrieb einer Apotheke wird für eine bestimmte Person (Personalkonzession) und für bestimmte Apothekenräume erteilt. Das Apothekenlokal muss von den Wohnräumen des Apothekers getrennt sein.

Geben Apotheker außerhalb von Apotheken ohne Erlaubnis Betäubungsmittel 19 der Anl. I bis III an andere Personen (Endverbraucher, Großhändler, Ärzte, Drogendealer) entgeltlich oder unentgeltlich ab, so können sie sich nach § 29 Abs. 1 S. 1 Nr. 1 BtMG strafbar machen, da sie nach § 4 Abs. 1 Nr. 1 lit. c und d BtMG insoweit nicht von der Erlaubnispflicht befreit sind. Nach § 4 Abs. 1 BtMG sind sie nur im Rahmen des Apothekenbetriebes befreit, als sie Betäubungsmittel der Anl. III aufgrund einer ärztlichen Verschreibung abgeben, Betäubungsmittel der Anl. II und III an Erlaubnisinhaber zurückgeben oder an Betriebsnachfolger weitergeben oder an der Betäubungsmittelbeförderung zwischen befugten Teilnehmern am Betäubungsmittelverkehr mitwirken. Ein Apotheker, der aus **legal erworbenem Methadonpulver** auf ärztliche Bestellung und Verschreibung hin eine Methadon-Lösung herstellt und liefert, macht sich nach § 29 Abs. 1 S. 1 Nr. 1 i. V. m. § 3 BtMG strafbar, wenn er **gleichzeitig davon einen Teil für den ille-**

galen Drogenhandel unerlaubt herstellt und diesen in seinem Privathaus unerlaubt verkauft.

V. Erlaubnispflicht

20 Apotheker benötigen für die Abgabe von Betäubungsmitteln der Anl. III keine Erlaubnis nach § 3 (§ 4 Abs. 1 Nr. 1 lit. c und Nr. 2 lit. c BtMG). Sie unterliegen lediglich der **Anzeigepflicht** nach § 4 Abs. 3 BtMG.

21 Die Befreiung von der Erlaubnispflicht gilt aber nur bei Vorliegen einer wirksamen Verschreibung, die die Erlaubnis ersetzt. Für die **Abgabe von Betäubungsmitteln der Anl. I und II** benötigen **aber auch Apotheker eine Erlaubnis nach § 3 BtMG.** Für die Abgabe von Betäubungsmitteln der Anl. III **ohne wirksame ärztliche Verschreibung** benötigt der Apotheker im Regelfall **eine Erlaubnis nach § 3 BtMG.** In dringenden Ausnahmefällen kann unter besonderen Voraussetzungen ein Telefongespräch mit dem behandelnden Arzt die fehlende Verschreibung vorläufig ersetzen. Der Apotheker, der Betäubungsmittel der Anl. II oder III an den Inhaber einer Erlaubnis (z. B. Betäubungsmittelgroßhändler) zurückgibt, bedarf keiner Erlaubnis (§ 4 Abs. 1 Nr. 1 lit. d BtMG). Wer Betäubungsmittel der Anl. I, II oder III an eine Person zurückgibt, die keine Erlaubnis nach § 3 BtMG besitzt, bedarf ebenfalls einer Erlaubnis nach § 3 BtMG. Der Apotheker, der Betäubungsmittel der Anl. II und III an den Nachfolger im Betrieb der Apotheke weitergibt, bedarf für diese Abgabe gem. § 4 Abs. 1 Nr. 1 lit. d BtMG keiner Erlaubnis.

C. Objektiver Tatbestand des § 29 Abs. 1 S. 1 Nr. 7 lit. b BtMG (Missbräuchliche Abgabe von Diamorphin durch pharmazeutische Unternehmer)

22 Nach dem im Jahr 2009 neu eingefügten § 29 Abs. 1 S. 1 Nr. 7 lit. b BtMG macht sich auch strafbar, wer als pharmazeutischer Unternehmer Diamorphin entgegen § 13 Abs. 2 BtMG abgibt.

I. Betäubungsmittel

23 § 29 Abs. 1 S. 1 Nr. 7 lit. b BtMG bezieht sich nur auf **Diamorphin**, für das durch das Gesetz zur diamorphingestützten Substitutionsbehandlung vom 15. 7. 2009 Ausnahmen zur Herstellung von Zubereitungen zu medizinischen Zwecken und zur Verwendung in Substitutionsbehandlungen in Anl. I und III zugelassen wurden. Auch wenn es sich bei Diacethylmorphin chemisch um dieselbe Verbindung handelt, die ebenso wie Diamorphin unter dem Warenzeichen Heroin bekannt ist, gilt die Vorschrift für Diamorphin nicht, da dieses weiterhin ohne Ausnahme als nicht verkehrsfähiges Betäubungsmittel in Anl. I enthalten ist, so dass der unerlaubte Umgang hiermit nach § 29 Abs. 1 S. 1 Nr. 1 BtMG zu beurteilen ist. Hintergrund dieser nicht ganz logischen Unterscheidung von Diamorphin und Diacetylmorphin ist offensichtlich, dass der Gesetzgeber mit den Begriffen das pharmazeutische Produkt (= Diamorphin) und das Straßenheroin (= Diacetylmorphin) voneinander abgrenzen wollte.

II. Täter

24 Im Gegensatz zu lit. a sind taugliche Täter i. S. d. § 29 Abs. 1 S. 1 Nr. 7 lit. b BtMG nur **pharmazeutische Unternehmer**. Zur Begriffsbestimmung muss auf § 4 Abs. 18 AMG zurückgegriffen werden (*Hügel/Junge/Lander/Winkler* § 29 Rn. 16.1.2), wonach der pharmazeutische Unternehmer wie folgt definiert wird: „Der pharmazeutische Unternehmer ist bei zulassungs- oder registrierungspflichtigen Arzneimitteln der Inhaber der Zulassung oder Registrierung. Pharmazeutischer Unternehmer ist auch, wer Arzneimittel unter seinem Namen in den Verkehr bringt […]" Der Kreis der pharmazeutischen Unternehmer beschränkt sich

damit nicht nur auf den Hersteller, sondern es zählen auch Vertriebsunternehmer und Mitvertreiber hierzu (MK–StGB/*Freund* § 4 Rn. 38).

III. Abgabe entgegen § 13 Abs. 2 BtMG

Bei der Tatbestandsalternative des lit. b ist nicht nur die Abgabe strafbar, die 25 ohne Vorlage einer ärztlichen Verschreibung erfolgt (s. hierzu Rn. 10 ff.). Tatbestandsmäßig ist nach § 29 Abs. 1 S. 1 Nr. 7 lit. b i. V. m. § 13 Abs. 2 S. 2 BtMG auch, wenn der pharmazeutische Unternehmer das Diamorphin an eine Einrichtung abgibt, die nicht über die notwendige staatliche Anerkennung verfügt (*Hügel/ Junge/Lander/Winkler* § 29 Rn. 16.1.2). Hiermit trägt der Gesetzgeber dem Umstand Rechnung, dass in § 47 b AMG ein Sondervertriebsweg geregelt wurde, nach dem Diamorphin nicht über den üblichen Weg vom Hersteller über den pharmazeutischen Großhändler und die Apotheke, sondern unmittelbar vom pharmazeutischen Unternehmer zur behandelnden Einrichtung geliefert werden muss (vgl. BT-Drs. 16/11515, S. 10). Die Verschreibung von Diamorphin entgegen § 5 Abs. 9 c S. 1 BtMVV außerhalb einer staatlich anerkannten Einrichtung unterfällt nach § 16 Abs. 5 BtMVV der Strafbarkeit des § 29 Abs. 1 S. 1 Nr. 14 BtMG.

D. Erscheinungsformen der missbräuchlichen Abgabe durch Apotheker

I. Betäubungsmittellieferungen außerhalb der Apothekenräume

Liefert ein Apotheker selbst hergestellte Betäubungsmittel der Anl. III weder aus 26 einem Apothekenraum noch im Rahmen des zulässigen Betäubungsmittelverkehrs an eine Arztpraxis, Krankenhaus oder Ambulanz, sondern aus einem Keller, aus einer Garage, aus einem Wochenendhaus heraus an einen Arzt, an eine Privatperson, an ein Bordell oder an eine Nachtbar, so stellt dies kein Verstoß gegen § 29 Abs. 1 S. 1 Nr. 7 lit. a BtMG, sondern eine unerlaubte Abgabe nach § 29 Abs. 1 S. 1 Nr. 1 BtMG dar. Denn dafür hat der Apotheker keine Erlaubnis.

II. Betäubungsmittellieferungen ohne eine ärztliche Verschreibung im Normalfall

Gem. § 13 Abs. 2 BtMG darf ein Apotheker nicht ohne Vorlage einer ärztlichen 27 Verschreibung Betäubungsmittel abgeben. Der Apotheker muss auf Vorlage des besonderen Betäubungsmittelrezeptes bestehen. Er darf sich nicht auf das Versprechen einlassen, die Betäubungsmittel würden zum Praxisbedarf benötigt, das Rezept werde nachgereicht. Das Betäubungsmittelrezept (§ 8 BtMVV) bzw. der Betäubungsmittelanforderungsschein (§ 10 BtMVV) müssen dem Apotheker vor deren Belieferung vorliegen. Dieser Grundsatz ergibt sich eindeutig aus § 1 Abs. 2 BtMVV. Wenn Apotheker **auf Telefonanruf von Substitutionsärzten** große Mengen von Methadonflüssigkeit für den ärztlichen Praxisbedarf herstellen und ausliefern, **ohne zuvor eine Betäubungsmittelverschreibung zu erhalten,** so ist dies ein Verstoß gegen § 13 Abs. 2 BtMG und § 5 BtMVV, der nach § 29 Abs. 1 S. 1 Nr. 7 lit. a BtMG strafbar ist, auch wenn die Betäubungsmittelrezepte später nachgereicht werden. Denn es wurde die **Prüfpflicht des Apothekers umgangen.**

Ausnahmsweise dürfen nach § 7 Abs. 3 BtMVV Apotheken zunächst ohne Ver- 28 schreibung Betäubungsmittel für die Ausrüstung von Kauffahrteischiffen, die die Bundesflagge führen, abgeben, wenn die gesetzlichen Ausnahmen vorliegen. Wer im Rahmen des Betriebes einer Apotheke Betäubungsmittel abgibt, ohne dass die in § 7 Abs. 3 BtMVV bezeichneten Ausnahmen vorliegen, ist nach § 29 Abs. 1 S. 1 Nr. 7 lit. a BtMG strafbar.

III. Betäubungsmittellieferungen ohne eine ärztliche Verschreibung in dringenden Fällen

Bestätigt der behandelnde Arzt dem Apotheker im Rahmen eines Telefon- 29 gesprächs seinen Verordnungswillen und verspricht er, die Verschreibung nachzureichen, so können gem. § 4 der Verordnung über verschreibungspflichtige Arzneimittel **in dringenden Fällen** rezeptpflichtige Arzneimittel auch ohne Verschreibung vom Apotheker abgegeben werden, da das **bestätigende Telefongespräch die fehlende Schriftform ersetzt.** Dieses Verhalten ist nicht strafbar (*BayObLG* MedR 1996, 321 m. Anm. *Körner* = NJW 1996, 1606 = StV 1996, 217). § 4 AMVV setzt nicht voraus, dass der Apotheker immer den Arzt unterrichtet. Vielmehr kann auch der Arzt den Apotheker unterrichten. Diese Ausnahmen gelten insb. in Fällen, in denen dem Apotheker der behandelnde Arzt und der Patient aufgrund früheren Kundenkontakts bekannt sind. Als dringende Fälle gelten lebensbedrohliche Situationen, erhebliche Gesundheitsgefährdungen oder bevorstehende Entzugserscheinungen (*LG Berlin* DAZ 1997, 3765). Der Apotheker braucht, wenn der verordnende Arzt die dringliche Situation beschreibt, die Dringlichkeit selbst nicht zu überprüfen. Aber er muss sich der Identität und des Verschreibungswillens des Arztes vergewissern. Da die Betäubungsmittel regelmäßig rezeptpflichtige Arzneimittelspezialitäten darstellen, können die Grundsätze des § 4 AMVV auf die Betäubungsmittelabgaben in dringenden Fällen ohne Verschreibung angewendet werden.

IV. Belieferung von unwirksamen Verschreibungen

30   Ohne wirksame ärztliche Verschreibung darf der Apotheker keine Betäubungsmittel abgeben, da er für die Abgabe keine Erlaubnis nach § 3 BtMG besitzt und **nur bei wirksamen Verschreibungen** gem. § 4 Abs. 1 Nr. 1 lit. c BtMG **von der Erlaubnispflicht befreit ist** (RGSt. 64, 145). Die Abgabe von Betäubungsmitteln **aufgrund unwirksamer Verschreibungen** steht der Abgabe von Betäubungsmitteln **ohne ärztliche Verschreibung** gleich. Tatbestandsmäßig i. S. v. § 29 Abs. 1 S. 1 Nr. 7 lit. a BtMG ist, wenn der Apotheker ein Rezept beliefert, das **nicht von einem approbierten Arzt,** sondern von einer **Krankenschwester,** von einem **Heilpraktiker,** von einer **Sprechstundenhilfe** oder von einem **Sanitäter** ausgestellt wurde. Ein Apotheker darf keine Betäubungsmittel auf einen Bestellschein einer Krankenschwester hin abgeben, der nicht von einem Arzt bestätigt ist (RGSt. 62, 281). Verschreibungen von **Ärzten im Praktikum,** die nach Abschluss des Hochschulstudiums eine ärztliche Praxisphase unter Aufsicht eines approbierten Arztes bis zur Approbation ableisten, sind ärztliche Verschreibungen. Sie dürfen beliefert werden, auch wenn sie nicht durch den aufsichtsführenden Arzt gegengezeichnet sind. Eine Betäubungsmittelverschreibung ist unwirksam, wenn sie zwar den Namen, die Berufsbezeichnung, die Anschrift und die Telefonnummer des Praxisinhabers ausweist, aber **nicht von ihm unterzeichnet ist.** Die Verwendung von Verschreibungsformularen ärztlicher Praxisinhaber durch sie vertretende Ärzte und die Verschreibung von Betäubungsmitteln sind zulässig, wenn auf das **Vertretungsverhältnis** hingewiesen wird und der Vertreter seinen Namen, seine Berufsbezeichnung, seine Anschrift und seine Telefonnummer niederschreibt. Eine Betäubungsmittelverschreibung ist unwirksam, wenn sie bloß durch den verordnenden Arzt per Telefax übermittelt wurde und **nicht im Original vorlag.** Gleiches gilt, wenn die Verschreibung zwar von einem approbierten Arzt, aber von einem zu **hierzu nicht befugten Facharzt** ausgestellt wurde. **Ärzte, Zahnärzte und Tierärzte** dürfen Arzneimittel und Betäubungsmittel **nur im Rahmen ihrer Ausbildung bzw. ihrer Approbation** verschreiben. Zahnärzte und Tierärzte dürfen keine gynäkologischen Arzneimittel verschreiben und keine humanärztlichen Tätigkeiten ausüben. Ein Humanmediziner darf keine Betäubungsmittel zur Anwendung auf dem Gebiet der Tierheilkunde verschreiben (*BGH* NJW 1955, 679).

31   Eine Betäubungsmittelverschreibung ist unwirksam, wenn sie von einem **ausländischen Arzt** stammt, der **nicht Staatsangehöriger** eines Mitgliedstaates **der EU** ist oder weder in **Deutschland approbiert** ist, **noch** zur Berufsausübung vorübergehend **zugelassen** wurde. Verschreibungen ausländischer Ärzte, die Staatsangehörige eines Mitgliedstaates der EU sind und ihren Beruf in

Deutschland ausüben dürfen, können beliefert werden, selbst wenn sie ihren Wohnsitz im Ausland haben oder in einem anderen Land der EU niedergelassen sind. Eine Betäubungsmittelverschreibung ist auch unwirksam, wenn sie auf Lieferung von Betäubungsmitteln der Anl. I und II lautet.

V. Belieferung von formal mangelhaften Verschreibungen

Die Verschreibung von Betäubungsmitteln hat auf einem dreiteiligen amtlichen **32** Formblatt (§ 8 BtMVV) zu erfolgen, das bestimmte Angaben enthalten muss (§ 9 BtMVV). Nach § 12 Abs. 1 BtMVV und nach § 17 Abs. 5 ApoBetrO ist zu beachten, dass die Betäubungsmittelrezepte den Vorschriften entsprechen. Die abgegebenen Betäubungsmittel müssen den Verschreibungen entsprechen. Enthält eine Betäubungsmittelverschreibung einen für den Abgebenden **erkennbaren Fehler, Zweifel oder Irrtum,** ist sie unleserlich oder ergeben sich sonstige Bedenken, so darf das Arzneimittel bzw. Betäubungsmittel nicht abgegeben werden, bevor die Unklarheit beseitigt ist (§ 12 Abs. 1 BtMVV). Das Betäubungsmittelrezept ist innerhalb von sieben Tagen einzulösen. **Nach mehr als sieben Tagen darf gem. § 12 Abs. 1 Nr. 1 lit. c BtMVV ein Betäubungsmittelrezept nicht mehr beliefert werden.** Der Apotheker hat nach Rücksprache mit dem verschreibenden Arzt jede Änderung auf der Verschreibung zu vermerken. Bei unzureichenden Angaben bzgl. Name, Vorname und Anschrift des Patienten auf dem Betäubungsmittelrezept kann der Apotheker **auch ohne Rücksprache mit dem Arzt** das Betäubungsmittelrezept ergänzen, wenn der **Rezeptüberbringer** diese Angaben **nachweist oder glaubhaft versichert** (§ 12 Abs. 2 BtMVV). Für dringende Fälle gibt es eine Ausnahmeregelung in § 12 Abs. 2 S. 3 BtMVV. Ist eine Ergänzung oder Änderung des Rezeptes durch Rücksprache mit dem verordnenden Arzt nicht möglich, kann aber der Rezeptüberbringer glaubhaft versichern oder steht anderweitig fest, dass ein dringender Fall vorliegt, der die unverzügliche Anwendung des Betäubungsmittels erforderlich macht, dürfen die verschriebenen Betäubungsmittel oder zumindest Teilmengen auch ohne Änderung des Betäubungsmittelrezeptes vorläufig abgegeben werden. Der Apothekenleiter muss aber den **verschreibenden Arzt über die Abgabe informieren.** Nach § 8 Abs. 6 BtMVV dürfen Ärzte allerdings außer in den Substitutionsfällen des § 5 BtMG **in Notfällen** Betäubungsmittel für Patienten oder für Praxisbedarf abweichend von den Formalien des § 8 Abs. 1 BtMVV verschreiben unter Kennzeichnung mit dem Zusatz „Notfallverschreibung". Später muss die **Betäubungsmittelverschreibung** aber **nachgereicht** werden. Sind die Mängel der Verschreibung so evident, dass aus dem Inhalt oder den Schriftzügen geschlossen werden kann, dass der **Aussteller nicht im Vollbesitz seiner geistigen Kräfte** war, so können diese Mängel zur **Unwirksamkeit** führen. Bekannt geworden ist der Fall eines Polamidon-süchtigen Arztes, dessen Polamidonverschreibungen auf Initiative der Kassenärztlichen Vereinigung von den Apotheken nicht mehr beliefert werden durften. Zu diesem Arzt kam eine Mutter mit einem erkälteten Kind. Der süchtige Arzt wollte gegen Fieber das Arzneimittel Pyramidon verschreiben, aufgrund seiner suchtbedingten Zerstreutheit und infolge der Macht der Gewohnheit verschrieb er aber auf dem Rezept Polamidon. Den Apotheker kümmerten die Warnungen der Kassenärztlichen Vereinigung und die formellen Mängel des Rezeptes nicht, er lieferte Polamidon aus, an dem das fiebrige Kind verstarb. Die Missachtung der formellen Mängel nach § 12 Abs. 1 BtMVV auf dem Betäubungsmittelrezept durch den Apotheker ist aber weder eine Straftat nach § 16 BtMVV i. V. m. § 29 Abs. 1 S. 1 Nr. 14, noch eine Ordnungswidrigkeit nach § 17 BtMVV i. V. m. § 32 Abs. 1 Nr. 6 BtMG.

VI. Belieferung von gefälschten Verschreibungen

Der Apotheker muss das Betäubungsmittelrezept sorgfältig auf mögliche Fäl- **33** schungsmerkmale (Papier, Druck, Anschrift, Telefonnummer und Unterschrift des ausstellenden Arztes) prüfen und ggf. durch Telefonrückruf beim ausstellenden

Arzt sich die Richtigkeit bestätigen lassen. Er muss die Abgabe von Betäubungsmitteln unterlassen, wenn sich Anhaltspunkte für eine Fälschung oder Erschleichung des Rezeptes ergeben (*BGH* NJW 1957, 29). Ein **als Fälschung erkanntes Rezept** stellt **keine wirksame ärztliche Verschreibung** dar. Beliefert der Apotheker die als gefälscht erkannte Verschreibung, so hat er Betäubungsmittel ohne Verschreibung abgegeben und sich nach § 29 Abs. 1 S. 1 Nr. 7 lit. a BtMG strafbar gemacht.

VII. Lieferung nicht zugelassener Betäubungsmittel

34 Der Spezialtatbestand gilt **nur für die Abgaben von Betäubungsmitteln der Anl. III.** Werden Betäubungsmittel der Anl. I und II von Apotheker abgegeben, so ist § 29 Abs. 1 S. 1 Nr. 1, Abs. 4 i. V. m. § 3 BtMG zu prüfen. Werden **ausgenommene Betäubungsmittelzubereitungen** oder **Arzneimittel** abgegeben, so sind die Vorschriften des **AMG** zu prüfen. Ein **Apotheker darf nicht,** wie ein schleswig-holsteinisches Versuchsprojekt plante, **Cannabis zur Behandlung** von AIDS oder von Tumor-Erkrankungen auf Rezept abgeben, da Cannabis der **Anl. I** untersteht. Ein Apotheker kann aber ohne Erlaubnis aus Nutzhanf hergestelltes kristallines **Cannabidiol** in der Apotheke in das auf dem deutschen Pharmamarkt nicht als Fertigarzneimittel erhältliche **Dronabinol (Anl. III)** verarbeiten und auf Verschreibung abgeben (*Geschwinde*, 2007, Rn. 135).

VIII. Substitution der verschriebenen Betäubungsmittel durch den Apotheker

35 Eine Substitution steht bei der Abgabe von Arzneimitteln oder Betäubungsmitteln in Widerspruch zu § 17 Abs. 5 S. 1 ApoBetrO, wonach die abgegebenen Arzneimittel bzw. Betäubungsmittel den Verschreibungen entsprechen müssen und der Apotheker den Willen des Arztes beachten muss. Das Substitutionsverbot schränkt nicht nur die Art und Weise der Ausführung der Verschreibung in der Apotheke ein, sondern schützt gleichzeitig die Therapiefreiheit des Arztes, die auch in § 13 Abs. 1 BtMG seinen Ausdruck gefunden hat. Die **Aushändigung anderer Betäubungsmittel als die** nach § 13 Abs. 1 BtMG **verschriebenen Betäubungsmittel** in einer Apotheke trotz Vorliegens der Betäubungsmittelverschreibung ist nach § 29 Abs. 1 S. 1 Nr. 7 lit. a BtMG strafbar.

IX. Belieferung von Verschreibungen mit nicht zugelassenen Betäubungsmittelmengen

36 Die **Betäubungsmittelhöchstmengen und die Ausnahmemengen in begründeten Einzelfällen** sind in den §§ 1 bis 4 BtMVV geregelt. Nach § 12 Abs. 1 Nr. 1 lit. a BtMVV dürfen Betäubungsmittel nicht abgegeben werden, wenn dem abgebenden Apotheker erkennbar war, dass die Voraussetzungen für die Verschreibung durch den Arzt nach den §§ 1 bis 4, 7 BtMVV, insb. die Höchstmengen, nicht beachtet wurden. Beliefert ein Apotheker ein Rezept, bei dem der verschreibende Arzt die Verschreibungsbeschränkungen der BtMVV missachtet hat, so verstößt er weder gegen § 29 Abs. 1 S. 1 Nr. 7 lit. a, noch gegen § 29 Abs. 1 S. 1 Nr. 14 BtMG.

37 Nach § 16 Abs. 2 Nr. 1 lit. a BtMVschrVO 1978 war es nach § 11 Abs. 1 Nr. 10 lit. b BtMG strafbar, wenn ein Apotheker Betäubungsmittel auf eine Verschreibung abgab, die nicht der BtMVV entsprach. Eine derartige Bestimmung wurde aber nicht in § 16 BtMVV 1982 aufgenommen, so dass eine **Strafbarkeit nach § 29 Abs. 1 S. 1 Nr. 14 BtMG** ebenso entfällt wie nach **§ 29 Abs. 1 S. 1 Nr. 7 lit. a BtMG.**

38 Dies gilt jedoch nur, soweit die **Überschreitungen der Höchstmengen** nach der BtMVV **noch ärztlich zu begründen sind.** Die Bundesärztekammer und die Kassenärztlichen Vereinigungen haben in Substitutions-Richtlinien **Patientenhöchstzahlen** festgelegt, die von einem niedergelassenen Arzt behandelt und ver-

sorgt werden können, ohne dass die Substitutionsbehandlungsgrundsätze des § 13 BtMG und des § 5 BtMVV eine Einschränkung erfahren. Bestellen niedergelassene Ärzte so **immense Litermengen von Methadonflüssigkeit,** dass erkennbar wird, dass diese Betäubungsmittel **nicht ärztlich begründet** sein können, sondern **einem nicht therapeutischen Zweck** dienen, so würde eine Lieferung gegen § 13 BtMG verstoßen und **nach § 29 Abs. 1 S. 1 Nr. 7 lit. a BtMG strafbar** sein.

X. Belieferung von wissenschaftlich umstrittenen Verschreibungen

Der Apotheker trägt **keine Verantwortung für die ärztliche Begründetheit   39 der Betäubungsmittelverschreibung.** Er hat **nicht zu überprüfen,** ob der Arzt mit seiner Betäubungsmittelverschreibung den Grundsätzen der herrschenden medizinischen Lehre, den Leitlinien der Bundesärztekammer oder der Kassenärztlichen Vereinigung folgt. Es reicht aus, wenn die Betäubungsmittelverschreibung im Rahmen einer ärztlichen Behandlung erfolgte und mit der Behandlung einer Betäubungsmittelabhängigkeit begründet ist. Eine ärztliche Verschreibung ist aber nur begründet, wenn sie der **Heilung oder Linderung** einer Krankheit dient, nicht aber, wenn sie **Genusszwecken** dient (RGSt. 62, 283). Dies ergibt sich aus der Entwicklungsgeschichte des § 13 BtMG und der BtMVV. Ist die Verschreibung nicht nur medizinisch umstritten, sondern bedenklich und **pharmazeutisch nicht zu verantworten,** weil deren Gebrauch zu **schweren Gesundheitsschäden** führen würde, so ist von einer irrtümlichen Verschreibung bzw. von einer **unbegründeten Verschreibung** auszugehen.

XI. Belieferung von missbräuchlichen Verschreibungen

Ein Apotheker handelt i. S. v. § 29 Abs. 1 S. 1 Nr. 7 lit. a BtMG tatbestandsmä-   40 ßig, wenn er eine Betäubungsmittelverschreibung beliefert, **deren Inhalt mit seinem Wissen der Umgehung der gesetzlichen Vorschriften dient.** So darf der Apotheker kein Betäubungsmittelrezept beliefern, **wenn er weiß,** dass dem Rezeptinhaber die Betäubungsmittel **nicht zur Therapie, sondern zum Verkauf auf die Drogenszene** verschrieben wurden, dass die von einem süchtigen Arzt für Praxisbedarf verschriebenen Betäubungsmittel dessen eigener Suchtbefriedigung dienen sollen. Denn der Apotheker hat jeden Missbrauch von Betäubungsmitteln zu verhüten (BayObLGSt. 1960, 182; *BayObLG* NJW 1966, 1878). Auch bei erkennbar missbräuchlichen Verschreibungen **ist ein Rückruf beim ausstellenden Arzt erforderlich** (RGSt. 64, 145). Gem. § 17 Abs. 8 ApoBetrO hat das pharmazeutische Personal einem erkennbaren Arzneimittelmissbrauch in geeigneter Weise entgegenzutreten. Bei **begründetem Verdacht** auf Missbrauch ist die **Abgabe zu verweigern.** Wird einem Drogenabhängigen **auf einem einfachen Rezept** entgegen § 5 BtMVV **Codein oder Dihydrocodein** verschrieben, so ist die Belieferung nicht mit § 13 BtMG vereinbar. Dies ist nicht nur ein formelles Versäumnis, sondern eine Umgehung der Schutzfunktionen der BtMVV. Füllt ein Apotheker auf Anruf eines Arztes hin ein in der Apotheke vorliegendes und unterschriebenes **Blankorezept** mit einer Opiatverschreibung aus, obwohl er wusste, dass der Arzt den Patienten zuvor **nicht untersucht hatte** und daher **nicht wissen konnte,** ob der Patient das Morphium **als Heilmittel benötigte,** so gibt er Betäubungsmittel unerlaubt in der Apotheke ab, sowohl aufgrund einer unwirksamen als auch aufgrund einer unbegründeten Verschreibung (RGSt. 64, 145). Die Belieferung eines nicht nach § 13 Abs. 1 BtMG zustande gekommen Betäubungsmittelrezeptes in Kenntnis, dass es **nicht auf einer ärztlichen Behandlung beruht** und zu **missbräuchlichen Zwecken** verwendet werden soll, führt zur Strafbarkeit nach § 29 Abs. 1 S. 1 Nr. 7 lit. a BtMG. Von einer **missbräuchlichen Verschreibung** ist auszugehen, wenn erkennbar ist, dass die gewünschten Betäubungsmittel nicht zur Heilung und Linderung von bestimmten Patienten, sondern für betriebsfremde oder verbotene Zwecke wie z. B. zum Wei-

terverkauf vorgesehen sind, wenn die verschriebenen Betäubungsmittel an ungewöhnlichen Orten oder in ungewöhnlicher Verpackung geliefert werden, wenn
die Verschreibungsformulare schablonenmäßig ausgefüllt sind und eine bestimmte
Betäubungsmittellieferung nachträglich abdecken sollen, und wenn den Verschreibungen merkwürdige Sammelbestellungen unter Codebezeichnungen (1 Kiste
Wasser, 3 Flaschen Limonade für klare Methadonflüssigkeit bzw. gefärbte Methadonflüssigkeit) vorausgingen.

XII. Lieferung von gefährlichen Betäubungsmitteln

41   Der Apotheker hat nicht nur die vom Arzt verschriebenen Arzneimittel und Betäubungsmittel in der verordneten Form herzustellen bzw. auszuliefern. Als approbierte Apotheker hat er **eigene Berufspflichten zu beachten, jeden Missbrauch von Betäubungsmitteln zu verhindern und den Apothekenkunden
vor Gesundheitsschaden zu bewahren (noli nocere).** Bei der Herstellung von
verordneten Betäubungsmitteln hat er Hygiene- und Vorsichtsmaßregeln zu beachten und ist für die Zusammensetzung, für die Wirksamkeit und Verträglichkeit, für
die Reinheit der Zubereitung und für eine hygienische Verpackung, sowie für eine
Gebrauchsanweisung und für Warnungen vor Nebenwirkungen der von ihm angefertigten Betäubungsmittel verantwortlich. Erledigt ein Apotheker eine ärztliche
Bestellung von mehreren Litern Methadon-Flüssigkeit für die Substitutionsbehandlung in klarer Form ohne Beifügung einer Warnfarbe und ohne Abfüllung in Arz-
neimittelflaschen oder speziellen Kanistern, sondern in Sprudelflaschen, so verstößt
er mit der gezielten Unterlassung von Warnungen nicht nur gegen die Grundsätze
seiner Apothekenkonzession, sondern auch gegen § 13 Abs. 2 BtMG und macht
sich nach § 29 Abs. 1 S. 1 Nr. 7 lit. a BtMG strafbar.

XIII. Abgabe von Betäubungsmitteln an Unberechtigte

42   Hat ein Apotheker aufgrund einer für einen drogenabhängigen Substitutionspatienten von einem Arzt ausgestellten **Methadon-Verschreibung** entgegen § 5
Abs. 4 S. 2 BtMVV Methadonfläschchen an den Drogenabhängigen ausgehändigt,
ohne dass es sich um eine **Take-home-Verschreibung** nach § 5 Abs. 7 BtMVV
handelte, so liegt zwar ein **Verstoß des Arztes, nicht aber des Apothekers**
nach § 16 BtMVV i. V. m. § 29 Abs. 1 S. 1 Nr. 14 BtMG, noch nach § 29 Abs. 1
S. 1 Nr. 7 lit. a BtMG vor. Denn die ärztliche Verschreibung ist wirksam und der
Überbringer des Betäubungsmittelrezeptes zum Empfang befugt. Sowohl der
Apotheker als auch der Apothekenkunde sind bei der Abgabe und dem Erwerb
von Betäubungsmitteln nur dann von der Erlaubnispflicht befreit, wenn der Apotheker aufgrund einer wirksamen Betäubungsmittelverschreibung an den Berechtigten die Betäubungsmittel liefert. Hat ein Apotheker mit einem kokainsüchtigen
Apothekenkunden, der keine Betäubungsmittelrezepte mehr erhielt, vereinbart,
eine Mittelsperson solle ihm in der Apotheke ein Rezept mit einem harmlosen
Brompräparat vorzeigen, auf das er eine Lösung Kokain aushändigen würde, die
dieser an den Kokainsüchtigen weitergeben sollte, so stellt diese Abgabe eine unerlaubte Betäubungsmittelabgabe nach § 29 Abs. 1 S. 1 Nr. 7 lit. a BtMG dar
(RGSt. 65, 59).

XIV. Nichtabgabe verschriebener Betäubungsmittel

43   Weigert ein Apotheker sich, eine ordnungsgemäße ärztliche Betäubungsmittelverschreibung unverzüglich (ohne schuldhaftes Zögern) zu beliefern und führt die
Nichtlieferung zu Gesundheitsschäden, so kommt zwar kein Verstoß gegen das
BtMG, aber eine Strafbarkeit wegen unterlassener Hilfeleistung (§ 323 c StGB)
wegen fahrlässiger Körperverletzung (§ 230 StGB) oder wegen fahrlässiger Tötung
(§ 222 StGB) in Betracht.

E. Subjektiver Tatbestand

I. Vorsatz

Der subjektive Tatbestand setzt **Vorsatz** voraus, der sich auf den Verstoß gegen **44** § 13 Abs. 2 BtMG beziehen muss. Ein bedingter Vorsatz genügt. Liegen besondere Umstände vor, die den Apotheker darauf hinweisen, dass der Arzt eine gesetzlich unzulässige Abgabe der Stoffe herbeizuführen sucht, dann handelt er je nach Sachlage vorsätzlich oder mit dolus eventualis, wenn er die Stoffe gleichwohl abgibt.

II. Fahrlässigkeit

Die **fahrlässige Abgabe** eines Apothekers wurde nicht in den Katalog des § 29 **45** Abs. 4 BtMG aufgenommen. Auch hierin liegt eine **besondere Privilegierung des Apothekers** (RGSt. 35, 332; BayObLGSt. 1966, 45 = NJW 1966, 1878). Gleiches gilt für die Abgabe von Diamorphin durch einen pharmazeutischen Unternehmer. Sowohl bei dem Nichterkennen der Unbegründetheit der Verschreibung als auch bei dem Nichterkennen einer Fälschung liegt eine straflose fahrlässige Abgabe von Betäubungsmitteln der Anl. III vor. Bezog sich die Sorgfaltspflichtverletzung des Apothekers auf Betäubungsmittel der Anl. I oder II oder auf Betäubungsmittelabgaben außerhalb von Apotheken, so kann aber eine strafbare fahrlässige Abgabe oder ein strafbares fahrlässiges Inverkehrbringen nach §§ 29 Abs. 1 S. 1 Nr. 1, Abs. 4 BtMG in Betracht kommen.

F. Rechtfertigungsgründe

Nach § 34 StGB handelt ein Apotheker nicht rechtswidrig, wenn er in einer ge- **46** genwärtigen, **nicht anders abwendbaren Gefahr für Leib und Leben eines Patienten** Betäubungsmittel aushändigt, um die Gefahr vom Patienten abzuwenden, wenn bei **Abwägung der widerstreitenden Interessen** das Leben des Patienten gegenüber der Betäubungsmittelsicherheit wesentlich überwiegt. **Akute Schmerzen** eines Patienten stellen keine gegenwärtige, nicht anders abwendbare Lebensgefahr dar. An die Bejahung der Notstandsvoraussetzungen sind **strenge Anforderungen** zu stellen (*LG Stuttgart* DAZ 1979, 1322). Vor der Abgabe von Betäubungsmitteln ohne Betäubungsmittelverschreibung muss jede **andere Hilfsmöglichkeit** geprüft werden, die ohne Verstoß gegen die Verschreibungspflicht zum Erfolg führen kann. Die Abgabe von Betäubungsmitteln ohne Betäubungsmittelverschreibung ist kein erforderliches Mittel zur Gefahrenabwendung,

– wenn der **behandelnde Arzt erreichbar** ist oder das bereits ausgeschriebene **Betäubungsmittelrezept beigeschafft** werden kann,
– wenn der Patient ohne Erreichbarkeit des behandelnden Arztes in einem nahe gelegenen Krankenhaus behandelt werden kann,
– oder wenn auch mit einem **Arzneimittel** dem Patienten **übergangsweise geholfen** werden kann (vgl. *AG Berlin-Tiergarten* DAZ 1983, 1442).

G. Versuch

Der Versuch ist nicht strafbar (§ 29 Abs. 2 BtMG). Hierin liegt eine besondere **47** **Privilegierung des Apothekers und des pharmazeutischen Unternehmers.** Sobald das Rezept beliefert wurde und die Betäubungsmittel dem Kunden übergeben wurden, tritt Vollendung ein. Beendigung tritt ein, wenn der Apothekenkunde die Apotheke verlassen und die Betäubungsmittel zu Hause verwahrt oder verbraucht hat.

H. Täterschaft/Teilnahme

Da es sich um ein **echtes Sonderdelikt** handelt, kommen nur Apotheker und **48** Tierärzte sowie das pharmazeutische und tierärztliche Personal im Fall von lit. a und pharmazeutische Unternehmer im Fall von lit. b als Täter in Betracht. Bei den übrigen Beteiligten sind Beihilfehandlungen zu prüfen. § 28 Abs. 1 StGB findet Anwendung.

I. Rechtsfolgen

I. Besonders schwere Fälle

49 In § 29 Abs. 3 S. 2 Nr. BtMG ist die **Gesundheitsgefährdung mehrerer Menschen** durch eine verbotene Abgabe als **besonders schwerer Fall** unter Strafe gestellt (s. dazu § 29/Teil 26, Rn. 30 ff.).

II. Verbrechen

50 Verursacht ein Apotheker durch eine Betäubungsmittelabgabe leichtfertig den Tod eines drogenabhängigen Apothekenkunden, so kann er sich wegen leichtfertiger Todesverursachung wegen Verbrechens nach § 30 Abs. 1 Nr. 3 BtMG strafbar machen.

III. Strafschärfende Erwägungen

Zu den Strafschärfungsgründen im Allgemeinen s. Vorbem. §§ 29 ff. Rn. 211 ff.

51 **1. Unzulässige Doppelverwertung.** Es ist eine gem. § 46 Abs. 3 StGB **unzulässige Doppelverwertung,** wenn die **Apothekereigenschaft** strafschärfend herangezogen wird, weil dieser Tatbestand ja gerade für Apothekendelikte geschaffen wurde. Es verstößt gegen das Doppelverwertungsverbot des § 46 Abs. 3 StGB, die Gefährlichkeit der ohne Vorlage der erforderlichen Verschreibung abgegebenen verschreibungspflichtigen Arzneimittel strafschärfend zu werten (*BGH* NStZ 1982, 113).

52 **2. Generalpräventive Umstände.** Die hohe Verantwortung der Apotheker für die Volksgesundheit reicht für generalpräventive Erwägungen nicht aus. Außerdem darf aus **Gründen der Generalprävention** der Rahmen der schuldangemessenen Strafe nicht überschritten werden. Der Schutz der Allgemeinheit durch Abschreckung anderer möglicher Rechtsbrecher rechtfertigt eine schwerere als die angemessene Strafe nur, wenn hierfür eine Notwendigkeit besteht. **Die Zunahme derartiger Delikte muss im Urteil deutlich festgestellt werden.** Vermutungen reichen hier nicht aus (*BGH* StV 1982, 522 in einem Fall von Abgabe verschreibungspflichtiger Arzneimittel). Für den Schuldumfang ist es von Bedeutung, ob die Rezepte – wie versprochen – nachgereicht wurden.

53 **3. Übertriebenes Gewinnstreben.** Vereinbarte ein Apotheker mit einem Arzt einen illegalen Betäubungsmittelhandel mit synthetischen Betäubungsmitteln für drogensüchtige Prostituierte und belieferte der Apotheker die unbegründeten, fingierten Betäubungsmittelverschreibungen eines Arztes, um an dessen Betäubungsmittelgeschäften zu partizipieren, so wirkt dieses Gewinnstreben sich strafferhöhend aus.

IV. Strafmildernde Erwägungen

Zu den Strafmilderungsgründen im Allgemeinen s. Vorbem. §§ 29 ff. Rn. 124 ff.

54 **1. Geringe Betäubungsmittelmenge.** Die §§ 29 Abs. 5 und 31a BtMG gelten hier nicht und erlauben kein Absehen von Strafverfolgung. Eine geringe Betäubungsmittelmenge wirkt aber strafmildernd.

55 **2. Standes- und berufsrechtliche Folgen der Strafe.** Ist zu erwarten, dass aufgrund einer dreijährigen Freiheitsstrafe wegen des Vertriebs von den unter das BtMG fallenden Tabletten nach § 6 Abs. 2 BApO die Approbation widerrufen wird und die Apothekenbetriebserlaubnis verloren geht (§ 3 Nr. 3 ApoG), so müssen diese Auswirkungen der Strafe gem. § 46 Abs. 1 S. 2 StGB als berufliche Nebenfolgen die Strafe beeinflussen (*BGH* StV 1991, 157).

V. Berufsrechtliche Maßnahmen

1. Widerruf der Betriebserlaubnis. Die Betriebserlaubnis für den Betrieb ei- 56 ner Apotheke ist zu widerrufen, wenn der Erlaubnisinhaber die für den Betrieb einer Apotheke erforderliche Zuverlässigkeit nicht mehr besitzt (§§ 4 Abs. 2, 2 Abs. 1 Nr. 4 ApoG). Die erforderliche Zuverlässigkeit ist nicht mehr gegeben, wenn z. B. ein Apotheker trotz Verurteilung wegen Abgabe rezeptpflichtiger Arzneimittel ohne Verschreibung erneut mehrfach rezeptpflichtige Arzneimittel oder gar Betäubungsmittel ohne Verschreibung abgibt. An der Zuverlässigkeit fehlt es aber auch, wenn er Arzneimittel oder Betäubungsmittel ohne Gebrauchsanweisung einzeln aus Klinikpackungen oder Musterpackungen an Drogenabhängige verkauft, den Zu- und Abgang von Betäubungsmitteln nicht dokumentiert und die Herstellung von Betäubungsmittelrezepturen nicht aufzeichnet. Die Apothekenbetriebserlaubnis kann bei wiederholten Verstößen des Apothekers widerrufen werden (*Hess. VGH DAZ* 1981, 1218). Besteht die Gefahr, dass der Apotheker auch in Zukunft zentrale Berufspflichten verletzen wird, so kann der Widerruf der Betriebserlaubnis bereits vor dem rechtskräftigen Abschluss des Verwaltungsgerichtsverfahrens sofort vollzogen werden (*OVG Münster DAZ* 1993, 832).

2. Entzug der Approbation. In diesen Fällen kann auch die Approbation ent- 57 zogen werden (*VGH München* PharmZ 1991, 3810; *VGH München* PharmZ 1995, 68). Das **Ruhen der Approbation** ist anzuordnen (§ 8 Abs. 1 Nr. 1 BApO), wenn gegen den Apotheker wegen des Verdachts einer Straftat, aus der sich eine Unwürdigkeit oder Unzuverlässigkeit zur Ausübung des Apothekerberufs ergeben kann, ein Strafverfahren eingeleitet wird.

J. Konkurrenzen

Die Abgabe nach § 29 Abs. 1 S. 1 Nr. 1 BtMG tritt hinter der Spezialvorschrift 58 des § 29 Abs. 1 S. 1 Nr. 7 BtMG zurück. Verkauft ein Apotheker Betäubungsmittel der Anl. I und II, nicht aus Apothekenbeständen und nicht in der Apotheke, kommt nur § 29 Abs. 1 S. 1 Nr. 1 BtMG in Betracht. § 29 Abs. 1 S. 1 Nr. 7 BtMG geht als Spezialvorschrift auch dem Inverkehrbringen nach § 29 Abs. 1 S. 1 Nr. 1, Abs. 4 BtMG vor. Zwischen § 29 Abs. 1 S. 1 Nr. 7 BtMG und den §§ 223, 230 StGB besteht Tateinheit.

Teil 17. Missbräuchliche Werbung für Betäubungsmittel
(§ 29 Abs. 1 S. 1 Nr. 8 BtMG)

Übersicht

A. Zweck der Vorschrift

1   Der Werbungstatbestand des § 29 Abs. 1 S. 1 Nr. 8 BtMG soll verhindern, dass mit Hinweisen auf Betäubungsmittelbezugsmöglichkeiten bei dem potentiellen Verbraucher der **Wunsch zum Bezug und Konsum verbotener Betäubungsmittel geweckt** wird und der illegale Betäubungsmittelhändler **verbesserte Absatzchancen erhält.** Die Werbungsbeschränkungen des § 14 BtMG und die Strafvorschrift des § 29 Abs. 1 S. 1 Nr. 8 BtMG sollen die **Sicherheit und Ordnung des Betäubungsmittelverkehrs** gewährleisten und den Betäubungsmittelmissbrauch eindämmen.

B. Objektiver Tatbestand

2   § 29 Abs. 1 S. 1 Nr. 8 BtMG stellt die Werbung entgegen § 14 Abs. 5 BtMG unter Strafe.

I. Werbungsverbote des § 14 Abs. 5 BtMG

3   § 14 Abs. 5 BtMG unterscheidet zwischen einem **absoluten und einem relativen Werbungsverbot** für Betäubungsmittel.

4   **1. Absolutes Werbungsverbot für Betäubungsmittel der Anl. I.** Nach § 29 Abs. 1 S. 1 Nr. 8 BtMG soll niemand ungestraft für die in Anl. I zum BtMG genannten Betäubungsmittel werben dürfen, da er gegen § 14 Abs. 5 S. 1 BtMG verstößt, wenn er das Konsuminteresse des Erwerbers und das Absatzinteresse des Verkäufers für nicht verkehrsfähige Betäubungsmittel in allgemeiner Form fördert **(absolutes Werbungsverbot).** Zu den nicht verkehrsfähigen, verbotenen Betäubungsmitteln der Anl. I gehören z.B. Cannabispflanzen und -pflanzenteile einschl. der Samen, sofern es sich nicht um Zubereitungen handelt, die als Fertigarzneimittel zugelassen sind (Anl. III), Cannabisharz (Haschisch) oder Psilocybinpilze.

5   **2. Relative Werbungsverbote für Betäubungsmittel der Anl. II und III.** Wer im an stelle legalen Betäubungsmittelverkehr, aber außerhalb von Fachkreisen (Industrie und Handel, Pharmahersteller und Pharmahandel, Ärzte, Tierärzte und Apothekerkreise) für in Anl. II und III genannte Betäubungsmittel bei unbefugten Beziehern Reklame macht und damit in allgemeiner Weise bei Unbefugten das Konsuminteresse des Erwerbers und das Absatzinteresse des Verkäufers fördert **(relatives Werbungsverbot),** verstößt gegen § 14 Abs. 5 S. 2 BtMG und macht sich ebenfalls nach § 29 Abs. 1 S. 1 Nr. 8 BtMG strafbar.

6   **3. Werbung für Drogenimitate, Drogenwerkzeuge und drogenverherrlichende Produkte.** Es mag zwar sein, dass das Anbieten von Drogenkonsumwerkzeugen, Drogenanbauzubehör, Drogenlaborzubehör, Rauschgiftwaagen usw. zum Kauf in Head-Shops oder Smart-Shops gleichzeitig auch Kaufinteresse für Betäubungsmittel wecken und den Handel mit Betäubungsmitteln begünstigen kann. **Das Verhalten verstößt aber nicht gegen § 29 Abs. 1 S. 1 Nr. 8 BtMG,** da dieser Tatbestand nur die Verbesserung von Absatzchancen für echte Betäubungsmittel entgegen § 14 Abs. 5 BtMG mit Strafe bedroht. Das Anpreisen von Stoffen, die rauschgiftähnliche Bezeichnungen tragen, obwohl sie keine Betäubungsmittel sind und zum menschlichen Genuss oder zur Körperpflege geeignet und bestimmt sind, so z.B. das Parfum „Opium" der Firma Yves Saint Laurent,

Cocacocktails, Lettucene Nr. 1 Haschisch, Lettucene Nr. 2 Opium oder Lettucene Nr. 3 Haschischöl verstoßen aber nicht gegen § 29 Abs. 1 S. 1 Nr. 8 BtMG. Verkaufsinserate für drogenverherrlichende oder Drogenwirkungen verharmlosende Literatur, für T-Shirts mit Antiprohibitionssprüchen und Konsumaufforderungen dienen regelmäßig dem Absatz des Werbeträgers, nicht dem Absatz des aufgedruckten Produkts.

II. Werbung

1. Definition. Werbung ist der **an Dritte gerichtete Hinweis auf die Be-** 7
reitschaft des Werbenden, Betäubungsmittel zu liefern. Im Gegensatz zur öffentlichen Mitteilung einer Erwerbsgelegenheit bei Dritten nach § 29 Abs. 1 Nr. 10 BtMG ist Werbung ein Hinweis des Werbenden auf **eigene Liefermöglichkeiten.** Die öffentliche Mitteilung ist eine schriftliche, mündliche oder in sonstiger Form erfolgte Übermittlung von Angaben, die es dem Adressatenkreis ermöglicht, eine Gelegenheit zum Erwerb ohne Zutun Dritter wahrzunehmen. Die öffentliche Mitteilung bezieht sich anders als die Werbung auf eine Gelegenheit, die eine dritte Person, nicht der Mitteilende selbst, anbietet. Im Unterschied zum Handeltreiben enthält die Werbung aber noch kein konkretes Betäubungsmittelangebot zum Abschluss eines Vertrages, sondern ist **nur eine Einladung, ein Kaufangebot zu unterbreiten.** Werbung ist geeignet, eine Vielzahl von Adressaten zu erreichen. Mit der Werbung wendet sich ein Verkäufer nicht an einen konkreten Kunden, sondern an ein bestimmtes Publikum von Kaufinteressenten mit der Aufforderung, zu bestimmten Konditionen bei ihm oder anderen zu kaufen. Dabei rühmt er das Aussehen, die Zusammensetzung, die Wirkungen, den Wert oder den Preis der angebotenen Produkte. Der Werbungstatbestand setzt nicht voraus, dass der Täter seinen Namen und Anschrift voll angibt; er kann ihn auch so verschlüsseln, dass der Adressat ihn erreichen kann. Eine **Verherrlichung des Betäubungsmittelgenusses** kann nach dem Werbungstatbestand untergeordnet werden; es sind aber **§ 111 StGB und § 29 Abs. 1 S. 1 Nr. 12 BtMG** zu beachten.

2. Form der Werbung. Die Absatzwerbung für Betäubungsmittel kann 8 **mündlich, schriftlich, telefonisch, telegrafisch, per Telefax, per E-Mail, per Radio, Fernsehen oder Internet** erfolgen, durch Verteilen von Handzetteln, Prospekten, per Plakat, Broschüre, per CD oder DVD, per Zeitungs- oder Illustrierteninserat stattfinden. Wer mit Handzetteln und Plakaten für einen Haschischkurierdienst wirbt, der über einen telefonischen Anrufbeantworter verschiedene Haschischsorten zu verschiedenen Preisen anbietet und Bestellungen entgegennimmt, die per Motorradkurier ins Haus geliefert werden, treibt Werbung i. S. d. Vorschrift. Das Verteilen oder Versenden von Preislisten oder Werbehandzetteln mit Angeboten verschiedener Haschischsorten mit Gramm- und Kilogramm-Preisen durch einen „Head-Shop" stellen Werbungstätigkeiten dar. Verteilen Straßendealer Visitenkarten mit Telefon- und Handynummern mit dem Bemerken „Unter diesen Nummern bekommst du immer Crack (Crack-Hotline)", so treiben sie strafbare Betäubungsmittelwerbung.

3. Werbungsinhalte. a) Werbung für den Betäubungsmittelverkauf. 9
Würden die großen **Zigarettenhersteller** per Zeitungsanzeige neue Zigarettenmarken anbieten mit 5–10% Cannabisanteil, so wäre dies verbotene Werbung. Ende des 19. Jahrhunderts brachte die Zigarettenfirma Simon-Arzt die Marke „Nr. 2" mit 7% ägyptischem Hanf auf den Markt. Es folgten die Zigarettenmarken „Khedive" mit 5% Hanfanteil, „Nil" mit 8% Hanfanteil, „Arabische Nächte" und „Harem" mit 9% Cannabisanteil. Der Pharmahersteller Dr. Dralle würde sich heute mit der Anpreisung des Schlafmittels „Somnius" (eine 15%ige Cannabistinktur um 1900), die Arzneimittelfirma Merck mit dem Anbieten des Medikamentes „Merck's Morphin" (auf dem Markt von 1827–1900) oder die Firma Bayer mit Zeitungsinseraten über das Antihustenmittel „Heroin" im Sinne dieser Vorschrift

strafbar machen. Von besonderer Aktualität sind heute die Verkaufsangebote von
vorwiegend ausländischen Großgärtnereien, Samenhandlungen, Versandfirmen und
Head-Shops, die die Lieferung von Cannabissamen, Cannabispflanzen, Cannabis-
lebensmitteln, Cannabisgetränken, Khat, Psilocybinpilzen oder Rauschgiftkakteen
in überregionalen Lifestyle-Zeitschriften, Hanf- und Musikzeitschriften zum Kauf
anbieten. Besondere Rechtsprobleme werfen die Verkaufsanzeigen auf den Web-
Seiten des Internet auf (s. hierzu Rn. 14).

10   Werbeanzeigen, die **Cannabissamen der Spitzenqualität als Biovogelfutter**
für Piepmätze drinnen und draußen, als Papageienfutter (z.B. Cannabird), als
Fischfutter oder Hasenfutter nicht in Tierfreundezeitschriften, sondern in
Hanfzeitschriften mit Growingextraservice zum Kauf anbieten, stellen strafbare
Werbung für Betäubungsmittel der Anl. I dar. Inseriert eine Firma in der deutschen Zeitschrift „Samenverbot!" mit dem Text „Green Hope rät: Keine Panik! In
unserer Filiale in I. pfeifen wir auf Vogel- und Fischfutter! Hier gibt es ab sofort
und weiterhin Originalsaatgut von namhaften Samenherstellern (kein Versand)", so
gibt er nicht nur zu erkennen, dass ihm die Strafbarkeit dieses Samenhandels in
Deutschland bekannt ist, sondern er verstößt gegen § 14 Abs. 5 BtMG und macht
sich nach § 29 Abs. 1 S. 1 Nr. 8 BtMG strafbar. Inseriert jemand in einer deutschen Hanfzeitschrift, dass bei ihm Cannabispflanzen, Psilocybinpilze, Cannabisblüten, **Nahrungsmittel bzw. Getränke mit einem unzulässigen THC-
Gehalt** zu beziehen sind, so verstößt diese Werbung (invitatio ad offerendum)
gegen § 14 Abs. 5 BtMG und ist nach § 29 Abs. 1 S. 1 Nr. 8 BtMG strafbar.

11   Werden in Zeitschriftenanzeigen unter dem Slogan „Schlafe sanft und träume
fein! Welches Duftkissen darf es sein?" **Duftkissen gefüllt mit Marihuana oder
gefüllt mit Psilocybinpilzen** angeblich gegen Asthma und für den gesunden
Schlaf zum Kauf angeboten, so stellt auch diese Anpreisung von Betäubungsmittel-
produkten eine verbotene Werbung i.S.v. § 14 Abs. 5 BtMG dar, die nach § 29
Abs. 1 S. 1 Nr. 8 BtMG strafbar ist.

12   **Werbeanzeigen wie z.B. Inserate** in deutschen Hanfzeitschriften **durch die
Firma Sensi Seed** in Amsterdam, die per Versand-Katalog und Internet
(www.sensiseeds.com) Cannabissamen vertreibt (s. dazu § 29/Teil 2, Rn. 43), verstoßen gegen das deutsche Werbeverbot des § 14 Abs. 5 S. 1 BtMG und sind
strafbar nach § 29 Abs. 1 S. 1 Nr. 8 BtMG, wenn im Inserat nicht zur Katalog-
bestellung aufgefordert wird, sondern auch zum **Kauf von THC-reichen Origi-
nalsamen** wie „Shiva Shanti", „Super Skunk", „Jack Herer". Trotz der **Alibihinweise** „Bitte informieren Sie sich, in welchen Ländern Samenverkauf möglich
ist" und „Wir möchten hiermit besonders betonen, dass Sensi Seed nie beabsichtigte, Menschen zur Marihuanazucht anzustiften. Bitte seien Sie gewarnt, dass Besitz und Auskeimung von Marihuanasaat in vielen Ländern strafbar ist" zielen die
kostspieligen Zeitschriftenanzeigen und Samenkataloge auf nichts anderes als den
Absatz von THC-haltigen Cannabisspitzensorten in Deutschland, dessen Strafbarkeit sowohl der niederländischen Firma als auch der deutschen Redaktion bekannt
ist.

13   Bietet ein Landwirt in einer Kleinanzeige unter Chiffre Cannabiskonsumenten
seinen **Hanfernteüberschuss** zum Verkauf an, so stellt dies Werbung i.S.v. § 29
Abs. 1 S. 1 Nr. 8 BtMG dar, weil es ein über den Einzelfall hinausreichendes Angebot darstellt. Gleichzeitig stellt es aber noch kein Handeltreiben mit Betäubungsmitteln dar, weil die verbindliche Verkaufserklärung noch keinen konkreten
Adressaten erreicht hat. Es handelt sich bezüglich Handeltreiben um eine straflose
Vorbereitungshandlung. Gibt ein Hanfkonsument eine Suchanzeige auf, wonach er
einen Hanfernteüberschuss aufkaufen will, so stellt dies eine Vorbereitungshandlung zum Betäubungsmittelerwerb dar.

14   **b) Werbung im Internet.** Eine Internetseite www.haschladen.de kann den
Tatbestand der Werbung i.S.d. Vorschrift erfüllen, wenn ein eigener Verkaufskata-
log in elektronischer Form angeboten wird und die Betäubungsmittel nur noch per
Mausklick in einen Warenkorb befördert werden müssen, um anschließend per

Post zugesandt zu werden. So ist auch strafbar, wenn Verantwortliche sich zum Verkauf bereit erklären, zu bestimmten Bedingungen leckere Schokokekse und Pralinen, die Haschisch enthalten, zu liefern und dabei die starke bis extrem starke Wirkung ihrer Produkte anpreisen. Strafbar ist auch das Samenangebot: schwere Indicasorte, die noch einen Knock-Out-Stone bereit hält und Purple-Varianten, die sehr starke Qualitäten im High offenbaren und Super Haze Indoor-Sorten, die mit kristallklarem Energie-Up-High die Sinne verwöhnen. Das Angebot eines Haschtaxi-Unternehmers, hochprozentige Haschischsorten auf E-Mail-Bestellungen auszuliefern, verstößt gegen das absolute Werbungsverbot des § 14 Abs. 5 BtMG und ist nach § 29 Abs. 1 S. 1 Nr. 8 BtMG strafbar.

c) Werbung für Reiseveranstaltungen mit Drogenverkauf. Ein Touris- **15** musunternehmen, das mit Zeitungsanzeigen eine **Busfahrt nach Amsterdam und Rotterdam** mit Besichtigung von Drogenszene, Coffeeshops, Haschischmuseum und Cannabisgärtnereien anpreist, wirbt nicht für den Handel mit Betäubungsmitteln, sondern informiert und ermöglicht Besichtigungen. U.U. liegt aber eine öffentliche Mitteilung einer konkreten Gelegenheit zum Betäubungsmittelerwerb nach § 29 Abs. 1 S. 1 Nr. 10 BtMG vor. Verspricht das Reiseprospekt den Reisenden, dass sie im Rahmen der Stadtrundfahrt preisgünstig bei einer bestimmten Firma Marihuanapflanzen oder Haschisch erwerben können, so kann darin eine Werbung für diese Produkte liegen. Inseriert eine Firma, dass der Besucher eines Musikfestivals oder eines Haschischmuseums mit der Eintrittskarte einen Gutschein zum kostenlosen Bezug von einer Packung hochwertiger Cannabissamen einer bestimmten niederländischen Firma erwirbt, so kann dies den Werbungstatbestand erfüllen.

d) Werbung für Pacht und Leasing von Cannabispflanzen und Canna- **16** **bisfeldern.** Bietet eine Vertriebsfirma **Cannabispflanzen** per Zeitschriftenanzeige **nicht zum Kauf,** sondern **zu Leasingzwecken** an, so dass der Kunde nicht Eigentum an den Hanfpflanzen erlangt, sondern diese befristet als Zierpflanzen für eine Fensterbank oder für einen Messestand erhält, so stellt auch dieses Angebot eine verbotene Werbung (§ 14 Abs. 5 BtMG) dar, die nach § 29 Abs. 1 S. 1 Nr. 8 BtMG strafbar ist. Bietet ein Cannabio-Vertrieb in Anzeigen von deutschen Hanfzeitschriften einzelne 100 qm-**Parzellen seiner Naturhanffelder** (THC-Gehalt bis 5%) in der Schweiz zum Preis von 730 DM **zur Pacht** an, indem er dem Kunden ein Feld mit mindestens 100 weiblichen, schönharzigen Hanfpflanzen zur Pflege und Ernte überlassen oder gegen Preisaufschlag für den Kunden ernten und zur Abholung bereitstellen will, so ist dieses öffentliche Angebot des Verkaufs von Cannabispflanzen/Cannabisblüten eine Werbung für Betäubungsmittel der Anl. I in Deutschland entgegen § 14 Abs. 5 BtMG, die nach § 29 Abs. 1 S. 1 Nr. 8 BtMG strafbar ist, auch wenn eine Fußnote darauf hinweist: „Der Import von THC-haltigen Blüten ist in den EU-Ländern verboten".

e) Aufklärungskampagnen. Die bundesweite Plakataktion der deutschen **17** AIDS-Hilfe im Jahr 1991 für Spritzentausch und Saver Sex mit Kondom (VON HEROIN KRIEG ICH NOCH KEIN AIDS) versuchte mit Drogen verharmlosenden Sprüchen, die Aufmerksamkeit der Drogenabhängigen für Saver Sex und saubere Spritzen zu gewinnen, nicht aber die Absatzchancen für Betäubungsmittel zu verbessern. Eine unerlaubte Werbung nach § 29 Abs. 1 S. 1 Nr. 8 BtMG schied daher aus.

III. Geltungsbereich des BtMG

Eine Auslandstat ist nach § 6 Nr. 5 StGB in Deutschland nicht verfolgbar, da es **18** sich bei der Werbung für Betäubungsmittel um einen Vertriebsvorgang handelt (*Weber* § 29 Rn. 1409; a. A. *Fischer* § 6 Rn. 5). Eine Inlandstat liegt jedoch vor, wenn die Werbung per Telefon, Brief, Fax oder E-Mail vom Ausland aus erfolgt, den Empfänger aber in Deutschland erreicht (§ 9 Abs. 1 StGB; *Weber* § 29 Rn. 1408; MK-StGB/*Kotz* § 29 Rn. 1136).

C. Subjektiver Tatbestand

19   Bei der verbotenen Werbung steht nur der Vorsatz unter Strafe, wobei bedingter Vorsatz ausreicht.

D. Versuch

20   Der Versuch verbotener Werbung ist straflos, da er nicht in § 29 Abs. 2 BtMG erwähnt ist. Die verbotene Werbung ist **vollendet,** wenn die verbotenen Mitteilungen den Adressatenkreis erreicht haben, wenn Handzettel, Prospekte verteilt, die Zeitung erschienen, das Plakat geklebt ist. Verbotene Werbung ist ein **Dauerdelikt.** Die **Beendigung** tritt ein, wenn die Mitteilung durch Anzeige, Plakat, Rundfunk-, Fernsehsendung ihre bestimmungsgemäße Wirkung nicht mehr entfalten kann, weil das Plakat vernichtet, überklebt oder das Sonderangebot bzw. das Ereignis vorüber ist.

E. Täterschaft/ Teilnahme

21   Nicht nur die Inserenten für verbotene Betäubungsmittelprodukte, auch die verantwortlichen Redakteure und Herausgeber von Drogenzeitschriften, die entgegen dem Werbungsverbot durch die Veröffentlichung an der Werbung partizipieren, den Absatz der Drogen fördern und durch das Anzeigenhonorare profitieren, können sich nach den allgemeinen Grundsätzen als Mittäter oder Gehilfen strafbar machen.

F. Strafzumessung

22   Zwar gilt der Strafrahmen des § 29 Abs. 1 BtMG bis zu 5 Jahren auch für die illegale Werbung. Jedoch ist eine derartige **Vorfeldstraftat milder** zu bewerten als eine spätere Vertriebshandlung. Ein Verstoß **gegen das absolute Werbungsverbot** wiegt **schwerer** als gegen ein **relatives Werbungsverbot.**

G. Konkurrenzen

23   Verstößt ein Pharmahersteller mit Erlaubnis nach § 3 BtMG gegen ein Werbeverbot des § 14 BtMG, so kann § 29 Abs. 1 S. 1 Nr 8 BtMG mit einem Verstoß gegen das **Heilmittelwerbegesetz in Tateinheit** stehen. Ein illegaler Drogenhändler, der gegen das Werbeverbot des § 14 BtMG verstößt, macht sich **entweder wegen Werbung oder wegen Handeltreibens** mit Betäubungsmitteln strafbar, weil die Werbung für Betäubungsmittel in der Regel als Teilakt des Gesamtgeschehens hinter dem Handeltreiben zurücktritt.

Teil 18. Erschleichen von Betäubungsmittelverschreibungen
(§ 29 Abs. 1 S. 1 Nr. 9 BtMG)

Übersicht

A. Zweck der Vorschrift

Der Tatbestand des § 29 Abs. 1 S. 1 Nr. 9 BtMG wendet sich insb. gegen die **1** Drogenkonsumenten, die mit den unterschiedlichsten Täuschungsmanövern dem frei praktizierenden Arzt Betäubungsmittelverschreibungen zu entlocken versuchen.

Im OpiumG war hier noch eine Strafbarkeitslücke, die nicht mit § 10 Abs. 1 **2** Nr. 3 OpiumG geschlossen werden konnte, sondern nur über den anschließenden illegalen Erwerb zu fassen war. Hinzugekommen ist gegenüber der alten Regelung in § 11 Abs. 1 Nr. 5b BtMG von 1972 das **Erschleichen einer tierärztlichen Verschreibung.**

B. Objektiver Tatbestand

I. Unrichtige oder unvollständige Angaben

Tathandlung ist nicht die Erlangung der Betäubungsmittelverschreibung, son- **3** dern die Täuschung des behandelnden Arztes über gegenwärtige oder vergangene Tatsachen durch unrichtige oder unvollständige Angaben, die die eigene Person oder Dritte betreffen, um an eine Verschreibung zu gelangen. Wer nur mit einer formell ordnungsgemäßen, aber unbegründeten ärztlichen Verschreibung Betäubungsmittel erwirbt, erwirbt ohne Erlaubnis und ohne eine die Erlaubnis ersetzende Verschreibung und macht sich nach § 29 Abs. 1 S. 1 Nr. 1 BtMG strafbar.

Das Rezepterschleichen ist eine Delinquenzform ohne geschädigte Opfer, son- **4** dern eine Entgleisung, die anschließend weitere Personen (Ärzte und Apotheker) aus der Bahn wirft, eine Straftat, die weitere Personen zu strafbarem Verhalten ansteckt. Der Fixer ist ein untypischer Patient, der beim Arzt nicht Hilfe und Heilung sucht, sondern eine Verschreibung von Suchtstoffen begehrt. Er sucht deshalb häufig nicht Suchtexperten und Fachärzte, sondern unerfahrene, ältere, verantwortungslose, selbst alkohol- oder drogenabhängige, vielfach notleidende Ärzte, die ohne ärztliche Untersuchung bereitwillig vorgetäuschte Krankengeschichten und Symptome glauben und die Stoffe verschreiben, die die Patienten sich wünschen oder diktieren.

1. Angaben. Angaben sind Bekundungen von Tatsachen mit einer gewissen **5** Relevanz für die Begründetheit der ärztlichen Verschreibung (*Weber* § 29 Rn. 1419; *Hügel/Junge/Lander/Winkler* § 29 Rn. 18.2). Die Angaben des Täters können mündlich, schriftlich oder durch Gesten erfolgen. Verzichtet ein Drogenabhängiger auf jegliche Falschdarstellung, Täuschung bzw. Simulation und fordert offen die Betäubungsmittelverschreibung, so scheidet der Tatbestand aus.

2. Unrichtig oder unvollständig. Unrichtig sind die Angaben, wenn sie mit **6** der Wirklichkeit nicht übereinstimmen (*Weber* § 29 Rn. 1421), z.B. wenn der Patient Entzugserscheinungen, Schmerzen, Therapiebereitschaft, Krankheitseinsicht oder einen bevorstehenden Urlaub simuliert. Auch die Angabe falscher Personalien, um einen Auswertung der unter richtigen Personalien bestehenden Krankenkarteikarte ein Betäubungsmittelrezept zu erlangen, reicht für den objektiven Tatbestand aus (*Weber* § 29 Rn. 1421).

Unvollständig sind die Angaben, wenn relevante Umstände für die Verschrei- **7** bung verschwiegen werden (*Hügel/Junge/Lander/Winkler* § 29 Rn. 18.2), z.B. das Verschweigen bestimmter Kontraindikationen wie Schwangerschaft, Epilepsie, Polytoxikomanie, das Verschweigen von Beikonsum und die Nichterwähnung von Parallelverschreibungen anderer Ärzte.

Das *OLG Frankfurt* hat einen Fall entschieden, in dem ein Drogenabhängiger **8** wahrheitswidrig behauptete, von einer Gallenkolik befallen zu sein, und einen falschen Namen angab, um eine Dolantin-Verschreibung zu erhalten (*Frankfurt* NJW 1956, 1769). Dem *BGH* lag ein Fall vor, in dem ein süchtiger Patient Nierenbeschwerden vortäuschte und einen falschen Namen angab, um Verschreibungen von Pantopon und Morphium zu erhalten (*BGH* NJW 1957, 30; vgl. auch *BayObLG* NJW 1970, 529; *BGH* NJW 1979, 1943).

II. Täter/Adressat/Begünstigter

9   Täter der Täuschungshandlung, Adressat und Begünstigter der Verschreibung müssen nicht personengleich sein. So kann die Ehefrau des dem Arzt bekannten Patienten mit unwahren Angaben ein Betäubungsmittelrezept auf den Namen ihres Mannes erlangen, um die Betäubungsmittel ihrer süchtigen Freundin zuführen zu können.

C. Subjektiver Tatbestand

10   Der subjektive Tatbestand setzt Vorsatz voraus. Es reicht aus, wenn der Täter die Unrichtigkeit bzw. die Unvollständigkeit billigend in Betracht zieht (dolus eventualis). Hinsichtlich des Erlangens der Verschreibung infolge der falschen Angaben ist jedoch direkter Vorsatz erforderlich (*Weber* § 29 Rn. 1431; *Franke/Wienroeder* § 29 Rn. 187). Fahrlässigkeit ist nicht strafbar (§ 29 Abs. 4 BtMG).

D. Versuch

11   Der Versuch ist nicht strafbar (§ 29 Abs. 2 BtMG). Da die **Vollendung** jedoch nicht mit der Rezepterlangung, sondern bereits mit der Täuschung einsetzt, ist dies ohne große praktische Bedeutung. **Beendet** ist die Tat bereits mit Erlangung des Rezeptes und nicht erst mit der Einlösung des Rezeptes.

E. Täterschaft/Teilnahme

12   Die unbegründete ärztliche Verschreibung und die Belieferung des Betäubungsmittelrezeptes sind keine Beteiligungen am Delikt der Betäubungsmittelrezepterschleichung, sondern Anschlussstraftaten.

F. Konkurrenzen

13   Erlangt der Täter mit seinen Täuschungsmanövern eine ärztlich begründete oder ärztlich unbegründete Betäubungsmittelverschreibung und erwirbt er mit diesem Rezept bei der Apotheke die verschriebenen Betäubungsmittel, so stehen das Erschleichen der Verschreibung und der unerlaubte Erwerb der Betäubungsmittel in Realkonkurrenz, da die Ausführungshandlungen nicht zusammentreffen (*Weber* § 29 Rn. 1433; a. A. *Hügel/Junge/Lander/Winkler* § 29 Rn. 18.5; *Franke/Wienroeder* § 29 Rn. 190; *Malek* Kap. 2, Rn. 338). Das Erschleichen eines Betäubungsmittelrezepts und die spätere betrügerische Einlösung stehen in Realkonkurrenz. Der Erwerb der Betäubungsmittel in der Apotheke mittels erschlichenem Rezept und die betrügerische Einlösung bei der Krankenkasse stehen allerdings in Tateinheit. Erschleicht sich der Täter das Betäubungsmittelrezept zum Zwecke des späteren Betäubungsmittelabsatzes, so tritt der Erschleichungstatbestand als erster Teilakt des Absatzbemühens in der Bewertungseinheit Handeltreiben zurück (*Weber* § 29 Rn. 1432; MK-StGB/*Kotz* § 29 Rn. 1178; *Hügel/Junge/Lander/Winkler* § 29 Rn. 18.5; *Franke/Wienroeder* § 29 Rn. 191).

Teil 19. Verschaffen oder Gewähren einer Gelegenheit zum unbefugten Erwerb oder zur unbefugten Abgabe von Betäubungsmitteln, öffentliche oder eigennützige Mitteilung einer Gelegenheit zum unbefugten Erwerb oder zur unbefugten Abgabe von Betäubungsmitteln, und Verleiten zum unbefugten Verbrauch von Betäubungsmitteln
(§ 29 Abs. 1 S. 1 Nr. 10 BtMG)

Übersicht

A. Entstehung und Zweck der Vorschrift

1   Die Vorschrift hat ihre Wurzeln in Art. 36 Abs. 2 lit. a (ii) der Single Convention von 1961, in Art. 22 Abs. 2 lit. a (ii) des Suchtstoffübereinkommens von 1971 und in Art. 3 Abs. 1 lit. c (IV) des Suchtstoffübereinkommens von 1988, in denen die Unterzeichnerstaaten sich verpflichtet haben, **nicht nur Teilnahmehandlungen wie Beihilfe und Anstiftung zu BtMG-Verstößen,** sondern **jegliche Förderungen von BtMG-Verstößen wie Verabredungen, Beratungen, öffentliche Mitteilungen und Anpreisungen** von illegaler Betäubungsmittelverkehr und illegalem Betäubungsmittelverbrauch **mit Strafe zu bedrohen.**

2   Erstmals bedrohte der deutsche Gesetzgeber mit § 11 Abs. 1 Nr. 8 BtMG 1972 mit Strafe, wer eine Gelegenheit zum Genuss, zum Erwerb oder zur Abgabe von Betäubungsmitteln öffentlich oder eigennützig mitteile oder eine derartige Gelegenheit einem anderen verschaffte oder gewährte, ohne dass er eine Erlaubnis für den Erwerb oder die Abgabe besaß, bzw. ohne dass er eine Genehmigung des *Bundesgesundheitsamtes* (jetzt: *BfArM*) für eine Gelegenheit zum Genuss für einen wissenschaftlichen oder für einen sonst im öffentlichen Interesse liegenden Zweck hatte. Nach dem Willen des Gesetzgebers verdiente derjenige, der Mitteilungen über Gelegenheiten des illegalen Betäubungsmittelverkehrs machte und der Gelegenheiten zum illegalen Rauschgifthandel verschaffte sowie gewährte, die gleiche Strafe wie der Händler selbst. Die Vorschrift sollte **Gastwirte, Halter von Imbissbuden und Trinkhallen, Taxipächter und Diskothekenbetreiber** treffen, die, ohne den Tatbestand des unerlaubten Handeltreibens mit Betäubungsmitteln nach § 29 Abs. 1 Nr. 1 BtMG zu erfüllen, ihre **Betriebe zu einträglichen Rauschgiftumschlagplätzen** machten.

3   Im BtMG von 1982 wurde die Vorschrift des § 11 Abs. 1 Nr. 8 BtMG übernommen und ergänzt durch die Tatbegehungsweise des **Verleitens zum unbefugten Verbrauch,** nachdem in Art. 3 Abs. 1 lit. c (iii) des Suchtstoffübereinkommens von 1988 Deutschland die Verpflichtung übernommen hatte, die Verleitungen anderer zum Betäubungsmittelgebrauch mit Strafe zu bedrohen. Bei der neuen Vorschrift des § 29 Abs. 1 Nr. 10 BtMG war denn einheitlich nur noch von Verbrauch und nicht mehr von Genuss die Rede. Da die **Anstiftung zum Konsum mangels strafbarer Haupttat straflos ist,** musste ein **selbstständiger Verleitungstatbestand** geschaffen werden (*Slotty* NStZ 1981, 321). Die Strafbarkeit des Verleitens zum Konsum sollte einen ähnlichen Zweck verfolgen wie § 323 b StGB. Während § 323 b StGB die Durchführung einer behördlich angeordneten Entziehungskur schützen soll, sollte diese Vorschrift nicht nur den in einer Entziehungskur befindlichen Drogenabhängigen, sondern auch den **neugierigen Laien und den geheilten Drogenabhängigen vor den Versuchungen der Drogenszene und der Drogenzufuhr** durch Bekannte bewahren. Der Gesetzgeber wollte diejenigen mit Strafe bedrohen, die den zwar straflosen, aber gesellschaftlich missbilligten Konsum von Betäubungsmitteln förderten und Kontakte zwischen Abgebenden und Erwerbenden herstellten.

Durch das 3. BtMGÄndG vom 28. 3. 2000 (BGBl. I, S. 302) ist das Verschaffen,   **4** Gewähren oder Mitteilen einer Gelegenheit zum unbefugten Verbrauch mit Wirkung vom 1. 4. 2000 aus § 29 Abs. 1 S. 1 Nr. 10 BtMG herausgenommen und in § 29 Abs. 1 S. 1 Nr. 11 BtMG neu aufgenommen worden. Mit dieser Aufspaltung soll dem Umstand Rechnung getragen werden, dass **nach bisher h. M. die Eröffnung und der Betrieb eines Drogenkonsumraumes den Straftatbestand des Verschaffens oder Gewährens einer Gelegenheit zum unbefugten Verbrauch von Betäubungsmitteln erfüllten.** Mit der neuen Regelung in Nr. 11 sollen zum einen Betreiber und Personal der Drogenkonsumräume – soweit deren Verhalten von einer nach § 10a BtMG für den Betrieb vorausgesetzten Erlaubnis gedeckt ist (sog. Erlaubnisvorbehalt) – und zum anderen Personen, die eine Gelegenheit für einen Verbrauch in Drogenkonsumräumen öffentlich mitteilen, aus der strafrechtlichen Bewehrung herausgenommen werden. Soweit die Voraussetzungen von § 39 BtMG vorliegen, gilt dies auch im Zusammenhang mit Drogenkonsumräumen, die ohne Erlaubnis betrieben werden (zu den Drogenkonsumräume s. im Einzelnen § 10a Rn. 1 ff.).

B. Kritik an der Vorschrift

Bei den Tathandlungen des § 29 Abs. 1 S. 1 Nr. 10 BtMG handelt es sich um   **5 Teilnahmehandlungen,** die zu **eigenen Tatbeständen ausgestaltet** wurden. Das Gelegenheitsverschaffen ist entweder zugleich Beihilfe zum Betäubungsmittelerwerb bzw. zur -abgabe, insoweit also **überflüssig,** oder es ist **Beihilfe zum straflosen Konsum** und müsste aus Gründen der Akzessorietät **eigentlich ebenfalls straflos** sein. Der Gesetzgeber hat diese Beihilfe aber **zur Täterschaft aufgewertet.** Diese eigenständige Bestrafung einer Beihilfe ist fragwürdig und bedarf **restriktiver Auslegung.**

Dies gilt umso mehr, als die Vorschrift als ausgesprochener Wille des Gesetzge-   **6** bers die Züge der 70er Jahre trägt. Ihr muss deshalb in **objektiv-zeitgemäßer Auslegung** ein Sinn gegeben werden, der für den historischen Gesetzgeber **infolge eines Wandels der tatsächlichen Verhältnisse nicht voraussehbar** war, soweit er noch **mit dem Wortlaut des Gesetzes vereinbar** ist. Seit Schaffung des § 11 Abs. 1 Nr. 8 BtMG 1972, der als § 29 Abs. 1 Nr. 10 BtMG unverändert blieb, hat sich die Erkenntnis durchgesetzt, dass auch jene Menschen Anspruch auf medizinische und soziale Hilfe haben, die nicht auf Drogenkonsum verzichten können (**Prinzip der Schadensminimierung** bzw. **harm reduction**).

Erst spät hat der federführende Gesundheitsausschuss des *Deutschen Bundestages*   **7** die Notwendigkeit ergänzender **niedrigschwelliger Hilfsangebote (Lebenshilfe und Überlebenshilfe)** erkannt und nachträglich in kleinen Schritten sich um eine Anpassung des Betäubungsmittelrechts bemüht. Nach jahrelangen erbitterten Diskussionen und Beratungen stimmte die *Bundesregierung* einem Antrag des *Bundesrats* auf gesetzliche Klarstellung der straflosen Spritzenvergabe zu (BT-Drs. 12/934). Der Gesundheitsausschuss machte aber deutlich, dass der Betrieb von Fixerräumen nicht strafbar sein sollte (BT-Drs. 12/2737, S. 9). Im Rahmen des Gesetzespaketes zur Bekämpfung der organisierten Kriminalität durch das BtMÄndG v. 9. 9. 1992 (BGBl. I, S. 1593) wurde der **klarstellende Satz 2** in § 29 Abs. 1 BtMG eingefügt, wonach die Abgabe von sterilen Einmalspritzen kein Verschaffen von Gelegenheit zum Verbrauch i. S. v. § 29 Abs. 1 Nr. 10 a. F. BtMG darstellt. Zudem wurde § 13 BtMG dahin ergänzt, dass eine Betäubungsmittelverschreibung auch zur ärztlichen Behandlung einer Betäubungsmittelabhängigkeit vorgenommen werden kann und damit keine Verschaffung von Gelegenheit zum unbefugten Verbrauch darstellt. Auch die Stellungnahme der Bundesregierung v. 19. 6. 1996 (BT-Drs. 13/4982) zu einem Gesetzesentwurf des Bundesrates (BR-Drs. 293/96) änderte nichts an der Notwendigkeit, den § 29 Abs. 1 S. 1 Nr. 10 BtMG einengend auszulegen.

8   Die Bundesregierung hat schließlich in der 14. Legislaturperiode Anfang 1999 einen **Entwurf eines Dritten Gesetzes zur Änderung des BtMG** (BT-Drs. 14/1515) vorgelegt, der das Ziel verfolgte, die rechtlichen Voraussetzungen für die Zulassung und den Betrieb von Drogenkonsumräumen (auch Fixerstuben oder Gesundheitsräume genannt) zu schaffen und die Einrichtung eines Substitutionsregisters für opiatabhängige Patienten sowie die Festlegung einer besonderen Qualifikation für Ärzte zu ermöglichen, den opiatabhängigen Patienten ein Substitutionsmittel verschreiben zu dürfen. Das 3. BtMGÄndG v. 28. 3. 2000 ist am 1. 4. 2000 in Kraft getreten (BGBl. I, S. 302). Nach Änderung des BtMG liegen in § 10a BtMG bundeseinheitliche Rahmenvorschriften vor, nach denen die Landesregierungen den Betrieb von Drogenkonsumräumen näher regeln und genehmigen können. Zwar hätte man Bedenken gegen bereits bestehende Drogenkonsumräume auch formal durch die Korrektur der Strafvorschriften bzw. durch eine Klarstellung der Zulässigkeit im BtMG ausräumen können. Der Gesetzgeber war jedoch der Auffassung, eine solche formale strafrechtliche Lösung würde nicht ausreichen, um die rechtlichen Grenzen für das Tun der Betreiber und des Personals von künftigen Drogenkonsumräumen bzw. den künftigen Betrieb der vorhandenen Drogenkonsumräume ausreichend zu bestimmen und so Verstöße gegen das nationale und internationale Suchtstoffrecht auszuschließen. Es ist jedoch überaus zweifelhaft, ob die Gesetzesänderung die gewünschten Ziele, nämlich die bundesweite Einrichtung von nach Landesverordnung erlaubten und nach einheitlichen Kriterien geführten Konsumräumen erreichen wird. Der Gesetzgeber wollte offensichtlich nicht den rechtlichen Missstand beheben, dass die gesundheitspolitisch erwünschte Verschaffung und Gewährung hygienischer Konsumbedingungen außerhalb von erlaubten Konsumräumen (z. B. in Übernachtungsheimen und betreuten Wohngemeinschaften) nach § 29 Abs. 1 S. 1 Nr. 11 BtMG sich als strafbar erweist. Anstatt den umstrittenen Begriff der Gelegenheit in § 29 Abs. 1 S. 1 Nr. 10 BtMG durch eine Legaldefinition in § 2 oder § 10a BtMG klarzustellen, hat er dem umstrittenen § 29 Abs. 1 S. 1 Nr. 10 BtMG einen ebenso umstrittenen § 29 Abs. 1 S 1 Nr. 11 BtMG hinzugefügt, die nun beide diesen unklaren Begriff der Gelegenheit enthalten.

C. Objektiver Tatbestand

9   §§ 29 Abs. 1 S. 1 Nr. 10 BtMG enthält vier Tatalternativen mit jeweils mehreren Tatbegehungsweisen:

1. das Verschaffen und Gewähren einer Gelegenheit zum unbefugten Erwerb oder zur unbefugten Abgabe von Betäubungsmitteln (1. Alt. und 2. Alt., dazu Rn. 10 ff.),
2. die öffentliche oder eigennützige Mitteilung einer Gelegenheit zum unbefugten Erwerb oder zur unbefugten Abgabe von Betäubungsmitteln (3. Alt., s. Rn. 21 ff.),
3. das Verleiten zum unbefugten Verbrauch von Betäubungsmitteln (4. Alt., s. Rn. 31 ff.).

I. Betäubungsmittel

10   Der Tatbestand bedroht die Förderung des unbefugten Umganges mit Stoffen oder Zubereitungen, die in den Anl. I, II oder III genannt werden (zur Betäubungsmitteleigenschaft s. § 1 Rn. 20 ff.). Konsumfertig oder berauschend müssen diese Substanzen nicht sein.

II. Verschaffen und Gewähren einer Gelegenheit zum unbefugten Erwerb oder zur unbefugten Abgabe von Betäubungsmitteln (1. und 2. Alternative)

11   Nach § 29 Abs. 1 S. 1 Nr. 10 BtMG 1. Alt. und 2. Alt. ist das Verschaffen und Gewähren einer Gelegenheit zum unbefugten Erwerb oder zur unbefugten Abgabe von Betäubungsmitteln strafbewehrt.

1. Gelegenheit. Unter Gelegenheit sind **günstige äußere Bedingungen** bzw.   12
**eine konkrete, besonders günstige Möglichkeit zu verstehen, um an Be-
täubungsmittel zu kommen bzw. solche abzusetzen** (*BGH* NStZ 1982,
335). Ist eine Erwerbs- oder Abgabemöglichkeit wie z. B. die Verhältnisse auf der
örtlichen offenen Drogenszene oder die Lage der Coffeshops oder Konsumräume
in einer Stadt hinlänglich bekannt und ohne Schwierigkeiten für jedermann zugänglich, so kann nur von einer **Möglichkeit** und nicht von einer Gelegenheit die
Rede sein. Die Grenze von der bloßen Möglichkeit zur Gelegenheit wird dann
überschritten, wenn eine enge Verbindung zwischen dem Verschaffen/Gewähren
einer Gelegenheit und der geförderten Handlung in der Form besteht, dass die Tat
dem Erwerb oder der Abgabe **unmittelbar förderlich ist** (vgl. Bay-
ObLGSt. 1991, 85 = NStZ 1991, 496; *Weber* § 29 Rn. 1544 f.). Ansonsten wäre
dieser Tatbestand uferlos anwendbar. Nach Einführung des § 29 Abs. 1 S. 1 Nr. 11
i. V. m. § 10 a BtMG ist insoweit aber nicht mehr erforderlich, dass der Täter dem
Adressaten eine Drogenquelle eröffnen muss, die dieser vorher nicht hatte (*Weber*
§ 29 Rn. 1461; MK-StGB/*Kotz* § 29 Rn. 1205; a. A. *Körner*, 6. Auflage, § 29
Rn. 1748).

2. Verschaffen einer Gelegenheit. Unter Verschaffen einer Gelegenheit ist   13
das **Herbeiführen günstiger äußerer Bedingungen zu verstehen,** die den
unbefugten Erwerb bzw. die unbefugte Abgabe fördern oder erleichtern (*BGH*
NStZ 1982, 335; *Weber* § 29 Rn. 1450; *Hügel/Junge/Lander/Winkler* § 29
Rn. 19.2; *Franke/Wienroeder* § 29 Rn. 193; *Patzak/Bohnen* Kap. 2, Rn. 78 a). Das
Erschließen von Drogenquellen für Verkäufer oder Käufer, von besonderen finanziellen oder räumlichen Vergünstigungen, die Beseitigung von Hemmungen oder
Hindernissen können ein Verschaffen einer Gelegenheit darstellen. Die bloße Mit-
teilung einer Bezugsquelle stellt noch kein Verschaffen einer Gelegenheit dar
(*BGH* NStZ 1982, 335; zu den Erscheinungsformen des Verschaffens einer Gele-
genheit s. Rn. 39 ff.).

3. Gewähren einer Gelegenheit. Das Gewähren stellt im Gegensatz zum akti-   14
ven Verschaffen ein **passives Verhalten** dar, da die besonders günstigen Bedingungen **bereits vorhanden** sind, aber nun den Adressaten eröffnet werden. Das
Gewähren einer Gelegenheit ist das Bereitstellen günstiger Umstände im eigenen
Herrschaftsbereich, z. B. wenn ein Wohnungsinhaber seine Wohnung an Dritte
zum Konsum von Betäubungsmitteln zur Verfügung stellt. Eine **bloße Untätigkeit genügt im Allgemeinen nicht** (*BayObLG* MDR 1983, 75; *BayObLG*
NStZ-RR 2003, 310; zu den Erscheinungsformen des Gewährens einer Gelegenheit s. Rn. 44 ff.), es sei denn, es liegt eine Garantenstellung vor (s. Rn. 20).

4. Abgabe. Unter Abgeben ist **die unerlaubte Übertragung der eigenen**   15
**tatsächlichen Verfügungsgewalt ohne rechtsgeschäftliche Grundlage und
ohne Gegenleistung an einen Dritten**, der über die Betäubungsmittel frei verfügen kann, zu verstehen (*BGH* NStZ 1991, 89 = StV 1990, 548; *BGH* NStZ-
RR 1999, 89 = StV 1999, 428; *BayObLG* NStZ 2004, 401 = StV 2004, 606). An
der Übertragung der tatsächlichen Verfügungsgewalt fehlt es bei der unmittelbaren
Verabreichung von Betäubungsmitteln und der unmittelbaren Verbrauchsüberlassung nach § 29 Abs. 1 S. 1 Nr. 6 lit. b BtMG (s. dazu im Einzelnen § 29/Teil 8,
Rn. 4).

5. Erwerb. Die bloße Mitteilung einer Bezugsquelle bzw. Bekanntgabe eines   16
Erwerbers stellt kein Verschaffen einer Gelegenheit zur Abgabe bzw. zum Erwerb
dar. Dies ergibt sich schon daraus, dass der Gesetzgeber in der ersten Alternative
der Bestimmung die Mitteilung, die öffentlich oder eigennützig erfolgt, zur Täterschaft ausgestaltet hat. Hätte er jede Mitteilung, auch die nichtöffentliche und
uneigennützige, als Unterfall des Verschaffens einer Gelegenheit angesehen, wäre
die erste Alternative der Vorschrift bedeutungslos und überflüssig (*BGH*
NStZ 1982, 335; *BayObLG* StV 1984, 119). Ein Verschaffen einer Gelegenheit
zum Erwerb kann darin bestehen, dass der Täter ohne Beteiligung an einem Be-

täubungsmittelgeschäft besondere Erwerbsbedingungen herbeiführt, die über eine bloße Mitteilung eines Erwerbers hinausgeht, also z. B. Taxifahrten zu Dealerwohnungen gegen Honorar, Bewachen oder Abschließen eines Hinterzimmers, einer Garage, eines Lagerraums, das Wechseln von Kaufgeld, das Bereitstellen von Verpackungsmaterial oder von Rauschgiftwaagen, die Beschäftigung von Wachleuten, oder die Ablenkung von Kriminalbeamten durch Freibier oder Dirnenservice. War der Vorgang des Erwerbs bereits ohne Zutun des Täters vorher möglich, so reicht nicht jede Änderung oder Ergänzung der Begleitbedingungen aus, sondern es kommt nur eine Verbesserung solcher Erwerbsbedingungen in Betracht, die die Geschäftsabwicklung erheblich fördern oder erleichtern. Das bloße Öffnen einer unverschlossenen Tür stellt kein Verschaffen von Gelegenheit dar, das Öffnen einer verschlossenen oder versteckten Tür hingegen mag eine Gelegenheit bieten. Die bloße Wegweisung zum Frankfurter Hauptbahnhof eröffnet eine Möglichkeit, der Hinweis auf einen bestimmten Dealer in einem bestimmten Lokal am Frankfurter Hauptbahnhof oder in einer bestimmten Wohnung verschafft aber eine Gelegenheit zum Erwerb.

17 **6. Eigennützigkeit.** Das Tatbestandsmerkmal „eigennützig" gilt nur für die Alternative der unbefugten Mitteilung von Gelegenheit. Auch wenn die Beschränkung des gesamten Tatbestandes auf eigennütziges Verhalten durchaus sinnvoll wäre, ist dies aufgrund des klaren Gesetzeswortlautes derzeit nicht möglich (*Weber* § 29 Rn. 1469; *Bölter* NStZ 1998, 224; a. A. *Hoffmann-Riem* NStZ 1998, 7, 10).

18 **7. Unbefugt.** Nach § 29 Abs. 1 S. 1 Nr. 10 BtMG macht sich nur strafbar, wer einem anderen eine Gelegenheit zum unbefugten Erwerb oder zur unbefugten Abgabe verschafft. Bei „unbefugt" handelt es sich um ein Tatbestandsmerkmal, das die Bedeutung von „unerlaubt" hat, also wenn für Erwerb/Abgabe keine Erlaubnis nach § 3 BtMG oder keine Ausnahmegenehmigung nach § 4 BtMG vorliegt.

19 **8. Omni modo facturus.** Es kann auch nicht von einem ungeschriebenen Tatbestandsmerkmal des nicht tatentschlossenen Adressaten ausgegangen werden (*Weber* § 29 Rn. 1464 f.; a. A. *Hoffmann-Riem* NStZ 1998, 7, 11), da mit dem Verleitungstatbestand ja die Beeinflussung des nicht tatentschlossenen Adressaten in § 29 Abs. 1 S. 1 Nr. 10 BtMG gesondert geregelt wurde.

20 **9. Verschaffen einer Gelegenheit zum Erwerb oder zur Abgabe durch Unterlassen.** Eine bloße Untätigkeit reicht nicht aus, sondern der Täter muss Pflichten vernachlässigen (*BayObLG* MDR 1983, 75). Der Betreiber eines Gesundheitsraumes könnte eine Gelegenheit durch Unterlassen schaffen, wenn er mangels Kontrollen duldet, dass Drogen besitzende Besucher nach dem Konsum nicht Drogen besitzenden Besuchern Reste oder Teile ihrer mitgebrachten Drogen zum Konsum übergeben. Es ist umstritten, ob nach dem Grundgedanken des § 13 StGB die Betreiber dieser Räume nur für die Gefahren für die Volksgesundheit einzustehen haben, die sie selbst verursacht haben oder auch für Gefahren, die die Besucher von außen mit hereingebracht haben (vgl. *Böllinger* JA 1991, 292).

III. Öffentliche oder eigennützige Mitteilung einer Gelegenheit zum unbefugten Erwerb oder zur unbefugten Abgabe von Betäubungsmitteln (3. Alternative)

21 § 29 Abs. 1 S. 1 Nr. 10 BtMG stellt als 3. Tatbestandsalternative die öffentliche oder eigennützige Mitteilung einer Gelegenheit zum unbefugten Erwerb oder zur unbefugten Abgabe von Betäubungsmitteln unter Strafe.

22 **1. Mitteilung.** Mitteilung bedeutet **jede Art von Bekanntgabe**, sei sie mündlich (Vortrag, Ausrufen), schriftlich (Plakat, Zeitschriftenartikel, Zeitungsartikel), fernmündlich (Lautsprecherdurchsage, Radioansage, Fernsehinterview) oder fernschriftlich (z. B. mittels Telefax, Internet, E-Mail). Die Bekanntgabe muss wahrnehmbar sein, nicht tatsächlich von bestimmten Adressaten wahrgenommen worden sein. Ist ein Plakat zusammengerollt, übermalt oder überklebt, ein Zettel in ein Buch eingelegt, bevor die Botschaft abgesandt wurde, bevor die Information von jemand wahrgenommen werden konnte, so kann auch nicht von einer Mitteilung die Rede sein. Denn die Mitteilung ist die Übermittlung von Angaben, die es einem Adressatenkreis ermöglichen soll, eine Gelegenheit zum Verbrauch, zum Erwerb, zur Abgabe von Betäubungsmitteln wahrzunehmen. Eine öffentliche Mitteilung ist gegeben, wenn ein Bordellinhaber am schwarzen Brett Visitenkarten von Dealern bekanntmacht, damit seine drogenabhängigen Liebesdienerinnen dort zu günstigen Bedingungen ihren Stoff beziehen können; wenn ein Wirt den Gästen seines Lokals mitteilt, dass im Hause eine Haschparty stattfindet, wo sie ohne Schwierigkeiten an Stoff kommen (zu den Erscheinungsformen des Mitteilungstatbestandes s. im Übrigen Rn. 56 ff.).

2. Öffentlichkeit. Für die **Öffentlichkeit** der Mitteilungen ist nicht der Ort 23 der Bekanntgabe, sondern die Wahrnehmungsmöglichkeit einer unbestimmten Vielzahl von Personen entscheidend (RGSt. 40, 262; BayObLGSt. 1956, 188). Die unmittelbare Wahrnehmbarkeit der Mitteilung muss bei einem größeren Personenkreis, der nicht durch persönliche Beziehungen verbunden ist, bestehen. Es reichen hier bereits drei unbeteiligte Personen aus (RGSt. 40, 262; *Berlin* JR 1984, 249; *Celle* NStZ 1994, 440). Das Bereithalten bestimmter Informationen auf einer Webseite im Internet stellt eine öffentliche Mitteilung dar.

3. Eigennützigkeit. Die **Eigennützigkeit** setzt voraus, dass der Mitteilende 24 sich bei der Bekanntgabe Vorteile, die nicht aus Vermögenswerten bestehen müssen, ausrechnete (s. dazu im Einzelnen § 29/Teil 4, Rn. 182 ff.). Ist die Mitteilung weder öffentlich noch eigennützig, so kann sie lediglich als Beihilfe zu dem mitgeteilten strafbaren Sachverhalt geleistet werden, setzt deshalb eine Haupttat voraus (vgl. *BayObLG* StV 1984, 119). Die eigennützige Mitteilung kann sowohl gegenüber dem Eigentümer der Betäubungsmittel und Auftraggeber, als auch gegenüber einem Kaufinteressenten tatbestandsmäßig sein, da sie **dem Eigentümer eine konkrete Gelegenheit zur Abgabe,** dem **Kaufinteressenten eine Gelegenheit zum Erwerb** erschließt.

4. Gelegenheit. Unter Gelegenheit i. S. v. § 29 Abs. 1 S. 1 Nr. 10 BtMG sind 25 **günstige äußere Bedingungen** bzw. **eine konkrete, besonders günstige Möglichkeit zu verstehen, um an Stoff zu kommen bzw. Stoff abzusetzen** (*BGH* NStZ 1982, 335). Gerade bei der Mitteilung einer Gelegenheit i. S. d. § 29 Abs. 1 S. 1 Nr. 10 BtMG ist eine **einschränkende verfassungskonforme Auslegung notwendig,** wenn die Vorschrift insoweit nicht gegen das **Bestimmtheitsgebot** verstoßen und zu einer uferlosen Kriminalisierung führen soll (s. dazu Rn. 12). Würde man in der Gelegenheit jede konkrete Möglichkeit sehen, Betäubungsmittel zu erwerben oder abzugeben, so würden zahlreiche Ankündigungen und Berichte in Presse, Funk und Fernsehen über das Marktgeschehen der offenen Drogenszene oder über missbräuchliche Verschreibungen und Betäubungsmittelabgaben von bestimmten Ärzten und Apothekern ebenso den Tatbestand erfüllen wie Vorträge, Podiumsdiskussionsbeiträge und Buchveröffentlichungen, die darauf hinweisen, dass in dem Tanzkaffee A, der Gaststätte B, in der Schule C oder in dem Sportverein D preiswert Haschisch und Ecstasy-Tabletten zu bestimmten Konditionen zu erwerben und zu verkaufen seien.

5. Unbefugter Erwerb/unbefugte Abgabe. Hinsichtlich der Begriffsbe- 26 stimmung von Erwerb und Abgabe wird auf die Ausführungen in Rn. 15 f. Bezug genommen. Der Erwerb und die Abgabe von Betäubungsmitteln sind dann **unbefugt,** wenn vom *BfArM* keine Erlaubnis nach § 3 BtMG erteilt wurde und der Täter von der generellen Erlaubnispflicht nicht durch eine Ausnahmeregelung des § 4 BtMG befreit ist. Unbefugt hat hier die Bedeutung von unerlaubt. Es handelt sich bei dem Merkmal „unbefugt" um ein Tatbestandsmerkmal.

6. Abgrenzung zum unerlaubten Handeltreiben (§ 29 Abs. 1 S. 1 Nr. 1 27 **BtMG).** Während sich die öffentliche oder eigennützige Mitteilung einer Gelegenheit zum unbefugten Verbrauch, zum unbefugten Erwerb oder zur unbefugten Abgabe ohne eigenes Geschäftsinteresse an eine Vielzahl noch unbekannter Personen wendet, setzt das Handeltreiben bereits Geschäftskontakte zwischen einer beschränkten Zahl von feststehenden Geschäftspartnern mit dem Ziel voraus, mit Betäubungsmitteln Umsätze zu erzielen. Teilt jemand in einer Kleinanzeige in wenig verschlüsselter Form unter Chiffre in einer Zeitung seine Bereitschaft mit, Betäubungsmitteltransporte durchzuführen, als Drogenwächter, Drogenkurier oder Kurierbegleiter zu fungieren, Studenten mit einem Autobus zu einem Cannabis-Smoke-In zu fahren, so bleibt ungewiss, ob das günstige Angebot (Gelegenheit) überhaupt gelesen und angenommen wird und sich in einem Geschäftskontakt realisiert. Es bleibt deshalb eine strafbare Mitteilung einer Gelegenheit.

28   Wer es gegen Honorar übernimmt, eine bestimmte von einem anderen noch einzuführende Betäubungsmittelmenge in Deutschland abzusetzen, teilt mit seiner Verpflichtungserklärung, die Drogen im Inland zu verkaufen, nicht nur eigennützig eine konkrete Gelegenheit der Drogenweitergabe mit, sondern fördert bereits ein konkretes Absatzgeschäft. Er beteiligt sich bereits mit dieser Erklärung am vollendeten Handeltreiben, auch wenn der Stoff auf der Fahrt in die Bundesrepublik später abhanden kommt. Der Begriff des Handeltreibens setzt nämlich nicht voraus, dass es zum Absatz tatsächlich gekommen ist. Er ist bereits gegeben mit dem Erwerb zum Zwecke der Weiterveräußerung (s. § 29/Teil 4, Rn. 46 ff.).

29   **7. Abgrenzung zur unerlaubten Werbung (§ 29 Abs. 1 S. 1 Nr. 8 BtMG). Werbung** ist der an Dritte gerichtete Hinweis auf die Bereitschaft des Werbenden, bestimmte Betäubungsmittel zu bestimmten Bedingungen zu liefern. Im Gegensatz zur öffentlichen Mitteilung einer Erwerbsgelegenheit bei Dritten ist Werbung ein Hinweis des Werbenden auf eigene Liefermöglichkeiten.

30   Die **öffentliche Mitteilung** durch einen Dritten **bietet eine konkrete Erwerbs- bzw. Abgabemöglichkeit** für eine unbestimmt weite Vielzahl von Adressaten, zumeist Zeitungslesern oder Radiohörern, während die **Werbung** als eine allgemeine Anpreisung eines Drogenhändlers sich an ein unbestimmtes Publikum wendet mit der **Aufforderung, unter bestimmten Konditionen Kaufangebote zu unterbreiten.** Die öffentliche oder eigennützige Mitteilung einer Gelegenheit zum Erwerb bzw. Abgabe stellt eine **bestimmte Unterstützungshandlung** für den Verbraucher bzw. Abgebenden **ohne eigenes Geschäftsinteresse dar,** während die Werbung **generell** den eigenen Absatz oder den Absatz eines anderen Verkäufers fördern soll.

IV. Verleiten zum unbefugten Verbrauch von Betäubungsmitteln (4. Alternative)

31   Des Weiteren ist nach der 4. Alt. des § 29 Abs. 1 S. 1 Nr. 10 BtMG das Verleiten zum unbefugten Verbrauch von Betäubungsmitteln unter Strafe gestellt.

32   **1. Verleiten.** Unter Verleiten ist die Willensbeeinflussung eines anderen, unbefugt zu konsumieren, durch **Überredung, Überzeugung, Verführung, Drohung** oder andere Mittel zu verstehen. Dies kann z.B. durch **Verherrlichung oder Verharmlosung der Drogenwirkungen** oder durch **Bereitstellung kostenloser Betäubungsmittelproben** geschehen. Gelingt es einem Täter, einen **ahnungslosen Dritten** oder einen **nicht konsumwilligen Dritten** zum nicht strafbaren Gebrauch zu bewegen, so ist nicht Anstiftung, sondern der **Sondertatbestand des Verleitens zum Gebrauch** (§ 29 Abs. 1 S. 1 Nr. 10 BtMG) zu prüfen. Mangels Haupttat ist die Anstiftung zu straflosem Konsum ohnehin straffrei. Der nicht scharfe Verleitungsbegriff umfasst in Anlehnung an § 323b StGB (Gefährdung einer Entziehungskur) und § 160 StGB (Verleiten zur Falschaussage) nicht nur Fälle der Anstiftung und Tatprovokation tatbereiter Adressaten, sondern auch die Verführung willenloser und ahnungsloser Adressaten (vgl. *Hügel/Junge/Lander/Winkler* § 29 Rn. 19.6).

Da die Steuerungsfähigkeit von Drogenabhängigen eingeschränkt ist, sind sie 33
ganz besonders leicht zu beeinflussen. Der Tatbestand des Verleitens setzt eine
erfolgreiche Beeinflussung voraus, eine bloße **Versuchung reicht allein nicht**
aus. Für Rauschgift ist ein Fixer in der Regel bereit, fast alles zu tun. Der Tatbestand ist gegeben, wenn jemand einen Dritten durch Vorzeigen von Rauschgift
oder durch Verherrlichung der Drogenwirkungen zum Konsum aus Neugier bzw.
aus Drogenhunger gewinnt oder einen ehemaligen Fixer zum Rückfall überredet.

Lässt sich ein Drogenabhängiger **von einem Dritten eine Spritze setzen**, so 34
kann darin nicht ohne weitere Feststellungen ein Verleiten des Dritten zum Konsum gesehen werden. Denn weder wurde der Dritte zum Konsum verführt, noch
der Kreis der Konsumenten erweitert (*Berlin* JR 1991, 169). Der *BGH* hat aber in
einem Fall, in dem in einer Konsumgemeinschaft ein Gast seine ablehnende
Freundin mit den Worten „Stell dich nicht so an, da ist doch nichts dabei" zum
Konsum einer Kokainprise ermunterte, die Prüfung des Verleitungstatbestandes als
erforderlich angesehen (*BGH* StV 1991, 208 = MDR 1991, 484).

Allein durch **Betreiben von Gesundheitsräumen** werden die Drogenabhän- 35
gigen noch nicht in verbotener Weise durch Überredung, Verführung, Drohung
oder dergleichen in ihren Willen beeinflusst. Lediglich wenn die Besucher des
Gesundheitsraumes zu einem ungewollten Drogengebrauch in diesen Räumen
genötigt werden, könnte dieser Tatbestand sich erfüllen.

Das **Betreiben von Konsumräumen** ist auch nicht als Verleiten zum unbe- 36
fugten Verbrauch von **nicht Drogenabhängigen** zu werten. Verführt ein Besucher aber nach dem Besuch eines Gesundheitsraumes einen Passanten oder einen
Substitutionsprobanden zum Besuch des Gesundheitsraumes und zum Betäubungsmittelkonsum, so kann er sich wegen unerlaubter Verleitung zum Betäubungsmittelverbrauch strafbar machen, wenn er durch Überredung, Verführung
oder Drohung den Willen des nicht zum Konsum entschlossenen Passanten derart
beeinflusst, dass dieser dort injiziert und dadurch den Kreis der Konsumenten erweitert wird. Zwingen Straftäter einen Passanten, in einem Konsumraum sich eine
vorbereitete Spritze zu setzen, um diesen anschließend zu berauben, so stellt auch
dies eine Verleitung zum unbefugten Verbrauch dar.

2. Unbefugter Verbrauch. Unter Verbrauch ist der Eigenkonsum zu verstehen 37
(s. dazu § 29/Teil 13, Rn. 27 ff.). Unbefugt ist der Verbrauch, wenn er außerhalb
einer ärztlichen Behandlung stattfindet und deshalb trotz der Straflosigkeit auch
gesetzlich nicht gebilligt wird (s. dazu § 29/Teil 20, Rn. 9).

V. Erlaubnispflicht

Während der Konsum von Betäubungsmitteln straflos ist, ist die Konsumförde- 38
rung durch öffentliche Mitteilungen, durch Gewährung oder Verschaffung einer
Gelegenheit zum Verbrauch oder durch Verleitung nicht erlaubnisfähig und immer
strafbar. Die Tathandlungen von § 29 Abs. 1 S. 1 Nr. 10 BtMG sind typische Teilnahmehandlungen, die zur Täterschaft aufgewertet werden.

D. Erscheinungsformen des Verschaffungstatbestandes

I. Fahrten zu Drogenquellen oder zu Drogenmärkten

Ein **Reiseunternehmer,** der Neugierige und Drogenkonsumenten mit dem 39
Bus in die Niederlande fährt, damit sie in Amsterdam nicht nur die Drogenszene
am Zeedijk besichtigen, sondern **Coffeeshops, Heroindealer und süchtige
Prostituierte kennenlernen** können, **Hasch und Heroin und Liebesdienste
probieren** können, in einer Cannabisgärtnerei Cannabispflanzen kaufen können,
kann sich mit diesem **Rauschgifttourismus** wegen Verschaffens von Gelegenheit
zum Erwerb und zum Konsum strafbar machen, da er die Gäste **unmittelbar zu
Drogenquellen** transportiert hat. Fährt jemand zur Nachtzeit zwei heroinsüchtige
Mädchen mit seinem Pkw in das Bahnhofsgebiet, damit diese dort Heroin erwerben können und, sodann zu einer Notapotheke, damit sie sich dort Einwegspritzen

und Nadeln kaufen können, und in der Folgezeit zu einer einsamen Stelle in die Nähe des Friedhofes, damit diese sich dort eine Spritze setzen können, so hat er nicht nur die Konsumbedingungen verbessert, sondern den Mädchen eine **konkrete Gelegenheit zum Erwerb und Konsum** verschafft, Heroin an und in sich zu bringen (*LG Frankfurt am Main*, Urt. v. 21. 2. 1990, 88 Js 30785/88; 5/8 Ns).

II. Vermittlung von Kontakten

40   Die Vermittlung eines konkreten Betäubungsmittelgeschäftes stellt bereits Handeltreiben in der Form der Mittäterschaft oder Beihilfe dar. Der **Drogenszenenbesucher, der Nachtlokaltürsteher oder Taxifahrer,** der einen ortsunkundigen Drogenkaufinteressenten zu einem als Drogenumschlagplatz bekannten Lokal oder Wohnung führt und an einen bestimmten Dealer verweist, verschafft eine Gelegenheit zum Erwerb durch **Erschließen einer Drogenquelle,** auch wenn Kaufinteressent und Dealer keine Kaufverhandlungen aufnehmen. Ist einem **Gastwirt** bekannt, dass in einem Hinterzimmer seines Lokals mit Betäubungsmitteln gehandelt wird und Betäubungsmittel konsumiert werden, so stellt der Hinweis an Gäste aus der Drogenszene, sich ins Hinterzimmer zu begeben, ein Verschaffen von Gelegenheit zum Erwerb dar.

41   Das **szenentypische Verschaffen von Connections** stellt ein typisches Verschaffen von Gelegenheit dar, so z.B. wenn ein Drogenabhängiger an andere Drogenabhängige **Freier** vermittelt, **die den Geschlechtsverkehr mit einem Heroinhit bezahlen,** drogenabhängigen Mädchen eine **Wohnung und Konsummöglichkeit bei Dealern** beschafft, wo sie ausreichend Heroin bekommen, oder wenn sie eine Scheinehe schließen, den Haushalt führen, für ihn Drogen abpacken oder verkaufen oder mit ihm sexuell verkehren. Gleiches gilt, wenn Drogenabhängige anderen Drogenabhängigen eine **Aushilfsstelle bei einem süchtigen Arzt beschaffen,** der sie mit Betäubungsmitteln versorgt.

III. Betreiben von Drugshops

42   Wer in nicht vom *BfArM* genehmigten **Drugshops, Drogenreformhäusern, Drogerien, Drogenkaffees mit oder ohne behördliche Kontrolle,** mit oder ohne staatlicher Organisation Betäubungsmitteln verkauft oder abgibt, macht sich nach § 29 Abs. 1 S. 1 Nr. 1 BtMG strafbar. Wer derartige Einrichtungen betreibt, in denen erlaubnispflichtige Betäubungsmittel von anderen zum Verkauf angeboten oder zum alsbaldigen Verbrauch bereitgehalten werden, **eröffnet den Besuchern eine Drogenquelle** und macht sich zumindest nach § 29 Abs. 1 S. 1 Nr. 10 BtMG wegen Verschaffens von Gelegenheit zum Erwerb und zur Abgabe strafbar, **auch wenn er dies uneigennützig tut.** Richtet ein Pfarrer auf dem Gelände einer Gemeinde ein Junkie-Paradies, eine Unterkunft für Drogenabhängige ein wie in der Rotterdamer St. Pauluskerk, wo diese Schützlinge Übernachtung, Verpflegung, sanitäre Anlagen, Sportanlagen, ärztliche Versorgung und Kleidung erhalten, wo Streetworker Spritzen austeilen und in einem „Shooting Room" Konsumvorgänge überwachen, wo AIDS-Patienten Cannabisheilmittel bekommen und 3 von der Polizei und dem Pfarrer geduldete Hausdealer Heroin und Kokain an die Besucher preisgünstig verkaufen, so stellt dies nach deutschem Recht die Verschaffung einer Gelegenheit zum unbefugten Erwerb und zur unbefugten Abgabe mit Betäubungsmitteln dar.

IV. Einrichtung und Betreiben von Drogentherapieräumen

43   In **Kanada** und **USA** wurden in verschiedenen Städten **medizinische Marihuana-Clubs** gegründet, in denen an kranke Clubmitglieder aufgrund ärztlichen Attestes Marihuanaheilmittel abgegeben werden können. Die Einrichtung derartiger Clubs und die Belieferung der Clubmitglieder mit Marihuanaprodukten würden in Deutschland den Straftatbestand des Verschaffens von Gelegenheit zum

unbefugten Erwerb und zum unbefugten Verbrauch bzw. Handeltreiben mit Betäubungsmitteln erfüllen. Auch wenn die Cannabissubstanzen **von Ärzten als geeignete Heilmittel** angesehen werden, so sind ihre Verordnung, ihr Erwerb und ihr Verbrauch **wegen der Zugehörigkeit zur Anl. I zum BtMG unbefugt.**

E. Erscheinungsformen des Gewährungstatbestandes

I. Gewähren einer Gelegenheit durch Gastwirte durch aktives Tun

Verändert ein Gastwirt ein in der Drogenszene beliebtes Lokal, indem er Ni- **44** schen, Separees, Toiletten, Kabinen, kaum eingerichtete Kellerräume, Hinterzimmer oder Dachmansarden verdunkelt, verhängt, mit Betten oder Luftmatratzen, Toilettenkabinen mit Sitzmöbel einrichtet, Türsteher beschäftigt, akustische und/oder optische Signalanlagen einbaut, die bei Polizeikontrollen die Gäste warnen, so handelt es sich zunächst zwar nur um deliktsvorbereitende Veränderungen von Begleitumständen und noch nicht um ein Verschaffen unmittelbarer Gelegenheit i. S. v. § 29 Abs. 1 S. 1 Nr. 10 BtMG. Dennoch können diese Verhaltensweisen bereits zum Verlust der Gaststättenkonzession führen.

Die Veränderungen der Begleitumstände verwandeln sich aber in ein Gewähren **45** von Gelegenheit zum Erwerb und zur Abgabe, wenn der Gastwirt Drogenhändlern und Drogenkonsumenten in seinem Lokal besondere Kontakte eröffnet, sie duldet und durch seine Vorkehrungen in ihrem unerlaubten Verhalten bestärkt, passiv fördert und schützt. Duldet der Gastwirt diese Gelegenheiten zur Abgabe oder zum Erwerb nicht nur, sondern fördert er sie aktiv

– durch Beschäftigung von Personal aus dem Drogenmilieu,
– durch entsprechende Werbung,
– durch aktive Warn- und Schutzvorkehrungen zur Verringerung des Tatrisikos
– durch Zuführen von Interessenten an bestimmte Orte,

so liegt nicht nur ein Gewähren, sondern ein aktives Verschaffen von Gelegenheit i. S. v. § 29 Abs. 1 S. 1 Nr. 10 BtMG vor (vgl. *BayObLG* MDR 1983, 75). Ein Gastwirt oder Diskotheken-Betreiber, der an Türsteher **Lizenzen zum Drogenverkauf** vergibt, ohne an deren Geschäften mitzuwirken, macht sich nach § 29 Abs. 1 S. 1 Nr. 10 BtMG strafbar.

II. Gewähren einer Gelegenheit durch Gastwirte durch Unterlassen

Schon der **Inhaber einer Wohnung** hat **nicht ohne weiteres** dafür einzuste- **46** hen, dass in seinen Räumen durch Dritte keine Straftaten begangen werden (*BGH* NJW 1993, 76 = StV 1993, 28). Auch der **Vermieter von Räumen** hat nicht ohne weiteres rechtlich dafür einzustehen, dass durch Dritte keine Straftaten in seinen Räumen begangen werden. Eine Garantenstellung nach § 13 StGB kommt nur in Betracht, wenn die **besondere Beschaffenheit oder die Lage der Räume eine besondere Gefahrenquelle** darstellen, die der Gastwirt zu überwachen und zu sichern hat (BGHR StGB § 13 Abs. 1 Garantenstellung 8 = wistra 1993, 59). Die Inhaberin einer Gastwirtschaft, die billigend duldet, dass in der Gastwirtschaft Körperverletzungen an einem Gast begangen werden, ist als Mittäterin zu bestrafen (*BGH* NJW 1966, 1783). Der Gastwirt, der beim Getränkeausschank einem Gast heimlich Alkohol, Arzneimittel oder Betäubungsmittel in das Getränk mischt und damit die Gefahr von Straftaten des Gastes gegenüber Dritten hervorruft, trägt **zumindest Mitverantwortung** für die Straftat. Entsprechend dem Verantwortungsprinzip, nach dem der Mensch als verantwortliches Wesen für sich selbst verantwortlich ist, kommt eine Garantenstellung eines Gastwirtes **beim normalen Alkoholausschank nicht in Betracht** (BGHSt. 19, 152; BGHSt. 26, 38; a. A. BGHSt. 4, 20), es sei denn, er verfügt über **überlegenes Sachwissen** oder er **verabreicht einem nicht mehr eigenverantwortlichen Gast Alkohol oder Rauschgift,** obwohl er davon ausgehen muss, dass dieser in diesem Zustand am Verkehr teilnimmt oder andere Gäste verprügelt bzw. belästigt.

47 Der Gastwirt kann sich wegen Gewährung von Gelegenheit strafbar machen, wenn er entgegen seiner Garantenstellung als Gastwirt (§ 13 StGB) Gegenmaßnahmen unterlässt und **in seinem Lokal einen Drogenumschlagplatz duldet.** Der Tatbestand des § 29 Abs. 1 S. 1 Nr. 10 BtMG kann nämlich auch durch Unterlassung begangen werden. Die bloße Untätigkeit gegenüber der Abgabe und dem Erwerb allein genügt nicht. Das **Unterlassen muss der Abgabe bzw. dem Erwerb von Betäubungsmitteln förderlich** sein. Ein Gastwirt, der in seiner Gaststätte den **Drogenhandel nicht nur duldet, sondern** dadurch **fördert, dass er einem Dealer und dessen Abnehmer ermöglicht, über den Telefonanschluss des Lokals Kontakte zu knüpfen,** macht sich wegen Gewährens einer Gelegenheit zur Abgabe bzw. zum Erwerb von Betäubungsmitteln nach § 29 Abs. 1 S. 1 Nr. 10, zumindest wegen Fahrlässigkeit gem. § 29 Abs. 4 BtMG strafbar (*BGH* NStZ 2000, 208).

48 Hat ein **Betreiber von Großdiskotheken** es billigend in Kauf genommen, dass in seinen Betrieben während Tanzpartys, Raves und anderen Musikgroßveranstaltungen große Mengen von Ecstasy-Tabletten, LSD-Trips, Kokain-, Speed- und/ oder Haschisch-Rationen vertrieben und konsumiert wurden, **ohne geeignete Gegenmaßnahmen und Kontrollen** zu ergreifen bzw. **Sicherheitspersonal** dagegen einzusetzen, **ohne Warntafeln** aufzustellen und **ohne die Polizei zu alarmieren,** so macht er sich nach § 29 Abs. 1 S. 1 Nr. 10 BtMG wegen Verschaffens von Gelegenheit zur unbefugten Abgabe und zum Erwerb strafbar, sogar nach § 29 Abs. 3 BtMG **in einem besonders schweren Fall,** wenn sich das Verhalten über mehrere Jahre erstreckte und **Tausende Jugendliche der Drogengefahr ausgesetzt wurden** (*LG Koblenz*, Urt. v. 20. 1. 1998, 2113 Js 34.049/94 – 9 KLs, das Freiheitsstrafen zwischen 2 Jahren und 7 Monaten und 8 Jahren verhängte).

49 Ein Gastwirt ist für die Aufrechterhaltung der öffentlichen Ordnung und für die Einhaltung der gesetzlichen Vorschriften in seinem Lokal verantwortlich. Er darf in seinem Betrieb weder die Begehung von Straftaten noch von Ordnungswidrigkeiten dulden, insb. nicht von aufsichtsführenden Angestellten (*VGH Kassel*, Beschl. v. 11. 5. 1992, 8 TH 2754/91). Sobald er entweder positiv Kenntnis von Straftaten nach dem BtMG erlangt oder Rauschgiftgeschäfte für oder seinen Geschäftsführer erkennbar werden, hat er **alle Möglichkeiten auszuschöpfen, um künftig Verstöße gegen das BtMG zu unterbinden.** Er muss nicht nur selbst, sondern auch seine Geschäftsführer und sein Personal müssen entsprechend anweisen und beaufsichtigen, gegen Handel und Besitz von Drogen in seinem Lokal vorzugehen (*VGH Kassel*, Beschl. v. 11. 5. 1992, 8 TH 2754/91; *VGH Baden-Württemberg* GewArch 1978, 32). Verkehren in dem Lokal Rauschgiftabhängige und Dealer, hat sich das Lokal als Anlaufstelle für Dealer und Schlupfwinkel für Süchtige entwickelt, so hat der Gastwirt sofort **geeignete Vorkehrungen zu treffen** (*VGH Kassel* GewArch 1983, 308 m. Anm. *Schmelz*; *VGH Baden-Württemberg* GewArch 1972, 221; *VGH Mannheim* GewArch 1975, 298; *VGH Mannheim* GewArch 1976, 272; *OVG Münster* GewArch 1986, 385). Unter Berücksichtigung seiner Pflicht zur Aufrechterhaltung der öffentlichen Ordnung, seinem Interesse am Erhalt seiner Gäste und am Schutz der Gäste vor Drogen, seinem Interesse am Ruf des Lokals und am Schutz vor unnötiger Belästigung seiner Gäste durch Polizeikontrollen hat der Gastwirt angemessen und stufenweise je nach Grad des Verstoßes gegen das BtMG in seinem Lokal zu reagieren. **Denn wer eine Gefahrenquelle eröffnet, muss sie auch beherrschen.** Dies kann wie folgt geschehen:

50 **1. Verstärkung der Kontrollen.** Stellt der Gastwirt fest, dass sein Lokal in der Nähe der örtlichen Drogenszene liegt, dass sich vor seinem Lokal Gruppen von Drogenabhängigen bilden, dass wiederholt Gäste in seinem Lokal wegen Drogenhandels verhaftet werden, dass die Kriminalpolizei und seine Reinigungskräfte

wiederholt Betäubungsmitteltütchen und Briefwaagen auf dem Lokalboden vorfinden, dass in den Toilettenkabinen gebrauchte Spritzen, angerußte Teelöffel und blutverschmierte Taschentücher zurückgelassen werden, dass Gäste Pulver und Tabletten abwiegen, portionieren und weitergeben, dass auswärtige Personen anrufen und nach szenebekannten Gästen fragen, dass es im Lokal süßlich nach Haschisch riecht, dass Gäste in das Lokal taumeln, lange auf der Toilette bleiben, so hat er sofort seine **Kontrolltätigkeiten zu verstärken.** Ein Gastwirt findet regelmäßig mit der Schutzbehauptung kein Gehör, er habe die Gäste nicht als Drogenabhängige erkannt, wenn zahlreiche Süchtige dort wegen ihres kranken und ungepflegten Aussehens Aufmerksamkeit erregten und dadurch auffielen, dass sie ihre Zeche nicht zahlten. Bisweilen ist einem Gastwirt jedoch nicht zu widerlegen, dass er die Drogendealer oder Drogenkonsumenten unter seinen Gästen nicht erkannt hat (*OVG Nordrhein-Westfalen* GewArch 1986, 386). Der Gastwirt hat durch **Verstärkung des Aufsichts- und Bedienungspersonals** dem Drogenhandel und Drogenkonsum in seinem Lokal Einhalt zu gebieten (*VG Hamburg*, Beschl. v. 11. 2. 1994, 1 VG 217/94; *Hamb. OVG*, Beschl. v. 13. 4. 1994, OVG Bs VI 8/94).

2. Eingangskontrollen und Lokalverbote. So hat er anstelle bisheriger **51** Klopf- und Klingelzeichen durch eine **Eingangskontrolle** eines Türstehers zu versuchen, ihm bekannten Mitgliedern der Drogenszene den Zugang zu verwehren. Dabei ist aber zu beachten, dass für ein **Lokalverbot** bloße Vermutungen nicht ausreichen. Denn ein Gastwirt, der einen Gast ohne erkennbaren sachlichen Grund zurückweist, erfüllt den objektiven Tatbestand der Beleidigung (*BayObLG* NJW 1983, 2040). Durch ein **Clubkartensystem** können ebenfalls unwillkommene Gäste ferngehalten werden (*VGH Baden-Württemberg* GewArch 1984, 102). Bereits am Eingang hat der Gastwirt durch einen **Aushang** die Gäste darauf hinzuweisen, dass in diesem Lokal Betäubungsmittelkonsum und Betäubungsmittelhandel nicht geduldet, sondern angezeigt werden, dass ein **gemeinsamer Aufenthalt in Toilettenkabinen verboten** ist (*BayVGH* BayWVMBl. 1977, 150). In gleicher Weise kann der Zugang zu Toilettenkabinen durch eine **Toilettenfrau** überwacht werden. Die Toilettenkabinen können verschlossen werden und der Schlüssel an der Theke abgeholt werden. Das Bedienungs- und Aufsichtspersonal ist anzuweisen, **schlafende und liegende Gäste** ebenso wie mehrere Personen in einer Toilettenkabine **nicht zu dulden,** Betäubungsmittelkonsum und Verhandlungen über Drogen sofort zu unterbinden. Drogen konsumierende Animierdamen sind des Lokals zu verweisen. Der Gastwirt kann zunächst seine Drogen konsumierenden **Gäste ermahnen und verwarnen, im wiederholten Falle** von seinem Recht, **sie des Lokals zu verweisen,** Gebrauch machen. Beim Handel mit Betäubungsmitteln ist bereits beim ersten Mal ein Lokalverbot gerechtfertigt (*KG Berlin* JR 1973, 72; *BayVGH* BayWVMBl. 1977, 151).

3. Umgestaltung der Betriebsräume. Der Gastwirt hat die örtlichen Gege- **52** benheiten zu verändern, die dem Drogenhandel und Drogenkonsum Vorschub leisten. So hat er Hinterzimmer und Kellerräume, Separees und Nischen zu schließen, Liegeflächen zu beseitigen, für eine stärkere Beleuchtung Sorge zu tragen, den Zugang zum Lokal und zu den Toiletten einsehbar zu gestalten, so dass es für Rauschgifthändler und Rauschgiftkonsumenten unattraktiv wird (*VGH Baden-Württemberg* GewArch 1978, 32–34; *VG Köln*, Beschl. v. 14. 5. 1997, 1 L 1347/97).

4. Umgestaltung des Veranstaltungsprogramms. Kann der Gastwirt die **53** Betreuung und die Kontrolle großer Musikveranstaltungen nicht beherrschen, so muss er ggf. trotz wirtschaftlicher Einbußen auf derartige Großveranstaltungen verzichten (*VG Köln*, Beschl. v. 14. 5. 1997, 1 L 1347/97; *BVerwG* GewArch 1989, 474).

5. Zusammenarbeit mit der Kriminalpolizei. Gelingt es dem Gastwirt **54** nicht, allein die Ordnung in seinem Lokal wiederherzustellen, so ist er verpflichtet, in Kenntnis der Erfolgslosigkeit seiner Gegenmaßnahmen die Kriminalpolizei zu informieren und mit ihr in geeigneter, in der von der Polizei bestimmten Weise zusammenzuarbeiten (BVerwGE 56, 205 = GewArch 1978, 340; *VGH Baden-Württemberg* GewArch 1981, 27; *BayVGH* GewArch 1984, 101; *OVG Nordrhein-Westfalen* GewArch 1986, 385). Hält die Polizei eine Zusammenarbeit mit dem Gastwirt für sinnvoll, so ist der Gastwirt nicht berechtigt, seine Mithilfe mit der Begründung zu verweigern, er halte diese Zusammenarbeit nicht für Erfolg versprechend. Der Polizei obliegt die Entscheidung, ob ein Mittel sachgerecht ist oder nicht. Die Polizei hat hier zum Schutze der Bevölkerung das vorrangige Entscheidungsermessen, das der Gastwirt ihr nicht streitig machen darf.

55 **6. Schließung des Lokals.** Gelingt es dem Gastwirt trotz intensiver eigener Bemühungen und trotz Zusammenarbeit mit der Polizei nicht zu verhindern, dass das Lokal kriminelles Milieu anzieht und zu einer Anlaufstelle des organisierten Verbrechens wird, so muss er als **ultima ratio** das **Lokal zumindest vorübergehend schließen** (*BVerwG* GewArch 1989, 474; *Hess. VGH* GewArch 1991, 311; *OVG Hamburg* GewArch 1994, 294).

F. Erscheinungsformen des Mitteilungstatbestands

I. Zeitungsberichte/Veranstaltungen

56 Allgemeine **Zeitungsberichte** über die **offene Drogenszene in Zürich** oder über die **Coffeeshops in Amsterdam** stellen zwar öffentliche Mitteilungen dar. Sie sind aber **zu allgemein**, als dass sie eine Gelegenheit zum Erwerb oder zur Abgabe von Betäubungsmitteln bieten würden. Nun haben einzelne Journalisten nicht nur über die Drogenszenen berichtet, sondern Reiseführer und bebilderte Reiseberichte verfasst, auf welchem Wege der Leser in den Niederlanden unter welchen Anschriften und Telefonnummern Coffeeshops und Cannabisgärtnereien erreichen kann, zu welchen Preisen er welche Betäubungsmittelart und -menge erwerben kann. Der Umstand, dass in den Niederlanden das Opportunitätsprinzip herrscht und der Umgang mit kleinen Cannabismengen nicht verfolgt wird, ändert nichts an der Strafbarkeit, wenn die öffentliche Mitteilung in Deutschland erfolgt. Von einer öffentlichen oder eigennützigen Mitteilung einer Gelegenheit i. S. v. § 29 Abs. 1 S. 1 Nr. 10 BtMG kann aber nur die Rede sein, wenn mehr als die allgemein bekannte Möglichkeit, dort unter bestimmten Voraussetzungen Betäubungsmittel zu erwerben oder abzugeben, mitgeteilt wird, z. B. die Mitteilung von Sonderangeboten, günstigen Preisen, besonders exzellenter Qualität **(= Gelegenheit)**.

57 Die **öffentliche Berichterstattung in den Medien**, dass auf der offenen Drogenszene in der Nähe des Hauptbahnhofs nicht nur Heroin, Kokain und Cannabis, sondern auch Crack und Ecstasy preisgünstig erworben werden können, stellt eine bloße öffentliche Mitteilung der Realität, nicht aber eine besondere Gelegenheit zum Erwerb bzw. zum Konsum dar. Sie ist Ausfluss der Presse- und Informationsfreiheit und insoweit straflos. Wird in einer Zeitschrift oder aber in einem Flugblatt öffentlich eine unbekannte Drogenquelle erschlossen, der Hinweis verbreitet, dass man in einer mit Name und Anschrift genannten bestimmten Diskothek besonders günstig Kokain erwerben und konsumieren, Haschisch kaufen und rauchen, Ecstasy genießen könne, so kann dies eine öffentliche Bekanntgabe einer Gelegenheit zum unbefugten Erwerb und Konsum von Betäubungsmitteln darstellen.

58 Deuten die **Veranstalter einer Busfahrt nach Amsterdam** in einer Zeitungsanzeige oder in einem Reiseprospekt an, dass **Möglichkeiten** des Betäubungsmittelkonsums und Betäubungsmittelerwerbs in den Niederlanden bestehen, so ist dies eine öffentliche Mitteilung einer Möglichkeit, aber nicht einer Gelegenheit i. S. d. Tatbestandes. Teilt der Reiseveranstalter aber öffentlich mit, dass man als Reiseteilnehmer in Amsterdam **unter einer bestimmten Anschrift besonders preisgünstig Heroin oder Kokain kaufen** könne und dass der Reiseteilnehmer **während eines Busstopps** bei einer **Cannabisgärtnerei in Amsterdam preisgünstig Cannabispflanzen erwerben** und mitnehmen könne, so liegt dann bereits eine öffentliche Mitteilung einer **Gelegenheit zum Erwerb** von Betäubungsmitteln vor.

II. Alibi- und Schutzklauseln in öffentlichen Mitteilungen

Alibi- und Schutzklauseln in öffentlichen Mitteilungen, die Betäubungs- 59
mittel würden nicht an Minderjährige abgegeben werden, schadeten der Gesundheit oder dürften nur nach bestimmten Konsumanleitungen oder zu bestimmten Zwecken verbraucht werden, ändern nichts an der Tatbestandserfüllung. Die Strafbarkeit beschränkt zwar die Presse- und Informationsfreiheit, aber aufgrund einer ausreichenden formellgesetzlichen Grundlage und lediglich in einem vom BtMG geringen für strafbar erklärten Bereich.

G. Subjektiver Tatbestand

Der Tatbestand setzt Vorsatz voraus, wobei dolus eventualis ausreicht. Nach § 29 60
Abs. 4 BtMG ist auch die fahrlässige Begehung des Tatbestandes des § 29 Abs. 1
S. 1 Nr. 10 BtMG strafbar (*BayObLG* NStZ-RR 2003, 310). So liegt Fahrlässigkeit vor, wenn der Täter damit rechnen musste, dass sein Verhalten als Mitteilung,
Verschaffung oder Gewährung einer Gelegenheit auf die Adressaten wirken wird.
Wird ein Wohnungsinhaber in verdächtiger Art und Weise aufgefordert, seine
Wohnung zu verlassen und ermöglicht er mit dem Verlassen der Wohnung in den
Räumen die Abwicklung eines Rauschgiftgeschäftes, so kommt eine fahrlässige
Gewährung einer Gelegenheit in Betracht (*BGH* NStZ 1992, 86).

H. Täterschaft/Teilnahme

Die Abgrenzung Täterschaft/Teilnahme erfolgt auch hier nach den allgemeinen 61
Kriterien. Der Adressat der Tathandlung kommt nicht als Mittäter, aber als Anstifter in Betracht, wenn er den Täter zuvor zur Verschaffung/Gewährung einer Gelegenheit aufgefordert hatte (*Weber* § 29 Rn. 1505). Nutzt der Adressat später die
Gelegenheit zum unbefugten Erwerb oder zur unbefugten Abgabe, so tritt die
Anstiftung aber hinter der späteren Ausführungshandlung zurück.

I. Versuch

Versuchshandlungen sind gem. § 29 Abs. 2 BtMG nicht strafbar, da das Mittei- 62
len, Verschaffen und Gewähren einer Gelegenheit ohnehin Konsumvorbereitungen
darstellen.

**1. Vollendung/Beendigung beim Verschaffen bzw. Gewähren einer Ge- 63
legenheit.** Vollendung ist bereits gegeben, wenn der Adressat die Gelegenheit
nutzen kann, nicht erst mit der Wahrnehmung der Gelegenheit (*Weber* § 29
Rn. 1500). Beendigung tritt ein, wenn dem Adressaten die günstigen Bedingungen
der Gelegenheit nicht mehr zur Verfügung stehen.

2. Vollendung/Beendigung beim Mitteilen einer Gelegenheit. Vollen- 64
dung tritt ein, wenn die Mitteilung durch den Adressaten wahrgenommen werden
kann (*Weber* § 29 Rn. 1501; *Hügel/Junge/Lander/Winkler* § 29 Rn. 19.7). Beendigung tritt ein, wenn die Mitteilung nicht mehr wahrgenommen werden kann
(Lautsprecherdurchsage reißt ab, Plakat wird abgerissen oder überklebt).

3. Vollendung/Beendigung beim Verleiten zum unbefugten Verbrauch. 65
Das Verleiten zum unbefugten Verbrauch ist vollendet, wenn der Adressat mit dem
Konsum beginnt. Es ist beendet, wenn der Konsum zu Ende ist (*Weber* § 29
Rn. 150f.; *Hügel/Junge/Lander/Winkler* § 29 Rn. 19.7; a.A. *Franke/Wienroeder*
§ 29 Rn. 199).

J. Rechtsfolgen

Die Privilegierung der §§ 29 Abs. 5, 31a BtMG gilt bei Tathandlungen nach 66
§ 29 Abs. 1 S. 1 Nr. 10 BtMG nicht. Die **gewerbsmäßige** Konsumförderung ist
in § 29 Abs. 3 S. 2 Nr. 1 BtMG als besonders schwerer Fall genannt.

K. Konkurrenzen

67   Da § 29 Abs. 1 S. 1 Nr. 10 BtMG einen **Auffangtatbestand** darstellt, tritt er regelmäßig hinter den Tatbestandsalternativen des § 29 Abs. 1 S. 1 Nr. 1 BtMG zurück. Dienen die Tatbegehungsweisen dem gewinnbringenden Umsatz, so treten sie als unselbstständige Teilakte der **Bewertungseinheit Handeltreiben** zurück. Will der Täter nicht an Rauschgiftgeschäften als Gehilfe oder Mittäter mitwirken, sondern lediglich Kontakte vermitteln oder günstige Voraussetzungen für Dritte schaffen, so erlangt der Auffangtatbestand eigene Bedeutung. Die **öffentliche oder eigennützige Mitteilung einer Gelegenheit** und das Gewähren einer Gelegenheit treten als **schwächere Alternativen hinter dem Verschaffen einer Gelegenheit** zum unbefugten Erwerb oder zur unbefugten Abgabe **zurück**. Das Verleiten kann in Tateinheit stehen mit **fahrlässiger Körperverletzung** oder fahrlässiger Tötung.

Teil 20. Verschaffen oder Gewähren einer Gelegenheit zum unbefugten Verbrauch von Betäubungsmitteln ohne Erlaubnis nach § 10 a BtMG und Mitteilung einer Gelegenheit zu einem Verbrauch außerhalb einer Einrichtung nach § 10 a BtMG
(§ 29 Abs. 1 S. 1 Nr. 11 BtMG)

Übersicht

A. Zweck der Vorschrift

Zum Zweck des § 29 Abs. 1 S. 1 Nr. 11 BtMG, der durch das 3. BtMÄndG **1**
vom 28. 3. 2000 (BGBl. I, S. 302) mit Wirkung vom 1. 4. 2000 aus § 29 Abs. 1
S. 1 Nr. 10 BtMG herausgelöst und als neuer Tatbestand eingefügt wurde, s.
§ 29/Teil 19, Rn. 1.

B. Kritik an der Vorschrift

Der Ansatz des Gesetzgebers, bei der Frage nach der Strafbarkeit des Verschaf- **2**
fens/Gewährens einer Gelegenheit zum unbefugten Verbrauch in Drogenkonsumräumen nicht nur auf das Verhalten der in der Einrichtung tätigen Mitarbeiter abzustellen, sondern auch die Ausstattung der Einrichtung selbst zum Gegenstand der
strafrechtlichen Bewertung zu machen (s. dazu Rn. 10), ist bedenklich. Denn für
die Strafbarkeit nach § 29 Abs. 1 S. 1 Nr. 11 BtMG sollte nicht allein entscheidend
sein, ob für eine Einrichtung eine Erlaubnis erteilt wurde, ob eine Handlung in
oder außerhalb einer Einrichtung, mit oder ohne Betriebserlaubnis geschah, sondern ob eine bestimmte Person eine mit den Zielen des BtMG nicht zu vereinba-
rende strafwürdige Tat begangen hat oder nicht. Die Tatbestandskonstruktion mit
Erlaubnisvorbehalt ist für Vertriebshandlungen, nicht aber für Therapie und Drogenhilfe tauglich. Sie stößt auf verfassungsrechtliche Bedenken, ob das Vorliegen
einer Rechtsverordnung (nicht alle Bundesländer werden eine Rechtsverordnung
schaffen) und/oder die Ausstattung eines Konsumraumes nicht nur für die verwaltungsrechtliche Erteilung einer Erlaubnis, sondern auch für die Strafbarkeit eines
Mitarbeiters maßgeblich sein kann. Die Mitarbeiter eines Konsumraumes oder
einer Übernachtungsstätte haben keinen Einfluss darauf, ob der Landesverord-

nungsgeber eine Rechtsverordnung schafft und wie er diese im Vergleich zu anderen Bundesländern gestaltet, wie der Träger die Einrichtung ausstattet und welche Interessenten er zulässt oder nicht. Er sollte deshalb auch nicht dafür bestraft werden, wenn der Erlaubnisrahmen nicht erreicht wird oder überschritten wird. Soll ein Mitarbeiter einer unerlaubten Einrichtung, der die zehn Rahmenbedingungen des § 10 a BtMG beachtet, bestraft werden, der Mitarbeiter einer erlaubten Einrichtung, der die zehn Rahmenbedingungen missachtet bzw. überschreitet, straflos bleiben? Es ist in der Vergangenheit niemand auf den Gedanken gekommen, die Aushändigung von Einmalspritzen von einer behördlichen Erlaubnis abhängig zu machen und einen Spritzen verteilenden Drogenhelfer nur deshalb mit Strafe zu bedrohen, weil er keine Erlaubnis besaß. Denn die Bereitstellung von hygienischen Spritzenutensilien ist nicht strafwürdig, ob hierfür eine Erlaubnis erteilt wird oder nicht. Nicht anders verhält es sich mit der Bereitstellung von hygienischen Räumlichkeiten. Es ist kein Zufall, dass die Straftaten nach § 29 Abs. 1 S. 1 Nr. 6, Nr. 7 und Nr. 10 BtMG nicht in einem Nichtvorliegen einer Erlaubnis, sondern in einem gesundheitswidrigen Verhalten bestehen. Auch im Rahmen des § 29 Abs. 1 S. 1 Nr. 11 BtMG hätte man nicht das Nichtvorliegen einer Erlaubnis, sondern nur gesundheitswidriges strafwürdiges Verhalten mit Strafe bedrohen sollen.

C. Objektiver Tatbestand

3   § 29 Abs. 1 S. 1 Nr. 11 BtMG enthält drei Tatbestandsalternativen:
   – Das Verschaffen und Gewähren einer Gelegenheit zum unbefugten Verbrauch von Betäubungsmitteln ohne Erlaubnis nach § 10 a BtMG (1. und 2. Alt., s. Rn. 4 ff.),
   – das Mitteilen einer Gelegenheit zum unbefugten Verbrauch von Betäubungsmitteln außerhalb von nach § 10 a BtMG zugelassenen Konsumräumen (3. Alt., s. dazu Rn. 15).

I. Verschaffen oder Gewähren einer Gelegenheit zum unbefugten Verbrauch ohne Erlaubnis nach § 10 a BtMG (1. und 2. Alternative)

4   § 29 Abs. 1 S. 1 Nr. 11 BtMG bedroht denjenigen mit Strafe, der ohne Erlaubnis nach § 10 a BtMG Dritten Gelegenheit zum unbefugten Verbrauch verschafft oder gewährt oder wer den Erlaubnisrahmen überschreitet.

5   **1. Verschaffen und Gewähren.** Unter **Verschaffen** einer Gelegenheit ist das Herbeiführen günstiger äußerer Bedingungen zu verstehen, die den unbefugten Erwerb bzw. die unbefugte Abgabe fördern oder erleichtern (*BGH* NStZ 1982, 335; *Weber* § 29 Rn. 1450; *Hügel/Junge/Lander/Winkler* § 29 Rn. 19.2; *Franke/Wienroeder* § 29 Rn. 193; *Patzak/Bohnen* Kap. 2, Rn. 78 a). Es handelt sich um ein aktives Verhalten, während das **Gewähren** ein passives Verhalten darstellt, da die besonders günstigen Bedingungen bereits vorhanden sind, aber nun den Adressaten eröffnet werden (s. dazu im Einzelnen § 29/Teil 19, Rn. 13 f.).

6   **2. Gelegenheit zum Verbrauch.** Der Gesetzgeber hat hinsichtlich der **Spritzenvergabe an Drogenabhängige** durch Einführung des § 29 Abs. 1 S. 2 BtMG klargestellt, dass die Abgabe von sterilen Einmalspritzen kein Verschaffen oder Gewähren einer Gelegenheit zum unbefugten Verbrauch ist.

7   Im Übrigen sind alle Erscheinungsformen des Verschaffens und Gewährens von Gelegenheit zum unbefugten Verbrauch, die über den beschränkten Rahmen des § 10 a BtMG hinausgehen, strafbar, wie sich aus der Einführung des § 10 a BtMG ergibt. Die frühere Gesetzesauslegung, wonach der Täter **eine neue Drogenquelle erschlossen haben** bzw. durch die Tat **der Kreis der Konsumenten erweitert worden sein muss** (so noch *Körner*, 6. Auflage, § 29 Rn. 1795), ist damit nicht mehr haltbar (*Weber* § 29 Rn. 1463; MK-StGB/*Kotz* § 29 Rn. 1205).

8   Dennoch erfordert die Vorschrift weiterhin eine **eingrenzende Auslegung**, um die bloße Möglichkeit von der Gelegenheit abzugrenzen und damit eine ufer-

lose Anwendung zu verhindern. Ansonsten läge bereits beim Verkauf oder bei der Abgabe von Teelöffeln, von Abbindegürteln, von Streichhölzern, Feuerzeugen oder Zigarettenfiltern, von einer Zitrone oder von Ascorbinsäure ein Verschaffen einer Gelegenheit vor. Ein Verschaffen/Gewähren einer Gelegenheit zum unbefugten Verbrauch ist daher nur dann anzunehmen, wenn enge Verbindung zwischen dem Verschaffen/Gewähren einer Gelegenheit und der geförderten Handlung in der Form besteht, dass die **Tat dem Verbrauch unmittelbar förderlich** ist, z. B. indem der Täter günstige Möglichkeiten zum Konsum eröffnet (*BayObLG* MDR 1983, 75; BayOblGSt. 1991, 85 = NStZ 1991, 496; *Hamm* NStZ-RR 2004, 130; *Weber* § 29 Rn. 1544 f.). Zu den Erscheinungsformen des Verschaffens und Gewährens eine Gelegenheit zum unbefugten Verbrauch s. im Einzelnen Rn. 22 ff.

3. Unbefugter Verbrauch. Der Gesetzeswortlaut „unbefugter Verbrauch" ist **9** wegen der Straflosigkeit des Konsums missverständlich. Gemeint ist, dass der Betäubungsmittelkonsum außerhalb einer ärztlichen Behandlung stattfindet und deshalb trotz der Straflosigkeit auch gesetzlich nicht gebilligt wird (a. A. *Hoffmann-Riem* NStZ 1998, 7 ff., der wegen der Straflosigkeit des Konsums bei der Regelung des unbefugten Verbrauchs eine bislang unbemerkte Gesetzeslücke sieht). Bei dem Merkmal „unbefugt" handelt es sich um ein Tatbestandsmerkmal, das dem § 29 Abs. 1 S. 1 Nr. 12, 3. Hs. BtMG entspricht, nämlich Betäubungsmittel, „die nicht zulässigerweise verschrieben worden sind". Mit der Straflosigkeit des Konsums ist keine Befugnis verbunden. Vielmehr verzichtet der Staat in der Privatsphäre trotz Missbilligung des Konsumverhaltens nur auf eine Strafverfolgung.

4. Betriebserlaubnis nach § 10 a BtMG. Jede Bereitstellung von Konsum- **10** räumlichkeiten ohne die erforderliche Betriebserlaubnis oder unter Überschreitung einer vorliegenden Erlaubnis ist strafbar. **Die Betriebserlaubnis** nach § 10 a BtMG wirft im Rahmen des Straftatbestandes des § 29 Abs. 1 S. 1 Nr. 11 BtMG **besondere Rechtsprobleme** auf. Die Betriebserlaubnis nach § 10 a BtMG wird in der Regel dem Träger der Drogenhilfe auf seinen Antrag entsprechend den Vorschriften der Landesverordnung erteilt oder nicht (s. dazu im Einzelnen § 10 a Rn. 15 ff.). Die Ausstattung der Konsumräume hat sich an den zehn Rahmenbedingungen des § 10 a BtMG und der Landesverordnung zu orientieren. Für die Ausstattung der Konsumräume ist der Träger der Drogenhilfeeinrichtung, nicht der einzelne Mitarbeiter verantwortlich. Bei § 29 Abs. 1 S. 1 Nr. 11 BtMG wird aber **nicht nur das Verhalten der in der Einrichtung tätigen Mitarbeiter,** sondern auch **die Ausstattung der Einrichtung selbst zum Gegenstand der strafrechtlichen Bewertung** gemacht (zur Kritik hieran s. Rn. 2). In die Strafbarkeitszone des § 29 a BtMG geraten wegen der Ausstattung des Konsumraumes aber **weniger die Träger der Drogenhilfe, sondern deren Mitarbeiter,** die bei den Besuchern vielfältige **strafbare Wünsche und Verhaltensweisen** erleben und **die Einhaltung der Hausordnung garantieren** müssen (s. dazu im Einzelnen auch Rn. 39 ff.). Aufgrund des § 29 Abs. 1 S. 1 Nr. 11 BtMG gilt es **drei Personengruppen** zu unterscheiden:

– **Personen, die ohne Betriebserlaubnis nach § 10 a BtMG** Konsumräumlichkeiten einrichten, betreiben oder zur Verfügung stellen,
– **Personen, die dies mit Betriebserlaubnis nach § 10 a BtMG** tun,
– **Personen, die unter Überschreitung der Rahmenbedingungen der Betriebserlaubnis** die Räume zur Verfügung stellen.

Wenn der Inhalt und/oder der Umfang der Betriebserlaubnis nicht klar umrissen **11** ist, ist jeweils zu prüfen, ob das beanstandete Verhalten des Mitarbeiters sich im Rahmen der Betriebserlaubnis bewegte bzw. ob die bei der Erlaubniserteilung vorhandenen Rahmenbedingungen zurzeit der Tat noch bestanden.

5. Eigennützigkeit. Das Tatbestandsmerkmal „eigennützig" gilt nur für die Al- **12** ternative der unbefugten Mitteilung einer Gelegenheit. Auch wenn die Beschränkung des gesamten Tatbestandes auf eigennütziges Verhalten durchaus sinnvoll wäre, ist dies aufgrund des klaren Gesetzeswortlautes derzeit nicht möglich (*Weber* § 29 Rn. 1469; *Bölter* NStZ 1998, 224; a. A. *Hoffmann-Riem* NStZ 1998, 7, 10).

13   **6. Verschaffen einer Gelegenheit zum unbefugten Verbrauch durch Unterlassen.** Überlässt ein Wohnungsinhaber seine Wohnung mit Drogen anderen Personen zum Betäubungsmittelkonsum, so kann eine Garantenstellung in Betracht kommen. Keine Garantenpflicht ist jedoch anzunehmen, wenn Gäste während des Zusammenseins mit dem Gastgeber Betäubungsmittel konsumieren (vgl. *Stuttgart* NJW 1981, 182).

14   Eine bloße Untätigkeit reicht im Übrigen nicht aus, sondern der Täter muss Pflichten vernachlässigen (*BayObLG* MDR 1983, 75). Der Betreiber eines Gesundheitsraumes könnte eine Gelegenheit durch Unterlassen schaffen, wenn er mangels Kontrollen duldet, dass Drogen besitzende Besucher nach dem Konsum nicht Drogen besitzenden Besuchern Reste oder Teile ihrer mitgebrachten Drogen zum Konsum übergeben (s. auch Rn. 44 u. Rn. 51). Es ist umstritten, ob nach dem Grundgedanken des § 13 StGB die Betreiber dieser Räume nur für die Gefahren für die Volksgesundheit einzustehen haben, die sie selbst verursacht haben oder auch für Gefahren, die die Besucher von außen mit hereingebracht haben (vgl. *Böllinger* JA 1991, 292; s. dazu auch Rn. 52).

II. Öffentliche oder eigennützige Mitteilung einer Gelegenheit zum unbefugten Verbrauch von Betäubungsmitteln außerhalb einer Einrichtung nach § 10 a BtMG (3. Alternative)

15   **1. Mitteilung.** Mitteilung ist jede wahrnehmbare Art von Bekanntgabe zu verstehen, gleichgültig ob sie mündlich (Vortrag, Ausrufen), schriftlich (Plakat, Zeitschriftenartikel, Zeitungsartikel), fernmündlich (Lautsprecherdurchsage, Radioansage, Fernsehinterview) oder fernschriftlich (z. B. mittels Telex, Telefax, Internet, E-Mail) erfolgt (s. dazu im Einzelnen § 29/Teil 19, Rn. 22).

16   **2. Öffentlichkeit.** Für die **Öffentlichkeit** der Mitteilungen ist die Wahrnehmungsmöglichkeit einer unbestimmten Vielzahl von Personen entscheidend und nicht der Ort der Bekanntgabe (RGSt. 40, 262; BayObLGSt. 1956, 188; s. dazu ausführlich § 29/Teil 19, Rn. 23).

17   **3. Gelegenheit.** Unter Gelegenheit sind auch bei § 29 Abs. 1 S. 1 Nr. 11 BtMG **günstige äußere Bedingungen** bzw. **eine konkrete, besonders günstige Möglichkeit zu verstehen, um an Betäubungsmittel zu kommen bzw. abzusetzen** (*BGH* NStZ 1982, 335).

18   Durch Einführung des § 29 Abs. 1 S. 2 BtMG mit dem 3. BtMGÄndG wurde klargestellt, dass auch die öffentliche Information über einen Spritzenaustausch keine strafbare öffentliche Mitteilung einer Gelegenheit zum unbefugten Verbrauch ist. Die Gesetzesformulierung soll verdeutlichen, dass sowohl die öffentliche als auch die eigennützige Mitteilung über einen erlaubten Konsumraum keinesfalls strafwürdig, sondern im Interesse des Überlebensschutzes und der Gesundheitshilfe sogar erwünscht ist. Zwar kann man Zweifel haben, ob eigennützige Mitteilungen miteinander konkurrierender Konsumräume im Interesse der Drogenhilfe liegen, strafwürdig sind sie jedoch nicht.

19   **4. Eigennützigkeit.** Eigennützigkeit liegt vor, wenn der Mitteilende sich bei der Bekanntgabe Vorteile, die nicht aus Vermögenswerten bestehen müssen, ausrechnet (s. dazu im Einzelnen § 29/Teil 4, Rn. 182 ff.).

20   **5. Unbefugter Verbrauch.** Unbefugt ist der Verbrauch, wenn der Betäubungsmittelkonsum außerhalb einer ärztlichen Behandlung erfolgt (s. dazu Rn. 9).

21   **6. Außerhalb einer Einrichtung nach § 10 a BtMG.** Tatbestandsmäßig ist nur die Mitteilung einer Gelegenheit zum unerlaubten Verbrauch, der außerhalb einer Einrichtung nach § 10 a BtMG erfolgt. Wer zum Verbrauch von Betäubungsmitteln in nach § 10a BtMG zugelassenen Konsumräumen aufruft, macht sich nicht strafbar (zu den Konsumräumen s. im Einzelnen § 10a Rn. 1ff.).

D. Erscheinungsformen des Verschaffens und Gewährens einer Gelegenheit zum unbefugten Verbrauch

I. Betäubungsmittelkonsum in Privaträumen

1. Konsum in der gemeinsamen Wohnung. Bloßes Dulden des Betäu- 22
bungsmittelkonsums in der gemeinsamen Wohnung stellt noch kein Gewähren einer Gelegenheit zum Verbrauch dar, solange dem Konsum keine unmittelbare Förderung vorausgeht (s. dazu Rn. 6ff.); eine solche Förderung kann z.B. darin bestehen, dass der Täter dem Konsumenten günstige Bedingungen für den Konsum verschafft (vgl. BGHR BtMG § 29 Abs. 1 Nr. 1 Gelegenheit 1 [1 StR 482/ 98]; *Hamm* NStZ-RR 2004, 130).

So gewährt der Mitbewohner einer Wohngemeinschaft, der duldet, dass 23
ein anderer Betäubungsmittel in den gemeinsam genutzten Räumen lagert und konsumiert, dem anderen noch keine Gelegenheit zum Verbrauch außerhalb eines Drogenkonsumraumes (*Hamm* NStZ-RR 2004, 130). Etwas anderes gilt aber dann, wenn ein Bewohner einer Wohngemeinschaft seinem Mitbewohner sein nicht zum Gemeinschaftswohnraum gehörendes Zimmer anbietet, damit dieser dort ungestört Betäubungsmittel konsumieren kann; hier wird dem Konsumenten eine günstige Möglichkeit eröffnet (*Patzak/Bohnen* Kap. 2, Rn. 78a).

Wer seine Wohnung wochenlang für regelmäßige Treffen von Betäubungsmit- 24
telkonsumenten bereitstellt, gewährt anderen die Gelegenheit zum unbefugten Verbrauch von Betäubungsmitteln (*München* NStZ 2006, 579).

Bei **Eltern, die den Konsum ihrer Kinder in ihrer gemeinsam genutzten 25
Wohnung dulden,** fehlt es am Verschaffen/Gewähren einer unmittelbaren Konsumförderung, wenn sie nicht gerade ein spezielles Raucherzimmer eingerichtet haben, in das sich ihr Kind zum ungestörten Konsum zurückziehen kann. Wegen der bestehenden Garantenpflicht der Eltern gegenüber zumindest ihren minderjährigen Kindern (vgl. *BGH* NStZ 2004, 94; *Sch-Sch/Stree/Bosch* § 13 Rn. 18) machen sich Eltern aber des Verschaffens/Gewährens einer Gelegenheit zum unbefugten Verbrauch von Betäubungsmitteln durch Unterlassen strafbar, wenn sie nichts gegen den Konsum ihrer Kinder in der gemeinsamen Wohnung unternehmen (*Patzak/Bohnen* Kap. 2, Rn. 78b).

2. Bereitstellen der Wohnung und des Pkw. Wer einem wohnsitzlosen Be- 26
täubungsmittelabhängigen kurzfristig Räumlichkeiten zum unbefugten Konsum zur Verfügung stellt, **beseitigt Hemmungen und Hindernisse und bietet ihm Schutz vor Polizeikontrollen.** Er eröffnet dem Konsumenten eine günstige Gelegenheit, so dass er sich des Gewährens einer Gelegenheit zum unbefugten Verbrauch strafbar macht. Gleiches gilt, wenn jemand einem zum Konsum entschlossenen Passanten seinen **Pkw** zum ungestörten Setzen eines Schusses überlässt; hier liegt wegen der unmittelbaren Förderung ein Gewähren einer Gelegenheit vor (*Frankfurt* StV 1989, 20).

Hat ein Gastgeber bemerkt, dass einige seiner Gäste Haschisch rauchen, so kann 27
allein in dem Umstand, dass er sie nicht vom Besuch seines Festes ausschließt, die **unmittelbare Förderung** von Betäubungsmittelgenuss nicht gesehen werden. Er hat aber **weder seine Wohnung zum Treffpunkt von Betäubungsmittelkonsumenten gemacht, noch zu diesem Zwecke ein bestimmtes Zimmer bereitgehalten** (*BayObLG* MDR 1983, 75; vgl. auch *München* NStZ 2006, 579; *Weber* § 29 Rn. 1457). Wird ein Mieter, Bewohner oder Gast einer Wohnung oder eines Zimmers von dem Vermieter oder Wohnungsinhaber, der wegen Rauschgifthandels in Erscheinung getreten ist, zum Verlassen der Räume aufgefordert, so hat er weder eine Pflicht, den Erfolg eines geplanten Rauschgiftgeschäfts durch seine Anwesenheit zu verhindern, noch war ihm ein Eingreifen zumutbar. In dem

Verlassen der Räume liegt kein fahrlässiges Gewähren einer Gelegenheit zum Betäubungsmittelerwerb oder Betäubungsmittelhandel (*BGH* NStZ 1992, 86).

28 Hat ein Gastgeber, der bei früheren Festen **Haschisch und Marihuana für die Gäste besorgt hatte,** jugendliche Gäste zu einer Party eingeladen und aufgenommen, **wo sie ungestört Betäubungsmittel konsumieren, teilen und austauschen konnten,** so stellt dies ein Verschaffen von Gelegenheit zum unbefugten Verbrauch dar (BGHR BtMG § 29 Abs. 1 Nr. 10 Gelegenheit 1 [1 StR 482/98]).

29 Hat ein Angeklagter seine Wohnung vorsätzlich Dritten zum Betäubungsmittelkonsum zur Verfügung gestellt, so sind im Urteil Feststellungen zu treffen über die Häufigkeit, die Zahl, das Alter und die Erfahrung der Teilnehmer mit Betäubungsmitteln und ob sie Gelegenheit zum Konsum oder zur eigenen Verfügung hatten. Schließlich ist von Bedeutung, ob der Angeklagte diese Tatmodalitäten zumindest billigend in Kauf genommen hat (*BayObLG* NStZ-RR 2003, 310).

30 **3. Konsum auf dem Schulhof.** Bei Lehrern, die den Konsum von Schülern ihrer Schule auf dem Schulhof nicht unterbinden, liegt kein unmittelbares Fördern des Konsums vor, da hier wegen der regelmäßigen gemeinschaftlichen Nutzung des Schulgeländes nichts anders gelten kann als bei der gemeinsam genutzten Wohnung (s. Rn. 25). Lehrer unterliegen aber der Pflicht, rechtswidrige Taten ihrer Schüler zu unterbinden (Sch-Sch/*Stree/Bosch* § 13 Rn. 52), so dass sich ihre Untätigkeit als Gewähren einer Gelegenheit zum unbefugten Verbrauch von Betäubungsmitteln **durch Unterlassen** darstellt (*Patzak/Bohnen* Kap. 2, Rn. 78 b).

31 **4. Beteiligung an einer Konsumgemeinschaft.** Grundsätzlich darf der Bürger **wegen der Straflosigkeit der Selbstschädigung** zwar **straflos konsumieren,** nicht aber die dafür erforderlichen Betäubungsmittel erwerben. Er darf einen Joint straflos zum alsbaldigen Verbrauch entgegennehmen und verbrauchen, nicht aber besitzen und aufbewahren (s. dazu § 29/Teil 13, Rn. 27). Im Regelfall ist jeder an einer Raucherrunde teilnehmende Konsument konsumentschlossen und strebt lediglich eine straflose Selbstschädigung an. Weder beabsichtigt er eine Verleitung Dritter zum Konsum noch eine Fremdschädigung und dennoch kann die Weitergabe des Joints zur Strafbarkeit führen. Das **kurzfristige Mitziehen** an einer von ihrem Besitzer gerauchten Haschischpfeife durch einen anderen im Beisein des Besitzers und die anschließende **Rückgabe der brennenden Pfeife** an diesen ist für den Adressaten weder als verbotener Besitz noch als unerlaubtes Verschaffen einer Gelegenheit zum Verbrauch strafbar (*Koblenz*, Urt. v. 22. 11. 1973, 1 Ss 185/73; *Oldenburg* NStZ 1982, 121; *Düsseldorf* NStZ 1985, 415 = StV 1985, 282).

II. Betäubungsmittelkonsum in Gastwirtschaften und Diskotheken

32 Ein Verschaffen/Gewähren einer Gelegenheit zum Konsum von Betäubungsmitteln liegt vor, wenn der Gastwirt Drogenkonsumenten in seinem Lokal besondere Kontakte eröffnet, sie duldet und durch seine Vorkehrungen in ihrem unerlaubten Verhalten bestärkt, passiv fördert und schützt. Vielfach dürfte in diesen Fällen bereits ein Verschaffen/Gewähren einer Gelegenheit zum unerlaubten Erwerb bzw. zur unerlaubten Abgabe in Betracht kommen (s. dazu im Einzelnen § 29/Teil 19, Rn. 44 ff.).

33 Das bloße Dulden des Konsums von Betäubungsmitteln durch den Gastwirt unterfällt in der Regel nicht dem § 29 Abs. 1 S. 1 Nr. 1 BtMG, es sei denn, er hat eine Garantenstellung nach § 13 StGB inne, wenn die **besondere Beschaffenheit oder die Lage der Räume eine besondere Gefahrenquelle** darstellen, die der Gastwirt zu überwachen und zu sichern hätte (BGHR StGB § 13 Abs. 1 Garantenstellung 8 = wistra 1993, 59; s. dazu § 29/Teil 19, Rn. 46).

III. Drogenhilfe außerhalb erlaubter Konsumräume ohne Erlaubnis nach § 10 a BtMG

Sozialarbeiter, die in einer Beratungsstelle, in einer betreuten Wohngemein-   34
schaft oder in einem Übernachtungsheim Drogenabhängige in ihren Räumen
konsumieren lassen oder zum Konsum in bestimmte Räume weisen, verschaffen
ohne Erlaubnis nach § 10 a BtMG Räumlichkeiten zum unbefugten Konsum und
machen sich nach § 29 Abs. 1 S. 1 Nr. 11 BtMG strafbar. Dies gilt auch für
Streetworker, Polizeibeamte oder Wachmänner, die wohnsitzlose Drogenabhängige insb. bei kalter Witterung in Wohncontainern, Gartenhütten, Eisenbahnwaggons nicht nur übernachten, sondern Betäubungsmittel konsumieren lassen.

Soweit **Notschlafstellen, Krisenzentren, Übernachtungsheime** drogenab-   35
hängigen Besuchern verschließbare Klientenschränke zur Aufbewahrung ihrer
persönlichen Gegenstände anbieten, so gewähren sie keine Gelegenheit zum unbefugten Verbrauch, wenn die Klienten ohne ihr Wissen zwischen ihren Habseligkei-
ten auch Betäubungsmittel zum Verbrauch aufbewahren. Anders verhält es sich,
wenn Klienten aufgefordert werden, ihre Drogenvorräte in bestimmten Schubladen
aufzubewahren oder Drogenreste offen auf dem Tisch liegen zu lassen, damit Mitbewohner sich damit versorgen können.

IV. Verkauf von Betäubungsmittelutensilien

1. In Head- und Growshops. Der Verkauf von Betäubungsmittelutensilien,   36
z. B. von Leitfäden für Drogenbenutzer, Drogenhersteller, Drogenanbauer, Drogenschmuggler, von Konsumwerkzeugen und Rauchgeräten (Bongs, Chillum,
Pfeifen, Räucherstäbchen, Geruchskerzen, Aroma- und Duftstoffe) oder von Anbauzubehör (Pflanzgefäßen, Beleuchtungs- und Bewässerungsanlagen) stellt ohne
Bezug zu einem bestimmten BtMG-Delikt weder ein unerlaubtes Handeltreiben
mit Betäubungsmitteln noch ein Verschaffen von Gelegenheit zum unbefugten
Verbrauch dar. Nur wenn der Verkäufer durch die Zubehörlieferung einen konkreten Konsum unmittelbar fördert, erweist sich das Verhalten als strafbar. Ein
Head-Shop ist ein Laden, der ein vielfältiges Angebot von Paraphernalia bereithält: Konsumwerkzeuge, Anbauzubehör, Drogenliteratur, Bio-Drogen, Räucherstäbchen, Hanfkosmetika, Hanftextilien, Musikkassetten usw. Ein **Grow-Shop** ist
ein Fachgeschäft für die Aufzucht von Drogenpflanzen und Rauschpilzen im
Heimanbau, das Anbausysteme, Anbauzubehör und Anbauliteratur vertreibt.

Nach § 35 Abs. 1 S. 1 GewO kann die Ausübung eines Gewerbes auch teilweise   37
untersagt werden, wenn Tatsachen vorhanden sind, die auf die Unzuverlässigkeit
des Gewerbetreibenden schließen lassen. Als unzuverlässig ist dabei anzusehen, wer
nicht die Gewähr dafür bietet, dass das Gewerbe zukünftig ordnungsgemäß betrieben wird. Dies hat das *Bayerische VG München* im Falle einer Groß- und Einzel-
handelsfirma angenommen, die sich mit dem Im- und Export von Wasserpfeifen,
Bongs, Shillum, Jointpapier, Feder- und Balkenwaagen, mit Literatur über den
Anbau von Cannabis sowie mit Gegenständen befasste, die für die Behandlung
oder Weiterverarbeitung von Drogen geeignet sind (Beschl. v. 26. 1. 1996, M16
S 955935). Zwar dürfe einem Kaufmann nicht der Handel mit jeglichen Haus-
haltsgegenständen verboten werden, die zur Behandlung oder Weiterverarbeitung
von Drogen geeignet seien, wie z. B. ein Teelöffel oder eine Kerze zum Erhitzen
von Betäubungsmitteln. So dürfe sich eine Gewerbeuntersagung nicht auf den Im-
und Export von Wasserpfeifen und Feder- und Balkenwaagen beziehen, da die
vielseitig verwendbar seien. Soweit es sich um Literatur etwa über den legalen
Anbau von Cannabis als Nutzpflanze oder die Geschichte des Cannabisanbaues
handele, wäre eine Untersagung ebenfalls nicht gerechtfertigt. Durch den Verkauf
und den Handel mit Bongs, Shillum, Jointpapier sowie Literatur über den illegalen
Anbau von Cannabis erweise sich aber der Kaufmann als unzuverlässig im Sinne
der Gewerbeordnung. Zwar verbiete das BtMG nicht unmittelbar den Genuss von
Betäubungsmitteln. Indem der Gesetzgeber jedoch nicht nur den Handel mit Be-

täubungsmitteln, sondern auch deren Besitz und die Verschaffung von Gelegenheit zum Genuss unter Strafe stelle, mache er ausreichend deutlich, dass letztlich der Verbrauch verhindert werden solle. Durch das Anbieten von Werkzeugen für den unbefugten Verbrauch und unerlaubten Anbau leiste der Kaufmann dem gesetzlich missbilligten Drogenkonsum und Drogenanbau Vorschub. Diese Form der Gewerbeausübung widerspreche dem gesetzlich konkretisierten öffentlichen Interesse an der Unterbindung der Verbreitung von Betäubungsmitteln. Dementsprechend sei der Antragsteller als unzuverlässig i. S. v. § 35 Abs. 1 S. 1 GewO zu beurteilen (vgl. den ähnlichen Fall *VG Berlin* GewArch 1981, 197).

38   **2. Utensilienverkauf in der Drogenszene.** Verkauft ein Privatmann aus Eigennutz steril verpackte Einwegspritzen und Injektionsnadeln, chlorhaltige Spritzenbleichmittel, Löffel, Tupfer, Gürtel oder ganze Utensiliensets (Löffel, Spritze, Wasser, Ascorbinsäure, Tupfer usw.) in der Drogenszene an Abhängige, so erfüllt er weder den Tatbestand des Verschaffens von Gelegenheit zum unbefugten Gebrauch (§ 29 Abs. 1 S. 1 Nr. 11 BtMG), noch verstößt er mit dem Verkauf der nicht apothekenpflichtigen Gegenstände (§ 43 AMG) gegen die §§ 95 und 96 AMG. Denn die Abgabe von sterilen Einmalspritzen an Betäubungsmittelabhängige stellt nach § 29 Abs. 1 S. 2 BtMG kein Verschaffen von Gelegenheit zum unbefugten Verbrauch dar. Zwar dürfte die Abgabe von Einmalspritzen an Betäubungsmittelerstkonsumenten – jedenfalls an Nichtabhängige – nicht dem Willen des Gesetzgebers entsprechen, ein strafbares Verschaffen von Gelegenheit stellt es indes nicht dar. Der Spritzenverkäufer begeht aber u. U. eine Ordnungswidrigkeit nach § 97 Abs. 2 Nr. 15 AMG, weil er als Arzneimittel geltende steril verpackte Spritzen entgegen § 51 AMG im Reisegewerbe feilbietet (*AG Frankfurt*, Urt. v. 1. 11. 1991, 85 Js 50631.4/90–933 Owi 2002, auf das Rechtsmittel aber eingestellt nach § 47 OWiG, *Frankfurt*, Beschl. v. 29. 7. 1993, 2 Ws [B] 398/93 OWiG).

V. Konsumgelegenheit innerhalb erlaubter Konsumräume

39   § 29 Abs. 1 S. 1 Nr. 11 BtMG scheidet aus, wenn eine Drogenhilfeeinrichtung beim Betreiben eines Konsumraumes die Rahmenbedingungen des § 10 a BtMG einhält und Inhaberin einer landesrechtlichen Erlaubnis ist.

40   **1. Erlaubte Duldung und Überwachung von unbefugten Konsumvorgängen (passive Konsumförderung).** Straffrei bleiben die Betreiber und die Mitarbeiter eines Konsumraumes, wenn sie Inhaber einer landesrechtlichen Betriebserlaubnis sind, die Rahmenbedingungen des § 10 a BtMG einhalten, hygienische Konsumbedingungen in einem Drogenkonsumraum anbieten, die Konsumvorgänge überwachen, Drogenhandel nicht zulassen, Ausstiegsmöglichkeiten aus dem Drogengebrauch aufzeigen und Lebenshilfe- und Überlebenshilfe gewährleisten.

41   **a) Konsumräume für Opiatabhängige.** Auch wenn die meisten Konsumräume im In- und Ausland Opiatabhängigen den stressfreien, hygienischen Konsum von Heroin per Injektion ermöglichen, sind die Konsumraum-Verordnungen nicht auf den Opiatkonsum beschränkt.

42   **b) Inhalations- und Konsumräume für Crack-Raucher.** Seitdem die Zahl der Kokain- und Crack-Raucher in europäischen Großstädten erheblich zugenommen hat und ehemalige Heroinsüchtige teilweise auf Crack umgestiegen sind, haben die Kommunen Kontakt- und Anlaufstellen, Ruheräume und Konsumräume speziell für Kokain- und Crack-Raucher geschaffen (*Bösiger*, Inhalationsräume in Kontakt- und Anlaufstellen, Sucht-Magazin Nr. 3/2004, 19 ff.).

43   **2. Aktive Konsumförderung in erlaubten Konsumräumen.** Da § 10 a Abs. 4 BtMG **keine aktive Unterstützung des Konsumvorganges** erlaubt, verstoßen jegliche aktive Unterstützungshandlungen eines Konsumraummitarbeiters beim Injektionsvorgang in einem erlaubten Konsumraum, wie z. B. die Venensuche, die Desinfektion der Einstichstelle, das Aufkochen von Heroin, das Aufziehen einer Spritze, das Zureichen des Heroinlöffels bzw. der Heroinspritze, das Abbinden des Armes mit einem Gürtel, gegen § 29 Abs. 1 S. 1 Nr. 11 BtMG und sind als unerlaubtes Verschaffen von Gelegenheit zum unbefugten Verbrauch strafbar, obwohl derartige Hilfsakte häufig nicht nur ein Akt menschlicher Barmherzigkeit sind, sondern auch i. S. v. harm reduction dringend geboten sind. Eine ausführliche Safer-Use-Beratung der Besucher, jegliche Bereitstellung von Hygiene, jegliche erste Hilfe im Krisenfall oder Wundversorgung und jegliche Entsorgung von Spritzen und Nadeln stellen kein Verschaffen von Gelegenheit zum Konsum dar, da sie den Konsum nicht fördern, sondern nur begleiten. Setzt ein Mitarbeiter eines Konsumraumes einem Besucher eine vorbereitete Heroinspritze, so erfüllt dies den Tatbestand eines strafbaren Verabreichens von Betäubungsmitteln (s. dazu § 29/Teil 15, Rn. 120).

3. Konsumduldung von Betreibern erlaubter Konsumräume außerhalb **44** **der erlaubten Konsumräume.** Schickt ein Drogenhelfer wegen Überfüllung des Konsumraumes den Besucher mit Injektionshilfsmitteln in den **Kaffeeraum,** in das **Treppenhaus** oder in einen **Übernachtungsraum im gleichen Haus** zum Injizieren, so stellt dies ein unerlaubtes Verschaffen von Gelegenheit dar, da es von der vorliegenden Betriebserlaubnis nicht mit umfasst wird. Ein Drogenhelfer, der es in einem erlaubten Konsumraum zulässt, dass Besucher **in einer Schrankschublade** bzw. in einem Spiegel oder Bilderrahmen **ein Drogendepot zum Eigenverbrauch errichten,** weil sie auf der Straße kontrolliert werden, oder der es zulässt, dass Konsumraumbesucher **Betäubungsmittel zurücklassen** für nachfolgende Konsumraumbesucher ohne Stoff, so stellen diese **passiven Konsumförderungen** ein unerlaubtes Gewähren einer Gelegenheit zum Konsum dar.

4. Substanzanalyse in erlaubten Konsumräumen. Nach § 10a Abs. 4 **45** BtMG berechtigt eine Erlaubnis nach § 10a Abs. 1 BtMG das in einem Drogenkonsumraum tätige Personal nicht, eine **Substanzanalyse** der mitgeführten Betäubungsmittel (sog. Antesten) durchzuführen. Dieses Verhalten ist sowohl außerhalb eines Konsumraumes als auch innerhalb eines erlaubten Konsumraumes strafbar, da es sich nach § 10a Abs. 4 BtMG außerhalb der Erlaubnis bewegt (s. zur Kritik an dieser Gesetzeslage § 10a Rn. 25).

5. Ablauf der Erlaubnisfrist. Ist die Erlaubnisfrist für den Betrieb eines Kon- **46** sumraumes abgelaufen oder die Erlaubnis widerrufen worden, so macht sich der Betreiber eines Konsumraumes durch die Fortführung nach § 29 Abs. 1 S. 1 Nr. 11 BtMG strafbar, da er ohne Erlaubnis handelt. § 39 BtMG enthält jedoch eine Übergangsregelung.

6. Unsachgemäßes Betreiben von erlaubten Konsumräumen. Werden die **47** in der Landesverordnung unter Betriebserlaubnis genannten Rahmenbedingungen nach Erlaubniserteilung missachtet, so führt dies regelmäßig zum Widerruf der Erlaubnis und zu einem unerlaubten Verschaffen von Gelegenheit zum Konsum nach § 29 Abs. 1 S. 1 Nr. 11 BtMG.

a) Zulassung von Erst- und Gelegenheitskonsumenten in erlaubten **48** **Konsumräumen.** Da § 10a BtMG nur eine Erlaubnis für den Betrieb von Drogenkonsumräumen für Betäubungsmittelabhängige gewährt, ist die **Zulassung von Erst- oder Gelegenheitskonsumenten unerlaubt** (§ 10a Abs. 2 S. 2 Nr. 7 BtMG) und nach § 29 Abs. 1 S. 1 Nr. 11 BtMG **strafbar.**

b) Zulassung unbefugter Besucher in erlaubten Konsumräumen. Da **49** § 10a BtMG und die meisten Konsumraumverordnungen den Konsum von Abhängigen in erlaubten Konsumräumen **von einem Mindestalter und von der Art der Betäubungsmittel abhängig macht,** ist die Zulassung und Konsumduldung von Besuchern, die diese Kriterien nicht erfüllen, nach § 29 Abs. 1 S. 1 Nr. 11 BtMG strafbar. Ist die Erlaubnis zum Betrieb eines Konsumraumes nur für Opiatabhängige bzw. nur für über Achtzehnjährige erteilt worden und lässt ein Mitarbeiter Jugendliche, Cannabisraucher, Crack- oder Kokainabhängige, Ecstasy-

Konsumenten oder Rohypnolschläfer zum unbefugten Konsum in die Einrichtung, so bewegt er sich außerhalb der Erlaubnis und macht sich nach § 29 Abs. 1 S. 1 Nr. 11 BtMG strafbar. Ist bei der Erlaubniserteilung die **Zulassung von Substitutionspatienten verboten** worden, so verstößt der Einlass von Substitutionsprobanden gegen § 29 Abs. 1 S. 1 Nr. 11 BtMG. **Je beschränkter die Erlaubniserteilung, desto strenger wird die Zulassungskontrolle ausfallen müssen.**

50   **c) Ausstattung und Überwachung von erlaubten Konsumräumen.** Die Betreiber von Konsumräumen tragen für die hygienische Ausstattung der Konsumräume, für die Spritzensets, für eine ausreichende Aufsicht und Beratung, für das Funktionieren von Alarmanlagen und für die Herbeiholung ärztlicher Hilfe in Krisenfällen Verantwortung. Die Betreiber des Konsumraumes haben gegenüber den Besuchern eine besondere Handlungspflicht aufgrund einer **Garantenstellung** aus Vertrag bzw. aus vorangegangener Beratung. Werden bei der Einrichtung, Unterhaltung des Gesundheitsraumes, bei den Untersuchungs- und/oder Hilfsmaßnahmen **Sorgfaltspflichten verletzt,** die durch vorherige Schulung durch einen Arzt/Juristen eingehend vermittelt werden sollten, so können die Tatbestände der §§ 223, 230, 13 StGB, §§ 222, 13 StGB in Betracht kommen. Schon die Auswahl und Fortbildung des Betreuungspersonals und die Kontrolle von Personal und Gesundheitsräumen unterliegen einer besonderen Sorgfaltspflicht der für den Gesundheitsraum Verantwortlichen (vgl. *Böllinger* JA 1991, 292 ff.). Die Mängel können außerdem zu einem Widerruf der Betriebserlaubnis, in der Regel aber nicht zu einer Strafbarkeit nach § 29 Abs. 1 S. 1 Nr. 11 BtMG führen.

51   Wie ein Vermieter von Räumen hat der **Mitarbeiter eines erlaubten Konsumraumes** nicht ohne weiteres rechtlich dafür einzustehen, dass **in seinen Räumen durch Dritte keine Straftaten begangen werden.** Etwas anderes kann nur gelten, wenn die Räume durch ihre besondere Beschaffenheit oder Lage eine Gefahrenquelle darstellen, die er so zu sichern und überwachen hat, dass sie nicht zum Mittel für die leichtere Ausführung von Straftaten gemacht werden können (*BGH* NJW 1993, 76 = StV 1993, 28 = wistra 1992, 339; BGH StV 1993, 25 = wistra 1993, 59; zur Frage der **Garantenstellung,** ob ein **Mitarbeiter den Besucher eines Fixerraumes daran hindern muss,** nach der Heroininjektion **mit seinem Auto wegzufahren** vgl. BGHSt. 4, 20 [zur Rechtspflicht eines Gastwirtes zur Gefahrabwendung bei einem Kraftfahrer nach Alkoholmissbrauch]).

52   **d) Abgabedelikte in erlaubten Konsumräumen.** In den **Niederlanden** dürfen sog. **House-Dealer** mit behördlicher Konzession in Drogenhilfezentren bestimmte Betäubungsmittel in bestimmter Menge, in bestimmter Qualität, zu bestimmten, festgelegten Preisen abgeben und verkaufen. Anders in **Deutschland:** Selbstverständlich vermag eine Erlaubnis nach § 10a BtMG keine **Betäubungsmittelgeschäfte, Betäubungsmittelverabreichungen, Betäubungsmittelüberlassungen** oder **Betäubungsmittelabgaben** im erlaubten Konsumraum zu rechtfertigen. **Aufsichtspersonen,** die dem Drogenabhängigen in einem erlaubten Konsumraum das **mitgebrachte Heroin oder Kokain injizieren,** machen sich wegen **Verabreichens von Betäubungsmitteln** nach § 29 Abs. 1 S. 1 Nr. 6 lit. b BtMG strafbar, wenn sie nicht verschreibungsfähige Betäubungsmittel entgegen § 13 und entgegen den Vorschriften der BtMVV verabreicht haben. Selbst wenn der Besucher verschreibungsfähige Betäubungsmittel mitgebracht hat, dürfen Nichtärzte keine verschreibungsfähigen Betäubungsmittel verabreichen. Da **intravenöse Injektionen** nach ärztlichem Standesrecht **nur von Ärzten** durchgeführt werden dürfen, käme selbst bei gelungenen Injektionen eine Strafbarkeit wegen Körperverletzung infolge eines nicht kunstgerechten Heileingriffs in Betracht (*Böllinger* JA 1991, 292, 302.; *Hoffmann-Riem* NStZ 1998, 11). Die Übergaben von liegen gelassenen Heroinbriefchen oder von Resten einer Heroinration an einen Besucher stellen eine unerlaubte Abgabe, das Aufteilen einer Ration für zwei Besucher eine unerlaubte Überlassung, der Hinweis auf ein liegengebliebenes Brief-

chen bzw. die fördernde Duldung, dass ein Fixerpaar den Stoff untereinander aufteilt ein unerlaubtes Verschaffen von Gelegenheit zum unbefugten Konsum dar. Sofern Personal des Konsumraums konkrete Verkaufsgeschäfte fördert, macht es sich wegen Beihilfe zum Handeltreiben strafbar. Sobald aber von den Betreibern des Konsumraumes allgemein Drogenhandel, Drogenerwerb, Drogenaufbewahrung oder Drogenabgabe vor oder im Gesundheitsraum unter den Besuchern vorsätzlich oder fahrlässig geduldet werden, so kann dies ein Verschaffen oder Gewähren einer Gelegenheit i. S. v. § 29 Abs. 1 S. 1 Nr. 10 bzw. Nr. 11 i. V. m. § 29 Abs. 4 BtMG darstellen. Denn die Konsumräume sind selbstverständlich kein rechtsfreier Raum. Tatbestandsmäßig ist auch, wenn Betreiber mangels Kontrollen wohlwollend dulden, dass Drogen besitzende Besucher nach dem Konsum nicht Drogen besitzenden Besuchern Reste oder Teile ihrer mitgebrachten Drogen zum Konsum übergeben. Nach dem Grundgedanken des § 13 StGB haben aber die Betreiber dieser Räume nur für die Gefahren für die Volksgesundheit einzustehen, die sie selbst verursacht haben, nicht für Gefahren, die die Besucher von außen mit hereingebracht haben. Werden in den Gesundheitsräumen regelmäßige Kontrollen durchgeführt, mündliche und schriftliche Warnungen ausgesprochen, wonach Drogenhandel und Drogenabgabe mit Hausverbot und Strafanzeige beantwortet werden, wonach die Besucher nach der Hausordnung nur eine Drogenration mitbringen dürfen, so haben die Betreiber für dennoch stattfindende Drogengeschäfte und Drogenweitergaben nicht einzustehen (vgl. hierzu *Böllinger* JA 1991, 292 ff.). So hat die *Staatsanwaltschaft Frankfurt* am 15. 9. 1994 ein Ermittlungsverfahren gegen die Verantwortlichen eines Krisenzentrums, in dem es trotz Kontrollen zu Drogenkonsum und Drogenhandel gekommen war, wegen des Verdachts des Verschaffens bzw. Gewährens einer Gelegenheit zum unbefugten Verbrauch bzw. zur unbefugten Abgabe gem. § 170 Abs. 2 StPO eingestellt (89 Js 6637.6/94).

e) Strafbarkeit der Konsumraumbetreiber wegen Untätigkeit bei Herz- 53 infarkt oder sonstigen lebensbedrohlichen Krisenfällen von drogenabhängigen Besuchern. Die Mitarbeiter eines Konsumraumes sind gem. § 323 c StGB **verpflichtet,** drogenabhängigen Besuchern **bei einem Unglücksfall zu helfen und diese zu retten,** wenn Hilfe notwendig und zumutbar ist. Ansonsten machen sie sich strafbar. Steht ein **Defibrillator** zur Verfügung, dessen Anwendung ihnen gezeigt wurde, sind sie zum Einsatz verpflichtet, wenn sie nicht **wegen unterlassener Hilfeleistung** bestraft werden wollen. Da die Mitarbeiter eines Konsumraumes regelmäßig die berufsmäßige Aufgabe übernommen haben, für das Wohlergehen und den Schutz der Probanden Sorge zu tragen und damit eine **Beschützergarantie** übernommen haben, wird § 323 c StGB wegen der Garantenstellung durch die Strafbarkeit aus **§ 13 StGB** verdrängt. Bei Nichteinsatz einer zumutbaren Lebensrettung mit einem Defibrillator kann wegen der Garantenstellung bei erkennbarer Notwendigkeit des Einsatzes eines Defibrillators **sogar eine vorsätzliche oder fahrlässige Tötung** in Betracht kommen.

VI. Drug-Checking

Das **Drogen-Informations-Monitoring-System (DIMS),** das seit 1992 zur **54 Trendforschung, Früherkennung und Sekundärprävention** von dem niederländischen **Trimbos-Institut** in Utrecht/Niederlande und seit 1995 von dem Berliner Verein Eve & Rave durchgeführt wird, will durch **systematische Drogenuntersuchungen** über die auf dem Markt kursierenden Stoffe, über **neue Entwicklungen im Konsumbereich** und über **Verschmutzungen im Ecstasy-Schwarzmarkt (Pollution)** Aufschluss geben, durch eine vielfältige **Verbraucherberatung vor Ort** auf **Techno- und Houseevents, Musikparaden** und in **Diskotheken gesundheitliche Risiken minimieren** und Veranstalter durch Einrichtung von Drogen-Testing und **Erste Hilfe-Service** unterstützen. Die Untersuchungsverfahren verlaufen nach unterschiedlichen Methoden und mit unterschiedlichem Aussagewert.

55 **1. Laboruntersuchung.** Die Drogenkonsumenten senden unter einer Codebezeichnung oder Nummer unter Beifügung einer Unkostenpauschale anonym ihre Betäubungsmittelprobe an eine der zu einem Netzwerk zusammengeschlossenen Drogenhilfeeinrichtungen. Diese senden die Drogen unter einer Nummer oder Codebezeichnung an ein Labor. Der Einreicher kann später das Ergebnis der anonymen Untersuchung telefonisch erfragen. Regelmäßig werden Warnaufrufe veröffentlicht wie z. B. vor Pillen mit Atropinbeimengungen.

56 **2. Quicktest.** Vor Ort wird von den DIMS-Mitarbeitern ein **Marquis-Schnelltest** (ein Pillen-Quicktest, ein Gemisch aus Formaldehyd und Schwefelsäure) vorgenommen. Eine **chemische Indikator-Flüssigkeit (Reagenz)** wird auf abgekratzte Bestandteile einer Pille geträufelt. Aufgrund der Verfärbung durch diesen Säuretest zeigt sich, **welche Wirksubstanz** in der Pille vorhanden ist, **nicht aber die Dosierung und die Reinheit der Substanz.** Bei **blauer** Verfärbung handelt es sich um entaktogene Amphetaminderivate wie MDMA, MDE, MBDB, bei **grüner** Verfärbung um halluzinogene Amphetaminderivate wie 2 C-B, bei **roter** Verfärbung um reines Amphetamin, bei **violetter** Farbe um Opiate. Nach der **Einordnung der Wirksubstanz** erfolgt in einem zweiten Akt die eigentliche Bestimmung. Mit einer vom Trimbos-Institut wöchentlich aktualisierten Liste (sog. **Determinationsliste**), die Labordaten von Tausenden analysierten Pillen **anhand von 8 Schlüsseldaten (Größe, Form, Durchmesser, Farbe, Gewicht, Dicke, Logo** etc.) enthält, kann die Pille zugeordnet und bestimmt werden. Alle Informationen über diesen Pillentyp können durch öffentliche Warnkampagnen und durch individuelle Verbraucherberatung zusammen mit allgemeinen Grundinformationen über den Konsum von Drogen weitergegeben werden. Diese Methode der Pillenidentifikation wurde in Deutschland bislang nur von **Drobs, Hannover,** mit einem Spezialbus bei Musikgroßveranstaltungen durchgeführt.

57 **3. Eigentest.** Um eine Übergabe der Probe zu vermeiden, verkaufen Tester an die Konsumenten einen Test für 3 Schnellanalysen (1,50–2,– Euro) und beraten sie mit der Liste bei der Durchführung. Einige Staatsanwaltschaften waren der Auffassung, das **Konzept des Drug-Checking** ziele auf eine umfassende Anleitung, Beratung und praktische Unterstützung (durch das Bereithalten von Reagenzien und schriftlichen Beurteilungsunterlagen) von Drogenkonsumenten oder deren Beauftragten bei der Analyse von Drogen und verschaffe deshalb den Verbrauchern und den Händlern eine Gelegenheit zum unbefugten Verbrauch, zum Erwerb und zur unbefugten Abgabe von Betäubungsmitteln. Denn das Untersuchungsergebnis würde den Verbraucher **das vor dem Konsum abschreckende Risiko schädlicher Nebenwirkungen nehmen** und als Gütezeichen, Verkaufsargument und wert- und preisbestimmender Faktor die **Absatzchancen der Händler vergrößern.** Diese Argumentation verkennt die positiven Auswirkungen einer akzeptierenden Drogenhilfe **(harm reduction),** dass die Betäubungsmittelprobe an den Konsumenten nicht zurückgegeben wird und dass die **Untersuchungsergebnisse nur mündlich mitgeteilt** und deshalb auch nicht als Qualitätsurkunde missbraucht werden können. Ähnlich wie bei dem Spritzenaustausch (gebrauchte Spritzen gegen saubere Spritzen), der keine Gelegenheit zum unbefugten Verbrauch, sondern nur hygienische Begleitbedingungen bei feststehenden Konsumvorgängen schafft, verschafft auch die Mitteilung von Untersuchungsergebnissen keine Gelegenheit zum unbefugten Verbrauch, sondern **bewahrt den Konsumenten** bei im einzelnen unbekannten Konsumvorgängen **vor Gesundheitsrisiken.**

58 **4. Entgegennahme und Weiterleitung von Proben.** Umstritten ist allerdings, wie die Entgegennahme, die Aufbewahrung und die Weiterleitung von Betäubungsmittelproben zur Untersuchung in einem Labor zu bewerten ist. In der Entgegennahme, Aufbewahrung und Weiterleitung von Betäubungsmittelproben durch Drogenberater ohne Erlaubnis nach § 3 BtMG könnte ein **unerlaubter Erwerb, Besitz und Abgabe von Betäubungsmitteln** liegen. In der Veröffentlichung von Testergebnissen könnte eine **Werbung für Betäubungsmittel** bzw. eine **öffentliche Aufforderung zum unbefugten Konsum** liegen. Die Rückgabe der Probe an den Einreicher könnte eine **unerlaubte Abgabe** an einen Dritten, ein **sonstiges Inverkehrbringen** bedeuten. Da die mündliche und anonyme Mitteilung von Testergebnissen vor gesundheitlichen Risiken durch gefährliche Stoffe oder Beimengungen warnen, nicht zum Konsum bestimmter Betäubungsmittel auffordern und infolge der Anonymität nicht den Absatz eines bestimmten Drogenhändlers fördern können, führen die Veröffentlichungen von Untersuchungsergebnissen und von Warnaufrufen nicht zur Strafbarkeit. **Eine Rückgabe untersuchter Betäubungsmittelproben** an den einreichenden Konsumenten würde allerdings den Tatbestand der **Verschaffung von Gelegenheit** erfüllen (*Weber* § 29 Rn. 1451). Wegen der kurzfristigen **Weiterleitung** von Drogenproben zum Untersuchungslabor **mit anschließender Vernichtung** erscheint eine Strafbarkeit eines unerlaubten Erwerbs oder Besitzes von Betäubungsmitteln durch Drogentester zweifelhaft.

5. Konzept von Eve & Rave, Berlin. Nachdem **Mitglieder des Vereins** 59 **„EVE & RAVE"**, Verein zur Förderung der Partykultur und Minderung der Drogenproblematik in Berlin, seit Februar 1995 versucht hatten, durch chemische Untersuchung der besonders in der Techno-Musikszene verbreiteten Betäubungsmittel (Partydrogen) und durch Veröffentlichung der Untersuchungsergebnisse die Drogenkonsumenten aufzuklären und vor Gesundheitsrisiken beim Konsum zu bewahren, indem sie gegen Zahlung einer Unkostenpauschale Tabletten, Kapseln und Pulversubstanzen unter Codenummern entgegennahmen und zu dem für Untersuchungen befugten **Institut für gerichtliche Medizin der Charité der Humboldt-Universität zur Untersuchung** brachten, ermittelten die Berliner Strafverfolgungsbehörden seit März 1996, durchsuchten das Vereinsbüro am 16. 7. 1996 und erhoben am 17. 11. 1997 Anklage gegen die Vorstandsmitglieder von Eve & Rave wegen unerlaubten Besitzes von Betäubungsmitteln in 47 Fällen (Eve & Rave, Berlin, Vereinskonzept und Tätigkeitsbericht, Januar 2000, Quelle: www.eve-rave.net). Bereits am 9. 10. 1996 hatte das *BfArM* in Berlin das Drug-Checking von Eve & Rave Berlin als strafbaren Verstoß gegen § 29 Abs. 1 S. 1 Nr. 1 BtMG wegen unerlaubter Abgabe von Betäubungsmitteln gewertet. Zu einer Erlaubniserteilung war das *BfArM* nicht bereit (GS 4.1 – A 9307–32714/96). Mit Beschluss v. 2. 6. 1998 lehnte das *AG Berlin-Tiergarten* die Eröffnung des Hauptverfahrens mit der Begründung ab, eine Strafbarkeit scheide mangels Besitzwillens aus, da die Angeklagten mit der Abholung der Betäubungsmittelproben aus dem Schließfach und dem Transport der Drogen in das nahegelegene Untersuchungslabor zwar ein kurzfristiges Herrschaftsverhältnis begründeten, aber keine Aufrechterhaltung der Verfügungsmacht über die Betäubungsmittel, sondern die Vernichtung nach Untersuchung der Drogen anstrebten (267 Ds 170/98). Die gegen diese Entscheidung von der *Staatsanwaltschaft Berlin* am 5. 6. 1998 erhobene sofortige Beschwerde wurde von der 6. Strafkammer des *LG Berlins* durch Beschluss v. 1. 3. 1999 verworfen.

6. Gesetzliches Verbot der Substanzanalyse in Konsumräumen. Der Ge- 60 setzgeber hat im neuen § 10a Abs. 4 BtMG ausdrücklich die **Entgegennahme von Betäubungsmitteln zur Untersuchung, die Substanzanalyse** und die Weiterleitung der Betäubungsmittel an eine befugte Untersuchungsstelle als nicht von der Erlaubnis nach § 10a BtMG umfasst angesehen und den Mitarbeitern von erlaubten Konsumräumen **als die aktive Form der Unterstützung des Drogenkonsums verboten** (s. dazu Rn. 45). Dieses Verbot ist zwar auf erlaubte Konsumräume beschränkt, muss aber erst recht für alle übrigen Personen außerhalb des Erlaubnisrahmens von § 3 und § 10a BtMG gelten, sofern sie nicht wie Apotheker gem. § 4 Abs. 1 Nr. 1 lit. e BtMG von einer Erlaubnispflicht befreit sind. In der Substanzanalyse ist eine strafbare aktive Konsumförderung und im **strafbares Verschaffen von Gelegenheit zum unbefugten Verbrauch gem. § 29 Abs. 1 S. 1 Nr. 11 BtMG** zu sehen. **So wird allerdings Prävention zur**

Straftat. Der Substanzanalyse bleibt offensichtlich in gleicher Weise wie der Spritzenvergabe und dem Betreiben von Konsumräumen nicht die Entwicklung erspart vom Straftatbestand zum Erlaubnistatbestand.

VII. Strafbarkeit der Strafverfolgungsbehörden

61   Es könnte fraglich sein, ob die **Strafverfolgungsbehörden** das Betreiben von Konsumräumen hinnehmen können, ohne gegen das Legalitätsprinzip zu verstoßen, da die Besucher des Konsumraumes regelmäßig **Betäubungsmittel zum alsbaldigen Verbrauch** mit sich führen. Grundsätzlich müssen die Strafverfolgungsbehörden jeglichem Tatverdacht nachgehen **(Legalitätsprinzip).** Sie müssen aber bei der Strafverfolgung Schwerpunkte setzen und nicht nach Verdachtsmomenten dort suchen, wo Strafverfolgung nicht im öffentlichen Interesse liegt, das Verschulden gering ist und der Gesetzgeber ein Absehen von Strafverfolgung vorgesehen hat **(Opportunitätsprinzip).** Sowohl nach § 29 Abs. 5 BtMG als auch nach § 31 a BtMG soll der Umgang mit geringen Betäubungsmittelmengen zum Eigenkonsum von Strafe frei bleiben. Da die Besucher von Konsumräumen nur zugelassen werden, wenn sie nur die eigene Konsumration bei sich führen, liegt in einer Duldung derartiger Konsumräume kein Gesetzesverstoß. Der **Gesetzgeber** hat **zur Klarstellung im Jahre 2000** dem § 31 a Abs. 1 BtMG folgenden **Satz 2 hinzugefügt:** „Von der Verfolgung soll abgesehen werden, wenn der Täter in einem Drogenkonsumraum Betäubungsmittel lediglich zum Eigenverbrauch, der nach § 10 a BtMG geduldet werden kann, in geringer Menge besitzt, ohne im Besitz einer schriftlichen Erlaubnis zu sein." Die Regelung gibt der Staatsanwaltschaft als Soll-Regelung vor, dass in diesen – materiell weiterhin strafbaren Fällen – **grundsätzlich in erlaubten Konsumräumen von der Strafverfolgung wegen des Besitzes von Betäubungsmitteln in geringer Menge abzusehen ist.** Die Staatsanwaltschaft kann die **generelle Weisung an die zuständige Polizei** weitergeben, **im Regelfall nach § 31 a Abs. 1 S. 2 BtMG in dem Drogenkonsumraum** und **nach § 31 a Abs. 1 S. 1 BtMG im Umfeld eines Konsumraums von der Aufnahme von Ermittlungen abzusehen** (s. dazu im Einzelnen § 31 a Rn. 127 f.). Bei Vorliegen besonderer Verdachtsmomente zwingt das **Legalitätsprinzip** allerdings Polizei und Staatsanwaltschaft zum Eingreifen. Bei der Auswahl und Durchführung der Strafverfolgungsmaßnahmen gegen Betreiber und Besucher von Konsum- oder Krisenzentren ist jedoch der **Verhältnismäßigkeitsgrundsatz** besonders zu beachten.

E. Subjektiver Tatbestand

62   Der subjektive Tatbestand setzt Vorsatz voraus, wobei dolus eventualis ausreicht. Auch eine fahrlässige Begehungsweise ist strafbar (§ 29 Abs. 4 BtMG).

F. Versuch

63   Der Versuch ist nicht strafbar (§ 29 Abs. 2 BtMG).

G. Konkurrenzen

64   Die Gelegenheitstatbestände des § 29 Abs. 1 S. 1 Nr. 10 und Nr. 11 BtMG können in Tateinheit stehen (*BayObLG* NStZ-RR 2003, 310). Sie können auch mit fahrlässiger Körperverletzung oder fahrlässiger Tötung in Tateinheit stehen, sofern der Täter aufgrund überlegenen Sachwissens oder aufgrund Garantenstellung für den Eintritt der Folge verantwortlich ist.

Teil 21. Öffentliche Aufforderung zum Verbrauch von Betäubungsmitteln, die nicht zulässigerweise verschrieben worden sind (§ 29 Abs. 1 S. 1 Nr. 12 BtMG)

Übersicht

A. Zweck der Vorschrift

Nach einem Vorentwurf eines Gesetzes zur Änderung des BtMG vom 10. 8. **1** 1989 sollte ursprünglich unter § 29 Abs. 1 Nr. 14 BtMG bestraft werden, wer öffentlich in einer Versammlung oder durch Verbreitung von Schriften (§ 11 Abs. 3 StGB) dazu aufstachelt oder verleitet, Betäubungsmittel unbefugt zu verbrauchen. Dieser Entwurf wurde jedoch fallengelassen. In Umsetzung von Art. 3 Abs. 1 lit. c. (iii) des Suchtstoffübereinkommens von 1988 wurde nach dem Ausführungsgesetz Suchtstoffübereinkommen 1988 mit Wirkung vom 28. 2. 1994 gemäß § 29 Abs. 1 Nr. 12 BtMG strafbar, wer öffentlich in einer Versammlung oder durch Verbreiten von Schriften (§ 11 Abs. 3 StGB) dazu auffordert, Betäubungsmittel zu verbrauchen, die nicht zulässigerweise verschrieben worden sind. Allein die Strafvorschriften des Verleitungstatbestandes (§ 29 Abs. 1 S. 1 Nr. 10 BtMG) und des damals geltenden § 21 GjS boten keinen hinreichenden Schutz gegen die nach dem Übereinkommen unter Strafe zu stellende „öffentliche Aufstachelung und Verleitung" (vgl. BT-Drs. 12/3533, S. 17).

B. Objektiver Tatbestand

I. Aufforderung

1. Definition. Unter der **Aufforderung** ist eine über eine bloße Befürwor- **2** tung hinausgehende Ermunterung (durch Erklärung oder konkludentes Tun) an eine unbestimmte Anzahl von Menschen zu verstehen, bestimmte strafbare Handlungen durch Tun oder Unterlassen zu begehen. Der Täter wendet sich an den **Verstand der Adressaten** und will sie **überzeugen** und zum **Konsum veranlassen.** Das **bloße Gutheißen** einer Tat fällt noch nicht unter den Tatbestandsbegriff der Aufforderung (BGHSt. 32, 310; *KG* NStZ-RR 2002, 10). Die Aufforderung ist von Form und Inhalt eindringlicher als eine bloße Mitteilung. Der Täter will die Adressaten unmittelbar zu einem Tatentschluss bewegen. Die Aufforderung setzt andererseits nicht voraus, dass der Entschluss erst durch das Bemühen des Täters geweckt wurde. Entscheidend ist der öffentliche Aufruf zum Konsum, nicht das Echo (*Weber* § 29 Rn. 1620). Die Aufforderung muss nicht notwendigerweise ernst gemeint sein, sie muss aber zumindest den Eindruck der Ernsthaftigkeit erwecken (*Frankfurt* NStZ-RR 2003, 327).

3   Im Gegensatz zum Anstifter, der einen Adressaten zu einer bestimmten konkretisierten Tat auffordert und in der Regel einen gewissen Einfluss auf den Adressaten bei der Tatausführung nimmt (§ 26 StGB), wendet sich der öffentliche Aufrufer an eine unbestimmte Anzahl von Menschen und hat keinen Einfluss auf die Tatausführung des Einzelnen (*Fischer* § 111 Rn. 3). Obwohl die öffentliche Aufforderung im Gegensatz zur Aufstachelung sich an den Verstand und nicht an die Gefühle wendet, so bewirkt sie doch **unkontrollierbare kriminelle Aktionen,** die **weder überschaubar noch steuerbar** sind. Sie sind der Einflussnahme des Auffordernden weitgehend entzogen (vgl. *Karlsruhe* NStZ 1993, 389).

4   **2. Art der Aufforderung.** Die Aufforderung muss bei dieser Alternative **öffentlich, in einer Versammlung oder durch Verbreiten von Schriften** erfolgen. Die Aufforderung **an bestimmte einzelne Personen** oder an einen durch persönliche Beziehungen zusammenhängenden Personenkreis reicht nicht aus.

5   **a) Öffentlich** ist die **Aufforderung,** wenn der Aufruf unbestimmt vielen Personen zugänglich gemacht wird durch **Plakate, Postwurfsendungen, Zeitungen, öffentliche Versammlungen, Filmvorführungen** oder ähnliches, aber auch durch Bereithalten von Text und Bild im **Internet.**

6   **b) Versammlung.** Die Aufforderung **muss in einer nichtöffentlichen Versammlung** erklärt werden, da andernfalls eine öffentliche Aufforderung nach der 1. Alternative vorliegt (*Fischer* § 111 Rn. 5). Zwar wird eine Mindestanzahl an Teilnehmern grundsätzlich nicht vorausgesetzt. Da aber der individuelle Konsum und die Anstiftung zum Konsum straflos ist, bedarf es hier jedoch einer größeren Personenansammlung, deren Konsum eine Gefährdung der Volksgesundheit bedeuten könnte (*Weber* § 29 Rn. 1610).

7   **c) Verbreitung einer Schrift.** Eine **Schrift** ist eine Gedankenerklärung aus Worten und Zeichen, die mit den Augen und bei Blindenschrift mit dem Tastsinn wahrgenommen werden kann (RGSt. 47, 224). Der Täter muss sich den Inhalt der Schrift zu eigen machen und nicht nur Gedanken Dritter kritisch oder unkritisch weitergeben (*Frankfurt* NJW 1983, 1207). Da es sich bei § 29 Abs. 1 S. 1 Nr. 12 BtMG um eine Spezialvorschrift von § 111 StGB handelt, gilt auch hier die Verweisung auf § 11 Abs. 3 StGB. Den Schriften stehen Ton- und Bildträger, Datenspeicher, Abbildungen und andere Darstellungen gleich.

8   Eine Schrift wird **verbreitet,** wenn ihre Substanz, nicht bloß ihr Inhalt an einen oder mehrere andere mit dem Ziel weitergegeben wird, sie dadurch einem großen Personenkreis zugänglich zu machen (BGHSt. 18, 63; *BayObLG* NJW 1979, 2162; *Hamburg* NStZ 1983, 127). Der Erfolg, nämlich dass die Schrift eine Personenvielzahl erreicht, ist jedoch nicht erforderlich. Die Verbreitung kann durch Weitergabe eines Handzettels oder einer Druckschrift, einer Videokassette, einer CD, DVD oder einer Diskette geschehen. Das Bereithalten von Text und Bild im **Internet** stellt zwar eine öffentliche Aufforderung, aber noch nicht eine Schriftenweitergabe dar. Werden Betäubungsmitteldaten (wie z. B. Einladung zu Cannabis-Kochkursen, Betäubungsmittelrezepte oder Konsumaufrufe) vom Teilnehmer eines elektronischen Netzwerkes eigenständig auf einen anderen Speicher kopiert oder auf Papier

aufgedruckt, so liegt keine Verbreitung vor, da nur der Inhalt und nicht die Substanz der Schrift bzw. des nach § 11 Abs. 3 StGB gleichgestellten Bildträgers übertragen wurde (*Frankfurt*, Urt. v. 18. 3. 1998, 1 Ss 407/97).

II. Verbrauch

Unter Verbrauch ist der Eigenkonsum zu verstehen (s. dazu § 29/Teil 13,   **9**
Rn. 27 ff.). Wer in der Öffentlichkeit lediglich seine Meinung äußert und darlegt, dass seit Jahrtausenden die Menschen ohne Schäden Naturdrogen konsumieren würden, dass der Drogenkonsum befreiend wirke, neue Wahrnehmungen und Erfahrungen eröffne, Gedanken beflügele und das Sexualleben bereichere, dass der Gesetzgeber die Naturdrogen ohnehin bald wie Tabak und Alkohol freigeben müsse, macht sich weder nach § 111 StGB noch nach § 29 Abs. 1 S. 1 Nr. 12 BtMG strafbar (zu den Erscheinungsformen der öffentlichen Aufforderung s. Rn. 12 ff.).

III. Betäubungsmittel, die nicht zulässigerweise verschrieben worden sind

Was in § 29 Abs. 1 S. 1 Nr. 10 BtMG als unbefugter Verbrauch umschrieben   **10**
wurde, wurde in dem später geschaffenen § 29 Abs. 1 S. 1 Nr. 12 BtMG definiert. Der Gesetzgeber wollte mit dieser Strafvorschrift nicht die notwendige medizinische Versorgung der Bevölkerung mit Betäubungsmitteln beschränken. Die öffentliche Aufforderung, an einer ärztlich kontrollierten Substitutionsbehandlung oder Schmerzbehandlung teilzunehmen und Betäubungsmittel im Rahmen des § 13 BtMG und der BtMVV einzunehmen, fällt nicht unter diesen Tatbestand. Aufrufe von Ärzten, die in unzulässigerweise eine „graue Substitutionsbehandlung" durchführen und ihre Patienten öffentlich auffordern, Betäubungsmittel der Anl. III wie z.B. Methadon nicht in der Praxis oral einzunehmen, sondern vom ersten Tag an eine **Take-home-Dosis** abzuholen oder eine Methadontrinklösung nicht zu schlucken, sondern zu injizieren, sind aber tatbestandsmäßig. Wird öffentlich dazu aufgerufen, nicht verschreibungsfähige Betäubungsmittel der Anl. I und II, wie Heroin (Diacetylmorphin) oder Cannabis, zu verbrauchen, so liegt der Verdacht eines Verstoßes gegen § 29 Abs. 1 S. 1 Nr. 12 BtMG nahe. Öffentliche Informationen, dass in städtischen **Konsumräumen** zu bestimmten Zeiten und unter hygienischen Bedingungen Heroin injiziert werden kann, stellen zwar öffentliche Mitteilungen über den Verbrauch von Betäubungsmittel dar, die nicht zulässigerweise verschrieben worden sind, aber zumeist keine öffentliche Aufforderung zum Konsum, sondern eine öffentliche Aufforderung zu hygienischen, wenig riskanten Konsumbedingungen (*Weber* § 29 Rn. 1604; *Hügel/Junge/Lander/Winkler* § 29 Rn. 21.5).

IV. Abgrenzung zu § 111 StGB

Nach **§ 111 StGB** wird derjenige wie ein Anstifter (§ 26 StGB) bestraft, der öf-   **11**
fentlich, in einer Versammlung oder durch Verbreitung von Schriften (§ 11 Abs. 3) zu einer rechtswidrigen Tat auffordert. Die Vorschrift des § 111 StGB bedroht jedoch **nicht** die Aufforderung zum Verbrauch von Betäubungsmitteln, die nicht zulässigerweise verschrieben worden sind, da der ärztlich nicht indizierte Betäubungsmittelkonsum weder rechtswidrig noch strafbar ist.

C. Erscheinungsformen der öffentlichen Aufforderung

I. Legalisierungsbemühungen

Rufen die Verantwortlichen einer Initiative zur Beendigung der Cannabis-   **12**
Prohibition nicht nur zu einer Serie von in 6 Städten nacheinander folgenden **Demonstrationen zur Legalisierung von Cannabis**, sondern zu so massenhaftem Cannabiskonsum auf, dass die Strafverfolgungsorgane die Verbote des BtMG nicht würden durchsetzen können, so stellt dies eine öffentliche Aufforderung zum

ärztlich nicht verordneten Betäubungsmittelkonsum dar (*VG Wiesbaden*, Beschl. v. 22. 4. 1994, 10/1 G 368/94; *Hess. VGH*, Beschl. v. 22. 4. 1994, 3 TH 1168/94). Sobald eine **Initiative zur Beendigung der Cannabis-Prohibition** nicht nur mit Demonstrationen Aufklärung über die Cannabis-Prohibition und die vielseitige Verwendbarkeit von Hanf betreiben will, sondern mit Flugblättern öffentlich zu einem **Smoke-Inn, Cannabis-Sleep-In** oder zu einem **Cannabis-Weekend** in verschiedenen Städten zum Haschischkonsum und zum „Gut-breit-sein" mit den Worten aufruft „Wenn ihr nicht gerade Platten und kiloweise das Zeug abschleppt, habt ihr von Behördenseite wenig zu befürchten!" oder „Rhein-Main raucht die Lizenz zum Abfahren!", so stellt dies eine strafbare öffentliche Aufforderung zum nicht ärztlich angeordneten Cannabisgebrauch dar (*Hess. VGH*, Beschl. v. 22. 4. 1994, 3 TH 1169/94).

13   Solange die Veranstalter einer **Hanfparade** öffentlich nur zu einer stimmungsvollen Protestveranstaltung gegen die Cannabis-Prohibition aufrufen und nicht zum Cannabiskonsum direkt auffordern, liegt kein Verstoß gegen § 29 Abs. 1 S. 1 Nr. 12 BtMG vor, selbst wenn mehrere Teilnehmer später Cannabis verbrauchen. Befürworten **Redakteure einer Hanfzeitschrift** nicht nur das Haschischrauchen, sondern beschäftigen sich im gleichen Heft mit gesundheitlichen Risiken übermäßigen Rauchens und überlassen dem Leser letztlich, ob er unter diesen Umständen Cannabis raucht, so kann nicht von einer öffentlichen Aufforderung der Leser zum Rauchen von nicht verschriebenem Marihuana die Rede sein. Befürworten die Herausgeber und die **Autoren eines Marihuana-Magazins** in verschiedenen Beiträgen die Legalisierung von Cannabis und rufen als Mitglied einer „AG Hanf" zu einer Beendigung der Cannabis-Prohibition auf, so stellt dies noch keine öffentliche Aufforderung zu einem Betäubungsmittelverbrauch dar, der nicht zulässigerweise verschrieben worden ist.

14   Der **öffentliche Aufruf einer Partei-Jugendorganisation,** Haschisch zu spritzen sei gar nicht so einfach, stellt ebenfalls keine strafbare öffentliche Aufforderung zum nicht verschriebenen Betäubungsmittelkonsum nach § 29 Abs. 1 S. 1 Nr. 12 BtMG dar, da er sich zwar für die Legalisierung von Cannabis einsetzt, aber nicht zum Betäubungsmittelgebrauch, sondern zur kritischen Auseinandersetzung mit der bestehenden Drogenpolitik auffordert, die von zahlreichen Mythen bestimmt werde, so z. B. Haschisch werde angeblich gespritzt.

15   Auch die Veröffentlichung und die Verteilung eines **Faltblattes des Landesverbandes der PDS Hessen** auf Frankfurter Schulhöfen mit den Schlagzeilen **„Haschisch an die Schule! – Keine Macht den Doofen! –** Die Mär von der Einstiegsdroge – Für ein Recht auf Rausch – Drogenkunde in den Lehrplan – Tipps und Tricks – Unsere Forderungen" während der Wahlkampfzeit im Jahr 2001 erfüllte nicht den Tatbestand des § 29 Abs. 1 S. 1 Nr. 12 BtMG, da es nicht zum Cannabiskonsum, sondern **politisch zur Legalisierung des Cannabis-Umganges aufrief.** Es handelte sich um eine verantwortungslose, aber nicht strafbare Parteipropaganda, die per Hausrecht von den Schulhöfen zu verbannen war.

16   Die **Selbstbezichtigungsaktion „Zeig dich!" der Drogenzeitschrift Grow** war ebenfalls nicht strafbar. Sie rief die Leser nicht auf, Cannabis zu konsumieren und gegen das BtMG zu verstoßen, sondern durch die Unterschriftenaktion von Personen, die in der Vergangenheit irgendwann einmal Cannabis konsumiert hatten, eine **Legalisierung von Cannabis** zu erreichen.

II. Konsumveranstaltungen

17   Rufen **Veranstalter eines Musikkonzertes,** einer **Hanfmesse** oder einer **Freizeitveranstaltung** konkret in einem Magazin, auf Plakaten, in Funk und **Fernsehen** zu einem **„Smoke-In"** auf, bei dem zum allseitigen Rauchgenuss Pfeifen und Stoff angeboten oder mitgebracht werden sollen, so erfüllt diese öffentliche Aufforderung den § 29 Abs. 1 S. 1 Nr. 12 BtMG, auch wenn bei dieser Veranstaltung zudem über die Legalisierung von Cannabis diskutiert werden soll.

Veranstaltet ein **Autokino** eine Filmwoche mit Drogenfilmen (Trainspotting, Pulp Fiction, Easy Rider, Killing Zoe, Dobermann) und kündigt nicht nur Drogenkonsum und Rausch auf der Leinwand an, sondern fordert die Besucher auf, mit ihren Filmlieblingen zu schnupfen, einen Trip zu nehmen, zu drücken oder zu rauchen, so ist dies eine öffentliche Aufforderung zu einem ärztlich nicht verschriebenen Betäubungsmittelverbrauch. Lädt der **Inhaber eines Hanfshops** per Annonce zur Eröffnung seines Ladens Kaufinteressenten zu einem kostenlosen Brunch von Cannabisspeisen und Cannabisgetränken ein, die unerlaubte THC-Wirkstoffgehalte enthalten, so stellt diese Einladung eine öffentliche Aufforderung i. S. v. § 29 Abs. 1 S. 1 Nr. 12 BtMG dar, bei ihm nicht ärztlich verordnete THC-haltige Speisen und Getränke zu konsumieren.

III. Verkaufsbemühungen mit Konsum

Laden Hersteller von Cannabisprodukten (Hanfseile, Hanftextilien, Hanfdämm- **18** stoffe, Hanfkosmetika, Paraphernalia, Zubehör für den legalen Cannabisanbau) zum **Besuch einer internationalen Hanfmesseausstellung** öffentlich ein, obwohl sie wissen, dass ein Teil der Aussteller und Besucher dort Cannabisprodukte konsumiert bzw. den Cannabiskonsum fördert, so stellt dies **weder eine Werbung für Cannabis, noch eine öffentliche Aufforderung** zu einem ärztlich nicht verordneten Cannabiskonsum dar.

IV. Musikveranstaltungen mit Konsum

Laden Veranstalter öffentlich zu einem **Musikkonzert** ein, bei dem am Rande **19** auch Betäubungsmittel konsumiert werden, so liegt hierin keine öffentliche Aufforderung zum unerlaubten Betäubungsmittelgebrauch vor.

V. Verkaufsbemühungen zum Konsumthema

Ein **Head-Shop,** der in Annoncen oder in einem Schaufenster **Smokers-T-** **20** **Shirts** zum Kauf anbietet, deren Aufschrift und Graphik in farbigem Siebdruck zum Haschischrauchen oder Zudröhnen aufrufen oder sich über Warnungen vor dem Marihuanakonsum lustig machen, mögen zwar eine Verherrlichung des Drogenkonsums darstellen, aber keine öffentliche Aufforderung zum Konsum. Den Verkäufern geht es um Umsätze mit T-Shirts, den Käufern um eine Provokation ihrer Umwelt, aber nicht um einen ärztlich nicht verordneten Drogenverbrauch.

VI. Konsumreiseveranstaltungen

Der öffentliche Aufruf des amerikanischen **High-Times-Magazins** zum jähr- **21** lich stattfindenden **internationalen Cannabis-Cup in Amsterdam** und die öffentliche Aufforderung eines deutschen **Busunternehmens,** an diesem mehrtägigen Haschfest teilzunehmen und im Rahmen eines bunten Konzert- und Besichtigungsprogrammes in zahlreichen Coffeeshops in Amsterdam endlose **Cannabissorten zu testen und zu bewerten,** in Workshops den Anbau von Cannabis (Bioanbau, Hydroanbau, In- und Outdoor-Anbau) zu erlernen und **nach einer Stimmabgabe den prämiierten Stoff zu genießen,** stellen Verstöße gegen § 29 Abs. 1 S. 1 Nr. 12 BtMG dar.

Ruft eine Hanfzeitschrift mit Berichten und Anzeigen zu einer „**Radtour de** **22** **Hanf Europe" zur Hanfparade in Berlin** auf, um dort die Forderung „Legalisierung jetzt!" Nachdruck zu verleihen, so ist dies keine öffentliche Aufforderung zum Konsum, auch wenn es während der Hanfparade zu zahlreichen Konsumvorgängen kommen wird. Beschreibt eine Hanfzeitschrift die Namen, die Lage, die Produkte, die Qualität und die Preise der einzelnen Cannabisprodukte diverserer Coffeeshops in Amsterdam, so stellt diese **Leserinformation** keine öffentliche Aufforderung zum Betäubungsmittelverbrauch und keine strafbare Werbung dar. Schreibt eine Hanfzeitschrift aber eine „**Amsterdam-Coffeeshop-Rally"** aus, beschreibt den dortigen Cannabisverkauf der Coffeeshop-Betreiber und fordert seine Leser auf, in die holländische Metropole zu reisen, **16 Coffeshops zu besuchen** und die **Qualität des Kaffees bzw.** des **Tees zu testen und zu bewerten,** so stellt dies eine öffentliche Aufforderung zum Betäubungsmittelverbrauch dar. Der Alibihinweis „Wir wollen dich nicht bitten, Haschisch oder Marihuana zu testen, denn das würde uns sicherlich als Aufforderung zu einer illegalen Handlung ausgelegt", verdeutlicht vielmehr, dass **Kaffee und Tee nur als Codebezeichnung für Cannabis** dienen, zumal niemand nach Amsterdam fährt, um 16 Tassen Kaffee oder Tee zu testen.

VII. Informationsbemühungen zum Konsumthema

23   Die verantwortlichen **Redakteure von Drogenzeitschriften**, die im Rahmen ihrer Berichterstattung Headshops und Cannabisgärtnereien, die öffentlichen Drogenszenen, die Coffeeshops und die Konsumräume in verschiedenen Städten des In- und Auslandes beschreiben, über Cannabiskonsum-, Koch- und Anbaumethoden unterrichten, Veranstaltungen und Verkaufsmessen, bei denen Drogen konsumiert werden, ankündigen und besprechen, fordern ihre Leser mit ihrer Berichterstattung regelmäßig nicht zum Betäubungsmittelverbrauch auf.

24   Geben die **Inhaber eines Hanfcenters**, in dem die verschiedensten Cannabisprodukte, aber auch Hanfblüten, Hanfkraut, Hanfsamen und Hanfpflanzen verkauft werden, eine Hanfzeitschrift heraus, in der sie ihre Hanfprodukte (angeblich) nicht zu Konsumzwecken anbieten, so kann von einer öffentlichen Aufforderung zum ärztlich nicht verordneten Konsum nicht die Rede sein

25   Auch die **Autoren** oder **Verkäufer von Cannabiskochbüchern** verherrlichen zwar Cannabisspeisen und Cannabisgetränke, um Buchumsätze zu erzielen. Sie fordern aber nicht öffentlich zum Konsum auf. Ob die Käufer der Bücher aber die Bücher lesen und tatsächlich Cannabiskuchen backen oder Cannabiscocktails mischen, ist ihnen gleichgültig.

26   Bietet eine Firma in einer Zeitschriftenanzeige einen **Gras & Hasch-Qualitätstest** unter der Werbeaussage „Teste den Shit, bevor du rauchst!" und „**Hemptest,** der weltweit erste Schnelltest zur Feststellung des Reifegrades von Hanfpflanzen direkt am Feld", an, so ist das weder eine unerlaubte Werbung für Cannabisprodukte noch eine bestimmte öffentliche Aufforderung zum Cannabisanbau. Die Firma will den Test, nicht die Betäubungsmittel verkaufen. Der Verkauf des Cannabistests kann im Einzelfall aber eine Beihilfe zum unerlaubten Anbau darstellen.

27   **Wissenschaftliche, religiöse, politische oder künstlerische Äußerungen** in Wort, Bild oder Ton sind weder wirtschaftliche Absatzbemühungen, noch öffentliche Aufforderung zum ärztlich nicht angeordneten Betäubungsmittelkonsum. Tragen Künstler öffentlich Songs, Reden, Gedichte oder Filme zu Drogenrausch und Drogenkonsum vor, setzen sich mit Drogenproblemen künstlerisch auseinander oder rufen ihr Publikum zum Drogengebrauch auf, so bedeutet die künstlerische Sprache nicht regelmäßig eine öffentliche Aufforderung zum nicht medizinischen Betäubungsmittelverbrauch. Musiker, die mit Liedtexten eindeutig zum Drogenkonsum aufrufen (z.B. *Timothy Learys* „Turn on, turn in, drop out" und David Peels „Have A Marijuana" von 1968) oder ihre eigenen Drogenerfahrungen „positiv wie negativ" thematisieren (wie z.B. „Kokain" von *Eric Clapton*, „Lucie in the sky with diamonds" der *Beatles*, „Heroin" von *Velvet Underground*, „White Rabbit" von *Jefferson Airplane* oder „Cold Turkey" von *John Lennon*) dürfen **im Rahmen ihrer künstlerischen Freiheit nicht wörtlich genommen werden,** so dass eine öffentliche Aufforderung ihrer Zuhörer zu nicht ärztlich angeordnetem Betäubungsmittelgebrauch zumeist ausscheidet. Äußerungen wie „Lets smoke!" fordern regelmäßig nicht zum Verbrauch eines bestimmten Betäubungsmittels auf, sondern laden zu einer musikalischen Reise in den Drogenkosmos ein.

28   So stellte das **Lied „Unbe-Hagen" von *Nina Hagen*** aus dem Jahr 1979 keine strafbare öffentliche Aufforderung zum ärztlich nicht indizierten Betäubungsmittelgebrauch dar:

„Es riecht so gut, paß auf, dass Du nicht/geschnappt wirst! Sie sind nämlich hinter/Dir her, Du alter Kiffer/dabei geht ihre Gesellschaft am Alkoholismus/zugrunde; aber Dich jagen sie, DICH. Haschisch, feinstes Kaschmir/edelster Türke, afghanisches Gras/ein Plätzchen für mein Schätzchen/Cannabis in Holland/Bob Marley auf der Venus.
I wanna go to africa, to the black jah rastaman/to the black culture/i will do tinge like my black friends do/i do love it, holladahiti/etc. Was soll ich denn aber in Afrika als Frau, als Frau/wenn der schwarze Mann die schwarze Frau kastriert/au – au. Castration. Get up stand up for the black revolution/for the revolution of the revolution get up stand up."

Gleiches gilt für die Rauschgiftlyrik des **Wiener Liedermachers** *Georg Dan-* 29
zer:

„Ganz Wien träumt von Kokain, Ganz Wien fühlt sich schrecklich in" –
„War da etwa Haschisch in dem Schokoladenei,
oder bitte, was ist hier passiert? Ich fühl mich unheimlich high.
Süsse, sag mir, was los ist, bitte, was war das für eine Dosis?
Ich hab den Sonnenschein im Blut, ich fühl mich unheimlich gut."

Die Schallplatte von **Peter Tosh „Legalize"** verstößt weder gegen § 111 StGB 30
noch gegen § 29 Abs. 1 S. 1 Nr. 8 und § 29 Abs. 1 S. 1 Nr. 12 BtMG. Der Text
lautet:

„Legalisiert es, kritisiert es nicht, legalisiert es,
und ich werde dafür werben,
einige nennen es Tampee, einige nennen es Weet, einige nennen es Marijuana, einige nennen es Ganja,
Sänger rauchen es, ebenso Musiker, legalisiert es, das ist das Beste, was ihr tun könnt,
Ärzte rauchen es, Pflegerinnen rauchen es, Richter rauchen es, selbst auch die Rechtsanwälte,
es ist gut gegen Grippe, es ist gut gegen Asthma, gut gegen Tuberkulose, sogar gegen Umara composis,
Vögel essen es, und sie lieben es, Hühner essen es, Ziegen spielen gerne damit, legalisiert es!"

Eine öffentliche Aufforderung an den Gesetzgeber, etwas Verbotenes zu legali- 31
sieren, ist eine zulässige politische Meinungsäußerung, hier in der künstlerischen
Form eines Liedes, aber keine wirtschaftliche Absatzbemühung und keine Aufforderung zu Straftaten. Die Schallplatte von *Peter Tosh* verstieß aber gegen damals
noch geltende GjS (heute: Jugendschutzgesetz) und wurde deshalb in der Bundesrepublik indiziert.

Auch der **Stefan Raab** zugeschriebene **Liedtext „Wir kiffen"** verstößt nicht 32
gegen das BtMG, auch wenn das öffentliche Eintreten eines Fernsehmoderators für
den Marihuanakonsum und die damit verbundene grob gestrickte Gesellschafts-
und Politik-Kritik verantwortungslos und auf oberflächlichen Beifall von Jugendlichen ausgerichtet erscheint.

VIII. Gesundheitspolitische Bemühungen

Nach § 29 Abs. 1 S. 1 Nr. 12 BtMG kann zwar eine Gesundheitsbehörde ohne 33
strafrechtliches Risiko öffentlich **zur Einnahme ärztlich indizierter Substitutionsdrogen wie Polamidon aufrufen,** sofern sich dieser Konsum im Rahmen
des § 13 BtMG bewegt. Nach dieser Strafvorschrift ist umstritten, ob **Politiker
oder** die **Betreiber von Konsumräumen (Stadtverwaltungen oder Drogen-
hilfeverbände)** öffentlich zum ärztlich nicht indizierten Konsum in diesen Räumen aufrufen können, ohne sich strafbar zu machen. Nach der oben dargelegten
Interpretation des Begriffes „Auffordern" wäre jedoch Voraussetzung einer Strafbarkeit, dass damit bewusst und gewollt Personen zum Konsum animiert werden
sollen, d.h. dass man bei ihnen den Entschluss hierzu noch hervorrufen will. Dies
ist bei Bekanntmachungen zur Nutzung von Konsumräumen nicht der Fall, soweit
damit nur bereits konsumentschlossene, über Betäubungsmittel verfügende Personen erreicht werden sollen. Diese will man damit nicht zum Konsum auffordern, sondern ihnen nur hygienische Konsumbedingungen und Drogenhilfe zur Verfügung stellen. Wer öffentlich konsumentschlossenen Personen saubere Spritzen,

Präservative, Behandlung von infizierten Injektionswunden anbietet, ermuntert nicht zu ärztlich nicht indiziertem Konsum i. S. v. § 29 Abs. 1 S. 1 Nr. 12 BtMG, sondern informiert öffentlich über hygienische Konsumbedingungen und Injektionsvorkehrungen, leistet Lebenshilfe und Überlebenshilfe (vgl. auch *Hoffmann-Riem* NStZ 1998, 12). Gleiches gilt für das Verteilen von Handzetteln mit Konsumanleitungen, die über gesundheitliche Risiken und über die Erreichbarkeit von Notärzten unterrichten.

IX. Öffentliche Aufforderung zum unerlaubten Anbau

34   Drei schweizer Firmen für den Vertrieb von Cannabissamen riefen öffentlich zu einer schweizer Meisterschaft auf „**Wer zieht den größten Knasterbaum?**" Die Teilnehmer erhielten für eine Teilnehmergebühr eine Tüte THC-armen Hanfsamen, Keimsubstrat, Blumentöpfe und Pflegeanleitung. Die an einem Stichtag geernteten Pflanzen wurden gemessen und die 20 größten Pflanzen prämiiert. Die Meisterschaft stellte nach deutschem Recht eine strafbare öffentliche Aufforderung zum unerlaubten Betäubungsmittelanbau dar (§ 111 StGB), da auch der Anbau von THC-armen Cannabissorten ohne die im Gesetz genannten Voraussetzungen einen unerlaubten Anbau i. S. v. § 29 Abs. 1 S. 1 Nr. 1 BtMG darstellen. Im Januar 1998, also vor Inkrafttreten der Gesetzesänderung durch die 10. BtMÄndV (s. dazu § 29/Teil 2, Rn. 55), protestiert eine Interessengemeinschaft mit Namen „**Drogenpolitische Guerilla**" **gegen das Verbot und die Strafbewehrung des unerlaubten Cannabissamenhandels** mit zahlreichen über die Medien bekannt gemachten Aktionen. Sie verteilte eine Tonnenmenge Cannabissamen an zahlreiche Adressaten mit der über die Medien bekannt gemachten Aufforderung, den Samen im Frühjahr auszusäen, **um überall in Deutschland Cannabis wachsen und eine Drogenkultur entstehen zu lassen.** Nach Unterrichtung der Medienvertreter verschickte die Aktionsgemeinschaft an alle Bundestagesabgeordnete ein Plastiktütchen mit hochwertigen Cannabissamen zum Anbau von Marihuana, um gegen die Gesetzesänderung zu protestieren. Die anonymen Absender machten sich zwar nicht strafbar wegen Abgabe von Cannabissamen zum unbefugten Anbau, aber wegen öffentlicher Aufforderung zum unerlaubten Cannabisanbau (§ 111 StGB). Ein Geschäftsführer eines Friseurgeschäftes stellte im Schaufenster seines Friseursalons ein **Plakat** aus, das für Passanten deutlich erkennbar war und auf dem zu lesen stand: „**Cannabissamen zum Selbstanbau, bei uns im Laden,** feinste Hanfsaat, voll keimfähig". Im Laden wurden Cannabissamentütchen mit Anbauanleitungen für 5,– DM angeboten. Der Friseur wurde vom *AG München* (Strafbefehl v. 18. 2. 1996, 1112 Cs 341 p 24.297/95) wegen öffentlicher Aufforderung zum unerlaubten Cannabis-Anbau (§ 111 StGB) mit einer Geldstrafe belegt.

D. Subjektiver Tatbestand

35   Der subjektive Tatbestand setzt Vorsatz, zumindest dolus eventalis voraus. Der Täter muss es für möglich halten und sich damit abfinden, mit seiner Äußerung bzw. der Weitergabe der Schrift zum unbefugten Verbrauch von Betäubungsmitteln aufzufordern (MK-StGB/*Kotz* § 29 Rn. 1346). Fahrlässigkeit genügt nicht (§ 29 Abs. 4 BtMG).

E. Versuch

36   Der Versuch ist nicht strafbar (§ 29 Abs. 2 BtMG). Für die Vollendung der Tat ist allein das Täterverhalten, nicht die Reaktion der Adressaten maßgeblich, ob diese der Aufforderung Folge leisten oder nicht. § 29 Abs. 1 S. 1 Nr. 12 BtMG unterscheidet sich insofern von § 111 StGB, der in Abs. 2 eine Sonderregelung für erfolglose Aufforderungen enthält. Mit der Äußerung in der Öffentlichkeit, in der Versammlung bzw. mit der Weitergabe der Schrift tritt **Vollendung** ein, nicht mit dem Erreichen des Adressaten, der Wahrnehmung oder Befolgung der Aufforde-

rungen. Die **Beendigung** der öffentlichen Aufforderung ist gegeben, wenn die Kundgabe abgeschlossen ist, bei der Weitergabe von Schriften, wenn alle Exemplare verteilt sind.

F. Konkurrenzen

§ 29 Abs. 1 S. 1 Nr. 12 BtMG stellt gegenüber § 111 StGB eine Spezialvor- **37** schrift dar. Da das unerlaubte Handeltreiben mit Betäubungsmitteln und die Verleitung zum unbefugten Betäubungsmittelverbrauch sich regelmäßig **an Individuen richten,** kommt es selten zu einer Konkurrenz mit der öffentlichen Aufforderung zum Betäubungsmittelverbrauch. Die **Werbung für Betäubungsmittel** (§ 29 Abs. 1 S. 1 Nr. 8 BtMG) und die **öffentliche Mitteilung einer Verbrauchsgelegenheit** (§ 29 Abs. 1 S. 1 Nr. 10 BtMG) können wegen des eigenen Unrechtsgehaltes mit § 29 Abs. 1 S. 1 Nr. 12 BtMG in Idealkonkurrenz stehen (MK-StGB/ *Kotz* § 29 Rn. 1353). Dies gilt auch im Verhältnis zum Handeltreiben, wenn die Aufforderung zum unbefugten Verbrauch dem gewinnbringenden Absatz dient (*Weber* § 29 Rn. 1632; MK-StGB/*Kotz* § 29 Rn. 1353).

Teil 22. Bereitstellen von Geldmitteln und anderen Vermögensgegenständen (§ 29 Abs. 1 S. 1 Nr. 13)

Gliederung

Kap. 1. Strafvorschrift des § 29 Abs. 1 S. 1 Nr. 13 BtMG

Übersicht

A. Zweck der Vorschrift

Zunächst war das Bereitstellen von Geldmitteln oder anderen Vermögensgegen- **1** ständen zum unerlaubten Handeltreiben mit Betäubungsmitteln oder zu deren unerlaubter Herstellung in § 29 Abs. 1 Nr. 4 BtMG a. F. geregelt. Mit dieser Vorschrift wurde eine Verpflichtung aus Art. 36 Abs. 2 lit. a (ii) des Einheits-Übereinkommens von 1961 und aus Art. 22 Abs. 2 lit. a (ii) des Übereinkommens von 1971 erfüllt. Ihr kam besonders präventive Bedeutung zu (BT-Drs. 8/3551, S. 36; *Slotty* NStZ 1981, 321). Durch das **Ausführungsgesetz Suchtstoffübereinkommen 1988 v. 2. 8. 1993** (BGBl. I, 1407) wurde § 29 Abs. 1 Nr. 4 BtMG in § 29 Abs. 1 Nr. 13 BtMG verschoben und der Anwendungsbereich der Vorschrift dahingehend erweitert, dass auch die **Finanzierung weiterer BtMG-Verstöße** dem Tatbestand unterfällt, insb. auch die Finanzierung von Erwerbshandlungen zum Eigenkonsum (vgl. BT-Drs. 12/3533, S. 17 f.). Der Gesetzgeber folgte hiermit der Forderung des Art. 3 Abs. 1 lit. a (v) des Suchtstoffübereinkommens 1988. Durch die Unterstellung der Finanzierung bestimmter Betäubungsmittelgeschäfte unter das BtMG wurde die Beihilfehandlung zu einer selbstständigen Handlung erhoben (vgl. BGHR BtMG § 29 Abs. 1 Nr. 4 Bereitstellen 1 [5 StR 382/88], *BGH* NStZ 1992, 495 = StV 1992, 161).

2   § 29 Abs. 1 S. Nr. 13 BtMG richtet sich auch nach der Gesetzesänderung vornehmlich gegen Täter, die – ohne selbst aktiv in Erscheinung zu treten – den illegalen Rauschgiftverkehr mit zusätzlichen Geldmitteln versorgen, also gegen Drahtzieher und Finanziers des illegalen Rauschgifthandels (BT-Drs. 8/3551, S. 36; *Weber* § 29 Rn. 1636; *Hügel/Junge/Lander/Winkler* § 29 Rn. 22.2).

3   Auch nach Erweiterung der Vorschrift auf andere Tathandlungen außerhalb des Handeltreibens und des Herstellens handelt sich bei § 29 Abs. 1 S. 1 Nr. 13 BtMG weiterhin um einen **Auffangtatbestand**, der sicherstellen soll, dass die Versorgung des illegalen Rauschgiftverkehrs mit zusätzlichen Geldmitteln auch dann strafrechtlich geahndet werden kann, wenn die Haupttat nicht begangen oder nicht versucht worden ist oder sonst die Voraussetzungen eines Schuldspruchs wegen Beihilfe zur Haupttat nicht nachgewiesen werden können (BGHR BtMG § 29 Abs. 1 Nr. 4 Bereitstellen 1 [5 StR 382/88]; BGHSt. 40, 280 = NStZ 1995, 140 = StV 1995, 25 m. Anm. *Körner; Karlsruhe* NStZ 2008, 43 m. Anm. *Hirsch; Weber* § 29 Rn. 1648; a. A. *Hügel/Junge/Lander/Winkler* § 29 Rn. 22.1).

B. Objektiver Tatbestand

I. Bereitstellen von Geldmitteln und anderen Vermögensgegenständen

4   **1. Geldmittel und andere Vermögensgegenstände. Geldmittel** sind nicht nur Bargeld, sondern beispielsweise auch Schecks, Schuldverschreibungen, Bürgschaftserklärungen oder Gutscheine. **Andere Vermögensgegenstände** sind Edelmetalle, Diamanten, Wertpapiere und leicht verkäufliche Wertgegenstände wie Fahrzeuge, aber auch Forderungen aller Art. Nicht zu den Vermögensgegenständen gehört aber die Bereitstellung von Gegenständen mit Gebrauchswert als Werkzeug, z. B. die eines PKW zur Durchführung einer Rauschgiftbeschaffungsfahrt (*Weber* § 29 Rn. 1641); hier scheidet zwar § 29 Abs. 1 S. 1 Nr. 13 BtMG aus, es kommt aber eine Beihilfe zur Einfuhr bzw. zum Handeltreiben mit Betäubungsmitteln in Betracht.

5   Die Terminologie „Vermögensgegenstände" soll die Übereinstimmung mit dem Sprachgebrauch des Bürgerlichen Gesetzbuches herstellen, das in § 1377 Abs. 2 S. 3, § 1379 Abs. 1 S. 3, § 1418 Abs. 4 BGB von Vermögensgegenständen und in § 1986 Abs. 2 S. 2 BGB von Vermögenswerten in dem Sinne spricht, dass erstere einen Vermögenswert haben oder – wie etwa eine Forderung – einen solchen entbehren können (BT-Drs. 12/3533, S. 17). Auch in § 261 StGB (Geldwäschetatbestand) ist mit „Gegenständen" und „Vermögenswerten" ähnliches gemeint (*Weber* § 29 Rn. 1639).

6   **2. Bereitstellen.** Tathandlung ist das Bereitstellen. Für ein Bereitstellen reicht das **Verschaffen einer finanziellen Dispositionsmöglichkeit** aus, eine Aussonderung oder Übergabe der Vermögensgegenstände ist nicht erforderlich. Daher kann bereits eine **Finanzierungszusage** den Tatbestand erfüllen, wenn dem Täter die Finanzierungsmittel tatsächlich zur Verfügung stehen (*Weber* § 29 Rn. 1643).

Das Bereitstellen kann z. B. durch Übergabe von Bargeld, durch Ausstellung von Schecks, Wechseln und Schuldscheinen, durch Übertragung von Grundstücken und anderen Immobilien, durch Aushändigung von Wertgegenständen, durch Übergabe von Wertpapieren oder von Auszahlungs- bzw. Überweisungsaufträgen erfolgen, aber auch durch die Gewährung von Darlehen oder durch die Übernahme von Bürgschaften oder Sicherheiten. Schließlich können auch das Flüssigmachen von Kapital in Bargeld, Geldtransporte vom Ausland nach Deutschland oder das Umtauschen von Geld in eine andere Währung ein Bereitstellen von Geldmitteln darstellen. Der Tatbestand umfasst darüber hinaus auch **Investitionen** und die **Finanzierung** fremder Rauschgiftgeschäfte gegen Gewinnbeteiligung. Durch den Tatbestand wird aber auch der Aufbau einer Rauschgifthandels- oder Rauschgiftschmuggelfirma erfasst, bei der der eine Teilhaber **Geld,** der andere Teilhaber Räume und Fahrzeuge **in das Unternehmen einbringt.**

Fraglich ist, ob nur derjenige Geldmittel bereitstellt, der sie aus eigenem oder **7** (für ihn allgemein verfügbaren) fremdem Vermögen nimmt und **dem Betäubungsmittelhandel zusätzlich zuführt.** Nach Wortsinn und Sprachgebrauch kann unter Bereitstellen aber auch verstanden werden, wenn jemand einen fremden Gegenstand zu einem bestimmten Zweck verfügbar, verwendbar oder tauglich macht. Wer Rauschgifterlöse, die wegen chemischer Präparierung oder wegen behördlicher Notierung, wegen ihrer ungewöhnlichen Währung oder kleiner Stückelung zum weiteren Rauschgifthandel nicht oder nur schwerlich taugen, zur weiteren Verwendung zubereitet, umtauscht und zur Verfügung stellt, stellt ebenfalls bereit (*BGH* NStZ 1992, 495 m. kritischer Anm. *Schoreit* = StV 1992, 161). Die Tilgung einer aus einem vollzogenen Drogengeschäft herrührenden Schuld ist keine Bereitstellung von Geld i. S. dieses Tatbestandes.

3. Verwendungszweck. § 29 Abs. 1 S. 1 Nr. 13 BtMG stellt die **Finanzie-** **8** **rung jeglicher rechtswidriger Tathandlung nach § 29 Abs. 1 S. 1 Nr. 1, Nr. 5, Nr. 6, Nr. 7, Nr. 10, Nr. 11 oder Nr. 12 BtMG** unter Strafe, also auch die **Geldhingabe für den unerlaubten Erwerb zum Eigenkonsum** oder die **Kostenzusage durch Mitglieder einer Substitutionskommission, obwohl die Voraussetzungen einer zulässigen Substitution nicht vorliegen** (*Weber* § 29 Rn. 1647; *Hügel/Junge/Lander/Winkler* § 29 Rn. 22.2). Es ist nicht erforderlich, dass die geförderte Tat begangen oder versucht wurde. Die Vorschrift soll nämlich sicherstellen, dass die Versorgung des illegalen Rauschgiftverkehrs mit zusätzlichen Geldmitteln auch dann strafrechtlich gesichert ist, wenn die Haupttat nicht begangen oder nicht versucht wird oder sonst die Voraussetzungen eines Schuldspruchs wegen Beihilfe nicht nachgewiesen werden können (vgl. BGHSt. 40, 208 = NStZ 1995, 140 = StV 1995, 25 m. Anm. *Körner* [zum Handeltreiben]). Ist die geförderte Tat aber begangen worden, darf diese nicht so konkretisiert sein, dass eine **Mittäterschaft** oder eine **Beihilfe** des Geldgebers hierzu in Betracht kommt, da das Bereitstellen von Geldmitteln in diesem Fall hinter der Beihilfe/Mittäterschaft zu der geförderten Tat zurücktritt (vgl. *BGH* NJW 1991, 305 = StV 1990, 549; BGHSt. 40, 208 = NStZ 1995, 140 = StV 1995, 25 m. Anm. *Körner;* s. dazu auch Rn. 18).

Hinsichtlich der „zu fördernden" Tat dürfen nicht mehr Voraussetzungen gefor- **9** dert werden als allgemein für den Bereich der Teilnahme. Anstiftung und Beihilfe setzen nicht voraus, dass der Haupttäter „schuldhaft" gehandelt hat (§§ 26, 27, 29 StGB; limitierte Akzessorietät). Aus diesem Grund wird in § 29 Abs. 1 S. 1 Nr. 13 BtMG nicht auf eine strafbare Handlung, sondern auf eine rechtswidrige Tat Bezug genommen. Eine rechtswidrige Tat ist nach der Definition in § 11 Abs. 1 Nr. 5 StGB eine Tat, die den Tatbestand eines Strafgesetzes verwirklicht, ohne dass sie deshalb schuldhaft sein muss. Der Begriff „Tat" ist weiter als der der Handlung; er umfasst nicht nur Tatbestandsverwirklichungen durch aktives Tun, sondern auch durch Unterlassen (BT-Drs. 12/3533, S. 17 f.).

II. Erlaubnispflicht

10 So wie der Besitz und das Sichverschaffen ist auch das Bereitstellen von Geldmitteln für illegale Betäubungsmittelgeschäfte keine erlaubnispflichtige Tätigkeit im Sinne von § 3 BtMG, sondern eine unerlaubte Handlung.

C. Subjektiver Tatbestand

11 Der subjektive Tatbestand setzt Vorsatz, zumindest dolus eventualis voraus. Der Täter muss wissen und wollen, dass die Geldmittel oder anderen Vermögensgegenstände dem Umgang mit Betäubungsmitteln i. S. einer in § 29 Abs. 1 S. 1 Nr. 1, Nr. 5, Nr. 6, Nr. 7, Nr. 10, Nr. 11 und Nr. 12 BtMG genannten Tathandlung dienen. So stellt auch das **Schenken oder Vererben von Geld** an einen heroinsüchtigen Sohn/Freund **in Kenntnis, dass dieser dafür Heroin kauft,** ein Bereitstellen von Geldmitteln zum Erwerb von Betäubungsmitteln dar. Bezahlt ein Käufer dem Verkäufer vorab den geforderten Kaufpreis für zum Eigenkonsum bestimmte Betäubungsmittel, erhält diese aber entgegen der Absprache nicht, scheidet der Tatbestand des § 29 Abs. 1 S. 1 Nr. 13 BtMG aus, da der Käufer mit dem Bereitstellen des Geldes nur seinen eigenen Erwerb bezweckt und nicht das Handeltreiben des Verkäufers fördern will (*Karlsruhe* NStZ 2008, 43 m. Anm. *Hirsch*). Die fahrlässige Tatbegehung ist nicht strafbar (§ 29 Abs. 4 BtMG).

D. Versuch

12 Der Versuch ist mangels Verweises in § 29 Abs. 2 BtMG auf § 29 Abs. 1 S. 1 Nr. 13 BtMG nicht strafbar.

13 Das Inaussichtstellen einer Finanzierung reicht ebenso wie die bloße Finanzierungszusage zur **Vollendung** der Tat aus. Unter Bereitstellen ist die Beschaffung der Finanzmittel zur umgehenden Verfügung anzusehen. Ein persönliches und ständiges Bereithalten ist nicht erforderlich. Vielmehr reicht es aus, dass die Finanzmittel vorhanden sind und dass der Täter ein Bankinstitut, einen Kassierer oder eine andere dritte Person mit der Finanzierung bzw. mit der Geldzahlung beauftragt hat. **Beendigung** tritt ein, sobald die Verfügungsgewalt über das Geld auf den Empfänger übergegangen ist (*Weber* § 29 Rn. 1649).

E. Täterschaft/Teilnahme

14 Auch wenn das Bereitstellen von Geldmitteln **eine zur Täterschaft erhobene Beihilfehandlung** darstellt, so ergibt sich hieraus nicht, dass kein Raum für Teilnahmehandlungen bleibt. Vielmehr ist nach allgemeinen Grundsätzen zu entscheiden. So ist denkbar, dass jemand einen anderen bei der Bereitstellung von Geldbeträgen unterstützt (*BGH* NStZ 1992, 495 = StV 1992, 161).

F. Rechtsfolgen

I. Bereitstellen von Geldmitteln zum Umgang mit Betäubungsmitteln in geringer Menge

15 Die §§ 29 Abs. 5, 31 a BtMG greifen beim Bereitstellen von Geldmitteln zum Umgang mit Betäubungsmitteln in geringer Menge nicht ein.

II. Besonders schwere Fälle

16 Die illegalen gewerbsmäßigen Geldgeber, Geldverleiher, Geldverwahrer, die in der Förderung des Rauschgifthandels eine lukrative Erwerbsquelle und den Lebensunterhalt entdeckt haben, stellen eine besondere Gefahr in der Rauschgift-szene dar. Sie verlocken örtliche finanzschwache Dealer zu Rauschgiftgeschäften und stellen im Rahmen der organisierten Kriminalität die geeigneten Kontaktleute für internationale Rauschgifthandelsorganisationen dar. Sobald ihr Interesse sich über das Geldgeschäft aber auf das Rauschgiftgeschäft ausdehnt, steht **gewerbs-mäßiges Handeltreiben** im Vordergrund. Die gewerbsmäßige Begehung dieses Tatbestandes ist als besonders schwerer Fall in § 29 Abs. 3 S. 2 Nr. 1 BtMG ge-nannt.

III. Strafzumessung

Der Gesetzgeber will mit der Vorschrift insb. die Auftraggeber, die Hinterleute **17** und die nur schwer überführbaren hochgestellten Dealerpersönlichkeiten aus der Chefetage internationaler Drogenhandelsorganisationen mit besonderer Härte treffen, denen die Beteiligung an einem konkreten Rauschgiftgeschäft häufig nicht nachzuweisen ist. Erfolgt die Geldhingabe an einen Drogenabhängigen zur Finan-zierung des unerlaubten Erwerbs von Betäubungsmitteln zum Eigenkonsum **aus sozialen Erwägungen,** z. B. bei Eltern, die ihren drogenabhängigen Kindern den Erwerb von Betäubungsmittel ermöglichen, so ist dies strafmildernd zu berück-sichtigen, da Ziel dieser Vorschrift vor allem der illegale Betäubungsmittelhandel sein soll.

G. Konkurrenzen

Das Bereitstellen von Geldmitteln tritt subsidiär hinter der Beihilfe zum Handel- **18** treibens zurück; § 29 Abs. 1 S. 1 Nr. 13 BtMG erfordert in diesem Fall aber inso-fern Beachtung, als durch das Bereitstellen von Geldmitteln die obligatorische Strafmilderung nach § 27 Abs. 2 S. 2 StGB ausgeschlossen wird (BGHSt. 40, 208 = NStZ 1995, 140 = StV 1995, 25 m. Anm. *Körner*). Für das Bereitstellen von Geldmitteln für die übrigen Tathandlungen des § 29 Abs. 1 S. 1 Nr. 1, Nr. 5, Nr. 6, Nr. 7, Nr. 10, Nr. 11 und Nr. 12 BtMG und eine Beihilfe hierzu gilt nichts anderes.

Kap. 2. Unerlaubte Geldwäsche
(§ 261 StGB)

Übersicht

Bereitstellen von Geldmitteln u. Vermögensgegenständen **Teil 22 § 29**

§ 261 Geldwäsche; Verschleierung unrechtmäßig erlangter Vermögenswerte 19

(1) ¹ Wer einen Gegenstand, der aus einer in Satz 2 genannten rechtswidrigen Tat herrührt, verbirgt, dessen Herkunft verschleiert oder die Ermittlung der Herkunft, das Auffinden, den Verfall, die Einziehung oder die Sicherstellung eines solchen Gegenstandes vereitelt oder gefährdet, wird mit Freiheitsstrafe von drei Monaten bis zu fünf Jahren bestraft. ² Rechtswidrige Taten im Sinne des Satzes 1 sind

1. Verbrechen,
2. Vergehen nach
* a) § 332 Abs. 1, auch in Verbindung mit Abs. 3, und § 334,*
* b) § 29 Abs. 1 Satz 1 Nr. 1 des Betäubungsmittelgesetzes und § 19 Abs. 1 Nr. 1 des Grundstoffüberwachungsgesetzes,*
3. Vergehen nach § 373 und nach § 374 Abs. 2 der Abgabenordnung, jeweils auch in Verbindung mit § 12 Abs. 1 des Gesetzes zur Durchführung der Gemeinsamen Marktorganisationen und der Direktzahlungen,
4. Vergehen
* a) nach den §§ 152a, 181a, 232 Abs. 1 und 2, § 233 Abs. 1 und 2, §§ 233a, 242, 246, 253, 259, 263 bis 264, 266, 267, 269, 271, 284, 326 Abs. 1, 2 und 4, § 328 Abs. 1, 2 und 4 sowie § 348,*
* b) nach § 96 des Aufenthaltsgesetzes, § 84 des Asylverfahrensgesetzes, nach § 370 der Abgabenordnung, nach § 38 Absatz 1 bis 3 und 5 des Wertpapierhandelsgesetzes sowie nach den §§ 143, 143a und 144 des Markengesetzes, den §§ 106 bis 108b des Urheberrechtsgesetzes, § 25 des Gebrauchsmustergesetzes, den §§ 51 und 65 des Geschmacksmustergesetzes, § 142 des Patentgesetzes, § 10 des Halbleiterschutzgesetzes und § 39 des Sortenschutzgesetzes,*
die gewerbsmäßig oder von einem Mitglied einer Bande, die sich zur fortgesetzten Begehung solcher Taten verbunden hat, begangen worden sind, und
5. Vergehen nach § 89a und nach den §§ 129 und 129a Abs. 3 und 5, jeweils auch in Verbindung mit § 129b Abs. 1, sowie von einem Mitglied einer kriminellen oder terroristischen Vereinigung (§§ 129, 129a, jeweils auch in Verbindung mit § 129b Abs. 1) begangene Vergehen.

³ Satz 1 gilt in den Fällen der gewerbsmäßigen oder bandenmäßigen Steuerhinterziehung nach § 370 der Abgabenordnung für die durch die Steuerhinterziehung ersparten Aufwendungen und unrechtmäßig erlangten Steuererstattungen und -vergütungen sowie in den Fällen des Satzes 2 Nr. 3 auch für einen Gegenstand, hinsichtlich dessen Abgaben hinterzogen worden sind.

(2) Ebenso wird bestraft, wer einen in Absatz 1 bezeichneten Gegenstand
1. sich oder einem Dritten verschafft oder
2. verwahrt oder für sich oder einen Dritten verwendet, wenn er die Herkunft des Gegenstandes zu dem Zeitpunkt gekannt hat, zu dem er ihn erlangt hat.

(3) Der Versuch ist strafbar.

(4) ¹ In besonders schweren Fällen ist die Strafe Freiheitsstrafe von sechs Monaten bis zu zehn Jahren. ² Ein besonders schwerer Fall liegt in der Regel vor, wenn der Täter gewerbsmäßig oder als Mitglied einer Bande handelt, die sich zur fortgesetzten Begehung einer Geldwäsche verbunden hat.

(5) Wer in den Fällen des Absatzes 1 oder 2 leichtfertig nicht erkennt, daß der Gegenstand aus einer in Absatz 1 genannten rechtswidrigen Tat herrührt, wird mit Freiheitsstrafe bis zu zwei Jahren oder mit Geldstrafe bestraft.

(6) Die Tat ist nicht nach Absatz 2 strafbar, wenn zuvor ein Dritter den Gegenstand erlangt hat, ohne hierdurch eine Straftat zu begehen.

(7) ¹ Gegenstände, auf die sich die Straftat bezieht, können eingezogen werden. ² § 74 a ist anzuwenden. ³ § 73 d ist anzuwenden, wenn der Täter gewerbsmäßig oder als Mitglied einer Bande handelt, die sich zur fortgesetzten Begehung einer Geldwäsche verbunden hat.

(8) Den in den Absätzen 1, 2 und 5 bezeichneten Gegenständen stehen solche gleich, die aus einer im Ausland begangenen Tat der in Absatz 1 bezeichneten Art herrühren, wenn die Tat auch am Tatort mit Strafe bedroht ist.

(9) ¹ Nach den Absätzen 1 bis 5 wird nicht bestraft, wer

1. die Tat freiwillig bei der zuständigen Behörde anzeigt oder freiwillig eine solche Anzeige veranlaßt, wenn nicht die Tat in diesem Zeitpunkt ganz oder zum Teil bereits entdeckt war und der Täter dies wußte oder bei verständiger Würdigung der Sachlage damit rechnen mußte, und

2. in den Fällen des Absatzes 1 oder 2 unter den in Nummer 1 genannten Voraussetzungen die Sicherstellung des Gegenstandes bewirkt, auf den sich die Straftat bezieht.

² Nach den Absätzen 1 bis 5 wird außerdem nicht bestraft, wer wegen Beteiligung an der Vortat strafbar ist.

A. Historische Grundlagen der Geldwäschebekämpfung

20   Im internationalen Bereich enthielt Art. 3 des Wiener Übereinkommens der Vereinten Nationen gegen den unerlaubten Verkehr mit Suchtstoffen und psychotropen Stoffen vom 20. 12. 1988 (**Wiener Suchtstoffübereinkommen 1988**; United Nations Convention against Illicit Traffic in Narcotic Drugs and Psychotropic Substances; http://www.unodc.org/pdf/convention_1988_en.pdf) erstmals die Verpflichtung, Geldwäschevorgänge durch einen eigenen Straftatbestand, mit Identifizierungs- und Meldepflichten für Bankinstitute zu bekämpfen. Die Konvention wurde von Deutschland am 22. 7. 1993 ratifiziert (vgl. Gesetz zum Übereinkommen der Vereinten Nationen vom 20. Dezember 1998 gegen den unerlaubten Verkehr mit Suchtstoffen und psychotropen Stoffen; Vertragsgesetz Suchtstoffübereinkommen; BGBl. II, 1136). Im Dezember 1988 verabschiedeten die Zentralbank-Gouverneure der G 7-Staaten in Basel eine Grundsatzerklärung zum missbilligten Umgang mit Erlösen aus illegalen Tätigkeiten. Nach einem Beschluss der Teilnehmerländer des Weltwirtschaftsgipfels von Paris im Juli 1989 wurde eine Adhoc-Aktionsgruppe der FATF (Financial Action Task Force on Money Laundering) eingesetzt, die sich mit den Erscheinungsformen der Geldwäsche auseinandersetzen und Empfehlungen erarbeiten sollte. Am 7. 2. 1990 legte die FATF 40 Empfehlungen vor, die am 19. 4. 1990 veröffentlicht wurden. Zwischenzeitlich sind die internationalen Standards aktualisiert (1996) und im Jahr 2003 grundlegend überarbeitet worden (aktuelle Fassung unter http://www.fatf-gafi.org/dataoecd/7/40/34849567.pdf [*zuletzt geprüft am 20. 12. 2010*]).

21   Auf europäischer Ebene dehnte Art. 6 des Straßburger Übereinkommens über Geldwäsche sowie Ermittlung, Beschlagnahme und Einziehung von Erträgen aus Straftaten vom 8. 11. 1990 (**EG-Geldwäsche-Übereinkommen 1990**) die Vereinbarungen von Wien, die auf die Drogenkriminalität beschränkt waren, auf weitere Deliktsbereiche aus (vgl. ETS Nr. 141 = JR 1991, 182 m. Anm. *Grotz*). Dieses Übereinkommen wurde durch Gesetz vom 8. 4. 1998 (Gesetz zu dem Übereinkommen vom 8. November 1990 über Geldwäsche sowie Ermittlung, Beschlagnahme und Einziehung von Erträgen aus Straftaten; BGBl. II, 519) ratifiziert. Die am 10. 6. 1991 vom Rat der Europäischen Gemeinschaften auf Vorschlag

der Kommission beschlossene Richtlinie 91/308/EWG zur Verhinderung der
Nutzung des Finanzsystems zum Zwecke der Geldwäsche (**1. Geldwäsche-Richtlinie**; ABl. L 166 S. 77; vgl. dazu *Carl* wistra 1991, 288) war sodann erneut Grundlage für gesetzgeberische Maßnahmen der Mitgliedstaaten.

Nach zahlreichen Gesetzesentwürfen und umfangreichen Beratungen wurde am   **22**
15. 7. 1992 das **Gesetz zur Bekämpfung des illegalen Rauschgifthandels
und anderer Erscheinungsformen der Organisierten Kriminalität** (OrgKG;
BGBl. I 1302) beschlossen, das am 22. 9. 1992 in Kraft trat. Gegenstand des Gesetzes war neben vielfältigen strafprozessualen Änderungen (vgl. dazu *Hilger* NStZ
1992, 457, 523) unter anderem der Geldwäschetatbestand des § 261 StGB (dazu
Körner NJW 1993, 234).

Von Bedeutung sind ferner der **Rahmenbeschluss 2001/500/JI** des Rates   **23**
vom 26. Juni 2001 über Geldwäsche sowie Ermittlung, Einfrieren, Beschlagnahme
und Einziehung von Tatwerkzeugen und Erträgen aus Straftaten (ABl. L 182 S. 1),
die Richtlinie 2001/97/EG des Europäischen Parlaments und des Rates vom
4. Dezember 2001 zur Änderung der Richtlinie 91/308/EWG des Rates zur
Verhinderung der Nutzung des Finanzsystems zum Zwecke der Geldwäsche
(**2. Geldwäsche-Richtlinie**; ABl. L 344 S. 76; dazu *Braum*, Europäische Strafgesetzlichkeit [2003] S. 389 m. w. N.), das Übereinkommen der Vereinten Nationen
vom 15. November 2000 gegen die grenzüberschreitende organisierte Kriminalität
(United Nations Convention against Transnational Organized Crime; sog. **Paler-
mo-Konvention**; abrufbar unter http://goo.gl/bDF7W [*zuletzt geprüft am 20. 12.
2010*]) und schließlich die Richtlinie 2005/60/EG des Europäischen Parlaments
und des Rates vom 26. Oktober 2005 zur Verhinderung der Nutzung des Finanzsystems zum Zwecke der Geldwäsche und der Terrorismusfinanzierung (**3. Geldwäsche-Richtlinie**; ABl. L 309 S. 15), mit der die Bestimmungen der 2. Geldwäsche-Richtlinie aufgehoben und an die aktualisierten 40 Empfehlungen der
FATF (vgl. Rn. 20 a. E.) zur Geldwäschebekämpfung sowie die 9 Sonderempfeh-
lungen zur Bekämpfung der Terrorismusfinanzierung (sog. **40+9-FATF-Emp-
fehlungen**) angepasst wurden.

Der Geldwäschetatbestand ist am 28. 2. 1994 in Kraft getreten und in der Folge-   **24**
zeit vielfach geändert und ergänzt worden (vgl. BT-Drs. 12/3533, BT-Drs. 12/
4901) durch a) Art. 1 des Ausführungsgesetzes zum Suchtstoffübereinkommen
(1988) vom 2. 8. 1993 (BGBl. I S. 1407), b) durch das Grundstoffüberwachungsgesetz (GÜG) vom 7. 10. 1994, in Kraft getreten am 1. 3. 1995 (BGBl. I S. 2835),
c) durch das Verbrechensbekämpfungsgesetz (VerbrBekG) vom 29. 10. 1994
(BGBl. I, S. 3185), in Kraft getreten am 1. 12. 1994 und d) durch das Gesetz zur
Verbesserung der Bekämpfung der Organisierten Kriminalität (OrgKVerbBekG)
(BGBl. I S. 845) vom 4. 5. 1998, in Kraft getreten am 9. 5. 1998 (vgl. BT-Drs. 13/
6620; BT-Drs. 13/8651; BT-Drs. 13/9644; BT-Drs. 13/9661; BT-Drs. 13/9841;
BT-Drs. 13/10004; BT-Drs. 13/10118; BR-Drs. 214/98). Zur Änderungshistorie
des Geldwäschetatbestandes nach § 261 StGB im Einzelnen vgl. *Fischer* § 261
Rn. 1 ff. m. w. N.

Der umfangreiche Katalog der geldwäscherelevanten Vortaten ist mehrfach er-   **25**
weitert worden, vgl. nur *Fischer* a. a. O. Die im Deutschland-Bericht der FATF
(Financial Action Task Force On Money Laundering) vom 18. 2. 2010 aufgeführten Defizite des deutschen Vortatenkatalogs (vgl. BT-Drs. 17/4182) sind mit
dem am 3. 5. 2011 in Kraft getretenen Gesetz zur Verbesserung der Bekämpfung
der Geldwäsche und Steuerhinterziehung vom 28. 4. 2011 (Schwarzgeldbekämpfungsgesetz; BGBl. I S. 676) beseitigt worden. Als Vortaten erfasst werden seither
auch Rechtsverstöße nach dem Wertpapierhandelsgesetz (WpHG), dem Mar-
kengesetz (MarkenG), dem Urheberrechtsgesetz (UrhG), dem Gebrauchsmuster-
gesetz (GebrMG), dem Geschmacksmustergesetz (GeschmMG), dem Patentgesetz
(PatG), dem Halbleiterschutzgesetz (HalblSchG) und dem Sortenschutzgesetz
(SortSchG). Der Deutsche Richterbund sieht dies kritisch zur Ergänzung geäußert:
Durch die Erweiterung des Vortatenkatalogs werde der ohnehin sehr weite Tatbestand der strafbaren Geldwäsche weiter ausgedehnt; der Tatbestand bedürfe –

gerade vor dem Hintergrund der durch das BVerfG vorgetragenen Kritik (vgl. *BVerfG* NJW 2004, 1305, 1307 „Weite und Vagheit") – einer gründlichen Überarbeitung, bevor weitere Ergänzungen vorgenommen werden (Stellungnahme des DRB Nr. 49/10).

B. Entstehung und Grundlagen des Geldwäschegesetzes

26 In Ergänzung zur Regelung des § 261 StGB und in Umsetzung der Richtlinie 91/308/EWG vom 10. 6. 1991 (Richtlinie des Rates vom 10. Juni 1991 zur Verhinderung der Nutzung des Finanzsystems zum Zwecke der Geldwäsche, ABl. L 166 S. 77–83) schuf der Gesetzgeber das **Gesetz über das Aufspüren von Gewinnen aus schweren Straftaten (Gewinnaufspürungsgesetz)** vom 25. 10. 1993 (BGBl. I S. 1770), Titel geändert am 15. 8. 2002 in Geldwäschegesetz (BGBl. I S. 3105), mit dem er Kredit- und Finanzinstituten, Versicherungen, Spielbanken, Rechtsanwälten (vgl. *Hufnagel*, Der Strafverteidiger unter dem Generalverdacht der Geldwäsche gemäß § 261 StGB, 2004) und Finanzberatern Identifizierungs-, Aufzeichnungs-, Feststellungs- und Mitteilungspflichten auferlegte, die z. T. mit Bußgeld bewehrt sind. Ausführlich zur **Geldwäscheverdachtsanzeige** *Herzog/Mülhausen*, Geldwäschebekämpfung und Gewinnabschöpfung, 1. Aufl. 2006, § 31 Rn. 43–88).

27 Eines der Ziele der am 15. 8. 2002 in Kraft getretenen **Novellierung des Geldwäschegesetzes (GwG)** und der **Einrichtung der Zentralstelle für Verdachtsanzeigen beim BKA (Financial Intelligence Unit – FIU)** war es, zugunsten der Strafverfolgungsbehörden eine verbesserte Analyse- und Informationstätigkeit des BKA im Hinblick auf die eingehenden Verdachtsanzeigen zu gewährleisten. Erst die Auswertung der rechtstatsächlichen Informationen ermöglichte es, die tatsächliche Geldwäschesituation in Deutschland verlässlich darzustellen, sowie Methoden und Typologien der Geldwäsche zu erkennen. Zudem kann die Stellung der Geldwäschebeauftragten und die Akzeptanz ihrer Tätigkeit durch eine adäquate (Erfolgs-)Rückmeldung nachhaltig unterstützt werden. Damit die Zentralstelle für Verdachtsanzeigen diese Aufgaben erfüllen kann, war mit der Novellierung eine Regelung in das GwG eingefügt worden, wonach die zuständige StA in Strafverfahren, zu denen eine Verdachtsanzeige erstattet wurde, dem BKA – Zentralstelle für Verdachtsanzeigen – die Erhebung der öffentlichen Klage und den Ausgang des Verfahrens mitzuteilen hat (heute § 11 Abs. 8 S. 1 GwG). Zugleich wurden für RAe und Notare Identifizierungs- und Anzeigepflichten eingeführt (dazu kritisch u. a. *von Galen* NJW 2003, 117; vgl. auch *Hufnagel*, Der Strafverteidiger unter dem Generalverdacht der Geldwäsche gemäß § 261 StGB, 2004; *Scherp* KR 2010, 282, 286). Zu Einzelfragen des GwG vgl. *Herzog*, GwG [2010]; *Fülbier/Aepfelbach/Langweg*, Kommentar zum GwG, 5. Aufl. 2006. Zur Geldwäscheverdachtsanzeige der Finanzbehörden nach § 31b AO (eingefügt durch das 4. Finanzmarktförderungsgesetz vom 21. 6. 2002, BGBl. I S. 2010 ff.) vgl. *Lübke/Müller/Bonenberger*, Steuerfahndung. 1. Aufl. 2008, § 4 Rn. 39 ff.

28 Das GwG ist mit Gesetz zur Ergänzung der Bekämpfung der Geldwäsche und der Terrorismusfinanzierung vom 13. 8. 2008 (Geldwäschebekämpfungsergänzungsgesetz, BGBl. I S. 1690 ff.) **neu gefasst** worden. Die Neufassung dient der Umsetzung der Richtlinien 2005/60/EG (ABl. L 309 S. 15) und 2006/70/EG (ABl. L 214 S. 29), mit denen die Instrumente der Geldwäschebekämpfung auch zur Bekämpfung der **Terrorismusfinanzierung** fruchtbar gemacht und insbesondere die Identifizierungspflichten auf den hinter dem Vertragspartner stehenden wirtschaftlich Berechtigten erweitert wurden (vgl. BT-Drs. 16/9038). Zudem folgen die nach dem Geldwäschegesetz einschlägigen Sorgfaltspflichten (§§ 3 ff. GwG) nunmehr noch stärker als bisher einem **risikoorientierten Ansatz** (vgl. dazu *Achtelik*, Risikoorientierte Geldwäschebekämpfung, 2008). Ziel dieses Ansatzes ist es, den im Geldwäschekontext größten Risiken bei gleichzeitig effizienter Ressourcenverwendung jeweils auch die größte Aufmerksamkeit angedeihen zu lassen. Dies ist schon deshalb sinnvoll, weil jede formalistische Herangehensweise

den Focus der Verpflichteten – entgegen der eigentlichen Zielsetzung – einseitig zugunsten einer rein schematischen Erfüllung übertragener Aufgaben verschieben würde. Ausdruck des risikoorientierten Ansatzes sind vor allem die Regelungen der §§ 3 Abs. 4 und 9 GwG, wonach die Verpflichteten den konkreten Umfang ihrer Maßnahmen entsprechend dem Risiko ihres Vertragspartners, der Geschäftsbeziehung oder der jeweiligen Transaktion zu bestimmen und angemessene interne Sicherungsmaßnahmen dagegen treffen müssen, dass sie zur Geldwäsche und Terrorismusfinanzierung missbraucht werden (dazu ausführlich *Scherp*, Geldwäschebekämpfung außerhalb des Finanzsektors, KR 2010, 282 ff.).

C. Lagebild Geldwäsche-Bekämpfung

Die Geldwäsche-Bekämpfung orientiert sich weitgehend an Vorgaben aus den **29** USA und betreibt mit einem missionarischen Eifer einen „war on crime", dessen Resultate trotz immensem Einsatz an Personal und Geld von Banken und Strafverfolgungsbehörden angesichts der vielen Milliarden gewaschener Drogengelder eher kümmerlich erscheinen. Der Jahr für Jahr hektisch und gleichwohl mit nur mäßigem Erfolg bewegte **Papierberg von Verdachtsanzeigen** lässt Zweifel daran aufkommen, ob nicht durch eine engere Geldwäscheverdachtsdefinition mehr gewonnen wäre. Im Jahr 2003 wurden allein in Deutschland etwa 6.600 Geldwäscheverdachtsanzeigen erstattet, von denen 2.535 zeitnah eingestellt wurden, während der überwiegende Rest zur Durchleuchtung vornehmlich steuerlich zwielichtiger Personen herhalten musste. Nur rund 2% der Verdachtsanzeigen führten zu Ermittlungsverfahren im Einzugsbereich der organisierten Kriminalität, 0,5% zu Ermittlungsverfahren wegen Geldwäsche, wobei vielfach unklar bleibt, ob die Ermittlungen zur Verdachtsanzeige oder die Verdachtsanzeige zu den Ermittlungen führte.

Die Zahl der **Verdachtsanzeigen** nach dem Geldwäschegesetz (GwG) steigt **30** seit 1995 (mit Ausnahme von statistischen „Ausreißern" in den Jahren 2006 [10.051] und 2008 [7.349]; vgl. dazu FIU Jahresbericht 2009, S. 8) stetig an:

1995	1997	1999	2001	2003	2005	2007	2009
2.759	3.137	3.765	7.284	6.602	8.241	9.080	9.046

Verurteilungen sind selten (vgl. etwa Herzog/*Nestler* § 261 Rn. 15: 100 bis **31** 200 Verurteilungen im Jahr)

Abgeurteilte nach	2005	2007	2009
§ 261 Abs. 1	87	336	246
§ 261 Abs. 2	7	27	17
§ 261 Abs. 4	14	24	31
§ 261 Abs. 5	21	321	224

Quelle: Statistisches Bundesamt, Abgeurteilte und Verurteilte nach demographischen Merkmalen sowie Art der Straftat, angewandtem Strafrecht und Art der Entscheidung [2005 bis 2009]

und treffen nur ganz ausnahmsweise die ins Visier genommenen Akteure der organisierten Kriminalität, vgl. dazu *Fischer* § 261 Rn. 4 b, der das aktuelle Konzept der Geldwäschebekämpfung auch unter Berücksichtigung der hierdurch verursachten Gesamtkosten für gescheitert hält (dazu auch *Dierlamm*, FS-Mehle, Geldwäsche und Steuerhinterziehung als Vortat – Die Quadratur des Kreises, S. 177 ff.). Man mag darüber diskutieren, ob Straftatbestände dann in Konflikt mit verfassungsrechtlichen Grundsätzen geraten können, wenn die Gleichheit unter den Adressaten des Normbefehls durch die rechtliche Gestaltung der Strafverfolgungswirklichkeit prinzipiell verfehlt wird (zum strukturellen Vollzugsdefizit steuerrechtlicher Normen *BVerfG* DVBl 2008, 652; vgl. auch *Meyer*, Strukturelle Vollzugsdefizite als Gleichheitsverstoß, DÖV 2005, 551). Es trägt freilich nicht zu einer Stabilisierung des Normbewusstseins der Bevölkerung bei, wenn der Realzustand der Strafverfolgung gerade solche Tätergruppen privilegiert, deren Agieren nach dem Willen des Gesetzgebers maßgeblicher Grund für die Etablierung strafrechtlicher Bedrohungsszenarien war und ist. Mindestens zweifelhaft bleibt, ob der von allen Beteiligten geleistete Aufwand tatsächlich lohnt.

D. Einordnung des Geldwäschetatbestandes

I. Begriff der Geldwäsche

32   Geldwäsche knüpft als Erscheinungsform und unvermeidliche Folge jeder vermögensorientierten Kriminalität (*Fischer* § 261 Rn. 4 a; Herzog/*Nestler* § 261 StGB Rn. 6 „Anschlussdelikt") unmittelbar an andere Rechtsverstöße an. Erscheinungsformen der Geldwäsche betreffen jährlich Vermögensgegenstände mit einem Gegenwert von geschätzten 30 Milliarden Euro und haben damit zwischenzeitlich einen Umfang erreicht, der es selbst dem Rechtstreuen objektiv unmöglich macht, sich dem Phänomenbereich konsequent zu entziehen (vgl. Herzog/*Nestler* § 261 StGB Rn. 18). Unter Geldwäsche sind alle Bemühungen zu verstehen, die darauf abzielen, Vermögensgegenstände, die aus (schwerwiegenden) Straftaten stammen, in den legalen Finanz- und Wirtschaftskreislauf einzuschleusen und dabei deren Existenz, Herkunft oder Zweckbestimmung zu verschleiern.

33   Obwohl die strafrechtliche Verfolgung der Geldwäsche damit zugleich bezweckt, schon die Begehung von (Vor-)Taten zu verhindern (vgl. BT-Drs. 12/989) und der Begriff der Geldwäsche damit in Anbetracht der Vielzahl erfasster Kriminalitätsfelder eine gewisse Konturlosigkeit aufweist, hat der deutsche Gesetzgeber darauf verzichtet, den Begriff in § 261 StGB zu definieren. Er hat sich vielmehr dazu entschlossen, den strafrechtlich relevanten Bereich des Phänomens durch Aufzählung einschlägiger Tatbegehungsformen zu umschreiben.

34   Der Gesetzgeber versteht unter Geldwäsche „die Einschleusung von Vermögensgegenständen aus **Organisierter Kriminalität** in den legalen Finanz- und Wirtschaftskreislauf zum Zweck der Tarnung (…). Der Wert soll erhalten, zugleich aber dem Zugriff der Strafverfolgungsbehörden entzogen werden. (…) Gewaschenes Geld wird etwa für den Kauf von Wertpapieren, Grundstücken und Edelmetallen, aber auch für den Erwerb von Unternehmensbeteiligungen verwendet" (BT-Drs. 12/989 S. 26). Der legale Finanzverkehr kann in all seinen Erscheinungsformen zur Geldwäsche missbraucht werden: Ziel der Täter ist es einerseits, Einnahmen aus ausländischen (Betäubungsmittel-)Straftaten in den inländischen Vermögenskreislauf zu transferieren; andererseits müssen Bargelderlöse aus inländischen Kleinverkäufen von Betäubungsmitteln in unverdächtiges Buchgeld umgewandelt werden.

35   Der Tatbestand des § 261 StGB bedroht aber entgegen dieser Vorgaben auch den bösgläubigen Umgang mit Geld aus Straftaten, die nicht dem Phänomenbereich der organisierten Kriminalität zuzuordnen sind. Hieraus ergeben sich praktische Anwendungsprobleme, denen nur durch eine restriktive Auslegung der einschlägigen Tatbestandsmerkmale, durch Einschränkungen auf subjektiver Tatbestandsebene oder im Rahmen der Strafzumessung begegnet werden kann.

II. Zweck der Vorschrift

36   Die Strafvorschrift des § 261 StGB soll verhindern, dass die wahre Natur, die Herkunft, die Lage, die Verfügung oder die Bewegung von Vermögensgegenständen, das tatsächliche Eigentum an Vermögensgegenständen oder Rechten verheimlicht oder verschleiert werden, dass die Akteure der organisierten Kriminalität das ordentliche Wirtschaftssystem unterwandern und illegale Verbrechensprofite in den

legalen Finanzkreislauf gelangen. Sowohl der Straftäter als auch sein bemakeltes Vermögen sollen gegenüber der Umwelt isoliert werden. Schmutziges Geld soll verkehrsunfähig gemacht und so dem Täter vermittelt werden, dass die Begehung von Straftaten nicht lohnt.

Die Strafvorschrift des § 261 StGB soll in Kombination mit den Vorschriften des **37** Geldwäschegesetzes (GwG) für eine **Papierspur (paper-trail) illegaler Finanzströme** sorgen, die es den Strafverfolgungsbehörden ermöglicht, etwa von den Drogen-Endabnehmern über die Dealer vor Ort bis zu den Hintermännern in das Zentrum organisierter Strukturen vorzudringen und kriminelle Organisationen zu zerschlagen (BT-Drs. 12/989 S. 24).

III. Geschützte Rechtsgüter

Geschütztes Rechtsgut des § 261 StGB ist in erster Linie die inländische staatli- **38** che Rechtspflege (vgl. BT-Drs. 12/989 S. 27). Im Vordergrund steht dabei vor allem − wie bei § 129 StGB und zahlreichen anderen Bestimmungen des OrgKG − die innere Sicherheit und der Schutz der Gesellschaft und hier insbesondere der freiheitlichen demokratischen Grundordnung des liberalen Rechts- und Sozialstaates vor einer Unterwanderung durch die Erscheinungsformen der organisierten Kriminalität. Daneben und eher mittelbar bezweckt die Verfolgung der Geldwäsche auch den Schutz der durch die einschlägigen Vortaten verletzten Rechtsgüter (*Hetzer* NJW 1993, 3299). Dabei geht es freilich weniger um die Verfolgung der betreffenden Vortaten, als vielmehr um eine Erschwerung und Verhinderung künftiger Verbrechen durch Abschöpfung entsprechender Erlöse (vgl. auch *Barton* StV 1993, 156 ff.). Jenseits dieser Grundaussagen ist eine exakte Rechtsgutsbestimmung bislang nicht gelungen; die Einzelheiten sind umstritten (vgl. zum Streitstand nur BVerfGE 110, 226 = NJW 2004, 1305 = StV 2004, 254 [Geldwäsche durch Strafverteidiger]). Dies mag auch darin begründet sein, dass der Fokus staatlicher Kriminalitätsbekämpfung im Geldwäschekontext allzu sehr auf das Endstadium illegaler Geldflüsse gerichtet ist (*Körner* NJW 1996, 2143). Als Auslegungsmaßstab sind die Ergebnisse der Schutzgutanalyse daher nur bedingt tauglich; dies gilt vor allem dann, wenn es um die strafrechtliche Einordnung von (Alltags-)Geschäften geht, die weder die staatliche Rechtspflege noch die innere Sicherheit unmittelbar beeinträchtigen.

IV. Abgrenzung

Die Erscheinungsformen der Geldwäsche sind insbesondere von denen der **39** Hehlerei, der Begünstigung und der Strafvereitelung abzugrenzen, obschon jeweils eine tateinheitliche Begehung vorstellbar ist (vgl. unten Rn. 159 ff.).

1. Hehlerei. Anders als die Hehlerei, die sich mit der Verwertung von körperli- **40** chen (Beute-)Gegenständen aus Diebstahlshandlungen oder anderen Vermögensdelikten im weiteren Sinne befasst (§ 259 StGB), wendet sich der Geldwäschetatbestand gegen den illegalen Fluss von bemakeltem Vermögen und erfasst daher auch Buchgeld, Forderungen, Rechte an Grundstücken, vermögenswerte Beteiligungen und sonstige Rechte.

2. Begünstigung. Die Begünstigung (§ 257 StGB) bezweckt die Sicherung der **41** unmittelbaren Tatvorteile für den Vortäter mit dem Ziel, ihn vor einer möglichen Entziehung dieser Vorteile zu bewahren. Demgegenüber will der Geldwäscher das betroffene Vermögen gerade nicht in seiner vorliegenden Form erhalten, sondern vielmehr durch gezieltes Inverkehrbringen von dem ihm anhaftenden Makel befreien und hierdurch lediglich seinen Wert erhalten und nutzbar machen.

3. Strafvereitelung. Der Täter einer Strafvereitelung (§ 258 StGB) beabsich- **42** tigt, eine Bestrafung des Vortäters oder sonstige Maßnahmen (§ 11 Abs. 1 Nr. 8 StGB) zu hintertreiben. Die Verschleierung der kriminellen Herkunft bemakelten

Vermögens ist hierzu regelmäßig weder erforderlich noch im Einzelfall ausreichend.

E. Struktur des Geldwäschetatbestandes

43   Der Geldwäschetatbestand des § 261 StGB setzt – als Anschlussdelikt (Herzog/ Nestler GwG, § 261 StGB Rn. 6) – das Vorliegen einer anderen rechtswidrigen Tat voraus, aus der die Tatobjekte der Geldwäsche stammen müssen.

44   Der **Verschleierungs-** (MüKo/Neuheuser § 261 Rn. 61 f.), **Vereitelungs- und Gefährdungstatbestand** (MüKo/Neuheuser § 261 Rn. 63 f.) des Abs. 1 S. 1 (Herzog/Nestler a. a. O. Rn. 7) führt Verhaltensweisen auf, die darauf angelegt sind, den behördlichen Zugriff auf die Sache zu erschweren oder entsprechende Maßnahmen der Strafverfolgungsbehörden zu vereiteln oder zu gefährden.

45   Ergänzend enthält der sog. **Isolierungstatbestand** (Herzog/Nestler a. a. O.; MüKo/Neuheuser § 261 StGB Rn. 66 f.) des § 261 Abs. 2 StGB Verhaltensverbote, die das Verschaffen, Verwahren oder Verwenden bemakelter Tatobjekte unter Strafe stellen und die gerade darauf abzielen, sowohl die geldwäschetauglichen Gegenstände als auch den Vortäter selbst gesellschaftlich und vor allem auch im Hinblick auf seinen wirtschaftlichen Handlungsspielraum zu isolieren.

46   Die Vorschrift des Abs. 3 sieht eine **Versuchsstrafbarkeit** beider Geldwäschetatbestände vor. Abs. 4 enthält unter den Voraussetzungen der dort genannten Regelbeispielsfälle einen Strafrahmen für **besonders schwere Verstöße** der genannten Art. Nach Abs. 9 S. 2 wird der Vortäter selbst (im Falle von sog. Selbstbegünstigungshandlungen, vgl. Fischer § 261 Rn. 18) oder ein an der Vortat Beteiligter (zur Vermeidung einer Doppelstrafbarkeit) nicht bestraft. Abs. 9 S. 1 regelt Fälle der tätigen Reue.

F. Objektiver Geldwäschetatbestand

I. Tatobjekte

47   **1. Erfasste Gegenstände.** Als Oberbegriff möglicher Tatobjekte der verschiedenen Begehungsweisen der Geldwäsche verwendet das Gesetz den Begriff des Gegenstandes, der grundsätzlich alle vermögenswerten Gegenstände umfasst. Hierzu gehören nicht nur Bar- und Buchgeldbestände, sondern auch ausländische Zahlungsmittel, sämtliche Mobilien und Immobilien, wie etwa Wertpapiere, Edelmetalle, Edelsteine, Grundstücke, Firmen- und Gesellschaftsanteile, Forderungen, Dienstbarkeiten sowie sonstige Nutzungsrechte und Patente (BT-Drs. 12/989, 27; vgl. auch oben Rn. 40), sofern sie nur einen Vermögenswert repräsentieren.

48   Ungültige Banknoten, Aktien oder Briefmarken können wegen ihres Sammlerwertes Vermögensgegenstände in diesem Sinne und damit taugliche Gegenstände der Geldwäsche sein (vgl. Körner/Dach, Geldwäsche [1994], Teil 1, Rn. 12; Cebulla wistra 1999, 281 ff.). Vgl. zum Ganzen auch Voß, Die Tatobjekte der Geldwäsche [2010].

49   **2. Illegale Herkunft.** Der Geldwäschetatbestand setzt voraus, dass der betreffende Vermögensgegenstand bemakelt ist, d. h. aus einer illegalen Quelle stammt.

50   **a) Vortatenkatalog des § 261 StGB.** Die in Betracht kommenden Vortaten sind in § 261 StGB im Einzelnen aufgeführt.

51   **aa) Grundlagen.** Die Fallgruppen von Vortaten sollten ursprünglich einen Katalog der bedeutendsten Delikte der Organisierten Kriminalität umfassen, die durch den mit dem OrgKG in das StGB eingefügten Geldwäschetatbestand (§ 261 StGB) besonders getroffen werden sollte. Der Vortatenkatalog ist Ausfluss eines Kompromisses zwischen dem sogenannten **Herkunftsprinzip** (wonach der Grund der Strafwürdigkeit der Geldwäsche in der Herkunft bemakelten Vermögens liegt) und dem **Organisationsprinzip** (nach dem der organisierte Hintergrund des schmutzigen Geldes, die Bedrohung der Gesellschaft und des Finanz- und Wirtschaftssystems durch organisierte kriminelle Strukturen den maßgeblichen Anknüpfungspunkt bildet) und den der Gesetzgeber im Wesentlichen (mit Ausnahme des Abs. 1 S. 2 Nr. 5 und Abs. 1 S. 3; vgl. *Fischer* § 261 Rn. 5 m. w. N.) zugunsten des Herkunftsprinzips entschieden hat.

Es war vorherzusehen, dass die Justiz mit einem endlos wachsenden Vortatenkata- 52 log ihre Probleme haben würde (*Hetzer* KR 1999, 218; *Körner/Dach*, Geldwäsche 1994, Teil 1, Rn. 14; *Körner* NStZ 1996, 64; vgl. auch die Stellungnahme des Deutschen Richterbundes Nr. 49/10 zur Ergänzung des Vortatenkatalogs durch das Schwarzgeldbekämpfungsgesetz vom 28. 4. 2011, BGBl. I S. 676). Mit jeder Ergänzung des Vortatenkatalogs ging der Bezug zur Organisierten Kriminalität mehr und mehr verloren; Unbilligkeiten lassen sich so kaum vermeiden; der Bezug des Katalogs zum erstrebten Rechtsgüterschutz (vgl. Rn. 38) verschwimmt. Zudem stützt jede Erweiterung des Vortatenkatalogs die Argumentationslinie derjenigen Kritiker, die an Stelle eines Katalogs geldwäscherelevanter Vortaten einen „All-Crime-Ansatz" (also die Generalklausel „aus einer rechtswidrigen Tat") befürworten (vgl. etwa *Scherp* wistra 1998, 81 ff.). Für eine vollständige **Streichung des Vortatenkatalogs**, wie in der 12. Legislaturperiode von der SPD-Fraktion vorgeschlagen oder entsprechend der UN-Drogenkonvention, ist daher mehrfach plädiert worden (*Hetzer* ZRP 1999, 245 mit zahlreichen Hinweisen; *Hund* ZRP 1996, 163; *Remmers*, Die Entwicklung der Gesetzgebung zur Geldwäsche [1998] S. 71 ff., zur Geldwäschegesetzgebung in Belgien nach dem „All-Crime-Ansatz" vgl. *Herzog/Mühlhausen*, Geldwäschebekämpfung und Gewinnabschöpfung [2006] § 1 Rn. 12).

(1) Gewicht des Rechtsverstoßes. Der Geldwäschetatbestand stellt in der 53 Vortat-Frage ausschließlich auf die Erfüllung bestimmter Tatbestände ab; das Gewicht des konkreten Rechtsverstoßes ist demgegenüber nicht entscheidend. Daher gilt: Wer Millionenbeträge, die ein Buchhalter, Bankdirektor oder Rechtsanwalt unterschlagen, veruntreut oder betrügerisch erlangt, bösgläubig verschleiert oder beiseite schafft, begeht keine Geldwäsche, weil Betrug, Unterschlagung oder Untreue keine geldwäschetauglichen Vortaten sind, solange sie nicht gewerbsmäßig oder bandenmäßig begangen werden (vgl. § 261 Abs. 1 S. 2 Nr. 4a StGB). Ein 100-EUR-Schein (Verbrechen; vgl. § 261 Abs. 1 S. 2 Nr. 1 StGB) oder aus einem Handelsgeschäft mit Betäubungsmitteln (§ 29 Abs. 1 S. 1 Nr. 1 BtMG) oder mit Grundstoffen (§ 19 Abs. 1 Nr. 1 GÜG; vgl. § 261 Abs. 1 S. 2 Nr. 2b StGB) kann aber taugliches Tatobjekt der Geldwäsche sein. Zwar können rein faktische Unbilligkeiten im Rahmen der Strafzumessung abgemildert werden; bereinigen lassen sich Wertungswidersprüche auf dieser Ebene der Rechtsanwendung freilich nicht mehr.

(2) Bagatelldelikte. Eine Bagatellklausel, wonach etwa die Geldwäsche erst mit 54 Überschreitung eines bestimmten Mindestbetrages strafrechtlich relevant würde, sieht das geltende Recht nicht vor. Der Gesetzgeber hat die Beweisschwierigkeiten gesehen, die manipulierte Finanztransaktionen (etwa die Aufteilung großer Summen von Schwarzgeld, sog. Smurfing, dazu Herzog/*Warius* § 3 GwG Rn. 65 ff.) mit sich bringen und sich aus diesem Grund für eine weitreichende (nahezu uferlose) Ausdehnung der Strafvorschrift entschieden, die zu weiten Teilen gar sozial übliche Verhaltensweisen erfasst.

Eine vor diesem Hintergrund teilweise erwogene **teleologische Reduktion** 55 des Geldwäschetatbestandes (vgl. *Barton* StV 1993, 156 ff.; *Löwe-Krahl* wistra 1993, 125 ff.) kommt freilich nicht in Betracht, weil die noch im Gesetzentwurf enthaltene Ausnahme für Sachen und Dienstleistungen des täglichen Bedarfs, die zur Bestreitung des notdürftigen Unterhalts erforderlich sind (vgl. BT-Drs. 11/7663, S. 7) letztlich nicht zum Gegenstand der gesetzlichen Normierung geworden ist (*Jahn/Ebner* JuS 2009, 597, 601).

(3) Angehörigenprivileg. Ein Angehörigenprivileg, das eine Strafbarkeit der 56 dem Vortäter nahestehenden Personen oder seiner Haushaltsangehörigen ausschließen könnte, sieht das Gesetz ebenfalls nicht vor, obschon auch hier Bezüge zur organisierten Kriminalität regelmäßig ausgeschlossen werden können. Weil dies offenbar ebenfalls dem gesetzgeberischen Anliegen nach umfassender Geldwäschebekämpfung entsprach, ist auch in diesem Kontext kein Raum für eine restriktive Auslegung.

57   **bb) Vortaten im Einzelnen. (1) Verbrechen.** Geldwäscherelevante Vortaten sind nach § 261 Abs. 1 S. 2 Nr. 1 StGB zunächst Verbrechen im Sinne des § 12 Abs. 1 StGB, also rechtswidrige Taten (nach dem StGB und solche des Nebenstrafrechts, vgl. Kindhäuser/Neumann/Paeffgen/*Altenhain* § 261 StGB Rn. 37), die im Mindestmaß mit Freiheitsstrafe von einem Jahr oder darüber bedroht sind.

58   Eine **schuldhafte Begehung** der Tat ist ebenso wenig erforderlich (*Lackner/ Kühl* § 261 StGB Rn. 4; Kindhäuser/Neumann/Paeffgen/*Altenhain* § 261 StGB Rn. 32) wie deren Vollendung oder Beendigung; **Teilnahme** am Verbrechen genügt, weil der Deliktscharakter der Vortat unabhängig von der Art der Beteiligung zu bestimmen ist (Kindhäuser/Neumann/Paeffgen/*Altenhain* § 261 Rn. 30 m. w. N.; a. A. *BGH* NStZ 2009, 326 = NJW 2008, 2516 = StV 2009, 412) und Versuch, Teilnahme oder etwa versuchte Beteiligung (§ 30 StGB) als unselbständige Erscheinungsformen der betreffenden Tatbestände den gesetzlichen Tattypus selbst unberührt lassen (vgl. *Lackner/Kühl* § 12 StGB Rn. 4).

59   Schärfungen und Milderungen, die nach den Vorschriften des Allgemeinen Teils oder für **besonders schwere oder minder schwere Fälle** vorgesehen sind, bleiben nach § 12 Abs. 3 StGB für die Einteilung außer Betracht. Dies gilt nicht nur unabhängig davon, ob es sich um unbenannte oder benannte besonders schwere Fälle (sog. Regelbeispiele) handelt, sondern auch dann, wenn der Tatrichter vor dem Hintergrund einer zwingenden Beispielsregelung an die gesetzlichen Strafrahmenvorgaben gebunden ist (vgl. *Fischer* § 12 StGB Rn. 11 m. w. N.).

60   Weil es nach dem Wortlaut der Vorschrift nicht darauf ankommt, ob es sich um Verbrechenstatbestände des Strafgesetzbuches oder des Nebenstrafrechts handelt, kommen die **Verbrechenstatbestände des BtMG** (§ 29 a ff.) ebenfalls als taugliche Vortaten der Geldwäsche in Betracht, ganz gleich, ob sie von Akteuren der Organisierten Kriminalität begangen werden oder nicht.

61   **(2) Bestechungsdelikte.** Nach § 261 Abs. 1 S. 2 Nr. 2 a StGB können bemakelte Vermögensgegenstände auch einem Vergehen nach § 332 Abs. 1 i. V. m. Abs. 3 (Bestechlichkeit) und § 334 StGB (Bestechung) entstammen. Verbrechen nach § 332 Abs. 2 StGB sind über § 261 Abs. 1 S. 2 Nr. 1 StGB (dazu Rn. 57 ff.) erfasst.

62   Zu beachten ist, dass im Kontext des § 334 StGB nach Art. 2 §§ 1, 4 IntBestG **ausländische Amtsträger** (Richter – Nr. 1, sonstige Amtsträger – Nr. 2, Soldaten – Nr. 3) den inländischen gleichgestellt sind (vgl. dazu BGHSt. 53, 205 = NStZ 2009, 328 = StV 2009, 415).

63   Die Bestechung **ausländischer Abgeordneter** ist demgegenüber keine taugliche Vortat der Geldwäsche (vgl. Kindhäuser/Neumann/Paeffgen/*Altenhain* § 261 Rn. 38). Zwar enthält das Gesetz zu dem Übereinkommen vom 17. 12. 1997 über die Bekämpfung der Bestechung ausländischer Amtsträger im internationalen Geschäftsverkehr vom 10. 9. 1998 (Gesetz zur Bekämpfung internationaler Bestechung – IntBestG, BGBl. II S. 2327) eine eigene Strafnorm zur Bestechung ausländischer Abgeordneter im Zusammenhang mit dem internationalen geschäftlichen Verkehr (Art. 2 § 2 IntBestG), dieser Straftatbestand ist jedoch im Katalog des § 261 Abs. 1 StGB nicht aufgeführt. Für die Einbeziehung der Bestechung ausländischer Abgeordneter in den Tatbestand des § 334 StGB fehlt es an einer dem Art. 2 § 1 IntBestG entsprechenden Norm. Über § 261 Abs. 8 StGB, nach dem den geldwäschetauglichen Gegenständen auch solche gleich stehen, die aus einer im Ausland begangenen Tat der in § 261 Abs. 1 StGB bezeichneten Art herrühren, lässt sich das Problem gleichfalls nicht lösen, weil auch die Abgeordnetenbestechung nach § 108 e StGB nicht zu den Katalogtaten des Geldwäschetatbestandes zählt.

64   Zum „Herrühren" von Bestechungsgeldern vgl. BGHSt. 53, 205 = NStZ 2009, 328 = StV 2009, 415 sowie unten Rn. 96 ff.

65   **(3) Vergehen nach BtMG und GÜG.** Nach § 261 Abs. 1 S. 2 Nr. 2 b StGB können Vermögensgegenstände auch aus einem Vergehen nach § 29 Abs. 1 S. 1

Nr. 1 BtMG oder einem Vergehen nach § 19 Abs. 1 Nr. 1 GÜG entstammen. Die Vorschrift dient vor allem der Erfüllung der sich aus dem Übereinkommen der Vereinten Nationen von 1988 gegen den unerlaubten Verkehr mit Suchtstoffen und psychotropen Stoffen (Wiener Übereinkommen von 1988) ergebenden Verpflichtung zur Schaffung entsprechender Straftatbestände (vgl. BT-Drs. 12/989 S. 26). Warum entsprechende Vergehen nach dem Arzneimittelgesetz nicht Gegenstand des Vortatenkatalogs sind, ist freilich auch im Lichte der an der fortwährenden Erweiterung und Ergänzung des Katalogs des § 261 Abs. 1 StGB geäußerten Kritik (vgl. oben Rn. 52) nicht recht einzusehen.

Als geldwäschetaugliche Gegenstände kommen also vor allem **Erlöse** aus dem **66** illegalen Anbau, der illegalen Herstellung, dem illegalen Handeltreiben, der illegalen Ein- und Ausfuhr, der illegalen Veräußerung, der illegalen Abgabe oder dem illegalen Inverkehrbringen von Betäubungsmitteln (§ 29 Abs. 1 S. 1 Nr. 1 BtMG) aber auch solche aus den von § 19 Abs. 1 Nr. 1 GÜG erfassten Geschäften und Formen des Umgangs mit Grundstoffen in Betracht.

Neben den genannten Erlösen sind geldwäschetaugliche Objekte im Einzugsbe- **67** reich der Betäubungsmittel- und Grundstoffvergehen auch die von der jeweiligen Tat betroffenen **Betäubungsmittel** und **Grundstoffe** selbst. Eine Beschränkung des Tatbestandes auf legal handelbare Vermögensgegenstände (vgl. dazu etwa *Lampe* JZ 1994, 123, 126) wäre mit Sinn und Zweck der Regelung des § 261 StGB nicht recht vereinbar, weil der Geldwäschetatbestand anderenfalls allzu häufig leer liefe. Es ist vielmehr – auf der Basis einer rein wirtschaftlichen Betrachtungsweise – zu fragen, ob dem betreffenden Gegenstand überhaupt ein Vermögenswert zukommt. Erfüllt der Täter durch eine geldwäscherelevante Handlung zugleich den Tatbestand eines Vergehens nach dem BtMG oder dem GÜG, soll eine Strafbarkeit nach § 261 StGB ausscheiden (BGHSt. 43, 158, 164 = NStZ 1998, 42 = StV 1997, 589; *BGH* NStZ 2000, 653 = StV 2000, 680; BGHSt. 48, 240, 246 = NStZ 2003, 499 = StV 2004, 113; a. A. mit überzeugenden Gründen Kindhäuser/Neumann/ Paeffgen/*Altenhain* § 261 StGB Rn. 27, 158).

(4) Vergehen nach der AO. (a) Schmuggel und Steuerhehlerei. Nach **68** § 261 Abs. 1 S. 2 Nr. 3 StGB kommen als geldwäschetaugliche Vortaten ferner in Betracht die gewerbsmäßige, gewaltsame oder bandenmäßige **Schmuggel** nach § 373 Abs. 2 AO und die **Steuerhehlerei** nach § 374 AO, sofern der Täter gewerbsmäßig oder als Mitglied einer Bande handelt, die sich zur fortgesetzten Begehung von Straftaten verbunden hat. Dies gilt auch, soweit sich die Taten auf Abgaben nach § 12 Abs. 1 des Gesetzes zur Durchführung der gemeinsamen Marktorganisation und der Direktzahlungen vom 9. 12. 2010 (Marktorganisationsgesetz – MOG, BGBl. I S. 1934) beziehen (sog. Marktordnungsabgabenhinterziehung, vgl. Kindhäuser/Neumann/Paeffgen/*Altenhain* § 261 StGB Rn. 41).

Nach § 261 Abs. 1 S. 3 StGB sind geldwäschetaugliche Gegenstände auch sol- **69** che, hinsichtlich derer Abgaben hinterzogen worden sind. Dies betrifft Beziehungsgegenstände und etwa unverzollte und unversteuerte Zigaretten (vgl. *BGH* NStZ 2000, 653 = NJW 2000, 3725 = StV 2000, 680).

(b) Steuerhinterziehung. Die einfache **Steuerhinterziehung** nach § 370 AO **70** war – trotz vielfach erhobener Forderungen (zunächst noch) nicht in den Vortatenkatalog des § 261 StGB aufgenommen worden (vgl. BT-Drs. 13/8590 S. 8; *Fromm* KR 1998, 463, 468; *Hetzer* NJW 1993, 3298, 3299; *ders.* KR 1998, 234, 236; *ders.* KR 1999, 218 ff.; *ders.* ZRP 1999, 245 ff.; *Körner/Dach* Geldwäsche [1994], Teil 1, Rn. 14; *Meyer/Hetzer* NJW 1999, 1017, 1020; skeptisch *Dahm/Hamacher* wistra 1995, 206 ff.). Die hierzu vorgetragene Begründung, der Vortatenkatalog solle nur Taten im Einzugsbereich der Organisierten Kriminalität umfassen, überzeugt angesichts des geltenden Rechts nicht (mehr). Die gesetzgeberische Unterlassung privilegiert den gesellschaftlich integrierten und wohlhabenden Bürger, bewahrt ihn vor Nachstellungen der Strafverfolgungsbehörden und nährt zudem die weitverbreitete Ansicht zur Einstufung der Steuerhinterziehung als Kavaliersdelikt. Dabei sind Geldflüsse, Kapitalfluchtbemühungen und Verschleierungstechniken der Steuerhinterzieher mit den entsprechenden Handlungen der Katalogtäter durchaus vergleichbar (vgl. *Hetzer* KR 1999, 218, 220).

71   Das beschriebene gesetzliche Defizit ist durch Einbeziehung des Verbrechens der gewerbs- und bandenmäßigen Steuerhinterziehung nach § 370a AO (aufgehoben mit Wirkung vom 1.1.2008 durch Gesetz vom 21.12.2007 – BGBl. I S. 3198; vgl. dazu *Harms* Kohlmann-FS [2003] S. 413 ff.; *Gaede* HRRS 2004, 318 ff.; *BGH* NStZ 2005, 105 = DStR 2004, 1604 = StV 2004, 543) teilweise beseitigt worden. Die gewerbsmäßige oder bandenmäßige Steuerhinterziehung (vgl. dazu *Bittmann* wistra 2010, 125 ff.) ist zwischenzeitlich als besonders schwerer Fall des Vergehens der Steuerhinterziehung in § 370 Abs. 3 AO geregelt; die durch eine solche Tat ersparten Aufwendungen und unrechtmäßig erlangten Steuererstattungen und -vergütungen sind nach § 261 Abs. 1 S. 3 StGB als geldwäschetaugliche Gegenstände eingestuft.

72   Anders als bei den übrigen Katalogtaten des § 261 Abs. 1 S. 2 StGB sind bei der gewerbsmäßigen oder bandenmäßigen Steuerhinterziehung *nicht nur* (vgl. § 261 Abs. 1 S. 2 Nr. 4b StGB) solche Gegenstände geldwäschetauglich, die aus einer rechtswidrigen Tat „herrühren" (vgl. dazu unten Rn. 96 ff.). Erfasst werden nach § 261 Abs. 1 S. 3 StGB vielmehr auch **ersparte Aufwendungen**, für die die Regelung des § 261 Abs. 1 S. 1 StGB nicht unmittelbar anwendbar ist, weil sich die Ersparnis zwar im Vermögen niederschlägt, die Namhaftmachung konkreter Vermögensgegenstände jedoch nicht möglich ist (dazu ausführlich Kindhäuser/Neumann/Paeffgen/*Altenhain* § 261 StGB Rn. 82 ff. m. w. N.). Zu beachten ist, dass dies nur für den in § 261 Abs. 1 S. 3 StGB genannten Steuerhinterziehungstatbestand gilt (Kindhäuser/Neumann/Paeffgen/*Altenhain* § 261 StGB Rn. 83; a. A. *Fischer* § 261 Rn. 13).

73   Gleichwohl stellt der Gesetzgeber den geneigten Rechtsanwender mit der Einbeziehung ersparter Aufwendungen vor ein nahezu unlösbares Problem: Denn selbst wenn der Vortäter durch eine gewerbsmäßige oder bandenmäßige Steuerhinterziehung tatsächlich ersparte Aufwendungen erspart hat und also die Vortat-Hürde genommen ist, kann auf die Identifizierung eines konkreten Gegenstandes dennoch nicht verzichtet werden, denn es bedarf letztlich doch der Klärung, an welchem Gegenstand *der Geldwäscher* die von § 261 StGB verbotenen Handlungen begangen hat (vgl. *Fischer* § 261 StGB Rn. 16 c: „Dieses *Nichts* kann man nicht verschleiern ..."; dazu auch *Bittmann* wistra 2010, 125, 128 f.). Jede andere Deutung liefe entweder darauf hinaus, in einem Akt purer Willkür einen Vermögensgegenstand des Vortätervermögens herauszugreifen oder aber den Vortäter wirtschaftlich völlig zu isolieren. Letzteres wäre nicht nur vor dem Hintergrund des Übermaßverbots bedenklich, sondern würde den „Geschäftspartner" eines gewerbs- oder bandenmäßigen Steuerhinterziehers ohne ersichtlichen Grund strenger behandeln als etwa den Geldwäscher, der für einen anderen gewerbs- oder bandenmäßig handelnden Vortäter (vgl. nur § 261 Abs. 1 S. 2 Nr. 4 StGB) tatbestandlich tätig wird (so auch Kindhäuser/Neumann/Paeffgen/*Altenhain* § 261 StGB Rn. 83).

74   **(5) Gewerbs- und bandenmäßige Vergehen.** Nach § 261 Abs. 1 S. 2 Nr. 4 a und Nr. 4 b StGB sind geldwäschetauglich auch solche Gegenstände, die einem Vergehen nach § 152 a StGB (Fälschung von Zahlungskarten, Schecks und Wechseln), nach § 181 a StGB (Zuhälterei), nach § 232 Abs. 1 und Abs. 2 StGB (Menschenhandel zum Zweck der sexuellen Ausbeutung), nach § 233 Abs. 1 und Abs. 2 StGB (Menschenhandel zum Zweck der Ausbeutung der Arbeitskraft), nach § 233 a StGB (Förderung des Menschenhandels), nach § 242 StGB (Diebstahl), nach § 246 StGB (Unterschlagung), nach § 253 StGB (Erpressung), nach § 259 StGB (Hehlerei), nach § 263 bis 264 StGB (Betrug, Computerbetrug, Subventionsbetrug), nach § 266 StGB (Untreue), nach § 267 StGB (Urkundenfälschung), nach § 269 StGB (Fälschung beweiserheblicher Daten), nach § 271 StGB (Mittelbare Falschbeurkundung), nach § 284 StGB (Unerlaubte Veranstaltung eines Glücksspiels), nach § 326 Abs. 1, Abs. 2 und Abs. 4 StGB (Unerlaubter Umgang mit gefährlichen Abfällen), nach § 328 Abs. 1, Abs. 2 und Abs. 4 StGB (Unerlaub-

ter Umgang mit radioaktiven Stoffen und anderen gefährlichen Stoffen und Gütern), nach § 348 StGB (Falschbeurkundung im Amt), nach § 96 AufenthG (Einschleusen von Ausländern) und nach § 84 AsylVfG (Verleitung zur missbräuchlichen Asylantragstellung) entstammen, das gewerbsmäßig oder von einem Mitglied einer Bande begangen worden ist, die sich zur fortgesetzten Begehung solcher Taten verbunden hat.

Mit dem am 3. 5. 2011 in Kraft getretenen Gesetz zur Verbesserung der Be- **75** kämpfung von Geldwäsche und Steuerhinterziehung vom 28. 4. 2011 (Schwarzgeldbekämpfungsgesetz; BGBl. I S. 676; vgl. oben Rn. 25) sind zwischenzeitlich auch Vergehen nach § 38 Abs. 1 bis Abs. 3 und Abs. 5 WpHG, nach den §§ 143, 143 a und 144 MarkenG, nach den §§ 106 bis 108 b UrhG, nach § 25 GebrMG, nach den §§ 51 und 65 GeschmMG, nach § 142 PatG, nach § 10 HalblSchG und nach § 39 SortSchG in den Vortatenkatalog aufgenommen worden. Obschon nicht verkannt werden darf, dass auch derartige Taten nur dann geldwäscherelevant sind, wenn sie gewerbs- oder bandenmäßig begangen werden, ist ihre Einbeziehung in den Geldwäschetatbestand doch ein weiteres Symptom für die zunehmende Entfremdung vom „typischen" Aktionsbereich der Akteure der Organisierten Kriminalität. Zwar werden auch im Bereich der Produktfälschung und Produktpiraterie sowie der Marktmanipulation und des Insiderhandels erhebliche Vermögen bewegt und hieraus resultierende Erlöse in den legalen Wirtschaftskreislauf eingeschleust. Die Befürworter des „All-Crime-Ansatzes" (dazu oben Rn. 52) dürfen die Neuerung jedoch getrost als weiteres Argument für ihre Ansicht verbuchen.

Das ursprünglich vorgesehene Erfordernis einer banden- *und* gewerbsmäßigen **76** Begehung hat der Gesetzgeber als unpraktikabel aufgegeben. Es genügt vielmehr das **alternative Vorliegen von Gewerbs- oder Bandenmäßigkeit** (*Hetzer* KR 1998, 234, 236; *Kreß* wistra 1998, 121, 123).

(6) Organisationsdelikte. Nach § 261 Abs. 1 S. 2 Nr. 5 StGB sind taugliche **77** Vortaten auch Vergehen nach § 89 a StGB (Vorbereitung einer schweren staatsgefährdenden Gewalttat), nach den §§ 129 und 129 a Abs. 3 und Abs. 5, jeweils auch in Verbindung mit § 129 b Abs. 1 StGB (Bildung krimineller oder terroristischer Vereinigungen) sowie von einem Mitglied einer kriminellen oder terroristischen Vereinigung begangene Vergehen. Weil § 129 StGB gem. § 30 b BtMG *„auch dann gilt"*, wenn eine Vereinigung, deren Zwecke oder deren Tätigkeit auf den unbefugten Vertrieb von Betäubungsmitteln im Sinne des § 6 Nr. 5 StGB gerichtet sind, nicht oder nicht nur im Inland besteht, sind ausländische Vereinigungen sowohl über § 129 b StGB als auch über § 30 b BtMG als vortatrelevante Organisationen einbezogen (*Fischer* § 261 StGB Rn. 16; MüKo-StGB/*Neuheuser* § 261 StGB Rn. 39; a. A. Kindhäuser/Neumann/Paeffgen/*Altenhain* § 261 StGB Rn. 44).

b) Vortat eines anderen. Zahlreiche Fragen werden im Zusammenhang mit **78** den Vortaten immer wieder erörtert: (1) Bedarf es zur Durchführung strafprozessualer Zwangsmaßnahmen wie der Beschlagnahme bemakelten Geldes eines doppelten Anfangverdachtes?, (2) Setzt eine Verurteilung wegen Geldwäsche die Feststellung einer tatbestandsmäßig rechtswidrigen und schuldhaften Tat voraus, die nach Tatzeitpunkt, Tatart, Tatumfang und Täter konkretisiert ist?, (3) Muss die Vortat auch schuldhaft begangen worden sein?, (4) Muss die Vortat vollständig verwirklicht worden sein? (5) Muss der Vortäter erreichbar sein, noch leben?, (6) Müssen im Ausland begangene Vortaten die Tatbestandsmerkmale des § 261 Abs. 1 und Abs. 2 StGB erfüllen?, (7) Kann eine Verurteilung wegen Geldwäsche erfolgen, wenn der Geldwäscher an der Vortat beteiligt war?

aa) Historie. Die Regelung des § 261 Abs. 1 StGB setzte bis 1998 voraus, dass die **79** Vermögenswerte aus einer in § 261 StGB genannten, **rechtswidrigen Tat eines anderen** herrührten. Vortäter und Geldwäscher durften nicht personengleich sein. Verwertungs- und Verschleierungshandlungen des Vortäters waren nach deutschem Recht keine Geldwäschemodalitäten, sondern straflose Nachtaten (*Körner*, Verfolgung der Geldwäsche, KR 1994, 195). Im Einzelfall war es für die Strafverfolgungsbehörden überaus schwierig festzustellen, ob ein Beschuldigter mit seinen eigenen Verbrechenserlösen oder mit Verbrechenerlösen eines Dritten umging. Zudem war umstritten, ob ein Mitglied einer kriminellen Vereinigung neben einer Bestrafung wegen Beteiligung am Organisationsdelikt zusätzlich noch wegen Geldwäsche an den von den Mitgliedern erlangten Erlösen aus Straftaten belangt werden konnte. Trotz der höchstrichterlichen Rechtsprechung zur sog. **Postpendenzfeststellung** (vgl. nur *BGH* NStZ 1988, 455 = NJW 1988, 921; *BGH* NStZ 1989, 266 = NJW 1989, 1867; *BGH* NStZ 1989, 574) bestand lange Zeit Unsicherheit darüber, ob wegen Geldwäsche verurteilte Vortatbeteiligte im Revisionsverfahren letztlich doch straffrei ausgehen würden.

80   Durch Gesetz vom 4. 5. 1998 ist das tatbestandsausschließende Erfordernis der „Vortat eines anderen" in § 261 Abs. 1 StGB gestrichen und damit der Geldwäschetatbestand seinem Wortlaut nach auch auf Handlungen des Vortäters und des Vortatbeteiligten ausgedehnt worden. Um der **Gefahr einer Doppelbestrafung** wegen der Vortat einerseits und anschließender Verwertungs- und Verschleierungshandlungen andererseits vorzubeugen, bedurfte es einer Neuformulierung des § 261 Abs. 9 StGB (vgl. dazu *Kreß* wistra 1998, 126). In Einzelfällen ist nämlich die Beteiligung an der Vortat des Handeltreibens mit Betäubungsmitteln kaum von einer anschließende Geldwäsche abzugrenzen, weil etwa Handlungen zur Förderung des Geldkreislaufs im Rahmen der Betätigung von Drogengroßhändlern in einem organisierten Absatzsystem auf jeder Stufe Formen des Handeltreibens mit Betäubungsmitteln sind (BGHSt. 43, 158 = NJW 1997, 3323 = StV 1997, 589).

81   **bb) Straffreiheit bei Vortatbeteiligung.** Nach der **Konkurrenzregel** (vgl. Kindhäuser/Neumann/Paeffgen/*Altenhain* § 261 Rn. 21 m. w. N.; vgl. auch BGHSt. 53, 205 = NStZ 2009, 328 = StV 2009, 415: persönlicher Strafausschließungsgrund und Konkurrenzregel) des § 261 Abs. 9 S. 2 StGB wird wegen Geldwäsche nicht bestraft, wer wegen der Beteiligung an der Vortat strafbar ist. Zur Anwendung der Konkurrenzregel in Fällen mit Auslandsbezug vgl. BGHSt. 53, 205 = NStZ 2009, 328 = StV 2009, 415 sowie unten Rn. 88.

82   Da beim Handeltreiben mit Betäubungsmitteln häufig ein ebenfalls Handel treibender Vortäter vorhanden ist, wäre mit jeder nächsten niedrigeren Handelsstufe gleichzeitig mit dem Sichverschaffen oder/dem Erwerb des Rauschgifts auch der Tatbestand der Geldwäsche erfüllt. Der *BGH* hat deshalb entschieden, dass im Fall des täterschaftlichen unerlaubten Handeltreibens mit Betäubungsmitteln in nicht geringer Menge eine gleichzeitige Strafbarkeit nach § 261 StGB ausscheidet (vgl. BGHSt. 43, 158 = NJW 1997, 3323 = StV 1997, 589; *BGH* NStZ 2000, 653 = NJW 2000, 3725 = StV 2000, 680).

83   Wenn Beihilfe- und Geldwäschehandlung identisch sind, geht auch die Beihilfe zur Vortat der Anschlusstat Geldwäsche vor. Eine Verurteilung wegen Geldwäsche bleibt aber möglich, wenn und soweit ein Gehilfe des Drogenhandels wegen Irrtums, Schuldunfähigkeit oder Beweisschwierigkeiten nicht wegen seiner Beteiligung an der Vortat belangt werden kann.

84   **cc) Auslandstaten.** Um die international organisierte Kriminalität wirksam verfolgen zu können, kann nach § 261 Abs. 8 StGB strafbare Geldwäsche auch an den Gegenständen begangen werden, die aus § 261 Abs. 1 StGB beschriebenen **Vortaten im Ausland** herrühren, wenn die Taten **auch am Tatort mit Strafe bedroht** sind. Zur Bestechung ausländischer Amtsträger und Abgeordneter vgl. oben Rn. 62 f.

85   Diese Bestimmung trägt dem Problem Rechnung, dass Vortat und Geldwäsche oft in verschiedenen Ländern begangen werden. Während im Ausland begangene Vortaten die deutsche Rechtspflege grundsätzlich unberührt lassen, beeinträchtigt die Geldwäsche im Inland die deutsche Rechtspflege sehr wohl. Ist die Vortat, aber nicht die Geldwäsche im Ausland strafbar, so ist dies unschädlich, da die Geldwäsche in Deutschland verfolgt werden kann, sofern nur die Vortat im Ausland strafbar ist.

86   Die a. F. des § 261 Abs. 8 StGB war missverständlich. Nach einer in der Literatur weit verbreiteten Auffassung war *jede im Ausland begangene Straftat* taugliche Vortat der Geld-

wäsche, weil die Vorschrift nicht durch den Deliktskatalog des § 261 Abs. 1 StGB beschränkt sei (vgl. *Carl/Klos* NStZ 1995, 167; *Fülbier* DStR 1994, 827; *Lampe* JZ 1994, 123; *Löwe-Krahl* wistra 1993, 123). So entschieden denn auch das *AG Essen* (wistra 1995, 31 m. abl. Anm. *Fülbier* ZIP 1994, 699) sowie das *AG Stuttgart* (bei *Burr* wistra 1995, 255) und das *LG Stuttgart* (NJW 1995, 670 = wistra 1995, 156 = ZIP 1994, 1766 m. abl. Anm. *Oellers*). Diese Auffassung ist auf erheblichen Widerspruch gestoßen (vgl. *Burr* wistra 1995, 255; *Dreher/Tröndle*, 47. Aufl. 1995, § 261 Rn. 9; *Körner* NStZ 1996, 64, 65; *Lackner/Kühl*, 21. Aufl. 1995, § 261 Rn. 4; *Ungnade* WM 1993, 2069); ihr ist nach einer Klarstellung der gesetzlichen Regelung zwischenzeitlich die Grundlage entzogen (vgl. BT-Drs. 13/8651 S. 12).

In der Konsequenz gilt für die jeweils in Betracht kommenden **Einzelfälle** Folgendes: Wurden Vortat und Geldwäschehandlung in Deutschland begangen, so ist aufgrund des Territorialprinzips eine Strafbarkeit nach deutschem Recht unproblematisch zu bejahen (§ 3 StGB). Wurden Vortat und Geldwäschehandlung eines Deutschen im Ausland bei dortiger Strafbarkeit begangen oder unterfällt die Vortat dem Weltrechtsprinzip (wie etwa der unbefugte Vertrieb von Betäubungsmitteln, § 6 Nr. 5 StGB), so ist eine Strafbarkeit ebenfalls gegeben (§ 7 StGB). Wurden hingegen Vortat und Geldwäschehandlung – ohne jeden Inlandserfolg – von einem Ausländer im Ausland begangen, ohne dass die Vortat dem Weltrechtsprinzip unterfällt, so scheidet eine Strafbarkeit nach deutschem Recht aus. Wurde von einem Ausländer nur die Vortat in Deutschland, die Geldwäschehandlung aber im Ausland begangen, so kann in Deutschland auch nur die Vortat verfolgt werden, da die Geldwäsche kein dem Weltrechtsprinzip unterliegendes Delikt ist. Ist die von einem Ausländer im Ausland begangene Vortat im Ausland mit Strafe bedroht, so ist auch die Geldwäsche im Inland strafbar (§ 261 Abs 8 StGB). Nimmt also etwa ein Angestellter einer deutschen Bank in Südamerika bemakelte Vermögensgegenstände entgegen und schreibt den entsprechenden Wert einem Konto in Deutschland gut, so ist Tatort nicht nur der in Südamerika gelegene Handlungsort, sondern auch der Ort des Erfolges in Deutschland; in solchen Fällen ist eine Strafverfolgung nach § 9 StGB möglich.

Bei der Anwendung der **Konkurrenzregel des § 261 Abs. 9 S. 2 StGB**, nach der der Vortatbeteiligte nicht wegen Geldwäsche bestraft wird (dazu im Einzelnen Rn. 81 ff.), gilt in Fällen mit Auslandsbezug Folgendes: Wenn und weil es das Ziel der Regelung des § 261 Abs. 9 S. 2 StGB ist, im Einzelfall eine doppelte Bestrafung wegen der Vortatbeteiligung einerseits und wegen Geldwäsche andererseits zu vermeiden (vgl. Rn. 80) und das Verbot der Doppelbestrafung nach Art. 103 Abs. 3 GG grundsätzlich auf die Verurteilung durch denselben Staat beschränkt ist, ist für die Frage der Vortatstrafbarkeit des Täters allein auf das deutsche Recht abzustellen (BGHSt. 53, 205 = NStZ 2009, 328 = StV 2009, 415). Der *BGH* (a. a. O.) hat freilich offen gelassen, ob dies auch dann zu gelten hat, wenn die Wahrung des Doppelbestrafungsverbots aufgrund bi- oder multilateraler Übereinkommen vorgesehen ist.

dd) Zweifelsfälle. (1) Schuld des Vortäters. Der Rechtsanwender mag sich im Einzelfall die Frage vorlegen, ob die Vortat nur tatbestandsmäßig und rechtswidrig oder ob sie auch schuldhaft begangen worden sein oder das Verfahren gegen den Vortäter gar rechtskräftig abgeschlossen sein muss. Auf die Schuld des Vortäters kommt es indes nicht an (*„rechtswidrige Tat"*), auch wenn natürlich ein rechtskräftiges Urteil den Nachweis der Vortat erheblich vereinfachen kann. Das Gericht, das die einschlägige Geldwäschehandlung zu beurteilen hat, muss die Tatbestandsmerkmale der Vortat vielmehr selbständig prüfen und feststellen. Eine Bindungswirkung entfaltet ein gegen den Vortäter ergangenes Urteil (ungeachtet seiner Rechtskraft) ohnehin nicht.

(2) Vollendung der Vortat. Auf das vom Vortäter erreichte Stadium der Tatbestandsverwirklichung (Versuchsstadium, Vollendung, Beendigung) kommt es ebenfalls nicht an. Freilich wird im Versuchsstadium bei dem Vortäter häufig noch kein geldwäschetauglicher Vermögensgegenstand angefallen sein. Ausgehend hiervon besteht weitgehend Einigkeit darüber, dass das Erreichen des Versuchsstadiums jedenfalls dann ausreichend ist, wenn der Versuch selbst strafbar ist und die Versuchsstrafbarkeit in den Katalog des § 261 Abs. 1 S. 2 StGB einbezogen ist (*Jahn/Ebner* JuS 2009, 597, 598; Kindhäuser/Neumann/Paeffgen/*Altenhain* § 261 StGB Rn. 30 m. w. N.).

91   **(3) Tod des Vortäters.** Der Tod des Vortäters macht die Geldwäsche nicht straflos. Ist die Einziehung über den Tod hinaus möglich, so soll auch deren Vereitelung als Geldwäsche bestraft werden können. Die Beseitigung unrechtmäßiger Vorteile ist auch nach dem Tod möglich (vgl. hierzu *Ackermann*, Geldwäscherei [1992] S. 212/213).

92   **ee) Konkretisierung und Feststellung.** Anknüpfungspunkt einer Geldwäschestrafbarkeit ist nach § 261 Abs. 1 S. 1 StGB stets eine *„rechtswidrige Tat"*. Diese muss konkretisiert feststellbar (*Fischer* § 261 Rn. 9; vgl. auch *Hamm*, Beschluss vom 5. 1. 2005 – 4 Ss 463/04) sein. Erforderlich ist, dass der Tatrichter konkrete Umstände feststellt, aus denen sich **in groben Zügen** bei rechtlich richtiger Bewertung durch den Angeklagten eine Katalogtat des Geldwäschetatbestandes als Vortat ergibt (*BGH* wistra 2003, 260 = BeckRS 2003, 01885; vgl. zum entsprechenden Vorsatz BGHSt. 43, 158 = NStZ 1998, 42 = StV 1997, 589; zur Anwendung des Zweifelssatzes vgl. *BGH*, Beschluss vom 10. 11. 1999 – 5 StR 472/99 = StV 2000, 67). Keineswegs bedarf es eines Nachweises konkreter Tatumstände (Person des Vortäters, Tatzeitpunkt, Tatort und Tatmodalitäten); auch muss die Tat keinem konkreten Katalogtatbestand zugeordnet werden (Kindhäuser/Neumann/Paeffgen/*Altenhain* § 261 Rn. 49).

93   Da der Vortatenkatalog auf bestimmte Taten beschränkt ist, muss der Richter in seinen Entscheidungen tatsächliche **Fakten nachvollziehbar angeben,** aus denen sich die Vortat ergibt. Einerseits **reicht** für den hinreichenden oder dringenden Verdacht **nicht die Vermutung oder eine bloße Möglichkeit** aus (*BGH* wistra 2000, 67 = BeckRS 1999, 30081269), das sichergestellte Geld stamme aus schwerwiegenden Straftaten oder aus dem Dunstkreis des Rauschgiftmilieus. Andererseits dürfen die Anforderungen an die Überschreitung der **Nachweisschwelle nicht überspannt werden** (vgl. *LG Stuttgart* NJW 1995, 670 = wistra 1995, 156; *Bernsmann*, Geldwäsche (§ 261 StGB) und Vortatkonkretisierung, StV 1998, 46; *Bottke* wistra 1995, 87; *Carl/Klos* NStZ 1995, 167; *Körner* NStZ 1996, 64). Selbst wenn freilich eine legale Erlangung des Geldes sicher ausgeschlossen werden kann, dürfen keine vernünftigen Zweifel verbleiben, ob der Geldbetrag extra aus einer Nichtkatalogtat stammen könnte (*BGH* StV 2000, 67).

94   Kriminalpolitische Interessen an einer wirksamen Bekämpfung der internationalen Geldwäsche erlauben es angesichts des eindeutigen Gesetzeswortlautes nicht, auf eindeutige Feststellungen zur Vortaten zu verzichten (*Bernsmann*, Geldwäsche (§ 261 StGB) und Vortatkonkretisierung, StV 1998, 46 ff.). Nicht der bloße Verdacht rechtswidrigen Handelns, sondern erst der Nachweis konkreter Vortaten erlaubt die Feststellung einer Geldwäschehandlung. Die in Teilen des Schrifttums herangezogene *„Hehlereientscheidung des BGH"* (BGHR StGB § 259 Abs. 1 Vortat 3) besagt nichts anderes. Denn die Entscheidung betrifft allein die Frage der Zuordnung von Beutestücken zu mehreren im Einzelnen konkret festgestellten rechtswidrigen Vortaten.

95   Für eine Verurteilung wegen Geldwäsche kann es nach alledem ausreichen, dass mehrere Geldflüsse aus einer fortlaufenden Handelstätigkeit mit Heroin und Kokain herrühren, ohne dass einzelne Teilbeträge bestimmten Rauschgiftgeschäften oder einzelnen Rauschgiftteilmengen zugeordnet werden müssten (*LG Mönchengladbach* wistra 1995, 157).

96   **c) „Herrühren".** Der Gesetzgeber hat sich um Unterschied zu den Tatbeständen der Hehlerei und der Begünstigung ganz bewusst für einen möglichst weit gefassten Vortatbezug entschieden (*Jahn/Ebner* JuS 2009, 597; vgl. auch *Frankfurt a. M.* NJW 2005, 1727, 1732). Es soll insbesondere ausreichen, dass der ursprünglich erlangte Gegenstand unter Beibehaltung seines Wertes durch einen anderen ersetzt wird (BGHSt. 47, 68 = NJW 2001, 2891 = StV 2001, 506 [Strafbarkeit eines Strafverteidigers wegen Geldwäsche durch Annahme von Honorar]). Danach ist ein Gegenstand dann als **bemakelt** anzusehen, „wenn er sich bei wirtschaftlicher Betrachtungsweise im Sinne eines Kausalzusammenhangs auf die Vortat zurückführen lässt" (BGHSt. 53, 205 = NStZ 2009, 328 = StV 2009, 415 [Bestechung eines ausländischen Amtsträgers als Vortat der Geldwäsche]). Wurde mit Bargeld aus Drogengeschäften ein Dealer bezahlt, der das Bargeld eingezahlt, mit dem Guthaben Wertpapiere gekauft und mit den Wertpapieren ein Darlehen gesichert hat, so ist selbst das Darlehen noch taugliches Tatobjekt.

Problematisch ist freilich, dass der Begriff des „Herrührens" **nahezu uferlos Verknüpfungsmöglichkeiten** von Vermögensgegenständen mit einschlägigen Vortaten zulässt; er lässt indes offen, wann ein Vortatbezug ausscheidet. Dies soll nach der Ansicht des Gesetzgebers jedenfalls dann der Fall sein, wenn der Wert eines Gegenstandes auf die selbständige Leistung eines Dritten zurückgeführt werden kann (BT-Drs. 12/989 S. 27: *„Auch diese Fälle mit dem Merkmal ‚Herrühren' erfassen zu wollen, würde nicht nur dem üblichen Sprachgebrauch zuwiderlaufen, sondern auch dazu führen können, dass der legale Wirtschaftsverkehr in kürzester Zeit mit einer Vielzahl inkriminierter Gegenstände belastet wird."*).   **97**

Die **Verdünnung deliktisch erlangter Vermögensgegenstände** unter Einsatz von Vermögenswerten legaler Herkunft soll die Bemakelung grundsätzlich unberührt lassen. Ersatzgegenstände, die aus derartigen Umwandlungsgeschäften hervorgegangen sind, sollen zu den tauglichen Tatobjekten der § 261 StGB zählen, sofern nur der eingeflossene inkriminierte Anteil aus wirtschaftlicher Sicht nicht völlig unerheblich ist (*Karlsruhe* NJW 2005, 767 = NZI 2005, 352 = wistra 2005, 189 [FlowTex]). Die Einzelheiten sind freilich höchst umstritten (vgl. zum Meinungsstand *Fischer* § 261 Rn. 8 m. w. N.). Es spricht viel dafür, den eingesetzten Anteil bemakelter Gelder im Rahmen der Strafzumessung zu berücksichtigen.   **98**

Wegen der Nähe des Geldwäschetatbestandes zu den Verfallvorschriften wird die Geldwäschetauglichkeit eines Gegenstandes im Fall der **Verjährung der Vortat** teilweise verneint (vgl. *Barton* NStZ 1993, 159, 165). Der Gegenstand verliere mit der Verjährung der Vortat seine ursprünglich bemakelte Prägung; die Verbindung zur Vortat ende dann, wenn der Kausalzusammenhang zwischen Katalogtat und Vermögensgegenstand **normativ belangvoll unterbrochen** werde (dagegen mit beachtlichen Argumenten Sch/Sch/*Stree/Hecker* § 261 Rn. 11).   **99**

aa) Gutglaubensschutz bei § 261 Abs. 1 StGB. Die Bemakelung des Gegenstandes findet bei den manipulativen und clandestinen Tatbegehungsweisen des § 261 Abs. 1 StGB auch durch einen zwischenzeitlichen gutgläubigen Erwerb keine Grenzen. Nach § 261 Abs. 6 StGB wird nur bei den Tatbegehungsweisen des § 261 Abs. 2 StGB zur Vermeidung einer unangemessen langen Kette von strafbaren Vortaten die fortgesetzte Bemakelung durch einen vorhergehenden gutgläubigen Erwerb eines Dritten unterbrochen. Dies mag zum Schutze des Rechtsverkehrs notwendig sein, führt aber zu Unbilligkeiten gegenüber dem Täter des § 261 Abs. 1 StGB (vgl. auch *Fischer* § 261 Rn. 28).   **100**

bb) Gutglaubensschutz bei § 261 Abs. 2 StGB. Nach § 261 Abs. 6 StGB entfällt aber eine Strafbarkeit nach § 261 Abs. 2 StGB immer dann, wenn ein Dritter zuvor den Vermögensgegenstand erlangt hat, ohne sich dadurch strafbar zu machen (zum Begriff „eine Straftat" im Sinne des § 261 Abs. 6 StGB vgl. *Fischer* § 261 Rn. 27), also durch Erbfall oder durch gutgläubigen Erwerb (§ 935 Abs. 2 BGB). Die Regelung nimmt bestimmte Handlungen zum **Schutz des allgemeinen Rechtsverkehrs** von der Strafbarkeit nach Abs. 2 aus (BT-Drs. 12/989 S. 28).   **101**

Erhält ein gutgläubiger Vermieter eines Dealers eine Mietzahlung, die aus Rauschgifterlösen stammte, bezahlt damit seine Handwerkerrechnung, bevor er Monate später von der illegalen Herkunft erfährt, so ist er nicht strafbar gemacht. Anders stellt sich die Situation indes im Fall von **Banküberweisungen** dar: Zahlt ein Dealer Rauschgifterlöse bei einem gutgläubigen Bankangestellten ein und überweist sodann das Geld an einen bösgläubigen Lieferanten, so erlangt die   **102**

Bank zwar gutgläubig Besitz am Bargeld. Jedoch findet gegenüber dem Lieferanten kein Gutglaubensschutz statt. Denn der Dealer erlangt mit der Einzahlung auf sein Konto einen bemakelten Auszahlungsanspruch, den er mit der Überweisung an den bösgläubigen Lieferanten weiterreicht (so auch *Fischer* § 261 Rn. 29; MK-StGB/*Neuheuser* § 261 Rn. 69; *Neuheuser* NStZ 2001, 647, 649 [Anm. zu *BGH* NStZ 2001, 535 = BGHSt. 47, 68]).

II. Tathandlungen

103   Tathandlungen nach § 261 Abs. 1 StGB sind das **Verbergen** des Gegenstandes, die **Verschleierung** seiner Herkunft und die **Vereitelung** oder **Gefährdung** der Ermittlung seiner Herkunft, des Auffindens, der Anordnung des Verfalls, der Einziehung oder der Sicherstellung. Nach § 261 Abs. 2 StGB wird bestraft, wer einen einschlägigen Gegenstand sich oder einem Dritten **verschafft**, ihn **verwahrt** oder für sich oder einen Dritten **verwendet**.

104   **1. Erscheinungsformen und Stufen der Geldwäsche.** Geldwäschevorgänge lassen sich in drei Stufen unterteilen. 1. Geldwäsche ersten Grades (Placement), 2. Geldwäsche zweiten Grades (Layering), 3. Geldwäsche dritten Grades (Integration). Andere unterscheiden in einem zweistufigen Modell: 1. das sog. „Money Laundering" und 2. das sog. „Recycling".

105   **a) Placement.** Ziel des sog. Placement ist es, die Spuren der deliktischen Herkunft zu verschleiern, eine Identifikation der Vermögenswerte und eine Einziehung durch den Staat zu verhindern, z.B. durch Wechseln schmutzigen Bar- oder Buchgeldes in andere Währungen oder andere Vermögenswerte. Für die Vorwäsche von Unsummen von Bargeld, wie es im Rauschgifthandel, bei Schutzgelderpressungen, Banküberfällen und Lösegelderpressungen anfällt, bietet sich sowohl eine spurenintensive Einzahlung im Bereich der Kredit- und Finanzinstitute als auch ein fast spurenloses Anlegen bemakelter Gelder in beweglichen Sachanlagen, stillen Gesellschaften und im Rahmen von Darlehensgeschäften an. Beliebt ist das Fingieren von Umsätzen in Betrieben mit hohem Bargeldvolumen (wie z.B. Taxibetrieben, Pizzerien und anderen Lokalen, Kinos- und Barbetrieben, ambulanten Obst-, Gemüse- und Blumenständen, in Im- und Exportfirmen, Wechselstuben, Spielbanken und Scheinfirmen aller Art).

106   **b) Layering.** Ziel des Layering ist a) der Transfer schmutzigen Geldes in andere Staaten rund um die Welt. Bevorzugt sind Länder mit fehlender Buchführungspflicht und fehlender Bankenaufsicht, mit mangelhafter Steuerkontrolle, unzureichenden Rechtshilfebestimmungen und mangelhaften Strafvorschriften. Bevorzugt werden die sog Off-Shore-Zentren, Tax Havens oder Steueroasen in der Karibik, Afrika oder Asien. Aber auch Länder mit kaum zu kontrollierenden Domizil- und Finanzgesellschaften ohne aufsichtsrechtliche Überwachung sind begehrte Ziele von Geldwäschetransaktionen. Ziel des Layering ist es darüber hinaus, durch die **Zwischenschaltung unverdächtiger Dritter** (Anwälte, Treuhänder, Scheinfirmen) die Spur des schmutzigen Geldes zu verschleiern.

107   Beliebte Plätze für derartige Banktransaktionen sind in **Europa** Andorra, Bulgarien, Campione d'Italia, Gibraltar, Guernsey Jersey, Liechtenstein, Luxemburg, Monaco, Schweiz, Zypern, im **afrikanisch/arabischen Raum** Abu Dhabi, Angola, Bahrain, Dubai, Kuwait, Libanon, Liberia, Oman, Seychellen, Vereinigte Arabische Emirate, in **Ostasien und Polynesien** Australien, Hongkong, Neu Kaledonien, Neuguinea, Singapur, Sri Lanka, Thailand in **Lateinamerika** (Karibik und Südamerika) Barbados, Bahamas, Bermudas, Cayman-Islands, Costa Rica, Chile, Haiti, Jamaika, Kuba, Nicaragua, Niederländische Antillen, Panama, Uruguay und Venezuela.

108   Eine besondere Rolle spielen die Cayman-Islands. *Dieffenbacher* (Die Off-Shore-Bankenplätze [1993]) beschreibt die Cayman-Islands als einen der bekanntesten Off-Shore-Bankenplätze der Welt. Obwohl sie nur 7 km lang, 2 km breit ist und nur 14.000 Einwohner beherbergt, sitzen hier 500 Banken aus der ganzen Welt und viele Tausende

Sitzgesellschaften. Auch zahlreiche deutsche Kreditinstitute unterhalten auf den Cayman-Islands Filialen. Nun sind Geldgeschäfte von Kreditinstituten mit einer insbesondere steuerlich vorteilhaften Struktur für sich genommen weder anrüchig noch gar illegal. Vor diesem Hintergrund muss auch insoweit strikt zwischen seriösen und dubiosen Verhaltensweisen unterschieden werden. Andererseits laden Finanzzentren mit fehlender Bankenaufsicht, mit unzureichenden Straf- und Rechtshilfebestimmungen in besonderem Maße dazu ein, Finanztransaktionen mit dubiosem oder kriminellem Hintergrund abzuwickeln.

Die im Westpazifik gelegene Inselrepublik Nauru, die mit rd. 13.000 Einwohnern zu **109** den kleinsten Staaten der Erde gehört, hatte sich seit ihrem wirtschaftlichen Niedergang infolge der nahezu vollständigen Erschöpfung der reichen Phosphatvorkommen gegen Ende der 1990er Jahre zu einem beliebten Geldwäschezentrum insbesondere der russischen Drogenmafia entwickelt. Bis 2001 siedelten sich hier rund 400 Offshore-Banken an, die auf zwielichtige Geschäftsleute vor allem deshalb eine besondere Anziehungskraft ausübten, weil Vorkehrungen zur Geldwäschebekämpfung vollständig fehlten. Nauru geriet alsbald in den Blick der „Financial Action Task Force on Money Laundering" der OECD, die Nauru als ersten Staat der Welt mit Sanktionen belegte. Am 28. August 2001 erließ Nauru ein Anti-Geldwäsche-Gesetz, dessen Regelungen freilich noch lückenhaft waren. Nachdem das Land Mitte 2003 sämtliche Offshore-Banklizenzen widerrufen hatte, konnte es im Dezember 2003 von der im April 2002 veröffentlichten OECD-Liste der unkooperativen Steueroasen gestrichen werden.

c) Integration. Ziel der sog. Integration ist die mittel- oder langfristige Weiter- **110** behandlung vorgewaschener Vermögenswerte, so dass sie nicht mehr mit illegalen, sondern nur noch mit legalen und insbesondere steuerlich veranlagten Geschäften in Verbindung gebracht werden können. Diese Stufe ist nicht erforderlich, wenn Verbrechenserlöse wieder zur Finanzierung von Straftaten genutzt werden. Als Geldwaschanlagen dienen alle Wirtschaftsunternehmen, bei denen viel Bargeld anfällt (Restaurant- und Hotelketten, Pizzerien, Taxiunternehmen, Nachtclubs, Spielbanken, Diskotheken, Filmtheater, Supermärkte und Autowaschanlagen) und bei denen mit aus Verbrechen stammenden Geldern eine hoher Umsatz vorgetäuscht werden kann (vgl. *Graber*, Geldwäscherei [1990] S. 57 f.).

2. Bedeutung des sog. „Hawala-Banking". Informelle Finanztransfer- **111** Systeme spielen im globalen Zahlungsverkehr eine nicht zu unterschätzende Rolle. Solche neben den regulierten Finanzsektor operierenden alternativen Überweisungssysteme, die teilweise als „Underground Banking" bezeichnet werden, setzen Schätzungen zufolge jährlich zwischen **100 bis 200 Mrd. US-Dollar** um (vgl. *BMF*, Der Missbrauch des Finanzsystems durch „Underground Banking" – Bestandsaufnahme und Gegenmaßnahmen, Monatsbericht 2004.10, S. 77 ff.) und decken damit einen Bedarf an weltweit verfügbaren, einfachen, schnellen, sicheren und kostengünstigen Finanztransfers ab, ein Marktsegment, das die Anbieter des geregelten Finanzdienstleistungssektors bislang nur mit Abstrichen bedienen. Der Begriff des „Underground Banking" beschreibt das Phänomen dabei nur unzureichend und ist zudem missverständlich (so auch Herzog/Mühlhausen/*Teichmann/Achsnich/Teichmann* GwHdb § 30 Rn. 11). Denn die Netzwerke agieren keineswegs nur im Untergrund. Alternative Überweisungssysteme erreichen weltweit rund 300 Millionen Menschen und beziehen dabei auch Regionen der Erde ein, in denen infrastrukturelle Gegebenheiten die Etablierung des klassischen Bankensystems schlichtweg nicht erlauben. Neben Emigranten, die die Netzwerke für Unterstützungszahlungen an ihre Familien nutzen, haben nicht zuletzt deshalb auch führende europäische Industrieunternehmen die Möglichkeiten informeller Finanztransfermodelle für sich entdeckt. Zum sog. Islamischen Kreditwesen vgl. nur *Bälz* ZVglRWiss 2010, 272 ff.

Das bekannteste Zahlungssystem dieser Art ist das auf frühmittelalterlich orienta- **112** lischen Handelsstrukturen zurückgehende sog. **„Hawala-Banking"** (vgl. auch *Schneider* EuZW 2005, 513; *Findeisen* WM 2000, 2125). Es basiert auf dem „Prinzip der 2 Töpfe" (*BMF* a. a. O. S. 79) und lebt von gegenseitigem Vertrauen bzw.

(genauer) von ethnischer Loyalität (vgl. dazu *Warius*, Das Hawala-Finanzsystem in Deutschland – ein Fall für die Bekämpfung von Geldwäsche und Terrorismusfinanzierung?, 2009, S. 76 ff.). Der Geldtransfer vom Absender zum Empfänger erfolgt über die sog. **Hawaladare**, regelmäßig ortsansässige Händler, Juweliere oder Reisebüros, die das Hawala-Geschäft neben ihrem eigentlichen Broterwerb betreiben. Charakteristisch ist, dass Hawala auf den physischen Verkehr des Geldes verzichtet. Auftraggeber zahlen die zu transferierenden Beträge vielmehr bei ihrem Hawaladar ein, der nach – meist telefonischer – Kontaktaufnahme mit dem am Bestimmungsort ansässigen Partner die Auszahlung des Geldes legitimiert. Weil Geldtransfers stets auch in der Gegenrichtung stattfinden, erfolgt der Ausgleich der Dienstleister untereinander zumeist im Wege der Verrechnung. Verbleibende Differenzen werden – spätestens bei Erreichen der Liquiditätsgrenzen – über Bargeldtransfers, Lieferung von Sachwerten oder z. T. über den regulären Finanzmarkt ausgeglichen (ausführlich *Warius* a. a. O. S. 75 ff., 97 ff.). Auf Belege wird regelmäßig verzichtet.

113   Obschon Hawala-Banking als schnelle, unkomplizierte und kostengünstige Alternative von jeher im Wesentlichen der Abwicklung legaler Überweisungsvorgänge dient, wirkt nicht zuletzt die mangelnde Transparenz der Zahlungsflüsse auch auf die Akteure der **Organisierten Kriminalität** (zu der im Mai 1990 von der AG Justiz/Polizei verabschiedeten Arbeitsdefinition „Organisierte Kriminalität" vgl. *BKA*, Kurzfassung Lagebild 2008, S. 8; zu Begriff, Erscheinungsformen und Indikatoren siehe auch RiStBV, Anl. E Nr. 2) überaus anziehend (vgl. etwa den festgestellten Sachverhalt von BGHSt. 43, 158 = *BGH* NStZ 1998, 42 = StV 1997, 589). Hawala lässt sich dabei in allen Phasen der Geldwäsche und insbesondere bereits im Vorfeld der Einspeisung der bemakelten Gelder in den Finanz- und Wirtschaftskreislauf einsetzen; so werden regionale Maßnahmen der Geldwäschebekämpfung dadurch umgangen, dass Gelder zunächst in risikoärmere Staaten transferiert werden.

114   Das Betreiben des Hawala-Geschäfts unterfällt in Deutschland (zum angelsächsischen Rechtskreis vgl. *Schneider* EuZW 2005, 513) als **Finanztransfergeschäft** nach § 1 Abs. 2 Nr. 6 dem Gesetz über die Beaufsichtigung von Zahlungsdiensten (ZAG – **Zahlungsdiensteaufsichtsgesetz** vom 25. Juni 2009, BGBl. I S. 1506; vormals § 1 Abs. 1 a Satz 2 Nr. 6 KWG, vgl. dazu Wabnitz/Janovsky/*Knierim*, Handbuch Wirtschafts- und Steuerstrafrecht, 3. Aufl. 2007, Kap. 8 Abschn. A I 2 a Rn. 10; vgl. auch *Zervas*/*Demgensky* WM 2010, 629), das in § 22 besondere organisatorische Pflichten von Zahlungsinstituten und Sicherungsmaßnahmen gegen Geldwäsche vorsieht. Die **Aufsicht** über Finanztransfergeschäfte erfolgt – basierend auf der Richtlinie 2007/64/EG (**Zahlungsdiensterichtlinie**, ABl. L 319 vom 5. 12. 2007 S. 1) – nun nicht mehr allein aus Gründen der Geldwäscheprävention, sondern dient primär der Etablierung eines vereinheitlichten Binnenmarktes für Zahlungsgeschäfte. Die Gesetzesauslegung und insbesondere die Begriffsbestimmung wird sich künftig hieran zu orientieren haben (vgl. dazu BT-Drs. 16/11613 S. 35). Die gewerbsmäßige oder ihrem Umfang nach einen in kaufmännischer Weise eingerichteten Geschäftsbetrieb erfordernde Erbringung von Zahlungsdiensten unterliegt nach § 8 ZAG der **Erlaubnispflicht**. Neben diversen Formalerfordernissen (vgl. § 8 Abs. 3 ZAG) ist die Erteilung der Erlaubnis für das Finanztransfergeschäft nach § 8 Abs. 3 Nr. 1 i. V. m. § 9 Nr. 3 S. 1 Buchst. a) ZAG u. a. an den Nachweis eines **Anfangskapitals von mindestens EUR 20.000** geknüpft. Nach § 9 Nr. 1 ist die Erlaubnis freilich vor allem dann zu versagen, wenn der Antragsteller keine juristische Person oder Personenhandelsgesellschaft ist, weshalb die Mehrzahl der Hawaladare auch künftig die gesetzlichen Zulassungsvoraussetzungen nicht erfüllen werden. Zur Geldwäscheprävention durch Einbeziehung von Hawala-Dienstleistern in den geregelten Zahlungsdienstemarkt *de lege ferenda* überzeugend *Warius*, a. a. O.; zur Irrtumsproblematik in Bezug auf die Genehmigungsbedürftigkeit des Hawala-Geschäfts vgl. *BGH* NStZ-RR 2003, 55 = wistra 2003, 65; *BGH* NStZ 2007, 644 = wistra 2006, 464; dazu auch Park/*Janssen*, Kapitalmarktstrafrecht, 2. Aufl. 2008, § 54 KWG Rn. 40.

3. Tathandlungen im Einzelnen. Die in § 261 Abs. 1 und Abs. 115
2 StGB ent-
haltenen Tatbestandsalternativen mit ihren zahlreichen Tatbegehungsweisen sollen
möglichst lückenlos alle Bemühungen erfassen, die darauf abzielen, die Vermögensgegenstände in den legalen Finanz- und Wirtschaftskreislauf einfließen zu
lassen, ohne dass die kriminelle Quelle offenbar wird. Die Tatbestände sind in Ermangelung einer Legaldefinition vielfach unscharf; Überschneidungen sind häufig,
eine trennscharfe Abgrenzung ist kaum möglich (vgl. die Kritik von *Lampe*
JZ 1994, 128).

a) Vereitelungs- und Gefährdungstatbestand (Abs. 1). Der Vereitelungs- 116
und Gefährdungstatbestand des § 261 Abs. 1 StGB setzt voraus, dass der Täter den
Gegenstand verbirgt, seine Herkunft verschleiert oder die Ermittlung seiner Herkunft, sein Auffinden, die Anordnung des Verfalls, der Einziehung oder der Sicherstellung eines solchen Gegentandes vereitelt oder gefährdet.

aa) Verbergen. Den Tatbestand des § 261 Abs. 1 S. 1 StGB erfüllt, wer einen 117
bemakelten Gegenstand verbirgt. Verbergen ist das Verstecken, Aufbewahren oder
Ablegen des Gegenstandes an einem geheimen oder zumindest ungewöhnlichen
Ort (vgl. *Sch/Sch/Stree/Hecker* § 261 Rn. 14; *MK-StGB/Neuheuser* § 261 StGB
Rn. 61). Verbergen ist damit ein Beispielsfall des Gefährdens des Auffindens und
umfasst primär rein körperliche Vorgänge (*Kindhäuser/Neumann/Paeffgen/Alten-
hain* § 261 Rn. 102). Typische Handlungen sind das Verstecken, Vergraben und die
Übergabe an Dritte.

bb) Verschleiern der Herkunft. Der Täter verschleiert die Herkunft eines 118
bemakelten Gegenstandes, wenn er Maßnahmen trifft, die den Herkunftsnachweis
erschweren (*Fischer* § 261 Rn. 21). Im Unterschied zum Verbergen wird dabei
nicht die Existenz des Gegenstandes geleugnet (*MK-StGB/Neuheuser* § 261 StGB
Rn. 62); Ziel der Verschleierungshandlung ist es vielmehr, dem Vermögensgegenstand den Anschein eines legalen Ursprungs zu verleihen (*Sch/Sch/Stree/Hecker*
§ 261 Rn. 14). Die Verschleierung der Herkunft kann durch Täuschungs- und
Fälschungshandlungen, durch Manipulationen der Buchführung und sonstiger
Unterlagen, durch die Einschaltung von Scheinfirmen und Strohmännern oder
durch Einzahlungen unter fremdem Namen oder auf fremde Konten erfolgen. Ein
Geldtransfer, der in auffälliger Weise von dem im üblichen Geldverkehr geltenden
Bedingungen abweicht, weil etwa das Geld nicht direkt sondern über eine Zwi-
schenstation gesteuert wird, um die deliktische Herkunft von Geldern zu verdun-
keln, erfüllt den Verschleierungstatbestand (vgl. *LG Stuttgart* NJW 1995, 670 =
wistra 1995, 156 [Geldwäsche nach Auslandstat]). Fehlt es an entsprechenden Ka-
schierungsbemühungen, kann die bloße Einzahlung eines Anteils am bemakelten
Verbrecherserlös auf das laufende Giro- oder Geschäftskonto des Täters nicht als
Verschleierungshandlung eingestuft werden. Nicht erforderlich ist freilich, dass die
Bemühungen des Täters zum Erfolg führen und also tatsächlich eine erfolgreiche
Verschleierung der Herkunft bewirken (*MK-StGB/Neuheuser* § 261 Rn. 62; *Sch/
Sch/Stree/Hecker* § 261 Rn. 14).

cc) Vereiteln und Gefährden. Wegen Geldwäsche nach § 261 Abs. 1 StGB 119
macht sich auch derjenige strafbar, der die Ermittlung der Herkunft eines Gegenstandes, sein Auffinden, den Verfall, die Einziehung oder die Sicherstellung eines
solchen Gegenstandes vereitelt oder gefährdet. Der Begriff der **Vereitelung** ist
auch in § 258 StGB enthalten. Er setzt einen Erfolg voraus, zumindest einen Teil-
erfolg. Unter Vereitelung ist nicht erst die endgültige tatsächliche oder rechtliche
Verhinderung der Aufklärung der verbrecherischen Herkunft, sondern bereits jegliche Erschwerung, Behinderung und Verzögerung der Ermittlungen zu verstehen.
Der Täter **gefährdet** die genannten Maßnahmen, wenn seine Handlungen die
konkrete Gefahr begründen, dass Ermittlungsmaßnahmen scheitern (*Karlsruhe*
NStZ 2009, 269).

Die Handlung muss dazu führen, dass der staatliche Zugriff auf den Gegenstand 120
konkret erschwert wird (*BGH* NStZ 1999, 83 = NJW 1999, 436 = StV 1999, 94).
Entscheidend sind die Umstände des Einzelfalles. Sind alle Bemühungen des Täters

objektiv (wenngleich vom Täter unerkannt) allein darauf gerichtet, Vermögensgegenstände einem verdeckten Ermittler in die Hände zu spielen, liegt lediglich ein Versuch vor. Denn ein Gefährdungserfolg ist unter diesen Umständen schlichtweg nicht zu erwarten (*BGH* NStZ 1999, 83 = NJW 1999, 436 = StV 1999, 94). Die Erfüllung des Gefährdungstatbestandes setzt eine Besserstellung des Täters voraus. Lehnt ein Bankangestellter die Durchführung eines verdächtigen Geldgeschäfts ab und verhindert so etwa die Überweisung von Geldern nach Deutschland, mag er durch die Zurückweisung der Finanztransaktion zwar eine Sicherstellung des Geldes gefährdet haben. In Ermangelung einer Besserstellung des Täters muss eine Strafbarkeit wegen Geldwäsche gleichwohl ausscheiden.

121 b) Isolierungstatbestand (Abs. 2). Nach § 261 Abs. 2 StGB wird – unter den weiteren tatbestandlichen Voraussetzungen – bestraft, wer einen bemakelten Vermögensgegenstand sich oder einem Dritten verschafft, ihn verwahrt oder für sich oder einen Dritten verwendet. Der Auffangtatbestand des § 261 Abs. 2 StGB (vgl. BT-Drs. 12/989 S. 27) greift ein, wenn die Tatbegehungsweisen des § 261 Abs. 1 StGB nicht vorliegen. Durch die Strafdrohung des § 261 Abs. 2 StGB soll der Vortäter von der Umwelt isoliert, seine Vermögensgegenstände sollen praktisch verkehrsunfähig gemacht werden (*BGH* NStZ 2010, 222 = NStZ-RR 2010, 53).

122 aa) Sichverschaffen. Der Begriff des Sichverschaffens war ursprünglich dem Hehlereitatbestand entlehnt und sollte daher inhaltlich an die *„dazu in Rechtsprechung und Literatur entwickelten Grundsätze"* anknüpfen (BT-Drs. 12/989 S. 27; BT-Drs. 12/3533 S. 13). Der Gesetzgeber hat sich im Interesse einer möglichst umfassenden und – wegen der hiermit verbundenen Abschreckung – möglichst wirkungsvollen Isolierung vortatbemakelter Gegenstände ganz bewusst für einen Terminus entschieden, der deutlich über den Begriff des „Erwerbs" hinausgeht und damit im Ergebnis eine Übererfüllung internationaler (vgl. Wiener Übereinkommen der Vereinten Nationen gegen den unerlaubten Verkehr mit Suchtstoffen und psychotropen Stoffen von 1988) und europäischer Vorgaben (Geldwäsche-Richtlinien 91/308/EWG – ABl. L Nr. 166 S. 77ff.; 2001/97/EG – ABl. L Nr. 344 S. 76ff.) bewirkt.

123 Zwischenzeitlich haben sich die Wege der Auslegung des Begriffs des „Sichverschaffens" im Hehlerei- und im Geldwäschekontext getrennt. Während die Rechtsprechung und der überwiegende Teil der Literatur für die Hehlerei das Sichverschaffen in Ermangelung eines einverständlichen Zusammenwirkens zwischen Vortäter und Hehler dann verneinen, wenn der Vortäter durch Drohung zur Übertragung der Verfügungsmacht veranlasst wird (vgl. *Fischer* § 259 Rn. 13; *Lackner/Kühl* § 259 Rn. 10; Beck-OK/*Ruhmannseder* § 259 Rn. 17), will der 1. Strafsenat des BGH für die Geldwäsche auf eine solche Einschränkung verzichten (BGHSt. 55, 36 = NStZ 2010, 517 = StV 2010, 359). Den entscheidenden Unterschied zwischen Hehlerei und Geldwäsche erkennt er letztlich darin, dass die Tathandlungen bei der Hehlerei (anders als bei der Geldwäsche) wesensmäßig Hilfeleistungen zugunsten des (Vor-)Täters seien und damit in gewissem Umfang ein Zusammenwirken von Vortäter und Hehler voraussetzen (vgl. BGHSt. a. a. O.).

124 Ausgehend hiervon fallen unter den Begriff des Sichverschaffens sämtliche Handlungen, die dazu führen, dass der Täter die **Verfügungsgewalt** über den inkriminierten Gegenstand **im Einvernehmen mit dem Vortäter** erlangt. Dies betrifft einerseits die Fälle der rechtsgeschäftlichen Kooperation, also etwa den Ankauf von Geld, Schmuck oder Wertpapieren. Andererseits setzt Einvernehmlichkeit nicht voraus, dass die Übertragung von Willensmängeln unbeeinflusst erfolgt. **Täuschungs- und Nötigungshandlungen** gegenüber dem Vortäter stehen daher einer Strafbarkeit wegen Geldwäsche nicht grundsätzlich entgegen.

125 **Kein Sichverschaffen** sind daher all jene Handlungen, die einen Übergang der Verfügungsgewalt ohne oder gegen den Willen des Vortäters bewirken, weil es in diesen Fällen an einem **spezifischen Vortatbezug des Überführungsaktes** fehlt. Die gewaltsame Wegnahme beim Raub ist daher ebenso wenig Sichverschaffen im Sinne des § 261 Abs. 2 StGB, wie etwa ein Zugriff auf Vermögensgegenstände im Wege der Zwangsvollstreckung. Auf der Basis der aktuellen höchstrichterlichen Rechtsprechung spricht daher viel dafür, die aus anderen Zusammenhängen bekannte Abgrenzung zwischen (Vermögens-)Verfügung und Wegnahme (vgl. nur *Lackner/Kühl* § 263 Rn. 31 m. w. N.) auch im Geldwäschekontext fruchtbar zu machen.

bb) Verwahrung und Verwendung. Verwahren ist die bewusste Ausübung **126** des Gewahrsams (vgl. § 261 Abs. 2 Nr. 2: „erlangt hat") für Dritte oder für eigene Zwecke (Sch/Sch/*Stree/Hecker* § 261 Rn. 16). Verwenden ist die Übernahme der Wertgegenstände zum Zwecke der Veräußerung, Umwandlung oder Weitergabe (BT-Drs. 12/3533 S. 13). Die bloße Nutzung oder Ingebrauchnahme des Gegenstandes erfüllt den Tatbestand dagegen nicht (a. A. Sch/Sch/*Stree/Hecker* a. a. O.). Für das Verwahren und Verwenden eines vom Vortäter **geraubten Gegenstandes** sollen nach der Rechtsprechung des Bundesgerichtshofs (*BGH* NStZ 2010, 222 = NStZ-RR 2010, 53) die zur Tathandlungsalternative des Sichverschaffens entwickelten Grundsätze entsprechend gelten.

Nach § 261 Abs. 2 Nr. 2 StGB ist erforderlich, dass der Geldwäscher die Her- **127** kunft des Gegenstandes zu dem Zeitpunkt gekannt hat, zu dem er ihn erlangt hat.

Werden in der Handtasche einer Angeklagten in ihrem Zimmer registrierte **128** Geldscheine sichergestellt, die ein verdeckter Ermittler der Polizei wenige Tage zuvor bei einem Rauschgiftscheingeschäft an einen Dritten ausgehändigt und dieser sie an die Angeklagte zur Aufbewahrung weitergegeben hatte, so kommt Geldwäsche durch Verbergen oder Verwahrung in Betracht (*BGH* NStZ-RR 1997, 359 = StV 1998, 25 = wistra 1998, 25).

c) Einzelfälle. aa) Drogenabhängige. Obwohl der Gesetzgeber mit dem **129** Geldwäschetatbestand vor allem den finanziellen Nerv des Organisierten Verbrechens treffen wollte, ist es aufgrund des umfangreichen Tatbestandskataloges unvermeidbar, dass „unbeabsichtigt" auch andere Personengruppen durch § 261 StGB getroffen werden. Drogenabhängige, die für den Dealer Erlöse aufbewahren oder zur Bank bringen, erfüllen den Geldwäschetatbestand.

bb) Staatsanwälte und Richter. Es ist nicht von vornherein ausgeschlossen, **130** dass auch Vertreter des Staates den Geldwäschetatbestand verletzten, wenn sie etwa bemakelte Geldbeträge, anstelle auf die Anordnung des Verfalls hinzuwirken, im Rahmen einer Einstellung nach § 153 a StPO zur Erfüllung einer Zahlungsauflage annehmen. Sie ermöglichen dem Täter hierdurch nämlich, seine Geldauflage mit bemakeltem Geld zu begleichen und ersparen es ihm ggf. auf unbemakelte Geldreserven zurückzugreifen oder einen Kredit aufnehmen zu müssen. Stellt ein StA oder ein Richter ein Verfahren gem. § 153 a StPO ein, obwohl er annehmen muss, dass die Geldauflage zugunsten einer gemeinnützigen Einrichtung oder zugunsten der Staatskasse aus Drogenerlösen stammt, so kommt eine leichtfertige Geldwäsche in der Form des Verschaffens von Drogenerlösen für einen Dritten nach § 261 Abs. 2 i. V. m. Abs. 5 StGB in Betracht. Weder die Absicht der Förderung gemeinnütziger Zwecke noch der Umstand, dass der Täter den rechtswidrig erlangten Vorteil des Vortäters nicht perpetuiert, dem Vortäter wertmäßig nicht erhält, vermögen den Tatbestand oder die Rechtswidrigkeit auszuschließen, sondern lediglich den Schuldumfang bei geringeren Geldsummen zu beeinflussen. Werden kontaminierte Täterlöse im Wege der Einziehung (§§ 74 ff. StGB) oder des Verfalles (§§ 73 ff. StGB) konfisziert, um aus Gründen der individuellen oder generellen Kriminalprävention den Täter zu entreichern, so ist dies nicht nur unbedenklich, sondern gesetzlich geboten. Scheitert die staatliche Gewinnabschöpfung, weil die Geldbeträge nicht erwiesenermaßen aus Straftaten stammen, sondern lediglich zweifelhaften Ursprungs sind so ist die Annahme dieser Gelder unbedenklich, da sie den u. U. rechtswidrig bereicherten Täter wirtschaftlich isoliert und entreichert.

cc) Ermittlungsbeamte. Nicht nur Bankangestellte, auch die Strafverfolger **131** kollidieren bei ihren berufstypischen Tätigkeiten mit dem uferlosen Geldwäschetatbestand. Immer dann, wenn Strafverfolgungsbehörden sich aus ermittlungstaktischen Gründen in mögliche Geldwäscheaktionen verdächtiger Personen einschalten oder zur Durchführung kriminaltaktischer Maßnahmen schmutziges Tätergeld annehmen, kann in Anlehnung an die Regelungen über kontrollierte Betäubungsmittel-Lieferungen das unkontrollierte „Fließenlassen" von rechtswidrig erlangtem Vermögen oder die Investition von schmutzigem Straftätergeld zur Finanzierung von Scheingeschäften oder Scheintransporten den objektiven Geldwäschetatbestand erfüllen. Auch wenn die Polizei bei Verwendung schmutzigen Tätergeldes einen Gegenwert erlangt, so verhindert dies nicht, sondern begründet gerade den § 261 StGB. Auch Generalklauseln vermögen dies ebenso wenig zu rechtfertigen wie eine Auslegung des Geldwäschetatbestandes als Rechtspflegedelikt.

132 So wie ein Rauschgiftfahnder zum Wohle des Landes und zum Schutze seines Informanten vor Gericht wie jeder Bürger keine falsche Aussage machen darf (ggf. seine Aussagegenehmigung beschränken lassen muss), darf er auch nicht zum Zwecke der Strafverfolgung bemakeltes Geld im Markt versickern lassen. Die Finanzermittler sollen ja gerade das Versickern schmutzigen Geldes verhindern. Strafverfolgungsbehörden dürfen bei einem ausreichenden Geldwäscheverdacht bemakeltes Geld nur dann durch die Banken ins Ausland weiter fließen lassen, wenn entweder unter fortbestehender Kontrolle die Beschlagnahme im Ausland gewährleistet ist, oder wenn im Inland die Beweismittel für eine Beschlagnahme nicht ausreichen (**sog. kontrollierte Geldflüsse**). *Kraushaar* (wistra 1996, 168 ff.) hat sich deshalb für eine deklaratorische Freistellungsklausel ausgesprochen. Der Gesetzgeber hat auf diese Möglichkeit verzichtet und darauf hingewiesen, dass eine teleologische Auslegung unter Berücksichtigung des geschützten Rechtsgutes bereits jetzt zur Tatbestandslosigkeit führen würde (BT-Drs. 13/ 8651 S. 9 ff; zust. *Hund* ZRP 1997, 18; krit. *Oswald*, 1997, 302; *Kreß* wistra 1998, 126).

133 **dd) Rechtsanwälte.** Seit langem heftig umstritten ist die Frage, auf welchem Wege sich insbesondere Strafverteidiger vom Makel eines Geldwäscheverdachts verschonen lassen. Die in diesem Kontext diskutierten Ansätze sind vielfältig (zum Meinungsstand ausführlich die Vorauflage; vgl. auch *Fischer* § 261 Rn. 33; Sch/Sch/*Stree/Hecker* § 261 Rn. 20; Beck-OK/*Ruhmannseder* § 261 Rn. 41 f.; Kindhäuser/Neumann/Paeffgen/*Altenhain* § 261 Rn. 124 f.; MK-StGB/*Neuheuser* § 261 Rn. 74 f. jew. m. w. N.). Festzuhalten ist Folgendes: Ein sog. **Strafverteidigerprivileg** ist schon aus grundsätzlichen Erwägungen heraus abzulehnen. Strafverteidiger können sich daher durch die Annahme des Honorars jedenfalls dann wegen Geldwäsche strafbar machen, wenn sie (sicher) *wissen*, dass die entsprechenden Mittel des Mandanten aus einer Katalogtat stammen (BGHSt. 47, 68 = NStZ 2001, 535 = StV 2001, 506). Einer Strafbarkeit wegen bedingt vorsätzlichen oder nur leichtfertigen Handlungen stehen indes die grundrechtlich geschützten Aspekte der **Berufsausübungsfreiheit** entgegen (BVerfGE 110, 226 = NJW 2004, 1305 = StV 2004, 254). Mit dieser einschränkenden Auslegung des Geldwäschetatbestandes hat das BVerfG der überwiegenden Zahl der Streitfälle den Boden entzogen. Vollständig „vom Tisch" ist das Thema gleichwohl nicht: vgl. etwa zur anwaltlichen Forderungsbeitreibung in bemakeltes Vermögen *Rübenstahl/ Stapelberg* NJW 2010, 3692.

134 **ee) Geschäfte des täglichen Lebens.** Erhebliche Schwierigkeiten bereiten die sog. Alltagsgeschäfte. Vielfach wird insoweit eine teleologische Reduktion des Geldwäschetatbestandes erwogen (vgl. dazu *Fischer* § 261 Rn. 31; *Nestler*, GwG, § 261 StGB Rn. 97 f.; Sch/Sch/*Stree/Hecker* § 261 Rn. 19). In der Praxis spielen derartige Vorgänge freilich kaum eine Rolle, weil häufig bereits die objektiven, mindestens aber die subjektiven Tatbestandsmerkmale nicht nachweisbar sind. In den übrigen Fällen werden in Anbetracht geringer Schuld Opportunitätseinstellungen nahe liegen.

G. Subjektiver Geldwäschetatbestand

I. Vorsätzliche Geldwäsche

Der subjektive Geldwäschetatbestand bereitet häufig noch größere Probleme als **135** der objektive Tatbestand. Nach § 261 Abs. 1 und Abs. 2 StGB wird ein doppelter Vorsatz gefordert. Der Täter muss um die verbrecherische Herkunft des Gegenstandes wissen. Er muss darüber hinaus erkennen, dass er Verschleierungs-, Vereitelungs- oder Beschaffungshandlungen vornimmt. Der Vorsatz der Geldwäsche muss die Vortat, die Tathandlung und den Taterfolg bzw. konkrete Gefahr der Vereitelung des polizeilichen Zugriffs umfassen. Der Täter muss insbesondere wissen, dass der Vermögensgegenstand aus der Vortat herrührt.

1. Vortat. Die rechtswidrige Vortat ist eine Art von objektiver Strafbarkeitsbe- **136** dingung. In den Fällen des § 261 Abs. 1 StGB kann sich der Täter auch strafbar machen, wenn er die Kenntnis der Verbrechensherkunft erst nachträglich erlangt. In Fällen des § 261 Abs. 2 muss der Täter die kriminelle Herkunft des Gegenstandes bereits in dem Zeitpunkt gekannt haben, als er ihn erlangte. Er muss die Vortat nur gekannt, nicht aber gebilligt oder gewollt haben. In den Fällen des § 261 Abs. 2 StGB muss der Täter nicht mit dem Vortäter zusammenwirken wollen (BT-Drs. 12/3533 S. 13). Geht der Täter davon aus, dass keine Katalogtat vorlag oder dass wegen gutgläubigen Erwerbs durch einen Dritten der Vermögensgegenstand nicht mehr bemakelt war, so kann ein Tatbestandsirrtum vorliegen. Es reicht nicht aus, wenn er eine legale Herkunft auf Grund der Vermögensverhältnisse ausschließt. Das Gericht muss konkrete Umstände feststellen, aus denen sich in groben Zügen ergibt, dass der Angeklagte eine Katalogtat des Geldwäschetatbestandes als Vortat angenommen hat (*BGH* wistra 2003, 260 = BeckRS 2003, 01885). Hierfür ist freilich nicht erforderlich, dass der Täter eine konkrete Vorstellung von den exakten Umständen der Vortat und von der Einstufung als Vergehen oder Verbrechen hatte. Zur Strafbarkeit reicht es aus, dass der Täter die kriminelle Herkunft des Vermögensgegenstandes billigend in Kauf nimmt (*dolus eventualis*; vgl. BT-Drs. 12/3533 S. 13). Ebenso genügt es, wenn der Täter unter mehreren Herkunftsmöglichkeiten eine kriminelle Herkunft in Betracht zieht.

2. Geldwäsche-Handlung. Vorsatz ist gegeben, wenn das Wissen und Wollen **137** des Täters auf Verschleierung, Vereitelung, Beschaffung, Verwahrung oder Verwendung gerichtet waren. Der Täter muss sich nicht betont gegen die Rechtspflege wenden oder gar der Organisierten Kriminalität dienen wollen.

3. Irrtums-Konstellationen. a) Tatbestandsirrtum. Nimmt der Täter irrig **138** Umstände an, die den Vermögensgegenstand als untaugliches Geldwäscheobjekt ausweisen würden (legale Herkunft des Vermögenswertes; Verjährung der Vortat – dazu oben Rn. 99; früherer gutgläubiger Erwerb) so kann die Fehlvorstellung einen den Vorsatz ausschließenden Tatbestandsirrtum begründen (§ 16 StGB).

b) Umgekehrter Tatbestandsirrtum. Die irrige Annahme, der Vermögens- **139** gegenstand entstamme einer schwerwiegenden Straftat (untaugliches Objekt), kann bei Verschleierungs-, Vereitelungs- oder Beschaffungsbemühungen zu einem strafbaren untauglichen Versuch führen. Ein strafbarer untauglicher Versuch mit untauglichen Mitteln, also Vereitelung durch eine nicht realisierbare Finanztransaktion oder durch einen utopischen Zahlungsweg kommt nicht in Betracht, weil bereits durch die bösgläubige Verwahrung Vollendung eintritt.

c) Verbotsirrtum. Fehlt dem Täter die Einsicht, Unrecht zu tun, kommt **140** grundsätzlich ein Verbotsirrtum in Betracht. So mag der Täter etwa annehmen, Geldwäsche sei in Deutschland überhaupt nicht mit Strafe bedroht, der Geldwäschetatbestand gelte nicht für Bankangestellte, Polizeibeamte oder Rechtsanwälte oder sei erst bei Überschreitung einer bestimmten Wertgrenze einschlägig. An die Unvermeidbarkeit eines Verbotsirrtums werden jedoch erhebliche Anforderungen gestellt. Unwissenheit allein schützt vor Strafe nicht. Vermeidbar ist der Verbotsirrtum, sofern der Täter unter Berücksichtigung seiner Fähigkeiten und Kenntnisse durch Nachdenken, Nachforschungen und Nachfragen bei Berufsvertretungen oder Rechtsanwälten sich in zumutbarer Weise Unrechtseinsicht hätte verschaffen können.

II. Leichtfertige Geldwäsche

141   Nach § 261 Abs. 5 StGB wird mit Freiheitsstrafe bis zu zwei Jahren oder mit Geldstrafe bestraft, wer in den Fällen des Abs. 1 oder Abs. 2 leichtfertig nicht erkennt, dass der Gegenstand aus einer in Abs. 1 genannten rechtswidrigen Tat herrührt.

142   Die Ausdehnung des Straftatbestandes auf den Bereich fahrlässiger Kenntnis der verbrecherischen Herkunft entsprach der Forderung des Bundesrates (BT-Drs. 11/5461 S. 13), war aber auch zur umfassenden Verfolgung der Geldwäsche unabdingbar. Eine Beschränkung auf den Vorsatz hätte es den potentiellen Geldwäschern zu leicht gemacht, sich unter Berufung auf Unkenntnis der strafbaren Herkunft der Bestrafung zu entziehen. Zur Lösung des Zielkonfliktes zwischen effektiver Strafverfolgung einerseits und einem reibungslosen Geld- und Güterverkehr andererseits wurde der Mittelweg gewählt, auch das leichtfertige Nichterkennen der verbrecherischen Herkunft unter Strafe zu stellen (BT-Drs. 12/3533 S. 14; vgl. auch *Dierlamm/Krey* JR 1992, 353, 359). Die grundsätzlichen Bedenken, die in der Literatur gegen den Tatbestand der leichtfertigen Geldwäsche nach § 261 Abs. 5 StGB erhoben werden (Systemwidrigkeit, Verfassungswidrigkeit, Mangel an Bestimmtheit, Verstoß gegen das Schuldprinzip), teilt der BGH im Ergebnis nicht (BGHSt. 43, 158 = NStZ 1998, 42 = StV 1997, 589).

143   Die Regelung des § 261 Abs. 5 StGB gilt nur in Bezug auf die Herkunft des bemakelten Gegenstandes. Für die Geldwäschehandlung ist auch im Einzugsbereich des § 261 Abs. 5 StGB Vorsatz erforderlich. **Leichtfertigkeit** im Sinne des § 261 Abs. 5 StGB liegt nur dann vor, wenn sich die Herkunft des Gegenstandes aus einer Katalogtat nach der Sachlage geradezu aufdrängt und der Täter gleichwohl handelt, weil er dies aus besonderer Gleichgültigkeit oder grober Unachtsamkeit außer acht lässt (BGHSt. 43, 158 = NStZ 1998, 42 = StV 1997, 589). Erhält etwa ein Bankangestellter von einem wegen Rauschgifthandel in Untersuchungshaft befindlichen Bankkunden einen Brief mit der Anweisung, das Konto aufzulösen und das Guthaben zu transferieren, so kann sich die inkriminierte Herkunft der Geldbeträge aufdrängen.

H. Täterschaft und Teilnahme

144   Die Abgrenzung von Täterschaft und Teilnahme erfolgt auch im Kontext der Geldwäsche nach den allgemeinen Regeln (§§ 25 ff. StGB).

I. Täterschaft

145   Danach ist grundsätzlich **Täter**, wer selbst in vollem Umfang tatbestandsmäßig handelt, mag er auch ganz oder überwiegend im Interesse eines anderen tätig werden (*BGH* NStZ 1999, 83 = StV 1999, 94 = wistra 1999, 24). Sowohl bei der Vortat als auch bei der Geldwäschehandlung selbst ist **Mittäterschaft** möglich. Fälle der **mittelbaren Täterschaft** sind insbesondere im Banksektor denkbar. Sie liegt etwa dann vor, wenn der bösgläubige Bankdirektor seinen ahnungslosen Angestellten zur Durchführung einer geldwäschetauglichen Finanztransaktion veranlasst.

II. Teilnahme

146   Der **Anstifter**, der den Vortäter zur Geldwäsche bestimmt, macht sich regelmäßig strafbar. Er bleibt nur dann straflos, wenn die Verwertungshandlung des Haupttäters straflos bleibt. Ist aber der Haupttäter der Geldwäsche nicht nach § 261 StGB strafbar, so gilt dies nach dem Grundsatz der limitierten Akzessorietät (vgl. dazu MK-StGB/*Joecks* Vorbem. §§ 26, 27 Rn. 17 ff.) auch für den Anstifter.

Auch ein Vortäter kann wegen Geldwäsche bestraft werden. Bleibt aber der Vor- **147** täter bei der Geldwäsche infolge der Anwendung der Grundsätze zur mitbestraften Nachtat straflos, dann muss auch die geringere Beteiligungsform der Anstiftung straflos bleiben.

Der Katalog der Tatbegehungsweisen des § 261 StGB ist so umfassend, dass fast **148** jeder Tatbeitrag als täterschaftliches Handeln in Betracht kommt. Für die **Beihilfe** bleiben diejenigen Fälle, in denen der Mitwirkende mit den zu waschenden Vermögensgegenständen nicht in Kontakt kommt, weil er etwa lediglich ein Fahrzeug, einen Raum, sein Konto oder einen sonstigen Gegenstand zum Geldzählen, zur Aufbewahrung oder zum Geldtransport zur Verfügung stellt. Nach allgemeinen Abgrenzungskriterien ist jeweils zu prüfen, ob nicht schon das Führen von Fahrzeugen, das Vermitteln von Kontakten, Briefkastenfirmen, Strohmännern, Konten oder Personal – etwa unter dem Gesichtspunkt eines erheblichen Eigeninteresses – eine Mittäterschaft begründet.

I. Versuch

Nach § 261 Abs. 3 StGB ist der Versuch strafbar. Dies ist im Rahmen der als Er- **149** folgsdelikte ausgestalteten Tatbegehungsweisen unproblematisch. Da bei dem konkreten Gefährdungsdelikt des § 261 Abs. 1 bereits mit dem Eintritt der konkreten Gefahr Vollendung eintritt und der Versuchsbeginn mithin erheblich vorverlagert ist, bereitet die Abgrenzung von Versuch und Vollendung in diesen Fällen allerdings erhebliche Schwierigkeiten. Der Versuch beginnt hier nicht erst in dem Zeitpunkt, in dem der Täter mit dem schmutzigen Vermögen in Kontakt kommt, sondern bereits dann, wenn er seine Tatentschlossenheit durch eindeutige Handlungen dokumentiert, die über eine bloße Tatvorbereitung hinausgehen. Beschließt jemand, ins Geldwäschegeschäft einzusteigen, und eröffnet zu diesem Zweck ein Konto, so handelt es sich um eine typische **Vorbereitungshandlung**. Steht die gleiche Person bereits mit dem Vortäter in Kontakt, erwartet zu einem bestimmten (zeitnahen) Termin die Übergabe des bemakelten Geldes, eröffnet im Hinblick hierauf ein Konto und hält nach Absatzmärkten Ausschau, so ist die Schwelle zum **Versuchsbeginn** überschritten.

Mit der Vornahme einer den Eintritt der konkreten Gefahr bewirkenden Geld- **150** wäschehandlung tritt **Vollendung** ein. Kann eine konkrete Gefährdung deshalb nicht eintreten, weil sämtliche Geldwäschehandlungen objektiv (wenngleich vom Täter unerkannt) dazu führen, dass der bemakelte Gegenstand einem verdeckten Ermittler in die Hände fällt, bleibt es beim Versuch (*BGH* NStZ 1999, 83 = NJW 1999, 436 = StV 1999, 94; vgl. auch BGHSt. 43, 110 = NStZ 1997, 493 = StV 1997, 529 [Hehlerei] m. Anm. *Krack* und *Endriß* NStZ 1998, 462 sowie *Rosenau* NStZ 1999, 352 [Anm. zu BGH, Urteil vom 17. 6. 1997 – 1 StR 119/97]).

J. Tätige Reue

Die Vorschrift des § 261 Abs. 9 S. 1 StGB enthält Regelungen zur tätigen Reue. **151** Der Gesetzgeber erhoffte sich hiermit, die Bevölkerung zur Unterstützung bei der Bekämpfung der Geldwäsche gewinnen zu können (vgl. BT-Drs. 12/989 S. 28). Gleichzeitig sollte mit den Bestimmungen des § 261 Abs. 9 S. 2 StGB der Grundsatz der straflosen Selbstbegünstigung eingehalten und eine Doppelbestrafung des geldwaschenden Vortäters vermieden werden.

Der **Freiwilligkeitsbegriff** ist umstritten. Teilweise wird auf die psychologische **152** Situation des Täters abgestellt und danach gefragt, ob der Täter noch Herr seiner Entschlüsse war (Gewissensbisse, Scham, Angst vs. Erpressung, Ermittlungsdruck). Die Gegenansicht sieht in der Freiwilligkeit ein Wertungsproblem. Es sei daher zu prüfen, ob der Täter zu den Bahnen des Rechts zurückkehren will.

Hat der Täter in den Fällen des § 261 Abs. 1 und Abs. 2 StGB **leichtfertig** die **153** verbrecherische Herkunft nicht erkannt, so reicht die freiwillige Anzeige nach § 261 Abs. 9 S. 1 Nr. 1 StGB aus. Der Gesetzgeber wollte damit auch dem Bankangestellten noch eine Strafbefreiung ermöglichen, der erst nach längerer

Geschäftsbeziehung und nach leichtfertiger Abwicklung finanzieller Transaktionen die polizeilich noch unentdeckte Geldwäsche erkennt und freiwillig anzeigt (BT-Drs. 12/989 S. 28). In den übrigen Fällen ist nach § 261 Abs. 9 S. 1 Nr. 2 StGB zusätzlich erforderlich, dass die Sicherstellung des Gegenstandes bewirkt wird.

154 Zur **Veranlassung einer Strafanzeige** gehört die Mitwirkung bei einer Anzeige durch einen Dritten. Es reicht nicht aus, dass sich jemand um eine Strafanzeige bemüht. Die Strafanzeige muss vielmehr tatsächlich auch erstattet werden. Eine interne Meldung des Bankangestellten an seinen Vorgesetzten oder den Geldwäschebeauftragten, der gleichwohl auf eine Anzeige verzichtet, hat keine strafbefreiende Wirkung (vgl. BT-Drs. 12/989 S. 28).

K. Rechtsfolgen

I. Strafrahmen

155 Der Strafrahmen der Geldwäschedelikte orientiert sich an Schuldform und Schuldumfang. Für **Vorsatztaten** nach § 261 Abs. 1 und Abs. 2 StGB ist als Strafrahmen Geldstrafe oder Freiheitsstrafe bis zu 5 Jahren vorgesehen (vgl. BT-Drs. 12/3533 S. 13). **Leichtfertige Handlungen** nach § 261 Abs. 5 StGB werden mit Freiheitsstrafe bis zu 2 Jahren oder mit Geldstrafe bedroht. **In besonders schweren Fällen** nach § 261 Abs. 4 StGB (Gewerbsmäßigkeit und Bandenmäßigkeit) reicht die Freiheitsstrafe von 6 Monaten bis zu 10 Jahren. Im Einzelfall soll nach der Rechtsprechung des BGH der Rechtsgedanke des § 257 Abs. 2 StGB berücksichtigt werden können, mit der Folge, dass die Strafe für die Geldwäsche nicht höher ausfallen darf, als die für die Vortat angedrohte (vgl. *BGH* NStZ 2000, 653 = NJW 2000, 3725 = StV 2000, 680).

II. Einziehung und Erweiterter Verfall

156 Gegenstände, auf die sich die Geldwäsche bezieht (Beziehungsgegenstände), können nach § 261 Abs. 7 S. 1 und 2 StGB unter den erweiterten Voraussetzungen des § 74a StGB eingezogen werden.

157 Bei bandenmäßiger oder gewerbsmäßiger Geldwäsche kann auch der erweiterte Verfall nach § 73d StGB angeordnet werden (§ 261 Abs. 7 StGB).

158 *Arzt* (Geldwäsche und rechtsstaatlicher Verfall, JZ 1993, 913 ff.) hat im Einzelnen aufgezeigt, dass der Geldwäschetatbestand zu einer **wertmäßigen Verdopplung der Einziehungs- und Verfallsobjekte** (Verfall wegen Vortat, Einziehung/Verfall wegen Geldwäsche) und schließlich bei wiederholten Geldweschevorgängen zu einer Vervielfachung der Beträge führen kann. Vortäter und Geldwäscher sind nicht nur wie Gesamtschuldner zu behandeln, wobei der Staat die Wahl hätte, gegen wen von beiden er vorgeht. Bei mehrstufiger Geldwäsche ist eine wertmäßige Vielfacheinziehung möglich, wenn und weil der Täter jedes neuen Waschvorgangs mit neuer Wäsche („unterschiedlich verschmutzten Vermögensgegenständen") operiert. Die doppelte Abschöpfung eines Betrages gegen denselben Täter nach Einziehungs- und Verfallvorschriften wird allerdings für unzulässig gehalten (so *Arzt* JZ 1993, 917 unter Hinweis auf BGHSt. 28, 369 = NJW 1979, 1942 = LMRR 1979, 10).

L. Konkurrenzen

159 Die speziellen Tathandlungen des § 261 Abs. 1 gehen denen des Auffangtatbestandes (vgl. BT-Drs. 122/989 S. 29) grundsätzlich vor. Verschiedene Begehensweisen innerhalb des Abs. 1 und 2 können in Tateinheit zueinander stehen. Verschafft sich der Täter bei verschiedenen Gelegenheiten aus in § 261 StGB aufgeführten Straftaten herrührende Geldbeträge, so liegt grundsätzlich Tatmehrheit zwischen den Geldwäschehandlungen vor. Ob diese Geldbeträge ihrerseits aus einer oder aus mehreren Vortaten herrühren, ist für die Beurteilung der Konkurrenz unerheblich. Ebenso ist ohne Bedeutung, ob die Geldwäschehandlungen einem einheitlichen Ziel dienten (BGHSt. 43, 149 = StV 1997, 588 =

wistra 1998, 26). Bleibt eine Vortatbeteiligung des Angeklagten zweifelhaft, ist im Wege der Postpendenzfeststellung wegen Geldwäsche zu verurteilen (*BGH* NStZ 1995, 500 = StV 1995, 522 m. Anm. *Körner* wistra 1995, 311 und NStZ 1996, 64; *BGH* NStZ-RR 1997, 359 = StV 1998, 25 = wistra 1998, 25).

Verletzt die Geldwäschehandlung weitere Straftatbestände, ist ebenfalls Tatein- **160** heit möglich (Kindhäuser/Neumann/Paeffgen/*Altenhain* § 261 Rn. 158). Dies gilt etwa für Begünstigung nach § 257 StGB (*BGH* NStZ-RR 1997, 359 = StV 1998, 25 = wistra 1998, 25) Hehlerei (BGHSt. 50, 347 = NStZ 2006, 343 = NJW 2006, 1297) und Strafvereitelung (vgl. auch *Fischer* § 261 Rn. 53).

Eine Besonderheit ergibt sich beim **Drogenhandel**, bei dem die Geldwäsche- **161** aktivitäten häufig vor Beendigung des Handeltreibens entfaltet werden. Erfüllt der Täter durch eine geldwäscherelevante Handlung zugleich den Tatbestand eines Vergehens nach dem BtMG oder dem GÜG, soll eine Strafbarkeit nach § 261 StGB ausscheiden (BGHSt. 43, 158, 164 = NStZ 1998, 42 = StV 1997, 589; *BGH* NStZ 2000, 653 = StV 2000, 680; BGHSt. 48, 240, 246 = NStZ 2003, 499 = StV 2004, 113; a. A. mit überzeugenden Gründen Kindhäuser/Neumann/ Paeffgen/*Altenhain* § 261 StGB Rn. 27, 158). Geldwäschehandlungen werden daher nur dann von § 261 StGB erfasst, wenn die Vortat des unerlaubten Handeltreibens mit Betäubungsmitteln bereits beendet ist. Vor der Beendigung des Handeltreibens erweisen sich nämlich Finanztransaktionen als Teil des unerlaubten Handeltreibens. Erst wenn der Lieferant den Kaufpreis erhalten und der Geldfluss zur Ruhe gekommen ist, ist Raum für hieran anknüpfende Geldwäscheaktivitäten.

Teil 23. Verstöße gegen die Sicherheits- und Kontrollvorschriften im Betäubungsmittelverkehr
(§ 29 Abs. 1 S. 1 Nr. 14 BtMG)

Übersicht

A. Zweck der Vorschrift

Die Vorschrift ist an die Stelle des § 11 Abs. 1 Nr. 9 lit. b und § 11 Abs. 1 **1** Nr. 10 lit. b BtMG 1972 getreten und ergänzt damit den § 29 Abs. 1 S. 1 Nr. 6 und Nr. 7 BtMG. Ursprünglich war in § 29 Abs. 1 S. 1 Nr. 11 BtMG der Straftatbestand enthalten, der Verstöße gegen die BtMVV unter Strafe stellte. In § 10 BtMVV hieß es deshalb: „Nach § 29 Abs. 1 S. 1 Nr. 11 BtMG wird bestraft, wer ...". Der Gesetzgeber hat inzwischen den Straftatbestand des § 29 Abs. 1 mehrfach geändert und ergänzt. Zunächst hatte er den illegalen Grundstoffhandel unter § 29 Abs. 1 S. 1 Nr. 11 BtMG geregelt und deshalb die Verstöße gegen Rechtsverordnungen auf § 29 Abs. 1 S. 1 Nr. 14 BtMG verschoben. Gleichzeitig unterließ er es aber, § 10 BtMVV auf diese Gesetzesänderung hin anzupassen, wo lange Zeit noch von § 29 Abs. 1 S. 1 Nr. 11 BtMG die Rede war. Nach Inkrafttreten des Grundstoffüberwachungsgesetzes v. 7. 10. 1994 hat der Gesetzgeber die Grundstoffvorschrift des § 29 Abs. 1 S. 1 Nr. 11 BtMG gestrichen, so dass § 10 BtMVV zunächst auf eine unzutreffende und gestrichene Vorschrift verwies. Zahlreiche Verstöße von Ärzten gegen die BtMVV konnten wegen dieser gesetzgeberischen Panne nicht verfolgt werden, da sie ins Leere liefen. Der Bestimmtheitsgrundsatz verbot es, im Wege der Auslegung einfach § 29 Abs. 1 S. 1 Nr. 14 BtMG anzuwenden. Erst durch die 10. BtMÄndVO wurde der Verweis des § 10 BtMVV auf § 29 Abs. 1 S. 1 Nr. 14 BtMG abgeändert.

2 Der Verordnungsgeber kann weitere Zuwiderhandlungen gegen Rechtsverord-
nungen, die aufgrund der Ermächtigungen der § 11 Abs. 2 S. 2 Nr. 1 und § 13
Abs. 3 S. 2 Nr. 1 und Nr. 3 BtMG geschaffen wurden, unter Strafe stellen. Die
Vorschrift soll im legalen Betäubungsmittelverkehr die Missachtung bedeutsamer
Verfahrensvorschriften bei der Einfuhr, Ausfuhr und Durchfuhr von Betäubungs-
mitteln, bei Verschreibung und Abgabe in Apotheken und bei der Ausrüstung von
Kauffahrteischiffen mit Strafe bedrohen.

B. Erscheinungsformen

3 Nicht alle Verstöße gegen Formvorschriften der BtMVV durch den Arzt oder
Apotheker stellen Vergehen nach § 29 Abs. 1 S. 1 Nr. 1, Nr. 6, Nr. 7 oder Nr. 14
BtMG dar, sondern werden z. T. auch als Ordnungswidrigkeiten nach § 32 BtMG
geahndet (s. dazu § 13 Rn. 137; § 29/Teil 15, Rn 28 ff.). Verschiedene Verstöße
gegen §§ 1, 2, 3, 4 und 7 Abs. 2 BtMVV sind über § 16 BtMVV Straftaten nach
§ 29 Abs. 1 S. 1 Nr. 14 BtMG. Im Rahmen der Substitutionsbehandlung werden
Verstöße gegen § 5 Abs. 1 BtMVV oder § 5 Abs. 4 S. 2 BtMVV über § 16 Abs. 2
lit. a BtMVV als Straftaten nach § 29 Abs. 1 S. 1 Nr. 14 BtMG bestraft.
4 Die Nichtbeachtung anderer Vorschriften der BtMVV stellt entweder gem. § 17
BtMVV eine Ordnungswidrigkeit dar und wird gem. § 32 BtMG mit einem Bußgeld belegt oder bleibt ohne jegliche Sanktion.
5 Verstöße gegen die BtMVV können jedoch auch eine Verletzung der Generalklausel des § 13 Abs. 1 oder des § 13 Abs. 2 BtMG darstellen und deshalb nach
§ 29 Abs. 1 S. 1 Nr. 6 oder Nr. 7 BtMG strafbar sein (vgl. hierzu § 13 Rn. 137;
§ 29/Teil 15, Rn. 28 ff.).
6 Verstöße gegen die BtMAHV oder gegen die BtMBinHV sind entweder sank-
tionsfrei oder werden lediglich als Ordnungswidrigkeit (§ 16 BtMAHV bzw.
§ 7 BtMBinHV) behandelt.

C. Subjektiver Tatbestand

7 Nur vorsätzliche, nicht aber fahrlässige Vergehen sind strafbar (§ 29 Abs. 4
BtMG).

D. Versuch

8 Der Versuch ist nicht strafbar (§ 29 Abs. 2 BtMG).

Teil 24. Abgeben von sterilen Einmalspritzen und Informieren hierüber
(§ 29 Abs. 1 S. 2 BtMG)

1 Die durch Gesetz v. 9. 9. 1992 (BGBl. I, 1593) eingefügte und durch das
3. BtMGÄndG v. 28. 3. 2000 (BGBl. I, 302) neugefasste Vorschrift stellt klar, dass
es sich bei der Abgabe von sterilen Einmalspritzen **an Betäubungsmittelabhängige** und der **öffentlichen Information darüber** nicht um ein Verschaffen und
nicht um ein öffentliches Mitteilen einer Gelegenheit zum Verbrauch i. S. v. § 29
Abs. 1 S. 1 Nr. 11 BtMG handelt (vgl. hierzu im Einzelnen § 29/Teil 19, Rn. 6
u. Rn. 18). Die Gesetzesformulierung wirft jedoch die Frage auf, ob die Abgabe
von sterilen Einmalspritzen **an Nichtabhängige** wie Gelegenheitskonsumenten,
Probierer, Substitutionspatienten **strafbar** ist und wie das Ausgabepersonal die
Abhängigkeit feststellen soll.

Teil 25. Versuchshandlungen (§ 29 Abs. 2 BtMG)

Übersicht

A. Anwendungsbereich

I. Vergehen

Der § 29 Abs. 1 BtMG enthält zahlreiche Tatbestände, die den Verkehr mit Be- **1** täubungsmitteln oder den Konsum von Betäubungsmitteln vorbereiten oder anbahnen, so dass für Versuchshandlungen wenig Raum bleibt. § 29 Abs. 2 BtMG enthält den Katalog der Vergehen, deren Versuch strafbar ist. Da die Tatbestände des § 29 Abs. 1 S. 1 Nr. 8, Nr. 9, Nr. 10 und Nr. 11 BtMG ohnehin Vorstadien des Konsums bzw. des Verkehrs mit Betäubungsmitteln darstellen, hat der Gesetzgeber davon abgesehen, den Versuch dieser Verhaltensweisen unter Strafe zu stellen. Der Versuch ist aber strafbar in den Fällen des

1. § 29 Abs. 1 S. 1 Nr. 1 BtMG, namentlich
– beim versuchten Anbau (s. dazu § 29 Rn. 74 ff.),
– bei der versuchten Herstellung (s. dazu § 29/Teil 3, Rn. 51 ff.),
– beim versuchten Handeltreiben (s. dazu § 29/Teil 4, Rn. 232 ff.),
– beim versuchten Erwerb (s. dazu § 29/Teil 10, Rn. 36 ff.),
– bei der versuchten Abgabe (s. dazu § 29/Teil 8, Rn. 24 f.),
– bei der versuchten Einfuhr (s. dazu § 29/Teil 5, Rn. 133 ff.),
– beim versuchten sonstigen Inverkehrbringen (s. dazu § 29/Teil 9, Rn. 16 f.),
– beim versuchten Sichverschaffen,
2. § 29 Abs. 1 S. 1 Nr. 2 BtMG (versuchte Herstellung einer ausgenommenen Zubereitung),
3. § 29 Abs. 1 S. 1 Nr. 5 BtMG (versuchte Durchfuhr, s. dazu § 29/Teil 14, Rn. 11 ff.),
4. § 29 Abs. 1 S. 1 Nr. 6 lit. 6 b BtMG (versuchtes Verabreichen von Betäubungsmitteln sowie versuchtes Überlassen von Betäubungsmitteln zum unmittelbaren Verbrauch).

Bei **§ 30 b BtMG** i. V. m. § 129 StGB ist der Versuch nur in der Tatbestandsva- **2** riante des **Gründens** einer kriminellen Vereinigung strafbar (§ 129 Abs. 3 StGB, vgl. SSK-StGB/*Patzak* § 129 Rn. 31).

II. Besonders schwerer Fall

Den **Versuch eines besonders schweren Falles** bzw. einen besonders schwe- **3** ren Fall in der Form des Versuches gibt es begrifflich nicht (*BGH* NStZ-RR 1997, 293; *Fischer* § 46 Rn. 97; *Weber* § 29 Rn. 1757). Dies gilt für den ungeschriebenen besonders schweren Fall ebenso wie für Regelbeispiele, die keine Tatbestandsmerkmale sind, sondern Strafzumessungsregeln enthalten. Verbleibt die Tat im Versuchsstadium, so ist im Rahmen der erforderlichen Gesamtwürdigung zu prüfen, ob auch die versuchte Tat einen ungeschriebenen besonders schweren Fall darstellt (*Fischer* § 22 Rn. 38; zur Gesamtwürdigung beim besonders schweren Fall s. § 29/Teil 26, Rn. 3). Es ist zu beachten, dass es sich beim Versuch um einen fakultativen vertypten Milderungsgrund handelt, bei dem die Strafrahmenmilderung wesentlich von **versuchsbezogenen Umständen** abhängt, wie z. B. **Nähe des Versuchs zur Tatvollendung, Gefährlichkeit des Versuchs** und **Maß** der in ihm zutage getretenen **kriminellen Energie** (*Schäfer/Sander/van Gemmeren* Rn. 543 ff.). Da die Regelbeispiele den selbständigen Qualifikationstatbeständen ähnlich sind, können sie bei der Bestimmung des Strafrahmens wie Tatbestandsmerkmale behandelt werden (BGHSt. 33, 370 = NJW 1986, 940). Insoweit sind 3 in Betäubungsmittelverfahren eher selten vorkommende Fallgruppen zu unterscheiden:

4   **1. Vollendetes Grunddelikt und versuchtes Regelbeispiel.** Wurde des Grunddelikt vollendet und das Regelbeispiel verbleibt im Versuchsstadium, greift die Indizwirkung des Regelbeispiels nicht ein (*Fischer* § 46 Rn. 102; Sch/Sch/*Eser* § 243 Rn. 44 a). Ein besonders schwerer Fall kann nur über die Gesamtwürdigung als ungeschriebener besonders schwerer Fall bejaht werden (*BayObLG* NJW 1980, 2207).

5   **2. Versuchtes Grunddelikt und vollendetes Regelbeispiel.** Im umgekehrten Fall, dass das Grunddelikt versucht und das Regelbeispiel vollendet wurde, ist die Regelwirkung anzunehmen (*BGH* NStZ 1985, 218 m. Anm. *Arzt* StV 1985, 104; *Fischer* § 46 Rn. 103). Allerdings ist zu prüfen, ob der vertypte Milderungsgrund des Versuchs nicht dennoch zur Annahme des Regelstrafrahmens zwingt. In Betracht kommt diese Fallkonstellation z. B. beim seltenen Fall des gewerbsmäßigen Handeltreibens, bei dem eine Einzeltat nicht vollendet werden konnte (*Weber* § 29 Rn. 1761).

6   **3. Versuchtes Grunddelikt und versuchtes Regelbeispiel.** Verbleiben sowohl das Grunddelikt als auch das Regelbeispiel im Versuchsstadium, so ist der erhöhte Strafrahmen anzuwenden, wenn der Täter auch zur Verwirklichung des Regelbeispiels unmittelbar angesetzt hat (BGHSt. 33, 370 = NJW 1986, 940; *BayObLG* NStZ 1997, 442 m. Anm. *Sander/Malkowski* NStZ 1999, 36; *Fischer* § 46 Rn. 101; *Weber* § 29 Rn. 1760; a. A. Sch/Sch/*Eser* § 22 Rn. 58 a und § 243 Rn. 44).

III. Verbrechen

7   Der Versuch der Verbrechenstatbestände der §§ 29 a, 30, 30 a BtMG ist nach § 23 Abs. 1 StGB stets strafbar.

B. Strafzumessungsfragen

8   Im Rahmen der Strafzumessung bei einer versuchten Tat kommt den wesentlichen versuchsbezogenen Umständen besonderes Gewicht zu, nämlich Nähe des Versuchs zur Tatvollendung, Gefährlichkeit des Versuchs und angewandte kriminelle Energie (*Schäfer/Sander/van Gemmeren* Rn. 543 f.). Bei einer Verurteilung wegen Versuchs ist es rechtsfehlerhaft, strafschärfend zu berücksichtigen, der Angeklagte habe bis zuletzt die Tat ausführen wollen und sei nur durch das Eingreifen der Polizei von einem Weiterhandeln abgehalten worden. Hätte er nämlich von sich aus von der weiteren Tatausführung Abstand genommen, hätte der persönliche Strafaufhebungsgrund des Rücktritts vom Versuch vorgelegen. Dass er es nicht tat, führt zu seiner Bestrafung wegen der versuchten Tat, darf ihm aber bei der **Strafzumessung nicht strafschärfend** angelastet werden (*BGH* NStZ 1983, 364 = StV 1983, 237). Bedenklich ist es, wenn von der Milderungsmöglichkeit nach §§ 23, 49 StGB wegen versuchter Tat nicht Gebrauch gemacht wird, weil es **nicht das Verdienst des Angeklagten sei, dass es nicht zur Vollendung gekommen sei** (*BGH* StV 1985, 411; *Fischer* § 23 Rn. 4 a).

C. Rücktritt vom Versuch

9   Ein strafbefreiender Rücktritt vom beendeten Versuch gem. § 24 Abs. 1 S. 1, 2. Alt. StGB kommt nur dann in Betracht, wenn der Täter den von ihm in Gang

gesetzten **Kausalverlauf auch aus freien Stücken bewusst und gewollt unterbricht** und wenn der Täter **den Eintritt des Erfolges tatsächlich verhindern will** (BGHSt. 31, 46 = NJW 1982, 2263; BGHSt. 33, 295 = NStZ 1986, 25 = StV 1985, 501; *Fischer* § 24 Rn. 29 ff.). Einen **strafbefreienden Rücktritt vom Versuch** hat der *BGH* verneint in folgendem Fall: Eine Angeklagte brachte ihrem Lebensgefährten eine Dosis Gift bei, die ohne alsbaldige ärztliche Hilfe zum Tode geführt hätte. Als die Wirkung des Giftes, das das Atemzentrum lähmte, eintrat, rief die Angeklagte auf die energische Aufforderung ihres Lebensgefährten hin den Notarztwagen herbei, durch den dieser schließlich gerettet wurde. Zwar hatte die Angeklagte durch Alarmierung des Krankenwagens zunächst zur Rettung des Mannes beigetragen. Da die Frau die Sanitäter und den Arzt aber nicht auf das Gift hinwies, sondern erklärte, ihr Mann habe ein blaues Medikament genommen und Kaffee getrunken, fehlte es an dem Willen, den Erfolg zu verhindern (*BGH* NStZ 1989, 525 = StV 1989, 527).

Entschließt sich ein Körperschmuggler während des Fluges vor dem Anflug eines auswärtigen Transitflughafens, seine im Magen-Darm-Trakt geschmuggelten Heroinpäckchen nicht mehr nach Deutschland einzuführen und plant ernsthaft, das Inverkehrbringen von Heroin zu unterbinden, so liegt in dem Ausscheiden eine nicht fortgeführte Vorbereitungshandlung. Entschließt sich der Angeklagte zur Vernichtung der inkorporierten Betäubungsmittel in der Flugzeugtoilette kurz vor dem Anflug auf einen deutschen Flughafen, so liegt ein **freiwilliger und ernsthafter Rücktritt vom Einfuhrversuch** vor, der den Kurier vor Strafe befreit (*LG Berlin,* Urt. v. 22. 5. 1984, (524) 6 Op KLs 9/84 [36] 84). Beabsichtigt ein Rauschgiftkurier, in seinem Magen-Darm-Trakt 6 Beutel Heroin per Flugzeug von Beirut über Genf nach Bremen zu verbringen, so beginnt das Handeltreiben mit Betäubungsmitteln mit dem Abflug in Beirut, die Einfuhr erst mit dem Anflug nach Deutschland. Befürchtet der Angeklagte während des Fluges zwischen Beirut und Genf, ein Heroinbeutel sei geplatzt, verständigt den Stewart und unterbricht den Flug zur ärztlichen Behandlung in Genf, wo er behandelt wird, die Heroinbeutel aber nicht entfernt werden können, so liegt neben dem Handeltreiben bislang nur eine vorbereitete Einfuhr vor. Fliegt der Kurier nach seiner Entdeckung weiter nach Frankfurt und versucht während des Fluges, die Betäubungsmittel auszuscheiden und wird in Frankfurt von Beamten des Zollfahndungsamtes und einem Arzt erwartet, so ist zwar Versuch, aber keine Vollendung eingetreten. Das Bemühen des Angeklagten, das Verbringen der Betäubungsmittel nach Deutschland zu verhindern, scheiterte zwar, weil er die Heroinbeutel nicht ausscheiden konnte. Sein aktives Bemühen, die Einfuhr durch die Verständigung des Stewarts und durch das Aufsuchen eines Arztes zu verhindern, stehen einer Erfolgsverhinderung gleich. Der Rücktritt war jedoch **nicht freiwillig,** weil er annahm, den **Schmuggeltransport ohne ärztliche Hilfe nicht zu überleben.** Das *AG Frankfurt* (Urt. v. 8. 12. 1988, 90 Js 26683/85) verurteilte ihn deshalb wegen versuchter Einfuhr von nicht geringen Mengen von Heroin.

D. Ausschluss eines Rücktritts vom fehlgeschlagenen Versuch

Ist aus der subjektiven Sicht des Täters der Versuch fehlgeschlagen, so ist ein Rücktritt vom Versuch nicht möglich (BGHSt 39, 221 = NStZ 1993, 433 = StV 1993, 408; *BGH* NStZ-RR 1997, 259; *BGH* NStZ-RR 2006, 168). Entscheidend ist die Sicht des Täters nach Ende der letzten Ausführungshandlung (sog. Rücktrittshorizont; *Fischer* § 24 Rn. 7).

Teil 26. Besonders schwere Fälle (§ 29 Abs. 3 BtMG)

Übersicht

A. Anwendungsbereich

Die Vorschrift des § 29 Abs. 3 BtMG, die dem § 11 Abs. 4 BtMG 1972 ent- **1** spricht, enthält keine selbstständigen Qualifikationstatbestände, sondern lediglich – wie § 243 StGB – **Strafzumessungsregeln** (*BGH* NStZ 1994, 39; *BGH* NStZ-RR 1996, 47 = StV 1996, 94; *BGH* NStZ 2006, 172). Trotz der Mindeststrafandrohung von Freiheitsstrafe nicht unter einem Jahr und des Strafrahmens bis zu 15 Jahren (§ 38 Abs. 2 StGB) liegt bei den in § 29 Abs. 3 BtMG genannten Fällen **kein Verbrechen** vor (§ 12 Abs. 1 StGB). Die Verbrechenstatbestände des BtMG sind gesondert in §§ 29a, 30, 30a BtMG geregelt. Die Beschränkung der Freiheitsstrafe auf 10 Jahre wie in § 11 Abs. 4 BtMG 1972 ist weggefallen, so dass gem. § 38 Abs 2 StGB das **Höchstmaß der zeitlichen Freiheitsstrafe von 15 Jahren** uneingeschränkt gilt. Allerdings ist die Zahl der genannten Beispielsfälle von drei auf zwei beschränkt worden. Mit § 29 Abs. 3 BtMG entsprach der Gesetzgeber der in Art. 3 Abs. 5 Suchtstoffübereinkommen von 1988 eingegangenen Verpflichtung, bestimmte Straftaten als besonders schwerwiegend auszuweisen und mit erhöhter Strafandrohung zu versehen.

Zu unterscheiden sind die **geschriebenen** und die **ungeschriebenen** besonders **2** schweren Fälle des § 29 Abs. 3 BtMG. Der § 29 Abs. 3 S. 2 BtMG enthält im Vergleich zum § 11 Abs. 4 BtMG 1972 an Stelle von sechs nunmehr nur noch zwei Beispielsfälle: **1. Gewerbsmäßigkeit, 2. Gesundheitsgefährdung mehrerer Menschen.** Von den ursprünglichen Beispielsfällen des § 29 Abs. 3 BtMG sind entfallen und als Verbrechenstatbestände ausgestaltet worden: Die Abgabe, Verabreichung oder Verbrauchsüberlassung an Jugendliche unter 18 Jahren (§ 29 Abs. 3 S. 2 Nr. 3 BtMG a. F.), der Besitz, die Abgabe, der Handel mit nicht geringen Mengen (§ 29 Abs. 3 S. 2 Nr. 4 BtMG a. F.), und der gewerbsmäßige sowie der bandenmäßige Grundstoffhandel, die heute als besonders schwere Fälle in § 29 Abs. 3 S. 2 Nr. 1 und Nr. 2 GÜG zu finden sind. Das Verheimlichen von Betäubungsmitteln durch besondere Vorrichtungen und das Versteckthalten von Betäubungsmitteln an schwer zugänglichen Stellen bei der Einfuhr, früher besonders schwere Fälle nach § 11 Abs. 4 BtMG 1972, sind in § 29 Abs. 3 BtMG zwar nicht mehr als besonders schwere Fälle genannt worden, sie können aber im Rahmen einer Gesamtbetrachtung aller tat- und täterbezogenen Umstände als ungenannte besonders schwere Fälle nach § 29 Abs. 3 S. 1 BtMG festgestellt werden (s. Rn. 66 ff.)

B. Strafrahmenprüfung

I. Gesamtwürdigung

3 Bei der Strafrahmenprüfung muss **zuerst im Wege einer Gesamtwürdigung** geprüft werden, ob **ein besonders schwerer Fall** des § 29 Abs. 3 BtMG vorliegt **oder** ob ein gesetzlicher **Normalfall** Grundlage der Strafzumessung zu sein hat. Dabei ist ein besonders schwerer Fall gegeben, wenn die Tat bei Berücksichtigung aller Umstände die gewöhnlich vorkommenden und vom Gesetz für den ordentlichen Strafrahmen vorgesehenen Fälle an Strafwürdigkeit so sehr übertrifft, dass die Anwendung des verschärften Strafrahmens geboten erscheint (BGHR StGB vor § 1/minder schwerer Fall Gesamtwürdigung, unvollständige 11 [5 StR 286/92]; *Weber* § 29 Rn. 1682; *Schäfer/Sander/van Gemmeren* Rn. 597; *Fischer* § 46 Rn. 88).

4 Diese **Gesamtwürdigung aller tat- und täterbezogenen Umstände** hat das Gericht **bei jedem Tatbeteiligten gesondert zu prüfen**, auch wenn die gleichen Umstände im Rahmen des gefundenen Strafrahmens bei der Strafzumessung erneut gewürdigt werden müssen (s. dazu im Einzelnen Rn. 23 ff.).

5 In der Regel reicht das Vorliegen eines Erschwerungsgrundes für die Annahme eines besonders schweren Falles nicht aus; ebenso wenig schließt regelmäßig das Vorliegen eines Milderungsgrundes einen besonders schweren Fall nicht aus. Sind die Voraussetzungen eines **Regelbeispiels** gegeben, so bestimmt sich der Strafrahmen regelmäßig **nach dem erhöhten Strafrahmen**; einer zusätzlichen Prüfung, ob dessen Anwendung im Vergleich zu den im Durchschnitt der erfahrungsgemäß vorkommenden Fälle geboten erscheint, bedarf es nicht, solange keine besonderen strafmildernden Umstände hinzutreten (*BGH* NStZ 2004, 265; zum Abweichen von Regelbeispielen s. im Einzelnen Rn. 38 ff.). Liegen **vertypte Strafmilderungsgründe** vor, befreit dagegen im Regelfall selbst das **Vorliegen von zwei Regelbeispielen** des § 29 Abs. 3 BtMG nicht von der Prüfung, ob die **Anwendung des Regelstrafrahmens des § 29 Abs. 1 BtMG ausreicht** (BGHR BtMG § 29 Abs. 3 Strafrahmenwahl 6 [2 StR 287/88] und 7 [2 StR 455/88]; *BGH*, Beschl. v. 17. 3. 1993, 2 StR 544/92; *Schoreit* NStZ 1990, 374, 375). **Das Tatgericht muss im Urteil grundsätzlich erkennen lassen, dass es diese Möglichkeit gesehen und geprüft hat;** eine ausdrückliche Erörterung dieser Frage erübrigt sich jedoch dann, wenn die Anwendung des Normalstrafrahmens fernliegt (BGHR BtMG § 29 Abs. 3 Strafrahmenwahl 5 [1 StR 39/88]).

II. Strafzumessungstatsachen auf verschiedenen Bewertungsebenen

6 Dass die **Strafzumessungstatsachen auf verschiedenen Bewertungsebenen ein unterschiedliches Gewicht** haben, ergibt sich daraus, dass sie **bei einer vergleichenden Strafzumessung einmal mit einer Reihe von besonders schweren Fällen** und **einmal mit einer Reihe von Normalfällen** verglichen und eingestuft werden müssen (BGHR StGB § 46 Abs. 1 Begründung 1 [2 StR 692/86]; BGHR StGB § 46 Abs. 2 Gesamtbewertung 1 [2 StR 50/87]; *Schäfer/Sander/van Gemmeren* Rn. § 487 ff.). Nach Anhebung des Strafrahmens erlangen die straferschwerenden Umstände im Rahmen der Strafzumessung im engeren Sinne ein geringeres Gewicht, die strafmildernden Umstände ein stärkeres Gewicht. Bei Absenkung des Strafrahmens erlangen die straferschwerenden Umstände im Rahmen der Strafzumessung im engeren Sinne ein größeres Gewicht, die strafmildernden Umstände ein schwächeres Gewicht (vgl. hierzu eingehend *Theune* StV 1985, 162, 168).

7 Liegen ein oder mehrere vertypte Milderungsgründe vor, dann ist stufenweise zu prüfen, ob man sie einzeln oder zusammen schon bei der Strafrahmenprüfung verbraucht. Es ist die für den Angeklagten günstigste Alternative zu wählen. Kann abweichend von § 29 Abs. 3 BtMG im Normalfall des § 29 Abs. 1 BtMG auch ohne einen vertypten Milderungsgrund bejaht werden, dann kommt zusätzlich nach der Anwendung des Strafrahmens des § 29 Abs. 1 BtMG **eine weitere Strafrahmenveränderung durch den vertypten Milderungsgrund** in Betracht (*BGH* StV 1998, 186). Wurden vertypte Milderungsgründe in die Strafrahmenprüfung mit einbezogen und rechtfertigen sie die Annahme eines Normalfalles nach § 29 Abs. 1 BtMG, dann dürfen sie wegen des Doppelverwertungsverbotes nach § 50 StGB **nicht nochmals zur Herabsetzung des Strafrahmens** berücksichtigt werden. Verneint der Strafrichter bei der Strafrahmenprüfung einen Normalfall nach § 29 Abs. 1 BtMG trotz besonderer gesetzlicher Milderungsgründe, so muss er anschließend eine **Milderung des erhöhten Strafrahmens des § 29 Abs. 3 BtMG** nach § 49 StGB besonders gründlich prüfen (*BGH* NStZ 1986, 368; *BGH* NStZ 1990, 595). So wie Umstände, die den Normalfall kennzeichnen, weder strafmildernd noch strafschärfend bewertet werden dürfen, dürfen auch Umstände, die den besonders schweren Fall normalerweise begründen, nicht nochmals strafschärfend gewertet werden. Umstände, die eine Verneinung des besonders schweren Falles bedingen, sind aber für die engere Strafzumessung nicht verbraucht. Auch Umstände, die eine Milderung des Strafrahmens bewirkt haben, können nicht nur, sondern müssen sogar **bei der Strafzumessung im engeren Sinn** Berücksichtigung finden; hat das Tatgericht den anzuwendenden Strafrahmen bestimmt, so ist bei der Bemessung der Strafe erneut eine Gesamtbewertung aller für und gegen den Angeklagten sprechenden Umstände vorzunehmen (BGHR StGB § 50 Strafhöhenbemessung 5; *BGH* NStZ 1987, 504).

III. Überschneidung der Strafrahmen

Besondere Probleme bereitet, dass der Strafrahmen für besonders schwere Fälle **8** sich nicht an den Normalstrafrahmen des § 29 Abs. 1 BtMG (bis zu 5 Jahren Freiheitsstrafe) anschließt, sondern sich mit ihm überschneidet. Diese **Überschneidung** eröffnet zweifelhafte Argumentationen. Ein Tatgericht, das 5 Jahre Freiheitsstrafe wegen Betäubungsmittelhandels verhängen will, kann ausführen, der Angeklagte habe einen **recht schwerwiegenden Normal-Fall** des Handeltreibens begangen, der es erfordere, den Normalstrafrahmen auszuschöpfen. Das Gericht kann aber ebenso ausführen, der Angeklagte habe im Vergleich zu anderen besonders schweren Fällen einen **verhältnismäßig unbedeutenden besonders schweren Fall** erfüllt, der es erlaube, im unteren Drittel des 15jährigen Strafrahmens zu bleiben. Der *BGH* überlässt es dem Tatgericht, für welchen der beiden Strafrahmen es sich entscheidet, wenn es nur darlegt, **beide Strafrahmen erkannt zu haben** (*Maiwald* NStZ 1984, 435).

IV. Anwendung eines falschen Strafrahmens

Die **Anwendung eines falschen Strafrahmens** führt nicht notwendig zur **9** Aufhebung des Strafausspruches, sondern nur, wenn die Strafe auf dem fehlerhaften Strafrahmen beruht. Ein Beruhen ist nicht auszuschließen, wenn die Strafe an der unteren Grenze des zu Unrecht angewandten schärferen Strafrahmens liegt.

C. Regelbeispiele (§ 29 Abs. 3 S. 2 BtMG)

Im § 29 Abs. 3 BtMG sind zwei Beispielsfälle aufgezählt, bei deren Vorliegen **10** **regelmäßig** der **erhöhte Strafrahmen des § 29 Abs. 3 BtMG anzuwenden** ist, ohne dass es einer zusätzlichen Prüfung, ob die Anwendung des erhöhten Strafrahmens im Vergleich zu den im Durchschnitt der erfahrungsgemäß vorkommenden Fälle geboten erscheint, bedarf (*BGH* NStZ 2004, 265): **1. die Gewerbsmäßigkeit** und **2. die Gesundheitsgefährdung mehrerer Menschen**. Diese Regelbeispiele haben jedoch lediglich **Indizfunktion**, da sie nur eine widerlegbare Vermutung für die Bejahung eines besonders schweren Falles schaffen. Die Indizwirkung der Regelbeispiele kann daher durch besonders strafmildernde Umstände entkräftet werden, die für sich allein oder in ihrer Gesamtheit so schwerwiegen, dass die Anwendung des Strafrahmens für besonders schwere Fälle unangemessen erscheint, insb. durch vertypte Milderungsgründe (*BGH* NStZ 2004, 265; s. dazu auch Rn. 38 ff.). Andererseits kann auch bei Nichtvorliegen eines Beispielfalles gleichwohl ein besonders schwerer Fall festgestellt werden (zu den ungeschriebenen besonders schweren Fällen s. Rn. 48 ff.).

I. Gewerbsmäßige Begehungsweise (§ 29 Abs. 3 S. 2 Nr. 1 BtMG)

11   **1. Zweck der Vorschrift.** § 29 Abs. 3 S. 2 Nr. 1 BtMG soll verhindern, dass sich auf der Rauschgiftszene illegale Betäubungsmittelhändler niederlassen, die durch wiederholte Verstöße gegen das BtMG zumindest einen Teil ihres Lebensunterhaltes bestreiten wollen. Es handelt sich um eine **reine Strafzumessungsvorschrift** und um **keine Tatbestandsqualifikation** (*BGH* NStZ 1994, 39; *BGH* NStZ-RR 1996, 47 = StV 1996, 94; *BGH* NStZ 2006, 172). Das Regelbeispiel der Gewerbsmäßigkeit indiziert nur einen besonders schweren Fall, der in jedem Einzelfall aufgrund einer Gesamtabwägung festzustellen ist (vgl. zur Verneinung des besonders schweren Falles Rn. 38 ff.). Das Regelbeispiel eines besonders schweren Falles wie die Gewerbsmäßigkeit **gehört nicht in die Urteilsformel** (*BGH* NStZ 2006, 172). Andererseits **reicht eine bloße Formel,** der Angeklagte habe gewerbsmäßig, auf Dauer gewinnorientiert gehandelt, **nicht aus.** Im Urteil müssen **Einzelheiten über die Geschäftstätigkeit und die Gewinnerzielung** festgestellt werden (*Hamm*, Beschl. v. 16. 9. 2002, 2 Ss 769/02).

12   **2. Voraussetzungen der Gewerbsmäßigkeit. Gewerbsmäßig** handelt ein Täter, wenn er die Absicht hat, sich durch wiederholte Tatbegehung **eine fortlaufende Einnahmequelle von einiger Dauer und einigem Umfang** zu verschaffen (BGHSt. 1, 383 = NJW 1952, 113; *BGH* NStZ 1998, 89 = StV 1997, 636; *BGH* NStZ-RR 2008, 212 = StV 2008, 582).

13   **a) Tatbegehungsweisen.** Gem. § 29 Abs. 3 S. 2 Nr. 1 BtMG ist gewerbsmäßiges Handeln bei folgenden Tatbestandsalternativen möglich, wobei Hauptanwendungsfall das **Handeltreiben mit Betäubungsmitteln** ist:
– Anbau, Herstellung, Handeltreiben, Einfuhr, Ausfuhr, Veräußerung, Abgabe, sonstiges Inverkehrbringen, Erwerb, Sichverschaffen in sonstiger Weise nach § 29 Abs. 1 S. 1 Nr. 1 BtMG,
– Durchfuhr nach § 29 Abs. 1 S. 1 Nr. 5 BtMG,
– Verschreiben, Verabreichen oder Überlassen zum unmittelbaren Verbrauch nach § 29 Abs. 1 S. 1 Nr. 6 BtMG,
– Verschaffen oder Gewähren einer Gelegenheit zum unbefugten Erwerb oder zur unbefugten Abgabe nach § 29 Abs. 1 S. 1 Nr. 10 BtMG,
– Verschaffen oder Gewähren einer Gelegenheit zum unmittelbaren Verbrauch nach § 29 Abs. 1 S. 1 Nr. 11 BtMG,
– Bereitstellen von Geldmitteln nach § 29 Abs. 1 S. 1 Nr. 12 BtMG.

14   Soweit eine **erwachsene Person gewerbsmäßig Betäubungsmittel an minderjährige Personen unter 18 Jahren abgibt,** verabreicht oder zum unmittelbaren Verbrauch überlässt, begeht sie sogar ein Verbrechen nach § 30 Abs. 1 Nr. 2 BtMG mit einer Strafandrohung von 2 bis 15 Jahren Freiheitsstrafe. Umgekehrt ist bei der **gewerbsmäßigen Abgabe von Betäubungsmitteln eines Jugendlichen an Erwachsene** die Strafzumessungsregel des **§ 29 Abs. 3 S. 2 Nr. 1 BtMG nicht anwendbar,** wenn der Tatrichter bei der Verurteilung wegen Handeltreibens mit Betäubungsmitteln **Jugendstrafrecht** anwendet (*Düsseldorf* NStZ-RR 1999, 310).

15   **b) Art der Einnahmequelle.** Die Annahme der Gewerbsmäßigkeit setzt weder eine **Kaufmannseigenschaft** oder eine **besondere Art der Geschäftsführung** oder der Einnahmequelle voraus (BGHR BtMG § 29 Abs. 3 Nr. 1 Schuldumfang 1 [3 StR 351/88]). Der Täter muss die Straftat nicht wie ein kriminelles Gewerbe oder wie einen Beruf ausüben (BGHSt. 1, 383 = NJW 1952, 113; *BGH* NStZ 1995, 85; *BGH* NJW 1998, 2913 = StV 1998, 421). Er muss kein Großdealer und **kein Bandentäter** sein und **keinem besonderen Tätertypus** entsprechen. **Auch ein Kleindealer,** der sich durch den Verkauf von Betäubungsmitteln die Mittel **zur Befriedigung seiner Sucht** in Form von Stoff oder Geld verschaffen will, kann gewerbsmäßig handeln (*BGH* StV 1983, 281). Gewerbsmäßiges Handeln scheidet auch nicht deshalb aus, weil die Täter **mit dem so gewonnenen Geld ihre Schulden abtragen** wollen (*BGH* NJW 1998, 2913 = StV 1998, 421). Die Gewerbsmäßigkeit setzt nicht voraus, dass immer nur Bargeld angestrebt wird, es reichen auch **geldwerte Vermögensvorteile wie Hehlereigüter, Drogen, Wertpapiere, Lebensmittel** oder die Einsparung von Aufwendungen aus (vgl. *BGH* [*Holtz*] MDR 1976, 633).

c) Konsumquelle. Soweit ein Angeklagter die Betäubungsmittel zum Eigen-   **16** verbrauch erworben hat, ist zwar der Tatbestand des unerlaubten Erwerbs gegeben, jedoch scheidet gewerbsmäßiger Erwerb aus, weil er gerade nicht darauf gerichtet ist, sich eine **fortlaufende Einnahmequelle** zu verschaffen, sondern eine **fortlaufende Konsumquelle** anstrebt. Der **Bezug von Betäubungsmitteln zu günstigen Bedingungen** für den laufenden Eigenkonsum mag eine **Kostenersparnis** bedeuten. Er ist **aber keine Einnahmequelle.** Dient der Ankauf von Betäubungsmitteln aber der gewinnbringenden Weiterveräußerung, so ist der Erwerb unselbständiger Teilakt des Handeltreibens, das gewerbsmäßig betrieben werden kann. Der Gewerbsmäßigkeit steht auch nicht entgegen, dass der Täter sich durch seine Geschäftstätigkeit u. a. **Mittel zur Befriedigung seiner Sucht,** sei es in Form von Betäubungsmitteln, sei es in Form von Geld beschaffen wollte (*BGH* StV 1983, 281; *BGH*, Urt. v. 9. 12. 1986, 5 StR 504/86 = NStE 1987 Nr. 11 zu § 29 BtMG). Die **Haupteinnahmequelle braucht es nicht zu sein** (*BGH* [*Holtz*] MDR 1976, 633). Auch ein Kleindealer, der sich mit dem Verkauf kleiner Kokainmengen Mittel zur Befriedigung seiner Sucht beschafft, kann gewerbsmäßig handeln (*BGH*, Beschl. v. 24. 4. 1992, 3 StR 115/92).

d) Umfang der Einnahmequelle. Die Gewerbsmäßigkeit setzt **keinen be-   17 sonderen Umfang** der Einnahmequelle voraus. Der Drogenhandel muss nicht die Haupteinnahmequelle darstellen, es reicht aus, wenn der Täter mit den Betäubungsmittelgeschäften einen **Nebenerwerb von einiger Dauer und einigem Umfang** anstrebt (*BGH* [*Holtz*] MDR 1976, 633; vgl. *BGH* StV 2003, 81). Die Frage, wie hoch die erstrebten bzw. erzielten Gewinne sein müssen, um andererseits von einer fortlaufenden **Einnahmequelle von einigem Umfang oder einigem Gewicht** ausgehen zu können, wurde bislang von der Rspr. nicht konkret entschieden. Sie unterliegt aber der **tatrichterlichen Beweiswürdigung im Einzelfall** (*BGH* StV 1986, 385; BGH, Urt. v. 9. 12. 1986, 5 StR 504/86 = NStE 1987 Nr. 11 zu § 29 BtMG). Wenn es dem Täter nur auf **geringfügige Nebeneinnahmen** ankommt, reicht es für die Annahme einer Gewerbsmäßigkeit nicht aus. Es ist unerheblich, ob der Täter bereits einen Gewinn erzielt bzw. ein Honorar erlangt hat (*BGH* NStZ 1995, 85), es kommt vielmehr auf die **Gewinnerwartung** an, d. h. in welchem Umfang der Täter **Gewinne erzielen wollte** (*BGH* [*Dallinger*] MDR 1975, 725; *BGH* NStZ-RR 2008, 212 = StV 2008, 582). Erlangt der Angeklagter beim Erwerb von Betäubungsmitteln vom Lieferanten neben der Ware Speisen, Getränke, Zigaretten, so begründet dies keine Gewerbsmäßigkeit (*BGH* StV 2001, 461). Zwar kann ein sehr geringes Entgelt gegen eine Absicht zum gewerbsmäßigen Handeltreiben sprechen (*BGH* [*Dallinger*] MDR 1975, 725; *BGH* StV 1986, 385), aber das Gesamtbild des Einzelfalles entscheidet über die Frage der Gewerbsmäßigkeit. An einem ausreichenden Umfang der Einnahmequelle fehlt es, wenn der Täter von einer Marihuanapflanze mit sehr schlechtem Wirkstoffgehalt (0,05 bis 0,06%) einige Marihuana-Portionen aberntet und zum Weiterverkauf in Tüten verpackt (*BGH* StraFo 2010, 170). Die Gewerbsmäßigkeit hat der *BGH* auch in einem Fall verneint, in dem der Täter an mehrere Abnehmer jeweils nur 1 g Heroin zu einem niedrigen Preis verkauft hat, obwohl er auch höhere Preise hätte erzielen können (BGHR BtMG § 29 Abs. 3 Nr. 1 Gewerbsmäßig Nr. 5 [2 StR 563/92]). Eine eingehende Begründung bei der Annahme der Gewerbsmäßigkeit hat der *BGH* angesichts eines nur geringen Gewinns beim vierfachen Verkauf von jeweils 0,3 Gramm Kokain für 20,– Euro gefordert (*BGH* NStZ-RR 2008, 212 =

StV 2008, 582). Andererseits kann auch ein Kleindealer, der mit dem Verkauf kleiner Konsummengen keine hohen Gewinne erzielt, gewerbsmäßig handeln (BGH, Urt. v. 16. 5. 1979, 2 StR 151/79), denn die Gewerbsmäßigkeit setzt – **anders als die Gewinnsucht beim Handeltreiben** – nicht voraus, dass der Täter seinen Erwerbssinn in einem ungewöhnlichen, ungesunden oder sittlich anstößigen Maße betätigt (*BGH* [*Dallinger*] MDR 1975, 725; *BGH*, Urt. v. 9. 12. 1986, 5 StR 504/86 = NStE 1987 Nr. 11 zu § 29 BtMG; *BGH* StV 1983, 281). Ein **Angestellter** in einem Hanfladen, der **nicht das Ladenlokal eigenverantwortlich leitete und am erzielten Geschäftsgewinn** nicht beteiligt war, der keinen Einfluss auf die Zusammensetzung des Warensortiments und die Preisgestaltung hatte, handelte **nicht gewerbsmäßig,** da er sich durch den Verkauf von Betäubungsmitteln keine fortlaufende Einnahmequelle verschaffte (*BayObLG* NStZ 2003, 270). Ein **angestellter Arzt,** der in einer Substitutionsambulanz Methadon verabreicht, handelt nicht gewerbsmäßig, da er **allgemein für seine Arbeitsleistung bezahlt wird** und die Ambulanz die Einkünfte aus der Substitution erzielt.

18 **e) Dauer der Einnahmequelle.** Die Einnahmequelle muss von einiger Dauer sein, was aber weder bedeutet, dass der Angeklagte **monatelang, noch** dass er **jahrelang** dem Drogenhandel nachgegangen sein muss. Da bereits **ein Drogengeschäft** mit der Absicht wiederholter Begehung Gewerbsmäßigkeit bedeuten kann, soll dieses Kriterium das **Verharren im unerlaubten Betäubungsmittelhandelsmilieu** umschreiben und davon die **kurzfristige Augenblickstat** abgrenzen (BGHSt. 1, 383 = NJW 1952, 113). Entscheidend ist, dass die **Absicht** des Täters darauf gerichtet war, die Tat zur Schaffung einer fortlaufenden Einnahmequelle durch Betäubungsmittelgeschäfte **zu wiederholen** (BGHSt. 11, 182, 187; BGHSt. 26, 4, 8; *BGH* NStZ 1996, 285 = StV 1996, 213; *BGH* StV 2003, 81; *Düsseldorf* NStZ-RR 1999, 310). Die Wiederholungsabsicht muss sich **nicht nur auf einen Verstoß gegen das BtMG,** sondern **auf ein bestimmtes Delikt** beziehen, dessen Tatbestand durch das Merkmal der Gewerbsmäßigkeit qualifiziert ist (*BGH* NStZ 1996, 285 = StV 1996, 213).

19 Gewerbsmäßigkeit liegt schon dann vor, wenn sich der Täter **Betäubungsmittel in einem Erwerbsvorgang beschafft,** die er sodann **in Teilmengen sukzessive absetzen will,** um sich eine fortlaufende Einnahmequelle von einiger Dauer und einigem Umfang zu verschaffen (*BGH* NStZ 1992, 86 = StV 1993, 248 m. Anm. *Endriß*; *BGH* NStZ 1993, 87 = StV 1993, 249 m. Anm. *Endriß*; a. A. *Franke/Wienroeder* § 29 Rn. 221). Es reicht aber nicht aus, wenn beim Erwerb einer größeren Menge noch nicht klar ist, welche Menge ein erster Kaufinteressent abnehmen wird, und die Weitergabe von Teilmengen an einen anderen Interessenten schon von vorneherein nicht ausgeschlossen ist (*BGH* StV 1993, 248 f.). Vereinbart ein Betäubungsmittelverkäufer mit dem Käufer lediglich eine **Zahlung in Teilbeträgen,** so kann aus dieser Ratenzahlungsvereinbarung noch keine Absicht auf wiederholte Betäubungsmittelgeschäfte geschlossen werden, auch nicht, wenn der in schlechter finanzieller Lage befindliche Angeklagte erklärt, jede Tätigkeit annehmen zu wollen (BGHR BtMG § 29 Abs. 3 Nr. 1 Gewerbsmäßig 2 [1 StR 87/89]). Eine auf Dauer angelegte Tätigkeit liegt auch nicht vor, wenn die Beteiligten nur eine einmalige Schmuggelaktion geplant haben und sich nur deshalb zu einer weiteren Schmuggelfahrt entschließen, weil sie an Stelle von 200.000,– DM nur 60.000 DM erlösten (*BGH*, Urt. v. 7. 8. 1985, 2 StR 787/84). Hat der Täter den **Willen zum wiederholten Absatz nicht von Anfang an,** sondern entwickelt ihn lediglich im Zusammenhang mit der ersten Absatzhandlung gleichsam notgedrungen und schrittweise, so kann von der Absicht, sich eine fortlaufende Einnahmequelle von einiger Dauer zu erschließen, nicht gesprochen werden (*BGH* NStZ 1992, 86 = StV 1993, 248 m. Anm. *Endriß*). Beging der Täter mehrere Tathandlungen **auf Drängen eines Dritten,** ohne selbst die Absicht zu haben, sich durch wiederholte Tatbegehung eine Einnahmequelle zu erschließen, so kann eine Gewerbsmäßigkeit entfallen (*BGH*, Urt. v. 4. 12. 1990, 1 StR 605/ 90). Eine

Gewerbsmäßigkeit ist auch nicht schon deshalb gegeben, wenn die vereinbarte **Gesamtbetäubungsmittelmenge in mehreren Teilmengen angeliefert** wird. Probleme bereitet das Merkmal der Dauerhaftigkeit **beim Kleinhandel** mit ge- 20 ringen Mengen von Betäubungsmitteln. Der Straßenkleinhandel zeichnet sich vielfach **trotz kleiner Einzelmengen** durch **hohe Umsätze** und durch **erhebliche Professionalität,** durch **Mobilität, Tarnung** und durch besondere **Organisationsstrukturen** aus, die durch Ermittlungen häufig nur ausschnittweise nachzuweisen sind. Einzelne Straßenkleinverkäufe – auch von harten Drogen – müssen von den Gerichten häufig mit Geldstrafe geahndet werden, da aufgrund der geringen Menge an sichergestellten Betäubungsmitteln und Drogengeldern die Anforderungen für kurzfristige Freiheitsstrafen nach § 47 StGB vielfach nicht erfüllt sind (vgl. *Frankfurt* StV 1997, 252). Gelingt es, durch Observation oder Videoüberwachung jedoch eine **Serie von fünf oder mehr kleinen Straßengeschäften** festzuhalten und **zur Gewerbsmäßigkeit zu bündeln,** so kann der erhöhte Strafrahmen des § 29 Abs. 3 BtMG gegeben sein. Die Verbindung von mehreren Einzelvorgängen, die Feststellung, dass sich ein Angeklagter täglich **mehrere Stunden auf der offenen Drogenszene aufgehalten** und **Passanten angesprochen** hat, die Beiziehung früherer Ermittlungsvorgänge oder sichergestellte Ein- und Verkaufsabrechnungen können eine Gewerbsmäßigkeit belegen.

3. Subjektiver Tatbestand. a) Vorsatz. Hinsichtlich des Vorsatzes werden die 21 Regelbeispiele wie Tatbestandsmerkmale behandelt (*Weber* § 29 Rn. 1720). Der Täter muss damit nicht nur zumindest bedingt vorsätzlich in Bezug auf die Merkmale des Grundtatbestands handeln, sondern auch in Bezug auf die Merkmale des Regelbeispiels. Die Gewerbsmäßigkeit setzt darüber hinaus die Absicht des Täters voraus, sich eine fortlaufende Einnahmequelle zu verschaffen (*Weber* § 29 Rn. 1720; MK-StGB/*Kotz* § 29 Rn. 1593).

b) Vorsatzänderung. Hatte der Täter zunächst beim Erwerb vor, eine Ge- 22 samtmenge auf einmal zu verkaufen, gelangte aber sodann zu der Einsicht und der Absicht, das Drogenlager zu einer fortlaufenden Einnahmequelle zu nutzen, so ist ihm der erweiterte Vorsatz **ab dem Zeitpunkt der Vorsatzänderung** zuzurechnen (vgl. *BGH* NStZ 1993, 87 = StV 1993, 249).

4. Täterschaft/Teilnahme. Obwohl die besonders schweren Fälle Strafzumes- 23 sungsregeln darstellen, gelten die Akzessorietätsgrundsätze des StGB auch hier. Da § 28 StGB an sich voraussetzt, dass es um die Zurechnung von Tatbestandsmerkmalen geht, findet die Anwendung der § 28 StGB bei den Strafzumessungsregeln im Wege der Analogie statt (*Maiwald* NStZ 1984, 438).

Bei der Gewerbsmäßigkeit gem. § 29 Abs. 3 S. 2 Nr. 1 BtMG handelt es sich 24 um ein persönliches strafschärfendes Merkmal gem. § 28 Abs. 2 StGB, so dass bei **Tatbeteiligten (Mittätern, Anstiftern, Gehilfen)** nur dann eine Bestrafung wegen gewerbsmäßiger Begehungsweise in Betracht kommt, wenn **diese selbst gewerbsmäßig gehandelt** haben (BGHR BtMG § 29 Abs. 3 Nr. 1 Gewerbsmäßig 1 = StV 1987, 345; *BGH* NStZ 1994, 92; *Schäfer/Sander/van Gemmeren* Rn. 561). Wenn also dem Gehilfen eines gewerbsmäßig handelnden Täters keine eigenen Gewinne in Aussicht gestellt wurden, ist er lediglich wegen Beihilfe zum Handeltreiben – nicht jedoch zum gewerbsmäßigen Handel – mit Betäubungsmitteln strafbar. Gewerbsmäßiges Handeln des Haupttäters kann aber ein Indiz dafür sein, dass beim nicht gewerbsmäßig handelnden Gehilfen ein unbenannter besonders schwerer Fall der Beihilfe vorliegt (BGHR StGB § 243 Abs. 1 S. 2 Nr. 3 Gewerbsmäßig 1; *Detter* NStZ 1994, 474).

Das Vorliegen eines besonders schweren Falles muss **bei den Tatbeteiligten** 25 **selbstständig begründet werden** (*BGH* NStZ 1982, 206; *BGH* NStZ 1990, 595; *Weber* § 29 Rn. 1762) und darf nicht allein daraus hergeleitet werden, dass die Haupttat die Voraussetzung eines Regelbeispiels des § 29 Abs. 3 BtMG erfüllt. Dabei ist zwar die von dem Gehilfen unterstützte Haupttat mit zu berücksichtigen. Daneben sind aber auch die nur den Gehilfen und seine Tätigkeit betreffenden

Umstände, z. B. Umfang und Gewicht seines Tatbeitrages, Maß seiner Schuld oder Grad seiner Abhängigkeit vom Haupttäter in die Erwägung einzubeziehen (BGHR BtMG § 29 Abs. 3 Nr. 4 Gehilfe Nr. 2; *BGH* NStZ 1990, 595). Die Ablehnung eines besonders schweren Falles kann aber nicht damit begründet werden, dass der Angeklagte **nur Beihilfe** leistet und keinen Einfluss auf die Tatgestaltung hatte. Diese Tatsache ist maßgebend für die Annahme bloßer Beihilfe und der damit verbundenen obligatorischen Milderung gem. §§ 27 Abs. 2 S. 2, 49 StGB (*BGH*, Urt. v. 20. 3. 1978, 1 StR 689/78). Andererseits geben der **geringe Tatbeitrag, ein nur gelegentliches Handeln** und die **Mitwirkung von untergeordneter Natur** Anlass zur Prüfung, ob unabhängig von der Beschaffenheit der Haupttat die Beihilfehandlung sich als besonders schwer darstellt. Das Gewicht der Beihilfe-handlung selbst, nämlich die geringe Aktivität, die bisherige Unbestraftheit, die starke Abhängigkeit und Liebesbeziehung zum Haupttäter sind bereits bei der Auswahl des Strafrahmens (Grundtatbestand oder besonders schwerer Fall), nicht erst innerhalb der Strafzumessung des besonders schweren Falles zu berücksichti-gen (*BGH* NStZ 1990, 595). Beschränkte sich die Unterstützungshandlung des Angeklagten darauf, einige Stunden für den Haupttäter den Schlüssel für das Schließfach, in dem die Tasche mit einer großen Menge Heroin abgestellt war, und den Schlüssel zu dieser Tasche selbst aufzubewahren, und sind die Vorstellun-gen des Angeklagten über die tatsächliche Heroinmenge und den Reinheitsgrad ungeklärt, so ist fraglich, ob die Schlüsselaufbewahrung allein einen besonders schweren Fall der Beihilfe begründen kann (*BGH*, Beschl. v. 18. 12. 1985, 1 StR 698/85). War sich das Gericht bewusst, dass trotz Handeltreibens mit einer nicht geringen Menge von Betäubungsmitteln ein besonders schwerer Fall nach § 29 Abs. 3 Nr. 4 BtMG a. F. hätte verneint werden können, weil dem Angeklagten nur eine mindergewichtige Unterstützung zur Last gelegt wurde und er durch einen polizeilichen Lockspitzel zur Tat verleitet worden war, und ist es dennoch nach Gesamtwürdigung von der erhöhten Strafandrohung des § 29 Abs. 3 BtMG ausge-gangen unter Anwendung des §§ 27, 49 Abs. 1 StGB gemilderten Strafrah-mens, so ist dies aus Rechtsgründen nicht zu beanstanden, da das Revisionsgericht die dem Tatrichter vorbehaltene Strafzumessung nur auf Rechtsfehler überprüfen darf und eine fehlerfrei begründete Strafe hinzunehmen hat (*BGH*, Urt. v. 25. 2. 1986, 1 StR 599/85).

26   **5. Versuch.** Da der Versuch nach § 29 Abs. 2 BtMG nur in den Fällen des § 29 Abs. 1 S. 1 Nr. 1, Nr. 2, Nr. 5 und Nr. 6 lit. b BtMG strafbar ist, stellt § 29 Abs. 3 BtMG bei gewerbsmäßiger Begehungsweise auch nur eine Strafzumes-sungsnorm für die genannten Versuchshandlungen dar (zum Versuch beim beson-ders schweren Fall s. im Einzelnen § 29/Teil 25, Rn. 3 ff.).

27   **6. Strafzumessung.** Bei den in § 29 Abs. 3 S. 2 Nr. 1 BtMG genannten Ver-kehrsformen ist die gewerbsmäßige Begehungsweise als besonders schwerer Fall unter erhöhte Strafandrohung gestellt. Wird im Rahmen des Handeltreibens der **Gesichtspunkt der Gewerbsmäßigkeit nicht geprüft,** obwohl der festgestellte Sachverhalt dazu drängte, so ist dies ein **beachtlicher Strafzumessungsfehler.** Die Gewerbsmäßigkeit nach § 29 Abs. 3 S. 2 Nr. 1 BtMG stellt **keinen Qualifi-kationstatbestand,** sondern eine **Strafzumessungsregel** dar, die **nicht mit anderen Tatbeständen in Konkurrenz tritt.** Auch bei Vorliegen des Qualifika-tionstatbestandes Handeltreiben mit nicht geringen Mengen von Betäubungsmit-teln (§ 29 a Abs. 1 Nr. 2 BtMG), beim Bandenhandel nach § 30 Abs. 1 Nr. 4 BtMG bzw. § 30 a Abs. 1 BtMG oder beim bewaffneten Betäubungsmittelhandel nach § 30 a Abs. 2 Nr. 2 BtMG kann die Gewerbsmäßigkeit **im Rahmen der allgemeinen Strafzumessung strafschärfend berücksichtigt werden,** ohne dass § 29 Abs. 3 BtMG herangezogen werden muss (*BGH* NStZ 1994, 39; *BGH* NStZ-RR 1996, 47; BGHR BtMG § 29 Abs. 3 Nr. 1 Konkurrenzen 1 [2 StR 434/95]).

28   Bei der Findung einer schuldangemessenen Strafe im Rahmen des § 29 Abs. 3 BtMG haben gerade bei gewerbsmäßigen Betäubungsmitteldelikten **generalprä-**

ventive Erwägungen ihre Bedeutung. Hat sich das Tatgericht bei einem gewerbsmäßigen Handeltreiben für den Strafrahmen nach § 29 Abs. 3 BtMG entschieden, so darf innerhalb dieses Strafrahmens die Gewerbsmäßigkeit aber nicht nochmals straferhöhend berücksichtigt werden (*Karlsruhe* StV 2000, 83). Es verstößt auch gegen das Doppelverwertungsverbot des § 46 Abs. 3 StGB, wenn das Gericht den Strafrahmen des § 29 Abs. 3 BtMG wegen Gewerbsmäßigkeit zu Grunde legt und dabei strafschärfend wertet, der Angeklagte habe aus den Drogengeschäften Gewinne gezogen, die über das zum Lebensunterhalt Erforderliche hinausgingen (*BGH*, Beschl. v. 14. 11. 2001, 3 StR 352/01). Gleiches gilt für die Feststellung, der Angeklagte habe andere Personen in sein kriminelles Tun verstrickt, denn dies ist im Regelfall des Handeltreibens so (BGHR StGB § 46 Abs 3 Handeltreiben 5 = StraFo 2004, 214). Treten zur Gewerbsmäßigkeit noch weitere Regelbeispiele des § 29 Abs. 3 BtMG oder weitere ungeschriebene besonders schwere Fälle hinzu, so wirkt sich diese **Häufung** zumeist als **besonders straferhöhend** aus, wenn nicht eine Vielzahl von Milderungsgründen für ein Gegengewicht sorgt. Auch wenn neben dem Regelbeispiel der Gewerbsmäßigkeit noch ein zweites Regelbeispiel des § 29 Abs. 3 BtMG vorliegt, so darf dennoch das Gericht **nicht ohne nähere Begründung** vom Strafrahmen des § 29 Abs. 3 BtMG ausgehen. Vielmehr bedarf es auch hier einer **Gesamtbetrachtung aller Umstände** (*BGH* StV 1990, 355). Hier muss insb. geprüft werden, ob ausnahmsweise erhebliche Strafmilderungsgründe dafür sprechen, einen besonders schweren Fall zu verneinen, z. B. bei außergewöhnlichen Umständen in der Person des Angeklagten (Alkohol- oder Tablettenabhängigkeit, vgl. dazu im Einzelnen Rn. 39 ff.) und in der Tat (geringe Betäubungsmittelmengen oder geringer Verdienst).

7. Erweiterter Verfall. Bei gewerbsmäßiger Begehungsweise in den Fällen des **29** § 29 Abs. 1 S. 1 Nr. 1, 5, 6 und 10 BtMG findet gem. § 33 StGB i. V. m. Nr. 1 bzw. Nr. 2 BtMG die Vorschrift des **erweiterten Verfalles** nach § 73d StGB Anwendung. Sofern bei einem Betäubungsmittelhändler Geldbeträge sichergestellt werden, kann bei einer Verurteilung wegen gewerbsmäßiger Begehungsweise nicht nur gem. § 73 StGB der durch ein konkret nachgewiesenes Rauschgiftgeschäft erlangte Betrag für verfallen erklärt werden, sondern gem. § 73d StGB auch Beträge, die offenbar aus weiteren − nicht konkret nachgewiesenen − rechtswidrigen Taten stammen.

II. Gesundheitsgefährdung mehrerer Menschen (§ 29 Abs. 3 S. 2 Nr. 2 BtMG)

1. Zweck der Vorschrift. Die Gesundheitsgefährdung mehrerer Menschen **30** war bereits Strafzumessungsregel in § 11 Abs. 4 Nr. 1 BtMG 1972. Nach der amtlichen Begründung des BtMG 1972 war unter Gefährdung i. S. v. § 11 Abs. 4 Nr. 1 BtMG zu verstehen, wenn erhebliche Mengen von Betäubungsmitteln in geheimen Laboratorien mit der Absicht hergestellt werden, diese illegal abzusetzen (BT-Drs. VI/1877, S. 9). Diese bereits im Gesetzgebungsverfahren umstrittene Begründung wird heute von der h. M. abgelehnt. Wortlaut und Sinnzusammenhang sprechen nicht für ein abstraktes, sondern für ein **konkretes Gefährdungsdelikt** (*Weber* § 29 Rn. 1722; *Hügel/Junge/Lander/Winkler* § 29 Rn. 28.2; *Franke/Wienroeder* § 29 Rn. 224). Zwar dürfte die Herstellung erheblicher Mengen von Betäubungsmitteln in geheimen Laboratorien in der Absicht, diese illegal abzusetzen, einen ungenannten besonders schweren Fall nach § 29 Abs. 3 S. 1 BtMG darstellen. Die Strafzumessungsregel des § 29 Abs. 3 S. 2 Nr. 2 BtMG wird dadurch jedoch nicht erfüllt. Nicht der Umgang mit bestimmten gefährlichen Betäubungsmitteln, die geeignet sind, Gesundheitsschäden hervorzurufen, sondern erst die **Herbeiführung der konkreten Gefahren für mehrere Menschen durch bestimmte Handlungen** sind unter besondere Strafe gestellt worden.

2. Tathandlungen. § 29 Abs. 3 S. 2 Nr. 2 BtMG gilt nur für die in § 29 Abs. 1 **31** S. 1 Nr. 1, 6 oder 7 BtMG bezeichneten Handlungen. Im Vergleich zum

BtMG 1972 ist die Strafzumessungsregel damit neben dem Katalog der Begehungsweisen des § 29 Abs. 1 Nr. 1 BtMG auf die Taten von Ärzten und Apothekern (§ 29 Abs. 1 S. 1 Nr. 6 und 7 BtMG) ausgedehnt worden.

32   **3. Gesundheitsgefährdung.** Unter Gesundheitsgefährdung ist **die Herbeiführung eines Zustandes zu verstehen, bei dem die Möglichkeit einer erheblichen Beeinträchtigung der Gesundheit oder der Verschlimmerung einer Krankheit** naheliegt. Die Befürchtung leichter und schnell vorübergehender Störungen des Wohlbefindens ist noch keine Gesundheitsgefahr. Andererseits müssen die zu befürchtenden Schäden nicht von großer Dauer sein. Die Vorschrift soll vor Beeinträchtigung sowohl der physischen als auch der psychischen Gesundheit schützen. Der Schaden muss nicht eintreten, der Schadenseintritt aber nahe liegen (*Weber* § 29 Rn. 1724). Die entfernte Möglichkeit einer Gesundheitsbeeinträchtigung ist keine Gesundheitsgefährdung i. S. dieser Vorschrift. Erforderlich sind Gefährdungen, die über die mit der Rauschmitteleinnahme typischerweise verbundenen hinausreichen, da andernfalls jede oder nahezu jede Abgabe von Betäubungsmitteln an mindestens zwei Personen zur Anwendung des § 29 Abs. 3 Satz 2 Nr. 2 BtMG führen müsste (BGHR BtMG § 29 Abs. 3 Nr. 2 Gesundheitsgefährdung 1 = NStZ 2010, 170). Zu denken ist hier z. B. an die Herstellung lebensgefährlicher Betäubungsmittelgemische durch **Beimengen von toxischen Chemikalien und Giften,** um den Gewinn bei der Betäubungsmittelproduktion zu maximieren. Allein die Möglichkeit einer durch die Aufnahme des Rauschgifts verursachten Intoxikationspsychose oder die Befürchtung eines durch den Konsum mitbedingten Verharrens in der Sucht bei der Abgabe von 21 Packungen Rohypnol an einen erkennbar Drogensüchtigen reichen aber nicht aus (BGHR BtMG § 29 Abs. 3 Nr. 2 Gesundheitsgefährdung 1 = NStZ 2010, 170)

33   **4. Mehrere Menschen.** Durch die Tat müssen mindestens zwei Personen der Gefahr einer Gesundheitsbeeinträchtigung ausgesetzt und konkret gefährdet werden. Wird **nur eine Person** der Gefahr einer Gesundheitsbeeinträchtigung ausgesetzt, so kann u. U. ein ungeschriebener besonders schwerer Fall angenommen werden. Dies bedarf aber eingehender Begründung.

34   **5. Subjektiver Tatbestand.** Der – zumindest bedingte – Vorsatz muss sowohl die Tat als auch die Herbeiführung der konkreten Gefahr umfassen. Nur wer die gesundheitliche Verfassung eines bestimmten Verbrauchers kennt, kann ihn in eine konkrete Gesundheitsgefahr bringen. Je weniger Kontakt der Täter mit dem Konsumenten hat, umso weniger macht er sich Gedanken über die Auswirkung seines Stoffes bei bestimmten Personen. Wer Rauschgift mit Stoffen mischt bzw. streckt und dieses Gemisch verkauft, obwohl er weiß, dass dieses Gemisch bei den Erwerbern zu schwerwiegenden Schmerzen, Erbrechen oder Kreislaufbeschwerden führen wird, fällt unter diese Strafzumessungsregel.

35   **6. Täterschaft/Teilnahme.** Bei der Gefährdung der Gesundheit mehrerer Menschen handelt es sich nicht um ein persönliches strafschärfendes Merkmal gem. § 28 Abs. 2 StGB, so dass eine Beteiligung am besonders schweren Fall gem. § 29 Abs. 3 S. 2 Nr. 2 BtMG möglich ist; für jeden Täter oder Teilnehmer ist jedoch eine eigene Gesamtabwägung vorzunehmen (s. Rn. 23 ff.; *Weber* § 29 Rn. 1728, 1762).

36   **7. Versuch.** Die Strafzumessungsregel kann nur beim Versuch in den auf eine Gesundheitsgefährdung gerichteten Fällen des § 29 Abs. 1 S. 1 Nr. 1, Nr. 6 und Nr. 7 BtMG eingreifen (zum Versuch beim besonders schweren Fall s. im Einzelnen § 29/Teil 25, Rn. 3 ff.).

37   **8. Strafzumessung.** Bei der Anwendung des § 29 Abs. 3 S. 2 Nr. 2 BtMG kann den Regeln über die bewusste Selbstgefährdung die Verantwortung des Täters eingrenzende Bedeutung nicht zukommen, da Schutzgut der betäubungsmittelrechtlichen Strafnormen nicht allein und in erster Linie das Leben und die Gesundheit des einzelnen wie bei den §§ 211, 222, 223 StGB sind, sondern die

Volksgesundheit. Die Gefahr der Gesundheitsschäden muss vom Vorsatz des Angeklagten umfasst sein; ist dies nicht der Fall, so dürften die schweren Auswirkungen
nur innerhalb des nach § 29 Abs. 1 BtMG vorgesehenen Strafrahmens bei der
Strafhöhenbemessung schärfend berücksichtigt werden (*BGH* NStZ 1991, 392 =
StV 1992, 272).

III. Abweichen von den Regelbeispielen

Da § 29 Abs. 3 S. 2 BtMG nur Beispielsfälle aufzählt, bei deren Vorliegen ledig-   **38**
lich eine **widerlegbare Vermutung** für die Bejahung eines besonders schweren
Falles gegeben ist, kann die Indizwirkung im Rahmen der **Gesamtabwägung
aller bedeutsamen tat- und täterbezogenen Umstände** verneint werden.
Die Verneinung eines besonders schweren Falles drängt sich regelmäßig bei **Vorliegen eines vertypten Milderungsgrundes**, wie z.B. einer verminderten
Schuldfähigkeit und/oder einer Aufklärungshilfe nach § 31 BtMG, oder bei der
Annahme einer Vielzahl von Strafmilderungsgründen auf (vgl. *Schäfer/Sander/van
Gemmeren* Rn. 604; *Patzak/Bohnen* Kap. 3 Rn. 7 ff.). Das Tatgericht muss im Urteil
erkennen lassen, dass es **diese Möglichkeit gesehen** hat (*BGH*, Urt. v. 17. 3.
1993, 2 StR 544/92). Als solche Strafmilderungsgründe kommen insb. in Betracht:

1. **Schwer drogenabhängige Angeklagte.** Der **gesetzlich vertypte Milde-**   **39**
rungsgrund der erheblich verminderten Schuldfähigkeit kann **schon allein**
die Prüfung der Verneinung eines besonders schweren Falles rechtfertigen, wenn
die anderen Umstände nicht dagegen sprechen (BGHR StGB § 21 Strafrahmenverschiebung 10 [2 StR 291/87]). Die Festlegung, dass die Beschaffung der Betäubungsmittel allein dem Eigenbedarf zur Befriedigung der Rauschgiftsucht gedient
hat, und dass diese Sucht bei dem Angeklagten zu einem ständigen Druck mit dem
daraus folgenden Beschaffungszwang und damit zu einer i. S. d. § 21 StGB erheblich eingeschränkten Steuerungsfähigkeit geführt hat, zwingt zur **Prüfung, ob
der Regelfall zu verneinen ist oder** wegen anderer straferhöhender Erwägungen **anzunehmen ist** (*BGH* NStZ 1986, 368; BGHR BtMG § 29 Abs. 3 Strafrahmenwahl 7 [2 StR 455/88]; *Schäfer/Sander/van Gemmeren* Rn. 604).
Zu warnen ist aber vor der **(Wahr-)Unterstellung des § 21 StGB,** da der   **40**
BGH nur in Extremfällen die Voraussetzungen des § 21 StGB bejaht. Eine Einflussnahme der verminderten Schuldfähigkeit auf die Bestimmung des Strafrahmens
darf nicht mit der Begründung **abgelehnt werden**, dass in fast allen von dem
erkennenden Gericht bisher entschiedenen derartigen Fällen eine verminderte
Schuldfähigkeit des Angeklagten zumindest **nicht auszuschließen** gewesen sei,
und dass somit die verminderte Schuldfähigkeit nicht vom Regelfall abweiche
(*BGH* NStZ 1983, 268 = StV 1983, 147). Der Vergleich mit den erfahrungsgemäß
vorkommenden Fällen darf sich einmal nicht auf den begrenzten Erfahrungskreis
einer bestimmten Strafkammer beschränken, zum anderen ist maßgeblich, welcher
Strafrahmen nach dem Willen des Gesetzgebers für derartige Fälle angemessen
wäre. Die verminderte Schuldfähigkeit eines Angeklagten ist **kein Umstand, der
zum durchschnittlichen Regelfall** gehört, sondern ein bedeutsamer Umstand,
der mit oder ohne weitere Umstände geeignet sein kann, ein Regelbeispiel zu
verneinen (*BGH* NStZ 1983, 268 = StV 1983, 147).
Die Strafrahmenmilderung kann nicht deshalb versagt werden, weil der **Süchti-**   **41**
ge Betäubungsmittel in Kenntnis der Gefährlichkeit konsumiert hat.
Denn das Wesen der Sucht ist ihm nicht vorwerfbar (BGHR StGB § 21 Strafrahmenverschiebung 10 [2 StR 291/87]). Der Umstand, dass ein nicht vorbestrafter
Angeklagter infolge Heroinabhängigkeit in seiner Schuldfähigkeit erheblich vermindert war und **die Tatsache, dass er durch einen V-Mann erst zu dem
Heroingeschäft veranlasst wurde,** können die Verneinung eines ansonsten besonders schweren Falles erlauben (*BGH* StV 1982, 221).

2. **Verkürzte Lebenserwartung eines AIDS-kranken Angeklagten.** Hat   **42**
ein Angeklagter auf Grund einer fortgeschrittenen Polytoxikomanie und/oder

einer AIDS-Erkrankung nicht nur gegen die Drogensucht, sondern auch gegen den AIDS-Virus zu kämpfen und hat er nur noch kurze Zeit zu leben, verstärkt die Angst, infolge schwerer Krankheit bald zu sterben, die Wirkung der Freiheitsstrafe, so kann ein besonders schwerer Fall nach § 29 Abs. 3 BtMG entfallen. Die verkürzte Lebenserwartung führt nicht zu einem beliebigen Mitleidsabschlag in der Strafzumessung, sondern zwingt i. S. eines gerechten Schuldausgleiches gem. § 46 Abs. 1 StGB dazu, **Tatschuld und Strafzeit ins Verhältnis zur verbleibenden Lebenszeit** zu setzen. Verleiht aber der für einen gesunden Menschen vorgesehene Strafrahmen des § 29 Abs. 3 BtMG **bei einem todkranken Angeklagten der Strafe ein unverhältnismäßiges Übergewicht,** so kann geboten sein, einen besonders schweren Fall zu verneinen und vom Grundtatbestand des § 29 Abs. 1 BtMG auszugehen (vgl. *Dencker* StV 1992, 126 ff.).

43   **3. Angeklagte mit besonders schwerem Schicksal.** Erheblich verminderte Schuldfähigkeit, bisherige Straflosigkeit sowie die Tatsache, dass die Drogenabhängigkeit darauf beruhte, dass **während der Revolution in Iran der Vater des Angeklagten getötet und der Angeklagte vertrieben wurde,** verpflichten zur Prüfung, ob nicht trotz Vorliegens eines Regelbeispieles ein besonders schwerer Fall verneint werden muss (*BGH* StV 1982, 20). Bei einem Angeklagten, der **durch einen Kriegseinsatz, durch Angst und Verzweiflung zur Drogensucht** gelangte, dessen Schuldfähigkeit infolge Drogensucht erheblich beeinträchtigt war, der zur Finanzierung seines Drogenbedarfs als Konsumentendealer mit kleinen Heroinmengen handelte, der erst auf Grund einer polizeilichen Provokation sich bereiterklärte, 40 g Heroin zu liefern, die er weder besaß noch beschaffen konnte, sind im Rahmen einer Gesamtwürdigung aller wesentlichen tat- und täterbezogenen Umstände abzuwägen und zu prüfen, ob nicht der besonders schwere Fall wegen der Fülle strafmildernder Umstände zu verneinen ist (*BGH* StV 1982, 225). Ob ein besonders schwerer Fall vorliegt, ist auch zu prüfen, wenn ein Heroinhändler ein **besonders schweres Schicksal** hinter sich hat, ein **umfassendes Geständnis** abgelegt hat und der **Polizei** bei der Bekämpfung des Rauschgifthandels **erheblich geholfen** hat (*BGH* NStZ 1984, 27 = StV 1983, 460).

44   **4. Angeklagte als Opfer eines die zulässigen Grenzen überschreitenden Lockspitzeleinsatzes.** Überschreitet die Tatprovokation im Einzelfall die zulässigen Grenzen, so kann dies bereits im Rahmen der Strafrahmenprüfung Anlass für eine **Verneinung eines besonders schweren Falles** sein (BGHR BtMG § 29 Abs 3 Strafrahmenwahl 3 = StV 1988, 296).

45   **5. Angeklagte als Aufklärungsgehilfe.** Liegen die **Voraussetzungen des § 31 BtMG** vor, und hat das Gericht **weitere Strafmilderungsgründe** festgestellt, so kann sich ein Absehen vom besonders schweren Fall nach § 29 Abs. 3 BtMG aufdrängen. In Einzelfällen kann sogar allein aufgrund von § 31 BtMG der besonders schwere Fall verneint werden (BGHR BtMG § 31 Nr. 1 Strafrahmenverschiebung 1 [4 StR 360/91]; *BGH* StV 1990, 355; *BGH* StV 1992, 63).

46   **Nur in Ausnahmefällen** kann bei der Gesamtwürdigung auf die Erörterung der Frage verzichtet werden, ob wegen der Voraussetzungen des § 31 BtMG die Verneinung der besonders schweren Fälle in Betracht kommt, nämlich wenn die Anwendung des Normalstrafrahmens fernliegt (vgl. *BGH* NStZ-RR 2010, 57; BGHR BtMG § 29 Abs. 3 Strafrahmenwahl 5 [1 StR 39/88]; *BGH* StV 1989, 202 = MDR 1988, 693). Trägt ein bisher straffreier, in **finanziellen Problemen** befindlicher Angeklagter durch **freiwillige Offenbarung** seines Wissens wesentlich dazu bei, dass die Tat über seinen eigenen Tatbeitrag hinaus aufgedeckt werden konnte und wurde er durch einen **polizeilichen Untergrundagenten** zu einem Scheingeschäft verführt, so ist zu prüfen, ob trotz Vorliegens eines Regelbeispiels nicht der normale Strafrahmen Anwendung finden soll (*BGH* StV 1983, 460). **Schwere Jugend, ein umfassendes Geständnis und eine** in der Nähe des § 31 BtMG liegende **Unterstützung der Polizei** im Kampf mit dem Rauschgifthan-

del zwingen zu einer Auseinandersetzung mit der Frage, ob der erhöhte Strafrahmen trotz Vorliegens eines Regelbeispieles ausnahmsweise nicht zur Anwendung kommt (*BGH* NStZ 1984, 27 = StV 1983, 460). Liegen die Voraussetzungen des § 31 BtMG oder des § 21 StGB vor, so **ist es fehlerhaft,** bei der Strafrahmenprüfung nach § 29 Abs. 3 BtMG im Rahmen der notwendigen Gesamtbetrachtung aller be- und entlastenden Umstände die Aufklärungshilfe nicht mit einzubeziehen (*BGH* StV 1986, 342). Treffen Milderungsgründe nach § 21 StGB und § 31 BtMG zusammen, so kann dies auch zur doppelten Milderung des Strafrahmens führen (*BGH* StV 1984, 286).

Das **Urteil muss erkennen lassen,** dass sich das Gericht der Alternative bewusst war, bei Vorliegen der Voraussetzungen des § 31 BtMG entweder vom Strafrahmen des § 29 Abs. 3 BtMG abzusehen und den Regelstrafrahmen des § 29 Abs. 1 BtMG anzuwenden oder den Strafrahmen des § 29 Abs. 3 BtMG nach § 31 BtMG, 49 Abs. 1 StGB zu mildern und seine Entscheidung begründen (vgl. *BGH* StV 2006, 401; *Schäfer/Sander/van Gemmeren* Rn. 990). **47**

D. Ungeschriebene besonders schwere Fälle (§ 29 Abs. 3 S. 1 BtMG)

Nach § 29 Abs. 3 S. 1 BtMG kann auch außerhalb der in § 29 Abs. 3 S. 2 BtMG beschriebenen Fälle ein **ungeschriebener besonders schwerer Fall** vorliegen. Dies hat besondere Bedeutung für die in § 29 Abs. 3 S. 2 BtMG nicht genannten Grundtatbestände des § 29 Abs. 1 S. 1 Nr. 2 (Herstellung einer ausgenommenen Zubereitung), § 29 Abs. 1 S. 1 Nr. 3 (Besitz), § 29 Abs. 1 S. 1 Nr. 8 (unerlaubte Werbung), § 29 Abs. 1 S. 1 Nr. 9 (Erschleichung von Verschreibungen), § 29 Abs. 1 S. 1 Nr. 12 (öffentliche Aufforderung zum unbefugten Verbrauch), § 29 Abs. 1 S. 1 Nr. 14 (Zuwiderhandlung gegen eine Rechtsverordnung), denn die beschriebenen besonders schweren Fälle des § 29 Abs. 3 S. 2 BtMG bedeuten keine abschließende Aufzählung, sondern nur eine beispielhafte Aufzählung, so dass insoweit auch ungeschriebene besonders schwere Fälle vorliegen können. **48**

Wenn die Voraussetzungen von keinem der Regelbeispiele des § 29 Abs. 3 BtMG gegeben sind, ist regelmäßig vom Tatrichter im Einzelfall zu prüfen, ob ein unbenannter besonders schwerer Fall vorliegt. Während beim Vorliegen eines Regelbeispieles eine widerlegbare Vermutung besteht, dass der Fall insgesamt als besonders schwer anzusehen ist und deshalb weit häufiger die Ablehnung als die Annahme eines besonders schweren Falles näherer Begründung bedarf, setzt beim Fehlen eines Regelbeispiels die Bejahung eines besonders schweren Falles jedenfalls dann eine **zusammenfassende Abwägung aller wesentlichen tat- und täterbezogenen Umstände** voraus, wenn eine Reihe gewichtiger Strafmilderungsgründe Unrecht und Schuld gemindert erscheinen lassen (*Schmidt* MDR 1979, 884, 886; *ders.* MDR 1984, 10; *Schäfer/Sander/van Gemmeren* Rn. 607). Ein ungeschriebener besonders schwerer Fall ist anzunehmen, wenn Umstände der Tat aus dem Durchschnitt der gewöhnlichen Fälle so weit herausheben, dass die **Anwendung des erhöhten Ausnahmestrafrahmens des § 29 Abs. 3 BtMG geboten erscheint** (*BGH* MDR 1980, 412; *Koblenz* NStZ 1993, 549; *Patzak/Bohnen* Kap. 2 Rn. 83). **49**

I. Beispielsfälle von ungeschriebenen besonders schweren Fällen

Die Typenbildung der Regelbeispiele erlaubt nicht einfach die Gleichstellung weiterer typisierter schwerer Fälle. Außerhalb der Regelbeispiele ist immer eine Gesamtbetrachtung aller Umstände der Tat und des Täters erforderlich. Die nachfolgenden Fallgruppen müssen deshalb immer in eine Gesamtbetrachtung einbezogen werden (*Maiwald* NStZ 1984, 433, 439 f.). Art. 3 Abs. 5 des Suchtstoffübereinkommens gibt Anhaltspunkte für in Betracht kommende schwerwiegende Sachverhalte. Nach Art. 3 Abs. 5 S. 1 lit. g Suchtstoffübereinkommen 1988 sollen der Schmuggel und der Handel von Betäubungsmitteln in einer Strafvollzugsan- **50** stalt, in einer Bildungs-, Sport- oder Sozialeinrichtung, insb. in der Nähe von Schülern oder Studenten, als besonders strafwürdiges Verhalten gewertet werden.

51   **1. Betäubungsmittelhandel in oder in der Nähe von Schulen.** Als ungeschriebener besonders schwerer Fall des § 29 Abs. 3 S. 1 BtMG kann gewertet werden, wenn der Angeklagte **auf dem Gelände oder in der Nähe von Schulen, Kindergärten, Spielplätzen** oder anderen Einrichtungen oder Örtlichkeiten, die besonders dem Jugendschutz oder der Gesundheit dienen (wie z.B. **Sportvereine, Jugendlokale, Diskotheken, Krankenhäuser oder Therapieeinrichtungen**) mit Betäubungsmitteln Handel treibt oder Kuriere für Betäubungsmitteltransporte anwirbt.

52   Eine derartige Strafzumessungserwägung enthielt auch ein **Entwurf des Bundesjustizministeriums vom 28. 11. 1989,** der diese Straferschwerung ausdrücklich in § 29 Abs. 3 BtMG aufzählen wollte. Auch wenn der Gesetzentwurf nicht weiter verfolgt wurde, kann dieser straferschwerende Umstand die Annahme eines besonders schweren Falles rechtfertigen. Diese Strafzumessungserwägung stimmt auch mit Art. 3 Abs. 5 lit. g des **Int. Suchtstoffabkommens vom 19. 12. 1988** überein, wo ein straferschwerender Umstand darin gesehen wird, dass der Betäubungsmittelverkehr in einer **Einrichtung des Bildungs- oder Sozialwesens** oder in deren unmittelbarer Nähe oder an anderen Orten begangen wird, wo sich Schüler oder Studenten zum Zwecke der Bildung, des Sportes oder zu gesellschaftlichen Tätigkeiten aufhalten.

53   Bei bloßem Besitz oder bei Abgabe von Betäubungsmitteln auf dem Schulgelände oder in der Nähe der Schule kann hingegen **nur in Ausnahmefällen ein besonders schwerer Fall** angenommen werden, da ansonsten Drogen konsumierende und Drogen teilende Schüler und Schülerinnen über Gebühr kriminalisiert würden. Diese Fälle sind ausreichend mit § 29 Abs. 1 und Abs. 5 BtMG zu lösen. Verkauft ein Angeklagter nur in geringem Rahmen Cannabisprodukte in oder in der Nähe von Schulen, so ist ebenfalls sorgsam zu prüfen, ob ein besonders schwerer Fall vorliegt, zumal der Grundtatbestand des § 29 Abs. 1 BtMG einen Strafrahmen bis zu 5 Jahren bietet.

54   **2. Schmuggel und Handel mit Betäubungsmitteln in Krankenanstalten, in Sport- und Therapieeinrichtungen.** Ähnlich verwerflich ist der **Drogenschmuggel und Drogenhandel in Krankenanstalten,** in nach § 10a BtMG erlaubten **Konsumräumen oder in Sport- und Therapieeinrichtungen,** weil er geeignet ist, die Therapiebereitschaft und die Therapieprogramme von einzelnen Drogenabhängigen, aber auch die Gesundheitsbemühungen von ganzen Gruppen zunichte zu machen und die angegriffene Gesundheit und die Lebensperspektive labiler Patienten endgültig zu zerstören.

55   **3. Schmuggel und Handel von Betäubungsmitteln in Justizvollzugsanstalten. Das freiwillige Einschmuggeln** von Drogen in eine JVA sowie die Abgabe und das Verkaufen von Betäubungsmitteln an Gefangene aus eigennützigen Motiven kann Ausdruck erhöhter krimineller Intensität sein. Das BtMG hat das Einschmuggeln nicht geringer Mengen von Betäubungsmitteln vom Ausland ins Inland als besondere Gefahr für die Gesundheit der Bevölkerung angesehen und als Verbrechen ausgestaltet. Die Gefangenen einer Vollzugsanstalt sind eine **besonders gefährdete Bevölkerungsgruppierung.** Zum einen ist ein **hoher Anteil der Gefangenen drogenabhängig,** ein anderer Teil entstammt der Drogenszene, ein weiterer Teil ist wegen der beschränkten Arbeits- und Freizeitmöglichkeiten in der Anstalt und wegen des Zusammenlebens mit Drogenabhängigen für den Drogenkonsum **besonders anfällig.** Zwar kann nicht jegliches Handeltreiben mit Betäubungsmitteln in Justizvollzugsanstalten straferhöhend gewertet werden (vgl. *Koblenz* NStZ 1993, 549), insb. nicht, wenn es der **Finanzierung der eigenen Sucht** dient. Wer aber **aus Gewinnstreben** den „Drogendunst" und die besondere Anfälligkeit der Gefangenen für Drogenkonsum **mit erheblichen Mengen von Betäubungsmitteln** geschäftlich missbraucht unter Missachtung und Überwindung der umfangreichen Sicherheitsvorkehrungen der Anstalt, verdient **wegen erhöhter krimineller Intensität** auf Grund einer Gesamtabwägung im Vergleich zu den üblichen Drogengeschäften den erhöhten Strafrahmen des § 29 Abs. 3 BtMG, auch wenn es sich nicht um eine nicht geringe Betäubungsmittelmenge handelt (*Frankfurt*, Urt. v. 5. 9. 2000, 2 Ss 222/00). Der **Betäubungsmittelschmuggel in geschlossene Anstalten** vollzieht sich ähnlich wie der Grenzschmuggel in Verstecken am Körper, **in Körperöffnungen** (Mund, After, Scheide), **in Kleidern, Schuhen, Büchern, Briefen und Taschen. Besucher, Verteidiger und JVA-Bedienstete** treten bisweilen als **Kuriere** auf oder werfen die Drogenpäckchen an bestimmten Stellen über die Anstaltsmauer. Beliebte Verstecke in Frauenhaftanstalten sind die drogengefüllte Monatsbinde und die Zahnpastatube, die oben mit Zahnpasta, unten mit Drogen gefüllt ist.

Das Verbringen und Besitzen von Betäubungsmitteln in eine Haftanstalt muss **56** nicht zwangsläufig straferhöhend gewertet werden. Es ist gerade **Ausdruck der Sucht,** dass der Drogenabhängige sich regelmäßig um Stoff bemüht, unabhängig an welchem Ort und in welchem Zustand er sich befindet. Dies darf ihm nicht zur Last gelegt werden. Der Erwerb von Haschisch zum Weiterverkauf an einen nicht süchtigen, wegen Betäubungsmittelhandels einsitzenden Gefangenen in der JVA hingegen kann **Ausdruck von Uneinsichtigkeit** sein und schwerer wiegen als ein Drogenerwerb in Freiheit. Auch das Einschmuggeln von Betäubungsmitteln muss sich nicht immer strafschärfend auswirken. Wird ein Heroinkonsument im Besitz von Heroin festgenommen, entdeckt die Polizei aber nicht das gesamte mitgeführte Heroin, so darf die Strafkammer **das unfreiwillige Einschmuggeln** der Restmenge von 10 g in die Anstalt zum dortigen Konsum nicht strafschärfend werten. Denn aus dem Verstecken des Heroins vor der Polizei kann dem Angeklagten kein Vorwurf gemacht werden, da er sich nicht selbst zu überführen brauchte und häufig keine Gelegenheit gegeben ist, sich vor der Einlieferung des Stoffes gefahrlos zu entledigen. Die Absicht des Selbstgenusses ist nicht strafbar (*BGH* [*Holtz*] MDR 1982, 447). Andererseits begründet allein das Einschmuggeln **geringer Cannabismengen** in eine JVA noch keinen unbenannten schweren Fall des § 29 Abs. 3 BtMG, wenn der Unrechts- und Schuldgehalt der Tat aus der Zahl der Durchschnittsfälle nicht herausragt. Übersendet eine Angeklagte ihrem inhaftierten Freund in einem Nahrungsmittelpäckchen 8 g Haschisch, eingebacken in HANUTA-Schokowaffeln in die JVA, so ist trotz des raffinierten Versteckes zwar der Grundtatbestand erfüllt, angesichts der fehlenden Vorstrafen der Angeklagten, ihrer Abhängigkeit zu ihrem Freund und der verhältnismäßig geringen Menge nicht aber der § 29 Abs. 3 BtMG (*Koblenz* NStZ 1993, 549). Um der allgemeinen Gefahr des Einschmuggelns von Betäubungsmitteln in die JVA entgegenzuwirken, kann einem Untersuchungsgefangenen die Übersendung von Paketen in der U-Haft untersagt werden (*Koblenz* NStZ 1994, 56).

Zur besseren Bekämpfung des Einbringens von Rauschgift in Vollzugsanstalten **57** hat der Bundesrat am 13. 1. 2010 einen Gesetzesentwurf vorgelegt, wonach das unerlaubte Einbringen, Handeltreiben, Veräußern und Abgeben in einer Vollzugsanstalt als Regelbeispiel in § 29 Abs. 3 S. 2 Nr. 3 BtMG aufgenommen werden soll (BT-Drs. 17/429). Ob sich dieser Vorschlag durchsetzen kann, erscheint fraglich, denn die Bundesregierung hat in einer Stellungnahme hierzu mitgeteilt, dass ihr die Bundesrats-Initiative zu weit gehe, da bloße Eigenkonsumfälle in der Justizvollzugsanstalt und Fälle mit einer geringen Drogenmenge mit dem Normalstrafrahmen des § 29 Abs. 1 BtMG ausreichend bedroht seien (BT-Drs. 17/429, S. 10 f.).

4. Schmuggel und Handel von Betäubungsmitteln durch besondere 58 Berufsgruppen. Nach Art. 3 Abs. 5 lit. e Suchtstoffübereinkommen 1988 sollen Drogendelikte von Personen besonders schwerwiegend bestraft werden, die öffentliche Ämter begleiten und deren Straftaten mit diesem Amt in Verbindung stehen. Nach deutschem Recht darf die berufliche Stellung eines Täters nur dann zu seinen Lasten berücksichtigt werden, wenn **zwischen dem Beruf und der Straftat eine innere Beziehung besteht** (vgl. *BGH* NStZ 1981, 258; *BGH* wistra 1982,

65). Das Deutsche BtMG enthält keine Strafzumessungsregeln für bestimmte Berufsgruppen. Es muss deshalb im Einzelfall geprüft werden, ob der **Asservaten-verwalter, Arzt, Richter, Staatsanwalt, Kriminalbeamte** nach der erforderlichen Gesamtbetrachtung von allen wesentlichen tat- und täterbezogenen Umständen den erhöhten Strafrahmen des § 29 Abs. 3 BtMG verdient, wenn sie Betäubungsmittel verkaufen.

59 5. Ausnutzung von Minderjährigen. Nachdem die Ausnutzung von Minderjährigen in den Verbrechenstatbeständen der §§ 29a Abs. 1 Nr. 1, 30 Abs. 1 Nr. 2, 30a Abs. 2 Nr. 1 BtMG geregelt wurde, ist für besonders schwere Fälle wenig Raum.

60 6. Aufbewahren von Betäubungsmitteln mit Zugriffsmöglichkeit für Minderjährige. Ein unbenannter besonders schwerer Fall kann vorliegen, wenn eine Angeklagte Betäubungsmittel zu Hause frei zugänglich für ihre minderjährigen Kinder aufbewahrt und dabei weiß, dass diese sich aus dem Vorrat bedienen (*AG Bitburg* NStZ 2008, 472).

61 7. Ausbeutung von Drogensüchtigen und deren Angehörigen. Werden die Entzugserscheinungen eines Drogenabhängigen zum Wucherpreisen, zum Verkauf von minderwertigem Stoff, zum Anwerben als Prostituierte missbraucht, so kann dieser Umstand zusammen mit anderen Umständen die Annahme eines ungeschriebenen besonders schweren Falles rechtfertigen. Wird das Ansehen einer Familie bzw. Firma zu erpresserischen Forderungen bei den Drogenlieferungen missbraucht, wird die Mutter eines drogenabhängigen Kunden zu sexuellen Kontakten und Pornoaufnahmen gezwungen, treibt der Betäubungsmittellieferant mit der Drohung, bei den Nachbarn, dem Arbeitgeber der Familie, in der Schule, über die Presse über die Drogenabhängigkeit zu berichten, überhöhte Heroinerlöse ein, so kann eine Gesamtbetrachtung dieser Umstände den erhöhten Strafrahmen nach § 29 Abs. 3 BtMG nahelegen.

62 8. Handel, Einfuhr, Ausfuhr sowie Abgabe von Betäubungsmitteln und der Besitz von Waffen. In Art. 3 Abs. 5 lit. d des Suchtstoffübereinkommens 1988 wurde der bewaffnete und gewaltsame Drogenhandel als besonders strafwürdig genannt. Das Land Baden-Württemberg hatte in einem Gesetzentwurf vom 29. 1. 1992 (BR-Drs. 65/92) als weiteres Beispiel für besonders schwere Fälle des § 29 Abs. 3 nach S. 2 Nr. 4 BtMG a. F. folgende Nr. 5 vorgeschlagen: „Wer Betäubungsmittel einführt, ausführt, mit ihnen Handel treibt, sie besitzt oder abgibt und dabei eine Waffe bei sich führt …“. Obwohl dieser Vorschlag nicht in den Gesetzestext aufgenommen wurde, kann er als ungeschriebener besonders schwerer Fall des § 29 Abs. 3 S. 1 BtMG angewendet werden. Es ist nicht einzusehen, weshalb im Rahmen der Eigentumskriminalität schon das bloße Mitführen einer Schusswaffe ohne nachgewiesene Gebrauchsabsicht einen qualifizierenden Tatbestand (§§ 244 Abs. 1, § 250 Abs. 1 Nr. 1 StGB) begründet, im BtMG bei den gemeingefährlichen Rauschgifthändlern vielfach jedoch außer Betracht bleibt (vgl. hierzu auch *Steinke* ZRP 1992, 413, 416). In Anbetracht dessen, dass das Gewaltpotential auf der Rauschgiftszene ständig zunimmt und das Einschreiten für die Polizei immer gefährlicher wird, weil die Rauschgifthändler ihren Geschäftspartnern bewaffnet gegenübertreten, ist das **Mitführen von Waffen strafschärfend** zu werten. Wegen der zunehmenden Brutalisierung der Drogenszene sind nicht nur die auf der Rauschgiftszene mitgeführten **Schusswaffen,** sondern auch die zu Bedrohungen, Einschüchterungen, Raubüberfällen, Straftaktionen verwendeten **Hieb- und Stichwaffen** ebenfalls strafschärfend zu werten. Es gilt die Legaldefinition des § 1 WaffG, welche neben den Schusswaffen und Hieb- und Stichwaffen auch sonstige tragbare Gegenstände, wie mit Anl. II Abschnitt 2 Nr. 1.3 und Nr. 1.4 zu § 1 Abs. 1 WaffG (z. B. Totschläger, Schlagring, Schießkugelschreiber, Nunchakus) dem Waffengesetz unterstellt sind, umfasst, nicht jedoch Gebrauchsgegenstände wie Taschen-, Kuchen- oder Fahrtenmesser (s. dazu im Einzelnen § 30a Rn. 62 ff.).

Wenn ein **Dealer in der Drogenszene Scheinwaffen** mit sich führt, so kann 63
auch dies als ungeschriebener besonders schwerer Fall gewertet werden in Anlehnung an die BGH-Rspr. zu § 250 StGB (vgl. *BGH* NStZ 2007, 332; *Fischer* § 250
Rn. 10). In den Fällen, in denen das **Zusammentreffen von Rauschgift-Besitz
und Waffe mehr zufällig** ist und zu keiner erhöhten Gefährlichkeit geführt hat,
wie z. B. bei dem Betäubungsmittel besitzenden Konsumenten, der Hieb- und
Stichwaffe als Statussymbol bei sich führt oder um sich gegen Überfälle auf der
Drogenszene verteidigen zu können, reicht der Normalstrafrahmen jedoch aus.

Der **bewaffnete Drogenhandel mit nicht geringen Mengen** ist inzwischen 64
als **Verbrechen** ausgestaltet. Bei dem **bewaffneten Drogenhandel mit einfachen Betäubungsmittelmengen** ist es bei der Möglichkeit des besonders schweren Falles geblieben.

9. Gewaltsamer Drogenhandel. Der bewaffnete und gewaltsame Drogenhan- 65
del ist zwar kein Regelbeispiel des § 29 Abs. 3 BtMG. Er wird aber fast immer
einen ungeschriebenen besonders schweren Fall darstellen. Wer mit einem Flei-
scherbeil und einem Messer einen Dritten verwundet und bedroht, um diesen zu
zwingen, offen stehende Heroinschulden zu bezahlen, bzw. offen stehende Heroinerlöse bei Dritten einzutreiben, wer einen Dritten zu einem Rauschgifttransport gewinnt, indem er ihm eine Pistole an die Schläfe setzt, wer eine Fixerin
durch Verbrennen der Brustwarze mit brennender Zigarette oder Feuerzeug zum
Heroinverkauf drängt, wer in einem Abbruchhaus einen Heroindieb in einer **Fe-
mejustizverhandlung** durch die Drohung, ihn abzuschlachten, zu häuten und
auszunehmen, zum Geständnis, zur Heroinrückgabe und Unterstützung beim
Weiterverkauf zwingt, wer einen bei der Justiz geständigen Komplizen als **Straf-
lektion** mit nackten Füßen in ein Lagerfeuer schickt, zum Widerruf seiner Aussage und zum Weiterverkaufen von Heroin veranlasst, wer eine ihre Heroinschulden
nicht bezahlende Frau in ein Ausländerwohnheim zur Ausübung des Geschlechtsverkehrs verbringt und von den dort vorhandenen Freiern die Schulden kassiert,
verdient den Strafrahmen des § 29 Abs. 3 BtMG.

10. Verheimlichen von Betäubungsmitteln bei der Einfuhr. Die Einfuhr 66
von Betäubungsmitteln **in einem besonderen Schmuggelversteck,** nach dem
BtMG 1972 noch ein Regelbeispiel nach § 11 Abs. 4 Nr. 6 BtMG, kann nach
dem BtMG von 1982 im Rahmen einer Gesamtbetrachtung bei der Strafzumessung zu einem **ungeschriebenen besonders schweren Fall** (§ 29 Abs 3 S 1
BtMG) führen, da hierdurch **eine erhöhte kriminelle Intensität** zum Ausdruck
gebracht wird (vgl. *BGH* NStZ 1982, 472; *BGH* NStZ 1983, 370 = StV 1983,
201; *Körner* NJW 1982, 673, 675; *ders.* StV 1983, 471, 474; a. A. *Hügel/Junge/
Lander/Winkler* § 29 Rn. 25.2.; *Koblenz* NStZ 1983, 82, die annehmen, die ersatz-
lose Streichung des verdeckten Einfuhr im § 29 Abs. 3 BtMG führe zur Nichtan-
wendbarkeit dieser Strafzumessungserwägung bzw. erlaube keinen ungeschriebenen
besonders schweren Fall).

a) Verheimlichen von Betäubungsmitteln durch Schmuggelvorrichtun- 67
gen. Es ist kein Zeichen besonderer krimineller Energie, wenn der Angeklagte
erhebliche Kosten für die Herstellung des Schmuggelversteckes aufgewendet hat
und wenn die Betäubungsmittel in den Verkehr gelangt sind. Dies ist ein Regelfall,
kein besonders schwerer Fall (*BGH*, Beschl. v. 10. 4. 1979, 1 StR 95/79). Im Gegensatz hierzu ist das Verheimlichen von Betäubungsmitteln durch **besondere
Schmuggelverstecke** Ausdruck erhöhter Kriminalität. Unter Verheimlichen ist
zu verstehen, dass der Täter bei der Einfuhr die Entdeckung der Betäubungsmittel
nicht dem Zufall überlässt, sondern sie vor den Zollbeamten verborgen hält. Besonders angebrachte Vorrichtungen sind **eigens für den Rauschgiftschmuggel
angefertigte Schmuggelverstecke,** in die das Rauschgift eingelagert wurde.
Hier kommt insb. die Anfertigung von Sonderbehältnissen in Verkehrsmitteln, in
Kleidung, in Reisegepäck, in Postsendungen, in Frachtgut des Land-, Luft- und
Seeweges in Betracht. Unter Sonderbehältnissen sind Hohlräume zu verstehen, die

entweder bei der üblichen Überprüfung von den Zollbehörden nicht entdeckt werden oder in denen keine oder andere Waren vermutet werden. Beispiele: Die in der Praxis häufigsten Fälle sind Koffer, Taschen, Blechkanister, Bilder und Skulpturen mit doppeltem Boden, hohe Absätze von Damenschuhen; Schmuggelfahrzeuge mit eingebauten Hohlräumen in Kotflügeln, im Armaturenbrett, in den Reifen, in der Türverkleidung oder in der Autobatterie. Bisweilen werden Betäubungsmittelbehältnisse in weitere Behältnisse eingelagert, z. B. in Kleidungsstücke, Reisenecessaires oder Teddybären eingenähte Betäubungsmittel-Säckchen, in Kuchen oder Pudding eingepackte oder eingekochte, hitzefeste Betäubungsmittelbehältnisse, in einem Gipsbein eingegipste oder in Kerzen eingewachste Betäubungsmittelbehältnisse. Das *OLG München* entschied, dass die Einfuhr von Betäubungsmitteln in einer präparierten Zigarettenschachtel keine besondere Schmuggelvorrichtung darstellt (*München*, Beschl. v. 13. 10. 1972, Ws 668/72). **Keine besonderen Vorrichtungen** sind gegeben, wenn die Schmuggelwaren mit Decken, Säcken oder einer Plane zugedeckt oder umwickelt sind. Denn dies sind übliche Vorrichtungen, um die Aufmerksamkeit der Kontrollbeamten nicht auf die Schmuggelwaren zu lenken.

68   **b) Versteckthalten an schwer zugänglichen Stellen.** Betäubungsmittel werden dann an schwer zugänglichen Stellen versteckt gehalten, wenn es besonderer Veranstaltungen bedarf, um das Versteck ausfindig zu machen oder den Zugang zu darin befindlichen Sachen zu gewinnen. Besondere Veranstaltungen sind **Kontrollmaßnahmen, die wegen des außergewöhnlichen Aufwandes gewöhnlich unterbleiben und die ein normal, nicht übereifrig suchender Zollbeamter ohne besonderen Anlass nicht durchführen wird** (*BayObLG* NJW 1961, 2268; *BayObLG* NJW 1962, 216; *München*, Beschl. v 13. 10. 1972, 1 Ws 668/72).

69   Schwer zugängliche Stellen sind vor allem die verschiedenen Körperöffnungen wie **Mundhöhle, Scheide, Gebärmutter, Enddarm, Magen-Darmtrakt.** Nicht nur der Körperschmuggler, sondern auch die Heroinstraßenhändler verstecken vor Kriminalpolizei oder Zollfahndung die Betäubungsmittel in Körperöffnungen, wenn Kontrollen drohen. Diese kriminelle Energie kann strafschärfend gewertet werden, selbst wenn es sich um keine nicht geringe Menge, sondern eine normale Menge handelt (vgl. auch § 29/Teil 5, Rn. 224; a. A. aber *BayObLG* StV 2003, 623).

70   Schließlich kann sich die Schwierigkeit des Zugangs aus dem Umfang von **Unannehmlichkeiten** ergeben. Insb. die Betäubungsmittelversteckte in **der Unterwäsche am Leibe**, in schmutziger Wäsche oder in extrem unhygienischen Behältnissen stellen schwer zugängliche Stellen für den Zöllner dar. Während bei Verheimlichung durch besonders angebrachte Vorrichtungen Verstecke eigens für das Schmuggelunternehmen geschaffen oder unterhalten werden, kann von einem Versteckthalten an schwer zugänglichen Stellen nur die Rede sein, wenn der Täter bereits vorhandene Verstecke zum Schmuggeln nutzt. Keine schwer zugänglichen Stellen sind die Örtlichkeiten, die ein Zollbeamter bei einer Standardüberprüfung ohne Schwierigkeiten überprüft.

71   Werden Betäubungsmittel in Koffer, in der Hand- oder Hosentasche, im Reisenecessaire, im Handschuhfach oder im Kofferraum eines PKWs, im Gepäckträger des Eisenbahnabteils offen oder eingepackt aufbewahrt, so liegt kein Schmuggelversteck an einer schwer zugänglichen Stelle vor. Auch wenn sich die Betäubungsmittel an einem unüblichen, aber leicht kontrollierbaren Ort befinden, liegt keine schwer zugängliche Stelle vor. Betäubungsmittel, die in der Socke am Fuß versteckt wurden, befinden sich an keiner schwer zugänglichen Stelle (*Oldenburg* MDR 1976, 866). Das Verbergen von Betäubungsmitteln im Aschenbecher oder Papierkorb der Zugtoilette ist keine schwer zugängliche Stelle. Während das Verstecken von Betäubungsmitteln hinter den Sitzen des PKWs noch als zugängliche Stelle (*BayObLG* NJW 1962, 216) angesehen wurde, liegt beim Verstecken zwischen den Spiralen der Hintersitze (*Hamm* NJW 1962, 828), beim Verstecken

oberhalb der Deckenverkleidung in der Toilette eines Liegewagens (*Düsseldorf*, Beschl. v. 25. 5. 1973, 3 Ss 393/73) oder beim Verstecken unter dem zugeschraubten Kofferraumboden (*BayObLG* NJW 1961, 2268) eine schwer zugängliche Stelle vor.

Das Schmuggelversteck kann schwer zugänglich sein, weil für die Auffindung **72** ein **außergewöhnlicher Zeitaufwand** erforderlich ist. Dies ist nicht nur der Fall, wenn die Betäubungsmittel mehrfach verpackt oder an abgelegenen Orten, oder in verschlossenen Behältnissen verborgen sind, sondern auch, wenn Behältnisse, die üblicherweise einen anderen Inhalt aufweisen, mit Betäubungsmitteln gefüllt wurden, wenn Betäubungsmittel durch Verarbeitung oder Vermischung unkenntlich gemacht wurden, oder wenn Betäubungsmittel inmitten einer großen Menge ähnlich aussehender Waren gelagert werden. So stellen Füllfederhalter, Getränke-, Öl- und Kosmetikflaschen, Puder- oder Gewürzdosen, die mit flüssigen oder pulverisierten Betäubungsmitteln gefüllt wurden, schwer zugängliche Stellen dar. Auch wenn aus Drogen gepresste Souvenirartikel, die mit Farben und Gerüchen verfremdet wurden, offen darliegen, sind die Drogen für den Zöllner schwer zugänglich. Auch wenn mit gelöstem Heroin oder Opium getränkte Kleider oder mit LSD getränkte Nahrungsmittel offen getragen werden, sind die Drogen für den Zöllner schwer zugänglich. Wenn in einem Container oder Eisenbahnwaggon zwischen hunderten Tüten oder Säcken mit Mehl, Viehsalz oder Zucker oder Tüte bzw. Sack Heroin liegt, befinden sich diese Betäubungsmittel für den Zöllner an einer schwer zugänglichen Stelle. Ein Schmuggelversteck kann schwer zugänglich sein, **wenn die Auffindung der Betäubungsmittel einen außergewöhnlichen Kraftaufwand oder Zeitaufwand erfordert** (*BGH* MDR 1980, 630). Dies ist der Fall, wenn ohne Unterstützung von Werkzeugen, Maschinen oder weiteren Zollbeamten das Schmuggelversteck nicht eröffnet werden kann.

c) Täuschungsmanöver. Auch besondere Täuschungsmanöver bei der Einfuhr **73** können einen ungeschriebenen besonders schweren Fall i. S. v. § 29 Abs. 3 S. 1 BtMG begründen. Falsche Angaben gegenüber den Zollbeamten oder das Abdecken des starken Geruchs von Haschisch, Marihuana oder Heroin durch Geruchssteine oder stark riechende Fische bzw. Früchte sind übliche Schmuggelvorkehrungen und begründen keinen besonders schweren Fall. Das Inszenieren einer Schlägerei, eines Krankheitsfalles oder einer Zollanmeldung, um die nachfolgende Schmugglerkolonne durchzulotsen, kann hingegen einen besonders schweren Fall darstellen.

II. Subjektiver Tatbestand

Da es sich bei den besonders schweren Fällen um Strafzumessungsregeln und **74** nicht um qualifizierte Tatbestände handelt, dürfte ein besonders schwerer Fall nicht unbedingt Vorsatz bezüglich der strafhöhenden Umstände voraussetzen, vielmehr müsste auch Fahrlässigkeit ausreichen (vgl. *Maiwald* NStZ 1984, 433, 433 f.).

Bei den Regelbeispielen werden die strafhöhenden Umstände wie Tatbestands- **75** merkmale behandelt und § 15 StGB auf sie angewendet. Bei Regelbeispielen muss demnach Vorsatz vorliegen. Anders ist dies bei den unbenannten besonders schweren Fällen. Das Tatgericht kann einen besonders schweren Fall mit der Begründung bejahen, das leichtfertige Verkennen des strafhöhenden Umstandes offenbare eine im höchsten Maße rechtsgleichgültige Gesinnung. So kann das Vorsatzerfordernis für Regelbeispiele durch allgemeine Strafzumessungserwägungen überspielt werden (*Maiwald* NStZ 1984, 433, 439). Im Rahmen einer Gesamtbetrachtung eines ungeschriebenen besonders schweren Falles kann sich daher z. B. das leichtfertige Verkennen des besonderen Schmuggelversteckes strafschärfend auswirken.

III. Versuch

Für alle Tatbestände, deren Versuch nach § 29 Abs. 2 BtMG strafbar ist, kommt **76** § 29 Abs. 3 BtMG als Strafzumessungsnorm für die entsprechenden Versuchshandlungen in Betracht (zum Versuch beim besonders schweren Fall s. im Einzelnen

§ 29/Teil 25, Rn. 3 ff.). Selbst ein ungeschriebener besonders schwerer Fall einer versuchten Herstellung einer ausgenommenen Zubereitung nach § 29 Abs. 1 S. 1 Nr. 2 BtMG i. V. m. § 29 Abs. 3 S. 1 BtMG ist denkbar.

IV. Täterschaft/Teilnahme

77 Auch bei der Teilnahme zu einem ungeschriebenen besonders schweren Fall i. S. d. § 29 Abs. 3 S. 1 BtMG müssen die Voraussetzungen für jeden Tatbeteiligten **(jeden Mittäter und jeden Gehilfen) gesondert geprüft** werden. Es gilt auch hier das für die Teilnahme zum gewerbsmäßigen Handeltreiben mit Betäubungsmitteln Gesagte (s. dazu Rn. 23 ff.).

E. Konkurrenzen

I. Grundtatbestand und besonders schwerer Fall

78 Strafzumessungsregeln stellen keine Straftatbestände dar, die durch eine Handlung verletzt werden können. Es kann deshalb auch keine Tateinheit zwischen Grundtatbestand und einem besonders schweren Fall geben.

II. Mehrere besonders schwere Fälle

79 **1. Unterschiedliche Regelbeispiele und unbenannte Fälle.** Erfüllt eine Handlung mehrere Regelbeispiele des § 29 Abs. 3 S. 2 BtMG oder neben einem genannten Regelbeispiel mehrere ungenannte schwere Fallbeispiele, so liegt **keine Konkurrenz** zwischen verschiedenen Strafzumessungsregeln vor, sondern die **Regelwirkung tritt im verstärkten Maße ein** (*BGH* StV 1983, 281). Der *BGH* hat bei zweifacher Erfüllung eines besonders schweren Falles trotz Vorliegens von Milderungsgründen (nicht vorbestraft, geständig und Aufklärungsgehilfe nach § 31 BtMG) wegen der Schwere des Schuldgehalts nicht beanstandet, dass die Strafkammer die Anwendung des Normalstrafrahmens nicht erörtert hat, sondern es bei einer Strafrahmenverschiebung gem. § 31 Nr. 1 BtMG, § 49 Abs. 2 (a. F.) StGB bewenden ließ (*BGH*, Beschl. v. 17. 3. 1993, 2 StR 544/92).

80 **2. Mehrere Fälle der Gewerbsmäßigkeit.** Die Gewerbsmäßigkeit allein kann keine Bewertungseinheit schaffen. Es bildet vielmehr **jede gewerbsmäßige strafbare Handlung eine selbstständige Einzelstraftat, so dass** mehrere solcher Einzeltaten zueinander grundsätzlich im **Verhältnis der Tatmehrheit** stehen (BGHSt. 1, 42; *BGH* NJW 1953, 955; *BGH*, Urt. v. 29. 10. 1980, 3 StR 323/80; *Weber* § 29 Rn. 1721), es sei denn, die gewerbsmäßig verübten Einzelhandlungen müssen nach den allgemeinem Grundsätzen der **Bewertungseinheit** zu einer rechtlichen Handlungseinheit zusammengefasst werden (vgl. § 29/Teil 4, Rn. 409 ff.). Das *RG* hatte ursprünglich die Auffassung vertreten, dass die Gewerbsmäßigkeit generell die Einzelnen von dieser Absicht bestimmten strafbaren Handlungen in einer einzigen Sammelstraftat aufgehen lässt (RGSt. 61, 148), dann aber in dem Beschluss des Großen Strafsenats (RGSt. 72, 164) diese Auffassung aufgeben.

III. Besonders schwerer Fall und Verbrechenstatbestand

81 Es entsteht keine selbständige Konkurrenz zwischen einem besonders schweren Fall und einem Verbrechenstatbestand, sondern nur zwischen Grundtatbestand und Qualifikation (*BGH* StV 1996, 94; *BGH* StV 1996, 267). Nicht nur der Grundtatbestand des § 29 Abs. 1 BtMG, sondern auch die ihm zugeordnete Strafzumessungsregel des § 29 Abs. 3 BtMG tritt hinter den Verbrechenstatbeständen der §§ 29 a–30 a BtMG zurück. Die Tatsache, dass der Täter das Regelbeispiel eines besonders schweren Falles nach § 29 Abs. 3 BtMG verwirklicht hat, **behält** aber **Bedeutung für die Bemessung der Strafe** innerhalb des in dem Qualifikationstatbestand vorgesehenen Strafrahmens (*BGH* NStZ 1994, 39; *BGH* NStZ-

RR 1996, 47; BGHR BtMG § 29 Abs. 3 Nr. 1 Konkurrenzen 1 [2 StR 434/95]; s. auch § 29/Teil 4, Rn. 161).

F. Richterliche Hinweispflicht und Urteilsformel

Aus der Natur der Strafzumessungsvorschrift ergibt sich, dass die Benennung der **82** Regelbeispiele des § 29 Abs. 3 BtMG in der Urteilsformel zu unterbleiben hat und nur in der Liste der angewendeten Vorschriften erfolgt, die der Entlastung des Tenors dient (BGHSt. 27, 287, 289; BGH [*Kusch*] NStZ 1998, 27; *Meyer-Goßner* § 260 Rn. 25; *Graf*-StPO/*Eschelbach* § 260 Rn. 22). Bei einer von der Anklageschrift abweichenden Anwendung bedarf es in der Hauptverhandlung eines **rechtlichen Hinweises nach § 265 StPO** jedenfalls dann, wenn eine Verurteilung wegen gewerbsmäßigen Handeltreibens nach § 29 Abs. 3 S. 2 Nr. 1 BtMG in Betracht kommt (*BGH* NJW 1980, 714 = MDR 1980, 274). Ein rechtlicher Hinweis dürfte aber auch bei dem Regelbeispiel nach § 29 Abs. 3 S. 2 Nr. 2 BtMG und bei ungeschriebenen besonders schweren Fällen vorteilhaft sein (*Weber* § 29 Rn. 1765; *Schmidt* MDR 1980, 971). Bei Anwendung des Jugendstrafrechts auf Jugendliche und Heranwachsende hat § 29 Abs. 3 BtMG in dem Tenor zu unterbleiben, weil dann der Strafrahmen des allgemeinen Strafrechts nicht gilt (§ 18 Abs. 1 S. 3 JGG). Gleichwohl kann der Jugendrichter in den Urteilsgründen bei seinen Erwägungen über Art und Maß der Strafe auf die Erschwerung der Begehungsweise des § 29 Abs. 3 BtMG eingehen (*BGH* MDR 1976, 769; *BGH* NJW 1977, 304).

Teil 27. Fahrlässigkeitsdelikte (§ 29 Abs. 4 BtMG)

Übersicht

A. Katalog der Fahrlässigkeitsdelikte

In der Regel ist nur Vorsatz strafbar, wenn nicht das Gesetz fahrlässiges Handeln **1** ausdrücklich mit Strafe bedroht (§ 15 StGB). Fahrlässigkeit kommt nach § 29 Abs. 4 BtMG bei folgenden Tatbestandsalternativen des § 29 Abs. 1 BtMG in Betracht, deren fahrlässige Begehungsweisen mit Geldstrafe oder Freiheitsstrafe bis zu 1 Jahr bedroht sind:

– Anbauen, Herstellen, Handeltreiben, Einführen, Ausführen, Veräußern, Abgeben, sonstiges Inverkehrbringen, Erwerben, Sichverschaffen von Betäubungsmitteln (§ 29 Abs. 1 S. 1 Nr. 1 BtMG)
– Herstellen einer ausgenommenen Zubereitung (§ 29 Abs. 1 S. 1 Nr. 2 BtMG),
– Durchführen von Betäubungsmitteln (§ 29 Abs. 1 S. 1 Nr. 5 BtMG),
– Verabreichen und Überlassung von Betäubungsmitteln zum unmittelbaren Verbrauch (§ 29 Abs. 1 S. 1 Nr. 6 lit. b BtMG),
– Verschaffen oder Gewähren einer Gelegenheit zum unbefugten Erwerb oder zur unbefugten Abgabe oder Verleiten zum unbefugten Verbrauch (§ 29 Abs. 1 S. 1 Nr. 10 BtMG),
– Verschaffen oder Gewähren einer Gelegenheit zum unbefugten Verbrauch von Betäubungsmitteln oder Mitteilen einer außerhalb von Konsumräumen bestehenden Gelegenheit zum Verbrauch (§ 29 Abs. 1 S. 1 Nr. 11 BtMG).

2   Fahrlässige Verschreibungen von Ärzten (§ 29 Abs. 1 S. 1 Nr. 6 lit. a) und fahrlässige Belieferung von Betäubungsmittelrezepten durch Apotheker (§ 29 Abs. 1
S. 1 Nr. 7) sind nicht erfasst (krit. hierzu *Kreuzer* ZRP 1975, 209). Diese abschließende Regelung kann nicht dadurch umgangen werden, dass man das Verhalten als
fahrlässiges Inverkehrbringen (§§ 29 Abs. 1 S. 1 Nr. 1, 29 Abs. 4 BtMG) wertet
(vgl. *Stuttgart* MDR 1978, 692 [zum BtMG 1972]).

3   Da es sich bei den Regelbeispielen des § 29 Abs. 3 BtMG um Strafzumessungsregeln, nicht um qualifizierte Tatbestände handelt, setzt ein ungeschriebener besonders schwerer Fall nicht das Wissen und Wollen (Vorsatz) der straferhöhenden
Umstände voraus. Das Tatgericht kann auch einen **ungeschriebenen besonders
schweren Fall** annehmen, wenn der Angeklagte diese Umstände kennen konnte
und wenn der Täter schwerwiegende Folgen der Tat verschuldet hat, nur **fahrlässig** herbeigeführt hat (vgl. *Maiwald* NStZ 1984, 433, 437). Bei Regelbeispielen
wird dagegen Vorsatz vorliegen, da bei diesen die straferhöhenden Umstände wie
Tatbestandsmerkmale behandelt und § 15 StGB auf sie angewendet werden.

B. Voraussetzungen der Fahrlässigkeit

4   Fahrlässigkeit ist gegeben, wenn der Täter entweder die Sorgfalt außer acht lässt,
zu der er nach den Umständen und seinen persönlichen Verhältnissen verpflichtet
und fähig ist, und deshalb die Tatbestandsverwirklichung nicht erkennt **(unbewusste Fahrlässigkeit)** oder wenn der Täter die Tatbestandsverwirklichung für
möglich hält, jedoch pflichtwidrig und vorwerfbar im Vertrauen darauf handelt, dass
sie nicht eintreten werde **(bewusste Fahrlässigkeit).** Verwirklicht ein Täter einen
der oben genannten Tatbestände rechtswidrig und vorwerfbar, ohne die Verwirklichung zu erkennen oder zu wollen, so ist von Fahrlässigkeit auszugehen. Fahrlässigkeitstaten setzen **1. objektive Pflichtwidrigkeit, 2. objektive Vorhersehbarkeit der Tatbestandsverwirklichung, 3. subjektive Pflichtwidrigkeit und
Vorhersehbarkeit, 4. Erkennbarkeit der Rechtswidrigkeit und 5. Zumutbarkeit rechtmäßigen Verhaltens voraus.** Es sind **fahrlässige Begehungs-
und (echte und unechte) Unterlassungsdelikte,** nach der Wissensseite **unbewusste und bewusste Fahrlässigkeit** zu unterscheiden. Bei der unbewussten
Fahrlässigkeit bewirkt die Pflichtverletzung einen Erkenntnisfehler, nämlich dass der
Täter die Tatbestandsverwirklichung nicht voraussieht. Bei der bewussten Fahrlässigkeit kann die Pflichtverletzung dazu führen, dass der Täter nur mit der Möglichkeit der Tatbestandsverwirklichung rechnet bzw. den Grad der Möglichkeit falsch
einstuft und nicht erkennt, dass die Tatbestandsverwirklichung sicher eintritt.

5   Die **objektive Pflichtwidrigkeit** bestimmt sich nach den Anforderungen, die
bei objektiver Betrachtung der Gefahrenlage an einen besonnenen und gewissenhaften Menschen in der konkreten Lage und sozialen Rolle des Täters zu stellen sind (BGHSt. 40, 341 = NStZ 1995, 183; *Fischer* § 15 Rn. 16; *Weber* § 29
Rn. 1777). Dabei kann der Fahrlässigkeitsvorwurf auch darin begründet liegen,
dass der Täter beim Handel, bei der Herstellung, bei der Einfuhr oder beim Inverkehrbringen sich um die Betäubungsmitteleigenschaft seiner Stoffe und Waren
nicht oder unzureichend kümmerte und deshalb sie pflichtwidrig nicht erkannte
(BGHSt. 38, 58 = NStZ 1992, 57).

6   Bei der **subjektiven Pflichtwidrigkeit** sind auf die persönlichen Kenntnisse
und Fähigkeiten des Täter in der konkreten Lage, die objektive Sorgfaltspflichtverletzung zu vermeiden und die Tatbestandsverwirklichung vorherzusehen, abzustellen (*Weber* § 29 Rn. 1780). Hier wäre z. B. zu berücksichtigen, dass der Täter eine
medizinische Ausbildung erfahren oder sich durch Fachliteratur weitergebildet hat.
    Zur Fahrlässigkeit hinsichtlich der einzelnen Begehungsweisen siehe:

– § 29/Teil 2, Rn. 62 zum fahrlässigen Anbau,
– § 29/Teil 3, Rn. 47 zum fahrlässigen Herstellen,
– § 29/Teil 9, Rn. 12 zum fahrlässigen Inverkehrbringen,
– § 29/Teil 5, Rn. 117 zur fahrlässigen Einfuhr,
– § 29/Teil 4, Rn. 207 ff. zum fahrlässigen Handeltreiben.

C. Abgrenzung Versuch/Vollendung

Da § 29 Abs. 2 BtMG vorsätzliches Verhalten voraussetzt (vgl. § 22 StGB), ist **7** ein versuchter fahrlässiger Verstoß gegen § 29 Abs. 1 BtMG nicht strafbar.

D. Abgrenzung Täterschaft/Teilnahme

Eine fahrlässige (Mit-)Täterschaft nach § 29 Abs. 4 BtMG ist möglich (s. dazu **8** *Fischer* § 25 Rn. 24 ff.). Eine fahrlässige Beihilfe zum unerlaubten Handeltreiben bzw. zur unerlaubten Einfuhr ist nicht strafbar, da Anstiftung und Beihilfe vorsätzliches Handeln voraussetzen (BGHSt. 35, 57, 59 = NJW 1988, 1333).

E. Strafrahmen

Für fahrlässige Straftaten nach § 29 Abs. 4 BtMG steht ein Strafrahmen von **9** Freiheitsstrafe bis zu 1 Jahr oder Geldstrafe zur Verfügung.

Eine **fahrlässige Begehungsweise von Verbrechenstatbeständen (§§ 29 a, 10 30, 30 a BtMG)** ist mit Ausnahme von § 30 Abs. 1 Nr. 3 BtMG nicht geregelt. Deshalb gilt bei einer unerlaubten fahrlässigen Einfuhr/Ausfuhr oder einem fahrlässigen Handeltreiben von nicht geringen Mengen von Betäubungsmitteln lediglich § 29 Abs. 4 BtMG mit einer **Strafandrohung von höchstens 1 Jahr Freiheitsstrafe** (*BGH* NStZ 1983, 174; *BGH* NStZ 1990, 240).

F. Verjährung

Die Verjährungsfrist bei fahrlässigen Taten nach § 29 Abs. 4 BtMG beträgt ge- **11** mäß § 78 Abs. 3 Nr. 5 StGB 3 Jahre.

Teil 28. Umgang mit geringen Mengen von Betäubungsmitteln zum Eigenverbrauch (§ 29 Abs. 5 BtMG)

Übersicht

A. Zweck der Vorschrift

1   Die Vorschrift geht auf die Regelung des § 11 Abs. 5 BtMG 1972 zurück, ist
aber später erweitert worden. Sie ist Ausdruck des Grundsatzes, dass der **Eigenverbrauch als eine Form der Selbstschädigung straflos,** der Erwerb und

Besitz zum Eigenverbrauch aber wegen der Gefahr der Weitergabe strafbar ist. Die Vorschrift ermöglicht den Grundsatz **Hilfe statt Strafe** und korrespondiert ferner mit den Vorschriften des 7. Abschnittes, die bei betäubungsmittelabhängigen Straftätern der **Therapie** den **Vorrang** einräumen **vor der Strafe**. Wegen der generalpräventiven Strafbestimmungen des BtMG würde eine Einstellung nach §§ 153, 153 a StPO auf Schwierigkeiten stoßen, weil bei diesen Bestimmungen nur bei mangelndem öffentlichen Interesse eine Bestrafung verzichtbar ist. § 29 Abs. 5 BtMG erweitert deshalb die Möglichkeiten der §§ 153, 153 a StPO, indem Gelegenheitskonsument und Drogenprobierer trotz des bestehenden öffentlichen Interesses an der Bekämpfung des Drogenmissbrauches vor Strafe und der Eintragung im Strafregister und der damit verbundenen Diskriminierung bewahrt werden können (*BayObLG* NStZ 1982, 472 = StV 1982, 423). Neben dem Verzicht auf Strafvollstreckung waren das Absehen von der Anklageerhebung gegenüber kleinen bis mittleren betäubungsmittelabhängigen Straftätern sowie die Ausdehnung des Absehens von Strafe auf alle Tathandlungen, die mit dem Eigenverbrauch geringer Mengen im Zusammenhang stehen können, ausdrückliche Lösungsziele des Gesetzgebers.

B. Anwendungsbereich der Vorschrift

Bei § 29 Abs. 5 BtMG handelt es sich um eine **materiellrechtliche Strafzumessungsnorm** (*Weber* § 29 Rn. 1793; *Franke/Wienroeder* § 29 Rn. 230), die den §§ 59 und 60 StGB nachgebildet ist. Sie setzt einen Schuldspruch voraus, ermöglicht aber ein **Absehen von Strafe**, weil es selbst bei vorliegendem öffentlichen Interesse an der Strafverfolgung am Strafbedürfnis fehlt (*Franke/Wienroeder* § 29 Rn. 230). § 29 Abs. 5 BtMG ist keine strafprozessuale Einstellungsnorm. Eine Einstellung des Verfahrens hat nach §§ 153, 153 a StPO, § 31 a BtMG zu erfolgen. § 29 Abs. 5 BtMG ist ebenso wie § 31 a BtMG und die §§ 153, 153 a StPO eine **Ausgestaltung des verfassungsrechtlichen Übermaßverbotes** (vgl. BVerfGE 90, 145 = NJW 1994, 1577 = StV 1994, 295 m. Anm. *Kreuzer* NJW 1994, 2400 u. m. Anm. *Nelles/Velten* NStZ 1994, 366 = StV 1994, 298 m. Anm. *Schneider* StV 1994, 390 = JZ 1994, 860 m. Anm. *Gusy*). 2

Die Strafzumessungsvorschrift ist nicht auf bestimmte Betäubungsmittelarten, nicht auf bestimmte Betäubungsmitteltäter und nicht auf bestimmte Tathandlungen beschränkt worden. Durch das BtMG von 1982 wurde der Anwendungsbereich vom Erwerb und Besitz auf alle Tatbegehungsweisen, die bei einem Konsumenten in Betracht kommen, ausgedehnt, mit Ausnahme der Absatzdelikte. § 29 Abs. 5 BtMG gilt für den Anbau, die Herstellung, die Einfuhr, die Ausfuhr, die Durchfuhr, den Erwerb, das sonstige Sichverschaffen und den Besitz von geringen Betäubungsmittelmengen zum Eigenverbrauch. 3

C. Erfahrungen mit der Vorschrift

Die Bundesregierung hat mit ihrem Bericht vom 11. 4. 1989 (BT-Drs. 11/4329, 18) von einer Auswertung der Datenbank BIFOS für die Jahre 1985 bis 1987 berichtet, wonach in diesen 3 Jahren die Vorschrift des § 29 Abs. 5 BtMG 2.211 mal zur Anwendung kam, am häufigsten in Berlin (1.164) und Baden-Württemberg (669), am seltensten in Schleswig-Holstein (4), Hamburg (4) und Bremen (0). Außerdem zeigte dieser Bericht **erhebliche Unterschiede in der Einstellungspraxis der verschiedenen Bundesländer** auf. 4

Seit Einführung des § 31 a BtMG im Jahr 1992 ist die Anwendung des § 29 Abs. 5 BtMG noch seltener geworden (vgl. *Aulinger*, 1997, 179, 300; *Schäfer/Paoli*, 2006, 388). Gleichwohl hat der § 29 Abs. 5 BtMG wegen der Möglichkeit der revisionsrechtlichen Überprüfung und der Entwicklung einheitlicher Grenzwerte nach wie vor seine Bedeutung behalten. 5

D. Kritik an der Justizpraxis

6   Nicht erst der Bericht der Bundesregierung vom 11. 4. 1989 weckte massive Kritik an der unterschiedlichen Einstellungs- und Sanktionspraxis in den verschiedenen Bundesländern und an der fortschreitenden Kriminalisierung von Drogenkonsumenten und Drogenabhängigen. Mit einem provozierenden Aufsatz in der Wochenzeitung DIE ZEIT vom 10. 3. 1989 mit dem Titel „Unsinnig und unwürdig" wies *Körner* auf die vielfach unwürdigen und wenig sinnvollen Hauptverhandlungen gegen Drogenkonsumenten, auf die abweichende Einstellungspraxis der Staatsanwaltschaften, auf den Widerspruch zum Grundsatz der straflosen Selbstschädigung und auf die seltene Anwendung des § 29 Abs. 5 BtMG hin.

7   Im Juni 1989 wandte sich die Bundesgesundheitsministerin *Lehr* an das Bundesjustizministerium und beklagte sich über die im Ländervergleich festzustellende stark abweichende Sanktions- und Einstellungspraxis und die verhältnismäßig seltene Anwendung des § 29 Abs. 5 BtMG. Der Bundesjustizminister wandte sich mit Schreiben vom 19. 7. 1989 an die Landesjustizverwaltungen und stimmte dem Bundesgesundheitsministerium darin zu, dass eine deutlich großzügigere Handhabung der mit § 29 Abs. 5 BtMG auch in Verbindung mit § 153 b StPO eröffneten Möglichkeiten den sozialpräventiven Intentionen des Gesetzgebers besser entsprechen würde als die bisherige Praxis. Die Forderung nach einer Entkriminalisierung bzw. Entpönalisierung des Drogenkonsumenten wurde bald immer häufiger und lauter.

8   Die **Bundestagsfraktion DIE GRÜNEN** stellte im Deutschen Bundestag am 5. 12. 1989 den Antrag (BT-Drs. 11/4936), alle nach dem BtMG strafbaren Handlungen von Konsumenten mit Betäubungsmitteln in geringen Mengen zu entkriminalisieren.

9   Das Hamburger Konzept zur Drogenbekämpfung vom 16. 1. 1990 der **Bürgerschaft der Freien und Hansestadt Hamburg** (Drs. 13/5196) forderte bereits ein erweitertes Opportunitätsprinzip, eine Entkriminalisierung des Erwerbes und Besitzes von Kleinmengen von Betäubungsmitteln durch Abhängige für den Eigenverbrauch und eine Entlastung der Strafverfolgungsbehörde von der Verfolgung suchtbedingter Kleinkriminalität. Am 23. 1. 1990 (BR-Drs. 57/90) brachte Hamburg dann einen Gesetzesantrag zur Ausweitung des Opportunitätsprinzipes im Konsumentenbereich ein, der letztlich abgewandelt im Gesetzesantrag vom 12. 7. 1991 (BT-Drs. 12/934) zu dem neuen § 31 a BtMG führte.

10   In der Wochenzeitung DIE ZEIT vom 26. 1. 1990 plädierte *Kreuzer*, der sich seit Jahren immer wieder für eine extensive Interpretation und Anwendung von Diversionsmöglichkeiten (§§ 45, 47 JGG, 153 ff. StPO, § 29 Abs. 5 BtMG) und sozialpädagogisch-therapeutische Chancen (z. B. §§ 11, 21 Abs. 2 JGG, 56 ff. StGB sowie 35 ff. BtMG) ausgesprochen hatte, ebenfalls für kleine Schritte aus der drogenpolitischen Sackgasse und wies die enormen Sanktionsabweichungen bei Haschischkleindelikten mit den Ergebnissen von 4 systematischen schriftlichen Praktikerbefragungen auf der Richterakademie in Trier von 1984 bis 1990 nach. Die Sanktionsvorstellungen reichten von einer Einstellung ohne Auflage bis zu einer einjährigen Jugendstrafe (vgl. *Kreuzer* NJW 1989, 1505 ff.; *ders.* DRiZ 1991, 173, 175).

11   Bei einer Sonderkonferenz der Innen-, Justiz-, Jugend-, Kultus- und Gesundheitsminister vom 30. 3. 1990 in Bonn sprach sich die Mehrheit für eine Erweiterung der Handlungsspielräume der StA, für vermehrtes Absehen von der Verfolgung bzw. für vermehrte Verfahrenseinstellungen im Bagatellbereich aus. Auch der Nationale Rauschgiftbekämpfungsplan vom 13. 6. 1990 schlug eine häufigere Anwendung und strukturelle Änderung des § 29 Abs. 5 BtMG vor. Er rief auf, § 29 Abs. 5 BtMG verstärkt zu nutzen, wenn sichergestellte Kleinmengen lediglich dem Eigenkonsum dienten.

12   *Hellebrand* stellte mit seiner Schrift „Drogen und Justiz" aus dem Jahr 1990 nicht nur seine Kritik, sondern ein Konzept vor, wie die StA durch vermehrte Anwendung des Opportunitätsprinzips (§§ 45, 47 JGG, §§ 153 ff. StPO, §§ 29

Abs 5; 31; 37 BtMG), durch Verlagerung der Verfolgungsintensität vom Drogenkonsumenten weg auf den Drogenhandel und durch bessere Anwendung der
§§ 35 ff. BtMG sich in eine fortschrittliche Drogenpolitik einbinden lassen und
gleichzeitig zu einer Entlastung der Justiz beitragen könnte (vgl. auch *Hellebrand*
ZRP 1992, 247).

Auch *Schulz*, erfahrener Referatsleiter im BKA Wiesbaden und Verfasser eines **13**
Handbuches über die Bekämpfung der Rauschgiftkriminalität (1987), kritisierte die
Lähmung der Strafverfolgungsbehörden durch die Flut der gegen Konsumenten
gerichteten Ermittlungsverfahren (*Schulz* Kriminalistik 1990, 407).

Allmers schlug dann im Februar 1991 eine Ergänzung des § 29 Abs. 5 BtMG **14**
durch einen § 29 Abs. 7 BtMG vor, wonach das Erwerben und Besitzen von Betäubungsmitteln zum Eigenverbrauch von Strafverfolgung frei bleiben sollte, soweit
der Erwerb unentgeltlich erfolgte, der Veräußerer bekannt oder der Stoff verbraucht sei (*Allmers* ZRP 1991, 41 ff.).

Am 19. 12. 1991 setzte die **2. kleine Strafkammer des *LG Lübeck*** in einem **15**
Fall, in dem es um die Weitergabe von 1,2 g Haschisch ging, das Verfahren 713 Js
16.817/90 – 2 Ns KL 167/90 wegen verfassungsrechtlicher Einwände gegen die
Strafverfolgung von Konsumenten weicher Drogen aus und legte die Sache dem
BVerfG zur Entscheidung vor (*LG Lübeck* NJW 1992, 1571 ff.; vgl. hierzu auch
Stoffe/Teil 1, Rn. 69 ff.).

Die ***Zentralstelle zur Bekämpfung der Betäubungsmittelkriminalität der StA bei* 16
*dem OLG Frankfurt am Main (ZfB)*** entwickelte Ende Dezember 1991 in Anlehnung an das niederländische Opportunitätsprinzip und an eine schweizer Inititative
des VSD (= Verein Schweizer Drogenfachleute) von 1986 den Vorschlag, in Hessen zukünftig bis zu einer Grenzmenge von 30 g Cannabis vor einer Anklageerhebung der Cannabiskonsumenten abzusehen und eine Annäherung der Einstellungspraxis herbeizuführen (vgl. dazu *Schneider* StV 1992, 489, 492).

In eine ähnliche Richtung tendierte der **Gesetzentwurf des Landes Rhein- 17
land-Pfalz** (BR–Drs. 507/92), der mit § 29 Abs. 1 BtMG nur noch Delikte mit
mehr als 20 g Haschisch und 100 g Cannabiskraut mit Strafe bedrohen wollte und
den Umgang mit Mengen unter dieser Schwelle als Ordnungswidrigkeit ausgestal-
ten wollte. Der Entwurf fand jedoch keine Mehrheit.

Trotz weiterer ähnlicher Vorschläge sah der Gesetzgeber im Ergebnis davon ab, **18**
die wenig angewandte Vorschrift des § 29 Abs. 5 BtMG neu zu formulieren oder
zu streichen. Vielmehr setzte er auf die Schubkraft des im Jahr 1992 eingeführten
§ 31 a BtMG, um eine neue zufriedenstellende Einstellungspraxis bei den Staatsanwaltschaften zu erreichen (vgl. dazu auch § 31 a Rn. 1 ff.).

Das *BVerfG* hat auf die Vorlage des *LG Lübeck* mit der Entscheidung v. 9. 3. **19**
1994 **keine verfassungsrechtlichen Bedenken** an den Straftatbeständen gegen
Cannabisdelikte geäußert, auch soweit sie den **Umgang mit geringen Cannabismengen** mit Strafe bedrohen (BVerfGE 90, 145 ff. = NJW 1994, 1577 ff. =
StV 1994, 295 ff. m. Anm. *Kreuzer* NJW 1994, 2400 u. m. Anm. *Nelles/Velten*
NStZ 1994, 366 = StV 1994, 298 m. Anm. *Schneider* StV 1994, 390 = JZ 1994,
860 m. Anm. *Gusy)*. Es hat in diesem Beschluss die stark abweichende Justizpraxis
bei der Bestimmung der geringen Menge in den verschiedenen Bundesländern
kritisiert und unter Hinweis auf das Übermaßverbot und den Verhältnismäßigkeitsgrundsatz eine angemessene und einheitliche Reaktion auf Konsumdelikte mit
geringen Cannabismengen verlangt und dazu aufgerufen, für eine einheitliche
Einstellungspraxis Sorge zu tragen (vgl. auch *BVerfG* NStZ 1995, 37).

Auch wenn sich die Rspr. zu § 29 Abs. 5 BtMG üblicherweise an der Rspr. der **20**
Oberlandesgerichte orientiert, so beeinflusst dennoch die Strafverfolgungspraxis der
Staatsanwaltschaften nach § 31 a BtMG die Rspr. zur geringen Betäubungsmittelmenge. Die **meisten Bundesländer** reagierten auf die Entscheidung des *BVerfG*
v. 9. 3. 1994 entweder mit **allgemeinen Verfügungen** bzw. **Richtlinien**, mit
gemeinsamen Runderlassen des Justiz- und Innenministeriums, mit **Rundverfügungen der Generalstaatsanwälte** oder mit **Hausverfügungen der Leitenden Oberstaatsanwälte.** Während zunächst noch eine sehr uneinheitliche Hand-

habung vor allem mit geringen Cannabismengen mit Einstellungsgrenzen von 6 g in Bayern und Baden-Württemberg und einer Einstellungsgrenze von 30 g in Schleswig-Holstein vorhanden war (zur *Aulinger*-Studie und zur Untersuchung von *Paoli/Schäfer* s. § 31 a Rn. 63 ff.), haben die Länder mittlerweile weitestgehend übereinstimmend eine Einstellungsgrenze von 6 g festgelegt (vgl. hierzu § 31 a Rn. 42 ff.).

E. Voraussetzungen

I. Art der Tathandlung

21 Während im BtMG 1972 nur beim Besitz und Erwerb von geringen Mengen ein Absehen von Strafe möglich war, wurden in § 29 Abs. 5 BtMG 1982 alle die Tatbegehungsweisen des § 29 Abs. 1 aufgenommen, die den Eigenkonsum vorbereiten können und vornehmlich als Selbstgefährdungsakte angesehen werden können: Anbau, Herstellung (vgl. *BGH* StV 1987, 250), Einfuhr, Durchfuhr, Erwerb, Verschaffung in sonstiger Weise und Besitz. Lediglich die **Abgabe,** das **Veräußern,** das **Inverkehrbringen** und das **Handeltreiben** wurden **ausdrücklich ausgenommen,** da sie dritte Personen gefährden. **Versuchte Konsumentendelikte** (§ 29 Abs. 2 BtMG) und **fahrlässige Konsumentendelikte** (§ 29 Abs. 4 BtMG) sind nach dem Wortlaut des § 29 Abs. 5 BtMG ebenfalls erfasst.

II. Art der Täter

22 Zwar sollte § 29 Abs. 5 BtMG denjenigen vor Strafe und Eintragung in das Bundeszentralregister bewahren, der erstmals und einmalig mit Betäubungsmitteln in Berührung kommt. Es sollte mit der Privilegierung **weder der Dauerkonsument noch der Abhängige vor Strafe bewahrt werden** (BayObLGSt. 1973, 104, 105; *BayObLG* NStZ 1994, 496 = MDR 1994, 1140; *BayObLG* StV 1995, 529 m. Anm. *Körner; Hamm* NStZ-RR 2010, 24). Der Gesetzgeber hat eine derartige Beschränkung aber nicht in den Gesetzestext aufgenommen. Zwar hat sich die Gesetzesauslegung grundsätzlich am Gesetzeszweck zu orientieren. Der **Wille des Gesetzgebers** kann sich jedoch **wandeln.** Grundsätzlich schließt der Wortlaut der Vorschrift eine Anwendung auf den **Wiederholungtäter,** auf den **einschlägig vorbestraften Betäubungsmitteltäter,** auf den **Dauerkonsumenten,** auf den **polytoxikomanen Rauschgiftsüchtigen,** auf den **dealenden Konsumenten** oder auf den **nicht therapiebereiten Konsumenten** nicht aus.

23 Nachdem der gesundheitliche Niedergang, die Aids-Verseuchung und die Verelendung der deutschen Drogenszene trotz intensiver strafrechtlicher und therapeutischer Bemühungen dramatisch fortschritt, die Zahl der Drogentoten stetig stieg, ging die Rspr. schrittweise voran. Auch wenn der § 29 Abs. 5 BtMG in erster Linie dem **Ersttäter** zugute kommen soll, schließt dies jedoch nicht aus, dass in **Ausnahmefällen** diese Bestimmung auch auf einen **einschlägig Verurteilten** oder auf einen **Dauerkonsumenten** angewendet werden kann (*BGH* StV 1987, 250; *BayObLG* NStZ 1994, 496 = MDR 1994, 1140; *Berlin* StV 1997, 640; *Hamm* NStZ-RR 2010, 24). Bei der Ausübung des Ermessens entspr. den Richtlinien der einzelnen Bundesländer oder entsprechend einer Rundverfügung einzelner *Generalstaatsanwälte* oder *Leitenden Oberstaatsanwälte* kommt jedoch ein Absehen von Strafe vielfach nicht in Betracht (s. im Einzelnen dazu § 31 a Rn. 46 ff.).

III. Art der Betäubungsmittel

24 Die Vorschrift des § 29 Abs. 5 BtMG unterscheidet nicht nach weichen und harten Drogen und gilt **für alle Stoffe und Zubereitungen der Anl. I, II und III** zu § 1 Abs. 1 BtMG (*Hamm* StV 1987, 251; *AG Freiburg* [*Kotz/Rahlf*] NStZ-RR 2011, 131). Natürlich können aber im Rahmen der Ermessensausübung die Besonderheiten der Betäubungsmittel (Wirkstoffgehalt, Gefährlichkeit, Giftigkeit, Konsumfähigkeit usw.) berücksichtigt werden.

IV. Konsumfähige Betäubungsmittelmengen

§ 29 Abs. 5 BtMG gilt nur für konsumfähige Betäubungsmittel, nicht für **25** Grundstoffe und nicht für Arzneimittel. Hier ist aber an § 153 StPO zu denken. Die Strafzumessungsregel des § 29 Abs. 5 BtMG setzt eine **geringe Menge gebrauchsfähiger Betäubungsmittel** zum Eigenkonsum voraus, die Feststellungen zur Mindestmenge und Mindestqualität ermöglichen. Der Betäubungsmittelbegriff erfordert dabei **keinen Mindestwirkstoffgehalt**. Ausreichend ist, dass der Stoff einen nachweisbaren Betäubungsmittelwirkstoffgehalt hat, sofern es sich um chemische Elemente oder Verbindungen nach § 2 Nr. 1 lit. a BtMG handelt, oder dass – unabhängig vom Wirkstoffgehalt – eine in den Anl. I bis III genannte Pflanze vorliegt (vgl. dazu § 1 Rn. 22 ff.). Zudem muss eine derart große Menge vorhanden sein, die für sich alleine zum Konsum geeignet wäre (s. § 1 Rn. 21). Auch wenn ein Haschischgemisch nur noch ¹/₆ der zur Erzielung eines Rauschzustandes notwendigen Wirkstoffmenge enthält, Gewichtsmenge und Wirkstoffmenge aber feststellbar sind, kann an der Betäubungsmitteleigenschaft kein Zweifel bestehen (*BayObLG* [*Kotz/Rahlf*] NStZ-RR 2004, 129). Nicht mehr wiegbare Betäubungsmittelanhaftungen oder -rückstände stellen dagegen keine geringe Betäubungsmittelmenge mehr dar (*LG Berlin* NStZ 1985, 128; *LG Verden* StV 1986, 21; *BayObLG* StV 1986, 145; a. A. *Hügel/Junge/Lander/Winkler* § 29 Rn. 13.2.4). Schweigt der Beschuldigte zum Vorwurf des Drogenbesitzes und werden lediglich **Betäubungsmittelbehältnisse und Betäubungsmittelwerkzeuge mit Anhaftungen** vorgefunden, so ist die Feststellung einer zum Konsum geeigneten geringen Menge nicht möglich, es sei denn, es liegen Angaben über den ehemaligen Inhalt des Behältnisses oder über den früheren Betäubungsmittelbesitz vor (*Düsseldorf* StV 1992, 423).

V. Geringe Menge von Betäubungsmitteln

1. Mengenbegriffe. Das BtMG unterscheidet drei Mengenbegriffe: **26**
– **die geringe Menge** des § 29 Abs. 5 BtMG und des § 31 a BtMG,
– **die** gesetzlich nicht geregelte **normale Menge,** die von der geringen bis zur nicht geringen Menge reicht, und
– **die** in den §§ 29 a, 30 und 30 a BtMG geregelte **nicht geringe Menge** (s. dazu § 29 a Rn. 51 ff.).

2. Geringe Menge. a) Begriff. Im BtMG wurde nicht definiert, was unter **27** einer geringen Menge, unter einer normalen Menge bzw. unter einer nicht geringen Menge zu verstehen ist. Bei den Beratungen zum BtMG 1972 wurde auf Legaldefinitionen verzichtet, die Problematik lediglich umschrieben und die Lösung der Rspr. überlassen. Man war 1971 der Auffassung, dass eine geringe Betäubungsmittelmenge vorliegen würde, wenn jemand eine Dosis Betäubungsmittel oder 2 bis 3 Haschischzigaretten besitzt. Die geringe Menge ist entgegen der nicht geringen Menge in §§ 29 a, 30 und 30 a BtMG kein Tatbestandsmerkmal. Der unbestimmte Begriff der geringen Menge in § 29 Abs. 5 BtMG und § 31 a BtMG war in der Rspr. der Oberlandesgerichte in gleicher Weise umstritten wie der Begriff der nicht geringen Menge. Die Oberlandesgerichte berücksichtigten zunächst bei der Bestimmung der Grenzwerte der geringen Menge die unterschiedlichsten Kriterien.

Das *BayObLG* grenzte die geringe Menge zunächst anhand des **Preises** ein: **28** eine Haschischmenge könne solange als gering angesehen werden, wie der Konsumentenpreis 20,– DM nicht übersteige (*BayObLG* NJW 1973, 669; *BayObLG* NJW 1973, 2258).

Die Literatur und die übrigen Oberlandesgerichte orientierten sich bei der Feststellung der geringen Menge am **Augenblicksbedarf** oder am **Tagesbedarf eines nicht abhängigen Konsumenten** und griffen auf die anerkannten Auslegungsgrundsätze zurück, die zu dem ehemaligen § 370 Nr. 5 StGB entwickelt worden waren. Von einer geringen Menge sollte nur so lange die Rede sein, als die Menge zum alsbaldigen Verbrauch dient. Nach der h. M. ist eine Menge so lange gering, wie sie bei einer Mahlzeit verzehrt oder **bei wenigen (1 bis 3) Gelegenheiten verbraucht** werden kann **(= 3 Konsumeinheiten)** (*Koblenz* NJW 1975, 1471; *BayObLG* NStZ 1982, 472 = StV 1982, 423; *Hamm* StV 1987, 251; *BayObLG* NStZ 1995, 350 = StV 1995, 529 m. Anm. *Körner;* 737; *Köln* StV 1999, 440; *BayObLG* NJW 2003, 2110 = StV 2003, 625; *Hamm* NStZ-RR 2010, 24; *Oldenburg* StV 2010, 135; *Weber* § 29 Rn. 1801; *Franke/Wienroeder* § 29 Rn. 232; MK-StGB/*Kotz* § 29 Rn. 1633).

30   **b) Konsumeinheit.** Unter einer **Konsumeinheit** versteht man die Menge eines Betäubungsmittels, die zur Erzielung eines Rauschzustandes erforderlich ist. Diese Ration ist grundsätzlich abhängig von:

– **Wirkstoffgehalt** (s. dazu Rn. 32),
– der für das jeweilige Betäubungsmitteldelikt typischen **Konsumform** (*Weber* § 29 Rn. 1806; a. A. *Kreuzer/Hoffmann* StV 2000, 84),
– und der **Gewöhnung des Konsumenten**, wobei für die Frage der geringen Menge auf die Einstiegsdosis eines Gelegenheitskonsumenten und Probierers abzustellen ist, nicht aber auf einen Abhängigen, der infolge der Toleranzwirkung höhere Dosen konsumieren muss (*Weber* § 29 Rn. 1807).

31   **Weitere Faktoren,** wie z. B. Wirkungsweise, Gefährlichkeit, Reinheitsgehalt und konkreter Gebrauch des Betäubungsmittels, bleiben bei der Bestimmung der geringen Menge i. S. d. § 29 Abs. 5 BtMG unberücksichtigt, können aber im Rahmen der Ermessensentscheidung herangezogen werden (*Weber* § 29 Rn. 1808; a. A. *Endriß* StV 1984, 258, 262; *Kreuzer/Hoffmann* StV 2000, 84).

32   **aa) Feststellung des Wirkstoffgehalts.** Nach der Rspr. der Oberlandesgerichte ist die Anzahl möglicher Konsumeinheiten und damit der Schuldgehalt der Tat regelmäßig nur auf der Grundlage konkreter Feststellungen zum Wirkstoffgehalt ausreichend sicher zu bestimmen (*BayObLG* NStZ 1999, 514 = StV 2000, 83; *Köln* StV 1999, 440; vgl. auch *BGH* StV 1987, 250). Der Tatrichter hat deshalb **entweder** auf Grund eines chemischen Qualitätsgutachtens **konkrete Feststellungen zum Wirkstoffgehalt** zu treffen **oder von der für den Angeklagten günstigsten Qualität** auszugehen, die nach den Umständen des Einzelfalles in Betracht kommt. Auch wenn eine Wirkstoffuntersuchung nicht möglich ist, darf der Tatrichter die Frage nach dem Wirkstoffgehalt nicht offen lassen. Er muss vielmehr unter Berücksichtigung anderer hinreichend feststellbarer Tatumstände wie Herkunft, Preis und Beurteilung der Betäubungsmittel durch Tatbeteiligte und des Zweifelgrundsatzes feststellen, von welchem Mindestwirkstoffgehalt und damit von welcher Qualität des Betäubungsmittels auszugehen ist (*BayObLG* NStZ 1999, 514 = StV 2000, 83; *Köln* StV 1999, 440; *BayObLG* NStZ 2000, 210; *Oldenburg* StV 2010, 135). Dies gilt sowohl für den Fall, dass die Betäubungsmittelmenge nicht sichergestellt wurde, als auch für den Fall, dass das Untersuchungslabor das Untersuchungsergebnis nicht rechtzeitig zur Hauptverhandlung präsentieren kann.

33   **bb) Entbehrlichkeit einer Wirkstoffuntersuchung.** Feststellungen zum Mindestwirkstoffgehalt der Betäubungsmittelzubereitung sind in diesem Bereich jedoch **entbehrlich,** wenn das Tatgericht gem. § 29 Abs. 5 BtMG **von einer Bestrafung absehen will** (*BayObLG* StV 1998, 590; *Köln* StV 1999, 440). Insoweit erfährt der Grundsatz, dass die Anzahl möglicher Konsumeinheiten und damit der Schuldgehalt der Tat nur auf der Grundlage konkreter Feststellungen zum Wirkstoffgehalt ausreichend sicher zu bestimmen ist, eine Ausnahme. Im Interesse einer **Verfahrensvereinfachung und Verfahrensbeschleunigung** wird in Kauf genommen, dass im Einzelfall bei außerdurchschnittlich hohen Wirkstoffanteilen eine Menge noch dann als gering i. S. v. § 29 Abs. 5 BtMG angesehen wird, wenn sie drei Konsumeinheiten eines Probierers übersteigt. Diese Ungenauigkeit ist unbedenklich, da sie sich ausschließlich zugunsten des Angeklagten auswirken kann

(*BayObLG* NStZ 1999, 514 = StV 2000, 83 m. Anm. *Kreuzer/Hoffmann*; *Bay-ObLG* NJW 2003, 2110 = StV 2003, 625).

cc) Kritik. So wichtig und richtig eine eindeutige Bestimmung der nicht gerin- **34** gen Menge bei den verschiedenen Betäubungsmittelarten und eine Bewertung der sichergestellten Betäubungsmittel nach Wirkstoffuntersuchung anhand der von der Rspr. entwickelten Grenzwerte ist, ist die **Wirkstoffuntersuchung bei geringen Mengen von Betäubungsmitteln nicht** nur **schwierig, zeitaufwendig** und **kostspielig,** sondern verliert hier ihre Bedeutung (vgl. *Steinke* ZRP 1992, 413 ff.). Konsumrationen werden briefchenweise gehandelt und kosten in der Drogenszene, unabhängig von ihrer Qualität, ihren festen Preis. Bei Konsumrationen wirkt sich der unterschiedliche Wirkstoffgehalt der im Handel befindlichen Betäubungsmittel nur minimal bei den Stellen hinter dem Komma aus. Da es sich bei § 29 Abs. 5 BtMG um **kein Tatbestandsmerkmal,** sondern um eine **Strafzumessungsregel** handelt, können die unterschiedliche Beschaffenheit, Wirkungsweise und Gefährlichkeit, die Konsumform und der Konsumzweck Eingang in die Gesamtbetrachtung finden. Hinzu kommt, dass ein kosten- und zeitaufwändiges chemisches Analyseverfahren bei kleinen Betäubungsmittelmengen dem Zweck der Vorschrift zuwiderläuft, Betäubungsmittelkonsumenten zu entkriminalisieren, und Polizei, Chemiker sowie die Justiz bei der Bewältigung von Bagatellkriminalität durch ein vereinfachtes Verfahren zu entlasten (vgl. die überzeugende Kritik von *Rübsamen* NStZ 1991, 310, 313 f.).

Es würde auch keine Verkürzung der Rechte der Konsumenten darstellen, wenn **35** die **Grenzmenge der geringen Menge als bloßes Gewicht** angegeben würde, da bei Überschreitung eine **Wirkstoffuntersuchung zur Vorbereitung der Anklage** erfolgen könnte. Im Gegenteil: Rechtsanwendende und Rechtsunterworfene wüssten exakt, wann mit einer strafrechtlichen Ahndung zu rechnen ist (s. dazu die Vorschläge zur Grenzwertfestsetzung anhand der Gewichtsmenge im Rahmen des § 31 a BtMG, § 31 a Rn. 21 ff.).

Aus eben diesen Erwägungen hat das Land Baden-Württemberg mit einem **36** Gesetzesantrag v. 29. 1. 1992 (BR-Drs. 65/92) eine Festlegung der nicht geringen Menge aller Betäubungsmittel in einer Anl. IV zum BtMG gefordert. In die gleiche Richtung ging eine Forderung der Chemiker der Landeskriminalämter, wenigstens für Cannabis einen Grenzwert anhand der Gewichtsmenge festzulegen (*Fritschi/Megges/Rübsamen/Steinke* NStZ 1991, 470).

c) Mehrfacher Erwerb. Zwar können die von einem Konsumenten regelmä- **37** ßig gekauften und verbrauchten Betäubungsmittelrationen nicht zu einer Gesamtmenge zusammengerechnet werden. Es handelt sich um den mehrfachen Erwerb einer geringen Menge (vgl. *Düsseldorf* MDR 1995, 737), jeweils mit der Möglichkeit des § 29 Abs. 5 BtMG. Sammelt aber der Gelegenheitskonsument aber die einzelnen Betäubungsmittelrationen zu einem der geringe Menge übersteigenden Vorrat, so scheidet wegen des Besitzes der Gesamtmenge der § 29 Abs. 5 BtMG aus.

d) Geringe Menge der einzelnen Betäubungsmittel.

aa) Cannabis. (1) Haschisch/Marihuana. Der *BGH* entschied, dass zur Er- **38** zielung eines Rauschzustandes durch Rauchen eine Cannabiszubereitung mit dem Durchschnitt 0,015 g (= 15 mg) THC notwendig ist (BGHSt. 33, 8 ff. = StV 1984, 466). Danach liegt die **Grenze der geringen Menge von Haschisch oder Marihuana bei 0,045 g THC-Wirkstoff** (*BayObLG* NStZ 1995, 350 = StV 1995, 529 m. Anm. *Körner; Hamm*, Beschl. v. 23. 4. 2009, 2 Ss 148/09 = BeckRS 2009, 87716; *Weber* § 29 Rn. 1811; MK-StGB/*Kotz* § 29 Rn. 1637).

Nach Auffassung des *BayObLG* sind einzelne **Feststellungen zum Mindest-** **39** **wirkstoffgehalt** jedoch im Rahmen des § 29 Abs. 5 BtMG **entbehrlich,** wenn erkennbar der Grenzwert von drei Konsumeinheiten Haschisch oder Marihuana von 3 g bis 6 g nicht überschritten worden ist. Dabei bemisst sich der Umfang der geringen Menge nach der Einstiegsdosis eines Probierers und nicht nach den höheren Dosierungen eines betäubungsmittelabhängigen Konsumenten, also nach drei Einstiegsdosen (*BayObLG* NStZ 1982, 473; *BayObLG* NStZ 1995, 350 = StV

1995, 529 m. Anm. *Körner, BayObLG* StV 1998, 590). Wurde der **Wirkstoffgehalt** einer Cannabismenge **nicht ermittelt**, so haben einige Oberlandesgerichte zu Gunsten des Angeklagten eine **Gewichtsmenge von bis zu 6 g Cannabisgemisch** noch als geringe Menge anerkannt, da sich bei Zugrundelegung einer äußerst schlechten Qualität aus 6 g Haschisch noch drei Konsumrationen gewinnen lassen (vgl. *Koblenz* NStZ 1998, 260 = StV 1998, 82; *Hamm* NStZ-RR 1998, 374 = StV 1998, 600; *Köln* StV 1999, 440; vgl. auch *LG Hamburg* StV 1997, 307). Andererseits drängt sich bei einer **Gewichtsmenge von 32 g Haschisch** ohne Wirkstoffbestimmung ein Absehen von Strafe nach § 29 Abs. 5 BtMG nicht auf (*Düsseldorf* MDR 1996, 1174).

40   Der *BGH* hat nach Auswertung der auf den illegalen Cannabismarkt kursierenden Haschischqualitäten sogar bei fehlender Wirkstoffbestimmung unter Zugrundelegung einer schlechten Qualität zu Gunsten des Konsumenten in einem obiter dictum eine **Bruttogewichtsmenge bis zu 10 g als geringe Menge** i. S. d. § 29 Abs. 5 BtMG vorgeschlagen (NStZ 1996, 139 m. Anm. *Körner* NStZ 1996, 193 = StV 1996, 95). Der *BGH* ging dabei zu Gunsten des Konsumenten von 10 g Haschisch einer extrem schlechten Qualität von 1,5% THC aus, was gleichzeitig zehn Konsumeinheiten von 0,015 g THC ausmacht. In dieser Entscheidung, die heute angesichts gestiegener Wirkstoffgehalte bei Haschisch und Marihuana jedoch nicht mehr zeitgemäß ist (*Patzak/Goldhausen* NStZ 2007, 195; *dies.* NStZ 2011, 76 ff.; s. dazu auch Stoffe/Teil 1, Rn. 17), war **erstmals von zehn Konsumeinheiten die Rede.**

41   **(2) Cannabispflanzen.** Das *LG Hamburg* gelangte zu dem Ergebnis, dass 2,6 g Haschisch und 14 THC-freie Cannabispflanzen mit 700 g Blattgewicht noch eine geringe Menge Betäubungsmittel darstellen, obwohl die Gerichtsmenge von 6 g überschritten war (*LG Hamburg* StV 1997, 307). Das *OLG Koblenz* erkannte in 5,4 g Haschisch und in 4 Hanfpflanzen, die kein THC enthielten, noch eine geringe Menge (*Koblenz* NStZ 1998, 260 = StV 1998, 82). In beiden Fällen wurden die **noch kein THC enthaltenden Hanfpflanzen nicht als Betäubungsmittel berücksichtigt.** Dies kann jedoch nur für Pflanzen gelten, die sich in einem sehr frühen Reifestadium befinden. Bei **blühenden Pflanzen aus dem Treibhausanbau** ist nach wissenschaftlichen Untersuchungen ein Ertrag an getrocknetem Cannabisprodukt von 22 g pro Pflanze möglich (EUROPOL, Drugs Information Bulletin, Nr. 3, April 2001; eine Studie aus den Niederlanden aus dem Jahr 2006 spricht je nach Anbaumethode sogar von einem Ertrag von bis zu 43,7 g pro Pflanze, *Toonen/Ribot/Thissen* JOFS 2006, 1050). Bei solchen Pflanzen kann nur durch eine Wirkstoffuntersuchung festgestellt werden, ob die Grenze zur geringen Menge i. S. d. § 29 Abs. 5 BtMG noch unterschritten ist. Typischerweise ist bei einem Anbau mit einem großen organisatorischen Aufwand ohnehin von einer Weiterverkaufsabsicht auszugehen, die ein Absehen von Strafe nicht mehr in Betracht kommen lässt.

42   **bb) Kokain.** Bei Kokain ließen die Gerichte im Interesse einer Verfahrensvereinfachung oder Verfahrensbeschleunigung Kokaingemische von drei Konsumeinheiten à 100 mg = 0,300 g Wirkstoff auch ohne Wirkstoffbestimmung als geringe Menge zu (BayObLG St 1982, 62; BayObLG NStZ 1982, 472 = StV 1982, 423; vgl. *Stuttgart* NJW 1998, 3134 = StV 1998, 479). Falls eine Wirkstoffuntersuchung stattgefunden hat, ist von einer Einstiegsdosis von 33 mg reinem Kokain-Hydrochlorid oder einer geringen **Wirkstoffmenge von 0,100 g Kokain-Hydrochlorid** auszugehen (*BayObLG* NJW 2003, 2110 = StV 2003, 625).

43   **cc) Heroin.** Der *BGH* hat bei der Bestimmung der nicht geringen Menge die durchschnittliche Konsumeinheit Heroingemisch mit 10 mg zugrunde gelegt, so dass für die geringe Menge von Heroin von einer **Wirkstoffmenge von 3 mal 0,01 g Heroinhydrochlorid = 0,03 g Heroinhydrochlorid** auszugehen ist (*BayObLG* NStZ 1999, 514; *Weber* § 29 Rn. 1818; MK-StGB/*Kotz* § 29 Rn. 1641). Das *BayObLG* hat am 18. 5. 1999 seine frühere Rspr., wonach die geringe Menge bis zu drei äußerst gefährlichen Dosen à 50 mg, also bis zu 0,15 g Heroinhydrochlorid reicht (*BayObLG* NStZ-RR 1999, 59 = StV 1998, 590; vgl.

auch *Hamm* StV 1987, 251), aufgegeben und orientiert sich nunmehr auch hier an drei Einstiegsdosen à 0,01 g Heroinhydrochlorid, also an 0,03 g Heroinhydrochlorid (*BayObLG* NStZ 1999, 514; kritisch hierzu *Kreuzer/Hoffmann* StV 2000, 84).

Einzelfälle: Wurden 0,5 g einer Heroinzubereitung extrem schlechter Qualität **44** sichergestellt, so sind weitere Feststellungen zur Konzentration überflüssig und es ist von einer geringen Menge auszugehen (*Frankfurt*, Beschl. v. 19. 5. 1989, 1 Ss 55/89). Ein Heroinbriefchen mit 0,4 g Heroingemisch kann bei schlechter Qualität eine geringe Menge Heroin i. S. v. § 29 Abs. 5 BtMG darstellen (BayObLG StV 1995, 472). 5,54 g eines 11,9%igen Heroingemisches oder 0,62 g Heroinhydrochlorid sind bei weitem keine geringe Mengen mehr, sondern eine zwischen geringer und nicht geringer Menge liegende normale Menge (*Frankfurt*, Beschl v. 31. 10. 1991, 1 Ss 380/91; *Frankfurt*, Beschl. v. 16. 4. 1996, 2 Ss 94/96). 2,13 g Heroinzubereitung schlechter Qualität können dagegen eine geringe Menge darstellen und bedürfen deshalb der Wirkstoffuntersuchung (*Frankfurt*, Beschl. v. 23. 4. 1991, 1 Ss 121/93).

dd) Amphetamin. Die Obergrenze der geringen Menge Amphetamin ist spä- **45** testens bei **0,15 g Amphetamin-Base (Wirkstoffmenge)** erreicht (*BayObLG* NStZ 2000, 210; *Koblenz* DRsp. Nr. 2001/6269; *Karlsruhe* NJW 2003, 1825 = StV 2003, 622; *Weber* § 29 Rn. 1810). Bei einem Briefchen von 0,2 g Amphetaminzubereitung unbekannter Qualität handelt es sich um eine geringe Menge (*Karlsruhe* NStZ-RR 1997, 248 = StV 1996, 675).

ee) Psilocybin. Die geringe Menge von Psilocybin liegt bei **3 Konsumein- 46 heiten zu je 14 mg (= 0,014 g) also bei 0,042 g** (BayObLGSt. 2002, 33 = StV 2003, 81; *Weber* § 29 Rn. 1820).

ff) Psilocin. Ausgehend von einer Konsumeinheit von 10 mg (= 0,010 g) liegt **47** die geringe Menge **bei Psilocin bei 0,03 g** (BayObLGSt. 2002, 33 = StV 2003, 81; *Weber* § 29 Rn. 1820).

gg) Ecstasy. Die durchschnittliche Konsumeinheit von MDA, MDE und **48** MDMA beträgt 140 mg (= 0,14 g), so dass von einer geringen Menge von **0,36 g der jeweiligen Base oder 0,42 g Hydrochlorid** auszugehen ist (*Weber* § 29 Rn. 1817; *MK-StGB/Kotz* § 29 Rn. 1644 f.). Der 2. Strafsenat des *BGH* hat in einem obiter dictum angedeutet, die nicht geringe Menge von MDA, MDMA und MDE in Übereinstimmung mit der für Amphetamin geltenden Grenze auf 10 Gramm der jeweiligen Base herabzusetzen zu wollen, da nach neurobiologischen Forschungen der jüngeren Zeit davon auszugehen sei, alle Amphetamin-Derivate hätten eine mehr oder weniger starke Nervenzellen zerstörende Wirkung (BGHSt. 53, 89 = NJW 2009, 863 m. Anm. *Patzak* Sucht 2009, 30).

hh) Khat und Cathinon. Die geringe Menge von Khat-Blättern liegt wegen **49** der verhältnismäßig schwachen Rauschwirkung und wegen der schnellen Verderblichkeit **bei 3 kg Blattmaterial oder bei 3 g Cathinon** (*AG Lörrach* StV 2000, 625 m. Anm. *Endriß/Logemann*; vgl. auch *BGH* NJW 2005, 163).

ii) LSD. Nach der Rspr. des *BGH* beträgt die nicht geringe Menge von **50** LSD 120 Konsumeinheiten zu je 50 μg, also 6 mg (BGHSt. 35, 43 = NStZ 1988, 28), womit die geringe **Menge bei 150 μg (= 0,15 g) des Wirkstoffs** liegt.

jj) Methadon. Bei Methadon hat das *LG Freiburg* die nicht geringe Menge bei **51** 3 g des Wirkstoffs Levomethadonhydrochlorid (120 Konsumeinheiten zu je 25 mg) oder 6 g des Wirkstoffs razemisches Methadonhydrochlorid (120 Konsumeinheiten zu je 50 mg; vgl. *LG Freiburg* NStZ-RR 2005, 323 = StV 2005, 273; *MK-StGB/ Kotz* § 29 Rn. 1647), so dass von einer geringen Menge von 75 mg (= 0,075 g) Levomethadonhydrochlorid bzw. 150 mg (= 0,15 g) razemisches Methadonhydrochlorid auszugehen ist.

kk) Morphin. Der *BGH* hat die nicht geringe Menge unter Zugrundelegung **52** von 150 Konsumeinheiten zu je 30 mg auf 4,5 g Morphinhydrochloroid festgelegt (BGHSt. 35, 179 = NStZ 1988, 462). Ausgehend von einer solchen Konsumeinheit von 30 mg beträgt die geringe Menge **90 mg (= 0,09 g) Morphinhydrochlorid.**

53 **ll) Opium.** Das *OLG Köln* nimmt bei Rohopium eine nicht geringe Menge von 250 Konsumeinheiten zu je 25 mg Morphinhydrochlorid an (*Köln* StV 1995, 306; MK-StGB/*Kotz* § 29 Rn. 1651), so dass die geringe Menge bei **75 mg (= 0,075 g) Morphinhydrochlorid** liegt.

53a **mm) Buprenorphin.** 1–3 Konsumeinheiten Subutex® stellen eine geringe Menge dar (*AG Freiburg* [*Kotz/Rahlf*] NStZ-RR 2011, 131).

54 **nn) Andere Betäubungsmittelarten.** Die Grenzwerte für andere Betäubungsmittelarten lassen sich ermitteln, indem man den Wirkstoffgehalt einer Konsumeinheit eines durchschnittlichen Konsumenten verdreifacht.

55 **e) Rechtsprechung zur geringen Menge seit Einführung des § 31 a BtMG und die Richtlinien.** Die lange parlamentarische und öffentliche Diskussion um die Einführung der Opportunitätsvorschrift des § 31 a BtMG verdeutlichte die allgemeine Unzufriedenheit mit den von den Oberlandesgerichten entwickelten Schwellenwerten der geringen Menge, mit denen man nur einen bescheidenen kleinen Anteil der Konsumentenfälle unter Einbeziehung der Gerichte ohne Strafe erledigen konnte. Die Oberlandesgerichte entwickelten zwar eine ständige Rspr., wonach bei Nichtbeachtung der Strafzumessungsregel des § 29 Abs. 5 BtMG der Rechtsfolgenausspruch aufzuheben ist. Gleichwohl wurde von der Anwendung des § 29 Abs. 5 BtMG zu selten Gebrauch gemacht. Die Vorschrift des § 29 Abs. 5 BtMG ist zwar seit Einführung des § 31 a BtMG noch seltener angewendet worden (*Aulinger*, 1997, 179, 300; *Schäfer/Paoli*, 2006, 388), da sie heute weitgehend durch § 31 a BtMG ersetzt wurde. Gleichwohl hat der § 29 Abs. 5 BtMG wegen der Möglichkeit der revisionsrechtlichen Überprüfung und der Entwicklung einheitlicher Grenzwerte nach wie vor seine Bedeutung behalten.

VI. Eigenkonsumabsicht

56 Die Privilegierung kommt nur zur Anwendung, wenn der Täter die Betäubungsmittel **ausschließlich selbst konsumiert hat oder konsumieren will,** und wenn durch die Tat keine Fremdgefährdung verursacht wird (*BVerfG* NJW 1994, 1577). Das Gericht muss daher **Feststellungen zum Zweck des Besitzes, Eigenkonsums oder Handelsmusters** treffen (*Frankfurt*, Beschl. v. 23. 4. 1991, 1 Ss 121/91).

57 **1. Gemeinschaftlicher Erwerb.** Erwirbt ein Konsument gemeinsam mit einem Bekannten zwei Heroinbriefchen, damit ein jeder entsprechend der zuvor vereinbarten Aufteilung anschließend ein Briefchen konsumieren kann, so ist § 29 Abs. 5 BtMG anwendbar; in diesem Fall muss sich der Einzelne nur den für ihn bestimmten Anteil zurechnen lassen (*Stuttgart* NStZ-RR 1998, 214 = StV 1998, 427). Nichts anderes gilt, wenn im Rahmen einer Einkaufsgemeinschaft einer oder mehrere Betäubungsmittel beschaffen und anschließend in eine geringe Menge aufteilen (*Stuttgart* NStZ-RR 1998, 214 = StV 1998, 427; *Stuttgart* NStZ 2002, 154; *Weber* § 29 Rn. 1833). Beziehen mehrere Konsumenten auf diese Art jedoch eine Gesamtmenge, die die nicht geringe Menge erreicht, kommt die Anwendung des § 29 Abs. 5 BtMG nicht in Betracht, da das Verbrechen des gemeinschaftlichen Besitzes von Betäubungsmitteln in nicht geringer Menge nach § 29 a Abs. 1 Nr. 2 BtMG erfüllt ist.

58 Erwirbt der Konsument zwei Briefchen und gibt erst später eines ohne vorherige Vereinbarung an einen Konsumenten ab zum gemeinsamen Verbrauch, so ist § 29 Abs. 5 BtMG nicht anwendbar. Der Täter darf nicht den Willen haben, auch nur einen Teil des Stoffes später mit Dritten zu teilen oder Dritten zu schenken (*Stuttgart* NStZ-RR 1998, 427; *Weber* § 29 Rn. 1832).

59 **2. Zugesteckte Betäubungsmittel.** Ist die Einlassung eines Angeklagten, das vorgefundene Rauschgift sei ihm unbemerkt und ungewollt zugesteckt worden, unwiderlegbar, so ist für § 29 Abs. 5 BtMG kein Raum, da kein Wille zum Eigenkonsum besteht (*Frankfurt*, Beschl. v. 23. 4. 1991, 4 Ss 121/91).

3. Weiterverkaufsabsicht. Ergibt eine Gesamtwürdigung aller Umstände, dass **60** es sich bei der kleinen Menge Betäubungsmittel nicht um eine Konsummenge, sondern um ein Handelsmuster eines Dealers handelt, so kommt § 29 Abs. 5 BtMG nicht in Betracht. Der Besitzer, Erwerber, Einführer, Ausführer usw., der eine geringe Warenprobe oder Rauschgift für Dritte erwarb, aufbewahrte oder mit sich führte, um damit ein Rauschgiftgeschäft zu fördern, fällt ebenfalls nicht unter diese Vorschrift.

4. Andere Motive für den Umgang mit geringen Mengen. § 29 Abs. 5 **61** BtMG gilt nur für Eigenkonsumfälle und nicht auch für Fälle, in denen ähnlich wie bei dem Eigenkonsuminteresse eine Fremdgefährdung ausgeschlossen ist.

a) Heilungsabsicht. Beschafft ein Angehöriger oder ein Arzt eine geringe **62** Cannabismenge oder eine geringe Kokainmenge, um einem Aids-Kranken oder Tumor-Kranken ein Schmerzmedikament zu verschaffen, so kommt § 29 Abs. 5 BtMG nicht in Betracht, allenfalls die §§ 153, 153 a StPO.

b) Botanisches Interesse. Baut eine Biologielehrerin aus botanischem Interes- **63** se eine Cannabispflanze auf dem Fensterbrett des Klassenzimmers an, so scheidet § 29 Abs. 5 BtMG aus, da sie die Betäubungsmittel nicht selbst verbrauchen will, sondern den Wuchs der Pflanze im Unterricht erläutern will. Auch hier kommen allenfalls die §§ 153, 153 a StPO in Betracht.

c) Religiöses Interesse. Zwar vermag ein religiöses Interesse am Verbrauch **64** von Betäubungsmitteln bei bestimmten Opferritualien den Besitz geringer Betäubungsmittelmengen zu erklären, aber ohne Erlaubnis nach § 3 BtMG nicht zu rechtfertigen. § 29 Abs. 5 BtMG kommt ohne Eigenkonsum nicht in Betracht.

d) Wissenschaftliches Interesse. Der Besitz geringer Betäubungsmittelmen- **65** gen, um wissenschaftliche Versuchsreihen durchzuführen oder um die Betäu- bungsmittel im Rahmen eines Vortrags oder einer Ausstellung vorzuführen, kann ohne Erlaubnis nach § 3 BtMG lediglich nach den §§ 153, 153 a StPO eingestellt werden.

e) Politisches Interesse. Das *AG Remscheid* (Urt. v. 20. 11. 1996, 9 Ds 2 Js **66** 294/96) und das *OLG Düsseldorf* (Beschl. v. 2. 4. 1997, 2 Ss 75/97) haben zu Recht eine analoge Anwendung des § 29 Abs. 5 BtMG in einem Fall verneint, in dem ein Angeklagter sich 3,29 g Marihuana nicht zum Eigenkonsum und nicht zur Weitergabe, sondern zur Selbstanzeige und zur **rechtspolitischen Demonstra- tion** für die Legalisierung von Cannabis verschaffte (vgl. auch *BVerfG* NStZ 1997, 498; *Maeffert* StV 2004, 627). Ein öffentliches Eintreten für die Legalisierung von Cannabis kann durch juristische Argumentation, durch Teilnahme an einer Unter- schriftenaktion oder an einer Demonstration erfolgen. Unzulässig ist aber eine politische Demonstration durch Erwerb und Besitz einer kleinen Cannabismenge.

f) Demonstrationszwecke. Erwirbt ein Drogenberatungslehrer zu Demonst- **67** rationszwecken eine geringe Betäubungsmittelmenge, um dem Schuldirektor zu beweisen, dass es Drogen an der Schule gibt, so scheidet § 29 Abs. 5 BtMG auch bei geringer Menge aus.

VII. Sonstige Voraussetzungen

§ 29 Abs. 5 BtMG setzt weder eine besondere Therapiebereitschaft, die Beach- **68** tung von Hygienevorschriften, das Konsumieren unter Aufsicht oder das Ein- verständnis mit der Einziehung der sichergestellten Betäubungsmittel voraus. Die Anwendung des § 29 Abs. 5 BtMG erfordert auch nicht ein Geständnis oder be- sondere Reue. Vielmehr kann die Vorschrift **auch bei einem bestreitenden oder schweigenden Beschuldigten oder Angeklagten** Anwendung finden, da ein prozessual zulässiges Verhalten nicht zum Nachteil führen darf (*Hamburg* StV 1988, 109; *Frankfurt*, Beschl. v. 23. 4. 1991, 1 Ss 121/91). Derartige Umstände können jedoch bei der Ermessensausübung eine Rolle spielen.

F. Ermessensausübung

69   Selbst wenn alle Voraussetzungen des § 29 Abs. 5 BtMG vorliegen, steht es im Ermessen des Gerichtes, ob von Strafe abgesehen werden soll oder nicht. Bei der Ermessensausübung ist eine Gesamtbetrachtung aller einzelnen Umstände des Einzelfalles vorzunehmen. Der Täter hat **keinen Anspruch** darauf, dass von der Strafverfolgung abgesehen wird (*BGH* NStZ-RR 1999, 152; *Koblenz* StV 2006, 531). Da das **verfassungsrechtliche Übermaßverbot** nicht nur für den Gesetzgeber und die Strafverfolgungsbehörden, sondern auch für die Gerichte gilt, hat das Gericht in Fällen gelegentlichen Eigenverbrauchs besonders intensiv und sorgfältig zu prüfen, ob von Strafe abgesehen werden kann, so z. B. bei länger zurückliegendem Eigenkonsum, bei Herauslösung aus dem Betäubungsmittelmilieu, bei Besuch einer Drogenberatungsstelle oder bei Therapieantritt. Das Urteil muss erkennen lassen, dass das Gericht sich der verfassungsrechtlichen Verpflichtung und der Möglichkeit des Absehens von Strafe bewusst war, und die Gründe, hiervon abzuweichen, in der Urteilsbegründung nachvollziehbar darlegen (*Koblenz* StV 2006, 531). Kein Anlass zur Erörterung eines Absehens von Strafe besteht, wenn der Angeklagte weder Probierer noch Gelegenheitskonsument ist oder eine Vielzahl von Vorstrafen entgegensteht (*BayObLG*, Beschl. v. 17. 9. 2004, 4 StRR 110/04 bei *Kotz* NStZ-RR 2006, 227). Folgende Umstände können bei der Ermessensentscheidung von Bedeutung sein:

I. Umstände in der Person

70   **1. Gelegenheitstäter und Probierer.** § 29 Abs. 5 BtMG ermöglicht regelmäßig ein Absehen von Strafe beim Gelegenheitstäter und beim Probierer (*BVerfG* NJW 1994, 1577, 1583; *BVerfG* NStZ 1997, 498; *Düsseldorf* NStZ 1995, 94; *Stuttgart* NStZ-RR 1998, 214 = StV 1998, 427; *Hamm* NStZ-RR 2010, 24; zum Vorgehen beim Dauerkonsumenten s. Rn. 79 ff.).

71   Ist aber infolge des späten Hauptverhandlungstermins bereits erkennbar geworden, dass diese Gelegenheit den Beginn einer unheilvollen Kette von Straftaten bildete, so kann die Ermessensausübung auch ein Absehen von Strafe verbieten. Umstritten ist, bei wie vielen bekannt gewordenen Konsumvorgängen im Jahr (5, 10 oder 12) noch von einem Gelegenheitskonsum die Rede sein kann. Die bayr. Generalstaatsanwälte haben in einem Hinweisrundschreiben festgelegt, dass ein Absehen von Strafe nicht mehr in Betracht kommt, wenn der Konsument bereits im vorigen Jahr wegen Betäubungsmitteldelikten in Erscheinung trat (vgl. *Weber* § 29 Rn. 1860). Diese Regelung wird jedoch den tatsächlichen Gegebenheiten in der Drogenszene nicht gerecht. Es erscheint vielmehr sachgerecht, die Grenze für den Gelegenheitskonsum i. S. d. § 29 Abs. 5 BtMG bei einem Konsum von einmal pro Monat anzusetzen, wie *Weber* zutreffend vorschlägt (*Weber* § 29 Rn. 1860; a. A. MK-StGB/*Kotz* § 29 Rn. 1676, der als Gelegenheitskonsumenten einstuft, wer nicht Dauerkonsument, aber auch nicht Erstkonsument ist). Nach einer älteren Entscheidung des *BGH* kommt beim Erwerb von 2 g Haschisch in 4 Fällen innerhalb von 3 Monaten die Anwendung von § 29 Abs. 5 BtMG noch in Betracht (*BGH* StV 1987, 250).

72   **2. Beratungsresistente und therapieresistente Täter.** Ein Absehen von Strafe kann ausscheiden, wenn der Täter durch sein Bestreiten oder sonstiges Verhalten zu erkennen gibt, dass er seine Drogenproblematik überhaupt nicht überwinden will oder dass er eine Beratung ebenso wie eine Therapie ablehnt.

73   **3. Beratungsbereite und therapiebereite Täter.** Bei einem Konsumenten kann ein Absehen von Strafe in Betracht kommen, wenn

– der Täter mit den Betäubungsmitteln Entzugserscheinungen entgegenwirken wollte, **um anschließend an einer Substitutionstherapie mit Methadon teilzunehmen** (*LG Berlin* StV 1992, 77),

– der Täter sich nach der Tat **in ärztliche Behandlung begeben** hat,

– oder der Täter versuchte, sich **mit weichen Drogen die Trennung vom Heroin zu erleichtern** (*BGH* StV 1987, 250; *LG Hamburg* StV 1997, 307).

Ein Absehen von Strafe ist ferner angezeigt, wenn die Verhängung der Strafe einen **Therapieantritt** in einer Therapieeinrichtung ernsthaft **gefährden würde** (*LG Köln* MDR 1992, 1076). So erscheint es zweifelhaft, ob einem polytoxikomanen Rauschgiftsüchtigen, der 2 Cannabispflanzen zum Eigenkonsum anbaute, die Vergünstigung des § 29 Abs. 5 BtMG mit der Begründung verwehrt werden kann, die Vorschrift gelte nur für Gelegenheitskonsumenten (*BayObLG* NStZ 1994, 496). Denn vielen Süchtigen gelingt der **Abschied vom Opiatkonsum nur über einen bescheidenen Cannabiskonsum.** Viele polytoxikomane Abhängige sind zugleich auch Aids-krank und benötigen Cannabis zur Linderung von Beschwerden. **74**

4. Wiederholungstäter und vorbestrafte Täter. Ein Absehen von Strafe nach § 29 Abs. 5 BtMG ist regelmäßig bei einem Wiederholungstäter oder einschlägig vorbestraften Täter nur dann angezeigt, wenn eine staatliche Intervention durch Strafe entbehrlich erscheint, z. B. wenn der Täter mittlerweile drogenfrei lebt (*Berlin* StV 1997, 640). **75**

Ist ein Täter wegen Handeltreibens mit nicht geringen Mengen von Betäubungsmitteln vorbestraft und begeht während der Bewährungszeit einen BtMG-Verstoß mit geringen Mengen, so ist wohl unvertretbar, eine Rechtspflicht zum Absehen von Strafe nach § 29 Abs. 5 BtMG zu verneinen und bei einer derartigen Vorbelastung einen Gelegenheitskonsum nicht anzuerkennen. Im Hinblick auf frühere Abnehmer kann eine gewisse Fremdgefährdung angenommen werden, ohne dass das Übermaßverbot dadurch tangiert würde (BGHR BtMG § 29 Abs. 5 Absehen von Strafe Nr. 1 [5 StR 7/98]; BVerfGE 90, 145 = NJW 1994, 1577; *BVerfG* NStZ 1997, 998). Die Vorschrift des § 29 Abs. 5 BtMG darf nicht als Instrument missbraucht werden, einen Verurteilten vor dem drohenden Widerruf einer Strafaussetzung oder Zurückstellung der Strafvollstreckung zu retten. Ein Absehen von Strafe wird dann zu verneinen sein, wenn einerseits damit eine negative Entwicklung des Drogenkonsumenten perpetuiert oder gefördert würde und andererseits die Durchführung der Strafsache Ansatzpunkte für eine Drogenberatung, Drogenhilfe oder Drogentherapie bieten würde. **76**

Andererseits ist für Rückschlüsse aus Vorstrafen bzw. Bewährungsversagen unter Schuldgesichtspunkten maßgeblich, ob und inwieweit dem Täter in Bezug auf die konkrete Tat und deren Gefährlichkeitspotential vorzuwerfen ist, dass er sich **frühere Verurteilungen nicht hat zur Warnung dienen lassen** (BGHSt. 23, 237 = MDR 1970, 601; *Karlsruhe* NStZ-RR 1997, 248 = StV 1996, 675; *Hamm* NStZ-RR 1998, 374 = StV 1998, 600; *BayObLG* NJW 2003, 1681). **77**

Werden bei einem einschlägig vorbestraften bewährungsbrüchigen, drogenabhängigen Angeklagten ausgesprochen geringfügige Mengen von Marihuana und Amphetaminen, die sich im untersten Bereich der geringen Menge bewegen und zum Eigenkonsum bestimmt waren, sichergestellt, so ist der **Verhältnismäßigkeitsgrundsatz**/das Übermaßverbot **nicht nur bei der Strafzumessung,** sondern auch bei der Frage der Unerlässlichkeit einer kurzen Freiheitsstrafe zu beachten. So kann nicht beanstandet werden, dass eine Strafkammer ein Absehen von Strafe auf Grund einer Gesamtabwägung ablehnt. Eine Freiheitsstrafe von 2 Monaten stellt aber keinen gerechten Schuldausgleich mehr dar, verstößt gegen das Übermaßverbot, da hier eine **geringfügige Geldstrafe ausgereicht** hätte, die regelmäßig keinen Widerruf einer Strafaussetzung nach sich zieht (BGHR BtMG § 29 Abs. 5 Absehen von Strafe Nr. 1 [5 StR 7/98]; *Karlsruhe* NJW 2003, 1825 = StV 2003, 622). **78**

5. Dauerkonsument. Regelmäßig kommt § 29 Abs. 5 BtMG im Rahmen der Ermessensausübung bei einem Dauerkonsumenten nicht in Betracht, da diese Vorschrift **nur den Probierer und den Gelegenheitskonsumenten vor Bestrafung bewahren soll** (*BayObLG*, Beschl. v. 19. 12. 2001, 4 StRR 144/2001; **79**

BayObLG NJW 2003, 1681; *Hamm* NStZ-RR 2010, 24; *Weber* § 29 Rn. 1854 f.;
zur Abgrenzung zwischen Dauer- und Gelegenheitskonsumenten s. Rn. 70 f.).

80   Nur in Ausnahmefällen kann ein Absehen von Strafe angebracht sein, z. B. wenn
   – der **Dauerkonsument** seine **Drogenkarriere bereits überwunden** hat oder
     im Begriff ist, **erfolgreich abzuschließen**,
   – die entdeckte Tat als **einmaliger Rückfall** erscheint oder **bereits Jahre zu-
     rück liegt** (*Karlsruhe* NStZ-RR 1997, 248 = StV 1996, 675; *Berlin* StV 1997,
     640),
   – **oder der Täter mit der geringen Betäubungsmittelmenge weicher Dro-
     gen seine Entzugserscheinungen bekämpfen will** (*LG Köln* MDR 1992,
     1076; *LG Berlin* StV 1992, 77; *LG Hamburg* StV 1997, 307)

81   Nicht zulässig ist es, ein Absehen von Strafe wegen unerlaubten Erwerbs von
   Betäubungsmitteln mit der Begründung abzulehnen, dass der Täter durch den
   regelmäßigen Erwerb von Marihuana die kriminelle Handlung des Verkäufers unterstützt und auch erst möglich gemacht habe (*Hamm*, Beschl. v. 13. 8. 2009, 3 Ss
   323/09).

82   **6. Aufklärungsbereite Täter.** Hat ein Konsument geringer Betäubungsmit-
   telmengen freiwillig Betäubungsmitteltaten durch seine Angaben oder durch sein
   Verhalten aufgeklärt, so kann über § 31 BtMG hinaus auch nach § 29 Abs. 5
   BtMG von Strafe abgesehen werden.

II. Besondere Umstände in der Art der Betäubungsmittel

83   Auch wenn § 29 Abs. 5 BtMG für alle Betäubungsmittelarten gilt, so kann **bei
   geringen Mengen von „weichen" Drogen wie Marihuana wegen der geringeren Gefährlichkeit großzügiger** von Strafe abgesehen werden. Wegen der
   raschen Verderblichkeit und nur **kurzzeitigen Konsumfähigkeit** von **Pflanzenmaterial**, wie Khatblätter, Cannabispflanzen und Kokablätter, kann auch hier
   bei kleinen Mengen **großzügiger verfahren** werden als bei pulverisierten harten
   Drogen. Im Rahmen der Gesamtbetrachtung des Einzelfalles sind **nicht nur die
   gesamte Wirkstoffmenge**, sondern auch die **Konsumform**, die **Haltbarkeit**
   und der **Verwendungszweck** mitentscheidend (*BGH* StV 1987, 250). So kann
   sich eine Wirkstoffmenge relativieren, wenn sie in **schwacher Konzentration** als
   Opiumtee getrunken wird. Ähnliches gilt, wenn ein mehrfach wegen Betäubungsmitteldelikten vorbestrafter, aidskranker Opiatabhängiger im Rahmen einer
   Methadon-Substitutionsbehandlung erneut Heroin konsumiert und die Abwesenheit des ihn behandelnden Arztes durch **Aufkochen heroinhaltiger Zigaretten-
   filter und Injizieren der Heroinlösung** zu überbrücken versucht. Auch hier ist
   bei Beurteilung der Wirkstoffmenge i. S. d. § 29 Abs. 5 BtMG die Beschaffung, der
   Besitz und die Verarbeitung gerauchter Heroinfilter zu berücksichtigen (*LG Berlin*
   StV 1992, 77).

84   Umgekehrt darf aber die **Gefährlichkeit einer Droge nicht als Begründung**
   dazu dienen, den § 29 Abs. 5 BtMG abzulehnen. Da die Selbstschädigung und der
   Konsum von Betäubungsmitteln straffrei sind, darf einem Angeklagten nicht angelastet werden, wenn er bestimmte Betäubungsmittel nur zum Eigenverbrauch erworben hat (BayObLGSt. 1988, 62; *BayObLG* StV 1993, 29).

III. Fremdgefährdung

85   Ein Absehen von Strafe nach § 29 Abs. 5 BtMG kommt grundsätzlich nicht in
   Betracht, wenn **geringe Betäubungsmittelmengen an Dritte weitergegeben**
   oder **mit Dritten geteilt** werden bzw. wenn mit der geringen Menge von Betäubungsmitteln **eine Gesundheitsgefährdung Dritter** oder eine **besondere Versuchungssituation für Dritte verbunden ist.**

86   **1. Besonders drogensensible Tatörtlichkeiten.** Das *BVerfG* hat in seiner
   Entscheidung v. 9. 3. 1994 (BVerfGE 90, 145 = NJW 1994, 1577) auch unter

Berücksichtigung des Übermaßverbotes der Strafverfolgung die Bestrafung von Cannabisdelikten, die in besonderen Schutzbereichen begangen werden, für erforderlich gehalten. Verursacht die Tat eine **Fremdgefährdung,** etwa weil sie in **Schulen,** in **Jugendheimen, Kasernen** oder ähnlichen Einrichtungen (wie Justizvollzugsanstalten, Krankenanstalten oder Altersheimen) stattfindet, so liegt in der Regel eine größere Schuld und ein öffentliches Interesse an der Strafverfolgung vor. Das *BVerfG* lässt damit allgemeine Gefahren für die Gesundheit von Risikogruppen in der Bevölkerung ausreichen, um auf ein Absehen von Strafe zu verzichten (vgl. *Nelles/Velten* NStZ 1994, 366; *Düsseldorf* NStZ 1995, 94; *Zweibrücken* NStZ 1995, 193; BayObLGSt. 1995, 8).

Das **kolumbianische Corte Constitucional** (Verfassungsgericht) hat mit seiner Entscheidung vom 5. 5. 1994 gerade diese Erwägungen des *BVerfG* als nicht mit der Verfassung vereinbar erklärt, nämlich eine Person nicht für das **zu bestrafen, was sie möglicherweise tun wird** (= Dritte gefährden), sondern **nur für das, was sie auch tatsächlich tut** (vgl. *Ambos* MschrKrim 1995, 47). Bei den besonders geschützten Lebensbereichen wird hierzulande nicht geprüft, ob der Täter Dritte tatsächlich gefährdet oder beeinträchtigt hat. Verfassungsrichter *Sommer* hat dann auch in seinem Alternativvotum der Entscheidung des *BVerfG* v. 9. 3. 1994 dies als **symbolische Problemlösung kritisiert.** 87

2. Geringe Menge im Verkehr und bei sicherheitsrelevanten Arbeiten und Anlagen. Drogendelikte von Fahrzeugführern, Lokomotivführern, von Flugkapitänen, Schiffskapitänen beim Bedienen von Schutz-, Steuer-, Alarm- und Kontrollgeräten während der Teilnahme am Straßenverkehr, am Bahnverkehr, am Flug- oder Schifffahrtsverkehr erlauben regelmäßig kein Absehen von Strafe nach § 29 Abs. 5 BtMG, weil hiermit eine erhöhte Gefährdung Dritter verbunden ist. Das Gleiche gilt für ähnliche sicherheitsrelevante Tätigkeiten wie Fluglotse, Sprengmeister, Feuerwehrmann, Sanitäter, Chirurg, Anästhesist etc. 88

3. Geringe Menge in öffentlichen Freizeiteinrichtungen. Der Erwerb und Besitz geringer Betäubungsmittelmengen in Diskotheken, Kinos und Musiktheatern kann wegen der Nachahmungsgefahr ebenfalls nicht mit besonderer Nachsicht behandelt werden, so dass § 29 Abs. 5 BtMG regelmäßig ausscheidet (vgl. zu einem Reggae-Konzert *BayObLG,* Beschl. v. 19. 12. 2001, 4 StRR 144/2001). 89

4. Geringe Menge in Krankenhäusern und Therapieanstalten. Ein Täter, der durch Drogendelikte Patienten in Versuchung bringt, rückfällig zu werden und damit ihre Heilungschancen vermindert, Hausordnung und Therapiepläne in Zweifel zieht, kann im Falle der Strafanzeige nicht mit einem Absehen von Strafe rechnen. Strafanzeigen werden jedoch vielfach nicht erstattet. 90

5. Geringe Menge bei besonderen Berufsgruppen mit Vorbildfunktion. Die Verursachung der Fremdgefährdung kann ohne Verfassungsverstoß von einem Gericht auch darin gesehen werden, dass die **Tat Anlass zur Nachahmung gibt,** etwa weil sie von einem Lehrer, Priester, Sporttrainer oder einem mit dem Vollzug des BtMG beauftragten Amtsträger (Polizeibeamter, Zollbeamter, Grenzschutzbeamter, Staatsanwalt) **im Rahmen seiner Berufsausübung** begangen wurde (BVerfGE 90, 145 = NJW 1994, 1577). Entscheidend ist aber, dass der BtMG-Verstoß im Rahmen der Berufsausübung geschieht, was z.B. nicht der Fall ist, wenn ein Lehrer still und heimlich zu Hause einen Cannabis-Joint raucht. Wird in einer Schutzweste oder in einer Uniformjacke eines Polizei- oder Zollbeamten eine Konsummenge Heroin oder Kokain entdeckt, so scheidet regelmäßig ein Absehen von Strafe aus, es sei denn, der Beamte hat diese Ration bei einem Konsumenten sichergestellt und nicht aus Eigenkonsuminteresse, sondern aus Zeitnot oder Vergesslichkeit noch nicht bei der Asservatenstelle abgeliefert. Im letztgenannten Fall liegt ein berechtigter Besitz von Betäubungsmitteln nach § 4 Abs. 2 BtMG vor. Kein Absehen kommt in Betracht, wenn in der Tasche eines Arztkittels eines opiatabhängigen Arztes synthetische Opiate sichergestellt werden. Dies gilt 91

Patzak   819

auch, wenn ein Parteipolitiker zur Nachahmung anregt (*Düsseldorf*, Beschl. v. 2. 4. 1997, 2 Ss 75/97; *BVerfG*, Beschl. v. 10. 6. 1997, 2 BvR 910/97).

92   **6. Geringe Menge in Justizvollzugsanstalten.** In der Regel kommt bei Drogendelikten in Haftanstalten ein Absehen von Strafe nicht in Betracht, weil wegen der besonderen Verhältnisse in den Strafanstalten zumeist die Gefahr besteht, dass der Betäubungsmittelbesitzer seine Betäubungsmittelration mit mehreren Gefangenen teilt und durch Weitergabe nicht nur die Gesundheit des Mithäftlings, sondern auch **die Sicherheit und Ordnung der Anstalt gefährdet.** Die Auffassung von *Kreuzer* (NJW 1994, 2401), wonach der Cannabisgebrauch wegen der besonderen Belastungen der Gefangenen in den Haftanstalten wegen des dortigen Verbotes sonstiger Suchtstoffe außer Nikotin eine nicht strafwürdige Bagatelle darstelle, mag in seltenen Einzelfällen zutreffen, nicht aber im Regelfall. Gerade in der **kriminellen Subkultur** von Haftanstalten löst der Cannabisgebrauch eine ungünstige Nachahmungswirkung aus und schafft marktgerecht Abhängigkeitsverhältnisse zwischen Anbieter und Abnehmern (*Düsseldorf* NStZ 1995, 94; *Zweibrücken* NStZ 1995, 193).

93   Erwägungen eines Gerichtes, dass ein Cannabiserwerb eines Strafgefangenen von einem JVA-Besucher großzügig zu werten sei, wenn dieser damit nur seine dem Konsum erwachsenen Drogenschulden tilgen und nicht etwa mit Haschisch Handel treiben wollte, überzeugen nicht, da die Drogen nicht dem Eigenkonsum dienten, sondern eigennützig an Dritte übertragen werden sollten (*Frankfurt*, Urt. v. 13. 3. 2001, 2 Ss 28/01).

94   Eine Strafverfolgung setzt jedoch eine Strafanzeige der Leitung der JVA voraus, die vielfach unterbleibt, weil der Erwerb und Besitz von Betäubungsmitteln in der JVA nicht nachweisbar ist und lediglich auf Grund des Untersuchungsergebnisses einer Urinprobe der Nachweis eines straflosen Konsums verbleibt. Der **Betäubungsmittelverstoß während des Strafvollzuges** stellt aber einen sanktionsfähigen Pflichtenverstoß gegen § 82 Abs. 1 S. 2 StVollzG dar und kann gem. § 102 StVollzG mit Disziplinarmaßnahmen bestraft werden, unabhängig davon, ob die Anstaltsordnung ein Verbot, mit illegalen Betäubungsmitteln umzugehen, enthält (*Hamm* NStZ 1995, 55; vgl. zu Maßnahmen gegen den Betäubungsmittelhandel in der Vollzugsanstalt auch *Berlin* NStZ 1995, 103).

95   **7. Geringe Menge in Militärkasernen.** Ein Absehen von Strafverfolgung gem. § 29 Abs. 5 BtMG kommt bei BtMG-Verstößen in Militärkasernen nicht in Betracht, denn Soldaten haben als Angehörige der vollziehenden Gewalt, zu deren Aufgaben auch die Beachtung des BtMG im dienstlichen Bereich gehört, auch bei Erwerb und Besitz von Drogen zum Eigenverbrauch in geringer Menge wegen der Möglichkeit der Fremdgefährdung in der Kaserne besondere Anforderungen zu erfüllen. Der strafbare Erwerb und Besitz auch von geringen Mengen von Cannabisprodukten stellt für Soldaten ebenso wie die Weitergabe an Dritte wegen der erheblichen Gefahren für die Gesundheit der Betroffenen und für die Einsatzbereitschaft der Truppe stets einen Verstoß gegen die Pflicht zum treuen Dienen nach § 7 SG und damit eine schwerwiegende Pflichtwidrigkeit dar. Das Einbringen von geringen Mengen von Cannabis oder Ecstasy-Tabletten in den dienstlichen Bereich stellt eine Verletzung der Gehorsamspflicht durch den Soldaten dar (§ 11 Abs. 1 SG). Die heimliche Beimengung von Betäubungsmitteln in Speisen oder Getränke einer Angehörigen der Bundeswehr stellt ebenso wie die heimliche Beimengung in den Kaffee einer Zivilangehörigen der Bundeswehr nicht nur einen Verstoß gegen die Achtung und das Vertrauen, die ein Soldat genießt (§ 17 Abs. 2 S. 1 SG) dar, sondern auch einen Verstoß gegen § 29 Abs. 1 BtMG, der kein Absehen von der Anklageerhebung erlaubt (zum Verstoß gegen das BtMG im Rahmen des Wehrdisziplinarrechts vgl. *BVerwG* NJW 1995, 2240 = NVwZ 1995, 1109). Mit dem gesetzlich als öffentlich-rechtliches Dienst- und Treueverhältnis ausgestalteten Beamtenverhältnis (§ 4 BBG) ist nicht zu vereinbaren, dass ein Beamter auch außerhalb des Dienstes gegen Strafvorschriften verstößt, die wichtige Gemeinschaftsbelange wie die Volksgesundheit schützen sollen. Ein außerdienstlicher Verstoß

eines Beamten gegen das BtMG, wie der Erwerb einer geringen Cannabismenge, offenbart eine charakterliche Labilität und eine grob sozialschädliche Haltung und beeinträchtigt die dem Beamten zukommende **Achtung und dienstliche Vertrauenswürdigkeit** in bedeutsamer Weise und stellt ein **außerordentliches Disziplinarvergehen** dar (*BVerwG* NVwZ 1997, 587).

8. Sorgloser Umgang mit Betäubungsmittelkonsummengen. Ein Gast- 96
wirt oder Diskothekenbetreiber, der keine Vorkehrungen dagegen trifft, dass in seinem Lokal oder in seinen Toilettenanlagen Betäubungsmittelkonsummengen offen herumliegen, kann nicht mit einem Absehen von Anklage rechnen. Ein Arbeitgeber, der keine Vorkehrungen dagegen trifft, dass in seinen Betriebsräumen oder Waschräumen Betäubungsmittelkonsummengen herumliegen, kann ebenfalls nicht mit Nachsicht rechnen. Führt im Rahmen einer Geburtstagsparty ein Täter durch Rauchen eines Cannabis-Joints oder durch Schnupfen einer Kokainlinie andere Gäste in Versuchung, ebenfalls zu konsumieren bzw. eine Drogenration zu kaufen, ohne dass von einer Verleitung zum Drogenkonsum bzw. Drogenerwerb die Rede sein kann, so scheidet ein Absehen von Anklageerhebung aus. Führt eine Frau, die beim Sexualkontakt Kokain schnupft, ihren Partner in Versuchung, ebenfalls Kokain zu konsumieren, so besteht kein Anlass, von der Anklage abzusehen.

G. Verfahren

I. Absehen von der Anklageerhebung nach § 29 Abs. 5 BtMG i. V. m. § 153 b StPO

Die StA kann nach § 29 Abs. 5 BtMG i. V. m. § 153 b Abs. 1 StPO **mit Zu-** 97
stimmung des für die Eröffnung zuständigen Gerichts – regelmäßig der Strafrichter beim Amtsgericht – trotz eines öffentlichen Interesses an der Strafverfolgung von der Anklage absehen und das Verfahren einstellen. Die Entscheidung entfaltet aber keine Rechtskraftwirkung. Selbst nach der Zustimmung des Gerichtes kann die StA bei veränderten Erkenntnissen noch Anklage erheben. **Verweigert das Gericht die Zustimmung** und sind die Voraussetzungen der §§ 170 Abs. 2, 154 StPO nicht gegeben, so ist Anklage zu erheben.

Die Polizei kann auch bei geringfügigen Betäubungsmittelmengen nicht von der 98
Einleitung von Ermittlungen absehen, sondern ist vielmehr immer verpflichtet, der StA als Herrin des Verfahrens Strafanzeigen vorzulegen (§ 163 Abs. 1 u. Abs. 2 StPO). Die StA unterliegt wie die Polizei dem **Legalitätsprinzip**, wonach sie wegen aller verfolgbaren Straftaten einzuschreiten hat, sofern zureichende tatsächliche Anhaltspunkte vorliegen (§ 152 Abs. 2 StPO). Die Bekämpfung der Rauschgiftkriminalität erfolgt auch bei geringen Betäubungsmittelmengen im öffentlichen Interesse. Die Überlastung von Polizei und Justiz durch eine Flut von Betäubungsmittelkleinkriminalität kann lediglich zu einer Vereinfachung der Strafanzeigen und Beschränkung der Ermittlungsverfahren führen. Die Rauschgiftsofortmeldung kann hier als Strafanzeige in einem vereinfachten Verfahren Verwendung finden.

II. Absehen von Strafe nach Anklageerhebung

§ 29 Abs. 5 BtMG i. V. m. § 153 b Abs. 2 StPO ermöglicht es dem Gericht nach 99
Anklageerhebung und bis zum Beginn der Hauptverhandlung das Verfahren mit Zustimmung der StA und des Angeschuldigten einzustellen. **Nach Beginn der Hauptverhandlung** ist eine derartige Einstellung nicht mehr möglich.

Es besteht keine Rechtsgrundlage für das Gericht, die Eröffnung des Hauptver- 100
fahrens abzulehnen, wenn das Gericht entgegen der Auffassung der StA die Voraussetzung für eine Verfahrenseinstellung sieht (*LG Oldenburg* NStZ-RR 2002, 119).

III. Absehen von Strafe in der Hauptverhandlung

Die Regelungen der §§ 153, 153 a StPO und § 29 Abs. 5 BtMG überschneiden 101
sich. Man sah im Rahmen des BtMG 1972 die Vorschrift des § 29 Abs. 5 BtMG

als zusätzliche Einstellungsmöglichkeit dort für erforderlich an, wo das öffentliche Interesse an der Strafverfolgung nicht verneint werden konnte. Später hat der Gesetzgeber mit dem Schaffen des § 31 a BtMG dem Fehlen des öffentlichen Interesses in derartigen Fällen Rechnung getragen. Erfolgt in der Hauptverhandlung mangels Zustimmung der StA keine Einstellung nach § 153 Abs. 2, § 153 a Abs. 2 StPO oder § 31 a Abs. 2 BtMG, so kann das Gericht von einer Straffestsetzung absehen und sich darauf beschränken, **die Schuld festzustellen** (§ 260 Abs. 4 S. 4 StPO). Eine Zustimmung der StA ist hierzu nicht erforderlich (*Koblenz* NStZ 1998, 260; *LG Oldenburg* NStZ-RR 2002, 119). Eine solche Entscheidung wird nicht in das Bundeszentralregister eingetragen (§ 4 Nr. 1 BZRG).

H. Urteilsgründe

I. Nichterörterung der Möglichkeit des Absehens von Strafe im Urteil

102   Die Vorschrift des § 29 Abs. 5 BtMG ist im Urteil zu erörtern, wenn Anlass zur Prüfung besteht, ob das Verfahren einzustellen ist. Die Vorschrift des § 29 Abs. 5 BtMG ist als Strafzumessungsregel materielles Recht, das in der Revision auf die Sachrüge hin überprüft werden kann. Die tatrichterliche Entscheidung kann vom Revisionsgericht auf Rechtsfehler **(Verstöße gegen Denk- und Erfahrungssätze, lückenhafte Tatsachenfeststellungen)** hin überprüft werden. Die allzu **seltene Anwendung der Strafzumessungsregel** des § 29 Abs. 5 BtMG hat die Oberlandesgerichte zu wiederholten Strafmaßaufhebungen veranlasst. Gibt ein Sachverhalt, in dem ein Angeklagter Betäubungsmittel in geringen Mengen zum Eigenverbrauch erworben hat, Anlass, die Voraussetzungen der Strafzumessungsregel des § 29 Abs. 5 BtMG zu prüfen, so führt die **Nichterörterung im Urteil auf Revision hin zur Aufhebung des Urteils im Rechtsfolgenausspruch** mit den Feststellungen (*Oldenburg* StV 1993, 251; *Koblenz* NStZ 1998, 260 = StV 1998, 82; *Stuttgart* NJW 1998, 3134 = StV 1998, 479). Gleiches gilt, wenn das Gericht nur das Ergebnis seiner Überlegungen mitteilt, ohne im Einzelnen näher darzulegen, warum ein Absehen von einer Bestrafung nicht in Betracht kam, und das Revisionsgericht nicht nachprüfen kann, ob sich das Amtsgericht von fehlerhaften Erwägungen hat leiten lassen. Nicht ausreichend ist die häufig in Urteilen zu findende **unbegründete Floskel:** Das Gericht hat keine Möglichkeit gesehen, gem. § 29 Abs. 5 BtMG von Strafe abzusehen (*Hamm* StV 1987, 251). Wird in der Hauptverhandlung ein Antrag auf Absehen von Strafe gestellt, so muss das Gericht nachvollziehbar in den Urteilsgründen darlegen, weshalb der Antrag abgelehnt wurde (*Hamm* StV 1989, 438). Handelte es sich erkennbar nicht nur um geringe Mengen oder gehörte der Angeklagte erkennbar nicht zu dem privilegierten Personenkreis, so besteht auch bei einer geringen Menge nicht die Notwendigkeit einer Prüfung des § 29 Abs. 5 BtMG (*BayObLG* NStZ 1982, 472).

II. Erörterung der Möglichkeit des Absehens von Strafe und die Ablehnung des § 29 Abs. 5 BtMG im Urteil

103   Hat das Amtsgericht die Voraussetzungen eines Absehens von Strafe nach § 29 Abs. 5 BtMG verneint, weil der Angeklagte den **Erwerb von Cannabis während der Verbüßung von Strafhaft** in einer JVA begangen hat (*Düsseldorf* NStZ 1995, 94), oder weil der Verurteilte die Tat **nicht zum Eigenverbrauch** begangen hat, sondern **um politisch** gegen eine nach seiner Meinung unsinnige Rechtslage **zu demonstrieren**, so ist eine mit Sachrüge begründete Revision erfolglos (*Düsseldorf*, Beschl. v. 2. 4. 1997, 2 Ss 75/97).

104   Hat das Gericht in einem Cannabisanbaufall die Einstellung des Verfahrens nach § 29 Abs. 5 BtMG abgelehnt, weil es sich bei dem Angeklagten um einen **polytoxikomanen Rauschgiftsüchtigen** handelte und die Anwendung des § 31 a Abs. 2 BtMG verneint, angesichts der Vielzahl strafrechtlicher Ahndungen, der Drogenkarriere und des Missbrauchs sämtlicher Betäubungsmittel wie Heroin, Kokain und Cannabis, so ist dies nicht zu beanstanden (*BayObLG* NStZ 1994,

496). Bewegt sich ein **Konsumentenfall im untersten Bereich der geringen Menge** mit 0,21 g Brutto Amphetamin (0,0145 g Amphetaminbase), mit 3,8 g Brutto Marihuana und mit 0,8 g Brutto Haschisch schlechter Qualität, so sind der vom *BVerfG* (BVerfGE 90, 145 = NJW 1994, 1577) angemahnte **Verhältnismä-ßigkeitsgrundsatz** und das **Übermaßverbot** besonders zu beachten. Bei einem derartigen **Bagatelldelikt** ist, auch in Anbetracht, dass der Angeklagte einschlägig vorbestraft ist und unter Bewährung stand, **zwar vertretbar, § 29 Abs. 5 BtMG abzulehnen,** eine **Freiheitsstrafe von 2 Monaten** stellt aber **keinen gerechten Schuldausgleich mehr** dar und **verstößt gegen den Grundsatz der Verhält-nismäßigkeit.** Hier wäre allenfalls eine Geldstrafe angezeigt (*Karlsruhe* NJW 2003, 1825 = StV 2003, 622; vgl. auch *Braunschweig* NStZ-RR 2002, 75).

Teil 29. Unerlaubtes Verkehren mit Betäubungsmittelimitaten (§ 29 Abs. 6 BtMG)

Übersicht

A. Anwendungsbereich/Zweck der Vorschrift

1   § 29 Abs. 6 BtMG ist **ein eigener Straftatbestand,** der lediglich bzgl. des Strafrahmens auf § 29 Abs. 1 S. 1 Nr. 1 BtMG verweist (*Hamm* NStZ 2011, 101; MK-StGB/*Kotz* § 29 Rn. 1690, *Franke/Wienroeder* § 29 Rn. 245; *Malek* 2. Kap., Rn. 362)

2   Der Gesetzgeber wollte mit der Vorschrift, die dem § 10b OpiumG und § 12 BtMG 1972 entspricht, denjenigen treffen, der zur Kundenwerbung Mittel, die keine Betäubungsmittel sind, abgibt, um den Kunden zunächst von der Harmlosigkeit des angeblichen Rauschgiftes zu überzeugen, damit es ihm später umso leichter fällt, Betäubungsmittel abzusetzen (vgl. BT-Drs. VI/1877, 5ff. [zu § 12 BtMG a. F.]; *Zweibrücken* NStZ 1981, 66; *Weber* § 29 Rn. 1869; *Hügel/Junge/Lander/Winkler* § 29 Rn. 33.1; *Malek* 2. Kap. Rn. 361; krit. hierzu *Kreuzer*, 1975, 233 f.). Mit Recht weist *Kreuzer* (1975, S 233) darauf hin, dass man mit falschen Drogen nicht für echte Drogen werben kann, und dass in Literatur und Praxis keine Fälle bekannt sind, in denen Dealer mit unentgeltlichen Drogenfälschungen sich neue Drogenkunden zu erschließen suchten (krit. auch *Krack* JuS 1995, 588).

3   Ergänzend zu den gesetzgeberischen Absichten erfüllt die Vorschrift eine wichtige Funktion. Sie versucht, den **Drogenkonsumenten vor Gesundheitsgefährdungen durch Konsum von Betäubungsmittelimitaten oder von betäubungsmittelähnlichen Stoffen zu schützen** und dem betrügerischen Handel mit nicht unter das BtMG gestellten Stoffen Einhalt zu gebieten (BGHSt. 38, 58, 62 = NStZ 1992, 87; *Weber* § 29 Rn. 1870; *Hügel/Junge/Lander/Winkler* § 29 Rn. 33.2). *Krack* (JuS 1995, 588) hält angesichts der §§ 223ff., 229, 211ff. StGB die Vorschrift für überflüssig. Er übersieht aber, dass durch diese Vorschrift eine Lücke von Schutzbehauptungen und Ausflüchten geschlossen wird.

B. Tatgegenstand

4   § 29 Abs. 6 BtMG setzt Stoffe und Zubereitungen voraus, die nicht dem BtMG unterfallen, aber als solche ausgegeben werden (sog. Betäubungsmittelimitate oder Pseudo-Drogen).

I. Nicht dem BtMG unterfallende Stoffe und Zubereitungen

Die Definition von **Stoffe und Zubereitungen** in § 2 Abs. 1 Nr. 1 und Nr. 2 **5** BtMG gilt auch für Imitate nach § 29 Abs. 6 BtMG (s. im Einzelnen § 2 Rn. 2ff. und § 2 Rn. 40). Im Unterschied zu Betäubungsmitteln i.S.d. § 1 BtMG sind die Stoffe und Zubereitungen hier nicht in den 3 Anlagen zum BtMG und der Umgang mit ihnen bedarf keiner Erlaubnis nach § 3 BtMG. Sie ähneln Betäubungsmitteln nur im Aussehen, Geschmack oder in ihrer Wirkung, ohne jedoch Betäubungsmittel zu sein. Bei stark gestreckten oder verunreinigten Betäubungsmitteln kommt § 29 Abs. 6 BtMG nicht zur Anwendung, da das **Strecken und Verunreinigen von Betäubungsmitteln** nur zu einer **minderwertigen Qualität** führt, **nicht aber** zu einem **Betäubungsmittelimitat**. Es sind zu unterscheiden (vgl. *Kreuzer* GrKrim 1972, 243, 250; *Kreuzer*, 1975, 237ff.):

1. Betäubungsmittelimitate ohne Suchtpotential. Diese Stoffe, die nach **6** Aussehen oder im Geschmack bestimmten Betäubungsmitteln ähneln, schädigen zumeist den Drogenkunden mehr finanziell als gesundheitlich. Denn regelmäßig entdeckt der Käufer die Fälschung vor dem Konsum und muss erneut seine Tagesration oder Konsumeinheit kaufen.

a) Beispiele für Cannabis-Imitate: Henna = türkisches Haarfärbemittel, **7** Kuhmist, gepresste Tee- und Gewürzmischungen, Platten aus Sägemehl und Honig, Tabak und Kleister.

b) Beispiele für Heroin-Imitate: Mehl-Grieß-Gemisch, Zucker-Zimt-Ge- **8** mische, Teegranulat, Sacharosegranulat, Dextrosegranulat, Backpulver, Sand, Katzenstreu oder der pulverisierte Samen des stark coffeinhaltigen brasilianischen Kakaobaumes (Paullinia Cupana Kunth), der als Rauschmittel unter dem Namen „Guarana" im Handel ist, aber auch als **Imitat für Straßenheroin** (Brown shugar) missbraucht wird (*Rabl/Sigrist* Kriminalistik 1993, 271ff.).

c) Beispiele für Kokain-Imitate: Kochsalz, Lidocain und verschiedene **9** Rauschgiftstreckmittel, Naphtalin.

d) Beispiele für LSD-Imitate: Eingefärbte Süßstofftabletten und Würfelzu- **10** cker, Blei- und Farbstiftminenteile, mit Farben und Getränken beträufelte Löschpapierstücke.

e) Beispiele für Ecstasy-Imitate: Vitamintabletten, Smarties. **11**

2. Betäubungsmittelähnliche Stoffe mit Suchtpotential. Diese zweite **12** Gruppe umfasst Stoffe und Zubereitungen, die nicht nur Betäubungsmitteln äußerlich oder im Geschmack ähneln, sondern selbst betäubungsmittelähnliche Wirkungen hervorrufen. Hierzu gehören die verschiedenen Arten von **nicht dem BtMG unterliegenden Drogen wie Genussgifte, Psychopharmaka und sonstige chemische Stoffe**. Diese Betäubungsmittelimitate schädigen im Gegensatz zur ersten Gruppe den Drogenkunden in erster Linie gesundheitlich und nur in zweiter Linie finanziell. Denn der Käufer entdeckt regelmäßig die Fälschung erst nach dem Konsum. Da der Konsument derartige Imitate die Zusammensetzung, Wirkung und Verträglichkeit der Drogen regelmäßig falsch einschätzen wird, kann es nicht nur zu komplizierten Drogenunfällen nach dem Konsum der Imitate kommen (vgl. *Kreuzer*, 1975, 234), sondern kann zu fehlerhaften Dosierungen und tödlichen Folgen beim nächsten Konsum von echten Betäubungsmitteln führen. Wegen der Fehleinschätzung des Suchtpotentials übersieht der Konsument Nebenwirkungen der Imitate.

Beispiele für suchterzeugende betäubungsmittelähnliche Stoffe. Als Be- **13** täubungsmittel werden vielfach Stoffe oder Zubereitungen angeboten und verkauft, die als **Drogenersatzmittel** illegal auf der Drogenszene gehandelt werden, z.B. Psychopharmaka (Schmerzmittel, Beruhigungsmittel und Schlafmittel), die nicht dem BtMG, sondern nur dem AMG unterstehen, wie etwa **Remedacen, Valium, Nobrium oder Librium**; ihr Suchtpotential unterscheidet sich z.T. von dem Suchtpotential der Betäubungsmittel nur unwesentlich. Diese Ersatzmittel werden zerstampft und pulverisiert als Heroin angeboten. Von Ampullen der Psychopharmaka werden die Etiketten abgerissen und als Betäubungsmittel verkauft. So ist das **D-Norpseudoephedrin als Pseudo-Cocain** im illegalen Handel. Es ist preiswert zu beschaffen und hat ähnliche Wirkungen wie Kokain. Ähnliches gilt für **Valoron-N** und **Vesparax-M,** die leichter zu beschaffen sind als die Betäubungsmittel Valoron und Vesparax und leicht als Betäubungsmittel verkauft werden können. Die wegen des Wirkstoffes **Fenetyllin** durch die 2. BtMÄndV dem BtMG unterstellten **Captagon Tabletten** werden in aller Welt kopiert. Diese Imitate werden aus **Mesocarb** und **Theophillin** u. ä. Stoffen hergestellt und unter ähnlichen Namen wie **Captacola** und **Fenaphyllin** in den Verkehr gebracht (vgl. BGHSt. 38, 58 = NStZ 1992, 87 = StV 1992, 66).

14   **3. Streckmittel und Lösungshilfsmittel.** Da in der Rauschgiftszene bei unzureichender Wasserlöslichkeit von hochprozentigem Heroin **Lösungshilfsmittel** oder zum Verlängern des Drogenvorrates **Streckmittel** in großen Mengen benötigt und verwendet werden, liegt die Gefahr nahe, bei Lieferschwierigkeiten und einem Ausgehen der Drogen die Vorräte an Lösungsmitteln und Streckmitteln als Betäubungsmittel zu verkaufen. Das bekannteste Streckmittel ist der **Milchzucker.** Die Streckmittel **Acetylcodein, Codein, Coffein, Lidocain** (vgl. *LG Münster* NStZ 1983, 474), **Methylecgonin, Monoacetylmorphin, Noscapin, Papaverin, Paracetamol, Thebain** werden entweder als Streckmittel für Heroin oder Kokain oder als Betäubungsmittelimitat verkauft. Das wegen seines bitteren Geschmacks Heroin vortäuschende **Antipyrin** und **Aspirin,** das üblicherweise oral eingenommen wird, kann bei intravenösen Injektionen zu erheblichen Gesundheitsbeeinträchtigungen wie Übelkeit, Erbrechen, Krampf- und Schwindelanfällen führen.

15   **4. Rauschgift-Ersatzstoffe.** Als Betäubungsmittelimitate werden ferner die offiziell gehandelten **Rauschgiftersatzstoffe Lettucene** I, II und III, die keine Betäubungsmittel enthalten, angeboten. Lettucene ist ein aus den USA importiertes Produkt aus getrocknetem und **mit einem Wurzelsaft getränktem Salat,** das dem AMG unterliegt. Lettucene gibt es bislang dreifach als Lettucene I (Haschisch), Lettucene II (Opium) und Lettucene III (Haschischöl) im Handel und soll als Haschischersatz bzw. Opiumersatz mit Hinweisen „das törnt an!" verkauft werden. Der Vertrieb von **Räucherstäbchen, Parfüm, Seife oder Tee ohne Betäubungsmittelbestandteile,** aber **mit einer betäubungsmittelähnlichen Bezeichnung,** stellt keinen Betäubungsmittelhandel – weder nach § 29 Abs. 1 noch nach § 29 Abs. 6 BtMG – dar, da § 29 Abs. 6 BtMG **nicht das Vorspiegeln betäubungsmittelähnlicher Wirkungen** bedroht.

Als Rauschgiftersatzstoffe kommen auch die nicht dem BtMG unterliegenden **Bio- oder Ökodrogen** wie **Ginseng, Guarana, Yohimbe, Kava-Kava, Belladonna-Alkaloide, Alraune, Bilsenkraut, Stechapfel, Fliegenpilz, Herbal-Ecstasy** in Betracht.

16   **5. Gifte.** Auch Gifte wie **Strychnin** (das spurenweise Heroinzubereitungen beigegeben wird), Rattengift wie **Cumarin** oder **Cumarex** oder andere chemische Stoffe wie Waschmittel oder Reinigungsmittel kommen als Tatgegenstand in Betracht.

II. Als Betäubungsmittel ausgegeben

17   Die Stoffe und Zubereitungen i. S. d. § 29 Abs. 6 BtMG müssen **gegenüber dem Enderwerber** – ausdrücklich oder konkludent – **als Betäubungsmittel ausgegeben** und **von diesem für solche gehalten werden** (*Weber* § 29 Rn. 1874; *Malek* 2. Kap. Rn. 364). Da der Begriff des Ausgebens nicht ausschließlich als Beschreibung der Tathandlung zu verstehen ist, sondern zugleich auch eine Beschreibung der Pseudo-Drogen ist, gilt dies jedoch nicht, wenn sich ein Geschäft über Betäubungsmittelimitate noch auf der **Ebene von Lieferant und**

Zwischenhändler befindet, es also noch nicht zu der von den Beteiligten geplanten Auslieferung an den Abnehmer gekommen ist. In diesem Fall genügt es, wenn **sich die an dem Handel Beteiligten darüber einig sind, dass sich das Geschäft auf Imitate bezieht, mit denen der Endabnehmer getäuscht werden soll**; es wäre unbillig, **den ohne Täuschung Betäubungsmittelimitate erwerbenden und umsetzenden Händler** in gleicher Weise wie den **getäuschten Endverbraucher** straflos zu lassen (BGHSt. 38, 58, 60 f. = NStZ 1992, 87; vgl. auch *BGH* NStZ 1992, 191 und *BGH* NStZ 1993, 444; *LG Münster* NStZ 1983, 474; zust. *Weber* § 29 Rn. 1875; *Hügel/Junge/Lander/Winkler* § 29 Rn. 33.2; krit. MK–StGB/*Kotz* § 29 Rn. 1702 f.; *Malek* 2. Kap. Rn. 366). Ein Ausgeben als Betäubungsmittel liegt z. B. vor, wenn szenetypische Bezeichnungen von Betäubungsmitteln zur Beschreibung eines Imitats verwendet werden, wie etwa „Koks" zur Vortäuschung von Kokain (*BGH* NStZ 2002, 439; *Hügel/Junge/Lander/Winkler* § 29 Rn. 33.2).

C. Tathandlungen

I. Handeltreiben/Abgabe/Veräußerung

§ 29 Abs. 6 BtMG gilt im Gegensatz von § 12 BtMG 1972 nur noch für die **18** Tathandlungen

– **Handeltreiben** (s. dazu § 29/Teil 4, Rn. 24),
– **Abgabe** (s. § 29/ Teil 8, Rn. 3),
– **Veräußerung** (s. § 29/Teil 7, Rn. 2).

Während § 29 Abs. 1 S. 1 Nr. 1 BtMG das unerlaubte Handeltreiben, die Abga- **19** be und das Veräußern von Stoffen und Zubereitungen, die Betäubungsmittel sind, unter Strafe stellt, bedroht § 29 Abs. 6 BtMG ergänzend die gleichen unerlaubten Verkehrshandlungen mit Stoffen und Zubereitungen, die keine Betäubungsmittel sind, aber als solche ausgegeben werden. Die Vorschrift stellt somit den Verkehr mit Nicht-Betäubungsmitteln in beschränktem Umfange dem unerlaubten Verkehr mit Betäubungsmitteln gleich. Besitzt der Verkäufer eine Erlaubnis nach § 3 BtMG, so scheidet sowohl § 29 Abs. 6 als auch § 29 Abs. 1 BtMG aus.

Die Einfuhr, die Ausfuhr, die Herstellung, der Erwerb, das Inverkehrbringen, das **20** Verabreichen, die Genussüberlassung und die Verschaffung von Gelegenheit zum Genuss oder zum Erwerb von betäubungsmittelähnlichen Stoffen und Zubereitungen sind nicht mehr strafbar, sofern diese Handlungen nicht Teilakt eines Handeltreibens sind. Der Besitz von Betäubungsmittelimitaten war bereits nach § 12 BtMG 1972 straflos.

II. Erscheinungsformen des Handeltreibens mit Betäubungsmittel- imitaten

1. Täuschung des Käufers über die Drogenart. Hauptanwendungsfall des **21** § 29 Abs. 6 BtMG ist Folgender: der Verkäufer täuscht den als Endabnehmer auftretenden Käufer wider besseres Wissen vor, ein Betäubungsmittel zu liefern, obwohl es sich tatsächlich um ein Imitat handelt, z. B. Henna wird als Haschisch ausgegeben, Lettucene III als Haschischöl, Valoron-N als Valoron oder Koffeintabletten als Amphetamin (*Hamm* NStZ 2011, 101). Es ist in diesen Fällen § 29 Abs. 6 und nicht § 29 Abs. 1 gegeben. Lediglich die Strafe wird dem § 29 Abs. 1 S. 1 Nr. 1 BtMG entnommen.

a) Beispielsfälle. Imitathandel in Tateinheit mit (versuchtem) Betrug wurde **22** angenommen beim Verkauf einer Mischung von **Stärke und Backpulver als Heroin** (*LG Frankfurt*, Urt. v. 6. 2. 1981, 90 Js 23222/80), beim Verkauf einer Mischung aus gemahlenen **Instant-Zitronentee und Thomapyrin-Schmerztabletten als Heroin** (*BGH* StV 1983, 22), beim Verkauf vom **Novalgin-Chinin-Tabletten und Milchzucker als Heroin** (*LG Frankfurt*, Urt. v. 31. 1. 1984, 90 Js 1434/83 Ns), beim Verkauf eines Gemisches aus **Milchzucker und**

Kakao als „H", also Heroin (*AG Frankfurt*, Urt. v. 12. 2. 1988, 88 Js 33883/87 – 933 Ds 145), **Vitamintabletten als Ecstasy-Tabletten** (vgl. *BGH* StV 1997, 638), beim Anbieten zum Verkauf **eines Beutels mit Smarties als Ecstasy-Tabletten** (*LG Limburg*, Urt. v. 23. 10. 1997, 25 Js 5769/96 – 5 KLs).

23 **b) Verschleiern von Betäubungsmittelimitaten mit echten Betäubungsmitteln.** Verpacken Angeklagte 1 kg Traubenzucker als 1 kg Kokain, besorgen ein Tütchen mit 2 g echtem Kokain, das sie so in der Traubenzuckerpäckchen einpassen, dass beim Aufschneiden echtes Kokain herausrieselt oder verpacken sie Smarties in einen Beutel als Ecstasy-Tabletten und überreichen als Muster den Kaufinteressenten zwar echte Ecstasy-Tabletten, so dass es zum Verkauf kommt, so machen sie sich strafbar wegen Imitathandels nach § 29 Abs. 6 BtMG tateinheitlich mit Betrug (*LG Limburg*, Urt. v. 23. 10. 1997, 25 Js 5769/96 – 5 KLs).

24 **2. Handel mit Pseudo-Drogen auf der Ebene von Verkäufer und Zwischenlieferant.** Benötigt ein Kaufmann eine große Menge dem BtMG unterliegende Captagon-Tabletten mit dem Wirkstoff Fenetyllin zum Weiterverkauf in den Vorderen Orient und einigt er sich mit einem Arzneimittelhersteller über die Herstellung und Lieferung von genehmigungsfreien **Captacola-Tabletten ohne Fenetyllin** dergestalt, dass die Tabletten ihrem äußeren Erscheinungsbild nach wie Captagon-Tabletten mit einem C-Zeichen gepresst und die Tablettenstreifen in Captagonpackungen verpackt werden, so liegt ein vollendeter Imitathandel vor, selbst wenn die Tabletten nicht ausgeliefert werden und **beide Vertragspartner die Pseudo-Drogeneigenschaft kannten** (BGHSt. 38, 58 = NStZ 1992, 87; vgl. auch *BGH* NStZ 1992, 191; siehe dazu auch Rn. 31). Beschafft ein Drogenverkäufer einem Drogenkäufer zum Weiterverkauf an den Endverbraucher **Lidocain als Kokainimitat** und wissen beide, dass es sich bei Lidocain um eine Pseudo-Droge handelt, so sind beide wegen Handeltreibens mit Pseudo-Drogen nach § 29 Abs. 6 BtM strafbar (*LG Münster* NStZ 1983, 474). Führte ein Angeklagter 30 kg eines **Paracetamol-Coffein-Gemisches** bei der Einreise von den Niederlanden in die BRD ein, um die Streckstoffe einem Dealer nach Bremen zu liefern, und gingen Angeklagter und Empfänger davon aus, dass diese Stoffe dem Endverbraucher als Betäubungsmittel ausgegeben werden sollten, so liegt ein Imitathandel nach § 29 Abs. 6 BtMG vor (*BGH* NStZ 1993, 444). Bereits das *RG* hat 1932 die Verurteilung eines Angeklagten wegen Imitathandels bestätigt, der zwischen einer Kokainverkäuferin und einem Kokainkäufer vermittelte, obwohl er wusste, dass die Lieferantin nur ein Imitat liefern würde. Der Angeklagte hatte zwar keinen **als Kokain** bezeichneten Stoff selbst in Verkehr gebracht, aber eine eigensüchtige, auf den Umsatz von vermeintlichem **Kokain** gerichtete Tätigkeit entfaltet, die unter den weitest anzulegenden Begriff des Handeltreibens fiel (*RG* DJZ 1932, 808).

25 **3. Strecken von Betäubungsmitteln mit Pseudo-Drogen durch illegale Verkäufer.** Besitzt ein Heroinverkäufer 100 Gramm Heroingemisch und ist der Kaufinteressent nur bereit, 500 g Heroingemisch anzukaufen, so verwandelt das Strecken des Heroins mit Maurergips das Gemisch nicht zu einer Pseudo-Droge, sondern nur zu einer schlechten Heroinqualität und es bleibt beim Handeltreiben nach §§ 29 Abs. 1, 29 a Abs. 1 Nr. 2 BtMG.

26 **4. Lieferung von Stoffen zur Herstellung von Betäubungsmittelimitaten.** Die Lieferung von Stoffen, die keine Betäubungsmittelimitate sind, aber als Grundlage für die Herstellung von Betäubungsmittelimitaten dienen sollen, z. B. die Lieferung des Narkosemittels Ketamin als Grundstoff für die Herstellung von Ecstasy-Imitaten, so liegt darin noch kein allein täterschaftliches Handeltreiben mit Imitaten i. S. v. § 29 Abs. 6 BtMG, sondern ggf. nur eine Beihilfehandlung zum Imitathandel. Selbst wenn man mit dem *BGH* zwischen der Lieferung eines fertigen Imitates an den Händler und dem beabsichtigten Verkauf der Pseudo-Droge durch diesen an den Endverbraucher eine so enge Verbindung sieht, dass beiden das Handeltreiben mit Imitaten zuzurechnen ist (BGHSt. 38, 58 = NStZ 1992, 87), fehlt es bei den Grundstofflieferanten an der engen Einbindung in die Ge-

schäfte des Imitathändlers. Es kann aber je nach Tatinteresse und Tatherrschaft Mittäterschaft oder Beihilfe zu einem späteren Handeltreiben mit Imitaten vorliegen (BGHSt. 47, 134 = NStZ 2002, 210 = StV 2002, 256).

5. Täuschung über die Lieferbereitschaft. Unterbreitet ein Dealer sein Be- 27 täubungsmittelverkaufsangebot nur zum Schein, ohne ganz oder zum Teil überhaupt irgendwelche Betäubungsmittel liefern zu wollen, so kann Betrug, nicht aber § 29 Abs. 6 BtMG in Betracht kommen (*BGH* [4. Senat] NStZ-RR 2003, 185 = StV 2003, 281; *BGH* [1. Senat] NStZ-RR 2003, 185 = StV 2003, 618).

6. Imitathandel im Ausland. Verkauft ein Täter im Ausland Imitate im Glau- 28 ben, es seien echte Betäubungsmittel, so macht er sich wegen Handeltreibens mit Betäubungsmitteln auf Grund von § 6 Nr. 5 StGB strafbar. Gibt ein Ausländer im Ausland Imitate als Betäubungsmittel aus, so scheidet eine Strafbarkeit aus, da der Imitathandel nicht unter § 6 Nr. 5 StGB fällt. Für Auslandstaten Deutscher ist § 7 StGB zu beachten.

III. Imitaterwerb

Erwirbt jemand Pseudo-Drogen irrtümlich im Glauben, es seien Be- 29 täubungsmittel (z. B. ein unbekanntes Kraut als Marihuana) **zum Eigenkonsum,** so ist § 29 Abs. 6 BtMG nicht anwendbar. Es liegt aber ein untauglicher Versuch des Erwerbes von Betäubungsmitteln nach § 29 Abs. 2 BtMG vor (*Zweibrücken* NStZ 1981, 66; *Hügel/Junge/Lander/Winkler* § 29 Rn. 33.5; *Pelchen/ Bruns* in *Erbs/Kohlhaas* § 29 Rn. 68). **Erwirbt jemand Pseudo-Drogen zum Eigenverbrauch, obwohl er die fehlende Betäubungsmitteleigenschaft erkennt,** weil er sich z. B. die Haare mit Henna färben will, so ist dieses Verhalten weder nach § 29 Abs. 1 noch nach § 29 Abs. 6 BtMG strafbar.

Erwirbt jemand Pseudo-Drogen im Glauben, es seien Betäubungsmit- 30 tel, zum Weiterverkauf, so liegt kein untauglicher Versuch, sondern vollendetes Handeltreiben mit Betäubungsmitteln nach § 29 Abs. 1 BtMG vor, da allein seine Erklärungen und Bemühungen, nicht die Eigenschaften der Ware entscheidend sind (Erklärungsdelikt als besondere Form des Unternehmensdelikts). Dies ist z. B. der Fall, wenn ein Angeklagter Ecstasy-Tabletten zum gewinnbringenden Weiterverkauf erwirbt, ohne zu bemerken, dass es sich bei der Ware um Vitamintabletten handelt, so macht er sich wegen vollendeten Handeltreibens mit Betäubungsmitteln nach § 29 Abs. 1 S. 1 Nr. 1 BtMG strafbar (*BGH* StV 1997, 638). Bietet der Erwerber die Pseudo-Drogen einem Dritten als echte Betäubungsmittel zum Kauf an mit dem Willen echte Betäubungsmittel zu verkaufen, so liegt vollendetes Handeltreiben vor, da der Tatbestand das Vorhandensein echter Drogen nicht voraussetzt. So auch bei der Bestellung von Kokain und Lieferung von Streckmitteln (*BGH,* Beschl. v. 11. 6. 2001, 1 StR 111/01). Vollendetes Handeltreiben tritt auch ein, wenn der Abnehmer eine große Menge Betäubungsmittel zum Zwecke des Weiterverkaufs bestellt, und der Lieferant in Unkenntnis des Bestellers Imitate anliefern möchte, zu deren Übergabe es aber nicht mehr kommt (*BGH* NJW 1999, 2683 ff. = StV 1999, 432 m. Anm. *Körner* NStZ 2000, 95).

Hat der Erwerber die **fehlende Betäubungsmitteleigenschaft erkannt und 31 kauft dennoch die Pseudo-Drogen in der Absicht,** diese gewinnbringend **als echte Betäubungsmittel zu verkaufen,** so liegen die Voraussetzungen des § 29 Abs. 6 BtMG in der Form des Handeltreibens vor und die Strafe ergibt sich aus § 29 Abs. 1 S. 1 Nr. 1 BtMG (vgl. BGHSt. 38, 58 ff. = NStZ 1992, 87; *LG Münster* NStZ 1983, 474).

IV. Imitatbesitz

Die **Lagerung von Betäubungsmittelimitaten, um diese zu konsumie- 32 ren,** ist **nicht strafbar,** da der bloße Imitatbesitz und Imitatkonsum nicht in § 29 Abs. 6 BtMG mit Strafe bedroht ist. Die Lagerung von Betäubungsmittelimitaten, um sie als echte Betäubungsmittel gewinnbringend zu veräußern, ist als vollendetes

Handeltreiben mit Betäubungsmitteln nach § 29 Abs. 1 S. 1 Nr. 1 BtMG strafbar. Die **Lagerung von Betäubungsmittelimitaten, um sie als Imitate gewinnbringend zu veräußern**, erfüllt den Tatbestand des Handeltreibens mit Betäubungsmittelimitaten gem. § 29 Abs. 6 BtMG, **wenn der Täter davon ausgeht, dass der Abnehmer nur ein Zwischenhändler ist, der die Betäubungsmittel als echte Betäubungsmittel an einen Endabnehmer weiterverkauft**; hier kann angesichts des weiten Begriffs des Handeltreibens nichts anderes gelten als in den Fällen, in denen es zur Auslieferung der Imitate an den Zwischenhändler, noch nicht aber zum Absatz an den Endverbraucher gekommen ist (s. dazu Rn. 17).

V. Imitatschmuggel

33   **1. Wissen des Schmugglers um die Imitat-Eigenschaft.** Führt ein Drogenhändler Betäubungsmittelimitate in Kenntnis der Umstände über die Grenze ein, so liegt weder ein untauglicher Versuch, noch ein Wahndelikt vor. Wegen der Beschränkung des § 29 Abs. 6 BtMG auf die Tathandlungen Handeltreiben, Veräußern und Abgabe bleibt die **Imitateinfuhr straflos.**

34   Führt jemand neben echten Ecstasy-Tabletten in großer Menge eine Lieferung Placebo-Tabletten ein, so liegt hinsichtlich der Imitate keine Einfuhr von Betäubungsmitteln vor; der in Gang gesetzte Imitathandel ist aber nach § 29 Abs. 6 BtMG strafbar. Kannte der Einführer die Betäubungsmitteleigenschaft der Ecstasy-Tabletten, so ist er wegen vollendeten Betäubungsmittelhandels in nicht geringer Menge nach § 29a BtMG in Tateinheit mit unerlaubter Einfuhr in nicht geringer Menge nach § 30 Abs. 1 Nr. 4 BtMG zu bestrafen (vgl. *BGH* NStZ 2003, 434).

35   Der **bewusste Transport einer großen Menge eines Heroinimitates** (wie z. B. 30 kg eines Paracetamol-Coffein-Gemisches, das bei einfachen Testverfahren wie Heroin reagiert) über die Grenze zu Abnehmern eines Großdealers, stellt keine Einfuhr von Betäubungsmitteln dar weder nach § 29 Abs. 1 S. 1 Nr. 1 BtMG, noch nach § 29 Abs. 6 BtMG. Er kann aber ein **mittäterschaftliches unerlaubtes Handeltreiben mit echten Betäubungsmitteln** darstellen, sofern seine Imitatlieferung nach seiner Vorstellung ein so enges Verhältnis zum Heroingeschäft des die Verkaufsware streckenden Großhändlers hatte (*BGH* NStZ 1993, 444). **Der Transport** kann aber auch ein **Handeltreiben mit Betäubungsmittelimitaten** darstellen, wenn Transporteur und Kunde gemeinsam wissen, dass es sich um Imitate handelt, die gegenüber den Endabnehmern als Betäubungsmittel ausgegeben werden sollen (s. dazu Rn. 17).

36   **2. Annahme des Schmugglers, er transportiere echte Betäubungsmittel.** Transportiert ein Drogenhändler Betäubungsmittelimitate über die Grenze im Glauben, es handele sich um echte Betäubungsmittel, so macht er sich wegen untauglichen Einfuhrversuchs nach §§ 29 Abs. 1 S. 1 Nr 1, Abs. 2 BtMG strafbar, z. B. wenn ein Täter eine Plastiktüte mit einer größeren Menge als „Speed" bezeichnetes Pulver, bei dem es sich anstelle des erwarteten Amphetamin um Procain handelt, aus den Niederlanden nach Deutschland bringt (*BGH* NStZ 2003, 434; *Köln* OLGSt, § 1 BtMG Nr. 1).

37   **3. Kurierauftrag über Pseudo-Drogen.** Beauftragt ein Drogenhändler, der einem Drogenkurier misstraut und auf seine Zuverlässigkeit hin überprüfen und zudem die Schmuggelroute und die Art der Zollkontrollen testen will, diesen Kurier, einen Koffer, unter dessen doppeltem Boden er mehrere Kilogramm Paracetamol als Heroinimitat versteckt hat, gegen Honorar vom Ausland nach Deutschland zu bringen und bestimmten Adressaten zu übergeben, ohne ein bestimmtes Rauschgiftgeschäft abwickeln zu wollen, was der Kurier den Koffer auftragsgemäß im Glauben erledigt, Heroin zu schmuggeln, so macht sich der uneingeweihte Kurier wegen **untauglichen Einfuhrversuches von Betäubungsmitteln** strafbar. Bietet der Kurier eigenmächtig den Kofferinhalt als echte Betäubungsmittel Scheinaufkäufern der Polizei zum Kauf an, so macht er sich wegen vollendeten

Handeltreibens mit nicht geringen Mengen von Betäubungsmitteln (§ 29 a BtMG) strafbar, obwohl sein Koffer über keine echten Betäubungsmittel verfügt. Umstritten ist, ob der Auftraggeber straflos bleibt, weil er die tatbestandlich geschützten Rechtsgüter nicht verletzen wollte. Er wollte weder echte, noch falsche Betäubungsmittel durch den Kurier absetzen und er veranlasste den Kurier zu einer Betäubungsmitteleinfuhr, dessen Untauglichkeit er vorher kannte. M. E. liegt hier eine **strafbare Anstiftung zum untauglichen Versuch** vor, da der Auftraggeber die Absicht des Kuriers kannte und er die Verstrickung des Kuriers in strafrechtliche Schuld veranlasste (vgl. hierzu LK-StGB/*Schünemann* § 26 Rn. 67 f.).

Anders ist die Sachlage, wenn der Auftraggeber den Kurier in die Imitateigen- 38 schaft eingeweiht hätte und beide wissen, dass die Adressaten die Imitate als echte Betäubungsmittel an Endabnehmer verkaufen werden. In diesem Falle ist von **Handeltreiben nach § 29 Abs. 6 BtMG** auszugehen (BGHSt. 38, 58 = NStZ 1992, 87 = StV 1992, 66).

D. Abgrenzung Versuch/Vollendung

Der Versuch ist nicht strafbar, da sich § 29 Abs. 6 BtMG nur auf § 29 Abs. 1, 39 nicht aber auf § 29 Abs. 2 BtMG bezieht. Die Herstellung von Betäubungsmittelimitaten zum späteren Verkauf ist als Vorbereitungshandlung erst recht straflos.

E. Subjektiver Tatbestand

I. Vorsatz

§ 29 Abs. 6 BtMG setzt Vorsatz voraus, wobei bedingter Vorsatz ausreicht. Der 40 Täter muss also wissen oder damit rechnen und billigend in Kauf nehmen, dass es sich bei seiner Ware nicht um Betäubungsmittel handelt. Entscheidend dafür, ob eine Handlung nach § 29 Abs. 1 oder § 29 Abs. 6 BtMG zu verfolgen ist, ist die Vorstellung des Verkäufers von der Eigenschaft des Stoffes. Zudem muss der Täter den Willen haben, die Imitate als Betäubungsmittel in den Verkehr zu bringen. Setzt der Täter die Imitate an **den Endabnehmer** ab, heißt dies zwangsläufig, dass der Täter diesen über die Betäubungsmitteleigenschaft **täuschen will**. Befindet sich das Geschäft noch **auf der Ebene zwischen Verkäufer und Zwischenverkäufer**, reicht es dagegen aus, wenn sich die an dem Handel Beteiligten darüber **einig sind, dass sich das Geschäft auf Imitate bezieht, mit denen der Endabnehmer getäuscht werden soll** (BGHSt. 38, 58, 60 f. = NStZ 1992, 87; s. dazu auch Rn. 17 m. w. N.).

II. Fahrlässigkeit

Fahrlässigkeitstaten sind mangels Verweises auf § 29 Abs. 4 BtMG nicht strafbar. 41

III. Irrtümer

1. Irrtümliche Annahme der Betäubungsmitteleigenschaft durch den 42 **Verkäufer, obwohl es sich um Imitate handelt.** Will der Verkäufer echte Betäubungsmittel verkaufen, bietet dem Käufer aber vorrätige, bestellte oder zu besorgende Betäubungsmittelimitate irrtümlich als Betäubungsmittel an, oder liefert diese Pseudo-Drogen irrtümlich anstelle der vereinbarten Betäubungsmittel aus, so liegt nicht § 29 Abs. 6, sondern Handeltreiben mit Betäubungsmitteln nach § 29 Abs. 1 S. 1 Nr. 1 BtMG vor. Denn Handeltreiben mit Betäubungsmitteln liegt bereits dann vor, wenn der Verkäufer sich zur Lieferung von Betäubungsmitteln verpflichtet, aber über die Eigenschaften oder die Qualität der ihm zur Verfügung stehenden, als Betäubungsmittel verkauften Stoffe irrt oder gar keine Betäubungsmittel zur Verfügung hat, z. B. wenn ein Angeklagter eine **Flasche Kochsalz,** deren Inhalt er für echtes Kokain hält, einem Kaufinteressenten für 30.000 DM anbietet (BGHSt. 6, 246 = NJW 1954, 1557 m. Anm. *Topf* NJW 1954, 1898). Es liegt kein Fall eines untauglichen Versuches, sondern vollendetes

Handeltreiben vor. Es kann auch ein besonders schwerer Fall nach § 29 Abs. 3 BtMG in Betracht kommen oder – abhängig von der Menge der versprochenen Betäubungsmittel – ein Verbrechen nach § 29 a BtMG (*BGH* NJW 1999, 2683 m. Anm. *Körner*, NStZ 2000, 95). Maßgeblich ist **die Vorstellung des Täters von Art und Wirkstoffgehalt der Drogen im Zeitpunkt der Abrede,** auf nachträgliche Abweichungen bei der Lieferung kommt es nicht an (*BGH* NStZ-RR 2006, 350).

43   **Einzelfälle:** Vollendetes Handeltreiben wurde bejaht beim Verkauf von **Novocain,** das der Verkäufer selbst als Kokain eingeschätzt und als Kokain verkauft hatte (*BGH* StV 1982, 347), beim Verkauf von 1.000 g einer nicht dem BtMG unterliegenden Substanz **guten Glaubens als Heroin** an einen Scheinaufkäufer der Polizei (*BGH* NStZ 1992, 191 = StV 1992, 118) und beim Erwerb von zum Weiterverkauf bestimmten Vitamintabletten, die irrtümlich für Ecstasy-Tabletten gehalten wurden (*BGH* StV 1997, 638).

44   **2. Irrtümliche Annahme der Imitateigenschaft durch den Verkäufer, obwohl es sich um Betäubungsmittel handelt.** Verkauft der Täter die ihm zur Verfügung stehenden Betäubungsmittel irrtümlich als Imitate, so ist er wegen Pseudo-Drogenhandels nach § 29 Abs. 6 i. V. m. § 29 Abs. 1 S. 1 Nr. 1 BtMG zu bestrafen (*BGH* NStZ 1994, 441). Nimmt der Verkäufer aus Nachlässigkeit an, dass der von ihm angebotene Stoff ein Betäubungsmittelimitat sei, obwohl es sich um ein Betäubungsmittel handelt, und verkauft diesen Stoff als Betäubungsmittel, indem er billigend in Kauf nimmt, dass es ein Betäubungsmittel sein könnte, so führt der Irrtum im subjektiven Bereich zu einer Bestrafung wegen **fahrlässigen unerlaubten Handeltreibens** nach §§ 29 Abs. 1, 29 Abs. 4 BtMG.

45   **3. Irrtümliche Annahme des Verkäufers, er verkaufe eine legale Substanz, obwohl es sich um Betäubungsmittel handelt.** Nimmt der Täter irrtümlich an, das weiße Pulver sei Salz, obwohl es sich in Wirklichkeit um Kokain handelt und verkauft er die Tüte als Salz, so befreit ihn der Vorsatz ausschließende **Tatbestandsirrtum vor Strafe (§ 16 StGB);** es kommt aber u. U. eine Strafbarkeit wegen **fahrlässigen Handeltreibens mit Betäubungsmitteln** in Betracht (§ 16 Abs. 1 S. 2 StGB; *Weber* § 29 Rn. 1887). Nimmt der Verkäufer irrtümlich an, sein Amphetamin-Derivat unterstehe als Designerdroge noch nicht dem BtMG, obwohl es inzwischen in die Anlagen zum BtMG aufgenommen worden war, so handelt es sich um einen **vermeidbaren Verbotsirrtum.**

F. Abgrenzung Täterschaft/Teilnahme

46   Wird der Haupttäter wegen eines Vergehens nach § 29 Abs. 6 BtMG verurteilt, ist wegen des Grundsatzes der Akzessorietät eine Verurteilung des Gehilfen wegen Beihilfe zum Handeltreiben mit echten Betäubungsmitteln ausgeschlossen, auch wenn er annimmt, es handele sich um echte Betäubungsmittel; anders ist dies bei der Mittäterschaft (*BGH* NStZ 1994, 441).

G. Strafzumessung

I. Strafrahmen

47   In den Fällen des § 29 Abs. 6 BtMG wird der Strafrahmen dem § 29 Abs. 1 BtMG entnommen, also Freiheitsstrafe bis zu 5 Jahren oder Geldstrafe.

II. Strafschärfende Erwägungen

Zu den Strafschärfungsgründen im Allgemeinen s. Vorbem. §§ 29 ff. Rn. 211 ff.

48   **1. Menge.** Auch beim Imitathandel kann die große Menge der Drogenimitate strafschärfend wirken.

49   **2. Besondere Gefährlichkeit.** Bei einer Verurteilung wegen Handeltreibens mit Betäubungsmittelimitaten muss auch festgestellt werden, um welche Stoffe und

Zubereitungen es sich handelt und **welche Gefahren von dem Imitat ausgehen,** da die Klärung dieser Frage für die Beurteilung der subjektiven Tatseite und die Strafzumessung von besonderer Bedeutung ist. So sollte derjenige, der Betäubungsmittel aus Gewinngründen mit **Giften, Gips, Waschpulver, Chemikalien usw.** imitiert und damit injizierende Opiatabhängige **lebensbedrohlich gefährdet,** besonders hart bestraft werden (vgl. *Frankfurt* StV 1991, 110 m. Anm. *Körner*).

3. Missverhältnis von Ware und Preis. Liefert ein Dealer wertlose Betäu-   50
bungsmittelimitate zu Preisen von echten Betäubungsmitteln, um exorbitante Gewinne zu erzielen, so kann dieses ungewöhnliche und betrügerische Gewinnstreben straferhöhend gewertet werden.

4. Gesundheitliche Auswirkungen. Wird der Imitatkunde durch den Kon-   51
sum des Stoffes schwer krank oder verstirbt er, so wirkt sich diese Folge strafschärfend aus.

5. Schädigende Absichten. Allein die Absicht, den Imitatkäufer zu täuschen,   52
gehört zum Tatbestand und darf deshalb nicht zusätzlich strafschärfend gewertet werden. Verfolgt der Täter aber darüber hinaus die Absicht, den Erwerber gesundheitlich oder wirtschaftlich zu ruinieren, so kann dies Grund einer Straferhöhung sein.

III. Strafmildernde Erwägungen

Zu den Strafmilderungsgründen im Allgemeinen s. Vorbem. §§ 29 ff. Rn. 124 ff.

1. Geringe Mengen des Imitats. So wie bei echten Betäubungsmitteln kann   53
auch bei Betäubungsmittelimitaten eine geringe Menge sich strafmildernd auswirken.

2. Geringe Gefährlichkeit des Imitats. Hat ein Betäubungsmittelhändler als   54
Betäubungsmittelimitat einen harmlosen Stoff ausgewählt, der bei dem Erwerber keine gesundheitsschädliche Wirkung bzw. nur eine **Placebo-Wirkung** hervorrufen kann, so kann dies die Strafzumessung erheblich strafmildernd beeinflussen.

3. Verkäufer und Käufer kennen die Imitateigenschaft. Sofern der Ver-   55
käufer und der Käufer wissen, dass es sich bei der als Betäubungsmittel verkauften Ware um ein Betäubungsmittelimitat handelt, das der Käufer ebenfalls als Betäubungsmittel weiterverkaufen will, kann dies beim Verkäufer strafmildernd berücksichtigt werden.

4. Geständnis. Ein Geständnis kann die Strafhöhe zugunsten des Täters positiv   56
beeinflussen (vgl. Vorbem. §§ 29 ff. Rn. 181).

5. Aufklärungshilfe. Die Aufklärungshilfe kann auch beim Imitathandel straf-   57
mildernde Wirkung haben.

IV. Besonders schwere Fälle

Besonders schwere Fälle von Tathandlungen mit Betäubungsmittelimitaten sind   58
nicht in § 29 Abs. 3 BtMG aufgezählt. Die Abgabe oder der Verkauf von Betäubungsmittelimitaten an Drogensüchtige kann im Einzelfall zwar gefährlicher sein als die Abgabe von Betäubungsmitteln. Da § 29 Abs. 6 BtMG aber nur auf § 29 Abs. 1 BtMG und nicht auf § 29 Abs. 3 BtMG verweist, kann auch kein ungenannter besonders schwerer Fall nach § 29 Abs. 3 S. 1 BtMG festgestellt werden, obwohl dies wünschenswert wäre (*Hügel/Junge/Lander/Winkler* § 29 Rn. 33.3; a. A. *Franke/Wienroeder* § 29 Rn. 256). Einen besonders schweren Fall kann es allerdings geben, wenn der Verkäufer Betäubungsmittelimitate im Glauben, es handele sich um echte Betäubungsmittel, gewerbsmäßig verkauft.

V. Verbrechenstatbestand des § 29 a Abs. 1 Nr. 2 BtMG

59   Der Verbrechenstatbestand des § 29a Abs. 1 Nr. 2 BtMG gilt nur, wenn der Täter nicht geringe Mengen von Betäubungsmittelimitaten im Glauben, es handele sich um echte Betäubungsmittel, verkauft (*BGH* NStZ 1994, 441; *BGH* NJW 1999, 2683 m. Anm. *Körner* NStZ 2000, 95; *Hamm* NStZ 2011, 101).

H. Konkurrenzen

60   Will der Angeklagte weder mit echten noch mit unechten Betäubungsmitteln Handel treiben, sondern lediglich den Geschäftspartner täuschen, dann liegt ein Betrug vor. Will der Verkäufer den Käufer mit Betäubungsmittelimitaten täuschen, so steht die Tathandlung des § 29 Abs. 6 mit § 263 StGB in Tateinheit; der Pseudo-Drogenhandel steht auch mit den Körperverletzungsdelikten in Tateinheit (*RG* DRZ 1932, 555; *Hügel/Junge/Lander/Winkler* § 29 Rn. 33.4; *Malek* 2. Kap. Rn. 368).

Straftaten

29a (1) Mit Freiheitsstrafe nicht unter einem Jahr wird bestraft, wer

1. **als Person über 21 Jahre Betäubungsmittel unerlaubt an eine Person unter 18 Jahren abgibt oder sie ihr entgegen § 13 Abs. 1 verabreicht oder zum unmittelbaren Verbrauch überläßt oder**
2. **mit Betäubungsmitteln in nicht geringer Menge unerlaubt Handel treibt, sie in nicht geringer Menge herstellt oder abgibt oder sie besitzt, ohne sie auf Grund einer Erlaubnis nach § 3 Abs. 1 erlangt zu haben.**

(2) **In minderschweren Fällen ist die Strafe Freiheitsstrafe von drei Monaten bis zu fünf Jahren.**

Kap. 1. Vorbemerkungen zu § 29 a BtMG

A. Ziele des Gesetzgebers

1   Die Vorschrift wurde durch das Gesetz zur Bekämpfung der Organisierten Kriminalität v. 15. 7. 1992 (BGBl. I, 1302) eingefügt. Nach Auffassung des Gesetzgebers erforderte die hohe Sozialschädlichkeit dieser bis dahin als besonders schwere Fälle des § 29 Abs. 3 BtMG ausgestalteten Tatmodalitäten die Konstituierung eines Verbrechenstatbestandes, da bei diesen Fallgestaltungen stets und nicht erst – wie bisher – nach einer Gesamtabwägung von Tat und Täter von einer außerordentlichen Verwerflichkeit auszugehen war. Mit der Einführung des Verbrechenstatbestandes wurden auch die Einstellungsmöglichkeiten der §§ 153, 153a StPO beseitigt. Der Gesetzgeber verfolgte mit dem § 29a BtMG ferner die Absicht, Dealer mit hohen Strafen abzuschrecken, Minderjährige durch Drogenabgabe zum Drogenkonsum zu verführen und durch Umgang mit nicht geringen Betäubungsmittelmengen ein hohes Risiko einzugehen. Er erhoffte sich mit diesen neuen Verbre-

chenstatbeständen neben der Abschreckung auch eine Verringerung der Zahlen jugendlicher Neueinsteiger und einen Schutz der Jugend vor dem illegalen Drogengroßhandel (zur Kritik an der Gesetzesänderung s. *Körner*, BtMG, 6. Auflage, § 29a Rn. 2).

B. Strafrahmen

Die Vorschrift des § 29a BtMG stellt im Gegensatz zu den besonders schweren **2** Fällen des § 29 Abs. 3 BtMG keine Strafzumessungsregel, sondern einen Verbrechenstatbestand mit Mindeststrafe von 1 Jahr Freiheitsstrafe dar (§ 12 Abs. 1 StGB). Der Strafrahmen reicht bis zu 15 Jahren (§ 38 Abs. 2 StGB). Der § 29a Abs. 2 BtMG sieht aber minder schwere Fälle vor. § 29a Abs. 1 BtMG stellt gegenüber § 29 Abs. 3 BtMG nicht eine mildere Strafvorschrift i.S.v. § 2 Abs. 3 StGB dar, weil es sich bei § 29a Abs. 1 BtMG trotz gleichen Strafrahmens um einen Verbrechenstatbestand handelt (*BGH*, Urt. v. 20. 8. 1993, 4 StR 326/93).

C. Straftatbestände

Der § 29a BtMG enthält zwei Tatbestände: **3**
– Die Abgabe, das Verabreichen und die Verbrauchsüberlassung von Betäubungsmitteln durch eine Person über 21 Jahre an Personen unter 18 Jahren (§ 29a Abs. 1 Nr. 1 BtMG; s. dazu Rn. 5ff.),
– das Herstellen, das Abgeben, das Handeltreiben und das Besitzen von Betäubungsmitteln in nicht geringen Mengen (§ 29a Abs. 1 Nr. 2 BtMG; s. dazu Rn. 37ff.).

Der frühere Verbrechenstatbestand des § 29a Abs. 1 Nr. 1 lit. a BtMG a.F., **4** nämlich die unerlaubte Abgabe, das unerlaubte Verabreichen oder die unerlaubte Verbrauchsüberlassung von Betäubungsmitteln durch einen Erwachsenen an eine Person unter 18 Jahren ist als § 29a Abs. 1 Nr. 1 BtMG n.F. erhalten geblieben. Der frühere Verbrechenstatbestand des § 29a Abs. 1 Nr. 1 lit. b BtMG a.F., nämlich das Bestimmen einer Person unter 18 Jahren durch einen Erwachsenen, mit Betäubungsmitteln Handel zu treiben, Betäubungsmittel einzuführen, auszuführen, zu veräußern, abzugeben oder in den Verkehr zu bringen oder diese Handlungen zu fördern, wurde als § 30a Abs. 2 Nr. 1 BtMG n.F. neu gestaltet. Der Verbrechenstatbestand des unerlaubten Handeltreibens, der unerlaubten Herstellung, der unerlaubten Abgabe und des unerlaubten Besitzes, jeweils von nicht geringen Mengen von Betäubungsmitteln, ist als § 29a Abs. 1 Nr. 2 BtMG erhalten geblieben.

Kap. 2. Abgabe, Verabreichung oder Verbrauchsüberlassung von Betäubungsmitteln durch eine Person über 21 Jahre an Jugendliche unter 18 Jahren (§ 29a Abs. 1 Nr. 1 BtMG)

Übersicht

A. Zweck der Vorschrift

5   Der Grund für die Einführung dieses Verbrechenstatbestandes mit einem Höchstmaß von 15 Jahren Freiheitsstrafe durch das Gesetz zur Bekämpfung der Organisierten Kriminalität v. 15. 7. 1992 (BGBl. I, S. 1302) war die Erkenntnis, dass die unerlaubte Abgabe von Betäubungsmitteln an Minderjährige ein besonderes Unrecht beinhaltet, das nachdrücklicherer Ahndung als durch die bereits vorhandenen Strafvorschriften bedarf. Mit der Neufassung sollte auch Art. 3 Abs. 5 lit. e des Übereinkommens der Vereinten Nationen gegen den unerlaubten Verkehr mit Suchtstoffen und psychotropen Stoffen v. 20. 12. 1988 entsprochen werden, wonach der Umstand, dass Minderjährige in Mitleidenschaft gezogen oder benutzt werden, als besonders schwerwiegender Umstand bei der Bewertung der Straftaten anzusehen ist (vgl. BT-Drs. 12/989, S. 54 f.).

B. Fallzahlen

I. PKS

6   Die PKS weist für die Jahre 2003 bis 2009 folgende Fälle der Abgabe, Verabreichung oder Überlassung von Betäubungsmitteln an Minderjährige nach § 29 a Abs. 1 Nr. 1 BtMG (darunter ggf. auch § 30 Abs. 1 Nr. 2 BtMG) auf (Quelle: www.bka.de):

Jahr	2003	2004	2005	2006	2007	2008	2009	2010
Rauschgiftdelikte insgesamt	255.575	283.708	276.740	255.019	248.355	239.951	235.842	231.007
§ 29 a Abs. 1 Nr. 1 BtMG (ggf. auch § 30 Abs. 1 Nr. 2 BtMG)	1.356	1.648	1.715	1.450	1.291	1.330	1.301	1.253

II. Strafverfolgungsstatistik

Die **Strafverfolgungsstatistik** für Abgeurteilte und Verurteilte wegen Versto- 7
ßes gegen § 29a Abs. 1 Nr. 1 BtMG für die Jahre 2003 bis 2009 enthält folgende
Zahlen (Quelle: *Statistisches Bundesamt*):

Jahr	2003	2004	2005	2006	2007	2008	2009
Straftaten nach dem BtMG insgesamt	53.988	57.325	58.630	58.892	48.363	68.519	67.025
§ 29a Abs. 1 Nr. 1 BtMG	1.019	1.291	1.264	1.216	748	809	773

C. Objektiver Tatbestand

I. Betäubungsmittel

Es muss weder eine nicht geringe Menge von Betäubungsmitteln vorliegen (vgl. 8
BGH NStZ 2004, 109 = StV 2003, 619), noch müssen besonders gefährliche Be-
täubungsmittel weitergegeben werden. Auch „weiche" Drogen wie Haschisch und
Marihuana fallen unter diese Vorschrift (zur Betäubungsmitteleigenschaft s. § 1
Rn. 20 ff.).

Gibt der Täter **Betäubungsmittelimitate** ab, greift § 29a Abs. 1 Nr. 1 BtMG 9
nicht ein (*Hamm* NStZ 2011, 101). § 29 Abs. 6 BtMG verweist lediglich auf § 29
Abs. 1 S. 1 Nr. 1 BtMG, so dass auch bei einer Abgabe von Betäubungsmittelimitaten durch eine Person über 21 Jahre an eine Person unter 18 Jahren nur eine
unerlaubte Abgabe gem. § 29 Abs. 1 S. 1 Nr. 1 BtMG vorliegt; das Alter des Abnehmers kann hier aber straferschwerend berücksichtigt werden.

II. Tatbestandsvoraussetzungen

1. Altersbegrenzung. Der **Täter muss über 21 Jahre** alt sein. Das Alter des 10
Täters ist ein persönliches Merkmal i. S. v. § 28 Abs. 2 StGB. Gibt ein Heranwachsender Betäubungsmittel an Minderjährige ab, greift § 29a Abs. 1 Nr. 1 BtMG
nicht ein. Die Strafzumessungserwägung des § 29a Abs. 1 Nr. 1 BtMG kann aber
Eingang finden bei § 29 Abs. 1, § 29 Abs. 3 oder § 29a Abs. 1 Nr. 2 BtMG.

Der **Empfänger** der Betäubungsmittel **muss minderjährig**, also jünger als 11
18 Jahre sein. Es handelt sich hierbei um ein Tatbestandsmerkmal (*Köln*
NJW 1999, 1492 = StV 1999, 439).

2. Tathandlungen. Die Tat kann durch Abgabe, durch Verabreichen und 12
durch Überlassen von Betäubungsmitteln zum unmittelbaren Verbrauch begangen
werden.

a) Abgabe. Abgeben i. S. d. § 29 Abs. 1 S. 1 Nr. 1 BtMG ist **die unerlaubte** 13
Übertragung der eigenen tatsächlichen Verfügungsgewalt ohne rechtsge-
schäftliche Grundlage und ohne Gegenleistung an einen Dritten, der über
die Betäubungsmittel frei verfügen kann (*BGH* NStZ 1991, 89 = StV 1990, 548;
BGH NStZ-RR 1999, 89 = StV 1999, 428; *BayObLG* NStZ 2004, 401 = StV
2004, 606; s. dazu im Einzelnen § 29/Teil 8 Rn. 3 ff.). Der Abgabebegriff war
wegen seiner Unentgeltlichkeit vielfach umstritten. So umfasst die Betäubungsmittelabgabe durch Apotheken in § 29 Abs. 1 S. 1 Nr. 7 lit. a BtMG selbstverständlich
auch entgeltliche Geschäfte. Daher muss auch die Abgabe i. S. d. § 29a Abs. 1 Nr. 1
BtMG **sowohl die unentgeltlichen als auch die entgeltlichen Weitergaben**
beinhalten, also auch die **Veräußerung** als qualifizierte Abgabeform (*BGH*
NJW 1991, 306; *BGH* NStZ 2007, 339; *Weber* § 29a Rn. 8; *Hügel/Junge/Lander/*
Winkler § 29a Rn. 2.2; MK-StGB/*Rahlf* § 29a Rn. 1616 f.; *Franke/Wienroeder*
§ 29a Rn. 4; a. A. *Malek* 2. Kap., Rn. 375). Auf eine Verfassungsbeschwerde hin
hat das *BVerfG* diese Auslegung auch nicht beanstandet (*BVerfG* NJW 1991, 2823).

Die besondere Schutzwürdigkeit der Minderjährigen besteht gleichermaßen bei
entgeltlicher und unentgeltlicher Abgabe von Betäubungsmitteln. Es wäre deshalb
ein ungereimtes und nicht hinnehmbares Ergebnis, wenn die uneigennützige Abgabe den Verbrechenstatbestand des § 29 a BtMG erfüllen, die entgeltliche Abgabe
aber nur ein Vergehen nach § 29 Abs. 1 S. 1 Nr. 1 BtMG darstellen würden. Unter den Begriff der Abgabe fallen deshalb auch die **Veräußerung** und das **unerlaubte Handeltreiben mit Betäubungsmitteln,** wenn eine Übertragung
der tatsächlichen Verfügungsmacht damit verbunden ist (*BGH* NStZ 1997, 89 =
StV 1996, 664; *AG Tiergarten* NStZ-RR 1999, 90).

14   **b) Verbrauchsüberlassung.** Überlassen zum unmittelbaren Verbrauch ist die
Übergabe von Betäubungsmitteln an einen anderen zum sofortigen Verbrauch. Im
Gegensatz zur Abgabe muss dem Minderjährigen hierbei nicht die Verfügungsgewalt über die Drogen eingeräumt werden (*BGH* NStZ-RR 1998, 347; s. dazu
§ 29/Teil 15, Rn. 100 ff.). Die Tatbestandsvarianten **Abgabe** und **Überlassen
zum unmittelbaren Verbrauch** schließen sich daher gegenseitig aus.

15   **c) Verabreichen.** Das Verabreichen von Betäubungsmitteln ist die unmittelbare
Anwendung von Betäubungsmitteln am Körper oder das Einführen von Betäubungsmitteln in den Körper des Empfängers ohne dessen Mitwirkung. Auch hier
erlangt der Empfänger keine tatsächliche Sachherrschaft, ansonsten läge Abgabe
vor.

16   **3. Täter.** Der Verbrechenstatbestand bedroht insb. erwachsene **Drogenhändler**,
die aus Eigennutz an Minderjährige Betäubungsmittel verkaufen. Der Tatbestand
wendet sich aber auch gegen **Personen aus dem privaten Umfeld** von Betäubungsmittelkonsumenten und Betäubungsmittelabhängigen, die uneigennützig
aus Mitleid, Freundschaft, Hilfsbereitschaft oder sonstigen sozialen Erwägungen
minderjährige Betäubungsmittelkonsumenten oder Betäubungsmittelabhängige mit
Betäubungsmitteln versorgen. Hierunter fallen die **Familienangehörigen**, der
Sozialarbeiter, der **Lehrer** oder **Arzt**, die einem unter Entzugsschmerzen leidenden drogenabhängigen Jugendlichen eine Drogenration aus Mitleid verschaffen,
der **Student**, der seiner minderjährigen Freundin auf einer gemeinsamen Amsterdamreise eine Haschischration schenkt und die **Mitglieder einer Wohngemeinschaft**, die durch eine Heroinration ein minderjähriges drogenabhängiges Mitglied
vor der Beschaffungskriminalität bewahren wollen. Eine Verurteilung wegen Überlassung von Heroin an eine Minderjährige zum Eigenverbrauch, die als Bandenmitglied bereits Mittäterin des Erwerbs dieser Menge gewesen war, kann aber keinen Bestand haben (*BGH*, Beschl. v. 7. 4. 1998, 1 StR 10/98).

III. Erlaubnispflicht

17   Der Tatbestand entfällt, wenn der Täter über eine Erlaubnis nach § 3 BtMG verfügt.

D. Subjektiver Tatbestand

18   Für den Vorsatz genügt es, dass der Täter zumindest mit bedingtem Vorsatz in
Betracht zieht, dass der Adressat der Drogen unter 18 Jahren ist, dass er keine Erlaubnis nach § 3 BtMG besitzt und dass es sich um Betäubungsmittel i. S. d. BtMG
handelt (*BGH* NStZ 2002, 439). Geht er nicht von einer Betäubungsmitteleigenschaft, sondern von einem Imitat aus, ist § 29 Abs. 6 BtMG zu prüfen (*Hamm*
NStZ 2011, 101; s. dazu Rn. 9). Bei der **Minderjährigkeit** des Adressaten handelt
es sich um ein Tatbestandsmerkmal, dessen Kenntnis nach § 16 Abs. 1 StGB Voraussetzung für die Annahme vorsätzlichen Handelns und damit nach § 15 StGB für
die Strafbarkeit der Tat ist. Entweder war dem Täter das Alter des minderjährigen
Empfängers bekannt, oder es musste ihm aufgrund nachgewiesener Umstände
bekannt sein, dass dieser das 18. Lebensjahr noch nicht vollendet hatte. Hatte der
Täter den Ausweis des Empfängers gesehen, wusste er, welche Schule dieser be-
suchte, hatte er dessen letzten Geburtstag mitgefeiert oder von diesem das Alter

erfahren, so vermag bloßes Bestreiten die Erfüllung des subjektiven Tatbestandes nicht auszuräumen. Kannte der Angeklagte den oder die Minderjährige zur Tatzeit seit mehreren Monaten oder gar Jahren und war mit ihr/ihm freundschaftlich verbunden, so bedarf die Kenntnis der Minderjährigkeit im Urteil keiner Erörterung in der Beweiswürdigung, wenn der Angeklagte nicht bestritten hat, das minderjährige Alter gekannt zu haben. Die Beweiswürdigung im Urteil dient nicht dazu, für alle Sachverhaltsfeststellungen einen Beleg zu erbringen. Der Umfang der Beweisaufnahme ergibt sich nämlich aus dem Hauptverhandlungsprotokoll und nicht aus dem Urteil (*Meyer-Goßner* NStZ 1988, 532). In Bezug auf das Alter ist zumindest **Dolus eventualis** erforderlich, also dass der Angeklagte mit der Möglichkeit rechnete, dass es sich bei dem Adressaten der Handlung um einen Minderjährigen handelte. Das Urteil muss nachprüfbare Feststellungen enthalten, aus welchen Umständen auf ein Bewusstsein des Angeklagten von der Minderjährigkeit des Adressaten geschlossen werden konnte. Allein aus dem Alter der beiden Jugendlichen zum Tatzeitpunkt ($16\,^3/_4$ und $17\,^1/_2$ Jahre) ohne besondere Bekanntschaft kann dieser Schluss nicht gezogen werden. Es bedarf der Feststellung, welche Wahrnehmungen von der Statur, von dem äußeren Erscheinungsbild, von dem Verhalten und den Erklärungen der Jugendlichen gemacht werden konnten (vgl. *Köln* NJW 1999, 1492 = StV 1999, 439).

E. Versuch

Der Versuch des Verbrechens ist strafbar (§ 23 Abs. 1 StGB), ebenso die versuchte Anstiftung (§ 30 Abs. 1 StGB). Die **Vollendung** tritt erst ein nach dem Besitzwechsel, wenn der oder die Minderjährige dinglich die Betäubungsmittel auch erlangt hat, in Händen hält, in sich oder bei sich hat. Zum Versuch, wenn der Täter bei der Abgabe zumindest bedingten Vorsatz hinsichtlich der Beschaffenheit der Betäubungsmittel hatte, vgl. *BGH* NStZ 2002, 439. **19**

F. Täterschaft/Teilnahme

An dem **Delikt des über 21-Jährigen** ist grundsätzlich Mittäterschaft und Beihilfe möglich mit Ausnahme des minderjährigen Empfängers. Der **minderjährige Betäubungsmittelempfänger** ist regelmäßig ein notwendiger Teilnehmer, der nicht wegen Beihilfe oder Anstiftung bestraft werden kann. War der Minderjährige als Mittäter des Erwachsenen an der Betäubungsmittelbeschaffung beteiligt, bevor der Erwachsene die Betäubungsmittel an den Minderjährigen weitergab, so scheidet der Tatbestand mangels Abgabehandlung aus (*BGH* NStZ 1991, 89 m. Anm. *Schoreit-Bartner* = StV 1990, 548). **20**

G. Strafzumessung

I. Strafrahmen

Der Verbrechenstatbestand sieht einen Strafrahmen von 1 bis 15 Jahren Freiheitsstrafe vor. **21**

II. Minder schwere Fälle

Um **außergewöhnlichen Fallgestaltungen** Rechnung tragen zu können, ist in § 29 a Abs. 2 BtMG ein Sondertatbestand für einen minder schweren Fall vorgesehen. Ein minder schwerer Fall setzt voraus, dass die mildernden Faktoren beträchtlich überwiegen; dies dürfte z. B. **bei betäubungsmittelabhängigen Tätern** oder **Adressaten** in Betracht kommen. Ein minder schwerer Fall liegt insbesondere vor, wenn der Täter in einer **auswegslosen Situation** einen drogenabhängigen Minderjährigen mit Betäubungsmitteln versorgt: **22**

– der **Vater,** die **Mutter,** der **Freund,** die **Freundin** eines Drogenabhängigen kaufen auf der Drogenszene Heroin für ihren unter Entzugsschmerzen leidenden minderjährigen Sohn, Tochter, Partner(in) und geben Stoff an ihn ab,

– der erwachsene Drogenabhängige gibt Heroin an seine **minderjährige Freundin** zum Konsum ab, damit diese seine Situation nachempfinden kann,
– ein Student gibt auf einer **Urlaubsreise** an einen **minderjährigen Freund Haschisch** zum Rauchen ab.

23   Die Vorschrift des § 29a Abs. 2 BtMG ermöglicht es, wenn auch in unzureichender Weise, **tragische Fälle zu verhindern,** in denen **Angehörige wegen ihrer Hilfsbereitschaft nach dem BtMG als Verbrecher** erscheinen.

24   Ein minder schwerer Fall **kommt** aber auch **in Betracht,** wenn ein **geständiger Angeklagter keine harten Rauschgifte,** sondern Betäubungsmittel wie Cannabis **in verhältnismäßig geringer Menge an szenenerfahrene Jugendliche abgibt.** Es ist nicht zu beanstanden, wenn die Strafkammer minder schwere Fälle mit der Begründung ablehnt, der Angeklagte habe die Zeugin an ihren Bemühungen um Drogenentzug gehindert und unter Missbrauch ihrer Zuneigung und ihres Vertrauens sie für seine Zwecke bei der Prostitution und seinen Betäubungsmittelgeschäften einsetzen wollen (*BGH* NStZ-RR 1998, 347).

III. Strafschärfungserwägungen

25   Handelt es sich bei dem weitergegebenen Stoff um **besonders gefährliche Betäubungsmittel,** wird die minderjährige Person durch die Drogenweitergabe **süchtig gemacht** oder in einen **lebensgefährlichen Zustand versetzt,** so können diese Umstände straferhöhend gewertet werden. Auch die **Ausnutzung eines Abhängigkeits-, Ausbildungs- oder Betreuungsverhältnisses** kann sich strafschärfend auswirken.

26   Es verstößt aber gegen das **Doppelverwertungsverbot des § 46 Abs. 3 StGB,** strafschärfend zu werten, **Minderjährige heroinabhängig gemacht zu haben,** da die besondere Schutzbedürftigkeit der Jugend gerade Grund für die erhöhte Strafe des Verbrechenstatbestandes war (*BGH* StV 2003, 542). Es darf auch nicht strafschärfend gewertet werden, dass die an Jugendliche weitergegebene Cannabisdroge oftmals Einstiegsdroge für härtere Drogen sei. Da die besondere Schutzbedürftigkeit der Jugend bereits Grund für die Straferhöhung war, würde diese Erwägung das Doppelverwertungsverbot des § 46 Abs. 3 StGB verstoßen (BGH, Urt. v. 14. 11. 2001, 3 StR 352/01). Darüber hinaus ist diese These überaus umstritten.

27   Gibt der Täter nicht geringe Betäubungsmittelmengen an eine minderjährige Person ab, so kann sich das **Zusammentreffen von § 29a Abs. 1 Nr. 1 BtMG und von § 29a Abs. 1 Nr. 2 BtMG** straferhöhend auswirken (vgl. *BGH* NStZ 2004, 109 = StV 2003, 619). **Verursacht der erwachsene Täter mit der Abgabe von Betäubungsmitteln leichtfertig den Tod** der Minderjährigen, so kann das Zusammentreffen von § 29a Abs. 1 Nr. 1 und von § 30 Abs. 1 Nr. 3 BtMG strafschärfend wirken. § 30 Abs. 1 Nr. 2 BtMG enthält eine Qualifizierung des Tatbestandes des § 29a Abs. 1 Nr. 1 BtMG, wodurch die **gewerbsmäßige Abgabe von Betäubungsmitteln durch Personen über 21 Jahren an Minderjährige** unter eine höhere Strafdrohung (2 bis 15 Jahre Freiheitsstrafe) gestellt wird.

IV. Strafmilderungserwägungen

28   Strafmildernd kann sich auswirken, dass die weitergegebenen Stoffe **relativ ungefährlich** waren („weiche" Drogen, geringe Konzentration), dass die **Menge relativ gering** war, dass die Drogenweitergabe aus **altruistischen,** aus **sozialen** oder **therapeutischen Motiven** oder aus **Mitleid** erfolgte.

V. Erweiterter Verfall (§ 73 d StGB)

29   In den Fällen des § 29a BtMG ist nach § 33 Abs. 1 Nr. 2 BtMG ein erweiterter Verfall gem. § 73 b StGB möglich. Die an die Minderjährigen ausgehändigten Betäubungsmittel können als Beziehungsgegenstände nach § 33 Abs. 2 BtMG eingezogen werden.

H. Konkurrenzen

I. Bewertungseinheit

1. Entgeltliche Abgabe. Hat der Täter seine jugendliche Kundschaft scheinbar **30** großzügig, tatsächlich aber in der Absicht, sie als Kunden dauerhaft an sich zu binden, zum kostenlosen Konsum eingeladen, ihnen Betäubungsmittel zum unmittelbaren Verbrauch überlassen, um anschließend seine Betäubungsmittel zu verkaufen, so tritt diese werbende Verbrauchsüberlassung als Teilakt der Bewertungseinheit hinter der entgeltlichen Abgabe zurück und ist nicht gesondert zu ahnden (*BGH* NJW 1994, 3020 = StV 1994, 659). Der Tatrichter hat die Zahl und die Frequenz der Erwerbsvorgänge, sowie die Zuordnung der einzelnen Verkäufe zu ihnen anhand der Tatumstände festzustellen. Die Bewertungseinheit setzt jedoch eine ausreichende Tatsachengrundlage voraus. Kann der Tatrichter lediglich nicht ausschließen, dass die Einzelmengen einem nie versiegenden, immer wieder aufgefüllten Depot (Silotheorie) entstammten, so ist zunächst zu prüfen, ob die Einzelverkäufe mehreren größeren Erwerbsmengen entstammen und zu mehreren Bewertungseinheiten zusammenzufassen sind. Ist auch dies nicht möglich, so sind alle Einzelverkäufe als selbstständige Taten abzuurteilen, so hat er die Zahl der Einkäufe und Verkäufe zu schätzen und darf die Grenze der nicht geringen Menge nur bei ausreichender Tatsachengrundlage als überschritten ansehen. Eine Bewertungseinheit kann sich auch daraus ergeben, wenn mehrere Rauschgiftabgaben in einem Teilakt wie der gemeinsamen Zahlung oder Teilzahlung zusammentreffen (*BGH* NStZ 1998, 89 = StV 1997, 636; *BGH* NStZ 1999, 192; *BGH* NStZ 2004, 109 = StV 2003, 619; *BGH* NStZ 2004, 105). Hat ein Angeklagter aus ein und derselben Erwerbsmenge Betäubungsmittel **an Erwachsene verkauft** und **an Minderjährige abgegeben**, so bilden diese Geschäfte eine Bewertungseinheit. Handeltreiben und Abgabe an Minderjährige stehen dann in Tateinheit (*BGH* NStZ 2004, 109 = StV 2003, 619; *BGH* NStZ 2004, 105).

2. Unentgeltliche Abgabe. Die Grundsätze der Bewertungseinheit gelten **31** nicht nur für die entgeltlichen Rauschgiftgeschäfte, sondern für alle Absatzhandlungen, also auch die unentgeltliche Abgabe. Hat ein Angeklagter als eine Person von über 21 Jahren aus ein und derselben Erwerbsmenge mehrere Einzelmengen an eine Person unter 18 Jahren unentgeltlich weiter übertragen, so stehen diese Weiterübertragungen nicht in Tatmehrheit, sondern werden zu einer Bewertungseinheit des § 29a Abs. 1 Nr. 1 BtMG verbunden (*BGH* StV 2007, 562; *Weber* § 29a Rn. 32).

3. Verabreichung/Verbrauchsüberlassung. Bei **mehreren selbständigen** **32** **Verabreichungen oder Verbrauchsüberlassungen aus einer Betäubungsmittelmenge** ohne Gewinnerzielungsabsicht gelten die Grundsätze der Bewertungseinheit nicht, weil diese Begehungsweisen im Gegensatz zu Abgabe, Veräußerung und Handeltreiben nicht zu den Absatzdelikten zählen; die einzelnen Tathandlungen stehen in Tatmehrheit zueinander (*Patzak/Bohnen* Kap. 2, Rn. 120).

II. Betäubungsmittelüberlassung an Minderjährige und Handeltreiben

Da es sich bei § 29a Abs. 1 BtMG im Gegensatz zu § 29 Abs. 3 S. 2 Nr. 1 **33** BtMG nicht um eine Strafzumessungsregel, sondern vielmehr um einen eigenen Verbrechenstatbestand handelt, kann er in Tateinheit mit anderen Tatbeständen des BtMG stehen, etwa mit dem Handeltreiben mit Betäubungsmitteln in nicht geringer Menge gem. § 29a Abs. 1 Nr. 2 BtMG, dem Bandenhandel gem. § 30 Abs. 1 Nr. 1 bzw. § 30a Abs. 1 BtMG oder dem Handel mit Betäubungsmitteln in nicht geringer Menge unter Mitführen einer Schusswaffe gem. § 30a Abs. 2 Nr. 2 BtMG (BGHR BtMG § 30 Abs. 1 Nr. 2 Konkurrenzen 1 [3 StR 138/94]).

Hat der Angeklagte an eine Minderjährige Kokain als Entgelt für die Ausübung **34** des Geschlechtsverkehrs übergeben, so erfüllt sein Verhalten den Tatbestand der unerlaubten Überlassung von Betäubungsmitteln zum unmittelbaren Verbrauch an eine Minderjährige gem. § 29 a Abs. 1 Nr. 1 BtMG in Tateinheit mit Förderung sexueller Handlungen einer Minderjährigen (§ 180 Abs. 2 StGB) und in Tateinheit mit dem Tatbestand des unerlaubten Handeltreibens mit Betäubungsmitteln nach § 29 Abs. 1 S. 1 Nr. 1 BtMG (*BGH* NStZ 1997, 89 = StV 1996, 664). Hat eine Frau an einen Minderjährigen Haschisch abgegeben und ihm später Oxazepam-Tabletten heimlich in sein Bier gemischt, um den Jugendlichen in einen Zustand der Widerstandsunfähigkeit zu versetzen und anschließend zu vergewaltigen, so liegt Tatmehrheit und nicht Tateinheit nahe (*BGH* [*Pfister*] NStZ-RR 2004, 355).

III. Betäubungsmittelüberlassung an Minderjährige und gewerbsmäßige Betäubungsmittelüberlassung an Minderjährige

35   § 29 a Abs. 1 Nr. 1 BtMG tritt hinter dem Qualifikationstatbestand des § 30 Abs. 1 Nr. 2 BtMG zurück, wenn die Betäubungsmittelabgabe an Minderjährige entgeltlich und gewerbsmäßig erfolgte (*BGH* NStZ 1998, 89 = StV 1997, 636).

IV. Betäubungsmittelüberlassung an Minderjährige und Bestimmen eines Minderjährigen nach § 30 a Abs. 2 Nr. 1 BtMG

36   Das Bestimmen einer Person unter 18 Jahren zum Handeltreiben mit Betäubungsmitteln und die Abgabe an Minderjährige gem. § 29 a Abs. 1 Nr. 1 BtMG bzw. gewerbsmäßige Abgabe von Betäubungsmitteln gem. § 30 Abs. 1 Nr. 2 BtMG stehen in Tateinheit, wenn der Minderjährige vom Täter zum Weiterverkauf bestimmte Betäubungsmittel erhält. Es können aber auch hier die Grundsätze der Bewertungseinheit eingreifen, wenn die Betäubungsmittel, die der Täter in kleinen Mengen an den Minderjährigen übergibt, aus einer Menge stammen (vgl. hierzu Rn. 30 f.).

Kap. 3. Handeltreiben, Abgabe, Herstellung und Besitz von Betäubungsmitteln in nicht geringen Mengen (§ 29 a Abs. 1 S. 1 Nr. 2 BtMG)

Übersicht

A. Entstehungsgeschichte der Vorschrift

Der ursprünglich als besonders schwerer Fall geregelte Umgang mit nicht gerin- **37** gen Betäubungsmittelmengen nach § 29 Abs. 3 Nr. 4 BtMG a. F. ist durch das OrgKG v. 15. 7. 1992 (BGBl. I, S. 1302) mit Wirkung vom 22. 9. 1992 als Verbrechen in § 29 a Abs. 1 Nr. 2 BtMG ausgestaltet worden. § 29 a Abs. 1 BtMG n. F. ist gegenüber § 29 Abs. 3 BtMG a. F. – trotz gleichem Strafrahmen – nicht das mildere Gesetz i. S. v. § 2 Abs. 3 StGB, weil es sich bei der neuen Vorschrift um ein Verbrechen handelt, bei der alten hingegen um ein Vergehen (§ 12 StGB). Es kommt hinzu, dass der in § 29 Abs. 1 BtMG a. F. bestimmte Normalstrafrahmen geringer ist als derjenige, den § 29 a Abs. 2 BtMG n. F. für minder schwere Fälle vorsieht (*BGH* StV 1993, 364; *BGH*, Beschl. v. 7. 9. 1993, 1 StR 491/93). Lag die **Tathandlung zeitlich früher,** so wendet das Gericht daher zu Recht das mildere Tatzeitrecht (§ 2 Abs. 3 StGB) in der Form des **§ 29 Abs. 3 Nr. 4 BtMG a. F.** an (*BGH* NStZ 1994, 39).

B. Zweck der Vorschrift

38   Die Heraufstufung des Umgangs mit nicht geringen Betäubungsmittelmengen vom besonders schweren Fall des § 29 Abs. 3 Nr. 3 BtMG a. F. zu einem Verbrechenstatbestand beseitigt die unterschiedliche Einstufung von Handeltreiben und Einfuhr von nicht geringen Mengen von Betäubungsmitteln und **fördert eine einheitliche Rechtsprechung** zum **Tatbestandsmerkmal der nicht geringen Menge.** Die Vorschrift soll jede größere Ansammlung von Betäubungsmitteln mit erhöhter Strafe bedrohen. Diese Vorschrift soll zwar vor allem dem Drogengroßhändler und Rauschgiftlager, aber auch der Prolongierung des Drogenkonsums durch Vorratshaltung, der Betäubungsmittelsammelbestellung und der gemeinsamen Betäubungsmittellagerung von Fixergemeinschaften Einhalt gebieten. Denn **jede Ansammlung von Betäubungsmitteln potenziert die dem Rauschgift innewohnenden Gefahren** und führt Drogenhändler wie Drogenkonsumenten in besondere Versuchung, die Betäubungsmittel insgesamt oder teilweise an Dritte weiterzugeben. So wie Banken, Warenhauskassen und Lohnbuchhaltungen wegen der dortigen Geldansammlungen Diebe und Räuber anziehen, ziehen legale wie illegale Drogenlager Konsumenten und Dealer der umliegenden Rauschgiftszene an. Illegale Drogenansammlungen bedeuten kriminalpolitisch, unabhängig von der Verwendungsabsicht des Besitzers, besondere Gefahrenherde für die Volksgesundheit. Die Menge der Betäubungsmittel ist deshalb im Rahmen der Strafzumessung **ein besonders wichtiger Strafzumessungsgrund unter vielen.** Die Vorschrift soll aber auch **dem ertappten Rauschgifthändler** nach Entdeckung des Warenlagers **die Berufung auf angebliche Eigenverbrauchsvorräte abschneiden.** Dies ist eine wichtige Funktion dieser Vorschrift. Nicht selten schweigen der Rauschgifthändler und seine Kundschaft in der Hauptverhandlung oder ein Dealer behauptet in der Hauptverhandlung, dass er zur Tatzeit süchtig gewesen sei und dass die sichergestellten Stoffe sein Drogenvorrat seien.

39   Bereits bei der Novellierung des OpiumG wollte der Gesetzgeber mit Strafverschärfungen des besonders schweren Falles des § 11 Abs. 4 BtMG 1972 ein wirkungsvolles Werkzeug zur **Eindämmung der Rauschgiftsucht und Bekämpfung des illegalen Rauschgifthandels** schaffen. Nach der amtlichen Begründung des BtMG 1972 sollten insbesondere die illegalen Rauschgifthändler, „die gewissenlos am Unglück der anderen profitieren", die häufig gewerbsmäßig und bandenmäßig international zusammenarbeiten, die ganze Härte des Gesetzes erfahren. Die Erfahrung zeigt nun, dass Drogenhändler im Hinblick auf den hohen Profit und die relativ niedrige Entdeckungsquote im Rahmen mehrmaliger Tatausführung selbst eine Festnahme und eine Entlassung nach Verbüßung von $^2/_3$ einer mehrjährigen Freiheitsstrafe in ihre „Gewinn-Verlustrechnung" mit einkalkulierten und selbst bei einem teilweisen Scheitern ihrer Geschäfte bei der Gesamtbilanz dennoch einen hohen Gewinn erzielten (*Körner* ZRP 1980, 57). Nachdem die Exekutive durch erhebliche Verstärkung von Personal und Ausrüstung der Rauschgiftfahndung das Entdeckungsrisiko erhöht hatte, wollte der Gesetzgeber des BtMG 1982 das Geschäftsrisiko erhöhen und die Gewinn- und Verlustrechnung der Drogenhändler so weit als möglich beeinträchtigen und insbesondere grenzüberschreitende internationale Dealer und Rauschgifthändlerorganisationen empfindlich treffen. Im BtMG 1982 stellte die nicht geringe Menge in § 29 Abs. 3 Nr. 4 BtMG eine Strafzumessungsregel und in dem Verbrechenstatbestand des § 30 Abs. 1 Nr. 4 BtMG (Einfuhr von nicht geringen Mengen von Betäubungsmitteln) ein Tatbestandsmerkmal dar.

C. Fallzahlen

I. PKS

40   Die PKS weist für die Jahre 2004 bis 2009 folgende Fallzahlen von Delikten nach § 29a Abs. 1 Nr. 2 BtMG auf (Quelle: www.bka.de):

Jahr	2004	2005	2006	2007	2008	2009	2010
Rauschgiftdelikte insgesamt	283.708	276.740	255.019	248.355	239.951	235.842	231.007
§29a Abs. 1 Nr. 2 BtMG Davon:	3.150	5.474	6.379	7.749	8.937	9.872	9.936
Abgabe und Besitz in nicht geringer Menge						2.162	2.027
Handeltreiben in nicht geringer Menge						7.421	7.614
Herstellung in nicht geringer Menge						289	295

II. Strafverfolgungsstatistik

Die **Strafverfolgungsstatistik** für Abgeurteilte und Verurteilte wegen Versto- 41
ßes gegen §29a Abs. 1 Nr. 2 BtMG für die Jahre 2003 bis 2009 sieht wie folgt aus
(Quelle: *Statistisches Bundesamt*):

Jahr	2003	2004	2005	2006	2007	2008	2009
Straftaten nach dem BtMG insgesamt	53.988	57.325	58.630	58.892	48.363	68.519	67.025
§29a Abs. 1 Nr. 2 BtMG	5.345	5.585	5.861	6.103	5.757	6.728	6.528

D. Objektiver Tatbestand

I. Betäubungsmittel

Aus dem Wortlaut, der Gesetzessystematik und dem Zweck der Vorschrift des 42
§29 BtMG ergibt sich, dass hier nur schwerwiegende Umgangsformen mit **echten Betäubungsmitteln** erfasst werden sollen. Ansonsten hätte man den §29
Abs. 6 BtMG als Nr. 15 des §29 Abs. 1 BtMG aufzählen können. Auch wenn die
Abgabe oder der Verkauf von **Betäubungsmittelimitaten** an Drogensüchtige in
nicht geringen Mengen im Einzelfall gefährlicher sein kann als die Abgabe von
nicht geringen Mengen echter Betäubungsmittel, ist der Handel mit nicht geringen
Mengen von Betäubungsmittelimitaten kein Fall i. S. d. §29a BtMG (*BGH* NStZ
1994, 441). Ein Täter, der jedoch nicht geringe Mengen von echten Betäubungsmitteln zum Weiterverkauf anbietet oder erwirbt, obwohl tatsächlich nur Betäubungsmittelimitate zur Verfügung stehen, macht sich wegen Handeltreibens mit
nicht geringen Mengen von Betäubungsmittelimitaten strafbar (*BGH* NStZ 2000, 95
m. Anm. *Körner* = StV 1999, 432). §29a BtMG unterscheidet auch nicht zwischen Betäubungsmittelarten, insb. nicht zwischen „**weichen" und harten Drogen.**

II. Tatbegehungsweisen

§29a Abs. 1 Nr. 2 BtMG zählt als strafbare Tathandlungen nur das unerlaubte 43
Handeltreiben, Herstellen, Abgeben und **Besitzen** auf. Die nicht erwähnten
Begehungsweisen des **Erwerbs** und des **Anbaus** von Betäubungsmitteln in nicht
geringer Menge zum Eigenkonsum unterfallen dem Besitz.

44   **1. Handeltreiben mit Betäubungsmitteln in nicht geringer Menge.** § 29a Abs. 1 Nr. 2 BtMG bedroht insb. die Drogengroßhändler, die erhebliche Betäubungsmittelmengen besitzen, mit ihren illegalen **Großhandelsgeschäften** große Umsätze erzielen und mit ihren **Drogenlagern immense Gefahren schaffen.** Auch der illegale Handel mit nicht geringen Mengen von Betäubungsmitteln ist ein Erklärungsdelikt, dessen **Vollendung bereits mit der ernsthaften und verbindlichen An- oder Verkaufserklärung eintritt,** unabhängig, ob die Ware **schon, später** oder **nie geliefert wird.** § 29a Abs. 1 Nr. 2 BtMG liegt kein anderer Begriff des Handeltreibens zugrunde als dem § 29 Abs. 1 S. 1 Nr. 1 BtMG (s. dazu § 29/Teil 4, Rn. 24). Für die Tatbestandsverwirklichung kommt es entscheidend auf die Vorstellung des Täters von den zu liefernden Betäubungsmitteln nach Art, Menge und Qualität bei seiner einseitigen verbindlichen Vertragserklärung oder bei der getroffenen Abrede an und nicht auf die tatsächliche spätere Lieferung der Betäubungsmittel. Auch der **besitzlose Handel** mit nicht geringen Mengen unterfällt dem § 29a Abs. 1 Nr. 2 BtMG (s. § 29/Teil 4, Rn. 25). Gleiches gilt für den **Erwerb von nicht geringen Mengen von Betäubungsmitteln zur gewinnbringenden Weiterveräußerung,** selbst wenn die bestellte Ware nicht angeliefert wird (*BGH* NJW 1999, 2683 = StV 1999, 432).

45   Auch wenn die Grenzwerte der nicht geringen Menge für die einzelnen Betäubungsmittel vom *BGH* nach tatsächlich vorhandenen Mengen bestimmt worden sind (s. dazu Rn. 51 ff.), können die Grenzwerte auch Maßstab für **die von der Vorstellung des Täters umfasste Art, Menge und Güte** des zu liefernden Stoffes sein. Der Verbrechenstatbestand des § 29a BtMG ist nämlich auch erfüllt, wenn der Täter **sich ernsthaft zu einer Bestellung einer nicht geringen Menge von Betäubungsmitteln zum Weiterverkauf oder zu einer Lieferung einer nicht geringen Menge von Betäubungsmitteln verpflichtet,** obwohl die zur Verfügung stehende, die angekündigte, die erst später oder nie gelieferte Ware **in Wirklichkeit nur ein Betäubungsmittelimitat** darstellt. Das bereits vollendete Handeltreiben mit nicht geringen Mengen von Betäubungsmitteln kann nicht dadurch wieder in das Stadium des untauglichen Versuchs zurückversetzt werden, dass im Vollzug des schuldrechtlichen Geschäftes ein vom Erwerber für echt gehaltenes Betäubungsmittel als Imitat geliefert wird (*BGH* NStZ 1994, 441; *BGH* NJW 1999, 2683 = StV 1999, 432).

46   **2. Herstellung von Betäubungsmitteln in nicht geringer Menge.** In § 29a Abs. 1 Nr. 2 BtMG wird über den § 29 Abs. 3 S. 2 Nr. 4 BtMG a. F. hinausgehend das **Herstellen** einbezogen. Das Herstellen von Betäubungsmitteln in größerem Umfang enthält ein derartiges Gefährdungspotential, dass die Einbeziehung in den Tatbestand gerechtfertigt war. Der Gesetzgeber entsprach insoweit dem Trend, dass in Deutschland in zunehmendem Maße Laboratorien zur Herstellung synthetischer Drogen entdeckt wurden.

47   **3. Abgabe von Betäubungsmitteln in nicht geringer Menge.** Auch die **uneigennützige Abgabe** nicht geringer Mengen von Betäubungsmitteln fällt unter den Verbrechenstatbestand.

48   Da die **Veräußerung** eine besondere Form des Regelbeispiels der Abgabe darstellt, wird auch sie durch § 29a BtMG erfasst (BGHSt. 37, 147 = NStZ 1991, 89 m. Anm. *Schoreit-Bartner* = StV 1990, 548; BGHSt. 42, 162 = NStZ 1996, 604 = StV 1996, 668; *BGH,* Beschl. v. 21. 2. 2001, 2 StR 16/01).

49   Das bloße **sonstige Inverkehrbringen** von Betäubungsmitteln in nicht geringer Menge wird von § 29a BtMG nicht erfasst, es sei denn, es war eine eigennützige Umsatzförderung gerichtet und ist deshalb als ein selbstständiger Teil des Handeltreibens zu werten (*BGH,* Beschl. v. 12. 9. 1991, 4 StR 418/91) oder der Besitz nicht geringer Mengen von Betäubungsmitteln verbleibt subsidiär.

50   **4. Besitz von Betäubungsmitteln in nicht geringer Menge.** Der Besitz i. S. d. § 29a Abs. 1 Nr. 2 BtMG ist wie auch bei § 29 Abs. 1 S. 1 Nr. 3 BtMG als **ein tatsächliches Innehaben eines tatsächlichen Herrschaftsverhältnisses**

mit Besitzwillen, der darauf gerichtet ist, sich die Möglichkeit ungehinderter Einwirkung auf die Sache zu erhalten, zu verstehen (s. dazu § 29/Teil 13, Rn. 15 ff.). Ob beim Besitz sukzessiv erworbener Betäubungsmitteln zum Eigenverbrauch ein Verbrechen i. S. d. § 29a BtMG vorliegt, richtet sich danach, ob die fortgesetzt erworbenen Teilmengen beim Erwerber **zu einem einheitlichen Gesamtvorrat zusammengeflossen** sind, ob er also eine nicht geringe Menge von Betäubungsmitteln gleichzeitig besessen hat (*BGH* MDR 1982, 426; *BGH*, Beschl. v. 18. 8. 1992, 1 StR 519/92; *BGH* NStZ 1982, 163; MK-StGB/*Rahlf* § 29a Rn. 59).

III. Nicht geringe Menge

Im BtMG ist der unbestimmte Begriff der nicht geringen Menge ebenso wenig **51** definiert wie der unbestimmte Begriff der geringen Menge (zu den verschiedenen Mengenbegriffen s. auch § 31a Rn. 21). Maßgeblich ist nach der Rspr. des *BGH* nicht die Gewichtsmenge eines Betäubungsmittels, sondern der jeweilige Wirkstoffgehalt, wie sich aus Folgendem ergibt (zur Bestimmung des Wirkstoffgehalts bei sichergestellten Betäubungsmitteln s. Rn. 179 ff.; zur Bestimmung desselben bei nicht sichergestellten Betäubungsmitteln s. Rn. 194 ff.):

1. Festlegung der Grenzwerte der nicht geringen Menge durch die Ge- 52 richte. a) Ältere Rspr. des BGH. In § 11 Abs. 4 Nr. 5 BtMG 1972 und § 29 Abs. 3 S. 2 Nr. 4 BtMG a. F. war die nicht geringe Menge lediglich Merkmal einer **Strafzumessungsregel**, die dem Tatrichter einen erheblichen Ermessensspielraum überließ. Nach der Leitentscheidung des *BGH* (BGHSt. 26, 355) ist die nicht geringe Menge unter Berücksichtigung eines angemessenen Abstandes zur geringen Menge zu bestimmen, wobei alle Umstände des Einzelfalls herauszufinden sind. Die Grenzziehung wurde der tatrichterlichen Würdigung überlassen (*BGH* NStZ 1981, 225; *BGH* NStZ 1982, 425; *BGH* NStZ 1983, 124).

b) Neuere Rspr. des BGH. Da die **nicht geringe Menge** in § 29a, § 30 **53** Abs. 1 Nr. 4 und § 30a Abs. 1, Abs. 2 Nr. 2 BtMG nun einheitlich **Tatbestandsmerkmal** ist, für das der Bestimmtheitsgrundsatz (Art. 103 Abs. 2 GG; § 1 StGB) eine Präzisierung gebietet (vgl. BVerfGE 57, 250), kann der Tatrichter nicht mehr unter Würdigung aller in Betracht kommenden Umstände die nicht geringe Menge ermitteln. Das Gericht verfügt zur Ausfüllung dieses unbestimmten Rechtsbegriffes über keinen Ermessensspielraum mehr, sondern nur noch über einen **engeren Beurteilungsspielraum**. Bei §§ 29a, 30, 30a BtMG müssen **Rechtsanwendende und Rechtsunterworfene wissen, von welcher Quantität ab die nicht geringe Menge i. S. v. § 29a, § 30 Abs. 1 Nr. 4, 30a Abs. 1, Abs. 2 Nr. 2 BtMG in jedem Falle beginnt** (BGHSt. 32, 162 = NStZ 1984, 221 m. Anm. *Körner* = StV 1984, 27, 155 m. Anm. *Endriß*; *BGH* StV 1994, 486). Die *BGH*-Rspr. hat zunächst nur zögernd mit der Bestimmung des Tatbestandsmerkmals der nicht geringen Menge begonnen (BGHSt. 31, 163 = NStZ 1983, 174 = StV 1983, 63). Bei seinen Entscheidungen zog der *BGH* Kriterien, die im Rahmen der Strafzumessungsregel des § 11 Abs. 4 Nr. 5 BtMG a. F. bzw. 29 Abs. 3 BtMG a. F. entwickelt worden waren, zur Abgrenzung der nicht geringen Menge heran. Aufgrund der unterschiedlichen Beschaffenheit, Wirkungsweise und Gefährlichkeit der Betäubungsmittel konnte die nicht geringe Menge nicht für alle Betäubungsmittel einheitlich festgelegt werden. Vielmehr musste bei den einzelnen Betäubungsmittelarten unter Berücksichtigung der Konsumgewohnheiten differenziert werden.

Bei der **Festlegung der Grenzwerte** stellte der *BGH* nicht auf die Gewichts- **54** menge des Betäubungsmittelgemisches, sondern auf die **Wirkstoffmenge** ab (BGHSt. 33, 8 = NStZ 1984, 556 = StV 1984, 466; BGHSt. 42, 262 = NJW 1997, 81 m. Anm. *Schreiber* = NStZ 1997, 132 m. Anm. *Cassardt*). In einem zweistufigen Verfahren wird die nicht geringe Menge durch ein **Vielfaches der zum Erreichen eines Rauschzustandes erforderlichen Wirkstoffmenge** bestimmt, durch das **Produkt der üblichen Konsumeinheit und einer an der Gefährlichkeit orientierten Maßzahl.** Bei der Gesamtbetrachtung berücksichtigt der *BGH* nicht nur die diesem Stoff innewohnenden, pharmakologischen Wirkungen auf den Menschen wie Beschaffenheit, Wirkungsweise und Gefährlichkeit, sondern auch das Umfeld, in dem der Konsum typischerweise erfolgt. Die Konsumgewohnheiten werden sowohl bei Bestimmung der Konsumeinheit (BGHSt. 32, 162 = NStZ 1984, 221 m. Anm. *Körner* = StV 1984, 27, 155 m. Anm. *Endriß*; BGHSt. 33, 8 = NStZ 1984, 556 = StV 1984, 466; BGHSt. 35, 179 = NStZ 1988, 462 = StV 1988, 107), als auch bei der Gefährlichkeitseinschätzung und Festlegung des Multiplikators (BGHSt. 42, 255 = NJW 1997, 81 m. Anm. *Schreiber* = NStZ 1997, 132 m. Anm. *Cassardt*) berücksichtigt. Die Entscheidungen des *BGH* wurden belegt durch **sachverständige Voten von Toxikologen** vorwiegend von kriminaltechnischen Instituten von Bund und Ländern. Die vom *BGH* festgelegten Grenzwerte sind praktikabel und werden allgemein akzeptiert (vgl. *Megges / Steinke / Wasilewski* NStZ 1985, 163 ff.; *Fritschi / Megges / Steinke* NStZ 1991, 470 ff.).

55　　**c) Die einzelnen Grenzwerte im Überblick.** Inzwischen haben der *BGH* oder die Instanzgerichte für die meisten Betäubungsmittelarten Grenzwerte der nicht geringen Menge festgelegt. Für die übrigen Betäubungsmittel haben die Toxikologen Grenzwerte errechnet.

Betäubungsmittel	Nicht geringe Menge	Bestimmt durch	s. dazu Rn.
Alprazolam	240 mg (60 KE à 4 mg)	BGH	62
Amphetamin	10 g Amphetaminbase (200 KE à 50 mg)	BGH	59
Buprenorphin	450 mg Buprenorphin-hydrochlorid	BGH	63
Cannabisprodukte	7,5 g THC (500 KE à 15 mg)	BGH	64
Cathinon	30 mg	BGH	70
Clonazepam	480 mg (60 KE à 8 mg)	BGH	62
Codein	15 g Codeinphosphat (30 KE à 500 mg)	SV-Vorschlag	71
Crack	5 g Kokainhydrochlorid	OLG Frankfurt	78
DOB	300 mg DOB-Base (120 KE à 2,5 mg)	SV-Vorschlag	72
DOM	600 mg DOM-Base (120 KE à 5 mg)	SV-Vorschlag	73
Diazepam	2.400 mg (60 KE à 40 mg)	BGH	62
Fenetyllin	40 g Fenetyllinbase (200 KE à 200 mg)	SV-Vorschlag	74
GHB	200 g Natrium-γ-Hydroxy-Buterat	LG Würzburg	75
Heroin	1,5 g Heroinhydrochlorid (30 KE à 50 mg)	BGH	76
JWH-018	1,75 g (350 KE à 5 mg)	LG Ulm	77 a

Betäubungsmittel	Nicht geringe Menge	Bestimmt durch	s. dazu Rn.
Kokain	5 g Kokainhydrochlorid	BGH	78
Levomethadon	3 g Levomethadonhydro-chlorid	LG Freiburg	82
Lorazepam	480 mg (60 KE à 8 mg)	BGH	62
Lormetazepam	360 mg (60 KE à 6 mg)	BGH	62
LSD	6 mg Wirkstoff (120 LSD-Trips à 50 µg), jedenfalls bei 300 Trips	BGH	81
Methadon	6 g razematisches Metha-donhydrochlorid	LG Freiburg	82
Methamphetamin	5 g Methamphetaminbase	BGH	83
Methaqualon	500 g	SV-Vorschlag	84
Methylaminorex	10 g Methylaminorexbase	LG Braunschweig	85
m-CPP	30 g m-CPP-Base	LG Dresden, LG Freiburg	86
MDA/MDE/MDMA	jeweils 30 g MDA-, MDE- bzw. MDMA-Base	BGH	87
Midazolam	1.800 mg (60 KE à 30 mg)	BGH	62
Morphin	4,5 g Morphinhydrochlorid (45 KE à 100 mg)	BGH	91
Opium	6 g Morphinhyrochlorid	OLG Köln	92
Oxazepam	7.200 mg (60 KE à 120 mg)	BGH	62
Pethidin	20 g Pethidinhydrochlorid		94
Psilocin/Psilocybin	1,2 g Psilocin/ 1,7 g Psilocybin	BayObLG	95
Temazepam	4.800 mg (60 KE à 80 mg)	BGH	62
Tetrazepam	4.800 mg (60 KE à 80 mg)	BGH	62
Triazolam	120 mg (60 KE à 2 mg)	BGH	62
Zolpidem	4.800 mg (60 KE à 80 mg)	BGH	96
Verschiedene Betäubungsmittel			97

d) Kritik an der BGH-Rspr. Das **Land Baden-Württemberg** hatte mit ei- 56 nem Gesetzentwurf v. 29. 1. 1992 (BR-Drs. 65/92) die höchstrichterliche Rspr. des *BGH* und die Justizpraxis im Umgang mit nicht geringen Mengen von Betäubungsmitteln kritisiert: Am Wirkstoffgehalt orientiere sich der Verbrechenstatbestand, die Strafzumessung und die Beurteilung der Haftfrage. Diese Verfahrensweise führe auch zu erheblichen Beweisschwierigkeiten, wenn das Rauschgift nicht sichergestellt werden konnte. Auch werde die kriminelle Energie des Täters, seine Gewinnsucht, sein eventuell kalkuliertes Strafrisiko zur unzureichend berücksichtigt. **Die „Szene" denke nicht in Wirkstoffmengen, sondern in realen Gewichtsmengen,** hinsichtlich der Wirkstoffmengen werde sich der Täter allenfalls am Rande Gedanken machen. Außerdem unterliege der Wirkstoffgehalt oft nicht der Kontrolle der Täter, es sei denn, die Täter versuchen selbst, durch „**Strecken**" die Gewinnspanne zu erhöhen. Diese **Täter maximierten ihre Gewinne, während sich ihre Strafrisiken mindern können, da der Wirkstoffgehalt gesenkt werde** (dies ist ein Widerspruch in sich, da sich ja die Menge vergrößert, was zu einer höheren Bestrafung führen soll). Andererseits werde der Täter begünstigt, der eine große Gewichtsmenge veräußere, wenn sich später bei der Untersuchung ergebe, dass eine nicht geringe Menge doch nicht vorliege. Der unbestimmte Rechtsbegriff sei im Hinblick auf den Bestimmtheitsgrundsatz gesetzlich zu definieren. Die Rechtsprechung zum Wirkstoffgehalt und zur Wirkstoffmenge führe in der Praxis zu **Beweisschwierigkeiten** und zu **Verfahrensverzögerungen**. Die Wirkstoffmenge lasse sich bei bereits konsumierten Betäubungsmitteln nicht mehr feststellen. Nach allem seien nur Gewichtsmengen festzulegen, die sich in einer neuen Anlage IV niederschlagen sollten. Folgende Gewichtsmengen wurden als Grenzwerte vorgeschlagen:

Amphetamin	10 g
Cannabis (Marihuana)	300 g
Cannabisharz (Haschisch)	100 g
Cocablätter	300 g
Cocain	10 g
Diamorphin (Heroin)	10 g
Dimethoxybromamphetamin (DOB)	30 Handelseinheiten
Dimethoxymethylamphetamin (DOM)	30 Handelseinheiten
Dimethyltryptamin (DMT)	15 g
Fenetyllin	20 g
Levomethadon	5 g
Lysergid (LSD)	30 Handelseinheiten
Mescalin	15 g
Methadon	10 g
Methamphetamin	10 g
Methylendioxyamphetamin (MDA)	12 g
Methylendioxyethylamphetamin (MDE)	15 g
Methylendioxymethamphetamin (MDMA)	15 g
Morphin – N – oxid	10 g
Opium	30 g
Phencyclidin	5 g
Tetrahydrocannabinol	7,5 g

Die Gesetzesinitiative fand jedoch keine Mehrheit.

57   *Steinke* (ZRP 1992, 414) hat diesen Gesetzesentwurf kommentiert und auf eine Reihe von Unrichtigkeiten hingewiesen: Es sei in der Tat nicht richtig, dass die „Szene" in realen Gewichtsmengen denke und nicht in Wirkstoffmengen. **Die Qualität bestimmte den Preis,** und für diesen sei allein der Reinheitsgrad, also der Wirkstoffgehalt, maßgeblich. **Entscheidend für den Täter sei** nicht das Gewicht, sondern die Frage, **wie viele Konsumeinheiten aus dem Stoff zu**

produzieren seien. Sind zum Beispiel 99% eines Stoffes, der als Heroin deklariert wird, Streckmittel und nur 1% Heroin, so lasse sich in der Tat schon darüber streiten, ob es sich bei der Substanz noch um Heroin handele, und das lasse sich doch wohl nicht durch Wägung, sondern **allein durch eine exakte chemische Analyse** feststellen. Vordringlich sei die Klärung der Frage der Identifizierung einer Substanz bzw. ihrer Zubereitung. Man werde nicht umhin können, analytische Verfahren festzulegen, deren Nachweisgrenze dann die Betäubungsmitteleigenschaft eines Stoffes definiere. Natürlich unterliege der Wirkstoffgehalt nicht der Kontrolle des Täters. Für die Strafbarkeit sei doch nicht entscheidend, ob der Täter eine Kontrolle über die Eigenschaft eines Wertgegenstandes habe oder nicht. Es sei auch nicht richtig, dass der Täter, der einen bestimmten Stoff strecke, in Zukunft bei der Wägung begünstigt werde, wenn er den Stoff strecke. Im Gegenteil: Werde ein Wirkstoffgehalt einer „geringen Menge" derart gestreckt, dass der vorgeschlagene Mengenwert überschritten werde, so würde der Täter zu Unrecht wegen Besitzes einer nicht geringen Menge bestraft.

Die insb. von *Kreuzer* immer wiederholte Kritik an der **juristischen Mengen-** **58** **lehre im BtMG** und der **Gefahr einer Strafverunzung** (s. *Kreuzer* DRiZ 1991, 173; *ders.* in HdBtMR, § 4 Rn. 249; *ders./Hoffmann* StV 2000, 84) stellt ein notwendiges Übel dar und wird durch eine ausreichende Gesamtwürdigung ausgeräumt.

2. Nicht geringe Menge von Amphetamin. Der *BGH* legte die nicht ge- **59** ringe Menge von Amphetamin im Gegensatz zu Heroin und Kokain bei einer **Wirkstoffmenge von 10 g Amphetaminbase (= 200 Dosen à 50 mg Wirkstoff)** fest und hält als Amphetaminhydrochlorid (BGHSt. 33, 169 = NStZ 1986, 33 m. Anm. *Eberth* = StV 1985, 280; vgl. auch BGHSt. 53, 89 = NJW 2009, 863 = StV 2009, 360 m. Anm. *Patzak* Sucht 2009, 30; vgl. auch *Megges/Steinke/Wasilewski* NStZ 1985, 163).

Zunächst wurde die Entscheidung des *BGH* v. 18. 12. 2002, 1 StR 340/02 **60** (NStZ-RR 2003, 124 = StV 2003, 281), dahin verstanden, dass im Interesse einer allgemeinen und leichteren Handhabbarkeit aller Amphetaminprodukte die **nicht geringe Menge** auch **von Amphetamin** von 10 g auf 30 g Wirkstoff heraufgesetzt werden sollte. Nachdem der 4. Strafsenat des *BGH* in dem Urt. v. 28. 10. 2004, 4 StR 59/04, bei der Errechnung der nicht geringen Menge von Cathinon, nämlich der dreifachen Menge von Amphetamin, wieder auf die alte *BGH*-Entscheidung v. 11. 4. 1985, 1 StR 507/84, mit 10 g Wirkstoff zurückgriff, wurde deutlich, dass sich der Grenzwert von 10 g Wirkstoff nicht verändert hatte (BGHSt. 49, 306 = NJW 2005, 163). Die Erwähnung des Amphetamin auf S. 4 des BGH-Urteils v. 18. 12. 2002, 1 StR 340/02 (NStZ-RR 2003, 124 = StV 2003, 281) im Rahmen der Aufzählung der Amphetaminderivate und des einheitlichen Grenzwertes von 30 g war offensichtlich ein Redaktionsversehen.

Amphetamine liegen meistens als Sulfate vor. Die nicht geringe Menge einer **61** Amphetaminzubereitung wird nämlich aber nicht nach dem wasserlöslichen **Amphetaminsulfat, sondern nach** der geringeren **Amphetaminbasemenge** bestimmt (BGHR BtMG § 29 a Abs. 1 Nr. 1 Schuldumfang 4 [3 StR 200/90]). Wird Amphetaminsulfat sichergestellt, muss deshalb der Basengehalt ermittelt werden. In BGHSt. 33, 169 = NJW 1985, 2773 enthielten 130 g Amphetaminsulfat 55 g Amphetaminbase, wobei die Teilmengen einen Basengehalt von 30,7–44% aufwiesen. Lastet eine Strafkammer bei 1.318 g Amphetaminsulfat dem Angeklagten eine mehr als 130-fache nicht geringe Menge an, so ist der Schuldumfang fehlerhaft, da das Amphetaminsulfat mit der Amphetaminbase verwechselt und die **Umrechnung auf Base** versäumt wurde (*BGH*, Beschl. v. 10. 8. 1990, 2 StR 352/90).

3. Nicht geringe Menge bei Benzodiazepinen. Die zu den Benzodiazepi- **62** nen zählenden Wirkstoffe sind regelmäßig ausgenommene Zubereitungen, für die betäubungsmittelrechtliche Vorschriften nicht, solange bestimmte Wirkstoffgehalte nicht überschritten werden (s. dazu § 2 Rn. 47 ff.). Die Ausnahme gilt nach dem letzten Spiegelstrich in Anl. III, lit. b, aber nicht für die Ein-, Aus- und Durchfuhr dieser Stoffe, so dass diese Verkehrsformen strafbewehrt sind. Da auch nur diese Tathandlungen in Anl. III, letzter Spiegelstrich, lit. b, genannt sind, ist der Angekl. wegen Ein-, Aus- oder Durchfuhr zu verurteilen, selbst wenn die Tat ein Teilakt des Handeltreibens ist (BGHSt. 56, 52 = NStZ-RR 2011, 119 = StraFo 2011, 105 m. krit. Anm. *Kotz* NStZ 2011, 461). Folgende vom *BGH* festgelegte Grenzwerte der nicht geringen Menge bei Benzodiazepinen spielen daher nur bei der Einfuhr von Betäubungsmitteln in nicht geringer Menge gem. § 30 Abs. 1 Nr. 4 BtMG eine Rolle (*BGH* NStZ-RR 2011, 119 = StraFo 2011, 105):

– Diazepam: 2.400 mg (60 Konsumeinheiten zu je 40 mg),
– Alprazolam: 240 mg (60 Konsumeinheiten zu je 4 mg),
– Clonazepam: 480 mg (60 Konsumeinheiten zu je 8 mg),
– Lorazepam: 480 mg (60 Konsumeinheiten zu je 8 mg),
– Lormetazepam: 360 mg (60 Konsumeinheiten zu je 6 mg),
– Midazolam: 1.800 mg (60 Konsumeinheiten zu je 30 mg),
– Oxazepam: 7.200 mg (60 Konsumeinheiten zu je 120 mg),
– Temazepam: 4.800 mg (60 Konsumeinheiten zu je 80 mg),
– Tetrazolam: 4.800 mg (60 Konsumeinheiten zu je 80 mg),
– Triazolam: 120 mg (60 Konsumeinheiten zu je 2 mg).

63   **4. Nicht geringe Menge bei Buprenorphin.** Die nicht geringe Menge bei Buprenorphin beginnt bei 450 mg Buprenorphinhydrochlorid oder bei Umrechnung 416,67 mg Buprenorphin (BGHSt. 51, 318 = NJW 2007, 2054 = StV 2008, 22).

64   **5. Nicht geringe Menge bei Cannabisprodukten. a) Grenzwert.** Bei **Cannabiskraut (Marihuana), Cannabisharz (Haschisch)** oder **Cannabiskonzentrat (Haschischöl)** ist die nicht geringe Menge erfüllt, wenn das Betäubungsmittelgemisch mindestens **500 Konsumeinheiten mit einer Wirkstoffmenge von je 15 mg THC = 7,5 g THC** aufweist (BGHSt. 8, 33 = NStZ 1984, 556 = StV 1984, 466 m. Anm. *Endriß*; BGHSt. 42, 1 = NStZ 1996, 139 = StV 1996, 95 m. Anm. *Körner* NStZ 1996, 193 u. m. Anm. *Böllinger* StV 1996, 95, 317). In Cannabisprodukten ist THC aufgrund der Biogenese (pflanzliche Entstehung) als sog. **freies THC** und latent in Form von **THC-Säuren** (= THCA) enthalten. Die psychotrop unwirksamen THCA werden unter Hitzeeinfluss – z. B. beim Rauchvorgang – durch Decarboxylierung in psychotrop wirksames THC umgewandelt. Es ist deshalb, auch wenn THCA in den Anl. zum BtMG nicht als Betäubungsmittel genannt wird, bei der Bestimmung des Wirkstoffgehaltes von Cannabisharz das bei thermischer Belastung zusätzlich entstehende psychoaktive **Tetrahydrocannabinol (THC)** einzubeziehen (BGHSt. 34, 372 = NStZ 1987, 465 = StV 1987, 391 m. Anm. *Endriß/Logemann* StV 1987, 535). Bis zum heutigen Tag ist der THC-Grenzwert von 7,5 g bei Cannabisprodukten in der Rspr. des *BGH* unverändert geblieben (*BGH* NStZ-RR 2006, 350; a. A. *LG Lübeck* StV 1994, 659 und *Schleswig* NStZ 1995, 451, dessen Vorlage der *BGH* aber nicht gefolgt ist, s. BGHSt. 42, 1 = NStZ 1996, 139 = StV 1996, 95 m. Anm. *Körner* NStZ 1996, 193 u. m. Anm. *Böllinger* StV 1996, 95, 317).

65   **b) Besondere Probleme bei Cannabispflanzen.** Die Feststellung der nicht geringen Menge von **Rauschpflanzen (Cannabispflanzen, Kokablätter, Khat-Pflanzenmaterial, Psilocybinpilze, Rauschkakteen)** ist schwierig, weil das Pflanzenmaterial je nach **Lagerungszeit, Lagerungsort und Lagerungstemperatur rasch verdirbt, vertrocknet, verfault oder verschimmelt,** bevor die Chemiker eingehende Wirkstoffuntersuchungen vornehmen können. Zwar können bestimmte Rauschpflanzen ohne Wirkstoffverlust nach tiefgefroren werden. Der **Wirkstoffgehalt eines Cannabisfeldes** ist aber **unmittelbar nach der Ernte bzw. Sicherstellung zu ermitteln** (*Dresden* NStZ-RR 1999, 373). Große Mengen von Rauschpflanzen bringen aber praktische Probleme bei dem Ernten, dem Abtransport, der Lagerung und der Bewachung. Abgeerntete Schlafmohn- oder Cannabisfelder oder Tonnen-Ladungen von Khat können von der Polizei kaum sachgerecht gelagert und tiefgefroren werden. Zwar müssen nicht alle Pflanzen für die Hauptverhandlung aufbewahrt und untersucht werden. Vielmehr reicht es aus, wenn nach Feststellung des Gesamtgewichts **repräsentative Musterpflan-**

zen aus den verschiedenen Sektoren eines Feldes oder einer Ladung aufbewahrt, tiefgefroren und auf ihren Wirkstoffgehalt untersucht werden (**Mischproben**) und der **mittlere Wirkstoffgehalt** auf das Gesamtgewicht **hochgerechnet** wird (vgl. *München* [*Kotz/Rahlf*] NStZ-RR 2011, 131 f.). Die **Projektgruppe „Probengewinnung" der kriminaltechnischen Einrichtungen des Bundes und der Länder** hat Empfehlungen abgegeben, wie bei der Probengewinnung von Cannabispflanzen vorzugehen ist: Zunächst sollen eine fotografische Dokumentation und eine Zählung der Pflanzen erfolgen. Falls ein Zählung wegen der Größe der Plantage nicht möglich ist, muss die Anzahl der Pflanzen an mindestens zwei verschiedenen Stellen einer Flächeneinheit von 4 m^2 ermittelt und hiermit die Gesamtanzahl hochgerechnet werden. Die Anzahl der zu entnehmenden Pflanzen wird abhängig von der Größe des Cannabisfeldes wie folgt vorgeschlagen: 1 m^2 = 11 Pflanzen, 100 m^2 = 20 Pflanzen, 500 m^2 = 32 Pflanzen, 1.000 m^2 = 42 Pflanzen, 5.000 m^2 = 81 Pflanzen und 10.000 m^2 = 110 Pflanzen.

Zwar wäre es für die Ermittlungsbehörden sehr hilfreich, wenn angesichts der **66** geschilderten Schwierigkeiten mit Rauschpflanzen die nicht geringe Menge mit dem **Gewicht des Pflanzenmaterials** bestimmt werden könnte, zumal auch die Gewichtsmenge eine wesentliche Strafzumessungserwägung darstellt. Die ständige Rspr. bemisst die nicht geringe Menge bislang aber ausschließlich an der **Gefährlichkeit der Wirkstoffmenge**. Hat ein Angeklagter Cannabispflanzen mit einer Gesamtwirkstoffmenge von **12,78 g THC** geerntet und befinden sich noch Pflanzen mit einer Wirkstoffmenge von **4,17 g THC** auf dem Feld, so stellt die Gesamtanbaumenge von 16,95 g THC eine nicht geringe Menge dar (*BGH* NStZ 1990, 285 = StV 1990, 263). Wurden auf einer Fläche von 50 qm 50 Cannabispflanzen angebaut und beschlagnahmt, so stellen die 5,4 kg getrocknetes Pflanzenmaterial mit einer **THC-Menge von 81 g** eine nicht geringe Menge dar (*BayObLG* NStZ 1998, 261 = StV 1998, 81). Wurden 20 kg Cannabispflanzen geerntet und sichergestellt, getrocknet und sortiert zu 650 g mit einem **Wirkstoffgehalt von 11,84 g THC**, so ist dies zwar eine nicht geringe Menge bei der aber zu prüfen ist, ob sie vom Anbauer zu vertreten ist (*Düsseldorf* NStZ 1999, 88). Das *OLG Düsseldorf* (NStZ 1999, 88 = StV 1999, 437) hat jedoch den Besitz nicht geringer Mengen von Cannabispflanzen nach § 29 a Abs. 1 Nr. 2 BtMG bei einem Cannabisanbauer verneint, der nur eine **geringe Anzahl von Pflanzen** anbaute und **sich um die spätere Wachstumsperiode** und **Entwicklung des Wirkstoffgehaltes zur nicht geringen Menge** nicht mehr kümmerte.

c) Besondere Probleme bei Cannabissamen. Die Feststellung der nicht ge- **67** ringen Menge versagt, wenn die beschlagnahmten Säcke mit Cannabissamen noch kein THC enthalten. Das *LG Stuttgart* (Urt. v. 26. 3. 1999, 17 KLs 222 Js 31.697/ 98) hat § 29 a BtMG verneint, weil die sichergestellte Cannabis-Samenmenge zwar eine **nicht geringe Gewichtsmenge,** aber **keine nicht geringe Wirkstoffmenge** darstellte. Unberücksichtigt blieb, ob in diesem Fall angesichts der Besonderheiten der Fälle im Rahmen einer Gesamtschau ein ungeschriebener besonders schwerer Fall nach § 29 Abs. 3 S. 1 BtMG vorlag.

Auch wenn der Cannabissamen selbst kein THC enthält und das THC-Potential **68** sich erst später bei der Aufzucht der Pflanzen je nach Pflege in unterschiedlicher Weise realisiert, kann aber zumindest bedingter Vorsatz bzgl. des Handeltreibens mit einer nicht geringen Menge von Betäubungsmitteln i. S. v. § 29 a Abs. 1 Nr. 2 BtMG angenommen werden, wenn es sich um eine große Anzahl an Samen handelt, die der Täter kontrolliert anpflanzen will.

d) Bestimmung der Bruttogewichtsmenge bei Haschisch ohne Analy- 69 tik. Die **Toxikologen von Bund und Ländern** hatten sich mit der Frage beschäftigt, ob die nicht geringe Menge von Cannabisharz (Haschisch) weiterhin **durch aufwendige gaschromatographische Analytik** bestimmt werden sollte entsprechend der *BGH*-Entscheidung v. 18. 7. 1984 (BGHSt. 33, 4), die auf 7,5 g an verfügbarem Tetrahydrocannabinol (THC) abstellt, oder ob es vertretbar sei, auf aufwändige Analytik zu verzichten und sie **durch einfache Wägung zu erset-**

zen, wie es z.B. die Amerikaner vertreten (vgl. *Fritschi/Megges/Rübsamen/Steinke* NStZ 1991, 470). Der *BGH* nahm aber insb. im Hinblick auf den heutigen Stand der Analysetechnik Abstand von einer hilfsweisen oder ergänzenden Festlegung der nicht geringen Menge Haschisch nach einer Bruttomenge (BGHSt. 42, 1 = NStZ 1996, 139 = StV 1996, 95).

70   **6. Nicht geringe Menge von Cathinon und Khat.** Bei der Pflanzendroge **Khat** handelt es sich um eine weiche Blattdroge, die die Betäubungsmittelwirkstoffe **Cathin** und **Cathinon** enthält. Die übliche Tagesdosis eines Khat-Kauers beträgt 6 Bündel à 50 g = 300 g Blattmaterial. 25 g Khat reichen aus, um 2 Backen zu füllen. Ein Durchschnittskonsument benötigt zur Erzielung eines Rauschzustandes etwa 0,03 g = 30 mg Cathinon. 1 kg Khat-Blätter enthalten ca. 0,1 g Wirkstoff Cathinon. Die Suchtpotenz des Cathinon wird bisweilen mit Marihuana und Koffein verglichen oder mit einem Drittel der Stärke von Amphetamin. Der *BGH* bestimmte die nicht geringe Menge von Cathinon zunächst im Verhältnis zu Amphetamin im Verhältnis 2 : 1, also bei 20 g bzw. 24 g, erhöhte wegen der Besonderheiten des Khat-Konsums jedoch die Schwellenmenge auf **30 g Wirkstoff** (BGHSt. 49, 306 = NStZ 2005, 229 = StV 2005, 273 m. Anm. *Weber* NStZ 2005, 452; so auch *AG Lörrach* StV 2000, 625 m. Anm. *Endriß/Logemann*; a. A. *AG Würzburg*, Urt. v. 12. 4. 1999, 303 Ls 232 Js 23.124/98, das die nicht geringe Menge von Cathinon mit 600 Konsumeinheiten zu je 0,03 g Cathinon = 18 g Cathinonwirkstoff berechnete). Allein die Gewichtsmenge von **60 kg Khatblättern** reicht für die Feststellung einer nicht geringen Menge nicht aus (*AG Aachen* StV 2001, 410). Wegen der **raschen Verderblichkeit und Fäulnis des Khat-Pflanzenmaterials** ist es zulässig, das Pflanzenmaterial zu wiegen und lediglich **repräsentative Pflanzenproben** (Stichproben) zu untersuchen, tiefgekühlt aufzubewahren und den Wirkstoffgehalt unter Berücksichtigung des Zweifelsatzes **auf die Gesamtmenge hochzurechnen.**

71   **7. Nicht geringe Menge von Codein.** Diese dürfte nach Auffassung der toxikologischen Experten bei oralem Konsum bei einer **Wirkstoffmenge von 30 äußerst gefährlichen Dosen à 500 mg = 15 g Codeinphosphat** liegen (*Megges/Steinke/Wasilewski* NStZ 1985, 163). 300 mg Codeinphosphat stellen eine Konsumeinheit dar. Eine entsprechende Gerichtsentscheidung fehlt noch.

72   **8. Nicht geringe Menge von DOB.** Für DOB haben die Toxikologen der kriminaltechnischen Institute eine Grenzmenge von **300 mg (Base, Razemat),** entsprechend **120 Konsumeinheiten zu 2,5 mg** bei peroraler Einnahme, vorgeschlagen (*Fritschi/Rübsamen/Steinke* NStZ 1991, 470; *Weber* § 29 a Rn. 123). Aufgrund der vom *BGH* gewählten einheitlichen Grenzwertbestimmung für alle Amphetaminderivate dürfte der Grenzwert jedoch u. U. überholt sein.

73   **9. Nicht geringe Menge von DOM.** Die Toxikologen der **kriminaltechnischen Institute** haben auf ihrem Symposium **1990 bei DOM** eine Grenzmenge von **600 mg (Base, Razemat), entsprechend 120 Konsumeinheiten zu 5 mg** bei peroraler Einnahme vorgeschlagen (*Fritschi/Rübsamen/Steinke* NStZ 1991, 470; *Weber* § 29 a Rn. 123). Aufgrund der vom *BGH* gewählten einheitlichen Grenzwertbestimmung für alle Amphetaminderivate dürfte der Grenzwert jedoch u. U. überholt sein.

74   **10. Nicht geringe Menge von Fenetyllin.** Die **Toxikologen der kriminaltechnischen Institute** haben auf ihrem Symposium **1990** eine Grenzmenge von **40 g (Base, Razemat),** entsprechend **200 Konsumeinheiten zu 200 mg** bei peroraler Einnahme, errechnet Die Bewertung des Fenetyllins erfolgte in Anlehnung an Amphetamin, das im Stoffwechsel aus Fenetyllin entsteht und eine entsprechende Wirkung entfaltet (*Fritschi/Rübsamen/Steinke* NStZ 1991, 470).

75   **11. Nicht geringe Menge von Gamma-Hydroxy-Buterat (GHB).** Eine Konsumeinheit GHB entspricht einer Menge von 1 g Natrium-γ-Hydroxy-Buterat oder 0,82 g Natrium-γ-Hydroxy-Buttersäure. Die nicht geringe Menge von GHB

liegt bei 200 Konsumeinheiten, also bei **200 g Natrium-γ-Hydroxy-Buterat** (*LG Würzburg*, Urt. v. 13. 1. 2004 – 5 KLs 232 Js 1185/03; *Weber* § 29 a Rn. 101).

12. Nicht geringe Menge von Heroin. Ein Heroingemisch, das mindestens **76** **1,5 g Heroinhydrochlorid** enthält, stellt eine nicht geringe Menge dar, da sich aus dieser Menge **30 äußerst gefährliche Dosen zu je 50 mg** gewinnen lassen (BGHSt. 32, 162 = NStZ 1984, 221 m. Anm. *Körner* = StV 1984, 27 m. Anm. *Endriß* StV 1984, 155; vgl. auch *Megges* NStZ 1985, 163). Der Anteil an Heroinbase ist nicht mit dem Anteil an Heroinhydrochlorid gleichzusetzen. Vielmehr ist jener Wert, um den Anteil an Heroinhydrochlorid zu erhalten, mit dem Faktor (abgerundet) 1,1 zu multiplizieren (vgl. *BGH*, Beschl. v. 20. 8. 1992, 1 StR 404/92).

Bei dem heute auf der Drogenszene sichergestellten Heroin herrscht die basische **77** Form vor. Während vor etwa einigen Jahren dieses Rauschgift vorwiegend als Hydrochlorid und nur zum geringen Teil als Base vorlag, hat sich seitdem die Verteilung in stetiger Entwicklung nahezu umgekehrt. Inzwischen bestehen 4/5 des sichergestellten Heroins aus Heroinbase. Die Ursache für diesen Wandel ist nicht sicher auszumachen. Ein Umsteigen auf das Rauchen aus Furcht vor Aids durch gemeinsam benutzte Injektionsnadeln erscheint plausibel. Das Beispiel des Heroins verdeutlicht, dass die chemische Form eines Rauschmittels keinesfalls für alle Zeiten feststeht. Ein Wechsel ist für die polizeiliche Arbeit von Interesse. Labore entstehen, die aus Salzen Basen herstellen oder möglicherweise umgekehrt aus Basen Salze. Testreagenzien müssen wie im Fall eines Vortests auf Kokain geändert werden, da er für das Hydrochlorid entwickelt wurde und mit der Base fehlerhafte Ergebnisse lieferte. Und schließlich muss im kriminaltechnischen Gutachten der Wirkstoffgehalt bei Heroin, Morphin und Kokain, auch dort, **wo die Stoffe als Basen vorliegen, als Hydrochloride berechnet werden,** weil der *BGH* die „nicht geringe Menge" in dieser Form festgelegt hat (*Rübsamen* NStZ 1991, 310). Heroin-Produkte weisen Wirkstoffgehalte zwischen 1 und 98% auf. Eine Konsumeinheit ist bereits eine äußerst gefährliche Dosis vor.

13. Nicht geringe Menge von JWH-018. Das *LG Ulm* hat die nicht geringe **77a** Menge des Aminoalkylindols JWH-018 sachverständig beraten bei 1,75 g (= 350 Konsumeinheiten à 5 mg) festgelegt (Urt. v. 24. 3. 2011, 1 KLs 22 Js 15896/09). Angesichts der unterschiedlichen Wirkweise der Aminoalkylindole dürfte dieser Grenzwert nicht ohne Weiteres auf andere JWH-Alkylindole zu übertragen sein (s. dazu Stoffe/Teil 1, Rn. 512 ff.; s. auch *Patzak*/*Volkmer* NStZ 2011, 498).

14. Nicht geringe Menge von Kokain/Crack. Nach dem Urteil des 2. Straf- **78** senats des *BGH* v. 1. 2. 1985 ist das Tatbestandsmerkmal der „nicht geringen Menge" erfüllt, wenn der Täter mindestens **150 besonders gefährliche Konsumeinheiten zu 33 mg, insgesamt eine Wirkstoffmenge von 5 g Kokainhydrochlorid** besitzt (BGHSt. 33, 133 = NStZ 1985, 366 = StV 1985, 189). Dies gilt bei **Crack** entsprechend (*Frankfurt* NStZ-RR 2003, 23; *LG Landshut*, Urt. v. 27. 5. 1993, 1 KLs 45/20694/92; *Weber* § 29 a Rn. 91).

Kokain ist der chemischen Natur nach eine Base, die sich durch Hinzufügen **79** von Salzsäure in das Salz Kokainhydrochlorid umwandeln lässt. Umgekehrt kann durch Zusatz bestimmter Reagentien das Salz in die Base umgewandelt werden. Bei solchen Umwandlungen ändert sich die psychotrope Wirkung der Stoffe nicht. Unterschiedlich sind nur Löslichkeit und Flüchtigkeit. Während **Kokainbase** sich **zum Rauchen und Inhalieren** eignet, vermag **Kokainhydrochlorid zum Schnupfen und Injizieren** dienen. Kokainbase, die sich aus Kokainhydrochlorid mit einfachen Chemikalien wie Natriumhydrogencarbonat oder Ammoniak gewinnen lässt, hat unter dem Namen „Crack" einen hohen Bekanntheitsgrad erlangt, wenn auch in Deutschland bisher nur unbedeutende Mengen sichergestellt wurden. Der Anteil der Base am Hydrochlorid beträgt 89,3 Gewichtsprozent, d. h. aus einem Kilogramm Kokainhydrochlorid ergibt sich rechnerisch ein Anteil von 0,89 kg Kokainbase. Dort, wo Kokain als Base vorliegt, muss es als Hydrochlorid berechnet werden, weil der *BGH* die nicht geringe Menge Kokain auf das Hydro-chlorid bezogen hat. Da die chemische Form des Rauschmittels Kokain keinesfalls für alle Zeiten feststeht, leicht umwandelbar ist und Base und Salz gleichermaßen konsumierbar sind, ist eine **sichergestellte Basemenge** durch Multiplikation mit dem Faktor 1.11 in die entspr. **Hydrochloridmenge umzurechnen** und mit der Grenzmenge von 5 g Kokainhydrochlorid des *BGH* zu vergleichen (*Rübsamen* NStZ 1991, 310). **4,5 g Kokainbase** entsprechen **5 g Kokainhydrochlorid.**

80   Im Gegensatz zum Heroin werden Kokainbase und Kokainhydrochlorid mit **hohen Wirkstoffgehalten** (bis zu 98%) gehandelt. Gute Qualität ist aber bereits bei einem Wirkstoffgehalt von 40% gegeben.

81   **15. Nicht geringe Menge von LSD.** Der *BGH* hat abweichend vom *LG Frei-burg* (NStZ 1987, 179 = StV 1987, 109 = 150 Konsumeinh. à 20 Mikrogramm = 3 mg) und vom *LG Trier* (StV 1987, 254 = 400 Dosen mit 7,99 mg Wirkstoff) und nach eingehender Diskussion die nicht geringe Menge von LSD bei Zubereitungen von **Lysergsäurediäthylamid (LSD)** bei einem **Wirkstoffgehalt von 6 mg (120 Dosen à 50 Mikrogramm)** festgelegt (BGHSt. 35, 43 = NStZ 1988, 28 = StV 1987, 436, zust. *Rübsamen* NStZ 1991, 310). **Auch bei 300 LSD–Trips,** deren Wirkstoff mangels Sicherstellung nicht festzustellen war, sei die nicht geringe Menge regelmäßig erfüllt (*BGH* NStZ 1988, 28 m. Anm. *Winkler* = StV 1987, 485).

82   **16. Nicht geringe Menge von Methadon/Levomethadon.** Der *BGH* hat sich bislang abschließend zur nicht geringen Menge von Methadon noch nicht geäußert. Die **Toxikologen der Kriminaltechnischen Institute** haben auf ih-rem Symposium **1990** die Grenzmenge wie folgt errechnet: **1,5 g (Hydrochlo-rid, Razemat), entsprechend 150 Konsumeinheiten zu 10 mg** bei intravenö-ser Verabreichung, wobei sich die geringe Menge Methadon auf die Konsumeinheit von 10 mg des razemischen Gemischs, das nur zur Hälfte die psy-choaktive L-Form enthält, bezieht. Die Spezialisten hielten es aus toxikologischen Gründen für vertretbar, diesen Stoff ungeachtet seiner umstrittenen Bedeutung für die Behandlung Heroinabhängiger dem Heroin gleichzustellen (*Fritschi/Rübsamen/ Steinke* NStZ 1991, 470). Das *LG Karlsruhe* folgte der Empfehlung der Toxikolo-gen von einem Grenzwert von 1,5 g Methadonhydrochlorid, da Methadon als Austauschstoff für Heroin auf die gleiche Stufe gestellt werden müsse (*LG Karlsruhe* NStZ 1993, 345 = StV 1993, 369). Das *OLG Karlsruhe* hob diese Entscheidung mit der zutreffenden Begründung auf, Methadon wirke pharmakologisch anders als Heroin, sei schwächer als Heroin und liege in der Gefährlichkeitsskala zwischen Heroin (Grenzwert 1,5 g) und Morphin (4,5 g). Nach diesen Feststellungen komme eine **Grenzwertfestlegung bei 3 g Methadonhydrochlorid** in Betracht, was mit Hilfe von Sachverständigen zu klären sei (*Karlsruhe* NStZ 1994, 589 = StV 1994, 547 m. Anm. *Endriß/Logemann* NStZ 1995, 195). Das *AG Frankfurt* sah in 5,7 Ampullen L-Polamidon à 5 mg = 2,535 g Methadonhydrochlorid eine nicht geringe Menge (*AG Frankfurt*, Urt. v. 23. 4. 1998, 942 Ls 87 Js 26514.2/97). Das *LG Freiburg* sah eine nicht geringe Menge i. S. d. BGH bei **3 g des Wirkstoffes Levomethadonhydrochlorid** oder bei **6 g** des Wirkstoffes eines **razemischen Methadonhydrochlorids** (*LG Freiburg* NStZ-RR 2005, 323 = StV 2005, 273).

83   **17. Nicht geringe Menge von Methamphetamin.** Der *BGH* hat mit Urt. v. 3. 12. 2008 die nicht geringe Menge auf **5 g Methamphetaminbase** festgelegt (BGHSt. 53, 89 = NJW 2009, 863 = StV 2009, 360 m. Anm. *Patzak* Sucht 2009, 30; zu dem der Entscheidung vorausgehenden Anfragebeschluss s. *BGH* StraFo 2008, 479 = StRR 2008, 403). Er hat damit im Hinblick auf die neueren Erkenntnisse zum hohen Suchtpotential von Methamphetamin sowie zu den erheblichen Ge-sundheitsgefahren den bis dahin geltenden Grenzwert von 30 g, der sich noch an dem Grenzwert für MDE/MDMA/MDA orientierte, herabgesetzt (vgl. hierzu *BGH* NStZ 2002, 267 m. Anm. *Molketin* = StV 2002, 258; *BGH* NStZ-RR 2001, 379; *BGH* NStZ-RR 2003, 124 = StV 2003, 281; zur Kritik am alten Grenz-wert s. *Weber* NStZ 2005, 452; *Winkler* NStZ 2005, 493).

18. Nicht geringe Menge von Methaqualon. Der Grenzwert der nicht ge- **84** ringen Menge bei Methaqualon ist vom *BGH* noch nicht festgelegt worden. Ohne die Grenze zur nicht geringen Menge festzulegen, haben verschiedene Kammern des *LG Frankfurt* (StV 1988, 110) bei 400 Konsumeinheiten à 1,25 g = **500 g Wirkstoff** bzw. bei 400 Konsumeinheiten à 2,5 g = 1.000 g Wirkstoff bzw. eine andere Strafkammer (StV 1988, 344) bei 300 Konsumeinheiten à 200 mg = **60 g Wirkstoff** eine nicht geringe Menge angenommen. *Cassardt* (NStZ 1995, 261) schlägt **250 Konsumeinheiten à 2 g Methaqualonhydrochlorid = 500 g Methaqualonwirkstoff** vor.

19. Nicht geringe Menge von Methylaminorex. Mindestens **10 g Methyl-** **85** **aminorexbase** stellen nach Auffassung des *LG Braunschweig* eine nicht geringe Menge dar (*LG Braunschweig* NStZ 1993, 444). Die Strafkammer legte in Anlehnung an den Grenzwert zu Amphetamin 200 Konsumeinheiten à 50 mg als nicht geringe Menge fest.

20. Nicht geringe Menge von m-CPP. Das *LG Dresden* hat den Grenzwert **86** für m-CPP wegen seiner dem MDMA ähnlichen Struktur bei 30 g m-CPP-Base (= 250 Konsumeinheiten zu je 120 mg) festgelegt (*LG Dresden* BeckRS 2008, 12528; *LG Freiburg* StV 2010, 236; so auch *LG Trier*, Urt. v. 6. 1. 2011, 8031 Js 16179/10.5 Kls). Der toxikologische Sachverständige hatte in dem Verfahren vorgeschlagen, den Grenzwert bei 20 Gramm (= 200 Konsumeinheit zu je 100 mg) anzusetzen. Dem wollte das *LG Dresden* nicht folgen.

21. Nicht geringe Menge von MDE/MDMA/MDA/MDEA. Der *BGH* **87** hat für MDA/MDMA/MDE die Schwellenmenge der sog. nicht geringen Menge einheitlich auf **30 g der jeweiligen Base** bzw. **35 g Hydrochlorid** festgesetzt, orientiert an MDE, dem Amphetaminderivat mit der geringsten Wirkstoffintensität (BGHSt 42, 255 = NStZ 1997, 132 m. Anm. *Cassardt* = StV 1996, 665 [MDE/ MDEA]; *BGH* NStZ 2001, 381 = StV 2001, 407 [MDMA u. MDA]; *BGH* StraFo 2004, 398 [MDA]). Die generelle Festlegung des Grenzwertes der nicht geringen Menge **nach der Menge der sichergestellten Tabletten** (Pillen/Kapseln) für MDMA, MDA und MDE ist wegen der unterschiedlichen Wirkstoffkombinationen und der Schwankungen in den Wirkstoffkonzentrationen der einzelnen als Ecstasy vertriebenen Tabletten **nicht möglich** (BGHSt. 42, 255 = NStZ 1997, 132 = StV 1996, 665; *BGH* StV 1997, 406).

Der *BGH* hat trotz der Unterschiede in der Wirkungsintensität und in der Do- **88** sierung von MDMA, MDA und MDE sich mit seiner Entscheidung v 9. 10. 1996 (BGHSt. 42, 255 = NStZ 1997, 132 m. Anm. *Cassardt* = StV 1996, 665) aus Gründen der praktischen Anwendung für eine einheitliche Maßzahl und eine einheitliche Bestimmung des Grenzwertes für die drei am häufigsten in Ecstasy-Tabletten vorkommenden Wirkstoffe MDMA, MDA und MDE ausgesprochen, da viele Ecstasy-Tabletten Wirkstoffkombinationen dieser drei Wirkstoffe enthalten, ohne dass den Verkäufern und Konsumenten die genaue Wirkstoffzusammensetzung bekannt sei. Mangels sicherer Erkenntnisse zur letalen Dosis und zur äußerst gefährlichen Dosis legte der *BGH* bei der Bestimmung der nicht geringen Menge von MDE die durchschnittliche Konsumeinheit zugrunde, nämlich 250 Konsumeinheit zu je 120 mg Base (= 30 g MDE/MDEA-Base) oder 250 Konsumeinheiten zu je 140 mg Hydrochlorid (= 35 g MDE/MDEA-Hydrochlorid). Diese Grenzwerte wurden in der Folgezeit auf MDMA und MDA übertragen.

In seinem Urteil zur nicht geringen Menge Methamphetamin vom 3. 12. 2008 **89** (BGHSt. 53, 89 = MJW 2009, 863 = StV 2009, 360 m. Anm. *Patzak* Sucht 2009, 30) hat der 2. Strafsenat in einem obiter dictum festgestellt, dass nach neueren neurobiologischen Forschungen davon auszugehen sei, alle Amphetaminderivate hätten eine mehr oder weniger starke Nervenzellen zerstörende Wirkung. Es erscheine daher gerechtfertigt, die nicht geringe Menge von MDA, MDE und MDMA in Übereinstimmung mit der für Amphetamin geltenden Grenze auf 10 Gramm der jeweiligen Base herabzusetzen.

90   Bei 2.000 Stück Ecstasys mit einem Wirkstoffgehalt von 2 Prozent kann die Überschreitung des Grenzwertes der nicht geringen Menge nicht allein aus der Stückzahl der Tabletten bestimmt werden, da die in der Praxis als Ecstasy vertriebenen Tabletten von unterschiedlichem Gewicht sind (*BGH* StraFo 2010, 472).

91   **22. Nicht geringe Menge von Morphin.** Bei Zubereitungen von Morphin beginnt die nicht geringe Menge bei **4,5 g Morphin-Hydrochlorid.** Wegen der wesentlich schwächeren Wirkung des Morphins hat der *BGH* 45 äußerst gefährliche Dosen zu je 100 mg Morphinhydrochlorid als Grenzwert der nicht geringen Menge angenommen (BGHSt. 35, 179 = NStZ 1988, 462 m. Anm. *Rübsamen/Steinke* = StV 1988, 107; *BGH*, Beschl. v. 4. 1. 1994, 1 StR 749/93). Eine Konsumeinheit beträgt üblicherweise 30 mg Morphinhydrochlorid. 100 mg Morphinhydrochlorid stellen eine äußerst gefährliche Dosis dar.

92   **23. Nicht geringe Menge bei Opiumprodukten.** Die Festlegung des *BGH*, dass bei Morphin **4,5 g Morphinhydrochlorid** eine nicht geringe Menge darstellen (BGHSt. 35, 179 = NStZ 1988, 462 m. Anm. *Rübsamen/Steinke* = StV 1988, 107), gilt nicht **für alle Opiumprodukte.** Bei Opium beginnt nach Ansicht des *LG Köln* (NStZ 1993, 549 = StV 1993, 529) und des *OLG Köln* (StV 1995, 306) unter Ablehnung der Empfehlung der Toxikologen die nicht geringe Menge bei **6 g Morphinhydrochlorid,** nämlich **250 Konsumeinheiten** von 25 mg Morphin-Hydrochlorid abzüglich 0,25 g (krit. *Cassardt* NStZ 1995, 258). Der *BGH* hat diese Frage noch nicht abschließend entschieden.

93   Hat nach den Urteilsfeststellungen der Angeklagte mit 2 kg **Rohopium** Handel getrieben, so kann das LG bei der Strafmessung nicht davon ausgehen, dass es sich um einen Stoff gehandelt habe, der nach entsprechender Verarbeitung **etwa 1 kg reinem Heroin** entspricht. Denn Rohopium ist **lediglich Ausgangsprodukt** für die Heroinherstellung. Reines Heroinhydrochlorid kann aus ihm erst nach mehreren Verarbeitungsstufen erzeugt werden, von denen die erste der Morphingewinnung dient. Im Einzelfall muss die Strafkammer aufklären, **ob Rohopium, Rauchopium oder Rohmorphin Gegenstand des Handels** war und sich um Klärung des Wirkstoffgehaltes bemühen.

94   **24. Nicht geringe Menge von Pethidin.** Pethidinhydrochlorid zählt ebenso wie Methadon, Cetobemidon, Dextromoramid und Levorphanol zu den synthetischen Opiaten mit morphinähnlicher Wirkung. Es wird als Analgetikum mit 100 mg Wirkstoff pro Dosis eingesetzt. Die nicht geringe Menge dürfte bei **20 g Pethidinhydrochlorid** liegen. Eine gerichtliche Festlegung liegt noch nicht vor.

95   **25. Nicht geringe Menge von Psilocin/Psilocybin.** Das *BayObLG* hat in Anlehnung an die *BGH*-Rspr. zu LSD die nicht geringe Menge von **Psilocin** aus **120 Konsumeinheiten zu je 10 mg = 1.200 mg = 1,2 g Psilocin** errechnet (BayObLGSt. 2000, 33 = StV 2003, 81; a. A. *AG Borken,* Urt. v. 28. 4. 1999, 6 Ls A 9 Js 590/98 [2,5 g Psilocin]; *AG Tiergarten,* Urt. v. 27. 8. 2001, (267) 3 Op Js 2439/00 (10/01) [3 g Psilocin]). Da sich im Körper 7,8 mg Psilocin zu 10 mg Psilocybin umbauen, entsprechen 1671 mg = **1,7 g Psilocybin** einer **nicht geringen Menge** (BayObLGSt. 2000, 33 = StV 2003, 81; *Weber* § 29 a Rn. 118).

96   **26. Nicht geringe Menge bei Zolpidem.** Der Grenzwert für die nicht geringe Menge des in der Wirkung mit den Benzodiazepinen vergleichbaren Zolpidem wurde von *BGH* auf 4.800 mg (60 Konsumeinheit zu je 80 mg) festgesetzt (BGHSt. 56, 52 = NStZ-RR 2011, 119 = StraFo 2011, 105 m. krit. Anm. *Kotz* NStZ 2011, 461). Es handelt sich um eine ausgenommene Zubereitung, für die das unter Rn. 62 Gesagte entsprechend gilt.

97   **27. Nicht geringe Menge bei verschiedenen Betäubungsmitteln.** So wie verschiedene Wirkstoffe in einem Betäubungsmittelgemisch sich zu einer nicht geringen Menge addieren können (Summe der Grenzwertbruchteile; s. dazu Rn. 192), können auch die Wirkstoffmengen verschiedener Betäubungsmittel sich zu einer nicht geringen Menge ergänzen (*BGH* NStZ 1997, 132 = StV 1997, 665;

BGH StV 2003, 280). Dies kann in der Weise geschehen, dass der Bruchteil oder Prozentsatz der Einzelwirkstoffmengen der verschiedenen Betäubungsmittel im Verhältnis ihrer Grenzwerte und ihrer Gefährlichkeit fiktiv so umgerechnet werden, dass sie in ihrer Summe den Grenzwert der nicht geringen Menge überschreiten oder nicht überschreiten (*BGH* NStZ 2003, 434 = StV 2003, 280; vgl. auch *Patzak/Bohnen* Kap. 2, Rn. 25). Überschreitet die Summe der beiden Brüche die Zahl 1 bzw. 100 Prozent, so stellt die gesamte Wirkstoffmenge eine nicht geringe Menge dar, wie aus folgendem Beispiel deutlich wird: Beim Besitz von 5 g THC (66,6% der nicht geringen Menge) und 1 g Heroinhydrochlorid (ebenfalls 66,6% der nicht geringen Menge) ist die nicht geringe Menge überschritten, da die Summe zusammen 133,2 Prozent ergibt.

E. Subjektiver Tatbestand

I. Vorsatz und nicht geringe Menge

Da die nicht geringe Menge ein **Tatbestandsmerkmal** darstellt, muss sich der **98** **Vorsatz** des Täters auf die tatsächlichen Voraussetzungen der nicht geringen Menge, nicht aber auf die rechtliche Einstufung beziehen. Eine nicht geringe Menge ist nur zugrunde zu legen, wenn der Vorsatz des Angeklagten sich auf die nicht geringe Menge erstreckt. Bei der Festlegung des Schuldumfanges darf nicht außer Betracht bleiben, auf welche Art, Menge und Wirkstoffgehalt der Vorsatz des Angeklagten sich erstreckt, bzw. welche er billigend in Kauf nimmt. Ohne Feststellung, welche **Vorstellung der Angeklagte von dem Wirkstoffgehalt** des Betäubungsmittels hat, liegt eine Feststellungslücke vor, die zur Aufhebung des Urteils zwingen kann (*BGH* StV 1983, 332).

Für die Strafzumessung ist von erheblicher Bedeutung, **ob der Angeklagte die 99 ihm angelastete** nicht geringe Menge **in vollem Umfang kannte oder ob er unwiderlegbar von einer geringeren Menge ausging** (*BGH*, Beschl. v. 11. 10. 1988, 2 StR 294/88). Für die subjektive Tatseite kann es insb. bei im Verhältnis zur Menge des Betäubungsmittel hohen finanziellen Aufwendungen für den Transport der Betäubungsmittels als ausreichend angesehen werden, wenn der Angeklagte i. S. einer Bewertung in der Laiensphäre **eine hohe, dem Heroin mit dem ermittelten Wirkstoffgehalt entsprechende Gefährlichkeit** des von ihm beförderten Betäubungsmittels billigend in Kauf genommen hat (*BGH*, Beschl. v. 27. 3. 1991, 3 StR 31/91). Ging der Anklagte bei der Bestellung von 4–5 Kg Marihuana für 3.300,– Euro pro Kilogramm davon aus, Marihuana zumindest mittlerer Qualität geliefert zu bekommen, ist dieser vom **Vorsatz des Angeklagten umfasste Wirkstoffgehalt für die Bestimmung der nicht geringen Menge maßgeblich**, auch wenn die gelieferte Ware tatsächlich von schlechter Qualität war; die mangelhafte Qualität kann lediglich bei der Strafzumessung berücksichtigt werden (BGHR BtMG § 29 a Abs. 1 Nr. 1 Menge 1 = NStZ 2006, 577).

Geht eine Strafkammer zugunsten des Angeklagten davon aus, dass er nicht **100** wusste, dass das von ihm eingeführte Rauschgift Heroin war, dann darf sie andererseits nicht straferschwerend berücksichtigen, dass die eingeführte Menge mehr als das 10.000-fache der nicht geringen Menge betrug und eine der größten Heroinsicherstellungen in der Bundesrepublik darstellte. Ging der Angeklagte nur allgemein von gefährlichem Rauschgift bei seiner Tat aus, so bedarf es **Feststellungen darüber, ob der Täter Vorstellungen über die Gefährlichkeit des Rauschgiftes** hatte, die derjenigen **von Heroin entsprechen** (BGHR BtMG § 29 Strafzumessung 5 [1 StR 11/89]).

Eine Strafbarkeit wegen unerlaubten Besitzes von Betäubungsmitteln in nicht **101** geringer Menge i. S. v. § 29a Abs. 1 Nr. 2 BtMG kommt nicht in Betracht, wenn der Täter eine geringe Anzahl von Cannabispflanzen anbaut und sich **erst im Laufe der vom Täter nicht kontrollierten Wachstumsperiode eine nicht geringe Menge THC in den Pflanzenbestandteilen aufgebaut hat** und der Täter keine sichere und bestimmte Kenntnis vom Vorhandensein einer nicht geringen Wirkstoffmenge hatte oder mit der Reife zu einer nicht geringen Wirkstoffmenge weder rechnen konnte noch diese billigend in Kauf nahm (*Düsseldorf* NStZ 1999, 88).

102   Bemühte sich ein Angeklagter auf **Drängen einer polizeilichen Verbindungsperson (VP)** darum, Käufer für Heroin zu finden, das sich im Besitz einer anderen VP befand und hatte er auf die Menge und Qualität der ihm zugespielten Betäubungsmittel keinerlei Einfluss, so können die Qualität und die Menge der von den VP's beschafften Betäubungsmittel nur bedingt strafschärfend wirken, wenn er eine **Vorstellung von der Betäubungsmittelmenge** erlangte (BGHR BtMG § 29 Strafzumessung 15 = StV 1991, 565).

II. Dolus eventualis

103   Es reicht aus, wenn der Angeklagte die nicht geringe Menge mit einem Dolus eventualis umfasst (BayObLGSt. 1990, 99). Erklärt sich der Täter damit einverstanden, Rauschgift in jeder Größenordnung zu befördern, so umfasst der Vorsatz des Täters auch große Betäubungsmittelmengen, selbst wenn er die Menge im Einzelnen nicht kennt; dies gilt nur dann nicht, wenn die transportierte Menge völlig außerhalb des nach den normalen Umständen in Betracht kommenden Rahmens liegt (*BGH* NStZ-RR 1997, 121).

III. Fahrlässigkeit

104   In der Regel ist nur Vorsatz strafbar, es sei denn, das Gesetz bedroht fahrlässiges Verhalten ausdrücklich mit Strafe (§ 15 StGB). Dies ist aber bei den Verbrechenstatbeständen §§ 29a, 30, 30a BtMG mit Ausnahme von § 30 Abs. 1 Nr. 3 BtMG nicht der Fall, obwohl der Unterschied zum Grundtatbestand nur die nicht geringe Menge ist. Beim **fahrlässigen Handeltreiben mit nicht geringen Mengen von Betäubungsmitteln** gilt deshalb § 29 Abs. 4 BtMG. Dabei ist jedoch zu berücksichtigen, dass im Regelfall Dolus eventualis und nur in seltenen Ausnahmefällen Fahrlässigkeit gegeben ist.

IV. Irrtumsfälle betreffend die Gewichts- und Wirkstoffmenge

105   Zunächst ist hier sorgfältig zu prüfen, ob die Irrtumsvorstellungen des Angeklagten durch die Beweisaufnahme bestätigt oder widerlegt sind, ob anfängliche Irrtümer später überwunden worden sind und ggf. zu einem Dolus eventualis führten. Zu den verschiedensten Irrtümern über die gehandelten Stoffe vgl. im Einzelnen § 29/Teil 4, Rn. 211 ff.

106   **1. Tatbestandsirrtum.** Der Täter, der **hochwertige Ware** (= nicht geringe Menge) **im Glauben minderwertiger Ware** (keine nicht geringe Menge) kauft und als minderwertige Ware verkauft, wird an seiner Erklärung bei den Verhandlungen gemessen, sofern ihm seine Einlassung nicht zu widerlegen ist. Da er keine nicht geringe Menge verkaufen wollte, ist er nach dem Grundtatbestand des § 29 Abs. 1 BtMG zu bestrafen, zumal nach § 29a BtMG keine Fahrlässigkeitstaten verfolgt werden können (§§ 15 StGB, 29 Abs. 4 BtMG). Die Rechtsfolgen des Verbrechenstatbestandes treten nicht ein, da die Vorstellung des Handelnden mit den äußeren Umständen des Tatbestandes nicht übereinstimmt (§ 16 Abs. 1 StGB). Bei dem Besitz, der Herstellung und der Abgabe von Betäubungsmitteln führt die falsche Qualitäts- und Mengeneinschätzung zu einem **Tatbestandsirrtum** über die Voraussetzungen der nicht geringen Menge, der gemäß § 16 Abs. 1 S. 1 StGB den Vorsatz bezüglich der Überschreitung der nicht geringen Menge ausschließt. Der Täter kann nur nach § 29 Abs. 1 S. 1 Nr. 1 BtMG bestraft werden, da ihm die **Umstände nicht zuzurechnen** sind, die die **Strafbarkeit erhöhen, welche er aber nicht kennt.**

107   **2. Umgekehrter Tatbestandsirrtum.** Hat ein Täter eine **Betäubungsmittelmenge schlechter Qualität** in dem **irrigen Glauben eingekauft,** es handle

sich um eine **hochwertige Qualität,** und verkauft er diese Ware im Glauben eines hohen Wirkstoffgehaltes, der die Annahme des Tatbestandsmerkmales nicht geringer Menge und eines Verbrechens nach § 29 a BtMG rechtfertigt, so macht er sich des vollendeten Verbrechens des Handeltreibens mit nicht geringen Mengen schuldig, da es auf seine Qualitäts- und Quantitätseinschätzung und Erklärungen bei den Verkaufsverhandlungen und nicht auf die spätere Lieferung der Stoffe ankommt. Es handelt sich insoweit um den umgekehrten Fall des § 16 Abs. 2 StGB, dass der Täter irrig Umstände annimmt, welche den Tatbestand eines schärferen Gesetzes verwirklichen. Der tatsächlich geringere Wirkstoffgehalt kommt ihm lediglich in der Strafzumessung zugute. Anders stellt sich dieser Fall bei dem Besitz, der Abgabe, der Herstellung und der Einfuhr dar. Hier kann die falsche Vorstellung von dem Wirkstoffgehalt, der den Verbrechenstatbestand des § 29 a BtMG verwirklichen würde **(umgekehrter Tatbestandsirrtum),** nur zu einem **untauglichen Versuch** eines Verbrechens nach § 29 a führen, da bei diesen Tatbegehungsweisen die dingliche Existenz der nicht geringen Menge vorausgesetzt wird.

3. Subsumtionsirrtum. Irrt der juristisch beratene Angeklagte, der die **Gewichts- und Wirkstoffmenge** der verkauften Betäubungsmittel **kennt, über die Rspr.** des *BGH* und glaubt, die nicht geringe Menge von Amphetamin beginne erst bei 20 g Amphetaminbase, so handelt es sich um einen bloßen **Subsumtionsirrtum,** der den Vorsatz nicht ausschließt.   108

Ist einem Angeklagten die Gewichtsmenge und die gute Qualität des Rauschgiftes bekannt, **irrt** er aber **über die Art des Betäubungsmittels** und geht anstelle von Heroin von Kokain oder statt Amphetamin von Methaqualon aus, so handelt es sich nicht um einen Tatbestandsirrtum, denn der Gesetzgeber hat bei den Straftatbeständen nicht nach Betäubungsmittelarten unterschieden. Die Vorstellung des Handelnden, mit einer großen Menge hochwertigen Rauschgiftes zu handeln, stimmt mit den äußeren Umständen überein. Es handelt sich um ein weiteres Beispiel des **Subsumtionsirrtumes,** der den Vorsatz nicht ausschließt. Führt ein Angeklagter 97,71 g Kokain mit einem Reinheitsgehalt von 76% zum Zwecke des Handeltreibens in die Bundesrepublik ein, glaubt aber, bei dem eingeführten Stoff handele es sich um Amphetamin, so kann er nur wegen Einfuhr bzw. Handeltreibens einer nicht geringen Menge von Amphetamin verurteilt werden. Das LG muss aufklären, **welche Vorstellungen der Angeklagte von der Qualität** des Amphetamins hatte und kann bei der Berechnung des Wirkstoffgehaltes nicht den Wirkstoffgehalt des sichergestellten Kokains zugrunde legen, da im Betäubungsmittelhandel der Anteil reinen Amphetamins zumeist niedriger als 76% liegt (BGHR BtMG § 30 Abs. 1 Nr. 4 Vorsatz 2 = StV 1990, 53).   109

F. Versuch

Der Versuch ist stets strafbar (§§ 12 Abs. 1, 23 Abs. 1 StGB).   110

G. Täterschaft/Teilnahme

I. Mittäterschaft

Die **Abgrenzung von Mittäterschaft und Beihilfe beim Handeltreiben mit nicht geringen Mengen von Betäubungsmitteln** erfolgt nach den **allgemeinen Kriterien.** Erschöpft sich die Mitwirkung in einer ganz untergeordneten Tätigkeit und ist der Angeklagte innerhalb eines abgegrenzten Auftrages tätig bzw. von den Weisungen eines anderen abhängig, so spricht dies für Beihilfe (vgl. *BGH* NStZ 2005, 228; zur **Abgrenzung von Täterschaft und Beihilfe** beim Handeltreiben von nicht geringen Mengen durch **Rauschgiftkuriere** s. § 29/Teil 4, Rn. 258 ff.). Werden **mehrere Personen im Besitz von Betäubungsmitteln** angetroffen, so kann die Vorschrift des § 29 a BtMG grundsätzlich nur auf denjenigen angewendet werden, der selbst ein tatsächliches Herrschaftsverhältnis über die Betäubungsmittel hatte (*Stuttgart* NStZ 2002, 154).   111

112 Problematisch sind die Fälle sog. **Einkaufsfahrten**, bei denen mehrere Personen eine größere Betäubungsmittelmenge einkaufen und sie später aufteilen. Hier ist fraglich, ob allen Beteiligten die Gesamtmenge oder nur der jeweilige Anteil **zuzurechnen** ist. Der 1. Strafsenat des *BGH* hat in einem solchen Fall, in dem mehrere Personen eine größere Menge Betäubungsmittel mit dem Ziel erworben hatten, die Transportkosten zu reduzieren oder den Einkaufspreis zu minimieren, zu Recht jedem Mittäter die **gesamte Handelsmenge und auch die für den Eigenkonsum bestimmte Gesamtmenge zugerechnet**, selbst wenn beim Ankauf und beim Transport nicht sämtliche Beteiligte unmittelbar mitgewirkt haben (BGHR BtMG § 29a Abs. 1 Nr. 2 Menge 10 = NStZ-RR 2003, 57). Demgegenüber hat der 2. Strafsenat des *BGH* entschieden, dass eine Zurechnung der Gesamtmenge nur möglich ist, wenn diese ungeteilt eingeführt wurde; wurde aber der Anteil aus der Gesamtmenge bereits in den Niederlanden entnommen, liege die Annahme eines Interesses des Angeklagten an der Menge der Mitfahrer fern (*BGH* NStZ 2003, 90 = StV 2003, 279). Dieser Entscheidung ist entgegen zu halten, dass im Falle solcher Einkaufsfahrten das Interesse der Handelnden wegen des günstigeren Preises beim Kauf einer größeren Menge immer auf die Gesamtmenge gerichtet ist, so dass es nicht darauf ankommen kann, ob die Menge vor der Einfuhr geteilt wird oder nicht (so auch *Weber* § 29a Rn. 137 u. *Winkler* NStZ 2003, 247, 248; a. A. *Stuttgart* NStZ 2001, 603).

II. Beihilfe

113 Auch bei der **Beihilfe zum Handeltreiben** mit Betäubungsmitteln kann eine nicht geringe Menge dem Gehilfen nur zugerechnet werden, soweit nicht nur der Haupttäter, sondern **auch der Gehilfe die nicht geringe Menge in seiner Vorstellung mit umfasste** (*BGH* StV 2001, 462). Unterstützt der Gehilfe durch eine Handlung mehrere selbstständige Handlungen des Handeltreibens, die erst in ihrer Gesamtheit eine nicht geringe Menge umfassen, so macht er sich nur wegen Beihilfe zu § 29 Abs. 1 S. 1 Nr. 1 BtMG strafbar (BGHSt. 49, 306 = NStZ 2005, 229 = StV 2005, 273).

H. Strafzumessung

I. Strafrahmen

114 Der Verbrechenstatbestand des § 29a BtMG setzt bei seinem **Strafrahmen von 1 Jahr bis 15 Jahren** zwar nicht geringe Mengen von Betäubungsmitteln, nicht aber Drogengroßhändler voraus. Aus dem Umstand, dass der Gesetzgeber diese Vorschrift durch das Gesetz zur Bekämpfung des illegalen Rauschgifthandels und anderer Erscheinungsformen der organisierten Kriminalität (OrgKG) vom 15. 7. 1992 in das BtMG eingefügt hat, ist aber zu entnehmen, dass der **Betäubungsmittelkleinhandel mit den §§ 29 Abs. 1, Abs. 3 BtMG** und der **Zwischen- und Großhandel mit den** Verbrechenstatbeständen der **§§ 29a, 30, 30a BtMG** bekämpft werden sollen. Wird von Drogenabhängigen und Straßenkleinhändlern einerseits die Grenze der nicht geringen Menge unerheblich überschritten, passen sie andererseits nicht zu den Täterpersönlichkeiten, die das OrgKG bekämpfen wollte, so ist zu prüfen, ob ein **minder schwerer Fall des § 29a Abs. 2 BtMG** vorliegt. Ist die vom *BGH* festgelegte Wirkstoffmenge jedoch erheblich überschritten, so ist nach dem Willen des Gesetzgebers regelmäßig von dem Strafrahmen des § 29a Abs. 1 BtMG auszugehen.

115 Geht ein Gericht vom Handeltreiben mit nicht geringen Mengen und von einer uneingeschränkten Schuldfähigkeit des Angeklagten aus, so ist es fehlerhaft, wenn es die Mindeststrafe des § 29a BtMG von 1 Jahr unterschreitet. Hat ein Angeklagter mit einem Vielfachen der nicht geringen Menge Handel getrieben und wertete die Strafkammer die beträchtlichen Mengen strafschärfend, so kann sie nicht die Mindeststrafe von 1 Jahr verhängen (*BGH*, Urt. v. 6. 10. 1983, 4 StR 464/83).

Macht eine Strafkammer von der Strafmilderung nach §§ 21, 49 Abs. 1 StGB Gebrauch und geht dennoch von einem nicht gemilderten Regelstrafrahmen des § 29a Abs. 1 BtMG aus, so hat der Strafausspruch der gesetzlichen Mindeststrafe von 1 Jahr keinen Bestand (*BGH*, Beschl. v. 13. 5. 1997, 4 StR 206/97).

Ein häufiger Fehler ist, dass Gerichte **nach Verneinung des Verbrechenstat-** **116** **bestandes** glauben, nun eine Freiheitsstrafe von unter 1 Jahr verhängen zu müssen und den **Strafrahmen** des § 29 Abs. 1 BtMG, nämlich **Freiheitsstrafe bis zu 5 Jahren,** übersehen. Nach **Aufhebung eines Urteils** durch den *BGH* **wegen Nichtprüfung der Frage, ob nicht ein Verbrechenstatbestand** wegen gewichtiger Milderungsgründe **zu verneinen war,** gehen die Tatgerichte vielfach irrtümlich davon aus, ihre Prüfung müsse nun zur Verneinung des besonders schweren Falles führen.

II. Minder schwere Fälle des § 29a Abs. 2 BtMG

1. Nichtprüfung. Die Fassung der Vorschrift bringt es mit sich, dass mit der **117** Begehungsweise des § 29a BtMG auch eine **Fülle von Fällen** erfasst wird, **die keinen hohen kriminellen Gehalt** haben müssen, wie **z. B. der Besitz** von zum Eigenverbrauch bestimmten Betäubungsmitteln in nicht besonders großen Mengen. Wegen des eindeutigen Wortlautes lassen sich solche Fälle zwar nicht aus dem Verbrechenstatbestand des § 29a BtMG ausklammern. Doch verpflichtet das dazu, im Einzelfall sorgfältig zu prüfen, ob die festgestellte Tat – gemessen an den in § 29a **und** § 30 BtMG als Verbrechen unter Strafe gestellten Verhaltensweisen – ein **minder schwerer Fall** ist. Scheidet die Annahme eines minder schweren Falles gemäß § 29a Abs. 2 BtMG nicht von vornherein aus, so nötigt die Nichtprüfung zur Aufhebung des Urteils (*BGH*, Beschl. v. 5. 1. 1994, 2 StR 714/93; *Frankfurt*, Beschl. v. 3. 4. 2002, 2 Ss 350/01). Ebenso reicht **eine formelhafte Ablehnung** des minder schweren Falles, wie „Anhaltspunkte für einen minder schweren Fall hätten sich nicht ergeben", nicht aus, es sei denn die Annahme eines minder schweren Falles läge fern (*BGH*, Beschl. v. 27. 11. 1986, 2 StR 621/85). **Fehlerhaft** ist, wenn die Strafkammer **das Fehlen bestimmter Strafmilderungsgründe** (Betäubungsmittelabhängigkeit) **in den Vordergrund der Würdigung stellt** und deshalb einen minder schweren Fall ablehnt, **anstelle** die tatsächlich vorliegenden, in ihrem Gewicht nicht unerheblichen **strafmildernden Umstände den straferhöhenden Gesichtspunkten gegenüberzustellen** und mit diesen abzuwägen (*BGH*, Beschl. v. 3. 6. 1986, 2 StR 191/86).

2. Gesamtbetrachtung. Nach der ständigen Rspr. des *BGH* ist ein min- **118** der schwerer Fall dann anzunehmen, wenn das **gesamte Tatbild einschließlich aller subjektiven Momente von der Täterpersönlichkeit vom Durchschnitt der erfahrungsgemäß vorkommenden Fälle** in einem Maße **abweicht,** welches die **Anwendung des Ausnahmestrafrahmens** geboten erscheinen lässt (BGHSt. 4, 8; BGHSt. 8, 186; BGHSt. 26, 97; *Schäfer/Sander/van Gemmeren* Rn. 579). Bei der vorzunehmenden **Gesamtwürdigung** sind alle Umstände heranzuziehen, die für die Wertung von Tat und Täterpersönlichkeit in Betracht kommen, gleichgültig, ob sie der Tat innewohnen, sie begleiten, ihr vorausgehen oder folgen. Das erfordert eine Abwägung aller wesentlichen belastenden und entlastenden Umstände, denn nur dadurch kann das **Gesamtbild** gewonnen werden, das für die Beurteilung der Frage, ob der ordentliche Strafrahmen den Besonderheiten des Falles entspricht oder zu hart wäre, erforderlich ist. Die Milderungsgründe müssen gegenüber den Strafschärfungsgründen so erheblich überwiegen, dass der **Regelstrafrahmen** verfehlt wäre. Das gilt **insbesondere, wenn sog. vertypte Milderungsgründe** wie z. B. § 21 StGB **vorliegen** (vgl. BGHR BtMG § 30 Abs. 2 Gesamtwürdigung 4 [3 StR 352/90]; BGHR StGB vor § 1/minder schwerer Fall Gesamtwürdigung, unvollständige 11 [5 StR 286/92]; BGHSt. 40, 73 = NJW 1994, 1885 = StV 1994, 375; *BGH*, Urt. v. 19. 2. 2004, 4 StR 524/03). Nur aufgrund dieser Gesamtbeurteilung kann entschieden werden, ob der ordentliche Strafrahmen den Besonderheiten des Falles gerecht wird oder zu hart wäre. Bei der Prüfung, ob ein minder schwerer Fall des Verbrechenstatbestandes vorliegt, ist zu berücksichtigen, ob der Angeklagte die Betäubungsmittel zum Weiterverkauf oder nur zum Eigenverbrauch besaß, ob er von V-Leuten angestiftet, ob er guten Willen bei der Aufdeckung der Tatbeteiligung anderer gezeigt hat und deren künftiger Verstrickung in Betäubungsmittelsachen entgegengewirkt hat.

119   **Einzelne gewichtige Milderungsgründe** oder ein **Bündel derartiger Milderungsgründe** können, womit sich der Tatrichter befassen muss, den Fall so **deutlich von den Delikten schwerer Kriminalität,** die durch § 29a BtMG erfasst werden sollen, **abheben,** dass die Anwendung des darin vorgesehenen Strafrahmens unangemessen ist. In diesem Fall ist der Strafrahmen des § 29a Abs. 2 BtMG anzuwenden. Ein Urteil, das bei der Prüfung eines minder schweren Falles **allein straferschwerende Gesichtspunkte** erörtert, kann keinen Bestand haben (BGH StV 1985, 107). Die Begründung, bestimmte dem Angeklagten anzulastende subjektive Momente würden eine Abweichung vom Gesetzeswortlaut verbieten, ersetzt keine Gesamtbetrachtung (BGHR BtMG § 30 Abs. 2 Gesamtwürdigung 4 [3 StR 352/90]).

120   Wird ein **Umstand zur Begründung** für die Annahme **eines minder schweren Falles** herangezogen, so ist er **nicht verbraucht,** sondern zusammen mit den anderen Strafzumessungserwägungen nochmals innerhalb des gemilderten Strafrahmens **bei der Strafzumessung im engeren Sinne** zu würdigen. Bei der nochmaligen Würdigung kommt diesem Umstand aber ein geringes Gewicht zu (*Schäfer/Sander/van Gemmeren* Rn. 609 ff.).

121   **3. Gesamtbetrachtung für jeden Tatbeteiligten. Für jeden Tatbeteiligten ist gesondert zu prüfen,** ob ein minder schwerer Fall vorliegt oder ob vom Regelstrafrahmen des § 29a BtMG auszugehen ist. Für die Frage, ob ein minder schwerer Fall vorliegt, kommt es auf die **Art und den Umfang der Tätigkeit des Einzelnen** an. Sind bei einem Gehilfen keine besonderen Milderungsgründe erkennbar und ging es nicht nur um eine große und gefährliche Menge von Heroin, sondern bezog der Gehilfe eine weitere Person in das Tatgeschehen ein, so liegt die **Annahme eines minder schweren Falles fern** (*BGH*, Beschl. v. 30. 10. 1991, 3 StR 368/91; *BGH*, Urt. v 21. 1. 1992, 1 StR 598/91; *BGH*, Beschl. v. 24. 4. 1992, 2 StR 174/92).

122   **4. Nicht geringe Mengen im Grenzbereich.** Liegt die Betäubungsmittelmenge **im Grenzbereich der nicht geringen Menge,** so entbindet dies den Tatrichter nicht von der Prüfung, ob in der Tat oder Person des Täters außergewöhnliche Umstände vorliegen, die sein Unrecht oder seine Schuld deutlich vom Regelfall abheben und deshalb im Einzelfall die Anwendung des erschwerten Strafrahmens nicht angemessen erscheinen lassen. Wurde ein Angeklagter im Besitz von Betäubungsmittelmengen angetroffen, die **nicht erheblich über der Grenze** zur nicht geringen Menge liegen, so kann dies als minder schwerer Fall angesehen werden (vgl. *BGH* StV 2000, 620; *BGH* StV 2004, 603; *Weber* § 29a Rn. 187). Einen **Rechtsgrundsatz,** nach dem bei einem Überschreiten der eingeführten Gesamtmenge um das **Vierfache des Grenzwertes der nicht geringen Menge** die Annahme eines **minder schweren Falles** trotz zahlreicher Strafmilderungsgründe **auszuscheiden hätte,** gibt es **nicht** (*BGH* StV 1992, 272). So schloss auch eine **11fache Grenzwertüberschreitung** die Annahme eines minder schweren Falles nicht aus (BGHR BtMG § 30 Abs. 2 Strafrahmenwahl 3 [4 StR 148/90]). Dies gilt auch für das Handeltreiben mit nicht geringen Mengen nach § 29a BtMG. Handelt es sich bei den sichergestellten Betäubungsmitteln, die **im näheren Grenzbereich** liegen, um „**weiche" Drogen** wie Haschisch und Marihuana, so ist ein minder schwerer Fall zu prüfen (vgl. BGHR BtMG § 30 Abs. 2 Wertungsfehler 1 [3 StR 117/88]; *BGH*, Beschl. v. 15. 2. 1996, 1 StR 44/96; *BGH*, Beschl. v. 30. 10. 1996, 3 StR 385/96).

123   **5. Erhebliche Betäubungsmittelmengen zum Eigenverbrauch.** Die Einstufung des Besitzes nicht geringer Mengen an Rauschgift als Verbrechen ist nur deshalb erfolgt, um der von dem Besitz einer nicht geringen Menge ausgehenden höheren Gefahr der wahrscheinlichen Abgabe an Dritte hinreichend Rechnung zu tragen (BGHSt. 42, 162 = NStZ 1996, 604 = StV 1996, 668; BGHR BtMG § 29a Abs. 1 Nr. 2 Besitz 3 = NStZ-RR 1997, 49). Die rein abstrakte Möglichkeit der Weitergabe an Dritte darf aber dann nicht strafschärfend berücksichtigt werden, wenn keinerlei Anhaltspunkte für einen derartigen Sinneswandel des Täters erkennbar sind (*BayObLG* NStZ 1998, 261 = StV 1998, 81). So wie die Einfuhr nicht geringer Mengen zum Eigenverbrauch die Annahme eines minder schweren Falles nach § 30 Abs. 2 BtMG nahelegt (*BGH* StV 1991, 105; *BGH* StV 1992, 63), gilt diese Erwägung auch für den **Anbau, den Besitz und den Erwerb nicht besonders großer Mengen zum Eigenverbrauch. Gibt ein Heroinabhängiger,** der **eine nicht geringe Menge Betäubungsmittel** eingeführt hat, die Hälfte, aber immer noch nicht geringe Menge Betäubungsmittel an seine schwer heroinabhängige Lebensgefährtin **ab,** so kann auch darin ein minder schwerer Fall des § 29a Abs. 2 BtMG liegen (vgl. *BGH*, Urt. v. 11. 7. 1991, 4 StR 302/91). Der Anbau oder die Herstellung nicht besonders großer Betäubungsmittelmengen zum Eigenkonsum kann Anlass geben, einen minder schweren Fall zu prüfen (*BGH* NStZ 1990, 285; *BayObLG* NStZ 1998, 261 = StV 1998, 81).

Im Gerichtsalltag sind reine Konsumenten oder Dealer selten zu finden. Häufiger **124** sind Konsumenten, die durch Vermittlungsgeschäfte ihren Drogenbedarf finanzieren **(Suchtdealer oder Konsumentendealer)** und die Dealer, die gelegentlich auch konsumieren **(konsumierende Dealer).** Da im Gegensatz zu dem kühl kalkulierenden Dealer der Konsument häufig die Tragweite eines Rauschgiftgeschäftes nicht erkennt, wurde bereits erwogen, für Dealer und Konsumenten einen gesonderten Tatbestand des Handeltreibens und der Einfuhr zu schaffen. Dieses Vorhaben ließ sich aber nicht bei Schaffung des BtMG umsetzen. Die Rspr. sollte diese Gesetzeslücke im Rahmen der Strafzumessung ausgleichen. Dient der **Handel mit nicht geringen Mengen** von Betäubungsmitteln der Finanzierung des Eigenkonsums, so kann im Einzelfall hierin ein minder schwerer Fall gesehen werden.

6. Nicht geringe Mengen Cannabis. Das *LG Lübeck* hatte in einem Fall von **125** Handeltreiben mit 11,686 kg Cannabis und 444 g THC, in dem die Grenzmenge um das 60fache überschritten worden war, unter Bezugnahme auf das *BVerfG* einen minder schweren Fall des § 29a Abs. 2 BtMG angenommen und abweichend vom *BGH* (NStZ 1995, 350 = StV 1995, 255) im Wesentlichen mit der nach neueren Forschungsergebnissen geringeren Gefährlichkeit der Cannabisdroge begründet (*LG Lübeck* NStZ 1997, 498). Der *BGH* hat die Anwendung des ermäßigten Strafrahmens des § 29a Abs. 2 BtMG bei einer 60fachen Überschreitung des Grenzwertes zur nicht geringen Menge auch in Anbetracht mehrerer durchschnittlicher Milderungsgründe und der gewandelten Sichtweise von der Gefährlichkeit von Cannabis für nicht gerechtfertigt erachtet (*BGH* NStZ 1998, 254). In einem Fall des *LG Osnabrück*, bei dem die Strafkammer bei 3 Kurierfahrten über 10 kg, 30 kg und 65 kg Cannabis trotz einer Überschreitung des Grenzwertes um das 70fache, 200fache und um das 790fache minder schwere Fälle angenommen hatte, hat der 3. Strafsenat das Urteil aufgehoben und nochmals klargestellt: Im Betäubungsmittelstrafrecht ist die Gesamtmenge des Wirkstoffes, bezogen auf die einfache nicht geringe Menge, der wesentliche Umstand für die Strafzumessung, der auch nicht durch durchschnittliche regelmäßig in Kurierfällen auftretende Milderungsgründe entwertet wird. Umso mehr das Grenzmenge überschritten wird, desto gewichtiger müssen auch in Cannabisfällen im Rahmen der vorzunehmenden Gesamtabwägung die für die Annahme eines minder schweren Falles herangezogenen Gründe sein, wenn das gesetzgeberische Anliegen nicht unterlaufen werden soll (*BGH* NStZ 1999, 193).

7. Hochgradige Betäubungsmittelabhängigkeit. Eine verminderte Schuld- **126** fähigkeit sollte immer Anlass sein für eine Prüfung, ob ein minder schwerer Fall vorliegt (*BGH*, Beschl. v. 25. 8. 1987, 4 StR 367/87; *BGH*, Beschl. v. 5. 3. 1987, 1 StR 30/87). Erst wenn die Annahme eines minder schweren Falles nach

§ 29a Abs. 2 bzw. § 30 Abs. 2 BtMG mit oder ohne Berücksichtigung des § 21 StGB verneint wurde, ist Raum für eine Strafrahmenmilderung nach §§ 21, 49 Abs. 1 StGB (*BGH*, Beschl. v. 6. 8. 1991, 1 StR 439/91). Führt ein hochgradig opiatabhängiger Täter nicht geringe Mengen von Betäubungsmitteln zum Eigenbedarf ein, so kann ein **minder schwerer Fall** der **Einfuhr** vorliegen. Nicht anders ist dies beim **Besitz, der Abgabe und dem Handel mit nicht geringen Mengen im Grenzbereich** bei einem **Drogenabhängigen** (vgl. *BGH*, Beschl. v. 9. 9. 1988, 3 StR 378/88; *BGH*, Beschl. v. 20. 4. 1989, 2 StR 85/89; *BGH*, Beschl. v. 7. 11. 1989, 1 StR 550/89; *BGH* NStZ 1990, 384 = StV 1990, 303). Entwendet ein mit Methadon substituierter Opiatabhängiger nachts aus der Praxis seines behandelnden Arztes große Mengen Methadon und Polamidon zum Eigenverbrauch, so kommt ein minder schwerer Fall in Betracht (*AG Frankfurt*, Urt. v. 19. 11. 2003, 942 Ls 5310 Js 227.828/02). Bei **erheblicher Drogensucht** ist zunächst zu prüfen, ob die Drogensucht in Verbindung mit anderen Strafmilderungsgründen eine **Anwendung des gem. § 29a bzw. 30 Abs. 2 BtMG** geminderten Strafrahmens rechtfertigt. Erst **wenn** dies **zu verneinen** ist, kommt eine **Strafrahmenverschiebung nach §§ 21, 49 Abs. 1 StGB** in Betracht (*BGH* NStZ 1985, 367).

127   Hat die Strafkammer eine erheblich verminderte Schuldfähigkeit infolge schwerer Drogensucht und dem Umstand, dass die Drogenabhängigkeit Triebfeder der Straftaten war, im Rahmen der Gesamtwürdigung berücksichtigt, so **zwingt dies nicht zur Annahme eines minder schweren Falles.** Im Vergleich zu den angesprochenen Milderungsgründen können die weiteren Umstände, wie z. B. Überschreitung der nicht geringen Menge um ein Vielfaches, dreimalige Einfuhr, Verwirklichung mehrerer Tatbestände, Vorstrafen wegen Handeltreibens, Verwahrungsbruch unter besonders erschwerten Umständen, keine Abweichung vom ordentlichen Strafrahmen erlauben (*BGH*, Beschl. v. 10. 2. 1988, 1 StR 320/88; *BGH*, Urt. v. 6. 9. 1988, 1 StR 320/88). Allein die **Absicht, einen Drogenabhängigen einer Therapie zuzuführen,** rechtfertigt noch keinen minder schweren Fall. Die Auffassung, die heroinbedingte verminderte Schuldfähigkeit reiche ohne Hinzutreten weiterer erheblicher Umstände nicht aus, einen minder schweren Fall nach § 29a Abs. 2 BtMG zu begründen, weil sehr häufig betäubungsmittelabhängige Täter gegen das BtMG verstießen, ist fehlerhaft. Die verminderte Schuldfähigkeit und die gerade erreichte nicht geringe Menge und der Zweck des Eigenbedarfes reichen aus, einen von schwerer Kriminalität abweichenden Einfuhrfall anzunehmen (*Düsseldorf* StV 1983, 333).

128   Ein Strafausspruch hat keinen Bestand, wenn das LG einen minder schweren Fall mit der Begründung ablehnt, die **verminderte Schuldfähigkeit liege nicht positiv vor,** sondern **könne lediglich nicht ausgeschlossen werden** (*BGH*, Beschl. v. 28. 8. 1990, 1 StR 423/90).

129   Zwar kommt einem Strafmilderungsgrund wie schwerer Heroinabhängigkeit, der bereits zur Begründung für die Annahme eines minder schweren Falles gedient hat, im Rahmen der konkreten Strafzumessung nur noch ein geringes Gewicht zu. Indessen ist er mit diesem Gewicht zu berücksichtigen und darf nicht dort außer Betracht bleiben (*BGH* StV 1985, 54).

130   **8. Schwache Täterschaftsformen.** Ähnelt der objektive Tatbeitrag eines Angeklagten in seinem Gewicht einer Beihilfehandlung, so kann dieses Verhalten insb. im Grenzbereich der nicht geringen Menge zu einem minder schweren Fall führen (*BGH*, Urt. v. 25. 2. 1986, 1 StR 599/85; *BGH*, Beschl. v. 8. 6. 1988, 2 StR 256/88). Folgende Umstände erlauben die Verneinung eines besonders schweren Falles bzw. die Annahme eines minder schweren Falles nach § 29a Abs. 2 BtMG (*BGH* StV 1981, 278 m. Anm. *Michalke*): Der Angeklagte ist **nicht am Kauf des Heroins beteiligt und wollte auch kein Heroin erwerben,** er hat keinen **Besitz** an dem Stoff, seine Tätigkeit beschränkt sich darauf, gemeinsam mit seinem Komplizen das Heroin in Faltkarten und in dem Futter eines Schmuggelkoffers zu verstecken, und nach den Vorbereitungen für den Heroinschmuggel von 75,7 g

von Bangkok nach Darmstadt **lehnte er** kurz vor dem Abflug von Bangkok aus Angst ab, **den Heroinkoffer** für ein Honorar nach Darmstadt **zu bringen,** so dass sein Komplice mit dem Stoff reisen musste.

Erfüllt ein Rauschgiftkurier den Tatbestand des Handeltreibens als Täter, liegt **131** seine Mitwirkung aber **an der Grenze zur Beihilfe,** so kann dieser Umstand neben anderen Milderungsgründen zur Verneinung eines besonders schweren Falles führen (*BGH*, Beschl. v. 4. 4. 1986, 2 StR 142/86).

9. Beihilfehandlungen. Ist eine Beihilfehandlung zu beurteilen, dann bedeutet **132** die **Schwere der Haupttat** noch **nicht,** dass auch die **Beihilfe besonders gewichtig** ist. Vielmehr kann die Beihilfe einen minder schweren Fall darstellen. Die Gesamtbetrachtung aller Umstände hat sich auf die Beihilfehandlung zu beschränken (*BGH*, Beschl. v. 13. 3. 1985, 2 StR 32/85). Dabei kann der Tatbeitrag des Gehilfen und die Gehilfenpersönlichkeit **bereits ohne den vertypten Milderungsgrund des § 27 Abs.** 2 StGB bei der Gesamtwürdigung im Vergleich zu anderen erfahrungsgemäß vorkommenden Beihilfehandlungen dieser Fallgruppe einen **minder schweren Fall nach § 29 a Abs.** 2 BtMG darstellen (BGHSt. 38, 315 = NJW 1993, 74 = StV 1992, 578; *BGH*, Beschl. v. 31. 7. 1992, 3 StR 329/ 92; *BGH* NStZ-RR 1996, 374). Einer **nochmaligen Strafmilderung nach §§ 27 Abs. 2, 49 Abs. 1 StGB steht dann nichts im Wege.** Ein minder schwerer Fall kann sich aber auch allein aufgrund des vertypten Milderungsgrundes ergeben. Dann steht einer nochmaligen Milderung nach § 49 Abs. 1 StGB das **Doppelverwertungsverbot des § 50 StGB** im Wege (*Schäfer/Sander/van Gemmeren* Rn. 609 ff.).

10. Luftgeschäfte. In Fällen, in denen das nicht geringe Geschäftsvolumen kei- **133** ne besondere Gefährlichkeit entfalten kann, weil die verkaufte Betäubungsmittelmenge real nicht vorhanden ist, weil der Betäubungsmittellieferant festgenommen wurde oder verstarb, weil die verkaufte Betäubungsmittelmenge unter polizeilicher Beobachtung übergeben wird oder weil die verkaufte Betäubungsmittelmenge von der ermittelnden Polizei durch Drogenimitate ausgetauscht wurde, so können diese Umstände als Luftgeschäfte als minder schwerer Fall gewertet werden.

11. Besondere Verführungssituationen. Ein minder schwerer Fall kann auch **134** darin liegen, dass eine Frau ohne eigene kriminelle Initiative sich dem sie **beherrschenden Einfluss ihres älteren und ihr überlegenen Ehemannes nicht entziehen konnte** (*BGH*, Urt. v. 25. 5. 1977, 3 StR 130/77). **Ringt eine Frau** beim Geschlechtsverkehr einem Mann, der eine beherrschende Beziehung zur Drogenszene hat, das Versprechen ab, einen Heroinbeutel für sie aufzubewahren und erfüllt der Mann diesen Wunsch aus Zuneigung, so ist bei dem Mann zu prüfen, ob trotz Vorliegens des Besitzes von nicht geringen Mengen von Betäubungsmitteln von einem minder schweren Fall auszugehen ist. **Wird ein Freier eines Callgirls bei seinen Liebesfreuden fotografiert** und später unter Hinweis auf dieses Foto zu Rauschgiftgeschäften mit nicht geringen Mengen von Betäubungsmitteln verleitet, so kann er nach § 29 a Abs. 2 BtMG bestraft werden.

12. Überschreitung der Grenzen zulässiger Tatprovokation. Der Um- **135** stand, dass ein Angeklagter einer erheblichen Tatprovokation durch polizeiliche Scheinaufkäufer zum Opfer gefallen ist und zum Handel mit nicht geringen Mengen Betäubungsmittel verleitet wurde, ist zwar ein wesentlicher Strafmilderungsgrund, **rechtfertigt aber allein noch nicht** die Annahme eines **minder schweren Falles** § 29 a Abs. 2 BtMG. **Die Umstände des Einzelfalles bestimmen den Umfang der Strafmilderung: Wie intensiv** wurde er **provoziert,** wurde er tiefer und länger verstrickt, um über ihn hinaus Hinterleute festzunehmen, standen die Scheingeschäfte **unter Observation** (*BGH* NStZ 1985, 415 = StV 1985, 366). Nach dem Beschluss des 2. Strafsenates des *BGH* v. 8. 11. 1985, 2 StR 446/85, können bei einer Tatprovokation durch polizeiliche Lockspitzel auch schuldunabhängige Umstände die Strafrahmenbestimmung und die Strafzumessung i. e. S. beeinflussen und eine Unterschreitung der sonst schuldangemessenen Strafe geboten erscheinen lassen, weil die Tat objektiv nicht so gefährlich war, weil das Rauschgift wegen der Einschaltung von Scheinaufkäufern **nicht an den Endverbraucher** gelangen konnte, weil die **erhebliche Einwirkung eines Lockspitzels** einen wesentlichen Strafmilderungsgrund darstellt, und weil **trotz Fehlens von Verdachtsgründen** von dem V-Mann der Polizei der Angeklagte zur Tat verleitet worden ist (*BGH* NJW 1986, 1764 = StV 1986, 100). Der Umstand, dass die Straftat des Angeklagten aufgrund der **Einwirkung eines V-Mannes** zustande kam, das Geschäft **unter ständiger Kontrolle der Polizei** betrieben wurde, die Tat für den Angeklagten eine **Gelegenheitstat** war und daraus im Ergebnis **kein Schaden** entstand, können zur Prüfung zwingen, ob ein minder schwerer Fall vorliegt (*BGH* NStZ 1985, 361 = StV 1985, 272). Es begründet indes keinen minder schweren Fall, wenn der Täter zwar zur Tat durch einen Dritten, der früher als polizeilicher Lockspitzel tätig war, provoziert wurde, jedoch im konkreten Fall nicht im Auftrag oder mit Billigung der Strafverfolgungsbehörden tätig geworden ist (*Düsseldorf* NStZ-RR 1999, 281 = StraFo 1999, 318).

136   Wurden **sittlich und geistig unreife, jugendliche oder heranwachsende Angeklagte** (*BGH* StV 1982, 221), **Angeklagte von mittelschwerer Debilität** (*BGH* StV 1983, 20 [IQ von 65]), oder schwer **heroinabhängige Angeklagte** (*BGH* StV 1982, 221) Opfer einer intensiven polizeilichen Tatprovokation und zum Handel mit Betäubungsmitteln in nicht geringer Mengen verleitet und durch ein polizeilich überwachtes Scheingeschäft überführt, so ist ein minder schwerer Fall des § 29 a Abs. 2 BtMG zu prüfen. **Überschreiten** staatliche Lockspitzel **die zulässigen Grenzen** der Tatprovokation derart, dass eine nicht von vornherein tatbereite Person zum **Spielball staatlicher Agenten** wird, so bedarf es sorgfältiger Klärung, **in welcher Absicht die provozierenden Stellen** handelten und **in welchem Verdacht die angestiftete Person** stand, ob dem Betroffenen die Verstrickung in Schuld und Strafe zugemutet werden durfte in der Erwartung, in einen Händlerring einzudringen oder um ihn selbst zu überführen. In einem solchen Fall stellt sich die Frage, ob nicht trotz großer Betäubungsmittelmengen die sonst **schuldangemessene Strafe unterschritten** werden muss.

137   Auch in folgenden Fällen sind die zulässigen Grenzen der Tatprovokation überschritten und ein **minder schwerer Fall des § 29 a Abs. 2 BtMG liegt nahe:**

- wenn polizeiliche V-Leute dem Angeklagten **Geld oder Ausweispapiere entwenden** oder ihn in Spielschulden verwickeln, um die hervorgerufene Notlage für eine Tatprovokation zu einem Handel mit nicht geringen Mengen zu nutzen,
- wenn polizeiliche V-Leute dem Angeklagten ein **Betäubungsmittellabor einrichten** und umfangreiche **Grundstoffe und Chemikalien zur Verfügung stellen,** um ihn zur Herstellung und zum Vertrieb nicht geringer Mengen Betäubungsmittel zu veranlassen,
- wenn V-Leute dem Angeklagten **ohne dessen Wissen in den Besitz nicht geringer Mengen von Betäubungsmitteln** bringen, die einem anderen Dealer gehörten,
- wenn ein Angeklagter **mit illegalen Mitteln (Bedrohung, Gewalt usw.)** zum Rauschgifthandel provoziert wird (BGHR BtMG § 29 Strafzumessung 16 = StV 1991, 460),
- wenn ein Angeklagter **sowohl auf der Verkäuferseite als auch auf der Käuferseite** angegangen und zur Vermittlung eines großen Betäubungsmittelgeschäftes zwischen den zwei polizeilichen V-Leuten angehalten und damit zum **Spielball polizeilicher Tatprovokation** wird.

138   **Eine im Ausland von einem V-Mann** eines auswärtigen Landes **vorgenommene Provokation** ist ebenfalls strafmildernd bei der Strafzumessung und Strafrahmenprüfung zu berücksichtigen. Es wäre nämlich gemäß dem Weltrechtsprinzip (§ 6 Nr. 5 StGB) inkonsequent, im Ausland begangene Betäubungsmitteldelikte durch inländische Behörden und Gerichte zu verfolgen, dabei aber die im Ausland erfolgte Tatprovokation außer Betracht zu lassen (BGHR StGB § 46 Abs. 1 V-Mann 3 = StV 1988, 296).

13. Verwicklung von unbescholtenen Bürgern in Rauschgiftgeschäfte 139 durch intensive Tatprovokation. Wird eine unverdächtige und zunächst nicht tatgeneigte Person durch eine von einem Amtsträger geführte VP in einer dem Staat zuzurechnenden Weise zu einem Betäubungsmittelhandel mit Betäubungsmitteln in nicht geringer Menge verleitet und führt dies zu einem Strafverfahren, so liegt darin sowohl ein **Verstoß gegen den Grundsatz des fairen Verfahrens gem. Art. 6 Abs. 1 S. 1 MRK** (*EGMR* StV 1992, 499 [Lüdi gegen die Schweiz]; *EGMR* NStZ 1999, 47 m. Anm. *Sommer* = StV 1999, 127 m. Anm. *Kempf* [Teixeiro de Castro gegen Portugal]), als auch ein **besonders gewichtiger schuldunabhängiger Strafmilderungsgrund,** der zur Unterschreitung der sonst schuldangemessenen Strafe führen muss, der nicht nur vom Gericht **in den Urteilsgründen festzustellen** ist, sondern dessen Umfang im Rahmen der Strafzumessung bei der Festsetzung der Rechtsfolgen eingehend zu erörtern ist. Die Berücksichtigung dieses schuldunabhängigen Strafmilderungsgrundes führt **regelmäßig zu einem minder schweren Fall nach § 29 a Abs. 2 BtMG** und kann zu einem Zurückgehen auf die gesetzliche Mindeststrafe Anlass geben. Bei der Abwägung des Tatrichters haben die Art, die Intensität und der Zweck der Einflussnahme, die Tatbereitschaft des Angeklagten, die Art und der Umfang des Tatbeitrages des Provozierten sowie das Maß der Fremdsteuerung angemessene Berücksichtigung zu finden (*BGHR* StGB § 46 Abs. 1 V-Mann 12 = StV 1995, 131; *BGH* NStZ 1995, 506 = StV 1995, 364; *BGH* NStZ 1999, 501 = StV 1999, 631; BGHSt. 45, 321 = NStZ 2000, 269 = StV 2000, 57; *BayObLG* NStZ 1999, 527 = StV 1999, 632 m. Anm. *Taschke*).

14. Aufklärungshilfe. Sind die Voraussetzungen des § 31 S. 1 BtMG erfüllt, so 141 muss dieser Gesichtspunkt in die Gesamtbetrachtung nach § 29 a Abs. 2 BtMG einbezogen werden (*BGH* StV 1985, 107). **Die weitere Tataufklärung** i. S. v. § 31 BtMG durch einen Angeklagten **kann allein oder zusammen mit anderen Milderungsgründen** nach einer Gesamtbetrachtung zu einem **minder schweren Fall** führen (vgl. dazu im Einzelnen § 31 Rn. 83 ff.).

Begründet ein Tatrichter die Annahme eines minder schweren Falles u. a. damit, dass der Täter durch freiwillige Offenbarung seines Wissens wesentlich dazu beigetragen hat, dass die Tat über seinen eigenen Tatbeitrag hinaus aufgedeckt werden konnte, so scheidet allerdings eine weitere Milderung nach § 49 Abs. 1 StGB aus (§ 50 StGB; s. dazu § 31 Rn. 85). Bejaht der Tatrichter die Voraussetzung des § 31 S. 1 BtMG, so **müssen die Urteilsfeststellungen ergeben, ob er sich der Möglichkeit bewusst** war, dass das Vorliegen des § 31 S. 1 BtMG schon für sich allein auch bei einer sehr großen Menge Heroin wie 500 g 60%iger Heroinbase **einen minder schweren Fall** zu begründen vermag oder ob das Gericht von der **Möglichkeit der Milderung des Strafrahmens nach § 31 S. 1 BtMG i. V. m. § 49 Abs. 2 StGB** Gebrauch gemacht hat (s. dazu § 31 Rn. 79).

15. Vernichtung der Betäubungsmittel oder das Abstandnehmen vom 142 Geschäft. Lehnt der Angeklagte nach den Vorbereitungen eines Heroinschmuggels von 75,7 g von Bangkok nach Darmstadt kurz vor dem Abflug von Bangkok aus Angst ab, den Heroinkoffer für ein Honorar nach Darmstadt zu bringen, so dass sein Komplize allein mit dem Stoff reisen muss, erlaubt dies die Annahme eines minderschweren Falles (*BGH* StV 1981, 278 m. Anm. *Michalke*). Hat ein Angeklagter von einer zugesagten Lieferung von 2–3 kg Haschisch freiwillig Abstand genommen, so kann das Gericht diesen Gesichtspunkt im Urteil nicht unerwähnt lassen, da er einen maßgeblichen Strafmilderungsgrund bildet, der schon bei der Prüfung der Annahme eines minder schweren Falles zu prüfen ist (*BGH* StV 1984, 201). Besondere Umstände, die die Annahme eines minder schweren Falles erlauben, sind beispielsweise, dass **Haschisch wegen starken Benzingeruches bedingt brauchbar und nur schwer absetzbar war,** und dass der Täter das Rauschgift vernichtete oder vernichten wollte (*BGH*, Beschl. v. 15. 5. 1979, 2 StR 262/79).

143   **16. Berücksichtigung einer ausländischen Aburteilung bzw. einer Auslandstat ohne Inlandsbezug.** Ein gewichtiges Argument für die Annahme eines minder schweren Falles kann sein, dass der Angeklagte **wegen derselben Tat bereits** nach der Tatbegehung **durch ein ausländisches Gericht bestraft worden ist** und er die Tat als hierdurch gesühnt betrachten konnte (*BGH* StV 1986, 292). Ein minder schwerer Fall des Handeltreibens mit Betäubungsmitteln kann auch bei einer Haschischmenge mit 150 g THC angenommen werden, wenn die **Tat keinerlei Inlandsbezug hat,** wie z. B. bei einer Vermittlung eines Haschischgeschäfts zwischen einem Franzosen und einem Niederländer durch einen Deutschen in den Niederlanden (*LG Kleve* StV 1985, 107).

144   **17. Verkürzte Lebenserwartung des AIDS-Kranken.** Der Erwerb, der Besitz, die Abgabe, das Handeltreiben mit Betäubungsmitteln in nicht geringer Menge kann bei einem AIDS-Kranken **wegen des besonderen Leidensdrucks und wegen der verkürzten Lebenserwartung** zur Annahme eines minder schweren Falles des § 29a Abs. 2 bzw. § 30 Abs. 2 BtMG führen. Das Strafmaß darf in diesem Falle auch die Untergrenze des Spielraumes der ansonsten schuldangemessenen Strafe unterschreiten (vgl. *BGH* NStZ 1991, 527).

145   **18. Zusammentreffen zahlreicher Milderungsgründe.** Die **desolate wirtschaftliche und persönliche Situation,** die Armut und **Krankheiten der Familie,** das Unbestraftsein, das Geständnis, die **besondere Strafempfindlichkeit,** die schablonenhafte Tatausführung, die **Ausnutzung und Bedrohung durch einen Auftraggeber,** die Entdeckung des für das Ausland bestimmten Rauschgifts sind normale Strafmilderungsgründe, die einzeln noch keinen minder schweren Fall begründen, aber in ihrer Summe einen minder schweren Fall bedeuten können. Treffen mehrere vertypte Milderungsgründe wie § 21 StGB und § 31 BtMG zusammen, so bedarf es einer besonderen gründlichen Gesamtwürdigung.

III. Strafschärfungserwägungen

Zu den Strafschärfungserwägungen im Allgemeinen s. Vorbem. §§ 29 ff. Rn. 211 ff.

146   **1. Ungewöhnlich große Menge.** Nicht nur die nicht geringe Menge an sich, sondern die starke und **ungewöhnliche Überschreitung des Grenzwertes** der nicht geringen Menge können strafschärfend berücksichtigt werden. Dies verstößt nicht gegen das Doppelverwertungsverbot. Es stellt sich deshalb die Frage, ob das Gefährdungspotential von 1 kg **Heroin** oder 1 t **Haschisch** es erlaubt, auf die Höchststrafe von 15 Jahren zu erkennen. Der *BGH* hat mehrfach zum Ausdruck gebracht, dass es dem Tatrichter nicht verwehrt ist, die **Höchststrafe** zu verhängen, wenn er das Vorhandensein strafmildernder Umstände in seine Prüfung mit einbezogen hat und deren Vorliegen im Ergebnis verneint hat (vgl. *BGH,* Beschl. v. 17. 9. 1975, 3 StR 329/75; *BGH,* Urt. v. 4. 4. 1978, 1 StR 48/78; *BGH* StV 1983, 102; *Kreuzer* in HbBtMR § 4 Rn. 243 ff.).

147   Der 3. **Strafsenat** des *BGH* hat die **Höchststrafe von 10 Jahren** nach altem Recht für ein Schmuggelunternehmen von **mehreren Tonnen Haschisch** in einem Wohnmobil von Pakistan nach Australien unbeanstandet gelassen (*BGH,* Beschl. v. 18. 3. 1983, 3 StR 479/82). So hat auch der 5. **Strafsenat** des *BGH* die **Höchststrafe von 10 Jahren** Freiheitsstrafe nach früherem Recht bestätigt, die für einen Schmuggeltransport von einer ungewöhnlich großen Menge, nämlich von **3 Tonnen Haschisch mit dem Motorschiff Seahorse** vom Libanon nach Holland verhängt worden war (*BGH,* Urt. v. 2. 9. 1980, 5 StR 284/80). Der ehemalige Vorsitzende des 2. **Strafsenates,** Bundesrichter *Mösl* (DRiZ 1979, 166), hat den Grundsatz aufgestellt, dass die Höchststrafe nicht dem theoretisch denkbar schwersten Fall vorbehalten ist, sondern dass sie einen ganzen Bereich denkbar schwerer Fälle abdeckt, in denen keinerlei Milderungsgründe zu erkennen sind. Wollte man die Höchststrafe des gesetzlichen Strafrahmens für den theo-

retisch denkbar schwersten Fall reservieren, so könnte diese nicht verhängt werden. Denn es sind immer Fälle vorstellbar, in denen jemand ein noch größeres Rauschgiftdepot unterhält, einen noch größeren Rauschgifttransport fährt, die doppelte oder vielfache Menge der zu beurteilenden Menge herstellt, aufkauft oder verkauft.

Andererseits **muss** bei Vorliegen von zahlreichen Milderungsgründen selbst **148** beim Handel mit **109 kg Heroingemisch** mit 85 kg Wirkstoff **nicht** auf die **Höchststrafe erkannt** werden. Vielmehr kann eine Freiheitsstrafe von nur 12 1/2 Jahren durchaus angemessen sein (*BGH*, Urt. v. 15. 5. 1991, 2 StR 514/90). Der Strafrahmen muss auch ausreichen für den führenden Kopf einer griechischen Bande, der im Frühjahr 2004 in Südamerika **4.500 kg Kokain** ankaufte und einen Transport mit einem Fischerboot in Richtung Spanien organisierte, **ohne das Rauschgift selbst anzufassen** (*Stuttgart* NStZ 2005, 47 = StV 2004, 546). Das *LG Kassel* verurteilte sieben Angeklagte, die von zwei V-Leuten in unterschiedlicher Weise animiert und provoziert worden waren, entsprechend ihrer Tatbeteiligung am Handel und Schmuggel von **1.243 Kilogramm Kokain** mit 811 kg Wirkstoff Kokainhydrochlorid zu Freiheitsstrafen zwischen 1 Jahr 6 Monaten und 10 Jahren (*LG Kassel*, Urt. v. 5. 12. 2003, 8821 Js 36.195/02–5KLs).

2. Gesundheitsschädigung durch ungewöhnlich hohe Betäubungsmit- 149 telkonzentration und/oder giftige Beimengungen. Hat der Angeklagte **nicht nur** mit einer **immensen Betäubungsmittelmenge** Handel getrieben, sondern ausschließlich hochprozentige Betäubungsmittel geliefert, die von den Abnehmern vielfach zu strecken waren und ohne Verbraucherinformation sich als besonders gefährlich erwiesen, so kann dies im Strafrahmen des Verbrechenstatbestandes sich besonders strafschärfend auswirken. Ähnliche Erwägungen gelten für den Betäubungsmittelhändler, der zwar seine große Betäubungsmittelmenge nicht hochprozentig verkauft, aber der Verkaufsware **gefährliche Streckmittel oder Gifte (wie Scheuerpulver, Gips, Zyankali oder Strychnin)** beimischt, die bei den Drogenkonsumenten zu **gesundheitlichen Krisen** führen müssen.

3. Übersteigertes Gewinnstreben. Strebt ein **Betäubungsmittelgroßhänd- 150 ler** mit seinen Betäubungsmittellieferungen nicht nur hohe Gewinne an, sondern beutet seine von ihm abhängige Kundschaft derart aus, dass sie ihm **überdurchschnittliche, marktunübliche Preise** zahlen, dann verstößt es nicht gegen das Doppelverwertungsverbot von Tatbestandsmerkmalen (§ 46 Abs. 3 StGB), wenn diese besondere kriminelle Intensität strafschärfend gewertet wird (*BGH*, Beschl. v. 15. 3. 1984, 1 StR 68/84, zit. bei *Mösl* NStZ 1984, 495; vgl. dazu § 29/Teil 4, Rn. 351). Sofern das **Handeltreiben mit nicht geringen Mengen** von Betäubungsmitteln **als bloße Leerformel strafschärfend** gewertet wird, verstößt dies gegen das **Doppelverwertungsverbot** (s. dazu § 29/Teil 4, Rn. 323 ff.). Geht es aber bei einem Rauschgiftdeal um 8 kg eines 50%igen Kokaingemisches ohne außergewöhnliche mildernde Begleitumstände, so kann dieses **besonders gewichtige Handeltreiben als besonders intensive Rechtsgutverletzung** gegenüber den übrigen Tatmodalitäten des § 29 a BtMG gewertet und ohne Verstoß gegen das Doppelverwertungsverbot besonders hart bestraft werden (BGHSt. 44, 361 = NStZ 1999, 225 = StV 1999, 529; *BGH* NJW 2000, 597 = StV 2000, 73).

4. Ausnutzung von Situationen der Hilflosigkeit. Bietet ein Drogenhänd- 151 ler große Betäubungsmittelmengen nicht nur an Drogenabhängige, sondern an geisteskranke, lebensmüde und/oder verzweifelte Menschen, Angehörige von Tumorkranken als Heilmittel bzw. Problemlöser an, so kann die Ausnutzung der Hilflosigkeit straferhöhend wirken.

5. Anwendung von Korruption und Kollusion. Hat ein Betäubungsmittel- 152 händler durch finanzielle Förderung von Sozialeinrichtungen, **durch Bestechung** von Beamten, durch Darlehen oder Immobiliengeschäfte **Kontrollmaßnahmen von Strafverfolgungs- oder Ordnungsbehörden verhindert,** sich Im- bzw.

Exporterlaubnisse, Nachtlokalkonzessionen bzw. Baugenehmigungen zur Abwick-lung von Rauschgiftgeschäften erschlichen, so bedarf diese sozial gefährliche Tat-ausführung ebenfalls einer Ausschöpfung des Strafrahmens.

153   **6. Anwendung von Drohung, Gewalt und Waffen.** Treibt ein Betäu-bungsmittelhändler bei seinen Schuldnern seine Forderungen mit Drohungen, Gewalt, Erpressung oder mit Waffen ein, so wirken sich diese lebensbedrohenden Methoden besonders strafschärfend aus. Die **Beauftragung von brutalen Kas-sierern und Killern nach Lieferung einer großen Betäubungsmittelmenge** erfordert eine Freiheitsstrafe, die erheblich über der Mitte des Strafrahmens liegt, auch wenn eine bandenmäßige Begehungsweise im konkreten Fall nicht nachweis-bar erscheint.

154   **7. Zusammentreffen mehrerer Verbrechenstatbestände.** Verwirklicht der Angeklagte als Betäubungsmittelhändler mit einer Tathandlung mehrere Verbre-chenstatbestände, so wirkt sich dies in der Regel straferhöhend aus.

IV. Strafmilderungserwägungen

155   Die bei der Prüfung eines minder schweren Fall in Rn. 117 ff. genanten Um-stände sind auch im Rahmen der Strafzumessung i. e. S. als Strafmilderungsgründe zu berücksichtigen. Zu den Strafmilderungserwägungen im Allgemeinen s. Vor-bem. §§ 29 ff. Rn. 124 ff.

V. Verstöße gegen das Doppelverwertungsverbot

156   Hat die besondere Gefährlichkeit von Ecstasy-Tabletten für Jugendliche bei Technoveranstaltungen bei der Bestimmung der nicht geringen Menge von MDA, MDMA oder MDE eine Rolle gespielt, so würde die strafschärfende Berücksichti-gung dieser Umstände im Rahmen der Strafzumessung das Doppelverwertungs-verbot des § 46 Abs. 3 StGB verletzen (vgl. *Cassardt* NStZ 1997, 135 ff.; vgl. dazu auch § 29/Teil 4, Rn. 322 ff.). Handelt es sich nicht um eine ungewöhnlich große Menge, so darf die nicht geringe Menge, die Tatbestandsmerkmal des Verbrechens-tatbestandes ist, nicht nochmals bei den allgemeinen Strafzumessungserwägungen berücksichtigt werden. Wurde bei einem Angeklagten die außergewöhnlich profes-sionelle Tatausführung des Betäubungsmittelanbaus strafschärfend gewürdigt, so darf wegen des Doppelverwertungsverbotes des § 46 Abs. 3 StGB der eng damit verbundene hohe Ertrag des Anbaus nicht nochmals strafschärfend gewertet wer-den (*BayObLG* NStZ 1998, 261 = StV 1998, 81).

VI. Strafmaß bei großen Mengen von Ecstasy-Tabletten

157   Zwar sind **Strafmaßlisten abzulehnen** und das **Strafmaß nicht durch Ver-gleiche mit anderen Strafsachen zu bestimmen.** Es kann und soll sich das Strafmaß bei Fällen von nicht geringen Mengen von Betäubungsmitteln **nicht allein an den Wirkstoffmengen** der besessenen oder gehandelten Betäubungs-mittel **orientieren**, sondern es hat auf einer **Gesamtabwägung aller in Be-tracht kommenden Strafmilderungs- und Strafschärfungsumstände** zu beruhen. In zahlreichen Betäubungsmittelfällen sind aber gewichtige Umstände, die den Fall vom Durchschnittsfall abheben, entweder nur schwer erkennbar oder lassen sich wegen des Schweigens des Angeklagten nur schwer herausarbeiten, so dass die **Wirkstoffmenge** das **entscheidende Kriterium** erlangt.

158   **Das Strafmaß in Tablettensachen** ist besonders schwierig. Selbstverständlich ist auch bei Tablettensachen nicht die Tablettenzahl, sondern die Wirkstoffmenge zusammen mit anderen Erwägungen entscheidend. Die folgende Übersicht soll aber dennoch ein **Ausgangspunkt für Überlegungen** sein, kann aber **niemals eine Gesamtabwägung im Einzelfall ersetzen:**

Strafmaß von Ecstasy-Urteilen
Handeltreiben mit nicht geringen Mengen von MDMA, MDA und MDE
nach Tablettenmengen geordnet

Gerichtsart, Gerichtsort, Aktenzeichen	Tablettenzahl, Gewichtsmenge, Wirkstoffmenge	Höhe der Freiheitsstrafe
Amtsgericht – SchG – Frankfurt am Main 940 Ls 88 Js 34373.9/98	Handeltreiben mit ca. **5.700 Metamphetamin-, 1.500 Amphetamin- und 650 Rohypnoltabletten**	14. 12. 1999 **3 Jahre 6 Monate**
7. StrK Landgericht Kassel 503 Js 11375/00 – 7 KLs –	Handeltreiben mit ca. **14.000 Ecstasy-Tabletten, 1 kg Speed** sowie Betäubungsmittel-Imitaten	23. 10. 2001 **4 Jahre Gesamt- freiheitsstrafe**
1. StrK Landgericht Kassel 558 Js 418985/95 – 1 KLs –	Einfuhr und Handeltreiben mit **20.000 Ecstasy-Pillen,** Wirkstoffgehalt mind. 1.350 g sowie Beihilfe zum Handeltreiben	13. 3. 1997 **5 Jahre Gesamt- freiheitsstrafe 3 Jahre 6 Monate 2 Jahre 6 Monate**
29. STK LG Frankfurt/ Main 5/29 KLs 5110 Js 2066119/01 (L 5/01)	Handeltreiben mit **24.850 Ecstasy-Tabletten** 6.635 g Gewichtsmenge 3.264,4 g Wirkstoffmenge	11. 10. 2001 **4 Jahre 6 Monate**
17. STK LG Frankfurt/ Main 5/17 KLs – 5120 84 Js 24744.8/00	Handeltreiben mit **30.106 Ecstasy-Tabletten**	29. 3. 2001 **3 Jahre 3 Monate 3 Jahre**
7. StrK Landgericht Kassel 503 Js 11375/00 – 7 KLs –	Handeltreiben mit **51.000 Ecstasy-Tabletten**	13. 7. 2000 **8 Jahre Gesamt- freiheitsstrafe**
28. STK LG Frankfurt/ Main 5/28 KLs – L 1/01 5110 Js 221460/01 Agr	Handeltreiben mit **82.851 Ecstasy-Tabletten** 5.491,3 g Wirkstoffmenge	7. 2. 2002 **3 Jahre 6 Monate 3 Jahre 3 Monate 3 Jahre 6 Monate**
6. STK LG Frankfurt/Main 5/6 KLs – Sch 3/99 88 Js 5011.7/99	Handeltreiben mit **90.000 Ecstasy-Tabletten** 12.200 g Gewichtsmenge 3.600 g Wirkstoffmenge	18. 10. 1999 **6 Jahre Freiheits- strafe** 3 Jahre 3 Monate <u>1 Jahr 6 Monate</u> **4 Jahre Gesamt- freiheitsstrafe**
1. STK LG Frankfurt/Main 1 Js 2105/01 – KLs	Handeltreiben mit **500.000 Ecstasy-Tabletten** und ca. 11 kg Amphetamin (Verkauf an VP der Polizei)	5. 12. 2001 **4 Jahre 11 Monate 5 Jahre 6 Monate**
7. STK Landgericht Lübeck 713 Js 50671/01 7 KLs (16/02)	Handeltreiben mit **1.600.000 Ecstasy-Tabletten** = Gesamtgewicht 484.000 g = Wirkstoffmenge 242.454 g	26. 8. 2002 **8 Jahre 6 Jahre 6 Jahre**

VII. Erweiterter Verfall und Einziehung

159   In den Fällen des § 29 a BtMG ist gem. § 33 Abs. 1 Nr. 2 BtMG ein erweiterter Verfall nach § 73 d StGB möglich. Gem. § 33 Abs. 2 BtMG können in diesen Fällen die Betäubungsmittel als Beziehungsgegenstände eingezogen werden.

I. Konkurrenzen

I. § 29 a Abs. 1 Nr. 2 BtMG und Grundtatbestand

160   Der Verbrechenstatbestand des § 29 a BtMG stellt ebenso wie der Verbrechenstatbestand des § 30 Abs. 1 Nr. 4 BtMG lex specialis zu dem Grundtatbestand des § 29 Abs. 1 BtMG dar. So geht auch der Verbrechenstatbestand des Besitzes von nicht geringen Mengen von Betäubungsmitteln (§ 29 a BtMG) dem Grundtatbestand des Besitzes von Betäubungsmitteln (§ 29 Abs. 1 S. 1 Nr. 3 BtMG) vor. Zwar umfasst der Verbrechenstatbestand des § 29 a Abs. 1 Nr. 2 BtMG nicht den Anbau von nicht geringen Mengen von Betäubungsmitteln und nicht den Erwerb von nicht geringen Mengen von Betäubungsmitteln. Der Besitz, der normalerweise hinter dem Erwerb oder hinter dem Anbau zurücktritt, verdrängt aber, wenn er nicht geringe Mengen von Betäubungsmitteln umfasst, den einfachen Erwerb oder den einfachen Anbau (*BGH* NStZ 1994, 548; BGHSt. 42, 162 = NStZ 1996, 604 = StV 1996, 668; *BGH* NStZ-RR 1997, 49; *BayObLG* NStZ 1998, 261 = StV 1998, 81; *Dresden* NStZ-RR 1999, 372). Teilweise wird hier jedoch in der Rspr. Tateinheit angenommen (*Düsseldorf* NStZ 1999, 88).

II. § 29 a Abs. 1 Nr. 2 BtMG und besonders schwerer Fall nach § 29 Abs. 3 S. 1 BtMG

161   Da es sich bei § 29 Abs. 3 BtMG um keinen selbstständigen Qualifikationstatbestand handelt, kann § 29 Abs. 3 S. 2 Nr. 1 BtMG nicht in Tateinheit mit dem Verbrechenstatbestand des § 29 a BtMG stehen. Produziert oder vertreibt ein Angeklagter Betäubungsmittel in nicht geringen Mengen **gewerbsmäßig,** so wird der Grundtatbestand des Handeltreibens bzw. der Herstellung von Betäubungsmitteln einschließlich der in § 29 Abs. 3 S. 1 BtMG enthaltenen Strafzumessungsregel von dem Verbrechenstatbestand des § 29 a BtMG mit umfasst und tritt im Wege der Gesetzeskonkurrenz hinter diesen zurück. Der besonders schwere Fall der Gewerbsmäßigkeit behält aber **im Rahmen der Strafzumessung** bei dem Qualifikationstatbestand des § 29 a BtMG seine Bedeutung (*BGH* NStZ 1994, 39; *BGH* NStZ-RR 1996, 47 = StV 1996, 94; *BGH* NStZ-RR 1998, 373).

III. Verschiedene Begehungsweisen des Verbrechenstatbestandes des § 29 a BtMG gleichzeitig oder nacheinander

162   **1. Besitz in nicht geringer Menge und die übrigen Tathandlungen.** Der **Besitz von nicht geringen Mengen** von Betäubungsmitteln nach § 29 a Abs. 1 Nr. 2 BtMG **tritt als Auffangtatbestand hinter den speziellen Begehungsweisen** des Handeltreibens, Herstellens, Abgebens von nicht geringen Mengen von Betäubungsmitteln nach § 29 a Abs. 1 Nr. 2 BtMG und hinter der Einfuhr von nicht geringen Mengen nach § 30 Abs. 1 Nr. 4 BtMG **zurück.** Die verschiedenen Tatbestandsalternativen des § 29 a Abs. 1 Nr. 2 BtMG beinhalten gegenüber dem Besitz mit seiner abstrakten Gefährlichkeit die Schaffung einer neuen Gefährdungslage und damit nach Umfang und Bedeutung ein größeres Unrecht als der Auffangtatbestand des Besitzes (BGHSt. 42, 162 = NStZ 1996, 604 = StV 1996, 668; *Karlsruhe* NStZ-RR 2002, 85 = StV 2002, 431).

163   Da der Besitz von nicht geringen Mengen von Betäubungsmitteln in § 29 a Abs. 1 Nr. 2 BtMG nur subsidiäre Bedeutung hat, hat er auch nicht die Kraft, selbstständige. Die Voraussetzungen des § 29 a Abs. 1 Nr. 2 BtMG erfüllende andere Tatbegehungsweisen des unerlaubten Handeltreibens, der unerlaubten Herstellung und der unerlaubten Abgabe von Betäubungsmitteln in nicht geringen Mengen untereinander oder mit einer unerlaubten Einfuhr von Betäubungsmitteln in nicht geringen Mengen, die nach § 30 Abs. 1 Nr. 4 BtMG ohnehin mit einer höheren Strafandrohung versehen ist, zur Tateinheit zu verbinden; so stehen z. B. die unerlaubte Einfuhr von Betäubungsmitteln in nicht geringer Menge und die auf einen neuen Entschluss beruhende unerlaubte Abgabe dieser Betäubungsmittel in Tateinheit (*BGH* NStZ 1996, 604 = StV 1996, 668).

Die Verbrechensalternative Herstellen von Betäubungsmitteln in nicht geringer **164** Menge verdrängt den Auffangtatbestand des Besitzes von nicht geringen Mengen von Betäubungsmitteln (*Karlsruhe* NStZ-RR 2002, 85 = StV 2002, 431; vgl. auch *BGH* MDR 1990, 458).

2. Handeltreiben in nicht geringer Menge und die übrigen Tathandlun- 165 gen. a) Bewertungseinheit. Der Handel mit Betäubungsmitteln in nicht geringer Menge verbindet im Rahmen eines und desselben Güterumsatzes die aufeinanderfolgenden Teilakte vom Erwerb über die Einfuhr bis zur Veräußerung zu einer einzigen Tat i. S. einer Bewertungseinheit (*BGH* NStZ-RR 1996, 232; *BGH* NStZ 1997, 90; *BGH* NStZ 2004, 398). Dies gilt insb. dann, wenn mehrere Einzelverkäufe aus einer einheitlich erworbenen Gesamtmenge herrühren (*BGH* NStZ 1997, 137; *BGH* NStZ 2000, 540). Wird eine Menge Betäubungsmittel zum gewinnbringenden Weiterverkauf bezogen, aber noch nicht abgesetzt, ist auch der unerlaubte Besitz lediglich ein unselbstständiger Teilakt des beabsichtigten Handeltreibens (*BGH* NStZ-RR 2011, 90). Der bloße Besitz eines Betäubungsmittels am Ort des Betäubungsmittelrestes aus einer Vortat hat aber nicht die Kraft, mehrere selbständige Taten des unerlaubten Handeltreibens mit Betäubungsmitteln zur Tateinheit zu verklammern (*BGH* NStZ 1995, 38 = StV 1995, 26; *BGH* NStZ 1997, 243 = StV 1997, 470; vgl. auch *BGH* NStZ 1996, 604 = StV 1996, 668).

Auch das Herstellen nicht geringer Mengen von Betäubungsmitteln tritt im **166** Rahmen der Bewertungseinheit hinter dem Handeltreiben mit nicht geringen Mengen von Betäubungsmitteln zurück, wenn das Herstellen dem Güterumsatz dient (*BGH* NStZ 1994, 548 = StV 1995, 26; BGHSt. 42, 162 = NStZ 1996, 604 = StV 1996, 668).

Die Einfuhr von nicht geringen Mengen nach § 30 Abs. 1 Nr. 4 BtMG ist aber **167** nicht in § 29 a BtMG geregelt und tritt wegen der höheren Strafandrohung nicht im Rahmen einer Bewertungseinheit hinter dem Handeltreiben mit nicht geringen Mengen zurück (s. Rn. 173).

b) Erwerb von Betäubungsmitteln in nicht geringer Menge zum Ei- 168 genkonsum und zum Weiterverkauf. Die rechtliche Einordnung von Erwerbsvorgängen mit unterschiedlicher Zweckbestimmung richtet sich **nach den jeweiligen Einzelmengen.** Übersteigt die Gesamtmenge den Grenzwert zur nicht geringen Menge, so kommt es auf die jeweiligen Teilmengen an. Einen Rechtsfehler stellt es dar, wenn das Landgericht sich keine Klarheit darüber verschafft, welcher Anteil der von dem Angeklagten erworbenen Rauschgiftmengen dem Eigenkonsum und damit dem unerlaubten Erwerb von Betäubungsmitteln und welcher Anteil dem gewinnbringenden Weiterverkauf zuzurechnen war, beide Teilmengen zu einer nicht geringen Menge zusammenrechnet und so zu einem unzutreffenden Schuldumfang gelangt (*BGH* StV 1996, 214). Das Tatgericht darf wegen der unterschiedlichen Auswirkungen bei der rechtlichen Einordnung und bei der Strafzumessung nicht offen lassen, **welcher Anteil zum Eigenverbrauch** und **welcher Anteil zum Verkauf** vorgesehen war. Es muss dies feststellen und notfalls unter Beachtung des Zweifelssatzes schätzen (BGHR BtMG § 29 Abs. 1 Nr. 1 Konkurrenzen 5 = StV 2002, 255; *BGH* StV 2004, 602; *BGH* NStZ 2006, 173; *Weber* § 29 a Rn. 168). Eine derartige Schätzung muss aber auf einer konkreten Tatsachengrundlage beruhen, die revisionsrechtlich nachprüfbar ist.

aa) Handelsmenge unter dem Grenzwert, Eigenverbrauchsmenge dar- 169 über. Bleibt die Handelsmenge unter dem Grenzwert, so kommt unerlaubter Besitz der nicht geringen Eigenverbrauchsmenge nach § 29 a Abs. 1 Nr. 2 BtMG in Betracht, die in Tateinheit mit dem Handeltreiben nach § 29 Abs. 1 S. 1 Nr. 1 BtMG steht und den Erwerb nach § 29 Abs. 1 S. 1 Nr. 1 BtMG verdrängt (BGHR BtMG § 29 Abs. 1 Nr. 1 Konkurrenz 5 = StV 2002, 255; *BGH*, Beschl. v. 7. 7. 2004, 1 StR 115/04 = BeckRS 2004, 07145).

170   **bb) Handels- und Eigenverbrauchsmenge über dem Grenzwert.** Übersteigt die Handelsmenge den Grenzwert und erweist sich die Eigenverbrauchsmenge ebenfalls als eine nicht geringe Menge, so besteht zwischen den zwei Alternativen des § 29a Abs. 1 Nr. 2 BtMG Tateinheit (BGHR BtMG § 29 Abs. 1 Nr. 1 Konkurrenz 5 = StV 2002, 255; *BGH* NStZ-RR 2002, 328; *BGH* NStZ 2006, 173).

171   **cc) Handelsmenge über dem Grenzwert, Eigenverbrauchsmenge darunter.** Bleibt die Eigenverbrauchsmenge unter dem Grenzwert, während die Handelsmenge darüber liegt, so besteht Tateinheit zwischen Handeltreiben mit nicht geringen Mengen nach § 29a BtMG und unerlaubtem Erwerb nach § 29 Abs. 1 S. 1 Nr. 1 BtMG (BGHR BtMG § 29 Abs. 1 Nr. 1 Konkurrenz 5 = StV 2002, 255; *BGH* NStZ 2006, 173).

172   **c) Beihilfe zum Handeltreiben mit Betäubungsmitteln in nicht geringer Menge und Besitz nicht geringer Menge.** Unterstützt der Täter den Dealer, indem er Betäubungsmittel in nicht geringer Menge für ihn verwahrt, so stehen der Besitz von nicht geringen Mengen von Betäubungsmitteln in Tateinheit mit Beihilfe zum Handeltreiben mit nicht geringen Mengen von Betäubungsmitteln (*BGH* NStZ-RR 1996, 116; *BGH* NStZ-RR 2000, 312 = StV 2000, 620; *BGH* NStZ 2006, 454; *BGH* NStZ-RR 2008, 54).

IV. § 29a Abs. 1 Nr. 2 BtMG und § 30 BtMG

173   **1. Handeltreiben und Einfuhr.** Als Ausnahme zur Bewertungseinheit stehen wegen des unterschiedlichen Strafrahmens von § 29a Abs. 1 Nr. 2 und § 30 Abs. 1 Nr. 4 BtMG die Einfuhr von nicht geringen Mengen von Betäubungsmitteln (§ 30 Abs. 1 Nr. 4 BtMG) und das Handeltreiben mit Betäubungsmitteln in nicht geringer Menge (§ 29a BtMG) **in Tateinheit** (BGHSt. 31, 163 = NStZ 1983, 174 = StV 1983, 63; BGHSt. 40, 73 = NStZ 1994, 290 = StV 1994, 375; *BGH* NStZ-RR 2010, 119).

174   **2. Besitz und Einfuhr.** Der Besitz in nicht geringer Menge nach § 29a Abs. 1 Nr. 2 BtMG tritt dagegen hinter die Einfuhr in nicht geringe Menge gem. § 30 Abs. 1 Nr. 4 BtMG zurück (*BGH* NStZ-RR 2004, 88; *BGH*, Beschl. v. 7. 7. 2010, 5 StR 238/10 = BeckRS 2010, 17947).

175   **3. Bandenmäßiges Handeltreiben.** Produziert oder vertreibt der Angeklagte Betäubungsmittel in nicht geringen Mengen bandenmäßig, so geht der Verbrechenstatbestand des § 30a Abs. 1 Nr. 1 BtMG als Spezialregelung dem § 29a Abs. 1 Nr. 2 BtMG vor (vgl. § 30a Rn. 118).

V. Nicht von § 29a BtMG erfasster Umgang mit Betäubungsmitteln in nicht geringer Menge

176   **1. Erwerb von Betäubungsmitteln in nicht geringer Menge zum Eigenverbrauch.** Soweit ein Angeklagter eine nicht geringe Menge von Betäubungsmitteln zum Eigenkonsum erwirbt und besitzt, so verdrängt der Erwerb, für den es in § 29a Abs. 1 Nr. 2 BtMG keinen Verbrechenstatbestand gibt, den Besitz nicht geringer Mengen von Betäubungsmitteln nicht. Hier ist der Besitz nicht geringer Mengen von Betäubungsmitteln kein Auffangtatbestand. Vielmehr verdrängt er den Erwerb (*BGH* NStZ 1994, 548).

177   **2. Anbau in nicht geringer Menge.** Da der § 29a BtMG weder den Erwerb von Betäubungsmitteln in nicht geringer Menge, noch den Anbau derselben erwähnt, konkurriert der Grundtatbestand des Anbaus von Betäubungsmitteln (§ 29

Abs. 1 S. 1 Nr. 1 BtMG) mit dem Besitz nicht geringer Mengen von Betäubungsmitteln (§ 29a Abs. 1 Nr. 2 BtMG), sofern die Betäubungsmittelpflanzen eine nicht geringe Wirkstoffmenge aufweisen, die der Anbauer zu vertreten hat. In diesem Fall wird der Anbautatbestand durch den Verbrechenstatbestand des § 29a Abs. 1 Nr. 2 BtMG verdrängt (*Dresden* NStZ-RR 1999, 372; *Karlsruhe* NStZ-RR 2002, 85 = StV 2002, 431; a. A. *Düsseldorf* NStZ 1999, 88 [wohl Tatmehrheit]).

3. Sichverschaffen in nicht geringer Menge. Das Sichverschaffen von Be- **178** täubungsmitteln in nicht geringer Menge geht in dem Verbrechenstatbestand des Besitzes nicht geringer Mengen nach § 29a BtMG auf (BGHSt. 42, 162 = NStZ 1996, 604 = StV 1996, 668; *BGH* StraFo 2005, 82).

J. Verfahren

I. Bestimmung der nicht geringen Menge durch den Tatrichter bei sichergestellten Betäubungsmitteln

1. Notwendigkeit der Wirkstoffuntersuchung. Nach einer Reihe von **179** *BGH*-Entscheidungen kann kein Zweifel daran bestehen, dass der Tatrichter nicht nur zur Feststellung einer nicht geringen Menge, sondern allgemein **zur Bestimmung des Schuldumfanges** entweder konkrete Feststellungen über die Qualität des Betäubungsmittelgemisches treffen oder aber von dem für den Angeklagten günstigsten Mischungsverhältnis ausgehen muss. Dies gilt für Heroin, Kokain, Haschisch, Marihuana und andere Stoffe in gleicher Weise. An die Stelle der **Gewichtsmenge** der Betäubungsmittel **(Quantität)** ist die **Wirkstoffmenge (Qualität)** getreten. So ist es fehlerhaft, keine Feststellungen zur Qualität (Reinheitsgrad und Wirkstoffgehalt) von Betäubungsmitteln zu treffen, wenn das Betäubungsmittel untersucht worden ist oder noch untersucht werden kann (vgl. BGHSt. 33, 8, 15 = NJS 1985, 1404 = StV 1984, 466; BGHSt. 42, 1 = NJW 1996, 794 = StV 1996, 95; *BGH* StV 2000, 613; *BGH* StV 2004, 603; *BGH* StV 2006, 184; *BGH* NStZ 2008, 471; *BayObLG* StV 2004, 603). Die Mitteilung im Urteil, die nicht geringe Menge eines Betäubungsmittels sei um ein Vielfaches überschritten worden, ersetzt keine Wirkstoffuntersuchung, wenn angesichts der Vielfalt vorkommender Wirkstoffkonzentrationen und der Unterschiedlichkeit geforderter Preise der Schuldumfang nicht ausreichend gekennzeichnet ist und das Revisionsgericht den Strafausspruch nicht überprüfen kann (*BGH*, Urt. v. 10. 10. 1989, 1 StR 483/89). Es ist heute gefestigte Rspr., dass für die Annahme des **Verbrechenstatbestands unbestimmte Qualitätsbezeichnungen** („ca. 1,25 kg **Haschisch allenfalls mittelmäßiger Qualität**" oder „ca. 1,5 kg Haschisch ebenfalls **höchstens mittlere Qualität**" (*BGH*, Beschl. v. 31. 10. 1984, 1 StR 643/84), „**gutklassige Ware**" (BGHSt. 33, 92 = StV 1985, 107), **Amphetamin von „guter Qualität**" (*BGH* StV 2004, 603) oder **bloße Mengenangaben**, bezogen auf ein Betäubungsmittelgemisch (*BGH*, Beschl. v. 6. 11. 1984, 4 StR 591/84) **nicht ausreichen.** Insbesondere bei Betäubungsmittelgemengen im Grenzbereich zur nicht geringen Menge darf auf die Feststellung des Wirkstoffgehaltes, des Reinheitsgrades, der Anzahl der zu bewirkenden Rauschzustände nicht verzichtet werden (*BGH* StV 1984, 286). Angesichts weit verbreiteter extrem minderwertiger Heroingemische kann ohne Untersuchung des Wirkstoffgehaltes bei 6 g Heroingemisch nicht davon ausgegangen werden, es seien mindestens 1,5 g Heroinhydrochlorid enthalten (*BGH*, Beschl v. 22. 3. 1984, 4 StR 133/84). Bei 6–10 g Heroingemisch ohne Angabe der Konzentration kann nicht von einer nicht geringen Menge ausgegangen werden (*BGH* StV 1984, 286). Auch reicht die Angabe von 518 g Haschisch zum Grammpreis von 10,– DM zur Feststellung einer nicht geringen Menge nicht aus (BGHR BtMG § 29 Abs. 3 Nr. 4 Menge 1 [5 StR 22/87]).

Angaben über den Wirkstoffgehalt der Betäubungsmittel in dem Urteil machen **180** andererseits **Angaben über Art und Menge des Betäubungsmittelgemisches nicht entbehrlich,** da sich nur so die Gefährlichkeit der Tat zuverlässig von dem Revisionsgericht beurteilen lässt (*BGH* NStZ 1991, 591 = StV 1991, 564).

181   Ist der Wirkstoffgehalt der Betäubungsmittel aufgrund eines Untersuchungsergebnisses bekannt, **unterbleibt** aber versehentlich **die Verlesung des Gutachtens bzw. Vernehmung des Sachverständigen,** so kann durch die Inaugenscheinnahme des Rauschgifts und durch die Vernehmung des Zollbeamten nur das Gewicht und die Verpackung festgestellt werden, nicht aber die Qualität und die Gefährlichkeit des Stoffes festgestellt und dem Urteil zugrunde gelegt werden. Eine Verurteilung wegen Handels mit 500 g Heroin musste deshalb aufgehoben werden (*BGH*, Beschl. v. 26. 5. 1986, 2 StR 213/86).

182   **2. Ausnahmefälle.** Ein **Schuldspruch** kann jedoch auch ohne konkrete Ausführungen zum Wirkstoffgehalt bestehen bleiben, wenn die in Rede stehende Rauschgiftmenge zweifelsfrei die Schwellenmenge der nicht geringen Menge überschritten hat, so z. B. bei 100 g Heroinzubereitung, da das im Handel angebotene Heroin auch bei schlechter Qualität die 5%-Marke in aller Regel nicht unterschreitet (BGHR BtMG § 29 a Abs. 1 Nr. 2 Menge 3 [3 StR 213/95]).

183   Während nähere Feststellungen zur Qualität des Rauschgifts für den Schuldspruch in Ausnahmefällen verzichtbar sind, sind im Rahmen der **Strafzumessung** angesichts der Vielfalt vorkommender Wirkstoffkonzentrationen und der Unterschiedlichkeit geforderter Preise **im Regelfall die Qualitätsuntersuchungen unerlässlich.** Von genaueren Feststellungen darf jedoch **ausnahmsweise dann abgesehen werden, wenn ausgeschlossen ist,** dass eine genaue Angabe des Wirkstoffes das **Strafmaß** zugunsten des Angeklagten **hätte beeinflussen können** (BGHR BtMG, § 29 Abs. 3 Nr. 1 Schuldumfang 2 [3 StR 325/88]; *BGH* NStZ 1990, 395; *BGH* NStZ-RR 2008, 319). Dies wird bei der Annahme einer solchen Menge von Betäubungsmitteln, bei denen eine Erhöhung des Strafrahmens nicht in Betracht kommt, regelmäßig der Fall sein. Eine genaue Angabe des Wirkstoffgehaltes kann unterbleiben, wenn das erkennende Gericht **lediglich die Mindeststrafe** verhängt hat (*Frankfurt* StraFo 2010, 472). Stand aufgrund der großen Betäubungsmittelmenge und der guten Qualität des Haschischs auch ohne Wirkstoffuntersuchung fest, dass der Angeklagte mit einer hundertfachen nicht geringen Menge Handel getrieben hatte und war die Freiheitsstrafe mit 2 Jahren und 6 Monaten sehr milde ausgefallen, so kann das Revisionsgericht ausschließen, dass die verbleibenden Unsicherheiten und Ungenauigkeiten im angefochtenen Urteil bei der Bestimmung der Strafe sich zum Nachteil des Angeklagten ausgewirkt haben.

184   **3. Untersuchungsmethoden bei sichergestellten Betäubungsmitteln.** Werden Betäubungsmittel sichergestellt, so müssen **die Betäubungsmittelart, die Betäubungsmittelmenge, die Wirkstoffart** und **die Wirkstoffmenge eindeutig bestimmt** werden. Die Untersuchungsergebnisse und Gutachten forensisch-toxikologischer Gutachter erlangen hier zentrale Bedeutung. Ist eine Untersuchung der Betäubungsmittel mangels Sicherstellung nicht möglich, muss der Wirkstoffgehalt unter Beachtung des Zweifelsgrundsatzes geschätzt werden (s. dazu im Einzelnen Rn. 194 ff.). Die **Schätzung** des Wirkstoffgehaltes ist hingegen **bedenklich, wenn** eine **Untersuchung** der sichergestellten Betäubungsmittel **möglich** ist (BGHR BtMG § 29 Strafzumessung 32 = NStZ 1996, 498; *BGH* NStZ 2006, 173). Ist **wegen Krankheit oder Überlastung aller erreichbaren Untersuchungsbehörden** ein Untersuchungsergebnis für die **Hauptverhandlung einer terminierten Haftsache nicht rechtzeitig beizubringen,** so kann unter Anwendung des Zweifelsatzes eine **Schätzung der Wirkstoffmenge** aber zulässig sein.

185   **a) Untersuchungsverfahren.** Für die Bestimmung der nicht geringen Menge von Betäubungsmitteln reicht es nicht aus, dass mittels eines **immunologischen Vortestverfahrens** die Betäubungsmittelart festgestellt wird. Weist eine **Reagenzflüssigkeit, ein Testpulver, ein Teststäbchen oder ein Testspray** auf eine Betäubungsmittelart hin, so handelt es sich nur um einen orientierenden Suchtest, der eine rasche Voruntersuchung verdächtiger Proben ermöglicht, aber keine Laboranalyse ersetzt. So wie bei der Sicherheitskontrolle auf dem Flughafen der Metalldetektor auf jegliches Metall im Gepäck anspricht und der Kontrollbeamte anschließend feststellen muss, ob es sich bei dem Metallgegenstand um eine Waffe handelt, vermögen die Drogentestverfahren nicht einen bestimmten Stoff, sondern **nur eine bestimmte Stoffgruppe** anzuzeigen, zu der auch das Betäubungsmittel gehört. Da bei den immunologischen Testverfahren (nach **Merck, Marquis, Roche, Abbott, Syntex usw.**) Falschbefunde nicht ausgeschlossen werden können, erbringen sie **keinen forensisch verwertbaren Nachweis** eines Suchtstoffes, sondern bedürfen einer **Bestätigung** der Testergebnisse durch chromatographische und spektroskopische Untersuchungsmethoden **im kriminaltechnischen Labor** (vgl. *LG Wuppertal [Bungert]* NStZ 1989, 427; *AG Freiburg* StV 1989, 257; *Rübsamen* NStZ 1991, 310, 313).

Zur Identifizierung eines bekannten Stoffgemischs nach Trennung der Bestand- **186** teile bietet sich die **Dünnschicht-Chromatographie** an. Die **Kapillar-Gaschromatographie** und die **Hochdruckflüssigkeits-Chromatographie** können die Ergebnisse der Dünnschicht-Chromatographie bestätigen und die Mengenanteile der Komponenten im Betäubungsmittelgemisch erbringen. Ist das Stoffgemisch jedoch unbekannt, so bedarf die Identifizierung der unbekannten Substanzen **einer massenspektrometrischen, einer infrarotspektroskopischen, einer kernresonanzspektroskopischen oder ultraviolettspektroskopischen Analyse,** die nach Auswertung umfangreicher Spektrenbibliotheken zur Aufklärung der unbekannten Stoffe führt.

b) Untersuchungsproben. Bei **Sicherstellungen von Großmengen** von **187** Betäubungsmitteln in zahlreichen Behältnissen wäre die quantitative Bestimmung des Wirkstoffanteils bei jeder einzelnen Teilmenge weder ökonomisch vertretbar noch sinnvoll. Es ist deshalb zu prüfen, ob die Gesamtwirkstoffmenge von einzelnen **Stichproben** auf die Gesamtmenge hochgerechnet oder ob aus Teilmengen verschiedener Asservate eine **Mischprobe** hergestellt, bestimmt und auf die Gesamtmenge umgerechnet werden kann bzw. soll. Die Mischprobe dürfte größere Unzuverlässigkeit bieten als die Stichprobe (vgl. *Rübsamen* NStZ 1991, 310 ff.; vgl. auch *LG Kassel* NStZ-RR 1996, 344; zur Probengewinnung von Cannabispflanzen s. Rn. 65).

c) Chemische Natur des Untersuchungsmaterials. Betäubungsmittel sind **188** in der Regel ihrer chemischen Natur nach Basen. Mit Säuren zusammen bilden sie Salze. So entstehen aus Morphin mit Salzsäure Morphinhydrochlorid, aus Codein mit Phosphorsäure Codeinphosphat und aus Amphetamin mit Schwefelsäure Amphetaminsulfat. Bei den Umwandlungen von Base in Salz ändert sich die psychotrope Wirkung der Stoffe nicht. Unterschiedlich sind jedoch Löslichkeit und Flüchtigkeit, während Salze wasserlöslich, aber schwer verdampfbar sind, sind Basen wasserunlöslich, aber leicht im gasförmigen Zustand zu überführen. Betäubungsmittel, die indiziert oder geschnupft werden, werden als Hydrochlorid, Betäubungsmittel, die geraucht oder inhaliert werden, werden als Base benötigt. Es ist jedoch zu beachten, dass entsprechend der vorherrschenden Konsumform der *BGH* bei einzelnen Betäubungsmitteln die nicht geringe Menge als Salz, bei anderen Betäubungsmitteln als Base bestimmt hat und die Betäubungsmittel in ihrer sichergestellten Form im Einzelfall auf Base oder Salz umgerechnet werden müssen (s. dazu Rn. 61, 77, 79; *Rübsamen* NStZ 1991, 310 ff.). Geht das Gericht von der falschen chemischen Form aus oder argumentiert das Tatgericht mit dem Vielfachen einer nicht geringen Menge und hat es sich bei der Multiplikation verrechnet, so wird der Strafausspruch mit den Feststellungen aufgehoben, wenn nicht auszuschließen ist, dass bei zutreffender Berechnung der Gesamtmenge die Strafe niedriger ausgefallen wäre (*BGH*, Beschl. v. 11. 9. 1990, 1 StR 404/90).

d) Wirkstoffgehalt zur Tatzeit. Lange Zeit war fraglich, ob der **Wirkstoff- 189 gehalt zur Tatzeit oder im Untersuchungszeitpunkt** entscheidend ist und ob bei Cannabisprodukten zum THC-Gehalt der Gehalt an THC-Carbonsäure hinzugezählt werden muss, da im Zeitpunkt des Rauchens die THC-Carbonsäure sich als THC darstellt. Der psychotrope Wirkstoff THC wandelt sich im Laufe der Zeit, insbesondere bei erhöhten Temperaturen nach und nach in **Cannabinol** (CBN) um. Innerhalb weniger Wochen halbiert sich der THC-Gehalt von Cannabisprodukten bei Lagerung. Cannabismaterial, das einige Jahre bei Raumtemperatur aufbewahrt wird, enthält fast kein Betäubungsmittel mehr. Der Wirkstoffgehalt der Betäubungsmittel im Untersuchungszeitpunkt liegt deshalb je nach Zwischenzeitraum etwas oder ganz erheblich unter dem Wirkstoffgehalt zur Tatzeit. Mit Urt. v. 13. 5. 1987 hat der *BGH* entschieden, dass für die Strafzumessung der **Wirkstoffgehalt zur Tatzeit** entscheidend ist (BGHSt. 34, 372 = NStZ 1987, 465 = StV 1987, 391 m. Anm. *Endriß/Logemann* StV 1987, 535). Hiernach ist bei der Bestimmung des Wirkstoffgehaltes von Cannabisharz auch das bei thermischer Belastung zusätzlich entstehende psychoaktive Tetrahydrocannabinol (THC) einzubeziehen. In Cannabisharz ist nämlich einmal aufgrund der pflanzlichen Entstehung (Biogenese) sogenanntes freies Tetrahydrocannabinol enthalten. Ferner befinden sich in den Betäubungsmitteln die als solche psychotrop unwirksamen **Tetrahydrocannabinolcarbonsäuren** (THCA), die sich unter Hitzeeinfluss z. B. beim Rauchen, Herstellen von Teeaufgüssen oder beim Backen von Plätzchen durch Decarboxylierung leicht in psychotrop wirksames THC umwandeln. Bei thermischer Belastung wird also zusätzliches psychoaktives THC erzeugt, das als THCA latent im Cannabisharz vorhanden ist.

190   Da **Wärme, Licht** und **Feuchtigkeit** nicht nur bei der Ernte, bei der Herstellung und dem Transport, bei der Lagerung, der Verarbeitung und dem Verbrauch des Betäubungsmittels den **Wirkstoffgehalt und die Zusammensetzung des Stoffgemisches verändern** können, sind sichergestellte Betäubungsmittel möglichst schnell zu untersuchen (vgl. *Rübsamen* NStZ 1991, 310 ff). In der Regel werden Cannabispflanzen erst nach ihrer Ernte und Sicherstellung auf ihren THC-Gehalt untersucht. Bei der Feststellung der nicht geringen Menge ist der Wirkstoffgehalt der Cannabispflanzen auf dem Feld und der geernteten Cannabispflanzen zusammenzuzählen, auch wenn das Pflanzenmaterial unterschiedlicher Qualität ist (*BGH* NStZ 1990, 285; zur Vorgehensweise bei der Bestimmung des Wirkstoffgehalts bei Cannabisplantagen s. Rn. 65 f.).

191   **e) Sonderproblem der Standardabweichungen bei Wirkstoffgutachten.** Seit etwa dem Jahr 2005 wird unter Betäubungsmittelexperten kontrovers diskutiert, wie hoch der Sicherheitsabschlag bei Wirkstoffuntersuchungen von Betäubungsmitteln sein muss, um den gegebenen Messunsicherheiten Rechnung zu tragen (sog. Standardabweichung). Dabei geht es um die Problematik, dass selbst innerhalb eines Labors bei mehrfachen Untersuchungen eines Betäubungsmittels immer unterschiedliche Messergebnisse vorliegen. Beim *LKA Rheinland-Pfalz* liegt die laborinterne Messungenauigkeit bei etwa 5%. Vergleicht man die Ergebnisse verschiedener Labore miteinander, ist sogar von einer noch höheren Messungenauigkeit auszugehen. Nach neueren Ringversuchen mit den Laboren des *BKA*, der Landeskriminalämter und der zolltechnischen Institute liegt die Messungenauigkeit aller teilnehmenden Labore bei etwa insgesamt 6%. Bislang gibt es keine einheitlichen Standards bei der Berücksichtigung von Messungenauigkeiten, weshalb die Untersuchungslabore entweder keine oder aber unterschiedliche Abweichungen in ihren Wirkstoffgutachten berücksichtigen. Das *LKA Rheinland-Pfalz* kam in einem Verfahren, in dem es 29 Cannabispflanzen mit einem Gesamtgewicht von 962,2 Gramm auf den Wirkstoffgehalt zu untersuchen hatte, zwar zu dem Ergebnis, dass das Messergebnis bei 10,6 Gramm THC liegt, aber unter Berücksichtigung einer dreifachen externen Standardabweichung in Höhe von 10% (also insgesamt 30%) von einem „wahren Wert" zwischen 7,4 Gramm THC und 13,8 Gramm THC auszugehen sei (8031 Js 22855/08.5 KLs *StA Trier*). Den Wert von 30% errechnete das *LKA Rheinland-Pfalz* aus einer externen Standardabweichung von 10% und dem Faktor 3, mit dem man eine Sicherheit in der statistischen Aussagekraft i. H. v. 99,73% erreiche, während es bei dem Faktor 2 nur eine statistische Wahrscheinlichkeitswert von 95,45% gebe. Dem folgte das *LG Trier* nicht, sondern entschied durch Urt. v. 5. 8. 2010, dass nur die **laborinterne Abweichung** (hier 5%) maßgeblich und diese – den wissenschaftlichen Standards bei Blutalkohol-Gutachten entsprechend – **mit dem Faktor 2** zu multiplizieren ist. Der Entscheidung ist uneingeschränkt zuzustimmen.

f) Verschiedene Wirkstoffe eines Betäubungsmittelgemisches. Wegen der **192** weiten Verbreitung von Ecstasy-Tabletten mit Betäubungsmittelkombinationen stellte sich die Frage, wie zu verfahren ist, wenn ein Täter mit einem Gemisch verschiedener Betäubungsmittel umgeht, bei dem keiner der Bestandteile für sich den Grenzwert für jeweils seine nicht geringe Menge erreicht. Das BtMG spricht nicht von der nicht geringen Menge eines einzelnen Betäubungsmittels, sondern von Betäubungsmitteln in nicht geringer Menge (vgl. §§ 29a Abs. 1 Nr. 2, § 30 Abs. 1 Nr. 4, § 30a Abs. 1 u. Abs. 2 BtMG) und schließt damit nicht aus, dass mehrere verschiedene Betäubungsmittel erst zusammen eine nicht geringe Menge ergeben. Nun können zwar solche Teilgewichtsmengen nicht ohne weiteres addiert werden, weil die solchermaßen gewonnene Gesamtgewichtsmenge nicht mit den nur für einzelne Betäubungsmittel geltenden Grenzwerten verglichen werden könnte. Man kann aber feststellen, zu welchem Bruchteil die Einzelmengen die für die jeweiligen Betäubungsmittel geltenden Grenzwerte erreichen. Wenn die Summe dieser Bruchteile ein Ganzes überschreitet (ein Täter also etwa mit 20 g **MDMA-Hydrochlorid** dessen Grenzwert zu $^4/_5$ und mit 21 g **MDE-Hydrochlorid** dessen Grenzwert zu $^3/_5$ erreicht = Summe $^7/_5$), so ist es angezeigt, die Gesamtmenge als nicht geringe Menge aufzufassen.

g) Summe verschiedener Betäubungsmittel. So wie verschiedene Wirk- **193** stoffmengen in einem Betäubungsmittelgemisch (Ecstasy-Tabletten enthalten MDA, MDMA und MDE), sind auch die Wirkstoffmengen verschiedener separater Betäubungsmittel (Täter besitzt **Kokainmenge und Heroinmenge**) als Bruchteil des Grenzwertes der jeweiligen nicht geringen Menge festzustellen (s. dazu Rn. 97).

II. Bestimmung der nicht geringen Menge durch den Tatrichter bei nicht sichergestellten Betäubungsmitteln

1. Gerichtliche Überzeugung vom unbekannten Wirkstoffgehalt. Soweit **194** konkrete Feststellungen zum Wirkstoffgehalt nicht getroffen werden können, da die Betäubungsmittel inzwischen vernichtet, verbraucht oder an Unbekannte weitergegeben wurden und deshalb für eine Untersuchung nicht zur Verfügung stehen, muss das Tatgericht unter Berücksichtigung der anderen hinreichend sicher festgestellten Tatumstände (**wie Herkunft, Preis, Aussehen, Verpackung, Verplombung des Rauschmittels, Beurteilung durch die Tatbeteiligten, Qualität eines bestimmten Lieferanten**) und des Grundsatzes „in dubio pro reo" die für den Angeklagten günstigste Wirkstoffkonzentration und Betäubungsmittelqualität **bestimmen**; ansonsten lässt er einen für die Bestimmung des Schuldumfangs wesentlichen Umstand außer Betracht (BGHSt. 40, 73 = NJW 1994, 1885 = StV 1994, 375; BGHSt. 42, 1 = NJW 1996, 794 = StV 1996, 95; *BGH* StV 2000, 613; *BGH* StV 2006, 184; *BGH* NStZ-RR 2008, 319; *BGH* NStZ-RR 2011, 90; *Düsseldorf* VRS 99, 456; *BayObLG* StV 2004, 603; *Weber* Vor §§ 29 ff. Rn. 810).

Dies kann durch Beiziehung von Akten, durch Zeugenvernehmung und Sach- **195** verständigenbefragung geschehen (vgl. *BGH* NStZ 1986, 232). Können nach Berücksichtigung aller Tatumstände und nach Vernehmung von Tatbeteiligten keine hinreichend sicheren Feststellungen zum Wirkstoffgehalt getroffen werden, so muss das Landgericht von dem für den Angeklagten günstigsten Mischungsverhältnis ausgehen, das nach den Umständen in Betracht kommt. Die **Mindestqualität** muss den Urteilsgründen zu entnehmen sein (vgl. *BGH* NStZ 2008, 471; *München* NStZ-RR 2011, 89). Kann die Strafkammer keinerlei präzisen Anhaltspunkte zu der Menge und Qualität der Stoffe gewinnen, so darf sie **nicht eindeutige Feststellungen durch bloße Vermutungen ersetzen.** Vielmehr muss das Gericht unter **Beachtung des Grundsatzes „in dubio pro reo"** aufgrund der Würdigung der Gesamtumstände zu einer **Mindestmenge** gelangen, die nach den Umständen in Betracht kommen und hinreichend sicher festgestellt werden kann (*BGH*, Urt. v. 25. 1. 1989, 2 StR 516/88; *Frankfurt* StV 2005, 559; *München* NStZ-RR 2011, 89).

196   **Eine Bestimmung des Wirkstoffgehaltes** ist jedoch dann **rechtlich bedenklich, wenn** eine **Untersuchung des sichergestellten Betäubungsmittels möglich** ist (BGHR BtMG § 29 Strafzumessung 32 = NStZ 1996, 498; *BGH* NStZ 2006, 173).

197   **a) Keine statistischen Erwägungen anstelle von Feststellungen.** Es kommt also nicht auf den theoretisch niedrigsten Reinheitsgehalt an, sondern auf die Konzentration, die nach Überzeugung des Gerichts unter Berücksichtigung der oben genannten Tatumstände und des Grundsatzes in dubio pro reo zweifellos vorgelegen hat. Dabei kann der Tatrichter seine Überzeugung vom Wirkstoffgehalt der Betäubungsmittel **nicht allein auf statistische Erwägungen stützen** (*BayObLG* StV 2004, 603). Der Tatrichter kann die notwendigen Feststellungen weder durch eine großzügige Schätzung noch durch einen großzügigen Sicherheitsabschlag ersetzen. Denn beides weckt gerade Zweifel an einer gerichtlichen Überzeugungsbildung. Ein Sicherheitsabschlag von 30% wurde vom *BGH* beanstandet (*BGH* StraFo 2004, 398).

198   **b) Wirkstoffgehalt in Parallelverfahren oder von Teilmengen.** Häufig kann das Tatgericht den Wirkstoffgehalt einer Gesamtmenge dadurch ermitteln, dass es von einer beschlagnahmten und auf ihren Wirkstoffgehalt untersuchten Teilmenge auf die Qualität der Gesamtmenge schließt, es sei denn, es lägen Anhaltspunkte für eine unterschiedliche Konzentration vor. Wurde das Rauschgift **in einem Parallelverfahren ganz oder zum Teil sichergestellt,** so kann die Strafkammer nicht darauf verzichten, die Betäubungsmittel untersuchen zu lassen und das Untersuchungsergebnis in die Hauptverhandlung einzuführen (*BGH* NStZ 1984, 460; *BayObLG* StV 2003, 627; *BGH*, Beschl. v. 23. 11. 2007, 1 StR 562/07 = BeckRS 2007, 19233; *Weber* Vor §§ 29 ff. Rn. 810). Ferner können z. B. aus der **Drogenerfahrung der Kontaktperson und ihrer Fähigkeit, die Rauschgiftqualität zu beurteilen,** sowie aus der **Zahlung von 10.000 US-Dollars** Schlüsse gezogen werden (*BGH*, Urt. v. 30. 1. 1986, 2 StR 574/85). Der Schluss des Tatgerichtes muss nur denkgesetzlich möglich, zwingend braucht er nicht zu sein (BGHSt. 26, 56; BGHSt. 29, 20; vgl. auch *BGH*, Beschl. v. 23. 11. 2007, 1 StR 562/07 = BeckRS 2007, 19233).

199   **c) Bewertung von V-Personen.** In nicht wenigen Fällen ergibt sich der **Umfang des Handeltreibens und der nicht geringen Menge von Betäubungsmitteln** allein aus den durch Hörensagen eingeführten **Angaben von Vertrauenspersonen der Polizei,** und es fehlen Anhaltspunkte, dass der Angeklagte über entsprechende Mengen verfügte. Nach der Rspr. des *BGH* bedürfen Feststellungen zu einer letztlich nicht umgesetzten großen Rauschgiftmenge, die auf Angaben einer gesperrten Vertrauensperson der Polizei gestützt sind, die durch Aussage eines Zeugen vom Hörensagen eingeführt wurden, einer **Bestätigung durch andere gewichtige Beweisanzeichen** auch hinsichtlich der den Schuldumfang mitprägenden Mengenangaben der Vertrauensperson (vgl. BGHSt. 17, 382; BGHSt. 33, 83 = NJW 1985, 984 = StV 1985, 45; BGHSt. 39, 141 = NJW 1993, 1214 = StV 1993, 170; BGHSt. 42, 15 = NJW 1996, 1547 = StV 1996, 412; *BGH* NStZ 1994, 502 = StV 1994, 637; *BGH* NStZ 2000, 265 = StV 2000, 649). Dies gilt jedoch nur für die **Fälle, in denen der Vorwurf des Drogenhandels überhaupt oder die Größenordnung des Handeltreibens in Frage steht.** Hieraus ist aber nicht zu schließen, dass jedes Detail der Angaben einer gesperrten Vertrauensperson der Polizei auf weitere Beweisanzeichen bedarf. Ist der Handel mit großen Betäubungsmittelmengen durch andere Beweisanzeichen wie Ergebnisse einer Telefonüberwachung, Notizzettel und andere Überführungsstücke bestätigt, so kann eine konkrete Lieferung und nicht geringe Menge auch auf VP-

Angaben gestützt werden, sofern **kein Quantensprung** gegenüber den sonstigen Erkenntnissen vorliegt (*BGH* NStZ 2007, 103).

2. Bestimmung einer unbekannten Wirkstoffmenge in Cannabisfällen. **200** Die Herkunft der Ware allein reicht zur Bestimmung der nicht geringen Menge zumeist nicht aus. Das Tatgericht ist vielmehr gehalten, die Qualität anhand bestimmter Umstände wie **Kaufpreis, Herkunft oder Beurteilung der Qualität durch** Tatbeteiligte zu schätzen; dabei muss der Tatrichter auch Angaben dazu machen, von welchem Wirkstoffgehalt er ausgeht, wenn er schlechte, durchschnittliche oder gute Qualität zu Grunde legt (*BGH* NStZ-RR 2008, 319).

a) Haschisch und Marihuana. aa) Rspr. des BGH. Der *BGH* geht bei **Ha-** **201** **schisch von mittlerer (= durchschnittlicher) Qualität** von einem THC-Gehalt von 5–8 Prozent und bei **sehr guter Qualität** von mindestens 10 Prozent aus (BGHSt. 42, 1 = NJW 1996, 794 = StV 1996, 95; BGHR BtMG § 29 Strafzumessung 37 = StV 2000, 318; *BGH* NStZ-RR 2006, 350). Eine vom Landgericht angestellte Erwägung, die Angeklagte müsse bei 125 g Haschisch für 2.400 DM von hochkonzentriertem bis reinem Haschisch ausgegangen sein, reichte dem *BGH* nicht aus (BGHR BtMG § 30 Abs. 1 Nr. 4 Vorsatz 1 [3 StR 262/88]). Angesichts der Vielfalt vorkommender Wirkstoffkonzentration und der Unterschiedlichkeit geforderter Preise reichte die Angabe von 518 g Haschisch zum Grammpreis von 10,– DM zur Feststellung einer nicht geringen Menge ebenfalls nicht aus (BGHR § 29 Abs. 3 Nr. 4 Menge 1 [5 StR 22/87]).

Bei **Marihuana durchschnittlicher Qualität** liegt der Wirkstoffgehalt nach **202** Ansicht des *BGH* bei 2 bis allenfalls 5 Prozent THC; die Zugrundelegung eines höheren Wirkstoffgehaltes bei Schuld- und Rechtsfolgenausspruch sei deshalb rechtsfehlerhaft (BGHR BtMG § 29 Strafzumessung 37 = StV 2000, 318; BGHR BtMG § 29a Abs. 1 Nr. 2 Menge 13 = StV 2004, 602).

bb) Aktuelle Entwicklungen. Bei diesen *BGH*-Entscheidungen ist zu beach- **203** ten, dass sie auf älteren statistischen Erhebungen beruhen (vgl. BGHSt. 42, 1 = NJW 1996, 794 = StV 1996, 95 [Zahlenmaterial aus den Jahren 1993 und 1994]). Sie lassen unberücksichtigt, dass die Wirkstoffgehalte in den Cannabisprodukten seit 1993 erheblich gestiegen sind, wie sich aus folgender Zusammenstellung der durchschnittlichen Wirkstoffgehalte der gesamten in Deutschland auf den Wirkstoffgehalt untersuchten Haschisch- und Marihuanamengen ergibt (Quelle: das bundesweite Statistische Auswerteprogramm Rauschgift [SAR], mitgeteilt vom *LKA Rheinland-Pfalz*, unter Zugrundelegung des arithmetischen Mittels der Sicherstellung [im Gegensatz zum sog. Median- oder Zentralwert, dem aus der Hälfte der Proben errechneten Zahlenwert]).

Jahr	Haschisch	Marihuana (Blätter und Blütengemische)	Cannabisblüten
1993	6,5%	3,6%	
1994	5,3%	3,1%	
1995	5,9%	4,8%	
1996	5,3%	5,8%	
1997	7,1%	5,8%	
1998	8,0%	6,0%	
1999	8,7%	6,2%	
2000	8,3%	6,5%	
2001	7,2%	7,0%	

Jahr	Haschisch	Marihuana (Blätter und Blütengemische)	Cannabisblüten
2002	8,0%	8,2%	
2003	8,8%	8,3%	
2004	9,1%	9,9%	
2005	9,0%	6,0%	12,0%
2006	7,5%	3,5%	10,5%
2007	7,4%	3,5%	10,3%
2008	7,8%	3,2%	10,5%
2009	8,4%	3,4%	11,0%

204   Besonders bemerkenswert sind die seit 2005 erstmals im SAR gesondert erfassten **Cannabisblüten**, die typischerweise durch den Indooranbau gewonnen werden und mittlerweile dem Haschisch sowie dem „normalen", aus Blättern- und Blütengemischen bestehenden Marihuana in der Beliebtheit der Konsumenten den Rang abgelaufen haben (zu den Cannabisblüten s. auch Stoffe/Teil 1, Rn. 9). Im Jahr 2004 bestanden bereits 85 Prozent der Marihuana-Sicherstellungen in Rheinland-Pfalz aus Cannabisblüten, während es in den Jahren 1992 und 1993 noch keine Sicherstellung von Cannabisblüten gab (*Patzak/Goldhausen/Marcus* Der Kriminalist 2006, 100, 102). Diese Entwicklung spiegelt sich auch in der seit 1999 sinkenden Anzahl der bundesweiten Sicherstellungen von Haschisch (1999: 17.694, 2010: 7.427) und der steigenden Anzahl der Marihuanasicherstellungen (1999: 11.412, 2010: 24.710 [ohne Unterscheidung zwischen Marihuanagemischen und Cannabisblüten]) wider (s. dazu im Einzelnen Stoffe/Teil 1 Rn. 36).

205   Angesichts der erheblichen Unterschiede im Wirkstoffgehalt der Marihuanagemische gegenüber den Cannabisblüten ist in Fällen, in denen mangels Sicherstellung eine Schätzung des Wirkstoffgehalts von Marihuana erforderlich ist, zwischen diesen Marihuanasorten zu unterscheiden. Dies gilt nicht nur für den Tatrichter, sondern auch für die ermittelnden Beamten von Polizei oder Zoll, die bereits frühzeitig bei ihren Vernehmungen von Beschuldigten oder Zeugen erfragen müssen, welche Art von Marihuana das Betäubungsmitteldelikt zum Gegenstand hatte. Das ist angesichts der Tatsache, dass die Cannabisblüten durch ihre dichte, gelblich bis bräunliche Konsistenz leicht von den Marihuanagemischen aus einfachem, meist dunkelgrünem Blattmaterial zu unterscheiden sind, auch unschwer möglich.

206   **cc) Orientierungswerte für die Schätzung durch die Gerichte.** In den im **Jahr 2009** in Deutschland sichergestellten Cannabismengen wurde folgende Häufigkeit der Wirkstoffgehalte festgestellt (Quelle: SAR, ausgewertet vom *LKA Rheinland-Pfalz*):

Prozent	Haschisch (Anteil in %)	Marihuanagemische (Anteil in %)	Cannabisblüten (Anteil in %)
0–1	1,8	20,0	0,8
1–2	2,2	27,0	1,5
2–3	2,9	16,0	1,1
3–4	4,6	9,0	1,7
4–5	9,0	5,5	3,0

Prozent	Haschisch (Anteil in %)	Marihuanagemische (Anteil in %)	Cannabisblüten (Anteil in %)
5–6	13,0	4,8	4,6
6–7	11,0	4,0	5,9
7–8	10,0	3,5	6,4
8–9	9,0	2,9	6,8
9–10	7,0	2,1	7,5
10–11	5,4	1,6	8,4
11–12	5,4	1,0	10,0
12–13	4,4	0,6	9,0
13–14	3,3	0,7	8,4
14–15	2,9	0,5	8,2
15–16	1,6	0,4	6,1
16–17	1,7	0,2	4,0
17–18	1,0	0,1	2,4
18–19	1,4	0,1	1,4
19–20	0,8	0,0	0,8
>20	1,6 (Höchstwert: 58,0%)	0,2 (Höchstwert: 33,3%)	2,0 (Höchstwert: 42,9%)

Bei der Schätzung der Wirkstoffgehalte von Cannabis dürfen ebenso wie bei den **207** übrigen Betäubungsmitteln nicht einfach die Werte aus dem SAR zugrunde gelegt werden. Auch hier ist aufgrund der besonderen Merkmale des Einzelfalles eine Schätzung des Wirkstoffgehaltes und damit der Wirkstoffmenge vorzunehmen und zu begründen. Dabei können aber die statistischen Werte zur Konkretisierung von Bewertungen der Qualität durch den Angeklagten oder Tatbeteiligte herangezogen werden. Insoweit zeigen die oben dargestellten Zahlen, dass das Gros der sichergestellten **Marihuanagemische** im Bereich zwischen 0 und 5 Prozent liegt, während beim **Cannabisharz** der Bereich von 5 bis 10 Prozent und bei den hochwertigen **Cannabisblüten** der Bereich von 9 bis 15 Prozent hervorsticht. Fasst man diese Anteile zusammen, ergeben sich folgende Orientierungswerte für die Schätzung der Wirkstoffgehalte von Cannabis gestaffelt nach der Qualität (vgl. insoweit auch *Weber* Vor §§ 29 ff. Rn. 830 ff.; *Patzak/Goldhausen* NStZ 2007, 195 [mit einer Empfehlung auf Grundlage von älterem Zahlenmaterial]). Ausgangspunkt für die Staffelung sind die **(abgerundeten) Durchschnittswerte** der in Rn. 203 dargestellten Wirkstoffgehalte der Cannabissicherstellungen, für Haschisch unter Berücksichtigung der Jahre 1993 bis 2009 (= 7,54%), für Marihuanagemische (= 3,92%) und Cannabisblüten (= 10,86%) unter Berücksichtigung der Jahre 2005 bis 2009 (vgl. *Patzak/Goldhausen* NStZ 2011, 76 [mit Zahlenmaterial nur bis 2008]).

208   **(1) Haschisch:**

Bewertung	Im Jahr 2009 Untersuchtes Haschisch		Schätzwert für die Strafgerichte
	Wirkstoffgehalt	Probenanteil in %	
sehr schlechte Qualität	unter 3%	6,9	2%
schlechte Qualität	3%–6%	26,6	4,5%
Durchschnittsqualität	6%–9%	30,0	7,5%
Gute Qualität	9%–13%	22,2	11%
sehr gute Qualität	13% und mehr	14,3	> 13%

209   **(2) Marihuanagemisch aus Stängeln, Blättern und Blüten:**

Bewertung	Im Jahr 2009 untersuchte Marihuanagemische		Schätzwert für die Strafgerichte
	Wirkstoffgehalt	Probenanteil in %	
sehr schlechte Qualität	unter 1%	20	< 1%
schlechte Qualität	1%–2%	27	1,5%
Durchschnittsqualität	2%–5%	30,5	3,5%
Gute Qualität	5%–8%	12,3	6,5%
sehr gute Qualität	8% und mehr	10,4	> 8%

210   **(3) Cannabisblüten (reine Blütenstände der Cannabispflanzen, sog. Dolden):**

Bewertung	Im Jahr 2009 untersuchte Cannabisblüten		Schätzwert für die Strafgerichte
	Wirkstoffgehalt	Probenanteil in %	
sehr schlechte Qualität	unter 4%	5,1	< 4%
schlechte Qualität	4%–8%	19,9	6,5%
Durchschnittsqualität	8%–13%	41,7	10,5%
gute Qualität	13%–16%	22,7	14,5%
sehr gute Qualität	16% und mehr	10,6	> 16%

211   **b) Cannabisöl.** Bei Haschischöl guter Qualität ist von einem Wirkstoffgehalt von 40 bis 60 Prozent auszugehen (*BGH* StV 1984, 26; *Weber* Vor §§ 29 ff. Rn. 838), bei sehr schlechter Qualität von unter 15 Prozent (BVerfGE 90, 145 = NJW 1994, 1577 = StV 1994, 295).

212   **c) Cannabispflanzen.** Bei einer Ernte von 600–700 Cannabispflanzen mit einer Wuchshöhe von mindestens 80 cm ist die Schätzung des Gewichts von mindestens 10 kg und die Annahme eines Wirkstoffgehaltes von 8–9% THC nicht zu beanstanden, wenn sie auf einem glaubhaften Geständnis beruht (*BGH* NStZ 2005, 455).

3. Bestimmung einer unbekannten Wirkstoffmenge in Kokainfällen. 213 Nach der Rspr. des *BGH* ist **Kokain** bereits bei einem Wirkstoffgehalt von 40 Prozent als **gute Qualität** einzuschätzen (*BGH* NStZ-RR 1996, 281; *BGH* StV 1996, 214; *BGH* StV 2000, 613). Die Strafkammer muss aber unter Beachtung des Grundsatzes „in dubio pro reo" aufgrund der Würdigung der Gesamtumstände zu einer Mindestwirkstoffmenge gelangen, die nach den Umständen in Betracht kommen und hinreichend sicher festgestellt werden kann. Eindeutige Feststellungen dürfen nicht durch bloße Vermutungen ersetzt werden. Es gibt **keinen Erfahrungssatz, dass Kokain üblicherweise ohne Beimengungen verkauft wird.** Es trifft zwar zu, dass Kokain in größeren Mengen und original im Ursprungsland verpackt häufig einen sehr hohen Wirkstoffgehalt aufweist. Dies gilt aber nicht für die in Europa im Handel befindlichen Kleinmengen (*BGH* StV 1985, 148).

Es ist regelmäßig zwischen Kokainbase und Kokainhydrochlorid zu unterscheiden. 214 Der **Umrechnungsfaktor von Kokainbase in Kokainhydrochlorid beträgt 1,12,** bei der Umwandlung von 100 g Kokainbase in Kokainhydrochlorid werden theoretisch 112 g Kokainhydrochlorid erhalten (oder anders ausgedrückt: reine Kokainbase hat einen Wirkstoffgehalt von 112%; s. dazu Rn. 79). Die von den Landeskriminalämtern ermittelten Durchschnittswerte dürfen nicht anstelle möglicher Feststellungen einfach zugrunde gelegt werden. Vielmehr müssen zunächst die **Besonderheiten des Einzelfalles** festgestellt werden. Die Durchschnittswerte der Landeskriminalämter dürfen aber zur **Orientierung herangezogen** werden.

Das **LKA Hamburg** hat im Jahr 2001 festgestellt, dass 90% aller quantitativ untersuchten Kokainproben **Wirkstoffgehalte von mehr als 80% Kokainbase** 215 enthielten. Nur bei wenigen Kleinmengen wurden schlechtere Qualitäten festgestellt. Im ersten Quartal 2002 wiesen sogar 96% aller quantitativ untersuchten Portionen Wirkstoffgehalte von mehr als 80% auf. Auch das **Hessische LKA** stellte bei **Kokainhydrochlorid** in den Jahren 2003/2004 bei den meisten Untersuchungen **Wirkstoffgehalte von mehr als 80%** fest, bei Kokain-Base gab es zwei Wirkstoffbereiche mit Proben mit 40–60% und 80–90% Wirkstoff.

Auch die schweizer Untersuchung von *Bovens/Bernhard* (Kriminalistik 2003, 216 313 ff.) zeigte für Kokainbase-Proben, dass je größer die Konfiskatmenge war, umso höher auch der Wirkstoffgehalt. Bei Mengen bis zu 100 g dominierte ein Wirkstoffgehalt von 40–50%, bei Mengen von 100 g bis zu mehreren Kilogramm dominierte ein **Wirkstoffgehalt von 70–90%.**

Zwar kann bei der Bestimmung des Wirkstoffgehaltes berücksichtigt werden, 217 dass der für den Handel bestimmte Stoff noch gestreckt werden konnte. Die Sicherstellung von 500 g Milchzucker mag zwar Anlass zu Vermutungen sein, dass der Angeklagte die verkauften Mengen mit Milchzucker streckte und sie deshalb von einem höheren Wirkstoffgehalt beim Bezug waren. Der Fund des Milchzuckers allein ist aber kein Beleg, dass tatsächlich gestreckt wurde (*BGH* NStZ-RR 1996, 281 = StV 1996, 548).

4. Bestimmung einer unbekannten Wirkstoffmenge in Heroinfällen. 218 Auch bei Heroin dürfen nicht einfach die Durchschnittswerte der Landeskriminalämter zugrunde gelegt werden. Vielmehr ist aufgrund der besonderen Merkmale des Einzelfalles eine Schätzung des Wirkstoffgehaltes und damit der Wirkstoffmenge vorzunehmen und zu begründen. Hierbei können die Werte der Landeskriminalämter zur Konkretisierung von Bewertungen von Tatbeteiligten herangezogen werden.

Das Tatgericht darf dabei **keine Aufklärungsmöglichkeiten unterlassen** und 219 stattdessen schätzen. Im Einzelfall kann es ausreichen, festzustellen, das Heroin sei durchschnittlicher Qualität gewesen, wenn die Konzentration des Wirkstoffes nicht mehr festgestellt werden kann. Als in Betracht zu ziehende Umstände sind zu prüfen: **Herkunft, Preis, Aussehen, Verpackung, Verplombung der Rausch-**

mittel, Zahl der Konsumeinheiten, Beurteilung durch Tatbeteiligte usw. (*BGH* NStZ 1984, 365). Hatte ein Angeklagter mehrere Heroingemische mit unterschiedlichem Wirkstoffgehalt in Besitz und dem Vorrat eine bestimmte Menge zum Verkauf entnommen, so kann das Gericht nicht den durchschnittlichen Wirkstoffgehalt zugrunde legen, sondern nur den geringsten Wirkstoffgehalt (BGHR BtMG § 29 Abs. 3 Strafrahmenwahl 7 [2 StR 455/88]). Möglich und damit zulässig ist der Schluss, dass das **früher eingeführte Heroin dieselbe Qualität** hatte **wie das sichergestellte Heroin** (*BGH* StV 1988, 325). Während bei der Einfuhr großer Heroinmengen hohe Wirkstoffgehalte festgestellt werden, weisen die meisten Proben der Straßenszene niedrigere oder extrem niedrige Wirkstoffgehalte auf.

220   Ein Erfahrungssatz, dass **eingeführtes türkisches Heroin** ausnahmslos einen Basenanteil von **mindestens 60%** habe, besteht nicht (*BGH*, Urt. v. 11. 1. 1984, 2 StR 593/83). Allein die Erfahrung, dass **Heroin in der Regel bis auf 25% Heroinanteil gestreckt** wird, rechtfertigt es nicht in allen Fällen, in denen der Heroinanteil nicht festgestellt werden kann, **ohne weiteres von diesem Erfahrungswert auszugehen.** Da auch Heroinzubereitungen mit wesentlich geringeren Heroinanteilen gehandelt werden, muss der Tatrichter entweder konkrete Feststellungen über die Qualität des Heroingemischs treffen, oder aber von dem für den Angeklagten günstigsten Mischungsverhältnis ausgehen (*BGH* StV 1982, 207).

221   Andererseits muss das Tatgericht **nicht von der niedrigsten Konzentration** ausgehen. Vielmehr muss das Gericht unter Ausschöpfung aller Beweismittel und unter Berücksichtigung des Grundsatzes „in dubio pro reo" sich eine Überzeugung von der Konzentration bilden, die zweifelsfrei vorgelegen hat. Ergibt die Beweisaufnahme, dass das gehandelte Heroin **besonders rein** war, **besonders stark nach Essig roch,** von dem Käufer als **ausgezeichnete Qualität** bezeichnet wurde, zu **hohem Preis** verkauft wurde, noch **unvermischt** und **verplombt** sich im Originalleinensack befand, **zu Krankheits- und Todesfällen** führte, so kann im Ausnahmefall der Tatrichter einen Wirkstoffgehalt von 45%, 50% und 60% eines Heroingemisches auch ohne Stoff und Untersuchungsergebnis feststellen. Der Tatrichter muss seine Überzeugung aber begründen. Hat ein seit längerer Zeit heroinabhängiger Zeuge die Qualität des ihm vom Angeklagten übergebenen Heroins durchgängig mit **mittel bis gut bezeichnet** und damit als **qualitativ gleichwertig** charakterisiert, und wurde eine sichergestellte Teilmenge von einem Sachverständigen untersucht, so kann der **Wirkstoffgehalt der Teilmenge bei der Gesamtmenge zugrunde gelegt** werden. Hat ein Zeuge für feuchtes Heroin einen geringeren Erlös erzielt, so bedeutet dies nicht zwingend eine schlechtere Qualität. Vielmehr kann der Tatrichter unbeanstandet die Erklärung des Zeugen zugrunde legen. Der **geringere Erlös** sei auf das geringere Volumen und die **Schwierigkeit, feuchtes Heroin zu portionieren,** zurückzuführen.

222   Ein Angeklagter hatte angegeben, in Amsterdam Heroin mit einem Reinheitsgehalt von 40% pro Gramm für 125 DM erworben zu haben, während in Deutschland 1 g schlechterer Qualität 250 DM gekostet habe. Von **1 g eingeführten Heroins** habe man 10 Packs zum Endabnehmerpreis von 40 DM fertigen können. Weder der konsumierende Angeklagte noch seine Abnehmer beanstandeten die Qualität. Bei dieser Preis-Mengen-Relation durfte das Landgericht auf einen **Heroingehalt von 40%** schließen (BGHR BtMG § 29 Abs. 3 Nr. 4 Menge 9 [3 StR 287/91]).

223   In Anbetracht, dass es im illegalen Straßenhandel Wirkstoffkonzentrationen von unter 10% gibt, ist die Schätzung des Tatgerichts von erheblich höherer Durchschnittsqualität nicht überzeugend, wenn insofern keine Abnehmer gehört würden, die die Qualität entsprechend beschrieben. In diesem Fall hat die Feststellung einer nicht geringen Menge keinen Bestand (*Düsseldorf*, Beschl. v. 29. 5. 2000, 2b Ss 109/00). Wenn das Landgericht unter Zugrundelegung seiner Erfahrungen einen **Reinheitsgehalt von 10% Heroin-Hydrochlorid** angenommen und seine Auffassung mit nachvollziehbaren Erwägungen begründet hat, ist dies nicht zu beanstanden. Aufgrund der eigenen Sachkunde braucht sich dann auch nicht

die Anhörung eines chemischen Sachverständigen aufzudrängen, ob theoretisch ein niedrigerer Reinheitsgehalt in Betracht käme (*BGH* NStZ 1986, 232).

Die **schweizer Rechtsmediziner und Toxikologen** haben im Jahr 2002 bei **224** Heroinproben von unter 10 g Wirkstoffgehalte zwischen 5–20%, bei Konfiskatmengen von 100 g bis 1 kg Wirkstoffmengen von 40–50%, bei Konfiskatmengen von über 1 kg zumeist entweder Wirkstoffgehalte von 40–60% oder 80–90% entdeckt (*Bovens/Bernhard* Kriminalistik 2003, 313 ff.).

Das *Hessische LKA* hat sowohl im Jahr 2003 als auch im Jahr 2004 trotz Wirk- **225** stoffgehalten zwischen 0 und 55% bei der Mehrzahl der Proben von **Straßenheroin** einen Wirkstoffgehalt von nur 5–10% gefunden.

5. Bestimmung einer unbekannten Wirkstoffmenge in Amphetaminfäl- **226** **len.** Auch für die Amphetamin-Zubereitungen gilt der Grundsatz, dass je kleiner die Konfiskatmenge ist, umso schlechter die Qualität, je größer die Sicherstellungsmenge, umso höher der Wirkstoffgehalt. Auf dem illegalen Markt sind **Amphetaminbase-Gemische** mit einem Wirkstoffgehalt von 5–80% erhältlich. Dabei ist die Bezeichnung „**Speed**" als Urteilsgrundlage unzureichend, da dieser Begriff ebenso wie Ecstasy mehrdeutig gebraucht wird und diese Bezeichnung auch nicht dem BtMG unterfallende Stoffe, insb. Arzneimittel umfasst. Deshalb sind **nähere Feststellungen zu Art und Qualität des Stoffes** erforderlich, insb. wenn eine nicht geringe Menge angenommen werden soll (BGHR BtMG § 1 Betäubungsmittel 1 [3 StR 498/99]).

Versichert der Angeklagte, er habe mehrfach „Speed" von sehr guter reiner **227** Qualität aus derselben Quelle erworben und vor dem Weiterverkauf um 30% gestreckt und kann nicht ausgeschlossen werden, dass der Lieferant die Mischung bereits einmal um 30% streckte, so ist von einem **Wirkstoffgehalt von 40% Amphetaminbase auszugehen** (*LG Kassel* NStZ-RR 1996, 344), wenn **mangels Reklamationen von Kunden und gleich bleibender Qualität des Lieferanten Placebo-Effekte ausgeschlossen sind.**

Geht ein Angeklagter bei einem **Amphetamingemisch von durchschnittli-** **228** **cher Qualität** aus, so kann das Tatgericht bei Berechnung des Wirkstoffgehalts nicht von der objektiv vorliegenden Konzentration von 76% ausgehen, ohne die Einlassung der Angeklagten zu widerlegen. War in einem Fall nur ein Rest einer Amphetaminzubereitung mit einem Basengehalt von 16,86% sichergestellt worden, so war der festgestellte Mindestanteil der Gesamtmenge mit 20% Amphetaminbase vertretbar (*BGH*, Beschl. v. 18. 6. 1991, 1 StR 322/91).

Es gibt keinen Erfahrungssatz, wonach Amphetamine nur mit hohem Wirkstoff- **229** gehalt auf der Drogenszene abgesetzt werden können. Hat ein Sachverständiger aus 1.030 sichergestellten Amphetamin-Tabletten von demselben Hersteller nach wissenschaftlichen Erkenntnissen 10 Stück ausgewählt und sich davon überzeugt, dass der Wirkstoffgehalt sämtlicher Tabletten gleich war, so ist unbedenklich, wenn er das Untersuchungsergebnis der 10 Stückproben auf die Gesamtmenge überträgt (*LG Kassel* NStZ-RR 1996, 344).

6. Bestimmung einer unbekannten Wirkstoffmenge in Ecstasyfällen. **230** Nach der Rspr. des *BGH* kann bei 600 Ecstasy-Tabletten ohne nähere Feststellungen zum Wirkstoffgehalt nicht ohne weiteres davon ausgegangen werden, dass die Grenze zur nicht geringen Menge überschritten wurde (*BGH* StV 1997, 406). Denn auch bei Ecstasy-Tabletten bedarf es für die Schätzung des Wirkstoffgehaltes der Feststellung konkreter Umstände des Einzelfalles. Auch eine Menge von 2.000 Ecstasy-Tabletten bei einem durchschnittlich vorkommenden Gewicht von etwa 200–250 mg pro Tablette und einem Wirkstoffgehalt von 2% mit einem Gesamtwirkstoff von 8 bis 10 g Base lässt die Annahme einer Überschreitung des Grenzwerts der nicht geringen Menge nicht zu (*BGH* StraFo 2010, 472). Hat der Angeklagte über einen längeren Zeitraum von demselben Lieferanten aus Holland große Mengen von Ecstasy-Tabletten von gleichem Aussehen, aber mit unterschiedlichen Impressen und von mittelmäßiger bis guter Qualität erworben, hat der Lieferant des Angeklagten glaubhaft bekundet, die Ware regelmäßig von dem gleichen und zuverlässigen Hersteller bezogen zu haben, haben die Abnehmer die von dem Angeklagten gekauften Tabletten als gleichbleibend gut empfunden und nicht als wirkungslos reklamiert und befanden sich unter den nur teilweise sichergestellten und gutachterlich untersuchten Tabletten keine wirkstofflosen Tabletten, so kann ein Placebo-Effekt der nicht sichergestellten Tabletten ausgeschlossen und von einem ähnlichen Wirkstoffgehalt ausgegangen werden.

231   Wurden in einer Wohnung Tabletten aus MDE- bzw. MDMA-Zubereitungen von durchschnittlich 0,272 g Gewicht mit einem 25%igen Wirkstoffanteil und damit einer Wirkstoffmenge von 0,068 g Wirkstoff sichergestellt und analysiert, und stammten auch die nicht sichergestellten Tabletten mittlerer/guter Qualität aus der gleichen Quelle, ohne dass der Angeklagte und seine Kunden Wirkstoffunterschiede feststellen konnten, so ist insoweit von der gleichen Wirkstoffmenge auszugehen (*LG Kassel* NStZ-RR 1996, 344). Haben sowohl der Angeklagte als auch die Abnehmer mit beträchtlicher Drogenerfahrung die Qualität von Ecstasy-Tabletten beschrieben und den Wirkstoffgehalt mit bekannten Tablettengehalten verglichen, so kann eine Hochrechnung der verkauften Tabletten erfolgen (*LG Frankfurt*, Urt. v. 9. 11. 2000, 31 KLs 84 Js 37.654.4/99). Enthielten 2.070 Ecstasy-Tabletten einen durchschnittlichen Wirkstoffgehalt von 99 mg MDE und bekundeten Zeugen, dass die Qualität der Tabletten in allen Fällen gleich war, so kann unter Berücksichtigung eines Sicherheitsabschlages auch bei den nicht sichergestellten Tabletten ein Wirkstoffgehalt von 90 mg angenommen werden (BGHSt. 44, 361 = NJW 1999, 1724 = StV 1999, 529).

232   Stellen sich mehrere Fälle des Handeltreibens als Teilakte einer laufenden Geschäftsbeziehung dar und war der Kaufpreis immer derselbe, so ist der Schluss gerechtfertigt, dass der Wirkstoffgehalt immer gleich war (*Frankfurt*, Beschl. v. 16. 3. 2004, 2 Ss 381/03). Steht fest, dass der Angeklagte mit Ecstasy-Tabletten von guter Qualität gehandelt hat und wurden im Tatzeitraum mit MDE- und MDMA-haltigen Tabletten mit Wirkstoffgehalten von 26–79 mg gehandelt, so ist eine geschätzte Wirkstoffmenge von 30 mg nicht zu beanstanden. Enthielten zur Tatzeit Tabletten bis zu 46 mg MDA-Base pro Tablette und betrug der mittlere Basengehalt 26 mg pro Tablette, so kann als durchschnittlicher Wert nicht 50 mg zugrunde gelegt werden (*BGH* StraFo 2004, 398).

233   **7. Bestimmung einer unbekannten Wirkstoffmenge bei Kath.** Die bloße Feststellung des Tatgerichts, es gehe „zu Gunsten des Angeklagten von einem Mindestcathinongehalt von 0,1 Gramm pro Kilogramm Kath (entspricht 0,01 Gewichtsprozent) aus", stellt keine lückenlose Beweiswürdigung dar (*Frankfurt* StraFo 2010, 472). Da der Wirkstoffgehalt der Khatblätter nach Herkunft, Anbaugebiet und Qualität erheblich schwankt und die chemische Instabilität des Cathinon, das durch enzymatische Reduktion beim Welken, Trocknen, Lagern oder unsachgemäßen Verarbeiten innerhalb weniger Tage fast vollständig zu dem etwa 8-mal schwächeren Cathin bzw. Ephedrin umgewandelt wird, sind nähere Feststellungen zum Wirkstoffgehalt erforderlich (*Frankfurt* StraFo 2010, 472; vgl. auch *BGH* NStZ 2005, 452). Allein aus der Tatsache, dass ein Angeklagter 60 kg Kath in die Bundesrepublik eingeführt hat, kann nicht auf die nicht geringe Menge geschlossen werden, wenn das Pflanzenmaterial nicht sichergestellt worden oder verloren gegangen ist; auch hier muss nach dem Grundsatz „in dubio pro reo" eine Schätzung zugunsten des Angeklagten vorgenommen werden (*AG Aachen* StV 2001, 410).

234   **8. Einführung der Untersuchungsergebnisse in die Hauptverhandlung.** Das Gericht muss seine Überzeugung vom Wirkstoffgehalt sichergestellter Betäubungsmittel aus dem Inbegriff der Hauptverhandlung schöpfen durch Verlesung der Gutachten von LKA oder Zoll gem. § 256 Abs. 1 Nr. 1 StPO oder durch Vernehmung des Chemikers als Sachverständigen. Ein Polizeibeamter kann nur die Sicherstellung als Zeuge bekunden, nicht aber die Betäubungsmitteluntersuchungen erläutern. Ein derartiger Rechtsfehler nötigt in der Revisionsinstanz zur Aufhebung des Urteils im Schuld- und Strafausspruch (*BGH* NStZ-RR 2002, 72 = StV 2001, 667).

Straftaten

30 (1) Mit Freiheitsstrafe nicht unter zwei Jahren wird bestraft, wer

1. Betäubungsmittel unerlaubt anbaut, herstellt oder mit ihnen Handel treibt (§ 29 Abs. 1 Satz 1 Nr. 1) und dabei als Mitglied einer Bande handelt, die sich zur fortgesetzten Begehung solcher Taten verbunden hat,
2. im Falle des § 29a Abs. 1 Nr. 1 gewerbsmäßig handelt,
3. Betäubungsmittel abgibt, einem anderen verabreicht oder zum unmittelbaren Verbrauch überläßt und dadurch leichtfertig dessen Tod verursacht oder
4. Betäubungsmittel in nicht geringer Menge unerlaubt einführt.

(2) In minderschweren Fällen ist die Strafe Freiheitsstrafe von drei Monaten bis zu fünf Jahren.

Gliederung

Kap. 1. Vorbemerkungen zu § 30 BtMG

A. Zweck der Vorschriften

Die Verbrechenstatbestände des § 30 Abs. 1 BtMG stufen bestimmte Arten von **1** Rauschgiftdelikten als **besonders gefährliche und verabscheuungswürdige Angriffe gegen die Volksgesundheit** ein, die eine Mindeststrafe von nicht unter 2 Jahren verdienen. Die Verbrechenstatbestände richten sich nicht nur gegen die zunehmende Anzahl internationaler Rauschgifthandelsorganisationen und Großdealer in der Bundesrepublik (§ 30 Abs. 1 Nr. 1 BtMG). Sie bedrohen auch die gewerbsmäßige Abgabe von Rauschgift an Jugendliche (§ 30 Abs. 1 Nr. 2 BtMG), die leichtfertige Todesverursachung durch Rauschgifttaten (§ 30 Abs. 1 Nr. 3 BtMG) und wollen durch die strafbare Einfuhr von Betäubungsmitteln in nicht geringer Menge (§ 30 Abs. 1 Nr. 4 BtMG) die ständig zunehmende Drogeneinfuhr vom Ausland in die Bundesrepublik so weit wie möglich unterbinden.

Der *BGH* hat in seinem Urteil v. 24. 11. 1982 zur Entstehungsgeschichte des **2** Verbrechenstatbestandes des § 30 BtMG Folgendes ausgeführt: „In dem von der Bundesregierung in der 8. Wahlperiode des Deutschen Bundestages eingebrachten Entwurf eines Gesetzes zur Neuordnung des BtMR wurde der Vorschlag zur Einführung der Verbrechenstatbestände des § 30 BtMG mit der Erwägung begründet, sie sollten eine an der Tatschwere, dem Unrechtsgehalt und der Schuld ausgerichtete Einstufung bestimmter Arten von Rauschgiftdelikten als besonders gefährliche und verabscheuungswürdige Angriffe gegen das Schutzgut Volksgesundheit ermöglichen; durch sie werde auf der Ebene der Großtäter ... die präventive und repressive Wirkung des Strafrechts verstärkt werden (BT-Drs. 8/3551, S. 37)" (BGHSt. 31, 163 = NStZ 1983, 174 = StV 1983, 63).

Das hat jedoch dazu geführt, dass im § 30 BtMG in der Gesetz gewordenen Fas- **3** sung neben Taten, die jedenfalls in den Nr. 1 und Nr. 3 im Normalfall Verbrechen besonderer Schwere darstellen, mit der Begehungsweise des § 30 Abs. 1 Nr. 4 BtMG auch eine **Fülle von Fällen erfasst wurde, die keinen hohen kriminellen Gehalt haben müssen,** wie die Einfuhr von zum Eigenverbrauch bestimmten Betäubungsmitteln in nicht besonders großen Mengen. Dies kann zwar nicht zu einer den Verbrechenscharakter solcher Begehungsweisen infrage stellenden Interpretation des § 30 Abs. 1 Nr. 4 BtMG führen, die wegen der eindeutigen Fassung der Vorschrift nicht zulässig wäre, verpflichtet aber **in jedem Einzelfall** dazu, in einer **Gesamtbetrachtung** alle wesentlichen entlastenden und belastenden Umstände gegeneinander abzuwägen, ob – gemessen an den in § 30 Abs. 1 Nr. 1 und Nr. 3 BtMG als Verbrechen unter Strafe gestellten Verhaltensweisen – **ein minder schwerer Fall** nach § 30 Abs. 2 BtMG vorliegt (vgl. BGHSt. 33, 92 = StV 1985, 107; *Weber* § 30 Rn. 250 f.).

4   Mit dem Gesetz zur Bekämpfung des illegalen Rauschgifthandels und anderer Erscheinungsformen der Organisierten Kriminalität (OrgKG) v. 15. 7. 1992 (BGBl. I, 1302) hat der Gesetzgeber die **Strafvorschriften gegen den bandenmäßigen Rauschgifthandel** mit dem neuen Verbrechenstatbestand des § 30 a BtMG erneut **verschärft,** mit den neuen Instrumenten der **Vermögensstrafe** (§ 43 d StGB), eines **erweiterten Verfalles** (§ 73 d StGB) und einem **Geldwäschetatbestand** (§ 261 StGB) die Nutzung der immensen Bargelderlöse durch den internationalen Drogenhandel erschwert.

B. Strafrahmen

I. Grundtatbestand

5   Der Strafrahmen umfasst **Freiheitsstrafen von 2 bis 15 Jahren** (§ 38 Abs. 2 StGB). Die Mindeststrafe von 2 Jahren ermöglicht auch bei Verbrechen therapeutische Maßnahmen. Soweit der bandenmäßige Drogenhandel sich mit nicht geringen Mengen Betäubungsmitteln befasst, sieht § 30 a Abs. 1 BtMG eine Mindeststrafe von 5 Jahren vor.

II. Minder schwere Fälle

6   In minder schweren Fällen ist die Strafe Freiheitsstrafe von 3 Monaten bis zu 5 Jahren.

III. Strafrahmenprüfung

7   Es wird immer wieder übersehen, dass **vor der Strafzumessung im engeren Sinn** zunächst einmal **der Strafrahmen** vom Tatgericht **festgelegt** werden muss. Bei dieser Strafrahmenprüfung muss vor der Erörterung der **Strafrahmenveränderung** nach § 49 Abs. 1 StGB **im Wege einer Gesamtwürdigung geprüft werden, ob ein gesetzlicher Normalfall des Verbrechens oder** ein **minder schwerer Fall** Grundlage der Strafzumessung zu sein hat (*Schäfer/Sander/van Gemmeren* Rn. 487). Dabei sollten sog. **gesetzlich vertypte Milderungsgründe,** wie z. B. §§ 13 Abs. 2, 21, 23 Abs. 2, 27 Abs. 2, 28 StGB, § 31 BtMG, die eine Strafrahmenmilderung gem. § 49 StGB zulassen, zunächst außer Betracht bleiben. Dies gilt insbesondere, wenn doppelte oder mehrere vertypte Milderungsgründe zusammentreffen. Dann ist stufenweise zu prüfen, ob man sie einzeln oder zusammen schon bei der Strafrahmenprüfung verbraucht. Es ist die für den Angeklagten günstigste Alternative zu wählen (vgl. BGHSt. 33, 92; *Fischer* § 50 Rn. 5; s. dazu im Einzelnen auch § 31 Rn. 69 ff.).

8   Kann ein minder schwerer Fall auch ohne einen vertypten Milderungsgrund bejaht werden, dann kommt zusätzlich nach der Anwendung des Strafrahmens für den minder schweren Fall eine weitere **Strafrahmenveränderung durch den vertypten Milderungsgrund nach § 49 Abs. 1 StGB** in Betracht (*BGH* NStZ-RR 2005, 142; *Fischer* § 50 Rn. 4). Schließlich ist dann die **Strafzumessung im engeren Sinne** vorzunehmen.

Es ist deshalb fehlerhaft, bei der Einfuhr von Betäubungsmitteln in nicht geringen **9** Mengen einen minder schweren Fall nach § 30 Abs. 2 BtMG mit der Begründung zu verneinen, die Drogensucht habe bereits zur Strafrahmenmilderung nach §§ 21, 49 Abs. 1 StGB geführt und könne deshalb gemäß § 50 StGB bei der Strafzumessung im engeren Sinne nicht mehr berücksichtigt werden (*BGH*, Urt. v. 20. 2. 1985, 2 StR 473/80). Werden **vertypte Milderungsgründe** in die Strafrahmenprüfung mit einbezogen und **rechtfertigen** sie die **Annahme eines minder schweren Falles**, dann dürfen sie **wegen des Doppelverwertungsverbotes nach § 50 StGB nicht nochmals zur Herabsetzung des Strafrahmens** berücksichtigt werden (*BGH NStZ* 1987, 504; *Schäfer/Sander/van Gemmeren* Rn. 609; *Fischer* § 50 Rn. 4; *Patzak/Bohnen* Kap. 3, Rn. 13). Verneint der Strafrichter bei der Strafrahmenprüfung einen minder schweren Fall trotz besonderer gesetzlicher Milderungsgründe, so muss er anschließend eine Milderung des Regelstrafrahmens nach § 49 StGB besonders gründlich prüfen. Faktoren, die eine Milderung des Strafrahmens bewirkt haben, dürfen wegen des Doppelverwertungsverbotes des § 50 StGB zwar nicht zur Strafrahmenmilderung, **aber im Rahmen der engeren Strafzumessung nochmals strafmildernd gewürdigt werden** (*Schäfer/Sander/ van Gemmeren* Rn. 609). So wie Umstände, die den Normalfall kennzeichnen, weder strafmildernd noch strafschärfend bewertet werden dürfen, können auch Umstände, die den besonders schweren Fall normalerweise begründen, nicht nochmals strafschärfend gewertet werden. Auch dürfen Umstände, die die Verneinung des besonders schweren Falles bedingen, nicht nochmals strafmildernd gewürdigt werden. Diese Umstände sind für die engere Strafzumessung aber nicht verbraucht. Auch Umstände, die eine Milderung des Strafrahmens bewirkt haben, können nicht nur, sondern müssen sogar bei der Strafzumessung im engeren Sinne Berücksichtigung finden; hat das Tatgericht den anzuwendenden Strafrahmen bestimmt, so ist bei der Bemessung der Strafe erneut eine Gesamtbewertung aller für und gegen den Angeklagten sprechenden Umstände vorzunehmen (ständige Rspr., BGHSt. 26, 311; BGHR StGB § 50 Strafhöhenbemessung 1 [2 StR 50/87]; BGHR StGB § 50 Strafhöhenbemessung 2 [2 StR 91/87]; *BGH NStZ* 1987, 504; BGHR StGB § 50 Strafhöhenbemessung 4 [2 StR 453/87]; *Schäfer/Sander/van Gemmeren* Rn. 490).

Dass die **Strafzumessungstatsachen auf verschiedenen Bewertungsebe- 10 nen ein unterschiedliches Gewicht haben,** ergibt sich daraus, dass sie bei einer vergleichenden Strafzumessung einmal mit einer Reihe von besonders schweren Fällen und einmal mit einer Reihe von Normalfällen verglichen und eingestuft werden müssen. Nach Anhebung des Strafrahmens erlangen die straferschwerenden Umstände im Rahmen der Strafzumessung im engeren Sinne ein geringeres Gewicht, die strafmildernden Umstände ein stärkeres Gewicht. Bei Absenkung des Strafrahmens erlangen die straferschwerenden Umstände im Rahmen der Strafzumessung im engeren Sinne ein größeres Gewicht, die strafmildernden Umstände ein schwächeres Gewicht (*Theune* StV 1985, 168).

Die Anwendung eines falschen Strafrahmens führt nicht notwendig zur 11 Aufhebung des Strafausspruches, sondern nur, wenn die Strafe auf dem fehlerhaften Strafrahmen beruht (vgl. BGHR BtMG § 31 Nr. 1 Strafrahmenverschiebung 1 [4 StR 360/91]; BGHR StGB § 46 Abs. 1 Strafhöhe 19 [5 StR 298/03] 382/85; *BGH* NJW 2002, 3559 = StraFo 2003, 21).

Kap. 2. Bandendelikte
(§ 30 Abs. 1 Nr. 1 BtMG)

Übersicht

A. Zweck der Vorschrift

12   Dieser Verbrechenstatbestand ist 1982 an die Stelle des besonders schweren Falles des § 11 Abs. 4 Nr. 1 BtMG 1972 getreten und soll mit einer erhöhten Strafandrohung als **Bollwerk gegen die zunehmenden Rauschgiftbanden** in der Bundesrepublik Deutschland dienen. Der erhöhte Strafrahmen sollte eine wirksame Waffe gegen Rauschgiftgroßhändler und gegen Drahtzieher internationaler Rauschgifthandelsorganisationen sein (BT-Drs. 546/79, 37; *Körner* NJW 1982,

673, 675). Aber auch nationale und kleinere Verbindungen sollten mit erhöhter Strafe getroffen werden (BT-Drs. VI/1877, 5–10; BT-Drs. 8/3291, 5; BT-Drs. 8/ 3551, 37; BGHSt. 38, 26, 30 = NStZ 1991, 535 = StV 1991, 517). Um weniger gefährliche **Zusammenschlüsse wie Erwerbsgemeinschaften und Jugendbanden,** die neben dem Konsum auch gelegentlich dealen, von der Mindeststrafe auszunehmen, wurde in § 30 Abs. 2 BtMG ein **minder schwerer Fall** geregelt. Die Vorschrift soll insbesondere in den zahlreichen Fällen zur Anwendung kommen, in denen die Organisationsstruktur internationaler Rauschgifthandels- und Schmuggelvereinigungen gemäß § 129 StGB nicht nachweisbar ist. Mit dem OrgKG v. 15. 7. 1992 (BGBl. I, 1302) wurde der neue Verbrechenstatbestand des § 30a BtMG mit einer Mindeststrafe von 5 Jahren geschaffen, der seit 1992 den § 30 BtMG nochmals verschärfte, sofern mit nicht geringen Mengen von Betäubungsmitteln gehandelt wird (vgl. BT-Drs. 12/1989 v. 25. 7. 1991). Der § 30b ermöglicht, auch kriminelle Rauschgiftvereinigungen zu verfolgen, die nur im Ausland Organisationsformen unterhalten. Im geltenden Strafrecht stehen folgende Bandendelikte unter erhöhter Strafandrohung: der Bandendiebstahl (§ 244 Abs. 1 Nr. 2 StGB), der Bandenraub (§ 250 Abs. 1 Nr. 2 StGB), der bandenmäßige Betrug (§ 263 Abs. 3 Nr. 1 StGB), der bandenmäßige Schmuggel bzw. Bannbruch (§ 373 Abs. 2 Nr. 3 AO) sowie der bandenmäßige Anbau, Herstellung und Handel von und mit Betäubungsmitteln (§§ 30 Abs. 1 Nr. 1, 30a Abs. 1 BtMG). Der Bandenbegriff und der Grund der Straferhöhung der Bandendelikte ist seit jeher in Lehre und Rechtsprechung umstritten. Dies hatte zur Folge, dass die für die Bekämpfung der organisierten Rauschgiftkriminalität wichtigen Bestimmungen des § 11 Abs. 4 Nr. 4 BtMG 1972 und § 30 Abs. 1 Nr. 1 BtMG 1982 von den Gerichten nicht angewandt wurden, **Bandendelikte ausgeklammert** oder **zu Formen der Mittäterschaft herabgestuft** wurden. Diese Tendenz in der Rechtsprechung musste zu einer für die Bekämpfung der Rauschgiftkriminalität überaus nachteiligen **Verzerrung der Statistik** führen, **als gäbe es keine organisierte Kriminalität,** als seien keine besonderen Strategien gegen ein Bandenunwesen in der Bundesrepublik Deutschland erforderlich. Der BGH hat erstmals 1991 sich mit der bandenmäßigen Begehungsweise im Betäubungsmittelbereich auseinandergesetzt und zum Bandenbegriff ausführlich Stellung genommen (BGHSt. 38, 26 = NStZ 1991, 535 = StV 1991, 517). Die Beweisschwierigkeiten bei den Bandendelikten haben dazu geführt, dass laut Bericht der Bundesregierung v. 11. 4. 1989 (BT-Drs. 11/4329, 14) in den Jahren von 1985–1987 nur in 32 Fällen eine Verurteilung wegen bandenmäßigen Handeltreibens erfolgte. **Seit den 90er Jahren nehmen** die **Verurteilungen wegen bandenmäßiger Begehungsweise** jedoch **stetig zu** (zu den Fallzahlen s. Rn. 19). Bei einer Untersuchung der Kriminalstatistiken hat *Roßmadl* herausgefunden, dass bei der Altersstruktur der Mitglieder von Drogenbanden Jugendliche und Heranwachsende unterrepräsentiert sind, dass hier vorwiegend Personen zwischen 25 und 30 mit einem ökonomischen Abwägen von Gewinnchancen und Risiken agieren und die Sonderbestimmungen der §§ 30, 30a BtMG **einen besonders gefährlichen Täterkreis erfolgreich treffen** (*Roßmadl*, 2005, S. 162).

Folgende Gründe führen zur Straferhöhung der Bandendelikte:

1. Besondere Gefährlichkeit der Bandentat. Als erster Grund für die Strafverschärfung der Bandendelikte wird zu Recht die besondere Gefährlichkeit der Bandentat angeführt (a. A. *Schild* NStZ 1983, 69). Das Zusammenwirken von Bandenmitgliedern ist gefährlicher als Taten von Einzeltätern oder von zwei Mittätern, da bei der Bande **die Planung, die Tatvorbereitung, die Tatausführung und die Tatsicherung häufig sorgfältiger, vorsichtiger, aufwändiger und ruhiger vorgenommen, in idealer Arbeitsteilung von Spezialisten mit Berufserfahrung** wahrgenommen werden. Nach *Volk* (JR 1979, 428) ist die **Aktionsgefahr einer Bandentat** höher als bei Einzeltaten (vgl. BGHSt. 46; 321 = NStZ 2001, 421 = StV 2001, 399 m. Anm. *Erb* NStZ 2001, 561 und m. Anm. *Endriß/ Kinzig* NJW 2001, 3217). **13**

14   Bereits vor 100 Jahren hat das *RG* in dem örtlich und zeitlich verbundenen Auftreten einer Mehrzahl bewusst auf Dauer zusammenwirkender Täter ein besonders
gefährliches verbrecherisches Treiben gesehen und wertete die bandenmäßige Tatausführung straferhöhend, insb. bei Schmugglerbanden (RGSt. 9, 44; RGSt. 18,
177; RGSt. 39, 54; RGSt. 47, 379; RGSt. 54, 246; RGSt. 60, 346; RGSt. 66,
241; RGSt. 69, 106). Dieser Rspr. ist auch der *BGH* gefolgt (BGHSt. 3, 40;
BGHSt. 6, 260; BGHSt. 7, 291; BGHSt. 8, 70).

15   **2. Besondere Gefährlichkeit der Bandenverbindung.** Neben diesem äuße-
ren Umstand erwächst die Straferhöhung der Bandendelikte aber auch aus der
Gefährlichkeit der Bandenverbindung **(Organisationsgefahr).** Das *RG* und der
BGH haben in der engen willensmäßigen Verbindung der Mitglieder, in der Zu-
kunft und auf Dauer Straftaten zu begehen, einen entscheidenden Grund für die
Straferhöhung gesehen (RGSt. 66, 241; BGH St 8, 205, 209; BGHSt 23, 239, 240
= NJW 1970, 1279).

16   **3. Bande als Primärgruppe und als Sekundärgruppe.** Die Kritik von
Schild (GA 1982, 60) an dieser Rspr. vermag nicht zu überzeugen. Die Praxis zeigt
in der Tat, dass die Bandenmitglieder einem ständigen Anreiz zur Fortsetzung ihres
kriminellen Lebenswandels unterliegen und dass allein die Existenz der Bande
schon eine Dauergefahr schafft. Die von *Schild* angeführten Forschungsergebnisse
der Kriminologie und Kriminalsoziologie, die Unterscheidung zwischen Primär-
gruppen und Sekundärgruppen, vermögen die besondere Gefährlichkeit der Bandenverbindung nicht infrage zu stellen. Nicht immer wird die **Bande als Primärgruppe** (mit gefühlsmäßigen Bindungen und Kontakten, mit Gruppengeist und
Gruppennormen, mit wechselnder Struktur und Rollenverteilung, mit Improvisa-
tion statt Organisation) als loses Netzwerk von der **kriminellen Vereinigung als
Sekundärgruppe** (mit geringen persönlichen Kontakten, mit Satzungen, mit
starker Zielorientierung, mit Befehlen und strenger Organisation) zu unterscheiden
sein. Die im Gesetzgebungsverfahren zum Ausdruck gekommene Absicht, illegale
Rauschgifthändler an der Bekämpfen, „die sich in zunehmendem Maße **auch in der
BRD zu Banden zusammenschließen, die wie Spionagedienste organisiert sind**" (BT-Drs. VI/1877, 5 und BT-Drs. 8/3551, 37), verweist nur auf bestimmte Tendenzen, begrenzt aber nicht den Straftatbestand. In der Rauschgiftszene erleben wir meist Mischformen beider Typen. Der Bandengeist und die
Bandennormen ordnen den Willen des einzelnen Mitglieds dem Gesamtwillen der
Bande unter und drängen bei ihm das Gefühl persönlicher Verantwortung zurück
(*BGH* NJW 1979, 172). Das Mitglied hat anders als der Einzeltäter keinen maßgeblichen Einfluss an der Tatgestaltung und muss im Falle abweichenden Verhaltens
oder der Trennung von der Bande Repressionen der Bande befürchten. So wie ein
Angestellter im Geschäftsleben auf die Erfahrung, die Finanzkraft und den Schutz
seiner Firma oder Behörde vertrauen kann und Gehalt unabhängig vom Geschäftserfolg bezieht, kann sich das Bandenmitglied zumeist auf die Erfahrung, auf die
aktive und finanzielle Unterstützung und den Schutz der Bande verlassen. Es wird
bezahlt unabhängig von der Einzelaktion. Die bandenmäßige Verbindung vermag
besser als der Einzeltäter Rauschgiftgeschäfte hinter einem legalen Geschäftsbetrieb
zu verschleiern und die Bandenmitglieder vor Nachstellungen abzuschirmen. Aus
all dem ergibt sich, dass unabhängig von der einzelnen Tatausführung **die bandenmäßige Verbindung dem Bandenmitglied eine Ausbildungsstätte,
einen Arbeitsplatz, Schutz, Selbstvertrauen und eine kriminelle Heimat
vermittelt und somit eine kriminelle Keimzelle und Dauergefahr für die
Gesellschaft schafft.** Diese Merkmale gelten entgegen Schild nicht nur für die
kriminelle Vereinigung, sondern auch für die Bande des BtMG. Der Täter, der sich
einer kriminellen Verbindung in der Form der Bande oder der kriminellen Vereinigung anschließt, **agiert objektiv besonders gefährlich.**

17   **4. Gefährlichkeit des Täterwillens.** Als dritten Grund der Straferhöhung für
Bandendelikte nennt *Schild* (GA 1982, 76) **die Gefährlichkeit des Täterwillens.**

Bandendelikte **§ 30**

Nicht die Verbindung der Bandenmitglieder, sondern der Wille des Bandentäters, mit anderen in der Zukunft Straftaten gleicher Art zu begehen, schafft **die Dauergefahr.** Der **Wille des Bandentäters sei regelmäßig** nicht schwach, sondern so **stark,** dass er sich mit Gleichgesinnten zusammenschließe. Die Auffassung *Schilds* mag dahinstehen. Die Rechtsprechung geht von einer doppelten Gesetzgebermotivation für die Strafverschärfung aus, nämlich besondere Gefährlichkeit der Tat und besondere Gefährlichkeit der Verbindung, zu der im Einzelfall auch noch ein besonders gefährlicher Täterwille hinzutreten kann (*Weber* § 30 Rn. 23).

B. Verfassungsmäßigkeit der Bandendelikte

Die Strafvorschriften des § 30 Abs. 1 Nr. 1 und des § 30a Abs. 1 BtMG sind mit **18** dem GG vereinbar. Die Einschätzung des Gesetzgebers, bandenmäßiges Handeltreiben mit Betäubungsmitteln in nicht geringer Menge stelle aufgrund der damit einhergehenden Gefährdung der Gesundheit der Allgemeinheit ein so hohes kriminelles Unrecht dar, dass im Regelfall ein Strafrahmen von 5 bis 15 Jahren zur Verfügung stehen müsse, um schuldangemessen reagieren zu können, ist von der Verfassung wegen nicht zu beanstanden. Bei Vorliegen zahlreicher oder außergewöhnlicher Milderungsgründe stellt namentlich das Gesetz in § 30a Abs. 3 BtMG für minderschwere Fälle einen Strafrahmen von 6 Monaten bis zu 5 Jahren zur Verfügung (*BVerfG* NStZ-RR 1997, 377 = StV 1997, 407).

C. Fallzahlen

Die **Strafverfolgungsstatistik** weist für die Jahre 2002 bis 2009 folgende An- **19** zahl von Abgeurteilten und Verurteilten wegen Delikten nach § 30 Abs. 1 Nr. 1 BtMG aus (Quelle: *Statistisches Bundesamt*):

Jahr	2003	2004	2005	2006	2007	2008	2009
Straftaten nach dem BtMG insgesamt	53.988	57.325	58.630	58.892	48.363	68.519	67.025
§ 30 Abs. 1 Nr. 1 BtMG	105	181	104	99	56	63	69

D. Objektiver Tatbestand

I. Tathandlungen

Nur die Verkehrsformen des **bandenmäßigen Anbaus, der bandenmäßigen 20 Herstellung und des bandenmäßigen Handeltreibens** sind in § 30 BtMG als Verbrechen ausgestaltet (zum Anbau s. § 29/Teil 2, Rn. 19; zur Herstellung § 29/Teil 3, Rn. 11 ff. und zum Handeltreiben § 29/Teil 4, Rn. 24). Begehen Bandenmitglieder andere Verstöße gegen das BtMG, so können diese Delikte nur als ungenannte besonders schwere Fälle i. S. v. § 29 Abs. 3 S. 1 BtMG eingestuft werden.

Der bandenmäßige Handel ist nur so lange nach § 30 BtMG strafbar, wie die **21 nicht geringe Menge von Betäubungsmitteln noch nicht erreicht ist,** da in diesem Fall des bandenmäßigen Handelns mit Betäubungsmittel in nicht geringer Mengen die Sonderregelung des § 30a Abs. 1 BtMG gilt. Es werden deshalb auch Bandenmitglieder erfasst, die beim Straßenverkauf nur kleinere Verkaufsmengen bei sich tragen und zur Geschäftsabwicklung regelmäßig eine Verkaufseinheit aus dem Rauschgiftbunker holen. Durch die Vorschrift wird auch das Bandenmitglied getroffen, das sich um den Absatz von Rauschgift bemüht, ohne im Besitz von Betäubungsmitteln zu sein. **Die bandenmäßige Einfuhr** von Betäubungsmitteln, die der Absatzförderung dient, ist in § 30 Abs. 1 Nr. 1 BtMG zwar nicht erwähnt, aber als bandenmäßiges Handeltreiben strafbar. Werden von einer Bande nicht geringe Mengen von Betäubungsmitteln ein- oder ausgeführt, so gilt § 30a Abs. 1

BtMG. **Die bandenmäßige Einfuhr von Betäubungsmitteln zum Eigenverbrauch** wurde absichtlich im Verbrechenstatbestand des § 30 BtMG nicht genannt. Es sollten damit Zusammenschlüsse von Jugendlichen, die sich im Ausland
mit Konsummengen versorgen und diese einführen, **nicht der erhöhten Strafandrohung des § 30 BtMG** unterfallen.

II. Bandenmäßige Begehung

22   Eine **bandenmäßige Tatbegehung setzt den Zusammenschluss von
mindestens 3 Personen, den Willen zur Bindung für die Zukunft und für
eine gewisse Dauer** voraus (BGHSt. 46, 321 = NStZ 2001, 421 = StV 2001,
399; *BGH* StV 2001, 407). Mit dieser Entscheidung v. 22. 3. 2001, der ein Anfragebeschluss des 4. Strafsenats des *BGH* (NStZ 2000, 474 = StV 2000, 315 =
JZ 2000, 630 m. Anm. *Engländer*) und ein Antwortbeschluss des 3. Strafsenats des
BGH (NStZ 2001, 33 = StV 2000, 677) sowie ein Vorlagebeschluss des 4. Strafsenats (NStZ 2001, 35 = StV 2001, 13 = JR 2001, 73 m. Anm. *Engländer* und
m. Anm. *Sya* NJW 2001, 380) vorausgegangen waren, setzte der *Große Senats des
BGH* den langen Streitigkeiten in Lit. und Rspr. um den Bandenbegriff ein Ende
und befreite den **Bandenbegriff von diversen kriminologischen Kriterien,**
die in zahlreichen Einzelentscheidungen entwickelt worden waren, aber nicht
mehr in Einklang zueinander standen. Diese kriminologischen Kriterien führten zu
einem erschwerten Umgang mit dem Bandenbegriff, der in zahlreichen Fällen
verneint werden musste. Die frühere fragwürdige Einstufung von Zweierverbin-
dungen als Bande entfällt. **Es bedarf keiner ausdrücklichen Bandenabrede,
keines gefestigten Bandenwillens und keines Tätigwerdens im übergeordneten Bandeninteresse mehr** (vgl. dazu RGSt. 66, 239; BGHSt. 23, 239; *BGH*
GA 1974, 308; *BGH* StV 1984, 245). Zwar sind derartige Kriterien nach wie vor
Indikatoren für das Vorliegen einer Bande. Sie sind aber keine Tatbestandsmerkmale, sondern lediglich Umstände, die im Rahmen der Strafzumessung Art und Umfang der Bandentätigkeit beleuchten. **Jedes Bandenmitglied muss aber in die
Bandenabrede eingebunden sein.** Die Grundsatzentscheidung des Großen
Senates wurde wenige Wochen später nochmals besonders für die Betäubungsmit-
telsachen wiederholt und in zahlreichen Folgeentscheidungen bestätigt (*BGH*
StV 2001, 407; BGHSt. 47, 214 = NStZ 2002, 318 = JR 2002, 337; *BGH*
NStZ 2002, 375; *BGH* NStZ 2004, 398; *BGH* NStZ 2004, 696 = StraFo 2004,
253; *BGH* NStZ 2005, 230; BGHSt. 50, 160 = NStZ 2006, 174 = StV 2005, 555;
BGH NStZ 2006, 176 = StV 2006, 136; *BGH* StV 2006, 639). Die Rspr. hat
klargestellt, dass der neu bestimmte Bandenbegriff dabei auch für Altfälle gilt
(*BGH* NStZ 2002, 375; *BGH* NStZ 2004, 398; *Weber* § 30 Rn. 15).

23   Motive des Gesetzgebers, die den §§ 30 Abs. 1 Nr. 1, 30a Abs. 1 BtMG
zugrunde liegen mögen, wie eine besondere Gefährlichkeit einer gemeinschaftlich
begangenen Bandentat mit **sorgfältiger Planung, sorgfältiger Vorbereitung,
zweckmäßiger Arbeitsteilung, genauer Buchführung, gemeinsamer Kasse,
umfassender Absicherung, gegenseitiger Kontrolle** und **gegenseitigem
Schutz,** die einen ständigen Anreiz zur Fortsetzung des strafbaren Tuns bieten,
dürfen bei ihrem Fehlen nicht zur Verneinung der bandenmäßigen Begehungsweise führen (vgl. *BGH* BGH StV 1995, 642). Die vorgenannten Umstände mögen
Motive des Gesetzgebers für eine erhöhte Bestrafung bei einer bandenmäßigen
Tatbegehungsweise gewesen sein, kommen als **Indiz** für ein bandenmäßiges Handeln in Betracht, stellen aber **keine Tatbestandsvoraussetzungen** der bandenmäßigen Begehungsweise dar (*BGH* NStZ 1996, 443 = StV 1996, 99).

  Zu den Voraussetzungen der Bande in Einzelnen:

24   **1. Zusammenschluss mehrerer. a) Zahl der Bandenmitglieder.** Im Einklang mit der Rspr. des *BGH* zur kriminellen Vereinigung i. S. d. § 129 StGB,
wonach diese mindestens **drei Personen** voraussetzt (BGHSt. 28, 147, 149 =
NJW 1979, 172; vgl. SSW-StGB/*Patzak* § 129 Rn. 9) und im Einklang mit der
kriminologischen Literatur, die eine Bande erst ab mindestens drei Mitgliedern

annimmt (vgl. *Schöch* NStZ 1996, 166 m. w. N.), verlangt der *BGH* seit 2001, dass **drei Personen zur Bildung einer Bande erforderlich** sind, die nicht zeitlich und örtlich zusammen wirken müssen. Angesichts der fehlgeschlagenen Bemühungen der Rspr., unter Beibehaltung der Verbindung von zwei Personen als Mindestvoraussetzung für eine Bande den Bandenbegriff durch zusätzliche Kriterien inhaltlich näher zu bestimmen, war es sinnvoll und geboten, für eine Bande den Zusammenschluss von **mindestens drei Personen** zu kriminellem Tun vorauszusetzen. Die Erhöhung der Mindestmitgliederzahl von zwei auf drei war ein einfaches und Erfolg versprechendes Mittel, um die Abgrenzung der wiederholten gemeinschaftlichen Tatbegehung durch Personen, die nur Mittäter sind, von denjenigen der bandenmäßigen Begehung zu vereinfachen. Sie erleichtert die Abgrenzung vor allem auch in der praktischen Rechtsanwendung durch die Tatgerichte, da zwei Personen-Zusammenschlüsse von vornherein nicht mehr dem Bandenbegriff unterfallen. Die Anhebung der Mindestmitgliederzahl einer Bande von zwei auf drei **(Dreierbande)** soll der **Rechtssicherheit und der einheitlichen Rechtsanwendung** dienen (BGHSt. 46, 321 = NStZ 2001, 421 = StV 2001, 399; *BGH* StV 2001, 407). Bei einer Dreierbande kann auch ein Bandenmitglied nur Gehilfe sein (s. dazu Rn. 56 ff.).

Es reicht für die Annahme einer Bande nicht aus, dass **lediglich 2 Personen** **25** durch eine Vereinbarung, für eine gewisse Dauer im gemeinsamen Zusammenwirken eine Mehrzahl von selbstständigen Straftaten zu begehen, verbunden sind und **für die Begehung der Einzeltaten jeweils unterschiedliche, in die Bandenabrede nicht einbezogene Dritte gewinnen.** Bandenmitgliedschaft setzt stets voraus, dass der **jeweilige Täter oder Teilnehmer in die Bandenabrede mit mindestens 3 Personen einbezogen** ist. Dies gilt auch dann, wenn er an einzelnen der Bandentaten nicht beteiligt ist (*BGH* StV 2006, 639).

b) Art der Beziehungen. Auch wenn der Bandentatbestand sich vor allem ge- **26** gen **internationale Rauschgifthändlerbanden, Drogenkartelle und mafiose Strukturen** wendet, umfasst der Bandenbegriff auch **Jugendbanden** (*BGH* NStZ-RR 2000, 343 = StV 2000, 670 [zu § 244a StGB]), **Straßengangs** und **andere Zusammenschlüsse.** Der 5. Strafsenat des *BGH* hat mit einem Urteil v. 25. 1. 1996 nochmals klargestellt, dass die Zielrichtungen des Gesetzgebers bei der Schaffung des OrgKG und die hohe Mindeststrafe von 5 Jahren Freiheitsstrafe für den Regelfall des § 30a Abs. 1 BtMG nicht erlauben, einen veränderten Bandenbegriff zugrunde zu legen und für die Bande eine **Organisationsstruktur mit mafiaähnlichem Charakter** zu verlangen (*BGH* NStZ 1996, 339 = StV 1996, 373).

Zwar können zwei Personen einer ehelichen, nicht-ehelichen und sonstigen Le- **27** bensgemeinschaften nicht mehr allein eine Bande bilden (vgl. *BGH* StV 1995, 642; *BGH* NJW 1998, 2913 = StV 1998, 421). **Verwandtschaftliche Beziehungen, Freundschaften, Lebensgemeinschaften, die gleichen Firmen-, Vereins-, Partei- oder Religionszugehörigkeit** eines Täters mit anderen Tätern begründen aber weder allein eine Bande, noch schließen sie eine Bande aus. So können sich auch drei Familienmitglieder, z.B. ein Onkel und zwei Neffen, zu einer Bande zusammenschließen. In jedem Fall bedarf die Art des Zusammenschlusses im Rahmen der Strafzumessung dann aber einer besonderen Berücksichtigung.

Liegt jedoch neben verwandtschaftlichen oder familiären Interessenlagen kein **28** erkennbares Bandeninteresse vor, so kommt eine bandenmäßige Tatbegehung nicht in Frage (*BGH* NStZ 1998, 255 m. Anm. *Körner* = StV 1997, 593). Der Zusammenschluss von Personen zu einer **Wohngemeinschaft** aus legalen persönlichen und finanziellen Gründen, ohne ein Bandeninteresse zum gemeinsamen Ein- und Verkaufen, rechtfertigt nicht die Annahme einer Bande (*BGH* NJW 1998, 2913 = StV 1998, 421). Allein die Tatsache, dass die Gewinne aus dem Rauschgiftgeschäften in eine **gemeinsame Kasse des Hausstandes** fließen, genügt nicht zur Begründung einer Bande (*BGH* StV 1996, 214). Haben **Krankenschwestern,** die in demselben Krankenhaus tätig waren und als **Freundinnen** zusammen wohnten, sich entschlossen, künftig gemeinsam und arbeitsteilig Straftaten zu begehen, so scheidet eine bandenmäßige Begehungsweise aus, wenn ein Bandeninteresse nicht erkennbar ist (*BGH* NJW 1998, 2913 = StV 1998, 421).

29   **c) Organisationsstruktur der Bande.** Der Bandenbegriff setzt **keine Organisationsstruktur und kein übergeordnetes Bandeninteresse** voraus, auch wenn vielfach eine hierarchische Struktur festgestellt werden kann. Die Bande kann ebenso wie die Mittäterschaft sowohl durch **Tatbeiträge auf gleicher Ebene** als auch durch **Tatbeiträge in verschiedenen Verantwortungsstufen** funktionieren. Die Bandenmitglieder können die unterschiedlichsten Rollen wahrnehmen. Eine Verbindung zur Begehung mehrerer selbstständiger, im Einzelnen noch ungewisser Straftaten ist ausreichend (BGHSt. 46, 321 = NStZ 2001, 421 = StV 2001, 399; *BGH* StV 2001, 407).

30   **d) Abgrenzung der Bandenmitgliedschaft von der Mittäterschaft.** Die Bande unterscheidet sich von der Mittäterschaft durch das Element der **auf eine gewisse Dauer angelegten Verbindung** mehrerer Personen zu zukünftiger gemeinsamer Deliktsbegehung (s. dazu Rn. 34). Mitglied einer Bande kann auch sein, wenn nach der stillschweigend möglichen Bandenabrede ihm nur Aufgaben zufallen, die sich bei wertender Betrachtung als Gehilfentätigkeit darstellen. Die Mitgliedschaft in einer Bande ist **keine intensivere Form der Mittäterschaft, sondern** ihr gegenüber **ein aliud.** Die Bande zeichnet sich **zumeist** durch eine **hierarchische Struktur** aus, in der ganz im Sinne der Arbeitsteilung neben dem das Geschehen beherrschenden Bandenchef andere Mitglieder als Mittäter oder Gehilfen **in unterschiedlicher Weise ihre Tatbeiträge erbringen,** aber dennoch **in gleicher Weise zum Zusammenhalt der Bande und zur Verwirklichung des Bandenzwecks beitragen.** Das Zusammenwirken von Betäubungsmittelproduzent, Aufkäufer und Weiterverkäufer stellt für sich genommen noch kein bandenmäßiges Handeltreiben dar, sondern kann auch bloße Mittäterschaft sein, wenn jeder Beteiligte sein eigenes wirtschaftliches Interesse verfolgt. Haben sich aber mehrere Personen auf Dauer unter Leitung einer Führerpersönlichkeit zusammengeschlossen, um Haschisch, Heroin oder Kokain vom Produzenten bis zum Endverbraucher zu vertreiben, lässt sich eine Person in Produktionsland, eine Person im Durchgangsland und eine Person im Absatzland nieder und setzt jede von ihnen für ihre Aufgabe wechselnde Helfershelfer zum Anbau, Schmuggeln, Lagern und Verkaufen der Betäubungsmittel ein, während sie bei regelmäßigen Treffen die einzelnen Transporte besprechen, liegt die Annahme einer Rauschgifthandelsbande nahe.

31   Für die Frage bandenmäßiger Begehung als einer gegenüber der Mittäterschaft intensivierten Form gemeinsamen deliktischen Vorgehens folgt daraus, dass **ein auf Dauer angelegtes Zusammenwirken mehrerer Selbstständiger,** eigene u. U. auch gegensätzliche Interessen verfolgender Geschäftspartner beim Betäubungsmittelhandel eine Bande begründen kann, wenn es aufgrund entsprechender **über das einzelne Geschäft hinausreichender Abreden** zu einem eingespielten Bezugs- und Absatzsystem und damit letztlich zu einer nicht notwendigen organisatorischen Struktur führt. Für das Vorliegen von Bandenhandel ist maßgeblich, ob **die Täter in die Absatzorganisation der Haupttäter eingebunden** waren oder ob sie **der Bande auf der Verkäufer- oder Käuferseite selbstständig gegenüberstanden** (*BGH* NStZ 2000, 432 = StV 2000, 622; BGHSt. 46, 321 = NStZ 2001, 421 = StV 2001, 399; *BGH* NStZ 2004, 696).

32   **e) Abgrenzung der Bande von der kriminellen Vereinigung.** Verbindet mehrere Täter der Wille, vorübergehend, und zwar von Fall zu Fall in verschiedenen Zusammensetzungen und in Ausnutzung günstiger Gelegenheiten, gemeinsam Straftaten unter der Führung eines Täters zu begehen, so liegt eine bandenmäßige Begehungsweise vor. Eine Bande ist einerseits mehr als eine lose Verbindung und mehr als eine bloße Interessengemeinschaft von mehreren Mittätern. Kennzeichen einer Bande sind nämlich das **Zusammengehörigkeitsgefühl,** das **Verfolgen**

eines Gemeinschaftsinteresses und die **regelmäßigen Treffen und Bespre-
chungen der Bandenmitglieder.** Eine Bande ist andererseits weniger festgefügt
als eine kriminelle Vereinigung. Eine lose Zusammenfügung ohne besondere Organisationsform kann ausreichen. Die Mitglieder können sich bei der Leitung, der
Tatplanung und Tatausführung abwechseln. Nach der Rspr. des *BGH* ist unter
einer **kriminellen Vereinigung** im Sinne des § 129 Abs. 1 StGB ein auf Dauer
angelegter, freiwilliger organisatorischer Zusammenschluss von mindestens 3 Personen zu verstehen, die bei Unterordnung des Willens des Einzelnen unter den
Willen der Gesamtheit gemeinsame Zwecke verfolgen und unter sich derart in
Beziehung stehen, dass sie sich untereinander als einheitlicher Verband fühlen
(ständige Rspr.; BGHSt. 54, 216 = NJW 2010, 1979; BGHSt. 54, 69 = NJW
2009, 3448, 3459 = StV 2009, 675; *BGH* NStZ 2008, 146, 148 = StV 2008, 351;
grundlegend BGHSt. 28, 147 ff. = NJW 1979, 172; SSW-StGB/*Patzak* § 129
Rn. 7 ff.; *Fischer* § 129 Rn. 5 ff.). Der Unterschied zur kriminellen Vereinigung
liegt darin, dass bei der Bande mindestens 3 Personen ein kriminelles Gemein-
schaftsinteresse verfolgen, **ohne dass eine besondere Organisationsform vorzuliegen hätte.** Es reicht eine **lose Verbindung** aus; ferner sind **kein gefestigter Bandenwille** und **kein Tätigwerden in einem übergeordneten Bandeninteresse** vonnöten (BGHSt. 46, 321 = NStZ 2001, 421 = StV 2001, 399;
SSW-StGB/*Patzak* § 129 Rn. 14). Vielmehr können die Mitglieder **auch eigene
Interessen verfolgen oder mitverfolgen.** Häufig wird den Bandenmitgliedern
lediglich an möglichst weitreichender Maximierung eigener Gewinnanteile gelegen sein; ein über die Begehung der konkreten Straftaten hinausgehender, über-
geordneter Gruppenwille ist dies freilich nicht. Anders als eine kriminelle Vereinigung im Sinne des § 129 StGB setzt die Bande also **keine Unterordnung des
Einzelnen unter den Willen der Gesamtheit** voraus (vgl. dazu SSW-StGB/
Patzak § 129 Rn. 14; MK-StGB/*Miebach/Schäfer* § 129 a Rn. 23; *Fischer* § 129
StGB Rn. 7).

f) Abgrenzung der bandenmäßigen Begehung von der Verabredung ei- 33
nes Verbrechens (§ 30 Abs. 2 StGB). Die Bandenabrede zielt auf mehrere
selbstständige, im Einzelnen noch ungewisse Taten. Die Bandentätigkeit setzt die
Ausführung von Bandentaten voraus. Bei Verabredung von Verbrechen nach § 30
Abs. 2 StGB müssen die geplanten Taten zwar konkret sein, mit der Tatausführung
muss aber noch nicht begonnen worden sein.

2. Bandenzweck. a) Mehrere Straftaten. Die Mitglieder der Bande müssen 34
mit dem Zusammenschluss bezwecken, künftig für eine gewisse Dauer mehrere
selbstständige, im Einzelnen noch ungewisse Straftaten nach dem BtMG zu begehen. Die Bandenmitglieder müssen nicht in einem übergeordneten Bandeninteresse tätig werden, sondern können auch ihre eigenen Interessen an einer risikolosen
und effektiven Tatausführung und an einer Beute- oder Gewinnerzielung im
Rahmen des Zusammenschlusses verfolgen (BGHSt. 46, 321 = NStZ 2001, 421 =
StV 2001, 399; *BGH* NStZ 2002, 375; *BGH* NStZ 2004, 398). Der Wortlaut des
Gesetzes „Bande, die sich zur fortgesetzten Begehung solcher Straftaten verbunden
hat", ist missverständlich. Die Absicht der Täter darf sich gerade **nicht auf eine
Bewertungseinheit** beziehen, weil der Wille, eine Handlung in Raten auszuführen, nicht ausreicht. Der Zusammenschluss zu einer Tat, bei der es sich etwa um
länger dauernden, sukzessiven Verkauf aus einer Gesamtmenge von Betäubungsmitteln handelt, genügt daher nicht (*BGH* NStZ 1996, 442 = StV 1996, 483).
Vielmehr müssen die Täter **mehrere selbstständige, im Einzelnen noch unbestimmte, in Realkonkurrenz stehende Handlungen geplant und mindestens eine Tat ausgeführt** haben. Für die Annahme bandenmäßigen unerlaubten Handeltreibens mit Betäubungsmitteln genügt es nicht, wenn die Täter
sich von vornherein nur zu einer einzelnen Tat verbunden haben oder in der
Folgezeit jeweils aufgrund neuen Entschlusses wiederum derartige Taten begehen.
Vielmehr ist ein Zusammenschluss zur fortgesetzten Begehung, **zur mehrfachen
Tatbegehung** erforderlich. An einem auf Dauer angelegten Zusammenschluss

kann es fehlen, wenn der Angeklagte **nur kurzfristig als Urlaubsvertreter** für einen anderen gehandelt hat (*BGH* StV 1997, 594).

35   **b) Versuch oder Vollendung mindestens einer Tat.** Die Strafbarkeit wegen Bandenhandels tritt erst dann ein, wenn nach der Abrede einer mehrfachen Begehung von Bandentaten **wenigstens eine Tat versucht oder vollendet wurde** (BGHSt. 38, 26, 27 = NStZ 1991, 535 = StV 1991, 517; BGHSt. 49, 177 = NJW 2004, 2840 = StV 2004, 532; *Weber* § 30 Rn. 75). Kann eine Strafkammer nach einer Bandenabrede neben einer Vielzahl von im Einzelnen nicht mehr konkret feststellbaren Kokaingeschäften nur ein Kokaingeschäft feststellen, dem weitere Geschäfte folgen sollen, so reicht dies für eine bandenmäßige Begehungsweise aus (BGHSt. 38, 26, 27 = NStZ 1991, 535 = StV 1991, 517; *Zschockelt* NStZ 1996, 224 m. w. N.).

36   **3. Bandenabrede. a) Inhalt der Bandenabrede.** Ob jemand Mitglied einer Bande ist, bestimmt sich i. d. R. nach der **deliktischen Vereinbarung,** der sog. **Bandenabrede.** Sie setzt den Willen voraus, sich mit anderen zu verbinden **(Bindungswille),** um künftig für eine gewisse Dauer mehrere selbstständige, im Einzelnen noch ungewisse Straftaten des im Gesetz genannten Delikttyps zu begehen (BGHSt. 46, 321 = NStZ 2001, 421 = StV 2001, 399; *BGH* NStZ 2004, 398; *BGH* NStZ 2006, 174 = StV 2005, 555; *BGH* NStZ 2006, 176 = StraFo 2005, 522; *BGH* NStZ-RR 2011, 58). Die Bandenabrede begründet die erhöhte abstrakte Gefährlichkeit der Bande. Denn sie stellt die enge Bindung sicher, die die Mitglieder für die Zukunft und für eine gewisse Dauer eingehen und die einen ständigen Anreiz zur Fortsetzung der kriminellen Tätigkeit bildet. Der Bandenwille muss nicht besonders gefestigt sein (*BGH* NStZ 2004, 398). Das Zustandekommen der Bandenabrede bedarf der konkreten Feststellung und ist zu belegen (*BGH* NStZ 2005, 230). Die Bandenabrede kann aus dem Zusammenwirken hergeleitet werden. Allerdings ist dabei zu beachten, dass eine Abrede nur für die Zukunft Wirkung entfalten kann. Deshalb ist in solchen Fällen zumindest **bei der ersten Tat eine Zuordnung als Bandentat** regelmäßig **nicht möglich** (*BGH* NStZ 2006, 176 = StV 2006, 136).

37   **b) Form der Bandenabrede.** Die Bandenverbindung zur mehrfachen Bandenbegehung kann auf einer **ausdrücklichen oder stillschweigenden Abrede** oder auf einem schlüssigen Verhalten beruhen, was aus den Umständen des Einzelfalles geschlossen werden kann (BGHSt. 47, 214 = NStZ 2002, 318 = StV 2003, 78; *BGH* NStZ 2004, 398; *BGH* NStZ 2005, 230; *BGH* NStZ 2006, 176 = StV 2006, 136; *Weber* § 30 Rn. 46). Sie muss für eine gewisse Dauer gelten, auch wenn nicht erforderlich ist, dass eine feste Organisation vereinbart wird, bei der einzelnen Mitgliedern ganz bestimmte Rollen zukommen (wie Einkäufer, Transporteur, Verpacker, Verkäufer, Kassierer, Geldeintreiber, Verhandlungsführer, Geldwäscher, Geldanleger). Eine Bandengründung oder eine Beitrittserklärung muss nicht vorliegen, kann auch formlos ohne ausdrückliche oder schriftliche Verpflichtungserklärung der Mitglieder zustande kommen. Von einer **stillschweigenden Bandenabrede** ist auszugehen, wenn von einer Strafkammer über die gemeinsame Lebensführung der Beteiligten hinaus eine genaue Buchführung der Rauschgiftgeschäfte, eine geschäftsmäßige Auftragsannahme und -ausführung, Vermittlungstätigkeiten und Forderungseinziehung festgestellt werden konnten und diese von den Geschäftspartnern gleichberechtigt und arbeitsteilig vorgenommen wurden (BGHSt. 38, 26, 31 = NStZ 1991, 535 = StV 1991, 517). Haben sich 3 Männer zu einem **Rauschgifthandelsunternehmen** zusammengeschlossen, nach den Feststellungen der Strafkammer die Rauschgiftgeschäfte arbeitsteilig abgewickelt, so ist von einer Bandenabrede auszugehen (BGHSt. 39, 216, 217 = NStZ 1993, 443 = StV 1993, 418). So war der eine Partner Verbindungsmann zu einer Rauschgifthändlergruppierung, die Haschisch im Tonnenbereich von Marokko nach Spanien und Portugal schmuggelte und andererseits Partner zu einer Abnehmergruppierung in den Niederlanden. Während er die Rauschgifttransporte organisierte und überwachte durch Auswahl der Speditionsunternehmen und Fahrer,

Bandendelikte   **§ 30**

durch Tarnung der Ladung und Entladung, übernahm sein Partner die Geschäftskontakte, die Auftragsabwicklung und die Forderungseinziehung. Gehörte ein
Angeklagter als **Leiter des Bereichs Auslieferung und Verkauf in Europa** zu
einer Gruppierung, die sich mit dem Ziel verbunden hatte, auf Dauer mit Heroinkurierfahrten in Europa hohe Gewinne zu erzielen, organisierte und begleitete er
mehrere Herointransporte nach Europa, verkaufte dort die Betäubungsmittel und
transferierte die Erlöse nach Hongkong, so ist von einer Bandenabrede auszugehen
(BGHR BtMG § 30 Abs. 1 Nr. 1 Bande 3 [1 StR 162/92]).

c) Auflösung der Bandenabrede. Die Auflösung der Bande setzt ebenso wie **38**
die Bandenabrede keine ausdrückliche Erklärung voraus, sondern kann stillschweigend erfolgen. So kann eine Strafaktion gegen ein bestimmtes Bandenmitglied die
Bandenabsprache beenden (BGHSt. 50, 160 = BGH NStZ 2006, 174 = StV 2005,
555).

d) Kenntnis von den einzelnen Bandenmitgliedern. Die **Mitglieder** müs- **39**
sen sich **nicht persönlich verabredet** haben und sich auch **nicht untereinander kennen** (BGHSt. 50, 160 = NStZ 2006, 174 = StV 2005, 555; *BGH* NStZ
2008, 575; BGHR BtMG § 30 Abs. 1 Nr. 1 Bande 9 [3 StR 83/09]; *Weber* § 30
Rn. 49). Vielmehr liegt eine Bande auch dann vor, wenn sich ein Dritter und ein
Vierter, die andere Bandenmitglieder **nur mit Namen oder Spitznamen kennen**, einer Vereinbarung von zwei Tätern anschließen. Es reicht aus, wenn ein
Bandenmitglied nur die Namen von zwei Bandenmitgliedern kennt, aber keine
weiteren Kenntnisse über ihre Identität hat (BGHSt. 50, 160 = NStZ 2006, 174 =
StV 2005, 555). Der Annahme einer Bande steht nicht entgegen, dass verschiedene
Täter innerhalb eines international tätigen Drogenkartells unterschiedliche Tatbeiträge leisten und jedes einzelne Bandenmitglied keine konkrete Kenntnis von den
Aktivitäten anderer oder gar aller Beteiligten hat und nur einen Vordermann in der
Organisation kennt (BGHSt. 43, 158 = NJW 1997, 3323 = StV 1997, 589).

e) Bindungswille. Es bedarf **nicht eines gefestigten Bandenwillens** und **40**
keines übergeordneten Bandeninteresses.** Es reicht aus, wenn das Mitglied **aus
eigenen Interessen** heraus **sich ernsthaft an zwei weitere Beteiligte bindet
für eine delikitische Zusammenarbeit auf Dauer** (BGHSt. 46, 321 = NStZ
2001, 421 = StV 2001, 399; *BGH* NStZ 2005, 230). Dieser Bindungswille ergibt
sich regelmäßig nicht aus einzelnen Indikatoren, sondern aus einer **Gesamtschau.**
Der Entschluss, künftig **in einer Gruppe** gemeinsam Drogengeschäfte mit Kokain
auf längere Sicht zu betreiben, um aus den Geschäften laufende Geldeinnahmen
zu erzielen, reicht allein ebenso wenig aus wie ein **arbeitsteiliges Vorgehen** bei
der Ausführung der Drogengeschäfte. Die **Anmietung einer Wohnung**, wo das
Rauschgift und die Erlöse verwahrt werden, kann, muss aber nicht auf eine Bandentätigkeit hinweisen. **Gute Kontakte** zu Drogenkonsumenten und Drogenzwischenhändlern können ebenso wie ein eingespieltes **Bezugs- und Absatzsystem**
auch Attribute der Mittäterschaft darstellen (*BGH* StV 1998, 599). Auch die Führung einer **gemeinsamen Kasse** deutet noch nicht zwingend auf eine Bande hin,
sondern kann auch eine Mittäterschaft beschreiben, wenn sie nur der Vereinfachung der Gewinnverteilung dient (*BGH* NStZ 2000, 432 = StV 2000, 622).

Die Bandenmäßigkeit stellt eine **dauerhafte deliktische Zusammenarbeit** **41**
dar, mit der individuelle oder gemeinsame Interessen verfolgt werden, die sich aus
einer gemeinsamen Kasse, einem gemeinsamen Anmieten eines Transportfahrzeuges oder Lagerraumes ergeben kann. Bei der Verabredung von vier Personen, **für
eine gewisse Dauer** in den Niederlanden gemeinsam Betäubungsmittel zu erwerben, diese einzuführen und sodann in Deutschland getrennt den jeweiligen
Anteil zu verkaufen, kann eine Bandenmäßigkeit in Betracht kommen. Für eine
Bandentätigkeit und eine Bandenabrede können **Indikatoren** sein, ohne notwendige Voraussetzungen darzustellen: das Eingebundensein in eine bandenmäßige
Organisation, eine geschäftsmäßige Auftragsverwaltung, eine genaue gemeinsame
Buchführung, eine arbeitsteilige und gleichberechtigte Abwicklung von Akquisition, Vermittlungstätigkeit und Forderungseinziehung, gegenseitige Kontrolle und

Schutz, das Vorliegen einer gemeinsamen Kasse oder die Beteiligung an den gemeinsam erwirtschafteten Gewinnen und Verlusten (BGHSt. 38, 26, 31 = NStZ 1991, 535 = StV 1991, 17; *BGH* NStZ 1996, 443 = StV 1996, 99; *BGH* NStZ-RR 1997, 375 = StV 1997, 592; *BGH* NStZ-RR 2000, 92; *Weber* § 30 Rn. 36). Greifen im Rahmen der Betätigung **internationaler Drogenhändler in einem organisierten Absatz- und Finanzsystem** zahlreicher Personen ein **Warenverteilungszyklus** und ein diesem unmittelbar unterstützender **Finanzzyklus** zur Profitmaximierung des Personenzusammenschlusses ineinander über, so stellen sowohl die einzelnen arbeitsteiligen Betäubungsmittelabsatzbemühungen als auch die einzelnen arbeitsteiligen Förderungen des Geldkreislaufes bis zur Übergabe der Drogenerlöse an die Drahtzieher der Organisation **Indikatoren für ein übergeordnetes Bandeninteresse** dar. Die **Arbeitsteilung** bei **Planung, Tatausführung** und **Tatsicherung** auf mehrere nur teilweise eingeweihte, erfahrene Spezialisten des Bezugs- und Vertriebssystems spricht für einen **Bandenwillen** und eine **deliktische Zusammenarbeit auf Dauer.**

42   Der Zusammenhalt und der organisierte Gesamtwille der Bande äußert sich vielfach darin, dass sich die Mitglieder einerseits durch Verwendung von Falschpapieren und Codebezeichnungen tarnen sowie abschotten und andererseits durch Scallgeräte und Funkgeräte Kontakt zu halten versuchen (*BGH* NStZ-RR 1998, 25 = StV 1998, 588; *BGH* NStZ 1998, 42 ff = StV 1997, 589). Wiederholte arbeitsteilige Beschaffungsfahrten und Verkaufsgeschäfte sind Merkmale eines übergeordneten Bandenwillens. Die Erklärungen eines Täters, er könne das Geschäft nicht ohne die anderen abwickeln, kann für einen Bandenwillen sprechen (*BGH* NStZ 1997, 90). Eine bandenmäßige Begehung, die über eine Reihe mittäterschaftlicher Handlungen hinausgeht, lässt sich nicht abschließend anhand begrifflicher Merkmale wie Zusammenschluss zur Begehung von Straftaten definieren. Vielmehr sind **zusätzliche Indizien und Indikatoren** erforderlich, um Zusammenschluss und Bandenwillen zu konkretisieren. Diese Indikatoren sind aber keine **Tatbestandsvoraussetzungen**, sondern **Hilfserwägungen**. Dabei ist die Eigenart der jeweiligen Tätergruppierung in Betracht zu ziehen. Je stärker die Gefährlichkeit einer Tätergruppierung durch die Zahl ihrer Mitglieder, durch deren Präsenz bei der Tatausführung oder durch organisatorische Stabilität hervortritt, desto geringer sind die Beweisanforderungen hinsichtlich des Bandenzwecks und der Bandenabrede (*Schöch* NStZ 1996, 166; *BGH* NJW 1998, 2913 = StV 1998, 421). Aus der gleichberechtigten, **arbeitsteiligen Partnerschaft** der Beteiligten der Vertriebsorganisation unter Beteiligung von Zwischenhändlern, aus der Verteilung der Erlöse, aus der **Führung eines Kontrollbuches** über eingegangene Zahlungen der Zwischenhändler und aus der **mit massiver Gewalt und Drohungen erfolgten Säuberung des Marktes** kann eine bandenmäßige Tatbegehung hergeleitet werden (*BGH*, Urt. v. 29. 9. 1999, 2 StR 218/99, insoweit in NStZ 2000, 48 nicht abgedruckt). Allein daraus, dass sich der aus Rumänien stammende Angeklagte mit mehreren Personen um einen ausländischen Hintermann herum mit dem Ziel zusammengeschlossen hat, durch den Betrieb von Indoor-Plantagen Cannabis zu produzieren, kann dann nicht ohne Weiteres darauf geschlossen werden, dass der Angeklagte von vornherein entschlossen war, auch längerfristig an der Anpflanzung teilzunehmen, wenn er nach der ersten Anpflanzung mangels finanzieller Mittel nicht abreisen konnte, sondern erst mit seinen Folgetätigkeit und erhaltenen Vorschuss abarbeiten musste (*BGH* NStZ-RR 2011, 58).

43   **f) Eingliederung in die Bande.** Der Täter muss, mit welcher Rolle auch immer, ob als Gehilfe, Mittäter oder Führungsperson, in die Bandentätigkeit eingegliedert sein. Hierzu ist weder ein gefestigter Bandenwille, noch ein übergeordnetes Bandeninteresse erforderlich. Es handelt sich um ein in die Bande eingegliedertes Mitglied, wenn er einen festen Gewinnanteil erhält, auch wenn er auf Zeitpunkt und Umfang der Betäubungsmittellieferungen keinen Einfluss hat, die Höhe des Verkaufspreises vorgegeben erhält und **für den Bandenoberen als Unterverkäufer tätig** ist (BGHR BtMG § 30 a Bande 7 [3 StR 385/97]). Hat

sich eine Gruppe von Drogenhändlern zu einer Bande zusammengeschlossen, um in der Zukunft Rauschgifttransporte und -geschäfte größeren Umfangs zu betreiben, so bedeutet **nicht jegliche Unterstützung dieser Gruppierung,** dass der Angeklagte ebenfalls zu **der Bande gehört.** War ein Angeklagter weder damit befasst, den Einkauf, den Transport oder den Absatz des Rauschgifts zu organisieren, noch für die Finanzen zu sorgen, sondern lediglich beim Strecken von Betäubungsmitteln in seiner Wohnung anwesend, so ist eine Bandentätigkeit nicht gegeben (*BGH* StV 1995, 624). Natürlich können auch **Lieferanten und Abnehmer von Bandentätern** selbst zur Bande gehören. Bei Kontaktpersonen aus dem Umfeld von Bandentätern ist aber regelmäßig zu prüfen, ob sie damit in die Bande eingebunden waren oder lediglich ein Eigeninteresse verfolgten, indem sie Geschäftsbeziehungen zu Bandentätern unterhielten (*BGH* NStZ 1998, 255 m. Anm. *Körner* = StV 1997, 593; *BGH* NStZ 1999, 187 = StV 1998, 421).

Organisiert jemand von Marokko aus Haschischschmuggel nach Deutschland **44** und wirbt persönlich oder durch Dritte Transportfahrer an, die auf seine Kosten Fahrzeuge ankaufen, auf ihren Namen zulassen und nach Marokko bringen und lässt er im Rifgebirge in Marokko Cannabis in den Tank dieser Schmuggelfahrzeuge einschweißen und anschließend die Schmuggelfahrzeuge zum Ausbau und Verkauf des Haschischs nach Deutschland bringen, so liegt ein bandenmäßiges Handeln zwar nahe. Vermag die Strafkammer jedoch bei einem Angeklagten, der an 5 Haschischtransporten beteiligt war, nicht festzustellen, dass der Angeklagte über eine Mittäterschaft hinaus **in eine Bande eingebunden** war und neben dem Auftraggeber **mit weiteren Personen Absprachen getroffen und zusammengearbeitet** hatte, so kann von einem bandenmäßigen Zusammenschluss nicht ausgegangen werden (*BGH*, Urt. v. 30. 8. 1989, 2 StR 262/89). Vielfach bleiben den Kunden einer Rauschgifthändlerbande die **Mitglieder der Bande unbekannt.** Ist die Einbindung eines Angeklagten in eine international operierende Heroinhändlerorganisation **nicht durch Tatsachen erwiesen,** so darf dies auch **nicht zum Nachteil des Angeklagten berücksichtigt** werden (*BGH*, Urt. v. 13. 12. 1990, 4 StR 466/90). Zum Nachweis einer bandenmäßigen Verbindung ist es andererseits **nicht erforderlich, dass die Personalien aller Bandenmitglieder feststehen.** Ein Tatgericht kann nicht die Bandenzugehörigkeit verneinen und 2 Angeklagte wegen Mittäterschaft verurteilen, weil es die Personalien der weiteren Bandenmitglieder nicht zweifelsfrei klären konnte.

Keine Bande liegt vor, wenn ein Dealer im alleinigen Interesse die desolate Situ- **45** ation von 2 minderjährigen Straßenhändlern für sich dahingehend ausnutzt, sie für sich verkaufen zu lassen und mit freier Kost und Logis und Tageshonorar von 100 DM zu beschäftigen (*BGH*, Beschl. v. 4. 2. 1998, 5 StR 10/98). Allein die **gemeinsame Benutzung einer Wohnung** oder **gemeinsame Lebens- und Freizeitgestaltung** spricht **nicht für einen Bindungswillen** (*BGH* StV 1999, 435).

Keine Verbindung besteht zwischen drei Schmugglern, die, jeder für sich ope- **46** rierend, zufällig bei einem Schmuggelgang zusammentreffen und den Rest des Weges gemeinsam zurücklegen (*RGSt.* 14, 113; *RGSt.* 21, 86), zwischen einem zollfeindlichen Spaziergänger, der zwei Schmuggler durch ein Winkzeichen vor einem herannahenden Zöllner warnt sowie zwischen zwei fremden Reisenden im gleichen Zugabteil oder Autobus, von denen jeder Schmuggelgut mit sich führt. Auch die gegenseitige Unterhaltung und Abstimmung bei der Zollkontrolle, das Schmuggelgut zu verheimlichen, schafft keine bandenmäßige Verbindung. Denn die Abrede zu gleichartigem Verhalten ist keine Verbindung zu gemeinschaftlichem Handeln (*Köln* NJW 1959, 60). Der Umstand, dass drei oder mehr Personen beim Schmuggeln angetroffen werden, **genügt noch nicht zur Annahme einer bandenmäßigen Verbindung** (*RGSt.* 9, 45). Eine Bande setzt nicht eine **Organisation mit Rollenverteilung** voraus, kann aber eine derartige haben. Die Erklärung von Angeklagten, die ein Betäubungsmittelgeschäft getätigt haben, als Vermittler größerer Betäubungsmittelmengen, die sie beschaffen könnten, interessiert zu sein, um mehr Geld zu verdienen, stellt weder eine Bandenverbindung dar, noch beinhaltet es schon einen ernsthaften Willen, sich zur wiederholten Begehung von Betäubungsmittelgeschäften zusammenzuschließen. Vielmehr handelt es sich lediglich um ein **Geschäftsinteresse und eine gewisse Zukunftsplanung,** weitere gleichartige Geschäfte ins Auge zu fassen (*BGH* NStZ 1996, 443 = StV 1996, 99).

47 Sind die **Urteilsfeststellungen nur fragmentarisch,** ob die Angeklagten **in die Absatzorganisation eingebunden** waren und ob die zahlreichen Betäubungsmittelgeschäfte bandenmäßig betrieben wurden, so bedarf auf Revision der Staatsanwaltschaft die Strafsache **neuer Verhandlung und Entscheidung** (*BGH* NStZ 2004, 696).

48 **g) Gemeinschaftliches Agieren (die Aktionsgefahr).** Der § 30 BtMG verlangt **nicht die Mitwirkung eines weiteren Bandenmitgliedes bei der Tatausführung.** Der Gesetzgeber und der *BGH* verzichteten bei der bandenmäßigen Begehungsweise nach dem BtMG auf ein örtliches und zeitliches Zusammenwirken mit einem weiteren Bandenmitglied auf eine besondere Aktionsgefahr (BGHSt. 46, 321 = NStZ 2001, 421 = StV 2001, 399). Wegen der Besonderheiten bei den Rauschgifthändler- und Rauschgiftschmugglerbanden, die häufig in einer Art von kriminellem Staffellauf nur ein Mitglied der Mannschaft bis zum nächsten Mitglied der Mannschaft agieren lassen, erweist es sich für die Bande als förderlich, auf die aktive Mitwirkung zumindest eines zweiten Bandenmitgliedes zu verzichten. Dies bedeutet aber nicht, wie *Schild* (NStZ 1983, 69, 70) meint, dass dadurch die besondere Gefährlichkeit der Tat entfalle. Denn häufig befinden sich bei der Bandenkriminalität Komplizen des einzelnen Agierenden eingriffsbereit in der Nähe. Hätte der Gesetzgeber bei der Bandenmäßigkeit nicht auf die Einbeziehung dieser meist nicht erkennbaren Komplizen verzichtet, wäre eine Bandentat fast nie nachweisbar. Nicht allein eine **Vielzahl der Mitglieder** und das **gleichzeitige Agieren,** sondern **die enge Bindung,** die die Mitglieder für die Zukunft eingehen und die einen ständigen Anreiz zur Fortsetzung der Straftaten bildet, macht die Gefährlichkeit der Bande aus und ist Grund für die verschärfte Strafandrohung (BGHSt. 38, 26, 29 = NStZ 1991, 535 = StV 1991, 517). Für den bandenmäßigen Rauschgifthandel ist es geradezu typisch, dass Bandentäter konkrete Aktivitäten wie Bestellungen, Lieferungen, Kurierfahrten, Geldübergaben und vielfältige Handlungen zur Koordination der Beteiligten **als Einzeltäter** durchführen, um das Entdeckungsrisiko gering zu halten (BGHSt. 38, 26, 29 f. = NStZ 1991, 535 = StV 1991, 517; vgl. hierzu auch *Schöch* NStZ 1996, 166, 167 Fn. 19; *Schild* NStZ 1983, 69, 70).

III. Geltungsbereich des BtMG

49 Das deutsche Strafrecht erlaubt es, auch einen Ausländer wegen im Ausland begangener Rauschgiftgeschäfte in Deutschland zu verurteilen (§ 6 Nr. 5 StGB). Das in § 6 StGB normierte Weltrechtsprinzip ermöglicht grenzüberschreitende Observationen und mit dem Zugriff zuzuwarten, bis ein Rauschgifttransporteur einer Bande seinen Empfänger im Ausland erreicht hat, ohne dass die polizeilich überwachte Durchfuhr von Betäubungsmitteln gegen das Legalitätsprinzip verstößt. So kann nicht nur der Rauschgiftkurier, sondern auch der potente Kunde oder Auftraggeber entweder im Inland oder im Ausland überführt werden (s. dazu § 29/Teil 5, Rn. 24 ff.).

E. Subjektiver Tatbestand

50 Der subjektive Tatbestand setzt Vorsatz voraus. Der Täter muss sich des Zusammenschlusses und der Zielrichtung der Bande bewusst sein. Das Bandenmitglied will die Tat im eigenen Interesse und im Interesse des Zusammenschlusses. Ein Bandenwille liegt nur vor, wenn der Täter den Willen hat, sich mit anderen zusammenzutun, um künftig für gewisse zeitliche Dauer unbestimmte Straftaten zu begehen (s. dazu Rn. 40 ff.). **Bedingter Vorsatz reicht aus,** sowohl im Hinblick auf die Grunddelikt als auch auf die Qualifikation (*Weber* § 30 Rn. 90).

F. Versuch

I. Abgrenzung straflose Vorbereitung/Versuch

Allein der **Bandenzusammenschluss** ist noch kein Beginn der Tatausführung **51** des § 30 BtMG, dessen Versuch strafbar ist (§ 23 Abs. 1 StGB). Vielmehr beginnt die Strafbarkeit erst mit dem **Ansetzen zur konkreten Bandentat**, also mit dem Beginn des Versuchs des Anbauens, Herstellens oder Handeltreibens (*Weber* § 30 Rn. 78; MK-StGB/*Rahlf* § 30 Rn. 66; *Franke/Wienroeder* § 30 Rn. 26). So liegt nur eine straflose Vorbereitungshandlung eines Handeltreibens vor, wenn der Täter für eine Rauschgifthändlerbande ein Schmuggelfahrzeug überbringt, ohne dass eine konkreter Rauschgifttransport oder ein konkretes Rauschgiftgeschäft bevorsteht (*BGH* NStZ 2001, 323 = StV 2001, 459).

II. Vollendung/Beendigung

Für die Abgrenzung Vollendung/Beendigung gilt das bei den Grunddelikten **52** Gesagte (s. dazu zum Anbauen § 29/Teil 2, Rn. 75; zum Herstellen § 29/Teil 3, Rn. 60 ff. und zum Handeltreiben § 29/Teil 4, Rn. 238 ff.).

III. Verabredung des Verbrechens des bandenmäßigen Drogenschmuggels

Während die **Bandenabrede** auf die Begehung **von im Einzelnen noch un-** **53** **bestimmten Straftaten** ausgerichtet und als solche noch nicht strafbewehrt ist, zielt die **Verabredung eines Verbrechens auf ein bestimmtes geplantes Verbrechen** und steht unter Strafe, weil sie ein konkret geschütztes Rechtsgut bereits im Vorbereitungsstadium in Gefahr bringt. Nach h. M. in Rspr. und Lit. ist deshalb die Verabredung zu einem bestimmten geplanten Verbrechen und die Anwendung des § 30 Abs. 2 StGB davon abhängig, dass der in Aussicht genommene Tatbeitrag im Gegensatz zur bandenmäßigen Tatbegehungsweise **täterschaftliche Qualität** erreichen soll (*BGH* NStZ 1993, 137 = MDR 1993, 201; BGHR BtMG § 30 a Abs. 1 Bandenhandel 2 = NStZ 2001, 323 = StV 2001, 459; BGHSt. 47, 214 = NStZ 2002, 318 = JR 2002, 337).

Hat ein Angeklagter mit anderen Bandenmitgliedern einen bereits feststehenden **54** Rauschgiftschmuggeltransport geplant sowie verabredet und zugesagt, sich an diesem Schmuggelunternehmen nicht nur als Gehilfe, sondern als Mittäter zu beteiligen durch Beschaffung des Tatfahrzeuges und durch Bereitstellung einer Transportbegleiterin, so hat sich dieser nach § 30 Abs. 2 StGB strafbar gemacht wegen Verabredung eines Verbrechens. War seine Beteiligung aber nur eine Gehilfenschaft, so scheidet § 30 StGB aus.

Verabredeten mehrere Angeklagte nach Ausführung einer Bandentat das Verbre- **55** chen eines bandenmäßigen Drogenhandels oder der Einfuhr von nicht geringen Mengen von Betäubungsmitteln, so müssen bei der Bemessung der Strafe für die Verabredung des Verbrechens (§ 30 Abs. 2 StGB) **neben dem Gewicht der ver-** **abredeten Tat** sowie allen anderen allgemein zu beachtenden Kriterien des § 46 StGB vor allem **die Beschaffenheit der Verabredung selbst** und das Ausmaß berücksichtigt werden, indem die Verabredung bereits durch abredegemäßes Verhalten der Beteiligten aktiviert worden ist (*BGH* NStZ 1989, 571).

G. Täterschaft/Teilnahme

I. Abgrenzung Täterschaft/Teilnahme

Bei den Bandendelikten sind die Fragen nach Bandenmitgliedschaft und Beteili- **56** gungsform streng voneinander zu trennen. Die Mitgliedschaft in einer Bande bedeutet **nicht automatisch ein täterschaftliches bandenmäßiges Handeltreiben** mit Betäubungsmitteln, denn ein Bandenmitglied kann auch Gehilfe sein (BGHSt. 47, 214 = NStZ 2002, 318 = JR 2002, 337). Bei entsprechender Bandenabrede reicht es aus, wenn die Bande aus einem Mittäter und zwei Gehilfen besteht (*BGH* NStZ 2007, 33; *BGH* NStZ 2008, 570; *Weber* § 30 Rn. 30).

57   Der Tatrichter muss aufgrund einer wertenden Gesamtbetrachtung aller von der Vorstellung des Täters umfassten Umstände entscheiden, ob dieser sich als **Mittäter oder nur als Gehilfe** an der Tat beteiligt hat. Die Abgrenzung erfolgt auch beim bandenmäßigen unerlaubten Handeltreiben mit Betäubungsmitteln nach den **allgemeinen Grundsätzen über die Abgrenzung zwischen diesen Beteiligungsformen** (*BGH* NStZ 2002, 375; *BGH* StV 2005, 666; s. dazu zum Anbauen § 29/Teil 2, Rn. 77 ff.; zum Herstellen § 29/Teil 3, Rn. 66 ff. und zum Handeltreiben § 29/Teil 4, Rn. 252 ff.). Die Annahme einer Bande ist gerade nicht davon abhängig, dass deren Mitglieder gleichrangig in die Bandenstruktur eingegliedert sind. Vielmehr zeichnet sich die Bande **nicht notwendig, aber häufig durch eine hierarchische Struktur** aus, in der ganz im Sinne der Arbeitsteilung neben dem Bandenchef andere Mitglieder in unterschiedlicher Weise als Mittäter oder Gehilfen ihre Tatbeiträge erbringen und zur Verwirklichung des Bandenzweckes beitragen. Natürlich können auch **Lieferanten und Abnehmer von Bandentätern** selbst zur Bande gehören. Bei Kontaktpersonen aus dem Umfeld von Bandentätern ist aber regelmäßig zu prüfen, ob sie damit in die Bande eingebunden waren oder lediglich ein Eigeninteresse verfolgten, indem sie Geschäftsbeziehungen zu Bandentätern unterhielten (*BGH* NStZ 1998, 255 m. Anm. *Körner* = StV 1997, 593; *BGH* NStZ 1999, 187 = StV 1998, 421).

58   Wesentliche Anhaltspunkte für die Beurteilung, ob ein **Bandenmitglied als Mittäter oder als Gehilfe** mitwirkte, können der **Grad des eigenen Interesses am Erfolg, der Umfang der Tatbeteiligung, die Tatherrschaft oder wenigstens der Wille zur Tatherrschaft** sein, so dass die Durchführung und der Ausgang der Tat maßgeblich auch vom Willen des Tatbeteiligten abhängen (BGHSt. 37, 289, 291 = NStZ 1991, 280 = StV 1993, 410; *BGH* NStZ 1999, 451; *BGH* NStZ 2000, 482; *BGH* NStZ-RR 2001, 148; *BGH* NStZ 2002, 375; *BGH* NStZ 2006, 176 = StV 2006, 136). Mitglied einer Bande kann auch derjenige sein, dem nach der Bandenabrede nur Aufgaben zufallen, die sich bei wertender Betrachtung als Gehilfentätigkeit darstellen.

59   Das **Überlassen seiner Wohnung** an die Bande für mehrere Streckvorgänge gibt lediglich Anlass zu der Prüfung, ob der Angeklagte als Mittäter oder Gehilfe die Bande beim Handeltreiben mit nicht geringen Mengen von Betäubungsmitteln unterstützt hat. In der Zusage, den Rauschgifthandel in seiner Wohnung künftig hinnehmen zu wollen, könnte eine psychische Beihilfe zu den Taten der Hauptbeteiligten liegen. Dabei ist zu beachten: Besteht der Tatbeitrag des Gehilfen aus einer einzigen Handlung, so ist sein Verhalten auch dann als eine Tat zu werten, wenn die Haupttäter mehrere rechtlich selbstständige Handlungen begehen (vgl. *BGH* NStZ 1993, 584; BGHR BtMG § 30a Bande 1 = StV 1995, 624). Handelt ein Bandenmitglied unerlaubt mit Betäubungsmitteln zwar im Bandeninteresse, aber nicht **eigennützig,** so kommt **nur eine Beihilfe** zum bandenmäßigen Handeltreiben mit Betäubungsmitteln in Betracht (*BGH,* Beschl. v. 26. 11. 1997, 2 StR 577/97). Beihilfe zum Bandenhandel kommt nicht in Betracht, wenn der Gehilfe **von einem eventuell bandenmäßigen Zusammenschluss** derer, die er unterstützt, **keine Kenntnis** hat (*BGH* StV 1997, 594).

II. Bandenmitgliedschaft als besonderes persönliches Merkmal und Zurechnung der Bandentätigkeit

60   Die Begründung der Mitgliedschaft folgt nicht aus der Bandentat, sondern geht dieser regelmäßig voraus. Die **Mitgliedschaft in der Bande** und die **bandenmäßige Begehung** sind **begrifflich zu unterscheiden.** Die Bandenmitgliedschaft ist ein **persönlicher Umstand** (§ 14 Abs. 1 StGB) und ein **besonderes persönliches Merkmal** (§ 28 Abs. 2 StGB), das strafschärfend nur gegen den Beteiligten wirkt, bei dem es zutrifft (BGHSt. 12, 220, 227 = NJW 1959, 443; *BGH* StV 1992, 379; *BGH* NStZ 2000, 258; BGHSt. 47, 214 = NStZ 2002, 318

= JR 2002, 337). Dem einzelnen Bandenmitglied können immer nur diejenigen Taten zur Last gelegt werden, auf die sich sein Vorsatz bezieht. Im Rahmen einer arbeitsteiligen Tatausführung kann auch ein Bandenmitglied für ein Rauschgiftgeschäft verantwortlich sein, das von anderen Bandenmitgliedern ausgeführt, von ihm aber mit geplant und mit gewollt wurde. Wenn sich ein Bandenmitglied nur an bestimmten Betäubungsmittelgeschäften im übergeordneten Bandeninteresse beteiligen will, so können ihm die anderen Bandentaten nicht zur Last gelegt werden. Begeht ein Bandenmitglied einzelne Handlungen im Eigen- und nicht im übergeordneten Bandeninteresse, so kann ihm insoweit keine Bandentat zur Last gelegt werden. Der Bandenwille muss sich mindestens in einer vollendeten oder versuchten Bandentat realisiert haben.

H. Rechtsfolgen

I. Normalfälle des § 30 BtMG

1. Der bandenmäßige Betäubungsmittelhandel mit geringen Mengen 61 und mit Normalmengen. Da der Verbrechenstatbestand des § 30 BtMG keine nicht geringe Menge voraussetzt, ist der bandenmäßige Handel mit geringen oder mit normalen Betäubungsmittelmengen (**Kleinhandel oder Zwischenhandel** als Alternative zum Großhandel) kein Strafmilderungsgrund, sondern **Normalfall des § 30 BtMG,** zumal eine Bande bisweilen mit kleinen Betäubungsmittelmengen größere Gewinne erzielen kann als eine Bande, die mit großen Betäubungsmittelmengen zum Großhandelspreis handelt. **Für den bandenmäßigen Großhandel mit Betäubungsmitteln in nicht geringer Menge** gilt der besondere Verbrechenstatbestand des § 30 a Abs. 1 BtMG. Es ist ein weit verbreiteter Irrtum, dass es bei bandenmäßigem Rauschgifthandel immer um nicht geringe Mengen geht. In den deutschen Großstädten bereitet gerade die Vielzahl bandenmäßiger Kleinhändler der Polizei große Probleme, da sie keine großen Mengen mit sich herumtragen und immer nur kleine Verkaufsrationen aus zahlreichen Verstecken hervorholen. Die **Betäubungsmittelmengen** werden zentral an die Straßenverkäufer **verteilt,** die **Betäubungsmittelerlöse** zentral **eingesammelt.** Sie verringern ihr Tatrisiko dadurch, dass **einzelne Personen nur einen Teilakt eines Rauschgiftgeschäftsvorgangs verwirklichen,** der isoliert betrachtet harmlos und straflos erscheint. Der Erste unterhält sich mit dem Kaufinteressenten, der Zweite nimmt Geld oder geldwertes Gut in Empfang, der Dritte führt den Kaufinteressenten zu einem bestimmten Platz, wo eine vierte Person ihm das Rauschgift aushändigt. Mit **taschenspielertrickähnlichen Bewegungen** verstehen die Straßenhändler ihren **Tatbeitrag** als Begrüßungszeremonie, als Unterhaltung oder als Gefälligkeit **zu verschleiern.** Ein menschliches Auge ist kaum in der Lage zu erkennen, wie die Hand eines Kleindealers bei dem Zug aus einer Zigarette aus dem Mund ein Heroinbriefchen holt, wie bei der Umarmung, beim Küssen oder Händeschütteln einer Begrüßung Geld und Heroinbriefchen den Besitzer wechseln. Nur eine Videokamera vermag die verschiedenen **Akte und Personen eines Handlungsablaufes zu einer Handlungskette** zusammenzufassen und einen bandenmäßigen Straßenhändler zu überführen. Allein die Videotechnik ermöglicht eine **Bündelung von Handlungen.**

2. Bandenmäßiger Handel mit Cannabisprodukten. Da der Verbrechens- 62 tatbestand für alle Betäubungsmittelarten gilt, ist die Beschränkung der Bande auf Cannabisprodukte kein minder schwerer Fall des § 30 Abs. 2 BtMG, sondern ein Normalfall dieses Verbrechenstatbestandes. Im Rahmen der Strafzumessung kann aber strafmildernd berücksichtigt werden, dass die Bande sich nur mit „weichen" Drogen befasste.

II. Minder schwerer Fall

§ 30 Abs. 2 BtMG sieht für minder schwere Fälle einen Strafrahmen von 63 3 Monaten bis zu 5 Jahren vor. Nach der Rspr. des *BGH* ist ein derart minder schwerer Fall anzunehmen, nicht wenn einzelne Strafmilderungsgründe vorliegen, sondern wenn das gesamte Tatbild einschließlich aller subjektiven Momente von der Täterpersönlichkeit vom Durchschnitt der erfahrungsgemäß vorkommenden Fälle in einem derartigen Maße abweicht, dass die **Anwendung eines geringeren Ausnahmestrafrahmens geboten erscheint** (BGHSt. 4, 8; 26, 97; *BGH* NStZ 1991, 529; *Hamm* StV 2001, 178; *Schäfer/Sander/van Gemmeren* Rn. 579). Sofern Fixerwohngemeinschaften und Drogen konsumierende Familien oder Freunde zwar den Bandenbegriff erfüllen, einen Teil ihrer Drogen aber nicht aus Gewinnstreben, sondern zur **Finanzierung der Eigenkonsummengen** verkaufen, ist ein minder schwerer Fall in Betracht zu ziehen, also z. B. bei **Kleinhandelsverhältnissen,** bei **Einkaufsgemeinschaften von Haschischkonsumenten oder Jugendgruppen,** die einen Teil der Reisekosten durch Dealen bestreiten (*BGH* NStZ 1996, 339 = StV 1996, 373). Gerade bei Bandendelikten kommt der **Aufklärungshilfe nach § 31 BtMG** eine große Bedeutung zu, da sie einen minder schweren Fall begründen kann. Die Nichtprüfung des § 31 BtMG führt zur Aufhebung des Strafausspruches (BGHR BtMG § 31 Nr. 1 Aufdeckung 21 [1 StR 255/97]).

III. Strafschärfungserwägungen

Zu den Strafschärfungserwägungen im Allgemeinen s. Vorbem. §§ 29 ff. Rn. 211 ff.

64   **1. Verbot der Doppelverwertung.** Da der Gesetzgeber die Bandenmäßigkeit zum Gegenstand eines Verbrechenstatbestandes gemacht hat, verstößt es gegen das Verbot der Doppelverwertung von Zumessungstatsachen (§ 46 Abs. 3 StGB), wenn die Bandenzugehörigkeit nochmals strafschärfend gewertet wird.

65   **2. Besonders gefährliche, brutale und bewaffnete Banden.** Eine besondere Struktur oder eine besondere Gefährlichkeit, wie z. B. Bewaffnung, besondere Techniken, konspiratives Verhalten der Tätergruppierung, internationale Mafia-Verbindungen oder eine besondere Organisationsstruktur, können im Rahmen der Strafzumessung straferhöhend wirken, wenn sie die Gefährlichkeit und Schlagkraft der Tätergruppierung erhöht haben. So machen sich Bandenmitglieder, die an einem Rauschgiftunternehmen durch Anstiftung, Planung bzw. Beratung beteiligt sind, die keine Betäubungsmittel anfassen und an der Tatausführung vor Ort nicht mitwirken, sondern das Geschäft nur von der sicheren Einsatzzentrale des Unternehmens über Sprechfunk leiten, wegen bandenmäßiger Begehungsweise nach § 30 BtMG besonders strafbar, weil gerade die aus dem Hintergrund heraus agierenden **Bandenführer** und **Drahtzieher** eine erhöhte Verantwortung tragen und deshalb eine erhöhte Strafe verdienen. Dieses Tatverhalten kann sich nur straferhöhend auswirken, wenn es eine **besondere kriminelle Intensität und Gefährlichkeit** ausstrahlt. Bandentaten, die mit Drohung, Gewalt, List oder Täuschung, mit Waffen oder gefährlichen Stoffen ausgeübt werden, die Ausdruck verwerflicher Gesinnung sind (Habgier, Rücksichtslosigkeit, Grausamkeit, Gefühllosigkeit) und die Notlage (Krankheit, Alter, Hilflosigkeit, Abhängigkeit) ihrer Opfer schrankenlos ausnutzen, die von einem ungewöhnlichen Umfang, von einer ungewöhnlichen Dauer sind bzw. einen ungewöhnlichen Schaden anrichten, erfordern eine Ausschöpfung des Strafrahmens, wenn diesen Strafschärfungsgesichtspunkten keine oder nur geringe Strafmilderungserwägungen entgegenstehen.

IV. Strafmilderungserwägungen

Zu den Strafmilderungserwägungen im Allgemeinen s. Vorbem. §§ 29 ff. Rn. 124 ff.

66   Strafmildernd kann gewertet werden **eine geringe Gefährlichkeit der Bande** oder wenn mit **geringen Cannabismengen** insgesamt nur **geringe Umsätze/ Gewinne** erzielt wurden. **Dilettantisches, nicht profihaftes Vorgehen** schließt die Bandenmäßigkeit nicht aus, kann aber strafmildernd gewertet werden. Als

Strafmilderungsgründe kommen ferner in Betracht: die nur **geringe Dauer des Zusammenschlusses,** die Ausführung von **nur einer einzigen Bandentat** entgegen der Bandenabrede, das **Gedrängtwerden zur Mitwirkung in der Bande,** die **Distanzierung von der Bande** nach der ersten Bandentat oder **die Aufklärungshilfe** durch Offenbarung der Bandenstruktur und der Bandenmitglieder; auch die **bisherige Straflosigkeit, das Geständnis, die Krankheit, die Drogenabhängigkeit** und die **wirtschaftliche Not des Angeklagten.**

V. Erweiterter Verfall

Gem. § 33 Abs. 1 BtMG ist bei § 30 und § 30a BtMG der § 73d StGB (erwei- 67 terter Verfall) anzuwenden. Nach § 33 Abs. 2 BtMG können Beziehungsgegenstände eingezogen werden.

I. Konkurrenzen

I. Bewertungseinheit

Der Bandenhandel mit Betäubungsmitteln gem. § 30 Abs. 1 Nr. 1 BtMG ver- 68 bindet im Rahmen ein und desselben Güterumsatzes die aufeinanderfolgenden Teilakte vom Erwerb über die Einfuhr bis zur Veräußerung zu einer einzigen Tat i. S. einer Bewertungseinheit (*BGH* NStZ-RR 1996, 232; *BGH* NStZ 1997, 90; *BGH* NStZ 2004, 398). Die unerlaubte Einfuhr von Betäubungsmitteln in nicht geringer Menge gem. § 30 Abs. 1 Nr. 4 BtMG steht aber in Tateinheit mit dem bandenmäßigen Handeltreiben nach § 30 Abs. 1 Nr. 1 BtMG (*BGH* StV 1986, 342).

II. Qualifikation

Der Grundtatbestand des unerlaubten Handeltreibens mit Betäubungsmitteln 69 (**§ 29 Abs. 1 BtMG**) tritt einschließlich der in § 29 Abs. 3 S. 1 BtMG enthaltenen Zumessungsregeln hinter dem Verbrechenstatbestand des § 30 BtMG zurück. Die Tatsache, dass der Täter das Regelbeispiel eines besonders schweren Falles nach **§ 29 Abs. 3 BtMG (Gewerbsmäßigkeit)** verwirklicht hat, behält aber Bedeutung für die Strafbemessung innerhalb des in den Qualifikationstatbestand vorgesehenen Strafrahmens (*BGH* NStZ 1994, 39; *BGH* StV 1996, 267). Wird von einer Bande der Anbau, die Herstellung, der Handel, die Einfuhr und Ausfuhr von **Betäubungsmitteln in nicht geringen Mengen** betrieben, so wird der § 30 BtMG durch die **Spezialvorschrift des § 30a BtMG** verdrängt (*Weber* § 30 Rn. 93).

III. Sonstige Konkurrenzen

Zwischen dem Verbrechenstatbestand des § 30 BtMG und dem § 129 StGB be- 70 steht keine Konkurrenz, da sie sich gegenseitig ausschließen. Wird von einer Bande die Ein- und Ausfuhr von normalen Mengen Betäubungsmitteln betrieben, ohne dass sich dies als Handeltreiben darstellt, so scheidet § 30 BtMG aus und es ist an einen ungeschriebenen besonders schweren Fall des § 29 Abs. 3 BtMG zu denken. Stellt der bandenmäßige Betäubungsmittelhandel nach § 30 BtMG auch gleichzeitig einen bandenmäßigen Bannbruch dar, so steht § 30 BtMG hiermit in Tateinheit.

Kap. 3. Gewerbsmäßige Abgabe von Betäubungsmitteln durch Personen über 21 Jahre an Jugendliche unter 18 Jahren (§ 30 Abs. 1 Nr. 2 BtMG)

Übersicht

A. Zweck der Vorschrift

71 Die Vorschrift dient dem **Jugendschutz.** Sie will labile und neugierige Jugendliche vor dem Abgleiten in eine Drogenkarriere bewahren und gewerbsmäßig agierende Rauschgifthändler davor abschrecken, ihre Kundschaft in Jugendclubs, Schulen, in Fitness-Studios und Sportvereinen zu suchen. Die Gefahr, dass erwachsene Drogenhändler die Gelegenheit nutzen, Jugendliche nicht nur als Erfüllungsgehilfen in ihre gewerbsmäßigen Geschäfte zu verwickeln, sondern durch Abgabe von Betäubungsmittel auch als zukünftige Kunden zu gewinnen, ist nicht von der Hand zu weisen. Der Verbrechenstatbestand des § 30 Abs. 1 Nr. 2 BtMG fasst den Verbrechenstatbestand des § 29 a Abs. 1 Nr. 1 BtMG und den besonders schweren Fall des § 29 Abs. 3 S. 2 Nr. 1 BtMG zusammen unter Verdoppelung der Mindeststrafe (vgl. *BGH* NStZ 1998, 89).

72 Der Grund für die Einführung dieses Verbrechenstatbestandes mit einem Höchstmaß von 15 Jahren Freiheitsstrafe durch das Gesetz zur Bekämpfung der OrgKG v. 15. 7. 1992 (BGBl. I, S. 1302) war die Erkenntnis, dass die unerlaubte Abgabe von Betäubungsmitteln an Minderjährige ein besonderes Unrecht beinhaltet, das nachdrücklicherer Ahndung als durch die bereits vorhandenen Strafvorschriften bedarf. Mit der Neufassung sollte auch Art. 3 Abs. 5 lit. e des Übereinkommens der Vereinten Nationen gegen den unerlaubten Verkehr mit Suchtstoffen und psychotropen Stoffen v. 20. 12. 1988 entsprochen werden, wonach der Umstand, dass Minderjährige in Mitleidenschaft gezogen oder benutzt werden, als besonders schwerwiegender Umstand bei der Bewertung der Straftaten anzusehen ist (vgl. BT-Drs. 12/989, 55).

B. Fallzahlen

73 Ausweislich der **Strafverfolgungsstatistik** wurde in den Jahren 2003 bis 2009 folgende Anzahl von Abgeurteilten und Verurteilten wegen Verstößen gegen § 30 Abs. 1 Nr. 2 BtMG erfasst (Quelle: *Statistisches Bundesamt*):

Jahr	2003	2004	2005	2006	2007	2008	2009
Straftaten nach dem BtMG insgesamt	53.988	57.325	58.630	58.892	48.363	68.519	67.025
§ 30 Abs. 1 Nr. 2 BtMG	80	69	74	96	66	91	53

C. Objektiver Tatbestand

I. Tathandlungen

Tathandlungen des § 30 Abs. 1 Nr. 2 BtMG sind das unerlaubte Abgeben, **74** Verabreichen und Überlassen zum unmittelbaren Verbrauch durch eine Person über 21 Jahre an eine Person unter 18 Jahren. Die Vorschrift greift aber beim mit diesen Tathandlungen einhergehenden Handeltreiben ein (*BGH* NStZ 1997, 89 = StV 1996, 664; *BGH* NStZ 2007, 339 = StV 2007, 298; *Weber* § 30 Rn. 99; MK-StGB/*Rahlf* § 30 Rn. 82; *Hügel/Junge/Lander/Winkler* § 30 Rn. 3.1). Die besondere Schutzwürdigkeit der Minderjährigen besteht nämlich gleichermaßen bei entgeltlicher und unentgeltlicher Abgabe von Betäubungsmitteln. Es wäre zudem ein ungereimtes und nicht hinnehmbares Ergebnis, wenn die uneigennützige Abgabe den Verbrechenstatbestand des § 29 a BtMG erfüllen, die entgeltliche Abgabe aber nur ein Vergehen nach § 29 BtMG darstellen würde. So hat der *BGH* elegant durch Gesetzesauslegung eine gesetzgeberische Panne repariert (*BGH* NStZ 1997, 89 = StV 1996, 664).

1. Abgabe. Abgeben i. S. d. § 29 Abs. 1 S. 1 Nr. 1 BtMG ist die unerlaubte **75** Übertragung der eigenen tatsächlichen Verfügungsgewalt ohne rechtsgeschäftliche Grundlage und ohne Gegenleistung an einen Dritten, der über die Betäubungsmittel frei verfügen kann (*BGH* NStZ 1991, 89 = StV 1990, 548; *BGH* NStZ-RR 1999, 89 = StV 1999, 428; *BayObLG* NStZ 2004, 401 = StV 2004, 606; s. dazu im Einzelnen § 29/Teil 8 Rn. 3 ff.). Unter den Begriff der Abgabe fallen auch die **Veräußerung** und das **unerlaubte Handeltreiben mit Betäubungsmitteln,** wenn eine Übertragung der tatsächlichen Verfügungsmacht damit verbunden ist (*BGH* NStZ 1997, 89 = StV 1996, 664; *AG Tiergarten* NStZ-RR 1999, 90; vgl. § 29 a Rn. 13).

2. Verbrauchsüberlassung. Überlassen zum unmittelbaren Verbrauch ist die **76** Übergabe von Betäubungsmitteln an einen anderen zum sofortigen Verbrauch. Im Gegensatz zur Abgabe muss dem Minderjährigen hierbei nicht die Verfügungsgewalt über die Drogen eingeräumt werden (*BGH* NStZ-RR 1998, 347; s. dazu § 29/Teil 15, Rn. 100 f.). Die Tatbestandsvarianten **Abgabe** und **Überlassen zum unmittelbaren Verbrauch** schließen sich daher gegenseitig aus.

3. Verabreichen. Das Verabreichen von Betäubungsmitteln ist die unmittelbare **77** Anwendung von Betäubungsmitteln am Körper oder das Einführen von Betäubungsmitteln in den Körper des Empfängers ohne dessen Mitwirkung (s. § 29/Teil 15, Rn. 97). Auch hier erlangt der Empfänger keine tatsächliche Sachherrschaft, ansonsten läge Abgabe vor.

II. Gewerbsmäßigkeit

Gewerbsmäßigkeit i. S. d. § 30 Abs. 1 Nr. 2 BtMG bedeutet, dass der Täter be- **78** absichtigt, sich durch wiederholte Vornahme gerade solcher Handlungen, die einen der Tatbestände des § 29 a Abs. 1 Nr. 1 BtMG erfüllen, eine fortlaufende Einnahmequelle von einiger Dauer und einigem Umfang zu verschaffen. Sie wird also durch ein subjektives Moment begründet (*BGH* NStZ 1996, 285 = StV 1996, 213; *BGH* NStZ 1998, 89 = StV 1997, 636; s. dazu im Einzelnen § 29/Teil 26, Rn. 12 ff.). Für die Annahme der Gewerbsmäßigkeit genügt es also nicht, wenn der Täter nur einmal Betäubungsmittel an Jugendliche verkauft und sich eine fortlaufende Einnahmequelle durch weitere, ohne Abgabe an Jugendliche zu begehende Betäubungsmitteldelikte sichern will (*BGH* NStZ 1996, 285 = StV 1996, 213). Andererseits ist nicht erforderlich, dass der Täter die erstrebten Einnahmen ausschließlich aus Rauschgiftgeschäften mit Minderjährigen erzielen will, sondern es reicht aus, dass er sich fortlaufende Einnahmen **auch** aus derartigen Geschäften verschaffen will (*BGH* NStZ 1998, 89 = StV 1997, 636).

D. Subjektiver Tatbestand

79   Neben dem Vorsatz, Jugendliche in seine gewerbsmäßig betriebene Betäubungsmittelgeschäfte zu verwickeln, muss der Täter die Minderjährigkeit positiv kennen oder mit Dolus eventualis in Betracht ziehen (vgl. § 29 a Rn. 18).

E. Strafzumessung

80   Zu den Strafmilderungs- und Strafschärfungserwägungen s. § 29 a Rn. 22 ff.). Ein **minder schwerer Fall** kann in Betracht kommen, wenn sich der Angeklagte neben anderen Milderungsgründen im Rahmen der Gewerbsmäßigkeit im unteren Bereich bewegt und keine hohen Gewinne erzielt (*BGH*, Beschl. v. 17. 9. 1997, 2 StR 390/97).

F. Konkurrenzen

81   Der Grundtatbestand des § 29 Abs. 1 Nr. 1 BtMG tritt einschließlich der Zumessungsregel des § 29 Abs. 3 S. 2 Nr. 1 BtMG hinter dem Verbrechenstatbestand des § 30 Abs. 1 Nr. 2 BtMG zurück (*BGH* NStZ 1994, 39; *BGH* NStZ-RR 1996, 47 = StV 1996, 94). Gleiches gilt für § 29 a Abs. 1 Nr. 1 BtMG, der ebenfalls hinter dem Qualifikationstatbestand des § 30 Abs. 1 Nr. 2 BtMG zurücktritt (*BGH* NStZ 1998, 89 = StV 1997, 636). Da es sich bei § 30 Abs. 1 Nr. 2 BtMG im Gegensatz zu § 29 Abs. 3 S. 2 Nr. 1 BtMG nicht um eine Strafzumessungsregel, sondern vielmehr wie § 29 a Abs. 1 BtMG um einen eigenen Verbrechenstatbestand handelt, kann er in Tateinheit mit anderen Tatbeständen des BtMG stehen, etwa mit dem Handeltreiben mit Betäubungsmitteln in nicht geringen Mengen gem. § 29 a Abs. 1 Nr. 2 BtMG, dem Bandenhandel gem. § 30 Abs. 1 Nr. 1 bzw. § 30 a Abs. 1 BtMG oder dem Handel mit Betäubungsmitteln in nicht geringer Menge unter Mitführen einer Schusswaffe gem. § 30 a Abs. 2 Nr. 2 BtMG (*BGH* NStZ 1994, 496 = StV 1994, 659).

Kap. 4. Leichtfertige Todesverursachung (§ 30 Abs. 1 Nr. 3 BtMG)

Übersicht

A. Zweck der Vorschrift

Der Tatbestand ist an die Stelle des § 11 Abs. 4 Nr. 2 BtMG 1972 getreten, der **82** nur wenig praktische Bedeutung erlangte, weil er voraussetzte, dass sich der Vorsatz oder bedingte Vorsatz des Täters nicht nur auf das Betäubungsmitteldelikt, sondern auch auf den Eintritt einer konkreten Todesgefahr erstreckte (*BGH NJW 1976, 381 = MDR 1976, 242*). Bei fahrlässiger Herbeiführung einer konkreten Todesgefahr verblieb im Erfolgsfalle bis dahin der Tatbestand der fahrlässigen Tötung. Die neue Vorschrift wurde **nicht mehr** als **Strafzumessungsvorschrift, sondern als Verbrechenstatbestand** ausgestaltet, als ein besonders qualifizierter Fall der fahrlässigen Tötung. Als geschütztes Rechtsgut ist neben der **Volksgesundheit** die **Gesundheit des Drogenabnehmers** anzusehen. Der Verbrechenstatbestand war vom Gesetzgeber als Werkzeug gegen die alarmierend ansteigenden Zahlen von Drogentodesfällen gedacht.

Der Verbrechenstatbestand wäre allerdings auch verfehlt, wenn er das Veranlas- **83** sen, das Ermöglichen oder die Förderung einer eigenverantwortlich gewollten und verwirklichten Selbstgefährdung mit Mindeststrafe von 2 Jahren bedrohen würde. Es bleiben deshalb nur die Fälle, in denen der Täter **einen Dritten nicht gewollten tödlichen Risiken aussetzt.** Wer bei der Verabreichung von Betäubungsmitteln **keine Gesundheitsbeschädigung hervorrufen will oder billigend in Kauf nimmt,** macht sich **nicht** wegen **vorsätzlicher Körperverletzung** oder Körperverletzung mit Todesfolge strafbar. Konnte und musste er den **Tod als Folge der Verabreichung voraussehen,** so kommt bei **einfacher Fahrlässigkeit** ein Schuldspruch nach § 222 StGB, **bei grober Fahrlässigkeit (Leichtfertigkeit)** eine Verurteilung nach **§ 30 Abs. 1 Nr. 3 BtMG** in Betracht. Wollte ein Angeklagter durch eine Betäubungsmittelverabreichung einen **Rauschzustand und eine Gesundheitsbeschädigung** i. S. d. § 223 StGB hervorrufen und bewirkte mit der Injektion den Tod, so ist **§ 227 Abs. 1 StGB zu prüfen** (BGHSt. 49, 34 = NStZ 2004, 204).

B. Fallzahlen

I. PKS

84   Die PKS weist für die Jahre 2003 bis 2009 folgende Fälle der leichtfertigen Todesverursachung auf:

Jahr	2003	2004	2005	2006	2007	2008	2009	2010
Rauschgiftdelikte insgesamt	255.575	283.708	276.740	255.019	248.355	239.951	235.842	231.007
§ 30 Abs. 1 Nr. 3 BtMG	46	58	45	48	42	37	39	34

II. Strafverfolgungsstatistik

85   Während es in den Jahren 1985 bis 1987 lediglich zwei Verurteilungen nach § 30 Abs. 1 Nr. 3 BtMG gegeben hat (BT-Drs. 11/4329, S. 14), sieht die Strafverfolgungsstatistik für die Jahre 2002 bis 2009 für Abgeurteilte und Verurteilte wie folgt aus (Quelle: *Statistisches Bundesamt*):

Jahr	2003	2004	2005	2006	2007	2008	2009
Straftaten nach dem BtMG insgesamt	53.988	57.325	58.630	58.892	48.363	68.519	67.025
§ 30 Abs. 1 Nr. 3 BtMG	10	9	12	14	9	13	10

C. Objektiver Tatbestand

I. Betäubungsmittel

86   Nur wer **Betäubungsmittel** weitergibt, kann diesen Tatbestand erfüllen (zur Betäubungsmitteleigenschaft s. § 1 Rn. 20 ff.). Wer dagegen **Arzneimittel** (*BGH* NStZ 1985, 25 [Stechapfel-Tee]), **Gifte** (*München* NJW 1987, 2940 [Kaliumcyanid]), oder **Alkohol** (BGHSt. 43, 177 = NStZ 1998, 241 [Likörflasche mit Tetrachlorkohlenstoff]) an einen Drogenabhängigen weitergibt, kann sich bei Todeseintritt jedenfalls nicht nach dieser Vorschrift strafbar machen. Als Betäubungsmittel i. S. d. § 30 Abs. 1 Nr. 3 BtMG kommen hier insb. in Betracht **Heroin, Morphin, Kokain, Opium, Methadon, aber auch Natrium-Pento-Barbital (NPB)**. Auch die Vergabe von **L-Polamidon** kann den Tatbestand erfüllen (*AG Frankfurt*, Urt. v. 1. 11. 1995, 84 Js 19938.7/93).

87   Gibt jemand an einen Heroinabhängigen eine leere **Spritze, ein Rauchgerät** oder sonstige **Drogenwerkzeuge** und benutzt dieser das Gerät zum Konsum, der seinen späteren Tod herbeiführt, so ist § 30 Abs. 1 Nr. 3 BtMG nicht anwendbar (*BGH* NStZ 1984, 410).

II. Tathandlungen

88   Strafbare Tathandlungen sind das Abgeben, das Verabreichen und das Überlassen zum unmittelbaren Verbrauch. § 30 Abs. 1 Nr. 3 BtMG ist auch anzuwenden, wenn eine dieser Begehungsweisen ein Teilakt des Handeltreibens ist. Auf Verschreibungen mit Todesverursachung ist die Vorschrift nicht anwendbar; in diesen Fällen kommt aber ein ungeschriebener besonders schwerer Fall nach § 29 Abs. 3 S. 1 BtMG in Betracht.

89   **1. Abgeben.** Abgeben ist **die unerlaubte Übertragung der eigenen tatsächlichen Verfügungsgewalt ohne rechtsgeschäftliche Grundlage und**

ohne Gegenleistung an einen Dritten, der über die Betäubungsmittel frei verfügen kann (*BGH* NStZ 1991, 89 = StV 1990, 548; *BGH* NStZ-RR 1999, 89 = StV 1999, 428; *BayObLG* NStZ 2004, 401 = StV 2004, 606; s. dazu im Einzelnen § 29/Teil 8, Rn. 3). Hat der die Betäubungsmittel aushändigende Täter die Betäubungsmittel als Gehilfe oder Mittäter des Empfängers erworben, so scheidet **eine Abgabe** aus, da er zuvor bereits Verfügungsgewalt an den Betäubungsmittel erlangt hatte.

2. Verabreichen. Verabreichen ist die unmittelbare Anwendung von Betäu- **90** bungsmitteln am Körper des Patienten ohne dessen aktive Beteiligung (*Weber* § 29 Rn. 1338; *Hügel/Junge/Lander/Winkler* § 29 Rn. 15.4; *Franke/Wienroeder* § 29 Rn. 152; s. dazu § 29/Teil 15, Rn. 97). **Ein Verabreichen** scheidet aus, wenn sich der Empfänger die Betäubungsmittel selbst einführt.

3. Überlassen zum unmittelbaren Verbrauch. Unter Überlassen zum un- **91** mittelbaren Verbrauch ist das Zuführen einer Betäubungsmitteldosis an Dritte zum sofortigen Verbrauch an Ort und Stelle (Alleinkonsum oder Mitgenuss) zu verstehen, ohne dass der Adressat an dem Stoff selbst Verfügungsgewalt erlangt (*BGH* NStZ-RR 1998, 347 = StV 1998, 592; *Weber* § 29 Rn. 1341; *Franke/Wienroeder* § 29 Rn. 153; s. dazu § 29/Teil 15, Rn. 100). **Eine Verbrauchsüberlassung** scheidet aus, wenn nicht der Täter, sondern der Empfänger allein Verfügungsgewalt über die Betäubungsmittel hatte. **Ein Verschaffen von Gelegenheit** zum Konsum reicht bei diesem Tatbestand nicht aus.

III. Kausalität des Todeseintritts

Bei dem Tatbestand der leichtfertigen Todesverursachung handelt es sich um ein **92** **erfolgsqualifiziertes Delikt,** dessen Tatbestand zwar entfällt, wenn der Erfolg nicht dem Täter gem. § 18 StGB als besonders fahrlässig verschuldet zugerechnet werden kann.

1. Kausalität zwischen Handlung und Erfolg. Das Gesetz verlangt, dass der **93** Täter **Betäubungsmittel abgibt, verabreicht oder überlässt** und **dadurch** (durch den Verstoß gegen das BtMG) **leichtfertig** (zur Leichtfertigkeit s. Rn. 115 ff.) **den Tod des Opfers verursacht.** Dies ist der Fall, wenn die Handlung (Drogenweitergabe) nicht hinweggedacht werden kann, ohne dass der Erfolg (Todeseintritt) entfiele (sog. Äquivalenz-Theorie, BGHSt. 33, 322 = NStZ 1986, 116; BGHSt. 49, 1 = NStZ 2004, 151 = StV 2004, 484; *Weber* § 30 Rn. 127; MK-StGB/*Rahlf* § 30 Rn. 135; zu den abweichend hiervon in der Lit. vertretenden Theorien s. *Fischer* Vor § 13 Rn. 21 ff.).

2. Kausalität auch bei Selbstkonsum. Eine Strafbarkeit nach § 30 Abs. 1 **94** Nr. 3 BtMG wird nicht dadurch ausgeschlossen, dass der Betroffene das an ihn abgegebene Betäubungsmittel aus eigenem Entschluss konsumiert und dadurch selbst die unmittelbare Ursache für seinen Tod setzt (BGHSt. 46, 279 = NStZ 2001, 324 = StV 2001, 684; BGHSt. 52, 271 = NStZ 2008, 574 = StV 2008, 471; *Weber* § 30 Rn. 129; MK-StGB/*Rahlf* § 30 Rn. 136).

3. Kausalität bei Mitursächlichkeit. Die Kausalität wird nicht schon dadurch **95** in Frage gestellt, dass Bewusstlosigkeit und Tod erst aufgrund eines **Zusammenwirkens des Betäubungsmittelkonsums mit** anderen Faktoren wie **Alkoholgenuss, Tabletteneinnahme oder einen weiteren „Schuss"** eingetreten sind (BGHSt. 37, 179 = NStZ 1991, 392 = StV 1992, 272; *Weber* § 30 Rn. 128; MK-StGB/*Rahlf* § 30 Rn. 137). Allerdings bedarf es in diesen Fälle besonderer Darlegung, dass die schweren Folgen für den Angeklagten vorhersehbar waren (s. dazu 120 ff.).

IV. Zurechnung der Todesfolge

1. Eigenverantwortliche Selbstgefährdung. Nach der Rspr. des *BGH* **96** machte sich **bis 1982** derjenige einer fahrlässigen Tötung schuldig, der durch Abgabe von Heroin den Tod eines Heroinabhängigen verursachte, wenn ihm bekannt war oder er damit rechnen musste, dass der Heroinabhängige das Rauschgift injiziert und wenn er von der Gefährlichkeit des überlassenen Stoffes gewusst hat oder hätte wissen können (vgl. *BGH* NStZ 1981, 350 = StV 1981, 343). Diese Rspr. gab der *BGH* Anfang 1984 im Bereich der fahrlässigen Tötung auf und entwickelte Grundsätze der straflosen **eigenverantwortlichen Selbstgefährdung**. Danach wird dem Täter ein Verletzungserfolg nicht zugerechnet, wenn er die Folge einer bewussten, eigenverantwortlich gewollten und verwirklichten Selbstgefährdung ist und sich die Mitwirkung des Dritten in einer bloßen Veranlassung, Ermöglichung oder Förderung des Selbstgefährdungsakts erschöpft hat (BGHSt. 32, 262; BGHSt. 33, 66 = NStZ 1985, 319 [Abgabe von Heroin]; BGHSt. 37, 179 = NStZ 1991, 392 = StV 1992, 272; *BGH* NStZ 2001, 205 = StV 2000, 617; *BGH* NStZ 2011, 341). Eine eigenverantwortliche Selbstgefährdung liegt nicht mehr vor, wenn der Täter infolge der Drogensucht, infolge Zwanges oder infolge Intoxikation zu einer Abwägung der Risiken nicht mehr hinreichend in der Lage ist (*BGH* NStZ 1986, 266), oder der Täter **kraft überlegenen Sachwissens bezüglich der Beschaffenheit, Wirkstoffkonzentration und Qualität** das mit dem Rauschgiftkonsum verbundene Risiko besser einschätzen kann als der Drogenabnehmer (BGHSt. 32, 262 = NStZ 1984, 410; BGH NStZ 2001, 205 = StV 2000, 617; *BGH* NStZ 2011, 314), wie z. B. bei ungewöhnlich starken Betäubungsmitteln. Die berufliche Stellung als Arzt und ehemaliger Suchtberater begründet noch kein überlegenes Sachwissen, wenn der Konsument bereits Erfahrungen mit der ihm überlassenen Droge gemacht hat und mit medizinischen Risiken rechnet (*BGH* NStZ 2011, 341). Der Mitwirkende kann sich einer Strafbarkeit wegen eines Tötungsdeliktes dadurch entziehen, dass er die sich selbst gefährdende Person **eingehend über die drohenden Gefahren aufklärt** (*BGH* NStZ 1985, 25; *BGH* NStZ 2001, 205 = StV 2000, 617).

97   **2. Einschränkung der Grundsätze der eigenverantwortlichen Selbstgefährdung bei § 30 Abs. 1 Nr. 3 BtMG.** Für den Bereich der Vorschriften des Betäubungsmittelgesetzes kann den Regeln über die eigenverantwortliche Selbstgefährdung eine die Verantwortung des Täters eingrenzende Bedeutung **nicht zukommen** (BGHSt. 37, 179; NStZ 1991, 392 = StV 1992, 272; BGHSt. 46, 279 = NStZ 2001, 324 = StV 2001, 684; *Weber* § 30 Rn. 144; MK-StGB/*Rahlf* § 30 Rn. 141; *Franke/Wienroeder* § 30 Rn. 35; a. A. *Körner*, 6. Auflage, § 30 Rn. 88). Dies folgt aus dem anders gearteten Schutzzweck der Vorschriften des Betäubungsmittelrechts, das die Volksgesundheit schützt und daher dem Einzelnen nicht zur Disposition steht.

98   Greift aber § 30 Abs. 1 Nr. 3 BtMG mangels Leichtfertigkeit nicht ein, lebt der Grundsatz der eigenverantwortlichen Selbstgefährdung bei der Prüfung der Körperverletzungs- und Tötungsdelikte nach dem StGB wieder auf. So machte sich ein Angeklagter, der aus Kirgistan 10 g eines **sehr starken, weißen Heroingemisches mit einem Heroinhydrochlroid-Gehalt von mindestens 80%** bezogen hatte und der Teilmengen an verschiedene Abnehmer **unter Hinweis auf den starken Wirkstoffgehalt mit der Warnung** verkauft hatte (daher keine Leichtfertigkeit), das Heroin nicht zu injizieren, sondern nur in Kleinmengen zu sniefen, weder wegen einer Körperverletzungs- noch wegen eines Tötungsdeliktes strafbar, obwohl **ein Konsument** nach dem Sniefen **verstarb** und ein zweiter **Konsument eine toxische Hirnschädigung mit Koma und spastischer Lähmung erlitt**. Denn er **ermöglichte lediglich eigenverantwortlich gewollte und verwirklichte Selbstgefährdungen und Selbstschädigungen.** Die beiden Konsumenten waren nicht außerstande, die Warnungen des Angeklagten zu verstehen, die Risiken ihres Tuns abzuwägen und den Verlockungen zum Drogenkonsum durch eine extrem gefährliche Heroinmischung Widerstand entgegenzusetzen bzw. eine weniger riskante Konsumform zu wählen; der Anklagte wurde nur wegen Handeltreibens mit Betäubungsmitteln verurteilt (*BGH* NStZ 2001, 205 = StV 2000, 617). Der *BGH* bestätigte andererseits eine Verurteilung wegen fahrlässiger Tötung in einem Fall, in dem das Opfer Kokain konsumieren wollte, aber infolge eines Versehens reines Heroin erhielt, nach dessen Konsum es verstarb (BGHSt. 53, 288 = NStZ 2009, 504 m. Anm. *Walther* HRRS 2009, 560; vgl. auch *Lange/Wagner* NStZ 2011, 67). Eine eigenverantwortliche Selbstgefährdung sah der *BGH* zu Recht wegen des Irrtums des Opfers über die Qualität des Betäubungsmittels als nicht gegeben an.

3. Aktive und passive Beteiligung an einer eigenverantwortlichen **99** **Selbsttötung von unheilbar Schwerkranken.** Nach den Grundsätzen der eigenverantwortlichen Selbstgefährdung werden die Selbsttötung und die Teilnahme am Freitod eines unheilbar Kranken, der sich voll verantwortlich zu einem Suizid entschlossen hat, zwar **grundsätzlich missbilligt, aber toleriert und nicht mit Strafe bedroht** (BGHSt. 46, 279 = NStZ 2001, 324 = StV 2001, 684 m. Anm. *Duttge* NStZ 2001, 546 = JZ 2002, 150 m. Anm. *Sternberg-Lieben*). Hat ein Freitodberater einem lebensmüden Schwerkranken auf legale Weise ein **Pflanzenschutzmittel, ein Arzneimittel,** ein **Messer,** eine **Pistole** oder einen **Strick** beschafft, so liegt eine straflose passive Beihilfe zur Selbsttötung vor und er macht sich nach dem StGB zunächst nicht strafbar, wenn er den Sterbewilligen mit diesen Instrumenten allein lässt. Begleitet er aber den Sterbewilligen während des Suizid-Versuches, so setzt er sich der **Strafverfolgung wegen unterlassener Hilfeleistung nach § 323 c StGB** ab dem Zeitpunkt aus, in dem der Sterbewillige das Bewusstsein und damit die Möglichkeit der Selbstbestimmung verliert, wenn er wegen des eingetretenen Unglücksfalles **keine lebensrettenden Maßnahmen ergreift.** Hat auf Wunsch eines Lebensmüden und geschwächten Schwerkranken ein Freitodbegleiter beim Freitod des Suizidanten selbst Hand angelegt, den Giftbecher gereicht, einen Plastiksack über den Kopf gezogen, den Strick um den Hals gelegt, einen Fön in die Badewanne gelegt, oder mit einem Stoß den Suizidanten vor die einfahrende S-Bahn befördert, so macht er sich wegen dieser **aktiven Sterbehilfe** wegen **Tötung auf Verlangen nach § 216 StGB** strafbar. Besonderheiten sind jedoch zu beachten, wenn der Freitodbegleiter an Stelle von gewaltsamen und riskanten, schmerzhaften und unästhetischen Tötungsmitteln bzw. Tötungsmethoden (**Erschießen, Erhängen, Vergiften, Ertränken, Ersticken**) ein schmerzfreies, aber hochtoxisches Betäubungsmittel wie z. B. das schnell wirkende Barbiturat Natrium-Pento-Barbital für den Suizidanten beschafft. Denn der unerlaubte Erwerb, die ärztlich unbegründete Verschreibung, die unerlaubte Einfuhr und die unerlaubte Verabreichung von Betäubungsmitteln ist neben den oben genannten Tatbeständen des StGB nach § 29 Abs. 1 S. 1 Nr. 1 und Nr. 6 BtMG strafbar. Die Strafbarkeit des Erwerbs und der Abgabe, der Einfuhr und der Verabreichung von Betäubungsmitteln an einen Sterbewilligen in § 29 Abs. 1 BtMG ist nicht verfassungswidrig und auch zum Schutze der Gesundheit und des Lebens anderer Menschen verhältnismäßig (vgl. *VG Köln* FamRZ 2006, 1673; *EGMR* NJW 2002, 2851).

Das Überlassen des Betäubungsmittels Natrium-Pento-Barbital von einem **100** Theologen an einen unheilbar Schwerstkranken, der kein Betäubungsmittelkonsument ist, zum freien Suizid, erfüllt mangels Leichtfertigkeit nicht den Verbrechenstatbestand nach § 30 Abs. 1 Nr. 3 BtMG, ist aber wegen der Einfuhr des Betäubungsmittels aus der Schweiz nach § 29 Abs. 1 S. 1 Nr. 1 BtMG und wegen Überlassung zum unmittelbaren Verbrauch nach § 29 Abs. 1 S. 1 Nr. 6 lit. b BtMG strafbar. In einem Fall von **verantwortlicher Sterbehilfe** kann allerdings das **Ermessen des Tatgerichts** sich **derart verengen,** dass **nur eine Verwarnung mit Strafvorbehalt** in Betracht kommt (BGHSt. 46, 279 = NStZ 2001, 324 = StV 2001, 684 m. Anm. *Duttge* NStZ 2001, 546 = JZ 2002, 150 m. Anm. *Sternberg-Lieben*).

V. Strafbarkeit wegen Unterlassens

1. § 30 Abs. 1 Nr. 3 BtMG durch Unterlassen. Eine leichtfertige Todesver- **101** ursachung durch Unterlassen kommt in Betracht, wenn eine Person trotz bestehender Garantenpflicht nichts dagegen unternimmt, dass Betäubungsmittel an eine seinem Schutz unterstehende Person abgegeben, verabreicht oder zum Verbrauch überlassen werden und der Garant die Möglichkeit eines tödlichen Verlaufs des Geschehens aus besonderem Leichtsinn oder aus besonderer Gleichgültigkeit außer Acht lässt, z. B. bei Eltern, die die Abgabe von besonders hochprozentigem Heroin an ihre minderjährigen Kinder zum Eigenkonsum nicht unterbinden. Diese Fallkonstellation ist jedoch eher theoretischer Natur.

102   **2. Anstiftung zu einer leichtfertigen Todesverursachung durch Unterlassung der Gefahrenabwendung.** Wer einen Dritten veranlasst, der gegenüber einem nach Drogenkonsum bewusstlos gewordenen Drogenabhängigen eine Garantenstellung hat, jegliche Hilfsmaßnahmen zu unterlassen, macht sich wegen Anstiftung zu leichtfertiger Todesverursachung durch Unterlassen strafbar, so z. B. wenn ein Fixer den sich zu bestimmten Hilfsmaßnahmen verpflichtet habenden Lieferanten einer nach Drogenkonsum bewusstlos gewordenen Drogenabhängigen überredet, nicht den Arzt zu rufen, weil sonst gegen alle Drei ein Ermittlungsverfahren drohe.

103   **3. Fahrlässige Tötung durch Unterlassung von Hilfsmaßnahmen.** In der Praxis wird sich häufiger die Frage stellen, ob das Unterlassen von Hilfsmaßnahmen als fahrlässige Tötung durch Unterlassen strafbar ist. Dabei sind folgende Fallgruppen zu unterscheiden:

104   **a) Garantenstellung aus vorangegangenem Tun.** In Fällen strafloser Teilnahme an eigenverantwortlicher Selbstschädigung hat der *BGH* nach der Verneinung einer fahrlässigen Tötung durch Heroinabgabe anschließend eine fahrlässige Tötung durch Unterlassen von Rettungsmaßnahmen in der durch Bewusstlosigkeit des Opfers eingetretenen Gefahrenlage geprüft. Aufgrund einer Garantenstellung aus vorangegangenem Tun (Ingerenz − Heroinüberlassung führte Bewusstlosigkeit herbei) hat der *BGH* unter Bezugnahme auf BGHSt. 11, 353 und BGHSt. 14, 282 eine Abwendungspflicht nach § 13 StGB angenommen (*BGH* NStZ 1984, 452 = StV 1985, 56 m. Anm. *Fünfsinn*; BGHSt. 33, 66 = NStZ 1985, 319 m. Anm. *Roxin*). Er hat in der Nichtvornahme der gebotenen, möglichen und zumutbaren Rettungshandlung (wie z. B. **Nicht-Herbeirufen eines Notarztes** oder **Krankenwagens**) eine fahrlässige Tötung gesehen, wenn die Unterlassung zum Tode führte. Auch wenn sich der Angeklagte bei Erfüllung der Hilfspflicht der Strafverfolgung wegen eines Vergehens nach dem BtMG aussetzte, war ihm nach Auffassung des *BGH* zuzumuten, ärztliche Hilfe herbeizuholen (BGHSt. 33, 66 = NStZ 1985, 319). Der *BGH* beseitigte mit dieser Rspr. in zahlreichen Fällen elegant die Folgen der Straflosigkeit einer Beihilfe zur Selbsttötung beim Abgabedelikt, in dem er in der zumeist anschließenden Nichthinzuziehung des Arztes eine fahrlässige Tötung durch Unterlassung erkannte und dem Täter damit den Einwand der Eigenverantwortlichkeit des Opfers während der Bewusstlosigkeit abschnitt.

105   Im Rahmen der Erfolgsabwendungspflicht reichen regelmäßig bei Bewusstlosigkeit nach Heroinkonsum **Wiederbelebungsversuche, Schläge mit der Hand, Herzmassage, Mund-zu-Mund-Beatmung, Abduschen, Einwickeln mit nassen Tüchern, Einflößen eines Kreislaufmittels und Injektionen mit einer Kochsalzlösung** nicht aus, sondern es muss so schnell wie möglich ein Notarzt alarmiert werden.

106   Diese Rspr. ist in der Lit. auf heftige Kritik gestoßen (Sch/Sch/*Stree/Bosch* § 13 Rn. 40/41; *Fünfsinn* StV 1985, 58; *Roxin* NStZ 1985, 320), denn mit dem straflosen Übergang der Verantwortlichkeit auf den sich eigenverantwortlich schädigenden Drogenkonsumenten entfalle auch die Verantwortlichkeit des Drogenlieferanten für den Drogenkonsum entstandene Gefahrenlage. Eine **Erfolgsabwendungspflicht aus vorangegangenem Tun** dürfe aber niemandem aufgebürdet werden, **der für die Gefahrenlage nicht verantwortlich sei.** Dieser Kritik hält der *BGH* entgegen, dass der Abhängige regelmäßig nur die Selbst-

schädigung, nicht aber den Tod will und **mit der Bewusstlosigkeit die Verantwortung des Abgebenden** entsteht (*BGH* NStZ 1984, 452; BGHSt. 33, 66 = NStZ 1985, 319).

b) Garantenpflicht bei Konsumgemeinschaften. Eine fahrlässige Tötung 107 kann sich aufgrund einer besonderen Gefahrenabwendungsverpflichtung ergeben. So sind **Abreden unter Fixergemeinschaften,** die den Stoff gemeinsam erwerben, aufteilen, untereinander verkaufen, nicht selten, sich bei Entstehung einer lebensbedrohlichen Lage nach Heroininjektion gegenseitig zu helfen. Sagt der Heroinverkäufer zu, bei Bewusstlosigkeit oder sonstiger lebensbedrohlicher Gefahr des Käufers nach Konsum sofort den Arzt zu rufen, so ist er verpflichtet, sich um ärztliche Hilfe zu bemühen.

c) Garantenstellung von Ärzten und Angehörigen. Auch der **Ehepartner** 108 **des Drogenkonsumenten oder Eltern zumindest ihrer minderjährigen Kinder** sind verpflichtet, seinem Lebenspartner/Kind, der/das nach Drogengenuss in Lebensgefahr schwebt, Hilfe zu leisten und durch Herbeiholung ärztlicher Hilfe die Lebensgefahr abzuwenden (*Sch/Sch/Stree/Bosch* § 13 Rn. 18).

Ferner kann sich aus dem besonderen **ärztlichen Behandlungsvertrag eine** 109 **Schadensabwendungspflicht und Garantenstellung** ergeben, deren Verletzung zu einer Strafbarkeit wegen fahrlässiger Tötung führen kann. So hat der *BGH* die Verurteilung eines Nervenarztes wegen fahrlässiger Tötung bestätigt, der zwei drogenabhängigen Patientinnen je 5 Ampullen des Betäubungsmittels Jetrium zur Selbstinjektion verschrieben hatte. Die beiden abhängigen Mädchen spritzten sich entgegen der ärztlichen Anweisung nicht 1 Ampulle intramuskulär, sondern nacheinander 2 Ampullen intravenös und starben. Die Fahrlässigkeit des Arztes bestand darin, dass er bei seiner Behandlung nicht bedachte, dass Drogenabhängige im Zustand des Entzuges jede Kontrolle über sich verlieren und unberechenbar werden, dass sie insbesondere ein ihnen überlassenes Suchtmittel entgegen ausdrücklicher Anordnung intravenös injizieren und dabei eine Überdosis anwenden würden. Der Arzt hatte nicht nur, wie die Verteidigung meinte, fahrlässig den Tod eines Selbstmörders straflos mitverursacht, sondern **die sich aus dem ärztlichen Behandlungsvertrag ergebende Schadensabwendungspflicht und Garantenstellung missachtet** und als Täter selbst eine gefahrenträchtige Lage geschaffen (*BGH* JR 1979, 429).

d) Garantenstellung in Drogenhilfeeinrichtungen und Konsumräumen. 110 Ist ein Mitarbeiter einer Drogenhilfeeinrichtung oder eines Konsumraumes in einem Erste-Hilfe-Kursus in der Ersten Hilfe und Alarmierung eines Notarztes ausgebildet worden, ist er im **Einsatz eines Defibrillators** geschult worden, ist einem Besucher eines Konsumraumes für den Notfall der **Opiatantagonist Naloxon** verordnet und zum Mitsichführen veranlasst worden, so ist der Drogenhelfer aufgrund der Übernahme von Schutzpflichten **(Beschützergarantenpflicht)** verpflichtet, bei nicht rechtzeitigem Eintreffen des Notarztwagens eine Lebensrettung mit dem vorhandenen Defibrillator bzw. Opiatantagonisten Naloxon zu versuchen. Anderenfalls kommt eine Strafbarkeit wegen fahrlässiger Tötung durch Unterlassen in Betracht.

4. Unterlassene Hilfeleistung. Liegt keine Garantenpflicht aus vorangegan- 111 genem Tun oder eine andere Garantenpflicht vor, so ist die Strafbarkeit einer unterlassenen Hilfeleistung nach § 323 c StGB zu prüfen, da auch die **Bewusstlosigkeit einen zur Hilfeleistung verpflichtenden Unglücksfall** darstellt (*Stuttgart* NJW 1981, 182; *LG Kiel* NStZ 2004, 157; Sch/Sch/*Sternberg-Lieben* § 15 Rn. 166; *Weber* § 30 Rn. 197).

VI. Täter

Nicht nur Ärzte und Pfleger, sondern auch Privatpersonen können diesen Ver- 112 brechenstatbestand erfüllen.

VII. Erlaubnispflicht

113   Der Tatbestand setzt voraus, dass der Täter für die Drogenweitergabe keine Erlaubnis besitzt. Besitzt er eine Erlaubnis, so kommt nur § 222 StGB in Betracht.

D. Subjektiver Tatbestand

114   Als erfolgsqualifiziertes Delikt erfordert § 30 Abs. 1 Nr. 3 BtMG vorsätzliches Handeln hinsichtlich des Grunddelikts und mindestens Leichtfertigkeit bei der Todesverursachung. Zudem muss der Täter alle Merkmale der Fahrlässigkeit erfüllen, insb. muss die schwere Folge für ihn vorhersehbar gewesen sein.

I. Leichtfertigkeit

115   **1. Begriff.** Unter Leichtfertigkeit ist **ein erhöhter Grad von Fahrlässigkeit** zu verstehen, der etwa der groben Fahrlässigkeit des Bürgerlichen Rechts entspricht. Leichtfertig handelt, wer die Möglichkeit eines tödlichen Verlaufs des Geschehens aus besonderem Leichtsinn oder aus besonderer Gleichgültigkeit außer Acht lässt (BGHSt. 32, 262; BGHSt. 46, 279 = NStZ 2001, 324 = StV 2001, 684 m. Anm. *Duttge NStZ* 2001, 546 = JZ 2002, 150 m. Anm. *Sternberg-Lieben; Weber* § 30 Rn. 165; MK-StGB/*Rahlf* § 30 Rn. 147; *Hügel/Junge/Lander/Winkler* § 30 Rn. 4.3; *Franke/Wienroeder* § 30 Rn. 37).

116   Leichtfertigkeit liegt z. B. vor, wenn jemand einem Drogenabhängigen nach einer Entwöhnungstherapie mit der Folge einer herabgesetzten Toleranz die frühere Dosis verabreicht (*Hügel/Junge/Lander/Winkler* § 30 Rn. 4.3) Ein Arzt handelt leichtfertig, wenn er den Patienten **vor der Verabreichung eines Opiats nicht untersucht, um Indikationen und Kontraindikationen festzustellen, eine Diagnose zu stellen und den Patienten auf eine bestimmte Dosis einzustellen.** Leichtfertigkeit eines Substitutionsarztes ist anzunehmen, wenn er seine ihm obliegenden Pflichten eklatant vorsätzlich missbraucht, indem er einem Drogenabhängigen das Substitutionsmittel mitgibt, dass sich dieser injiziert (BGHSt. 52, 271 = NStZ 2008, 574 = StV 2008, 471). Beruht die Todesverursachung auf einem Wiegefehler, wodurch der Konsument von einem Arzt und ehemaligen Suchtberater die zehnfache Überdosierung von MDMA erhält, muss sich der Tatrichter mit der Frage der Erkennbarkeit des Wiegefehlers vor dem Erfahrungshintergrund des Angeklagten näher auseinandersetzen (*BGH* NStZ 2011, 341).

117   Von einer **Leichtfertigkeit** kann aber **keine Rede sein,** wenn ein Sterbebegleiter auf Wunsch eines unheilbar Schwerkranken, der sich voll verantwortlich zu einem Suizid entschlossen hat, diesem ein Betäubungsmittel zur Selbsttötung überlässt. Die **besondere Verantwortung und das Engagement** des Freitodbegleiters ist das **Gegenteil von Leichtsinn und Gleichgültigkeit** (BGHSt. 46, 279 = NStZ 2001, 324 = StV 2001, 684 m. Anm. *Duttge NStZ* 2001, 546 = JZ 2002, 150 m. Anm. *Sternberg-Lieben*).

118   Der Vorwurf der Leichtfertigkeit, die den Tod des Opfers verursacht, bezieht sich auf die Tathandlung – hier Abgabe, Verabreichung oder Überlassung des Betäubungsmittels –, nicht auf ein danach liegendes Verhalten, z. B. ein etwaiges Unterlassen, für ärztliche Hilfe zu sorgen (BGHSt. 33, 6 = NStZ 1985, 319 m. Anm. *Roxin* = StV 1985, 148; MK-StGB/*Rahlf* § 30 Rn. 148; s. dazu auch Rn. 103 ff.).

119   **2. Vorsätzliche Todesverursachung.** § 30 Abs. 1 Nr. 3 BtMG ist auch bei vorsätzlicher Todesverursachung nach Abgabe/Verabreichung/Überlassung eines Betäubungsmittels einschlägig, da die Qualifikation nicht nur auf leichfertiges Handeln begrenzt ist (Sch/Sch/*Sternberg-Lieben* § 18 Rn. 3; MK-StGB/*Rahlf* § 30 Rn. 149; vgl. BGHSt. 39, 100 = NStZ 1993, 338 = StV 1993, 361). Die leichtfertige Todesverursachung und das Tötungsdelikt stehen dann in Tateinheit. Das 6. StrRG vom 26. 1. 1998 (BGBl. I, S. 164), nach dem für alle Leichtfertigkeitsqualifikationen des StGB nunmehr „wenigstens" leichtfertiges Handeln vorausge-

setzt wird, führt zu keiner anderen Beurteilung. Zwar könnte man argumentieren, wegen des Fehlens des Zusatzes „wenigstens" bei § 30 Abs. 1 Nr. 3 BtMG sei dieser Tatbestand auf Leichtfertigkeit begrenzt. Dem steht aber entgegen, dass der Gesetzgeber klargestellt hat, dass das Nebenstrafrecht vom 6. StrRG unberührt bleiben soll (BT-Drs. 13/7164, S. 22; Sch/Sch/*Sternberg-Lieben* § 18 Rn. 3; MK-StGB/*Rahlf* § 30 Rn. 149; *Weber* § 30 Rn. 176).

II. Vorhersehbarkeit

Der Todeseintritt des Konsumenten muss für den Drogen abgebenden Täter **120** vorhersehbar gewesen sein. Der Täter muss **nicht jede Einzelheit des Kausalverlaufs voraussehen.** Es genügt, wenn er über Kenntnisse und Fähigkeiten verfügt, die es ihm erlauben, das objektiv Vorhersehbare vorauszusehen und diese Kenntnisse und Fähigkeiten entweder im konkreten Fall nicht einsetzt **(unbewusste Fahrlässigkeit)** oder sich im Sinne **bewusster Fahrlässigkeit** darüber hinwegsetzt (*Celle* MDR 1980, 74). Es ist deshalb zu prüfen, ob der tatsächliche Verlauf noch im Rahmen der dem Täter bekannten Lebenserfahrung lag. Tritt nach dem wirklichen Geschehensablauf der Todeserfolg nur durch das Zusammenwirken **mehrerer Umstände** ein, genügt es, wenn die Auswirkungen in ihrem Gewicht im Wesentlichen voraussehbar waren (*BGH* NStZ 1981, 350; BGHSt. 37, 179 = NStZ 1991, 392 = StV 1992, 272).

Während bei der **Weitergabe von Heroingemischen** wegen der unterschied- **121** lichen Konzentrationen der illegalen Drogenszene und der damit verbundenen Gefahr der Überdosis die Vorhersehbarkeit eines Todeseintrittes in der Regel unproblematisch ist, reicht die **Zuführung** einer handelsüblichen **Ampulle von Morphium in einer Dosis, die für sich allein genommen den Tod des Konsumenten nicht hätte bewirken können,** zur Begründung der Vorhersehbarkeit des Todeseintrittes nicht aus (*BGH* [*Schmidt*] MDR 1985, 2). Anders der *BGH* in einer Entscheidung vom 27. 6. 1984: Hiernach soll selbst eine Menge von 100 bis 300 mg Heroingemisch noch nicht besagen, dass es sich um eine das Leben gefährdende Überdosis handelt, so dass die Vorhersehbarkeit der tödlichen Wirkung des Heroingemisches zu verneinen sein soll, wenn die Todesursache ein Herz- und Kreislaufversagen infolge einer sich schnell entwickelnden schweren Lungenentzündung war, die auf Atemlähmung und Bewusstlosigkeit zurückzuführen war, welche durch das Schnupfen des Heroingemisches im Zusammenwirken mit Alkoholgenuss und Tabletteneinnahme bewirkt wurde (*BGH* NStZ 1984, 452 = StV 1985, 56).

Für einen **Substitutionsarzt** ist es jedenfalls vorhersehbar, dass der Betroffene **122** vor der Injektion des Substitutionsmittels durch den Arzt noch weitere Betäubungsmittel konsumiert hatte, da ein solches Verhalten eines Abhängigen typisch ist (BGHSt. 52, 271 = NStZ 2008, 574 = StV 2008, 471).

E. Versuch

Der Versuch ist auch bei einem erfolgsqualifizierten Delikt möglich und strafbar **123** (§ 23 Abs. 2 StGB). Mit der Weitergabe der Betäubungsmittel beginnt die Tatausführung, mit dem Eintritt des Todes ist die Tat vollendet.

F. Strafzumessung

Bei Verurteilung nach § 30 Abs. 1 Nr. 3 BtMG darf wie bei Verurteilung wegen **124** fahrlässiger Tötung der **Todeseintritt nicht strafschärfend** berücksichtigt werden, da ansonsten ein Tatbestandsmerkmal doppelt gewertet würde (*BGH*, Urt. v. 16. 9. 1980, 2 StR 364/80). Zeigen sich eine Fülle von Milderungsgründen, so bietet dies Anlass zu prüfen, ob ein **minder schwerer Fall des § 30 Abs. 2 BtMG** gegeben ist. Mischt ein Drogenhändler sein schon vielfach gestrecktes Heroingemisch schlechter Qualität mit Scheuermittel, Gips, Strychnin oder Ameisenbekämpfungsmittel Hortex und gibt es an einen Drogenabhängigen zur Injektion

weiter, ohne ihn auf die lebensgefährliche Mixtur hinzuweisen, so begründet sein
überlegenes Sachwissen die Strafbarkeit, die **Vergiftung des Stoffes** wirkt sich
aber **strafschärfend** aus.

125   Auch wenn derjenige, der die eigenverantwortlich gewollte und verwirklichte
Selbstgefährdung eines anderen durch Abgabe von Heroin nur veranlasst, ermöglicht oder fördert, für die daraus erwachsende Körperverletzung oder Todesfolge
mangels Leichtfertigkeit nicht nach § 30 BtMG haftet, so soll aber bei der Verurteilung wegen Abgabe von Heroin (§ 29 Abs. 1 S. 1 Nr. 1 BtMG) neben der Gefährlichkeit des Betäubungsmittels Heroin die fahrlässige Herbeiführung des Todes
des Empfängers strafschärfend berücksichtigt werden (*BGH* NStZ 1992, 489 =
StV 1993, 128 m. Anm. *Hoyer*).

G. Konkurrenzen

I. Grundtatbestand und Qualifikation

126   Der Besitz, die Abgabe, das Verabreichen und das Überlassen von Betäubungsmitteln zum unmittelbaren Verbrauch werden durch die Spezialvorschrift des § 30
Abs. 1 Nr. 3 BtMG verdrängt.

II. Leichtfertige Todesverursachung und Handeltreiben

127   Das Handeltreiben mit Betäubungsmitteln nach § 29 Abs. 1 S. 1 Nr. 1 BtMG
steht mit dem Verbrechenstatbestand des § 30 Abs. 1 Nr. 3 BtMG in Tateinheit.

III. Leichtfertige Todesverursachung und Tötungsdelikte nach dem StGB

128   Zwischen der leichtfertigen Todesverursachung gem. § 30 Abs. 1 Nr. 3 BtMG
und der **fahrlässigen Tötung gem. § 222 StGB** besteht Gesetzeskonkurrenz.
Die leichtfertige Todesverursachung und ein vorsätzliches Tötungsdelikt (§§ 211,
212, 216 StGB) stehen in Tateinheit (*Weber* § 30 Rn. 176). § 30 Abs. 1 Nr. 3
BtMG in der Tatvariante des Verabreichens von Betäubungsmitteln mit Todesfolge
steht zu **§ 227 Abs. 1 StGB** nicht im Verhältnis privilegierender Spezialität, die
zur Folge hätte, dass bei Ausscheiden des § 30 Abs. 1 Nr. 3 BtMG mangels Leichtfertigkeit der Todesverursachung § 227 Abs. 1 StGB nicht in Betracht käme. Da
das vorsätzliche Verabreichen von Betäubungsmitteln (§ 29 Abs. 1 S. 1 Nr. 6 lit. b
BtMG) nicht notwendig eine vorsätzliche Körperverletzung i. S. v. § 223 StGB
beinhaltet, ist von Tateinheit auszugehen, da der Unrechtsgehalt von § 227 StGB
nicht vollständig von § 30 Abs. 1 Nr. 3 BtMG erfasst wird (BGHSt. 49, 34 =
NStZ 2004, 204).

H. Verfahren

129   Sind Anhaltspunkte dafür vorhanden, dass jemand durch den Konsum von
Rauschdrogen eines nicht natürlichen Todes gestorben ist, oder wird der Leichnam
eines Drogenabhängigen gefunden, so sind Polizei und Gemeindebehörden **gemäß § 159 StPO zur Beweissicherung, Feststellung von Todesart und
Todesursache** und zur sofortigen Anzeige an die Staatsanwaltschaft verpflichtet.
Die Leiche wird als Beweismittel von Bedeutung und durch **Beschlagnahme
gemäß § 94 Abs. 2 StPO** sichergestellt. Auch wenn lediglich Anhaltspunkte für
einen Unglücksfall eines Drogenabhängigen i. S. v. § 323 c StGB vorliegen, müssen
die Polizeibehörden prüfen, ob die Todesfolge einem Dritten zugerechnet werden
muss. Die Identifizierung des Toten, pathologische (§§ 87, 88, 89 StPO) und chemisch-toxikologische Analysen (§ 91 StPO) dienen dem Ziel, den Todesverlauf
und seine Begleitumstände zu klären. Denn nicht alle Betäubungsmittelabhängigen
sterben an der Droge, sondern am lebensbedrohlichen Verfall ihrer inneren Organe
oder wählen den Freitod (vgl. *Heckmann*, Der Drogentod, 1993).

Bei Heroinvergiftungen sind grundsätzlich folgende tödliche Verläufe in Be- **130** tracht zu ziehen:

- Tod infolge Einverleibung **hochprozentigen Heroins,**
- Tod infolge von überempfindlicher Reaktion eines **geschwächten Organismus** auf eine Heroindosis gewöhnlicher Stärke,
- Tod infolge von **toxischen Überreaktionen** durch unverträgliche Heroinmischungen oder durch die die Heroingiftigkeit steigernde Beimengung von Psychopharmaka,
- Tod infolge von Erbrechen nach Heroininjektion und anschließender **Speisebreiaspiration,**
- Tod infolge von **Komplikationen der inneren Organe** nach Heroininjektion.

Ein nicht unerheblicher Teil von Drogentodesfällen wird nicht mit einer Dro- **131** geneinnahme in Verbindung gebracht, weil der Tod aufgrund körperlicher Folgen des Drogenmissbrauchs und organischer Spätschäden, die zum Versagen bestimmter Körpersysteme führen, eingetreten ist. Die zahlreichen Fälle von Drogenabhängigen, die als hilflose Personen aufgefunden und in Intensivstationen gerettet werden, später aber dann doch sterben, entziehen sich der Statistik.

Rauschgifttote in Deutschland 1999–2009										
Jahr	2000	2001	2002	2003	2004	2005	2006	2007	2008	2009	2010
männlich	1.712	1.537	1.263	1.231	1.156	1.107	1.074	1.166	1.220	1.112	1.042
weiblich	318	289	237	231	203	200	204	203	191	199	176
Gesamt	2.030	1.835	1.513	1.477	1.385	1.326	1.296	1.394	1.449	1.331	1.237

Quelle: Jahrbuch Sucht 2010 und www.bka.de (die Summe der männlichen und weiblichen Rauschgifttoten entspricht in der Regel nicht der Gesamtzahl, da in einigen Fällen das Geschlecht nicht erfasst wurde)

Gemessen an den Einwohnerzahlen sind die Stadtstaaten weitaus stärker belastet **132** als die Flächenstaaten (www.bka.de). Die stärksten Belastungen hatten im **Jahr 2009** Berlin (Anzahl der Drogentoten: 155, Belastungszahl 4,5), Bremen (Anzahl der Drogentoten: 28; Belastungszahl 4,2) und Hamburg (Anzahl der Drogentoten: 65; Belastungszahl 3,7). Die geringsten Belastungen wurden in Mecklenburg-Vorpommern (Anzahl der Drogentoten: 4, Belastungszahl 0,2), Sachsen (Anzahl der Drogentoten: 4; Belastungszahl 0,3) und Sachsen-Anhalt (Anzahl der Drogentoten: 9, Belastungszahl 0,4) festgestellt. Frankfurt wies zum Vergleich bei insgesamt 34 Drogentoten eine Belastungszahl von 5,1 auf.

Kap. 5. Einfuhr von Betäubungsmitteln in nicht geringer Menge (§ 30 Abs. 1 Nr. 4 BtMG)

Übersicht

A. Zweck der Vorschrift

In § 11 Abs. 4 Nr. 5 BtMG 1972 war die nicht geringe Menge lediglich **133** **Merkmal einer Strafzumessungsregel,** die dem Tatrichter einen erheblichen **Ermessensspielraum** überließ. Wegen ihres eigenständigen und höheren Unrechtsgehalts wurde die Einfuhr in nicht geringer Menge durch das BtMG 1982 als Verbrechenstatbestand ausgestaltet.

B. Fallzahlen

I. PKS

Ausweislich der **PKS** wurden in den vergangenen Jahren folgende Einfuhrdelikte **134** in nicht geringer Menge erfasst (Quelle: www.bka.de):

Jahr	2003	2004	2005	2006	2007	2008	2009	2010
Rauschgift-delikte insgesamt	255.575	283.708	276.740	255.019	248.355	239.951	235.842	231.007
§ 30 Abs. 1 Nr. 4 BtMG	4.674	4.586	4.682	3.951	3.981	3.038	2.712	2.588

II. Strafverfolgungsstatistik

Die **Strafverfolgungsstatistik** weist folgende Fallzahlen der Einfuhr in nicht **135** geringer Menge hinsichtlich Verurteilten und Abgeurteilten aus (Quelle: *Statistisches Bundesamt*):

Jahr	2003	2004	2005	2006	2007	2008	2009
Straftaten nach dem BtMG insgesamt	53.988	57.325	58.630	58.892	48.363	68.519	67.025
Einfuhr in nicht geringer Menge	2.953	2.820	2.763	2.632	2.321	2.492	2.374

C. Objektiver Tatbestand

I. Betäubungsmittel

136 **1. Betäubungsmitteleigenschaft.** § 30 Abs. 1 Nr. 4 BtMG setzt die Einfuhr von Betäubungsmitteln in nicht geringer Menge voraus (zur Betäubungsmitteleigenschaft s. § 1 Rn. 20 ff.).

137 **2. Ausgenommene Zubereitungen.** Der Verbrechenstatbestand gilt auch für die Einfuhr von großen Mengen von **ausgenommenen Betäubungsmittelzubereitungen** entsprechend § 2 Abs. 1 Nr. 3 BtMG und der Sonderregelung am Ende der Anl. III zum BtMG (vgl. BGHSt. 56, 52 = NStZ-RR 2011, 119 = StraFo 2011, 105 m. krit. Anm. *Kotz* NStZ 2011, 461 [zu Benzodiazepinen und Zolpidem]; zum Konkurrenzverhältnis, wenn die Ein-, Aus- oder Durchfuhr ein Teilakt des Handeltreibens ist, s. Rn. 203).

II. Nicht geringe Menge

138 Die nicht geringe Menge ist **Tatbestandsmerkmal,** für das der Bestimmtheitsgrundsatz (Art. 103 Abs. 2 GG; § 1 StGB) eine Präzisierung gebietet (vgl. BVerfGE 57, 250). Von der Erfüllung dieses Tatbestandsmerkmales hängt die Einstufung eines bereits nach § 29 Abs. 1 S. 1 Nr. 1 BtMG strafbaren Verhaltens als Verbrechen (§ 12 Abs. 1 StGB) ab. Der *BGH* oder die Instanzgerichte haben die nicht geringe Menge der meisten Betäubungsmittel anhand **der Anzahl der toxischen Dosen** und der erforderlichen Wirkstoffmenge wie folgt festgelegt; für die übrigen Betäubungsmittel haben die Toxikologen Grenzwerte vorgeschlagen (zur Bestimmung der nicht geringen Menge durch den Tatrichter bei sichergestellten Betäubungsmitteln s. § 29 a Rn. 179 ff.; zur Bestimmung der nicht geringen Menge bei nicht sichergestellten Betäubungsmitteln s. § 29 a Rn. 194 ff.):

Betäubungsmittel	Nicht geringe Menge	Bestimmt durch	s. dazu § 29 a Rn.
Alprazolam	240 mg	BGH	62
Amphetamin	10 g Amphetaminbase	BGH	59
Buprenorphin	450 mg Buprenorphinhydrochlorid	BGH	63
Cannabisprodukte	7,5 g THC	BGH	64
Cathinon	30 mg	BGH	70
Clonazepam	480 mg	BGH	62
Codein	15 g Codeinphosphat	SV-Vorschlag	71
Crack	5 g Kokainhydrochlorid	OLG Frankfurt	78
DOB	300 mg DOB-Base	SV-Vorschlag	72
DOM	600 mg DOM-Base	SV-Vorschlag	73
Diazepam	2.400 mg	BGH	62
Fenetyllin	40 g Fenetyllinbase	SV-Vorschlag	74

Betäubungsmittel	Nicht geringe Menge	Bestimmt durch	s. dazu § 29 a Rn.
GHB	200 g Natrium-γ-Hydroxy-Buterat	LG Würzburg	75
Heroin	1,5 g Heroinhydrochlorid	BGH	76
JWH-018	1,75 g (350 KE à 5 mg)	LG Ulm	77 a
Kokain	5 g Kokainhydrochlorid	BGH	78
Levomethadon	3 g Levomethadon-hydrochlorid	LG Freiburg	82
Lorazepam	480 mg	BGH	62
Lormetazepam	360 mg	BGH	62
LSD	6 mg Wirkstoff, jedenfalls bei 300 Trips	BGH	81
Methadon	6 g razematisches Methadonhydrochlorid	LG Freiburg	82
Methamphetamin	5 g Methamphetamin-base	BGH	83
Methaqualon	500 g	SV-Vorschlag	84
Methylaminorex	10 g Methylaminorex-base	LG Braunschweig	85
m-CPP	30 g m-CPP-Base	LG Dresden, LG Freiburg	86
MDA/MDE/MDMA	jeweils 30 g MDA-, MDE- bzw. MDMA-Base	BGH	87
Midazolam	1.800 mg (60 KE à 30 mg)	BGH	62
Morphin	4,5 g Morphinhydro-chlorid	BGH	91
Opium	6 g Morphinhyrochlorid	OLG Köln	92
Oxazepam	7.200 mg	BGH	62
Pethidin	20 g Pethidinhydro-chlorid		94
Psilocin/Psilocybin	1,2 g Psilocin/ 1,7 g Psilocybin	BayObLG	95
Temazepam	4.800 mg	BGH	62
Tetrazepam	4.800 mg	BGH	62
Triazolam	120 mg	BGH	62
Zolpidem	4.800 mg	BGH	96
Verschiedene Betäubungsmittel			97

III. Einfuhr

139   **1. Definition.** Einfuhr ist das Verbringen von Betäubungsmitteln über die deutsche Hoheitsgrenze aus dem Ausland in den Geltungsbereich des BtMG (BGHSt. 34, 180 = NJW 1987, 721 = StV 1987, 67; *BGH* NStZ 1990, 442 = StV 1990, 408; *BGH* NStZ 1992, 545 = StV 1992, 578; *BGH* NStZ 2000, 150 = StV 2000, 620; *Weber* § 29 Rn. 742; *Hügel/Junge/Lander/Winkler* § 29 Rn. 5.1.1; MK-StGB/*Kotz* § 29 Rn. 505; zum Geltungsbereich des BtMG s. § 29/Teil 5, Rn. 24 ff.). **Verbringen** setzt voraus, dass die Gegenstände durch menschliches Einwirken über die Grenze gelangen, gleichgültig ob der Täter das Betäubungsmittel fährt, trägt oder in seinem Körper versteckt oder geschluckt bei sich hat (BGHSt. 38, 315 = NStZ 1992, 543). Es spielt daher keine Rolle, auf welche Weise die Betäubungsmittel ins Land gebracht werden, sei es auf dem Land-, Luft- oder Wasserweg, per Auto, Eisenbahn, Schiff, Flugzeug, per Post oder zu Fuß, im oder am Körper (zu den Erscheinungsformen der Einfuhr s. im Einzelnen § 29/Teil 5, Rn. 29 ff.). Einfuhr ist aber nicht nur das persönliche, das eigenhändige Verbringen von Betäubungsmitteln, sondern auch **das Verbringenlassen** in den Geltungsbereich des BtMG durch Dritte (Rauschgiftkuriere), durch Tiere (Hunde, Brieftauben), Maschinen (unbemannte Fahrzeuge, Boote) oder andere Werkzeuge, z.B. Fallschirm, Brief, Paket (BGHR BtMG § 29 Abs. 1 Nr. 1 Einfuhr 8 = StV 1988, 205; BGHSt. 38, 32 = NStZ 1991, 537 = StV 1992, 375; *BGH* NStZ-RR 2004, 25; *Weber* § 29 Rn. 797). Zum Einfuhrbegriff s. im Übrigen § 29/Teil 5, Rn. 8 ff.).

140   **2. Motiv.** Sowohl die Einfuhr nicht geringer Mengen Betäubungsmittel zum Eigenkonsum als auch zum Weiterverkauf stellen ein Verbrechen dar. Daher fallen Händler gleichermaßen unter § 30 Abs. 1 Nr. 4 BtMG wie Konsumenten und deren Kuriere. Die Einfuhr von Betäubungsmitteln zum Eigenkonsum kann trotz der großen Menge für einen minder schweren Fall sprechen (s. dazu Rn. 188).

141   **3. Abgrenzung Einfuhr/Durchfuhr.** Für die Abgrenzung, ob Einfuhr oder Durchfuhr beim Körperschmuggel vorliegt, ist entscheidend, ob der Täter während des Aufenthalts im Inland eine **tatsächliche Verfügungsmacht an den Betäubungsmitteln** hat oder es ohne Schwierigkeiten erlangen kann (*BGH* NStZ 2004, 693 = StV 2004, 604). Verbringt ein Körperschmuggler im Magen-Darm-Trakt Betäubungsmittel in den Transitbereich eines deutschen Flughafens (= deutsches Hoheitsgebiet), so ist der Einfuhrtatbestand vollendet, da die Betäubungsmittel ihm während des Zwischenaufenthaltes zumindest zur Verfügung standen (*BGH* NStZ 2010, 522 [zu Body-Packern]; krit. *Oglakcioglu/Henne-Bruns/Wittau* NStZ 2011, 73). Darauf, ob er während des Zwischenaufenthaltes eine konkrete Zugriffsmöglichkeit auf das im Körper befindliche Rauschgift hatte (etwa nach Einnahme von Abführmitteln in einer Flughafentoilette), kommt es nicht an (BayObLGSt. 2003, 12; *München* NStZ-RR 2006, 55).

IV. Erlaubnispflicht

142   Das Fehlen einer Erlaubnis nach § 3 BtMG beim Einführenden ist Tatbestandsmerkmal (s. dazu § 29/Teil 5, Rn. 13).

D. Subjektiver Tatbestand

I. Vorsatz

143   Der Vorsatz des Täters muss sich auf die nicht geringe Menge erstrecken, da die nicht geringe Menge im § 30 Abs. 1 Nr. 4 BtMG ein Tatbestandsmerkmal darstellt. **Dolus eventualis reicht aus** (*BGH* NStZ-RR 1997, 121 = StV 1996, 674; s. dazu Rn. 144). Bei der Festlegung des Schuldumfangs darf nicht außer Betracht bleiben, auf welche Art, Menge und Wirkstoffgehalt sich der Vorsatz des Angeklagten erstreckt, bzw. welche er billigend in Kauf nimmt. Ohne Feststellung, welche **Vorstellung der Angeklagte von dem Wirkstoffgehalt** des Betäubungsmittels hatte, liegt eine Feststellungslücke vor, die zur Aufhebung des Urteils zwingen kann (*BGH* StV 1983, 332).

II. Dolus eventualis

In der Regel ist es für die Auftraggeber oder Hinterleute eines Rauschgifttransportes ein wirtschaftlich völlig unsinniges Verhalten, wegen des Gesamtwertes des Rauschgifts das unkalkulierbare Risiko des Totalverlustes durch einen ahnungslosen Kurier einzugehen. Denn ein nicht eingeweihter Kurier könnte misstrauisch werden, sich an die Polizei wenden oder sich des Koffers entledigen, den Rauschgiftkoffer nicht beaufsichtigen oder das Rauschgift selbst verkaufen. Es widerspricht den Gepflogenheiten des Rauschgifthändlers, bei Betäubungsmitteltransporten ahnungslose Kuriere einzusetzen. Das angebliche Nichtwissen des Angeklagten ist zumeist eine **reine Schutzbehauptung**. In zahlreichen Fällen steht aber nicht ausreichend fest, dass dem Angeklagten im Einzelnen bekannt war, welches Rauschgift in welcher Menge, in welcher Qualität er als Kurier transportierte. Regelmäßig ist ihm aber aufgrund der Gesamtumstände des Einzelfalles bewusst, dass es sich bei dem Schmuggelgut um ein gefährliches Rauschgift in erheblicher Menge und Reinheitsgehalt handelte und er **nimmt zumindest billigend in Kauf, dass es sich dabei um Heroin oder Kokain in der sichergestellten Menge und Reinheitsgehalt handelt.** Haben zwei Angeklagte für einen Kurierlohn von 10.000 DM sich mit ihrer Familie in die Türkei begeben und dort zwei Wohnmobile übernommen, in die zusammen 40 kg 50%iges Heroin eingebaut waren, und nach Deutschland befördert, so haben sie mit nicht geringen Mengen von Betäubungsmitteln Handel getrieben, auch wenn sie die tatsächlich geschmuggelte Menge und den Wirkstoffgehalt nicht kannten. Jemand, der Umgang mit Drogen hat, ohne ihren Wirkstoffgehalt zu kennen oder zuverlässige Auskunft darüber erhalten zu haben, ist beim Fehlen sonstiger Anhaltspunkte im Allgemeinen **mit jedem Reinheitsgrad einverstanden, der nach den Umständen in Betracht kommt.** Jemand, der einverstanden ist, **Rauschgift in jeder Größenordnung zu befördern,** ist im Allgemeinen mit der beförderten Menge **einverstanden, wenn sie innerhalb des in Betracht kommenden Rahmens lag** (*BGH* NStZ-RR 1997, 121 = StV 1996, 674). Wenn eine Strafkammer aufgrund von Lieferantenäußerungen und aufgrund der Größe des Schmuggelverstecks, der Besonderheiten der Heroingeschäfte sowie der Höhe der Honorare jedem Angeklagten eine Transportmenge von 4 bis 5 kg Heroin zugeordnet hat, so ist diese **Schätzungsgrundlage des Schuldumfanges** nicht zu beanstanden (*BGH* NStZ-RR 1997, 121 = StV 1996, 674). Zwar wird ein Drogenkurier, der weder auf die Menge des ihm übergebenen Rauschgifts Einfluss nehmen, noch diese Menge überprüfen kann, jedenfalls dann, wenn zwischen ihm und seinem Auftraggeber kein persönliches Vertrauensverhältnis besteht, in der Regel auch **damit rechnen müssen, dass ihm mehr Rauschgift zum Transport übergeben wird, als man ihm offenbart.** Lässt er sich auf ein derartiges Unternehmen ein (z. B. weil ihm **die zu transportierende, zu verkaufende Menge gleichgültig ist**), dann liegt es auf der Hand, dass er die Einfuhr einer **Mehrmenge billigend in Kauf** nimmt (*BGH* NStZ-RR 1997, 121; *BGH* NStZ 1999, 467 = StV 1999, 432; *BGH* NStZ-RR 2004, 281). Gegen einen derartigen bedingten Vorsatz können **in seltenen Ausnahmefällen aber Umstände** sprechen, die dem Kurier die Überzeugung vermitteln, sein **Auftraggeber habe die Wahrheit gesagt** (Bemessung des Kurierlohnes nach Bereitschaft zu einer bestimmten Menge, die später gewogen wird). Führt der Täter eine Rauschgiftmenge ein, die tatsächlich größer ist, als er sie sich vorgestellt hat, so darf die von seinem Vorsatz nicht umfasste Mehrmenge dann als die Tatschuld erhöhend gewertet und mithin strafschärfend berücksichtigt werden, wenn ihn insoweit der Vorwurf der Fahrlässigkeit trifft (*BGH* NStZ-RR 2004, 281). Zum subjektiven Tatbestand vgl. auch § 29/Teil 5, Rn. 106 ff.

144

III. Fahrlässigkeit

145   Nur in den seltensten Fällen liegt Fahrlässigkeit vor (vgl. § 29/Teil 5, Rn. 117). Eine fahrlässige Begehungsweise ist in § 30 BtMG mit Ausnahme von § 30 Abs. 1 Nr. 3 BtMG nicht geregelt. Deshalb kommt **bei einer fahrlässigen Einfuhr von nicht geringen Mengen von Betäubungsmitteln** lediglich § 29 Abs. 4 BtMG mit einer Strafandrohung von höchstens 1 Jahr Freiheitsstrafe in Betracht (*BGH* NStZ 1990, 240). Im Regelfall dürfte **aber Dolus eventualis** vorliegen. **Ein fahrlässiges Handeltreiben** hinsichtlich der Mehrmenge kann dem Angeklagten nur vorgeworfen werden, wenn er bei Aufbringen der objektiv gebotenen und subjektiv zumutbaren Sorgfalt hätte erkennen müssen, um welche Rauschgiftmenge es sich handelte. Die mangelnde Überprüfung des Transportbehältnisses kann ihm jedenfalls dann nicht vorgeworfen werden, wenn das Rauschgift so in einem Schmuggelversteck eingearbeitet war, dass ein Öffnung des Schmuggelversteckes den Transport in der vorgesehenen Form in Frage gestellt hätte (*BGH* NStZ 1999, 467).

IV. Irrtumsfälle

146   **1. Subsumtionsirrtum.** Irrt der Täter über die rechtlichen Grenzen der geringen, normalen und nicht geringen Menge, so handelt es sich um einen unbeachtlichen Subsumtionsirrtum.

147   **2. Tatbestandsirrtum.** Der Täter, der hochwertige Ware (nicht geringe Menge) im Glauben an minderwertige Ware (keine nicht geringe Menge) kauft und verkauft bzw. ins Bundesgebiet einführt, befindet sich in einem Tatbestandsirrtum, der gem. § 16 Abs. 1 S. 1 StGB den Vorsatz bezüglich der Überschreitung der nicht geringen Menge ausschließt. Der Täter kann deshalb nur nach § 29 Abs. 1 S. 1 Nr. 1 BtMG bestraft werden, zumal gem. § 30 BtMG und § 29 Abs. 3 keine Fahrlässigkeitstaten verfolgt werden können. Ein Angeklagter, der Amphetamin zum Zwecke des Handeltreibens eingeführt hatte im Glauben, es handele sich um Ware durchschnittlicher Qualität, obwohl es sich in Wirklichkeit um 76%iges Kokain handelte, kann nur **entsprechend seiner unwiderlegbaren Vorstellung bestraft** werden (BGHR BtMG § 30 Abs. 1 Nr. 4 Vorsatz 2 = StV 1990, 53).

148   Irrt der Täter über die Betäubungsmittelart und geht beim Verkauf oder Transport von Heroin irrtümlich von Haschisch aus, so ist dies kein Tatbestandsirrtum, denn der Gesetzgeber hat bei den Straftatbeständen nicht nach Betäubungsmittelarten unterschieden. **Der Irrtum über die Betäubungsmittelart** ist im Rahmen der Strafzumessung angemessen zu berücksichtigen. Die Strafzumessung hat sich im Zweifel an der Vorstellung des Angeklagten zu orientieren (BGHR BtMG § 30 Abs. 1 Nr. 4 Vorsatz 2 = StV 1990, 53).

149   **3. Untauglicher Versuch.** Ein Täter, der schlechte Ware kauft, einführt, aber im Glauben ist, eine hochwertige Ware (eine nicht geringe Menge) ins Bundesgebiet einzuführen, begeht einen untauglichen Versuch des Verbrechens nach § 30 Abs. 1 Nr. 4 BtMG. Auch der Täter, der im Glauben an hochwertige Ware schlechte Ware verkauft, kann sich wegen untauglichen Versuchs des Handeltreibens mit Betäubungsmitteln in nicht geringen Mengen strafbar machen (s. dazu § 29/Teil 5, Rn. 129)

E. Versuch

I. Abgrenzung straflose Vorbereitung/Versuch

150   Das Versuchsstadium beginnt erst, wenn die Betäubungsmittel dem Einführer oder Auftraggeber zur Verfügung stehen und der Kurier bzw. Einführer Handlungen vornimmt, die **in ungestörtem Fortgang unmittelbar zur Tatbestandserfüllung führen sollen** und in unmittelbarem räumlichen und zeitlichen Zusammenhang mit ihr stehen. Der strafbare Versuch beginnt daher erst **kurz vor**

Erreichen der Hoheitsgrenze (BGHSt. 36, 249 = NStZ 1989, 579 = StV 1989, 526; *BGH* wistra 1993, 26). Zur Abgrenzung bei den einzelnen Fallgruppen der Einfuhr s. § 29/Teil 5, Rn. 133 ff.

Hat der Angeklagte nicht einmal Rauschgift in Besitz, so scheidet ein **unmit-** 151 **telbares Ansetzen i. S. v. § 22 StGB** aus, es kann aber eine Verabredung zum Verbrechen der Einfuhr in nicht geringen Mengen nach § 30 Abs. 2 StGB in Betracht kommen (*BGH* NStZ 1996, 507 = StV 1996, 548; zu § 30 StGB s. Rn. 153).

II. Vollendung/Beendigung

Die Einfuhr von Betäubungsmitteln ist mit dem Verbringen über die Grenze 152 **vollendet** (BGHR BtMG § 29 Abs. 1 Nr. 1 Einfuhr 20 = StV 1992, 376 m. Anm. *Zaczyk; BGH* NStZ 1997, 286; *BGH* NStZ 2004, 110). **Beendet** ist sie erst, wenn das Rauschgift im Inland in Sicherheit und damit zur Ruhe gekommen ist (BGHSt. 3, 40, 44; *BGH* NStZ 1990, 39; s. dazu auch § 29/Teil 5, Rn. 144).

III. Verabredung zu einem Verbrechen

Bei Nichterreichen des Versuchsstadiums kann bei großen Betäubungsmittel- 153 mengen jedoch die Verabredung des Verbrechens der unerlaubten Einfuhr von Betäubungsmitteln in nicht geringen Mengen nach § 30 Abs. 1 Nr. 4 i. V. m. § 30 Abs. 2 StGB in Betracht kommen (*BGH* NStZ 1989, 579 = StV 1989, 526; *BGH* NStZ 2004, 110).

Haben zwei Angeklagte vereinbart, gemeinsam ohne telefonische Voranmeldung 154 mit dem Pkw **nach Amsterdam zu fahren,** um dort 70 g Heroin in einem Coffeeshop bei S einzukaufen und nach D zum gewinnbringenden Weiterverkauf zu verbringen und in Amsterdam **wegen der Schließung des Coffeeshops und wegen der Verhaftung des S keine günstige Einkaufsquelle** vor ihrer Festnahme gefunden, so haben sie sich wegen Verabredung einer unerlaubten Einfuhr von Betäubungsmitteln in nicht geringen Mengen und nicht wegen versuchter Einfuhr strafbar gemacht, da das **Versuchsstadium erst mit dem unmittelbaren Ansetzen zur Grenzüberfahrt** mit Betäubungsmitteln beginnt (*BGH* NStZ 1996, 507 = StV 1996, 548). Vereinbarten zwei Angeklagte, in die Niederlande zu fahren, dort eine nicht geringe Menge von Betäubungsmitteln zu kaufen und diese mit dem Pkw nach Deutschland zum gewinnbringenden Weiterverkauf zu transportieren und wurden sie nach dem Drogeneinkauf noch in den Niederlanden bei einer Verkehrskontrolle in Besitz des Rauschgifts festgenommen, so haben sie sich wegen Verabredung eines Verbrechens der unerlaubten Einfuhr von Betäubungsmitteln in nicht geringer Menge in Tateinheit mit unerlaubtem Handeltreiben mit Betäubungsmitteln in nicht geringer Menge strafbar gemacht, sofern sie noch nicht dazu angesetzt haben, mit dem Pkw zur Grenzüberfahrt anzusetzen (*BGH* NStZ 1994, 290 = StV 1994, 375). Gleiches gilt, wenn ein Angeklagter und sein Mittäter verabredet haben, eine größere Menge Haschisch nach dem Kauf in den Niederlanden an einer bestimmten Stelle über die Grenze zu schmuggeln, auf der Fahrt durch Holland jedoch die polizeiliche Verfolgung wahrgenommen und deshalb das Haschisch vor dem Einsetzen des Versuchsstadiums weggeworfen haben (*BGH*, Beschl. v. 2. 7. 1991, 5 StR 267/91). Der Tatbestand der Verabredung zu dem Verbrechen der Einfuhr von Betäubungsmitteln in nicht geringer Menge ist nicht erfüllt, wenn der **Beteiligte nur als Gehilfe** tätig werden will (*BGH* NStZ 2001, 323 = StV 2001, 459; BGHSt. 53, 174 = NJW 2009, 1221; *Fischer* § 30 Rn. 12).

IV. Rücktritt vom Versuch der Beteiligung an einem verabredeten Verbrechen

Hat sich der Angeklagte gegenüber einem Mitangeklagten zur Einfuhr von Be- 155 täubungsmitteln in nicht geringen Mengen bereit erklärt, so macht er sich wegen

§ 30 Abs. 2 StGB i. V. m. § 30 Abs. 1 Nr. 4 BtMG strafbar. Von diesem Versuch der Beteiligung kann er **strafbefreiend zurücktreten,** wenn er sein Vorhaben nach § 31 Abs. 1 Nr. 2 StGB freiwillig aufgegeben hat (BGHR StGB § 31 Abs. 1 Nr. 1 Aufgeben 1 [1 StR 716/89]). Erleidet das Schmuggelfahrzeug einen Motorschaden oder Autounfall, stellt die Polizei das nicht fahrbereite Auto sicher und kann der Angeklagte diese Hindernisse aus Zeitgründen, aus Geldnöten oder infolge Entdeckungsgefahr nicht überwinden, so kann von einer **freiwilligen Aufgabe** nicht die Rede sein.

F. Täterschaft / Teilnahme

I. Abgrenzung von Täterschaft und Teilnahme

156   Die Abgrenzung von Täterschaft und Teilnahme verläuft nach allgemeinen Kriterien (vgl. hierzu im Einzelnen § 29/Teil 5, Rn. 202 f.). Ein **Rauschgiftkurier** begeht die **Betäubungsmitteleinfuhr regelmäßig täterschaftlich** (s. Rn. 157). Anders kann dies bei dem tateinheitlichen **Handeltreiben** sein. Zwar ist nicht jede täterschaftliche Einfuhr auch gleichzeitig täterschaftliches Handeltreiben, denn eine ganz untergeordnete eigennützige Förderung fremder Umsatzgeschäfte genügt für täterschaftliches Handeltreiben in der Regel nicht. Hat ein Rauschgiftkurier **keinerlei Verhaltensspielraum,** sondern wird wie ein Transportbehältnis für Betäubungsmittel benutzt, ist weder in den Ankauf noch in den Absatz der transportierten Betäubungsmittel eingebunden und hat am Zielort das Schmuggelbehältnis sofort einer Kontaktperson abzuliefern, so liegt neben täterschaftlicher Einfuhr von nicht geringen Mengen von Betäubungsmitteln **Beihilfe zum Handeltreiben** mit nicht geringen Mengen nahe (*BGH* NStZ-RR 2006, 88 = StV 2006, 184; *BGH* NStZ-RR 2009, 93; *Winkler* NStZ 2006, 328; s. dazu § 29/ Teil 4, Rn. 254 ff.).

II. Täterschaft

157   Führt ein **Kurier** in fremdem Auftrag aus eigennützigen Gründen eine größere Betäubungsmittelmenge ein und fördert damit eine fremde Absatztätigkeit, so liegt **regelmäßig täterschaftliche Einfuhr** von nicht geringen Mengen vor (s. dazu im Einzelnen § 29/Teil 5, Rn. 180).

III. Mittäterschaft

158   **1. Voraussetzungen.** Voraussetzung der mittäterschaftlichen unerlaubten Einfuhr von Betäubungsmitteln ist, dass der Beteiligte nicht lediglich fremdes Tun fördern will, sondern dass er mit Täterwillen einen die Tatbestandsverwirklichung fördernden Beitrag leistet. **Sein Tatbeitrag muss ein Teil der Tätigkeit aller und dementsprechend das Handeln der anderen eine Ergänzung seines Tatbeitrags darstellen.** Dies erfordert die Beteiligung des Mittäters an der Tatherrschaft oder wenigstens dessen Willen zur Tatherrschaft, so dass Durchführung und Ausgang der Tat maßgeblich auch von seinem Willen abhängen. Wesentliche Anhaltspunkte für eine Mittäterschaft sind der Grad des eigenen Interesses am Erfolg der Tat, der Umfang der Tatbeteiligung und die Tatherrschaft (s. dazu § 29/ Teil 5, Rn. 202 f.). Ob der Tatbeteiligte nicht nur fremdes Tun fördern, sondern die Tat (Einfuhr) als eigene will, ist in wertender Betrachtung zu beurteilen, wobei die tatrichterliche Wertung zur Abgrenzung von Mittäterschaft und Beihilfe der Überprüfung durch das Revisionsgericht nur begrenzt zugänglich ist. Zur Annahme eines mittäterschaftlichen Zusammenwirkens reicht es nicht aus, dass mehrere Täter bei dem Einfuhrvorgang gleichzeitig und in gleichartiger Begehungsweise denselben Deliktstatbestand erfüllen. Vielmehr **muss das Handeln des einen mit dem des anderen derart verknüpft sein, dass es als Beitrag zu einer gemeinsamen Straftat erscheint.** Dabei ist es erforderlich, dass der Beteiligte seinen Beitrag als Teil der Tätigkeit des anderen und umgekehrt dessen Tun als Ergänzung seines eigenen Tatanteils will (BGHR BtMG § 29 Abs. 1 Nr. 1 Einfuhr

23 = StV 1992, 160). So reicht es für eine gemeinsame Begehungsweise nicht aus, wenn die Angeklagten am selben Ort gleichzeitig Rauschgiftbehältnisse schlucken und mit demselben Flug nach Frankfurt reisen. Für eine Mittäterschaft spricht aber, wenn beide Angeklagten sich bei der Durchführung des Schmuggelvorhabens gegenseitig unterstützen und aufeinander angewiesen sind oder wenn das Verhalten beider Angeklagten auf einen gemeinsamen, durch beiderseitige Tatbeiträge zu erzielenden Taterfolg gerichtet ist, z. B. wenn sie beide während des Fluges sich als Paar gerieren, einer der Angeklagten einen Geldscheinabriss als Erkennungszeichen für beide erhalten hat oder der andere das Vorzeige- und Spesengeld für beide gemeinsam bei sich trägt. Zur Frage der Täterschaft und Teilnahme bei **Einfuhrfahrten mit Vorausfahrzeug** s. § 29/Teil 5, Rn. 195.

2. Zurechnung der Betäubungsmittel bei Einkaufsfahrten mehrerer. Bei 159 sog. **Einkaufsfahrten oder Einkaufsgemeinschaften**, bei denen mehrere Personen eine größere Betäubungsmittelmenge einkaufen und später aufteilen, ist fraglich, ob allen Beteiligten die Gesamtmenge oder nur der jeweilige Anteil zuzurechnen ist. Der 1. Strafsenat des *BGH* hat in einem solchen Fall, in dem mehrere Personen eine größere Menge Betäubungsmittel mit dem Ziel erworben hatten, die Transportkosten zu reduzieren und den Einkaufspreis zu minimieren, zu Recht jedem Mittäter die **gesamte Handelsmenge und auch die für den Eigenkonsum bestimmte Gesamtmenge zugerechnet**, selbst wenn beim Ankauf und beim Transport nicht sämtliche Beteiligte unmittelbar mitgewirkt haben (BGHR BtMG § 29a Abs. 1 Nr. 2 Menge 10 = NStZ-RR 2003, 57). Demgegenüber hat der 2. Strafsenat des *BGH* entschieden, dass eine Zurechnung der Gesamtmenge nur möglich ist, wenn diese ungeteilt eingeführt wurde; wurde der Anteil aus der Gesamtmenge aber bereits in den Niederlanden entnommen, liege die Annahme eines Interesses des Angeklagten an der Menge der Mitfahrer fern (*BGH NStZ* 2003, 90 = StV 2003, 279). Dieser Entscheidung ist entgegen zu halten, dass im Falle solcher Einkaufsfahrten das Interesse der Handelnden wegen des günstigeren Preises beim Kauf einer größeren Menge immer auf die Gesamtmenge gerichtet ist, so dass es nicht darauf ankommen kann, ob die Menge vor der Einfuhr geteilt wird oder nicht (so auch *Weber* § 29a Rn. 137 u. *Winkler* NStZ 2003, 247, 248; a. A. *Stuttgart* NStZ 2001, 603).

IV. Beihilfe

Der Begleiter eines Fahrzeugführers, der Betäubungsmittel über die Grenze in 160 die Bundesrepublik Deutschland verbringt, ist nicht ohne weiteres Mittäter der unerlaubten Einfuhr von Betäubungsmitteln. Täterschaft setzt hier voraus, dass der Betreffende die Tat als eigene will. Ob das der Fall ist, ist in wertender Betrachtung zu beurteilen (s. dazu im Einzelnen § 29/Teil 5, Rn. 254 ff.). Verspricht sich ein Angeklagter bei der Befreiung seines inhaftierten Neffen Hilfe von einer serbokroatischen Gruppe, die mit Heroin handelt, und sichert deshalb auf dem Flughafen die Übergabe eingeführter Betäubungsmittel von dem Kurier an den Abnehmer ab, organisiert den Weiterflug des Kuriers, so ist dieser späte Tatbeitrag Beihilfe zur Einfuhrhandlung, keine Mittäterschaft (*BGH*, Beschl. v. 20. 9. 1985, 2 StR 433/85). Begleitet eine Angeklagte ihren Lebensgefährten auf einer Reise nach Marokko nach Deutschland in einem Wohnmobil, in dem 40 kg Haschisch nach Deutschland geschmuggelt werden sollen, gegen Entgelt, um bei den Grenzkontrollen den **Anschein einer Vergnügungs- oder Ferienreise** zu erwecken, **ohne entscheidenden Einfluss auf Art und Durchführung des Transportes zu haben** und ohne in ein Rauschgiftgeschäft eingebunden zu sein, so stellt ihre Mitfahrt Beihilfe zur unerlaubten Einfuhr von nicht geringen Mengen von Betäubungsmitteln dar (*BGH StV* 1998, 598). Besteht der Tatbeitrag eines Angeklagten lediglich darin, dass er den Mitangeklagten auf einer Fahrt in die Niederlande zum Einkauf begleitet, um ihm dadurch das **Gefühl der Sicherheit zu vermitteln,** kann darin nur eine Beihilfe zur unerlaubten Einfuhr von Betäubungsmitteln gesehen werden, auch wenn dem Angeklagten ein materieller Vorteil für die Begleitung versprochen war (BGHR BtMG § 29 Abs. 1 Nr. 1 Einfuhr 33 = StV 1994, 422). Das bloße Dabeisein bei der Einfuhr von Betäubungsmitteln in nicht geringer Menge von Enschede zum Verhandlungsort Münster durch die Mitfahrt in einem Pkw genügt nicht für die Annahme strafbarer Beteiligung (*BGH* NStZ 1993, 233 = StV 1993, 357), insbesondere, wenn **nicht ersichtlich ist, in welcher Weise der Angeklagte durch das Mitfahren die Einfuhr in ihrer konkreten Gestalt objektiv gefördert oder erleichtert haben soll** (*BGH* NStZ 1998, 517 = StV 1998, 598; *BGH* NStZ 2005, 229 = StV 2005, 273; *BGH* NStZ 2010, 224 = StV 2010, 129; s. dazu auch § 29/Teil 5, Rn. 207 ff.).

161   Wurde ein Angeklagter in den Niederlanden von einer polizeilichen V-Person für ein Honorar von 2.000 Niederländischen Gulden zuerst als Begleiter zur Mitfahrt bei einem Transport von 1 kg Kokain zunächst bis zur niederländischen Grenze, sodann zur Grenzüberfahrt mit dem Pkw als Beifahrer bis nach Kamen und schließlich zum Auftreten als angeblicher Kokainlieferant von 6 kg Kokain gegenüber einem polizeilichen Scheinaufkäufer überredet, obwohl er lediglich den Polizeiagenten für das Honorar als Mitfahrer bis zur Grenze begleiten wollte und weder an dem Erfolg der unerlaubten Einfuhr des Kokains in die Bundesrepublik, noch eigennützig an dem Rauschgiftgeschäft ein Eigeninteresse hatte, so ist von einer Beihilfe zur unerlaubten Einfuhr auszugehen; auch der **geringe Umfang der festgestellten Tatbeteiligung an der Einfuhr** und die **mangelnde Tatherrschaft** sprechen für eine Beihilfe zur Einfuhr (*BGH* StV 1998, 597). Die Feststellung der Beihilfe beim unerlaubten Handeltreiben mit nicht geringen Mengen von Betäubungsmitteln bedingt nicht notwendig auch die Annahme der Beihilfe bei der unerlaubten Einfuhr von Betäubungsmitteln in nicht geringer Menge. Die Unterstützung eines Rauschgiftgeschäfts über 250 g Kokain durch ein Auftreten als angeblich zweiter Lieferant gegenüber den Käufern kann wegen des Verschaffens eines erhöhten Sicherheitsgefühles als Beihilfe zum Handeltreiben mit nicht geringen Mengen von Betäubungsmitteln gewertet werden, wenn der **Angeklagte kein Eigeninteresse an dem Rauschgiftgeschäft verfolgt.**

V. Anstiftung

162   Hat ein Angeklagter in den Niederlanden drei türkischen Landsleuten 1,5 kg Heroin zum Transport und Verkauf in Deutschland übergeben, so liegt zumindest eine Anstiftung zum Verbrechen der unerlaubten Einfuhr von nicht geringen Mengen von Betäubungsmitteln vor, ggf. auch eine Beihilfe oder Mittäterschaft beim Handeltreiben mit nicht geringen Mengen von Betäubungsmitteln (*BGH* NStZ 1997, 286).

VI. Fehlgeschlagener Versuch einer Anstiftung

163   Nach § 30 Abs. 1 StGB wird derjenige, der einen anderen zur Begehung eines Verbrechens zu bestimmen versucht, nach den Vorschriften über den Versuch des Verbrechens bestraft. Straffrei bleibt er indessen, wenn er freiwillig den Versuch aufgibt, den anderen zur Verbrechensbegehung zu bestimmen (§ 31 Abs. 1 Nr. 1 StGB). Von den Fällen des unbeendeten Versuchs, in denen strafbefreiender Rücktritt möglich ist, sind zu unterscheiden die Fälle des fehlgeschlagenen Versuchs, bei dem ein Rücktritt ausgeschlossen ist (vgl. BGHSt. 39, 221, 228 = NStZ 1993, 433; BGHR StGB § 31 Abs. 1 Freiwilligkeit 3 [2 StR 451/91]; *BGH* NStZ 2002, 311).

G. Strafzumessung
I. Gesamtbetrachtung

164   Im Rahmen der Strafzumessung ist zunächst aufgrund einer Gesamtbetrachtung der anzuwendende Strafrahmen zu bestimmen und sodann aufgrund einer Gesamtwürdigung die schuldangemessene Strafe i. e. S. zu finden. Die Gesamtbetrachtung erfordert eine Berücksichtigung sowohl der strafmildernden als auch der strafschärfenden Erwägungen und eine nachvollziehbare Gewichtung. Kein Bestand haben kann eine bloße Aufzählung von Strafmilderungsgründen unter Außerachtlassung von Strafschärfungsgesichtspunkten. Es ist zwar zulässig, auch bei Vorliegen mehrerer Erschwerungsgründe noch zur Verhängung der Mindeststrafe zu gelangen, wenn die gleichzeitig vorliegenden Strafmilderungsgründe deutlich überwiegen (*Düsseldorf* NStZ 1997, 83 = StV 1997, 251). Sofern ein minder schwerer Fall ausscheidet, darf die Mindeststrafe von 2 Jahren des Verbrechenstatbestandes des § 30 Abs. 1 Nr. 4 BtMG aber nur in seltenen Ausnahmefällen verhängt werden, wenn nämlich die Schuld des Täters an der untersten Grenze der praktisch vorkommenden Durchschnittsfälle liegt.

II. Strafschärfungserwägungen

Bei den Strafzumessungserwägungen im Rahmen des Verbrechenstatbestandes **165** sind die unter § 29/Teil 5, Rn. 231 ff. geschilderten Umstände zu berücksichtigen, insbesondere die **besonderen Schmuggelverstecke, die Bedrohung und die Ausbeutung** vielfach **notleidender Kuriere, der Missbrauch von Frauen und Kleinkindern** zur Verschleierung des Schmuggeltransportes, die **Gefährdung der Gesundheit von Körperschmugglern** und späteren Abnehmern der Droge, die **Konzentration und Gefährlichkeit der Droge.** Zu den Strafschärfungsgründen im Allgemeinen s. Vorbem. §§ 29 ff. Rn. 211 ff.

1. Einfuhrschmuggel im besonderen Schmuggelversteck oder nach be- 166 sonderer Methode. Der Umstand, dass die nicht geringe Menge von Betäubungsmitteln an schwer zugänglicher Stelle bzw. in einem besonderen Schmuggelversteck verborgen gehalten wurde, kann im Rahmen der Strafzumessung straferschwerend gewertet werden (vgl. dazu § 29/Teil 5, Rn. 261 ff.), so z. B. wenn ein Angeklagter für seinen Schmuggeltransport einen Sattelschlepper, ein Flugzeug oder ein Frachtschiff eigens umbauen lässt. Auch das Verstecken von Drogenbehältnissen im Magen-Darm-Trakt, das Pulverisieren oder Verflüssigen von Rauschgift, das Tränken von Textilien mit Rauschgift kann wegen des besonderen Schmuggelverstecks strafschärfend gewertet werden. Die Strafkammer kann die **Mitnahme eines Kleinkindes, einer schwangeren Frau** bzw. **schwerkranken Mutter** beim Rauschgifttransport dem Angeklagten strafschärfend anlasten. Denn nach § 46 Abs. 2 StGB können **verschuldete Auswirkungen der Tat,** wenn sie für den Angeklagten **vorhersehbar und vorwerfbar** sind, strafschärfend berücksichtigt werden, auch wenn sie unbeteiligte Dritte treffen, sofern sie nur in einem **inneren Zusammenhang zum konkreten Schuldvorwurf** stehen.

2. Serie mehrerer selbstständiger Betäubungsmittelgroßtransporte. Der **167** Tatrichter kann das **Aufeinanderfolgen mehrerer selbstständiger Schmuggelfahrten** und die **erhebliche Betäubungsmittelmenge** ebenso wie die Verwirklichung mehrerer Tatbestandsvarianten strafschärfend werten (*BGH,* Urt. v. 16. 7. 1985, 1 StR 205/85).

Ein Tatrichter ist in **besonders klaren Fällen,** in denen z. B. ein voll schuldfä- **168** higer Angeklagter sehr große Betäubungsmittelmengen durch mehrere Länder transportiert und mit ihnen Handel treibt, **nicht gehalten, sich mit der Frage des minder schweren Falles** in den Urteilsgründen **auseinanderzusetzen** (*BGH* MDR 1986, 420). Dies gilt auch für andere **Fälle ohne besondere Milderungsgründe,** wenn die Betäubungsmittelmenge groß und der Reinheitsgehalt hoch ist (*BGH,* Urt. v. 3. 4. 1985, 2 StR 630/84; *BGH,* Urt. v. 7. 8. 1985, 2 StR 365/85).

3. Einsatz von Korruption und Kollusion. Nutzt ein Rauschgiftschmuggler **169** politische oder wirtschaftliche Beziehungen aus, um durch Bestechungssummen, Polizei- oder Zollkontrollen seiner Rauschgiftgroßtransporte zu verhindern, so kann dies strafschärfend Berücksichtigung finden.

170   **4. Gewaltsamer Drogenschmuggel.** Der gewaltsame Drogenschmuggel von nicht geringen Mengen bedarf erhöhter Strafe.

171   **5. Gewerbsmäßiger Einfuhrschmuggel** stellt ein Zusammentreffen des besonders schweren Falles des § 29 Abs. 3 S. 2 Nr. 1 BtMG und des Verbrechenstatbestandes des § 30 Abs. 1 Nr. 4 BtMG dar. Dies kann straferhöhend wirken.

172   **6. Zusammentreffen mehrerer Verbrechenstatbestände.** Ist der Schmuggler von Betäubungsmitteln in nicht geringer Menge gleichzeitig auch der Produzent oder Verkäufer dieser Großmenge, so wirkt sich dies strafschärfend aus.

III. Strafmilderungserwägungen

Zu den Strafmilderungsgründen im Allgemeinen s. Vorbem. §§ 29 ff. Rn. 124 ff.

173   **1. Betäubungsmittel, die nicht für den deutschen Markt bestimmt sind.** Bei Rauschgiftdelikten kann der Umstand, dass das Rauschgift nicht für den deutschen Markt bestimmt war, **nicht als Strafmilderungsgrund** gewertet werden. Die Bekämpfung von Betäubungsmitteldelikten ist im Interesse des über die deutschen Staatsgrenzen hinausreichenden Schutzes vor Gesundheitsbeeinträchtigungen ein **weltweites Anliegen** (vgl. § 6 Nr. 5 StGB). Dem steht nicht entgegen, dass das BtMG für die unerlaubte Durchfuhr von Betäubungsmitteln (vgl. § 11 Abs. 1 S. 2 BtMG) eine niedrigere Strafandrohung vorsieht als für die unerlaubte Einfuhr von und Handeltreiben mit Betäubungsmitteln. Damit ist keine Entscheidung dahingehend getroffen, dass Betäubungsmittelstraftaten, die ihre Wirkung im Ausland zeigen, von geringerer Bedeutung und damit auch von geringerer Strafwürdigkeit sind. Dies ergibt sich u. a. daraus, dass Taten mit Auslandsbezug wie die bandenmäßige Ausfuhr von Betäubungsmitteln (§ 30 a BtMG) sogar mit einer erheblich erhöhten Mindeststrafe bedroht sind (*BGH* NStZ-RR 1996, 116; *BGH* NStZ 1996, 238 = StV 1996, 427 m. Anm. *Köberer*).

174   **2. Flugkurierfälle mit regelmäßig vorliegenden Strafmilderungsgründen.** Kurierfälle, in denen Rauschgiftkuriere aus südamerikanischen, südostasiatischen oder afrikanischen Ländern gegen ein Honorar von 3.000–8.000,– US-$ in einem Koffer mit doppeltem Boden oder inkorporiert im Magen-Darm-Trakt ca. 800–1.000 g Kokainhydrochlorid oder Heroinhydrochlorid auf dem Luftweg nach Deutschland einschmuggeln, gleichen sich sowohl in den kennzeichnenden typischen Grundzügen der Tatausführung, als auch in einer Summe regelmäßig vorliegender Strafmilderungsgründe. **Diese Strafmilderungsgründe beschreiben aber den Durchschnittsfall** und heben den Fall nicht in irgendeiner Weise aus der Fülle der vorkommenden Fälle heraus. Da die Strafmilderungsgründe wie **bisherige Unbestraftheit** unter diesem Namen, **die wirtschaftliche Not, die untergeordnete Stellung** gegenüber dem Auftraggeber, das (wegen der Sicherstellung fast unvermeidliche) **Geständnis, die besondere Strafempfindlichkeit als Ausländer** und das (infolge der Sicherstellung) **Nichterreichen des deutschen Marktes,** so weitgehend ähneln, muss bei ihrer Beurteilung die Differenzierung der Strafen zwar nicht allein, aber weit mehr als sonst **an der Menge, an der Qualität** (Reinheit und Wirkstoffgehalt) sowie **an der Gefährlichkeit des transportierten Rauschgifts** vorgenommen werden. Dies hat der *BGH* in einer langen Serie von Kurierfällen immer wieder betont (s. dazu § 29/Teil 5, Rn. 257). Die **Bewertung von Rauschgiftkuriertransporten kann recht unterschiedlich ausfallen.** So wird häufig darauf hingewiesen, sie seien **arme Gefäße, lebendige Koffer, wehrlose Werkzeuge** ihrer Auftraggeber. Andere vergleichen Rauschgiftkuriere mit **Abenteurern,** die **in ihrer Not ein hohes Risiko eingehen** und alles auf eine Karte setzen, um mit dem Honorar ihre finanziellen Probleme zu lösen. Ganz gleich welche Betrachtung im Einzelfall zutrifft, Not und Leid rechtfertigen nicht, anderen Menschen erhebliches Leid zuzufügen und vom Leid anderer Menschen zu profitieren.

3. Individuelle Strafmilderungsgründe. Wesentliche Strafmilderungserwä- **175** gungen dürfen aber nicht außer Acht gelassen werden und müssen im Urteil in nachvollziehbarer Weise erörtert werden. Hat ein nicht vorbestrafter 62-jähriger Kurier, der den Drogenkonsum seiner Lebensgefährtin nicht mehr finanzieren konnte, ohne eigenes materielles Interesse für einen Händler 2 mal 500 g und 1 kg Heroin nach Deutschland transportiert, um für jede Fahrt 10 g Heroin zu erhalten, so muss diese besondere Notlage bei der Strafzumessung der Einzelstrafen und bei der Bildung der Gesamtstrafe Berücksichtigung finden (*BGH*, Beschl. v 15. 12. 1994, 4 StR 693/94).

IV. Höhe der Strafe

Eine Strafe darf sich nach unten **nicht von ihrer Bestimmung als gerechter** **176** **Schuldausgleich lösen** (vgl. BGHSt. 24, 133 = NJW 1971, 61; BGHSt. 29, 321 = NJW 1981, 692; *Fischer* § 46 Rn. 19). Sie muss in einem **angemessenen Verhältnis zum Maß der persönlichen Schuld,** zum Unrechtsgehalt und zur Gefährlichkeit der Tat stehen (BGHR StGB § 46 Abs. 1 Beurteilungsspielraum 8 = NJW 1990, 846; BGHR StGB § 46 Abs. 1 Strafhöhe 9 [2 StR 644/93]; BGHR BtMG § 29 Strafzumessung 25 [2 StR 263/93]) und sich auch im Rahmen des für vergleichbare Fälle Üblichen halten (BGHR StGB § 46 Abs. 1 Strafhöhe 1 = StV 1987, 530 u. Strafhöhe 2 [2 StR 606/88]; BGHR StGB § 46 Abs. 1 Beurteilungsrahmen 9 = StV 1990, 494). Bei Rauschgiftschmuggel ist dafür auf die Menge des Rauschgifts, den nicht unerheblichen Kurierlohn und der von der Art der unerlaubten Einfuhr von Betäubungsmitteln ausgehenden besonderen Gefahr unter Berücksichtigung der persönlichen Situation des Angeklagten abzustellen (vgl. BGHSt. 34, 345 = NJW 1987, 3014; BGHR BtMG § 30 Strafzumessung Nr. 1 = NStZ-RR 1996, 116). Weicht die verhängte Strafe bei einer **außergewöhnlich großen Rauschgiftmenge** im Vergleich mit den vom *BGH* in ähnlich schweren Fällen der Einfuhr von Betäubungsmitteln bestätigten Strafen auch unter Berücksichtigung der strafmildernden Gesichtspunkte so weit nach unten ab, dass sie **nicht mehr innerhalb des dem Tatrichter eingeräumten Beurteilungsrahmens** liegt, steht die Strafe in keinem angemessenen Verhältnis zum Maß der persönlichen Schuld des Angeklagten, zum Unrechtsgehalt und zur Gefährlichkeit der Tat, so ist der Strafausspruch aufzuheben und die Strafe neu zu bemessen. Als **unvertretbar milde Strafen** wurden angesehen: 3 Jahre 10 Monate Freiheitsstrafe bei der **Einfuhr von 290 kg Haschisch** mit 7,6 kg THC (BGHR StGB § 46 Abs. 1 Strafhöhe 9 [2 StR 644/93]), 3 Jahre Freiheitsstrafe bei der **Einfuhr von 11 kg Heroin** mit 5 kg Heroinhydrochlorid (*BGH*, Urt. v. 21. 9. 1994, 5 StR 511/94), 5 Jahre Freiheitsstrafe bei der **Einfuhr von 26,8 kg 75%igem Kokain** (BGHR BtMG § 29 Strafzumessung 25 [2 StR 263/09]). Angesichts einer **100-fachen nicht geringen Menge** i. S. v. § 30 Abs. 1 Nr. 4 **177** BtMG, eines erheblichen Kurierhonorars und einer von dieser Art des Rauschgiftschmuggels ausgehenden besonderen Gefahr ist **beim Durchschnittsfall des Betäubungsmittel schluckenden Rauschgiftkuriers** eine nur wenige Monate die Mindeststrafe von 2 Jahren überschreitende Freiheitsstrafe rechtlich nicht hinnehmbar (BGHR StGB § 46 Abs. 1 Generalprävention 9 = NStZ 1995, 77; vgl. auch BGHR BtMG § 30 Strafzumessung 1 = NStZ-RR 1996, 116; *BGH* NStZ 1996, 238 = StV 1996, 427 m. Anm. *Köberer; BGH* NStZ-RR 1996, 84).

V. Generalpräventive Gesichtspunkte

Zwar kann der Strafzweck der Abschreckung anderer nur innerhalb des Spiel- **178** raums der schuldangemessenen Strafe Berücksichtigung finden (*BGH* NJW 1985, 276; *BGH* NStZ 1986, 358). Die Berücksichtigung generalpräventiver Erwägungen ist nach st. Rspr. des *BGH* nicht nur zulässig, sondern gerade bei Rauschgiftschmuggelfällen geboten. Generalpräventive Erwägungen sind auch zu berücksichtigen bei Rauschgiftkurierfällen aus Südamerika und Südostasien. Dabei darf der Strafzweck der Generalprävention weder mit Floskeln verneint noch mit Floskeln begründet werden.

179   **1. Kuriere.** Die Erwägung, angesichts der eigenen finanziellen Misere sei die Aussicht, durch einen Rauschgifttransport viel Geld zu verdienen, so verlockend, dass die Höhe verhängter Freiheitsstrafen ihre abschreckende Wirkung verlieren würde, zumal jeder auf das Gelingen des eigenen Unternehmens vertrauen würde, geht fehl. Eine derartige Betrachtungsweise engt den Strafzweck der Generalprävention in unzulässiger Weise ein und lässt eine rechtlich einwandfreie Abwägung nicht zu. Denn die **Abschreckung potentieller anderer Täter wirkt nicht nur auf Kuriere aus Südamerika** und deren missliche Situation, **sondern auch auf wohlhabende Drogenschmuggler und deren Auftraggeber aus anderen Regionen dieser Welt** ein. Sie schreckt **auch** potentielle Täter **im Inland** davor ab, diese Kuriere zu empfangen und mit ihnen zusammenzuarbeiten. Steht eine Freiheitsstrafe in keinem angemessenen Verhältnis zum Grad der persönlichen Schuld, so wirkt sich das zu milde Strafurteil in mehrfacher Hinsicht nachteilig für die Bekämpfung des inländischen Drogenhandels und für die Bekämpfung des internationalen Drogenschmuggels aus. **Besonders niedrige Strafen erleichtern** dem organisierten Rauschgifthandel **die Anwerbung von Kurieren** in jedem Land – auch in Deutschland – und ohne Rücksicht auf die wirtschaftlichen Verhältnisse der Betroffenen. **Allen Personen,** die grenzüberschreitend mit Drogen umgehen, **muss nachhaltig vor Augen geführt werden,** dass das illegale Verbringen von Betäubungsmitteln nach Deutschland ein **hohes Strafbarkeitsrisiko** einschließt, weil die Tat große Gefahren für die Volksgesundheit in sich birgt (*BGH* NStZ 1995, 77).

180   **2. Kurierauftraggeber, Kurieranwerber und Kurierbegleiter.** Nur ausnahmsweise gelingt es, Kurierauftraggeber, Kurieranwerber oder Kurierbegleiter zu überführen. Sie halten sich zumeist nicht im Zielland auf, pflegen das Rauschgift nicht anzufassen und nicht zu transportieren, sitzen im Flugzeug in einer anderen Reihe und **erscheinen im Ermittlungsergebnis nicht selten als harmlose Tatbeteiligte.** Obwohl sie **mehr Tatverantwortung** für das Schmuggelgeschehen tragen, liegt das **überwiegende Entdeckungsrisiko beim Kurier.** Die Kurierauftraggeber gerieren sich **wie Wohltäter,** die Wohnungen anmieten, zum Essen einladen, Urlaubsreisen finanzieren, sich um die Gesundheit des Körperschmugglers sorgen, Bedenken zerstreuen, verlockende Honorare und Reisen in Aussicht stellen. Dieser **Altruismus** entspringt jedoch meistens einer **kühlen Berechnung,** wonach von einer Gruppe von Schmugglern eine **feste Quote durch die Kontrollen hindurchkommt.** Diese **Risikoverlagerung** und die **Instrumentalisierung von Kurieren** zu Werkzeugen verdienen wegen der Zurückhaltung bei der Tatausführung **keiner Zurückhaltung beim Strafmaß,** sondern einer **erhöhten Bestrafung wegen einer höheren Verantwortung** für das Tatgeschehen.

181   **3. Drogenlieferanten und die Drogengroßhändler.** War ein Angeklagter als Mitglied einer Organisation tätig, die über längere Zeit hinweg große Mengen Rauschgift einführt und in den Handel bringt, hat er **als Hintermann im großen Stil Rauschgiftgeschäfte** abgewickelt (290 kg Cannabis mit 7.600 g THC) und Kuriere der unmittelbaren Gefahr der Entdeckung und der Verbüßung mehrjähriger Freiheitsstrafen ausgesetzt, hat er sich nach dem Entweichen aus der U-Haft um die Wiedererlangung des Rauschgifts bemüht, so ändert auch der Umstand, dass es sich bei Cannabis zum eine sog. „weiche" Droge handelt, nichts an der **besonderen rechtsfeindlichen Gesinnung und Gefährlichkeit** des Angeklagten. Eine Freiheitsstrafe von 3 Jahren und 10 Monaten war im Rahmen der in vergleichbaren Fällen erkannten Freiheitsstrafen nicht hinnehmbar und übte keinerlei generalpräventive Wirkung aus (BGHR StGB § 46 Abs. 1 Strafhöhe 9 [2 StR 644/93]).

VI. Minder schwere Fälle (§ 30 Abs. 2 BtMG)

1. Gesamtwürdigung. Die Fassung der Vorschrift bringt es mit sich, dass mit **182** der Begehungsweise des § 30 Abs. 1 Nr. 4 BtMG auch eine **Fülle von Fällen** erfasst wird, **die keinen hohen kriminellen Gehalt** haben müssen, wie die Einfuhr von zum Eigenverbrauch bestimmten Betäubungsmitteln in nicht besonders großen Mengen. Wegen des eindeutigen Wortlautes lassen sich solche Fälle zwar nicht aus dem Verbrechenstatbestand des § 30 Abs. 1 Nr. 4 BtMG ausklammern. Doch verpflichtet das dazu, im Einzelfall sorgfältig zu prüfen, ob die festgestellte Tat – gemessen an den in § 30 Abs. 1 Nr. 1 und Nr. 3 BtMG als Verbrechen unter Strafe gestellten Verhaltensweisen – ein **minder schwerer Fall** ist. Nach der ständigen Rspr. des *BGH* ist ein minder schwerer Fall dann anzunehmen, wenn das **gesamte Tatbild einschließlich aller subjektiven Momente von der Täterpersönlichkeit vom Durchschnitt der erfahrungsgemäß vorkommenden Fälle** in einem Maß **abweicht,** welches die **Anwendung des Ausnahmestrafrahmens** geboten erscheinen lässt. Bei der vorzunehmenden **Gesamtwürdigung** sind alle Umstände heranzuziehen, die für die Wertung von Tat und Täterpersönlichkeit in Betracht kommen, gleichgültig, ob sie der Tat innewohnen, sie begleiten, ihr vorausgehen oder folgen. Das erfordert eine Abwägung aller wesentlichen belastenden und entlastenden Umstände, denn nur dadurch kann das **Gesamtbild** gewonnen werden, das für die Beurteilung der Frage, ob der ordentliche Strafrahmen den Besonderheiten des Falles entspricht oder zu hart wäre, erforderlich ist. Das gilt **insbesondere, wenn sog. vertypte Milderungsgründe** wie z. B. § 21 StGB **vorliegen.** Nur aufgrund dieser Gesamtbetrachtung kann entschieden werden, ob der ordentliche Strafrahmen den Besonderheiten des Falles gerecht wird oder zu hart wäre (*BGH* StraFo 1998, 94; BGHSt. 31, 163 = NStZ 1983, 174 = StV 1983, 63; BGHR BtMG § 30 Abs. 2 Wertungsfehler 3 = NStZ 1999, 193). Bei der Prüfung, ob ein minder schwerer Fall des Verbrechenstatbestandes des § 30 Abs. 1 Nr. 4 BtMG vorliegt, ist zu berücksichtigen, ob der Angeklagte die Betäubungsmittel zum Weiterverkauf oder nur zum Eigenverbrauch einführte, ob er von V-Leuten angestiftet, ob er guten Willen bei der Aufdeckung der Tatbeteiligung anderer gezeigt hat und deren künftiger Verstrickung im Betäubungsmittelsachen entgegengewirkt hat. Dies kann, womit sich der Tatrichter befassen muss, den Fall so **deutlich von den Delikten schwerer Kriminalität,** die durch § 30 Abs. 1 BtMG erfasst werden sollen, **abheben,** dass die Anwendung des darin vorgesehenen Strafrahmens unangemessen ist. In diesem Fall ist der Strafrahmen des § 30 Abs. 2 BtMG anzuwenden. So könnten die Umstände, dass es beim Einfuhrversuch verblieb, der Angeklagte mit Amphetaminen nur Betäubungsmittel mittelschwerer Gefährlichkeit transportierte und einschwärzte und dass der Angeklagte ein positives Nachtatverhalten zeigte, die Prüfung eines Resozialisierungschancen eröffnenden minder schweren Falles nahelegen (*BGH* NStZ 1003, 287 = StV 1993, 422). Unklare bzw. fehlende Feststellungen bezüglich der Menge oder des Mindestwirkstoffgehaltes des Rauschgifts lassen die Bestimmungen des Schuldumfanges und eine sachgemäße Prüfung des § 30 Abs. 2 BtMG nicht zu (*BGH*, Beschl. v. 21. 7. 1993, 2 StR 257/93; *BGH*, Beschl. v. 1. 9. 1993, 3 StR 440/93).

Ein Urteil, das bei der Prüfung eines minder schweren Falles i. S. d. § 30 Abs. 2 **183** BtMG **allein straferschwerende Gesichtspunkte** erörtert, kann keinen Bestand haben (*BGH* StV 1985, 107). Ebenso reicht **eine formelhafte Ablehnung** des minder schweren Falles nicht aus, wie „Anhaltspunkte für einen minder schweren Fall hätten sich nicht ergeben", es sei denn der Annahme eines minder schweren Falles läge fern (*BGH*, Beschl. v. 27. 11. 1986, 2 StR 621/85). **Fehlerhaft** ist, wenn die Strafkammer **das Fehlen bestimmter Strafmilderungsgründe** (Betäubungsmittelabhängigkeit) **in den Vordergrund der Würdigung stellt** und deshalb einen minder schweren Fall ablehnt, **anstelle** der tatsächlich vorliegenden, in ihrem Gewicht nicht unerheblichen **strafmildernden Umstände den straferhöhenden Gesichtspunkten gegenüberzustellen** und mit diesen abzuwägen (*BGH*, Beschl. v. 3. 6. 1986, 2 StR 191/86). Verneint die Strafkammer bei den einzelnen Handlungen die Voraussetzungen des minder schweren Falles, so ist das Unterschreiten der in § 30 Abs. 1 Nr. 4 BtMG gesetzlich bestimmten Mindeststrafe von 2 Jahren rechtsfehlerhaft (*BGH*, Beschl. v. 14. 1. 1998, 1 StR 717/97).

184   Wird ein **Umstand zur Begründung** für die Annahme **eines minder schweren Falles** herangezogen, so ist er **nicht verbraucht**, sondern zusammen mit den anderen Strafzumessungserwägungen nochmals innerhalb des gemilderten Strafrahmens **bei der Strafzumessung im engeren Sinne** zu würdigen. Bei der nochmaligen Würdigung kommt diesem Umstand aber ein geringes Gewicht zu (*BGH* StV 1985, 54; BGHR StGB § 46 Abs. 1 Begründung 1 [2 StR 692/86]).

185   **2. Einfuhr von Cannabis.** Die Einfuhr von nicht geringen Mengen von Cannabis stellt ein Verbrechen nach § 30 BtMG dar. Diese Strafbarkeit darf nicht dadurch umgangen werden, dass ohne Gesamtabwägung und ohne erhebliche zusätzliche Strafmilderungserwägungen wegen der geringeren Gefährlichkeit von Cannabis ein minder schwerer Fall des § 30 Abs 2 BtMG angenommen wird und der Regelstrafrahmen damit umgangen wird. Denn die geringere Gefährlichkeit wurde bei Feststellung der nicht geringen Menge bereits berücksichtigt. Mehrere Gerichte haben in der Vergangenheit den Versuch unternommen, Cannabiseinfuhren mit nicht geringen Mengen regelmäßig als minder schwere Fälle einzustufen. Eine Strafkammer des *LG Osnabrück* hat **am 24. 5. 1994** in einem Kurierfall mit **zwei Transporten von jeweils 2 kg Cannabis** ohne Berücksichtigung des Rauschgifts im Hinblick auf das verfassungsrechtliche Übermaßverbot (BVerfGE 90, 145 = NJW 1994, 1577 = StV 1994, 295) wegen des geringen Gefährdungspotentials von Cannabisprodukten und wegen der besonderen Bedeutung des Geständnisses, ohne das eine Überführung nicht möglich gewesen wäre, in anfechtbarer Weise zwei minder schwere Fälle des § 30 Abs. 2 BtMG angenommen und auf eine Gesamtfreiheitsstrafe von 1 Jahr und 9 Monaten erkannt (*LG Osnabrück* StV 1995, 30). Nachdem das *LG Lübeck* am 17. 12. 1991 (NJW 1992, 1571) und am 1. 9. 1994 (StV 1994, 659) den vom BGH festgelegten Grenzwert für die nicht geringen Menge von Cannabis erfolglos angezweifelt hatte, nahm eine andere Strafkammer des *LG Lübeck* **am 25. 11. 1996** in einem Kurierfall mit sogar **11.686 g Haschisch** mit 444,1 g THC trotz **Überschreitens der nicht geringen Menge um mehr als das 60fache** einen minder schweren Fall der Einfuhr und des Handeltreibens von nicht geringen Mengen von Betäubungsmitteln nach §§ 30 Abs. 2, 29a Abs. 2 BtMG an und verurteilte den Angeklagten zu einer Freiheitsstrafe von 1 Jahr und 6 Monaten mit Bewährung, weil von wesentlicher Bedeutung sei, dass es bei dem Transport um die weiche Droge Haschisch gegangen sei und unter Berücksichtigung von BVerfGE 90, 145 wegen des niedrigen Grenzwertes von 7,5 g THC zur Erzielung einer verfassungskonformen Strafe der abgesenkte Strafrahmen des § 30 Abs. 2 BtMG erforderlich sei (*LG Lübeck* NStZ 1997, 498 m. Anm. *Haffke*). Der *BGH* hat diese Entscheidung aus mehrfachen Gründen aufgehoben. Das *LG Lübeck* habe zwar eine Gesamtabwägung vorgenommen, habe die Annahme des minder schweren Falles jedoch in fehlerhafter Weise allein an der Art des Rauschmittels angeknüpft. Das Urteil entferne sich in unzulässiger Weise von der gesetzgeberischen Grundentscheidung, die bei den Strafvorschriften nicht zwischen den verschiedenen Betäubungsmittelarten differenziere, sondern es der Rspr. überlasse, der Gefährdung der einzelnen Betäubungsmittelarten durch die Festlegung des Grenzwertes zur nicht geringen Menge Rechnung zu tragen. Die **Strafkammer versuche in unzulässiger Weise die Grenzwertfestsetzung des BGH zu Cannabis zu unterlaufen** durch Annahme eines minder schweren Falles, obwohl der Fall im Rahmen einer Gesamtbetrachtung gerade nicht die Besonderheiten für die Annahme eines minder schweren Falles aufweise (*BGH* NStZ 1998, 254, in Fortführung von *BGH* NStZ 1995, 350 = StV 1995, 255).

186   In ähnlicher Weise wie das *LG Lübeck* hat das **LG Osnabrück** erneut 1998 bei einem Angeklagten, der innerhalb von 3 Wochen im Auftrag eines Drogenhändlers aus finanziellen Gründen **3 Cannabistransporte von 10 kg, 30 kg und 65 kg Cannabis** mit einem Pkw von den Niederlanden nach Deutschland durchführte,

trotz der erheblichen Überschreitung des Grenzwertes um das fast **70fache im Fall 1,** um das **200fache im Fall 2** und dem **790fachen im Fall 3** wegen besonderer Umstände in der Person und in der Tat minder schwere Fälle angenommen. Der 3. Strafsenat (*BGH* NStZ 1999, 193) hob das Urteil auf und wies erneut darauf hin, dass je mehr die gehandelten großen Rauschgiftmengen die Grenzmengen überschritten, desto gewichtiger müssten im Rahmen der vorzunehmenden Gesamtabwägung die für die Annahme eines minder schweren Falles herangezogenen Gründe sein, wenn das gesetzgeberische Anliegen nicht unterlaufen werden soll. **Strafmilderungsgründe** wie **schwierige finanzielle Situation, Krankheit, untergeordnete Stellung, Unbestraftheit** und das angesichts der Ermittlungsergebnisse **nahe liegende Geständnis,** wie sie regelmäßig bei Rauschgiftkurierfällen anzutreffen sind, stellen **keine besonderen Umstände** dar, die einen minder schweren Fall rechtfertigen könnten (vgl. *BGH* NStZ-RR 1996, 84).

3. Betäubungsmittelmengen im Grenzbereich. Die Einfuhr von Betäu-   **187** bungsmittelmengen, die nicht erheblich über der Grenze zur nicht geringen Menge liegen und die zum Eigenverbrauch bestimmt sind, kann als minder schwerer Fall angesehen werden (*BGH* NStZ 1993, 434). Auch die Erwägung, dass es sich bei den eingeschmuggelten Betäubungsmitteln um **„weiche" Drogen** handelt, kann im Rahmen einer Gesamtbetrachtung Berücksichtigung finden (BGHR BtMG § 30 Abs. 2 Wertungsfehler 1 [3 StR 117/88]). Ein Rechtsgrundsatz, nach dem bei einem Überschreiten der eingeführten Gesamtmenge von Betäubungsmitteln um das Vierfache des Grenzwertes der nicht geringen Menge die Annahme eines minder schweren Falles auszuscheiden hätte, besteht nicht (*BGH* StV 1992, 272).

4. Einfuhr von Betäubungsmitteln zur Eigenversorgung. Hierher gehö-   **188** ren sowohl die **Schmuggelfälle von Konsumenten,** als auch die Fälle von **Konsumentenkurieren.** Wird ein Kurier von einem Drogenhändler beauftragt, Betäubungsmittel von den Niederlanden in die Bundesrepublik zu verbringen **(Händlerkurier),** so scheidet ein minder schwerer Fall zumeist aus. Wird ein Kurier von einem Drogensüchtigen beauftragt, die von diesem dringend benötigte Konsummenge in Holland zu holen und nach Deutschland zu bringen **(Konsumentenkurier),** so indiziert dies zumeist den minder schweren Fall, wenn die nicht geringe Menge nur unwesentlich überschritten ist. (*BGH,* Beschl. v. 12. 9. 1986, 2 StR 472/86; *BGH,* Beschl. v. 8. 4. 1988, 3 StR 117/88). Kommen aber zur erreichten nicht geringen Menge **weitere Erschwernisse** wie profimäßige Schmuggeltechnik oder besondere Risikoverlagerung auf dritte Personen hinzu, **so scheidet ein minder schwerer Fall aus** (BGHSt. 31, 163 = NStZ 1983, 174 = StV 1983, 63; *BGH,* Beschl. v. 7. 6. 1985, 2 StR 300/85). Die Einfuhr zum Eigenkonsum vermag dann keinen minder schweren Fall zu begründen, wenn der vielfach einschlägig Vorbestrafte **die neue Tat drei Monate nach der Haftentlassung** begeht (*BGH,* Urt. v. 18. 9. 1986, 4 StR 435/86). Der Umstand, dass die **weit überwiegende Menge eines eingeführten Betäubungsmittels zum Eigenverbrauch** und nicht zum Handeltreiben bestimmt war, nötigt zur Prüfung eines minder schweren Falles (*BGH* StV 1986, 20; *BGH* NStZ 1990, 384 = StV 1990, 303; BGHSt. 31, 163 = NStZ 1983, 174 = StV 1983, 63; *BGH* StV 2000, 621).

5. Hochgradige Heroinabhängigkeit. Eine verminderte Schuldfähigkeit   **189** sollte immer Anlass sein für eine Prüfung, ob ein minder schwerer Fall vorliegt (*BGH* NStZ 1985, 547; *BGH* StV 1987, 531; *Schäfer/Sander/van Gemmeren* Rn. 536). Führt ein hochgradig opiatabhängiger Täter nicht geringe Mengen von Betäubungsmitteln zum Eigenbedarf ein, so kann ein minder schwerer Fall der Einfuhr vorliegen (*BGH* NStZ 1990, 384; *BGH* NStZ 1992, 381 = StV 1992, 318; *BGH* StV 2000, 621). Bei erheblicher Drogensucht ist zunächst zu prüfen, ob die Drogensucht in Verbindung mit anderen Strafmilderungsgründen eine **Anwendung des gem. § 30 Abs. 2** BtMG geminderten Strafrahmens rechtfertigt.

Erst **wenn** dies **zu verneinen** ist, kommt eine **Strafrahmenverschiebung nach §§ 21, 49 Abs. 1 StGB** in Betracht (*BGH* NStZ 1985, 367). Allein die Absicht, einen Drogenabhängigen einer Therapie zuzuführen, rechtfertigt aber noch keinen minder schweren Fall. Die Auffassung, die heroinbedingte verminderte Schuldfähigkeit reiche ohne Hinzutreten weiterer erheblicher Umstände nicht aus, einen minder schweren Fall nach § 30 Abs. 2 BtMG zu begründen, weil es sehr häufig betäubungsmittelabhängige Täter seien, die gegen § 30 Abs 1 Nr 4 verstießen, ist fehlerhaft. Die verminderte Schuldfähigkeit und die gerade erreichte nicht geringe Menge und der Zweck des Eigenbedarfs reichen aus, einen von schwerer Kriminalität abweichenden Einfuhrfall anzunehmen (*Düsseldorf* StV 1983, 333; *Schmidt* MDR 1982, 882).

190   Zwar kommt einem Strafmilderungsgrund wie schwere Heroinabhängigkeit, der bereits zur Begründung für die Annahme eines minder schweren Falles gedient hat, im Rahmen der konkreten Strafzumessung nur noch ein geringes Gewicht zu. Indessen ist er mit diesem Gewicht zu berücksichtigen und darf nicht dort außer Betracht bleiben (*BGH* StV 1985, 54; BGHR StGB § 46 Abs. 1 Begründung 1 [2 StR 692/86]). Hat die Strafkammer eine erheblich verminderte Schuldfähigkeit infolge schwerer Drogensucht und des Umstandes, dass die Drogenabhängigkeit Triebfeder der Straftaten war, im Rahmen der Gesamtwürdigung berücksichtigt, so **zwingt dies nicht zur Annahme eines minder schweren Falles.** Im Vergleich zu den angesprochenen Milderungsgründen können die weiteren Umstände, wie Überschreitung der nicht geringen Menge um ein Vielfaches, dreimalige Einfuhr, Verwirklichung mehrerer Tatbestände oder Vorstrafen wegen Handeltreibens, keine Abweichung vom ordentlichen Strafrahmen erlauben (BGHR BtMG § 30 Abs. 2 Gesamtwürdigung 3 [1 StR 320/88]).

191   **6. Schwache Täterschaftsformen.** Ähnelt der objektive Tatbeitrag eines Angeklagten in seinem Gewicht einer Beihilfehandlung (*BGH* StV 1983, 332), etwa wenn ein Angeklagter eine Frau, die nicht geringe Mengen Rauschgift in ihrem Büstenhalter versteckt einführt, lediglich im Kraftwagen begleitet (*BGH*, Beschl. v. 20. 7. 1984, 2 StR 381/84), so kann die bei einer Schmuggelmenge im Grenzbereich zur nicht geringen Menge einen minder schweren Fall der Einfuhr begründen.

192   Trotz der eingeführten Menge von ca. 1 kg Haschisch kann ein Angeklagter, der an der Einfuhr persönlich und wirtschaftlich wenig interessiert war, sich zunächst gegenüber Mittätern weigerte, selbst zu transportieren, der im Wesentlichen die Tat seines Begleiters fördern wollte und voll geständig war, wegen eines minderschweren Falles der Einfuhr verurteilt werden (*BGH* StV 1983, 461; vgl. auch *BGH* StV 1994, 22).

193   **7. Beihilfehandlungen.** Ist eine Beihilfehandlung zu beurteilen, dann bedeutet die **Schwere der Haupttat** noch **nicht,** dass auch die **Beihilfe besonders gewichtig** ist. Vielmehr kann die Beihilfe einen minder schweren Fall darstellen. Die Gesamtbetrachtung aller Umstände (Art und Umfang der Gehilfentätigkeit) hat sich auf die Beihilfehandlung zu beschränken (*BGH*, Urt. v. 21. 1. 1992, 1 StR 598/91; *BGH*, Beschl. v. 28. 5. 1993, 2 StR 199/93; *BGH*, Beschl. v. 3. 8. 1993, 1 StR 410/93). Dabei können der Tatbeitrag des Gehilfen und die Gehilfenpersönlichkeit **bereits ohne den vertypten Milderungsgrund des § 27 Abs. 2 StGB** bei der Gesamtwürdigung im Vergleich zu anderen erfahrungsgemäß vorkommenden Beihilfehandlungen dieser Fallgruppe einen **minder schweren Fall nach § 30 Abs. 2 BtMG** darstellen. Einer **nochmaligen Strafmilderung nach §§ 27 Abs. 2, 49 Abs. 1 StGB steht dann nichts im Wege.** Ein minder schwerer Fall kann sich aber auch allein aufgrund der beschränkten Mitwirkung als Gehilfe ergeben (*BGH*, Beschl. v. 2. 10. 1992, 2 StR 466/92). Dann steht einer nochmaligen Milderung nach § 49 Abs. 1 StGB das **Doppelverwertungsverbot des § 50 StGB** im Wege (*Schäfer/Sander/van Gemmeren* Rn. 609 ff.). Liegt ein Fall der Beihilfe zur Einfuhr von nicht geringen Mengen vor, so reicht es nicht aus, die Strafe gemäß §§ 27 Abs. 2, 49 Abs. 1 StGB zu mildern, sondern es ist losgelöst von der Haupttat zu prüfen, ob im Hinblick auf den vom Gehilfen geleisteten Tatbeitrag nicht ein **minder schwerer Fall** der Beihilfe vorlag (*BGH*, Beschl. v. 25. 9. 1985, 2 StR 441/85; vgl. *Schmidt* MDR 1987, 970). Sind bei dem Gehilfen keine besonderen Milderungsansprüche erkennbar und ging es nicht nur um eine große und gefährliche Menge von Heroin, sondern um die zusätzliche Einbeziehung einer weiteren Person durch den Gehilfen, so liegt die Annahme eines minder schweren Falles fern (*BGH*, Urt. v. 21. 1. 1992, 1 StR 598/91).

8. Verabredung der Einfuhr nicht geringer Mengen von Betäubungs- 194
mitteln. Da § 30 Abs. 2 BtMG i. V. m. § 30 Abs. 1 S. 2 StGB einen vertypten Milderungsgrund bildet, der allein oder zusammen mit anderen Umständen Anlass geben kann, einen minder schweren Fall anzunehmen, ist bei der Verabredung des Verbrechens der Einfuhr von nicht geringen Mengen von Betäubungsmitteln regelmäßig ein minder schwerer Fall zu erörtern (BGHSt. 40, 73 = NStZ 1994, 290 = StV 1994, 375).

9. Polizeilich provozierte Einfuhr von nicht geringen Mengen. Wurde 195
der Angeklagte durch länger andauernde Einwirkungen einer deutschen oder auswärtigen V-Person dazu verleitet, nicht geringe Mengen von Betäubungsmitteln in die Bundesrepublik einzuführen, so kann dies einen minder schweren Fall der Einfuhr begründen. Es ist zu berücksichtigen, **ob und inwieweit gegen den Angeklagten ein Verdacht bestand,** der den Einsatz eines Agent Provocateurs rechtfertigen konnte, ob auch weitere Tatbeteiligte mit dem Agent Provocateur zusammenarbeiteten, ob der Agent Provocateuer **die Grenzen zulässiger Tatprovokation überschritt,** ob der Agent Provocateur mehrere Rauschgifttransporte mit steigendem Umfang vor der Festnahme auf Wunsch des misstrauischen Angeklagten abwickelte oder **ob er den Täter gegen dessen Willen tiefer in Schuld und Unrecht verstrickte,** als es zur Überführung und Bestrafung erforderlich war, oder **ob die kleineren Betäubungsmitteltransporte vorgeschaltet** wurden, **um durch spätere Großbestellungen Mittäter und Hinterleute ausfindig zu machen und größere Rauschgiftdepots zu entdecken** (*BGH* NStZ 1988, 550 m. Anm. *Endriß* = StV 1987, 435).

Erlangt die Tatprovokation durch einen staatlichen Lockspitzel **im Ver-** 196
gleich zu der Schuld einer nicht schon vorher tatbereiten Person **ein derartiges Übergewicht,** so kann sie bereits im Rahmen der Strafrahmenprüfung Anlass für eine Verneinung eines Verbrechens nach § 30 Abs. 1 BtMG oder eines besonders schweren Falles nach § 29 Abs. 3 BtMG sein (BGHR BtMG § 29 Abs. 3 Strafrahmenwahl 3 = StV 1988, 296). **Überschreiten** staatliche Lockspitzel **die zulässigen Grenzen** der Tatprovokation derart, dass eine nicht von vornherein tatbereite Person zum **Spielball staatlicher Agenten** wird, so bedarf es sorgfältiger Klärung, **in welcher Absicht die provozierenden Stellen** handelten und **in welchem Verdacht die angestiftete Person** stand, ob dem Betroffenen die Verstrickung in Schuld und Strafe zugemutet werden durfte in der Erwartung, in einen Händlerring einzudringen oder um ihn selbst zu überführen. In einem solchen Fall stellt sich die Frage, ob nicht trotz großer Betäubungsmittelmengen die sonst **schuldangemessene Strafe unterschritten** werden muss.

10. Tatprovokation im Ausland. Auch eine im Ausland von einem V-Mann 197
eines auswärtigen Landes vorgenommene Provokation ist strafmildernd bei der Strafzumessung und Strafrahmenprüfung zu berücksichtigen. Da der Einsatz von V-Leuten und verdeckten Ermittlern deutscher Ermittlungsbehörden auf ausländischem Territorium mangels Hoheitsbefugnissen ohne Genehmigung oder Beauftragung auswärtiger Behörden unzulässig ist, wirkt sich **eine Tatprovokation** in Südamerika, Südostasien oder in den Niederlanden **ohne Erlaubnis** nach Sicherstellung eines Rauschgiftgroßtransportes in Deutschland erheblich in der Strafzumessung aus. Wird ein für Spanien bestimmter Kokaintransport durch Überredung des Großhändlers wegen angeblich besserer Vertriebsmöglichkeiten in Deutschland nach Deutschland umgeleitet und fand diese Tatprovokation nicht von Deutschland aus, sondern **ohne Genehmigung der ausländischen Behörden im Aus-**

land statt, so kann dies einen minder schweren Fall des § 30 BtMG rechtfertigen. Die Tatsache der unzulässigen Anstiftung durch einen Lockspitzel kann für den Mitangeklagten, der selbst nicht angestiftet wurde, sondern **die Tat nur aus Freundschaft** zu dem Angestifteten beging, einen minder schweren Fall der Einfuhr von und des Handeltreibens mit Betäubungsmitteln begründen (*LG Stuttgart* StV 1984, 197). Wird ein illegaler Betäubungsmittelhändler, der seine Ware nicht nach Deutschland, sondern in die Niederlande bzw. nach Belgien liefern wollte, durch wiederholte verlockende Angebote von Polizeiagenten dazu verführt, persönlich oder durch Kurier eine nicht geringe Menge von Betäubungsmitteln nach Deutschland zu liefern, so ist zu prüfen, ob dies **Tatprovokation** nicht **zusammen mit anderen Strafmilderungsgründen** zu einem minder schweren Falle führt (*BGH* StV 1985, 273; *BGH* NJW 1986 1764 = StV 1986, 100). **In der Regel** wird die Tatprovokation durch einen polizeilichen V-Mann jedoch **nicht zu einer Strafrahmenveränderung** führen, **sondern lediglich** Bedeutung bei der **Strafzumessung im engeren Sinne** erlangen.

198   **11. Aufklärungshilfe.** Sind die Voraussetzungen des § 31 S. 1 BtMG erfüllt, so muss dieser Gesichtspunkt in die Gesamtbetrachtung nach § 30 Abs. 2 BtMG einbezogen werden, da die **Tataufklärung** i. S. v. § 31 BtMG durch einen Angeklagten **allein oder zusammen mit anderen Milderungsgründen** nach einer Gesamtbetrachtung zu einem **minder schweren Fall** führen **kann** (s. dazu im Einzelnen § 31 Rn. 83). Bei einem Angeklagten, der 530 g Haschisch zum Eigenverbrauch in die Bundesrepublik einführt, können die durch die Bechterew-Wirbelsäulenerkrankung hervorgerufene **besondere Strafempfindlichkeit,** das Unbestraftsein, das volle Geständnis, die **weitere Tataufklärung nach § 31 BtMG** und der festgestellte Grad der sozialen Integration (Abitur, Studium, Zivildienst bei DRK) die Annahme eines minder schweren Falles rechtfertigen (*Düsseldorf* StV 1983, 508). Dabei ist folgende Prüfungsreihenfolge einzuhalten (s. dazu im Einzelnen § 31 Rn. 73 ff.): Zunächst ist zu prüfen, ob ein **minder schwerer Fall nach § 30 Abs. 2 BtMG** vorliegt (Freiheitsstrafe von 3 Monaten bis 5 Jahren). Ist dies nicht der Fall, folgt die Prüfung, ob § 31 BtMG zu einer Verschiebung des Strafrahmens nach § 49 Abs. 1 StGB führt (Freiheitsstrafe von 6 Monaten bis 11 Jahren 3 Monaten) und ob dieser bei gegebenenfalls weiteren vertypten Milderungsgrund nochmals gemildert werden muss. Begründet ein Tatrichter die Annahme eines minder schweren Falles i. S. v. § 30 Abs. 2 BtMG u. a. damit, dass der Täter durch freiwillige Offenbarung seines Wissens wesentlich dazu beigetragen hat, dass die Tat über seinen eigenen Tatbeitrag hinaus aufgedeckt werden konnte, so scheidet allerdings eine weitere Milderung nach § 49 Abs. 1 StGB aus (§ 50 StGB) (s. dazu § 31 Rn. 86).

199   Bejaht der Tatrichter eine Voraussetzung des § 31 S. 1 BtMG, so **müssen die Urteilsfeststellungen ergeben, ob er sich der Möglichkeit bewusst** war, dass das Vorliegen des § 31 S. 1 BtMG schon für sich allein auch bei einer sehr großen Menge Heroin wie 500 g 60%iger Heroinbase einen minder schweren Fall zu begründen vermag und ob das Gericht von der Möglichkeit der Milderung des Strafrahmens nach § 31 S. 1 BtMG i. V. m. § 49 Abs. 1 StGB Gebrauch gemacht hat (vgl. *BGH* StV 1987, 344).

200   **12. Zusammentreffen zahlreicher Milderungsgründe.** Die **desolate wirtschaftliche und persönliche Situation,** die Armut und **Krankheiten in der Familie,** das Unbestraftsein, das Geständnis, die **besondere Strafempfindlichkeit,** die schablonenhafte Tatausführung, die **Ausnutzung und Bedrohung durch einen Auftraggeber,** die Entdeckung des für das Ausland bestimmten Rauschgifts sind normale Strafmilderungsgründe für südamerikanische Betäubungsmittelkuriere, die einzeln noch keinen minder schweren Fall bedeuten können.

201   **13. Transitfälle und Auslandstaten.** Der Umstand, dass die im Handgepäck transportierten Betäubungsmittel **nicht für Deutschland bestimmt waren** und

nur wegen eines Transitaufenthaltes des Flugzeuges auf einem deutschen Flughafen entdeckt wurden, kann in Ausnahmefällen **mit anderen strafmildernden Umständen** die Annahme eines minder schweren Falles des § 30 BtMG erlauben, so wenn die **Tat keinerlei Inlandsbezug** hat wie bei der **Vermittlung eines Haschischgeschäftes zwischen einem Franzosen und einem Niederländer durch einen Deutschen in den Niederlanden** (*LG Kleve* StV 1986, 107). Diese Beispiele dürfen aber nicht zu dem **Irrtum** verleiten, bei südamerikanischen **Rauschgiftkurieren**, die **im Transitbereich** eines deutschen Flughafens überführt werden, läge **regelmäßig ein minder schwerer Fall** des § 30 Abs. 2 BtMG vor. Das Gegenteil ist richtig. Die genannte Erwägung vermag nur bei einem deutlichen Abweichen vom Durchschnittsfall und einem deutlichen Übergewicht der Milderungsgründe einen minder schweren Fall zu begründen.

VII. Strafmaß von Ecstasy-Urteilen bei Einfuhr und Handeltreiben mit nicht geringen Mengen von MDMA, MDA und MDE nach Tablettenmengen geordnet

In folgender Tabelle wird ein Überblick geboten, wie die Gerichte im Rahmen der Strafzumessung mit den immensen Mengen von Ecstasy-Tabletten umgingen, wobei selbstverständlich die große Betäubungsmittelmenge nur ein bedeutsamer Aspekt im Rahmen der Gesamtschau von Strafzumessungserwägungen war: **202**

Strafmaß von Ecstasy-Urteilen Einfuhr von nicht geringen Mengen von MDMA, MDA und MDE nach Tablettenmengen geordnet		
Gerichtsart, Gerichtsort, Aktenzeichen	**Tablettenzahl, Gewichtsmenge, Wirkstoffmenge**	**Höhe der Freiheitsstrafe**
Amtsgericht − SchG − Frankfurt am Main 940 Ls 88 Js 34373.9/98	Handeltreiben mit ca. **5.700 Metamphetamin-, 1.500 Amphetamin- und 650 Rohypnoltabletten**	14. 12. 1999 **3 Jahre 6 Monate**
7. StrK Landgericht Kassel 503 Js 11375/00 − 7 KLs −	Handeltreiben mit ca. **14.000 Ecstasy-Tabletten, 1 kg Speed** sowie Betäubungsmittel-Imitaten	23. 10. 2001 **4 Jahre Gesamtfreiheitsstrafe**
1. StrK Landgericht Kassel 558 Js 418985/95 − 1 KLs −	Einfuhr und Handeltreiben mit **20.000 Ecstasy-Pillen,** Wirkstoffgehalt mind. 1.350 g sowie Beihilfe zum Handeltreiben	13. 3. 1997 **5 Jahre Gesamtfreiheitsstrafe 3 Jahre 6 Monate 2 Jahre 6 Monate**
29. STK LG Frankfurt/Main 5/29 KLs 5110 Js 2066119/01 (L 5/01)	Handeltreiben mit **24.850 Ecstasy-Tabletten** 6.635 g Gewichtsmenge 3.264,4 g Wirkstoffmenge	11. 10. 2001 **4 Jahre 6 Monate**
17. STK LG Frankfurt/Main 5/17 KLs − 5120 84 Js 24744.8/00	Handeltreiben mit **30.106 Ecstasy-Tabletten**	29. 3. 2001 **3 Jahre 3 Monate 3 Jahre**

Strafmaß von Ecstasy-Urteilen Einfuhr von nicht geringen Mengen von MDMA, MDA und MDE nach Tablettenmengen geordnet		
Gerichtsart, Gerichtsort, Aktenzeichen	**Tablettenzahl, Gewichtsmenge, Wirkstoffmenge**	**Höhe der Freiheitsstrafe**
7. StrK Landgericht Kassel 503 Js 11375/00 – 7 KLs –	Handeltreiben mit **51.000 Ecstasy-Tabletten**	13. 7. 2000 **8 Jahre Gesamtfreiheitsstrafe**
28. STK LG Frankfurt/Main 5/28 KLs – L 1/01 5110 Js 221460/01 Agr	Handeltreiben mit **82.851 Ecstasy-Tabletten** 5.491,3 g Wirkstoffmenge	7. 2. 2002 **3 Jahre 6 Monate 3 Jahre 3 Monate 3 Jahre 6 Monate**
6. STK LG Frankfurt/Main 5/6 KLs – Sch 3/99 88 Js 5011.7/99	Handeltreiben mit **90.000 Ecstasy-Tabletten** 12.200 g Gewichtsmenge 3.600 g Wirkstoffmenge	18. 10. 1999 **6 Jahre Freiheitsstrafe** 3 Jahre 3 Monate 1 Jahr 6 Monate **4 Jahre Gesamtfreiheitsstrafe**
1. STK LG Frankfurt/Main 1 Js 2105/01 – KLs	Handeltreiben mit **500.000 Ecstasy-Tabletten** und ca. 11 kg Amphetamin (Verkauf an VP der Polizei)	5. 12. 2001 **4 Jahre 11 Monate 5 Jahre 6 Monate**
7. STK Landgericht Lübeck 713 Js 50671/01 7 KLs (16/02)	Handeltreiben mit 1.600.000 Ecstasy-Tabletten = Gesamtgewicht 484.000 g = Wirkstoffmenge 242.454 g	26. 8. 2002 **8 Jahre** 6 Jahre 6 Jahre

H. Konkurrenzen

I. Einfuhr von Betäubungsmitteln in nicht geringer Menge und Handeltreiben

203   **1. Bewertungseinheit.** Die ein und denselben Güterumsatz betreffenden, aufeinander folgenden Teilakte von der Einfuhr bis zum Absatz stehen nicht in Konkurrenz zueinander, sondern werden **in dem Begriff des Handeltreibens zu einer Bewertungseinheit zusammengefasst** (BGHSt. 25, 290 = NJW 1974, 959; BGHSt. 31, 163 = NStZ 1983, 692 = StV 1983, 63; *BGH* StV 1989, 202; *BGH* NStZ 2006, 172; *BGH* NStZ-RR 2010, 216). Dies gilt indes nicht bei der Einfuhr von nicht geringen Mengen von Betäubungsmitteln (§ 30 Abs. 1 Nr. 4 BtMG) und dem Handeltreiben mit Betäubungsmitteln in nicht geringer Menge (§ 29a BtMG), die wegen des unterschiedlichen Strafrahmens von § 29a Abs. 1 Nr. 2 BtMG und § 30 Abs. 1 Nr. 4 BtMG **in Tateinheit** stehen (BGHSt. 31, 163 = NStZ 1983, 174 = StV 1983, 63; BGHSt. 40, 73 = NStZ 1994, 290 = StV 1994, 375; *BGH* NStZ-RR 2010, 119). Die Grundsätze der Bewertungseinheit erfahren zudem bei der **Einfuhr von ausgenommenen Zubereitungen** eine Einschränkung. Da nach Anl. III, letzter Gedankenstrich, lit. b, nur die Ein-, Aus- und Durchfuhr von ausgenommenen Zubereitungen (außer Codein und Diyhrocodein) strafbar ist, ist der Täter auch nur wegen Einfuhr und nicht wegen Handeltreibens zu verurteilen (BGHSt. 56, 52 = NStZ-RR 2011, 119 = StraFo 2011, 105 m. krit. Anm. *Kotz* NStZ 2011, 461).

204   Hat ein Angeklagter innerhalb von 2 Monaten 50 Fahrten in die Niederlande unternommen, dort kleinere Konsummengen erworben und nach Deutschland zum Eigenkonsum eingeführt, so können die 50 Einfuhrhandlungen nicht zu einer

Bewertungseinheit zusammengefasst werden und der Angeklagte nicht nach dem Verbrechenstatbestand des § 30 Abs. 1 Nr. 4 BtMG verurteilt werden. Vielmehr ist von 50 selbstständigen Einfuhrhandlungen auszugehen (in Tateinheit mit unerlaubtem Erwerb; BGH NStZ 1995, 141). Führt ein Angeklagter 1 kg Heroin nach Deutschland ein und verkauft diese gesamte Menge in 500 kleineren Verkaufsmengen an verschiedene Abnehmer, so verklammert die Einfuhr die 500 Verkaufsakte zu einer Bewertungseinheit. Verschiedene Aktivitäten zur gewinnbringenden Veräußerung desselben Rauschgifts sind eine Tat, auch wenn ein Dritter es eingeführt und in Besitz gehabt hat (BGH, Beschl. v. 31. 5. 1995, 2 StR 125/95). Umgekehrt vermag die Lieferzusage über eine große Betäubungsmittelmenge mehrere zur Erfüllung erfolgte Einfuhren von Betäubungsmittel in nicht geringer Menge zu einer Bewertungseinheit zu verklammern (BGH NStZ 1997, 136 = StV 1997, 471). Der Angeklagte ist wegen einer Tat des Handeltreibens mit Betäubungsmitteln in nicht geringer Menge nach § 29 a Abs. 1 Nr. 2 BtMG in Tateinheit mit Einfuhr von Betäubungsmitteln in nicht geringer Menge zu verurteilen, weil die Einfuhrakte von Betäubungsmitteln in nicht geringer Menge (§ 30 Abs. 1 Nr. 4 BtMG) nur Teilakte des Handeltreibens darstellen, so z. B. auch wenn die eingeführte Menge umgetauscht wird und ein zweites Mal eingeführt wird (BGH NStZ 1994, 135 = StV 1994, 84; BGH NStZ 2005, 232; BGH NStZ-RR 2010, 353). Die unerlaubte Einfuhr von Betäubungsmitteln in nicht geringer Menge **zum Eigenkonsum** und der anschließende unerlaubte Besitz von nicht geringen Mengen von Betäubungsmitteln und die auf einem neuen Entschluss beruhende unerlaubte Abgabe von Betäubungsmitteln bilden keine Bewertungseinheit (BGHSt. 42, 162 = NStZ 1996, 604 = StV 1996, 668).

2. Handeltreiben mit Betäubungsmitteln in normaler Menge. Die nach 205 § 30 Abs. 1 Nr. 4 BtMG als Verbrechen eingestufte Einfuhr von Betäubungsmitteln in nicht geringer Menge, von denen eine Teilmenge unterhalb der nicht geringen Menge zum Handeltreiben bestimmt ist, steht mit dem Vergehen des Handeltreibens mit Betäubungsmitteln nach § 29 Abs. 1 S. 1 Nr. 1 BtMG in Tateinheit ist (BGHSt 31, 163 = NStZ 1983, 174 = StV 1983, 63).

3. Handeltreiben mit Betäubungsmitteln in nicht geringer Menge. Der 206 Verbrechenstatbestand des § 30 Abs. 1 Nr. 4 BtMG steht zum Handeltreiben mit Betäubungsmitteln in nicht geringe Menge (§ 29 a BtMG) in Tateinheit. Der § 30 Abs. 1 Nr. 4 BtMG tritt nicht hinter § 29 a Abs. 1 Nr. 2 BtMG zurück, weil § 30 Abs. 1 BtMG gegenüber § 29 a BtMG eine höhere Mindeststrafe androht (BGHSt. 40, 73 = NStZ 1994, 290 = StV 1994, 375; BGH NStZ 1997, 91; Weber § 30 Rn. 227).

4. Beihilfe zum Handeltreiben mit Betäubungsmitteln in nicht geringer 207 **Menge.** Die Einfuhr von nicht geringen Mengen von Betäubungsmitteln steht auch in Tateinheit zur Beihilfe zum Handeltreiben mit Betäubungsmitteln nicht geringer Menge (vgl. zu den häufigen Kurierfällen BGH NStZ-RR 2006, 277; BGHSt. 51. 219 = NStZ 2007, 338 = StV 2007, 303).

5. Bandenmäßiges Handeltreiben. a) § 30 Abs. 1 Nr. 1 BtMG. Nimmt 208 das Gericht ein unerlaubtes bandenmäßiges Handeltreiben (bei weiteren geplanten Taten) gem. **§ 30 Abs. 1 Nr. 1 BtMG** an, so steht auch eine Einfuhr von Betäubungsmitteln in nicht geringen Mengen gem. § 30 Abs. 1 Nr. 4 BtMG hiermit in Tateinheit (BGH StV 1986, 342).

b) § 30 a Abs. 1 BtMG. Treffen das bandenmäßige Handeltreiben **in nicht** 209 **geringer Menge** nach § 30 a Abs. 1 BtMG und die unerlaubte Einfuhr in nicht geringer Menge zusammen, verbindet der Bandenhandel die im Rahmen ein und desselben Güterumsatzes aufeinander folgenden Teilakte, darunter auch die Einfuhr (BGH NJW 1994, 3020 = StV 1994, 659; BGH NStZ-RR 2010, 216).

II. Einfuhr von Betäubungsmitteln in nicht geringer Menge und Besitz von Betäubungsmitteln in nicht geringer Menge

210 Der unerlaubte Besitz von Betäubungsmitteln in nicht geringer Menge tritt gegenüber der Einfuhr von Betäubungsmitteln in nicht geringer Menge zurück (*BGH* NStZ-RR 2004, 88; *BGH*, Urt. v. 7. 7. 2010, 5 StR 238/10 = BeckRS 2010, 17974).

Straftaten

30a (1) Mit Freiheitsstrafe nicht unter fünf Jahren wird bestraft, wer Betäubungsmittel in nicht geringer Menge unerlaubt anbaut, herstellt, mit ihnen Handel treibt, sie ein- oder ausführt (§ 29 Abs. 1 Satz 1 Nr. 1) und dabei als Mitglied einer Bande handelt, die sich zur fortgesetzten Begehung solcher Taten verbunden hat.

(2) Ebenso wird bestraft, wer

1. als Person über 21 Jahre eine Person unter 18 Jahren bestimmt, mit Betäubungsmitteln unerlaubt Handel zu treiben, sie, ohne Handel zu treiben, einzuführen, auszuführen, zu veräußern, abzugeben oder sonst in den Verkehr zu bringen oder eine dieser Handlungen zu fördern, oder

2. mit Betäubungsmitteln in nicht geringer Menge unerlaubt Handel treibt oder sie, ohne Handel zu treiben, einführt, ausführt oder sich verschafft und dabei eine Schußwaffe oder sonstige Gegenstände mit sich führt, die ihrer Art nach zur Verletzung von Personen geeignet und bestimmt sind.

(3) In minder schweren Fällen ist die Strafe Freiheitsstrafe von sechs Monaten bis zu zehn Jahren.

Gliederung

Kap. 1. Bandendelikte mit Betäubungsmitteln in nicht geringer Menge (§ 30a Abs. 1 BtMG)

Übersicht

A. Zweck der Vorschrift

Ursprünglich sollte der § 30 a BtMG den bisherigen Verbrechenstatbestand des **1** § 30 Abs. 1 Nr. 1 BtMG ersetzen und durch Einbeziehung der Ein- und Ausfuhr ergänzen. Mit diesem neuen Verbrechenstatbestand sollte die **Abschreckungswirkung** auf solche potentiellen Täter **erhöht werden,** die wegen verlockender Honorare in Betracht ziehen, für Rauschgifthändlerbanden tätig zu werden. Durch das Anknüpfen an bandenmäßiges Begehen sollte jedes Bandenmitglied erfasst werden, unabhängig von seinem konkreten Tatbeitrag. Bei der weiteren Erörterung sah man für eine Straferhöhung nur eine Notwendigkeit, wenn es **bei den bandenmäßigen Delikten um nicht geringe Mengen von Betäubungsmitteln** ginge.

Die Sorge des Gesetzgebers, „international organisierte Drogensyndikate, die **2** nicht nur mittels Kurieren Drogen in die Bundesrepublik Deutschland einschleusen, sondern auch Absatzorganisationen aufbauen und Maßnahmen für das Waschen und den Rückfluss der Gelder aus Rauschgifthandel treffen", könnten Deutschland mit illegalen Drogen überschwemmen und mit illegalen Erlösen das deutsche Wirtschafts- und Finanzsystem unterwandern, veranlasste ihn, mit dem OrgKG v. 15. 7. 1992 (BGBl. I, S. 1301) einen zusätzlichen verschärften Verbrechenstatbestand, den § 30 a BtMG, in das BtMG einzufügen. Mit einer Mindeststrafandrohung von 5 Jahren Freiheitsstrafe sollten Mitglieder straff organisierter und raffinierter Banden, die mit großen Betäubungsmittelmengen umgehen, hart getroffen und für lange Zeit aus dem Verkehr gezogen werden (BT-Drs. 12/989, S. 30).

B. Verfassungsmäßigkeit des § 30 a BtMG

Die Einschätzung des Gesetzgebers, bandenmäßiges Handeltreiben mit Betäu- **3** bungsmitteln in nicht geringer Menge stelle aufgrund der damit einhergehenden Gefährdung der Gesundheit der Allgemeinheit ein so hohes kriminelles Unrecht dar, dass im Regelfall ein Strafrahmen von 5 bis 15 Jahren Freiheitsstrafe zur Verfügung stehen müsse, um schuldangemessen reagieren zu können, ist von der Verfassung wegen nicht zu beanstanden (*BVerfG* NStZ-RR 1997, 377 = StV 1997, 407; s. auch § 30 Rn. 18).

C. Fallzahlen

I. PKS

4   Die **PKS** führt erstmals für das **Jahr 2009** die Anzahl von Ermittlungsverfahren wegen Verstoßes gegen § 30 a BtMG auf, nämlich 397 (Rauschgiftdelikte insgesamt: 235.842), allerdings ohne zwischen den einzelnen Tatbestandsalternativen zu unterscheiden. Im **Jahr 2010** wurden 465 Fälle erfasst.

II. Strafverfolgungsstatistik

5   Nach der **Strafverfolgungsstatistik** gab es zwischen 2003 und 2009 folgende Anzahl von Abgeurteilten und Verurteilten (Quelle: *Statistisches Bundesamt*):

Jahr	2003	2004	2005	2006	2007	2008	2009
Straftaten nach dem BtMG insgesamt	53.988	57.325	58.630	58.892	48.363	68.519	67.025
§ 30 a Abs. 1 BtMG	181	288	317	354	254	263	269

D. Objektiver Tatbestand

I. Betäubungsmittel in nicht geringer Menge

6   Die Vorschrift setzt voraus, dass der Täter bandenmäßig mit **Betäubungsmitteln in nicht geringer Menge** umgeht (zum Betäubungsmittelbegriff s. § 1 Rn. 20 ff.; zur nicht geringen Menge s. § 29 a Rn. 51 ff.).

II. Tathandlungen

7   In § 30 a Abs. 1 Nr. 1 BtMG sind die Verkehrsformen des **bandenmäßigen Anbaus, der bandenmäßigen Herstellung, des bandenmäßigen Handeltreibens** und der **bandenmäßigen Ein- und Ausfuhr** als Verbrechen ausgestaltet (zum Anbau s. § 29/Teil 2, Rn. 19; zur Herstellung § 29/Teil 3, Rn. 11 ff.; zum Handeltreiben § 29/Teil 4, Rn. 24; zur Einfuhr § 29/Teil 5, Rn. 8 ff. und zur Ausfuhr § 29/Teil 6, Rn. 4). Begehen Bandenmitglieder andere Verstöße gegen das BtMG, so können diese Delikte nur als ungenannte besonders schwere Fälle i. S. v. § 29 Abs. 3 S. 1 BtMG eingestuft werden.

8   Inhaltlich ging man von dem Verbrechen des bisherigen § 30 Abs. 1 Nr. 1 BtMG unter Einbeziehung von Ein- und Ausfuhr aus. Der Verbrechenstatbestand des § 30 Abs. 1 Nr. 1 BtMG wurde um das Merkmal der nicht geringen Menge angereichert. Im Hinblick auf die immer intensiveren internationalen Verflechtungen und die Gefährlichkeit internationaler Banden hielt man die **Einbeziehung der Ein- und Ausfuhr** für geboten. Die Einfuhr nicht geringer Mengen unterliegt schon jetzt, losgelöst von bandenmäßiger Begehung, einer höheren Strafandrohung (§ 30 Abs. 1 Nr. 4 BtMG).

III. Bandenmäßige Begehung

9   Eine **bandenmäßige Tatbegehung setzt den Zusammenschluss von mindestens 3 Personen, den Willen zur Bindung für die Zukunft und für eine gewisse Dauer** voraus (BGHSt. 46, 321 = NStZ 2001, 421 = StV 2001, 399; *BGH* StV 2001, 407; siehe zu den Voraussetzungen der Bande im Einzelnen § 30 Rn. 22 ff.)

10   Die erhöhte Strafandrohung des § 30 a BtMG wurde weder auf international verzweigte Organisationen noch auf Täter von mitgliederstarken oder besonders organisierten Personenzusammenschlüssen beschränkt. Vielmehr wurde der bisherige Bandenbegriff des § 30 BtMG beibehalten und nicht durch den Begriff der kriminellen Vereinigung ersetzt.

IV. Erlaubnispflicht

Der Verbrechenstatbestand entfällt, sobald eine behördliche Erlaubnis nach § 3 **11** BtMG vorliegt.

V. Geltungsbereich des BtMG

Das BtMG gilt nach § 6 Nr. 5 StGB auch für Rauschgiftbanden, die im Ausland **12** agieren (s. § 30 Rn. 49).

E. Erscheinungsformen der Bandenkriminalität in Deutschland

I. Wirtschaftlich orientierte Rauschgifthändlerbanden

Da Ermittlungsergebnisse häufig nur Ausschnitte aus der Wirklichkeit darstellen **13** können und nur einzelne Personengruppen beleuchten, stellen sich kriminelle Rauschgifthandelsorganisationen nur als **Sippen, Familien oder Gruppen** dar. Umgekehrt überraschen kleine Tätergruppierungen vielfach durch eine so perfekte Tatplanung und Tatausführung, dass das Wirken einer kriminellen Vereinigung vermutet wird. Der deutsche Drogenmarkt wird vornehmlich von Freundeskreisen und Familienverbänden aus Westafrika, Türkei, Italien, Marokko und Jugoslawien in Bewegung gehalten. Diese Familienverbände und Freundeskreise bilden Banden und werden nicht selten für kriminelle Organisationen im Ausland tätig, die aber im Dunkeln bleiben. Sie tarnen sich vielfach hinter Gaststätten, Reisebüros, Im- und Export- oder Transportunternehmen. Ihr **einziges Ziel** ist die **Gewinnerzielung** für alle Mitglieder. Diese Straftätergruppierungen betreiben den Rauschgifthandel auf der Straße, in Parkanlagen oder in einschlägigen Lokalen in wohl organisierter Form. Bevor sie große Betäubungsmittelmengen liefern, testen und observieren sie die Kaufinteressenten, verhandeln an verschiedenen Orten, wickeln Probe- und Vertrauensverkäufe ab, lassen sich das Kaufgeld zuvor zeigen und lassen das Rauschgift nach mehreren Treffen an einem vereinbarten Ort bringen oder abholen.

II. Politisch orientierte Rauschgifthändlerbanden

In den letzten Jahren treten aber auch **politisch motivierte, nicht streng or- 14 ganisierte Gruppen** auf, die durch Schmuggel und Vertrieb größerer Betäubungsmittelmengen sich die **Geldmittel für Waffenkäufe** oder zur **Finanzierung von Befreiungsbewegungen** beschaffen. Diese ideologisch geprägten Tätergruppierungen, nicht selten als kulturelle oder religiöse Vereine getarnt, schirmen ihre Betäubungsmittelgeschäfte überaus sorgfältig ab und lassen bei ihrer Festnahme ihre Auftraggeber in keiner Weise erkennen. Die Bandenmäßigkeit darf aber nicht unterstellt werden, sondern bedarf eines eingehenden Nachweises. Neben den in § 30b Rn. 41 ff. beschriebenen Organisationen waren in den vergangenen Jahren Betäubungsmittellieferungen zur Finanzierung von Waffengeschäften insb. von **türkischen, palästinensischen, afghanischen** und **kosovo-albanischen Befreiungsbewegungen** zu klären.

F. Subjektiver Tatbestand

§ 30a Abs. 2 Nr. 1 BtMG setzt Vorsatz voraus, wobei bedingter Vorsatz aus- **15** reicht. Bei einem fahrlässigen Handel kommt nur die Anwendung der §§ 29 Abs. 1 S. 1 Nr. 1, Abs. 4 BtMG in Betracht.

G. Versuch

Der Versuch ist strafbar (s. dazu § 29/Teil 2, Rn. 74 ff.; § 29/Teil 3, Rn. 51 ff.; **16** § 29/Teil 4, Rn. 232 ff.; § 29/Teil 5, Rn. 133 ff.; § 29/Teil 6, Rn. 7 ff.).

H. Rechtsfolgen

I. Strafrahmen

17 Bei dem Verbrechenstatbestand des § 30a BtMG handelt es sich um ein Zusammentreffen der schwerwiegenden Fälle des § 29a Abs. 1 Nr. 2 BtMG, des § 30 Abs. 1 Nr. 1 BtMG und des § 30 Abs. 1 Nr. 4 BtMG **(nicht geringe Menge und Bandenmäßigkeit)**. Wegen des Vorliegens dieses speziellen Verbrechenstatbestandes ist aber nunmehr regelmäßig von einer **Mindeststrafe von 5 Jahren** Freiheitsstrafe auszugehen, sofern keine ungewöhnlichen Strafmilderungsgründe erkennbar sind.

18 Nach dem Gesetzesantrag des Freistaates Bayern zur Bekämpfung des illegalen Rauschgifthandels v. 30. 1. 1990 (BR–Drs. 74/90) sollte der Verbrechenstatbestand der bandenmäßigen Betäubungsmitteldelikte mit Mindeststrafe von 10 Jahren bis zu lebenslanger Freiheitsstrafe bestraft werden, wobei man sich offensichtlich an der Strafandrohung des § 307 StGB orientierte. Auf Empfehlung der Ausschüsse vom 15. 4. 1991 (BR–Drs. 219/91, S. 17) wurde aber bereits im Gesetzentwurf des Bundesrats zur Bekämpfung des illegalen Rauschgifthandels und anderer Erscheinungsformen der Organisierten Kriminalität (OrgKG) v. 26. 4. 1991 (BR–Drs. 219/91, S. 21) die **Mindeststrafe** auf **5 Jahre** gesenkt und von dem Vorliegen nicht geringer Mengen von Betäubungsmitteln abhängig gemacht.

II. Minder schwere Fälle

19 Der Gesetzgeber hat aus Gründen der Verhältnismäßigkeit mit Recht die Notwendigkeit einer Privilegierung für einen minder schweren Fall des § 30a Abs. 3 BtMG gesehen, „um im Einzelfall exzeptionellen Fallgestaltungen Rechnung tragen zu können". § 30a Abs. 3 BtMG sieht einen Strafrahmen von 6 Monaten bis 10 Jahren Freiheitsstrafe vor, wobei die Höchststrafe durch Gesetz zur Änderung arzneimittelrechtlicher und anderer Vorschriften vom 17. 7. 2009 (BGBl. I, 1990) von 5 auf 10 Jahre angehoben wurde (zu den Rechtsfolgen bei Annahme eines unzutreffenden Strafrahmens bei § 30a Abs. 3 BtMG vgl. *BGH* NStZ 2010, 714).

20 Die Anwendung des minder schweren Falles in § 30a Abs. 3 BtMG mit einem beträchtlich milderen Ausnahmestrafrahmen kommt in Fällen mit **gewichtigen Milderungsgründen** angesichts der hohen Mindeststrafe des Regelstrafrahmens in Betracht, insb. wenn das Bild der Kriminalität nicht den Vorstellungen entspricht, die zur Schaffung dieser Spezialverbrechenstatbestände führten. Um weniger gefährliche Zusammenschlüsse wie **Erwerbs- und Konsumgemeinschaften** oder **Jugendbanden**, die von einem größeren Haschischvorrat Teilmengen verkaufen, von der erhöhten Strafandrohung auszunehmen, wurde in § 30a Abs. 3 BtMG ein minder schwerer Fall vorgesehen. Ein minder schwerer Fall des § 30a BtMG kann aber nicht nur in einem **nicht gemeingefährlichen Zusammenschluss** oder **amateurhafter Tatausführung** (*BGH* NStZ 1996, 339 = StV 1996, 373), sondern auch in einem **geringen Überschreiten** oder in einem **geringen Vielfachen der nicht geringen Menge** liegen (vgl. BGHR BtMG § 30a Abs. 2 Strafzumessung 1 = StV 2004, 603). Ein minder schwerer Fall kommt auch in Betracht, wenn ein **Bandenmitglied völlig untergeordnet im geringen Umfange kurzzeitig tätig** war, bzw. wenn ein Bandenmitglied **aufgrund intensiver Bedrohungen** der Bandenführer **nur widerwillig an dem Bandengeschehen teilnahm.**

21 Andererseits rechtfertigt **allein der Wunsch, an der hohen Mindeststrafe des § 30a Abs. 1 BtMG vorbeizukommen,** nicht die Annahme eines minder schweren Falles. Der *BGH* hat deshalb ein Urteil des *LG Frankfurt am Main* im Strafausspruch mit den Feststellungen aufgehoben, in dem ein Angeklagter wegen unerlaubter Einfuhr von Betäubungsmitteln in nicht geringer Menge in Tateinheit mit unerlaubtem Handeltreiben mit Betäubungsmitteln (**290 kg Cannabis mit 7600 g THC**) zu einer Freiheitsstrafe von 3 Jahren und 10 Monaten verurteilt worden war. Der *BGH* beanstandete, dass die Strafkammer **bestimmende Straf-**

erschwerungsgründe rechtsfehlerhaft unbeachtet gelassen habe, wonach der Angeklagte als **Mitglied einer Organisation** tätig geworden sei, die **über länge-re Zeit hinweg große Mengen Rauschgift einführen und in den Handel bringen** wollte und als Hintermann Kuriere der unmittelbaren Gefahr der Entdeckung und der Verbüßung mehrjähriger Freiheitsstrafen ausgesetzt habe (*BGH,* Urt. v. 2. 3. 1994, 2 StR 644/93).

I. Konkurrenzen

I. Grundtatbestand und Qualifikationen

Der Grundtatbestand des unerlaubten Handeltreibens mit Betäubungsmitteln **22** einschließlich der in § 29 Abs. 3 S. 1 BtMG enthaltenen Strafzumessungsregel tritt hinter dem Verbrechenstatbestand des § 30a BtMG zurück. Die Tatsache, dass der Täter das Regelbeispiel eines besonders schweren Falles nach § 29 Abs. 3 BtMG (hier **Gewerbsmäßigkeit**) verwirklicht hat, behält jedoch Bedeutung für die Strafzumessung innerhalb des im Qualifikationstatbestand des § 30a BtMG vorgesehenen Strafrahmens (*BGH* NStZ 1994, 39; BGHR BtMG § 30a Konkurrenzen 2 = StV 1996, 267). Die **bandenmäßige Einfuhr von nicht geringen Mengen** eines Betäubungsmittels ist speziell unter § 30a BtMG unter Strafe gestellt und geht damit nach den Grundsätzen der Gesetzeskonkurrenz dem Tatbestand der **unerlaubten Einfuhr von Betäubungsmitteln in nicht geringen Mengen** gemäß § 30 Abs. 1 Nr. 4 BtMG vor (*BGH* NStZ 1995, 410).

II. Bewertungseinheit

In den Fällen des § 30a BtMG verbindet der bandenmäßige Handel mit nicht **23** geringen Mengen Betäubungsmitteln die im Rahmen ein und desselben Güterumsatzes aufeinander folgenden Teilakte vom Erwerb bis zur Veräußerung, also auch den Teilakt der unerlaubten Einfuhr der nicht geringen Menge, zu einer einzigen Tat i. S. einer **Bewertungseinheit** (BGHSt. 30, 28 = NJW 1981, 1325; *BGH* NStZ-RR 1999, 219; *BGH* NStZ-RR 2003, 186; *BGH* NStZ 2004, 398; *BGH* NStZ-RR 2010, 216; *BGH* NStZ 2010, 233 = StV 2010, 133). Eine Bewertungseinheit liegt auch vor, wenn **im Rahmen des Bandenhandels Beihilfe zur Einfuhr** geleistet wird (*BGH* NStZ-RR 2003, 186; *BGH* NStZ-RR 2009, 320). Dagegen kommt der täterschaftlichen bandenmäßigen unerlaubten Einfuhr neben Beihilfe zum Bandenhandel ein eigener Unrechtsgehalt zu, so dass Tateinheit möglich ist (BGHR BtMG § 29 Abs. 1 Nr. 3 Konkurrenzen 1 [5 StR 330/86]; *BGH* NStZ-RR 2003, 186). Bezieht sich der Vorsatz der Täter auf den **sukzessiven Verkauf einer einheitlichen erworbenen** oder übernommenen **Rauschgiftmenge,** so liegt **nur eine Tat** vor und eine **bandenmäßige Begehung scheidet aus.** Die Grundsätze der Bewertungseinheit finden auch auf den Bandenhandel mit Betäubungsmitteln in nicht geringen Mengen Anwendung (*BGH* NStZ 1996, 442 = StV 1996, 483). Entfällt das Merkmal der Bandenmäßigkeit, so stehen das unerlaubte Handeltreiben mit nicht geringen Mengen nach § 29a Abs. 1 Nr. 2 BtMG und die unerlaubte Einfuhr von nicht geringen Mengen nach § 30 Abs. 1 Nr. 4 BtMG in Tateinheit wegen der verschiedenen Mindeststrafen (BGHSt. 40, 73 = NStZ 1994, 290 = StV 1994, 375; BGHR BtMG § 30a Abs. 1 Bandenhandel 1 = NStZ 1997, 90).

Einzelne Taten der **gewerbsmäßigen unerlaubten Abgabe von Betäu- 24 bungsmitteln an verschiedene Minderjährige (§ 30 Abs. 1 Nr. 2 BtMG)** stehen mit dem **Bandenhandel mit Betäubungsmitteln in nicht geringer Menge (§ 30a Abs. 1 BtMG)** in Tateinheit. Zwar erfüllt der Erwerb einer nicht geringen Menge eines Betäubungsmittels zum Zwecke der gewinnbringenden Weiterveräußerung im Rahmen der Bande den Tatbestand des Bandenhandels. Zu dieser Tat gehören auch alle späteren Vertriebshandlungen als unselbständige Teilakte. Die gewerbsmäßige unerlaubte Abgabe von Betäubungsmitteln an Minderjährige ist aber als besonderes Unrecht in einem besonderen Verbrechenstatbestand

des § 30 Abs. 1 Nr. 2 BtMG geregelt und geht daher nicht im Verbrechenstatbestand des § 30 a BtMG auf. Vielmehr werden durch dieselbe Handlung mehrere
Strafgesetze (§ 52 StGB) verletzt (*BGH* NStZ 1994, 496 = StV 1994, 659).

**Kap. 2. Bestimmen einer Person unter 18 Jahren durch
eine Person über 21 Jahren zum Betäubungsmittelhandel usw.
(§ 30 a Abs. 2 Nr. 1 BtMG)**

Übersicht

A. Zweck der Vorschrift

25   Nach den Gesetzesmaterialien wurde die Vorschrift geschaffen, weil die Benutzung bzw. der Missbrauch von Minderjährigen zur Durchführung von Rauschgiftgeschäften besonders verabscheuungs- und strafwürdig ist (BT-Drs. 12/989,
S. 54 f.; BT-Drs. 12/6853, S. 41). Die Notwendigkeit, ein derartiges Verhalten zu
ahnden, ergibt sich auch aus Art. 3 Abs. 5 lit. f des Wiener Suchtstoffübereinkommens v. 20. 12. 1988 (BGBl. II [1993], S. 1137).

26   Dem durch das OrgKG eingeführten neuen Verbrechenstatbestand des § 29 a
Abs. 1 Nr. 1 lit. b BtMG lag die Erfahrung zugrunde, dass **Drogenhändler** immer
häufiger **Minderjährige, nicht selten sogar Kinder,** wegen deren Strafunmündigkeit (§ 19 StGB), bzw. wegen deren geringerer Straferwartung nach dem deutschen Jugendstrafrecht als **lebende Drogenbunker und Transporteure zur
Abwicklung von ihren Drogengeschäften und Drogenschmuggeltranspor-
ten missbrauchen.** Diese Vorschrift ist bei Neuformulierung der Verbrechenstatbestände nun als § 30 a Abs. 2 Nr. 1 BtMG eingeordnet worden.

B. Fallzahlen

I. PKS

27   S. hierzu Rn. 4.

II. Strafverfolgungsstatistik

Die **Strafverfolgungsstatistik** weist folgende Anzahl von Abgeurteilten und **28** Verurteilten nach § 30a Abs. 2 Nr. 1 BtMG für die Jahre 2003 bis 2009 auf (Quelle: *Statistisches Bundesamt*):

Jahr	2003	2004	2005	2006	2007	2008	2009
Straftaten nach dem BtMG insgesamt	53.988	57.325	58.630	58.892	48.363	68.519	67.025
§ 30a Abs. 2 Nr. 1 BtMG	35	26	29	27	27	29	34

C. Objektiver Tatbestand

I. Tathandlungen

§ 30a Abs. 2 Nr. 1 BtMG setzt voraus, dass eine Person über 21 Jahre eine Per- **29** son unter 18 Jahren bestimmt (zum Begriff des Bestimmens s. Rn. 31 ff.), folgende Handlungen zu begehen:
- mit Betäubungsmitteln **Handel zu treiben** (s. dazu § 29/ Teil 4, Rn. 24),
- diese **ein-** oder **auszuführen** (s. dazu § 29/Teil 5, Rn. 8 und § 29/Teil 6, Rn. 4),
- zu **veräußern** (s. dazu § 29/Teil 7, Rn. 2),
- **abzugeben** (s. dazu § 29/Teil 8, Rn. 3),
- oder sonst **in Verkehr zu bringen** (s. dazu § 29/Teil 9, Rn. 3).

Diese Begehungsweisen knüpfen nicht an eine nicht geringe Menge an, so dass **30** auch entsprechende Tathandlungen **mit kleinen Betäubungsmittelmengen** dem Tatbestand unterfallen.

II. Bestimmen von Minderjährigen

1. Definition. Unter Bestimmen ist die **Einflussnahme auf den Willen ei- 31 nes anderen** zu verstehen, die diesen zu einem strafbaren Verhalten veranlasst (BGHSt. 45, 373 = NStZ 2000, 321; StV 2000, 260; *BGH* StV 2001, 406; *BGH* NStZ 2009, 393 = StV 2009, 360). Die Willensbeeinflussung **muss nicht die alleinige Ursache für das Verhalten des anderen** sein, vielmehr **genügt eine bloße Mitursächlichkeit** (BGHSt. 45, 373 = NStZ 2000, 321 = StV 2000, 260; *BGH* NStZ 2001, 41).

Der Begriff des Bestimmens findet sich in §§ 26, 30 Abs. 1 S. 1, 180 Abs. 3 **32** StGB. Er ist § 26 StGB entlehnt, da der Verbrechenstatbestand des § 30a Abs. 2 Nr. 1 BtMG eine Anstiftungshandlung umschreibt. Ohne die Neuregelung wäre der Verführer nur wegen Anstiftung zu einem Vergehen des § 29 Abs. 1 BtMG, bei erfolgloser Anstiftung überhaupt nicht strafbar gewesen. Durch die Einordnung als Verbrechen wurde das versuchte Bestimmen gem. § 23 Abs. 1 StGB strafbar.

2. Formen des Bestimmens. Das Bestimmen setzt einen kommunikativen **33** Akt voraus, der zu dem Betäubungsmittelhandel durch Minderjährige führt, so dass es nicht ausreicht, wenn der Täter dem Minderjährigen durch bloßes Liefern von Betäubungsmitteln die Möglichkeit eröffnet, hiermit Handel zu treiben (*BGH* NStZ 1994, 496 = StV 1994, 659; *BGH* StV 2001, 406; *BGH* NStZ 2009, 393 = StV 2009, 360). Es ist gleichgültig, welcher Mittel der Anstiftende sich bedient, um den/die Minderjährige zu dem Rauschgiftgeschäft bzw. Rauschgifttransport zu bewegen. Dies kann im Einzelfall ein **Geldversprechen**, eine **Drohung**, ein **Appellieren an die Familienehre** oder an **politische oder religiöse Überzeugungen**, eine **Täuschung**, ja sogar eine **konkludente Aufforderung** sein. Minderjährige können auch durch **Einräumen besonders günstiger Verkaufs-**

konditionen dazu bestimmt werden, mit Betäubungsmitteln unerlaubt Handel zu treiben. Nicht ausreichend ist es, wenn der Täter einen Minderjährigen dazu gewinnt, andere Personen darauf anzusprechen, ob sie am Kauf von Betäubungsmitteln interessiert sind, um sie in Wirklichkeit um den Kaufpreis zu betrügen; dies ist ein Betrug, aber kein Bestimmen zum Handeltreiben mit Betäubungsmitteln (*BGH* NStZ 2003, 185 = StV 2003, 618).

34 Im Rauschgifthandel oder -schmuggel tätige Familien oder Sippen beauftragen häufig zur Risikominderung minderjährige Verwandte oder Sippenmitglieder damit, **Nachrichten** oder **Rauschgifttüten dem Kunden zu überbringen, Drogen,** versteckt in Spielsachen, Puppen oder Kleidern über die Grenze **zu transportieren** (*BGH* StV 1999, 436 [Verbringen von Heroin durch 11-jährigen Sohn in die elterliche Wohnung]). Der Tatbestand ist auch erfüllt, wenn Drogenstraßenhändler Kinder mit Handys ausrüsten, die Passanten Drogen zum Kauf anbieten und telefonisch dann die Ware anfordern. Hat ein Täter gegen das Versprechen einer Konsumration einen 16-jährigen Drogenabhängigen dazu gewonnen, **als lebender Bunker ihn auf die Drogenszene zu begleiten** und im Mund 19 Kokainbömbchen vorrätig zu halten, so ist der Verbrechenstatbestand erfüllt. Auch das Ansprechen von Strichjungen oder von Schülern, gegen Honorar eine Schachtel Zigaretten oder einen Briefumschlag einer Person zu überbringen, gehört hierzu.

35 **3. Omnimodo facturus. Allein das Auftreten von Kindern** als Dealer oder Kuriere **bedeutet nicht zwingend,** dass sie **von einem Erwachsenen zu dieser Tat bestimmt worden sind.** Zwar kann eine Person, die zu einer konkreten Tat bereits fest entschlossen ist, nicht mehr zu dieser bestimmt werden (Fall des **omnimodo facturus,** BGHSt. 45, 373 = = NStZ 2000, 321; *BGH* StV 2000, 260; BGHR StGB § 26 Bestimmen 1 [3 StR 503/87] und 3 [1 StR 377/95]). Eine Person, die **nicht zu einer bestimmten Tat entschlossen,** aber **allgemein zu derartigen Straftaten bereit** ist, kann aber bestimmt werden (vgl. *BGH* NStZ 1994, 29; *BGH* NStZ 2001, 41).

36 **4. Eigeninitiative der Minderjährigen.** Die Strafwürdigkeit dieses Verhaltens liegt gerade darin, dass Minderjährige, die erfolgreich zum Betäubungsmittelhandel bestimmt wurden, **bisweilen fortan selbst die Initiative ergreifen** und sich für derartige Dienste anbieten, um leicht und schnell Geld zu verdienen. **Ergreift ein 13-jähriger Drogenkonsument,** der seinen Eigenbedarf nicht finanzieren kann, **die Initiative** und fragt einen Straßendealer, ob er für ihn Haschisch verkaufen könne und ist dieser damit einverstanden, übergibt ihm 24 Haschischportionen und weist ihn an, 20 Portionen zu 10,– DM für 1 Gramm zu verkaufen, so liegt **ein Bestimmen** i. S. v. § 30 a Abs. 2 Nr. 1 BtMG vor. Denn erst **mit der Übergabe des Rauschgiftes und der Anweisung, dieses zu bestimmten Bedingungen zu verkaufen,** ist auf den Willen des Minderjährigen Einfluss genommen worden (BGHSt. 45, 373 = NStZ 2000, 321 = StV 2000, 260). Anders kann es sein, wenn die Folgegeschäfte vom Minderjährigen in Gang gesetzt werden und der Täter die Betäubungsmittel zu den bisherigen Bedingungen anliefert (*BGH* NStZ 2001, 41; *BGH* StV 2001, 406).

37 **5. Tatprovokation durch V-Leute.** Ein polizeilicher Agent-Provokateur strebt nicht die Vollendung eines Betäubungsmitteldeliktes durch den Minderjährigen an, sondern dessen Überführung vor dem Eintritt der Vollendung. Er begeht deshalb kein strafbares Bestimmen i. S. d. § 30 a Abs. 2 Nr. 1 BtMG (*Fischer* § 26 Rn. 10; *Weber* § 30 a Rn. 56; a. A. MK-StGB/*Rahlf* § 30 a Rn. 70).

D. Subjektiver Tatbestand

38 Der Täter muss vorsätzlich den Minderjährigen zu einer konkreten Tat bestimmen. Bedingter Vorsatz reicht aus. Der Täter muss die **Minderjährigkeit des Adressaten kennen** (vgl. § 29 a Rn. 18) und alle Umstände, welche die Tat des Adressaten zu einer rechtswidrigen machen. Er muss aber nicht die gleichen Tat-

motive haben wie der Adressat. Der Täter muss die **Vollendung des Betäubungsmitteldelikts** durch den Adressaten **wollen,** nicht nur den Versuch. Nimmt der Täter irrtümlich die Minderjährigkeit der beeinflussten Person an, obwohl diese 21 Jahre alt ist, so begeht er einen **untauglichen Versuch.**

E. Versuch

Nach den §§ 26, 30 StGB ist ein Versuch des Bestimmens nur strafbar, wenn **39** sich die Tat für den Adressaten als Verbrechen darstellt. Die Handlungen, zu denen der Minderjährige bewegt werden soll, sind aber nur Vergehen nach § 29 Abs. 1 BtMG. Dennoch ist ein versuchtes Bestimmen hier strafbar, weil die Anstiftung selbst in § 30 a BtMG als Verbrechen ausgestaltet wurde. War der **Adressat** zu der aufgeforderten Tat **längst entschlossen,** dann liegt nur ein Versuch des Bestimmens vor.

Vollendet ist dieses Verbrechen erst, wenn der Täter die Person unter 18 Jahren **40** **erfolgreich** bestimmt hat, mit Betäubungsmitteln Handel zu treiben oder sonst in den Verkehr zu bringen (*Berlin,* Beschl. v. 5. 10. 2000, (4) 1 Ss 227/00 [129/00]). **Beendet** ist die Tat mit Beendigung der Haupttat oder wenn deren Versuch fehlgeschlagen ist (*Weber* § 30 a Rn. 65; MK-StGB/*Rahlf* § 30 a Rn. 92).

F. Rechtsfolgen

I. Regelstrafrahmen

Auch für diesen Verbrechenstatbestand ist eine Mindeststrafe von 5 Jahren Frei **41** heitsstrafe und eine Höchststrafe von 15 Jahren (§ 38 Abs. 2 StGB) vorgesehen.

II. Minder schwere Fälle

Nach § 30 a Abs. 3 BtMG besteht für minder schwere Fälle ein reduzierter **42** Strafrahmen von 6 Monaten bis 10 Jahren Freiheitsstrafe. Die Höchststrafe wurde durch Gesetz zur Änderung arzneimittelrechtlicher und anderer Vorschriften vom 17. 7. 2009 (BGBl. I, 1990) von 5 auf 10 Jahre angehoben (zu den Rechtsfolgen bei Annahme eines unzutreffenden Strafrahmens bei § 30 a Abs. 3 BtMG vgl. *BGH* NStZ 2010, 714).

Minder schwere Fälle kommen in Betracht, wenn **43**

– es sich bei dem Täter und dem Adressaten um **Schicksalsgemeinschaften der Drogenszene handelt,** sei es, dass beide schwer drogenabhängig waren, sei es, dass die **Initiative zu dem Tatgeschehen von beiden** ausging,
– ein minderjähriger Drogenabhängiger, der täglich auf der offenen Drogenszene mit Dealern zusammensteht, sich bereit erklärt, als **lebender Bunker** Drogenbehältnisse für diesen herumzutragen und ein Dealer ihn zur Aufbewahrung der Drogen bestimmt,
– der Minderjährige unter Jugendschutzgesichtspunkten **kein unbeschriebenes Blatt** mehr darstellt und bereits in der Drogenszene verkehrt,
– der Täter **nicht einschlägig vorbestraft** ist,
– der Täter **besonders strafempfindlich** ist,
– mit Haschisch von sehr schlechter Qualität umgegangen wurde,
– das Rauschgift wegen der Sicherstellung der Polizei nicht auf den Markt kam.

Die Gesamtabwägung all dieser strafmildernden Umstände kann zu einem min **44** der schweren Fall führen (*LG Kassel,* Urt. v. 14. 10. 1997, 558 Js 40576.4/95–1 KLs). Hat der geständige Angeklagte einen Jugendlichen von 16 Jahren mit erheblichen Drogenerfahrungen zum Einkauf von „weichen" Drogen wie Cannabis oder von weniger gefährlichen Ecstasy-Tabletten zum alsbaldigen Weiterverkauf angestiftet, ohne dass eine nicht geringe Menge erreicht wurde, so kann eine Gesamtabwägung für einen minder schweren Fall sprechen (*LG Darmstadt,* Urt. v. 27. 1. 1999, 17 Js 23216/98 – 3 KLs, bestätigt durch *BGH,* Beschl. v. 26. 5. 1999, 2 StR 196/99).

III. Strafschärfungserwägungen

45   Die Verwicklung von Kindern und Jugendlichen in kriminelles Geschehen und
die Aussetzung junger Menschen den Gefahren der Drogenszene können nicht nur
Lebensgefahren und Strafverfolgung bedeuten, sondern i. S. v. § 170 d StGB die
weitere **Entwicklung der Jugendlichen entscheidend negativ prägen** (vgl.
hierzu auch *Steinke* ZRP 1992, 413, 416). Die Weitergabe von Betäubungsmitteln
an einen minderjährigen Schüler ist ein Regelfall und bedarf nicht nochmaliger
Strafschärfung (*Köln* StraFo 1997, 24). Die Verleitung oder Bedrohung eines zunächst ablehnenden Schülers oder die Ausnutzung einer hilflosen Lage eines Schülers kann straferhöhend gesehen werden. Wegen des Verbotes der Doppelverwertung von Strafzumessungstatsachen muss aber beachtet werden, dass Umstände, die
den Gesetzgeber zur Schaffung dieses Verbrechenstatbestandes veranlasst haben,
nicht als Strafschärfungserwägung nochmals berücksichtigt werden. Statt Floskeln
bedarf es hier der Erörterung besonderer Umstände. Je entfernter sich der Minderjährige von Drogen und Drogenszene befand, umso schwerer wiegt die Verwicklung des Minderjährigen in Drogengeschäfte. Im Einzelfall können die **Art und
Weise der Anstiftung (mit Lug und Trug, Verharmlosung von Gefahren
und Risiken, Winken mit hohem Gewinn)** und die negativen voraussehbaren
Folgewirkungen der Tat **(Verletzungen, Haft, Beginn einer Drogensucht
oder Einstieg ins kriminelle Milieu)** strafschärfend wirken. Straferhöhend kann
sich erweisen, wenn der Täter als Vater/Mutter, Lebenspartner, Erzieher, Arzt oder
sonstiger Betreuer eine **besondere Verantwortung** für den Minderjährigen
missbraucht, so z. B. wenn ein Lehrer seinen Schüler als Laufburschen für seine
Drogengeschäfte nutzt. Hat ein kurdischer Dealer in seiner Heimat aus den Pro-
vinzstädten Elazig oder Diyarbakir, aus den Kleinstädten Tunceli, Lice, Palu oder
Bingöl 10 kurdische Jungs zwischen 12 und 14 Jahren aus Gebirgsdörfern angefordert und diese strafunmündigen Kinder nach ihrer Ankunft zum Drogenschmuggel
oder Drogengeschäften beauftragt, als Drogen- oder Geldboten benutzt, so wirkt
dies erheblich strafschärfend, da er sowohl seine Werkzeuge als auch seine Kunden
in den zerstörenden Kreislauf des Drogengeschäfts gestürzt hat. Zu den Strafschärfungsgründen im Allgemeinen s. Vorbem. §§ 29 ff. Rn. 211 ff.

IV. Strafmilderungserwägungen

46   Betreibt eine türkische Großfamilie zur Finanzierung des Lebensunterhaltes einen umfangreichen Heroinhandel, an dem alle Familienmitglieder mitzuwirken
haben, so ist die Beauftragung minderjähriger Söhne und Töchter zu Botengängen
zwar verwerflich, aber wegen der **besonderen Familienstrukturen** geringer
einzustufen, als wenn der Dealer einen ahnungslosen Schüler auf dem Schulweg
anspricht und für das Überbringen eines Päckchens ein Taschengeld verspricht.
Handelt der Erwachsene **aus einer Notlage heraus, aufgrund einer Tatprovokation eines V-Mannes, nur mit „weichen" Drogen** oder **geringen Betäubungsmittelmengen,** trägt er gem. § 31 BtMG zur **Tataufklärung** bei, verkehrt der Adressat regelmäßig in der Drogenszene und bot sich früher schon als
Rauschgiftkurier an, so können diese Umstände im Einzelfall strafmildernd gewertet werden, sofern der Täter bei dem Bestimmen **die besondere Wehrlosigkeit
oder Notlage des Drogenabhängigen nicht ausgenutzt** hat. Zu den Strafmilderungsgründen im Allgemeinen s. Vorbem. §§ 29 ff. Rn. 124 ff.

V. Erweiterter Verfall

47   Gem. § 33 Abs. 1 BtMG ist in den Fällen des § 30 a BtMG der erweiterte Verfall nach § 73 d StGB möglich.

G. Konkurrenzen

48   Der Verbrechenstatbestand des § 30 a Abs. 2 Nr. 1 BtMG geht der Anstiftung
zum Handeltreiben (§ 29 Abs. 1 BtMG, 26 StGB) als Spezialregelung vor. Dies gilt

auch im Verhältnis des § 30a Abs. 2 Nr. 1 BtMG und den Grundvorschriften des § 29 BtMG, auch bei gewerbsmäßiger Begehung i. S. d. von § 29 Abs. 3 S. 1 BtMG (*Weber* § 30a Rn. 72; a. A. *BGH* NStZ 2008, 42). Der Verbrechenstatbestand des Bestimmens einer Person unter 18 Jahren zur Einfuhr von Betäubungsmitteln gem. § 30a Abs. 2 Nr. 1 BtMG steht in Tateinheit mit dem Verbrechenstatbestand des unerlaubten Handeltreibens mit Betäubungsmitteln in nicht geringen Mengen gem. § 29a Abs. 1 Nr. 2 BtMG. Ebenfalls in Tateinheit stehen das Bestimmen einer Person unter 18 Jahren zum Handeltreiben mit Betäubungsmitteln und die Abgabe bzw. gewerbsmäßige Abgabe von Betäubungsmitteln an Minderjährige gem. § 29a Abs. 1 Nr. 1 BtMG oder § 30 Abs. 1 Nr. 2 BtMG, wenn der Minderjährige vom Täter zum Weiterverkauf bestimmte Betäubungsmittel erhält. Stammen die Betäubungsmittel, die der Täter in kleinen Mengen an den Minderjährigen übergibt, aus einer Menge, greifen die Grundsätze der Bewertungseinheit ein (vgl. hierzu § 29a Rn. 30).

Kap. 3. Umgang mit Betäubungsmitteln in nicht geringer Menge unter Mitführung von Waffen (§ 30a Abs. 2 Nr. 2 BtMG)

Übersicht

A. Zweck der Vorschrift

49   Bis zu dem Verbrechensbekämpfungsgesetz v. 28. 10. 1994 (BGBl. I, S. 3186, 3193) mit Wirkung v. 1. 12. 1994 wurde der bewaffnete Betäubungsmittelhandel als unerlaubtes Handeltreiben mit Betäubungsmitteln nach § 29 Abs. 1 BtMG in Tateinheit mit dem unerlaubten Führen einer Waffe nach dem Waffengesetz bestraft (vgl. *BGH*, Beschl. v. 4. 5. 1993, 1 StR 203/93). Mit Einführung des § 30 a Abs. 2 Nr. 2 BtMG wird mit Freiheitsstrafe nicht unter 5 Jahren (im minder schweren Fall mit Freiheitsstrafe zwischen 6 Monaten und 10 Jahren, § 30 a Abs 3 BtMG) bestraft, wer mit Betäubungsmitteln in nicht geringer Menge Handel treibt, oder Betäubungsmittel, ohne Handel zu treiben, in nicht geringer Menge einführt, ausführt oder sich verschafft und dabei eine Schusswaffe oder sonstige Gegenstände mit sich führt, die ihrer Art nach zur Verletzung von Personen geeignet und bestimmt sind. **Grund für die erhöhte Strafandrohung** ist die **besondere Gefährlichkeit** der Straftaten im Bereich der Betäubungsmittelkriminalität, bei denen die **Täter Waffen bei sich führen.** Bei solchen Straftaten ist **immer**

**damit zu rechnen, dass die Täter rücksichtslos ihre Interessen beim uner-
laubten Umgang mit Betäubungsmitteln durchsetzen und dabei von der
Waffe Gebrauch machen** (BT-Drs. 12/6853, S. 41; *BGH* NStZ 1996, 499
m. Anm. *Kessler; BGH* NStZ-RR 1997, 17 = StV 1996, 674; BGHSt.
48, 189 = NStZ 2003, 435 = StV 2003, 282).

B. Fallzahlen

I. PKS

S. hierzu Rn. 4.   50

II. Strafverfolgungsstatistik

Nach der **Strafverfolgungsstatistik** gab es zwischen 2003 und 2009 folgende   51
Anzahl von Abgeurteilten und Verurteilten bei Delikten nach § 30 a Abs. 2 Nr. 2
BtMG (Quelle: *Statistisches Bundesamt*):

Jahr	2003	2004	2005	2006	2007	2008	2009
Straftaten nach dem BtMG insgesamt	53.988	57.325	58.630	58.892	48.363	68.519	67.025
§ 30 a Abs. 2 Nr. 2 BtMG	153	144	135	132	143	199	226

C. Objektiver Tatbestand

Der Verbrechenstatbestand des § 30 a Abs. 2 Nr. 2 BtMG setzt das Mitsichführen   53
von Waffen bei den qualifizierten Handlungsalternativen des unerlaubten Handeltreibens mit Betäubungsmitteln in nicht geringen Mengen oder der unerlaubten
Einfuhr, Ausfuhr oder des Sichverschaffens von Betäubungsmitteln in nicht geringen Mengen, ohne damit Handel zu treiben, voraus.

I. Betäubungsmittel in nicht geringer Menge

Die Vorschrift ist nur anwendbar, wenn der bewaffnete Täter mit **Betäubungs-**   54
mitteln in nicht geringer Menge umgeht (zur Betäubungsmitteleigenschaft
s. § 1 Rn. 20 ff.; zur nicht geringen Menge s. § 29 a Rn. 51 ff.). Treibt der Täter
nur mit normalen Betäubungsmittelmengen Handel, führt sie ein bzw. aus oder
verschafft sich diese, so scheidet § 30 a Abs. 2 Nr. 2 BtMG aus und der Verstoß
gegen das BtMG (§ 29 Abs. 1 S. 1 Nr. 1 BtMG) konkurriert mit dem Verstoß
gegen das Waffengesetz.

Einen Rechtsfehler stellt es dar, wenn sich das Gericht keine Klarheit darüber   55
verschafft, welcher Anteil der vom Angeklagten erworbenen Rauschgiftmengen
dem Eigenkonsum und damit dem unerlaubten Erwerb von Betäubungsmitteln
und welcher Anteil dem gewinnbringenden Weiterverkauf zuzurechnen war, beide
Mengen zu einer nicht geringen Menge zusammengezählt hat und damit zu einem
unzutreffenden Schuldumfang gelangt ist (BGHR BtMG § 29 Abs. 1 Nr. 1 Schuldumfang 5 [3 StR 303/92]; *BGH* StV 1996, 214). Jedoch ist bei der Einfuhr zu
beachten: Der Tatbestand des § 30 a Abs. 2 Nr. 2 BtMG kann in den durch das
Mitführen von Waffen qualifizierten Handlungsalternativen der unerlaubten Einfuhr, Ausfuhr und des Sichverschaffens von Betäubungsmitteln in nicht geringer
Menge trotz des einschränkenden Zusatzes „ohne Handel zu treiben" auch dann
verwirklicht sein, wenn die Betäubungsmittel teils zum Eigenverbrauch, teils zum
Handeltreiben bestimmt sind und die Teilmengen zwar nicht jeder für sich, jedoch
insgesamt die Grenze der nicht geringen Menge erreichen oder übersteigen (*BGH*
NStZ 1996, 499 = StV 1996, 670).

II. Tathandlungen

56   Nur die Tathandlung Handeltreiben, Ein- und Ausfuhr sowie Sicherverschaffen unterfallen dem § 30a Abs. 2 Nr. 2 BtMG.

57   **1. Unerlaubtes Handeltreiben mit Betäubungsmitteln in nicht geringer Menge.** § 30 Abs. 2 Nr. 2 BtMG in der Alternative des unerlaubten Handeltreibens mit Betäubungsmitteln in nicht geringen Mengen unter Anwendung von Waffen ist ein Qualifikationstatbestand der entsprechenden Begehungsform des § 29a Abs. 1 Nr. 2 BtMG. Unter Handeltreiben ist **jede eigennützige, auf Umsatz gerichtete Tätigkeit zu verstehen, auch wenn diese sich nur als gelegentlich, einmalig oder ausschließlich darstellt** (BGHSt. 6, 246 = NJW 1954, 1537; BGHSt. 50, 252 = NStZ 2006, 171 = StV 2006, 19; *Weber* § 29 Rn. 153 f.; MK-StGB/*Rahlf* § 29 Rn. 272 ff.; *Hügel/Junge/Lander/Winkler* § 29 Rn. 4.1.1; *Franke/Wienroeder* § 29 Rn. 22; *Patzak/Bohnen* Kap. 2, Rn. 50; *Malek* 2. Kap., Rn. 86; s. dazu im Einzelnen § 29/Teil 4, Rn. 24).

58   Der Tatbestand des § 30a Abs. 2 Nr. 2 BtMG kann in den durch das Mitführen von Waffen qualifizierten Handlungsalternativen der unerlaubten Einfuhr, Ausfuhr und des Sichverschaffens von Betäubungsmitteln in nicht geringen Mengen trotz des einschränkenden Zusatzes, ohne Handel zu treiben, auch dann verwirklicht sein, wenn die Betäubungsmittel teils zum Eigenverbrauch, teils zum Handeltreiben bestimmt sind und die Teilmengen zwar nicht jeweils für sich, jedoch insgesamt die Grenze der nicht geringen Menge erreichen oder übersteigen. Die Beschränkung der gleichzeitig vorliegenden Tatbestände der §§ 29a Abs. 1 Nr. 2 BtMG (unerlaubter Besitz von nicht geringen Mengen von Betäubungsmitteln) und § 30 Abs. 1 Nr. 4 BtMG (unerlaubte Einfuhr von nicht geringen Mengen von Betäubungsmitteln) ist im Ergebnis an der Gesamtmenge der Betäubungsmittel und nicht an den unterschiedlichen Zwecken dieser Teilmengen ausgerichtet. Die Beschränkung auf den Verkehr mit nicht geringen Mengen ist gewahrt, wenn auf die Gesamtmenge der eingeführten Betäubungsmittel abgestellt wird, ohne die Täterabsichten mit den Teilmengen zu berücksichtigen (*BGH* NStZ 1996, 499 = StV 1996, 670). Der Tatbestand des § 30a Abs. 2 Nr. 2 BtMG kann als „mit Waffen begangenes unerlaubtes Handeltreiben mit Betäubungsmitteln in nicht geringen Mengen" tenoriert werden. Das Fehlen des Zusatzes „in nicht geringer Menge" ist unschädlich, weil es eine entsprechende Vorschrift ohne nicht geringe Menge nicht gibt (*Zschockelt* NStZ 1997, 266).

59   **2. Unerlaubte bewaffnete Ein- und Ausfuhr von Betäubungsmitteln in nicht geringer Menge.** Nach dem eindeutigen Gesetzeswortlaut erfüllt die bewaffnete Ein- und Ausfuhr von Betäubungsmitteln in nicht geringer Menge als solche nur dann das Tatbestandsmerkmal der Einfuhr i. S. v. § 30a Abs. 2 Nr. 2 BtMG, wenn sie nicht zum Zwecke des Handeltreibens erfolgt („ohne Handel zu treiben", vgl. *BGH* NStZ-RR 2002, 277; zum Begriff der Einfuhr s. § 29/Teil 5, Rn. 8; zur Ausfuhr s. § 29/Teil 6, Rn. 4). Hatte der Täter bei der Schmuggelfahrt **keine ausreichende Sachherrschaft über die Schusswaffe,** weil die ungeladene Waffe im Hosenbund, die Patronen in der Jackeninnentasche und die Jacke an unbekanntem Ort sich befanden, so ist er wegen Einfuhr von nicht geringen Mengen nach § 30 Abs. 1 Nr. 4 BtMG zu bestrafen, wenn er das Rauschgift nicht weiter absetzen wollte (*BGH* StV 2001, 684). Die bewaffnete Betäubungsmitteleinfuhr im Rahmen eines Absatzgeschäftes ist dagegen nur nach dem allgemeinen Tatbestand des Handeltreibens mit Betäubungsmitteln in nicht geringer Menge gem. § 30a Abs. 2 Nr. 2 BtMG strafbar. Derartige **Einfuhrbemühungen zu Handelszwecken,** die – wie hier – rechtlich unselbstständige Teilakte eines einheitlichen, grenzüberschreitenden Betäubungsmittelgeschäftes sind, bilden nach den Grundsätzen materiellrechtlicher Bewertungseinheit mit allen dem gleichen Güterumsatz dienenden Betätigungen eine Tat und sind somit von der Verurteilung des Angeklagten wegen **bewaffneten Betäubungsmittelhandels** mit Betäubungsmitteln in nicht geringer Menge (§ 30a Abs. 2 Nr. 2 BtMG) umfasst

(*BGH* NStZ-RR 2000, 91; *BGH* NStZ 2003, 440 = StV 2003, 285; BGHR BtMG § 29a Abs. 1 Nr. 1 Abgabe 1 = StraFo 2003, 322).

3. Unerlaubtes Sichverschaffen von Betäubungsmitteln in nicht gerin- 60 ger Menge. Da in § 29 Abs. 1 S. 1 Nr. 1 BtMG der unerlaubte Erwerb und das Sichverschaffen in sonstiger Weise alternativ aufgezählt werden, zeigt der Umstand, dass in § 30a Abs. 2 Nr. 2 BtMG der unerlaubte Erwerb von Betäubungsmitteln nicht gesondert erwähnt ist, dass der Begriff des Sichverschaffens auch den Erwerb, also die rechtsgeschäftliche, einverständliche Erlangung der Verfügungsgewalt über Betäubungsmittel umfasst (*BGH* NStZ 1996, 499 = StV 1996, 670).

4. Unerlaubter Besitz von Betäubungsmitteln in nicht geringer Menge. 61 Da der bloße Besitz von nicht geringen Mengen von Betäubungsmitteln nicht erheblich gefährlicher werde, wenn der Täter über eine Schusswaffe verfügte, hat der Gesetzgeber den unerlaubten Besitz von Betäubungsmitteln in nicht geringer Menge in Zusammenhang mit der Verfügbarkeit über eine Schusswaffe nicht dem § 30a Abs. 2 Nr. 2 BtMG unterstellt (BT-Drs. 12/6853, S. 41; BGHSt. 43, 8 = NStZ 1997, 344 = StV 1997, 308). Diese Ansicht ist fragwürdig. Bewahrt jemand eine größere Heroinmenge für einen inhaftierten Landsmann in einer Plastiktüte im Schlafzimmerschrank bis zu dessen voraussichtlicher Haftentlassung auf, so besteht eine erhebliche Gefahr, dass er die Betäubungsmittelmenge gegenüber ungebetenen Gästen auch mit Waffengewalt verteidigt. Bewahrt jedoch ein Angeklagter 3 kg Haschisch zum gewinnbringenden Weiterverkauf in seiner Wohnung auf und trägt in seiner Hosentasche einen Teleskopschlagstock, so ist von einem Fall des unerlaubten bewaffneten Handeltreibens mit Betäubungsmitteln in nicht geringer Menge auszugehen (*BGH*, Urt. v. 20. 6. 2000, 2 StR 123/00).

III. Schusswaffen und sonstige Gegenstände

1. Schusswaffe. a) Begriff der Schusswaffe. Bei Schusswaffen handelt es sich 62 in Anlehnung an die Definition in Anlage 1, Abschnitt 1, Unterabschnitt 1 Nr. 1.1 zu § 1 Abs. 4 WaffG um **Geräte, bei denen Geschosse mit Gas oder Luftdruck durch einen Lauf getrieben werden,** wobei unter Geschossen feste Körper oder gasförmige, flüssige oder feste Stoffe in Umhüllungen zu verstehen sind (*Weber* § 30a Rn. 92; *Hügel/Junge/Lander/Winkler* § 30a Rn. 4.3.1; MK-StGB/*Rahlf* § 30a Rn. 133; *Franke/Wienroeder* § 30a Rn. 13). Danach unterfallen dem Tatbestand **Pistolen** (*BGH* NStZ 2000, 431 = StV 2000, 623 [Selbstladepistole Kal. 7,65 mm], **Revolver** (*BGH* NJW 1999, 3206 = StV 1999, 650 [Revolver Kal. 38]), **Maschinenpistolen** (*BGH* NStZ-RR 1997, 16 = StV 1996, 674), aber auch **Luftpistolen, -gewehre** und **CO₂-Waffen** (*BGH* NStZ 2000, 431; *Weber* § 30a Rn. 92). Da auch gasförmige Stoffe Geschosse sein können, die über eine beachtliche Reichweite hinweg auf chemischem Wege körperlich nicht unerheblich verletzen können, zählen auch **Gaspistolen** zu den Schusswaffen. Zwar sind Gaspistolen im Allgemeinen so konstruiert und dazu bestimmt, Menschen auf chemischem Wege körperlich zu verletzen, indem das durch den Schuss auf den Gegner freigewordene Gas auf dessen Nervensystem einwirkt und ihn bestimmter Fähigkeiten, wie der Sehfähigkeit, beraubt. Entscheidend ist aber, dass Gaspatronen bestimmungsgemäß im Lauf **nach vorne getrieben** werden, auch wenn die leere Patronenhülse den Lauf nicht verlässt (*BGH* NStZ 2006, 176 = StV 2006, 23; *Düsseldorf* NStZ-RR 1996, 375; *Weber* § 30a Rn. 93f.; MK-StGB/*Rahlf* § 30a Rn. 136). Ist die **Konstruktion der Gaspistole** jedoch so, dass das Gas nicht nach vorne durch den Lauf, sondern **durch seitliche Öffnungen ausströmt,** so liegt **keine Schusswaffe** vor (*BGH* NStZ-RR 1996, 3 = StV 1996, 315; *BGH* NStZ-RR 2002, 265 = StraFO 2002, 239; *Weber* § 30a Rn. 94; MK-StGB/*Rahlf* § 30a Rn. 136). Nichts anderes gilt für **Schreckschusswaffen** (BGHSt. 48, 197 = NStZ 2003, 606 = StV 2003, 336; *BGH* NStZ 2006, 176 = StV 2006, 23), auch wenn sie mit Gaspatronen geladen sind (vgl. *BGH* NStZ 2011, 99 = StV 2010, 686).

63   Nicht zu den Schusswaffen nach § 30 a Abs. 2 Nr. 2 BtMG zählen **Anscheins-schusswaffen** i. S. d. am 1. 4. 2008 in Kraft getretenen Waffengesetzes (Anlage 1, Abschnitt 1, Unterabschnitt 1 Nr. 1.6 zu § 1 Abs. 4 Waffengesetz), die dem Füh-rungsverbot nach § 42 a WaffG unterliegen. Hierbei handelt es sich um originalge-treue Imitate von Schusswaffen, die nur kleine Plastikkugeln verschießen können, z. B. **Softair-Waffen** (Nr. 1.6.1), oder Nachbildungen, welche die äußere Form einer Schusswaffe haben, aus denen jedoch nicht geschossen werden kann (Nr. 1.6.2, s. BT-Drs. 16/8224, S. 18 f.; *Heller/Soschinka* Rn. 150 ff.). Mangels einer Eignung und Bestimmung der Anscheinswaffen zur Verletzung von Personen unterfallen diese nicht dem Tatbestand (vgl. *BGH* StraFo 2008, 85 [**Scheinwaf-fen**]; *BGH* NJW 1998, 2914 = StV 1998, 462 [**Spielzeugpistole**]; *Hügel/Junge/ Lander/Winkler* § 30 a Rn. 4.3.2; a. A. *Weber* § 30 a Rn. 92). Wird eine Kinderpis-tole oder eine Maschinengewehrattrappe aber durch Zuschlagen zur Verletzung von Personen bestimmt, so sind sie als sonstige Gegenstände zu behandeln (vgl. *BGH* NStZ-RR 2004, 169; *Weber* § 30 a Rn. 10; s. dazu Rn. 72 f.).

64   **b) Verwendungsfähigkeit der Schusswaffe.** Aus dem Zweck des Verbre-chenstatbestandes, die besondere Gefährlichkeit von Schusswaffen zu erfassen, folgt, dass diese verwendungsfähig sein muss. Die Schusswaffe muss **nicht geladen oder durchgeladen, aber technisch funktionstüchtig** sein **und es muss für sie geeignete Munition zur Verfügung stehen** (*BGH* StV 1987, 67; *BGH* NStZ 1998, 567 = StV 1998, 659; *BGH* StV 2003, 80). Weist die Waffe einen Defekt auf, so dass sie nicht als Schusswaffe eingesetzt werden kann, so scheidet der Tatbestand aus. Kann aber eine vorübergehende Ladehemmung schnell beseitigt werden, so ist von einer verwendungsfähigen Schusswaffe auszugehen (*BGH* NStZ 1981, 301). Steht für die intakte Schusswaffe geeignete Munition zur Verfü-gung, mit der diese unschwer und ohne erheblichen Zeitverlust geladen werden kann, z. B. wenn der Täter die Munition am Tatort bereithält, so liegt eine ver-wendungsfähige Schusswaffe vor (*BGH* NStZ-RR 1997, 16 = StV 1996, 674; BGHSt. 43, 8 = NStZ 1997, 344 = StV 1997, 305). Hat der Täter für die Schuss-waffe nicht die passende Munition, zwar falsche, aber schussfähige Patronen, so ist die Schusswaffe dennoch verwendungsfähig und gefährlich (*BGH*, Beschl. v. 14. 2. 1996, 2 StR 11/96). Trägt der Täter die Munition aber nicht griffbereit bei sich, um die ungeladene Waffe jederzeit schussbereit machen zu können, so liegt keine verwendungsfähige gefährliche Schusswaffe vor, aber u. U. **ein sonstiger Gegen-stand** (vgl. *BGH* NStZ 1998, 567 = StV 1998, 659). **Unerheblich ist, ob die Waffe bei der Tat Verwendung findet** oder ihr Mitführen der Tat **überhaupt förderlich ist,** es genügt, wenn der Täter sie in irgendeinem Zeitpunkt des Tathergangs derart bei sich hat, dass er sich ihrer jederzeit bedienen kann (*BGH* NStZ 1984, 216 = StV 1984, 73; *Weber* § 30 a Rn. 103; zum Mitsichführen s. Rn. 74 ff.).

65   **c) Eignung und Bestimmung der Schusswaffe zur Verletzung von Per-sonen.** Bei Schusswaffen bedarf es **nicht** der Feststellung, dass sie **ihrer Art nach zur Verletzung von Personen geeignet und bestimmt** sind (zur subjektiven Zweckbestimmung s. Rn. 87 ff.). Die entsprechende Einschränkung bezieht sich nur auf die sonstigen Gegenstände, die eine der Schusswaffe entsprechende Ge-fährlichkeit erst durch das Vorliegen dieser zusätzlichen Tatumstände erhalten (*Düsseldorf* NStZ-RR 1996, 375). Auch wenn der Täter die Schusswaffe aus Sicherheitsgründen an sich genommen hat, damit nichts geschehe, reicht die Ver-wendungsfähigkeit und die damit erhöhte Gefährlichkeit für die Tatbestandserfül-lung aus (*BGH* NStZ 1985, 547). Die erhöhte Gefährlichkeit liegt nämlich darin, dass das Bewusstsein des Täters, im Bedarfsfall über eine Schusswaffe verfügen zu können, Anlass sein, den Tatausführung dieses gefährliche Mittel auch einzusetzen (*BGH* NStZ-RR 1997, 16 = StV 1996, 674).

66   **2. Sonstige Gegenstände.** Neben den Schusswaffen unterfallen auch **sonstige Gegenstände** dem § 30 a Abs. 2 Nr. 2 BtMG. Dazu zählen (vgl. auch *Weber* § 30 a Rn. 105 ff.; MK-StGB/*Rahlf* § 30 a Rn. 142 ff.):

– Waffen im technischen Sinn
– gekorene Waffen und
– weitere zur Verletzung geeignete Gegenstände.

Es ist nicht erforderlich, dass die sonstigen Gegenstände als verbotene Gegen- **67** stände i. S. d. § 2 Abs. 3 i. V. m. Anlage 2, Abschnitt 2 WaffG eingestuft sind (*Hügel/Junge/Lander/Winkler* § 30 a Rn. 4.3.2).

a) Waffen im technischen Sinn. aa) Begriff. § 1 Abs. 2 Nr. 2 WaffG defi- **68** niert Waffen im technischen Sinn als tragbare Gegenstände, die ihrem Wesen nach dazu bestimmt sind, die Angriffs- und Abwehrfähigkeit von Menschen zu beseitigen oder herabzusetzen. Nach Anl. 1 zu § 1 Abs. 4, Abschnitt 1, Unterabschnitt 2, Nr. 1.1, 1.2 und 1.3 sind dies:

– **Hieb- und Stoßwaffen**, die ihrem Wesen nach bestimmt sind, unter unmittelbarer Ausnutzung der Muskelkraft durch Hieb, Stoß, Stich, Schlag oder Wurf Verletzungen beizubringen, insb. Totschläger, Stahlruten, Schlagringe, Wurfsterne und Schlagstöcke (BGHR BtMG § 30 a Abs. 2 Nr. 2 Gegenstand 5 = NStZ 2004, 111; *Frankfurt* StRR 2009, 115; *Weber* § 30 a Rn. 108),
– **Elektroimpulsgeräte** (Nr. 1.2.1; *BGH* StraFo 2008, 254),
– bestimmte **Reizstoffsprühgeräte** (Nr. 1.2.2, 1.2.3),
– **Flammenwerfer** (Nr. 1.2.4),
– **Molotow-Cocktails** (Nr. 1.2.5),
– **Nun-Chakus** (Nr. 1.2.6),
– **Präzisionsschleudern** (Nr. 1.3).

bb) Eignung zur Verletzung von Personen. Eine Feststellung der Eignung **69** zur Verletzung von Personen erübrigt sich bei Waffen im technischen Sinn, da es bei diesen auf der Hand liegt, dass derartige Gegenstände ihrer Art nach zur Verletzung von Personen geeignet und vom Täter auch dazu bestimmt sind (BGHR BtMG § 30 a Abs. 2 Nr. 2 = NStZ 2004, 111; *Weber* § 30 a Rn. 11; zur subjektiven Zweckbestimmung s. Rn. 87 ff.).

b) Gekorene Waffen. aa) Begriff. Nach § 1 Abs. 2 Nr. 2 lit. b WaffG gelten **70** als Waffen auch tragbare Gegenstände, die, ohne dazu bestimmt zu sein, insbesondere wegen ihrer Beschaffenheit, Handhabung oder Wirkungsweise geeignet sind, die Abwehrfähigkeit von Menschen zu beseitigen oder herabzusetzen (sog. gekorene Waffen, s. BT-Drs. 14/7758, S. 89). Zu den gekorenen Waffen zählen nach Anl. 1 zu § 1 Abs. 4, Abschnitt 1, Unterabschnitt 2, Nr. 2:

– Springmesser (Nr. 2.1.1),
– Fallmesser (Nr. 2.1.2),
– Faustmesser (Nr. 2.1.3),
– Butterflymesser (Nr. 2.1.4),
– Gegenstände, die bestimmungsgemäß unter Ausnutzung einer anderen als mechanische Energie Tieren Schmerzen beibringen (z. B. Elektroimpulsgeräte, Nr. 2.2).

bb) Eignung und Bestimmung zur Verletzung von Personen. Auch bei **71** den gekorenen Waffen ist der Nachweis der Zweckbestimmung nicht angezeigt, da diese Gegenstände ebenso wie die Waffen im technischen Sinn ihrer Art nach zur Verletzung von Personen geeignet und vom Täter auch dazu bestimmt sind (*Weber* § 30 a Rn. 109; MK-StGB/*Rahlf* § 30 a Rn. 148; zur subjektiven Zweckbestimmung s. Rn. 87 ff.).

c) Weitere zur Verletzung geeignete Gegenstände. aa) Begriff. Als 3. **72** Gruppe der sonstigen Gegenstände können auch weitere zur Verletzung geeignete Gegenstände, die aber – anders als die Waffen im technischen Sinn und die gekorenen Waffen – nicht **typischerweise zur Verletzung von Personen geeignet und bestimmt** sind, den Tatbestand des § 30 a Abs. 2 Nr. 2 BtMG erfüllen.

bb) Objektive Eignung zur Verletzung von Personen. Bei den sonstigen **73** Gegenständen muss sich die Eignung zur Verletzung von Personen aus der **objektiven Beschaffenheit des Gegenstandes** ergeben und nicht erst aus der besonderen Art der Verwendung (*Weber* § 30a Rn. 112; MK-StGB/*Rahlf* § 30a Rn. 145; zur subjektiven Zweckbestimmung s. Rn. 87 ff.). Folgende Gegenstände sind regelmäßig geeignet, Personen erheblich zu verletzen: **Holzknüppel** (*BGH* NStZ-RR 1999, 15 = StV 1999, 91), **Latten, Eisenstangen, Steine** (*Hügel/Junge/Lander/Winkler* § 30a Rn. 4.3.2), **Beile, Äxte und Baseballschläger,** aber auch speziell abgerichtete und „scharf" gemachte **Kampfhunde** (*BGH* NStZ 2000, 431 [Pitbull-Terrier]) sowie **Messer,** die nicht zu den Waffen im technischen Sinn zählen, z. B. **Obstmesser oder Taschenmesser** (BGHSt. 52, 257 = NStZ 2008, 512 = StV 2008, 411). Bei Gebrauchsmessern kommt es im Wesentlichen auf die **Klinge des Messers** und den **Verwendungszweck** an. Lässt ein **funktionsfähiges Feuerzeug** auf Knopfdruck ein **Springmesser mit 5 cm langer Klinge** hervorspringen, so bedarf es näherer Angaben zur Länge, Schärfe und Form, um eine Stichwaffe objektiv i. S. d. Vorschrift feststellen zu können (*BGH* NStZ 2003, 439 = StV 2003, 284). Bei einem **Labello-Lippenstift** fehlt es an einer Eignung zur Verletzung von Personen, auch wenn er vom Täter dazu verwendet wurde, durch Drücken in den Rücken des Opfers bei diesem die Vorstellung hervorzurufen, es handele sich um eine Waffe (BGH NStZ 1997, 184 = StV 1996, 545). Auch ein **Personenkraftwagen** ist kein sonstiger Gegenstand i. S. d. § 30a Abs. 2 Nr. 2 BtMG (*BGH* NJW 2008, 3627).

IV. Mitsichführen von Schusswaffen oder sonstigen Gegenständen

74   Das Merkmal des **Mitsichführens** einer Schusswaffe hat die gleiche Bedeutung wie der Begriff des **Beisichführens** i. S. v. §§ 244 Abs. 1 Nr. 1 und 250 Abs. 1 Nr. 1 StGB; es liegt dann vor, wenn der Täter die Waffe bewusst gebrauchsbereit in der Weise bei sich hat, dass er sich ihrer jederzeit bedienen kann (*BGH* NStZ-RR 1997, 16 = StV 1996, 674; *BGH* NStZ 1997, 137 = StV 1997, 189). Der Umstand des Beisichführens von Waffen muss bei den abzuurteilenden Fällen vorliegen und darf nicht allein bei nach §§ 154 Abs. 2, § 154a Abs. 2 StPO ausgeschiedenen Taten gegeben sein (vgl. *BGH* NStZ 2006, 455).

75   **1. Zugriffsnähe.** Das Mitsichführen setzt nicht voraus, dass der Täter die Waffe in der Hand hält, in der Hosentasche oder wenigstens am Körper trägt. Ein Mitsichführen liegt vor, wenn die Waffe dem Täter **in irgendeinem Stadium des Tathergangs zur Verfügung steht,** d. h. so in seiner räumlichen Nähe sich befindet, dass er sich ihrer jederzeit, also ohne nennenswerten Zeitaufwand und ohne besondere Schwierigkeiten, bedienen kann (*BGH* NStV 2000, 433 = StV 2000, 622; *BGH* NStZ 2004, 111; BGHSt. 52, 89 = NStZ 2008, 286 = StRR 2008, 72; *BGH* NStZ 2011, 99 = StV 2010, 686). Das Mitsichführen erfasst aber **nur bewegliche Tatmittel,** nicht aber solche, die fest installiert sind, wie z. B. eine **Selbstschussanlage** in einer Cannabisplantage in Form einer mit Paketband an einer Dachlatte befestigten Pistole (BGHSt. 52, 89 = NStZ 2008, 286 = StRR 2008, 72 m. krit. Anm. *Winkler* jurisPR-StrafR 2/2008 Anm. 1). In der Praxis sind folgende Fallgruppen von besonderer Bedeutung:

76   **a) Autofälle.** Der Tatbestand ist erfüllt, wenn der Täter die Waffe bei einer Drogenverkaufsfahrt im Pkw griffbereit z. B. im **Handschuhfach** (vgl. *BGH* NStZ 2002, 440 = StV 2002, 486; BGHSt. 48, 189 = NStZ 2008, 435 = StV 2003, 282), im leeren **Airbag-Fach** (vgl. *BGH*, Beschl. v. 28. 6. 2011, 3 StR 485/10) **oder unter dem Fahrersitz** (*BGH* StraFo 2004, 253) mit sich führt, auch wenn er die Drogenabnehmer später ohne Waffe aufsucht (*BGH* NStZ 1997, 137 = StV 1997, 189). Ausreichende Zugriffsnähe besteht auch dann, wenn der Angeklagte die Drogen unter dem Beifahrersitz versteckt hat und die Waffe sich in einem **Rucksack im Kofferraum** befindet, weil zumindest in bestimmten Phasen der Beschaffungsfahrt eine Zugriffsmöglichkeit besteht (BGHR BtMG § 30a Abs. 2 Gegenstand 5 = NStZ 2004, 111). Unerheblich ist, ob der Täter die Waffe zufällig, absichtlich oder bei der Amts- bzw. Berufsausübung mit sich führt (BGHSt. 30, 44 = NJW 1981, 1107).

b) Wohnungsfälle. Der gleichzeitige Besitz von zum Verkauf bestimmten 77 Drogen und Waffen **in einer Wohnung** reicht zur Anwendung des § 30a Abs. 2 Nr. 2 BtMG aus (*BGH*, Urt. v. 20. 6. 2000, 2 StR 123/00). Lagert der Täter in einer kleinen Wohnung **die Waffe mit Magazin in einem Rucksack in unmittelbarer Nähe** zu dem dort gelagerten Rauschgift, so besteht Zugriffsnähe (*BGH*, Beschl. v. 4. 7. 2002, 1 StR 131/02). Versteckt ein Angeklagter **die Schusswaffe** beim Handeltreiben **unter einem Sofa,** das erst hochgeklappt werden muss, so bedarf es der Darlegung, mit welchem Kraft- und Zeitaufwand er an die Waffe gelangen kann (*BGH* StV 2002, 489). Der 1. Strafsenat des *BGH* hat die Verfügbarkeit der Waffe aber dann als nicht ausreichend festgestellt erachtet, als feststand, dass der Angeklagte in einer Wohnung Geld und Heroin übergab und **in einem anderen Raum,** im Schlafzimmer der Wohnung, in einem Kästchen **unter dem Bett** die schussbereite Waffe lagerte (*BGH* NStZ 2000, 433 = StV 2000, 622). Diese Entscheidung ist deswegen fraglich, weil der Weg zum Nachbarzimmer nicht aufwändiger sein dürfte als der zum Kofferraum eines Pkw. Ein Mitsichführen einer Waffe scheidet aber aus, wenn sich die Betäubungsmittel im Wohnzimmer befinden und die geladene Schusswaffe in einem **geschlossenen Tresor,** der nur durch Eingabe eines Zahlencodes geöffnet werden kann, **im Nebenzimmer** (*BGH* NStZ 2011, 99 = StV 2010, 686). Gleiches gilt, wenn die Waffe von den Betäubungsmitteln getrennt auf einem schwer zugänglichen **Dachboden** gelagert wird (*Patzak/Bohnen* Kap. 2, Rn. 101).

c) Waffe am Betäubungsmittelbunker, aber nicht am Übergabeort. Für 78 ein Mitsichführen reicht es auch aus, wenn der Angeklagte, der **Heroin und eine Schusswaffe in seiner Wohnung zur Verfügung hat,** in der Wohnung das Heroin streckt und portioniert, die Ware aber nach telefonischen Verkaufsgesprächen **ohne Waffe außerhalb der Wohnung übergibt** (BGHSt. 43, 8 = NStZ 1997, 344 = StV 1997, 305). Es reicht auch aus, wenn der Täter die **Waffe erst am Tatort vorfindet** und dort an sich nimmt oder bei Verhandlungen in einem Lokal sich vom Gastwirt eine Waffe geben lässt. Es genügt, wenn die Pistole in dem Raum verwahrt wird, in dem die Kaufverhandlungen stattfinden. Ebenso ist von einem Mitsichführen auszugehen, wenn der Angeklagte die Schusswaffe bei den Vor- und Zwischenverhandlungen griffbereit zur Verfügung hat, bei den entscheidenden Verhandlungen, **bei der Geld- und Rauschgiftübergabe aber unbewaffnet ist** (BGHSt. 20, 194; BGHSt. 31, 105; *BGH* NStZ-RR 1997, 16 = StV 1996, 674; *BGH* NStZ 1997, 344 = StV 1997, 305). Hat ein Drogenhändler seine Betäubungsmittel ausgeliefert oder ein Drogenkurier seine Betäubungsmittelmenge abgeliefert, ohne den vereinbarten Kaufpreis oder das vereinbarte Honorar in vollem Umfang zu erhalten, so stellt regelmäßig das nicht umgehende, sondern Monate spätere Eintreiben der Restforderung unter Mitführen einer Waffe keinen Teilakt mehr eines Handeltreibens mit nicht geringen Mengen von Betäubungsmitteln unter Mitführen einer Waffe i. S. v. § 30a Abs. 2 Nr. 2 BtMG dar, sondern eine tatmehrheitlich gesonderte Straftat nach Beendigung des Handeltreibens mit nicht geringen Mengen von Betäubungsmitteln i. S. v. § 29a BtMG (*BGH* NStZ 1999, 467 = StV 2000, 80).

d) Sonstige Fälle. Befindet sich die Waffe **mehrere 100m vom Tatort entfernt,** so ist sie nicht mehr griffbereit (BGHSt. 31, 105 = NJW 1982, 2784 = StV 1982, 525). Für ein Mitsichführen genügt auch nicht, dass der Täter **die Waffe früher einmal in Besitz** hatte und während der Abwicklung des Rauschgiftgeschäftes über Mobiltelefon einen im Hotel befindlichen Beteiligten zum Waffeneinsatz hätte anweisen können. Denn wegen der räumlichen Entfernung war die Waffe **nicht griffbereit.** Es kommt lediglich eine Anstiftung zum bewaffneten Betäubungsmittelhandel in Betracht (*BGH* StV 1997, 638).

2. Zeitpunkt des Mitsichführens. Setzt sich die Tat aus mehreren Einzelakten 80 zusammen, wie z. B. beim Handeltreiben, reicht es zur Tatbestandserfüllung aus, wenn der **qualifizierende Umstand nur bei einem Einzelakt verwirklicht ist** (BGHSt. 42, 368; *BGH* NJW 1999, 3206 = StV 1999, 650; *BGH* NStZ 2011,

99 = StV 2010, 686). Der für die Tatbestandsverwirklichung des bewaffneten Handeltreibens mit nicht geringen Mengen von Betäubungsmitteln in Betracht kommende Zeitraum reicht vom Beginn des versuchten Handeltreibens über die Vollendung bis zur Beendigung (BGHSt. 20, 194; BGH NStZ 1984, 216; BGH NStZ 1997, 344 = StV 1997, 305). Wegen der besonderen Struktur des Tatbestandes des unerlaubten Handeltreibens mit Betäubungsmitteln ist das Merkmal des Mitführens eines Schusswaffe auch dann erfüllt, wenn diese nur bei einer **Tätigkeit mitgeführt wird, die den eigentlichen An- und Verkaufsakt vorbereiten soll** (BGH NStZ 1997, 137 = StV 1997, 189). So reicht z. B. aus, wenn der Angeklagte die **Schusswaffe** lediglich **bei der Einfuhr, nicht aber bei dem späteren Verkauf** der Betäubungsmittel führte (BGH NStZ-RR 1997, 144). Hat der Angeklagte die Waffe **auf der Fahrt zur Rauschgiftübergabe** selbst in Besitz, **aber nicht mehr bei der Besitzerlangung der Betäubungsmittel**, so ist dies entgegen der Auffassung des 1. Strafsenats des BGH (StV 1997, 638) nach h. M. unschädlich (vgl. BGH NStZ 1999, 360; BGH NJW 1999, 3206 = StV 1999, 650; Weber § 30 a Rn. 148 ff.; Hügel/Junge/Lander/Winkler § 30 a Rn. 4.3.3). Hat ein unbewaffneter Drogenkurier nach der Auslieferung des Rauschgifts und Erhalt eines Teilhonorars im Jahr 1995 drei Jahre später im Jahr 1998 mit einer halbautomatischen Selbstladekurzwaffe den restlichen Kurierlohn eingefordert, so stellt sich dieses Verhalten im Jahr 1998 als neue Straftat nach Beendigung des Handeltreibens mit nicht geringen Mengen im Jahr 1995 dar und kann nicht nach § 30 a Abs. 2 Nr. 2 BtMG bestraft werden, denn das Mitsichführen der Waffe erfolgte lange nach Beendigung des Handeltreibens (BGH NStZ 1999, 467 = StV 2000, 80).

81   Nicht erforderlich ist, dass der Angeklagte bei einem Teilakt des Tatgeschehens **über Betäubungsmittel und Waffen gleichzeitig verfügt**. Die besondere Gefahr, die von bewaffneten Drogenhändlern ausgeht, liegt auch und besonders dann vor, wenn diese als Drogenhändler der oberen Hierarchie die Betäubungsmittel weder besitzen noch anfassen (BGH NStZ 1999, 360; BGH NJW 1999, 3206 = StV 1999, 650 m. Anm. Hecker NStZ 2000, 208; BGH NStZ 2000, 433 = StV 2000, 622; Weber § 30 a Rn. 148; Hügel/Junge/Lander/Winkler § 30 a Rn. 4.3.3; a. A. BGH [1. Strafsenat] StV 1997, 638, aufgegeben durch Beschl. v. 13. 4. 1999, 1 ARs 3/99). Auch wer bewaffnet Verhandlungen über den Verkauf von Betäubungsmitteln führt oder Betäubungsmittelgeschäfte vermittelt, ohne selbst Betäubungsmittel zu besitzen, erfüllt den Verbrechenstatbestand des § 30 a Abs. 2 Nr. 2 BtMG. In jedem Falle muss aber die Waffe **in einem Teilstadium des Handeltreibens griffbereit** gewesen sein. Ein **unbewaffneter Rauschgifthändler,** der zu Hause über Betäubungsmittelvorräte verfügt und der sich für einen Besuch eines Lokals im Rotlichtmilieu vorübergehend eine Pistole ausleiht, macht sich, solange er dort keine Betäubungsmittelgeschäfte tätigt, nicht nach § 30 a Abs. 2 Nr. 2 BtMG strafbar. Beginnt er aber im Lokal mit Verkaufsverhandlungen oder kehrt mit der Waffe nach Hause zurück, wo er telefonisch seine Vorräte anbietet, so macht er sich wegen bewaffneten Handeltreibens mit nicht geringen Mengen von Betäubungsmitteln strafbar (Lenckner NStZ 1998, 257).

82   **3. Konkrete Gefahr des Waffengebrauchs.** Umstritten ist die Auffassung des 1. Strafsenats des BGH, ob ein Mitsichführen auch vorliegt, wenn bei der Tatausführung die **spezifische Gefahr eines eventuellen Waffengebrauchs** nicht besteht. (vgl. die Kritik von Weider, 2000, 26 ff.). So erwog der 1. Strafsenat des BGH, den Waffenbesitz beim häufigen Telefonieren ohne persönlichen Kontakt mit dem Geschäftspartner und ohne Gefährdung des Geschäftspartners für ein Mitsichführen nicht ausreichen zu lassen (BGH, Beschl. v. 13. 4. 1999, 1 AR 3/99). Es kommt jedoch nicht darauf an, ob sich die in einer Schusswaffe liegende Gefahr im Hinblick auf eine mögliches Opfer realisieren (Weber § 30 a Rn. 150 f.). Zu Recht betont der **2. Strafsenat des BGH,** dass es sich bei § 30 a Abs. 2 Nr. 2 BtMG um einen qualifizierten **abstrakten Gefährdungstatbestand** handele. Die Gefährlichkeit sei gesetzgeberischer Grund der Strafandrohung, nicht

Merkmal des Tatbestandes. Es lasse sich niemals ausschließen, dass eine als Heroinhändler agierende Person nicht nur von Kunden, mit denen sie in Kontakt tritt, sondern unerwartet von Drogenabhängigen, Polizeibeamten oder sonstigen Personen aufgesucht wird (Putzfrau hat Heroinbeutel weggeworfen). Wenn ein Händler Betäubungsmittel und Waffen zugleich verfügungsbereit hat, kann sich die Gefahr verwirklichen, der § 30a Abs. 2 Nr. 2 BtMG begegnen will, dass nämlich der Täter bei überraschenden Besuchen seine Drogenvorräte mit Waffen verteidigt (BGHSt. 43,8 = NStZ 1997, 344 = StV 1997, 305). Die Vorschrift schützt auch Polizeibeamte, die bei einer überraschenden Wohnungsdurchsuchung auf einen bewaffneten Dealer treffen, der in der Wohnung 3 kg Haschisch zum gewinnbringenden Weiterverkauf aufbewahrt und in der Hand in der Hosentasche einen Teleskopschlagstock hält (*BGH*, Urt. v. 20. 6. 2000, 2 StR 123/00).

D. Subjektiver Tatbestand

§ 30a Abs. 2 Nr. 2 BtMG greift lediglich bei vorsätzlicher Begehung ein. Bei **83** einem fahrlässigen Handel kommt nur die Anwendung der §§ 29 Abs. 1 S. 1 Nr. 1, Abs. 4 BtMG in Betracht.

I. Vorsatz bzgl. des Mitführens von Waffen

Für die subjektive Seite des Tatbestandes Mitführen von Waffen reicht **beding-** **84** **ter Vorsatz** aus. Der Täter muss lediglich wissen, dass er eine verwendbare Waffe griffbereit hat, über die er jederzeit ohne nennenswerten Zeitaufwand und ohne besondere Schwierigkeiten verfügen kann. Neben diesem **Bewusstsein von der Verfügbarkeit der Waffe** ist ein **Wille, die Waffe auch einzusetzen**, nicht erforderlich. Der subjektive Tatbestand entfällt nicht, wenn der Täter nicht den Vorsatz hat, die Waffe zu gebrauchen oder von der Absicht des Waffengebrauches später Abstand nimmt (*BGH* NStZ 1996, 498 = StV 1996, 673; *BGH* NStZ-RR 1997, 16 = StV 1996, 674; *BGH* NStZ 2000, 433; *BGH* StV 2003, 80). Zu den erforderlichen Urteilsfeststellungen, wenn sich der Täter einlässt, die Waffe im Fahrzeug (hier: im leeren Airbag-Fach) vergessen zu haben, s. *BGH*, Beschl. v. 28. 6. 2011, 3 StR 485/10.

Der Täter, der zu Beginn des Handeltreibens eine Waffe bei sich führt, kann des- **85** halb auch nicht mehr von dem Waffeneinsatz zurücktreten, selbst wenn er die Waffen wegwirft und das weitere Geschäft ohne Waffen abwickelt. Er kann nur insgesamt die Tat aufgeben, solange noch keine Vollendung eingetreten ist. Bei der Prüfung, ob dem Täter die Einsatzmöglichkeit der Waffe bewusst war, sind umso höhere Nachweisanforderungen zu stellen, je ferner nach der Sachlage die Gefahr eines Waffeneinsatzes lagt (*BGH* NStZ 2000, 433 = StV 2000, 628). Hat der Täter eine Pistole Baretta neben Munition erworben und im Keller deponiert und Wochen später erst Haschisch gekauft und im Keller deponiert, ohne an die Waffe zu denken, so kann ein Bewusstsein von der Verfügbarkeit der Waffe und ein entsprechender Vorsatz trotz objektiven Vorhandensein der Waffe nicht festgestellt werden (*BGH* StV 2003, 80).

Das **Merkmal Mitsichführen** bezieht sich nicht auf den Erfolg und auch nicht **86** auf die Art der Tatausführung. Es kennzeichnet **nur ein die Tat begleitendes Verhalten.** Seine Gefährlichkeit ist der Grund der erhöhten Strafandrohung. Das Bewusstsein der Verfügung über eine so gefährliche Waffe kann leicht zu ihrem Einsatz führen (BGHSt. 30, 44; *BGH* NStZ 1984, 216 m. Anm. *Zaczyk*). Hat der Täter den qualifizierenden Straftatbestand des Handeltreibens mit nicht geringen Mengen von Betäubungsmitteln unter Mitführung von Waffen verwirklicht, so hat er regelmäßig die Einsicht, Unrecht zu tun, wenn er die spezifische Rechtsgutverletzung des Grundtatbestandes erkannt hat. Der neu geschaffenen Wirkung eines schuldsteigernden Umstandes braucht er sich jedenfalls dann nicht bewusst zu sein, wenn dieser Umstand, wie beim unerlaubten Führen einer Schusswaffe, ein strafrechtliches Unrecht für sich bedeutet und der Täter dies weiß. Sein Unrechtsbewusstsein erstreckt sich deshalb auch auf die Qualifikation (*BGH* NStZ 1996, 499 m. zust. Anm. *Kessler* = StV 1996, 670 m. abl. Anm. *Seelmann*).

II. Subjektive Bestimmung zur Verletzung von Personen

87   Neben dem subjektiven Bewusstsein, einen Gegenstand i. S. d. § 30 a Abs. 2 Nr. 2 BtMG gebrauchsbereit und griffbereit bei sich zu führen, muss auch das Merkmal der subjektiven Bestimmung des Gegenstandes zur Verletzung von Personen festgestellt werden. Dies ist zwar dem Wortlauf des § 30 a Abs. 2 Nr. 2 BtMG nicht zu entnehmen. Da aber der Gesetzgeber in der Begründung zum Gesetzesentwurf des Verbrechensbekämpfungsgesetzes (BT–Drs. 12/6853, S. 41) auf die sonstigen Gegenstände i. S. v. § 27 VersammlG Bezug genommen hat, ist die dort als Voraussetzung anerkannte subjektive Zweckbestimmung auch bei § 30 a Abs. 2 Nr. 2 BtMG zu fordern (BGHSt. 43, 266 = NStZ 1998, 361 = StV 1998, 262).

88   Daher reicht eine allgemeine Zweckbestimmung des Gegenstandes zur Verletzung von Personen nicht aus. Vielmehr muss der **Täter selbst den Gegenstand zur Verletzung von Personen bestimmt** haben. Wenn es sich bei dem Gegenstand um eine Schusswaffe, eine Waffe im technischen Sinn (§ 1 Abs. 2 Nr. 2 lit. a WaffG) oder eine gekorene Waffe (§ 1 Abs. 2 Nr. 2 lit. b WaffG) handelt, liegt die subjektive Zweckbestimmung regelmäßig nahe und bedarf keiner ausdrücklichen Erörterung in den Urteilsgründen (*BGH* NStZ–RR 1997, 50 = StV 1996, 674 m. Anm. *Sost-Scheible* NStZ 1997, 396; BGHSt. 43, 266 = NStZ 1998, 361 = StV 1998, 262). Hat der Täter bei der Einfuhr der Betäubungsmitteln einen **Schlagstock aus Gummi** mitgeführt, den er in einem Waffengeschäft **zur Selbstverteidigung** erworben hatte, so ist die objektive Eignung und die subjektive Bestimmung zur Verletzung von Personen nicht zweifelhaft (*BGH* NStZ 1996, 498 = StV 1996, 673; *BGH* NStZ 2004, 111). Eine besondere Begründung der Zweckbestimmung ist regelmäßig dann entbehrlich, wenn es an einem nachvollziehbaren Grund dafür, dass der Täter einen objektiv gefährlichen Gegenstand griffbereit hält, fehlt (*BGH* NStZ 2011, 98 = StV 2010, 685), insb. weil die Gegenstände nach dem typischen Gebrauch zu anderen Zwecken dienen, z. B. **Baseballschläger** oder **große Küchenmesser** (BGHSt. 43, 266 = NStZ 1998, 361 = StV 1998, 262).

89   **1. Messer.** Bei Gegenständen, die nicht typischerweise zum Verletzen eingesetzt werden, müssen Ausführungen zur subjektiven Bestimmung zur Verletzung von Personen gemacht werden, wie z. B. bei einem **besonders kleinen Messer** (*BGH* NStZ–RR 1997, 50). Der Tatrichter kann diese subjektive Bestimmung entweder der Einlassung des Angeklagten entnehmen oder aus äußeren Umständen darauf schließen, wie z. B. der spezifischen Beschaffenheit, Ort und Art der Aufbewahrung oder anderweitige Verwendungsmöglichkeiten. Bei einem **Hausmeister**, der ein kleines Springmesser nach eigenen Angaben für seine Hausmeistertätigkeit bei sich trägt, sind Feststellung erforderlich, warum das Gericht dennoch von einer Zweckbestimmung zur Verletzung von Personen ausgeht (*BGH* NStZ 2011, 98 = StV 2010, 685).

90   Das Merkmal der subjektiven Bestimmung eines Gegenstandes zur Verletzung von Personen ist begrifflich von dem subjektiven Bewusstsein, diesen Gegenstand gebrauchsbereit und griffbereit bei sich zu führen, zu trennen. Denn die subjektive Bestimmung kann einer Tat lange vorausgehen, so wenn der Täter ein **Küchenmesser zur eventuellen Selbstverteidigung** unter den Fahrersitz des Autos legt, mit dem er später nicht geringe Mengen von Betäubungsmitteln einführt (*BGH* NStZ–RR 1997, 50 = StV 1996, 674 m. Anm. *Sost-Scheible* NStZ 1997, 396). Der *BGH* hat ein Urteil aufgehoben, weil die Strafkammer bei einem **Schweizer Offiziersmesser** bzw. bei einem **Einhandklappmesser,** wie es üblicherweise zum Obstschälen benutzt wird, zwar die objektive Eignung zur Verletzung von Personen, nicht aber die subjektive Zweckbestimmung zur Verletzung von Personen festgestellt hatte (BGHSt 43, 266 = NStZ 1998, 361 = StV 1998, 262). Hat der Täter ein **Klappmesser mit entsprechender Klingenlänge** nach eigenen Angaben zu seiner Verteidigung mit sich geführt, so hat er den zur Verletzung von Per-

sonen geeigneten Gegenstand auch subjektiv hierzu bestimmt (*BGH*, Beschl. v. 9. 10. 1997, 3 StR 422/97).

2. Kampfhunde. Ist ein Kampfhund wie z. B. ein **Pitbull–Terrier** speziell dazu 91 abgerichtet, auf Kommando eine Person anzuspringen und zu verletzen, so liegt ein objektiv und subjektiv bestimmter waffenähnlicher Gegenstand vor (*BGH* NStZ 2000, 431).

E. Versuch

Wird der Verbrechenstatbestand versucht, so ist er regelmäßig strafbar (vgl. § 23 92 Abs. 1 StGB).

I. Abgrenzung straflose Vorbereitung/Versuchsbeginn

Der Versuch beginnt mit dem unmittelbaren Ansetzen zur jeweiligen Tatbege- 93 hungsweise.

II. Rücktritt

Trennt sich der Täter zwischen Eintritt des Versuchsstadiums und Vollendung 94 von der Waffe, ist für einen Rücktritt nach § 24 StGB kein Raum, da es für § 30a Abs. 2 Nr. 2 BtMG ausreicht, dass der Täter die Waffe zu irgendeinem Zeitpunkt der Tatbegehung bei sich führt (*Weber* § 30a Rn. 162; MK–StGB/*Rahlf* § 30a Rn. 192; a. A. *Fischer* § 244 Rn. 29; Sch/Sch/*Eser* § 24 Rn. 113); in einem solchen Fall kommt aber die Anwendung eines minder schweren Falles nach § 30a Abs. 3 BtMG in Betracht.

F. Täterschaft/Teilnahme

I. Zurechnung der Bewaffnung des Mittäters

Die Frage der Zurechnung der Bewaffnung des Mittäters war lange Zeit unter 95 den Strafsenaten des *BGH* umstritten. Das Mitsichführen einer Waffe ist **kein tä-terbezogenes besonderes persönliches Merkmal** i. S. v. § 28 StGB (*BGH* NStZ 1997, 244 = StV 1997, 189; *BGH* NStZ 2000, 431 = StV 2000, 623), sondern ein **die Tat begleitender Umstand**. Bei § 30a Abs. 2 Nr. 2 BtMG handelt es sich **nicht um ein eigenhändiges Delikt** (BGHSt. 48, 189 = NStZ 2003, 435 = StV 2003, 282). Nach dem in § 25 Abs. 2 StGB verankerten Grundgedanken der mittäterschaftlichen Verantwortung ist jeder als Täter zu bestrafen, der aufgrund eines gemeinschaftlichen Tatentschlusses seinen Beitrag als Teil der Tätigkeit des anderen und denjenigen des anderen als Ergänzung seines Tatanteils will. Daher wird jeder vom gemeinsamen Tatplan umfasste Tatbeitrag eines Mittäters den übrigen als eigener zugerechnet (*BGH* NStZ 1990, 130). Dies gilt allgemein, aber auch für qualifikationsbegründende tatbezogene Merkmale, somit auch für die Bewaffnung eines Mittäters bei § 30a Abs. 2 Nr. 2 BtMG, da es sich um ein **tatbezogenes Unrechtsmerkmal** handelt, das die Gefährlichkeit der Tat näher umschreibt (*BGH* NStZ 2000, 431 = StV 2000, 623). Solche Merkmale, für die § 28 Abs. 2 StGB nicht anwendbar ist, können grundsätzlich arbeitsteilig mit der Folge verwirklicht werden, dass sich jeder Mittäter die vom gemeinsamen Tatplan umfassten Tatbeiträge der anderen als Teil seines eigenen Tuns zurechnen lassen muss (st. Rspr., vgl. BGHSt. 39, 236 = NStZ 1993, 489 = StV 1993, 467). Für die Zurechnung der Bewaffnung eines Mittäters nach allgemeinen Grundsätzen sprachen sich insb. der 2., der 3., der 4. und der 5. Strafsenat des *BGH* aus (vgl. BGH, Beschl. v. 20. 3. 2002, 2 ARs 68/02; *BGH* NStZ 2002, 601 m. Anm. *Weber* = StV 2002, 404; *BGH*, Beschl. v. 20. 3. 2002, 4 ARs 15/02; *BGH*, Beschl. v. 19. 3. 2002, 5 ARs 133/02). Dieser Auffassung widersprach der **1. Strafsenat** (BGHSt. 42, 368 = NStZ 1997, 244 = StV 1997, 189; *BGH* StV 1997, 638; *BGH* NStZ 2002, 600).

96   Der **Große Senat des BGH** entschied dann wie die Mehrheit der Strafsenate (BGHSt. 48, 189 = NStZ 2003, 435 mit Anm. *Altenhein* = StV 2003, 282). Bei gemeinschaftlicher Tatbegehung kann nicht nur derjenige Täter eines Verbrechens nach § 30 a Abs. 2 Nr. 2 BtMG sein, der selbst unmittelbar Zugriff auf eine mitge-führte Schusswaffe oder einen sonstigen Gegenstand i. S. dieser Vorschrift hat. Vielmehr kann die vom gemeinsamen Tatplan umfasste Bewaffnung eines Mittäters den übrigen Tätern nach allgemeinen Grundsätzen (§ 25 Abs. 2 StGB) zugerechnet werden (vgl. auch *BGH* StraFo 2003, 322).

II. Fallgruppen der Mittäterschaft

97   **1. Bewaffnung mit Gefahrenzusammenhang. a) Gemeinsame Fahrt mit Waffe.** Für die Annahme einer Mittäterschaft muss subjektiv der unbewaffnete Täter mit Dolus eventualis davon ausgehen, dass der andere Täter generell eine Waffe bei einem Teilakt des Tatgeschehens bei sich griffbereit hat. Befindet sich die Schusswaffe **im Handschuhfach des Autos** bei gemeinsamer Fahrt zum oder vom Betäubungsmittelhandelsort, so ist Mittäterschaft nahe liegend (*BGH* NStZ 1997, 137 = StV 1997, 189; BGHSt. 42, 368 = NStZ 1997, 244 = StV 1997, 189; *BGH* NStZ 2002, 440 = StV 2002, 486).

98   **b) Bewaffnete Begleitung.** Mittäterschaft liegt auch vor, wenn ein Täter die Waffe nicht selbst trägt, sondern sie von einem ihn begleitenden Leibwächter oder Mittäter tragen lässt, von dem er sie sich aushändigen lassen oder der sie auf seine Anweisung hin einsetzen kann. Bei unmittelbarer Anwesenheit eines Leibwächters kann es keinen Unterschied machen, ob sich die Waffe im Auto oder beim Leib-wächter befindet (BGHSt. 42, 368 = NStZ 1997, 244 = StV 1997, 189; BGHSt. 43, 8 = NStZ 1997, 344 = StV 1997, 305).

99   **c) Bewaffnete Betäubungsmittelauslieferer.** Nimmt der eine Täter am Tele-fon unbewaffnet die Bestellungen entgegen und leitet sie an seinen Komplizen im Betäubungsmitteldepot weiter, der die Betäubungsmittel mit Waffen ausliefert, so wird die Bewaffnung beiden zugerechnet (*Weber* § 30 a Rn. 156; MK-StGB/*Rahlf* § 30 a Rn. 164; krit. *Hügel/Junge/Lander/Winkler* § 30 a Rn. 4.3.3).

100   **2. Bewaffnung ohne Gefahrenzusammenhang.** Da es ausreicht, wenn der qualifizierende Umstand der Bewaffnung nur bei einem von mehreren Einzelakten des Tatgeschehens Handeltreiben verwirklicht wird (BGHSt. 43, 8 = NStZ 1997, 344 = StV 1997, 305 m. Anm. *Zaczyk* JR 1998, 256; *BGH* NStZ 1999, 360 = StV 1999, 650 m. Anm. *Hecker* NStZ 2000, 208; vgl. auch *Lenckner* NStZ 1998, 257; *Paul* NStZ 1998, 222; *Nestler* StV 2002, 504), unterliegen Fallkonstellationen der hohen Mindeststrafe von § 30 a Abs. 2 S. 2 BtMG, bei denen gerade nicht damit zu rechnen ist, dass der Täter bzw. die Mittäter rücksichtslos seine/ihre Inte-ressen beim unerlaubten Umgang mit Betäubungsmitteln durchsetze und dabei von der Waffe Gebrauch machen wird/werden und dennoch die Bewaffnung des Mittäters dem unbewaffneten Mittäter zugerechnet wird (vgl. *Nestler* StV 2002, 504).

101   So gibt es mehrere Fälle, wo kein bewaffneter Kontakt mit Geschäftspartnern stattfindet:

– Der Täter hat Waffe und Rauschgift in der Wohnung, verhandelt mit Kaufinte-ressenten aber nur telefonisch in der Wohnung. Er trifft sich mit Abnehmern und den Komplizen ohne Waffe.

– Der Täter hat Waffe und Rauschgift in der Wohnung, nimmt in der Wohnung Bestellungen telefonisch entgegen und lässt unbewaffneten Komplizen das Rauschgift an die Abnehmer ausliefern.

102   Eine einschränkende Auslegung, wie vom 1. Strafsenat des *BGH* vorgeschlagen, wonach § 30 a Abs. 2 S. 2 BtMG nicht gilt, wenn der Täter nicht zugleich die Möglichkeit des Zugriffes hat auf Betäubungsmittel und auf die Waffe (*BGH* StV 1997, 638), wenn nach Lage der Dinge für das geschützte Rechtsgut keine Gefahr bestehen kann durch die Waffe (*BGH* NStZ 1997, 137 = StV 1997, 189; *BGH*,

Beschl. v. 13. 4. 1999, 1 ARs 3/99; *BGH* NStZ 2002, 600; BGHR BtMG § 30a Abs. 2 Gegenstand 5 = NStZ 2004, 111), hat sich bei den Strafsenaten des *BGH* nicht durchgesetzt, obwohl sie von der Lit. gefordert wurde (*Paul* NStZ 1998, 222; *Zaczyk* JR 1998, 256; *Nestler* StV 2002, 504; s. dazu auch Rn. 82).

III. Nichtzurechnung der Bewaffnung des Gehilfen

In einigen Vorschriften wie §§ 113 Abs. 2 Nr. 1, 244 Abs. 1 Nr. 1, 250 Abs. 1 **103** Nr. 1, Abs. 2 StGB wird das Qualifikationsmerkmal dahin formuliert, dass der Täter oder ein Beteiligter die Waffe bei sich führen müsse. Demgegenüber bewirkt die bei § 30a Abs. 2 Nr. 2 BtMG gewählte Formulierung („der Täter"), dass in einem Fall, in dem ein Rauschgifthändler von einem bewaffneten Gehilfen begleitet wird, die Bewaffnung des Teilnehmers grundsätzlich weder bei diesem noch beim Haupttäter zur Anwendung des Qualifikationstatbestandes des § 30a Abs. 2 Nr. 2 BtMG führt (*BGH* NStZ 2000, 431 = StV 2000, 623; *BGH* NStZ-RR 2002, 277; *BGH* StV 2005, 558 = StraFo 2005, 390; *Patzak/Bohnen* Kap. 2, Rn. 101).

Führen zwei Angeklagte bei einer Rauschgiftschmuggelfahrt mit Betäubungs- **104** mitteln in nicht geringer Menge mit einem PKW keine Waffe, der das Fahrzeug steuernde dritte Angeklagte aber ein Jagdmesser mit 15 cm Klingenlänge mit sich und machten sich die Angeklagten mit dieser Auftragsarbeit der Beihilfe zum unerlaubten Handeltreiben mit Betäubungsmitteln in nicht geringen Mengen schuldig, so kann eine Zurechnung der Bewaffnung mangels Haupttat beim Handeltreiben nicht erfolgen. Da die Angeklagten aber tateinheitlich die Einfuhr von nicht geringen Mengen in Mittäterschaft begehen, kann die Waffe gem. § 30a Abs. 2 Nr. 2 BtMG bei der Alternative Einfuhr von nicht geringen Mengen als tatbezogenes, qualifizierendes Unrechtsmerkmal zugrunde gelegt werden (*BGH* NStZ-RR 2002, 277).

Anderes kann gelten, sofern der Haupttäter in der Lage ist, auf die Waffe jeder- **105** zeit auch selbst zuzugreifen oder über ihren Einsatz im Wege eines Befehls zu verfügen. In diesen Fällen ist die Annahme der Qualifikation über mittelbare Täterschaft gerechtfertigt (BGHSt. 43, 8 = NStZ 1997, 344 = StV 1997, 305 [Leibwächterfall]). Hat der Haupttäter bei einem Rauschgiftgeschäft über nicht geringe Mengen von Betäubungsmitteln keine Schusswaffe oder einen ähnlichen Gegenstand bei sich geführt und von dem Totschläger, den der Gehilfe bei sich hatte, nichts gewusst, so ist nicht nur der Haupttäter wegen Handeltreibens mit Betäubungsmitteln in nicht geringen Mengen zu bestrafen, sondern wegen des Grundsatzes der Akzessorietät auch der Gehilfe nur wegen Beihilfe zum Handeltreiben mit Betäubungsmitteln in nicht geringen Mengen zu bestrafen. § 28 Abs. 2 StGB findet auf den Gehilfen keine Anwendung, da das Mitführen der Waffe kein besonderes Merkmal darstellt (BGHR BtMG § 30a Mitsichführen 1 = NStZ-RR 1999, 187; *BGH* NStZ 2000, 431; *BGH* NStZ-RR 2002, 277; *BGH* StraFo 2008, 254).

G. Rechtsfolgen

I. Minder schwere Fälle (§ 30a Abs. 3 BtMG)

Nach § 30a Abs. 3 BtMG besteht für minder schwere Fälle ein reduzierter **106** Strafrahmen von 6 Monaten bis 10 Jahren Freiheitsstrafe. Die Höchststrafe wurde durch Gesetz zur Änderung arzneimittelrechtlicher und anderer Vorschriften vom 17. 7. 2009 (BGBl. I, 1990) von 5 auf 10 Jahre angehoben (zu den Rechtsfolgen bei Annahme eines unzutreffenden Strafrahmens bei § 30a Abs. 3 BtMG vgl. *BGH* NStZ 2010, 714).

Die Annahme eines minder schweren Falles ist rechtsfehlerhaft und kann nicht **107** bestehen bleiben, wenn die Strafkammer **keine Gesamtwürdigung vorgenommen** hat, bei der Strafrahmenwahl **ausschließlich strafmildernde und tatbezogene Faktoren** (Waffe und Munition in verschlossener Umhängetasche, nicht jederzeitiger Zugriff beabsichtigt, weiche Droge Marihuana, Sicherstellung der BtM) herangezogen, **gewichtige täterbezogene und strafschärfende Umstände** (einschlägige Vorstrafen, Tatbegehung während laufender Bewährung, große Rauschgiftmenge) aber **außer Betracht** gelassen, bzw. **erst bei der Strafzumessung i. e. S. berücksichtigt** hat (*BGH*, Urt. v. 2. 9. 1998, 2 StR 185/98).

108   Demgegenüber kann auch bei einer großen Handelsmenge der besonders gefährlichen Droge Heroin und der Tatbegehung unter Mitführung einer dem kriminellen Milieu entstammenden scharfen Waffe ein minder schwerer Fall i. S. v. § 30 a Abs. 3, 29 a Abs. 2 BtMG in Betracht kommen, wenn der Angeklagte nicht der eigentliche Initiator, Drahtzieher und Hauptnutznießer des Geschäftes war, es sich um ein von Anfang an polizeilich überwachtes und kontrolliertes Scheingeschäft gehandelt hat und der Angeklagte in allen wesentlichen Punkten geständig ist und insbesondere auch Angaben zur Person und zum Verhalten des Hintermannes gemacht hat (*BGH* StV 1997, 638). Es ist nicht zu beanstanden, wenn die Strafkammer neben anderen Gesichtspunkten der minderen Gefährlichkeit eines Gummiknüppels gegenüber einer Schusswaffe durch Anwendung eines minder schweren Falles Rechnung getragen hat (*BGH* NStZ 1996, 498 = StV 1996, 673).

109   An Stelle einer einschränkenden Auslegung des Verbrechenstatbestandes in den Fällen, in denen der Waffenbesitz in keiner Phase des Tatgeschehens zum Kontakt mit den Geschäftspartnern führt (vgl. hierzu die ehemalige Rspr. des 1. Strafsenat des *BGH* in BGHSt. 42, 368 = NStZ 1997, 244 = StV 1997, 189; *BGH* NStZ 2002, 600; s. dazu Rn. 82), kann der **fehlende oder eingeschränkte Gefahrenzusammenhang** aber **zusammen mit anderen Milderungsgründen** zu einem **minder schweren Fall** führen (*BGH* NJW 2003, 1541 = StV 2003, 282; *Hügel/Junge/Lander/Winkler* § 30 a Rn. 4.3.3). *Weber* weist in NStZ 2002, 603 zu Recht darauf hin, dass der Tatrichter wegen der hohen Mindeststrafe **nicht vorschnell in den Strafrahmen des minder schweren Falles** ausweichen dürfe. Der Umstand, dass der Täter die Waffe nicht selbst führe oder die Waffe nicht zum Einsatz komme, **ändere häufig nichts an der Gefährlichkeit** und dürfe nicht dazu führen, als sei gar keine Waffe im Spiel gewesen.

110   Bei Anwendung des minder schweren Falles nach § 30 a Abs. 3 BtMG darf die **Strafe nicht milder** sein **als nach dem Strafrahmen der verdrängten Vorschrift** des § 30 Abs. 1 BtMG, **sofern nicht ausnahmsweise die Voraussetzungen des § 30 Abs. 2 BtMG gegeben sind.** Denn beim unerlaubten Handeltreiben mit Betäubungsmitteln steht der Qualifikationstatbestand des bewaffneten Handeltreibens nach § 30 a Nr. 2 BtMG in Gesetzeskonkurrenz zum Grundtatbestand nach § 29 Abs. 1 BtMG und zu den Qualifikationstatbeständen nach § 29 a Abs. 1 oder § 30 Abs. 1 BtMG. Bei Gesetzeskonkurrenz entfaltet jedoch ebenso wie bei der Tateinheit das zurücktretende Delikt eine **Sperrwirkung** hinsichtlich der Mindeststrafe (*BGH* NStZ 2003, 440 = StV 2003, 285; *BGH* NStZ 2011, 98 = StV 2010, 685). Ein minder schwerer Fall der bewaffneten Einfuhr von nicht geringen Mengen von Betäubungsmitteln darf **nicht allein wegen der geringeren Gefährlichkeit des waffenähnlichen Gegenstandes** angenommen werden, da ansonsten der Strafrahmen geringer wäre als die Einfuhr von nicht geringen Mengen ohne jegliche Waffe (§ 30 Abs. 1 BtMG). Vielmehr bedarf es einer Gesamtabwägung (*BGH* NStZ 2003, 440 = StV 2003, 285).

II. Strafzumessungserwägungen

111   **1. Verstoß gegen Doppelverwertungsverbot.** Es verstößt gegen das Verbot der Doppelverwertung (§ 46 Abs. 3 StGB), wenn das Gericht „die besondere Gefährlichkeit des bewaffneten Handeltreibens" straferschwerend berücksichtigt (*BGH* StRR 2010, 363). Auch darf die typische Gefahr, die von der Verfügbarkeit einer einsatzbereiten Schusswaffe ausgeht, nicht strafschärfend gewürdigt werden, da die Tatbestandsmerkmal ist (*BGH*, Beschl. v. 1. 6. 2005, 2 StR 144/05; *Schäfer/Sander/van Gemmeren* Rn. 972).

2. Art, Zahl und besondere Gefährlichkeit der mitgeführten Waffen. 112
Für die Strafzumessung ist die Art, die Zahl und die besondere Gefährlichkeit der
mitgeführten Waffen von Bedeutung. Ferner ist zu bewerten, ob die Schusswaffe
nicht nur griffbereit, sondern geladen zum Einsatz vorbereitet war. Es ist aber
rechtsfehlerhaft, wenn der Tatrichter bei der Beweiswürdigung und der Strafzumessung von einem nicht bestehenden Erfahrungssatz ausgeht. Auf eine bloße
Vermutung kann eine Beweiswürdigung nicht gestützt werden. Ein Erfahrungssatz,
dass mit 1 kg Heroin in einschlägigen Kreisen nicht unbewaffnet Handel getrieben
wird, besteht nicht (BGHR StPO § 261 Erfahrungssatz 6 = StV 2000, 69).

3. Anwendung der Waffen. Die besondere Gefährlichkeit der Schusswaffe 113
bzw. der Munition und des sonstigen Gegenstandes oder die tatsächliche Anwendung der Waffe kann strafschärfend gewertet werden. Führt ein Angeklagter beim
Betäubungsmittelgeschäft nicht nur eine geladene Pistole oder ein Springmesser
verdeckt bei sich, sondern **setzt die Schusswaffe bzw. Waffe zur Bedrohung
oder zur Verletzung auch ein,** so wirkt dies straferhöhend. Dabei können auch
die Art, die Dauer und die Folgen des Waffeneinsatzes eine Rolle spielen
(*BGH* NStZ-RR 2004, 90 = StraFo 2004, 27). Das Mitsichführen einer ungefährlichen Scheinwaffe oder einer ungeladenen Schusswaffe ist kein Strafmilderungsgrund, sondern schließt die Anwendung des § 30a Abs. 2 Nr. 2 BtMG
aus. Auswirkungen des Mitsichführens der Waffen dürfen zum Nachteil des Angeklagten nur insoweit berücksichtigt werden, als sie von diesem verschuldet
sind; das ist nicht der Fall, wenn sich der Täter gegen einen vermeintlichen Räuber
zur Wehr gesetzt und ihn verletzt hat (*BGH* NStZ-RR 2004, 90 = StraFo 2004,
27).

4. Nicht geringe Menge von Betäubungsmitteln. Der beschränkte Blick 114
auf die Art und Zahl der mitgeführten Waffen oder gefährlichen Gegenstände darf
nicht allein zur besonderen Strafschärfung führen, wenn gleichzeitig es sich um die
„weiche" Droge Cannabis handelt und die große Betäubungsmittelmenge **nur
eine Wirkstoffmenge von 8 g THC** aufweist, also an der Schwelle zur nicht
geringen Menge liegt (*BGH* NStZ 2004, 162 = StV 2004, 115; BGHR BtMG
§ 30a Abs. 2 Strafzumessung 1 = StV 2004, 603).

III. Erweiterter Verfall

Gem. § 33 Abs. 1 BtMG ist in den Fällen des § 30a BtMG der erweiterte Ver- 115
fall nach § 73d StGB möglich. Waffen und Gegenstände, auf die sich eine Straftat
nach § 30a BtMG beziehen, können nach § 33 Abs. 2 BtMG eingezogen werden.

H. Konkurrenzen

I. Grundtatbestand und Qualifikation

Der Grundtatbestand des Handeltreibens mit Betäubungsmitteln wird ein- 116
schließlich der in § 29 Abs. 3 S. 1 BtMG enthaltenen Strafzumessungsregel von
den Verbrechenstatbeständen des § 30a BtMG mit umfasst und tritt im Wege der
Gesetzeskonkurrenz hinter diesen zurück. Da es sich bei § 29 Abs. 3 BtMG um
keinen selbstständigen Qualifikationstatbestand, sondern lediglich um eine Strafzumessungsregel handelt, kann § 29 Abs. 3 S. 2 Nr. 1 BtMG nicht in Tateinheit
mit den in § 30a BtMG aufgeführten Verbrechenstatbeständen stehen. Die Tatsache, dass der Täter das Regelbeispiel eines besonders schweren Falles nach § 29
Abs. 3 BtMG (hier: **Gewerbsmäßigkeit**) verwirklicht hat, behält aber Bedeutung
für die Bemessung der Strafe innerhalb des in dem Qualifikationstatbestand vorgesehenen Strafrahmens (*BGH* NStZ 1994, 39; *BGH* NStZ-RR 1996, 46 =
StV 1996; BGHR BtMG § 30a Konkurrenzen 2 = StV 1996, 267; BGHR BtMG
§ 29a Abs. 1 Nr. 1 Abgabe 1 = StraFo 2003, 322).

II. Verschiedene Tatbegehungsweisen des § 30 a Abs. 2 Nr. 2 BtMG und Bewertungseinheit

117   Die aufeinander folgenden Teilakte des bewaffneten unerlaubten Erwerbs von nicht geringen Mengen von Betäubungsmitteln und der bewaffneten unerlaubten Einfuhr von nicht geringen Mengen von Betäubungsmitteln sind keine mehrfachen Verwirklichungen desselben Tatbestandes, sondern **rechtlich unselbstständige Akte eines einheitlichen grenzüberschreitenden Betäubungsmittelgeschäftes** und bilden nach den Grundsätzen der **Bewertungseinheit** mit allen den gleichen Güterumsatz dienenden Betätigungen eine Tat und sind wegen unerlaubten bewaffneten Handeltreibens mit nicht geringen Mengen von Betäubungsmitteln nach § 30 a Abs. 2 Nr. 2 BtMG zu bestrafen (BGHSt. 30, 28 = NJW 1981, 1325; *BGH* NStZ 1996, 499; *BGH* NStZ-RR 1997, 144; *BGH* NStZ-RR 2010, 216).

118   Der Tatbestand des § 29 a Abs. 1 Nr. 2 BtMG wird ebenso wie der Verbrechenstatbestand des § 30 Abs. 1 Nr. 4 BtMG durch den Qualifikationstatbestand des § 30 a Abs. 2 Nr. 2 BtMG verdrängt, auch wenn dieser nur beim letzten Teilakt des Gesamtgeschehens „Handeltreiben" verwirklicht wurde. § 30 a BtMG verdrängt § 30 BtMG auch dann, wenn ein minder schwerer Fall angenommen wird (*BGH* NStZ 1997, 137 = StV 1997, 189; *BGH* NStZ-RR 2000, 91; BGH NStZ 2003, 440 = StV 2003, 285; BGHR BtMG § 29 a Abs. 1 Nr. 1 Abgabe 1 = StraFo 2003, 322).

119   Die versuchte oder vollendete bewaffnete Betäubungsmitteleinfuhr von nicht geringen Mengen von Betäubungsmitteln erfüllt nur dann die Tatbestandsalternative der Einfuhr i. S. v. § 30 a Abs. 2 Nr. 2 BtMG, wenn sie nicht zum Zwecke des Handeltreibens erfolgt („ohne Handel zu treiben"). Der Tatbestand des § 30 a Abs. 2 Nr. 2 BtMG kann in den durch Mitführen von Waffen qualifizierten Handlungsalternativen der unerlaubten Einfuhr, Ausfuhr und des Sichverschaffens von Betäubungsmitteln in nicht geringer Menge trotz des einschränkenden Zusatzes, ohne Handel zu treiben, auch dann verwirklicht sein, wenn die Betäubungsmittel teils zum Eigenverbrauch, teils zum Handeltreiben bestimmt sind und die Teilmengen zwar nicht jeder für sich, jedoch insgesamt die Grenze der nicht geringen Menge erreichen oder übersteigen (*BGH* NStZ 1996, 499 = StV 1996, 670; *BGH* NStZ-RR 2000, 91).

III. § 30 a BtMG und Waffendelikte

120   Der Rauschgifthandel mit nicht geringen Mengen von Betäubungsmitteln unter Mitsichführen von Waffen (§ 30 a Abs. 2 Nr. 2 BtMG) steht regelmäßig in Tateinheit mit den Verstößen gegen das Waffengesetz, z. B. mit dem Besitz oder Führen einer halbautomatischen Kurzwaffe nach § 52 Abs. 2 Nr. 2 lit. b WaffG (vgl. *BGH* StV 1997, 638; *BGH* NStZ 1999, 3206 = StV 1999, 650; *Frankfurt* StRR 2009, 115; *Wesemann/Voigt* StraFo 2010, 452, 454; *Weber* § 30 a Rn. 209). Hat der Angeklagte entweder bei seinen Geschäften über nicht geringe Mengen von Betäubungsmitteln keine Waffe mit sich geführt oder bewaffnet nur Betäubungsmittelgeschäfte unterhalb der nicht geringen Menge abgewickelt, so scheidet § 30 a Abs. 2 Nr. 2 BtMG aus und es konkurrieren andere BtMG-Verstöße mit den Waffendelikten.

121   Wurde ein Angeklagter nicht nur wegen **bandenmäßigen Handeltreibens mit Betäubungsmitteln in nicht geringen Mengen** in 6 Fällen, sondern auch wegen unerlaubten Ausübens der tatsächlichen Gewalt über eine vollautomatische Selbstladewaffe in Tateinheit mit unerlaubtem Ausüben der tatsächlichen Gewalt über eine halbautomatische Selbstladekurzwaffe und wegen unerlaubten Erwerbs einer Schusswaffe zur Weitergabe an einen nicht Berechtigten verurteilt, so ist der Schuldspruch in **einen tateinheitlichen Verstoß** gegen das Waffengesetz zu ändern, da er die tatsächliche Gewalt gleichzeitig über alle drei Waffen hatte (vgl. *BGH* StV 1999, 645; *Wesemann/Voigt* StraFo 2010, 452, 453). Wurde ein Ange-

klagter wegen Handeltreibens mit Betäubungsmitteln in nicht geringen Mengen in 5 Fällen, davon in 3 Fällen in Tateinheit mit unerlaubter Einfuhr von Betäubungsmitteln in nicht geringen Mengen und wegen Verstoßes gegen das Kriegswaffenkontrollgesetz, sowie wegen Verstoßes gegen das Waffengesetz verurteilt, so ist der Schuldspruch auf einen tateinheitlichen Verstoß gegen das Waffengesetz zu ändern. Auch wenn der Angeklagte die **Handgranaten** und die **halbautomatische Selbstladepistole** bei unterschiedlichen Gelegenheiten erwarb, so verbindet die gleichzeitige Ausübung der tatsächlichen Gewalt über die Handgranaten und die Pistole beide Fälle zu einer Tat (BGHR WaffG § 53 Abs. 3a Konkurrenzen 2 [2 StR 22/90]), zu der auch das spätere Überlassen der Handgranaten an Dritte in Tateinheit steht (BGHR WaffG § 53 Abs. 1 Konkurrenzen 1 [4 StR 273/95]). Der Schuldspruch „Wegen Verstoßes gegen das Kriegswaffenkontrollgesetz" bzw. „Wegen Verstoßes gegen das Waffengesetz" reicht zur rechtlichen Bezeichnung der Tat nicht aus (BeckOK-StPO/*Eschelbach* § 260 Rn. 22). Vielmehr muss er lauten wegen ungenehmigten Erwerbs der tatsächlichen Gewalt über Kriegswaffen in Tateinheit mit deren ungenehmigter Überlassung an einen anderen und mit unerlaubtem Erwerb einer halbautomatischen Selbstladekurzwaffe (BGHR WaffG § 53 Abs. 1 Nr. 3a Führen 1 [4 StR 513/89]).

IV. § 30a BtMG und Körperverletzungs- sowie Tötungsdelikte

Wird bei einem Rauschgiftgeschäft der **Verkäufer von dem bewaffneten Käufer getötet**, weil dieser ohne Bezahlung dem Verkäufer die Betäubungsmittel entreißen will, so besteht zwischen § 30a Abs. 2 Nr. 2 BtMG und dem **Tötungsdelikt Tateinheit** (*BGH* NStZ 2001, 492). Liegt der Fall umgekehrt, dass bei einem Rauschgiftgeschäft der Verkäufer dem bewaffneten Käufer, ohne Betäubungsmittel zu liefern, das Kaufgeld entreißen will und **den Käufer** deshalb **angreift**, aber **von dem bewaffneten Käufer in Notwehr mit der mitgeführten Schusswaffe getötet wird**, so ist der Käufer auch bei Freispruch von dem Tötungsdelikt wegen des tateinheitlichen Kokainhandels mit Waffeneinsatz zu bestrafen (BGHR StPO § 264 Abs. 1 Tatidentität 32 [3 StR 446/00]). 122

Straftaten

30b § 129 des Strafgesetzbuches gilt auch dann, wenn eine Vereinigung, deren Zwecke oder deren Tätigkeit auf den unbefugten Vertrieb von Betäubungsmitteln im Sinne des § 6 Nr. 5 des Strafgesetzbuches gerichtet sind, nicht oder nicht nur im Inland besteht.

A. Einleitung
I. Zweck, Bedeutung und Normcharakter

1   **1. Zweck.** Der besonderen Gefährlichkeit der grenzüberschreitenden Betäubungsmittelkriminalität tragen die **internationalen Suchtstoffübereinkommen** (Single Convention on Narcotic Drugs vom 30. 3. 1961, vgl. Gesetz vom 4. 9. 1973 – BGBl. II, 1353; Convention on Psychotropic Substances vom 21. 2. 1971, vgl. Gesetz vom 30. 8. 1976 – BGBl. II, 1477; United Nations Convention against the Illicit Traffic in Narcotic Drugs and Psychotropic Substances – „Wiener Übereinkommen" vom 20. 12. 1988, vgl. Gesetz vom 2. 8. 1993 – BGBl. I, 1407; Texte unter http://www.incb.org) durch die Verpflichtung zu einem flächendeckenden und lückenlosen Strafschutz Rechnung, mit der die **Erstreckung deutscher Strafgewalt auf Auslandsbezüge** unter Beachtung völkerrechtlicher Grenzen der Inanspruchnahme, insbesondere des Grundsatzes der Nichteinmischung durchaus im Einklang steht. Diesen vertraglichen Pflichten entspricht nicht nur die Strafausdehnungsvorschrift des § 30b BtMG, die Geschäftsanbahnungsbemühungen ausländischer Organisationen im Inland selbst dann erfasst, wenn sie auf den Vertrieb von Betäubungsmitteln im Ausland gerichtet sind, sondern auch die Verfolgbarkeit der Planung und Steuerung von Teilakten von Rauschgiftgeschäften oder -transporten im Inland vom Ausland her nach § 9 StGB (vgl. *Karlsruhe* NStZ-RR 1998, 348 f. = StV 1998, 602).

2   Die durch das Gesetz zur Bekämpfung des illegalen Rauschgifthandels und anderer Erscheinungsformen der Organisierten Kriminalität (OrgKG) vom 15. 7. 1992 (BGBl. I, 1302) eingeführte Regelung trägt dem Umstand Rechnung, dass der Straftatbestand des § 129 StGB – insbesondere mit Blick auf seine Entstehungsgeschichte – für sich genommen nur solche kriminellen Vereinigungen erfasst, die zumindest in Form einer **Teilorganisation im Inland** bestehen (BGHSt. 30, 328, 329 = NStZ 1982, 198 f. m. *Anm. Rudolphi* = NJW 1982, 530 [„Wehrsportgruppe Ausland"] m. w. N.). Für Tätigkeiten von Mitgliedern ausländischer krimineller Vereinigungen im Inland bestand mithin eine nicht unerhebliche Strafbarkeitslücke. Ausgehend von der allgemeinen Ächtung von Betäubungsmitteltelstraftaten (vgl. Wiener Übereinkommen) und davon, dass der unbefugte Vertrieb von Betäubungsmitteln unabhängig vom Recht des Tatorts für Auslandstaten schon nach § 6 Nr. 5 StGB dem deutschen Strafrecht unterlag, bestanden letztlich keine Bedenken dagegen, bereits bestimmte Erscheinungsformen der Vorbereitung ausländischer Betäubungsmittelstraftaten im Inland unter Strafe zu stellen (vgl. BT-Drs. 12/989 S. 31).

Bislang war also in jedem Einzelfall zu prüfen, ob eine im Ausland gegründete **3** und bestehende kriminelle Vereinigung, deren Mitglieder im Geltungsbereich des Grundgesetzes Straftaten verüben, im Inland eine Teilorganisation unterhält. Benutzten Mitglieder eines internationalen Rauschgiftringes die Bundesrepublik nur zur **Durchreise** und unterhielten sie im Geltungsbereich des Grundgesetzes nicht einmal eine Teilorganisation, war eine Strafverfolgung nach § 129 StGB ausgeschlossen (BGHSt. 30, 328, 329 = NStZ 1982, 198 f. m. Anm. *Rudolphi* = NJW 1982, 530 [„Wehrsportgruppe Ausland"] m. w. N.; vgl. dazu auch *Rebmann* NStZ 1986, 289, 290).

Schutzzweck der Vorschrift ist mithin die Bekämpfung von Betäubungsmittel- **4** straftaten schon im Stadium der Vorbereitung und damit auch die Wahrung der **öffentlichen Sicherheit und der staatlichen Ordnung** in der Bundesrepublik Deutschland. Reist ein Mitglied eines auswärtigen Drogenkartells nach Deutschland ein, um hier Verbindungen zu knüpfen, **ohne konkrete Verstöße gegen das BtMG** zu begehen, so kann der § 30 b BtMG nunmehr die Lücke des § 129 StGB schließen und die Durchführung strafprozessualer Ermittlungen ohne Anfangsverdacht eines konkreten Betäubungsmitteldelikts ermöglichen (vgl. BT-Drs. 12/989 S. 31).

2. Bedeutung. Obschon die Zahl der Verurteilungen mindestens vernachlässigt **5** werden kann (zu Verurteilungen nach § 129 StGB vgl. *Fischer* § 129 StGB Rn. 4; MK-StGB/*Kotz* § 30 b BtMG Rn. 6) und der durch § 129 StGB eröffnete Strafrahmen im betäubungsmittelstrafrechtlichen Kontext kaum attraktiv erscheint, darf die Bedeutung der Vorschrift für das Ermittlungsverfahren nicht unterschätzt werden (vgl. *Weber* § 30 b BtMG Rn. 4 f.; *Franke/Wienroeder* § 30 b BtMG Rn. 5). Sie eröffnet dem engagierten Strafverfolger letztlich ein umfassendes Arsenal strafprozessualer Eingriffsbefugnisse. Rechtsverstöße nach §§ 30 b BtMG, 129 StGB sind etwa „Schwere Straftaten" im Sinne des § 100 a Abs. 1 Nr. 1 StPO (§ 100 a Abs. 2 Nr. 7 Buchst. b StPO) und ermöglichen die **Überwachung der Telekommunikation** unter erleichterten Voraussetzungen. Weil Zufallserkenntnisse bei ordnungsgemäß angeordneter Überwachung auch im Rahmen der Verfolgung von **Nichtkatalogtaten** verwertet werden können, sofern ein enger Bezug zu der die Anordnung rechtfertigenden Katalogtat besteht (*BGH* NStZ 1998, 426 = StV 1998, 247 = wistra 1998, 269) und ein derartiger Zusammenhang zu Straftaten nach § 129 StGB auch für solche Taten gegeben ist, die der kriminellen Vereinigung als ihr Zweck und ihre Tätigkeit zugerechnet worden sind (BGHSt. 28, 122 ff. = NJW 1979, 2524 m. Anm. *Vogel*), ist auf ihrer Basis Strafverfolgung selbst dann möglich, wenn sich der Verdacht der Organisationstat letztlich nicht verdichtet (dazu *Franke/Wienroeder* § 30 b BtMG Rn. 5; KK-StPO/*Senge* Vorbem. Rn. 40 f.; *Pfeiffer* § 100 a StPO Rn. 10).

3. Normcharakter. Die Regelung des § 30 b BtMG ist kein eigener Straftatbe- **6** stand. Sie erweitert vielmehr lediglich den Anwendungsbereich des § 129 StGB auf bestimmte Erscheinungsformen der Betäubungsmittelkriminalität. Einschlägige Strafbestimmung bleibt damit § 129 StGB, weshalb Täter wegen des hiernach einschlägigen Organisationsdelikts zu verurteilen sind.

II. Grenzen der Vorschrift

Die Erweiterung des § 129 gilt gem. § 30 b BtMG nur insoweit, als die krimi- **7** nelle Vereinigung sich mit dem unbefugten Vertrieb von Betäubungsmitteln im Sinne des § 6 Nr. 5 StGB befasst. Zwar ermöglicht diese Vorschrift nicht nur die Strafverfolgung von Vertriebshandlungen gegen Mitglieder ausländischer Organisationen im Inland, sondern auch von Vertriebshandlungen im Ausland bzw. von vorbereitenden Kontaktbemühungen im Inland, die auf einen Vertrieb von Betäubungsmitteln im Ausland abzielen. Im Hinblick auf die immer stärkeren internationalen Verflechtungen der Betäubungsmittelkriminalität und auf die Tendenz ausländischer Organisationen, Vertriebsprozesse und Geldflüsse in mehrere Teilakte zu gliedern und grenzüberschreitend, ratenweise auf dem Territorium mehrerer Länder abzuwickeln, darf sich die Bundesrepublik entsprechend den internationalen Abkommen nicht darauf beschränken, nur Aktivitäten auswärtiger Organisationen zu verfolgen, die die deutsche Volksgesundheit oder das deutsche Rechtssystem bedrohen. Andererseits ist bei jeder Strafverfolgung von Auslandsstraftaten von Ausländern nach der Rspr. des *BGH* (BGHSt. 34, 334, 336 = NJW 1987, 2168) ein legitimierender Anknüpfungspunkt erforderlich. Wenn eine ausreichende Strafverfolgung im Ausland nach dem dortigen Rechtssystem gewährleistet ist und wenn die Auslandstaten zu keiner ernsthaften Bedrohung deutscher Interessen führen, erfordert der völkerrechtliche Grundsatz der Nichteinmischung in Angelegenheiten fremder Staaten Zurückhaltung und sollte Strafverfolgung nur auf Ersuchen auswärtiger Staaten hervorrufen. Zum Weltrechtsprinzip vgl. § 29/Teil 4, Rn. 149; dazu auch *Weber* Vor §§ 29 ff. BtMG Rn. 109 ff.; *S/S/Eser* § 6 StGB Rn. 1; MK-StGB/*Ambos* § 6 StGB Rn. 3 ff. jew. m. w. N.

B. Einzelheiten

I. Begriff der kriminellen Vereinigung

8   **1. Vereinigung.** Unter einer kriminellen Vereinigung im Sinne des § 129 StGB ist **ein auf eine gewisse Dauer angelegter, freiwilliger organisatorischer Zusammenschluss von mindestens 3 Personen im Geltungsbereich des Grundgesetzes zu verstehen, die bei Unterordnung des Willens des Einzelnen unter den Willen der Gesamtheit gemeinsame kriminelle Zwecke verfolgen und unter sich derart in Beziehung stehen, dass sie sich untereinander als einheitlicher Verband fühlen** (stRspr.; BGHSt. 54, 216 ff. = NJW 2010, 1979 [„Kameradschaft Sturm 34"]; BGHSt. 54, 69 = NJW 2009, 3448, 3459 = StV 2009, 675; *BGH* NStZ 2008, 146, 148 = NJW 2008, 1012 (Ls.); grundlegend BGHSt. 28, 147 ff. = NJW 1979, 172). Die Vorschrift soll die erhöhte kriminelle Intensität erfassen, die in einer festgefügten Organisation ihren Ausdruck findet, die kraft der ihr innewohnenden Eigendynamik eine erhöhte Gefährlichkeit für wichtige Rechtsgüter der Gemeinschaft mit sich bringt (BGHSt. 31, 202, 207 = NJW 1983, 1334, 1335 = NStZ 1983, 365 (Ls.); BGHSt. 41, 47 = NStZ 1995, 340 = StV 1995, 465). Diese für größere Personenzusammenschlüsse typische Eigendynamik hat ihre spezifische Gefährlichkeit darin, dass sie geeignet ist, dem einzelnen Beteiligten die Begehung von Straftaten zu erleichtern und bei ihm das Gefühl persönlicher Verantwortung zurückzudrängen (vgl. BGHSt. 28, 147, 148 f. = NJW 1979, 172 m. w. N.; BGHSt. 54, 216 ff. = NJW 2010, 1979 [„Kameradschaft Sturm 34"]).

9   **2. Gruppenwille.** Die Vereinigung setzt die **Unterordnung des Einzelnen unter den Willen der Gesamtheit** voraus. Zum mitgliedschaftlichen Zusammenwirken gehört deshalb die subjektive Einbindung in die kriminellen Ziele der Organisation und in deren entsprechende Willensbildung. Erforderlich ist ein durch die Art der Organisation gewährleisteter Gesamtwille, dem sich die einzelnen Mitglieder als für sie maßgeblich unterordnen, nämlich der von den Beteiligten als verbindlich anerkannter Gruppenwille (BGHSt 31, 202, 206 = NJW 1983, 1334 f.; *BGH* NStZ 2008, 575 m. w. N.). Die Form der Willensbildungsprozesse ist freilich nicht entscheidend (vgl. *Fischer* § 129 StGB Rn. 7 m. w. N.); demokratische Strukturen (vgl. MK-StGB/*Miebach/Schäfer* § 129a StGB Rn. 32) kommen ebenso in Betracht wie die Zuweisung von Entscheidungsbefugnissen unter Anerkennung von Führungsansprüchen Einzelner (vgl. *BGH* NJW 2009, 3448, 3460; *BGH*, Urteil vom 6. 4. 2001 – 2 StR 356/00). Maßgeblich bleibt in jedem Fall der Gruppenwille (*BGH* NStZ 1992, 82, 83 = NJW 1992, 1518, 1519).

Eine über das Ziel bloßer Begehung von Straftaten hinausgehende Zielsetzung **10** eines Personenzusammenschlusses, wie z. B. eine gemeinsame religiöse, politische oder sonstige ideologische Grundhaltung, die Gründung von Vereinen und Scheinfirmen oder die Unterhaltung von Vereinslokalen, die Wahl von Führungspersonen und Beauftragung einzelner Mitglieder mit Sonderaufgaben, die Verpflichtung der Mitglieder zur Entrichtung von Beiträgen und zur Verschwiegenheit, der Aufbau von Gebiets- und Regionalkomitees, regelmäßige Mitgliederversammlungen sprechen für einen festeren und geschlosseneren Zusammenhalt. Über ein Zusammenwirken mit verteilten Rollen hinaus müssen sich die Mitglieder verpflichtet haben, dem Führer bzw. dem verbindlichen organisierten Gesamtwillen auf Dauer Folge zu leisten. Kriminelle Vereinigungen sind gleichwohl nicht mit legalen Vereinen oder Gesellschaften zu vergleichen. Neben dem Verzicht ihrer Mitglieder auf ein offenes Bekenntnis zur Organisation fehlt es regelmäßig an der Offenlegung des Mitgliederbestandes, der Organisationsstruktur bzw. der Hierarchien in Karteien, Satzungen, Vereinszeitungen, Sitzungsprotokollen oder Mitgliedsausweisen. Vielfach liegt die besondere Stärke einer kriminellen Vereinigung darin, nach außen einen nicht vorhandenen Mitgliederbestand, eine nicht vorhandene Organisations- und Befehlsstruktur vorzutäuschen, damit bei der Bevölkerung Ängste zu wecken und die Strafverfolgungsbehörden in die Irre zu führen. Die Feststellung des der kriminellen Vereinigung zugrunde liegenden Gruppenwillens bereitet deshalb nicht selten erhebliche Probleme.

3. Abgrenzung zur Bande. Wenn sich der Einzelne nur dem Willen eines **11** anderen Individuums unterordnet, repräsentiert der andere hier immer nur einen eigenen Willen, nicht den einer hinter ihm stehenden Mehrheit. Die für eine organisierte Vereinigung typische besondere Gefährlichkeit, die gerade in der Bildung eines von der individuellen Einzelmeinung losgelösten Gruppenwillens liegt, ist dann noch nicht erreicht. Der bloße Wille mehrerer Personen, gemeinsam Straftaten zu begehen, verbindet diese, weil der **Wille des einzelnen maßgeblich bleibt** und die Unterordnung unter einen **Gruppenwillen** unterbleibt, noch nicht zu einer kriminellen Vereinigung, und zwar selbst dann nicht, wenn eine Person als **Anführer** fungiert, nach dem sich die anderen richten. Der Erfassung krimineller Erscheinungsformen dieser Art dienen Strafbestimmungen, welche die **bandenmäßige Begehung** bestimmter Strafarten mit höherer Strafe bedrohen (*BGH* NStZ 1992, 82 = NJW 1992, 1518; vgl. auch BGHSt. 54, 216 ff. = NJW 2010, 1979 [„Kameradschaft Sturm 34"]).

4. Politisch motivierte Kriminalität. Im Bereich der politisch, ideologisch **12** oder religiös motivierten Kriminalität lässt sich nach der neueren Rechtsprechung des BGH bereits aus der nicht lediglich kurzfristigen gemeinsamen Zweckverfolgung und dem koordinierten Zusammenwirken der Beteiligten regelmäßig ohne Weiteres auf den die Vereinigung tragenden übergeordneten Gemeinschaftswillen schließen (BGHSt. 54, 216 ff. = NJW 2010, 1979 [„Kameradschaft Sturm 34"]; ähnlich bereits *BGH* NStZ 2005, 377 = NJW 2005, 1668, 1670; BGHSt. 52, 98 ff. = NJW 2008, 86 = StV 2008, 184 [„militante gruppe"]; *BGH* NJW 2009, 3448, 3460 = BGHSt. 54, 69 ff. = StV 2009, 675 [Al-Qaida]). Weil die nachhaltige, aufeinander abgestimmte Verfolgung einer derartigen Zielsetzung regelmäßig nur unter Zurückstellung individueller Standpunkte denkbar sei, könne in diesem Kontext auf nähere Feststellungen zu Einzelheiten der innerorganisatorischen Willensbildung verzichtet werden. Steht demgegenüber das persönliche Gewinnstreben des Einzelnen im Vordergrund, sind auch weiterhin Feststellungen zum konkreten Willensbildungsprozess erforderlich.

5. Europarechtsfreundliche Auslegung. Modifikationen des so bestimmten **13** Vereinigungsbegriffes auf der Basis einer „europarechtsfreundlichen" Auslegung kommen nicht in Betracht (BGHSt. 54, 216 ff. = NJW 2010, 1979 [„Kameradschaft Sturm 34"]; zweifelnd schon *BGH* NStZ 2008, 146, 148 f. = NJW 2008, 1012 (Ls.); dazu *Leipold/Beukelmann* NJW-Spezial 2008, 154; wohlwollend noch

BGH NJW 2006, 1603 = NStZ-RR 2006, 267 = StV 2006, 691; vgl. auch *Altva-ter* NStZ 2003, 179, 184; *Kress* JA 2005, 220, 224). Vor allem gegen eine Anlehnung an Art. 1 Nr. 1 des Rahmenbeschlusses des Rates vom 24. 10. 2008 zur Bekämpfung der organisierten Kriminalität (ABl. L 300 S. 42) oder Art. 2 Abs. 1 Satz 1 des Rahmenbeschlusses des Rates vom 13. 6. 2002 zur Terrorismusbekämpfung (ABl. L 164 S. 3) bestehen erhebliche Bedenken, weil die dortigen Begriffsbestimmungen deutliche Überschneidungen zum Bandenbegriff des deutschen Rechts aufweisen und folglich eine trennscharfe Differenzierung zwischen bandenmäßigen Strukturen und kriminellen Vereinigungen letztlich nicht mehr möglich wäre. Umgestaltungen in diesem Bereich müssen daher dem Gesetzgeber vorbehalten bleiben.

II. „Zwecke oder Tätigkeit" der Vereinigung

14   Nach § 30b BtMG gilt die Ausdehnung des Anwendungsbereichs des § 129 StGB auf Auslandsvereinigungen nur dann, wenn deren Zweck oder Tätigkeit auf den unbefugten Vertrieb von Betäubungsmitteln im Sinne des § 6 Nr. 5 StGB **gerichtet** ist. Konkrete Vertriebshandlungen werden noch nicht vorausgesetzt (BGHSt. 27, 325 = NJW 1978, 433); es reicht aus, dass die Organisation auf mehrere (MK-StGB/*Kotz* § 30b BtMG Rn. 17; *Weber* § 30b BtMG Rn. 21) künftige unbefugte Vertriebsgeschäfte angelegt ist. Stets ist die Vorschrift des § 129 Abs. 2 Nr. 2 StGB (Zweck oder Tätigkeit von untergeordneter Bedeutung) zu beachten.

15   **1. Zweck.** Der Zweck der Vereinigung, also nicht etwa ihr Betätigungsfeld (dazu Rn. 16), ist die vom übergeordneten Gruppenwillen (dazu Rn. 9 ff.) getragene Vorstellung vom Endzustand ihres Wirkens, der nach dem Plan der Beteiligten durch selbständige Entwicklung oder durch ihr aktives Handeln herbeigeführt werden soll. Dabei ist freilich nicht erforderlich, dass nach der Vorstellung der Mitglieder die innere Existenzberechtigung der Vereinigung mit Erreichung dieses Endzustandes entfällt. Im Einzugsbereich des § 30b BtMG wird sich der vorgestellte Endzustand – nämlich der entgeltlich vollzogene Absatz von Betäubungsmitteln (vgl. MK-StGB/*Kotz* § 30b BtMG Rn. 16) – vielmehr nach einer jeden Vertriebsaktion aktualisieren, ohne dass es insoweit eines neuen innerorganisatorischen Willensbildungsprozesses bedürfte. Wegen § 129 Abs. 2 Nr. 2 StGB darf die Begehung von Straftaten nicht lediglich von untergeordneter Bedeutung sein.

16   **2. Tätigkeit.** Vom Zweck der Vereinigung zu unterscheiden ist ihre Tätigkeit, also die konkrete Form der Interaktion ihrer Mitglieder mit der „Außenwelt". Diese Tätigkeit wird sich regelmäßig in dem durch den Vereinigungszweck vorgegeben Rahmen bewegen; zwingend ist dies freilich nicht. Schleifen sich etwa bestimmte Verhaltensweisen der Vereinigungsmitglieder ein und lassen sich diese auf der Basis des Gruppenwillens der Vereinigung insgesamt zurechnen, unterfallen sie selbst dann dem Tätigkeitsbegriff des § 30b BtMG, wenn sie der ursprünglich beabsichtigten Zweckverfolgung zuwiderlaufen. Zweck und Tätigkeit einer Vereinigung können auch dann auseinanderfallen, wenn etwa einschlägige Betäubungsmitteldelikte neben anderen Erwerbsquellen lediglich dazu dienen, ein übergeordnetes, beispielsweise politisches oder religiöses Ziel finanziell zu untermauern. Ausgehend hiervon ist es also insbesondere nicht erforderlich, dass der Vertrieb von Betäubungsmitteln Hauptzweck der Vereinigung ist (vgl. BGHSt. 34, 1 = NStZ 1986, 320 = StV 1986, 473), sofern er das Erscheinungsbild der Vereinigung nur in beachtlicher Weise prägt (vgl. S/S/*Lenckner/Sternberg-Lieben* § 129 StGB Rn. 10). Dass Straftaten nur gelegentlich oder beiläufig begangen werden, genügt indes nicht (*Fischer* § 129 StGB Rn. 16).

17   **3. Unbefugter Vertrieb von Betäubungsmitteln.** Vom Begriff des Vertriebs werden sämtliche Tätigkeiten umfasst, durch die ein Betäubungsmittel **entgeltlich** in den Besitz eines anderen gebracht werden soll (BGHSt. 34, 1 = NStZ 1986, 320 = StV 1986, 473 m. Anm. *Herzog; Düsseldorf* NStZ 1985, 268; MK-StGB/*Ambos* § 6 StGB Rn. 13; *Fischer* § 6 StGB Rn. 5; *Franke/Wienroeder* § 30b BtMG Rn. 3;

Weber § 30b BtMG Rn. 16; kritisch zum Vertriebsbegriff unter dem Aspekt des Bestimmtheitsgebots *Schrader* NJW 1986, 2874). Erfasst werden daher Fälle des Handeltreibens, des Erwerbs zum Weiterverkauf, der Veräußerung, der Einfuhr und der Ausfuhr, soweit sie dem **Absatz von Betäubungsmitteln** dienen (BGHSt. 34, 1 = NStZ 1986, 320 = StV 1986, 473 m. Anm. *Herzog*). Herstellen, Gewinnen, Verarbeiten, Anbau und Besitz gehören daher regelmäßig nicht zum Vertrieb (so auch *Weber* § 30b BtMG Rn. 16). Gleiches gilt für den Erwerb zum Eigenverbrauch (*BGH* a. a. O.; *Düsseldorf* NStZ 1985, 268; anders unter Hinweis auf die Zweiseitigkeit des Vertriebsvorganges noch *Hamm* NJW 1978, 2346). Der unentgeltliche Erwerb von Betäubungsmitteln kann ausnahmsweise dann Vertriebshandlung sein, wenn er unselbständiger Teilakt des Handeltreibens ist (entgeltliche Weiterveräußerung; *Düsseldorf* NStZ 1985, 268).

Unbefugt im Sinne des § 30b BtMG ist der Vertrieb von Betäubungsmitteln, **18** wenn die genannten Tathandlungen ohne die am jeweiligen Begehungsort nach § 9 StGB erforderliche Erlaubnis vorgenommen werden. Begriffliche Abweichungen zur **„unerlaubten"** Betätigung im Sinne des § 29 BtMG (vgl. dazu § 29/ Teil 4 Rn. 144ff.) sind damit nicht verbunden. An dieser Stelle kann daher auf die Kommentierung zu den einschlägigen Tathandlungen verwiesen werden.

III. Tathandlungen nach § 129 StGB

1. Gründung ist die Neubildung einer kriminellen Vereinigung (*Fischer* § 129 **19** StGB Rn. 23), also das führende und richtungsweisende Mitwirken bei ihrem Zustandekommen (MK-StGB/*Miebach/Schäfer* § 129 StGB Rn. 54; *BGH* NJW 1954, 1254), ohne dass freilich nur „Gründungsaktivitäten führender Personen" erfasst würden (klarstellend insoweit *BGH* NStZ-RR 2006, 267, 269 = StV 2006, 691 [„Freikorps Havelland"]) oder der Täter die Gründung initiiert haben müsste (MK-StGB/*Miebach/Schäfer* § 129 StGB Rn. 57). Die Gründung ist abgeschlossen, wenn eine den unter Rn. 8ff. aufgeführten Voraussetzungen entsprechende Vereinigung konstituiert ist (Erfolgsdelikt). Dies setzt nicht notwendig eine Neugründung voraus, sondern kann vielmehr auch durch bloße Umwandlung einer bestehenden legalen Vereinigung bewirkt werden (BGHSt. 27, 325ff. = NJW 1978, 433). Der häufig verwandte Begriff des „Gründungsmitgliedes" ist im Zusammenhang mit der Tathandlung der Gründung einer kriminellen Vereinigung im Sinne des § 129 StGB mindestens irreführend, weil die Gründer nicht zwingend auch Mitglieder der Vereinigung sein müssen (MK-StGB/*Miebach/Schäfer* § 129 StGB Rn. 57; S/S/*Lenckner/Sternberg-Lieben* § 129 StGB Rn. 12a).

2. Mitgliedschaftliche Beteiligung. Zur Begründung der Mitgliedschaft in **20** einer kriminellen Vereinigung reicht die bloße Unterordnung auf der Grundlage eines einseitigen Willensentschlusses nicht aus (BGHSt. 18, 296, 300 = NJW 1963, 1315 [Untergrund-KPD]; *BGH* NStZ 1993, 37, 38). Voraussetzung ist vielmehr, dass die Aufnahme als Mitglied auf einem der Vereinigung zuzurechnenden Willensentschluss beruht, obschon besondere Förmlichkeiten (dazu *Weber* § 30b BtMG Rn. 23) hierfür nicht erforderlich sind. Eine bloß passive Mitgliedschaft, die für Fortbestand und Tätigkeit der Organisation völlig bedeutungslos ist, genügt freilich nicht (BGHSt. 46, 349ff. = NStZ 2002, 328 = JR 2002, 210 [„Revolutionäre Zelle"]). Der Täter muss sich „beteiligen", d. h. durch aktive Handlungen zum Aufbau oder zur zweckentsprechenden Betätigung der Vereinigung beitragen (vgl. MK-StGB/*Miebach/Schäfer* § 129 StGB Rn. 63 „gesteigerte Verbandsförderung"). Logistische Tätigkeiten (Anmieten von Räumen, Beschaffen von Grundstoffen zur Betäubungsmittelherstellung oder von Laborutensilien, Eröffnen von Konten oder Schließfächern) kommen ebenso in Betracht, wie die Zahlung von Mitgliedsbeiträgen (*Karlsruhe* NJW 1977, 2222, 2223; anders *Werle* JR 1979, 95; S/S/*Lenckner/Sternberg-Lieben* § 129 StGB Rn. 13 m. w. N.). Unterbrechungen zwischen einzelnen Förderungsakten führen grundsätzlich nicht zur Beendigung der Mitgliedschaft, solange sich das Verhalten des Täters noch als aktive Teilnahme am Verbandsleben beschreiben lässt (vgl. *Fischer* § 129 StGB Rn. 24; MK-StGB/*Miebach/Schäfer* § 129 StGB Rn. 61; differenzierend *Paeffgen* NStZ 2002, 281, 285).

21 **3. Unterstützung.** Als Unterstützer kommen nur Nicht-Mitglieder in Betracht, die durch die von ihnen vorgenommenen Handlungen eine Stärkung oder Absicherung des vereinigungsimmanenten Gefährdungspotentials (*BGH* NStZ 1987, 551, 552 = NJW 1988, 1677, 1668 m. w. N.) der kriminellen Vereinigung bewirken. Erforderlich ist also, dass die Handlungen des Täters der Vereinigung einen irgendwie gearteten Vorteil bringen (BGHSt. 20, 89 = NJW 1965, 260; *BGH* NJW 1984, 1049; *BGH* NStZ 1987, 551 = NJW 1988, 1677), auch wenn sie diesen letztlich nicht zur Zweckerreichung in Anspruch nimmt. Im Kontext des § 30b BtMG kommen dabei z. B. die Beschaffung von Geld, falschen Pässen und Waffen, das Herstellen von Kontakten, die Planung von Transportrouten, das Ausschalten unliebsamer Konkurrenten oder auch Geldwäschehandlungen nach § 261 StGB (*Fischer* § 129 StGB Rn. 31; MK-StGB/*Miebach/Schäfer* § 129 StGB Rn. 85) in Betracht.

22 **4. Werbung.** Werbende Tätigkeiten, insbesondere solche der Sympathiewerbung (die seit den durch das 34. StrÄndG – dazu *Altvater* NStZ 2003, 179 ff. – vorgenommenen Änderungen des § 129 StGB nicht mehr tatbestandsmäßig sind, vgl. BGHSt. 51, 345 = NStZ 2007, 635 = StV 2007, 578 (Ls.)) werden im Rahmen der auf klandestines Vorgehen angewiesenen organisierten Betäubungsmittelkriminalität regelmäßig keine Rolle spielen. Anderes mag allenfalls für diejenigen ausländischen Organisationen gelten, die mit dem Vertrieb von Betäubungsmitteln im Sinne des § 30b BtMG lediglich übergeordnete politische, religiöse oder sonst ideologische Ziele finanziell zu untermauern suchen (vgl. dazu oben Rn. 16). Die Regelung des § 129 StGB erfasst nur die Werbung um Mitglieder oder Unterstützer der Vereinigung durch Nichtmitglieder; offene Bemühungen krimineller Organisationen um neue „Vertriebspartner" werden freilich ebenfalls nicht vorkommen. Denkbar sind jedoch kaschierte Kampagnen, die etwa von unverdächtigen organisatorisch selbständigen Einheiten der Vereinigung initiiert werden. Diese sind dann strafbar, wenn sie der Rekrutierung von Personen dienen, die sich im Rahmen einer Mitgliedschaft aktiv am Verbandsleben beteiligen oder als Nichtmitglieder zur Stärkung des spezifischen Gefährdungspotentials der Vereinigung beitragen sollen. Die sog. Gründungswerbung, die erst den personellen Grundbestand der Organisation begründen soll, wird nicht erfasst (zur Einordnung derartiger Verhaltensweisen *Fischer* § 129 StGB Rn. 26).

IV. Konkurrenzen

23 Mehrere mitgliedschaftliche Betätigungsakte bilden eine tatbestandliche Handlungseinheit (BGHSt. 29, 288 = NStZ 1981, 72). Handelt es sich dabei selbst um Straftaten gilt folgendes: Grundsätzlich besteht zum Organisationsdelikt Tateinheit (*BGH* NJW 1975, 985, 986; *BGH* NStZ 1982, 517 f.; *BGH* NStZ-RR 2006, 232, 233; *Franke/Wienroeder* § 30b BtMG Rn. 6; MK-StGB/*Miebach/Schäfer* § 129 StGB Rn. 108; S/S/*Lenckner/Sternberg-Lieben* § 129 StGB Rn. 27; *Weber* § 30b BtMG Rn. 32). Mehrere leichtere selbständige Straftaten sowie solche, deren Wertigkeit dem Rechtsverstoß gegen § 129 StGB i. V. m. § 30b BtMG annähernd entspricht, können hierdurch zu einer materiellen Tat verklammert werden. Gleichwohl soll eine Verurteilung wegen **Mitgliedschaft** in einer kriminellen Vereinigung nicht zum **Strafklageverbrauch** hinsichtlich der im Zuge der mitgliedschaftlichen Betätigung begangenen Straftaten führen (BGHSt. 29, 288 = NStZ 1981, 72; *BVerfG* NStZ 1981, 230 = StV 1981, 326; weitergehend *BGHSt* 46, 349 = NStZ 2002, 328 = StV 2001, 606 (Ls) – „wenn nur einzelne Betätigungen eines Mitglieds (…) Gegenstand der früheren Anklage und gerichtlichen Un-

tersuchung waren und der Angekl. nicht darauf vertrauen durfte, dass durch das frühere Verfahren alle Betätigungsakte für die Vereinigung erfasst wurden"; kritisch *Paeffgen* NStZ 2002, 281, 285; ausführlich zum Ganzen MK-StGB/*Miebach/Schäfer* § 129 StGB Rn. 113).

Eine Verklammerung scheidet von vornherein aus, wenn es sich bei den der **24** mitgliedschaftlichen Betätigung dienenden Delikten um schwerere Straftaten handelt (*BGH* NStZ-RR 2006, 232, 233).

Unterfällt eine konkrete **Unterstützungs**handlung zugunsten einer kriminellen **25** Vereinigung nach § 129 StGB i. V. m. § 30 b BtMG zugleich einem anderen Tatbestand, ist Tateinheit anzunehmen (MK-StGB/*Miebach/Schäfer* § 129 StGB Rn. 114; *Franke/Wienroeder* § 30 b BtMG Rn. 6).

Anhang 1. Organisierte Kriminalität

Das Gesetz zur Bekämpfung des illegalen Rauschgifthandels und anderer Er- **26** scheinungsformen der Organisierten Kriminalität (OrgKG) vom 15. 7. 1992 (BGBl. I, 1302) hat die Begriffe der **Bande** und der **kriminellen Vereinigung** noch um den Begriff der **Organisierten Kriminalität** ergänzt, auf eine Definition freilich verzichtet. Gemeinhin konkretisieren Polizei und Staatsanwaltschaft den Terminus wie folgt:

Organisierte Kriminalität ist **die von Gewinn- oder Machtstreben be- 27 stimmte planmäßige Begehung von Straftaten,** die einzeln oder in ihrer Gesamtheit von erheblicher Bedeutung sind, wenn **mehr als zwei** Beteiligte auf längere oder unbestimmte **Dauer arbeitsteilig**

a) unter **Verwendung gewerblicher oder geschäftsähnlicher Strukturen,**
b) unter Anwendung von **Gewalt** oder anderer zur **Einschüchterung** geeigneter Mittel oder
c) unter **Einflussnahme auf Politik, Medien, öffentliche Verwaltung, Justiz oder Wirtschaft**

zusammenwirken. Der Begriff umfasst nicht Erscheinungsformen des Terrorismus.

I. Erscheinungsformen Organisierter Kriminalität

Die Erscheinungsformen der Organisierten Kriminalität sind vielgestaltig. Ne- **28** ben **strukturierten, hierarchisch aufgebauten Organisationsformen** (häufig zusätzlich abgestützt durch ethnische Solidarität, Sprache, Sitten, sozialen und familiären Hintergrund) finden sich auf der Basis eines Systems persönlicher und geschäftlicher, kriminell nutzbarer Verbindungen **Straftäterverflechtungen mit unterschiedlichem Bindungsgrad** der Personen untereinander, deren konkrete Ausformung durch die jeweiligen kriminellen Interessen bestimmt wird. Organisierte Kriminalität zeigt sich nicht nur im Bereich des internationalen **Rauschgifthandels** und des Rauschgiftschmuggels, sondern in zahlreichen Kriminalitätsbereichen wie **Waffenhandel, Falschgeldverbreitung, Glücksspiel, Prostitution und Menschenhandel, Schutzgelderpressung, illegaler Arbeitervermittlung, illegaler Sondermüllentsorgung, Verschiebung hochwertiger Güter, Warenzeichenfälschung, Subventionsbetrug etc.**

II. Indikatoren

1. Allgemeine Indikatoren. Sind beim Kriminalitätsgeschehen nicht die **29** Schablonen einer Mafia-ähnlichen Struktur, kein Big-Boss, kein Pate, kein Manager des Kriminalitätsgeschehens zu erkennen, so wird vielfach fälschlich das Nichtvorhandensein Organisierter Kriminalität konstatiert. **La Cosa Nostra** oder **La Camorra** sind keine typischen Beispiele, sondern nur extreme Auswüchse Organisierter Kriminalität. Organisierte Kriminalität ist eine **hochqualifizierte Form der Verbrechensbegehung, die hinter der Maske ehrenwerter Ge-**

schäfte ausgeübt wird und anhand folgender allgemein kennzeichnender Merkmale zu erkennen ist:

30 a) Tatvorbereitung/-planung:
– präzise Planung,
– Anpassung an Markterfordernisse durch Ausnützen von Marktlücken, Erkundungen von Bedürfnissen u. a.,
– Arbeit auf Bestellung,
– hohe Investitionen, z. B. durch Vorfinanzierung aus nicht erkennbaren Quellen,

31 b) Tatausführung:
– professionelle, präzise und qualifizierte Tatdurchführung,
– Verwendung verhältnismäßig teurer, unbekannter oder schwierig einzusetzender wissenschaftlicher Mittel und Erkenntnisse,
– Tätigwerden von Spezialisten (auch aus dem Ausland),
– arbeitsteiliges Zusammenwirken,

32 c) Beuteverwertung:
– hochgradig profitorientiert,
– Rückfluss in den legalen Wirtschaftskreislauf,
– Veräußerung im Rahmen eigener (legaler) Wirtschaftstätigkeiten,
– Maßnahmen der Geldwäsche,

33 d) Konspiratives Täterverhalten:
– Gegenobservation,
– Abschottung,
– Decknamen,
– Codierung in Sprache und Schrift,

34 e) Täterverbindungen/Tatzusammenhänge:
– überregional,
– national,
– international,

35 f) Gruppenstruktur:
– hierarchischer Aufbau,
– ein nicht ohne weiteres erklärbares Abhängigkeits- und Autoritätsverhältnis zwischen mehreren Tatverdächtigen,
– internes Sanktionierungssystem,

36 g) Hilfe für Gruppenmitglieder:
– Fluchtunterstützung,
– Auswahl bestimmter Anwälte und Aufwendung größerer Barmittel zur Verteidigung,
– Mitführen von vorbereiteten Vertretungsvollmachten für Rechtsanwälte,
– hohe Kautionsangebote,
– Bedrohung und Einschüchterung von Prozessbeteiligten,
– Unauffindbarkeit von Zeugen,
– typisches ängstliches Schweigen von Betroffenen,
– Auftreten von Entlastungszeugen,
– Betreuung in der Untersuchungshaft/Strafhaft,
– Versorgung von Angehörigen,
– Wiederaufnahme nach der Haftentlassung,

37 h) Korrumpierung:
– Einbeziehung in das luxuriöse Ambiente der Täter,
– Herbeiführen von Abhängigkeiten (z. B. durch Sex, verbotenes Glücksspiel, Zins- und Kreditwucher),
– Zahlung von Bestechungsgeldern, Überlassung von Ferienwohnungen, Luxusfahrzeugen usw.,

38 i) Monopolisierungsbestrebungen:
– „Übernahme" von Geschäftsbetrieben und Teilhaberschaften,
– Führung von Geschäftsbetrieben durch Strohleute,

- Kontrolle bestimmter Geschäftszweige (Casinos, Bordelle),
- „Schutzgewährung" gegen Entgelt,

j) Öffentlichkeitsarbeit: 39
- gesteuerte, tendenziöse oder von einem bestimmten Tatverdacht ablenkende Medienveröffentlichungen,
- Mäzenatentum u. a. bei Sportveranstaltungen,
- Kontaktpflege mit Personen des öffentlichen Lebens.

2. Spezielle Indikatoren. Scheinfirmen, Scheinwohnungen, Scheingeschäfte, 40 falsche Personalien und falsche Ausweise, große Rauschgiftbunker, Waffen- und Geldverstecke, Codesprache und Codeschrift, geheime Botschaften und geheime Briefkästen, Abhöranlagen und Funkgeräte, Gegenobservation, Telefonregister und Adressbücher mit Namen oder Nummern internationaler Dealer, Schmuggel- oder Verkaufsanweisungen per Scriptum oder Kassette, Hinweise auf Schmuggleragenturen oder Schmugglerschulen, Mordanschläge auf Zeugen oder aussagebereite Mitbeschuldigte, sinnloses Bestreiten, regelmäßige Geldüberweisungen in die Justizvollzugsanstalt und Befreiungsversuche können auf Organisierte Kriminalität hinweisen. Beliebt ist der **zerrissene Geldschein** als Vertrauensbeweis. Der Heroinlieferant übergibt die Hälfte des zerrissenen Geldscheines an den Besteller. Passt diese Hälfte später mit der anderen Hälfte des Rauschgiftkuriers zusammen, so kann der Kunde dem Kurier vertrauen. Im Rahmen der organisierten türkischen Rauschgiftkriminalität spielen die **Baba's**, die **Babalar's** (= die **Paten**) eine Zentralrolle. Ein Pate ist ein Vater, der sich an seine Leute so lange erinnert und ihnen hilft, solange diese sich offiziell nicht an ihn erinnern, ihn vergessen und nicht belasten.

Anhang 2. Ausländervereinigungen nach den §§ 129 a, 129 StGB

Bei den Vereinigungen nach §§ 129, 129 a StGB spielen solche von Ausländern 41 eine zunehmende Rolle. So hatte sich der *BGH* bereits mehrfach mit einer solchen in der Bundesrepublik Deutschland ersichtlich bestehenden **terroristischen Vereinigung** von Kurden zu befassen. Nach den bisherigen Feststellungen bestehen hinreichende Anhaltspunkte für die Annahme, dass im Umfeld politischer Vereinigungen von Kurden und damit in der Föderation der patriotischen Arbeiter- und Kulturvereinigungen Organisationseinheiten bestehen, deren Zwecke und Tätigkeiten darauf gerichtet sind, im Dienst der politischen Bestrebungen dieser Ausländervereinigungen Straftaten, darunter Verbrechen gegen das Leben sowie Rauschgift- und Waffenhandel zu begehen.

Zu den besonderen Schwierigkeiten derartiger Verfahren vgl. die Dokumenta- 42 tion in StV 1991, 542 ff.

Von besonderer Bedeutung unter den kurdischen Vereinigungen ist die in 43 der Türkei verbotene Arbeiter Partei Kurdistans (= **P**artya **K**arkeren **K**urdistan = **PKK**), eine kurdische terroristische Bewegung, die einen kommunistisch geprägten kurdischen Nationalstaat anstrebt und den Befreiungskampf mit Erlösen aus Heroingeschäften finanziert. Die Kader schulden der Partei unbedingten Gehorsam. Eine Opposition wird nicht geduldet. Die deutsche Teilorganisation ist untergliedert in Gebiets- und Regionalexekutiv-Komitees, die nach Anweisungen der Zentrale im Libanon mit Sondereinheiten wie Arbeitervereinen **(FEYKA),** Heimatvereinen **(ERNK** = Nationale Befreiungsfront Kurdistan), Kulturvereinen **(HUNERKOM),** Volks- und Revolutionsgerichten zur Liquidierung von Verrätern und politischen Gegnern und mit geheimen Heroinabsatz- und Heroinschmugglerringen zusammenarbeiten (*BGH* Beschluss vom 20. 11. 1987 – StB 24/87; *BGH* Beschluss vom 15. 2. 1988 – 1 BJs 140/87 – 3 II BGs 28/88; *Frankfurt* Beschluss vom 16. 8. 1988 – 1 Ws 158/88; BGHSt. 42, 30 = NStZ 1996, 340; *BayObLG* NStZ-RR 1997, 251). Auch andere linksgerichtete türkische Organisationen beschäftigen die deutsche Justiz wie die **Dev Sol** oder der Bund der revolutionären Arbeitergewerkschaft **(DISK)** (*LG Frankfurt*, Urteil vom 15. 8. 1984 – 50 Js 9592/83 Ns). Doch nicht nur linksgerichtete, auch rechtsextreme türkische Vereinigungen begehen in der BRD schwerwiegende Straftaten.

44   Nach der Entlassung aus der Haft wegen eines gescheiterten Regierungsumsturzes in der Türkei und Unterwanderung der Konservativen Republikanischen Nationalen Bauernpartei der Türkei (CKMP) gründete Alparslan Turkes am 10. 3. 1969 nach dem Vorbild von Adolf Hitlers NSDAP die Partei der Nationalistischen Bewegung (**M**illiyetci **H**areket **P**artisi = **MHP**), die die Machtübernahme in der Türkei durch einen Militärputsch oder durch militärisch ausgebildete Jugend- und Studentengruppierungen (sogenannte **Idealistenvereine = Ülkücü**) vorbereitete und ein pantürkisches Reich nach der in Hitlers „Mein Kampf" orientierten Kampfdoktrin von den neun Lichtstrahlen anstrebte. Von 1970 bis 1980 unterwanderten die Idealisten das Militär, die Behörden, die Parteien und Universitäten des Landes und besetzten die wichtigsten Positionen des Landes mit ihren Leuten. Mit Terroranschlägen wurden die politischen Gegner aus dem Wege geräumt. Nachdem die Militärs in der Türkei die Macht übernommen hatten, flohen zahlreiche strafrechtlich verfolgte MHP-Leute und **Grauen Wölfe (Bozkurtlar)** in die BRD. Nachdem durch Beschluss des türkischen Verfassungsgerichtes v 28. 6. 1976 – Nr 8303/1976 unter Hinweis auf die türkische Verfassung der MHP untersagt worden war, hinter dem Deckmantel von Religion und Kultur in der Bundesrepublik Deutschland auf Umsturz gerichtete Politik zu betreiben, wurde am 18. 6. 1978 die **Türk-Federasyon** (Avrupa Demokratik – Ülkücü Türk-Dernekleri Federasyon = **ADÜTDF**), die mehr als 100 Idealistenvereine als Dachorganisation in Frankfurt am Main vereinigte, gegründet. Die Hessische Landesregierung prüfte bereits damals im Jahre 1980, ob die Türk-Föderation als extremistische türkische Partei verboten werden müsste. Denn die Föderation war immer wieder in Ermittlungsverfahren verwickelt. Es wurde immer deutlicher, dass die Türk-Föderation eine auf dem Boden der Bundesrepublik Deutschland agierende Teilorganisation der auf Umsturz in der Türkei gerichteten verbotenen MHP darstellte. Sie stand daher im Verdacht, eine kriminelle Vereinigung zu sein, politische Gegner mit Schlägertrupps aus dem Wege zu räumen und ihre Organisation zum Teil mit Erlösen aus Heroingeschäften zu finanzieren (vgl. hierzu *Frankfurt* Beschluss vom 31. 8. 1987 – 5 Ws 21/87; *Frankfurt* Beschluss vom 28. 10. 1987 – 5 Ws 23/87; StA beim LG Frankfurt – 90 Js 14624/84). Diese rechts- und linksextremen türkischen Organisationen waren mit Verbotsverfügungen schwer zu treffen, da sie sich binnen kürzester Zeit einen neuen Namen zulegten.

45   Nicht nur Rauschgiftabsatzringe türkischer, sondern auch palästinensischer, afrikanischer, tunesischer, thailändischer, südamerikanischer oder srilankischer Organisationen beschäftigen die deutsche Justiz. Der BGH hatte mit einer kriminellen Ausländervereinigung separatistischer Tamilen, der Militärabteilung der **Liberation Tigers of Tamil Eelam (= LTTE)**, die einen bewaffneten Kampf gegen die Regierung von Sri Lanka führt, zu tun (*BGH* NStZ 1988, 188). Das OLG Düsseldorf (Urteil vom 19. 4. 1988 – U 8/87 – 1 StE 6/87) musste sich mit der radikal schiitischen Bewegung **HISBOLLAH** auseinandersetzen, die sich der fundamental islamischen Bewegung des Ayatollah Khomeini verbunden fühlt, mit Entführungen und Sprengstoffanschlägen Aufsehen und mit geheimen Rauschgiftgeschäften Finanzmittel erlangt.

46   Neben den politisch-ideologisch motivierten Ausländervereinigungen haben die **wirtschaftlich orientierten illegalen internationalen Rauschgifthandelsorganisationen** in der BRD eine ständig wachsende Bedeutung erlangt. Die illegalen Rauschgiftkonzerne erzielen Milliardenumsätze und politische Macht in Entwicklungsländern, wie sie weltweite legale Industriekonzerne kaum erlangen. Besondere Bedeutung haben die **südamerikanischen Kokainsyndikate** wie die **Kartelle von CALI, MEDELLIN** und **CARTAGENA aus Kolumbien** und die bolivianische Narkokratie von **COCHABAMBA, ETARAMAZAMA, SHINA HOTA** und **LA PAZ** mit ihrem Kokainanbaugebiet im subtropischen CHAPARE-Gebiet und in den Yungatälern bei La Paz, die Europa nicht nur als **Kokainabsatzmärkte**, sondern auch als Drehscheibe zum **Geldwaschen** ihrer

Kokainerlöse nutzen (zur Geldwäsche im Kontext betäubungsmittelrechtlicher Rechtsverstöße vgl. § 29/Teil 22, Rn. 19 ff.).

Vermögensstrafe

30c (1) ¹In den Fällen des § 29 Abs. 1 Satz 1 Nr. 1, 5, 6, 10, 11 und 13 ist § 43 a des Strafgesetzbuches anzuwenden. ²Dies gilt nicht, soweit der Täter Betäubungsmittel, ohne mit ihnen Handel zu treiben, veräußert, abgibt, erwirbt oder sich in sonstiger Weise verschafft.

(2) In den Fällen der §§ 29 a, 30, 30 a und 30 b ist § 43 a des Strafgesetzbuches anzuwenden.

A. Zweck des § 30 c BtMG

§ 30 c BtMG ist eine **Verweisungsvorschrift,** welche die Blankettnorm über **1** die Verhängung der Vermögensstrafe (§ 43 a StGB) in das BtMG einfügt. In § 30 c Abs. 1 BtMG sind die Straftatbestände des BtMG zusammengefasst, die auf Gewinnerzielung gerichtet sind. In § 30 c Abs. 2 wird der Anwendungsbereich der Vermögensstrafe auch auf die Verbrechenstatbestände des BtMG ausgedehnt.

B. Zweck des § 43 a StGB

§ 43 a StGB wurde durch Art. 1 des Gesetzes zur Bekämpfung des illegalen **2** Rauschgifthandels und anderer Erscheinungsformen der Organisierten Kriminalität (OrgKG) v. 15. 7. 1992 (BGBl. I, 1302) in das StGB eingefügt. Die Vorschrift sah bei bestimmten Delikten neben der Verhängung einer Freiheitsstrafe von mehr als zwei Jahren die Verurteilung zur Zahlung eines durch die Höhe des Vermögens begrenzten Geldbetrages vor. Für den Fall der Uneinbringlichkeit dieses Geldbetrages wurde eine Ersatzfreiheitsstrafe festgesetzt, deren Höhe mindestens einen Monat und höchstens zwei Jahre betragen durfte. Nach dem Wortlaut der Vorschrift und ihrer systematischen Stellung im Gesetz handelte es sich bei der Vermögensstrafe um eine weitere **Strafe, die auf Zahlung einer bestimmten Geldsumme gerichtet ist** und die bei bestimmten Delikten neben einer lebenslangen Freiheitsstrafe oder einer Freiheitsstrafe von mehr als zwei Jahren verhängt werden durfte. Damit sollte die Vermögensstrafe eine **Geldstrafe sein, deren Gewicht im Rahmen des Gefüges schuldangemessener Rechtsfolgen durch die Ersatzfreiheitsstrafe bestimmt sein sollte** (§ 43 a Abs. 2 S. 2 StGB) und deren Höhe sich am Wert des Vermögens orientieren sollte (§ 43 a Abs. 1 S. 1 StGB). Die Vermögensstrafe sollte allerdings **nicht dazu dienen, „die außerordentlichen Profite abzuschöpfen, die durch Organisierte Kriminalität erzielt"** werden, wie dies von Seiten der Polizei und der StA bei der Anhörung durch den Rechtsausschuss für erforderlich gehalten wurde (vgl. BT-Drs. 12/1720, 41). Für eine solche Abschöpfung wurden die Institute des Verfalls und des erweiterten Verfalls nach §§ 73 und 73 d StGB geschaffen. Mögen auch dahingehende Überlegungen im Gesetzgebungsverfahren eine Rolle gespielt haben, die gesetzliche Regelung gestattet eine solche Auslegung nicht. **Ob neben einer Freiheitsstrafe eine Vermögensstrafe verhängt werden konnte oder durfte,** richtete sich, wie stets, wenn das Gesetz mehrere Strafarten alternativ oder kumulativ zur Verfügung stellt, nach **allgemeinen Strafzumessungsgesichtspunkten** (BGHSt. 32, 60, 65 zur kumulativen Geldstrafe nach § 41 StGB).

C. Verfassungsrechtlichen Bedenken gegen die Vermögensstrafe

Diese Vorschrift war schon im Gesetzgebungsverfahren **heftig umstritten,** weil **3** befürchtet wurde, dass die Bestimmung der Gewinnabschöpfung aufgrund eines bloßen Verdachts dienen sollte (vgl. *Arzt* NStZ 1990, 1 ff.). Im Schrifttum war die Vermögensstrafe auch nach der Verabschiedung des Gesetzes auf verfassungsrechtliche, **rechtsdogmatische und kriminalpolitische Bedenken** gestoßen (*Arzt* NStZ 1990, 1 ff; *Köhler/Beck* JZ 1991, 797 ff.; *Krey/Dierlamm* JR 1992, 353 ff.; *Lemke* StV 1990, 89 ff.; *Meyer* ZRP 1990, 85 ff.; *Möhrenschlager* wistra 1992, 281 ff.; *Pieth* StV 1990, 558 ff.; *Schoreit* MDR 1990, 3 ff.; Stellungnahme des *Deutschen Richterbundes* DRiZ 1990, 105 f.; Stellungnahme des *Deutschen Anwaltsvereins* AnwBl. 1990, 247 ff.; *Strate* StV 1992, 29 ff.; *Wesslau,* StV 1991, 226 ff.). Auch das *LG Bad Kreuznach* (StV 1994, 140) hatte verfassungsrechtliche Bedenken.

4   Der *BGH* hatte zwar diese **Bedenken geteilt,** jedoch § 43 a StGB **so auszulegen versucht,** dass die Vorschrift weder eine unzulässige Verdachtsstrafe enthält, noch gegen das Gebot schuldangemessenen Strafens oder das Bestimmtheitsgebot oder gegen die verfassungsrechtliche Eigentumsgarantie verstieß. Die Vermögensstrafe ermöglichte **nicht eine schuldunabhängige Vermögenskonfiskation,** sondern es handelte sich um eine Geldstrafe als Teil eines Sanktionenbündels im Rahmen schuldangemessenen Strafens, so dass sich **in Höhe der festgesetzten Ersatzfreiheitsstrafe die an sich verwirkte Freiheitsstrafe ermäßigte.** Der Eingriff in das Vermögen konnte eine Verringerung des sonst gebotenen Eingriffs in die Freiheit der Person zur Folge und deshalb sogar eine vom Gesetzgeber möglicherweise nicht angestrebte, nach dem Wortlaut des Gesetzes aber nicht auszuschließende Begünstigung des Täters zur Folge haben.

5   Nach Auffassung des *BGH* konnte das Art. 14 GG entnommene Erdrosselungsverbot nicht auf die Vermögensstrafe angewandt werden, weil dem Eingriff in das Vermögen in Gestalt einer Zahlungsverpflichtung eine Minderung der an sich verwirkten Freiheitsstrafe gegenüberstehe. Außerdem müsste eine **Vermögensstrafe, die zur Entziehung des gesamten Vermögens führte, regelmäßig ausscheiden, wenn dadurch negative Folgen für das spätere Leben des Täters in der Gesellschaft zu befürchten seien.** Das folge schon aus § 46 Abs. 1 S. 2 StGB und bedürfe keiner weiteren ausdrücklichen gesetzlichen Regelung. Dass im Übrigen der **Zugriff auf das Vermögen nachteilige soziale Folgen für die Familie des Täters haben könne,** sei **keine Besonderheit der Vermögensstrafe.** Solche Folgen trägen auch die Angehörigen des vermögenslosen Täters, der eine längere Freiheitsstrafe verbüßen müsse. Sie erhöhten die **Strafempfindlichkeit des Täters** und würden bei der Strafzumessung berücksichtigt (BGHR StGB § 43 a Vermögensstrafe 1 = StV 1995, 16; *BGH* NStZ 1994, 429; *BGH* StV 1995, 17 m. Anm. *Barton/Park*; BGHSt. 41, 20 = NStZ 1995, 333 = StV 1995, 245; BGHSt. 41, 278 = NStZ 1996, 78 = StV 1996, 23; *BGH* NStZ-RR 1997, 302).

D. Verfassungswidrigkeit der Vermögensstrafe

6   Der 2. Senat des *BVerfG* hat § 43 a StGB durch Urt. v. 20. 3. 2002 **mit dem Bestimmtheitsgebot des Art. 103 Abs. 2 GG für unvereinbar und gem. § 95 Abs. 3 S. 2 BVerfGG für nichtig erklärt** (*BVerfG* NJW 2002, 1779 = StV 2002, 247). Da der Urteilsspruch des *BVerfG* gem. § 31 Abs. 2 BVerfGG unmittelbar Rechtskraft hat, ist § 43 a StGB seitdem kein Bestandteil des StGB mehr.

E. Folgen der Verfassungswidrigkeit der Vermögensstrafe

7   Infolge der Entscheidung des *BVerfG* v. 20. 3. 2002 über die **Nichtigkeit der Vermögensstrafe** kam im Rahmen von Revisionssachen die angeordnete Vermögensstrafe zum Wegfall und es war wegen dem Verschlechterungsverbot des § 358 Abs. 2 StPO nach Aufhebung des Strafausspruches an Stelle einer Erhöhung der Freiheitsstrafe zu überprüfen, ob an Stelle der verfassungswidrigen Vermögensstrafe neben der Freiheitsstrafe die Verhängung einer milderen Sanktion als die Vermögensstrafe, nämlich **die Verhängung einer Geldstrafe neben Freiheitsstrafe nach § 41 StGB** in Betracht kommt (*BGH* NStZ-RR 2002, 206 = StV 2002, 302; vgl. auch *BGH* NStZ 2003, 198). Auch bei rechtskräftig abgeschlossenen Strafsachen war auf Wiederaufnahmeantrag (vgl. *Park* StV 2002, 395 ff.) zu überprüfen, ob an Stelle der verfassungswidrigen Vermögensstrafe die Verhängung einer

zusätzlichen Geldstrafe nach § 41 StGB unter Beachtung der Grundsätze des § 40 StGB in Betracht kam.

F. Vorrang der Verfallsregelungen

Lässt sich nachweisen, dass Vermögenswerte des Täters aus konkreten Straftaten **8** herrühren, oder rechtfertigen die Umstände die Annahme einer solchen Herkunft i. S. d. erweiterten Verfalles, so **gehen** diese **Möglichkeiten der Gewinnabschöpfung der Verhängung einer zusätzlichen Geldstrafe nach § 41 StGB vor.**

G. Ersatz für § 43 a StGB, nämlich § 41 StGB

Wie unter E. dargestellt, steht nunmehr nach der Verfassungswidrigkeit der **9** Vermögensstrafe die zusätzliche Geldstrafe nach § 41 StGB zur Verfügung. § 41 StGB bezieht die persönlichen und wirtschaftlichen Verhältnisse des Täters ein und unterliegt allgemeinen Strafzumessungsregeln und dem Tagessatzsystem. Zum einen lassen die §§ 29 Abs. 1 und Abs. 4 BtMG die alternative Anwendung von Geldstrafe und Freiheitsstrafe, zum andern lässt § 41 StGB die **kumulative Geldstrafe in Fällen der Bereicherung** zu. Die Anwendung des § 41 StGB war bislang selten. Es war vor der Einführung der Vermögensstrafe erwogen worden, einen reformierten § 41 StGB mit einer erweiterten Zahl von Tagessätzen und erweitertem Höchstsatz zu erproben. Die Bemessung einer zusätzlichen Geldstrafe gem. § 41 StGB hat **nach den Grundsätzen des § 40 StGB** zu erfolgen. Sie ist **keine konfiskatorische Maßnahme.** Die Geldstrafenzumessung ist deshalb **im Einzelnen zu begründen** (*BGH* NStZ 2003, 198; *BGH* NStZ-RR 2004, 167 = StV 2004, 266).

Strafmilderung oder Absehen von Strafe

31 [1]**Das Gericht kann die Strafe nach § 49 Abs. 1 des Strafgesetzbuches mildern oder, wenn der Täter keine Freiheitsstrafe von mehr als drei Jahren verwirkt hat, von Strafe absehen, wenn der Täter**
1. **durch freiwillige Offenbarung seines Wissens wesentlich dazu beigetragen hat, daß die Tat über seinen eigenen Tatbeitrag hinaus aufgedeckt werden konnte, oder**
2. **freiwillig sein Wissen so rechtzeitig einer Dienststelle offenbart, daß Straftaten nach § 29 Abs. 3, § 29 a Abs. 1, § 30 Abs. 1, § 30 a Abs. 1, von deren Planung er weiß, noch verhindert werden können.**
[2]**§ 46 b Abs. 2 und 3 des Strafgesetzbuches gilt entsprechend.**

Übersicht

A. Zweck der Vorschrift

Kriminalpolitisches Ziel der Vorschrift des § 31 BtMG ist, über die Auf- 1
klärungshilfe von in Rauschgiftdelikte verstrickten Tätern und Beteiligten **in
den illegalen Rauschgiftmarkt einzudringen und die Möglichkeiten der
strafrechtlichen Verfolgung begangener** (§ 31 S. 1 Nr. 1 BtMG) **und der
Verhinderung geplanter Straftaten** (§ 31 S. 1 Nr. 2 BtMG) **zu verbessern**
(BGHSt. 31, 163 = NJW 1983, 692 = StV 1983, 63; BGHSt. 33, 80 = NJW
1985, 691 = StV 1985, 59; *BGH* StV 1994, 543; *BGH* StV 1998, 601; *BGH* NJW
2002, 908 = StV 2002, 259; BT-Drs. 8/3551, S. 47). Da die Bekämpfung des
Rauschgifthandels ein internationales Anliegen ist, soll der § 31 BtMG auch Aufklärungsbeiträge honorieren, **die zu Aufklärungserfolgen im Ausland führen**
(*BGH* NStZ 2003, 270 = StV 2003, 286; s. dazu Rn. 43).

§ 31 BtMG soll auch dem nicht organisierten Rauschgifttäter, der über ein Ges- 2
tändnis eigener Taten hinaus sein Wissen über Auftraggeber und kriminelle Organisationen offenbart, besondere Vergünstigungen gewähren. Die Vorschrift des
§ 31 BtMG gilt primär für Straftäter, die eine **erweiterte tätige Reue** gezeigt
haben (sog. **Reueparagraph**).

Die Befürchtungen, diese beschränkte Kronzeugenregelung könne das Legali- 3
tätsprinzip beeinträchtigen und zu einem unerwünschten Handel zwischen
Strafverfolgungsbehörden und Beschuldigten führen, wurden zurückgestellt zugunsten der Erwartung, durch Vergünstigungen gegenüber aussagewilligen und
kooperationsbereiten Tätern **(Aufklärungsgehilfen)** wirksame **internationale
Rauschgifthandelsorganisationen zerschlagen und Großdealer überführen**
zu können (*BGH* NStZ 1983, 416 = StV 1983, 281; vgl. BT-Drs. 8/3551, S. 47;
Slotty NStZ 1981, 321, 326).

B. Entstehungsgeschichte der Vorschrift

4   Während der 7. Deutsche Bundestag im Jahre 1976 eine Kronzeugenregelung zur Bekämpfung terroristischer Vereinigungen noch ablehnte, entschied sich der 9. Deutsche Bundestag für den Bereich der Betäubungsmittelkriminalität auf Antrag des Bundesrates für eine beschränkte Kronzeugenregelung in § 31 BtMG, ohne Debatte, ohne Gegenstimme und ohne Änderung der vorgeschlagenen Regelung (*Slotty* NStZ 1981, 321; *Weider* NStZ 1984, 391 f.). § 31 BtMG wurde durch Gesetz vom 28. 7. 1981 eingeführt (BGBl. I, S. 681) und trat am 1. 1. 1982 in Kraft. Die beschränkte Kronzeugenregelung des § 31 BtMG stellt ebenso wie die Vollstreckungslösung des § 35 BtMG eine begründete Sonderbehandlung und Besserstellung der Betäubungsmitteltäter gegenüber anderen nicht minder bedeutsamen Straftätergruppierungen dar. Diese Ungleichbehandlung stieß zunächst auf erhebliche Bedenken.

5   Im Rahmen des sog. **Artikelgesetzes** wurde im Jahre 1989 als Art. 4 eine **Kronzeugenregelung bei terroristischen Straftaten** eingeführt, die dem *GBA* ermöglichte, nach Zustimmung eines Strafsenats beim *BGH* von der Strafverfolgung abzusehen. Neben rechtsdogmatischen Vorbehalten wurden in der Lit. erhebliche kriminalpolitische Bedenken geäußert. Die Kronzeugenregelung vermochte bei der Bekämpfung des Terrorismus auch nicht das Ziel zu erreichen, Angehörige terroristischer Vereinigungen **aus** diesen **Vereinigungen herauszubrechen** und ihnen eine **Perspektive für eine Rückkehr in die Gesellschaft** zu bieten und so weitere terroristische Straftaten zu verhindern (vgl. *BGH* NStZ 1992, 126; *BayObLG* NStZ 1991, 388; *Hamburg* NStZ 1997, 443). Diese Kronzeugenregelung, die durch das VerbrBekG vom 28. 10. 1994 (BGBl. I, S. 3186) auch auf kriminelle Vereinigung ausgedehnt worden war, lief am 31. 12. 1999 aus.

6   Zunächst wurde wiederholt darum gerungen, die Kronzeugenregelung bei terroristischen Straftaten wieder einzuführen (BR-Drs. 395/00; BT-Drs. 396/02; BT-Drs. 14/7025; BT-Drs. 15/2771; BR-Drs. 353/07; BT-Drs. 16/6268 und BT-Drs. 16/13094). Letztlich entschloss sich der Gesetzgeber aber mit dem am 1. 9. 2009 in Kraft getretenen 43. StrÄndG vom 29. 7. 2009 (BGBl. I, S. 2288), anstelle bereichsspezifischer kleiner Kronzeugenregelungen in § 46b StGB eine Strafzumessungsvorschrift einzuführen, wenn der Täter einer nicht lediglich der leichten Kriminalität zuzurechnenden Straftat **Aufklärungs- oder Präventionshilfe** in Bezug auf eine solche Tat leistet (vgl. dazu *Peglau* wistra 2009, 409 ff.; *Salditt* StV 2009, 375 ff.; *Frank/Titz* ZRP 2009, 137 ff.; *Stephan* StRR 2009, 333; *Malek* StV 2010, 200 ff.). Um Missbrauch vorzubeugen und die Nachprüfung der Angaben des Kronzeugen auf ihren Wahrheitsgehalt zu ermöglichen, sind **Strafmilderung und Absehen von Strafe ausgeschlossen,** wenn er sein Wissen **erst offenbart, nachdem die Eröffnung des Hauptverfahrens** gegen ihn beschlossen worden ist. Zugleich werden die **Strafdrohungen** für das Vortäuschen einer Straftat **(§ 145 d StGB)** und die falsche Verdächtigung **(§ 164 StGB)** für diejenigen Täter **angehoben,** die sich durch unwahre Angaben eine Strafmilderung oder ein Absehen von Strafe **erschleichen** wollen (krit. hierzu *Salditt* StV 2009, 375, 378; *Frank/Titz* ZRP 2009, 137, 139; *König* NJW 2009, 2481).

7   Im Zuge der Einführung des § 46b StGB durch das 43. StrÄndG wurde § 31 BtMG mit Wirkung vom 1. 9. 2009 dieser Vorschrift angepasst, um inhaltliche Wertungswidersprüche und Anwendungsschwierigkeiten bei Konkurrenzfällen zu vermeiden (BT-Drs. 16/6268, S. 16). Die für die Praxis wichtigsten Änderungen sind, dass die Aufklärungshilfe nur noch bis zur Eröffnung des Hauptverfahrens möglich ist und dass § 31 BtMG eine Strafrahmenverschiebung nach § 49 Abs. 1 BtMG eröffnet (früher: § 49 Abs. 2 StGB). Nach der **Übergangsregelung** in Art. 316b EGStGB sind § 46b StGB und § 31 BtMG in n. F. nicht auf Verfahren anzuwenden, in denen vor dem 1. 9. 2009 die Eröffnung des Hauptverfahrens beschlossen worden ist (s. dazu Rn. 27 ff.).

C. Erfahrungen mit § 31 BtMG

In dem Bericht der Bundesregierung über die Erfahrungen mit dem Gesetz zur   **8**
Neuordnung des Betäubungsmittelrechts (BT-Drs. 10/843) heißt es, nach den Erhebungen der Landesjustizverwaltungen im Zeitraum vom 1. 1. 1982 bis zum 30. 6.
1983 sei die Bestimmung in etwa 500 Fällen genutzt worden. Dabei darf nicht übersehen werden, dass es sich hierbei großenteils um besonders bedeutungsvolle Verfahren handelt. Die Wirksamkeit des § 31 BtMG lässt sich statistisch nur schlecht
erschließen. In einem späteren Bericht der Bundesregierung v. 16. 7. 1986 (BT-
Drs. 10/5856) wird mitgeteilt, dass die Wirksamkeit dieser Vorschrift in der Bundesrepublik noch immer umstritten sei. Aus dem Bericht der Bundesregierung v. 11. 4.
1989 (BT-Drs. 11/4329, S. 19) wurde eine **steigende Tendenz bei der Anwendung des § 31 BtMG als Strafmilderungsgrund** deutlich in Fällen, in denen
der Täter einen wesentlichen Beitrag zur Tataufdeckung geleistet hat (2.317 An-
wendungen in den Jahren 1985–1987). **Von der Strafe wurde nur 45-mal abgesehen.** Die Anwendung des § 31 BtMG wegen eines Beitrags zur Tatverhinderung
ist mit 10 Fällen von 1985–1987 äußerst selten. *Jeßberger* (Kooperation und Strafzumessung, 1999) spricht davon, dass im Jahr 1995 in jedem zweiten Betäubungsmittelverfahren eine Strafmilderung nach § 31 BtMG ausgesprochen worden sei.

Auch wenn neuere Erhebungen fehlen, bleibt festzuhalten, dass **Prozessdeals**   **9**
zwischen Verteidigung und StA vor allem in schwierigen oder umfangrei-
chen Betäubungsmittelsachen an der Tagesordnung sind. § 31 BtMG hat
sich in solchen Verfahren als überaus wirkungsvolles Ermittlungsinstrument erwiesen (s. BT-Drs. 16/6268, S. 16, wonach an § 31 BtMG als Sonderregelung zu
§ 46 b StGB nur wegen der guten Erfahrungen mit § 31 BtMG festgehalten wurde; s. auch *Salditt* StV 2009, 375, 376, der § 31 BtMG als seit Jahren etablierte
praktische Regel bezeichnet). Die Vorschrift ermöglicht, dass nicht nur Einzeltäter
oder kleiner Gruppierungen überführt werden, sondern **flächendeckend** ein **Teil
der Drogenszene ausgehoben** und Dealer für Dealer festgenommen werden
können. Dies belegt exemplarisch ein von der *StA Trier* in Zusammenarbeit mit
einer Ermittlungsgruppe des *Zollfahndungsamt Frankfurt am Main* und der *Kriminalinspektion Wittlich* in den Jahren 2008 bis Anfang 2011 geführtes Großverfahren, in
dem letztlich gegen mehr als 300 Beschuldigte ermittelt, über 50 Haftbefehle vollstreckt und eine Vielzahl von Personen zu langjährigen Haftstrafen verurteilt wurden. Ausgangspunkt des Verfahrens war die Verhaftung eines bereits mehrfach
wegen erheblicher Betäubungsmitteldelikte vorbestraften Intensivtäters, dem durch
eine Telefonüberwachungsmaßnahme 2 Rauschgiftbeschaffungsfahrten von jeweils
1 bis 2 Kilogramm Amphetamin in die Niederlande nachgewiesen und bei dem 30
Gramm Kokain sichergestellt werden konnten (8031 Js 2362/09 *StA Trier*). Konkrete Erkenntnisse zu Lieferanten, Kurieren und Abnehmern des Beschuldigten
lagen zu diesem Zeitpunkt nicht vor. Nach Vorgesprächen zwischen StA und Verteidigung legte der Beschuldigte eine Lebensbeichte ab, in der er unter Preisgabe
der Lieferanten und Abnehmer eine Vielzahl von Rauschgiftbeschaffungsfahrten in
die Niederlande mit einem Gesamtvolumen von über 200 kg Cannabis, 200 kg
Amphetamin, 5 kg Kokain und 30.000 Ecstasypillen mit einem Straßenverkaufswert von über 5 Millionen Euro einräumte. Er wurde unter Anwendung des § 31
BtMG zu einer Freiheitsstrafe von 6 Jahren verurteilt, zudem wurde die Unterbringung in einer Entziehungsanstalt nach § 64 StGB angeordnet. Ohne § 31
BtMG wäre ein solcher Schlag gegen die Rauschgiftszene bis hin zu einem Mitglied der Hells Angels nicht zu erreichen gewesen.

Die gegen die Vorschrift vorgebrachten Einwände, die Angaben von Drogen-   **10**
süchtigen seien wegen der häufigen Unzuverlässigkeit und wegen der von § 31
BtMG ausgehenden Versuchung, Dritte grundlos zu belasten, mit Vorsicht zu ge-
nießen (vgl. nur *Jung* ZRP 1986, 38, 42; *Körner* NJW 1982, 673, 676; *Slotty*
NStZ 1981, 321, 326; *Strate* ZRP 1987, 314 ff.; *Weider* NStZ 1984, 391 u. *ders.*
NStZ 1985, 481), sind nicht von der Hand zu weisen. Die Anwendung des § 31
BtMG erfordert daher eine umfangreiche Überprüfung der Richtigkeit der Anga-

ben des „Kronzeugen". Sodann liegt es an den **Instanz-** und **Revisionsgerichten,** ob die Aufklärungshilfe ein **wirksames Werkzeug zur Erhellung und Bekämpfung der organisierten Betäubungsmittelkriminalität bleibt** oder als Strafzumessungsfloskel verkommt. Der *BGH* sollte Wege finden, dass nur Hintergrundangaben, deren Richtigkeit bis zum Beginn der Hauptverhandlung polizeilich bestätigt werden können, als Aufklärungserfolge anerkannt werden (vgl. dazu Rn. 41 f., Rn. 57). Nur in solchen Fällen dürfen die Instanzgerichte durch **erhebliche Strafabschläge** verstärkt **Anreize zu Hintergrundangaben** bieten (vgl. *BGH* NStZ-RR 2000, 105 = StV 2000, 196; *BGH* NJW 2002, 908 = StV 2002, 259).

11   Die Einwände **von Seiten der Verteidigung,** der § 31 BtMG lasse den Verteidiger zum **Hilfsbeamten der StA** verkommen, der zur Mithilfe bei der Festnahme und Überführung, zum Verrat von Komplizen rate, so dass die Verteidigung aus Strafzumessungsgründen in den Stafverfolgungsapparat integriert werde (vgl. *Weider* NStZ 1984, 392; *ders.* Vom Dealen mit Drogen und Gerechtigkeit, 2000, 91 ff.; *ders.* in HbBtMR § 15 Rn. 146 [„Polizeirechtsanwalt"]; *Kempf* StV 1999, 67 f.), sind dagegen unbegründet. Es steht jedem Verteidiger und **jedem Beschuldigten frei zu entscheiden,** ob er die Voraussetzungen des § 31 BtMG erfüllen will oder nicht (so auch *Malek* 4. Kap., Rn. 21). Insbesondere in Betäubungsmittelfällen mit hoher oder sehr hoher Straferwartung bei nahezu aussichtslosem Beweisergebnis stellt sich die Aufklärungshilfe mit der damit verbundenen Strafrahmenverschiebung für den Angeklagten häufig **als wertvolle Regelung** dar (vgl. auch *Malek* StV 2010, 200, 204).

D. Verhältnis zu § 46 b StGB

12   § 31 BtMG gilt als spezielle Strafzumessungsnorm **nur bei Verfahren wegen BtMG-Verstößen.** Aufklärungshilfe bezüglich allgemeiner Straftaten seit dem 1. 9. 2009 in § 46 b StGB geregelt, so dass sich die Frage, ob § 31 BtMG bei allgemeinen Straftaten analoge Anwendung findet (vgl. dazu *BGH* NStZ 2005, 155), erübrigt hat. **§ 31 BtMG hat grundsätzlich Vorrang gegenüber § 46 b StGB** (BT-Drs. 16/6268, S. 14 ff.; *Hügel/Junge/Lander/Winkler* § 31 Rn. 3.2.2). § 46 b StGB greift nur ein bei Aufklärungsgehilfen, deren Straftat mit einer im Mindestmaß erhöhten Freiheitsstrafe oder mit lebenslanger Freiheitsstrafe bedroht ist und die Aufklärungshilfe zu Katalogtaten nach § 100 a Abs. 2 StPO leisten können. Demgegenüber erfasst § 31 BtMG auch Täter und Taten der einfachen Drogenkriminalität, da § 31 BtMG nur auf § 46 b Abs. 2 und Abs. 3 StGB verweist (*Malek* StV 2010, 200, 201 f.).

13   § 46 b StGB ist aber neben § 31 BtMG anwendbar, wenn der Täter Aufklärungshilfe hinsichtlich solcher (schweren) Taten leistet, die in keinem Zusammenhang mit seiner eigenen Betäubungsmitteltat stehen (BT-Drs. 16/6286, S. 15; *Hügel/Junge/Lander/Winkler* § 31 Rn. 3.2.2). Macht der Täter Angaben zu Betäubungsmitteltaten i. S. d. §§ 29 Abs. 3, 29 a, 30, 30 a BtMG, an denen er nicht beteiligt war, so findet nicht § 31 BtMG, sondern § 46 b StGB Anwendung (s. dazu auch Rn. 62).

E. Voraussetzungen der Aufklärungshilfe (§ 31 S. 1 Nr. 1 BtMG)

14   § 31 S. 1 Nr. 1 BtMG regelt Fälle, in denen der Aufklärungsgehilfe freiwillig sein Wissen über Tatgeschehen der Vergangenheit offenbart und dadurch zur Aufklärung von Lebensvorgängen über seinen eigenen Tatbeitrag hinaus beiträgt (**sog. Aufklärungshilfe;** zur **Präventionshilfe** nach § 31 S. 1 Nr. 2 BtMG s. Rn. 64 ff.).

I. Offenbarung

15   Unter Offenbarung ist die **Mitteilung von Fakten an die Strafverfolgungsbehörden** (Kriminalpolizei, Zollfahndung, StA) zu verstehen. Es ist nicht erfor-

derlich, dass es sich hierbei um Fakten handelt, die den Behörden noch unbekannt sind. Auch Angaben zu bereits bekannten Taten, z. B. nach einem Geständnis eines Mittäters, sind als Offenbarung i. S. d. § 31 S. 1 Nr. 1 BtMG ausreichend; ob sie ein Beitrag zur Aufdeckung der Tat sind, ist eine andere Frage (*Weber* § 31 Rn. 22; a. A. *Körner*, BtMG, 6. Auflage, § 31 Rn. 17; zum Aufklärungserfolg s. im Einzelnen Rn. 31 ff.). § 31 BtMG kommt nicht nur zur Anwendung, wenn der geständige Täter weitere **unbekannte Taten und Personen** benennt, sondern auch, wenn er bekannte Taten und/oder Personen zusätzlich dadurch erhellt, dass er die Polizei zu **Tatorten, Wohnungen, Rauschgiftverstecken, Betäubungsmittellaboratorien,** zu **Schmuggelfahrzeugen,** zu **Computern, Waffen** oder **Aufzeichnungen** von Drogenhändlern führt (*BGH* StraFo 2004, 429; *BGH* NStZ 2006, 177 = StV 2005, 558).

Die **bloße Aussagebereitschaft bzw. Aussageankündigung** stellt jedoch **16** keine zu einem Aufklärungserfolg führende Offenbarung dar, kann aber im Rahmen der konkreten Strafzumessung mildernd berücksichtigt werden (vgl. *BGH* NStZ 1989, 580 m. Anm. Weider = StV 1990, 454; *Weber* § 31 Rn. 25; MK-StGB/*Maier* § 31 Rn. 30; s. auch Rn. 25).

1. Form der Offenbarung. Der Täter muss **sich eindeutig zu seinen An- 17 gaben bekennen,** wenn er die Vergünstigungen des § 31 BtMG erlangen will. Das Gesetz sieht zwar keine besondere gerichtsverwertbare Form der Offenbarung vor, verlangt also nicht unbedingt ein schriftliches Vernehmungsprotokoll bei der Polizei, StA oder bei Gericht. Vielfach ist aber nur ein schriftliches Vernehmungsprotokoll geeignet, einen wesentlichen Beitrag zur Aufdeckung von Straftaten zu leisten. **Anonyme Hinweise, anonyme Briefe und verdeckte Vernehmungen** sind jedenfalls **keine Offenbarungen** i. S. d. § 31 BtMG, wenn sie dem Angeklagten **nicht eindeutig zugeordnet** werden können. **Verdeckte Vernehmungen oder nicht unterzeichnete Vernehmungsprotokolle,** die zu einem Aufklärungserfolg führen, auch wenn sie in der Hauptverhandlung keine Beweiskraft haben, reichen aber aus. Gibt der Täter seine Informationen nicht bei einer polizeilichen oder richterlichen Vernehmung, sondern **im Gespräch mit einem polizeilichen V-Mann, Verdeckten Ermittler oder einem polizeilichen V-Mann-Führer** weiter, so gilt dies als Offenbarung, die nach § 31 BtMG honoriert werden kann (BGHR BtMG § 31 Nr. 1 Aufdeckung 30 [3 StR 106/00]; MK-StGB/*Maier* § 31 Rn. 33).

Eine Aufklärungshilfe ist auch anzunehmen, wenn der Täter im Auftrag der Po- **18** lizei bei einem **Betäubungsmittelscheingeschäft mitwirkt** und dadurch zur Überführung anderer Täter oder Sicherstellung von Betäubungsmitteln beiträgt (*BGH* NStZ 2006, 177 = StV 2005, 558; *BGH* [*Winkler*] NStZ 2007, 317, 320; vgl. auch *Hamm* NStZ 1988, 515 = StV 1988, 374).

Der Aufklärungsgehilfe muss seine mündlichen, brieflichen oder telefonischen **19** Angaben gegenüber der Polizei **in seiner Hauptverhandlung nicht wiederholen** (s. dazu Rn. 55). Andererseits darf er seine kriminalpolizeiliche Aufklärung auch **nicht widerrufen,** da ansonsten das Gericht sich keine Überzeugung von der Aufklärungshilfe machen kann. Ein Widerruf der Angaben ist aber für den Aufklärungsgehilfen unschädlich, wenn diese trotz des späteren Bestreitens zu einem Aufklärungserfolg geführt haben (*BGH* NStZ 2009, 394 = StraFo 2009, 394; s. dazu im Einzelnen Rn. 58).

2. Inhalt der Offenbarung. Eine Offenbarung setzt **Wissen** voraus. **Bloße 20 Vermutungen oder Verdächtigungen ohne konkreten Hintergrund** stellen keine Offenbarung von Wissen dar (*Weber* § 31 Rn. 26). Gibt ein Untersuchungsgefangener **ohne eigenes Wissen oder Erleben Erzählungen** aus der JVA weiter, so kann regelmäßig hier noch nicht von Offenbarung von Wissen die Rede sein. Gibt ein Beschuldigter **geheimnisvolle und vieldeutige Hinweise auf eine Person vom Hörensagen,** ohne diese konkret zu belasten, so ist diese Personenbeschreibung keine Offenbarung von Wissen, auch wenn die beschriebene Person der Kriminalpolizei aus der Betäubungsmittelszene bekannt ist (*BGH*, Urt.

v. 13. 5. 1986, 5 StR 143/86, insoweit in NStZ 1986, 415 nicht abgedruckt; *BGH*, Beschl. v. 11. 10. 1991, 3 StR 329/91).

21   Dass der Gesetzgeber die Privilegierungsmöglichkeiten des § 31 BtMG **nur für Fälle tatsächlich begangener oder tatsächlich geplanter Straftaten** schaffen wollte, folgt aus dem Sinn und Zweck der Vorschrift. Sie dient der Verbesserung der Möglichkeiten der Verfolgung begangener (§ 31 S. 1 Nr. 1 BtMG) und der Verhinderung geplanter Straftaten (§ 31 S. 1 Nr. 2 BtMG). Die Ausdehnung der Privilegierungsmöglichkeiten nach § 31 BtMG auf Täter, die einen **unbewiesenen, andererseits aber auch nicht zu widerlegenden Sachverhalt** schildern, würde diese Möglichkeiten, insbesondere wenn man die Gesamtbelastung der für die Strafverfolgung und Prävention zuständigen Behörden ins Auge fasst, eher verschlechtern. Denn bei solcher Auslegung würde die **Neigung von Straftätern zur grundlosen Belastung** anderer wachsen (*Weider* in HbBtMR § 15 Rn. 150; *ders.*, Vom Dealen mit Drogen und Gerechtigkeit, 2000, S. 92 f.), in Fällen des organisierten Verbrechens würde sie geradezu solche Falschbelastungen herausfordern, weil diese die für die Strafverfolgung und Prävention zuständigen Behörden in die Irre lenken würden und der Belastende auch im Falle der Unwiderlegbarkeit seiner Behauptung auf die Privilegierung im Sinne des BtMG hoffen könnte.

22   Ein Täter, der einen möglicherweise wahren, aber nicht bewiesenen Sachverhalt schildert, hat keinen Anspruch auf die Möglichkeit der Strafmilderung oder des Absehens von Strafe gemäß § 31 BtMG, da eine rechtzeitige Aufdeckung begangener oder Verhinderung geplanter Straftaten nicht erfolgen kann (BGHSt. 31, 163 = NJW 1983, 692 = StV 1983, 64; *BGH* NStZ 1988, 505 m. Anm. *Körner* = StV 1987, 345).

23   **3. Freiwilligkeit der Offenbarung.** Die Rspr. hat an das Tatbestandsmerkmal der Freiwilligkeit keine besonderen Anforderungen gestellt. **Freiwilligkeit** ist dann gegeben, wenn **sich der Beschuldigte frei zur Offenbarung entscheiden kann** (*Weber* § 31 Rn. 59; MK–StGB/*Maier* § 31 Rn. 37). Freiwilligkeit ist nicht schon deshalb ausgeschlossen, wenn der Täter aus Angst oder unter dem Eindruck der Festnahme bzw. der Untersuchungshaft bzw. der Straferwartung oder nach Belehrung durch einen Vernehmungsbeamten oder unter dem Eindruck oder in Erwartung von Angaben festgenommener Mitbeschuldigter sich zu einem Geständnis entschließt. Sofern er sich nur frei entscheiden kann, sind **die Motive unbeachtlich** (BGHR BtMG § 31 Nr. 1 Freiwillig 1 = StV 1990, 550; BGHR BtMG § 31 Nr. 1 Freiwillig 2 = StV 1990, 456). Auch wenn im Rahmen der Bandenkriminalität festgenommene Bandenmitglieder davon ausgehen, andere Bandenmitglieder hätten den eigenen Tatbeitrag und die Organisation der Bande verraten und dann umfangreiche Angaben machen, so offenbaren sie in diesem Falle freiwillig, auch wenn ihr Entschluss auf einem Irrtum basiert.

24   **Unfreiwillig** ist die Offenbarung, wenn sein Hintergrundwissen durch Aussagen von Komplizen oder Zellengenossen bekannt wird, Gefangenenbriefe bzw. Kassiber mit tataufklärendem Inhalt beschlagnahmt werden und der Angeklagte sich zu diesen Angaben nicht bekennt, sondern bestreitet. Unfreiwillig sind ferner Hintergrund erhellende Angaben, die **durch unzutreffende Vorhalte** oder **Täuschungen** im Rahmen von Vernehmungen oder sonstigen unzulässigen Vernehmungsmethoden (§ 136 a StPO) hervorgerufen wurden: so wenn der bestreitende Beschuldigte die sichergestellten Betäubungsmittel als Zucker bezeichnet und im Rahmen der Vernehmung aufgefordert wird, eine Tasse Kaffee zu trinken und mit dem sichergestellten Heroin zu süßen bzw. den mit aufgelöstem Kokain vermischten Cognac zu trinken, wenn dem festgenommenen Rauschgiftkurier ein falsches Röntgenbild gezeigt wird, wonach in seinem Darm das Rauschgiftpäckchen erkannt wurden sei und zu platzen drohe, obwohl seine Röntgenaufnahme keinen Fremdkörper nachwies.

25   **4. Motiv der Offenbarung.** Die **guten Absichten** des Täters rechtfertigen allein nicht die Anwendung des § 31 BtMG, können aber **gem. § 46 StGB bei der Strafzumessung** berücksichtigt werden (*BGH* StV 1987, 487; *BGH* NStZ

1989, 580 m. Anm. *Weider* = StV 1990, 454). Nach dem Wortlaut, Sinn und Zweck des § 31 BtMG kommt es **allein auf den Aufklärungserfolg** (s. dazu Rn. 31 ff.) und nicht auf die Vorstellungen, Gefühle und Motive des Täters an (BGHR BtMG § 31 Nr. 1 Aufdeckung 19 = StV 1991, 67; *BGH* NStZ 2011, 100). Es müssen **keine** ethisch anzuerkennenden **Motive, keine Schuldeinsicht** und **keine Reue, kein altruistisches Aufklärungsbemühen** vorliegen, die den Täter zur Aussagebereitschaft bewegten. Da die Aufklärungshilfe i. d. R. Verrat ehemaliger Komplizen oder gar Freunde bedeutet, wäre ansonsten der § 31 BtMG auch nur selten anwendbar. **Ehrenwerte Motive,** wie das Aussteigen aus einer kriminellen Organisation oder die Befreiung von gefährdeten Bandenmitgliedern aus der Abhängigkeit der Organisation, können sich aber im Rahmen der Strafzumessung i. e. S. nach § 46 Abs. 2 StGB auswirken.

Hat ein Angeklagter an der weiteren Tataufklärung mitgewirkt, ohne sich inner- **26** lich von der Rauschgiftszene zu lösen, ohne seine Lieferanten und Abnehmer zu nennen, ohne seine Tat zu bereuen und zu einer Lebensumkehr bereit zu sein, so ist § 31 BtMG entsprechend seinem Aufklärungsbeitrag anwendbar (*BGH* NStZ 1989, 326 = StV 1990, 455; BGHR BtMG § 31 Nr. 1 Aufdeckung 19 = StV 1991, 67; *Düsseldorf* NStZ-RR 2001, 149). Führt aber die **Zurückhaltung des Täters** bei der Schilderung des eigenen oder fremden Tatbeitrages dazu, dass **die Tat insgesamt nur unzureichend geklärt** werden kann, so kommt § 31 BtMG nicht in Betracht. Von einer weiteren Aufdeckung kann auch nicht die Rede sein, wenn der geständige Täter aus Angst oder verwandtschaftlichen Rücksichten Informationen über Namen und Anschriften, die zur Tataufdeckung erforderlich sind, bewusst zurückhält (*Düsseldorf* StV 1983, 67; s. dazu Rn. 37 f.).

5. Zeitpunkt einer Offenbarung. a) Präklusionswirkung. Seit Inkrafttre- **27** ten des 43. StrÄndG am 1. 9. 2009 kommt § 31 BtMG nur zur Anwendung, wenn der Täter sein Wissen bis zur **Eröffnung des Hauptverfahrens** offenbart (§ 31 S. 2 BtMG i. V. m. § 46 b Abs. 3 StGB). Nach der alten Regelung bestand noch die Möglichkeit, Aufklärungshilfe bis zum Abschluss der letzten Tatsacheninstanz zu leisten (vgl. *BGH* NStZ 1984, 28; *BGH* NStZ-RR 2004, 348). Dem hat der Gesetzgeber mit der Präklusionsvorschrift in § 46 b Abs. 2 StPO einen Riegel vorgeschoben, um den Ermittlungsbehörden genügend Zeit zur Überprüfung der Richtigkeit der Angaben zu geben und einen Missbrauch der Vorschrift zum Zwecke der Prozessverschleppung zu verhindern (BT-Drs. 16/6268, S. 14; s. auch *Peglau* wistra 2009, 409, 411; krit. *König* NJW 2009, 2481, 2483; *Salditt* StV 2009, 375, 377). Angaben des Angeklagten nach Eröffnung des Hauptverfahrens können nur noch im Rahmen der allgemeinen Strafzumessungsregelung des § 46 StGB berücksichtigt werden. Maßgeblich ist nicht die Zustellung des Eröffnungsbeschlusses, sondern der **Beschlusserlass,** also der Zeitpunkt, an dem der unterschriebene Beschluss in den Geschäftsgang gelangt (*Hügel/Junge/Lander/Winkler* § 31 Rn. 3.5.2).

b) Präklusionswirkung bei Altverfahren. aa) Verfahren mit Eröffnung 28 des Hauptverfahrens bis zum 31. 8. 2009. Art. 316 d EGStGB bestimmt, dass § 46 b StPO und § 31 BtMG n. F. **nicht** auf Verfahren anzuwenden sind, in denen das Hauptverfahren vor dem 1. 9. 2009 eröffnet worden ist; hier gilt das Meistbegünstigungsprinzip des § 2 Abs. 3 StGB nicht (*BGH* NStZ-RR 2010, 25; *BGH* NStZ 2010, 523 = StV 2010, 481; *BGH,* Beschl. v. 27. 4. 2010, 3 StR 79/10 = BeckRS 2010, 14688; *Fischer* § 46 b Rn. 1).

bb) Verfahren mit Eröffnung des Hauptverfahrens ab dem 1. 9. 2009. 29 Die Regelung in Art. 316 d EGStGB bedeutet nicht, dass § 46 b Abs. 3 StPO ohne Weiteres auch in Verfahren mit Eröffnung des Hauptverfahrens **ab dem 1. 9. 2009** Anwendung findet. Es ist vielmehr zu prüfen, **welche Rechtslage im konkreten Fall für den Angeklagten am günstigsten ist** (*BGH* NStZ 2010, 523 = StV 2010, 481; *BGH,* StRR 2011, 167 [L]). Macht der Angeklagte erstmals in der Hauptverhandlung Angaben zu seinem Auftraggeber bezüglich einer vor dem 1. 9. 2009 begangenen Tat, stellt die Nichtanwendung des § 31 S. 1 Nr. 1 BtMG

wegen der Präklusionswirkung des § 46 b Abs. 3 StPO, weil das Hauptverfahren
nach dem 1. 9. 2009 eröffnet wurde, einen Verstoß gegen das Rückwirkungsverbot des Art. 103 Abs. 2 GG dar (*BGH* NStZ 2010, 523 = StV 2010, 481).

II. Aufdeckung einer Tat über den eigenen Tatbeitrag hinaus

30   § 31 S. 1 Nr. 1 BtMG greift nur ein, wenn der Täter mit seiner Offenbarung
wesentlich zu einem **Aufklärungserfolg bezüglich einer über den eigenen
Tatbeitrag hinausgehenden Tat** verhilft.

31   **1. Aufklärungserfolg. a) Begriff.** Der **Aufklärungserfolg** ist eingetreten,
wenn dank der Angaben des Aufklärungsgehilfen aufgrund der Überzeugung
des Gerichts bestimmte Personen (Komplizen, Auftraggeber, Hinterleute) hinreichend verdächtig sind, gegen das BtMG verstoßen zu haben und wenn diese
Personen mit den Angaben des Aufklärungsgehilfen identifiziert und entweder
bislang unbekannter Taten oder bekannter Taten besser überführt werden können
(*BGH* NStZ 1989, 77; *BGH* NStZ 1989, 580 m. Anm. *Weider* = StV 1990, 454;
BGH StV 1994, 544; *BGH* NStZ 2003, 162 = StV 2003, 286; *Weber* § 31
Rn. 73). Vom Aufklärungserfolg sind bloße **Aufklärungsbemühungen** zu unter-
scheiden (s. dazu Rn. 35 ff.), die nicht zur Anwendung des § 31 BtMG führen
(*BGH* StV 2000, 318; *Weber* § 31 Rn. 114; MK-StGB/*Maier* § 31 Rn. 105; *Hügel/
Junge/Lander/Winkler* § 31 Rn. 3.6; *Franke/Wienroeder* § 31 Rn. 10). Bei Prüfung des Aufklärungserfolges i. S. v. § 31 S. 1 Nr. 1 BtMG ist immer auf den
Zeitpunkt der Hauptverhandlung bzw. erneuten Hauptverhandlung abzustellen (*BGH* NStZ 2003, 162 = StV 2003, 286). **Im Urteil bedarf es Ausführungen,** dass mit den Angaben des Angeklagten Lieferant bzw. Abnehmer zu
identifizieren/nicht zu identifizieren war und deshalb (k)ein Aufklärungserfolg
eingetreten ist. (*BGH* StV 1987, 487; *BGH* NStZ 1989, 580 = StV 1990,
454; *BGH* NStZ 2003, 162 = StV 2003, 286; s. auch Rn. 44). Da in **Fällen
unzureichender Aufklärungsbeiträge** nach dem Urteil sich Hinweise des
Angeklagten mit zwischenzeitlich angefallenen Erkenntnissen kombinieren und
zu nachträglichen wesentlichen Aufklärungserfolgen führen können, hat der
BGH außerhalb des § 31 BtMG das **Aufklärungsbemühen zu einem bestimmenden Strafzumessungsfaktor** i. S. v. § 267 Abs. 3 StPO erhoben (s. dazu
Rn. 89).

32   **b) Kein Fahndungserfolg notwendig.** Der Aufklärungserfolg ist nicht von
der Existenz und nicht vom **Stand eines in- oder ausländischen Ermittlungsverfahrens** (*BGH* StV 1986, 435; *Düsseldorf* StV 1983, 67), nicht von einem
Fahndungserfolg, sondern lediglich **von der Überzeugung des Tatgerichts
abhängig** (*BGH* StV 1986, 435; *BGH* StV 2000, 318; *BGH*, Urt. v. 9. 8. 2000,
3 StR 133/00, insoweit in NStZ 2001, 42 nicht abgedruckt). Ein Aufklärungserfolg kann eintreten, wenn Komplizen oder Auftraggeber im Ausland sind und die
deutschen Behörden gar nicht gegen sie ermitteln können, sondern nur ein Straf-
verfolgungsübernahmeersuchen an die auswärtigen Behörden richten können
(*Düsseldorf* StV 1983, 67; vgl. auch *BGH* StV 2000, 318). **Bleibt wegen Versäumnissen der Strafverfolgungsbehörden ein Ermittlungserfolg aus** bis
zur Entscheidung des Tatgerichts, dann darf das Gericht daraus zumindest keine
Zweifel an der Richtigkeit der Angaben und ihrer Eignung zur Überführung anderer Tatbeteiligten ableiten. Bleibt aber **wegen unzureichender oder allgemeiner Angaben des Angeklagten** eine Ermittlungstätigkeit der Kripo aus, so
liegt allerdings kein Fall des § 31 BtMG vor (s. dazu Rn. 35 ff.). Eine Tataufklärung
entfällt nicht deshalb, weil die niederländische Polizei gegen die belastete Person
bereits ermittelte und sich durch die Hinweise des Angeklagten nicht bestimmen ließ, weitergehende Ermittlungen zu führen (*BGH* StV 1986, 435; *BGH*
NStZ 1989, 77). Die Argumentation, der offenbarte niederländische Lieferant
könne wegen des niederländischen Verfahrens und wegen Art. 54 SDÜ nicht in
Deutschland verfolgt werden, geht deshalb fehl. § 31 BtMG honoriert den **Auf-

klärungserfolg (auch den Aufklärungserfolg im Ausland) und **nicht den Fahndungserfolg in Deutschland,** da die Strafverfolgung des Drogenlieferanten ein **internationales Anliegen** ist (s. dazu Rn. 43).

Es ist auch unwesentlich, ob deutsche Kriminalbeamte mit den Angaben die Tat **33** **im Inland weiter aufklären können** oder **ob der enttarnte Hintermann infolge Untertauchens überhaupt erreichbar ist** (*BGH* NStZ 1989, 580 m. Anm. *Weider, BGH* NStZ 2003, 162 = StV 2003, 286; *Düsseldorf* StV 1983, 67). Der Aufklärungserfolg **setzt keinen Haftbefehl** gegen die Hinterleute, erst recht **keine Festnahme der preisgegebenen Täter** (*BGH* NStZ 1989, 77) und **keine Verurteilung** derselben vor Ende der Hauptverhandlung gegen den Aufklärungsgehilfen (*BGH* StV 1985, 14) voraus. Andererseits müssen die Angaben über die benannten Personen aber doch **so konkret** sein, dass diese **identifizierbar** und **zur Festnahme ausgeschrieben werden können** (BGHR BtMG § 31 Nr. 1 Aufdeckung 14 [1 StR 189/89]; *BGH* StV 2000, 318). § 31 S. 1 Nr. 1 BtMG kommt auch zur Anwendung, wenn der Tatverdächtige im Inland flüchten konnte oder nicht ergriffen werden konnte. Der Aufklärungsgehilfe ist kein Fahndungsgehilfe und kein Kronzeuge. Umgekehrt kann aber die **Ermöglichung eines Fahndungserfolges,** insb. wenn das Verhalten der Beteiligten den Ermittlungsbehörden bekannt ist, eine Aufklärungshilfe darstellen und die Überzeugung vermitteln oder verfestigen, dass die bisherigen **Erkenntnisse über einen Tatbeteiligten zutreffen** (*BGH* NJW 1999, 1726 = StV 1999, 436).

Ein **eingestelltes Ermittlungsverfahren** gem. § 170 Abs. 2 StPO gegen die **34** Hinterleute hindert nicht die richterliche Überzeugung, dass der Angeklagte einen wesentlichen Beitrag zur weiteren Tataufklärung geleistet hat (BGHR BtMG § 31 Nr. 1 Aufdeckung 9 = StV 1989, 391; *Weber* § 31 Rn. 102). Auch eine Bindung an **Feststellungen eines anderen Gerichts** bestehen nicht. So darf sich der Tatrichter nicht darauf beschränken, den Aufklärungserfolg zu verneinen, weil der Haftrichter den Haftbefehl gegen den vom Angeklagten belasteten Hintermann wegen Zweifeln an der Aussage des Angeklagten wieder außer Vollzug gesetzt hat (*BGH* NStZ 2009, 394 = StV 2010, 134). Wurde ein **Mitangeklagter bereits von einem anderen Gericht rechtskräftig freigesprochen,** so schließt eine spätere Aufklärung von dessen Tatbeteiligung eine Strafmilderung nach § 31 BtMG nicht aus (*BGH* NStZ 2005, 231).

c) Unzureichende Angaben. Die Begründung eines **Verdachts** oder die **35** Schaffung einer **Aufklärungsmöglichkeit** sind noch kein Aufklärungserfolg (vgl. *BGH*, Beschl. v. 5. 11. 1992, 4 StR 517/92; *BGH* NStZ 1993, 242 = StV 1993, 308; *BGH* NStZ 2000, 433 = StV 2000, 295; *BGH* NStZ 2003, 162 = StV 2003, 286). Hier sind folgende Fallgruppen zu unterscheiden:

aa) Unzureichende Tatbeschreibungen. Die bloße Benennung von Mittä- **36** tern, Auftraggebern und Abnehmern **ohne Beschreibung ihrer Tatbeteiligung** erlaubt keine Überprüfung der Behauptung durch die Strafverfolgungsbehörden und kann nicht zur Überzeugung des Gerichts zu einer erfolgreichen Überführung dieser Personen beitragen (*BGH* NStZ-RR 1998, 25 = StV 1997, 639; *BGH* NStZ 2000, 433 = StV 2000, 295). Üblich sind auch Hinweise auf Personen, die sich angeblich verdächtig benehmen, mit Rauschgift handeln oder ihr Geld mit Rauschgift verdienen würden. Es fehlt hier die aufgedeckte Tat. Selbst wenn ein Angeklagter einen Heroinhändler in Amsterdam anhand von Lichtbildern als *Li Wai Chung* identifiziert hat, so liegt darin allein noch kein wesentlicher Beitrag zur weiteren Tataufklärung (*BGH*, Urt. v. 19. 1. 1984, 4 StR 740/83).

bb) Unzureichende Täterbeschreibungen. Nennt ein Angeklagter **unzu- 37 reichende Namen und Adressen von Personen,** macht er nur **allgemeine inhaltsleere Angaben zu Mittätern,** die nach seiner nicht bewiesenen Darstellung an seiner Tat als Mittäter infrage kommen, so liegt § 31 BtMG nicht vor, selbst wenn diese unzureichenden oder unscharfen Angaben sich später durch die Ermittlungen bestätigen sollten. Nennt ein Angeklagter, der jahrelang von einem niederländischen Dealerring kiloweise mit Haschisch versorgt wurde, nicht Namen

und Anschriften seiner Lieferanten, sondern gibt nur eine Telefonnummer der
Händlerorganisation preis und erklärt seine Bereitschaft, Drogenbunkerplätze zu
zeigen, werden **nur Ermittlungsansätze** angeboten. Dies ist nicht im Rahmen
von § 31 BtMG, sondern je nach Umfang der Aufklärungsbemühungen im Rahmen von § 46 StGB im Urteil zu würdigen (*BGH* NStZ 1984, 28 = StV 1983,
505; *BGH* NStZ 2000, 433 = StV 2000, 295).

38   Benennt ein Angeklagter die in den USA lebenden Kokainlieferanten und Vermittler **nur mit Vor- und Spitznamen** *Luis* und *Frank,* so dass sie **nicht identifiziert** werden können, so liegt kein wesentlicher Aufklärungsbeitrag vor, und
die Strafkammer kann die beschriebenen Personen als **unbekannt bezeichnen**
(*BGH* NStZ 1988, 505 m. Anm. *Körner* = StV 1987, 345; *BGH* NStZ 1989, 77 =
StV 1989, 393). Die tataufdeckenden Angaben müssen konkret und nachprüfbar
sein. Ist die **Person nicht identifizierbar** oder **bestehen Zweifel,** ob sie **überhaupt existent ist,** so kann von einer Tataufdeckung keine Rede sein. Verweigert
ein Angeklagter bei seiner polizeilichen Vernehmung die Namen und Anschriften
seiner Abnehmer, Angaben zur Person seines Fahrers, den Namen des Vermittlers,
und **benennt er lediglich die Telefonnummer des Büros der Händlerorganisation** in Maastricht mit dem Bemerken, es könne sein, dass diese Rufnummer
ab und zu gewechselt werde, so sind diese Täterbeschreibungen **nicht nur unvollständig,** sondern für eine weitere Aufklärung **untauglich** (*BGH* NStZ 1989, 580
m. Anm. *Weider* = StV 1990, 454). Auch wenn die **bloße Namensnennung
ohne weitere Tataufdeckung** in Einzelfällen für einen Aufklärungserfolg nicht
ausreicht, kann die **Benennung von Nachnamen und Wohnort zur Täter-
identifizierung** und zur **Tataufklärung** führen (BGHR BtMG § 31 Nr. 1 Aufdeckung 26 = StV 1994, 543).

39   **cc) Unzureichende Beschreibungen des Aufenthaltsortes von Abnehmern und Hinterleuten.** Pauschale Angaben, der *Mehmet* „habe die Mücke
gemacht", *Carlos* sei noch in Frankfurt, *Angelo* sei nach Spanien geflohen oder
Rowland sei regelmäßig in der Bahnhofskneipe in Berlin zu finden, stellen keine
Aufklärungshilfe dar. **Die Unkenntnis vom Aufenthaltsort des Tatverdächtigen** hindert eine Aufklärungshilfe nicht, wenn andere konkrete Beiträge zum Aufklärungserfolg geleistet werden (*BGH* NStZ 2003, 162). Der Hinweis, der Auftraggeber des Herointransportes wohne mit seiner Frau im Zimmer 206 eines
bestimmten Hotels, wodurch eine spätere Festnahme ermöglicht wird, stellt eine
Aufklärungshilfe dar (*BGH* NJW 1999, 1726 = StV 1999, 436).

40   **dd) Angebot zur Teilnahme an einem Scheingeschäft.** An einem Aufklärungserfolg fehlt es, wenn der Täter zwar anbietet, an einer überwachten Schein-
übergabe von Betäubungsmitteln an einen unbekannten Abnehmer teilzunehmen,
es hierzu wegen vordringlicher anderer Einsätze der Polizei jedoch nicht kommt
(BGHR BtMG § 31 Nr. 1 Aufdeckung 34 [3 StR 478/05]).

41   **ee) Angeklagte, die die Tat verschleiern.** Tataufklärung tritt nach Auffassung des *BGH* auch dann noch ein, wenn der Beschuldigte zunächst seine Mittäter verschweigt und durch Tatverschleierung dazu beiträgt, dass die festgenommenen Mittäter oder Hinterleute entlassen werden und flüchten können und
nach deren gelungener Flucht sie sodann erst belastet (*BGH* NJW 1985, 692 =
StV 1985, 14). Entscheidend soll nach Auffassung des *BGH* sein, dass der Beschuldigte oder Angeklagte vor Abschluss der Beweisaufnahme die Tat über seinen Tatbeitrag hinaus eingesteht, Rauschgiftdepots und Mittäter benennt und damit wesentlich zur weiteren Tataufklärung beiträgt. Dabei ergibt sich die Schwierigkeit,
dass gerade Angeklagte aus dem organisierten Bereich versuchen, die Justiz mit
Falschangaben zu überlisten. Sie belasten einen flüchtigen oder nicht existenten
Mitbeschuldigten als angeblichen Bandenchef, verschaffen festgenommenen Komplizen Haftentlassung, sich selbst Strafmilderung und dem tatsächlichen Chef Ruhe
vor Strafverfolgung. Das zwiespältige Verhalten der Angeklagten soll jedoch bei der
**Gesamtbetrachtung im Rahmen der Strafzumessung berücksichtigt wer-
den.**

Die formale Betrachtungsweise des *BGH*, dass auch zwiespältiges Verhalten in **42** Form einer Tataufklärung, die einer Tatverschleierung folgt (zuerst Entlastung von Komplizen, dann Belastung von Komplizen), eine weitere Tataufklärung darstellen soll, überrascht. In der Praxis ist mit derartigen „tataufklärenden Angaben" überhaupt nichts anzufangen. Die spätere Belastung der Komplizen schafft keine Tataufklärung und keinen dringenden Tatverdacht bezüglich der Komplizen und Auftraggeber mehr, sondern nur Zweifel darüber, welche der beiden Versionen des Angeklagten denn nun die richtige war. **Solche Fälle sollten nicht noch mit der Anwendung des § 31 BtMG belohnt werden.**

d) Aufklärungserfolge im Ausland. Da die Bekämpfung des Rauschgifthan- **43** dels ein internationales Anliegen ist (§ 6 Nr. 5 StGB) und der deutsche Rauschgiftmarkt von dem weltweiten Rauschgiftmarkt nicht zu trennen ist, führen **Aufklärungserfolge,** die nicht im Inland, sondern **im Ausland eintreten, zur gleichen Strafmilderung** nach § 31 BtMG wie Aufklärungserfolge in Deutschland. Dies gilt für Aufklärungshilfe in Vertragsstaaten des Schengener Durchführungsübereinkommens (*BGH* NStZ 2003, 270 = StV 2003, 286 m. Anm. *Anlinger* JR 2003, 480; *Hügel/Junge/Lander/Winkler* § 31 Rn. 3.6) gleichermaßen wie für Aufklärungshilfe im übrigen Ausland (vgl. *BGH,* Beschl. v. 30. 10. 2008, 5 StR 345/08 = BeckRS 2008, 24050, insoweit in NStZ 2009, 392 nicht abgedruckt, *Weber* § 31 Rn. 95).

e) Tatrichterliche Überzeugung vom Aufklärungserfolg. § 31 BtMG setzt **44** keinen dringenden Tatverdacht gegen den/die belastenden Dritten und keine Einleitung von Ermittlungsverfahren voraus. Ein Aufklärungserfolg ist bereits dann anzunehmen, wenn zur **Überzeugung des Gerichts** durch die Angaben des Aufklärungsgehilfen die Voraussetzungen für die erfolgreiche Durchführung eines Strafverfahrens im Falle der Ergreifung des Täters geschaffen wurden (*BGH* NStZ 1989, 77; BGHR BtMG § 31 Nr. 1 Aufdeckung 11 = StV 1990, 355; *BGH* NStZ-RR 1998, 25 = StV 1997, 639; *BGH* StV 2000, 310 *BGH* NStZ 2003, 162; *BGH* NStZ-RR 2009, 320; s. dazu auch Rn. 103ff.).

2. Wesentlicher Beitrag zum Aufklärungserfolg. Die weitere Tataufde- **45** ckung muss nicht allein auf den Angaben des Aufklärungsgehilfen beruhen. Vielmehr genügt es, dass er einen wesentlichen Beitrag zur Aufklärung geleistet hat. **Wesentlich ist ein Beitrag** immer, **wenn ohne ihn die Tat nicht oder nicht vollständig aufgedeckt** und die kriminalpolizeiliche Überführung von Mittätern, Auftraggebern und Hinterleuten, die Entdeckung von Rauschgiftbunkern, Rauschgiftlabors, Rauschgiftlokalen und die Sicherstellung von Betäubungsmitteln mit großer Wahrscheinlichkeit nicht oder **nicht in diesem Umfange möglich** gewesen wäre. Selbst Angaben zu Tatbeteiligten, die sich mit bereits vorhandenen Erkenntnissen der Strafverfolgungsbehörden decken, können eine bessere Grundlage für den Nachweis der Tatbeteiligung schaffen und damit einen Aufklärungserfolg i. S. v. § 31 BtMG begründen (*BGH* StV 1989, 394; *BGH* StV 1998, 601). **Unwesentlich** ist der Beitrag, wenn er auf Vorhalt der den Strafverfolgungsbehörden vorliegenden Erkenntnisse **lediglich** deren **Richtigkeit einräumt** (*BGH,* Beschl. v. 13. 7. 2000, 1 StR 230/00).

a) Angaben zu Mittätern, Auftraggebern und zu Hinterleuten. Eine Tat- **46** aufklärung und Überführung eines Auftraggebers oder Komplizen bleibt **auch wesentlich,** wenn sich herausstellt, dass die festgenommene Person sich gerade entschlossen hatte, ein Geständnis abzulegen und sich der Polizei zu stellen (BGHR BtMG § 31 Nr. 1 Aufdeckung 17 = StV 1990, 550). Da bei der Durchführung größerer Rauschgiftgeschäfte oder Rauschgiftschmuggeltransporte regelmäßig eine lange Reihe von Tätern der verschiedenen Handelsstufen beteiligt ist, kann ein eingeweihter Täter über das unmittelbare Tatgeschehen der Anklage hinaus die Vorgeschichte, die Gruppe der Käufer und Verkäufer, die Gruppe der Lieferanten und Transporteure, die Geschäftsmethoden, Transportwege, Kontaktorte und Rauschgiftlager bekannt geben und damit wesentliche Aufklärungsbeiträge liefern (*BGH* StV 1990, 456; *BGH* StV 1991, 67; *BGH* StV 1994, 545; *BGH* NStZ 2000, 433 = StV 2000, 295; *BGH* StV 2004, 605).

47　　Hat ein Angeklagter seine beiden Haschischlieferanten mit Namen und Anschrift angegeben und von Geschäften in der Größenordnung von 50–100 g Cannabis gesprochen, ohne die konkreten Rauschgiftlieferungen noch exakt angeben zu können, so hat er einen wesentlichen Beitrag zur Tataufklärung geleistet (*BGH* StV 1991, 67). Hat das Gericht festgestellt, dass der Abnehmer der Betäubungsmittel ein *Hugo W.* war, der vom Angeklagten auf einem Lichtbild identifiziert wurde, so kann an dem Aufklärungserfolg kein Zweifel sein (*BGH*, Beschl. v. 4. 10. 1989, 3 StR 350/89). Gehen die Strafverfolgungsbehörden zwar von einer Mittäterschaft eines Dritten aus, stellen jedoch die Angaben des Angeklagten das Wissen der Polizei **auf eine sicherere Grundlage, erleichtern einen wirksamen, sofortigen Zugriff,** bringen die Angaben des Angeklagten **die zur Verurteilung erforderliche Sicherheit** und decken damit die Beteiligung des Dritten definitiv auf, fällt dies unter § 31 S. 1 Nr. 1 BtMG (*BGH* StV 2001, 406; *BGH* StV 2001, 462; *BGH* NStZ 2003, 162 = StV 2003, 286; BGHR BtMG § 31 Nr. 1 Aufdeckung 33 = StraFo 2004, 429).

48　　**b) Unterstützung von V–Leuten oder Verdeckten Ermittlern.** Erklärt sich ein Beschuldigter **nach der Festnahme** bereit, an einem **Scheingeschäft** der Polizei mit VP oder VE mitzuwirken, um seinen Lieferanten polizeilich zu überführen, so stellt dies Aufklärungshilfe i. S. v. § 31 BtMG dar. **Verzichtet ein Täter nach seiner Festnahme** darauf, **die Identität des von ihm enttarnten V–Mannes preiszugeben** und ermöglicht durch seine Unterstützung der VP letztlich, dass weitere Hauptbeteiligte festgenommen werden können, so bewirkt er zwar nicht durch seine Aussage, aber durch sein kooperatives Verhalten eine weitere Tataufdeckung, denn ohne seinen Beitrag wäre die Tat nicht vollständig aufgedeckt worden (*BGH* StraFo 2005, 345).

49　　**c) Angaben zu Rauschgiftverstecken oder Laboratorien.** Auch wenn der Beschuldigte keine Personen belastet, sondern deren Rauschgiftverstecke, Laboratorien, Cannabisfelder oder Schmuggelfahrzeuge preisgibt und damit über seinen bereits bekannten Tatbeitrag hinaus einen Aufklärungserfolg herbeiführt, kommt ihm § 31 BtMG zugute (*BGH* NStZ 2006, 177 = StV 2005, 558).

50　　**d) Zeitliche Konkurrenz mehrerer Aufklärungsgehilfen und ihrer Offenbarungen.** Bestätigt einer von mehreren Beschuldigten auf Vorhalt der Strafverfolgungsbehörden bei der Vernehmung die Richtigkeit von vorausgegangenen Aussagen von anderen Beschuldigten oder Zeugen **in pauschaler Weise** und **ergänzt sie nur durch unwesentliche Randdetails,** so stellt diese **bloße Bestätigung bereits bekannter Erkenntnisse** grundsätzlich **keine Tataufklärung** dar, wenn die Angaben zu keinen neuen oder besseren Erkenntnissen über das Betäubungsmittelgeschäft führen (*BGH*, Beschl. v. 14. 1. 1986, 5 StR 550/85). Die Begründung, ein vom Angeklagten genannter Abnehmer bzw. Lieferant sei **der Polizei bereits bekannt** gewesen, reicht allerdings nicht aus, um die Voraussetzung des § 31 BtMG zu verneinen. Denn es ist ihr nicht zu entnehmen, ob die belastete Person nur als Person oder als Abnehmer des Angeklagten bekannt war (*BGH* StV 1986, 436; *BGH* StV 2001, 406; *BGH* StV 2001, 462; *BGH* 2002, 260). Bestätigt ein Angeklagter zwar nur das, was den Ermittlungsbehörden bereits bekannt war, ohne dies aber nachweisen zu können, so liegt eine weitere Tataufklärung auch vor, **wenn ein Gericht durch die Aussage des Angeklagten eine zur Verurteilung eines Dritten erforderliche Gewissheit erlangen konnte** (*BGH* StV 1993, 474; *BGH* StV 1994, 23; *BGH* StV 1996, 675; BGHR BtMG § 31 Aufdeckung 27 = NStZ-RR 1996, 48; *BGH* StV 1998, 601; *BGH* StV 2001, 406; *BGH* StV 2001, 462).

51　　Derjenige Mittäter, der über sich aus über seinen Tatbeitrag hinaus Angaben zu Hintermännern, Auftraggebern, Bezugsquellen, Vertriebswegen, Rauschgiftverstecken und ähnlichem macht, die sich mit polizeilichen Erkenntnissen oder Aussagen von Mitbeschuldigten decken, bestätigt nicht lediglich, was den Strafverfolgungsbehörden bereits bekannt ist (*BGH*, Urt. v. 14. 1. 1986, 5 StR 550/85), sondern **kann darüber hinaus** durch seine persönliche Darstellung den Strafverfolgungsorganen die **erforderliche Überzeugung vermitteln, dass die bisherigen Erkenntnisse zutreffen** und damit eine **sicherere Grundlage für die Tataufklärung und den Tatnachweis** schaffen. Offenbaren mehrere Tatbeteiligte **gleichzeitig oder nacheinander ihr gesamtes Wissen**, so kann ihnen allen § 31 BtMG zugute kommen, wenn der Beitrag des zuerst Offenbarenden durch die Parallel- oder späteren Geständnisse ausgebaut und bereichert wird, wenn durch die weiteren Geständnisse immer mehr kriminelles Dunkelfeld erhellt wird (*BGH* NJW 1999, 1726 = StV 1999, 436). Bestätigt der Zweitoffenbarende im Kern nur die Angaben des Erstgeständigen, so kann ihm dies nur im Rahmen des § 46 StGB, aber nicht nach § 31 BtMG zugute gehalten werden.

Die Streitfrage, wie die **Angaben von mehreren Mittätern im Rahmen einer Hauptverhandlung** rechtlich zu werten ist, hat sich seit dem 1. 9. 2009 **52** durch die Begrenzung auf Angaben, die bis zur Eröffnung des Hauptverfahrens erfolgen, erübrigt (s. dazu Rn. 27 ff.). Nach der Rspr. zu § 31 a. F. wurde dem Angeklagten, dessen Aussage zeitlich nachfolgt, die Vergünstigung des § 31 Nr. 1 BtMG a. F. jedenfalls nicht mit der Begründung versagt, der zunächst aussagende Mittäter habe dem Gericht bereits dieselben Erkenntnisse vermittelt und damit bereits den Aufklärungserfolg bewirkt. Denn die Strafmilderung konnte nicht davon abhängen, welcher der Angeklagten jeweils aufgrund der prozessualen Abläufe und der notwendigen Strukturierung der Hauptverhandlung als erster vernommen wird (vgl. *BGH* NStZ 1992, 389 = StV 1992, 420; *BGH* StV 1998, 601; *BGH* StV 2002, 260).

3. Umfang der Aufklärung. Der Angeklagte muss mit seiner Wissensoffenba- **53** rung **nicht** allein das **gesamte Tatgeschehen erhellen.** Er muss lediglich einen **wesentlichen Beitrag zur Aufklärung** des Tatgeschehens leisten. Dieser wesentliche Beitrag muss über die Aufklärung seines eigenen Tatbeitrags hinausgehen, der Aufklärungsgehilfe muss dabei den eigenen Tatbeitrag aber nicht vollständig offenbaren. Der Täter, der **seinen eigenen objektiven Tatbeitrag,** sein Wissen sowohl über den eigenen Tatbeitrag als auch über die Tatbeiträge seiner Auftraggeber, Komplizen und Abnehmer schildert, kommt in den Genuss des § 31 BtMG. Der Beschuldigte muss allerdings mehr tun, als einen eigenen objektiven Tatbeitrag pauschal einzuräumen.

Der *BGH* verlangt **weder,** dass der Beschuldigte/Angeklagte **sein gesamtes** **54** **Wissen, noch** dass er die Tat schonungslos (also **ohne Rücksichten auf Dritte und seine eigene Person) offenbart** (*BGH* StV 1987, 20; *Weider* NStZ 1984, 391, 397; *ders.* NStZ 1985, 481). Er muss **kein umfassendes Geständnis** bzgl. seines eigenen Tatbeitrages und bezüglich sämtlicher anderer Tatbeteiligter ablegen (BGHSt. 33, 80 = NJW 1981, 691 = StV 1985, 59; *BGH* StV 1994, 544; *BGH* NStZ 2000, 433 = StV 2000, 295). Der Täter muss **nicht unbedingt einen wesentlichen Beitrag zur Aufdeckung seiner eigenen Tatbeteiligung** leisten, wenn seine überprüfbaren Angaben nur zur Aufdeckung des gesamten Tatgeschehens über seinen Tatbeitrag hinaus wesentlich beigetragen haben (BGHSt. 33, 80 = NJW 1985, 691 = StV 1985; 59; *BGH* NStZ 1984, 414 = StV 1984, 287; *BGH* NStZ-RR 1996, 181; *BGH* NJW 1999, 1726 = StV 1999, 436). So stellt es eine Aufklärungshilfe dar, wenn der Täter **lediglich seine Abnehmer, nicht aber seine Lieferanten preisgibt** (*BGH* NStZ-RR 1996, 181), oder wenn der Angeklagte lediglich die Tatbeteiligung von einem Mitangeklagten aufklärt (*BGH* NStZ 2005, 231).

a) Schweigender Aufklärungsgehilfe. Hat der Angeklagte **im Ermittlungs-** **55** **verfahren hinreichend Hintergrundangaben** gemacht und **schweigt in der Hauptverhandlung,** so fehlt es nicht an einem Aufklärungserfolg (*BGH* NJW 1999, 1726 = StV 1999, 436; *BGH* NStZ-RR 2002, 251; *BGH* StV 2004, 605 = StraFo 2004, 67). Der Aufklärungsgehilfe braucht der Justiz nicht als Kronzeuge zur Verfügung zu stehen. Auch **Schweigen kann zur Tataufklärung**

beitragen. Entscheidend ist, dass der Aufklärungsgehilfe durch seine frühere Offenbarung einen Beitrag zu einem Aufklärungserfolg erbracht hat (vgl. *BGH* StV 2004, 605 = StraFo 2004, 67; *BGH* NStZ 2009, 394 = StraFo 2009, 394). Hat ein Angeklagter darauf **verzichtet, den von ihm enttarnten V-Mann preiszugeben,** um damit der Polizei zu ermöglichen, mittels Scheingeschäft den Haupttäter zu überführen, so hat er zwar die Voraussetzungen des § 31 BtMG nicht erfüllt, aber eine ähnliche Strafmilderung verdient (*BGH* StraFo 2005, 345). Schweigt der Angeklagte insgesamt, scheidet die Anwendung des § 31 BtMG natürlich aus (*Weber* § 31 Rn. 55).

Der Aufklärungsgehilfe kann die Strafmilderung des § 31 BtMG erreichen, auch wenn er in einem gesonderten Verfahren gegen die von ihm belastete Person von seinem **Auskunftsverweigerungsrecht nach § 55** StPO Gebrauch macht. Dies mag zwar die gerichtliche Überführung der belasteten Hinterleute erschweren, hat aber keinen Einfluss auf die kriminalpolizeiliche Tataufklärung, so dass dieser maßgeblich für die Anwendung des § 31 S. 1 Nr. 1 BtMG ist.

56   **b) Teilgeständiger Angeklagter.** Auch **lückenhafte Geständnisse** können ausreichen. Ein nicht vollgeständiger Angeklagter kann gleichwohl über seinen Tatbeitrag hinaus wesentlich zur weiteren Aufklärung der Tat beitragen. Benennt ein geständiger Täter aber nur einen Teil der ihm bekannten Tatbeteiligten, entlastet ein geständiger Täter wahrheitswidrig einzelne Tatbeteiligte, verschweigt ein geständiger Täter, wo die nicht sichergestellten Betäubungsmittel oder Rauschgifterlöse verborgen sind, so muss § 31 BtMG noch nicht ausscheiden. Sind dem geständigen Täter einzelne Tatbeteiligte oder Tatumstände unbekannt, oder will er diese nicht benennen, so bleibt § 31 BtMG anwendbar. Der **beschränkte Aufklärungsbeitrag** wird in der Strafzumessung berücksichtigt. Dabei darf sich das Tatgericht aber **nur von bewiesenen Tatsachen, nicht von bloßen Vermutungen** über weitere Betäubungsmittelgeschäfte leiten lassen (*BGH* StV 1987, 20). Vergisst ein geständiger Täter einzelne Tatteile von untergeordneter Bedeutung oder Randfiguren bei der Beschreibung des eigenen Tatbeitrags oder des Tatgeschehens Dritter, so ist dies im Rahmen einer Gesamtbetrachtung unschädlich, wenn er überprüfbare Tatsachen preisgegeben hat, die zur Aufklärung des gesamten Tatgeschehens und zur Überprüfung der Beteiligten wesentlich beigetragen haben (BGHSt. 33, 80 = NJW 1985, 691 = StV 1985, 59; *BGH* NStZ 1989, 326; *BGH* StV 1994, 544; *BGH* NStZ 2000, 433 = StV 2000, 295).

57   **c) Bestreitender Angeklagter.** Auch **ein die Anklagevorwürfe bestreitender Angeklagter** kann in den Genuss des § 31 BtMG gelangen, wenn er nur den Tatbeitrag der Mittäter offenbart und damit über seinen eigenen Tatbeitrag hinaus Tataufklärung betreibt (*BGH* NStZ 1983, 416 = StV 1983, 281; BGHSt. 33, 80 = NJW 1985, 691 = StV 1985, 59; *BGH* NStZ 2009, 394). Nach der Rspr. des *BGH* zur Anwendung des § 31 BtMG reicht es sogar aus, wenn der Angeklagte lediglich den äußeren Geschehensablauf unter Einschluss seines eigenen objektiven Tatbeitrages in vollem Umfange zutreffend schildert, **die subjektive Tatseite aber bestreitet** (BGHSt. 33, 80 = NJW 1985, 691 = StV 1985, 59; *BGH* StV 1986, 436; *BGH* NJW 1999, 1726 = StV 1999, 436). **Spielt ein Aufklärungsgehilfe in** seiner eigenen Hauptverhandlung **seinen eigenen Tatbeitrag herunter** und gibt eine von den Urteilsfeststellungen **abweichende Darstellung seiner Tatmotive** an, so steht dies einer Anwendung des § 31 BtMG nicht im Wege (*BGH* StV 1986, 62; BGHR § 31 Aufdeckung 5 [3 StR 96/88]; BGHR BtMG § 31 Nr. 1 Aufdeckung 19 = StV 1991, 67; *BGH* NStZ 2011, 100). So kann ein Rauschgiftkurier, der die Vorgeschichte der Schmuggelreise, den Auftraggeber und die Schmuggelreise selbst im Einzelnen schildert, **die Kenntnis des Kofferinhaltes, nämlich Rauschgift, bestreiten,** sich fälschlich als Opfer skrupelloser Hinterleute darstellen, seine Tatbeteiligung damit zu erklären versuchen, er habe die Mittäter der Polizei in die Hände spielen wollen und dennoch die Vorteile des § 31 BtMG genießen (BGHSt. 33, 80 = NJW 1985, 691 = StV 1985, 59). Diese Beschränkung der Tataufklärung auf die objektive Tatseite und das Ermöglichen

des Bestreitens des eigenen subjektiven Tatbeitrages **nährt Zweifel und führt regelmäßig nicht zu einer weiteren Tataufklärung.** Vielmehr **verführt es zu Falschbelastungen durch Angeklagte und zu Zweifeln der Strafverfolger** an den Angaben über die Hinterleute. Eine nur objektiv zutreffende Tataufklärung **klärt nicht nur auf, sondern verschleiert gleichzeitig.** Sie **erleichtert und erschwert die Strafverfolgung gleichzeitig.** Es kann nicht sinnvoll sein, nach § 31 BtMG zu honorieren, wenn ein Rauschgiftschmuggler die Person, die ihn ahnungslos zum Abflughafen brachte, als Auftraggeber hochstilisiert und sich als ahnungslosen Reisenden darstellt. Wenn die objektive Tatschilderung zutreffend ist, die subjektive Tatseite aber verzerrt oder vertauscht wird, liegt keine weitere Tataufklärung vor. Es erscheint widersprüchlich, einerseits vor dem Missbrauch des § 31 BtMG durch Falschbelastungen zu warnen, andererseits aber einen Angeklagten, der die subjektive Tatseite seines eigenen Tatbeitrages und des Auftraggebers falsch beschreibt, nach § 31 BtMG Strafmilderung zukommen zu lassen. Wenn *Weider* (NStZ 1985, 482) dieser Kritik entgegenhält, sie verkenne, dass die Strafmilderung gem. § 31 BtMG allein die Aufklärung des objektiven Tatverlaufes und der objektiven Tathintergründe honorieren solle und die wahrheitsgemäße Schilderung der subjektiven Tatseite zur Anwendung des § 31 BtMG nicht erforderlich sei, so entspricht dies zwar der Rspr. des *BGH*, aber nicht der Zielsetzung des Gesetzgebers, der mit dieser Vorschrift nicht nur die objektive, sondern auch die subjektive Tatseite erhellt wissen wollte. Die von *Weider* angeführte Überzeugung des Tatrichters von einer unzureichenden Aufklärungshilfe vermag dem Missbrauch des § 31 BtMG nicht Einhalt zu gebieten, wenn der *BGH* **selbst bei lückenhaften Tatschilderungen** und auch **beim Wechsel im Aussageverhalten eine beschränkte Aufklärungshilfe** annimmt.

d) Wechsel im Aussageverhalten. Ein Wechsel im Aussageverhalten des Auf- **58** klärungsgehilfen im Ermittlungsverfahren oder in der Hauptverhandlung hindert die grundsätzliche Anwendung des § 31 BtMG nicht, wenn der **Wandel nachvollziehbar bleibt** und die **tatsächliche Aufklärungseffekt** in der Hauptverhandlung **festgestellt werden kann.** So macht ein Widerruf polizeilicher Aussagen in der Hauptverhandlung den Aufklärungserfolg noch nicht zunichte, solange die Angaben des Aufklärungsgehilfen trotz des späteren Bestreitens tatsächlich zu einem Aufklärungserfolg geführt haben (*BGH* NStZ 2009, 394 = StraFo 2009, 394; vgl. auch *BGH* NStZ-RR 2010, 25). Der Tatrichter hat den **Wechsel im Aussageverhalten** und die Auswirkungen auf den Aufklärungserfolg in diesem Fall im Rahmen der Gesamtbetrachtung bei der Strafrahmenprüfung und Strafzumessung i. e. S. zu berücksichtigen. Die Kronzeugenregelung soll nach der Rspr. des *BGH* auch anwendbar bleiben, wenn der Aufklärungsgehilfe seine Angaben im Ermittlungsverfahren, die zur Festnahme eines bestreitenden Mittäters führten, in der Hauptverhandlung widerruft und als unerklärlich bezeichnet und den Mittäter ausdrücklich entlastet, sofern der Aufklärungserfolg dadurch nicht in Frage gestellt wird (*BGH* StV 2004, 605 = StraFo 2004, 67). Gelangt der Tatrichter aber aufgrund des **Wechsels im Aussageverhalten** zu Zweifeln, so scheidet § 31 S. 1 Nr. 1 BtMG aus (s. dazu Rn. 103 f.).

2. Aufdeckung der Tat über den eigenen Tatbeitrag hinaus. Ein Täter **59** kann sich Vergünstigungen nach § 31 S. 1 Nr. 1 BtMG ausrechnen, wenn er durch Offenbarung seines Wissens

– **Taten erhellt,** zu denen er **selbst einen eigenen Tatbeitrag** geleistet hat und
– wenn er das **Tatgeschehen über seinen Tatbeitrag hinaus aufklärt.**

Der Täter muss einerseits über die Aufklärung seines Tatbeitrages hinausgehen, **60** andererseits braucht er aber den eigenen Tatbeitrag nicht vollständig zu offenbaren (s. dazu Rn. 53 f.). Nach dem Wortlaut des Gesetzes kann ein Täter, der zwar seinen eigenen Tatbeitrag eingesteht, aber **seine Hinterleute, Auftraggeber und Komplizen verschweigt,** keine Strafmilderung nach § 31 S. 1 Nr. 1 BtMG beanspruchen (vgl. BGHSt. 33, 80 = NJW 1985, 691 = StV 1985, 59).

61   **a) Tatbegriff.** Bei dem Begriff der Tat ist der *BGH* nicht von dem strafprozessualen Tatbegriff des § 264 StPO ausgegangen (so *Weider* NStZ 1984, 391, 393; *ders.* NStZ 1985, 481), sondern hat einen geschichtlichen Vorgang angenommen, der das strafbare Verhalten des Angeklagten als einen Tatbeitrag und strafrechtlich relevante Beiträge anderer Personen umfasst (*BGH* NStZ 1991, 290 = StV 1991, 262; *Weber* § 31 Rn. 34; a. A. *Hügel/Junge/Lander/Winkler* § 31 Rn. 3.2.2; *Franke/ Wienroeder* § 31 Rn. 21). Ein Angeklagter kann den Vorteil des § 31 BtMG damit auch erlangen, wenn er wesentlich dazu beiträgt, dass **Teile der Tat** oder **weitere selbstständige Taten anderer Personen** aufgedeckt werden, **an denen er selbst nicht in strafbarer Weise beteiligt war** bzw. an denen er mitwirkte, **die aber nicht Gegenstand der Anklage sind,** sofern diese Taten anderer Personen mit eigenen Tagen **in Zusammenhang standen.** Für einen **Gesamtzusammenhang** reicht aus, wenn die aufgedeckten Taten zwar als rechtlich selbstständige Taten zu bewerten sind, aber mit der **strafbaren Handels- oder Einfuhrtätigkeit des Angeklagten in Verbindung stehen** (vgl. *BGH* NStZ 1991, 290 = StV 1991, 262; *BGH* StV 1994, 84; *BGH* NStZ 1995, 193; *BGH* StV 1995, 367). Hierzu hat es der *BGH* bereits ausreichen lassen, dass der Täter einer Einfuhrfahrt weitere Fälle der Einfuhr seiner Mittäter offenbarte, ohne an diesen Fahrten beteiligt gewesen zu sein (*BGH* NStZ 1991, 290 = StV 1991, 262). Ein Zusammenhang liegt jedoch nicht mehr vor, wenn der Aufklärungsgehilfe von einer Betäubungsmitteltat lediglich vom Erzählen weiß (*BGH* NStZ 1995, 193).

62   Hintergrund dieser weiten Auslegung des Tatbegriffs bei § 31 S. 1 Nr. 1 BtMG war, das nach dem Wortlaut des § 31 BtMG a. F. eigentlich der geständige Täter, der über **andere Taten Dritter, an denen er nicht mitgewirkt hat,** ausführlich berichtet, keine Strafmilderung nach § 31 BtMG, sondern nur nach § 46 StGB hätte erfahren können (vgl. *Weider* NStZ 1984, 393; *ders.* NStZ 1985, 481). Dies hat sich durch das 43. StRÄndG mit Wirkung vom 1. 9. 2009 erübrigt. Der Aufklärungsgehilfen kann jetzt bei Angaben zu schweren Straftaten, an denen er nicht beteiligt war, nach § 46 b StGB honoriert werden (*Hügel/Junge/Lander/Winkler* § 31 Rn. 3.2.2). Hierzu zählen gem. 46 b Abs. 1 StGB i. V. m. § 100 a Abs. 2 Nr. 7 lit. a und lit. b StPO auch Betäubungsmitteldelikte nach §§ 29 Abs. 3, 29 a, 30, 30 a BtMG (zum Verhältnis § 31 BtMG zu § 46 b StGB s. Rn. 12 f.).

63   **b) Offenbarung mehrerer Taten.** Werden einem Täter mehrere selbständige Einzeltaten zum Vorwurf gemacht, so **müssen die Voraussetzungen des § 31 S. 1 Nr. 1 BtMG für jede Tat gesondert geprüft werden.** So kann der Täter bezüglich des einen Vorwurfs aufklärungsbereit sein, bezüglich eines anderen Vorwurfs aber die Aufklärung verweigern (weil er unschuldig ist, sich unschuldig fühlt oder auf einen Freispruch hofft). Das Bestreiten einzelner Anklagevorwürfe schließt die Anwendung des § 31 BtMG nicht aus (*BGH* NStZ 1985, 361 = StV 1985, 273). Eine nur partielle Aufklärungsbereitschaft wird aber das Maß der Strafmilderung negativ beeinflussen, so wie eine Lebensbeichte sich als besonders vorteilhaft erweisen kann. Eine Tataufklärung auch nicht zur Verhandlung anstehender Anklagevorwürfe ist beachtlich. Wenn ein Angeklagter **mit seiner Handelstätigkeit in Zusammenhang stehende Bezugsquellen, Vertriebswege, Mittäter usw.** aufdeckt, scheitert die Anwendung des § 31 BtMG nicht daran, dass die vom aufgedeckten Taten als rechtlich selbstständige Taten bewertet und **gem. § 154 oder § 154 a StPO aus dem Verfahren ausgeschieden wurden** oder nicht Gegenstand des anhängigen Verfahrens, sondern eines ausländischen Verfahrens waren (*BGH* NStZ 1985, 361 = StV 1985, 415; *BGH* NJW 1987, 2882 = StV 1987, 345; BGHR BtMG § 31 Nr. 1 Tat 2 = StV 1994, 84).

F. Voraussetzungen der Präventionshilfe (§ 31 S. 1 Nr. 2 BtMG)

64   Der § 31 S. 1 Nr. 2 BtMG setzt voraus, dass der Täter durch freiwillige und rechtzeitige Angaben seines Wissens bei einer Dienststelle **die Verhinderung von schweren Betäubungsmitteldelikten** ermöglicht, die sich noch **im Planungsstadium** befinden (sog. Präventionshilfe; zur Aufklärungshilfe nach § 31 S. 1 Nr. 2

BtMG s.Rn. 14 ff.). Die praktische Bedeutung der Vorschrift ist gering. Nach dem Bericht der Bundesregierung v. 11. 4. 1989 (BT-Drs. 11/4329, S. 19) wurde § 31 S. 1 Nr. 2 BtMG in den Jahren 1985–1987 nur 10-mal angewandt. Dies dürfte heute nicht wesentlich anders aussehen.

I. Freiwillige Offenbarung gegenüber einer Dienststelle

Der Täter muss sein Wissen **freiwillig** einer Dienststelle offenbaren (zum frei- **65** willigen Offenbaren s. Rn. 15 ff.). Mit **Dienststelle** sind alle Behörden gemeint, die auf Anzeige hin das offenbarte Wissen entweder an die Strafverfolgungsorgane weiterleiten oder die selbst Ermittlungen einleiten. Dazu zählen neben Polizei, Zoll oder StA auch Gerichte (*Weber* § 31 Rn. 190; MK-StGB/*Maier* § 31 Rn. 209; *Franke/Wienroeder* § 31 Rn. 27; *Hügel/Junge/Lander/Winkler* § 31 Rn. 3.9). Wendet sich der Täter nicht unmittelbar an die Strafverfolgungsbehörden, sondern z.B. an kommunale Behörden, gehen zeitliche Verzögerungen bei der Weiterleitung an die zuständigen Stellen zu Lasten des Aufklärungsgehilfen (*Franke/Wienroeder* § 31 Rn. 27; a.A. *Weber* § 31 Rn. 190; MK-StGB/*Maier* § 31 Rn. 209).

II. Rechtzeitige Offenbarung

Der Täter muss sein Wissen zu einem Zeitpunkt offenbaren, an dem die Verhin- **66** derung eines Betäubungsmitteldeliktes noch **möglich** ist. Nicht erforderlich ist, dass die Tat tatsächlich verhindert wird, es reicht die **bloße Möglichkeit** hierzu (*Weber* § 31 Rn. 191; MK-StGB/*Maier* § 31 Rn. 210; a.A. *Hügel/Junge/Lander/Winkler* § 31 Rn. 3.8). Die Ausführung der geplanten Taten darf nach der Festnahme des Aufklärungsgehilfen nicht ausgeschlossen sein. **Eine nicht mehr geplante Tat** kann nämlich auch **nicht mehr verhindert** werden.

III. Art der aufgedeckten Straftaten

Bei den geplanten Betäubungsmitteldelikten muss es sich um **besonders** **67** **schwere Fälle i. S. v. § 29 Abs. 3 BtMG** oder um **Verbrechen i. S. v. § 29 a, § 30 Abs. 1, § 30 a BtMG** handeln. § 31 S. 1 Nr. 2 BtMG ermöglicht Vergünstigungen im Rahmen der Strafzumessung für den Täter, wenn dieser als Mitglied einer Rauschgifthändlerbande oder als Angestellter eines Rauschgifthandelsunternehmens aussteigen will und den Strafverfolgungsbehörden über die aktuellen Betäubungsmitteltransporte bzw. Drogengeldfinanztransaktionen berichtet. Macht ein Angeklagter nicht nur Angaben über die Hintergründe seiner Straftat, sondern offenbart sein Wissen über weitere geplante Betäubungsmittellieferungen eines Rauschgifthändlers, die schließlich zur Verhinderung der Betäubungsmittellieferungen und zur Sicherstellung einer größeren Betäubungsmittelmenge führen, so liegen **sowohl die Voraussetzungen des § 31 S. Nr. 1 BtMG als auch des § 31 S. 1 Nr. 2 BtMG** vor. Der Tatrichter hat unter Berücksichtigung beider Strafmilderungsgründe im Wege einer einheitlichen Ermessensentscheidung darüber zu befinden, in welcher Weise und in welchem Umfang er von der Milderungsmöglichkeit Gebrauch macht (*BGH* NStZ-RR 2005, 324 = StV 2005, 558; *BGH* NStZ-RR 2006, 56 = StV 2005, 558).

G. Rechtsfolgen

Bei einem Rauschgifttäter, der durch freiwillige und rechtzeitige Offenbarung **68** dazu beigetragen hat, die Tat **über seinen Tatbeitrag hinaus aufzuklären (§ 31 S. 1 Nr. 1 BtMG)** oder ihm bekannte schwere Rauschgiftdelikte von anderen **zu verhindern (§ 31 S. 1 Nr. 2 BtMG),** kann das Gericht

– die **Strafe mildern** (s. dazu Rn. 72 ff.) oder,
– **ganz von Strafe absehen,** sofern der Täter keine Freiheitsstrafe von mehr als 3 Jahren verwirklicht hat (s. dazu Rn. 91 f.).

I. Ermessensentscheidung

69   Ob und in welchem Umfang von den Rechtsfolgen des § 31 S. 1 BtMG Gebrauch gemacht wird, ist eine **Ermessensentscheidung des Gerichts**, die aufgrund einer Gesamtwürdigung zu treffen ist (*Weber* § 31 Rn. 177; vgl. *BGH* NStZ-RR 2010, 26). Dabei kommt § 31 BtMG nur zur Anwendung, wenn der Aufklärungserfolg, gemessen an der dem Aufklärungsgehilfen vorgeworfenen Tat, nicht ohne Gewicht ist (*BGH* NStZ 1988, 505 m. Anm. *Körner* = StV 1987, 345; *BGH* NJW 2002, 908 = StV 2002, 259). Ein Angeklagter, der 1 kg Kokain eingeführt hat und seinen Auftraggeber nur allgemein beschrieben hat, kann nicht mit Strafmilderung gem. § 31 BtMG rechnen, wenn er den vollen Namen eines Lieferanten eines 20 g-Kokaingeschäftes benennt (*BGH* NStZ 1988, 505 m. Anm. *Körner* = StV 1987, 345). Die Aufklärung einer Gehilfenrolle kann für den Geschäftsherrn so gering zu gewichten sein, dass eine Strafrahmenmilderung ausscheidet (*BGH* NStZ-RR 1997, 278). Lehnt das Gericht eine Strafrahmenverschiebung mit der Begründung ab, die Aufklärungsbeiträge seien geringwertig und deshalb lediglich bei der Strafzumessung im engeren Sinne zu berücksichtigen, muss sich aus den Urteilsgründen ergeben, weshalb die Aufklärungshilfe unwesentlich sein soll; andernfalls ist die Entscheidung nicht ermessensfehlerfrei (*BGH* NStZ-RR 2010, 319).

70   Durch die Gesetzesänderung zum 1. 9. 2009 ist in § 46 b Abs. 2 StGB, auf den § 31 S. 2 BtMG verweist, ein **Abwägungskatalog** aufgenommenen worden, ohne dass dies eine wesentlichen Veränderung der Anwendungspraxis des § 31 BtMG nach sich ziehen würde. Es sind dort nämlich folgende Umstände aufgeführt, die die Rspr. bereits in der Vergangenheit in die erforderliche Gesamtbetrachtung nach § 31 BtMG hatte einfließen lassen (*Hügel / Junge / Lander / Winkler* § 31 Rn. 4.2; *Malek* StV 2010, 200, 202):

- Art und Umgang der offenbarten Tatsachen und deren Bedeutung für die Aufklärung oder Verhinderung der Tat,
- Zeitpunkt der Offenbarung,
- Ausmaß der Unterstützung der Strafverfolgungsbehörden durch den Täter,
- Schwere der Tat, auf die sich die Angaben beziehen und
- Verhältnis dieser Umstände zur Schwere der Straftat und Schuld des Täters.

71   Dieser Katalog ist nicht abschließend, so dass weitere Aspekte eine Rolle spielen können, z. B. die **Umfang der Gefahrenbeseitigung**, die **Verschleierung der subjektiven Tatseite**, die **Störung der Ermittlungen und Fahndung** nach den Hinterleuten, der **Widerruf der Angaben** oder das **Schweigen in der Hauptverhandlung** (vgl. *BGH* NJW 1985, 692; *BGH* NStZ 2010, 433 [zu § 46 b StGB] m. Anm. *Maier* NStZ 2011, 151). Alleine im Hinblick auf die große Menge der Betäubungsmittel oder die Vielzahl der begangenen Taten kann die Strafmilderung nicht versagt werden; maßgeblich ist auch dass Gewicht des Aufklärungserfolges (*BGH* NJW 2002, 908 = StV 2002, 259; *BGH* NStZ-RR 2010, 26; *Köln* StRR 2010, 313). Eine Strafmilderung wegen § 31 BtMG kann zudem nicht pauschal deshalb abgelehnt werden, weil die Tatbeiträge des Angeklagten von besonderem Gewicht gewesen seien, vielmehr wird diese besondere Gewicht durch die Aufklärungshilfe gemildert (*Hamm* NStZ 1984, 79).

II. Strafmilderungsmöglichkeiten

72   Seit Inkrafttreten des 43. StrÄndG am 1. 9. 2009 führt die Aufklärung- und Präventionshilfe nicht mehr lediglich zur Verschiebung der Strafrahmenuntergrenze nach § 49 Abs. 2 StGB wie noch nach § 31 BtMG a. F. Das Gericht kann vielmehr die Strafe nach seinem Ermessen **nach § 49 Abs. 1 StGB mildern,** wodurch sich die Strafrahmen wie folgt verschieben können:

Vorschrift	Normalstraf-rahmen	Minder schwerer Fall	Milderung nach § 49 Abs. 1 StGB	
			Untergrenze (Abs. 1 Nr. 3)	
			Obergrenze (Abs. 1 Nr. 2)	
§ 29 BtMG	Geldstrafe oder Freiheitsstrafe bis 5 Jahre	./.	Geldstrafe	
			3 Jahre 9 Monate	
§ 29 a BtMG	1 Jahr bis 15 Jahre	3 Monate bis 5 Jahre	3 Monate	
			11 Jahre 3 Monate	
§ 30 BtMG	2 Jahre bis 15 Jahre	3 Monate bis 5 Jahre	6 Monate	
			11 Jahre 3 Monate	
§ 30 a BtMG	5 Jahre bis 15 Jahre	6 Monate bis 10 Jahre	2 Jahre	
			11 Jahre 3 Monate	

1. Prüfungsreihenfolge. Bei Vorliegen des **vertypten Milderungsgrundes** 73 des § 31 BtMG ist folgende Prüfungsreihenfolge vorgegeben (*Patzak/Bohnen* Kap. 3, Rn. 8):

a) Es ist zuerst zu prüfen, ob bei einer Qualifikation ein **minder schwerer Fall** 74 vorliegt oder bei einem Regelbeispiel der **Normalstrafrahmen** anzuwenden ist, da der nach § 49 Abs. 1 StGB gemilderte Normalstrafrahmen im Betäubungsmittelrecht stets ungünstiger ist als der Sonderstrafrahmen für die minder schweren Fälle bzw. der Regelstrafrahmen des § 29 BtMG (s. Rn. 80 ff.). Dabei ist von Bedeutung, ob ein minder schwerer Fall oder der Regelstrafrahmen alleine schon wegen der allgemeinen Strafmilderungsgründe angenommen werden kann. Ist dies der Fall, so kann § 31 BtMG eine weitere Verschiebung des Strafrahmens des minder schweren Falles oder des Grundtatbestandes rechtfertigen.

b) Wird ein minder schwerer Fall oder der Regelstrafrahmen nach § 29 BtMG 75 nicht angenommen, ist zu prüfen, ob § 31 BtMG zu einer Verschiebung des Strafrahmens nach § 49 Abs. 1 StGB führt und ob dieser bei einem gegebenenfalls weiteren vertypten Milderungsgrund nochmals gemildert werden muss.

2. Altfälle mit Tatzeit vor dem 1. 9. 2009. Die Gesetzesänderung durch das 76 43. StRÄndG hat an dieser Prüfungsreihenfolge nichts geändert. Bei der Frage, ob bei Altfällen mit **Tatzeit vor dem 1. 9. 2009** § 31 Nr. 1 BtMG a. F. i. V. m. § 49 Abs. 2 StGB oder § 31 S. 1 Nr. 1 BtMG n. F. i. V. m. § 49 Abs. 1 StGB anzuwenden ist, ist wie folgt zu unterscheiden:

a) **Eröffnung des Hauptverfahrens bis zum 31. 8. 2009.** Bei Fällen, in de- 77 nen das Hauptverfahren vor dem 1. 9. 2009 eröffnet wurde, findet §§ 46 b StPO, 31 BtMG n. F. gemäß der Übergangsregelung in Art. 316 d EGStGB keine Anwendung; hier gilt das Meistbegünstigungsprinzip des § 2 Abs. 3 StGB nicht (*BGH* NStZ-RR 2010, 25; *BGH* NStZ 2010, 523 = StV 2010, 481; *Fischer* § 46 b Rn. 1).

b) **Eröffnung des Hauptverfahrens ab dem 1. 9. 2009.** Aus der Regelung 78 in Art. 316 d EGStGB kann nicht geschlossen werden, dass ab dem 1. 9. 2009 stets § 31 S. 1 n. F. i. V. m. § 49 Abs. 1 StGB gilt; nach § 2 Abs. 3 StGB ist vielmehr der

Strafrahmen anzuwenden, der im Einzelfall für den Angeklagten am günstigsten ist (*BGH* NStZ 2010, 523 = StV 2010, 481; *BGH* StRR 2011, 167 [L] *Hügel/Junge/ Lander/Winkler* § 31 Rn. 4.2; a. A. *BGH*, Beschl. v. 9. 3. 2010, 3 StR 45/10 = BeckRS 2010, 8663, zwischenzeitlich wieder aufgegeben durch *BGH* StRR 2010, 309). Orientiert sich das Gericht in den Fällen der §§ 29 Abs. 3, 29 a, 30, 30 a BtMG am unteren Bereich des Strafrahmens, ist die Milderung nach § 31 Nr. 1 BtMG a. F. wegen der geringeren Mindeststrafe gegenüber dem § 31 S. 1 Nr. 1 BtMG n. F. das mildere Gesetz (*BGH*, Beschl. v. 9. 3. 2010, 3 StR 45/10; *BGH* StRR 2010, 309).

79   **3. Notwendige Urteilsfeststellungen.** Liegen die Voraussetzungen des § 31 BtMG vor, so muss der Tatrichter **im Urteil verdeutlichen,** ob er von der **Möglichkeit der Strafrahmenverschiebung gem. § 49 Abs. 1 StGB** Gebrauch gemacht oder ob er den § 31 BtMG nur bei der **Strafzumessung im engeren Sinne** berücksichtigt hat und weshalb er die anderen Alternative nicht gewählt hat (BGHR BtMG § 31 Ermessen 1 [2 StR 317/87]; *BGH* StV 1991, 263; *BGH*, Beschl. v. 5. 9. 1996, 1 StR 483/96). An dieser zu § 31 BtMG a. F. ergangenen Rspr. hat sich durch die Neuregelung durch das 43. StrÄndG nichts geändert. Der Strafausspruch ist fehlerhaft, wenn die Anwendung des § 31 BtMG gar **nicht geprüft oder im Urteil nicht erörtert** wurde, obgleich der Sachverhalt dazu gedrängt hätte und nicht auszuschließen ist, dass im Falle der Prüfung eine niedrigere Strafe verhängt worden wäre (*BGH* NStZ-RR 1996, 181; *BGH* NStZ-RR 2002, 251; *BGH* NStZ 2002, 47; *BGH* StraFo 2005, 169; *BGH* NStZ 2006, 177 = StV 2005, 558; *BGH* NStZ 2010, 385). Liegen **sowohl die Voraussetzungen des § 31 S. 1 Nr. 1 BtMG als auch des § 31 S. 1 Nr. 2 BtMG** vor, so hat der Tatrichter unter Berücksichtigung beider Strafmilderungsgründe im Wege einer einheitlichen Ermessensentscheidung darüber zu befinden, ob, in welcher Weise und in welchem Umfang er von der Milderungsmöglichkeit nach § 49 Abs. 1 StGB Gebrauch macht (*BGH* NStZ-RR 2006, 56 = StV 2005, 558).

80   **4. Strafrahmenprüfung bei besonders schweren Fällen nach § 29 Abs. 3 BtMG. a) Strafrahmenwahl.** Auch wenn die Voraussetzungen eines Regelbeispiels des § 29 Abs. 3 BtMG vorliegen, so muss dies **nicht zwangsläufig zur Anwendung eines besonders schweren Falles** führen. Liegen die Voraussetzungen des § 31 S. 1 BtMG bei der Strafrahmenprüfung des § 29 Abs. 3 BtMG vor, so muss der Tatrichter im Urteil erkennen lassen, dass ihm bei Gesamtwürdigung bewusst war, dass er trotz Vorliegens eines Regelbeispieles i. S. v. § 29 Abs. 3 BtMG aufgrund der Aufklärungshilfe **allein oder wegen weiterer Milderungsgründe einen besonders schweren Fall ablehnen** konnte. Er muss ausführen, warum er sich für den erhöhten Strafrahmen des § 29 Abs. 3 BtMG (1 Jahr bis 15 Jahre, vgl. § 38 StGB) oder den Normalstrafrahmen des § 29 Abs. 1 BtMG (Geldstrafe oder Freiheitsstrafe von 1 Monat bis 5 Jahre, vgl. § 38 StGB) entschieden hat. Es ist deshalb fehlerhaft, bei der Strafrahmenprüfung ohne weiteres von dem des § 29 Abs. 3 BtMG auszugehen und diesen nach §§ 31 BtMG, 49 Abs. 1 und/oder §§ 21, 49 Abs. 1 StGB zu mildern (*BGH* StV 1990, 355; BGHR BtMG § 29 Abs. 3 Strafrahmenwahl 1 = StV 1987, 344; BGHR BtMG § 29 Abs. 3 Strafrahmenwahl 6 [2 StR 287/88]; *BGH* NStZ 1992, 192; *BGH* StV 1993, 244; *Schäfer/Sander/van Gemmeren* Rn. 990).

81   Einer Erwähnung der Ablehnung des Ausnahmestrafrahmens nach § 29 BtMG bedarf es auch bei Vorliegen des vertypten Milderungsgrundes des § 31 S. 1 BtMG nicht, wenn angesichts aller für die Bewertung des Täters und der Taten bedeutsamen Umstände, insb. der Anzahl und der Menge des eingeführten und zum Handeltreiben bestimmten Betäubungsmittels auf der Hand liegt, dass ein Abweichen von der Wirkung des Regelbeispiels nicht in Betracht kommt (*BGH* NStZ-RR 2010, 57). Nach der Rechtslage vor dem 1. 9. 2009 wurde die Untergrenze des Strafrahmens durch Anwendung des § 31 BtMG a. F. i. V. m. § 49 Abs. 2 StGB auf einen Monat verschoben, die Strafobergrenze verblieb unverändert bei 15 Jahren. Seit dem 1. 9. 2009 führt die Strafmilderung des § 31 S. 1 n. F. i. V. m. § 49 Abs. 1

StGB zu einem Strafrahmen mit einer Untergrenze von 3 Monaten und einer Obergrenze von 11 Jahren und 3 Monaten.

b) Doppelte Strafrahmenverschiebung bei § 29 Abs. 3 BtMG. Treffen 82 Milderungsgründe nach § 21 StGB und § 31 S. 1 BtMG zusammen, so kann dies zu einer doppelten Milderung des Strafrahmens führen (*BGH* StV 1984, 286; *Schäfer/Sander/van Gemmeren* Rn. 609 ff.; vgl. auch *BGH* StV 1992, 63). Bei § 29 Abs. 3 BtMG ergibt die Anwendung der §§ 21, 49 Abs. 1 StGB einen Strafrahmen von 3 Monaten bis 11 Jahren und 3 Monaten. Eine weitere Strafrahmenverschiebung würde einen Strafrahmen von 1 Monat bis zu 8 Jahren und 3 Monaten führen. Nach der alten Rechtslage vor dem 1. 9. 2009 ergab die zusätzliche Anwendung der §§ 31 BtMG, 49 Abs. 2 StGB lediglich eine Herabsetzung des Mindestmaßes auf 1 Monat mit einer Strafobergrenze von 11 Jahren und 3 Monaten.

5. Strafrahmenprüfung bei Verbrechen nach §§ 29 a, 30, 30 a BtMG. 83
a) Strafrahmenwahl. Liegen die Voraussetzungen des § 31 S. 1 BtMG im Rahmen eines Verbrechens nach § 29 a BtMG (Strafrahmen von 1 bis 15 Jahren), § 30 Abs. 1 BtMG (Strafrahmen von 2 bis 15 Jahren) oder § 30 a BtMG (Strafrahmen von 5 Jahren bis 15 Jahren) vor, so müssen die Urteilsausführungen erkennen lassen, dass der Tatrichter sich der **Möglichkeit bewusst** war, entweder aufgrund der Aufklärungshilfe **allein oder in Zusammenhang mit anderen Milderungsgründen einen minder schweren Fall anzunehmen** mit den Konsequenzen, dass eine nochmalige Strafrahmenverschiebung nach § 31 BtMG, § 49 Abs 1 StGB wegen § 50 StGB ausscheidet (BGHSt. 33, 92 = StV 1985, 107; *BGH* [*Schoreit*] NStZ 1987, 60; *Schäfer/Sander/van Gemmeren* Rn. 990). Ein minder schwerer Fall i. S. v. § 30 Abs. 2 BtMG kann **nicht mit der Floskel „Ist nach den getroffenen Feststellungen ohne weiteres zu verneinen"** abgelehnt werden, wenn mehrere strafmildernde Umstände, wie z. B. die Voraussetzung des § 31 BtMG, eine Gesamtwürdigung erfordern (*BGH*, Beschl. v. 4. 11. 1988, 4 StR 503/88).

In der Regel wird er aber von dem Regelfall des Verbrechenstatbestan- 84
des der §§ 29 a, 30, 30 a BtMG ausgegangen und von der Milderungsmöglichkeit des § 49 Abs. 1 i. V. m. § 31 BtMG Gebrauch gemacht haben (vgl. *BGH* NStZ-RR 1997, 278). Einer Erwähnung der Ablehnung der Ausnahmestrafrahmen nach §§ 29 a Abs. 2, 30 Abs. 2 BtMG bedarf es auch bei Vorliegen des vertypten Milderungsgrundes des § 31 S. 1 BtMG nicht, wenn angesichts aller für die Bewertung des Täters und der Taten bedeutsamen Umstände, insb. der Anzahl und der Menge des eingeführten und zum Handeltreiben bestimmten Betäubungsmittels auf der Hand liegt, dass ein minder schwerer Fall nicht in Betracht kommt (*BGH* NStZ-RR 2010, 57). Der nach § 49 Abs. 1 StGB gemilderte Strafrahmen liegt bei § 29 a BtMG zwischen 3 Monaten und 11 Jahren und 3 Monaten, bei § 30 BtMG zwischen 6 Monaten und 11 Jahren und 3 Monaten und bei § 30 a BtMG zwischen 2 Jahren und 11 Jahren und 3 Monaten. Die Urteilsgründe müssen ergeben, weshalb das Gericht sich für die eine Alternative entschieden und die andere Möglichkeit abgelehnt hat.

b) Doppelte Strafrahmenverschiebung bei §§ 29 a, 30, 30 a BtMG. Tref- 85 fen Milderungsgründe nach § 21 StGB und § 31 BtMG zusammen, so kann dies zu einer doppelten Strafrahmenverschiebung führen, die sich bei den §§ 29 a, 30, 30 a BtMG wie folgt auswirkt:

Vorschrift	Einfache Milderung nach § 49 Abs. 1 StGB	Doppelte Milderung nach § 49 Abs. 1 StGB
	Untergrenze (Abs. 1 Nr. 3)	Untergrenze (Abs. 1 Nr. 3)
	Obergrenze (Abs. 1 Nr. 2)	Obergrenze (Abs. 1 Nr. 2)
§ 29 a BtMG	3 Monate	1 Monat
	11 Jahre 3 Monate	8 Jahre 5 Monate
§ 30 BtMG	6 Monate	1 Monat
	11 Jahre 3 Monate	8 Jahre 5 Monate
§ 30 a BtMG	2 Jahre	6 Monate
	11 Jahre 3 Monate	8 Jahre 5 Monate

86   **6. Verbot der Doppelverwertung (§ 50 StGB).** Faktoren, die eine Milderung des Strafrahmens bewirkt haben, dürfen wegen des Doppelverwertungsverbotes des § 50 StGB **zwar nicht zur nochmaligen Strafrahmenverschiebung, aber nochmals bei der Strafzumessung im engeren Sinne** gewürdigt werden. Führt § 31 S. 1 BtMG zu einem minder schweren Fall nach § 30 Abs. 2 BtMG oder zu einem Normalfall des § 29 Abs. 1 BtMG, so kann wegen § 50 StGB nicht eine nochmalige Strafrahmenverschiebung nach § 49 Abs. 1 StGB wegen Vorliegens von Aufklärungshilfe i. S. v. § 31 S. 1 BtMG eintreten, sondern nur eine nochmalige Mitberücksichtigung des § 31 S. 1 BtMG bei der Strafzumessung i. e. S. (*BGH* StV 1983, 60; *Schäfer/Sander/van Gemmeren* Rn. 609 ff.).

87   **7. Strafzumessung im engeren Sinne. a) Nichterörterung der Strafmilderung nach § 31 BtMG.** Die Strafrahmenverschiebung nach § 31 BtMG, § 49 Abs. 1 StGB führt nicht dazu, dass die Tatsache der Offenbarung des Wissens nicht mehr bei der allgemeinen Strafzumessung berücksichtigt werden dürfte. Vielmehr müssen Umstände, die zu einer Strafrahmenmilderung geführt haben, grundsätzlich auch bei der Strafzumessung i. e. S. berücksichtigt werden (BGHR StGB § 46 Abs. 2 Gesamtbewertung 2 [3 StR 308/87]; *Schäfer/Sander/van Gemmeren* Rn. 609).

88   Andererseits sollte die Erörterung der Strafmilderung bei der Strafzumessung im engeren Sinne auch **nicht übertrieben** werden. Eine **numerische Kompensation** (rechnerische Festlegung der an sich und tatsächlich verhängten Strafe) ist hier **nicht angezeigt** (vgl. BGHR BtMG § 31 Abs. 1 Milderung 5 = NStZ-RR 2006, 201; *BGH*, Urt. v. 22. 11. 2007, 3 StR 348/07; vgl. auch *Maier* NStZ 2011, 152).

89   **b) Aufklärungsbemühen als bestimmender Strafzumessungsfaktor bei fehlendem Aufklärungserfolg.** Da in nicht wenigen Fällen das **ernsthafte Aufklärungsbemühen erst nach dem Urteil zum Aufklärungserfolg** führt und deshalb dem Angeklagten im Rahmen des § 31 BtMG nicht zugute kommen kann, hat der *BGH* das ernsthafte Aufklärungsbemühen als **Strafmilderungsgrund von besonderem Gewicht** anerkannt, dessen ausdrücklicher Erörterung es im Urteil bedarf. Die ernsthafte Aufklärungs- und Kooperationsbereitschaft stellt somit nunmehr einen **bestimmenden Strafzumessungsfaktor** i. S. v. § 267 Abs. 3 S. 1 StPO dar (*BGH* StV 1987, 487; *BGH* NStZ 1989, 580 m. Anm. *Weider* = StV 1990, 454; *Franke/Wienroeder* § 31 Rn. 11).

8. Strafschärfung bei Verweigerung der Aufklärungshilfe. Die strafmil- 90
dernde Berücksichtigung des Geständnisses als Ausdruck von Reue und Einsicht
darf nicht bei Verweigerung einer Aufklärungshilfe entfallen. Im Gegenteil: In
Einzelfällen kann die Weigerung, bei der Strafverfolgung mitzuarbeiten, Ausdruck
des Bemühens sein, Freunde und Bekannte selbst vom Drogenhandel oder Drogenschmuggel abzubringen (vgl. *BGH* NStZ 1989, 326).

III. Absehen von Strafe

Ein Absehen von Strafverfolgung kommt nur in Betracht, wenn der Täter eine 91
Freiheitsstrafe von nicht mehr als 3 Jahren verwirkt hat. Unter „verwirkt" ist die
Strafe zu verstehen, die nach allgemeinen Zumessungskriterien im konkreten Ein-
zelfall zu verhängen wäre (*Fischer*, § 46 b Rn. 31). Das Gericht hat in diesem Fall
durch Urteil die Schuld festzustellen und von einer Straffestsetzung absehen (§ 260
Abs. 4 S. 4 StPO).
Zur Einstellungsmöglichkeit der StA in diesen Fällen nach § 153 b Abs. 1 StPO 92
s. Rn. 100.

IV. § 31 BtMG und die Strafaussetzung zur Bewährung

Bei der **nach § 56 Abs. 2 StGB** gebotenen Prüfung, ob besondere Umstände 93
in der Tat vorliegen, können auch Vorgänge von Bedeutung sein, die nach der Tat
eingetreten sind. Die Milderung der Strafe gemäß § 31 BtMG i. V. m. § 49 Abs. 1
StGB schließt nicht aus, sondern gebietet vielmehr, die Aufklärungshilfe des Angeklagten auch bei der Entscheidung über die Strafaussetzung gemäß § 56 Abs. 2
StGB zu berücksichtigen. Denn es ist zu beachten, dass § 31 BtMG dem Beteiligten, der sich offenbart und dadurch zur Bekämpfung des Rauschgifthandels beiträgt, besondere Vergünstigungen gewähren will (*BGH* NStZ 1983, 218 = StV
1983, 105; *Hügel/Junge/Lander/Winkler* § 31 Rn. 5; *Schäfer/Sander/van Gemmeren*
Rn. 992).

V. § 31 BtMG und die Strafvollstreckung

Die Aufklärungshilfe nach § 31 BtMG kann auch bei einer **bedingten Entlas-** 94
sung nach Halbstrafenverbüßung besondere Umstände i. S. d. § 57 Abs. 2
Nr. 2 StGB begründen (*Frankfurt* NStZ-RR 1996, 213; *Düsseldorf* StV 1997, 94;
Hügel/Junge/Lander/Winkler § 31 Rn. 5). Entschließt sich ein Täter erst nach seiner rechtskräftigen Verurteilung während des Strafvollzuges zu über seinen Tatbeitrag hinausgehenden Angaben über Hintermänner, Bandenorganisationsstruk-
turen, Bandenmitglieder, Rauschgiftdepots, Schmuggelware und Schmuggeltechniken, so ist der § 31 BtMG nicht mehr anwendbar. Der dem § 31 BtMG
innewohnende Rechtsgedanke kann aber bei Anträgen nach § 456 a StPO und
nach § 57 StGB oder bei Gnadengesuchen Berücksichtigung finden (*LG Bremen*
StV 1983, 381). Die Verwertung der Mitwirkungsbereitschaft eines Täters an der
Aufklärung der Tat hindert nicht die **erneute Verwertung** dieses Umstandes
im Strafvollstreckungsverfahren nach § 57 Abs. 2 Nr. 2 StGB (*Düsseldorf* StV
1997, 94). **Setzt ein Verurteilter nach seiner Verurteilung die Aufklärungs-**
hilfe freiwillig und erfolgreich fort und entwickelt und **bewährt er sich**
überdurchschnittlich im Vollzug, so kann das Übergewicht der negativen
Tatfaktoren ausgeglichen und die Annahme, es lägen besondere Umstände i. S. v.
§ 57 Abs. 2 Nr. 2 StGB vor, gerechtfertigt sein (*Frankfurt* NStZ-RR 1996, 213).
Eine **Aufklärungshilfe** bedeutet aber **nicht regelmäßig**, dass besondere Umstände i. S. v. § 57 Abs. 2 Nr. 2 StGB vorliegen und eine bedingte **Entlassung**
schon zum Halbstrafenzeitpunkt gerechtfertigt ist, insb. bei zu beanstanden-
dem Strafvollzug wegen Bedrohung von Mitgefangenen (*Frankfurt* NStZ-RR
1999, 340).

H. Verfahren
I. Anwendung des § 31 BtMG durch Polizei/Zoll und StA

95   **1. Belehrung. a) Polizei/Zoll.** Die in § 31 BtMG genannten Vergünstigungen können nur durch das **zuständige Gericht** nach Durchführung einer Hauptverhandlung gegen den Täter gewährt werden. Der Sachbearbeiter bei Polizei oder Zoll **kann nicht** die Nichtverfolgung von Straftaten oder Einstellung des Verfahrens für den Fall der Mitteilung von Straftaten Dritter oder für die Beschaffung von Beweismitteln **versprechen oder zusagen.** Dies verstößt gegen § 136 a StPO und führt im Falle eines im Vertrauen auf die Zusage abgegebenen Geständnisses zu einem **Beweisverwertungsverbot** (vgl. *Hamm* StV 1984, 456; *Hügel/Junge/Lander/Winkler* § 31 Rn. 4.3). Polizei und Zollfahndung können lediglich den Text des § 31 BtMG als eine besondere Form der Belehrung dem Beschuldigten mitteilen. Um einer Falschbelastung des Aufklärungsgehilfen frühzeitig entgegen zu wirken, ist es ratsam, dass sie den Täter auch auf die erhöhten Strafrahmen der §§ 145 d, 164 StGB hinweisen. Die Polizei kann nicht auf die Einleitung eines Ermittlungsverfahrens verzichten und muss die Akten immer der StA vorlegen.

96   **b) Staatsanwaltschaft.** Auch dem Staatsanwalt sind Zusagen über verbindliche Vergünstigungen durch § 31 BtMG verwehrt. Er kann aber zusagen, die Anwendung des § 31 BtMG zu beantragen. Ferner kann er die **Beantragung einer bestimmten Strafe** zusagen, sofern er darauf hinweist, dass die Festlegung der Strafhöhe Sache des Gerichts ist (vgl. *Weider* in HbBtMR § 15 Rn. 143; MK-StGB/*Maier* § 31 Rn. 173). In der Praxis bringen die Gerichte gerade erfahrenen Betäubungsmittelstaatsanwälten einen gewissen Vertrauensvorschuss entgegen und urteilen in aller Regel die vom Staatsanwalt beantragte Strafe aus. Erkennt das Gericht trotz Anwendung des § 31 BtMG auf eine höhere als vom Staatsanwalt beantragte Strafe, sollte die StA die Einlegung eines Rechtsmittels zugunsten des Angeklagten erwägen.

97   Die Aussagebereitschaft eines Beschuldigten oder Zeugen wird auch nicht unzulässig beeinflusst, wenn der Staatsanwalt erklärt, er werde das Verfahren bzgl. der bei dieser Vernehmung zu offenbarenden weiteren Betäubungsmittelgeschäfte **gem. § 154 Abs. 1 StPO einstellen** (BGHR StPO § 136 a Abs. 1 S. 3 Versprechungen 1 [5 StR 306/86]). Nichts anderes kann für Zusagen gelten, das Verfahren gem. §§ 153, 153 a StPO einzustellen, sofern die Voraussetzungen hierfür gegeben sind (MK-StGB/*Maier* § 31 Rn. 174). Da § 31 BtMG eine Rechtsgrundlage für Strafmilderung, aber keine Rechtsgrundlage für ein Absehen von **vermögensabschöpfenden Maßnahmen** enthält, kann weder ein Verzicht auf Vermögensabschöpfung erklärt werden, noch bei der Belehrung nach § 31 BtMG diese Frage mit der Aufklärungshilfe verbunden werden. Versprechungen über die **Außervollzugsetzung des Haftbefehls** kann der Staatsanwalt ebenfalls nicht abgeben, da dies nicht in seiner Entscheidungsbefugnis liegt (BGHSt. 20, 268 = NJW 1965, 2262). Entfällt aber durch die Aussage des Aufklärungsgehilfen der Haftgrund, kann der Staatsanwalt die **Aufhebung des Haftbefehls** zusagen, da das Gericht nach § 120 Abs. 3 StPO an einen entsprechenden Antrag der StA gebunden ist und der Staatsanwalt mit Antragstellung die Freilassung anordnen kann (MK-StGB/*Maier* § 31 Rn. 175).

98   Wenn eine Aufklärungshilfe sich nicht kontraproduktiv erweisen und nicht zu überraschenden Nachteilen und Fallstricken führen soll, bedarf die Vernehmung des Beschuldigten einer **eingehenden Vorbereitung und Erörterung zwischen Strafverteidigung und StA.** Dies gilt insbesondere dann, wenn der Aufklärungsgehilfe eine Lebensbeichte beabsichtigt, mit der er sich mit weiteren bislang unbekannten Taten belasten würde. Etwaige Absprachen mit der Verteidigung sollte der Staatsanwalt gem. § 160 b StPO in Form eines Aktenvermerks festhalten. Kommt eine Aufklärungshilfe in Frage, so müssen alle Beteiligten der **informellen Vorgespräche** später **zu ihrem Wort stehen** und ihre Erklärungen auch in die Hauptverhandlung einbringen. Ein Verteidiger, der seinem Mandanten nach Genuss der Vorteile des § 31 BtMG zum Widerruf der Angaben oder zu widersprüchlichen Angaben rät, disqualifiziert sich ebenso wie ein Staatsanwalt, der die Aussagebereitschaft mit einem überhöhten Strafantrag beantwortet, für zukünftige informelle Vorgespräche. Der Verteidiger braucht aber auch Klarheit, was mit seinem Mandanten nach der Aussage passiert. Welche und **wie viele Zeugenauftritte** mit oder ohne anwaltliche Begleitung kommen auf den Mandanten zu? Kann der Mandant **Zeugenschutz** genießen (vgl. hierzu die Regelungen im ZSHG)? Besteht die Gefahr, dass er **durch seine Angaben Arbeitsstelle, Wohnung, Gesundheit, Familie oder Freunde verliert?** Steht die Verringerung der Straferwartung in einem angemessenen Verhältnis zu den zu erwartenden Einbußen? Oftmals kann der Verteidiger erst nach einer umfassenden Klärung dieser Fragen zu einer umfassenden Aufklärungshilfe raten (vgl. dazu *Malek* StV 2010, 200, 202 ff.; *Weider* in HbBtMR § 15 Rn. 134 ff.).

2. Untätigkeit der Strafverfolgungsbehörden im In- und Ausland. Versäumnisse oder Personalmangel bei der Kriminalpolizei oder Justiz im In- oder Ausland dürfen dem offenbarenden Täter nicht zum Nachteil gereichen (*BGH*, Beschl. v. 2. 8. 1985, 2 StR 238/85; BGHR BtMG § 31 Nr. 1 Aufdeckung 34 [3 StR 478/05]). Der geständige Täter hat aber auch keinen Einfluss darauf, in welchem Maße die deutschen oder ausländischen Strafverfolgungsbehörden sich engagieren, die benannten Hinterleute ermitteln, vernehmen und verhaften. Geht eine auf dem Post-, Telefax- oder Rechtshilfeweg eingeschaltete ausländische Dienststelle den Erfolg versprechenden Angaben des aufklärungsbereiten Angeklagten nicht nach oder lässt ein Vernehmungsbeamter das Vernehmungsprotokoll des Aufklärungsgehilfen **monatelang unbearbeitet in seiner Schreibtischschublade liegen,** so kommt es allein auf die richterliche Überzeugung von der Richtigkeit der Angaben an. Der Aufklärungserfolg ist nicht von der Existenz und nicht vom Stand eines in- oder ausländischen Ermittlungsverfahrens und nicht von einem **Fahndungserfolg,** sondern lediglich **von der Überzeugung des Tatgerichts abhängig** (s. dazu Rn. 103 ff.) **99**

3. Einstellung des Verfahren nach § 153 b Abs. 1 StPO durch die StA. Kommt aufgrund der Aufklärungs- bzw. Präventionshilfe des Beschuldigten ein Absehen von Strafverfolgung in Betracht, kann die StA mit Zustimmung des Gerichts von der Anklageerhebung absehen und das Verfahren gemäß § 153 b Abs. 1 StPO einstellen. Die Einstellung nach § 153 b Abs. 1 StPO hat **keine Rechtskraftwirkung** (*Meyer-Goßner* § 153 b Rn. 2; BeckOK-StPO/*Beukelmann* § 153 b Rn. 11). **100**

II. Anwendung des § 31 BtMG durch das Gericht

1. Zuständigkeit. Allein das erkennende Gericht kann dem Aufklärungsgehilfen die Vorteile des § 31 S. 1 Nr. 1 u. S. 1 Nr. 2 BtMG gewähren (zu Zusagen der Staatsanwaltschaft s. Rn. 96 ff.). **Die Prüfung der Voraussetzungen** des § 31 BtMG ist zu unterscheiden von der **tatrichterlichen Ermessensentscheidung, ob und in welcher Weise von dieser Strafmilderungsvorschrift Gebrauch gemacht** werden soll (*BGH* NJW 1985, 692; BGHSt. 33, 80 = NJW 1985, 69 = StV 1985, 591; s. auch Rn. 68 ff.). **101**

2. Gerichtliche Fürsorge für den Aufklärungsgehilfen. Das Gericht hat gegenüber einem Aufklärungsgehilfen eine Fürsorgepflicht. Nach §§ 223, 251 StPO muss das Gericht prüfen, ob einem Zeugen bei Berücksichtigung seiner persönlichen Belange **das Erscheinen in der Hauptverhandlung** oder eine Aussage überhaupt **zuzumuten** ist. Wenn das Gericht befürchten muss, dass ein Zeuge durch eine wahrheitsgemäße Aussage in Lebensgefahr geraten würde und wenn das Gericht keine ausreichenden Schutzmöglichkeiten sieht, ist das Gericht nicht verpflichtet, durch Anwendung von Zwangsmaßnahmen dessen Gefahrenlage zu verschärfen oder eine Falschaussage hervorzurufen. Sind gegen einen Zeugen **Morddrohungen und Bombenanschläge vermutlich aus dem Täterkreis des** **102**

Verfahrens verübt worden, die als Vergeltungs- oder Warnaktion zu erklären sind, so ist es unbedenklich, wenn das Gericht weitere Fragen an den Zeugen unterlassen und unterbunden hat (BGHSt. 30, 34 = NJW 1981, 1052; *BGH* NStZ 1984, 31; *Rebmann/Schnarr* NJW 1989, 1190). Erscheint der Aufklärungsgehilfe vor Gericht, so obliegt es gerichtlicher Fürsorge, dass sich das Gericht um ausreichenden Begleitschutz und Einzeltransport des Zeugen, um Trennung von den Angeklagten bemüht, dem Zeugen einen Rechtsbeistand während der Vernehmung zur Seite stellt (§ 68 b StPO), durch Verhandlungsführung, Belehrung und Pausen der besonderen Situation des Zeugen Rechnung trägt (zur Frage, unter welchen Umständen ein Zeuge seinen Wohnort nicht angeben muss, vgl. *BGH* NStZ 1989, 237).

103   **3. Gerichtliche Überzeugungsbildung.** § 31 BtMG setzt keinen dringenden Tatverdacht gegen den/die belastenden Dritten und keine Einleitung von Ermittlungsverfahren voraus (s. Rn. 32 ff.). Ein Aufklärungserfolg ist bereits dann anzunehmen, wenn zur **Überzeugung des Gerichts** durch die Angaben des Aufklärungsgehilfen die Voraussetzungen für die erfolgreiche Durchführung eines Strafverfahrens im Falle der Ergreifung des Täters geschaffen wurden (*BGH* NStZ 1989, 77; BGHR BtMG § 31 Nr. 1 Aufdeckung 11 = StV 1990, 355; *BGH* NStZ-RR 1998, 25 = StV 1997, 639; *BGH* StV 2000, 310 *BGH* NStZ 2003, 162; *BGH* NStZ-RR 2009, 320).

104   **a) Feststellung des Aufklärungserfolges.** Nach der Rspr. des *BGH* genügt es nicht, wenn das Gericht die aufklärenden Angaben des Angeklagten nicht für widerlegt hält, sondern es muss sie zur **Grundlage seiner Feststellungen** machen. Gewinnt der Tatrichter nicht die Überzeugung, dass die Darstellung des Täters über die Beteiligung anderer an der Tat zutrifft, scheidet die Anwendung des § 31 S. 1 BtMG aus; der **Zweifelsgrundsatz** kommt dem Täter hierbei nicht zugute (BGHSt. 31, 163, 166 = NJW 1983, 692 = StV 1983, 63; *BGH* NStZ 2009, 394 = StV 2010, 134). Das Gericht kann seine Überzeugung, dass die Darstellung des Angeklagten über die Beteiligung anderer an der Tat zutrifft, **nicht zugunsten des Angeklagten durch den Grundsatz „in dubio pro reo" ersetzen** (BGHR BtMG § 31 Nr. 1 Aufdeckung 7 = StV 1989, 392; BGH NStZ 2003, 162 = StV 2003, 286; *Franke/Wienroeder* § 31 Rn. 13). Kann eine Strafkammer keine Feststellung darüber treffen, ob weitere Ermittlungen nach den benannten Personen erfolgreich waren oder erfolgreich sein werden, so können die bestehenden Zweifel nicht mit dem Hinweis ausgeräumt werden, die Richtigkeit der Tataufklärungsangaben könne nicht ausgeschlossen werden und müsse sich deshalb i. S. v. § 31 BtMG zugunsten des Angeklagten auswirken.

105   Es reicht aber aus, dass das Gericht davon überzeugt ist, **dass mit den Angaben das Strafverfahren gegen die Komplizen oder Hinterleute zu einem erfolgreichen Abschluss geführt werden kann** (s. zu den Vorraussetzungen des Aufklärungserfolges im Einzelnen Rn. 31 ff.). Der Umstand, dass der vom Angeklagten belastete Lieferant wegen des Zweifelsatzes möglicherweise letztlich nicht zu überführen sein wird, steht einem Aufklärungserfolg nicht entgegen (*BGH* NStZ 2003, 162 = StV 2003, 286; *BGH* NStZ 2009, 394 = StV 2010, 134). Haben die Behörden hinreichend konkrete Angaben des Angeklagten nicht mit der gebotenen Sorgfalt und Eile überprüft, so darf der Tatrichter aus dem Ausbleiben eines Ermittlungserfolges bis zum Urteil keine Zweifel an der Richtigkeit der Angaben des Angeklagten und ihrer **Eignung zur Überführung anderer Tatbeteiligter** ableiten. Die Angaben der Angeklagten müssen **zur Überführung anderer Tatbeteiligter geeignet** sein, sie müssen **aber keine gerichtliche Überführung** der anderen Tatbeteiligten bereits herbeigeführt haben (*BGH* NStZ 1988, 505 m. Anm. *Körner; BGH* NStZ 1989, 77; *BGH* NStZ 1993, 242 = StV 1993, 308; *BGH* StV 1994, 544; *BGH* NStZ-RR 1998, 25 = StV 1997, 639; *BGH* StV 1998, 601; *BGH* StV 2000, 318; *BGH* NStZ 2003, 162 = StV 2003, 286; *BGH* NStZ-RR 2004, 348).

106   Die Überzeugung, dass ein Aufklärungserfolg eingetreten ist und dass die Darstellung des Angeklagten über die Beteiligung der Hinterleute an der Tat zutrifft,

muss das Gericht **aufgrund der Beweisaufnahme** gewonnen haben. Diese Überzeugung gewinnt das Gericht regelmäßig, wenn sich aufgrund polizeilicher Zeugenangaben bei einer Überprüfung die Angaben des Angeklagten als zutreffend erwiesen haben. Der Tatrichter ist jedoch rechtlich nicht gehindert, einen Aufklärungserfolg auch dann zu bejahen, wenn es für die Richtigkeit der Angaben des Angeklagten keine weiteren Beweismittel gibt (*BGH* NStZ 2003, 162 = StV 2003, 286; *Franke/Wienroeder* § 31 Rn. 13).

Fezer (Kronzeugenregelung und Amtsaufklärungsgrundsatz, Festschrift für **107** Lenckner, 1998, 681 ff.) hat anschaulich das unvermeidbare **Dilemma mit Kronzeugenregelungen** beschrieben. Der eigentlich erforderliche Aufklärungserfolg braucht nur in einer konkreten **Eignung zur Aufklärung** zu bestehen. Da offenbarte Tatsachen geeignet sein müssen, die Aufklärung zu fördern, dies setzt eigentlich voraus, dass **sie wahr sind** (vgl. BGHSt 31, 166 = NJW 1983, 692 = StV 1983, 63; *BGH* NStZ 1992, 192). Das Gericht ist aber vielfach **nicht in der Lage, im strengen Beweisverfahren die Richtigkeit der angeblich aufklärenden Angaben zu überprüfen.** Der *BGH* erlaubt dem Tatrichter unter **Missachtung des Amtsaufklärungsgrundsatzes und des Strengbeweises** seine Überzeugungsbildung über einen **Aufklärungserfolg** auf eine **reduzierte Beweisgrundlage** zu stützen, nämlich einer Aussage des Angeklagten Glauben zu schenken, ohne entsprechende absichernde Beweiserhebungen. Der Tatrichter darf zwar an der Richtigkeit der belastenden Aussage keine Zweifel haben, kann aber **aus pragmatischen Gründen** darauf verzichten, **ergänzende Beweiserhebungen in der Hauptverhandlung selbst vorzunehmen.** Andererseits ist es aber ständiger Rspr. des *BGH*, dass bei **einem einzigen Belastungszeugen** und **Aussage gegen Aussage** nicht nur eine besondere Glaubwürdigkeitsprüfung der Aussage des Aufklärungsgehilfen geboten ist, sondern die nicht fern liegende Gefahr gesehen werden muss, dass der Aufklärungsgehilfe den nicht Geständigen **zu Unrecht belastet,** weil er sich **durch seine Aussage Vorteile nach § 31 BtMG verspricht** (*BGH* NStZ-RR 2002, 146 = StV 2002, 470; *BGH* NStZ-RR 2003, 245; s. dazu im Einzelnen Rn. 108 ff.).

b) Überprüfung der Glaubwürdigkeit des Aufklärungsgehilfen. Der **108** *BGH* hat bezüglich der Überprüfung der Glaubwürdigkeit eines Aufklärungsgehilfen ausdrücklich betont, dass stets geprüft werden müsse, ob nicht ein Motiv für eine mögliche Falschbelastung in dem Bestreben des Aufklärungsgehilfen zu finden ist, sich entweder auf Kosten des Belasteten selbst zu entlasten oder sich eine Strafmilderung nach § 31 BtMG zu verschaffen (*BGH* NStZ-RR 2002, 146 = StV 2002, 470; BGHSt. 48, 161 = NJW 2003, 1615 = StV 2003, 264; *BGH* NStZ-RR 2003, 245; *BGH* NStZ 2004, 691 = StV 2004, 579; *BGH* NStZ-RR 2005, 88 = StV 2005, 253; *Schmandt* StraFo 2010, 446, 451). Dabei hat der Tatrichter neben den Umständen der Entstehung auch den Inhalt der den Angeklagten belastenden Angaben darzustellen (*BGH* NStZ-RR 2009, 212 = StV 2009, 346). Einer **kritischen Würdigung** unterliegen seine Schilderungen besonders dann, wenn keine weiteren Beweismittel dessen Angaben bestätigen. Es besteht nämlich die Gefahr, dass verhaftete Dealer mit hoher Straferwartung Freunde oder Feinde aus der Drogenszene zu Großdealern hochstilisieren und Rauschgiftgeschäfte vortäuschen, um zu deren Nachteil sich die Vergünstigung des § 31 BtMG zu verdienen (vgl. *BGH* StV 1992, 503; *BGH* NStZ-RR 2003, 245; *Malek* StV 2010, 200, 202). Diese unredlichen Aufklärungsgehilfen vermögen zwar zutreffend die Lebensverhältnisse ihrer Bekannten zu beschreiben. Eine intensive Befragung nach den Details der von ihnen vorgetäuschten Rauschgiftgeschäfte entlarvt jedoch meistens diese Zeugen als Betrüger, die unermesslichen Schaden (unbegründete Verhaftungen) anrichten können. **Besondere Anforderungen an die Beweiswürdigung** bestehen ferner dann, wenn der Angeklagte sein aus Art. 6 Abs. 3 lit. d MRK resultierendes Recht, Fragen an den Aufklärungsgehilfen zu stellen, nicht wahrnehmen kann, weil der Aufklärungsgehilfe von seinem Auskunftsverweigerungsrecht weitgehend oder umfassend Gebrauch macht. Das Gericht muss in diesen Fällen, in denen die Aussage des Aufklärungsgehilfen durch Vernehmung der Verhörsperson in die Hauptverhandlung eingeführt wird, in Bedacht nehmen, dass der Beweiswert wegen der fehlenden **Möglichkeit der kontradiktorischen Befragung eingeschränkt ist** (*BGH* NStZ-RR 2009, 212 = StV 2009, 346).

109   Zu beachten ist in diesen Fällen, dass die Angaben umso mehr Verschleißerscheinungen unterliegen, je häufiger der Aufklärungsgehilfe als Zeuge aussagt. Selbst bei einem idealen Zeugen sind nach der 10. Wiederholung seiner Angaben in Einzelheiten unzutreffende oder widersprüchliche Punkte zu beobachten. Für das Erinnerungsvermögen und die Glaubwürdigkeit eines derartigen Dauerzeugen spricht, wenn er bei der mehrmaligen Wiederholung des Kerngeschehens einmal weitere Details hinzufügt, ein anderes Mal Randbegebenheiten nicht berichtet. **Deckungsgleiche Schilderungen** sind **häufig auswendig gelernt.** Bei ihnen ist Vorsicht geboten. Ein besonders positives Indiz für die Glaubwürdigkeit eines Aufklärungsgehilfen ist, wenn Mittäter, die aufgrund dieser Angaben festgenommen werden, damit konfrontiert, ein umfassendes Geständnis ablegen. Bei Aussagen eines **süchtigen Aufklärungsgehilfen** ist ebenfalls Zurückhaltung geboten. Wahrnehmungsfähigkeit, Vernehmungsfähigkeit, Erinnerungsvermögen und Aussagenkonstanz bedürfen einer sorgfältigen Prüfung (vgl. *BGH* NStZ 1984, 178 = StV 1984, 61; *Glatzel* StV 1981, 191 ff.; *ders.* StV 1994, 46 f.).

110   *Weider* hat im Einzelnen die durch § 31 BtMG geschaffene **Versuchung bzw. Gefahr von Falschaussagen** und die Möglichkeiten der Strafverteidigung beschrieben und vorgeschlagen, anhand einer **Checkliste** die Angaben eines Belastungszeugen zu überprüfen. Hierzu gehören die **Entstehung der Aussage,** die **Abweichungen verschiedener Aussagen,** die **Motive für die Aussagebereitschaft,** die **teilweise Falschbelastung** und **mögliche Motive einer Falschaussage** zu ergründen (*Weider* in HbBtMR § 15 Rn. 158; vgl. auch *Weber* § 31 Rn. 151; *Schmandt* StraFo 2010, 446, 451). Diese notwendige Überprüfung findet aber in einer Hauptverhandlung zumeist nur statt, wenn bei mehreren Angeklagten einer den anderen belastet oder der Aufklärungsgehilfe in der Hauptverhandlung der Belasteten als Zeuge erscheint. In der **Hauptverhandlung gegen den Aufklärungsgehilfen** findet die **Glaubwürdigkeitsüberprüfung** der Hintergrundangaben **zumeist nur unzureichend** statt.

111   **c) Bestätigung der Angaben des Aufklärungsgehilfen durch die Ermittlungsbeamten.** In der Regel werden die tataufklärenden Angaben der Kriminalpolizei oder Zollfahndung zur Überprüfung zugeleitet, die im In- oder Ausland die erforderlichen Ermittlungen einleitet. Bestätigen sich die Angaben, so kann das Gericht seine Überzeugung von dem Aufklärungserfolg auf die **Aussagen des Ermittlungsbeamten** gründen (*BGH* NStZ 2000, 433). Vermag die Polizei die Erkenntnisse nicht zu überprüfen, so kann das Gericht **auch aufgrund anderer Beweismittel** zu dieser Überzeugung gelangen (vgl. *BGH* NStZ-RR 1998, 25 = StV 1997, 639; *Weider* NStZ 1985, 481; 483). Bei der Prüfung des Aufklärungseffektes ist der Erkenntnisstand der sachbearbeitenden Polizeidienststelle im Zeitpunkt der Hauptverhandlung maßgebend. Ein Brief eines ausländischen Angeklagten an die Strafverfolgungsbehörden in der Heimat mit Hinweisen, der Auftraggeber wohne im Nachbarhaus, bedeutet keine polizeiliche Tataufklärung.

112   **d) Umfang der gerichtlichen Aufklärungspflicht in der Hauptverhandlung.** Grundsätzlich ist das **Tatgericht zu einer Beweiserhebung** darüber, ob der Angeklagte Angaben zu weiteren Tatbeteiligten gemacht hat, **nicht verpflichtet.** § 31 S. 1 Nr. 1 BtMG verlangt, dass ein Aufklärungserfolg eingetreten ist. Nur dies hat der Tatrichter aufzuklären. Dagegen ist er **nicht gehalten, den Angaben des Angeklagten selbst nachzugehen, um einen Aufklärungserfolg herbeizuführen;** auch braucht der Tatrichter nicht abzuwarten, bis andere Stellen entsprechende Ermittlungen durchgeführt haben (*BGH* NStZ 1993, 242 = StV 1993, 308; *BGH* NStZ 2003, 162 = StV 2003, 286). **Das Tatgericht muss**

nicht kraft richterlicher Aufklärungspflicht gem. § 244 StPO zuwarten und erforschen, ob nicht der Aufklärungserfolg doch noch in der Hauptverhandlung eintritt. Der Angeklagte trägt die Beweislast für die Bestätigung seiner Angaben zur Person und Tatbeteiligung von Komplizen, Hinterleuten und Auftraggebern. Ihm obliegt das Risiko, dass bis zum Ende der Hauptverhandlung der Aufklärungserfolg gelingt (*BVerfG*, Beschl. v. 26. 10. 2006, 2 BvR 1178/06; *BGH* NStZ 1984, 319 = StV 1984, 287; *BGH* NStZ 1993, 242 = StV 1993, 308; *BGH* NStZ 1998, 90; *BGH* NStZ-RR 2004, 348).

Bis zur Gesetzesänderung zum 1. 9. 2009 mit der Einführung der Präklusions- **113** wirkung nach § 31 S. 2 n. F. BtMG i. V. m. § 46 b Abs. 3 StGB (s. Rn. 27 ff.) konnte auch **ein erst in der Hauptverhandlung abgelegtes Geständnis,** das Angaben über die Beteiligung Dritter umfasste, noch die Voraussetzungen des § 31 Nr. 1 BtMG erfüllen, wenn die erforderlichen Ermittlungen noch durchgeführt werden konnten und das Gericht dadurch noch **Überzeugung erlangte,** dass durch die Angaben des Angeklagten die Tat über seinen eigenen Tatbeitrag hinaus aufgeklärt wurde (*BGH* NStZ 1992, 192; *BGH* StV 1994, 544). Enthält eine polizeiliche Vernehmung Angaben des Angeklagten zu weiteren Tatbeteiligten und anderen Betäubungsmittelhändlern, die, falls sie sich als zutreffend herausgestellt hätten, möglicherweise wesentlich dazu beigetragen hätten, die Tat über seinen eigenen Tatbeitrag hinaus aufzudecken, **so ist das Gericht verpflichtet, die Beweisaufnahme von Amts wegen auf auf diese Umstände zu erstrecken.** Das Gericht darf sich nicht auf die letzte Aussage des Angeklagten beschränken, sondern muss auch Aufklärungseffekte früherer polizeilicher Vernehmungen würdigen (BGHR BtMG § 31 Nr. 1 Aufdeckung 12 = StV 1989, 392; BtMG § 31 Nr. 1 Aufdeckung 15 [3 StR 205/89]).

e) Beweisanträge zur Mataufklärung und zur Überzeugungsbildung des **114** **Gerichts.** Der Aufklärungserfolg muss **zum Zeitpunkt der Hauptverhandlung** zur Überzeugung des Gerichts feststehen. Die Hauptverhandlung **dient nicht dazu, den Aufklärungserfolg mit Hilfe von Beweisanträgen erst herbeizuführen.** Der Aufklärungserfolg selbst lässt sich nämlich nicht mit einem Beweisantrag erzwingen. Vielmehr kann ein Beweisantrag lediglich **das Gericht davon überzeugen, dass der Aufklärungserfolg bereits eingetreten ist,** z. B. durch Vernehmung von Polizeibeamten zu Ermittlungen, Rechtshilfeersuchen, Festnahmen oder Betäubungsmittelsicherstellungen (*BGH* NStZ-RR 2004, 348; *BGH* NStZ 2005, 231; *Schmidt* NJW 2005, 3255). Gelingt es dem Angeklagten in der Hauptverhandlung nicht, dem Gericht die Hintergründe nachzuweisen und das Gericht von dem Aufklärungserfolg zu überzeugen, so bleibt ihm zwar der Weg, mit Beweisanträgen die Überzeugungsbildung des Gerichts zu beeinflussen. Die vom Verteidiger zur Unterstützung der Einlassung seines Mandanten gestellten **Beweisanträge zum eingetretenen Aufklärungserfolg** hat das Gericht aber nach den allgemeinen Grundsätzen des § 244 Abs. 3 StPO zu bescheiden. Ein Beweisantrag auf Vernehmung eines Kriminalbeamten mit der Behauptung, dass die Polizei den vom Angeklagten mit Namen genannten Auftraggeber identifiziert habe und die Angaben des Angeklagten über diesen Mann als Lieferanten unter Berücksichtigung weiterer Erkenntnisse der Überprüfung durch die Polizei standgehalten haben, darf nicht wegen Bedeutungslosigkeit der Beweistatsache zurückgewiesen werden (*BGH* NStZ 2000, 433 = StV 2000, 295). Wird ein Urteil aufgehoben, weil eine derartige Beweiserhebung unterblieben ist, so hat der neue Tatrichter zu beachten, dass bei der Prüfung eines Aufklärungserfolges i. S. v. § 31 S. 1 Nr. 1 BtMG nunmehr auf den Zeitpunkt der neuen Hauptverhandlung abzustellen ist (BGHR BtMG § 31 Nr. 1 Aufdeckung 21 = NStZ 1992, 192). Ein **Beweisantrag,** der durch Benennung von Drogenabnehmern einen **Aufklärungserfolg erst herbeiführen will,** ist zwar **nicht unzulässig** (§ 244 Abs. 3 S. 2 StPO), aber für die Entscheidung darüber, ob die Voraussetzungen des § 31 S. 1 Nr. 1 BtMG vorliegen, **ohne Bedeutung,** denn der **Aufklärungserfolg muss vorliegen und nicht erst gesucht werden** (*BGH* NStZ 1993, 242 =

StV 1993, 308; *BGH* NStZ 1998, 90 = StV 1997, 593; *BGH* NStZ 2005, 231; MK-StGB/*Maier* § 31 Rn. 128).

115   **f) Wahrunterstellung.** § 31 BtMG setzt einen tatsächlich eingetretenen Aufklärungserfolg voraussetzt. Da jedoch eine Wahrunterstellung hinter einem tatsächlichen Aufklärungserfolg zurückbleibt, kann es weder **als wahr unterstellt werden,** dass der **Aufklärungserfolg** eingetreten ist (BGHR StPO § 244 Abs. 3 S. 2 Wahrunterstellung 24 [1 StR 619/91]; *BGH* NStZ-RR 1997, 85 = StV 1996, 662; *Weber* § 31 Rn. 127; *Winkler* NStZ 2007, 317, 320), noch dass **einzelne Angaben des Aufklärungsgehilfen** zutreffen (*Weber* § 31 Rn. 129; *Hügel/Junge/ Lander/Winkler* § 31 Rn. 3.6; a. A. BGHR BtMG § 31 Nr. 1 Aufdeckung 9 = StV 1989, 391; *Körner,* BtMG, 6. Auflage, § 31 Rn. 86).

116   Folgt das Gericht aber der Beweisbehauptung über die Tatbeteiligung eines anderen und unterstellt es die Beweisbehauptung als wahr, ist es an diese Feststellungen gebunden und muss den Aufklärungserfolg i. S. d. § 31 S. 1 Nr. 1 BtMG bejahen. Dies gilt selbst dann, wenn die StA das Verfahren gegen die preisgegebenen Mittäter gemäß § 170 Abs. 2 StPO eingestellt hat (*BGH* StV 1986, 63; BGHR BtMG § 31 Nr. 1 Aufdeckung 9 = StV 1989, 391).

117   **4. Erörterung der Aufklärungshilfe im Urteil. a) Anforderungen an den Tatrichter.** Der Tatrichter muss im Urteil erörtern und mitteilen, **ob, warum und wie er von der fakultativen Strafmilderung des § 31 BtMG Gebrauch macht.** Sieht er von ihr ab, so muss er ebenso wie bei der Annahme von § 31 BtMG die vom Angeklagten über den eigenen Tatbeitrag hinausgehenden Angaben vollständig wiedergeben und die **Gründe eingehend erörtern, die ihn zur Bejahung oder Verneinung der Strafmilderung** gem. § 31 BtMG bewogen haben. Nur so wird das Revisionsgericht in die Lage versetzt zu prüfen, ob sich der Tatrichter bei seiner Entscheidung von rechtlich zutreffenden und zulässigen Erwägungen hat leiten lassen (*BGH* NStZ 1987, 563; *BGH* StV 1988, 254; BGHSt. 37, 147, 152 = NJW 1991, 306 = StV 1990, 548; BGHR § 29 Abs. 3 BtMG Strafrahmenwahl 8 [4 StR 405/90]). Die aufklärenden Angaben des Angeklagten müssen in den Urteilsgründen zwar nicht in allen Einzelheiten, aber **in ihrem tatsächlichen Kern nachvollziehbar mitgeteilt werden. Ein bloßer Hinweis** auf die Gesamtumstände **reicht** für die revisionsrechtliche Überprüfung **nicht aus.**

118   Vielfach **fehlt im Urteil die Darstellung,** durch welche Angaben der Angeklagte die Tat über seinen Tatbeitrag hinaus aufgeklärt hat, und es heißt nur, die Kriminalpolizei habe in mehreren Verfahren mehrere Personen im Kilogrammbereich festgenommen. Dies reicht vielfach für eine revisionsrechtliche Überprüfung nicht aus (*BGH,* Beschl. v. 10. 6. 1992, 3 StR 119/92 [bloße Feststellung, der Angeklagte habe „in erheblichem Umfang Aufklärungshilfe geleistet"]; *BGH* MDR 1994, 764).

119   Kann sich das Gericht von der Richtigkeit der Darstellung des Angeklagten über die Beteiligung anderer an der Tat **nicht überzeugen,** darf es die Strafe auch **nicht nach § 31 BtMG** mildern (BGHSt. 31, 163 = NJW 1983, 692 = StV 1983, 63; BGHSt. 33, 80 = NJW 1985, 691 = StV 1985, 59). Bleibt bei der Aufklärungshilfe eine Bestätigung der Angaben oder Hinweise aus und kommt es zur Verneinung des § 31 BtMG, so bleibt die Möglichkeit, die **Aufklärungsbereitschaft** des Angeklagten **im Rahmen des § 46 StGB** zu berücksichtigen. In der Regel wird eine Aufklärungsbereitschaft bei der Strafzumessung erörtert werden müssen (*BGH* [*Holtz*] StV 1987, 487 = MDR 1987, 981; s. auch Rn. 89).

120   **b) Floskelhafte Begründung der Strafmilderung.** Formelhafte Ausführungen reichen nicht aus. Bloße Hinweise auf die Beurteilung der Aussage durch die Polizei können konkrete und nachprüfbare Darlegungen nicht ersetzen. Der Aufklärungserfolg und die Überzeugung des Gerichtes müssen **im Urteil nachvollziehbar dargestellt werden.** Eine **Floskel,** die **Aufklärungshilfe sei „wertvoll" oder „wenig wertvoll", „erheblich"** bzw. **„gering" gewesen,** habe sich auf die Benennung weniger Abnehmer beschränkt, ist nicht konkret, nicht überprüfbar und damit fehlerhaft (*BGH,* Beschl. v. 10. 6. 1992, 3 StR 119/92; *BGH* MDR 1994, 764).

Bejaht das Tatgericht die Aufklärungshilfe floskelhaft damit, der Angeklagte habe **121** nach seiner Festnahme gegenüber der Polizei Angaben über Heroinlieferanten und Abnehmer gemacht, die geeignet gewesen seien, diese Straftäter auf dem Rauschgiftsektor zu überführen und in den Niederlanden festzunehmen, so lässt das Gericht mangels Konkretisierung nicht erkennen, welchen Sachverhalt es insoweit zugrunde gelegt hat und ermöglicht dem Revisionsgericht nicht die Prüfung, ob die Milderungsvorschriften des § 31 BtMG zutreffend angewendet wurden (*BGH* StV 1985, 415). Verneint das Tatgericht die Aufklärungshilfe aufgrund **bloßer Vermutungen,** wie z.B. es sei ohne nähere Feststellungen zweifelhaft, ob der Angeklagte tatsächlich nur Kurier sei (*BGH* StV 1987, 20) oder der Angeklagte habe nicht mit seiner Aufklärungshilfe der Polizei helfen, sondern **nur andere Beteiligte warnen wollen** (*BGH,* Urt. v. 23. 5. 1978, 2 StR 53/78), so können diese Vermutungen ohne entsprechende Feststellungen nicht die Verneinung des § 31 BtMG rechtfertigen.

Die Aufklärungshilfe darf auch nicht **floskelhaft** als unwesentlich mit der Be- **122** gründung abgelehnt werden, die Hinweise hätten die vorliegenden **Erkenntnisse** der Polizei über den Hintermann **nur abgerundet,** ohne festzustellen, welche Erkenntnisse wann bei der Polizei überhaupt vorhanden waren.

Absehen von der Verfolgung

31 a (1) ¹Hat das Verfahren ein Vergehen nach § 29 Abs. 1, 2 oder 4 zum Gegenstand, so kann die Staatsanwaltschaft von der Verfolgung absehen, wenn die Schuld des Täters als gering anzusehen wäre, kein öffentliches Interesse an der Strafverfolgung besteht und der Täter die Betäubungsmittel lediglich zum Eigenverbrauch in geringer Menge anbaut, herstellt, einführt, ausführt, durchführt, erwirbt, sich in sonstiger Weise verschafft oder besitzt. ²Von der Verfolgung soll abgesehen werden, wenn der Täter in einem Drogenkonsumraum Betäubungsmittel lediglich zum Eigenverbrauch, der nach § 10 a geduldet werden kann, in geringer Menge besitzt, ohne zugleich im Besitz einer schriftlichen Erlaubnis für den Erwerb zu sein.

(2) ¹Ist die Klage bereits erhoben, so kann das Gericht in jeder Lage des Verfahrens unter den Voraussetzungen des Absatzes 1 mit Zustimmung der Staatsanwaltschaft und des Angeschuldigten das Verfahren einstellen. ²Der Zustimmung des Angeschuldigten bedarf es nicht, wenn die Hauptverhandlung aus den in § 205 der Strafprozeßordnung angeführten Gründen nicht durchgeführt werden kann oder in den Fällen des § 231 Abs. 2 der Strafprozeßordnung und der §§ 232 und 233 der Strafprozeßordnung in seiner Abwesenheit durchgeführt wird. ³Die Entscheidung ergeht durch Beschluß. ⁴Der Beschluß ist nicht anfechtbar.

Übersicht

A. Entstehungsgeschichte der Vorschrift

1   Der ursprüngliche **§ 31a Abs. 1, jetzt § 31a Abs. 1 S. 1, und Abs. 2 BtMG** gehen auf den Gesetzesantrag der Freien und Hansestadt Hamburg zur Änderung des BtMG v. 23. 1. 1990 (BR-Drs. 57/90) zurück, den zu den Gesetzentwürfen des Bundesrates v. 11. 5. 1990 (BR-Drs. 57/90) und v. 26. 4. 1991 (BR-Drs. 104/91) führte und am 12. 7. 1991 (BT-Drs. 12/934) im Bundestag beraten wurde. Das Gesetz wurde am 4. 6. 1992 im Bundestag verabschiedet und trat am 9. 9. 1992 (BGBl. I, S. 1593) in Kraft.

2   Die Vorschrift wurde durch das 3. BtMÄndG v. 28. 3. 2000 um die Sonderregelung in **Abs. 1 S. 2 zum Besitz von geringen Mengen zum Eigenkonsum in Drogenkonsumräumen** ergänzt (BGBl. I, S. 302).

3   Der Einführung des § 31a BtMG waren mehrjährige kontroverse Auseinandersetzungen um eine Neuorientierung der deutschen Drogenpolitik nach 20 Jahren weitgehend erfolgloser repressiver Drogenpolitik, mit den kontroversen Vorschlägen einer teilweisen oder vollständigen Legalisierung, einer kontrollierten Abgabe oder kontrollierten Vergabe, vorangegangen. Als Vorbild diente dem Gesetzgeber die niederländische Praxis mit Betäubungsmittelkleinmengen.

4   Folgende Vorschläge im Rahmen der Beratungen wurden nicht realisiert:

– Ausgestaltung des § 31a BtMG als **Sollvorschrift** und **nicht nur als Kannvorschrift**,
– Streichung des 29 Abs. 5 BtMG,
– Konkretisierung der Begriffe **geringe Schuld und geringe Menge im Gesetz,** um der Vorschrift eine größere Verbindlichkeit zu verleihen, oder zumindest Aufnahme eines **Katalogs von Beispielsfällen** (vgl. *Allmers* ZRP 1991, 41, 44).

B. Zweck der Vorschrift

Der § 31a BtMG stellt einerseits durch **Verzicht auf die richterliche Zu-** 5
stimmung eine Weiterentwicklung des § 29 Abs. 5 BtMG und eine Ergänzung
der §§ 35 ff. BtMG dar. Andererseits verlangt die Vorschrift **neben den Voraus-**
setzungen des § 29 Abs. 5 BtMG eine geringe Schuld und **ein Fehlen des**
öffentlichen Interesses an der Strafverfolgung. Auch wenn § 31a BtMG
wegen dieser Beschränkungen eigentlich nur einen Ausschnitt des Anwendungsbereiches § 29 Abs. 5 BtMG erfassen kann, hat die **Verlagerung der Entscheidung**
auf die StA zu einer **praktischen Ausweitung der Anwendung** geführt. Die
Vorschrift stellt keine Kapitulation der Strafverfolgungsbehörden bei der Bekämpfung der Betäubungsmittelkriminalität dar, sondern begünstigt differenzierende und
vernünftige Einzelentscheidungen.

§ 31a Abs. 1 BtMG enthält in S. 1 und S. 2 zwei verschiedene Regelungen, die 6
gemeinsam haben, den Umgang mit geringen Mengen zum Eigenkonsum zu ent-
pönalisieren. Während die §§ 35 ff. BtMG dem Grundsatz **Therapie statt Strafe**
dienen, will § 31a BtMG den Grundsatz **Hilfe vor Strafe** verwirklichen, indem
Konsumenten nur dort bestraft werden, wo es nötig ist (BT-Drs. 12/934,
1, 6). Besonders bedauerlich hat sich insoweit indes erwiesen, dass der Gesetzgeber
in § 31a BtMG nicht die Möglichkeit von Drogenhilfe- und Therapieauflagen
geregelt hat.

Unterschiedliche Zweckrichtungen ergeben sich daraus, dass sich die Regelun- 7
gen an völlig verschiedene Zielgruppen wenden. Während Abs. 1 S. 1 vornehmlich auf **Ersttäter, Probierer und Gelegenheitskonsumenten** abzielt, betrifft
Abs. 1 S. 2 Fälle von **Schwerstabhängigen** (*Weber* § 31a Rn. 1).

I. § 31a Abs. 1 S. 1 BtMG

Bei § 31 Abs. 1 S. 1 BtMG handelt es sich um eine Maßnahme der Diversion, 8
die folgende Zwecke verfolgt:

1. Annäherung der Einstellungspraxis. Bei Einführung des § 31a Abs. 1 9
BtMG im Jahr 1992 war eine **weitgehend uneinheitliche Einstellungs- und**
Sanktionspraxis von Cannabis- und Heroinkonsumdelikten in den verschiede-
nen Bundesländern nach einem Nord-Süd-Gefälle, nach Stadt-Land-
Unterschieden, und sogar innerhalb verschiedener Amts- und Landgerichtsbezirke
festzustellen. Im Jahr 1987 wurden beispielsweise bei Cannabisfällen mit geringen
Mengen zum Eigenkonsum in Bayern eine Einstellungsquote von nur 5,9% festge-
stellt, während eine solche in Berlin bei 75,6% lag (BT-Drs. 11/4329, S. 21). Ein
Ziel war daher eine Annäherung der Einstellungspraxis.

In der Begründung des Gesetzentwurfs v. 12. 7. 1991 (BT-Drs. 12/934, S. 6)
heißt es deshalb: „Zur Vermeidung nicht zwingend gebotenen Ermittlungsauf-
wandes sowie zur Gewährleistung einer flexiblen und einheitliche Verfolgungs-
grundsätze berücksichtigenden Verfolgungspraxis erscheint es vertretbar, in den
Fällen des § 31a Abs. 1 BtMG auf die Zustimmung des Gerichts zur Einstellungsentscheidung der StA zu verzichten. Bei den zu treffenden Entscheidungen wird es
sich im Wesentlichen um gleichgelagerte Fälle handeln, deren sachgerechte Beurteilung durch die StA gewährleistet werden kann."

2. Entlastung der Strafverfolgungsbehörden. Da 60% aller Betäubungsmit- 10
telverfahren Eigenkonsumdelikte, vornehmlich von weichen Drogen, ausmachen
(*Hellebrand* ZRP 1992, 247, 250), ist die Vorschrift des § 31a BtMG aber auch
gleichzeitig ein Produkt der Erkenntnis, dass die **Justiz mit dem Strafrecht als**
ultima ratio nicht alles schützen kann und mit der Konzentration der Strafverfolgung auf Konsumenten und Abhängige nicht nur **kontraproduktiv arbei-**
tet, sondern auch ihre **Kräfte vergeudet.** Sie muss deshalb entsprechend dem
zwingenden verfassungsrechtlichen Übermaßverbot sich auf ihre wesentlichen
Aufgaben, nämlich die **Strafverfolgung sozialschädlicher Schwerkriminalität**

konzentrieren, wenn sie nicht am Ballast der Bagatellvergehen ersticken will. Sie muss hier **Strafe durch Suchtberatung, Suchthilfe, Drogentherapie und pädagogische Hilfestellungen ersetzen.** Hierin liegt die große Schwäche des § 31a BtMG, da eine Einstellung nicht vor der Teilnahme an Maßnahmen der Suchthilfe abhängig gemacht werden kann.

II. § 31a Abs. 1 S. 2 BtMG

11 Bei § 31a Abs. 1 S. 2 BtMG handelt es sich um eine **Maßnahme der Schadensreduzierung (Harm Reduction,** *Weber* § 31a Rn. 11). Die Vorschrift erkennt das Elend von Schwerstabhängigen und die Notwendigkeit einer akzeptierenden Drogenhilfe, die ohne eine Forderung nach Drogenfreiheit Schwerabhängigen elementare Lebenshilfe gewährt, ausdrücklich an und bemüht sich um Beseitigung von Konsumrisiken. Ziel der Regelung ist es, den Betrieb von Drogenkonsumräumen i.S.d. § 10a BtMG und die Nutzung durch Abhängige zu erleichtern, indem der Besitz von geringen Mengen nicht ärztlich verschriebener Betäubungsmittel in einem Drogenkonsumraum nicht mehr verfolgt werden soll. § 31a Abs. 1 S. 2 BtMG wurde im Gegensatz zu S. 1 als **Sollvorschrift** und nicht nur als Kannvorschrift ausgestaltet, um ihre **regelmäßige Anwendung zu gewährleisten.** Da die StA im Regelfall von Strafverfolgung absehen soll, gibt sie ihre grundsätzliche Duldung des Betäubungsmittelkonsums in dem mit Erlaubnis betriebenen Konsumraum in Form einer generellen Weisung, von der Aufnahme von Ermittlungen abzusehen, an die zuständige Polizei weiter.

C. Anwendungsbereich des § 31a Abs. 1 S. 1 BtMG

I. Abgrenzung des § 31a BtMG zu anderen Vorschriften

12 **1. Zu § 29 Abs. 5 BtMG i. V. m. § 153b Abs. 1 StPO.** Auch wenn § 31a Abs. 1 S. 1 BtMG gegenüber § 29 Abs. 5 BtMG die **zusätzlichen Voraussetzungen** wie **geringe Schuld** und **kein öffentliches Interesse an der Strafverfolgung** aufweist und damit vom Gesetzeswortlaut her den Anwendungsbereich gegenüber § 29 Abs. 5 BtMG einschränkt (vgl. BVerfGE 90, 145, 189 = NJW 1994, 1577 m.Anm. *Kreuzer* NJW 1994, 2400 u. m.Anm. *Nelles/Velten* NStZ 1994, 366 = StV 1994, 298 m.Anm. *Schneider* StV 1994, 390 = JZ 1994, 860 m.Anm. *Gusy*), so werden diese Einschränkungen durch andere Erleichterungen dieser Verfahrensvorschrift bei weitem ausgeglichen. § 29 Abs. 5 BtMG ist eine **Vorschrift des materiellen Rechts,** die vom Gericht nach strengen Beweis- und Strafzumessungsregeln zu handhaben ist. **§ 31a BtMG** ist eine **Verfahrensvorschrift,** die es der StA erlaubt, ohne Zustimmung des Gerichts, ohne strenge Beweisregeln und ohne Strafzumessungsregeln **in einem vereinfachten Verfahren von Strafverfolgung abzusehen.** In der Praxis hat § 31a BtMG trotz der tatbestandlichen Beschränkungen wegen des Verzichts auf die gerichtliche Zustimmung und wegen des vereinfachten Verfahrens den § 29 Abs. 5 BtMG i.V.m. § 153b StPO weitgehend verdrängt (*Aulinger*, 1997, 179, 300; *Schäfer/Paoli*, 2006, 388).

13 Bei geringer Schuld und fehlendem öffentlichen Interesse an der Strafverfolgung geht § 31a BtMG als **lex specialis** dem § 29 Abs. 5 BtMG vor (*Aulinger*, 1997, 57). § 29 Abs. 5 BtMG ist immer dann in Betracht zu ziehen, wenn eine geringe Schuld ausscheidet oder ein öffentliches Interesse an der Strafverfolgung besteht und das Gericht einer Einstellung zustimmt (*Aulinger*, 1997, 57; *Hügel/Junge/Lander/Winkler* § 29 Rn. 32.2). Hat die StA einen Konsumfall mit einer geringen Betäubungsmittelmenge nach Verneinung des § 31a Abs. 1 BtMG angeklagt und in der Hauptverhandlung zu einer Einstellung nach § 31a Abs. 2 BtMG verneint, so bleibt die Möglichkeit, nach § 29 Abs. 5 BtMG die Schuld festzustellen und von Strafe abzusehen (*Hügel/Junge/Lander/Winkler* § 31a Rn. 32.2).

14 **2. Zu den §§ 153, 153a StPO.** Soweit es sich bei geringer Schuld und fehlendem öffentlichen Interesse um eine geringe Eigenkonsummenge handelt, **geht**

§ 31a BtMG als Spezialregelung den §§ 153, 153a StPO vor (BT-Drs. 12/934, 6; *Aulinger*, 1997, 58; *Hügel/Junge/Lander/Winkler* § 31 Rn. 2; a.A. *Weber* § 31a Rn. 18). Sobald aber der Grenzwert der geringen Menge eines Betäubungsmittels unerheblich überschritten ist, so kann in einem Konsumfall eine kleine Normalmenge bei geringer Schuld und fehlendem öffentlichem Interesse eine Einstellung nach den §§ 153, 153a StPO erlauben. Während § 31a BtMG bei geringer Schuld und fehlendem öffentlichen Interesse an der Strafverfolgung sich auf geringe Betäubungsmittelmengen beschränkt, ermöglichen die §§ 153, 153a StPO die Verfahrenseinstellung beim Erwerb und Besitz von geringen Arzneimittelmengen und geringen Grundstoffmengen. Ist eine folgenlose Einstellung wegen Überschreitung der Grenzmenge nicht mehr vertretbar, so ermöglicht § 153a StPO die Verhängung einer Geldauflage.

3. Zu den §§ 45, 47 JGG. Die **§§ 45, 47 JGG gehen** als spezifisch jugend- **15** strafrechtliche Regelungen mit erzieherischer Zielsetzung dem **§ 31a BtMG vor** (*Aulinger*, 1997, 58–61; *Weber* § 31a Rn. 19; MK-StGB/*Kotz* § 31a Rn. 12; differenzierend *Hügel/Junge/Lander/Winkler* § 31a Rn. 2, wonach beide Vorschriften anwendbar sein sollen mit Berücksichtigung der erzieherischen Bedürfnisse im Einzelfall). Zum einen kann der Gesichtspunkt der Drogenprävention bei Jugendlichen und je nach Entwicklungsstand auch bei Heranwachsenden durch Anwendung der §§ 45, 47 JGG wirksamer verfolgt werden, da – anders als bei § 31a BtMG – die Auferlegung von suchtvorbeugenden oder suchttherapeutischen Maßnahmen möglich ist, z.B. Verpflichtung zur Abgabe von Urinproben und Teilnahme an Gesprächen bei der Suchtberatung oder Drogenpräventionsprojekten wie etwa **FreD (Früherkennung bei erstauffälligen Drogenkonsumenten).** Bei FreD handelt es sich um ein von Drogenberatungsstellen angebotenes Kursangebot mit einer Dauer von 8 bis 10 Stunden, das sich an Jugendliche und Heranwachsende richtet, die im Zusammenhang mit illegalen Drogen erstmalig strafrechtlich auffällig geworden sind. Der Eindruck des Ermittlungsverfahrens soll dabei genutzt werden, die Betroffenen zur Teilnahme an einem solchen FreD-Kurs zu motivieren. Die §§ 45, 47 JGG ermöglichen zudem nach § 60 Abs. 1 Nr. 7 BZRG die Eintragung der Verfehlung ins Erziehungsregister als **Ausdruck des die Rückfallverhütung anstrebenden Erziehungszieles des Jugendstrafrechts.**

4. Zu den §§ 37 Abs. 1, 38 Abs. 2 BtMG. Während die §§ 37 Abs. 1, 38 **16** Abs. 2 BtMG zu einer **möglichst frühzeitigen Therapieaufnahme anregen** wollen und dies selbst bei Straferwartungen von bis zu 2 Jahren Freiheitsstrafe **mit dem Absehen von der Anklage belohnen,** wenn das für die Eröffnung für das Hauptverfahren zuständige Gericht zustimmt, soll § 31a BtMG in erster Linie die **Strafverfolgungsbehörden entlasten** und **nicht eine Therapie vorbereiten.** Das **Hauptdefizit des § 31a BtMG** ist es denn auch, dass er **nicht** unterhalb einer Rehabilitationsbehandlung **zu Drogenberatungs- und Drogenhilfemaßnahmen verpflichten kann.** Während § 31a BtMG sich nur mit geringen Eigenkonsummengen befasst, kann die StA bei § 37 Abs. 1 BtMG **sogar bei Normalmengen und nicht geringen Konsummengen** von Anklageerhebung drogenabhängiger, therapiebereiter Beschuldigter absehen.

II. Voraussetzungen des § 31a Abs. 1 S. 1 BtMG

1. Tathandlungen. § 31a BtMG findet auf Vergehen nach § 29 Abs. 1, § 29 **17** Abs. 2 oder § 29 Abs. 4 BtMG Anwendung, wenn der Täter Betäubungsmittel lediglich zum Eigenverbrauch in geringer Menge

– anbaut (zum Begriff des **Anbauens** s. § 29/Teil 2, Rn. 19 ff.),
– herstellt (zum Begriff des **Herstellens** s. § 29/Teil 3, Rn. 11 ff.),
– einführt (zum Begriff der **Einfuhr** s. § 29/Teil 5, Rn. 11 ff.),
– ausführt (zum Begriff der **Ausfuhr** s. § 29/Teil 6, Rn. 4),
– durchführt (zum Begriff der **Durchfuhr** s. § 29/Teil 14, Rn. 5),
– erwirbt (zum Begriff des **Erwerbes** s. § 29/Teil 10, Rn. 4 ff.),

– sich in sonstiger Weise verschafft (zum Begriff des **Sichverschaffens** s. § 29/Teil 11, Rn. 3 ff.) oder
– besitzt (zum Begriff des **Besitzes** s. § 29/Teil 13, Rn. 15 ff.),

bzw. dies **versucht** (§ 29 Abs. 2 BtMG) und dies **vorsätzlich oder fahrlässig** tut (§ 29 Abs. 4 BtMG).

18   Sobald die Tatbegehungsweisen nicht dem Eigenkonsum, sondern dem Vertrieb dienen, findet § 31a BtMG auf die in § 29 Abs. 1, § 29 Abs. 2 und § 29 Abs. 4 BtMG genannten Vergehen der **Abgabe,** der **Veräußerung,** des **Handeltreibens,** der **Verschreibung,** der **Verbrauchsüberlassung,** der **Verabreichung** und des **Inverkehrbringens keine Anwendung.**

19   **2. Täter.** § 31a BtMG **beschränkt** die Vorschrift **nicht auf eine bestimmte Auswahl von Tätern.** So werden dort weder Probierer, Erstkonsumenten, Wiederholungstäter, Dauerkonsumenten, Abhängige, Unbestrafte genannt. Es muss jedoch bei jedem Tätertyp geprüft werden, ob die Schuld gering ist und ob ein öffentliches Interesse an der Strafverfolgung besteht. Die Vorschrift **verlangt** auch **kein bestimmtes Verhalten** des Täters wie **Aussagebereitschaft, Aufklärungshilfe** bei Ermittlung von Lieferanten und Drogenbunkern, **Unrechtseinsicht** oder **Therapiebereitschaft.** Diese Umstände können aber bei den Fragen der geringen Schuld und des öffentlichen Interesses an der Strafverfolgung eine Rolle spielen. Diese Vorschrift dient abweichend von § 29 Abs. 5 BtMG vor allem der **Entlastung der Strafverfolgungsbehörden** (*BayObLG* NStZ 1994, 496).

20   **3. Betäubungsmittel.** § 31a BtMG gilt **für alle Betäubungsmittelarten** in gleicher Weise. Jedoch unterscheiden sich die Schwellenwerte der geringen Menge je nach Betäubungsmittelart. § 31a BtMG findet daher grundsätzlich auch auf **harte Drogen wie Heroin** Anwendung. Die Gefährlichkeit von Betäubungsmitteln darf einem Beschuldigten nicht angelastet werden, wenn er diese zum Eigenbedarf erworben hat und sich ausschließlich damit selbst schädigt (*Hamm* StV 1987, 251; *Berlin* StV 1994, 244). Die Betäubungsmittelart kann aber bei der Ermessensentscheidung der Staatsanwaltschaft berücksichtigt werden.

21   **4. Geringe Menge.** Das zentrale Merkmal der Vorschrift ist die geringe Menge. Im deutschen Betäubungsmittelrecht werden drei Mengenbegriffe unterschieden:
– Die **geringe Menge** (§§ 29 Abs. 5, 31a BtMG),
– die **normale Menge** (§ 29 Abs. 1 BtMG),
– die **nicht geringe Menge** (§ 29a, § 30, § 30a BtMG).

22   Der Begriff der geringen Menge ist nicht im BtMG definiert. Unter geringer Menge ist eine **kleine Verbrauchsmenge** zu verstehen, **welche für den Gelegenheitsverbrauch benötigt** wird und **regelmäßig vom Konsumenten in der Tasche mitgeführt wird,** ohne zu Hause einen Drogenvorrat anlegen zu müssen. Die **Oberlandesgerichte** haben die Grenze der geringen Menge i. S. d. § 29 Abs. 5 BtMG beim **Augenblicks- oder Tagesbedarf eines nicht abhängigen Konsumenten,** der **bis zu drei Konsumeinheiten** (= diejenige Menge eines Betäubungsmittels, die für die Erzielung eines Rauschzustandes erforderlich, aber auch ausreichend ist) reicht, bestimmt (*Oldenburg* StV 2010, 135; *BayObLG*, NStZ 1995, 350 = StV 1995, 529 m. Anm. *Körner; Koblenz* NJW 1975, 1471; a. A. *Körner* StV 1995, 531, der unter Hinweis auf das **Päckchen Cannabis-Zigaretten** um die Jahrhundertwende die Ration von drei Konsumeinheiten für zu eng bemessen erachtet). Nach der Rspr. zu § 29 Abs. 5 BtMG ist der Wirkstoffgehalt für die Festlegung der geringen Menge maßgeblich, nämlich bei den Cannabisprodukten 0,045 g THC (s. Rn. 23), bei Kokain 0,1 g Kokainhydrochlorid (s. Rn. 26), bei Heroin 0,03 Gramm Heroinhydrochlorid (s. Rn. 27) und bei Amphetamin 0,15 g Amphetaminbase (s. Rn. 28). In der Literatur wird übereinstimmend vertreten, dies auch auf § 31a BtMG zu übertragen (*Weber* § 31a Rn. 27; *Hügel/Lander/Junge/Winkler* § 31a Rn. 4; MK-StGB/*Kotz* § 31a Rn. 15; *Malek* 3. Kap. Rn. 252). **Dem kann nicht zugestimmt werden,** da bei Kleinfällen zum Ei-

genkonsum regelmäßig keine Wirkstoffuntersuchungen durchgeführt werden. Es widerspräche dem Ziel des § 31a BtMG, die Strafverfolgungsbehörden zu entlasten, wenn eine Einstellung nach § 31a BtMG vom Wirkstoff abhängig gemacht würde. Wegen des unterschiedlichen Charakters von § 29 Abs. 5 BtMG im Vergleich zu § 31a BtMG ist eine Gleichsetzung der geringen Menge auch nicht geboten, denn § 29 Abs. 5 BtMG erfordert als Vorschrift des materiellen Rechts eine Schuldfeststellung, während dies bei § 31a BtMG als Verfahrensvorschrift nicht der Fall ist. Aus Praktikabilitätsgründen muss die geringe Menge daher **anhand der Brutto-Gewichtsmenge des jeweiligen Betäubungsmittels** bestimmt werden, wobei die von den Oberlandesgerichten festgelegten 3 Konsumeinheiten und ein zugunsten des Beschuldigten anzunehmender äußerst schlechter Wirkstoffgehalt des jeweiligen Betäubungsmittels zu berücksichtigen sind:

a) Geringe Cannabismenge. aa) Haschisch und Marihuana. Die Grenze   23
der geringen Menge Cannabis ist bei einer **Gewichtsmenge von 6 g** zu ziehen, denn 6 g ergeben bei der Annahme einer sehr schlechten Qualität von unter 1% Wirkstoffgehalt 3 Konsumeinheiten mit insgesamt 0,045 g THC (vgl. *Hamm*, Beschl. v. 23. 4. 2009, 2 Ss 148/09 = BeckRS 2009, 87716; *Oldenburg* StV 2009, 363; *BayObLG* NJW 2003, 1681; *Koblenz* NJW 1975, 1471; *Weber* § 29 Rn. 1811; a. A. *BGH* NStZ 1996, 139 = StV 1996, 95, der in einer Entscheidung aus dem Jahr 1996 noch von einer **Brutto-Gewichtsmenge von 10 g** ausgegangen ist). Mittlerweile definieren fast alle **Richtlinien der Bundesländer** die geringe Cannabismenge **bis zu einer Brutto-Gewichtsmenge von 6 g** (s. Rn. 43).

bb) Cannabispflanzen. Bei blühenden Pflanzen aus dem **Treibhausanbau** ist   24
nach wissenschaftlichen Erkenntnissen ein Ertrag an getrocknetem Cannabisprodukt von 22 g pro Pflanze möglich (*EUROPOL*, Drugs Information Bulletin, Nr. 3, April 2001; eine Studie aus den Niederlanden aus dem Jahr 2006 spricht je nach Anbaumethode sogar von einem Ertrag von bis zu 43,7 g pro Pflanze: *Toonen/Ribot/Thissen* JOFS 2006, 1050). Bei solchen Pflanzen, die unter Treibhausbedingungen mit Wärmelampen, Spezialdüngen usw. aufgezogen werden, kommt eine Anwendung des § 31a BtMG nicht in Betracht, da die geringe Menge regelmäßig überschritten wird; zudem ist bei einer derartigen Aufwand des Täters von einer Fremdgefährdung auszugehen. Ein Absehen von Strafverfolgung nach § 31a BtMG kommt nur bei sog. **Zimmerpflanzen** in Betracht, die ohne derartige Hilfsmittel angebaut werden und typischerweise von sehr schlechter Qualität sind. Insoweit schlage ich vor, die geringe Menge bei **1 bis 3 Pflanzen** anzusetzen.

b) Geringe Menge bei anderen Betäubungsmitteln. Entspr. der Rspr. zur   25
geringen Menge bei Cannabis schlage ich bei den anderen Betäubungsmitteln vor, die geringe Menge bis zu folgenden Brutto-Gewichtsmengen anzunehmen:

aa) Kokain: 1 g (ausgehend von 3 Konsumeinheiten zu je 33 mg Kokainhydro-   26
chlorid [*BayObLG* NJW 2003, 2110 = StV 2003, 625] und einem Wirkstoffgehalt von 10%, da Kokain erfahrungsgemäß selten von extrem schlechter Qualität ist [vgl. *Weber* Anhang H Tab. 3.1]),

bb) Heroin: 1 g (ausgehend von 3 Konsumeinheiten zu je 0,01 g Heroinhydro-   27
chlorid [*BayObLG* NStZ 1994, 514] und einem Wirkstoffgehalt von 0,3 bis 0,5%, da im Straßenhandel in der Regel stark gestrecktes Heroin mit sehr geringen Wirkstoffgehalten vertrieben wird [*Weber* Anhang H Tab. 5]),

cc) Amphetamin: 2 g (ausgehend von 3 Konsumeinheiten von jeweils 0,05 g   28
Amphetaminbase [*BayObLG* NStZ 2000, 210; *Karlsruhe* NJW 2003, 1825 = StV 2003, 622] und einem Wirkstoffgehalt von 5% bei schlechter Qualität [*Weber* Anhang H Tab. 1.1]),

dd) Ecstasy: 3 Tabletten.   29

5. Eigenverbrauch. Allein eine geringe Menge indiziert noch keinen Eigen-   30
verbrauch. Die Vorschrift des § 31a BtMG gilt nur, wenn der Täter die Betäubungsmittel **ausschließlich selbst verbrauchen will** bzw. selbst verbraucht hat.

Hier kommt wieder der Grundsatz der Straflosigkeit der Selbstschädigung zum Tragen. Sobald der Täter mit seinem Verhalten die Gesundheit oder andere Interessen von Dritten schädigt, scheidet § 31 a BtMG aus, so z. B. wenn der Täter einen Teil des Stoffes **mit Dritten teilen** oder **an Dritte verschenken will**. Erwerben zwei Beschuldigte gemeinsam Betäubungsmittel, um später die Erwerbsmenge in zwei geringe Konsumrationen aufzuteilen, so ist jedoch Eigenverbrauch gegeben (*Stuttgart* NStZ-RR 1998, 214 = StV 1998, 427).

31   **6. Geringe Schuld.** Die Schuldbeurteilung kann nur hypothetisch erfolgen, dass nämlich die Schuld gering anzusehen wäre, wenn die Ermittlungen den Tatvorwurf bestätigen würden (*Aulinger*, 1997, 45). Im BtMG ist nicht umschrieben worden, was unter einer geringen Schuld zu verstehen ist. Grundlage für eine vorläufige Schuldbeurteilung ist eine **Gesamtbewertung aller die Tat und die Täterpersönlichkeit betreffenden** Einzelumstände, vor allem die Art und Gefährlichkeit des Betäubungsmittels, die Menge gemessen am Gewicht und ggf. auch die Wirkstoffkonzentration, Beweggründe des Täters, sein Vorleben und seine soziale Situation, das Tatverhalten, die Unrechtseinsicht des Täters und seine Aufklärungsbereitschaft und seine Therapiebereitschaft. Die Schuld ist dann **gering,** wenn die für die Sanktionsbemessung gem. § 46 Abs. 2 StGB heranzuziehenden **schuldbezogenen Umstände überwiegend zugunsten des Beschuldigten** sprechen und im Vergleich **erheblich unter dem durchschnittlichen Maß von Schuld bei Verfehlungen gleicher Art** liegt, so dass eine **Sanktion im untersten Bereich des Strafrahmens** für das Delikt zu erwarten wäre (*Weber* § 31 a Rn. 32). Eine geringe Schuld ist deshalb nicht ausgeschlossen, nur weil der Beschuldigte **harte Drogen** konsumiert. Beim **ersten und zweiten Konsumvorgang** eines **Probierers** bzw. **Gelegenheitskonsumenten** kann regelmäßig von geringer Schuld ausgegangen werden. Beim **Wiederholungs- und Dauerkonsumenten** ist die Schuld besonders kritisch zu prüfen. Ist der wiederholte oder ständige Rückfall in den Konsum harter Drogen **Symptom einer Drogenabhängigkeit** (vgl. auch *Aulinger* S. 47; *Weber* § 31 a Rn. 36), so kann dies im Ergebnis eine geringe Schuld bedeuten. Ist der Dauerkonsum „weicher" Drogen Symptom von Uneinsichtigkeit und erhöhter Schuld, so scheidet § 31 a BtMG aus. Bei nicht auszuschließender **Betäubungsmittelabhängigkeit** ist regelmäßig von geringer Schuld auszugehen. Hat der Täter **aus eigener Kraft** seine Drogenproblematik durch Besuche in einer Drogenberatungsstelle oder durch Teilnahme an einer Drogentherapie **in Angriff genommen** oder **gar bewältigt,** so wiegt die **Schuld gering.**

32   **7. Fehlen des öffentlichen Interesses.** Besteht ein öffentliches Interesse an der Strafverfolgung, so scheidet § 31 a BtMG aus. Ein öffentliches Interesse an der Strafverfolgung liegt in der Regel vor, wenn der **Rechtsfrieden über den Lebenskreis des Verletzen hinaus gestört** und die **Strafverfolgung** ein **gegenwärtiges Anliegen der Allgemeinheit** ist (vgl. Nr. 86 RiStBV). Zwar fehlt es im Rahmen des § 31 a BtMG an einem Verletzten. Aber es gibt vielfach **von den Konsumdelikten betroffene Personen.** Nicht nur die **Angehörigen,** sondern das gesamte Lebensumfeld der Konsumenten und Abhängigen spielt hier eine bedeutsame Rolle. Ein öffentliches Interesse an der Strafverfolgung kann sich aus **spezialpräventiven** und **generalpräventiven Erwägungen** ergeben. Zu den einzelnen Fallgruppen s. Rn. 79 ff.

33   **a) Spezialpräventive Erwägungen.** Bei der Prüfung des § 31 a BtMG geht es **nicht nur** um die Frage der **Bestrafung oder Nichtbestrafung** (*Weber* § 31 a Rn. 42). Vielmehr ist bei der Ermessensentscheidung auch zu prüfen, welche staatliche Reaktion am Geeignetsten ist, den Beschuldigten von einer Wiederholung der Straftat abzuhalten: das **Absehen von einer strafrechtlichen Sanktion,** die **Auferlegung einer Therapieauflage** oder eine **Bestrafung.** So kann eine Bestrafung im Hinblick auf eine Therapie **produktiv oder kontraproduktiv** sein, ihn vor der Wiederholung der Straftat abhalten oder aber in die Drogenszene zurückdrängen (*Aulinger*, 1997, 50 f.).

aa) Gelegenheitskonsumenten. Beim gelegentlichen Erwerb und Besitz **ge- 34 ringer Mengen „weicher" Drogen** zum Eigenkonsum ohne Fremdgefährdung ist nach Auffassung des *BVerfG* (BVerfGE 90, 145 = NJW 1994, 1577 = StV 1994, 295) eine staatliche Intervention regelmäßig entbehrlich. Die Grenze für den Gelegenheitskonsum dürfte bei einem Konsum von einmal pro Monat anzusetzen sein (so auch *Weber* § 29 Rn. 1860; a. A. MK-StGB/*Kotz* § 29 Rn. 1676, der als Gelegenheitskonsumenten einstuft, wer nicht Dauerkonsument, aber auch nicht Erstkonsument ist; vgl. dazu auch § 29/Teil 28, Rn. 70 ff.).

Beim gelegentlichen Erwerb und Besitz **geringer Mengen harter Drogen 35** kann ein strafrechtliches Einschreiten entbehrlich sein, wenn es sich um einen abgeschlossenen episodenhaften Lebensvorgang handelt, wenn der Bagatellvorwurf mehrere Jahre zurückliegt oder wenn der Beschuldigte bereits ausreichende Anstrengungen unternommen hat, das Drogenproblem zu bewältigen (s. Rn 67).

bb) Dauerkonsumenten und Abhängige, die keiner Behandlung bedür- 36 fen. § 31a BtMG kommt bei Dauerkonsumenten und Betäubungsmittelabhängigen nur in Betracht, wenn

– eine **justizielle Einwirkung auf den Abhängigen nicht geboten** ist, weil ein therapeutisches Interventionsbedürfnis nicht (mehr) begründet ist (Beispiele: der Beschuldigte hat jahrelang als polytoxikomaner Abhängiger eine Vielzahl von Therapieprogrammen ohne Erfolg durchlaufen oder der Beschuldigte hat seine Drogenabhängigkeit weitgehend überwunden und wird von Vorwürfen der Vergangenheit eingeholt), oder

– mit einem **Strafverfahren auf den Drogenabhängigen nicht mehr eingewirkt werden kann** (Beispiel: der Beschuldigte ist aufgrund der langen Drogenabhängigkeit gesundheitlich schwer krank bzw. leidet an einer fortgeschrittenen AIDS-Erkrankung bzw. hat nur noch eine kurze Lebenserwartung.).

cc) Dauerkonsumenten und Abhängige, die einer Behandlung bedür- 37 fen. Bei Dauerkonsumenten und Drogenabhängigen, die einer Beratung oder Behandlung bedürfen, ist das öffentliche Interesse an einer Strafverfolgung nicht regelmäßig zu verneinen, sondern eine sorgfältige Einzelfallprüfung erforderlich. Zu Recht verweist *Aulinger* (S. 50 ff.) darauf, dass die Therapieregelungen des Siebten Abschnittes des BtMG (§§ 35–38 BtMG) die **Rehabilitation von Drogenabhängigen** in einem abgestuften und sich wechselseitig durchdringenden **System von Eigenverantwortlichkeit und justiziellem Zwang** bezwecken und dass die Vorschriften der §§ 31a, 37, 38 Abs. 2, 35, 36, 38 Abs. 1 BtMG sich in ein Stufenverhältnis bringen lassen, allerdings mit dem **Defizit**, dass § 31a BtMG nicht ermöglicht, Dauerkonsumenten und Drogenabhängige **zu Beratungs-, Betreuungs- und Behandlungsangeboten von Drogenhilfeeinrichtungen zu verpflichten,** die unterhalb der hohen Schwelle einer Rehabilitationsbehandlung i. S. v. §§ 35 ff. BtMG liegen. Der Katalog von Auflagen und Weisungen in § 153a StPO sieht anders als die §§ 45, 47 JGG hier nur geringe Handlungsspielräume vor.

Sofern aber ein **therapeutisches Interventionsbedürfnis** zur Durchführung **38** einer Rehabilitationsmaßnahme besteht, ist das öffentliche Interesse an einer Strafverfolgung auch von Konsumdelikten eines Dauerkonsumenten grundsätzlich zu bejahen, wenn die Vorbereitung, Durchführung und Kontrolle einer derartigen Behandlung nur durch justizielle Zwangsmaßnahmen sichergestellt werden kann (so im einzelnen *Aulinger*, 1997, 50). Rechtfertigen konkrete Tatsachen die Erwartung, dass auch bei Anwendung von § 31a BtMG die **notwendige Hilfs- bzw. Therapiemaßnahmen** auch ohne justizielle Einwirkung **ergriffen werden** (Beispiel: der Beschuldigte steht mit Drogenberatungsstelle bzw. therapeutischen Wohngemeinschaften in Verbindung, die bereits einen Therapieplatz für ihn in Aussicht haben), so bedarf es keiner Anklageerhebung. Sofern die Durchführung der erforderlichen Behandlung nicht unter den Voraussetzungen der §§ 37 Abs. 1, 38 Abs. 2 BtMG ohne Anklageerhebung und Hauptverhandlung gewährleistet ist, bedarf es in diesen Fällen der **Anklageerhebung** und **Hauptverhandlung,** um später **durch eine Unterbringungsentscheidung, durch Bewährungsaufla-gen** oder durch eine **Zurückstellung der Strafvollstreckung** den Abhängigen zu einer Therapie zu veranlassen.

39   **b) Generalpräventive Erwägungen.** Ein öffentliches Interesse an der Strafver-folgung wird regelmäßig bei einem besonders sozialschädlichen Verhalten anzu-nehmen sein. So hat das *BVerfG* auf verschiedene **Fälle von Fremdgefährdung** hingewiesen, bei denen ein öffentliches Interesse an der Strafverfolgung vorliegen kann: „**Verursacht die Tat hingegen eine Fremdgefährdung, etwa weil sie in Schulen, Jugendheimen, Kasernen oder ähnlichen Einrichtungen statt-findet, oder weil sie von einem Erzieher, einem Lehrer oder von einem mit dem Vollzug des Betäubungsmittelgesetzes beauftragten Amtsträger begangen wird und Anlass zur Nachahmung gibt,** so kann eine größere Schuld und ein öffentliches Interesse an der Strafverfolgung vorliegen." (BVerf-GE 90, 145 = NJW 1994, 1577 = StV 1994, 295). Bei einem Drogenabhängigen, der nach dem Erwerb und Besitz einer Heroinration achtlos seine Spritzen in Vor-gärten wirft oder damit Passanten bedrängt, besteht ebenfalls bisweilen ein öffentli-ches Interesse an einer Strafverfolgung.

III. Beschluss des BVerfG vom 9. 3. 1994 und die Forderung nach einer einheitlichen Praxis

40   Das *BVerfG* hat mit Beschl. v. 9. 3. 1994 im sog. „Haschisch-Urteil" (BVerf-GE 90, 145 ff. = NJW 1994, 1577 ff. = StV 1994, 295 ff. m. Anm. *Kreuzer* NJW 1994, 2400 u. m. Anm. *Nelles/Velten* NStZ 1994, 366 = StV 1994, 298 m. Anm. *Schneider* StV 1994, 390 = JZ 1994, 860 m. Anm. *Gusy*) entschieden, dass die Strafvorschriften des BtMG, soweit sie Verhaltensweisen mit Strafe bedrohen, die ausschließlich den gelegentlichen Eigenverbrauch geringer Mengen von Can-nabisprodukten vorbereiten und nicht mit einer Fremdgefährdung verbunden sind, deshalb nicht gegen das Übermaßverbot verstoßen, weil der Gesetzgeber es den Strafverfolgungsorganen ermöglicht, durch das Absehen von Strafe (§ 29 Abs. 5 BtMG) oder Strafverfolgung (§§ 153 ff. StPO, § 31 a BtMG) einem geringeren individuellen Unrechts- und Schuldgehalt der Tat Rechnung zu tragen (vgl. auch *BVerfG* NStZ 1995, 37; *BVerfG* NStZ 1997, 498).

41   Das *BVerfG* hat die stark uneinheitliche Einstellungspraxis der Länder beanstan-det und eine einheitliche Anwendung des § 31 a BtMG bei Cannabisdelikten ge-fordert, ohne im Einzelnen auszuführen, wie die Steuerung der Staatsanwaltschaf-ten durch Verwaltungsvorschriften vorgenommen werden soll. Mit der Forderung nach Vereinheitlichung sollten aber **nicht die regionalen Sanktionsunterschie-de aufgrund örtlicher Besonderheiten** beseitigt werden, sondern eine **An-gleichung der Grenzwerte** durch einheitliche Richtlinien erreicht werden (vgl. Rn. 42 ff.). Soweit das *AG Bernau* in seiner Vorlage vom 11. 3. 2002 rügt, der Gesetzgeber und die Politik hätten nicht bzw. unzureichend auf den Auftrag des *BVerfG* reagiert, teilt das *BVerfG* diese Auffassung nicht (*BVerfG* NJW 2004, 3620, 3622 = StraFo 2004, 310).

IV. Richtlinien der Länder zu § 31 a Abs. 1 S. 1 BtMG

42   Zwar hat das *BVerfG* nicht gefordert, dass jedes Land Richtlinien zur Anwen-dung des § 31 a Abs 1 des BtMG entwickeln müsse. Gleichwohl haben die meisten Bundesländer bis heute Richtlinien geschaffen, allerdings in unterschiedlicher Form. So gibt es Hausverfügungen von *Leitenden Oberstaatsanwälten*, Rundverfü-gungen von *Generalstaatsanwälten*, Runderlasse des *Justizministeriums*, gemeinsame Runderlasse des *Justizministeriums* mit dem *Innenministerium* oder in Verwaltungs-blättern veröffentlichte Verfügungen und Richtlinien der Landesregierung. Auch inhaltlich unterscheiden sich die Richtlinien zum Teil erheblich, sei es wie mit harten Drogen umzugehen ist, wie Wiederholungstäter zu behandeln sind, ob die §§ 45, 47 JGG oder § 31 a BtMG Vorrang haben.

1. Übersicht über die Einstellungsgrenzen der Länder bei Cannabis. In **43** den vergangenen Jahren haben alle Bundesländer mit Ausnahme von Berlin die Einstellungsgrenze bei Cannabis bei 6 Gramm festgelegt. Die bis dahin bestehenden erhebl. Unterschiede in den Grenzwerten zu § 31 a BtMG wurden nach und nach beseitigt. Nur noch in Berlin gibt es das sog. Untergrenzenmodell, bei dem bis zu der unteren Grenze eingestellt werden muss, während bis zu der oberen Grenze eingestellt werden kann; Hessen, Niedersachsen und Saarland haben in ihren neuen Richtlinien das dort zuvor geltende Untergrenzenmodell abgeschafft und nur noch eine Obergrenze festgelegt, bis zu der eine Einstellung erfolgen kann bzw. in Hessen grundsätzl. abzusehen ist (zu den Ausgestaltungen der einzelnen Richtlinien s. Rn. 46 ff.). Zuletzt hat Nordrhein-Westfalen die geringe Menge bei Cannabis im Mai 2011 unverständlicherweise von 6 g auf 10 g heraufgesetzt. Die aktuellen Einstellungsgrenzen und die Veränderungen der letzten Jahre werden aus der folgenden Tabelle deutlich (Stand Juli 2011):

	Einstellung möglich bis	zuletzt geändert am	vorheriger Wert
Baden-Württemberg	6 g		
Bayern	6 g		
Berlin	10 g/15 g	19. 5. 2005	6 g/15 g
Brandenburg	6 g		
Bremen	6 g	26. 5. 2008	8 g
Hamburg	6 g	28. 11. 2006	10 g
Hessen	6 g	6. 5. 2008	6 g/15 g
Mecklenburg-Vorpommern	6 g		
Niedersachsen	6 g	1. 4. 2007	6 g/15 g
Nordrhein-Westfalen	10 g	18. 5. 2011	6 g
Rheinland-Pfalz	6 g	1. 8. 2007	10 g
Saarland	6 g	25. 9. 2007	6 g/10 g
Sachsen	6 g		
Sachsen-Anhalt	6 g		
Schleswig-Holstein	6 g	25. 7. 2006	30 g
Thüringen	6 g		

2. Übersicht über die Einstellungsgrenzen der Länder bei anderen Be- **44** **täubungsmitteln.** Nur folgende Länder haben die Einstellung anderer Betäubungsmittel gemäß § 31 a BtMG geregelt:

	Einstellung möglich bei:			
	Heroin	Kokain	Amphetamin	Ecstasy
Bremen	1 g	1 g		3–4 Tabletten
Hamburg	1 g	1 g		unter 10 Tabletten
Nordrhein-Westfalen	0,5 g	0,5 g	0,5 g	
Schleswig-Holstein	1 g	3 g	3 g	

45   In den übrigen Bundesländern ist es entweder in das Ermessen des Staatsanwalts gestellt worden, wie er nach den Umständen des Einzelfalles mit geringen Mengen harter Drogen umgeht, oder es ist geregelt, dass ein Absehen von Strafverfolgung nicht in Betracht kommt (s. dazu im Einzelnen Rn. 46 ff.).

46   **3. Regelungen der Bundesländer im Einzelnen (Auszüge – ohne Sachsen). a) Baden-Württemberg.** Bei der aktuellen Richtlinie in Baden-Württemberg handelt es sich um eine Verwaltungsverordnung des *Justizministeriums* vom 2. 12. 2002 (Die Justiz 2002, 6), durch die die bis dahin geltende allgemeine Verfügung des Justizministeriums vom 3. 8. 1995 (Die Justiz 1995, 366) inhaltsgleich neu erlassen wurde. Die z. Zt. geltende Richtlinie hat folgenden Inhalt:

– Die Grenze der geringen Menge ist **bei 3 Konsumeinheiten von Cannabisprodukten** zu ziehen,
– eine geringe Schuld wird bei nicht betäubungsmittelabhängigen Tätern in der Regel anzunehmen sein, wenn der Gesetzesverstoß zum ersten Mal begangen wird,
– auch der wiederholte Erwerb und Besitz geringer Mengen von Cannabisprodukten ohne Fremdgefährdung steht grundsätzlich einer erneuten Einstellung nach § 31 a BtMG nicht entgegen, vorausgesetzt, es handelt sich um einen als „gelegentlich" anzusehenden Konsum,
– auf Dauerkonsumenten und bei Wiederholungstätern ist § 31 a BtMG grundsätzlich nicht anzuwenden,
– ein der Anwendung des § 31 a BtMG entgegen stehendes öffentliches Interesse an der Strafverfolgung ist anzunehmen, wenn die Tat
    – in einer Art und Weise begangen wurde, die dazu geeignet ist, Jugendliche zum Gebrauch von Drogen zu verleiten oder die sonst Anlass zur Nachahmung gibt, etwa weil die Tat in der Öffentlichkeit begangen wurde,
    – in Schulen, Jugendheimen, Kasernen, Justizvollzugsanstalten, Krankenhäusern oder ähnlichen Einrichtungen begangen wurde,
    – durch einen Erzieher, einen Lehrer oder einen mit dem Vollzug des BtMG beauftragten Amtsträger begangen wurde und Anlass zur Nachahmung gibt,
    – nachteilige Auswirkungen auf die Sicherheit des öffentlichen Straßenverkehrs befürchten lässt.

47   **b) Bayern.** In Bayern ist die Einstellungsgrenze i. S. d. § 31 a BtMG in einem Rundschreiben der *Generalstaatsanwälte* bei den *Oberlandesgerichten Bamberg, München* und *Nürnberg* vom 14. 7. 1994 (abgedruckt bei MK-StGB/*Kotz* Anh. § 31 a) bei **6 Gramm Haschisch oder Marihuana** (3 Konsumportionen zu je 2 Gramm) festgelegt worden. Bei Wiederholungstätern soll § 31 a BtMG nicht angewandt werden, es sei denn es handelt sich um einen Gelegenheitskonsumenten (= eine Person, die im letzten Jahr mit Drogen nicht auffällig geworden ist). Die Anwendung von § 31 a BtMG scheidet auch bei einer Fremdgefährdung aus, die vorliegt, wenn die Tat

– in einer Art und Weise begangen wurde, die dazu geeignet ist, Jugendliche zum Gebrauch von Drogen zu verleiten,
– in einer Art und Weise begangen wird, die sonst Anlass zur Nachahmung gibt, etwa weil die Tat in der Öffentlichkeit begangen wird,
– bei Jugendveranstaltungen, auf Spielplätzen, in Schulen, Jugendheimen, Kasernen, Krankenhäusern, Diskotheken, Justizvollzugsanstalten oder sonstigen Einrichtungen und Orten begangen wird, an denen eine erhöhte Verbreitungsgefahr besteht,
– durch einen Erzieher, einen Lehrer oder einen mit dem Vollzug des BtMG beauftragten Amtsträger begangen wird und Anlass zur Nachahmung gibt,
– nachteilige Auswirkungen auf die Sicherheit des öffentlichen Straßenverkehrs befürchten lässt.

Bei Jugendlichen und Heranwachsenden stehen Maßnahmen nach dem JGG im Vordergrund (§§ 45, 47 JGG).

c) Berlin. Seit dem 17. 5. 2005 ist in Berlin die Gemeinsame Allgemeine Ver- **48** fügung der *Senatsverwaltungen für Justiz, für Inneres sowie für Gesundheit, Soziales und Verbraucherschutz* zur Umsetzung des § 31 a BtMG vom 19. 5. 2005 in Kraft (Abl. 2006, 793) mit folgenden Regelungen:

– Die StA **kann nach den Umständen des Einzelfalls von der Strafverfolgung gemäß § 31 a BtMG absehen,** wenn sich die Tat auf den Umgang mit Cannabisharz oder Marihuana in **einer Bruttomenge von nicht mehr als 15 g zum gelegentlichen Eigenverbrauch bezieht,** sofern hinsichtlich des Wirkstoffgehalts von einer geringen Menge ausgegangen werden kann und die übrigen tatbestandlichen Voraussetzungen gegeben sind,

– bezieht sich die Tat auf den Umgang mit Cannabisharz oder Marihuana zum gelegentlichen Eigenverbrauch in **einer Bruttomenge von nicht mehr als 10 g, so ist** das Ermittlungsverfahren grundsätzlich einzustellen (nach der zuvor geltenden Verfügung der *Senatsverwaltungen für Justiz und für Inneres* v. 28. 2. 1995 [ABl. 1995, 1299] waren es noch 6 Gramm),

– ausgenommen sind Fälle, in denen das öffentliche Interesse die Strafverfolgung gebietet, weil der Rechtsfrieden über den Lebenskreis des Betroffenen hinaus gestört ist, z. B. wenn

   – Betäubungsmittel in einer Weise gebraucht werden, die eine Verführungswirkung auf Kinder oder nicht abhängige Jugendliche oder Heranwachsende hat,

   – Betäubungsmittel in der Öffentlichkeit ostentativ oder vor besonders schutzbedürftigen Personen (z. B. Kindern) sowie vor oder in Einrichtungen, die von diesen Personen genutzt werden (z. B. Spielplätze, Schulhöfe), gebraucht werden.

– Der Anwendung des § 31 a BtMG steht grundsätzlich nicht entgegen, dass die beschuldigte Person bereits mehrfach wegen Straftaten gegen das BtMG oder aus anderen Gründen verurteilt worden ist oder Ermittlungsverfahren nach dieser Vorschrift eingestellt worden sind.

– Insbesondere wenn eine Betäubungsmittelabhängigkeit nicht auszuschließen ist, kann eine geringe Schuld im Sinne des § 31 a BtMG grundsätzlich auch dann angenommen werden, wenn die beschuldigte Person bereits mehrfach wegen Straftaten gegen das BtMG oder aus anderen Gründen verurteilt worden ist oder die Tat während laufender Bewährungszeit begangen hat.

d) Brandenburg. In Brandenburg gilt zurzeit eine Rundverfügung der *Ministe-* **49** *rin der Justiz* vom 15. 8. 2006 (4630–III.19), wonach bei Cannabisprodukten eine geringe Menge **bis zu einer Obergrenze von 6 g (Bruttogewichtsmenge)** anzunehmen ist. Nach der Richtlinie ist für die Frage, ob die Schuld als gering anzusehen wäre, insb. von Bedeutung, ob der Täter in strafrechtlicher Hinsicht in zeitnahen Abständen bereits einschlägig in Erscheinung getreten ist oder ein in kurzen Abständen stattfindender Dauergebrauch nachzuweisen ist. Die Anwendung des § 31 a BtMG ist aber auch bei wiederholter Tatbegehung jedenfalls dann nicht von vornherein ausgeschlossen, wenn die festgelegten Umstände nahe legen, dass es sich bei dem Täter gleichwohl um einen Gelegenheitskonsumenten handelt, der einer Drogentherapie nicht bedarf. Als Gelegenheitskonsumenten sind in der Regel solche Täter anzusehen, die im letzten Jahr vor der Feststellung der Tat strafrechtlich nicht auffällig geworden sind. Ein öffentliches Interesse an der Strafverfolgung ist im Allgemeinen nur dann anzunehmen, wenn die Gefahr besteht, dass Dritte erstmalig mit Betäubungsmitteln in Berührung kommen (z. B. Drogenkonsum in der Umgebung von Schulen oder in Gegenwart von Dritten, die bislang nicht Konsumenten sind). Allerdings kann das öffentliche Interesse an weiterer Strafverfolgung auch dann bestehen, wenn der Verdächtige sich nicht mit der außergerichtlichen Einziehung sichergestellter Drogen einverstanden erklärt. Die §§ 45, 47 JGG gehen als jugendstrafrechtliche Spezialregelung dem § 31 a BtMG vor.

e) Bremen. In Bremen hat der *Leitende Oberstaatsanwalt* am 26. 5. 2008 eine **50** Verfügung erlassen (4061 E – 114/06), durch die bei Cannabisprodukten eine Eigenbedarfsgrenze von 6 g bzw. 3 Konsumeinheiten festgesetzt wurde. Es ist auch bestimmt, dass gegen Jugendliche und nach dem Jugendrecht zu behandelnde Heranwachsende die §§ 45, 47 JGG als jugendstrafrechtliche Spezialregelung dem § 31 a BtMG vorgehen. Eine schriftliche Regelung zu anderen Betäubungsmitteln als Cannabis gibt es in Bremen zwar nicht, jedoch besteht eine Anweisung, wonach auch Eigenverbrauchsmengen von bis zu 1 g Heroin und Kokain sowie 3–4 Ecstasy-Tabletten eingestellt werden können.

51   **f) Hamburg.** Auch in Hamburg ist die Anwendung des § 31 a BtMG durch Verfügung des *Leitenden Oberstaatsanwalts* geregelt (Vfg. von 28. 11. 2006, Az. 406.10). Sie sieht vor, dass

- die Eigenverbrauchsmengen bei Haschisch oder Marihuana bei einer Bruttomenge von 6 g, bei Heroin bei 1 g, bei Kokain bei 1 g liegen (nach der zuvor geltenden Allgemeinen Vfg. der *Behörde für Inneres und Justiz* v. 10. 8. 1999 [Hamb. ABl. 1999, 83 ff.] waren es 10 Gramm Haschisch oder Marihuana sowie 1 Gramm Heroin und Kokain) und,
- eine Höchstgrenze bei Ecstasy nicht bestimmt ist, aber eine Einstellung nur beim Erwerb oder Besitz von sehr geringen Mengen Ecstasy (deutlich unter 10 Tabletten) in Betracht kommt,
- vorrangig von § 45 Abs. 1 JGG Gebrauch zu machen ist, um eine Eintragung in das Erziehungsregister zu ermöglichen,
- eine geringe Schuld bei nicht betäubungsmittelabhängigen Tätern in der Regel nur im ersten oder zweiten Fall anzunehmen ist,
- bei darüber hinausgehender, wiederholter Begehung eine Einstellung nach § 31 a BtMG nur ausnahmsweise bei größeren Tatzwischenräumen in Betracht kommt,
- eine Fremdgefährdung anzunehmen ist, wenn
  - Drogen in einer Weise gebraucht werden, die eine Verführungswirkung auf nichtabhängige Kinder, Jugendliche und Heranwachsende hat,
  - Drogen in der Öffentlichkeit ostentativ, vor besonders schutzbedürftigen Personen (z.B. Kindern oder Jugendlichen) sowie vor oder in Einrichtungen und Anlagen, die regelmäßig von diesen Personen genutzt oder aufgesucht werden (insbesondere Kindertagesstätten, Kindergärten, Spielplätze, Schulen, Jugendheime, Jugendwohnungen oder Bahnhöfe) erworben oder konsumiert werden,
  - die Handlung durch Erzieher, Lehrer oder Mitarbeiter von Drogenhilfeeinrichtungen begangen wurde und Anlass zur Nachahmung gibt,
  - die Tat nachteilige Auswirkungen auf die Sicherheit des öffentlichen Straßenverkehrs befürchten lässt oder
  - die Tat in Justizvollzugsanstalten begangen wird.

52   **g) Hessen.** In Hessen gilt aktuell eine Rundverfügung des *Generalstaatsanwalts* vom 6. 5. 2008 (406/30 – 1/08) mit folgendem Inhalt:

- Bei Cannabisprodukten mit Gewichtsmengen von bis zu 6 g ist grundsätzlich von der Strafverfolgung abzusehen,
- ein folgenloses Absehen ist auch bei wiederholter Tatbegehung zum gelegentlichen Eigenverbrauch nicht ausgeschlossen,
- bei anderen Betäubungsmittelarten kommt ebenfalls ein Absehen von Strafverfolgung in Betracht, wobei die StA nach den Umständen des Einzelfalles zu entscheiden hat,
- in Justizvollzugsanstalten und ähnlichen Einrichtungen ist bei der Anwendung des § 31 a BtMG generell Zurückhaltung geboten und stets Nr. 90 Abs. 1 RiStBV zu beachten,
- die §§ 45, 47 JGG sind vorrangig anzuwenden.

53   Die aktuelle Richtlinie hat die zuvor geltende Richtlinie vom 22. 10. 2001, ebenfalls eine Rundverfügung des Generalstaatsanwalts, abgelöst. Danach war das Verfahren bis zu einer Gewichtsmenge von 6 g grundsätzlich einzustellen, bei Gewichtsmengen von über 6 g bis 15 g konnte es eingestellt werden. In der davor geltenden Richtlinie vom 21. 7. 1995 war sogar ein oberer Eckwert für Einstellungen von 30 g Cannabis empfohlen worden.

h) Mecklenburg-Vorpommern. In **Mecklenburg-Vorpommern** existiert 54 keine landeseigene Verwaltungsvorschrift oder eine Dienstanweisung des *Generalstaatsanwalts* zum Anwendungsbereich des § 31 a BtMG. Eine Einstellung bei Fällen des Besitzes von bis zu 6 g Cannabis wird aber im Rahmen der Fach- und Dienstaufsicht durch die Generalstaatsanwaltschaft sichergestellt.

i) Niedersachsen. Nach einem gemeinsamen Runderlass des *Justizministeriums* 55 und des *Innenministeriums* v. 21. 2. 2007 (Nds. Rpfl. 173) gilt in Niedersachsen folgende Regelung:

– Bezieht sich die Tat auf den Umgang mit Cannabisprodukten ausschließlich zum Eigenverbrauch **in einer Bruttomenge von nicht mehr als 6 g** und verursacht die Tat keine Fremdgefährdung, so kann die StA das Ermittlungsverfahren gem. § 31 a BtMG einstellen (vorherige Einstellungsgrenze: 15 g).
– Dies gilt nicht, sofern zureichende tatsächliche Anhaltspunkte dafür bestehen, dass der Umgang mit Betäubungsmitteln einem anderen Zweck als dem gelegentlichen Eigenkonsum, insb. dem Handeltreiben, dient.
– In den Verfahren, die den **Umgang mit anderen unerlaubten Betäubungsmitteln (Heroin, Kokain usw.)** betreffen, kommt die Anwendung von § 31 a BtMG nur in Ausnahmefällen in Betracht. Die StA entscheidet über das Absehen von der Verfolgung nach den Umständen des Einzelfalles.
– Eine geringe Schuld i. S. d. § 31 a BtMG kann grundsätzlich angenommen werden, wenn eine Betäubungsmittelabhängigkeit nicht auszuschließen ist. Eine Verurteilung wegen Straftaten gegen das BtMG oder die Begehung der Tat während einer laufenden Bewährungszeit muss der Annahme einer geringen Schuld nicht entgegenstehen.
– Bei nicht betäubungsmittelabhängigen Beschuldigten kann eine geringe Schuld in der Regel im ersten oder zweiten Fall angenommen werden, während bei wiederholtem Antreffen mit unerlaubten Betäubungsmitteln eine Einstellung nach § 31 a BtMG nur ausnahmsweise, etwa bei Vorliegen eines größeren Tatzwischenraumes, sowie unter Berücksichtigung des verfassungsrechtlichen Übermaßverbots in Betracht kommt.
– Ein öffentliches Interesse ist insb. dann anzunehmen, wenn
    – Drogen in einer Weise gebraucht werden, die eine Verführungswirkung auf nicht abhängige Kinder, Jugendliche und Heranwachsende hat,
    – Drogen in der Öffentlichkeit ostentativ, vor besonders schutzwürdigen Personen (z. B. Kindern oder Jugendlichen) sowie vor oder in Einrichtungen und Anlagen, die regelmäßig von diesen Personen genutzt oder aufgesucht werden (insb. Kindertagesstätten, Kindergärten, Spielplätzen, Schulen, Jugendheimen, Jugendwohnungen oder Bahnhöfen) erworben oder konsumiert werden,
    – die Handlung durch Personen begangen wurde, welche in diesen Einrichtungen tätig oder mit dem Vollzug des BtMG beauftragt sind,
    – die Tat nachteilige Auswirkungen auf die Sicherheit des Straßenverkehrs befürchten lässt,
    – die Tat in Justiz- oder Maßregelvollzugsanstalten oder Kasernen begangen wird.
– Bei jugendlichen und heranwachsenden Beschuldigten sind die §§ 45, 47 JGG vorrangig anzuwenden.

j) Nordrhein-Westfalen. Nordrhein-Westfalen hat mit dem Gemeinsamen 56 Runderlass des *Justizministeriums und des Ministeriums für Inneres und Kommunales* v. 19. 5. 2011 mit Wirkung v. 1. 6. 2011 (JMBl. NRW 2011, 106) die Einstellungsgrenzen für Cannabis von 6 auf 10 Gramm heraufgesetzt und nunmehr auch eine Einstellung bei Heroin, Kokain und Amphetamin ausdrücklich geregelt (zur alten Regelung v. 18. 8. 2007 s. JMBL. NRW 2007, 206). Damit ist Nordrhein-Westfalen wieder auf die Grenzwerte einer Regelung zurückgekehrt, die von 1994 bis 2007 gültig war (JMBl. NRW 1994, 133). Der aktuelle Gemeinsame Runderlass hat im Einzelnen u. a. folgenden Inhalt:

– Bezieht sich die Tat auf den Umgang mit unerlaubten Betäubungsmitteln zum Eigenverbrauch und verursacht die Tat keine Fremdgefährdung, so kann die StA von der Verfolgung des Vergehens gem. § 31a BtMG absehen, soweit die nachfolgend aufgeführten Mengen nicht überschritten werden:

1. **Cannabisprodukte (Haschisch, Marihuana und Blütenstände, ohne Haschischöl): 10 Gramm**
2. **Heroin: 0,5 Gramm**
3. **Kokain: 0,5 Gramm**
4. **Amphetamin: 0,5 Gramm**.

Bei anderen unerlaubten Betäubungsmitteln kann eine geringe Menge in der Regel dann nicht angenommen werden, wenn sie mehr als 3 Konsumeinheiten ausmacht.

– Die vorstehenden Mengenangaben der auf der untersten Handelsebene vertriebenen Kleinmengen können nur Richtwerte für die Feststellung einer noch als gering anzusehenden Menge darstellen. Liegen daher entgegenstehende Anhaltspunkte zum Reinheitsgehalt des vorgefundenen Gemischs vor, kann eine höhere oder niedrigere Menge des Gemisches die Grenze bilden.

– Für eine Anwendung der Vorschrift ist – auch bei Auffinden von geringeren als den vorstehend aufgeführten Mengen – kein Raum, wenn zureichende tatsächliche Anhaltspunkte für ein Handeltreiben mit oder die Abgabe von Betäubungsmitteln vorliegen. Hierfür kann das wiederholte Antreffen mit unerlaubten Betäubungsmitteln ein Anhaltspunkt sein.

– Eine geringe Schuld i. S. d. § 31a BtMG kann grundsätzlich angenommen werden, wenn eine Betäubungsmittelanhängigkeit nicht auszuschließen ist. Eine Verurteilung wegen Straftaten gegen das BtMG oder die Begehung der Tat während einer laufenden Bewährungszeit muss der Annahme der geringen Schuld nicht entgegenstehen.

– Bei nicht betäubungsmittelabhängigen Tätern kann eine geringe Schuld in der Regel bei Erst- und Zweittätern angenommen werden, während bei wiederholtem Antreffen mit unerlaubten Betäubungsmitteln eine Einstellung nach § 31a BtMG nur im Ausnahmefall – etwa bei Vorliegen eines größeren Tatzwischenraums – in Betracht kommt.

– Ein öffentliches Interesse an der Strafverfolgung ist insb. anzunehmen, wenn
  – Betäubungsmittel in einer Weise gebraucht werden, die eine Verführungswirkung auf nicht abhängige Jugendliche und Heranwachsende haben kann oder sonst eine Fremdgefährdung bedeutet,
  – Betäubungsmittel in der Öffentlichkeit ostentativ vor besonders schutzbedürftigen Personen (z. B. Kindern und Jugendlichen) und vor oder in Einrichtungen, die von diesem Personenkreis genutzt werden (insb. Kindertagestätten, Kindergärten, Spielplätzen, Schulen, Jugendheimen, Jugendwohnungen oder Bahnhöfen), erworben oder konsumiert werden,
  – die Handlung durch Personen begangen wird, welche in diesen Einrichtungen tätig oder mit dem Vollzug des BtMG beauftragt sind,
  – die Tat nachteilige Auswirkungen auf die Sicherheit des öffentlichen Straßenverkehrs befürchten lässt oder
  – die Tat in Justiz- oder Maßregelvollzugsanstalten oder Kasernen begangen wird.

– Bei Konsumverhaltensweisen von Gefangenen gebietet das öffentliche Interesse zur Aufrechterhaltung von Sicherheit und Ordnung in den Vollzugsanstalten in der Regel eine Strafverfolgung. Da andererseits im Rahmen der Behandlung von Drogenabhängigen auch in einer Justizvollzugsanstalt mit Rückfällen gerechnet werden muss und das Behandlungskonzept in Frage gestellt sein kann, wenn jeder – einmalige – Rückfall eine Bestrafung nach sich zieht, kommt hier eine Einstellung nur nach Lage des Einzelfalles in enge Zusammenarbeit der StA mit dem Vollzug in Betracht.

– Bei Jugendlichen und nach dem Jugendstrafrecht zu behandelnden Heranwachsenden stehen Maßnahmen nach dem JGG, insb. gem. §§ 45, 47 JGG im Vordergrund, die dem Erziehungsgedanken des Jugendstrafrechts unter Berücksichtigung der Persönlichkeit und der Entwicklung junger Menschen Rechnung tragen. Wegen der besonderen Gesundheitsgefahren und des Erziehungsgedankens kommt eine Einstellung wegen einer geringen Menge in der Regel nur unter Auflagen i. S. d. § 45 Abs. 2 JGG in Betracht.

k) Rheinland-Pfalz. In Rheinland-Pfalz galt seit dem 23. 8. 1994 eine vorläu- **57** fige Richtlinie zur Anwendung von § 31 a BtMG in Form eines Rundschreibens des *Ministeriums der Justiz* (JBl. RhPf. 1994, 257), nach der die StA in der Regel von der Verfolgung absehen soll, wenn sich die Tat auf nicht mehr als 10 Gramm Haschisch oder Marihuana bezieht. Mit Rundschreiben des *Ministeriums der Justiz* vom 18. 6. 2007 wurde diese Regelung durch Streichung des Wortes „vorläufig" und durch Reduzierung der Obergrenze **von Haschisch und Marihuana auf 6 g** geändert (JBl. RhPf. 2007, 303). Im Übrigen gelten folgende Regelungen der Richtlinie aus dem Jahr 1994 unverändert fort:

– Von einer die Anwendung des § 31 a BtMG ausschließenden Fremdgefährdung ist insb. anzugeben, wenn
  – die Tat Anlass zur Nachahmung geben konnte oder
  – in Schulen, Jugendheimen, Kasernen, Justizvollzugsanstalten oder ähnlichen Einrichtungen oder
  – von einer Person, welche in diesen Einrichtungen tätig ist, oder von einem mit dem Vollzug des BtMG beauftragten Amtsträger begangen wurde.
– Eine Einstellung ist bei wiederholter Tatbegehung zum gelegentlichen Eigenverbrauch nicht ausgeschlossen; hierbei dürfen die Cannabismengen nicht zusammengerechnet werden.
– Die Anwendung der Richtlinie setzt weder ein Geständnis noch das Fehlen einschlägiger Vorstrafen voraus.
– § 31 a BtMG ist auf alle Betäubungsmittel anwendbar. In den Verfahren, die nicht den Umgang mit Haschisch oder Marihuana betreffen, entscheidet die StA nach einer Einzelfallprüfung.

l) Saarland. In Saarland existiert eine gemeinsamer Erlass des Ministeriums der **58** Justiz, der Ministeriums des Inneren und des *Ministeriums für Frauen, Arbeit, Gesundheit und Soziales* vom 25. 9. 2007 mit folgenden Regelungen:

– Hat ein Ermittlungsverfahren ein Vergehen nach § 29 Abs. 1, 2 oder 4 BtMG zum Gegenstand, so sieht die StA von der Verfolgung nach § 31 a BtMG in der Regel ab, wenn sich die Tat auf eine **Bruttomenge von nicht mehr als 6 g Haschisch oder Marihuana** bezieht, die beschuldigte Person diese Menge ausschließlich zum Eigenverbrauch angebaut, hergestellt, eingeführt, ausgeführt, durchgeführt, erworben, sich in sonstiger Weise verschafft oder besessen hat und eine Fremdgefährdung ausgeschlossen war.
– Auch bei wiederholter Tatbegehung zum gelegentlichen Eigenverbrauch ist die Anwendung des § 31 a BtMG nicht ausgeschlossen; hierbei dürfen die Cannabismengen nicht zusammengerechnet werden.
– Ein Geständnis ist nicht erforderlich.
– § 31 a BtMG ist auf alle Betäubungsmittel anwendbar. In den Verfahren, die nicht den Umgang mit Haschisch oder Marihuana betreffen, entscheidet die StA über das Absehen von der Verfolgung nach Einzelfallprüfung.
– Von einer Fremdgefährdung ist auszugehen, wenn
  – die Tat Anlass zur Nachahmung geben konnte oder
  – in Schulen, Jugendheimen, Kasernen, Justizvollzugsanstalten oder ähnlichen Einrichtungen oder
  – von einer Person, welche in diesen Einrichtungen tätig ist, oder von einem mit dem Vollzug des BtMG beauftragten Amtsträger begangen wurde.
– Bei nicht betäubungsmittelabhängigen Beschuldigten kann eine geringe Schuld in der Regel im ersten und zweiten Fall angenommen werden, während bei wiederholtem Antreffen mit unerlaubten Betäubungsmitteln eine Einstellung

nach § 31 a BtMG nur ausnahmsweise, etwa bei Vorliegen eines größeren Tatzwischenraums sowie unter Berücksichtigung des verfassungsrechtlichen Übermaßverbots in Betracht kommt.

– Bei nicht auszuschließender Betäubungsmittelabhängigkeit kann grundsätzlich von einer geringen Schuld im Sinne des § 31 a BtMG ausgegangen werden. Der Umstand, dass die beschuldigte Person bereits mehrfach wegen Verstoßes gegen das BtMG aufgefallen ist, steht der Anwendung des § 31 a BtMG grundsätzlich nicht entgegen.

– Bei Jugendlichen und Heranwachsenden gilt die Richtlinie für Diversionsverfahren im Saarland in der Fassung vom 3. 1. 1992 (Amtsbl. S. 62) fort nach Maßgabe der vorstehenden Gesichtspunkte.

59   Mit der Richtlinie aus dem Jahr 2007 wurde die Einstellungsgrenze bei Cannabis von 10 g auf 6 g herabgesetzt, wie sie noch in der vorherigen Richtlinie vom 7. 3. 1995 festgelegt war (GMBl. Saar 1995, 150).

60   **m) Sachsen-Anhalt.** Die in Sachsen-Anhalt geltende Richtlinie in Form eines gemeinsamen Runderlasses des *Ministeriums der Justiz* und des *Ministeriums des Innern* vom 21. 10. 2008 (JMBl. LSA, 245) lautet wie folgt:

– Bezieht sich die Tat auf den **Umgang mit Cannabisprodukten ausschließlich zum Eigenkonsum in einer Bruttomenge von nicht mehr als 6 g**, so kann die StA das Ermittlungsverfahren gemäß § 31 a BtMG einstellen.

– In den Verfahren, die den Umgang mit anderen unerlaubten Betäubungsmitteln (Heroin, Kokain und weitere) betreffen, kommt die Anwendung von § 31 a BtMG nur in Ausnahmefällen in Betracht. Die StA entscheidet über das Absehen von der Verfolgung nach den Umständen des Einzelfalles.

– Eine geringe Schuld i. S. d. § 31 a BtMG kann grds. angenommen werden, wenn die Betäubungsmittelabhängigkeit nicht auszuschließen ist. Eine Verurteilung wegen Straftaten gegen das BtMG oder die Begehung der Tat während einer laufenden Bewährungszeit muss der Annahme einer geringen Schuld nicht entgegenstehen.

– Bei nicht betäubungsmittelabhängigen Beschuldigten kann eine geringe Schuld in der Regel im ersten oder zweiten Fall angenommen werden, während bei wiederholtem Antreffen mit unerlaubten Betäubungsmitteln eine Einstellung nach § 31 a BtMG nur ausnahmsweise, etwa bei Vorliegen eines größeren Tatzwischenraumes sowie unter Berücksichtigung des verfassungsrechtlichen Übermaßverbotes in Betracht kommt.

Ein die Anwendung des § 31 a BtMG ausschließendes öffentliches Interesse liegt insb. vor, wenn

– Drogen in einer Weise gebraucht werden, die eine Verführungswirkung auf nicht abhängige Kinder, Jugendliche und Heranwachsende hat,

– Drogen in der Öffentlichkeit ostentativ, vor besonders schutzwürdigen Personen (z. B. Kindern oder Jugendlichen) sowie vor und in Einrichtungen und Anlagen, die regelmäßig von diesen Personen genutzt oder aufgesucht werden (insb. Kindertagesstätten, Kindergärten, Spielplätzen, Schulen, Jugendheimen, Jugendwohnungen oder Bahnhöfen) erworben oder konsumiert werden,

– die Tat durch Personen begangen wurde, welche in den vorgenannten Einrichtungen tätig oder mit dem Vollzug des BtMG beauftragt sind,

– die Tat nachteilige Auswirkungen auf die Sicherheit des öffentlichen Straßenverkehrs befürchten lässt oder

– die Tat in Justiz- oder Maßregelvollzugsanstalten oder Kasernen begangen wird.

– Bei jugendlichen und heranwachsenden Beschuldigten finden die Richtlinien und Empfehlungen für die Bearbeitung von Jugendstrafsachen gem. §§ 45 und 47 JGG (Diversionsrichtlinien) vorrangig Anwendung.

61   **n) Schleswig-Holstein.** Schleswig-Holstein hat am 25. 7. 2006 eine allgemeine Verfügung des *Ministeriums für Justiz, Arbeit und Europa* (Abl. 679) erlassen, die Folgendes regelt:

– Die StA sieht in der Regel – auch in Wiederholungsfällen – von der Verfolgung ab, wenn sich Anbau, Herstellung, Einfuhr, Ausfuhr, Durchfuhr, Erwerb, Verschaffen in sonstiger Weise oder Besitz lediglich auf **Cannabisprodukte** (außer Haschischöl) **von nicht mehr als 6 g** (Bruttogewicht), **Kokain** und **Amphetamin von nicht mehr als 3 g** (Bruttogewicht), **Heroin von nicht mehr als 1 g** beziehen (vorherige Regelung: 30 g Cannabis, 5 g Kokain und Amphetamin, 1 g Heroin [Amtsbl. Schl.-H. 1993, 675]).

– Die vorstehenden Grundsätze gelten nicht, wenn, obschon lediglich eine Bruttomenge von bis zu 6 g Cannabis (vorherige Regelung: 30 Gramm), 3 g Kokain oder Amphetamin oder 1 g Heroin betroffen ist, zureichende tatsächliche Anhaltspunkte dafür vorliegen, dass die angetroffene Menge nicht dem Eigenkonsum dienen soll oder aber der Umgang mit den Betäubungsmitteln eine Gefährdung von Kindern und Jugendlichen, bei Heroin auch von Heranwachsenden, besorgen lässt.

– Das wiederholte Antreffen mit unerlaubten Betäubungsmitteln kann ein Anhaltspunkt für fremdgefährdendes Verhalten sein.

– Für Jugendliche und Heranwachsende gelten die Richtlinien zur Förderung der Diversion bei jugendlichen und heranwachsenden Beschuldigten (Gemeinsamer Erlass des Ministeriums für Justiz, Bundes- und Europaangelegenheiten, des Innenministeriums und des *Ministeriums für Frauen, Jugend, Wohnungs- und Städtebau* vom 24. 6. 1998 (Amtsbl. Schl.-H., 389). Danach hat bei Vorliegen der Voraussetzungen des § 31a BtMG diese Vorschrift Vorrang vor § 45 JGG; im Übrigen bleiben jedoch die weitergehenden Einstellungsmöglichkeiten nach § 45 JGG unberührt.

– Die vorstehenden Grundsätze gelten auch für Konsumverhaltensweisen von Gefangenen im Strafvollzug.

o) Thüringen. In Thüringen ist die geringe Menge i. S. d. § 31a BtMG in einer Rundverfügung des *Generalstaatsanwalts* vom 19. 2. 1998 (406/23-1) geregelt. Hiernach kann beim Umgang mit nicht mehr als **6 Gramm Haschisch und/oder Marihuana** zum Eigenkonsum von der Strafverfolgung abgesehen werden. Bei Jugendlichen gehen die §§ 45, 47 JGG vor. **62**

4. Praxis der Staatsanwaltschaften zu § 31a Abs. 1 S. 1 BtMG. Die Vorgehensweise der Staatsanwaltschaften bei Einstellungen nach § 31a Abs. 1 S. 1 BtMG war Gegenstand von zwei Studien, die vor allem untersuchten, inwieweit die staatsanwaltschaftliche Praxis in den verschiedenen Bundesländern bei vergleichbaren Fallgruppen übereinstimmt oder voneinander abweicht. **63**

a) Studie von Aulinger. *Susanne Aulinger* hat im Jahr 1997 im Rahmen einer Aktenanalyse eines Forschungsprojektes der *Kriminologischen Zentralstelle Wiesbaden* herausgefunden, dass die **staatsanwaltschaftliche Praxis** bei **Fallgestaltungen im Bereich bis zu 10 g Bruttogewicht Cannabis in hohem Maße übereinstimmt,** obwohl die zum damaligen Zeitpunkt noch stark differierende Grenzwerte für die Bestimmung der geringen Menge in den Richtlinien bzw. der Empfehlungen an die Staatsanwaltschaften teilweise sehr viel größere Handlungsspielräume eröffneten; **wesentliche Unterschiede in der Einstellungspraxis der Länder** wurden von ihr nur bei Fallgestaltungen von **über 10 g Bruttogewicht Cannabis,** bei **harten Drogen** sowie bei der rechtlichen Behandlung von **jugendlichen und heranwachsenden Tätern,** von **Wiederholungstätern** und von **Konsumdelikten in Justizvollzugsanstalten** festgestellt (*Aulinger* 1997, 319, 321). Die Rechtswirklichkeit stimmte nach diesen Untersuchungen nicht mit dem Bild überein, das die zu diesem Zeitpunkt geltenden Länderrichtlinien widerspiegelten. Zusammenfassend hat *Aulinger*, die 1.362 Ermittlungsverfahren aus 6 Bundesländern und 22 Staatsanwaltschaften ausgewertet hat, folgendes prozentuales Einstellungsverhältnis bei Cannabisfällen in den untersuchten Bundesländern festgestellt (*Aulinger* 1997, S. 217): **64**

Größte Einzel-menge Cannabis	Bayern	Berlin	Hessen	Nord-rhein-Westfalen	Sachsen	Schles-wig-Holstein
Bis 1 Gramm	37,8	33,9	36,4	27,9	36,4	29,7
1 bis 2 Gramm	17,1	26,4	20,0	20,8	27,3	13,3
2 bis 6 Gramm	29,7	24,8	29,1	31,8	27,3	20,3
6 bis 10 Gramm	4,5	5,0	7,3	13,0	–	9,4
10 bis 15 Gramm	2,7	2,5	1,8	1,3	9,1	5,5
15 bis 20 Gramm	–	0,8	1,8	0,6	–	3,1
20 bis 30 Gramm	3,6	–	–	–	–	4,7
30 bis 100 Gramm	–	–	–	–	–	0,8
Nicht feststellbar	4,5	6,6	3,6	4,5	–	13,3

65   **b) Studie von Schäfer/Paoli.** In einer im Jahr 2006 veröffentlichten Studie von *Carsten Schäfer* und *Letizia Paoli* wurden 2.011 Einzelverfahren gegen Beschuldigte von Betäubungsmittelkonsumdelikten in 6 Bundesländern und insgesamt 24 Landgerichtsbezirken ausgewertet (*Schäfer/Paoli*, 2006, 37 ff.). Die Studie konnte die Ergebnisse der *Aulinger*-Studie von 1997 nicht bestätigen, da eine weitgehend einheitliche Einstellungspraxis nur bis zu einer Höchstmenge von 6 g Cannabis festgestellt wurde. Besonders große Unterschiede wurden bei der Einstellungspraxis gegen Jugendliche und Heranwachsende und bei anderen Betäubungsmitteln als Cannabis aufgezeigt: in Bayern sind bei anderen Betäubungsmitteln nur 20% und in Berlin und Sachsen unter 40% der Verfahren ohne Auflagen eingestellt worden, während dies in Schleswig-Holstein und einigen hessischen Landgerichtsbezirken bei über 80% der Verfahren der Fall war (*Schäfer/Paoli*, 2006, 384).

Folgende Einstellungsquoten (Cannabis und andere Betäubungsmittel) wurden in den einzelnen Bundesländern bei Konsumentenverfahren ermittelt (*Schäfer/Paoli*, 2006, 379 ff.):

Bayern   28,1%
Sachsen   39,3%
Nordrhein-Westfalen   51,2%
Hessen   62,4%
Berlin   75,9%
Schleswig-Holstein   84,7%.

V. Anwendungsfälle des § 31 a Abs. 1 S. 1 BtMG

66   **1. Probierer und Gelegenheitskonsumenten.** Da der Gesetzgeber den Konsum von Betäubungsmitteln als Akt der Selbstschädigung straflos gelassen hat, wiegen die dem straflosen Konsum vorgeschalteten strafbaren Akte des Erwerbes und Besitzes von Betäubungsmitteln jedenfalls dann nicht besonders schwer und begründen kein öffentliches Interesse an der Strafverfolgung, sofern sie **die Gesundheit Dritter in keiner Weise gefährdet** haben. Zum Gelegenheitskonsumenten s. auch Rn. 34.

67   **a) Erwachsene Gelegenheitskonsumenten.** Bei erwachsenen Klein- und Gelegenheitskonsumenten von Cannabis sind in aller Regel weder Strafe noch Therapie angezeigt. Jugendschutzbelange entfallen ebenfalls. **Besitz und Erwerb von Cannabis in kleineren Mengen,** die auf Eigenverbrauch schließen lassen, sollten regelmäßig eingestellt werden, soweit die Schwellenmenge nicht überschritten ist. Auch bei erwachsenen Probierern und Gelegenheitskonsumenten **harter Drogen** kann von einer Anklage abgesehen werden, wenn es sich bei dem Erwerb

und Besitz von Betäubungsmitteln um **episodenhafte, abgeschlossene Lebensvorgänge** handelte, bzw. wenn der Beschuldigte die den Opiatkonsum auslösende Situation längst überwunden hat (*Hellebrand*, Drogen und Justiz, 1990, 105).

b) Jugendliche Gelegenheitskonsumenten. Der **Erziehungsgedanke des** 68 JGG **gebietet es jedoch im Regelfall**, sich nicht nur auf eine Einstellung zu beschränken, sondern durch gezielte Ermittlungen, Vernehmungen und Gespräche die **Situation des jugendlichen Konsumenten zu klären** und ihm im Rahmen der §§ 45, 47 JGG suchtvorbeugende Maßnahmen oder Maßnahmen der Suchthilfe aufzuerlegen (s. Rn. 15).

In Ausnahmefällen kann auch bei jugendlichen Probierern und Gelegenheits- 69 konsumenten von „weichen" oder „harten" Drogen von der Strafverfolgung gem. § 31a BtMG abgesehen werden, wenn **episodenhafte Vorgänge abgeschlossen** oder **der Jugendliche die tatauslösende Situation** mit Hilfe der Familie, Drogenberatung, Lebensgefährten oder aus eigener Kraft **bewältigt hat.**

2. Wiederholungstäter. § 31a BtMG kann zwar grds. auch bei Wiederho- 70 lungstätern Anwendung finden. In der Regel dürfte ein Absehen von Strafverfolgung nach § 31a Abs. 1 S. 1 jedoch ausscheiden, da ansonsten eine vom Gesetz nicht gewollte Privilegierung des Verbrauchers von Betäubungsmitteln stattfinden würde (*Hügel/Junge/Lander/Winkler* § 31a Rn. 3).

3. Dauerkonsument und Abhängige. Siehe hierzu Rn. 36ff.   71

4. AIDS-Kranke, Schwerstabhängige und Sterbende. Hat ein Heroinab- 72 hängiger sich ein lebengefährliches Heroingemisch gekauft und ist **nach Konsum einer Teilmenge zusammengebrochen,** so könnte § 60 StGB ein Absehen von Strafe rechtfertigen (vgl. *BayObLG* NStZ 1991, 584). Da die schweren Folgen aber **nicht aufgrund des illegalen Erwerbes und Besitzes,** sondern aufgrund des **straflosen Konsumes** eingetreten sind, so käme hier anstelle von § 60 StGB der § 31a BtMG in Betracht.

Sofern ein **Strafverfahren** wegen Umganges mit geringen Betäubungsmittel- 73 mengen nicht mehr auf den Betroffenen einwirken, **keine Therapie, keine Lebens- und keine Überlebenshilfe mehr bieten kann,** kann von einer Strafverfolgung abgesehen werden. Ist ein Opiatabhängiger, dem der Umgang mit geringen Betäubungsmittelmengen vorgeworfen wird, nicht nur von der AIDS-Erkrankung, sondern auch von einer Heroinsucht oder Polytoxikomanie befallen und muss er deshalb befürchten, bald zu sterben, so ist entweder von der Anklage abzusehen, weil die **Tatschuld gering** erscheint, oder weil die Sanktion, auf deren mögliche Verhängung verzichtet wird, im Hinblick auf den verbleibenden Lebensrest verschwindend gering wäre (vgl. *Dencker* StV 1992, 125, 131f.).

5. Lange zurückliegende Bagatellvorwürfe. Je länger der Umgang mit ge- 74 ringen Mengen von Betäubungsmitteln zurückliegt, und u. U. einem aktuellen Therapieantritt im Wege steht, umso weniger sinnvoll erscheint eine Anklage, da kein aktuelles therapeutisches Interventionsinteresse mehr besteht und mit zunehmendem Zeitablauf auch das öffentliche Interesse an einer Strafverfolgung sinkt.

6. Schweigende und bestreitende Täter. Wird eine Person, die der Polizei 75 als Betäubungsmittelkonsument oder -abhängiger bekannt ist, im Besitz geringer Betäubungsmittelmengen angetroffen und ist der **Verwendungszweck wegen Schweigens** des/der Betroffenen **nicht zu klären,** so ist im Zweifel vom Eigenkonsum auszugehen und § 31a BtMG anzuwenden. § 31a BtMG setzt kein Geständnis des Täters voraus und auch nicht, dass er kooperationsbereit i. S. v. § 31 BtMG ist.

7. Uneinsichtigkeit und fehlende Therapiebereitschaft. Zunächst einmal 76 setzt § 31a BtMG weder eine Unrechtseinsicht, noch eine Therapiebereitschaft voraus. Bei Wiederholungstaten eines Konsumenten „weicher" Drogen kann die Uneinsichtigkeit, bei einem Drogenabhängigen die fehlende Therapiebereitschaft aber eine Anklageerhebung bedingen.

77   **8. Mit Cannabisprodukten behandelte Täter.** Verlangt der Erwerb und Besitz einer geringen Cannabismenge zum Eigenkonsum keine therapeutische Intervention, da er selbst einer Heilbehandlung von AIDS oder einer Tumorerkrankung dienen soll, so kommt § 31a BtMG in Betracht. Wenn Patienten, die an Multipler Sklerose, Migräne, Neurodermitis, Juckreiz, chronischen Schmerzzuständen, Menstruationskrämpfen, Paraplegie, Quadriplegie, Epilepsie, Glaukom, AIDS-Beschwerden oder Tumorerkrankungen leiden, geringe Cannabismengen ohne Erlaubnis nach § 3 BtMG zum Rauchen und damit zum Heilen oder Lindern ihrer Beschwerden erwerben, weil synthetische Cannabisarzneien schwer erhältlich, teuer oder unverträglich erscheinen und/oder das *BfArM* in Bonn einen Ausnahmeantrag nach § 3 Abs. 2 BtMG auf Einzelbezug von Szenecannabis zu medizinischen Zwecken abgelehnt hat, so erscheint die Schuld des Täters gering. Es besteht kein öffentliches Interesse an der Strafverfolgung, sondern an der ärztlichen Behandlung und individuellen Einnahme von Cannabis zur Beseitigung bzw. Linderung der Beschwerden (vgl. hierzu *BVerfG* NJW 2000, 3126).

78   **9. Besucher und Betreiber von erlaubten Konsumräumen.** Hat jemand eine geringe Betäubungsmittelmenge für den unbefugten Konsum in einem nach § 10a BtMG erlaubten Konsumraum ohne Erlaubnis nach § 3 BtMG erworben, so kommt ein Absehen von der Verfolgung nach § 31a Abs. 1 S. 2 BtMG in Betracht, wenn er die Ration ausschließlich selbst verbrauchen will (s. Rn. 113 ff.). Hat er die geringe Menge außerhalb des Konsumraumes erworben und besessen, so ist nicht § 31a Abs. 1 S. 2 BtMG, sondern § 31a Abs. 1 S. 1 BtMG anzuwenden (s. Rn. 125).

VI. Nichtanwendung des § 31a Abs. 1 S. 1 BtMG

79   Grundsätzlich gilt § 31a Abs. 1 S. 1 BtMG **nur für den Eigenkonsum und die Selbstschädigung.** Werden durch den BtMG-Verstoß die **Gesundheit,** die **Sicherheit oder andere Schutzinteressen Dritter beeinträchtigt,** so **scheidet § 31a Abs. 1 S. 1 BtMG aus.** Besondere Schutzbereiche oder besondere berufliche Aufgaben schließen eine Anwendung des § 31a BtMG aber nur dann aus, wenn sie mit dem BtMG-Verstoß in Verbindung stehen. Bei privatem Betäubungsmittelkonsum ohne Auswirkung auf Dritte kann § 31a BtMG zur Anwendung kommen.

80   **1. Unbefugter Besitz geringer Betäubungsmittelmengen von Straßenhändlern.** Wird eine Person, die nicht als Drogenkonsument bekannt ist oder früher als Drogenhändler in Erscheinung getreten ist, ohne Konsumwerkzeuge angetroffen, wie sie eine geringe Menge Betäubungsmittel versteckt, aus einem Versteck hervorholt oder Dritten vorzeigt, wird eine Person in einer Wohnung mit einer Rauschgiftwaage, vielen leeren und einem gefüllten Heroinbriefchen angetroffen, ohne dass ihnen ein Handeltreiben nachgewiesen werden kann, so ist **für § 31a BtMG zumeist kein Raum, da der Eigenverbrauchszweck nicht ausreichend erwiesen ist** und eine gerichtliche Klärung genannter Verhaltensweisen im öffentlichen Interesse liegt.

81   Bei dem **Rauschgiftkleinhandel auf der Straße** kommt der Polizei die wichtige Aufgabe zu, durch Observation oder durch Videotechnik das **taschenspielertrickartige Treiben** von Straßenkleinhändlern **zu dokumentieren.** Für § 31a BtMG ist kein Raum bei Personen, die Heroinbriefchen beim Rauchen aus und in den Mund, bei Begrüßungszeremonien per Handschlag weiterwandern lassen, die die Übergabe eines Briefchens durch den Wurf einer Zigarettenschachtel in einen Mülleimer setzen und beim Schuhebinden ein Briefchen aus einem Blumenkübel angeln. In diesen Fällen sind keine vereinfachten Ermittlungsvorgänge anzulegen, sondern Ermittlungen und Vernehmungen zu tätigen.

82   **2. Wegen Betäubungsmittelhandels vorbestrafte Täter.** Auch wenn Vorstrafen wegen Verstoßes gegen das BtMG grds. kein Hindernis für die Anwendung des § 31a BtMG sind, kann bei einer Gesamtabwägung eine Vorstrafe wegen Drogendelikten ein Absehen von Strafe verbieten. Besitzt ein einschlägig Vorbestrafter während laufender Bewährungszeit aus dieser Vorverurteilung eine nur geringe Menge Cannabis, so besteht weder eine Pflicht zur Verfahrenseinstellung nach § 31a BtMG, noch zum Absehen von Strafe nach § 29 Abs. 5 BtMG (*BGH* NStZ-RR 1999, 152).

3. Unbefugter Besitz geringer Betäubungsmittelmengen von Angehöri- 83 **gen und Drogenhelfern.** Gerade Personen, die Drogenabhängigen in besonderer Weise helfen wollen und Drogen nicht in den Verkehr bringen, sondern aus dem Verkehr ziehen wollen, gelangen bisweilen in die **ungewollte Situation des unerlaubten Drogenbesitzes. Drogenberatungslehrer** und **Drogenberatungsschüler, Sozialarbeiter, Rechtsanwälte, Ärzte, Krankenhausschwestern, Väter, Mütter, Freunde von Drogenabhängigen** entdecken oder erhalten Rauschgiftkonsummengen, die sie untersuchen, aufbewahren, aber nicht wegwerfen wollen oder können. Da § 31a BtMG die Absicht des Eigenverbrauches voraussetzt, ermöglicht diese Bestimmung der StA nicht, das Verfahren unkompliziert einzustellen. In der Regel **fehlt** es bei diesem Personenkreis aber **am subjektiven Tatbestand,** weil sie die Betäubungsmittel aus dem Verkehr ziehen und nicht darüber verfügen wollen. Bei Apothekern ist eine Einstellung nach Einfügung des § 4 Abs. 1 Nr. 1 lit. e BtMG, der den Apotheker von einer Erlaubnispflicht befreit, nicht mehr erforderlich.

Bei den Drogenhelfern, die **geringe Betäubungsmittelmengen** entgegen 84 dem Gesetz **zu Hilfszwecken beschafft und abgegeben haben,** wäre eine Einstellung allenfalls nach § 153 StPO möglich, da die Betäubungsmittel nicht dem Eigenkonsum, sondern Dritten dienten. Da die wohlmeindende Abgabe, das Verabreichen und die Verbrauchsüberlassung von Betäubungsmittel durch Drogenhelfer **an Minderjährige** aber ein Verbrechen nach § 29a BtMG darstellt, scheidet eine Einstellung nach § 153 StPO aus und es ist ein **minder schwerer Fall des** § 29a Abs. 2 BtMG zu prüfen.

4. Unerlaubter Anbau, unerlaubte Herstellung, unerlaubter Erwerb 85 **und unbefugter Besitz geringer Betäubungsmittelmengen aus wissenschaftlichem Interesse.** Stellt ein Chemiestudent aus **wissenschaftlichem Interesse** ohne Erlaubnis geringe Betäubungsmittelmengen her oder untersucht ihm übergebene Konsummengen, so kann mangels Eigenkonsuminteresses eine Einstellung nicht nach § 31a BtMG, sondern nur nach den §§ 153, 153a StPO erfolgen. Gleiches gilt für eine **Biologielehrerin,** die eine Cannabispflanze **aus botanischem Interesse** ohne Erlaubnis aufzieht.

5. Unerlaubter Erwerb und unbefugter Besitz geringer Betäubungsmit- 86 **telmengen aus Gründen politischer oder pädagogischer Demonstration.** Ein **Lehrer oder Schüler,** der auf dem Schulhof eine Betäubungsmittelration kauft, um dem Direktor den Drogenhandel an der Schule zu beweisen, und ein **Häftling,** der eine geringe Betäubungsmittelmenge erwirbt, um dem Justizsenator zu beweisen, dass der Drogenhandel in der Haftanstalt blüht (vgl. *LG Berlin* NStZ 1987, 233), machen sich nach § 29 Abs. 1 S. 1 Nr. 1 BtMG strafbar; die Anwendung des § 31a Abs. 1 S: 1 BtMG scheidet aus. Ein **Parteipolitiker,** der sich eine Cannabis-Ration zur öffentlichen Demonstration für eine Legalisierung von Cannabis beschafft, kann wegen der Gefahr, Nachahmer zu entsprechenden Taten zu veranlassen, nicht mit einem Absehen von der Strafverfolgung rechnen (*BVerfG* NStZ 1997, 498; *Maeffert* StV 2004, 627 ff.).

6. Beschaffungskriminalität eines Drogenabhängigen. Mit § 31a BtMG 87 kann selbstverständlich nur der **Umgang mit geringen Mengen von Betäubungsmitteln** geregelt werden. Auf die Beschaffungskriminalität eines Drogenabhängigen ist die Vorschrift nicht anwendbar.

7. Unerlaubter Erwerb und unbefugter Besitz geringer Betäubungsmit- 88 **telmengen aus wirtschaftlichen Erwägungen.** Bei einem Unternehmer, der

Textilien aus Hanffasern vertreibt, wobei er seinen Messestand mit einer Cannabispflanze verziert, kann das Verfahren mangels Eigenkonsuminteresses nicht nach § 31a BtMG, sondern nur nach den §§ 153, 153a StPO eingestellt werden.

89   **8. Unerlaubter Erwerb und unbefugter Besitz geringer Betäubungsmittelmengen aus religiösen Erwägungen.** Sofern Mitglieder einer religiösen Gemeinschaft/Sekte geringe Mengen von Cannabissamen oder Opium erwerben und verbrennen, um damit einem religiösen Kult zu dienen bzw. einer Gottheit ein Opfer zu bringen, so scheidet auch hier mangels Eigenkonsumabsicht § 31a BtMG aus (vgl. *BVerwG* NJW 2001, 1365).

90   **9. Unerlaubter Erwerb und unbefugter Besitz geringer Betäubungsmittelmengen zum Eigenkonsum an öffentlichen Orten.** Das *BVerfG* hat in seiner Entscheidung vom 9. 3. 1994 eine Reihe von Ausnahmen genannt, in denen wegen **Fremdgefährdung** ein öffentliches Interesse an einer Strafverfolgung selbst bei geringen Konsummengen „weicher" Drogen bestehen kann (BVerfGE 90, 145 = NJW 1994, 1577 = StV 1994, 295). Werden Drogen in der Öffentlichkeit ostentativ an zentralen Orten erworben und konsumiert, so kann trotz Vorliegens der Voraussetzungen des § 31a BtMG wegen der Gefahr der Verführung bzw. Nachahmung oder wegen der Gefahr eines schwindenden Respekts vor dem Strafgesetz ein öffentliches Interesse an der Strafverfolgung bestehen, so wenn auf Spielplätzen, in Rathäusern, in Kirchen oder in Gerichtsgebäuden, in Krankenhäusern, in Jugendheimen oder Sportzentren, im Theater oder in Diskotheken Betäubungsmittel erworben und besessen werden.

91   **10. Unerlaubter Erwerb und unbefugter Besitz geringer Betäubungsmittelmengen am Arbeitsplatz.** Grundsätzlich kann auch bei Eigenkonsumdelikten am Arbeitsplatz § 31a BtMG Anwendung finden, wenn der Verstoß sich in keiner Weise auf das Arbeitsverhältnis ausgewirkt hat, wenn Arbeitgeber, Arbeitskollegen und Firmen nicht betroffen wurden, und wenn es zu keiner Beeinträchtigung des Firmenrufs gekommen ist, wie z.B. bei einem heimlichen Konsum während der Mittagspause. Beeinträchtigt der Verstoß die Interessen Dritter oder regt zur Nachahmung an, so scheidet § 31a BtMG auch bei einem Eigenkonsum-Delikt aus.

92   **11. Unerlaubter Erwerb und unbefugter Besitz geringer Betäubungsmittelmengen zum Eigenkonsum mit Auswirkungen auf die öffentliche Sicherheit und den öffentlichen Verkehr.** Hat der Täter geringe Betäubungsmittelmengen zum Eigenkonsum im Zusammenhang mit dem **Führen eines Autos, einer Straßenbahn oder eines Zuges,** mit dem **Führen eines Schiffs** oder mit dem **Führen oder Lotsen eines Flugzeuges** erworben und besessen, scheidet eine Anwendung des § 31a BtMG in der Regel aus. Eine Einstellung des Verfahrens nach § 31a Abs. 1 S. 1 BtMG und eine Abgabe an die zuständige Bußgeldstelle kommen aber in Betracht, wenn der Beschuldigte wegen Führens eines Kraftfahrzeugs im Straßenverkehr unter Drogeneinfluss mit einer Ahndung nach § 24a Abs. 2 StVG (s. Vorbem. §§ 29ff. Rn. 258ff.) und einer Entziehung der Fahrerlaubnis auf dem Verwaltungsrechtsweg (s. Vorbem. §§ 29ff. Rn. 319ff.) zu rechnen hat.

Ein Absehen von Strafverfolgung scheidet auch bei Taten im Zusammenhang mit dem **Bedienen eines Krans** oder einer **sicherheitsrelevanten Maschine** aus. Gleiches gilt bei Einsätzen im Zusammenhang mit **Katastrophenschutz oder Feuerwehr.** Dort erfordert die öffentliche Sicherheit vielmehr eine Anklageerhebung.

93   **12. Unerlaubter Erwerb und unbefugter Besitz geringer Betäubungsmittelmengen zum Eigenkonsum in bestimmten Lebens- und Berufsbereichen mit Vorbildfunktion.** Erwerben und besitzen Erzieher, Lehrer, Sporttrainer, Priester, Politiker, Drogenberater, Polizeibeamte, Ärzte, Richter oder Staatsanwälte geringe Betäubungsmittelmengen zum Eigenkonsum im Zusammenhang mit ihrer Berufsausübung und geben **entgegen ihrer Vorbildfunktion Anlass zur Neugierde bzw. Nachahmung,** so kann trotz Vorliegen der tatbestandlichen Voraussetzungen des § 31a BtMG ein öffentliches Interesse an der Strafverfolgung bestehen. Dies bedeutet **keine Ungleichbehandlung,** sondern lediglich, dass **in diesen Fällen für eine Ausnahmeregelung** nach § 31a BtMG **kein Raum** ist.

a) Geringe Betäubungsmittelmenge im Schulbereich. § 31a BtMG **94** kommt bei **jugendlichen und heranwachsenden Schülern,** die Betäubungsmittel in geringer Menge **im Schulbereich erwerben oder besitzen,** nicht in Betracht, da wegen der Nachahmungsgefahr ein strafrechtliches Einschreiten immer geboten ist. Bei **Lehrpersonal** ist zu differenzieren, ob der **Lehrer in seiner Privatsphäre** oder **in seiner Eigenschaft als Pädagoge und Vorbild** gegen das BtMG verstoßen hat.

Eine Biologielehrerin, die **aus biologischem Interesse einer Schulklasse** im **95** Biologie-Unterricht die Aufzucht einer Cannabispflanze im Blumentopf wegen der eleganten Blätter und ihrer Ähnlichkeit zur Zimmerpflanze Aralia Elegantissima vorführte, kann nach Strafanzeige durch die Eltern nicht mit einem Absehen von Strafverfolgung nach § 31a BtMG rechnen, da der Anbau nicht zum Eigenkonsum erfolgte. Hier kommen allenfalls die §§ 153, 153a StPO in Betracht.

Hat ein **Drogenberatungslehrer im Auftrag des Schulleiters** zum Beweis **96** des von ihm bekämpften illegalen Drogenhandels an der Schule einen Schüler mit Geld zum Ankauf von Rauschgift ausgestattet und als „**Lockvogel**" gegen einen mutmaßlich mit Drogen handelnden Mitschüler **eingesetzt,** um diesen von der Schule verweisen zu können, so ist nach Abwicklung des Drogenscheinkaufes von Haschisch anzunehmen, dass der Schulleiter und der Drogenberatungslehrer **der** gemeinsamen Anstiftung zum unerlaubten Erwerb von Betäubungsmitteln hinreichend verdächtig sind. Tatbestandsmäßig handelt auch derjenige, der die Betäubungsmittel aus dem Verkehr ziehen und anschließend vernichten will. Der Zweck des Erwerbes ist allein für die Frage entscheidungserheblich, ob der Erwerber wegen unerlaubten Erwerbes oder unerlaubten Handeltreibens zu bestrafen ist. Zu dem Bildungs- und Erziehungsauftrag gehören zwar auch Sucht- und Drogenprävention in der Schule. Tatprovokationen durch Lockspitzel zum Zwecke der Aufdeckung betäubungsmittelrechtlich relevanter Straftaten und die Sicherstellung von Rauschgift sind allerdings den Strafverfolgungsbehörden vorbehalten. Ein Absehen von der Verfolgung des Schulleiters und des Lehrers nach § 31a BtMG scheitert daran, dass die Betäubungsmittel nicht zum Eigenverbrauch erworben wurden. Eine Einstellung wegen Geringfügigkeit nach § 153 Abs. 1 StPO dürfte wegen des öffentlichen Interesses an der Strafverfolgung Bedenken begegnen. Allerdings wird insoweit zu prüfen sein, ob Auflagen geeignet erscheinen, das öffentliche Interesse an der Strafverfolgung zu beseitigen (§ 153a Abs. 1 StPO).

Ein **Religionslehrer,** der zur Erweiterung seiner Persönlichkeitsentfaltung und **97** seiner Spiritualität Cannabis konsumiert, der durch Teilnahme an der Hanfparade für die Legalisierung von Haschisch eingetreten ist und der eine Internetseite unterhalten hat, auf der er zur Beendigung des Cannabisverbotes aufgerufen und im Rahmen einer Verlosung 5 g Cannabis sativa und 5 g Cannabis indica ausgelobt hat, kann nicht mit einem Absehen von der Strafverfolgung nach § 31a BtMG rechnen (*AG Hamburg,* Urt. v. 30. 8. 2002, 6004 Js 603/01), da er Anlass zur Nachahmung gibt, gegen das BtMG zu verstoßen (*Hamburg,* Beschl. v. 8. 10. 2004, 2 – 78/04 – 1 Ss 105/04).

b) Geringe Betäubungsmittelmenge bei Polizeibeamten. Auch bei einem **98** Polizeibeamten ist zu unterscheiden, ob er als Privatperson oder als Beamter mit Ordnungs- oder Schutzfunktion gegen das BtMG verstoßen hat. Dies gilt aber nicht für Arzneimittel und nicht für Handeltreiben. Ein Kraftsport treibender Polizeibeamter, der über die Einhaltung des BtMG zu wachen hat und der Anabolika und Betäubungsmittel nicht nur konsumiert, sondern mit kleinen Mengen Anabolika Handel treibt, kann nicht mit einem Absehen von Strafverfolgung rechnen.

Auch bei einem früheren Bundesgrenzschutzbeamten, der mehrere tausend Ana-
bolikatabletten und -ampullen unerlaubt nach Deutschland zum Eigenkonsum und
zum Weiterverkauf an mittrainierende Polizeibeamte einführt (vgl. *BVerwG*
NVwZ 1999, 881), kommt die Anwendung des § 31a BtMG nicht in Betracht.

99   Erwirbt und konsumiert ein Beamter eines Grenzzollamtes harte Drogen wie
Heroin und Kokain, so stellt dies angesichts seiner dienstlichen Aufgaben nicht nur
eine außerdienstliche Pflichtverletzung dar, sondern auch eine grob sozialschädliche Haltung, die die Einsatzbereitschaft und Gesundheit stark einschränkt (*BVerwG*
NVwZ 1998, 1311). Ein Absehen von Strafverfolgung nach § 31a BtMG wäre
hier unvertretbar.

100   **13. Unerlaubter Erwerb und unbefugter Besitz geringer Betäubungsmittelmengen zum Eigenkonsum mit Nachahmungsgefahr in besonderen
Einrichtungen und Lebensbereichen.** Der unerlaubte Erwerb und der unbefugte Besitz geringer Betäubungsmittelmengen zum Eigenkonsum in Einrichtungen, in denen zahlreiche Menschen auf engem Raum nach einer strengen
Hausordnung leben und wegen besonderer Anstrengungen, Schmerzen oder Ent-
behrungen besonders versucht sind, sich durch Betäubungsmittel abzulenken, wie
in Krankenhäusern, Therapieanstalten, Haftanstalten oder Militärkasernen, kann
sowohl wegen der Nachahmungsgefahr als auch wegen der Gefahr der Disziplinlo-
sigkeit, des Verlustes militärischer Ordnung und des Ansehens der Streitkräfte ein
öffentliches Interesse an der Strafverfolgung trotz Vorliegens der Voraussetzungen
des § 31a BtMG bestehen.

101   **a) Geringe Betäubungsmittelmengen in Militärkasernen.** Bei der Bundeswehr erlangen aufgrund der dortigen Besonderheiten selbst geringfügige Can-
nabis-Konsumdelikte eine schwerwiegende Bedeutung. **Soldaten** haben als **Angehörige der vollziehenden Gewalt,** zu deren Aufgaben auch die Beachtung
des BtMG im dienstlichen Bereich gehört, auch bei Erwerb und Besitz von Drogen zum Eigenverbrauch in geringer Menge wegen der Möglichkeit der Fremdgefährdung in der Kaserne besondere Anforderungen zu erfüllen. Der strafbare Erwerb und Besitz auch von geringen Mengen von Cannabisprodukten stellen für die
Soldaten ebenso wie die Weitergabe an Dritte wegen der erheblichen Gefährdung
für die Gesundheit der Betroffenen und für die Einsatzbereitschaft der Truppe stets
einen Verstoß gegen die Pflicht zum treuen Dienen nach § 7 SG und damit eine
schwerwiegende Pflichtwidrigkeit dar, die auch ein Absehen von Strafverfolgung
nach § 31a BtMG nicht erlaubt. Das Einbringen von geringen Cannabismengen in
den dienstlichen Bereich stellt eine Verletzung der Gehorsamspflicht durch den
Soldaten dar (§ 11 Abs. 1 SG). Mit dem gesetzlich als **öffentlich-rechtliches
Dienst- und Treueverhältnis ausgestatteten Beamtenverhältnis** (§ 4 BBG)
ist es nicht zu vereinbaren, dass ein Beamter auch außerhalb des Dienstes gegen
Strafvorschriften verstößt, die wichtige Gemeinschaftsbelange wie die Volksgesundheit schützen sollen. Ein außerdienstlicher Verstoß gegen das BtMG wie der
Erwerb einer geringen Cannabismenge offenbart charakterliche Labilität und eine
sozialschädliche Haltung und beeinträchtigt die dem Beamten zukommende Achtung und dienstliche Vertrauenswürdigkeit in bedeutsamer Weise und stellt ein
außerdienstliches Disziplinarvergehen und eine strafbare Handlung dar.

102   Natürlich stellen auch heimliche Beimengungen von Betäubungsmitteln in
Speisen und Getränken eines Angehörigen der Bundeswehr ebenso wie die heimliche Betäubungsmittel-Beimengung in den Kaffee einer Zivilangehörigen der Bundeswehr nicht nur einen Verstoß gegen die Achtung und das Vertrauen, die ein
Soldat genießt (§ 17 Abs. 2 S. 1 SG) dar (*BVerwG* NJW 1998, 1730), sondern auch
einen Verstoß gegen § 29 Abs. 1 BtMG, der wegen der Fremdgefährdung kein
Absehen von der Anklageerhebung gem § 31a BtMG erlauben würde.

103   **b) Geringe Betäubungsmittelmenge in JVAs.** In der Regel kommt bei
Drogendelikten in Haftanstalten ein Absehen von Strafe nicht in Betracht, weil
wegen der besonderen Verhältnisse in den Strafanstalten zumeist die Gefahr besteht, dass der Besitzer von Betäubungsmitteln seine Betäubungsmittelration mit

mehreren Gefangenen teilt und durch Weitergabe der Betäubungsmittel nicht nur die Gesundheit der Mithäftlinge, sondern auch den Erziehungsauftrag, die **Sicherheit und Ordnung der Anstalt gefährdet.** Auch kleine oder kleinste Mengen von Haschisch stellen unter den Bedingungen der Haft ein taugliches Handelsobjekt dar, mit der Folge der Unterstützung einer schädlichen kriminellen Subkultur in den Anstalten; auch besteht durchaus eine Nachahmungswirkung auf Gefangene, die zuvor keinen Umgang mit Drogen hatten (*Zweibrücken* NStZ 1995, 193).

Der Auffassung von *Kreuzer* (NJW 1994, 2401), wonach der Cannabisgebrauch **104** wegen der besonderen Belastungen der Gefangenen in den Haftanstalten wegen des dortigen Verbotes sonstiger Suchtstoffe außer Nikotin eine nicht strafwürdige Bagatelle darstelle, kann nicht gefolgt werden (*Zweibrücken* NStZ 1995, 193). Gerade in der kriminellen Subkultur von Haftanstalten löst der Cannabisgebrauch eine ungünstige Nachahmungswirkung aus und schafft marktgerecht Abhängigkeitsverhältnisse zwischen Anbieter und Abnehmern.

Dient das **Einbringen geringer Betäubungsmittelmengen in den Straf- 105 vollzug nicht dem Eigenkonsum,** sondern dem **Konsum Dritter,** so scheidet § 31a BtMG aus. Dient das Einbringen geringer Betäubungsmittelmengen dem Eigenkonsum, so besteht dennoch ein **öffentliches Interesse an der Strafverfolgung,** weil damit die Sicherheit und Ordnung in der JVA beeinträchtigt wurde.

Der **Betäubungsmittelkonsum während des Strafvollzuges** stellt einen **106 sanktionsfähigen Pflichtenverstoß** gegen § 82 Abs. 1 S. 2 StrVollzG dar und kann gem. § 102 StrVollzG mit Disziplinarmaßnahmen bestraft werden, unabhängig davon, ob die Anstaltsordnung ein Verbot, mit illegalen Betäubungsmitteln umzugehen, enthält (*Düsseldorf* NStZ 1995, 94; *Hamm* NStZ 1995, 55).

c) Geringe Betäubungsmittelmenge in Kranken-, Drogenhilfe- und 107 Therapieeinrichtungen. Die unter Rn. 103ff. genannten Erwägungen gelten auch hier. Bei Ermittlungen wegen des Erwerbes und Besitzes geringer Betäubungsmittelmengen in Kranken-, Drogenhilfe- und Therapieeinrichtungen ist jedoch der Verhältnismäßigkeitsgrundsatz zu beachten. Zum Erwerb und Besitz geringer Betäubungsmittelmengen in erlaubten Konsumräumen vgl. Rn. 113ff.

14. Unbefugter Besitz geringer Eigenkonsummengen verschiedener 108 Betäubungsmittelarten. Werden bei einem Beschuldigten mehrere Eigenkonsummengen verschiedenartiger Betäubungsmittel sichergestellt, so kann eine Ablehnung des § 31a BtMG nicht beanstandet werden, wenn der Gesamtvorrat eine geringe Menge übersteigt oder Anzeichen vorhanden sind, der Konsument werde den Vorrat teilen.

15. Unerlaubter Anbau von geringen Betäubungsmittelmengen zum 109 Eigenkonsum. § 31a BtMG kommt beim Anbauen nur in Betracht, wenn angesichts der geringen Betäubungsmittelmenge und der Gesamtumstände eine **Fremdgefährdung ausgeschlossen** ist. Dies dürfte bei Cannabispflanzen nur bei 1 bis 3 Pflanzen der Fall sein (s. Rn. 24). Bei 1g Haschisch und 36g Marihuana, die ein Beschwerdeführer zum Eigenkonsum in Besitz hatte, und angesichts eines Anbaues von 25 Cannabispflanzen, aus denen der Beschwerdeführer weitere Cannabisprodukte zum Eigenverbrauch gewinnen wollte, handelt es sich jedenfalls nicht mehr um lediglich geringe Mengen i.S.v. § 31a BtMG (*BVerfG* NStZ 1995, 37).

VII. Umgang der Polizei mit den geringen Betäubungsmittelmengen zum Eigenkonsum

Die Polizei kann in Fällen von geringen Mengen von Betäubungsmitteln gem. **110** § 31a BtMG nicht von der Einleitung eines Ermittlungsverfahrens absehen, sondern **muss der Staatsanwaltschaft unter Aktenvorlage Anzeige erstatten** (§ 163 Abs. 2 StPO). Die **Polizei** hat zwar nach dem Legalitätsprinzip jedem Verdacht nachzugehen. Sie ist aber nicht verpflichtet, Verdachtsmomente in Drogenhilfeeinrichtungen oder auf einer offenen Drogenszene zu suchen, sondern kann sich die Bekämpfung der Drogenhändler als Schwerpunkt setzen. In gleicher Weise, wie die Polizei der tausendfachen Kleinhehlerei auf Flohmärkten nicht nachgeht, sondern sich auf Einbruchsdiebstähle und Großhehlerei konzentriert, gilt es, die beschränkten Kräfte auf den Drogenhandel zu konzentrieren. Eine Ausdehnung des Opportunitätsprinzips auf die Polizei würde verfassungsrechtliche Probleme mit dem Gleichheitsgrundsatz aufwerfen und eine Herunterstufung der Konsumdelikte auf eine Ordnungswidrigkeit bedingen. Die Anwendung des **Opportunitätsprinzips über die §§ 31a BtMG, 153, 153a** StPO kommt erst für die StA in Betracht.

111   Um aber in einstellungsreifen Bagatellfällen keine nutzlosen Ermittlungskapazitäten bei der ohnehin überlasteten Polizei zu produzieren, sollten Staatsanwaltschaft und Polizei gemeinsame Ermittlungsprioritäten vereinbaren, wie die Konzentration auf die Strafverfolgung von Drogenhändlern. Eigenkonsumfälle mit geringen Betäubungsmittelmengen sollten im Wege eines **vereinfachten Strafanzeigenverfahrens** durch Rauschgift-Sofortmeldungen ohne weiterführende Ermittlungen der StA mitgeteilt werden. Hier kann der Ermittlungsaufwand begrenzt werden durch Verzicht auf weiterführende Ermittlungen wie die Durchsuchung, kriminaltechnische Untersuchung und Anlegen umfangreicher Ermittlungsakten. In Zweifelsfällen können die kriminaltechnischen Untersuchungen durch Abwiegen der Betäubungsmittel und Durchführung eines Testverfahrens ersetzt werden. Die **Beschuldigtenvernehmung kann durch einen Vordruck ersetzt** werden, in dem nach einer Belehrung angekreuzt werden kann: „Ich gebe den Erwerb bzw. Besitz von geringen Mengen von Betäubungsmitteln zu/nicht zu. Die Droge habe ich von X erhalten. Auf die Rückgabe sichergestellter Gegenstände verzichte ich. Unterschrift." Würde in jeder Bagatellsache auf einer Beschuldigtenvernehmung bestanden, entfiele der Entlastungseffekt bei der Polizei. § 31a BtMG will der Entpönalisierung der Drogenkonsumenten und Drogenabhängigen dienen. Die **Polizei** und die **Staatsanwaltschaft** haben deshalb auch ohne gesetzliche Regelung hier die **Aufgabe der Beratung und Vermittlung von Drogenhilfe.**

VIII. Umgang des Zolls mit den geringen Betäubungsmittelmengen

112   Mit Erlass v. 27. 12. 2001 (III B 10 – O 3044 – 229/01) hat das *Bundesministerium der Finanzen* die Umsetzung der **Kleinfallregelung** in die Wege geleitet. Es wurden Kriterien für Kleinfälle, insbesondere in den Bereichen Betäubungsmittel, Verbrauchsteuern, Verbote und Beschränkungen und Außenwirtschaftsrecht als Abgrenzung festgelegt, **wann ein Aufgriff von dem Zollfahndungsdienst zu bearbeiten ist.** Es wurde aber gleichzeitig darauf hingewiesen, dass u. a. regionale Besonderheiten zu berücksichtigen sind und in einzelnen Bereichen Abstimmungen mit den Justizbehörden der Länder erfolgen müssen. Aufgriffe unterhalb der nicht geringen Menge werden selbstständig von den Beamten des Hauptzollamtes bearbeitet. Die Mengengrenze des PDV 386 findet Anwendung. Bei Aufgriffen von harten Drogen (Heroin, Kokain) soll Rücksprache mit dem Zollfahndungsdienst gehalten werden, wenn der Reisende keinen festen Wohnsitz im Bundesgebiet hat. Im Einzelfall könnte hier eine Vorführung vor dem Haftrichter erforderlich sein, diese weiteren Ermittlungen würden von dem Zollfahndungsdienst übernommen werden. Für alle Fälle gilt, dass sich die **Staatsanwaltschaft** bei Aufgriffen unterhalb der nicht geringen Menge **für den Einzelfall vorbehält, weitere Ermittlungen durch den Zollfahndungsdienst führen zu lassen.**

D. Anwendungsbereich des § 31a Abs. 1 S. 2 BtMG

113   Bei § 31a Abs. 1 S. 2 BtMG handelt es sich ebenso wie bei Abs. 1 S. 1 um keine Strafzumessungsvorschrift, sondern um eine **Verfahrensvorschrift.** § 31a Abs. 1 S. 2 BtMG ist eine **Sollvorschrift,** eine Aufforderung des Gesetzgebers, der mit § 10a BtMG den Betrieb von Konsumräumen und den dort behördlich überwachten Betäubungsmittelkonsum ausdrücklich gebilligt und ermöglicht hat (zur Geschichte der Drogenkonsumräume s. § 10a Rn. 1ff.). Eine **Strafverfolgung**

kommt aber **immer dann in Betracht,** wenn die Besucher sich **nicht an die gesetzlichen Vorgaben und die Hausordnung halten.**

I. Voraussetzungen

1. Einzelerlaubnis aufgrund einer Landesverordnung. § 31 a Abs. 1 S. 2 **114** BtMG ist eine Spezialvorschrift, die lediglich für Einrichtungen gilt, die über eine Erlaubnis nach der Landesverordnung verfügen. Da es nur in wenigen Bundesländern auf Grund von § 10 a BtMG geschaffene Konsumraumverordnungen gibt, die die Erlaubniserteilung und das Betreiben von Konsumräumen regeln, ist der Anwendungsbereich dieser Vorschrift auf Einrichtungen in wenigen Großstädten mit erlaubten Konsumräumen beschränkt.

2. Drogenhilfeeinrichtung. Nach § 10 a Abs. 1 S. 1 BtMG sind Drogenkon- **115** sumräume Räumlichkeiten einer Einrichtung, in denen Betäubungsmittelabhängigen eine Gelegenheit zum Verbrauch einer geringen, mitgeführten, ärztlich nicht verschriebenen Betäubungsmittelmenge gewährt wird. Eine Einrichtung ist keine private Unterkunft für Drogenabhängige, sondern eine fachlich oder staatlich anerkannte Stelle mit spezieller Ausstattung und speziellem Personal, Organisation und Programm, die sich berufsmäßig oder ehrenamtlich um das Wohlbefinden von Drogenabhängigen kümmert.

3. Räumlichkeiten. Räumlichkeiten sind abschließbare Räume mit einem **116** Mindestkomfort. Parkanlagen, Gleisflächen, unterirdische Gänge in einem Hauptbahnhof, Eisenbahnwaggons, Wohnmobile, Kanäle und Heizungsschächte sind keine Räumlichkeiten im Sinne dieser Bestimmung. Speziell für die besondere Aufgabenstellung hergerichtete Autobusse oder Wohncontainer fallen jedoch unter den Begriff.

4. Zugelassene Räumlichkeiten. Nicht alle Räumlichkeiten einer Drogenhil- **117** feeinrichtung werden von § 31 a Abs. 1 S. 2 BtMG erfasst, sondern nur die von der Erlaubnis umfassten Konsumräumlichkeiten. Nicht mitgeregelt sind die Aufenthalts-, Kaffee- oder Übernachtungsräume der Drogenhilfeeinrichtungen oder Räumlichkeiten von Privatleuten, sondern lediglich die durch den Bescheid für den Drogenkonsum zugelassenen Räumlichkeiten einer nach Landesverordnung zugelassenen Drogenkonsumraum-Einrichtung. Zieht ein Betreiber mit seinem Konsumraum in ein anderes Stockwerk oder in ein anderes Haus um, so sind die neuen Räumlichkeiten nicht erlaubt, sondern bedürfen einer erneuten Erlaubnis.

Die Räume des deutschen Heroin-Modellversuchs in verschiedenen deutschen **118** Großstädten (s. dazu § 3 Rn. 62 ff.) waren zwar auch zum Konsum von Betäubungsmitteln zugelassen. Sie stellten aber keine Konsumräume i. S. d. BtMG dar. Sie wurden nicht aufgrund der nach § 10 a BtMG geschaffenen Landesverordnung genehmigt. In diese Räume brachten die Klienten keine illegalen Betäubungsmittel der Drogenszene ein, sondern ihnen wurde dort aufgrund einer Ausnahmegenehmigung Diamorphin-Arznei zum alsbaldigen Verbrauch überlassen nach medizinischen und wissenschaftlichen Kriterien und unter ärztlicher Überwachung.

5. Kreis der Berechtigten und die Zugangsbedingungen. Die Vorausset- **119** zungen des § 10 a BtMG müssen allein vom Betreiber gewährleistet werden. Das Nichtvorliegen der Zugangsbedingungen kann nicht dem Besucher zum Vorwurf gemacht werden. Der Besucher hat nicht zu vertreten, wenn er als Besucher in einen Konsumraum zugelassen wird und dennoch dort mit Betäubungsmitteln umgeht. Zwar sollen nur Drogenabhängige und keine Probierer, keine Gelegenheitskonsumenten, keine Jugendliche und keine Kranken, keine Dealer und keine Störenfriede in einen Konsumraum eingelassen werden. Lassen aber Betreiber eines erlaubten Konsumraums entgegen der Landesverordnung und entgegen der Hausordnung Besucher zum Eigenverbrauch zu und dulden deren Konsum nach § 10 a BtMG, so gilt auch für diese Besucher § 31 a Abs. 1 S. 2 BtMG.

120   **6. Zugelassene Betäubungsmittelarten.** Die Vorschrift gilt für alle Betäubungsmittelarten, wenn die Konsumraumerlaubnis nach der Landesverordnung die Betäubungsmittelarten nicht einschränkt. Bringt jemand in einen Heroininjektionsraum Crack zum Rauchen ein, obwohl dies nach der Erlaubnis untersagt ist, so kann dies nicht nach § 10a BtMG geduldet werden und § 31a Abs. 1 S. 2 BtMG kommt nicht zur Anwendung.

121   **7. Zugelassene Konsumform.** Der Besucher darf nur die erlaubte Konsumform ausüben, wenn er sich auf § 31a Abs 1 S 2 BtMG berufen will. In einem Injektionsraum kann nicht Heroin geraucht, inhaliert oder getrunken werden, da die gesamten Überwachungsmaßnahmen und Hilfsmaßnahmen sich auch an der Konsumform orientieren.

122   **8. Zugelassene geringe Betäubungsmittelmenge.** Der Begriff der geringen Menge in § 31a Abs. 1 S. 2 BtMG entspricht dem in § 31a Abs. 1 S. 1 BtMG verwendeten Begriff (s. Rn. 21ff.), wobei grundsätzlich die Grenzwerte der Länder vorgehen, sofern dort eine Regelung für harte Drogen getroffen wurde (s. dazu Rn. 46ff.; a. A. *Weber* § 31a Rn. 134). Beschränken die Betreiber die Nutzung des Konsumraumes auf den Verbrauch einer Konsumration, so ist nur diese Ration geduldet nach § 31a Abs. 1 S. 2 BtMG. Für die Übermenge gilt § 31a Abs. 1 S. 1 BtMG.

123   **9. Eigenkonsum.** Der Besucher darf die Betäubungsmittelration nur zum Eigenverbrauch, nicht zum gemeinsamen Verbrauch mit anderen Besuchern, nicht zur Abgabe, nicht zur Verabreichung oder zum Handeltreiben in den Konsumraum einbringen. Sonst entfällt die Einstellungsmöglichkeit nach § 31a Abs. 1 S. 2 BtMG.

124   **10. Besitz.** Eine Anwendung des § 31a Abs. 1 S. 2 BtMG kommt nur beim Besitz von Betäubungsmitteln in Betracht, nicht aber bei anderen Tatbestandsalternativen des § 29 Abs. 1 BtMG, also weder für den Erwerb (*Weber* § 31a Rn. 116; a. A. MK-StGB/*Kotz* § 31a Rn. 48) noch für das Überlassen oder Verabreichen von Betäubungsmitteln, die Veräußerung oder das Handeltreiben.

125   **11. In einem Konsumraum.** Nach dem Gesetzeswortlaut gilt die Vorschrift nur für den Besitz geringer Betäubungsmittelmengen **in dem Konsumraum**, nicht für den Weg dort hin und nicht für die Straße vor dem Konsumraum (*Katholnigg* NJW 2000, 1217ff.). Werden beim Beschuldigten außerhalb eines Konsumraumes Betäubungsmittel festgestellt, ist eine derartige Feststellung bei den Besuchern von Konsumräumen, die sich an die Hausordnung halten, **ist § 31a Abs. 1 S. 2 BtMG nicht anwendbar**. Es kann aber § 31a Abs. 1 S. 1 BtMG eingreifen, in dessen Rahmen die Intension des Beschuldigten besondere Berücksichtigung finden sollte (*Weber* § 31a Rn. 72).

126   **12. Entbehrlichkeit der Feststellung einer geringen Schuld und des fehlenden öffentlichen Interesses an der Strafverfolgung.** Während im Regelfall des § 31a Abs. 1 S. 1 BtMG die Merkmale geringe Schuld und fehlendes öffentliches Interesse an der Strafverfolgung vorliegen müssen, ist eine derartige Feststellung bei den Besuchern von Konsumräumen, die sich an die Hausordnung halten, entbehrlich. Denn die Erlaubnis für die Einrichtung von Konsumräumen gem. § 10a BtMG verdeutlicht das öffentliche Interesse am Betreiben der Konsumräume und bescheinigt den Besuchern, wenn sie sich an die Regeln halten, eine nur geringe Schuld. § 31a Abs. 1 S. 2 BtMG gilt aber nicht für die Besucher, die gegen die Hausregeln verstoßen.

II. Ermittlungsmaßnahmen wegen des Verdachts von Straftaten im oder im Umfeld eines Drogenkonsumraumes

127   § 31a Abs. 1 S. 2 BtMG **erlaubt keine polizeiliche und keine staatsanwaltliche Untätigkeit.** Da zu einem erlaubten Drogenkonsumraum illegale Betäubungsmittel verbracht und darin konsumiert werden, ist die Begehung von Straftaten im Umfeld von Drogenkonsumräumen durch Drogenanbieter und Drogenerwerber möglich und wahrscheinlich. Die Polizei hat deshalb derartige **Örtlichkeiten regelmäßig zu beobachten**. Bei einem entsprechenden Tatverdacht hat die StA nach den §§ 152 Abs. 2, 160 Abs. 1 StPO, die Polizei nach § 163 Abs. 1 S. 1 StPO **aufgrund des Legalitätsprinzips einzuschreiten**. Der Tatverdacht darf sich aber nicht nur aus unbestätigten Angaben, Gerüchten oder bloßen Indizien ergeben, die lediglich eine Vermutung berechtigen. Zwar bedarf es für ein Eingreifen nicht eines hinreichenden oder dringenden Tatverdachts, aber doch **eines auf Tatsachen beruhenden Anfangsverdachtes**. Dieser Anfangsverdacht muss darin bestehen, dass die Grundsätze des § 31a BtMG und der Konsumraumverordnung des Landes nicht eingehalten werden und gegen §§ 29, 29a BtMG verstoßen wird.

Bei der Wahl der Maßnahme ist insb. der **Verhältnismäßigkeitsgrundsatz** zu beachten, den das *BVerfG* nach einer **Durchsuchung einer Drogenberatungsstelle in Aachen** wegen eines Hinweises, dort würden Klienten Betäubungsmittel erwerben und besitzen, angemahnt hatte (*BVerfG* NJW 1977, 1489 m. Anm. *Knapp* NJW 1977, 2119). **128**

E. Entscheidung der Staatsanwaltschaft

I. Ermessensentscheidung

1. § 31a Abs. 1 S. 1 BtMG. § 31a Abs. 1 S. 1 BtMG ist trotz aller gesetzgeberischen Diskussionen **Kannvorschrift** geblieben. Die StA hat bei der Entscheidung nach § 31a Abs. 1 S. 1 BtMG unter Ausübung ihres Ermessens alle Umstände des Einzelfalles zu berücksichtigen (vgl. Rn. 17ff.). Beim gelegentlichen Erwerb und Besitz geringer Cannabismengen zum Eigenverbrauch kann sich das **Ermessen bis zu einer Einstellungspflicht verdichten** (BVerfGE 90, 145, 189). **129**

2. § 31a Abs. 1 S. 2 BtMG. Anders als bei § 31a Abs. 1 S. 1 BtMG handelt es sich bei § 31a Abs. 1 S. 2 BtMG um eine **Sollvorschrift**, womit sich die StA im Regelfall für das Absehen von Strafverfolgung entscheiden muss (*Weber* § 31a Rn. 141). Eine Strafverfolgung kann aber betrieben werden, wenn besondere Umstände vorliegen (BT-Drs. 14/1830, S. 8; *Katholnigg* NJW 2000, 1217, 1222). **130**

II. Form der Entscheidung

Die StA entscheidet durch **Verfügung**. Liegen die Voraussetzungen der §§ 31a Abs. 1 S. 1 und Abs. 1 S. 2 BtMG vor, so sieht die StA von der Verfolgung ab und stellt das Verfahren ein, **ohne dass es einer Zustimmung des Gerichts bedarf**. Der Beschuldigte wird darüber unterrichtet, dass er gegen das BtMG verstoßen hat und von der Strafverfolgung abgesehen wird. **131**

III. Weiterführende Ermittlungen und Anklageerhebung

Besteht ein öffentliches Interesse an der Strafverfolgung des Konsumdeliktes, so entfällt das vereinfachte Verfahren und es wird erst nach Abschluss der notwendigen Ermittlungen die Schlussentscheidung (Anklageerhebung oder Einstellung) getroffen. **132**

Bei **regelwidrigem Verhalten von Konsumraumbesuchern sind Polizei und StA nach dem Legalitätsprinzip zum Eingreifen verpflichtet**. Je nach Schwere des Verstoßes kommen als Schlussentscheidung der StA eine Einstellung nach §§ 153, 153a StPO, ein Strafbefehl oder eine Anklage wegen §§ 29 Abs. 1 Nr. 3, 29a BtMG in Betracht. **133**

IV. Strafklageverbrauch

Die Einstellungsverfügung ist **vorläufig** und führt zu **keinem Strafklageverbrauch**. Die Ermittlungen können jederzeit aufgrund neuer Tatsachen **wieder aufgenommen** werden, so z. B. wenn sich herausstellt, dass der Beschuldigte nicht **134** eine geringe, sondern eine nicht geringe Menge erwarb und besaß (vgl. *Hamm* GA 1993, 231).

V. Rechtsmittel gegen die Einstellungsverfügung

135   § 31 a BtMG ist **keine materielle Vorschrift,** deren Anwendung im Wege einer Berufung oder Revision überprüft werden könnte wie § 29 Abs. 5 BtMG, sondern eine **Verfahrensvorschrift.** Die Entscheidung der StA ist daher **gerichtlich nicht überprüfbar** (BayObLGSt 1995, 8). **Einwendungen** können **nur als Dienstaufsichtsbeschwerde** erhoben werden.

VI. Rechtsmittel gegen die Nichteinstellung

136   Stellt die StA bei gleichgelagerten Fällen einmal nach § 31 a BtMG das Verfahren ein, ein andermal klagt sie an, so ist gegen die Nichteinstellung kein Rechtsmittel gegeben, da diese Entscheidung lediglich eine unselbstständige, vorläufige Maßnahme vor der Anklageerhebung darstellt (a. A. *Terbach* NStZ 1998, 172 ff.). Auch hier ist nur eine Dienstaufsichtsbeschwerde möglich.

VI. Auslieferungsersuchen

137   Die Auslieferung von Deutschen wegen einer Auslandstat nach Deutschland oder eines Ausländers wegen eines Betäubungsmittelverstoßes in Deutschland ins Heimatland kann gegen das verfassungsrechtliche Übermaßverbot verstoßen, wenn dem Auslieferungsersuchen der Erwerb und Besitz einer geringen Eigenkonsummenge zugrunde liegt. Dies gilt insb., wenn dem Ausgelieferten im Ausland eine unverhältnismäßig hohe Strafe droht (wie z. B. eine 10-jährige Freiheitsstrafe wegen Abgabe von 2,5 g Haschisch in Griechenland [*Karlsruhe* MDR 1997, 188] oder einer 5 bis 10-jährigen Zuchthausstrafe in Griechenland für den Verkauf von 0,05 g Heroin-Kokain-Gemisch [*Zweibrücken* StV 1996, 105]).

F. Entscheidungen des Gerichts (Abs. 2)

I. Eröffnung des Hauptverfahrens

138   Es besteht keine Rechtsgrundlage, die Eröffnung des Hauptverfahrens abzulehnen, wenn das Gericht entgegen der Auffassung der Staatsanwaltschaft die Voraussetzungen des § 31 a BtMG für eine Einstellung des Verfahrens bejaht (*LG Oldenburg* NStZ-RR 2002, 119).

II. Gesamtabwägung und Verfahrenseinstellung durch Beschluss nach § 31 a Abs. 2 BtMG

139   Hat die StA Anklage erhoben, so kann das Gericht gem. § 31 a Abs. 2 S. 1 BtMG nach einer **Gesamtabwägung und nach Anhörung der Beteiligten** das Verfahren einstellen. Die Entscheidung des Gerichts ergeht durch Beschluss und bedarf keiner Begründung (S. 3). Die Einstellung des Verfahrens liegt im Ermessen des Gerichts und ist unanfechtbar (S. 4). Die praktische Bedeutung der Verfahrenseinstellung nach § 31 a Abs. 2 BtMG ist gering (*Schäfer/Paoli*, 2006, 388).

III. Zustimmungen der Staatsanwaltschaft und des Angeschuldigten

140   Die Einstellung setzt die Zustimmungen der StA und des Angeschuldigten voraus (§ 31 a Abs. 2 S. 2 BtMG). Stimmt die StA oder der Angeschuldigte der Einstellung nicht zu, so scheidet § 31 a Abs. 2 BtMG aus. Stimmt der Angeschuldigte der Verfahrenseinstellung nicht zu, weil er eine Freispruch anstrebt, so scheidet eine Verfahrenseinstellung ebenfalls aus. Ist der Aufenthalt des Angeschuldigten unbekannt oder liegt ein anderer Ausnahmefall des § 31 a Abs. 2 S. 2 BtMG vor, so bedarf es dessen Zustimmung nicht.

IV. Rechtsmittel gegen die Verweigerung der Zustimmung durch die StA

Blockieren die StA oder der Angeschuldigte eine Einstellung des Verfahrens **141** nach § 31a Abs. 2 BtMG und bleibt es auch in der Hauptverhandlung bei gegensätzlichen Auffassungen, so hat das Gericht keine Möglichkeit, das Verfahren nach § 31a BtMG einzustellen. Die Verweigerung der staatsanwaltschaftlichen Zustimmung ist nicht gerichtlich überprüfbar. Das Gericht kann nur den *Generalstaatsanwalt* anrufen zur Überprüfung der Verweigerung der Zustimmung durch die StA. Bleibt es aber bei der Weigerung, so muss das Gericht dies hinnehmen. Dies ergibt sich aus dem Anklagemonopol der StA (*Weber* § 31a Rn. 152).

V. Gerichtliche Schuldfeststellung mit Absehen von Strafe

Blockieren die StA oder der Angeschuldigte eine Einstellung nach § 31a Abs. 2 **142** BtMG, so kann das Gericht nicht mit dem Vorwurf, die Weigerung der StA, der Einstellung zuzustimmen, sei willkürlich, das Verfahren einstellen. Das Gericht hat aber die Möglichkeit, nach Klärung der Schuldfrage, gem. § 29 Abs. 5 BtMG von einer Bestrafung abzusehen (*Koblenz* NStZ 1998, 260; *LG Oldenburg* NStZ-RR 2002, 119).

VI. Strafklageverbrauch

In der Regel führt die gerichtliche Verfahrenseinstellung zum Strafklageverbrauch. **143** Eine Wiederaufnahme des Verfahrens ist nur möglich, wenn entgegen der ursprünglichen Annahme ein Verbrechen vorliegt (*Hamm* GA 1993, 231) oder wenn der Einstellungsentscheidung durch neue Tatsachen oder Beweismittel die Grundlage entzogen wird (*Meyer-Goßner* § 153 Rn. 38).

VII. Rechtsmittel

Zwar ist die Entscheidung nach § 31a Abs. 2 S. 4 BtMG ebenso wie eine Ent- **144** scheidung nach § 153 Abs. 2 S. 4 StPO grundsätzlich nicht anfechtbar. Dies gilt jedoch nur im Regelfall, soweit sich die Unanfechtbarkeit allein auf die Ermessensentscheidung bezieht. Fehlt jedoch eine prozessuale Voraussetzung für eine Einstellung wie z.B., weil eine erforderliche Zustimmung nicht erteilt worden ist, so ist eine Beschwerde nach § 304 StPO gegen den Einstellungsbeschluss möglich. Stellt das Gericht entgegen dem Gesetzeswortlaut des § 31a Abs. 2 BtMG ohne Zustimmung der StA das Verfahren ein, so ist ausnahmsweise gegen diese willkürliche Entscheidung eine Beschwerde nach § 304 StPO zulässig, da es an einer notwendigen prozessualen Voraussetzung der Verfahrenseinstellung fehlte (*Frankfurt* NStZ-RR 1998, 52; *BGH* NStZ 2002, 491 = StV 2002, 294).

Ordnungswidrigkeiten

32 (1) **Ordnungswidrig handelt, wer vorsätzlich oder fahrlässig**
1. **entgegen § 4 Abs. 3 Satz 1 die Teilnahme am Betäubungsmittelverkehr nicht anzeigt,**
2. **in einem Antrag nach § 7, auch in Verbindung mit § 10a Abs. 3 oder § 13 Absatz 3 Satz 3, unrichtige Angaben macht oder unrichtige Unterlagen beifügt,**
3. **entgegen § 8 Abs. 3 Satz 1, auch in Verbindung mit § 10a Abs. 3, eine Änderung nicht richtig, nicht vollständig oder nicht unverzüglich mitteilt,**
4. **einer vollziehbaren Auflage nach § 9 Abs. 2, auch in Verbindung mit § 10a Abs. 3, zuwiderhandelt,**

5. entgegen § 11 Abs. 1 Satz 1 Betäubungsmittel ohne Genehmigung ein- oder ausführt,

6. einer Rechtsverordnung nach § 11 Abs. 2 Satz 2 Nr. 2 bis 4, § 12 Abs. 4, § 13 Abs. 3 Satz 2 Nr. 2, 3 oder 4, § 20 Abs. 1 oder § 28 Abs. 2 zuwiderhandelt, soweit sie für einen bestimmten Tatbestand auf diese Bußgeldvorschrift verweist,

7. entgegen § 12 Abs. 1 Betäubungsmittel abgibt oder entgegen § 12 Abs. 2 die Abgabe oder den Erwerb nicht richtig, nicht vollständig oder nicht unverzüglich meldet oder den Empfang nicht bestätigt,

8. entgegen § 14 Abs. 1 bis 4 Betäubungsmittel nicht vorschriftsmäßig kennzeichnet,

9. einer vollziehbaren Anordnung nach § 15 Satz 2 zuwiderhandelt,

10. entgegen § 16 Abs. 1 Betäubungsmittel nicht vorschriftsmäßig vernichtet, eine Niederschrift nicht fertigt oder sie nicht aufbewahrt oder entgegen § 16 Abs. 2 Satz 1 Betäubungsmittel nicht zur Vernichtung einsendet, jeweils auch in Verbindung mit § 16 Abs. 3,

11. entgegen § 17 Abs. 1 oder 2 Aufzeichnungen nicht, nicht richtig oder nicht vollständig führt oder entgegen § 17 Abs. 3 Aufzeichnungen oder Rechnungsdurchschriften nicht aufbewahrt,

12. entgegen § 18 Abs. 1 bis 3 Meldungen nicht richtig, nicht vollständig oder nicht rechtzeitig erstattet,

13. entgegen § 24 Abs. 1 einer Duldungs- oder Mitwirkungspflicht nicht nachkommt,

14. entgegen § 24a den Anbau von Nutzhanf nicht, nicht richtig, nicht vollständig oder nicht rechtzeitig anzeigt oder

15. Betäubungsmittel in eine Postsendung einlegt, obwohl diese Versendung durch den Weltpostvertrag oder ein Abkommen des Weltpostvereins verboten ist; das Postgeheimnis gemäß Artikel 10 Abs. 1 des Grundgesetzes wird insoweit für die Verfolgung und Ahndung der Ordnungswidrigkeit eingeschränkt.

(2) Die Ordnungswidrigkeit kann mit einer Geldbuße bis zu fünfundzwanzigtausend Euro geahndet werden.

(3) Verwaltungsbehörde im Sinne des § 36 Abs. 1 Nr. 1 des Gesetzes über Ordnungswidrigkeiten ist das Bundesinstitut für Arzneimittel und Medizinprodukte, soweit das Gesetz von ihm ausgeführt wird, im Falle des § 32 Abs. 1 Nr. 14 die Bundesanstalt für Landwirtschaft und Ernährung.

Übersicht

A. Zweck der Vorschrift

1   Während die **Strafbestimmungen der §§ 29 bis 31 a BtMG strafwürdige Verstöße gegen das BtMG** mit Geld- und Freiheitsstrafen bedrohen, bewertet **§ 32 BtMG Zuwiderhandlungen gegen Verbote und Gebote des BtMG** als **Verwaltungsunrecht** und bedroht sie als **Ordnungswidrigkeiten mit Bußgeld.** Während die Vergehens- und Verbrechenstatbestände mit der Strafandrohung abschrecken und durch die Bestrafung den unerlaubten Betäubungsmittelverkehr von Nichterlaubnisinhabern zu bekämpfen und einzudämmen versuchen, dient der Ordnungswidrigkeitentatbestand des § 32 BtMG **der Einhaltung der Sicherheit und Ordnung im streng kontrollierten legalen Betäubungsmittelverkehr.** Um den wesentlichen Verwaltungsvorschriften im legalen Betäubungsmittelverkehr Nachdruck zu verleihen, wurden sie mit einem Bußgeld bewehrt. Bußgelder wegen Gesetzesverstößen im erlaubten (= § 3 BtMG) bzw. erlaubnisfreien (= § 4 BtMG) Betäubungsmittelverkehr sollen zu einem zukünftigen gesetzeskonformen Verhalten erziehen. Die Übergänge vom legalen und illegalen Betäubungsmittelverkehr sind jedoch fließend.

2   Begeht jemand, der früher mit Erlaubnis am legalen Betäubungsmittelverkehr teilnahm, nicht nur Überschreitungen von Verwaltungsvorschriften, sondern agiert vor Erlaubniserteilung, nach Erlaubnisrücknahme/-widerruf oder nach Ablauf der Erlaubnisfrist, über den Erlaubnisrahmen hinaus im legalen Betäubungsmittelverkehr ohne Erlaubnis, so macht er sich als Nichterlaubnisinhaber auch im legalen Betäubungsmittelverkehr strafbar.

3   Die Vorschrift wurde zuletzt durch Gesetz zur diamorphingestützten Substitutionsbehandlung vom 15. 7. 2009 (BGBl. I, S. 1801) um einen Verweis in Abs. 1 Nr. 2 auf § 13 Abs. 3 S. 3 BtMG erweitert.

B. Katalog der Ordnungswidrigkeiten

4   Die Mehrzahl der Verstöße besteht in nicht vorschriftsmäßigen Anzeigen, Meldungen, Mitteilungen, Angaben, Kennzeichnungen, Niederschriften und Aufzeichnungen gegenüber dem *BfArM* (vgl. § 32 Abs. 1 Nr. 1, 2, 3, 7, 8, 10, 11, 12 und 14 BtMG). Darüber hinaus sind weitere Verstöße gegen Formvorschriften, Auflagen oder Rechtsvorschriften enthalten (§ 32 Abs. 1 Nr. 4, 5, 7, 6, 9, 10, 15 BtMG), von denen insb. die Nichtbeachtung der Ein- und Ausfuhrformalitäten, der Abgabe- und Erwerbsformalitäten (§ 32 Abs. 1 Nr. 5 und 7 BtMG), der Vernichtungsformalitäten (§ 32 Abs. 1 Nr. 10) und der Postversandformalitäten beim Versand zwischen der Bundesrepublik und dem Ausland (§ 32 Abs. 1 Nr. 15 BtMG) im Vordergrund stehen. Schließlich ist in § 32 Abs. 1 Nr. 13 BtMG die Nichteinhaltung der Duldungs- und Mitwirkungsverpflichtungen nach § 24 Abs. 1 BtMG als Ordnungswidrigkeit ausgestaltet. Von zentraler Bedeutung ist jedoch die Blankettvorschrift des § 32 Abs. 1 Nr. 6 BtMG für Zuwiderhandlungen gegen Bestimmungen der aufgrund des BtMG erlassenen Rechtsverordnungen: BtMAHV, BtMBinHV und BtMVV.

Zu den einzelnen OWi-Tatbeständen und ihren objektiven Voraussetzungen im 5
Einzelnen (zum subjektiven Tatbestand s. Rn. 59):

I. Nichtanzeige der Teilnahme am Betäubungsmittelverkehr (§ 32 Abs. 1 Nr. 1 BtMG)

1. Zweck der Vorschrift. § 4 BtMG befreit zahlreiche Berufsgruppen im le- 6
galen Betäubungsmittelverkehr von dem Erfordernis einer Erlaubnis nach § 3
BtMG, so z. B. die Apotheker, Ärzte, Zahnärzte, Tierärzte, Angestellten einer Apotheke oder einer Krankenhausapotheke, nicht aber von einer Anzeigepflicht. Die
erlaubnisfreie Teilnahme am Betäubungsmittelverkehr bedarf aber einer **Anzeige
an das BfArM in Bonn** nach § 4 Abs. 3 BtMG mit den unter § 4 Abs. 3 Nr. 1
bis Nr. 3 genannten Angaben, um die Sicherheit und Kontrolle des Betäubungsmittelverkehrs zu gewährleisten. Unterbleibt die Anzeige vorsätzlich oder fahrlässig, so wird ein Bußgeld fällig.

2. Inhalt und Umfang der Anzeigepflicht. Die Anzeigepflicht des § 4 7
Abs. 3 BtMG gilt nur dem **generellen Beginn der Teilnahme am legalen Betäubungsmittelverkehr**, nicht der einzelnen Verschreibung, Abgabe oder Verabreichung. Unvollständige oder unrichtige Anzeigen stellen keine Ordnungswidrigkeiten dar, können aber weitere Kontrollmaßnahmen des BfArM auslösen.

3. Täterkreis. Da für die Anzeige über den Beginn der Teilnahme am Betäu- 8
bungsmittelverkehr der Betreiber der öffentlichen Apotheke, der Krankenhausapotheke oder der tierärztlichen Hausapotheke verantwortlich ist, kann auch nur dieser Personenkreis gegen § 32 Abs. 1 Nr. 1 BtMG verstoßen.

II. Falschangaben oder unrichtige Unterlagen des Antragstellers (§ 32 Abs. 1 Nr. 2 BtMG)

1. Zweck der Vorschrift. Gem. § 7 BtMG muss der Antrag auf Erteilung ei- 9
ner Erlaubnis nach § 3 BtMG eine ganze Reihe von Angaben und Unterlagen
enthalten (vgl. § 7 S. 2 Nr. 1 bis Nr. 8 BtMG), die dem BfArM Bonn ermöglichen
sollen, die Sachkenntnis des Antragstellers (§ 6 BtMG) zu überprüfen und bei
Mängeln des Antrages die Erlaubnis zu versagen (§ 5 BtMG) bzw. die Erlaubnis zu
beschränken, zu befristen, oder mit Bedingungen oder Auflagen zu versehen (§ 9
BtMG). Voraussetzung für eine Entscheidung des BfArM Bonn gem. § 8 BtMG ist,
dass richtige Angaben oder richtige Unterlagen des Antragstellers vorliegen.

Auch wer unrichtige Angaben beim **Antrag auf Genehmigung eines Kon-** 10
sumraumes gem. § 10a Abs. 3 BtMG und beim **Antrag auf Zulassung
einer Einrichtung zur Behandlung mit dem Substitutionsmittel Diamorphin gem. § 13 Abs. 3 S. 3 BtMG** macht oder hierbei unrichtige Unterlagen
präsentiert, macht sich bußgeldpflichtig nach § 32 Abs. 1 Nr. 2 BtMG. Wahrheitsgemäße Angaben dienen der Sicherheit und Kontrolle des Betäubungsmittelverkehrs.

2. Umfang der Wahrheitspflicht. Nicht nur derjenige, der zu den in § 7 S. 2 11
Nr. 1 bis Nr. 8 BtMG genannten Fragen unrichtige Angaben macht oder unrichtige Urkunden vorlegt, sondern auch derjenige, der ungefragt andere falsche Angaben oder andere falsche Urkunden vorlegt, die für die Erlaubniserteilung von Bedeutung sein können, verstößt gegen § 32 Abs. 1 Nr. 2 BtMG.

III. Unterlassung einer richtigen, vollständigen oder unverzüglichen Änderungsmitteilung (§ 32 Abs. 1 Nr. 3 BtMG)

1. Zweck der Vorschrift. Gem. § 8 Abs. 3 BtMG hat der Erlaubnisinhaber 12
jede Änderung der in § 7 S. 2 Nr. 1 bis Nr. 8 genannten Umstände richtig, vollständig und unverzüglich der Erlaubnisbehörde mitzuteilen, damit diese auf eintretende Mängel umgehend reagieren kann.

13   Dies gilt auch für § 10a Abs. 3 BtMG beim Betreiben von Konsumräumen. Unterlässt der Betreiber eine Änderungsmitteilung, so macht er sich bußgeldpflichtig nach § 32 Abs. 1 Nr. 3 BtMG.

14   **2. Art der Verstöße. Nicht richtig** ist die Mitteilung, wenn sie unwahre oder erfundene Angaben enthält. **Nicht vollständig** ist die Mitteilung, wenn sie zwar wahrheitsgemäß ist, aber wesentliche Umstände oder Mängel verschweigt. Bei Erweiterungen hinsichtlich der Art der Betäubungsmittel bzw. des Umganges des Betäubungsmittelverkehrs bedarf es eines neuen Erlaubnisantrages. Bei Veränderungen im Grenzbereich ohne Erlaubnis dürfte es sich um eine Ordnungswidrigkeit, bei erheblichen Veränderungen um ein unerlaubtes, strafbares Verhalten handeln.

15   Unter **unverzüglich** ist ohne schuldhaftes Verzögern zu verstehen (*Hügel/Junge/Lander/Winkler* § 32 Rn. 4). **Nicht unverzüglich** ist die Mitteilung, wenn nach Änderung der Verhältnisse der Erlaubnisinhaber bewusst die Mitteilung verzögert, so z. B. weil er sich erhofft, die Mängel auszuräumen.

IV. Verstöße des Erlaubnisinhabers gegen Auflagen (§ 32 Abs. 1 Nr. 4 BtMG)

16   **1. Zweck der Vorschrift.** Zur Sicherheit oder zur Kontrolle des Betäubungsmittelverkehrs kann das *BfArM* Bonn die Erteilung einer Erlaubnis von zeitlichen Befristungen, rechtlichen Bedingungen und sonstigen sachlichen Beschränkungen abhängig machen und so den Erlaubnisinhaber zur Einhaltung von Sicherheit und Ordnung im Betäubungsmittelverkehr anhalten. Dies gilt auch für § 10a Abs. 3 BtMG beim Betreiben von Konsumräumen.

17   **2. Umfang des Ordnungswidrigkeitstatbestandes.** Nur wer gegen **Auflagen** des Erlaubnisbescheides verstößt, begeht eine **Ordnungswidrigkeit** nach § 32 Abs. 1 Nr. 4 BtMG. Beachtet ein Erlaubnisinhaber eine **Bedingung, eine Befristung oder sonstige Beschränkung** gem. § 9 BtMG nicht, so handelt er insoweit ohne Erlaubnis, was eine **Strafbarkeit** nach § 29 Abs. 1 BtMG nach sich ziehen kann.

V. Fehlen einer Einfuhr- oder Ausfuhrgenehmigung (§ 32 Abs. 1 Nr. 5 BtMG)

18   **1. Zweck der Vorschrift.** Gem. § 11 BtMG bedarf der Erlaubnisinhaber nach § 3 BtMG im Falle der Ein- oder Ausfuhr von Betäubungsmitteln zusätzlich einer Einfuhr- oder Ausfuhrgenehmigung des *BfArM* in Bonn zur Sicherheit und Kontrolle des Betäubungsmittelverkehrs. Diese Genehmigung muss vor dem Ein- oder Ausfuhrvorgang eingeholt werden.

19   **2. Täterkreis.** Da nur Erlaubnisinhaber eine Einfuhr- bzw. Ausfuhrgenehmigung erhalten können, können auch nur Erlaubnisinhaber gegen § 32 Abs. 1 Nr. 5 BtMG verstoßen. Fehlt die Erlaubnis oder ist sie abgelaufen, so sind die **Straftatbestände** der §§ 29 ff. BtMG und nicht der **Ordnungswidrigkeitstatbestand** zu prüfen.

20   **3. Umfang der Vorschrift.** Das Fehlen einer Einfuhr- bzw Ausfuhrgenehmigung steht einer abgelaufenen oder unwirksamen Genehmigung gleich.

21   **4. Die Konkurrenz von Straftat und Ordnungswidrigkeit.** Wenn ein Betäubungsmittelhändler weder über eine Erlaubnis noch über eine Einzelgenehmigung verfügt, so tritt die Ordnungswidrigkeit hinter die Straftat nach § 29 Abs. 1 S. 1 Nr. 1 i. V. m. § 3 BtMG zurück (§ 21 Abs. 1 S. 1 OWiG).

VI. Zuwiderhandlungen gegen Rechtsverordnungen (§ 32 Abs. 1 Nr. 6 BtMG)

22   **1. Zweck der Vorschrift.** Bei Verstößen gegen die Ordnungswidrigkeitenvorschriften der Rechtsverordnungen von BtMAHV, BtMBinHV, und BtMVV,

soweit sie auf § 32 BtMG verweisen, droht § 32 Abs. 1 Nr. 6 BtMG als Blankett-Vorschrift eine Geldbuße an und will damit die Einhaltung der Sicherheit und Ordnung im Betäubungsmittelverkehr garantieren. Durch Ergänzung der Rechtsverordnungen kann diese Blankett-Vorschrift ohne Änderungen des BtMG stets aktuell bleiben. Die Bußgeldvorschrift entspricht dem Bestimmtheitserfordernis des Art. 103 Abs. 2 GG, da die Voraussetzungen der Verfolgbarkeit, sowie die Art und das Maß der Rechtsfolgen in § 32 BtMG hinreichend deutlich umschrieben sind. Auch die nachfolgend erörterten Vorschriften der Rechtsverordnungen, die auf § 32 BtMG verweisen, umschreiben das Fehlverhalten hinreichend deutlich.

2. Ordnungswidrigkeiten der BtMAHV. § 16 BtMAHV stuft unrichtige 23 oder unvollständige Angaben im Einfuhr- oder Ausfuhrantrag entgegen § 1 Abs. 2 oder § 7 Abs. 2 BtMAHV und unrichtige oder unvollständige Angaben in der Einfuhr- oder Ausfuhranzeige entgegen § 6 Abs. 1 S. 1 oder § 12 Abs. 1 S. 1 BtMAHV (ob vorsätzlich oder fahrlässig) als Ordnungswidrigkeit ein und verweist auf § 32 Abs. 1 Nr. 6 BtMG.

3. Ordnungswidrigkeiten der BtMBinHV. § 7 BtMBinHV stuft unrichtige 24 oder unvollständige Angaben in einem Abgabebeleg, die Nichtausfertigung, Nichtunterzeichnung und nicht vorschriftsmäßige Aufbewahrung von Abgabebelegen und Empfangsbelegen entgegen §§ 1 bis 4 BtMBinHV als Ordnungswidrigkeiten ein und verweist auf § 32 Abs. 1 Nr. 6 BtMG.

4. Ordnungswidrigkeiten der BtMVV. Von zentraler Bedeutung sind im 25 Rahmen der **Blankett-Vorschrift** des § 32 Abs. 1 Nr. 6 BtMG die Ordnungswidrigkeiten, die aufgrund § 13 Abs. 3 S. 2 Nr. 2, Nr. 3 und Nr. 4 BtMG in der BtMVV geregelt sind, und in § 17 BtMVV zahlreiche vorsätzliche oder fahrlässige formelle Verstöße von Ärzten und Apothekern als Ordnungswidrigkeiten ausweisen und durch Bezugnahme auf § 32 Abs. 1 Nr. 6 BtMG mit Bußgeld bedrohen. Natürlich können die Sicherheit und Ordnung im Betäubungsmittelverkehr und bei dem Umgang mit Betäubungsmittelrezepten nur gewährleistet werden, **wenn Formverstöße auch geahndet werden.** In den letzten Jahren hat jedoch eine umfangreiche öffentliche Diskussion eingesetzt, ob tatsächlich so viele Ordnungswidrigkeitentatbestände erforderlich sind und **ob nicht ärztliche Fortbildung und Auflagen der Erlaubnisbehörde** oder Standesvertretung **wirkungsvoller sind als kosten- und zeitaufwendige juristische Streitigkeiten** um die Höhe von Bußgeldern. Denn eine Inflation von Straf- und Bußgeldvorschriften, die **Ärzte und Apotheker in Buchhalter umwandeln** wollen, kann **kontraproduktiv** wirken, dass sie nicht mehr ernst genommen werden. Während schwarze Schafe unter den substituierenden Ärzten wegen schwerwiegender Verstöße mit Strafvorschriften wirksam verfolgt werden, sind **Bußgeldverfahren** aus diesem Bereich **bei der Justiz eine Rarität.** Im Vergleich zu den schweren Verstößen gegen die Rahmenordnungsvorschriften für die Betäubungsmittelverschreibung, die in § 16 BtMVV aufgezählt sind, **bedroht der § 17 BtMVV bloße begleitende Ordnungsverstöße** gegen die BtMVV als Ordnungswidrigkeiten mit Bußgeld.

a) § 17 Nr. 1 BtMVV. § 17 Nr. 1 BtMVV bedroht die Nichtangabe, die for- 26 mell nicht richtige Angabe, die inhaltlich nicht richtige Angabe und die nicht vollständige Angabe in zahlreichen Fällen der Anwendung der BtMVV als Ordnungswidrigkeit, sofern der Verstoß vorsätzlich oder leichtfertig erfolgt. Wer **entgegen § 5 Abs. 9 S. 2 und S. 3 BtMVV i. V. m. § 5 Abs. 12 BtMVV bei der Ausstellung einer Substitutionsbescheinigung** von Patienten, die die Praxis des substituierenden Arztes wechseln, die Personalien des Patienten, das Ausstellungsdatum, das Substitutionsmittel, die Tagesdosis, den Beginn der Verschreibung/Abgabe der Betäubungsmittel, die Gültigkeitsdauer der Bescheinigung oder die Personalien, die Anschrift und die Telefonnummer des ausstellenden Arztes und des neuen Arztes nicht vermerkt oder die Bescheinigung nicht unterschreibt, begeht eine Ordnungswidrigkeit nach § 17 Nr. 1 BtMVV. Wer entgegen § 5 a Abs. 2

S. 1 bis S. 4 BtMG die notwendigen Meldungen über die Verschreibung von Substitutionsmitteln an das Bundesinstitut unterlässt, begeht eine Ordnungswidrigkeit nach § 17 Nr. 1 BtMVV.

27　　Wer **bei dem Verschreiben und der Abgabe von Betäubungsmitteln für die Ausrüstung von Kauffahrteischiffen** auf den Betäubungsmittelrezepten entgegen § 7 Abs. 1 S. 2 BtMVV nicht den Namen des Schiffes, des Reeders und des Heimathafens des Schiffes angibt, wie in § 7 Abs. 4 Nr. 4 bis Nr. 6 BtMVV gefordert, begeht eine Ordnungswidrigkeit nach § 17 Nr. 1 BtMVV. Gleiches gilt für denjenigen, der eine **Notfallverschreibung** ohne die für ein Betäubungsmittelrezept nach § 9 Abs. 1 BtMVV erforderlichen Angaben ausstellt (Verstoß gegen § 8 Abs. 6 S. 2 BtMVV) und denjenigen, der bei **Ausstellung eines Betäubungsmittelrezeptes** die nach § 9 Abs. 1 BtMVV erforderlichen Angaben Nr. 1 bis Nr. 9 unterlässt, fehlerhaft ausfüllt, vor- oder falsch datiert, nicht oder falsch unterschreibt (Verstoß gegen § 9 Abs. 1 i. V. m. § 2 Abs. 2 S. 2, § 4 Abs. 2 S. 2, § 5 Abs. 4 S. 1, § 7 Abs. 5 S. 3 und § 8 Abs. 6 S. 5 BtMG)). Ob das **Vergessen des Buchstabens S für Substitution, K für Kauffahrteischiffe, N für Notfallverschreibung** ein Bußgeld bis zu 25.000,– € rechtfertigt, erscheint zweifelhaft. Wer bei **Ausstellung eines Betäubungsmittelanforderungsscheins** die wesentlichen Angaben des § 11 Abs. 1 BtMVV unterlässt, verhält sich ordnungswidrig i. S. v. § 17 Nr. 1 BtMVV. Wer bei der **Abgabe von Betäubungsmitteln auf Teil I des Verschreibungsformulars** oder der Stationsverschreibung nicht den Namen und die Anschrift der Apotheke, das Abgabedatum und das Namenszeichen des Abgebenden vermerkt, verstößt gegen § 12 Abs. 3 BtMVV und begeht eine Ordnungswidrigkeit i. S. v. § 17 Nr. 1 BtMVV.

28　　**b) § 17 Nr. 2 BtMVV.** Nach § 5 Abs. 10 BtMVV hat ein substituierender Arzt alle durchgeführten Maßnahmen nach § 5 Abs. 1 bis Abs. 9 und § 12 BtMVV zu dokumentieren und der zuständigen Landesbehörde die Dokumentation auf Verlangen zur Einsicht vorzulegen. Eine sorgfältige Dokumentation belegt regelmäßig eine gewissenhafte Berufsausübung. § 16 BtMVV stuft aber nur Verstöße gegen § 5 Abs. 1 oder § 5 Abs. 4 S. 2 BtMVV als Straftaten ein. Nach § 17 Nr. 2 BtMVV sind Verstöße gegen § 5 Abs. 10 BtMVV Ordnungswidrigkeiten. Wer entgegen § 5 Abs. 10 BtMVV die Substitutionsbehandlung mit Betäubungsmitteln nicht vollständig dokumentiert oder die **Dokumentation der Substitutionsbehandlung** der zuständigen Landesbehörde nicht zur Einsicht und Auswertung vorlegt, begeht eine Ordnungswidrigkeit i. S. v. § 17 S. 1 Nr. 2 BtMVV, der auf § 32 Abs. 1 Nr. 6 BtMG verweist.

29　　**c) § 17 Nr. 3 BtMVV.** Die **Verwendung nicht gültiger amtlicher Formulare** ist ebenfalls bußgeldpflichtig. Wer Betäubungsmittel auf einem nicht gültigen dreiteiligen amtlichen Formblatt verschreibt, verstößt gegen § 8 Abs. 1 S. 1 BtMVV und wer Betäubungsmittel für den Stationsbedarf auf einem nicht gültigen dreiteiligen amtlichen Formblatt anfordert oder verschreibt, verstößt gegen § 10 Abs. 1 S. 1 BtMVV.

30　　**d) § 17 Nr. 4 BtMVV.** Wer entgegen § 8 Abs. 3 BtMVV **Betäubungsmittelrezepte** an andere **überträgt** oder nicht benötigte Betäubungsmittelformulare **verliert, vernichtet oder nicht** an das BfArM in Bonn **zurückgibt,** begeht eine Ordnungswidrigkeit nach § 17 Nr. 4 BtMVV.

31　　**e) § 17 Nr. 5 BtMVV.** Wer die **Betäubungsmittelrezeptformulare nicht gegen die Entwendung sichert** und wer den **Verlust** von Betäubungsmittelrezepten **nicht** der zuständigen obersten Landesbehörde **unverzüglich anzeigt,** verstößt gegen § 8 Abs. 4 BtMVV und begeht eine Ordnungswidrigkeit nach § 17 Nr. 5 BtMVV. Wer die Betäubungsmittelformulare nicht unter Verschluss aufbewahrt, sondern unbeaufsichtigt liegen lässt, sichert sie nicht ausreichend gegen Entwendung. Eine Verlustanzeige ist dann unverzüglich, wenn sie ohne schuldhafte Verzögerung erfolgt.

f) § 17 Nr. 6 BtMVV. Ein Arzt, der entgegen § 8 Abs. 5 BtMVV die Teile III **32** einer **Betäubungsmittelverschreibung** oder die Teile I bis III fehlerhaft ausgefertigter Betäubungsmittelrezepte **nicht vorschriftsmäßig aufbewahrt,** ein Arzt, der entgegen § 10 Abs. 4 BtMVV die Stationsverschreibungen nicht vorschriftsmäßig aufbewahrt, oder ein Apothekenleiter, der entgegen § 12 Abs. 4 S. 1 BtMVV die Betäubungsmittelverschreibung nicht vorschriftsmäßig aufbewahrt, begeht eine Ordnungswidrigkeit nach § 17 Nr. 6 BtMVV.

g) § 17 Nr. 7 BtMVV. Wer einer **Notfallverschreibung** entgegen § 8 Abs. 6 **33** S. 4 BtMVV nicht unverzüglich an die Apotheke ein ordnungsgemäßes Betäubungsmittelrezept nachreicht, begeht eine Ordnungswidrigkeit nach § 17 Nr. 7 BtMVV.

h) § 17 Nr. 8 BtMVV. Wer keine **Nachweise über die Weitergabe von 34 Betäubungsmittelanforderungsscheinen** führt, verstößt gegen § 10 Abs. 3 S. 3 BtMVV und begeht eine Ordnungswidrigkeit nach § 17 Nr. 8 BtMVV.

i) § 17 Nr. 9 BtMVV. Wer den Vorschriften der BtMVV über die Führung **35** von Aufzeichnungen, deren Prüfung und deren Aufbewahrung zuwiderhandelt, begeht eine Ordnungswidrigkeit nach § 17 Nr. 9 BtMVV. Wer den Nachweis vom Verbleib und Bestand von Betäubungsmitteln in den in § 1 Abs. 3 BtMVV genannten Einrichtungen **(Apotheken, Arztpraxen, Krankenhausstationen, Krankenhausapotheken, Ambulanzen und Rettungsdienste)** nicht den amtlichen Formblättern oder Betäubungsmittelbüchern fortlaufend führt, verstößt gegen § 13 Abs. 1 S. 1 BtMVV. Von einer **fortlaufenden Nachweisführung des Bestandes** kann nur die Rede sein, wenn die Zugänge und Abgänge unmittelbar danach eingetragen wurden (*BayObLG* NJW 1992, 1577). Wer die Eintragungen über Zugänge und Bestände von Betäubungsmitteln sowie die Übereinstimmung der Bestände mit den geführten Nachweisen – nicht wie im Einzelnen vorgeschrieben – prüft, verstößt gegen § 13 Abs. 2 BtMVV. Wer die Karteikarten, Betäubungsmittelbücher und EDV-Ausdrucke nicht drei Jahre in den genannten Einrichtungen aufbewahrt, verstößt gegen § 13 Abs. 3 BtMVV. Wer **beim Nachweis vom Verbleib und Bestand von Betäubungsmitteln unvollständige Angaben macht,** verstößt gegen § 14 und begeht eine Ordnungswidrigkeit. Niedergelassene Ärzte oder Klinikärzte, die sich aus für Patienten bestimmten Betäubungsmittelbeständen einer Schmerzbehandlung selbst bedienen, um ihre eigene Betäubungsmittelsucht zu stillen, machen sich nicht nur wegen der Betäubungsmittelverschaffung nach dem BtMG strafbar, sondern verstoßen mit den Falscheintragungen gegen § 13 BtMVV und begehen auch eine OWi nach § 17 Nr. 9 BtMVV, die nach § 32 Abs. 1 Nr. 6 BtMG mit Bußgeld bedroht ist.

j) § 17 Nr. 10 BtMVV. Erfüllt ein Arzt entgegen § 5 Abs. 2 Nr. 6 BtMVV die **36** Mindestanforderungen für eine suchttherapeutische Qualifikation nicht und/oder behandelt im Einzelfall ohne Abstimmung mit einem Konziliarius i. S. v. § 5 Abs. 3 Nr. 2 und Nr. 3 BtMVV, so handelt er vorsätzlich oder leichtfertig ordnungswidrig i. S. v. § 32 Abs. 1 Nr. 6 BtMG **(Substitutionsbehandlung ohne ausreichende berufliche Qualifikation).** Nach der Änderung von § 17 Nr. 10 BtMVV durch die 23. BtMÄndV vom 19. 3. 2009 (BGBl. I, S. 560) und durch Gesetz zur diamorphingestützten Substitutionsbehandlung vom 15. 7. 2009 (BGBl. I, S. 1801) gilt die Vorschrift jetzt auch für Ärzte, die Substitutionsmittel verschreiben, ohne die diamorphinspezifischen Anforderungen an die Qualifikation nach § 5 Abs. 9a S. 2 BtMVV zu erfüllen.

VII. Unberechtigte Betäubungsmittelabgabe bzw. Verstöße gegen Melde- und Bestätigungspflichten bei der Abgabe (§ 32 Abs. 1 Nr. 7 BtMG)

1. Zweck der Vorschrift. Der Tatbestand dient dazu, zur Einhaltung von Si- **37** cherheit und Kontrolle im Betäubungsmittelverkehr den Abgebenden zur strengen Prüfung der Erwerbsberechtigung zu verpflichten und die Meldepflichten genau zu beachten. Der Erlaubnisinhaber darf Betäubungsmittel nur im Rahmen des § 12 Abs. 1 und Abs. 3 BtMG abgeben.

38   **2. Geltungsbereich der Vorschrift.** § 32 Abs. 1 Nr. 7 BtMG gilt **nur für den legalen Betäubungsmittelverkehr von Erlaubnisinhabern** gem. § 12 Abs. 1 BtMG. Die Abgabe von Betäubungsmitteln aufgrund von Verschreibung in einer Apotheke wird durch die BtMVV und die BtMBinnHV, aber nicht durch § 32 Abs. 1 Nr. 7 BtMG erfasst. Ist der Täter **kein Erlaubnisinhaber,** so kommt sowohl bei dem Abgebenden als auch bei dem Erwerbenden **§ 29 Abs. 1 BtMG** in Betracht. Die Strafvorschriften verdrängen fast regelmäßig den Bußgeldtatbestand.

39   Auch **verzögerte, unrichtige oder unvollständige Meldungen** verstoßen gegen § 12 Abs. 2 BtMG und sind ordnungswidrig nach § 32 Abs. 1 Nr. 7 BtMG.

VIII. Nichtkennzeichnung von Betäubungsmitteln (§ 32 Abs. 1 Nr. 8 BtMG)

40   **1. Zweck der Vorschrift.** Mit dieser Bußgeldvorschrift sollen die befugten Teilnehmer am Betäubungsmittelverkehr zur sorgfältigen Kennzeichnung von Betäubungsmitteln auf Verpackungen und Behältnissen, in Informations- und Werbedrucksachen angehalten werden und unvollständige, irreführende, unleserliche oder nicht aktuelle Kennzeichnungen mit Buße belegt werden.

41   **2. Geltungsbereich.** Die Kennzeichnungs- und Werbungsvorschriften im legalen Betäubungsmittelverkehr ergeben sich aus § 14 Abs. 1 bis Abs. 4 BtMG. Verstöße hiergegen stellen eine Ordnungswidrigkeit nach § 32 Abs. 1 Nr. 8 BtMG dar. Die illegale Werbung entgegen § 14 Abs. 5 BtMG ist in § 29 Abs. 1 Nr. 8 BtMG als Vergehen strafbar.

IX. Verstöße gegen Anordnungen des BfArM (§ 32 Abs. 1 Nr. 9 BtMG)

42   Das *BfArM* kann nach § 15 BtMG gegenüber dem Erlaubnisinhaber Sicherheitsmaßnahmen anordnen, deren Missachtung eine Ordnungswidrigkeit nach § 32 Abs. 1 Nr. 9 BtMG darstellt.

X. Nicht ordnungsgemäße Vernichtung von Betäubungsmitteln (§ 32 Abs. 1 Nr. 10 BtMG)

43   **1. Zweck der Vorschrift.** Die Vernichtung von nicht mehr verkehrsfähigen oder nicht mehr benötigten Betäubungsmitteln ist im § 16 BtMG geregelt. Der Ordnungswidrigkeitstatbestand soll gewährleisten, dass nicht mehr benötigte Betäubungsmittel keine Gefahren für die Bevölkerung hervorrufen.

44   **2. Voraussetzungen.** Nicht mehr verkehrsfähig sind Betäubungsmittel, die aufgrund ihrer Zusammensetzung, ihres Alters oder aufgrund von Einwirkungen oder Einflüssen im legalen Betäubungsmittelverkehr als nicht mehr brauchbar, sondern als verdorben angesehen werden müssen.

45   Die Ordnungswidrigkeit begeht, wer bei der Vernichtung der Betäubungsmittel die Formvorschrift des § 16 Abs. 1 BtMG missachtet. Der Eigentümer muss die Vernichtung in Gegenwart von 2 Zeugen in einer Weise vornehmen lassen, die einen Missbrauch oder eine Wiedergewinnung der nicht verkehrsfähigen Betäubungsmittel ausschließt. Der nicht vorschriftsmäßigen Vernichtung steht die Nichtanfertigung einer Vernichtungsniederschrift, die Nichtaufbewahrung oder Nichtweitergabe dieser Niederschrift gleich (§ 32 Abs. 1 Nr. 10 BtMG).

46   **3. Täterkreis.** Da den Eigentümer der nicht verkehrsfähigen Betäubungsmittel die Verpflichtung zur Vernichtung trifft, kann er allein auch die Ordnungswidrigkeit nach § 32 Abs. 1 Nr. 10 BtMG begehen.

XI. Nichtführung oder Nichtaufbewahrung von Aufzeichnungen (§ 32 Abs. 1 Nr. 11 BtMG)

1. Voraussetzungen. Der Erlaubnisinhaber muss gem. § 17 BtMG in sog. Be- **47** täubungsmittelbüchern den Ein- und Ausgang von Betäubungsmitteln in seinen Betriebsstätten aufzeichnen. Die Aufzeichnungen müssen richtig und vollständig sein. Die Betäubungsmittelbücher sind drei Jahre aufzubewahren.

2. Täterkreis. Täter dieses Tatbestandes können nur Erlaubnisinhaber sein. So- **48** weit Apotheker oder andere Personen diese Pflichten nach dem BtMVV verletzen, gilt ergänzend § 32 Abs. 1 Nr. 6 BtMG.

XII. Verstöße gegen die Meldepflichten (§ 32 Abs. 1 Nr. 12 BtMG)

1. Zweck der Vorschrift. § 18 BtMG verpflichtet die legalen Teilnehmer am **49** Betäubungsmittelverkehr regelmäßig zu umfangreichen Meldungen auf den vom *BfArM* herausgegebenen Formblättern (vgl. § 18 Abs. 1 Nr. 1 bis Nr. 12 BtMG). Die Meldungen müssen **richtig, vollständig und termingerecht** erfolgen. Die Missachtung dieser Pflichten stellt sich als Ordnungswidrigkeit i. S. v. § 32 Abs. 1 Nr. 12 BtMG dar.

2. Täterkreis. Als Täter kommt nur der/die Erlaubnisinhaber(in) in Betracht. **50**

XIII. Nichtduldung von Kontrollen und die Nichtunterstützung der Kontrollpersonen (§ 32 Abs. 1 Nr. 13 BtMG)

1. Zweck der Vorschrift. Die legalen Teilnehmer am Betäubungsmittelver- **51** kehr und die Hersteller ausgenommer Zubereitungen werden durch § 24 BtMG verpflichtet, die Kontrollmaßnahmen gem. §§ 22 u. 23 BtMG zu dulden und die Kontrollpersonen zu unterstützen. Dennoch findet diese Mitwirkungspflicht insoweit ihr Ende, als der Verdächtige nicht zu seiner Überführung im Strafverfahren oder Ordnungswidrigkeitenverfahren beitragen muss. Dennoch muss er die Kontrollmaßnahmen dulden.

2. Täterkreis. Auch diese Ordnungswidrigkeit kann nur vom Erlaubnisinhaber **52** begangen werden.

XIV. Nichteinhaltung der Formalien beim Anbau von Nutzhanf (§ 32 Abs. 1 Nr. 14 BtMG)

1. Zweck der Vorschrift. Die Bußgeldvorschrift soll nicht nur die Sicherheit **53** und Ordnung im Betäubungsmittelverkehr gewährleisten, sondern den erlaubten Anbau von Nutzhanf in bestimmten Grenzen halten. Die Kontrollbehörde ist insoweit nicht das *BfArM*, sondern die *Bundesanstalt für Landwirtschaft und Ernährung (BLE)* in Frankfurt. Der Anbau von Nutzhanf ist der *BLE* bis zum 15. Juni jedes Anbaujahres anzuzeigen. Werden bei dieser Anzeige die in § 24 a BtMG genannten Formalien missachtet, so liegt eine Ordnungswidrigkeit nach § 32 Abs. 1 Nr. 14 BtMG vor.

2. Täterkreis. Nur befugte Unternehmen der Landwirtschaft, die die Voraus- **54** setzungen des lit. d des auf die Position Cannabis folgenden Spiegelstrichs in Anl. I erfüllen, können sich bußgeldpflichtig machen. Bauen andere Personen zulässige, THC-arme Nutzhanfsorten an oder bauen befugte Landwirte unzulässige, nicht zertifizierte THC-haltige Hanfsorten an, so machen sie sich wegen unerlaubten Anbaues von Betäubungsmitteln nach § 29 Abs. 1 Nr. 1 BtMG strafbar.

XV. Postversand von Betäubungsmitteln (§ 32 Abs. 1 Nr. 15 BtMG)

1. Zweck der Vorschrift. Da der Postweg ein beliebter Betäubungsmittel- **55** schmuggelweg darstellt, kontrollieren die Luftleitstellen der Post und der Zollbehörden auf deutschen Flughäfen verstärkt die ein- und ausgehenden Postsendungen und Container nach versteckten Betäubungsmittelmengen. Da die wenig sicher verschlossenen Briefsendungen, Drucksachen und Päckchen, die Betäubungsmittel enthalten, aber selbst im legalen internationalen Betäubungsmittelverkehr wegen leichter Beschädigung der Postsendungen und wegen unkontrollierbarer Betäubungsmittelverluste die Volksgesundheit gefährden können, ist nach dem Weltpostvertrag v. 14. 9. 1994 auch der internationale Versand von Betäubungsmitteln im legalen Betäubungsmittelverkehr in Päckchen, Briefsendungen, Drucksachen und Warenproben verboten und Verstöße gegen diese Verbote sind mit einem Bußgeld bedroht.

56   **2. Voraussetzungen.** Zwar ist nach dem Weltpostvertrag v. 14. 9. 1994 der internationale Versand von Betäubungsmitteln in Päckchen, Briefsendungen und Drucksachen verboten. Wer gegen dieses Verbot verstößt und Betäubungsmittel vom Inland ins Ausland oder umgekehrt versendet, kann gem. § 32 Abs. 1 Nr. 15 BtMG mit einem Bußgeld belegt werden. Nach Art. 26 Nr. 5.1 des **Weltpostvertrages** v. 14. 9. 1994 (BGBl. II [1998], S. 2082; in Kraft getreten am 8. 11. 2002 (BGBl. II [2003], S. 327; vgl. auch Gesetz v. 18. 6. 2002 zu den Verträgen vom 15. 9. 1999 des Weltpostvereins, BGBl. II, S. 1446), dürfen Betäubungsmittel aber **zu medizinischen, wissenschaftlichen (medizinische oder pharmazeutische Erforschung der Wirkungen von Betäubungsmitteln auf Patienten) oder sonstigen ähnlichen öffentlichen Interessen (Untersuchungszwecke zur polizeilichen Überführung der Adressaten) in Postpaketen versandt werden.** Diese Vorschriften entsprechen sowohl dem **Ausnahmebedürfnis des § 3 Abs. 2 BtMG** als auch der mit einer Paketversendung verbundenen besseren Missbrauchsabsicherung.

57   Der **innerdeutsche Postverkehr** ist bislang **nicht besonders geregelt.** Sofern die Postbeförderung von Betäubungsmitteln im Inland **legalen Zwecken** von Erlaubnisinhabern oder von erlaubnisbefreiten Personen dient, ist dies **weder strafbar noch bußgeldpflichtig.** Sofern die innerdeutsche Postbeförderung von Betäubungsmitteln **unerlaubt im Inland** stattfindet, stellt dies einen **strafbaren Verstoß gegen das BtMG** in Form von unerlaubter Abgabe, unerlaubtem Handeltreiben, unerlaubter Veräußerung oder unerlaubtem Inverkehrbringen nach § 29 Abs. 1 S. 1 BtMG dar.

XVI. Belieferung von Betäubungsmittelrezepten, die nicht der BtMVV entsprechen

58   Nach § 16 Abs. 2 Nr. 1 a BtMVV 1978 war es nach § 11 Abs. 1 Nr. 10 b BtMG strafbar, wenn ein Apotheker Betäubungsmittel auf eine Verschreibung abgab, die nicht der BtMVV entsprach. Eine derartige Bestimmung wurde weder in §§ 10, 11 BtMVV 1982, noch in den §§ 11, 12 BtMVV 1993 aufgenommen, so dass eine Strafbarkeit nach § 29 Abs. 1 S. 1 Nr. 14 BtMG ebenso wenig in Betracht kommt wie nach § 29 Abs. 1. S. 1 Nr. 7 BtMG. Der Verstoß eines Apothekers gegen § 7 Abs. 1 BtMVV a. F. bzw. § 12 Abs. 1 BtMVV n. F. ist nicht einmal ordnungswidrig.

C. Subjektiver Tatbestand

59   § 32 BtMG bedroht nicht nur **Vorsatz,** sondern auch **Fahrlässigkeit** (§ 32 Abs. 1 BtMG), teilweise nur grobe Fahrlässigkeit (Leichtfertigkeit) mit Bußgeld (§ 17 BtMVV).

D. Versuch

60   Gem. § 13 Abs. 2 OWiG wird die versuchte Ordnungswidrigkeit nicht verfolgt.

E. Rechtsfolgen

61   Die Höhe der Geldbuße reicht bei Vorsatz von 5 € (§ 17 Abs. 1 OWiG) bis zu 25.000 € (§ 32 Abs. 2 BtMG), bei Fahrlässigkeit von 5,– € bis zu 12.500,– € (§ 17 Abs. 2 OWiG).

In der Rspr. ist anerkannt, dass bei der Verhängung einer hohen Geldbuße die **62** Leistungsfähigkeit des Täters stets berücksichtigt werden muss, weil es von ihr abhängt, wie empfindlich und damit nachhaltig die Geldbuße den Täter trifft (*Göhler* § 17 Rn. 22; *BayObLG* VRS 59, 356; *Koblenz* VRS 70, 224). Deshalb ist es regelmäßig erforderlich, die wirtschaftlichen Verhältnisse des Betroffenen aufzuklären.

F. Konkurrenzen

Treffen mehrere Ordnungswidrigkeiten zusammen, so kommen Tateinheit bzw. **63** Tatmehrheit (§§ 19, 20 OWiG) in Betracht. Stellt eine Tat sowohl Straftat wie Ordnungswidrigkeit dar, so tritt die Ordnungswidrigkeit zurück (§ 21 Abs. 1 S. 1 OWiG).

G. Verfahren

I. Zuständigkeit

Zwar können die Landesbehörden bei Verstößen nach § 32 BtMG einschreiten. **64** Zentrale sachbearbeitende Verwaltungs- und Bußgeldbehörde ist jedoch das *Bundesinstitut für Arzneimittel und Medizinprodukte (BfArM)* in 53113 Bonn, Friedrich Ebert Allee 38 (§ 19 Abs. 1 und Abs. 2, § 32 Abs. 3 BtMG), soweit das Gesetz von ihm ausgeführt wird. In den Fällen des § 32 Abs 1 Nr 14 BtMG ist Verwaltungs- und Bußgeldbehörde die *Bundesanstalt für Landwirtschaft und Ernährung (BLE)* in Frankfurt (§§ 19 Abs 3, 24 Abs 4, 32 Abs 3 BtMG).

II. Opportunitätsprinzip

Das Gesetz über Ordnungswidrigkeiten (OWiG) findet Anwendung. Für die **65** Verfolgung von Ordnungswidrigkeiten gilt jedoch nicht das Legalitätsprinzip, sondern das **Opportunitätsprinzip** (§ 47 OWiG).

III. Verjährung

Bei Vorsatz verjährt die Ordnungswidrigkeit in 3 Jahren, bei Fahrlässigkeit in **66** 2 Jahren (§ 31 Abs. 2 Nr. 1 und Nr. 2 OWiG).

Erweiterter Verfall und Einziehung

33 (1) § 73 d des Strafgesetzbuches ist anzuwenden

1. in den Fällen des § 29 Abs. 1 Satz 1 Nr. 1, 5, 6, 10, 11 und 13, sofern der Täter gewerbsmäßig handelt, und
2. in den Fällen der §§ 29 a, 30 und 30 a.

(2) ¹**Gegenstände, auf die sich eine Straftat nach den §§ 29 bis 30 a oder eine Ordnungswidrigkeit nach § 32 bezieht, können eingezogen werden.** ²**§ 74 a des Strafgesetzbuches und § 23 des Gesetzes über Ordnungswidrigkeiten sind anzuwenden.**

Übersicht

A. Einführung

I. Regelungsumfeld

1   Vor dem Hintergrund eines besorgniserregenden Ausmaßes des illegalen Betäubungsmittelhandels und der zunehmenden Ausbreitung der organisierten Kriminal-
lität wird den kriminalpolitischen Instrumenten zur Abschöpfung von Gewinnen
aus Straftaten national wie international ganz zu Recht größte Bedeutung beigemessen. Dem liegt nicht nur die generalpräventive Erwägung zugrunde, dass neben
die abschreckende Wirkung der Strafe die Erkenntnis des potentiellen, nach wirtschaftlichen Gesichtspunkten kalkulierenden Drogenhändlers treten soll, dass sich
Rauschgiftverbrechen (zumindest auf Dauer) nicht auszahlen. Hinzu kommt, dass
kriminelle Organisationen Gewinne aus Drogengeschäften in ihre zweifelhafte
wirtschaftliche Betätigung und damit wiederum in neue Drogengeschäfte investieren. Ausgehend hiervon gilt es, **dem Drogenhändler die materielle Basis** seiner Geschäfte weitestgehend **zu entziehen**. Wegen ihrer durchaus anspruchsvollen
Ausgestaltung werden die geltenden Einziehungs- und Verfallvorschriften in der
Praxis freilich nicht in jedem Fall hinreichend angewandt, ihr Potential noch nicht
immer vollständig ausgeschöpft (vgl. *Eberbach* NStZ 1987, 486, 490). Einziehung
und Verfall gehören zu den Maßnahmen im Sinne des § 11 Abs. 1 Nr. 8 StGB.

II. Historische Entwicklung

2   Eine wesentliche Änderung haben die Verfallvorschriften aufgrund des **Gesetzes
zur Änderung des Außenwirtschaftsgesetzes, des Strafgesetzbuches und
anderer Gesetze** vom 28. 2. 1992 (BGBl. I S. 372) erfahren. Der Begriff des
Vermögensvorteils in den §§ 73, 73 a StGB und § 29 a OWiG ist durch den den
erlangten Etwas ersetzt worden. Hintergrund der Änderung war der beabsichtigte Übergang vom sog. Netto- zum **Bruttoprinzip**, also das Ziel, dem Täter die
Gesamtheit des aus der Tat Erlangten zu entziehen, ohne etwaige Aufwendungen
und Kosten verfallmindernd in Ansatz bringen zu müssen (vgl. BT-Drs. 12/899
S. 11). Zwischenzeitlich ist in der höchstrichterlichen Rechtsprechung freilich die
Tendenz erkennbar, die Reichweite vermögensabschöpfender Maßnahmen mit
Blick auf den Schutzzweck der verletzten Strafrechtsnorm zu bestimmen (vgl.

BGHSt. 50, 299 = NStZ 2006, 210 [Kölner Müllskandal]; ähnlich *BGH* NStZ 2010, 339 = NJW 2010, 882 [Verbotene Insidergeschäfte] – dazu *Kudlich/Noltensmaier* wistra 2007, 121; anders BGHSt. 52, 227 = NStZ 2009, 275 = wistra 2008, 387 [unzutreffende Gewinnversprechen]; vgl. auch *Schlösser* NStZ 2011, 121). Im Kontext des BtMG wird diese Entwicklung gleichwohl allenfalls eine untergeordnete Rolle spielen, weil hier – anders als etwa bei einer Bestechung im geschäftlichen Verkehr – stets sowohl die schuldrechtliche Vereinbarung über die Lieferung von Betäubungsmitteln als auch die Vertragsdurchführung selbst strafrechtlich bemakelt sind (vgl. BGHSt. 50, 299 = NStZ 2006, 210 [Kölner Müllskandal]).

Die Regelungen zum **erweiterten** Verfall und zur **Vermögensstrafe** sind **3** durch das **Gesetz zur Bekämpfung des illegalen Rauschgifthandels und anderer Erscheinungsformen der Organisierten Kriminalität** (OrgKG) vom 15. 7. 1992 (BGBl. I S. 1320) eingeführt worden. Zwar setzt auch die Vorschrift des § 73 d StGB den Nachweis einer Straftat voraus. Jedoch brauchen die Verfallobjekte nicht unbedingt aus der abgeurteilten Straftat stammen. Es genügt zudem, dass eine Gesamtschau der Umstände des Einzelfalles die Annahme rechtfertigt, dass die betroffenen Gegenstände für rechtswidrige Taten oder aus ihnen erlangt worden sind. Während das BVerfG die Regelung des § 73 d StGB für verfassungsrechtlich unbedenklich hält und insbesondere einen Verstoß gegen das Schuldprinzip nicht erkennt (BVerfGE 110, 1 = NJW 2004, 2073 = wistra 2004, 255), hat es die Regelung des § 43 a StGB zur Vermögensstrafe im Hinblick auf einen Verstoß gegen das Bestimmtheitsgebot des Art. 103 Abs. 2 GG für verfassungswidrig erklärt (BVerfGE 105, 135 = NJW 2002, 1779 = StV 2002, 247). Dem Gesetzgeber sei es nicht gelungen, *„das verfassungsrechtliche Minimum an gesetzlicher Vorausbestimmung zur Auswahl und Bemessung dieser Strafe bereitzustellen"*. Damit ist zugleich die Regelung des § 30 c BtMG hinfällig geworden (*Hügel/Junge/Lander/Winkler* § 30 c BtMG Rn. 2; *Weber* § 30 c BtMG). Anstelle einer Vermögensstrafe besteht nunmehr allenfalls noch die Möglichkeit der Verhängung einer zusätzlichen Geldstrafe nach Maßgabe des § 41 StGB.

Durch das Gesetz **zur Stärkung der Rückgewinnungshilfe und der Ver- 4 mögensabschöpfung bei Straftaten** vom 28. 10. 2006 (BGBl. I S. 2350) ist die Grundlage für einen Auffangrechtserwerb des Staates in all jenen Fällen geschaffen worden, in denen die Anordnung des Verfalls vor dem Hintergrund entgegenstehender Ansprüche des Verletzten nach § 73 Abs. 1 S. 2 StGB nicht in Betracht kommt. Darüber hinaus ist – den Vorgaben des BVerfG (BVerfGE 110, 1 = NJW 2004, 2073 = wistra 2004, 255: *„Die strafprozessuale ‚Zurückgewinnungshilfe' der §§ 111 b ff. StPO, die Geschädigte die Durchsetzung ihrer aus der Straftat erwachsenen Ersatzansprüche erleichtern soll, bietet wegen der zeitlichen Begrenzung des in § 111 i StPO vorgesehenen Zwangsvollstreckungsprivilegs nur einen unvollkommenen Opferschutz (...). Daher hat der Gesetzgeber – auch unter sozialstaatlichen Aspekten – zu prüfen, ob die Rechte Tatgeschädigter beim erweiterten Verfall nach der Ausdehnung seines Anwendungsbereichs noch hinreichend gewahrt sind."*) folgend – der Anwendungsbereich der Regelung des § 73 Abs. 1 S. 2 StGB auf den erweiterten Verfall nach § 73 d StGB ausgedehnt worden, § 73 d Abs. 1 S. 3 StGB (vgl. dazu BT-Drs. 16/700 S. 20).

III. Völkerrechtliche und europäische Grundlagen

Die Einziehungs- und Verfallvorschriften im Kontext betäubungsmittelrechtli- 5 cher Verstöße basieren vor allem auf

– Art. 37 des **Einheits-Übereinkommens von 1961** über Betäubungsmittel (Single Convention on Narcotic Drugs):

  „Alle Betäubungsmittel, Substanzen und Gegenstände, die zu einem Verstoß im Sinne des Artikels 36 verwendet wurden oder dafür bestimmt waren, können beschlagnahmt oder eingezogen werden."

– Art. 22 Abs. 3 des **Übereinkommens von 1971** über psychotrope Stoffe:

„Alle psychotropen oder sonstigen Stoffe sowie alle Gegenstände, die zu einem Verstoß im Sinne der Absätze 1 und 2 verwendet wurden oder dafür bestimmt waren, können beschlagnahmt oder eingezogen werden."

– Art. 5 des Übereinkommens der Vereinten Nationen gegen den unerlaubten Verkehr mit Betäubungsmitteln und psychotropen Stoffen von 1988 (**Suchtstoffübereinkommen 1988**):

„(1) Jede Vertragspartei trifft die gegebenenfalls notwendigen Maßnahmen, um die Einziehung
a) der aus den in Übereinstimmung mit Artikel 3 Absatz 1 umschriebenen Straftaten stammenden Erträge oder von Vermögensgegenständen, deren Wert demjenigen solcher Erträge entspricht;
b) von Suchtstoffen und psychotropen Stoffen, Material und Gerät oder anderen Tatwerkzeugen, die zur Begehung der in Übereinstimmung mit Artikel 3 Absatz 1 umschriebenen Straftaten verwendet wurden oder bestimmt waren,
zu ermöglichen.

(2) Jede Vertragspartei trifft auch die gegebenenfalls notwendigen Maßnahmen, um es ihren zuständigen Behörden zu ermöglichen, die in Absatz 1 genannten Erträge, Vermögensgegenstände, Tatwerkzeuge oder andere Sachen zu ermitteln, einzufrieren oder zu beschlagnahmen, damit sie gegebenenfalls eingezogen werden können. (…)"

– Art. 2 des Rahmenbeschlusses 2005/212/JI des Rates vom 24. Februar 2005 über die Einziehung von Erträgen, Tatwerkzeugen und Vermögensgegenständen aus Straftaten (ABl. L Nr. 68 S. 49):

„(1) Jeder Mitgliedstaat trifft die erforderlichen Maßnahmen, um sicherzustellen, dass Tatwerkzeuge und Erträge aus Straftaten, die mit einer Freiheitsstrafe von mehr als einem Jahr bedroht sind, oder Vermögensgegenstände, deren Wert diesen Erträgen entspricht, ganz oder teilweise eingezogen werden können."

IV. Praktische Bedeutung und Rechtsnatur

6   **1. Statistik.** Die praktische Bedeutung der Verfall- und Einziehungsregelungen darf gerade im Einzugsbereich der Betäubungsmittelkriminalität nicht unterschätzt werden; ein erheblicher Anteil der gesamten Einziehungsanordnungen erfolgt im Zusammenhang mit Straftaten nach dem BtMG; gleiches gilt für die Vermögensabschöpfung nach Maßgabe der §§ 73 ff. StGB:

Jahr	Gesamt		Straftaten nach dem BtMG	
	Einziehung	Verfall*	Einziehung	Verfall*
2006	25.536	*2.252*	15.008	*1.575*
2007	32.865	*2.704*	18.073	*1.905*
2008	37.086	*2.772*	21.831	*2.019*
2009	34.346	*2.821*	20.918	*1.953*

Quelle: Statistisches Bundesamt, Strafverfolgung – Fachserie 10 Reihe 3 (2006–2009)

* „Verfall und Einziehung insgesamt" (Tabelle 5.2) abzgl. „Einziehung zusammen" (Erwachsene und Heranwachsende, ohne „Verfall oder Einziehung – Jugendliche").

7   **2. Einordnung.** Die Vorschrift des § 33 BtMG wird in der Praxis vielfach missverstanden und demzufolge falsch angewandt. Die Einordnung in das BtMG mag zu der Annahme verleiten, diese Bestimmung ermögliche den Zugriff auf Betäubungsmittel, Tatwerkzeuge und sonstige Gegenstände, ja sogar auf die Erlöse aus Betäubungsmittelgeschäften, ohne dass es auf die allgemeinen Bestimmungen des StGB überhaupt noch ankäme. Tatsächlich gelten die §§ 73 und 74 StGB auch

in Betäubungsmittel-Sachen. Die Vorschrift des § 33 Abs. 1 BtMG erklärt die Regelung des § 73 d StGB (erweiterter Verfall) auch für bestimmte Verstöße nach dem BtMG für anwendbar. § 33 Abs. 2 BtMG ergänzt die Einziehungsvorschriften der §§ 74 ff. StGB. Die Einziehung von Tatwerkzeugen (*instrumenta sceleris*) und Tatprodukten (*producta sceleris*) ist Regelungsgegenstand des § 74 StGB. Die Sonderregelung des § 33 Abs. 2 BtMG erweitert die Einziehungsvorschriften der §§ 74 ff. StGB auf die sog. Beziehungsgegenstände, also solche Gegenstände, die notwendige Bestandteile einer Straftat sind, ohne Tatwerkzeug und Tatprodukt zu sein.

3. Rechtsnatur. Der Charakter von Einziehung und Verfall ist weitgehend umstritten. Teilweise wird eine präventive aber auch eine strafende Komponente hervorgehoben. Richtigerweise wird man in Bezug auf den Verfall freilich nicht von einer *Strafe im eigentlichen Sinne*, von einer *strafähnlichen Maßnahme* oder von einer *Maßnahme mit Strafcharakter* sprechen dürfen (vgl. dazu im Einzelnen *Fischer* § 73 StGB Rn. 2 a ff. m. w. N.). Der Verfall verfolgt vielmehr „vermögensordnende und normstabilisierende Ziele" (BVerfGE 110, 1 = NJW 2004, 2073 = wistra 2004, 255 [zum erweiterten Verfall]; vgl. auch *BGH* NZI 2010, 607 = MDR 2010, 954) und ist damit auch nicht am Schuldgrundsatz zu messen (BVerfG a. a. O.; vgl. auch *Weber* § 33 Rn. 19 ff.; anders – insbesondere vor dem Hintergrund des geltenden Bruttoprinzips – Sch/Sch/*Eser* § 73 Rn. 2 f. sowie Vorbem. § 73 Rn. 12, 19).

Demgegenüber hat die **Einziehung** im Grundsatz durchaus Strafcharakter (vgl. *Albrecht*, Gewinnabschöpfung bei BtM-Delikten [1989], S. 33). Vor dem Hintergrund der vielfältigen Anordnungsmöglichkeiten und insbesondere mit Blick auf die Regelung des § 74 Abs. 2 Nr. 2, Abs. 3 StGB, die allein einen Sicherungszweck verfolgt (*Fischer* § 74 Rn. 2), wird man sich insoweit gleichwohl nicht auf eine einheitliche Bestimmung der Rechtsnatur festlegen dürfen (vgl. Kindhäuser/Neumann/Paeffgen/*Herzog* Vorbem. §§ 73 ff. Rn. 6 ff.; Sch/Sch/*Eser* Vorbem. §§ 73 ff. Rn. 13).

B. Einziehung, Wertersatzeinziehung

I. Einziehung von Beziehungsgegenständen

1. Begriff der Beziehungsgegenstände. In § 74 ff. StGB ist die Einziehung von Tatprodukten und Tatwerkzeugen geregelt. Über § 74 StGB hinaus erlaubt § 33 Abs. 2 BtMG die Einziehung von Beziehungsgegenständen bei Betäubungsmittel-Straftaten nach den §§ 29–30 a BtMG sowie bei Ordnungswidrigkeiten nach § 32 BtMG. **Beziehungsgegenstände** sind solche Gegenstände, auf die sich die Tat bezieht, die den Gegenstand der von der Anklage umschriebenen und vom Gericht festgestellten Tat bilden, ohne dass sie *producta* oder *instrumenta sceleris* sind (BGHSt. 10, 28 = NJW 1957, 351 = LMRR 1956, 38; *BGH* NStZ 1991, 496; *BayObLG* NStZ-RR 1997, 51 = wistra 1997, 109; *BGH* NStZ 2002, 438 = NJW 2002, 1810 = StV 2002, 257). Soweit Betäubungsmittel sichergestellt werden, die nicht Gegenstand der von der Anklage umfassten und vom Gericht festgestellten Tat geworden sind, kommt eine Einziehung nicht in Betracht (*BGH* NStZ 2002, 438 = NJW 2002, 1810 = StV 2002, 25; *BGH* NStZ-RR 2004, 347 = BeckRS 2004, 08124; *BGH*, Beschluss vom 3. 11. 2004 – 2 StR 374/04 = BeckRS 2004, 11976; *BGH*, Beschluss vom 2. 3. 2010 – 3 StR 53/10 = BeckRS 2010, 08154). Geschäftserlöse bzw. Gewinne aus Betäubungsmittel-Geschäften können nicht nach § 33 Abs. 2 BtMG abgeschöpft werden (*BGH*, Beschluss v 8. 8. 1990 – 2 StR 282/90 = BeckRS 1990, 31096720). Auch dem Transport von Betäubungsmitteln dienende Fahrzeuge gehören nicht zu den Beziehungsgegenständen im Sinne des § 33 Abs. 2 BtMG. Die Regelung des § 33 Abs. 2 BtMG i. V. m. § 74 a Nr. 1 StGB bietet auch keine Grundlage für eine Einziehung eines Wohnmobils als Tatfahrzeug im Rahmen der Einfuhr von Betäubungsmitteln. In diesem Fall handelt es sich vielmehr um ein Tatwerkzeug, für das die §§ 74 ff. StGB unmittelbar Anwendung finden (*BGH* NStZ 1991, 496).

11   **2. Betäubungsmittel.** Eine Einziehung von Beziehungsgegenständen kommt nach § 33 Abs. 2 S. 1 BtMG i. V. m. § 74 Abs. 2 Nr. 1 StGB grundsätzlich (vgl. aber § 33 Abs. 2 S. 2 BtMG i. V. m. § 74a StGB) nur in Betracht, wenn *„die Gegenstände zur Zeit der Entscheidung dem Täter oder Teilnehmer gehören oder zustehen".* Der Täter oder Teilnehmer muss daher im Zeitpunkt der Entscheidung **Eigentümer** der einzuziehenden Sache oder Inhaber des der Einziehung unterliegenden Rechts sein (vgl. nur *BGH,* Beschluss vom 2. 3. 2010 – 3 StR 53/10 = BeckRS 2010, 08154 sowie *Fischer* § 74 Rn. 12a). Maßgeblich sind die Eigentumsverhältnisse nach bürgerlichem Recht (*BGH* NStZ 1997, 30 = wistra 1997, 23).

12   **a) Eigentumsverhältnisse. aa) Vorgänge im Inland.** Die Nichtigkeitsfolge des § 134 BGB erfasst beim Erwerb von Betäubungsmitteln im Inland (anders ggf. im Ausland – vgl. BGHSt. 33, 233 = NStZ 1985, 556 = NJW 1985, 2773) nicht nur das schuldrechtliche **Verpflichtungsgeschäft** (vgl. BGHSt. 48, 322 = NStZ 2004, 387 = StV 2003, 612); auch ein **Eigentumserwerb** scheidet aus (vgl. BGHSt. 31, 145 = NJW 1983, 636 = JR 1983, 432; *Weber* § 33 Rn. 82). Hat der Betroffene die Betäubungsmittel im Inland erworben und daher kein Eigentum, sondern nur Besitz erlangt, so unterliegt das Rauschgift – ungeachtet der Eigentumslage – gleichwohl der Einziehung nach § 33 Abs. 2 S. 2 BtMG i. V. m. § 74a Nr. 1 StGB, weil der Eigentümer im Regelfall mehr als nur leichtfertig dazu beigetragen hat, dass die Betäubungsmittel Gegenstand der Straftat geworden sind.

13   Hat der Betroffene an den Betäubungsmitteln durch Herstellung, Vermischung oder Verarbeitung im Inland Eigentum erlangt (§§ 947ff. BGB), so erfolgt die Einziehung nach § 33 Abs. 2 S. 1 BtMG (*Eberbach,* NStZ 1985, 295, Fall II 1).

14   **bb) Vorgänge im Ausland.** Hat der Betroffene Betäubungsmittel im Ausland zum Weiterverkauf entgeltlich übernommen, so hat er nach dem Weltrechtsprinzip (§ 6 Nr. 5 StGB) oder nach § 7 Abs. 2 StGB als Deutscher oder Ausländer im Ausland eine vorsätzliche rechtswidrige Tat im Sinne des § 74 Abs. 1 StGB begangen und gegen § 29 oder 30 BtMG verstoßen. Damit ist der Betroffene wegen der Nichtigkeit des schuldrechtlichen Vertrages und des dinglichen Erfüllungsgeschäfts im Regelfall nur Besitzer, nicht aber Eigentümer der Betäubungsmittel geworden. Die Einziehung der Betäubungsmittel ist deshalb nur nach § 33 Abs. 2 S. 2 BtMG i. V. m. § 74a Nr. 1 StGB möglich. Für den Fall, dass der Betroffene im Ausland gleichwohl legal Eigentum an den Betäubungsmitteln erlangen konnte (bspw. durch unentgeltlichen Erwerb, Gewinnung, Verarbeitung oder Herstellung, Vermischung, Verarbeitung), so erfolgt die Einziehung der Betäubungsmittel nach § 33 Abs. 2 S. 1 BtMG (*Eberbach,* NStZ 1985, 295; Fall II 1). Zur Klärung der Eigentumsfrage sind ggf. die ausländischen Zivilrechtsverhältnisse aufzuklären (*Weber* § 33 Rn. 271).

15   **b) Originaleinziehung beim Verkäufer.** Wird mit Betäubungsmitteln unerlaubt umgegangen, werden sie eingeführt, ausgeführt, erworben, besessen, abgegeben, veräußert, verkauft oder sonst in den Verkehr gebracht und beim Täter sichergestellt, so werden sie als **Beziehungsgegenstände gem. § 33 Abs. 2 BtMG** eingezogen, selbst wenn sie nicht dem Täter gehören.

16   Zwar befreit § 33 Abs. 2 BtMG nur von den Voraussetzungen des § 74 Abs. 1 StGB, so dass eigentlich die Voraussetzungen des § 74 Abs. 2 Nr. 1 StGB vorliegen müssten. Wegen der Nichtigkeit von verbotenen Rauschgift-Geschäften erlangt der Tatbeteiligte jedoch regelmäßig kein Eigentum an Betäubungsmitteln. Da § 33 Abs. 2 BtMG aber auf den § 74a StGB mit seinen erweiterten Voraussetzungen für eine Einziehung verweist, können die Betäubungsmittel abweichend von § 74 Abs. 2 Nr. 1 StGB wegen der im Regelfall leichtfertigen Verstrickung aller am Verschiebungsprozess Beteiligten (und damit ungeachtet der Eigentumsverhältnisse) bei dem Rauschgiftbesitzer eingezogen werden (*Franke/Wienroeder* § 33 Rn. 4; *Weber* § 33 Rn. 330).

17   Hat der Täter die Betäubungsmittel durch Aussaat und Pflege, durch Anbau (natürlich) oder unter Verwendung von Grundstoffen (synthetisch) hergestellt, so sind sie **Tatprodukte, die nach § 74 StGB** einzuziehen sind.

c) Originaleinziehung beim Käufer. Kann eine Einziehung der Betäu- **18** bungsmittel beim Verkäufer wegen deren Weitergabe an einen bekannten Erwerber nicht mehr erfolgen, so kann eine **Einziehung beim Erwerber** nach § 33 Abs. 2 BtMG, § 74 StGB auch im Verfahren gegen den Veräußerer erfolgen. Die Beschlagnahme der Betäubungsmittel nach § 111 b Abs. 1 StPO erfolgt jedoch gegen den Erwerber als Dritten.

d) Sonderfälle. Die Vorschrift des § 33 Abs. 2 BtMG sieht eine Einziehung **19** nicht nur bei vorsätzlichen, sondern **auch bei fahrlässigen Straftaten** nach dem BtMG vor. Selbst wenn nach § 29 Abs. 5 BtMG oder gem. § 31 a BtMG von Strafe abgesehen wird, ist eine Einziehung nach § 33 BtMG zulässig.

Selbst wenn beschlagnahmte Grundstoffe nicht als Beweismittel in einem Straf- **20** verfahren wegen Herstellung von Betäubungsmitteln gegen den Beschuldigten herangezogen werden durften, wenn also die Durchsetzung des staatlichen Strafanspruches am Vorliegen eines Beweisverwertungsverbots scheitert, unterlagen sie nach der Auffassung des *LG Darmstadt* der Einziehung nach § 33 BtMG. Denn die Einziehung könne auch bei Unmöglichkeit der Durchführung eines subjektiven Verfahrens aus tatsächlichen oder rechtlichen Gründen (§ 76 a Abs. 1 und Abs. 2 StGB) im **selbstständigen Verfahren** nach § 440 StPO angeordnet werden. Die Einziehung der Stoffe sei dann **aus Sicherungsgründen** geboten (*LG Darmstadt*, Beschluss vom 4. 7. 1991 – 3 Qs 178/91).

e) Rechtlicher Hinweis. Auf einem rechtsfehlerhaft versäumten rechtlichen **21** Hinweis (§ 265 StPO) auf die Möglichkeit der Anordnung der Einziehung kann nicht nur deren Anordnung selbst, sondern auch der Strafausspruch beruhen, da die Einziehung als Nebenstrafe mit der verhängten Strafe in Zusammenhang steht (*BGH*, Beschluss vom 2. 10. 1984 – 5 StR 620/84 = StV 1984, 453).

f) Urteilstenor und -gründe. Die der Einziehung unterliegenden Gegen- **22** stände sind im Urteilstenor genau zu bezeichnen. Bei der Einziehung von Betäubungsmitteln sind dabei **Art und Menge** anzugeben (*Koblenz*, Beschluss vom 3. 7. 2007 – 1 Ss 171/07 = BeckRS 2008, 08773; BeckOK-StPO/*Eschelbach* § 260 Rn. 27; *Weber* § 33 Rn. 297). Dies ist erforderlich, damit bei den Beteiligten und insbesondere den zur Vollstreckung berufenen Stellen keine Zweifel über den Umfang der Einziehung verbleiben. Die **Bezugnahme** auf eine besondere Anlage zum Urteilstenor ist möglich und insbesondere bei einer Vielzahl von Gegenständen sinnvoll; die Verweisung auf ein Asservatenverzeichnis oder die Anklageschrift genügt hingegen nicht (*BGH* NStZ-RR 2009, 384). Die mengenmäßige Konkretisierung kann aber gem. § 354 Abs. 1 StPO durch das Revisionsgericht nachgeholt werden, sofern die Urteilsgründe die erforderlichen Angaben enthalten (*BGH*, Beschluss vom 5. 12. 1991 – 1 StR 719/91 = BeckRS 1991, 31085787; *BGH*, Beschluss vom 23. 11. 2010 – 3 StR 393/10 = BeckRS 2011, 00428).

Einziehungsentscheidungen müssen unter Anführung ihrer tatsächlichen und **23** rechtlichen Grundlagen entsprechend den Anforderungen des sachlichen Rechts im Urteil begründet werden (vgl. BeckOK-StPO/*Eschelbach* § 261 StPO Rn. 21, 27). Der Umfang und der Wert der eingezogenen Gegenstände müssen bei der **Strafzumessung** im Rahmen der gebotenen Gesamtbetrachtung berücksichtigt werden, (*BGH*, Beschluss vom 25. 1. 1984 – 2 StR 715/83 = StV 1984, 286; *BGH*, Beschluss vom 5. 3. 2003 – 2 StR 526/02 = StV 2003, 444 (L)).

g) Eigentumsverlust. Der nach Eintritt der Rechtskraft des Urteils eintretende **24** Eigentumsverlust (§ 74 e Abs. 1 StGB) muss von dem Dritteigentümer entschädigungslos hingenommen werden (§ 74 f Abs. 2 Nr. 1 StGB). Darüber hinaus können vorgefundene Betäubungsmittel, die zum Weiterverkauf und damit zur Begehung rechtswidriger Taten vorgesehen sind, auch gem. § 74 Abs. 2 Nr. 2 Alt. 2 StGB im Wege einer Sicherungseinziehung eingezogen werden, ohne dass diese eine Entschädigung von Dritteigentümern auslöst (vgl. *Eberbach*, Anm. zu *BGH*, Beschluss vom 11. 6. 1985 – 3 StR 275/85 = NStZ 1985, 556; *Eberbach* NStZ 1985, 295). Die versehentlich unterbliebene Einziehung sichergestellter Betäubungsmittel nach § 33 BtMG kann auf die Revision der Staatsanwaltschaft vom

Revisionsgericht nach § 354 Abs. 1 StPO nachgeholt werden (*BGH*, Urteil vom 30. 9. 1986 – 1 StR 497/86 = BeckRS 1986, 31087543; *BGH* NStZ-RR 2008, 275 [zum Verfall]; BeckOK-StPO/*Wiedner* § 354 Rn. 61).

25   **3. Grundstoffe.** Die Einziehung von Grundstoffen findet in der Regel nach § 21 GÜG statt (vgl. dazu GÜG § 21). Da Verstöße gegen das BtMG üblicherweise Betäubungsmittel und nicht Grundstoffe oder sonstige Chemikalien betreffen, stellen **Grundstoffe regelmäßig keine Beziehungsgegenstände nach § 33 BtMG** dar. Bezieht sich aber die Tat auf ein Betäubungsmittelimit oder auf die Umwandlung von Grundstoffen in Betäubungsmittel und sind die Grundstoffe Vorstufen einer verbotenen Herstellung oder Gegenstand des Handeltreibens, so sind diese Chemikalien als Beziehungsgegenstände nach § 33 BtMG einzuziehen (*LG Offenburg*, Beschluss vom 24. 5. 1989 – Qs 73/89). Werden bei einer Chemiefirma nicht nur Betäubungsmittel, sondern auch Grundstoffe sichergestellt, so ist die Einziehung der Grundstoffe nach § 33 BtMG gegenüber dem Unternehmen in dem Verfahren gegen den Verantwortlichen des Unternehmens anzuordnen. Denn nach § 75 Abs. 1 Nr. 1 StGB wird einer Gesellschaft das Verhalten ihres vertretungsberechtigten Organs zugerechnet, sofern in der Person des Geschäftsführers (mit Ausnahme der Eigentümereigenschaft, vgl. Sch/Sch/*Eser* § 75 Rn. 1) alle Voraussetzungen der Einziehung nach §§ 74 Abs. 2 Nr. 1, § 74 Abs. 4 StGB, 33 BtMG erfüllt sind.

26   **4. Arzneimittel und Designerdrogen.** Zur Einziehung von Arzneimitteln vgl. § 98 AMG.

27   **5. Waffen und Sprengstoffe.** Werden Schusswaffen sichergestellt und sind Straftaten nach dem WaffG gegeben, kommt eine Einziehung nach § 54 WaffG in Betracht. Zur Einziehung von Kriegswaffen vgl. § 24 KrWaffKontrG. Zur Einziehung von Sprengstoffen vgl. § 43 SprengG.

II. Einziehung von Tatprodukten und Tatwerkzeugen

28   **1. Voraussetzungen. a) Einziehungsgegenstände.** Nach § 74 Abs. 1 StGB können Gegenstände, die aus einem Verstoß gegen das BtMG hervorgebracht wurden (***producta sceleris***) wie z. B. Betäubungsmittel, die durch illegalen Anbau oder Herstellung gewonnen wurden, und Gegenstände, die zur Begehung oder Vorbereitung von Rauschgiftdelikten gebraucht wurden oder bestimmt gewesen sind (***instrumenta sceleris***) wie z. B. die zum Transport benutzten Behältnisse und Fahrzeuge, Raucherutensilien, Spritzbestecke, Schnupfvorrichtungen und Waagen eingezogen werden. Unter Gegenständen sind **nicht nur Sachen**, sondern auch **Rechte an Sachen**, also auch Forderungen zu verstehen. Die Einziehung setzt vorsätzliche Taten voraus (§ 74 Abs. 1 StGB). Unter den Voraussetzungen des § 74 Abs. 2 Nr. 2 StGB ist die Einziehung auch zulässig, wenn der Täter ohne Schuld gehandelt hat (§ 74 Abs. 3 StGB). Die Einziehung von Tatmitteln ist nach § 74 StGB nur dann zulässig, wenn sie zur Begehung oder Vorbereitung einer Tat gebraucht worden sind oder bestimmt gewesen sind, die den Gegenstand der Anklage bildet (*BGH*, Beschluss vom 12. 12. 2002 – 3 StR 408/02 = BeckRS 2003, 01201). Die Einziehungsanordnung muss unter Anführung ihrer **tatsächlichen und rechtlichen Grundlagen** entsprechend den Anforderung des sachlichen Rechts **im Urteil nachvollziehbar begründet werden** (vgl. BeckOK-StPO/*Eschelbach* § 261 Rn. 21, 27).

29   Gemäß § 74 StGB unterliegen der Einziehung alle **Tatmittel**, die die Tat vom Stadium der Vorbereitung bis zur Beendigung überhaupt ermöglichen oder zu ihrer Durchführung dienen oder hierfür erforderlich sind. Gegenstände, die nur gelegentlich der Tatbegehung benutzt wurden, fallen nicht unter den Begriff der Tatmittel (*Fischer* § 74 Rn. 6). Die Einziehung ist aber auch dann zulässig, wenn die Gegenstände im Zeitpunkt der Einziehungsentscheidung nach ihrer Art und den Umständen die Allgemeinheit gefährden (also **generell gefährlich** sind) oder bei ihnen die Gefahr besteht, dass sie zur Begehung von Straftaten dienen werden

(sie also **individuell gefährlich** sind) (§ 74 Abs. 2 Nr. 2 StGB; sog. **Sicherungs-einziehung**).

b) Tatmittel im Einzelnen. Zu den Tatmitteln, den Tatwerkzeugen, also den **30** Gegenständen, deren Gebrauch gezielt die Verwirklichung des deliktischen Vorhabens gefördert hat oder die nach der Planung des Täters zur Begehung oder Vorbereitung der Tat bestimmt gewesen sind (*BGH*, Beschluss vom 12. 12. 2002 – 3 StR 408/02 = BeckRS 2003, 01201; *BGH*, Beschluss vom 5. 3. 2003 – 2 StR 526/02 = StV 2003, 444 (L); BGHR StGB § 74 Abs. 1 Tatmittel 4 und Tatmittel 7), zählen im Einzelnen:

aa) Betäubungsmittel–Behältnisse (Kapseln, Tablettenstreifen, Klinikpackun- **31** gen, Plastiktüten, Leinensäckchen, Flaschen, Kisten und Container),

bb) Schmuggelbehältnisse (Koffer mit doppeltem Boden, ausgehöhlte Skulp- **32** turen oder Möbelstücke usw.),

cc) Konsumwerkzeuge. Konsumwerkzeuge mit Betäubungsmitteln oder Be- **33** täubungsmittelanhaftungen können als Beziehungsgegenstände eingezogen werden. Auch wenn Konsumwerkzeuge mit Betäubungsmittelanhaftungen nach § 33 BtMG eingezogen werden können, belegt der Besitz von Rauschgift-Utensilien mit Anhaftungen aus vorangegangenem Verbrauch noch keinen Besitz von Betäubungsmitteln. Ein Verstoß gegen § 29 Abs. 1 Nr. 3 BtMG setzt nämlich die Gebrauchsfertigkeit der Betäubungsmittel voraus. Nur wenn Rückstände selbst noch einen erneuten Konsum erlauben, ist der Besitz strafbar (*LG Berlin* NStZ 1985, 128 = NJW 1985, 874). Konsumwerkzeuge ohne Betäubungsmittelanhaftungen sind keine Beziehungsgegenstände, sondern Tatwerkzeuge, die nach § 73 StGB eingezogen werden (Abbindegürtel, Teelöffel, Pfeifen und Rauchgeräte, Spiegel, Dosen, Tabakbeutel, Pillendosen). Eine **Wasserpfeife** ist grundsätzlich ein Drogenkonsumwerkzeug, das im Allgemeinen zur Begehung oder Vorbereitung vorsätzlicher Straftaten verwendet wird und nur unter den Voraussetzungen des § 74 Abs. 1 und Abs. 2 StGB als Tatwerkzeug (nicht als Beziehungsgegenstand nach § 33 Abs. 2 BtMG) eingezogen werden kann. Soweit die Verwendung für eine zukünftige Tat in Betracht kommt, ist die Feststellung erforderlich, dass das Tatmittel für eine bestimmte strafbare Handlung vorgesehen ist und dazu auch bereitgestellt war und sei es auch nur für den Eventualfall. Kann dem Angeklagten nicht widerlegt werden, dass er in seiner Wohnung sichergestellte Wasserpfeife während seines Urlaubs in Marokko **allein zu Dekorations- und nicht zu Konsumzwecken** erworben habe und ist ein Konsum des Angeklagten in jüngerer Zeit nicht belegt, so liegt kein Tatwerkzeug vor (*Dresden* NStZ-RR 1999, 372).

dd) Handelswerkzeuge. (Rauschgiftwaagen, Verpackungsbeutel, Folien- **34** schweißgeräte, Telefon-, Adress- und Notizbücher). **Rauschgiftwaagen** und eine **Ledertasche** zum Transport von Betäubungsmitteln sind nicht als Beziehungsgegenstände nach § 33 Abs. 2 BtMG anzusehen, sondern unterliegen als Tatwerkzeuge der Einziehung nach § 74 Abs. 1 StGB (*BGH*, Urteil vom 12. 1. 1996 – 1 StR 469 – 470/96 = NStZ-RR 1997, 121 [insoweit nicht abgedruckt] = BeckRS 1996, 31090994). **Drogentestreagenzien und Prüfgeräte** sind ebenfalls Tatwerkzeuge (vgl. *Weber* § 33 Rn. 254).

ee) Anbaugerätschaften. (Pflanz-, Gieß- und Schnittgerätschaften, Dünger, **35** Pflanzschalen, Gewächshäuser, Bewässerungs-, Belichtungs- und Belüftungssysteme).

ff) Produktionsgerätschaften. (Laborgeräte und Leitungen, Gasflaschen, **36** Strom- und Kühlaggregate, Verpackungs-, Misch- und Tablettiergeräte).

gg) Tatfahrzeuge. Vgl. zur Einziehung von Tatfahrzeugen im Einzelnen **37** Rn. 53 ff.

hh) Flugscheine. Der Flugschein eines Rauschgiftkuriers ist nicht nur eine **38** *„conditio sine qua non"* für den Antritt der Schmuggelreise, sondern ein „Rektazeichen" mit Wertpapiercharakter, welches den im Papier genannten Inhaber berechtigt, den Flug anzutreten und durchzuführen. Bei einem sichergestellten Flugschein eines Rauschgiftkuriers handelt es sich um einen Gegenstand, der als Mittel zur Verwirklichung des Rauschgiftschmuggels nicht nur bestimmt, sondern auch notwendig ist und als *instrumentum sceleris* benutzt wird. Wenn die Voraussetzungen einer Einziehung nach § 74 Abs. 1 StGB gegeben sind, ist der Flugschein einzuziehen (*LG Frankfurt*, Beschluss vom 17. 11. 1983 – 5/7 QS 59/83; Beschluss vom 14. 9. 1984 – 5/5 Qs 55/84; *Franke/Wienroeder* § 33 Rn. 9; a. A. *LG Frankfurt* StV 1984, 519; *Fischer* § 74 Rn. 6; Sch/Sch/*Eser* § 74 Rn. 12).

39   **ii) Reisespesen und Vorzeigegeld.** Hat ein Angeklagter einen bestimmten Geldbetrag zur Durchführung einer Schmuggelreise als *instrumentum sceleris* erhalten, so unterliegt dieser der Einziehung nach § 74 StGB (*BGH*, Beschluss vom 12. 2. 1993 – 2 StR 14/93; *BGH*, Beschluss vom 23. 7. 2002 – 3 StR 240/02 = BeckRS 2002, 06859; *BGH,* Beschluss vom 27. 10. 2010 – 5 StR 420/10 = BeckRS 2010, 27866; Kindhäuser/Neumann/Paeffgen/*Herzog* § 74 Rn. 12; *Weber* § 33 Rn. 261; anders offenbar noch *BGH* NStZ 2007, 150 [Verfall] – dazu *Weber* § 33 Rn. 43). Führt ein Täter bei einem Schmuggeltransport **Reisespesen** in den Währungen der von ihm durchfahrenen Länder mit sich, so unterliegen diese der Einziehung, auch wenn sie **nicht nur der Tatbegehung, sondern** auch weiteren Zwecken dienen. Denn auch Reisespesen werden zur Vorbereitung und Begehung der Tat im Sinne von § 74 StGB gebraucht oder sind hierfür bestimmt (*BGH* NStZ 1993, 340 = StV 1994, 22). Auch **Vorzeigegeld** unterliegt nicht dem Verfall, sondern der Einziehung (*BGH*, Beschluss vom 2. 7. 1993 – 2 StR 292/93 = bei *Schoreit* NStZ 1994, 325 Fn. 63; *Weber* § 33 Rn. 261, 264).

40   **jj) Kaufgeld.** Zur Einziehung von Geld im Einzelnen unten Rn. 66 ff.

41   **kk) Funk- und Mobiltelefone.** Die Einziehung eines Funktelefons kann nicht auf § 33 Abs. 2 BtMG, sondern nur auf § 74 StGB gestützt werden. Es bedarf hier der Feststellung, dass das Telefon zur Begehung der Tat bestimmt und gebraucht worden ist. Hierzu reichen indessen formelhafte Behauptungen nicht aus; vielmehr bedarf es tatsachenfundierter Feststellungen. Ergibt sich aus den Urteilsgründen weder, dass das Mobiltelefon nebst SIM-Karte zur Begehung der angeklagten Taten bestimmt war, noch dazu gebraucht wurde und ist zudem auch nicht ersichtlich, ob es der Täter überhaupt bei der Tatbegehung mitgeführt hat, so scheidet eine Einziehung nach § 74 StGB als Tatwerkzeug aus (BGHR StGB § 74 Abs. 1 Tatmittel 5; *BGH*, Beschluss vom 20. 2. 2002 – 3 StR 14/02 = BeckRS 2002, 03375; *BGH* NStZ-RR 2004, 347; *BGH*, Beschluss vom 8. 12. 2004 – 2 StR 451/04 = BeckRS 2005, 00542; *BGH*, Beschluss vom 28. 1. 2010 – 3 StR 451/09 = BeckRS 2010, 04239). Darüber hinaus sind stets Feststellungen zu den Eigentumsverhältnissen erforderlich (*BGH*, Beschluss vom 21. 8. 2008 – 4 StR 350/08 = BeckRS 2008, 19379; dazu sogleich).

42   **c) Eigentumsverhältnisse.** Die Einziehung ist gem. § 74 Abs. 2 Nr. 1 StGB nur zulässig, wenn die Gegenstände zur Zeit der Entscheidung **dem Täter oder Teilnehmer gehören oder zustehen.** Der Täter oder Teilnehmer muss also zur Zeit der letzten tatrichterlichen Entscheidung Eigentümer der Sache oder Inhaber des Rechtes gewesen sein (*BGH*, Beschluss vom 1. 2. 1985 – 3 StR 539/84; BGHSt. 33, 233 = NJW 1985, 2773 = NStZ 1985, 556 m. Anm. *Eberbach*; *BGH,* Beschluss vom 21. 8. 2008 – 4 StR 350/08 = BeckRS 2008, 19379). Steht ein Tatwerkzeug **im Miteigentum**, so ist, wenn die Voraussetzung des § 74 Abs. 1 StGB nur für einzelne Miteigentümer vorliegen, ggf. nur über den Miteigentumsanteil zu entscheiden (*BGH* NStZ 1991, 496). Ausnahmen gelten bei der Sicherungseinziehung nach § 74 Abs. 2 Nr. 2 StGB dann, wenn der Dritte wenigstens leichtfertig zur Tatverstrickung der Sache beigetragen hat (§ 74a Nr. 1 StGB) oder wenn der Dritte die Gegenstände in Kenntnis der die Einziehung rechtfertigenden Umstände in verwerflicher Weise erworben hat (§ 74a Nr. 2 StGB). Wird bei einem Dealer eine **Kreditkarte** sichergestellt, kommt eine Einziehung nicht in Betracht, weil diese im Eigentum des ausstellenden Unternehmens steht (*BGH*, Beschluss vom 8. 2. 1995 – 2 StR 739/94; BeckOK-StGB/*Heuchemer* § 74

Rn. 25; *Fischer* § 74 Rn. 12 a). Ist der **Tatbeteiligte vor dem Urteil verstorben**, so scheidet eine Einziehung aus. War der Tatbeteiligte zur Zeit der Tat Rechtsinhaber, hat er aber den Gegenstand vor der Entscheidung veräußert, so kommt nur eine Wertersatzeinziehung in Betracht.

Eingezogen werden können aber auch Gegenstände, die nicht dem Täter oder **43** Teilnehmer gehören, wenn sie (a) die Allgemeinheit gefährden oder (b) die Gefahr besteht, dass sie der Begehung rechtswidriger Taten dienen werden, § 74 Abs. 2 Nr. 2 StGB. Trägt ein Dritter leichtfertig dazu bei, dass ihm gehörende Gegenstände zu Tatmitteln oder Tatgegenständen werden oder hat er Tatgegenstände in Kenntnis der die Einziehung begründenden Umstände in verwerflicher Weise erworben, so ist nach § 74 a StGB ebenfalls eine Dritteinziehung möglich.

d) Anklagegegenstand. Die Einziehung von Tatmitteln ist jedoch nur dann **44** zulässig, wenn die beabsichtigte oder begangene Tat auch den Gegenstand der Anklage bildet und eine **Tatbefangenheit der Gegenstände** festgestellt ist. Ergibt sich aus den Urteilsgründen weder, dass der Gegenstand zur Begehung der angeklagten Taten bestimmt war, noch dazu gebraucht wurde und ist zudem auch nicht ersichtlich, ob sie der Täter überhaupt bei der Tatbegehung mitgeführt hat, so scheidet eine Einziehung nach § 74 StGB als Tatmittel aus (BGHR StGB § 74 Abs. 1 Tatmittel 5; *BGH*, Beschluss vom 20. 2. 2002 – 3 StR 14/02 = BeckRS 2002, 03375; *BGH* NStZ-RR 2004, 347; *BGH*, Beschluss vom 8. 12. 2004 – 2 StR 451/04 = BeckRS 2005, 00542; *BGH*, Beschluss vom 28. 1. 2010 – 3 StR 451/09 = BeckRS 2010, 04239). Raubt der Täter Geld, das aus einem früheren Betäubungsmittelgeschäft stammen soll und wird er allein wegen des Raubes zur Verantwortung gezogen, kommt allenfalls die Anordnung des Verfalls in Betracht, weil es sich – ungeachtet der dubiosen Herkunft – um die Tatbeute des Raubes handelt (vgl. *BGH* NStZ-RR 2003, 10 = wistra 2003, 57; vgl. Sch/Sch/*Eser* § 73 Rn. 8 ff.) und diese damit *aus der von der Anklage umfassten Tat* (§ 73 Abs. 1 StGB) erlangt wurde. Freilich ist in derartigen Fällen zu prüfen, ob unter den besonderen Umständen des Einzelfalles (Herausgabe-)Ansprüche des Verletzten einer Verfallanordnung nach § 73 Abs. 1 S. 2 StGB entgegenstehen (vgl. Sch/Sch/*Eser* § 73 Rn. 25; *Miebach/Feilcke* NStZ 2007, 570, 577; zu „fragwürdigen" Ansprüchen des Verletzten vgl. *LG Saarbrücken* NStZ-RR 2004, 274).

Nur dann, wenn ein sichergestellter Geldbetrag über eine allgemeine Absicht **45** hinaus **konkret dazu bestimmt war, weitere Betäubungsmittel zu erwerben** (und dieser – mindestens versuchte – Erwerbsvorgang Gegenstand der Anklage ist), kommt die Anordnung der Einziehung nach § 74 Abs. 1 StGB in Betracht (vgl. *Weber* § 33 Rn. 260). Sind die geplanten Einkaufsgeschäfte dagegen nicht vom Anklagevorwurf umfasst, kann eine Einziehungsentscheidung keinen Bestand haben (*BGH* NStZ-RR 1997, 318; *BGH*, Beschluss vom 12. 3. 2002 – 1 StR 7/02 = BeckRS 2002, 02880). Dass der Geldbetrag zur (ggf. lediglich versuchten) Tatbegehung eingesetzt wurde, ist dagegen nicht erforderlich (*Franke/Wienroeder* § 33 Rn. 10; *Weber* a. a. O.).

e) Verhältnismäßigkeit. Bei der Einziehungsentscheidung hat der Tatrichter **46** sein pflichtgemäßes Ermessen walten zu lassen (*Fischer* § 74 Rn. 17; Kindhäuser/Neumann/Paeffgen/*Herzog* § 74 Rn. 38 ff.). Er hat dabei zu berücksichtigen, dass die Maßnahme nicht außer Verhältnis zu Art und Schwere der zugrunde liegenden Straftat liegen darf (vgl. *BGH* NStZ 1993, 400 = StV 1993, 359); seine diesbezüglichen Erwägungen muss er zum Gegenstand der Urteilsgründe machen (vgl. Sch/Sch/*Eser* § 74 Rn. 42). Vgl. im Einzelnen § 74 b Abs. 1 StGB. Auch das Verhältnis von Einziehung und Hauptstrafe (vgl. dazu unten Rn. 48 f.) ist in die Gesamtbetrachtung einzustellen (*BGH*, Beschluss vom 5. 3. 2003 – 2 StR 526/02 = StV 2003, 444 (L) = BeckRS 2003, 02859).

Ist die Einziehung nicht vorgeschrieben, so darf sie in den Fällen des § 74 Abs. 2 **47** Nr. 1 und des § 74 a StGB **nicht angeordnet werden**, wenn sie zur Bedeutung der begangenen Tat und zum Vorwurf, der den von der Einziehung betroffenen Täter oder Teilnehmer oder in den Fällen des § 74 a StGB den Dritten trifft, außer

Verhältnis steht, § 74b Abs. 1 StGB. Die Anordnung des Vorbehalts der Einziehung und weniger einschneidender Maßnahmen (**Unbrauchbarmachung, Veränderung, Verfügungsanweisung**) sind nach § 74b Abs. 2 StGB vorgesehen.

48   **2. Einziehungsentscheidung, Urteilstenor und -gründe.** Die einzuziehenden Gegenstände müssen sich so konkret aus der Urteilsformel ergeben, dass keine Unklarheiten über Umfang und Reichweite der Anordnung entstehen können. Bezugnahmen auf eine **Anlage zum Tenor** sind im Einzelfall zulässig, vgl. dazu im Einzelnen oben Rn. 22 f.

49   Hat die Einziehung strafähnlichen Charakter, so ist ihre Anordnung eine Frage der Strafzumessung (*BGH* NStZ 1985, 362; vgl. auch *Nürnberg* NZV 2006, 665; *BGH*, Beschluss vom 14. 4. 2011 – 2 StR 34/11 = BeckRS 2011, 12463). Der Tatrichter muss daher erkennen lassen, dass und inwieweit er die wirtschaftlichen Folgen der Einziehungsentscheidung im Rahmen der Strafzumessung berücksichtigt hat. Eine ausdrückliche Erörterung dieser Frage in den Urteilsgründen wird immer dann erfolgen müssen, wenn die Einziehung für den Täter mit einem **erheblichen wirtschaftlichen Verlust** verbunden ist (*BGH*, Beschluss vom 14. 4. 2011 – 2 StR 34/11 = BeckRS 2011, 12463). Ausführungen können freilich im Einzelfall dann entbehrlich sein, wenn der eingezogene Gegenstand verhältnismäßig geringwertig ist, so dass ausgeschlossen werden kann, dass der Vermögenseinbuße maßgebliche Bedeutung für die Bemessung der Strafe zukommt (*BGH* NStZ 1985, 362). Zum Wert des eingezogenen Gegenstandes wird sich der Tatrichter daher in jedem Fall verhalten müssen (vgl. *BGH*, Beschluss vom 14. 4. 2011 – 2 StR 34/11 = BeckRS 2011, 12463).

50   **3. Folgen der Einziehung.** Vgl. oben Rn. 24. Werden Gegenstände i. S. d. § 74 Abs. 1 StGB förmlich durch Gerichtsentscheidung eingezogen, so geht das Eigentum an diesen Gegenständen mit der Rechtskraft der Entscheidung auf den Staat über (§ 74e Abs. 1 StGB). Rechte Dritter erlöschen dagegen mit der Einziehung grundsätzlich nicht, § 74e Abs. 2 StGB (vgl. dazu *Fischer* § 74e Rn. 4; Sch/Sch/*Eser* § 74e Rn. 6 ff.).

51   **4. Sonderfall – formlose Einziehung.** Die Erklärung, **mit einer formlosen Einziehung** (vgl. Nr. 180 Abs. 4 S. 1 RiStBV) der sichergestellten Gegenstände (etwa Betäubungsmittel) einverstanden zu sein, beinhaltet einen **Verzicht auf etwa bestehende Herausgabeansprüche** und macht eine förmliche Einziehungsanordnung entbehrlich. Wird die Einziehung gleichwohl angeordnet, so hat diese eine rein deklaratorische Bedeutung und beschwert den Angeklagten nicht (so auch *Weber* § 33 Rn. 345). **Widerruft** der Angeklagte seinen Anspruchsverzicht, so entfaltet diese Erklärung keine Rechtswirkungen (BayObLGSt. 1996, 99 = NStZ-RR 1997, 51 = wistra 1997, 109; vgl. auch *Düsseldorf* NStZ 1993, 452). Vereinzelt wird die außergerichtliche Einziehung von Gegenständen für unzulässig gehalten (etwa *Thode* NStZ 2000, 62: Verstoß gegen die Grundsätze des fairen Verfahrens, den Anspruch auf den gesetzlichen Richter und die Unschuldsvermutung; ähnlich *Herzog/Mühlhausen*, Geldwäschebekämpfung und Gewinnabschöpfung, § 26 Rn. 1). Dies kann freilich weder überzeugen noch wird es den Erfordernissen der Praxis gerecht.

52   Verzichtet der Täter auf die Herausgabe der sichergestellten oder beschlagnahmten Gegenstände, kann dies im Rahmen der **Strafzumessung** zu berücksichtigen sein, wenn und weil die Erklärung im Einzelfall auf Reue und Schuldeinsicht beruht oder der Täter hierdurch wesentlich zur Verfahrensvereinfachung beigetragen hat (BayObLGSt. 1996, 99 = NStZ-RR 1997, 51 = wistra 1997, 109).

III. Sonderfall – Einziehung von Tatfahrzeugen

53   **1. Zweck der Einziehung.** Das Gericht muss bei der Einziehung eines Tatfahrzeuges im Urteil deutlich machen, ob die **Einziehung als Nebenstrafe** nach § 74 Abs. 2 Nr. 1 StGB oder **als Sicherungsmaßnahme** nach § 74 Abs. 2 Nr. 2 StGB angeordnet wurde (*Köln* StV 1995, 306). Die Einziehung von Tatfahrzeugen kann eine **Nebenstrafe** und somit **Teil der Strafzumessung** sein, sodass im Rahmen der diesbezüglichen Erwägungen auch auf die Einziehungsentscheidung einzugehen ist (*BGH* NStZ 1983, 408 = NJW 1983, 2710; vgl. auch Rn. 49). Die Einziehung eines Tatfahrzeuges kann weder auf § 73 StGB noch auf § 33 BtMG gestützt werden, sondern nur auf § 74 StGB (BGHR BtMG § 33 Beziehungsgegenstand 1; BGHR StGB § 74 Abs. 1 Tatmittel 5; vgl. auch *BGH* NStZ 1991, 496). Die Einziehung eines Tatfahrzeugs nach § 74 StGB kann ebenso wie die Anordnung eines Fahrverbots nach § 44 StGB oder die Entziehung der Fahrerlaubnis nach § 69 StGB eine wirksame Schutzmaßnahme für die Bevölkerung und eine wichtige Maßnahme gegen den automobilisierten Drogenhandel sein: Fahrzeuge werden zum Betäubungsmittel-Schmuggel, für regelmäßige Besorgungsfahrten zu einschlägigen Drogenzentren, zum Drogenlieferanten oder zu Drogenherstellern, zum Handeltreiben, als Übergabeort, als Konsumstätte, zur Liquidierung säumiger Schuldner und zu halsbrecherischen Flucht- und Verfolgungsfahrten eingesetzt (*Theisinger* NStZ 1981, 294 ff.).

2. Tatbezug. Das Fahrzeug muss (als *instrumentum sceleris*) über einen als bloßes **54** Fortbewegungsmittel hinausgehenden Zweck zur Begehung oder Vorbereitung von Rauschgiftdelikten **gebraucht** worden **oder bestimmt** gewesen sein (§ 74 Abs. 1 StGB). In Betracht kommt etwa die Nutzung als Rauschgift-Versteck, als fahrbares Lager, fahrbares Labor oder Geschäftslokal. Für die Einziehung eines Kraftfahrzeuges ist eine **innere Verknüpfung zwischen der Benutzung des Fahrzeuges** und der **Tatvorbereitung oder Tatdurchführung** erforderlich (*BGH* NStZ-RR 2002, 332). Vorausgesetzt ist allein eine Nutzung des Fahrzeuges zur Tatbegehung, nicht aber ein verkehrsspezifischer Zusammenhang (*BGH* NStZ 2005, 232 = NZV 2005, 328; anders *Koblenz*, Beschluss vom 24. 3. 2003 – 1 Ss 45/03 = StV 2004, 320). Die **gelegentliche Nutzung** eines Fahrzeuges im Zusammenhang mit der Tat **genügt hingegen nicht** (*BGH* NStZ 2005, 232 = NZV 2005, 328; *BGH* StV 2005, 210 = BeckRS 2005, 01091; vgl. zur Einziehung eines Grundstücks auch *Köln* NStZ 2006, 225 m. Anm. *Burr*). Dabei spielt es keine Rolle, dass der Täter – ohne dass er dies erkannt hätte – keine Betäubungsmittel, sondern lediglich Ersatzstoffe transportiert, die ihm im Rahmen einer Austauschaktion durch die Polizei untergeschoben wurden (*BGH* NJW 1987, 2882 = NStZ 1988, 505 [insoweit nicht abgedruckt]). Vgl. ergänzend oben Rn. 44 f.

3. Gefahr künftiger Straftaten. Die Einziehung nach § 74 Abs. 2 S. 2 i. V. m. **55** Abs. 3 StGB setzt voraus, dass besondere Umstände die **konkrete Gefahr** (d. h. eine **naheliegende Wahrscheinlichkeit**) begründen, dass das Tatfahrzeug auch **in Zukunft zur Verübung von Straftaten eingesetzt** wird. Allein die Tatsache, dass ein gefährlicher Eingriff in den Straßenverkehr begangen wurde, begründet eine solche Wahrscheinlichkeit indessen nicht (*BGH*, Beschluss vom 8. 10. 1990 – 4 StR 440/90 = StV 1991, 262 = BeckRS 1990, 31081945). Nicht erforderlich ist, dass die tatsachenfundiert zu befürchtenden Straftaten ihrer Art und Schwere nach der Anknüpfungstat entsprechen (Sch/Sch/*Eser* § 74 Rn. 34).

4. Eigentumsverhältnisse. Vgl. oben Rn. 42 f. Die Einziehung eines Tatfahr- **56** zeuges ist nach § 74 Abs. 2 Nr. 1 StGB nur zulässig, wenn das Fahrzeug **zur Zeit der Entscheidung dem Täter oder Teilnehmer gehört** oder zusteht (*BGH* NStZ 1991, 496; zur Einziehung eines Anwartschaftsrechts an einem sicherungsübereigneten Fahrzeug vgl. *BGH*, Beschluss vom 24. 1. 2011 – 4 StR 619/10 = BeckRS 2011, 02631; dazu auch *Weber* § 33 Rn. 279). Steht ein zur Tatbegehung genutztes Kraftfahrzeug im **Miteigentum** mehrerer Personen und haben die übrigen Berechtigten wenigstens leichtfertig dazu beigetragen, dass es Mittel oder Gegenstand der Tat oder ihrer Vorbereitung geworden ist, kommt eine Einziehung des Miteigentumsanteils nach § 74a Nr. 1 StGB gleichwohl **nicht** in Betracht. Denn die Verweisungsnorm des § 33 BtMG erfasst nur die Beziehungsgegenstände, nicht dagegen die Tatwerkzeuge (dem Transport von Betäubungsmitteln dienende Fahrzeuge). Für die Anwendung des § 74a StGB fehlt es an einer entsprechenden Verweisungsvorschrift (*BGH* NStZ 1991, 496). Eine Einziehung kommt daher nur in Bezug auf den Miteigentumsanteil des Täters in Betracht (*Weber* § 33 Rn. 280).

57   Steht das Tatfahrzeug **im Eigentum** eines nicht angeklagten, aber **tatbeteiligten** Dritten, so ist zweifelhaft, ob das Fahrzeug nur im Strafverfahren gegen diesen oder auch im Verfahren gegen den nicht von der Einziehung betroffenen Mittäter eingezogen werden kann (vgl. *BGH*, Beschluss vom 14. 10. 1997 – 4 StR 442/97 [offen gelassen]; bejahend MK-StGB/*Steinmetz* § 92 b StGB Rn. 12; dagegen *Fischer* § 74 Rn. 21; Sch/Sch/*Eser* § 74 Rn. 43).

58   Auf die bürgerlich-rechtlichen Eigentumsverhältnisse ist nach der Rechtsprechung auch abzustellen, soweit das Tatfahrzeug im **Sicherungseigentum einer Finanzierungsgesellschaft** steht. Ein unter Eigentumsvorbehalt erworbenes oder zur Sicherung eines Darlehens übereignetes Fahrzeug soll daher nach § 74 Abs. 2 Nr. 1 StGB nicht eingezogen werden können (MK-StGB/*Rahlf* § 33 BtMG Rn. 102; *Weber* § 33 Rn. 278; BGHSt. 24, 222 = NJW 1971, 2235; *BGH* NStZ-RR 1999, 11; vgl. auch *Celle* NStZ-RR 2010, 279 m. w. N.). Zu erwägen ist freilich die Einziehung des dem Täter zustehenden Anwartschaftsrechts (insgesamt anders mit beachtlichen Gründen Sch/Sch/*Eser* § 74 Rn. 24, 24 a: entscheidend sei die wirtschaftliche Vermögenszugehörigkeit).

59   Ein zur Tatausführung verwendeter **Hubschrauber**, der im Eigentum einer vom Angeklagten beherrschten juristischen Person steht, kann eingezogen werden, wenn der Täter als Organ der Gesellschaft gehandelt hat, § 75 Nr. 1 StGB (*BGH* NStZ 1997, 30 = wistra 1997, 23 = JR 1997, 204). Eine Handlung wird dem Vertretenen nach Maßgabe des § 75 StGB zugerechnet, wenn das Verhalten des Täters in einem inneren Zusammenhang mit seiner Organstellung steht. Dies kann auch dann in Betracht kommen, wenn sein Tätigwerden für die Gesellschaft zugleich der Wahrnehmung eigener Interessen dient (*BGH* a. a. O.).

60   **5. Verhältnismäßigkeit.** Vgl. ergänzend oben Rn. 46 f., 48 f. Die Einziehung des Tatfahrzeuges muss zur Bedeutung der begangenen Tat und zum Vorwurf, der den von der Einziehung betroffenen Täter oder Teilnehmer trifft, im Verhältnis stehen (*BGH* StV 1984, 286 = BeckRS 1984, 31107547; *Weber* § 33 Rn. 299). Der Grundsatz der Verhältnismäßigkeit kann verletzt sein, wenn ein **besonders wertvolles Fahrzeug** eingezogen wird, das nur geringfügig und kurzfristig zu Verstößen gegen das BtMG benutzt wurde (*BGH*, Beschluss vom 9. 12. 1985 – 2 StR 665/ 84; vgl. zur Bedeutung des Wertes eines Kraftfahrzeuges auch *BGH*, Beschluss vom 14. 4. 2011 – 2 StR 34/11 = BeckRS 2011, 12463). Das Verhältnis der Einziehungsentscheidung zur Hauptstrafe ist zu gewichten und in die Gesamtbetrachtung einzustellen. Insgesamt darf das Maß einer an der Schuld des Täters orientierten Gesamtsanktion nicht überschritten werden (*BGH* NStZ-RR 1996, 56 = StV 1996, 206; *BGH*, Beschluss vom 5. 3. 2003 – 2 StR 526/02 = StV 2003, 444 (L) = BeckRS 2003, 02859).

61   Gelangt das Gericht zu der Einschätzung, dass die Einziehung eines Pkw oder eines Lkw (*BGH* NStZ 1993, 400 = StV 1993, 359: **Zugmaschine mit Auflieger**) neben der Hauptstrafe nicht in Betracht kommt, ist nach § 74 b Abs. 2 StGB zu prüfen, ob **weniger einschneidende Maßnahmen** (Zweckbindung des Fahrzeugs, Beseitigung eines Schmuggelverstecks, Verkauf des Fahrzeuges) und die Anordnung des Vorbehalts der Einziehung ausreichen (vgl. dazu oben Rn. 47).

62   **6. Einziehungsentscheidung, Urteilstenor und -gründe.** Vgl. oben Rn. 48 f. Das eingezogene Fahrzeug ist im Urteilstenor konkret zu bezeichnen; dabei ist neben der Angabe der **Fahrzeugidentifikationsnummer** (FIN) auch die Mitteilung des **amtlichen Kennzeichens** zu empfehlen. Eine nachträgliche Konkretisierung durch das Revisionsgericht nach § 354 Abs. 1 StPO ist möglich, sofern die Urteilsgründe der erforderlichen Angaben enthalten (vgl. *BGH*, Beschluss vom 5. 12. 1991 – 1 StR 719/ 91 = BeckRS 1991, 31085787; *BGH*, Beschluss vom 23. 11. 2010 – 3 StR 393/10 = BeckRS 2011, 00428). Aus dem Urteil muss sich ergeben, aus welchen Gründen die Einziehung des Tatfahrzeuges als

Ergänzung zur Hauptstrafe zur Sühne des Unrechtsgehaltes der Tat unter angemessener Berücksichtigung der übrigen Strafzwecke angebracht und erforderlich ist. Darüber hinaus muss ersichtlich sein, ob und in welchem Umfang die Einziehungsentscheidung bei der Festsetzung der Hauptstrafe berücksichtigt wurde. Nähere Darlegungen können im Einzelfall entbehrlich sein, wenn das eingezogene Tatfahrzeug zur Begehung einer **Vielzahl von Straftaten** benutzt wurde, sein Wert verhältnismäßig gering und deshalb ausgeschlossen werden kann, dass der Vermögenseinbuße maßgebliche Bedeutung bei der Bemessung der Freiheitsstrafe zukommt.

Enthält das Urteil keinerlei Angaben **zum Alter und zum Wert des Fahr- 63 zeugs**, so ist regelmäßig zu besorgen, dass die Bedeutung der Einziehung nach § 74 Abs. 2 Nr. 1 StGB für die **Strafzumessung** verkannt wurde. Der Wert des eingezogenen Fahrzeugs und die wirtschaftlichen Auswirkungen der Einziehungsentscheidung müssen im Rahmen der gebotenen **Gesamtbetrachtung** berücksichtigt werden. Formelhafte Ausführungen können an dieser Stelle jedenfalls nicht genügen (*BGH*, Beschluss vom 20. 7. 2011 – 5 StR 234/11 m. w. N.). Zur Einziehung einer Zugmaschine mit Auflieger vgl. *BGH* NStZ 1993, 400 = StV 1993, 359.

Nur wenn die Nebenstrafe kein bestimmender Strafzumessungsgesichtspunkt 64 i. S. d. § 267 Abs. 3 S. 1 StPO ist, weil das **Tatfahrzeug alt, erheblich beschädigt** oder sonst **geringwertig** ist und der durch die Einziehung bewirkte Vermögensverlust verhältnismäßig gering ist, kann ausnahmsweise auf nähere Ausführungen verzichtet werden (*BGH* NStZ 1985, 362; *BGH, Beschluss vom 14. 6. 2000 – 2 StR 217/00 = BeckRS 2000, 30117183). Mit dem Wert des eingezogenen Tatfahrzeuges wird sich der Tatrichter daher im Regelfall in den Urteilsgründen auseinandersetzen müssen (vgl. *BGH*, Beschluss vom 14. 4. 2011 – 2 StR 34/11 = BeckRS 2011, 12463; *BGH*, Beschluss vom 20. 7. 2011 – 5 StR 234/11 m. w. N.).

IV. Sonderfall – Einziehung des Führerscheins

Wird dem Täter die Fahrerlaubnis entzogen und eine Sperrfrist für deren Wie- 65 dererteilung festgesetzt, so bedarf es nach § 69 Abs. 3 S. 2 StGB zusätzlich der Einziehung des Führerscheins. Ist die Einziehungsanordnung unterblieben, kann dies noch in der Revisionsinstanz nachgeholt werden (*BGH*, Beschluss vom 9. 10. 2002 – 2 StR 326/02 = BeckRS 2002, 08796; *BGH*, Beschluss vom 5. 11. 2002 – 4 StR 381/02 = BeckRS 2003, 00042).

V. Sonderfall – Einziehung von Geld

1. Einziehung von Kaufgeld. Insbesondere bei der Frage nach der Einzie- 66 hung von Kaufgeld ist zunächst zu klären, gegen wen sich das Verfahren richtet (vgl. dazu *Weber* § 33 Rn. 16). Für die Einziehung von Kaufgeld im Verfahren gegen den Käufer gelten die unter den Rn. 67 ff. aufgeführten Grundsätze; zur Einziehung im Verfahren gegen den Verkäufer vgl. Rn. 76 ff.

a) Im Verfahren gegen den Käufer. aa) Tatbefangenheit. Ist ein Geldbe- 67 trag zur Begehung oder Vorbereitung eines Rauschgiftgeschäftes gebraucht worden oder bestimmt gewesen (wurde es etwa für eine konkrete Erwerbshandlung bereitgestellt), so unterliegt er der Einziehung (*BGH*, Beschluss vom 18. 6. 2003 – 1 StR 229/03 = BeckRS 2003, 05636). Steht dagegen die **Bereitstellung für ein konkretes Erwerbsgeschäft** nicht fest, muss die Einziehung ausscheiden (*BGH*, Beschluss vom 11. 2. 1992 – 1 StR 50/92; *BGH*, Beschluss vom 3. 7. 1992 – 2 StR 211/92). Zwar reicht im Rahmen des § 74 StGB die **Absicht**, den Einziehungsgegenstand zur Begehung einer künftigen Tat nutzen zu wollen, für sich genommen nicht aus (*BGH*, Beschluss vom 12. 10. 1979 – 2 StR 416/79; *BGH*, Beschluss vom 7. 8. 1980 – 1 StR 379/80; *BGH*, Beschluss vom 12. 3. 2002 – 1 StR 7/02 = BeckRS 2002, 02880; *Weber* § 33 Rn. 260, 256). Die Bereitstellung von Geldern zu einem in Aussicht genommenen Drogeneinkauf im Ausland, der den Gegenstand der Anklage bildet, erfüllt bereits das Merkmal „zur Begehung bestimmt" i. S. d. § 74 StGB. Darauf, ob der Gegenstand dann tatsächlich zur Tatbegehung genutzt wurde, kommt es allerdings nicht an (*Fischer* § 74 Rn. 7; *Franke/ Wienroeder* § 33 Rn. 10; *Weber* § 33 Rn. 260).

68 Die angeordnete Einziehung kann aber keinen Bestand haben, wenn nicht hinreichend sicher festzustellen ist, dass gerade die sichergestellten Geldscheine zur Durchführung des Rauschgiftgeschäfts mitgeführt wurden oder bereit lagen, und damit **zur Begehung einer konkreten Straftat bestimmt** waren. Gleiches gilt, wenn nicht ausgeschlossen werden kann, dass sich der zur Durchführung des Erwerbsgeschäfts bestimmte Kassenbestand mehrfach geändert hat (vgl. *BGH*, Beschluss vom 3. 9. 1985 – 1 StR 408/85 bei *Schoreit* NStZ 1986, 53 Fn. 61).

69 Nur wenn ein sichergestellter Geldbetrag über eine allgemeine Absicht hinaus konkret dazu bestimmt war, ein weiteres Kaufgeschäft durchzuführen und wenn dieser **Einkauf (als Anknüpfungstat) Gegenstand der Anklage** ist (vgl. dazu *Lackner/Kühl* § 74 Rn. 5; *Weber* § 33 Rn. 256), kann der Geldbetrag nach § 74 Abs. 1 StGB eingezogen werden. Sind die geplanten Einkaufsgeschäfte **nicht Gegenstand der Anklage**, so kann eine **Einziehungsentscheidung keinen Bestand** haben (*BGH*, Beschluss vom 7. 5. 1997 – 1 StR 217/97 = NStZ-RR 1997, 318; *BGH*, Beschluss vom 10. 6. 1998 – 3 StR 182/98; BGHR StGB § 74 Abs. 1 Tatmittel 1 und 2; *BGH*, Beschluss vom 15. 12. 2004 – 2 StR 444/04 = BeckRS 2005, 01092; vgl. auch *BGH*, Beschluss vom 28. 7. 2004 – 2 StR 209/04 = NStZ-RR 2004, 347).

70 Steht nach den Urteilsfeststellungen fest, dass **die beschlagnahmten Gelder dazu bestimmt waren**, im Rahmen des angeklagten Tatgeschehens **noch weitere Betäubungsmittel zu erwerben** (BGHR StGB § 74 Abs. 1 Tatmittel 1 und 6), so ist unerheblich, dass und warum das Geld letztlich nicht für den Drogenkauf verwendet wurde (*BGH*, Urteil vom 2. 9. 1998 – 2 StR 185/98 = BeckRS 1998, 30023114).

71 **bb) Eigentumsverhältnisse.** Entscheidend ist, dass **dem Käufer** das Kaufgeld selbst **gehört oder zusteht** (§ 74 Abs. 2 Nr. 1 StGB), dass er also entweder bereits ursprünglich Eigentümer des Geldes war oder durch Vermischen mit eigenem Geld nach §§ 947 ff. BGB Eigentum an fremdem Geld erlangt hat (*BGH*, Beschluss vom 8. 2. 1995 – 2 StR 739/94).

72 Die **Einzahlung sichergestellter Banknoten bei der Gerichtskasse** hindert die Einziehung selbst dann nicht, wenn der Täter durch diesen Vorgang sein Eigentum an den einzelnen Geldscheinen verloren haben sollte. Denn die Einziehung setzt lediglich voraus, dass der konkrete Einziehungsgegenstand zum Zeitpunkt der Entscheidung noch derselbe ist, wie er als Gegenstand der Tat Verwendung fand. Nach der Verkehrsanschauung ist aber **Identität** in diesem Sinne auch dann noch gegeben, wenn eine bestimmte Banknote durch einen **gleichwertigen Anspruch gegen die Staatskasse** ersetzt wird (*BGH* NStZ 1993, 538).

73 **cc) Sicherungseinziehung.** Handelt es sich um **Kaufgeld Dritter**, das getrennt in einem Umschlag oder einem Koffer vom Käufer aufbewahrt wurde, so ist eine **Einziehung** gem. § 74 Abs. 1, Abs. 2 Nr. 1 StGB **nicht möglich**. Häufig wird jedoch eine Sicherungseinziehung gem. § 74 Abs. 2 Nr. 2 Alt. 2 StGB möglich sein, wenn über eine allgemein abstrakte Gefahr hinaus die konkrete Gefahr besteht, dass das bereitliegende Geld der Begehung rechtswidriger Taten dienen wird (**§ 74 Abs. 2 Nr. 2 StGB**) und im Rahmen eines vorbereiteten Drogengeschäfts in Kürze übergeben werden soll.

74 Die Annahme einer **konkreten Gefahr** in diesem Sinne kann sich etwa daraus ergeben, dass das Geld in einem unmittelbaren Zusammenhang mit der Festnahme der Beteiligten und der Sicherstellung von Betäubungsmitteln aufgefunden wurde. Dies gilt vor allem dann, wenn der aufgefundene Geldbetrag dem **üblichen Kaufpreis der sichergestellten Betäubungsmittel** entspricht (*Eberbach* NStZ 1985, 294, 298; Fall III 1 b; vgl. auch *BGH* NStZ 1985, 262). Der Dritteigentümer des bereitliegenden Kaufgeldes erleidet durch die Sicherungseinziehung gem.

§ 74 Abs. 2 Nr. 2 Alt. 2 StGB durch den unmittelbaren Eigentumsübergang auf den Staat (§ 74 e Abs. 1 StGB) einen Rechtsverlust. War dem Dritten die weitere Verwendung seines Geldes nicht bekannt und musste sie ihm nach den Gesamtumständen auch nicht bekannt sein, so ist er nach Maßgabe des § 74 f StGB zu entschädigen. Hat der Dritteigentümer leichtfertig (grob fahrlässig) dazu beigetragen, dass sein Geld als Kaufgeld für Betäubungsmittelgeschäfte eingesetzt wird, so verliert er sein Eigentum ohne jede Entschädigung (§ 74 f Abs. 2 Nr. 1 StGB). Grobe Fahrlässigkeit ist regelmäßig gegeben, wenn der Dritteigentümer mit seinem Geld selbst Betäubungsmittel bezahlt oder es mit Gewinnerzielungsabsicht in die Geschäfte eines Dealers investiert hat.

dd) Einziehung als *instrumentum sceleris* des Käufers. Eine Einziehungs- **75** möglichkeit nach § 74 Abs. 1, Abs. 2 Nr. 1 StGB des beim Verkäufer vorgefundenen Kaufgeldes ergibt sich im Ermittlungsverfahren gegen den Käufer, der auch nach Übergabe des Kaufpreises wegen § 134 BGB Eigentümer geblieben ist, sofern der Verkäufer das Kaufgeld nicht mit eigenem Geld vermischt hat. Denn für den Käufer stellt sich das Kaufgeld als *instrumentum sceleris* dar (vgl. *Eberbach*, NStZ 1985, 294 ff.). Hat der Verkäufer das Kaufgeld bereits vermischt, so hat der Käufer trotz § 134 BGB sein Eigentum an den Geldscheinen verloren und einen Anspruch gegen den Verkäufer erlangt, der im Wege der Ersatzeinziehung (§ 74 c StGB) erfasst werden kann.

b) Im Verfahren gegen den Verkäufer. Wenn der Drogenverkäufer das **76** durch ein sittenwidriges Rauschgiftgeschäft **erlangte Geld** seinerseits **wieder als Kaufgeld** für seinen Lieferanten bereitgestellt hat, so könnte dieses Geld gem. § 74 Abs. 1 als Kaufgeld eingezogen werden, sofern die entsprechenden Kaufbemühungen Gegenstand des Strafverfahrens sind (*BGH*, Beschluss vom 30. 5. 1989 – 4 StR 118/89 = BeckRS 1989, 31103747; *BGH*, Beschluss vom 11. 2. 1992 – 1 StR 50/92 bei *Schoreit* NStZ 1993, 326 Fn. 63, 75; *BGH* NStZ-RR 1997, 318; *BGH* NStZ-RR 2003, 57; *BGH*, Beschluss vom 15. 12. 2004 – 2 StR 444/04 = BeckRS 2005, 01092). Das bereitgehaltene Geld muss nicht an den Lieferanten versandt oder bereits ausgezahlt worden sein. Hat der Drogenverkäufer durch Vermischung des Kaufgeldes mit eigenem Geld nach §§ 947 ff. BGB Eigentum erlangt, vollzieht sich die Einziehung nach §§ 74 Abs. 1, Abs. 2 Nr. 1 StGB. Ist das Kaufgeld im Eigentum des Käufers verblieben, so ist das Kaufgeld nach §§ 74 Abs. 1, 74 Abs. 2 Nr. 2 StGB einzuziehen (vgl. *Eberbach*, NStZ 1985, 294296, Fall II 2).

2. Einziehung von Verkaufserlösen. Erlöse aus Rauschgiftgeschäften kön- **77** nen **nicht nach § 33 BtMG abgeschöpft werden.** Die aus illegalen Betäubungsmittelgeschäften herrührenden Erlöse unterliegen deshalb nicht der Regelung des § 33 BtMG, weil sie **keine Beziehungsgegenstände** sind und auch nicht durch die Tat unmittelbar hervorgebracht wurden (vgl. oben Rn. 7, 56). In einem Ermittlungsverfahren gegen den Verkäufer kann der Verkaufserlös auch nicht nach § 74 Abs. 1 StGB eingezogen werden. Zwar hat der Drogenverkäufer die Kaufpreiszahlung vom Käufer durch die Tat (Handeltreiben) erlangt. Aus der Tat hervorgebracht im Sinne von § 74 Abs. 1 StGB (*producta sceleris*) sind jedoch nicht die Kaufgelder, sondern solche Gegenstände, die entweder ihre Entstehung oder ihre gegenwärtige Beschaffenheit unmittelbar der Straftat verdanken (etwa hergestelltes Falschgeld, Falschurkunden usw.). Außerdem sind auch die Voraussetzungen des § 74 Abs. 1 und Abs. 2 StGB in diesem Falle nicht erfüllt. Da bezüglich des Rauschgiftes und des Entgeltes **Kaufvertrag und Übereignungsgeschäft nach § 134 BGB nichtig** sind, ist der Verkäufer **nicht** im Sinne von § 74 Abs. 2 Nr. 1 StGB **Eigentümer geworden.** Es ist jedoch eine Verfallsanordnung zu prüfen (BGHSt 33, 233 = NStZ 1985, 556; *Eberbach*, Anm. zu *BGH* NStZ 1985, 556; *ders.*, NStZ 1987, 486 ff.; *BGH* NStZ-RR 2003, 57; *BGH* StV 2003, 373; *BGH*, Beschluss vom 15. 12. 2004 – 2 StR 444/04 = BeckRS 2005, 01092).

VI. Sonderfall – Einziehung von Immobilien

78   Auch **Immobilien**, die der Abwicklung von **Rauschgift- und Geldtranspor-ten oder dem Geldwäschegeschäft** gewidmet sind, können grundsätzlich **sowohl im Inland, als auch im Ausland** eingezogen werden. Freilich müssen diese Immobilien zum Zeitpunkt der tatrichterlichen Entscheidung gem. § 74 Abs. 2 Nr. 1 StGB im Eigentum der Angeklagten stehen. Die Vollstreckung richtet sich nach dem Wiener Suchtstoffübereinkommen von 1988 (*BGH* NStZ 2004, 505 ff.).

VII. Wertersatzeinziehung

79   **1. Voraussetzungen.** Hat der Täter oder Teilnehmer den Gegenstand, der ihm zur Zeit der Tat gehörte oder zustand und auf dessen Einziehung hätte erkannt werden können, vor der Entscheidung über die Einziehung **verwertet**, namentlich **veräußert** oder **verbraucht** oder hat er die Einziehung des Gegenstandes sonst vereitelt, so kann das Gericht die **Einziehung eines Geldbetrages** bis zu der Höhe anordnen, die dem Wert des Gegenstandes entspricht (§ 74 c Abs. 1 StGB).

80   Die Wertersatzeinziehung (§ 74 c StGB) tritt an die Stelle der nach § 33 BtMG zulässigen Einziehung von Betäubungsmitteln, wenn diese Maßnahme nicht mehr möglich ist, weil der **Täter die Drogen inzwischen veräußert, verbraucht, verborgen oder vernichtet hat** oder ihr jetziger Besitzer nicht ermittelt werden kann. Dies gilt aber nur, wenn dem Täter die Betäubungsmittel **zur Zeit der Tat gehörten oder zustanden** (BGHSt. 8, 98 = NJW 1955, 1728; *BGH* NStZ 1983, 511; *BGH* wistra 2010, 302).

81   Für die Zulässigkeit einer solchen Wertersatzeinziehung gilt wie beim Verfall, dass der Verstoß gegen das BtMG, der die Einziehung des Rauschmittels gerechtfertigt hätte, **Gegenstand der Anklage** und **vom Tatrichter nachgewiesen** werden muss (*BGH*, Beschluss vom 15. 4. 1980 – 5 StR 146/80; *Franke/Wienroeder* § 33 Rn. 18; *Weber* § 33 Rn. 284).

82   **2. Im Verfahren gegen den Käufer.** Hat der Täter Betäubungsmittel erworben, so ist die eingesetzte Kaufsumme zwar Tatmittel im Sinne des § 74 Abs. 1 StGB. Kann das Geld wegen der erfolgten Übergabe an den Verkäufer im Verfahren gegen den Käufer aber nicht mehr eingezogen werden, so kommt in Bezug auf den erlösten Gewinn nach einer etwaigen Verwertung des Rauschgifts keine Wertersatzeinziehung, sondern lediglich Verfall oder Verfall von Wertersatz in Betracht. Denn dieser Gewinn tritt nicht an die Stelle des Kaufgeldes, sondern ist vielmehr Ersatz für die weiterveräußerten Betäubungsmittel. Der Angeklagte hat mit der Zahlung des Kaufpreises auch nicht die Einziehung eines ihm zustehenden Tatmittels vereitelt, da erst nach Begehung der Tat (Erwerb von Betäubungsmitteln) eine Einziehung des Tatmittels vereitelt werden kann. Die Wertersatzeinziehung kommt also **nur in Betracht**, wenn der Täter oder Teilnehmer durch andere und **spätere Handlungen als die die Einziehung begründende Tat die Einziehung vereitelt** (*BGH* NStZ 1992, 81).

83   **3. Im Verfahren gegen den Verkäufer.** Im Verfahren gegen den Verkäufer von Betäubungsmitteln ist zunächst danach zu differenzieren, welcher Gegenstand zum Anknüpfungspunkt einer Wertersatzeinziehung nach § 74 c StGB gemacht werden soll, welcher Gegenstand also durch Verwertung, Veräußerung oder Verbrauch als Einziehungsobjekt selbst nicht mehr zur Verfügung steht. In Betracht kommen sowohl die im Rahmen der Veräußerung erlangten Verkaufserlöse (der Täter hat das Geld ausgegeben; dazu Rn. 84), als auch die veräußerten Betäubungsmittel selbst (Rn. 85).

84   **a) Verkaufserlöse.** Mit der Wertersatzeinziehung (§ 74 c StGB) kann ein dem Verkaufserlös entsprechender Geldbetrag im Verfahren gegen den Verkäufer regelmäßig nicht abgeschöpft werden (*Eberbach*, NStZ 1985, 294, 297, Fall II 5, 6). Hat ein Drogenverkäufer Betäubungsmittel unter Verstoß gegen das BtMG **im Inland**

erworben, scheitert ein Eigentumserwerb, weil sowohl das schuldrechtliche Verpflichtungs-, als auch das dingliche Übereignungsgeschäft nach § 134 BGB nichtig sind. Gleiches gilt für den Weiterverkauf der Drogen (jedenfalls im Inland), mit der Folge, dass auch ein Eigentumsübergang am erlösten Geld nicht stattfindet (*BGH,* Beschluss vom 8. 8. 1990 – 2 StR 282/90 = BeckRS 1990, 31096720).

b) Betäubungsmittel. Ist unklar, auf welche Weise im In- oder Ausland ein **85** Drogenverkäufer die vertriebenen Betäubungsmittel erlangt hat, so muss die Eigentumsfrage im Regelfall offen bleiben; eine Wertersatzeinziehung (im Hinblick auf die weiterveräußerten Drogen) scheidet nach dem Grundsatz *in dubio pro reo* aus (vgl. *Eberbach* NStZ 1985, 557). Die bloße Möglichkeit, dass der Angeklagte Betäubungsmittel im Geltungsbereich einer den Eigentumsübergang nicht verbietenden Rechtsordnung erworben haben könnte, genügt für die Anwendung des § 74 c StGB nicht, vielmehr muss der **Eigentumserwerb nachgewiesen** sein (BGHSt. 33, 233 = NStZ 1985, 556 m. Anm. *Eberbach* = NJW 1985, 2773).

Hat der Drogenverkäufer die veräußerten **Betäubungsmittel im Ausland 86** nach dem Weltrechtsprinzip (§ 6 Nr. 5 StGB) oder nach § 7 Abs. 2 StGB **durch eine vorsätzliche rechtswidrige Tat** im Sinne des § 74 Abs. 1 StGB **erlangt** und damit gegen die § 29 oder 30 BtMG verstoßen, so ist ein Eigentumserwerb wegen Nichtigkeit von schuldrechtlichem und dinglichem Geschäft (§ 134 BGB) gescheitert; eine Wertersatzeinziehung nach § 74 c StGB scheidet deshalb ebenfalls aus (*BGH,* Urteil vom 29. 1. 1990 – 2 StR 507/89 = StV 1990, 193).

Die Voraussetzungen einer Wertersatzeinziehung (§ 74 c StGB) sind auch dann **87** nicht gegeben, wenn die verkauften Betäubungsmittel nicht im Eigentum des Täters standen und er **Verkaufsgeschäfte lediglich vermittelt** hat (*BGH,* Beschluss vom 20. 3. 1987 – 2 StR 77/87 = BeckRS 1987, 31104167; vgl. auch *Eberbach* NStZ 1985, 294, 296 Fall II 3 b).

Anstelle einer Wertersatzeinziehung kommt beim Verkäufer in der Regel **88** nur eine **gewinnabschöpfende Verfallsanordnung** in Betracht (*BGH,* Beschluss vom 6. 3. 1992 – 2 StR 69/92 = BeckRS 1992, 31095902; *Eberbach,* NStZ 1985, 294, 295, Fall II 2 c; *Eberbach,* NStZ 1985, 556 f.).

c) Ausnahmefälle. Hat der Drogenverkäufer an den Betäubungsmitteln im **89** Ausland Eigentum erlangt, ohne sich über § 6 Nr. 5 oder § 7 Abs. 2 StGB nach den §§ 29, 30 BtMG strafbar zu machen (unentgeltlicher Erwerb, Besitz, Gewinnung, Verarbeitung, Herstellung) oder ist ein **Eigentumserwerb** durch Vermischung oder Verarbeitung (§§ 947 ff. BGB) im Inland eingetreten, so ist nach Beseitigung oder Weitergabe der Drogen an den Käufer eine Wertersatzeinziehung nach § 74 c StGB möglich, obwohl der Erwerb der Betäubungsmittel keine vorsätzliche Straftat im Sinne des § 74 Abs. 1 StGB darstellte. § 74 c StGB gilt nämlich nicht nur für § 74 StGB, sondern für alle strafrechtlichen Einziehungsfälle, also etwa auch für § 33 BtMG (BGHSt. 28, 369 = NJW 1979, 1942; *Eberbach* NStZ 1985, 294, 295 f., Fälle II 2 a u b, 4 a). Dem Verkäufer kann daher in diesen Fällen ersatzweise für nicht mehr vorhandene Betäubungsmittel ein entsprechender Geldbetrag gem. § 74 c Abs. 1 StGB entzogen werden (*Eberbach* NStZ 1985, 296, Fall II 4 a). Ggf. können dem Täter Zahlungserleichterungen nach Maßgabe des § 74 c Abs. 4 StGB gewährt werden.

4. Umfang und Wirkung. Die Wertersatzeinziehung kommt in Betracht in **90** Höhe des Wertes der nicht mehr vorhandenen Gegenstände (etwa der veräußerten Betäubungsmittel im Fall der Rn. 89). Der Wert des Gegenstandes darf nach § 74 c Abs. 3 StGB **geschätzt** werden. Dabei darf – soweit Betäubungsmittel das Anknüpfungsobjekt der Wertersatzeinziehung sind – derjenige Preis nicht überschritten werden, der **unter gewöhnlichen Umständen** im Inland für Betäubungsmittel gleicher Art, Güte und Menge erzielbar ist (*Franke/Wienroeder* § 33 Rn. 21; *Weber* § 33 Rn. 294). Dies gilt selbst dann, wenn der Täter aus besonderen Gründen einen **höheren Erlös** erzielt hat. In solchen Fällen kann der den gewöhnlichen Preis übersteigende Gewinn nur im Wege der Verfallsanordnung abgeschöpft werden (*Fischer* § 74 c Rn. 6). Stets ist freilich darauf zu achten, dass keine doppelte

Abschöpfung ein und desselben Geldbetrages erfolgt (BGHSt. 28, 369 = NJW 1979, 1942 = LMRR 1979, 10).

91   Bei der Wertersatzeinziehungsanordnung führt das rechtskräftige Urteil nicht zum Eigentumsübergang, sondern lediglich zur **Entstehung eines Zahlungsanspruches des Staates gegen den Angeklagten** (*Fischer* § 74 c Rn. 7; Sch/Sch/ *Eser* § 74 c Rn. 13). Bei Anordnungen nach § 74 c StGB darf daher das beschlagnahmte Geld nicht eingezogen und in das Eigentum des Staates überführt werden. Die Vollstreckung des Urteils in Bezug auf diesen Zahlungsanspruch erfolgt nach § 459 g Abs. 2, 495 StPO i. V. m. der Justizbeitreibungsordnung, die ihrerseits auf die Regelungen der ZPO verweist (BGHSt. 28, 369 = NJW 1979, 1942 = LMRR 1979, 10; *Eberbach* NStZ 1985, 294, 295).

C. Verfall, Wertersatzverfall, Erweiterter Verfall

92   Zur Rechtsnatur, zur praktischen Bedeutung sowie zu den völkerrechtlichen und europäischen Grundlagen vgl. die Einführung oben unter Rn. 5 ff.

I. Verfall nach § 73 StGB

93   **1. Präventive Bedeutung.** Der Verfall ist keine *Strafe, strafähnliche Maßnahme* oder *Maßnahme mit Strafcharakter* (dazu oben Rn. 8; vgl. auch *Fischer* § 73 Rn. 2 a ff. m. w. N.), sondern vielmehr eine Maßnahme eigener Art. Die Verfallvorschriften haben „*vermögensordnenden und normstabilisierenden*" Charakter (BVerfGE 110, 1 = NJW 2004, 2073 = wistra 2004, 255 [zum erweiterten Verfall]; vgl. auch *BGH* NZI 2010, 607 = MDR 2010, 954); sie sollen es ermöglichen, dem Täter die durch den Rechtsbruch erlangten Vorteile der Tat zu entziehen (vgl. oben Rn. 8). Der Gesetzgeber folgt damit dem Grundgedanken des § 817 S. 2 BGB, wonach Investitionen in verbotene Geschäfte grundsätzlich unwiederbringlich verloren sein sollen.

94   Die bloße Strafdrohung genügt zur Abschreckung in vielen Fällen nicht. Insbesondere in **wirtschaftsstrafrechtlichen Zusammenhängen** rechnen die (zumeist noch nicht in Erscheinung getretenen) Täter häufig – und vor dem Hintergrund der in einigen Bereichen geübten Sanktionspraxis nicht ganz zu Unrecht – mit einem tatsächlichen Höchstmaß von „*2 Jahren mit*". Ob das Machtwort des 1. Strafsenats zur Strafzumessung bei Steuerhinterziehungen in Millionenhöhe (BGHSt. 53, 71 = NStZ 2009, 271 = StV 2009, 188; vgl. dazu *Bilsdorfer* NJW 2009, 476; *Knierim* FD-StrafR 2009, 274912) tatsächlich fruchtet, bleibt noch abzuwarten. „Verwundbar" sind Wirtschaftskriminelle freilich regelmäßig in finanziellen Belangen. Vor diesem Hintergrund kann eine konsequente Anwendung der Verfallvorschriften hier ganz erhebliche **präventive Wirkungen** entfalten (vgl. etwa BGHSt. 51, 65 = NStZ 2006, 572 = StV 2007, 74 [zum Verfall von Wertersatz]). Übermäßige Milde können geschäftlich umtriebige Täter in **Betäubungsmittelsachen** dagegen regelmäßig nicht erwarten. Gleichwohl sind die Gewinnaussichten im illegalen Drogenhandel so verlockend, dass nur mit Nachdruck für den Einsatz vermögensabschöpfender Maßnahmen geworben werden kann. Zwar ist die Regelungsmaterie insgesamt nicht unkompliziert; zu Resignation besteht jedoch kein Anlass (vgl. auch *Weber* § 33 Rn. 6 ff., insbes. Rn. 8 ff.). Zur Bedeutung des Verfalls in der betäubungsmittelstrafrechtlichen Praxis vgl. oben Rn. 6.

95   **2. Voraussetzungen. a) Rechtswidrige Tat.** Die Regelung des § 73 Abs. 1 S. 1 StGB setzt die Begehung einer rechtswidrigen Anknüpfungstat (bspw. ein rechtswidriges Rauschgiftgeschäft) voraus. Teilweise – jedenfalls aber für die Anwendung des **Bruttoprinzips** (dazu unten Rn. 98 ff.) – wird in der Literatur eine schuldhaft begangene Anknüpfungstat verlangt (zum Meinungsstand *Fischer* § 73 Rn. 2 a ff., 4 m. w. N.). Diese Sichtweise beruht indessen auf einer Charakterisierung des Verfalls als Maßnahme mit Strafwirkung (dazu aber schon oben Rn. 8, 93), wird von der Rechtsprechung nicht geteilt (vgl. nur BVerfGE 110, 1 =

NJW 2004, 2073 = wistra 2004, 255 [zum erweiterten Verfall]) und spielt deshalb auch praktisch keine Rolle.

Ob die Tat vollendet wurde oder im Versuchsstadium stecken geblieben ist, ist **96** unerheblich. Erforderlich ist allein, dass dem Täter im Rahmen der Tatausführung ein Vermögensvorteil zugeflossen oder ihm hierfür ein solcher gewährt worden ist. Wie sich aus dem Wortlaut des § 73 Abs. 1 S. 1 StGB (*„Täter oder Teilnehmer"*) ergibt, ist die Art der Tatbeteiligung nicht entscheidend. Allerdings muss dem Täter oder Teilnehmer der Vermögensvorteil selbst zugeflossen sein; hat er für einen anderen gehandelt und hat nur dieser etwas erlangt, richtet sich die Verfallanordnung gegen den Dritten (§ 73 Abs. 3 StGB).

b) Gegenstand des Verfalls. Die Anwendung der Verfallvorschriften setzt vor- **97** aus, dass der Täter oder Teilnehmer *„für die Tat oder aus ihr etwas erlangt"* hat. Das Gericht ordnet nach § 73 Abs. 1 S. 1 StGB in solchen Fällen *„dessen"* Verfall an. Zentraler Bezugsgegenstand der Verfallvorschriften ist daher das „erlangte Etwas".

aa) Erlangtes Etwas. Was das Gesetz unter dem Begriff des „erlangten Etwas" **98** im Einzelnen versteht, definiert es nicht. Dabei soll es sich aber nach dem Willen des Gesetzgebers um die **„Gesamtheit des aus der Tat Erlangten"** handeln (BT-Drs. 12/989 S. 23).

Der Gesetzgeber hat sich damit ganz ausdrücklich gegen die zur alten Rechtsla- **99** ge vorherrschende Auffassung gestellt, wonach als „Vermögensvorteil" der dem Täter nach Abzug der durch die Tat veranlassten Kosten verbleibende Taterlös angesehen wurde (vgl. etwa BGHSt. 28, 369 = NJW 1979, 1942; *BGH* NStZ 1989, 572 = NJW 1989, 3165 = JR 1990, 208; sog. **Nettoprinzip**; dazu BT-Drs. a. a. O.). Gewinnmindernde Unkosten (vor allem der **Einkaufspreis** beim Handeltreiben mit Betäubungsmitteln) konnten hiernach von den Erlösen des jeweiligen Rauschgiftgeschäfts in Abzug gebracht werden. Nach der nunmehr geltenden Rechtslage soll die Abschöpfung dagegen auf denjenigen Vermögensvorteil gerichtet sein, den der Täter aus der Tat gezogen hat; bei der Bemessung der Höhe des Erlangten sollen gewinnmindernde Abzüge nicht berücksichtigt werden (sog. **Bruttoprinzip**; BGHSt. 47, 369 = NStZ 2003, 37 = StV 2002, 601; *BGH* NStZ 2010, 339 = NJW 2010, 882 = wistra 2010, 142).

Der Begriff des „erlangten Etwas" umfasst daher **alle jene Vermögenswerte**, **100** die dem Täter oder Teilnehmer in irgendeiner Phase des Tatverlaufs *unmittelbar zugeflossen* sind. Erforderlich ist, dass der Tatbeteiligte die tatsächliche (nicht notwendig eine rechtliche) Verfügungsmacht gewonnen und einen Vermögenszuwachs erzielt hat (BGHSt. 51, 65 = NStZ 2006, 570 = StV 2007, 74; *BGH* NStZ 2010, 85 = BeckRS 2008, 23091; *BGH* NStZ 2011, 295 = NJW 2011, 624 = StV 2011, 133). In Betracht kommen bewegliche Sachen, Grundstücke, Rechte oder ersparte Aufwendungen (vgl. *Fischer* § 73 Rn. 9 f.), also etwa Geschäftserlöse, Honorar (in Form von Bargeld oder Rauschgift) oder eine Erstattung von Unkosten aller Art. Für die Bestimmung des „erlangten Etwas" ist das Bruttoprinzip dabei ohne Belang (so auch *BGH* NStZ 2010, 339); denn es besagt letztlich nicht mehr, als die abschöpfungsrechtliche Irrelevanz gewinnmindernder Umstände. Die mit der Anwendung des Bruttoprinzips verbundenen Unbilligkeiten sind über die Härtefallklausel des § 73 c StGB zu bereinigen.

Zur Berücksichtigung von **Schutzzweckerwägungen** im Zusammenhang mit **101** der Bestimmung des Erlangten sowie zur **betäubungsmittelstrafrechtlich weitgehenden Bedeutungslosigkeit** dieser seit dem Urteil des 5. *Strafsenats des Bundesgerichtshofs* zum „Kölner Müllskandal" zu beobachtenden Entwicklung vgl. oben Rn. 2 sowie *BGHSt.* 50, 299 = NStZ 2006, 210 [**Kölner Müllskandal**]; *BGH* NStZ 2010, 339 = NJW 2010, 882 [Verbotene Insidergeschäfte] – dazu *Kudlich / Noltensmaier* wistra 2007, 121; BGHSt. 52, 227 = NStZ 2009, 275 = wistra 2008, 387 [unzutreffende Gewinnversprechen]; vgl. auch *Schlösser* NStZ 2011, 121.

Entscheidend ist, was dem Betroffenen gerade durch die Straftat zugeflossen ist, **102** oder was er durch diese erspart hat. Ist der Erlös aus einem festgestellten Rauschgiftgeschäft unbekannt, so ist das Erlangte nicht etwa das, was der Täter oder Teilnehmer mit dem Verkauf der Betäubungsmittel *hätte erzielen können*. Das Gericht hat sich vielmehr – ggf. auf der Grundlage einer Schätzung des Marktpreises der Drogen nach § 73 b StGB – davon zu überzeugen, dass der Tatbeteiligte zumindest diesen Betrag **tatsächlich erlöst hat** (*BGH* NStZ-RR 2001, 82; *BGH* NStZ-RR 2002, 208; *BGH* NStZ 2010, 85). Sind die zum Verkauf bestimmten Betäubungsmittel abhanden gekommen, so kann nicht der vereinbarte Kaufpreis für verfallen erklärt werden, wenn und weil er vom Tatbeteiligten tatsächlich nicht erlangt worden ist (*BGH* NStZ-RR 2001, 82; *BGH* StV 2002, 485 (L) = BeckRS 2002, 02455; *BGH*, Beschluss vom 2. 11. 2010 – 4 StR 473/10 = BeckRS 2010, 28956 m. w. N.).

103   **(1) Aus der Tat** erlangt sind alle Vermögenswerte, die dem Tatbeteiligten unmittelbar aus der **Verwirklichung des Tatbestandes** selbst in irgendeiner Phase des Tatablaufs zufließen (*BGH* NStZ-RR 2003, 10 = wistra 2003, 57; *BGH*, Beschluss vom 28. 4. 2011 – 4 StR 2/11). Dies ist auch dann der Fall, wenn **Mittäter** die zunächst einem von ihnen zugeflossene Beute untereinander aufteilen; in diesem Fall erlangt jeder seinen Anteil *„aus der Tat"* im Sinne des § 73 Abs. 1 S. 1 StGB (vgl. *BGH* NStZ 2010, 390 = BeckRS 2010, 08146).

104   Durch die Anordnung des Verfalls können indessen nicht alle beim Täter sichergestellten Geldbeträge, sondern lediglich die Vorteile abgeschöpft werden, die durch eine **von der Anklage umfasste und vom Tatrichter festgestellte Tat** erlangt worden sind (*BGH* NStZ 2003, 422 = BeckRS 2003, 370170 [eingestellte Tat]; *BGH*, Urteil vom 22. 5. 2003 – 4 StR 130/03 = BeckRS 2003, 05110). Einer Feststellung, aus welcher einzelnen der angeklagten Taten der Vermögensgenstand herrührt, bedarf es dagegen nicht (*BGH*, Urteil vom 27. 3. 2003 – 5 StR 434/02 = BeckRS 2003, 03473; *BGH* NStZ-RR 2004, 347 = BeckRS 2004, 08124). Zum Verhältnis der Regelung des § 73 StGB zum Erweiterten Verfall nach § 73 d StGB vgl. unten Rn. 187.

105   **(2) Für die Tat.** Um Vorteile *„für die Tat"* handelt es sich, wenn Vermögenswerte dem Tatbeteiligten als **Gegenleistung** für sein rechtswidriges Handeln gewährt werden, die aber – wie etwa der Lohn für die Tatbegehung im Gegensatz zur Tatbeute – nicht auf der Tatbestandsverwirklichung selbst beruhen (*BGH* NStZ-RR 2003, 10 = wistra 2003, 57; BGHSt. 50, 299 = NStZ 2006, 210 = StV 2006, 126; *BGH*, Beschluss vom 28. 4. 2011 – 4 StR 2/11).

106   Werden dem Täter Bestechungsgelder von Dritten zur Weitergabe an die zu schmierenden Amtsträger übergeben, so handelt es sich nicht um Vermögensgenstände die der Tatbeteiligte *„für die Tat"* erlangt, sondern vielmehr lediglich um solche, die **„für deren Durchführung"** zur Verfügung gestellt werden (*BGH*, Beschluss vom 28. 4. 2011 – 4 StR 2/11). Gleiches gilt, wenn dem Tatbeteiligten, der im Interesse einer Rauschgiftbande und auf der Grundlage der Bandenabrede die Anmietung einer Zugmaschine und eines Trailers übernimmt, um im Rahmen seines Gewerbes Betäubungsmittel zu transportieren, die monatlichen Kosten der Anmietung vorgestreckt werden (*BGH*, Beschluss vom 19. 10. 2010 – 4 StR 277/10 = BeckRS 2010, 28090).

107   **(3) Unmittelbarkeit.** Der Verfall erstreckt sich nur auf solche Vorteile, die unmittelbar aus der oder für die von der Anklage umfasste und vom Tatrichter festgestellte Anknüpfungstat erlangt wurden (BGHR § 73 Erlangtes 2). Was dem Täter nur **bei Gelegenheit** der Tatbegehung zufließt, unterliegt nicht dem Verfall (vgl. *Fischer* § 73 Rn. 15). Gleiches gilt für **mittelbare Tatfrüchte** (vgl. Sch/Sch/*Eser* § 74 Rn. 22: Zinsen aus Bestechungsgeldern; Erlöse aus dem Verkauf von Diebesgut). Eine Abschöpfung derartiger Zuflüsse kommt nur nach § 73 Abs. 2 StPO (*Nutzungen und Surrogate* – vgl. dazu Rn. 108) in Betracht.

108   **bb) Nutzungen und Surrogate.** Die Anordnung des Verfalls betreffend Nutzungen und Surrogate ist Gegenstand der Regelung des § 73 Abs. 2 StGB. Danach erstreckt sich der Verfall auf die gezogenen Nutzungen und *kann* (vgl. *Fischer* § 73 Rn. 25: pflichtgemäßes Ermessen) sich darüber hinaus auch auf solche Gegenstände beziehen, die der Täter oder Teilnehmer durch die **Veräußerung** des „erlang-

ten Etwas" oder als Ersatz für dessen **Zerstörung, Beschädigung oder Entziehung** oder aufgrund eines erlangten Rechts erworben hat (§ 73 Abs. 2 S. 1 und S. 2 StGB). Die Vorschrift schließt damit die Lücke des § 73 Abs. 1 StGB im Hinblick auf mittelbare Tatfrüchte (Kindhäuser/Neumann/Paeffgen/*Herzog* § 73 Rn. 30; vgl. auch oben Rn. 107). Freilich erfolgt der Lückenschluss insoweit nicht vollumfänglich, als **darüber hinausgehende mittelbare Gewinne** nicht dem Verfall unterliegen; dies betrifft etwa die unter Einsatz des Erlangten erzielten Gewinne aus **Glücksspielen** (*BGH* NStZ 1996, 332; vgl. auch *Fischer* § 73 Rn. 28 m. w. N.). Erlöse, die allein auf besonderen unternehmerischen Fähigkeiten beruhen, scheiden aus.

Der Begriff der **Nutzungen** entspricht den bürgerlich-rechtlichen Vorschriften **109** (vgl. § 100 BGB: *„Nutzungen sind Früchte einer Sache oder eines Rechts sowie die Vorteile, welche der Gebrauch der Sache oder des Rechts gewährt."*) und erfasst damit vor allem Zinsen, Mieteinnahmen aus erlangten Immobilien oder Gewinnausschüttungen aus Börsenhandelsobjekten (vgl. Kindhäuser/Neumann/Paeffgen/*Herzog* § 73 Rn. 31). Auch in diesem Zusammenhang gelten die unter Rn. 102 beschriebenen Grundsätze entsprechend; auch Nutzungen können daher nur dann abgeschöpft werden, wenn sie dem Tatbeteiligten **tatsächlich zugeflossen** sind (*Fischer* § 73 Rn. 26; Kindhäuser/Neumann/Paeffgen/*Herzog* § 73 Rn. 31; Sch/Sch/*Eser* § 73 Rn. 31).

Sog. **Surrogate** sind nach der Regelung des § 73 Abs. 2 S. 2 StGB all jene Ge- **110** genstände, die der Tatbeteiligte durch Veräußerung des erlangten Gegenstandes oder als Ersatz für dessen Zerstörung, Beschädigung oder Entziehung oder aufgrund eines erlangten Rechts erworben hat. Die Vorschrift entspricht derjenigen des § 818 Abs. 1 Hs. 2 BGB. Die **Surrogatabschöpfung steht im pflichtgemäßen Ermessen** des Gerichts; das Gericht wird insbesondere zu berücksichtigen haben, welchen Wert der betreffende Gegenstand hat (vgl. Sch/Sch/*Eser* § 73 Rn. 32) oder ob und mit welchem Aufwand das Surrogat – etwa ein Ersatzanspruch gegenüber einer Versicherung – verwertet werden kann (vgl. *Fischer* § 73 a Rn. 6; Sch/Sch/*Eser* a. a. O.). Sieht das Gericht hiernach von der Anordnung des Surrogatverfalls ab, so ist nach § 73 a S. 1 StGB der Verfall eines Geldbetrages anzuordnen, der dem Wert des Erlangten entspricht (**Verfall von Wertersatz**). Die Anordnung des Wertersatzverfalls ist in diesen Fällen **zwingend** vorgeschrieben.

Hat der Tatbeteiligte den Verkaufserlös aus einem Betäubungsmittelhandelsge- **111** schäft auf sein **Bankkonto** eingezahlt, erlangt er als abschöpfungsfähiges Surrogat eine entsprechende **Buchforderung** gegen die Bank (vgl. Wabnitz/Janovsky/*Podolsky*, Kapitel 26 Abschn. III Nr. 3 Rn. 30). Werden dem Betroffenen für seine Beteiligung an einem Rauschgiftgeschäft **Schulden** aus anderen strafbaren Geschäften **erlassen**, so hat er allerdings nichts im Sinne der §§ 73, 73 a StGB erlangt, weil der Erlassvertrag nichtig ist und auch die erlassene Forderung wegen Nichtigkeit der ihr zugrundeliegenden Vereinbarung nicht erst hätte entstehen konnte (*BGH*, Beschluss vom 24. 1. 1986 – 2 StR 739/85 bei *Schoreit* NStZ 1987, 60 Fn. 71; *BGH*, Beschluss vom 14. 3. 2007 – 2 StR 54/07 = BeckRS 2007, 06233).

cc) Eigentumsverhältnisse. Der Verfall kann grundsätzlich nur dann angeord- **112** net werden, wenn der bemakelte Gegenstand dem betreffenden Tatbeteiligten zugeflossen ist. Eine Ausnahme ist nach § 73 Abs. 3 StGB für die Fälle vorgesehen, in denen „der Täter oder Teilnehmer für einen anderen gehandelt hat". Hat der andere etwas erlangt, so richtet sich die Anordnung des Verfalls nach § 73 Abs. 1 und Abs. 2 gegen diesen Dritten.

Eine ähnliche Regelung enthält § 73 Abs. 4 StGB (sog. **Drittverfall**): Danach **113** wird der Verfall eines Gegenstandes auch dann angeordnet, wenn er einem Dritten gehört oder zusteht, der ihn für die Tat oder sonst in Kenntnis der Tatumstände gewährt hat. Die Vorschrift erlangt vor allem dann an Bedeutung, wenn der Gegenstand (etwa der Kaufpreis bei einem nichtigem Betäubungsmittelgeschäft) infolge der **Nichtigkeit des dinglichen Übereignungsgeschäfts (§ 134 BGB)** nicht in das Eigentum des (angeklagten) Tatbeteiligten übergehen kann, sondern vielmehr im Dritteigentum verbleibt (vgl. Sch/Sch/*Eser* § 73 Rn. 14). Dazu unten Rn. 138 ff.

114   **dd) Schätzung des Erlangten.** Nach § 73 b StGB kann der Umfang des Erlangten und dessen Wert (vgl. § 73 Abs. 2 S. 1 oder S. 2 – Nutzungen und Surrogate –, § 73 a S. 1 StGB – Wertersatz –) geschätzt werden. Die Regelung erlaubt es dem Tatrichter, frei vom Strengbeweis den Umfang und den Wert des Erlangten zu schätzen, weil das Gericht häufig überfordert ist, bis ins einzelne gehende Feststellungen über die Art und den Umfang der dem Verfall unterliegenden Vermögenswerte zu treffen. Es ist deshalb fehlerhaft, von einer Verfallanordnung allein deshalb abzusehen, weil keine hinreichenden Feststellungen zum Umfang oder zum Wert des Erlangten getroffen werden können. Die der Schätzung zugrunde liegenden Anknüpfungstatsachen sind dabei so weit wie möglich aufzuklären (vgl. *BGH* NStZ-RR 2000, 57 = BeckRS 1999, 30062100). Liegen zureichende Schätzgrundlagen vor, ist es fehlerhaft, einen Verfallbetrag anzunehmen, der den im Handel **mit Betäubungsmitteln der betreffenden Menge und Qualität üblicherweise zu erzielenden Preisen** nicht annähernd entspricht (*BGH* a. a. O.; vgl. auch *Winkler* NStZ 2001, 301, 304).

115   Bei der Ermittlung der Schätzgrundlagen ist der **Zweifelssatz** anzuwenden (*Weber* § 33 Rn. 108). Dies bedeutet freilich nicht, dass zugunsten des Angeklagten von Sachverhaltsvarianten auszugehen wäre, für deren Vorliegen keinerlei tatsächliche Anhaltspunkte streiten. Der Tatrichter ist vielmehr verpflichtet, sich auf der Grundlage des gesamten Ergebnisses der Beweisaufnahme eine Überzeugung von der Richtigkeit der schätzungsrelevanten Tatumstände zu bilden, um so die Festsetzung eines der Wirklichkeit nahekommenden Schätzwertes zu ermöglichen. Die Möglichkeit einer Schätzung bedeutet dagegen nicht, dass sich der Tatrichter von **Vermutungen** leiten lassen dürfte (KK-StPO/*Fischer* § 244 Rn. 61). Er darf insbesondere nicht willkürlich und ohne ein Mindestmaß an zureichenden Anhaltspunkten vorgehen. Sieht sich der Tatrichter in Ermangelung solcher Anhaltspunkte zu einer Schätzung der Einnahmen des Täters außerstande, ist von der Anordnung des Verfalls abzusehen.

116   Steht fest, dass der Angeklagte **Hauptverkäufer einer Bande** war und deshalb den Großteil der im Tatzeitraum vereinnahmten Verkaufserlöse entgegengenommen hat und liegen Erkenntnisse zur Höhe der Verkaufserlöse der Bande vor, kommt eine Schätzung durchaus in Betracht. Sind die Erlöse der übrigen Verkäufer der Bande nicht hinreichend belegt und lässt sich auch nicht feststellen, ob der Tatbeteiligte Mitverfügungsgewalt hieran erlangt hat, sind allerdings erhebliche **Sicherheitsabschläge** vorzunehmen (*BGH* NStZ-RR 2009, 94 = BeckRS 2008, 25255).

117   Auch für die Schätzung des Umfangs des Erlangten oder seines Wertes gilt das *Bruttoprinzip*; geschätzte Aufwendungen des Täters oder Teilnehmers können daher nicht in Abzug gebracht werden (*Fischer* § 73 b Rn. 5; *Weber* § 33 Rn. 106).

118   **c) Verfall bei mehreren Tatbeteiligten (Mittäter, Teilnehmer).** Gegenstand des Verfalls kann grundsätzlich nur das sein, was der Tatbeteiligte erlangt hat. Ist die Tat von mehreren Tatbeteiligten begangen worden, reicht es aus, dass sie zumindest eine faktische (oder wirtschaftliche) **Mitverfügungsmacht** über den verfallbefangenen Gegenstand erlangt haben (*BGH* NStZ 2008, 565; *BGH* NStZ-RR 2009, 320 = StV 2010, 19; *BGH* NStZ 2011, 295 = NJW 2011, 624 = StV 2011, 133). Dabei kommt es nicht darauf an, ob einer der Mittäter seine Mitverfügungsgewalt später aufgegeben hat oder ob der ursprüngliche Mittelzufluss durch spätere Abflüsse anderer Art geschmälert wurde (*BGH* NStZ 2006, 683 = NJW 2006, 2500; *BGH* NStZ 2009, 499 = NJW 2009, 2073 = StV 2009, 353 (L); *BGH* NStZ 2011, 295 = NJW 2011, 624 = StV 2011, 133).

119   Eine **Zurechnung des Erlangten** nach den Grundsätzen der Mittäterschaft (§ 25 Abs. 2 StGB) kommt aber immer nur dann in Betracht, wenn sich die Mittäter über die Entstehung von Mitverfügungsgewalt einig sind *und* diese im Einzelfall auch tatsächlich erlangt haben (*BGH* NStZ-RR 2009, 320; in Bezug auf die tatsächliche Erlangung der Verfügungsgewalt offen gelassen von *BGH* NStZ 2011,

295 = NJW 2011, 624 = StV 2011, 133 unter Bezugnahme auf *BGH* NStZ 2010, 568 m. Anm. *Spillecke*). Das Erlangen eines Vermögensgegenstandes ist ein tatsächlicher Vorgang (vgl. Sch/Sch/*Eser* § 73 Rn. 11, 15). Ob die Mittäter eine **Aufteilung des Erlöses vorgesehen** haben, ist daher ohne Belang, wenn tatsächlich nur einer von ihnen (ausschließliche) Verfügungsgewalt erlangt hat (vgl. *Barreto da Rosa* NJW 2009, 1702). Auf sog. **Handelsketten**, bei denen ein und dieselbe Menge an Betäubungsmitteln stufenweise mehrfach umgesetzt, der jeweilige Kaufpreis gezahlt und dieser vom Täter „erlangt" wird, ist die Zurechnungslösung dagegen nicht anzuwenden; denn die Verfallanordnung bezweckt nicht die Abschöpfung des höchsten − zumeist auf der letzten Handelsstufe erreichten − Verkaufserlöses, sondern vielmehr nur desjenigen Vermögensgegenstandes, der dem Täter selbst und unmittelbar tatsächlich zugeflossen ist (BGHSt. 51, 65 = NStZ 2006, 683 m. Anm. *Dannecker* = StV 2007, 74).

Die betreffenden Mittäter haften sodann für die von ihnen in Mitverfügungsge- **120** walt erlangten Verfallgegenstände als **Gesamtschuldner**, mit der Folge, dass das Erlangte einerseits vollständig abgeschöpft werden kann und andererseits ein übermäßiger Zugriff auf das Vermögen der Mittäter vermieden wird (vgl. auch *Barreto da Rosa* NJW 2009, 1702). Anderenfalls könnte der Verfall bereits daran scheitern, dass der Umfang und das konkrete Verhältnis einer nach der Tat erfolgten Aufteilung der Erlöse unter den Mittätern nicht ermittelt werden kann. Demgegenüber ermöglicht es die Gesamtschuldner-Lösung, auf das Vermögen eines Mittäters in einem Umfang zuzugreifen, der dem vollen Wert des (zunächst in Mitverfügungsgewalt) erlangten Vermögensgegenstandes entspricht, **ohne dass auf die konkrete Aufteilung der Erlöse Rücksicht genommen werden müsste**.

Der Umstand, dass dem einzelnen Tatbeteiligten dabei mehr genommen wird, **121** als er − nach Maßgabe seines Anteils am Erlös − letztlich zurückbehalten hat, ist rechtlich unbedenklich; es bleibt den Mittätern überlassen, einen internen Ausgleich vorzunehmen (*BGH* NStZ 2011, 295 = NJW 2011, 624 = StV 2011, 133; vgl. dazu *Barreto da Rosa* NJW 2009, 1702). Zur vorläufigen Sicherung von Einziehung und Verfall in diesen Fällen vgl. unten Rn. 207.

d) Verfall gegen Jugendliche und Heranwachsende. Auch in Verfahren ge- **122** gen Jugendliche und (Jugendlichen gleichstehende, § 105 Abs. 1 JGG) Heranwachsende ist die Anordnung des Verfalls zulässig (§ 2 Abs. 2 JGG; vgl. zur Einziehung *BGH*, Beschluss vom 12. 7. 2000 − StB 4/00 = BeckRS 2010, 18468). Dies gilt selbst dann, wenn der Wert des Erlangten nicht mehr im Tätervermögen vorhanden ist (BGHSt. 55, 174 = NStZ 2011, 270 = StV 2010, 578 [auch zur Anordnung des Verfalls von Wertersatz]). Zur Vermeidung von Härten ist § 73 c StGB zu berücksichtigen.

e) Ausnahmen. aa) Entgegenstehende Ansprüche des Verletzten. Die **123** Anordnung des Verfalls kommt nicht in Betracht, *soweit* dem Verletzten aus der Tat ein Anspruch erwachsen ist, dessen Erfüllung dem Täter oder Teilnehmer den Wert des aus der Tat Erlangten entziehen würde, § 73 Abs. 1 S. 2 StGB. Die Regelung soll eine doppelte Inanspruchnahme des Tatbeteiligten vermeiden. Entscheidend ist allein die rechtliche Existenz des Anspruchs; es kommt nicht darauf an, ob ein Geschädigter ermittelt wurde und ob dieser seine Ansprüche tatsächlich geltend macht (*BGH* NStZ-RR 2006, 138; so auch *Fischer* § 73 Rn. 18 ff. m. w. N.). Eine praktische Bedeutung kommt dieser Konstellation im Kontext der Betäubungsmittelkriminalität freilich nicht zu (*Patzak/Bohnen*, Betäubungsmittelrecht, Kapitel 3 Rn. 61).

Verzichtet der Geschädigte auf seinen Ersatzanspruch oder ist dieser verjährt, **124** greift die Ausschlussklausel des § 73 Abs. 1 S. 2 StGB dagegen nicht (*BGH* NStZ 2006, 621 = StV 2006, 524). Im Falle der Verjährung des Anspruchs ist der Täter daher darauf verwiesen, eine doppelte Inanspruchnahme durch Geltendmachung der **Verjährungseinrede** zu verhindern (*BGH* NStZ 2006, 621, 623); anderenfalls würde dem Tatbeteiligten die Möglichkeit eröffnet, sich die erlangten Vermögensgegenstände durch geschicktes prozessuales Taktieren zu erhalten (*BGH* a. a. O.).

125   **bb) Härtefälle.** Nach § 73 c Abs. 1 S. 1 StGB wird der Verfall nicht angeordnet, *soweit* er für den Betroffenen eine unbillige Härte wäre. Die Anordnung *kann* (nach pflichtgemäßem Ermessen) unterbleiben, soweit der Wert des Erlangten zur Zeit der Anordnung in dem Vermögen des Betroffenen nicht mehr vorhanden ist oder wenn das Erlangte einen geringeren Wert hat, § 73 c Abs. 1 S. 2 StGB. Die Entreicherungsbestimmung des § 73 c Abs. 1 S. 2 StGB ist nach der **Systematik des § 73 c StGB** vorrangig zu prüfen (vgl. *Fischer* § 73 c Rn. 2; Sch/Sch/*Eser* § 73 c Rn. 2; *Weber* § 33 Rn. 126; dazu Rn. 126 ff.); erst anschließend (und nur wenn die Voraussetzungen des Abs. 1 S. 2 nicht vorliegen, vgl. *Fischer* § 73 c Rn. 2; *BGH* NStZ 2000, 589 = StV 2001, 272 = wistra 2000, 379) ist zu untersuchen, ob eine unbillige Härte im Sinne des § 73 Abs. 1 S. 1 StGB gegeben ist (vgl. *BGH,* Beschluss vom 5. 7. 2011 – 3 StR 211/11).

126   **(1) Entreicherung.** Anknüpfungspunkt der Entreicherungsprüfung nach § 73 Abs. 1 S. 2 StGB ist zunächst die Frage nach dem Wert des Erlangten bzw. der gezogenen Nutzungen oder der dem Tatbeteiligten zugeflossenen Surrogate (*BGH* NStZ 2010, 86 = StV 2010, 19). In einem ersten Schritt ist also dieser Wert – ggf. auf der Grundlage einer Schätzung nach § 73 b StGB – zu ermitteln. Der so bestimmte Wert des Erlangten ist dem im Zeitpunkt der Entscheidung (noch) vorhandenen Tätervermögen gegenüberzustellen (*BGH* a. a. O.).

127   Festzustellen ist dabei, **in welchem Umfang und aus welchem Grund** ein Abfluss aus dem Tätervermögen erfolgt ist (*BGH* NStZ-RR 2009, 234 = wistra 2009, 23); die für die Ermittlung der jeweiligen Beträge maßgeblichen Anknüpfungstatsachen sind in den Urteilsgründen niederzulegen (*BGH,* Beschluss vom 5. 7. 2011 – 3 StR 211/11). Der Umstand, dass dem Täter im Falle der Anordnung des Verfalls nur ein **geringes Restvermögen** verbliebe, ist in diesem Zusammenhang unerheblich (*BGH* a. a. O.), denn einerseits ist nach der Systematik des § 73 Abs. 1 StGB auch im Falle einer Entreicherung nach § 73 Abs. 1 S. 2 StGB nicht zwingend vom Vorliegen einer **unbilligen Härte** im Sinne des § 73 Abs. 1 S. 1 StGB auszugehen (*BGH* NStZ 2000, 589 = StV 2001, 272 = wistra 2000, 379), andererseits kann selbst die Tilgung von Schulden mithilfe bemakelt erlangter Vermögenswerte zu einem positiven Vermögenssaldo führen (vgl. *Fischer* § 73 c Rn. 4 a). Dies gilt etwa dann, wenn die Begleichung von Schulden dazu geführt hat, dass nunmehr immer ein spiegelbildlicher Vermögenswert im Tätervermögen vorhanden ist (bspw. Eigentum an einem Grundstück nach Tilgung eines Darlehens).

128   Auf einen **Bezug des vorhandenen Vermögens zu einer rechtswidrigen Tat** kommt es grundsätzlich nicht an (BGHSt. 51, 65 = NStZ 2006, 570 = StV 2007, 74). Ebenfalls ohne Belang ist es daher im Rahmen des § 73 Abs. 1 S. 2 StGB, ob das vorhandene Tätervermögen zweifelsfrei keinerlei denkbaren Zusammenhang mit den abgeurteilten Taten aufweist (BGHSt. 51, 65; anders BGHSt. 48, 40 = NStZ 2003, 257 = StV 2003, 158; so auch Kindhäuser/Neumann/Paeffgen/*Herzog* § 73 c StGB Rn. 4; vgl. auch *BGH* NStZ 2005, 454 = BeckRS 2004, 04973).

129   Will das Tatgericht den Verzicht oder den teilweisen Verzicht auf Verfallanordnung auf die Regelung des § 73 c Abs. 1 S. 2 StGB stützen, so muss es zunächst feststellen, ob das **Erlangte noch im Vermögen des Angeklagten vorhanden** ist. Vermutungen dahingehend, Erlöse aus Drogengeschäften seien wohl verbraucht, Vermögensvorteile durch die im Zusammenhang mit dem Vollzug von Untersuchungshaft erlittenen Einbußen ausgeglichen, reichen hierfür nicht aus (*BGH* NStZ 2005, 232 = BeckRS 2004, 06960). Es muss revisionsrechtlich überprüfbar sein, ob und in welchem Umfang noch Vermögenswerte vorhanden sind, in denen sich das aus den Straftaten Erlangte wiederfindet. Denn eine **Ermessensentscheidung** nach § 73 c Abs. 1 S. 2 StGB scheidet aus, sofern und soweit der Angeklagte noch über Vermögen verfügt, das wertmäßig nicht hinter dem anzuordnenden Verfallsbetrag zurückbleibt. Hat der Verurteilte den Erlöse zum **Bestreiten seines Lebensunterhalts** genutzt, so ist seine Bereicherung regelmäßig nicht weggefallen, wenn und weil er noch über den Vermögensbestand verfügt, den er zum Bestreiten des Lebensunterhaltes hätte in Anspruch nehmen müssen. Im

Rahmen der Ermessensentscheidung, die nachvollziehbar zu begründen ist, kann durchaus auch die **Geständnis- und Aufklärungsbereitschaft** des Angeklagten berücksichtigt werden, sofern seine Angaben dazu beigetragen haben, Tatbeiträge aufzudecken, die in direktem Bezug zur Höhe des Verfallbetrages stehen (BGHSt. 48, 40 = NStZ 2003, 367 = StV 2003, 158).

Hat der Betroffene den Vorteil bestimmungsgemäß verbraucht und ohne Not **130** genossen, so ist dies für sich genommen kein Grund für einen Verzicht. Anders kann es im Einzelfall sein, wenn der Tatbeteiligte aus einer konkreten Notsituation heraus geradezu gezwungen war, Vermögen zu verbrauchen. Zu berücksichtigen sind freilich stets die Persönlichkeit des Betroffenen und seine jeweiligen Lebensumstände. Sind nach einem Rauschgiftgeschäft **im Ausland Vermögenswerte eingezogen worden**, so findet keine Anrechnung dieser Einziehung auf den Verfall (etwa in entsprechender Anwendung des § 51 Abs. 3 StGB) statt; dieser Umstand ist vielmehr allein im Rahmen der Billigkeitsentscheidung nach § 73 c StGB zu berücksichtigen (*BGH* NStZ 2005, 455 = BeckRS 2005, 01759). Hat der Betroffene **bewusst Vermögenswerte beiseite geschafft**, um sie vor dem Verfall zu bewahren, so liegt kein Härtefall vor (*BGH*, Urteil vom 3. 7. 2003 – 1 StR 453/02 = BeckRS 2003, 07432 = NStZ 2004, 457[insoweit nicht abgedruckt]).

(2) Geringwertigkeit. Nach pflichtgemäßem Ermessen kann die Anordnung **131** des Verfalls auch unterbleiben, wenn das Erlangte nur einen geringen Wert hat, § 73 c Abs. 1 S. 2 Alt. 2 StGB. Die Geringwertigkeit ist dabei am Maßstab des § 248 a StGB zu bestimmen (*Fischer* § 73 c Rn. 6; *Kindhäuser/Neumann/Paeffgen/Herzog* § 73 c Rn. 7; *Sch/Sch/Eser* § 73 c Rn. 5). Ausschlaggebender Abwägungsgesichtspunkt ist dabei die Prozessökonomie.

(3) Allgemeine Härtefälle. Im Einzugsbereich der Entreicherungsklausel nach **132** § 73 c Abs. 1 S. 2 StGB ist eine Härtefallprüfung nach § 73 Abs. 1 S. 1 StGB ausgeschlossen (oben Rn. 125). Ist der Wert des Erlangten zur Zeit der Anordnung im Täter- oder Teilnehmervermögen **nicht mehr vorhanden**, kann daher nicht allein deshalb auf eine unbillige Härte im Sinne des § 73 c Abs. 1 S. 1 StGB geschlossen werden (*BGH* NStZ 2000, 589 = StV 2001, 272 = wistra 2000, 379).

Eine unbillige Härte im Sinne des § 73 c Abs. 1 S. 1 StGB liegt vor, wenn die **133** Verfallanordnung **schlechthin ungerecht** wäre (*BGH* NStZ-RR 2009, 234 = wistra 2009, 23; *BGH* NStZ 2010, 86 = StV 2010, 19) und mit einer **Verletzung des Übermaßverbots** einhergehen würde. Entscheidend ist, ob die Auswirkungen der Maßnahme **im konkreten Einzelfall außer Verhältnis** zu dem vom Gesetzgeber erstrebten Präventionszweck stehen würde. Es müssen besondere Umstände vorliegen, auf Grund derer mit der Vollstreckung des Verfalls eine außerhalb des Verfallzwecks liegende zusätzliche Härte verbunden wäre, die dem Betroffenen auch unter Berücksichtigung des Zwecks des Verfalls nicht zugemutet werden kann (*BGH* BeckRS 2003, 07432 = NStZ 2004, 457 [insoweit nicht abgedruckt] = wistra 2003, 424). Auf den Gesichtspunkt, dass der Täter für das rechtlich missbilligte Geschäft erhebliche Mittel aufgewendet hat, kann es dabei nicht ankommen. Denn die Vermögensabschöpfung ist in diesen Fällen **Ausdruck des Bruttoprinzips**, weshalb diesbezügliche Gesichtspunkte nicht zur Begründung einer „unbilligen Härte" herangezogen werden können (*BGH* NStZ 2009, 627 = NJW 2009, 2755).

Allein aus dem Umstand, dass der Täter **Gewinne aus Drogengeschäften als- 134 bald nach der Erlangung ausgegeben** hat und **kein Gewinn verblieben** ist, kann **keine unbillige Härte** hergeleitet werden (*BGH* NStZ 2000, 589 = StV 2001, 272 = wistra 2000, 379; BGHSt. 51, 65 = NStZ 2006, 683 = StV 2007, 74; *BGH* NStZ 2010, 86 = StV 2010, 19). Von der Anordnung des Verfalls kann auch nicht etwa deshalb abgesehen werden, um dem Tatbeteiligten zum Zwecke der **Resozialisierung** Vermögenswerte zu erhalten (*BGH* NStZ 1995, 495 = StV 1995, 415; *BGH* NStZ 2010, 86 = StV 2010, 19). Gleichwohl kann es geboten sein, eine wesentliche Erschwerung der Wiedereingliederung des Betroffenen nach seiner Haftentlassung im Rahmen der Gesamtabwägung zu berücksichtigen (*BGH* NStZ-RR 2003, 75). Dies gilt vor allem dann, wenn der Tatbeteiligte vermögenslos und zudem hoch verschuldet ist und es vor diesem Hintergrund unzumutbar erscheint, ihn mit einer weiteren erheblichen Verfallschuld zu belasten und so seine bereits bestehende Verschuldung weiter zu vertiefen (*BGH* NStZ 2001, 42).

135   **Hohe finanzielle Belastungen** aufgrund der Verfallanordnung können einen Verzicht auf die Maßnahme grundsätzlich nicht rechtfertigen. Anders kann es hingegen ausnahmsweise dann liegen, wenn der Tatbeteiligte durch die Anordnung in seiner **wirtschaftlichen Existenz gefährdet** würde; denn der wirtschaftliche Ruin des Täters oder Teilnehmers liegt außerhalb der legitimen Zwecke des Verfalls und kann daher eine außergewöhnliche Härte begründen, die ihm nicht zugemutet werden kann.

136   Dass der Angeklagte nicht mehr in der Lage sein wird, das **Wahlverteidigungshonorar zu entrichten**, stellt keine unbillige Härte dar. Liegt ein Fall der notwendigen Verteidigung vor, steht ihm der Anwalt seines Vertrauens als Pflichtverteidiger zur Verfügung. In allen anderen Fällen ist bereits nach der Ratio der strafprozessual maßgeblichen Vorschriften keine Unbilligkeit gegeben. Das Interesse des Verteidigers an einer die Pflichtverteidigergebühren übersteigenden Honorierung ist dem staatlichen Interesse an einer möglichst umfassenden Abschöpfung kriminell erwirtschafteter Erlöse in jedem Fall nachrangig (*Frankfurt*, Beschluss vom 6. 12. 2001 – 3 Ws 1174/01).

137   **(4) Urteilsgründe.** Der Tatrichter muss – weil das Absehen von der Anordnung der Maßnahme nach § 73c StGB Ausnahmecharakter hat (*Sch/Sch/Eser* § 73c Rn. 7) – seine **Entscheidung umfassend und nachvollziehbar begründen** und insbesondere deutlich machen, dass er sämtliche Umstände des Einzelfalls seiner **Gesamtwürdigung** zugrunde gelegt hat. Zwar entzieht sich die konkrete Gewichtung der für die Annahme eines Härtefalls streitenden Umstände einer revisionsrechtlichen Überprüfung; jedoch kann mit der **Revision** die fehlerhafte Auslegung des Tatbestandsmerkmals der "unbilligen Härte" gerügt werden (BGHSt. 40, 287 = NJW 1995, 603 = StV 1995, 1; *BGH* NStZ 2010, 86 = StV 2010, 19). Sieht der Tatrichter von der Annahme einer unbilligen Härte ab und verneint er das Eingreifen der Vorschriften des § 73c StGB in rechtsfehlerfreier Weise, ist er nicht gehalten, die Verfallanordnung im Rahmen der Strafzumessung erneut zu erwägen (*BGH* NStZ 2001, 312; a. A. freilich unter dem Gesichtspunkt der *"Strafähnlichkeit"* der Maßnahme *Sch/Sch/Eser* § 73c Rn. 7; dazu aber schon oben Rn. 93f.). Zur Niederlegung der im Einzugsbereich der Regelung des § 73c Abs. 1 S. 2 StGB maßgeblichen Berechnungsgrundlagen vgl. *BGH,* Beschluss vom 5. 7. 2011 – 3 StR 211/11.

138   **f) Verfallanordnung gegen Dritte. aa) Handeln für Dritte (§ 73 Abs. 3 StGB).** Nach § 73 Abs. 3 kann sich die Anordnung des Verfalls auch gegen einen Tatunbeteiligten richten, wenn der Tatbeteiligte *für diesen gehandelt* und dieser *hierdurch* den Vermögensgegenstand selbst unmittelbar erlangt hat. Der Dritte ist in diesen Fällen nach Maßgabe des § 442 Abs. 2 StPO an dem Verfahren zu beteiligen. Dritter in diesem Sinne kann **jede natürliche oder juristische Person** sein.

139   Bedeutung erlangt die Regelung deshalb vor allem dort, wo aufgrund von Vertretungsverhältnissen der rechtswidrig erlangte Vermögensgegenstand einer juristischen Person zufließt. Für diesen Dritten handelt der Tatbeteiligte nicht nur in den Fällen des § 14 StGB oder der Stellvertretung, sondern auch, sofern er bei der Begehung der rechtswidrigen Tat im Interesse des anderen tätig wird (vgl. Kindhäuser/Neumann/Paeffgen/*Herzog* § 73 Rn. 34). Dabei sind nach BGHSt. 45, 235 = NStZ 2000, 34 = StV 2000, 130 **Vertretungsfälle** im weiteren Sinne, **Verschiebungsfälle** und **Erfüllungsfälle** zu unterscheiden (vgl. dazu im Einzelnen *Fischer* § 73 Rn. 34ff.; *Sch/Sch/Eser* § 73 Rn. 37a), die sich freilich im Einzelfall durchaus überschneiden können (*Fischer* § 73 Rn. 37). Festzuhalten ist, dass ein Handeln **"für einen anderen"** keinen echten oder nach außen erkennbaren Vertretungsfall voraussetzt; der Handelnde muss vielmehr "bei oder jedenfalls im Zusammenhang mit der rechtswidrigen Tat auch, und sei es nur faktisch, im Interesse des Dritten gehandelt haben" (BGHSt. 45, 235 = NStZ 2000, 34 = StV 2000,

130). Das Tatbestandsmerkmal **„dadurch"** ist nicht im Sinne von „unmittelbar durch ein- und dieselbe Handlung", sondern eher als **„Bereicherungszusammenhang** zwischen der Tat und dem Eintritt des Vorteils bei dem Dritten" (BGHSt. a. a. O.) zu verstehen. Hat der Dritte die Tatbeute oder deren Wertersatz auf Grund eines mit dem Tatbeteiligten geschlossenen entgeltlichen Rechtsgeschäfts erlangt (sog. Verschiebungsfall), das weder für sich genommen bemakelt ist noch im Zusammenhang mit der rechtswidrigen Tat steht, so hat der Dritte den Vorteil nicht *durch die Tat* erlangt (BGHSt. 45, 235 = NStZ 2000, 34 = StV 2000, 130; BGHSt. 47, 369 = NStZ 2003, 37 = StV 2002, 601).

Ob der Dritte gut- oder bösgläubig ist, ist grundsätzlich unerheblich (vgl. **140** BGHSt. 47, 369 = NStZ 2003, 37 = StV 2002, 601: *„Sind beim Verfall gegen Drittbegünstigte der Dritte bzw. die Organe einer juristischen Person gutgläubig, so wird in der Regel zu prüfen sein, ob eine unbillige Härte nach § 73 c StGB vorliegt. "*).

bb) Dritteigentum (§ 73 Abs. 4 StGB). Nach § 73 Abs. 4 StGB können **141** auch **fremdes Eigentum oder fremde Rechte** dem Verfall unterliegen. Gegenstände, die einem Dritten gehören oder zustehen, können danach für verfallen erklärt werden, wenn der Dritte sie **für die Tat** oder **sonst in Kenntnis der Tatumstände gewährt** hat. So hat zwar der Drogenverkäufer wegen § 134 BGB durch das Verkaufsgeschäft kein Eigentum an dem Kaufpreis erlangt. Der Käufer hat jedoch das ihm gehörende Geld dem Verkäufer im Sinne des § 73 Abs. 4 StGB „für die Tat" und zudem in Kenntnis der Tatumstände gewährt. Die Regelung des § 73 Abs. 4 StGB befreit die Justiz insoweit von der mitunter schwierigen Erforschung der wahren Eigentumslage (*Eberbach* NStZ 1985, 294, 297, Fall II 6 a). Hat der Käufer Geld Dritter zur Bezahlung der Betäubungsmittel übergeben, so greift § 73 Abs. 4 StGB nicht (*Eberbach* NStZ 1985, 294, 297, Fall II 7 a). Ist der Verkäufer durch **Vermischung des Geldes** gem. §§ 947 ff. BGB zwar Eigentümer des Kaufgeldes geworden, der konkrete Geldbetrag aber nicht mehr identifizierbar, so kommt Wertersatzverfall nach § 73a StGB in Betracht. Vgl. hierzu auch den Fall, bei dem einem für eine Rauschgifthandelsorganisation tätigen Betäubungsmittelkurier der Kaufpreis ausgehändigt wird (*BGH* NStZ 1989, 572 = JR 1990, 208 ff. m. krit. Anm. *Meyer*).

g) Verhältnis zum erweiterten Verfall. Nach § 73 d StGB kann der Verfall – **142** soweit eine besondere Vorschrift auf diese Regelung verweist – auch hinsichtlich solcher Gegenstände angeordnet werden, für die nach den Umständen davon auszugehen ist, dass sie für (andere) rechtswidrige Taten oder aus ihnen erlangt worden sind (erweiterter Verfall). Bedeutung erlangt die Vorschrift in den Fällen, in denen der Nachweis der Herkunft des Gegenstandes aus einer *konkreten* rechtswidrigen Tat nicht gelingen mag; anders als im Rahmen des § 73 StGB muss also kein Bezug zu der Tat vorliegen, die Gegenstand des Urteils ist (*BGH* NStZ-RR 2009, 384). Ausgehend davon, dass der Anwendungsbereich des § 73 d StGB nur dann eröffnet ist, wenn eine ausdrückliche Verweisungsnorm existiert (etwa § 33 BtMG), ist **stets vorrangig zu prüfen**, ob in Bezug auf einen bestimmten Gegenstand die Voraussetzungen des § 73 StGB (ggf. i. V. m. § 73a StGB – Wertersatzverfall) vorliegen (*BGH*, Urteil vom 11. 12. 2008 – 4 StR 386/08 = BeckRS 2009, 00060; *BGH*, Beschluss vom 27. 4. 2011 – 4 StR 39/11 = BeckRS 2011, 13132). Anders gewendet: „Vor einer Anwendung des § 73 d StGB muss [...] unter Ausschöpfung der zulässigen Beweismittel ausgeschlossen werden können, dass die Voraussetzungen des § 73 StGB erfüllt sind [...]" (*BGH*, Urteil vom 11. 12. 2008 – 4 StR 386/ 08 = BeckRS 2009, 00060). Gelingt dies nicht, kann gleichwohl die Anordnung des Erweiterten Verfalls nach § 73 d StGB in Betracht kommen (vgl. dazu *BGH*, Urteil vom 7. 7. 2011 – 3 StR 144/11 sowie unten Rn. 187).

3. Beispielsfälle. a) Erlöse aus Drogengeschäften. Der praktisch bedeut- **143** samste Anwendungsfall des Verfalls im Kontext betäubungsmittelstrafrechtlicher Rechtsverstöße ist die Abschöpfung von Erlösen aus Rauschgiftgeschäften. Dabei muss der Tatrichter stets die uneingeschränkte Überzeugung der rechtlich missbilligten Herkunft der sichergestellten Geldbeträge gewinnen.

144   **aa) Vorgefundene Bargelderlöse.** Wird beim Verkäufer der Kaufpreis (Bargeld, Schmuck, Pkw) für die verkauften Betäubungsmittel vorgefunden und sichergestellt, so kann wegen der Nichtigkeit des Kaufvertrages und Übereignungsgeschäftes (vgl. BGHSt. 31, 145 = NStZ 1983, 124 = NJW 1983, 636) die Verfallsanordnung nicht nach § 73 Abs. 1 S. 1 StGB, sondern nur nach § 73 Abs. 4 StGB erfolgen, wonach der Verfall auch zulässig ist, wenn der Gegenstand einem Dritten gehört oder zusteht, der ihn für die Tat oder sonst in Kenntnis der Tatumstände gewährt hat. Der Käufer weiß aber ebenso wie der Verkäufer um die Sittenwidrigkeit und Strafbarkeit des Rauschgiftgeschäftes. Nach § 73 Abs. 4 StGB richtet sich die Verfallsanordnung nicht gegen den Dritten (Käufer), sondern gegen den Tatbeteiligten, der den Gegenstand erlangt hat (Verkäufer). Jedoch ist der Dritte an dem Verfahren zu beteiligen (§ 442 Abs. 1 i. V. m. § 431 StPO).

145   **bb) Vermischte Verkaufserlöse** *(Wertersatzverfall).* Da die beim Verkäufer von Betäubungsmitteln vorgefundenen Geldbeträge zumeist weder unberührte Kaufgeldbeträge sind, noch einem bestimmten Geschäft zugeordnet werden können, scheidet wegen der eingetretenen Vermischung des Geldes der Verfall zugunsten des Ersatzverfalls (§ 73 a StGB) aus. Der Staat erlangt insoweit eine schuldrechtliche Forderung auf einen Geldbetrag (*Fischer* § 73 a Rn. 8). Die Anordnung des Verfalls (des Wertersatzes) des gesamten Verkaufserlöses aus den Betäubungsmittelgeschäften ist nach den §§ 73 Abs. 1, 73 a StGB obligatorisch, soweit nicht ausnahmsweise die Härtevorschrift des § 73 c Abs. 1 StGB entgegensteht (*BGH* NStZ 2005, 454). **Zahlt** der Verkäufer von Betäubungsmitteln das als Kaufpreis erhaltene **Geld (unvermischt) bei seiner Bank ein,** erwirbt er als verfallbefangenes Surrogat nach § 73 Abs. 2 S. 2 StPO eine Buchforderung gegen die Bank in entsprechender Höhe (vgl. Wabnitz/Janovsky/*Podolsky* Kapitel 26 Abschn. III Nr. 3 Rn. 30).

146   **cc) Scheinkaufgeld der Polizei.** Erlangt ein Verkäufer einen Geldbetrag von einem Käufer, der dieses Geld zu diesem Zweck von einem Dritten erhalten hat, der wiederum (ohne Wissen des Käufers) als V-Mann der Kriminalpolizei arbeitet, so hat der Verkäufer nicht durch Einigung und Übergabe Eigentum an dem Geld erworben. Aus dem Sinn und Zweck des Verbots des unerlaubten Handeltreibens mit Betäubungsmitteln ergibt sich nämlich, dass sowohl der schuldrechtliche als auch der dingliche Vertrag, so also auch die Entrichtung des Kaufpreises gem. § 134 BGB nichtig sind. Wird dieses Geld bei dem Verkäufer **sichergestellt,** unterliegt es nicht dem Verfall. Es steht vielmehr der Polizei zu und hat ihr, und nicht etwa der Staatskasse zuzufließen.

147   Wird das für Betäubungsmittel(schein)käufe der Ermittlungsbehörden eingesetzte Geld **nicht sichergestellt,** unterliegt es deshalb dem Verfall nach § 73 StGB, weil der Vorgang des Erlangens ein rein tatsächlicher ist, und der Täter – unabhängig von der Wirksamkeit von Verfügungs- und Erfüllungsgeschäft – bereits dann „etwas" erlangt, wenn der Vermögensgegenstand in seine Verfügungsgewalt gelangt und ihm wirtschaftlich messbar zugute kommt (BGHSt. 53, 179 = NJW 2009, 2073 = StV 2009, 353 (L)). Ansprüche Dritter stehen der Verfallanordnung im Sinne des § 73 Abs. 1 S. 2 StGB nicht entgegen, weil die Vorschriften des BtMG nicht den individuellen Rechtsgüterschutz zugunsten des Staates und seiner Behörden bezwecken und also für den Fall ihrer Verletzung dem Staat auch keine Ersatzansprüche gewähren (*BGH* a. a. O.).

148   **dd) Nicht realisierte Verkaufserlöse.** Werden bei einem Rauschgifthändler neben Betäubungsmitteln größere Geldbeträge sichergestellt, so können die Betäubungsmittel als Beziehungsgegenstände nach § 33 Abs. 2 BtMG eingezogen und die Erlöse aus von der Anklageschrift umfassten abgewickelten Rauschgiftgeschäften für verfallen erklärt werden. Der investierte, aber nicht mehr vorhandene Kaufpreis für die sichergestellten Betäubungsmittel kann nicht für verfallen erklärt werden, weil der Täter insoweit nichts aus der Tat (vgl. oben Rn. 105 f.) noch aus der Tat (vgl. oben Rn. 103 f.) *erlangt* hat (vgl. *BGH* NStZ 2004, 400). Hat der Täter aus der Tat aber nichts erlangt, was die Anordnung des Verfalls rechtfertigen könnte, so scheidet auch eine Anordnung des Wertersatzverfalles nach § 73 a StGB aus

(*BGH*, Beschluss vom 16. 11. 2001 – 3 StR 371/01 = BeckRS 2001, 30220295 = StV 2002, 254).

b) Für Drogengeschäfte bestimmtes Kaufgeld. Stammen Gelder nicht aus **149** dem Verkauf von Betäubungsmitteln, sondern sind sie vielmehr zum Kauf von Betäubungsmitteln bestimmt, so unterliegen sie nicht dem Verfall. Es kommt allenfalls ihre Einziehung in Betracht, sofern die Geschäfte, die mit dem Geld ermöglicht werden sollen, Gegenstand des Verfahrens sind (*BGH*, Beschluss vom 18. 6. 2003 – 1 StR 229/03 = BeckRS 2003, 05636).

c) Auszahlungen an Drogen-Kuriere. aa) Honorare. Erhält ein Drogenku- **150** rier von seinem Auftraggeber Bargeld nicht als Mittel zur Durchführung eines Drogentransports, sondern als eine Art von Honorar („schöner Urlaub"), so sind sie gem. § 111 b ff. StPO sicherzustellen, wenn und weil dringende Gründe vorliegen, dass sie nach § 73 StGB („für die Tat") dem Verfall unterliegen (*LG Frankfurt*, Beschluss vom 8. 6. 1984 – 5/11 Qs 25/84; *LG Frankfurt*, Beschluss vom 14. 9. 1984 – 5/5 Qs 55/84; *BGH*, Beschluss vom 23. 7. 2002 – 3 StR 240/02; BGHR StGB § 73 Erlangtes 3).

bb) Reisespesen. Werden Geldbeträge als Tatmittel zur Verfügung gestellt, so **151** kommt nur ihre Einziehung in Betracht (*BGH*, Beschluss vom 23. 7. 2002 – 3 StR 240/02; BGHR StGB § 73 Erlangtes 3).

cc) Kaufgeld für den Drogenankauf. Erhält der Kurier Bargeld zur Bezah- **152** lung des Drogenlieferanten, so unterliegt das Bargeld als Tatmittel der Einziehung.

dd) Kaufgeld für den Drogenverkauf. Wird einem für eine Rauschgifthan- **153** delsorganisation tätigen Drogenkurier der Kaufpreis vom Käufer ausgehändigt, so erlangt er Geld aus einem Rauschgiftgeschäft; drei Fälle sind zu unterscheiden: (1) Verbleibt das Geld wegen der Sittenwidrigkeit des Geschäfts im Eigentum des Drogenverkäufers, ist der Verfall nach § 73 Abs. 4 StGB anzuordnen. (2) Erlangt der Drogenkurier Eigentum an dem Geld, kommt die Anordnung des Verfalls nach § 73 Abs. 1 StGB in Betracht. (3) Erlangen die Hinterleute Eigentum, weil der Kurier nur als Bote eingesetzt wird, kommt die Anordnung des Verfalls über § 73 Abs. 3 und Abs. 4 in Betracht (*BGH* NStZ 1989, 572 = NJW 1989, 3165 = JR 1990, 208). Dabei unterliegt der dem Drogenkurier von seinem Käufer ausgehändigte Kaufpreis in voller Höhe dem Verfall, selbst wenn der Kurier das Geld später absprachegemäß an seine Hinterleute abzuliefern hatte oder gar tatsächlich abgeliefert hat. Die zivilrechtlichen Besitz- und Eigentumsverhältnisse sind hier ohne Belang (*BGH* a. a. O.; *BGH* NStZ 2004, 440 = BeckRS 2003, 07803). Die Weitergabe der vereinnahmten Beträge kann allerdings im Rahmen der Härteregelung nach § 73 c Abs. 1 S. 2 StGB berücksichtigt werden.

ee) Bargeld zum Transport. Erhält ein Kurier nicht nur ein Paket mit Betäu- **154** bungsmitteln, sondern darüber hinaus auch ein Bündel Bargeld zum Zwecke des Transports, so erlangt er das Geld nicht *aus* einer Straftat, sondern lediglich *bei Gelegenheit einer Straftat*, so dass ein Verfall ausscheidet. Freilich kommt eine Einziehung in Betracht (*BGH* NStZ-RR 2002, 366 = StV 2003, 160).

d) Mobiltelefone. Sichergestellte Mobiltelefone sind regelmäßig nicht für oder **155** aus rechtswidrigen Taten erlangt, sondern unterliegen als Tatwerkzeuge der Einziehung (*BGH* NStZ-RR 2003, 75; *BGH*, Beschluss vom 27. 4. 2011 – 4 StR 39/11 = BeckRS 2011, 13132).

e) Betäubungsmittel. Hat ein Angeklagter aus einem Erwerbsgeschäft Betäu- **156** bungsmittel erlangt, so unterliegen diese als Beziehungsgegenstände der Einziehung nach § 33 Abs. 2 BtMG (*BGH* StV 2002, 260; *BGH* StV 2002, 254).

4. Verfallentscheidung. a) Urteilstenor und -gründe. Nach § 73 Abs. 1 **157** StGB hat das Gericht zwingend den Verfall anzuordnen, wenn der Täter eine rechtswidrige Tat begangen und für sie oder aus ihr etwas erlangt hat.

158   Die Anordnung des Verfalls muss unter Anführung ihrer tatsächlichen und rechtlichen Grundlagen entsprechend den Anforderungen des sachlichen Rechts nachvollziehbar im Urteil begründet werden.

159   Die für verfallen erklärten Vermögensgegenstände sind grundsätzlich in der Urteilsformel konkret zu bezeichnen. Die **Bezugnahme** auf eine besondere Anlage zum Urteilstenor ist möglich und insbesondere bei einer Vielzahl von Gegenständen sinnvoll; die Verweisung auf ein Asservatenverzeichnis oder die Anklageschrift genügt hingegen nicht (*BGH* NStZ-RR 2009, 384 [zur Einziehung]). In jedem Fall ist sicherzustellen, dass für alle Beteiligten und insbesondere die Vollstreckungsbehörde Klarheit über den Umfang des Verfalls besteht und dass eine rechtliche Nachprüfung möglich ist.

160   Ist das Verfahren in Bezug auf eine Tat im Laufe der Hauptverhandlung nach § 154 StPO eingestellt worden, so kommt ohne die Wiederaufnahme des Verfahrens weder die Anordnung des Verfall noch des Wertersatzverfalls im Hinblick auf Vermögensgegenstände aus der eingestellten Tat in Frage (*BGH* NStZ 2003, 422).

161   **b) Verfall und Strafzumessung.** Der Verfall dient der Abschöpfung und damit dem Ausgleich unrechtmäßiger Vermögensverschiebungen; es handelt sich weder um eine *Strafe* noch um eine *strafähnliche Maßnahme* oder eine *Maßnahme mit Strafcharakter* (vgl. oben Rn. 93). Zweckbestimmend sind vielmehr allein präventive Aspekte. Ausgehend hiervon besteht auch kein Anlass, der Anordnung des Verfalls Einfluss auf die Strafzumessung zuzusprechen. Die mit dem Verfall verbundene Vermögenseinbuße ist daher in der Regel kein Strafmilderungsgrund (*BGH* NStZ 2001, 312; BGHSt. 46, 380 = NStZ 2001, 488 [insoweit nicht abgedruckt] = StV 2002, 260 (L) = BeckRS 2001, 30176404).

162   Stehen der Anordnung des Verfalls Unbilligkeiten entgegen, so sind diese **nicht im Rahmen der Strafzumessung**, sondern allein nach Maßgabe der Härtefallregelung des § 73c StGB auszugleichen. Hat der Tatrichter die Anwendung der Härtevorschrift mit rechtsfehlerfreien Ausführungen verneint, ist die nochmalige Erörterung der insoweit maßgeblichen Gesichtspunkte und insbesondere der mit der Anordnung des Verfalls einhergehenden (billigen) Härten im Rahmen der Strafzumessung entbehrlich (*BGH* NStZ 2001, 312; a. A. unter dem Gesichtspunkt der „Strafähnlichkeit" des Verfalls Sch/Sch/*Eser* § 73c Rn. 7; vgl. dazu aber schon oben Rn. 93 f.).

163   **5. Folgen des Verfalls.** Die Beschlagnahme einer Sache oder eines Rechts, die bei dringenden Gründen für die Annahme der Voraussetzungen des § 73 StGB nach § 111c StPO vorgenommen wird, hat bereits die Wirkung eines **Veräußerungsverbotes** im Sinne des § 136 BGB (§ 111c Abs. 5 StPO). Eine (noch) nicht rechtskräftige Verfallsanordnung hat dieselbe Wirkung, § 73e Abs. 2 StGB. Erwächst die Anordnung des Verfalls in **Rechtskraft**, gehen das Eigentum an der Sache oder das verfallene Recht auf den Staat über, wenn sie dem von der Anordnung Betroffenen zu dieser Zeit zustehen. Rechte Dritter an dem von der Anordnung erfassten Gegenstand bleiben bestehen (§ 73e Abs. 1 S. 2 StGB).

II. Verfall von Wertersatz nach § 73a StGB

164   **1. Zweck und Bedeutung.** Die Regelung des § 73a StGB zum Verfall von Wertersatz ergänzt die Verfallvorschriften für die Fälle, in denen der Verfall eines bestimmten Gegenstandes wegen der Beschaffenheit des Erlangten oder aus einem anderen Grund nicht möglich ist oder in denen vom Verfall eines Ersatzgegenstandes (vgl. dazu oben Rn. 108 ff.; § 73 Abs. 2 S. 2 StGB) nach pflichtgemäßem Ermessen (etwa im Hinblick auf den Wert des Surrogats oder wegen mangelnder Verwertungsaussichten) abgesehen wurde (dazu oben Rn. 110). Die Anordnung des Wertersatzverfalls muss regelmäßig nur *anstelle* des Verfalls nach § 73 StGB in Betracht kommen (*BGH* BeckRS 2001, 30220295 = StV 2002, 254); in den Fällen des § 73a S. 2 StGB kann Wertersatzverfall auch *neben* dem Verfall eines bestimmten Gegenstandes angeordnet werden. Da in der Praxis der vom Käufer gezahlte **Kaufpreis vom Verkäufer regelmäßig mit seinem eigenen Geld vermischt** wird, kommt dem Ersatzverfall große praktische Bedeutung zu. Denn sowohl der Fall, dass das Verfallsobjekt Kaufpreis wegen der Vermischung in seiner konkreten Stückelung nicht mehr identifizierbar ist, als auch der Fall, dass das Verfallobjekt – wegen der Nichtigkeit von schuldrechtlichem *und* dinglichem Geschäft nach § 134 BGB – im Eigentum eines unbeteiligten Dritten steht, sind regelmäßig vorkommende Fälle des § 73a S. 1 StGB.

Während bei der Verfallanordnung das Eigentum am Erlangten unmittelbar mit **165** der Rechtskraft der Entscheidung auf den Staat übergeht (vgl. oben Rn. 163), erlangt der Fiskus bei der Anordnung des Wertersatzverfalls nur einen **Zahlungsanspruch** gegen den Betroffenen (*Fischer* § 73a Rn. 8; Sch/Sch/*Eser* § 73a StGB Rn. 13), der wie eine Geldstrafe vollstreckt wird (§§ 459g Abs. 2, 459 StPO). Schon deshalb ist die Unterscheidung zwischen Verfall und Wertersatzverfall im Urteilstenor wichtig. Ähnlich dem Verfall ist auch die Anordnung des Wertersatzverfalls regelmäßig **kein Strafzumessungsgesichtspunkt** (*BGH* NStZ 1995, 491 = NJW 1995, 2235 = StV 1995, 297; *BGH* NStZ 2001, 312; vgl. auch MK-StGB/*Franke* § 46 StGB Rn. 53).

2. Voraussetzungen. a) Fallgruppen. Nach der Systematik des § 73a StGB **166** sind insgesamt 4 Fallgestaltungen zu unterscheiden:

– die Anordnung des Verfalls scheidet aufgrund der **Beschaffenheit des Erlangten** aus,
– die Anordnung des Verfalls ist **aus einem anderen Grunde nicht möglich**,
– von der Anordnung des Verfalls eines **Ersatzgegenstandes** nach § 73 Abs. 2 S. 2 StGB ist abgesehen worden,
– der **Wert** des für verfallen erklärten Gegenstandes **bleibt hinter dem Wert des zunächst Erlangten zurück**.

Im Übrigen müssen sämtliche Voraussetzungen der allgemeinen Verfallanordnung (vgl. dazu oben Rn. 95 ff.) gegeben sein.

aa) Kein Verfall wegen Beschaffenheit des Erlangten. Die Anordnung des **167** Verfalls des „Erlangten" ist etwa dann nicht möglich, wenn der dem Tatbeteiligten zugeflossene Tatvorteil nicht in einer bestimmten Sache oder einem bestimmten Recht besteht und sich allenfalls rechnerisch ermitteln lässt (vgl. Kindhäuser/Neumann/Paeffgen/*Herzog* § 73a Rn. 3; Sch/Sch/*Eser* § 73a Rn. 4). Dies betrifft im Wesentlichen die Fälle, in denen der Tatbeteiligte unmittelbar durch die Tat *Aufwendungen erspart* oder *Gebrauchsvorteile* erlangt hat.

Wegen der Beschaffenheit des Erlangten scheidet die Anordnung des Verfalls **168** auch dann aus, wenn das Erlangte in seiner ursprünglichen Form nicht mehr vorliegt, weil es bspw. *verarbeitet* (§ 950 BGB), mit anderen Sachen *verbunden* (§§ 946f.) oder *vermischt* (§ 948 BGB; *BGH* StV 2002, 254 = BeckRS 2001, 30220295) wurde.

bb) Kein Verfall aus anderen Gründen. Die Anordnung des Verfalls des Er- **169** langten scheitert aus einem anderen Grund, wenn der dem Tatbeteiligten zugeflossene Gegenstand *verbraucht*, *verloren* gegangen, an einen Dritten *übereignet* und übergeben, *verschenkt* (*BGH* NStZ-RR 1997, 270) oder *vernichtet* wurde (vgl. auch Kindhäuser/Neumann/Paeffgen/*Herzog* § 73a Rn. 4; *Fischer* § 73a Rn. 5; Sch/Sch/*Eser* § 73a Rn. 5). Gleiches gilt, wenn der erlangte Gegenstand nicht im Eigentum des Täters steht und die Voraussetzungen des § 73 Abs. 3 StGB nicht vorliegen (vgl. *Fischer* § 73a Rn. 5; Kindhäuser/Neumann/Paeffgen/*Herzog* § 73a Rn. 4). Der Verfall des Wertersatzes kommt auch dann in Betracht, wenn sich die unmittelbar aus Drogengeschäften erlangten Geldscheine nicht mehr im Besitz des Täters befinden (*BGH* NStZ-RR 2009, 234 = wistra 2009, 23).

Dass der Verfall aufgrund von **Gegenansprüchen des Verletzten** nach § 73 **170** Abs. 1 S. 2 StGB scheitert, ist indessen kein „anderer Grund" im Sinne des § 73a S. 1 StGB. Denn die Zulässigkeit des Wertersatzverfalls setzt voraus, dass eine Verfallanordnung nach § 73 StGB prinzipiell in Betracht käme, sofern sie nicht wegen der unmittelbar mit dem Verfallobjekt selbst zusammenhängenden Umstände scheitern müsste (vgl. Sch/Sch/*Eser* § 73a Rn. 6).

171   **cc) Absehen vom Surrogatverfall.** Sieht das Gericht nach pflichtgemäßem Ermessen von der Anordnung des Verfalls eines Ersatzgegenstandes nach § 73 Abs. 2 S. 2 StGB ab (vgl. dazu oben Rn. 110), hat es *zwingend* den Verfall des Wertersatzes nach § 73a StGB anzuordnen. Dies setzt freilich voraus, dass die übrigen Anforderungen des § 73 Abs. 2 S. 2 vorliegen (Kindhäuser/Neumann/Paeffgen/*Herzog* § 73a Rn. 5).

172   **dd) Wertdifferenz.** Neben dem Verfall nach § 73 StGB ist die Anordnung des Verfalls des Wertersatzes nach § 73a S. 2 stets dann zulässig, wenn der Wert des Verfallgegenstandes hinter dem Wert des zunächst Erlangten zurückbleibt. Dies kommt etwa dann in Betracht, wenn die durch die Tat erlangte Sache *beschädigt* wurde (*Weber* § 33 Rn. 96) oder *teilweise untergegangen* (Sch/Sch/*Eser* § 73a Rn. 10) ist. Gleiches gilt etwa dann, wenn der ursprünglich erlangte Gegenstand *unter Wert verkauft* wurde und also der erhaltene, von § 73 Abs. 2 S. 2 StGB erfasste Geldbetrag (als Veräußerungs-Surrogat) den Verkehrswert (vgl. nur Kindhäuser/Neumann/Paeffgen/*Herzog* § 73a Rn. 6 m.w.N.) des Originalobjekts nicht erreicht (Sch/Sch/*Eser* § 73a Rn. 10). Für die *Berechnung der Wertdifferenz* ist auf den Zeitpunkt der tatrichterlichen Entscheidung abzustellen (*Fischer* § 73a Rn. 3; Kindhäuser/Neumann/Paeffgen/*Herzog* § 73a Rn. 6; Sch/Sch/*Eser* § 73a Rn. 12). Ob der Wertverlust von dem Tatbeteiligten zu verantworten ist, ist nach der gesetzlichen Risikozuweisung unbeachtlich; auf eine etwaige Vorwerfbarkeit kommt es nicht an (*Fischer* § 73a Rn. 3; Sch/Sch/*Eser* § 73a Rn. 8).

173   **b) Voraussetzungen des Verfalls.** Die Regelung knüpft an die Voraussetzungen des Verfalls nach § 73 StGB an (BGHSt. 53, 179 = NStZ 2009, 499 = StV 2009, 353 (L)) und setzt daher voraus, dass die allgemeinen Voraussetzungen des Verfalls nach § 73 StGB vorliegen (vgl. Kindhäuser/Neumann/Paeffgen/*Herzog* § 73a Rn. 2; *Fischer* § 73a Rn. 2; Sch/Sch/*Eser* § 73a Rn. 2). Erforderlich ist also stets, dass der Tatbeteiligte „für die Tat" oder „aus der Tat" *etwas erlangt* hat (*BGH* NStZ 2003, 198, 199; vgl. dazu oben Rn. 97 ff.). Daran fehlt es, wenn der Täter unerlaubt **Betäubungsmittel** erworben hat. Hat ein Tatbeteiligter daher Betäubungsmittel verbraucht oder sind sie ihm abhanden gekommen, so kommt die Anordnung von Wertersatzverfall nicht in Betracht, weil die rechtswidrig erworbenen Betäubungsmittel als **Beziehungsgegenstände** schon nicht dem Verfall unterliegen (vgl. oben Rn. 10 ff.). Derartige Beziehungsgegenstände unterliegen allenfalls der Einziehung (*BGH* NStZ-RR 2002, 208).

174   **c) Bereicherung (?).** Nicht erforderlich ist, dass der Tatbeteiligte (noch) bereichert ist. Denn die Frage, ob der Wert des Erlangten im Zeitpunkt der Anordnung des Verfalls noch im Vermögen des Tatbeteiligten vorhanden ist, ist nachrangig und erst im Zusammenhang mit der Prüfung der **Härtefallklausel** des § 73c Abs. 1 S. 2 StGB zu erörtern (vgl. *BGH* NStZ 1991, 529 = NJW 1991, 2714; vgl. auch *BGH* NStZ-RR 2005, 104 = wistra 2005, 137). Zum Wegfall der Bereicherung vgl. oben Rn. 125 ff., insbes. Rn. 127 ff.

175   **3. Umfang des Wertersatzverfalls.** Auch die Anordnung des Verfalls von Wertersatz unterliegt den Grundsätzen des **Bruttoprinzips** (vgl. dazu oben Rn. 95, 98 f.). Aufwendungen des Tatbeteiligten, die in Zusammenhang mit der Tatbegehung stehen (vor allem der **Einkaufspreis** beim Handeltreiben mit Betäubungsmitteln), dürfen daher nicht verfallmindernd in Abzug gebracht werden (vgl. auch *Weber* § 33 Rn. 106; *BGH*, Urteil vom 10. 9. 2003 – 1 StR 147/03 = BeckRS 2003, 08715).

176   Umfang und Wert des Erlangten können nach § 73b StGB **geschätzt** werden, sofern sich hinreichende Feststellungen hierzu nicht treffen lassen (*BGH* NStZ-RR 2001, 327; vgl. *Fischer* § 73b Rn. 1a; *Weber* § 33 Rn. 104 ff.). Dabei sind die der Schätzung zugrunde liegenden Anknüpfungstatsachen soweit aufzuklären, dass sie eine sichere Schätzgrundlage ergeben (*BGH* a.a.O.). Im Übrigen gelten die unter Rn. 114 ff. referierten Grundsätze entsprechend. Zur Schätzung der Einnahmen aus dem **Verkauf von Marihuana** auf der Basis von **Menge und Gewicht angebauter und geernteter Pflanzen** vgl. *BGH* NStZ 2005, 455.

4. Härtefälle (§ 73 c StGB). Von der regelmäßig gebotenen Anordnung des **177** Wertersatzverfalls darf jedenfalls nicht stillschweigend abgesehen werden; das Urteil muss vielmehr erkennen lassen, dass der Tatrichter dieser Frage nach Maßgabe der unter Rn. 127 ff. dargelegten Grundsätze nachgegangen ist.

Ist der Erlös aus Verkaufsgeschäften über Betäubungsmittel nicht mehr vorhan- **178** den und bleibt sein **Verbleib ungeklärt**, darf der Tatrichter für die Frage des Wertersatzverfalls grundsätzlich davon ausgehen, dass ein Wegfall der Bereicherung nicht eingetreten ist (*BGH* NStZ 2005, 232).

5. Folgen des Wertersatzverfalls. Die Regelung des § 73 e StGB ist auf den **179** Wertersatzverfall nicht anwendbar (*Fischer* § 73 e Rn. 2). Denn mit der Rechtskraft des Urteils findet (anders als beim Verfall nach § 73 StGB) kein Eigentumsübergang statt. Es entsteht vielmehr ein **Zahlungsanspruch** des Fiskus gegenüber dem Verurteilten. Beschlagnahmtes Geld oder sichergestellte Wertgegenstände dürfen daher nicht für verfallen erklärt und in das Eigentum des Staates überführt werden. Dies und die zwingende Anordnung des Wertersatzverfalls schließen es aus, dass sich der Tatrichter darauf beschränkt, sichergestellte Vermögensgegenstände für verfallen zu erklären, wenn durch die Feststellungen durch die Tat ein weitaus höherer Betrag erlöst wurde (*BGH* NStZ 1989, 436).

Die **Vollstreckung** des Zahlungsanspruchs richtet sich nach den Vorschriften **180** über die Vollstreckung einer Geldstrafe (§§ 459 g Abs. 2, 459 StPO). Auf sichergestellte oder beschlagnahmte Gegenstände kann daher erst im Rahmen der Vollstreckung des Zahlungsanspruchs zugegriffen werden. Freilich kommt – zur Sicherung des künftigen Zahlungsanspruchs – die Anordnung des **dinglichen Arrests** in Betracht (§§ 111 b Abs. 2, 111 d StPO). Grundlage der Verwertung von beweglichem Vermögen ist das mit der **Vollziehung des dinglichen Arrests** entstehende **Pfandrecht zugunsten des Staates** (vgl. BeckOK-StPO/*Huber* § 111 d Rn. 11; vgl. auch *Rönnau* ZRP 2004, 191). Die eigentliche Verwertung erfolgt sodann nach den Vorschriften des 8. Buches der Zivilprozessordnung.

Im **Insolvenzverfahren** gegen den Verurteilten ist der aufgrund der Anord- **181** nung des Wertersatzverfalls nach § 73 a StGB entstehende Zahlungsanspruch nachrangige Insolvenzforderung; es handelt sich um eine „solche Nebenfolge einer Straftat, die zu einer Geldzahlung verpflichtet" (§ 39 Abs. 1 Nr. 3 InsO; vgl. *BGH* NZI 2010, 607 = MDR 2010, 954 = ZInsO 2010, 1183).

6. Verhältnis zur Wertersatzeinziehung. Kommen sowohl die Anordnung **182** des Wertersatzverfalls nach § 73 a StGB als auch eine Wertersatzeinziehung nach § 74 c StGB in Betracht, ist stets darauf zu achten, dass **derselbe Betrag nicht doppelt erfasst wird**. Dies wäre mit dem Sinn der Verfallvorschriften nicht vereinbar (BGHSt. 28, 369 = NJW 1979, 1942; vgl. auch *Fischer* § 74 c Rn. 6).

III. Erweiterter Verfall nach § 73 d StGB

1. Zweck und Bedeutung. Die Vorschrift des § 73 d StGB ist durch das Ge- **183** setz zur Bekämpfung des illegalen Rauschgifthandels und anderer Erscheinungsformen der Organisierten Kriminalität (OrgKG) vom 15. 7. 1992 (BGBl. I S. 1302) eingeführt worden. Ihrer Aufnahme in das Strafgesetzbuch lagen im Wesentlichen die folgenden Erwägungen zugrunde:

„Die Einführung des Erweiterten Verfalls, d. h. einer als eigenständige Erscheinungsform des **184** *Verfalls ausgestalteten neuen Maßnahme, soll Lücken der strafrechtlichen Gewinnabschöpfung in Fällen schließen, in denen die bei den Tatbeteiligten vorgefundenen Vermögensgegenstände, deren rechtmäßiger Erwerb nicht festgestellt werden kann, mit großer Wahrscheinlichkeit aus der Begehung von Straftaten herrühren, in denen indessen die Verhängung einer Vermögensstrafe vom Schuldmaß der begangenen Taten her nicht zu vertreten wäre. Diese Lücke dadurch zu schließen, dass es dem Beschuldigten auferlegt wird, zur Vermeidung des Verfalls womöglich seines ganzen*

Vermögens den legalen Erwerb aller in Betracht kommenden Gegenstände vollständig nachzuweisen, scheitert an der vom Grundgesetz gewährleisteten Eigentumsgarantie. Verfassungsrechtlich unbedenklich erscheint es hingegen, eine Regelung in der Art des Erweiterten Verfalls einzuführen, soweit überwiegende Interessen des Gemeinwohls, insbesondere im Hinblick auf die Bekämpfung von schweren, für die Rechtsgüter des einzelnen wie der Allgemeinheit besonders gefährlichen Kriminalitätsformen, dies zwingend erfordern. Zu bedenken ist in diesem Zusammenhang vor allem auch, dass nur eine in der Praxis greifende Regelung der Gewinnabschöpfung dem als besonders hochrangig einzustufenden Gemeinwohlinteresse an einer wirksamen Bekämpfung der Organisierten Kriminalität ausreichend Rechnung tragen kann." *(BT-Drs. 12/989 S. 23).*

185   Verfassungsrechtlich ist die Regelung des § 73 d StGB nicht zu beanstanden (BVerfGE 110, 1 = NJW 2004, 2073 = NVwZ 2004, 1346). Freilich setzt die Anordnung des Erweiterten Verfalls – entgegen der Vorstellung des Gesetzgebers (vgl. Rn. 184) – nicht lediglich eine *„große Wahrscheinlichkeit"* der **deliktischen Herkunft** von Gegenständen, sondern vielmehr voraus, dass sich der Tatrichter nach Ausschöpfung aller ihm zur Verfügung stehenden Beweismittel hiervon **uneingeschränkt überzeugt** (*BVerfG* a. a. O.; so schon BGHSt. 40, 371 = NStZ 1995, 125 = StV 1995, 76).

186   Nach einer *unveröffentlichten* **Erhebung des Statistischen Bundesamtes** sollen gut 8 von 10 Anordnungen des Erweiterten Verfalls im Bereich der Betäubungsmittelkriminalität ergehen (vgl. BVerfGE 110, 1 = NJW 2004, 2073 = wistra 2004, 255).

187   **2. Verhältnis zum Verfall nach § 73 StGB.** Die Regeln zum Erweiterten Verfall enthalten eine eigenständige Eingriffsgrundlage für den Zugriff auf das Vermögen des Tatbeteiligten und stellen gegenüber der allgemeinen Regelung des § 73 StGB ein eingriffsintensiveres Maßnahmenpaket zur Verfügung (vgl. BGHSt. 41, 278 = NStZ 1996, 78 = StV 1996, 23). Ausgehend hiervon ist für die Anwendung des § 73 StGB kein Raum, sofern in Bezug auf einen bestimmten Vermögensgegenstand die Voraussetzungen für die Anordnung des Verfalls oder des Wertersatzverfalls vorliegen (*BGH*, Beschluss vom 9. 7. 2002 – 5 StR 30/02 = BeckRS 2002, 06453; *BGH* NStZ-RR 2003, 75; *BGH*, Beschluss vom 25. 2. 2004 – 2 StR 464/03 = BeckRS 2004, 03194). *Vor der Anordnung des Erweiterten Verfalls ist daher – unter Ausschöpfung aller prozessual zulässigen Mittel – stets zu prüfen, ob die Voraussetzungen der §§ 73, 73 a StGB erfüllt sind* (*BGH* NStZ-RR 2003, 75, 76; *BGH* NStZ-RR 2010, 255; *BGH*, Beschluss vom 27. 4. 2011 – 4 StR 39/11; *Fischer* § 73 d Rn. 9; Sch/Sch/*Eser* § 73 d Rn. 4). Vor dem Hintergrund der seit dem 1. 1. 2007 geltenden Fassung des § 73 d Abs. 1 S. 3 StGB, auf deren Grundlage nunmehr auch im Kontext des Erweiterten Verfalls eine mögliche Beeinträchtigung von Ersatzansprüchen Tatverletzter Berücksichtigung findet, muss vor einer Anwendung des § 73 d StGB freilich nicht mehr ausgeschlossen werden, dass der Gegenstand aus der verfahrensgegenständlichen Straftat stammt. Vielmehr gilt: Muss die Frage nach dem Ursprung des Erlangten auch nach Ausschöpfung sämtlicher Beweismittel offen bleiben, kommt gleichwohl die Anordnung des Erweiterten Verfalls in Betracht, weil die Regelung des § 73 d StGB (gegenüber § 73 StGB allerdings subsidiär) auch solche Gegenstände erfasst, die der abgeurteilten Tat entstammen (*BGH, Urteil vom 7. 7. 2011 – 3 StR 144/11*). Diese Sichtweise ist Ausfluss des auf eine umfassende Abschöpfung kriminell erlangter Vermögenswerte ausgerichteten Gesetzeszwecks. Ausgehend hiervon ist auch eine Beschränkung der (zuungunsten des Angeklagten eingelegten) Revision auf das Unterbleiben der Entscheidung allein über den Erweiterten Verfall unwirksam, sofern nach den Urteilsfeststellungen offen bleibt, in welchem Umfang erzielte Erlöse aus angeklagten und abgeurteilten oder aus anderen Straftaten stammen (*BGH* a. a. O.)

188   **3. Voraussetzung. a) Anlasstat. aa) Verweisungsnorm.** Die Anordnung des Erweiterten Verfalls kommt nur dann in Betracht, wenn eine rechtswidrige Tat nach einem Gesetz begangen wurde, das seinerseits einen **Verweis auf die Regelung des § 73 d StGB** enthält. Neben § 260 Abs. 3 und § 261 Abs. 7 StGB verweist insbesondere **§ 33 Abs. 1 BtMG** für zahlreiche Verstöße nach den §§ 29, 29 a, 30 und 30 a BtMG auf die Vorschriften zum Erweiterten Verfall. Im Hinblick auf das strafrechtliche Rückwirkungsverbot ist § 73 d StGB freilich nur dann anwendbar, wenn bereits zum Zeitpunkt der Tat eine entsprechende Verweisungsnorm vorlag (vgl. BGHSt. 41, 278 = NStZ 1996, 78 = StV 1996, 23; *BGH* NStZ 2001, 419 = StV 2001, 449).

bb) Konkretisierung der Anlasstat. Der Tatbeteiligte muss eine rechtswidrige **189** – nicht notwendig schuldhaft verwirklichte (Kindhäuser/Neumann/Paeffgen/ *Herzog* § 73 d Rn. 6) – Anlasstat (auch „Katalogtat" oder „Anknüpfungstat", vgl. dazu *Weber* § 33 Rn. 194) begangen haben, für die das Gesetz den Erweiterten Verfall vorsieht (vgl. Rn. 188). Diese Tat muss Gegenstand der Anklage sein, ihre Begehung in der Hauptverhandlung festgestellt werden (*Weber* § 33 Rn. 193; vgl. auch *Fischer* § 73 d Rn. 10).

b) Verfallgegenstand. aa) Gegenstände. Anders als im Rahmen des § 73 **190** Abs. 1 StGB ist Bezugsobjekt nach § 73 d StGB nicht ein „erlangtes Etwas"; die Regelung des § 73 d StGB nennt als Verfallsobjekte lediglich Gegenstände (also *Sachen und Rechte*). Lediglich rechnerisch fassbare Vermögenspositionen (etwa Gebrauchsvorteile oder ersparte Aufwendungen) werden daher nicht umfasst (*Fischer* § 73 d Rn. 11; Kindhäuser/Neumann/Paeffgen/*Herzog* § 73 d Rn. 7; Sch/ Sch/*Eser* § 73 d Rn. 11; *Weber* § 33 Rn. 195).

Diese Gegenstände müssen dem Tatbeteiligten im Zeitpunkt der Entscheidung **191** gehören oder zustehen (vgl. Sch/Sch/*Eser* § 73 d Rn. 12; *BGH* NStZ 2001, 531 m.w.N.) oder ihm gem. § 73 d Abs. 1 S. 2 StGB nur deshalb nicht zustehen oder gehören, weil er den Gegenstand für eine rechtswidrige Tat oder aus ihr erlangt hat. Dies betrifft vor allem Erwerbsvorgänge, bei denen das dingliche Rechtsgeschäft nach § 134 BGB nichtig ist und bezieht sich damit vor allem auf die Übertragung von **Geld**beträgen im Rahmen von **Betäubungsmittelhandel**sgeschäften.

Darüber hinaus kommen nach § 73 d Abs. 1 S. 3 StGB i.V.m. § 73 Abs. 2 StGB **192** als Abschöpfungsobjekte des Erweiterten Verfalls auch *Nutzungen und Surrogate* (vgl. oben Rn. 108 ff.) in Betracht (*BGH*, Urteil vom 7. 7. 2004 – 1 StR 115/04 = BeckRS 2004, 07145; Kindhäuser/Neumann/Paeffgen/*Herzog* § 73 d Rn. 7; Sch/Sch/*Eser* § 73 d Rn. 14). Hat der Tatbeteiligte Geld erlangt, werden daher auch solche Gegenstände erfasst, die er mit diesem Geld erworben hat (BGHR StGB § 73 d Gegenstände 4; *BGH*, Urteil vom 7. 7. 2004 – 1 StR 115/04 = BeckRS 2004, 07145).

Der Umstand, dass ein **Grundstück im Ausland** liegt, hindert die Anordnung **193** des Erweiterten Verfalls grundsätzlich nicht. Zwar geht das Eigentum an einem solchen Grundstück mit der Rechtskraft der Entscheidung über die Anordnung des Erweiterten Verfalls nach § 73 e StGB auf den (deutschen) Staat über. Ein unzulässiger Eingriff in die *Souveränität des ausländischen Staates* liegt hierin jedoch jedenfalls dann nicht, wenn beide Staaten Vertragspartner entsprechender Übereinkommen zur Ermittlung, Beschlagnahme und Einziehung von Erträgen aus Straftaten sind (vgl. BGH NStZ 2000, 483 = JR 2001, 79 = StV 2000, 589 [Grundstück in Spanien]). Vgl. zum *Übereinkommen über Geldwäsche sowie Ermittlung, Beschlagnahme und Einziehung von Erträgen aus Straftaten vom 8. 11. 1990* (EU-Geldwäsche-Übereinkommen) BGBl. II 1998, S. 520 sowie BGBl. II 1998, S. 519; BGBl. II 1999 S. 200 ff.).

bb) Deliktische Herkunft. Nach § 73 d Abs. 1 S. 1 StGB müssen „die Um- **194** stände die Annahme rechtfertigen", dass die Gegenstände (Rn. 190 ff.) für rechtswidrige Taten (vgl. Rn. 105 f.) oder aus ihnen (Rn. 103 f.) erlangt worden sind (sog. Herkunftstaten). Dies setzt nicht voraus, dass es bei der Herkunftstat um eine Katalogtat nach § 73 d Abs. 1 S. 1 StGB handelt. Auch ist nicht erforderlich, dass diese Tat Gegenstand der Anklage ist; selbst bereits anderweitig abgeurteilte Rechtsverstöße können als Herkunftstaten herangezogen werden (*BGH* NStZ-RR 2010, 385).

Die in Betracht kommenden Taten müssen selbst nicht im Einzelnen festgestellt **195** werden (BGHSt. 40, 371 = NStZ 1995, 125 = StV 1995, 76); der Tatrichter muss

„nach den Umständen" annehmen dürfen, dass die Gegenstände aus rechtswidrigen Taten stammen. Verfassungsrechtlich unbedenklich (vgl. dazu oben Rn. 185) ist eine derart weitgehende Anknüpfung an im Einzelnen nicht näher konkretisierte Rechtsverstöße allerdings nur dann, wenn sich die **Hypothese der deliktischen Herkunft tatsachenfundiert untermauern** lässt. Im Gegensatz zu der Ansicht des historischen Gesetzgebers, der insoweit eine *„große Wahrscheinlichkeit"* für ausreichend gehalten hat (BT-Dr. 12/989 S. 23), ist das normativ wertende Tatbestandsmerkmal „wenn die Umstände die Annahme rechtfertigen" verfassungskonform einschränkend auszulegen (vgl. nur BGHSt. 40, 371 = NStZ 1995, 125 = StV 1995, 76). Im Lichte der **Eigentumsgarantie** verlangt die ständige höchstrichterliche Rechtsprechung in Bezug auf die kriminelle Herkunft des Verfallobjektes im Rahmen des § 73d StGB eine **uneingeschränkte tatrichterliche Überzeugung** (BGHSt. 40, 371 = NStZ 1995, 125 = StV 1995, 76; dazu auch BVerfGE 110, 1 = NJW 2004, 2073 = wistra 2004, 255). Bleiben vernünftige Zweifel, kommt die Anordnung des Erweiterten Verfalls nicht in Betracht (*BGH* NStZ-RR 2004, 347). Geht der Täter einer regulären Tätigkeit nach und verfügt daher auch über legale Einnahmequellen, bedarf die Annahme einer deliktischen Herkunft einer besonders sorgsamen Prüfung (*BGH* NStZ-RR 2004, 347).

196   **Allgemeine floskelhafte Erwägungen** (etwa dahingehend, die Gelder seien durch rechtswidrige Straftaten erlangt, der Angeklagte habe Gelder aus Drogengeschäften eingesammelt und aufbewahrt) reichen daher in keinem Fall aus (*BGH* NStZ-RR 2004, 347). Vielmehr bedarf es einer umfassenden Darlegung, wie und wo die Gelder aufbewahrt, wann und wie sie entdeckt wurden, welche legalen Einkünfte der Angeklagte im Übrigen hat, welche Aufzeichnungen und welche Angaben von Zeugen zu der tatrichterlichen Überzeugung geführt haben. Auf **Spekulationen** darf die Anordnung des Erweiterten Verfalls nicht beruhen (BGHSt. 40, 371 = NStZ 1995, 125 = StV 1995, 76).

197   Aufklärungs- und feststellungsbedürftig sind vielmehr die konkreten **Lebens- und Einkommensverhältnisse** des Tatbeteiligten. **Indizien**, die für eine deliktische Herkunft der Gegenstände sprechen, sind:

– dass der Beschuldigte **kein legales Einkommen** hat, eine Erbschaft ebenso unbekannt ist wie ein Lottogewinn, dass er Sozialhilfe, BAföG, ALG II oder sonstige öffentliche Leistungen bezieht, verschuldet ist und/oder unter ärmlichen Bedingungen wohnt;
– dass der Beschuldigte seinen **Lebensstil plötzlich verändert** hat, in eine exklusive Wohnung umgezogen ist, teure Wagen fährt, teure Kleidung trägt, ein Lokal erworben hat, bei einem Bankinstitut hohe Geldbeträge eingezahlt hat, regelmäßig in Drogenherkunftsländer reist, sein Lebensstil also insgesamt **in keinem Verhältnis zu seinen Einkommensverhältnissen** steht;
– dass der Beschuldigte bei der Polizei aufgrund von Hinweisen aus der Drogenszene **seit Jahren als Dealer bekannt** ist;
– dass sich **im Haus des Beschuldigten regelmäßig Drogenkonsumenten, Abhängige oder Dealer aufhalten**;
– dass in seiner Wohnung **Feinwaagen, Verpackungsmaterial, Streckmittel, Notizbücher** oder Taschencomputer mit zahlreichen Abrechnungen vorgefunden wurden;
– dass der Beschuldigten sein **Geld** nicht bei einer Bank, sondern **in ungewöhnlichen Verstecken** aufbewahrt, es in kleinen Scheinen oder in auffälliger Währung vorliegt und mit szeneüblichen Knicken versehen ist.

198   Die **Grundlagen** für eine Entscheidung über die Anordnung des Erweiterten Verfalls **werden zweckmäßigerweise gewonnen**, indem von den Vermögenswerten des Angeklagten die darin enthaltenen legal eingenommenen Beträge (bspw. Zuwendungen von Angehörigen, Leistungen öffentlicher Stellen, Überschüsse aus legalen Handelsgeschäften) sowie der Wert von Verfallobjekten nach §§ 73, 73a StGB abgezogen werden und die verbleibende Differenz unter Berücksichtigung der erforderlichen Ausgaben zur Bestreitung des Lebensunterhaltes

daraufhin untersucht wird, ob es sich um plausible Einkünfte aus legalen Einkommensquellen handeln kann oder nicht (vgl. *BGH* NStZ 2001, 531; vgl. auch BGHSt. 40, 371 = NStZ 1995, 125 = StV 1995, 76; *Weber* § 33 Rn. 218).

Hat das Gericht nach einer erschöpfenden Beweiserhebung und Beweiswürdi- **199** gung und auf der Grundlage einer **Gesamtschau aller Umstände des Einzelfalls** die uneingeschränkte Überzeugung gewonnen, dass die sichergestellten Geldbeträge aus einem oder mehreren Drogengeschäften stammten, so rechtfertigt dies auch ohne den Nachweis eines konkreten Rechtsverstoßes die Annahme, dass die Vermögensgegenstände für rechtswidrige Taten oder aus ihnen erlangt worden sind.

Der Tatrichter braucht sich dagegen nicht die Frage vorzulegen, ob die Her- **200** kunftstaten selbst noch verfolgbar sind. Insbesondere steht die **Verjährung der Herkunftstat** einer Anordnung des Erweiterten Verfalls nicht entgegen (vgl. *Weber* § 33 Rn. 219). Dies widerspräche im Übrigen der gesetzlichen Intention, wonach zum Zwecke einer wirksamen Kriminalitätsbekämpfung gerade auf die Konkretisierung der Herkunftstaten verzichtet werden kann (so auch *Weber* a.a.O.; a.A. MK-StGB/*Rahlf* § 33 BtMG Rn. 68: *„Bruch mit den übrigen Verjährungsregeln"*). Vgl. ergänzend Rn. 187.

c) Entgegenstehende Ansprüche Dritter. Nach § 73 d Abs. 1 S. 3 i.V.m. **201** § 73 Abs. 1 S. 2 StGB ist auch der Erweiterte Verfall nicht anzuordnen, sofern Verletzten aus den Herkunftstaten Ansprüche erwachsen sind, deren Erfüllung dem Täter oder Teilnehmer den Wert des Verfallsobjektes entziehen würde. Zur praktischen Bedeutungslosigkeit dieser Vorschrift in betäubungsmittelstrafrechtlichen Zusammenhängen vgl. *Patzak/Bohnen*, Betäubungsmittelrecht, Kapitel 3 Rn. 61.

4. Härtefälle (§ 73 c StGB). Die Regelung des § 73 d Abs. 4 StGB erklärt die **202** Härtefallklausel des § 73 c StGB auch im Einzugsbereich des Erweiterten Verfalls ausdrücklich für anwendbar. Zu den Einzelheiten vgl. oben Rn. 125 ff.

5. Folgen des Erweiterten Verfalls. Die Folgen des Erweiterten Verfalls nach **203** § 73 d StGB entsprechen denen des Verfalls nach § 73 StGB und ergeben sich aus § 73 e StGB. Wegen der Einzelheiten kann daher auf die unter Rn. 163 referierten Ausführungen Bezug genommen werden.

D. Vorläufige Sicherung von Einziehung und Verfall

Für die vorläufige Sicherung einer im Urteil auszusprechenden Einziehung oder **204** Ersatzeinziehung, eines Verfalls, eines Verfalls von Wertersatz oder eines Erweiterten Verfalls gelten die Regelungen der §§ 111 b ff. StPO.

Stets ist **danach zu differenzieren**, ob die Sicherungsmaßnahmen wegen einer **205** (mit der Anordnung von *Ersatzeinziehung* oder des *Verfalls von Wertersatz*) entstehenden *Geldforderung* erfolgen soll *oder* ob der *Zugriff auf einen konkreten Gegenstand* (regelmäßig bei *Einziehung, Verfall* und *Erweitertem Verfall*) zur Debatte steht.

Der Zugriff auf einen konkreten Gegenstand (auch bei dem Tatverdächtigen **206** vorgefundene Bargeldbeträge, vgl. *BGH* NStZ 1985, 262) erfolgt durch **Beschlagnahme** nach § 111 b Abs. 1 i.V.m. § 111 c StPO. Für Sicherungsmaßnahmen wegen einer künftigen Geldforderung (*Verfall von Wertersatz, Einziehung von Wertersatz*) sieht das Gesetz den **dinglichen Arrest** vor (§ 111 b Abs. 2 i.V.m. § 111 d StPO). Zur Wirkung der Einziehung, der Einziehung des Wertersatzes, des Verfalls, des Verfalls von Wertersatz und des Erweiterten Verfalls vgl. Rn. 50, 90 f., 163, 179 f., 203.

Mittäter haften in Bezug auf die in *Mitverfügungsgewalt* erlangten Verfallgegen- **207** stände als **Gesamtschuldner** (vgl. dazu oben Rn. 118 ff., insbes. Rn. 120). Gleichwohl ist zu beachten, dass das Erlangte insgesamt nur einmal abgeschöpft werden kann (vgl. *Bach* StV 2006, 446). Den Strafverfolgungsbehörden steht es dabei frei, sich den leistungsfähigsten unter ihnen heraus- und ihm gegenüber Sicherungsmaßnahmen nach §§ 111 b ff. StPO zu ergreifen. Der **Gesamtanspruch** darf aber auch bei mehreren Gesamtschuldnern **nur einmal gesichert** werden (*Barreto da Rosa* NJW 2009, 1702, 1703 f.). Im Regelfall wird sich freilich – um die Erfolgsaussichten der Maßnahmen zu erhöhen – eine angemessene Aufteilung der Gesamtsumme anbieten. Stellt sich im Rahmen der Durchführung von Sicherungsmaßnahmen dann heraus, dass diese gegen einen Gesamtschuldner ins Leere laufen, spricht nichts dagegen, bei dem anderen Tatbeteiligten bis zur Höhe des Gesamtanspruchs „nachzulegen", sofern sich die Erkenntnisse zur tatsächlich erlangten Mitverfügungsgewalt in diesem Zeitpunkt nicht bereits grundlegend geändert haben.

I. Einziehung, Verfall und Erweiterter Verfall *(Beschlagnahme)*

208   Liegen Gründe für die Annahme vor, dass der **Verfall oder** die **Einziehung eines bestimmten Gegenstandes** in Betracht kommt, kann dieser Gegenstand nach § 111 b Abs. 1 StPO durch **Beschlagnahme** nach § 111 c StPO sichergestellt werden. Für die vorläufige Sicherung von Geldforderungen, die auf einer zu erwartenden Anordnung des *Verfalls von Wertersatz* oder einer *Einziehung von Wertersatz* basieren, ist dagegen das Sicherungsmittel des *dinglichen Arrests* (dazu unten Rn. 219 ff.) vorgesehen (§ 111 b Abs. 2 StPO, § 111 d StPO).

209   „**Gründe für die Annahme**", dass die Voraussetzungen des Verfalls oder der Einziehung vorliegen, sind immer dann gegeben, wenn ein **einfacher Tatverdacht** besteht (*Zweibrücken* NStZ 2003, 446; *Celle* NStZ-RR 2008, 203; vgl. auch *Jena* StV 2005, 90 = wistra 2005, 114) und im Übrigen – am Maßstab eines entsprechenden Verdachtsgrades – die Voraussetzungen des Verfalls oder der Einziehung erfüllt sind. Dabei muss sich der Tatverdacht (noch) nicht gegen einen bestimmten Beschuldigten richten (BeckOK-StPO/*Huber* § 111 b Rn. 9). Allerdings reicht die bloße Möglichkeit, dass Vermögensgegenstände für eine bestimmte rechtswidrige Tat oder aus ihr erlangt worden sein können, für sich genommen nicht. Es muss vielmehr eine **gewisse Wahrscheinlichkeit** für die Anordnung der Einziehung oder des Verfalls bestehen.

210   Im Einzugsbereich des **Erweiterten Verfalls** braucht sich der Tatverdacht nicht auf eine *konkrete* Herkunftstat (vgl. dazu oben Rn. 194 ff.) beziehen. Es genügt, wenn die Umstände – am Maßstab eines einfachen Tatverdachts – die Annahme rechtfertigen, dass Gegenstände für rechtswidrige Taten oder aus ihnen erlangt worden sind. Spekulationen sind freilich keine hinreichende Grundlage einer Sicherungsmaßnahme nach den §§ 111 b ff. StPO. Die Lebens- und Einkommensverhältnisse des Tatbeteiligten sind vielmehr bereits an dieser Stelle umfassend aufzuklären (ausführlich oben Rn. 194 ff.).

211   In Fällen, in denen der Beschlagnahme lediglich ein einfacher Tatverdacht zugrunde liegt, hat das anordnende Gericht die Beschlagnahme spätestens nach 6 Monaten aufzuheben; ggf. kommt auf Antrag der Staatsanwaltschaft eine Verlängerung in Betracht (§ 111 b Abs. 3 S. 1, S. 2 StPO). Liegen **dringende Gründe** vor, die die Annahme rechtfertigen, dass Verfall oder Einziehung eines bestimmten Gegenstandes angeordnet werden, kann die Beschlagnahme dagegen zeitlich unbegrenzt aufrecht erhalten werden, solange nicht Verhältnismäßigkeitsgesichtspunkte zu ihrer Aufhebung nötigen (*Köln* StV 2004, 121; BeckOK-StPO/*Huber* § 111 b Rn. 8).

212   Zur **Anordnung der Beschlagnahme** vgl. § 111 e StPO. Aus der Beschlagnahmeanordnung muss deutlich werden, dass sie zum Zwecke der Vermögensabschöpfung und nicht etwa aus Gründen der Beweissicherung erfolgt (BeckOK-StPO/*Huber* § 111 e Rn. 2). Zur **Durchführung der Beschlagnahme** vgl. § 111 f StPO.

213   Maßnahmen nach den §§ 111 b StPO sind nicht auf das subjektive Verfahren (Einziehung und Verfall im Verfahren gegen den Tatbeteiligten) beschränkt, sondern auch dann zulässig, wenn ein **objektives Verfahren** durchgeführt werden soll (KK-StPO/*Nack* § 111 b Rn. 8).

214   **1. Bewegliches Vermögen.** Die Beschlagnahme einer beweglichen Sache wird nach § 111 c Abs. 1 StPO dadurch bewirkt, dass die Sache *in Gewahrsam genommen* oder die Beschlagnahme *durch Siegel* oder in anderer Weise kenntlich gemacht wird (zu den Einzelheiten BeckOK-StPO/*Huber* § 111 c Rn. 2).

215   **2. Unbewegliches Vermögen.** Die Beschlagnahme eines Grundstücks oder eines Rechts, das den Vorschriften über die Zwangsvollstreckung in das unbewegli-

che Vermögen unterliegt (grundstücksgleiche Rechte: bspw. Erbbaurecht, Wohnungseigentum) wird nach § 111 c Abs. 2 StPO durch die *Eintragung eines Vermerks über die Beschlagnahme im Grundbuch* bewirkt.

3. Forderungen. Die Beschlagnahme einer Forderung (etwa des Auszahlungs- **216** anspruchs gegenüber einem Kreditinstitut aus dem Girovertrag) wird durch *Pfändung* bewirkt (§ 111 c Abs. 3 StPO). Die Durchführung der Beschlagnahme obliegt nach § 111 f Abs. 1 S. 1 StPO der Staatsanwaltschaft; sie ist nach § 31 Abs. 1 Nr. 2 RPflG dem Rechtspfleger übertragen. Erforderlich sind (1) ein an den Drittschuldner gerichtetes Zahlungsverbot, (2) ein an den Tatbeteiligten gerichtetes Verfügungsverbot sowie (3) die an den Drittschuldner gerichtete Aufforderung zur Abgabe einer Drittschuldnererklärung nach § 840 Abs. 1 ZPO. Eine Überweisung der Forderung nach § 835 ZPO findet dagegen nicht statt. Hat der Drogenverkäufer den **Verkaufserlös** (ohne ihn vorher mit eigenen legalen Geldern vermischt zu haben) **bei einer Bank eingezahlt**, so kann sein **Auszahlungsanspruch gegen die Bank** (als Surrogat nach § 73 Abs. 2 S. 2 StGB; vgl. Wabnitz/Janovsky/*Podolsky* § Kapitel 26 Abschn. III Nr. 3 Rn. 30) gepfändet werden. Hat er den Verkaufserlös dagegen vor der Einzahlung mit eigenen legal erworbenen Geldscheinen vermischt, so scheidet eine Verfall nach § 73 StGB „wegen der Beschaffenheit des Erlangten" zugunsten des Verfalls von Wertersatz nach § 73 a StGB aus (vgl. oben Rn. 145, 168). Der Zugriff auf das Bankguthaben erfolgt in diesen Fällen aufgrund einer mit der Anordnung des Wertersatzverfalls entstehenden Forderung; hier bedarf es daher der Anordnung des dinglichen Arrests.

4. Schiffe, Schiffsbauwerke und Luftfahrzeuge. Für die Beschlagnahme **217** von Schiffen, Schiffsbauwerken und Luftfahrzeugen gilt die Regelung des § 111 c Abs. 4 StPO.

5. Wirkung der Beschlagnahme. Die Beschlagnahme eines Gegenstandes hat **218** nach § 111 c Abs. 5 die Wirkung eines **(relativen) Veräußerungsverbots** im Sinne des § 136 BGB. Dieses Verbot umfasst nicht nur die Veräußerung sondern auch andere Verfügungen über den Gegenstand. Das Veräußerungsverbot entsteht erst mit dem Vollzug der Beschlagnahme; die formlose Sicherstellung genügt nicht (KK-StPO/*Nack* § 111 c Rn. 6).

II. Wertersatzverfall und -einziehung *(dinglicher Arrest)*

Soweit Sicherungsmaßnahmen auf einen künftigen **Zahlungsanspruch** bezo- **219** gen sind (zur *Einziehung von Wertersatz* vgl. oben Rn. 90; zum *Verfall von Wertersatz* vgl. oben Rn. 179 ff.) kommt nicht die Beschlagnahme nach § 111 b Abs. 1 i. V. m. § 111 c StPO in Betracht. Das Gesetz sieht für diese Fälle vielmehr die Anordnung des **dinglichen Arrests** nach § 111 b Abs. 2 i. V. m. § 111 d StPO vor (vgl. auch oben Rn. 204 ff.). Zu Sicherungsmaßnahmen gegen **gesamtschuldnerisch haftende Mittäter** vgl. oben Rn. 118 ff., 207.

Die Anordnung des dinglichen Arrests erfordert nach § 111 b Abs. 2 StPO **220** **„Gründe für die Annahme"**, dass die Voraussetzungen des *Verfalls von Wertersatz* oder der *Einziehung von Wertersatz* vorliegen (**Arrestanspruch**). Vgl. hierzu im Einzelnen oben Rn. 209 ff. Dies betrifft vor allem solche Fälle, in denen der ursprünglich erlangte Vermögensgegenstand nicht mehr zur Verfügung steht, weil etwa das Dealer- oder Schmugglerhonorar, der Verkaufserlös aus Betäubungsmittelhandelsgeschäften nicht mehr vorhanden ist oder mit täereigenem Geld vermischt wurde, oder die der Einziehung unterliegende Tatfahrzeug veräußert wurde.

Nach § 111 d Abs. 2 StPO finden die Regelungen der §§ 917 und 920 Abs. 1 **221** sowie die §§ 923, 928, 930 bis 932, 934 Abs. 1 ZPO entsprechende Anwendung. Ein **Arrestgrund** ist nach § 917 Abs. 1 ZPO gegeben, wenn zu besorgen ist, dass ohne dessen Verhängung die Vollstreckung des Urteils vereitelt oder wesentlich erschwert würde (vgl. dazu etwa *Frankfurt a. M.* NStZ-RR 2005, 111). Dies ist etwa dann der Fall, wenn **Fluchtgefahr** besteht und zudem die **Vermögenslage des Tatbeteiligten unklar** ist (*Frankfurt a. M.*, Beschluss vom 23. 12. 1993 –

Volkmer 1115

3 Ws 767/93) oder wenn der Betroffene seine Vermögensverhältnisse gezielt verschleiert, **Vermögenswerte beiseite schafft** oder sein Vermögen verschleudert (BeckOK-StPO/*Huber* § 111d Rn. 7). Als ein zureichender Arrestgrund ist es nach § 917 Abs. 2 ZPO auch anzusehen, wenn das Urteil im Ausland vollstreckt werden müsste und die Gegenseitigkeit nicht verbürgt ist.

222 **1. Anordnung des dinglichen Arrests.** Zur Anordnung des dinglichen Arrests ist nach § 111 e Abs. 1 nur das Gericht, bei Gefahr im Verzug auch die Staatsanwaltschaft befugt. Hat die Staatsanwaltschaft den Arrest angeordnet, muss innerhalb einer Woche die gerichtliche Bestätigung der Anordnung beantragt werden (§ 111 e Abs. 2 StPO).

223 **2. Vollziehung des dinglichen Arrests.** Für den Vollzug des dinglichen Arrests finden die Vorschriften der ZPO Anwendung. Dabei sind die Sonderregelungen der StPO zu beachten.

224 **a) Bewegliches Vermögen.** Die Vollziehung des Arrests in bewegliches Vermögen wird nach § 930 Abs. 1 S. 1 ZPO durch *Pfändung* bewirkt. Dies kann nach § 111 f Abs. 3 S. 1 StPO durch die in § 2 der Justizbeitreibungsordnung bezeichnete Behörde, den Gerichtsvollzieher, die Staatsanwaltschaft oder durch deren Ermittlungspersonen erfolgen.

225 **b) Unbewegliches Vermögen.** Die Vollziehung des Arrests in ein Grundstück erfolgt nach § 932 Abs. 1 S. 1 ZPO durch die *Eintragung einer Sicherungshypothek* für die Forderung.

226 **c) Forderungen** werden nach § 930 Abs. 1 S. 3 ZPO ebenfalls *gepfändet*. Für die Pfändung einer Forderung ist nach § 111 f Abs. 3 S. 3 StPO die Staatsanwaltschaft oder auf deren Antrag das Gericht zuständig, das den Arrest angeordnet hat.

III. Notveräußerung/Vernichtung

227 Nach § 111l Abs. 1 S. 1 StPO dürfen Vermögenswerte, die nach § 111c StPO beschlagnahmt oder aufgrund eines dinglichen Arrests nach § 111d StPO gepfändet worden sind, vor der Rechtskraft des Urteils veräußert werden, wenn ihr Verderb oder eine wesentliche Minderung ihres Wertes droht oder ihre Aufbewahrung, Pflege oder Erhaltung mit unverhältnismäßigen Kosten oder Schwierigkeiten verbunden ist (sog. **Notveräußerung**). Dies gilt auch dann, wenn Gegenstände sowohl nach den §§ 111b ff. StPO als auch zu Beweiszwecken (§ 94 StPO) in Verwahrung genommen wurden (BeckOK-StPO/*Huber* § 111l Rn. 1). **Betäubungsmittel** und andere **nicht verkehrsfähige Gegenstände** können unter den Voraussetzungen des § 111l Abs. 1 StPO vernichtet werden (KK-StPO/*Nack* § 111l Rn. 3; BeckOK-StPO/*Huber* a. a. O.). Freilich genügen drohender Verderb und wesentliche Wertminderung insoweit nicht, weil solche Gegenstände ohnehin nicht mehr an den Tatbeteiligten zurückgelangen oder im Rahmen der Verwertung in den Verkehr gebracht werden dürfen.

IV. Ausländische Rechtshilfeersuchen

228 Einem ausländischen Rechtshilfeersuchen um Sicherstellung bzw. Einfrieren eines Bankguthabens, hinsichtlich dessen der Verdacht besteht, dass es Rauschgifterlöse oder „gewaschene" Rauschgifterlöse enthält, kann auf Grund der §§ 66, 67 IRG oder – im Zusammenhang mit einer, wenn auch nicht erfolgreichen, Auslieferung – auf Grund der §§ 38 Abs. 1 Nr. 2, 39 Abs. 1 IRG entsprochen werden, wenn die auch nur **entfernte Möglichkeit besteht, die Herausgabe des Guthabens oder wenigstens des Pfändungspfandrechts an den ersuchenden Staat herbeizuführen** und wenn zudem die Voraussetzungen des § 66 Abs. 2 oder des § 38 Abs. 2 IRG vorliegen. Es erscheint dabei – soweit die Voraussetzungen hierfür vorliegen – zweckmäßig, **im Wege des objektiven Verfahrens gem. § 440 ff.** StPO eine Verfallsanordnung zu erreichen, um das Guthaben sodann vom hiesigen Landesfiskus an den ersuchenden Staat zu übertragen.

Führungsaufsicht

34 In den Fällen des § 29 Abs. 3, der §§ 29 a, 30 und 30 a kann das Gericht Führungsaufsicht anordnen (§ 68 Abs. 1 des Strafgesetzbuches).

I. Zweck der Führungsaufsicht

In den besonders schweren Fällen des § 29 BtMG sowie bei Verwirklichung der 1 Verbrechenstatbestände der §§ 29 a, 30 und 30 a BtMG sieht das Gesetz die Möglichkeit der Anordnung von Führungsaufsicht vor. Die Führungsaufsicht ist eine Maßregel der Besserung und Sicherung (§ 61 Nr. 4 StGB). Sie dient der Verhütung künftiger Straftaten (vgl. nur *Lackner/Kühl* § 68 Rn. 1), und ergänzt die Vorschriften zur Strafaussetzung, weil sie Tätern mit schlechter Sozialprognose Lebenshilfe beim Übergang vom Strafvollzug in die Freiheit ermöglicht. Die Voraussetzungen der Führungsaufsicht ergeben sich aus § 68 StGB.

II. Voraussetzungen

Nach § 68 Abs. 1 StGB kann das Gericht neben der Strafe Führungsaufsicht an- 2 ordnen, wenn der Täter wegen einer Straftat, bei der das Gesetz Führungsaufsicht vorsieht, **zeitige Freiheitsstrafe von mindestens 6 Monaten** verwirkt hat und zudem die Gefahr besteht, dass er weitere Straftaten begehen wird.

Für die Überschreitung der genannten Mindeststrafhöhe kommt es bei **tat- 3 mehrheitlicher** Aburteilung verschiedener Delikte – weil das Gesetz an die Verwirklichung bestimmter Tatbestände anknüpft, für die die Anordnung von Führungsaufsicht vorgesehen ist – entscheidend auf die jeweils verhängten Einzelstrafen an. Bei **Tateinheit** ist nach § 52 Abs. 4 S. 2 StGB die Anordnung von Führungsaufsicht möglich, wenn nur eines der anwendbaren Gesetze sie vorschreibt oder zulässt (zu weiteren Konkurrenzfällen Kindhäuser/Neumann/Paeffgen/*Ostendorf* § 68 Rn. 5).

Darüber hinaus muss die **Gefahr** bestehen, dass der Täter **weitere Straftaten** 4 begehen wird (§ 68 Abs. 1 StGB). Die Gefahr der Begehung beliebiger Straftaten genügt hierfür freilich nicht. Die richterliche Anordnung der Führungsaufsicht ist für solche Straftaten vorgesehen, bei denen typischerweise mit wiederholten Rechtsverstößen zu rechnen ist. Vor diesem Hintergrund muss die Gefahr vielmehr insoweit konkretisierbar sein, als die Begehung von Delikten zu gewärtigen ist, für die das Gesetz ebenfalls Führungsaufsicht vorsieht (vgl. MK-StGB/*Groß* § 68 Rn. 6; enger Kindhäuser/Neumann/Paeffgen/*Ostendorf* § 68 Rn. 6: „Straftaten derselben Deliktsgruppe"). Eine weitere Einschränkung des Gefahrbegriffs soll sich zudem aus der in § 68 Abs. 1 StGB genannten Mindeststrafhöhe ergeben: Straftaten für die nur Geldstrafe oder unterhalb des Schwellenwertes siedelnde Freiheitsstrafe verhängt werden könnten, werden als unzureichend angesehen (MK-StGB/*Groß* § 68 Rn. 7; ähnlich Kindhäuser/Neumann/Paeffgen/*Ostendorf* § 68 Rn. 7; anders *Lackner/Kühl* § 68 Rn. 4 m. w. N.: Ausschluss von „Bagatelltaten" als Verhältnismäßigkeitsproblem).

Die negative Kriminalprognose ist stets **tatsachenfundiert zu begründen.** 5 Maßgeblicher Prognosezeitpunkt ist der der letzten tatrichterlichen Entscheidung. Ob die vom Vollzug der Strafe erwarteten Auswirkungen zu berücksichtigen sind, ist umstritten (vgl. Sch/Sch/*Stree/Kinzig* § 68 Rn. 7; MK-StGB/*Groß* § 68 Rn. 9), dürfte aber zu verneinen sein.

III. Sonderfall: Führungsaufsicht kraft Gesetzes

Nach § 68 f Abs. 1 S. 1 StGB tritt mit der Entlassung eines Verurteilten aus dem 6 Strafvollzug kraft Gesetzes Führungsaufsicht ein, wenn zuvor Freiheitsstrafe oder Gesamtfreiheitsstrafe von mindestens 2 Jahren wegen vorsätzlicher Straftaten vollständig vollstreckt wurde. Für die Berechnung der 2-Jahresfrist ist weder erforderlich, dass die Vollstreckung ununterbrochen erfolgte, noch dass die Strafe im Strafvollzug verbüßt wurde. Auch eine Unterbringung in einer Entziehungsanstalt nach § 64 StGB (vgl. § 67 Abs. 4 StGB) oder eine nach § 36 Abs. 1 BtMG angerechnete Drogentherapie gelten als Vollstreckung im Sinne des § 68 f StGB (*München* NStZ 1990, 454 m. Anm. *Stree*).

Siebenter Abschnitt. Betäubungsmittelabhängige Straftäter

Zurückstellung der Strafvollstreckung

35 (1) ¹Ist jemand wegen einer Straftat zu einer Freiheitsstrafe von nicht mehr als zwei Jahren verurteilt worden und ergibt sich aus den Urteilsgründen oder steht sonst fest, daß er die Tat auf Grund einer Betäubungsmittelabhängigkeit begangen hat, so kann die Vollstreckungsbehörde mit Zustimmung des Gerichts des ersten Rechtszuges die Vollstreckung der Strafe, eines Strafrestes oder der Maßregel der Unterbringung in einer Entziehungsanstalt für längstens zwei Jahre zurückstellen, wenn der Verurteilte sich wegen seiner Abhängigkeit in einer seiner Rehabilitation dienenden Behandlung befindet oder zusagt, sich einer solchen zu unterziehen, und deren Beginn gewährleistet ist. ²Als Behandlung gilt auch der Aufenthalt in einer staatlich anerkannten Einrichtung, die dazu dient, die Abhängigkeit zu beheben oder einer erneuten Abhängigkeit entgegenzuwirken.

(2) ¹Gegen die Verweigerung der Zustimmung durch das Gericht des ersten Rechtszuges steht der Vollstreckungsbehörde die Beschwerde nach dem Zweiten Abschnitt des Dritten Buches der Strafprozeßordnung zu. ²Der Verurteilte kann die Verweigerung dieser Zustimmung nur zusammen mit der Ablehnung der Zurückstellung durch die Vollstreckungsbehörde nach den §§ 23 bis 30 des Einführungsgesetzes zum Gerichtsverfassungsgesetz anfechten. ³Das Oberlandesgericht entscheidet in diesem Falle auch über die Verweigerung der Zustimmung; es kann die Zustimmung selbst erteilen.

(3) Absatz 1 gilt entsprechend, wenn

1. auf eine Gesamtfreiheitsstrafe von nicht mehr als zwei Jahren erkannt worden ist oder
2. auf eine Freiheitsstrafe oder Gesamtfreiheitsstrafe von mehr als zwei Jahren erkannt worden ist und ein zu vollstreckender Rest der Freiheitsstrafe oder der Gesamtfreiheitsstrafe zwei Jahre nicht übersteigt

und im übrigen die Voraussetzungen des Absatzes 1 für den ihrer Bedeutung nach überwiegenden Teil der abgeurteilten Straftaten erfüllt sind.

(4) Der Verurteilte ist verpflichtet, zu Zeitpunkten, die die Vollstreckungsbehörde festsetzt, den Nachweis über die Aufnahme und über die Fortführung der Behandlung zu erbringen; die behandelnden Personen oder Einrichtungen teilen der Vollstreckungsbehörde einen Abbruch der Behandlung mit.

(5) ¹Die Vollstreckungsbehörde widerruft die Zurückstellung der Vollstreckung, wenn die Behandlung nicht begonnen oder nicht fortgeführt wird und nicht zu erwarten ist, daß der Verurteilte eine Behandlung derselben Art alsbald beginnt oder wieder aufnimmt, oder wenn der Verurteilte den nach Absatz 4 geforderten Nachweis nicht erbringt. ²Von dem Widerruf kann abgesehen werden, wenn der Verurteilte nachträglich nachweist, daß er sich in Behandlung befindet. ³Ein Widerruf nach Satz 1 steht einer erneuten Zurückstellung der Vollstreckung nicht entgegen.

(6) **Die Zurückstellung der Vollstreckung wird auch widerrufen, wenn**

1. **bei nachträglicher Bildung einer Gesamtstrafe nicht auch deren Vollstreckung nach Absatz 1 in Verbindung mit Absatz 3 zurückgestellt wird oder**

2. **eine weitere gegen den Verurteilten erkannte Freiheitsstrafe oder freiheitsentziehende Maßregel der Besserung und Sicherung zu vollstrecken ist.**

(7) [1] **Hat die Vollstreckungsbehörde die Zurückstellung widerrufen, so ist sie befugt, zur Vollstreckung der Freiheitsstrafe oder der Unterbringung in einer Entziehungsanstalt einen Haftbefehl zu erlassen.** [2] **Gegen den Widerruf kann die Entscheidung des Gerichts des ersten Rechtszuges herbeigeführt werden.** [3] **Der Fortgang der Vollstreckung wird durch die Anrufung des Gerichts nicht gehemmt.** [4] **§ 462 der Strafprozeßordnung gilt entsprechend.**

Kap. 1. Vorbemerkungen zu den §§ 35 ff. BtMG

A. Strafvollzug von Drogenabhängigen

1 Eine Vielzahl der Strafgefangenen sitzt wegen Verstößen gegen das Betäubungsmittelgesetz ein. Nur ein geringer Anteil befindet sich wegen ausschließlichen Handels mit Betäubungsmitteln in Haft. Die Mehrzahl der Inhaftierten sind Drogenkonsumenten oder abhängige Kleinhändler.

2 Langjährige Erfahrungen mit drogenabhängigen Gefangenen in Justizvollzugsanstalten haben gezeigt, dass die Alltagsbedingungen während der Untersuchungs- und in der Strafhaft eine stationäre Therapie von Drogenabhängigen in einer offenen oder geschlossenen Drogenstation so behindern, dass nicht nur die Ergebnisse einer **intramuralen Therapie** schlechter ausfallen als bei Therapiebemühungen in Freiheit, sondern dass mit Zunahme der Strafzeitdauer die Therapiebereitschaft und die Bereitschaft, nach der Haft ein suchtmittelfreies Leben zu führen, sinken. Die Justizvollzugsanstalten stellen ja nicht nur **intramurale Drogenszenen** dar, wo trotz schärfster Kontrollen alle Arten von Arzneimitteln und Betäubungsmitteln zu erwerben sind. Auch Sicherheitsmaßnahmen nach § 17 Abs. 3 StVollzG wie Ausschluss von der gemeinschaftlichen Unterbringung mit anderen Gefangenen bei Verdacht des Rauschgiftkonsums oder Rauschgifthandels in der JVA vermögen hier wenig zu ändern (vgl. *Zweibrücken* NStZ 1994, 102). Die weitgehende Trennung der Strafgefangenen von zahlreichen sozialen Bezügen, sozialen Bindungen und sozialen Kontrollen, die Zusammenlegung Gleichgesinnter auf engstem Raum, die sinnleere Eintönigkeit des Vollzugsalltags und die Lebensangst und Hoffnungslosigkeit verstärken nur noch den Drang nach der Droge unermesslich zum alleinigen Lebensinhalt. Die Haftisolierung lässt Gelegenheitskonsumenten zu Dauerkonsumenten und mangels Präservativen und sauberer Spritzen neben der Sucht dem Aids-Virus verfallen. Misshandlungen, Drogenschmuggel und Drogenhandel, Drogentod durch Überdosis und Suizidversuche prägen nicht nur die Drogenszene draußen, sondern auch drinnen.

3 Es muss deshalb das Ziel der Strafverfolgungsbehörden sein:

a) **Haftzeiten von Drogenabhängigen zu vermeiden** und
b) möglichst viele drogenabhängige Verurteilte ohne Strafvollzug direkt in eine Therapie zu vermitteln. Bei Unvermeidbarkeit von Haft gilt es, die Haftzeiten zu verringern, Therapiezeiten zu verlängern, durch Drogenhilfe und Drogenberatung und durch schrittweise Lockerung des Vollzuges Therapiebereitschaft zu wecken und zu fördern und dadurch eine **extramurale, ambulante oder stationäre Therapie vorzubereiten.**

4 Drogenabteilungen im Vollzug sind selbstverständlich kein Ersatz für eine drogentherapeutische Behandlung. Aidspräventive Maßnahmen sollten bereits bei der Aufnahme in den Strafvollzug erfolgen. So erhält in der schweizer Anstalt in Regensdorf jeder neu aufgenommene Häftling eine **persönliche Taschenapotheke** mit Pflaster, Tupfer, Desinfektionsmittel, Präservativen und Anleitungen zu Drogenproblemen. Es wird diskutiert, auch dieser Taschenapotheke Einmalspritzen hinzuzufügen. Aufgabe der externen Drogenberater ist es nicht nur, haftbegleitend **therapiebereite Drogenabhängige psychosozial zu betreuen,** bei der körperlichen Entgiftung, bei der Vorbereitung und Vermittlung von ambulanten und stationären Therapien und der Planung von Nachsorge zu beraten, sondern auch, **therapieresistenten Drogenabhängigen** bei der Vollzugsgestaltung und Bewältigung ihrer Drogenprobleme **zu helfen.** Im Einzelnen gilt es, sie bei Anträgen auf Reststrafenaussetzung, auf Zurückstellung der Strafvollstreckung (§ 35 BtMG) oder auf Absehen von der Anklageerhebung (§ 37 BtMG) zu beraten und auf den Entlassungstermin vorzubereiten. **Ausländische drogenabhängige Strafgefangene,** die aufgrund von Ausweisungsverfügungen in der Regel keine Vollzugslockerungen und keine Aussicht auf Zurückstellung der Strafvollstreckung haben, bedürfen wegen ihrer besonderen Isolierung besonderer Kontakte zu Konsulaten und ausländischen Therapieeinrichtungen.

Sozialarbeiter, Ärzte und Psychologen einer Drogenabteilung vermeiden re- 5
gelmäßig Zwänge, setzen auf Freiwilligkeit und Überzeugung, motivieren zur
Selbsthilfe und eröffnen Freiräume bei der **Vermittlung von Lebensbewäl-
tigungstechniken, Problemlösungen** und der **Gestaltung des Vollzuges.** Sie
unterstützen bei der Weiterbildung und der Arbeitsplatzsuche. Der Proband sollte
entscheiden können, ob er in eine drogenfreie Entzugsgruppe oder in eine Substi-
tutionsgruppe der Justizvollzugsanstalt eintritt. Bei extrem kurzen Freiheitsstrafen
sind Drogenabhängige therapeutisch nur beschränkt erreichbar, da sie gedanklich
sich nicht mit Abstinenz und Therapie, sondern mit ihrem baldigen Entlassungstermin und der Zeit danach beschäftigen. Sie können aber an Drogenberatungsstellen draußen vermittelt werden.

Bei Rückkehr in die Haftanstalt wegen Therapieabbruches oder erneutem Ver- 6
stoß gegen das BtMG sollte die Justiz **immer wieder neue Therapieprozesse
in Gang setzen,** um die Verweildauer des Probanden in der Therapie allmählich
zu erhöhen und um das Therapieziel wenigstens schrittweise zu verwirklichen.

B. Wege der Therapie statt Strafvollzug

I. Entpoenalisierungsweg

Das deutsche Strafrecht bietet in Hauptverhandlungen gegen drogenabhängige 7
Angeklagte vielfältige Wege, je nach Schuld und Suchtstadium dem Angeklagten
die Teilnahme an einer Therapie zu ermöglichen. Handelt es sich um Eigenkonsumdelikte ohne Drittschädigung mit geringen Mengen von Betäubungsmitteln, so
kann gem. § 29 Abs. 5, § 31 a Abs. 2, § 37 Abs. 2 BtMG auch noch nach Anklageerhebung zugunsten einer Therapie von einer Bestrafung vorläufig abgesehen
werden.

II. Strafaussetzungsweg

Neben einer Geldstrafe oder Verwarnung mit Strafvorbehalt (§ 59 StGB) bietet 8
bei positiver Sozialprognose und einer nicht zwei Jahre übersteigenden Freiheitsstrafe die Strafaussetzung zur Bewährung mit oder ohne Bewährungshelfer, mit/
ohne Therapieauflage (§§ 56, 56a, 56c StGB, 21, 23 JGG) oder nach Teilverbüßung die vorzeitige Entlassung nach Aussetzung des Strafrestes zum Halbstrafen-
oder Zweidrittelzeitpunkt mit oder ohne Therapieauflage (§ 57 StGB) die beste
Möglichkeit, freiwillig sich in Therapie zu begeben.

III. Unterbringungsweg

Besteht bei einem Verurteilten die Gefahr, dass er infolge seines Hanges erheb- 9
lich rechtswidrige Taten begehen wird (§ 64 Abs. 1 StGB, § 93 a JGG), also eine
negative Prognose, und liegen die Voraussetzungen des § 64 StGB vor, so ist die
Unterbringung zwingend anzuordnen. Es muss sodann die Therapie im Rahmen
einer Unterbringung in einer Entziehungsanstalt erfolgen (vgl. Rn. 480 ff.).

IV. Offener Vollzug

Lagen bei einem drogenabhängigen Verurteilten wegen negativer Prognose die 10
Voraussetzungen einer Strafaussetzung nicht vor und sind auch die Voraussetzungen einer Unterbringung nicht gegeben, so bleibt nur eine Therapie im Strafvoll-
zug übrig. Dabei ist es von entscheidender Bedeutung, ob die Strafe im offenen
oder geschlossenen Vollzug verbüßt werden muss. Drogenabhängigen Gefangenen
wurde bisher wegen der hohen Rückfallgefahr nur selten der offene Vollzug als
Vergünstigungsvollzug mit der Möglichkeit einer extramuralen Therapie gewährt.
Zwar schließen die Verwaltungsvorschriften zu den §§ 10, 11 und 13 StVollzG
Vollzugslockerungen für Drogenabhängige im Regelfall aus. Wenn ambulante
Hilfsmaßnahmen durch Sozialarbeiter oder Substitutionsprogramme den Drogen-

abhängigen im Alltag stützen, könnte der offene Vollzug aber eine besondere therapeutische Bedeutung erlangen.

V. Geschlossener Vollzug

11   Werden die Voraussetzungen einer Strafaussetzung und eines offenen Vollzuges verneint, so bleibt nur der geschlossene Vollzug mit einer intramuralen Therapie, wie in den Vorbemerkungen geschildert.

VI. Strafaufschub

12   Eine negative Zurückstellungsentscheidung lässt aber noch Raum für einen Vollstreckungsaufschub (§ 455 StPO) oder eine Vollstreckungsunterbrechung (§ 45 ff. StVollstrO). Sie können im Einzelfall einen Therapieantritt erleichtern, aber **nicht vom anschließenden Strafvollzug befreien.**

13   Hat ein aidskranker Drogenabhängiger, der nach Zurückstellung der Strafvollstreckung gem. § 35 BtMG und Widerruf dieser Zurückstellung sich wieder in Haft zur Verbüßung der Freiheitsstrafe befindet, beantragt, die Vollstreckung gem. § 455 StPO für unbegrenzte Dauer zu unterbrechen, weil er an der Immunschwäche Aids leide und diese Krankheit bereits ein Stadium erreicht habe, bei dem eine medizinische Versorgung in der JVA nicht mehr möglich sei, so kommt eine Vollstreckungsunterbrechung nur in Betracht, wenn der Gefängnisarzt oder ein Sachverständiger eine solche Einschätzung bestätigt.

14   Kann nach der ärztlichen Stellungnahme ausgeschlossen werden, dass sich durch den Vollzug die Aids-Erkrankung lebensbedrohlich verschlechtert, und wird der Verurteilte während der Inhaftierung ausreichend ärztlich betreut und behandelt, so liegt keine Haftunfähigkeit i. S. v. § 455 Abs. 4 S. 1 Nr. 3 StPO vor, und die Voraussetzungen für eine Unterbrechung der Strafvollstreckung sind nicht gegeben (*LG Ellwangen* NStZ 1988, 330).

VII. Gnadenentscheidung

15   Soweit sich im Einzelfall mit keinem der erörterten Lösungsmodelle eine Therapie für einen drogenabhängigen Verurteilten erschließen lässt, weil die Gesetzes- oder Verwaltungsvorschriften der besonderen Fallgestaltung nicht Rechnung tragen, bleibt als „Ultima ratio" lediglich eine gnadenweise Therapiegewährung. Gerade in Fällen von Drogensüchtigen pflegt die Gnadeninstanz ihre Möglichkeiten **großzügig auszuschöpfen.** Insb. wenn nach Anrechnung einer Therapie der Absolvent eines abgeschlossenen Therapieprogramms **anstelle einer dauerhaften sozialen und beruflichen Wiedereingliederung** (Rehabilitation) zur **Verbüßung einer Reststrafe** in die intramurale Drogenszene der Haftanstalt zurückkehren und den Therapieerfolg gefährden müsste, drängt sich eine gnadenweise Regelung auf.

VIII. Zurückstellung der Strafvollstreckung

16   Das Rechtsinstitut der Zurückstellung der Strafvollstreckung gem. § 35 BtMG wurde geschaffen, um betäubungsmittelabhängigen Verurteilten sowohl den Aufschub einer noch ausstehenden als auch die Unterbrechung einer bereits begonnenen Strafvollstreckung zu ermöglichen. Die Zurückstellung stellt eine **vorläufige Herausnahme des Verurteilten aus der Strafvollstreckung** dar. § 35 BtMG ergänzt damit die Strafvollstreckungsvorschriften der StPO. Während der Durchführung einer Therapie gem. § 35 BtMG **ruht die Vollstreckungsverjährung** gem. § 79a Nr. 3 StGB, da die Therapie an Stelle der Strafe durchgeführt wird, später auf die Strafe angerechnet wird und somit gleichrangig neben der Strafvollstreckung steht (*LG Ellwangen* NStZ-RR 1998, 274). Die §§ 35 ff. BtMG stellen Sonderbestimmungen für betäubungsmittelabhängige Straftäter dar, die, soweit sie von den allgemeinen Vorschriften der Strafvollstreckung (§§ 449 ff. StPO, 88 ff.

JGG) abweichen, vorgehen. Bei Verurteilungen zu Jugendstrafe gelten die §§ 35 u. 36 BtMG sinngemäß (§ 38 BtMG).

Die Bevorzugung betäubungsmittelabhängiger Straftäter ist bis heute umstritten **17** geblieben, wird andererseits als mutiges Experiment begrüßt (vgl. *Baumgart*, 1994, 27 ff.).

Das Rechtsinstitut der Zurückstellung der Strafvollstreckung ergänzt sowohl das **18** Rechtsinstitut der Strafaussetzung zur Bewährung als auch der Unterbringung. Nach rechtskräftiger Verurteilung oder Unterbringung eines Drogenabhängigen und **nach Versagung der Strafaussetzung** zur Bewährung soll diese Spezialvorschrift es ermöglichen, dass **auch bei schlechter Prognose und hoher Strafe sofort oder nach Teilverbüßung** die Vollstreckungsbehörde die Vollstreckung einer Strafe, eines Strafrestes oder einer Maßregel der Unterbringung von nicht mehr als 2 Jahren zurückstellen kann, wenn sich der drogenabhängige verurteilte Täter wegen seiner Abhängigkeit in Behandlung befindet oder zusagt, sich einer bereits gewährleisteten **Therapie** zu unterziehen (§ 35 Abs. 1 BtMG, **Zurückstellungslösung**).

Die Möglichkeit, im Wege der Strafaussetzung eine Therapie vorzubereiten, **19** wurde nicht dadurch ausgeschlossen, dass eine Zurückstellungsmöglichkeit gem. den §§ 35, 36 BtMG besteht. Der Gesetzgeber wollte mit den §§ 35, 36 BtMG **nicht den Anwendungsbereich des § 56 StGB einschränken, sondern ergänzen.** Gerade dann, wenn ein Angeklagter im Zeitpunkt der Hauptverhandlung bereits Schritte für eine Therapie in die Wege geleitet hat, kann der Weg der Strafaussetzung in höherem Maße Erfolg versprechen (*Oldenburg* StV 1991, 420). Für die §§ 35 ff. BtMG ist also nur Raum, wenn eine Strafaussetzung zur Bewährung wegen ungünstiger Sozialprognose ausscheidet.

C. Entstehungsgeschichte des Siebten Abschnittes

Es war schon fast ein Glaubenskrieg im Jahr 1979, als im *Bundestag* darum ge- **20** rungen wurde, ob der drogenabhängige kleine und mittlere Täter Therapie statt Strafe erfahren sollte. Im Regierungsentwurf (BR-Drs. 546/79) waren noch keine Spezialvorschriften für Betäubungsmittelabhängige enthalten, da man zunächst eine Erweiterung der Strafaussetzungsmöglichkeiten für therapiebereite Drogenabhängige ins Auge fasste (BT-Drs. 8/3551, 46; vgl. im Einzelnen *Kreuzer* NJW 1979, 1443; *Hügel/Junge/Lander/Winkler* § 35 Rn. 1.3). Bereits die erste Lesung des Regierungsentwurfs im *Bundestag* am 25. 1. 1980 wurde vom Grundsatz „Therapie statt Strafe" beherrscht, unter dem viele, aber nicht alle das Gleiche verstanden (BT-Prot. 8/200 v. 25. 1. 1980). Nachdem der *Bundesminister der Justiz* den Bundestagsausschüssen Formulierungsvorschläge unterbreitet hatte, beschloss der *Bundestag* auf Empfehlung des Gesundheitsausschusses (vgl. BT-Drs. 8/4267, 32 ff. und BT-Drs. 8/4283, 6 ff.) am 20. 6. 1980 eine vollstreckungsrechtliche Lösung, die aber auch besondere Einstellungsmöglichkeiten vorsah. Der *Bundesrat* erhob Bedenken dagegen und rief den Vermittlungsausschuss an (BR-Drs. 387/80; BT-Drs. 8/4407). Wegen der 1980 ablaufenden Legislaturperiode scheiterte damit das Gesetz.

Der Gesetzentwurf wurde von der Regierungskoalition rasch in der 9. Legisla- **21** turperiode wieder eingebracht (BT-Drs. 9/27). Die ursprüngliche Absicht, Therapie an die Stelle der Strafe zu setzen, wurde aufgegeben zugunsten einer Regelung, die Therapie und Strafe miteinander verbindet. Mit dem *Bundesrat* wurde nach einem Kompromiss gesucht, um das Gesetz bald verabschieden zu können. Nach heftigen Debatten im *Bundesrat* wurde das novellierte BtMG mit seinem 7. Abschnitt 1981 dann verabschiedet (BT-Drs. 9/433; 9/500; BR-Drs. 248/2/81; BR-Prot d. 501. Sitzung am 26. 6. 1981, 203 ff.) und trat 1982 in Kraft. Nachdem die Therapiebestimmungen der §§ 35 ff. BtMG fortlaufend in der Öffentlichkeit diskutiert wurden und den Gesetzgeber zu neuen Überlegungen veranlasst hatten, wurden die Bestimmungen durch das **Gesetz zur Änderung des BtMG** v. 9. 9. 1992 (BGBl. I, 1593 ff.) ergänzt.

22   Im **Jahre 1994** schlug das *Bundesministerium der Justiz* mit einem Gesetzesentwurf vor, nach § 35 BtMG einen **neuen § 35 a BtMG** einzufügen, der es **dem erkennenden Gericht** in der Hauptverhandlung erlauben sollte, **die Zurückstellung der Strafvollstreckung im Urteil** anzuordnen, um damit eine Therapiebereitschaft des Angeklagten frühestmöglich zu nutzen und eine Therapieeinleitung zu beschleunigen. Der Gesetzentwurf stieß aber auf heftigen Widerspruch, weil er die **Grenzen zwischen Urteilsfindung und Vollstreckungsentscheidungen verwischte,** Zurückstellungsentscheidungen **ohne sorgfältige Vorbereitung und Prüfung** ermöglichte und einen **doppelten Instanzenzug im Erkenntnisverfahren und Vollstreckungsverfahren** vorsah. Im Dezember 2001 erteilte das *Bundesministerium der Justiz* der *Kriminologischen Zentralstelle in Wiesbaden* den Forschungsauftrag zu prüfen, ob und unter welchen Voraussetzungen eine gesetzliche Ausdehnung der Zurückstellungsvorschriften von den betäubungsmittelabhängigen auf die alkoholabhängigen Verurteilten rechtlich sinnvoll und zu realisieren sei.

23   Erst das **Erste Gesetz zur Modernisierung der Justiz v. 24. 8. 2004** (BGBl. I, 2198 ff.) brachte Neuerungen im Zurückstellungsrecht. Mit Aufhebung der Begrenzungsverordnung zum 1. 9. 2004 wurden alle Entscheidungen und Maßnahmen betreffend die Vollstreckung von Strafen, Geldbußen und Zwangstiteln der **Sachbearbeitung des Rechtspflegers/in übertragen,** auch die Entscheidungen nach § 35 Abs. 1 bis Abs. 7 BtMG, die Anträge, Rechtsmittel und Stellungnahmen in den in §§ 35 Abs. 1, Abs. 2 und Abs. 7 S. 2, 36 Abs. 1 bis Abs. 3 BtMG genannten Fällen.

D. Zweck der Zurückstellung der Strafvollstreckung

24   Die **Humanisierung, Resozialisierung und Entkriminalisierung** waren **wesentlicher Grundgedanke der Reform des Betäubungsmittelrechts.** Der Gesetzgeber wurde damit der Erkenntnis gerecht, dass der Staat nicht nur Straftaten zu verfolgen und zu sanktionieren hat, sondern dass die Behandlung eines drogenabhängigen Straftäters, seine **Resozialisierung eines der wirksamsten Mittel der Drogenkriminalitätsprophylaxe** ist.

25   Der unter den Strafvorschriften eingeordnete 7. Abschnitt spiegelt die Erkenntnis des Gesetzgebers wider, dass die **Drogensucht in erster Linie nicht als ein kriminelles, sondern als gesellschaftliches und pathologisches Problem** zu begreifen ist, und dass deshalb der drogenabhängige Straftäter unter Mitwirkung der Justiz einer wirksamen Therapie zugeführt werden sollte.

26   Man war der Auffassung: **Strafe muss sein. Sie darf aber nicht eine Therapie** betäubungsmittelabhängiger Straftäter **verhindern,** sondern soll als zusätzliches Mittel **zur Therapiemotivation dienen** (vgl. hierzu *Katholnigg* in *Egg*, Drogentherapie und Strafe, 1988, S. 81 ff.).

27   Es entspricht heute einem **allgemeinen Konsens der meisten westeuropäischen Staaten,** dass heute **Drogenpolitik auf vier Säulen** beruhen muss:

I. **Prävention,**
II. **Drogenhilfe und Überlebenshilfe,**
III. **Therapie** zum Schutze der Gesundheit der Bevölkerung und
IV. **als Ultima ratio die Repression,** die die Sicherheit und Ordnung gewährleistet und die drei anderen Säulen absichert.

28   Der Gesetzgeber hat in den letzten Jahren **verschiedene Wege der Therapieeinleitung** eröffnet:

1. **die freiwillige Therapie,**
2. **die Strafaussetzung zur Bewährung mit Therapieauflage** und die Reststrafenaussetzung bei positiver Prognose,
3. **die Unterbringung** bei negativer Prognose und
4. **die Zurückstellung der Strafvollstreckung** bei negativer Prognose.

Dabei bestand Einigkeit, dass **nicht jeder betäubungsmittelabhängige Ver-** 29
urteilte einen Rechtsanspruch erlangen sollte, **an Stelle eines harten**
Strafvollzuges eine angenehme Drogentherapie in einer schön gelegenen
Therapieeinrichtung zu erleben. Dies wäre grob unbillig gegenüber den alkoholabhängigen und medikamentenabhängigen Verurteilten, die die gleiche Tat
begangen haben. Der Therapieweg sollte nur den betäubungsmittelabhängigen
Verurteilten offen stehen, die **suchtbedingt Beschaffungsdelikte** begingen (zur
Beschaffung von Drogen oder von Geld zur Drogenfinanzierung) oder **unter**
Einwirkung dieser Betäubungsmittel rauschbedingt Straftaten begingen,
nicht nur **bereit waren, sich einem Therapieprogramm und einer Haus-**
ordnung einer Einrichtung zu unterwerfen, sondern **geistig und körperlich**
den Therapiebeginn vorbereitet haben.

Die Zurückstellung der Strafvollstreckung sollte als Ergänzung zur Strafausset- 30
zung der Bewährung und der Strafrest-Aussetzung unter den drogenabhängigen
Verurteilten diejenigen herauslesen, bei denen trotz gescheiterten Therapien und
Rückfall in Sucht und Kriminalität (schlechte Prognose), aufgrund einer intensiven
Therapievorbereitung ein erneuter Therapieantritt Erfolg versprechend erscheint.
Die Bevorzugung dieses Klientels gegenüber alkohol- und arzneimittelabhängigen
Verurteilten im Strafvollzug wurde mit den Besonderheiten der Betäubungsmittelabhängigen und der zwangsläufigen Kriminalisierung bei der Drogenbeschaffung
begründet. Sie sollte zur Therapievorbereitung ermutigen und diese Bemühungen
belohnen. Denn die Suchtüberwindung durch Therapie ist kein kurzfristiges Ereignis, sondern ein prozesshaftes Geschehen, in dem es darum geht, Rückfälle
therapeutisch zu verarbeiten, drogenfreie Intervalle zu vergrößern und Erfolge in
kleinen Schritten anzustreben (*Kreuzer* NJW 1989, 1505, 1510 ff.). Insgesamt sollen
die Zurückstellungsvorschriften dazu beitragen,
– die Zahl der betäubungsmittelabhängigen Verurteilten, die in Therapie gebracht
  werden können, zu erhöhen,
– die Haltequote und die Therapieerfolge auszudehnen,
– den Gesundheitszustand der Verurteilten zu stabilisieren,
– die Therapieergebnisse durch Nachsorgemaßnahmen und Therapieanrechnung
  abzusichern,
– eine dauerhafte soziale und berufliche Wiedereingliederung zu erreichen und
– die Beschaffungskriminalität einzudämmen.

E. Kritik an den Vorstellungen des Gesetzgebers

I. These vom Initialzwang. Der Gesetzgeber hat sich von den Regelungen 31
des 7. Abschnitts eine erhebliche Motivationsförderung versprochen und durch
Formulierung von Nachweiserfordernissen Scheinmotivationen auszuschließen
versucht. Die Grundthese des 7. Abschnitts des BtMG, wonach es zur Erreichung
von **Therapiemotivation** des **Initialzwanges in Form von Strafandrohung**
und Inhaftierung bedürfe, war allerdings schon früh umstritten. Die These, wonach regelmäßig der Strafvollzug einen höheren Leidensdruck und eine größere
Therapiebereitschaft erzeuge, ist in dieser Allgemeinheit sicher nicht richtig (vgl.
die krit. Anm. des *BGH* in StV 1985, 27). Ob **justizielle Zwänge einen Ein-**
fluss auf die Therapiemotivation eines drogenabhängigen Straftäters aus-
üben, wird von den Experten unterschiedlich beantwortet. Während die einen
betonen, dass eine Therapiemotivation **nicht erzwungen** werden kann und der
Erfolg eines Therapievorhabens von der **freiwilligen Mitwirkung** des Probanden
abhänge (vgl. nur *Böllinger*, Drogenrecht, Drogentherapie, 1987, S. 145 ff.), verweisen die anderen darauf, dass ein Drogenabhängiger in seiner **Steuerungsfähigkeit**
so beeinträchtigt sei, dass er ohne Druck durch seine Umwelt und **ohne Druck**
der Justiz nie **einem Therapieprogramm gewonnen** werden könne (so
z. B. *Egg* u. a., Drogentherapie und Strafe, 1988).

Die Kritik *Sickingers* (in *Egg*, Drogentherapie und Strafe, 1988, 135 ff.), **Drogen-** 32
abhängige würden nur dann **als Kranke anerkannt, wenn sie zu einer Be-**

handlung bereit seien, sie würden aber als kriminelle Straftäter behandelt und in der Tendenz mit höheren Haftstrafen belegt, wenn sie sich einem Therapieangebot widersetzten, beleuchtet die Fragwürdigkeit der Begründung des Grundsatzes Therapie statt Strafe. *Sickinger* hat aufgrund einer 5-jährigen Längsschnittstudie „Ambulante Therapie und Selbstheilung" (= Amsel) mit 324 in den Jahren 1985/1986 in Frankfurt befragten Drogenabhängigen dargelegt, dass die Entscheidung der Drogenabhängigen für einen Behandlungsbeginn selten monokausal und nicht alleine mit justiziellem Druck zu erklären ist. Sehr häufig seien sozialer Druck aus seiner Umgebung und/oder eigene Beweggründe neben justiziellem Druck ausschlaggebend. *Sickinger* weist aber darauf hin, dass sowohl die These „Ohne justiziellen Druck sei ein Behandlungserfolg garantiert", als auch die These „Justizieller Druck bei Behandlungsbeginn bewirke ein Scheitern der Therapie", nicht zutreffen. Therapieerfolge bei Probanden, die aus der Haft in Langzeittherapien überführt wurden, stehen ebenso wie Therapiemisserfolge bei freiwillig angetretenen Therapieprogrammen diesen Thesen entgegen. *Sickinger* hat allerdings die Erfahrung gemacht, dass Drogenabhängige, die nicht aufgrund justiziellen Drucks, sondern aufgrund eigener Einsicht in die Notwendigkeit der Therapie sich für ein Therapieprogramm entschieden haben, in der Regel über eine stärkere Therapiemotivation verfügten.

33   Man wird die Frage nach dem positiven Einfluss von justiziellen Zwängen nicht eindeutig beantworten können. Zunächst einmal wird man differenzieren müssen zwischen den Primärabhängigen mit Beschaffungsdelikten und den Sekundärabhängigen mit krimineller Karriere und Hafterfahrung. Bei einem Teil der drogenabhängigen Straftäter ist die Straferwartung so hoch, dass sich die Alternative, freiwillige Therapie oder Therapie aufgrund justiziellen Zwanges, nicht stellt. Der Strafvollzug wird sowohl bei hoher Freiheitsstrafe als auch bei Verurteilten, die jegliche Therapie ablehnen, auch weiterhin einen Teil des Therapieverbundsystems darstellen müssen, auch wenn in einer JVA ein therapeutisches Klima nur schwer herzustellen ist. Die Frage „Justizieller Zwang zur Therapie ja oder nein?", kann dahin beantwortet werden, dass justizieller Zwang so wenig wie möglich ausgeübt werden sollte und dass er dort, wo er unumgänglich ist, effektiv gestaltet wird, damit der Drogenabhängige möglichst früh therapeutisch erreicht wird (*Bühringer* in *Adams* u.a., Drogenpolitik, 1989, 19ff.). Im Einzelnen sollten die Therapievorschriften der §§ 35ff BtMG

1. mehr drogenabhängige Verurteilte in Therapie bringen;
2. drogenabhängige Verurteilte länger in Therapie halten;
3. die Therapieergebnisse durch Nachsorge sichern;
4. neben der Heilung der Drogensucht eine dauerhafte soziale und berufliche Wiedereingliederung (Rehabilitation) erreichen.

34   II. These von der vermehrten Ablehnung der Strafaussetzung zur Bewährung. Nach *Adams/Eberth* (NStZ 1983, 193) soll die Vermittlung von therapiebereiten Drogenabhängigen aus dem Straf- und Maßregelvollzug in freie Therapieeinrichtungen im gesamten Bundesgebiet nach dem Inkrafttreten des BtMG „dramatisch zurückgegangen" sein. Der Zweck des BtMG, mehr Drogenabhängige einer Therapie zuzuführen, sei infolge der schwerfälligen Handhabung der Therapievorschriften und wegen des Misstrauens zwischen Strafjustiz und Therapieeinrichtungen praktisch in sein Gegenteil verkehrt worden. Spätere Berichte verdeutlichen jedoch, dass es sich um Anfangsschwierigkeiten handelte (*Vollmer* SuchtG, 1984, 16ff.). Vielfach hieß es, die Zahl der Strafaussetzungen zur Bewährung sei erheblich gesunken.

35   Der Vorwurf, die Spezialregelungen der §§ 35ff. BtMG hätten die Strafaussetzung zur Bewährung verdrängt und somit die Therapiemöglichkeiten für die verurteilten Drogenabhängigen verschlechtert (vgl. *Kreuzer/Wille*, 1988, 112ff.), war ein nicht auszuräumender Mythos. *Egg* (1992, 32/33) zeigte jedoch auf, dass bei Auswertung der Strafverfolgungsstatistik für Verurteilungen nach dem BtMG von 1979–1989 die Zahlen der unbedingten Freiheitsstrafen gesunken und die

Zahlen der Geld- und Bewährungsstrafen erheblich gestiegen waren. Unter den aussetzungsfähigen Freiheitsstrafen bis zu 2 Jahren wurden 1979 62%, aber 1983 gar 73,4% zur Bewährung ausgesetzt.

Die behauptete Verringerung von Bewährungsstrafen wurde auch von der *Bun-* **36** *desregierung* mit folgenden Zahlen aus der Strafverfolgungsstatistik des Statistischen Bundesamtes zurückgewiesen: 1981 – Von 9.603 Verurteilungen wurde in 5.706 Fällen (= 59,4%) eine Strafaussetzung zur Bewährung vorgenommen. 1984 – Von 9.868 Verurteilungen wurde in 5.612 Fällen (= 56,9%) auf eine Strafaussetzung zur Bewährung erkannt. Die ca. 1.000 Zurückstellungen stellten vielmehr eine Erweiterung der Strafaussetzungsfälle, nämlich zusätzliche Therapieeinleitungen dar. Dieser kumulative Effekt war von der *Bundesregierung* angestrebt worden und wurde begrüßt.

III. Thesen von den höheren Strafen und von einer zeitaufwändigen **37** **Therapievorbereitung.** Andere Kritiker meinten, die Neuregelung der §§ 35 ff. BtMG führe bisweilen aus sachfremden Erwägungen zur Verhängung von höheren Strafen und zu einer langwierigen Therapievorbereitung. Die Verneinung der Strafaussetzung und die Befürwortung einer Zurückstellung bescherten dem Richter eine erhebliche Arbeitserleichterung, ein rechtskräftiges und abgekürztes Urteil, befreiten ihn von einer Überwachung der Bewährungsauflagen zu Lasten der Therapiekontrolle durch die Vollstreckungsbehörde. **Die Bearbeitung des Zurückstellungsantrages durch die überlasteten Staatsanwaltschaften sei im Vergleich zur bisherigen bewährten Bewährungspraxis viel zu zeitaufwändig und bürokratisch.** Die langwierige Bearbeitungszeit durch die Staatsanwälte wirke sich bisweilen wie ein „Motivationskiller" aus, weil mit Herannahen des Entlassungstermins die Therapiebereitschaft sinke (vgl. Diskussion bei *Ellinger* MSchrKrim 1984, 276).

F. Statistiken

I. Berichte der Bundesregierung

In einer ersten Beurteilung der Therapievorschriften des neuen BtMG äußerte **38** sich die *Bundesregierung* im **Dezember 1983** zuversichtlich, weil eine zusätzliche Belegung der Therapieeinrichtungen gelungen sei. Nach dem **Bericht der** *Bundesregierung* **über die Erfahrungen mit dem Gesetz zur Neuordnung des BtMR** v. 29. 12. 1983 (BT-Drs. 10/843, 26 f.) wurden in der Zeit vom 1. 1. 1982 bis 30. 6. 1983 1.504 Zurückstellungsanträge bearbeitet, davon 1.132 positiv. Auch der Bericht der Bundesregierung v. **24. 11. 1986** (vgl. BT-Drs. 10/5856 und BT-Drs. 10/6546, 9) bestätigte die positive Einschätzung der Therapieregelungen des BtMG. Nach einer im Auftrag des *Bundesjustizministeriums* vom Bundeszentralregister seit 1986 jährlich durchgeführten Auszählung steigerte sich die Anwendung der §§ 35 ff. BtMG von Jahr zu Jahr.

Am **14. 4. 1989** erstattete die Bundesregierung erneut Bericht über die Rspr. **39** nach dem BtMG in den Jahren 1985–1987 (BT-Drs. 11/4329) und kam damit der Entschließung des *Bundestages* über eine Rspr. – Dokumentation (BT-Drs. 9/443) und über eine Auswertung im Rahmen der Datenbank BIFOS (BT-Drs. 10/3540) nach. Die Datenbank BIFOS, die aber nur Zurückstellungen nach § 35 BtMG während der Hauptverhandlung erfasst, wird von dem *Deutschen Institut für Medizische Dokumentation und Information* (DIMDI) in Köln betrieben. Die Zurückstellungen nach der Hauptverhandlung werden von den Bundesländern separat erfasst. Die Zahl der gestellten und genehmigten Anträge nach § 35 BtMG nahm 1982 stetig zu.

Nach dem Bericht der *Bundesregierung* über die Erfahrungen mit dem Gesetz zur **40** Neuordnung des BtMR (BT-Drs. 10/843) v. **26. 9. 1990** war die Zahl der Verurteilungen mit festgestellter Betäubungsmittelabhängigkeit angestiegen und die Zurückstellungsquote nahezu unverändert geblieben. Nach den Erhebungen der *Bundesregierung* wurden im Jahr **1988** in 5.006 Fällen, im Jahre **1989** in 5.703 Fällen,

im Jahre 1990 in 6.434 Fällen, **1999** in 18.722, **2000** in 18.955, **2001** in 19.431, **2002** in 19.576 Fällen bei Verurteilungen eine Betäubungsmittelabhängigkeit festgestellt. In erfreulicher Weise nahmen von Jahr zu Jahr die Zurückstellungsentscheidungen zu. *Kurze* (NStZ 1996, 179) hat folgende Zahlen veröffentlicht: **Strafverfahren mit zurückgestellter Strafvollstreckung: 1986** − 1.542; **1987** − 1.802; **1988** − 2.368; **1989** − 2.620; **1990** − 2.756; **1991** − 3.405; **1992** − 3.690; **1993** − 4.459; **1994** − 5.003.

41   Nach den Berichten der *Bundesregierung* über die Erfahrungen mit dem Gesetz zur Neuordnung des BtMR und nach den Datenerhebungen des *GBA beim BGH* stieg die Zahl der Zurückstellungen in den Jahren **1999** − 9.440; **2000** − 10.112; **2001** − 10.450; **2002** − 10.461; **2003** − 10.957 stetig an.

42   Die Zurückstellungsquote betrug bei den ca. 20.000 Freiheitsstrafen und Jugendstrafen mit festgestellter Betäubungsmittelabhängigkeit zwischen 53 und 55%. Dies zeigt, dass zukünftig noch weitere Steigerungsraten möglich sind. Von den ca. 11.000 Zurückstellungen im Jahr 2003 wurden in 5.723 Fällen (= 52%) die Zurückstellung der Strafvollstreckung widerrufen. Die Bundesstatistik zeigt ferner, dass neben 5.714 deutschen Verurteilten auch 803 ausländischen Verurteilten eine Zurückstellung der Strafvollstreckung gewährt wurde, davon in 395 Fällen türkischen Verurteilten. Die Statistiken des Bundes und der Länder zeigen, dass die Vollstreckungsbehörden bei 70–90% der ersten Antragstellungen eine Zurückstellung der Strafvollstreckung gewähren und nur in wenigen Fällen 10–30% eine Zurückstellung der Strafvollstreckung aus den verschiedensten Gründen versagen.

II. Deutsche Suchthilfe-Statistik

43   Nach der deutschen Suchthilfestatistik 2003 für stationäre Einrichtungen (vgl. *Sonntag/Welsch* SuchtH 1, 2004, 32 ff.) weisen die Opiatabhängigen die höchste Abbruchsquote der Patientenpopulation auf. Nur 39% beenden die Behandlung planmäßig, 30,2% der Patienten brechen ab, 19,9% der Patienten werden von der Einrichtung disziplinarisch entlassen, 10,6% der Patienten werden in eine andere Einrichtung weitervermittelt, weil man mit ihnen nicht zurechtkommt. Bei ambulanten Therapien dürften noch mehr Probanden scheitern bzw. in ausufernden Beigebrauch zu einer Substitutionsbehandlung verfallen. Dennoch kann mit den Zurückstellungsvorschriften zwischen 20 und 30% der Klienten eine dauerhafte Therapiechance vermittelt werden.

III. Zahlen der Zentralstelle für die Bekämpfung der BtM-Kriminalität (ZfB) bei dem GStA in Frankfurt

44   Betrachtet man die Jahresstatistiken der *Hessischen Zentralstelle für die Bekämpfung der BtM-Kriminalität* (ZfB) bei dem GStA in Frankfurt, so zeigen auch diese Zahlen die erfreuliche Tendenz einer vermehrten Anwendung der §§ 35 ff. BtMG. Die wenigen Aufhebungsentscheidungen der *ZfB* verdeutlichen, dass die hessischen Vollstreckungsbehörden sehr großzügig und verständnisvoll betäubungsmittelabhängigen Verurteilten einen Therapieantritt aus der Strafhaft ermöglichen und nur in wenigen Fällen eine Zurückstellung der Strafvollstreckung versagen (vgl. im Einzelnen *Körner/Sagebiel* NStZ 1992, 216 ff.; *Körner* NStZ 1995, 63 ff.; *Körner* NStZ 1998, 227 ff.).

G. Bewertungen der Zurückstellung der Strafvollstreckung in der Lit. und in der Rspr.

45   Die Anwendung der §§ 35 ff. BtMG verlief anfangs zurückhaltend. Die Justiz beäugte argwöhnisch Drogenberater und Drogentherapeuten. Drogenberater und Drogentherapeuten sahen in Polizei und StA natürliche Gegner, vor denen sie ihre Klienten schützen mussten. Diese Feindbilder spiegelten sich auch in der Fachliteratur wider. Nach Forschungsergebnissen der *Kriminologischen Zentralstelle Wiesbaden* (vgl. *Kurze* NStZ 1996, 178 ff.) durften bei den im Wege der Zurückstellung

der Strafvollstreckung eingeleiteten Drogentherapien keine übersteigerten Erfolgs-erwartungen gehegt werden. Aber es wurde doch deutlich, dass alle am Zurück-stellungsprozess beteiligten Berufsgruppen ähnliche Ziele verfolgten.

90 von 100 Verurteilten traten die Therapie an. 36 Verurteilte brachen die The- **46** rapie ab. 11 von 100 wurden aus disziplinarischen Gründen entlassen. 43 beende-ten die Therapie regulär, ohne jedoch deshalb geheilt zu sein. So stellte *Kurze* fest, dass es für den Therapieerfolg regelmäßig mehrfacher Therapieversuche bedarf, dass innerhalb der nächsten fünf Jahre nach Zurückstellung der Strafvollstreckung 87% der Personen, die die Therapie nicht antraten, 78% der Personen, die die Therapie abbrachen aber nur 69% der Personen, die die Therapie regulär beende-ten, wieder wegen Straftaten, in 46% wegen Betäubungsmitteldelikten, verurteilt wurden. **25% der beobachteten Personen** blieben **strafrechtlich unauffällig** und dürften eine **Chance der sozialen Reintegration** und der **gesundheitli-chen Stabilisierung** erlangt haben.

Trotz bescheidener Erfolge vertrat die Mehrheit der Stimmen in der Fachlite- **47** ratur die Auffassung, abgesehen von der Verbesserungswürdigkeit einzelner Bestimmungen hätten sich die Therapiebestimmungen der §§ 35 ff. BtMG be-währt (*Adams/Eberth* NStZ 1983, 193; *Adams* u. a. Drogenpolitik, 1989; *Baumgart*, 1994, 458 ff.; *Egg*, Drogentherapie und Strafe, 1988; *Egg/Kurze* Drogentherapie in staatlich anerkannten Einrichtungen, 1989; *Egg* Die Therapieregelungen des BtM-Rechts, 1992; *Hellebrand* Drogen und Justiz, 1990; *Katholnigg* NStZ 1984, 496; *ders.* NJW 1987, 1456 ff.; *ders.* NJW 1990, 2296; *Kurze* NStZ 1996, 178 ff; *ders.* MschrKrim 1995, 137 ff; *Kreuzer/Wille* Drogen, Kriminologie und Therapie, 1988).

Die Zurückstellungsvorschriften nach den §§ 35 ff. BtMG haben deshalb heute **48** wie nur wenige Vorschriften allseits Anerkennung erlangt. Es besteht Einigkeit, dass, auch wenn die Erfolgsziffern erheblich unter 30% liegen sollen, es sich lohnt, verelendeten Drogenabhängigen mit gescheiterten Therapieanstrengungen auf diesem Wege nochmals Therapiechancen zu eröffnen. Man ist sich in der Lit. ei-nig, dass die bisherigen Ergebnisse keinerlei Selbstzufriedenheit erlauben. Die Vor-schriften bedürfen einer stetigen Überprüfung und Verbesserung angesichts der Erkenntnis, dass vermutlich nur ein kleiner Teil der Drogenabhängigen ein Sucht-hilfeangebot in Anspruch nimmt. Durch eine vertrauensvolle Zusammenarbeit aller mit Drogenabhängigen befassten Stellen können jedoch weitere Fortschritte erreicht werden.

Kap. 2. Zurückstellung der Strafvollstreckung (§ 35 BtMG)

Übersicht

A. Materielle Voraussetzungen einer Zurückstellung der Strafvollstreckung

Eine Zurückstellung der Strafvollstreckung nach § 35 BtMG setzt **materiell** **49** voraus, dass jemand

- eine **Straftat** begangen hat und deshalb **rechtskräftig verurteilt** wurde (s. dazu Rn. 52 ff.), dass
- der Verurteilte **betäubungsmittelabhängig** war und ist (s Rn. 57 ff.),
- seine Straftat auf der Betäubungsmittelabhängigkeit beruhte **(Kausalzusammenhang;** s. Rn. 95 ff.),
- dass die verhängte **Strafe, Gesamtfreiheitsstrafe** bzw. **Restfreiheitsstrafe unter 2 Jahren** liegt (s. Rn. 114 ff.),
- dass der Verurteilte **therapiebedürftig und therapiebereit** ist (s. Rn. 204 ff.) zu einer der Rehabilitation dienenden Behandlung (s. Rn. 132 ff.),
- dass der Verurteilte zur **Einhaltung seiner Meldepflichten bereit** ist (s. Rn. 231),
- dass eine **Kostenzusage** des Kostenträgers vorliegt (s. Rn. 232 ff.),
- dass eine **Therapieplatzzusage** und ein **Therapiebeginn einer Therapieeinrichtung feststehen** (s. Rn. 237 ff).

Zudem müssen die unter Rn. 250 ff. genannten **formellen Voraussetzungen** erfüllt sein und es dürfen **keine Zurückstellungshindernisse** vorliegen (zu den Zurückstellungshindernissen s. im Einzelnen Rn. 282 ff.).

Die Anrechnungsfähigkeit der Therapie ist keine materielle Voraussetzung. **50** Wird nach dem Widerruf einer Reststrafenaussetzung zur Bewährung während der Vollstreckung des letzten Drittels der Strafe von dem Verurteilten beantragt, die Vollstreckung der Strafe gem. § 35 BtMG zurückzustellen, so ist dies zulässig, auch wenn gem. § 36 Abs. 1 S. 1 BtMG die Anrechnungsmöglichkeit auf die Strafe nicht möglich ist (*Düsseldorf* StV 1987, 209, 210).

Die Zurückstellungsentscheidung erfolgt **erst im Vollstreckungsverfahren.** **51** Bei **positiver Prognose** und Vorliegen der sonstigen Voraussetzungen ist die **Strafaussetzung zur Bewährung** mit entsprechenden **Therapieauflagen** auszusprechen und darf nicht im Hinblick auf eine bevorzugte Zurückstellung der Strafvollstreckung unterbleiben. Die Strafaussetzung zur Bewährung ist somit vorrangig und schließt die Anwendung der §§ 35 ff. BtMG aus (*Oldenburg* StV 1991, 420; *Bremen* NStE 1992, Nr. 10 zu § 36 BtMG). In gleicher Weise ist bei Vorliegen der Voraussetzungen des § 64 StGB die **Unterbringung zwingend anzuordnen;** die **Zwangstherapie** nach § 64 StGB darf nicht im Hinblick auf eine geplante Zurückstellung der Strafvollstreckung unterbleiben (*BGH* StV 2009, 353; *BGH* StV 2010, 678; *Koblenz* OLGSt. § 64 Nr. 3). Denn auch bei einer Unterbringung ist eine Zurückstellung möglich (vgl. Rn. 122).

I. Straftat

1. Begriff der Straftat i. S. d. § 35 BtMG. Bei der Straftat **muss es** **52** **sich nicht um einen Verstoß gegen das BtMG,** sondern nur um Straftaten aufgrund von Betäubungsmittelabhängigkeit handeln (s. dazu im Einzelnen Rn. 95 ff.). Es kommen hier drogenbedingte Straßenverkehrsdelikte, Sachbeschädigungen, Waffendelikte, Körperverletzungs- und Tötungsdelikte, Rauschtaten nach § 323 a StGB, wenn sie auf einer Betäubungsmittelabhängigkeit beruhen, in Betracht. Neben Betäubungsmitteldelikten kommen aber auch alle Formen **direkter Beschaffungskriminalität** (Diebstahl von legalen und illegalen Betäubungsmitteln oder Arzneimitteln, Apothekeneinbrüche, Raubüberfall auf Arzneimitteltransport) und **indirekter Beschaffungskriminalität** (Rezeptfälschung, Hehlerei, Diebstahl, Raub, Nötigung, Erpressung, Betrug) zur Finanzierung von Betäubungsmitteleinkäufen zur Anwendung. Bei der Entscheidung über die Zurückstellung darf das Ausmaß der Tatschuld keine Rolle spielen (*Karlsruhe* StV 1983, 112).

53　　**2. Rechtskräftige Verurteilung und Einleitung der Vollstreckung.** Anders als § 37 BtMG setzt § 35 BtMG ein rechtskräftiges Urteil wegen dieser Straftat voraus. Ein drogenabhängiger Verurteilter hat mit seinem Verteidiger abzuwägen, ob er der alsbaldigen Therapieeinleitung und einem alsbaldigen Therapieantritt oder der Ausschöpfung der Rechtsmittelmöglichkeiten im Hauptverfahren den Vorrang einräumt. Dem Verzicht des Verurteilten auf Rechtsmittel steht der Verzicht der Vollstreckungsbehörde auf Strafvollstreckung gegenüber. Der Antragsteller muss wegen einer Straftat nach deutschem Recht rechtskräftig verurteilt worden sein. Will ein verurteilter Drogenabhängiger möglichst schnell eine Therapie antreten, dann bedeutet dies i.d.R. für ihn, dass er das **Urteil akzeptieren** und auf ein **Rechtsmittel verzichten** muss. Denn so lange das Urteil nicht rechtskräftig ist, wird keine Vollstreckung eingeleitet und ohne Vollstreckungseinleitung keine Zurückstellung der Strafvollstreckung.

54　　Ein Angeklagter, der vor Abschluss der Hauptverhandlung Haftbeschwerde mit dem Ziel des Antritts einer Langzeittherapie einlegt, muss sich sagen lassen, dass die spätere Konfrontierung mit der Drogenvergangenheit im Rahmen der Hauptverhandlung während einer Langzeittherapie den Therapieerfolg gefährden kann und deshalb ein rechtskräftiges Urteil eine bessere Voraussetzung einer Langzeittherapie darstellt (*Frankfurt*, Beschl. v. 12. 2. 1985, I WS 34/85). Es muss nicht zur Vollsteckungseinleitung und Zurückstellung das schriftliche Urteil abgewartet werden. Der Rechtspfleger kann vielmehr die Vollstreckung auch aufgrund einer beglaubigten Abschrift des Hauptverhandlungsprotokolls einleiten. Der Verurteilte muss sich im Augenblick der Entscheidung nicht im Straf- oder Maßregelvollzug befinden. Das Urteil muss auf Freiheitsstrafe i.S.v. § 38 StGB bzw. Jugendstrafe (§ 19 JGG, § 38 Abs. 1 S. 2 StGB) lauten. Daneben kann die Maßregel der Unterbringung gem. § 64 StGB angeordnet sein. Eine Ersatzfreiheitsstrafe oder für sich allein angeordnete Maßnahme der Unterbringung in einer Entziehungsanstalt (§§ 64 Abs. 1, 71 StGB) ermöglicht keine Zurückstellung (*Weber* § 35 Rn. 8; *Katholnigg* NStZ 1981, 418; *Slotty* BewHilfe 1982, 223). Die Freiheitsstrafe darf nicht zur Bewährung ausgesetzt worden sein. Eine Zurückstellung der Strafvollstreckung kommt also nur bei Verneinung der Voraussetzungen der §§ 56 StGB, §§ 21 JGG oder nach Widerruf der Strafaussetzung zur Bewährung in Betracht. Wegen des **Vorranges der Strafaussetzung** hat das erkennende Gericht immer zunächst zu prüfen, ob eine Strafaussetzung zur Bewährung zu verantworten ist (*Adams/Eberth* NStZ 1983, 193; *Hügel/Junge/Lander/Winkler* § 35 Rn. 3.1).

55　　**3. Absprache im Strafprozess.** Die Feststellung einer Betäubungsmittelabhängigkeit darf niemals Gegenstand einer Absprache im Strafprozess sein. In Betäubungsmittelsachen wegen Handeltreibens mit Betäubungsmitteln kann folgende Situation entstehen: Der nach Aktenlage nicht drogenabhängige Angeklagte erklärt sich zu Beginn der Hauptverhandlung bereit, ein umfassendes Geständnis abzulegen. Er schildert nicht nur die Tatvorwürfe im Einzelnen, sondern beschreibt eine bis dahin unbekannte Drogenkarriere und Betäubungsmittelabhängigkeit. Wenn nun Gericht und StA anschließend im Hinblick auf das umfassende Geständnis gemeinsam mit dem Verteidiger auf die Einführung weiterer Beweismittel verzichten, ein Strafmaß unter einer bestimmten Grenze in Aussicht stellen, besteht die Gefahr, dass nach allseitigem Rechtsmittelverzicht gegen das Urteil in den schriftlichen Urteilsgründen **eine nicht erwiesene bzw. nicht vorhandene Betäubungsmittelabhängigkeit festgestellt wird,** die die Vollstreckungsbehörde später zur Zurückstellung der Strafvollstreckung gem. § 35 BtMG zwingt. Ist der Verurteilte aber tatsächlich nicht drogenabhängig, so erhält er nicht nur eine ihm gesetzlich nicht zustehende Vergünstigung, sondern er belegt einen Therapieplatz, der einem Drogenabhängigen zugute kommen könnte. Dies muss unter allen Umständen vermieden werden.

56　　**4. Straftäter.** Die Justiz kann **keinen Drogenabhängigen ohne Straftat nach den §§ 35 BtMG** in eine Therapieeinrichtung überführen. Auch verbüßte BtMG-Vorstrafen erlauben der Staatsanwaltschaft nicht, einen Drogenabhängigen in eine Therapieeinrichtung zu schicken. Es muss vielmehr eine Straftat bzw. der Rückfall in Straftat und Betäubungsmittelabhängigkeit abgewartet werden, um den Drogenabhängigen einem Therapieprogramm zuführen zu können. § 35 BtMG kann auf jeden Straftäter Anwendung finden, bei dem die Voraussetzungen dieser Vorschrift vorliegen. Die Vorschrift gilt **für Deutsche wie für Ausländer,** für Jugendliche wie Erwachsene (§ 38 BtMG), wegen Taten, die im Inland oder im Ausland begangen wurden, wenn sie nur nach deutschem Recht rechtskräftig bestraft wurden. Beim ausländischen Straftäter gelten jedoch die ausländerrechtlichen Besonderheiten. Der Umstand, dass die Ausländerbehörden einen Ausländer nach der Haftentlassung zumeist nach ²/₃-Verbüßung in ihre Heimat abzuschieben pflegen, kann beispielsweise nicht dazu führen, die Zurückstellung der Strafvollstreckung nicht erst 2 Jahre vor Strafende, sondern bereits 2 Jahre vor dem ²/₃ Zeitpunkt anzuordnen. Der Umstand, dass es in der Bundesrepublik **keine Therapieeinrichtungen mit Drogentherapeuten** gibt, die **Mandingo, Kurdisch oder Urdu sprechen, erlaubt nicht,** drogenabhängige Ausländer zur Selbsttherapie aus der Haft oder zum Besuch von **Therapieeinrichtungen im Ausland zu entlassen.**

II. Betäubungsmittelabhängigkeit

1. Definition. Betäubungsmittelabhängigkeit i. S. d. §§ 35 ff. BtMG erfor- **57** dert einen Zustand seelischer (psychischer) **oder** seelischer und körperlicher (physischer) Abhängigkeit von einer Substanz mit Wirkung auf das zentrale Nervensystem, der durch periodische oder ständig wiederholte Einnahme charakterisiert ist und dessen Merkmale je nach der Art des Suchtstoffes variieren. Diese Abhängigkeit muss **zur Tatzeit und zur Zeit der Antragstellung** vorliegen (s. Rn. 76 f. und Rn. 78). Die §§ 35 ff. BtMG gelten **nicht für eine präventive Verhinderung einer Suchtentwicklung,** sondern **nur zur Überwindung einer noch bestehenden Betäubungsmittelabhängigkeit.** Eine erheblich verminderte Schuldfähigkeit braucht nicht vorzuliegen (vgl. hierzu *Stuttgart* MDR 1989, 285, 286). Wurden von dem Gericht **keine Anzeichen körperlicher Abhängigkeit** erkannt, so ist sehr genau zu prüfen, ob nicht Anzeichen einer **seelischen Abhängigkeit** im Urteil festgestellt wurden.

Die §§ 35 ff. BtMG finden nur Anwendung auf **stoffgebundene Abhängig- 58 keiten,** nicht auf **nicht stoffgebundene Abhängigkeiten wie Spielsucht, Arbeitssucht** usw. Auch von den stoffgebundenen Abhängigkeiten finden die §§ 35 ff. BtMG nur auf Betäubungsmittelabhängigkeiten Anwendung. Wurde ein **spielsüchtiger Angeklagter** wegen Handeltreibens mit nicht geringen Mengen von Betäubungsmitteln verurteilt, so ist ein Zurückstellungsantrag nach § 35 BtMG nicht möglich.

a) Sieben Abhängigkeitstypen der WHO. Die *Weltgesundheitsorganisation* **59** (WHO) definierte 1957 die **Sucht** (Drug addiction) als einen Zustand periodischer oder chronischer Vergiftung, hervorgerufen durch den wiederholten Gebrauch einer natürlichen oder synthetischen Droge. Für das Vorliegen der Drogensucht formulierte sie vier Kriterien:

– Ein unbezwingbares Verlangen zur Einnahme und Beschaffung des Mittels,
– eine Tendenz zur Dosissteigerung (Toleranzerhöhung),
– die psychische und meistens auch körperliche Abhängigkeit von der Wirkung der Droge,
– die Schädlichkeit für den Einzelnen und/oder die Gesellschaft.

1964 entschloss sich die WHO zur Schaffung des Begriffs der **Drogenabhän- 60 gigkeit** (Drug dependence). Drogenabhängigkeit wurde als Zustand psychischer und physischer Abhängigkeit von einer Substanz mit zentral nervöser Wirkung, die zeitweise oder fortgesetzt eingenommen wird, definiert. Angesichts der beträchtlichen Wirkungsunterschiede der relevanten Substanzen unterschied die WHO **7 Abhängigkeitstypen: 1. der Cannabistyp, 2. der Halluzinogentyp, 3. der**

Amphetamintyp, 4. der Cocaintyp, 5. der Barbiturat/Alkoholtyp, 6. der Morphintyp, 7. der Khattyp (zu den Abhängigkeitstypen nach ICD-10 s. Vorbem. §§ 29 ff. Rn. 5). Die gleichzeitige Abhängigkeit von mehreren Substanzen wird als **Polytoxikomanie** bezeichnet (*Weber* § 1 Rn. 47; *Malek* 2. Kap. Rn. 14).

61   **b) Körperliche und seelische Abhängigkeit. Körperliche Abhängigkeit (auch pysische Abhängigkeit)** liegt vor, wenn beim Absetzen einer Droge Entzugserscheinungen auftreten. Diese können den Einfluss der immer hierbei bestehenden seelischen Abhängigkeit, nämlich das Vermeiden von Unbehagen, verstärken und so Anlass zu erneuter Drogenzufuhr sein.

62   Unter **seelischer Abhängigkeit (auch psychische Abhängigkeit)** versteht man einen durch Drogen verursachten Zustand seelischer Zufriedenheit verbunden mit einer Tendenz zum periodischen oder Dauergebrauch der Droge, um Glücksgefühl (Lust) zu erzeugen oder Unbehagen zu vermeiden. Auch wenn ein Verurteilter körperlich entgiftet und nach Teilnahme an einem Therapieprogramm vom Heroin objektiv losgekommen war, schließt dies nicht aus, dass seine psychische Abhängigkeit fortbestand und ihn zu Beschaffungsdelikten antrieb. Setzte der Verurteilte nach Entlassung aus einer angeblich erfolgreichen Therapie seine früheren Beschaffungsdelikte fort, um sich Stoff kaufen zu können, so spricht dies für eine fortbestehende Betäubungsmittelabhängigkeit.

63   **c) Drogenmissbrauch und Hang.** Unter **Drogenmissbrauch** versteht man jede ohne ärztliche Indikation herbeigeführte Drogenaufnahme in den Körper, ohne bereits abhängig zu sein. Die Übergänge von Drogenkonsum über Drogenmissbrauch zur Drogenabhängigkeit sind fließend.

64   Eine Betäubungsmittelabhängigkeit i. S. v. § 35 BtMG setzt keinen langjährigen Drogenmissbrauch und keine schwersten Persönlichkeitsveränderungen voraus. Von einer Betäubungsmittelabhängigkeit kann nicht auf eine erhebliche Verminderung der Schuldfähigkeit geschlossen werden. Umgekehrt kann bei Verneinung der Voraussetzungen des § 21 StGB durch einen Sachverständigen nicht die Betäubungsmittelabhängigkeit als solche bestritten werden (*BGH* StV 1988, 198; *BGH* NStZ 1989, 17), die eine Zurückstellung erlaubt (*Stuttgart* MDR 1989, 285, 286; vgl. dazu auch Vorbem. §§ 29 ff. Rn. 7 ff.). Auch wenn in einem Urteil erkennbar, um eine Unterbringung nach § 64 StGB zu vermeiden, ein Hang, eine Schuldunfähigkeit und eine verminderte Schuldfähigkeit verneint werden, eine Unterbringung abgelehnt wird, so kann dennoch sich aus den Akten eine Betäubungsmittelabhängigkeit i. d. F. der Polytoxikomanie ergeben.

65   **d) Betäubungsmittelkonsum und Behandlungsbedürftigkeit.** Gelegentlicher oder regelmäßiger Betäubungsmittelkonsum bzw. periodischer Betäubungsmittelmissbrauch ergeben regelmäßig noch keine Betäubungsmittelabhängigkeit und keine Behandlungsbedürftigkeit (*Karlsruhe*, Beschl. v. 25. 10. 1999, 2 VAs 41/99). Es würde andererseits dem Resozialisierungszweck der Therapievorschriften der §§ 35 ff. BtMG zuwiderlaufen, dem Drogenabhängigen erst dann Therapiemaßnahmen zu gewähren, wenn er fast unheilbar so tief der Sucht verfallen ist, dass die Grenzen des § 21 StGB überschritten sind. Andererseits ist nicht jeder Drogenkonsum abhängig. Der Staatsanwalt bzw. Richter muss gerade bei jungen Drogenkonsumenten sorgfältig unterscheiden zwischen dem **Gelegenheits-, Neugier-, Probier-, Protest- und Gesselligkeitskonsumenten** auf der einen Seite und dem **Abhängigkeitskonsumenten** auf der anderen Seite. *Baumgart* (1994, 462 f.) fordert zu Recht, dass nur bei einer festgestellten **behandlungsbedürftigen Betäubungsmittelabhängigkeit** die Strafvollstreckung zurückgestellt werden sollte. Ist in einem Urteil nur von Betäubungsmittelproblemen oder einer Spielsucht die Rede, so ist dies keine Betäubungsmittelabhängigkeit.

66   **e) Abhängigkeitsarten.** Der Gesetzeswortlaut setzt **keine Abhängigkeit von bestimmten Betäubungsmitteln** voraus. Es muss sich um eine Abhängigkeit von einem oder mehreren in den Anl. I bis III zum BtMG genannten illegalen Betäubungsmitteln handeln. Auch eine Abhängigkeit von illegal erworbenen **Substitutionsdrogen** wie **Methadon, Polamidon, Buprenorphin** oder **Codein**

bzw. **Dihydrocodein** reicht aus (*Karlsruhe* StV 1998, 672). Befindet sich ein Drogenabhängiger in einer ärztlichen **Substitutionsbehandlung mit eingestellter Dosis,** so scheidet eine kausale Betäubungsmittelabhängigkeit aus, da das Betäubungsmittel als Heilmittel und nicht als Suchtmittel Anwendung findet. Auch eine **Polytoxikomanie,** bei der die Einnahme von Betäubungsmitteln, Arzneimitteln und Alkoholika phasenweise wechselt, fällt unter den Abhängigkeitsbegriff.

aa) Cannabisabhängigkeit. Bei regelmäßigem, mäßigem Cannabisrauchen **67** kann von einer Cannabisabhängigkeit noch nicht die Rede sein. Hat die Verurteilte ihren Drogenkonsum gerade zur Tatzeit eingestellt und drogenfrei gelebt, so kann nicht von einer körperlichen oder seelischen Haschischabhängigkeit zur Tatzeit ausgegangen werden. Ist in dem Urteil festgestellt worden, dass der Verurteilte zwar alkoholabhängig war, daneben gelegentlich Haschisch konsumierte und dass er am Tattat keinerlei Drogen zu sich nahm, so fehlt es an einer Betäubungsmittelabhängigkeit zur Tatzeit. Bei **Abhängigkeit von „weichen" Drogen** wie Haschisch oder Marihuana ist aber eine Zurückstellung gerechtfertigt. Bei **Dauermissbrauch „weicher" Drogen** kann bei **Behandlungsbedürftigkeit** auch ohne körperliche Abhängigkeit von einer Betäubungsmittelabhängigkeit gesprochen werden (*Stuttgart* NStE 1990 Nr. 6 zu § 35 BtMG; zur Abhängigkeit von Cannabis s. auch Stoffe/Teil 1, Rn. 24).

bb) Alkoholabhängigkeit. Zwar hat die *Weltgesundheitsorganisation* (WHO) **68** 1964 die Abhängigkeit von Alkohol und Babituraten als Nr. 5 der Abhängigkeitstypen beschrieben. Die §§ 35 ff. des BtMG finden aber nur dann Anwendung, wenn eine Abhängigkeit von Stoffen besteht, auf die das BtMG Anwendung findet. Alkohol gehört jedoch nicht zu den in den Anl. I bis III zum BtMG genannten Stoffen. Die Erweiterung des Anwendungsbereichs der Therapievorschriften der §§ 35 ff. BtMG auf Taten unter Alkoholabhängigkeit ist vom objektiven Willen des Gesetzgebers weder umfasst noch gewollt gewesen. Eine entsprechende Auslegung ist deshalb unzulässig. Ergibt sich aus den Akten lediglich ein Alkoholabusus und eine Medikamentenabhängigkeit, so finden die §§ 35 ff BtMG keine Anwendung (*Naumburg* OLGSt. BtMG § 35 Nr. 15; *Weber* § 35 Rn. 29; *Hügel/Junge/Lander/Winkler* v. § 35 Rn. 2; MK-StGB/*Kornprobst* § 35 Rn. 42). Ist das Gericht in den Strafurteilen mangels geringfügiger Anhaltspunkte von keiner Betäubungsmittelabhängigkeit ausgegangen, weil aus den gesamten Akten sich nicht ergab, dass der Angeklagte irgendwelche Betäubungsmittel in welcher Menge, in welcher Form missbrauchte, so ist keine Betäubungsmittelabhängigkeit festgestellt. Ist der Verurteilte bereits mehrfach wegen Fahrens ohne Fahrerlaubnis und wegen Trunkenheit im Verkehr verurteilt worden und ergeben sich aus keiner der drei polizeilichen Verkehrsanzeigen Anhaltspunkte für eine Drogenabhängigkeit, sondern nur für Alkoholmissbrauch, so kann nicht allein aufgrund der unbewiesenen Behauptung des Verurteilten, er sei zur Tatzeit schwer betäubungsmittelabhängig gewesen und habe unter starken Entzugserscheinungen schnell zu einem Dealer gelangen müssen, eine Zurückstellung der Strafvollstreckung verfügt werden (*Frankfurt* NStZ-RR 1998, 314).

Hat ein Verurteilter erhebliche Mengen Alkohol und daneben Cannabis bzw. **69** Marihuana konsumiert, zur Tatzeit mit 1,58‰ absolut fahruntüchtig am Verkehr teilgenommen und alkoholisiert bei seinem Arbeitgeber eine Textilien-Musterkollektion entwendet, so handelt es sich nicht um ein Betäubungsmittelbeschaffungsdelikt, wie der Verurteilte behauptete, weil die Tat aufgrund Alkoholisierung und nicht aufgrund Betäubungsmittelsucht begangen wurde. § 35 Abs. 1 BtMG soll aber nicht eine Alkoholtherapie ermöglichen, sondern lediglich eine Betäubungsmitteltherapie (*Frankfurt*, Beschl. v. 12. 2. 1999, 3 VAs 3/99).

Hat der Verurteilte zur Tatzeit eine Gaststätte betreten und ist er wegen diverse- **70** rer Gewaltakte wegen der Tatplanung, Tatvorbereitung und Tatdurchführung von Diebstahls und einem Raubüberfall in Erscheinung getreten, so vermag das in den Akten erwähnte gelegentliche Konsumieren von Haschisch, Amphetaminen und LSD bei der Tatverabredung keine Betäubungsmittelabhängigkeit begründen, die eine Zurückstellung der Strafvollstreckung rechtfertigen könnte. War ein Verurteilter in der Hauptverhandlung und bei der Antragstellung Codein- und Polamidon-abhängig, zur Tatzeit aber nicht polytoxikoman, sondern nur alkoholsüchtig und beging alkoholbedingt Trunkenheitsdelikte, so fehlt es an einer Kausalität, wenn die Codein- und Polamidon-Abhängigkeit erst viel später einsetzte. Hatte der Verurteilte zur Tatzeit private Auseinandersetzungen mit seiner Lebensgefährtin und berufliche Probleme mit einer Mitgesellschafterin bei der Führung einer GmbH und war er mit der Pflege seiner alten Mutter so überfordert, dass er stark dem Alkohol zusprach und eine Likörflasche fast vollständig austrank, so beruhten die Diebstahlshandlungen auf einem Alkoholmissbrauch und nicht auf einer erstmals behaupteten Betäubungsmittelabhängigkeit.

71   **cc) Arzneimittelabhängigkeit.** Die §§ 35 ff. BtMG finden auch keine Anwendung bei einer **Medikamentenabhängigkeit** (*Weber* § 35 Rn. 29; *Hügel/Junge/Lander/Winkler* v. § 35 Rn. 2; MK-StGB/*Kornprobst* § 35 Rn. 42). Behauptet der Verurteilte, die Tat aufgrund einer Einwirkung eines Schlafmittels begangen zu haben, so scheidet eine Anwendung des § 35 BtMG aus, wenn es sich bei dem abhängig machenden Arzneimittel nicht um ein Betäubungsmittel handelt. Hat der Antragsteller nach Überwindung einer früheren Heroinabhängigkeit im Rahmen einer Erbschaftsstreitigkeit nach rezeptpflichtigen **Benzodiazepinen** wie z. B. **Diazepam, Nordiazepam, Oxazepam, Temazepam** gegriffen, die zu einer Betäubungsmittelabhängigkeit führten, so ist eine Zurückstellung der Strafvollstreckung wegen Betäubungsmittelabhängigkeit nicht möglich, da es sich um **ausgenommene Zubereitungen** handelt, auf die die **betäubungsmittelrechtlichen Vorschriften keine Anwendung** finden (*Hamm* NStZ-RR 2004, 132; *Koblenz* A&R 2010, 138 m. Anm. *Winkler*; a. A. *Karlsruhe* StV 1998, 672; *Weber* § 35 Rn. 26; *Hügel/Junge/Lander/Winkler* § 35 Rn. 4.1.4; *Malek* 5. Kap. Rn. 22; zu den ausgenommenen Zubereitungen s. im Einzelnen § 2 Rn. 47 ff.). Die Gegenmeinung, wonach eine Betäubungsmittelabhängigkeit immer vorliege, wenn das Konsummittel Wirkstoffe der Anl. I, II oder III enthielte, würde den Anwendungsbereich der §§ 35 ff. BtMG **unzulässig ausdehnen.**

72   Eine Zurückstellung der Strafvollstreckung ist allerdings möglich bei einer **Polytoxikomanie,** bei der sich der Betäubungsmittelmissbrauch abwechselt oder überschneidet mit einem Alkoholmissbrauch oder einem Arzneimittelmissbrauch. Konsumierte jemand das Medikament **Tavor** mit dem zulässigen Wirkstoffgehalt an **Lorazepam,** so handelte es sich um eine ausgenommene Zubereitung i. S. v. § 2 Abs. 1 Nr. 3 BtMG, für die die betäubungsmittelrechtlichen Vorschriften nicht gelten. Hat jemand **Dihydrocodein** als Substitutionsmittel oder Betäubungsmittelersatz eingenommen, so kommt nicht wegen des Substitutionsmittels, sondern **wegen der zugrunde liegenden Opiatabhängigkeit** eine Zurückstellung der Strafvollstreckung in Betracht (*Hamm* NStZ-RR 2004, 132).

73   **dd) Betäubungsmittelabhängigkeit trotz Substitutionsbehandlung.** Befand sich ein Verurteilter zur Tatzeit **in einem ärztlich kontrollierten Substitutionsprogramm,** so bedeutet dies zunächst weder, dass er „clean" war von Betäubungsmitteln, noch dass er von den Betäubungsmittel **Polamidon, Methadon, Buprenorphin** oder **Codein** abhängig war. Es ist aber bei Substitutionspatienten zu prüfen, ob nicht trotz Beseitigung bzw. Verringerung des Opiathungers **noch eine schwelende psychische Opiatabhängigkeit** und Beigebrauch anderer Drogen vorlag, die die Straftaten auslöste. **Bei einem ordnungsgemäß eingestellten Substitutionspatienten** dürfte es aber regelmäßig an der Kausalität fehlen. Die Methadonbehandlung dürfte im Regelfall eine bereits viele Jahre andauernde Neigung zu Wegnahmehandlungen **nicht auslösen, sondern nur begleiten.** Hat der Verurteilte die **Substitutionsbehandlung erfolgreich abgeschlossen** und ist seit Jahren **drogenabstinent,** so fehlt es an einer Betäubungsmittelabhängigkeit und Behandlungsbedürftigkeit.

74   **ee) Polytoxikomanie.** Missbrauchte ein Verurteilter zur Tatzeit **abwechselnd die Stoffe Alkohol, Betäubungsmittel und/oder Arzneimittel unmäßig in**

wechselnder Folge oder auch **gleichzeitig,** je nachdem, was er gerade zur Verfügung hatte, so ist von einer Betäubungsmittelabhängigkeit in Form einer **Polytoxikomanie** auszugehen, selbst wenn am Tattag der Schwerpunkt des Missbrauches bei Arzneimitteln oder Alkohol lag. **Nicht jeder Vielfachkonsum** stellt jedoch eine **Polytoxikomanie** dar. Es müssen die Voraussetzungen einer Betäubungsmittelabhängigkeit zweifelsfrei vorliegen (*Karlsruhe*, Beschl. v. 21. 6. 2001, 2 VAs 8/01; *Frankfurt*, Beschl. v. 12. 7. 2001, 3 Ws 669/01).

Missbrauchte der Verurteilte zur Tatzeit nicht nur Haschisch und Opiate, sondern auch Benzodiazepine und litt unter einer paranoiden Psychose aus dem schizophrenen Formenkreis, so erlauben die **Polytoxikomanie** und die **Psychose** eine Zurückstellung der Strafvollstreckung. Hat ein Verurteilter zur Tatzeit 1996 nur noch selten Heroin konsumiert, aber in großen Mengen die Ausweichmittel Codein und Dihydrocodein-Saft getrunken, so ist dennoch von einer Opiatabhängigkeit in Form der **Polytoxikomanie** auszugehen (*Karlsruhe* StV 1998, 672). Der Umstand, dass ein Drogenabhängiger dem Alkohol reichlich zusprach und Heroinversorgungslücken mit Alkohol zu überbrücken suchte, rechtfertigt nicht die Feststellung, der Verurteilte habe die Tat alkohol- und nicht betäubungsmittelbedingt begangen, wenn im Rahmen einer **Polytoxikomanie** der Konsum von Betäubungsmitteln, Alkohol und Arzneimitteln einander abwechselten (vgl. *BGH* StV 1992, 569; *Stuttgart* NStZ 1999, 626 = StV 1998, 671; *Dresden* StV 2006, 585). **75**

2. Betäubungsmittelabhängigkeit, die sich aus den Urteilsgründen ergibt. a) Betäubungsmittelabhängigkeit zur Tatzeit. Die Betäubungsmittelabhängigkeit muss **zum Zeitpunkt der Straftat** bereits vorgelegen haben und sich **aus den Urteilsgründen ergeben** (*Frankfurt*, Beschl. v. 16. 6. 1999, 3 VAs 11/99; *Frankfurt*, Beschl. v. 25. 9. 2003, 3 VAs 41/03). Eine nach der Tat in Freiheit oder Gefängnis bestehende Betäubungsmittelabhängigkeit hat außer Betracht zu bleiben (*Tröndle* MDR 1982, 1 ff.). Die Betäubungsmittelabhängigkeit muss **zur Zeit der Tat** bestanden haben. Ist der Verurteilte zwar zurzeit der Antragstellung betäubungsmittelabhängig, **steht aber die Betäubungsmittelabhängigkeit für die Tatzeit nicht fest,** so ist eine Zurückstellung der Strafvollstreckung zurückzuweisen. Ist **in einem Strafurteil von keiner Betäubungsmittelabhängigkeit die Rede,** ergibt sich aber aus zeitlich späteren Strafurteilen eine Betäubungsmittelabhängigkeit des Verurteilten, so kann nicht ohne weiteres auf eine frühere Betäubungsmittelabhängigkeit geschlossen werden. Denn die Betäubungsmittelabhängigkeit muss **bereits zur Tatzeit** vorgelegen haben. **76**

War ein Verurteilter zur Tatzeit 1995 **erheblich alkoholisiert** (2,5–2,8‰) und hat daneben **bisweilen Haschisch in einer Wasserpfeife geraucht** oder Heroin geschnupft, so ist nicht von einer Betäubungsmittelabhängigkeit zur Tatzeit auszugehen und schon gar nicht von einer fortbestehenden Opiatabhängigkeit zur Zeit der Antragstellung im Jahre 1999. War ein Verurteilter zur Tatzeit starker **Alkoholiker mit gelegentlichem Haschischkonsum** und begab sich erst anschließend zur Behandlung zu einem Arzt, der ihn zunächst mit Codein, dann mit Polamidon substituierte und von Codein abhängig machte, so war er zur Tatzeit jedenfalls nicht betäubungsmittelabhängig, so dass eine Zurückstellung der Strafvollstreckung ausgeschlossen ist. Verweigert das Gericht des ersten Rechtszuges seine Zustimmung zur Zurückstellung der Strafvollstreckung, weil in der vergangenen Hauptverhandlung wegen zwei Diebstahlshandlungen **weder von Drogenkonsum, noch von einer Drogenabhängigkeit die Rede** war und weil der Verurteilte damals eine Strickjacke nicht zur Drogenfinanzierung entwendete, sondern weil sie seiner Ehefrau so besonders gut gefiel, so kann gegen die Verweigerung der Zustimmung und die Ablehnung der Zurückstellung nichts eingewandt werden. **77**

b) Betäubungsmittelabhängigkeit und Behandlungsbedürftigkeit zur Zeit der Antragstellung. Es reicht nicht aus, dass der Antragsteller zur Tatzeit betäubungsmittelabhängig und behandlungsbedürftig war. Ist er inzwischen so weit **78**

geheilt, dass er nur noch gelegentlich oder gar nicht mehr Betäubungsmittel konsumiert (clean), so ist wegen **mangelnder Betäubungsmittelabhängigkeit** und **mangelnder Behandlungsbedürftigkeit zur Zeit der Antragstellung** der Antrag auf Zurückstellung zurückzuweisen.

79   **3. Nachweis einer Betäubungsmittelabhängigkeit.** Zur Feststellung einer Betäubungsmittelabhängigkeit und der Kausalität ist ein Sachverständigengutachten nicht notwendig. Es reicht aus, wenn die Betäubungsmittelabhängigkeit und der Kausalzusammenhang zwischen Straftaten und Abhängigkeit sich entweder **aus den schriftlichen Urteilsgründen** ergeben (§ 35 Abs. 1 S. 1 BtMG) oder **sonst feststehen** (§ 35 Abs. 1 S. 1 BtMG).

80   **a) Nachweis aus den Urteilsgründen.** Bestreitet der Angeklagte im Ermittlungsverfahren, zur Tatzeit drogenabhängig gewesen zu sein, weil er eine Unterbringung befürchtet und gibt an, zur damaligen Zeit aufgrund einer erfolgreichen Drogentherapie die Abhängigkeit überwunden gehabt zu haben, so ist eine Betäubungsmittelabhängigkeit dennoch erwiesen, wenn **das Gericht** von einer intensiven **Crack-Abhängigkeit zur Tatzeit** ausgeht und **feststellt,** dass der Angeklagte die Einbruchsdiebstähle beging, um seine Sucht zu finanzieren.

81   Wurde in der Hauptverhandlung die Einlassung des Angeklagten, die Tat aufgrund der Einwirkung von Heroin und Rohypnol® begangen zu haben, **nach dem Ermittlungsergebnis, nach dem Ergebnis der Beweisaufnahme und nach einem Sachverständigengutachten** als unglaubhafte Schutzbehauptung zurückgewiesen, weil bei der Festnahme und den Vernehmungen keinerlei Anzeichen von drogenbedingter Bewusstseinstrübung oder von Entzugserscheinungen oder Einstichstellen festzustellen waren, weil weder Drogen noch Drogenwerkzeuge gefunden wurden, so ist eine Betäubungsmittelabhängigkeit **aufgrund des Urteils gerade nicht erwiesen** (*Frankfurt*, Beschl. v. 7. 4. 1994, 3 VAs 6/94). Erwähnt das Urteil lediglich einen **Hang zum Autofahren** oder dass der Angeklagte **förmlich süchtig nach Autofahren** gewesen sei, so ist keine Betäubungsmittelabhängigkeit i. S. d. § 35 BtMG erwiesen. Wurde eine nicht wegen Drogendelikten in Erscheinung getretene Person wegen Vortäuschung einer Straftat verurteilt und bestraft und erwähnen die Strafakten mit keinem Wort eine Betäubungsmittelabhängigkeit, sondern **widerlegen gar seine Behauptung,** er sei betäubungsmittelabhängig gewesen und habe im Wege der Täuschung sich Geld für Drogen beschaffen wollen, weil er **nach den Urteilsfeststellungen** das **Geld für die Zurückzahlung eines Darlehens an seinen Arbeitgeber benötigte,** so ist eine Zurückstellung der Strafvollstreckung zurückzuweisen (vgl. *Stuttgart* NStZ 1999, 626 = StV 2000, 39).

82   Hat ein Verurteilter zur Tatzeit einen Beruf ausgeübt, der von einem Drogenabhängigen schwer auszuführen ist und hat er **in der Hauptverhandlung erklärt, dass er keinerlei Alkohol- oder Drogenprobleme** habe und haben die **Ermittlungen keinerlei Anzeichen** für eine Betäubungsmittelabhängigkeit erbracht, so kann ein Verurteilter im späteren Vollstreckungsverfahren **nicht allein mit der bloßen Behauptung einer Betäubungsmittelabhängigkeit** zur Tatzeit die entgegengesetzten Urteilsfeststellungen erschüttern. Da in der Regel die Erwähnung einer Betäubungsmittelabhängigkeit **in der Hauptverhandlung Strafmilderung** verschafft, bedarf es schon einer **nachvollziehbaren Begründung,** weshalb die Betäubungsmittelabhängigkeit verschwiegen wurde oder **überzeugender Beweismittel.**

83   **Steht** aufgrund der geführten Ermittlungen **fest,** dass der in früherer Zeit betäubungsmittelabhängige Verurteilte nach einem Ortswechsel seinen **Kokainmissbrauch beendete,** wurden bei dem Verurteilten keine Konsumwerkzeuge, kein Verpackungsmaterial, keine Aufzeichnungen oder ärztliche Behandlungsunterlagen gefunden, wies der Verurteilte bei seiner Festnahme **keinerlei Anzeichen eines Drogenmissbrauchs** auf, erbrachte ein **toxikologisches Haargutachten keinerlei Befund,** berief sich der Verurteilte bei der Festnahme und **in der Hauptverhandlung auf keine Betäubungsmittelabhängigkeit,** so steht auf-

grund der Urteilsgründe eine Betäubungsmittelabhängigkeit nicht fest und eine Zurückstellung der Strafvollstreckung ist nicht möglich.

b) Betäubungsmittelabhängigkeit, die sonst feststeht und der anderwei- 84
tige Nachweis. In den Fällen, in denen das zu vollstreckende Urteil keine Ausführungen über eine Drogenabhängigkeit des Antragstellers enthält, muss dieser die Betäubungsmittelabhängigkeit **anderweitig nachweisen.** Nicht selten verschweigen Angeklagte ihrem Verteidiger ebenso wie dem Gericht in Hauptverhandlungen über Beschaffungsdelikte ihre Betäubungsmittelabhängigkeit, weil sie ihre Drogensucht infolge Selbstüberschätzung verkennen, weil sie einer **Therapie aus dem Wege** gehen wollen oder befürchten, bei Bekanntgabe der Sucht **Beruf oder Lebenspartner zu verlieren.** Haben sich diese Angeklagten erst nach ihrer Verurteilung von der Notwendigkeit einer Therapie überzeugt, so ist der Nachweis der Betäubungsmittelabhängigkeit erschwert. Der **Antragsteller** muss deshalb selbst aktiv werden. Er kann Ärzte, Anwälte und Arbeitgeber von ihren Schweigepflichten entbinden, die Beiziehung von bestimmten Strafakten, Anwaltsakten, Personalakten, Krankenhausakten, Gefangenenbüchern, eidesstattlichen Versicherungen von Bekannten und Verwandten, ärztlichen Verschreibungen, Fotos, Attesten, Arztbriefen, persönlichen Briefen oder Kündigungsschreiben, die eine Betäubungsmittelabhängigkeit zur Tatzeit nahelegen oder belegen, begehren. **Allein die Behauptung** einer „Opiatabhängigkeit zur Tatzeit", „massiver Drogenprobleme zur Tatzeit", „eines Missbrauchs von Amphetamin, Ecstasy, LSD und Kokain zur Tatzeit" im Zurückstellungsantrag und/oder in dem Beschwerdeschriftsatz, die in den Akten keine Bestätigung finden, reichen für die Annahme des § 35 Abs. 1 BtMG nicht aus. Die Betäubungsmittelabhängigkeit muss **zweifelsfrei feststehen** und außerhalb der Akten durch Zeugenaussagen, eidesstattliche Versicherungen, ärztliche Atteste oder Gutachten nachgewiesen werden.

Ergeben sich weder aus dem Urteil noch aus dem Akteninhalt irgendwelche 85
Anhaltspunkte für eine Betäubungsmittelabhängigkeit zur Tatzeit, hat der Verurteilte aber in verschiedenen anderen Strafsachen eine langjährige Betäubungsmittelabhängigkeit behauptet, deren Beginn und Dauer er jedoch recht unterschiedlich darstellte, so rechtfertigt dies keine Zurückstellung der Strafvollstreckung, da eine nicht in den Akten festgestellte Betäubungsmittelabhängigkeit und Kausalität **nicht nur behauptet, sondern bewiesen werden muss (= feststehen muss).** Hier ist ein **strenger Maßstab** anzulegen. Bestätigen die vom Verurteilten **benannten Zeugen und/oder Sachverständigen** die Betäubungsmittelabhängigkeit **nicht,** ergeben die benannten Beweisanträge keine Hinweise auf eine Betäubungsmittelabhängigkeit, verlief eine Haaruntersuchung **negativ, so steht die Betäubungsmittelabhängigkeit auch nicht anderweitig fest.** Befand sich der Verurteilte **erwiesenermaßen zur Tatzeit bei einer Ärztin in einer Polamidon-Substitutionsbehandlung** und wohnte in einer betreuten Wohngemeinschaft, so ist auch ohne Erwägung in dem Strafurteil von einer Opiatabhängigkeit auszugehen und der Diebstahl geringwertiger Gegenstände aufgrund dieser Abhängigkeit anzunehmen. Lässt das Gericht im Urteil offen, ob der Verurteilte, der zur Tatzeit Heroin vom Blech rauchte, zur Tatzeit betäubungsmittelabhängig war, und stellt nur eine **erhebliche Suchtgefährdung** fest, so reicht dies nur für die Anwendung des § 35 Abs. 1 BtMG, wenn die Vollstreckungsbehörden außerhalb des Urteils Belege für die Feststellung einer Opiatabhängigkeit und Kausalität für die Straftaten finden. Hat eine Verurteilte bei ihren planlosen Wegnahmehandlungen so unter Einfluss von Alkohol, Methadon, Kokain und/oder Benzodiazepinen gestanden, dass sie **an den Tatorten wankte, schwankte und stolperte,** so können eine **Polytoxikomanie** und eine **Kausalität nicht zweifelhaft sein.**

Enthält das Urteil keinen Hinweis auf eine Betäubungsmittelabhängigkeit, so 86
können der übrige Akteninhalt und ggf. die Vorstrafakten eine Betäubungsmittelabhängigkeit und Kausalität ergeben. Gegen eine Betäubungsmittelabhängigkeit zur Tatzeit sprechen aber, wenn der **Strafregisterauszug** weder eine Verurteilung

nach dem BtMG noch eine Bestrafung wegen eines drogenbedingten Beschaffungsdeliktes ergibt, wenn es sich bei den der Verurteilung zugrunde liegenden Taten um **Verkäufe von Betäubungsmitteln ohne suchtbedingte Anzeichen** handelt, wenn die polizeilichen Ermittlungen und Sicherstellungen lediglich **typische Handelsattribute** (größere Betäubungsmittelmengen, Verpackungsmaterial, Folienverschlussmaschinen, Adressbuch mit Verkaufsabrechnungen, Waffen, Feinwaagen, Briefe mit Rauschgiftbestellungen) aber gleichzeitig **keine Abhängigkeitsattribute** (Spritzen, Abbindegürtel, blutige Wattetupfer, Drogenersatzmittel, Rezepte, ärztliche Atteste, verwahrloste Wohnung) und **keine auffälligen Veränderungen im Aussehen oder Verhalten** (Injektionsmale, Bewusstseinstrübung, Bewegungs- oder Sprachstörungen usw.) ergeben haben, wenn der Verurteilte **monatelang sich in Untersuchungshaft** befunden hat, ohne der Polizei, der StA, dem Haftrichter oder dem Anstaltsarzt **irgendwelche Angaben über eine Drogenabhängigkeit** zu machen, sich aber gleichzeitig umfangreich schriftlich geäußert wegen kleinster andersartiger Beschwerden sich ärztlich behandeln ließ und erstmals in der Hauptverhandlung oder gar im Strafvollzug seine angeblich mehrjährige Drogenabhängigkeit entdeckte.

87　　**c) Aufklärungspflicht der Vollstreckungsbehörde und Beweisanforderungen für den anderweitigen Nachweis.** Die Vollstreckungsbehörde muss einen vollständig ermittelten und unter Berücksichtigung sämtlicher bekannter Tatsachen umfassenden Sachverhalt würdigen (*Frankfurt*, Beschl. v. 31. 3. 2000, 3 VAs 13/00; *Frankfurt*, Beschl. v. 6. 6. 2002, 3 VAs 13/02). Entweder steht die Betäubungsmittelabhängigkeit fest oder nicht. Die Anforderungen für den Nachweis einer Betäubungsmittelabhängigkeit sollten nicht überspannt werden. Die gerichtliche Nachprüfung des OLG beschränkt sich darauf, ob die Verneinung des Nachweises des über die Urteilsfeststellungen hinausgehenden Kausalzusammenhangs durch die StA auf einem vollständig ermittelten und unter Berücksichtigung sämtlicher bekannter Tatsachen gewürdigten Sachverhalt beruht (*Berlin* StV 1988, 213) und die Anforderungen an den Nachweis nicht überspannt wurden (*Saarbrücken* NStZ-RR 1996, 246; *Frankfurt*, Beschl. v. 20. 7. 1998, 3 VAs 29/98). Haben Polizeibeamte, Vollzugsbeamte oder der Anstaltsarzt kurz vor oder kurz nach der Tatzeit bei dem Antragsteller ein Entzugssyndrom oder frische Injektionsmale beobachtet, so sollte dies ausreichen. Die Vollstreckungsbehörde ist bei der Prüfung des Kausalzusammenhangs zwischen Straftat und Betäubungsmittelabhängigkeit nicht an lückenhafte Urteilsfeststellungen des erkennenden Gerichts gebunden. Liegen beachtliche Anhaltspunkte für eine Abhängigkeit außerhalb des Urteils vor, so muss die **Vollstreckungsbehörde eigene Feststellungen** treffen. Eine über die Urteilsfeststellung hinausgehende Aufklärung der Betäubungsmittelabhängigkeit und der Kausalität ist dabei aber nur geboten, wenn ausreichender Anlass für die Annahme einer Betäubungsmittelabhängigkeit und einer Kausalität besteht (*Hamm* NStZ 1983, 25; *Frankfurt*, Beschl. v. 6. 6. 2002, 3 VAs 12/02). Eine schwierige und langwierige Beweiserhebung ist mit § 35 BtMG allerdings nicht zu vereinbaren.

88　　Die StA kann sich also **über ein zur Abhängigkeit schweigendes Urteil hinwegsetzen,** wenn aufgrund von Beiakten feststeht, dass eine langjährige Drogenabhängigkeit oder eine abgebrochene Therapie der Tat vorausging, wenn der Verurteilte immer wieder Beschaffungsdelikte beging oder in der Drogenszene als Konsument angetroffen wurde oder wenn eine langjährige Sucht im Vollstreckungsverfahren deutlich zu Tage trat. Bei gem. § 267 Abs. 4 StPO abgekürzt verfassten Urteilen können die Betäubungsmittelabhängigkeit und die Kausalität sich aus der dienstlichen Erklärung eines am Verfahren beteiligten Richters ergeben (*Saarbrücken* NStZ-RR 1996, 246). So können als andere Erkenntnisquellen **auch fundierte Berichte von Drogenberaterinnen, Sachverständigengutachten von Ärzten oder eidesstattliche Versicherungen von Zeugen** durchaus ausreichen (*Saarbrücken* NStZ-RR 1996, 246, *Stuttgart* Justiz 1998, 571 = StV 1998, 671).

Haben ein **Toxikologe** mit einem **negativen Urinuntersuchungsergebnis** 89
und ein **psychiatrischer Sachverständiger in einem ausführlichen Gutachten festgestellt,** dass der Verurteilte zwar lange Jahre betäubungsmittelabhängig
war, zur Tatzeit aber **weder unter Entzugssyndromen noch unter Sucht-
druck stand,** sondern im Rahmen eines Substitutionsprogramms **gut dosisein-
gestellt war mit Methadon,** so sind die vom Verurteilten behauptete Betäubungsmittelabhängigkeit und Kausalität widerlegt. Eine Zurückstellung der
Strafvollstreckung kommt schon deshalb nicht in Betracht, weil er zur Zeit der
Antragstellung **drogenabstinent** lebte. Allgemeine **Bescheinigungen oder Berichte von Ärzten, Bewährungshelfern oder Drogenberatern** über eine
Drogen- oder Betäubungsmittelproblematik, die keinerlei Untersuchungsbefunde,
Diagnosen, Therapien enthalten, sondern sich bezüglich des Beginns und der
Dauer einer angeblichen, lange zurückliegenden Betäubungsmittelabhängigkeit
lediglich auf die Angaben des Verurteilten stützen **(Gefälligkeitsatteste),** vermö-
gen nicht das Fehlen von Urteilsfeststellungen zu einer Betäubungsmittelabhängig-
keit zu ersetzen und einen anderweitigen Nachweis einer Betäubungsmittelabhän-
gigkeit zur Tatzeit sowie deren Kausalität für die abgeurteilte Tat zu erbringen. Die
Gefahr der Vortäuschung einer Drogenabhängigkeit, um eine vorzeitige
Haftentlassung zu erreichen, darf nicht übersehen werden. Nur eine sorgfältige
Prüfung des Antrags durch die Vollstreckungsbehörde kann die nicht unerhebliche
Täuschungsgefahr ausräumen (*Adams/Eberth* NStZ 1983, 196, *Hügel/Junge/Lander/
Winkler* § 35 Rn. 4.2.5; BT-Drs. 8/4407, S. 4). Bisweilen wird auf ein Sachver-
ständigengutachten nicht verzichtet werden können, insb. wenn nach den Urteils-
gründen die behauptete Betäubungsmittelabhängigkeit nur vorgetäuscht wurde.
Einerseits kursieren **in jeder JVA Verhaltensmuster,** wie man **Entzugserschei-
nungen** übertrieben darstellt oder vortäuscht, um einen Zusammenhang zwischen
Straftat und Drogenabhängigkeit unter Beweis zu stellen und um eine vorzeitige
Entlassung aus der Haft in eine Therapieeinrichtung zu erreichen. Andererseits
verheimlichen aber nicht wenige inhaftierte Drogenabhängige anfangs ihre Abhängigkeit in der Hoffnung, bei der Haftprüfung entlassen zu werden.
Bloße Gefälligkeitsatteste, dass zur Tatzeit eine Betäubungsmittelabhängigkeit 90
vorgelegen habe, **reichen** allerdings zum Nachweis **nicht aus.** Wird zum nachträglichen Nachweis für eine Drogenabhängigkeit zur Tatzeit ein Bericht einer
Diplom-Pädagogin und Sozialtherapeutin vorgelegt, der **keine Zeitangaben
enthält** und **nur pauschal behauptet,** bei dem Antragsteller liege seit Jahren eine
Drogenabhängigkeit vor, so ist dieser Nachweis einer Betäubungsmittelabhängigkeit für die Tatzeit und der Kausalität dann nicht ausreichend, wenn aus den Strafakten nur ein unregelmäßiger Haschischkonsum oder ein geringfügiger Heroinver-
brauch zu entnehmen ist und im Urteil von keiner Betäubungsmittelabhängigkeit
die Rede ist (*Frankfurt*, Beschl. v. 11. 4. 1984, 3 VAs 18/84; *Frankfurt*, Beschl. v.
2. 8. 1993, 3 Ws 5335/93). Wurde ein ärztliches Attest, das lediglich die Angaben
des Patienten und den Namen des Arztes wiedergibt, nicht unterschrieben, so ist
zweifelhaft, ob es von einem behandelnden Arzt herrührt und kann **nicht
eine Betäubungsmittelabhängigkeit zur Tatzeit zweifelsfrei belegen.** Enthält ein ärztliches Empfehlungsschreiben **lediglich Wünsche, Ermunterungen,
Empfehlungen, aber keine Untersuchungsergebnisse oder sonstigen Feststellungen,** so hat das Schreiben **keine Beweiskraft.** Stellt sich heraus, dass der
Verfasser der Bescheinigung nur ein Mitarbeiter des hiervon nicht informierten
Klinikleiters und ein Lebensgefährte des Verurteilten ist, so vermag das Attest keine
Betäubungsmittelabhängigkeit zweifelsfrei zu beweisen. Stellt sich heraus, dass das
vom Verurteilten vorgelegte **psychiatrische Attest,** das auf einem Briefbogen der
städtischen Kliniken eine Drogenabhängigkeit bescheinigt, **von einem Kinder-
arzt stammt,** der als **Lebensgefährte des Verurteilten** mit diesem in einer
gemeinsamen Wohnung lebt, so handelt es sich **wegen erkennbarer Befangenheit** um ein **unbeachtliches Gefälligkeitsattest.**
Hat der Verurteilte auf seinem bisherigen Lebensweg Straftaten begangen, die 91
großenteils auf Unwahrheiten, Täuschungen und Verfälschungen beruhten und erst

im Vollstreckungsverfahren eine Betäubungsmittelabhängigkeit zur Tatzeit behauptet und mit Attesten und Zeugenbenennungen zu beweisen versucht, die sich bei polizeilicher Überprüfung als unwahr herausstellten, so hat er **kein Suchtproblem, sondern ein Wahrheitsproblem.** Die **Vollstreckungsbehörde** ist **nicht zu einer umfassenden Beweisaufnahme verpflichtet.** Haben weder die Urteilsfeststellungen noch die Akten für die Tatzeiten eine Betäubungsmittelabhängigkeit ergeben, hat eine gaschromatographisch-massenspektrometrische Haaruntersuchung in einer anderen Strafsache ergeben, dass der Verurteilte zumindest in einzelnen Tatzeiträumen keine Betäubungsmittel konsumiert hatte und konnte der Verurteilte keine ärztlichen Unterlagen für den angeblichen Verlust der Nasenscheidewand durch Kokainmissbrauch vorlegen, so **steht die Betäubungsmittelabhängigkeit nicht zweifelsfrei fest.**

92   **d) Abweichen von den Urteilsgründen. In der Regel** entfalten die gerichtlichen Feststellungen zum Vorliegen einer Betäubungsmittelabhängigkeit im Urteil eine **Bindungswirkung für die StA,** wenn das Gericht sich mit dieser Frage eingehend befasst hat. Es ist nicht zulässig, wenn die StA mit nachträglich durchgeführten Ermittlungen eindeutige Urteilsfeststellungen über eine Betäubungsmittelabhängigkeit zu erschüttern sucht und eine Zurückstellung ablehnt (*Berlin* StV 1988, 213). Ein Abweichen von den Urteilsfeststellungen ist insb. schwierig, wenn dieses auf einem Sachverständigengutachten und einer eingehenden Erörterung des Vorlebens des Angeklagten beruht (*Hamm* NStZ 1983, 525). Hat der Verurteilte nach den Urteilsfeststellungen unter Einwirkung verschiedener Betäubungsmittel die Taten begangen, hat seine Ehefrau von einer erheblichen Betäubungsmittelabhängigkeit berichtet und hat die toxikologische Untersuchung einer Urinprobe nach der Tat eine hohe Dosierung von Heroin, Kokain und Cannabis ergeben und ging auch der Sitzungsvertreter der StA von einer Betäubungsmittel-Abhängigkeit aus, so kann die StA im Rahmen der Strafvollstreckung nicht von den Urteilsfeststellungen abweichen und die Betäubungsmittelabhängigkeit in Zweifel ziehen.

93   Die **Bindungswirkung** der Feststellungen zum Vorliegen oder Nichtvorliegen einer Betäubungsmittelabhängigkeit im Urteil **entfällt** aber, wenn im Rahmen der Hauptverhandlung die Fragen der **Betäubungsmittelabhängigkeit und der Kausalität keine entscheidende Rolle** gespielt haben und entsprechende Behauptungen nicht überprüft wurden. Hier kann die **StA eigenständige Feststellungen entgegen den Urteilsgründen** treffen (*Hamm* NStZ 1983, 525; *Berlin* StV 1988, 213; *Stuttgart* StV 2000, 39; *Oldenburg* StV 2004, 385). Wenn aber den Urteilsfeststellungen keine Bindungswirkung zukommt, so muss man **ganz eindeutige und beweiskräftige gegenteilige Tatsachen** zur Erschütterung der Urteilsfeststellungen fordern, wie z.B. Aussagen von Zeugen, die bekunden, wahrheitswidrig und auf Bestellung in der Hauptverhandlung eine Drogenabhängigkeit des Angeklagten vorgetäuscht zu haben. Zeugen oder Sachverständige, die eine Drogenabhängigkeit für die Tatzeit lediglich nicht bestätigen können, reichen zur Widerlegung der Urteilsfeststellungen nicht aus (*Berlin* StV 1988, 213).

94   **e) Abweichen von den früheren Feststellungen einer Vollstreckungsbehörde.** Hat eine StA in einer anderen Strafsache zunächst mangels Urteilsfeststellungen das Vorliegen einer Betäubungsmittelabhängigkeit zur Tatzeit verneint, aber später **aufgrund fehlerhafter Erwägungen zugunsten des Verurteilten unterstellt** und die Strafvollstreckung zurückgestellt, so bindet diese Feststellung nicht eine andere StA, die für die gleiche Tatzeit aufgrund des Urteils und Akteninhalts eine Betäubungsmittelabhängigkeit des Verurteilten und eine Kausalität verneint und die Zurückstellung ablehnt. Zwar können in ein und derselben Strafvollstreckungssache sich nicht zwei Staatsanwälte oder Rechtspfleger widersprechen. Eine Zurückstellung der Strafvollstreckung durch die StA und eine gerichtliche Zustimmung in einer anderen Strafvollstreckungssache und eine Versagung der Zurückstellung der Strafvollstreckung und eine gerichtliche Verweigerung der Zustimmung in einer anderen Strafvollstreckungssache desselben Verurteilten wider-

sprechen sich aber nicht, wenn die Tatvoraussetzungen oder die Zurückstellungs-voraussetzungen in zwei Vollstreckungssachen erheblich voneinander abweichen.

III. Straftat aufgrund einer Betäubungsmittelabhängigkeit (Kausalität)

Die §§ 35 ff. BtMG geben nicht jedem drogenabhängigen Strafgefangenen einen 95 Anspruch, an Stelle von Strafvollzug die Freiheitsstrafe zur Teilnahme an einem Drogentherapieprogramm nutzen zu können. Der Gesetzgeber wollte diesen Vorzug nur solchen Verurteilten bieten, die **Straftaten** begangen haben, **die in engem Zusammenhang mit ihrer Betäubungsmittelabhängigkeit bzw. mit der Betäubungsmittelbeschaffung (sog. Beschaffungsdelikte)** standen oder Straftaten, die **unter Entzugserscheinungen oder** unter **der Angst vor Entzugserscheinungen** begangen wurden. Diese Vorschrift soll aber den Betäubungsmittelabhängigen nicht bei allen Straftaten wie z. B. Sexualdelikten, Gewaltdelikten, Verkehrsdelikten usw. vom Strafvollzug befreien. § 35 BtMG stellt **keinen Freibrief für Straftaten** betäubungsmittelabhängiger Täter dar, sondern soll **lediglich bei suchtbedingten Taten** den Abhängigen ermöglichen, den Strafvollzug durch Therapie zu ersetzen.

Die h. M. verlangt deshalb einen **unmittelbaren Kausalzusammenhang** 96 (conditio sine qua non). Ein solcher Zusammenhang liegt vor, wenn die Ursache (hier die Betäubungsmittelabhängigkeit) nicht hinweggedacht werden kann, ohne dass die Straftat als Folge entfiele (*Hamm* NStZ-RR 2008, 185; *Rostock* NStZ 2010, 524 = StraFo 2009, 470; *Hamm NStZ-RR 2011, 91; Weber* § 35 Rn. 33; *Hügel/Junge/Lander/Winkler* § 35 Rn. 4.3; MK-StGB/*Kornprobst* § 35 Rn. 44; *Franke/Wienroeder* § 35 Rn. 6). Fehlt es an einer Kausalität zwischen Betäubungsmittelabhängigkeit zur Tatzeit und Straftat, so ist der Zurückstellungsantrag zurückzuweisen (*Frankfurt* NStZ-RR 1998, 314). So ist Kausalität zu bejahen, wenn die **Straftaten mittelbar oder unmittelbar zur Beschaffung von Drogen zur Befriedigung der eigenen Sucht** verübt wurden (*Berlin*, Beschl. v. 17. 3. 1999, 4 VAs 39/98). Die Frage der Kausalität kann **aus der Art der Berufsausübung, der Art und Absicht der Tatausführung, aus den Ursachen des Taterfolges und der Art der Verwendung der Taterlöse geschlossen werden.** Bei der Prüfung der Kausalität sind **nicht nur die Angaben des Verurteilten**, sondern die **Urteilsfeststellungen und der gesamte Akteninhalt** zu Rate zu ziehen (vgl. *Karlsruhe* StraFo 2009, 470). Eine **erhebliche Mitursächlichkeit reicht aus** (*Berlin* StV 1988, 213; *Saarbrücken* NStZ-RR 1996, 246; *Frankfurt*, Beschl. v. 27. 8. 2004, 3 VAs 31/04; *Katholnigg* NJW 1990, 2296 ff.). Es ist nicht geboten, dass die Straftat allein zu dem Zweck begangen wurde, um mit den Erlösen ausschließlich oder vor allem die Sucht zu finanzieren. Vielmehr reicht es aus, dass die Betäubungsmittelabhängigkeit der „Motor" für die Straftat war, dass die **Straftat ohne die Betäubungsmittelabhängigkeit nicht oder in ganz anderer Weise ausgeführt worden wäre** (*Frankfurt*, Beschl. v. 12. 7. 2001, 3 Ws 669/01).

1. Kausalität bei Verstößen gegen das BtMG. Der Antragsteller muss die 97 Straftat **nicht im Drogenrausch bzw. unter Entzugserscheinungen** begangen haben. Treibt ein Betäubungsmittelabhängiger fremde Forderungen eines Drogenlieferanten **zur Sicherung der eigenen Rauschmittelbeschaffung bzw. zur Finanzierung weiteren Rauschgifterwerbes** ein, so ist die Betäubungsmittelabhängigkeit für die Taten kausal (*Saarbrücken* NStZ-RR 1996, 246). Die Betäubungsmittelabhängigkeit muss als **conditio sine qua non**, als zwingende Ursache gewirkt haben (vgl. *Berlin* NStZ-RR 2008; 185). Verkauft ein Drogenabhängiger einen Teil seines Vorrates **zur Finanzierung seiner eigenen zukünftigen Konsumrationen,** so ist die Kausalität nicht fraglich. Hat eine langjährig betäubungsmittelabhängige Person sich **immer wieder wegen Erwerbes von Heroin und Kokain zum Eigenkonsum** in mehreren Fällen strafbar gemacht, so kann eine **Betäubungsmittelabhängigkeit und Kausalität nicht zweifelhaft** sein.

98   Hat ein Strafgefangener seinen Ausgang dazu genutzt, Betäubungsmittel bei der Rückkehr in die JVA einzuschmuggeln, nicht zu Eigenkonsumzwecken, sondern um in der JVA mit Drogen Geld zu verdienen, so beruhten seine Straftaten **nicht auf Drogensucht, sondern auf Gewinnsucht.** Betrachtet man die in den Akten und in der Hauptverhandlung beschriebene Art und Dichte der Rauschgiftgeschäftsführung des Verurteilten und gelangt man zu dem Ergebnis, dass die Geschäfte kaufmännisch geplant und abgewickelt wurden und einer luxuriösen Lebensführung (2 Wohnungen, 2 Pkws, mehrfache Spanienreisen und Eröffnung einer Kneipe auf Gran Canaria) dienten, so war ein festgestellter **Kokainkonsum** (Nichtabhängigkeit) **nicht kausal** für die Verstöße gegen das BtMG, **sondern nur tatbegleitend.** Nicht der verurteilte Betäubungsmittelhändler, sondern seine Kundschaft bedarf dann der Therapie. Verkauft aber ein **Dealer,** der für den eigenen Konsumbedarf über genug Betäubungsmittel verfügt, Betäubungsmittel, um damit nicht seinen Eigenbedarf, sondern **um seine aufwändige Lebensführung zu finanzieren,** so mangelt es an der Kausalität und die **Betäubungsmittelabhängigkeit ist nicht Ursache, sondern begleitendes Merkmal** des Handeltreibens. Zutreffend stellte das Gericht fest, Triebfeder der Handlungen der Angeklagten sei das Verlangen nach schnellem Geld und Ruhm auf Kosten der Gesundheit anderer gewesen (vgl. *Karlsruhe*, Beschl. v. 25. 10. 1999, 2 VAs 41/99; *Karlsruhe*, Beschl. v. 13. 7. 2000, 2 VAs 10/00). War ein Verurteilter zur Tatzeit zwar betäubungsmittelabhängig, verkaufte aber Kokain **nicht zur Finanzierung seines Drogenbedarfes, sondern zur Abzahlung seines aufwendigen Kraftwagens,** so fehlt es an der Kausalität Die Zurückstellung kann versagt werden, wenn die Tat (fortgesetzter Erwerb von Betäubungsmitteln) nicht aufgrund einer Sucht, sondern aus ganz anderen Motiven erfolgte (*Hamm* NStZ 1983, 287).

99   **2. Kausalität bei Vermögensdelikten.** Es bedarf eines **motivationalen Zusammenhanges zwischen Drogenabhängigkeit und den Vermögensdelikten.** Von Drogenbeschaffungsdelikten ist auszugehen, wenn Wertgegenstände weggenommen wurden, um Drogenrationen zu finanzieren. Wurden Gegenstände weggenommen, **um in Luxus leben zu können,** so war die Betäubungsmittelabhängigkeit **nicht kausal, sondern nur tatbegleitend.** Wurden nicht benötigte oder wertlose Sachen weggenommen, so war nicht eine Betäubungsmittelabhängigkeit, sondern eine **Art von Kleptomanie** kausal **(ein pathologischer, zwanghafter oder sinnloser Drang wegzunehmen).**
100   Sowohl **direkte als auch indirekte Drogenbeschaffungsdelikte** reichen aus. Es genügt ferner, wenn die Betäubungsmittelabhängigkeit erheblich mitursächlich für die Straftat war, **wenn die Straftat sowohl zur Finanzierung des Lebensunterhaltes als auch zur Beschaffung von Drogen und Ersatzdrogen diente,** wenn die Betäubungsmittelabhängigkeit die Lebensweise des Drogenkonsumenten so veränderte, dass er keiner geregelten, legalen Arbeit mehr nachging, sondern von Straftaten lebte. War die Steuerungs- und Einsichtsfähigkeit des Angeklagten zur Tatzeit aufgrund der Drogenabhängigkeit i. S. v. § 21 StGB erheblich vermindert, so kann an einer Kausalität zwischen Straftat und Abhängigkeit **kein Zweifel bestehen.** Wurde ein Verurteilter wegen Erwerbes von Betäubungsmitteln, wegen Raubes in Tateinheit mit vorsätzlicher Körperverletzung sowie Amtsanmaßung verurteilt und wurde der **Raub zur Finanzierung des Betäubungsmittelbedarfes** unternommen, so besteht an der Kausalität kein Zweifel. Wurde der gleiche Verurteilte von einem anderen Gericht wegen früherer Taten wegen Körperverletzung, Bedrohung, Unterschlagung und versuchten Computerbetruges ohne Zusammenhang mit einer Betäubungsmittelabhängigkeit verurteilt, so fehlt es an der Kausalität. Wurde ein Angeklagter 1994 wegen Diebstahls in einem besonders schweren Fall verurteilt, wurde im Urteil festgestellt, dass es außer Zweifel stehe, dass die Tat aufgrund der beim Angeklagten offensichtlich bestehenden Betäubungsmittelabhängigkeit begangen wurde, war der Angeklagte nach dem Bericht der Drogenhilfe seit **10 Jahren von harten Drogen abhängig,** sein Bruder an Heroin verstorben, so kann die StA nicht die Ablehnung der Zurück-

stellung der Strafvollstreckung damit begründen, **es stehe nicht fest, dass gerade diese Tat aufgrund einer Betäubungsmittelabhängigkeit begangen worden sei.**

Hat ein drogenabhängiger Verurteilter einen Diebstahl, einen Raub oder eine 101 räuberische Erpressung auf oder in unmittelbarer Nähe der Drogenszene begangen, **um mit der Beute die Drogenbeschaffung zum Eigenkonsum zu finanzieren,** so kann eine Kausalität nicht verneint werden. Wurde ein Drogenabhängiger wiederholt wegen Erpressung verurteilt, zuletzt wegen **Erpressung eines homosexuellen Geistlichen,** entsprang die Tat nicht der Notwendigkeit, Betäubungsmittel zu beschaffen und zu finanzieren, sondern einer ausgeprägten **Neigung, Beute zu machen,** und stand dem Verurteilten zur Tatzeit jede beliebige Betäubungsmittelmenge zur Verfügung, so beging er die Tat nicht aufgrund Betäubungsmittelabhängigkeit.

Wurde ein ehemals Betäubungsmittelabhängiger im Freundeskreis von zwei 102 Komplizen zu einem gemeinsamen Raubüberfall auf einen Geldboten angestiftet und wirkte er mit, um **sich von persönlichen Schulden zu befreien, und nicht um Betäubungsmittel zu beschaffen oder zu finanzieren,** so war die Betäubungsmittelabhängigkeit für die Tat **nicht ursächlich.** Wurde ein regelmäßig Haschisch konsumierender Angeklagter wegen Raubes in einem minder schweren Fall zu einer Freiheitsstrafe verurteilt, so beruht die Straftat nicht auf einer Betäubungsmittelabhängigkeit, wenn der Angeklagte nach den Urteilsfeststellungen sich nicht zum Zwecke der Haschischbeschaffung an dem Geld vergriff. Der Angeklagte fühlte sich **im Rahmen einer gewünschten sadomasochistischen Behandlung** vielmehr von dem gefesselten Opfer angewidert und **nutzte dessen Hilflosigkeit zu einer spontanen Geldwegnahme** aus. Eine Betäubungsmittelabhängigkeit war jedenfalls hier **nicht kausal** (*GStA Frankfurt*, Bescheid v. 23. 1. 1996, Zs 1875/95). Wurde ein planvoll und gewalttätig ausgeführter Raubüberfall begangen, nicht um die Drogenbeschaffung zu finanzieren, sondern **um den Lebensunterhalt von sich oder der schwangeren Lebensgefährtin zu verbessern,** so fehlt es an der Kausalität.

Erfolgte die Straftat nicht zur Beschaffung oder Finanzierung von Drogen, sondern 103 **zur Finanzierung eines angenehmen bis aufwändigen oder sogar luxuriösen Lebensstils,** so fehlt es an der erforderlichen Kausalität. Die Betäubungsmittelabhängigkeit begleitet in diesen Fällen nur die Straftaten und verursacht sie nicht.

War ein Verurteilter zur Tatzeit in der Lage, für eine Gerüstbaufirma **in großer** 104 **Höhe riskante und schwere körperliche Arbeit** zu verrichten und zeigte der Verurteilte bei seinen Vermögensdelikten **sportliche Gelenkigkeit und Schnelligkeit,** bei der Beuteauswahl einen **besonderen Blick für Statusobjekte,** so beruhten die Wegnahmehandlungen nicht auf einer Drogeneinwirkung und Betäubungsmittelabhängigkeit, sondern wurden von der behaupteten **Abhängigkeit allenfalls begleitet.** Hat ein Verurteilter angegeben, schon lange vor Beginn seiner Betäubungsmittlabhängigkeit einen **Drang** verspürt zu haben, **immer wieder zu stehlen und einzubrechen,** um seine Konsumwünsche zu erfüllen und um in Luxus zu leben, so waren **nicht die behauptete Drogensucht, sondern seine Geltungssucht und Gewinnsucht tatverursachend** und wurden von der Drogensucht nur begleitet. Im Gegensatz zur Kleptomanie, einem pathologischen zwanghaften und teilweise sinnlosen Stehlen, war bei dem Verurteilten der Drang nach Luxus kausal.

3. Kausalität bei Verkehrsdelikten. Nicht jedes Fahren ohne Fahrerlaubnis 105 eines Drogenabhängigen beruht auf seiner Drogenabhängigkeit. Hat der Verurteilte lange Zeit vor dem Beginn seiner Drogenkarriere wegen Alkoholmissbrauchs seinen Führerschein verloren und ist mehrfach ohne Betäubungsmittelbezug wegen Fahrens ohne Fahrerlaubnis in Erscheinung getreten, so fehlt es an einer Kausalität.

Ist ein Drogenabhängiger **nicht von Betäubungsmitteln, sondern vom Autofahren abhängig,** von dem er nicht lassen kann, obwohl er keine Fahrerlaubnis besitzt und/oder wegen Fahrens ohne Führerschein vorbestraft ist, so fehlt es an dem kausalen Zusammenhang zwischen Betäubungsmittelabhängigkeit und Verkehrsdelikt. **Ein Hang zum Autofahren erlaubt keine Zurückstellung** der Strafvollstreckung. In diesen Fällen **begleitet die Betäubungsmittelabhängigkeit das Verkehrsdelikt nur.**

106   Beruhte die fahrlässige Gefährdung des Straßenverkehrs und das Fahren ohne Fahrerlaubnis nicht auf einer Betäubungsmittelabhängigkeit, sondern auf einer **erheblichen Verantwortungslosigkeit und auf einem Alkoholmissbrauch** (Wein und Bier – Mindestblutalkoholwert 2,4 ‰ zum Vorfallszeitpunkt) auf einem Innungsball und anschließender Alkoholfahrt, so fehlt es an einer Betäubungsmittelabhängigkeit und an einer Kausalität zur Tatzeit, auch wenn der Verurteilte heute betäubungsmittelabhängig ist (*Frankfurt*, Beschl. v. 12. 1. 1999, 3 VAs 44/98). Hat ein Verurteilter ohne Fahrerlaubnis ein Auto geführt, weil er einen Umzug durchführen musste oder weil er als Mechaniker ein defektes Auto reparieren, Kennzeichen und eine TÜV-Plakette besorgen musste, so fehlte es an der Kausalität, weil die **Betäubungsmittelabhängigkeit die Straftat nicht verursachte, sondern nur begleitete.**

107   Erfolgte die **Fahrt aber zur Drogenbeschaffung oder Drogenfinanzierung in die Drogenszene oder unter Entzugserscheinungen**, so kann eine Kausalität gegeben sein (*Koblenz*, Beschl. v. 28. 2. 2008, 2 VAs 1/08; *Hügel/Junge/Lander/Winkler* § 35 Rn. 4.3). Fuhr ein drogenabhängiger Verurteilter, der keine Fahrerlaubnis besaß, mit dem Pkw einkaufen, seinen Sohn in den Kindergarten und seine Lebensgefährtin zur Arbeitsstelle, so beruht die Straftat des Fahrens ohne Fahrerlaubnis auf der fehlenden Fahrerlaubnis und nicht auf der Drogensucht. Hat ein drogenabhängiger Verurteilter wegen des fehlenden Führerscheins sich von seiner Freundin fahren lassen, jedoch bei einsetzenden Entzugserscheinungen sich ans Steuer gesetzt, um Betäubungsmittel zu beschaffen, so ist die Kausalität nicht zweifelhaft. Stand ein polytoxikomaner Drogenabhängiger unter laufender Einwirkung von Betäubungsmitteln, die ihn nicht nur fahruntüchtig machten, sondern auch die Verbote und Vorverurteilungen wegen Fahrens ohne Fahrerlaubnis missachten ließen, verschaffte er sich regelmäßig seine Drogen mit dem Pkw in der Drogenszene und setzte sich im Fahrzeug auch Betäubungsmittelinjektionen, so liegt eine Kausalität der Betäubungsmittelabhängigkeit vor, zumindest eine erhebliche Mitursächlichkeit für das Verkehrsdelikt. Denn es war davon auszugehen, dass er ohne Drogeneinwirkung sich nicht ans Steuer gesetzt hätte.

108   **4. Kausalität bei Geldfälschungs- und Urkundendelikten.** Verschaffte sich ein Verurteilter Falschgeld und verbreitete es, um damit einen repräsentativen Pkw der Marke Mercedes zu finanzieren und um einer Frau zu imponieren, so ist damit keine Kausalität einer angeblichen Betäubungsmittelabhängigkeit belegt.

109   **5. Kausalität bei Brandstiftung.** Haben eine tiefe Frustration über eine missliche Lebenssituation, Arbeitslosigkeit und Beziehungsprobleme zu einem Alkoholmissbrauch und einem Drogenmissbrauch geführt, in dessen Verlauf eine Brandstiftung geschah, so kann weder von einer Betäubungsmittelabhängigkeit noch von einer Kausalität i. S. d. § 35 Abs. 1 BtMG die Rede sein. Vielmehr **begleitete der Drogenmissbrauch die Brandstiftung.**

110   **6. Kausalität bei Aussage- und Täuschungsdelikten.** Wurde jemand wegen uneidlicher Falschaussage, Vortäuschung einer Straftat, wegen Betruges bzw. versuchter Strafvereitelung bestraft in einer Zeitperiode, in der er betäubungsmittelabhängig war, so liegt eine drogenbedingte Kausalität fern. Zwar begehen Betäubungsmittelabhängige auch spontane Betrügereien oder Urkundenfälschungen. Raffinierte, auf lange Sicht geplante Täuschungsmanöver sind jedoch selten von einer Betäubungsmittelabhängigkeit bedingt, sondern lassen Zweifel aufkommen, ob **an Stelle einer Betäubungsmittelabhängigkeit** vielleicht **nur ein Betäubungsmittelkonsum** vorlag oder ob die **Betäubungsmittelabhängigkeit die Straftat nur begleitete und nicht verursachte.**

7. Kausalität bei Sexualdelikten. Beginnt ein drogenkonsumierender Ange- **111** klagter eine Vergewaltigung nach dem Konsum von Alkohol und Cannabis, so bedeutet das nicht aufgrund einer Betäubungsmittelabhängigkeit. Stellte das Gericht als Ursache für die Vergewaltigung weder die Alkoholsucht noch den Cannabiskonsum, sondern ein **starkes sexuelles Verlangen** fest, so kann die Strafe auch nicht zurückgestellt werden.

8. Kausalität bei Gewaltdelikten. Wurde jemand wegen Körperverletzungs- **112** delikten im Strafvollzug bestraft, weil er Mitgefangene quälte oder Vollzugsbeamte niederschlug, so fehlt es an einer Kausalität, wenn keine Anhaltspunkte für einen vorausgegangenen Betäubungsmittelkonsum in der JVA bestehen. Stellte das Urteil fest, dass der Angeklagte den Messerstich aus Zorn über eine Missachtung ausführte, so fehlt es an einer Kausalität der Betäubungsmittelabhängigkeit für die Gewalttat. Hat der Verurteilte in alkoholisiertem Zustand sich als Mensch herabgewürdigt gefühlt und deshalb zugeschlagen, so war die Gewaltneigung und nicht der begleitende Drogen- und Alkoholmissbrauch ursächlich. Hat ein wiederholt wegen Körperverletzungsdelikten Verurteilter sich wegen eines angeblichen Verrats rächen wollen und gereizt Gewalt ausgeübt, so vermag die erst im Strafvollzug gegebene Erklärung, er sei zur Tatzeit auf Betäubungsmittelentzug gewesen, den Kausalzusammenhang nicht zu begründen.

9. Kausalität bei Gesamtfreiheitsstrafen. Bei einer Gesamtfreiheitsstrafe ist **113** entscheidend, ob der ihrer Bedeutung nach **überwiegende Teil der abgeurteilten und einbezogenen Taten** aufgrund einer Betäubungsmittelabhängigkeit begangen wurde (*Stuttgart* NStZ-RR 2001, 343). Enthält ein Urteil mehrere Drogenhandelsdelikte ohne Abhängigkeitsbezug, ergeben aber einbezogene Urteile über Konsumdelikte, dass der Verurteilte zur Tatzeit stark betäubungsmittelabhängig war, so ist davon auszugehen, dass die Betäubungsmittelgeschäfte auch aufgrund Drogensucht begangen wurden und es kann eine Kausalität insgesamt bejaht werden.

IV. Freiheitsstrafe oder Restfreiheitsstrafe von nicht mehr als zwei Jahren

Während § 37 BtMG für das Absehen von der Erhebung der öffentlichen Klage **114** oder für die Einstellung die Erwartung keiner höheren Strafe als Freiheitsstrafe bis zu zwei Jahren genügen lässt, also auch die Erwartung von Geldstrafe als Voraussetzung einschließt, **beschränkt sich § 35 BtMG auf die Verurteilung zu Freiheitsstrafe.** Die Verurteilung zu Geldstrafe ermöglicht die Anwendung des § 35 BtMG auch dann nicht, wenn die Geldstrafe nicht gezahlt werden kann und die Vollstreckung von **Ersatzfreiheitsstrafe** ansteht (*Hügel/Junge/Lander/Winkler* § 35 Rn. 3.4). Die besonderen Bedingungen der Vollstreckung von Ersatzfreiheitsstrafen passen nicht in das Regelungssystem von §§ 35 ff. BtMG. So kann die Vollstreckung einer Ersatzfreiheitsstrafe jederzeit durch Geldzahlung abgewendet werden. Die Entscheidung der StA gem. § 35 BtMG mit der entsprechenden Therapieauflage wäre dann gegenstandslos. Die Abwendungsbefugnis durch Zahlung widerspräche auch dem Grundsatz in § 35 BtMG, dass die Vollstreckung allein im Hinblick auf eine Therapie unterbleibt (Therapie statt Strafe) und nicht deshalb, weil sich der Verurteilte auslösen kann. Schließlich käme auch § 36 BtMG nicht zur Anwendung, da eine Ersatzfreiheitsstrafe nicht zur Bewährung ausgesetzt werden kann. Sofern eine Geldstrafe oder eine Ersatzfreiheitsstrafe verhängt worden ist, kommt nur die Anwendung der §§ 459 d bis § 459 f StPO in Betracht. Denn § 459 f StPO ermöglicht in einem solchen Fall die Anordnung des Gerichts, dass die Vollstreckung der Ersatzfreiheitsstrafe unterbleibt, wenn die Vollstreckung für den Verurteilten eine unbillige Härte wäre. Es wäre daran zu denken, von einer unbilligen Härte jedenfalls bei solchen drogenabhängigen Verurteilten zu sprechen, die sich einer Therapie unterziehen (vgl. *LG Dortmund* StV 1996, 218; *LG Osnabrück* StV 1999, 444; *Schleswig* StV 1998, 673; *Karlsruhe* NStZ-RR 2006, 287 = StV 2006, 590).

115   **1. Umfang der zu vollstreckenden Freiheitsstrafe bzw. der Strafrest von nicht mehr als 2 Jahren (§ 35 Abs. 1 S. 1, § 35 Abs. 3 Nr. 2 BtMG).** Ist jemand wegen einer Straftat rechtskräftig zu einer **Freiheitsstrafe oder Jugendstrafe** von nicht mehr als **2 Jahren (§ 35 Abs. 1 S. 1 BtMG)** verurteilt worden, oder ist von einer Freiheitsstrafe von über 2 Jahren ein **Strafrest von nicht mehr als 2 Jahren verblieben (§ 35 Abs. 3 Nr. 2 BtMG)**, so kann bei Vorliegen der übrigen Voraussetzungen Zurückstellung der Strafvollstreckung erfolgen, sofern nicht auf Strafaussetzung erkannt wurde. §§ 35, 36 BtMG sind **auch bei Verurteilungen zu Jugendstrafe anwendbar (§ 38 Abs. 1 BtMG; s. hierzu auch Rn. 120 f.).** Der Gesetzgeber wollte verdeutlichen, dass er die kleinen bis mittleren betäubungsmittelabhängigen Täter vor dem Strafvollzug bewahren und der Therapie zuführen will und dass bei schwerwiegenden Taten von Betäubungsmittelabhängigen wegen der in der hohen Strafe zum Ausdruck kommenden Schwere der Schuld dem Strafvollzug der Vorrang gebührt, bis nach einer Teilverbüßung ein **Strafrest von 2 Jahren** verbleibt (*Weber* § 35 Rn. 10; *Hügel/Junge/Lander/Winkler* § 35 Rn. 3.2; a. A. *Koblenz* NStZ 1985, 177 = StV 1985, 379, das auch einen Strafrest von 2 Jahren bis zur voraussichtlichen Haftentlassung ausreichen ließ; mit abl. Anm. *Winkler* NStZ 1985, 178 f. aber mit zust. Anm. v *Gallandi* NStZ 1985, 177 f.). Auf die Vorlage des *KG Berlin*, Beschl. v. 6. 10. 1986, 4 VAs 12/86, das vom *OLG Koblenz* abweichen wollte, entschied der *BGH*, dass unter dem zu vollstreckenden Rest der Freiheitsstrafe oder der Gesamtfreiheitsstrafe i. S. v. § 35 Abs. 3 Nr. 2 BtMG **der noch nicht verbüßte Teil der erkannten Strafe** zu verstehen ist, **ohne Berücksichtigung einer möglichen vorzeitigen Entlassung nach § 57 StGB** (BGHSt. 34, 318 = NStZ 1987, 292 = StV 1987, 301). Ein Vorschlag, die Zweijahresgrenze auf eine Dreijahresgrenze auszudehnen, um den wegen einer Drogeneinkaufsfahrt nach Amsterdam zurückkehrenden, wegen Verbrechens der Einfuhr (§ 30 BtMG) zwischen 2 und 3 Jahren verurteilten Fixern eine sofortige Zurückstellung der Strafvollstreckung zu ermöglichen (vgl. BT-Drs. 10/116), fand keine Mehrheit.

116   Ist der Angeklagte im Zeitpunkt der Hauptverhandlung auf freiem Fuß oder wurde er in oder für die Hauptverhandlung festgenommen, so kann eine Zurückstellung der gesamten Freiheitsstrafe erfolgen. Die Zweijahresfrist ist nicht im Augenblick der Antragstellung, sondern im Zeitpunkt der Entscheidung zu prüfen. Dies ermöglicht dem Angeklagten und dem Verurteilten, seinen Zurückstellungsantrag nach § 35 BtMG frühzeitig zu stellen. Die Zurückstellung der Strafvollstreckung setzt nicht voraus, dass der Verurteilte zunächst vorübergehend mit dem Maßregelvollzug oder Strafvollzug begonnen hat (*BGH* StV 1985, 27).

117   Da der drogenabhängige Angeklagte sich zur Zeit der Hauptverhandlung zumeist in Untersuchungshaft befindet und die Untersuchungshaft gem. § 51 Abs. 1 S. 1 StGB regelmäßig auf die Strafe anzurechnen ist, hat die StA zumeist die Vollstreckung von nur noch einem Strafrest zurückzustellen. Gem. § 35 Abs. 3 Nr. 2 BtMG kann ein Strafrest bis zu 2 Jahren zurückgestellt werden. § 35 BtMG ist somit abweichend von § 56 StGB auch auf hohe – 2 Jahre weit übersteigende – Freiheitsstrafen anwendbar, **wenn nach Teilverbüßung nur noch ein Strafrest von nicht mehr als 2 Jahren** offensteht. Auch wenn eine Strafaussetzung zur Bewährung widerrufen wird und eine Reststrafe von bis zu 2 Jahren zu vollstrecken ist, ist eine Zurückstellung dennoch vielfach möglich. Der Widerrufsgrund kann eine Strafaussetzung verbieten, eine Zurückstellung aber erlauben.

118   Wird nach Widerruf einer Reststrafenaussetzung zur Bewährung während der Vollstreckung des letzten Drittels der Strafe von dem Verurteilten die Zurückstellung der Vollstreckung beantragt, so ist dies möglich, auch wenn gem. § 36 Abs. 1 S. 1 BtMG eine Anrechnung nicht möglich ist. Dies kann sinnvoll sein, wenn anderenfalls die Zurückstellung in einem weiteren Vollstreckungsverfahren sonst nicht erfolgen kann wegen § 35 Abs. 6 Nr. 2 BtMG (*Düsseldorf* StV 1987, 209).

119   **2. Gesamtfreiheitsstrafe bzw. der Rest einer Gesamtfreiheitsstrafe von nicht mehr als 2 Jahren (§ 35 Abs. 3 Nr. 1 u. Nr. 2 BtMG).** Eine Zurückstellung nach § 35 Abs. 1 BtMG kann auch erfolgen, wenn der **erwachsene Verurteilte wegen mehrerer Straftaten** zu einer **Gesamtfreiheitsstrafe** (§ 53 StGB) bis zu 2 Jahren verurteilt wurde (§ 35 Abs. 3 Nr. 1 BtMG) oder von einer Gesamtfreiheitsstrafe nur noch **einen Strafrest von nicht mehr als 2 Jahren** zu verbüßen hat (§ 35 Abs. 3 Nr. 2 BtMG). Die Zweijahresgrenze kann auch erreicht sein, wenn eine anrechnungsfähige vor der Verurteilung und der Zurückstellung in dieser Sache durchgeführte Therapiezeit gem. § 36 Abs. 3 BtMG anzurechnen ist (*LG Magdeburg* StV 2005, 284). Bei einer Gesamtfreiheitsstrafe von nicht mehr als 2 Jahren bzw. einem zu vollstreckenden Rest einer Gesamtfreiheitsstrafe von nicht mehr als 2 Jahren kommt nur dann eine Anwendung des § 35 BtMG in Betracht, **wenn der seiner Bedeutung nach überwiegende Teil der abgeurteilten Taten auf einer Betäubungsmittelabhängigkeit** beruhte (s. Rn. 113). Bei der Prüfung des Schwergewichtes kommt es nicht auf die Zahl der BtMG-Verstöße, sondern auf die Bedeutung der Betäubungsmitteldelikte an (*Katholnigg* NStZ 1981, 417). Es ist nicht zulässig, die Gesamtstrafe in einen zurückstellungsfähigen und einen nicht zurückstellungsfähigen Teil aufzuspalten. Auch wenn nur eine Strafe wegen eines erheblichen Betäubungsmitteldeliktes mit mehreren Strafen wegen leichter, nicht drogenbedingter Verfehlungen zusammengefasst wurde, ist eine Zurückstellung möglich. Wurde die Gesamtstrafe nicht in der Hauptverhandlung (§ 54 StGB), sondern nachträglich gebildet (§ 55 StGB), so ist der Weg zur Zurückstellung eröffnet, wenn die Gesamtstrafe bzw. der Rest der Gesamtstrafe 2 Jahre nicht übersteigt. Wurde der Verurteilte wegen mehrerer Verstöße gegen das BtMG zu einer Gesamtfreiheitsstrafe von 7 Monaten verurteilt, deren Vollstreckung zur Bewährung ausgesetzt wurde, so kann bei Widerruf der Bewährung die Zurückstellung der Strafvollstreckung beantragt werden.

3. Einheitsjugendstrafe. Bei mehreren Straftaten eines Jugendlichen oder **120** Heranwachsenden, die in einer einheitlichen Jugendstrafe abgeurteilt wurden, ist zu prüfen, ob in den Fällen einer Einheitsjugendstrafe unter Hinweis auf § 38 Abs. 1 S. 1 BtMG die Regelung für die Gesamtfreiheitsstrafe nach § 35 Abs. 3 BtMG uneingeschränkt übernommen werden kann. Dies kann nur der Fall sein, wenn es sich bei der Einheitsjugendstrafe um einen der Gesamtfreiheitsstrafe rechtsähnlichen Tatbestand handelt. Allerdings umfasst die Einheitsjugendstrafe einen weiteren Anwendungsbereich als die Gesamtfreiheitsstrafe nach den §§ 53 ff. StGB. Bei der Einheitsjugendstrafe können auch Straftaten und Verurteilungen mit einbezogen werden, die noch vor der nunmehr abzuurteilenden Tat abgeschlossen wurden. Einzige Voraussetzung ist, dass es insoweit noch zu keiner vollständigen Vollstreckung kam. Hier könnte eine entsprechende Anwendung des § 35 Abs. 3 BtMG zu einer Schlechterstellung des jugendlichen oder heranwachsenden Straftäters führen. Denn durch die Mitberücksichtigung an sich nicht gesamtstrafenfähiger Taten i. S. d. § 53 StGB kann es zu einem anderenfalls nicht möglichen Ergebnis bei der Schwerpunktentscheidung kommen. Die zuletzt begangene suchtbedingte Straftat mag im Hinblick auf Berücksichtigung der restlichen, nur über die Besonderheiten der Einheitsjugendstrafe mit einbezogenen Verurteilungen so an Bedeutung verlieren, dass bei entsprechender Anwendung des § 35 Abs. 3 BtMG eine Zurückstellung nicht mehr möglich ist. Eine Schlechterstellung des Jugendlichen oder Heranwachsenden ist jedoch nicht statthaft. Er darf nicht schlechter gestellt werden als ein Erwachsener in demselben Verfahrensstadium. Soweit es daher wegen der Besonderheiten des Jugendstrafrechtes und der Bildung von Einheitsjugendstrafen nach § 31 JGG dazu käme, dass danach abgeurteilte Straftäter nicht in Therapie kommen könnten, obwohl ihnen dies bei Anwendung von Erwachsenenstrafrecht wegen der anderen Reichweite des § 53 StGB hätte zuerkannt werden müssen, erscheint eine undifferenzierte entsprechende Anwendung des § 35 Abs. 3 BtMG nicht haltbar.

Es ist deshalb wie folgt zu verfahren: **121**

– Soweit bei der Aburteilung der schließlich zur Bildung einer Einheitsjugendstrafe geführten Straftaten nach den Voraussetzungen der §§ 53 ff. StGB **im Falle der**

Anwendung des Erwachsenenstrafrechtes auch eine Gesamtfreiheitsstrafe hätte gebildet werden können, steht einer Schwerpunktentscheidung und
einer entsprechenden Anwendung des § 35 Abs. 3 BtMG über § 38 Abs. 1 S. 1
BtMG nichts im Wege.

– Soweit dies nicht der Fall ist, sind bei der Zurückstellungsentscheidung nur
die Straftaten zu berücksichtigen, die auch eine Gesamtfreiheitsstrafe
ermöglicht hätten. Die früheren nicht suchtbedingten Verurteilungen dürfen
keine Berücksichtigung finden. Dies widerspricht nicht dem Grundsatz, dass
eine Aufspaltung in einen zurückstellungsfähigen und einen nicht zurückstellungsfähigen Teil zu unterbleiben hat. Hintergrund dieser Anforderung ist der
Gedanke, dass die Zurückstellung einer Strafvollstreckung nicht aufteilbar ist. Es
darf danach nicht dazu kommen, erst eine Teilverbüßung zu verlangen, bis nicht
zurückstellungsfähige Taten verbüßt sind. Bei den beschriebenen, besonders gelagerten Einheitsjugendstrafen kommt es aber gerade zu keiner Aufspaltung,
vielmehr bleibt es bei einer einheitlichen Lösung. Bei diesen Fällen kann nur
ganz oder gar nicht zurückgestellt werden.

122   **4. Zu vollstreckende Unterbringung neben einer Freiheitsstrafe von
nicht mehr als 2 Jahren (§ 35 Abs. 1 S. 1 BtMG).** § 35 BtMG erlaubt keine
Zurückstellung, wenn gem. § 71 StGB **nur auf Unterbringung** in einer Entziehungsanstalt, aber **nicht auf Freiheitsstrafe** erkannt wurde. Wenn aber neben
einer Freiheitsstrafe oder einem Strafrest von nicht mehr als 2 Jahren eine Maßregel
der Unterbringung in einer Entziehungsanstalt gem. § 64 StGB offensteht, kann
die Strafvollstreckung zurückgestellt werden (vgl. *Frankfurt* SuchtG 1986, 118).

123   Gem. § 67 Abs. 1 StGB ist die neben einer Freiheitsstrafe angeordnete Maßregel
der Unterbringung vor einer Strafe zu vollziehen. Übersteigt die Freiheitsstrafe
oder der Strafrest die Zweijahresgrenze nicht, so wird die **Maßregel zusammen
mit der Strafe zurückgestellt.** Auch wenn Einrichtungen für den Maßregelvollzug eine Langzeittherapie für Drogenabhängige anbieten, schließt dies eine Zurückstellung von Strafvollzug und Maßregelvollzug nicht aus. Der im Maßregelvollzug befindliche Verurteilte kann deshalb bei einem Strafrest bis zu 2 Jahren
einen Zurückstellungsantrag nach § 35 BtMG stellen.

124   Nach § 67 Abs. 2 S. 1 StGB bestimmt das Gericht jedoch, dass die Strafe oder
ein Teil hiervon vor der Maßregel zu vollziehen ist, wenn der Zweck der Maßregel
dadurch leichter erreicht wird. Bei einer Freiheitsstrafe von über 3 Jahren und
gleichzeitiger Unterbringung in einer Entziehungsanstalt soll das Gericht nach § 67
Abs. 2 S. 2 StGB bestimmen, dass ein Teil der Strafe vor der Maßregel zu vollziehen ist. In diesen Fällen kann die Zurückstellung erfolgen, wenn die Strafe oder
der verbleibende Strafrest bis zu 2 Jahren ausmacht (§ 35 Abs. 3 Nr. 2 BtMG). Da
gem. § 67 c Abs. 1 StGB das Gericht vor dem Ende des Vollzuges einer zweijährigen Freiheitsstrafe zu prüfen hat, ob der Zweck der Maßregel die Unterbringung
noch erfordert, kann nicht eine Versagung der Zurückstellung damit begründet
werden, dass neben der zweijährigen Freiheitsstrafe eine bis zu 2 Jahren reichende
Unterbringung (§ 67 d Abs. 1 StGB) zu vollziehen sei. Setzt das Gericht die Vollstreckung der Maßregel der Unterbringung nicht zur Bewährung aus (§ 67 c Abs. 1
S. 2 StGB), weil es die Maßregel der Unterbringung für noch erforderlich hält, so
kann der Verurteilte Zurückstellung nach § 35 BtMG beantragen.

125   **5. Zurückstellung der Strafvollstreckung bei mehreren Freiheitsstrafen.
a) Summe von nicht mehr als 2 Jahren.** Sind nicht nur eine, sondern **mehrere drogenbedingte, kurzfristige, nicht gesamtstrafenfähige Freiheitsstrafen
oder Reste mehrerer Freiheitsstrafen** nacheinander zu vollstrecken, so ist die
Zurückstellung der Strafvollstreckung nach § 35 Abs. 1 BtMG dann gesetzlich
nicht ausgeschlossen, wenn alle zu verbüßenden Strafzeiten zurückzustellen sind
und in der Summe 2 Jahre nicht übersteigen (BGHSt. 33, 94 = NStZ 1985, 126 =
StV 1985, 378; *Weber* § 35 Rn. 14; *Hügel/Junge/Lander/Winkler* § 35 Rn. 7.2). Für
die Zurückstellung der Strafvollstreckung ist aber kein Raum, wenn im Zeitpunkt
der Entscheidung über die Zurückstellung die Voraussetzungen des Widerrufs-

grundes des § 35 Abs. 6 Nr. 2 BtMG vorliegen, wenn also wegen der Vollstreckung einer weiteren Freiheitsstrafe der Beginn einer der Rehabilitation dienenden Behandlung nicht gewährleistet ist (BGHSt. 55, 243 = NJW 2010, 3314 = StV 2010, 694). Grundgedanke des Gesetzgebers war, dass eine Therapie, die in eine noch ausstehende Strafvollstreckung einmündet, keine ernsthaften Erfolgsaussichten bietet. Denn die Therapie ist darauf angelegt, von einem bestimmten Zeitpunkt an ein Üben und Bewähren in Freiheit zu umfassen (BT-Drs. 8/4283, S. 6). Die StA kann aber nicht die Zurückstellung allein deshalb ablehnen, weil im Zeitpunkt der Entscheidung eine weitere Strafe zu vollstrecken ist. Die Vollstreckungsbehörde hat zu prüfen, ob bei der weiteren Verurteilung die Voraussetzungen des § 35 BtMG gegeben sind.

Es können also **mehrere Freiheitsstrafen zugunsten einer Therapie** zu- **126** rückgestellt werden. Dies bereitet keine Probleme, wenn ein und dieselbe Vollstreckungsbehörde die Strafen zu vollstrecken hat und nun die Vollstreckung gleichzeitig zurückstellen kann. Vollstrecken aber **verschiedene Staatsanwaltschaften** oder Jugendrichter in verschiedenen Orten der Bundesrepublik die verschiedenen Strafen, so ist eine **enge Zusammenarbeit zwischen sämtlichen Staatsanwälten und Richtern** vonnöten, damit nicht das eine Gericht die Zustimmung erteilt, das andere Gericht die Zustimmung verweigert, der eine Staatsanwalt oder Jugendrichter die Vollstreckung zurückstellt und der andere Staatsanwalt oder Jugendrichter die Zurückstellung verweigert. Ideal wäre in diesen Fällen, wenn die gesamte Vollstreckung zentral von einer StA übernommen werden könnte (*Körner* JR 1983, 433; *Körner* SuchtG 1988, 329 ff.).

b) Summe übersteigt 2 Jahre. Hat der Antragsteller mehrere drogenbedingte **127** Gesamtstrafen oder **mehrere nicht gesamtstrafenfähige Freiheitsstrafen von nicht mehr als 2 Jahren, deren Summe jedoch 2 Jahre übersteigt,** zu verbüßen, so war die Zurückstellungsmöglichkeit unter den OLGen lange Zeit umstritten. Der vom *OLG Hamm* (Beschl. v. 13. 2. 1984, 1 VAs 19/84) angerufene *BGH* beantwortete die Frage wie folgt: Sind gegen einen Verurteilten **mehrere Freiheitsstrafen** verhängt worden, aus denen keine Gesamtfreiheitsstrafe gebildet werden kann, so ist die **Zurückstellung ihrer Vollstreckung (§ 35 BtMG) nicht** allein deswegen **ausgeschlossen,** weil aus ihr insgesamt noch Freiheitsstrafe **von mehr als 2 Jahren** nicht vollstreckt ist (BGHSt. 33, 94 = NStZ 1985, 126 = StV 1985, 378). Der Meinungsstreit der OLGe und in der Lit. war damit abgeschlossen (vgl. *Hamm* NStZ 2000, 557; *Karlsruhe* StV 2003, 287; *Weber* § 35 Rn. 20; *Hügel/Junge/Lander/Winkler* § 35 Rn. 7.2; MK-StGB/*Kornprobst* § 35 Rn. 32). Bei der **Vollstreckung mehrerer Gesamtfreiheitsstrafen** ist zunächst bei jeder einzelnen Gesamtstrafe gesondert festzustellen, ob der überwiegende Teil der jeweils abgeurteilten Daten auf der Betäubungsmittelabhängigkeit beruht. Dies kann dazu führen, dass bei der einen Gesamtfreiheitsstrafe eine Zurückstellung der Strafvollstreckung möglich ist, bei einer anderen jedoch nicht (*Karlsruhe*, Beschl. v. 31. 10. 2001, 2 VAs 23/01).

6. Hindernis einer zu vollstreckenden Strafe. Sind gegen einen Verurteil- **128** ten mehrere Strafen verhängt worden und liegen **bei einer zu vollstreckenden Strafe die gesetzlichen Voraussetzungen** für die Zurückstellung von der Strafvollstreckung **nach § 35 Abs 1 BtMG nicht** vor, so kann die Vollstreckung der anderen Strafen, auch wenn sie wegen Taten, die der Verurteilte aufgrund einer Betäubungsmittelabhängigkeit begangen hat, **nicht** gem. § 35 Abs. 1 BtMG zurückgestellt werden (vgl. dazu im Einzelnen Rn. 283 ff.). Denn eine derartige weitere zu vollstreckende Strafe steht – wie aus der Widerrufsvorschrift des § 35 Abs. 6 Nr. 2 BtMG zu folgern ist – einer Vergünstigung nach § 35 Abs. 1 BtMG grundsätzlich entgegen (BGHSt. 55, 243 = NJW 2010, 3314 = StV 2010, 694).

Solange die **Zurückstellungsfrage bei der weiteren Verurteilung noch of- 129 fen** ist, darf die **Zurückstellung nicht** unter Bezugnahme auf die weitere Strafe **abgelehnt werden.** Die Vollstreckungsbehörde, die den Zurückstellungsantrag ablehnen will, muss die endgültige Entscheidung in der anderen Sache abwarten.

Sie braucht nicht zu warten, wenn sie aus anderen Gründen die Zurückstellung ablehnt. Die Vollstreckungsbehörde braucht auch nicht abzuwarten, wenn sie die Zurückstellung der Strafvollstreckung gewähren will. Sie läuft aber dann Gefahr, dass die Zurückstellung später zu widerrufen ist.

130   Eine zur Bewährung ausgesetzte zweite Freiheitsstrafe hindert erst dann die Zurückstellung, **wenn der Widerruf der Bewährung und die Vollstreckung feststehen.** Ist eine Strafvollstreckung nach § 35 Abs. 1 BtMG zurückgestellt, so kann es angezeigt sein, mit der Entscheidung über den Widerruf der in einer anderen Sache gewährten Strafaussetzung bis zum Abschluss der Therapie zuzuwarten, wenn im Falle des Erfolges der Therapie die Anwendung des § 56 f Abs. 2 StGB in Betracht kommt (Zweibrücken StV 1982, 588 = MDR 1983, 150). So kann insb. im Jugendverfahren trotz gravierenden Verstoßes gegen die Bewährungsauflagen ein Widerruf der Strafaussetzung zurückgewiesen werden, wenn eine Verlängerung der Bewährungszeit ausreicht und gleichzeitig eine angetretene Therapie ermöglicht wird (*AG Krefeld* StV 1983, 250).

131   **7. Zurückstellung der Strafvollstreckung bei einem Strafrest von 2 Jahren bis zur Haftentlassung und Abschiebung.** Ein drogenabhängiger Türke, der wegen Verstoßes gegen das BtMG zu einer Freiheitsstrafe von 6 Jahren verurteilt wurde, kann nicht nach Verbüßen von 2 Jahren Freiheitsstrafe gem. § 35 BtMG die Zurückstellung der Strafvollstreckung mit der Begründung beanspruchen, er wolle die verbleibenden 2 Jahre bis zum 2/3-Termin und der Abschiebung in seine Heimat (nach 4 Jahren) für eine Langzeittherapie nützen. Wenn einer Zurückstellung der Strafvollstreckung ausländerrechtliche Gesichtspunkte oder Verständigungsschwierigkeiten in der Landes- oder Stammessprache entgegenstehen, so ist sie abzulehnen (vgl. dazu auch Rn. 296 ff.). Diese Schwierigkeiten können nicht dazu führen, die gesetzlichen Zurückstellungsvoraussetzungen des § 35 BtMG bei drogenabhängigen Ausländern zu missachten oder anders zu interpretieren. Die Zurückstellung der Strafvollstreckung ist keine Alternative zur Aussetzung des Strafrestes zur Bewährung. Der Verurteilte kann nicht beide Vergünstigungen dergestalt in Anspruch nehmen, dass er eine Vorverlagerung des Zurückstellungstermins mit der anschließenden Aussetzung des Strafrestes begründet. Auch bei einem Ausländer kann nur ein Strafrest bis zu 2 Jahren zurückgestellt werden. Denn unter dem zu vollstreckenden Rest der Freiheitsstrafe oder der Gesamtfreiheitsstrafe i.S. v. § 35 Abs. 3 Nr. 2 BtMG ist der noch nicht verbüßte Teil der erkannten Strafe zu verstehen (*BGH* NStZ 1987, 292 = StV 1987, 301).

V. Zur Rehabilitation dienende Behandlung (§ 35 Abs. 1 S. 1 BtMG)

132   Zur Zurückstellung ist erforderlich, dass der Verurteilte wegen seiner Abhängigkeit

– entweder **bereits in** einer seiner Rehabilitation dienenden **Behandlung sich befindet,**
– oder **zusagt, sich** einer derartigen **Behandlung zu unterziehen.**

133   Bei Jugendlichen muss neben der Therapiezusage die **Einwilligung des Erziehungsberechtigten** und gesetzlichen Vertreters vorliegen (§ 38 Abs. 1 S. 3 BtMG). Befindet sich der Verurteilte in Therapie, so kann seine Therapiebereitschaft nicht zweifelhaft sein. In den Fällen, in denen Antragsteller vor, während oder nach der Hauptverhandlung sich auf freiem Fuß befinden oder von der Untersuchungshaft verschont wurden, befinden diese sich bisweilen schon in einer Therapieeinrichtung vor der rechtskräftigen Verurteilung und ihrem Zurückstellungsantrag. Der Aufenthalt in einer therapeutischen Einrichtung erleichtert regelmäßig die Zurückstellungsentscheidung erheblich. In aller Regel wird das Gericht sich bemühen, mit den Entscheidungen der Hauptverhandlung die Therapiefortdauer zu ermöglichen. Befindet sich der Verurteilte in Haft, so bedarf die **Therapiezusage** der Prüfung.

1. Der Rehabilitation dienende Behandlung (§ 35 Abs. 1 S. 1 BtMG). 134
Weder im BtMG noch im Strafvollzugsgesetz gibt es eine **Legaldefinition,** was
unter Behandlung zu verstehen ist. Der **Begriff der Behandlung** ist zunächst
einmal weit auszulegen. Er umfasst sowohl **die besonderen medizinischen und
individual- sowie sozialtherapeutischen Maßnahmen,** als auch diejenigen
allgemeiner Art, die den **Strafgefangenen durch Ausbildung und Unterricht**
sowie **Beratung bei der Lösung persönlicher und wirtschaftlicher Probleme** und Beteiligung an gemeinschaftlichen Aufgaben der Anstalt in das Sozial-
und Wirtschaftsleben einbeziehen, ihn **befähigen, sich mit der Tat, ihren Ursachen und Folgen auseinanderzusetzen** und so der **Behebung krimineller
Neigungen** dienen (*Karlsruhe* NStZ-RR 2005, 122). Gegenüber einer in Freiheit
stattfindenden Behandlung ergeben sich aus § 7 Abs. 2 StrVollzG neben medizinischen Behandlungsmaßnahmen auch sozialtherapeutische Maßnahmen wie berufliche Ausbildung und Weiterbildung, die Eingliederung in betreute Wohngruppen,
Vollzugslockerungen und Entlassungsvorbereitungen. Die §§ 35, 37 BtMG sprechen von „einer seiner" (des Drogenabhängigen) **„Rehabilitation dienenden
Behandlung"** sowie von einem **„Aufenthalt in einer staatlich anerkannten
Einrichtung,** die dazu dient, **die Abhängigkeit zu beheben oder einer neu-
en Abhängigkeit entgegenzuwirken". Nicht alles, was einem Drogenabhängigen gut tut,** kann über § 35 BtMG eingeleitet werden. Die Zurückstellung
der Strafvollstreckung soll **keinen Urlaub vom Strafvollzug, und keinen Kur-
betrieb, keine Berufs- oder Religionsschule,** sondern **lediglich eine Behandlung zur Überwindung der Sucht** ermöglichen. In dem Behandlungspro-
zess „Entzug – Entwöhnung – Nachsorge – berufliche und soziale Rehabilitation"
stellt die **Rehabilitation das Endziel** dar. Das BtMG enthält **keine Legaldefinition** der der Rehabilitation dienenden Behandlung. Dies ist bedauerlich, da die
unterschiedlichsten Therapiekonzepte und Therapieformen gibt: Stationäre Langzeittherapien, ambulante oder teilstationäre Therapien, Nachsorgeeinrichtungen
oder betreute Wohngemeinschaften, die allesamt **keine Erfolgsgarantie** geben
können. Unter **Rehabilitation** versteht man alle ärztlichen, sozialpädagogischen,
psychologischen und sozialrechtlichen Maßnahmen, um Menschen, die durch
Erkrankungen, Unfälle oder Katastrophen in ihrer seelischen und/oder körperlichen Verfassung stark beeinträchtigt sind, wieder in die Lage zu versetzen, sich
geistig, gesellschaftlich und wirtschaftlich zu behaupten, kurz die möglichst **umfassende Wiederherstellung der Lebenstüchtigkeit des Menschen** (*Brockhaus*
Enzyklopädie, 1992, Bd. 18, 209).

a) Anspruch auf Therapieform, Therapieeinrichtung oder bestimmte 135
Therapeuten. Einem Strafgefangenen steht **weder ein Anspruch auf eine bestimmte Therapieform, noch auf eine bestimmte Therapieeinrichtung,
noch auf Zuteilung eines bestimmten Therapeuten** zu. Ein **Behandlungs-
wechsel** kann jedoch angezeigt sein, wenn eine gebotene Behandlungsmaßnahme
ihren Sinn verliert, weil zwischen dem Therapeuten und dem Strafgefangenen
auch in objektiver Sicht keine Kommunikationsebene mehr besteht und sich auch
nicht mehr herstellen lässt (*Karlsruhe* NStZ-RR 2005, 122; *Karlsruhe* StraFo 2011,
196). Zur **Therapieauswahl** vgl. auch Rn. 197 ff.

b) Arten der Suchtbehandlung. Die Zurückstellung nach **§ 35 Abs. 1 S. 1** 136
BtMG setzt nicht eine ärztliche Heilbehandlung, sondern eine der Rehabilitation
dienende Behandlung voraus. Der Behandlungsbegriff ist sehr weit zu verstehen
und umfasst sowohl **ärztliche wie nichtärztliche Behandlung** (*Katholnigg*
NStZ 1981, 419). Eine Behandlung dient der Rehabilitation eines Betäubungsmittelabhängigen i. S. v. § 35 Abs. 1 S. 1 BtMG, wenn sie darauf gerichtet ist, die Abhängigkeit zu beheben oder einer erneuten Abhängigkeit entgegenzuwirken, den
Verurteilten zu befähigen, ein drogenfreies Leben zu führen und ihn dauerhaft in
die Gesellschaft, in das Berufs- und Arbeitsleben wieder einzugliedern (*BSG*
NJW 1981, 2535; BT-Drs. 8/4283, S. 8; BT-Drs. 9/500, S. 3).

137   Die Behandlung muss **nicht fachwissenschaftlich anerkannt** sein, sollte aber möglichst:

– nach **einem konkreten Therapiekonzept** verlaufen,
– in **geeigneten Räumlichkeiten** stattfinden,
– **durch qualifiziertes Fachpersonal** erfolgen.

138   Eine **staatliche Anerkennung** ist **nicht erforderlich,** erleichtert aber die Anrechenbarkeit der Therapie nach § 36 Abs. 1 BtMG. Neben der in der Entgiftungsphase vorherrschenden medikamentösen Behandlung sind die Methoden und Organisationsformen der **ärztlichen und nichtärztlichen** Drogentherapie vielfältig und unterschiedlich. Es kommen z. B. auch **psychotherapeutische Verfahren (Verhaltenstherapie, Gesprächstherapie) oder soziotherapeutische Verfahren (Beschäftigungs- und Arbeitstherapie)** in Betracht.

139   Auch der Aufenthalt des Verurteilten in einer **nicht von Fachkräften geleiteten Einrichtung** kann im Einzelfall hierzu zählen, wenn diese geeignet ist, das Selbstwertgefühl des Verurteilten zu stärken und dessen soziales Verhalten zu trainieren, so z. B. **ehrenamtliche Behandlung durch Nichtfachpersonal wie Selbsthilfegruppen, Wohn- und Lebensgemeinschaften** (BT-Drs. 8/4283, S. 8).

140   Die Behandlung, die i. S. v. § 35 Abs. 1 BtMG der Rehabilitation dient, muss nicht in einer Einrichtung erfolgen, sondern kann stufenweise in einer Therapiekette stattfinden. Die Einrichtung muss aber nicht durch einen Arzt geleitet werden, sondern kann auch durch einen Sozial-, Musik-, Verhaltenstherapeuten, Pädagogen oder Psychologen geleitet werden, der sich eines ärztlichen Konsiliardienstes bedient, zumal medizinische und psychotherapeutische Behandlungsprogramme nach der Entgiftung im Rahmen der Entwöhnung nur eine untergeordnete Rolle in der Praxis spielen.

141   Rehabilitätsdienliche Behandlung i. S. v. § 35 Abs. 1 S. 1 kann **stationär, aber auch ambulant** erfolgen (*Weber* § 35 Rn. 78; *Hügel/Junge/Lander/Winkler* § 35 Rn. 5.3; MK-StGB/*Kornprobst* § 35 Rn. 71 ff.). Auch eine **ambulante Substitutionsbehandlung mit Methadon oder Polamidon mit psychosozialer Begleitung** kann eine der Rehabilitation dienende Behandlung i. S. v. § 35 Abs. 1 BtMG darstellen. Zu den ambulanten Behandlungen s. im Einzelnen Rn. 149 ff.

142   **aa) Selbsthilfe-Organisationen.** Der Gesetzgeber ging bei der Gleichstellung des § 35 Abs. 1 S. 2 BtMG davon aus, dass auch Einrichtungen, die nicht von Fachkräften geleitet werden, für eine Zurückstellung geeignet sein können, wenn sie das Selbstwertgefühl des Verurteilten zu stärken und sein soziales Verhalten zu trainieren geeignet sind (BT-Drs. 8/ 4285, S. 8). Mit dieser Ausnahmeregelung sollten **reine Selbsthilfegruppen,** wie z. B. **„Synanon" in Berlin** (www.synanon-aktuell.de) oder **„die Fleckenbühler e. V."** **mit Häusern in Frankfurt, Cölbe und Willingshausen** (www.diefleckenbuehler.de), die ohne Fachpersonal mit ehemaligen Süchtigen als Therapeuten zusammenarbeiten, für eine Therapie im Wege der Zurückstellung der Strafvollstreckung erschlossen werden, sofern sie staatlich anerkannt sind (*Katholnigg* NStZ 181, 418; *Slotty* NStZ 1981, 321, 327; *Patzak/Bohnen* Kap. 4, Rn. 8).

143   Unter dem Namen **Synanon** wurde 1961 in den USA zum ersten Mal die Idee der Drogenselbsthilfegemeinschaft umgesetzt. In Deutschland eröffnete Synanon im Jahr 1971 eine Selbsthilfeeinrichtung in Berlin zunächst unter dem Namen „Release e. V.", welche 1975 in „Synanon" umbenannt wurde. Im Jahre 1984 eröffnete „Synanon" eine Suchthilfeeinrichtung auf dem Gutshof in Schönstadt bei Marburg, Ortsteil Cölbe, die seit 1995 organisatorisch selbständig unter dem Namen **„Suchthilfe Fleckenbühl"** geführt wird. 2009 wurde die Einrichtung von „Suchthilfe Fleckenbühl" in „die Fleckenbühler" umbenannt.

144   „Synanon" und „die Fleckenbühler" haben gemeinsam, dass Drogenabhängige Menschen Tag und Nacht zur Aufnahme in die Einrichtung kommen können. Aber jeder, der aufgenommen werden möchte, muss **drei Regeln** akzeptieren: **keine Drogen** – auch kein Alkohol –, **keine Gewalt** oder Androhung von Gewalt und **kein Tabak.** Alle Neuankömmlinge haben sich innerhalb der Probezeit von 14 Tagen zu entscheiden, ob sie bleiben möchten oder nicht. Erst dann beginnt die Therapie, das **Zusammenleben und die Selbsthilfe ohne Therapeuten und Psychologen.** Die Einrichtungen haben das Ziel, Süchtigen einen Wiedereinstieg in ein normales Leben zu ermöglichen. Die zum Hof Fleckenbühl gehörenden landwirtschaftlichen Flächen werden, ebenso wie die Tierhaltung, unter biologisch-dynamischen Richtlinien betrieben. Seit 1998 gibt es die verschiedensten Zweckbetriebe: Cleanup-Reinigung und Wäscherei, Bauhilfe und Schuttentsorgung, Gartenbau und Gartenpflege, Malerei und Lackiererei, Tischlerei, Druckerei, Keramikwerkstatt, Heizung und Sanitärtechnik, Umzüge und Transporte, Fachverlag, Bäckerei, Käserei, Catering, Verwaltung und Verkaufsladen. Ein großer Vorzug bei der Therapievorbereitung ist, dass die Aufnahme bei „Synanon" und „die Fleckenbühler" **weder eine Kostenzusage noch eine Therapieplatzzusage** erfordert, weil sich diese Einrichtung durch Spenden und Zweckbetriebe selbst finanziert.

bb) Staatlich anerkannte Behandlungen (§ 35 Abs. 1 S. 2 BtMG). Die **145** Anrechenbarkeit einer Drogentherapie ist gem. § 36 Abs. 1 BtMG erleichtert, wenn der Verurteilte in einer staatlich anerkannten Einrichtung behandelt wurde (§ 35 Abs. 1 S. 2 BtMG). Die **Ausnahmeregelung** des § 35 Abs. 1 S. 2 BtMG **wurde** in der Praxis **zum Regelfall.** Langzeittherapien in staatlich anerkannten Therapieeinrichtungen werden deshalb zurzeit vom drogenabhängigen Verurteilten bevorzugt. Die **staatlich anerkannten Einrichtungen** sind in besonderen **Listen der Länder** aufgeführt und werden ständig ergänzt. Aus dem **Wortlaut „Aufenthalt in"** einer staatlich anerkannten Einrichtung wird zum Teil geschlossen, dass **nur staatlich anerkannte stationäre Therapien** die Voraussetzungen des § 35 Abs 1 S 2 BtMG erfüllen (*Weber* § 35 Rn. 175; *Hügel/Junge/Lander/Winkler* § 36 Rn. 1.3.2). Diese Auslegung ist aber nicht zwingend, es können vielmehr **stationäre wie ambulante Programme staatlich anerkannt** werden (MK-StGB/*Kornprobst* § 35 Rn. 86; *Malek* 5. Kap. Rn. 40).

Das Anerkennungsverfahren der Länder (vgl. die Richtlinien der Freien **146** und Hansestadt Hamburg für eine staatliche Anerkennung von Einrichtungen zur Behandlung oder Beratung Drogenabhängiger in der Freien und Hansestadt Hamburg, Amtl. Anz. 1995, 2457) soll gewährleisten, dass die Behandlungskonzepte die Gestaltung der Lebensführung der Verurteilten so strukturieren, dass dessen **umfassende gesellschaftliche Eingliederung,** insb. in schulischer, beruflicher und psychosozialer Hinsicht unter kontrollierten Bedingungen gewährleistet ist.

Die staatliche Anerkennung erfolgt auf Antrag des Trägers der Einrichtung **147** durch Erlass des Sozial- bzw. Gesundheitsministers, wenn bestimmte Voraussetzungen erfüllt sind, wie z.B.:

– **Behandlungsziel,**
– **Behandlungskonzeption,**
– **Fachpersonal,**
– **Raumprogramm,**
– **Kostensicherung.**

Nach der **Gesetzesänderung des § 36 Abs. 1 BtMG** sind nun **alle** staatlich **148** anerkannten Einrichtungen automatisch auch **anrechnungsfähig** i. S. v. § 36 Abs. 1 S. 1 BtMG, auch wenn die Patienten in der freien Gestaltung ihrer Lebensführung nicht erheblichen Beschränkungen unterworfen sind (vgl. § 36 Rn. 14). Die staatliche Anerkennung bedeutet jedoch nicht, dass diese Einrichtungen sich nun ausschließlich auf Klienten konzentrieren, die über § 35 BtMG in ihre Einrichtung gelangen.

cc) Ambulante Behandlung. Während zunächst der Schwerpunkt therapeuti- **149** scher Bemühungen auf psychiatrischem Gebiet – und damit auch auf dem Gebiet der Suchtkrankenhilfe stets im stationären Bereich lag, wurde zunehmend der Akzent der **ambulanten Behandlung Abhängiger stärker betont** (*Täschner*, 1983,

S. 75; *Bühringer* in HbBtMR § 5 Rn. 135 ff.). Durch die Streichung der einengenden Therapieregelung in § 36 Abs. 1 BtMG sollte eine Ausweitung auf die ambulanten Therapien erreicht werden (BT-Drs. 12/934, S. 6 f.). Nach § 35 Abs. 1 S. 1 BtMG kommen für eine Zurückstellung nicht nur stationäre, sondern auch ambulante, teilstationäre Behandlungsformen, wie auch ambulante Therapieformen in Betracht. Im Laufe der Jahre bestanden Gerichte und Strafvollstreckungsbehörden nicht mehr auf stationären Langzeittherapien, was auch auf ein erweitertes Angebot an therapeutischen Einrichtungen zurückzuführen sein dürfte. Im Bericht vom 24. 11. 1987 (BT-Drs. 10/6546) bekräftigte auch die *Bundesregierung* ihre allgemeine **positive Beurteilung ambulanter Therapien.** Zu den verschiedenen Formen der ambulanten Therapie s. Rn. 167 ff.

150   Die Justiz hat nach dem BtMG kein Recht, einem therapiewilligen Verurteilten die **Therapieform vorzuschreiben** bzw. die Zurückstellung von einer bestimmten Therapieform abhängig zu machen. Die Weigerung eines Verurteilten, an einer stationären Therapie teilzunehmen und die Bereitschaft, an einer ambulanten Substitutionstherapie teilzunehmen, rechtfertigen keine Versagung eines Zurückstellungsantrages, weil die **Strafvollstreckungsbehörde eine stationäre Therapie anstrebt, wenn die ambulante Therapie Erfolg verspricht.** Entscheidend ist allein, ob sich der Verurteilte zu der Therapie bereit erklärt, der Therapieplatz und die Kosten gesichert sind und die gewünschte Therapieeinrichtung den Probanden behandeln will und Erfolgsaussichten sieht. Es ist das Therapieprogramm zu akzeptieren, das dem Antragsteller zurzeit den größten Erfolg verspricht. Dies muss aber nachvollziehbar vorgetragen werden. Zur Beurteilung der Therapiechancen kann in einem Einzelfall die Auskunft eines behandelnden Arztes einzuholen sein (*Karlsruhe*, Beschl. v. 31. 3. 1999, 2 VAs 12/99). Ein absoluter **Erfahrungssatz, nur eine stationäre Drogenentzugsbehandlung könne zum Erfolg führen, besteht nicht und** unterliegt der uneingeschränkten revisionsrechtlichen Kontrolle (*Düsseldorf* StV 1993, 476). Die Bereitschaft eines Betäubungsmittelabhängigen zur Durchführung einer ambulanten Therapie in Frankfurt darf nicht mit der Begründung abgelehnt werden, eine ambulante Therapie in Frankfurt verdeutliche, dass er seine Drogenkarriere nicht beenden wolle, da dort eine schnelle Kontaktaufnahme zu den alten Drogenkreisen zu befürchten sei. Die Weigerung eines Verurteilten, an einer stationären Therapie teilzunehmen und die Bereitschaft, an einer ambulanten Substitutionstherapie teilzunehmen, rechtfertigen keine Versagung eines Zurückstellungsantrages, weil die Strafvollstreckungsbehörde eine stationäre Therapie anstrebt (*Stuttgart* NStZ 1986, 141).

151   Bei ambulanten Therapieformen kommt eine Zurückstellung der Strafvollstreckung aber dann nicht in Betracht, wenn hierdurch an den Verurteilten **unzureichende Anforderungen** gestellt werden. Um als eine die Rehabilitation des Verurteilenden dienende Behandlung i. S. d. § 35 BtMG angesehen zu werden, muss die ambulante Therapie die Gewähr dafür bieten, dass sich der Verurteilte **ernsthaft und intensiv** mit seiner Drogensucht auseinandersetzt, an seiner Rehabilitation mitarbeitet und die ärztliche Behandlung – falls erforderlich – von einer psychosozialen Betreuung und ständigen, vorher nicht angemeldeten Urinkontrollen begleitet wird (*Körner* NStZ 1998, 227, 231; *Jena*, Beschl. v. 25. 1. 2007, 1 VAs 3/ 06. **Nicht nur die Probanden, auch die Behandlungskonzepte müssen einer Kontrolle unterliegen** (*Zweibrücken* StV 1983, 249; *Stuttgart* StV 1994, 30; *Frankfurt* NJW 1995, 1626). Bei vielen Antragstellern herrscht der Irrtum vor, sie könnten sich eine **ambulante Therapie auswählen,** weil sie **bequemer** ist **als eine stationäre Therapie,** die Aufnahme einer Erwerbstätigkeit ermöglicht **und weniger Kontrolle** unterliegt. Eine ambulante Therapie kommt **in der Regel aber nur in Betracht, wenn stationäre Therapien oder Therapieversuche vorausgegangen sind.**

152   Aus einem **anzuerkennenden ambulanten Therapiekonzept** müssen daher **Art, Umfang und Dauer der Behandlung, Beratung und Kontrolle** des Probanden **klar hervorgehen.** Schließlich muss das Konzept der ambulanten Therapie Regelungen enthalten, ob steigender Drogenbeigebrauch und Straftaten

während der ambulanten Therapie als Therapieabbruch gewertet und den Strafverfolgungsbehörden gemeldet werden (*Stuttgart* StV 1994, 30; *Frankfurt* NJW 1995, 1626; *Köln* StV 1995, 649; *Karlsruhe* StV 2000, 631).

Weber (§ 35 Rn. 84) ist zuzustimmen, dass in Anlehnung an einen bayerischen **153** Kriterienkatalog v. 14. 12. 2001 folgende **Anforderungen an ein ambulantes Therapiekonzept** zu stellen sind:

– Durchführung einer Vorbereitungsphase vor der Behandlung durch die Einrichtung inkl. Diagnostik und Indikationsstellung,
– Vorhalten eines Angebots durch die Einrichtung zur Krisenintervention,
– Mitwirkung von auf dem Gebiet der Suchtkrankenhilfe qualifiziertem und erfahrenem Fachpersonal (Psychologen, Sozialpädagogen sowie eines Arztes zumindest auf Honorarbasis),
– Durchführung strenger Abstinenzkontrollen, z.B. unangekündigter Urinkontrollen,
– häufiger, möglichst täglicher Kontakt zwischen Verurteiltem und Therapieeinrichtung,
– Tagesstrukturierung durch ein ganztägiges Beschäftigungs-, Ausbildungs- oder Umschulungsverhältnis bzw., sofern dies fehlt, Tagesbetreuung in der Therapieeinrichtung,
– Entbindung der Therapieeinrichtung von der Schweigepflicht und Bereitschaft der Therapieeinrichtung zur Auskunftserteilung über Therapieverlauf und Therapieerfolg.

Eine ambulante Therapie scheidet aus, wenn es zuvor **während einer anderen** **154** **ambulanten Therapie zu Straftaten und Drogenmissbrauch kam.** Hat ein Verurteilter **während einer ambulanten Substitutionstherapie Straftaten begangen** und ist inhaftiert worden, so kommt eine Zurückstellung der Strafvollstreckung zugunsten einer ambulanten Substitutionstherapie nicht in Betracht (*GStA Frankfurt*, Bescheid v. 14. 3. 2005, 6 Zs 15/05). Ließ sich der Verurteilte regelmäßig in einer Ambulanz mit Substitutionsdrogen versorgen, ohne psychosozial betreut zu werden, und beschaffte er sich gleichzeitig in der Drogenszene illegal Methadon, Benzodiazephine, Cannabinoide und Kokain, so ist er **für eine ambulante Substitutionstherapie ungeeignet** (*GStA Frankfurt*, Bescheid v. 30. 12. 2004, 6 Zs 68/04). Ist eine **vorausgegangene ambulante Substitutionsbehandlung gescheitert,** so muss eine geplante erneute ambulante Substitutionsbehandlung **umso sorgfältiger vorbereitet und begründet werden.**

2. Justizielle Prüfung. Ob die angetretene oder geplante Behandlung der Re- **155** habilitation dient, kann die Justiz vielfach schwer beurteilen. Sie hat deshalb sich **nicht als Therapieexperte** für oder gegen eine bestimmte Behandlungsmethode einzusetzen. Sie hat auch **nicht als Therapiedetektiv** zu überprüfen, ob hinter den Therapieprogrammen auch tatsächlich die zugesagte Behandlung stattfindet.

Die Zurückstellung darf nicht deshalb abgelehnt werden, weil die StA **anstelle** **156** **einer ambulanten Therapie eine stationäre Langzeittherapie** bevorzugt. Die Zurückstellung darf nicht von der endgültigen Zusage einer Langzeittherapie abhängig gemacht werden, wenn die Aufnahme in einer staatlich anerkannten Einrichtung gesichert ist, die die Voraussetzungen für eine Langzeittherapie schaffen soll. So darf dem Antragsteller, dem ein Ausgang und Urlaub zum Aufnahmegespräch in der Therapieeinrichtung verweigert wird, die Zurückstellung nicht mit der Begründung verweigert werden, es liege keine Therapieplatzzusage vor (*Berlin* StV 1988, 24).

Nur wenn begründete Anhaltspunkte dafür vorliegen, dass Drogentherapieein- **157** richtungen nicht zur Behandlung, sondern **zur finanziellen Ausbeutung, zu Missionszwecken oder zu Straftaten missbraucht werden,** hat hier eine sorgfältige Prüfung stattzufinden.

Führt der Therapeut in seiner **Meditations- und Hypnosepraxis** psychische **158** und physische **Reinigungsprogramme** durch und unternimmt er mit seinen drogenabhängigen Patienten **Selbsterfahrungsexperimente** mit synthetischen

Drogen wie LSD, MDA oder MDMA, so kann im Hinblick auf eine derart fragwürdige Therapie die Strafvollstreckung nicht zurückgestellt werden (vgl.
Rn. 179 ff.).

159　　**3. Stadien und Formen der Drogentherapie. a) Prävention.** Die präventiven Maßnahmen, durch Restriktion, Beratung und Aufklärung in Elternhaus,
Schule und in den Medien, sind szenenspezifische Vorfeldarbeit, um den Konsum
von Betäubungsmitteln zu verhindern, stellen keine Therapie dar. Insofern kann
die von einem Drogenabhängigen nachgewiesene Teilnahme an einem Drogenun-
terricht einer Schule, an Drogeninformationsveranstaltungen zur Jugendclubs oder
Erziehungsberatungsstellen, an Beratungen durch Drogenberatungsstellen nicht als
Therapie i. S. d. § 35 Abs. 1 S. 1 BtMG anerkannt werden. Auch die während der
Untersuchungshaft vorgenommene Beratung und Motivationsweckung durch
einen Drogenberater und der ärztlich überwachte „kalte Entzug" (cold turkey) in
der Haft stellen nur eine **Vorbereitung einer der Rehabilitation dienenden
Behandlung,** aber noch keine Rehabilitation selbst dar. Diese Maßnahmen bele-
gen aber ggf. eine Therapiebereitschaft.

160　　**b) Entgiftung und Behandlung medizinischer Komplikationen und Be-
gleiterkrankungen.** Eine abgeschlossene Entgiftung und eine Behandlung von
Begleiterkrankungen sind Voraussetzungen für die Entwöhnungsbehandlung. Der
Entzug und die Behandlung von Begleiterkrankungen muss **stationär unter
ärztlicher Kontrolle** erfolgen. Die medikamentöse Behandlung wird in der Regel nicht begleitet durch stützende Gespräche und psychotherapeutische Verfahren
(*Bühringer* in HbBtMR § 5 Rn. 179). Ob die Entgiftung in einer Psychiatrischen
Klinik ebenso wie die Akutbehandlung im Rahmen eines Therapieverbundes **eine
der Rehabilitation dienende Behandlung** i. S. v. § 35 Abs. 1 S. 1 BtMG oder
nur deren **Vorbereitung** ist, hängt vom Einzelfall ab. Neben dem erwähnten **kalten Entzug** hat der **sanfte bzw. warme Polamidon-gestützte Entzug** Anerkennung gefunden, weil er die panikartige Angst vor dem Entzug beseitigt und der
Entzug als positives wiederholbares Erlebnis empfunden wird (*Luedtke* Dtsch. Ärztebl. 1991, 522 ff.).

161　　**c) Übergangseinrichtungen.** Von der Entgiftung und Behandlung von Begleiterkrankungen ist die Behandlung in einer Übergangseinrichtung zu unterscheiden. In Einzelfällen setzt eine Langzeittherapie inhaftierter Drogenabhängiger
den Durchlauf einer sog. Übergangseinrichtung voraus, die die **Voraussetzungen
einer Langzeittherapie** schaffen sollen. In anderen Fällen soll die **Übergangszeit bis zum Freiwerden eines Therapieplatzes** therapeutisch genutzt werden.
Denn als Behandlung gilt auch der Aufenthalt in einer Einrichtung, die dazu dient,
einer erneuten Abhängigkeit entgegenzuwirken (§ 35 Abs. 1 S. 2 BtMG; vgl. *Berlin* NStZ 1991, 244; *Hamm* NStZ 1990, 605). Für eine Zurückstellung der Strafvollstreckung zugunsten des Aufenthalts in einer Übergangseinrichtung ist aber
erforderlich, dass das **zukünftige sich anschließende Therapieprogramm
bekannt und terminiert ist** und **zur Behandlung geeignet ist.**

162　　Strebt der Verurteilte **kein konkretes Drogentherapieprogramm** an, sondern lässt sich **unverbindlich auf Wartelisten** setzen oder meldet sich regelmäßig
für **unverbindliche Aufenthalte in Übergangseinrichtungen** an, ohne sich auf
ein anschließendes Therapieprogramm festzulegen, so kann mangels konkretem
Therapiebeginn keine Zurückstellung der Strafvollstreckung erfolgen.

163　　**d) Entwöhnungsbehandlung.** Die Entwöhnungsbehandlung kann freiwillig
oder aufgrund gerichtlicher Weisung, im Rahmen der Strafaussetzung oder im
Rahmen der Zurückstellung der Strafvollstreckung, in offenen Therapieeinrichtungen, aber auch unfreiwillig aufgrund richterlicher Unterbringungsanordnung
(§ 64 StGB) im Maßregelvollzug einer Entziehungsanstalt erfolgen. Die Methoden
und Organisationsformen der Therapie Suchtkranker sind ausführlich und anschaulich von *Täschner* (1983, S. 68–187) beschrieben worden.

aa) Stufenweise Langzeittherapie auf freiwilliger Basis. In Deutschland **164** kam jahrelang für eine Zurückstellung der Strafvollstreckung nach § 35 Abs. 1 BtMG bei einem Opiatabhängigen **primär eine therapeutische Langzeiteinrichtung** in Betracht, die entweder fachwissenschaftlich oder aber staatlich anerkannt ist, nach einem anerkannten Therapiekonzept, mit qualifiziertem Fachpersonal in geeigneten Räumlichkeiten durchgeführt wird (vgl. *Bühringer* in HbBtMR § 5 Rn. 185 ff.). Der mit der Zurückstellung von Strafvollstreckung befasste **Staatsanwalt** und **Richter** sollte **die einzelnen fachwissenschaftlich und staatlich anerkannten Therapieprogramme kennen.**

bb) Therapieprogramme für besondere Problemgruppen. Besondere 165 Problemgruppen in der Therapie wie drogenabhängige **Paare** und **Schwangere, Jugendliche** und **alte Menschen,** sprachunkundige **Ausländer, Therapieresistente** und **Primärkriminelle, Polytoxikomane** und **Altfixer,** Suchtkranke mit **Psychosen** oder hirnorganischen Veränderungen oder **gewalttätige Drogenabhängige** bedürfen **besonderer Therapiekonzepte** (vgl. auch Rn. 171).

cc) Substitutionsbehandlung im Strafvollzug. Scheidet bei einem behand- **166** lungsbedürftigen Strafgefangenen mangels Voraussetzungen eine Zurückstellung der Strafvollstreckung zugunsten einer Substitutionsbehandlung in Freiheit aus, so kann in zahlreichen Justizvollzugsanstalten eine in Freiheit begonnene Substitutionsbehandlung fortgesetzt oder neu begonnen werden. Die Bedingungen sind jedoch in der JVA anders, da die Substitution eines Strafgefangenen keine rein ärztliche, sondern gleichzeitig eine Maßnahme des Vollzuges darstellt, der sich insb. an den §§ 2 u 3 StrVollzG zu orientieren hat. Während in Freiheit ein substituierender Arzt bei einem die Gesundheit ernsthaft gefährdenden Beikonsum die Behandlung verändern, den Patienten an einen anderen Arzt überweisen kann, bleibt dem Anstaltsarzt häufig nur die Möglichkeit des Abbruches der Substitutionsbehandlung. Im Strafvollzug sind zudem die Möglichkeiten einer psychosozialen Begleitung stark eingeschränkt (*Hamburg* NStZ 2000, 528 = StV 2002, 265 m. Anm. *Ullmann*).

dd) Ambulante Substitutionstherapie mit psychosozialer Begleitung. 167 Nachdem die Substitutionsbehandlung mit L-Polamidon beim *BGA Berlin* (heute *BfArM*), der Bundesärztekammer, den Landesärztekammern und Kassenvertretungen in der medizinischen und juristischen Fachliteratur, nicht zuletzt beim *BGH* eine modifizierte Bewertung erfahren hat (vgl. *BGH* NStZ 1991, 439 m. Anm. *Hassemer* JuS 1992, 110 = StV 1991, 352), wird auch eine ambulante **psychosozial begleitete Substitutionsbehandlung grundsätzlich** als eine der Rehabilitation dienende Behandlung angesehen. Ziel einer Therapie muss zutreffenderweise sein, dass der Abhängige in die Lage versetzt wird, ein drogenfreies Leben zu führen. Das bedeutet jedoch nicht, dass damit nur Therapien, die auf einer sofortigen Abstinenz aufbauen, akzeptiert werden können. Eine ambulante Substitutionstherapie kann als eine der Rehabilitation dienende Behandlung i. S. v. § 35 BtMG angesehen werden, wenn mit der Vergabe des Substitutionsmittels **nicht lediglich eine Leidensminderung,** sondern a) **eine gesundheitliche Stabilisierung** des physischen und psychischen Allgemeinzustandes, b) **eine Ablösung von der Subkultur der Drogenszene** und c) **unter ständiger Erhaltung oder Reduktion der Dosis eine soziale und berufliche Wiedereingliederung** angestrebt wird, die den Probanden befähigen soll, ein drogenfreies Leben zu führen. Dieses Bemühen setzt voraus, dass der Proband eine psychosoziale Begleitung, eine Überprüfung des Beikonsums durch Urinkontrollen erfährt (s. dazu auch Rn. 151 ff.). Da die Polamidon-Substitution ebenfalls, wenn auch in kleinen Schritten und auf einen u. U. langen Zeitraum gestreckt, **die Drogenfreiheit durch die Reduzierung der Dosen erreichen will,** ist sie eine unter § 35 BtMG fallende Behandlungsmethode. § 35 Abs. 1 BtMG setzt weder den Willen zu einer stationären Therapie noch die Absicht, sich in einer staatlich anerkannten Einrichtung behandeln zu lassen (vgl. „auch" in § 35 Abs. 1 S. 2 BtMG) voraus. Denn **grundsätzlich** kommt auch eine ambulante Substitutionstherapie als eine der Rehabilitation dienende Behandlung in Betracht, wenn eine psychosoziale Begleitung sich um das Fernziel der Drogenfreiheit bemüht und die §§ 13 ff. BtMG und die §§ 5 ff. BtMVV beachtet werden.

168   Da es sich bei einer Substitutionsbehandlung aber um eine **stoffgebundene Therapieform** handelt (der Patient erhält **jahrelang an Stelle eines illegalen Betäubungsmittels ein legales Betäubungsmittel**), kommt diese Behandlungsform **wegen der Langwierigkeit und hohen Rückfallgefahr nicht als Therapie erster Wahl,** sondern nur als **Ultima ratio** in Betracht, also wenn andere Therapievorhaben gescheitert sind (*Berlin*, Beschl. v. 17. 3. 1999, 4 VAs 39/98; *Frankfurt*, Beschl. v. 8. 6. 2005, 3 VAs 25/05). Eine ambulante, medizinisch und psychosozial begleitete Substitutionsbehandlung entspricht nur den § 35 Abs. 1 BtMG, **wenn im Regelfall die durch die 10. BtMÄndV in § 5 BtMVV aufgenommenen Kriterien Beachtung finden** (*GStA Frankfurt*, Bescheid v. 5. 11. 1998, Zs 1850/98).

169   Bietet eine psychosoziale Einrichtung im Therapiekonzept Einzeltherapien, Gruppentherapien, Freizeit-, Sport- und Arbeitsangebote zur Bewältigung der aus der Drogenabhängigkeit resultierenden Defizite an und wird der Verurteilte in die ambulanten Therapiemaßnahmen eingebunden, so ist **die ärztlich kontrollierte Substitutionsbehandlung mit Beigebrauchkontrolle in Verbindung mit der psychosozialen Begleitung eine der Rehabilitation dienende ambulante Maßnahme i. S. v. § 35 BtMG** (*Oldenburg* NStZ 1991, 512; *Stuttgart* StV 1994, 30/31; *Berlin* NStE 1994, Nr. 10 zu § 35 BtMG; *Oldenburg* StV 1994, 262; *Frankfurt* NJW 1995, 1626 = StV 1995, 90; *Köln* StV 1995, 649; *Oldenburg* StV 1995, 650; *Hamburg* StV 2003, 290; *Jena*, Beschl. v. 25. 1. 2007, 1 VAs 3/06 [zitiert nach Juris]; *Berlin* NStZ-RR 2009, 321).

170   **Allein die polizeiliche Anmeldung** und die Möglichkeit eine Substitutionstherapie in Freiheit oder die **bloße regelmäßige Methadonversorgung** bei einem niedergelassenen Arzt reichen für eine Zurückstellung der Strafvollstreckung nicht aus (*GStA Frankfurt*, Bescheid v. 26. 1. 1993, Zs 77/93; *GStA Frankfurt*, Bescheid v. 2. 12. 1994, Zs 2049/94; *GStA Frankfurt*, Bescheid v. 13. 2. 1997, Zs 93/97). Allein die **Vorlage eines Substitutionstherapieausweises** und einer ärztlichen Bescheinigung, er sei in ärztlicher Behandlung und werde mit Methadon substituiert, beweist noch nicht, dass die Substitutionsbehandlung eine der Rehabilitation dienende Behandlung i. S. d. § 35 BtMG darstellt (*Oldenburg* StV 1995, 427). Das **Wohnen in einer Notschlafstelle** und das **gelegentliche Aufsuchen eines Drogenberaters** stellen keine ausreichende psychosoziale Begleitung i. S. d. Behandlungsbegriffes des § 35 ff. BtMG dar (*GStA Frankfurt*, Bescheid v. 11. 3. 1994, Zs 217/94; *GStA Frankfurt*, Bescheid v. 4. 4. 1995, Zs 348/95). Schließlich ist es auch nicht zulässig, den Antragsteller auf eine **Polamidonsubstitution im geschlossenen Strafvollzug der JVA** zu verweisen, da bei Vorliegen der Voraussetzungen des § 35 BtMG die Strafvollstreckung zugunsten einer Therapie in Freiheit zurückgestellt werden kann. Nur wenn wegen eines Strafrestes von über 2 Jahren, wegen Fluchttendenzen oder Mangel an psychosozialer Begleitung eine ambulante Substitutionsbehandlung nicht in Betracht kommt, ist der Verurteilte auf die im Strafvollzug mögliche Substitutionsbehandlung zu verweisen. Eine ausreichend psychosoziale Betreuung setzt voraus, dass der Therapeut mit dem Probanden gemeinsam an der Bewältigung der Suchtproblematik arbeitet, die Dosierung und Einnahme der Substitutionsdroge, den Beigebrauch und den Besuch anderer Ärzte durch Gesprächs- und Urinkontrollen zu verhindern versucht, die soziale Integration in Privat- und Berufsleben fördert. Ist eine psychosoziale Begleitung der ambulanten Substitutionstherapie nicht gewährleistet oder ist der Verurteilte in der JVA clean geworden, so kann eine Zurückstellung der Strafvollstreckung zur alsbaldigen Substitutionsbehandlung in Freiheit nicht erfolgen (*GStA Frankfurt*, Bescheid v. 26. 1. 1995, Zs 77/93).

171   **ee) Ambulante Substitutionstherapie einer schwangeren, drogenabhängigen Frau.** Die Behauptung eines AG ohne Belegstellen, zur Behandlung einer

heroinabhängigen Schwangeren bzw. Mutter sei eine Substitutionstherapie ungeeignet und eine stationäre Langzeittherapie erforderlich, ist fehlerhaft. Vielmehr ist
nach der medizinischen Wissenschaft im Interesse einer normalen Schwangerschaft
und eines normalen Geburtsverlaufes eine ambulante Substitutionsbehandlung
geradezu empfehlenswert (*GStA Frankfurt*, Bescheid v. 6. 3. 1996, Zs 419/96).
Wird eine schwer heroinabhängige schwangere Frau durch einen Facharzt regelmäßig mit Methadon in heruntergestuften Dosen substituiert und durch städtische
Sozialarbeiterinnen betreut und auf ihre Mutterrolle vorbereitet, unterstützen für-
sorgliche Nachbarn und eine Betreuerin des Jugendamtes die heroinabhängige
Mutter einer Tochter, so ist die psychosoziale Begleitung der ambulanten Substitutionstherapie geeignet, dass die Verurteilte in ihre Mutterrolle und soziale Verantwortung hineinwächst und an ihrer Rehabilitation arbeitet (*GStA Frankfurt*, Bescheid v. 6. 3. 1996, Zs 419/96). Eine Zurückstellung der Strafvollstreckung kann
deshalb erfolgen.

e) Selbstheilung durch den Drogenabhängigen. Eine Zurückstellung der **172**
Strafvollstreckung **zugunsten eines Selbstheilungsversuchs** ist **nicht möglich,**
weil er nicht dem Behandlungsbegriff des § 35 Abs. 1 BtMG entspricht, der eine
therapeutische Behandlung durch einen Dritten voraussetzt als Alternative zur
Betreuung im Strafvollzug. **Allein das Lippenbekenntnis eines Drogenabhängigen,** sich selbst von der Drogensucht heilen zu wollen, **rechtfertigt weder
eine Zurückstellung der Strafvollstreckung noch eine Strafaussetzung zur
Bewährung.**

f) Nachsorge. Unter Nachsorge ist eine Reihe unterschiedlicher Maßnahmen **173**
im Anschluss an eine Entwöhnungsbehandlung zu verstehen. Verschiedene
Formen **stationärer Nachsorge** und **ambulanter Nachbetreuung** werden
durch Beratungsstellen und durch Selbsthilfegruppen durchgeführt (*Kauthak u. a.*
SuchtG 1988, 120 ff.). Ergänzend haben sich ehemalige Suchtkranke zu Gruppen
der **„Anonymen Alkoholiker",** des **„Kreuzbundes",** des **„Blaukreuz"** oder
„Guttemplerordens" zusammengeschlossen zur Unterstützung und Nachsorge
von Personen, die aus einer Langzeiteinrichtung entlassen wurden. Eine wichtige
Rolle bei der Nachsorge spielen die **freien Wohngemeinschaften,** die an ehemals Suchtkranke Wohnungen untervermieten und sie bei den Bemühungen um
ein Beschäftigungsverhältnis, um Arbeitslosenunterstützung oder Sozialhilfe unterstützen. Schließlich gibt es eine **teilstationäre Nachsorge** in Form einer direkten
Fortführung der in der Therapie geleisteten medizinischen und sozialen Rehabilitation, die den Probanden in die Gesellschaft zu reintegrieren sucht **(therapeutische Wohngemeinschaft).**

Denn Therapie stellt sich als ein langes prozesshaftes Geschehen dar, in dem es **174**
darum geht, Rückfälle therapeutisch zu verarbeiten, drogenfreie Intervalle zu vergrößern und Erfolge in kleinen Schritten anzustreben (*Kreuzer* NJW 1989, 1505,
1510). Wird der Proband jedoch aus der Therapie oder Nachsorgeeinrichtung
entlassen, so endet zwar zunächst die anrechenbare Behandlung. Spätere Besuche
sind nicht mehr Teil, sondern Sicherung der Behandlungsergebnisse. Mit Verlassen
der Therapieeinrichtung ist jedoch die einer Rehabilitation dienende Behandlung
nicht abgeschlossen, sondern kann sich in der Nachsorgeeinrichtung fortsetzen.

Eine Zurückstellung der Strafvollstreckung zugunsten einer Nachsorgebehand- **175**
lung **kann jedoch nur erfolgen, wenn nach regulärem Abschluss einer
stationären oder ambulanten Therapie** die Nachsorgebehandlung dazu dient,
**die Abhängigkeit weiter zu beheben oder einer erneuten Abhängigkeit
entgegenzuwirken** (*Hamm* NStZ 1986, 333; *Stuttgart* NStZ 1986, 141; *Hamm*
NStZ 1987, 246; *LG Berlin* NStZ 1989, 236; *Hamm* NStZ 1990, 605; vgl. auch
Hamm StV 2006, 587).

Hat ein Verurteilter in einem Drogentherapiezentrum an einer stationären The- **176**
rapie erfolgreich teilgenommen und nimmt er nach der Entlassung an einer ambulanten Anschlusstherapie teil, indem er in einer betreuten Wohngruppe desselben
Trägers lebt, einer gemeinnützigen Arbeit nachgeht, sich Urinkontrollen unterzieht

und sich ambulant weiter betreuen lässt, so stellt auch dies eine seiner Rehabilitation dienende Behandlung dar, die nach § 36 BtMG Anrechnung finden kann (*GStA Frankfurt*, Bescheid v. 14. 12. 1990, Zs 1693/90; *GStA Frankfurt*, Bescheid v. 20. 9. 2000, Zs 60040/00).

177   Ist eine Drogentherapie gescheitert und sucht der Verurteilte anschließend an Stelle einer anspruchsvollen Therapie eine unverbindliche Nachsorgeeinrichtung, so ist kein Therapiebeginn gewährleistet und keine Zurückstellung der Strafvollstreckung möglich (*GStA Frankfurt*, Bescheid v. 21. 3. 2005, 6 Zs 13 und 18/05). Hat ein Verurteilter **während der Drogentherapie erhebliche Straftaten begangen** und gerade **Personen geschädigt, die sich um seine Suchtüberwindung bemühten,** so verdeutlicht dies, dass er einer **intensiven Betreuung und Drogentherapie bedarf** und **für eine Nachsorge noch nicht reif** ist (*GStA Frankfurt*, Bescheid v. 3. 11. 2000, Zs 60049/00).

178   Allein die Vorlage von ärztlichen Attesten mit negativen Urinbefunden bedeutet noch nicht die Gewährleistung eines Beginnes einer geeigneten Nachsorgebehandlung. Begehrt ein Verurteilter, der eine stationäre Langzeittherapie abgebrochen hat, mit seinem Zurückstellungsantrag ohne Abschluss der begonnenen Therapie eine Nachsorgebetreuung in einer betreuten Wohn- und Hausgemeinschaft ohne regelmäßige Urinkontrollen neben einem wöchentlichen Gespräch bei einer Sozialtherapeutin, so stellt diese gewünschte Behandlung eines polytoxikomanen Schwerstabhängigen mit krankhaften seelischen Störungen keine der Rehabilitation des Verurteilten dienende Behandlung dar (*Frankfurt*, Beschl. v. 6. 1. 1995, 3 VAs 2/95).

179   **4. Nicht der Überwindung der Sucht dienende Therapien.** Drogenabhängige weisen in der Regel eine Fülle von körperlichen und seelischen Krankheiten auf, verfügen über eine große Zahl von Lebensproblemen, die im Rahmen einer Drogentherapie medizinisch oder psychosozial mitbehandelt werden. Die §§ 35 ff. BtMG dienen aber dazu, eine **Betäubungsmittelabhängigkeit zu beheben oder einer erneuten Abhängigkeit entgegenzuwirken.** Sie sollen **keinen Urlaub vom Strafvollzug, keine Kur, keine bloße gesundheitliche Sanierung und Stabilisierung** ermöglichen, ohne zugleich die Drogenabhängigkeit zu überwinden. Die Behandlung von Suchterkrankungen setzt **bewährte Behandlungsmodelle und Fachkräfte** voraus.

180   Eine Zurückstellung der Strafvollstreckung darf weder zur Durchführung einer **Kniegelenkoperation,** noch zur **Klärung zerebraler Krampfanfälle,** noch zur **Behandlung einer antisozialen Persönlichkeit** mit rezidivierenden Suizidversuchen und fremdaggressiven Impulsen, sondern **vor allem zur Suchtbehandlung** erfolgen. Begehrt ein inhaftierter Verurteilter im Wege einer Zurückstellung der Strafvollstreckung, den Strafvollzug durch eine ambulante Verhaltenstherapie, durch den **Besuch der Volkshochschule** und/oder durch eine **Berufstätigkeit in einem Altersheim** zu ersetzen, so mag diese berufliche Fortbildung ein Ziel, nicht aber Inhalt einer der Rehabilitation dienenden Behandlung i. S. v. § 35 Abs. 1 BtMG darstellen. Bemüht sich die gewünschte Einrichtung **nicht um die Suchtüberwindung,** sondern begreift sich als Selbsthilfegemeinschaft, die **Strafgefangenen Unterschlupf gewährt,** um sie von der Haft **auf das Berufsleben vorzubereiten,** so sind die Voraussetzungen des § 35 Abs. 1 S. 1 BtMG nicht erfüllt. Auch die **Einbindung des Abhängigen in totalitäre Gemeinschaften** (wie z. B. **Sekten, Jugendreligionen,** religiöse oder politische Orden bzw. Geheimbünde) oder seine Fixierung auf bestimmte Personen oder Ideologien erfüllt nicht die Voraussetzungen des § 35 BtMG. Will sich ein Drogenabhängiger nach zahlreichen gescheiterten Drogentherapien zur Behandlung seiner Sucht in eine ambulante Behandlung eines **Wunderheilers und Parapsychologen** begeben, der durch Gespräche, Handauflegen und/oder durch übersinnliche Kontaktaufnahmen die Selbstheilungskräfte des Patienten mobilisieren will und/oder durch Übertragung von Bioenergie den Opiathunger herausbrennen will, so mag diese Behandlung dem Patienten Hoffnung und Glaube an Heilung, Trost und Hilfe

bedeuten. **Eine spirituelle bzw. rituelle Tätigkeit, die weder eine ärztliche Behandlung noch eine Heilpraktikertätigkeit darstellt** (vgl. *BVerfG* NJW 2004, 2890), auf Diagnosen, Untersuchungen, Medikamente, medizinisches Gerät und medizinische Wissenschaft verzichtet, stellt **keine Behandlung i. S. v. § 35 Abs. 1 BtMG** dar.

a) Ambulante Behandlung des Post-Traumatischen-Stress-Syndroms 181
(PTSD). Wünscht ein wegen Drogendelikten Verurteilter, der vor seiner Inhaftierung wegen umfangreicher Aufklärungshilfe von Vertretern eines internationalen Drogenkartells zusammengeschlagen worden war und nun in Angst und Panik in der JVA lebt, eine ambulante Behandlung seines Post-Traumatischen-Stress-Syndroms durch eine psychologische Beratung und Behandlung mit Cannabis, so stellt unabhängig von der Frage der Betäubungsmittelabhängigkeit und Kausalität zur Tatzeit diese ambulante Behandlung keine Drogentherapie i. S. d. § 35 Abs. 1 BtMG dar.

Wird eine ambulante psychologische oder psychotherapeutische Behandlung 182
gewünscht, obwohl **eine Opiatabhängigkeit seit dem Jahre 2001 überwunden** ist, **um Persönlichkeitsstörungen aufzuarbeiten, Stressfaktoren zu überwinden** und eine Berufstätigkeit vorzubereiten, so fehlen für eine Zurückstellung der Strafvollstreckung eine fortdauernde Betäubungsmittelabhängigkeit, eine Behandlungsbedürftigkeit und die Wesensmerkmale einer Suchttherapie (*Frankfurt*, Beschl. v. 26. 7. 2004, 3 VAs 27/04).

Hat ein Verurteilter seine Drogenabhängigkeit bereits vor Jahren über- 183
wunden und haben Persönlichkeitsdefizite die **Neigung zu übertriebenem Luxus und quasi kleptomanischen Wegnahmehandlungen, Neigung zu übertriebenem Krafttraining und zu starker Selbstdarstellung, Neigung zu gewalttätigen Problemlösungen** erneute Straftaten ausgelöst, so kann eine psychologische, psychiatrische oder sozialtherapeutische Aufarbeitung nicht über § 35 ff. BtMG erfolgen.

b) Ambulante Behandlung des Aufmerksamkeits-Defizit- und Hyper- 184
aktivitäts-Syndroms (ADHS) mit Ritalin®. Zwar leiden Drogenabhängige bisweilen auch an ADHS. Zwar ist ein ADHS auch behandlungsbedürftig. Dieses **ADHS** ist aber nicht mit einer Betäubungsmittelabhängigkeit identisch, sondern **begleitet** u. U. **eine Betäubungsmittelabhängigkeit.** Die Zurückstellung der Strafvollstreckung soll aber nicht Suchtkranken jegliche Art von ärztlicher Behandlung an Stelle von Strafvollzug eröffnen, sondern zielt vor allem auf die Überwindung der Suchterkrankung und nicht des ADHS, selbst wenn beides sich miteinander verbindet. Eine ambulante Behandlung nach Erlangung der Drogenfreiheit, die in einem wöchentlichen Therapiegespräch bei einer Dipl.-Psychologin bestehen soll und pauschal eine gesundheitliche, soziale und berufliche Rehabilitation anstrebt, ist als Haftvermeidungsbemühen zwar nachvollziehbar, aber regelmäßig keine Drogentherapie, die an Stelle von Strafvollzug im Rahmen des § 35 Abs. 1 BtMG treten kann. Ausnahmsweise bedarf eine ADHS-Behandlung, die in der Einstellung und Versorgung eines Drogenkranken mit dem **Betäubungsmittel Methylphenidat (= Ritalin®)** besteht, nicht nur einer besonderen Begründung, sondern muss ebenso wie eine Substitutionsbehandlung mit Methadon oder Polamydon nicht nur sporadisch, sondern **regelmäßig zur Überwindung der Sucht ärztlich und psychosozial begleitet werden,** um im Rahmen des § 35 Abs. 1 BtMG Anerkennung finden zu können. In den Jahren 1993–2000 ist laut *Bundesopiumstelle* der Verbrauch des Betäubungsmittels Methylphenidat um das 13,6-Fache angestiegen, so dass hier ein Missbrauch des Betäubungsmittels und des Krankheitsbildes ADHS (Modekrankheit) nahe liegen (s. dazu Stoffe/Teil 1, Rn. 417 ff.).

c) Ambulante Behandlung einer Borderline-Persönlichkeits-Störung 185
(BPS). BPS-Patienten weisen bisweilen schwere Persönlichkeitsstörungen auf wie Identitätsstörung, Impulsivität, Stimmungsschwankungen, chronische Gefühle, innere Leere und Langeweile, dann unangemessene bisweilen aggressive Affektstürme wie Wut, Hass, Enttäuschung, Angst. BPS-Patienten sind unsicher und

depressiv, haben instabile Sozialbeziehungen, verdrängen unangenehme Ereignisse und Aufgaben, haben eine gestörte Realitätswahrnehmung und pflegen selbstzerstörerische Tendenzen. Die Diagnose einer Borderline-Persönlichkeits-Störung hat andererseits nicht zwangsläufig Krankheitswert und rechtfertigt nicht regelmäßig den für die Anordnung der Unterbringung nach § 63 StGB vorausgesetzten Zustand zumindest erheblich verminderter Schuldfähigkeit (BGHSt. 32, 385 = NStZ 1997, 278 = StV 1997, 299 m. Anm. *Kröber/Dannhorn* NStZ 1998, 80; *BGH* NStZ 2002, 242). Nicht wenige Charakter- und Verhaltensauffälligkeiten, die zum Gesamtbild der Borderline-Störung gehören, liegen bei Straftätern häufig vor, ohne dass eine seelische Erkrankung iSv §§ 20, 21 StGB vorliegen muss (*BGH* StV 2004, 264/265).

186　Es gibt jedoch nicht wenige Fälle von BPS mit Krankheitswert. Einzelne Patienten versuchen, den psychischen Spannungszustand mit allen selbst zerstörenden oder antisozialen Mitteln zu reduzieren. Sie versuchen durch Schneiden, Ritzen, Kopf-gegen-die-Wand-Schlagen, Medikamenteneinnahme, Drogen, Essanfälle, riskante oder exzessive Verhaltensweisen (schnelles Autofahren, Spielen, Sex und anderes) Spannungszustände zu lindern, leere Gefühle zu kompensieren oder sich zu euphorisieren, sich einen Kick zu geben. Patienten mit Borderline-Syndromen zeigen vielfältige Krankheitssymptome, die im Zusammenhang gesehen werden müssen; sie kommen nach Selbstverletzungen, Selbstverstümmelungen, Unfällen, Suizidandrohungen oder Selbsttötungsversuchen, mit Drogenabusus oder Intoxikationen, Essstörungen oder Symptomen einer posttraumatischen Belastungsstörung (PTBS), in stationäre, chirurgische, internistische oder psychiatrische Behandlung, zum Hausarzt oder in eine Beratungsstelle. Die Therapie richtet sich darüber hinaus auf die Stabilisierung der fünf Säulen der Identität:

1. Der Verbesserung körperlicher und seelischer Gesundheit,
2. Beziehungen und Partnerschaft,
3. Arbeit und Beruf,
4. Wohn- und Lebenssituation (finanzieller Rahmen etc) und
5. Hobbies, Freiheit, Interessen.

187　Mit der Einübung von Verhaltensweisen ist eine Rückkehr in den Lebensalltag der Patienten für den Erfolg der Therapie entscheidend. Die Zusammenarbeit zwischen Ärzten und sozialen Betreuungseinrichtungen ist unverzichtbar.

188　Jedoch nicht jeder Borderline-Patient hat Anspruch auf einen Zurückstellung der Strafvollstreckung, sondern nur, wenn die Voraussetzungen des § 35 Abs. 1 BtMG vorliegen. Denn Drogen-, Medikamenten- oder Alkoholmissbrauch sind nicht die Wurzel, sondern Symptom der Erkrankung, eine komorbide Störung. Nur wenn der Betäubungsmittelmissbrauch auch zu einer Betäubungsmittelabhängigkeit geführt und diese Straftaten hervorgerufen hat, ist eine Zurückstellung der Strafvollstreckung nach § 35 Abs. 1 BtMG möglich.

189　**d) Ambulante Anti-Craving-Programme (ACP). Craving** nennt man das **heftige Verlangen, eine bestimmte Substanz einzunehmen,** das auch fortbesteht, **wenn die akuten Entzugssymptome überwunden sind.** Da selbst nach längerer Abstinenz von der Suchtdroge ein Wiedererwachen des Suchtverlangens und ein Kontrollverlust auftreten können, werden z. Zt. verschiedene Behandlungsmodelle erprobt, eine mühsam therapeutisch erlangte **Abstinenz mittels Psychopharmaka aufrechtzuerhalten.** Während weitgehend Konsens besteht, dass es sinnvoll ist, **lebensgefährdende Symptome der akuten Entzugsphase** medikamentös zu lindern mit Benzodiazepinen wie Diazepam (Valium®), Chlordiazepoxid (Tranxilium®), mit Neuroleptika wie Haloperidol, mit Antikonvulsiva wie Carbamazepin (Timonil®, Tegretal®), mit anderen Substanzen wie Tiaprid (Tiapridex®), Clonidin®, Doxepin (Aponal®), Gammahydroxy-Buttersäure = GHB (Somsanit®), ist die **Verabreichung psychotroper Substanzen in der Entwöhnungs- bzw. Abstinenzphase stark umstritten,** weil an Stelle therapeutischer Bemühungen eine **Fortsetzung der Sucht mit anderen Mitteln** bzw eine **Suchtverlagerung** trete. Die Behandlung mit Anti-Craving-Substanzen sei eine **lebenslange medikamentöse Suchtbegleitung und keine Suchttherapie.**

Neben Verurteilten mit primären Abhängigkeitserkrankungen gibt es suchtkranke Verurteilte, deren Probleme zusätzlich zu oder vor dem Hintergrund einer psychischen Störung entstanden sind, sog. **sekundäre Abhängigkeitsstörungen.** 190 Für diese kann es sinnvoll sein, psychotrope Substanzen einzusetzen, um die zugrunde liegende psychische Störung zu behandeln, was sich für die Behandlung der begleitenden Betäubungsmittelabhängigkeit auswirken kann, wenn diese Medikamente kein eigenes Abhängigkeitsrisiko bergen. Die §§ 35 ff. BtMG sollen aber nicht dazu dienen, alle Krankheiten von drogenabhängigen Verurteilten zu beheben, sondern lediglich eine Überwindung der Suchterkrankung ermöglichen.

Beantragt ein **crack-abhängiger Verurteilter mit Alkoholproblemen** eine 191 Zurückstellung der Strafvollstreckung zugunsten eines ambulanten **Anti-Craving-Programmes mit Acamprosat (Campral®),** so vermag dies zwar eine in der JVA erreichte Alkoholabstinenz aufrechtzuerhalten, **nicht aber die Crack-Abhängigkeit zu überwinden.** Auch die alternativ begehrte Naltrexon-Tablette (Abkömmling des Opiatrezeptors – Opiatrezeptorantagonisten Naloxon) vermag zwar das Verlangen nach und die Wirkung von einer Heroinspritze blockieren, nicht aber eine Crack-Abhängigkeit zu beseitigen.

e) Abenteuer- und Erlebnisreisen, das Überlebenstraining. Intensivthera 192 pien unter Extrembedingungen wie ein Survivaltripp im winterlichen Wald bei Kälte, das Leben in einem Urwald- oder Holzfällercamp, die Teilnahme an einer Seefahrt oder an Risikosportarten vermitteln Selbstbewusstsein, Vertrauen und Verantwortung in der Gruppe, die die Entwicklung eines Drogenabhängigen positiv beeinflussen können. Sie stellen Erlebnispädagogik, aber keine Drogentherapie i. S. d. § 35 Abs. 1 BtMG dar.

5. Auslandstherapie. Ein Urlaub eines Strafgefangenen außerhalb des Gel 193 tungsbereichs des StVollzG ist nicht statthaft. Der hoheitliche Zugriff muss jederzeit, auch während des Urlaubs, möglich sein (§§ 13 Abs. 5, 14 Abs. 1, Abs. 2 StVollzG). Dies ist außerhalb des Geltungsbereichs des StVollzG nicht gegeben, so dass der Zweck des Urlaubs als Behandlungs- und Resozialisierungsmaßnahme im Ausland nicht gewährleistet ist. Da hoheitliche Maßnahmen auf dem Hoheitsgebiet eines anderen Staates nicht möglich sind, Therapieweisungen und Kontrollmaßnahmen nicht zu realisieren sind und nur über ein langwieriges Auslieferungsverfahren betrieben werden können, hat ein Urlaub im Ausland zu unterbleiben (*Frankfurt* NStZ 1995, 208, 381). Nicht anders würde sich bei einer Auslandstherapie im Rahmen des § 35 BtMG darstellen. **Wünscht der Verurteilte einen Therapieantritt im Ausland,** so ist der Antrag dann abzulehnen, wenn einer Drogentherapie im Ausland entgegensteht, dass sie nicht wirksam gem. den §§ 35 ff. BtMG überwacht und bei Abbruch widerrufen werden kann. Zwar wird die Zurückstellung einer Strafvollstreckung zugunsten einer Drogentherapie in Österreich oder in einem anderen europäischen Nachbarland als zulässig angesehen (*LG Kleve* StV 2000, 325). Das *OLG Frankfurt* (Beschl. v. 11. 10. 2000, 3 Ws 432/00) schließt eine Zurückstellung der Strafvollstreckung zugunsten einer Drogentherapie im Ausland nicht grundsätzlich aus. Ob eine Zurückstellung der Strafvollstreckung auch zugunsten einer Drogentherapie in Afrika, Thailand, Miami oder Marokko erfolgen kann, erscheint im Regelfall mit dem BtMG mangels ausreichender Kontrollmöglichkeiten nicht vereinbar. Dem Verurteilten stehen im Inland ausreichende Therapieangebote zur Verfügung.

VI. Behandlungsbedürftigkeit (Betäubungsmittelabhängigkeit zur Zeit der Hauptverhandlung und im Zeitpunkt der Antragstellung)

Die Betäubungsmittelabhängigkeit zur Tatzeit muss im Zeitpunkt der Zurück 194 stellungsentscheidung noch fortbestehen. Eine vor der Antragstellung erfolgreich abgeschlossene Therapie erlaubt keine Zurückstellung nach den §§ 35 ff. BtMG mehr. In diesen Fällen ist nur noch Raum für eine Strafaussetzung oder eine Gnadenentscheidung. Eine **Zurückstellung der Strafvollstreckung aus präventiven Gründen** ohne fortbestehende psychische Betäubungsmittelabhängigkeit zur Wiedereingliederung im Berufsleben sieht § 35 BtMG nicht vor. Behauptet ein Antragsteller, **zur Tatzeit betäubungsmittelabhängig gewesen zu sein,** inzwischen aber **drogenfrei zu leben,** so dass eine Zurückstellung der Strafvollstreckung ohne Therapieantritt erfolgen könne, so ist der Antrag **mangels Behandlungsbedürftigkeit** abzulehnen. War die Verurteilte **im Zeitpunkt der Verurteilung** bereits von ihrem Haschischmissbrauch **rehabilitiert,** so ist kein Raum mehr für eine Zurückstellung der Strafvollstreckung (*Frankfurt*, Beschl. v. 14. 2. 1995, 3 VAs 6/95).

195 War ein Verurteilter **zwar zur Tatzeit 1985 opiatabhängig,** wurde seine zur Bewährung ausgesetzte Freiheitsstrafe nach mehrmaliger Gesamtstrafenbildung aber erst 1998 widerrufen, so kann **nicht ohne Nachweis einer fortbestehenden Opiatabhängigkeit 14 Jahre später** noch eine Behandlungsbedürftigkeit angenommen werden, die eine Zurückstellung der Strafvollstreckung erlauben würde. Der Umstand, dass ein Verurteilter nach Strafvollstreckung in einer JVA oder in Freiheit als „clean" angesehen wurde, bedeutet nicht zwingend, dass damit seine **Betäubungsmittelabhängigkeit endete.** Denn vielfach verbleibt **nach Überwindung der physischen Abhängigkeit** noch lange Zeit die **psychische Abhängigkeit** und eine **Behandlungsbedürftigkeit** bestehen. Dies **muss jedoch festgestellt werden.** Bezeichnet sich ein Verurteiler nach jahrelangen negativen Urinkontrollen als „clean" und wünscht im Wege des § 35 Abs. 1 BtMG eine **präventive ambulante Behandlung in Freiheit,** so fehlt es an der Behandlungsbedürftigkeit. Ist ein Antragsteller seit Dezember 2001 von Betäubungsmitteln **entzogen und abstinent,** so ist er im Jahre 2004 auch **nicht mehr behandlungsbedürftig** i. S. v. § 35 Abs. 1 BtMG, es sei denn, er ist erneut drogenabhängig geworden. Die §§ 35 ff. BtMG dienen der Überwindung einer Suchterkrankung, nicht der allgemeinen Aufarbeitung von Persönlichkeitsstörungen und der Überwindung von Stressfaktoren (*Frankfurt*, Beschl. v. 26. 7. 2004, 3 VAs 27/04). Befindet sich ein Verurteilter, der 1992 wegen Verstoßes gegen das BtMG verurteilt wurde, von 2000 bis 2004 in Strafhaft, ohne dass irgendwelche Betäubungsmittelprobleme bekannt wurden, so stehen weder eine Betäubungsmittelabhängigkeit noch eine Behandlungsbedürftigkeit fest.

196 Allein eine **Betäubungsmittelabhängigkeit im Zeitpunkt der Antragstellung** erlaubt aber noch keine Zurückstellung, wenn diese Betäubungsmittelabhängigkeit **nicht bereits zur Tatzeit** und zur Zeit der Hauptverhandlung bestand.

VII. Therapieauswahl

197 Zwar kann der Verurteilte nach Beratung durch Drogenberatung und durch Therapieeinrichtungen im Rahmen eines Zurückstellungsantrages eine **bestimmte Therapieart und eine bestimmte Therapieeinrichtung vorschlagen.** Die **Auswahlentscheidung liegt aber bei der Vollstreckungsbehörde** (*Koblenz* NStZ 1995, 294; *Karlsruhe* NStZ-RR 2009, 122 = StraFo 2009, 124; *Karlsruhe* StraFo 2011, 196). Eine Zurückstellung der Strafvollstreckung kann nur im Hinblick auf ein **konkretes Therapieprogramm** erfolgen. So müssen Aufnahmetermin, Therapiekonzept und Finanzierung nicht nur möglich, sondern gewährleistet sein. Es reicht nicht aus, dass ein Verurteilter von der JVA in eine Übergangseinrichtung überwechseln will, um dann selbst zu überlegen und zu bestimmen, ob, wann und unter welchen Bedingungen, für welche Zeit er in welche Einrichtung überwechseln wird. Die Therapieauswahlentscheidung obliegt der Vollstreckungsbehörde. Auch wenn es Aufgabe aller am Therapieverbund mitwirkenden Kräfte, insbesondere einschließlich Gericht und StA, ist, für den Verurteilten ein geeignetes Therapieprogramm auszuwählen, bedarf der Antrag des Verurteilten **weder** einer **Motivationskontrolle noch** einer **Auswahlkorrektur.** Die Bereitschaft eines Betäubungsmittelabhängigen zur Durchführung einer geeigneten ambulanten

Therapie darf nicht mit der Begründung in Frage gestellt werden, eine vom Betäubungsmittelabhängigen abgelehnte **stationäre Langzeittherapie habe größere Erfolgsaussicht,** und der Verurteilte sei hierzu nicht bereit (*Zweibrücken* StV 1983, 249; *Zweibrücken* StV 1984, 124). Will die StA aber eine begonnene und vorangeschrittene stationäre Therapie (fast 3 Monate) durch Versagung der Zurückstellung allein wegen der Ungeeignetheit der vom Verurteilten gewählten Therapieeinrichtung abbrechen, muss sie ihre Entscheidung auf gewichtige Gründe stützen, die geeignet sind, die sehr hohe Wahrscheinlichkeit eines Therapiefehlschlags zu rechtfertigen (*Karlsruhe* StraFo 2011, 196).

Andererseits kann der nicht beratene Verurteilte nicht auf einer **möglichst be-** **198** **quemen Therapie** bestehen oder sich weigern, eine Therapie anzutreten, **die sich neben der Betäubungsmittelabhängigkeit mit einer gleichzeitigen Gewaltneigung, psychischen oder sexuellen Fehlentwicklung befasst.** Es obliegt dann der Vollstreckungsbehörde zu beachten, dass bei dem Verurteilten neben der Drogensucht zusätzliche Verhaltensauffälligkeiten bestehen, die ein besonderes Therapieprogramm erfordern (*Karlsruhe* NStZ-RR 2009, 122 = StraFo 2009, 124). Besteht bei dem Verurteilten neben einer schwerwiegenden Polytoxikomanie ein massives Alkoholproblem, eine beträchtliche Gewaltneigung und erhebliche Verwahrlosungstendenzen, so dass er als Hangtäter eigentlich nach § 64 StGB hätte untergebracht werden müssen, so reicht die Zusage, eine übliche ambulante oder stationäre Drogentherapie anzutreten, nicht aus. Ergibt sich aus dem BZR-Auszug mit 48 Eintragungen nicht nur eine nicht endende Kette von Strafprozessen, Entgiftungen, Therapieantritten, Therapieabbrüchen, Rückfällen in Sucht und Kriminalität, so liegt eine besonders ausgeprägte Form einer süchtigen Fehlentwicklung vor, die eines ganz ungewöhnlichen Therapieprogrammes bedarf, das allen Fehlentwicklungen Rechnung trägt.

Der Verurteilte kann auch **nach Therapieabbruch nicht eine andere The-** **199** **rapieform und/oder Therapieeinrichtung bestimmen,** sondern nur nach Abbruch eine **gleichwertige Therapie vorschlagen. Die Schlussentscheidung obliegt der Vollstreckungsbehörde.** Ist der Verurteile nach Therapieabbruch nur zur Aufnahme eines ambulanten **Trainings- und Ausbildungsprogramms** bereit, so ist nicht der Beginn einer Drogentherapie gewährleistet. Hat ein Verurteilter nach Abbruch einer stationären Therapie eine andere stationäre Therapie angetreten und fortgeführt, so steht seine Therapiebereitschaft nicht in Frage. War ein Verurteilter zur Tatzeit und Antragstellung crackabhängig und begehrt nun im Rahmen eines Zurückstellungsantrag ein Anti-Craving-Programm, so stellt dieser Vorschlag eine nicht der Rehabilitation dienende, eine ungeeignete Therapie dar. **Anti-Craving-Programme** sind zur Überwindung der Sucht nicht nur **wissenschaftlich umstritten,** sondern zielen auf **Beseitigung des Opiathungers.** Crack ist aber kein Opiat, die **Therapieauswahl** des Verurteilten **ungeeignet.**

VIII. Therapiezusage des Verurteilten

Insb. der Verurteilte, der sich noch **nicht in einer Therapie, sondern in** **200** **Haft** befindet, muss **zusagen, sich einer bestimmten seiner Rehabilitation dienenden Behandlung zu unterziehen.** Es ist weder Aufgabe der Vollstreckungsbehörde, sich als **Motivationsdetektiv** zu betätigen, noch verfügt sie über ausreichendes psychologisches Fachwissen, um eine ernsthafte Therapiemotivation von einer vorgetäuschten zu unterscheiden, zumal der Wunsch, der Haft zu entkommen, erst später in eine echte Therapiemotivation übergeht. Eine von der Vollstreckungsbehörde im Vorverfahren der Zurückstellungsentscheidung vorgenommene **Motivationsüberprüfung** ist deshalb nicht nur **ermessensfehlerhaft,** sondern auch **sinnwidrig.** Denn eine **tragfähige Motivation ist nicht Voraussetzung, sondern Ziel der Behandlung** (*Koblenz*, Beschl. v. 15. 7. 1997, 2 Ws 473/97; vgl. *Zweibrücken* NStZ-RR 2000, 153 ff = StV 2000, 157; *Koblenz* StV 2003, 288). Zum Zurückstellungsantrag s. Rn. 252 ff.

201   **1. Motivationsüberprüfung durch die Vollstreckungsbehörden.** *Vollmer* (SuchtG 1984, 18) verweist darauf, dass zu Beginn einer Therapie die meisten Klienten noch nicht ausreichend motiviert sind, drogenfrei zu leben. Die Drogenfreiheit wird zunächst durch Fremdkontrolle (Urinkontrolle, Kontaktsperre) aufrechterhalten und so lange gesteuert, bis sie vom Probanden infolge der Therapie verinnerlicht wurde. Ausreichend ist daher die **Therapiezusage.** Grundsätzlich ist dem Antragsteller Vertrauen entgegenzubringen und das Risiko eines Therapieabbruches einzugehen. Die Anforderung an die Therapiewilligkeit und Therapiefähigkeit des Verurteilten dürfe nicht übersteigert werden. Es ist vielmehr ein gewisses Maß an entgegengebrachtem Vertrauen als zusätzliches Mittel der Resozialisierung einzusetzen und damit **ein gewisses Maß an Risiko in Kauf zu nehmen** (*Hamm* StV 1982, 429).

202   Die Vollstreckungsbehörde darf bei der Prüfung der Frage der Therapiewilligkeit i. S. d. § 35 BtMG **nicht nur Äußerungen und Verhalten eines Betroffenen in der Vergangenheit** in ihre Erwägungen einbeziehen, ohne den konkreten Vollstreckungsstand im Zeitpunkt der Entscheidung zu berücksichtigen. Früheres, länger zurückliegendes Fehlverhalten eines Drogenabhängigen steht nicht schlechthin einer neuerlichen Therapiewilligkeit entgegen. Es bedarf in der Regel der Erwägung und **Erörterung, ob und aus welchen Gründen eine mangelnde Therapiewilligkeit weiterhin andauert** (*Hamm* JMBl. NRW 1983, 222). Die Zurückstellung kann schließlich nicht mit der Begründung verwehrt werden, die **Therapieprognose** sei aufgrund der charakterlichen Labilität **ungünstig** (*Karlsruhe* StV 1983, 112).

203   Eine Zurückstellung darf **weder an** einer angeblich **ungünstigen Sozialprognose noch an Verhaltensweisen oder Charaktermängeln** scheitern, die als **Krankheitssymptome** der Sucht anzusehen sind und durch die Therapie gerade behoben werden sollen, wie z. B. **Verwahrlosung, Unzuverlässigkeit, Passivität, Arbeitsscheu, Arzneimittelmissbrauch, Schwelgen in Drogenerfahrungen** (*Adams-Eberth* NStZ 1983, 196; *Baumgart*, 1994, 71; *Frömmel* StV 1985, 390; *Hamm* NStZ 1982, 485; *Karlsruhe* MDR 1989, 514). Der langjährige Drogenabhängige verfügt über so **umfassende Sprachmuster und Manipulationstechniken aus Haftanstalten** und Therapieeinrichtungen, um eine Motivation so perfekt vorzutäuschen, dass eine forensische Überprüfung ohnehin nahezu unmöglich ist.

204   **2. Therapiebereitschaft und Therapiewille des Antragstellers.** Andererseits bedarf es bei der Entscheidung über den Zurückstellungsantrag einer Überprüfung der **Therapiebereitschaft** und des **Therapiewillens** des Antragstellers, um missbräuchliche Antragstellungen abzulehnen und die begrenzte Anzahl kostspieliger Therapieplätze ernsthaft therapiewilligen Drogenabhängigen bereitstellen zu können. Bei der Therapiebereitschaft bzw. dem Therapiewillen handelt es sich um unbestimmte Rechtsbegriffe mit der Folge, dass der Vollstreckungsbehörde bei der Feststellung ein **Beurteilungsspielraum** eingeräumt ist. Insofern beschränkt sich die gerichtliche Kontrolle darauf, ob die Vollstreckungsbehörde bei ihrer Entscheidung die Grenzen des ihr zustehenden Beurteilungsspielraumes eingehalten hat (*Karlsruhe* NStZ-RR 2005, 57; *München* StV 2009, 370).

205   Der Verurteilte muss **lediglich Bereitschaft** zeigen zum **Antritt und Durchstehen einer Therapie,** und zwar zu den vereinbarten Bedingungen. Es ist **weder eine besondere Therapiemotivation, noch eine Therapiebegeisterung** erforderlich. Eine tragfähige **Therapiemotivation ist nicht Voraussetzung, sondern Ziel der Therapie** (*München* StV 2009, 370). Einer Fremdmotivation durch Dritte folgt erst während der Therapie die Eigenmotivation und Therapieeinsicht (*Zweibrücken* StV 2000, 157; *Koblenz* StV 2003, 288). Bemühte sich ein Verurteilter über lange Zeit sehr intensiv um Kontakte mit Drogenberatung und Therapieeinrichtung, so kann eine Therapiebereitschaft nicht in Zweifel gezogen werden. **Will die StA von ausführlichen Berichten der JVA oder Drogenberatung abweichen,** bedarf es einer **eingehenden Begründung.** Der

Verurteilte muss **kein besonderes Glaubensbekenntnis zu bestimmten drogenpolitischen Zielen wie Drogenfreiheit oder zu bestimmten Therapieritualen** ablegen. Er muss also nicht bereit sein, seine Haare abzuschneiden, in eine Religions- oder Lebensgemeinschaft einzutreten, Gottesdienste zu besuchen, klosterähnliche Kleidung zu tragen, an religiösen Taufen und Bädern teilzunehmen. Er muss aber bereit sein, sich der Organisation und dem Behandlungsprogramm der Einrichtung zu unterwerfen. Er muss aber nicht eine besondere Willensstärke oder besondere Eignung für ein bestimmtes Therapieprogramm mitbringen oder nachweisen.

Die Versagung einer Zurückstellung der Strafvollstreckung kann nicht damit be- **206** gründet werden, angesichts zweier gescheiterter Therapieversuche müsse der Verurteilte vor einem erneuten Therapieantritt den Leidensdruck einer Strafvollstreckung verspüren, um eine ernsthafte Therapiebereitschaft und ein ausreichendes Durchhaltevermögen zu erlangen. Es darf nicht außer Betracht bleiben, dass ein **Therapieabbruch nicht immer Ausdruck von Therapieresistenz,** sondern **häufig nur Symptom der Sucht** ist, dass die Zurückstellung der Strafvollstreckung **nicht nur Musterpatienten, sondern** gerade auch **Risikopatienten** wiederholte Therapiechancen bieten soll. Er muss **kein besonderes Durchhaltevermögen** unter Beweis stellen und **keine Erfolgsprognose** rechtfertigen (*Hamm* NStZ 1982, 485; *Karlsruhe* MDR 1983, 514; *Hamm* NStZ-RR 2004, 13). Die Zurückstellungslösung soll **nicht nur Musterpatienten,** sondern **auch Risikopatienten** in die Therapie führen. Die Zurückstellung soll im Gegensatz zur Strafaussetzung zur Bewährung gerade bei **schlechter Prognose** Therapiemöglichkeiten eröffnen. Beantragt ein therapiebereiter Verurteilter eine Zurückstellung, so kann ihm nicht wegen Therapieunfähigkeit die Zurückstellung verwehrt werden (*Zweibrücken* StV 2000, 157; *Koblenz* StV 2006, 588).

Da zu einem Therapieerfolg in der Regel zahlreiche Therapieversuche gehören **207** und die **Therapie ein langes prozesshaftes Geschehen** darstellt, in dem es darum geht, Rückfälle therapeutisch zu verarbeiten, drogenfreie Intervalle zu vergrößern) und Erfolge in kleinen Schritten anzustreben (*Kreuzer* NJW 1989, 1505, 1510), vermag allein die Tatsache mehrfacher Therapieabbrüche, mehrfacher Ausgangs- und Urlaubsverfehlungen nicht zwangsläufig eine Therapiebereitschaft in Zweifel zu ziehen. Deshalb hat auch der Gesetzgeber die **Anrechnung der Therapie** nach § 36 BtMG **nicht von** der Messbarkeit eines **Therapieerfolges abhängig** gemacht, sondern auch die Anrechnung von Therapiezeiten abgebrochener Therapien vorgesehen. Eine Zurückstellung der Strafvollstreckung darf vor allen Dingen nicht an Verhaltensweisen scheitern, die als Krankheitssymptome der Sucht anzusehen sind und die durch die Therapie erst behoben werden sollen wie z. B. **Passivität, Unbeständigkeit, mangelnde Hygiene und Lebensuntüchtigkeit. Die Voraussetzungen einer Therapiebereitschaft dürfen deshalb** nach der Rspr. der OLGe **nicht überspannt werden,** da **Labilität, Passivität, Flucht vor Verantwortung und Entscheidungen geradezu Symptome einer Drogenabhängigkeit** sind, die durch eine Drogentherapie überwunden werden sollen (*Zweibrücken* StV 2000, 157; *Hamm* NStZ-RR 2004, 133).

Aus § 35 Abs. 5 S. 3 BtMG ergibt sich, dass selbst der Widerruf einer Zurück- **208** stellung einer erneuten Zurückstellung der Strafvollstreckung nicht entgegenstehen soll, sondern dass dem Verurteilten vielfältige Therapiechancen eingeräumt werden sollen. **Einzelne Therapieabbrüche, Drogenrückfälle, Ausgangs- und Urlaubsverfehlungen** oder **Verstöße gegen die Anstaltsordnung** wecken zwar **Zweifel** an dem Therapiewillen, **begründen aber noch nicht** einen **Wegfall der Therapiebereitschaft.** Der **Weg aus der Sucht** verläuft nämlich **niemals geradlinig** nach einem festen Therapieplan, sondern ist ein **langes, prozesshaftes Geschehen,** in dem es darum geht, **Rückfälle therapeutisch zu verarbeiten, drogenfreie Intervalle zu vergrößern** und Erfolge in kleinen Schritten anzustreben. Denn entgegen dem **traditionellen Rückfallverständnis,** wonach **Rückfälle auf eine mangelhafte Abstinenzmotivation zurückzuführen** seien, sieht die neuere Rückfallforschung chronischen Missbrauch und Abhängigkeit von Rauschmitteln als Symptom einer seelischen Störung und den **Rückfall als zentralen Bestandteil der Abhängigkeit** an (vgl. *Körkel,* Der Rückfall des Suchtkranken, 1988, 241). Dabei steckt in jedem Rückfall nicht nur die Gefahr einer weiteren körperlich-geistig-seelischen und sozialen Verschlechterung, sondern **auch eine Chance einer aufrichtigen Auseinandersetzung mit der Wirklichkeit und eine Erfahrungsmöglichkeit** (*Karlsruhe* MDR 1983, 514 = StV 1983, 112; *Karlsruhe,* StV 1993, 112; *Saarbrücken* NStZ-RR 1996, 50; *Hamburg* StV 1998, 390; *Karlsruhe* NStZ 1999, 253 = StV 1999, 443; *Karlsruhe* StV 2000, 631; *Zweibrücken* StV 2000, 157; *Karlsruhe* StV 2002, 263; *Koblenz* StV 2003, 288; *Frankfurt* StV 2003, 289; *Karlsruhe* NStZ-RR 2005, 57; *Koblenz* StV 2006, 588).

209   Die StA hat sich nicht als **Motivationsdetektiv** zu betätigen und eine **Motivationskontrolle** zu betreiben, sondern grundsätzlich das Risiko einer erklärten Therapiebereitschaft einzugehen, es sei denn, es bestünden **konkrete Zweifel an einem ernsthaften Therapiewillen. Therapiewille** bedeutet nicht nur, sich zu einem bestimmten Termin bei einer bestimmten Therapieeinrichtung einzufinden, sondern auch die **Bereitschaft, sich einer Hausordnung und einem Therapieprogramm zu unterwerfen** und den Anweisungen der Therapeuten und Auflagen der Vollstreckungsbehörde Folge zu leisten.

210   **3. Fehlen eines ernsthaften Therapiewillens bei der Therapiezusage.** Nur in Ausnahmefällen liegen Anhaltspunkte oder Beweismittel dafür vor, dass der Strafgefangene keinen ernsthaften Therapiewillen hat, **Therapiebereitschaft vortäuscht,** um die Fahrt zur Therapieeinrichtung zur Flucht bzw. zum Untertauchen in die Drogenszene zu nutzen, um in der **Therapieresistenz verharren** will und jegliche **Unterordnung und Mitarbeit ablehnt.** Bei Aussichtslosigkeit einer beantragten Therapie ist die Zurückstellung der Strafvollstreckung zu versagen und die Entscheidung eingehend zu begründen. Einzelne Anhaltspunkte reichen hierfür jedoch nicht aus. Es bedarf einer **Gesamtwürdigung,** die den Schluss zulässt, der Verurteilte habe keinen ausreichenden Therapiewillen, um an dem geplanten Programm teilzunehmen (*GStA Frankfurt,* Bescheid v. 9. 1. 1997, Zs 41/97). Zweifel können sich sowohl aus Erklärungen als auch aus dem Schweigen des Verurteilten, aus Äußerungen von Drogenberatern, JVA-Insassen, aus gefälschten Therapieplatzbescheinigungen und Kostenzusagen, dem Mitsichführen von Betäubungsmitteln oder Waffen oder aus vorangegangenen Fluchtunternehmen ergeben. Hat eine Therapieeinrichtung mitgeteilt, der Antragsteller bringe **weder Suchtverständnis noch Therapieeinsicht** auf und bewege sich in der Therapieeinrichtung fordernd **wie ein Hotelgast,** so dass eine therapeutische Begleitung nur schwer möglich sei, so fehlt es am Therapiewillen (*GStA Frankfurt,* Bescheid v. 1. 4. 2005, 6 Zs 19/05).

211   **a) Fehlendes Therapieinteresse.** Hat sich der Verurteilte für ein **ausgefallenes Therapieprogramm bereit erklärt** mit **schwerer körperlicher Arbeit auf einem Bauernhof** oder **Teilnahme an einem klosterähnlichen Leben,** ohne sich durch Schriftverkehr oder Drogenberatung über das Therapieprogramm überhaupt informieren zu lassen, so lässt das mangelnde Interesse auf einen fehlenden Therapiewillen schließen (*GStA Frankfurt,* Bescheid v. 21. 6. 2000, Zs 60012/00). Hat ein Verurteiler, an Stelle einen geeigneten Therapieplatz zu suchen, **sich auf eine aussichtslose Warteliste setzen lassen** und **nimmt während der Wartezeit Drogen zu sich,** so fehlt es am Therapieinteresse (*GStA Frankfurt,* Bescheid v. 13. 11. 2001, 6 Zs 60047/01). Ist ein Verurteilter lediglich an einer Aufnahme in ein betreutes Wohnen und **an einem Arbeitsplatz ohne Therapiemaßnahme interessiert,** so fehlt es am Therapieinteresse (*GStA Frankfurt,* Bescheid v. 4. 3. 2005, 6 Zs 10 – 11/05). Aber auch **bloße Lippenbekenntnisse,** eine Drogentherapie jetzt machen zu wollen, die Lebensführung verändern bzw. den Drogenmissbrauch beenden zu wollen wegen seiner Gesundheit, seines Alters, seiner Beziehung oder der Kinder wegen rechtfertigen keinen Therapiewillen mehr, wenn diese Angaben schablonenhaft mehrfach wiederholt wurden (*GStA*

Frankfurt, Bescheid v. 22. 2. 1999, Zs 127/99). Wird bei dem Antragsteller **im Rahmen der Briefzensur ein Brief vorgefunden** mit dem Inhalt, er habe jetzt im Sommer **keine Lust hier zu sitzen und wolle raus,** so deutet dies auf kein Therapieinteresse hin (*Karlsruhe*, Beschl. v. 19. 3. 2002, 2 VAs 2/02).

b) Absolute Uneinsichtigkeit. Auch wenn eine geringe Therapieeinsicht und **212** eine geringe Therapiemotivation ausreichen, so setzt eine Zurückstellung der Strafvollstreckung zumindest ein Rehabilitationsinteresse voraus. Bagatellisiert ein Antragsteller seine Drogensucht und seine Straftaten, macht sich über ein Therapieprogramm und die Therapeuten lustig, verweigert Besuche von externen Drogenberatern oder macht die Haftanstalt für seine persönliche Situation verantwortlich, so fehlt es an einem Rehabilitationsinteresse und an einem ernsthaften Therapiewillen. Trotz einer Behandlungsbedürftigkeit kann hier ein Zuwarten erforderlich sein (*Berlin*, Beschl. v. 5. 7. 1999, 4 VAs 11/99). Die Überprüfung eines Rehabilitationsinteresses, einer Therapiemotivation, eines Therapiewillens darf aber nicht überspannt werden (*Zweibrücken* StV 2000, 157).

c) Unaufrichtigkeit. Ergibt sich aus dem Strafregisterauszug und den Straf- **213** akten, dass der Verurteilte fortlaufend seine Umwelt, die Geschädigten seiner Straftaten, die Justiz, die Drogenberater und Drogentherapeuten über seine wahren Absichten, seine angebliche Abhängigkeit getäuscht hat, so hat er **kein Suchtproblem, sondern ein Wahrheitsproblem** (*GStA Frankfurt*, Bescheid v. 5. 11. 1998, Zs 2089/98). Hat ein Verurteilter nicht nur bei den Straftaten mit falschem Namen und falschen Urkunden agiert, sondern auch in der Hauptverhandlung **mit unwahren Angaben taktiert,** so bedarf es zwar keiner Motivationskontrolle, aber der Prüfung, ob der Verurteilte tatsächlich betäubungsmittelabhängig ist und sich in eine Therapieeinrichtung begeben will (*GStA Frankfurt*, Bescheid v. 4. 9. 2000, Zs 60035/00) oder nur seine Flucht vorbereitet. Hat ein Verurteilter in einer Therapieeinrichtung **seine Betäubungsmittelabhängigkeit und seine Behandlungsbedürftigkeit nur vorgetäuscht,** in der Einrichtung gegen die **Therapeuten intrigiert, Klienten manipuliert** und **in der Einrichtung Chaos verbreitet,** so fehlt es am Therapiewillen (*GStA Frankfurt*, Bescheid v. 9. 6. 2004, 6 Zs 18/04). Denn hat ein Verurteilter, der tatsächlich nicht abhängig ist, eine solche **Abhängigkeit und Therapiewilligkeit nur vorgespielt,** um sicherer seine vorzeitige Entlassung aus der Strafhaft zu erreichen, so liegt hierin eine Unaufrichtigkeit. Nimmt der Verurteilte nach seiner Entlassung sodann sein Einverständnis zurück und tritt die auferlegte stationäre Therapie nicht an, so **rechtfertigt dies keinen Widerruf,** denn er ist nicht behandlungsbedürftig (*Schleswig*, Beschl. v. 21. 1. 2004, 2 Ws 235/03).

d) Nichtantritt von Therapien. Wurde trotz mehrmaliger Aufforderung eine **214** **Therapie nicht angetreten,** so fehlt es an einem Therapiewillen (*GStA Frankfurt*, Bescheid v. 26. 6. 1996, Zs 1067/96). Wenn ein Antragsteller **lediglich von Therapie spricht und schreibt, ohne an einem Drogengesprächskreis in der JVA teilzunehmen, ohne einen Aufnahmeantrag** zu schreiben und **ohne sich um einen konkreten Therapiebeginn** durch **Gespräche mit Drogenberatern oder Anstaltsarzt,** durch schriftliche **Anfragen bei verschiedenen Therapieeinrichtungen zu bemühen,** so fehlt es am Therapiewillen. Regelmäßig wendet sich ein Verurteilter, der an einer Therapie teilnehmen will, an die Therapieeinrichtung, lässt sich über den Ort, die Dauer und das Programm der Therapieeinrichtung informieren, erfragt den konkreten Therapieplatz, den konkreten Therapiebeginn, die Kosten und die Wegstrecke zur Einrichtung usw.

e) Fluchtbemühungen. Allein der verständliche Wunsch nach Freiheit 215 bedeutet noch keinen Therapiewillen und rechtfertigt keine Zurückstellung der Strafvollstreckung. Es fehlt aber am Therapiewillen, wenn dem Verurteilten allein um die Erlangung der Freiheit geht und er deshalb bereits zweimal nach Zurückstellung der Strafvollstreckung **auf dem Weg zur Therapieeinrichtung die Flucht ergriffen** hat und eine Therapie nicht einmal begonnen hat (*GStA*

Frankfurt, Bescheid v. 17. 5. 1990, Zs 692/90; *GStA Frankfurt*, Bescheid v. 16. 5. 2001, 6 Zs 60034/01). Ergibt sich aus einem **beschlagnahmten Gefangenenbrief** an die Schwester des Verurteilten, dass der Antragsteller die Therapiezusage nur vorgeschoben hat, um den Therapieantritt zu einer geplanten Auslandsreise bzw. zum Untertauchen in die Drogenszene zu nutzen, werden in der Zelle des Antragstellers Gefangenenbriefe sichergestellt, aus denen sich eine bereits gebuchte Auslandsreise bzw. eine Bestellung größerer Betäubungsmittelmengen und eine Rückkehr in die Drogenszene ergeben, so fehlt es an der notwendigen **ernsthaften Therapiezusage.**

216　　f) **Mehrfache Therapieabbrüche. Allein ein wiederholtes oder auch mehrfaches Scheitern einer Drogentherapie** ist noch kein Beleg für einen fehlenden Therapiewillen (*Karlsruhe* NStZ-RR 2005, 57; *Koblenz* NStZ 2009, 395). Vielmehr bedarf es der Feststellung, dass der Verurteilte **in einer besonders leichtfertigen oder verantwortungslosen Weise mit der gewährten Therapie umgegangen** ist. Es kann am Therapiewillen fehlen, wenn der Verurteilte **mehrfach die Behandlung eigenmächtig abgebrochen** hat, **aus dem Strafvollzug, dem Maßregelvollzug oder der Therapieeinrichtung entwichen** ist, aus gewährtem Urlaub nicht zurückkehrte, ein **Einstellungswandel nicht erkennbar** ist und er **ohne Kontakt mit der Justiz und Drogenberatung** in der Drogenszene wegen erneuter Straftaten festgenommen werden musste (vgl. *Karlsruhe* StV 1983, 112; *Karlsruhe* NStZ 1999, 253 = StV 1999, 443; *Koblenz* NStZ 2009, 395).

217　　Steht aufgrund zahlreich gewährter Therapiechancen und zahlreicher Therapieabbrüche fest, dass der Verurteilte immer nur dann, wenn der Strafvollzug bevorstand, sich zu einer **möglichst bequemen und unverbindlichen Therapieform** bereit fand, wo er, statt an der Suchtüberwindung zu arbeiten, **nach kurzer Zeit verschwand,** um dann für kurze Zeit bei einer **Übergangseinrichtung,** Wohngemeinschaft, Drogenberatungsstelle oder Nachsorgeeinrichtung aufzutauchen, so fehlt es am Therapiewillen (*GStA Frankfurt*, Bescheid v. 21. 3. 2005, 6 Zs 13 und 18/05). **Je häufiger** in der Vergangenheit die Therapie abgebrochen wurde, **umso ausführlicher** und detaillierter muss die **Darstellung von Therapiewille und Therapievorbereitung** sein. Insbesondere muss begründet werden, weshalb ein erneuter Therapieversuch dieses Mal gelingen soll (*GStA Frankfurt*, Bescheid v. 9. 1. 1997, Zs 41/97). Ein Therapieabbruch steht einem erneuten Therapieversuch nur dann nicht entgegen, wenn der Verurteilte bei dem Bemühen, die Suchtkrankheit zu überwinden, scheiterte. Wurde die Therapie aber abgebrochen, um anschließend mit neuer Wohnung und neuem Mercedes-Wagen die früheren Kokaingeschäfte fortzuführen, so scheidet eine erneute Zurückstellung aus, weil **nicht die Drogensucht, sondern die Geldgier den Therapieerfolg verhinderte** (*GStA Frankfurt*, Bescheid v. 23. 8. 2004, 6 Zs 36 – 37/04).

218　　Benutzte der Verurteilte in der Vergangenheit **Therapieeinrichtungen wie Übernachtungsheime,** aus denen er **nach wenigen Tagen verschwand** und ist **keinerlei Auseinandersetzung mit dem Scheitern** der bisherigen Therapiebemühungen erkennbar, so fehlt es an einem ernsthaften Therapiewillen (*GStA Frankfurt*, Bescheid v. 28. 7. 2003, 6 Zs 25/03). Grundsätzlich kann nach einem Therapieabbruch die Zurückstellung der Strafvollstreckung nur bestehen bleiben, wenn der Verurteilte für die neue Therapie eine Therapieplatzzusage und eine Kostenzusage vorlegen kann und es sich dabei um eine **Behandlung derselben Art** handelt. Hat sich der Verurteilte nach Scheitern einer stationären Therapie eine bequeme und unverbindliche ambulante Therapie ausgewählt, so ist ein Widerruf und eine umfassende erneute Prüfung vonnöten (*GStA Frankfurt*, Bescheid v. 21. 3. 2005, Zs 13 und 18/05).

219　　Verringert ein Verurteilter mit jedem Versagen seine Therapieanstrengungen, so dass seine Erklärungen als Lippenbekenntnisse erscheinen, so fehlt es am Therapiewillen. Unternimmt der Proband **keine intensiven und ernsthaften Therapieanstrengungen,** so ist der Therapiewille fraglich. Hat ein polytoxikomaner

Verurteilter, dessen Strafregisterauszug 48 Eintragungen aufweist, alle Arten von Drogentherapien (stationäre, ambulante Programme, Psycho- und Arbeitsprogramme, Substitutionsprogramme) zwar begonnen, aber immer wieder eigenmächtig abgebrochen, so reichen nach zahllosen Widerrufen bloße Lippenbekenntnisse als Therapiezusage nicht aus. Vielmehr bedarf es verstärkter Therapievorbereitungen und einer ausführlichen Begründung des Therapieprogrammes, um einen fortbestehenden Therapiewillen zu verdeutlichen.

Hat die Verurteilte jedoch aus den Folgen des Nichttherapieantrittes bzw. des 220 Therapieabbruches gelernt und sich **nach eingehender Drogenberatung ungewöhnlich intensiv auf eine Drogentherapie vorbereitet,** so kann trotz vorausgegangener Zweifel der Therapiewille nicht in Abrede gestellt werden (*GStA Frankfurt,* Bescheid v. 31. 8. 2000, Zs 60025/00).

g) Problematische Verhältnisse in der Therapieeinrichtung. Sind Schwie- 221 rigkeiten einer drogenabhängigen Frau in einer Therapieeinrichtung Ausdruck von problematischen oder mangelhaften Verhältnissen in der Therapieeinrichtung, Ergebnis von **fragwürdigen Behandlungsmethoden** oder Folge von **Fehlverhalten von Therapeuten** oder Probanden, so darf dies **nicht als Therapie-Resistenz** oder als **Mangel an Therapiewillen** ausgelegt werden. Denn Persönlichkeits- bzw. Verhaltensstörungen von Probanden sollen durch die Therapie ja gerade behoben werden. Es wäre ein Zirkelschluss, wenn die gleichen Gründe, die für eine Therapie oder Unterbringung genannt wurden, auch als Begründung für eine disziplinarische spätere Entlassung dienen könnten.

Sind z. B. in einer Therapieeinrichtung vorwiegend drogenabhängige Männer 222 und nur wenige drogenabhängige Frauen untergebracht, sind **emotionale und sexuelle Defizite und Konflikte unübersehbar** und müssen die **sanitären Einrichtungen von Männern und Frauen** gemeinsam genutzt werden, so können zwar **Sexualkontakte zwischen Probanden** in sanitären Räumen missbilligt, nicht aber pathologisiert und als Ausdruck mangelhaften Therapiewillens beanstandet werden (*Frankfurt,* Beschl. v. 27. 12. 2000, 3 VAs 57/00). Entwickeln sich zwischen Therapeuten und Probanden persönliche Beziehungen bzw. Konflikte, so mag das Anlass für eine Verlegung in eine andere Einrichtung sein, begründet aber keinen Mangel an Therapiewillen. Auseinandersetzungen zwischen einem Therapeuten und einem Probanden wegen Tragens eines T-Shirts mit provokantem Aufdruck, wegen Mängel der Räumlichkeiten und Sportveranstaltungen, können disziplinarische Entscheidungen rechtfertigen, aber keinen Zweifel am Therapiewillen begründen.

h) Fehlende Unterordnungsbereitschaft. Es fehlt am Willen, sich einer 223 Hausordnung und einem Therapieplan zu unterwerfen, wenn der **Verurteilte keinerlei Regeln einhält.** Zeigt sich ein Verurteilter in der JVA oder in der Therapieeinrichtung zeitweise arbeitsscheu, passiv oder therapieresistent, so macht dies zwar die Therapiezusage noch nicht zunichte, da die Drogentherapie diese Verhaltensstörungen ja gerade beheben soll. Hält der Verurteilte aber in der JVA oder in einer Therapieeinrichtung keinerlei Regeln ein, **leistet den Anweisungen des Therapeuten** und **den Auflagen der Vollstreckungsbehörde keinerlei Folge, verweigert jegliche Arbeit, Beratung und Therapie, konsumiert oder verkauft Betäubungsmittel, arbeitet somit in keiner Weise am Therapieziel mit,** so fehlt ein ernsthafter Therapiewille und die Bereitschaft, sich einer Hausordnung in einem Therapieprogramm unterwerfen zu wollen (*Frankfurt,* Beschl. v. 28. 12. 1993, 3 VAs 25/93; *Frankfurt,* Beschl. v. 9. 2. 1994, 3 VAs 5/94; *GStA Frankfurt,* Bescheid v. 28. 3. 2003, 6 Zs 51/02).

Bricht ein Verurteilter die Therapie mit der Begründung ab, er habe von mor- 224 gens bis abends arbeiten und über seine Drogenprobleme reden müssen, ohne dabei Geld zu verdienen, ohne Zigaretten, Bier und Kaffee zu erhalten, so **verwechselt** er einen **Therapieplatz mit einem Arbeitsplatz.** Dies belegt sowohl eine fehlende Therapieeinsicht als auch mangelhafte Unterordnungsbereitschaft (*GStA Frankfurt,* Bescheid v. 28. 1. 2003, 6 Zs 3/03).

225   Allein aus der **Verweigerung** eines Strafgefangenen, **im Strafvollzug Urin-kontrollen durchführen zu lassen,** ist noch nicht der Schluss zu ziehen, der Verurteilte sei generell nicht bereit, sich an Regeln und Anordnungen, gleich welcher Art, zu halten und werde an diesem Verhalten auch in der Therapieeinrichtung festhalten, so dass es an einem ernsthaften Therapiewillen fehlen würde. Zunächst war der Verurteilte der Auffassung, der JVA würde es für derartige Anordnungen an der Rechtsgrundlage fehlen. Unabhängig davon war die Weigerung des Verurteilten nicht geeignet, das Scheitern der Therapie zu indizieren. Denn sowohl bei positivem wie negativem Befund bestünde Anlass, den Antragsteller in eine Therapieeinrichtung aufzunehmen (*Frankfurt* NStZ-RR 2003, 246). Für einen Irrtum des Verurteilten könnte nämlich sprechen, dass in der Untersuchungshaft es für eine Verpflichtung zur Abgabe einer Urinprobe an der Rechtsgrundlage fehlt und in der Weigerung deshalb kein schuldhafter Verstoß gegen die Anstaltsregeln gesehen werden kann (*Saarbrücken* NStZ 1992, 350; *LG Traunstein* StV 2004, 144; anders jedoch *Karlsruhe*, Beschl. v. 19. 3. 2002, 2 VAs 2/02).

226   Verweigert ein wegen Betäubungsmittelhandels und -schmuggels Verurteiler bei der Aufnahme eine **anale Kontrolluntersuchung** und hält eine **Teilnahme am stationären Therapieprogramm** für nicht erforderlich, so fehlt es am Therapiewillen (*GStA Frankfurt*, Bescheid v. 23. 8. 2004, 6 Zs 36/37/04). Erklärt der Verurteilte nach dem Abbruch einer Therapie, dass er **unter keinen Umständen bereit** sei, **eine Therapie unter Druck zu machen,** und lieber seine Strafe zu Ende verbüßen wolle, so ist eine Zurückstellung abzulehnen (*GStA Frankfurt*, Bescheid v. 12. 4. 1994, Zs 483/94).

227   **i) Verweigerung jeglicher Mitarbeit.** Hat ein Verurteiler die bisherigen Therapiezeiten **absolut passiv verstreichen lassen** und sich nicht um die Überwindung seiner Drogenprobleme bemüht, so fehlt es am Therapiewillen (*GStA Frankfurt*, Bescheid v. 12. 4. 2001, 6 Zs 60023/01). Die grundsätzliche Möglichkeit, mehrmals Therapieversuche zu unternehmen, darf aber nicht dahin missverstanden werden, als sei eine stationäre oder ambulante Drogentherapie **so etwas wie ein Erholungsurlaub oder eine Heilkur von der Strafhaft,** auf die ein abhängiger Verurteiler einen Anspruch habe und **beliebig oft buchen könne.** Therapieplätze werden unter Kostenbelastung für die Allgemeinheit geschaffen und unterhalten und sollen nur ernsthaft therapiewilligen Probanden offen stehen (*GStA Frankfurt*, Bescheid v. 10. 10. 2002, 6 Zs 47/02). Ist ein Verurteilter im Rahmen einer stationären Drogentherapie nur zu Einzelgesprächen, **nicht aber zur Gruppentherapie bereit,** weigert er sich, auf Befragen Gedanken, Gefühle, Erlebnisse und Probleme zu offenbaren, und bietet den Therapeuten **keine Therapieansätze,** so fehlt es an dem notwendigen Therapiewillen (*GStA Frankfurt*, Bescheid v. 24. 1. 2004, 6 Zs 1/02). Hat ein Verurteiler die Therapie mit der Begründung abgebrochen, er habe vor morgens bis abends über seine Fehler reden und arbeiten müssen, ohne dafür Geld, Zigaretten, Bier oder Kaffee zu erhalten, so **verwechselt er den Therapieplatz mit einem Arbeitsplatz** und lässt Therapieeinsicht und Therapiewillen vermissen (*GStA Frankfurt*, Bescheid v. 28. 1. 2003, 6 Zs 3/03).

228   Begehrt ein seit 17 Jahren betäubungsmittelabhängiger Verurteilter in seinem Zurückstellungsantrag die Aufnahme in ein ambulantes Methadonprogramm und in eine Notschlafstelle, **verweigert aber jegliche Mitarbeit an seiner Suchtproblematik, Urinkontrollen und Begleittherapie,** so geht es ihm lediglich um den regelmäßigen Bezug der Substitutionsdroge und nicht um eine der Rehabilitation dienende Behandlung. Es fehlt ihm daher an dem notwendigen Therapiewillen (*GStA Frankfurt*, Bescheid v. 4. 4. 1995, Zs 348/95).

229   **j) Bedrohungen und Verletzungen von Therapeuten und Pflegekräften.** Hat im Proband eine **Krankenschwester,** einen **Wachmann** und einen **Stationsarzt oder Besucher bedroht bzw. verletzt,** eine **Geiselnahme geplant und Fluchtversuche unternommen,** so fehlt der Therapiewille zumindest in dieser Einrichtung. Wer aktiv die **Zielvorstellung „Therapie statt Strafe" ins**

Gegenteil verkehrt, indem er seine **Therapeuten verletzt, bedroht, einsperrt, beraubt, Therapieprozesse verhindert,** der bedarf nicht der Zurückstellung der Strafvollstreckung zugunsten einer Therapie, sondern der **Zurückstellung der Therapie zugunsten des Strafvollzuges** (*GStA Frankfurt*, Bescheid v. 29. 12. 1994, Zs 2072/94). Hat ein Proband ein **Gewaltproblem** neben seinem Suchtproblem, so bedarf es einer **Spezialeinrichtung** für die Behandlung.

k) Psychopathien des Verurteilten. Leidet ein Betäubungsmittelabhängiger 230 zugleich an einer paranoiden Psychose aus dem schizophrenen Formenkreis, so kann dies nicht eine Verneinung der Therapiebereitschaft rechtfertigen, sondern lediglich die Auswahl der Therapieeinrichtung in Frage stellen, wenn diese nicht sowohl zur Behandlung der Suchterkrankung als auch der Psychose in der Lage ist (*GStA Frankfurt*, Bescheid v. 18. 2. 1999, Zs 273/99).

IX. Bereitschaft des Verurteilten, Behandlungsnachweise zu erbringen

Gem $\S$ 35 Abs. 4 BtMG muss der Verurteilte nicht nur zum Therapieantritt, 231 sondern auch zur Meldung von Behandlungsnachweisen zu Zeitpunkten bereit sein, die die Vollstreckungsbehörde festgesetzt hat. Verweigert er dies, so kann keine Zurückstellung erfolgen. Diese Pflichten werden in der Praxis vielfach wenig beachtet. Der Verurteilte muss sich hierzu erklären. Er muss belehrt werden, dass bei Nichtmeldung der Widerruf der Zurückstellung zu prüfen ist.

X. Zusage des Kostenträgers

In den meisten Bundesländern bestehen **Arbeitsgemeinschaften der Kosten-** 232 **träger,** die eine **vorläufige Kostenzusage** erteilen (vgl zur einstweiligen Anordnung auf Erteilung einer Kostenzusage für eine Drogentherapie durch das Sozialgericht *SG Braunschweig* StV 1989, 70).

Da Sucht Krankheit ist, haben Kranken- und Rentenversicherung sich um the- 233 rapeutische Hilfe zu bemühen. Abgebrochene oder erfolglos abgeschlossene stationäre Entwöhnungsbehandlungen oder Rückfälle schließen erneute therapeutische Bemühungen nicht aus. Zu beachten ist aber, dass die **Finanzierung der Methadonvergabe** und **der psychosozialen Begleitung aus unterschiedlichen Kassen finanziert** wird.

Die **bloße Aussicht auf einen Therapieplatz im Rahmen einer Wartelis-** 234 **te** oder im Rahmen mehrerer Wartelisten und die **Aussicht auf eine künftige Kostenzusage** reichen für eine Zurückstellung der Strafvollstreckung nicht aus. Vielmehr schließt ein Schreiben der Landesversicherungsanstalt Hessen, sie halte eine stationäre psychiatrische Behandlung für erforderlich, für die beantragte Therapie könne eine Kostenzusagen nicht erfolgen, ein Therapiebeginn geradezu aus (*GStA Frankfurt*, Bescheid v. 2. 12. 1994, Zs 2049/94; *GStA Frankfurt*, Bescheid v. 3. 1. 2000, Zs 60038/99; *Frankfurt*, Beschl. v. 23. 1. 1995, 3 VAs 3/95). Hat die LVA eine **Kostenzusage** für eine weitere stationäre Langzeittherapie **abgelehnt** und über den Widerspruch des Verurteilten noch nicht abschließend entschieden, **so fehlt es an einer Voraussetzung** der Zurückstellung der Strafvollstreckung, die **nicht durch Aufnahme in eine Übergangseinrichtung ersetzt** werden kann (*GStA Frankfurt*, Bescheid v. 6. 11. 2003, 6 Zs 42/03).

Hat ein Verurteilter eine **Therapie abgebrochen,** für die eine Kostenzusage 235 vorlag, so bedarf es **für eine neue Therapie** einer **neuen Therapieplatzzusage und einer neuen Kostenzusage.**

Bei einigen **Selbsthilfe-Therapie-Einrichtungen** und Hofgütern mit Thera- 236 pieprogramm bedarf es keiner Kostenzusage eines Kostenträgers. Auch einzelne **Übergangseinrichtungen verlangen keine Kostenzusage.**

XI. Gewährleistung des Therapiebeginns

Die meisten Zurückstellungsanträge scheitern an einer unzureichenden Thera- 237 pievorbereitung. Die Zurückstellung der Strafvollstreckung setzt voraus, dass eine

Drogentherapie umfassend vorbereitet wurde durch a) eine Drogenberatung, b) Auswahl eines Therapieprogrammes und c) Schriftwechsel mit einer Therapieeinrichtung, dass ein Therapiebeginn durch d) Therapieplatzzusage und e) Kostenzusage für einen konkreten Termin gewährleistet ist und f) der Antragsteller zugesagt hat, zu einem bestimmten Termin eine Drogentherapie anzutreten und durchzustehen und dabei sich g) der Hausordnung und h) dem Therapieprogramm der Einrichtung zu unterwerfen und i) an der Überwindung der Suchtkrankheit mitzuarbeiten.

238   **1. Aufnahmevoraussetzungen.** Die Therapieeinrichtungen verlangen in unterschiedlicher Weise vor einer Therapieplatzzusage unterschiedliche **Aufnahmevoraussetzungen**, z.B.:

– **Therapiebereitschaft**,
– **körperliche Entgiftung und Sanierung** (vor allem der Zähne),
– **ärztliches Zeugnis** für Kostenträger,
– **Aufnahmegespräch,**
– **Billigung einer Hausordnung,**
– **Billigung eines Therapieprogrammes,**
– Verpflichtung, die **Aufnahme und Fortführung der Behandlung** der **Vollstreckungsbehörde** zu bestimmten Zeitpunkten **nachzuweisen** (*Adams / Gerhardt* NStZ 1981, 242),
– **bei** Minderjährigen ist neben der Therapiebereitschaft des Probanden die **Einwilligung der Erziehungsberechtigten** und gesetzlichen Vertreter (§ 38 Abs. 1 S. 3 BtMG) notwendig.

Bei der Drogenberatung und bei dem Aufnahmegespräch oder dem Aufnahmeschriftwechsel wird die Eignung eines Probanden für ein bestimmtes Programm bzw für eine bestimmte Einrichtung **geprüft**, bisweilen auch **getestet.** Weist der Bewerber erhebliche Sprachschwierigkeiten, körperliche, seelische Besonderheiten, Verhaltensstörungen usw. auf, so wird er nur von bestimmten Einrichtungen aufgenommen oder mit einer langen **Wartefrist** hingehalten. Es gibt aber auch Einrichtungen, die an die **Aufnahme keinerlei Bedingungen** knüpfen und Aufnahmebescheinigungen unbürokratisch innerhalb von 2 Wochen erteilen wie „Synanon" in Berlin.

239   **2. Therapieplatzzusage und Therapievorbereitung.** Die Zurückstellung der Strafvollstreckung setzt einen **freien Therapieplatz,** die **Therapieplatzzusage** der Therapieeinrichtung und einen **festen Aufnahmetermin** voraus. Da in allen Bundesländern Entzugs- und Therapieplätze für Drogenabhängige fehlen, muss der Verurteilte mit Wartefristen bei den Therapieeinrichtungen rechnen. Der Verurteilte, sein Drogenberater oder sein Verteidiger müssen sich frühzeitig um einen Therapieplatz bemühen. Monatelange Wartezeiten auf einen Therapieplatz sind üblich.

240   **a) Fehlen eines Therapieprogramms und das Nichtrespektieren der Hausordnung.** Es erscheint notwendig, dass das Gericht vor der Erteilung der Zustimmung und die Vollstreckungsbehörde vor der Zurückstellung sich **nicht nur** mit dem **generellen Therapiekonzept der Einrichtung,** mit der **Hausordnung und mit der Art der Aufnahme- und Abbruchmitteilungen** vertraut machen, sondern **ein individuelles, auf den Antragsteller zugeschnittenes Therapiekonzept** (Ort, Behandlungsbeginn, Behandlungsdauer, Aufnahmeritual, Trennung von Angehörigen, Nachsorgemöglichkeit) verlangt. Ist klar erkennbar, dass der Verurteilte die Hausordnung oder das Therapieprogramm **nicht erfüllen kann,** so ist ein Therapiebeginn nicht gewährleistet. Werden **klösterliche Frömmigkeit, absolute sexuelle Enthaltsamkeit, extreme Abmagerungskuren, Satans- oder Hexenkulte** von den Einrichtungen verlangt, so mag dies die Abhängigkeit beheben, nicht aber der Rehabilitation i. S. d. § 35 Abs. 1 BtMG dienen.

241   Die Einrichtung muss die Gewähr bieten, dass die Nachweis- und Überwachungsvorschriften der §§ 35 ff. BtMG eingehalten werden. So scheiden **ausländi-**

sche Therapieeinrichtungen aus, weil der nach § 35 Abs. 4 BtMG geforderte Nachweis über Aufnahme und Fortgang der Behandlung, insb. die Mitteilung eines Therapieabbruches nicht gesichert sind und die im Falle eines Widerrufs der Zurückstellung erforderliche Vollstreckung der Reststrafe nicht durchgesetzt werden kann (*Weber* § 35 Rn. 97; *Hügel/Junge/Lander/Winkler* § 35 Rn. 5.5; MK-StGB/*Kornprobst* § 35 Rn. 70; a. A. *LG Kleve* StV 2000, 325).

Dabei dürfen die Anforderungen allerdings nicht überspannt werden. Nicht nur **242** die Verfahrensbeteiligten der Hauptverhandlung, sondern insb. der **Verurteilte** sollte vor der Zurückstellung über die Art der Therapiemethode, die Dauer der Behandlung, die Zielvorstellungen und über die Einzelheiten der Therapie **Klarheit** gewinnen und **nicht auf der Flucht vor dem Strafvollzug blind in ein Therapieprogramm** rennen, das er niemals durchstehen kann.

b) **Unzureichende Therapievorbereitung und Therapieperspektive.** Zur- **243** zeit der Antragstellung muss der Therapieplatz **in einer bestimmten Einrichtung zu einem bestimmten Termin mit einer klaren Therapieperspektive festliegen. Eine bloße Therapieaussicht reicht nicht aus.** Die Ankündigung, **irgendeine Therapie antreten zu wollen, reicht nicht aus** (*Frankfurt*, Beschl. v. 16. 1. 1991, 3 VAs 41/90). **Der bloße Kontakt zu einer Drogenberatungsstelle oder ein Schriftwechsel mit einer Therapieeinrichtung** ohne Befassung mit einem Therapieprogramm und ohne Therapievorbereitung, ohne Therapieplatzzusage und ohne Kostenzusage gewährleisten keinen Therapiebeginn und **erlauben keine Zurückstellung** der Strafvollstreckung (*Karlsruhe*, Beschl. v. 2. 8. 2001, 2 VAs 19/01). Ist wegen einer **angespannten Personalsituation** bei der externen Drogenberatung der **Therapiebeginn nicht ausreichend vorbereitet,** so kann eine Zurückstellung der Strafvollstreckung nicht erfolgen (*GStA Frankfurt*, Bescheid v. 1. 9. 2003, 406/66 E – 15/03).

Die Aufforderung des Verurteilten an die Strafverfolgungsbehörden, **244** **sich** bei einer bestimmten Therapieeinrichtung über die gewünschte Therapie **zu informieren, Unterlagen dort einzuholen,** und das Angebot an die Strafverfolgungsbehörde, u. U. neben Beratungsgesprächen auch zu Urinkontrollen und ambulanten Therapien bereit zu sein, rechtfertigt keine Zurückstellung der Strafvollstreckung, da diesen Bemühungen die Verbindlichkeit fehlt. Ein Schreiben einer Drogenberatung, das Informationen über ein Therapiekonzept enthält, und **Zwischenmitteilungen einer Therapieeinrichtung,** die die Aufnahmebedingungen erläutern, ohne einen konkreten Therapieplatz, ein konkretes Therapieprogramm oder einen konkreten Aufnahmetermin zu bestätigen, **gewährleisten keinen Therapiebeginn.** Andererseits darf dem Antragsteller, dem ein Ausgang und ein Urlaub zum Aufnahmegespräch in der Therapieeinrichtung verweigert wurde, die Zurückstellung nicht allein mit der Begründung versagt werden, es liege keine Therapieplatzzusage vor (*Berlin* StV 1988, 24; *LG Berlin* StV 1989, 69).

Ist der **Aufnahmetermin** in der Therapieeinrichtung **lange verstrichen** und **245** ein **neuer Aufnahmetermin** wegen einer Überhaftnotierung **nicht bestimmt** worden, so besteht nur eine Therapieaussicht. Der Therapiebeginn ist mangels konkreten Therapietermins nicht gewährleistet.

c) **Gewährleistung einer Spezialtherapie.** Die Zurückstellung darf aber **246** nicht deshalb abgelehnt werden, weil nur ein Therapieplatz für eine ambulante Therapie vorliegt und die **StA an Stelle einer ambulanten Therapie eine Langzeittherapie bevorzugte.** Die Zurückstellung darf auch nicht von der endgültigen Zusage einer Langzeittherapie abhängig gemacht werden, wenn die Aufnahme in einer staatlich anerkannten Einrichtung gesichert ist, die die Voraussetzung für eine Langzeittherapie schaffen soll. Hat sich der Verurteilte für eine ambulante Substitutionstherapie entschieden, so muss der Beginn einer **ambulanten Substitutionstherapie gewährleistet** sein, **die auch dem § 5 Abs. 1 bis Abs. 9 BtMVV entspricht.** Es müssen nicht nur der Verurteilte und der Therapeut für die Behandlung geeignet sein. Es muss ein erfolgversprechendes Behandlungskonzept vorliegen, bei dem nicht nur bei regelmäßigen Arztbesuchen die

Substitutionsdrogen kontrolliert zum Verbrauch überlassen, sondern regelmäßig durch Urinkontrollen auf Beigebrauch kontrolliert werden und auf eine regelmäßige psychosoziale Begleittherapie hingewirkt wird. Eine bloße Stoffvergabe durch einen niedergelassenen Arzt reicht hierfür nicht aus (*GStA Frankfurt*, Bescheid v. 16. 9. 1998, Zs 1737/98). Zu den Anforderungen an eine ambulante Therapie s. Rn. 149 ff.

247   Hat ein Verurteilter, der in der Vergangenheit wegen illegalen Umganges mit größeren Cannabismengen und Methadonmengen bestraft wurde, beantragt, an einer ambulanten Substitutionstherapie als einem bestimmten Arzt teilzunehmen und als **psychosoziale Begleittherapie in einem Headshop zu arbeiten, der vorwiegend Cannabisartikel vertreibt,** so stellt dies **weder eine staatlich noch fachlich anerkannte Therapie** i. S. v. § 35 BtMG dar. So wie eine Person mit einer Schokoladenallergie sich nicht als Verkäufer in einem Schokoladengeschäft bewerben sollte, zeigt die geplante Mitarbeit in einem Headshop, dass der Verurteilte **die Nähe der Drogenszene und nicht die Überwindung seiner Drogenproblematik sucht** (*GStA Frankfurt*, Bescheid v. 17. 12. 1998, Zs 2184/98).

248   **d) Behandlung psychischer Auffälligkeiten und von Gewaltneigungen neben der Drogenabhängigkeit.** Ist ein Verurteilter wegen schwerer Gewalttaten aufgrund Drogenabhängigkeit verurteilt, so ist ein Therapiebeginn nur gewährleistet, wenn die ins Auge gefasste **Therapie sich sowohl mit der Drogenproblematik als auch mit der Gewaltproblematik** ausreichend beschäftigen kann (*GStA Frankfurt*, Bescheid v. 9. 2. 1998, Zs 84/98). Ist ein Verurteilter nicht nur psychisch und physisch opiatabhängig, sondern auch diazepinabhängig und massiv depressiv, so ist der Beginn einer Behandlung nur gewährleistet, wenn neben einer ambulanten Substitutionstherapie mit psychosozialer Betreuung **auch eine Behandlung der paranoiden Psychose aus dem schizophrenen Formenkreis** gewährleistet ist (*GStA Frankfurt*, Bescheid v. 18. 2. 1999, Zs 273/99). Besteht bei einem Verurteilten nicht nur eine langwierige schwerwiegende Polytoxikomanie, sondern ein massives Alkoholproblem, eine **beträchtliche Gewaltneigung und erhebliche Verwahrlosungstendenzen,** so ist der Beginn einer Therapie nur gewährleistet, wenn die vorgesehene **Einrichtung** bei der Therapie **den genannten Besonderheiten Rechnung tragen kann.** Allein die formelhafte Therapieplatzzusage oder Bereitschaft eines niedergelassenen Arztes reichen hier nicht aus (*GStA Frankfurt*, Bescheid v. 4. 9. 2003, 6 Zs 41/03).

249   **e) Betreuung allein zur beruflichen Wiedereingliederung.** Eine Zurückstellung der Strafvollstreckung ist ausgeschlossen, wenn der Verurteilte in der Vergangenheit **eine Therapie erfolgreich beendet** hat, sich seitdem **als geheilt betrachtet,** keine neue Therapie anstrebt, sondern eine **Entlassung in die Freiheit und Aufnahme einer Berufstätigkeit** wünscht (*Frankfurt*, Beschl. v. 25. 9. 2003, 3 VAs 41/03). Erklärt ein Antragsteller nach einem Therapieabbruch, für **ihn sei Arbeit wichtiger als Therapie,** er begehre eine Zurückstellung der Strafvollstreckung, um eine bestimmte Arbeitsstelle anzutreten, so kann mangels Therapie keine Zurückstellung der Strafvollstreckung erfolgen, auch wenn der Antragsteller sich bei einer Drogenberatungsstelle, bei einem Sozialarbeiter oder einem Arzt gelegentlich melden will (*GStA Frankfurt*, Bescheid v. 28. 3. 2003, 6 Zs 51/02).

B. Formelle Voraussetzungen einer Zurückstellung

250   Liegen die materiellen Voraussetzungen einer Zurückstellung der Strafvollstreckung vor, so kann die Vollstreckungsbehörde die Vollstreckung zurückstellen, sofern

– eine **verbindliche Therapiebereitschaftserklärung (Therapiezusage)** des **Verurteilten vorliegt** (s. Rn. 252 ff.),
– das **Gericht des 1. Rechtszuges der Zurückstellung zugestimmt hat** (s. Rn. 255 ff.),

und **keine Zurückstellungshindernisse** bestehen (zu den Zurückstellungshindernissen s. Rn. 282 ff.).
Einer Stellungnahme der JVA bedarf es nicht. Sie kann jedoch die Entscheidung 251 erleichtern. Um eine Widerrufsentscheidung wegen einer weiteren Verurteilung zu vermeiden, ist die Einholung eines aktuellen Strafregisterauszugs erforderlich. Das Zurückstellungsbegehren kann beliebig oft wiederholt werden.

I. Therapiezusage des Verurteilten

1. Zurückstellungsantrag. Ein formeller Zurückstellungsantrag des Verurteil- 252 ten ist nach dem Gesetzeswortlaut nicht notwendig, sondern lediglich die Zusage, sich einer Therapie zu unterziehen. Das Gesetz sieht auch **keine bestimmte Antragsform** vor. Die Therapiezusage kann also auch mündlich vorgebracht werden. In der Regel empfiehlt sich jedoch **ein schriftlich begründeter Antrag des Verurteilten.** Werden Zurückstellungsanträge ohne Beteiligung von Drogenberatern gestellt, so spricht dies regelmäßig dafür, dass die Drogenberater für den Antragsteller einen anderen abweichenden Therapieweg geplant haben. Das **Zurückstellungsverfahren** wird andererseits **nicht von Amts wegen eingeleitet, da es eine Ausnahme zum Regelvollzug** darstellt. Es ist Aufgabe des Verurteilten, die materiellen Voraussetzungen der Zurückstellung darzulegen, sich um eine Therapieplatz- und Kostenzusage zu bemühen, sich zum Antritt und zur Teilnahme an einer konkreten Therapie und zu Meldungen zu bestimmten Zeitpunkten bereit zu erklären. Diese Erklärung beinhaltet die **Zusage, sich der Hausordnung und dem Therapieprogramm der Einrichtung zu unterwerfen.** Dies kommt einem Antragsverfahren gleich. So verspricht ein Zurückstellungsbegehren eines Angeklagten von vorneherein keinen Erfolg, wenn der Antragsteller mit seinem Zurückstellungsantrag gegen seine Verurteilung Rechtsmittel eingelegt hat. Denn es fehlt dann an der rechtskräftigen Verurteilung. Grundsätzlich ist die Therapiebereitschaft eines Verurteilten zu unterstellen, wenn er sich erfolgreich um einen Therapieplatz bemüht hat, eine Kostenzusage vorliegt und er bereit ist, die zugesagte Therapie anzutreten und durchzuführen.

2. Stellungnahmen der Drogenberater. Es ist Aufgabe der Drogen- bzw. 253 Suchtberater, sich die Drogen- bzw. Suchtprobleme ihrer Klienten anzuhören und mit dem Klienten gemeinsam Lösungswege zur Überwindung der Drogensucht zu erarbeiten. Sodann unterstützt der Drogenberater den Klienten bei der Beantragung eines Zurückstellungsantrages und bei der Vorbereitung einer geeigneten stationären oder ambulanten Therapie. Drogenberater sind aber **Interessensvertreter ihrer Klienten, nicht der Strafjustiz.** Sie **beraten** im Rahmen ihres Arbeitsauftrages **ähnlich wie ein Reisebüro den Klienten bei einer Therapiereise** und berücksichtigen dabei die Wünsche und Anliegen ihrer Klienten, wenn sie die Anträge formulieren. Umstritten ist, wie ein Drogenberater sich zu verhalten hat, wenn er erkennt, a) dass der **Antragsteller nie drogenabhängig** war, b) dass der **Antragsteller** nicht betäubungsmittelabhängig, sondern **alkoholoder medikamentenabhängig** ist, c) dass der Antragsteller eine Therapie lediglich deshalb beantragt, da er der **Strafhaft entkommen möchte,** d) dass der Antragsteller nicht die Überwindung der Sucht anstrebt, sondern **eine bequeme wenig belastende Therapie** wünscht, um einer Berufstätigkeit nachgehen zu können. Die Vollstreckungsbehörde hat deshalb die **Stellungnahmen der Drogenberater nicht als objektive Gutachten, sondern als einseitige Stellungnahmen** in ihre Entscheidung einzubeziehen. Es gibt nur wenige Drogenberater, die in den oben genannten Fällen eine Mitwirkung verweigern oder mitteilen, dass sie dem Klienten die Therapiealternativen A bis C vorgeschlagen haben und dieser sich aber für das Modell D entschieden habe.

3. Schreiben der Therapieeinrichtungen. Therapieeinrichtungen sind 254 **Wirtschaftsunternehmen, die wie Reiseunternehmen und Hotels darauf achten müssen,** dass ihre **Therapieplätze und Betten regelmäßig belegt**

sind. Anfragen von Strafgefangenen nach der Einrichtung, nach Programmen oder nach Aufnahmeterminen werden deshalb regelmäßig freundlich beantwortet, unabhängig davon, ob der Anfrager zur Tatzeit oder zur Zeit der Anfrage überhaupt betäubungsmittelabhängig war oder ist. Ein Schriftwechsel über einen Therapieplatz oder über eine Kostenzusage vermag nichts darüber auszusagen, ob der Antragsteller zur Tatzeit drogenabhängig war oder im Zeitpunkt der Antragstellung therapiebedürftig und therapiewillig ist.

II. Gerichtliche Zustimmung zur Zurückstellung der Strafvollstreckung (§ 35 Abs. 1 S. 1 BtMG)

255   Nach § 35 Abs. 1 S. 1 BtMG erfordert eine Zurückstellung die **Zustimmung des Gerichts des 1. Rechtszuges.** Die Entscheidung ist eine **justizinterne Prozesserklärung,** ist eine Voraussetzung des Justizverwaltungsaktes und damit auch der Zurückstellungsentscheidung der Vollstreckungsbehörde, aber **keine eigene gerichtliche Sachentscheidung** (*Weber* § 35 Rn. 125; *Franke/Wienroeder* § 35 Rn. 14).

256   **Keiner Zustimmung des Gerichtes des 1. Rechtszuges bedarf es**, wenn die StA die Strafvollstreckung aus formellen oder aus anderen Gründen nicht zurückstellen will; denn eine Zustimmung ist nur sinnvoll und erforderlich, wenn die Vollstreckungsbehörde zur Zurückstellung entschlossen ist (*Frankfurt* StV 1989, 439; *Hamm* NStZ-RR 1998, 315; *Karlsruhe*, Beschl. v. 17. 9. 2001, 2 VAs 17/61; *Weber* § 35 Rn. 132; MK-StGB/*Kornprobst* § 35 Rn. 120; a. A. *Berlin* StV 1988, 24; *Hügel/Junge/Lander/Winkler* § 35 Rn. 7.1). Um aber ein vollständiges Bild für eine sachgerechte Ermessensentscheidung zu haben, kann es seitens der StA dennoch geboten sein, das Gericht des 1. Rechtszuges einzuschalten, insb. um die Erkenntnisse aus der Hauptverhandlung in die Zurückstellungsentscheidung mit einbringen zu können (*Weber* § 35 Rn. 133; MK-StGB/*Kornprobst* § 35 Rn. 121).

257   Haben sich **in einer Hauptverhandlung** Gericht und StA **für eine Therapie des Angeklagten ausgesprochen,** so stellt dies **keine Zurückstellungsentscheidung** dar. Vielmehr stehen derartige Erklärungen unter dem Gesetzesvorbehalt, dass die rechtlichen Voraussetzungen des § 35 BtMG später bei der Antragstellung vorliegen (*GStA Frankfurt*, Bescheid v. 26. 6. 2001, 6 Zs 60029/01).

258   **1. Erklärungen in der Hauptverhandlung und die Bindung der Vollstreckungsbehörde an diese Erklärungen.** Nicht selten erklären das Gericht oder der Sitzungsvertreter der StA bereits im Rahmen der Hauptverhandlung, der **Angeklagte sei betäubungsmittelabhängig** und **seine Taten Beschaffungskriminalität.** Sie halten bei dem Angeklagten eine **Drogentherapie deshalb für erforderlich.** Soweit derartige Erklärungen auf **Feststellungen in der Hauptverhandlung** zur Betäubungsmittelabhängigkeit oder zur Kausalität beruhen, **binden** sie **die Vollstreckungsbehörde.** Soweit das Gericht oder die StA eine Drogentherapie für notwendig erachten, bedeutet dies aber lediglich, dass sie einen **Zurückstellungsantrag befürworten, soweit die Voraussetzungen des § 35 Abs. 1 und 3 BtMG vorliegen.** Im Rahmen der Hauptverhandlung ist regelmäßig noch nicht erkennbar, wann der Zurückstellungsantrag gestellt wird, ob rechtliche Zurückstellungshindernisse bestehen, ob die gewünschte Therapieform geeignet ist oder ausreichend vorbereitet wurde. Bei der Prüfung eines Zurückstellungsantrages ist die Vollstreckungsbehörde deshalb an derartige pauschale, wohlmeinende Erklärungen der Verfahrensbeteiligten, die unter der Voraussetzung des rechtlich Möglichen erfolgen, nicht gebunden.

259   **2. Zeitpunkt der gerichtlichen Stellungnahmen und ihre Bindungswirkung.** Befürwortet das Gericht des 1. Rechtszuges im Urteil eine Zurückstellung als letzte Chance für den Drogenabhängigen, so ist nach Auffassung des *OLG Frankfurt* (NStZ 1987, 42) diese **Zustimmung bindend** und kann nicht nach Vollstreckungseinleitung und Aufforderung der StA zur Stellungnahme **nachträglich abgeändert bzw. widerrufen werden,** wenn die für die Zurückstellung relevanten Umstände unverändert geblieben sind. Dieser Auffassung des *OLG Frankfurt* kann aber nicht gefolgt werden, wenn sich diese **Umstände verändern.** Der Gesetzgeber hat mit gutem Grund den Zeitpunkt der Zustimmungserklärung auf die Zeit nach der Rechtskraft des Urteils verlegt, da viele gute Vorsätze der Angeklagten nur bis zur Urteilsverkündung Gültigkeit haben und die gerichtliche Zustimmungserklärung von dem anschließend geplanten Therapievorhaben abhängig ist. So erklären nicht wenige Angeklagte nach einer Rechtskraft des Urteils, sie seien nur bereit, im Ausland eine Therapie anzutreten oder nur eine ambulante Therapie in einer Wohngemeinschaft zu machen. Eine **gerichtliche Zustimmungserklärung** entfaltet **erst nach der Entscheidung der Vollstreckungsbehörde Bindungswirkung.** Bis dahin kann das zur Stellungnahme aufgeforderte Gericht unter Darlegung neuer Gründe **seine Auffassung ändern** (vgl. hierzu *Karlsruhe* NStZ 1987, 42 [Bindungswirkung einer gerichtlichen Entscheidung nach § 153 a StPO, die sich über eine beschränkte Zustimmung der GStA hinwegsetzte]).

Die Zustimmung kann von dem Gericht **bereits in der Hauptverhandlung** **260** **in Aussicht gestellt** und die Zurückstellung der Strafvollstreckung in der mündlichen oder schriftlichen Urteilsbegründung befürwortet werden (*Adams/Eberth* NStZ 1983, 193, 194), unabhängig davon, ob die Vollstreckungsbehörde eine Zurückstellung beabsichtigt.

Hat das erstinstanzliche Gericht einer Zurückstellung der Strafvollstreckung zu- **261** gestimmt und hat der Verurteilte nach Zurückstellung der Strafvollstreckung die Therapie abgebrochen, so bedarf es **bei einem erneuten Zurückstellungsantrag nach Festnahme** einer **erneuten Zustimmung des Gerichtes,** da die **erste Zustimmung mit der ersten Zurückstellung verbraucht ist.**

Liegt bei der Entscheidung der Vollstreckungsbehörde eine ablehnende Stel- **262** lungnahme des erstinstanzlichen Gerichts bereits 8–12 Monate zurück und wird trotz Veränderung der Verhältnisse die Versagung der Zurückstellung mit **der früheren Stellungnahme des Gerichts** begründet, so ist dieser Bescheid aufzuheben. Hat das erstinstanzliche Gericht vor einer endgültigen Stellungnahme einen **Gerichtshilfebericht erbeten** und vorher nicht zugestimmt, so vermag diese **vorläufige Nichtzustimmung keine Versagung der Zurückstellung zu begründen.**

3. Zuständigkeit für Stellungnahmen a) In Erwachsenenstrafsachen. **263** Will die StA die Strafvollstreckung zurückstellen, so bedarf sie als Vollstreckungsbehörde für erwachsene Verurteilte zur Zurückstellungsentscheidung der Stellungnahme des erkennenden Gerichtes (*Hamm* NStZ 1990, 407).

b) In Jugendsachen. Nach § 38 Abs. 1 S. 1 BtMG sind die §§ 35 ff. BtMG **264** sinngemäß auch auf Verurteilungen zu Jugendstrafe anzuwenden. Bei **Jugendgerichtssachen** ist zu unterscheiden: Ist der **Jugendrichter** nach § 82 Abs. 1, § 84 Abs. 1; 105 Abs. 1, 110 Abs. 1 JGG **als Vollstreckungsleiter zugleich Gericht des 1. Rechtszuges,** so bedarf er **keiner Stellungnahme** eines anderen Gerichts, auch nicht der Stellungnahme der StA (*Stuttgart* NStZ 1986, 141; *Hamm* StV 1988, 112; *Weber* § 35 Rn. 127).

Ist der **Jugendrichter als Vollstreckungsleiter** (§ 85 Abs. 2 JGG) **nicht** **265** **zugleich Gericht des 1. Rechtszuges,** sondern ein anderes Jugendgericht, so muss er die **Zustimmung dieses Jugendgerichtes** einholen (*Karlsruhe* NStZ 1986, 288 = StV 1986, 257).

c) In verbundenen Sachen. Wurden **zwei Strafsachen miteinander ver-** **266** **bunden,** so ist strittig, ob jeweils die Stellungnahme der beiden Gerichte erster Instanz einzuholen ist oder ob die alleinige Stellungnahme des zuletzt zuständigen Gerichts ausreicht. Da die Stellungnahme des erkennenden Gerichts die Zurückstellungsentscheidung der StA bereichern soll, sind in diesem Fall die Stellungnahmen beider Gerichte erster Instanz einzuholen (vgl. hierzu *Frankfurt*, Beschl. v. 4. 11. 1988, 3 VAs 24/88).

267　　**4. Begründung der gerichtlichen Stellungnahmen.** Nachdem die Verweigerung der Zustimmung zur Zurückstellung der Strafvollstreckung durch das Gericht des 1. Rechtszuges von der Vollstreckungsbehörde mit einfacher Beschwerde angefochten werden kann (§ 35 Abs. 2 S. 1 BtMG) und zusammen mit der Versagung der Zurückstellung im Rahmen eines Antrages auf gerichtliche Entscheidung vom OLG überprüft wird (s. Rn. 268), muss die **Stellungnahme des Gerichtes aber mit einer nachvollziehbaren Begründung versehen** werden. Verweigert das erstinstanzliche Gericht die Zustimmung, erbittet aber wegen Zweifel einen Gerichtshilfe-Bericht, so ist die Stellungnahme nicht eindeutig, der Bericht ist einzuholen und das Gericht erneut zur Stellungnahme aufzufordern. Mit der Erteilung der Zustimmung gem. § 35 Abs. 1 BtMG beschließt das Gericht gleichzeitig die Anrechnungsfähigkeit der gewünschten Therapie gem. § 36 Abs. 1 S. 2 BtMG. Das der Zurückstellung zustimmende **Gericht kann die Zurückstellung durch die Vollstreckungsbehörde nicht erzwingen** (*Katholnigg* NStZ 1981, 418).

268　　**5. Rechtsmittel gegen die gerichtlichen Stellungnahmen.** Nach § 35 Abs. 2 S. 1 BtMG kann die StA als **die Strafvollstreckungsbehörde bei erwachsenen Verurteilten Beschwerde gegen die Verweigerung der Zustimmung** durch das Gericht des 1. Rechtszuges **gem. § 304 StPO** einlegen. Gleiches gilt, wenn das Gericht eine Stellungnahme verweigert oder sich nicht eindeutig äußert. Wurde die Verweigerung der Zustimmung vom Beschwerdegericht bestätigt, so ist die weitere Beschwerde gegen die Entscheidung unzulässig (*Frankfurt*, Beschl. v. 10. 4. 1995, 3 Ws 257/95).

269　　Eine Beschwerde des Verurteilten gegen die Verweigerung der Zustimmung des Gerichts des 1. Rechtszuges ist unzulässig. Der Verurteilte kann jedoch nach der Gesetzesänderung die Verweigerung der Zustimmung zusammen mit der Ablehnung der Zurückstellung durch die Strafvollstreckungsbehörde nach den §§ 23–30 des EinfG zum GVG anfechten (BT-Drs. 12/934, S. 6).

270　　Ist aber im **Jugendstrafverfahren** der Jugendrichter als Vollstreckungsleiter zugleich auch erkennendes Gericht, so liegt es auf der Hand, dass er nicht bei sich selbst Rechtsmittel einlegen kann, dass vielmehr dieses Beschwerderecht nach § 38 Abs. 1 S. 1 BtMG von der vorgesetzten Behörde, dem Generalstaatsanwalt insoweit wahrzunehmen ist, die sich hierbei wiederum der dem Jugendgericht zugeordneten StA bedienen kann (*München* NStZ 1993, 455). Das Jugendgericht kann der Beschwerde abhelfen.

271　　**a) Unstatthafte Rechtsmittel.** Die Zustimmung des Gerichtes zur Zurückstellung der Strafvollstreckung ist anders als die Verweigerung der Zustimmung nicht anfechtbar, weil die Vollstreckungsbehörde durch die Zustimmung nicht gebunden wird und gleichwohl die Zurückstellung der Strafvollstreckung ablehnen kann. Eine Beschwerde der StA ist daher unzulässig (*Frankfurt*, Beschl. v. 19. 2. 1997, 3 Ws 65/97).

272　　So wie es gem. § 35 Abs. 2 S. 1 BtMG unstatthaft ist, dass die Vollstreckungsbehörde gegen eine isolierte Zustimmungserklärung Beschwerde nach § 304 StPO einlegt, so **unstatthaft ist eine Beschwerde des Verurteilten gem. § 304 StPO gegen eine Verweigerung der gerichtlichen Zustimmung** zur Zurückstellung (*Berlin*, Beschl. v. 27. 11. 2001, 1 AR 1449/01 – 5 Ws 736/01; *Frankfurt*, Beschl. v. 29. 4. 2004, 3 VAs 16/04). Das **Rechtsmittel der Beschwerde steht lediglich der Vollstreckungsbehörde zu** (*Frankfurt*, Beschl. v. 29. 4. 2004, 3 VAs 16/04).

273　　**b) Statthafte Rechtsmittel. aa) Unbegründete Verweigerung der gerichtlichen Zustimmung.** Hat das Gericht des 1. Rechtszuges die **Zustimmung zur Zurückstellung der Strafvollstreckung formelhaft, ohne Begründung fehlerhaft oder nicht nachvollziehbar verweigert,** so kann die Vollstreckungsbehörde die Strafvollstreckung nicht zurückstellen, sondern hat Rechtsmittel gegen die gerichtliche Stellungnahme einzulegen.

bb) Beispiele für fehlerhafte gerichtliche Stellungnahmen. Wird die Zu- **274** rückstellung der Strafvollstreckung lediglich unter Hinweis auf die Verweigerung der Zustimmung durch das erstinstanzliche Gericht versagt, so ist dies fehlerhaft, wenn die Stellungnahme des Gerichts ohne oder ohne nachvollziehbare Begründung erfolgte und die Vollstreckungsbehörde nicht das Rechtsmittel der Beschwerde nach § 304 StPO eingelegt hat. Bei Vorliegen der Voraussetzungen des § 35 Abs. 1 BtMG kann eine Zustimmung nicht allein deswegen verweigert werden, weil bereits früher erfolgte Zurückstellungen widerrufen werden mussten (*Saarbrücken* NStZ-RR 1996, 50). Hat das zur Stellungnahme aufgeforderte erstinstanzliche Gericht die Versagung der Zustimmung der Zurückstellung wie folgt begründet: „Es ist an der Zeit, dass nunmehr 7 Jahre nach dem Urteilsspruch, nachdem der Verurteilte in der Bewährung versagte, neue Straftaten begangen hat, das Urteil endlich vollstreckt wird", so kann diese Begründung nicht hingenommen werden. Die Stellungnahme prüft nicht die Therapiebereitschaft und Therapiebedürftigkeit und missachtet, dass der Verurteilte seit längerer Zeit erfolgreich an einer Therapie teilnahm (*GStA Frankfurt*, Bescheid v. 18. 4. 1994, Zs 573/94). Hat das erstinstanzliche Gericht die Verweigerung der Zustimmung damit begründet, dass zurzeit auf den Sicherungscharakter einer Unterbringung nicht verzichtet werden könne und die Frage einer Zurückstellung der Strafvollstreckung zugunsten einer Langzeittherapie sich erst in 3 Monaten stellen werde, so ist die Hinnahme einer derartigen gerichtlichen Stellungnahme und die hierauf gestützte Verweigerung der Zurückstellung fehlerhaft. Der Verurteilte kann nämlich in jedem Stadium der Strafvollstreckung, auch während der Unterbringung in einer Entziehungsanstalt gem § 64 StGB die Zurückstellung der Strafvollstreckung beantragen. Das Gericht und die Vollstreckungsbehörde haben zwar die gesetzlichen Voraussetzungen zu prüfen. Sie können aber nicht die Therapieform und den Therapiezeitpunkt vorschreiben. Auf eine Vorschaltbeschwerde ist der Bescheid der Vollstreckungsbehörde deshalb aufzuheben und die Vollstreckungsbehörde zur Prüfung einer Beschwerde gegen die gerichtliche Stellungnahme zu veranlassen (*GStA Frankfurt*, Bescheid v. 31. 3. 1995, Zs 619/95).

Haben sowohl der Verteidiger des Verurteilten, der einen Antrag auf Zurück- **275** stellung der Strafvollstreckung zugunsten einer ambulanten Substitutionstherapie mit psychosozialer Begleitung gestellt hat, als auch die StA Beschwerde gegen die Verweigerung der Zustimmung zur Zurückstellung durch die Strafkammer als Gericht des 1. Rechtszuges eingelegt, weil dieses zu Unrecht aufgrund mehrfachen Therapieversagens den Verurteilten als therapieunwillig eingestuft habe, so ist die Beschwerde der Verteidigung unzulässig, die Beschwerde der StA aber zulässig und begründet, weil einem Zurückstellungsantrag bei Vorliegen der Voraussetzungen des § 35 BtMG auch bei schlechter Prognose und auch nach mehrmaligen erfolglosen Therapieversuchen zu entsprechen und richterlich zuzustimmen ist. Denn § 35 BtMG soll gerade Risikopatienten eine Therapiechance eröffnen. Der Strafsenat des OLG hebt die gerichtliche Entscheidung auf und erteilt gem. § 309 Abs. 2 StPO die Zustimmung zur Zurückstellung (*Hamburg* StV 1998, 390; *Koblenz* StV 2003, 288).

cc) Begründete Verweigerung der gerichtlichen Zustimmung. Hat das **276** Gericht zu Recht die Zustimmung verweigert und die Verweigerung nachvollziehbar begründet und hat sich die Vollstreckungsbehörde bei der Versagung der Zurückstellung die richterliche Auffassung zu eigen gemacht, so ist für eine Beschwerde kein Raum. Verweigert das Gericht des 1. Rechtszuges die Zustimmung zur Zurückstellung der Strafvollstreckung mit vertretbaren Gründen, **so ist die Einlegung einer Beschwerde gem § 35 Abs. 2 S. 1 BtMG durch die StA nicht geboten und der Zurückstellungsantrag zurückzuweisen.** Sobald die Verweigerung der gerichtlichen Zustimmung begründet oder zumindest nachvollziehbar oder vertretbar erscheint, kann die StA die Zurückstellung der Strafvollstreckung im Hinblick auf das Fehlen der gerichtlichen Zustimmung verweigern. Es liegt dann **ein absolutes Zurückstellungshindernis** vor.

277   Hat das Gericht des ersten Rechtszuges argumentiert, es habe die Verurteilte mehrfach persönlich im Gerichtssaal erlebt und ihre Beteuerungen gehört und immer wieder nach Therapieabbruch erneut gegen sie verhandeln müssen, so kann der Feststellung des Gerichts, es bestehe keinerlei Hoffnung auf eine erfolgreiche Therapie, nicht widersprochen werden (*GStA Frankfurt*, Bescheid v. 10. 8. 2004, 6 Zs 32/04).

278   Bietet die von einem polytoxikoman und seelisch schwer geschädigten Abhängigen begehrte ambulante Therapie keinerlei Gewähr, dass sich der Verurteilte nach Abbruch einer Therapie ernsthaft mit seiner Drogensucht auseinandersetzt, so ist die Verweigerung der gerichtlichen Zustimmung nachvollziehbar und nicht mit der Beschwerde anzufechten (*GStA Frankfurt*, Bescheid v. 8. 11. 1994, Zs 1810/94). Hat eine Strafkammer nach zweimaligem Widerruf einer Bewährung bzw. Zurückstellung der Strafvollstreckung wegen erneuter Straftaten die Zustimmung zur Zurückstellung verweigert, so ist bei einem erneuten Zurückstellungsantrag kein Raum für eine Beschwerde der StA nach § 304 StPO gegen die gerichtliche Stellungnahme und kein Raum für eine Zurückstellung der Strafvollstreckung, wenn die Therapiebereitschaft als bloßes Lippenbekenntnis erscheint und der Tod der Mutter zum wiederholten Male als angeblicher Grund für einen Umdenkungsprozess genannt wurde.

279   **dd) Voneinander abweichende gerichtliche Stellungnahmen.** Es kann nicht beanstandet werden, dass zwei verschiedene erstinstanzliche Gerichte in zwei verschiedenen Strafsachen zu gegensätzlichen Stellungnahmen gelangen. Die Voraussetzungen für eine Zurückstellung der Strafvollstreckung sind für jede Strafvollstreckungssache gesondert zu prüfen.

280   **6. Entscheidungen des Beschwerdegerichts bei der Zustimmungsfrage.** Das gem. § 304 StPO angerufene Beschwerdegericht (Strafkammer des LG oder Strafsenat des OLG) bestätigt entweder mit Zurückweisung der Beschwerde die verweigerte gerichtliche Zustimmung oder es stimmt unter Aufhebung des erstinstanzlichen Beschlusses der Zurückstellung der Strafvollstreckung zu (*Frankfurt*, Beschl. v. 16. 6. 1999, 3 Ws 525/99). Hat das erstinstanzliche zur Stellungnahme zum Zurückstellungsantrag aufgeforderte Gericht trotz Vorliegen der Voraussetzungen des § 35 Abs. 1 BtMG mit fehlerhafter Begründung oder aufgrund unzureichender Erkenntnisse die Zustimmung verweigert, so erteilt auf Beschwerde der Vollstreckungsbehörde hin das Beschwerdegericht nach Aufhebung der erstinstanzlichen Entscheidung die Zustimmung zur Zurückstellung (*Frankfurt*, Beschl. v. 16. 6. 1999, 3 Ws 525/99; *Frankfurt*, Beschl. v. 12. 7. 2001, 3 Ws 669/01).

281   Hat die StA gegen eine unbegründete gerichtliche Verweigerung der Zustimmung zur Zurückstellung der Strafvollstreckung erfolglos Beschwerde eingelegt und hat die Beschwerdekammer des LG im Hinblick auf ein psychiatrisches Gutachten die Zustimmung zur Zurückstellung im Hinblick auf eine erstrebte ambulante Substitutionsbehandlung erneut verweigert, so muss die StA die Zurückstellung der Strafvollstreckung ablehnen, selbst wenn sie die ambulante Substitutionstherapie für Erfolg versprechend hält. Eine hiergegen gerichtete Vorschaltbeschwerde muss erfolglos bleiben. Erst ein Antrag auf gerichtliche Entscheidung nach § 23 EGGVG ermöglicht sodann eine gerichtliche Überprüfung der gerichtlichen Stellungnahme.

C. Zurückstellungshindernisse

282   Vor einer Zurückstellung der Strafvollstreckung ist zu prüfen, ob ein oder mehrere Zurückstellungshindernisse vorliegen. Als Zurückstellungshindernisse kommen in Betracht:

– **Die Sperrwirkung weiterer zu vollstreckender Strafen (§ 35 Abs. 6 Nr. 2 BtMG),**
– und **die Sperrwirkung einer drohenden Abschiebung.**

I. Sperrwirkung weiterer zu vollstreckender Strafen

1. Eine Zurückstellung der Strafvollstreckung hindernden Strafvollstre- 283
ckungen. Einer Zurückstellung der Strafvollstreckung nach § 35 BtMG stehen
gem. § 35 Abs. 6 Nr. 2 BtMG weitere Strafverfahren gegen den Verurteilten als
Zurückstellungshindernisse entgegen, wenn die weiteren **Strafurteile rechtskräf-**
tig sind und deren **Vollstreckung feststeht.** Der Vollstreckung weiterer Freiheitsstrafen hat der Gesetzgeber den Vorrang eingeräumt vor der Zurückstellung. Ein
Zurückstellungshindernis kann sich daraus ergeben, dass das Schwergewicht der
weiteren Verurteilung(en) nicht drogenbedingt war, die weitere zu verbüßende
Strafe oder Gesamtstrafe 2 Jahre übersteigt bzw. eine Zurückstellung in dieser
Sache abgelehnt oder widerrufen wurde. **Kommt bei den weiteren Strafver-**
fahren kein **Freispruch,** keine **Strafaussetzung zur Bewährung** und keine
Zurückstellung der Strafvollstreckung in Betracht, so besteht **ein Zurück-**
stellungshindernis (BGHSt. 55, 243 = NJW 2010, 3314 = StV 2010, 694; *Mün-*
chen NStZ 2000, 223 = StV 2000, 264; *Hamm* StV 2006, 587; *Berlin* NStZ-
RR 2009, 255; a. A. MK-StGB/*Kornprobst* § 35 Rn. 130). Dies gilt auch, wenn
die Vollstreckung der nicht zurückstellungsfähigen Strafe **nach § 454 b Abs. 2**
StPO unterbrochen ist. Der Auffassung des *OLG Frankfurt*, eine nach Teilverbüßung gem. § 454 b Abs. 2 StPO zurückgestellte Strafe stelle keine zu vollstreckende
Strafe i. S. d. § 35 Abs. 6 Nr. 2 BtMG dar, die einer Zurückstellung entgegen stün-
de (*Frankfurt*, Beschl. v. 25. 2. 2010, 3 VAs 6/10 = BeckRS 2010, 21165; so auch
Frankfurt NStZ-RR 2010, 185 u. *Stuttgart* NStZ-RR 2009, 28), hat der *BGH* mit
Beschl. v. 4. 8. 2010 auf die nach § 29 EGGVG zugelassene Rechtsbeschwerde
eine deutliche Absage erteilt (BGHSt. 55, 243 = NJW 2010, 3314 = StV 2010,
694).

   Zurückstellungshindernisse bestehen damit, wenn wegen der Strafvollstreckung 284
in anderen Strafsachen (**Gericht verweigert nachvollziehbar die Zustimmung**
in der einen Strafsache, die zweite Strafsache wegen räuberischer Erpressung **be-**
ruhte nicht auf einer Betäubungsmittelabhängigkeit), deren **Vollstreckung**
weder ausgesetzt noch zurückgestellt werden kann und der Zweck der Zurückstellung deshalb nicht erreichbar ist. Gleichwohl kann ein Zurückstellungsantrag später bei Wegfall der Hindernisse erneut gestellt werden. Zur Überwindung
des Zurückstellungshindernisses s. Rn. 287 ff.

   Sind neben einer zu verbüßenden Gesamtfreiheitsstrafe von 1 Jahr und 285
6 Monaten in einer anderen Betäubungsmittelsache eine Restfreiheitsstrafe von 82
Tagen und 2 weitere Ersatzfreiheitsstrafen von insgesamt 103 Tagen zu vollstrecken, so besteht kein dauerhaftes Vollstreckungshindernis, da jeder einzelne Strafrest gem. § 35 BtMG zurückgestellt werden kann, auch wenn die Summe der
Strafzeiten 2 Jahre übersteigt. Verbüßt ein Beschwerdeführer zwar aktuell eine
Strafe, die wegen einer aufgrund seiner Betäubungsmittelabhängigkeit begangenen
Tat zurückgestellt worden ist, so ist ein Therapieantritt dennoch nicht möglich,
wenn er darüber hinaus noch eine weitere Jugendstrafe von 3 Jahren und
6 Monaten wegen Vergewaltigung, sexueller Nötigung und Körperverletzung zu
verbüßen hat. Denn es besteht dann das **Hindernis des § 35 Abs. 6 Nr. 2**
BtMG (*GStA Frankfurt*, Bescheid v. 19. 1. 1990, Zs 77/90).

   Hat eine StA sich bei einer anderen **StA durch gegenseitige Information** 286
und Abstimmung davon überzeugt, dass **in der anderen Strafsache der**
Strafvollzug unerlässlich ist, so besteht in der vorliegenden Strafsache ein Zurückstellungshindernis gem. § 35 Abs. 6 Nr. 2 BtMG und die Zurückstellung ist
abzulehnen (*GStA Frankfurt*, Bescheid v. 24. 4. 1996, Zs 716/96). Stellt der Verurteilte nur in einer von zwei zurückstellungsfähigen Betäubungsmittelsachen einen
Zurückstellungsantrag, so darf weder die Zurückstellung in der einen Sache im
Hinblick auf die zweite zurückstellungsfähige Sache abgelehnt werden, noch nach
Therapieantritt in der ersten Sache er in der Therapieeinrichtung zum Strafantritt
der zweiten Sache geladen werden. Vielmehr ist er auch **zur Antragstellung in**
der zweiten Sache aufzufordern und Therapie in beiden Sachen anzustreben

(*GStA Frankfurt*, Bescheid v. 23. 1. 1990, Zs 138/90). Wurde ein Verurteilter neben einer zurückgestellten Freiheitsstrafe in einer anderen Betäubungsmittelsache zu einer Freiheitsstrafe mit Bewährung verurteilt, so tritt die Sperrwirkung des § 35 Abs. 6 Nr. 2 BtMG nicht ein (*LG Köln* StV 1987, 210). Handelt es sich bei der anderen Freiheitsstrafe um das letzte Drittel einer Freiheitsstrafe, so kann die Frage, ob § 35 Abs. 6 Nr. 2 BtMG entgegensteht, erst beantwortet werden, **wenn über die Strafrestaussetzung dieses letzten Drittels in der anderen Sache entschieden wurde** (*Koblenz* JBl. RhPf. 1991, 82). Allein der Umstand, dass gegen den Verurteilten ein neues Ermittlungsverfahren eingeleitet wurde, stellt noch kein Zurückstellungshindernis dar. Der Zurückstellung der weiteren Strafvollstreckung steht nur dann als Hindernis des § 35 Abs. 6 Nr. 2 BtMG entgegen, wenn eine weitere Strafe zu vollstrecken ist, also bei ihr eine Strafaussetzung oder Zurückstellung ausscheidet. **Offene Ermittlungsverfahren oder nicht rechtskräftige Verurteilungen hindern eine Zurückstellung zunächst nicht** (*Hamm* StV 2006, 587). Steht einer Zurückstellung der Strafvollstreckung von einer oder mehreren Freiheitsstrafen lediglich eine zu vollstreckende **Ersatzfreiheitsstrafe von 11 Tagen** entgegen, so würde eine hierauf gestützte Verweigerung der Zurückstellung eine unbillige Härte bedeuten. Hier ist zu prüfen, ob das **minimale Zurückstellungshindernis** durch eine Änderung der Vollstreckungsreihenfolge zu überwinden ist (*Karlsruhe* StV 2006, 590).

287　　**2. Überwindung eines Zurückstellungshindernisses durch Antrag auf Änderung der Vollstreckungsreihenfolge. a) Bei zwei grundsätzlich zurückstellungsfähigen Strafen, von der eine einen Strafrest von über 2 Jahren hat.** § 43 Abs. 2 Nr. 1 StVollstrO bestimmt, dass kürzere Freiheitsstrafen vor längeren vollstreckt werden. Bei einem Verurteilten, der z. B. zu einer zurückstellungsfähigen Freiheitsstrafe von 1 Jahr und einer grundsätzlich zurückstellungsfähigen Freiheitsstrafe von 2 Jahren und 6 Monaten verurteilt wurde, hat dies zur Folge, dass zunächst die kürzere Freiheitsstrafe bis zum Zwei-Drittel-Termin (§ 454 b StPO) vollstreckt wird. Erst dann wird die längere Strafe vollstreckt. Für den Verurteilten wäre aber wichtiger, zunächst die Freiheitsstrafe von 2 Jahren und 6 Monaten zu einem Strafrest von 2 Jahren zu vollstrecken, um die Voraussetzungen des § 35 Abs. 1 BtMG zu erfüllen. § 43 Abs. 4 StVollstrO ermöglicht eine Abweichung von der vorgegebenen Vollstreckungsreihenfolge **aus wichtigem Grund**. Ein solcher wichtiger Grund kann auch die Ermöglichung einer Zurückstellung gem. § 35 BtMG sein. Sollte eine zu vollstreckende Strafe noch länger als zwei Jahre zu vollziehen sein, sonst aber die Voraussetzungen für die Zurückstellung vorliegen, insb. eine Tat aufgrund der Betäubungsmittelabhängigkeit zugrunde liegen, so kann diese in Abweichung von § 43 Abs. 2 StVollstrO vor den kürzeren vollzogen werden, bis von dieser Strafe lediglich noch zwei Jahre zu vollstrecken sind. Für die Entscheidung auf Umstellung der Vollstreckungsreihenfolge ist die StA als Vollstreckungsbehörde zuständig.

288　　**b) Bei einer nicht zurückstellungsfähigen Strafe.** Problematisch sind Fälle, in denen gegen den Verurteilten eine zurückstellungsfähige Strafe und eine nicht zurückstellungsfähige Strafe verhängt wurden. Die nicht zurückstellungsfähige Strafe steht nämlich **der Zurückstellung der anderen Strafe** entgegen (s. Rn. 283 f.). Folgende Lösungsmöglichkeiten wurden vorgeschlagen, um das Vollstreckungshindernis nach § 35 Abs. 6 Nr. 2 BtMG durch die nicht zurückstellungsfähige Strafe zu beseitigen:

289　　**aa) Vollverbüßung der nicht zurückstellungsfähigen Strafe.** Nach einer Ansicht soll die Zurückstellung nach § 35 BtMG dadurch ermöglicht werden, dass die die Zurückstellung hindernde Strafe unter Verzicht auf § 454 b StPO vollständig vorab vollstreckt wird (*OLG Karlsruhe* MDR 1985, 697; vgl. *Schöfberger* NStZ 2005, 441). Dieser Weg ist jedoch nicht zulässig, da die eindeutige Regelung in § 454 b Abs. 2 StPO der vollständigen Vorabverbüßung der nicht zurückstellungsfähigen Strafe entgegen steht (vgl. BGHSt. 55, 243 = NJW 2010, 3314 = StV 2010, 694; MK-StGB/*Kornprobst* § 35 Rn. 129).

bb) Vorabvollstreckung der nicht zurückstellungsfähigen Strafe bis zum 290 Zwei-Drittel-Termin zum Zwecke der Unterbrechung dieser Strafe. Nach dem *OLG Frankfurt* (Beschl. v. 25. 2. 2010, 3 VAs 6/10 = BeckRS 2010, 21165) und dem *OLG Stuttgart* (NStZ-RR 2009, 28) ist die die Zurückstellung hindernde Strafe zunächst bis zum Zwei-Drittel-Termin vorab zu vollstrecken, um sie dann nach § 454b Abs. 2 StPO zu unterbrechen; mit der Unterbrechung handele es sich nicht mehr um eine zu vollstreckende Strafe i. S. d. § 35 Abs. 6 Nr. 2 BtMG, so dass nunmehr die zurückstellungsfähige Strafe nach § 35 BtMG vollstreckt werden könne (so auch MK-StGB/*Kornprobst* § 35 Rn. 130 und im Ergebnis auch *Schöfberger* NStZ 2005, 441, der jedoch eine analoge Anwendung § 454b Abs. 2 StPO vorschlägt). Zum gleichen Ergebnis kommt *Winkler* (*Hügel/Junge/ Lander/Winkler* § 35 Rn. 7.4.3), der allerdings eine gnadenweise Strafunterbrechung der nicht zurückstellungsfähigen Strafe für erforderlich hält, um die Zurückstellung der anderen Strafe zu ermöglichen.

Dies sieht der 5. Strafsenat des *BGH* anders: Mit Beschl. v. 4. 8. 2010 hat er auf 291 die vom *OLG Frankfurt* gem. § 29 EGGVG zugelassene Rechtsbeschwerde entschieden, dass eine nach § 454b Abs. 2 StPO unterbrochene, nach § 35 BtMG zurückstellungsfähige Strafe sehr wohl eine i. S. d. § 35 Abs. 6 Nr. 2 BtMG zu vollstreckende Strafe darstellt, die die Zurückstellung einer weiteren Strafe nach § 35 BtMG hindert (BGHSt. 55, 243 = NJW 2010, 3314 = StV 2010, 694). § 454b Abs. 2 StPO ermögliche lediglich eine Unterbrechung der Vollstreckung zum Zwei-Drittel-Zeitpunkt zum Zwecke der Vollstreckung weiterer Freiheitsstrafen. Die Vorschrift schaffe hingegen nicht die Grundlage, die Strafvollstreckung zur Ermöglichung einer Therapie nach § 35 BtMG zu unterbrechen, so dass auch kein wichtiger Grund zur Umstellung der Vollstreckungsreihenfolge nach § 43 Abs. 4 StVollstrO vorliege. Wenn der Gesetzgeber dies gewollt hätte, wäre eine ausdrückliche Regelung erforderlich gewesen. Es müssten daher erst alle Strafen bis zum Zwei-Drittel-Zeitpunkt vollstreckt werden. Hierfür spreche auch der Normzweck des § 35 Abs. 6 BtMG. § 35 Abs. 6 Nr. 2 BtMG wolle verhindern, dass ein erfolgreich therapierter Verurteilter nach Beendigung der Therapie wieder in den Strafvollzug gelangt, weil dadurch der Behandlungserfolg wieder gefährdet werden könne. Eine solche Gefahr sei aber gegeben, würde man eine Zurückstellung der anderen Strafe nach Unterbrechung der nicht zurückstellungsfähigen Strafe gem. § 454b Abs. 2 StPO zulassen, da in diesem Fall nach Absolvierung der Therapie in der Regel verschiedene Spruchkörper zuständig seien, die nach unterschiedlichen Maßstäben die Prognose im Rahmen der Reststrafenaussetzung zu treffen hätten (§ 36 Abs. 1 S. 3 BtMG einerseits und § 57 Abs. 1 StGB andererseits).

Die Entscheidung des *BGH* hat die unbillige Konsequenz, dass für Verurteilte, 292 gegen die neben einer zurückstellungsfähigen Strafe eine weitere, nicht zurückstellungsfähige Strafe verhängt wurde, der Weg einer Therapie statt Strafe nach § 35 BtMG **praktisch verschlossen** wird. Denn wenn alle Strafen bis zum gemeinsamen Zwei-Drittel-Termin vollstreckt sind und dem Verurteilten eine bedingte Entlassung nach § 57 Abs. 1 StGB in Aussicht steht, wird er nicht mehr den mühsamen Weg einer Drogenentwöhnungstherapie beschreiten. In vielen Fällen würden Straftäter auf Bewährung entlassen, ohne dass an ihrem möglicherweise noch vorhandenen Drogenproblem gearbeitet werden kann. Nur noch für Verurteilte, die die Voraussetzungen des § 57 Abs. 1 StGB nicht erfüllen, wäre eine Zurückstellung nach § 35 BtMG überhaupt noch attraktiv. Die Lösung des *BGH* läuft damit dem Ziel der Zurückstellungsvorschriften, eine dauerhafte soziale und berufliche Wiedereingliederung von betäubungsmittelabhängigen Straftätern zu erreichen (vgl. Rn. 30), zuwider. Die Begründung des *BGH*, es bestünde die Gefahr, dass wegen möglicher divergierender Entscheidungen von unterschiedlichen Spruchkörpern trotz erfolgreicher Therapie eine Strafaussetzung zur Bewährung abgelehnt werden könnte, überzeugt dabei nicht. Auch wenn sich die Prognose nach § 36 Abs. 1 BtMG abweichend von § 57 Abs. 1 StGB nur wenig am Vorleben und den Tatumständen, demgegenüber aber an der vorausgegangenen Behandlung, an der Persönlichkeit des Verurteilten, an dem Verhalten während der

§ 35 7. Abschnitt. Betäubungsmittelabhängige Straftäter

Therapie und dem aufgrund der Therapie zu erwartenden Verhalten des Verurteilten orientiert (s. § 36 Rn. 70), führt eine erfolgreich durchlaufene Therapie nach § 35 BtMG in der Regel doch zu dem Ergebnis, dass die Vollstreckung des Strafrestes sowohl nach § 57 Abs. 1 S. 1 Nr. 2 StGB als auch nach der gleichlautenden Vorschrift des § 36 Abs. 1 S. 3 BtMG unter Berücksichtigung des Sicherheitsinteresses der Allgemeinheit verantwortet werden kann. Entgegen dem *BGH* ist daher der Unterbrechungslösung der Vorzug zu geben, allerdings in Form der von *Winkler* vorgeschlagenen **gnadenweisen Unterbrechung** der nicht zurückstellungsfähigen Strafe bei Erreichen des Zwei-Drittel-Zeitpunkts. Diese Vorgehensweise hat zwei Vorteile:

– Der Verurteilte muss sich zunächst mit einem Gnadenantrag selbst um die Unterbrechung bemühen, woraufhin ihm von der StA in der Gnadenentscheidung nochmal deutlich gemacht werden kann, dass auch die Entscheidung über die weitere Vollstreckung der im Gnadenweg unterbrochenen Strafe vom Ausgang der Therapie nach § 35 BtMG abhängt.
– Durch die gnadenweise Unterbrechung handelt es sich nicht mehr um eine weitere zu vollstreckende Strafe i. S. d. § 35 Abs. 6 Nr. 2 BtMG, so dass das Zurückstellungshindernis nicht mehr besteht.

293 **cc) Vorabvollstreckung eines nicht zurückstellungsfähigen Strafrestes, der aufgrund Widerrufs seiner Aussetzung vollstreckt wird.** Die vorgenannten Grundsätze gelten nicht, wenn neben der zurückstellungsfähigen Strafe ein nicht zurückstellungsfähiger Strafrest vollstreckt wird, der widerrufen worden ist. Nach § 454b Abs. 2 S. 2 StPO gilt nämlich die Unterbrechung zum Zwei-Drittel-Zeitpunkt für widerrufene Reststrafen nicht, so dass diese voll vollstreckt werden können. Da solche Strafreste gem. § 43 Abs. 2 Nr. 1 StVollstrO vorab vollstreckt werden, bedarf es einer Umstellung der Vollstreckungsreihenfolge nach § 43 Abs. 4 StVollstrO in der Regel nicht.
294 Ein wichtiger Grund gem. § 43 Abs. 4 StVollstrO für eine von § 43 Abs. 2 und Abs. 3 StVollstrO abweichende Reihenfolge der Vollstreckung, also für eine Nicht-Vorabvollstreckung der Strafreste, kann aber dann vorliegen, wenn aufgrund einer Gesamtbeurteilung zumindest eine realistische, durch Tatsachen belegbare Chance dafür besteht, die Prognose werde sich in der neuen Strafsache noch vor Erreichen des Aussetzungszeitpunkts so verbessern, dass dann entweder alle Strafreste einschließlich der widerrufenen Strafreste erneut ausgesetzt werden könnten oder aufgrund einer günstigeren Therapievorbereitung es zu Zurückstellungen der Strafvollstreckung in allen Strafsachen kommen könnte (*Frankfurt* NStZ-RR 2000, 282; *Bremen* OLGSt. StPO § 454b Nr. 2; *Stuttgart* NStE Nr. 3 und Nr. 4 zu § 43 StVollstrO; *Karlsruhe* StV 2003, 348).

295 **3. Rechtsmittel gegen die Verweigerung der Änderung der Vollstreckungsreihenfolge.** Gegen die Ablehnung der Vollstreckungsbehörde, die Reihenfolge der weiteren Vollstreckung mehrerer Freiheitsstrafen entsprechend einem Antrag des Verurteilten zu ändern, ist ausschließlich der Rechtsweg nach §§ 21 StVollstrO, 23 ff. EGGVG eröffnet (*Frankfurt* NStZ-RR 2000, 282). Dabei ist die Entscheidung der Vollstreckungsbehörde nur auf Ermessensfehler zu prüfen (s. dazu auch Rn. 340). Zunächst hat die GStA auf Vorschaltbeschwerde eine Beschwerdeentscheidung durch ZS-Bescheid zu treffen, gegen den ein Antrag auf gerichtliche Entscheidung beim OLG gestellt werden kann (*Katholnigg* NJW 1990, 2296). Wird ein Antrag auf Änderung der Vollstreckungsreihenfolge von der StA wegen Ermessensfehlgebrauch (wegen angeblichen Fehlens von Betäubungsmittelabhängigkeit und Kausalität für eine Zurückstellungsentscheidung) abgelehnt, so ist der Bescheid auf Vorschaltbeschwerde vom GStA aufzuheben. Nach Zurückweisung der Vorschaltbeschwerde hebt die StA auf Antrag auf gerichtliche Entscheidung die Bescheide der StA und des GStA auf und verpflichtet die Vollstreckungsbehörde zu einer erneuten Entscheidung (*Karlsruhe* StV 2003, 287; *Frankfurt*, Beschl. v. 27. 8. 2004, 3 VAs 31/04).

1192 *Patzak*

II. Ausländerrechtliche Zurückstellungshindernisse

1. Zurückstellung der Strafvollstreckung für drogenabhängige Ausländer. 296 Zwar soll grundsätzlich drogenabhängigen Verurteilten aus dem Ausland auch Therapie statt Strafe gewährt werden, wenn keine ausländerrechtlichen Bedenken entgegenstehen (*Stuttgart* StV 1998, 671; *Düsseldorf* StV 1999, 445; *Hamm* NStZ 1999, 591; *Frankfurt* NStZ-RR 2000, 152).

Das *OLG Düsseldorf* (StV 1999, 445) hat zutreffend darauf hingewiesen, dass 297 gem. des § 64 Abs. 3 AuslG a. F. (jetzt § 72 Abs. 4 AufenthG) die Ausländerbehörde **nur im Einvernehmen mit der Vollstreckungsbehörde** eine Abschiebung vollziehen könne, also nicht überraschend während eines Urlaubs oder einer Therapiemaßnahme. Die Vollstreckungsbehörde habe **im Rahmen der nach § 35 BtMG gebotenen Ermessensprüfung** zu entscheiden, **ob die Strafvollstreckung zurückgestellt werden muss.** Diese Entscheidung sei **von der Ausländerbehörde zu respektieren und nicht umgekehrt.**

Der Grundsatz der Einheit der Rechtsordnung verlangt jedoch, dass die Vollstre- 298 ckungsbehörde bei ihrer nach § 72 Abs. 4 AufenthG, § 35 BtMG einheitlich zu treffenden Ermessensentscheidung, den ausländerrechtlichen Belangen angemessen Rechnung trägt (*Frankfurt* NStZ-RR 2000, 152). So kann in Fällen, in denen

– bei einer Entlassung kein Untertauchen des Ausländers droht, sondern eine **freiwillige Ausreise** nach Abschluss der Therapie **wahrscheinlich ist,**
– mit einer ernsthaften Vollstreckung der Abschiebeverfügung nicht zu rechnen ist, weil **wegen des Asylstatus mit einer ausländerrechtlichen Duldung zu rechnen ist,**

im Rahmen der Ermessensausübung einem individuellen ernsthaften Therapieinteresse des Verurteilten der Vorrang gebühren vor dem Schutz der Allgemeinheit durch Abschiebung von Straftätern (*Stuttgart* StV 1998, 671; *Düsseldorf* StV 1999, 445; *Frankfurt* NStZ-RR 2000, 152; *Berlin*, Beschl. v. 1. 12. 2000, 4 VAs 44/00)

Die mit Aufnahme des Verurteilten in eine Therapiestätte wirksam gewordene 299 Zurückstellung der Strafvollstreckung einer Freiheitsstrafe gem. § 35 BtMG hat die begonnene Strafvollstreckung nicht beendet, so dass die Ausländerbehörde den Verurteilten gem. § 72 Abs. 4 AufenthG nur mit Zustimmung der Vollstreckungsbehörde abschieben darf. Eine andere Vollstreckungsbehörde muss sich daher mit der zuerst tätig gewordenen Vollstreckungsbehörde abstimmen (§ 43 Abs. 5, Abs. 7 StVollstrO), wenn sie ihrerseits die Zurückstellung der Strafvollstreckung einer weiteren Freiheitsstrafe im Hinblick auf das Zurückstellungshindernis des drohenden Vollzuges einer Abschiebungsverfügung versagen will (*Karlsruhe* StV 2001, 467).

2. Drohende Abschiebung und Sorge des Untertauchens. Gelingt es aber 300 nicht, die Ausländerbehörde für eine Therapie zu gewinnen, liegen eine **bestandskräftige Ausweisungsverfügung der zuständigen Ausländerbehörde** und eine **rechtskräftige Abschiebungsverfügung** vor, bzw. drohen dieselben, so stehen diese einer Zurückstellung der Strafvollstreckung entgegen, wenn die **begründete Besorgnis** besteht, dass der Verurteilte im Falle der Entlassung **untertaucht** und eine zu erwartende oder bereits vollziehbare **Abschiebungsverfügung nicht vollstreckt werden kann,** so z. B. wenn er nicht freiwillig ausreisen wird, weil sein ausschließlicher Lebensmittelpunkt und der seiner Familie in Deutschland ist.

Hat der Verurteilte die Straftaten unter falschen Personalien und mit falschen 301 Papieren begangen und seinen Antrag mit einer nicht bestehenden Ehe begründet, so erscheint angesichts des Täuschungspotentials nahe liegend, dass auch die Therapiebereitschaft nur vorgetäuscht ist und eine erhöhte Fluchtgefahr besteht (*GStA Frankfurt*, Bescheid v. 7. 2. 2005, – 6 Zs 63/05 und 6 Zs 4/05). In vielen Fällen erscheint eine Ablehnung der Zurückstellung der Strafvollstreckung geboten wegen der **nahe liegenden Gefahr,** dass der Verurteilte seine **Therapiebereitschaft vorspiegelt** und die Zurückstellung dazu nutzt, **um sich der Abschiebung zu**

entziehen und illegalen Aufenthalt zu nehmen. Da die Abschiebung zumeist dann angeordnet wird, wenn mit der freiwilligen Ausreise des Verurteilten nicht zu rechnen ist (§ 58 AufenthG), ist die **Besorgnis, der Verurteilte würde** im Falle der Haftentlassung **sich sowohl der Therapie als auch der Abschiebung entziehen,** häufig nahe liegend. Die in § 50 Abs. 1 AufenthG zum Ausdruck gekommene **Regelvermutung** bedeutet gerade nicht, der Verurteilte würde ins Ausland fliehen, sondern im Gegenteil, der Verurteilte würde **nicht freiwillig das Land verlassen und ausreisen. Gerade bei in Deutschland geborenen und aufgewachsenen Ausländern** ist es **nahe liegend,** dass sie ihren **bisherigen Lebensmittelpunkt beibehalten** und **nicht freiwillig ausreisen wollen.**

302   **3. Abwägung von individuellen Therapieinteressen und dem gesellschaftlichen Schutzinteresse inbesondere bei Intensivtätern.** Handelt es sich bei dem Verurteilten um einen Ausländer, der innerhalb von 5 Jahren wegen Verstößen gegen das BtMG zu mehr als 3 Jahren Freiheitsstrafe verurteilt wurde und deshalb nicht nur nach §§ 54, 55 AufenthG ausgewiesen werden kann, sondern gem. § 53 Nr. 1 und Nr. 2 AufenthG **wegen besonderer Gefährlichkeit als Intensivtäter und Drogendealer** harter Drogen zum Schutz der Allgemeinheit auszuweisen ist, so ist nicht zu beanstanden, wenn die StA bei der **Abwägung von individuellen Therapieinteressen und gesellschaftlichen Schutzinteresse** wegen der Sorge des Untertauchens sich für die Strafvollstreckung und Abschiebung entscheidet, den Anordnungen der Ausländerbehörde gem § 72 Abs. 4 AufenthG nicht entgegentritt und im Hinblick auf die zu erwartende Abschiebung die Zurückstellung zurückweist. Der Grundsatz der Einheit der Rechtsordnung verlangt, dass die Vollstreckungsbehörden bei ihrer nach § 72 Abs. 4 AufenthG, § 35 BtMG einheitlich zu treffenden Ermessensentscheidung den ausländerrechtlichen Belangen angemessen Rechnung trägt, weil anderenfalls befürchtet werden müßte, dass die Entscheidungen der Strafjustiz die nach dem Ausländerrecht gebotenen Maßnahmen konterkarieren (*Frankfurt* NStZ-RR 2000, 152).

D. Zurückstellungsverfahren

I. Verfahrensbeschleunigung und Fürsorgepflicht

303   **1. Beschleunigung der Bearbeitung.** Es ist besonders wichtig, dass eine **Zurückstellung** der Strafvollstreckung, wenn die Voraussetzungen vorliegen, **möglichst schnell und unbürokratisch** vorgenommen wird, damit die mühsam gewonnene Therapiemotivation nicht bis zum Therapieantritt verloren geht. Je länger der Drogenabhängige sich in Haft befindet, umso geringer wird die Motivation, an einer Therapie aktiv mitzuarbeiten, umso stärker wird die Apathie des in der Strafvollstreckung verwahrten Patienten. Die Klienten wollen dann ihre Therapie wie ihre Haft absitzen und entwickeln wenig Eigenverantwortlichkeit, was der Drogentherapie zusätzliche Probleme bereiten muss (*Hügel/Junge/Lander/ Winkler* § 35 Rn. 6.3.2; *Rühlmann* StV 2006, 590). Es ist jedoch nicht **Aufgabe** der Vollstreckungsbehörde, sondern **des Verurteilten, seines Verteidigers und seines Drogenberaters,** den **Zurückstellungsantrag so sorgfältig vorzubereiten** und vorzulegen (*Adam/Eberth* NStZ 1983, 194 f.), dass möglichst schnell entschieden werden kann. Fehlen die konkrete Therapiezusage, der konkrete Therapiebeginn, das konkrete Therapiekonzept der Therapieeinrichtung, die Kostenzusage, so sollte die Vollstreckungsbehörde sich nicht bei ihrer Zurückstellungsentscheidung unter Zeitdruck setzen lassen. Verweigert das Gericht die Zustimmung oder beantragt der Verurteilte nicht die Zurückstellung, so scheitert die Zurückstellung an den formellen Erfordernissen.

304   Um die Therapiebereitschaft nicht durch lange Haftzeiten zu beeinträchtigen und um die Prüfungs- und Entscheidungszeiten bei der Bearbeitung von Zurückstellungsanträgen möglichst zu verkürzen, sollte bei allgemeinen Rechtsmittelverzicht **bereits in der Hauptverhandlung das Gericht zur Zustimmung zur Zurückstellung aufgefordert** werden. Stimmt das Gericht zu, so kann bereits vor

Vorliegen eines schriftlichen Urteils ein mit Rechtskraftvermerk versehenes Urteils-rubrum bzw. Hauptverhandlungsprotokoll zur alsbaldigen Vollstreckungseinleitung besorgt werden. In der Regel kann eine Stellungnahme der JVA bereits vor der Hauptverhandlung eingeholt werden. Sofern ausnahmsweise eine aktuelle Stellung-nahme benötigt wird, kann **bei der JVA auch telefonisch Nachfrage** gehalten werden. Eine **Verlegung des Verurteilten in eine andere JVA** kurz vor Therapie-antritt sollte **vermieden** werden, um die Vorbereitungen der Drogenberatung und der Therapieeinrichtung nicht zu gefährden. Frühzeitige Erklärungen von Gericht und StA erleichtern den Therapieeinrichtungen ihre Dispositionen über freie Therapieplätze. Jeder Nichtantritt eines zugesicherten Therapieplatzes ist mit erheblichen Kosten und einem Warten anderer Drogenabhängiger verbunden. Wurde der Drogenabhängige bereits vor der Anklage der StA bzw. noch vor der Hauptverhandlung in eine Therapieeinrichtung aufgenommen, so kann sich anstel-le von § 35 BtMG eine Entscheidung nach § 37 BtMG anbieten.

Da sich die Erwartung des Gesetzgebers nicht erfüllte, die Zurückstellung der **305** Strafvollstreckung würde in der Mehrzahl der Fälle in zeitlicher Nähe zur Haupt-verhandlung entschieden und das Gericht des 1. Rechtszuges würde die Voraus-setzungen einer Zurückstellung der Strafvollstreckung bereits in der Hauptver-handlung erörtern (BT-Drs. 8/4283, S. 7), sondern zumeist erst nach Rechtskraft des Urteils und nach Vollstreckungseinleitung mit der Therapievorbereitung be-gonnen wird, legte das Justizministerium am 15. 11. 1994 einen Gesetzentwurf zur Änderung des BtMG vor, wonach durch einen **§ 35 a BtMG das erkennende Gericht** die Möglichkeit erhalten sollte, **die Zurückstellung der Strafvollstre-ckung im Urteil anzuordnen.** Bereits bei den Ermittlungen sollten die Mög-lichkeiten einer Therapie und der Zurückstellung ins Auge gefasst und ein Therapie-antritt vorbereitet werden. Der Gesetzentwurf fand jedoch keine Mehrheit, weil er die Grenzen zwischen Erkenntnis- und Vollstreckungsverfahren verwischte, zu übereilten Zurückstellungsentscheidungen verführte, zur doppelten Prüfung der Zurückstellungsvoraussetzungen in Hauptverhandlung und Vollstreckung, zu dop-pelten Rechtsmittelmöglichkeiten führte und zu Schwierigkeiten in der Hauptver-handlung und zu im Wege eines Prozessdeals erreichten Zurückstellungsentschei-dungen Anlass gab.

2. Zurückstellung bei mehreren Verfahren. Der Verurteilte sollte sodann so **306** früh wie möglich in allen anhängigen Verfahren gleichzeitig je einen Antrag auf Zurückstellung stellen und auf die anderen Zurückstellungsanträge hinweisen, um abweichende Vollstreckungsentscheidungen möglichst zu verhindern. Der Staats-anwalt bzw. Jugendrichter, bei dem ein Antrag eingeht, sollte sich anhand des ein-geholten BZR-Auszuges und einer Strafzeitübersicht einen **Überblick** verschaf-fen. Liegen die Voraussetzungen (Straftat aufgrund Betäubungsmittelabhängigkeit, Strafe oder Strafrest von nicht über 2 Jahren) vor, so **teilt** er die Antragstellung und **das Vorliegen der Voraussetzungen den anderen Vollstreckungsbehörden mit** und fragt dort nach, ob diese Voraussetzungen auch dort vorliegen. Sodann legt er die Akten oder Doppelakten dem erstinstanzlichen Gericht für die Zustim-mungserklärung vor.

3. Fürsorgepflicht des Gerichts und der Vollstreckungsbehörde. Ist ein **307** Verurteilter therapiebereit und hat einen Therapieplatz in Aussicht ohne festen Aufnahmetermin, so kann, damit eine Behandlung sofort begonnen werden kann, die **Fürsorgepflicht des Gerichts** ähnlich wie bei der Strafaussetzung es sogar gebieten, dass das **Gericht** der Hauptverhandlung oder die **Vollstreckungs-behörde selbst sich um einen Therapieplatz bzw. um eine psychosoziale Begleitung bemühen und helfen,** Hindernisse zu überwinden (*BGH* NJW 1991, 3289 = StV 1991, 414). In Zusammenarbeit mit den anderen Vollstre-ckungsbehörden klärt der Staatsanwalt die Vollstreckungsreihenfolge im Sinne einer baldigen Therapie. Ist mit den Vertretern anderer Vollstreckungsbehörden keine Einigung zu erzielen, sollten **Schlichtungsbemühungen über die GStA entfaltet werden** (vgl. *Körner/Sagebiel* NStZ 1992, 216 ff.).

308   Beabsichtigt **ein in den Niederlanden lebender Opiatabhängiger aus Deutschland,** in seine Heimat zurückzukehren und dort an einer Langzeittherapie oder einem Substitutionsprogramm teilzunehmen, so ist zu prüfen, ob die StA nicht durch einen Antrag auf **Aufhebung oder Außervollzugsetzung** eines noch wegen Beschaffungsdelikten **bestehenden Haftbefehls** einen Therapieantritt in Deutschland fördern kann.

II. Pflichtverteidigung

309   **1. Im Erkenntnisverfahren.** Bei der Verteidigung von Drogenabhängigen ist **zumeist die Mitwirkung eines Verteidigers erforderlich.** Häufig liegt in Betäubungsmittelverfahren eine notwendige Verteidigung gem. § 140 Abs. 1 Nr. 2 (Verbrechen) oder Nr. 3 (Vollstreckung von U-Haft) oder gem. § 140 Abs. 2 StPO vor, wenn die Verhängung einer Freiheitsstrafe von über einem Jahr zu erwarten ist (vgl. *Düsseldorf* NStZ 1995, 147; *Hamm* NStZ-RR 2001, 107; *München* NJW 2006, 789; *Meyer-Goßner* § 140 Rn. 23). Ein Angeklagter, der freiwillig unter erheblichen Einschränkungen der Bewegungsfreiheit in einer Drogenlangzeittherapieeinrichtung lebt, ist wie ein aufgrund richterlicher Anordnung **in einer Anstalt untergebrachter Proband** zu behandeln. Er stellt einen Fall der **notwendigen Verteidigung** in analoger Anwendung des § 140 Abs. 1 Nr. 5 StPO dar (*LG München* StV 1999, 421). Auch wenn ein Angeklagter in erster Instanz wegen des Vorwurfs der Rezeptfälschung gestündig war, vom AG zu 1 Jahr 3 Monaten Freiheitsstrafe verurteilt wurde und deshalb zur Berufungsverhandlung keine Zeugen geladen werden, liegt ein Fall der notwendigen Verteidigung in der Berufungsinstanz dann vor, wenn der Angeklagte seit Jahren harte Drogen konsumiert, es sich bei dem angeklagten Delikt um den Vorwurf der Rezeptfälschung zur Beschaffung von Pharmaka als Ersatzdrogen handelt und ggf. die Annahme **erheblich verminderter Schuldfähigkeit** in Betracht kommt (*KG Berlin* StV 1990, 298).

310   Zudem kann die Abwägung, entweder Rechtsmittel gegen ein unbefriedigendes Urteil einzulegen oder unter Rechtsmittelverzicht rasch eine Therapie anzutreten, wegen der **Schwierigkeit der Sach- und Rechtslage** die Mitwirkung eines Verteidigers geboten erscheinen (§ 140 Abs. 2 StPO). Auch ist zu beachten, dass sich ein Angeklagter wegen der Beeinträchtigung der Drogensucht häufig **nicht selbst ausreichend verteidigen kann** (vgl. *Düsseldorf* StV 2002, 236; *LG Hagen* StV 1986, 146; *LG Kleve* StV 1986, 246; *LG Gießen* StV 1991, 204 m. Anm. *Nix*; *LG Duisburg* StV 1999, 421).

311   Handelt es sich bei dem drogenabhängigen Angeklagten um einen **Ausländer aus einem fremden Kulturkreis,** der die deutsche Sprache nur unzulänglich beherrscht, so ist eine Beiordnung nach § 140 Abs. 2 StPO ebenfalls erforderlich (*Meyer-Goßner* § 140 Rn. 30 f.).

312   Wurde über einen Beiordnungsantrag nicht entschieden und schließlich das Verfahren vorläufig nach § 37 Abs. 2 BtMG eingestellt, so kann **bis zur endgültigen Einstellung noch eine Beiordnung erfolgen.** Eine Pflichtverteidiger-Beiordnung ist lediglich nach Verfahrensabschluss nicht mehr zulässig (*LG Berlin* NStZ-RR 1998, 116 = StV 1997, 517).

313   **2. Im Vollstreckungsverfahren.** Auch nach rechtskräftigem Abschluss des Verfahrens kann im Zurückstellungsverfahren in analoger Anwendung des § 140 Abs. 2 StPO die Bestellung eines Pflichtverteidigers geboten sein, wenn sich der Verurteilte nicht selbst ausreichend verteidigen kann (*Jena* NStZ 2010, 525 = StraFo 2009, 83; *LG Hamburg* StV 1999, 421).

III. Zuständigkeit im Zurückstellungsverfahren

314   **1. Bei Erwachsenen.** Für einen Antrag auf Zurückstellung der Strafvollstreckung ist nicht das erkennende Gericht, sondern die **Vollstreckungsbehörde**

zuständig. **Bei erwachsenen Verurteilten** und heranwachsenden Verurteilten nach allgemeinem Strafrecht entscheidet **die StA als Vollstreckungsbehörde** (§§ 451 StPO, 4 StVollstrO).

Nach § 31 Abs. 2 RpflG ist der Rechtspfleger grundsätzlich für die Strafvollstreckung zuständig. Bis zum 1. 9. 2004 war nach der Begrenzungsverordnung v. 26. 6. 1970 (BGBl. I, S. 992) i. d. F. v. 16. 2. 1982 (BGBl. I, S. 188) der Rechtspfleger jedoch für die Anträge, Stellungnahmen und Entscheidungen nach den §§ 35 ff. BtMG nicht zuständig. Dies bedeutete, dass mit Ausnahme des Vollstreckungshaftbefehls nach Widerruf im Rahmen des 7. Abschnittes des BtMG immer der Staatsanwalt zuständig war. Ansonsten hatte der Rechtspfleger nur die Entscheidungen des Staatsanwaltes vorzubereiten. Unter Art. 12 des **ersten Gesetzes zur Modernisierung der Justiz v. 24. 8. 2004** (BGBl. I, S. 2198 ff.) ist die Verordnung über die Begrenzung der Geschäfte des Rechtspflegers für die Vollstreckung in Straf- und Bußgeldsachen aufgehoben worden. Mit Inkrafttreten des ersten JUMOG v. 24. 8. 2004 zum 1. 9. 2004 sind **alle Entscheidungen und Maßnahmen** betreffend die Vollstreckung von Strafen, Geldbußen und Zwangstiteln der Sachbearbeitung der Rechtspflegers/in zugewiesen, auch alle Entscheidungen, Anträge und Stellungnahmen nach den §§ 35 Abs. 1 bis Abs. 7 BtMG, 36 Abs. 1 bis Abs. 5 BtMG, also die Entscheidungen nach § 35 Abs. 1 und Abs. 3 BtMG, die Rechtsmittel nach § 35 Abs. 2, die Widerrufsentscheidungen nach § 35 Abs. 5 und Abs. 6 BtMG, der Erlass des Vollstreckungshaftbefehls nach § 35 Abs. 7 S. 2 BtMG, die Anträge, nicht die Entscheidungen, nach den §§ 36 Abs. 1 bis Abs. 3 und Abs. 5 BtMG, **auf den Rechtspfleger/Rechtspflegerin zurückübertragen worden.**

Wurde der Versagungsbescheid der Vollstreckungsbehörde nicht von zuständigen Rechtspfleger, sondern von einem Staatsanwalt unterzeichnet, so handelt es sich **nicht um einen fehlerhaften Bescheid.** Bei der oben genannten Neuregelung der Zuständigkeit handelt es sich lediglich um eine **interne funktionale Änderung** im Bereich der StA als Vollstreckungsbehörde. Da der Staatsanwalt aufgrund seiner Ausbildung auch zur Erledigung der Vollstreckungsaufgaben in der Lage ist, wie die frühere Zuständigkeitsregelung belegt, ist es **unbeachtlich, wenn der Staatsanwalt anstelle oder zusammen mit dem Rechtspfleger den Bescheid** unterzeichnet hat (*GStA Frankfurt*, Bescheid v. 23. 11. 2004, 6 Zs 60/04). Nach § 31 Abs. 2 a bis 2 c RPflG ist der Gesetzgeber ohnehin von einer engen Zusammenarbeit zwischen Rechtspflegern und Staatsanwälten ausgegangen. Der Rechtspfleger ist an die Rechtsauffassung und Weisung des Staatsanwalts gebunden und kann nicht von einer ihm bekannt Stellungnahme des Staatsanwalts abweichen (§ 31 Abs. 2 a RPflG). Bei Bedenken gegen die Zulässigkeit der Vollstreckung legt er deshalb die Sache dem Staatsanwalt vor.

315

2. Bei Jugendlichen und Heranwachsenden. Bei Jugendlichen und nach Jugendrecht verurteilten Heranwachsenden ist der **Jugendrichter als weisungsgebundener Vollstreckungsleiter** und Organ der Justizverwaltung gem §§ 82 Abs. 1 S. 1, 84, 105 Abs. 1, 110 Abs. 1 JGG für die Zurückstellungsentscheidung zuständig (vgl. *München* NStZ 1993, 455, = StV 1993, 432). Im **jugendgerichtlichen Vollstreckungsverfahren** muss die Zustimmung des **erkennenden Jugendgerichts des 1. Rechtszuges** und **nicht** die Zustimmung der StA eingeholt werden. Es empfiehlt sich jedoch, die StA **anzuhören,** da ihr als Ermittlungsbehörde Umstände bekannt sein können, die eine Zurückstellung verbieten und einen Widerruf erforderlich machen würden. Der **Jugendrichter als Vollstreckungsleiter** ist aber nur für die Zurückstellungsentscheidung und den Widerruf derselben zuständig. Bei allen anderen Entscheidungen, wie Zustimmung zur Zurückstellung (§ 35 Abs. 1 BtMG), Anrechnung einer Therapie (§ 36 Abs. 1 u. Abs. 3 BtMG), Strafaussetzung (§ 36 Abs. 2 BtMG), Einwendungen gegen den Widerruf, ist der **Jugendrichter des 1. Rechtszuges** zuständig (§§ 35 Abs. 7 S. 2, 36 Abs. 5 BtMG).

316

317   Sobald nach der Zurückstellung derartige Entscheidungen anstehen, gibt der Jugendrichter als Vollstreckungsleiter die Vollstreckung an das Gericht des 1. Rechtszuges zurück, da die Zuständigkeitsregelungen der §§ 35, 36 BtMG einen wichtigen Grund i. S. d. § 85 Abs. 3 JGG darstellen (*BGH* NJW 1984, 745). Sobald aber die Vollstreckung durch Wiederaufnahme des Verurteilten in eine Vollzugsanstalt fortgesetzt wird, ist der für diese Anstalt zuständige Jugendrichter erneut zuständig (§ 85 JGG). Bei eindeutigem Vorrang des Gerichts des 1. Rechtszuges bei der Strafvollstreckung ist auch das Argument der Vollzugsnähe kein wichtiger Grund i. S. d. § 85 Abs. 3 JGG für eine Abgabe der Vollstreckung vom Gericht des 1. Rechtszuges an den Jugendrichter als Vollstreckungsleiter (*BGH* [*Katholnigg*] NJW 1990, 2296). Auch wird die Zuständigkeit für die Zurückstellung des gem. §§ 82 Abs. 1, 84 Abs. 1 JGG zuständigen Jugendrichters weder durch die Übertragung der infolge einer Strafaussetzung zur Bewährung erforderlichen Entscheidungen noch durch eine inzwischen eingetretene Volljährigkeit berührt (*BGH* [*Katholnigg*] NJW 1990, 2296).

IV. Statthaftigkeit eines Zurückstellungsantrages

318   Legt ein Verurteilter gegen ein Strafurteil Berufung oder Revision ein und stellt gleichzeitig einen Antrag auf Zurückstellung der Strafvollstreckung, so ist dieser Antrag nicht statthaft. Wegen der fehlenden Rechtskraft des Urteils und der Vollstreckungseinleitung kann nicht über eine Zurückstellung der Strafvollstreckung entschieden werden.

V. Zurückstellungsentscheidungen der Vollstreckungsbehörde

319   **1. Zurückstellung der Strafvollstreckung und Therapieeinleitung.** Vor der Prüfung der Voraussetzungen des § 35 Abs. 1 BtMG ist eine **genaue Sachverhaltsaufklärung** aufgrund der Strafakten und aufgrund der in Betracht kommenden Bei- und Vorstrafakten dringend geboten, um die **Fragen der Betäubungsmittelabhängigkeit und Kausalität zu den Tatzeiten** beantworten zu können.

320   Der Vollstreckungsbehörde steht bei der Entscheidung über die Zurückstellung der Strafvollstreckung gem. § 35 Abs. 1 BtMG ein Beurteilungsspielraum hinsichtlich der Feststellung einer Betäubungsmittelabhängigkeit, der Kausalität für die Tat, hinsichtlich der Therapiebereitschaft und bezüglich der Therapiebedürftigkeit des Verurteilten zu (*Karlsruhe* NStZ-RR 2005, 57). Die Vollstreckungsbehörde prüft im Rahmen ihres Ermessens, ob die formellen und materiellen **Voraussetzungen des § 35 Abs. 1 und Abs. 3 BtMG** vorliegen (s. dazu Rn. 49 ff. und 250 ff.).

321   Die Vollstreckungsbehörde prüft weiterhin, ob **Zurückstellungshindernisse** bestehen (s. dazu Rn. 282 ff.). Bestehen keine Zurückstellungshindernisse und sind alle Voraussetzungen des § 35 Abs. 1 und Abs. 3 BtMG erfüllt, so ist **dem Zurückstellungsantrag stattzugeben.**
    Es sind

– die Therapieform, Therapiedauer und das Therapieprogramm,
– die Anschrift, die Telefon- und Telefaxnummer der Therapieeinrichtung,
– der Therapieantrittstermin,
– die Art der Anreise und der Begleitung,
– die Art und Häufigkeit der Meldepflichten des Probanden,
– die Art und der Zeitpunkt der Meldepflichten der Einrichtung,
– die Erreichbarkeit der Vollstreckungsbehörde (Anschrift, Telefonnummer, Faxnummer,
– die Widerrufsgründe im Einzelnen

im Bescheid festzuhalten und auf die Risiken von Verstößen und Widerrufskonsequenzen hinzuweisen.

322   **2. Zurückstellung der Strafvollstreckung bei mehreren Vollstreckungssachen. Für jede Verurteilung ist grundsätzlich gesondert zu prüfen,** ob die Voraussetzungen des § 35 Abs. 1 BtMG gegeben sind und/oder ob Zurückstellungshindernisse bestehen (*Karlsruhe* NStZ 1982, 484). Ist auch nur eine der Strafen zu vollstrecken, so besteht für alle Vollstreckungssachen zunächst ein Zurückstellungshindernis nach § 35 Abs. 6 Nr. 2 BtMG (BGHSt. 55, 243 = NJW 2010, 3314 = StV 2010, 694). Unter Umständen ist auf das **Zurückstellungshindernis** mit einer **Änderung der Vollstreckungsreihenfolge** zu reagieren (s. dazu Rn. 287 ff.). Werden die verschiedenen Vollstreckungssachen von verschiedenen Dezernenten oder von verschiedenen Vollstreckungsbehörden bearbeitet, so ist entsprechend dem Grundgedanken des § 43 Abs. 5 StVollstrO eine **Abstimmung unter den Dezernenten** unverzichtbar. Liegen die Voraussetzungen für mehrere Vollstreckungsachen einheitlich vor oder nicht vor, so kann eine **einheitliche Entscheidung** erfolgen, ansonsten müssen gesonderte Bescheide ergehen.

3. Zurückstellung der Strafvollstreckung für bis zu 2 Jahre. Nach § 35 **323** BtMG kann die Strafvollstreckung **für längstens 2 Jahre** zurückgestellt werden. Die **Höchstdauer der Zurückstellung** entspricht damit dem Umfang der Strafe bzw. des Strafrestes, der eine Zurückstellung der Strafvollstreckung erlaubt. Die 2-Jahres-Frist beruht auf der Einschätzung des Gesetzgebers, dass die **Strafvollstreckung nicht unnötig lang unterbrochen** werden soll und **Therapieprogramme regelmäßig von kürzerer Dauer** sind **als 2 Jahre**. Bei jeder Zurückstellungsentscheidung kann (muss aber nicht) die Strafvollstreckungsbehörde die Unterbrechung der Strafvollstreckung befristen, um nach Fristablauf neu die Sache zu prüfen. **Mit jeder Widerrufsentscheidung erledigt sich die gesetzte Frist**, die Vollstreckung wird wieder fortgesetzt (*Düsseldorf* StraFo 2011, 57). **Mit jeder erneuten Zurückstellungsentscheidung beginnt die gesetzte Frist (bis zu 2 Jahren) erneut zu laufen.**

Der *GStA Nürnberg* (Bescheid v. 11. 3. 1997, Bescheid v. 21. 4. 1997, Zs 235/ **324** 97) und das *OLG Nürnberg* (StraFo 1997, 349 m. Anm. *Endriß*) waren der Meinung, dass eine erneute Zurückstellung der Strafvollstreckung nicht mehr möglich sei, wenn nach schnellem Therapieabbruch und monatelanger Auseinandersetzung um den Widerruf der Zurückstellung die 2-Jahres-Frist verstrichen war. Diese Auffassung vermag nicht zu überzeugen. **Die 2-Jahres-Frist ist keine Zurückstellungsvoraussetzung, sondern eine Frist zur Überwachung der getroffenen Entscheidung.** Wird eine Strafvollstreckung zugunsten einer ambulanten Therapie für 2 Jahre zurückgestellt und erst 2 1/2 Jahre später festgestellt, dass die Therapie gar nicht angetreten wurde, so verhindert der Fristablauf nicht einen erneuten Zurückstellungsantrag. Vielmehr kann nach Widerruf der Zurückstellung nicht wegen Ablauf der 2-Jahres-Frist, aber u. U. wegen fehlenden Therapiewillens die Zurückstellung abgelehnt werden (vgl. auch *Weichert* NJW 1999, 827).

4. Auflagen einer Zurückstellungsentscheidung. Je klarer ein Zurückstel- **325** lungsbescheid die Pflichten des Probanden und der Therapeuten im Bescheid formuliert, umso besser erkennt der Verurteilte, was er tun muss, und umso leichter kann der Bescheid bei Verstoß gegen die Auflagen oder gegen § 35 BtMG widerrufen werden. Die Vollstreckungsbehörden haben hierfür Vordrucke entwickelt.

Eine mit der Zurückstellungsentschließung gem. § 35 BtMG ergangene 326 Auflage oder Weisung ist im Verfahren gem. § 23 EGGVG überprüfbar, wenn sie die Lebensführung des Betroffenen zu beeinträchtigen geeignet ist und auch durch sie die Zurückstellung der Strafvollstreckung eine zusätzliche Einschränkung erfährt. Die Weisung, der Verurteilte habe den verantwortlichen Arzt und den zuständigen Therapeuten unter **Entbindung von der Schweigepflicht** zu ermächtigen, der StA und dem zuständigen Gericht auf deren Anforderung hin Auskunft über Verlauf und Ergebnis der Therapie zu geben, ist rechtmäßig (*Hamm* NStZ 1986, 333 m. abl. Anm. *Kreuzer* = StV 1986, 66; *Hamm* StV 1988, 24 m. abl. Anm. *Schneider*; vgl. auch *Katholnigg* NJW 1987, 1457; *Kreuzer* NJW 1989, 1505, 1509). Soweit aber mit einer derartigen Weisung therapeutische Inhalte ausgeforscht werden sollen, wäre eine derartige Weisung abzulehnen (vgl. *Baumgart*, 1994, 80). Die Rspr. des *OLG Hamm* scheint von den genannten Kritikern missverstanden und zu Unrecht mit überzogenen Vorwürfen bedacht worden. Die Auflagen, ohnehin nur für Ausnahmefälle vorgesehen, sollen weder das Wohlverhalten des Verurteilten während der Therapie ergründen noch in die Vertrauenssphäre zwischen Therapeuten und Probanden eindringen. Sie sollen insb. nicht die Pflichten des § 35 Abs. 4 BtMG erweitern. Vielmehr sollen sie das Funktionieren des Therapieverbundes gewährleisten, therapiehinderliche Widerrufsentscheidungen, Festnahmen und Zeugenvernehmungen verhindern, indem nicht nur das Verlassen der Einrichtung, sondern auch der Grund dafür mitgeteilt wird. Obwohl nach § 35 Abs. 4 BtMG eindeutig der Abbruch der Behandlung mitzuteilen ist, berichten viele Einrichtungen neutral lediglich, dass der Proband die Einrichtung verlassen habe, was die Entscheidungen der Justiz nach § 35 Abs. 5 BtMG erschwert (vgl. im Einzelnen *Körner* SuchtG 1988, 329 ff.). Die gegen die Rspr. des *OLG Hamm* erhobene Verfassungsbeschwerde wurde von der 2. Kammer des *BVerfG* (Beschl. v. 25. 3. 1986, 2 BvR 201/86) dann auch nicht zur Entscheidung angenommen. Angesichts der vorgenommenen Zweckbegründung der Auflage war die geltend gemachte Grundrechtsverletzung ausgeschlossen.

327   **Gegen die Auflagen eines Zurückstellungsbescheides** kann **Vorschaltbeschwerde beim GStA** und später Antrag auf gerichtliche Entscheidung beim OLG eingereicht werden nach den §§ 23 ff. EGGVG (vgl. dazu Rn. 343 ff.).

328   **5. Vorläufige Herausnahme aus der Strafvollstreckung.** Die Überstellung des Verurteilten in eine drogentherapeutische Einrichtung zum Zweck der Behandlung der Drogensucht nach Zurückstellung der Strafvollstreckung ist **keine Haftentlassung im formellen Sinne,** die den Strafvollzug beendet, sondern **nur eine vorläufige Herausnahme aus dem Strafvollzug.** Bei Widerruf der Zurückstellung durch die Vollstreckungsbehörde befindet der Verurteilte ohne vorherige richterliche Entscheidung sich automatisch wieder im Strafvollzug (*Berlin* NStZ 2005, 291).

329   **6. Rechtsmittelbelehrung.** Zwar ist eine **Rechtsmittelbelehrung nicht zwingend vorgeschrieben,** da die Entscheidung der StA einen **Justizverwaltungsakt** darstellt, gegen den kein befristetes Rechtsmittel gegeben ist (§ 35 a StPO). Eine Rechtsmittelbelehrung ist gleichwohl aus einer **Fürsorgepflicht für den drogenabhängigen Verurteilten** und **zur Klarstellung** des Rechtsweges erforderlich.

330   **7. Zuwarten mit der Zurückstellungsentscheidung.** Zurückstellungsanträge sind beschleunigt zu bearbeiten, um vorhandene Therapiemotivationen, reservierte Therapieplätze und Aufnahmetermine nicht aufs Spiel zu setzen. Fehlen für eine Zurückstellung der Strafvollstreckung Unterlagen, so ist der Antragsteller schnellstens auf die fehlenden Voraussetzungen hinzuweisen. Werden mehrere Strafsachen gegen einen Verurteilten vollstreckt, so ist telefonisch rasch zu klären, ob die anderen Vollstreckungen ebenfalls zurückgestellt werden. Steht ein Zurückstellungshindernis (weitere Verurteilung, Gesamtstrafenbildung, Widerruf einer Strafaussetzung oder Zurückstellung, Abschiebungsandrohung) noch nicht fest, ist es aber mit großer Wahrscheinlichkeit nach mehreren Wochen oder Monaten zu erwarten, so ist nicht mit dem Versagungsbescheid zu warten, sondern der Antrag vorläufig zurückzuweisen mit der Maßgabe, dass nach dem zu erwartenden Ereignis über den Zurückstellungsantrag endgültig entschieden wird.

VI. Versagung der Zurückstellung

331   **1. Anforderungen an die Zurückstellungsentscheidung.** Da Zurückstellungsentscheidungen **für alle Beteiligten nachvollziehbar und überprüfbar** sein müssen, **reicht eine Formel** zur Begründung eines Versagungsbescheides **nicht aus,** die Voraussetzungen des § 35 Abs. 1 BtMG lägen nicht vor, der Verurteilte sei zur Tatzeit nicht betäubungsmittelabhängig gewesen, die Betäubungsmittelabhängigkeit sei nicht kausal gewesen. Vielmehr muss die Begründung darlegen, welche Voraussetzungen des § 35 Abs. 1 BtMG vorliegen und welche nicht, weshalb dem Antragsvorbringen nicht gefolgt werden konnte. Denn **der Verurteilte muss in die Lage versetzt werden, Lücken in seiner Antragsbegründung zu schließen und seine Argumentation zu ergänzen.** Ein **unverbindliches Schreiben,** dass eine Zurückstellung der Strafvollstreckung mangels der Voraussetzungen des § 35 Abs. 1 BtMG nicht möglich sei, **ohne eine Rechtsmittelbelehrung** stellt keinen **nachvollziehbar begründeten rechtsmittelfähigen Bescheid** dar.

Die Zurückstellung der Strafvollstreckung ist zu versagen, wenn es an **materiellen Voraussetzungen fehlt,** wie z. B.: **332**

– ein Drogenabhängiger will gem. § 35 BtMG in eine Therapie, **ohne eine** Straftat begangen zu haben (vgl. Rn. 52),
– ein Drogenabhängiger ist zwar verurteilt, das Urteil ist aber noch nicht rechtskräftig (vgl. Rn. 53 f.),
– der Verurteilte war **nicht betäubungsmittelabhängig zur Tatzeit** (vgl. Rn. 76),
– die Tat beruhte nicht auf einer Betäubungsmittelabhängigkeit, es **fehlt** an dem Kausalzusammenhang (vgl. Rn. 95 ff.),
– die Strafe, die Gesamtstrafe oder die **Reststrafe übersteigt 2 Jahre** (vgl. Rn. 114 ff.),
– die Vollstreckung in einer **anderen Sache steht** gem. § 35 Abs. 6 Nr. 2 BtMG **entgegen** (s. Rn. 128 und Rn. 283 ff.),
– der Verurteilte ist **nicht therapiewillig,** sondern therapieresistent (s. Rn.204 ff.),
– der Verurteilte **verweigert Therapienachweise** (s. Rn. 231),
– es liegen **keine Therapieplatzzusage** der Therapieeinrichtung oder **keine** Kostenzusage des Kostenträgers vor (s. Rn. 237 ff.).

Die StA darf aber die Zurückstellung nicht deshalb ablehnen, weil der Proband **333** eine bestimmte Therapieeinrichtung oder Therapieform gewählt hat, die nicht der Vorstellung der Staatsanwaltschaft entspricht (vgl. Rn. 197 ff.). Die Zurückstellung ist bei **Fehlen formeller Erfordernisse** regelmäßig zu versagen,

– wenn der Verurteilte seinen Antrag auf Zurückstellung zurücknimmt,
– wenn das Gericht des 1. Rechtszuges **begründet die Zustimmung verweigert** (s. dazu Rn. 255 ff.).

Hat der Verurteilte in seiner Antragsbegründung Lücken geschlossen, Mängel **334** behoben, oder einen **neuen Zurückstellungsantrag** eingereicht, so ist **erneut zu entscheiden.** Versagte die Vollstreckungsbehörde die Zurückstellung, weil das Gericht 1. Instanz wegen Fehlens eines Therapieplatzes und einer Kostenzusage die **Zustimmung zur Zurückstellung vorläufig verweigerte,** so muss, wenn der Vollstreckungsbehörde nachträglich Kostenzusage und Therapieplatzzusage zugehen, erneut eine Aktenvorlage bei Gericht zur Einholung einer gerichtlichen Stellungnahme erfolgen. Ansonsten ist auf Vorschaltbeschwerde der Versagungsbescheid der Vollstreckungsbehörde durch den Generalstaatsanwalt aufzuheben.

2. Nichtbescheidung eines Zurückstellungsantrages. Erst wenn die Voll- **335** streckungsbehörde einen Zurückstellungsantrag negativ beschieden hat, ist in der Regel Raum für ein Rechtsmittel. Werden Zurückstellungsanträge aber nicht bearbeitet oder nach längerer Zeit nicht beschieden, so stellt die **Nichtbearbeitung eine Versagung der Zurückstellung** der Strafvollstreckung dar, die **mit der Vorschaltbeschwerde anfechtbar** ist.

3. Nichtbescheidung anderer Vollstreckungssachen und die voneinan- **336** **der abweichenden Zurückstellungsentscheidungen.** Die Voraussetzungen für eine Zurückstellung der Strafvollstreckung müssen für jede Strafvollstreckungssache gesondert geprüft werden. Die Nichtbeachtung anderer Strafvollstreckungssachen und fehlende Kontaktaufnahme mit anderen Vollstreckungsbehörden kann zur Aufhebung eines Bescheides führen. Wegen des Zurückstellungshindernisses anderweitige Vollstreckung in § 35 Abs. 6 BtMG kann bei mehreren Vollstreckungssachen eine Zurückstellung der Strafvollstreckung nur erfolgen, wenn entweder in allen Vollstreckungssachen die Voraussetzungen des § 35 Abs. 1 BtMG vorliegen, oder wenn die anderen Vollstreckungssachen zur Strafrestaussetzung gelangen. Deshalb gelingt es häufig nicht, dass verschiedene Rechtspfleger/innen einer Vollstreckungsbehörde oder verschiedener Vollstreckungsbehörden bei verschiedenen Zurückstellungsanträgen zu einheitlichen Entscheidungen gelangen. Abweichende Zurückstellungsentscheidungen müssen nicht fehlerhaft sein, sondern entsprechen unterschiedlichen Tatumständen und unterschiedlicher Kausalität.

337 Gelangen aber zwei Staatsanwälte derselben Behörde in zwei unterschiedlichen Strafsachen eines Verurteilten bei den Fragen der Therapiebereitschaft und der Eignung eines ambulanten Therapieprogramms zu entgegengesetzten Ergebnissen und stellen zwei Strafkammern in zwei anderen Strafsachen bei dem Verurteilten eine positive Entwicklung und einen ernsthaften Willen fest, mit Hilfe eines Polamidonsubstitutionsprogrammes zu einem drogenfreien Familienleben zu gelangen, so muss trotz der zwiespältigen Argumentation der StA von einer Therapiebereitschaft des Verurteilten (im Zweifel) ausgegangen werden.

338 Nicht im Regelfall, aber in Ausnahmefällen kann durch eine Änderung der Vollstreckungsreihenfolge ein Zurückstellungshindernis beseitigt werden.

VII. Änderung der Vollstreckungsreihenfolge

339 **1. Antrag des Verurteilten.** Über den **Antrag des Verurteilten,** im Hinblick auf die erstrebte Anwendung des § 35 BtMG **die Reihenfolge der Vollstreckung zu ändern,** ist nicht nach § 454b StPO zu entscheiden, sondern es ist vielmehr eine Entscheidung der Vollstreckungsbehörde nach § 43 Abs. 4 StVollstrO zu treffen, ob aus wichtigem Grund eine von § 43 Abs. 2 StVollstrO abweichende Reihenfolge der Vollstreckung geboten erscheint. Dabei ist zunächst von der Vollstreckungsbehörde zu entscheiden, ob für die vom Antragsteller genannten Verfahren die Voraussetzungen für eine Anwendung des § 35 BtMG überhaupt vorliegen, um überhaupt einen wichtigen Grund i. S. d. § 43 Abs. 4 StVollstrO annehmen zu können (s. dazu im Einzelnen Rn. 287 ff.).

340 **2. Entscheidungen der Vollstreckungsbehörde.** Hinsichtlich der Annahme eines wichtigen Grundes steht der Vollstreckungsbehörde ein Beurteilungsspielraum zu. Ein solch wichtiger Grund kann vorliegen, wenn durch eine Änderung der Vollstreckungsreihenfolge die Möglichkeit, einen therapiebereiten Verurteilten rasch in eine Therapieeinrichtung zu bringen, geschaffen wird. Dies ist dann der Fall, wenn ein Antrag auf Zurückstellung der Strafvollstreckung nach § 35 Abs. 1 BtMG bei vorläufiger Bewertung erfolgreich wäre. Auch die Zurückstellung der Strafvollstreckung nach § 35 Abs. 1 BtMG steht im Ermessen der Vollstreckungsbehörde (*Koblenz* StV 2003, 288; *Frankfurt,* Beschl. v. 27. 8. 2004, 3 VAs 31/04).

341 **3. Rechtsmittel.** Gegen die Ablehnung der Vollstreckungsbehörde, die Reihenfolge der weiteren Vollstreckung mehrerer Freiheitsstrafen entsprechend einem Antrag des Verurteilten zu ändern, ist ausschließlich der Rechtsweg nach §§ 21 StVollstrO, 23 ff. EGGVG eröffnet. Gegen eine Ablehnung des Antrags auf Änderung der Vollstreckungsreihenfolge kann der Verurteilte Vorschaltbeschwerde bei der *GStA* einlegen. Wird die Vorschaltbeschwerde von der *GStA* verworfen, so ist innerhalb Monatsfrist Antrag auf gerichtliche Entscheidung beim Strafsenat des OLG nach den §§ 23 ff. EGGVG zulässig, wo die Entscheidung der Vollstreckungsbehörde auf Ermessensfehler hin überprüft wird (*BGH* NJW 1991, 2031; *Frankfurt* NStZ 1983, 48; *Celle* MDR 1990, 176; *Stuttgart* NStZ 1991, 205; *Hamm* StV 1993, 257; *Hamburg* StV 1993, 256; *Düsseldorf* StV 1993, 257; *Hamm* NStZ 1999, 56; *Frankfurt* NStZ-RR 2000, 282; *Karlsruhe* StV 2003, 348; *Koblenz* StV 2003, 287).

E. Rechtsmittel gegen die Zurückstellungsentscheidungen der Vollstreckungsbehörde

I. Erinnerung nach dem Rechtspflegergesetz

Seit Inkrafttreten des ersten Justizmodernisierungsgesetzes v. 24. 8. 2004 **342** (BGBl. I, 219 ff.) zum 1. 9. 2004 ist nunmehr der Rechtspfleger/die Rechtspflegerin für die Zurückstellungsentscheidungen nach den §§ 35 Abs. 1, Abs. 3, Abs. 5 und Abs. 6 BtMG zuständig. Gem § 31 Abs. 5 RPflG ist gegen Maßnahmen und Entscheidungen der Rechtsbehelf der Erinnerung gegeben. Über diese Einwendungen entscheidet der Richter oder StA, an dessen Stelle der Rechtspfleger tätig geworden ist. Der Rechtsbehelf der Erinnerung ist jedoch **nur gegeben, soweit nicht ein Rechtsmittel nach anderen verfahrensrechtlichen Vorschriften zulässig ist.** Da **nach § 21 StVollstrO die Vorschaltbeschwerde** und gegen diese Beschwerdeentscheidung **nach den §§ 23 ff. EGGVG der Antrag auf gerichtliche Entscheidung** beim Strafsenat des OLG zulässig ist, ist **eine Erinnerung gegen den Bescheid des Rechtspflegers unstatthaft.**

II. Vorschaltbeschwerde

Die Ablehnung der begehrten Zurückstellung ist **weder** wegen Unzulässigkeit **343** der Strafvollstreckung **nach §§ 458, 462 a StPO** bei der Strafvollstreckungskammer **noch gem. § 35 Abs. 7 S. 2 BtMG** analog beim Gericht des 1. Rechtszuges anfechtbar. Vielmehr kann gegen die Ablehnungsentscheidung **nur auf dem Rechtsweg nach § 23 Abs. 1 i. V. m. § 24 Abs. 1 EGGVG** vorgegangen werden. Die Verfügung der Vollstreckungsbehörde ist ein **Justizverwaltungsakt auf dem Gebiet der Strafrechtspflege,** gegen die mangels eines anderweitigen festgelegten gerichtlichen Überprüfungszuständigkeit **der Rechtsweg nach § 23 EGGVG** eröffnet ist. Gem § 35 Abs. 2 S. 2 BtMG kann **der Verurteilte a)** die Versagung der Zurückstellung durch die Vollstreckungsbehörde ohne Beteiligung des Gerichts ebenso wie **b)** die Ablehnung der Zurückstellung durch die Strafverfolgungsbehörde zusammen mit der Verweigerung der Zustimmung durch das Gericht anfechten.

Nach **§ 24 Abs. 2 EGGVG** kann ein Antrag auf gerichtliche Entscheidung **344** jedoch erst nach vorausgegangenem Beschwerdeverfahren (hier die **Vorschaltbeschwerde nach § 21 StVollstrO**) gestellt werden. Nach **Nr. 153 RiStBV** sind **Rechtsmittelsachen stets als Eilsachen** zu behandeln. Hat ein Verurteilter einen Versagungsbescheid der Vollstreckungsbehörde mit einem Rechtsmittel angefochten, so sind die **Akten umgehend der Rechtsmittelinstanz zuzuleiten.**

1. Notwendigkeit des Vorschaltverfahrens. Es war zunächst streitig, ob die **345** Anfechtung der Versagung der Zurückstellung im Rechtsweg nach § 23 EGGVG überprüft werden kann, ob die Einwendungen nach § 21 StVollstrO einen förmlichen Rechtsbehelf i. S. v. § 24 Abs. 2 EG GVG darstellen und die gerichtliche Entscheidung des OLG nach § 23 EGGVG ein Vorschaltverfahren voraussetzt. Das *OLG Hamm* (NStZ 1982, 485) hielt ebenso wie das *OLG Nürnberg* (Beschl. v. 27. 12. 1982, VAs 1110/82) ein förmliches Vorschaltverfahren für nicht erforderlich, da im BtMG eine derartige Beschwerdemöglichkeit nicht vorgesehen sei. Diese Auffassung hat der 1. Strafsenat des *OLG Hamm* jedoch mit Beschl. v. 4. 2. 1988 (NStZ 1988, 380) aufgegeben. Die **GStA** entscheidet über Einwendungen gegen alle Entscheidungen der Vollstreckungsbehörde, unabhängig davon, ob die StA oder der Jugendrichter als Vollstreckungsleiter tätig geworden ist. Denn **auch der Jugendrichter als Vollstreckungsleiter** (§§ 82 Abs. 1, 84 Abs. 1 JGG) ist insoweit **gegenüber der GStA weisungsgebunden.** (*München* NStZ 1993, 455 = StV 1993, 432). Bei den Einwendungen handelt es sich um solche nach § 21 StVollstrO (vgl. *Oldenburg* MDR 1991, 1188.) Ein Antrag nach § 23 EGGVG ist **so lange unzulässig,** als das nach § 21 StVollstrO vorgesehene Beschwerdeverfahren durch eine Entscheidung der GStA nicht vorliegt. Die Einhaltung des Vorschaltverfahrens ist somit **notwendige Sachentscheidungsvoraussetzung** (§ 24 EGGVG; vgl. *Hamm* NStZ-RR 1998, 315; *Frankfurt* NStZ-RR 1998, 314; *Karlsruhe* NStZ 1999, 253 = StV 1999, 443; *Hamm* NStZ 1999, 591; *Stuttgart* NStZ 1999, 626; *Zweibrücken* NStZ-RR 1999, 59; *Oldenburg* StV 2000, 325 unter Aufgabe der Entscheidung in NStZ-RR 1996, 49 = StV 1995). Durch die Erledigung von Beschwerden im Vorschaltverfahren durch die GStA wird der zuständige Strafsenat des OLG entlastet. Der GStA kann das Ermessen der Vollstreckungsbehörden sowohl auf seine Rechtmäßigkeit als auch auf seine Zweckmäßigkeit hin überprüfen und für eine Gleichbehandlung der Entscheidungen Sorge tragen.

346   Auch nach Inkrafttreten des Gesetzes zur Änderung des BtMG v. 9. 9. 1992 und des neuen § 35 Abs. 2 BtMG hat sich an der Notwendigkeit des Vorschaltverfahrens nichts geändert, auch wenn die GStA auf die Beschwerde hin nur die Entscheidung der Vollstreckungsbehörde und nicht die Stellungnahme des Gerichtes überprüfen kann (*München* NStZ 1993, 455 = StV 1993, 432 m. Anm. *Katholnigg* JR 1994, 296). Auf ein Vorschaltverfahren kann selbst dann nicht verzichtet werden, wenn die zurückstellungsbereite Vollstreckungsbehörde die Zurückstellung der Strafvollstreckung allein deshalb abgelehnt hat, weil das Gericht des ersten Rechtszuges seine Zustimmung hierzu versagt hat und die hiergegen gerichtete Beschwerde der StA erfolglos blieb (*Stuttgart* StV 1994, 30; *Zweibrücken* NStZ-RR 1999, 59).

347   Ein infolge missverständlicher Belehrung durch die Staatsanwaltschaft unmittelbar an das OLG gerichteter Antrag ist nach § 300 StPO als das in Wahrheit gemeinte zulässige Rechtsmittel auszulegen, nämlich als eine Beschwerde gem. § 21 StVollstrO, über die die GStA zu entscheiden hat. Eine **Stellungnahme der GStA ersetzt die erforderliche Beschwerdeentscheidung der GStA nicht** (*Oldenburg* NStZ 1991, 512; *Oldenburg* StV 2000, 325).

348   **2. Zuständigkeit bei Vorschaltbeschwerden. a) Bei Erwachsenen.** Nach § 21 Abs. 1 Nr. 1 StVollstrO entscheidet über **Einwendungen gegen Entscheidungen der Vollstreckungsbehörde,** soweit nicht das Gericht dafür zuständig ist (§§ 458, 459h StPO, § 83 Abs. 1 JGG), **die GStA,** wenn die StA oder der Jugendrichter als Vollstreckungsleiter die beanstandete Entscheidung oder Anordnung getroffen hat. Nach § 21 Abs. 2 StVollstrO wird durch die Einwendungen die **Vollstreckung nicht gehemmt.** Es können von dem Verurteilten **sowohl Einwendungen gegen positive Zurückstellungsbescheide, oder deren Auflagen, als auch gegen Versagungsbescheide** vorgebracht werden.

349   **b) Bei Jugendlichen und Heranwachsenden.** Das Vorschaltverfahren ist auch dann durchzuführen, wenn der Jugendrichter als Vollstreckungsleiter gem. §§ 82 Abs. 1, 84 Abs. 1 JGG entschieden hat. Soweit der Jugendrichter als Vollstreckungsbehörde gem. den §§ 82 Abs. 1, 84, 105 Abs. 1, 110 Abs. 1 JGG tätig ist, untersteht er den Weisungen der StA als der gem. § 21 Abs. 1 Nr. 1 StVollstrO vorgesetzten Vollstreckungsbehörde (*München* NStZ 1993, 455 = StV 1993, 432). Wird gegen die Versagung der Zurückstellung der Strafvollstreckung durch das AG – Jugendgericht – vom Verurteilten Vorschaltbeschwerde eingelegt, so ist für die Beschwerden von Jugendlichen nicht die Jugendkammer, sondern die GStA für die Beschwerdeentscheidung zuständig (*Weber* § 35 Rn. 189).

350   **3. Statthaftigkeit der Vorschaltbeschwerde.** Wurde eine Zurückstellung der Strafvollstreckung widerrufen und hat der Verurteilte einen neuen Zurückstellungsantrag gestellt und sodann Vorschaltbeschwerde eingelegt, so ist diese Vorschaltbeschwerde unstatthaft. Vielmehr muss zuerst gem. § 35 Abs. 7 S. 2 BtMG das Gericht des ersten Rechtszuges über die Beschwerde gegen den Widerruf und die StA über den erneuten Zurückstellungsantrag entscheiden, bevor eine Vorschaltbeschwerde bei dem GStA statthaft ist. Erst wenn der Zurückstellungsantrag von der zuständigen StA beschieden wurde, ist der Verurteilte beschwert und eine Vorschaltbeschwerde statthaft. Wird eine Vorschaltbeschwerde bereits vor der Ent-

scheidung der Vollstreckungsbehörde erhoben, so ist diese mangels Beschwer unstatthaft/unzulässig.

Soweit ein **Verurteilter** sich mit einer **Vorschaltbeschwerde allein gegen die Verweigerung der gerichtlichen Zustimmung** des Gerichtes des 1. Rechtszuges zur Zurückstellung wendet, ist die **Vorschaltbeschwerde unstatthaft,** da einmal nur die Vollstreckungsbehörde gegen die Verweigerung der Zustimmung durch das Gericht eine Beschwerdemöglichkeit hat und da für diese Entscheidung nicht der GStA, sondern das Beschwerdegericht zuständig ist (s. Rn. 268 f.). Greift er aber gleichzeitig den Versagungsbescheid der Vollstreckungsbehörde an, so ist seine Vorschaltbeschwerde zulässig. Hat der Verurteilte Vorschaltbeschwerde zu einem Zeitpunkt eingelegt, zu dem seine Strafe bereits voll verbüßt war, so war die Beschwer entfallen und die Beschwerde unstatthaft, da kein Raum mehr für eine Zurückstellung der Strafvollstreckung war. 351

Lässt die Vollstreckungsbehörde aber **über Monate** trotz Erinnerung den **Zurückstellungsantrag unbearbeitet oder unbeschieden** oder teilt dem Antragsteller lediglich die ablehnende Stellungnahme des erstinstanzlichen Gerichtes mit, so kommt diese **Untätigkeit einer Versagung der Zurückstellung gleich** und kann mit der Vorschaltbeschwerde angefochten werden, die dann den Charakter einer Dienstaufsichtsbeschwerde annimmt. 352

4. Zulässigkeit der Vorschaltbeschwerde. a) Form und Frist der Vorschaltbeschwerde. Für die Vorschaltbeschwerde gelten die Grundsätze der §§ 304 ff. StPO. Die Vorschaltbeschwerde ist **weder an besondere Formen, noch an besondere Fristen gebunden.** Eine am 8. 2. 1994 bei der GStA eingegangene Beschwerde ohne Datum gegen einen Versagungsbescheid der StA im Zurückstellungsverfahren v. 16. 12. 1993 ist noch zulässig, da die Vorschaltbeschwerde an keine Frist gebunden ist. 353

Die **unzutreffende Bezeichnung des Rechtsmittels** macht die Vorschaltbeschwerde **nicht unzulässig.** Wendet sich ein Verurteilter gegen die Versagung der Zurückstellung der Strafvollstreckung durch die Vollstreckungsbehörde mit einem Antrag auf gerichtliche Entscheidung gem. § 23 EGGVG, so ist dennoch für die Entscheidung nicht der Strafsenat bei dem OLG zuständig. Wegen des notwendigen Vorschaltverfahrens gem. § 24 Abs. 2 EGGVG ist, unabhängig davon, wie der Beschwerdeführer sein Rechtsmittel gegen den versagenden Zurückstellungsbescheid „Beschwerde", „einfache Beschwerde", „sofortige Beschwerde", „weitere Beschwerde", „Widerspruch", „Einspruch", „Berufung", „Antrag auf gerichtliche Entscheidung", „Rechtsmittel" bezeichnet, das Rechtsmittel gem § 300 StPO nach dem gewünschten Ziel zu interpretieren und als **Vorschaltbeschwerde** nach § 21 Abs. 1 StVollstrO umzudeuten, für die der **örtlich zuständige GStA zuständig** ist (*Katholnigg* NStZ 1981, 418). 354

Wendet sich ein Verurteilter mit einem **handschriftlichen Einspruchsschreiben,** das **nicht unterzeichnet** ist, aber von einem Drogenberater mit einem Anschreiben übersandt wurde, gegen die Versagung der Zurückstellung der Strafvollstreckung, so ist das Rechtsmittel zulässig. Im Wege der Umdeutung kann der Einspruch als Vorschaltbeschwerde behandelt werden. Das ohne Unterschrift eingereichte Einspruchsschreiben genügt dem **Erfordernis der Schriftlichkeit,** da sich aus dem Inhalt des Schriftstücks und der inhaltlichen Verknüpfung mit dem Begleitschreiben mit hinreichender Deutlichkeit ergibt, dass die Beschwerde von dem Verurteilten herrührt und mit seinem Wissen und Wollen der zuständigen Stelle zugeleitet wurde (vgl. *BGH* NStZ-RR 2000, 305; *BGH* NStZ 2002, 558). Deshalb ist das Einspruchsschreiben **als Vorschaltbeschwerde zulässig.** Dem Rechtsmittel muss aber **zu entnehmen** sein, **gegen welche Erwägungen des Versagungsbescheides der Verurteilte sich wendet.** Schreibt der Verurteilte an die GStA, die StA habe eigentlich recht, er bitte aber um nochmalige Chance, so ist die Beschwerde mangels Rechtsschutzbedürfnis und mangels Beschwer **unzulässig** (*GStA Frankfurt,* Bescheid v. 16. 6. 2000, Zs 60020/00). Erhebt ein Verurteilter auf einem Zettel Widerspruch gegen die Entscheidung der 355

Vollstreckungsbehörde, so ist dieser **nach § 300 StPO als Vorschaltbeschwerde auszulegen.** Begründet er das Rechtsmittel nicht oder sagt nicht, wogegen er sich wendet, so **fehlt es an einem Rechtsschutzbedürfnis** und die Vorschaltbeschwerde ist **unzulässig.**

356   **b) Form des Versagungsbescheides.** Hat die StA den Zurückstellungsantrag des Verurteilten nicht förmlich mit einem mit Begründung und Rechtsmittelbelehrung versehenen Bescheid zurückgewiesen, sondern lediglich ihre Rechtsauffassung von Umständen, die einer Zurückstellung entgegenstehen könnten, mitgeteilt, hat der Verurteilte dieses Schreiben als Versagungsbescheid verstanden und mit einer Vorschaltbeschwerde angefochten und hat die StA durch Weiterleitung der Akten an den GStA nachträglich **der vorläufigen Auskunft den Charakter einer Schlussentscheidung verliehen,** so ist die Vorschaltbeschwerde zulässig.

357   **5. Eilbedürftigkeit der Vorschaltbeschwerde.** Nach Nr. 153 RiStBV sind Rechtsmittelsachen stets Eilsachen. Befindet sich der Beschwerdeführer in Strafhaft und drohen eine Therapieplatzzusage und/oder eine Kostenzusage verloren zu gehen, so erhöht sich noch die Eilbedürftigkeit. Vorschaltbeschwerden sind deshalb umgehend mit einer Stellungnahme der Beschwerdeinstanz vorzulegen.

358   **6. Vorschaltbeschwerde gegen eine Zurückstellung der Strafvollstreckung.** Regelmäßig wenden sich Vorschaltbeschwerden **gegen die Versagung der Zurückstellung.** Deshalb ist eine Vorschaltbeschwerde des Verurteilten gegen eine Zurückstellung der Strafvollstreckung **zumeist unstatthaft,** da ja seinem Antrag entsprochen wurde und er durch die Entscheidung **nicht beschwert, sondern begünstigt** wurde.

359   Es gibt aber auch **Ausnahmefälle:** Hat ein Verurteilter auf seinen Zurückstellungsantrag zusammen mit der Drogenberatung sorgfältig ausgewählten stationären Therapieprogrammes, dessen Beginn mit Therapieplatzzusage und Kostenzusage vorbereitet wurde, einen **Zurückstellungsbescheid mit zahlreichen nicht verabredeten Auflagen** erhalten, wonach er in einem abgelegenen Hofgut oder in einem Kloster ein **unzumutbares Therapieprogramm** ableisten soll, so ist er **beschwert und kann Vorschaltbeschwerde einlegen** (*Hamm*, Beschl. v. 7. 11. 1985, 1 VAs 89/85).

360   Hat ein Verurteilter wegen einer bevorstehenden Berufsausbildung und **ambulanten Drogentherapie** umfangreiche Unterlagen eingereicht und von der Vollstreckungsbehörde einen Zurückstellungsbescheid zugunsten einer **stationären Langzeittherapie** erhalten, so ist er durch diese Entscheidung **beschwert** und eine **Vorschaltbeschwerde** ist **statthaft.**

III. GStA als Beschwerdeinstanz

361   **1. Schlichtungsbemühungen der GStA.** Nicht selten behindern **gegensätzliche Entscheidungen verschiedener Vollstreckungsbehörden** einen Therapieantritt. Denn vielfach richten sich gegen ein und denselben Verurteilten mehrere Strafverfahren bei verschiedenen Staatsanwaltschaften. Strebt die eine Vollstreckungsbehörde aber den Strafvollzug, die andere Vollstreckungsbehörde eine Therapie an, so behindert der § 35 Abs. 6 Nr. 2 BtMG einen Therapieantritt, und es bleibt beim Strafvollzug. Auch **die GStA** hat hier eine **Fürsorgepflicht** für den therapiebereiten Verurteilten (vgl. die Erwägungen des *BGH* StV 1991, 414). Insb. wenn verschiedene Staatsanwaltschaften gleichzeitig den Verurteilten **einmal dem Strafvollzug, einmal der Therapie zuführen** wollen, kann die GStA vor Entscheidung über mehrere Beschwerden **vermittelnd eingreifen,** um durch Kontaktaufnahme mit den Staatsanwaltschaften **als Schlichtungsstelle einen Therapieantritt zu ermöglichen.** Die Möglichkeit, einen therapiebereiten Verurteilten rasch in eine Therapieeinrichtung zu bekommen, dürfte häufig ein **wichtiger Grund** sein, die **Vollstreckungsreihenfolge zu ändern,** zunächst die nicht zurückstellbaren Strafen zu vollstrecken oder gnadenweise zu regeln, um dann den Weg frei für eine Zurückstellung zu bekommen. Bleibt es trotz Schlich-

tungsbemühungen bei einer Versagung der Zurückstellung von der Strafvollstreckung durch eine Strafvollstreckungsbehörde, so bleiben nur Beschwerdeentscheidungen.

2. Beschwerdeentscheidungen der GStA. Auf die Beschwerde des Verur- 362
teilten gegen die ablehnende Entscheidung der Vollstreckungsbehörde trifft die
GStA unter einem **Zs-Aktenzeichen** begründete **Beschwerdeentscheidungen.**
Durch die Erledigung von Beschwerden im Vorschaltverfahren durch die GStA
wird der zuständige Strafsenat des OLG entlastet. Die GStA kann das Ermessen der
Vollstreckungsbehörden sowohl auf seine Rechtmäßigkeit als auch auf seine
Zweckmäßigkeit hin überprüfen und für eine Gleichbehandlung der Entscheidungen Sorge tragen. Der *hessischen Zentralstelle für die Bekämpfung der Betäubungsmittelkriminalität* **(ZfB)** bei der *GStA in Frankfurt* lagen von 1990–2004 181
Vorschaltbeschwerden gegen eine Verweigerung der Zurückstellung der Strafvollstreckung vor, die durch Therapievermittlungen, Verwerfungen der Beschwerden
bzw durch Aufhebungen der Bescheide erledigt wurden:

Zurückstellungsangelegenheiten nach den §§ 35 ff BtMG bei der hessischen Zentralstelle für die Bekämpfung der Betäubungsmittelkriminalität (ZfB) bei dem Generalstaatsanwalt bei dem Oberlandesgericht Frankfurt am Main							
Jahresvergleich	1990	1991	1992	1993	1994	1995	**1990– 1995**
Anfragen unter 406/Aktenzeichen eingetragen	5	7	6	5	4	9	36
Zs-Beschwerden davon	18	4	6	13	15	9	65
Verwerfungsbescheide	12	2	4	8	12	6	44
Abhilfe durch örtl. Staatsanwaltschaft							
Aufhebungsbescheide	6	2	2	5	3	3	21
RWs-Stellungnahmen Zurückstellung, Widerruf, Therapieanrechnung	2	3	1	3	3	4	16
Summe aller Zurückstellungsangelegenheiten	25	14	13	21	22	22	117

Zurückstellungsangelegenheiten nach den §§ 35 ff BtMG bei der hessischen Zentralstelle für die Bekämpfung der Betäubungsmittelkriminalität (ZfB) bei dem Generalstaatsanwalt bei dem Oberlandesgericht Frankfurt am Main									
Jahresvergleich	1996	1997	1998	1999	2000	2001	2002	2003	2004	**1996– 2004**
Anfragen unter 406/ Aktenzeichen eingetragen	4	5	4	5	3	6	8	10	13	58
Zs-Beschwerden davon	18	15	31	40	56	44	41	40	53	338
Verwerfungsbescheide	10	10	16	20	22	31	19	21	38	187
Abhilfe durch örtl. Staatsanwaltschaft	6	3	10	16	23	12	20	15	12	117
Aufhebungsbescheide	2	2	5	4	11	1	2	4	3	34
RWs-Stellungnahmen Zurückstellung, Widerruf, Therapieanrechnung	4	4	11	11	6	19	12	10	17	84

Zurückstellungsangelegenheiten nach den §§ 35 ff BtMG bei der hessischen Zentralstelle für die Bekämpfung der Betäubungsmittelkriminalität (ZfB) bei dem Generalstaatsanwalt bei dem Oberlandesgericht Frankfurt am Main									
Jahresvergleich	1996	1997	1998	1999	2000	2001	2002	2003	2004	1996–2004
Summe aller Zurückstellungsangelegenheiten	26	24	46	56	65	59	61	60	83	480

363   **3. Begründete Vorschaltbeschwerden wegen Nichtbescheidung oder wegen unzureichend begründeter Versagungsbescheide.** Da Zurückstellungsentscheidungen der Vollstreckungsbehörde **nachvollziehbar und überprüfbar** sein müssen, reichen **floskelhafte Begründungen einer Versagung** wie z. B. „Die Voraussetzungen des § 35 BtMG liegen nicht vor" nicht aus. Vielmehr muss die Begründung nachvollziehbar darlegen, **welche Voraussetzungen fehlten** und **weshalb der Antrag abgelehnt wurde.** Schließlich ist eine Rechtsmittelbelehrung unverzichtbar. Hält die GStA die **Vorschaltbeschwerde für unzulässig oder unbegründet,** so bestätigt sie die ablehnende Entscheidung der Vollstreckungsbehörde, und **verwirft die Vorschaltbeschwerde mit einem begründeten Zs-Bescheid,** der dem Beschwerdeführer mit Rechtsmittelbelehrung und der Vollstreckungsbehörde zugestellt wird (zu den Aufhebungsgründen im Einzelnen vgl. *Körner/Sagebiel* NStZ 1992, 216; *Körner* NStZ 1995, 63; *Körner* NStZ 1998, 227; vgl auch *Körner* in HbBtMR § 18 Rn. 1 ff.). Die GStA kann mit seinem Beschwerdebescheid die ablehnende Begründung der Vollstreckungsbehörde **mit weiteren Argumenten anreichern.**

364   Hat die Vollstreckungsbehörde nach Zustimmung des Gerichtes den Versagungsbescheid **a) nicht, b) lückenhaft, c) unzutreffend** oder **d) fehlerhaft begründet** und ist der **Mangel nicht behebbar,** so wird der Vorschaltbeschwerde entsprochen, der **Versagungsbescheid aufgehoben** und die **Vollstreckungsbehörde verpflichtet,** nach Maßgabe des Beschwerdebescheids den **Antragsteller neu zu bescheiden.**

365   Ist **nur einer der Ablehnungsgründe fehlerhaft** oder ein **Mangel nachträglich behebbar,** so kann die GStA auch die Akten zur nochmaligen Überprüfung an die Vollstreckungsbehörde zurücksenden und eine **Nachbesserung bzw. Ergänzung** des Bescheids **verlangen.**

366   Nicht nur bei fehlerhafter Begründung, sondern auch bei **Nichtbescheidung eines Zurückstellungsantrages** ist die Vorschaltbeschwerde erfolgreich. Erteilt die Vollstreckungsbehörde auf den Zurückstellungsantrag trotz Erinnerung selbst nach zehn Monaten keinen rechtsmittelfähigen Bescheid, sondern übersendet nur Informationsschreiben, so hat das **Zuwarten den Charakter eines ablehnenden Bescheides.** Auf Beschwerde hin **kann der GStA die Vollstreckungsbehörde verpflichten,** zu entscheiden, zumindest einen vorläufigen Zurückstellungsbescheid zu erteilen (*GStA Frankfurt,* Bescheid v. 12. 10. 2004, 6 Zs 49/04). Hat ein Verurteilter am 1. 4. 1994, am 8. 4. 1994, am 11. 4. 1994 und am 18. 4. 1994 einen Zurückstellungsantrag gestellt und wurde immer nur mit Hinweisen vertröstet, wurde ein späterer Antrag im Jahre 1996 nicht beschieden und erhielt der Verurteilte auf einen Zurückstellungsantrag v. 23. 8. 2004 lediglich eine unverbindliche Mitteilung vom 4. 9. 2004 ohne Rechtsmittelbelehrung, die Voraussetzungen des § 35 Abs. 1 BtMG lägen nicht vor, so erfüllt die angefochtene Entscheidung nicht die Mindestvoraussetzung und ist **entweder zur Nachbesserung zurückzuschicken oder aufzuheben** (*GStA Frankfurt,* Bescheid v. 12. 10. 2004, 6 Zs 49/04).

367   **4. Beispiele. a)** Ein Zurückstellungsantrag kann nicht deshalb abgelehnt werden, weil der **Antrag zur Unzeit gestellt** worden sei. Selbst wenn zurzeit Reststrafen-Aussetzungsentscheidungen oder ausländerrechtliche Entscheidungen bevorstehen, wenn Vollstreckungsentscheidungen in anderen Strafsachen abgewartet werden müssen, kann der Verurteilte einen **zumindest vorläufigen Bescheid** auf seinen Zurückstellungsantrag **erwarten,** der ihm mitteilt, dass die abschließende Prüfung zum Zeitpunkt X erfolgt (*GStA Frankfurt*, Bescheid v. 12. 10. 2004, 6 Zs 49/04).

b) Wird die Zurückstellung mit der Begründung abgelehnt „Der Antrag wird **368** abgelehnt, da die Therapieplatz- und Kostenzusage **erst verspätet vorgelegt wurden**", so ist der Bescheid aufzuheben. Denn es sind die **Unterlagen zu berücksichtigen, die zum Entscheidungszeitpunkt vorliegen.**

c) Eine Versagung der Zurückstellung der Strafvollstreckung kann nicht damit **369** begründet werden, die angestrebte **Therapie setze eine Haftentlassung voraus,** der **Antragsteller befinde sich aber in Strafhaft.** Denn § 35 Abs. 1 BtMG gewährt ja gerade Therapie statt Strafhaft (*GStA Frankfurt*, Bescheid v. 14. 3. 2005, 6 Zs 16/05).

d) Eine Versagung kann nicht darauf gestützt werden, auch in der Strafhaft in **370** der JVA könne der Verurteilte Therapie machen. Denn § 35 BtMG **gewährt ja gerade außerhalb des Strafvollzuges Therapie.**

e) Die Begründung, der Verurteilte sei **aufgrund der Strafhaft entzogen 371 und clean** geworden und deshalb nicht mehr behandlungsbedürftig, verkennt, dass die **fortbestehende psychische Abhängigkeit der Behandlung bedarf.**

f) Die Ablehnung der Zurückstellung, der externe Drogenberater weigere sich, **372** den Antragsteller zur Therapieeinrichtung zu begleiten, geht fehl, da die **Begleitung keine Zurückstellungsvoraussetzung** ist, auch wenn sie erwünscht und hilfreich sein mag.

g) Die Begründung „Der Antrag wird zurückgewiesen, da er als **erneuter An- 373 trag unzulässig** ist", ist fehlerhaft, da ein **Zurückstellungsantrag immer wieder und jederzeit gestellt werden kann** und dann beschieden werden muss.

h) Eine Ablehnung mit dem Grund „Ihr Antrag wird abgelehnt, da Sie meine **374 Anfrage vom X nicht beantwortet haben",** hat keinen Bestand. Die Entscheidung ergeht **aufgrund Aktenlage, nicht als Strafe** für Schweigen.

i) Die Begründung „Der Antrag wird zurückgewiesen, da Sie den behandeln- **375** den **Arzt** und die Therapeuten der verlassenen Therapieeinrichtung **nicht von der Schweigepflicht entbunden** haben", ist fehlerhaft, da der Verurteilte hierzu nicht verpflichtet ist (*Nürnberg* NStZ-RR 1999, 175 = StV 1999, 387).

j) Die Begründung „Der Antrag wird zurückgewiesen, **da Sie lediglich der 376 Strafhaft entkommen wollen",** trägt nicht, solange dies eine Unterstellung ist und keine Beweismittel oder Anhaltspunkte dafür vorliegen.

k) Ablehnung der Zurückstellung wegen schlechter Prognose. Die Zu- **377** rückstellung der Strafvollstreckung darf von der StA bzw. dem Vollstreckungsleiter **nicht allein wegen schlechter Prognose** verneint werden. Die Zurückstellung der Strafvollstreckung soll **nicht nur Musterpatienten, sondern auch Risikopatienten** eine Therapiechance eröffnen. Sie setzt **kein besonderes Durchhaltevermögen** und **keine günstige Zukunftsprognose** voraus. Vielmehr soll gerade in Fällen schlechter Prognose, bei denen eine Strafaussetzung zur Bewährung nicht in Betracht kam, drogenabhängigen Verurteilten die Möglichkeit geboten werden, an Stelle eines wenig hilfreichen Strafvollzuges im Wege einer Drogentherapie ihre Suchtprobleme aufzuarbeiten, umso ein zukünftiges straffreies Leben vorzubereiten. Denn der **Weg aus der Drogensucht** ist regelmäßig **mit mehreren gescheiterten Therapieversuchen sowie strafrechtlichen Rückfällen und/oder mit Fehlverhalten im Strafvollzug verbunden.** Ist der Verurteilte ernstaft bereit und willig, sich einem Therapieprogramm und einer Hausordnung zu unterwerfen, das von der externen Drogenberatung in der JVA und von den Therapeuten für den Klienten als Erfolg versprechend angesehen und ausreichend begleitet wird, so ist bei Vorliegen der übrigen Voraussetzungen des

§ 35 BtMG die Strafvollstreckung zurückzustellen, **notfalls unter strengen Auflagen**.

378   **l) Ablehnung der Zurückstellung wegen Deliktsschwere.** Die Begründung, der Verurteilte **verdiene angesichts der im Urteil beschriebenen Tat keine Therapie,** sondern müsse für die furchtbare Tat mit Strafhaft büßen, verkennt, dass **auch bei Schwere der Schuld eine Zurückstellung** der Strafvollstreckung zulässig und Erfolg versprechend sein kann. Wurde ein Antragsteller wegen gemeinschaftlich begangenen schweren Raubes in Tateinheit mit gefährlicher Körperverletzung und Bedrohung verurteilt, so zwingt die Brutalität der Tatausführung zu einer besonders gründlichen Prüfung des Zurückstellungsantrages. Das **BtMG erlaubt aber nicht, wegen besonderer Tatschwere oder einer bestimmten Deliktsart auf die Zurückstellung der Strafvollstreckung zu verzichten,** wenn die Tat auf einer Betäubungsmittelabhängigkeit beruhte. Gerade aber wenn eine Brutalität mit einer Drogensucht in Verbindung steht, ist eine Bewältigung dieser Defizite dringend geboten. Ein **Therapiebeginn** ist deshalb **erst dann gewährleistet,** wenn ein Therapieplatz zur Verfügung steht, bei dem die Einrichtung, das Programm und das Personal **den Lebensproblemen und der besonderen Gefährlichkeit gerecht** werden können.

379   **m) Ablehnung der Zurückstellung wegen fehlenden Therapiewillens.** Die Ablehnung der Zurückstellung der Strafvollstreckung zugunsten einer ambulanten Substitutionstherapie mit psychosozialer Begleitung durch die StA ist aufzuheben, wenn trotz Vorliegens der Voraussetzungen des § 35 BtMG die Versagung mit vorausgegangenen gescheiterten Codein-Substitution und einer Serie von Straftaten begründet wurde. Hat der polytoxikomane Verurteilte nach einer fragwürdigen, unkontrollierten Codein-Substitution und nach einer unheilvollen Serie von Straftaten nicht nur seine Bereitschaft erklärt, an einer strukturierten ambulanten Polamidon-Substitution eines Arztes und an einer psychosozialen Begleitbetreuung teilzunehmen, als Vater Verantwortung für Frau und zwei Kinder zu übernehmen und das Abitur bei einem Bildungszentrum für Drogenabhängige nachzumachen, sondern seine Entlassungssituation im Einzelnen vorbereitet, so kann weder sein Therapiewille noch die Eignung dieser Therapie, eine unheilvolle Serie von Beschaffungsdelikten zum Abbruch zu bringen, in Frage gestellt werden, zumal die Möglichkeit besteht, die Zurückstellung der Strafvollstreckung von der Einhaltung der Bedingungen des § 5 Abs. 1 bis Abs. 9 BtMVV abhängig zu machen (*GStA Frankfurt,* Bescheid v. 15. 12. 1998, Zs 1948/98).

380   **n) Sich widersprechende Bescheide derselben StA.** Natürlich kann eine StA bei **zwei unterschiedlichen Strafsachen** eines Verurteilten, in denen Zurückstellung der Strafvollstreckung beantragt wurde, **zu unterschiedlichen Ergebnissen kommen.** Ein staatsanwaltschaftlicher Versagungsbescheid ist aber aufzuheben, wenn bei ein und derselben Vollstreckungsbehörde **zwei Staatsanwälte bei demselben Verurteilten zwiespältig argumentieren,** wenn in einem Zurückstellungsverfahren der eine Staatsanwalt bei dem Verurteilten eine ausreichende Therapiebereitschaft anerkennt und ein ambulantes Substitutionsprogramm als erfolgversprechend ansieht, in einem zweiten Zurückstellungsverfahren der andere Staatsanwalt aber zu dem entgegengesetzten Ergebnis kommt. Hier ist im Zweifel einheitlich zugunsten des Verurteilten zu entscheiden. Eine Versagung der Zurückstellung hat keinen Bestand, wenn **eine hessische StA** ohne überzeugende Begründung den Therapiewillen eines Verurteilten bestreitet und eine Fortsetzung der Strafvollstreckung verlangt, obwohl **eine andere hessische StA** denselben Verurteilten für therapiewillig und behandlungsbedürftig einschätzt. Hier hätte **eine Abstimmung erfolgen müssen** (*GStA Frankfurt,* Bescheid v. 17. 5. 2001, 6 Zs 60028/01).

381   **o) Ablehnung der Zurückstellung wegen Verweigerung der gerichtlichen Zustimmung.** In vielen Fällen hat in der Vergangenheit verweigerte der Vollstreckungsbehörde die Zurückstellung der Strafvollstreckung zugunsten einer Therapie lediglich, weil das Gericht des 1. Rechtszuges der Zurückstellung nicht zuge-

stimmt hatte und die Verweigerung der Zustimmung nicht anfechtbar war. Seitdem die Stellungnahme des Gerichtes mit dem Versagungsbescheid der StA überprüfbar wurde (§ 35 Abs. 2 BtMG), **müssen die ablehnenden Stellungnahmen des Gerichts** und die **Versagungsbescheide fundiert begründet** werden. Diese Gesetzesänderung hat sich bewährt. Ist die gerichtliche Stellungnahme fundiert, ist die Beschwerde unbegründet.

Wird von dem Verurteilten gegen die Versagung der Zurückstellung Beschwer- **382** de eingelegt, so sind folgende Fälle denkbar: Das zur Stellungnahme aufgeforderte **Gericht** hat a) **keine,** b) **keine endgültige,** c) **eine lückenhafte,** d) **eine fehlerhafte Stellungnahme** (wie z.B. „Nach Kammerberatung wird die Zustimmung nicht erteilt", „Die Zustimmung wird verweigert, weil der Verurteilte die ihm bei der ersten Zurückstellung gewährte Therapiechance nicht genutzt hat", „Es fehlt an einer Therapie, in der die freie Gestaltung der Lebensführung erheblichen Beschränkungen unterliegt") abgegeben und die Vollstreckungsbehörde hat hierauf den Versagungsbescheid gestützt, statt mit einer **Gegenvorstellung** auf formelle Mängel hinzuweisen oder mit einer **Beschwerde** nach § 304 StPO rechtliche Mängel zu rügen, so wird auf Beschwerde hin der Bescheid der StA aufgehoben. Auch hier ergeht ein Zs-Bescheid. Hat das erstinstanzliche Gericht die Zustimmung zur Zurückstellung der Strafvollstreckung verweigert, aber **wegen Zweifel von der StA einen Gerichtshilfebericht erbeten,** so ist eine Versagung der Zurückstellung, die mit der verweigerten gerichtlichen Zustimmung begründet ist, aufzuheben, da die StA **von** ihrem **Ermessen unzureichend Gebrauch gemacht** hat und auf den Gerichtshilfebericht verzichtet hat (*GStA Frankfurt*, Bescheid v. 9. 6. 2004, 6 Zs 28/04).

Die GStA hat bei der StA **auf die Einlegung der Beschwerde hinzuwirken 383** oder die Beschwerde selbst einzulegen (§ 145 Abs. 1 GVG). Wurde vom LG die Beschwerde der StA gegen eine unbegründete Verweigerung der Zustimmung zur Zurückstellung der Strafvollstreckung zugunsten einer ambulanten Substitutionstherapie durch das AG zurückgewiesen, so ist die StA an diese Entscheidung gebunden und muss die Zurückstellung der Strafvollstreckung ablehnen. Sollte auch das gem § 35 Abs. 2 S. 1 BtMG, § 304 StPO, §§ 73 Abs. 1, 121 Abs. 1 Nr. 2 GVG zuständige Beschwerdegericht die Zustimmung endgültig verweigern, so muss die Zurückstellung der Strafvollstreckung abgelehnt werden. Auch die GStA kann im Rahmen ihrer Entscheidung über die Vorschaltbeschwerde diese gerichtliche Stellungnahme nicht überprüfen. Erst auf den Antrag auf gerichtliche Entscheidung hin kann der Strafsenat des OLG die fehlerhaften gerichtlichen Stellungnahmen aufheben und seine Zustimmung zur Zurückstellung der Strafvollstreckung erklären (*Celle* NStZ 1996, 304 m. krit. Anm. *Katholnigg* NStZ 1996, 615).

5. Unbegründete Vorschaltbeschwerden. Vermag die Vorschaltbeschwerde **384** keine Fehler der angegriffenen Entscheidung aufzuzeigen, so bestätigt die StA bei dem OLG die ablehnende Entscheidung der Vollstreckungsbehörde und verwirft die Vorschaltbeschwerde mit einem Zs-Bescheid. Der Verurteilte hat die Möglichkeit, gem §§ 23, 26 EGGVG innerhalb eines Monats **Antrag auf gerichtliche Entscheidung** beim Strafsenat des OLG zu stellen, zu dem die StA **Stellung** nimmt. Der Zs-Bescheid ist deshalb mit einer **Rechtsmittelbelehrung** zu versehen. Werden die Entscheidungen der GStA rechtskräftig, so sind sie **für die StA oder den Jugendrichter als Vollstreckungsleiter bindend.** Es ist eine Besonderheit dieses Vorschaltverfahrens, dass hier die GStA **auch für die Aufhebung von richterlichen Entscheidungen zuständig** ist. Denn auch der Jugendrichter als Vollstreckungsleiter ist insoweit gegenüber dem GStA weisungsgebunden (vgl. *München* NStZ 1993, 455 = StV 1993, 432).

6. Rechtsmittel gegen die Bescheide der GStA. Gegen den Zs-Bescheid **385** des GStA kann der Verurteilte innerhalb eines Monats gem. den §§ 23, 26 EGGVG **Antrag auf gerichtliche Entscheidung** beim Strafsenat des OLG stellen. Reicht der Antragsteller **bislang fehlende Unterlagen** wie **Therapieplatzzusage** oder **Kostenzusage nach,** so **kann der GStA unter Aufhebung seines**

eigenen Bescheids und des Bescheids der Vollstreckungsbehörde die Akten der Vollstreckungsbehörde zur raschen **Neubescheidung** übersenden.

IV. Entscheidung des OLG über Anträge auf gerichtliche Entscheidung nach den §§ 23 ff. EGGVG

386   **1. Zuständigkeit des OLG.** Der Verurteilte kann Antrag auf gerichtliche Entscheidung gem. den §§ 23, 26 EGGVG beim Strafsenat des OLG stellen. Der Antragsteller kann sich nicht an ein beliebiges OLG wegen einer ihm genehmen Rspr., sondern muss sich an das **örtlich zuständige OLG** wenden. Für die gerichtliche Entscheidung ist gem. § 25 Abs. 1 S. 2 EGGVG das OLG zuständig, in dessen Bereich die GStA als Beschwerdebehörde sitzt. Zuständig ist der **Strafsenat für Vollzugsangelegenheiten.**

387   **2. Statthaftigkeit der Anträge.** Da die Verweigerung der gerichtlichen Zustimmung nicht von dem Verurteilten isoliert angefochten werden kann, sondern gem. § 35 Abs. 2 BtMG nur von der Vollstreckungsbehörde mit einer Beschwerde nach § 304 StPO angefochten werden kann, ist eine direkte Anrufung des Strafsenates mit einem Antrag auf gerichtliche Entscheidung des Verurteilten beim Strafsenat des OLG unstatthaft (*Berlin*, Beschl. v. 27. 11. 2001, 1 AR 1449/01 – 5 Ws 736/01; *Frankfurt*, Beschl. v. 29. 4. 2004, 3 VAs 16/04).

388   Hat der Strafsenat einen Antrag auf gerichtliche Entscheidung als unbegründet verworfen und lässt er eine Rechtsbeschwerde zum *BGH* nach § 29 Abs. 1 EGGVG nicht zu, so entfaltet diese endgültige und unanfechtbare Entscheidung formelle und materielle Rechtskraft, die einer erneuten gerichtlichen Überprüfung der Justizverwaltungsakte entgegensteht. Ein neuerlicher Antrag auf gerichtliche Entscheidung ist wegen der materiellen Rechtskraftwirkung und der daraus resultierenden Selbstbindung unstatthaft (*Frankfurt*, Beschl. v. 5. 7. 2002, 3 VAs 17 – 18/02).

389   **3. Zulässigkeit der Anträge auf gerichtliche Entscheidung. a) Einhaltung der Frist.** Innerhalb der Monatsfrist, die mit der förmlichen Zustellung des Vorschaltbeschwerdebescheides der GStA in Lauf gesetzt wird (§ 26 Abs. 1 EGGVG), muss der Antrag auf gerichtliche Entscheidung nach § 23 EGGVG nicht nur gestellt werden, sondern auch begründet werden (*Celle* StraFo 2000, 279). Die Ankündigung einer Antragsbegründung reicht nicht aus. Versäumt der Antragsteller **die Monatsfrist** und trägt bei seinem Wiedereinsetzungsgesuch keine Tatsachen vor, die geeignet sein könnten, die Fristversäumnis zu entschuldigen, so wird der Antrag auf gerichtliche Entscheidung als unzulässig verworfen (*Frankfurt*, Beschl. v. 22. 3. 2005, 3 VAs 15/05).

390   Das Verschulden eines verfahrensbevollmächtigten Rechtsanwalts an der **Fristversäumung** ist dem Antragsteller im Verfahren nach §§ 23 ff. EGGVG auch dann zuzurechnen, wenn der Antrag auf gerichtliche Entscheidung einen Justizverwaltungsakt in einer Strafvollstreckungssache betrifft (*Hamburg* NJW 1968, 854; *Stuttgart* NStZ 1988, 430; *Hamburg* NStZ-RR 2004, 185; a.A. *Hamm* NStZ 1982, 483).

391   **b) Erfordernis der Schriftlichkeit.** Die Antragsschrift muss dem **Erfordernis der Schriftlichkeit** entsprechen. Es muss sich aus dem Inhalt des Schriftstücks mit **hinreichender Deutlichkeit** ergeben, dass die Antragsschrift mit Wissen und Wollen des Unterzeichners gefertigt und der zuständigen Behörde zugeleitet wurde (vgl. *BGH* MDR 2004, 349). Ein **Computerfax mit der Kennung Karl Mustermann** und dem Datum 1. 1. 1996 **ohne Unterschrift** entspricht noch dem Erfordernis der Schriftlichkeit, wenn der **Name des Antragstellers an anderer Stelle benannt,** Aktenzeichen und persönliche Umstände des Einzelfalles angegeben sind, die regelmäßig allein dem Betroffenen bekannt sind (*BVerfG* NJW 2002, 3534; *Frankfurt*, Beschl. v. 26. 7. 2004, 3 VAs 27/04).

392   **c) Entscheidungsreife.** Ein Antrag eines Verurteilten auf gerichtliche Entscheidung beim OLG gegen die Ablehnung der Zurückstellung gem. § 23

Zurückstellung der Strafvollstreckung

§ 35

EGGVG setzt gem. § 24 Abs. 2 EGGVG ein Vorschaltverfahren nach § 21 StVollstrO voraus (s. dazu im Einzelnen Rn. 343 ff.). Er ist deshalb ohne Vorschaltbeschwerde **nicht unzulässig, sondern noch nicht entscheidungsreif.** Das Verfahren ist auszusetzen, das Rechtsmittel als zulässige Vorschaltbeschwerde auszulegen und dem GStA zur Entscheidung zuzuleiten (*Oldenburg* NStZ 1991, 512 = MDR 1991, 1188; *Oldenburg* StV 2000, 325).

d) Ausreichende Antragsbegründung. Der Antrag auf gerichtliche Ent- **393** scheidung setzt nicht nur nach § 24 Abs. 2 EGGVG ein vorausgegangenes Vorschaltverfahren voraus, sondern ist gem. § 24 Abs. 1 EGGVG nur zulässig, wenn der Antrag eine **Rechtsverletzung im Bescheid des GStA** behauptet, die ihn beeinträchtigt (§ 24 Abs. 1 EGGVG). Ist der Antrag nicht begründet worden, so dass nicht erkennbar ist, wogegen sich der Verurteilte wendet, so ist der Antrag **unzulässig** (*Frankfurt*, Beschl. v. 13. 3. 2002, 3 VAs 2/02). Er muss **Tatsachen** anführen, die, wenn sie zuträfen, **die Rechtsverletzung ergeben.** Zur Begründung gehört **eine aus sich selbst heraus verständliche Sachdarstellung,** aus der Art und Datum der angefochtenen Entscheidung und der **Grund ersichtlich** ist, aus dem sich der drogenabhängige Antragsteller gegen sie wendet. Erfüllt die Antragsschrift diese Voraussetzungen nicht, so ist der Antrag auf gerichtliche Entscheidung als unzulässig zu verwerfen (*Hamm* MDR 1983, 602; *Frankfurt*, Beschl. v. 22. 3. 2005, 3 VAs 15/05). Das Warten auf ein ärztliches Attest rechtfertigt nicht die Nichteinhaltung der Monatsfrist und begründet nicht eine Wiedereinsetzung in den vorigen Stand wegen Versäumens der Antragsfrist (*Frankfurt*, Beschl. v. 24. 9. 1996, 3 VAs 24/96).

Allein die **Beschimpfung von Justizbehörden** oder das Erheben von **Vor- 394 würfen gegen Justizbedienstete** oder der Vortrag, er **wisse selbst am besten,** dass er drogenabhängig, behandlungsbedürftig und therapiebereit sei und wisse selbst am besten, was ihm gut täte, **reicht für eine zulässige Antragsbegründung nicht aus** (*Frankfurt*, Beschl. v. 28. 4. 2003, 3 VAs 12/03; *Frankfurt*, Beschl. v. 26. 7. 2003, 3 VAs 27/04). Allein die **mitleiderregende Darstellung** seines Lebenslaufes bzw. seiner Suchtkarriere stellt noch keine zulässige Antragsschrift dar (*Frankfurt*, Beschl. v. 19. 7. 2002, 3 VAs 20/02).

4. Stellungnahmen der GStA zu den Anträgen auf gerichtliche Ent- 395 scheidung. Regelmäßig wird die GStA zu einer beim OLG oder der GStA eingegangenen Antragsschrift ausführlich Stellung nehmen und den angegriffenen Vorschaltbeschwerdebescheid (Zs) erläutern und verteidigen. Haben sich aber seit der Zs-Entscheidung maßgeblich Therapiebedingungen verändert, wie z.B. Therapieplatzzusage, Kostenzusage, Eingang eines neuen Gutachtens oder Urteils, so kann die GStA auf die Antragsschrift hin den eigenen Zs-Bescheid und den Versagungsbescheid der Vollstreckungsbehörden aufheben und eine erneute Bescheidung des Antragstellers anordnen (*GStA Frankfurt*, Bescheid v. 16. 6. 2004, 6 RWs 7/04).

5. Gewährung von Prozesskostenhilfe. Prozesskostenhilfe kann beigeordne- **396** ten Rechtsanwälten gem. § 29 Abs. 4 EGGVG i. V. m. § 114 ZPO gewährt werden (*Frankfurt*, Beschl. v. 2. 6. 2003, 3 VAs 10/03). Die Beiordnung eines Rechtsanwalts kommt auch im Wege der Prozesskostenhilfe nur in Betracht, wenn der Antrag auf gerichtliche Entscheidung Aussicht auf Erfolg hat i. S. d. §§ 29 Abs. 4 EGGVG, 114 ZPO (vgl. *Berlin*, Beschl. v. 27. 1. 1999, 4 VAs 28/98 [zitiert nach Juris]).

6. Begründetheit der Anträge auf gerichtliche Entscheidung wegen 397 Versagung der Zurückstellung durch Strafvollstreckung. a) Begrenzte Nachprüfungsmöglichkeit der Ermessensentscheidung. Das OLG hat nach § 28 Abs. 3 EGGVG **nur eine beschränkte Nachprüfungsmöglichkeit der Ermessensentscheidungen** der Vollstreckungsbehörde und der GStA. Das Gericht hat nicht zu prüfen, ob auch eine andere Entscheidung in Betracht gekommen oder vertretbar gewesen wäre, sondern vertretbare Ermessensentscheidungen hinzunehmen (BGHSt. 30, 320, 327; *Berlin* StV 1988, 213; *Frankfurt* NStZ-RR 1998, 314; *Karlsruhe* StV 1998, 672; *Hamm* NStZ 1999, 591; *Stuttgart* NStZ 1999, 627; *Karlsruhe* StV 2000, 631).

398   Das Rechtsmittel ist nur aussichtsreich und begründet, wenn die Vollstreckungsbehörde und der GStA bei ihren Entscheidungen von einem unzutreffenden oder unzureichend ermittelten Sachverhalt ausgegangen sind, wenn Begriffe oder **gesetzliche Bestimmungen falsch angewendet** wurden, bei **Ermessensüberschreitungen** oder **Ermessensmissbrauch.** Die Vollstreckungsbehörde muss die maßgebenden Tatsachen und Erwägungen im Ablehnungsbescheid mitteilen, um dem Senat die nach § 28 Abs. 3 EG GVG gebotene Überprüfung zu ermöglichen. Denn auch bei unzureichender, lückenhafter Begründung muss der Bescheid aufgehoben werden (*Karlsruhe* StV 2002, 263; *Frankfurt* StV 2003, 630; *Oldenburg* StV 2004, 385; *Karlsruhe* NStZ-RR 2005, 57). Enthält der Bescheid keine diese Prüfung ermöglichende Begründung, so muss er aufgehoben werden.

399   **b) Sach- und Rechtslage im Zeitpunkt der Senatsentscheidung.** Strebt der Antragsteller nicht nur die Aufhebung der angefochtenen Bescheide, sondern letztlich eine Zustimmung und eine Zurückstellungsentscheidung an, so ist für die Prüfung der Rechtmäßigkeit der abgelehnten Maßnahme allerdings **die Sach- und Rechtslage im Zeitpunkt der Senatsentscheidung maßgebend** (*Karlsruhe* StV 2000, 632). Die Regelung des Gesetzgebers, das OLG nach § 35 Abs. 2 S. 3 BtMG zu ermächtigen, im Rahmen des Verfahrens nach den §§ 23 ff. EGGVG selbst die Zustimmung zu erteilen, zeigt, dass das OLG positive Veränderungen im Beschlusszeitpunkt berücksichtigen muss (*Frankfurt*, Beschl. v. 27. 12. 2000, 3 VAs 57/00). So sind vom OLG auch die erst nach den Entscheidungen der Vollstreckungsbehörde eingereichten Bescheinigungen (spätes Attest über Betäubungsmittelabhängigkeit, späte Therapieplatzzusage, späte Kostenzusage) zu berücksichtigen. Im Ergebnis erweist sich der von der Vollstreckungsbehörde ermittelte Sachverhalt als unzutreffend bzw. lückenhaft und die Ermessensausübung nachträglich als fehlerhaft (*Karlsruhe* NStZ-RR 2003, 311; *Koblenz* NStZ 2009, 395).

400   **c) Unbegründete Bescheide der Vollstreckungsbehörden.** Es ist fehlerhaft, wenn die **für die Ablehnung maßgebenden Tatsachen,** psychologische oder medizinische Erwägungen **nicht** im Ablehnungsbescheid **mitgeteilt werden,** um eine Überprüfung nach § 28 Abs. 3 EGGVG zu ermöglichen. Erwägungen, die an das **Ausmaß der Tatschuld** anknüpfen, sind als Kriterien der Strafzumessung bei der Entscheidung nach § 35 BtMG ebenso wenig zu berücksichtigen wie gewisse **Zweifel an der Therapiebereitschaft** und an der Therapiefähigkeit. Soll die Ablehnung der Zurückstellung der Strafvollstreckung mit ungünstigen Therapieaussichten begründet werden, sind die **besonderen Tatsachen mitzuteilen,** die die Therapieaussichten aus psychologischen und/oder medizinischen Gründen als ungünstig erscheinen lassen (*Karlsruhe* StV 1983, 112).

401   Hat die StA und ihr folgend die GStA die Ablehnung der Zurückstellung der Strafvollstreckung damit begründet, ausweislich der Gründe des amtsgerichtlichen Urteils fehle es an einer Betäubungsmittelabhängigkeit bzw. habe lediglich eine erhebliche Alkoholbeeinflussung des Angeklagten kausal zu seiner Straffälligkeit geführt und ist aufgrund Vorliegens ärztlicher Atteste bzw. Befundberichte zweifelsfrei erwiesen, dass der Antragsteller zur Tatzeit nicht nur alkohol-, sondern auch betäubungsmittelabhängig war und diese Polytoxikomanie die Straftaten bedingte, so sind die StAen bei ihren Entscheidungen **von einer unvollständigen und deshalb fehlerhaften Ermessensgrundlage ausgegangen** und die Entscheidungen sind daher aufzuheben (*Stuttgart* StV 1998, 671; *Stuttgart* NStZ 1999, 626; *Dresden* StV 2006, 585).

402   Bei unzureichender, lückenhafter Begründung ist der **Bescheid der StA und der GStA aufzuheben** (§ 28 Abs. 1 S. 1 EGGVG) ebenso eine fehlerhafte Stellungnahme des erstinstanzlichen Gerichtes und die StA zu verpflichten, den Antragsteller unter Beachtung der Rechtsauffassung des Senates neu zu bescheiden.

Der Senat kann in der Regel **nicht die Verpflichtung der StA zur Zurückstellung aussprechen,** da er nicht sein Ermessen an die Stelle des Ermessens der Vollstreckungsbehörde setzen kann und bei neuer Prüfung eine erneute Versagung der Zurückstellung (z. B. **bei Entfallen eines Therapieplatzes, einer Kostenzusage, bei zusätzlichen Strafverfahren**) nicht ausgeschlossen ist (*Berlin* StV 1983, 291; *Oldenburg* NStZ 1994, 347; *Saarbrücken* NStZ-RR 1996, 50; *Saarbrücken* NStZ-RR 1996, 246; *Oldenburg* StV 2004, 385).

Haben die Vollstreckungsbehörden (GStA und StA) bei einem drogenabhängi- **403** gen Verurteilten, der sich wiederholt der Anstaltsordnung der JVA nicht unterwarf und innerhalb von 7 Monaten insgesamt sechsmal Drogenbestimmungstests verweigerte, wegen mangelnder Therapiebereitschaft die Zurückstellung der Strafvollstreckung verweigert, so haben sie **trotz zutreffend ermittelten Sachverhalts von ihrem Ermessensspielraum** nach Auffassung des OLG *Frankfurt* **fehlerhaft Gebrauch gemacht.** Der Verurteilte habe ungeachtet der gegen ihn verhängten Disziplinarmaßnahmen sich **zwar mehrfach geweigert, ihm abverlangte Urinproben abzugeben,** da er der Auffassung gewesen sei, die JVA sei dazu nicht berechtigt. Daraus könne jedoch **nicht der Schluss** gezogen werden, **er sei generell nicht bereit, sich an Regeln und Weisungen in einer Therapie zu halten.** Gegen den ihm abgesprochenen Therapiewillen spreche, dass er sich um Therapieplatz- und Kostenzusage bemüht habe. Danach waren die Bescheide der StA und der GStA aufzuheben und die Vollstreckungsbehörde zu verpflichten, den Antragsteller unter Beachtung der Rechtsauffassung des Senats neu zu bescheiden (*Frankfurt* NStZ-RR 2003, 246 = StV 2003, 630).

Haben die Vollstreckungsbehörden (StA und GStA), die die Ablehnung einer **404** Zurückstellung der Strafvollstreckung mit einer unzureichenden Therapiebereitschaft in der Vergangenheit begründet, aber **auf die aktuellen Erkenntnisse** der JVA, ihres Fachdienstes und eines externen Therapeuten zur Entwicklung der drogenabhängigen Verurteilten im Strafvollzug **nicht zurückgegriffen,** zumindest in ihren angefochtenen Entscheidungen nicht verwertet, so haben sie ihre **Ermessensentscheidung nicht auf eine ausreichende Tatsachengrundlage gestützt und damit ermessensfehlerhaft gehandelt.** Der Strafsenat konnte bei Rückfragen feststellen, dass die Verurteilte im Vollzug abstinent lebte nach den vorläufigen Urintestergebnissen, dass sie regelmäßige Therapiegespräche mit der Drogenberatung und einem externen Therapeuten führte und sich nunmehr dauerhaft einer Hausordnung und einem Behandlungsprogramm unterwerfen will (*Frankfurt*, Beschl. v. 14. 11. 2003, 3 VAs 51/03).

Wird in einem Strafurteil das Bestehen verminderter Schuldfähigkeit aufgrund **405** des Entzugsdrucks nach **langjährigem Drogenabusus angenommen** und eine Raubtat mit einer Enthemmung aufgrund Alkoholgenusses und mit dem **Entzugsdruck von Betäubungsmitteln** erklärt, so kann eine **Mitursächlichkeit einer Betäubungsmittelabhängigkeit nicht verneint werden** und eine Ablehnung einer Änderung der Vollstreckungsreihenfolge nicht mit einer fehlenden Betäubungsmittelabhängigkeit und einem nicht aussichtsreichen Zurückstellungsantrag begründet werden (*Frankfurt*, Beschl. v. 27. 8. 2004, 3 VAs 31/04).

d) Mitüberprüfung der Versagung der richterlichen Zustimmung. Im **406** Rahmen der rechtlichen Überprüfung des Versagungsbescheides der Vollstreckungsbehörde ist gem. § 35 Abs. 2 S. 3 BtMG eine **Mitüberprüfung der Versagung der richterlichen Zustimmung** auf Ermessensfehlgebrauch erforderlich. Hat auf die Beschwerde der StA nach § 304 StPO das LG die Ablehnung der Zustimmung durch das AG bestätigt, so ist das OLG nicht an die landgerichtliche Entscheidung gebunden, sondern kann auch über die Beschwerdeentscheidung des LG mitbefinden. Der Strafsenat kann die Bescheide der StA, des GStA und des Beschwerdegerichts aufheben und die Zustimmung selbst erteilen (§ 35 Abs. 2 S. 3 BtMG; vgl. *Dresden* StV 2006, 585).

Wurde eine drogenabhängige Verurteilte wegen eines Sexualkontaktes mit ei- **407** nem Mitpatienten in einer Therapieeinrichtung von dort disziplinarisch entlassen und begehrt im Rahmen eines Zurückstellungsgesuchs die Aufnahme in eine Therapieeinrichtung für Frauen, so kann die Zustimmung zur Zurückstellung der Strafvollstreckung vom Gericht nicht mit der Begründung verweigert werden, aus dem Disziplinarvorgang ergebe sich ein fehlender Therapiewille. Vielmehr ergibt sich das Gegenteil, weshalb die Zustimmung zu erteilen war (*Frankfurt*, Beschl. v. 27. 12. 2000, 3 VAs 57/00).

408   Haben das Gericht des ersten Rechtszuges und das von der Vollstreckungsbehörde angerufene Beschwerdegericht die Zustimmung zu einer Zurückstellung der Strafvollstreckung verweigert, weil eine Verurteilte im Rahmen einer ambulanten psychosozial begleiteten Substitutionstherapie positive Laborwerte für Cannabis aufwies, so sind die rechtsfehlerhaft verweigerten gerichtlichen Zustimmungserklärungen und der Versagungsbescheid der Vollstreckungsbehörde aufzuheben und die Zustimmung zu erteilen, weil **auch Risikopatienten Anspruch auf Therapie haben** (*Hamburg* StV 2003, 290). Hat die Strafkammer als Gericht des ersten Rechtszuges die Zustimmung zur Zurückstellung der Strafvollstreckung mit der Begr verweigert, es bestehe wegen einer weiteren zu vollstreckenden Freiheitsstrafe ein Zurückstellungshindernis, das dortige Gericht des ersten Rechtszuges habe zu Unrecht der dortigen Zurückstellung zugestimmt, so ist vom OLG dieser Beschluss des Landgerichts aufzuheben und durch eine Zustimmung zu ersetzen. Denn das zur Stellungnahme aufgeforderte **Gericht hatte nur die Kompetenz, sich zur eigenen Strafsache zu äußern** (*Brandenburg* NStZ-RR 2003, 376).

409   Hat die Vollstreckungsbehörde eine Zurückstellung der Strafvollstreckung mit der Begründung verweigert, das Gericht des ersten Rechtszuges habe die Zustimmung verweigert, weil es nach zweimaligem Therapieabbruch und anschließendem Untertauchen derzeit Zweifel habe an Therapiebereitschaft und Therapiewillen, so sind **vom OLG alle Bescheide aufzuheben und durch eine Zustimmung zu ersetzen,** wenn der Antragsteller nachweisen kann, dass er sich ernsthaft um einen besonderen Therapieplatz bemüht, Kontakt zur Vollstreckungsbehörde gehalten und den Therapiebeginn intensiv vorbereitet hat. Denn selbst mehrfache Therapieabbrüche vermögen nicht zwangsläufig eine Therapiebereitschaft in Zweifel zu ziehen (*Karlsruhe* NStZ 1999, 253; *Karlsruhe* StV 2002, 263; *Koblenz* StV 2003, 228). **Ergeben sich zwar aus den Urteilsgründen keine Betäubungsmittelabhängigkeit und keine Kausalität** zur Tatzeit, weil die Angeklagte angegeben hatte, „clean" gewesen zu sein, steht aber wegen der langen Drogenkarriere, einer Kodeinbehandlung aus der Art von Beschaffungskriminalität und **aus zeitnahen Parallelverfahren eine Betäubungsmittelabhängigkeit und Kausalität anderweitig fest,** so sind die Versagung der Zurückstellung der Strafvollstreckung und die Zustimmungsverweigerung des Gerichts des ersten Rechtszuges aufzuheben (*Oldenburg* StV 2001, 467) und die **Zustimmung zur Zurückstellung zu erklären.** Sind die übrigen **Voraussetzungen zur Zurückstellung** der Strafvollstreckung erkennbar **unzweifelhaft,** so kann der **Strafsenat** sogar ausnahmsweise die **Zurückstellung der Strafvollstreckung selbst vornehmen** (*Dresden* StV 2006, 585).

410   **7. Begründetheit der Anträge auf gerichtliche Entscheidung wegen Nichtänderung der Vollstreckungsreihenfolge zugunsten einer geplanten Zurückstellung der Strafvollstreckung. a) Begrenzte Nachprüfungsmöglichkeit.** Nach § 43 Abs. 4 StVollstrO kann die Vollstreckungsbehörde aus wichtigem Grund eine von Abs. 2 und Abs. 3 abweichende Reihenfolge der Vollstreckung bestimmen. Begehrt ein Verurteilter in Abweichung von § 43 Abs. 2 Nr. 2 StVollstrO den Vorwegvollzug einer noch nicht nach § 35 BtMG zurückstellungsfähigen Strafe, so hat er, wenn die Vollstreckungsbehörde einen wichtigen Grund i. S. d. § 43 Abs. 4 StVollstrO bejaht, einen Anspruch auf ermessensfehlerfreie Überprüfung seines Begehrens (*Hamm* NStZ 1993, 302; *Karlsruhe* StV 2003, 287). Hat der GStA auf Vorschaltbeschwerde eines Verurteilten gegen eine Ablehnung einer Änderung der Vollstreckungsreihenfolge mangels wichtigem Grund die negative Entscheidung der Vollstreckungsbehörde bestätigt und hat der Verurteilte ge-

gen die Entscheidung des GStA Antrag auf gerichtliche Entscheidung eingelegt, so hat dies zur Folge, dass der Senat auch die vorläufige Einschätzung der Vollstreckungsbehörde im Rahmen des § 43 StVollstrO nur darauf zu überprüfen hat, ob sie dabei die gesetzlichen Grenzen des Ermessens beachtet hat. Ermessensfehlerhaft ist eine Entscheidung dann, wenn die Vollstreckungsbehörde in ihrem Handeln von unzutreffenden, in Wahrheit nicht gegebenen, unvollständigen oder falsch gedeuteten tatsächlichen oder rechtlichen Voraussetzungen ausgegangen ist, Gesichtspunkte tatsächlicher oder rechtlicher Art berücksichtigt hat, die nach Sinn und Zweck des zu vollziehenden Gesetzes oder aufgrund anderer Rechtsvorschriften dabei keine Rolle spielen können oder dürfen, oder wesentliche Gesichtspunkte außer Acht gelassen hat, die zu berücksichtigen gewesen wären (*Karlsruhe* NStZ-RR 1998, 314; *Karlsruhe* StV 2003, 287).

b) Ermessensfehler der Vollstreckungsbehörden. Hinsichtlich der Annah- **411** me eines wichtigen Grundes hingegen steht der Vollstreckungsbehörde ein Beurteilungsspielraum zu. Ein solch wichtiger Grund kann vorliegen, wenn durch eine Änderung der Vollstreckungsreihenfolge die Möglichkeit, einen therapiebereiten Verurteilten rasch in eine Therapieeinrichtung zu bringen, geschaffen wird. Dies ist dann der Fall, wenn ein Antrag auf Zurückstellung der Strafvollstreckung nach § 35 Abs. 1 BtMG bei vorläufiger Bewertung erfolgreich wäre. Es stellt einen Ermessensfehler dar, die Zurückstellung der Vollstreckung allein deshalb zu versagen, weil aus mehreren Freiheitsstrafen insgesamt noch Freiheitsstrafe von mehr als zwei Jahren zu vollstrecken ist. Seit der Entscheidung des *BGH* v. 11. 12. 1984 (BGHSt. 33, 94 = NStZ 1985, 126 = StV 1985, 378) ist nämlich klargestellt, dass die Zurückstellung nicht allein deswegen ausgeschlossen ist, weil aus nicht gesamtstrafenfähigen Strafen insgesamt noch mehr als zwei Jahre Freiheitsstrafe nicht vollstreckt sind (s. Rn. 127). Eine Berücksichtigung der Höhe der Strafreste im Rahmen der Ermessensentscheidung würde den nach dem gesetzgeberischen Willen weiten Anwendungsbereich des § 35 BtMG unzulässig einengen. Weder Anzahl noch Höhe der noch zu vollstreckenden Strafen bzw. Strafreste dürfen als eigenständige Gesichtspunkte in die Ermessensentscheidung einfließen. Dies hat zur Folge, dass das Vorliegen eines wichtigen Grundes i. S. d. § 43 Abs. 4 StVollstrO auf rechtsfehlerhafter Grundlage verneint wurde, weshalb ein Fehlgebrauch des der Vollstreckungsbehörde zustehenden Beurteilungsspielraumes anzunehmen ist (*Karlsruhe* StV 2003, 287).

V. Rechtsmittel gegen die OLG-Entscheidungen

Hat der Strafsenat durch Beschluss einen Antrag auf gerichtliche Entscheidung **412** als unbegründet verworfen, so entfaltet diese endgültige und unanfechtbare Entscheidung dann gem. § 29 Abs. 1 EGGVG **formelle und materielle Rechtskraft** und kann nicht einer erneuten gerichtlichen Überprüfung unterworfen werden, **wenn er eine Rechtsbeschwerde zum BGH nicht zugelassen hat.** Nach der zum 1. 9. 2009 in Kraft getretene Änderung des § 29 EGGVG ist die Rechtsbeschwerde zuzulassen, wenn die Rechtsfrage grundsätzliche Bedeutung hat oder die Fortbildung des Rechts oder die Sicherung einer einheitlichen Rspr. eine Entscheidung des *BGH* erfordert (§ 29 Abs. 2 EGGVG).

F. Mitteilungs- u. Nachweispflichten nach § 35 Abs. 4 BtMG und sonstige Meldepflichten

I. Meldepflichten des Verurteilten

§ 35 Abs. 4 BtMG ist Ausdruck der Erfahrung, dass der **Labilität des Drogen-** **413** **abhängigen** mit strengen **Verhaltensanweisungen, Kontrollen und Sanktionen** begegnet werden muss. Die Vorschrift verpflichtet den Drogenabhängigen, zu bestimmten Zeitpunkten der Vollstreckungsbehörde die Aufnahme und Fortführung der Behandlung nachzuweisen. Eine **zwei- bis dreimonatige Meldung** durch die Therapieeinrichtung oder den Klienten reicht aus, im Gegensatz zu den wöchentlichen Meldeauflagen bei der Haftverschonung.

414   Die Meldungen über die Therapieaufnahme, den Therapieverlauf und das Therapieende können zwar sowohl von dem Verurteilten als auch in dessen Auftrag von der Therapieeinrichtung erfolgen. Um Aggressionstendenzen des Probanden gegen den Therapeuten als „verlängerten Arm der Justiz" möglichst gering zu halten und um die Konsequenzen eines Therapieabbruches bei dem Verurteilten wachzuhalten, sollte **er selbst** diese Meldungen vornehmen (*Vollmer* SuchtG 1984, 16, 17).

415   Auch im Rahmen der Strafaussetzung zur Bewährung werden erwachsene oder jugendliche Drogenabhängige von Amtsgerichten mit **Auflagen bzw. Weisungen Drogenberatungsstellen überantwortet,** um dort therapeutische Gespräche und Urinkontrollen abzuleisten. Spätere Nachfragen, ob und wie die Gespräche und Urinkontrollen erfolgten, gefährden aber bisweilen die Vertrauenssphäre zwischen Drogenberater und Klienten.

416   Da die **Therapeuten zur Meldung der Therapieaufnahme** des Probanden **nicht verpflichtet** sind, sollte der **Verurteilte unbedingt verpflichtet** werden, innerhalb von 10 Tagen den Therapieantritt in der Einrichtung zu melden (*BayObLG* NStZ 1990, 85 m. Anm. *Kreuzer*).

417   Es bestehen keine Bedenken dagegen, dass die Strafvollstreckungsbehörden dem Verurteilten aufgibt, **Aufnahme und Fortführung der Therapie nachzuweisen sowie Ärzte und Therapeuten** durch Stellungnahmen **über den Beginn, den Verlauf und das Ende der Therapie von der Schweigepflicht zu entbinden** (*Hamm* NStZ 1986, 333 m. Anm. *Kreuzer* = StV 1986, 66; *Hamm* StV 1988, 24 m. Anm. *Schneider; Franke/Wienroeder* § 35 Rn. 15; krit. *Hügel/Junge/Lander/Winkler* § 35 Rn. 8.1). Ziel dieser Entscheidungen ist es, **den Therapieprozess zu fördern.** Der StA soll ermöglicht werden, nicht bei jedem Verlassen einer Therapieeinrichtung die Zurückstellung zu widerrufen. Teilt nämlich eine Therapieeinrichtung mit, dass der Therapieerfolg bereits vorzeitig eingetreten ist oder dass der Proband die Einrichtung zwar verlassen, aber in eine andere Therapieeinrichtung überwechseln wolle, so erweist sich ein Widerruf nicht nur als überflüssig, sondern dem Therapievorhaben als hinderlich (vgl. *Koblenz* NStZ 1995, 294). Teilt eine Therapieeinrichtung nur mit, dass der **Proband die Einrichtung verlassen** habe, so kann die Vollzugsbehörde lange Zeit **nur rätseln,** ob dieser sich in die Drogenszene oder erneut in eine andere Therapie begeben hat. Im Zweifel wird es deshalb vielfach zum Nachteil des Drogenabhängigen zu vermeidbaren Widerrufsentscheidungen und Vollstreckungshaftbefehlen kommen. Von Therapeuten wird immer wieder mit Recht gefordert, vor einem Widerruf den jeweiligen Rückfall qualitativ zu bewerten (vgl. *Kurze* in *Egg*, Drogentherapie und Strafe, 1988, S. 265). Dies ist aber ohne Informationen nicht möglich. Wenn die Strafjustiz in dem Therapiebereich sinnvoll wirken soll, dann darf man den **Staatsanwälten und Richtern für ihre Entscheidungen nicht die notwendigen Informationen vorenthalten** und anschließend **fehlende Sachkunde** bzw. einen offensichtlichen **Ermessensfehlgebrauch beklagen.**

II. Meldepflichten des Drogenberaters

418   Auch im Rahmen der Strafaussetzung zur Bewährung werden erwachsene oder jugendliche Drogenabhängige von Amtsgerichten mit Auflagen bzw. Weisungen Drogenberatungsstellen überantwortet, um dort therapeutische Gespräche und Urinkontrollen abzuleisten. Spätere Nachfragen, ob und wie die Gespräche und Urinkontrollen erfolgten, gefährden aber bisweilen die Vertrauenssphäre zwischen Drogenberater und Klienten.

419   Alleine die Bereitschaft eines Drogenberaters zur Begleitung des Verurteilten begründet mangels eines entsprechenden Rechtsverhältnisses (Auftrag) **keine Rechtspflichten und daher auch keine Garantenstellung** für den Fall einer Vollstreckungsvereitelung. Nicht jede Rechtspflicht ist eine Garantenpflicht (vgl.

Kreuzer NStZ 1990, 85 ff.). Es handelt sich nur um ein **Gefälligkeitsverhältnis ohne Rechtsbindungswillen,** wenn der Drogenberater gegenüber dem Staatsanwalt seine Bereitschaft zur Begleitung des Verurteilten bekundet. Geht man von einem Gefälligkeitsverhältnis aus, erwachsen dem Begleiter auch keine Rechtspflichten, d. h. auch keine Meldepflicht bei Nichtantritt der Therapie. Etwas anderes könnte gelten, wenn man den Drogenberater **ausdrücklich** – dann aber auch **schriftlich** – zur Meldung des „Entweichens" **verpflichten** könnte. Dies mag auf den ersten Blick eine Möglichkeit sein, ihn in die Haftung zu nehmen. Eine Strafbarkeit nach § 258 Abs. 2 StGB käme bei Nichtmeldung in Betracht. Dabei ist jedoch bereits vorweg zu bedenken, dass derartige ausdrückliche Verpflichtungsanstrengungen auf den Widerstand der Drogenberater stoßen dürften. Es kann nicht im Interesse der Vollstreckungsbehörden sein, die Zusammenarbeit auf diese Weise zu belasten. Denn es gibt auch keine rechtliche Grundlage für derartige Meldevereinbarungen. Der StA oder Jugendrichter hat nicht die Befugnis, im Rahmen seiner hoheitlichen Tätigkeit Verträge dieser Art einzugehen. Seine Zuständigkeit und damit seine Aufgabenkompetenz endet mit der Zurückstellung der Vollstreckung und der Entlassung aus der Haft und ist danach auf die Möglichkeit des Widerrufes beschränkt. Deutlich wird dies auch und gerade an der gesetzlich normierten Pflicht der Therapieeinrichtung, den Abbruch zu melden. Hier ist eine **gesetzliche** Grundlage geschaffen worden, auf der die sonst nicht erreichbaren Therapieeinrichtungen verpflichtet werden können. Einen darüber hinausgehenden Einfluss auf die Einrichtungen hat die Vollstreckungsbehörde nicht. Gleiches gilt für die Verbringung des Verurteilten in die Therapieeinrichtung. Für ausdrückliche Verpflichtungsvereinbarungen mit der Begleitperson besteht kein Raum, mit der Folge, dass keine Rechtspflichten bis hin zu einer Garantenstellung im Falle eines Entweichens unter dem Gesichtspunkt der Vollstreckungsvereitelung nach § 258 Abs. 2 StGB konstituiert werden können.

III. Meldepflichten der Therapeuten

1. Mitteilungspflicht. Im Gegensatz zu den Mitteilungspflichten des Verurteil- **420**
ten sind die behandelnden Personen oder Einrichtungen gem. § 35 Abs. 4 BtMG verpflichtet, **nur den Therapieabbruch mitzuteilen.** Die behandelnden Personen oder die Verantwortlichen der Therapieeinrichtungen sind nach § 35 Abs. 4 BtMG nicht verpflichtet, auch den Nichtantritt des Verurteilten zur Behandlung zu melden. Eine Meldepflicht für den Nichtantritt kann aber im Einzelfall durch die behandelnden Personen oder die Verantwortlichen der Einrichtungen freiwillig übernommen werden, bei deren Verletzung Strafbarkeit wegen Vollstreckungsvereitelung in Betracht kommt (*BayObLG* NStZ 1990, 85 m. Anm. *Kreuzer*). Es erscheint zwar nach wie vor wenig sinnvoll, den Therapeuten einerseits zur Mitteilung zu veranlassen, wenn ein Drogenabhängiger **das Therapieprogramm begonnen, dann aber abgebrochen** hat, andererseits den Therapeuten vor einer Mitteilungspflicht zu bewahren, wenn sich ein Drogenabhängiger zwar **zum Therapieprogramm angemeldet** hat, dieses **aber nicht angetreten,** sondern sich auf dem Weg dorthin entfernt hat. Der Gesetzeswortlaut und die Entstehungsgeschichte des § 35 Abs. 4 BtMG erlauben aber nicht eine weite Auslegung und Erweiterung der Mitteilungspflichten der Drogentherapeuten, zumal der Gesetzgeber die Mitteilungspflichten des Verurteilten und des Therapeuten unterschiedlich gestaltet hat.

Kaum ein Problem belastet die Kooperation zwischen Justiz und Drogenarbeit **421**
so stark wie die Mitteilungspflicht des § 35 Abs. 4, 2. Hs. BtMG. Noch immer verlangen einzelne Sozialarbeiter und Verbände die Abschaffung der Rückmeldepflicht bei Therapieabbruch, weil sie Therapie zur Strafe werden lasse, **das therapeutische Vertrauensverhältnis störe, die Schweigepflicht verletze und den freien Zu- und Abgang zur Drogentherapie behindere** (vgl. nur *Adams/Eberth* NStZ 1983, 197; *Schneider* StV 1988, 25; *Kurze* SuchtG 1990, 205). Zu Recht hält *Winkler* (*Hügel/Junge/Lander/Winkler* § 35 Rn. 8.2) dem entgegen,

dass der Proband **mit dem Abbruch** der (nur durch das Entgegenkommen der Justiz ermöglichten) Behandlung **das Vertrauensverhältnis (den Behandlungsvertrag) beendet** und der Proband durch den Abbruch **einer erhöhten Rückfall- und Suizidgefahr ausgesetzt ist.** Alle, die das Therapieprogramm vorbereitet und durchgeführt haben, müssten ein Interesse an der alsbaldigen Fortführung der Therapie haben.

422 **2. Therapieabbruch.** Das Gesetz enthält keine Definition des Abbruches. Die **Form, der Inhalt und der Zeitpunkt der Abbruchmitteilung** werden im Gesetz ebenfalls nicht erläutert. Als **Abbruch ist ein Verhalten zu verstehen, aus dem der Schluss gezogen werden kann, dass der Proband die Therapie nicht fortsetzen bzw. dass die Therapieeinrichtung die Behandlung des Klienten nicht fortsetzen will** (*Koblenz* NStZ 1995, 294; *Weber* § 35 Rn. 229; *Hügel/Junge/Lander/Winkler* § 35 Rn. 9.1; MK-StGB/*Kornprobst* § 35 Rn. 189). Eine vorübergehende Abwesenheit von der Therapieeinrichtung (unerlaubter Kinobesuch, Einkaufen, Besuch bei Freundin oder Eltern usw.) stellt nur eine **Unterbrechung,** aber **noch keinen Abbruch** der Therapie dar.

423 **3. Meldefrist.** Die Meldung des Therapieabbruchs hat unverzüglich, d. h. ohne schuldhaftes Zögern zu erfolgen (*Hügel/Junge/Lander/Winkler* § 35 Rn. 9.5; MK-StGB/*Kornprobst* § 35 Rn. 194). Nicht nur der Wortlaut des § 35 Abs 4 BtMG spricht für eine frühe Unterrichtung der Justiz, sondern auch die **Notwendigkeit, den Drogenabhängigen möglichst frühzeitig zu erreichen** und ihm mit den Möglichkeiten des § 35 Abs 5 BtMG zu helfen, anstelle einer Rückkehr in die Kriminalität und Drogenszene erneut eine aufwändige Therapievorbereitung zu betreiben. Verlässt der Proband mit seiner gesamten Habe im Koffer die Einrichtung, um ins **Ausland zu reisen,** so ist der Abbruch umgehend zu melden.

424 **4. Form und Inhalt der Mitteilung.** Das Gesetz schreibt in § 35 Abs. 4 BtMG weder eine besondere Form noch einen besonderen Inhalt der Abbruchsmitteilung vor. Die Justiz kann nicht ihrer Aufgabe gerecht werden, bei Therapieabbruch flexibel auf den Rückfall zu reagieren und Alternativlösungen zu suchen, wenn sie nur eine **formularmäßige Mitteilung** erhält, der Proband habe sich von … bis … in der Einrichtung befunden oder der Proband habe am … die Einrichtung verlassen. Eine derartige Auskunft könnte auch die zuständige Meldebehörde geben. Verurteilter, Therapieeinrichtung und Justiz sind bei der Therapieplanung Verpflichtungen eingegangen, die es einzuhalten gilt. Nur bei intensiver Zusammenarbeit können Widerruf vermieden und Fortführung der Therapie sichergestellt werden. Die Abbruchmitteilung entspricht dem Willen des Verurteilten bei Therapiebeginn und ist Ausdruck der Verantwortung der Therapieeinrichtung für die Gesundheit des Probanden. Die Abbruchmitteilung muss daher die Gründe für den Abbruch mitteilen. Ansonsten wird der Rückfall in die Sucht begünstigt und eine erneute Zurückstellung häufig verhindert. Da nicht jeder Abbruch der Therapie zur Strafvollstreckung führen muss, benötigt die Justiz einen Behandlungsbericht der Einrichtung, aus dem hervorgeht, ob der Proband erfolgreich oder erfolglos die Therapieeinrichtung verlassen hat, ob das Therapieprogramm zu Ende geführt wurde, ob der Proband während der Behandlungsdauer anwesend war oder zweimal die Woche sich freie Tage nahm. Bei der Frage der Anrechnung der Therapie muss die Vollstreckungsbehörde ebenfalls diese exakten Daten kennen. Ohne **Informationen über die Hintergründe eines Abbruches durch die Therapieeinrichtung** kann „der Partner" Justiz keine sachgerechten Entscheidungen (Widerruf, Absehen von Widerruf, Vollstreckungshaftbefehl, Aufforderung in Einrichtung zurückzukehren, Anrechnung, Aussetzung usw.) treffen und muss im Zweifel die Zurückstellung der Strafvollstreckung widerrufen (*Weber* § 35 Rn. 227; *Hügel/Junge/Lander/Winkler* § 35 Rn. 9.6). Vor einer derartigen Entscheidung sollte aber der Therapieeinrichtung Gelegenheit gegeben werden, die unzureichende Auskunft zu ergänzen.

5. Verstöße der Therapieeinrichtung gegen die Meldepflichten. Bei ei- **425** ner Nichtmeldung des Therapieabbruchs riskiert die Therapieeinrichtung den **Widerruf der staatlichen Anerkennung** und die Meldung der Einrichtung durch die Justiz (*Katholnigg* NStZ 1981, 419; *Slotty* NStZ 1981, 327). Das BtMG enthält keine Straftatbestände für die Nichtmeldung von Therapieabbrüchen. Dies bedeutet aber nicht, dass die Nichtmeldung immer straffrei bliebe.

Durch Verletzung der sich aus § 35 Abs. 4 BtMG ergebenden Rechtspflicht, den **426** Abbruch der Behandlung eines Verurteilten der Vollstreckungsbehörde mitzutei- len, können sich die behandelnden Personen oder die Verantwortlichen der The- rapieeinrichtungen wegen **Vollstreckungsvereitelung** strafbar machen (*BayObLG* NStZ 1990, 85 m. Anm. *Kreuzer* = StV 1990, 114; MK-StGB/*Kornprobst* § 35 Rn. 196; a. A. *Adams-Eberth* NStZ 1983, 193, 197, die die Strafbarkeit verneinen). **Die Unterlassung einer Anzeige des Nichtantritts einer Therapie** erfüllt einen Klienten erfüllt jedoch **nicht** den Tatbestand der **Vollstreckungsvereite- lung** nach § 258 Abs. 2 StGB (*BayObLG* StV 1990, 114).

Nimmt der Drogenabhängige Schaden an seiner Gesundheit oder stirbt nach **427** Therapieabbruch, so ist zu prüfen, ob die Therapieeinrichtung wegen der aus dem Therapievertrag herrührenden Garantenstellung sich wegen **fahrlässiger Körper- verletzung oder fahrlässiger Tötung durch Unterlassen** strafbar gemacht hat (*Hügel/Junge/Lander/Winkler* § 35 Rn. 9.7; *Malek* 5. Kap., Rn. 67).

IV. Mitteilungspflicht von Ärzten

1. Ärztliche Schweigepflicht. Aufgrund des ärztlichen Vertrauensverhältnisses **428** zu den Patienten besteht eine berufsethische Schweigepflicht, die zur **strafrecht- lich geschützten Rechtspflicht** (§ 203 StGB) wird. Der Arzt hat, so lange er nicht von der Schweigepflicht entbunden ist und keine gesetzliche Offenbarungs- pflicht (z. B. aufgrund Bundesseuchengesetz) besteht, ein **Aussageverweigerungs- recht nach § 53 StPO**, unabhängig davon, ob er niedergelassener Arzt oder Krankenhausarzt, Amtsarzt, Werksarzt, Truppenarzt, Anstaltsarzt, privater oder beamteter Arzt ist. **Die Entbindung von der Schweigepflicht** gilt nur insoweit, als der Patient über das Berufsgeheimnis verfügen konnte und wollte, also in der Regel nicht für Geständnisse von Straftaten oder Verhaltensauffälligkeiten (*Göppin- ger* NJW 1958, 242); nicht für Informationen Dritter, sondern nur für Krankheits- befunde. Die Entbindung von der Schweigepflicht bedeutet aber nicht eine unbe- grenzte Offenbarungspflicht des Arztes. Auch der Anstaltsarzt bedarf der Befreiung von der Schweigepflicht. Ein Amtsarzt, Anstaltsarzt oder medizinischer Sachver- ständiger, der im Auftrage der StA, des Gerichts oder einer Behörde ein Gutachten zu erstatten hat, darf die für sein Gutachten erforderlichen Befunde, Diagnosen und sonstigen Daten weitergeben, aber nur an den Auftraggeber und in dem Um- fange des Untersuchungsauftrages. Ohne amtlichen Auftrag der Behörde zur Be- gutachtung, denn sich der Proband nicht zu stellen braucht, begründet das Arzt- Patienten-Verhältnis die ärztliche Schweigepflicht (RGSt. 3, 61; RGSt 61, 384; *Kauder* StV 1981, 564; *Zieger* StV 1981, 559).

Ärzte und Berufshelfer sind berechtigt, darüber zu schweigen, was ihnen in **429** dieser Eigenschaft anvertraut worden oder sonst bekannt geworden ist (§ 53 Abs. 1 Nr. 3, § 53a Abs. 1 StPO). Der **Umfang des strafprozessualen Zeugnis- weigerungsrechtes** ist auf die bei der Berufsausübung anvertrauten oder bekannt gewordenen Tatsachen begrenzt. Die Erlangung des Wissens muss also **in die Be- rufsausübung fallen** oder **wenigstens mit ihr unmittelbar zusammenhän- gen.** Es werden nicht nur alle Tatsachen umfasst, die dem Arzt in Erwartung der Geheimhaltung mitgeteilt oder im Rahmen von Beobachtungen und Untersu- chungen offenbar werden, sondern darüber hinaus auch solches zufällige Wissen, das in Ausübung des Berufs und im Zusammenhang mit dem Vertrauensverhältnis erlangt wird (*LG Karlsruhe* StV 1983, 144 m. Anm. *Kreuzer*). Der Begriff der **an- vertrauten und bekannt gewordenen Tatsachen** ist mithin weit auszulegen. Er umfasst: Art der Krankheit, Anamnese, Diagnose, Therapiemaßnahme, Prognose, psychische Auffälligkeiten, körperliche Mängel und Besonderheiten, Patientenakten, Röntgenaufnahmen, Untersuchungsmaterial und Untersuchungsergebnisse gehören dazu, ebenso wie sämtliche Angaben über persönliche, familiäre, berufliche, wirtschaftliche und finanzielle Umstände. Die **Vertrauensbeziehung zwischen Arzt und Patient** erstreckt sich auch auf die **Anbahnung des Beratungs- und Behandlungsverhältnisses,** wie z. B. auf die **Begleitumstände der Krankenhausaufnahme** eines Patienten oder ob überhaupt ein Behandlungsverhältnis bestanden hat (hier Begleitumstände der Krankenhausaufnahme eines Patienten; *BGH* NJW 1985, 2203 = StV 1985, 265). Das Zeugnisverweigerungsrecht besteht jedoch nicht, soweit es sich um Informationen handelt, die weder im funktionalen (inneren) Zusammenhang mit der ärztlichen/pflegerischen Tätigkeit noch im Zusammenhang mit dem Vertrauensverhältnis zwischen Arzt und Patient stehen (*BGH* NStZ 2010, 164). Ein Arzt, der bei der Behandlung eines drogensüchtigen Patienten von dessen Drogenabhängigkeit erfährt, ist nicht befugt, ohne gesetzliche Verpflichtung und ohne Befreiung von der ärztlichen Schweigepflicht, die Drogensucht dem Gesundheitsamt oder den Strafverfolgungsbehörden mitzuteilen. Er ist nach den §§ 138, 139 StGB **nicht verpflichtet, eine Betäubungsmittelsucht oder Betäubungsmitteldelikte anzuzeigen. Widerruft der Patient die Entbindung von der Schweigepflicht,** so ist der Arzt wieder zum Schweigen verpflichtet (*BGH* NJW 1996, 2435). Teilt der Arzt die Drogensucht dennoch mit, um die innere Ordnung der Krankenanstalt zu gewährleisten, einen therapieunwilligen Patienten einer Unterbringung zuzuführen, um den Patienten vor weiteren Betäubungsmitteldelikten zu bewahren, so macht er sich zunächst einmal nach § 203 StGB strafbar. Ob die unter Verletzung der ärztlichen Schweigepflicht und des § 203 StGB eingeführten Angaben eines Arztes einem **Verwertungsverbot** unterliegen, ist strittig (vgl. *BGH* NJW 1996, 2435). Der Irrtum des Arztes über die Befugnisse zur Offenbarung ist im Rahmen des § 203 StGB kein vorsatzausschließender Tatbestandsirrtum (so *Köln* NJW 1962, 686), sondern ein Verbotsirrtum (BGHSt. 2, 194 = NJW 1952, 593). Nur unter dem Gesichtspunkt der Güter- und Interessenabwägung (**rechtfertigender Notstand § 34 StGB**) darf der Arzt angesichts einer gegenwärtigen, anders nicht abwendbaren Gefahr für ein Rechtsgut das Geheimnis der Drogensucht offenbaren, soweit diese Offenbarung das angemessene Mittel zur Wahrung des überwiegenden Interesse eines anderen, u. U. auch des Patienten selbst ist (vgl. RGSt. 38, 62; *München* MDR 1956, 565 m. Anm. *Mittelbach*; *BGH* NJW 1968, 2288; *Kreuzer* NJW 1975, 2232). Die sich aus einer Drogenabhängigkeit ergebende **Fahruntauglichkeit** begründet nicht regelmäßig ein Recht zur Offenbarung. Auch der drogenabhängige Kraftfahrer hat Anspruch auf ärztliche Diskretion. Nur wenn im Einzelfall die Verkehrssicherheit durch einen drogensüchtigen Fahrer in eklatanter Weise gefährdet ist, ist eine **Durchbrechung der Schweigepflicht** gerechtfertigt.

430   **Kein Zeugnisverweigerungsrecht** hat hingegen der eine Blutprobe auf polizeiliche Anordnung (§ 81 a StPO) entnehmende Arzt oder ein zum Sachverständigen bestellter Arzt, da in diesen Fällen die Tatsachen **nicht aufgrund der besonderen Vertrauensbeziehung zwischen Arzt und Patient,** sondern **aufgrund behördlichen Auftrags und Untersuchung** erlangt wurden. Zur Weigerung eines Arztes, einen gerichtlichen Beschluss auf körperliche Untersuchung eines Beschuldigten nach § 81 a StPO auszuführen, vgl. § 29/Teil 5, Rn. 73.

431   **2. Beschlagnahme von ärztlichen Krankenunterlagen.** StA und Gericht können das **Aussageverweigerungsrecht des Arztes** aufgrund des Verbotes von § 97 StPO **nicht dadurch umgehen,** dass sie schriftliche Aufzeichnungen über die Drogensucht (Anamnese, Befund, Therapie) eines Beschuldigten in Form von Karteiblättern, Krankengeschichten und Arztbriefen oder technische Aufzeichnungen und Untersuchungsergebnisse wie Röntgen-Aufnahmen, Fotos, Urinkontrollergebnisse **beschlagnahmen.** Der Arzt ist nicht herausgabepflichtig. Das Beschlagnahmeverbot des § 97 StPO gilt aber nicht unbeschränkt. Soll zum Zwecke der Erstellung eines Gutachtens i. S. v. § 246 a StPO ein anlässlich der Aufnahme in

eine JVA erstatteter ärztlicher Untersuchungsbericht verwendet werden, so ist dieser nicht gem. § 97 Abs. 1 StPO von der Beschlagnahme befreit, da es sich bei dem Verhältnis zwischen Arzt und **Patient um ein besonderes Gewaltenverhältnis,** aber nicht um das in §§ 53, 53 a StPO geschützte berufliche Vertrauensverhältnis handelt (*LG Stuttgart* MDR 1994, 715). Entbindet der Patient den Arzt von der Schweigepflicht, muss der Arzt die Unterlagen herausgeben, über die der Patient verfügen kann und verfügen wollte (*Meyer-Goßner* § 97 Rn. 24). Sind die **Krankenunterlagen des Beschuldigten im Wege einer Straftat (z. B. § 267 StGB) entstanden oder zur Begehung einer Straftat bestimmt oder gebraucht** worden oder ist der Arzt der Teilnahme, der Mittäterschaft, Begünstigung oder Strafvereitelung im Rahmen eines Betäubungsmitteldeliktes verdächtig, so muss er die Unterlagen **herausgeben** (§ 97 Abs. 2 S. 3 StGB). Umgekehrt dürfen aber Krankenunterlagen, die zur **Überführung eines Arztes** wegen Betruges oder Steuerhinterziehung oder Körperverletzung bei dem Arzt beschlagnahmt werden, nicht zur Strafverfolgung drogenabhängiger Patienten wegen Betäubungsmitteldelikten genutzt werden. Insoweit besteht ein **Beweisverwertungsverbot** (*Celle* NJW 1963, 408).

3. Akteneinsichtsrecht in Krankenunterlagen. Es ist mit dem Grundrecht 432 auf freie Entfaltung der Persönlichkeit gem. Art. 2 Abs. 1 GG i. V. m. Art. 1 Abs. 1 GG unvereinbar, einem ehemaligen **Untergebrachten** die Einsicht in die ihn betreffenden **Akten eines psychiatrischen Landeskrankenhauses** ausschließlich mit der Begründung zu verweigern, es bestehe die Gefahr, dass sich der Antragsteller durch die Einsichtnahme gesundheitlich schädige (*BVerwG* StV 1989, 445). Ein **Strafgefangener** hat ein Einsichtsrecht in Aufzeichnungen in den **Krankenunterlagen** über naturwissenschaftlich objektivierbare Befunde und Behandlungsfakten, die ihn betreffen, wenn es für das von ihm darzulegende Interesse von Bedeutung ist (*Frankfurt* StV 1989, 440).

V. Mitteilungspflicht von Drogenberatern und Mitarbeitern von therapeutischen Einrichtungen

1. Zeugnisverweigerungsrecht. a) Vorgeschichte. Durch das Gesetz zur 433 Einführung eines Zeugnisverweigerungsrechtes für Beratung in Fragen der Betäubungsmittelabhängigkeit v. 1. 8. 1992 (BGBl. I, S. 1366) wurde den Drogenberatern in § 53 StPO ein Zeugnisverweigerungsrecht zugestanden. Die Gesetzesänderung hatte eine lange Vorgeschichte. Dass staatlich anerkannten **Sozialarbeitern, Sozialpädagogen und Psychologen** über das, was ihnen bei der Beratung in Suchtfragen in einer anerkannten Beratungsstelle anvertraut oder bekannt geworden ist, entgegen anderen gesetzlich aufgezählten Berufsgruppen **kein Zeugnisverweigerungsrecht** zustand, wurde lange Jahre als mit dem GG vereinbar angesehen (vgl. BVerfGE 33, 367). 1974 plante die Bundesregierung im Rahmen eines Entwurfes zum 2. Gesetz zur Reform des Strafverfahrensrechts v. 6. 4. 1974 (BT-Drs. 7/2526) bereits einmal ein Zeugnisverweigerungsrecht für staatlich anerkannte Sozialarbeiter, Sozialpädagogen und Psychologen im Rahmen der Drogenberatung und ein entsprechendes Durchsuchungs- und Beschlagnahmeverbot gem. § 97 StPO. Der Gesetzentwurf wurde jedoch nicht verwirklicht. 1977 entschied das *BVerfG,* dass das Grundrecht des Trägers einer i. S. d. § 203 Abs. 1 Nr. 4 StGB öffentlich-rechtlich anerkannten Suchtkrankenberatungsstelle aus Art. 2 Abs. 1 GG und die Grundrechte ihrer Klienten verletzt seien, wenn durch die Beschlagnahme von Klientenakten die Belange der Gesundheitsfürsorge in einem solchen Maße beeinträchtigt werden, dass der durch den Eingriff verursachte Schaden außer Verhältnis zu dem mit der Beschlagnahme angestrebten und erreichbaren Erfolg steht. Die Beschlagnahme solcher Akten verletze den **Grundsatz der Verhältnismäßigkeit,** wenn sie sich lediglich auf den allgemeinen Verdacht stütze, dass sich Klienten der Beratungsstelle durch Erwerb und Besitz von Betäubungsmitteln strafbar gemacht hätten. Etwas **anderes** ergäbe sich, wenn eine **Bande illegaler Rauschgifthändler unter dem Deckmantel einer Drogenberatungsstelle**

verkauften (BVerfGE 44, 353 = NJW 1977, 1489 m. Anm. Knapp NJW 1977, 2119). Einer in einem Förderverein für Jugendliche beschäftigten **Drogenberaterin** wurde **kein Aussageverweigerungsrecht** zugebilligt (*LG Hamburg* NStZ 1983, 182; *LG Mainz* NJW 1988, 1744). Die gegen die Mainzer Entscheidung eingelegte **Verfassungsbeschwerde** wurde verworfen. Nach Ansicht des *BVerfG* kann eine Begrenzung des Zeugniszwanges nicht schon aus dem typischen Berufsbild des Drogenberaters und aus der mit der Pflicht zur Aussage verbundenen abstrakten Gefahr für die Institution der Drogenberatung hergeleitet werden (*BVerfG* NStZ 1988, 418 m. Anm. *Endriß*, ZRP 1989, 45). Es häuften sich Fälle, in denen die Strafverfolgungsbehörden Suchtberater als Zeugen in das Strafverfahren einführten. Am 9. 11. 1988 brachte die **SPD-Fraktion einen Gesetzentwurf** zum Zeugnisverweigerungsrecht ein (BT-Drs. 11/3280). Die Stellungnahme der justitiellen Praxis zur Frage des Zeugnisverweigerungsrechts war lange geteilt. Die **Große Strafrechts-Kommission des Deutschen Richterbundes** hat bei ihrer letzten Entschließung v. 7. 6. 1989 erneut die Notwendigkeit eines Zeugnisverweigerungsrechtes für Suchtberater verneint. Am 15. 6. 1989 veranstaltete die **Aids-Enquete-Kommission** des Deutschen Bundestages eine Anhörung zum Zeugnisverweigerungsrecht von Mitarbeitern anerkannter Beratungsstellen für Aids- und Suchtfragen. **Für ein Zeugnisverweigerungsrecht des Drogenberaters** sprachen sich aus der Deutsche Caritasverband (vgl. *Endriß* ZRP 1989, 45 ff.; *Kreuzer* in *Egg*, Drogentherapie und Strafe, 1988, 70 ff u. Anm. in NStZ 1986, 335; *Stegemann/Marten* StV 1989, 325). Auch ein Teil der Rspr. tendierte in diese Richtung.

434   Es ist ein **Verdienst von *Kreuzer*** (SuchtG 1987, 353 ff.; NJW 1989, 1505 ff.; SuchtG 1989, 263 ff.), dass nach jahrelanger Diskussion in § 53 StPO ein Zeugnisverweigerungsrecht für Drogenberater geschaffen und die Beschlagnahmemöglichkeiten in § 97 Abs. 2 S. 2 StPO bei Drogenberatern eingeschränkt wurden. Am 12. 12. 1989 ergriff das **Saarland** eine Gesetzesinitiative zur Einführung eines Zeugnisverweigerungsrechts für Suchtberater (BR-Drs. 733/89). Der **Bundesjustizminister** legte wenig später im Januar 1990 einen Referentenentwurf eines Zeugnisverweigerungsrechtes vor. Ein Gesetzentwurf der **Hansestadt Hamburg** (BR-Drs. 56/90) folgte. Weitergehender als der Gesetzentwurf des Bundesrates v. 27. 6. 1991 (BT-Drs. 12/870), der ein Zeugnisverweigerungsrecht vom BtM-Berater vorsah, forderte ein Gesetzentwurf der SPD-Fraktion vom 4. 6. 1991 ein Zeugnisverweigerungsrecht für alle Suchtberater (BT-Drs. 12/655). Der Gesetzentwurf des Bundesrates wurde **am 1. 8. 1992 Gesetz** (BGBl. I, S. 1366).

435   **b) Anwendungsbereich.** In § 53 StPO wurde in Abs. 1 in Nr. 3b ein Zeugnisverweigerungsrecht eingefügt für Berater für Fragen der Betäubungsmittelabhängigkeit in einer Beratungsstelle, die eine Behörde oder Körperschaft, Anstalt oder Stiftung des öffentlichen Rechts anerkannt oder bei sich eingerichtet hat. 1995 hatte *Kreuzer* (Sucht 1995, 293 ff.) gefragt: **Ist das Zeugnisverweigerungsrecht von Drogenberatern brüchig?** Das *BVerfG* (StV 1998, 355 m. Anm. *Kühne*) gelangte auf Verfassungsbeschwerde hin zu dem Ergebnis, es sei **verfassungsrechtlich nicht geboten,** das für Drogenberater in einer amtlich anerkannten oder eingerichteten Beratungsstelle gem. § 53 Abs. 1 Nr. 3b StPO bestehende Zeugnisverweigerungsrecht **auf ehrenamtlich tätige Beratung** in sog. Selbsthilfegruppen (hier Eltern drogenabhängiger Kinder) **zu erstrecken.** Das Zeugnisverweigerungsrecht **gilt nicht umfassend für alle Mitarbeiter von Suchtberatungsstellen,** sondern eingeschränkt nur für Beratungsstellen, die von einer Behörde, Körperschaft, Stiftung des öffentlichen Rechts usw. eingerichtet oder anerkannt worden sind, also **nicht für ehrenamtliche Berater in sogenannten Selbsthilfegruppen.** Es gilt auch **nicht für Psychologen und Psychotherapeuten** in Beratungsstellen der freien Wohlfahrtspflege (*LG Freiburg* NStZ-RR 1999, 366). Entgegen dem erwähnten SPD-Entwurf gilt das Zeugnisverweigerungsrecht auch nicht für Berater von Alkohol- oder Medikamentensüchtigen. Das Zeugnisverweigerungsrecht gilt schließlich nicht für die nebenamtliche Tätigkeit von Drogenberatungslehrern in Schulen. Eine **Unzulässigkeit einer Beschlagnahme von Krankenunterlagen** soll sich aber auch bei Verstoß gegen den Verhältnismäßigkeitsgrundsatz **unmittelbar aus der Verfassung ergeben** können, wo der Widerstreit zwischen dem staatlichen Aufklärungs- und Strafverfolgungsinteresse zur Aufrechterhaltung einer funktionstüchtigen Rechtspflege und dem absolut geschützten Kernbereich der Privatsphäre und des Persönlichkeitsrechts zu lösen sei (*LG Freiburg* NStZ-RR 1999, 366; BVerfGE 32, 373 = NJW 1972, 1123; BVerfGE 33, 367). Zu Recht **kritisiert** *Kühne* (StV 1998, 356) die Widersprüchlichkeit der Konstruktion, einerseits die Verfassungsmäßigkeit der Enumeration in § 53 StPO zu betonen und andererseits doch Ausnahmen unmittelbar aus der Verfassung zuzulassen.

Das Zeugnisverweigerungsrecht des § 53 Abs. 1 Nr. 3b StPO gilt für das, **was** **436** **ihnen in dieser Eigenschaft anvertraut worden oder bekannt geworden ist.** Zu einer effektiven Drogenberatung ist ein **enges Vertrauensverhältnis zwischen dem Abhängigen und dem Berater erforderlich,** das dann gefährdet wird, wenn der Berater mit der Möglichkeit rechnen müsste, als Zeuge zur Aussage verpflichtet zu sein.

Den Klienten einer Suchtberatungsstelle steht das **Grundrecht auf Achtung 437 ihrer Intim- und Privatsphäre zu.** Die Klientenakten der Beratungsstelle mit den Aufzeichnungen des Beraters über Gespräche, Tests, therapeutische Maßnahmen und den eigenen schriftlichen Äußerungen über den Ratsuchenden betreffen zwar nicht die unantastbare Intimsphäre, wohl aber den privaten Bereich des Klienten. Sie nehmen damit, ähnlich wie ärztliche Karteikarten (Krankenblätter) teil an dem Schutz, den Art. 1 und 2 GG dem Einzelnen vor dem Zugriff der öffentlichen Gewalt gewähren (BVerfGE 32, 373). Die Belange einer funktionstüchtigen Strafrechtspflege im Bereich der Bekämpfung des Drogenmissbrauchs überwiegen nicht generell gegenüber dem öffentlichen Interesse an der Suchtkrankenberatungsstelle. § 97 StPO wurde deshalb dahin geändert, dass der **Beschlagnahme keine Gegenstände unterliegen,** auf die sich das Zeugnisverweigerungsrecht des § 53 Abs. 1 Nr. 3b StPO erstreckt. Soweit **Gegner** eines Zeugnisverweigerungsrechtes für Drogenberater vortragen, es müsse verhindert werden, dass das Zeugnisverweigerungsrecht für **Suchtberatungsstellen eine Einbruchsstelle für Drogenhandelsorganisationen** eröffnet und **unter dem Deckmantel der Drogenhilfe** sich dort **Betäubungsmitteldelikte** ereignen, ohne dass Durchsuchungen, Beschlagnahme und Zeugeneinvernahme möglich seien, gehen diese Bedenken fehl. Denn weder verkehren in Drogenberatungsstellen Dealer noch erlangen die Drogenberater Kenntnisse über die organisierte Betäubungsmittelkriminalität oder sonstige Schwerkriminalität. Im Übrigen würde auch für Drogenberater § 97 Abs. 2 S. 3 StPO gelten, wenn sie selbst Straftaten begingen oder an ihnen mitwirken würden.

2. Geheimnisbruch durch Mitarbeiter einer therapeutischen Einrich- 438 tung. Auch wenn sich der Mitarbeiter einer therapeutischen Einrichtung selbstverständlich um ein enges Vertrauensverhältnis mit dem Drogenabhängigen bemüht und die ihm anvertrauten Angaben keinem Dritten mitteilen wird, untersteht er bisher keiner besonderen Schweigepflicht, deren Verletzung eine Strafverfolgung nach § 203 StGB hervorrufen würde. Ihm steht also wie dem Drogenberater kein Zeugnisverweigerungsrecht zu.

In § 203 StGB sind Ärzte, Sozialarbeiter, Sozialpädagogen, Psychologen und **439** Suchtberater genannt. Die Offenbarung von Geheimnissen ist aber nur strafbar, wenn sie unbefugt ist (vgl. *Fischer* § 203 Rn. 31). Unbefugt ist die **Offenbarung des Therapieabbruches** nicht, da sie **gesetzlich geboten** ist und bei Zurückstellung der Strafvollstreckung mit dem Verurteilten vereinbart wurde. Ein gesetzliches **Offenbarungsrecht ergibt sich aus § 36 Abs. 5 S. 2 BtMG.** Der Abbruch ist kein Geheimnis, das dem Therapeuten anvertraut wurde, sondern ebenso wie der Beginn und das Ende der Therapie, wie die Umwandlung in eine andere Therapieform ein sogenanntes Rahmendatum, das keinem Zeugnisverweigerungsrecht nach §§ 53 ff. StPO unterliegt (*LG Hamburg* NStZ 1983, 182). Der Therapeut kann deshalb mit der Mitteilung eines Therapieabbruches **keinen strafbaren Geheimnisbruch** begehen.

440   **3. Unüberwachte Besuche von Drogenberatern.** Um die Entstehung des für die Durchführung eines therapeutischen Gespräches erforderlichen Vertrauensverhältnisses zwischen einem Therapiewilligen und einem **Mitarbeiter einer Drogenberatung** nicht zu beeinträchtigen, ist es im Einzelfall gerechtfertigt, einen **unüberwachten Besuch bei Untersuchungsgefangenen** zu genehmigen (*Frankfurt* StV 1983, 289).

441   **4. Schweigepflicht externer Drogenberater.** Durch den durch das 4. StVollzGÄndG v. 26. 8. 1998 neu in das StVollzG eingefügten § 182, der am 1. 12. 1998 in Kraft getreten ist (vgl. Art. 4 des 4. StVollzGÄndG), haben sich für die praktische Arbeit der Drogenberater in Justizvollzugsanstalten einige Probleme und Konflikte ergeben. Es ist strittig, ob § 182 StVollzG überhaupt auf **externe Drogenberater in Justizvollzugsanstalten** Anwendung findet, weil sie weder Bedienstete des Justizvollzugsanstalt, noch von der Justiz beauftragt sind, sondern bei verschiedenen Trägern der Drogenhilfe beschäftigt sind, die **mit dem *Justizministerium* vertragliche Regelungen** getroffen haben, wie z.B. neben Drogenberatung auch geplante JVA-Ausbrüche oder Suizidabsichten mitzuteilen. Es dürfte sich bei den externen Drogenberatern allerdings nicht nur um Personen i.S.d. § 203 Abs. 1 Nr. 4 StGB, sondern auch gleichzeitig um Personen i.S.d. § 203 Abs. 1 Nr. 5 StGB, handeln, da sie staatlich anerkannte Sozialarbeiter und Sozialpädagogen sind, die als Drogenberater in Ausübung eines dieser Berufe tätig werden und deshalb insoweit von § 182 StVollzG erfasst sein können.

442   Wenn allerdings Gefangene die Drogenberater über **Betäubungsmittelkonsum in der Anstalt** informieren, insb. über Art und Mengen der Drogen, über Bezugsquellen, Schmuggelwege, Drogendepots, dealende Vollzugsbeamte, Fluchtpläne, Suizidabsichten usw., handelt es sich dabei um Umstände, die für den Aufgabenerfüllung der Vollzugsbehörde von Bedeutung sind, so dass in diesem Fall eine **Informationspflicht** der Drogenberater gegenüber dem Anstaltsleiter gegeben ist, jedoch ohne Namen oder Personaldaten der Gefangenen bzw. rückschliessbare konkrete Einzelheiten offenbaren zu müssen. Die Drogenberater sind gem § 182 Ab. 2 S. 5 StVollzG verpflichtet, die Gefangenen zu Beginn des Gesprächs über die bestehenden Offenbarungsbefugnisse bzw. Offenbarungspflichten zu unterrichten. Eine Beeinträchtigung des für Drogenberater gem. § 53 Abs. 1 Nr. 3b StPO bestehenden Zeugnisverweigerungsrechtes ist mit § 182 StVollzG nicht verbunden, da die **beschränkte Offenbarungspflicht ausschließlich gegenüber dem Anstaltsleiter** besteht.

G. Widerruf der Zurückstellung (§ 35 Abs. 5 und Abs. 6 BtMG)

I. Zuständigkeit und Verfahren

443   Die Vollstreckungsbehörde **(StA oder Jugendrichter als Vollstreckungsleiter)** ist gem. § 35 Abs. 5 BtMG auch **für den Widerruf** der Zurückstellung **zuständig** (*Düsseldorf* StV 1987, 210). Eine Widerrufsentscheidung, die **vom Gericht des 1. Rechtszuges** gem. § 36 Abs. 5 S. 1 BtMG getroffen wird, ist fehlerhaft, weil hierfür gem. § 35 Abs. 5 S. 1 BtMG die Vollstreckungsbehörde zuständig ist (*Frankfurt* NStZ-RR 1998, 77). § 35 Abs. 5 BtMG will der Vollstreckungsbehörde ermöglichen, ohne Anhörung des Verurteilten auf die Nichteinhaltung der Verpflichtung nach § 35 Abs. 4 BtMG **möglichst schnell** zu reagieren und so den **drogenabhängigen Verurteilten vor einer Rückkehr in die Drogenszene zu bewahren** (*Katholnigg* NStZ 1981, 419). Durch die Widerrufsentscheidung der Vollstreckungsbehörde befindet sich der Verurteilte **wieder im Strafvollstreckungsverfahren.** Die Strafvollstreckung wird gem. § 27 StVollstrO fortgesetzt. Einer **Anhörung des Gerichts** bedarf es **nicht.** Nach dem Bericht der *Bundesregierung* über die Erfahrungen mit dem BtMG v. 29. 12. 1983 (BT-

Drs. 10/843, S. 36) wurden von den 1.504 Zurückstellungen in der Zeit von Januar 1982 bis Juni 1983 535 (= 35,57%) Fälle widerrufen. In 128 Fällen wurde aber wenig später erneut die Strafvollstreckung zurückgestellt. Nach der Strichlistenerhebung der Bundesregierung für das Jahr 1989 hat sich die Widerrufsquote von 48% (1988) im Jahr 1989 auf 52% erhöht. Von 2.720 Zurückstellungen im Jahr 1990 wurde in 1.431 Fällen die Zurückstellung widerrufen, in 21,8% wegen Nichtaufnahme der Behandlung, in 74,2% wegen **Therapieabbruches**, in 1,8% wegen **Nichterbringung der Nachweise**, in 0,8% wegen **nachträglicher Bildung einer Gesamtstrafe**, in 1,4% wegen Vollstreckung einer **weiteren Strafe oder Maßregel**. Im Umgang mit Drogenabhängigen sind **unterschiedliche Arten von Rückfällen und Abbrüchen** bzw. Kombinationen von Abbruch und Rückfall zu beachten, z. B.: Rückfall mit legalen Drogen im Therapieprozess, Rückfall mit illegalen Drogen im Therapieprozess, Rückfall mit anderen Straftaten ohne Drogenkonsum, Rückfall mit Abbruch oder Abbruch ohne Rückfall.

Therapie ist ein **langes prozesshaftes Geschehen**, in dem es darum geht, **444** **Rückfälle therapeutisch zu verarbeiten, drogenfreie Intervalle zu vergrößern** und Erfolge in kleinen Schritten anzustreben (*Kreuzer* NJW 1989, 1505, 1510 ff.). Zu einem Therapieerfolg sind regelmäßig **zahlreiche Therapieversuche** notwendig, so dass ein einmaliger Therapieabbruch noch nicht einem erneuten Therapievorhaben entgegensteht. Entgegen dem traditionellen Rückfallverständnis, nach dem Rückfälle auf eine mangelhafte Abstinenzmotivation zurückzuführen seien, sieht die neuere Rückfallforschung chronischen Missbrauch und Abhängigkeit von Rauschmitteln als Symptom einer seelischen Störung und den **Rückfall als zentralen Bestandteil der Abhängigkeit** an. Dabei stecke in jedem Rückfall nicht nur die Gefahr einer weiteren körperlichen, geistigseelischen und sozialen Verschlechterung, sondern auch die **Chance einer aufrichtigen Auseinandersetzung mit der Wirklichkeit** und eine Erfahrungsmöglichkeit (*Körkel*, Der Rückfall des Suchtkranken, 1988, 102, 241, 243; vgl auch *Saarbrücken* NStZ-RR 1996, 50).

II. Voraussetzungen des Widerrufs

Die Vollstreckungsbehörde widerruft die Zurückstellung der Vollstreckung, **445** wenn

– die **Behandlung nicht begonnen** (§ 35 Abs. 5 S. 1 1. Alt BtMG; s. Rn. 446) **oder nicht fortgeführt** wurde (s. Rn. 447) und **nicht zu erwarten ist,** dass der Verurteilte die **Behandlung derselben Art alsbald beginnt** oder alsbald wieder aufnimmt (§ 35 Abs. 5 S. 1 2. Alt BtMG; s. Rn. 452 ff.),
– die Aufnahme und Fortführung der Behandlung **nicht nachgewiesen** wurde (§ 35 Abs. 5 S. 1 3. Alt. BtMG; s. Rn. 461 ff.),
– bei **nachträglicher Bildung einer Gesamtstrafe** nicht auch deren Vollstreckung nach § 35 Abs. 1 i. V. m. § 35 Abs. 3 BtMG zurückgestellt wird (s. Rn. 465),
– eine **weitere** gegen den Verurteilten erkannte **Freiheitsstrafe** oder freiheitsentziehende Maßregel zu vollstrecken ist (§ 35 Abs. 6 Nr. 2 BtMG; s. Rn. 466), oder
– wenn er **erhebliche Straftaten während einer ambulanten Therapie** begangen und damit die Fortführung der Therapie verhindert hat (**§ 35 Abs. 5 S. 1 2. Alt BtMG;** s. Rn. 467 ff.).

1. Nichtbeginn der Behandlung. Erreichen die Therapieanwärter die **446** **Therapieeinrichtung nicht,** sondern ergreifen auf dem Weg dorthin die **Flucht,** so ist **in der Regel ein sofortiger Widerruf** geboten, wenn nicht zu erwarten ist, der Verurteilte wolle eine andere Art von Therapie aufnehmen (vgl. *Koblenz* StV 2006, 588). Ohne Belang ist, ob der Angeklagte die **Therapiebereitschaft nur vorgetäuscht** hat, **Kurzschlusspanik vor dem Therapieantritt** hatte, **durch Dritte vom Therapieantritt abgehalten** wurde oder nunmehr eine

andere Therapieform bevorzugt. Die **generelle Erwartung, der Verurteilte wolle eine Therapie nicht antreten,** kann jedoch widerlegt werden, wenn der Verurteilte einen ernsthaften Therapieantritt in einer anderen Einrichtung derselben Art nachweist (vgl. Rn. 452 ff.). Bei der Überwachung des suchtkranken Verurteilten darf es **kein zeitliches Zwischenstadium zwischen Therapie und Strafvollzug** geben. Hat ein Verurteilter, der tatsächlich nicht abhängig ist, eine solche **Abhängigkeit und Therapiewilligkeit nur vorgespiegelt,** um sicherer seine vorzeitige Entlassung aus der Strafhaft zu erreichen, so liegt hierin zwar eine **Unaufrichtigkeit.** Nimmt der Verurteilte nach seiner Entlassung sodann sein Einverständnis zurück und tritt die auferlegte stationäre Therapie nicht an, so rechtfertigt dies keinen Widerruf, denn er ist nicht behandlungsbedürftig (*Schleswig* NStZ-RR 2004, 222).

447   **2. Nichtfortführung der Behandlung.** Hat der Verurteilte die Behandlung zwar begonnen, aber nicht bis zu Ende fortgeführt, so ist nach der Gesetzesänderung die § 35 Abs. 5 BtMG der Widerruf der Zurückstellung der Strafvollstreckung darauf beschränkt worden, wenn **nicht zu erwarten ist,** dass der Verurteilte die Behandlung fortsetzt oder eine **Behandlung derselben Art als alsbald beginnt oder wieder aufnimmt.**

448   **a) Rückfall.** Ein **Therapieabbruch** bedeutet nicht regelmäßig ein Rückfall in die Sucht – und Kriminalitätskarriere, sondern lediglich die Beendigung einer Therapiezeit. Da zur Überwindung der Sucht regelmäßig mehrere Therapieversuche notwendig sind, ist der **Widerruf nur Ultima ratio,** wenn eine erneute **gleichwertige Therapie nicht angestrebt** wird (*Karlsruhe* StV 2003, 630).

449   **aa) Rückfall als Wesensmerkmal der Sucht.** Da zu einem Therapieerfolg regelmäßig zahlreiche Therapieversuche notwendig sind, kann der Widerruf einer Zurückstellung in aller Regel nicht auf einen einmaligen Therapieabbruch gestützt werden. Entgegen dem traditionellen Rückfallverständnis, wonach Rückfälle auf eine mangelhafte Abstinenzmotivation zurückzuführen seien, sieht die neuere Rückfall-Forschung chronischen Missbrauch und Abhängigkeit von Rauschmitteln als Symptom einer seelischen Störung und den Rückfall als zentralen Bestandteil der Abhängigkeit an (vgl. *Körkel*, Der Rückfall des Suchtkranken, 1988, S. 241). Dabei steckt **in jedem Rückfall** nicht nur die **Gefahr einer weiteren körperlichen, geistig-seelischen und sozialen Verschlechterung,** sondern auch die **Chance einer aufrichtigen Auseinandersetzung** mit der Wirklichkeit und einer Erfahrungsmöglichkeit (*Körkel*, a.a.O., S 109). Therapie ist ein langes, prozesshaftes Geschehen, in dem es darum geht, Rückfälle therapeutisch zu verarbeiten, drogenfreie Intervalle zu vergrößern und Erfolge in kleinen Schritten anzustreben (*Kreuzer* NJW 1989, 1505, 1510). Bei einem schnellen Rückfall in den Heroin-Kokainkonsum nach Therapieabbruch wird berücksichtigt werden müssen, dass gerade diese Verhaltensweisen typischer Ausfluss einer fortbestehenden und behandlungsbedürftigen Sucht sind. Selbst das abrupte Ende einer nur einwöchigen Therapie muss keine vorgetäuschte Therapiebereitschaft belegen, sondern kann Ausdruck eines suchtbedingten Rückfalles sein, einer labilen Persönlichkeitsstruktur, die einer Fortsetzung der therapeutischen Bemühungen bedarf.

450   Der **Therapieabbruch Heroinabhängiger** ist ein multifaktorielles Ereignis, häufig ein **Nichtakzeptieren des Therapieangebotes** (*Kunz/Kampe* SuchtG 1985, 146 ff.). Dabei stellt sich Abbruch **nicht immer** als **Rückfall in die Kriminalität** dar. Vielmehr sind häufig Rückfälle **Symptome der Sucht.** Sie dürfen deshalb **nicht Anlass zu einer Therapieverweigerung** durch Widerruf, sondern müssen **Ansatzpunkte zur therapeutischen Hilfestellung** sein. Tritt der Verurteilte **nicht** bei der gerichtlich vorgesehenen Therapieeinrichtung **an,** sondern bei einer anderen Einrichtung, oder verlässt ein Verurteilter eine Langzeittherapieeinrichtung eigenmächtig, weil ihm die Therapeuten, die Klientel, das Therapieprogramm, der Therapieort oder die Therapiedauer nicht zusagen, um sich von einer Drogenberatungsstelle neu beraten zu lassen, so ist die Frage des Widerrufs davon abhängig, ob der Verurteilte ernsthaft seine Rehabilitation be-

treibt und seine Bemühungen nachweist (*AG Karlsruhe* StV 1985, 247; *Karlsruhe* StV 2003, 630).

bb) Therapieabbruch bei einer ambulanten Therapie. Bei der **stationä-** **451**
ren Entzugstherapie ist mit der Begehung von Straftaten wie Einbruchsdiebstählen
usw. zugleich das **Verlassen der Therapieeinrichtung** verbunden und als endgültiger Therapieabbruch zu werten. Anders ist dies jedoch bei der ambulanten
Therapie, auf die die Regelungen des § 35 Abs. 5 und Abs. 6 BtMG nicht passen.
Die Zurückstellung der Strafvollstreckung wegen einer ambulanten Substitutionsbehandlung mit Levo-Methadon muss widerrufen werden für den Fall, dass der
Substituierte die Behandlung **tatsächlich nicht weiterführt** bzw. **gar nicht**
beginnt. Hat ein Verurteilter, dessen Strafvollstreckung zugunsten einer ambulanten Drogentherapie gem. § 35 BtMG zurückgestellt wurde, **die Auflagen des**
Zurückstellungsbescheides nicht erfüllt, nämlich weder die ambulante Therapie angetreten noch die Weisungen der Einrichtung (Gespräche, Urinabgabe usw.)
befolgt, weder seine ladungsfähige Anschrift der StA gemeldet noch an der betreuten Wohngemeinschaft teilgenommen, weder Arbeitsbemühungen noch Umschu-
lungsanstrengungen entfaltet noch darüber berichtet, sondern nur unverbindliche
Briefe geschrieben, so ist die Zurückstellung zu widerrufen, da nicht zu erwarten
ist, dass der Verurteilte eine Behandlung ähnlicher Art alsbald beginnen wird
(*Frankfurt*, Beschl. v. 30. 12. 1993, 3 Ws 810/93).

3. Nichterwartung der Wiederaufnahme der Therapie. Setzt ein Thera- **452**
pieabbrecher die Therapiebemühungen nicht anderweitig fort, **hält er sich ver-**
borgen oder **verweigert einen Therapieantritt,** so besteht nicht die Erwartung
der alsbaldigen Wiederaufnahme der Therapie. Es kann deshalb ein Absehen vom
Widerruf und eine Zurückstellung der Strafvollstreckung versagt werden (*Frankfurt*,
Beschl. v. 11. 3. 2003, 3 Ws 210/03). Die Beantwortung der Frage, ob nicht zu
erwarten ist, dass der Verurteilte eine **Behandlung derselben Art alsbald wie-**
der aufnimmt, ist an dem Maßstab auszurichten, der bereits bei der Zurückstellung der Strafvollstreckung angelegt wurde (*Koblenz* NStZ 1995, 294; vgl. auch
Koblenz NStZ 2009, 395). Die Prognoseentscheidung orientiert sich daran, ob der
Therapiebeginn einer gleichartigen Alternativtherapie gewährleistet ist.
Hierbei ist nach den gleichen Grundsätzen wie bei der notwendigen Therapiewilligkeit im Rahmen der Zurückstellungsentscheidung nach § 35 Abs. 1 BtMG zu
hinterfragen, ob beim Verurteilten noch eine Therapiebereitschaft vorhanden ist,
woran es fehlt, wenn der Verurteilte nach dem eigenmächtigen Verlassen der Therapieeinrichtung untertaucht und längere Zeit keinen Versuch unternimmt, einen
anderen Therapieplatz zu finden; die Vorlage einer Aufnahmebescheinigung einer
neuen Therapieeinrichtung vermag dann am Widerruf nach § 35 Abs. 5 S. 1
BtMG nichts mehr zu ändern (*Koblenz* NStZ 2009, 365).

a) Alsbaldige Bemühung. Bei der Interpretation des Wortes „alsbald" im **453**
§ 35 Abs. 5 S. 1 BtMG helfen die Materialien nicht weiter. Nach dem Therapieabbruch hat sich der Verurteilte zumindest **sobald als möglich** um einen neuen
Therapieplatz zu bemühen (*Koblenz* NStZ 1995, 294). Der Interpretation des Begriffes „alsbald" des *OLG Karlsruhe* (StV 2003, 630), wonach zwischen Abbruch
und Fortsetzung der Behandlung mehrere Monate liegen können und dies noch
eine alsbaldige Fortsetzung sein soll, geht zu weit. Hier hat nach dem Gesetz ein
Widerruf und u. U. später eine erneute Zurückstellung der Strafvollstreckung zu
erfolgen. Diese Anstrengungen sind gegenüber der StA oder dem Jugendrichter als
Vollstreckungsleiter zu dokumentieren. Wesentlich ist dabei, dass in der Zwischenzeit (unter Umständen mehrere Wochen dauernd) bis zur Aufnahme in die neue
Einrichtung Kontakt zu einem Arzt oder zu einer ambulanten Drogenhilfestelle
gehalten wird. Der Verurteilte darf diese Zeit nicht einfach verstreichen lassen.
Durch die Annahme anderer in der Zwischenzeit möglicher Hilfsangebote hat der
Verurteilte seinen **fortbestehenden** Willen zur Überwindung seiner Betäu-
bungsmittelabhängigkeit nachzuweisen. Dies ist umso bedeutender, als eine neue

Therapiestelle oftmals erst nach längerem Zeitablauf einen freien Platz zur Verfügung stellen kann.

454   **b) Behandlung derselben Art.** Strittig ist die Frage, was unter einer „**Behandlung derselben Art**" nach § 35 Abs. 5 S. 1 BtMG zu verstehen ist. Nach dem Wortlaut könnte man daran denken, dass der Widerruf nur unterbleiben soll, wenn **nach einem Abbruch einer stationären Therapie erneut eine stationäre Einrichtung** besucht wird (*Koblenz* NStZ 1995, 294). Vom Sinn her ist hierunter jedoch zu verstehen, dass der Verurteilte sich **erneut** einer Behandlung i. S. v. § 35 Abs. 1 BtMG, d. h. **einer seiner Rehabilitation dienenden Behandlung** seiner Abhängigkeit, unterzieht. Eine **stationäre Therapie kann deshalb nur ausnahmsweise auch ambulant fortgeführt werden** (*Baumgart*, 1994, 467; *Köln* StV 1995, 649), wenn die ambulante Therapie durchaus mit der vorausgegangenen stationären Therapie vergleichbar ist, was die Anstrengungen des Probanden angeht. Ob die erneute Behandlung seiner Rehabilitation dient und dem Maßstab der Zurückstellungsentscheidung entspricht, bedarf aber der Prüfung. **Grundsätzlich** kann es **nicht dem Verurteilten überlassen bleiben, sich nach Gutdünken irgendeine andere bequemere Behandlung auszusuchen.** Vielmehr bleibt der **Maßstab der Zurückstellungsentscheidung maßgeblich** (*Koblenz* NStZ 1995, 294).

455   **aa) Beispiele von Therapiewechsel.** Bricht der Verurteilte kurz nach Beginn einer stationären Therapie die Behandlung ab und meldet sich nur bei einer ambulanten Therapie an, weil für ihn die **Freiheit und nicht die Behandlung im Vordergrund steht,** so kann von einer Behandlung derselben Art nicht die Rede sein. Nimmt ein Proband an einer stationären Therapie bis zu einem Drittel oder länger teil und wechselt sodann in Übereinstimmung mit dem Therapeuten auf eine ambulante Therapie über, um die **Ergebnisse der stationären Therapie im Privat- und Berufsleben zu erproben,** so kann hierin eine Behandlung derselben Art gesehen werden. Das AG *Karlsruhe* unterscheidet insoweit die **Therapieunterbrechung** von dem **Therapieabbruch.** Bei der Vielfalt der Ursachen für Suchtverhalten und Persönlichkeitsstörungen kann es **keine alleingültige Methode** der Therapie Drogenabhängiger geben. Die unterschiedlichen methodischen Ansätze erlauben vielmehr, der speziellen Problematik des verurteilten Süchtigen gerecht zu werden und in therapeutisch indizierten Fällen **von einer therapeutischen Einrichtung in eine andere überzuwechseln** (*Adams/Gerhardt* NStZ 1981, 241 f.). Hat der Verurteilte eine **stationäre Therapieeinrichtung eigenmächtig verlassen,** die Behandlung aber durch eine **ambulante Therapie** oder durch Gespräche bei Drogenberatungsstellen, durch Arbeitsaufnahme und drogenfreies Leben fortgeführt, so ist nach Auffassung des *LG Köln* (StV 1987, 210; vgl. auch *AG Osnabrück* StV 1989, 69) ein Widerruf nicht möglich (so auch *Düsseldorf* StV 1986, 25). Zur Fortsetzung der Therapie durch eine **Substitutionsbehandlung mit psychosozialer Betreuung** vgl. *LG Berlin* StV 1992, 481.

456   Der Therapiewechsel bedarf aber einer nachvollziehbaren fachlichen Begründung und darf nicht eine Verlegenheitslösung zur Verhinderung des Widerrufs der Zurückstellung sein. Denn es ist **besser,** auf dem bisherigen weitgehenden Therapieerfolg aufzubauen und **eine aussichtsreiche Therapie auf ambulantem Wege fortzuführen,** als durch einen Widerruf die bisherigen Therapieerfolge zu gefährden und womöglich zunichte zu machen. Es empfiehlt sich bisweilen, an Stelle eines Widerrufbescheides einen erneuten Zurückstellungsbescheid zu verfassen, der sich mit mehr Auflagen der ambulanten Situation anpasst (*Nürnberg* StV 2004, 385).

457   **bb) Nicht mit der Justiz abgestimmter Therapiewechsel.** Nicht der Verurteilte, nicht der Drogenberater und nicht die Therapieeinrichtung haben das Recht, einen Wechsel von einer stationären in eine ambulante Therapie zu genehmigen. Es **obliegt allein der Justiz, das Ersatzprogramm** an Stelle des Strafvollzuges **zu bestimmen.** Dient der Abbruch der stationären Therapie **allein**

dem Wunsch, mehr persönliche Freiheit zu erlangen, eine Arbeit antreten zu können und wird als ambulante Therapie ein ein- bis zweimaliger Besuch eines niedergelassenen Arztes oder einer Psychologin angeboten, so ist dieser Therapiewechsel als unzureichend abzulehnen und zu widerrufen.

Der **Widerruf einer Zurückstellung der Strafvollstreckung wegen Therapieabbruchs gegen ärztlichen und therapeutischen Rat** ist nicht zu beanstanden, wenn bei dem Verurteilten bereits kurze Zeit zuvor die Zurückstellung der Strafvollstreckung zugunsten einer Langzeittherapie wegen Therapieabbruchs und erneuter Betäubungsmitteldelikte werden musste. Der **Nichtantritt einer Behandlung derselben Art bei einer anderen Einrichtung nach Therapieabbruch,** die **Anmeldung zur Umschulung als Landschaftsgärtner, unverbindliche Kontakte** zu einem Drogenberater und die **Aufnahme in die Warteliste einer therapeutischen Wohngemeinschaft** rechtfertigen nicht die Erwartung der alsbaldigen **Fortführung einer gleichartigen Therapie** i. S. v. § 35 Abs. 5 S. 1 BtMG (*Frankfurt*, Beschl. v. 14. 5. 1996, 3 Ws 366/96). **458**

c) Disziplinarische Entlassung aus der Therapieeinrichtung. Wird ein Verurteilter aus disziplinarischen Gründen in eine andere Therapieeinrichtung verlegt, verweigert er die Mitwirkung und verlässt die Einrichtung, so stellt die Rückkehr zu seinen Eltern und die Kontaktaufnahme zu einer Drogenberatungsstelle noch keine Fortsetzung der Therapie dar. Allein die **Planung** einer ambulanten Behandlung in Form von Einzel- oder Gruppengesprächen stellt noch **keine Therapiefortsetzung** dar und vermag deshalb den Widerrufsgrund des Therapieabbruchs nicht auszuräumen (*Frankfurt*, Beschl. v. 4. 1. 1991, 3 Ws 1/91). Hat der Verurteilte nicht freiwillig die Einrichtung verlassen, sondern wurde **disziplinarisch entlassen,** weil er während der Drogentherapie erneut Kokain konsumiert habe, so ist ein Widerruf nur dann als Therapieabbruch zu werten, wenn er die **Entlassung zu vertreten** hat. Da bei dem immunologischen EMIT-Testverfahren **Falschbefunde** beim untersuchten Urin nicht ausgeschlossen sind, bedarf ein im EMIT-Drogen-Screening-Verfahren positiver Befund der Bestätigung durch chromatographische oder spektrometrische Untersuchungen. Bemüht sich die Therapieeinrichtung nicht um **forensisch verwertbare Nachweise** und ist die abgegebene Urinprobe nicht mehr verfügbar, so hat der Verurteilte die Entlassung nicht zu vertreten und ein Widerruf der Zurückstellung scheidet aus (*AG Freiburg* StV 1989, 257; vgl. auch *Kreuzer* StV 1986, 129 und *LG Wuppertal* NStZ 1989, 295). Wird ein Verurteilter wegen **tätlicher Auseinandersetzung** aus disziplinarischen Gründen aus der Therapie entlassen, so rechtfertigt dies keinen Widerruf wegen Therapieabbruchs, wenn der Verurteilte alsbald eine Behandlung derselben Art andersowo fortsetzt (*AG Braunschweig* StV 1990, 415). **459**

Muss ein Verurteilter aus disziplinarischen Gründen eine Therapieeinrichtung verlassen, weil es zu Auseinandersetzungen mit dem Therapeuten über das Therapiekonzept kam, ohne dass ein erneuter Suchtstoffmissbrauch zu beklagen war, so ist dies kein Grund für den Widerruf einer Zurückstellung oder für die Versagung eines Zurückstellungsantrages. So sind Spannungen oder ein Ausschluss aus einer Therapieeinrichtung wegen mehrmaliger Verspätung oder Unordentlichkeit kein Beleg dafür, dass der Verurteilte nicht therapiefähig sei und sich in keine therapeutische Gemeinschaft eingliedern lasse. Denn **suchtbedingte Verhaltensauffälligkeiten und Lebensuntüchtigkeit sollten in der Therapieeinrichtung nicht Grund für seine Entlassung, sondern Basis einer Behandlung** sein. Anders liegt der Fall, wenn ein Verurteilter aus disziplinarischen Gründen bereits mehrere therapeutische Einrichtungen verlassen musste. **460**

4. Nichtnachweis der Therapiefortführung. Das *OLG Karlsruhe* (NStZ 1985, 80) hat in einem Fall, in dem der Verurteilte die **Langzeittherapie** in einer staatlich anerkannten Einrichtung **abgebrochen** und pauschal behauptet, aber nicht nachgewiesen hatte, er habe sich **anschließend in ambulanter Behandlung** befunden, den Widerruf der Zurückstellung als durch § 35 Abs. 5 S. 1 **461**

BtMG zwingend geboten angesehen, um die Motivation des Verurteilten zum Durchhalten einer Langzeittherapie zu stärken. Eines Widerrufes bedarf es nicht, wenn sich der Wechsel von der einen zu einer anderen anerkannten Einrichtung **nahtlos** vollzieht. Wenn allerdings ein **Abstand zwischen beiden Behandlungen** eintritt, sollte der StA dem Verurteilten eine Frist zur Therapiefortsetzung setzen, nach deren Ablauf der Widerruf erfolgen wird.

462   **a) Schweigen zum Therapieabbruch.** Beantwortet weder der Verurteilte noch die Drogenheilstätte Anfragen des Gerichts über die Fortführung einer Langzeittherapie und kommt das Schreiben an den Verurteilten mit dem postalischen Vermerk zurück: **„Nach unbekannt verzogen"**, so fehlt es an einer positiven Prognose. Es ist von einem Therapieabbruch auszugehen und die Zurückstellung zu widerrufen. Verlässt ein Verurteilter eigenmächtig ein Therapiezentrum und **geht ins Ausland,** um angeblich dort zu arbeiten, und teilt er der StA wahrheitswidrig mit, er sei vorzeitig entlassen worden, so ist zu widerrufen, wenn er hiermit einen Rückfall programmiert.

463   **b) Aufklärung des Abbruchgrundes.** Die Vollstreckungsbehörde muss den **Grund des Therapieabbruches** bzw. **Ausschlusses aus der Therapieeinrichtung** soweit wie möglich aufklären. Das *OLG Zweibrücken* (StV 1983, 230) hat einen **Therapieabbruch** eines Probanden kurze Zeit nach Therapieeintritt als **achtenswert** anerkannt, weil der Klient in der Therapieeinrichtung mit Leuten zusammentraf, die er im Vorverfahren und in der Hauptverhandlung belastet hatte, und nun Konflikte mit diesen Personen befürchtete. Der Weg von der Sucht in die Abstinenz führt fast nie geradlinig nach einem Therapieplan, sondern verläuft 3 Schritte vor und dann wieder 2 zurück (*Bschorr*, Risiken der Drogenabhängigkeit, DMW 1984, 1105). Die Anforderung an die Therapiewilligkeit und Therapiefähigkeit des Betroffenen dürfen nicht übersteigert werden. Es ist vielmehr ein gewisses Maß an entgegengebrachtem Vertrauen als zusätzliches Mittel der Resozialisierung einzusetzen und damit ein gewisses Maß an **Risiko in Kauf zu nehmen** (*Hamm* NStZ 1982, 485 = StV 1982, 428).

464   **c) Absehen vom Widerruf bei nachträglichem Nachweis.** Wird **nachträglich der Therapieantritt nachgewiesen** oder dargelegt, dass **nicht der Klient, sondern der Therapeut den Abbruch zu vertreten** hat, so ist von einem Widerruf abzusehen. Denn häufig ist **gar nicht der Klient für den Therapieabbruch verantwortlich. Therapeutisches Fehlverhalten,** eine für den Klienten **ungeeignete Therapie,** eine Aussperrung des Probanden als pädagogische Maßnahme oder ein vorzeitiges Erreichen des Therapieziels bewirken nicht selten das Verlassen der Einrichtung. In diesen Fällen ist dann zumeist kein Widerruf, sondern ein **Überwechseln in eine andere Therapieeinrichtung** oder in eine andere Therapieform geboten. Zwar steht einem Strafgefangenen kein Anspruch auf die Zuteilung eines bestimmten Therapeuten zu (*Karlsruhe* NJW 2001, 114). Besteht aber zwischen einem Therapeuten und dem Klienten **keine Kommunikationsebene mehr** und lässt sich eine solche trotz aller Bemühungen auch nicht mehr herstellen, so ist bei einem behandlungswilligen Probanden **an Stelle eines Widerrufs ein Wechsel des Therapeuten oder der Therapieeinrichtung** auf Antrag des Verurteilten geboten (*Karlsruhe* NStZ-RR 2005, 122).

465   **5. Nachträgliche Bildung einer Gesamtstrafe.** Entfallen aufgrund einer nachträglichen Bildung einer Gesamtstrafe die Voraussetzungen einer Zurückstellung der Strafvollstreckung, so ist die Zurückstellung zu widerrufen (§ 35 Abs. 6 Nr. 1 BtMG).

466   **6. Widerrufsgrund einer weiteren zu vollstreckenden Freiheitsstrafe.** Ist eine weitere rechtskräftige Freiheitsstrafe, die der Verurteilte zu verbüßen hat, bekannt geworden, die nicht zurückstellbar ist, so ist eine laufende Zurückstellung der Strafvollstreckung zu widerrufen, da ein Zurückstellungshindernis nach § 35 Abs. 6 Nr. 2 BtMG besteht (vgl. 283 ff.). Hat der Verurteilte eigenmächtig die Therapieeinrichtung verlassen und wurde wegen eines

früheren Verstoßes gegen das BtMG zu einer **Bewährungsstrafe** verurteilt, so ist das erneute Urteil kein Widerrufsgrund, da **nicht** auf eine **vollstreckbare Freiheitsstrafe** erkannt wurde (*LG Köln* StV 1987, 210).

7. Straftaten während einer Therapie. Wenn eine Person **während laufender (zumeist) ambulanter Behandlung** (tägliche Polamidoneinnahme, Teilnahme an psychosozialen Begleitmaßnahmen usw.) **Betäubungsmitteldelikte** oder **Einbruchsdiebstähle** oder ähnliches zur Beschaffung weiterer Betäubungsmittel begeht, ist § 35 Abs. 6 Nr. 2 BtMG zumeist nicht direkt anwendbar, weil noch keine diese Taten erfassende rechtskräftige Verurteilung und zu vollstreckende Freiheitsstrafe vorliegen. **Die Begehung von Straftaten kann nicht regelmäßig den Schluss rechtfertigen, dass die ambulante Behandlung nicht begonnen oder nicht fortgesetzt wurde.** Begeht ein Verurteilter während einer laufenden ambulanten Therapie, an der er regelmäßig teilnimmt, **erhebliche Straftaten**, so ist die Zurückstellung der Strafvollstreckung zu widerrufen (§ 35 Abs. 5 S. 1 2. Alt BtMG). Unter **Heranziehung des § 37 Abs. 3 Nr. 3 BtMG** wird man die Grenze dort ziehen können, wo der Verurteilte durch Begehung von Straftaten gezeigt hat, dass die **Erwartung, die der Zurückstellungsentscheidung zugrunde lag, sich nicht erfüllt hat.** Da eine Zurückstellung der Strafvollstreckung für eine ambulante Substitutionsbehandlung nur unter psychosozialen Begleitmaßnahmen zulässig ist, stellen erhebliche Straftaten einen **Abbruch psychosozialer Begleitung und ein Zurückkehren in die Kriminalität** dar, was einen Widerruf der Zurückstellung verlangt (*Berlin* StV 2002, 264). 467

Mangels rechtskräftiger Verurteilung ist in diesem Zusammenhang die **Unschuldsvermutung** (Art. 6 Abs. 2 MRK) zu beachten. Bloße Ermittlungsvermerke der Polizei **reichen für eine Überzeugungsbildung** als Grundlage für einen Widerruf der Strafvollstreckung nicht aus. Vielmehr sind die für den Widerruf einer Strafaussetzung (§ 56 f Abs. 1 Nr. 1 StGB) entwickelten Grundsätze anzuwenden. Danach muss sich die Vollstreckungsbehörde eine **Überzeugung vom Vorliegen der neuen Straftat** bilden. Bei einem **Geständnis** können z. B. keine vernünftigen Zweifel bestehen (*Berlin* StV 1999, 442). Hat ein Verurteilter erfolgreich eine Drogentherapie absolviert, ist zur Weiterbehandlung in die Nachsorgeeinrichtung übergewechselt und hat während der ambulanten Behandlung mit einem Komplizen drei bewaffnete Banküberfälle begangen und einen vierten Banküberfall verabredet, um die Voraussetzungen für eine sorgenfreie Zukunft zu schaffen, so ist die Zurückstellung der Strafvollstreckung zu widerrufen, wenn **trotz der bis zur Verurteilung bestehenden Unschuldsvermutung** aufgrund einer sorgfältigen Aktenauswertung und Beweiswürdigung (Geständnis, Zeugenbeobachtungen und anderer Beweismittel) **keine vernünftigen Zweifel an den neuen Straftaten** und an dem Scheitern der Therapiebemühungen bestehen (*Berlin* StV 1999, 442). Allein aufgrund eines vorliegenden Haftbefehls kann eine Überzeugung vom Vorliegen einer erneuten Straftat in der Regel nicht gewonnen werden (*Berlin* StV 2002, 264). 468

III. Absehen vom Widerruf

Ein Absehen vom Widerruf nach § 35 Abs. 5 S. 2 BtMG ist regelmäßig möglich, wenn 469

– **der formelle Widerrufsgrund der Verletzung der Nachweispflicht** (§ 35 Abs. 4 BtMG) vorliegt, der Verurteilte aber sich **bereit erklärt, zukünftig seine Meldepflichten einzuhalten,**
– nach dem Therapieabbruch der Verurteilte nachträglich **nachweist,** dass er eine **Behandlung derselben Art aufgenommen** hat oder **alsbald beginnt** (§ 35 Abs. 5 S. 2 BtMG). Durch die Gesetzesänderung wurde der Rechtszustand beseitigt, wonach bei Therapieabbruch ein Absehen vom Widerruf nicht möglich ist (*Karlsruhe* NStZ 1985, 80 ff = MDR 1985, 165).

IV. Erneute Zurückstellung der Strafvollstreckung

470   Um bei geringfügigen Pflichtverletzungen Abweichungen von der zwingenden Vorschrift des § 35 Abs. 5 S. 1 BtMG zu ermöglichen, sieht § 35 Abs. 5 S. 3 BtMG vor, dass einem Widerruf nach § 35 Abs. 5 S. 1 BtMG eine erneute Zurückstellung nicht entgegensteht. Eine erneute Zurückstellung wird auch nicht durch eine zwischenzeitliche Inhaftierung ausgeschlossen. Es müssen lediglich im Zeitpunkt der Entscheidung die Voraussetzungen einer Zurückstellung vorliegen. Da zu einem Therapieerfolg in der Regel zahlreiche Therapieversuche notwendig sind, kann die Strafvollstreckung immer wieder neu zurückgestellt werden (§ 35 Abs. 5 S. 3 BtMG). Auch für die **erneute Zurückstellung** bedarf es **wieder der Zustimmung des Gerichtes,** da auch in diesem Fall die Stellungnahme des Gerichtes des 1. Rechtszuges die Entscheidungsgesichtspunkte der Vollstreckungsbehörde bereichern kann.

V. Vollstreckungshaftbefehl bei Widerruf

471   Der **Vollstreckungshaftbefehl** obliegt dem **Rechtspfleger** der StA. Der Rechtspfleger hat mit dem Vollstreckungshaftbefehl die Fortsetzung der Strafvollstreckung sicherzustellen. Die Widerrufsentscheidung ist dem Verurteilten **spätestens nach Vollstreckung des Haftbefehles** bekannt zu machen. Hat die Vollstreckungsbehörde die Zurückstellung widerrufen, so kann sie **Haftbefehl bzw. Unterbringungsbefehl** zur Vollstreckung der Freiheitsstrafe oder zur Unterbringung in einer Entziehungsanstalt erlassen (§ 35 Abs. 7 S. 1 BtMG). **Sofern der Aufenthaltsort des Verurteilten unbekannt ist,** hat die Strafvollstreckungsbehörde umgehend Haftbefehl zu erlassen und Fahndungsmaßnahmen einzuleiten, um möglichst frühzeitig den Verurteilten ergreifen zu können. Je später der Zugriff, umso geringer ist die Chance, das Therapieprogramm fortführen zu können. **Es ist jedoch von einem starren justiziellen Sicherheitssystem „Abbruch-Abbruchmeldung-Widerruf-Vollstreckungshaftbefehl" Abstand zu nehmen.** In nicht wenigen Fällen kehrt der Therapieabbrecher in seine Wohnung oder in sein Elternhaus zurück und ringt tagelang mit der Frage, ob er zur Therapieeinrichtung zurückkehren soll. In diesen Fällen sollte der Therapieabbruch keinen Vollstreckungshaftbefehl nach sich ziehen, **wenn der Aufenthaltsort bekannt ist.** Die Vollstreckungsbehörde kann in diesem Falle durch **Zustellung der Widerrufsentscheidung zur Rückkehr in die alte Therapieeinrichtung** oder in eine andere Therapieeinrichtung **auffordern** und mit einer Ladung zum Strafantritt deutlich machen, dass sie einen endgültigen Abbruch nicht hinnehmen wird, sondern mit Strafvollstreckung beantworten wird (*Adams/Eberth* NStZ 1983, 198). Eine Verhaftung eines in die Therapieeinrichtung zurückgekehrten Verurteilten würde nicht nur die Therapie des Verurteilten und die Atmosphäre der Therapieeinrichtung zerstören, sondern das Ziel der §§ 35 ff. BtMG ins Gegenteil verkehren.

472   Der Therapieabbruch und die Meldepflicht verschaffen der **Therapieeinrichtung kein vorläufiges Festnahmerecht,** den Patienten am Verlassen der Einrichtung zu hindern, oder bis zum Eintreffen der Polizei festzuhalten. Ausnahmen könnten sich nur in nicht standesähnlichen Fall ergeben. Auch das Wissen von einem Widerruf der Strafaussetzung oder der Zurückstellung der Strafvollstreckung bietet der **Polizei bei einer Szenenkontrolle noch keine Möglichkeit,** weder einen drogenabhängigen Verurteilten **festzunehmen,** noch in eine Justizvollzugsanstalt oder Therapieeinrichtung zurückzuüberführen. Denn es obliegt nun gerade der **StA zu prüfen,** ob nach dem Widerruf der Zurückstellung aufgrund eines Therapieabbruchs oder einer disziplinarischen Entlassung eine erneute Zurückstellung der Strafvollstreckung zu Gunsten einer anderen Therapieeinrichtung unter anderen Voraussetzungen erfolgen soll. Denn nicht selten liegt die **Ursache des Therapieabbruchs** in der Zusammensetzung des Klientels, im Therapieprogramm, im Verhalten eines Therapeuten oder in schwer nachvollziehbaren Hausstrafen.

VI. Rechtsmittel gegen den Widerruf und den Haftbefehl

Vor dem Widerruf und der Haftbefehlsentscheidung ist weder das erstinstanz- **473** liche Gericht noch der Verurteilte zu hören (*Hügel/Junge/Lander/Winkler* § 35 Rn. 11.3). Der Verurteilte hat nach seinem Therapieabbruch nicht nur die Möglichkeit, durch eine schriftliche Begründung für sein Verlassen der Therapieeinrichtung, für das Nichterbringen der Therapienachweise einen Widerruf und Vollstreckungshaftbefehl zu vermeiden, sondern er kann auch gegen diese Entscheidung Rechtsmittel einlegen. Er kann gem § 35 Abs. 7 S. 2 BtMG **gerichtliche Entscheidung** beantragen.

1. Entscheidungen des Gerichtes des ersten Rechtszuges. Der Verurteilte **474** kann gem. § 35 Abs. 7 S. 2 BtMG wegen des Widerrufs die Entscheidung des Gerichtes des ersten Rechtszuges suchen. Die gerichtliche Entscheidung muss eine Kosten- und Auslagenentscheidung enthalten (*LG Freiburg* MDR 1989, 1020). Die Anrufung des Gerichtes hemmt den Fortgang der Vollstreckung jedoch nicht (§ 35 Abs. 7 S. 3 BtMG). Gem. § 35 Abs. 7 S. 4 gilt § 462 StPO für die gerichtliche Entscheidung entsprechend. Es entscheidet also das **Gericht des 1. Rechtszuges** (§ 35 Abs. 7 S. 2 BtMG) und nicht die Strafvollstreckungskammer (*Frankfurt*, Beschl. v. 3. 1. 2002, 3 Ws 1/02). Das Gericht entscheidet **nach Anhörung des Verurteilten ohne mündliche Verhandlung durch Beschluss** (§ 35 Abs. 7 S. 4 BtMG i. V. m. § 462 Abs. 1 S. 1 StPO). Ein Widerruf der Zurückstellung, der darauf beruht, dass der Verurteilte vor dem Therapieantritt in der Strafhaft Betäubungsmittel konsumiert hat, ist aufzuheben, da kein Widerrufsgrund nach § 35 Abs. 5 oder Abs. 6 BtMG vorliegt.

Hat in einer Jugendvollstreckungssache der Jugendrichter als Vollstreckungsleiter **475** (§ 82 Abs. 1 S. 1 JGG) die Strafvollstreckung zu Gunsten einer stationären Drogentherapie zurückgestellt, nach Abbruch dieser Therapie den **Antrag der StA auf Widerruf der Zurückstellung** aber **zurückgewiesen** (§ 82 Abs. 1 S. 1, 84 JGG i. V. m. § 35 Abs. 5 S. 1 BtMG) und statt dessen von einem Widerruf abgesehen (§ 35 Abs. 5 S. 2 BtMG), so hat die **StA gegen diese Entscheidung weder ein Beschwerderecht** bei der Jugendstrafkammer **noch ein Antragsrecht nach §§ 23 ff. EGGVG** beim Strafsenat des OLG. Die StA kann lediglich **Dienstaufsichtsbeschwerde** bei dem zuständigen GStA erheben. Wenn der Jugendrichter als Vollstreckungsleiter die Zurückstellung widerrufen hätte, hätte die StA ebenfalls kein Rechtsmittel. Der Verurteilte hätte dann aber gem § 35 Abs. 7 S. 2 BtMG die Entscheidung des erstinstanzlichen Jugendgerichtes anrufen können (*LG Offenburg* NStZ-RR 2002, 347). In einer Jugendsache, in der der **Jugendrichter** nicht nur als **Vollstreckungsleiter** den Widerruf der Zurückstellung angeordnet hat, sondern auch als **Gericht des 1. Rechtszuges** über das Rechtsmittel des Verurteilten zu entscheiden hätte, bestimmt § 38 BtMG, dass § 83 Abs. 2 Nr. 1 JGG sinngemäß Anwendung findet und die **Zuständigkeit der Jugendkammer** des zuständigen Landgerichtes gegeben ist (*LG Köln* StV 1987, 210; *Karlsruhe* StV 2003, 630).

Der Widerruf der Zurückstellung ist auf Rechtsmittel hin richterlich zu bestäti- **476** gen, wenn ein Verurteilter, dessen Strafaussetzung zweimal wegen erneuter Straftaten widerrufen werden musste, entgegen seiner Zusage eine bestimmte Betäubungsmitteltherapie anzutreten, nach seiner Entlassung dem ihn begleitenden Drogenberater erklärt, er müsse vor dem Therapieantritt noch dringend persönliche Sachen regeln, und trotz mehrfacher Erinnerung der StA die Therapieeinrichtung nicht aufsucht mit der Begründung, die Therapieeinrichtung sei für ihn ungeeignet (*AG Frankfurt*, Beschl. v. 13. 8. 1984, 90 JS 25.520/79).

2. Beschwerdeinstanz. a) Sofortige Beschwerde. Die Entscheidung des **477** Gerichts des 1. Rechtszuges über den staatsanwaltschaftlichen Widerruf und der Jugendstrafkammer über den jugendrichterlichen Widerruf ist gem § 35 Abs. 7 S. 2 BtMG i. Vm. §§ 462 Abs. 3, S. 1 und 311 Abs. 2 StPO mit der **sofortigen Beschwerde** anfechtbar (vgl. auch *LG Berlin* StV 1992, 482; *Frankfurt*, Beschl. v. 3. 1. 2002, 3 Ws 1/02; *Hügel/Junge/Lander/Winkler* § 35 Rn. 11.5). Haben Vollstreckungsbehörde und Gericht des ersten Rechtszuges **keine ausreichenden Feststellungen zum Widerrufsgrund** getroffen, so hebt das Beschwerdegericht die Entscheidungen auf die sofortige Beschwerde auf (*Berlin* StV 2002, 264; *Karlsruhe* StV 2003, 630).

478   **b) Weitere Beschwerde.** Betrafen amtsgerichtliche und landgerichtliche Entscheidungen die Widerrufsfrage, so ist eine weitere Beschwerde **unstatthaft** (vgl. § 310 StPO; *Frankfurt*, Beschl. v. 3. 1. 2002, 3 Ws 1/02).

Kap. 3. Verhältnis der Zurückstellung zur Strafaussetzung

479   Der Gesetzgeber hat die Vollstreckungslösung einer Ausweitung der Vorschriften zur Aussetzung der Vollstreckung einer Freiheitsstrafe nach den §§ 56 ff. StGB vorgezogen, weil ihm vor allem das Widerrufsverfahren nach § 453 StPO – auch eingedenk der Möglichkeit eines Sicherungshaftbefehles – als zu schwerfällig erschien (vgl. *Slotty* NStZ 1981, 321, 327). *De lege lata* lassen die **vollstreckungsrechtlichen Sonderregelungen der §§ 35 und 36 BtMG** die Vorschriften zur Strafaussetzung nach §§ 56 ff. StGB unberührt; letztere sind daher stets vorrangig zu prüfen (*Fischer* § 56 Rn. 2). Zwar mag in Fällen leichter Abhängigkeit eine Strafaussetzung zur Bewährung, in Fällen schwerer Abhängigkeit dagegen die Zurückstellung der Strafvollstreckung unter therapeutischen Gesichtspunkten näher liegen (vgl. *Slotty* a. a. O.). Entscheidend ist jedoch, dass mit dem Hinweis auf ein mögliches Verfahren nach den §§ 35, 36 BtMG die Strafaussetzung zur **Bewährung jedenfalls nicht versagt** werden darf (Sch/Sch/*Stree/Kinzig* § 56 Rn. 2; *Slotty* a. a. O.). Zu den Voraussetzungen einer Aussetzung der Vollstreckung der Freiheitsstrafe zur Bewährung vgl. Vorbem. §§ 29 ff. Rn. 78 ff.

Kap. 4. Unterbringung in einer Entziehungsanstalt (§ 64 StGB)

Übersicht

A. Grundlagen

I. Zweck der Unterbringung nach § 64 StGB

Die Maßregel des § 64 StGB (§ 93 a JGG) dient **sowohl der Resozialisierung** 480 **von gefährlichen Straftätern**, deren stoffgebundene Abhängigkeit (vgl. *Fischer* § 64 Rn. 2) in der Entziehungsanstalt durch Behandlung gebessert werden soll (physische und psychische Entwöhnung), **als auch dem Schutz der Allgemeinheit** (vgl. *BGH* NStZ 2000, 25). Freilich reicht der allgemeinwohlbezogene Sicherungszweck einerseits nicht so weit, dass bei **Aussichtslosigkeit einer Behandlung** in der Entziehungsanstalt (vgl. § 64 S. 2 StGB) eine Unterbringung allein zum Schutz der Bevölkerung zu rechtfertigen wäre. Allerdings müsste andererseits auch eine ausschließlich mit dem Ziel der Besserung des Täters verfolgte Suchtbehandlung auf Bedenken stoßen, sofern mit ihr nicht zugleich günstige Auswirkungen auf die Interessen der öffentlichen Sicherheit verbunden wären (*BGH* a. a. O.). Regelmäßig wird aber eine erfolgreiche Suchtbehandlung die **Grundlage für die dauerhafte soziale Wiedereingliederung des Täters** sein, mit der gleichzeitigen Folge, dass seine suchtbedingte Gefährlichkeit im Hinblick auf die von ihm zu befürchtenden Rechtsverstöße erheblich vermindert wird.

Die **Behandlung der Sucht** ist das Ziel einer Unterbringung in der Entzie- 481 hungsanstalt (§ 64 StGB). Der Hang zur Einnahme von Drogen oder Arzneimitteln rechtfertigt daher für sich genommen keine Unterbringung in einem **psychiatrischen Krankenhaus (§ 63 StGB)**, sofern nicht die Abhängigkeitsproblematik ihrerseits auf einer psychischen Störung beruht (*BGH* NStZ-RR 1997, 102; *BGH* NStZ-RR 2006, 38; *Fischer* § 63 Rn. 9 m. w. N.). Führt nicht ein **psychischer Defekt**, sondern vielmehr der Suchtmittelgenuss selbst zum Ausschluss oder zur Verminderung der Schuldfähigkeit im Zeitpunkt der Tat, kann ausnahmsweise dann die Unterbringung in einem psychiatrischen Krankenhaus angeordnet werden, wenn der Täter an einer Suchterkrankung leidet und in Bezug auf die genossene Substanz **in krankhafter Weise überempfindlich** ist (BGHSt. 34, 313 =

NStZ 1987, 364 = NJW 1987, 2312). Hat die Drogenabhängigkeit ein Stadium erreicht, in dem die hirnorganische Veränderung oder die schwere suchttypische Wesensveränderung so stark in den Vordergrund getreten ist, dass sie als **selbstständige Geisteskrankheit** einzustufen ist, kommt ebenfalls eine Unterbringung in einem psychiatrischen Krankenhaus in Betracht (*Täschner*, Therapie der Drogenabhängigkeit [1983], S. 214).

II. Praktische Bedeutung

482 Die praktische Bedeutung der Maßregel ist ungebrochen hoch. So weist die Strafverfolgungsstatistik für das Jahr 2009 insgesamt 2.176 Unterbringungsanordnungen aus. Im Vergleich zu 2002 entspricht dies einem Anstieg von 42,04%:

Jahr	Unterbringungen nach § 64 StGB	
	gesamt	*wg. BtMG*
2002	1.532	
2003	1.643	
2004	1.609	
2005	1.628	*374*
2006	1.602	*337*
2007	1.812	*361*
2008	1.881	*404*
2009	2.176	*516*

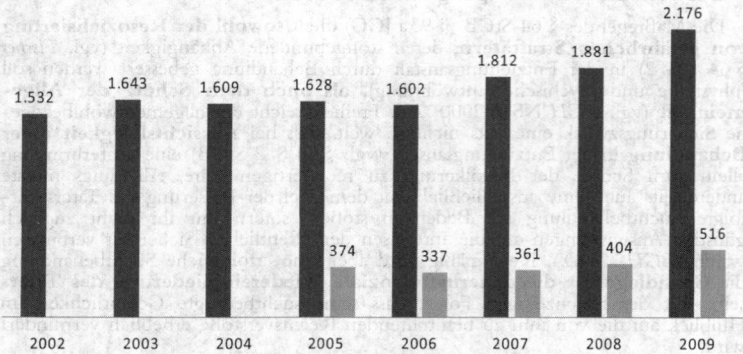

Zahlen: Statistisches Bundesamt, Fachserie 10, Reihe 3 (Rechtspflege-Strafverfolgung – Tabelle 5.1 (Zusammenfassende Darstellung für die einzelnen Straftaten) [2005–2009];
*vor 2005: Tabelle 5.5 (in der Strafverfolgungsstatistik erfasste Personen).

483 Für **jugendliche und heranwachsende Straftäter** ergibt sich das nachfolgende Bild; auch hier scheint sich ein steigender Trend zu verfestigen:

Jahr	Unterbringungen nach § 64 StGB		
	gesamt	Jugendliche	Heranwachsende
1995	757	6	44
1996	874	2	31
1997	1.116	6	56
1998	1.061	13	66
1999	1.191	10	67
2000	1.267	10	92
2001	1.370	17	96
2002	1.532	9	103
2003	1.643	19	96
2004	1.609	21	88
2005	1.628	18	97
2006	1.602	17	108
2007	1.812	23	135
2008	1.881	19	118
2009	2.176	15	133

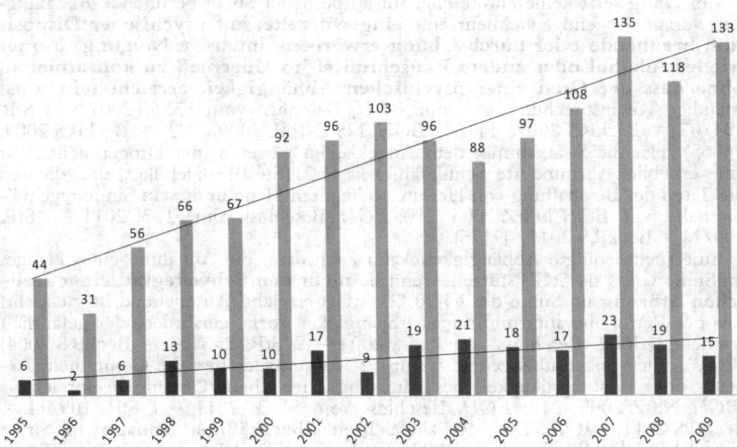

Zahlen: Antwort der Bundesregierung auf die Große Anfrage der Abgeordneten Jerzy Montag, Kai Gehring, Dr. Uschi Eid, weiterer Abgeordneter und der Fraktion BÜNDNIS 90/DIE GRÜNEN – BT-Drs. 16/ 8146 – (BT-Drs. 16/13142) – Anlage 23 – Tabelle 27 (abgeurteilte Jugendliche und Heranwachsende mit angeordneter Unterbringung in einem psychiatrischen Krankenhaus bzw. in einer Entziehungsanstalt gemäß §§ 63, 64 StGB im früheren Bundesgebiet seit 1990); Statistisches Bundesamt, Fachserie 10, Reihe 3 (Rechtspflege-Strafverfolgung – Tabelle 5.5 (In der Strafverfolgungsstatistik erfasste Personen mit sonstigen Maßregeln der Besserung und Sicherung) [2007–2009];

B. Voraussetzungen

484   Die Maßregel der Unterbringung in einer Entziehungsanstalt kann im Gegensatz zur Unterbringung in einem psychiatrischen Krankenhaus (§ 63 StGB) unabhängig davon angeordnet werden, ob der Täter die rechtswidrige Tat im Zustand **verminderter Schuldfähigkeit** oder gar im Zustand von **Schuldunfähigkeit** begangen hat (Kindhäuser/Neumann/Paeffgen/Böllinger/Pollähne § 64 Rn. 61; *Fischer* § 64 Rn. 14). Erforderlich ist allein, dass der Täter eine rechtswidrige Tat **im Rausch** begangen hat oder die Tat **auf einen Hang** zu übermäßigem Konsum von Alkohol oder anderer berauschender Mittel **zurückgeht**.

I. Hang zum übermäßigen Konsum

485   Die Anordnung der Unterbringung in einer Entziehungsanstalt setzt nach § 64 S. 1 StGB zunächst einen Hang des Täters voraus, alkoholische Getränke oder andere berauschende Mittel im Übermaß zu sich zu nehmen. Als **berauschende Mittel** kommen neben **Alkohol** (vgl. MK-StGB/*van Gemmeren* § 64 Rn. 21) und **Betäubungsmitteln** (vgl. *BGH* NStZ 2004, 494 = StV 2004, 595) auch **Arzneimittel** in Betracht (dazu BeckOK-StGB/*Ziegler* § 64 Rn. 2; MK-StGB/*van Gemmeren* § 64 Rn. 23), sofern sie ohne therapeutische Zielsetzung eingenommen werden (*Fischer* § 64 Rn. 5). **Nicht stoffgebundene Abhängigkeiten** (Kaufsucht; Spielsucht – dazu BGHSt. 49, 365 = NStZ 2005, 207 = StV 2005, 127; Pyromanie – vgl. dazu *BGH* NStZ-RR 2007, 336) eröffnen den Anwendungsbereich des § 64 StGB dagegen nicht, selbst wenn hier körpereigene Substanzen (Noradrenalin u. a.) wirken mögen (vgl. *Bottke* NStZ 2005, 327 zu *BGH* NStZ 2005, 207). Zur **Nikotin**-Abhängigkeit im Kontext des § 64 StGB vgl. *Fischer* § 64 Rn. 6.

486   Ein **Hang** setzt keine chronische, auf körperlicher Sucht beruhende Abhängigkeit voraus; es genügt vielmehr eine **eingewurzelte, auf psychischer Disposition beruhende oder durch Übung erworbene intensive Neigung, immer wieder Alkohol oder andere Rauschmittel im Übermaß zu konsumieren, ohne dass der Grad einer psychischen Abhängigkeit erreicht sein muss** (ständige Rechtsprechung, vgl. nur *BGH*, Beschluss vom 13. 6. 2007 – 3 StR 194/07 = BeckRS 2007, 11154; *BGH* NStZ-RR 2009, 383 = BeckRS 2009, 26065). Hat die Strafkammer dem Angeklagten wegen seiner Drogensucht zwar eine erheblich verminderte Schuldfähigkeit (§ 21 StGB) zugebilligt, und dienten die Taten der Beschaffung von Heroin, so liegt ein Hang in diesem Sinne regelmäßig nahe (vgl. *BGH* NStZ 2005, 210; *BGH*, Beschluss vom 31. 3. 2011 – 1 StR 109/11 = BeckRS 2011, 09175).

487   Eine suchtbedingte Abhängigkeit kann auch dann die Annahme eines Hanges im Sinne von § 64 StGB stützen, wenn sie **nicht den Schweregrad einer seelischen Störung** im Sinne der §§ 20, 21 StGB erreicht. Ausreichend ist vielmehr, dass der Betroffene aufgrund seiner Abhängigkeit sozial gefährdet oder gefährlich erscheint (*BGH*, Beschluss vom 9. 7. 2004 – 2 StR 213/04 = BeckRS 2004, 07623). Hiervon ist auszugehen, wenn das Konsumverhalten die Gesundheit, Arbeits- oder Leistungsfähigkeit des Täters in erheblichem Umfang beeinträchtigt (*BGH* NStZ 2005, 210; *BGH*, Beschluss vom 31. 3. 2011 – 1 StR 109/11 = BeckRS 2011, 09175). Damit ist zugleich ein **übermäßiger Konsum** im Sinne des § 64 S. 1 StGB belegt (vgl. *BGH* a. a. O.; *Fischer* § 64 Rn. 7). Das Tatbestandsmerkmal des Übermaßes ist dabei nicht etwa in einen Bezug zur finanziellen Leistungsfähigkeit des Täters zu setzen; maßgeblich ist vielmehr die individuelle körperliche Verträglichkeit (Sch/Sch/*Stree*/*Kinzig* § 64 Rn. 4).

488   Ein **Persönlichkeitsverfall** (Depravation) ist nicht erforderlich (*BGH* NStZ-RR 2008, 8); ist ein solcher nicht festzustellen, kann dies freilich eine „nicht unerhebliche indizielle Bedeutung" haben (*BGH* NStZ 2007, 697 = NStZ-RR 2008, 7).

489   **Gelegentliches Sichberauschen** begründet keinen Hang (*BGH* NStZ-RR 2004, 365); sondern kann Ausdruck einer bloßen **Neigung zum Missbrauch**

psychotroper Substanzen sein (vgl. *Fischer* § 64 Rn. 8; Sch/Sch/*Stree*/*Kinzig* § 64 Rn. 4). Ist der Täter in der Lage, seinen Konsum zu kontrollieren, liegt regelmäßig kein Hang im Sinne des § 64 S. 1 StGB vor (*BGH*, Urteil vom 8. 8. 2001 – 1 StR 139/01 = BeckRS 2001, 30198024; vgl. auch *BGH* NJW 1995, 3131, 3133 = MDR 1995, 798). Ein täglicher Drogenkonsum ist dagegen nicht erforderlich; es kann ausreichen, dass der Täter von Zeit zu Zeit oder bei passender Gelegenheit zu den von ihm bevorzugten psychotropen Substanzen greift (*BGH* NStZ-RR 2009, 137).

Von einem Hang kann ausgegangen werden, wenn der Täter von seinem Verlan- **490** gen nach Rauschmitteln dermaßen beherrscht wird (**psychische Abhängigkeit** – vgl. dazu *BGH* NStZ 2002, 142), dass er ihm nicht widerstehen und also nicht von ihm loskommen kann (Kindhäuser/Neumann/Paeffgen/*Böllinger*/*Pollähne* § 64 Rn. 70), sein Verhalten maßgeblich von seiner Neigung bestimmt wird (*Fischer* § 64 Rn. 8: „handlungsleitende Auswirkung"). Eine **körperliche Abhängigkeit** kann den Hang ebenfalls begründen (*BGH*, Beschluss vom 31. 3. 2011 – 1 StR 109/11 = BeckRS 2011, 09175); erforderlich ist sie freilich nicht (*BGH* NStZ 2007, 697 = NStZ-RR 2008, 7; *BGH* NStZ-RR 2010, 234 = StV 2011, 155; *Fischer* § 64 Rn. 9).

Der Hang muss **sicher** („**positiv**") **festgestellt** werden (*BGH* NStZ- **491** RR 2003, 106; *BGH* NStZ-RR 2006, 103). Für die Anordnung der Unterbringung des Täters in einer Entziehungsanstalt ist dagegen kein Raum, wenn der Tatrichter einen Hang lediglich nicht ausschließen kann (*BGH* NStZ-RR 2003, 106). Auf den **Grad der Ausprägung des Hanges** oder die Dauer der ihm zugrunde liegenden Sucht kommt es nicht an.

Erwägt das Gericht die Anordnung der Unterbringung des Angeklagten in einer **492** Entziehungsanstalt, ist zur Feststellung des Zustandes des Angeklagten und zur Frage der Behandlungsaussichten **sachverständiger Rat** einzuholen, § 246a StPO.

1. Haschisch. Ein Hang, berauschende Mittel im Übermaß zu sich zu nehmen, **493** kann auch gegeben sein, wenn der Täter im Wesentlichen nur Haschisch konsumiert (vgl. nur *BGH*, Beschluss vom 1. 12. 2009 – 3 StR 474/09 = BeckRS 2009, 89252). Denn auch **regelmäßiger Haschischkonsum** kann **bisweilen zu einer psychischen Abhängigkeit** führen; psychische Entzugserscheinungen beim Absetzen der Droge sind die Regel (*BGH* NStZ 1993, 339 = StV 1994, 77; *BGH* NStZ 2002, 142).

2. Kokain. Hat das Gericht wegen der **Kokainabhängigkeit** des Angeklagten **494** zur Tatzeit eine verminderte Zurechnungsfähigkeit angenommen, so entfällt trotz der festgestellten abnehmenden Abhängigkeit und **trotz des sich Distanzierens** des Angeklagten vom Kokain weder der Hang noch die Gefahr der Begehung erheblicher rechtswidriger Taten (*BGH*, Beschluss vom 14. 8. 1996 – 2 StR 343/ 96). Hat das Tatgericht eine erhebliche Einschränkung der Steuerungsfähigkeit aufgrund langjähriger Drogenabhängigkeit und exzessiven **Crack-Missbrauches** angenommen, so ist in jedem Fall die Frage der Unterbringung des Angeklagten in einer Entziehungsanstalt zu erörtern (*BGH*, Beschluss vom 22. 4. 1998 – 2 StR 132/98; vgl. auch *BGH*, Beschluss vom 20. 1. 1999 – 2 StR 627/98 = BeckRS 1999, 30043041 [Alkohol]). Ein Hang kann auch bei bestehender **Polytoxikomanie** nahe liegen (*BGH*, Beschluss vom 9. 11. 2010 – 4 StR 472/10 = BeckRS 2010, 29486).

3. Beikonsum und Methadon-Substitution. Zwar begründet allein der **495** *Konsum* von Heroin, Kokain, Haschisch oder Arzneimitteln für sich genommen regelmäßig noch keinen Hang. Regelmäßiger **Beikonsum** dieser Rauschmittel im Rahmen einer **Methadon-Substitutionsbehandlung** kann jedoch eine Anordnung der Unterbringung in einer Entziehungsanstalt nahe legen. Denn bereits der Umstand, dass der Täter mit Methadon behandelt wird, deutet auf eine intensive Neigung zu übermäßigem Rauschmittelkonsum hin (*BGH* NStZ 2003, 484 m.

krit. Anm. *Dannhorn* = StV 2003, 276). Freilich kann allein die Einnahme von Methadon im Rahmen einer Substitutionsbehandlung zur Begründung eines Hangs im Sinne des § 64 StGB nicht herangezogen werden. Sie ist therapeutische Maßnahme und rechtfertigt daher für sich genommen die Anordnung der Unterbringung in einer Entziehungsanstalt nicht.

496　　**4. Rauschmittelmissbrauch und psychische Defekte.** Liegt ein Hang zum übermäßigen Konsum von psychotropen Substanzen vor, stehen neben der Rauschmittelabhängigkeit vorliegende Persönlichkeitsmängel einer Anordnung der Unterbringung in einer Entziehungsanstalt grundsätzlich nicht entgegen (*BGH* NStZ 2004, 681). Beruht allerdings der Fortbestand einer Rauschmittelabhängigkeit auf einer Persönlichkeitsstörung, die sich als schwere andere seelische Abartigkeit darstellt, ist eine Unterbringung in einem psychiatrischen Krankenhaus nach § 63 StGB zu prüfen (BGHSt. 44, 338 = NJW 1999, 1792 = BeckRS 1999, 3041235). Auch in solchen Fällen, in denen eine Verminderung der Schuldfähigkeit auf Rauschmittelkonsum zurückzuführen ist, kommt ausnahmsweise die Anordnung einer Maßregel nach § 63 StGB in Betracht, sofern der Täter an einer krankhaften Sucht leidet oder in krankhafter Weise überempfindlich auf die von ihm konsumierten Substanzen reagiert (BGHSt. 34, 313 = NStZ 1987, 364 = NJW 1987, 2312; *BGH* NStZ-RR 2007, 138 = BeckRS 2007, 00399).

II. Rechtswidrige Straftat

497　　Eine Unterbringung nach § 64 StGB setzt voraus, dass der Täter wegen einer rechtswidrigen Tat, die er im Rausch begangen hat oder die auf seinen Hang zurückgeht, verurteilt oder nur deshalb nicht verurteilt wird, weil seine Schuldunfähigkeit erwiesen oder nicht auszuschließen ist.

498　　**1. Anlasstat.** Die Art der rechtswidrigen Tat ist unerheblich (*Fischer* § 64 Rn. 13; *Sch/Sch/Stree/Kinzig* § 64 Rn. 6); auch auf die Beteiligungsform oder auf eine Vollendung der Straftat kommt es nicht an (*Sch/Sch/Stree/Kinzig* a. a. O.).

499　　**2. Symptomcharakter.** Die Tat muss entweder **im Rausch begangen** worden sein oder in einem **symptomatischen Zusammenhang** mit dem Hang des Täters zu übermäßigem Rauschmittelkonsum stehen (vgl. *BGH* NStZ 1991, 128 = NJW 1990, 3282 = JR 1991, 162; zur Maßregel nach § 64 StGB im Falle von reinen **Beziehungstaten** vgl. *BGH* NStZ-RR 1997, 67 = StV 1997, 469). Vorausgesetzt wird also eine **ursächliche Verknüpfung** zwischen der Tat und dem Hang des Täters (*Kindhäuser/Neumann/Paeffgen/Böllinger/Polláhne* § 64 Rn. 79). Dass der Hang alleinige Ursache für die Anlasstat ist, ist freilich nicht erforderlich (*BGH* NStZ-RR 2004, 78). Ein Zusammenhang zwischen Hang und Straftat kann nicht schon deshalb verneint werden, weil bei dem rauschmittelabhängigen Täter weitere **Persönlichkeitsmängel** vorliegen, die die Begehung von Straftaten begünstigen (*BGH* NStZ-RR 1997, 231; *BGH* NStZ 2000, 25).

500　　In Betracht kommen vor allem Eigentums- und Vermögensdelikte (Fälle der direkten und indirekten **Beschaffungskriminalität**), daneben aber auch Verkehrs-, Körperverletzungs- oder Tötungsdelikte. Auch **Handels- und Einfuhrdelikte nach dem BtMG** können Anlasstaten im Sinne des § 64 StGB sein; der Umstand, dass der Täter straffällig wird, um den Besitz von Rauschmitteln zu erlangen, ist sogar typisch für eine hangbedingte Gefährlichkeit (*BGH* NStZ-RR 2002, 331). Die Maßregel der Unterbringung in einer Entziehungsanstalt ist daher insbesondere dann in Erwägung zu ziehen, wenn der Täter die Straftat **aufgrund eines jahrelangen Opiatmissbrauchs** (ggf. im Zusammenhang mit übermäßigem Konsum von Alkohol und Psychopharmaka), unter **akutem Drogenbeschaffungsdruck** oder aus **Angst vor Entzugserscheinungen** begangen hat (*BGH*, Beschluss vom 9. 1. 1991 – 2 StR 625/90 = BeckRS 1991, 31092548; *BGH* NStZ-RR 2002, 331). Unerheblich ist, ob die Tat der Beschaffung von Betäubungsmittel zum **Eigenkonsum** gedient hat oder daneben auch begangen wurde, um den eigenen Konsum (etwa durch Handelsgeschäfte mit Betäubungsmitteln) zu finanzieren. Ein symptomatischer Zusammenhang zwischen der Straftat und dem Hang des Täters kann allerdings – selbst bei Straftaten nach dem BtMG – fehlen, wenn die Tat allein zur Finanzierung des **allgemeinen Lebensbedarfs** begangen wurde und daher dem eigenen Drogenkonsum **allenfalls mittelbar** zuträglich war (*BGH* NStZ 2009, 204 = StV 2009, 15).

III. Gefahrprognose

Eine Unterbringung darf nur angeordnet werden, wenn die Gefahr besteht, dass **501** der Täter infolge seines Hangs **zukünftig erhebliche rechtswidrige Taten begehen wird.** Selbstgefährdungen sind nicht ausreichend (*Hamm* NJW 1974, 614), sofern mit ihnen nicht zugleich die Verletzung allgemeingültiger Strafrechtsnormen verbunden ist. Die Gefahr einer Begehung bestimmter Straftaten sieht das Gesetz nicht vor; insbesondere müssen die zu befürchtenden Taten **der Anlasstat weder gleich noch ähnlich** sein (*BGH* NStZ-RR 2007, 368). Es genügt, wenn sie sich auf die Sucht zurückführen lassen und **erheblich** sind (vgl. *BGH* NStZ-RR 2008, 234 [Abgabe von Betäubungsmitteln an Minderjährige]); ein weitergehender Konnex zwischen der Abhängigkeit und zu erwartender Straftat ist nicht erforderlich (*BGH* a. a. O.).

Die **bloße Möglichkeit** künftiger Verstöße gegen das BtMG **ist für sich ge- 502 nommen nicht ausreichend.** Einerseits setzt die Gefahrprognose eine **begründete Wahrscheinlichkeit** (Sch/Sch/*Stree/Kinzig* § 64 Rn. 10) der Begehung künftiger Taten voraus; andererseits müssen **geringfügige Verstöße** (auch gegen das BtMG) als Anknüpfungspunkt einer Negativprognose ausscheiden (vgl. *BGH* NStZ 1994, 280 = StV 1994, 313 [Erwerb kleinerer Rauschgiftmengen zum Eigenkonsum]; *BGH* StV 1998, 74 = BeckRS 1996, 31090130 [„geringfügige Eigentumsdelikte aus dem Bereich der Beschaffungskriminalität"]).

Die Gefahr der künftigen Begehung erheblich rechtswidriger Taten bedarf **hin- 503 reichender Feststellungen im Urteil.** Dabei ist es **rechtsfehlerhaft,** die Beurteilung auf den **Zeitpunkt der Entlassung** aus der Strafhaft zu beziehen. Entscheidend sind die Verhältnisse im Zeitpunkt der Urteilsfindung (*BGH,* Beschluss vom 3. 8. 2004 – 1 StR 192/04 = BeckRS 2004, 08119; vgl. auch *BGH* NStZ-RR 2005, 370 [zu § 63 StGB]).

1. Opiatabhängigkeit. Bei Opiatsüchtigen ist die Frage nach der fortbeste- 504 henden süchtigen Fehlhaltung und nach der Gefahr weiterer erheblicher Straftaten **(Beschaffungskriminalität)** zumeist zu bejahen, so dass die Voraussetzungen der Unterbringung nach § 64 StGB regelmäßig vorliegen werden (*BGH* NStZ-RR 2002, 331; *BGH* NStZ 2005, 210). Bei einem **hochgradig Heroinabhängigen** mit einer vor dem Hintergrund einer **langjährigen Heroinkarriere** eingeschränkten Steuerungsfähigkeit, der mehrere erfolglose Therapieversuche, erhebliche Persönlichkeitsveränderungen und wiederholte Verurteilungen wegen schwerwiegender Gewalt- und Beschaffungsstraftaten vorzuweisen hat, ist die Gefahr neuer erheblicher Straftaten so offenkundig, dass auf eine **Prüfung des § 64 StGB nicht verzichtet werden kann** (*BGH,* Beschluss vom 12. 6. 1991 – 2 StR 186/91 bei *Schoreit* NStZ 1992, 320). Ist eine handbedingte schwere Gewalttat hinreichend belegt, so kann **allein die Anlasstat die Gefahr erheblicher Straftaten begründen** (*BGH* NStZ-RR 2004, 204).

Die Annahme eines Tatrichters, der Verhältnismäßigkeitsgrundsatz stehe einer **505** Unterbringung eines hochgradig Heroin/Kokain-Süchtigen nach § 64 StGB entgegen, der seine Drogensucht (ca. 2 g täglich) bisher durch Handelsgeschäfte und durch Raub finanzierte, geht von einem unvertretbaren Maßstab aus, der den Sicherungszweck der Maßregel nicht ausreichend berücksichtigt. Denn die Erheblichkeitsschwelle ist bei **Drogenhandel und Raub** in jedem Fall überschritten (*BGH* NStZ-RR 1996, 257).

Wird ein Angeklagter wegen erheblicher Straftaten verurteilt, die im Zusam- **506** menhang mit der Beschaffung von Geld für den Erwerb von Heroin oder Ersatzdrogen (Codein und Rohypnol) stehen, so erlaubt der Umstand, dass sich der Täter seit zweieinhalb Monaten in einer stationären Therapie befindet und seither keine Betäubungsmittel mehr konsumiert hat oder freiwillig eine ambulante Substitutionstherapie antreten will, nicht den Schluss, dass seine Opiatabhängigkeit bereits behoben wäre. Vielmehr ist in derartigen Fällen wegen des fortbestehenden Hangs zur Einnahme berauschender Mittel eine Unterbringungsanordnung zu erwägen (*BGH* NStZ-RR 1996, 196; *BGH*, Beschluss vom 22. 1. 1997 – 2 StR 683/96 bei *Detter* NStZ 1997, 476 Fn. 101).

507   Hat der Süchtige nicht geringe Mengen an Heroin nach Deutschland eingeführt und damit ein Verbrechen begangen und ist zu erwarten, dass er **zur Befriedigung seiner Sucht künftig ähnliche Einfuhrtaten** begehen wird, so ist es im Rahmen der Entscheidung über die Unterbringung ohne Belang, ob er die Betäubungsmittel zum Eigenkonsum oder zum Zwecke des Weiterverkaufs eingeführt hat (*BGH*, Beschluss vom 8. 10. 1997 – 2 StR 496/97 bei *Detter* NStZ 1998, 182 Fn. 78).

508   Dennoch gibt es **keinen Erfahrungssatz**, wonach bei einem psychisch Abhängigen **grundsätzlich die Gefahr neuer erheblicher Straftaten bestünde** (*BGH*, Urteil vom 18. 4. 1996 – 1 StR 36/96 = StV 1996, 538 m. Anm. *Weider*). Vielmehr muss die Gefahr neuer erheblicher Straftaten auf der Grundlage einer Analyse aller im Einzelfall maßgeblichen Umstände beurteilt werden.

509   Gelangt die Strafkammer in Übereinstimmung mit dem Sachverständigen zu dem Ergebnis, der Angeklagte sei **körperlich nicht mehr abhängig**, bereit und in der Lage, seine Drogenabhängigkeit durch Therapie zu überwinden, und es bestehe deshalb **nicht mehr die Gefahr** neuer erheblicher rechtswidriger Taten im Sinne des § 64 StGB, so kann sie **von der Anordnung der Unterbringung absehen**. Dieser tatrichterlichen Wertung kann nicht eine allgemein forensische Erfahrung entgegengehalten werden, wonach psychisch abhängige Verurteilte auch weiterhin regelmäßig rückfallgefährdet sind (vgl. *BGH*, Urteil vom 11. 12. 1990 – 1 StR 611/90 bei *Schoreit* NStZ 1991, 375 Fn. 71). So kann eine Unterbringung unterbleiben, wenn bei einem erstmals wegen Betäubungsmittel-Delikten straffällig gewordenen Angeklagten nach mäßigem Heroinmissbrauch **nur noch ein Rest an psychischer Abhängigkeit** verblieben ist und deshalb keine Gefahr neuer erheblicher Straftaten mehr besteht (*BGH* a. a. O.). Derartige Einschätzungen müssen jedoch auf einer **sorgfältigen Abwägung** beruhen. Hat der drogenabhängige, vielfach vorbestrafte Angeklagte in schneller Folge eine Vielzahl hangbedingter Straftaten begangen und hat sich der **kriminelle Gehalt stetig gesteigert**, so kann die Gefahr der Begehung künftiger Straftaten kaum verneint werden (*BGH* NStZ-RR 2001, 118).

510   **2. Cannabisabhängigkeit.** Da der Hang im Sinne von § 64 StGB nicht den Grad physischer Abhängigkeit erreichen muss, *kann* auch regelmäßiger Cannabismissbrauch die Frage nach einer Unterbringungsanordnung aufwerfen (*BGH*, Beschluss vom 18. 7. 1990 – 1 StR 317/90 = BeckRS 31085088; *BGH* NStZ 1993, 339 = StV 1994, 77). Selbst nach **langjährigem Haschischkonsum** wird eine Unterbringung freilich *nicht regelmäßig* nahe liegen, weil selbst langjährige Abhängigkeit von Haschisch nur ausnahmsweise zu entsprechenden Begleit- und Folgeerscheinungen die Schuldfähigkeit beeinträchtigt (*BGH* JR 1987, 206) und zu Gefahren für die Allgemeinheit führt (*BGH*, Urteil vom 19. 3. 1991 – 1 StR 52/91 = BeckRS 1991, 31085622).

511   Bei einem regelmäßig Haschisch konsumierenden Angeklagten rechtfertigt ein einmaliger Heroinverkauf nicht die Gefahr einer hangbedingten Rückfälligkeit (vgl. *BGH*, Urteil vom 19. 2. 1991 – 1 StR 732/90). Ist das erkennende Gericht der Auffassung, dass der Angeklagte, der in 2 Jahren 2–3 kg Haschisch verbraucht und ca. 22 kg Haschisch verkauft hat, mit seiner Lebensbeichte einen **Schlussstrich unter seine Drogenkarriere** gezogen hat, so bedarf es keiner ausdrücklichen Erörterung des § 64 StGB (*BGH*, Urteil vom 19. 3. 1991 – 1 StR 52/91 = BeckRS 1991, 31085622), wenn keine Hinweise auf eine fortbestehende Cannabisabhängigkeit und im Übrigen keine Anhaltspunkte für die Gefahr erheblicher künftiger Straftaten erkennbar sind.

IV. Erfolgsaussicht

1. Grundlagen. Nach § 64 S. 2 StGB darf die Anordnung nur ergehen, wenn **512** eine **hinreichend konkrete Aussicht** besteht, die Person durch die Behandlung in einer Entziehungsanstalt zu **heilen** oder über eine **erhebliche Zeit vor dem Rückfall in den Hang zu bewahren** und von der Begehung rechtswidriger Taten abzuhalten, die auf ihren Hang zurückgehen.

Die aufgrund des *Gesetzes zur Sicherung der Unterbringung in einem psychiatri-* **513** *schen Krankenhaus und in einer Entziehungsanstalt* vom 16. 7. 2007 (BGBl. I S. 1327) am 20. 7. 2007 in Kraft getretene Regelung des § 64 S. 2 StGB geht im Wesentlichen auf die Vorgaben des Bundesverfassungsgerichts zurück, das mit Beschluss vom 16. 3. 1994 entschieden hatte, dass die Unterbringung in einer Entziehungsanstalt mit Blick auf das Freiheitsrecht des Betroffenen und unter dem Gesichtspunkt der Verhältnismäßigkeit nur angeordnet werden darf, sofern eine hinreichend konkrete Aussicht besteht, den Süchtigen zu heilen oder doch über eine gewisse Zeitspanne vor dem Rückfall in die akute Sucht zu bewahren (BVerfGE 91, 1 = NStZ 1994, 578 = StV 1994, 594; vgl. dazu *U. Schneider* NStZ 2008, 68; BT-Drs. 16/1110 S. 10). Entgegen der für teilnichtig erklärten Bestimmung des § 64 StGB a. F. **genügt es daher nicht mehr** festzustellen, die Behandlung im Maßregelvollzug sei **nicht von vornherein aussichtslos**, ein **Behandlungserfolg sei nicht ausgeschlossen** (vgl. nur *BGH*, Beschluss vom 13. 4. 2011 – 3 StR 70/11 = BeckRS 2011, 14184 sowie *BGH*, Beschluss vom 5. 8. 2010 – 3 StR 285/10 = BeckRS 2010, 21062: *„Die Unterbringungsanordnung nach § 64 StGB hat das Landgericht u. a. darauf gestützt, dass aus näher ausgeführten Gründen beim Angeklagten eine Entziehungskur nicht als ‚aussichtslos' angesehen werden könne. [...] Es ist daher nicht verständlich, dass Tatrichter – mittlerweile entgegen dem ausdrücklichen Wortlaut des § 64 StGB eine Auslegung zu Grunde legen, die seit über 15 Jahren überholt ist.";* dazu auch *Fischer* § 64 Rn. 18).

Allerdings dürfen an die Erfolgsaussicht auch keine überspannten Anforderungen **514** gestellt werden; Sicherheit oder unbedingte Gewähr sind nicht erforderlich (*Sch/Sch/Stree/Kinzig* § 64 Rn. 12). Ausreichend (aber auch erforderlich) ist, dass sich in **Persönlichkeit und Lebensumständen** des Verurteilten **konkrete Anhaltspunkte für einen erfolgreichen Therapieverlauf** finden lassen (*BGH* NStZ-RR 2009, 48). Ergeben sich – vor dem Hintergrund eines langjährigen Drogenkonsums oder mehrerer erfolglos absolvierter Therapien – **begründete Zweifel** an der Aussicht auf einen konkreten Behandlungserfolg, genügt es nicht festzustellen, die Erfolgsaussicht könne nicht verneint werden (*Koblenz*, Urteil vom 4. 11. 1999 – 2 Ss 122/09 = BeckRS 2010, 01173).

Der Prognose ist eine **maximale Dauer der Unterbringung von 2 Jahren** **515** **(§ 67d Abs. 1 S. 1 StGB)** zugrunde zu legen. Gelangt der Tatrichter – in Übereinstimmung mit dem zurate gezogenen Sachverständigen – zu der Einschätzung, dass ein Behandlungserfolg erst nach etwa 3-jähriger Suchtbehandlung zu erzielen ist, fehlt es daher an einer konkreten Erfolgsaussicht (*BGH* NStZ-RR 2011, 5 = JR 2010, 500 = BeckRS 2010, 10347; dagegen *LG Kleve* StV 2010, 687: durchschnittliche Behandlungsdauer einer erfolgreichen Therapie – 37 Monate).

2. Zurückstellung nach § 35 BtMG. Es liegt eine hinreichend konkrete Aus- **516** sicht auf eine Behandlungserfolg vor, wenn die Chance besteht, den Untergebrachten dazu zu bringen, dass er sich **nach einer gewissen Anpassungszeit** der Notwendigkeit **der Behandlung öffnet und an ihr mitwirken wird** (*BGH* NStZ 2002, 647 = NStZ-RR 2002, 298; *BGH* NStZ-RR 2009, 277). Zwar kann der Umstand, dass der Täter einer Unterbringung nach § 64 StGB **ablehnend** gegenübersteht, indiziell gegen die Erfolgsaussicht der Maßregel sprechen. Jedoch hat der Tatrichter in diesem Fall die Gründe eines etwaigen Motivationsmangels umfassend aufzuklären und zudem zu erwägen, ob – und ggf. auf welche Weise –

die Therapiebereitschaft des Täters geweckt werden kann (*BGH* NStZ-RR 2004, 263).

517   Auf die bloße Feststellung, der Angeklagte lehne eine Therapie im Maßregelvollzug entschieden ab und strebe stattdessen eine Therapie im Rahmen einer **Zurückstellung der Strafvollstreckung nach §§ 35, 36 BtMG** an, kann das Fehlen einer konkreten Erfolgsaussicht nicht gestützt werden (*BGH*, Beschluss vom 26. 1. 2010 – 3 StR 2/10 = BeckRS 2010, 04237). Erklärt ein mehrfach erfolglos therapierter Angeklagter indessen seine ausdrückliche Ablehnung einer Entziehungskur, widersetzt er sich einer vollständigen Entgiftung und besteht er auf der weiteren Teilnahme am Methadonprogramm, das er für die einzig zumutbare Form der Behandlung hält, braucht der (sachverständig beraten hiervon überzeugte) Tatrichter nicht näher darauf eingehen, dass er es für ausgeschlossen hält, der Angeklagte werde sich bei einer Mitwirkung an der Entziehungsbehandlung motivieren lassen (*BGH*, Beschluss vom 4. 4. 2000 – 5 StR 94/00 = BeckRS 2000, 30104910). Eine ausdrücklich erklärte Therapiebereitschaft spricht regelmäßig für eine konkrete Aussicht auf einen erfolgreichen Therapieverlauf (*BGH* NStZ-RR 2010, 307).

518   **3. Sprachunkundigkeit.** Weitgehende Sprachunkundigkeit eines Ausländers soll für sich genommen noch nicht gegen die Erfolgsaussicht der Maßnahme nach § 64 StGB sprechen, sofern der Täter über Grundkenntnisse verfügt, die ihm eine *Verständigung im Alltag* ermöglichen (*BGH* NStZ-RR 2002, 7 = StV 2001, 678). Gleichwohl kann auch die Sprachunkundigkeit im Einzelfall gegen die Aussicht auf einen erfolgreichen Behandlungsverlauf ins Feld geführt werden (*BGH* NStZ 2001, 418 = StV 2001, 436).

519   Diese Rechtsprechung berücksichtigt die Therapieerfordernisse nicht ausreichend und verführt zu Behandlungen, die diesen Namen nicht verdienen („Arbeitstherapie" des ausländischen Probanden in Garten oder Küche, vgl. *Körner* SuchtG 1988, 330). Mit Recht wird darauf verwiesen, dass es hier nicht nur um eine Grundverständigung im Rahmen der körperlichen Entgiftung, sondern um eingehende Therapiegespräche mit dem Therapeuten sowie um Gesprächs- und Gruppentherapien geht, bei denen nicht nur das **sprachliche Artikulationsvermögen**, sondern auch der **Kulturkreis, dem der Täter entstammt**, von erheblicher Bedeutung sind. Kann der Klient seine Familien- und Krankheitsgeschichte oder seinen **sozio-kulturellen Hintergrund** für sein Abgleiten in die Drogenkriminalität weder hinreichend konkret schildern noch sich bewusst machen, ist die Therapie regelmäßig zum Scheitern verurteilt.

520   Zur Berücksichtigung vollzugsrelevanter Schwierigkeiten im Rahmen der **Ermessen**sentscheidung über die Anordnung der Maßregel vgl. unten Rn. 524 ff.

C. Anordnung der Unterbringung

521   Liegen die Voraussetzungen des § 64 StGB vor, *soll* das Gericht die Unterbringung in einer Entziehungsanstalt anordnen.

I. Hinzuziehung eines Sachverständigen

522   **Erwägt** der Tatrichter die Anordnung der Unterbringung des Angeklagten in einer Entziehungsanstalt, hat er sich zur Feststellung des Zustandes des Angeklagten und der Behandlungsaussichten **zwingend** der Hilfe eines **Sachverständigen** zu bedienen, § 246a S. 2 StPO (*BGH*, Beschluss vom 29. 3. 2011 – 3 StR 72/11 = BeckRS 2011, 14185). Die obligatorische Einholung sachverständigen Rates ist freilich nur noch dann erforderlich, wenn das Gericht die Anordnung der Maßnahme in Erwägung zieht; es genügt nicht, dass sie abstrakt in Betracht kommt oder gar nahe liegt (vgl. *Fischer* § 64 Rn. 27; KK-StPO/*Fischer* § 246a Rn. 2; vgl. auch BT-Drs. 16/1110 S. 25: „*Trunkenheitsfahrt eines trotz mehrfacher Therapieversuche in seiner Sucht verharrenden langjährigen Alkoholikers*"). Dieses Verfahrenserfordernis kann nicht durch die in anderen Verfahren erworbene und andere Angeklagte

betreffende *„eigene Sachkunde"* des Gerichts ersetzt werden (*BGH*, Beschluss vom 16. 9. 2009 – 5 StR 334/09 = BeckRS 2009, 26257).

Will das Gericht **von den Ausführungen des Sachverständigen abweichen,** 523 muss es in den Urteilsgründen neben den maßgeblichen Darlegungen des Gutachters diejenigen Erwägungen mitteilen, die es zu seiner gegenteiligen Entscheidung veranlasst haben und seine Auffassung im Rahmen einer **Auseinandersetzung** mit den entscheidungserheblichen Aspekten ausführlich begründen (*BGH* NStZ 2009, 571).

II. Ermessen

1. Grundsätze. Die Regelung des § 64 StGB in der Fassung des *Gesetzes zur* 524 *Sicherung der Unterbringung in einem psychiatrischen Krankenhaus und in einer Entziehungsanstalt* vom 16. 7. 2007 (BGBl. I S. 1327) sieht damit – im Gegensatz zur früheren Fassung – die Anordnung der Maßregel **nicht mehr zwingend** vor. Der Tatrichter muss über die Anordnung der Unterbringung vielmehr nach seinem gebundenen (eingeschränkten, vgl. Sch/Sch/*Stree/Kinzig* § 64 Rn. 16; *Fischer* § 64 Rn. 23) **Ermessen** befinden, dieses Ermessen auf der Grundlage der Umstände des Einzelfalls ausüben und die seiner Entscheidung zugrunde liegenden Erwägungen in den Urteilsgründen niederlegen (*BGH*, Beschluss vom 8. 8. 2008 – 2 StR 277/08 = BeckRS 2008, 19678). Der Wortlaut der Vorschrift *(„soll")* macht freilich deutlich, dass die Anordnung der Unterbringung die Regel, ein Absehen nur in **besonderen Ausnahmefällen** vorgesehen ist (*BGH* NStZ-RR 2010, 307; vgl. auch BT-Drs. 16/5137 S. 10; BT-Drs. 16/1344 S. 12).

2. Anwendungsbereich. Beispielsfälle, in denen ein Absehen von der Anord- 525 nung der Unterbringung möglich sein soll, sind im Gesetzentwurf des Bundesrates (BT-Drs. 16/1344 S. 12) aufgeführt. In Betracht kommen zunächst die Fälle, in denen therapeutische Maßnahmen deshalb an ihre Grenzen stoßen, weil eine **Verständigung mit dem Probanden** nicht oder nur unter Mitwirkung eines Dolmetschers möglich ist (BT-Drs. a. aO.; vgl. dazu *Basdorf/U. Schneider/König*, Rissing-van Saan-FS [2011] S. 59 ff.). Auch soll es „nicht vertretbar" erscheinen, „die begrenzten Ressourcen des Maßregelvollzugs einzusetzen, obwohl die **Ausweisung bevorsteht** und die ohnehin problematischen Therapiebedingungen deswegen noch deutlich erschwert sind, weil regelmäßig erhöhte Fluchtgefahr besteht, die Lockerungen entgegensteht" (BT-Drs. a. a. O.; dazu *BGH* NStZ 2009, 204; *München* NStZ-RR 2011, 106; sowie *Basdorf/U. Schneider/König*, Rissing-van Saan-FS [2011] S. 59, 68 f.). Desweiteren nennt der Gesetzentwurf die Fälle, in denen „eine Disposition für die Begehung von Straftaten nicht wesentlich durch den Hang zu übermäßigem Drogenkonsum, sondern durch **weitere Persönlichkeitsmängel** begründet wird […] und deshalb Erprobungen unter Lockerungsbedingungen nicht möglich sind" (BT-Drs. a. a. O.). Zum Absehen von der Unterbringung des Angeklagten in einer Entziehungsanstalt wegen freiwilliger Teilnahme an einer erfolgreich verlaufenden stationären Drogenentwöhnungstherapie bei ausstehender Strafvollstreckung vgl. *BGH*, Beschluss vom 20. 7. 2011 – 5 StR 172/11.

3. Zurückstellung nach § 35 BtMG. Die Möglichkeit einer Zurückstellung 526 der Strafvollstreckung nach § 35 BtMG soll den tatrichterlichen Ermessensspielraum dagegen nicht eröffnen können; auch nach der Neufassung des § 64 StGB soll die Maßregel der Unterbringung in einer Entziehungsanstalt den vollstreckungsrechtlichen Instrumenten nach dem BtMG vorgehen (*BGH* StV 2008, 406; *BGH* NStZ-RR 2010, 319; *BGH*, Beschluss vom 22. 2. 2011 – 4 StR 5/11 = BeckRS 2011, 06198). Freilich wird eine Zurückstellung nach § 35 BtMG, sofern die Voraussetzungen vorliegen, der Angeklagte entsprechend motiviert und – nicht zuletzt deshalb – eine erfolgreiche Rehabilitation zu erwarten ist, teilweise als die *„bessere Alternative"* angesehen (*Basdorf/U. Schneider/König*, Rissing-van Saan-FS [2011] S. 59, 61 f. m. w. N.). Die häufige Befassung der Revisionsgerichte mit dieser Frage (vgl. nur *BGH* StV 2008, 405; *BGH*, Beschluss vom 8. 8. 2008 – 2 StR 277/08 = BeckRS 2008, 19678; *BGH*, Beschluss vom 24. 6. 2009 – 2 StR 170/09

= BeckRS 2009, 20908; *Koblenz*, Urteil vom 4. 11. 2009 – 2 Ss 122/09 =
BeckRS 2010, 01173; *BGH*, Beschluss vom 26. 1. 2010 – 3 StR 2/10 = BeckRS
2010, 04237; *BGH* StV 2010, 678; *BGH* NStZ-RR 2010, 216; *BGH* NStZ-
RR 2010, 319; *BGH*, Beschluss vom 22. 2. 2011 – 4 StR 5/11 = BeckRS 2011,
06198) scheint darauf hinzudeuten, dass die Praxis diese Erkenntnis längst verinnerlicht hat. Vor dem Hintergrund der aktuellen höchstrichterlichen Rechtsprechung und weil eine Nachholung der Unterbringungsanordnung nach § 358
Abs. 2 S. 3 StPO auch auf die **Revision des Angeklagten** hin möglich ist
(BGHSt. 37, 5 = NJW 1990, 2143), muss einem „§ 35-BtMG-Anwärter" daher in
jedem Fall geraten werden, die **Nichtanwendung des § 64 StGB durch das
Tatgericht von seinem Rechtsmittelangriff ausdrücklich auszunehmen**
(vgl. dazu etwa *BGH* NStZ-RR 2010, 319, 320; zur Wechselwirkung von Strafe
und Maßregelanordnung vgl. aber unten Rn. 553).

527   **4. Fehlende Therapieplätze.** Die Anordnung der Unterbringung kann nicht
deshalb unterbleiben, weil es an geeigneten Entziehungsanstalten oder ausreichenden Therapieplätzen fehlt oder deshalb, weil diese derzeit belegt sind. Es kann
nicht Sache der Gerichte sein, einem eindeutigen Gesetzesbefehl die Gefolgschaft
deshalb zu versagen, weil die Exekutive nicht die zu seiner Durchführung erforderlichen Mittel bereithält. Ebenso wie die Nichtverhängung einer Freiheitsstrafe
wegen Überbelegung der Haftanstalten gesetzwidrig wäre, kann von einer Unterbringung nicht wegen Überbelegung oder Personalmangel abgesehen werden (vgl.
nur BGHSt. 36, 199 = NJW 1989, 2337 = NStZ 1990, 78; *BGH* NStZ-RR 1997,
97 = StV 1998, 72 sowie die zahlreichen Nachweise in der Vorauflage). Für den
betroffenen therapiebereiten Drogenabhängigen ist die vage Hoffnung auf Veränderungen im Maßregelvollzug freilich nur ein schwacher Trost.

528   **5. Unzureichendes Therapiekonzept.** Nach BGHSt. 28, 327 = NJW 1979,
1941 darf das Gericht nicht allein deshalb von der Anordnung der Unterbringung
absehen, weil im Zuständigkeitsbereich keine Anstalt existiert, die eine **erfolgversprechende Suchtbehandlung** durchführen könnte.

529   Die endlose Reihe obergerichtlicher Entscheidungen zur Nichtanwendung der
Unterbringungsvorschriften provoziert vor diesem Hintergrund freilich die Frage,
ob Tatrichter die Rechtsprechung der Revisionsgerichte schlichtweg nicht zur
Kenntnis nehmen (wollen) oder ob sie möglicherweise aufgrund ihrer Erfahrung
häufig von der tatsächlichen **Wirkungslosigkeit der Unterbringung** in einer
konkreten Anstalt überzeugt sind und die Angeklagten deshalb nicht einem Maßregelvollzug überantworten wollen, dem es an einem adäquaten Behandlungskonzept oder an hinreichender personeller Ausstattung mangelt (vgl. hierzu *LG Dortmund* StV 1982, 371; *LG Bonn* StV 1992, 326; *Wagner* StV 1993, 302; 303; *Weider*
StV 1996, 538 sowie MK-StGB/*Böllinger/Pollähne* § 64 Rn. 92; § 67 d Rn. 40).

530   Ob der mit Einführung der **Soll-Vorschrift** eröffnete Spielraum in diesen Fällen rechtlich tragfähig fruchtbar gemacht werden kann, darf füglich bezweifelt
werden. Mit einer Entspannung der Situation im Maßregelvollzug ist – spätestens
nach dem Urteil des Bundesverfassungsgerichts zum Abstandsgebot im Kontext der
Sicherungsverwahrung (*BVerfG*, Urteil vom 4. 5. 2011 – 2 BvR 2365/09 u. a.,
BGBl. I S. 1003) – allerdings nicht zu rechnen.

531   **6. Besondere Brutalität des Angeklagten.** Eine Unterbringung kann nicht
mit der Begründung abgelehnt werden, der Angeklagte sei wegen seiner Aggressivität und Brutalität gegenüber Probanden und Therapeuten für eine Gruppentherapie ungeeignet. Vielmehr ist es grundsätzlich Aufgabe der für den Vollzug
der Maßregel zuständigen Vollstreckungs- und Verwaltungsbehörden, die vollzug-
lichen Voraussetzungen für eine erfolgreiche Therapie zur Verfügung zu stellen
(BGHSt. 36, 199 = NJW 1989, 2337 = NStZ 1990, 78; *BGH* NStZ-RR 1997,
97 = StV 1998, 72).

532   **7. Fluchtgefahr.** Auch **mehrmaliges Entweichen** eines Untergebrachten aus
einer Entziehungsanstalt, der damit bewiesene **Mangel an Therapiebereitschaft**

und eine hieran anknüpfende ungünstige Beurteilung der Heilungsaussichten können etwa die Überweisung des Untergebrachten in ein psychiatrisches Krankenhaus nicht rechtfertigen, selbst wenn hierdurch die Entweichungsgefahr gemindert werden könnte. Der **Gesichtspunkt der Fluchtgefahr muss außer Betracht bleiben**. Maßnahmen nach § 67a StGB dürfen nur darauf abzielen, die Resozialisierung des Täters besser zu fördern; die Notwendigkeit einer Überweisung nach § 67a StGB hat sich ausschließlich an den Erfordernissen der Erfolg versprechenden Behandlung des untergebrachten Täters zu orientieren. Ihr Zweck kann aber nicht darin bestehen, den Untergebrachten durch einen Wechsel der Anstaltsunterbringung leichter am Entweichen zu hindern und damit dem Sicherheitsbedürfnis der Allgemeinheit wirksamer Rechnung zu tragen. Darüber hinaus ist es Sache der jeweiligen Anstalt und ihres Trägers, **geeignete Vorkehrungen gegen das Entweichen** der Untergebrachten zu treffen. Auch die Erwägung, dass bei einer Lockerung im Maßregelvollzug eine erhöhte Fluchtgefahr und damit keine Behandlungsaussicht bestünde, rechtfertigt das Absehen von der Anordnung der Unterbringung nicht (*BGH* NStZ-RR 2002, 7 = StV 2001, 678).

III. Verhältnis zu § 63 StGB

Der Anwendungsbereich des **§ 63 StGB** kann im Kontext einer Alkohol- oder Betäubungsmittelabhängigkeit eröffnet sein, wenn die **Abhängigkeit auf einem psychischen Defekt beruht** (BGHSt. 44, 338 = NJW 1999, 1792) oder der Täter **in krankhafter Weise** in Bezug auf die von ihm konsumierten Betäubungsmittel überempfindlich reagiert (*BGH* NStZ-RR 2007, 138; *BGH*, Beschluss vom 9. 6. 2010 – 2 StR 201/10 = BeckRS 2010, 16180). **533**

Kommt – etwa weil die Abhängigkeit des Täters auf einer psychischen Erkrankung beruht (vgl. Sch/Sch/*Stree/Kinzig* § 72 Rn. 4c) – sowohl eine Unterbringung nach § 63 StGB als auch eine solche nach § 64 StGB in Betracht, geht die Unterbringung in einer **Entziehungsanstalt** als **minder belastende Maßnahme** einer Unterbringung in einem psychiatrischen Krankenhaus vor (§ 72 Abs. 1 S. 2 StGB), sofern der Zweck des § 63 StGB auch durch die Unterbringung nach § 64 StGB erfüllt werden kann (*BGH*, Beschluss vom 13. 5. 1992 – 5 StR 174/92; *BGH* NStZ-RR 1996, 162; *BGH* StV 1998, 72 = BeckRS 1997, 31119968; *BGH* NStZ-RR 2011, 171). **534**

IV. Aussetzung der Unterbringung

Ordnet das Gericht die Maßregel der Unterbringung in einer Entziehungsanstalt an, so setzt es zugleich deren **Vollstreckung zur Bewährung** aus, wenn besondere Umstände die Erwartung rechtfertigen, dass der **Zweck der Maßregel auch dadurch erreicht** werden kann (§ 67b Abs. 1 S. 1 StGB). **535**

Der Tatrichter hat hier regelmäßig zu erwägen, ob in der Person des Angeklagten, seiner gegenwärtigen und künftigen Lage oder sonst **besondere Umstände** vorliegen, durch die die von ihm ausgehende Gefahr der Begehung künftiger Straftaten abgewendet oder jedenfalls so stark abgeschwächt werden kann, dass ein Verzicht auf den Vollzug der Maßregel gewagt werden kann (vgl. nur *BGH* NStZ 2007, 465 = NStZ-RR 2008, 305 = StV 2007, 412 sowie die weiteren Nachweise bei *Fischer* § 67b Rn. 3). Der Tatrichter wird in geeignet erscheinenden Fällen insbesondere zu erörtern haben, ob sich die vom Angeklagten ausgehende Gefahr durch die Begründung eines **Betreuungsverhältnisses nach §§ 1896ff. BGB** (vgl. *BGH* NStZ 2000, 470) und/oder durch geeignete **Weisungen im Rahmen der Führungsaufsicht nach § 67b Abs. 2, § 68b StGB** (vgl. *BGH*, Beschluss vom 25. 4. 2001 – 1 StR 68/01 = BeckRS 2001, 30176365; zur Aussetzung auf der Grundlage einer Weisung zur Aufnahme einer ambulanten **Therapie im (EU-)Ausland** vgl. *BGH*, Beschluss vom 3. 5. 2011 – 5 StR 123/11 = BeckRS 2011, 13560) aussetzungsrelevant beeinflussen lässt (*BGH* NStZ-RR 2010, 171). Hat eine länger andauernde medikamentöse Behandlung Aussicht auf Erfolg, bedarf es der Erörterung, ob der Zweck der Maßregel nicht bereits dadurch **536** erreicht werden kann, dass dem Angeklagten die Weisung erteilt wird, sich einer derartigen Behandlung zu unterziehen.

537 Die Möglichkeit, dass ein Angeklagter im Verlauf einer Therapie seine **Mitwirkungsbereitschaft zurückziehen könnte**, steht der Aussetzung der Unterbringung nach § 67 b StGB nicht von vornherein entgegen (*BGH*, Beschluss vom 22. 3. 1991 – 2 StR 60/91; *BGH*, Beschluss vom 11. 7. 1991 – 5 StR 222/91).

538 Die **Aussetzung der Unterbringung unterbleibt**, wenn der Täter noch eine Freiheitsstrafe zu verbüßen hat, die gleichzeitig mit der Maßregel verhängt und nicht zur Bewährung ausgesetzt wird (§ 67 b Abs. 1 S. 2 StGB).

V. Vollstreckungsreihenfolge

539 **1. Grundsatz.** Ordnet das Gericht die Unterbringung in einer Entziehungsanstalt neben einer Freiheitsstrafe an, wird die Maßregel grundsätzlich vor der Strafe vollzogen, § 67 Abs. 1 StGB. Nach der Grundentscheidung des Gesetzgebers soll **möglichst umgehend mit der Behandlung des süchtigen oder kranken Rechtsbrechers begonnen** werden, weil dies am ehesten einen dauerhaften Erfolg verspricht.

540 **2. Ausnahmen: Vorwegvollzug der Strafe.** Die Vorschrift des § 67 Abs. 2 StGB sieht Ausnahmen vom Vorwegvollzug der Maßregel nach § 67 Abs. 1 StGB vor; **§ 67 Abs. 2 S. 1 StGB** enthält dabei eine für alle Maßregeln gültige Regelung; für die Unterbringung in einer Entziehungsanstalt gilt im Besonderen **§ 67 Abs. 2 S. 2 StGB**. Eine weitere Sonderregelung für den Fall, dass der Betroffene vollziehbar zur Ausreise verpflichtet ist, enthält **§ 67 Abs. 2 S. 4 StGB**.

541 **a) Vorwegvollzug nach § 67 Abs. 2 S. 1 StGB.** Eine Abweichung von der regelmäßigen Vollstreckungsreihenfolge ist zulässig, wenn hierdurch der Zweck der Maßregel leichter erreicht werden kann, § 67 Abs. 2 S. 1 StGB. Die Umkehr der Vollstreckungsreihenfolge ist in diesem Fall zwingend (vgl. *Fischer* § 67 Rn. 4). Die Frage, ob der Zweck der Maßregel leichter zu erreichen ist, ist auf der Grundlage einer Analyse der Umstände des Einzelfalles (**Persönlichkeit des Täters**, Länge der Freiheitsstrafe und Art der Behandlung, Sch/Sch/*Stree*/*Kinzig* § 67 Rn. 7) zu beurteilen (vgl. auch BGHSt. 33, 285 = NStZ 1986, 139 = NJW 1986, 141). Andere Gründe, als die leichtere Erreichung des Maßregelzwecks rechtfertigen einen Vorwegvollzug der Strafe nicht; insbesondere ist ein akuter Mangel an Therapieplätzen kein Grund, vom Grundsatz des § 67 Abs. 1 StGB Abstand zu nehmen (*BGH* NStZ 1981, 492).

542 Auch ist es nicht die Aufgabe des Strafvollzugs, **Leidensdruck** zu erzeugen und den Täter auf diesem Wege von der Notwendigkeit einer therapeutischen Einwirkung zu überzeugen (Sch/Sch/*Stree*/*Kinzig* § 67 Rn. 9; anders *BGH* NJW 1983, 350). Denn das **Wecken von Therapiebereitschaft** (vgl. *BGH* NStZ-RR 2004, 263 = BeckRS 2004, 04023) ist eine dem **Maßregelvollzug** selbst überantwortete Aufgabe (vgl. *BGH* NStZ-RR 1999, 11). Der Umstand, dass sich Therapiebereitschaft im Einzelfall auch durch eine Sozialtherapie im Rahmen eines (ohnehin) anzuordnenden Vorwegvollzugs nach § 67 Abs. 2 S. 2 StGB wecken lässt (vgl. etwa *BGH* NStZ-RR 2010, 42), kann jedenfalls nicht als Argument gegen den nach dem Willen des Gesetzgebers vorrangigen Maßregelvollzug ins Feld geführt werden. Freilich spricht nichts dagegen, einen Vorwegvollzug der Strafe in Erwägung zu ziehen, wenn es angezeigt erscheint, dem Täter zunächst das Unrecht und die Schwere seiner Tat vor Augen zu führen (Sch/Sch/*Stree*/*Kinzig* § 67 Rn. 9), ihn auf diesem Wege auf seine therapeutische Behandlung einzustimmen und damit zugleich die Nachhaltigkeit des Behandlungserfolgs abzusichern.

543 Zu beachten ist stets, dass ein **Vorwegvollzug** der Freiheitsstrafe auch **negative Auswirkungen** auf eine zunächst vorhandene **Therapiemotivation** des Täters haben kann (vgl. *BGH*, Beschluss vom 1. 8. 1990 – 2 StR 271/90 = BeckRS 1990, 31096704).

544 Ein Vorwegvollzug der Strafe vor der Maßregel kann nicht damit begründet werden, dass der Verurteilte **während des** dem Maßregelvollzug folgenden **Straf-**

vollzuges wegen der **in der JVA verfügbaren Betäubungsmittel** einem Rückfall in die Sucht ausgesetzt wäre. Denn einerseits kursieren auch in Entziehungsanstalten Drogen. Andererseits ist es die **Aufgabe aller Einrichtungen, für geeignete Vollstreckungsbedingungen** zu sorgen (BGHSt. 36, 199 = NStZ 1990, 78 = NJW 1989, 2337; *BGH* NStZ-RR 2001, 93). Im Übrigen widerspräche eine solche Sichtweise der Grundentscheidung des Gesetzgebers nach § 67 Abs. 1 StGB (*BGH,* Beschluss vom 11. 2. 2003 – 4 StR 522/02 = BeckRS 2003, 30305883).

Als Begründung für eine Umkehrung der Vollstreckungsreihenfolge und den 545 teilweisen Vorwegvollzug der Strafe reicht es auch nicht aus, wenn das Gericht oder der Verurteilte **eine spätere Zurückstellung der Strafvollstreckung nach § 35 BtMG** zur Aufnahme einer freiwilligen Behandlung in einer Therapieanstalt anstrebt, selbst dann nicht, wenn die freiwillige Therapie zweckmäßig ist. Denn § 35 BtMG sieht eine Zurückstellung der Strafvollstreckung auch für den Fall vor, dass die Unterbringung in einer Entziehungsanstalt ohne Umkehrung der gesetzlichen Reihenfolge (Maßregel vor Strafe) angeordnet worden ist (*BGH* NStZ 1984, 573 = JR 1985, 119; *BGH* NStZ 1990, 102). Erforderlich und gerechtfertigt wäre in solchen Fällen der Vorwegvollzug der Strafe deshalb nur dann, wenn eine Therapie in einer Anstalt nach § 35 BtMG bessere Heilungsaussichten bieten würde als eine Behandlung in einer Entziehungsanstalt nach § 64 StGB und wenn die freiwillige Therapie durch einen vorweggenommenen Strafvollzug zusätzlich gefördert würde (*BGH* NStZ 1985, 571).

b) Vorwegvollzug nach § 67 Abs. 2 S. 2 StGB. Nach § 67 Abs. 2 S. 2 StGB 546 in der am 20. 7. 2007 in Kraft getretenen Fassung des *Gesetzes zur Sicherung der Unterbringung in einem psychiatrischen Krankenhaus und in einer Entziehungsanstalt* vom 16. 7. 2007 (BGBl. I S. 1327) **soll** das Gericht bei der Anordnung der Unterbringung in einer Entziehungsanstalt **neben einer zeitigen Freiheitsstrafe von über 3 Jahren** bestimmen, dass ein Teil der Strafe vor der Maßregel zu vollziehen ist. Dieser Teil der Strafe ist nach § 67 Abs. 2 S. 3 StGB **so zu bemessen,** dass nach seiner Vollziehung und einer anschließenden Unterbringung eine Entscheidung nach § 67 Abs. 5 S. 1 StGB möglich ist. Unter den dort genannten Voraussetzungen kann das Gericht den **Strafrest zur Bewährung aussetzen,** wenn (unter Anrechnung der Dauer des Maßregelvollzugs nach § 67 Abs. 4 S. 1 StGB) die **Hälfte der Strafe** erledigt ist. Die Ausgestaltung als Soll-Vorschrift trägt dem Gedanken Rechnung, dass im Einzelfall eine abweichende Vollstreckungsreihenfolge angezeigt sein kann; eine dringende aktuelle Therapiebedürftigkeit der suchtkranken Person kann daher in diesem Rahmen berücksichtigt werden (BT-Drs. 16/1110 S. 14).

Die Regelung des § 67 Abs. 2 S. 2 StGB dient der **Entlastung der Entzie-** 547 **hungsanstalten** und der **Sicherung des Therapieerfolgs.** Denn in den Fällen, in denen die Unterbringung in einer Entziehungsanstalt neben eine längere Freiheitsstrafe tritt, käme – soweit der Zeitpunkt einer möglichen Strafaussetzung dem Vollzug der Maßregel noch nicht erreicht ist –, zur Vermeidung einer Rückverlegung in die JVA nur ein Weitervollzug der Maßregel in Betracht. Kostenintensive Therapieplätze würden dauerhaft blockiert; die Therapiemotivation des Betroffenen wäre in Gefahr (BT-Drs. 16/1110 S. 11). Nach § 7 Abs. 1 JGG i. V. m. § 61 Nr. 2 StGB gilt die Vorschrift des § 67 Abs. 2 S. 2 StGB auch bei der Verhängung von Jugendstrafe (*BGH* NJW 2009, 2694 = NStZ 2010, 93 = StV 2009, 641 (L)).

Einer genauen **Berechnung der Dauer des anzuordnenden Vorwegvoll-** 548 **zugs der Strafe** kommt in der Praxis erhebliche Bedeutung zu. Nicht selten werden tatrichterliche Urteile in Bezug auf die Frage nach der Dauer des Vorwegvollzuges aufgehoben – soweit die entsprechenden Anknüpfungstatsachen im Urteil festgehalten sind – im Revisionsverfahren analog § 354 Abs. 1 StPO (vgl. *BGH,* Beschluss vom 6. 5. 2008 – 1 StR 144/08 = BeckRS 2008, 09418) korrigiert. Vorzugehen ist im Einzelfall folgendermaßen (zur Anrechnung von Untersuchungshaft vgl. Rn. 552):

Der Tatrichter hat zunächst die **voraussichtliche Dauer der Suchtbehand-** 549 **lung** bis zur Erzielung eines Behandlungserfolgs individuell zu bestimmen (*BGH,*

Beschluss vom 2. 2. 2011 – 2 StR 622/10 = BeckRS 2011, 04343). Dabei hat er – sachverständig beraten – zu prognostizieren, wie lange die Unterbringung im Maßregelvollzug voraussichtlich erforderlich sein wird (*BGH* NStZ-RR 2009, 172). Mag eine therapeutische Behandlung in einer Entziehungsanstalt auch *„in der Regel 2 Jahre in Anspruch"* nehmen (*BGH* NStZ 2008, 212; eine voraussichtliche Dauer von mehr als 2 Jahren kommt wegen § 67d Abs. 1 S. 1 StGB nicht in Betracht; vgl. zur Erfolgsaussicht oben Rn. 512 ff.), sollte der Tatrichter von solchermaßen pauschalen Festlegungen tunlichst Abstand nehmen. Er hat sich vielmehr – trotz aller Schwierigkeiten, die eine derartige Prognose bereitet (vgl. *Fischer* § 67 Rn. 11 b) – anhand der konkreten Umstände von einer bestimmten erforderlichen Behandlungsdauer zu überzeugen. Die Dauer des anzuordnenden Vorwegvollzugs ist danach die Differenz zwischen der **Hälfte der verhängten Strafe** und dem so bestimmten voraussichtlichen Zeitraum der Maßregelvollziehung. Wird die Therapie voraussichtlich 18 Monate in Anspruch nehmen und hat das Gericht eine Freiheitsstrafe von 4 Jahren verhängt, so sind insgesamt 6 Monate der Strafe vor der Unterbringung des Angeklagten zu vollziehen (*BGH*, Beschluss vom 18. 1. 2011 – 1 StR 548/10 = BeckRS 2011, 02624).

550   Ob **tatsächlich eine Strafaussetzung zum Halbstrafentermin** konkret wahrscheinlich ist, ist unerheblich (*BGH* NStZ-RR 2008, 182; *BGH*, Beschluss vom 2. 9. 2009 – 5 StR 327/09 = BeckRS 2009, 24830; anders freilich noch *BGH* StV 2008, 307; dagegen *Hamm*, Beschluss vom 5. 8. 2008 – 4 Ss 286/08 = BeckRS 2009, 03028).

551   **c) Vorwegvollzug nach § 67 Abs. 2 S. 4 StGB.** Nach § 67 Abs. 2 S. 4 StGB soll das Gericht einen Vorwegvollzug der Strafe vor der Maßregel auch dann anordnen, wenn die verurteilte Person vollziehbar zur Ausreise verpflichtet und zu erwarten ist, dass ihr Aufenthalt im räumlichen Geltungsbereich des StGB während oder unmittelbar nach Verbüßung der Strafe beendet wird. Die Vorschrift soll die Fälle erfassen, „in denen eine in einer Entziehungsanstalt untergebrachte Person **einem ausländischen Staat angehört** und die Beendigung ihres Aufenthalts in der Bundesrepublik Deutschland in naher Zukunft zu erwarten ist" (BT-Drs. 16/1110 S. 14 f.).

552   **d) Anrechnung von Untersuchungshaft.** Hat der Täter **Untersuchungshaft** erlitten, so wird diese bereits nach § 51 Abs. 1 S. 1 StGB auf die verhängte Freiheitsstrafe angerechnet; ein Ausspruch der Anrechnung im Urteil ist daher nicht erforderlich. Im Rahmen des Vorwegvollzuges wird die anzurechnende Untersuchungshaft daher **ohne Weiteres** in die Dauer des angeordneten Vorwegvollzugs eingerechnet; erlittene Untersuchungshaft darf daher insbesondere nicht von der errechneten Dauer des Vorwegvollzuges abgezogen werden (*BGH* NStZ-RR 2009, 234; *BGH*, Beschluss vom 18. 1. 2011 – 1 StR 548/10 = BeckRS 2011, 02624).

VI. Urteil

553   Liegt eine Unterbringung des Angeklagten in der Entziehungsanstalt nahe, hat sich der Tatrichter der Frage einer Anordnung der Maßregel eingehend zu widmen und seine Erwägungen zum Gegenstand der **Urteilsgründe** zu machen (vgl. nur *BGH*, Beschluss vom 15. 12. 2010 – 2 StR 594/10 = BeckRS 2011, 01400). Da in der Regel nicht auszuschließen ist, dass eine verhängte Strafe niedriger ausgefallen wäre, wenn zugleich eine Unterbringungsanordnung erfolgt wäre, kann – soweit der Tatrichter von der Anordnung der Maßregel rechtsfehlerhaft absieht – auch der **Strafausspruch** regelmäßig keinen Bestand haben (*BGH*, Beschluss vom 29. 7. 2003 – 5 StR 298/03 = BeckRS 2003, 06815; *BGH*, Beschluss vom 24. 9. 2009 – 3 StR 340/09 = BeckRS 2009, 27070; *BGH*, Beschluss vom 29. 3. 2011 – 3 StR 72/11 = BeckRS 2011, 14185; vgl. aber *BGH* NStZ 2005, 211). Zu den Begründungserfordernissen in Bezug auf das eingeholte Sachverständigengutachten vgl. oben Rn. 522 f.

Das Gericht hat aber **weder zu bestimmen, in welcher Entziehungsanstalt** 554 der Angeklagte unterzubringen ist, **noch wie lange** die Unterbringung andauern soll. Auf Unterbringung wird neben der Strafe erkannt, bei Schuldunfähigkeit wird sie allein ausgesprochen.

Verhängt das Gericht die Maßregel der Unterbringung in einer Entziehungsan- 555 stalt, hat es sich regelmäßig der Frage der **Vollstreckungsreihenfolge** zu widmen, vgl. dazu oben Rn. 539 ff.

D. Vollstreckung

I. Dauer der Unterbringung

Die Maßregel der Unterbringung in einer Entziehungsanstalt wird grundsätzlich 556 so lange vollzogen, bis ihr Zweck erreicht ist. Weil allerdings die genaue Dauer des Vollzuges – anders als bei der Strafe – nicht im Urteil bestimmt wird (vgl. BGHSt. 30, 305 = NJW 1982, 1005; *Düsseldorf* NStZ-RR 1996, 293; anders freilich bzgl. der voraussichtlichen Behandlungsdauer beim Vorwegvollzug der Strafe, vgl. oben Rn. 548 f.), bedarf es der Regelung zur Dauer der Unterbringung nach § 67 d StGB (vgl. Sch/Sch/*Stree/Kinzig* § 67 d Rn. 1).

Die Dauer der Unterbringung darf nach § 67 d Abs. 1 S. 1 StGB **2 Jahre** nicht 557 überschreiten. Wird die Maßregel vor einer daneben angeordneten Freiheitsstrafe vollzogen, verlängert sich die Höchstfrist um die Dauer der Freiheitsstrafe, soweit die Zeit des Vollzugs der Maßnahme auf die Strafe angerechnet wird, § 67 Abs. 1 S. 3 StGB. Diese Regelung zur **Verlängerung der Höchstfrist** bezieht sich auf die Anrechnungsregel des § 67 Abs. 4 StGB, wonach eine Anrechnung erfolgt, bis **zwei Drittel der Strafe** erledigt sind. Die Dauer der Freiheitsstrafe, die durch Anrechnung erlittener **Untersuchungshaft** erledigt ist, ist in die Verlängerung nicht einzubeziehen (Sch/Sch/*Stree/Kinzig* § 67 d Rn. 4; *Fischer* § 67 d Rn. 6).

Mit dem **Ablauf der Höchstfrist** ist der Untergebrachte zu entlassen, § 67 d 558 Abs. 4 StGB. Mit der Entlassung tritt **Führungsaufsicht** ein, § 67 d Abs. 4 S. 3 StGB.

II. Erledigung der Unterbringung

Das Gericht erklärt die Unterbringung in einer Entziehungsanstalt nach § 67 d 559 Abs. 5 S. 1 für **erledigt**, wenn die Voraussetzungen des § 64 S. 2 StGB nicht mehr vorliegen. Entscheidend sind allein Gründe, die in der Person des Untergebrachten siedeln (BVerfGE 91, 1 = NStZ 1994, 578 = StV 1994, 594). Dies ist etwa dann der Fall, wenn sich im Verlaufe der Unterbringung herausstellt, dass keine hinreichend konkrete **Erfolgsaussicht** mehr gegeben ist. Freilich rechtfertigt nicht jede (überwindbare) **Krise im Verlauf der therapeutischen Behandlung** eine Erledigungserklärung (*Zweibrücken* NStZ-RR 2003, 157; *Hamm* NStZ 2009, 39 = StV 2008, 316). Gleiches gilt für eine manifeste Therapieunwilligkeit, sofern noch Interventionen möglich erscheinen (*Hamm* a. a. O.). Der Umstand, dass der Verurteilte **in der Anstalt Schwierigkeiten bereitet**, aus dem Vollzug heraus **Straftaten begeht** oder gewährte **Lockerungen missbraucht**, bestätigt zunächst einmal nur die Notwendigkeit der Unterbringung, belegt indessen nicht zwingend auch eine unüberwindbar verfestigte Behandlungsunwilligkeit.

Organisatorische Hindernisse, Personal- und Raumprobleme oder andere Um- 560 stände, die nicht in der Person des Verurteilten liegen, dürfen nicht zur Annahme von Therapieresistenz verleiten. Vielmehr hat das Gericht, **solange noch Reste einer Behandlungschance verblieben sind**, das Gesetz anzuwenden und auf eine Beseitigung der Therapiehindernisse in der Anstalt zu drängen (vgl. BGHSt. 28, 327 = NJW 1979, 1941; *BGH* StV 1990, 102).

Ergibt eine **Gesamtschau** des bisherigen Behandlungsverlaufes, dass die unter- 561 gebrachte Person keine therapeutischen Leistungen vollbracht hat, dass sie Mitpatienten unter Umgehung der Briefzensur zum Briefschmuggel verleitet, dass sie ihre **Therapiebereitschaft nur vorgetäuscht** hat und dass sie **fortlaufend Stations-**

regeln verletzt hat, so kann von einer mit therapeutischen Mitteln nicht mehr aufzubrechenden Behandlungsunwilligkeit auszugehen und die Erledigung der Unterbringung anzuordnen sein (*Frankfurt*, Beschluss vom 2. 4. 2001 – 3 Ws 148/01).

562   Ist das **Ziel der Maßregel erreicht**, ist sie ebenfalls für erledigt zu erklären. Einer entsprechenden Anwendung des § 67 c Abs. 2 S. 5 StGB bedarf es in diesem Fall nicht (so aber *Fischer* § 67 d Rn. 21 m. w. N.; Sch/Sch/*Stree*/*Kinzig* § 67 d Rn. 14). Denn auch mit der Zweckerreichung entfallen die Voraussetzungen des § 64 S. 2 StGB; ein bereits erreichter Therapieerfolg kann „*durch* die Behandlung in einer Entziehungsanstalt" nicht noch einmal bewirkt werden.

III. Zurückstellung der Unterbringung

563   Auch die Vollstreckung einer angeordneten **Unterbringung in einer Entziehungsanstalt** kann nach Maßgabe des § 35 BtMG zurückgestellt werden. Erforderlich ist, dass der Verurteilte eine Straftat auf Grund einer Betäubungsmittelabhängigkeit begangen hat, neben der Maßregelanordnung rechtskräftig zu einer **Freiheitsstrafe** von nicht mehr als 2 Jahren verurteilt wurde oder eine Reststrafe von nicht mehr als 2 Jahren zu verbüßen hat und therapiebereit ist.

IV. Überprüfung auf Aussetzung oder Erledigung

564   Nach § 67 e Abs. 1 S. 1 StGB kann das Gericht jederzeit überprüfen, ob die weitere Vollstreckung der Unterbringung zur Bewährung ausgesetzt oder für erledigt erklärt werden kann. Es ist gem. § 67 e Abs. 1 S. 2 i. V. m. Abs. 2 Alt. 1 **vor Ablauf von 6 Monaten zur Überprüfung verpflichtet**. Das Gericht kann die Frist abkürzen oder im Rahmen der gesetzlichen Prüfungsfrist Fristen festlegen, vor deren Ablauf eine erneute Prüfung unzulässig ist, § 67 e Abs. 3 StGB.

565   Die **Frist beginnt** mit dem Beginn der Unterbringung; mit der Ablehnung der Aussetzung oder der Erledigungserklärung (zur Rechtskraft der Entscheidung – vgl. nur Sch/Sch/*Stree*/*Kinzig* § 67 e Rn. 5 m. w. N.) wird der Fristenlauf **unterbrochen**; er beginnt sodann von neuem, § 67 e Abs. 4 StGB. Entweicht der Untergebrachte aus dem Maßregelvollzug, ist die Frist **gehemmt** (*Karlsruhe* NStZ 1992, 456). Der **Fristenlauf endet**, sobald das Gericht die Aussetzung der Unterbringung anordnet oder die Unterbringung für erledigt erklärt. Lässt das Gericht die gesetzlichen Prüfungsfristen ungenutzt verstreichen, ist die Prüfung **unverzüglich nachzuholen** (*BVerfGE* NStZ-RR 2005, 92, 94).

V. Widerruf der Aussetzung

566   Für den Widerruf der Aussetzung einer Unterbringung gilt § 67 g StGB. Danach ist die Aussetzung der Vollstreckung etwa dann zu widerrufen, wenn der Verurteilte (1) während der Dauer der Führungsaufsicht (oder in dem nach § 67 g Abs. 1 S. 2 StGB maßgeblichen Zeitraum) eine rechtswidrige Tat begeht, (2) gegen Weisungen nach § 68 b StGB (vgl. dazu oben Rn. 535 ff.) gröblich oder beharrlich verstößt oder (3) sich der Aufsicht und Leitung der Bewährungshelferin oder des Bewährungshelfers oder der Aufsichtsstelle beharrlich entzieht und sich daraus ergibt, dass der Zweck der Maßregel die Unterbringung erfordert.

567   Nach § 67 g Abs. 2 StGB widerruft das Gericht die Aussetzung der Unterbringung nach § 64 StGB aber auch dann, wenn sich während der Dauer der Führungsaufsicht ergibt, dass von dem Verurteilten infolge seines Hanges rechtswidrige Taten zu erwarten sind und deshalb der Zweck der Maßregel eine Unterbringung erfordert. Vgl. zum Widerruf im Falle nachträglich bekannt gewordener Umstände § 67 d Abs. 3 StGB sowie im Übrigen die Abs. 4 bis 6.

VI. Krisenintervention

568   Ist eine akute Verschlechterung des Zustandes der aus der Unterbringung entlassenen Person oder ein Rückfall in die Sucht eingetreten, kann das Gericht nach

§ 67 h Abs. 1 S. 1 StGB während der Dauer der Führungsaufsicht die ausgesetzte Unterbringung zur Vermeidung eines Widerrufs nach § 67 g StGB für die Dauer von **höchstens 3 Monaten wieder in Vollzug setzen.** Vgl. dazu *U. Schneider* NStZ 2007, 441, 444; *Peglau* NJW 2007, 1558, 1561; BT-Drs. 16/1993 S. 16 f.).

Eine Anordnung der befristeten Invollzugsetzung nach § 67 h StGB geht einem **569** Widerruf der Aussetzung in jedem Fall vor. Dies gilt selbst dann, wenn die Aussetzung der Vollstreckung der Maßregel bereits im Urteil erfolgt ist (*Jena* NStZ-RR 2009, 222).

Die Krisenintervention ist nicht etwa eine eigenständige Maßnahme, sondern **570** **Vollstreckung einer Maßregel** im Sinne von § 463 Abs. 1 i. V. m. § 462 a **Abs. 1 S. 1 StPO**; mit der Aufnahme des Verurteilten wird daher die Zuständigkeit der Strafvollstreckungskammer für die Bewährungsüberwachung begründet (*BGH* NJW 2011, 163). Zur Zuständigkeit in Verfahren nach dem JGG vgl. *Jena* NStZ 2010, 283.

E. Außerstrafrechtliche Unterbringung

Katholnigg (GA 1990, 193 ff.) hat zur Eindämmung der Nachfrage und Aus- **571** trocknung des Drogenmarktes vorgeschlagen, **alle Konsumenten weicher und harter Drogen** – in Anlehnung an das Bundesseuchengesetz – außerstrafrechtlich zwangsweise für 2 Jahre unterzubringen, um die Drogenkonsumenten einerseits zu entkriminalisieren und entstigmatisieren und um sie andererseits zum Schutz der Allgemeinheit **in einer Art Drogenquarantäne zu therapieren.** Der Vorschlag ist in der Literatur ganz zu Recht auf erheblichen Widerspruch gestoßen (*Haring*, Kriminell oder nicht kriminell: Der User, SuchtR 1991, 48; *Körner*, Und seid ihr nicht willig, so brauchen wir Gewalt, DrogenR 1992, 38; *Kreuzer*, Wohin mit dem User, SuchtR 1991, 68; *ders.*, Aspekte der Begutachtung und Unterbringung Drogenabhängiger, in *Schütz/Kaatsch/Thomsen*, Medizinrecht – Psychopathologie – Rechtsmedizin [1991] S. 87 ff.). Er verstößt gegen rechtsstaatliche Grundsätze, missachtet die Wurzeln der Drogensucht und verkennt die Wirkungslosigkeit von Zwangstherapien.

I. Landesunterbringungsgesetze

Die Unterbringungsgesetze der Länder (vgl. etwa PsychKG LSA [GVBl. **572** LSA 1992, 88]) sehen **Hilfen und Schutzmaßnahmen** für Personen vor, die an Psychosen, **Suchterkrankungen,** anderen krankhaften seelischen oder geistigen Störungen oder an seelischen oder geistigen Behinderungen leiden oder gelitten haben oder bei denen Anzeichen einer solchen Krankheit, Störung oder Behinderung vorliegen. Zu den Schutzmaßnahmen zählt auch die **Unterbringung** der betroffenen Person in einem Landeskrankenhaus. Freilich erfolgt die Unterbringung allein mit dem **Ziel der Gefahrenabwehr;** therapeutische Maßnahmen sind daher an dieser Zwecksetzung ausgerichtet. Eine Therapie im Rahmen einer Maßregel nach § 64 StGB oder Rehabilitationsbehandlungen im Sinne des 35 BtMG können und sollen diese Vorschriften nicht ersetzen (vgl. § 13 Abs. 2 PsychKG LSA: *„Eine Unterbringung nach diesem Gesetz darf nicht angeordnet werden, wenn eine Maßnahme nach § 126 a der Strafprozessordnung oder den §§ 63, 64 des Strafgesetzbuches oder § 7 des Jugendgerichtsgesetzes getroffen worden ist. Wird eine solche Anordnung oder Maßregel nach einer Unterbringung getroffen, ist die Unterbringung aufzuheben. "*).

II. Unterbringung psychisch gestörter Gewalttäter

Auf der Grundlage des *Gesetzes zur Neuordnung des Rechts der Sicherungsverwah-* **573** *rung und zu begleitenden Regelungen vom 22. 12. 2010* (BGBl. I S. 2300, 2305) ist am 1. 1. 2011 das **Gesetz zur Therapierung und Unterbringung psychisch gestörter Gewalttäter** (Therapieunterbringungsgesetz – ThUG) in Kraft getreten. So vielversprechend der Titel des Gesetzes auch klingen mag, sein Anwendungsbereich ist beschränkt: Es gilt für solche Personen, die wegen einer Straftat im Sinne des § 66 Abs. 3 S. 1 StGB verurteilt wurden und die aufgrund einer rechtskräftigen Entscheidung nicht länger in der **Sicherungsverwahrung** untergebracht werden können, weil ein Verbot rückwirkender Verschärfungen im Recht der Sicherungsverwahrung zu berücksichtigen ist (§ 1 Abs. 1 ThUG). Die Unterbringung solcher Personen in einer **geschlossenen Einrichtung** kann angeordnet werden, wenn (1) die betroffene Person an einer psychischen Störung leidet und (2) eine Gesamtwürdigung ihrer Persönlichkeit, ihres Vorlebens und ihrer Lebensverhältnisse ergibt, dass sie infolge einer psychischen Störung mit hoher Wahrscheinlichkeit das **Leben, die körperliche Unversehrtheit, die persönliche Freiheit oder die sexuelle Selbstbestimmung** einer anderen Person erheblich beeinträchtigen wird, und die (3) Unterbringung aus den genannten Gründen zum **Schutz der Allgemeinheit** erforderlich ist.

Kap. 5. Unterbringung in der Sicherungsverwahrung (§ 66 StGB)

574 Die Regelung des § 66 Abs. 1 Nr. 1 Buchst. b StGB sieht – freilich unter dem Vorbehalt des § 72 Abs. 1 StGB – **zwingend** (vgl. *Fischer* § 66 Rn. 39) neben der Verhängung einer Strafe die Anordnung der **Sicherungsverwahrung** insbesondere in den Fällen vor, in denen der Täter wegen einer vorsätzlichen Straftat nach dem BtMG zu einer Freiheitsstrafe von mindestens zwei Jahren verurteilt wird, sofern der Rechtsverstoß im Höchstmaß mit Freiheitsstrafe von mindestens 10 Jahren bedroht ist.

575 Bereits der **Europäische Gerichtshof für Menschenrechte** hatte mit **Urteil vom 17. 12. 2009** erhebliche Bedenken gegen die durch die mit Änderung des § 67d StGB aufgrund des *Gesetzes zur Bekämpfung von Sexualdelikten und anderen gefährlichen Straftaten* vom 26. 1. 1998 (BGBl. I S. 160) bewirkte rückwirkende Aufhebung der zeitlichen Begrenzung einer erstmaligen Unterbringung in der Sicherungsverwahrung erhoben (*EGMR* EuGRZ 2010, 25 = NJW 2010, 2495 = StV 2010, 181). Es fehle einerseits an einem ausreichenden Kausalzusammenhang zwischen der Anlassverurteilung durch das Strafgericht und der Fortdauer der Sicherungsverwahrung. Bereits aus diesem Grunde sei ein Verstoß gegen Art. 5 Abs. 1 EMRK festzustellen. Andererseits sei auch Art. 7 EMRK vor allem deshalb verletzt, weil es sich bei der Sicherungsverwahrung deutscher Provenienz im Lichte der geltenden Vollzugspraxis – unabhängig von ihrer Bezeichnung und ihrer präventiven Zielsetzung – um eine Strafe im Sinne des Art. 7 EMRK handele und die Aufhebung der zeitlichen Begrenzung vor diesem Hintergrund in ihrer Wirkung der Verhängung einer zusätzlichen Strafe aufgrund eines erst nach Begehung der Straftat in Kraft getretenen Gesetzes gleichkomme.

576 Zwar betrifft die Entscheidung des EGMR selbst nur die Frage der **rückwirkenden Geltung des § 67d StGB** (BGHSt. 55, 234 = NStZ 2010, 565 = StV 2010, 576). Schon die Begründung des EGMR-Urteils ließ es jedoch erwarten, dass das gesamte „System nachträglicher *strafrechtlicher* Sanktionierung von ‚Gefährlichkeit'" (*Fischer* § 66 vor Rn. 1) oder sogar des **Instituts der Sicherungsverwahrung insgesamt ins Wanken geraten** würden.

577 Diese Erwartungen hat das **Bundesverfassungsgericht** mit **Urteil vom 4. 5. 2011** mehr als erfüllt (*BVerfG*, Urteil vom 5. 4. 2011 – 2 BvR 2365/09, 2 BvR 740/10, 2 BvR 2333/08, 2 BvR 1152/10, 2 BvR 571/10, FD-StrafR 2011, 317562; **BGBl. I S. 1003**):

578 Danach sind

– **§ 67d Abs. 3 S. 1 StGB** in der Fassung des Gesetzes zur Bekämpfung von Sexualdelikten und anderen gefährlichen Straftaten vom 26. 1. 1998 (BGBl. I S. 160) – soweit er zur Anordnung der Fortdauer der Sicherungsverwahrung über zehn Jahre hinaus auch bei Verurteilten ermächtigt, deren Anlasstaten vor Inkrafttreten von Art. 1 des Gesetzes zur Bekämpfung von Sexualdelikten und anderen gefährlichen Straftaten vom 26. 1. 1998 (BGBl. I S. 160) begangen wurden –,

– **§ 66 Abs. 2 StGB** in der Fassung des Gesetzes zur Reform der Führungsaufsicht und zur Änderung der Vorschriften über die nachträgliche Sicherungsverwahrung vom 13. 4. 2007 (BGBl. I S. 513),
– **§ 7 Abs. 2 JGG** in der Fassung des Gesetzes zur Einführung der nachträglichen Sicherungsverwahrung bei Verurteilungen nach Jugendstrafrecht vom 8. 7. 2008 (BGBl. I S. 1212),

sowie **579**

– **§ 66 StGB** in der Fassung des Gesetzes zur Neuordnung des Rechts der Sicherungsverwahrung und zu begleitenden Regelungen vom 22. 12. 2010 (BGBl. I S. 2300), § 66 StGB in der Fassung des Gesetzes zur Änderung der Vorschriften über die Straftaten gegen die sexuelle Selbstbestimmung und zur Änderung anderer Vorschriften vom 27. 12. 2003 (BGBl. I S. 3007),
– **§ 66 a StGB** in der Fassung des Gesetzes zur Neuordnung des Rechts der Sicherungsverwahrung und zu begleitenden Regelungen vom 22. 10. 2010 (BGBl. I S. 2300), § 66 a StGB Abs. 1 und Abs. 2 StGB in der Fassung des Gesetzes zur Einführung der vorbehaltenen Sicherungsverwahrung vom 21. 8. 2002 (BGBl. I S. 3344),
– **§ 66 b StGB** in der Fassung des Gesetzes zur Neuordnung des Rechts der Sicherungsverwahrung und zu begleitenden Regelungen vom 22. 12. 2010 (BGBl. I S. 2300), § 66 b Abs. 1 StGB in der Fassung des Gesetzes zur Reform der Führungsaufsicht und zur Änderung der Vorschriften über die nachträgliche Sicherungsverwahrung vom 13. 4. 2007 (BGBl. I S. 513), § 66 b Abs. 3 StGB in der Fassung des Gesetzes zur Einführung der nachträglichen Sicherungsverwahrung vom 23. 7. 2004 (BGBl. I S. 1838),
– **§ 67 d Abs. 2 S. 1 StGB** in der Fassung des Gesetzes zur Bekämpfung von Sexualdelikten und anderen gefährlichen Straftaten vom 26. 1. 1998 (BGBl. I S. 160) – soweit er zur Anordnung der Fortdauer der Sicherungsverwahrung bis zu zehn Jahren ermächtigt –,
– **§ 67 d Abs. 3 S. 1 StGB** in der Fassung des Gesetzes zur Bekämpfung von Sexualdelikten und anderen gefährlichen Straftaten vom 26. 1. 1998 (BGBl. I S. 160), § 67 d Abs. 3 S. 1 StGB in der Fassung des Gesetzes zur Neuordnung des Rechts der Sicherungsverwahrung und zu begleitenden Regelungen vom 22. 12. 2010 (BGBl. I S. 2300),
– **§ 7 Abs. 3 JGG** in der Fassung des Gesetzes zur Neuregelung des Rechts der Sicherungsverwahrung und zu begleitenden Regelungen vom 22. 12. 2010 (BGBl. I S. 2300), § 7 Abs. 3 JGG in der Fassung des Gesetzes zur Einführung der nachträglichen Sicherungsverwahrung bei Verurteilungen nach Jugendstrafrecht vom 8. 7. 2008 (BGBl. I S. 1212),
– **§ 106 Abs. 3 S. 2 und S. 3, Abs. 5 und Abs. 6 JGG** in der Fassung des Gesetzes zur Neuordnung des Rechts der Sicherungsverwahrung und zu begleitenden Regelungen vom 22. 12. 2010 (BGBl. I S. 2300, § 106 Abs. 3 S. 2 und S. 3 JGG in der Fassung des Gesetzes zur Änderung der Vorschriften über die Straftaten gegen die sexuelle Selbstbestimmung und zur Änderung anderer Vorschriften vom 27. 12. 2003 (BGBl. I S. 3007), § 106 Abs. 5 JGG in der Fassung des Gesetzes zur Reform der Führungsaufsicht und zur Änderung der Vorschriften über die nachträgliche Sicherungsverwahrung vom 13. 4. 2007 (BGBl. I S. 513) und § 106 Abs. 6 JGG in der Fassung des Gesetzes zur Einführung der nachträglichen Sicherungsverwahrung vom 23. 7. 2004 (BGBl. I S. 1838)

mit Art. 2 Abs. 2 S. 2 i. V. m. Art. 104 Abs. 1 GG unvereinbar.

Die Vorschriften **580**

– **§ 67 d Abs. 3 S. 1 StGB** in der Fassung des Gesetzes zur Bekämpfung von Sexualdelikten und anderen gefährlichen Straftaten vom 26. 1. 1998 (BGBl. I S. 160) **i. V. m. § 2 Abs. 6 StGB** – soweit er zur Anordnung der Fortdauer der

Sicherungsverwahrung über zehn Jahre hinaus auch bei Verurteilten ermächtigt, deren Anlasstaten vor Inkrafttreten von Art. 1 des Gesetzes zur Bekämpfung von Sexualdelikten und anderen gefährlichen Straftaten vom 26. 1. 1998 (BGBl. I S. 160) begangen wurden –,
– **§ 66 Abs. 2 StGB** in der Fassung des Gesetzes zur Reform der Führungsaufsicht und zur Änderung der Vorschriften über die nachträgliche Sicherungsverwahrung vom 13. 4. 2007 (BGBl. I S. 513) und
– **§ 7 Abs. 2 JGG** in der Fassung des Gesetzes zur Einführung der nachträglichen Sicherungsverwahrung bei Verurteilungen nach Jugendstrafrecht vom 8. 7. 2008 (BGBl. I S. 1212)
sind **darüber hinaus mit Art. 2 Abs. 2 S. 2 i. V. m. Art. 20 Abs. 3 GG unvereinbar.**

581   Das Bundesverfassungsgericht hat allerdings **nach § 35 BVerfGG angeordnet,** dass:

1. die unter **Rn. 578 und Rn. 579 aufgeführten Vorschriften** – also insbesondere die Regelung des § 66 StGB zur **primären Anordnung der Sicherungsverwahrung** – bis zu einer Neuregelung durch den Gesetzgeber, **längstens bis zum 31. 5. 2013 nach Maßgabe der Gründe** (dazu unten Rn. 582) **weiter anwendbar** sein sollen.

2. die unter **Rn. 580 aufgeführten Vorschriften** ebenfalls bis zu einer Neuregelung durch den Gesetzgeber, **längstens bis zum 31. 5. 2013 weiter anwendbar** sein sollen, jedoch mit folgender Maßgabe:
   a) In den von § 67 d Abs. 3 S. 1 i. V. m. § 2 Abs. 6 StGB erfassten Fällen, in denen die Fortdauer der **Sicherungsverwahrung über zehn Jahre hinaus** Sicherungsverwahrte betrifft, deren Anlasstat vor Inkrafttreten von Art. 1 des Gesetzes zur Bekämpfung von Sexualdelikten und anderen gefährlichen Straftaten vom 26. 1. 1998 (BGBl. I S. 160) begangen wurden, sowie in den Fällen der **nachträglichen Sicherungsverwahrung gemäß § 66 b Abs. 2 StGB und des § 7 Abs. 2 JGG** dürfen die Unterbringung in der Sicherungsverwahrung bzw. ihre Fortdauer nur noch angeordnet werden, wenn eine **hochgradige Gefahr schwerster Gewalt- und Sexualstraftaten** aus konkreten Umständen in der Person oder dem Verhalten des Untergebrachten abzuleiten ist **und** dieser an einer **psychischen Störung** im Sinne von § 1 Abs. 1 Nr. 1 des Gesetzes zur Therapierung und Unterbringung psychisch gestörter Gewalttäter (Therapieunterbringungsgesetz – ThUG) – Art. 5 des Gesetzes zur Neuordnung des Rechts der Sicherungsverwahrung und zu begleitenden Regelungen vom 22. 12. 2010 (BGBl. I S. 2300) – leidet.
   b) Die zuständigen Vollstreckungsgerichte haben **unverzüglich** nach Verkündung des Urteils zu **überprüfen,** ob die **Voraussetzungen der Fortdauer** einer Sicherungsverwahrung nach Buchst. a) gegeben sind. Liegen die Voraussetzungen nicht vor, ordnen die Vollstreckungsgerichte die **Freilassung der betroffenen Sicherungsverwahrten spätestens mit Wirkung zum 31. 12. 2011** an.
   c) Die **Überprüfungsfrist für die Aussetzung oder Erledigung** der Sicherungsverwahrung beträgt **in den Fällen des § 7 Abs. 2 JGG** abweichend von § 7 Abs. 4 JGG **sechs Monate, in den übrigen** Fällen des Buchst. a) abweichend von § 67 e Abs. 2 StGB **ein Jahr.**

582   Soweit das BVerfG die Fortgeltung der unter Rn. 578 und Rn. 579 aufgeführten Vorschriften – also insbesondere der **Bestimmung des § 66 StGB zur primären Anordnung der Unterbringung in der Sicherungsverwahrung** – angeordnet hat und für den Übergangszeitraum eine Anwendung *„nach Maßgabe der Gründe"* fordert, hat es wie folgt ausgeführt:

„Was die Vorschriften betrifft, die allein aufgrund einer Verletzung des Abstandsgebots mit dem Grundgesetz unvereinbar sind (vgl. Nummer II. 1. und Nummer III. 1. des Tenors), muss während der Dauer ihrer Weitergeltung bei der Rechtsanwendung der Tatsache Rechnung getragen

werden, dass es sich bei der Sicherungsverwahrung in ihrer derzeitigen Ausgestaltung um einen verfassungswidrigen Eingriff in das Freiheitsgrundrecht aus Art. 2 Abs. 2 Satz 2 in Verbindung mit Art. 104 Abs. 1 GG handelt. Der hohe Wert des Freiheitsgrundrechts beschränkt das übergangsweise zulässige Eingriffsspektrum. Während der Übergangszeit dürfen Eingriffe nur soweit reichen, wie sie unerlässlich sind, um die Ordnung des betroffenen Lebensbereichs aufrechtzuerhalten. Dabei ist gegebenenfalls eine verfassungskonforme Auslegung des Normgehalts zu beachten (vgl. BVerfGE 109, 190 <239> m. w. N.). Die Regelungen dürfen nur nach Maßgabe einer restriktiven Verhältnismäßigkeitsprüfung angewandt werden (vgl. BVerfGE 109, 190 <240>). Das gilt insbesondere im Hinblick auf die Anforderungen an die Gefahrprognose und die gefährdeten Rechtsgüter. In der Regel wird der Verhältnismäßigkeitsgrundsatz nur unter der Voraussetzung gewahrt sein, dass eine Gefahr schwerer Gewalt- und Sexualstraftaten aus konkreten Umständen in der Person oder dem Verhalten des Betroffenen abzuleiten ist.“ (*BVerfG*, Urteil vom 5. 4. 2011 – 2 BvR 2365/09, 2 BvR 740/10, 2 BvR 2333/08, 2 BvR 1152/10, 2 BvR 571/10, Rn. 172 = BGBl. I S. 1003 [insoweit nicht abgedruckt]).

Im Einzugsbereich der **Betäubungsmittelkriminalität** wird sich die Anordnung der Unterbringung in der Sicherungsverwahrung damit vorerst (weitestgehend) erledigt haben (vgl. *BGH*, Urt. v. 7. 7. 2011 – StR 184/11). Dass eine Straftat nach dem BtMG symptomatisch für eine **auf schwere Gewalt- und Sexualstraftaten bezogene Gefährlichkeit** des Täters sein könnte und dass eine Anordnung der Unterbringung in der Sicherungsverwahrung vor dem Hintergrund der referierten Verhältnismäßigkeitsschwelle und eingedenk der festgestellten Verfassungswidrigkeit des § 66 StGB im Rahmen einer Verurteilung wegen betäubungsmittelstrafrechtlicher Verstöße einer rechtlichen Überprüfung standhalten könnte, ist nur schwer vorstellbar. 583

Anrechnung und Strafaussetzung zur Bewährung

36 (1) ¹ Ist die Vollstreckung zurückgestellt worden und hat sich der Verurteilte in einer staatlich anerkannten Einrichtung behandeln lassen, so wird die vom Verurteilten nachgewiesene Zeit seines Aufenthaltes in dieser Einrichtung auf die Strafe angerechnet, bis infolge der Anrechnung zwei Drittel der Strafe erledigt sind. ² Die Entscheidung über die Anrechnungsfähigkeit trifft das Gericht zugleich mit der Zustimmung nach § 35 Abs. 1. ³ Sind durch die Anrechnung zwei Drittel der Strafe erledigt oder ist eine Behandlung in der Einrichtung zu einem früheren Zeitpunkt nicht mehr erforderlich, so setzt das Gericht die Vollstreckung des Restes der Strafe zur Bewährung aus, sobald dies unter Berücksichtigung des Sicherheitsinteresses der Allgemeinheit verantwortet werden kann.

(2) Ist die Vollstreckung zurückgestellt worden und hat sich der Verurteilte einer anderen als der in Absatz 1 bezeichneten Behandlung seiner Abhängigkeit unterzogen, so setzt das Gericht die Vollstreckung der Freiheitsstrafe oder des Strafrestes zur Bewährung aus, sobald dies unter Berücksichtigung des Sicherheitsinteresses der Allgemeinheit verantwortet werden kann.

(3) Hat sich der Verurteilte nach der Tat einer Behandlung seiner Abhängigkeit unterzogen, so kann das Gericht, wenn die Voraussetzungen des Absatzes 1 Satz 1 nicht vorliegen, anordnen, daß die Zeit der Behandlung ganz oder zum Teil auf die Strafe angerechnet wird, wenn dies unter Berücksichtigung der Anforderungen, welche die Behandlung an den Verurteilten gestellt hat, angezeigt ist.

(4) Die §§ 56 a bis 56 g und 57 Abs. 5 Satz 2 des Strafgesetzbuches gelten entsprechend.

(5) ¹ Die Entscheidungen nach den Absätzen 1 bis 3 trifft das Gericht des ersten Rechtszuges ohne mündliche Verhandlung durch Beschluß.

[2] Die Vollstreckungsbehörde, der Verurteilte und die behandelnden Personen oder Einrichtungen sind zu hören. [3] Gegen die Entscheidungen ist sofortige Beschwerde möglich. [4] Für die Entscheidungen nach Absatz 1 Satz 3 und nach Absatz 2 gilt § 454 Abs. 4 der Strafprozeßordnung entsprechend; die Belehrung über die Aussetzung des Strafrestes erteilt das Gericht.

Übersicht

A. Vorbemerkungen

1   Beim Anrechnungsverfahren ist die **Entscheidung über die Anrechnungsfähigkeit** und die **Entscheidung über die Anrechnung** zu unterscheiden. Die im Wege der Zurückstellung durchgeführte Therapie ist gem. § 36 grundsätzlich auf die Freiheitsstrafe anzurechnen. Der Gesetzgeber orientierte sich bei dem Anrechnungsmodus an dem Maßregelvollzug, der für den Probanden ähnliche Belastungen mit sich bringt wie eine Langzeittherapie. Gem. § 67 Abs. 4 StGB ist die Dauer des Maßregelvollzuges auf die Strafe anzurechnen, wenn die Unterbringung in eine Entziehungsanstalt neben einer Freiheitsstrafe angeordnet und die Maßregel vor der Strafe vollzogen wurde. **Der Anrechnungsmodus** bedeutet einen ganz **wichtigen Anreiz,** einen zusätzlichen **Motivationsverstärker** für den drogenabhängigen Verurteilten, eine Therapie anzutreten und durchzustehen. Würde die Zurückstellung der Strafvollstreckung zu einer Strafaufschiebung und nach Abschluss des Therapieprogramms zu einem uneingeschränkten Strafvollzug führen, so hätte die Zurückstellungslösung keinerlei praktische Bedeutung (BT-Drs. 8/4283, S. 8, *Hügel/Junge/Lander/Winkler* § 36 Rn. 1.1).

B. Anrechnung der Therapiezeiten

I. Entscheidung über die Anrechnungsfähigkeit (§ 36 Abs. 1 S. 2 BtMG)

2   **1. Zuständigkeit.** Die Entscheidung über die Anrechnungsfähigkeit wird vom **Gericht des 1. Rechtszuges** und nicht von der Vollstreckungsbehörde getroffen, und zwar durch Beschluss (§ 36 Abs. 1 S. 2 BtMG).

3   **2. Anrechnungsfähigkeit.** Diese Entscheidung bezieht sich als **vorläufige Zukunftsprognose** auf die **Qualifikation einer Therapieeinrichtung und eines geplanten Therapieprogramms, nicht aber** auf das **Therapieverhalten des Verurteilten.** Nur bei Therapien in staatlich anerkannten Einrichtungen äußert sich das Gericht zur Anrechnungsfähigkeit der Therapie (vgl. § 36 Abs. 1 S. 2 BtMG). Die Entscheidung über die Anrechnungsfähigkeit soll die Motivation des Verurteilten stärken und ihn vor einem Therapieabbruch bewahren. **Verneint** das Gericht die Anrechnungsfähigkeit mangels staatlicher Anerkennung, so kann nur **eine nachträgliche Anerkennung der Therapie nach § 36 Abs. 3 BtMG** erfolgen (s. dazu Rn. 26 ff.). Nur wenn die Vollstreckungsbehörde vorher geklärt hat, ob die ins Auge gefasste Therapieeinrichtung staatlich anerkannt ist, kann das Gericht über die Frage der Anrechenbarkeit entscheiden. Solange dem Gericht **keine ausreichenden Unterlagen** über die Anrechenbarkeit der Therapieeinrichtung vorliegen, sollte es die **Entscheidung ablehnen.** Gem. § 36 Abs. 5 S. 2 BtMG sind vor der Entscheidung **der Verurteilte und die Therapieeinrichtung zu hören, soweit** Zweifel an den Voraussetzungen einer anrechenbaren Therapie **bestehen.** Ansonsten kann auf eine Anhörung verzichtet werden. Die StA sollte darauf hinwirken, dass das Gericht neben der Zustimmungserklärung regelmäßig auch eine Stellungnahme zur Anrechnungsfähigkeit abgibt (vgl. zur **Bejahung der Anrechnungsfähigkeit:** *Düsseldorf* NJW 1986, 1557; *Hamm* NStZ 1990, 605; *Berlin* NStZ 1991, 244; *Frankfurt* NStZ-RR 1998, 77).

4   Das Gericht des 1. Rechtszuges trifft diese **Anrechnungsfähigkeits-Entscheidung zusammen mit der Frage der Zustimmung zur Zurückstellung** (§ 35 Abs. 1 BtMG) vor dem Beginn der Therapie. Eine erfolgreich absolvierte Therapiezeit ist gem. § 36 Abs. 1 S. 1 BtMG oder gem. § 36 Abs. 3 BtMG anzurechnen, nicht aber nach § 36 Abs. 1 S. 2 BtMG für anrechnungsfähig zu erklären (so aber *LG Darmstadt*, Beschl. v. 23. 2. 1999, 18 Js 56/97 – 1 Kls). Bei gerichtlich verneinter Anrechnungsfähigkeit kommt später eine Anrechnung der Therapiezeit nach § 36 Abs. 1 S. 1 BtMG nicht mehr in Betracht, sondern nur noch nach § 36 Abs. 3 BtMG (*Weber* § 36 Rn. 41; a. A. *Malek* 5. Kap. Rn. 112).

II. Rechtsmittel gegen die Anrechnungsfähigkeitsentscheidung

Gegen die Entscheidung über die Anrechnungsfähigkeit ist das Rechtsmittel der 5
sofortigen Beschwerde durch die Vollstreckungsbehörde oder den Verurteilten
zulässig (§ 36 Abs. 5 BtMG). Die Entscheidung ist deshalb mit Rechtsmittelbelehrung zuzustellen. Es geht bei diesen Rechtsmitteln regelmäßig um die **Therapieart** oder die Frage der **staatlichen Anerkennung.**

III. Entscheidung über die Anrechnung (§ 36 Abs. 1 u. Abs. 3 BtMG)

Bei den Anrechnungsentscheidungen sind zu unterscheiden die **obligatorische** 6
Anrechnung nach § 36 Abs. 1 S. 1 BtMG (s. Rn. 1 ff.) und die **fakultative Anrechnung** nach § 36 Abs. 3 BtMG (s. Rn. 26 ff.).

1. Zuständigkeit des Gerichts. Wurde die Strafvollstreckung nach § 35 7
BtMG zurückgestellt und hat der Verurteilte an der Behandlung seiner Betäubungsmittelabhängigkeit teilgenommen, so ist für die Therapieanrechnung (§ 36
Abs. 1 S. 1, Abs. 3 BtMG) und für die Reststrafenaussetzung (§ 36 Abs. 1 S. 3 und
§ 36 Abs. 2 BtMG) nicht die Vollstreckungsbehörde und nicht die Strafvollstre-
ckungskammer, sondern gem. § 36 Abs. 5 S. 1 BtMG **allein das Gericht des
1. Rechtszuges zuständig,** das nach Anhörung der Vollstreckungsbehörde, des
Verurteilten und der Therapieeinrichtung durch Beschluss entscheidet (*Düsseldorf*
NJW 1986, 1557; *Hamm* NStE 1987 Nr. 3 zu § 36 BtMG; *Düsseldorf* OLGSt.
Nr. 2 zu § 36 BtMG; *Stuttgart* OLGSt. 1987, Nr. 3 zu § 36 BtMG; *Köln* NStE
1987 Nr. 4 zu § 462 a StPO; *Bremen* NStE 1992 Nr. 10 zu § 36 BtMG; *Berlin*
NStE 1992 Nr. 11 zu § 36 BtMG; *Weber* § 36 Rn. 42; s dazu auch Rn. 51 ff.).

Gem. § 36 Abs. 5 BtMG trifft auch im Jugendverfahren nicht der Jugendrichter 8
als Vollstreckungsleiter, sondern das Gericht des 1. Rechtszuges **(Jugendrichter
oder Jugendstrafkammer)** die Anrechnungsentscheidung nach den §§ 36 Abs. 1
bis Abs. 3 BtMG (*Koblenz*, Beschl. v. 14. 6. 1984, 1 AR 49/84; s. dazu auch
Rn. 58 ff.).

2. Pflicht des Gerichtes, vor der Anrechnungsentscheidung die Betei- 9
ligten zu hören (§ 36 Abs. 5 S. 2 BtMG). Hat die StA als Vollstreckungsbehörde beim Gericht des 1. Rechtszuges den Antrag gestellt, die nach Zurückstellung der Strafvollstreckung in einer ambulanten Substitutionstherapie erlebte
Behandlungszeit des Verurteilten gem. § 36 Abs. 3 BtMG anzurechnen, so hat das
Gericht gem. § 36 Abs. 5 S. 2 BtMG nicht nur den Verurteilten, sondern auch den
Therapeuten oder einen Vertreter der Therapieeinrichtung über die Art und den
Umfang der Therapie anzuhören (§ 36 Abs. 5 S. 2 BtMG). Ist diese Anhörung
unterblieben, so liegt ein schwerer Verfahrensfehler vor und die gerichtliche An-
rechnungsentscheidung ist auf sofortige Beschwerde hin aufzuheben (vgl. *Frankfurt*
NStZ-RR 1998, 77; *Berlin*, Beschl. v. 15. 3. 2001, 5 Ws 832/00).

3. Verbindung von Anrechnung und Reststrafenaussetzung. Die An- 10
rechnungsentscheidung kann von dem Gericht mit der Aussetzungsentscheidung
nach § 36 **verbunden** werden, um das Anhörungsverfahren nur einmal durchführen zu müssen. Der als Vollstreckungsleiter zuständige Jugendrichter kann die Vollstreckung an das Gericht des 1. Rechtszuges zurückgeben, wenn die Strafvollstreckung gem. § 35 BtMG zurückgestellt ist und Entscheidungen nach § 36 Abs. 1
BtMG zu treffen sind (BGHSt. 32, 58 = NJW 1984, 745). Bei Wiederaufnahme
des Verurteilten in eine Vollzugsanstalt geht die Vollstreckung erneut nach § 85
Abs. 2 JGG auf den Vollstreckungsleiter über.

4. Obligatorische Anrechnung (§ 36 Abs. 1 BtMG). a) Vorausetzun- 11
gen. Die obligatorische Therapieanrechnung nach § 36 Abs. 1 S. 1 BtMG setzt
voraus:

– die Zurückstellung der Strafvollstreckung nach § 35 BtMG (s. dazu Rn. 13),
– eine Behandlung in einer staatlich anerkannten Einrichtung (s. dazu Rn. 14),

– und den Nachweis des Verurteilten über den Aufenthalt in einer solchen Einrichtung (s. dazu Rn. 15).

12   Das Erfordernis, dass bei der Behandlung die Lebensführung des Verurteilten erheblichen Beschränkungen unterlag, ist durch das BtM-Änderungsgesetz von 1992 gestrichen worden. Die Therapieanrechnung erfolgt nach ähnlichen Maßstäben wie die Anrechnung von erlittener Freiheitsentziehung auf die erkannte Freiheitsstrafe nach § 51 StGB, d. h. das Gericht kann anordnen, dass eine Anrechnung ganz oder teilweise unterbleibt, wenn das Verhalten des Verurteilten während der Therapie nicht gerechtfertigt ist.

13   **aa) Zurückstellung der Strafvollstreckung.** Die Anrechnung knüpft an eine wirksame Zurückstellung der Strafvollstreckung durch die Vollstreckungsbehörde bei einer Reststrafe bis zu 2 Jahren an und an eine Anrechnungsfähigkeitserklärung des Gerichtes des 1. Rechtszuges (*Düsseldorf* OLGSt. BtMG Nr. 5 zu § 36). Nach Ansicht des *OLG Stuttgart* und des *OLG Celle* soll es aber keinen Unterschied machen, ob die Zurückstellung der Strafvollstreckung **kraft förmlicher Entscheidung oder nur de facto erfolgte**. § 36 Abs. 1 S. 1 BtMG sei zumindest entsprechend anzuwenden (*Stuttgart* NStZ 1987, 246 = StV 1987, 208; *Celle* StV 1986, 113), wenn überhaupt keine Zurückstellung der Strafvollstreckung erfolgt ist, sondern die Therapie vor Einleitung der Strafvollstreckung stattgefunden hat. Zwar sind die verfolgten therapiefreundlichen Ziele der beiden Oberlandesgerichte sicher anerkennenswert. Gleichwohl kann die Rspr. nicht gebilligt werden, weil sie sich über die klare gesetzliche Voraussetzung in § 35 Abs. 1 S. 1 BtMG (der die Voraussetzung für die Anwendung des § 36 Abs. 1 S. 1 BtMG darstellt), dass die Vollstreckung zurückgestellt worden ist, hinweggesetzt hat (*Frankfurt*, Beschl. v. 19. 2. 1997, 3 Ws 65/97). Der Kritik von *Katholnigg* (NJW 1987, 1459) ist zuzustimmen: wenn man mit gesetzlichen Voraussetzungen dermaßen großzügig umgeht, kann man auf die §§ 35 ff. BtMG gänzlich verzichten. Dann könnte man theoretisch auch einige Jahre zurückliegende Therapie noch nachträglich auf die Strafe anrechnen. Wenn im Einzelfall ein Bedürfnis für das von den beiden Oberlandesgerichten gewollte Ergebnis besteht, sollte stattdessen im Gnadenwege geholfen werden bzw. eine Anrechnung nach § 36 Abs. 3 BtMG geprüft werden. Eine nicht im Wege der Zurückstellung nach § 35 BtMG, sondern **im Wege der Strafaussetzung der Bewährung gewonnene Therapie** kann **nicht** nach § 36 angerechnet werden. Der Antragsteller muss sich einer Behandlung unterzogen haben, die seiner Rehabilitation diente.

14   **bb) Behandlung in einer staatlich anerkannten Einrichtung.** Zum Begriff der staatlich anerkannten Einrichtungen vgl. § 35 Rn. 132 ff. Bis 1992 war die Behandlung nur in solchen **staatlich anerkannten Einrichtungen** anrechenbar, bei denen der Patient in der freien Gestaltung der Lebensführung erheblichen Beschränkungen (Ausgangsverbot, Briefzensur, Postsperre, Telefonverbot, Besuchsverbot, Medikamentenverbot, Urinkontrolle, Sozialtraining und Arbeitspflicht) unterworfen war. Durch das Gesetz zur Änderung des BtMG v. 9. 9. 1992 wurde das **Erfordernis der Beschränkungen in der Lebensführung bei den staatlich anerkannten Einrichtungen gestrichen.** Der Meinungsstreit, ob nach § 36 Abs. 1 S. 1 BtMG nur die stationären und nicht ambulanten Therapieprogramme Anrechnung finden können (der sich an der Formulierung **„in"** einer staatlich anerkannten Einrichtung orientierte: *Hügel/Junge/Junge/Winkler* § 36 Rn. 1.3; *Katholnigg* NJW 1995, 1329/1330; *Slotty* NStZ 1981, 327) ist überwunden. Auch ambulante Therapien finden **in der Einrichtung** statt. **Nicht die Einschließung** und die Frage, ob der Proband Heimschläfer ist oder nicht, sind entscheidend, sondern die Art des Therapieprogrammes und der Umfang der Einbindung des Probanden in ein Therapieprogramm. **Auch ambulante staatlich anerkannte Therapieprogramme** können nach § 36 Abs. 1 BtMG nunmehr Anrechnung finden. Für die Anrechnung ist es unschädlich, dass Umfang und Intensität der Einschränkungen mit fortschreitendem Therapieerfolg geringer werden. Denn es entspricht dem Wesen der Drogentherapie, den Klienten schrittweise zu einer eigenverantwortlichen Lebensgestaltung hinzuführen (*Berlin* NStZ-RR 2009, 321; *Berlin* StV 2010, 699; *LG Oldenburg* StV 2005, 284).

cc) Nachweis des Verurteilten über den Aufenthalt in einer staatlich 15 **anerkannten Einrichtung.** Liegen die Voraussetzungen der obligatorischen Anrechnung vor, so muss der Verurteilte in seinem Antrag auf Anrechnung die Dauer seines Aufenthaltes in der Therapieeinrichtung nachweisen. In der Regel hat der Verurteilte die Behandlung bereits durch die Meldung nach § 35 Abs. 3 BtMG pauschal nachgewiesen. Etwaige Zweifel über Behandlungszeiten gehen zu Lasten des Verurteilten, der nachweispflichtig ist (*Weber* § 36 Rn. 34; *Hügel/Junge/Lander/ Winkler* § 36 Rn. 1.5.2). **Ohne Nachweis keine Anrechnung.** In der Begründung des Anrechnungsantrages sind diese Zweifel zu zerstreuen. Das Gericht ist nicht verpflichtet, im Wege der Amtsermittlung die Dauer der anzurechnenden Behandlungszeiten aufzuklären und nachzuweisen.

b) Aufenthaltszeiten in stationären Einrichtungen. So schwierig die Er- 16 folgsaussichten eines Therapieprogramms einzuschätzen sind, so fragwürdig erweist sich auch die Messbarkeit von Therapieerfolgen einzelner Abhängiger in Therapieeinrichtungen. Da bei den einzelnen Therapieeinrichtungen nicht nur das Therapiekonzept, die Akzeptanz des Programms, die Auswahl der Klientel und der Therapeuten, die Abbruchquote, die personelle und finanzielle Ausstattung, die wissenschaftliche Begleitung und Auswertung stark voneinander abweichen, würden auch die Therapieergebnisse und Therapiezeugnisse von zahlreichen nicht von den Klienten zu vertretenden Umständen abhängen. Bei einer Bewertung von Therapieerfolgen würden die Patienten nicht offen, sondern nur angepasst ihre Lebensprobleme angehen, was der Therapie nicht förderlich sein kann. Der Gesetzgeber hat sich deshalb darauf beschränkt, **anstelle von Erfolgszeiten bloße Aufenthaltszeiten auf die Strafe anzurechnen,** ausgehend von der Überlegung, dass der Weg aus der Sucht nur in kleinen Schritten und nach mehrfachen Rückfällen sein Ziel erreicht.

Der Verurteilte muss sich die Anrechnung nicht verdienen. Er muss an dem 17 Therapieprogramm auch **nicht aktiv mitgewirkt** haben. Die Behandlung muss **nicht erfolgreich abgelaufen oder beendet** worden sein. **Auch die Zeit einer abgebrochenen Therapie ist anzurechnen** (*LG Hamburg* StV 1989, 354; *Düsseldorf* NStZ-RR 1997, 248 = StV 1997, 542; *Weber* § 35 Rn. 31; *Hügel/Junge/ Lander/Winkler* § 35 Rn. 1.5.4; *Malek* 5. Kap. Rn. 111). Hat der Verurteilte an dem Therapieprogramm nicht aktiv teilgenommen und ist es aufgrund seines Verhaltens zu einer disziplinarischen Entlassung gekommen und zu der Anregung der Therapieeinrichtung, die Therapiezeit nicht anzurechnen, so ist diese Zeit dennoch anzurechnen (*AG Neuwied* StV 2001, 469). Etwas anderes gilt, wenn er in dieser Zeitspanne nicht anwesend war. Der Vorschlag des Bundesrates, wonach das Gericht erst nach erfolgreichem Therapieabschluss über eine Anrechnung entscheiden sollte (BR-Drs. 387/80, 15), wurde nicht realisiert. Auch nach Widerruf der Zurückstellung entfällt nicht die Anrechnung der Therapiezeit. Eine bei den Beratungen des BtMG vorgesehene Verfallsklausel im Falle eines Widerrufes im ersten Behandlungsjahr fand keine Mehrheit (*Werner* StV 1989, 505 ff.).

Erkennbare Gefälligkeitsbescheinigungen brauchen nicht akzeptiert zu 18 werden. Attestiert eine staatlich anerkannte Einrichtung eine mehrmonatige Teilnahme an einer Langzeittherapie und steht aufgrund polizeilicher Ermittlungsakten fest, dass der Antragsteller sich nur sporadisch in der Einrichtung befunden haben kann, so hat sich die Einrichtung zu erklären, wenn sie ihre **staatliche Anerkennung nicht verlieren will.** Hat der Antragsteller die Therapie häufiger kurz unterbrochen oder gar abgebrochen, so zählen nur die Tage des Aufenthaltes in der Therapieeinrichtung als Behandlung. Wurde die Zurückstellung widerrufen wegen Verletzung der Meldepflichten, so ist der **tatsächliche, nicht der gemeldete Therapieaufenthalt anrechenbar,** wenn die Nachweise nachträglich erfolgen. Es reicht nicht aus, dass der Antragsteller an einem **von der staatlich anerkannten Einrichtung an anderer Stelle organisierten Drogentherapiepro-**

gramm teilgenommen hat. Welche therapeutischen Einrichtungen staatlich anerkannt sind, ergibt sich aus den Listen der einzelnen Bundesländer, in denen die
Einrichtungen genannt sind, die sich zur Zusammenarbeit mit der Justiz verpflichtet haben und deshalb in einem Anerkennungsverfahren den Status der staatlich
anerkannten Einrichtung erhielten. Da nur Therapieeinrichtungen **im Bundesgebiet** staatlich anerkannt sind, kann eine Anrechnung von Therapiezeiten im Ausland nicht stattfinden nach § 36 Abs. 1 BtMG. Die **staatliche Anerkennung ist**
ein **Verwaltungsakt,** dessen Versagung auf dem Verwaltungsgerichtsweg rechtlich
überprüft werden kann. Verstößt eine Therapieeinrichtung wiederholt gegen die
Meldepflicht aus falscher Solidarität zu ihrem Klienten, so kann die staatliche Anerkennung zurückgenommen bzw. widerrufen werden. Die Einrichtung ist dann
von der Liste der staatlich anerkannten Einrichtungen **zu streichen.**

19   Ob **Behandlungszeiten, die vor der Zurückstellungsentscheidung** liegen,
nach § 36 Abs. 1 S. 1 Anrechnung finden können, ist umstritten. *Kornprobst*
(MüKo-StGB/*Kornprobst* § 36 Rn. 26) und *Winkler* (*Hügel/Junge/Lander/Winkler*
§ 36 Rn. 1.5.5) halten eine Anrechnung von Behandlungszeiten vor der Zurückstellungsentscheidung nach § 36 Abs. 1 BtMG für ausgeschlossen, nach § 36 Abs. 3
BtMG aber für möglich (so wohl auch *AG Bremen* StV 1982, 528; *LG Magdeburg*
StV 2005, 284). Sie begründen ihre Auffassung damit, dass die Behandlung im
Gesetzeswortlaut erst nach der Zurückstellung erwähnt sei. Zwingend ist diese
Folgerung nicht. Nach dem Zweck des 7. Abschnittes des BtMG sollen Therapiezeiten nach der abhängigkeitsbedingten Tat gleichermaßen Anrechnung finden, da
die spontane Therapiebereitschaft nach der Tat nicht geringer eingestuft werden
darf als die durch justitiellen Druck mit der Zurückstellungsentscheidung erlangte
Therapiebereitschaft (so auch *Weber* § 36 Rn. 29; *Malek* 5. Kap. Rn. 110).

20   **Nicht nur die Abholzeiten der Methadonration,** sondern der gesamte
Zeitraum im staatlich anerkannten Substitutionsprogramm ist anzurechnen, indem
der Klient sowohl an dem **psychosozialen Begleitprogramm,** als auch an der
regelmäßigen Polamidonausgabe teilnimmt. Handelt es sich bei dem Substitutionsprogramm aber **nicht um ein staatlich anerkanntes,** sondern um ein in Erprobung befindliches **Forschungsprogramm,** so ist eine Anrechnung nur über § 36
Abs. 3 BtMG möglich (vgl. *Hellebrand* Methadon, Chance oder Illusion?, 1988,
43 ff.; *ders.* Drogen und Justiz 1990, 111).

21   **c) Behandlungszeiten in einer ambulanten Drogentherapie.** Auch die
Behandlungszeiten in einer staatlich anerkannten ambulanten Therapie sind anzurechnen (vgl. *LG Berlin* StV 1989, 69 **[staatlich anerkannte ambulante Übergangseinrichtungen,** die eine Langzeittherapie vorbereiten]; *Hamm* NStZ 1990,
605 = StV 1990, 557 **[ambulante Arbeits- und Gruppentherapie];** *LG Berlin*
NStZ 1989, 236 = StV 1989, 258 m. Anm. *Müller* **[therapeutische Wohngemeinschaften für Frauen];** *Berlin* NStZ 1991, 244 **[Drogenabhängige aus der
Türkei und dem arabischen Kulturraum].** Auch ein **Methadon-Substitu-
tionsprogramm mit psychosozialer Begleitung,** dass die Opiatabhängigen
nach sozialer und beruflicher Rehabilitation und gesundheitlicher Stabilisierung
dazu befähigen will, ein drogenfreies Leben zu führen, kann im Falle der staatlichen Anerkennung nach § 36 Abs. 1 BtMG Anrechnung finden (*Berlin* StV 2009,
371).

22   Bei der Anrechnung soll nicht das **passive Absitzen von Behandlungszeiten
in Behandlungsräumen,** sondern das **aktive Arbeiten an der Suchtproblematik** belohnt werden. Ambulante Therapieformen weisen vielfach sogar ein-
schneidendere Beschränkungen der freien Gestaltung der Lebensführung auf als
stationäre Langzeittherapien. Während der Drogenabhängige bei stationären Programmen vielfach versorgt wird, ist er bei ambulanten Therapieformen weitaus
mehr auf sich selbst gestellt und muss seine Lebenstüchtigkeit in Beruf, Wohnen,
Ernährung und Familie unter Beweis stellen (vgl. *Baumgart*, 1994, 91).

23   Umgekehrt können **bescheidene Therapieanstrengungen** wie ein oder zwei
Therapiegespräche oder Arztbesuche pro Woche nur als ein oder zwei Tage,

nicht aber als eine Wochentherapiezeit Anrechnung finden. Die Anrechnung erfolgt nach vollen Tagen (§ 39 Abs. 4 StVollstrO). Tagesteile sind zusammenzuziehen (*Stuttgart* NStZ 1984, 381). Verurteilte wählen vielfach Therapiekonzepte mit geringster Belastung und höchstem Freizeitwert, wollen aber später die gesamte Behandlungsperiode angerechnet erhalten. In einem Extremfall ließ sich ein Verurteilter **wie in einem Fernlehrgang nur Rezepte und Therapiebriefe übersenden** und begehrte für den gesamten Zeitraum Therapieanrechnung. Dies entspricht nicht dem Willen des Gesetzgebers und wäre im höchsten Maße unbillig im Vergleich zu den im Strafvollzug befindlichen Strafgefangenen. So können bei einem staatlich anerkannten ambulanten Therapieprogramm oder bei einer psychosozial und ärztlich begleiteten Substitutionsbehandlung in großzügiger Weise (ohne einzelne Stunden zu rechnen) **a) die Besuchstage bei dem behandelnden Arzt** und/oder bei dem **beratenden und betreuenden Sozialarbeiter, b) die Teilnahmetage an Trainings- und beruflichen Fortbildungskursen, c) die Besuchstage der Hermann-Hesse-Schule für Drogenabhängige, d) die Arbeitstage in Drogenselbsthilfeeinrichtungen** und e) das **Zusammenleben** mit anderen Probanden in sog. **betreuten therapeutischen Wohngemeinschaften** Anrechnung finden.

d) Umfang der obligatorischen Anrechnung. Die Therapiezeit kann nur so **24** weit **Anrechnung** finden, **bis ²/₃ der Strafe erledigt** sind (*Koblenz* MDR 1984, 691; *Düsseldorf* NJW 1986, 1557; *Düsseldorf* StV 1987, 209; *Weber* § 35 Rn. 36; *Hügel/Junge/Lander/Winkler* § 35 Rn. 1.5.2). Dabei ist unerheblich, welcher Strafrest im Zeitpunkt der Zurückstellungsentscheidung noch zu verbüßen war. Das Offenhalten von ¹/₃ der Strafe soll bei dem Probanden für einen **weiteren Motivationsdruck** für die restliche Behandlungszeit sorgen, damit nach einem vollständigen Ablauf der Strafe kein Therapieabbruch erfolgt (*Weber* § 35 Rn. 36; MK-StGB/*Kornprobst* § 36 Rn. 28).

Wurden mehrere Strafvollstreckungen zurückgestellt, so enthält das Gesetz keine **25** Regelung für die Anrechnung. Eine gleichzeitige Anrechnung auf mehrere Strafen scheidet aus, da nach dem Vollstreckungsplan niemals zwei Strafen gleichzeitig, sondern immer nacheinander vollstreckt werden. So wird **die Behandlungszeit zunächst auf die zuerst zurückgestellte Strafe bis ²/₃ angerechnet und der verbleibende Rest anschließend** bei den weiteren zurückgestellten Strafen Anrechnung finden (vgl. *Frankfurt*, Beschl. v. 8. 1. 1985, 3 Ws 1019/84). Dies kann in Ausnahmefällen zu Unbilligkeiten führen. *Räcker* (Jugendwohl, 1984, 304) berichtet von einem Fall, in dem ein drogenabhängiger Täter dreimal zu längeren Freiheitsstrafen verurteilt worden war. Zu allen 3 nicht gesamtstrafenfähigen Fällen war nach Verbüßung von ²/₃ der Strafe die Restfreiheitsstrafe gem. § 57 StGB zur Bewährung ausgesetzt worden. Die drei Strafaussetzungen mussten widerrufen werden, weil der Delinquent den Kontakt zu seinem Bewährungshelfer abgebrochen und sich mit unbekanntem Ziel abgesetzt hatte. Er wurde nach einiger Zeit verhaftet und beantragte nunmehr, die Vollstreckung der restlichen Freiheitsstrafen, die insgesamt 1 Jahr und 4 Monate ausmachten, gem. § 35 BtMG zurückzustellen. Er hatte sich erstmalig zur Therapie entschlossen. Verständlicherweise wünschte er eine Anrechnung der Therapiezeit, was aber nach § 36 Abs. 1 BtMG nicht möglich war, weil er in allen drei Fällen ²/₃ der Strafe bereits verbüßt hatte. Um die Therapiebereitschaft nicht zu gefährden, waren alle zuständigen Richter dafür, die drei Reststrafen erneut unter Therapieauflage auszusetzen.

5. Fakultative Anrechnung (§ 36 Abs. 3 BtMG). In allen Fällen, in denen **26** die Voraussetzungen des § 36 Abs. 1 BtMG nicht vorliegen, ist § 36 Abs. 3 BtMG **subsidiär** zu prüfen. Die im Vergleich zu § 36 Abs. 1 BtMG erleichterten Voraussetzungen sollen einen **Anrechnungsmodus für Ausnahme- und Härtefälle** bieten. Die materiellen Voraussetzungen des § 35 Abs. 1 u. Abs. 3 BtMG sind aber verblieben, wonach der Verurteilte wegen einer auf Betäubungsmittelabhängigkeit beruhenden Tat rechtskräftig zu einer Freiheitsstrafe von bis zu 2 Jahren verurteilt wurde bzw. einen Strafrest von bis zu 2 Jahren zu verbüßen hat und therapiebereit ist.

27 **a) Kausalität zwischen Tat und Betäubungsmittelabhängigkeit.** Keine Anrechnung nach § 36 Abs. 3 BtMG ist möglich, wenn die Tat der Verurteilung aufgrund einer **Alkohol- oder Medikamentenabhängigkeit** begangen wurde, wenn ein **übersteigerter Gewalt- oder Sexualtrieb** die Tat verursachte und nur von **Betäubungsmittelkonsum begleitet** wurde. Keine Anrechnung ist möglich, wenn die Betäubungsmittelabhängigkeit **nicht die Tat auslöste,** sondern **der Tat nachfolgte** und der Verurteilte daraufhin eine Therapie antrat. Kam im Urteil durch die Formulierung: „weder war das Haschisch zum Eigenverbrauch bestimmt, noch lag beim Angeklagten etwa eine ausgeprägte Abhängigkeit vor" eindeutig zum Ausdruck, dass beim Verurteilten zum Tatzeitpunkt keine Drogenabhängigkeit vorlag, so ist auch eine Therapieanrechnung nach § 36 Abs. 3 BtMG nicht möglich (vgl. § 35 Rn. 76 ff.).

28 **b) Zurückstellung der Strafvollstreckung.** In § 36 Abs. 3 BtMG ist im Gegensatz zu § 36 Abs. 1 BtMG die Zurückstellung nicht erwähnt. Dies bedeutet, dass der § 36 Abs. 3 BtMG auch die Anrechnung von solchen Therapien ermöglichen will, bei denen eine Zurückstellung der Strafvollstreckung hätte erfolgen können, aber aus irgendwelchen Gründen unterblieben ist. Insb. ist eine Anrechnung geboten, wenn der Verurteilte die Zeit des Rechtsmittelverfahrens oder bis zur Ladung in den Strafvollzug, bis zu dem Ergebnis des Zurückstellungsverfahrens nicht abwartete und freiwillig eine Therapie angetreten hat, deren Anrechnung er nun begehrt (*LG Bochum* StV 1997, 317). Andererseits ist eine Therapieanrechnung ausgeschlossen, wenn die Voraussetzungen einer Zurückstellung wie z.B. eine Betäubungsmittelabhängigkeit oder die Kausalität zur Tatzeit nicht vorgelegen haben (*Frankfurt*, Beschl. v. 2. 8. 1993, 3 Ws 435/93).

29 § 36 Abs. 3 BtMG will Fälle erfassen, in denen der Verurteilte sich nach Begehung einer abhängigkeitsbedingten Tat **a) zwischen Tat und Hauptverhandlung** (*Weber* § 36 Rn. 97; a. A. *Hügel/Junge/Lander/Winkler* § 36 Rn. 4.6), **b) während der Hauptverhandlung, c) zwischen Verurteilung und Rechtskraft des Urteils, d) zwischen rechtskräftiger Verurteilung und der Vollstreckungseinleitung** bzw. **der Zurückstellungsentscheidung** (*Hügel/Junge/Lander/Winkler* § 36 Rn. 4.6) in Behandlung begab. Es sollen auch Fälle erfasst werden, in denen der Behandlungsantritt **ohne vorherige Zurückstellung, ohne Anrechenbarkeitserklärung oder trotz abgelehnter Zurückstellung** erfolgte (so auch *Hügel/Junge/Lander/Winkler,* § 36 Rn 4.5 f.; *Maatz* MDR 1985, 12; *LG München* NStZ 1985, 273; *Stuttgart* NStE 1987 Nr. 4 zu § 36 BtMG; *LG Hamburg* StV 1989, 354; *Zweibrücken* StV 1991, 30; *Frankfurt*, Beschl. v. 29. 9. 2003, 3 VAs 41/03). Beginnt ein Betäubungsmittelabhängiger eine seiner Rehabilitation dienende Behandlung, bevor die Zustückstellung der Strafvollstreckung nach § 35 BtMG erfolgt, ist diese Behandlungszeit gem. § 36 Abs. 3 BtMG auf die Strafe anzurechnen (*AG Bremen* StV 1982, 528).

30 **c) Therapiezeiten während einer Strafaussetzung zur Bewährung.** Therapiezeiten während einer Strafaussetzung zur Bewährung können keine Anrechnung finden, da eine Anrechnung den Täter im Falle des Widerrufs sogar noch belohnen würde (*LG Saarbrücken* MDR 1989, 763; *Weber* § 36 Rn. 100; MK-StGB/*Kornprobst* § 36 Rn. 67; a.A. noch *Körner*, 6. Auflage, § 36 Rn. 28).

31 **d) Strafrest von 2 Jahren.** Nach der sich abzeichnenden h. M. in Rspr. und Lit. ist, gerade um Unbilligkeiten zu vermeiden, bei Freiheitsstrafen oder Gesamtfreiheitsstrafen bzw. entsprechender Strafreste von über 2 Jahren eine Therapieanrechnung nach § 36 Abs. 3 BtMG noch nicht, sondern **erst bei Erreichen eines vollstreckbaren Strafrestes von 2 Jahren** zulässig. Dies ergibt sich zwar nicht unmittelbar zwingend aus dem Wortlaut des § 36 Abs. 3 BtMG, aber aus dem gesetzlichen Zusammenhang der gesetzlichen Vorschriften der §§ 35, 36 BtMG, wonach § 36 Abs. 3 die Regelung des § 36 Abs 1 BtMG nicht erweitert, sondern nur hilfsweise als Härteklausel dienen soll (*Hamm* NStZ 1987, 246; *Hamburg* NStZ 1989, 127 = StV 1989, 258 m. Anm. *Müller; Zweibrücken* NStZ 1991, 92; *Weber* § 36 Rn. 94; *Hügel/Junge/Lander/Winkler* § 36, 4.6.; MK-StGB/*Kornprobst* § 36 Rn. 66; *Franke/Wienroeder* § 36 Rn. 13; **a. A.** *Stuttgart* NStZ 1987, 246; *Düsseldorf* NStZ 1992, 244; *LG Tübingen* StV 1988, 214; *LG Bremen* StV 1992, 184; *LG Görlitz* NStZ-RR 2004, 283 = StV 2004, 609; *Malek* 5. Kap. Rn. 123; *Fischer* StV 1991, 237 ff.).

e) Art der Therapie. Es müssen weder eine **Therapieeinrichtung i. S. d.** 32 **§ 35 Abs. 1 S. 1 oder S. 2 BtMG noch die Anforderungen des § 36 Abs. 1 BtMG vorliegen.** Die Behandlung muss also **weder in einer staatlich anerkannten Einrichtung noch** in einer **fachwissenschaftlich anerkannten Langzeiteinrichtung** stattgefunden haben (*Weber* § 36 Rn. 101). Sie muss auch **keine „gewisse Dauer"** aufweisen, **weder stationär noch erfolgreich** gewesen sein noch **mit dem Strafvollzug vergleichbar** sein (so aber *Katholnigg* NStZ 1981, 419). Auch Anzeichen von **Therapieresistenz, destruktives Verhalten und Therapieabbruch** stehen einer Anrechnung der durchgestandenen Behandlungszeit (= Therapie statt Strafe) nicht im Wege. Eine **ambulante Therapie** soll nur auf die Strafe angerechnet werden, wenn die Anforderungen der Therapie die angezeigt erscheinen lassen. Beschränkt sich eine ambulante Substitutionstherapie auf die Abholung der Methadondosis, so dürfte diese mangels psychosozialer Begleitung überhaupt nicht anrechenbar sein. Beschränkt sich die ambulante Substitutionstherapie neben der Dosiseinnahme wöchentlich auf ein nur wenige Minuten dauerndes Gespräch mit einem Sozialarbeiter, so kann nur eine geringfügige Anrechnung erfolgen im Vergleich zu dem Substitutionsprobanden, der in einer therapeutischen Wohngemeinschaft lebt und sich neben der Polamidoneinnahme laufenden Therapiegesprächen und Resozialisierungsbemühungen stellt. Für eine Anrechnung ist nicht der freiheitsentziehende, strafvollzugsähnliche Charakter, sondern die Mehrfachbelastung des Probanden durch die ambulante Therapie entscheidend. Zu berücksichtigen ist neben der individuellen therapeutischen Problemaufarbeitung die Bewältigung von Berufs- u. Familienleben.

Es kommen Fälle in Betracht, in denen die **staatliche Anerkennung einer** 33 **Einrichtung abgelehnt wurde, widerrufen wurde oder noch nicht vorliegt** (*Hügel/Junge/Lander/Winkler* § 36 Rn. 4.4; BT-Drs. 9/226 v. 26. 6. 1980). Auch Behandlungszeiten, deren Anrechenbarkeit nach § 36 Abs. 1 S. 2 BtMG abgelehnt wurde, können nach § 36 Abs. 3 BtMG angerechnet werden. Wenn eine Anrechnung der Therapie bei späterer Zurückstellung möglich ist, dann kann das Fehlen der Anrechenbarkeitserklärung einer Anrechnung nach § 36 Abs. 3 BtMG nicht im Wege stehen. Der Verurteilte ist für die staatliche Nichtanerkennung einer Einrichtung nicht verantwortlich (*Hügel/Junge/Lander/Winkler* § 36 Rn. 4.4). Nach Auffassung des *OLG Frankfurt* (Beschl. v. 11. 10. 2000, 3 Ws 432/00) ist grundsätzlich auch eine **Therapiezeit im Ausland** anrechenbar, auch wenn die Voraussetzungen einer Zurückstellung der Strafvollstreckung und die Kontrollmöglichkeiten im Ausland nicht vorliegen. Es muss aber die Therapiezeit nachvollziehbar nachgewiesen sein.

f) Nachweis der Therapie. Liegen die Voraussetzungen des § 36 Abs. 1 34 BtMG nicht vor, so müssen bei dem Antrag auf Anrechnung der Drogentherapie das Therapiekonzept und die Beschränkungen der Lebensführung besonders eingehend beschrieben und die Durchführung der Therapie besonders nachgewiesen werden. Es handelt sich hierbei um eine Art von **Bringschuld.** Die Mängel bei den Therapiemeldungen müssen später durch besonders überzeugende Therapienachweise ausgeglichen werden. So ist z. B. darzulegen, wenn wegen geringer Therapieplätze oder mangels staatlich anerkannter Einrichtungen der Verurteilte auf eine andere Therapie zurückgreifen musste. Ist der Verurteilte für die bewilligte Therapieform abgewichen und behauptet eine **Auslandstherapie in Ghana,** so trifft ihn eine **erhöhte Nachweispflicht** (*Frankfurt*, Beschl. v. 11. 10. 2000, 3 Ws 432/00).

35   **g) Umfang der anzurechnenden Therapie. aa) Allgemeine Grundsätze.**
§ 36 Abs. 3 BtMG ist eine **Kann-Vorschrift.** Es steht im pflichtgemäßen Ermessen des Gerichts, ob es trotz nicht vorliegender Voraussetzungen des § 36 Abs. 1
BtMG eine Anrechnung der Therapiezeit gewähren will oder nicht. Die Anrechnungsentscheidung bedarf einer nachvollziehbaren Begründung. Das Gericht kann
die formellen Mängel großzügig behandeln, muss aber die Wirkung der durchgeführten Therapie noch sorgfältiger prüfen als im Falle des § 36 Abs. 1 BtMG, wo
staatliche oder fachwissenschaftliche Anerkennung des Therapieprogramms vorliegen; ggf. ist ein Sachverständiger bei der Beurteilung des Therapieprogramms zu
Rate zu ziehen. Die Kritik am Gesetzgeber, er gewähre dem Verurteilten, der sich
in eine staatliche Einrichtung begebe, geringere Anrechnungsvorteile als dem Teilnehmer einer freien, nicht anerkannten Therapie, übersieht, dass der Teilnehmer
einer freien Therapie keinen Anrechnungsanspruch, sondern nur Voraussetzungen
für eine Strafaussetzung zur Bewährung (§ 36 Abs. 2 BtMG) und bisweilen nur
eine geringe Anrechnungschance erlangt (§ 36 Abs. 3 BtMG).

36   **bb) Zweifelhafte Therapieprogramme.** Das Gericht darf sich nicht scheuen,
bei zweifelhaften Therapieprogrammen (Jugendsekten, Therapiegeheimbünde
usw.) die Anrechnung vollständig zu versagen (vgl. § 35 Rn. 179 ff.). Bei absoluter
Therapieresistenz, häufiger Abwesenheit, vorgetäuschter Therapiebereitschaft und
bei Drogenhandel in Einrichtungen kann im Rahmen des § 36 Abs. 3 BtMG
ebenfalls die Anrechnung versagt werden. Bestehen die Zweifel nicht an der Güte
des Therapieprogramms, sondern an der Teilnahme des Probanden und an
dem Abschluss der Therapie, so kann im Gegensatz zu § 36 Abs. 1 BtMG dem
durch nur teilweise Anrechnung Rechnung getragen werden. Unterlag die Gestaltung der Lebensführung nur in geringem Maße Beschränkungen, so sollte auch
nur eine geringe bzw. teilweise Anrechnung erfolgen. Denn die Ausnahmevorschrift darf nicht die Klienten einer staatlich anerkannten Einrichtung, die alle
Beschränkungen und Voraussetzungen erfüllen, schlechter behandeln als die Probanden, die Teilnahmebescheinigungen erschleichen vom ambulanten Therapieprogramm. Zu **Auslandstherapien** vgl. § 35 Rn. 193.

37   **cc) Gescheiterte Therapieanstrengungen.** § 36 Abs. 3 BtMG setzt **keine
abgeschlossene Therapie und keine erfolgreiche Mitarbeit im Therapieprogramm** voraus, sondern ermöglicht die **Anrechnung von Aufenthaltszeiten** (*Hügel/Junge/Lander/Winkler* § 36 Rn. 4.9; MK-StGB/*Kornprobst* § 36 Rn. 71,
78). **Dem Gericht obliegt es** jedoch, **in welchem Umfange** es bloße Aufenthaltszeiten und abgebrochene Therapien anrechnet (vgl. *Düsseldorf* NStZ-RR
1998, 248). Andererseits sind auch bei § 36 Abs. 3 BtMG nicht nur die erfolgreichen Behandlungszeiten, sondern auch die **gescheiterten Behandlungsbemühungen** anzurechnen (*LG Hamburg* StV 1989, 354). Es heißt zwar in § 36 Abs. 3
BtMG, dass eine Behandlung, die nicht die Voraussetzungen des § 36 Abs. 1 S. 1
BtMG erfüllt, ganz oder zum Teil angerechnet werden kann, wenn die Anforderungen der Therapie dies „angezeigt" sein lassen. Eine vollständige Nichtanrechung einer stationären oder ambulanten Therapie ist auch bei Scheitern nicht mit
dem BtMG vereinbar, das die Therapiezeit, nicht den Therapieerfolg honoriert.

38   **dd) Nicht staatlich anerkannte Einrichtungen.** Je stärker die Therapie den
Anforderungen einer staatlich anerkannten Therapie (§ 36 Abs. 1 S. 1 BtMG)
ähnelt, je stärker sie die freie Gestaltung der Lebensführung beschränkt, desto mehr
Anrechnung nach § 36 Abs. 3 BtMG kann erfolgen. **Entsprechend den Möglichkeiten im Strafvollzug, durch Vollzugslockerungen und durch einen
offenen Vollzug die gesellschaftliche Integration vorzubereiten,** gehört es
zum Wesen der Drogenlangzeittherapie, durch allmähliche Lockerungen der stationären Behandlung ein **Sozialtraining in Freiheit** zu ermöglichen (*Slotty*
NStZ 1981, 327). Bei der Prüfung der „Anforderungen" der Therapie ist jedoch
weniger auf die freiheitsentziehende strafvollzugsähnlichen Momente (so aber
Katholnigg NStZ 1981, 419; *ders.* NJW 1995, 1330), sondern mehr auf das **Sozialtraining** in vielfältiger Form abzustellen.

Die Erwägung, der Proband müsse wenigstens ebenso stark beeinträchtigt sein **39** und leiden wie im Strafvollzug, führt nämlich zu einer Grundlage, die mit den Zielen der §§ 35 ff. BtMG nicht zu vereinbaren ist. Während der Verurteilte **im Strafvollzug die Beschränkungen passiv erduldet**, steht der Drogenabhängige in der Therapieeinrichtung unter dem doppelten Druck des Freiheitsentzuges und des Therapieprogramms. Die **aktive Mitwirkung** an einem Drogentherapieprogramm ist **häufig körperlich und psychisch schwerer zu verkraften** als das **Absitzen einer Haftzeit.** Hier ist ähnlich wie beim Freigänger im offenen Strafvollzug von Bedeutung, ob der Proband sich der **einschneidenden Mehrfachbelastung,** hier **Therapieprogramm,** hier **Berufsleben,** hier **Familienleben gestellt** und die **Mehrfachbelastungen** im Sinne der Therapie **bewältigt** hat.

ee) Ambulante Therapiezeiten. Die gerichtliche Anrechnungspraxis nach **40** § 36 Abs. 3 BtMG ist sehr uneinheitlich. Für die Anrechnung einer ambulanten Therapie nach § 36 Abs. 3 BtMG ist nicht allein die Zeit entscheidend, die der Proband im Therapeutenzimmer verbringt, sondern die Zeit maßgeblich, in der der Proband auf vielfältige Weise an seinem Suchtproblem arbeitet. Eine Anrechnung kann nur nach gründlicher Einzelfallprüfung erfolgen. Greift die ambulante Therapie neben der Substitutionsvergabe und den Urinkontrollen weitreichend in das Privat-, Familien- und Berufsleben ein, indem der Therapeut Arbeitsaufträge wie **Wohnungssuche, Umschulungsmaßnahmen, Fortbildungsinitiativen, Botengänge, Aufgaben in einer therapeutischen Wohngemeinschaft** erteilt, so können diese Verhaltensweisen als Therapie gem. § 36 Abs. 3 BtMG Anrechnung finden (*Baumgart*, Illegale Drogen-Strafjustiz-Therapie, 1994, 94–97; vgl. Rn. 21 ff.). Strebt der Verurteilte über die Zurückstellung der Strafvollstreckung jedoch nur ein **Leben in Freiheit** und eine **Fortsetzung des Drogenkonsums** in der Form der regelmäßigen **Abholung des Substitutionsmittels** an, so ist dies weder als ambulante Therapie anzuerkennen noch anzurechnen.

Bei der Frage der Anrechenbarkeit ambulanter Therapien kommt es darauf an, **41** ob und in welchem Umfang die **ambulante Therapie nach Art und Umfang mit den Anforderungen einer stationären Drogentherapie vergleichbar** ist. In der Regel kann die in einer ambulanten Therapie verbrachte Zeit nur zum Teil angerechnet werden. Besteht die Therapie im Wesentlichen in 1 bis 2 Besuchen eines Arztes oder Drogenberaters pro Woche, so können **nur diese Tage bzw. Stunden** Anrechnung finden (*Frankfurt*, Beschl. v. 28. 9. 1998, 3 Ws 842/98; vgl. auch *Köln* NStZ 2001, 55 = StV 2000, 324; *LG Landshut-Tiengen* StV 2003, 291 m. Anm. *Johnigk*; *Schleswig* SchlHA 2003, 215; *LG Berlin* NStZ-RR 2004, 348). Das *AG Hannover* hat z. B. auf **7 Tage ambulante Behandlung 1 Tag Freiheitsstrafe** angerechnet. Das *LG Bochum* (StV 1997, 317) hat bei dreimonatlichen Arztbesuchen und Urinkontrollen **die Bindung zu Lebensgefährtin und Vater mitgerechnet** und die **berufliche Tätigkeit** und die **Therapiezeit zu 50% angerechnet.** War der **erste Behandlungsabschnitt stationär** angelegt, während der **zweite Abschnitt der Entwöhnung** und der **dritte Abschnitt der Nachsorge ambulant** erfolgten, so kann das Gericht die **Anrechnung der Behandlungszeiten unterschiedlich** vornehmen (*Berlin* NStE 1992 Nr 11 zu § 36 BtMG). Nach dem *KG Berlin* (NStZ-RR 2009, 321) sind bei nur stundenweiser therapeutischer Inanspruchnahme eines Verurteilten auch nur diejenigen Tage gemäß § 36 BtMG anrechenbar, an denen tatsächlich therapeutische Behandlungsmaßnahmen stattgefunden haben; eine zusätzliche Anrechenbarkeit begleitender freizeitpädagogischer Aktivitäten oder der Teilnahme an einem Urinkontrollprogramm sind nicht zusätzlich anrechenbar. Es ist nicht zu beanstanden, wenn eine Strafkammer die Zeit in der stationären Therapie zu hundert Prozent und die Zeit in der ambulanten Therapie aufgerundet nur zur Hälfte berücksichtigt (*LG Berlin* NStZ-RR 2004, 348). Ergibt sich aus den Therapiebedingungen, dass die ambulante Therapie an die Lebensführung des Verurteilten Anforderungen stellte, die **mit den Belastungen einer stationären staatlich anerkannten Therapie völlig vergleichbar** waren, so ist die Therapiezeit **zu 100% anzu-**

rechnen und nicht nur die 60 Tage, an denen der Verurteilte an Therapeutengesprächen teilnahm (*Frankfurt*, Beschl. v. 13. 5. 1998, 3 Ws 403/98).

42   **h) Grenzen der fakultativen Anrechnung.** Obwohl die in § 36 Abs. 1 BtMG genannte Begrenzung der Therapieanrechnung bis zu ²/₃ der Strafe im § 36 Abs. 3 BtMG nicht nochmals ausdrücklich geregelt ist, gilt sie auch für § 36 Abs. 3 BtMG (so auch *Hügel/Junge/Lander/Winkler* § 36 Rn. 4.7; a. A. *Franke/Wienroeder* § 36 Rn. 14).

43   Bei § 36 Abs. 3 BtMG handelt es sich um eine **Auffangvorschrift**, die **Unbilligkeiten des obligatorischen Anrechnungsmodus verhindern** soll. Eine derartige Regelung wäre sinnlos, wenn die Ausnahmeregelung zusätzliche Unbilligkeiten schaffen würde. Die **fakultative Anrechnung** darf deshalb **nicht mehr Anrechnung gewähren als die obligatorische Anrechnung** (*LG München* NStZ 1988, 559; *Hamm* NStZ 1987, 246; *Hamburg* StV 1989, 258; *Zweibrücken* NStZ 1991, 92 = StV 1991, 30; *Celle* StV 1993, 318; so auch *Hügel/Junge/Lander/Winkler* § 36 Rn. 4.7).

44   **i) Mehrfache Therapieanrechnung.** Ist eine volle Therapiezeitanrechnung in einer Strafsache erfolgt, so ist kein Raum mehr, dieselbe Therapiezeit in einer zweiten Strafsache anzurechnen (*Frankfurt*, Beschl. v. 25. 9. 2003, 3 VAs 41/03). Kann die Therapiezeit nur teilweise in einer Strafsache angerechnet werden, so ist der Rest auf eine weitere Strafsache anzurechnen.

IV. Rechtsmittel gegen die Anrechnungsentscheidung

45   Gegen die obligatorische und fakultative Anrechnungsentscheidung des Gerichts des 1. Rechtszuges können die Vollstreckungsbehörde und der Verurteilte binnen 1 Woche **sofortige Beschwerde** (§ 311 StPO) erheben (§ 36 Abs. 5 S. 3 BtMG). Bei Nichteinhaltung der Wochenfrist ist die sofortige Beschwerde unzulässig. Die Entscheidung ist daher mit Rechtsmittelbelehrung zuzustellen. Mit einem Antrag auf gerichtliche Entscheidung nach § 23 ff. EGGVG ist eine Nichtanrechnung nicht anfechtbar (*Frankfurt*, Beschl. v. 25. 8. 2003, 3 VAs 41/03).

46   Bei diesen Rechtsmitteln geht es um den **Anrechnungszeitpunkt** und um die Anrechnung von **Therapiezeiten**. Zu **sofortigen Beschwerden von Verurteilten** über den Anrechnungszeitpunkt vgl. *Hamm* NStZ 1987, 246; *LG Tübingen* StV 1988, 214; *Hamburg* NStZ 1989, 127; *Zweibrücken* NStZ 1991, 92.

47   Zu sofortigen Beschwerden der StA wegen vollständiger oder teilweiser Anrechnung bzw. Nichtanrechnung von Therapiezeiten vgl. *LG Hamburg* StV 1989, 354; *Berlin* StV 1991, 432.

C. Strafaussetzung der Reststrafe zur Bewährung

48   Der Strafrest kann sowohl nach **§ 36 Abs. 1 S. 3 BtMG** bei Therapie in staatlich anerkannten Einrichtungen, als auch nach **§ 36 Abs. 2 BtMG** nach anderen Therapiebemühungen zur Bewährung ausgesetzt werden. **Vor der Aussetzungsentscheidung** hat das Gericht **über eine Anrechnung einer abgeleisteten ambulanten oder stationären Therapie** zu entscheiden. Es ist verfahrensfehlerhaft, einen Anrechnungsantrag nicht zu bescheiden und ohne Berücksichtigung der Therapie über die Aussetzungsfrage zu entscheiden (*Frankfurt* NStZ-RR 1998, 77; *Dresden* NStZ 2006, 458 = StV 2006, 591).

I. Zuständigkeit

49   Gem. § 36 Abs. 5 BtMG ist grundsätzlich für die Aussetzungsentscheidung nicht die Vollstreckungsbehörde (§ 462 a i. V. m. § 454 Abs. 1 StPO) und nicht die Strafvollstreckungskammer, sondern das **Gericht des 1. Rechtszuges** zuständig (s. Rn. 51 ff.). Abweichend von § 88 Abs. 1 JGG entscheidet auch im Jugendverfahren nicht der Jugendrichter als Vollstreckungsleiter, sondern das **Gericht des 1. Rechtszuges** über die Strafaussetzung. § 36 Abs. 5 BtMG geht als Spezialvorschrift vor (§ 38 BtMG; s. Rn. 58 ff.).

Vor der Entscheidung des Gerichtes sind nach § 36 Abs. 5 S. 2 BtMG der Ver- **50**
urteilte und die Therapieeinrichtung **anzuhören.**

1. Erwachsenensachen. Bis zur Erledigung von $^2/_3$ **der Strafe** entscheidet **51**
das Gericht des 1. Rechtszuges (§ 36 Abs. 1 S. 3 i. V. m. § 36 Abs. 5 S. 1) **nur auf
Antrag** über die Verbüßung oder Aussetzung des Strafrestes (*Hügel/Junge/Lander/
Winkler* § 36 Rn. 2.1.3). Wenn $^2/_3$ **der Strafe durch Anrechnung erledigt** sind,
entscheidet das Gericht **von Amts wegen.** Ob eine weitere Behandlung notwendig ist, entscheidet das Gericht nach Anhörung der Therapeuten (*AG Bremen* StV
1984, 342).

**a) Aussetzungsentscheidung bei auf freiem Fuß befindlichen Verurteil- 52
ten. aa)** Das **Gericht des 1. Rechtszuges** ist unproblematisch zuständig, wenn
der Verurteilte sich nach der Verurteilung bis zur Entscheidung nach § 36 BtMG
in Freiheit befunden hat (§ 36 Abs. 5 BtMG).

bb) Gleiches gilt auch für die Entscheidung über die Aussetzung der Restfrei- **53**
heitsstrafe **nach Teilverbüßung und anschließender Zurückstellung der
Strafvollstreckung gem. § 35 BtMG,** wenn sich der Verurteilte nach Durchführung der Behandlung **zum Zeitpunkt der Entscheidung auf freiem Fuß
befindet.** Die Sonderregelung des § 36 Abs. 5 BtMG verdrängt die allgemeinen
Vorschriften der StPO (BGHSt. 32, 58 = NJW 1984, 745; BGHSt. 48, 252 =
NStZ-RR 2003, 215; *Hamm* MDR 1997, 187; *Stuttgart* StraFo 2009, 394; *Koblenz*
NStZ-RR 2011, 26; *Weber* § 36 Rn. 112). Das Gericht des ersten Rechtszuges ist
dabei nicht nur für die isolierte Entscheidung über die Strafaussetzung selbst zuständig, sondern auch für die damit untrennbar zusammenhängenden **Nebenentscheidungen** gem. §§ 56 a bis 56 d StGB, die gem. § 36 Abs. 4 BtMG entsprechend gelten. **Die** erstmaligen Entscheidungen nach §§ 56 a bis 56 d StGB
**(Dauer der Bewährungszeit, Auflagen, Weisungen, Bestellung des Bewäh-
rungshelfers)** sind notwendiger Bestandteil (BGHSt. 48, 252 = NStZ-RR 2003,
215; *Koblenz* NStZ-RR 2011, 26; a. A. *Düsseldorf* JMBl. NRW 2002, 113; MK-
StGB/*Kornprobst* § 36 Rn. 87).

Soweit es sich um **eine den Aussetzungsentscheidungen nachfolgende 54
Bewährungsaufsicht und nachträgliche Entscheidungen (Verlängerung
der Bewährungszeit, Änderung von Auflagen und Weisungen, Widerruf
der Strafaussetzung, Straferlass)** handelt, die sich auf die Strafaussetzung zur
Bewährung beziehen, ergibt sich die gerichtliche Zuständigkeit bei nach § 36
BtMG bewilligten Strafaussetzungen zur Bewährung **nicht nach der Sonderre-
gelung in § 36 Abs. 5 S. 1 BtMG,** sondern **nach der allgemeinen Regelung
in § 462 a StPO,** so dass in diesen Fällen nach dem Vollzug von Strafhaft die
Strafvollstreckungskammer zuständig ist (BGHSt. 37, 338 = NStZ 1991, 355 =
StV 1991, 431; *BGH* NStZ 2001, 110; *BGH* NStZ-RR 2001, 343; BGHSt. 48,
252 = NStZ-RR 2003, 215; *Koblenz* NStZ-RR 2011, 26; *Franke/Wienroeder* § 36
Rn. 16).

cc) Wurde erst **nach Verbüßung der Strafe bis zum Zwei-Drittel-Zeit- 55
punkt** gem. § 35 Abs. 1 BtMG eine Zurückstellung der Strafvollstreckung mit der
Maßgabe verfügt, dass die Therapiezeit nicht auf die Strafe angerechnet wird wegen
der Zwei-Drittel-Verbüßung, so bleibt es jedoch für die Strafrestaussetzungsent-
scheidung bei der Zuständigkeitsregelung. Hatte der Verurteilte zwei Drittel der
Strafe nicht durch Therapieanrechnung, sondern durch Strafverbüßung vor Therapiebeginn erreicht, so ist dennoch das **Gericht des ersten Rechtszuges für die
Reststrafeaussetzung** nach § 36 Abs. 1 S. 3 BtMG i. V. m. § 36 Abs. 5 S. 1 BtMG
zuständig (BGHSt. 48, 275 = NStZ 2004, 400; *Koblenz* NStZ-RR 2011, 26).

b) Aussetzungsentscheidung während des Strafvollzuges, aa) Auch **nach 56
der Aufnahme** eines Verurteilten **in den Strafvollzug** ist für die Aussetzung des
Strafrestes gem. § 36 Abs. 5 BtMG das **Gericht des 1. Rechtszuges** zuständig
(*Hügel/Junge/Lander/Winkler* § 36 Rn. 6.1; *Weber* § 36 Rn. 117). Entgegen *Körner*
(6. Auflage, § 36 Rn. 52, unter Hinweis auf insoweit nicht tragende Entscheidun-

gen des *OLG Düsseldorf* NJW 1986, 1557 und des *OLG Köln* NStE 1987, 150 Nr. 4 zu § 462 a StPO) ist in diesen Fällen nicht die Strafvollstreckungskammer zuständig, wie sich aus dem eindeutigen Wortlaut des § 36 Abs. 5 BtMG ergibt. Für einen Vorrang des Gerichts des ersten Rechtszuges gegenüber der Strafvollstreckungskammer spricht auch, dass das Gericht des 1. Rechtszuges mit den in der Hauptverhandlung zutage getretenen Umständen des Verurteilten persönlich vertraut ist und deshalb zu der Vorgeschichte der begangenen Tat eine besondere Nähe mit entsprechender Beurteilungsfähigkeit über die nach § 36 Abs. 1 BtMG zu treffenden Entscheidungen hat (vgl. *Hamm* MDR 1997, 187; *Stuttgart* StraFo 2009, 394). Die Zuständigkeit des Gerichts des 1. Rechtszuges umfasst auch die mit der Strafaussetzung untrennbar zusammenhängenden erstmaligen Anordnungen nach §§ 56 a bis 56 d StGB (s. Rn. 53).

57   **bb)** Die besondere Zuständigkeitsregelung in § 36 Abs. 5 BtMG greift nur solange ein, wie **Vollstreckungsentscheidungen** zu treffen sind, die **im Zusammenhang mit der Zurückstellung der Strafvollstreckung** nach § 35, 36 BtMG stehen. Für die der Aussetzungsentscheidung nachfolgende Bewährungsaufsicht und nachträgliche Entscheidungen ist bei inhaftierten Verurteilten die Strafvollstreckungskammer gem. § 462 a Abs. 1 **zuständig,** da **nach Abschluss des Zurückstellungsverfahrens nach den §§ 35, 36 BtMG die Sonderregelung des § 36 Abs. 5 BtMG wieder entfällt** (s. Rn. 54). Sind nach der Zurückstellung der Strafvollstreckung und der Anrechnung der Therapie ²/₃ der gegen einen betäubungsmittelabhängigen Straftäter verhängten Freiheitsstrafe erledigt und hat das Gericht des 1. Rechtszuges die Aussetzung der Restfreiheitsstrafe abgelehnt, als der **Verurteilte auf freiem Fuß war,** so ist nach Widerruf der Zurückstellung der Strafvollstreckung und **Wiederaufnahme in den Strafvollzug die Strafvollstreckungskammer zuständig** *(Köln* NStE 1987, 150 Nr. 4 zu § 462 a StPO; *Celle* StV 1993, 317). Die Strafvollstreckungskammer ist auch in den Fällen zuständig, in denen wegen **Therapieabbruchs** eine Aussetzung nach § 36 Abs. 1 S. 3 BtMG von vornherein nicht in Betracht kommt *(Berlin,* Beschl. v. 12. 6. 2001, 5 ARs 11/01; vgl. auch *Stuttgart* StraFo 2009, 394; *MK-StGB/Kornprobst* § 36 Rn. 88).

58   **2. Jugendsachen, a) Aussetzungsentscheidung bei auf freiem Fuß befindlichen Verurteilten.** Befindet sich der Verurteilte **nach der Verurteilung bis zur Entscheidung nach § 36 BtMG** auf freiem Fuß, ist das Gericht des 1. Rechtszuges unproblematisch zuständig. Dieses Gericht ist auch zuständig für die Entscheidung über die Aussetzung der Restfreiheitsstrafe **nach Teilverbüßung und Zurückstellung der Strafvollstreckung** (§ 36 Abs. 5, 38 Abs. 1 BtMG; vgl. Rn. 53).

59   **b) Aussetzungsentscheidung während des Strafvollzuges.** Befindet sich der Verurteilte zum Zeitpunkt der Aussetzungsentscheidung in Haft, gibt der als Vollstreckungsleiter zuständige Jugendrichter gem. § 85 Abs. 3 JGG die Vollstreckung an das Gericht des 1. Rechtszuges zurück, da gemäß § 36 Abs. 5 BtMG nur dieses Gericht die Entscheidungen treffen kann (BGHSt. 32, 58 = NJW 1984, 745; *BGH* StraFo 2007, 258).

60   Nach Abgabe der Strafvollstreckung an die StA nach § 85 Abs. 6 JGG ist für die nachträglich die Bewährung betreffenden Entscheidungen nach § 462 a Abs. 1 StPO die **Strafvollstreckungskammer** dann zuständig, wenn sich der Verurteilte aufgrund des maßgebenden Straf- und Maßregelausspruches **im Vollzug der Jugendstrafe** befindet oder befunden hat *(BGH* NStZ 1997, 100).

II. Anhörung des Verurteilten, der Vollstreckungsbehörde und der behandelnden Personen

61   Wegen der besonderen Bedeutung der mündlichen Anhörung des Verurteilten vor einer Reststrafenaussetzung auch wegen einem etwaigen Entfallen der Führungsaufsicht darf gem. § 36 Abs. 5 S. 2 und S. 4 BtMG das Gericht auf eine An-

hörung des Verurteilten, der Vollstreckungsbehörde und der behandelnden Personen nach § 454 Abs. 1 S. 3 StPO analog **außer in den in § 454 Abs. 1 StPO genannten Fällen nur verzichten,** wenn eine **Beeinflussung der Entscheidung** durch eine Anhörung **nicht zu erwarten ist,** so wenn **der Verurteilte zweifelsfrei** auf eine Anhörung **verzichtet hat,** wenn der **Proband geisteskrank** ist oder die **Anhörung erkennbar missbrauchen** will. **In der Regel** bedarf es dann aber einer **gutachterlichen Stellungnahme** der Therapieeinrichtung als wichtige Entscheidungsvoraussetzung (*BGH* NStZ 1995, 610; *Düsseldorf* StV 1995, 538; *Frankfurt* NStZ-RR 1998, 77; *Hamm* StV 2000, 40). § 36 Abs. 5 S. 2 BtMG sieht im Gegensatz zu § 454 Abs. 1 S. 3 StPO keine obligatorische mündliche Anhörung des Verurteilten vor, sondern **ermöglicht auch eine schriftliche Stellungnahme.**

Hat eine Strafkammer zwei Drogentherapien gem. § 36 Abs. 1 S. 1 BtMG auf **62** die im Verfahren zu verbüßende Strafe insoweit angerechnet, dass zwei Drittel der Strafe erledigt sind und anschließend gem. § 36 Abs. 1 S. 3 BtMG wegen des vorausgegangenen Therapieabbruches und Widerrufs der Zurückstellung die Aussetzung der Vollstreckung der Restfreiheitsstrafe zur Bewährung abgelehnt, ohne gem. § 36 Abs. 5 S. 2 BtMG den Verurteilten und die behandelnden Personen oder Einrichtungen zu hören, so ist eine sofortige Beschwerde gem. § 36 Abs. 5 S. 3 BtMG erfolgreich. Der Strafsenat kann aber die erforderlichen Anhörungen gem. § 309 Abs. 2 StPO auch nachholen (*Frankfurt* NStZ-RR 1998, 77).

Die **Anhörung der behandelnden Personen aus einer stationären oder 63 ambulanten Therapie** ist wegen deren verlässlichen prognostischen Beurteilung **unverzichtbar** (*Hamm* StV 2000, 40). Bei einem verabredeten **Wechsel** der Therapieeinrichtung oder bei einer Weiterbehandlung eines Probanden nach **Therapieabbruch** durch einen neuen Therapeuten sind **beide Therapeuten** zu hören und der eigenmächtige Therapieabbruch kritisch zu erörtern (*Dresden* StV 2006, 591).

III. Reststrafenaussetzung nach § 36 Abs. 1 S. 3 BtMG

Wurde die Strafvollstreckung zurückgestellt und die Therapie nach § 36 Abs. 1 **64** BtMG angerechnet, so kann die Reststrafe nach § 36 Abs. 1 S. 3 BtMG zur Bewährung ausgesetzt werden, wenn durch die Anrechnung zwei Drittel der Strafe erledigt sind oder die Behandlung in der Einrichtung zu einem früheren Zeitpunkt nicht mehr erforderlich ist, sobald verantwortet werden kann zu erproben, dass der Verurteilte keine Straftaten mehr begehen wird.

1. Zurückstellung der Strafvollstreckung. § 36 Abs. 1 S. 3 BtMG setzt ei- **65** gentlich eine Zurückstellung der Strafvollstreckung und eine Anrechnung der Therapie voraus. Hat sich ein Verurteilter **bereits vor seiner Verurteilung** wegen einer in Betäubungsmittelabhängigkeit begangenen Tat einer Langzeittherapie **in einer staatlich anerkannten Einrichtung unterzogen** und hat er diese ohne förmliche Bescheidung eines Zurückstellungsantrages vor oder nach seiner Verurteilung zu Ende geführt, so kann **nach Anrechnung der Therapiezeit** die Reststrafe auch ohne Vorliegen eines Zurückstellungsbescheides ausgesetzt werden. Vom Grundgedanken der Regelung des § 36 BtMG, die Strafvollstreckung bei erfolgreicher Therapie möglichst ganz zu vermeiden, kann es keinen Unterschied machen, ob die Zurückstellung der Strafvollstreckung kraft förmlicher Entscheidung oder nur de facto erfolgte. Eine entsprechende Anwendung des § 36 Abs. 1 S. 3 BtMG ist hier geboten (*Stuttgart* NStZ 1987 246 = StV 1987, 208; *Celle* StV 1986, 113; *Düsseldorf* NStZ 1992, 244 = StV 1992, 184; *LG Berlin* StV 1990, 462; *LG Bremen* StV 1992, 184), allerdings erst, wenn die Reststrafe nicht mehr als 2 Jahre beträgt.

2. Zeitpunkt der Strafaussetzung. a) Zwei-Drittel-Termin. Der Wortlaut **66** des § 36 Abs. 1 S. 3 BtMG nennt nicht eindeutig den Zeitpunkt, zu dem die Aussetzung zu prüfen und zu entscheiden ist. Vielmehr heißt es dort alternativ: Das

Gericht setzt die Vollstreckung des Restes der Strafe zur Bewährung aus, sobald es verantwortet werden kann, **a) nach Erledigung von** $^2/_3$ **der Strafe** oder **b) wenn eine Behandlung** in der Einrichtung zu einem früheren Zeitpunkt **nicht mehr erforderlich** ist. Das *OLG Zweibrücken* (Beschl. v. 11. 9. 1987, 1 Ws 462/87) vertrat die Auffassung, eine Strafaussetzung zur Bewährung nach § 36 Abs. 1 S. 3 BtMG habe zur Voraussetzung, dass zwei Drittel der Strafe erledigt seien. Dies ist nicht zutreffend. Bei der Erledigung ist es unbeachtlich, ob $^2/_3$ der Strafe durch Behandlung oder durch Strafvollzug erledigt sind. Sind $^2/_3$ der erkannten Strafe nicht durch Anrechnung, sondern schon vor der Zurückstellung durch Verbüßung erledigt und die Therapie in einer staatlich anerkannten Einrichtung nicht zu einem früheren Zeitpunkt abgeschlossen, so ist eine analoge Anwendung des § 36 Abs. 1 S. 3 BtMG bei positiver Prognose möglich (*LG Offenburg* NStZ-RR 1996, 151 = StV 1996, 218).

67　　**b) Mindestverbüßungsfrist.** Weder der Wortlaut des § 36 Abs. 1 BtMG noch der des § 36 Abs. 2 BtMG lassen eine zeitliche Grenze erkennen, die für die Aussetzungsentscheidung erreicht sein muss. Die Sonderbestimmungen des § 36 BtMG enthalten gegenüber § 57 StGB **eigenständige Regelungen.** Die Verweisung in § 36 Abs. 4 BtMG nimmt nur auf die §§ 56 a bis 56 g StGB, nicht auf § 57 StGB Bezug. Es muss also für die Strafaussetzungsentscheidung **kein Mindestverbüßungszeitraum** vorliegen (*Weber* § 36 Rn. 71 f.; *Hügel/Junge/Lander/Winkler* § 36 Rn. 2.2.2). Ist die therapeutische Behandlung nach Zurückstellung der Strafvollstreckung ordnungsgemäß und erfolgreich abgeschlossen und eine weitere Behandlung nicht mehr erforderlich, so kann die Reststrafe bereits **vor Verbüßung der Strafhälfte** zur Bewährung ausgesetzt werden (*Celle* StV 1986, 113; *Stuttgart* NStE 1990 Nr. 6 zu § 35 BtMG; *Düsseldorf* StV 1990, 214; *LG Darmstadt* StV 1985, 117; *LG Berlin* StV 1990, 462; *LG Bremen* StV 1992, 184; *LG Bückeburg* StV 2004, 386).

68　　**3. Zurückstellung der Entscheidung bei unklarer Prognose.** Das Erfordernis der positiven Prognose (s. dazu Rn. 70) hat zur Folge, dass selbst nach Erledigung von $^2/_3$ der Strafe nicht immer von Amts wegen eine Strafaussetzungsentscheidung zu erfolgen hat, sondern **nur bei positiver Prognose** (vgl. *Hügel/ Junge/Lander/Winkler* § 36 Rn. 2.1.2). Dies kann bedeuten, dass bei negativer oder unsicherer Prognose sogar erst nach Ablauf der Therapiezeit und nach dem $^2/_3$-Termin der Strafe Strafaussetzung erfolgen kann. Insb. bei Zurückstellung von **kurzen Freiheitsstrafen** kann nach 3–4 Monaten Therapie noch keine Prognose gestellt werden, weil die Therapie ja gerade erst begonnen hat und erst der weitere Verlauf ein erwünschtes Sozialtraining vermittelt. Stellt ein Verurteilter zum $^2/_3$-Termin einen Aussetzungsantrag, ohne dass die Entlassung aus der Therapie absehbar ist, so ist der Antrag regelmäßig abzulehnen. Für ein **Zuwarten bei Kurzstrafen über den $^2/_3$-Termin hinaus** spricht ferner, dass bei einem Therapieabbruch die **Zurückstellung schneller zu widerrufen** ist **nach § 35 Abs. 5 BtMG** als **Widerruf der Strafaussetzung nach § 36 Abs. 4 BtMG i. V. m. § 56 f StGB.** Die Gefahr der Vollstreckung der Reststrafe im Strafvollzug kann den Verurteilten dazu motivieren, die Therapie nicht abzubrechen, sondern zu Ende zu führen. Die Aussetzungsentscheidung kann demnach auch nach dem $^2/_3$-Termin erfolgen.

69　　**Anstelle einer Ablehnung** einer Strafrestaussetzung kann die **Entscheidung** über eine Reststrafaussetzung zur Bewährung bei noch laufender Drogentherapie **zurückgestellt** werden bis zum Abschluss der Therapie (*AG Bremen* StV 1984, 342).

70　　**4. Positive Sozialprognose.** Die **Zukunftsprognose** orientiert sich abweichend von § 57 Abs. 1 StGB **nur wenig am Vorleben und den Tatumständen,** demgegenüber aber an der **vorausgegangenen Behandlung,** an der **Persönlichkeit des Verurteilten,** an dem **Verhalten während der Therapie** und dem **aufgrund der Therapie zu erwartenden Verhalten** des Verurteilten

(*Frankfurt*, Beschl. v. 28. 12. 2000, 3 Ws 1311/00). Das Langzeittherapieprogramm führt regelmäßig durch allmähliche Lockerungen der Beschränkungen der Lebensführung ein Sozialtraining für das Leben in Freiheit durch. Die Prognose setzt weder die Heilung des Drogensüchtigen noch die Ausschließung eines Rückfalles voraus. Auch bei behandelten Drogenabhängigen ist nur schwer vorauszusehen, ob sie den Versuchungen der Droge, der Drogenszene, des alten Bekanntenkreises im Konfliktfall widerstehen können. Als Zukunftsprognose reicht eine **berechtigte Chance** aus, dass der Verurteilte ausreichend vorbereitet ist, in Freiheit ohne Drogen zu leben und seine Nachbehandlung (Nachsorge) selbst zu steuern.

Hat ein Verurteilter nach erfolgreichem Abschluss einer Langzeittherapie anschließend ein Studium begonnen, eine Berufstätigkeit aufgenommen, einen Fortbildungslehrgang besucht, Kontakt zu einer Drogenberatungsstelle bzw. Wohngemeinschaft unterhalten, eine private Bindung aufgenommen, so ist die **Zukunftsprognose günstig** (*Stuttgart* NStZ 1986, 187 = StV 1986, 111; *Celle* StV 1986, 113; *Stuttgart* NStZ 1987, 246 = StV 1987, 208; *LG Darmstadt* StV 1985, 117). Hat ein Drogenabhängiger nach Abschluss einer Langzeittherapie erneut mehrfach gegen das BtMG verstoßen, aber anschließend mit seiner Lebensgefährtin erneut eine Drogenlangzeittherapie angetreten, so kann die Vollstreckung des Restes der Gesamtfreiheitsstrafe gem. § 36 Abs. 1 S. 3 BtMG ausgesetzt werden, weil es für eine positive Zukunftsprognose nach § 36 BtMG ausreicht, dass der Verurteilte **ernsthafte Schritte unternommen** hat, sich von seiner Drogensucht zu befreien, und dadurch die **Chance besteht, später in Freiheit ohne Drogen zu leben** (*Frankfurt*, Beschl. v. 9. 10. 1990, 3 Ws 765/90). Hat der Verurteilte ernsthafte Schritte zur Überwindung seines Drogenproblems unternommen, so ist die **Nichtberücksichtigung einer noch nicht rechtskräftig abgeurteilten Straftat** wegen der **Unschuldsvermutung des Art. 6 Abs. 2 EMRK** bei der Prognoseentscheidung nicht zu beanstanden (*Karlsruhe* NStZ-RR 1997, 87). **71**

Bei einem Zustand nach Drogenabhängigkeit mit Heilungstendenz kann das Gericht auch ohne Weisung, sich weiterhin einer ambulanten Behandlung zu unterziehen, gem. § 36 Abs. 1 S. 3 BtMG nach Therapieanrechnung bis zu ²/₃ der Strafe das letzte Drittel der Strafe zur Bewährung aussetzen, wenn intensive Bemühungen der Verurteilten um Arbeit und Auskommen und intensiver Kontakt zu seinem Vater zeigen, dass sein soziales Umfeld sich verbessert hat und er auf dem besten Wege zu einem selbst bestimmten und verantwortungsvollen Leben ist. Dabei wird die Dauer der Bewährungszeit gem. § 56a Abs. 2 S. 1 StGB i. V. m. § 36 Abs. 4 BtMG bestimmt. Weitere Entscheidungen über Auflagen und Weisungen oder über die Bewährungshilfe werden gem. § 56e StGB i. V. m. § 36 Abs. 4 BtMG getroffen (*Frankfurt*, Beschl. v. 13. 11. 2003, 3 Ws 1002/03). **72**

a) AIDS-kranke Verurteilte. Die manifeste Erkrankung eines Angeklagten an der **Immunschwächekrankheit AIDS** kann sich sowohl auf die Bejahung einer günstigen Sozialprognose als auch auf die Bejahung besonderer Umstände dann auswirken, wenn zu erwarten steht, dass die **auf Drogenmissbrauch zurückzuführende Infektion den Angeklagten aufgerüttelt hat**, sein Leben mit entsprechender Hilfestellung zu ändern und erneute Straffälligkeit zu vermeiden (*LG Berlin* StV 1988, 23). **73**

Die Doppelbelastung eines Verurteilten durch **Opiatsucht und AIDS-Erkrankung** stellen solche besondere Umstände in der Persönlichkeit des Verurteilten dar. Die Konfrontation mit der Krankheit und die **Nähe des Todes** erlauben häufig trotz negativ verlaufender Drogenkarriere eine günstige Sozialprognose, insb. wenn eine Substitutionstherapie angetreten wird. Bei moribunden Verurteilten sollte eine Strafaussetzung einen würdigen Lebensabschluss ermöglichen (vgl. *Dencker* StV 1982, 129 f.). **74**

b) Substitutionsprobanden. Eine Reststrafe kann trotz fortbestehender psychischer Betäubungsmittelabhängigkeit dann zur Bewährung ausgesetzt werden, wenn nach der Haftentlassung die medizinischen und tatsächlichen Voraussetzun- **75**

gen eine Einzelsubstitution mit L-Polamidon gewährleistet sind und die **berechtigte Erwartung** besteht, dass der Verurteilte nach seiner Entlassung **nicht mehr** dem ständigen **Beschaffungsdruck** ausgesetzt ist und **beruflich wieder Fuß fassen wird** (*Hamm* StV 1991, 427).

76 Voraussetzung für die Strafaussetzung zur Bewährung ist **nicht allgemeines Wohlverhalten** oder Drogenfreiheit, sondern die **Erwartung künftiger straffreier Führung.** Wenn sich der Verurteilte mit Hilfe der Methadon-Substitution von der Gefahr der Beschaffungskriminalität befreien will, so ist dies ein grundlegender Einstellungswandel, der bei der Prognoseentscheidung sowohl nach § 56 StGB als auch bei § 36 Abs. 1 BtMG positiv zu bewerten ist (*BayObLG* StV 1992, 15). Allein die **Möglichkeit einer ambulanten Substitutionsbehandlung** in Freiheit **reicht** aber für eine bedingte Entlassung noch **nicht aus.** Vielmehr muss auch nach den **übrigen Rahmenbedingungen** durch eine ausreichende psychosoziale Begleitung ein straffreies Leben in Freiheit hinreichend wahrscheinlich sein. Dies kann erst entschieden werden, wenn der Gefangene nach einer gewissen Beobachtungsphase im Rahmen von Vollzugslockerungen erprobt wurde, die Substitutionsbehandlung bewilligt, vorbereitet und im Vorfeld einer bedingten Entlassung eingeleitet wurde (*Frankfurt*, Beschl. v. 15. 4. 1993, 3 Ws 206 – 208/93).

IV. Ablehnung einer Strafaussetzung zur Bewährung

77 Eine bedingte Entlassung aus der Strafhaft ist abzulehnen, wenn trotz bekundeter Therapieabsichten, trotz kurzfristiger gescheiterter Therapiebemühungen, trotz Beziehungen zu einer schwangeren Freundin und trotz guter Führung im geschlossenen Vollzug **keine ausreichend günstige Sozialprognose** gestellt werden kann. Ergibt sich aus dem negativen Vorleben des Verurteilten, zahlreichen Vorverurteilungen und seinem Versagen im offenen Vollzug eine erhebliche Unzuverlässigkeit, die der vorzeitige Entlassung aus der Strafhaft auch mit Hilfe von Weisungen die Erwartung einer künftigen straffreien Führung nicht rechtfertigt, so kann eine bedingte Entlassung nicht gewagt werden. Die ungünstige Sozialprognose kann sich, insb. aus **Therapieabbruch und Rückfall in die Kriminalität,** aus der **Zunahme der Rückfallgeschwindigkeit** ergeben (*Frankfurt*, Beschl. v. 28. 12. 2000, 3 Ws 1311/00). Die Bemühungen eines Verurteilten, der seit 6 Jahren HIV-positiv ist, um eine Aufnahme in ein Methadon-Programm und in eine Werkstatt für Drogenabhängige reichte nicht aus, um die für eine Aussetzung des Strafrestes zweier Gesamtfreiheitsstrafen nach § 36 Abs. 1 S. 3 BtMG erforderliche Sozialprognose stellen zu können, wenn er nach Abbruch einer Drogenlangzeittherapie **in die Drogenszene untergetaucht** ist und sich wegen erneuter Verstöße gegen das BtMG nunmehr in U-Haft befindet (*Frankfurt*, Beschl. v. 10. 10. 1990, 3 Ws 767/90). Befindet sich ein drogenabhängiger Verurteilter in Strafhaft, nachdem er nach Zurückstellung der Strafvollstreckung in verschiedenen Einrichtungen zwar Therapieversuche unternommen, sie aber regelmäßig abgebrochen hatte, so sind diese Bemühungen zwar anrechenbar, erlauben aber keine Aussetzung des Strafrestes (*LG Landau* StV 1988, 214).

78 Ist ein im Wege der Zurückstellung der Strafvollstreckung in ein Therapiezentrum nach § 35 BtMG entlassener Verurteilter **wegen nicht akzeptabler Distanzlosigkeit** gegenüber Mitklientinnen aus der Einrichtung **vorzeitig disziplinarisch entlassen** worden und ohne Rückmeldung bei der Vollstreckungsbehörde nach Unbekannt untergetaucht und hat auch den Bevollmächtigten keine Erklärung abgegeben, so ist eine Strafrestaussetzung nach § 36 BtMG abzulehnen (*AG Hadamar*, Beschl. v. 20. 8. 2001, 3 Js 4685.8/00 – 1Ds). Eine **Tat, die zu einer Bestrafung in vorliegender Sache** und zu einem **Bewährungswiderruf in einer früheren Strafsache** führte, kann allein nicht eine Ablehnung einer Strafrestaussetzung begründen. Dies käme nämlich einer **Doppelbestrafung** gleich und würde eine erfolgreiche und gem. § 36 BtMG angerechnete Therapie bestrafen, an Stelle sie zu belohnen.

V. Aussetzung der Unterbringungsmaßregel nach § 36 Abs. 1 S. 3 BtMG

Ohne Freiheitsstrafe kommt eine Zurückstellung einer Unterbringung in einer 79
Entziehungsanstalt nicht in Betracht. Wird neben der Strafe diese Maßregel verhängt, so kann eine Zurückstellung erfolgen (§ 35 Abs. 1 BtMG). Ob die Maßregel der Unterbringung neben der Strafe nach § 36 BtMG ausgesetzt werden kann, ist nicht gesetzlich geregelt (Redaktionsversehen). Eine analoge Anwendung des § 36 Abs. 1 S. 3 BtMG verbietet sich, weil dort ausdrücklich nur von einer Anrechnung auf die Strafe die Rede ist. Es kommt aber eine analoge Anwendung des § 67d Abs. 2 StGB in Betracht, wonach eine Aussetzung der Maßregel während des Strafvollzugs möglich ist, wenn der Zweck der Maßregel bereits erreicht ist (*Frankfurt* SuchtG 1986, 118 m. Anm. *Kreuzer; Hügel/Junge/Junge/Winkler* § 36 Rn. 3). Entsprechend § 67d Abs. 2 S. 2 StGB tritt kraft Gesetzes Führungsaufsicht ein. Die Bestimmung der Bewährungszeit folgt aus § 36 Abs. 4 BtMG, § 56a Abs. 1 StGB, die Bestimmung der Dauer der Führungsaufsicht aus § 68c Abs. 1 StGB analog. Entsprechend §§ 68a Abs. 1, 68b Abs. 1 Nr. 8, 68g Abs. 1 S. 1 StGB ist der Verurteilte einer Aufsichtsstelle und einem Bewährungshelfer unterstellt und zur Meldung von Wohnsitz und Arbeitsplatzwechsel angewiesen (*LG München* NStE 1989 Nr. 6 zu § 36 BtMG).

VI. Reststrafenaussetzung nach § 36 Abs. 2 BtMG

1. Voraussetzungen. Nach § 36 Abs. 2 BtMG ermöglicht eine **ungebundene** 80
freie Therapie unter Umständen zwar **keine Anrechenbarkeit, aber eine**
Strafaussetzung. Die abgeschlossene Behandlung kann ambulant oder stationär gewesen sein, wenn nur die Sozialprognose für die Zukunft günstig ist. In den Fällen, in denen zwar eine Zurückstellung erfolgte, die Therapie aber in keiner staatlich anerkannten Einrichtung stattfand oder in denen die Therapie nicht nach § 36 Abs. 1 BtMG für anrechnungsfähig erklärt wurde, ist **nach § 36 Abs. 2**
BtMG gleichwohl eine **Strafaussetzung möglich.** Auch in § 36 Abs. 2 BtMG ist **kein fester Zeitpunkt** für die Antragstellung und **keine Mindestbehandlungsdauer** vor einer Strafaussetzung zur Bewährung vorgesehen.

2. Anhörung der Beteiligten und Anrechnung der vorausgegangenen 81
Therapie. Die Entscheidung über eine Reststrafenaussetzung gem. § 36 Abs. 5 i. V. m. § 36 Abs. 2 BtMG leidet unter gravierenden Verfahrensmängeln, a) **wenn**
das Gericht vor der Aussetzungsentscheidung entgegen § 36 Abs. 5 S. 2 BtMG **weder den Verurteilten, noch die Vollstreckungsbehörde gehört hat,** b) wenn die der Strafaussetzungsentscheidung logisch vorausgehende **Entscheidung über die Anrechnung der Therapie** auf die Reststrafe gem. § 36 Abs. 3 BtMG **nicht stattgefunden hat** (*Frankfurt* NStZ-RR 1998, 77; vgl. auch Rn. 9).

VII. Bewährungsüberwachung

1. Zuständigkeit. Wird die Vollstreckung einer Freiheitsstrafe nach erfolgrei- 82
cher Behandlung unter Anrechnung der Behandlungszeit zur Bewährung ausgesetzt und die damit untrennbar zusammenhängenden Nebenentscheidungen gem. § 56a bis 56d StGB (Dauer der Bewährungszeit, Auflagen, Weisungen, Bestellung des Bewährungshelfers) getroffen, so ist das **Gericht des 1. Rechtszuges** zuständig (BGHSt. 48, 252 = NStZ-RR 2003, 215; *Koblenz* NStZ-RR 2011, 26; s. Rn. 53). Soweit es sich aber um die Aussetzungsentscheidung nachfolgende Bewährungsüberwachung (Verlängerung der Bewährungszeit, Änderung von Auflagen und Weisungen, Widerruf der Strafaussetzung, Straferlass) und nachträgliche Entscheidungen handelt, richtet sich die **Zuständigkeit des nach der Strafaussetzung die Bewährungsaufsicht führenden Gerichtes** nicht mehr nach § 36 Abs. 5 S. 1 BtMG. Vielmehr gilt wieder die allgemeine Zuständigkeitsbestimmung des § 462a Abs. 1 StPO mit der Folge, dass in Fällen, in denen Freiheitsstrafe vollzogen wurde, **grundsätzlich die Strafvollstreckungskammer** Vorrang vor

dem Gericht des 1. Rechtszuges hat bei der Bewährungsaufsicht (*BGH* StV 1995, 427; *BGH* NStZ-RR 1996, 53; BGH NStZ-RR 2001, 343; BGHSt. 48, 252 = NStZ-RR 2003, 215; *Koblenz* NStZ-RR 2011, 26; s. Rn. 54). Das **Gericht des 1. Rechtszuges** ist **lediglich subsidiär zuständig, wenn die Strafvollstreckungskammer nicht oder noch nicht mit der Sache befasst war** (§ 462 a Abs. 2 StPO), der Verurteilte sich in Freiheit befand und es wegen der Höhe der anzurechnenden U-Haft zu keiner Strafvollstreckung gekommen ist. Gem. § 36 Abs. 4 BtMG gelten **für erwachsene Verurteilte** die §§ 56 a bis 56 g StGB, **für jugendliche und heranwachsende Verurteilte** gem. § 38 BtMG die §§ 22 bis 26 a JGG. Die **Strafvollstreckungskammer** bestimmt die Dauer der Bewährungszeit (§§ 56 a Abs. 2 StGB, 36 Abs. 4 BtMG) und führt die Bewährungskontrolle durch, die es ihm ermöglicht, dem drogenabhängigen Verurteilten Bewährungsauflagen und Weisungen (§ 56 b und § 56 c StGB) zu erteilen, einen Bewährungshelfer zu bestimmen (§ 56 Abs. 1 StGB) und diese Entscheidung gem. § 56 e und § 56 f StGB nachträglich zu treffen, zu ändern, zu widerrufen bzw. aufzuheben.

83   **2. Bewährungsauflagen.** Die Weisung, keine Betäubungsmittel mehr zu konsumieren, sich nicht an Orten aufzuhalten, wo Betäubungsmittel konsumiert werden, innerhalb der Bewährungszeit 10 Urinproben unter Aufsicht abzugeben, stellen keine Verstöße gegen die Menschenwürde (Art. 1 Abs. 1 GG) und keine Verstöße gegen die allgemeine Handlungsfreiheit (Art. 2 Abs. 1 GG) dar. Die auf § 56 c StGB gestützten Weisungen sind vielmehr Ausdruck der Gemeinschaftsgebundenheit und verfolgten spezialpräventive Zwecke, dem Verurteilten bei der Vermeidung von Straftaten in seiner künftigen Lebensführung zu helfen (*BVerfG* NJW 1993, 2315 = StV 1993, 465). Die Auferlegung gemeinnütziger Leistungen nach Maßgabe des § 56 b Abs. 2 Nr. 3 StGB verstößt nicht gegen das Verbot von Arbeitszwang und Zwangsarbeit des Art. 12 Abs. 2 u. Abs. 3 GG und ist, sofern sie hinreichend bestimmt ist, verfassungsgemäß (*BVerfG* NStZ 1991, 181). Weisungen, die nicht der Resozialisierung des Verurteilten dienen, sind nicht mit § 56 c StGB vereinbar.

84   Die inhaltliche, dem **Bestimmtheitsgrundsatz** entsprechende **Ausgestaltung von Auflagen und Weisungen** ist dem Gericht vorbehalten. Bewährungsweisungen müssen **klar, bestimmt** und in ihrer Einhaltung **überprüfbar** sein. Nur so können Verstöße einwandfrei festgestellt werden. Das Gericht darf sich nicht darauf beschränken, **nur die Art** der abzuleistenden Therapie (ambulant oder stationär) oder gemeinnützige Arbeit und **deren Beginn** festzulegen. Vielmehr bedarf es zumindest der Bestimmung a) der Therapieeinrichtung, b) der Art und Häufigkeit der wahrzunehmenden Behandlung bzw. Arbeit und c) der Termine nach einer näheren Ausgestaltung der Weisung durch das Gericht. Eine ohne diese Konkretisierung erteilte Weisung genügt dem Bestimmtheitserfordernis nicht und ist deshalb unzulässig (*Frankfurt* NStZ-RR 2003, 200; *Hamm* StV 2004, 657).

85   **Übliche Bewährungsauflagen** sind: eine Arbeitsauflage im Rahmen einer Arbeitstherapie (*Frankfurt*, Beschl. v. 12. 1. 1994, 3 Ws 29/96; *Schleswig* OLGSt. § 56 b Nr. 1 u. Nr. 2; *Hamm* StV 2004, 657), der Antritt einer Nachsorgebehandlung oder die Teilnahme an einem ambulanten Urinkontrollprogramm. Die Bewährungsüberwachung kann gem. § 462 a Abs. 4 StPO aufgrund der Konzentrationsmaxime auf ein anderes Gericht übergehen (*Hamm* MDR 1988, 519). Die Entscheidungen können später abgeändert oder aufgehoben werden.

86   Die **Weisung** an den Verurteilten, **eine Drogentherapie anzutreten, unterfällt dem Einwilligungserfordernis** nach § 56 e Abs. 3 Nr. 1 StGB. **Ohne eine derartige Einwilligung** ist eine **Therapieauflage unzulässig** und mithin **gesetzeswidrig** (vgl. *Hamburg* NStZ 1992, 301).

87   **Grundrechtseinschränkende Weisungen** sind **zulässig**, wenn sie gegenüber den gesetzlichen Beispielen einen minder schweren Grundrechtseingriff enthalten und keine unzumutbaren Anforderungen an die Lebensführung des Verurteilten stellen wie z. B. die **Teilnahme an Urinkontrollprogrammen** zur Vermeidung

des Rückfalles. Die Anordnung einer **überwachten Urinkontrolle** ist weder eine Heilbehandlung noch eine Entziehungskur. Sie ist auch ohne Einwilligung zulässig. Sie ist geeignet, die Lebensführung des Verurteilten spezialpräventiv mit dem Ziel zu beeinflussen, ihn von Drogen und der Drogenszene fernzuhalten, um damit der Gefahr der Beschaffungskriminalität und des Verlustes der sozialen Existenz zu begegnen (*Stuttgart* Die Justiz 1987, 234; vgl. ferner zur Abgabe von Urinproben im Strafvollzug *Karlsruhe* NStZ 1983, 191; *LG Freiburg* NStZ 1988, 151; *LG Kleve* NStZ 1989, 48; *Koblenz* NStZ 1989, 550; *Zweibrücken* NStZ 1989, 578).

Für eine gem. § 36 Abs. 4 BtMG im Rahmen der Strafaussetzung zur Bewäh- **88** rung erfolgte Weisung, dass der Verurteilte die Kosten für die Untersuchung der von ihm abzugebenden Urinproben zu tragen habe, **fehlte es** im vorliegenden Fall **an einer gesetzlichen Grundlage** (*LG Baden-Baden* NStZ-RR 2001, 277). Hat der Verurteilte ein festes versicherungspflichtiges Arbeitsverhältnis in Aussicht und ist mit einem quartalsweisen Drogenscreening einverstanden, so ist eine Kostenbelastung von 40 € im Hinblick auf sein Arbeitsverhältnis auch zumutbar (*Frankfurt*, Beschl. v. 13. 11. 2003, 3 Ws 1002/03). Drogenscreeningtests in der Form von Regeluntersuchungen des Blutes auf Betäubungsmittel können sowohl Teil eines Kontrollprogramms als auch eines Behandlungsprogramms sein. Als eine Art von Behandlung i. S. v. § 56c Abs. 3 StGB untersteht ihre Anordnung dem Vorbehalt der Freiwilligkeit. Diese Tests müssen finanziell zumutbar sein. Die Einwilligung kann durch den Verurteilten zurückgenommen werden, auch wenn dies Konsequenzen für das Bewährungsverfahren hat (*LG Berlin* StV 1997, 642; *Kropp* StV 2002, 284).

3. Rechtsmittel. Gegen die Reststrafaussetzungsentscheidung des Gerichts des **89** ersten Rechtszuges ist **sofortige Beschwerde binnen 1 Woche** zu erheben, die keine aufschiebende Wirkung hat (§ 36 Abs. 5 S. 3 BtMG). So kann sowohl die Reststrafaussetzung als auch die Nichtreststrafaussetzung des Gerichtes mit der sofortigen Beschwerde angefochten werden.

VIII. Reststrafenaussetzung außerhalb des Zurückstellungsverfahrens nach § 57 StGB

1. Halbstrafenaussetzung nach § 57 Abs. 2 Nr. 2 StGB. Zwar kommt ei- **90** ner Halbstrafenentlassung gem. § 57 Abs 2 Nr 2 StGB weiterhin Ausnahmecharakter zu (*Fischer* § 57 Rn. 21). Allerdings sind besondere Umstände nicht nur bei Straftaten in einer einmaligen Konfliktlage gegeben, sondern es genügen **Umstände, die im Vergleich mit den gewöhnlichen, durchschnittlichen, allgemeinen oder einfachen Milderungsgründen von besonderem Gewicht** sind und denen **in ihrer Gesamtheit eine besondere Bedeutung zukommt** (*BGH* NStZ 1984, 360; *BGH* NStZ 1986, 27; *Zweibrücken* StV 2008, 35). Im Rahmen der **erforderlichen Gesamtschau von Täterpersönlichkeit, Tat und Entwicklung im Strafvollzug** können die **negativen Tatfaktoren** von solchem Gewicht sein, dass sie sämtliche günstigen Umstände überwiegen und deshalb eine Halbstrafenentlassung nicht rechtfertigen (*Frankfurt*, Beschl. v. 25. 4. 1994, 3 Ws 267/94; *Frankfurt*, Beschl. v. 9. 7. 2002, 3 Ws 695/02). Andererseits kommt a) bei besonders günstigem Vollzugsverhalten, b) bei umfangreicher Aufklärungshilfe, c) bei erfreulicher beruflicher Fortbildung im offenen Vollzug und d) beim Aufbau fester Bindungen zur Familie und Freundin trotz schwerwiegender Drogengeschäfte des nicht vorbestraften Verurteilten eine Halbstrafenentlassung in Betracht (*Frankfurt*, Beschl. v. 8. 5. 1996, 3 Ws 368/ 96).

2. Zwei-Drittel-Aussetzung (§ 57 Abs. 1 Nr. 2 StGB). Bei der Frage einer **91** Reststrafaussetzung nach § 57 Abs. 1 Nr. 2 kann es für eine **günstige Sozialprognose** ausreichen, dass sich der Verurteilte im Vollzug ordentlich und beanstandungsfrei verhalten, Kontakte zu seinen Eltern gefestigt, sich einen beruflichen Arbeitsplatz und eine ambulante Drogentherapie nach der Entlassung bemüht hat (*Karlsruhe* NStZ 1988, 73; *Düsseldorf* StV 1995, 32; *Nürnberg* StraFo 2000, 210).

92　Erforderlich ist eine **Abwägung zwischen** dem **Resozialisierungsinteresse** des Verurteilten und dem **Sicherheitsinteresse** der Allgemeinheit (*BVerfG* NJW 2009, 1941; *BGH* NStZ-RR 2003, 200; *Stuttgart* StV 1998, 668; *Hamm* StV 2002, 320). Eine Reststrafenaussetzung nach § 57 Abs. 1 StGB kommt mangels günstiger Sozialprognose nicht in Betracht, wenn der Verurteilte während des offenen Vollzuges untergetaucht ist und gegen ihn zahlreiche Ermittlungsverfahren wegen verschiedener Delikte eingeleitet werden mussten (*Hamm* NStZ-RR 2005, 154).

D. Widerruf der Strafaussetzung und der ausgesetzten Unterbringung

I. Zuständigkeit für den Widerruf der Strafaussetzung zur Bewährung

93　36 Abs. 5 BtMG, der für die Entscheidung über die Strafrestaussetzung die Zuständigkeit des Gerichts des 1. Rechtszuges begründet, enthält für die Entscheidung über den Widerruf der Strafaussetzung zur Bewährung **keine Sonderregelung.** Die nach der Strafaussetzung zur Bewährung zu treffenden Entscheidungen sind nämlich nicht in § 36 Abs. 5 BtMG geregelt, sondern in § 36 Abs. 4 BtMG angesprochen (*Hamm* JMBl. NRW 1996, 245). Für die Widerrufsentscheidung der einem betäubungsmittelabhängigen Verurteilten nach § 36 Abs. 1 S. 3 oder 36 Abs. 2 BtMG bewilligten Aussetzung der Reststrafe zur Bewährung gelten gem. § 36 Abs. 4 BtMG die **allgemeinen Vorschriften der §§ 56 f StGB, 453, 463 a StPO.**

94　**1. Verurteilte in Haft.** Befindet sich der Verurteilte zurzeit des Widerrufsantrages **in Haft,** so ist die **für die JVA zuständige Strafvollstreckungskammer** gem. §§ 56 f StGB, 453, 462 a Abs. 1 S. 1 u. S. 2, Abs. 4 StPO zuständig (BGHSt. 37, 338 = NStZ 1991, 355 = StV 1991, 431; BGHSt. 48, 252 = NStZ-RR 2003, 215; *Koblenz* NStZ-RR 2011, 26; s. Rn. 54).

95　**2. Verurteilte im Landeskrankenhaus.** Befindet sich der Verurteilte im Zeitpunkt der Entscheidung über die Widerrufsanträge **in einem Landeskrankenhaus** zum Vollzug der Unterbringung nach § 64 StGB, so ist die Strafvollstreckungskammer, **in deren Zuständigkeitsbereich die Entziehungsanstalt liegt,** gem. §§ 56 f StGB, 462 a Abs. 1, 463 StPO zuständig (*Frankfurt*, Beschl. v. 27. 8. 1991, 3 Ws 481 u 483/91).

96　**3. Verurteilte in Freiheit.** Befindet sich der **Verurteilte** nicht in Haft, sondern **in Freiheit** und war eine **Strafvollstreckungskammer noch nicht mit der Vollstreckung befasst,** so ist für die Widerrufsentscheidung gem. § 56 f StGB, 453, 462 a Abs. 2 StPO das **Gericht des 1. Rechtszuges** zuständig (*BGH* NStZ-RR 1996, 56 = StV 1995, 427; *Stuttgart* StraFo 2009, 394; *Weber* § 36 Rn. 115; *Hügel/Junge/Lander/Winkler* § 36 Rn. 6.1).

97　**4. Konzentrationsprinzip.** Bei **mehreren Verurteilungen** gilt das **Konzentrationsprinzip** (§ 462 a Abs. 4 StPO), nach dessen Grundsätzen ein Gericht des 1. Rechtszuges oder einer Strafvollstreckungskammer der Vorrang einzuräumen ist. Hat bei einem in Strafhaft befindlichen Verurteilten das unzuständige Gericht des 1. Rechtszuges über den Widerruf der Strafaussetzung anstelle der Strafvollstreckungskammer entschieden, so kann das OLG als Beschwerdegericht selbst keine Sachentscheidung treffen, sondern nur den Beschluss aufheben (*Hamburg* NStZ 1991, 356), es sei denn, das zuständige Gericht liegt ebenfalls im Bezirk des Beschwerdegerichts (*Nürnberg* StraFo 2000, 280; *Meyer-Goßner* § 309 Rn. 6).

II. Widerrufsentscheidungen der Strafaussetzung zur Bewährung

98　**1. Zweifelsfreie Feststellung der neuen Straftat (der Anlasstat) in der Bewährungszeit.** Nach § 56 f Abs. 1 StGB ist die Strafaussetzung insb. zwingend zu widerrufen, wenn der Verurteilte in der Bewährungszeit eine Straftat begeht und dadurch zeigt, dass die Erwartung, die der Strafaussetzung zugrunde lag, sich nicht erfüllt (§ 56 f Abs. 1 Nr. 1 StGB), **sofern es nicht ausreicht,**

– **weitere Auflagen und Weisungen zu erteilen** oder
– **die Bewährungs- oder Unterstellungszeit zu verlängern** (§ 56 f Abs. 2 StGB).

Zunächst einmal muss die **Anlasstat zweifelsfrei festgestellt sein.** Grundsätz- 99
lich ist vor einem Widerruf der Strafaussetzung die **rechtskräftige Aburteilung der Anlasstat** erforderlich (vgl. *BVerfG* NStZ 1991, 30; *EGMR* StV 1992, 282; *EGMR* NStZ 2004, 159; *Düsseldorf* StV 1992, 287; *Hamm* StV 1992, 284; *Hamburg* StV 1992, 286; *Schleswig* NStZ 1992, 511 = StV 1992, 327). Der Bewährungswiderruf wegen einer Straftat während der Bewährungszeit setzt voraus, dass **die neue Straftat** einschließlich der Schuldfähigkeit in einer jeden vernünftigen Zweifel ausschließenden Weise **festgestellt** werden kann. Daran fehlt es, wenn noch ungeklärt ist, ob der Täter wegen langjähriger Drogensucht für die Tat strafrechtlich verantwortlich war (*Berlin* StV 1988, 26). Der Widerruf der Strafrestaussetzung aus einem früheren Verfahren vor Aburteilung einer neuen Tat verstößt nicht gegen die Unschuldsvermutung, wenn der Betroffene die neue Tat glaubhaft gestanden hat (*BVerfG* NStZ 2005, 204; *Köln* NStZ 2004, 685; *Düsseldorf* NStZ 2004, 269; *Nürnberg* NJW 2004, 2032; *Stuttgart* NJW 2005, 83).

2. Neue Straftat kurz vor der Entscheidung über die Strafaussetzung. 100
Wurde vom Gericht des ersten Rechtszuges nach erfolgreicher Ableistung einer Therapie die Reststrafe zur Bewährung ausgesetzt und wurde der Verurteilte **wenige Tage vor der Aussetzungsentscheidung erneut straffällig** – allerdings **unbemerkt vom Gericht** –, so ist ein späterer Bewährungswiderruf unzulässig, da die neuerliche Straffälligkeit nicht während des Laufes der Bewährungszeit geschah. Der Widerrufsbeschluss ist daher aufzuheben (*München* StV 2000, 566).

3. Neue Straftaten in der Bewährungszeit. a) Handelsdelikte in der 101
Bewährungszeit. Hat ein Drogenabhängiger während seiner Bewährungszeit erneut ein schwerwiegendes **Drogenhandelsdelikt** begangen und damit gezeigt, dass er die Erwartung der Strafaussetzung nicht erfüllt hat (§ 56 f Abs. 1 Nr. 1 StGB), und gegen eine Therapieweisung verstoßen und damit Anlass zur Besorgnis gegeben, dass er erneut BtMG-Verstöße begehen wird (§ 56 f Abs. 1 Nr. 2 StGB), so reicht ein **Absehen vom Widerruf** oder eine **Verlängerung der Bewährungszeit** oder eine **Erteilung weiterer Auflagen** nicht aus (§ 56 f Abs. 2 StPO) und es ist ein **Widerruf der Strafaussetzung** geboten (§ 56 f Abs. 1 StGB).

Hat ein Angeklagter während der Bewährungszeit harte Drogen verkauft und ist 102
deshalb rechtskräftig verurteilt worden, so ist dennoch ein Bewährungswiderruf nicht zwingend, wenn die Handelsdelikte **nur zur Konsumfinanzierung** dienten, die Strafvollstreckung gem. § 35 BtMG zurückgestellt wurde und mit einer Verlängerung der Bewährungszeit der Verurteilte zur Fortführung der Therapie angehalten werden kann (*AG Krefeld* StV 1983, 250).

b) Konsum- und Drogenbeschaffungsdelikte in der Bewährungszeit. 103
Hat der Verurteilte in der Bewährungszeit **erhebliche Straftaten** begangen, anstelle an der geplanten Therapie mitzuwirken und gibt er bloße Lippenbekenntnisse ab, ohne ernsthafte Therapieanstrengungen zu unternehmen, so ist wegen schlechter Zukunftsprognose ein Widerruf der Strafrestaussetzung unvermeidlich (*Frankfurt*, Beschl. v. 20. 2. 1998, 3 Ws 129/98; *Berlin*, Beschl. v. 2. 4. 2001, 5 Ws 167/01). Liegen die Widerrufsvoraussetzungen vor, weil der Verurteilte zu Unrecht Leistungen des Arbeitsamtes bezog und damit Betäubungsmittel erwarb und deshalb wegen Betruges verurteilt wurde und kann ein **Bewährungswiderruf auch nicht durch weniger einschneidende Maßnahmen** i. S. v. § 36 Abs. 4 BtMG, § 56 f Abs. 2 StGB **abgewendet werden** (weil die Unterstellung unter die Aufsicht und Leitung eines Bewährungshelfers und die Anweisung, mit einer Drogenberatungsstelle in Kontakt zu bleiben, einen Rückfall nicht verhindern könnten) und weil die Prognose schlecht und ein Therapieplatz erst in 6 Monaten verfügbar ist, so ist zu widerrufen und u. U. später erneut zurückzustellen (*Frankfurt*,

Beschl. v. 29. 6. 1992, 3 Ws 421/92). Das *OLG Frankfurt* (Beschl. v. 27. 9. 1994, 3 Ws 636 u. 637/94) hat auch in einem Fall die günstige Sozialprognose und die Therapiebereitschaft in der neuen Strafsache nicht ausreichen lassen, von einem Widerruf abzusehen, vielmehr darin **lediglich ein erstes Anzeichen einer günstigen Entwicklung gesehen,** das es weiter zu beobachten gelte, aber noch nicht ein Absehen vom Widerruf rechtfertige. Denn die Gefahr erneuter Straftaten war in diesem Fall noch nicht gebannt.

104   **4. Absehen vom Bewährungswiderruf trotz Straftaten wegen zu berücksichtigender Therapieanstrengungen.** Ist ein drogenabhängiger Verurteilter unter Missachtung der ihm bewilligten Strafaussetzung zur Bewährung für den Strafrest **innerhalb der Bewährungsfrist erneut** wegen vorsätzlichen Verstoßes gegen das BtMG **rechtskräftig verurteilt worden,** so hat sich zwar die Erwartung, die der Strafaussetzung zugrunde lag, nicht erfüllt. **Von einem Widerruf** der Strafaussetzung zur Bewährung wegen erneuter erheblicher Beschaffungsdelikte eines Drogenabhängigen (§ 56 f Abs. 1 Nr. 1 StGB) **ist jedoch zwingend abzusehen,** wenn der **Aussetzungszweck durch weniger einschneidende Maßnahmen** wie z. B. durch eine Verlängerung der Bewährungszeit (§ 56 f Abs. 2 Nr. 1, 56 c Abs. 3 StGB) oder durch Erteilung weiterer Therapieauflagen bzw. Weisungen zu erreichen ist (§ 56 Abs. 2 Nr. 1 u. Nr. 2 StGB). Dies gilt insb., a) wenn der/die Verurteilte sich in einer stationären oder ambulanten Therapie mit positivem Therapieverlauf befindet, b) wenn der/die Verurteilte an einer ambulanten Substitutionstherapie mit psychosozialer Begleitung bzw. mit Betreuung in einer therapeutischen Wohngemeinschaft teilnimmt, c) wenn inzwischen aufgebaute soziale und berufliche Bindungen und eine erfolgte oder begonnene Integration, die als erhebliche Grundlagen zur wirkungsvollen Unterstützung einer dauerhaften Abkehr von einer kriminellen Vergangenheit anzusehen sind, gefährdet würden und es deshalb erwartet werden kann, dass es zu keinen weiteren Straftaten mehr kommt. Die Anlasstat muss also im Zusammenhang mit dem Rehabilitationsprozess bzw. Resozialisierungsprozess gesehen werden (*Berlin* StV 1991, 69; *Celle* StV 1998, 216; *Düsseldorf* StV 1998, 216; *Stuttgart* StV 2003, 346; *Karlsruhe* NStZ-RR 2005, 200).

105   Hat der Verurteilte in der Bewährungszeit Haschisch und Marihuana zum Eigenverbrauch besessen und hat das Gericht wegen geringer Schuld von Strafe abgesehen, so kann ein Widerruf unterbleiben (*LG Berlin* StV 2000, 567). Ist eine nochmalige Verlängerung der Bewährungszeit nicht möglich, kommt trotz Straftat ein Widerruf der Strafaussetzung nicht in Betracht, da der Verurteilte an Drogentherapie und Drogenberatung teilnimmt und drogenfrei lebt, so muss die Strafe erlassen werden (*Celle* StV 2003, 345).

106   **5. Absehen vom Bewährungswiderruf wegen positiver Prognose des anderen Gerichts.** Insb. wenn das mit dem neuen Strafverfahren befasste Gericht zu einer **positiven Zukunftsprognose** gelangt ist und eine verhängte **Freiheitsstrafe zur Bewährung ausgesetzt** hat oder sich für eine **Zurückstellung der Strafvollstreckung ausgesprochen** hat und das mit dem Widerruf befasste Gericht diese Erwägungen nachvollziehen und sich ihnen anschließen kann, ist von einem Widerruf der Strafaussetzung zur Bewährung abzusehen. Denn dem **sach- und zeitnäher befassten Gericht** stehen aufgrund der durchgeführten Hauptverhandlung die **besseren Erkenntnismöglichkeiten** für eine **sachgerechte Beurteilung der Zukunftsprognose** zu (*LG Dortmund* StV 1992, 588; *Düsseldorf* StV 1994, 198; *Düsseldorf* StV 1998, 216). Die neuen Erwägungen zur Aussetzung einer anderen Freiheitsstrafe und die dortige günstige Prognose stehen jedoch dem Widerruf der Bewährung nicht entgegen, wenn die neue Entscheidung von unzutreffenden Voraussetzungen ausgeht, formelhaft oder schematisch begründet ist (*Celle* NdsRpfl. 2002, 61).

107   **6. Absehen vom Bewährungswiderruf trotz Weisungsverstoßes wegen zu berücksichtigender Therapieanstrengungen.** Ist ein Drogenabhängiger

während der laufenden Bewährungszeit einer Weisung, sich einer Therapie zu unterziehen, beharrlich nicht nachgekommen, bedarf es eines Bewährungswiderrufes nicht, wenn der Verurteilte bereit und fähig ist, sich einer Polamidon-Substitutionsbehandlung zu unterziehen und deshalb erwartet werden kann, dass es zu keinen weiteren Straftaten mehr kommt (*LG Berlin* StV 1991, 171).

Allein bewährungswidriges Verhalten gibt noch **keinen Anlass zu der** **108** **Besorgnis,** der Verurteilte würde **erneut straffällig werden** (*Hamm* MDR 1976, 505; *Karlsruhe* GA 1975, 243). Hat ein drogenabhängiger Verurteilter zwar gröblich und beharrlich gegen zwei erteilte **Therapieweisungen** eines Bewährungsbeschlusses verstoßen, indem er 4 Monate nach Therapiebeginn eine Langzeittherapie abbrach, aber an einem Spanischkurs teilnahm und anschließend bei seiner Mutter auf Teneriffa eine Stelle in einem Hotel antrat und ein drogenfreies Leben führte, so kann trotz der Verstöße gegen den Bewährungsbeschluss die Strafaussetzung nicht widerrufen werden, weil auch **Formen der Selbstheilung,** wie neue **Familienkontakte und Berufsausbildung,** regelmäßig der Rehabilitation eines Drogenabhängigen dienen und keine negative Prognose rechtfertigen (*LG Frankfurt,* Beschl. v. 7. 8. 1984, 5/13 Qs 6/84). Widerruft das Gericht die Strafaussetzung nicht, so erlässt es nach Ablauf der Bewährungszeit die Strafe (§ 56 g StGB, § 26 a JGG). Die Nichtmeldung des Verurteilten beim Bewährungshelfer, die Nichtbefolgung von dessen Anordnungen zwingen nicht zu einem Bewährungswiderruf, wenn mit einer **Verlängerung der Bewährungszeit ausreichend** auf den Verurteilten einzuwirken ist, eine Therapie fortzusetzen (*AG Krefeld* StV 1983, 250).

Der Abbruch einer stationären Therapie und damit der gröbliche Verstoß **109** gegen eine Bewährungsweisung rechtfertigt dann keinen Widerruf, wenn der Verurteilte **unmittelbar nach dem Therapieabbruch sich einer ambulanten Therapie unterzieht** und diese Therapieform, wenn auch weniger wirksam, den angestrebten Erfolg jedenfalls erreichen kann (*Düsseldorf* StV 1986, 25; vgl. auch *Zweibrücken* MDR 1983, 150; *LG Berlin* StV 1989, 114). Musste eine Aussetzung der Restfreiheitsstrafe sowie die Unterbringung in einer Entziehungsanstalt für Drogenabhängige wegen Therapieabbruchs und fortwährender Nichtbeachtung von Weisungen widerrufen werden, wurde nach Rechtskraft aber vor Vollziehung des Widerrufsbeschlusses ein erneuter Strafaussetzungsbeschluss mit der Begründung gestellt, der Antragsteller habe eine ambulante Therapie begonnen, so hat eine erneute Strafaussetzung zu erfolgen bei günstiger Zukunftsprognose. Nimmt der Antragsteller an einem ambulanten Therapieprogramm teil und besucht regelmäßig ein Ausbildungszentrum, so ist ein straffreies Leben wahrscheinlicher geworden, das die **erneute Strafaussetzung unter Auflagen** rechtfertigt (*Frankfurt* StV 1985, 25).

7. Absehen vom Bewährungswiderruf bei geringer Widerstandskraft **110** **und geringem Therapiewillen von AIDS-Kranken.** Trotz erneuter Straffälligkeit innerhalb einer verlängerten Bewährungszeit kann vom Widerruf der Bewährung unter nochmaliger Verlängerung der Bewährungszeit abgesehen werden, wenn der Verurteilte unheilbar an HIV erkrankt ist, zudem an Epilepsie leidet und eine Haftstrafe ihn daher außergewöhnlich hart treffen würde (*LG Düsseldorf* StV 1998, 216). Ist ein Verurteilter nach erfolgreichem Abschluss einer Therapie rückfällig geworden, nachdem er von seiner Aids-Infektion erfuhr, so kann ihm Bewährung mit der Auflage einer erneuten Langzeittherapie gewährt werden (*LG Frankfurt,* Beschl. v. 8. 9. 1987, 90 Js 33382/83), wenn das Erleben eines Todesfalles durch Aids bei einem Bekannten ihn zur Besinnung und verstärkter Therapiebereitschaft gebracht hat (vgl. auch *LG Berlin* StV 1988, 23).

8. Verstoß gegen unbestimmte Weisungen. Zuwiderhandlungen gegen un- **111** bestimmte Weisungen und deshalb unzulässige Therapieweisungen rechtfertigen auch dann einen Widerruf nicht, wenn sich der Verurteilte nicht auf die Unzulässigkeit beruft (*Karlsruhe* Justiz 1984, 427; *München* NStZ 1985, 411; Frankfurt NStZ-RR 1997, 2; *Frankfurt* NStZ-RR 2003, 199).

112   **9. Rücknahme der Einwilligung. Nimmt der Verurteilte seine Einwilligung** zu einer angeordneten Heilbehandlung oder **Entziehungskur** oder zu einem angeordneten Aufenthalt in einem Heim oder einer Anstalt **zurück,** so liegt darin nicht ohne Weiteres ein gröblicher oder beharrlicher Verstoß gegen die ihm erteilte Weisung nach § 56 c Abs 3 StGB. Dies gilt jedenfalls dann, wenn er aus seiner Sicht die Einwilligung nachträglich aus verständlichen Gründen für verfehlt hält, sich die Strafaussetzung nicht unter Vortäuschung seines Einverständnisses von vornherein erschlichen hat und er sich einer ambulanten Therapie unterzogen hatte. **Ein Widerruf** der Strafaussetzung **scheidet** in einem derartigen Fall **zugunsten neuer Weisungen aus** (vgl. hierzu auch *BGH* NStZ 1989, 265 = StV 1989, 352; *Hamburg* NStZ 1992, 301).

113   Nimmt der Verurteilte seine **Einwilligung,** sich einer bestimmten stationären Heilbehandlung zu unterziehen, **zurück,** weil er in der Einrichtung mehrere Personen mit Drogen erlebt und deshalb einen Rückfall befürchtet, und begibt sich in eine ambulante ärztliche Substitutionsbehandlung mit psychosozialer Begleitung, so vermag dies einen **Widerruf der Bewährung nicht zu rechtfertigen** (*Düsseldorf* NStZ-RR 2002, 166 = StV 2003, 292). Hat ein Verurteilter, der tatsächlich nicht abhängig ist, eine solche Abhängigkeit und Therapiewilligkeit nur vorgespielt, um sicherer seine vorzeitige Entlassung aus der Strafhaft zu erreichen, so liegt hierin zwar eine Unaufrichtigkeit. Nimmt der Verurteilte nach seiner Entlassung sodann sein Einverständnis zurück und tritt die auferlegte stationäre Therapie nicht an, rechtfertigt dies indes nicht den Bewährungswiderruf wegen Weisungsverstoßes gem. §§ 57 Abs. 3, 56 c, 56 f StGB (*Düsseldorf* NStZ-RR 2002, 166 = StV 2003, 292; *Schleswig* NStZ-RR 2003, 222).

114   **10. Verstöße gegen die Auflagen und Weisungen in der Bewährungszeit.** Die Bewährung ist auch zu widerrufen (§ 56 f StGB, § 26 JGG), wenn

a) der Verurteilte **beharrlich oder gröblich gegen die Auflagen verstoßen hat** (§ 56 f Abs. 1 Nr. 3 StGB),

b) wenn der Verurteilte **beharrlich oder gröblich gegen Weisungen verstößt oder** sich der **Bewährungsaufsicht entzieht** (§ 56 f Abs. 1 Nr. 2 StGB) und dadurch zu der **Besorgnis** Anlass gibt, er werde **künftig Straftaten begehen.**

115   Ist im Hinblick auf einen geplanten Therapieantritt eine Reststrafe zur Bewährung ausgesetzt worden und hat der Verurteilte weder diese Therapie noch eine gleichwertige Therapie angetreten, so ist die Reststrafenaussetzung zu widerrufen. Bricht ein Verurteilter die Therapie ab, **taucht in der Drogenszene unter,** nimmt seinen Drogenkonsum wieder auf und unternimmt keinerlei Therapieanstrengungen, so ist die Strafaussetzung auch ohne Straftaten wegen der **Besorgnis künftiger Straftaten** zu widerrufen.

116   Hat der Verurteilte entsprechend der Weisung im Bewährungsbeschluss die geplante **stationäre Therapie angetreten,** wurde aber von dort **aus disziplinarischen Gründen entlassen** und hat er **keine erneute Therapie aufgenommen,** so liegt darin ein **grober beharrlicher Verstoß gegen die Weisung** nach § 56 f Abs. 1 Nr. 2 StGB, so **ist zu widerrufen,** auch ohne erneute Straftaten (*Hamburg* NStZ 1992, 301; *Koblenz,* Beschl. v. 30. 3. 1998, 1 Ws 164/89; *Düsseldorf* NStZ 2002, 53).

117   **11. Bewährungswiderruf nach Ablauf der Bewährungszeit.** Es gibt **keine besondere Frist,** innerhalb derer die Widerrufsentscheidung ergehen müsste, nach deren Ablauf ein Widerruf unzulässig wäre (*Berlin,* Beschl. v 1. 8. 2001, 1 AR 845/01 − 5 Ws 395/01). Dennoch hat ein Widerruf dann zu unterbleiben, wenn wegen des Zeitablaufes eine Missbilligung des Verhaltens in der Bewährungszeit seine **Wirkung verfehlen** würde und der Verurteilte aus Gründen der **Rechtssicherheit** und des **Vertrauensschutzes** mit einer Entscheidung nicht mehr rechnen kann (*Berlin,* Beschl. v. 26. 9. 2001, 1 AR 1139/01 − 5 Ws 619/01).

III. Widerrufsentscheidungen der Aussetzung der Unterbringung

Auch im Verfahren über den Widerruf einer Aussetzung der Vollstreckung einer **118**
Unterbringung (§ 67g StGB) ist von ausschlaggebender Bedeutung und durch
ein Sachverständigengutachten zu klären, ob trotz Straftat die **Durchführung
des Maßregelvollzuges eine hinreichend konkrete Erfolgsaussicht bietet**
(*Hamm* StV 1995, 648; *Düsseldorf* NStZ 1996, 408 = StV 1996, 444 m. Anm.
Funck StV 1997, 317).

Wurden während der Aussetzung der Unterbringung zur Bewährung eines Al- **119**
koholsüchtigen nach Abbruch einer psychiatrischen Behandlung und weiterem
Alkoholmissbrauch rechtswidrige Taten wie **Diebstahlsfälle, versuchte Erpressung, Gewalttätigkeiten gegen Patienten und Ärzte** verübt, die an sich einen
Widerruf der Strafaussetzung erlaubten, so ist einmal von **den Gegebenheiten
im Zeitpunkt der Beschwerdeentscheidung** auszugehen und zum anderen der
Verhältnismäßigkeitsgrundsatz zu beachten. Der Umstand, dass der Verurteilte
sich **inzwischen in einer anderen stationären Heilbehandlung** befindet,
rechtfertigt deshalb ein Absehen vom Widerruf (*Berlin* StV 1991, 69).

IV. Rechtsmittel gegen die Widerrufsentscheidungen

Während gegen den **Widerruf der Strafaussetzung des** Gerichts des **120**
1. Rechtszuges gem. § 36 Abs. 4, § 453 Abs. 2 S. 3 StPO die **sofortige Beschwerde** zulässig ist (*München* StV 2000, 566; *Hügel/Junge/Lander/Winkler* § 36
Rn. 6.5), ist strittig, ob **gegen die Ablehnung des Widerrufs** einer Reststrafenaussetzung das Rechtsmittel **a)** der **einfachen Beschwerde** gem. § 453 Abs. 2
S. 1 StPO oder **b)** der **sofortigen Beschwerde** gem. § 453 Abs. 2 S. 3 StPO der
StA zusteht (*Stuttgart* NStZ 1995, 568 = StV 1995, 38).

Absehen von der Erhebung der öffentlichen Klage

37 (1) [1]Steht ein **Beschuldigter in Verdacht, eine Straftat auf Grund
einer Betäubungsmittelabhängigkeit begangen zu haben, und ist
keine höhere Strafe als eine Freiheitsstrafe bis zu zwei Jahren zu erwarten, so kann die Staatsanwaltschaft mit Zustimmung der für die Eröffnung des Hauptverfahrens zuständigen Gerichts vorläufig von der Erhebung der öffentlichen Klage absehen, wenn der Beschuldigte nachweist,
daß er sich wegen seiner Abhängigkeit der in § 35 Abs. 1 bezeichneten
Behandlung unterzieht, und seine Resozialisierung zu erwarten ist.** [2]Die
**Staatsanwaltschaft setzt Zeitpunkte fest, zu denen der Beschuldigte die
Fortdauer der Behandlung nachzuweisen hat.** [3]Das Verfahren wird fortgesetzt, wenn**

1. **die Behandlung nicht bis zu ihrem vorgesehenen Abschluß fortgeführt
wird,**
2. **der Beschuldigte den nach Satz 2 geforderten Nachweis nicht führt,**
3. **der Beschuldigte eine Straftat begeht und dadurch zeigt, daß die Erwartung, die dem Absehen von der Erhebung der öffentlichen Klage
zugrunde lag, sich nicht erfüllt hat, oder**
4. **auf Grund neuer Tatsachen oder Beweismittel eine Freiheitsstrafe von
mehr als zwei Jahren zu erwarten ist.**

[4]In den Fällen des Satzes 3 Nr. 1, 2 kann von der Fortsetzung des Verfahrens abgesehen werden, wenn der Beschuldigte nachträglich nachweist, daß er sich weiter in Behandlung befindet.** [5]Die Tat kann nicht
mehr verfolgt werden, wenn das Verfahren nicht innerhalb von zwei Jahren fortgesetzt wird.**

(2) [1]Ist die Klage bereits erhoben, so kann das Gericht mit Zustimmung der Staatsanwaltschaft das Verfahren bis zum Ende der Hauptver-**

handlung, in der die tatsächlichen Feststellungen letztmals geprüft werden können, vorläufig einstellen. ²Die Entscheidung ergeht durch unanfechtbaren Beschluß. ³Absatz 1 Satz 2 bis 5 gilt entsprechend.
⁴Unanfechtbar ist auch eine Feststellung, daß das Verfahren nicht fortgesetzt wird (Abs. 1 Satz 5).

(3) **Die in § 172 Abs. 2 Satz 3, § 396 Abs. 3 und § 467 Abs. 5 der
Strafprozeßordnung zu § 153 a der Strafprozeßordnung getroffenen Regelungen gelten entsprechend.**

Übersicht

A. Absehen von der Erhebung der öffentlichen Klage

I. Grundlagen

1   Die Vorschrift des § 37 BtMG regelt das **Absehen von der Anklageerhebung**. Die ursprüngliche amtliche Überschrift (*„Absehen von der Verfolgung"*) ist
durch § 34 des Gesetzes zur Überwachung des Verkehrs mit Grundstoffen, die für
die unerlaubte Herstellung von Betäubungsmitteln missbraucht werden können
(Grundstoffüberwachungsgesetz vom 7. 10. 1994 – GÜG; BGBl. I S. 2835) geändert worden, weil nach § 37 BtMG weder die Polizei noch die Staatsanwaltschaft
von der *Verfolgung* von Straftaten absehen. Die Regelung erlangt vielmehr erst dann
an Bedeutung, wenn **nach Ausermittlung des Sachverhalts** (*Hügel/Junge/*

Lander/Winkler § 37 Rn. 2.2; *Weber* § 37 Rn. 8; *Franke/Wienroeder* § 37 Rn. 2) von einem hinreichenden Tatverdacht ausgegangen werden kann. Sie soll es ermöglichen, unter bestimmten Voraussetzungen eine begonnene Drogentherapie fortzusetzen und den Therapieverlauf nicht durch eine Hauptverhandlung oder die Verbüßung von Strafe zu stören oder gar zunichte zu machen (*Adams/Gerhardt* NStZ 1981, 241, 246). Ein Vorgehen nach § 37 BtMG ist der einzige Weg, der tatsächlich „*Therapie statt Strafe*" ermöglicht. Demgegenüber müsste der entsprechende Slogan der Vorschrift des § 35 BtMG eigentlich nur „Therapie statt Strafvollstreckung" oder „Therapie vor Strafvollstreckung" lauten. § 37 BtMG soll die hohe Eigenmotivation des Klienten nutzbar machen, sein Durchhaltevermögen stärken und so die Erfolgsaussichten der Therapie fördern (BT-Drs. 8/4283 S. 9). Dass vor diesem Hintergrund eine **Durchbrechung des Legalitätsprinzips** durchaus sinnvoll ist, dürfte unbestritten sein. Problematisch ist freilich, dass die Regelung nicht danach differenziert, ob es sich bei der zugrunde liegenden Tat um ein Vergehen oder ein Verbrechen handelt (vgl. MK-StGB/*Kornprobst* § 37 BtMG Rn. 2).

Das **Verhältnis** der Regelung zu den allgemeinen strafprozessualen und jugendstrafrechtlichen Opportunitäts- und Diversionsbestimmungen (§§ 153, 153a, 154 StPO, §§ 45, 47 JGG) ist umstritten. Teilweise wird angenommen, die Regelung gehe den übrigen genannten Bestimmungen – jedenfalls im Rahmen ihres Anwendungsbereichs – vor (so die Vorauflage Rn. 30; weitere Nachweise bei MK-StGB/*Kornprobst* § 37 BtMG Rn. 3; *Franke/Wienroeder* § 37 Rn. 1: subsidiäre Anwendung der §§ 153, 153a StPO und des § 45 JGG). Richtigerweise wird man ein Vorrangverhältnis weder in die eine noch in die andere Richtung feststellen können. Denn selbst der Leitgedanke „Therapie statt Strafe" gebietet es nicht, Bagatellverstöße von einer Sachbehandlung nach § 153 StPO auszunehmen, also auf eine sofortige Einstellung des Verfahrens zu verzichten und stattdessen auf die Durchführung des eher umständlichen Verfahrens nach § 37 BtMG zu bestehen (MK-StGB/*Kornprobst* § 37 BtMG Rn. 3; *Weber* § 37 BtMG Rn. 4). 2

II. Erfahrungen

In der Praxis ist die Regelung bislang nicht angekommen. So ist etwa in der Hansestadt Hamburg 2005 in genau 2 Fällen nach § 37 BtMG von der Erhebung der öffentlichen Klage abgesehen worden (Bürgerschaft-Drs. 18/3634 S. 3). Die bundesweit vorliegenden Zahlen zeichnen auch aktuell kein wesentlich anderes Bild: Die Strafverfolgungsstatistik weist für das Jahr 2009 insgesamt 59 Fälle aus, davon genau 5 auf dem Gebiet der Neuen Länder (vgl. *Statistisches Bundesamt*, Rechtspflege – Fachserie 10 Reihe 2.6–2009 – Tabelle 2.2.1.1). Die hohen Erwartungen, die mit der Einführung der Regelung des § 37 BtMG verbunden waren, sind jedenfalls nicht erfüllt worden (vgl. *Kreuzer* NJW 1989, 1505, 1510). Dies dürfte vornehmlich auf verfahrensökonomische Aspekte zurückzuführen sein, zumal da sich der ermittelnde Staatsanwalt unmittelbar mit Fortsetzung des Verfahrens nach einem misslungenen Therapieversuch (§ 37 Abs. 1 S. 3 Nr. 1 BtMG) und damit geraume Zeit nach dem statistisch relevanten Zeitpunkt des Eingangs der Ermittlungsakten wegen eines (noch) nicht abgeschlossenen Ermittlungsverfahrens wird rechtfertigen müssen. 3

III. Voraussetzungen

Ein Absehen von der Erhebung der öffentlichen Klage durch die Staatsanwaltschaft hat folgende Voraussetzungen: 4

1. Hinreichender Tatverdacht. Der Beschuldigte muss hinreichend verdächtig sein, eine Straftat begangen zu haben (*Franke/Wienroeder* § 37 Rn. 2; *Weber* § 37 Rn. 7; MK-StGB/*Kornprobst* § 37 BtMG Rn. 8). Nur bei einem hinreichenden 5

Tatverdacht (§§ 170 Abs. 1; 203 StPO) stellt sich überhaupt die Frage der Anklageerhebung. Ist hingegen eine Überführung des Beschuldigten in der Hauptverhandlung unwahrscheinlich, so ist das Verfahren nach § 170 Abs. 2 StPO einzustellen. Besteht hinreichender Verdacht, so ist der Beschuldigte gem. § 163 a StPO vor Abschluss der Ermittlungen zu vernehmen und wegen der im Rahmen des § 37 BtMG notwendigen Mitwirkung anzuhören.

6   In Betracht kommen **alle Straftaten**, nicht lediglich Verstöße gegen das BtMG (*Franke/Wienroeder* § 37 Rn. 2; *Weber* § 37 Rn. 9). Im Gegensatz zu den §§ 153, 153 a StPO beschränkt § 37 BtMG den Anklageverzicht nicht auf Vergehen, sondern gilt auch für Verbrechen (vgl. dazu oben Rn. 1 a. E.).

7   **2. Betäubungsmittelabhängigkeit.** Der Beschuldigte muss die Straftat aufgrund einer Betäubungsmittelabhängigkeit begangen haben. Die Vorschrift gilt nicht für Gelegenheitskonsumenten. Eine Alkohol- oder Medikamentenabhängigkeit genügt für sich genommen nicht; eine Mehrfachabhängigkeit kann demgegenüber ausreichen. Die Betäubungsmittelabhängigkeit des Täters muss nachgewiesen sein (MK-StGB/*Kornprobst* § 37 BtMG Rn. 10; *Weber* § 37 BtMG Rn. 10). Der Abhängigkeitsfrage ist daher von Amts wegen nachzugehen. Bei direkten und indirekten Beschaffungsdelikten drängt sich in der Regel die Frage einer Betäubungsmittelabhängigkeit auf. In Zweifelsfällen ist sachverständige Hilfe in Anspruch zu nehmen. Die Betäubungsmittelabhängigkeit muss im Zeitpunkt der Tat bestanden haben und im Zeitpunkt der Entscheidung fortbestehen.

8   **3. Kausalität.** Die Straftat muss aufgrund der Betäubungsmittelabhängigkeit begangen worden sein. Es reicht daher nicht aus, dass die Betäubungsmittelabhängigkeit zur Tatzeit bestanden hat. Zwischen der Straftat und der Abhängigkeit muss vielmehr ein Kausalzusammenhang bestehen. Beleidigungs-, Sexual-, Aussage-, Sachbeschädigungs- und Körperverletzungsdelikte stehen nur ausnahmsweise in dem erforderlichen Kausalzusammenhang mit der Sucht des Täters.

9   Treffen Rechtsverstöße, die aufgrund einer Betäubungsmittelabhängigkeit begangen wurden, mit solchen zusammen, für die dies nicht – oder nicht sicher – festgestellt werden kann, und handelt es sich insgesamt um eine Tat im prozessualen Sinne (§ 264 StPO), so ist eine Anklageerhebung regelmäßig unumgänglich, sofern nicht die „§ 37-untauglichen" Delikte nach § 154 a StPO ausgeschieden werden können (MK-StGB/*Kornprobst* § 37 BtMG Rn. 12; *Weber* § 37 BtMG Rn. 12). Eine Verfolgungsbeschränkung nach § 154 a Abs. 1 S. 1 Nr. 1 StPO kommt freilich im Hinblick auf das Verfahren nach § 37 BtMG nicht in Betracht, weil die Verhängung einer Strafe oder einer Maßregel der Besserung und Sicherung, gegenüber der abtrennbare Teile der Tat oder einzelne Gesetzesverletzungen nicht beträchtlich ins Gewicht fielen, hier nicht zu erwarten ist. Lediglich die anderweitige Verfolgung oder Verurteilung (§ 154 Abs. 1 S. 1 Nr. 2 StPO) kann in diesen Fällen eine Beschränkung der Verfolgung auf die abhängigkeitsbedingten Gesetzesverletzungen rechtfertigen und damit den Weg für § 37 BtMG frei machen.

10   Bei mehreren selbständigen Taten im Sinne des § 264 StPO ist es durchaus möglich, einzelne von ihnen anzuklagen und hinsichtlich der abhängigkeitsbedingten Taten nach § 37 BtMG von der Erhebung der öffentlichen Klage abzusehen (MK-StGB/*Kornprobst* § 37 BtMG Rn. 12; *Weber* § 37 BtMG Rn. 12). Die Zweckmäßigkeit einer solchen Vorgehensweise darf mit Blick auf die Ziele der Regelung (vgl. oben Rn. 1) freilich füglich bezweifelt werden (MK-StGB/*Kornprobst*; *Weber* jew. a. a. O.).

11   **4. Straferwartung.** Von der Anklageerhebung darf abgesehen werden, wenn mit Geldstrafe, Jugend- oder Freiheitsstrafe bis zu 2 Jahren zu rechnen ist. Der Staatsanwalt muss bei der Feststellung der Straferwartung nicht nur das Gewicht der Vorwürfe würdigen, sondern einzuschätzen versuchen, zu welchem Strafmaß ein Gericht unter besonderer Berücksichtigung der Therapiebereitschaft in einer Hauptverhandlung gelangen würde. Strittig ist, ob eine neben der Strafe in Betracht kommende **Unterbringung in einer Entziehungsanstalt** das Absehen von der Anklageerhebung hindert (dafür *Franke/Wienroeder* § 37 Rn. 7; *Weber* § 37 Rn. 16; dagegen *Hügel/Junge/Lander/Winkler* § 37 Rn. 2.3; *Katholnigg* NStZ 1981, 417). Das Sicherungsbedürfnis der Allgemeinheit streitet freilich dagegen, insoweit eine Parallele zu § 35 BtMG zu ziehen (*Weber; Franke/Wienroeder* jew. a. a. O.; anders MK-StGB/*Kornprobst* § 37 BtMG Rn. 17, der für den Fall des Therapieabbruchs die Möglichkeit der Anordnung einer vorläufigen Unterbringung nach § 126 a StPO für ausreichend hält).

5. Behandlung. a) Grundlagen. Nach § 37 Abs. 1 S. 1 BtMG ist ferner der **12** Nachweis erforderlich, dass sich der Täter wegen seiner Abhängigkeit der in § 35 Abs. 1 BtMG bezeichneten Behandlung unterzieht. Wegen der Einzelheiten kann daher an dieser Stelle auf die Erläuterungen zu § 35 BtMG Bezug genommen werden. Regelmäßig wird nur eine stationäre Langzeittherapie in Betracht kommen. Die Teilnahme an einer ambulanten oder teilstationären Therapie, ja sogar an einer professionell durchgeführten Substitutionsbehandlung (vgl. *AG Hannover* StV 1993, 313) kann im Einzelfall genügen, sofern eine hinreichende Behandlungs- und Kontrolldichte gewährleistet ist (vgl. MK-StGB/*Kornprobst* § 37 BtMG Rn. 21; *Weber* § 37 BtMG Rn. 20). Die Inanspruchnahme niederschwelliger Hilfen, etwa einer Drogenberatung, kann den Anwendungsbereich des § 37 BtMG dagegen nicht eröffnen (MK-StGB/*Kornprobst* § 37 BtMG Rn. 21).

Zwar geht der Wortlaut der Bestimmung von einem fortdauernden Aufenthalt **13** in einer Therapieeinrichtung aus („unterzieht"). Die Bestimmung ist aber auch anwendbar, wenn wegen der verfahrensimmanenten Verzögerungen die Therapie vor der Entscheidung **abgeschlossen** ist, der Beschuldigte den Therapieerfolg bereits erprobt hat oder sich in Nachsorge befindet. Denn das Ziel der Bestimmung ist es, mit einem erfolgreichen Therapieabschluss eine Anklageerhebung und einen entsprechenden Schuldspruch zu vermeiden. Es wäre verfehlt und mit rechtsstaatlichen Grundsätzen nicht vereinbar, wenn einem hochgradig motivierten Beschuldigten, der frühzeitig sein Therapieziel erreicht und die Einrichtung bereits verlassen hat, die Rechtswohltat des § 37 BtMG verweigert würde (*AG Cochem* MDR 1992, 1077 = StV 1992, 3; *AG Bremen* StV 1993, 319; vgl. auch *LG Bremen* StV 1992, 184, allerdings zu § 36 Abs. 1 und Abs. 2 BtMG). Die Behandlung muss freilich erst nach der Tat angetreten worden sein (*Weber* § 37 BtMG Rn. 22).

b) Nachweis. Die Behauptung, eine Therapie angetreten zu haben, genügt **14** nicht. Gleiches gilt für die Ankündigung, sich alsbald einer Therapie unterziehen zu wollen. Der Antritt der Therapie muss vielmehr durch geeignete Unterlagen nachgewiesen werden. Üblicherweise wird eine entsprechende Bescheinigung der Therapieeinrichtung vorzulegen sein (*Weber* § 37 BtMG Rn. 23). Verbleiben Zweifel, gehen diese zu Lasten des Beschuldigten.

6. Resozialisierungsprognose. Erforderlich ist nach § 37 Abs. 1 S. 1 BtMG, **15** dass eine Resozialisierung des Beschuldigten *„zu erwarten ist"*. Unter **Resozialisierung** ist dabei die Überwindung der Abhängigkeit und damit die Beseitigung der hierauf basierenden Gefahr einer erneuten Straffälligkeit zu verstehen (MK-StGB/*Kornprobst* § 37 BtMG Rn. 25; vgl. auch *Weber* § 37 BtMG Rn. 25). Im Gegensatz zu § 35 BtMG ist eine Therapieerfolgsprognose zu stellen (*Hügel/Junge/Lander/ Winkler* § 37 BtMG Rn. 3). Zwar darf – in Anbetracht der hohen Abbruchquoten – allein aus dem freiwilligen Antritt der Therapie nicht unmittelbar auf eine positive Resozialisierungserwartung geschlossen werden (*Weber* § 37 BtMG Rn. 7; *Franke/Wienroeder* § 37 BtMG Rn. 9; MK-StGB/*Kornprobst* § 37 Rn. 27). Vor dem Hintergrund eines ernsthaften und unaufgeforderten Therapieantritts wird man freilich bei der näheren Prüfung der im Einzelfall maßgeblichen Umstände von einer **Erfolgshypothese** ausgehen dürfen (MK-StGB/*Kornprobst* § 37 BtMG Rn. 26: „Vertrauensvorschuss"; so auch *Hügel/Junge/Lander/Winkler* § 37 BtMG Rn. 3). Die Prognose fällt positiv aus, wenn eine **realistische Chance** zur Überwindung der Betäubungsmittelabhängigkeit und zur gesellschaftlichen Wiedereingliederung des Täters besteht (MK-StGB/*Kornprobst* § 37 BtMG Rn. 26; *Weber* § 37 BtMG Rn. 26). Der Umstand, dass der Beschuldigte Wiederholungstäter ist, steht einer positiven Resozialisierungsaussicht nicht von vornherein entgegen (*AG Cochem* MDR 1992, 1077 = StV 1992, 3; *Hügel/Junge/Lander/Winkler* § 37 BtMG Rn. 2.4).

16   **7. Abschluss der Ermittlungen.** Die Ermittlungen müssen abgeschlossen und alle Beweismittel müssen gesichert sein (*Katholnigg* NStZ 1981, 417, 420; *Weber* § 37 BtMG Rn. 28). Die Ermittlungen von Kriminalpolizei und Staatsanwaltschaft dürfen und sollen freilich selbst dann weiterlaufen, wenn von der Erhebung der öffentlichen Klage nach § 37 BtMG abgesehen wird. Es mag indessen bezweifelt werden, ob sich die mit den Ermittlungen betrauten Personen in Anbetracht eines vorläufig eingestellten Verfahrens hierzu uneingeschränkt werden motivieren lassen.

17   **8. Zustimmung des Gerichts.** Ein Absehen von der Erhebung der öffentlichen Klage nach § 37 Abs. 1 BtMG setzt die Zustimmung des für die Eröffnung des Hauptverfahrens zuständigen Gerichts voraus. Die Zustimmungserteilung ist eine **justizinterne Prozesserklärung** (*Franke/Wienroeder* § 37 BtMG Rn. 11; MK-StGB/*Kornprobst* § 37 BtMG Rn. 30; *Weber* § 37 BtMG Rn. 34) und soll eine umfassende Berücksichtigung aller entscheidungserheblichen Aspekte gewährleisten (*Franke/Wienroeder* a. a. O.). Die Strafzumessungsvorstellungen der Staatsanwaltschaft und die Resozialisierungsprognose unterliegen damit einer richterlichen Kontrolle. Das Gericht kann die Zustimmung von weiteren Therapienachweisen abhängig machen.

18   **Stimmt das Gericht nicht zu,** so ist diese Entscheidung unanfechtbar (MK-StGB/*Kornprobst* § 37 BtMG Rn. 30; *Weber* § 37 BtMG Rn. 34). Die abschließende Verfügung trifft indessen die Staatsanwaltschaft. Die erteilte Zustimmung steht daher einer Anklageerhebung nicht grundsätzlich entgegen; andererseits ist die vorläufige Einstellung nach § 37 Abs. 1 BtMG auch nicht etwa deshalb unwirksam, weil das Gericht seine Zustimmung verweigert hat (MK-StGB/*Kornprobst* § 37 BtMG Rn. 29; a. A. *Wagner* ZStW 109, 545, 589 [zu § 153 StPO]). Hält der Staatsanwalt eine Zustimmung des Gerichts irrig für nicht erforderlich, ist die Einstellungsentscheidung gleichwohl wirksam (vgl. BeckOK-StPO/*Beukelmann* § 153 Rn. 8). Ist der Beschuldigte nach Ablehnung der Zustimmung zunächst untergetaucht, später aber wieder therapiebereit, so kann das Gericht erneut um Zustimmung ersucht werden.

19   **Stimmt das Gericht zu,** so wird die Staatsanwaltschaft einstweilen von der Erhebung der öffentlichen Klage absehen und das Verfahren für die Dauer von 2 Jahren vorläufig einstellen.

20   Eine **Zustimmung des Beschuldigten** ist nicht erforderlich; die vorläufige Einstellung beschwert ihn nicht. Eine Anklageerhebung kann er schon dadurch erreichen, dass er erforderliche Nachweise nicht beibringt (MK-StGB/*Kornprobst* § 37 Rn. 31; *Weber* § 37 BtMG Rn. 35).

IV. Entscheidung der Staatsanwaltschaft

21   **1. Ermessen.** Die Regelung des § 37 Abs. 1 BtMG ist eine „Kann"-Bestimmung. Die Entscheidung der Staatsanwaltschaft liegt daher in ihrem pflichtgemäßen Ermessen. Sie hat dabei zwischen dem staatlichen Strafverfolgungsinteresse und dem Interesse des Beschuldigten an einer unbehelligten Fortsetzung der begonnenen Therapie abzuwägen. Die Stärke des positiven Resozialisierungsprognose ist in die Abwägung einzustellen. Je größer die Erfolgsaussichten der Therapie einzuschätzen sind, umso eher wird eine vorläufige Einstellung nach § 37 Abs. 1 BtMG in Betracht zu ziehen sein. Ein erhöhter Arbeitsaufwand oder **drohende Beweisschwierigkeiten** stehen der Anwendung des § 37 Abs. 1 BtMG nicht entgegen; letztere sind ggf. durch richterliche Vernehmungen von Beschuldigten oder Zeugen zu kompensieren. Zum eher theoretischen Problem einer Ermessensreduzierung auf Null vgl. MK-StGB/*Kornprobst* § 37 Rn. 33. Zur Anwendung des § 37 BtMG auf Jugendliche und Heranwachsende vgl. § 38 Abs. 2 BtMG.

2. Vorbereitung der Entscheidung. Befindet sich der Drogenabhängige in 22 Untersuchungshaft und kann eine Haftverschonung mit Therapieauflage verantwortet werden, so kann dem Beschuldigten hierdurch die Chance eines Verfahrensabschlusses nach § 37 Abs. 1 BtMG eröffnet werden (vgl. auch *Kreuzer* NJW 1989, 1505, 1510).

3. Auflagen und Weisungen. Die Staatsanwaltschaft setzt dem Beschuldigten 23 Fristen zum Nachweis der Fortdauer der Behandlung, § 37 Abs. 1 S. 2 BtMG. Um Therapieabbrüche möglichst frühzeitig feststellen und angemessen reagieren zu können, sind kurze Fristen (monatliche Meldungen) angezeigt.

Die Einstellungsentscheidung kann mit weiteren Auflagen (Wohnsitznahme, 24 Aufnahme eines Ausbildungs- oder Arbeitsverhältnisses; regelmäßige Urin-Kontrollen) verbunden werden (MK-StGB/*Kornprobst* § 37 BtMG Rn. 38; *Weber* § 37 BtMG Rn. 37).

V. Rechtsbehelfe

Weder die Einstellungsverfügung noch die Verweigerung einer vorläufigen Einstellung durch die Staatsanwaltschaft kann von dem Beschuldigten angefochten 25 werden. Kommt es dem Beschuldigten darauf an, seine Unschuld im Rahmen einer Hauptverhandlung zu beweisen, kann er die Fortsetzung des Verfahrens durch unzureichende Nachweisführung bewirken. Auch eine Überprüfung nach § 23 Abs. 2 EGGVG kommt nicht in Betracht (*Franke/Wienroeder* § 37 BtMG Rn. 21; MK-StGB/*Kornprobst* § 37 BtMG Rn. 43; *Weber* § 37 BtMG Rn. 38). Ein **Klageerzwingungsverfahren** ist nach § 37 Abs. 3 BtMG i. V. m. § 172 Abs. 2 S. 3 StPO ausdrücklich ausgeschlossen. Auch die Verweigerung der Zustimmung durch das Gericht kann als justizinterne Prozesserklärung weder von der Staatsanwaltschaft noch vom Beschuldigten angefochten werden (vgl. oben Rn. 17 ff.). Der Beschuldigte kann aber, sofern er sich etwa zu Unrecht verfolgt fühlt, auch gegen die Einstellungsverfügung mit einer **Dienstaufsichtsbeschwerde** vorgehen.

VI. Fortsetzung des Verfahrens

Die Staatsanwaltschaft setzt das Verfahren fort (§ 37 Abs. 1 S. 3 BtMG), wenn 26 (1) die Behandlung nicht bis zu ihrem vorgesehenen Abschluss fortgeführt wird, (2) der Beschuldigte den nach S. 2 geforderten Nachweis nicht führt, (3) der Beschuldigte eine Straftat begeht und dadurch zeigt, dass die Erwartung, die dem Absehen von der Erhebung der öffentlichen Klage zugrunde lag, sich nicht erfüllt hat, oder (4) wenn neue Tatsachen oder Beweismittel eine höhere Straferwartung als 2 Jahre nahelegen. Soweit nicht nach § 37 Abs. 1 S. 4 BtMG von der Fortsetzung des Verfahrens abgesehen werden kann, besteht Fortsetzungspflicht (*Franke/ Wienroeder* § 37 BtMG Rn. 19; MK-StGB/*Kornprobst* § 37 BtMG Rn. 44; *Weber* § 37 BtMG Rn. 59). Die in § 37 Abs. 1 S. 3 BtMG aufgeführten Gründe einer Wiederaufnahme des Verfahrens sind abschließend (*Hügel/Junge/Lander/Winkler* § 37 BtMG Rn. 4.1.2; MK-StGB/*Kornprobst* § 37 BtMG Rn. 45; *Weber* § 37 BtMG Rn. 44).

Die Staatsanwaltschaft hat auf der Grundlage einer Gesamtwürdigung aller maß- 27 geblichen Umstände unter besonderer Berücksichtigung der Hintergründe des Versagens des Verurteilten zu prüfen, ob die günstige **Resozialisierungsprognose** aufrechterhalten werden kann.

1. Behandlungsabbruch. Führt der Beschuldigte die Behandlung nicht bis zu 28 ihrem vorgesehenen Abschluss fort, muss das Verfahren im Regelfall fortgesetzt werden. Was unter dem vorgesehenen Abschluss der Therapie im Einzelnen zu verstehen ist, was also die genauen Ziele der begonnenen Therapie sind, sollte im Therapiekonzept näher konkretisiert sein (*Weber* § 37 BtMG Rn. 46). Der **vorzei-**

tige erfolgreiche Abschluss einer Therapie rechtfertigt die Fortsetzung des Verfahrens natürlich nicht. Wird die Therapie anderweitig ernsthaft weitergeführt, kommt eine Fortsetzung des Verfahrens regelmäßig nicht in Betracht, sofern nicht bereits die für den Abbruch der ursprünglich begonnenen Behandlung maßgeblichen Umstände eine negative Resozialisierungsprognose ergeben. Auf ein **Verschulden** des Beschuldigten kommt es indessen nicht an; kann die Therapie daher etwa aufgrund der Vollstreckung von Untersuchungshaft in einem anderen Verfahren nicht fortgeführt werden, ist das Verfahren fortzusetzen (MK-StGB/*Kornprobst* § 37 Rn. 46).

29   Weil eine therapeutische Arbeit ein erhebliches gegenseitiges Vertrauen zwischen dem Beschuldigten und dem Therapeuten voraussetzt, müssen die **Hintergründe des Behandlungsabbruchs** im Einzelnen aufgeklärt werden. Die erforderlichen Ermittlungen sind vor der Entscheidung über eine Wiederaufnahme des Verfahrens zu führen (*Weber* a. a. O.). Bleiben Zweifel, gehen diese zu Lasten des Beschuldigten (*Hügel/Junge/Lander/Winkler* § 37 Rn. 4.1.1).

30   **2. Mangelnde Nachweisführung.** In der Regel sollte das Verfahren nach § 37 BtMG mit einer Anklage fortgesetzt werden, wenn der Beschuldigte sich **der Therapiekontrolle entzogen** hat. Zum Zweck der Nachweispflicht, den Beschuldigten zur eigenverantwortlichen Wahrnehmung seiner Belange anzuhalten vgl. *Weber* § 37 BtMG Rn. 47. Für den Fall, dass der Beschuldigte seine Meldefristen versäumt hat, sieht die Regelung des § 37 Abs. 1 S. 4 BtMG eine Möglichkeit vor, von einer Verfahrensfortsetzung gleichwohl abzusehen, sofern der Beschuldigte die Behandlungsnachweise nachträglich erbringt oder eine abgebrochene Therapie nachträglich fortsetzt. Regelmäßig wird dem Beschuldigten eine Frist zur Beibringung der erforderlichen Nachweise gesetzt werden müssen (MK-StGB/*Kornprobst* § 37 BtMG Rn. 48).

31   **3. Neue Straftaten.** Das Verfahren ist auch dann fortzusetzen, wenn der Beschuldigte eine Straftat begeht und dadurch zeigt, dass er die in ihn gesetzten Erwartungen nicht erfüllt. Die Tat muss keine Straftat nach dem BtMG sein (*Franke/Wienroeder* § 37 BtMG Rn. 17; MK-StGB/*Kornprobst* § 37 BtMG Rn. 49; *Weber* § 37 BtMG Rn. 48). In Betracht kommt eine Fortsetzung des Verfahrens nur, wenn es sich um **neue Straftaten** handelt, also um solche, die nach der Entscheidung über das Absehen von der Erhebung der öffentlichen Klage begangen wurden (MK-StGB/*Kornprobst* § 37 Rn. 49; *Weber* § 37 BtMG Rn. 48). Für **neu bekannt gewordene Taten**, die vor dem genannten Zeitpunkt begangen wurden, gilt die Regelung des § 37 Abs. 1 S. 3 Nr. 4 BtMG.

32   Die neue Straftat muss die positive Resozialisierungsprognose in Frage stellen (*Weber* § 37 BtMG Rn. 50). Durch einen einmaligen **Rückfall in den Drogenkonsum**, der regelmäßig Ausdruck der individuellen Suchtproblematik sein wird (anders freilich beim Rückfall in den Drogenhandel), muss eine im Übrigen günstige Prognose nicht zwingend entfallen.

33   **Bagatell- und Fahrlässigkeitsdelikte** sollten einem günstigen Therapieverlauf grundsätzlich nicht im Wege stehen (MK-StGB/*Kornprobst* § 37 BtMG Rn. 51 m. w. N.), sofern sich hieraus nicht ausnahmsweise ergibt, dass der Beschuldigte seinen Lebenswandel und seine Einstellung zur Rechtsordnung nicht grundsätzlich revidiert hat (vgl. *Weber* § 37 BtMG Rn. 51).

34   Eine Verurteilung des Beschuldigten oder gar eine rechtskräftige Entscheidung wegen der neuen Tat sind nicht erforderlich. Es dürfte vielmehr ausreichen, dass ein **hinreichender Tatverdacht** im Sinne des § 170 Abs. 1 StPO besteht, wegen der neuen Straftaten Anklage erhoben **und** das **Hauptverfahren eröffnet** wird (ähnlich MK-StGB/*Kornprobst* § 37 BtMG Rn. 50: Staatsanwaltschaft muss von der Begehung der Tat überzeugt sein; anders *Weber* § 37 BtMG Rn. 49, der insoweit auf die im Kontext des § 56f Abs. 1 S. 1 Nr. 1 StGB entwickelten Grundsätze zurückgreifen möchte). Denn mit der Eröffnung des Hauptverfahrens wegen der neuen Taten entfällt der das Absehen von der Erhebung der öffentlichen Klage rechtfertigende Grund (vgl. oben Rn. 1), die begonnene Therapie des Beschuldig-

ten nicht durch die Beschwernisse einer Hauptverhandlung zu stören und so die Therapiebereitschaft des Beschuldigten zu stärken.

4. Veränderte Strafewartung. Eine Fortsetzung des Verfahrens hat auch **35** dann zu erfolgen, wenn sich die ursprüngliche Prognose zur Strafhöhe auf der Basis neuer Tatsachen oder Beweismittel nicht mehr halten lässt und vielmehr von der Verhängung einer Freiheitsstrafe von mehr als zwei Jahren auszugehen ist.

Neu sind solche Tatsachen oder Beweismittel, die zur Zeit der Entscheidung **36** über das Absehen von der Erhebung der öffentlichen Klage weder aktenkundig noch dem Staatsanwalt und dem zustimmenden Gericht bekannt waren (*Franke/Wienroeder* § 37 BtMG Rn. 18; MK-StGB/*Kornprobst* § 37 BtMG Rn. 52; *Weber* § 37 BtMG Rn. 52). Waren diese Tatsachen **bekannt**, wurden sie aber zum Zeitpunkt der Entscheidung gleichwohl nicht berücksichtigt, so sind sie nicht neu im Sinne des § 37 Abs. 1 S. 3 Nr. 4 BtMG. Die Entscheidung über die vorläufige Einstellung nach § 37 Abs. 1 BtMG setzt letztlich eine Abwägung zwischen dem staatlichen Strafinteresse und dem Interesse des Beschuldigten an der unbehelligten Fortsetzung einer bereits begonnenen Therapie voraus; mit fortschreitender Dauer der Behandlung werden die Belange des Beschuldigten und sein Interesse an einem erfolgreichen Abschluss der Maßnahme gewichtiger. Ausgehend hiervon taugt die Regelung des § 37 Abs. 1 S. 3 Nr. 4 BtMG nicht dazu, Fehler bei der Prognose über die zu erwartende Strafhöhe nachträglich zu korrigieren. Eine **Änderung der Rechtsprechung** ist keine neue Tatsache (BGHSt. 39, 75 = NStZ 1993, 502 = MDR 1993, 167; *Zweibrücken*, wistra 2009, 488 = BeckRS 2009, 25266; vgl. auch BVerwGE 135, 137 = NVwZ 2010, 310 [Rücknahme einer Ausweisung]). Bei der Strafewartung von zwei Jahren ist stets zu berücksichtigen, dass Drogenabhängigkeit und Therapieaufnahme eine Strafe in einem erheblich milderen Licht erscheinen lassen. In diesem Zusammenhang gelten die zum Widerruf der Zurückstellung erörterten Grundsätze entsprechend.

5. Rechtsbehelfe. Gegen die Entscheidung über die Fortsetzung des Verfahrens **37** steht dem Beschuldigten kein selbständiger Rechtsbehelf zur Verfügung; dieser ist vielmehr darauf verwiesen, das Nichtvorliegen der Fortsetzungsvoraussetzungen mit einem Rechtsmittel gegen die in dem fortgesetzten Verfahren ergangene Sachentscheidung geltend zu machen (MK-StGB/*Kornprobst* § 37 BtMG Rn. 57).

6. Anrechnung bei Verfahrensfortsetzung. Soweit das Verfahren aus den in **38** § 37 Abs. 1 S. 3 BtMG (abschließend, vgl. Rn. 26) aufgeführten Gründen fortgesetzt wird, stellt sich die Frage nach einer Anrechnung der Zeit des Aufenthalts in der Therapieeinrichtung. Eine ausdrückliche Regelung sieht § 37 BtMG freilich nicht vor. Gleichwohl wird das Gericht die Zeiten einer durchgeführten Therapie nach Maßgabe des § 36 Abs. 3 BtMG ganz oder teilweise auf die Strafe anrechnen dürfen (vgl. MK-StGB/*Kornprobst* § 37 BtMG Rn. 59; *Weber* § 37 BtMG Rn. 61). Dies soll selbst dann gelten, wenn der Verfahrensfortsetzung die Begehung einer neuen Straftat zugrunde lag (*München I* StV 1985, 199; so auch MK-StGB/*Kornprobst* und *Weber* jeweils a. a. O.).

VII. Verfahrenshindernis

Nach § 37 Abs. 1 S. 5 BtMG kann die Tat nicht mehr verfolgt werden, wenn **39** das Verfahren nicht innerhalb von zwei Jahren fortgesetzt wird. Die geltende Zweijahresfrist ist an der maximalen Dauer einer Langzeittherapie ausgerichtet. Das angesprochene Verfahrenshindernis entsteht mit Zeitablauf von selbst, ohne dass es einer erneuten Verfügung der Staatsanwaltschaft bedürfte. Gleichwohl wird eine solche Entscheidung aus Gründen der Klarstellung empfohlen (*Franke/Wienroeder* § 37 BtMG Rn. 22; MK-StGB/*Kornprobst* § 37 BtMG Rn. 61; *Weber* § 37 BtMG Rn. 63). Nach Ablauf der 2 Jahre wird das Verfahren (der Form halber) mit Blick auf ein von Amts wegen zu beachtendes Verfahrenshindernis nach § 170 Abs. 2 StPO eingestellt.

40   Die Frist beginnt mit der Entscheidung über die vorläufige Einstellung (*Franke/ Wienroeder* a. a. O.; *Hügel/Junge/Lander/Winkler* § 37 BtMG Rn. 4.2; MK-StGB/ *Kornprobst* § 37 BtMG Rn. 64; *Weber* § 37 BtMG Rn. 65; a. A. *Katholnigg* NStZ 1981, 417, 420). Dies folgt daraus, dass die Entscheidung der Staatsanwaltschaft nach § 37 Abs. 1 BtMG nicht rechtsmittelfähig und deshalb auch nicht zustellungsbedürftig ist.

41   Schließt der Beschuldigte die von ihm begonnene Therapie vor Ablauf der Zweijahresfrist erfolgreich ab, scheint auf den ersten Blick eine endgültige Einstellung des Verfahrens sachgerecht zu sein. Im Hinblick auf die Verfahrensfortsetzungsgründe des § 37 Abs. 1 S. 3 Nrn. 3 und 4 (vgl. oben Rn. 31 ff., 35 f.) kommt solches allerdings nicht in Frage. Der Beschuldigte ist vielmehr gut beraten, den Ablauf der Zweijahresfrist abzuwarten, sich im genannten Zeitraum straffrei zu führen und so die dem Absehen von der Erhebung der öffentlichen Klage zugrunde liegenden Erwartungen zu erfüllen (vgl. *Katholnigg* NStZ 1981, 417, 420; MK-StGB/*Kornprobst* § 37 BtMG Rn. 60; *Weber* § 37 BtMG Rn. 66).

B. Vorläufige Einstellung durch das Gericht (Abs. 2)

I. Voraussetzungen

42   Hat die Staatsanwaltschaft Anklage erhoben, kann das Gericht nach § 37 Abs. 2 BtMG unter den in Abs. 1 S. 1 genannten Voraussetzungen (*Franke/Wienroeder* § 37 BtMG Rn. 13; *Hügel/Junge/Lander/Winkler* § 37 BtMG Rn. 5; *Weber* § 37 BtMG Rn. 69) das Verfahren gegen den Beschuldigten vorläufig einstellen. Für das Verhältnis der Regelung des § 37 Abs. 2 BtMG zu anderen Möglichkeiten der gerichtlichen Einstellung oder Verfahrensbeschränkung (§§ 153 Abs. 2, 153a Abs. 2, 154 Abs. 2, 154a Abs. 2 StPO, § 47 JGG) gelten die unter Rn. 2 dargestellten Grundsätze entsprechend (dazu auch *Weber* § 37 BtMG Rn. 68).

43   Der Beschuldigte muss einer Tat (auch noch nach dem Ergebnis der bisherigen Beweisaufnahme) verdächtig sein (Rn. 5 f.); er muss die Tat aufgrund (Rn. 8 ff.) einer Betäubungsmittelabhängigkeit (Rn. 7) begangen haben; die Straferwartung darf 2 Jahre nicht übersteigen (Rn. 11); er muss sich in Behandlung befinden und dies nachweisen (Rn. 12 ff.); seine Resozialisierung muss zu erwarten sein (Rn. 15). Ist die Therapie vor der Entscheidung des Gerichts bereits erfolgreich abgeschlossen, so kommt eine **analoge Anwendung des § 37 Abs. 2 BtMG** in Betracht, sofern die Therapie nur nach der Tat begonnen wurde (vgl. dazu Rn. 13).

44   Erforderlich ist die **Zustimmung der Staatsanwaltschaft**; eine Zustimmung des Beschuldigten ist dagegen nicht notwendig (vgl. Rn. 20).

II. Entscheidungen des Gerichts

45   Das Gericht trifft seine Entscheidung über die vorläufige Einstellung nach § 37 Abs. 2 S. 1 BtMG nach **pflichtgemäßem Ermessen** (vgl. dazu Rn. 21) bis zum Ende der Hauptverhandlung, in der die tatsächlichen Feststellungen letztmalig geprüft werden können. In der Berufungsinstanz kann die Einstellung nach § 37 Abs. 2 BtMG selbst dann erfolgen, wenn – wegen einer Beschränkung des Rechtsmittels auf die Frage des Strafmaßes – bereits ein rechtskräftiger Schuldspruch vorliegt (MK-StGB/*Kornprobst* § 37 BtMG Rn. 67; *Weber* § 37 BtMG Rn. 70; a. A. *Hügel/Junge/Lander/Winkler* § 37 BtMG Rn. 5 sowie in der Vorauflage). Entscheidend ist insoweit allein, dass der Beschuldigte im Falle der Einstellung und bei der Durchführung der Therapie von einer Strafvollstreckung unbehelligt bleibt (vgl. Rn. 1). Auf die Rechtskraft des Schuldspruchs kommt es demgegenüber nicht an (so aber mit beachtlichen Gründen *Hügel/Junge/Lander/Winkler* a. a. O.).

46   Die Entscheidung ergeht durch Beschluss. Zur Beschlussfassung im Falle der Ablehnung einer entsprechenden Anregung vgl. MK-StGB/*Kornprobst* § 37 BtMG Rn. 73. Das Gericht kann den Beschluss, über die **Fristsetzungen zum**

Nachweis der Fortdauer der Behandlung (vgl. Rn. 23), mit weiteren Auflagen verbinden (vgl. oben Rn. 24; MK-StGB/*Kornprobst* § 37 BtMG Rn. 72). Eine Anfechtung der Entscheidung ist weder für den Angeklagten noch für die Staatsanwaltschaft möglich. Hat sich das Gericht über die durch die Staatsanwaltschaft **verweigerte Zustimmung** hinweggesetzt, soll – entgegen dem Wortlaut des § 37 Abs. 2 S. 2 BtMG – eine Beschwerde nach § 304 StPO möglich sein (*Hügel/Junge/ Lander/Winkler* § 37 BtMG Rn. 5; MK-StGB/*Kornprobst* § 37 Rn. 74; *Weber* § 37 BtMG Rn. 74).

III. Fortsetzung des Verfahrens

Das Gericht setzt das Verfahren innerhalb von 2 Jahren nach seiner vorläufigen **47** Einstellung (§ 37 Abs. 1 S. 5 BtMG) fort (§ 37 Abs. 2 S. 3 i. V. m. § 37 Abs. 1 S. 3 Nrn. 1 bis 4 BtMG), wenn der Angeklagte (1) die Behandlung nicht bis zu ihrem vorgesehenen Abschluss fortführt; (2) die Fortführung der Behandlung nicht in der erforderlichen Weise nachweist; (3) er Straftaten begeht und damit zeigt, dass sich die der vorläufigen Einstellung zugrunde liegende Erwartung nicht erfüllt hat oder (4) auf der Basis neuer Tatsachen oder Beweismittel die konkrete Straferwartung 2 Jahre übersteigt. Vgl. dazu im Einzelnen oben Rn. 26 ff.

Für die Entscheidung über die Fortsetzung des Verfahrens ist keine bestimmte **48** Form vorgesehen. Weil es sich freilich um den **actus contrarius** zur vorläufigen Einstellung des Verfahrens handelt, ist eine Beschlussfassung zu empfehlen (so auch MK-StGB/*Kornprobst* § 37 BtMG Rn. 76; *Weber* § 37 BtMG Rn. 77). Auch ein solcher Beschluss ist nicht anfechtbar.

IV. Verfahrenshindernis

Wird das Verfahren innerhalb einer Frist von 2 Jahren nicht fortgesetzt, entsteht **49** kraft Gesetzes ein **Verfahrenshindernis**, § 37 Abs. 2 S. 3 i. V. m. Abs. 1 S. 5 BtMG. Nach Ablauf von 2 Jahren stellt das Gericht das Verfahren daher (durch deklaratorischen Beschluss, vgl. MK-StGB/*Kornprobst* § 37 BtMG Rn. 78; *Weber* § 37 BtMG Rn. 79) endgültig ein. Eine Verkürzung der Zweijahresfrist ist selbst dann nicht möglich, wenn der Angeklagte die Therapie vorzeitig erfolgreich abschließt (vgl. oben Rn. 41). Zur Berechnung der Frist bei vorheriger Einstellung des Verfahrens nach § 205 StPO vgl. *LG Stuttgart* NStZ-RR 1996, 375 = Justiz 1997, 62.

V. Kosten

Wird das Verfahren endgültig eingestellt, so fallen die Kosten des Verfahrens **50** nach § 467 Abs. 1 StPO der Staatskasse zur Last. Die **notwendigen Auslagen des Angeschuldigten** sind aber nach § 37 Abs. 3 BtMG i. V. m. § 467 Abs. 5 StPO von ihm selbst zu tragen.

C. Prozessuale Besonderheiten (Abs. 3)

Nach § 37 Abs. 3 BtMG gelten die in § 172 Abs. 2 S. 3, § 396 Abs. 3 und **51** § 467 Abs. 5 StPO zu § 153 a StPO getroffenen Regelungen entsprechend. Das Gesetz stellt damit klar, dass in Bezug auf das **Klageerzwingungsverfahren** (vgl. dazu oben Rn. 25), die **Nebenklage** und die Verfahrenskosten (vgl. dazu Rn. 50) eine Einstellung nach § 37 Abs. 1 und Abs. 2 BtMG einer solchen nach § 153 a StPO entspricht.

In der Regel wird der Beschuldigte **mit der formlosen Einziehung** (Nr. 180 **52** Abs. 4 RiStBV) sichergestellter oder beschlagnahmter Betäubungsmittel einverstanden sein. Liegt sein Einverständnis dagegen nicht vor, ist ein **objektives Verfahren** (§ 76 a StGB, §§ 440, 442 StPO) in Betracht zu ziehen. Gleiches gilt, wenn Einziehung oder Verfall anderer Gegenstände (beschlagnahmtes Geld) in Betracht kommen. Ob ein **selbständiges Einziehungsverfahren** bereits im Stadium der vorläufigen Verfahrenseinstellung in Frage kommt, ist wegen der naheliegenden Möglichkeit einer jederzeitigen Fortsetzung des Verfahrens zumindest zweifelhaft (vgl. *Franke/Wienroeder* § 37 BtMG Rn. 23; zweifelnd auch *Hügel/ Junge/Lander/Winkler* § 37 BtMG Rn. 6). Eine Vernichtung von Beweismitteln ist während des Laufs der Zweijahresfrist freilich in jedem Fall zu vermeiden.

Jugendliche und Heranwachsende

38 (1) **¹Bei Verurteilung zu Jugendstrafe gelten die §§ 35 und 36 sinngemäß. ²Neben der Zusage des Jugendlichen nach § 35 Abs. 1 Satz 1 bedarf es auch der Einwilligung des Erziehungsberechtigten und des gesetzlichen Vertreters. ³Im Falle des § 35 Abs. 7 Satz 2 findet § 83 Abs. 2 Nr. 1, Abs. 3 Satz 2 des Jugendgerichtsgesetzes sinngemäß Anwendung. ⁴Abweichend von § 36 Abs. 4 gelten die §§ 22 bis 26 a des Jugendgerichtsgesetzes entsprechend. ⁵Für die Entscheidungen nach § 36 Abs. 1 Satz 3 und Abs. 2 sind neben § 454 Abs. 4 der Strafprozeßordnung die §§ 58, 59 Abs. 2 bis 4 und § 60 des Jugendgerichtsgesetzes ergänzend anzuwenden.**

(2) **§ 37 gilt sinngemäß auch für Jugendliche und Heranwachsende.**

1   **1. Vorbemerkungen.** Die Regelung des § 38 BtMG erklärt die Vorschriften des 7. Abschnittes ausdrücklich auch für Jugendliche und Heranwachsende anwendbar, soweit für sie Jugendstrafrecht gilt. Nach § 1 Abs. 2 JGG ist derjenige Jugendlicher, der zur Tatzeit vierzehn, aber noch nicht achtzehn und Heranwachsender, wer zur Tatzeit achtzehn, aber noch nicht einundzwanzig Jahre alt ist. Auf Heranwachsende kommt Jugendstrafrecht zur Anwendung, sofern die Gesamtwürdigung der Täterpersönlichkeit (bei Berücksichtigung auch der Umweltbedingungen) ergibt, dass er zur Tatzeit nach seiner sittlichen und geistigen Entwicklung noch einem Jugendlichen gleichstand, oder wenn es sich nach der Art, den Umständen oder den Beweggründen der Tat um eine Jugendverfehlung handelt (§ 105 Abs. 1 JGG). Auch die Vorschrift des § 35 Abs. 2 BtMG gilt **für das Jugendstrafverfahren** entsprechend, weil das Prinzip „Hilfe vor Strafe" in besonderem Maße für Jugendliche und Heranwachsende Beachtung verdient (*München* NStZ 1993, 455 = JR 1994, 298 = StV 1993, 432; vgl. zum Zweck der Vorschrift auch MK-StGB/*Kornprobst* § 38 BtMG Rn. 1). Bei der *sinngemäßen Anwendung* ist freilich stets zu berücksichtigen, dass Vollstreckungsleiter is § 82 Abs. 1 der Jugendrichter ist und dieser mithin diejenigen Aufgaben wahrnimmt, die nach der Strafprozessordnung der Strafvollstreckungskammer zukommen.

2   **2. Verurteilung zu Jugendstrafe.** Voraussetzung einer *sinngemäßen Anwendung* der §§ 35, 36 BtMG ist die Verurteilung zu Jugendstrafe. Erziehungsmaßregeln und Zuchtmittel eröffnen daher den Anwendungsbereich des § 38 BtMG ebenso wenig wie eine Schuldfeststellung (sog. „Vorbewährung") nach § 27 JGG (*Weber* § 38 Rn. 3; MK-StGB/*Kornprobst* § 38 BtMG Rn. 6). Der Regelungsgehalt beschränkt sich daher in diesem Kontext darauf, die Jugendstrafe der Freiheitsstrafe gleichzustellen. Die übrigen materiellen Voraussetzungen des § 35 – etwa die Höchstgrenze von 2 Jahren nach § 35 Abs. 1 S. 1 BtMG – werden durch § 38 BtMG grundsätzlich nicht suspendiert. Ausgehend hiervon kommt eine Zurückstellung auch nicht in Betracht, soweit die Vollstreckung der Jugendstrafe nach § 21 JGG zur Bewährung ausgesetzt wurde.

3   Nach § 5 Abs. 3 JGG wird einerseits von der Verhängung von Jugendstrafe abgesehen, wenn die Unterbringung in einer Entziehungsanstalt die Ahndung durch den Richter entbehrlich macht. Andererseits kommt im Falle der Anordnung der Unterbringung eine Zurückstellung nach § 35 BtMG nur dann in Betracht, wenn die Maßregel neben der Strafe angeordnet wurde. Teilweise wird deshalb erwogen, die Vorschrift des § 5 Abs. 3 JGG zugunsten des Jugendlichen außer Acht zu lassen (*Hügel/Junge/Lander/Winkler* § 38 BtMG Rn. 2) und stattdessen neben der Unterbringung auf Jugendstrafe zu erkennen, sofern eine Zurückstellung nach §§ 35 ff. BtMG angestrebt wird (so die Vorauflage; vgl. dazu auch *Meyer* MDR 1982, 177). Eine solche Vorgehensweise ist indes aus mehreren Gründen rechtlich bedenklich. Zum einen wird Jugendstrafe verhängt, die – jedenfalls neben der Unterbringung – erzieherisch nicht geboten ist und deren Vollstreckung mindestens schwebend droht, wenn die ins Auge gefassten Maßnahmen scheitern. Zum anderen ist für die Anwendung der Vollstreckungsregeln der §§ 35 f. BtMG im Erkenntnisverfahren ohnehin kein Raum (so auch MK-StGB/*Kornprobst* § 38 BtMG Rn. 8 m. w. N.). Gefragt ist daher der Gesetzgeber.

3. Einwilligung des Erziehungsberechtigten. Neben der Zusage eines Ju- **4** gendlichen nach § 35 Abs. 1 S. 1 BtMG ist für die Zurückstellung der Vollstreckung der verhängten Jugendstrafe die Einwilligung des Erziehungsberechtigten und des gesetzlichen Vertreters erforderlich, § 38 Abs. 1 S. 2 BtMG. Stimmt der Erziehungsberechtigte oder der gesetzliche Vertreter des Jugendlichen zu, kann auf seine Zusage gleichwohl nicht verzichtet werden (*„neben"*; MK-StGB/*Kornprobst* § 38 BtMG Fn. 7). Nimmt der gesetzliche Vertreter oder der Erziehungsberechtigte – gegen die Interessen des Verurteilten – eine Verweigerungshaltung ein, kommt ggf. eine Ersetzung der Einwilligung nach § 1666 BGB in Betracht (*Eisenberg* § 82 JGG Rn. 5 c; MK-StGB/*Kornprobst* § 38 BtMG Rn. 9).

4. Zuständigkeit der Jugendkammer. Für den Fall, dass der Jugendrichter als **5** Vollstreckungsleiter zugleich auch als Gericht des 1. Rechtszuges für ein Rechtsmittel gegen seine Widerrufsentscheidung gemäß § 35 Abs. 5 und Abs. 6 BtMG zuständig wäre (§ 35 Abs. 7 S. 2 BtMG), bestimmt § 38 BtMG, dass § 83 Abs. 2 Nr. 1 JGG sinngemäß gilt, also die **Jugendkammer** des zuständigen Landgerichts zu entscheiden hat. Die Jugendstrafkammer entscheidet aber nur über Rechtsmittel gegen Widerrufsentscheidungen, wenn der Jugendrichter als Gericht des 1. Rechtszuges und gleichzeitig als Vollstreckungsleiter tätig geworden ist (vgl. *München* NStZ 1993, 455 = JR 1994, 298 = StV 1993, 432).

5. Strafaussetzung. Die Regelung des § 38 Abs. 1 S. 4 BtMG schränkt dar- **6** über hinaus die Anwendung der in § 36 Abs. 4 BtMG in Bezug genommenen §§ 56a–56 g StGB dahingehend ein, dass gem. § 22 JGG die Höchstdauer der **Bewährungszeit 3 Jahre**, in Ausnahmefällen 4 Jahre beträgt, der Jugendliche stets der Aufsicht und Leitung eines **Bewährungshelfers** (§ 24 JGG) unterstellt wird.

6. Absehen von der Erhebung der öffentlichen Klage (Abs. 2). Umstrit- **7** ten ist das Verhältnis der §§ 45, 47 JGG zur Vorschrift des § 38 Abs. 2 BtMG. Hiernach gilt § 37 BtMG für Jugendliche und Heranwachsende sinngemäß. Ob damit freilich ein die jugendstrafrechtlichen Diversionsvorschriften verdrängender Spezialtatbestand vorliegt (so die Vorauflage; vgl. auch *Hügel/Junge/Lander/Winkler* § 38 Rn. 3, die § 45 JGG subsidiär anwenden wollen; sowie *Nothacker* JZ 1982, 57), darf mindestens bezweifelt werden. Die Praxis geht – nicht zuletzt im Hinblick auf das diffizile Verfahren des § 37 BtMG – ersichtlich einen anderen Weg (vgl. *Weber* § 38 BtMG Rn. 10). Im Übrigen scheint fraglich, ob die im Einzugsbereich der §§ 45, 47 JGG zu befürchtenden Strafen in einer ausreichenden Zahl der Fälle überhaupt das erforderliche Durchhaltevermögen des jugendlichen oder heranwachsenden Täters wecken könnten (vgl. MK-StGB/*Kornprobst* § 38 BtMG Rn. 14).

Achter Abschnitt. Übergangs- und Schlussvorschriften

Übergangsregelung

39 [1]**Einrichtungen, in deren Räumlichkeiten der Verbrauch von mitge-führten, ärztlich nicht verschriebenen Betäubungsmitteln vor dem 1. Januar 1999 geduldet wurde, dürfen ohne eine Erlaubnis der zuständigen obersten Landesbehörde nur weiterbetrieben werden, wenn spätes-**

tens 24 Monate nach dem Inkrafttreten des Dritten BtMG-Änderungsgesetzes vom 28. März 2000 (BGBl. I S. 302) eine Rechtsverordnung nach
§ 10 a Abs. 2 erlassen und ein Antrag auf Erlaubnis nach § 10 a Abs. 1
gestellt wird. [2]Bis zur unanfechtbaren Entscheidung über einen Antrag
können diese Einrichtungen nur weiterbetrieben werden, soweit die Anforderungen nach § 10 a Abs. 2 oder einer nach dieser Vorschrift erlassenen Rechtsverordnung erfüllt werden. [3]§ 29 Abs. 1 Satz 1 Nr. 10 und 11
gilt auch für Einrichtungen nach Satz 1.

1   Die Übergangsregelung des § 39 steht in Zusammenhang mit dem Inkrafttreten
der Vorschrift des § 10 a aufgrund des Dritten Gesetzes zur Änderung des Betäubungsmittelgesetzes (3. BtMG-ÄndG) vom 28. 3. 2000 (BGBl. I S. 302) am
1. 4. 2000, der eine Erlaubnispflicht für den Betrieb von Drogenkonsumräumen vorsieht. Da zu diesem Zeitpunkt in einigen deutschen Städten Drogenkonsumräume betrieben wurden, deren Zulässigkeit rechtlich mindestens umstritten (vgl. BT-Drs. 14/1830 S. 8: *„nach herrschender Meinung ohne eine rechtliche
Grundlage"*; im Einzelnen *Katholnigg* NJW 2000, 1217 m. w. N.), eine Aussetzung
des Betriebs unter Berücksichtigung der Belange der Drogenkonsumenten gleichwohl nicht zu verantworten war, hielt der Gesetzgeber eine Übergangsvorschrift
für erforderlich.

2   Die Regelung ermöglicht(e) den vorläufigen Weiterbetrieb entsprechender Einrichtungen **für den Zeitraum bis zum unanfechtbaren Abschluss des Erlaubnisverfahrens**. Im Interesse der Sicherheit und der Kontrolle des Verkehrs
mit Betäubungsmitteln wurde freilich klargestellt, dass auch während des gesamten
vorläufigen Betriebs (vgl. *Weber* § 39 Rn. 4) – in der Zeit vom 1. 4. 2000 bis
zum unanfechtbaren Abschluss des Erlaubnisverfahrens – den Anforderungen des
§ 10 a Abs. 2 oder einer nach dieser Vorschrift erlassenen Rechtsverordnung zu
genügen war. Bei Fehlen einer solchen Rechtsverordnung sollte der Betrieb des
Drogenkonsumraumes spätestens 24 Monate nach dem Inkrafttreten des Gesetzes
(also mit Ablauf des 31. 3. 2002) rechtswidrig sein.

3   Die Übergangsregelung ließ **nach Verstreichen der Zweijahresfrist nach
Inkrafttreten der Gesetzesänderung** nicht nur den Betrieb derjenigen bestehenden Drogenkonsumräume **rechtswidrig** werden, deren Neuanträge unanfechtbar abgelehnt worden waren, sondern auch solcher, die ihren Standort in
einem Bundesland hatten, in dem sich der **Landesverordnungsgeber** aus politischen Erwägungen heraus oder aus sonstigen Gründen innerhalb der Zweijahresfrist nicht in der Lage sah, eine entsprechende **Rechtsverordnung** zu schaffen.

4   Die Regelung des S. 3 stellt klar, dass die Strafvorschriften des § 29 Abs. 1 S. 1
Nr. 10 und Nr. 11 auch für weiterbetriebene Einrichtungen gelten. Zur Anwendbarkeit des § 31 a Abs. 1 S. 2 im Einzugsbereich der Übergangsregelung des § 39
vgl. *Weber* § 39 Rn. 6.

Übergangsregelung aus Anlass des Gesetzes zur Änderung
arzneimittelrechtlicher und anderer Vorschriften

39a Für eine Person, die die Sachkenntnis nach § 5 Absatz 1 Nummer 2 nicht hat, aber am 22. Juli 2009 die Voraussetzungen nach
§ 141 Absatz 3 des Arzneimittelgesetzes erfüllt, gilt der Nachweis der
erforderlichen Sachkenntnis nach § 6 Absatz 1 Nummer 1 als erbracht.

1   Nach § 3 Abs. 1 bedarf derjenige einer Erlaubnis des Bundesinstituts für Arzneimittel und Medizinprodukte, der (1) Betäubungsmittel anbauen, herstellen, mit
ihnen Handel treiben, sie, ohne mit ihnen Handel zu treiben, einführen, ausführen, abgeben, veräußern, sonst in den Verkehr bringen, erwerben oder (2) ausgenommene Zubereitungen herstellen will. Diese **Erlaubnis ist nach § 5 Abs. 1
Nr. 2 zu versagen**, wenn der vorgesehene Verantwortliche nicht die erforderliche
Sachkenntnis hat.

Der Sachkundenachweis wird im Falle des **Herstellens von Betäubungsmit-** 2
teln oder ausgenommener Zubereitungen, die Arzneimittel sind, durch
den Nachweis der Sachkenntnis nach § 15 Abs. 1 AMG erbracht. Erforderlich ist
hiernach (1) die Approbation als Apotheker oder (2) das Zeugnis über eine nach
abgeschlossenem Hochschulstudium der Pharmazie, der Chemie, der Biologie, der
Human- oder der Veterinärmedizin abgelegte Prüfung sowie (in beiden Fällen)
eine **mindestens zweijährige praktische Tätigkeit auf dem Gebiet der qua-**
litativen und quantitativen Analyse sowie sonstiger Qualitätsprüfungen
von Arzneimitteln.

Der Nachweis einer Tätigkeit in der Arzneimittelherstellung, der bis zur 3
14. AMG-Novelle (Vierzehntes Gesetz zur Änderung des Arzneimittelgesetzes
vom 29. 8. 2005 – BGBl. I S. 2570) als ausreichend angesehen wurde, genügt daher **seit Inkrafttreten des Gesetzes zur Änderung arzneimittelrechtlicher**
und anderer Vorschriften vom 17. 7. 2009 (BGBl. I S. 1990, 3578) **am 23. 7.**
2009 grundsätzlich nicht mehr (BT-Drs. 16/12256 S. 60). Ausgehend hiervon
vollzieht die ebenfalls am 23. 7. 2009 in Kraft getretene Vorschrift des § 39a die
mit dem 14. AMG-Änderungsgesetz für Herstellungs- oder Kontrollleiter getroffene Übergangsregelung für die **betäubungsmittelrechtlich Verantwortlichen**
nach (BT-Drs. 16/12256 S. 61). In den einschlägigen Fällen wird daher lediglich
gefordert, dass am **22. 7. 2009** (also am Tage vor dem Inkrafttreten des Gesetzes
vom 17. 7. 2009) die Befugnis bestand, die in § 19 AMG beschriebenen Tätigkeiten einer sachkundigen Person auszuüben (§ 39a BtMG, § 141 Abs. 3 AMG).

§§ 40 und 40a (gegenstandslos)

§ 41 (weggefallen)

Anlagen I–III abgedruckt auf S. 42 ff.

Gesetz über den Verkehr mit Arzneimitteln
(Arzneimittelgesetz – AMG)

Kommentierung der Grundsätze und der Strafvorschriften des AMG

Inhalt

Gesetzestext

Gesetz über den Verkehr mit Arzneimitteln (Arzneimittelgesetz – AMG)

In der Fassung der Bekanntmachung vom 12. Dezember 2005
(BGBl. I S. 3394)

Zuletzt geändert durch Art. 1 Erste VO zur Änd. EU-rechtl. Verweisungen
im ArzneimittelG vom 19. 7. 2011 (BGBl. I S. 1398)

Erster Abschnitt. Zweck des Gesetzes und Begriffsbestimmungen, Anwendungsbereich

§ 1 Zweck des Gesetzes

Es ist der Zweck dieses Gesetzes, im Interesse einer ordnungsgemäßen Arzneimittelversorgung von Mensch und Tier für die Sicherheit im Verkehr mit Arzneimitteln, insbesondere für die Qualität, Wirksamkeit und Unbedenklichkeit der Arzneimittel nach Maßgabe der folgenden Vorschriften zu sorgen.

§ 2 Arzneimittelbegriff

(1) Arzneimittel sind Stoffe oder Zubereitungen aus Stoffen,

1. die zur Anwendung im oder am menschlichen oder tierischen Körper bestimmt sind und als Mittel mit Eigenschaften zur Heilung oder Linderung oder zur Verhütung menschlicher oder tierischer Krankheiten oder krankhafter Beschwerden bestimmt sind oder
2. die im oder am menschlichen oder tierischen Körper angewendet oder einem Menschen oder einem Tier verabreicht werden können, um entweder
    a) die physiologischen Funktionen durch eine pharmakologische, immunologische oder metabolische Wirkung wiederherzustellen, zu korrigieren oder zu beeinflussen oder
    b) eine medizinische Diagnose zu erstellen.

(2) Als Arzneimittel gelten

1. Gegenstände, die ein Arzneimittel nach Absatz 1 enthalten oder auf die ein Arzneimittel nach Absatz 1 aufgebracht ist und die dazu bestimmt sind, dauernd oder vorübergehend mit dem menschlichen oder tierischen Körper in Berührung gebracht zu werden,
1 a. tierärztliche Instrumente, soweit sie zur einmaligen Anwendung bestimmt sind und aus der Kennzeichnung hervorgeht, dass sie einem Verfahren zur Verminderung der Keimzahl unterzogen worden sind,
2. Gegenstände, die, ohne Gegenstände nach Nummer 1 oder 1 a zu sein, dazu bestimmt sind, zu den in Absatz 1 bezeichneten Zwecken in den tierischen Körper dauernd oder vorübergehend eingebracht zu werden, ausgenommen tierärztliche Instrumente,
3. Verbandstoffe und chirurgische Nahtmaterialien, soweit sie zur Anwendung am oder im tierischen Körper bestimmt und nicht Gegenstände der Nummer 1, 1 a oder 2 sind,
4. Stoffe und Zubereitungen aus Stoffen, die, auch im Zusammenwirken mit anderen Stoffen oder Zubereitungen aus Stoffen, dazu bestimmt sind, ohne am oder im tierischen Körper angewendet zu werden, die Beschaffenheit, den Zustand oder die Funktion des tierischen Körpers erkennen zu lassen oder der Erkennung von Krankheitserregern bei Tieren zu dienen.

(3) Arzneimittel sind nicht

1. Lebensmittel im Sinne des § 2 Abs. 2 des Lebensmittel- und Futtermittelgesetzbuches,
2. kosmetische Mittel im Sinne des § 2 Abs. 5 des Lebensmittel- und Futtermittelgesetzbuches,
3. Tabakerzeugnisse im Sinne des § 3 des Vorläufigen Tabakgesetzes,
4. Stoffe oder Zubereitungen aus Stoffen, die ausschließlich dazu bestimmt sind, äußerlich am Tier zur Reinigung oder Pflege oder zur Beeinflussung des Aussehens oder des Körpergeruchs angewendet zu werden, soweit ihnen keine Stoffe oder Zubereitungen aus Stoffen zugesetzt sind, die vom Verkehr außerhalb der Apotheke ausgeschlossen sind,
5. Biozid-Produkte nach § 3b des Chemikaliengesetzes,
6. Futtermittel im Sinne des § 3 Nr. 11 bis 15 des Lebensmittel- und Futtermittelgesetzbuches,
7. Medizinprodukte und Zubehör für Medizinprodukte im Sinne des § 3 des Medizinproduktegesetzes, es sei denn, es handelt sich um Arzneimittel im Sinne des § 2 Abs. 1 Nr. 2,
8. Organe im Sinne des § 1a Nr. 1 des Transplantationsgesetzes, wenn sie zur Übertragung auf menschliche Empfänger bestimmt sind.

(3a) Arzneimittel sind auch Erzeugnisse, die Stoffe oder Zubereitungen aus Stoffen sind oder enthalten, die unter Berücksichtigung aller Eigenschaften des Erzeugnisses unter eine Begriffsbestimmung des Absatzes 1 fallen und zugleich unter die Begriffsbestimmung eines Erzeugnisses nach Absatz 3 fallen können.

(4) ¹Solange ein Mittel nach diesem Gesetz als Arzneimittel zugelassen oder registriert oder durch Rechtsverordnung von der Zulassung oder Registrierung freigestellt ist, gilt es als Arzneimittel. ²Hat die zuständige Bundesoberbehörde die Zulassung oder Registrierung eines Mittels mit der Begründung abgelehnt, dass es sich um kein Arzneimittel handelt, so gilt es nicht als Arzneimittel.

§ 3 Stoffbegriff

Stoffe im Sinne dieses Gesetzes sind

1. chemische Elemente und chemische Verbindungen sowie deren natürlich vorkommende Gemische und Lösungen,
2. Pflanzen, Pflanzenteile, Pflanzenbestandteile, Algen, Pilze und Flechten in bearbeitetem oder unbearbeitetem Zustand,
3. Tierkörper, auch lebender Tiere, sowie Körperteile, -bestandteile und Stoffwechselprodukte von Mensch oder Tier in bearbeitetem oder unbearbeitetem Zustand,
4. Mikroorganismen einschließlich Viren sowie deren Bestandteile oder Stoffwechselprodukte.

§ 4 Sonstige Begriffsbestimmungen

(1) ¹Fertigarzneimittel sind Arzneimittel, die im Voraus hergestellt und in einer zur Abgabe an den Verbraucher bestimmten Packung in den Verkehr gebracht werden oder andere zur Abgabe an Verbraucher bestimmte Arzneimittel, bei deren Zubereitung in sonstiger Weise ein industrielles Verfahren zur Anwendung kommt oder die, ausgenommen in Apotheken, gewerblich hergestellt werden. ²Fertigarzneimittel sind nicht Zwischenprodukte, die für eine weitere Verarbeitung durch einen Hersteller bestimmt sind.

(2) Blutzubereitungen sind Arzneimittel, die aus Blut gewonnene Blut-, Plasma- oder Serumkonserven, Blutbestandteile oder Zubereitungen aus Blutbestandteilen sind oder als Wirkstoffe enthalten.

(3) ¹Sera sind Arzneimittel im Sinne des § 2 Absatz 1, die Antikörper, Antikörperfragmente oder Fusionsproteine mit einem funktionellen Antikörperbestandteil als Wirkstoff enthalten und wegen dieses Wirkstoffs angewendet werden. ²Sera

gelten nicht als Blutzubereitungen im Sinne des Absatzes 2 oder als Gewebezubereitungen im Sinne des Absatzes 30.

(4) Impfstoffe sind Arzneimittel im Sinne des § 2 Abs. 1, die Antigene oder rekombinante Nukleinsäuren enthalten und die dazu bestimmt sind, bei Mensch oder Tier zur Erzeugung von spezifischen Abwehr- und Schutzstoffen angewendet zu werden und, soweit sie rekombinante Nukleinsäuren enthalten, ausschließlich zur Vorbeugung oder Behandlung von Infektionskrankheiten bestimmt sind.

(5) Allergene sind Arzneimittel im Sinne des § 2 Abs. 1, die Antigene oder Haptene enthalten und dazu bestimmt sind, bei Mensch oder Tier zur Erkennung von spezifischen Abwehr- oder Schutzstoffen angewendet zu werden (Testallergene) oder Stoffe enthalten, die zur antigen-spezifischen Verminderung einer spezifischen immunologischen Überempfindlichkeit angewendet werden (Therapieallergene).

(6) Testsera sind Arzneimittel im Sinne des § 2 Abs. 2 Nr. 4, die aus Blut, Organen, Organteilen oder Organsekreten gesunder, kranker, krank gewesener oder immunisatorisch vorbehandelter Lebewesen gewonnen werden, spezifische Antikörper enthalten und die dazu bestimmt sind, wegen dieser Antikörper verwendet zu werden, sowie die dazu gehörenden Kontrollsera.

(7) Testantigene sind Arzneimittel im Sinne des § 2 Abs. 2 Nr. 4, die Antigene oder Haptene enthalten und die dazu bestimmt sind, als solche verwendet zu werden.

(8) Radioaktive Arzneimittel sind Arzneimittel, die radioaktive Stoffe sind oder enthalten und ionisierende Strahlen spontan aussenden und die dazu bestimmt sind, wegen dieser Eigenschaften angewendet zu werden; als radioaktive Arzneimittel gelten auch für die Radiomarkierung anderer Stoffe vor der Verabreichung hergestellte Radionuklide (Vorstufen) sowie die zur Herstellung von radioaktiven Arzneimitteln bestimmten Systeme mit einem fixierten Mutterradionuklid, das ein Tochterradionuklid bildet (Generatoren).

(9) Arzneimittel für neuartige Therapien sind Gentherapeutika, somatische Zelltherapeutika oder biotechnologisch bearbeitete Gewebeprodukte nach Artikel 2 Absatz 1 Buchstabe a der Verordnung (EG) Nr. 1394/2007 des Europäischen Parlaments und des Rates vom 13. November 2007 über Arzneimittel für neuartige Therapien und zur Änderung der Richtlinie 2001/83/EG und der Verordnung (EG) Nr. 726/2004 (ABl. L 324 vom 10. 12. 2007, S. 121).

(10) Fütterungsarzneimittel sind Arzneimittel in verfütterungsfertiger Form, die aus Arzneimittel-Vormischungen und Mischfuttermitteln hergestellt werden und die dazu bestimmt sind, zur Anwendung bei Tieren in den Verkehr gebracht zu werden.

(11) [1] Arzneimittel-Vormischungen sind Arzneimittel, die ausschließlich dazu bestimmt sind, zur Herstellung von Fütterungsarzneimitteln verwendet zu werden. [2] Sie gelten als Fertigarzneimittel.

(12) Die Wartezeit ist die Zeit, die bei bestimmungsgemäßer Anwendung des Arzneimittels nach der letzten Anwendung des Arzneimittels bei einem Tier bis zur Gewinnung von Lebensmitteln, die von diesem Tier stammen, zum Schutz der öffentlichen Gesundheit einzuhalten ist und die sicherstellt, dass Rückstände in diesen Lebensmitteln die im Anhang der Verordnung (EU) Nr. 37/2010 der Kommission vom 22. Dezember 2009 über pharmakologisch wirksame Stoffe und ihre Einstufung hinsichtlich der Rückstandshöchstmengen in Lebensmitteln tierischen Ursprungs (ABl. L 15 vom 20. 1. 2010, S. 1) in der jeweils geltenden Fassung festgelegten zulässigen Höchstmengen für pharmakologisch wirksame Stoffe nicht überschreiten.

(13) [1] Nebenwirkungen sind die beim bestimmungsgemäßen Gebrauch eines Arzneimittels auftretenden schädlichen unbeabsichtigten Reaktionen. [2] Schwerwie-

gende Nebenwirkungen sind Nebenwirkungen, die tödlich oder lebensbedrohend sind, eine stationäre Behandlung oder Verlängerung einer stationären Behandlung erforderlich machen, zu bleibender oder schwerwiegender Behinderung, Invalidität, kongenitalen Anomalien oder Geburtsfehlern führen; für Arzneimittel, die zur Anwendung bei Tieren bestimmt sind, sind schwerwiegend auch Nebenwirkungen, die ständig auftretende oder lang anhaltende Symptome hervorrufen. [3]Unerwartete Nebenwirkungen sind Nebenwirkungen, deren Art, Ausmaß oder Ausgang von der Packungsbeilage des Arzneimittels abweichen. [4]Die Sätze 1 bis 3 gelten auch für die als Folge von Wechselwirkungen auftretenden Nebenwirkungen.

(14) Herstellen ist das Gewinnen, das Anfertigen, das Zubereiten, das Be- oder Verarbeiten, das Umfüllen einschließlich Abfüllen, das Abpacken, das Kennzeichnen und die Freigabe; nicht als Herstellen gilt das Mischen von Fertigarzneimitteln mit Futtermitteln durch den Tierhalter zur unmittelbaren Verabreichung an die von ihm gehaltenen Tiere.

(15) Qualität ist die Beschaffenheit eines Arzneimittels, die nach Identität, Gehalt, Reinheit, sonstigen chemischen, physikalischen, biologischen Eigenschaften oder durch das Herstellungsverfahren bestimmt wird.

(16) Eine Charge ist die jeweils aus derselben Ausgangsmenge in einem einheitlichen Herstellungsvorgang oder bei einem kontinuierlichen Herstellungsverfahren in einem bestimmten Zeitraum erzeugte Menge eines Arzneimittels.

(17) Inverkehrbringen ist das Vorrätighalten zum Verkauf oder zu sonstiger Abgabe, das Feilhalten, das Feilbieten und die Abgabe an andere.

(18) [1]Der pharmazeutische Unternehmer ist bei zulassungs- oder registrierungspflichtigen Arzneimitteln der Inhaber der Zulassung oder Registrierung. [2]Pharmazeutischer Unternehmer ist auch, wer Arzneimittel unter seinem Namen in den Verkehr bringt, außer in den Fällen des § 9 Abs. 1 Satz 2.

(19) Wirkstoffe sind Stoffe, die dazu bestimmt sind, bei der Herstellung von Arzneimitteln als arzneilich wirksame Bestandteile verwendet zu werden oder bei ihrer Verwendung in der Arzneimittelherstellung zu arzneilich wirksamen Bestandteilen des Arzneimittel zu werden.

(20) *[aufgehoben]*

(21) Xenogene Arzneimittel sind zur Anwendung im oder am Menschen bestimmte Arzneimittel, die lebende tierische Gewebe oder Zellen sind oder enthalten.

(22) Großhandel mit Arzneimitteln ist jede berufs- oder gewerbsmäßige zum Zwecke des Handeltreibens ausgeübte Tätigkeit, die in der Beschaffung, der Lagerung, der Abgabe oder Ausfuhr von Arzneimitteln besteht, mit Ausnahme der Abgabe von Arzneimitteln an andere Verbraucher als Ärzte, Zahnärzte, Tierärzte oder Krankenhäuser.

(23) [1]Klinische Prüfung bei Menschen ist jede am Menschen durchgeführte Untersuchung, die dazu bestimmt ist, klinische oder pharmakologische Wirkungen von Arzneimitteln zu erforschen oder nachzuweisen oder Nebenwirkungen festzustellen oder die Resorption, die Verteilung, den Stoffwechsel oder die Ausscheidung zu untersuchen, mit dem Ziel, sich von der Unbedenklichkeit oder Wirksamkeit der Arzneimittel zu überzeugen. [2]Satz 1 gilt nicht für eine Untersuchung, die eine nichtinterventionelle Prüfung ist. [3]Nichtinterventionelle Prüfung ist eine Untersuchung, in deren Rahmen Erkenntnisse aus der Behandlung von Personen mit Arzneimitteln anhand epidemiologischer Methoden analysiert werden; dabei folgt die Behandlung einschließlich der Diagnose und Überwachung nicht einem vorab festgelegten Prüfplan, sondern ausschließlich der ärztlichen Praxis; soweit es sich um ein zulassungspflichtiges oder nach § 21a Absatz 1 genehmigungspflichtiges Arzneimittel handelt, erfolgt dies ferner gemäß den in der Zulassung oder der Genehmigung festgelegten Angaben für seine Anwendung.

(24) Sponsor ist eine natürliche oder juristische Person, die die Verantwortung für die Veranlassung, Organisation und Finanzierung einer klinischen Prüfung bei Menschen übernimmt.

(25) ¹Prüfer ist in der Regel ein für die Durchführung der klinischen Prüfung bei Menschen in einer Prüfstelle verantwortlicher Arzt oder in begründeten Ausnahmefällen eine andere Person, deren Beruf auf Grund seiner wissenschaftlichen Anforderungen und der seine Ausübung voraussetzenden Erfahrungen in der Patientenbetreuung für die Durchführung von Forschungen am Menschen qualifiziert. ²Wird eine Prüfung in einer Prüfstelle von mehreren Prüfern vorgenommen, so ist der verantwortliche Leiter der Gruppe der Hauptprüfer. ³Wird eine Prüfung in mehreren Prüfstellen durchgeführt, wird vom Sponsor ein Prüfer als Leiter der klinischen Prüfung benannt.

(26) ¹Homöopathisches Arzneimittel ist ein Arzneimittel, das nach einem im Europäischen Arzneibuch oder, in Ermangelung dessen, nach einem in den offiziell gebräuchlichen Pharmakopöen der Mitgliedstaaten der Europäischen Union beschriebenen homöopathischen Zubereitungsverfahren hergestellt worden ist. ²Ein homöopathisches Arzneimittel kann auch mehrere Wirkstoffe enthalten.

(27) Ein mit der Anwendung des Arzneimittels verbundenes Risiko ist

a) jedes Risiko im Zusammenhang mit der Qualität, Sicherheit oder Wirksamkeit des Arzneimittels für die Gesundheit der Patienten oder die öffentliche Gesundheit, bei zur Anwendung bei Tieren bestimmten Arzneimitteln für die Gesundheit von Mensch oder Tier,

b) jedes Risiko unerwünschter Auswirkungen auf die Umwelt.

(28) Das Nutzen-Risiko-Verhältnis umfasst eine Bewertung der positiven therapeutischen Wirkungen des Arzneimittels im Verhältnis zu dem Risiko nach Absatz 27 Buchstabe a, bei zur Anwendung bei Tieren bestimmten Arzneimitteln auch nach Absatz 27 Buchstabe b.

(29) Pflanzliche Arzneimittel sind Arzneimittel, die als Wirkstoff ausschließlich einen oder mehrere pflanzliche Stoffe oder eine oder mehrere pflanzliche Zubereitungen oder eine oder mehrere solcher pflanzlichen Stoffe in Kombination mit einer oder mehreren solcher pflanzlichen Zubereitungen enthalten.

(30) ¹Gewebezubereitungen sind Arzneimittel, die Gewebe im Sinne von § 1 a Nr. 4 des Transplantationsgesetzes sind oder aus solchen Geweben hergestellt worden sind. ²Menschliche Samen- und Eizellen, einschließlich imprägnierter Eizellen (Keimzellen), und Embryonen sind weder Arzneimittel noch Gewebezubereitungen.

(31) Rekonstitution eines Fertigarzneimittels zur Anwendung beim Menschen ist die Überführung in seine anwendungsfähige Form unmittelbar vor seiner Anwendung gemäß den Angaben der Packungsbeilage oder im Rahmen der klinischen Prüfung nach Maßgabe des Prüfplans.

(32) ¹Verbringen ist jede Beförderung in den, durch den oder aus dem Geltungsbereich des Gesetzes. ²Einfuhr ist die Überführung von unter das Arzneimittelgesetz fallenden Produkten aus Drittstaaten, die nicht Vertragsstaaten des Abkommens über den Europäischen Wirtschaftsraum sind, in den zollrechtlich freien Verkehr. ³Produkte gemäß Satz 2 gelten als eingeführt, wenn sie entgegen den Zollvorschriften in den Wirtschaftskreislauf überführt wurden.

(33) Anthroposophisches Arzneimittel ist ein Arzneimittel, das nach der anthroposophischen Menschen- und Naturerkenntnis entwickelt wurde, nach einem im Europäischen Arzneibuch oder, in Ermangelung dessen, nach einem in den offiziell gebräuchlichen Pharmakopöen der Mitgliedstaaten der Europäischen Union beschriebenen homöopathischen Zubereitungsverfahren oder nach einem besonderen anthroposophischen Zubereitungsverfahren hergestellt worden ist und das bestimmt ist, entsprechend den Grundsätzen der anthroposophischen Menschen- und Naturerkenntnis angewendet zu werden.

§ 4 a Ausnahmen vom Anwendungsbereich

[1]Dieses Gesetz findet keine Anwendung auf

1. Arzneimittel, die unter Verwendung von Krankheitserregern oder auf biotechnischem Wege hergestellt werden und zur Verhütung, Erkennung oder Heilung von Tierseuchen bestimmt sind,
2. die Gewinnung und das Inverkehrbringen von Keimzellen zur künstlichen Befruchtung bei Tieren,
3. Gewebe, die innerhalb eines Behandlungsvorgangs einer Person entnommen werden, um auf diese ohne Änderung ihrer stofflichen Beschaffenheit rückübertragen zu werden.

[2]Satz 1 Nr. 1 gilt nicht für § 55.

§ 4 b Sondervorschriften für Arzneimittel für neuartige Therapien

(1) [1]Für Arzneimittel für neuartige Therapien, die im Geltungsbereich dieses Gesetzes

1. als individuelle Zubereitung für einen einzelnen Patienten ärztlich verschrieben,
2. nach spezifischen Qualitätsnormen nicht routinemäßig hergestellt und
3. in einer spezialisierten Einrichtung der Krankenversorgung unter der fachlichen Verantwortung eines Arztes angewendet

werden, finden der Vierte Abschnitt, mit Ausnahme des § 33, und der Siebte Abschnitt dieses Gesetzes keine Anwendung. [2]Die übrigen Vorschriften des Gesetzes sowie Artikel 14 Absatz 1 und Artikel 15 Absatz 1 bis 6 der Verordnung (EG) Nr. 1394/2007 gelten entsprechend mit der Maßgabe, dass die dort genannten Amtsaufgaben und Befugnisse entsprechend den ihnen nach diesem Gesetz übertragenen Aufgaben von der zuständigen Behörde oder der zuständigen Bundesoberbehörde wahrgenommen werden und an die Stelle des Inhabers der Zulassung im Sinne dieses Gesetzes oder des Inhabers der Genehmigung für das Inverkehrbringen im Sinne der Verordnung (EG) Nr. 1394/2007 der Inhaber der Genehmigung nach Absatz 3 Satz 1 tritt.

(2) Nicht routinemäßig hergestellt im Sinne von Absatz 1 Satz 1 Nummer 2 werden insbesondere Arzneimittel,

1. die in geringem Umfang hergestellt werden, und bei denen auf der Grundlage einer routinemäßigen Herstellung Abweichungen im Verfahren vorgenommen werden, die für einen einzelnen Patienten medizinisch begründet sind, oder
2. die noch nicht in ausreichender Anzahl hergestellt worden sind, so dass die notwendigen Erkenntnisse für ihre umfassende Beurteilung noch nicht vorliegen.

(3) [1]Arzneimittel nach Absatz 1 Satz 1 dürfen nur an andere abgegeben werden, wenn sie durch die zuständige Bundesoberbehörde genehmigt worden sind. [2]§ 21 a Absatz 2 bis 8 gilt entsprechend. [3]Können die erforderlichen Angaben und Unterlagen nach § 21 a Absatz 2 Nummer 6 nicht erbracht werden, kann der Antragsteller die Angaben und Unterlagen über die Wirkungsweise, die voraussichtliche Wirkung und mögliche Risiken beifügen. [4]Der Inhaber der Genehmigung hat der zuständigen Bundesoberbehörde in bestimmten Zeitabständen, die die zuständige Bundesoberbehörde durch Anordnung festlegt, über den Umfang der Herstellung und über die Erkenntnisse für die umfassende Beurteilung des Arzneimittels zu berichten. [5]Die Genehmigung ist zurückzunehmen, wenn nachträglich bekannt wird, dass eine der Voraussetzungen von Absatz 1 Satz 1 nicht vorgelegen hat; sie ist zu widerrufen, wenn eine der Voraussetzungen nicht mehr gegeben ist. [6]§ 22 Absatz 4 gilt entsprechend.

(4) [1]Über Anfragen zur Genehmigungspflicht eines Arzneimittels für neuartige Therapien entscheidet die zuständige Behörde im Benehmen mit der zuständigen Bundesoberbehörde. [2]§ 21 Absatz 4 gilt entsprechend.

Zweiter Abschnitt. Anforderungen an die Arzneimittel

§ 5 Verbot bedenklicher Arzneimittel

(1) Es ist verboten, bedenkliche Arzneimittel in den Verkehr zu bringen oder bei einem anderen Menschen anzuwenden.

(2) Bedenklich sind Arzneimittel, bei denen nach dem jeweiligen Stand der wissenschaftlichen Erkenntnisse der begründete Verdacht besteht, dass sie bei bestimmungsgemäßem Gebrauch schädliche Wirkungen haben, die über ein nach den Erkenntnissen der medizinischen Wissenschaft vertretbares Maß hinausgehen.

§ 6 Ermächtigung zum Schutz der Gesundheit

(1) [1]Das Bundesministerium für Gesundheit (Bundesministerium) wird ermächtigt, durch Rechtsverordnung mit Zustimmung des Bundesrates die Verwendung bestimmter Stoffe, Zubereitungen aus Stoffen oder Gegenstände bei der Herstellung von Arzneimitteln vorzuschreiben, zu beschränken oder zu verbieten, und das Inverkehrbringen und die Anwendung von Arzneimitteln, die nicht nach diesen Vorschriften hergestellt sind, zu untersagen, soweit es zur Risikovorsorge oder zur Abwehr einer unmittelbaren oder mittelbaren Gefährdung der Gesundheit von Mensch oder Tier durch Arzneimittel geboten ist. [2]Die Rechtsverordnung nach Satz 1 wird vom Bundesministerium für Ernährung, Landwirtschaft und Verbraucherschutz im Einvernehmen mit dem Bundesministerium erlassen, soweit es sich um Arzneimittel handelt, die zur Anwendung bei Tieren bestimmt sind.

(2) Die Rechtsverordnung nach Absatz 1 ergeht im Einvernehmen mit dem Bundesministerium für Umwelt, Naturschutz und Reaktorsicherheit, soweit es sich um radioaktive Arzneimittel und um Arzneimittel handelt, bei deren Herstellung ionisierende Strahlen verwendet werden.

§ 6a Verbot von Arzneimitteln zu Dopingzwecken im Sport

(1) Es ist verboten, Arzneimittel zu Dopingzwecken im Sport in den Verkehr zu bringen, zu verschreiben oder bei anderen anzuwenden.

(2) [1]Absatz 1 findet nur Anwendung auf Arzneimittel, die Stoffe der im Anhang des Übereinkommens gegen Doping (Gesetz vom 2. März 1994 zu dem Übereinkommen vom 16. November 1989 gegen Doping, BGBl. 1994 II S. 334) aufgeführten Gruppen von verbotenen Wirkstoffen oder Stoffe enthalten, die zur Verwendung bei den dort aufgeführten verbotenen Methoden bestimmt sind, sofern das Doping bei Menschen erfolgt oder erfolgen soll. [2]In der Packungsbeilage und in der Fachinformation dieser Arzneimittel ist folgender Warnhinweis anzugeben: „Die Anwendung des Arzneimittels [Bezeichnung des Arzneimittels einsetzen] kann bei Dopingkontrollen zu positiven Ergebnissen führen." [3]Kann aus dem Fehlgebrauch des Arzneimittels zu Dopingzwecken eine Gesundheitsgefährdung folgen, ist dies zusätzlich anzugeben. [4]Satz 2 findet keine Anwendung auf Arzneimittel, die nach einer homöopathischen Verfahrenstechnik hergestellt worden sind.

(2a) [1]Es ist verboten, Arzneimittel oder Wirkstoffe, die im Anhang zu diesem Gesetz genannte Stoffe sind oder enthalten, in nicht geringer Menge zu Dopingzwecken im Sport zu besitzen, sofern das Doping bei Menschen erfolgen soll. [2]Das Bundesministerium bestimmt im Einvernehmen mit dem Bundesministerium des Innern nach Anhörung von Sachverständigen durch Rechtsverordnung mit Zustimmung des Bundesrates die nicht geringe Menge der in Satz 1 genannten Stoffe. [3]Das Bundesministerium wird ermächtigt, im Einvernehmen mit dem Bundesministerium des Innern nach Anhörung von Sachverständigen durch Rechtsverordnung mit Zustimmung des Bundesrates

1. weitere Stoffe in den Anhang dieses Gesetzes aufzunehmen, die zu Dopingzwecken im Sport geeignet sind, hierfür in erheblichem Umfang angewendet wer-

den und deren Anwendung bei nicht therapeutischer Bestimmung gefährlich ist, und

2. die nicht geringe Menge dieser Stoffe zu bestimmen.

[4]Durch Rechtsverordnung nach Satz 3 können Stoffe aus dem Anhang dieses Gesetzes gestrichen werden, wenn die Voraussetzungen des Satzes 3 Nr. 1 nicht mehr vorliegen.

(3) Das Bundesministerium wird ermächtigt, im Einvernehmen mit dem Bundesministerium des Innern durch Rechtsverordnung mit Zustimmung des Bundesrates weitere Stoffe oder Zubereitungen aus Stoffen zu bestimmen, auf die Absatz 1 Anwendung findet, soweit dies geboten ist, um eine unmittelbare oder mittelbare Gefährdung der Gesundheit des Menschen durch Doping im Sport zu verhüten.

§ 7 Radioaktive und mit ionisierenden Strahlen behandelte Arzneimittel

(1) Es ist verboten, radioaktive Arzneimittel oder Arzneimittel, bei deren Herstellung ionisierende Strahlen verwendet worden sind, in den Verkehr zu bringen, es sei denn, dass dies durch Rechtsverordnung nach Absatz 2 zugelassen ist.

(2) [1]Das Bundesministerium wird ermächtigt, im Einvernehmen mit dem Bundesministerium für Umwelt, Naturschutz und Reaktorsicherheit durch Rechtsverordnung mit Zustimmung des Bundesrates das Inverkehrbringen radioaktiver Arzneimittel oder bei der Herstellung von Arzneimitteln die Verwendung ionisierender Strahlen zuzulassen, soweit dies nach dem jeweiligen Stand der wissenschaftlichen Erkenntnisse zu medizinischen Zwecken geboten und für die Gesundheit von Mensch oder Tier unbedenklich ist. [2]In der Rechtsverordnung können für die Arzneimittel der Vertriebsweg bestimmt sowie Angaben über die Radioaktivität auf dem Behältnis, der äußeren Umhüllung und der Packungsbeilage vorgeschrieben werden. [3]Die Rechtsverordnung wird vom Bundesministerium für Ernährung, Landwirtschaft und Verbraucherschutz im Einvernehmen mit dem Bundesministerium und dem Bundesministerium für Umwelt, Naturschutz und Reaktorsicherheit erlassen, soweit es sich um Arzneimittel handelt, die zur Anwendung bei Tieren bestimmt sind.

§ 8 Verbote zum Schutz vor Täuschung

(1) Es ist verboten, Arzneimittel oder Wirkstoffe herzustellen oder in den Verkehr zu bringen, die

1. durch Abweichung von den anerkannten pharmazeutischen Regeln in ihrer Qualität nicht unerheblich gemindert sind,

1 a. hinsichtlich ihrer Identität oder Herkunft falsch gekennzeichnet sind (gefälschte Arzneimittel, gefälschte Wirkstoffe) oder

2. in anderer Weise mit irreführender Bezeichnung, Angabe oder Aufmachung versehen sind. Eine Irreführung liegt insbesondere dann vor, wenn
   a) Arzneimitteln eine therapeutische Wirksamkeit oder Wirkungen oder Wirkstoffen eine Aktivität beigelegt werden, die sie nicht haben,
   b) fälschlich der Eindruck erweckt wird, dass ein Erfolg mit Sicherheit erwartet werden kann oder dass nach bestimmungsgemäßem oder längerem Gebrauch keine schädlichen Wirkungen eintreten,
   c) zur Täuschung über die Qualität geeignete Bezeichnungen, Angaben oder Aufmachungen verwendet werden, die für die Bewertung des Arzneimittels oder Wirkstoffs mitbestimmend sind.

(2) Es ist verboten, Arzneimittel in den Verkehr zu bringen, deren Verfalldatum abgelaufen ist.

§ 9 Der Verantwortliche für das Inverkehrbringen

(1) [1]Arzneimittel, die im Geltungsbereich dieses Gesetzes in den Verkehr gebracht werden, müssen den Namen oder die Firma und die Anschrift des pharma-

zeutischen Unternehmers tragen. [2]Dies gilt nicht für Arzneimittel, die zur klinischen Prüfung bei Menschen bestimmt sind.

(2) [1]Arzneimittel dürfen im Geltungsbereich dieses Gesetzes nur durch einen pharmazeutischen Unternehmer in den Verkehr gebracht werden, der seinen Sitz im Geltungsbereich dieses Gesetzes, in einem anderen Mitgliedstaat der Europäischen Union oder in einem anderen Vertragsstaat des Abkommens über den Europäischen Wirtschaftsraum hat. [2]Bestellt der pharmazeutische Unternehmer einen örtlichen Vertreter, entbindet ihn dies nicht von seiner rechtlichen Verantwortung.

§ 10 Kennzeichnung

(1) [1]Fertigarzneimittel, die Arzneimittel im Sinne des § 2 Abs. 1 oder Abs. 2 Nr. 1 und nicht zur klinischen Prüfung bei Menschen bestimmt oder nach § 21 Abs. 2 Nr. 1a, 1b oder 6 von der Zulassungspflicht freigestellt sind, dürfen im Geltungsbereich dieses Gesetzes nur in den Verkehr gebracht werden, wenn auf den Behältnissen und, soweit verwendet, auf den äußeren Umhüllungen in gut lesbarer Schrift, allgemeinverständlich in deutscher Sprache und auf dauerhafte Weise und in Übereinstimmung mit den Angaben nach § 11a angegeben sind

1. der Name oder die Firma und die Anschrift des pharmazeutischen Unternehmers und, soweit vorhanden, der Name des von ihm benannten örtlichen Vertreters,
2. die Bezeichnung des Arzneimittels, gefolgt von der Angabe der Stärke und der Darreichungsform, und soweit zutreffend, dem Hinweis, dass es zur Anwendung für Säuglinge, Kinder oder Erwachsene bestimmt ist, es sei denn, dass diese Angaben bereits in der Bezeichnung enthalten sind,
3. die Zulassungsnummer mit der Abkürzung „Zul.-Nr.",
4. die Chargenbezeichnung, soweit das Arzneimittel in Chargen in den Verkehr gebracht wird, mit der Abkürzung „Ch.-B.", soweit es nicht in Chargen in den Verkehr gebracht werden kann, das Herstellungsdatum,
5. die Darreichungsform,
6. der Inhalt nach Gewicht, Rauminhalt oder Stückzahl,
7. die Art der Anwendung,
8. die Wirkstoffe nach Art und Menge und sonstige Bestandteile nach der Art, soweit dies durch Auflage der zuständigen Bundesoberbehörde nach § 28 Abs. 2 Nr. 1 angeordnet oder durch Rechtsverordnung nach § 12 Abs. 1 Nr. 4, auch in Verbindung mit Abs. 2, oder nach § 36 Abs. 1 vorgeschrieben ist; bei Arzneimitteln zur parenteralen oder zur topischen Anwendung, einschließlich der Anwendung am Auge, alle Bestandteile nach der Art,
8a. bei gentechnologisch gewonnenen Arzneimitteln der Wirkstoff und die Bezeichnung des bei der Herstellung verwendeten gentechnisch veränderten Mikroorganismus oder die Zellinie,
9. das Verfalldatum mit dem Hinweis „verwendbar bis",
10. bei Arzneimitteln, die nur auf ärztliche, zahnärztliche oder tierärztliche Verschreibung abgegeben werden dürfen, der Hinweis „Verschreibungspflichtig", bei sonstigen Arzneimitteln, die nur in Apotheken an Verbraucher abgegeben werden dürfen, der Hinweis „Apothekenpflichtig",
11. bei Mustern der Hinweis „Unverkäufliches Muster",
12. der Hinweis, dass Arzneimittel unzugänglich für Kinder aufbewahrt werden sollen, es sei denn, es handelt sich um Heilwässer,
13. soweit erforderlich besondere Vorsichtsmaßnahmen für die Beseitigung von nicht verwendeten Arzneimitteln oder sonstige besondere Vorsichtsmaßnahmen, um Gefahren für die Umwelt zu vermeiden,
14. Verwendungszweck bei nicht verschreibungspflichtigen Arzneimitteln.

[2]Sofern die Angaben nach Satz 1 zusätzlich in einer anderen Sprache wiedergegeben werden, müssen in dieser Sprache die gleichen Angaben gemacht werden. [3]Ferner ist Raum für die Angabe der verschriebenen Dosierung vorzusehen; dies

gilt nicht für die in Absatz 8 Satz 3 genannten Behältnisse und Ampullen und für Arzneimittel, die dazu bestimmt sind, ausschließlich durch Angehörige der Heilberufe angewendet zu werden. [4] Arzneimittel, die nach einer homöopathischen Verfahrenstechnik hergestellt werden und nach § 25 zugelassen sind, sind zusätzlich mit einem Hinweis auf die homöopathische Beschaffenheit zu kennzeichnen. [5] Weitere Angaben, die nicht durch eine Verordnung der Europäischen Gemeinschaft vorgeschrieben oder bereits nach einer solchen Verordnung zulässig sind, sind zulässig, soweit sie mit der Anwendung des Arzneimittels im Zusammenhang stehen, für die gesundheitliche Aufklärung der Patienten wichtig sind und den Angaben nach § 11 a nicht widersprechen.

(1 a) Bei Arzneimitteln, die nicht mehr als drei Wirkstoffe enthalten, muss die internationale Kurzbezeichnung der Weltgesundheitsorganisation angegeben werden oder, soweit eine solche nicht vorhanden ist, die gebräuchliche Kurzbezeichnung; dies gilt nicht, wenn in der Angabe nach Absatz 1 Satz 1 Nr. 2 die Bezeichnung des Wirkstoffes nach Absatz 1 Satz 1 Nr. 8 enthalten ist.

(1 b) [1] Bei Arzneimitteln, die zur Anwendung bei Menschen bestimmt sind, ist die Bezeichnung des Arzneimittels auf den äußeren Umhüllungen auch in Blindenschrift anzugeben. [2] Die in Absatz 1 Satz 1 Nr. 2 genannten sonstigen Angaben zur Darreichungsform und zu der Personengruppe, für die das Arzneimittel bestimmt ist, müssen nicht in Blindenschrift aufgeführt werden; dies gilt auch dann, wenn diese Angaben in der Bezeichnung enthalten sind. [3] Satz 1 gilt nicht für Arzneimittel,

1. die dazu bestimmt sind, ausschließlich durch Angehörige der Heilberufe angewendet zu werden oder
2. die in Behältnissen von nicht mehr als 20 Milliliter Rauminhalt oder einer Inhaltsmenge von nicht mehr als 20 Gramm in Verkehr gebracht werden.

(2) Es sind ferner Warnhinweise, für die Verbraucher bestimmte Aufbewahrungshinweise und für die Fachkreise bestimmte Lagerhinweise anzugeben, soweit dies nach dem jeweiligen Stand der wissenschaftlichen Erkenntnisse erforderlich oder durch Auflagen der zuständigen Bundesoberbehörde nach § 28 Abs. 2 Nr. 1 angeordnet oder durch Rechtsverordnung vorgeschrieben ist.

(3) Bei Sera ist auch die Art des Lebewesens, aus dem sie gewonnen sind, bei Virusimpfstoffen das Wirtssystem, das zur Virusvermehrung gedient hat, anzugeben.

(4) [1] Bei Arzneimitteln, die in das Register für homöopathische Arzneimittel eingetragen sind, sind anstelle der Angaben nach Absatz 1 Satz 1 Nr. 1 bis 14 und außer dem deutlich erkennbaren Hinweis „Homöopathisches Arzneimittel" die folgenden Angaben zu machen:

1. Ursubstanzen nach Art und Menge und der Verdünnungsgrad; dabei sind die Symbole aus den offiziell gebräuchlichen Pharmakopöen zu verwenden; die wissenschaftliche Bezeichnung der Ursubstanz kann durch einen Phantasienamen ergänzt werden,
2. Name und Anschrift des pharmazeutischen Unternehmers und, soweit vorhanden, seines örtlichen Vertreters,
3. Art der Anwendung,
4. Verfalldatum; Absatz 1 Satz 1 Nr. 9 und Absatz 7 finden Anwendung,
5. Darreichungsform,
6. der Inhalt nach Gewicht, Rauminhalt oder Stückzahl,
7. Hinweis, dass Arzneimittel unzugänglich für Kinder aufbewahrt werden sollen, weitere besondere Vorsichtsmaßnahmen für die Aufbewahrung und Warnhinweise, einschließlich weiterer Angaben, soweit diese für eine sichere Anwendung erforderlich oder nach Absatz 2 vorgeschrieben sind,
8. Chargenbezeichnung,
9. Registrierungsnummer mit der Abkürzung „Reg.-Nr." und der Angabe „Registriertes homöopathisches Arzneimittel, daher ohne Angabe einer therapeutischen Indikation",

10. der Hinweis an den Anwender, bei während der Anwendung des Arzneimittels fortdauernden Krankheitssymptomen medizinischen Rat einzuholen,
11. bei Arzneimitteln, die nur in Apotheken an Verbraucher abgegeben werden dürfen, der Hinweis „Apothekenpflichtig",
12. bei Mustern der Hinweis „Unverkäufliches Muster".

[2] Satz 1 gilt entsprechend für Arzneimittel, die nach § 38 Abs. 1 Satz 3 von der Registrierung freigestellt sind; Absatz 1 b findet keine Anwendung.

(4 a) [1] Bei traditionellen pflanzlichen Arzneimitteln nach § 39 a müssen zusätzlich zu den Angaben in Absatz 1 folgende Hinweise aufgenommen werden:

1. Das Arzneimittel ist ein traditionelles Arzneimittel, das ausschließlich auf Grund langjähriger Anwendung für das Anwendungsgebiet registriert ist, und
2. der Anwender sollte bei fortdauernden Krankheitssymptomen oder beim Auftreten anderer als der in der Packungsbeilage erwähnten Nebenwirkungen einen Arzt oder eine andere in einem Heilberuf tätige qualifizierte Person konsultieren.

[2] An die Stelle der Angabe nach Absatz 1 Satz 1 Nr. 3 tritt die Registrierungsnummer mit der Abkürzung „Reg.-Nr.".

(5) [1] Bei Arzneimitteln, die zur Anwendung bei Tieren bestimmt sind, gelten die Absätze 1 und 1 a mit der Maßgabe, dass anstelle der Angaben nach Absatz 1 Satz 1 Nummer 1 bis 14 und Absatz 1 a die folgenden Angaben zu machen sind:

1. Bezeichnung des Arzneimittels, gefolgt von der Angabe der Stärke, der Darreichungsform und der Tierart, es sei denn, dass diese Angaben bereits in der Bezeichnung enthalten sind; enthält das Arzneimittel nur einen Wirkstoff, muss die internationale Kurzbezeichnung der Weltgesundheitsorganisation angegeben werden oder, soweit eine solche nicht vorhanden ist, die gebräuchliche Bezeichnung, es sei denn, dass die Angabe des Wirkstoffs bereits in der Bezeichnung enthalten ist,
2. die Wirkstoffe nach Art und Menge und sonstige Bestandteile nach der Art, soweit dies durch Auflage der zuständigen Bundesoberbehörde nach § 28 Absatz 2 Nummer 1 angeordnet oder durch Rechtsverordnung nach § 12 Absatz 1 Nummer 4 auch in Verbindung mit Absatz 2 oder nach § 36 Absatz 1 vorgeschrieben ist,
3. die Chargenbezeichnung,
4. die Zulassungsnummer mit der Abkürzung „Zul.-Nr.",
5. der Name oder die Firma und die Anschrift des pharmazeutischen Unternehmers und, soweit vorhanden, der Name des von ihm benannten örtlichen Vertreters,
6. die Tierarten, bei denen das Arzneimittel angewendet werden soll,
7. die Art der Anwendung,
8. die Wartezeit, soweit es sich um Arzneimittel handelt, die zur Anwendung bei Tieren bestimmt sind, die der Gewinnung von Lebensmitteln dienen,
9. das Verfalldatum entsprechend Absatz 7,
10. soweit erforderlich, besondere Vorsichtsmaßnahmen für die Beseitigung von nicht verwendeten Arzneimitteln,
11. der Hinweis, dass Arzneimittel unzugänglich für Kinder aufbewahrt werden sollen, weitere besondere Vorsichtsmaßnahmen für die Aufbewahrung und Warnhinweise, einschließlich weiterer Angaben, soweit diese für eine sichere Anwendung erforderlich oder nach Absatz 2 vorgeschrieben sind,
12. der Hinweis „Für Tiere",
13. die Darreichungsform,
14. der Inhalt nach Gewicht, Rauminhalt oder Stückzahl,
15. bei Arzneimitteln, die nur auf tierärztliche Verschreibung abgegeben werden dürfen, der Hinweis „Verschreibungspflichtig", bei sonstigen Arzneimitteln, die nur in Apotheken an den Verbraucher abgegeben werden dürfen, der Hinweis „Apothekenpflichtig",
16. bei Mustern der Hinweis „Unverkäufliches Muster".

[2] Arzneimittel zur Anwendung bei Tieren, die in das Register für homöopathische Arzneimittel eingetragen sind, sind mit dem deutlich erkennbaren Hinweis „Homöopathisches Arzneimittel" zu versehen; anstelle der Angaben nach Satz 1 Nummer 2 und 4 sind die Angaben nach Absatz 4 Satz 1 Nummer 1, 9 und 10 zu machen. [3] Die Sätze 1 und 2 gelten entsprechend für Arzneimittel, die nach § 38 Absatz 1 Satz 3 oder nach § 60 Absatz 1 von der Registrierung freigestellt sind. [4] Bei traditionellen pflanzlichen Arzneimitteln zur Anwendung bei Tieren ist anstelle der Angabe nach Satz 1 Nummer 4 die Registrierungsnummer mit der Abkürzung „Reg.-Nr." zu machen; ferner sind die Hinweise nach Absatz 4 a Satz 1 Nummer 1 und entsprechend der Anwendung bei Tieren nach Nummer 2 anzugeben. [5] Die Angaben nach Satz 1 Nummer 13 und 14 brauchen, sofern eine äußere Umhüllung vorhanden ist, nur auf der äußeren Umhüllung zu stehen.

(6) Für die Bezeichnung der Bestandteile gilt Folgendes:

1. Zur Bezeichnung der Art sind die internationalen Kurzbezeichnungen der Weltgesundheitsorganisation oder, soweit solche nicht vorhanden sind, gebräuchliche wissenschaftliche Bezeichnungen zu verwenden; das Bundesinstitut für Arzneimittel und Medizinprodukte bestimmt im Einvernehmen mit dem Paul-Ehrlich-Institut und dem Bundesamt für Verbraucherschutz und Lebensmittelsicherheit die zu verwendenden Bezeichnungen und veröffentlicht diese in einer Datenbank nach § 67 a;
2. Zur Bezeichnung der Menge sind Maßeinheiten zu verwenden; sind biologische Einheiten oder andere Angaben zur Wertigkeit wissenschaftlich gebräuchlich, so sind diese zu verwenden.

(7) Das Verfalldatum ist mit Monat und Jahr anzugeben.

(8) [1] Durchdrückpackungen sind mit dem Namen oder der Firma des pharmazeutischen Unternehmers, der Bezeichnung des Arzneimittels, der Chargenbezeichnung und dem Verfalldatum zu versehen. [2] Auf die Angabe von Namen und Firma eines Parallelimporteurs kann verzichtet werden. [3] Bei Behältnissen von nicht mehr als 10 Milliliter Nennfüllmenge und bei Ampullen, die nur eine einzige Gebrauchseinheit enthalten, brauchen die Angaben nach den Absätzen 1, 1 a, 2 und 5 nur auf den äußeren Umhüllungen gemacht zu werden; jedoch müssen sich auf den Behältnissen und Ampullen mindestens die Angaben nach Absatz 1 Satz 1 Nummer 2, 4, 6, 7, 9 sowie nach den Absätzen 3 und 5 Satz 1 Nummer 1, 3, 7, 9, 12, 14 befinden; es können geeignete Abkürzungen verwendet werden. [4] Satz 3 findet auch auf andere kleine Behältnisse als die dort genannten Anwendung, sofern in Verfahren nach § 25 b abweichende Anforderungen an kleine Behältnisse zugrunde gelegt werden.

(8 a) [1] Bei Frischplasmazubereitungen und Zubereitungen aus Blutzellen müssen mindestens die Angaben nach Absatz 1 Satz 1 Nummer 1, 2, ohne die Angabe der Stärke, Darreichungsform und der Personengruppe, Nummer 3, 4, 6, 7 und 9 gemacht sowie die Bezeichnung und das Volumen der Antikoagulans- und, soweit vorhanden, der Additivlösung, die Lagertemperatur, die Blutgruppe und bei allogenen Zubereitungen aus roten Blutkörperchen zusätzlich die Rhesusformel, bei Thrombozytenkonzentraten und autologen Zubereitungen aus roten Blutkörperchen zusätzlich der Rhesusfaktor angegeben werden. [2] Bei autologen Blutzubereitungen muss zusätzlich die Angabe „Nur zur Eigenbluttransfusion" gemacht und bei autologen und gerichteten Blutzubereitungen zusätzlich ein Hinweis auf den Empfänger gegeben werden.

(8 b) [1] Bei Gewebezubereitungen müssen mindestens die Angaben nach Absatz 1 Satz 1 Nummer 1 und 2 ohne die Angabe der Stärke, der Darreichungsform und der Personengruppe, Nummer 3 oder die Genehmigungsnummer mit der Abkürzung „Gen.-Nr.", Nummer 4, 6 und 9 sowie die Angabe „Biologische Gefahr" im Falle festgestellter Infektiosität gemacht werden. [2] Bei autologen Gewebezubereitungen müssen zusätzlich die Angabe „Nur zur autologen Anwendung" gemacht

und bei autologen und gerichteten Gewebezubereitungen zusätzlich ein Hinweis auf den Empfänger gegeben werden.

(9) [1]Bei den Angaben nach den Absätzen 1 bis 5 dürfen im Verkehr mit Arzneimitteln übliche Abkürzungen verwendet werden. [2]Die Firma nach Absatz 1 Nr. 1 darf abgekürzt werden, sofern das Unternehmen aus der Abkürzung allgemein erkennbar ist.

(10) [1]Für Arzneimittel, die zur Anwendung bei Tieren und zur klinischen Prüfung oder zur Rückstandsprüfung bestimmt sind, finden Absatz 5 Satz 1 Nummer 1, 3, 5, 7, 8, 13 und 14 sowie die Absätze 8 und 9, soweit sie sich hierauf beziehen, Anwendung. [2]Diese Arzneimittel sind soweit zutreffend mit dem Hinweis „Zur klinischen Prüfung bestimmt" oder „Zur Rückstandsprüfung bestimmt" zu versehen. [3]Durchdrückpackungen sind mit der Bezeichnung, der Chargenbezeichnung und dem Hinweis nach Satz 2 zu versehen.

(11) [1]Aus Fertigarzneimitteln entnommene Teilmengen, die zur Anwendung bei Menschen bestimmt sind, dürfen nur mit einer Kennzeichnung abgegeben werden, die mindestens den Anforderungen nach Absatz 8 Satz 1 entspricht. [2]Absatz 1 b findet keine Anwendung.

§ 11 Packungsbeilage

(1) [1]Fertigarzneimittel, die Arzneimittel im Sinne des § 2 Abs. 1 oder Abs. 2 Nr. 1 sind und die nicht zur klinischen Prüfung oder Rückstandsprüfung bestimmt oder nach § 21 Abs. 2 Nr. 1 a, 1 b oder 6 von der Zulassungspflicht freigestellt sind, dürfen im Geltungsbereich dieses Gesetzes nur mit einer Packungsbeilage in den Verkehr gebracht werden, die die Überschrift „Gebrauchsinformation" trägt sowie folgende Angaben in der nachstehenden Reihenfolge allgemein verständlich in deutscher Sprache, in gut lesbarer Schrift und in Übereinstimmung mit den Angaben nach § 11 a enthalten muss:
1. zur Identifizierung des Arzneimittels:
    a) die Bezeichnung des Arzneimittels, § 10 Abs. 1 Satz 1 Nr. 2 und Abs. 1 a finden entsprechende Anwendung,
    b) die Stoff- oder Indikationsgruppe oder die Wirkungsweise;
2. die Anwendungsgebiete;
3. eine Aufzählung von Informationen, die vor der Einnahme des Arzneimittels bekannt sein müssen:
    a) Gegenanzeigen,
    b) entsprechende Vorsichtsmaßnahmen für die Anwendung,
    c) Wechselwirkungen mit anderen Arzneimitteln oder anderen Mitteln, soweit sie die Wirkung des Arzneimittels beeinflussen können,
    d) Warnhinweise, insbesondere soweit dies durch Auflage der zuständigen Bundesoberbehörde nach § 28 Abs. 2 Nr. 2 angeordnet oder durch Rechtsverordnung nach § 12 Abs. 1 Nr. 3 vorgeschrieben ist;
4. die für eine ordnungsgemäße Anwendung erforderlichen Anleitungen über
    a) Dosierung,
    b) Art der Anwendung,
    c) Häufigkeit der Verabreichung, erforderlichenfalls mit Angabe des genauen Zeitpunkts, zu dem das Arzneimittel verabreicht werden kann oder muss, sowie, soweit erforderlich und je nach Art des Arzneimittels,
    d) Dauer der Behandlung, falls diese festgelegt werden soll,
    e) Hinweise für den Fall der Überdosierung, der unterlassenen Einnahme oder Hinweise auf die Gefahr von unerwünschten Folgen des Absetzens,
    f) die ausdrückliche Empfehlung, bei Fragen zur Klärung der Anwendung den Arzt oder Apotheker zu befragen;
5. die Nebenwirkungen; zu ergreifende Gegenmaßnahmen sind, soweit dies nach dem jeweiligen Stand der wissenschaftlichen Erkenntnisse erforderlich ist, anzugeben; den Hinweis, dass der Patient aufgefordert werden soll, dem Arzt oder

Apotheker jede Nebenwirkung mitzuteilen, die in der Packungsbeilage nicht aufgeführt ist;

6. einen Hinweis auf das auf der Verpackung angegebene Verfalldatum sowie
   a) Warnung davor, das Arzneimittel nach Ablauf dieses Datums anzuwenden,
   b) soweit erforderlich besondere Vorsichtsmaßnahmen für die Aufbewahrung und die Angabe der Haltbarkeit nach Öffnung des Behältnisses oder nach Herstellung der gebrauchsfertigen Zubereitung durch den Anwender,
   c) soweit erforderlich Warnung vor bestimmten sichtbaren Anzeichen dafür, dass das Arzneimittel nicht mehr zu verwenden ist,
   d) vollständige qualitative Zusammensetzung nach Wirkstoffen und sonstigen Bestandteilen sowie quantitative Zusammensetzung nach Wirkstoffen unter Verwendung gebräuchlicher Bezeichnungen für jede Darreichungsform des Arzneimittels, § 10 Abs. 6 findet Anwendung,
   e) Darreichungsform und Inhalt nach Gewicht, Rauminhalt oder Stückzahl für jede Darreichungsform des Arzneimittels,
   f) Name und Anschrift des pharmazeutischen Unternehmers und, soweit vorhanden, seines örtlichen Vertreters,
   g) Name und Anschrift des Herstellers oder des Einführers, der das Fertigarzneimittel für das Inverkehrbringen freigegeben hat;

7. bei einem Arzneimittel, das unter anderen Bezeichnungen in anderen Mitgliedstaaten der Europäischen Union nach den Artikeln 28 bis 39 der Richtlinie 2001/83/EG des Europäischen Parlaments und des Rates zur Schaffung eines Gemeinschaftskodexes für Humanarzneimittel vom 6. November 2001 (ABl. EG Nr. L 311 S. 67), geändert durch die Richtlinien 2004/27/EG (ABl. EU Nr. L 136 S. 34) und 2004/24/EG vom 31. März 2004 (ABl. EU Nr. L 136 S. 85), für das Inverkehrbringen genehmigt ist, ein Verzeichnis der in den einzelnen Mitgliedstaaten genehmigten Bezeichnungen;

8. das Datum der letzten Überarbeitung der Packungsbeilage.

[2]Erläuternde Angaben zu den in Satz 1 genannten Begriffen sind zulässig. [3]Sofern die Angaben nach Satz 1 in der Packungsbeilage zusätzlich in einer anderen Sprache wiedergegeben werden, müssen in dieser Sprache die gleichen Angaben gemacht werden. [4]Satz 1 gilt nicht für Arzneimittel, die nach § 21 Abs. 2 Nr. 1 einer Zulassung nicht bedürfen. [5]Weitere Angaben, die nicht durch eine Verordnung der Europäischen Gemeinschaft vorgeschrieben oder bereits nach einer solchen Verordnung zulässig sind, sind zulässig, soweit sie mit der Anwendung des Arzneimittels im Zusammenhang stehen, für die gesundheitliche Aufklärung der Patienten wichtig sind und den Angaben nach § 11 a nicht widersprechen. [6]Bei den Angaben nach Satz 1 Nr. 3 Buchstabe a bis d ist, soweit dies nach dem jeweiligen Stand der wissenschaftlichen Erkenntnisse erforderlich ist, auf die besondere Situation bestimmter Personengruppen, wie Kinder, Schwangere oder stillende Frauen, ältere Menschen oder Personen mit spezifischen Erkrankungen einzugehen; ferner sind, soweit erforderlich, mögliche Auswirkungen der Anwendung auf die Fahrtüchtigkeit oder die Fähigkeit zur Bedienung bestimmter Maschinen anzugeben.

(1 a) Ein Muster der Packungsbeilage und geänderter Fassungen ist der zuständigen Bundesoberbehörde unverzüglich zu übersenden, soweit nicht das Arzneimittel von der Zulassung oder Registrierung freigestellt ist.

(2) Es sind ferner in der Packungsbeilage Hinweise auf Bestandteile, deren Kenntnis für eine wirksame und unbedenkliche Anwendung des Arzneimittels erforderlich ist, und für die Verbraucher bestimmte Aufbewahrungshinweise anzugeben, soweit dies nach dem jeweiligen Stand der wissenschaftlichen Erkenntnisse erforderlich oder durch Auflage der zuständigen Bundesoberbehörde nach § 28 Abs. 2 Nr. 2 angeordnet oder durch Rechtsverordnung vorgeschrieben ist.

(2 a) Bei radioaktiven Arzneimitteln gilt Absatz 1 entsprechend mit der Maßgabe, dass die Vorsichtsmaßnahmen aufzuführen sind, die der Verwender und der Patient während der Zubereitung und Verabreichung des Arzneimittels zu ergrei-

fen haben, sowie besondere Vorsichtsmaßnahmen für die Entsorgung des Transportbehälters und nicht verwendeter Arzneimittel.

(3) [1]Bei Arzneimitteln, die in das Register für homöopathische Arzneimittel eingetragen sind, gilt Absatz 1 entsprechend mit der Maßgabe, dass die in § 10 Abs. 4 vorgeschriebenen Angaben, ausgenommen die Angabe der Chargenbezeichnung, des Verfalldatums und des bei Mustern vorgeschriebenen Hinweises, zu machen sind sowie der Name und die Anschrift des Herstellers anzugeben sind, der das Fertigarzneimittel für das Inverkehrbringen freigegeben hat, soweit es sich dabei nicht um den pharmazeutischen Unternehmer handelt. [2]Satz 1 gilt entsprechend für Arzneimittel, die nach § 38 Abs. 1 Satz 3 von der Registrierung freigestellt sind.

(3a) Bei Sera gilt Absatz 1 entsprechend mit der Maßgabe, dass auch die Art des Lebewesens, aus dem sie gewonnen sind, bei Virusimpfstoffen das Wirtssystem, das zur Virusvermehrung gedient hat, und bei Arzneimitteln aus humanem Blutplasma zur Fraktionierung das Herkunftsland des Blutplasmas anzugeben ist.

(3b) [1]Bei traditionellen pflanzlichen Arzneimitteln nach § 39a gilt Absatz 1 entsprechend mit der Maßgabe, dass bei den Angaben nach Absatz 1 Satz 1 Nr. 2 anzugeben ist, dass das Arzneimittel ein traditionelles Arzneimittel ist, das ausschließlich auf Grund langjähriger Anwendung für das Anwendungsgebiet registriert ist. [2]Zusätzlich ist in die Packungsbeilage der Hinweis nach § 10 Abs. 4a Satz 1 Nr. 2 aufzunehmen.

(3c) Der Inhaber der Zulassung hat dafür zu sorgen, dass die Packungsbeilage auf Ersuchen von Patientenorganisationen bei Arzneimitteln, die zur Anwendung bei Menschen bestimmt sind, in Formaten verfügbar ist, die für blinde und sehbehinderte Personen geeignet sind.

(3d) [1]Bei Heilwässern können unbeschadet der Verpflichtungen nach Absatz 2 die Angaben nach Absatz 1 Satz 1 Nr. 3 Buchstabe b, Nr. 4 Buchstabe e und f, Nr. 5, soweit der dort angegebene Hinweis vorgeschrieben ist, und Nr. 6 Buchstabe c entfallen. [2]Ferner kann bei Heilwässern von der in Absatz 1 vorgeschriebenen Reihenfolge abgewichen werden.

(4) [1]Bei Arzneimitteln, die zur Anwendung bei Tieren bestimmt sind, gilt Absatz 1 mit der Maßgabe, dass anstelle der Angaben nach Absatz 1 Satz 1 die folgenden Angaben nach Maßgabe von Absatz 1 Satz 2 und 3 in der nachstehenden Reihenfolge allgemein verständlich in deutscher Sprache, in gut lesbarer Schrift und in Übereinstimmung mit den Angaben nach § 11a gemacht werden müssen:

1. Name und Anschrift des pharmazeutischen Unternehmers, soweit vorhanden seines örtlichen Vertreters, und des Herstellers, der das Fertigarzneimittel für das Inverkehrbringen freigegeben hat;
2. Bezeichnung des Arzneimittels, gefolgt von der Angabe der Stärke und Darreichungsform; die gebräuchliche Bezeichnung des Wirkstoffes wird aufgeführt, wenn das Arzneimittel nur einen einzigen Wirkstoff enthält und sein Name ein Phantasiename ist; bei einem Arzneimittel, das unter anderen Bezeichnungen in anderen Mitgliedstaaten der Europäischen Union nach den Artikeln 31 bis 43 der Richtlinie 2001/82/EG des Europäischen Parlaments und des Rates zur Schaffung eines Gemeinschaftskodexes für Tierarzneimittel vom 6. November 2001 (ABl. EG Nr. L 311 S. 1), geändert durch die Richtlinie 2004/28/EG (ABl. EU Nr. L 136 S. 58), für das Inverkehrbringen genehmigt ist, ein Verzeichnis der in den einzelnen Mitgliedstaaten genehmigten Bezeichnungen;
3. Anwendungsgebiete;
4. Gegenanzeigen und Nebenwirkungen, soweit diese Angaben für die Anwendung notwendig sind; können hierzu keine Angaben gemacht werden, so ist der Hinweis „keine bekannt" zu verwenden; der Hinweis, dass der Anwender oder Tierhalter aufgefordert werden soll, dem Tierarzt oder Apotheker jede Nebenwirkung mitzuteilen, die in der Packungsbeilage nicht aufgeführt ist;

5. Tierarten, für die das Arzneimittel bestimmt ist, Dosierungsanleitung für jede Tierart, Art und Weise der Anwendung, soweit erforderlich Hinweise für die bestimmungsgemäße Anwendung;

6. Wartezeit, soweit es sich um Arzneimittel handelt, die zur Anwendung bei Tieren bestimmt sind, die der Gewinnung von Lebensmitteln dienen; ist die Einhaltung einer Wartezeit nicht erforderlich, so ist dies anzugeben;

7. besondere Vorsichtsmaßnahmen für die Aufbewahrung;

8. besondere Warnhinweise, insbesondere soweit dies durch Auflage der zuständigen Bundesoberbehörde angeordnet oder durch Rechtsverordnung vorgeschrieben ist;

9. soweit dies nach dem jeweiligen Stand der wissenschaftlichen Erkenntnisse erforderlich ist, besondere Vorsichtsmaßnahmen für die Beseitigung von nicht verwendeten Arzneimitteln oder sonstige besondere Vorsichtsmaßnahmen, um Gefahren für die Umwelt zu vermeiden.

[2]Das Datum der letzten Überarbeitung der Packungsbeilage ist anzugeben. [3]Bei Arzneimittel-Vormischungen sind Hinweise für die sachgerechte Herstellung der Fütterungsarzneimittel und Angaben über die Dauer der Haltbarkeit der Fütterungsarzneimittel aufzunehmen. [4]Weitere Angaben sind zulässig, soweit sie mit der Anwendung des Arzneimittels im Zusammenhang stehen, für den Anwender oder Tierhalter wichtig sind und den Angaben nach § 11a nicht widersprechen. [5]Bei Arzneimitteln zur Anwendung bei Tieren, die in das Register für homöopathische Arzneimittel eingetragen sind, oder die nach § 38 Absatz 1 Satz 3 oder nach § 60 Absatz 1 von der Registrierung freigestellt sind, gelten die Sätze 1, 2 und 4 entsprechend mit der Maßgabe, dass die in § 10 Absatz 4 vorgeschriebenen Angaben mit Ausnahme der Angabe der Chargenbezeichnung, des Verfalldatums und des bei Mustern vorgeschriebenen Hinweises zu machen sind. [6]Bei traditionellen pflanzlichen Arzneimitteln zur Anwendung bei Tieren ist zusätzlich zu den Hinweisen nach Absatz 3b Satz 1 ein der Anwendung bei Tieren entsprechender Hinweis nach § 10 Absatz 4a Satz 1 Nummer 2 anzugeben.

(5) [1]Können die nach Absatz 1 Satz 1 Nr. 3 Buchstabe a und c sowie Nr. 5 vorgeschriebenen Angaben nicht gemacht werden, so ist der Hinweis „keine bekannt" zu verwenden. [2]Werden auf der Packungsbeilage weitere Angaben gemacht, so müssen sie von den Angaben nach den Absätzen 1 bis 4 deutlich abgesetzt und abgegrenzt sein.

(6) [1]Die Packungsbeilage kann entfallen, wenn die nach den Absätzen 1 bis 4 vorgeschriebenen Angaben auf dem Behältnis oder auf der äußeren Umhüllung stehen. [2]Absatz 5 findet entsprechende Anwendung.

(7) [1]Aus Fertigarzneimitteln entnommene Teilmengen, die zur Anwendung bei Menschen bestimmt sind, dürfen nur zusammen mit einer Ausfertigung der für das Fertigarzneimittel vorgeschriebenen Packungsbeilage abgegeben werden. [2]Absatz 6 Satz 1 gilt entsprechend. [3]Abweichend von Satz 1 müssen bei der im Rahmen einer Dauermedikation erfolgenden regelmäßigen Abgabe von aus Fertigarzneimitteln entnommenen Teilmengen in neuen, patientenindividuell zusammengestellten Blistern Ausfertigungen der für die jeweiligen Fertigarzneimittel vorgeschriebenen Packungsbeilagen erst dann erneut beigefügt werden, wenn sich diese gegenüber den zuletzt beigefügten geändert haben.

§ 11a Fachinformation

(1) [1]Der pharmazeutische Unternehmer ist verpflichtet, Ärzten, Zahnärzten, Tierärzten, Apothekern und, soweit es sich nicht um verschreibungspflichtige Arzneimittel handelt, anderen Personen, die die Heilkunde oder Zahnheilkunde berufsmäßig ausüben, für Fertigarzneimittel, die der Zulassungspflicht unterliegen oder von der Zulassung freigestellt sind, Arzneimittel im Sinne des § 2 Abs. 1 oder Abs. 2 Nr. 1 und für den Verkehr außerhalb der Apotheken nicht freigegeben sind, auf Anforderung eine Gebrauchsinformation für Fachkreise (Fachinformation) zur Verfügung zu stellen. [2]Diese muss die Überschrift „Fachinformation"

tragen und folgende Angaben in gut lesbarer Schrift in Übereinstimmung mit der im Rahmen der Zulassung genehmigten Zusammenfassung der Merkmale des Arzneimittels und in der nachstehenden Reihenfolge enthalten:

1. die Bezeichnung des Arzneimittels, gefolgt von der Stärke und der Darreichungsform;
2. qualitative und quantitative Zusammensetzung nach Wirkstoffen und den sonstigen Bestandteilen, deren Kenntnis für eine zweckgemäße Verabreichung des Mittels erforderlich ist, unter Angabe der gebräuchlichen oder chemischen Bezeichnung; § 10 Abs. 6 findet Anwendung;
3. Darreichungsform;
4. klinische Angaben:
   a) Anwendungsgebiete,
   b) Dosierung und Art der Anwendung bei Erwachsenen und, soweit das Arzneimittel zur Anwendung bei Kindern bestimmt ist, bei Kindern,
   c) Gegenanzeigen,
   d) besondere Warn- und Vorsichtshinweise für die Anwendung und bei immunologischen Arzneimitteln alle besonderen Vorsichtsmaßnahmen, die von Personen, die mit immunologischen Arzneimitteln in Berührung kommen und von Personen, die diese Arzneimittel Patienten verabreichen, zu treffen sind, sowie von dem Patienten zu treffenden Vorsichtsmaßnahmen, soweit dies durch Auflagen der zuständigen Bundesoberbehörde nach § 28 Abs. 2 Nr. 1 Buchstabe a angeordnet oder durch Rechtsverordnung vorgeschrieben ist,
   e) Wechselwirkungen mit anderen Arzneimitteln oder anderen Mitteln, soweit sie die Wirkung des Arzneimittels beeinflussen können,
   f) Verwendung bei Schwangerschaft und Stillzeit,
   g) Auswirkungen auf die Fähigkeit zur Bedienung von Maschinen und zum Führen von Kraftfahrzeugen,
   h) Nebenwirkungen,
   i) Überdosierung: Symptome, Notfallmaßnahmen, Gegenmittel;
5. pharmakologische Eigenschaften:
   a) pharmakodynamische Eigenschaften,
   b) pharmakokinetische Eigenschaften,
   c) vorklinische Sicherheitsdaten;
6. pharmazeutische Angaben:
   a) Liste der sonstigen Bestandteile,
   b) Hauptinkompatibilitäten,
   c) Dauer der Haltbarkeit und, soweit erforderlich, die Haltbarkeit bei Herstellung einer gebrauchsfertigen Zubereitung des Arzneimittels oder bei erstmaliger Öffnung des Behältnisses,
   d) besondere Vorsichtsmaßnahmen für die Aufbewahrung,
   e) Art und Inhalt des Behältnisses,
   f) besondere Vorsichtsmaßnahmen für die Beseitigung von angebrochenen Arzneimitteln oder der davon stammenden Abfallmaterialien, um Gefahren für die Umwelt zu vermeiden;
7. Inhaber der Zulassung;
8. Zulassungsnummer;
9. Datum der Erteilung der Zulassung oder der Verlängerung der Zulassung;
10. Datum der Überarbeitung der Fachinformation.

[3] Weitere Angaben, die nicht durch eine Verordnung der Europäischen Gemeinschaft vorgeschrieben oder bereits nach dieser Verordnung zulässig sind, sind zulässig, wenn sie mit der Anwendung des Arzneimittels im Zusammenhang stehen und den Angaben nach Satz 2 nicht widersprechen; sie müssen von den Angaben nach Satz 2 deutlich abgesetzt und abgegrenzt sein. [4] Satz 1 gilt nicht für Arzneimittel, die nach § 21 Abs. 2 einer Zulassung nicht bedürfen oder nach einer homöopathischen Verfahrenstechnik hergestellt sind.

(1 a) Bei Sera ist auch die Art des Lebewesens, aus dem sie gewonnen sind, bei Virusimpfstoffen das Wirtssystem, das zu Virusvermehrung gedient hat, und bei Arzneimitteln aus humanem Blutplasma zur Fraktionierung das Herkunftsland des Blutplasmas anzugeben.

(1 b) Bei radioaktiven Arzneimitteln sind ferner die Einzelheiten der internen Strahlungsdosimetrie, zusätzliche detaillierte Anweisungen für die extemporane Zubereitung und die Qualitätskontrolle für diese Zubereitung sowie, soweit erforderlich, die Höchstlagerzeit anzugeben, während der eine Zwischenzubereitung wie ein Eluat oder das gebrauchsfertige Arzneimittel seinen Spezifikationen entspricht.

(1 c) [1]Bei Arzneimitteln, die zur Anwendung bei Tieren bestimmt sind, muss die Fachinformation unter der Nummer 4 „klinische Angaben" folgende Angaben enthalten:

a) Angabe jeder Zieltierart, bei der das Arzneimittel angewendet werden soll,
b) Angaben zur Anwendung mit besonderem Hinweis auf die Zieltierarten,
c) Gegenanzeigen,
d) besondere Warnhinweise bezüglich jeder Zieltierart,
e) besondere Warnhinweise für den Gebrauch, einschließlich der von der verabreichenden Person zu treffenden besonderen Sicherheitsvorkehrungen,
f) Nebenwirkungen (Häufigkeit und Schwere),
g) Verwendung bei Trächtigkeit, Eier- oder Milcherzeugung,
h) Wechselwirkungen mit anderen Arzneimitteln und andere Wechselwirkungen,
i) Dosierung und Art der Anwendung,
j) Überdosierung: Notfallmaßnahmen, Symptome, Gegenmittel, soweit erforderlich,
k) Wartezeit für sämtliche Lebensmittel, einschließlich jener, für die keine Wartezeit besteht.

[2]Die Angaben nach Absatz 1 Satz 2 Nr. 5 Buchstabe c entfallen.

(1 d) Bei Arzneimitteln, die nur auf ärztliche, zahnärztliche oder tierärztliche Verschreibung abgegeben werden dürfen, ist auch der Hinweis „Verschreibungspflichtig", bei Betäubungsmitteln der Hinweis „Betäubungsmittel", bei sonstigen Arzneimitteln, die nur in Apotheken an Verbraucher abgegeben werden dürfen, der Hinweis „Apothekenpflichtig" anzugeben; bei Arzneimitteln, die einen Stoff oder eine Zubereitung nach § 48 Absatz 1 Satz 1 Nummer 3 enthalten, ist eine entsprechende Angabe zu machen.

(1 e) Für Zulassungen von Arzneimitteln nach § 24b können Angaben nach Absatz 1 entfallen, die sich auf Anwendungsgebiete, Dosierungen oder andere Gegenstände des Patents beziehen, die zum Zeitpunkt des Inverkehrbringens noch unter das Patentrecht fallen.

(2) [1]Der pharmazeutische Unternehmer ist verpflichtet, die Änderungen der Fachinformation, die für die Therapie relevant sind, den Fachkreisen in geeigneter Form zugänglich zu machen. [2]Die zuständige Bundesoberbehörde kann, soweit erforderlich, durch Auflage bestimmen, in welcher Form die Änderungen allen oder bestimmten Fachkreisen zugänglich zu machen sind.

(3) Ein Muster der Fachinformation und geänderter Fassungen ist der zuständigen Bundesoberbehörde unverzüglich zu übersenden, soweit nicht das Arzneimittel von der Zulassung freigestellt ist.

(4) [1]Die Verpflichtung nach Absatz 1 Satz 1 kann bei Arzneimitteln, die ausschließlich von Angehörigen der Heilberufe verabreicht werden, auch durch Aufnahme der Angaben nach Absatz 1 Satz 2 in der Packungsbeilage erfüllt werden. [2]Die Packungsbeilage muss mit der Überschrift „Gebrauchsinformation und Fachinformation" versehen werden.

§ 12 Ermächtigung für die Kennzeichnung, die Packungsbeilage und die Packungsgrößen

(1) Das Bundesministerium wird ermächtigt, im Einvernehmen mit dem Bundesministerium für Wirtschaft und Technologie durch Rechtsverordnung mit Zustimmung des Bundesrates

1. die Vorschriften der §§ 10 bis 11a auf andere Arzneimittel und den Umfang der Fachinformation auf weitere Angaben auszudehnen,
2. vorzuschreiben, dass die in den §§ 10 und 11 genannten Angaben dem Verbraucher auf andere Weise übermittelt werden,
3. für bestimmte Arzneimittel oder Arzneimittelgruppen vorzuschreiben, dass Warnhinweise, Warnzeichen oder Erkennungszeichen auf
   a) den Behältnissen, den äußeren Umhüllungen, der Packungsbeilage oder
   b) der Fachinformation
   anzubringen sind,
4. vorzuschreiben, dass bestimmte Bestandteile nach der Art auf den Behältnissen und den äußeren Umhüllungen anzugeben sind oder auf sie in der Packungsbeilage hinzuweisen ist,

soweit es geboten ist, um einen ordnungsgemäßen Umgang mit Arzneimitteln und deren sachgerechte Anwendung im Geltungsbereich dieses Gesetzes sicherzustellen und um eine unmittelbare oder mittelbare Gefährdung der Gesundheit von Mensch oder Tier zu verhüten, die infolge mangelnder Unterrichtung eintreten könnte.

(1a) Das Bundesministerium wird ferner ermächtigt, durch Rechtsverordnung mit Zustimmung des Bundesrates für Stoffe oder Zubereitungen aus Stoffen bei der Angabe auf Behältnissen und äußeren Umhüllungen oder in der Packungsbeilage oder in der Fachinformation zusammenfassende Bezeichnungen zuzulassen, soweit es sich nicht um wirksame Bestandteile handelt und eine unmittelbare oder mittelbare Gefährdung der Gesundheit von Mensch oder Tier infolge mangelnder Unterrichtung nicht zu befürchten ist.

(1b) Das Bundesministerium wird ferner ermächtigt, im Einvernehmen mit dem Bundesministerium für Wirtschaft und Technologie durch Rechtsverordnung mit Zustimmung des Bundesrates

1. die Kennzeichnung von Ausgangsstoffen, die für die Herstellung von Arzneimitteln bestimmt sind, und
2. die Kennzeichnung von Arzneimitteln, die zur klinischen Prüfung bestimmt sind,

zu regeln, soweit es geboten ist, um eine unmittelbare oder mittelbare Gefährdung der Gesundheit von Mensch oder Tier zu verhüten, die infolge mangelnder Kennzeichnung eintreten könnte.

(2) ¹Soweit es sich um Arzneimittel handelt, die zur Anwendung bei Tieren bestimmt sind, tritt in den Fällen des Absatzes 1, 1a, 1b oder 3 an die Stelle des Bundesministeriums das Bundesministerium für Ernährung, Landwirtschaft und Verbraucherschutz, das die Rechtsverordnung jeweils im Einvernehmen mit dem Bundesministerium erlässt. ²Die Rechtsverordnung nach Absatz 1, 1a oder 1b ergeht im Einvernehmen mit dem Bundesministerium für Umwelt, Naturschutz und Reaktorsicherheit, soweit es sich um radioaktive Arzneimittel und um Arzneimittel handelt, bei deren Herstellung ionisierende Strahlen verwendet werden, oder in den Fällen des Absatzes 1 Nr. 3 Warnhinweise, Warnzeichen oder Erkennungszeichen im Hinblick auf Angaben nach § 10 Abs. 1 Satz 1 Nr. 13 oder Absatz 5 Satz 1 Nummer10, § 11 Abs. 4 Satz 1 Nr. 9 oder § 11a Abs. 1 Satz 2 Nr. 6 Buchstabe f vorgeschrieben werden.

(3) ¹Das Bundesministerium wird ferner ermächtigt, durch Rechtsverordnung ohne Zustimmung des Bundesrates zu bestimmen, dass Arzneimittel nur in bestimmten Packungsgrößen in den Verkehr gebracht werden dürfen und von den

pharmazeutischen Unternehmern auf den Behältnissen oder, soweit verwendet, auf den äußeren Umhüllungen entsprechend zu kennzeichnen sind. [2]Die Bestimmung dieser Packungsgrößen erfolgt für bestimmte Wirkstoffe und berücksichtigt die Anwendungsgebiete, die Anwendungsdauer und die Darreichungsform. [3]Bei der Bestimmung der Packungsgrößen ist grundsätzlich von einer Dreiteilung auszugehen:

1. Packungen für kurze Anwendungsdauer oder Verträglichkeitstests,
2. Packungen für mittlere Anwendungsdauer,
3. Packungen für längere Anwendungsdauer.

Dritter Abschnitt. Herstellung von Arzneimitteln

§ 13 Herstellungserlaubnis

(1) [1]Wer

1. Arzneimittel im Sinne des § 2 Absatz 1 oder Absatz 2 Nummer 1,
2. Testsera oder Testantigene,
3. Wirkstoffe, die menschlicher, tierischer oder mikrobieller Herkunft sind oder die auf gentechnischem Wege hergestellt werden, oder
4. andere zur Arzneimittelherstellung bestimmte Stoffe menschlicher Herkunft

gewerbs- oder berufsmäßig herstellt, bedarf einer Erlaubnis der zuständigen Behörde. [2]Das Gleiche gilt für juristische Personen, nicht rechtsfähige Vereine und Gesellschaften bürgerlichen Rechts, die Arzneimittel zum Zwecke der Abgabe an ihre Mitglieder herstellen. [3]Satz 1 findet auf eine Prüfung, auf deren Grundlage die Freigabe des Arzneimittels für das Inverkehrbringen erklärt wird, entsprechende Anwendung. [4]§ 14 Absatz 4 bleibt unberührt.

(1 a) Absatz 1 findet keine Anwendung auf

1. Gewebe im Sinne von § 1 a Nummer 4 des Transplantationsgesetzes, für die es einer Erlaubnis nach § 20 b oder § 20 c bedarf,
2. die Gewinnung und die Laboruntersuchung von autologem Blut zur Herstellung von biotechnologisch bearbeiteten Gewebeprodukten, für die es einer Erlaubnis nach § 20 b bedarf,
3. Gewebezubereitungen, für die es einer Erlaubnis nach § 20 c bedarf,
4. die Rekonstitution, soweit es sich nicht um Arzneimittel handelt, die zur klinischen Prüfung bestimmt sind.

(2) [1]Einer Erlaubnis nach Absatz 1 bedarf nicht

1. der Inhaber einer Apotheke für die Herstellung von Arzneimitteln im Rahmen des üblichen Apothekenbetriebs, oder für die Rekonstitution oder das Abpacken einschließlich der Kennzeichnung von Arzneimitteln, die zur klinischen Prüfung bestimmt sind, sofern dies dem Prüfplan entspricht,
2. der Träger eines Krankenhauses, soweit er nach dem Gesetz über das Apothekenwesen Arzneimittel abgeben darf, oder für die Rekonstitution oder das Abpacken einschließlich der Kennzeichnung von Arzneimitteln, die zur klinischen Prüfung bestimmt sind, sofern dies dem Prüfplan entspricht,
3. der Tierarzt im Rahmen des Betriebes einer tierärztlichen Hausapotheke für
   a) das Umfüllen, Abpacken oder Kennzeichnen von Arzneimitteln in unveränderter Form,
   b) die Herstellung von Arzneimitteln, die ausschließlich für den Verkehr außerhalb der Apotheken freigegebene Stoffe oder Zubereitungen aus solchen Stoffen enthalten,
   c) die Herstellung von homöopathischen Arzneimitteln, die, soweit sie zur Anwendung bei Tieren bestimmt sind, der Gewinnung von Lebensmitteln dienen, ausschließlich Wirkstoffe enthalten, die im Anhang der Verordnung (EU) Nr. 37/2010 als Stoffe aufgeführt sind, für die eine Festlegung von Höchstmengen nicht erforderlich ist,

d) das Zubereiten von Arzneimitteln aus einem Fertigarzneimittel und arzneilich nicht wirksamen Bestandteilen,
e) das Mischen von Fertigarzneimitteln für die Immobilisation von Zoo-, Wild-
   und Gehegetieren,
soweit diese Tätigkeiten für die von ihm behandelten Tiere erfolgen,
4. der Großhändler für das Umfüllen, Abpacken oder Kennzeichnen von Arzneimitteln in unveränderter Form, soweit es sich nicht um zur Abgabe an den Verbraucher bestimmte Packungen handelt,
5. der Einzelhändler, der die Sachkenntnis nach § 50 besitzt, für das Umfüllen,
   Abpacken oder Kennzeichnen von Arzneimitteln zur Abgabe in unveränderter
   Form unmittelbar an den Verbraucher,
6. der Hersteller von Wirkstoffen, die für die Herstellung von Arzneimitteln bestimmt sind, die nach einer im Homöopathischen Teil des Arzneibuches beschriebenen Verfahrenstechnik hergestellt werden.
²Die Ausnahmen nach Satz 1 gelten nicht für die Herstellung von Blutzubereitungen, Gewebezubereitungen, Sera, Impfstoffen, Allergenen, Testsera, Testantigenen
und radioaktiven Arzneimitteln.

(2 a) *[aufgehoben]*

(2 b) ¹Einer Erlaubnis nach Absatz 1 bedarf ferner nicht eine Person, die Arzt ist
oder sonst zur Ausübung der Heilkunde bei Menschen befugt ist, soweit die Arzneimittel unter ihrer unmittelbaren fachlichen Verantwortung zum Zwecke der
persönlichen Anwendung bei einem bestimmten Patienten hergestellt werden.
²Satz 1 findet keine Anwendung auf
1. Arzneimittel für neuartige Therapien und xenogene Arzneimittel, soweit diese
   genetisch modifizierte oder durch andere Verfahren in ihren biologischen Eigenschaften veränderte lebende Körperzellen sind oder enthalten, sowie
2. Arzneimittel, die zur klinischen Prüfung bestimmt sind, soweit es sich nicht nur
   um eine Rekonstitution handelt.

(2 c) Absatz 2 b Satz 1 gilt für Tierärzte im Rahmen des Betriebes einer tierärztlichen Hausapotheke für die Anwendung bei von ihnen behandelten Tieren entsprechend.

(3) Eine nach Absatz 1 für das Umfüllen von verflüssigten medizinischen Gasen
in das Lieferbehältnis eines Tankfahrzeuges erteilte Erlaubnis umfasst auch das Umfüllen der verflüssigten medizinischen Gase in unveränderter Form aus dem Lieferbehältnis eines Tankfahrzeuges in Behältnisse, die bei einem Krankenhaus oder
anderen Verbrauchern aufgestellt sind.

(4) ¹Die Entscheidung über die Erteilung der Erlaubnis trifft die zuständige Behörde des Landes, in dem die Betriebsstätte liegt oder liegen soll. ²Bei Blutzubereitungen, Gewebezubereitungen, Sera, Impfstoffen, Allergenen, Arzneimitteln für
neuartige Therapien, xenogenen Arzneimitteln, gentechnisch hergestellten Arzneimitteln sowie Wirkstoffen und anderen zur Arzneimittelherstellung bestimmten
Stoffen, die menschlicher, tierischer oder mikrobieller Herkunft sind oder die auf
gentechnischem Wege hergestellt werden, ergeht die Entscheidung über die Erlaubnis im Benehmen mit der zuständigen Bundesoberbehörde.

§ 14 Entscheidung über die Herstellungserlaubnis

(1) Die Erlaubnis darf nur versagt werden, wenn
1. nicht mindestens eine Person mit der nach § 15 erforderlichen Sachkenntnis
   (sachkundige Person nach § 14) vorhanden ist, die für die in § 19 genannte Tätigkeit verantwortlich ist,
2. *[aufgehoben]*
3. die sachkundige Person nach Nummer 1 oder der Antragsteller die zur Ausübung ihrer Tätigkeit erforderliche Zuverlässigkeit nicht besitzt,
4. die sachkundige Person nach Nummer 1 die ihr obliegenden Verpflichtungen
   nicht ständig erfüllen kann,

5. (weggefallen)

5 a. in Betrieben, die Fütterungsarzneimittel aus Arzneimittel-Vormischungen herstellen, die Person, der die Beaufsichtigung des technischen Ablaufs der Herstellung übertragen ist, nicht ausreichende Kenntnisse und Erfahrungen auf dem Gebiete der Mischtechnik besitzt,

5 b. der Arzt, in dessen Verantwortung eine Vorbehandlung der spendenden Person zur Separation von Blutstammzellen oder anderen Blutbestandteilen durchgeführt wird, nicht die erforderliche Sachkenntnis besitzt,

5 c. entgegen § 4 Satz 1 Nr. 2 des Transfusionsgesetzes keine leitende ärztliche Person bestellt worden ist oder diese Person nicht die erforderliche Sachkunde nach dem Stand der medizinischen Wissenschaft besitzt oder entgegen § 4 Satz 1 Nr. 3 des Transfusionsgesetzes bei der Durchführung der Spendeentnahme von einem Menschen keine ärztliche Person vorhanden ist,

6. geeignete Räume und Einrichtungen für die beabsichtigte Herstellung, Prüfung und Lagerung der Arzneimittel nicht vorhanden sind oder

6 a. der Hersteller nicht in der Lage ist zu gewährleisten, dass die Herstellung oder Prüfung der Arzneimittel nach dem Stand von Wissenschaft und Technik und bei der Gewinnung von Blut und Blutbestandteilen zusätzlich nach den Vorschriften des Zweiten Abschnitts des Transfusionsgesetzes vorgenommen wird.

(2) *[aufgehoben]*

(2 a) Die leitende ärztliche Person nach § 4 Satz 1 Nr. 2 des Transfusionsgesetzes kann zugleich die sachkundige Person nach Absatz 1 Nr. 1 sein.

(2 b) *[aufgehoben]*

(3) (weggefallen)

(4) Abweichend von Absatz 1 Nr. 6 kann teilweise außerhalb der Betriebsstätte des Arzneimittelherstellers

1. die Herstellung von Arzneimitteln zur klinischen Prüfung am Menschen in einer beauftragten Apotheke,

2. die Änderung des Verfalldatums von Arzneimitteln zur klinischen Prüfung am Menschen in einer Prüfstelle durch eine beauftragte Person des Herstellers, sofern diese Arzneimittel ausschließlich zur Anwendung in dieser Prüfstelle bestimmt sind,

3. die Prüfung der Arzneimittel in beauftragten Betrieben,

4. die Gewinnung oder Prüfung, einschließlich der Laboruntersuchungen der Spenderproben, von zur Arzneimittelherstellung bestimmten Stoffen menschlicher Herkunft, mit Ausnahme von Gewebe, in anderen Betrieben oder Einrichtungen,

die keiner eigenen Erlaubnis bedürfen, durchgeführt werden, wenn bei diesen hierfür geeignete Räume und Einrichtungen vorhanden sind und gewährleistet ist, dass die Herstellung und Prüfung nach dem Stand von Wissenschaft und Technik erfolgt und die sachkundige Person nach Nummer 1 ihre Verantwortung wahrnehmen kann.

(5) [1] Bei Beanstandungen der vorgelegten Unterlagen ist dem Antragsteller Gelegenheit zu geben, Mängeln innerhalb einer angemessenen Frist abzuhelfen. [2] Wird den Mängeln nicht abgeholfen, so ist die Erteilung der Erlaubnis zu versagen.

§ 15 Sachkenntnis

(1) Der Nachweis der erforderlichen Sachkenntnis als sachkundige Person nach § 14 wird erbracht durch

1. die Approbation als Apotheker oder

2. das Zeugnis über eine nach abgeschlossenem Hochschulstudium der Pharmazie, der Chemie, der Biologie, der Human- oder der Veterinärmedizin abgelegte Prüfung

sowie eine mindestens zweijährige praktische Tätigkeit auf dem Gebiet der qualitativen und quantitativen Analyse sowie sonstiger Qualitätsprüfungen von Arzneimitteln.

(2) [1]In den Fällen des Absatzes 1 Nr. 2 muss der zuständigen Behörde nachgewiesen werden, dass das Hochschulstudium theoretischen und praktischen Unterricht in mindestens folgenden Grundfächern umfasst hat und hierin ausreichende Kenntnisse vorhanden sind:
Experimentelle Physik
Allgemeine und anorganische Chemie
Organische Chemie
Analytische Chemie
Pharmazeutische Chemie
Biochemie
Physiologie
Mikrobiologie
Pharmakologie
Pharmazeutische Technologie
Toxikologie
Pharmazeutische Biologie.
[2]Der theoretische und praktische Unterricht und die ausreichenden Kenntnisse können an einer Hochschule auch nach abgeschlossenem Hochschulstudium im Sinne des Absatzes 1 Nr. 2 erworben und durch Prüfung nachgewiesen werden.

(3) [1]Für die Herstellung und Prüfung von Blutzubereitungen, Sera, Impfstoffen, Allergenen, Testsera und Testantigenen findet Absatz 2 keine Anwendung. [2]An Stelle der praktischen Tätigkeit nach Absatz 1 muss eine mindestens dreijährige Tätigkeit auf dem Gebiet der medizinischen Serologie oder medizinischen Mikrobiologie nachgewiesen werden. [3]Abweichend von Satz 2 müssen anstelle der praktischen Tätigkeit nach Absatz 1

1. für Blutzubereitungen aus Blutplasma zur Fraktionierung eine mindestens dreijährige Tätigkeit in der Herstellung oder Prüfung in plasmaverarbeitenden Betrieben mit Herstellungserlaubnis und zusätzlich eine mindestens sechsmonatige Erfahrung in der Transfusionsmedizin oder der medizinischen Mikrobiologie, Virologie, Hygiene oder Analytik,
2. für Blutzubereitungen aus Blutzellen, Zubereitungen aus Frischplasma sowie für Wirkstoffe und Blutbestandteile zur Herstellung von Blutzubereitungen eine mindestens zweijährige transfusionsmedizinische Erfahrung, die sich auf alle Bereiche der Herstellung und Prüfung erstreckt,
3. für autologe Blutzubereitungen eine mindestens sechsmonatige transfusionsmedizinische Erfahrung oder eine einjährige Tätigkeit in der Herstellung autologer Blutzubereitungen,
4. für Blutstammzellzubereitungen zusätzlich zu ausreichenden Kenntnissen mindestens zwei Jahre Erfahrungen in dieser Tätigkeit, insbesondere in der zugrunde liegenden Technik,

nachgewiesen werden. [4]Zur Vorbehandlung von Personen zur Separation von Blutstammzellen oder anderen Blutbestandteilen muss die verantwortliche ärztliche Person ausreichende Kenntnisse und eine mindestens zweijährige Erfahrung in dieser Tätigkeit nachweisen. [5]Für das Abpacken und Kennzeichnen verbleibt es bei den Voraussetzungen des Absatzes 1.

(3 a) [1]Für die Herstellung und Prüfung von Arzneimitteln für neuartige Therapien, xenogenen Arzneimitteln, Gewebezubereitungen, Arzneimitteln zur In-vivo-Diagnostik mittels Markergenen, radioaktiven Arzneimitteln und Wirkstoffen findet Absatz 2 keine Anwendung. [2]Anstelle der praktischen Tätigkeit nach Absatz 1 muss

1. für Gentherapeutika und Arzneimittel zur In-vivo-Diagnostik mittels Markergenen eine mindestens zweijährige Tätigkeit auf einem medizinisch relevanten

Gebiet, insbesondere der Gentechnik, der Mikrobiologie, der Zellbiologie, der Virologie oder der Molekularbiologie,

2. für somatische Zelltherapeutika und biotechnologisch bearbeitete Gewebeprodukte eine mindestens zweijährige Tätigkeit auf einem medizinisch relevanten Gebiet, insbesondere der Gentechnik, der Mikrobiologie, der Zellbiologie, der Virologie oder der Molekularbiologie,

3. für xenogene Arzneimittel eine mindestens dreijährige Tätigkeit auf einem medizinisch relevanten Gebiet, die eine mindestens zweijährige Tätigkeit auf insbesondere einem Gebiet der in Nummer 1 genannten Gebiete umfasst,

4. für Gewebezubereitungen eine mindestens zweijährige Tätigkeit auf dem Gebiet der Herstellung und Prüfung solcher Arzneimittel in Betrieben und Einrichtungen, die einer Herstellungserlaubnis nach diesem Gesetz bedürfen oder eine Genehmigung nach dem Gemeinschaftsrecht besitzen,

5. für radioaktive Arzneimittel eine mindestens dreijährige Tätigkeit auf dem Gebiet der Nuklearmedizin oder der radiopharmazeutischen Chemie und

6. für andere als die unter Absatz 3 Satz 3 Nummer 2 aufgeführten Wirkstoffe eine mindestens zweijährige Tätigkeit in der Herstellung oder Prüfung von Wirkstoffen

nachgewiesen werden.

(4) Die praktische Tätigkeit nach Absatz 1 muss in einem Betrieb abgeleistet werden, für den eine Erlaubnis zur Herstellung von Arzneimitteln durch einen Mitgliedstaat der Europäischen Union, einen anderen Vertragsstaat des Abkommens über den Europäischen Wirtschaftsraum oder durch einen Staat erteilt worden ist, mit dem eine gegenseitige Anerkennung von Zertifikaten nach § 72a Satz 1 Nr. 1 vereinbart ist.

(5) Die praktische Tätigkeit ist nicht erforderlich für das Herstellen von Fütterungsarzneimitteln aus Arzneimittel-Vormischungen; Absatz 2 findet keine Anwendung.

§ 16 Begrenzung der Herstellungserlaubnis

[1] Die Erlaubnis wird dem Antragsteller für eine bestimmte Betriebsstätte und für bestimmte Arzneimittel und Darreichungsformen erteilt, in den Fällen des § 14 Abs. 4 auch für eine bestimmte Betriebsstätte des beauftragten oder des anderen Betriebes. [2] Soweit die Erlaubnis die Prüfung von Arzneimitteln oder Wirkstoffen umfasst, ist die Art der Prüfung aufzuführen.

§ 17 Fristen für die Erteilung

(1) Die zuständige Behörde hat eine Entscheidung über den Antrag auf Erteilung der Erlaubnis innerhalb einer Frist von drei Monaten zu treffen.

(2) [1] Beantragt ein Erlaubnisinhaber die Änderung der Erlaubnis in Bezug auf die herzustellenden Arzneimittel oder in Bezug auf die Räume und Einrichtungen im Sinne des § 14 Abs. 1 Nr. 6, so hat die Behörde die Entscheidung innerhalb einer Frist von einem Monat zu treffen. [2] In Ausnahmefällen verlängert sich die Frist um weitere zwei Monate. [3] Der Antragsteller ist hiervon vor Fristablauf unter Mitteilung der Gründe in Kenntnis zu setzen.

(3) [1] Gibt die Behörde dem Antragsteller nach § 14 Abs. 5 Gelegenheit, Mängeln abzuhelfen, so werden die Fristen bis zur Behebung der Mängel oder bis zum Ablauf der nach § 14 Abs. 5 gesetzten Frist gehemmt. [2] Die Hemmung beginnt mit dem Tage, an dem dem Antragsteller die Aufforderung zur Behebung der Mängel zugestellt wird.

§ 18 Rücknahme, Widerruf, Ruhen

(1) [1] Die Erlaubnis ist zurückzunehmen, wenn nachträglich bekannt wird, dass einer der Versagungsgründe nach § 14 Abs. 1 bei der Erteilung vorgelegen hat. [2] Ist

einer der Versagungsgründe nachträglich eingetreten, so ist sie zu widerrufen; an Stelle des Widerrufs kann auch das Ruhen der Erlaubnis angeordnet werden.[3] § 13 Abs. 4 findet entsprechende Anwendung.

(2) [1]Die zuständige Behörde kann vorläufig anordnen, dass die Herstellung eines Arzneimittels eingestellt wird, wenn der Hersteller die für die Herstellung und Prüfung zu führenden Nachweise nicht vorlegt. [2]Die vorläufige Anordnung kann auf eine Charge beschränkt werden.

§ 19 Verantwortungsbereiche

[1]Die sachkundige Person nach § 14 ist dafür verantwortlich, dass jede Charge des Arzneimittels entsprechend den Vorschriften über den Verkehr mit Arzneimitteln hergestellt und geprüft wurde. [2]Sie hat die Einhaltung dieser Vorschriften für jede Arzneimittelcharge in einem fortlaufenden Register oder einem vergleichbaren Dokument vor deren Inverkehrbringen zu bescheinigen.

§ 20 Anzeigepflichten

[1]Der Inhaber der Erlaubnis hat jede Änderung einer der in § 14 Abs. 1 genannten Angaben unter Vorlage der Nachweise der zuständigen Behörde vorher anzuzeigen. [2]Bei einem unvorhergesehenen Wechsel der sachkundigen Person nach § 14 hat die Anzeige unverzüglich zu erfolgen.

§ 20a Geltung für Wirkstoffe und andere Stoffe

§ 13 Abs. 2 und 4 und die §§ 14 bis 20 gelten entsprechend für Wirkstoffe und für andere zur Arzneimittelherstellung bestimmte Stoffe menschlicher Herkunft, soweit ihre Herstellung oder Prüfung nach § 13 Abs. 1 einer Erlaubnis bedarf.

...

Vierter Abschnitt. Zulassung der Arzneimittel

§ 21 Zulassungspflicht

(1) [1]Fertigarzneimittel, die Arzneimittel im Sinne des § 2 Abs. 1 oder Abs. 2 Nr. 1 sind, dürfen im Geltungsbereich dieses Gesetzes nur in den Verkehr gebracht werden, wenn sie durch die zuständige Bundesoberbehörde zugelassen sind oder wenn für sie die Kommission der Europäischen Gemeinschaften oder der Rat der Europäischen Union eine Genehmigung für das Inverkehrbringen gemäß Artikel 3 Abs. 1 oder 2 der Verordnung (EG) Nr. 726/2004 des Europäischen Parlaments und des Rates vom 31. März 2004 zur Festlegung von Gemeinschaftsverfahren für die Genehmigung und Überwachung von Human- und Tierarzneimitteln und zur Errichtung einer Europäischen Arzneimittel-Agentur (ABl. EU Nr. L 136 S. 1) auch in Verbindung mit der Verordnung (EG) Nr. 1901/2006 des Europäischen Parlaments und des Rates vom 12. Dezember 2006 über Kinderarzneimittel und zur Änderung der Verordnung (EWG) Nr. 1768/92, der Richtlinien 2001/20/EG und 2001/83/EG sowie der Verordnung (EG) Nr. 726/2004 (ABl. L 378 vom 27. 12. 2006, S. 1) oder der Verordnung (EG) Nr. 1394/2007 erteilt hat. [2]Das gilt auch für Arzneimittel, die keine Fertigarzneimittel und zur Anwendung bei Tieren bestimmt sind, sofern sie an pharmazeutische Unternehmer abgegeben werden sollen, die eine Erlaubnis zur Herstellung von Arzneimitteln besitzen.

(2) Einer Zulassung bedarf es nicht für Arzneimittel, die

1. zur Anwendung bei Menschen bestimmt sind und auf Grund nachweislich häufiger ärztlicher oder zahnärztlicher Verschreibung in den wesentlichen Herstellungsschritten in einer Apotheke in einer Menge bis zu hundert abgabefertigen Packungen an einem Tag im Rahmen des üblichen Apothekenbetriebs hergestellt werden und zur Abgabe im Rahmen der bestehenden Apothekenbetriebserlaubnis bestimmt sind,

1 a. Arzneimittel sind, bei deren Herstellung Stoffe menschlicher Herkunft eingesetzt werden und die entweder zur autologen oder gerichteten, für eine bestimmte Person vorgesehene Anwendung bestimmt sind oder auf Grund einer
Rezeptur für einzelne Personen hergestellt werden, es sei denn, es handelt sich
um Arzneimittel im Sinne von § 4 Absatz 4,

1 b. andere als die in Nummer 1 a genannten Arzneimittel sind und für Apotheken,
denen für einen Patienten eine Verschreibung vorliegt, aus im Geltungsbereich
dieses Gesetzes zugelassenen Arzneimitteln

    a) als Zytostatikazubereitung oder für die parenterale Ernährung sowie in ande-
ren medizinisch begründeten besonderen Bedarfsfällen, sofern es für die ausreichende Versorgung des Patienten erforderlich ist und kein zugelassenes
Arzneimittel zur Verfügung steht, hergestellt werden oder

    b) als Blister aus unveränderten Arzneimitteln hergestellt werden oder

    c) in unveränderter Form abgefüllt werden,

1 c. zur Anwendung bei Menschen bestimmt sind, antivirale oder antibakterielle
Wirksamkeit haben und zur Behandlung einer bedrohlichen übertragbaren
Krankheit, deren Ausbreitung eine sofortige und das übliche Maß erheblich
überschreitende Bereitstellung von spezifischen Arzneimitteln erforderlich
macht, aus Wirkstoffen hergestellt werden, die von den Gesundheitsbehörden
des Bundes oder der Länder oder von diesen benannten Stellen für diese Zwecke bevorratet wurden, soweit ihre Herstellung in einer Apotheke zur Abgabe
im Rahmen der bestehenden Apothekenbetriebserlaubnis oder zur Abgabe an
andere Apotheken erfolgt,

1 d. Gewebezubereitungen sind, die der Pflicht zur Genehmigung nach den Vorschriften des § 21 a Abs. 1 unterliegen,

1 e. Heilwässer, Bademoore oder andere Peloide sind, die nicht im Voraus hergestellt und nicht in einer zur Abgabe an den Verbraucher bestimmten Packung in
den Verkehr gebracht werden, oder die ausschließlich zur äußeren Anwendung
oder zur Inhalation vor Ort bestimmt sind,

1 f. medizinische Gase sind und die für einzelne Personen aus im Geltungsbereich
dieses Gesetzes zugelassenen Arzneimitteln durch Abfüllen und Kennzeichnen
in Unternehmen, die nach § 50 zum Einzelhandel mit Arzneimitteln außerhalb
von Apotheken befugt sind, hergestellt werden,

1 g. als Therapieallergene für einzelne Patienten auf Grund einer Rezeptur hergestellt werden,

2. zur klinischen Prüfung bei Menschen bestimmt sind,

3. Fütterungsarzneimittel sind, die bestimmungsgemäß aus Arzneimittel-
Vormischungen hergestellt sind, für die eine Zulassung nach § 25 erteilt ist,

4. für Einzeltiere oder Tiere eines bestimmten Bestandes in Apotheken oder in
tierärztlichen Hausapotheken unter den Voraussetzungen des Absatzes 2 a hergestellt werden,

5. zur klinischen Prüfung bei Tieren oder zur Rückstandsprüfung bestimmt sind
oder

6. unter den in Artikel 83 der Verordnung (EG) Nr. 726/2004 genannten Voraussetzungen kostenlos für eine Anwendung bei Patienten zur Verfügung gestellt
werden, die an einer zu einer schweren Behinderung führenden Erkrankung
leiden oder deren Krankheit lebensbedrohend ist, und die mit einem zugelassenen Arzneimittel nicht zufrieden stellend behandelt werden können; dies gilt
auch für die nicht den Kategorien des Artikels 3 Absatz 1 oder 2 der Verordnung (EG) Nr. 726/2004 zugehörigen Arzneimitteln; Verfahrensregelungen
werden in einer Rechtsverordnung nach § 80 bestimmt.

(2 a) ¹Arzneimittel, die für den Verkehr außerhalb von Apotheken nicht freigegebene Stoffe und Zubereitungen aus Stoffen enthalten, dürfen nach Absatz 2
Nr. 4 nur hergestellt werden, wenn für die Behandlung ein zugelassenes Arzneimittel für die betreffende Tierart oder das betreffende Anwendungsgebiet nicht zur
Verfügung steht, die notwendige arzneiliche Versorgung der Tiere sonst ernstlich

gefährdet wäre und eine unmittelbare oder mittelbare Gefährdung der Gesundheit von Mensch und Tier nicht zu befürchten ist. [2]Die Herstellung von Arzneimitteln gemäß Satz 1 ist nur in Apotheken zulässig. [3]Satz 2 gilt nicht für das Zubereiten von Arzneimitteln aus einem Fertigarzneimittel und arzneilich nicht wirksamen Bestandteilen sowie für das Mischen von Fertigarzneimitteln zum Zwecke der Immobilisation von Zoo-, Wild- und Gehegetieren. [4]Als Herstellen im Sinne des Satzes 1 gilt nicht das Umfüllen, Abpacken oder Kennzeichnen von Arzneimitteln in unveränderter Form, soweit

1. keine Fertigarzneimittel in für den Einzelfall geeigneten Packungsgrößen im Handel verfügbar sind oder
2. in sonstigen Fällen das Behältnis oder jede andere Form der Arzneimittelverpackung, die unmittelbar mit dem Arzneimittel in Berührung kommt, nicht beschädigt wird.

[5]Die Sätze 1 bis 4 gelten nicht für registrierte oder von der Registrierung freigestellte homöopathische Arzneimittel, die, soweit sie zur Anwendung bei Tieren bestimmt sind, die der Gewinnung von Lebensmitteln dienen, ausschließlich Wirkstoffe enthalten, die im Anhang der Verordnung (EU) Nr. 37/2010 als Stoffe aufgeführt sind, für die eine Festlegung von Höchstmengen nicht erforderlich ist.

(3) [1]Die Zulassung ist vom pharmazeutischen Unternehmer zu beantragen. [2]Für ein Fertigarzneimittel, das in Apotheken oder sonstigen Einzelhandelsbetrieben auf Grund einheitlicher Vorschriften hergestellt und unter einer einheitlichen Bezeichnung an Verbraucher abgegeben wird, ist die Zulassung vom Herausgeber der Herstellungsvorschrift zu beantragen. [3]Wird ein Fertigarzneimittel für mehrere Apotheken oder sonstige Einzelhandelsbetriebe hergestellt und soll es unter deren Namen und unter einer einheitlichen Bezeichnung an Verbraucher abgegeben werden, so hat der Hersteller die Zulassung zu beantragen.

(4) Die zuständige Bundesoberbehörde entscheidet ferner unabhängig von einem Zulassungsantrag nach Absatz 3 auf Antrag einer zuständigen Landesbehörde über die Zulassungspflicht eines Arzneimittels.

…

Sechster Abschnitt. Schutz des Menschen bei der Klinischen Prüfung

§ 40 Allgemeine Voraussetzungen der klinischen Prüfung

(1) [1]Der Sponsor, der Prüfer und alle weiteren an der klinischen Prüfung beteiligten Personen haben bei der Durchführung der klinischen Prüfung eines Arzneimittels bei Menschen die Anforderungen der guten klinischen Praxis nach Maßgabe des Artikels 1 Abs. 3 der Richtlinie 2001/20/EG einzuhalten. [2]Die klinische Prüfung eines Arzneimittels bei Menschen darf vom Sponsor nur begonnen werden, wenn die zuständige Ethik-Kommission diese nach Maßgabe des § 42 Abs. 1 zustimmend bewertet und die zuständige Bundesoberbehörde diese nach Maßgabe des § 42 Abs. 2 genehmigt hat. [3]Die klinische Prüfung eines Arzneimittels darf bei Menschen nur durchgeführt werden, wenn und solange

1. ein Sponsor oder ein Vertreter des Sponsors vorhanden ist, der seinen Sitz in einem Mitgliedstaat der Europäischen Union oder in einem anderen Vertragsstaat des Abkommens über den Europäischen Wirtschaftsraum hat,
2. die vorhersehbaren Risiken und Nachteile gegenüber dem Nutzen für die Person, bei der sie durchgeführt werden soll (betroffene Person), und der voraussichtlichen Bedeutung des Arzneimittels für die Heilkunde ärztlich vertretbar sind,
2a. nach dem Stand der Wissenschaft im Verhältnis zum Zweck der klinischen Prüfung eines Arzneimittels, das aus einem gentechnisch veränderten Organis-

mus oder einer Kombination von gentechnisch veränderten Organismen besteht oder solche enthält, unvertretbare schädliche Auswirkungen auf
a) die Gesundheit Dritter und
b) die Umwelt

nicht zu erwarten sind,

3. die betroffene Person
   a) volljährig und in der Lage ist, Wesen, Bedeutung und Tragweite der klinischen Prüfung zu erkennen und ihren Willen hiernach auszurichten,
   b) nach Absatz 2 Satz 1 aufgeklärt worden ist und schriftlich eingewilligt hat, soweit in Absatz 4 oder in § 41 nichts Abweichendes bestimmt ist und
   c) nach Absatz 2 a Satz 1 und 2 informiert worden ist und schriftlich eingewilligt hat; die Einwilligung muss sich ausdrücklich auch auf die Erhebung und Verarbeitung von Angaben über die Gesundheit beziehen,
4. die betroffene Person nicht auf gerichtliche oder behördliche Anordnung in einer Anstalt untergebracht ist,
5. sie in einer geeigneten Einrichtung von einem angemessen qualifizierten Prüfer verantwortlich durchgeführt wird und die Prüfung von einem Prüfer mit mindestens zweijähriger Erfahrung in der klinischen Prüfung von Arzneimitteln geleitet wird,
6. eine dem jeweiligen Stand der wissenschaftlichen Erkenntnisse entsprechende pharmakologisch-toxikologische Prüfung des Arzneimittels durchgeführt worden ist,
7. jeder Prüfer durch einen für die pharmakologisch-toxikologische Prüfung verantwortlichen Wissenschaftler über deren Ergebnisse und die voraussichtlich mit der klinischen Prüfung verbundenen Risiken informiert worden ist,
8. für den Fall, dass bei der Durchführung der klinischen Prüfung ein Mensch getötet oder der Körper oder die Gesundheit eines Menschen verletzt wird, eine Versicherung nach Maßgabe des Absatzes 3 besteht, die auch Leistungen gewährt, wenn kein anderer für den Schaden haftet, und
9. für die medizinische Versorgung der betroffenen Person ein Arzt oder bei zahnmedizinischer Behandlung ein Zahnarzt verantwortlich ist.

[4] Kann die betroffene Person nicht schreiben, so kann in Ausnahmefällen statt der in Satz 3 Nummer 3 Buchstabe b und c geforderten schriftlichen Einwilligung eine mündliche Einwilligung in Anwesenheit von mindestens einem Zeugen, der auch bei der Information der betroffenen Person einbezogen war, erteilt werden. [5] Der Zeuge darf keine bei der Prüfstelle beschäftigte Person und kein Mitglied der Prüfgruppe sein. [6] Die mündlich erteilte Einwilligung ist schriftlich zu dokumentieren, zu datieren und von dem Zeugen zu unterschreiben.

(2) [1] Die betroffene Person ist durch einen Prüfer, der Arzt oder bei zahnmedizinischer Prüfung Zahnarzt ist, über Wesen, Bedeutung, Risiken und Tragweite der klinischen Prüfung sowie über ihr Recht aufzuklären, die Teilnahme an der klinischen Prüfung jederzeit zu beenden; ihr ist eine allgemein verständliche Aufklärungsunterlage auszuhändigen. [2] Der betroffenen Person ist ferner Gelegenheit zu einem Beratungsgespräch mit einem Prüfer über die sonstigen Bedingungen der Durchführung der klinischen Prüfung zu geben. [3] Eine nach Absatz 1 Satz 3 Nr. 3 Buchstabe b erklärte Einwilligung in die Teilnahme an einer klinischen Prüfung kann jederzeit gegenüber dem Prüfer schriftlich oder mündlich widerrufen werden, ohne dass der betroffenen Person dadurch Nachteile entstehen dürfen.

(2 a) [1] Die betroffene Person ist über Zweck und Umfang der Erhebung und Verwendung personenbezogener Daten, insbesondere von Gesundheitsdaten zu informieren. [2] Sie ist insbesondere darüber zu informieren, dass

1. die erhobenen Daten soweit erforderlich
   a) zur Einsichtnahme durch die Überwachungsbehörde oder Beauftragte des Sponsors zur Überprüfung der ordnungsgemäßen Durchführung der klinischen Prüfung bereitgehalten werden,

b) pseudonymisiert an den Sponsor oder eine von diesem beauftragte Stelle zum Zwecke der wissenschaftlichen Auswertung weitergegeben werden,

c) im Falle eines Antrags auf Zulassung pseudonymisiert an den Antragsteller und die für die Zulassung zuständige Behörde weitergegeben werden,

d) im Falle unerwünschter Ereignisse des zu prüfenden Arzneimittels pseudonymisiert an den Sponsor und die zuständige Bundesoberbehörde sowie von dieser an die Europäische Datenbank weitergegeben werden,

2. die Einwilligung nach Absatz 1 Satz 3 Nr. 3 Buchstabe c unwiderruflich ist,

3. im Falle eines Widerrufs der nach Absatz 1 Satz 3 Nr. 3 Buchstabe b erklärten Einwilligung die gespeicherten Daten weiterhin verwendet werden dürfen, soweit dies erforderlich ist, um

a) Wirkungen des zu prüfenden Arzneimittels festzustellen,

b) sicherzustellen, dass schutzwürdige Interessen der betroffenen Person nicht beeinträchtigt werden,

c) der Pflicht zur Vorlage vollständiger Zulassungsunterlagen zu genügen,

4. die Daten bei den genannten Stellen für die auf Grund des § 42 Abs. 3 bestimmten Fristen gespeichert werden.

³Im Falle eines Widerrufs der nach Absatz 1 Satz 3 Nr. 3 Buchstabe b erklärten Einwilligung haben die verantwortlichen Stellen unverzüglich zu prüfen, inwieweit die gespeicherten Daten für die in Satz 2 Nr. 3 genannten Zwecke noch erforderlich sein können. ⁴Nicht mehr benötigte Daten sind unverzüglich zu löschen. ⁵Im Übrigen sind die erhobenen personenbezogenen Daten nach Ablauf der auf Grund des § 42 Abs. 3 bestimmten Fristen zu löschen, soweit nicht gesetzliche, satzungsmäßige oder vertragliche Aufbewahrungsfristen entgegenstehen.

(3) ¹Die Versicherung nach Absatz 1 Satz 3 Nr. 8 muss zugunsten der von der klinischen Prüfung betroffenen Personen bei einem in einem Mitgliedstaat der Europäischen Union oder einem anderen Vertragsstaat des Abkommens über den Europäischen Wirtschaftsraum zum Geschäftsbetrieb zugelassenen Versicherer genommen werden. ²Ihr Umfang muss in einem angemessenen Verhältnis zu den mit der klinischen Prüfung verbundenen Risiken stehen und auf der Grundlage der Risikoabschätzung so festgelegt werden, dass für jeden Fall des Todes oder der dauernden Erwerbsunfähigkeit einer von der klinischen Prüfung betroffenen Person mindestens 500 000 Euro zur Verfügung stehen. ³Soweit aus der Versicherung geleistet wird, erlischt ein Anspruch auf Schadensersatz.

(4) Auf eine klinische Prüfung bei Minderjährigen finden die Absätze 1 bis 3 mit folgender Maßgabe Anwendung:

1. ¹Das Arzneimittel muss zum Erkennen oder zum Verhüten von Krankheiten bei Minderjährigen bestimmt und die Anwendung des Arzneimittels nach den Erkenntnissen der medizinischen Wissenschaft angezeigt sein, um bei dem Minderjährigen Krankheiten zu erkennen oder ihn vor Krankheiten zu schützen. ²Angezeigt ist das Arzneimittel, wenn seine Anwendung bei dem Minderjährigen medizinisch indiziert ist.

2. Die klinische Prüfung an Erwachsenen oder andere Forschungsmethoden dürfen nach den Erkenntnissen der medizinischen Wissenschaft keine ausreichenden Prüfergebnisse erwarten lassen.

3. ¹Die Einwilligung wird durch den gesetzlichen Vertreter abgegeben, nachdem er entsprechend Absatz 2 aufgeklärt worden ist. ²Sie muss dem mutmaßlichen Willen des Minderjährigen entsprechen, soweit ein solcher feststellbar ist. ³Der Minderjährige ist vor Beginn der klinischen Prüfung von einem im Umgang mit Minderjährigen erfahrenen Prüfer über die Prüfung, die Risiken und den Nutzen aufzuklären, soweit dies im Hinblick auf sein Alter und seine geistige Reife möglich ist; erklärt der Minderjährige, nicht an der klinischen Prüfung teilnehmen zu wollen, oder bringt er dies in sonstiger Weise zum Ausdruck, so ist dies zu beachten. ⁴Ist der Minderjährige in der Lage, Wesen, Bedeutung und Tragweite der klinischen Prüfung zu erkennen und seinen Willen hiernach auszurichten, so ist auch seine Einwilligung erforderlich. ⁵Eine Gelegenheit zu

einem Beratungsgespräch nach Absatz 2 Satz 2 ist neben dem gesetzlichen Vertreter auch dem Minderjährigen zu eröffnen.

4. Die klinische Prüfung darf nur durchgeführt werden, wenn sie für die betroffene Person mit möglichst wenig Belastungen und anderen vorhersehbaren Risiken verbunden ist; sowohl der Belastungsgrad als auch die Risikoschwelle müssen im Prüfplan eigens definiert und vom Prüfer ständig überprüft werden.

5. Vorteile mit Ausnahme einer angemessenen Entschädigung dürfen nicht gewährt werden.

(5) [1] Der betroffenen Person, ihrem gesetzlichen Vertreter oder einem von ihr Bevollmächtigten steht eine zuständige Kontaktstelle zur Verfügung, bei der Informationen über alle Umstände, denen eine Bedeutung für die Durchführung einer klinischen Prüfung beizumessen ist, eingeholt werden können. [2] Die Kontaktstelle ist bei der jeweils zuständigen Bundesoberbehörde einzurichten.

...

Siebter Abschnitt. Abgabe von Arzneimitteln

§ 43 Apothekenpflicht, Inverkehrbringen durch Tierärzte

(1) [1] Arzneimittel im Sinne des § 2 Abs. 1 oder Abs. 2 Nr. 1, die nicht durch die Vorschriften des § 44 oder der nach § 45 Abs. 1 erlassenen Rechtsverordnung für den Verkehr außerhalb der Apotheken freigegeben sind, dürfen außer in den Fällen des § 47 berufs- oder gewerbsmäßig für den Endverbrauch nur in Apotheken und ohne behördliche Erlaubnis nicht im Wege des Versandes in den Verkehr gebracht werden; das Nähere regelt das Apothekengesetz. [2] Außerhalb der Apotheken darf außer in den Fällen des Absatzes 4 und des § 47 Abs. 1 mit den nach Satz 1 den Apotheken vorbehaltenen Arzneimitteln kein Handel getrieben werden. [3] Die Angaben über die Ausstellung oder Änderung einer Erlaubnis zum Versand von Arzneimitteln nach Satz 1 sind in die Datenbank nach § 67a einzugeben.

(2) Die nach Absatz 1 Satz 1 den Apotheken vorbehaltenen Arzneimittel dürfen von juristischen Personen, nicht rechtsfähigen Vereinen und Gesellschaften des bürgerlichen Rechts und des Handelsrechts an ihre Mitglieder nicht abgegeben werden, es sei denn, dass es sich bei den Mitgliedern um Apotheken oder um die in § 47 Abs. 1 genannten Personen und Einrichtungen handelt und die Abgabe unter den dort bezeichneten Voraussetzungen erfolgt.

(3) [1] Auf Verschreibung dürfen Arzneimittel im Sinne des § 2 Abs. 1 oder Abs. 2 Nr. 1 nur von Apotheken abgegeben werden. [2] § 56 Abs. 1 bleibt unberührt.

(4) [1] Arzneimittel im Sinne des § 2 Abs. 1 oder Abs. 2 Nr. 1 dürfen ferner im Rahmen des Betriebes einer tierärztlichen Hausapotheke durch Tierärzte an Halter der von ihnen behandelten Tiere abgegeben und zu diesem Zweck vorrätig gehalten werden. [2] Dies gilt auch für die Abgabe von Arzneimitteln zur Durchführung tierärztlich gebotener und tierärztlich kontrollierter krankheitsvorbeugender Maßnahmen bei Tieren, wobei der Umfang der Abgabe den auf Grund tierärztlicher Indikation festgestellten Bedarf nicht überschreiten darf. [3] Weiterhin dürfen Arzneimittel im Sinne des § 2 Abs. 1 oder Abs. 2 Nr. 1, die zur Durchführung tierseuchenrechtlicher Maßnahmen bestimmt und nicht verschreibungspflichtig sind, in der jeweils erforderlichen Menge durch Veterinärbehörden an Tierhalter abgegeben werden. [4] Mit der Abgabe ist dem Tierhalter eine schriftliche Anweisung über Art, Zeitpunkt und Dauer der Anwendung auszuhändigen.

(5) [1] Zur Anwendung bei Tieren bestimmte Arzneimittel, die nicht für den Verkehr außerhalb der Apotheken freigegeben sind, dürfen an den Tierhalter oder an andere in § 47 Abs. 1 nicht genannte Personen nur in der Apotheke oder tierärztlichen Hausapotheke oder durch den Tierarzt ausgehändigt werden. [2] Dies gilt

nicht für Fütterungsarzneimittel und für Arzneimittel im Sinne des Absatzes 4 Satz 3. [3] Abweichend von Satz 1 dürfen Arzneimittel, die ausschließlich zur Anwendung bei Tieren, die nicht der Gewinnung von Lebensmitteln dienen, zugelassen sind, von Apotheken, die eine behördliche Erlaubnis nach Absatz 1 haben, im Wege des Versandes abgegeben werden. [4] Ferner dürfen in Satz 3 bezeichnete Arzneimittel im Rahmen des Betriebs einer tierärztlichen Hausapotheke im Einzelfall in einer für eine kurzfristige Weiterbehandlung notwendigen Menge für vom Tierarzt behandelte Einzeltiere im Wege des Versandes abgegeben werden. [5] Sonstige Vorschriften über die Abgabe von Arzneimitteln durch Tierärzte nach diesem Gesetz und der Verordnung über tierärztliche Hausapotheken bleiben unberührt.

(6) Arzneimittel dürfen im Rahmen der Übergabe einer tierärztlichen Praxis an den Nachfolger im Betrieb der tierärztlichen Hausapotheke abgegeben werden.

§ 44 Ausnahme von der Apothekenpflicht

(1) Arzneimittel, die von dem pharmazeutischen Unternehmer ausschließlich zu anderen Zwecken als zur Beseitigung oder Linderung von Krankheiten, Leiden, Körperschäden oder krankhaften Beschwerden zu dienen bestimmt sind, sind für den Verkehr außerhalb der Apotheken freigegeben.

(2) Ferner sind für den Verkehr außerhalb der Apotheken freigegeben:
1. a) natürliche Heilwässer sowie deren Salze, auch als Tabletten oder Pastillen,
   b) künstliche Heilwässer sowie deren Salze, auch als Tabletten oder Pastillen, jedoch nur, wenn sie in ihrer Zusammensetzung natürlichen Heilwässern entsprechen,
2. Heilerde, Bademoore und andere Peloide, Zubereitungen zur Herstellung von Bädern, Seifen zum äußeren Gebrauch,
3. mit ihren verkehrsüblichen deutschen Namen bezeichnete
   a) Pflanzen und Pflanzenteile, auch zerkleinert,
   b) Mischungen aus ganzen oder geschnittenen Pflanzen oder Pflanzenteilen als Fertigarzneimittel,
   c) Destillate aus Pflanzen und Pflanzenteilen,
   d) Presssäfte aus frischen Pflanzen und Pflanzenteilen, sofern sie ohne Lösungsmittel mit Ausnahme von Wasser hergestellt sind,
4. Pflaster,
5. ausschließlich oder überwiegend zum äußeren Gebrauch bestimmte Desinfektionsmittel sowie Mund- und Rachendesinfektionsmittel.

(3) Die Absätze 1 und 2 gelten nicht für Arzneimittel, die
1. nur auf ärztliche, zahnärztliche oder tierärztliche Verschreibung abgegeben werden dürfen oder
2. durch Rechtsverordnung nach § 46 vom Verkehr außerhalb der Apotheken ausgeschlossen sind.

§ 45 Ermächtigung zu weiteren Ausnahmen von der Apothekenpflicht

(1) [1] Das Bundesministerium wird ermächtigt, im Einvernehmen mit dem Bundesministerium für Wirtschaft und Technologie nach Anhörung von Sachverständigen durch Rechtsverordnung mit Zustimmung des Bundesrates Stoffe, Zubereitungen aus Stoffen oder Gegenstände, die dazu bestimmt sind, teilweise oder ausschließlich zur Beseitigung oder Linderung von Krankheiten, Leiden, Körperschäden oder krankhaften Beschwerden zu dienen, für den Verkehr außerhalb der Apotheken freizugeben,
1. soweit sie nicht nur auf ärztliche, zahnärztliche oder tierärztliche Verschreibung abgegeben werden dürfen,
2. soweit sie nicht wegen ihrer Zusammensetzung oder Wirkung die Prüfung, Aufbewahrung und Abgabe durch eine Apotheke erfordern,

3. soweit nicht durch ihre Freigabe eine unmittelbare oder mittelbare Gefährdung der Gesundheit von Mensch oder Tier, insbesondere durch unsachgemäße Behandlung, zu befürchten ist oder

4. soweit nicht durch ihre Freigabe die ordnungsgemäße Arzneimittelversorgung gefährdet wird.

[2]Die Rechtsverordnung wird vom Bundesministerium für Ernährung, Landwirtschaft und Verbraucherschutz im Einvernehmen mit dem Bundesministerium und dem Bundesministerium für Wirtschaft und Technologie erlassen, soweit es sich um Arzneimittel handelt, die zur Anwendung bei Tieren bestimmt sind.

(2) Die Freigabe kann auf Fertigarzneimittel, auf bestimmte Dosierungen, Anwendungsgebiete oder Darreichungsformen beschränkt werden.

(3) Die Rechtsverordnung ergeht im Einvernehmen mit dem Bundesministerium für Umwelt, Naturschutz und Reaktorsicherheit, soweit es sich um radioaktive Arzneimittel und um Arzneimittel handelt, bei deren Herstellung ionisierende Strahlen verwendet werden.

§ 46 Ermächtigung zur Ausweitung der Apothekenpflicht

(1) [1]Das Bundesministerium wird ermächtigt, im Einvernehmen mit dem Bundesministerium für Wirtschaft und Technologie nach Anhörung von Sachverständigen durch Rechtsverordnung mit Zustimmung des Bundesrates Arzneimittel im Sinne des § 44 vom Verkehr außerhalb der Apotheken auszuschließen, soweit auch bei bestimmungsgemäßem oder bei gewohnheitsmäßigem Gebrauch eine unmittelbare oder mittelbare Gefährdung der Gesundheit von Mensch oder Tier zu befürchten ist. [2]Die Rechtsverordnung wird vom Bundesministerium für Ernährung, Landwirtschaft und Verbraucherschutz im Einvernehmen mit dem Bundesministerium und dem Bundesministerium für Wirtschaft und Technologie erlassen, soweit es sich um Arzneimittel handelt, die zur Anwendung bei Tieren bestimmt sind.

(2) Die Rechtsverordnung nach Absatz 1 kann auf bestimmte Dosierungen, Anwendungsgebiete oder Darreichungsformen beschränkt werden.

(3) Die Rechtsverordnung ergeht im Einvernehmen mit dem Bundesministerium für Umwelt, Naturschutz und Reaktorsicherheit, soweit es sich um radioaktive Arzneimittel und um Arzneimittel handelt, bei deren Herstellung ionisierende Strahlen verwendet werden.

§ 47 Vertriebsweg

(1) [1]Pharmazeutische Unternehmer und Großhändler dürfen Arzneimittel, deren Abgabe den Apotheken vorbehalten ist, außer an Apotheken nur abgeben an

1. andere pharmazeutische Unternehmer und Großhändler,
2. Krankenhäuser und Ärzte, soweit es sich handelt um
   a) aus menschlichem Blut gewonnene Blutzubereitungen oder gentechnologisch hergestellte Blutbestandteile, die, soweit es sich um Gerinnungsfaktorenzubereitungen handelt, von dem hämostaseologisch qualifizierten Arzt im Rahmen der ärztlich kontrollierten Selbstbehandlung von Blutern an seine Patienten abgegeben werden dürfen,
   b) Gewebezubereitungen oder tierisches Gewebe,
   c) Infusionslösungen in Behältnissen mit mindestens 500 ml, die zum Ersatz oder zur Korrektur von Körperflüssigkeit bestimmt sind, sowie Lösungen zur Hämodialyse und Peritonealdialyse, die, soweit es sich um Lösungen zur Peritonealdialyse handelt, auf Verschreibung des nephrologisch qualifizierten Arztes im Rahmen der ärztlich kontrollierten Selbstbehandlung seiner Dialysepatienten an diese abgegeben werden dürfen,
   d) Zubereitungen, die ausschließlich dazu bestimmt sind, die Beschaffenheit, den Zustand oder die Funktion des Körpers oder seelische Zustände erkennen zu lassen,

e) medizinische Gase, bei denen auch die Abgabe an Heilpraktiker zulässig ist,

f) radioaktive Arzneimittel,

g) Arzneimittel, die mit dem Hinweis „Zur klinischen Prüfung bestimmt" versehen sind, sofern sie kostenlos zur Verfügung gestellt werden,

h) Blutegel und Fliegenlarven, bei denen auch die Abgabe an Heilpraktiker zulässig ist, oder

i) Arzneimittel, die im Falle des § 21 Absatz 2 Nummer 6 zur Verfügung gestellt werden,

3. Krankenhäuser, Gesundheitsämter und Ärzte, soweit es sich um Impfstoffe handelt, die dazu bestimmt sind, bei einer unentgeltlichen auf Grund des § 20 Abs. 5, 6 oder 7 des Infektionsschutzgesetzes vom 20. Juli 2000 (BGBl. I S. 1045) durchgeführten Schutzimpfung angewendet zu werden oder soweit eine Abgabe von Impfstoffen zur Abwendung einer Seuchen- oder Lebensgefahr erforderlich ist,

3 a. anerkannte Impfzentren, soweit es sich um Gelbfieberimpfstoff handelt,

3 b. Krankenhäuser und Gesundheitsämter, soweit es sich um Arzneimittel mit antibakterieller oder antiviraler Wirkung handelt, die dazu bestimmt sind, auf Grund des § 20 Abs. 5, 6 oder 7 des Infektionsschutzgesetzes zur spezifischen Prophylaxe gegen übertragbare Krankheiten angewendet zu werden,

3 c. Gesundheitsbehörden des Bundes oder der Länder oder von diesen im Einzelfall benannte Stellen, soweit es sich um Arzneimittel handelt, die für den Fall einer bedrohlichen übertragbaren Krankheit, deren Ausbreitung eine sofortige und das übliche Maß erheblich überschreitende Bereitstellung von spezifischen Arzneimitteln erforderlich macht, bevorratet werden,

4. Veterinärbehörden, soweit es sich um Arzneimittel handelt, die zur Durchführung öffentlich-rechtlicher Maßnahmen bestimmt sind,

5. auf gesetzlicher Grundlage eingerichtete oder im Benehmen mit dem Bundesministerium von der zuständigen Behörde anerkannte zentrale Beschaffungsstellen für Arzneimittel,

6. Tierärzte im Rahmen des Betriebes einer tierärztlichen Hausapotheke, soweit es sich um Fertigarzneimittel handelt, zur Anwendung an den von ihnen behandelten Tieren und zur Abgabe an deren Halter,

7. zur Ausübung der Zahnheilkunde berechtigte Personen, soweit es sich um Fertigarzneimittel handelt, die ausschließlich in der Zahnheilkunde verwendet und bei der Behandlung am Patienten angewendet werden,

8. Einrichtungen von Forschung und Wissenschaft, denen eine Erlaubnis nach § 3 des Betäubungsmittelgesetzes erteilt worden ist, die zum Erwerb des betreffenden Arzneimittels berechtigt,

9. Hochschulen, soweit es sich um Arzneimittel handelt, die für die Ausbildung der Studierenden der Pharmazie und der Veterinärmedizin benötigt werden.

²Die Anerkennung der zentralen Beschaffungsstelle nach Satz 1 Nr. 5 erfolgt, soweit es sich um zur Anwendung bei Tieren bestimmte Arzneimittel handelt, im Benehmen mit dem Bundesministerium für Ernährung, Landwirtschaft und Verbraucherschutz.

(1 a) Pharmazeutische Unternehmer und Großhändler dürfen Arzneimittel, die zur Anwendung bei Tieren bestimmt sind, an die in Absatz 1 Nr. 1 oder 6 bezeichneten Empfänger erst abgeben, wenn diese ihnen eine Bescheinigung der zuständigen Behörde vorgelegt haben, dass sie ihrer Anzeigepflicht nach § 67 nachgekommen sind.

(1 b) Pharmazeutische Unternehmer und Großhändler haben über den Bezug und die Abgabe zur Anwendung bei Tieren bestimmter verschreibungspflichtiger Arzneimittel, die nicht ausschließlich zur Anwendung bei anderen Tieren als solchen, die der Gewinnung von Lebensmitteln dienen, bestimmt sind, Nachweise zu führen, aus denen gesondert für jedes dieser Arzneimittel zeitlich geordnet die Menge des Bezugs unter Angabe des oder der Lieferanten und die Menge der

Abgabe unter Angabe des oder der Bezieher nachgewiesen werden kann, und diese Nachweise der zuständigen Behörde auf Verlangen vorzulegen.

(1 c) [1]Pharmazeutische Unternehmer und Großhändler haben bis zum 31. März jedes Kalenderjahres nach Maßgabe einer Rechtsverordnung nach Satz 2 elektronisch Mitteilung an das zentrale Informationssystem über Arzneimittel nach § 67 a Absatz 1 zu machen über Art und Menge der von ihnen im vorangegangenen Kalenderjahr an Tierärzte abgegebenen Arzneimittel, die

1. Stoffe mit antimikrobieller Wirkung,
2. in Tabelle 2 des Anhangs der Verordnung (EU) Nr. 37/2010 aufgeführte Stoffe oder
3. in einer der Anlagen der Verordnung über Stoffe mit pharmakologischer Wirkung aufgeführte Stoffe

enthalten. [2]Das Bundesministerium für Ernährung, Landwirtschaft und Verbraucherschutz wird ermächtigt, im Einvernehmen mit dem Bundesministerium, durch Rechtsverordnung mit Zustimmung des Bundesrates

1. Näheres über Inhalt und Form der Mitteilungen nach Satz 1 zu regeln und
2. vorzuschreiben, dass
   a) in den Mitteilungen die Zulassungsnummer des jeweils abgegebenen Arzneimittels anzugeben ist,
   b) die Mitteilung der Menge des abgegebenen Arzneimittels nach den ersten beiden Ziffern der Postleitzahl der Anschrift der Tierärzte aufzuschlüsseln ist.

[3]In Rechtsverordnungen nach Satz 2 können ferner Regelungen in entsprechender Anwendung des § 67 a Absatz 3 getroffen werden.

(2) [1]Die in Absatz 1 Nr. 5 bis 9 bezeichneten Empfänger dürfen die Arzneimittel nur für den eigenen Bedarf im Rahmen der Erfüllung ihrer Aufgaben beziehen. [2]Die in Absatz 1 Nr. 5 bezeichneten zentralen Beschaffungsstellen dürfen nur anerkannt werden, wenn nachgewiesen wird, dass sie unter fachlicher Leitung eines Apothekers oder, soweit es sich um zur Anwendung bei Tieren bestimmte Arzneimittel handelt, eines Tierarztes stehen und geeignete Räume und Einrichtungen zur Prüfung, Kontrolle und Lagerung der Arzneimittel vorhanden sind.

(3) [1]Pharmazeutische Unternehmer dürfen Muster eines Fertigarzneimittels abgeben und abgeben lassen an

1. Ärzte, Zahnärzte oder Tierärzte,
2. andere Personen, die die Heilkunde oder Zahnheilkunde berufsmäßig ausüben, soweit es sich nicht um verschreibungspflichtige Arzneimittel handelt,
3. Ausbildungsstätten für die Heilberufe.

[2]Pharmazeutische Unternehmer dürfen Muster eines Fertigarzneimittels an Ausbildungsstätten für die Heilberufe nur in einem dem Zweck der Ausbildung angemessenen Umfang abgeben oder abgeben lassen. [3]Muster dürfen keine Stoffe oder Zubereitungen

1. im Sinne des § 2 des Betäubungsmittelgesetzes, die als solche in Anlage II oder III des Betäubungsmittelgesetzes aufgeführt sind, oder
2. die nach § 48 Absatz 2 Satz 3 nur auf Sonderrezept verschrieben werden dürfen,

enthalten.

(4) [1]Pharmazeutische Unternehmer dürfen Muster eines Fertigarzneimittels an Personen nach Absatz 3 Satz 1 nur auf jeweilige schriftliche Anforderungen, in der kleinsten Packungsgröße und in einem Jahr von einem Fertigarzneimittel nicht mehr als zwei Muster abgeben oder abgeben lassen. [2]Mit den Mustern ist die Fachinformation, soweit diese nach § 11 a vorgeschrieben ist, zu übersenden. [3]Das Muster dient insbesondere der Information des Arztes über den Gegenstand des Arzneimittels. [4]Über die Empfänger von Mustern sowie über Art, Umfang und Zeitpunkt der Abgabe von Mustern sind gesondert für jeden Empfänger Nachweise zu führen und auf Verlangen der zuständigen Behörde vorzulegen.

§ 47 a Sondervertriebsweg, Nachweispflichten

(1) [1]Pharmazeutische Unternehmer dürfen ein Arzneimittel, das zur Vornahme eines Schwangerschaftsabbruchs zugelassen ist, nur an Einrichtungen im Sinne des § 13 des Schwangerschaftskonfliktgesetzes vom 27. Juli 1992 (BGBl. I S. 1398), geändert durch Artikel 1 des Gesetzes vom 21. August 1995 (BGBl. I S. 1050), und nur auf Verschreibung eines dort behandelnden Arztes abgeben. [2]Andere Personen dürfen die in Satz 1 genannten Arzneimittel nicht in den Verkehr bringen.

(2) [1]Pharmazeutische Unternehmer haben die zur Abgabe bestimmten Packungen der in Absatz 1 Satz 1 genannten Arzneimittel fortlaufend zu nummerieren; ohne diese Kennzeichnung darf das Arzneimittel nicht abgegeben werden. [2]Über die Abgabe haben pharmazeutische Unternehmer, über den Erhalt und die Anwendung haben die Einrichtung und der behandelnde Arzt Nachweise zu führen und diese Nachweise auf Verlangen der zuständigen Behörde zur Einsichtnahme vorzulegen.

(2 a) Pharmazeutische Unternehmer sowie die Einrichtung haben die in Absatz 1 Satz 1 genannten Arzneimittel, die sich in ihrem Besitz befinden, gesondert aufzubewahren und gegen unbefugte Entnahme zu sichern.

(3) Die §§ 43 und 47 finden auf die in Absatz 1 Satz 1 genannten Arzneimittel keine Anwendung.

§ 47 b Sondervertriebsweg Diamorphin

(1) [1]Pharmazeutische Unternehmer dürfen ein diamorphinhaltiges Fertigarzneimittel, das zur substitutionsgestützten Behandlung zugelassen ist, nur an anerkannte Einrichtungen im Sinne des § 13 Absatz 3 Satz 2 Nummer 2a des Betäubungsmittelgesetzes und nur auf Verschreibung eines dort behandelnden Arztes abgeben. [2]Andere Personen dürfen die in Satz 1 genannten Arzneimittel nicht in Verkehr bringen.

(2) Die §§ 43 und 47 finden auf die in Absatz 1 Satz 1 genannten Arzneimittel keine Anwendung.

§ 48 Verschreibungspflicht

(1) [1]Arzneimittel, die

1. durch Rechtsverordnung nach Absatz 2, auch in Verbindung mit den Absätzen 4 und 5, bestimmte Stoffe, Zubereitungen aus Stoffen oder Gegenstände sind oder denen solche Stoffe oder Zubereitungen aus Stoffen zugesetzt sind,
2. nicht unter Nummer 1 fallen und zur Anwendung bei Tieren, die der Gewinnung von Lebensmitteln dienen, bestimmt sind oder
3. Arzneimittel im Sinne des § 2 Absatz 1 oder Absatz 2 Nummer 1 sind, die Stoffe mit in der medizinischen Wissenschaft nicht allgemein bekannten Wirkungen oder Zubereitungen solcher Stoffe enthalten,

dürfen nur bei Vorliegen einer ärztlichen, zahnärztlichen oder tierärztlichen Verschreibung an Verbraucher abgegeben werden. [2]Satz 1 Nr. 1 gilt nicht für die Abgabe zur Ausstattung von Kauffahrteischiffen durch Apotheken nach Maßgabe der hierfür geltenden gesetzlichen Vorschriften. [3]Satz 1 Nummer 3 gilt auch für Arzneimittel, die Zubereitungen aus in ihren Wirkungen allgemein bekannten Stoffen sind, wenn die Wirkungen dieser Zubereitungen in der medizinischen Wissenschaft nicht allgemein bekannt sind, es sei denn, dass die Wirkungen nach Zusammensetzung, Dosierung, Darreichungsform oder Anwendungsgebiet der Zubereitung bestimmbar sind. [4]Satz 1 Nummer 3 gilt nicht für Arzneimittel, die Zubereitungen aus Stoffen bekannter Wirkungen sind, soweit diese außerhalb der Apotheken abgegeben werden dürfen. [5]An die Stelle der Verschreibungspflicht nach Satz 1 Nummer 3 tritt mit der Aufnahme des betreffenden Stoffes oder der betreffenden Zubereitung in die Rechtsverordnung nach Absatz 2 Nummer 1 die Verschreibungspflicht nach der Rechtsverordnung.

(2) [1]Das Bundesministerium wird ermächtigt, im Einvernehmen mit dem Bundesministerium für Wirtschaft und Technologie durch Rechtsverordnung mit Zustimmung des Bundesrates

1. Stoffe oder Zubereitungen aus Stoffen zu bestimmen, bei denen die Voraussetzungen nach Absatz 1 Satz 1 Nummer 3 auch in Verbindung mit Absatz 1 Satz 3 vorliegen,

2. Stoffe, Zubereitungen aus Stoffen oder Gegenstände zu bestimmen,

    a) die die Gesundheit des Menschen oder, sofern sie zur Anwendung bei Tieren bestimmt sind die Gesundheit des Tieres, des Anwenders oder die Umwelt auch bei bestimmungsgemäßem Gebrauch unmittelbar oder mittelbar gefährden können, wenn sie ohne ärztliche, zahnärztliche oder tierärztliche Überwachung angewendet werden,

    b) die häufig in erheblichem Umfang nicht bestimmungsgemäß gebraucht werden, wenn dadurch die Gesundheit von Mensch oder Tier unmittelbar oder mittelbar gefährdet werden kann, oder

    c) sofern sie zur Anwendung bei Tieren bestimmt sind, deren Anwendung eine vorherige tierärztliche Diagnose erfordert oder Auswirkungen haben kann, die die späteren diagnostischen oder therapeutischen Maßnahmen erschweren oder überlagern,

3. die Verschreibungspflicht für Arzneimittel aufzuheben, wenn auf Grund der bei der Anwendung des Arzneimittels gemachten Erfahrungen die Voraussetzungen nach Nummer 2 nicht oder nicht mehr vorliegen, bei Arzneimitteln nach Nummer 1 kann frühestens drei Jahre nach Inkrafttreten der zugrunde liegenden Rechtsverordnung die Verschreibungspflicht aufgehoben werden,

4. für Stoffe oder Zubereitungen aus Stoffen vorzuschreiben, dass sie nur abgegeben werden dürfen, wenn in der Verschreibung bestimmte Höchstmengen für den Einzel- und Tagesgebrauch nicht überschritten werden oder wenn die Überschreitung vom Verschreibenden ausdrücklich kenntlich gemacht worden ist,

5. zu bestimmen, dass ein Arzneimittel auf eine Verschreibung nicht wiederholt abgegeben werden darf,

6. vorzuschreiben, dass ein Arzneimittel nur auf eine Verschreibung von Ärzten eines bestimmten Fachgebietes oder zur Anwendung in für die Behandlung mit dem Arzneimittel zugelassenen Einrichtungen abgegeben werden darf oder über die Verschreibung, Abgabe und Anwendung Nachweise geführt werden müssen,

7. Vorschriften über die Form und den Inhalt der Verschreibung, einschließlich der Verschreibung in elektronischer Form, zu erlassen.

[2]Die Rechtsverordnungen nach Satz 1 Nummer 2 bis 7 werden nach Anhörungen von Sachverständigen erlassen. [3]In der Rechtsverordnung nach Satz 1 Nummer 7 kann für Arzneimittel, deren Verschreibung die Beachtung besonderer Sicherheitsanforderungen erfordert, vorgeschrieben werden, dass

1. die Verschreibung nur auf einem amtlichen Formblatt (Sonderrezept), das von der zuständigen Bundesoberbehörde auf Anforderung eines Arztes ausgegeben wird, erfolgen darf,

2. das Formblatt Angaben zur Anwendung sowie Bestätigungen enthalten muss, insbesondere zu Aufklärungspflichten über Anwendung und Risiken des Arzneimittels, und

3. eine Durchschrift der Verschreibung durch die Apotheke an die zuständige Bundesoberbehörde zurückzugeben ist.

(3) [1]Die Rechtsverordnung nach Absatz 2, auch in Verbindung mit den Absätzen 4 und 5, kann auf bestimmte Dosierungen, Potenzierungen, Darreichungsformen, Fertigarzneimittel oder Anwendungsbereiche beschränkt werden. [2]Ebenso kann eine Ausnahme von der Verschreibungspflicht für die Abgabe an Hebammen und Entbindungspfleger vorgesehen werden, soweit dies für eine ordnungsgemäße Berufsausübung erforderlich ist. [3]Die Beschränkung auf bestimmte Fertigarznei-

mittel zur Anwendung am Menschen nach Satz 1 erfolgt, wenn gemäß Artikel 74 a der Richtlinie 2001/83/EG die Aufhebung der Verschreibungspflicht auf Grund signifikanter vorklinischer oder klinischer Versuche erfolgt ist; dabei ist der nach Artikel 74 a vorgesehene Zeitraum von einem Jahr zu beachten.

(4) Die Rechtsverordnung wird vom Bundesministerium für Ernährung, Landwirtschaft und Verbraucherschutz im Einvernehmen mit dem Bundesministerium und dem Bundesministerium für Wirtschaft und Technologie erlassen, soweit es sich um Arzneimittel handelt, die zur Anwendung bei Tieren bestimmt sind.

(5) Die Rechtsverordnung ergeht im Einvernehmen mit dem Bundesministerium für Umwelt, Naturschutz und Reaktorsicherheit, soweit es sich um radioaktive Arzneimittel und um Arzneimittel handelt, bei deren Herstellung ionisierende Strahlen verwendet werden.

(6) Das Bundesministerium für Ernährung, Landwirtschaft und Verbraucherschutz wird ermächtigt, im Einvernehmen mit dem Bundesministerium durch Rechtsverordnung mit Zustimmung des Bundesrates im Falle des Absatzes 1 Satz 1 Nr. 2 Arzneimittel von der Verschreibungspflicht auszunehmen, soweit die auf Grund des Artikels 67 Doppelbuchstabe aa der Richtlinie 2001/82/EG festgelegten Anforderungen eingehalten sind.

§ 49 (weggefallen)

§ 50 Einzelhandel mit freiverkäuflichen Arzneimitteln

(1) [1] Einzelhandel außerhalb von Apotheken mit Arzneimitteln im Sinne des § 2 Abs. 1 oder Abs. 2 Nr. 1, die zum Verkehr außerhalb der Apotheken freigegeben sind, darf nur betrieben werden, wenn der Unternehmer, eine zur Vertretung des Unternehmens gesetzlich berufene oder eine von dem Unternehmer mit der Leitung des Unternehmens oder mit dem Verkauf beauftragte Person die erforderliche Sachkenntnis besitzt. [2] Bei Unternehmen mit mehreren Betriebsstellen muss für jede Betriebsstelle eine Person vorhanden sein, die die erforderliche Sachkenntnis besitzt.

(2) [1] Die erforderliche Sachkenntnis besitzt, wer Kenntnisse und Fertigkeiten über das ordnungsgemäße Abfüllen, Abpacken, Kennzeichnen, Lagern und Inverkehrbringen von Arzneimitteln, die zum Verkehr außerhalb der Apotheken freigegeben sind, sowie Kenntnisse über die für diese Arzneimittel geltenden Vorschriften nachweist. [2] Das Bundesministerium wird ermächtigt, im Einvernehmen mit dem Bundesministerium für Wirtschaft und Technologie und dem Bundesministerium für Bildung und Forschung durch Rechtsverordnung mit Zustimmung des Bundesrates Vorschriften darüber zu erlassen, wie der Nachweis der erforderlichen Sachkenntnis zu erbringen ist, um einen ordnungsgemäßen Verkehr mit Arzneimitteln zu gewährleisten. [3] Es kann dabei Prüfungszeugnisse über eine abgeleistete berufliche Aus- oder Fortbildung als Nachweis anerkennen. [4] Es kann ferner bestimmen, dass die Sachkenntnis durch eine Prüfung vor der zuständigen Behörde oder einer von ihr bestimmten Stelle nachgewiesen wird und das Nähere über die Prüfungsanforderungen und das Prüfungsverfahren regeln. [5] Die Rechtsverordnung wird, soweit es sich um Arzneimittel handelt, die zur Anwendung bei Tieren bestimmt sind, vom Bundesministerium für Ernährung, Landwirtschaft und Verbraucherschutz im Einvernehmen mit dem Bundesministerium, dem Bundesministerium für Wirtschaft und Technologie und dem Bundesministerium für Bildung und Forschung erlassen.

(3) Einer Sachkenntnis nach Absatz 1 bedarf nicht, wer Fertigarzneimittel im Einzelhandel in den Verkehr bringt, die

1. im Reisegewerbe abgegeben werden dürfen,
2. zur Verhütung der Schwangerschaft oder von Geschlechtskrankheiten beim Menschen bestimmt sind,
3. (weggefallen)

4. ausschließlich zum äußeren Gebrauch bestimmte Desinfektionsmittel oder
5. Sauerstoff sind.

§ 51 Abgabe im Reisegewerbe

(1) Das Feilbieten von Arzneimitteln und das Aufsuchen von Bestellungen auf Arzneimittel im Reisegewerbe sind verboten; ausgenommen von dem Verbot sind für den Verkehr außerhalb der Apotheken freigegebene Fertigarzneimittel, die

1. mit ihren verkehrsüblichen deutschen Namen bezeichnete, in ihren Wirkungen allgemein bekannte Pflanzen oder Pflanzenteile oder Presssäfte aus frischen Pflanzen oder Pflanzenteilen sind, sofern diese mit keinem anderen Lösungsmittel als Wasser hergestellt wurden, oder
2. Heilwässer und deren Salze in ihrem natürlichen Mischungsverhältnis oder ihre Nachbildungen sind.

(2) [1] Das Verbot des Absatzes 1 erster Halbsatz findet keine Anwendung, soweit der Gewerbetreibende andere Personen im Rahmen ihres Geschäftsbetriebes aufsucht, es sei denn, dass es sich um Arzneimittel handelt, die für die Anwendung bei Tieren in land- und forstwirtschaftlichen Betrieben, in gewerblichen Tierhaltungen sowie in Betrieben des Gemüse-, Obst-, Garten- und Weinbaus, der Imkerei und der Fischerei feilgeboten oder dass bei diesen Betrieben Bestellungen auf Arzneimittel, deren Abgabe den Apotheken vorbehalten ist, aufgesucht werden. [2] Dies gilt auch für Handlungsreisende und andere Personen, die im Auftrag und im Namen eines Gewerbetreibenden tätig werden.

§ 52 Verbot der Selbstbedienung

(1) Arzneimittel im Sinne des § 2 Abs. 1 oder Abs. 2 Nr. 1 dürfen
1. nicht durch Automaten und
2. nicht durch andere Formen der Selbstbedienung in den Verkehr gebracht werden.

(2) Absatz 1 gilt nicht für Fertigarzneimittel, die
1. im Reisegewerbe abgegeben werden dürfen,
2. zur Verhütung der Schwangerschaft oder von Geschlechtskrankheiten beim Menschen bestimmt und zum Verkehr außerhalb der Apotheken freigegeben sind,
3. (weggefallen)
4. ausschließlich zum äußeren Gebrauch bestimmte Desinfektionsmittel oder
5. Sauerstoff sind.

(3) Absatz 1 Nr. 2 gilt ferner nicht für Arzneimittel, die für den Verkehr außerhalb der Apotheken freigegeben sind, wenn eine Person, die die Sachkenntnis nach § 50 besitzt, zur Verfügung steht.

§ 52 a Großhandel mit Arzneimitteln

(1) [1] Wer Großhandel mit Arzneimitteln im Sinne des § 2 Abs. 1 oder Abs. 2 Nr. 1, Testsera oder Testantigenen betreibt, bedarf einer Erlaubnis. [2] Ausgenommen von dieser Erlaubnispflicht sind die in § 51 Abs. 1 zweiter Halbsatz genannten für den Verkehr außerhalb der Apotheken freigegebenen Fertigarzneimittel sowie Gase für medizinische Zwecke.

(2) Mit dem Antrag hat der Antragsteller
1. die bestimmte Betriebsstätte zu benennen, für die die Erlaubnis erteilt werden soll,
2. Nachweise darüber vorzulegen, dass er über geeignete und ausreichende Räumlichkeiten, Anlagen und Einrichtungen verfügt, um eine ordnungsgemäße Lagerung und einen ordnungsgemäßen Vertrieb und, soweit vorgesehen, ein ordnungsgemäßes Umfüllen, Abpacken und Kennzeichnen von Arzneimitteln zu gewährleisten,

3. eine verantwortliche Person zu benennen, die die zur Ausübung der Tätigkeit erforderliche Sachkenntnis besitzt, und

4. eine Erklärung beizufügen, in der er sich schriftlich verpflichtet, die für den ordnungsgemäßen Betrieb eines Großhandels geltenden Regelungen einzuhalten.

(3) [1]Die Entscheidung über die Erteilung der Erlaubnis trifft die zuständige Behörde des Landes, in dem die Betriebsstätte liegt oder liegen soll. [2]Die zuständige Behörde hat eine Entscheidung über den Antrag auf Erteilung der Erlaubnis innerhalb einer Frist von drei Monaten zu treffen. [3]Verlangt die zuständige Behörde vom Antragsteller weitere Angaben zu den Voraussetzungen nach Absatz 2, so wird die in Satz 2 genannte Frist so lange ausgesetzt, bis die erforderlichen ergänzenden Angaben der zuständigen Behörde vorliegen.

(4) Die Erlaubnis darf nur versagt werden, wenn

1. die Voraussetzungen nach Absatz 2 nicht vorliegen,

2. Tatsachen die Annahme rechtfertigen, dass der Antragsteller oder die verantwortliche Person nach Absatz 2 Nr. 3 die zur Ausübung ihrer Tätigkeit erforderliche Zuverlässigkeit nicht besitzt oder

3. der Großhändler nicht in der Lage ist, zu gewährleisten, dass die für den ordnungsgemäßen Betrieb geltenden Regelungen eingehalten werden.

(5) [1]Die Erlaubnis ist zurückzunehmen, wenn nachträglich bekannt wird, dass einer der Versagungsgründe nach Absatz 4 bei der Erteilung vorgelegen hat. [2]Die Erlaubnis ist zu widerrufen, wenn die Voraussetzungen für die Erteilung der Erlaubnis nicht mehr vorliegen; anstelle des Widerrufs kann auch das Ruhen der Erlaubnis angeordnet werden.

(6) Eine Erlaubnis nach § 13 oder § 72 umfasst auch die Erlaubnis zum Großhandel mit den Arzneimitteln, auf die sich die Erlaubnis nach § 13 oder § 72 erstreckt.

(7) Die Absätze 1 bis 5 gelten nicht für die Tätigkeit der Apotheken im Rahmen des üblichen Apothekenbetriebes.

(8) [1]Der Inhaber der Erlaubnis hat jede Änderung der in Absatz 2 genannten Angaben sowie jede wesentliche Änderung der Großhandelstätigkeit unter Vorlage der Nachweise der zuständigen Behörde vorher anzuzeigen. [2]Bei einem unvorhergesehenen Wechsel der verantwortlichen Person nach Absatz 2 Nr. 3 hat die Anzeige unverzüglich zu erfolgen.

§ 52 b Bereitstellung von Arzneimitteln

(1) Pharmazeutische Unternehmer und Betreiber von Arzneimittelgroßhandlungen, die im Geltungsbereich dieses Gesetzes ein tatsächlich in Verkehr gebrachtes und zur Anwendung im oder am Menschen bestimmtes Arzneimittel vertreiben, das durch die zuständige Bundesoberbehörde zugelassen worden ist oder für das durch die Kommission der Europäischen Gemeinschaften oder durch den Rat der Europäischen Union eine Genehmigung für das Inverkehrbringen gemäß Artikel 3 Absatz 1 oder 2 der Verordnung (EG) Nr. 726/2004 erteilt worden ist, stellen eine angemessene und kontinuierliche Bereitstellung des Arzneimittels sicher, damit der Bedarf von Patienten im Geltungsbereich dieses Gesetzes gedeckt ist.

(2) [1]Pharmazeutische Unternehmer müssen im Rahmen ihrer Verantwortlichkeit eine bedarfsgerechte und kontinuierliche Belieferung vollversorgender Arzneimittelgroßhandlungen gewährleisten. [2]Vollversorgende Arzneimittelgroßhandlungen sind Großhandlungen, die ein vollständiges, herstellerneutral gestaltetes Sortiment an apothekenpflichtigen Arzneimitteln unterhalten, das nach Breite und Tiefe so beschaffen ist, dass damit der Bedarf von Patienten von den mit der Großhandlung in Geschäftsbeziehung stehenden Apotheken werktäglich innerhalb angemessener Zeit gedeckt werden kann; die vorzuhaltenden Arzneimittel müssen dabei mindestens dem durchschnittlichen Bedarf für zwei Wochen entsprechen.

³Satz 1 gilt nicht für Arzneimittel, die dem Vertriebsweg des § 47 Absatz 1 Satz 1 Nummer 2 bis 9 oder des § 47a unterliegen oder die aus anderen rechtlichen oder tatsächlichen Gründen nicht über den Großhandel ausgeliefert werden können.

(3) ¹Vollversorgende Arzneimittelgroßhandlungen müssen im Rahmen ihrer Verantwortlichkeit eine bedarfsgerechte und kontinuierliche Belieferung der mit ihnen in Geschäftsbeziehung stehenden Apotheken gewährleisten. ²Satz 1 gilt entsprechend für andere Arzneimittelgroßhandlungen im Umfang der von ihnen jeweils vorgehaltenen Arzneimittel.

(4) Die Vorschriften des Gesetzes gegen Wettbewerbsbeschränkungen bleiben unberührt.

…

Neunter Abschnitt. Sondervorschriften für Arzneimittel, die bei Tieren angewendet werden

§ 56 Fütterungsarzneimittel

(1) ¹Fütterungsarzneimittel dürfen abweichend von § 47 Abs. 1, jedoch nur auf Verschreibung eines Tierarztes, vom Hersteller nur unmittelbar an Tierhalter abgegeben werden; dies gilt auch, wenn die Fütterungsarzneimittel in einem anderen Mitgliedstaat der Europäischen Union oder in einem anderen Vertragsstaat des Abkommens über den Europäischen Wirtschaftsraum unter Verwendung im Geltungsbereich dieses Gesetzes zugelassener Arzneimittel-Vormischungen oder solcher Arzneimittel-Vormischungen, die die gleiche qualitative und eine vergleichbare quantitative Zusammensetzung haben wie im Geltungsbereich dieses Gesetzes zugelassene Arzneimittel-Vormischungen, hergestellt werden, die sonstigen im Geltungsbereich dieses Gesetzes geltenden arzneimittelrechtlichen Vorschriften beachtet werden und den Fütterungsarzneimitteln eine Begleitbescheinigung nach dem vom Bundesministerium für Ernährung, Landwirtschaft und Verbraucherschutz bekannt gemachten Muster beigegeben ist. ²Im Falle des Satzes 1 zweiter Halbsatz hat der verschreibende Tierarzt der nach § 64 Abs. 1 für die Überwachung der Einhaltung der arzneimittelrechtlichen Vorschriften durch den Tierhalter zuständigen Behörde unverzüglich eine Kopie der Verschreibung zu übersenden. ³Die wiederholte Abgabe auf eine Verschreibung ist nicht zulässig. ⁴Das Bundesministerium für Ernährung, Landwirtschaft und Verbraucherschutz wird ermächtigt, im Einvernehmen mit dem Bundesministerium und dem Bundesministerium für Wirtschaft und Technologie durch Rechtsverordnung Vorschriften über Form und Inhalt der Verschreibung zu erlassen.

(2) ¹Zur Herstellung eines Fütterungsarzneimittels darf nur eine nach § 25 Abs. 1 zugelassene oder auf Grund des § 36 Abs. 1 von der Pflicht zur Zulassung freigestellte Arzneimittel-Vormischung verwendet werden. ²Auf Verschreibung darf abweichend von Satz 1 ein Fütterungsarzneimittel aus höchstens drei Arzneimittel-Vormischungen, die jeweils zur Anwendung bei der zu behandelnden Tierart zugelassen sind, hergestellt werden, sofern

1. für das betreffende Anwendungsgebiet eine zugelassene Arzneimittel-Vormischung nicht zur Verfügung steht,
2. im Einzelfall im Fütterungsarzneimittel nicht mehr als zwei Arzneimittel-Vormischungen mit jeweils einem antimikrobiell wirksamen Stoff enthalten sind oder höchstens eine Arzneimittel-Vormischung mit mehreren solcher Stoffe enthalten ist und
3. eine homogene und stabile Verteilung der wirksamen Bestandteile in dem Fütterungsarzneimittel gewährleistet ist.

(3) Werden Fütterungsarzneimittel hergestellt, so muss das verwendete Mischfuttermittel vor und nach der Vermischung den futtermittelrechtlichen Vorschrif-

ten entsprechen und es darf kein Antibiotikum oder Kokzidiostatikum als Futtermittelzusatzstoff enthalten.

(4) [1]Bei der Herstellung von Fütterungsarzneimitteln muss die Arzneimitteltagesdosis in einer Menge Mischfuttermittel enthalten sein, die die tägliche Futterration der behandelten Tiere, bei Wiederkäuern den täglichen Bedarf an Ergänzungsfuttermitteln, ausgenommen Mineralfutter, mindestens zur Hälfte deckt. [2]Die verfütterungsfertigen Mischungen müssen durch das deutlich sichtbare Wort „Fütterungsarzneimittel" gekennzeichnet sowie mit der Angabe darüber versehen sein, zu welchem Prozentsatz sie den Futterbedarf nach Satz 2 zu decken bestimmt sind.

(5) [1]Der Tierarzt darf Fütterungsarzneimittel nur verschreiben,
1. wenn sie zur Anwendung an den von ihm behandelten Tieren bestimmt sind,
2. wenn sie für die in den Packungsbeilagen der Arzneimittel-Vormischungen bezeichneten Tierarten und Anwendungsgebiete bestimmt sind,
3. wenn ihre Anwendung nach Anwendungsgebiet und Menge nach dem Stand der veterinärmedizinischen Wissenschaft gerechtfertigt ist, um das Behandlungsziel zu erreichen, und
4. wenn die zur Anwendung bei Tieren, die der Gewinnung von Lebensmitteln dienen, verschriebene Menge von Fütterungsarzneimitteln, die
   a) , vorbehaltlich des Buchstaben b, verschreibungspflichtige Arzneimittel-Vormischungen enthalten, zur Anwendung innerhalb der auf die Abgabe folgenden 31 Tage bestimmt ist, oder
   b) antimikrobiell wirksame Stoffe enthalten, zur Anwendung innerhalb der auf die Abgabe folgenden sieben Tage bestimmt ist,
   sofern die Zulassungsbedingungen der Arzneimittel-Vormischung nicht eine längere Anwendungsdauer vorsehen.
[2]§ 56a Abs. 2 gilt für die Verschreibung von Fütterungsarzneimitteln entsprechend. [3]Im Falle der Verschreibung von Fütterungsarzneimitteln nach Satz 1 Nr. 4 gilt zusätzlich § 56a Abs. 1 Satz 2 entsprechend.

§ 56a Verschreibung, Abgabe und Anwendung von Arzneimitteln durch Tierärzte

(1) [1]Der Tierarzt darf für den Verkehr außerhalb der Apotheken nicht freigegebene Arzneimittel dem Tierhalter nur verschreiben oder an diesen nur abgeben, wenn
1. sie für die von ihm behandelten Tiere bestimmt sind,
2. sie zugelassen sind oder sie auf Grund des § 21 Abs. 2 Nr. 4 in Verbindung mit Abs. 1 in Verkehr gebracht werden dürfen oder in den Anwendungsbereich einer Rechtsverordnung nach § 36 oder § 39 Abs. 3 Satz 1 Nr. 2 fallen oder sie nach § 38 Abs. 1 in den Verkehr gebracht werden dürfen,
3. sie nach der Zulassung für das Anwendungsgebiet bei der behandelten Tierart bestimmt sind,
4. ihre Anwendung nach Anwendungsgebiet und Menge nach dem Stand der veterinärmedizinischen Wissenschaft gerechtfertigt ist, um das Behandlungsziel zu erreichen, und
5. die zur Anwendung bei Tieren, die der Gewinnung von Lebensmitteln dienen,
   a) vorbehaltlich des Buchstaben b, verschriebene oder abgegebene Menge verschreibungspflichtiger Arzneimittel zur Anwendung innerhalb der auf die Abgabe folgenden 31 Tage bestimmt ist, oder
   b) verschriebene oder abgegebene Menge von Arzneimitteln, die antimikrobiell wirksame Stoffe enthalten und nach den Zulassungsbedingungen nicht ausschließlich zur lokalen Anwendung vorgesehen sind, zur Anwendung innerhalb der auf die Abgabe folgenden sieben Tage bestimmt ist,
   sofern die Zulassungsbedingungen nicht eine längere Anwendungsdauer vorsehen.

[2] Der Tierarzt darf verschreibungspflichtige Arzneimittel zur Anwendung bei Tieren, die der Gewinnung von Lebensmitteln dienen, für den jeweiligen Behandlungsfall erneut nur abgeben oder verschreiben, sofern er in einem Zeitraum von 31 Tagen vor dem Tag der entsprechend seiner Behandlungsanweisung vorgesehenen letzten Anwendung der abzugebenden oder zu verschreibenden Arzneimittel die behandelten Tiere oder den behandelten Tierbestand untersucht hat. [3] Satz 1 Nr. 2 bis 4 gilt für die Anwendung durch den Tierarzt entsprechend. [4] Abweichend von Satz 1 darf der Tierarzt dem Tierhalter Arzneimittel-Vormischungen weder verschreiben noch an diesen abgeben.

(1 a) Absatz 1 Satz 3 gilt nicht, soweit ein Tierarzt Arzneimittel bei einem von ihm behandelten Tier anwendet und die Arzneimittel ausschließlich zu diesem Zweck von ihm hergestellt worden sind.

(2) [1] Soweit die notwendige arzneiliche Versorgung der Tiere ansonsten ernstlich gefährdet wäre und eine unmittelbare oder mittelbare Gefährdung der Gesundheit von Mensch und Tier nicht zu befürchten ist, darf der Tierarzt bei Einzeltieren oder Tieren eines bestimmten Bestandes abweichend von Absatz 1 Satz 1 Nr. 3, auch in Verbindung mit Absatz 1 Satz 3, nachfolgend bezeichnete zugelassene oder von der Zulassung freigestellte Arzneimittel verschreiben, anwenden oder abgeben:

1. soweit für die Behandlung ein zugelassenes Arzneimittel für die betreffende Tierart und das betreffende Anwendungsgebiet nicht zur Verfügung steht, ein Arzneimittel mit der Zulassung für die betreffende Tierart und ein anderes Anwendungsgebiet;
2. soweit ein nach Nummer 1 geeignetes Arzneimittel für die betreffende Tierart nicht zur Verfügung steht, ein für eine andere Tierart zugelassenes Arzneimittel;
3. soweit ein nach Nummer 2 geeignetes Arzneimittel nicht zur Verfügung steht, ein zur Anwendung beim Menschen zugelassenes Arzneimittel oder, auch abweichend von Absatz 1 Satz 1 Nr. 2, auch in Verbindung mit Absatz 1 Satz 3, ein Arzneimittel, das in einem Mitgliedstaat der Europäischen Union oder einem anderen Vertragsstaat des Abkommens über den Europäischen Wirtschaftsraum zur Anwendung bei Tieren zugelassen ist; im Falle von Tieren, die der Gewinnung von Lebensmitteln dienen, jedoch nur solche Arzneimittel aus anderen Mitgliedstaaten der Europäischen Union oder anderen Vertragsstaaten des Abkommens über den Europäischen Wirtschaftsraum, die zur Anwendung bei Tieren, die der Gewinnung von Lebensmitteln dienen, zugelassen sind;
4. soweit ein nach Nummer 3 geeignetes Arzneimittel nicht zur Verfügung steht, ein in einer Apotheke oder durch den Tierarzt nach § 13 Abs. 2 Satz 1 Nr. 3 Buchstabe d hergestelltes Arzneimittel.

[2] Bei Tieren, die der Gewinnung von Lebensmitteln dienen, darf das Arzneimittel jedoch nur durch den Tierarzt angewendet oder unter seiner Aufsicht verabreicht werden und nur pharmakologisch wirksame Stoffe enthalten, die in Tabelle 1 des Anhangs der Verordnung (EU) Nr. 37/2010 aufgeführt sind. [3] Der Tierarzt hat die Wartezeit anzugeben; das Nähere regelt die Verordnung über tierärztliche Hausapotheken. [4] Die Sätze 1 bis 3 gelten entsprechend für Arzneimittel, die nach § 21 Abs. 2 Nr. 4 in Verbindung mit Abs. 2 a hergestellt werden. [5] Registrierte oder von der Registrierung freigestellte homöopathische Arzneimittel dürfen abweichend von Absatz 1 Satz 1 Nr. 3 verschrieben, abgegeben und angewendet werden; dies gilt für Arzneimittel, die zur Anwendung bei Tieren bestimmt sind, die der Gewinnung von Lebensmitteln dienen, nur dann wenn sie ausschließlich Wirkstoffe enthalten, die im Anhang der Verordnung (EU) Nr. 37/2010 als Stoffe aufgeführt sind, für die eine Festlegung von Höchstmengen nicht erforderlich ist.

(2 a) Abweichend von Absatz 2 Satz 2 dürfen Arzneimittel für Einhufer, die der Gewinnung von Lebensmitteln dienen und für die nichts anderes in Abschnitt IX Teil II des Equidenpasses im Sinne der Verordnung (EG) Nr. 504/2008 der Kommission vom 6. Juni 2008 zur Umsetzung der Richtlinie 90/426/EWG des

Rates in Bezug auf Methoden zur Identifizierung von Equiden (ABl. L 149 vom 7. 6. 2008, S. 3) in der jeweils geltenden Fassung festgelegt ist, auch verschrieben, abgegeben oder angewendet werden, wenn sie Stoffe, die in der Verordnung (EG) Nr. 1950/2006 der Kommission vom 13. Dezember 2006 zur Erstellung eines Verzeichnisses von für die Behandlung von Equiden wesentlichen Stoffen gemäß der Richtlinie 2001/82/EG des Europäischen Parlaments und des Rates zur Schaffung eines Gemeinschaftskodexes für Tierarzneimittel (ABl. L 367 vom 22. 12. 2006, S. 33) aufgeführt sind, enthalten.

(3) ¹Das Bundesministerium für Ernährung, Landwirtschaft und Verbraucherschutz wird ermächtigt, im Einvernehmen mit dem Bundesministerium durch Rechtsverordnung mit Zustimmung des Bundesrates

1. Anforderungen an die Abgabe und die Verschreibung von Arzneimitteln zur Anwendung an Tieren, auch im Hinblick auf die Behandlung, festzulegen,

2. vorzuschreiben, dass

    a) Tierärzte über die Abgabe, Verschreibung und Anwendung von für den Verkehr außerhalb der Apotheken nicht freigegebenen Arzneimitteln Nachweise führen müssen,

    b) bestimmte Arzneimittel nur durch den Tierarzt selbst angewendet werden dürfen, wenn diese Arzneimittel

        aa) die Gesundheit von Mensch oder Tier auch bei bestimmungsgemäßem Gebrauch unmittelbar oder mittelbar gefährden können, sofern sie nicht fachgerecht angewendet werden, oder

        bb) häufig in erheblichem Umfang nicht bestimmungsgemäß gebraucht werden und dadurch die Gesundheit von Mensch oder Tier unmittelbar oder mittelbar gefährdet werden kann.

²In der Rechtsverordnung können Art, Form und Inhalt der Nachweise sowie die Dauer der Aufbewahrung geregelt werden. ³Die Nachweispflicht kann auf bestimmte Arzneimittel, Anwendungsbereiche oder Darreichungsformen beschränkt werden.

(4) Der Tierarzt darf durch Rechtsverordnung nach Absatz 3 Satz 1 Nr. 2 bestimmte Arzneimittel dem Tierhalter weder verschreiben noch an diesen abgeben.

(5) ¹Das Bundesministerium für Ernährung, Landwirtschaft und Verbraucherschutz wird ermächtigt, im Einvernehmen mit dem Bundesministerium durch Rechtsverordnung mit Zustimmung des Bundesrates eine Tierarzneimittelanwendungskommission zu errichten. ²Die Tierarzneimittelanwendungskommission beschreibt in Leitlinien den Stand der veterinärmedizinischen Wissenschaft, insbesondere für die Anwendung von Arzneimitteln, die antimikrobiell wirksame Stoffe enthalten. ³In der Rechtsverordnung ist das Nähere über die Zusammensetzung, die Berufung der Mitglieder und das Verfahren der Tierarzneimittelanwendungskommission zu bestimmen. ⁴Ferner können der Tierarzneimittelanwendungskommission durch Rechtsverordnung weitere Aufgaben übertragen werden.

(6) Es wird vermutet, dass eine Rechtfertigung nach dem Stand der veterinärmedizinischen Wissenschaft im Sinne des Absatzes 1 Satz 1 Nr. 4 oder des § 56 Abs. 5 Satz 1 Nr. 3 gegeben ist, sofern die Leitlinien der Tierarzneimittelanwendungskommission nach Absatz 5 Satz 2 beachtet worden sind.

§ 56 b Ausnahmen

Das Bundesministerium für Ernährung, Landwirtschaft und Verbraucherschutz wird ermächtigt, im Einvernehmen mit dem Bundesministerium durch Rechtsverordnung mit Zustimmung des Bundesrates Ausnahmen von § 56 a zuzulassen, soweit die notwendige arzneiliche Versorgung der Tiere sonst ernstlich gefährdet wäre.

§ 57 Erwerb und Besitz durch Tierhalter, Nachweise

(1) ¹Der Tierhalter darf Arzneimittel, die zum Verkehr außerhalb der Apotheken nicht freigegeben sind, zur Anwendung bei Tieren nur in Apotheken, bei

dem den Tierbestand behandelnden Tierarzt oder in den Fällen des § 56 Abs. 1 bei Herstellern erwerben. [2]Andere Personen, die in § 47 Abs. 1 nicht genannt sind, dürfen solche Arzneimittel nur in Apotheken erwerben. [3]Satz 1 gilt nicht für Arzneimittel im Sinne des § 43 Abs. 4 Satz 3. [4]Die Sätze 1 und 2 gelten nicht, soweit Arzneimittel, die ausschließlich zur Anwendung bei Tieren, die nicht der Gewinnung von Lebensmitteln dienen, zugelassen sind,

a) vom Tierhalter im Wege des Versandes nach § 43 Absatz 5 Satz 3 oder 4 oder
b) von anderen Personen, die in § 47 Absatz 1 nicht genannt sind, im Wege des Versandes nach § 43 Absatz 5 Satz 3

oder nach § 73 Absatz 1 Nummer 1a erworben werden. [5]Abweichend von Satz 1 darf der Tierhalter Arzneimittel-Vormischungen nicht erwerben.

(1a) [1]Tierhalter dürfen Arzneimittel, bei denen durch Rechtsverordnung vorgeschrieben ist, dass sie nur durch den Tierarzt selbst angewendet werden dürfen, nicht im Besitz haben. [2]Dies gilt nicht, wenn die Arzneimittel für einen anderen Zweck als zur Anwendung bei Tieren bestimmt sind oder den Besitz nach der Richtlinie 96/22/EG des Rates vom 29. April 1996 über das Verbot der Verwendung bestimmter Stoffe mit hormonaler beziehungsweise thyreostatischer Wirkung und von β-Agonisten in der tierischen Erzeugung und zur Aufhebung der Richtlinien 81/602/EWG, 88/146/EWG und 88/299/EWG (ABl. EG Nr. L 125 S. 3) erlaubt ist.

(2) [1]Das Bundesministerium für Ernährung, Landwirtschaft und Verbraucherschutz wird ermächtigt, im Einvernehmen mit dem Bundesministerium durch Rechtsverordnung mit Zustimmung des Bundesrates vorzuschreiben, dass

1. Betriebe oder Personen, die Tiere halten, die der Gewinnung von Lebensmitteln dienen, und diese oder von diesen stammende Erzeugnisse in Verkehr bringen, und
2. andere Personen, die in § 47 Absatz 1 nicht genannt sind,

Nachweise über den Erwerb, die Aufbewahrung und den Verbleib der Arzneimittel und Register oder Nachweise über die Anwendung der Arzneimittel zu führen haben, soweit es geboten ist, um eine ordnungsgemäße Anwendung von Arzneimitteln zu gewährleisten und sofern es sich um Betriebe oder Personen nach Nummer 1 handelt, dies zur Durchführung von Rechtsakten der Europäischen Gemeinschaften auf diesem Gebiet erforderlich ist. [2]In der Rechtsverordnung können Art, Form und Inhalt der Register und Nachweise sowie die Dauer ihrer Aufbewahrung geregelt werden.

§ 57a Anwendung durch Tierhalter

Tierhalter und andere Personen, die nicht Tierärzte sind, dürfen verschreibungspflichtige Arzneimittel bei Tieren nur anwenden, soweit die Arzneimittel von dem Tierarzt verschrieben oder abgegeben worden sind, bei dem sich die Tiere in Behandlung befinden.

§ 58 Anwendung bei Tieren, die der Gewinnung von Lebensmitteln dienen

(1) [1]Zusätzlich zu der Anforderung des § 57a dürfen Tierhalter und andere Personen, die nicht Tierärzte sind, verschreibungspflichtige Arzneimittel oder andere vom Tierarzt verschriebene oder erworbene Arzneimittel bei Tieren, die der Gewinnung von Lebensmitteln dienen, nur nach einer tierärztlichen Behandlungsanweisung für den betreffenden Fall anwenden. [2]Nicht verschreibungspflichtige Arzneimittel, die nicht für den Verkehr außerhalb der Apotheken freigegeben sind und deren Anwendung nicht auf Grund einer tierärztlichen Behandlungsanweisung erfolgt, dürfen nur angewendet werden,

1. wenn sie zugelassen sind oder in den Anwendungsbereich einer Rechtsverordnung nach § 36 oder § 39 Abs. 3 Satz 1 Nr. 2 fallen oder sie nach § 38 Abs. 1 in den Verkehr gebracht werden dürfen,

2. für die in der Kennzeichnung oder Packungsbeilage der Arzneimittel bezeichneten Tierarten und Anwendungsgebiete und

3. in einer Menge, die nach Dosierung und Anwendungsdauer der Kennzeichnung des Arzneimittels entspricht.

[3] Abweichend von Satz 2 dürfen Arzneimittel im Sinne des § 43 Abs. 4 Satz 3 nur nach der veterinärbehördlichen Anweisung nach § 43 Abs. 4 Satz 4 angewendet werden.

(2) Das Bundesministerium für Ernährung, Landwirtschaft und Verbraucherschutz wird ermächtigt, im Einvernehmen mit dem Bundesministerium durch Rechtsverordnung mit Zustimmung des Bundesrates zu verbieten, dass Arzneimittel, die zur Anwendung bei Tieren bestimmt sind, die der Gewinnung von Lebensmitteln dienen, für bestimmte Anwendungsgebiete oder -bereiche in den Verkehr gebracht oder zu diesen Zwecken angewendet werden, soweit es geboten ist, um eine mittelbare Gefährdung der Gesundheit des Menschen zu verhüten.

...

Dreizehnter Abschnitt. Einfuhr und Ausfuhr

§ 72 Einfuhrerlaubnis

(1) [1] Wer

1. Arzneimittel im Sinne des § 2 Absatz 1 oder Absatz 2 Nummer 1,

2. Wirkstoffe, die menschlicher, tierischer oder mikrobieller Herkunft sind oder die auf gentechnischem Wege hergestellt werden, oder

3. andere zur Arzneimittelherstellung bestimmte Stoffe menschlicher Herkunft

gewerbs- oder berufsmäßig aus Ländern, die nicht Mitgliedstaaten der Europäischen Union oder andere Vertragsstaaten des Abkommens über den Europäischen Wirtschaftsraum sind, in den Geltungsbereich dieses Gesetzes einführen will, bedarf einer Erlaubnis der zuständigen Behörde. [2] § 13 Absatz 4 und die §§ 14 bis 20a sind entsprechend anzuwenden.

(2) Auf Personen und Einrichtungen, die berufs- oder gewerbsmäßig Arzneimittel menschlicher Herkunft zur unmittelbaren Anwendung bei Menschen einführen wollen, findet Absatz 1 mit der Maßgabe Anwendung, dass die Erlaubnis nur versagt werden darf, wenn der Antragsteller nicht nachweist, dass für die Beurteilung der Qualität und Sicherheit der Arzneimittel und für die gegebenenfalls erforderliche Überführung der Arzneimittel in ihre anwendungsfähige Form nach dem Stand von Wissenschaft und Technik qualifiziertes Personal und geeignete Räume vorhanden sind.

(3) Die Absätze 1 und 2 finden keine Anwendung auf

1. Gewebe im Sinne von § 1a Nummer 4 des Transplantationsgesetzes, für die es einer Erlaubnis nach § 72b bedarf,

2. autologes Blut zur Herstellung von biotechnologisch bearbeiteten Gewebeprodukten, für das es einer Erlaubnis nach § 72b bedarf,

3. Gewebezubereitungen im Sinne von § 20c, für die es einer Erlaubnis nach § 72b bedarf, und

4. Wirkstoffe, die für die Herstellung von nach einer im Homöopathischen Teil des Arzneibuches beschriebenen Verfahrenstechnik herzustellenden Arzneimitteln bestimmt sind.

§ 72a Zertifikate

(1) [1] Der Einführer darf Arzneimittel im Sinne des § 2 Abs. 1 und 2 Nr. 1, 1a, 2 und 4 oder Wirkstoffe nur einführen, wenn

1. die zuständige Behörde des Herstellungslandes durch ein Zertifikat bestätigt hat, dass die Arzneimittel oder Wirkstoffe entsprechend anerkannten Grundregeln

für die Herstellung und die Sicherung ihrer Qualität, insbesondere der Europäischen Gemeinschaften oder der Weltgesundheitsorganisation, hergestellt werden und solche Zertifikate für Arzneimittel im Sinne des § 2 Abs. 1 und 2 Nr. 1, die zur Anwendung bei Menschen bestimmt sind, und Wirkstoffe, die menschlicher, tierischer oder mikrobieller Herkunft sind, oder Wirkstoffe, die auf gentechnischem Wege hergestellt werden, gegenseitig anerkannt sind,

2. die zuständige Behörde bescheinigt hat, dass die genannten Grundregeln bei der Herstellung der Arzneimittel sowie der dafür eingesetzten Wirkstoffe, soweit sie menschlicher, tierischer oder mikrobieller Herkunft sind, oder Wirkstoffe, die auf gentechnischem Wege hergestellt werden, oder bei der Herstellung der Wirkstoffe eingehalten werden oder

3. die zuständige Behörde bescheinigt hat, dass die Einfuhr im öffentlichen Interesse liegt.
²Die zuständige Behörde darf eine Bescheinigung nach

1. Satz 1 Nummer 2 nur ausstellen, wenn ein Zertifikat nach Satz 1 Nummer 1 nicht vorliegt und sie oder eine zuständige Behörde eines Mitgliedstaates der Europäischen Union oder eines anderen Vertragsstaates des Abkommens über den Europäischen Wirtschaftsraum sich regelmäßig im Herstellungsland vergewissert hat, dass die genannten Grundregeln bei der Herstellung der Arzneimittel oder Wirkstoffe eingehalten werden,

2. Satz 1 Nummer 3 nur erteilen, wenn ein Zertifikat nach Satz 1 Nummer 1 nicht vorliegt und eine Bescheinigung nach Satz 1 Nummer 2 nicht vorgesehen oder nicht möglich ist.

(1 a) Absatz 1 Satz 1 gilt nicht für

1. Arzneimittel, die zur klinischen Prüfung beim Menschen oder zur Anwendung im Rahmen eines Härtefallprogramms bestimmt sind,

2. Arzneimittel menschlicher Herkunft zur unmittelbaren Anwendung oder Blutstammzellzubereitungen, die zur gerichteten, für eine bestimmte Person vorgesehenen Anwendung bestimmt sind,

3. Wirkstoffe, die menschlicher, tierischer oder mikrobieller Herkunft sind und für die Herstellung von nach einer im Homöopathischen Teil des Arzneibuches beschriebenen Verfahrenstechnik herzustellenden Arzneimitteln bestimmt sind,

4. Wirkstoffe, die Stoffe nach § 3 Nr. 2 in unbearbeitetem oder bearbeitetem Zustand sind oder enthalten, soweit die Bearbeitung nicht über eine Trocknung, Zerkleinerung und initiale Extraktion hinausgeht,

5. Gewebe im Sinne von § 1 a Nummer 4 des Transplantationsgesetzes, für die es eines Zertifikates oder einer Bescheinigung nach § 72 b bedarf,

6. autologes Blut zur Herstellung von biotechnologisch bearbeiteten Gewebeprodukten, für das es eines Zertifikates oder einer Bescheinigung nach § 72 b bedarf, und

7. Gewebezubereitungen im Sinne von § 20 c, für die es eines Zertifikates oder einer Bescheinigung nach § 72 b bedarf.

(1 b) Die in Absatz 1 Satz 1 Nr. 1 und 2 für Wirkstoffe, die menschlicher, tierischer oder mikrobieller Herkunft sind, oder für Wirkstoffe, die auf gentechnischem Wege hergestellt werden, enthaltenen Regelungen gelten entsprechend für andere zur Arzneimittelherstellung bestimmte Stoffe menschlicher Herkunft.

(1 c) Arzneimittel und Wirkstoffe, die menschlicher, tierischer oder mikrobieller Herkunft sind oder Wirkstoffe, die auf gentechnischem Wege hergestellt werden, sowie andere zur Arzneimittelherstellung bestimmte Stoffe menschlicher Herkunft, ausgenommen die in Absatz 1a Nr. 1 und 2 genannten Arzneimittel, dürfen nicht auf Grund einer Bescheinigung nach Absatz 1 Satz 1 Nr. 3 eingeführt werden.

(1 d) Absatz 1 Satz 1 findet auf die Einfuhr von Wirkstoffen sowie anderen zur Arzneimittelherstellung bestimmten Stoffen menschlicher Herkunft Anwendung, soweit ihre Überwachung durch eine Rechtsverordnung nach § 54 geregelt ist.

(2) Das Bundesministerium wird ermächtigt, durch Rechtsverordnung mit Zustimmung des Bundesrates zu bestimmen, dass Stoffe und Zubereitungen aus Stof-

fen, die als Arzneimittel oder zur Herstellung von Arzneimitteln verwendet werden können, nicht eingeführt werden dürfen, sofern dies zur Abwehr von Gefahren für die Gesundheit des Menschen oder zur Risikovorsorge erforderlich ist.

(3) [1] Das Bundesministerium wird ferner ermächtigt, durch Rechtsverordnung mit Zustimmung des Bundesrates die weiteren Voraussetzungen für die Einfuhr von den unter Absatz 1 a Nr. 1 und 2 genannten Arzneimitteln, zu bestimmen, sofern dies erforderlich ist, um eine ordnungsgemäße Qualität der Arzneimittel zu gewährleisten. [2] Es kann dabei insbesondere Regelungen zu den von der sachkundigen Person nach § 14 durchzuführenden Prüfungen und der Möglichkeit einer Überwachung im Herstellungsland durch die zuständige Behörde treffen.

...

§ 73 Verbringungsverbot

(1) [1] Arzneimittel, die der Pflicht zur Zulassung oder Genehmigung nach § 21 a oder zur Registrierung unterliegen, dürfen in den Geltungsbereich dieses Gesetzes, nur verbracht werden, wenn sie zum Verkehr im Geltungsbereich dieses Gesetzes zugelassen, nach § 21 a genehmigt, registriert oder von der Zulassung oder der Registrierung freigestellt sind und

1. der Empfänger in dem Fall des Verbringens aus einem Mitgliedstaat der Europäischen Union oder einem anderen Vertragsstaat des Abkommens über den Europäischen Wirtschaftsraum pharmazeutischer Unternehmer, Großhändler oder Tierarzt ist , eine Apotheke betreibt oder als Träger eines Krankenhauses nach dem Apothekengesetz von einer Apotheke eines Mitgliedstaates der Europäischen Union oder eines anderen Vertragsstaates des Abkommens über den Europäischen Wirtschaftsraum mit Arzneimitteln versorgt wird,

1 a. im Falle des Versandes an den Endverbraucher das Arzneimittel von einer Apotheke eines Mitgliedstaates der Europäischen Union oder eines anderen Vertragsstaates des Abkommens über den Europäischen Wirtschaftsraum, welche für den Versandhandel nach ihrem nationalen Recht, soweit es dem deutschen Apothekenrecht im Hinblick auf die Vorschriften zum Versandhandel entspricht, oder nach dem deutschen Apothekengesetz befugt ist, entsprechend den deutschen Vorschriften zum Versandhandel oder zum elektronischen Handel versandt wird oder

2. der Empfänger in dem Fall des Verbringens aus einem Land, das nicht Mitgliedstaat der Europäischen Union oder ein anderer Vertragsstaat des Abkommens über den Europäischen Wirtschaftsraum ist, eine Erlaubnis nach § 72 besitzt.

[2] Die in § 47 a Abs. 1 Satz 1 genannten Arzneimittel dürfen nur in den Geltungsbereich dieses Gesetzes verbracht werden, wenn der Empfänger eine der dort genannten Einrichtungen ist. [3] Das Bundesministerium veröffentlicht in regelmäßigen Abständen eine aktualisierte Übersicht über die Mitgliedstaaten der Europäischen Union und die anderen Vertragsstaaten des Europäischen Wirtschaftsraums, in denen für den Versandhandel und den elektronischen Handel mit Arzneimitteln dem deutschen Recht vergleichbare Sicherheitsstandards bestehen.

(1 a) Fütterungsarzneimittel dürfen in den Geltungsbereich dieses Gesetzes nur verbracht werden, wenn sie

1. den im Geltungsbereich dieses Gesetzes geltenden arzneimittelrechtlichen Vorschriften entsprechen und

2. der Empfänger zu den in Absatz 1 genannten Personen gehört oder im Falle des § 56 Abs. 1 Satz 1 Tierhalter ist.

(1 b) [1] Es ist verboten, gefälschte Arzneimittel oder gefälschte Wirkstoffe in den Geltungsbereich dieses Gesetzes zu verbringen. [2] Die zuständige Behörde kann in begründeten Fällen, insbesondere zum Zwecke der Untersuchung oder Strafverfolgung, Ausnahmen zulassen.

(2) Absatz 1 Satz 1 gilt nicht für Arzneimittel, die

1. im Einzelfall in geringen Mengen für die Arzneimittelversorgung bestimmter Tiere bei Tierschauen, Turnieren oder ähnlichen Veranstaltungen bestimmt sind,

2. für den Eigenbedarf der Einrichtungen von Forschung und Wissenschaft bestimmt sind und zu wissenschaftlichen Zwecken benötigt werden, mit Ausnahme von Arzneimitteln, die zur klinischen Prüfung bei Menschen bestimmt sind,

2 a. in geringen Mengen von einem pharmazeutischen Unternehmer als Anschauungsmuster oder zu analytischen Zwecken benötigt werden,

3. unter zollamtlicher Überwachung durch den Geltungsbereich des Gesetzes befördert oder in ein Zolllagerverfahren oder eine Freizone des Kontrolltyps II übergeführt oder in eine Freizone des Kontrolltyps I oder ein Freilager verbracht werden,

3 a. in einem Mitgliedstaat der Europäischen Union oder einem anderen Vertragsstaat des Abkommens über den Europäischen Wirtschaftsraum zugelassen sind und nach Zwischenlagerung bei einem pharmazeutischen Unternehmer oder Großhändler wiederausgeführt oder weiterverbracht oder zurückverbracht werden,

4. für das Oberhaupt eines auswärtigen Staates oder seine Begleitung eingebracht werden und zum Gebrauch während seines Aufenthalts im Geltungsbereich dieses Gesetzes bestimmt sind,

5. zum persönlichen Gebrauch oder Verbrauch durch die Mitglieder einer diplomatischen Mission oder konsularischen Vertretung im Geltungsbereich dieses Gesetzes oder Beamte internationaler Organisationen, die dort ihren Sitz haben, sowie deren Familienangehörige bestimmt sind, soweit diese Personen weder Deutsche noch im Geltungsbereich dieses Gesetzes ständig ansässig sind,

6. bei der Einreise in den Geltungsbereich dieses Gesetzes in einer dem üblichen persönlichen Bedarf oder dem üblichen Bedarf der bei der Einreise mitgeführten nicht der Gewinnung von Lebensmitteln dienenden Tiere entsprechenden Menge eingebracht werden,

6 a. im Herkunftsland in Verkehr gebracht werden dürfen und ohne gewerbs- oder berufsmäßige Vermittlung in einer dem üblichen persönlichen Bedarf entsprechenden Menge aus einem Mitgliedstaat der Europäischen Union oder einem anderen Vertragsstaat des Abkommens über den Europäischen Wirtschaftsraum bezogen werden,

7. in Verkehrsmitteln mitgeführt werden und ausschließlich zum Gebrauch oder Verbrauch der durch diese Verkehrsmittel beförderten Personen bestimmt sind,

8. zum Gebrauch oder Verbrauch auf Seeschiffen bestimmt sind und an Bord der Schiffe verbraucht werden,

9. als Proben der zuständigen Bundesoberbehörde zum Zwecke der Zulassung oder der staatlichen Chargenprüfung übersandt werden,

10. durch Bundes- oder Landesbehörden im zwischenstaatlichen Verkehr bezogen werden.

(3) [1]Abweichend von Absatz 1 Satz 1 dürfen Fertigarzneimittel, die zur Anwendung bei Menschen bestimmt sind und nicht zum Verkehr im Geltungsbereich dieses Gesetzes zugelassen, nach § 21a genehmigt, registriert oder von der Zulassung oder Registrierung freigestellt sind, in den Geltungsbereich dieses Gesetzes verbracht werden, wenn

1. sie von Apotheken auf vorliegende Bestellung einzelner Personen in geringer Menge bestellt und von diesen Apotheken im Rahmen der bestehenden Apothekenbetriebserlaubnis abgegeben werden,

2. sie in dem Staat rechtmäßig in Verkehr gebracht werden dürfen, aus dem sie in den Geltungsbereich dieses Gesetzes verbracht werden, und

3. für sie hinsichtlich des Wirkstoffs identische und hinsichtlich der Wirkstärke vergleichbare Arzneimittel für das betreffende Anwendungsgebiet im Geltungsbereich des Gesetzes nicht zur Verfügung stehen

oder wenn sie nach den apothekenrechtlichen Vorschriften oder berufsgenossenschaftlichen Vorgaben oder im Geschäftsbereich des Bundesministeriums der Verteidigung für Notfälle vorrätig zu halten sind oder kurzfristig beschafft werden müssen, wenn im Geltungsbereich dieses Gesetzes Arzneimittel für das betreffende Anwendungsgebiet nicht zur Verfügung stehen. ²Die Bestellung und Abgabe bedürfen der ärztlichen oder zahnärztlichen Verschreibung für Arzneimittel, die nicht aus Mitgliedstaaten der Europäischen Union oder anderen Vertragsstaaten des Abkommens über den Europäischen Wirtschaftsraum bezogen worden sind. ³Das Nähere regelt die Apothekenbetriebsordnung.

(3a) ¹Abweichend von Absatz 1 Satz 1 dürfen Fertigarzneimittel, die nicht zum Verkehr im Geltungsbereich dieses Gesetzes zugelassen oder registriert oder von der Zulassung oder Registrierung freigestellt sind zum Zwecke der Anwendung bei Tieren, in den Geltungsbereich dieses Gesetzes nur verbracht werden, wenn

1. sie von Apotheken für Tierärzte oder Tierhalter bestellt und von diesen Apotheken im Rahmen der bestehenden Apothekenbetriebserlaubnis abgegeben werden oder vom Tierarzt im Rahmen des Betriebs einer tierärztlichen Hausapotheke für die von ihm behandelten Tiere bestellt werden,
2. sie in einem Mitgliedstaat der Europäischen Union oder einem anderen Vertragsstaat des Abkommens über den Europäischen Wirtschaftsraum zur Anwendung bei Tieren zugelassen sind und
3. im Geltungsbereich dieses Gesetzes kein zur Erreichung des Behandlungsziels geeignetes zugelassenes Arzneimittel, das zur Anwendung bei Tieren bestimmt ist, zur Verfügung steht.

²Die Bestellung und Abgabe in Apotheken dürfen nur bei Vorliegen einer tierärztlichen Verschreibung erfolgen. ³Absatz 3 Satz 3 gilt entsprechend. ⁴Tierärzte, die Arzneimittel nach Satz 1 bestellen oder von Apotheken beziehen oder verschreiben, haben dies unverzüglich der zuständigen Behörde anzuzeigen. ⁵In der Anzeige ist anzugeben, für welche Tierart und welches Anwendungsgebiet die Anwendung des Arzneimittels vorgesehen ist, der Staat, aus dem das Arzneimittel in den Geltungsbereich dieses Gesetzes verbracht wird, die Bezeichnung und die bestellte Menge des Arzneimittels sowie seine Wirkstoffe nach Art und Menge.

(4) ¹Auf Arzneimittel nach Absatz 2 Nummer 4 und 5 finden die Vorschriften dieses Gesetzes keine Anwendung. ²Auf Arzneimittel nach Absatz 2 Nummer 1 bis 3 und 6 bis 10 und Absatz 3 finden die Vorschriften dieses Gesetzes keine Anwendung mit Ausnahme der §§ 5, 6a, 8, 13 bis 20a, 52a, 64 bis 69a und 78, ferner in den Fällen des Absatzes 2 Nummer 2 auch mit Ausnahme der §§ 48, 95 Absatz 1 Nummer 1 und 3a, Absatz 2 bis 4, § 96 Nummer 3, 10 und 11 sowie § 97 Absatz 1, 2 Nummer 1 und 9 sowie Absatz 3. ³Auf Arzneimittel nach Absatz 3a finden die Vorschriften dieses Gesetzes keine Anwendung mit Ausnahme der §§ 5, 6a, 8, 48, 52a, 56a, 57, 58 Absatz 1 Satz 1, der §§ 59, 64 bis 69a, 78, 95 Absatz 1 Nummer 1, 2a, 2b, 3a, 6, 8, 9 und 10, Absatz 2 bis 4, § 96 Nummer 3, 13, 14 und 15 bis 17, § 97 Absatz 1, 2 Nummer 1, 21 bis 24 sowie 31 und Absatz 3 sowie der Vorschriften der auf Grund des § 12 Absatz 1 Nummer 1 und 2 sowie Absatz 2, des § 48 Absatz 2 Nummer 4 und Absatz 4, des § 54 Absatz 1, 2 und 3 sowie des § 56a Absatz 3 erlassenen Verordnung über tierärztliche Hausapotheken und der auf Grund der §§ 12, 54 und 57 erlassenen Verordnung über Nachweispflichten für Arzneimittel, die zur Anwendung bei Tieren bestimmt sind.

(5) ¹Ärzte und Tierärzte dürfen bei der Ausübung ihres Berufes im kleinen Grenzverkehr nur Arzneimittel mitführen, die zum Verkehr im Geltungsbereich dieses Gesetzes zugelassen oder registriert oder von der Zulassung oder Registrierung freigestellt sind. ²Abweichend von Satz 1 dürfen Tierärzte, die als Staats-

angehörige eines Mitgliedstaates der Europäischen Union oder eines anderen Vertragsstaates des Abkommens über den Europäischen Wirtschaftsraum eine Dienstleistung erbringen, am Ort ihrer Niederlassung zugelassene Arzneimittel in kleinen Mengen in einem für das Erbringen der Dienstleistung unerlässlichen Umfang in der Originalverpackung mit sich führen, wenn und soweit Arzneimittel gleicher Zusammensetzung und für gleiche Anwendungsgebiete auch im Geltungsbereich dieses Gesetzes zugelassen sind; der Tierarzt darf diese Arzneimittel nur selbst anwenden und hat den Tierhalter auf die für das entsprechende, im Geltungsbereich dieses Gesetzes zugelassene Arzneimittel festgesetzte Wartezeit hinzuweisen.

(6) [1] Für die zollamtliche Abfertigung zum freien Verkehr im Falle des Absatzes 1 Nr. 2 sowie des Absatzes 1a Nr. 2 in Verbindung mit Absatz 1 Nr. 2 ist die Vorlage einer Bescheinigung der für den Empfänger zuständigen Behörde erforderlich, in der die Arzneimittel bezeichnet sind und bestätigt wird, dass die Voraussetzungen nach Absatz 1 oder Absatz 1a erfüllt sind. [2] Die Zolldienststelle übersendet auf Kosten des Zollbeteiligten die Bescheinigung der Behörde, die diese Bescheinigung ausgestellt hat.

(7) Im Falle des Absatzes 1 Nr. 1 hat ein Empfänger, der Großhändler ist oder eine Apotheke betreibt, das Bestehen der Deckungsvorsorge nach § 94 nachzuweisen.

§ 73 a Ausfuhr

(1) [1] Abweichend von den §§ 5 und 8 Abs. 1 dürfen die dort bezeichneten Arzneimittel ausgeführt werden, wenn die zuständige Behörde des Bestimmungslandes die Einfuhr oder das Verbringen genehmigt hat. [2] Aus der Genehmigung nach Satz 1 muss hervorgehen, dass der zuständigen Behörde des Bestimmungslandes die Versagungsgründe bekannt sind, die dem Inverkehrbringen im Geltungsbereich dieses Gesetzes entgegenstehen.

(2) [1] Auf Antrag des pharmazeutischen Unternehmers, des Herstellers, des Ausführers oder der zuständigen Behörde des Bestimmungslandes oder die zuständige Bundesoberbehörde, soweit es sich um zulassungsbezogene Angaben handelt und der Zulassungsinhaber seinen Sitz außerhalb des Geltungsbereiches des Arzneimittelgesetzes hat, ein Zertifikat entsprechend dem Zertifikatsystem der Weltgesundheitsorganisation aus. [2] Wird der Antrag von der zuständigen Behörde des Bestimmungslandes gestellt, ist vor Erteilung des Zertifikats die Zustimmung des Herstellers einzuholen.

...

Fünfzehnter Abschnitt. Bestimmung der zuständigen Bundesoberbehörden und sonstige Bestimmungen

§ 77 Zuständige Bundesoberbehörde

(1) Zuständige Bundesoberbehörde ist das Bundesinstitut für Arzneimittel und Medizinprodukte, es sei denn, dass das Paul-Ehrlich-Institut oder das Bundesamt für Verbraucherschutz und Lebensmittelsicherheit zuständig ist.

(2) Das Paul-Ehrlich-Institut ist zuständig für Sera, Impfstoffe, Blutzubereitungen, Knochenmarkzubereitungen, Gewebezubereitungen, Gewebe, Allergene, Arzneimittel für neuartige Therapien, xenogene Arzneimittel und gentechnisch hergestellte Blutbestandteile.

(3) [1] Das Bundesamt für Verbraucherschutz und Lebensmittelsicherheit ist zuständig für Arzneimittel, die zur Anwendung bei Tieren bestimmt sind. [2] Zum Zwecke der Überwachung der Wirksamkeit von Antibiotika führt das Bundesamt für Verbraucherschutz und Lebensmittelsicherheit wiederholte Beobachtungen,

Untersuchungen und Bewertungen von Resistenzen tierischer Krankheitserreger gegenüber Stoffen mit antimikrobieller Wirkung, die als Wirkstoffe in Tierarzneimitteln enthalten sind, durch (Resistenzmonitoring). [3]Das Resistenzmonitoring schließt auch das Erstellen von Berichten ein.

(4) Das Bundesministerium wird ermächtigt, durch Rechtsverordnung ohne Zustimmung des Bundesrates die Zuständigkeit des Bundesinstituts für Arzneimittel und Medizinprodukte und des Paul-Ehrlich-Instituts zu ändern, sofern dies erforderlich ist, um neueren wissenschaftlichen Entwicklungen Rechnung zu tragen oder wenn Gründe der gleichmäßigen Arbeitsauslastung eine solche Änderung erfordern.

...

Sechzehnter Abschnitt. Haftung für Arzneimittelschäden

§ 84 Gefährdungshaftung

(1) [1]Wird infolge der Anwendung eines zum Gebrauch bei Menschen bestimmten Arzneimittels, das im Geltungsbereich dieses Gesetzes an den Verbraucher abgegeben wurde und der Pflicht zur Zulassung unterliegt oder durch Rechtsverordnung von der Zulassung befreit worden ist, ein Mensch getötet oder der Körper oder die Gesundheit eines Menschen nicht unerheblich verletzt, so ist der pharmazeutische Unternehmer, der das Arzneimittel im Geltungsbereich dieses Gesetzes in den Verkehr gebracht hat, verpflichtet, dem Verletzten den daraus entstandenen Schaden zu ersetzen. [2]Die Ersatzpflicht besteht nur, wenn

1. das Arzneimittel bei bestimmungsgemäßem Gebrauch schädliche Wirkungen hat, die über ein nach den Erkenntnissen der medizinischen Wissenschaft vertretbares Maß hinausgehen oder
2. der Schaden infolge einer nicht den Erkenntnissen der medizinischen Wissenschaft entsprechenden Kennzeichnung, Fachinformation oder Gebrauchsinformation eingetreten ist.

(2) [1]Ist das angewendete Arzneimittel nach den Gegebenheiten des Einzelfalls geeignet, den Schaden zu verursachen, so wird vermutet, dass der Schaden durch dieses Arzneimittel verursacht ist. [2]Die Eignung im Einzelfall beurteilt sich nach der Zusammensetzung und der Dosierung des angewendeten Arzneimittels, nach der Art und Dauer seiner bestimmungsgemäßen Anwendung, nach dem zeitlichen Zusammenhang mit dem Schadenseintritt, nach dem Schadensbild und dem gesundheitlichen Zustand des Geschädigten im Zeitpunkt der Anwendung sowie allen sonstigen Gegebenheiten, die im Einzelfall für oder gegen die Schadensverursachung sprechen. [3]Die Vermutung gilt nicht, wenn ein anderer Umstand nach den Gegebenheiten des Einzelfalls geeignet ist, den Schaden zu verursachen. [4]Ein anderer Umstand liegt nicht in der Anwendung weiterer Arzneimittel, die nach den Gegebenheiten des Einzelfalls geeignet sind, den Schaden zu verursachen, es sei denn, dass wegen der Anwendung dieser Arzneimittel Ansprüche nach dieser Vorschrift aus anderen Gründen als der fehlenden Ursächlichkeit für den Schaden nicht gegeben sind.

(3) Die Ersatzpflicht des pharmazeutischen Unternehmers nach Absatz 1 Satz 2 Nr. 1 ist ausgeschlossen, wenn nach den Umständen davon auszugehen ist, dass die schädlichen Wirkungen des Arzneimittels ihre Ursache nicht im Bereich der Entwicklung und Herstellung haben.

§ 84 a Auskunftsanspruch

(1) [1]Liegen Tatsachen vor, die die Annahme begründen, dass ein Arzneimittel den Schaden verursacht hat, so kann der Geschädigte von dem pharmazeutischen Unternehmer Auskunft verlangen, es sei denn, dies ist zur Feststellung, ob ein

Anspruch auf Schadensersatz nach § 84 besteht, nicht erforderlich. ²Der Anspruch richtet sich auf dem pharmazeutischen Unternehmer bekannte Wirkungen, Nebenwirkungen und Wechselwirkungen sowie ihm bekannt gewordene Verdachtsfälle von Nebenwirkungen und Wechselwirkungen und sämtliche weiteren Erkenntnisse, die für die Bewertung der Vertretbarkeit schädlicher Wirkungen von Bedeutung sein können. ³Die §§ 259 bis 261 des Bürgerlichen Gesetzbuchs sind entsprechend anzuwenden. ⁴Ein Auskunftsanspruch besteht insoweit nicht, als die Angaben auf Grund gesetzlicher Vorschriften geheim zu halten sind oder die Geheimhaltung einem überwiegenden Interesse des pharmazeutischen Unternehmers oder eines Dritten entspricht.

(2) ¹Ein Auskunftsanspruch besteht unter den Voraussetzungen des Absatzes 1 auch gegenüber den Behörden, die für die Zulassung und Überwachung von Arzneimitteln zuständig sind. ²Die Behörde ist zur Erteilung der Auskunft nicht verpflichtet, soweit Angaben auf Grund gesetzlicher Vorschriften geheim zu halten sind oder die Geheimhaltung einem überwiegenden Interesse des pharmazeutischen Unternehmers oder eines Dritten entspricht. ³Ansprüche nach dem Informationsfreiheitsgesetz bleiben unberührt.

§ 85 Mitverschulden

Hat bei der Entstehung des Schadens ein Verschulden des Geschädigten mitgewirkt, so gilt § 254 des Bürgerlichen Gesetzbuchs.

§ 86 Umfang der Ersatzpflicht bei Tötung

(1) ¹Im Falle der Tötung ist der Schadensersatz durch Ersatz der Kosten einer versuchten Heilung sowie des Vermögensnachteils zu leisten, den der Getötete dadurch erlitten hat, dass während der Krankheit seine Erwerbsfähigkeit aufgehoben oder gemindert oder eine Vermehrung seiner Bedürfnisse eingetreten war. ²Der Ersatzpflichtige hat außerdem die Kosten der Beerdigung demjenigen zu ersetzen, dem die Verpflichtung obliegt, diese Kosten zu tragen.

(2) ¹Stand der Getötete zur Zeit der Verletzung zu einem Dritten in einem Verhältnis, vermöge dessen er diesem gegenüber kraft Gesetzes unterhaltspflichtig war oder unterhaltspflichtig werden konnte, und ist dem Dritten infolge der Tötung das Recht auf Unterhalt entzogen, so hat der Ersatzpflichtige dem Dritten insoweit Schadensersatz zu leisten, als der Getötete während der mutmaßlichen Dauer seines Lebens zur Gewährung des Unterhalts verpflichtet gewesen sein würde. ²Die Ersatzpflicht tritt auch dann ein, wenn der Dritte zur Zeit der Verletzung erzeugt, aber noch nicht geboren war.

§ 87 Umfang der Ersatzpflicht bei Körperverletzung

¹Im Falle der Verletzung des Körpers oder der Gesundheit ist der Schadensersatz durch Ersatz der Kosten der Heilung sowie des Vermögensnachteils zu leisten, den der Verletzte dadurch erleidet, dass infolge der Verletzung zeitweise oder dauernd seine Erwerbsfähigkeit aufgehoben oder gemindert oder eine Vermehrung seiner Bedürfnisse eingetreten ist. ²In diesem Fall kann auch wegen des Schadens, der nicht Vermögensschaden ist, eine billige Entschädigung in Geld verlangt werden.

§ 88 Höchstbeträge

¹Der Ersatzpflichtige haftet

1. im Falle der Tötung oder Verletzung eines Menschen nur bis zu einem Kapitalbetrag von einer 600 000 Euro oder bis zu einem Rentenbetrag von jährlich 36 000 Euro,
2. im Falle der Tötung oder Verletzung mehrerer Menschen durch das gleiche Arzneimittel unbeschadet der in Nummer 1 bestimmten Grenzen bis zu einem Kapitalbetrag von 120 Millionen Euro oder bis zu einem Rentenbetrag von jährlich 7,2 Millionen Euro.

[2] Übersteigen im Falle des Satzes 1 Nr. 2 die den mehreren Geschädigten zu leistenden Entschädigungen die dort vorgesehenen Höchstbeträge, so verringern sich die einzelnen Entschädigungen in dem Verhältnis, in welchem ihr Gesamtbetrag zu dem Höchstbetrag steht.

§ 89 Schadensersatz durch Geldrenten

(1) Der Schadensersatz wegen Aufhebung oder Minderung der Erwerbsfähigkeit und wegen Vermehrung der Bedürfnisse des Verletzten sowie der nach § 86 Abs. 2 einem Dritten zu gewährende Schadensersatz ist für die Zukunft durch Entrichtung einer Geldrente zu leisten.

(2) Die Vorschriften des § 843 Abs. 2 bis 4 des Bürgerlichen Gesetzbuchs und des § 708 Nr. 8 der Zivilprozessordnung finden entsprechende Anwendung.

(3) Ist bei der Verurteilung des Verpflichteten zur Entrichtung einer Geldrente nicht auf Sicherheitsleistung erkannt worden, so kann der Berechtigte gleichwohl Sicherheitsleistung verlangen, wenn die Vermögensverhältnisse des Verpflichteten sich erheblich verschlechtert haben; unter der gleichen Voraussetzung kann er eine Erhöhung der in dem Urteil bestimmten Sicherheit verlangen.

§ 90 (weggefallen)

§ 91 Weitergehende Haftung

Unberührt bleiben gesetzliche Vorschriften, nach denen ein nach § 84 Ersatzpflichtiger im weiteren Umfang als nach den Vorschriften dieses Abschnitts haftet oder nach denen ein anderer für den Schaden verantwortlich ist.

§ 92 Unabdingbarkeit

[1] Die Ersatzpflicht nach diesem Abschnitt darf im voraus weder ausgeschlossen noch beschränkt werden. [2] Entgegenstehende Vereinbarungen sind nichtig.

§ 93 Mehrere Ersatzpflichtige

[1] Sind mehrere ersatzpflichtig, so haften sie als Gesamtschuldner. [2] Im Verhältnis der Ersatzpflichtigen zueinander hängt die Verpflichtung zum Ersatz sowie der Umfang des zu leistenden Ersatzes von den Umständen, insbesondere davon ab, inwieweit der Schaden vorwiegend von dem einen oder dem anderen Teil verursacht worden ist.

§ 94 Deckungsvorsorge

(1) [1] Der pharmazeutische Unternehmer hat dafür Vorsorge zu treffen, dass er seinen gesetzlichen Verpflichtungen zum Ersatz von Schäden nachkommen kann, die durch die Anwendung eines von ihm in den Verkehr gebrachten, zum Gebrauch bei Menschen bestimmten Arzneimittels entstehen, das der Pflicht zur Zulassung unterliegt oder durch Rechtsverordnung von der Zulassung befreit worden ist (Deckungsvorsorge). [2] Die Deckungsvorsorge muss in Höhe der in § 88 Satz 1 genannten Beträge erbracht werden. [3] Sie kann nur

1. durch eine Haftpflichtversicherung bei einem im Geltungsbereich dieses Gesetzes zum Geschäftsbetrieb befugten Versicherungsunternehmen oder
2. durch eine Freistellungs- oder Gewährleistungsverpflichtung eines inländischen Kreditinstituts oder eines Kreditinstituts eines anderen Mitgliedstaates der Europäischen Union oder eines anderen Vertragsstaates des Abkommens über den Europäischen Wirtschaftsraum

erbracht werden.

(2) Wird die Deckungsvorsorge durch eine Haftpflichtversicherung erbracht, so gelten die § 113 Abs. 3 und die §§ 114 bis 124 des Versicherungsvertragsgesetzes sinngemäß.

(3) [1]Durch eine Freistellungs- oder Gewährleistungsverpflichtung eines Kreditinstituts kann die Deckungsvorsorge nur erbracht werden, wenn gewährleistet ist, dass das Kreditinstitut, solange mit seiner Inanspruchnahme gerechnet werden muss, in der Lage sein wird, seine Verpflichtungen im Rahmen der Deckungsvorsorge zu erfüllen. [2]Für die Freistellungs- oder Gewährleistungsverpflichtung gelten die § 113 Abs. 3 und die §§ 114 bis 124 des Versicherungsvertragsgesetzes sinngemäß.

(4) Zuständige Stelle im Sinne des § 117 Abs. 2 des Versicherungsvertragsgesetzes ist die für die Durchführung der Überwachung nach § 64 zuständige Behörde.

(5) Die Bundesrepublik Deutschland und die Länder sind zur Deckungsvorsorge gemäß Absatz 1 nicht verpflichtet.

§ 94a Örtliche Zuständigkeit

(1) Für Klagen, die auf Grund des § 84 oder des § 84a Abs. 1 erhoben werden, ist auch das Gericht zuständig, in dessen Bezirk der Kläger zur Zeit der Klageerhebung seinen Wohnsitz, in Ermangelung eines solchen seinen gewöhnlichen Aufenthaltsort hat.

(2) Absatz 1 bleibt bei der Ermittlung der internationalen Zuständigkeit der Gerichte eines ausländischen Staates nach § 328 Abs. 1 Nr. 1 der Zivilprozessordnung außer Betracht.

Siebzehnter Abschnitt. Straf- und Bußgeldvorschriften

§ 95 Strafvorschriften

(1) Mit Freiheitsstrafe bis zu drei Jahren oder mit Geldstrafe wird bestraft, wer

1. entgegen § 5 Absatz 1 ein Arzneimittel in den Verkehr bringt oder bei anderen anwendet,
2. eine Rechtsverordnung nach § 6, die das Inverkehrbringen von Arzneimitteln untersagt, zuwiderhandelt, soweit sie für einen bestimmten Tatbestand auf diese Strafvorschrift verweist,
2a. entgegen § 6a Abs. 1 Arzneimittel zu Dopingzwecken im Sport in den Verkehr bringt, verschreibt oder bei anderen anwendet,
2b. entgegen § 6a Absatz 2a Satz 1 ein Arzneimittel oder einen Wirkstoff besitzt,
3. entgegen § 7 Abs. 1 radioaktive Arzneimittel oder Arzneimittel, bei deren Herstellung ionisierende Strahlen verwendet worden sind, in den Verkehr bringt,
3a. entgegen § 8 Abs. 1 Nr. 1 oder 1a, auch in Verbindung mit § 73 Abs. 4 oder § 73a, Arzneimittel oder Wirkstoffe herstellt oder in den Verkehr bringt,
4. entgegen § 43 Abs. 1 Satz 2, Abs. 2 oder 3 Satz 1 mit Arzneimitteln, die nur auf Verschreibung an Verbraucher abgegeben werden dürfen, Handel treibt oder diese Arzneimittel abgibt,
5. Arzneimittel, die nur auf Verschreibung an Verbraucher abgegeben werden dürfen, entgegen § 47 Abs. 1 an andere als dort bezeichnete Personen oder Stellen oder entgegen § 47 Abs. 1a abgibt oder entgegen § 47 Abs. 2 Satz 1 bezieht,
5a. entgegen § 47a Abs. 1 ein dort bezeichnetes Arzneimittel an andere als die dort bezeichneten Einrichtungen abgibt oder in den Verkehr bringt,
6. entgegen § 48 Abs. 1 Satz 1 in Verbindung mit einer Rechtsverordnung nach § 48 Abs. 2 Nr. 1 oder 2 Arzneimittel, die zur Anwendung bei Tieren bestimmt sind, die der Gewinnung von Lebensmitteln dienen, abgibt,
7. Fütterungsarzneimittel entgegen § 56 Abs. 1 ohne die erforderliche Verschreibung an Tierhalter abgibt,

8. entgegen § 56 a Abs. 1 Satz 1, auch in Verbindung mit Satz 3, oder Satz 2 Arzneimittel verschreibt, abgibt oder anwendet, die zur Anwendung bei Tieren bestimmt sind, die der Gewinnung von Lebensmitteln dienen, und nur auf Verschreibung an Verbraucher abgegeben werden dürfen,
9. Arzneimittel, die nur auf Verschreibung an Verbraucher abgegeben werden dürfen, entgegen § 57 Abs. 1 erwirbt,
10. entgegen § 58 Abs. 1 Satz 1 Arzneimittel, die nur auf Verschreibung an Verbraucher abgegeben werden dürfen, bei Tieren anwendet, die der Gewinnung von Lebensmitteln dienen oder
11. entgegen § 59 d Satz 1 Nummer 1 einen verbotenen Stoff einem dort genannten Tier verabreicht.

(2) Der Versuch ist strafbar.

(3) [1] In besonders schweren Fällen ist die Strafe Freiheitsstrafe von einem Jahr bis zu zehn Jahren. [2] Ein besonders schwerer Fall liegt in der Regel vor, wenn der Täter
1. durch eine der in Absatz 1 bezeichneten Handlungen
    a) die Gesundheit einer großen Zahl von Menschen gefährdet,
    b) einen anderen der Gefahr des Todes oder einer schweren Schädigung an Körper oder Gesundheit aussetzt oder
    c) aus grobem Eigennutz für sich oder einen anderen Vermögensvorteile großen Ausmaßes erlangt oder
2. in den Fällen des Absatzes 1 Nr. 2 a
    a) Arzneimittel zu Dopingzwecken im Sport an Personen unter 18 Jahren abgibt oder diesen Personen anwendet oder
    b) gewerbsmäßig oder als Mitglied einer Bande handelt, die sich zur fortgesetzten Begehung solcher Taten verbunden hat, oder
3. in den Fällen des Absatzes 1 Nr. 3 a gefälschte Arzneimittel oder Wirkstoffe herstellt oder in den Verkehr bringt und dabei gewerbsmäßig oder als Mitglied einer Bande handelt, die sich zur fortgesetzten Begehung solcher Taten verbunden hat.

(4) Handelt der Täter in den Fällen des Absatzes 1 fahrlässig, so ist die Strafe Freiheitsstrafe bis zu einem Jahr oder Geldstrafe.

§ 96 Strafvorschriften

Mit Freiheitsstrafe bis zu einem Jahr oder mit Geldstrafe wird bestraft, wer
1. entgegen § 4 b Absatz 3 Satz 1 ein Arzneimittel abgibt,
2. einer Rechtsverordnung nach § 6, die die Verwendung bestimmter Stoffe, Zubereitungen aus Stoffen oder Gegenständen bei der Herstellung von Arzneimitteln vorschreibt, beschränkt oder verbietet, zuwiderhandelt, soweit sie für einen bestimmten Tatbestand auf diese Strafvorschrift verweist,
3. entgegen § 8 Abs. 1 Nr. 2, auch in Verbindung mit § 73 a, Arzneimittel oder Wirkstoffe herstellt oder in den Verkehr bringt,
4. ohne Erlaubnis nach § 13 Absatz 1 Satz 1 oder § 72 Absatz 1 Satz 1 ein Arzneimittel, einen Wirkstoff oder einen dort genannten Stoff herstellt oder einführt,
4a. ohne Erlaubnis nach § 20 b Abs. 1 Satz 1 oder Abs. 2 Satz 7 Gewebe gewinnt oder Laboruntersuchungen durchführt oder ohne Erlaubnis nach § 20 c Abs. 1 Satz 1 Gewebe oder Gewebezubereitungen be- oder verarbeitet, konserviert, lagert oder in den Verkehr bringt,
5. entgegen § 21 Abs. 1 Fertigarzneimittel oder Arzneimittel, die zur Anwendung bei Tieren bestimmt sind, oder in einer Rechtsverordnung nach § 35 Abs. 1 Nr. 2 oder § 60 Abs. 3 bezeichnete Arzneimittel ohne Zulassung oder ohne Genehmigung der Kommission der Europäischen Gemeinschaften oder des Rates der Europäischen Union in den Verkehr bringt,
5a. ohne Genehmigung nach § 21 a Abs. 1 Satz 1 Gewebezubereitungen in den Verkehr bringt,

6. eine nach § 22 Abs. 1 Nr. 3, 5 bis 9, 11, 12, 14 oder 15, Abs. 3b oder 3c Satz 1 oder § 23 Abs. 2 Satz 2 oder 3 erforderliche Angabe nicht vollständig oder nicht richtig macht oder eine nach § 22 Abs. 2 oder 3, § 23 Abs. 1, Abs. 2 Satz 2 oder 3, Abs. 3, auch in Verbindung mit § 38 Abs. 2, erforderliche Unterlage oder durch vollziehbare Anordnung nach § 28 Abs. 3, 3a oder 3c Satz 1 Nr. 2 geforderte Unterlage nicht vollständig oder mit nicht richtigem Inhalt vorlegt,

7. entgegen § 30 Abs. 4 Satz 1 Nr. 1, auch in Verbindung mit einer Rechtsverordnung nach § 35 Abs. 1 Nr. 2, ein Arzneimittel in den Verkehr bringt,

8. entgegen § 32 Abs. 1 Satz 1, auch in Verbindung mit einer Rechtsverordnung nach § 35 Abs. 1 Nr. 3, eine Charge ohne Freigabe in den Verkehr bringt,

9. entgegen § 38 Abs. 1 Satz 1 oder § 39a Satz 1 Fertigarzneimittel als homöopathische oder als traditionelle pflanzliche Arzneimittel ohne Registrierung in den Verkehr bringt,

10. entgegen § 40 Abs. 1 Satz 3 Nr. 2, 2a Buchstabe a, Nr. 3, 4, 5, 6 oder 8, jeweils auch in Verbindung mit Abs. 4 oder § 41 die klinische Prüfung eines Arzneimittels durchführt,

11. entgegen § 40 Abs. 1 Satz 2 die klinische Prüfung eines Arzneimittels beginnt,

12. entgegen § 47a Abs. 1 Satz 1 ein dort bezeichnetes Arzneimittel ohne Verschreibung abgibt, wenn die Tat nicht nach § 95 Abs. 1 Nr. 5a mit Strafe bedroht ist,

13. entgegen § 48 Abs. 1 Satz 1 Nr. 1 in Verbindung mit einer Rechtsverordnung nach § 48 Abs. 2 Nr. 1 oder 2 Arzneimittel abgibt, wenn die Tat nicht in § 95 Abs. 1 Nr. 6 mit Strafe bedroht ist,

14. ohne Erlaubnis nach § 52a Abs. 1 Satz 1 Großhandel betreibt,

15. entgegen § 56a Abs. 4 Arzneimittel verschreibt oder abgibt,

16. entgegen § 57 Abs. 1a Satz 1 in Verbindung mit einer Rechtsverordnung nach § 56a Abs. 3 Satz 1 Nr. 2 ein dort bezeichnetes Arzneimittel in Besitz hat,

17. entgegen § 59 Abs. 2 Satz 1 Lebensmittel gewinnt,

18. entgegen § 59a Abs. 1 oder 2 Stoffe oder Zubereitungen aus Stoffen erwirbt, anbietet, lagert, verpackt, mit sich führt oder in den Verkehr bringt,

18a. entgegen § 59d Satz 1 Nummer 2 einen Stoff einem dort genannten Tier verabreicht,

18b. entgegen § 72a Absatz 1 Satz 1, auch in Verbindung mit Absatz 1b oder Absatz 1d, oder entgegen § 72a Absatz 1c ein Arzneimittel, einen Wirkstoff oder einen in den genannten Absätzen anderen Stoff einführt,

18c. ohne Erlaubnis nach § 72b Abs. 1 Satz 1 Gewebe oder Gewebezubereitungen einführt,

18d. entgegen § 72b Abs. 2 Satz 1 Gewebe oder Gewebezubereitungen einführt,

18e. entgegen § 73 Absatz 1b Satz 1 ein gefälschtes Arzneimittel oder einen gefälschten Wirkstoff in den Geltungsbereich dieses Gesetzes verbringt,

19. ein zum Gebrauch bei Menschen bestimmtes Arzneimittel in den Verkehr bringt, obwohl die nach § 94 erforderliche Haftpflichtversicherung oder Freistellungs- oder Gewährleistungsverpflichtung nicht oder nicht mehr besteht oder

20. gegen die Verordnung (EG) Nr. 726/2004 des Europäischen Parlaments und des Rates vom 31. März 2004 zur Festlegung von Gemeinschaftsverfahren für die Genehmigung und Überwachung von Human- und Tierarzneimitteln und zur Errichtung einer Europäischen Arzneimittel-Agentur (ABl. EU Nr. L 136 S. 1) verstößt, indem er

   a) entgegen Artikel 6 Abs. 1 Satz 1 der Verordnung in Verbindung mit Artikel 8 Abs. 3 Unterabsatz c bis e, h bis o oder ib der Richtlinie 2001/83/EG des Europäischen Parlaments und des Rates vom 6. November 2001 zur Schaffung eines Gemeinschaftskodexes für Humanarzneimittel (ABl. EG Nr. L 311 S. 67), zuletzt geändert durch die Richtlinie 2004/27/EG des Europäischen Parlaments und des Rates vom 31. März

2004 (ABl. EU Nr. L 136 S. 34), eine Angabe oder eine Unterlage nicht richtig oder nicht vollständig beifügt oder

b) entgegen Artikel 31 Abs. 1 Satz 1 der Verordnung in Verbindung mit Artikel 12 Abs. 3 Unterabsatz 1 Satz 2 Buchstabe c bis e, h bis j oder k der Richtlinie 2001/82/EG des Europäischen Parlaments und des Rates vom 6. November 2001 zur Schaffung eines Gemeinschaftskodexes für Tierarzneimittel (ABl. EG Nr. L 311 S. 1), geändert durch die Richtlinie 2004/28/EG des Europäischen Parlaments und des Rates vom 31. März 2004 (ABl. EU Nr. L 136 S. 58), eine Angabe nicht richtig oder nicht vollständig beifügt.

§ 97 Bußgeldvorschriften

(1) Ordnungswidrig handelt, wer eine der in § 96 bezeichneten Handlungen fahrlässig begeht.

(2) Ordnungswidrig handelt auch, wer vorsätzlich oder fahrlässig

1. entgegen § 8 Abs. 2 Arzneimittel in den Verkehr bringt, deren Verfalldatum abgelaufen ist,

2. entgegen § 9 Abs. 1 Arzneimittel, die nicht den Namen oder die Firma des pharmazeutischen Unternehmers tragen, in den Verkehr bringt,

3. entgegen § 9 Abs. 2 Satz 1 Arzneimittel in den Verkehr bringt, ohne seinen Sitz im Geltungsbereich dieses Gesetzes oder in einem anderen Mitgliedstaat der Europäischen Union oder in einem anderen Vertragsstaat des Abkommens über den Europäischen Wirtschaftsraum zu haben,

4. entgegen § 10, auch in Verbindung mit § 109 Abs. 1 Satz 1 oder einer Rechtsverordnung nach § 12 Abs. 1 Nr. 1, Arzneimittel ohne die vorgeschriebene Kennzeichnung in den Verkehr bringt,

5. entgegen § 11 Abs. 1 Satz 1, auch in Verbindung mit Abs. 2a bis 3b oder 4, jeweils auch in Verbindung mit einer Rechtsverordnung nach § 12 Abs. 1 Nr. 1, Arzneimittel ohne die vorgeschriebene Packungsbeilage in den Verkehr bringt,

5a. entgegen § 11 Abs. 7 Satz 1 eine Teilmenge abgibt,

6. einer vollziehbaren Anordnung nach § 18 Abs. 2 zuwiderhandelt,

7. entgegen § 20, § 20c Abs. 6, auch in Verbindung mit § 72b Abs. 1 Satz 2, § 21a Abs. 7 und 9 Satz 4, § 29 Abs. 1 oder 1c Satz 1, § 52a Abs. 8, § 63b Abs. 2, 3 oder 4, jeweils auch in Verbindung mit § 63a Abs. 1 Satz 3 oder § 63b Abs. 7 Satz 1 oder Satz 2, § 63c Abs. 2 Satz 1, § 67 Abs. 1, auch in Verbindung mit § 69a, § 67 Abs. 2, 3, 5 oder 6 oder § 73 Absatz 3a Satz 4 eine Anzeige nicht, nicht richtig, nicht vollständig oder nicht rechtzeitig erstattet,

7a. entgegen § 29 Abs. 1a Satz 1, Abs. 1b oder 1d eine Mitteilung nicht, nicht richtig, nicht vollständig oder nicht rechtzeitig macht,

8. entgegen § 30 Abs. 4 Satz 1 Nr. 2 oder § 73 Abs. 1 oder 1a Arzneimittel in den Geltungsbereich dieses Gesetzes verbringt,

9. entgegen § 40 Abs. 1 Satz 3 Nr. 7 die klinische Prüfung eines Arzneimittels durchführt,

9a. entgegen § 42b Absatz 1 oder Absatz 2 die Berichte nicht, nicht richtig, nicht vollständig oder nicht rechtzeitig zur Verfügung stellt,

10. entgegen § 43 Abs. 1, 2 oder 3 Satz 1 Arzneimittel berufs- oder gewerbsmäßig in den Verkehr bringt oder mit Arzneimitteln, die ohne Verschreibung an Verbraucher abgegeben werden dürfen, Handel treibt oder diese Arzneimittel abgibt,

11. entgegen § 43 Abs. 5 Satz 1 zur Anwendung bei Tieren bestimmte Arzneimittel, die für den Verkehr außerhalb der Apotheken nicht freigegeben sind, in nicht vorschriftsmäßiger Weise abgibt,

12. Arzneimittel, die ohne Verschreibung an Verbraucher abgegeben werden dürfen, entgegen § 47 Abs. 1 an andere als dort bezeichnete Personen oder Stellen oder entgegen § 47 Abs. 1a abgibt oder entgegen § 47 Abs. 2 Satz 1 bezieht,

12a. entgegen § 47 Abs. 4 Satz 1 Muster ohne schriftliche Anforderung, in einer anderen als der kleinsten Packungsgröße oder über die zulässige Menge hinaus abgibt oder abgeben lässt,

13. die in § 47 Abs. 1b oder Abs. 4 Satz 3 oder in § 47a Abs. 2 Satz 2 vorgeschriebenen Nachweise nicht oder nicht richtig führt oder der zuständigen Behörde auf Verlangen nicht vorlegt,

13a. entgegen § 47a Abs. 2 Satz 1 ein dort bezeichnetes Arzneimittel ohne die vorgeschriebene Kennzeichnung abgibt,

14. entgegen § 50 Abs. 1 Einzelhandel mit Arzneimitteln betreibt,

15. entgegen § 51 Abs. 1 Arzneimittel im Reisegewerbe feilbietet oder Bestellungen darauf aufsucht,

16. entgegen § 52 Abs. 1 Arzneimittel im Wege der Selbstbedienung in den Verkehr bringt,

17. entgegen § 55 Absatz 8 Satz 1 auch in Verbindung mit Satz 2, einen Stoff, ein Behältnis oder eine Umhüllung verwendet oder eine Darreichungsform anfertigt,

17a. entgegen § 56 Abs. 1 Satz 2 eine Kopie einer Verschreibung nicht oder nicht rechtzeitig übersendet,

18. entgegen § 56 Abs. 2 Satz 1, Abs. 3 oder 4 Satz 1 oder 2 Fütterungsarzneimittel herstellt,

19. Fütterungsarzneimittel nicht nach § 56 Abs. 4 Satz 3 kennzeichnet,

20. entgegen § 56 Abs. 5 Satz 1 ein Fütterungsarzneimittel verschreibt,

21. entgegen § 56a Abs. 1 Satz 1 Nr. 1, 2, 3 oder 4, jeweils auch in Verbindung mit Satz 3, Arzneimittel,

a) die zur Anwendung bei Tieren bestimmt sind, die nicht der Gewinnung von Lebensmitteln dienen, und nur auf Verschreibung an Verbraucher abgegeben werden dürfen,

b) die ohne Verschreibung an Verbraucher abgegeben werden dürfen,

verschreibt, abgibt oder anwendet,

21a. entgegen § 56a Abs. 1 Satz 4 Arzneimittel-Vormischungen verschreibt oder abgibt,

22. Arzneimittel, die ohne Verschreibung an Verbraucher abgegeben werden dürfen, entgegen § 57 Abs. 1 erwirbt,

22a. entgegen § 57a Arzneimittel anwendet,

23. entgegen § 58 Abs. 1 Satz 2 oder 3 Arzneimittel bei Tieren anwendet, die der Gewinnung von Lebensmitteln dienen,

24. einer Aufzeichnungs- oder Vorlagepflicht nach § 59 Abs. 4 zuwiderhandelt,

24a. entgegen § 59b Satz 1 Stoffe nicht, nicht richtig oder nicht rechtzeitig überlässt,

24b. entgegen § 59c Satz 1, auch in Verbindung mit Satz 2, einen dort bezeichneten Nachweis nicht, nicht richtig oder nicht vollständig führt, nicht oder nicht mindestens drei Jahre aufbewahrt oder nicht oder nicht rechtzeitig vorlegt,

24c. entgegen § 63a Abs. 1 Satz 1 einen Stufenplanbeauftragten nicht beauftragt oder entgegen § 63a Abs. 3 eine Mitteilung nicht, nicht vollständig oder nicht rechtzeitig erstattet,

24d. entgegen § 63a Abs. 1 Satz 6 eine Tätigkeit als Stufenplanbeauftragter ausübt,

24e. entgegen § 63c Abs. 3 Satz 1 eine Meldung nicht oder nicht rechtzeitig macht,

24f. entgegen § 63c Abs. 4 einen Bericht nicht oder nicht rechtzeitig vorlegt,

25. einer vollziehbaren Anordnung nach § 64 Abs. 4 Nr. 4, auch in Verbindung mit § 69a, zuwiderhandelt,

26. einer Duldungs- oder Mitwirkungspflicht nach § 66, auch in Verbindung mit § 69a, zuwiderhandelt,

27. entgegen einer vollziehbaren Anordnung nach § 74 Abs. 1 Satz 2 Nr. 3 eine Sendung nicht vorführt,

27a. entgegen § 74a Abs. 1 Satz 1 einen Informationsbeauftragten nicht beauftragt oder entgegen § 74a Abs. 3 eine Mitteilung nicht, nicht vollständig oder nicht rechtzeitig erstattet,

27 b. entgegen § 74 a Abs. 1 Satz 4 eine Tätigkeit als Informationsbeauftragter ausübt,

28. entgegen § 75 Abs. 1 Satz 1 eine Person als Pharmaberater beauftragt,

29. entgegen § 75 Abs. 1 Satz 3 eine Tätigkeit als Pharmaberater ausübt,

30. einer Aufzeichnungs-, Mitteilungs- oder Nachweispflicht nach § 76 Abs. 1 Satz 2 oder Abs. 2 zuwiderhandelt,

30 a. *[aufgehoben]*

31. einer Rechtsverordnung nach § 7 Abs. 2 Satz 2, § 12 Abs. 1 Nr. 3 Buchstabe a, § 12 Abs. 1 b, § 42 Abs. 3, § 54 Abs. 1, § 56 a Abs. 3, § 57 Abs. 2, § 58 Abs. 2 oder § 74 Abs. 2 zuwiderhandelt, soweit sie für einen bestimmten Tatbestand auf diese Bußgeldvorschrift verweist,

32. entgegen Artikel 16 Abs. 2 Satz 1 oder 2 der Verordnung (EG) Nr. 726/2004 in Verbindung mit Artikel 8 Abs. 3 Unterabsatz 1 Buchstabe c bis e, h bis ia oder ib der Richtlinie 2001/83/EG oder Artikel 41 Abs. 4 Satz 1 oder 2 der Verordnung (EG) Nr. 726/2004 in Verbindung mit Artikel 12 Abs. 3 Unterabsatz 1 Satz 2 Buchstabe c bis e, h bis j oder k der Richtlinie 2001/82/EG, jeweils in Verbindung mit § 29 Abs. 4 Satz 2, der Europäischen Arzneimittel-Agentur oder der zuständigen Bundesoberbehörde eine dort genannte Information nicht, nicht richtig, nicht vollständig oder nicht rechtzeitig mitteilt,

33. entgegen Artikel 24 Abs. 1 Unterabsatz 1 oder Abs. 2 Satz 1 oder Artikel 49 Abs. 1 Unterabsatz 1 oder Abs. 2 Satz 1 der Verordnung (EG) Nr. 726/2004, jeweils in Verbindung mit § 29 Abs. 4 Satz 2, nicht sicherstellt, dass der zuständigen Bundesoberbehörde oder der Europäischen Arzneimittel-Agentur eine dort bezeichnete Nebenwirkung mitgeteilt wird,

34. entgegen Artikel 24 Abs. 3 Unterabsatz 1 oder Artikel 49 Abs. 3 Unterabsatz 1 der Verordnung (EG) Nr. 726/2004 eine dort bezeichnete Unterlage nicht, nicht richtig oder nicht vollständig führt ,

35. entgegen Artikel 1 der Verordnung (EG) Nr. 540/95 der Kommission vom 10. März 1995 zur Festlegung der Bestimmungen für die Mitteilung von vermuteten unerwarteten, nicht schwerwiegenden Nebenwirkungen, die innerhalb oder außerhalb der Gemeinschaft an gemäß der Verordnung (EWG) Nr. 2309/93 zugelassenen Human- oder Tierarzneimitteln festgestellt werden (ABl. EG Nr. L 55 S. 5) in Verbindung mit § 63 b Abs. 8 Satz 2 nicht sicherstellt, dass der Europäischen Arzneimittel- Agentur oder der zuständigen Bundesoberbehörde eine dort bezeichnete Nebenwirkung mitgeteilt wird oder

36. gegen die Verordnung (EG) Nr. 1901/ 2006 des Europäischen Parlaments und des Rates vom 12. Dezember 2006 über Kinderarzneimittel und zur Änderung der Verordnung (EWG) Nr. 1768/92, der Richtlinien 2001/20/EG und 2001/83/EG sowie der Verordnung (EG) Nr. 726/2004 (ABl. L 378 vom 27. 12. 2006, S. 1) verstößt, indem er

     a) entgegen Artikel 33 Satz 1 ein dort genanntes Arzneimittel nicht oder nicht rechtzeitig mit der pädiatrischen Indikation versehen in den Verkehr bringt,

     b) einer vollziehbaren Anordnung nach Artikel 34 Absatz 2 Satz 4 zuwiderhandelt,

     c) entgegen Artikel 34 Absatz 4 Satz 1 den dort genannten Bericht nicht oder nicht rechtzeitig vorlegt,

     d) entgegen Artikel 35 Satz 1 die Genehmigung für das Inverkehrbringen nicht oder nicht rechtzeitig auf einen dort genannten Dritten überträgt und diesem einen Rückgriff auf die dort genannten Unterlagen nicht gestattet,

     e) entgegen Artikel 35 Satz 2 die Europäische Arzneimittel-Agentur nicht oder nicht rechtzeitig von der Absicht unterrichtet, das Arzneimittel nicht länger in den Verkehr zu bringen, oder

     f) entgegen Artikel 41 Absatz 2 Satz 2 das Ergebnis der dort genannten Prüfung nicht oder nicht rechtzeitig vorlegt.

(3) Die Ordnungswidrigkeit kann mit einer Geldbuße bis zu 25 000 Euro geahndet werden.

(4) Verwaltungsbehörde im Sinne des § 36 Abs. 1 Nr. 1 des Gesetzes über Ordnungswidrigkeiten ist in den Fällen des Absatzes 1 in Verbindung mit § 96 Nr. 6, 20 und 21, des Absatzes 2 Nr. 7 in Verbindung mit § 29 Abs. 1 und § 63 b Abs. 2, 3 und 4 und des Absatzes 2 Nummer 9 a und 32 bis 36 die nach § 77 zuständige Bundesoberbehörde.

§ 98 Einziehung

[1] Gegenstände, auf die sich eine Straftat nach § 95 oder § 96 oder eine Ordnungswidrigkeit nach § 97 bezieht, können eingezogen werden. [2] § 74 a des Strafgesetzbuches und § 23 des Gesetzes über Ordnungswidrigkeiten sind anzuwenden.

§ 98 a Erweiterter Verfall

In den Fällen des § 95 Abs. 1 Nr. 2 a sowie der Herstellung und des Inverkehrbringens gefälschter Arzneimittel nach § 95 Abs. 1 Nr. 3 a in Verbindung mit § 8 Abs. 1 Nr. 1 a ist § 73 d des Strafgesetzbuches anzuwenden, wenn der Täter gewerbsmäßig oder als Mitglied einer Bande, die sich zur fortgesetzten Begehung solcher Taten verbunden hat, handelt.

Achtzehnter Abschnitt. Überleitungs- und Übergangsvorschriften

...

Anhang
(zu § 6 a Abs. 2 a)

Stoffe gemäß § 6 a Abs. 2 a Satz 1 sind:

I. Anabole Stoffe

1. Anabol-androgene Steroide

a) Exogene anabol-androgene Steroide

1-Androstendiol
1-Androstendion
Bolandiol
Bolasteron
Boldenon
Boldion
Calusteron
Clostebol
Danazol
Dehydrochlormethyltestosteron
Desoxymethyltestosteron
Drostanolon
Ethylestrenol
Fluoxymesteron
Formebolon
Furazabol
Gestrinon
4-Hydroxytestosteron
Mestanolon
Mesterolon
Metandienon
Metenolon
Methandriol
Methasteron
Methyldienolon

    Methyl-1-testosteron
    Methylnortestosteron
    Methyltestosteron
    Metribolon, synonym Methyltrienolon
    Miboleron
    Nandrolon
    19-Norandrostendion
    Norboleton
    Norclostebol
    Norethandrolon
    Oxabolon
    Oxandrolon
    Oxymesteron
    Oxymetholon
    Prostanozol
    Quinbolon
    Stanozolol
    Stenbolon
    1-Testosteron
    Tetrahydrogestrinon
    Trenbolon
    Andere mit anabol-androgenen Steroiden verwandte Stoffe

b) Endogene anabol-androgene Steroide
    Androstendiol
    Androstendion
    Androstanolon, synonym Dihydrotestosteron
    Prasteron, synonym Dehydroepiandrosteron (DHEA)
    Testosteron

2. Andere anabole Stoffe
    Clenbuterol
    Selektive Androgen-Rezeptor-Modulatoren (SARMs)
    Tibolon
    Zeranol
    Zilpaterol

II. Peptidhormone, Wachstumsfaktoren und verwandte Stoffe

1. Erythropoese stimulierende Stoffe
    Erythropoetin human (EPO)
    Epoetin alfa, beta, delta, omega, theta, zeta und analoge rekombinante
    humane Erythropoetine
    Darbepoetin alfa (dEPO)
    Methoxy-Polyethylenglycol-Epoetin beta, synonym PEG-Epoetin beta,
    Continuous Erythropoiesis Receptor Activator (CERA)
    Hematide, synonym Penginesatide

2. Choriongonadotropin (CG) und Luteinisierendes Hormon (LH)
    Choriongonadotropin (HCG)
    Choriogonadotropin alfa
    Lutropin alfa

3. Insuline

4. Corticotropine
    Corticotropin
    Tetracosactid

5. Wachstumshormon, Releasingfaktoren, Releasingpeptide und Wachstumsfaktoren
    Somatropin, synonym Wachstumshormon human, Growth Hormone (GH)
    Somatrem, synonym Somatotropin (methionyl), human

Wachstumshormon-Releasingfaktoren, synonym Growth Hormone Releasing Hormones (GHRH)
Sermorelin
Somatorelin
Wachstumshormon-Releasingpeptide, synonym Growth Hormone Releasing Peptides (GHRP)
Mecasermin, synonym Insulin-ähnlicher Wachstumsfaktor 1, Insulin-like Growth Factor-1 (IGF-1)
IGF-1-Analoga

III. Hormon-Antagonisten und -Modulatoren

1. Aromatasehemmer
Aminoglutethimid
Anastrozol
Androsta-1,4,6-trien-3,17-dion, synonym Androstatriendion
4-Androsten-3,6,17-trion (6-oxo)
Exemestan
Formestan
Letrozol
Testolacton

2. Selektive Estrogen-Rezeptor-Modulatoren (SERMs)
Raloxifen
Tamoxifen
Toremifen

3. Andere antiestrogen wirkende Stoffe
Clomifen
Cyclofenil
Fulvestrant.

4. Myostatinfunktionen verändernde Stoffe
Myostatinhemmer
Stamulumab

IV. Stoffe für ein Gendoping

PPARδ (Peroxisome Proliferator Activated Receptor Delta)-Agonisten, synonym PPAR-delta-Agonisten
GW 501516, synonym GW 1516
AMPK (PPARδ-AMP-activated protein kinase)-Axis-Agonisten
Aminoimidazole Carboxamide Riboside (AICAR).

Die Aufzählung schließt die verschiedenen Salze, Ester, Ether, Isomere, Mischungen von Isomeren, Komplexe oder Derivate mit ein.

Vorbemerkungen zum AMG

Inhalt

Kap. 1. Einleitung zum AMG

Übersicht

A. Entstehungsgeschichte des AMG

I. AMG 1961 und AMNOG 1976

1   Am 1. 8. 1961 trat in Deutschland das 1. Arzneimittelgesetz in Kraft und regelte erstmals die Herstellung und das Inverkehrbringen von Arzneimitteln bundeseinheitlich. Erst durch die Einführung der Registrierungspflicht für Arzneimittel durch das AMG 1961 wurde eine umfassende Arzneimittelüberwachung überhaupt möglich. Bereits durch das Arzneimittelneuordnungsgesetz (AMNOG 1976) wurden die Bestimmungen des AMG 1961 – europäischen Vorgaben folgend (vgl. dazu *Rehmann* Einführung AMG Rn. 3 ff. m. w. N.) – umfänglich neu geordnet. An die Stelle der Arzneimittelregistrierung trat das **Zulassungsverfahren** beim ehemaligen Bundesgesundheitsamt in Berlin (BGA; heute Bundesinstitut für Arzneimittel und Medizinprodukte – BfArM, Kurt-Georg-Kiesinger-Allee 3, 53175 Bonn; http://www.bfarm.de). Neu eingeführt wurde zudem – als Reaktion auf den Contergan®-Skandal (vgl. *Rehmann* § 84 Rn. 1; *Koyuncu*, Das Haftungsdreieck Pharmaunternehmen–Arzt–Patient [2004], S. 51 m. w. N.; zum Vorschlag einer Fondslösung im Rahmen des Gesetzgebungsverfahrens *Kage*, Das Medizinproduktegesetz [2005], S. 24 Fn. 113; vgl. auch *Kirk*, Der Contergan-Fall [1999]) – die Gefährdungshaftung der pharmazeutischen Unternehmer für die von ihnen produzierten oder in den Verkehr gebrachten Arzneimittel.

II. Europäische Rechtsangleichung

2   Die Folgezeit war im Wesentlichen gekennzeichnet durch Rechtsangleichungsbemühungen auf europäischer Ebene; bemerkenswert sind in diesem Kontext insbesondere:

3   **1. Zentrales Zulassungsverfahren.** Durch die Richtlinie 87/22/EWG des Rates vom 22. 12. 1986 zur Angleichung der einzelstaatlichen Maßnahmen betreffend das Inverkehrbringen technologisch hochwertiger Arzneimittel, insbesondere aus der Biotechnologie (ABl. L 15 vom 17. 1. 1987, S. 38 ff.) wurde zunächst ein sog. Konzertierungsverfahren eingeführt. Die Richtlinie sah vor, dass die Mitgliedstaaten vor Erlass eines Zulassungsbescheides für die erfassten Arzneimittel je nach Zuständigkeit entweder den Ausschuss für Arzneimittelspezialitäten oder den Ausschuss für Tierarzneimittel beteiligen und deren Stellungnahme bei ihrer Zulassungsentscheidung berücksichtigen sollten. Mit der Verordnung (EWG) Nr. 2309/93 des Rates vom 22. 7. 1993 zur Festlegung von Gemeinschaftsverfahren für die Genehmigung und Überwachung von Human- und Tierarzneimitteln und zur Schaffung einer Europäischen Agentur für die Beurteilung von Arzneimitteln (ABl. L 214 vom 24. 8. 1993, S. 1 ff.) wurde die Richtlinie 87/22/EWG aufgehoben und ein **zentrales Zulassungsverfahren** eingeführt. Die Zuständigkeit der 1995 gegründeten Europäischen Arzneimittel-Agentur in London (European Medicines Agency; **EMEA**; http://www.emea.europa.eu) ist mit Verordnung (EG) Nr. 726/2004 des Europäischen Parlaments und des Rates vom 31. 3. 2004 zur Festlegung von Gemeinschaftsverfahren für die Genehmigung und Überwachung von Human- und Tierarzneimitteln und zur Errichtung einer Europäischen Arzneimittel-Agentur (ABl. L 136 vom 30. 4. 2004, S. 1 ff.) deutlich erweitert worden; das zentrale Zulassungsverfahren gilt seither für alle mit Hilfe biotechnologischer oder sonstiger hochtechnischer Verfahren hergestellten Arzneimittel, insbesondere solcher zur Behandlung von AIDS, Krebs, Diabetes, neurodegenerativen Erkrankungen und seltenen Leiden (zum Ablauf des Zulassungsverfahrens vgl. *Rehmann* Vor § 21 AMG Rn. 4 ff.; Deutsch/Lippert/*Anker* Vor § 21 AMG Rn. 7 ff.).

4   **2. Arzneimittelforschung.** Das 12. Gesetz zur Änderung des AMG vom 30. 7. 2004 (BGBl. I, 2031 ff.) fand seine Grundlage in der Richtlinie 2001/20/

EG des Europäischen Parlaments und des Rates vom 4. 4. 2001 zur Angleichung der Rechts- und Verwaltungsvorschriften der Mitgliedstaaten über die Anwendung der guten klinischen Praxis bei der Durchführung von klinischen Prüfungen mit Humanarzneimitteln (ABl. L 121 vom 1. 5. 2001, S. 34 ff.) und war von dem Gedanken beseelt, die Anforderungen an klinische Prüfungen von Arzneimitteln durch Verankerung eindeutiger rechtlicher und ethischer Rahmenbedingungen zu harmonisieren. Die Richtlinie enthält Vorgaben zu den Voraussetzungen, zum Ablauf und zur Durchführung klinischer Prüfungen (§§ 40 ff. AMG), die ihrerseits eine wesentliche Voraussetzung für die Zulassung von Arzneimitteln sind (vgl. § 22 Abs. 2 Nr. 3 AMG; dazu *Rehmann* Vor §§ 40–42 a AMG Rn. 2 ff.). Zu den Neuregelungen nach der 12. AMG-Novelle im Einzelnen *Pestalozza* NJW 2004, 3374; *von Freier*, Recht und Pflicht in der medizinischen Humanforschung [2009], S. 100 ff.; vgl. auch Bericht der Bundesregierung zu Erfahrungen mit der Erprobung von Arzneimitteln an Minderjährigen nach Inkrafttreten des Zwölften Gesetzes zur Änderung des Arzneimittelgesetzes, BT-Drs. 16/14131.

3. Kinderarzneimittel, neuartige Therapien. Das Gesetz zur Änderung arz- 5 neimittelrechtlicher und anderer Vorschriften vom 17. 7. 2009 (BGBl. I, 1990, 3578) diente der Umsetzung der Verordnungen (EG) Nr. 1901/2006 des Europäischen Parlaments und des Rates vom 12. 12. 2006 über Kinderarzneimittel (ABl. L 378 vom 27. 12. 2006, S. 1 ff.) und Nr. 1394/2007 des Europäischen Parlaments und des Rates vom 13. 11. 2007 über Arzneimittel für neuartige Therapien (ABl. L 324 vom 10. 12. 2007, S. 121). Änderungen betreffen das Zulassungsverfahren, die Kennzeichnung und das Inverkehrbringen von Arzneimitteln für die pädiatrische Verwendung (vgl. BT-Drs. 16/12256, S. 33). Darüber hinaus waren gesetzliche Definitionen anzupassen; so wurden etwa Arzneimittel, die die Voraussetzungen für neuartige Therapien erfüllen, aber als Impfstoffe zum Schutz vor übertragenen Krankheiten vom Regelungsbereich der in § 4 Abs. 9 AMG genannten Verordnung (EG) Nr. 1394/2007 ausgenommen sind, in die Definition der Impfstoffe aufgenommen (vgl. BT-Drs. 16/12256, S. 42). Die neue Bußgeldnorm des § 97 Abs. 2 Nr. 36 AMG geht auf die Verordnung Nr. 1901/2006/EG zurück.

III. Weitere Änderungen des AMG und flankierender Vorschriften

Von Bedeutung sind darüber hinaus aktuelle Änderungen des AMG durch 6 Art. 2 des Gesetzes zur Verbesserung der Bekämpfung des **Dopings im Sport** vom 24. 10. 2007 (BGBl. I, 2510; vgl. dazu BT-Drs. 16/5526), Art. 2 des Gesetzes zur **diamorphingestützten Substitutionsbehandlung** vom 15. 7. 2009 (BGBl. I, 1801; Sondervertriebsweg Diamorphin − § 47 b AMG; vgl. § 29 BtMG/Teil 16 Rn. 1 ff.), Art. 1 des Gesetzes zur Änderung arzneimittelrechtlicher und anderer Vorschriften und Art. 1 der Verordnung zur Bestimmung von Dopingmitteln und Festlegung der nicht geringen Mengen vom 28. 9. 2009 (BGBl. I, 3172).

Durch das Gesetz zur Modernisierung der gesetzlichen Krankenversicherung 7 vom 14. 11. 2003 (BGBl. I, 2190) sind das Gesetz über das Apothekenwesen (Apothekengesetz − ApoG) in der Fassung der Bekanntmachung vom 15. 10. 1980 (BGBl. I, 1993) und die Verordnung über den Betrieb von Apotheken (Apothekenbetriebsordnung − ApBetrO) in der Fassung der Bekanntmachung vom 26. 9. 1995 (BGBl. I, 2338) weitreichenden Änderungen unterzogen worden, die vor allem über die §§ 43, 73 AMG und die zugehörigen Straf- und Bußgeldvorschriften ausstrahlen. Dies betrifft insbesondere die Eröffnung der Möglichkeit zum **Versandhandel mit Arzneimitteln** (dazu unten Rn. 325 ff.). Zum Betrieb von Apothekenketten und Apothekenfilialen vgl. Rn. 322 ff. Zu den durch das **15. AMGÄndG** vom 25. 5. 2011 (BGBl. I, 946) mit Wirkung vom 31. 5. 2011 geänderten Bestimmungen im Zusammenhang mit dem **Versandhandel von Tierarzneimitteln** vgl. unten Rn. 343.

8   Durch die 24. BtMÄndV vom 18. 12. 2009 (BGBl. I, 3944) ist der analgetische Wirkstoff **Tapentadol** mit Wirkung zum 1. 6. 2010 in Anlage III zum BtMG (verkehrsfähige und verschreibungsfähige Betäubungsmittel) aufgenommen worden; zu den Einzelheiten vgl. Stoffe/Teil 2 Rn. 21.

B. Fakten, Fallzahlen und Statistiken

I. Vorbemerkungen

9   Rechtsverstöße gegen das AMG sind in der Mehrzahl sog. **Kontrolldelikte** (teilweise wird der semantisch unglückliche Begriff der „Holkriminalität" verwandt, vgl. etwa *Kühne*, Strafprozessrecht, 8. Aufl. [2010], Rn. 308.3; *Paul* Drogenkonsumenten im Jugendstrafverfahren [2005], S. 51; krit. dazu *Gawen* Illegale Drogen, 2. Aufl. [2009], S. 30), d. h. ihre Begehung führt regelmäßig nur dann zur Einleitung von Ermittlungen und damit zu einem Anstieg der Fallzahlen, wenn die Strafverfolgungsbehörden aus eigenem Antrieb entsprechende Nachforschungen anstellen oder diesbezügliche Bemühungen intensivieren. Dies gilt für die Bereiche des illegalen Arzneimittelhandels und der Arzneimittelfälschungen in gleicher Weise wie etwa für das illegale Doping im Sport. Die Anzahl eingeleiteter Ermittlungsverfahren gibt daher nur bedingt Auskunft über die tatsächliche Kriminalitätsentwicklung. Vielmehr kann ein Anstieg der Fallzahlen auch mit der stärkeren Beobachtung der Szene in Zusammenhang stehen. Ausgehend hiervon sind reine Fallzahl-Zeitreihen-Statistiken in jedem Fall mit Vorsicht zu genießen.

10   Es kommt hinzu, dass gerade die Straftatbestände des Arzneimittelgesetzes einer ständigen **Anpassung** an die realen Zustände unterliegen (§ 95 AMG ist etwa jüngst geändert worden durch das Gesetz zur Verbesserung der Bekämpfung des Dopings im Sport vom 24. 10. 2007 – BGBl. I, 2510 und das Gesetz zur Änderung arzneimittelrechtlicher und anderer Vorschriften vom 17. 7. 2009 – BGBl. I, 1990, 3578). Dies mag einerseits darin begründet sein, dass das AMG im Kontext des Umgangs mit illegalen Substanzen oftmals in einem Atemzug mit dem BtMG genannt wird und daher – ebenso wie dieses – stets im Fokus gesundheits- und sicherheitspolitischer Erwägungen steht. Andererseits verfolgen einschlägige Tätergruppierungen – mehr als in anderen Kriminalitätsfeldern – konsequente Umgehungs- und Vermeidungsstrategien und werden in diesem Tun durch ganz erhebliche Gewinnmargen beflügelt, die partiell – etwa im Bereich der Arzneimittelfälschungen – diejenigen des klassischen Drogenhandels deutlich übersteigen können, vgl. dazu *Sürmann* Arzneimittelkriminalität – ein Wachstumsmarkt? [2007], S. 4. Auch in Anbetracht solcher Anpassungen arzneimittelstrafrechtlicher Normen und der damit (regelmäßig) einhergehenden Ausdehnung des Bereichs strafrechtlich relevanter Handlungen auf bislang weiße Bereiche der Landkarte sozialer (Inter-)Aktion liefern die nachfolgenden Zahlen und Grafiken allenfalls einen ersten Anhalt zur Bewertung des Phänomenbereichs Arzneimittelkriminalität.

II. Straftaten nach dem Arzneimittelgesetz

11   Straftaten nach dem AMG machen etwa die Hälfte der Fälle der unter dem PKS-Schlüssel 71600 erfassten Straftaten im Zusammenhang mit Lebens- und Arzneimitteln aus. Im Verhältnis zur Anzahl der insgesamt erfassten Straftaten von 6.114.128 Fällen in 2008 ist dies ein Anteil von nur rd. 0,055%.

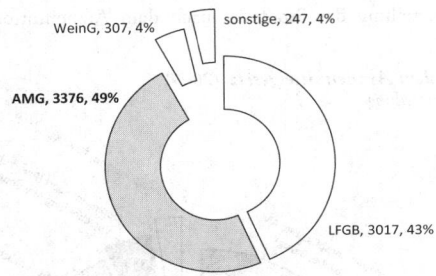

Quelle: BKA Wiesbaden,
PKS 2008 (Tabelle 01); eigene Darstellung.

Auf der Basis der Polizeilichen Kriminalstatistik (PKS) kann seit 1991 ein stetiger **12** Anstieg der Fallzahlen festgestellt werden. Die Anzahl der erfassten Tatverdächtigen ist seither von 568 (im Jahr 1991) über 2098 (2003) auf insgesamt 3064 (2009) gestiegen. Unter diesen nehmen die Altersgruppen der 21- bis unter 30-jährigen und die der 30- bis unter 50-jährigen Tatverdächtigen eine herausgehobene Stellung ein, während die Gruppe der unter 21-jährigen Tatverdächtigen mit zuletzt 300 Erfassten eine eher untergeordnete Rolle spielt:

Straftaten nach dem Arzneimittelgesetz (1991 bis 2009)
Tatverdächtige und Altersstruktur

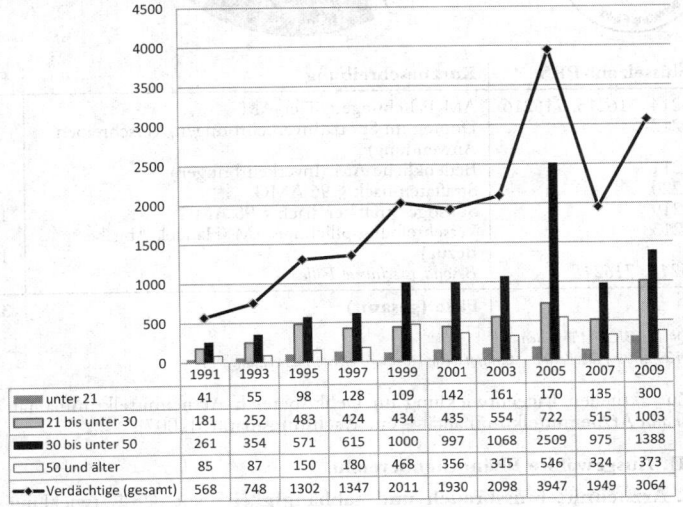

	1991	1993	1995	1997	1999	2001	2003	2005	2007	2009
unter 21	41	55	98	128	109	142	161	170	135	300
21 bis unter 30	181	252	483	424	434	435	554	722	515	1003
30 bis unter 50	261	354	571	615	1000	997	1068	2509	975	1388
50 und älter	85	87	150	180	468	356	315	546	324	373
Verdächtige (gesamt)	568	748	1302	1347	2011	1930	2098	3947	1949	3064

Quelle: BKA Wiesbaden,
PKS (Tabelle 20; Aufgliederung der Tatverdächtigen – insgesamt – nach Alter ab 1987);
Stand 23. 4. 2010; eigene Darstellung.[1]

[1] Angaben für 2009 sind aufgrund der „echten" Tatverdächtigenzählung nur eingeschränkt mit den Vorjahren vergleichbar; Tatverdächtige werden seither für die Gesamtzahl der Straftaten auch dann nur einmal gezählt, wenn sie mehrmals als Tatverdächtige in Erscheinung getreten sind.

13 Die aktuelle Verteilung der Straftaten nach dem Arzneimittelgesetz stellt sich wie folgt dar:

Straftaten nach dem Arzneimittelgesetz (2009)
Fälle und Deliktsverteilung

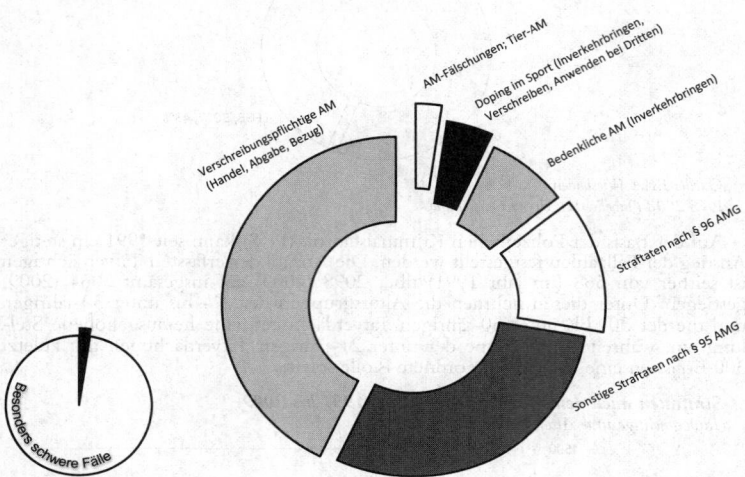

Schlüsselzahl-PKS	Kurzbeschreibung	Fälle
716214, 716215, 716216	AM-Fälschungen; Tier-AM	84
716212	Doping im Sport (Inverkehrbringen, Verschreiben, Anwendung)	158
716211	Bedenkliche AM (Inverkehrbringen)	266
716220	Straftaten nach § 96 AMG	457
716219	Sonstige Straftaten nach § 95 AMG	1035
716213	Verschreibungspflichtige AM (Handel, Abgabe, Bezug)	1498
716217, 716218	*Besonders schwere Fälle*	*85*
	Fälle (gesamt)	**3583**

Quelle: BKA Wiesbaden,
PKS 2009 (Tabelle 01 – Grundtabelle Auszug); eigene Darstellung.

Zur aktuellen Lageentwicklung im Deliktsbereich Arzneimittelkriminalität vgl. *Sürmann* Arzneimittelkriminalität – ein Wachstumsmarkt? [2007].

III. Ausgewählte Phänomenbereiche

14 **1. Arzneimittelmissbrauch und -abhängigkeit.** Mit der Entwicklung der Chemie und Pharmazie wurden in den letzten zwei Jahrhunderten zahlreiche Synthesen und die Entwicklung zahlreicher Arzneimittel möglich. Die Chemie entwickelte nicht nur neue Heilmittel, sondern auch neuartige Lebensmittel, Genuss- und Körperpflegemittel, die einerseits die Lebensqualität erhöhten, andererseits auch neue Gesundheitsgefahren mit sich brachten. Zu Beginn des 20. Jahrhunderts wurde die Tablettensucht zu einem Problem. Das **Barbitalpräparat Veronal®**, das als Schlafmittel nach dem Ort der in Verona aufgeführten Tragödie Romeo und Julia genannt wurde, eroberte die Welt. Weitere Barbiturate folgten. Um die Verbreitung barbiturathaltiger Schlafmittel zu vermeiden und der Barbituratsucht vorzubeugen, wurden nach dem Zweiten Weltkrieg vorwiegend barbituratfreie Schlafmittel hergestellt. Barbituratfreiheit bedeutete aber nicht zwangsläufig Unbedenklichkeit. In den 60er Jahren brachten dann die Benzodiazepine besondere Gesundheitsprobleme mit sich; ihr Suchtpotential wurde zunächst nicht erkannt. Zu Missbrauch und Abhängigkeit von Arzneimitteln vgl. auch *Pallenbach*, Die Stille Sucht [2009].

Arzneimittel im Wert von über 32 Mrd. EUR haben die niedergelassenen Ärzte den **15** gesetzlich Versicherten 2009 verordnet (2005 − 26,8 Mrd. EUR). Den Löwenanteil am Gesamtumsatz mit Humanarzneimitteln machen die rezeptpflichtigen Arzneimittel aus. Von den insgesamt 60.270 verkehrsfähigen Arzneimitteln sind (Stand: 10. 8. 2011) 2.400 freiverkäuflich, 17.265 apothekenpflichtig, 39.657 verschreibungspflichtig, 942 betäubungsmittelrezeptpflichtig und 6 sonderrezeptpflichtig (Bundesinstitut für Arzneimittel und Medizinprodukte; aktuelle Daten unter www.bfarm.de). Dabei entstammen die 20 umsatzstärksten Produkte (2008) ausschließlich aus dem Pool der rezeptpflichtigen Arzneimittel (vgl. *Glaeske*, Jahrbuch Sucht [2010], S. 80). Es wird deutlich, dass Ärztinnen und Ärzte den Umlauf der Arzneimittel steuern; die jährlich rund 25 Mio. Besuche der unzähligen Pharmaberater scheinen aus Sicht der Pharmaindustrie gut angelegt zu sein (zum sog. Pharmamarketing vgl. Rn. 316 ff.). Zur Entwicklung des Arzneimittelmarktes 2010 vgl. *Herzog* AB 2010, 3 ff.

Die Zahl der Medikamentenabhängigen wird in Deutschland auf etwa 1,4 bis **16** 1,5 Mio. Menschen geschätzt; teilweise wird gar von 1,9 Mio. Menschen ausgegangen; belastbare Zahlen existieren freilich nicht. Etwa ein ähnlich großer Anteil der Bevölkerung pflegt einen mindestens problematischen Umgang mit Arzneimitteln und wird deshalb als mittel- bis hochgradig gefährdet eingestuft (vgl. *BÄK*, Medikamente − schädlicher Gebrauch und Abhängigkeit [2007], www.bundesaerztekammer.de).

Neben dem Rauschgiftmissbrauch hat sich in den letzten Jahren − weithin unbemerkt **17** oder toleriert − der Medikamentenmissbrauch in weiten Bevölkerungsschichten so alarmierend ausgebreitet, dass man vor einer **schleichenden Intoxikation der Bevölkerung** warnen muss (*Komo*, Die verordnete Intoxikation [1978]). Von etwa 2/3 der Konsumenten schwerer Schlaf-, Schmerz- und Anregungsmittel werden diese Arzneimittel in der Absicht genommen, ein Rauscherlebnis zu erzeugen.

Etwa 4 bis 5% der verordneten Arzneimittel besitzen ein spezifisches Missbrauchs- **18** und Abhängigkeitspotential. Arzneimittelsucht ist eine **stille Sucht** (*Pallenbach*, Die Stille Sucht [2009]). Arzneimittel riechen nicht wie Alkohol. Ihr Konsum ist unauffällig, da die Medikamente zumeist vom Arzt verschrieben sind. Die wichtigste Präventionsaufgabe gegen Medikamentenmissbrauch ist das Vorbild der **Eltern**. Eltern, die gewohnheitsmäßig Arzneimittel schlucken, neigen dazu, auch ihren Kindern bei Lebensproblemen Tabletten zu verabreichen.

In der medizinischen Wissenschaft werden die besonderen Probleme der Arzneimit- **19** telabhängigkeit (Benzodiazepin, Bromural, Barbiturat, Codein und Clomethiazol) seit langer Zeit erörtert. Diese Suchtformen stehen zum Teil der Betäubungsmittelsucht an Gefährlichkeit kaum nach. Die besonderen Formen der Arzneimittelabhängigkeit erfordern **besondere Therapieformen**.

a) Schmerzmittel. Unter den 20 meistverkauften Arzneimitteln des Jahres **20** 2008 führen Schmerzmittel − mit rd. 46,5% aller verkauften Packungen − gefolgt von den Erkältungsmitteln im weiteren Sinne (Anwendungsgebiete: Husten, Schnupfen, Nebenhöhlen) − mit rd. 34,1% aller verkauften Packungen. Sonstige Arzneimittel (Wundheilungsmittel, Mittel gegen rheumatische und Magen-Darm-Beschwerden oder Schilddrüsenhormone) rangieren − mit zusammen nicht einmal 1/5 aller verkauften Packungen − abgeschlagen auf Platz 3.

Dabei fällt auf, dass von den 2008 verkauften rd. 156 Mio. Packungen **Anal-** **21** **getika** (von gr. „kein Schmerz") etwa 81% ohne Rezept, also zur Selbstmedikation, veräußert wurden (*Glaeske* Jahrbuch Sucht [2010], S. 75 f.).

Meistverkaufte Arzneimittel 2008
20 meistverkaufte; nach verkauften Packungen; ohne Diabeteststeststreifen

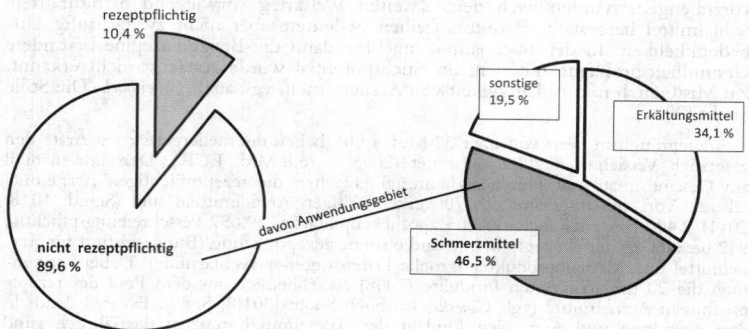

*Quelle: Glaeske, Medikamente – Psychotrope und andere Arzneimittel mit Missbrauchs- und Abhängig-
keitspotential, Jahrbuch Sucht [2010]; Tab. 3, S. 76; eigene Darstellung.*

22   Problematisch im Hinblick auf ein mögliches Abhängigkeitspotential freiverkäuf-
licher Analgetika sind dabei nicht die schmerzstillenden Wirkstoffe selbst, sondern
vielmehr ihre noch häufig anzutreffende Kombination mit psychisch wirksamen
Substanzen. Solche **Mischanalgetika**, bei denen schmerzstillende Wirkstoffe häufig mit Coffein oder Codein versetzt werden, sind vor allem deshalb bedenklich,
weil eintretende psychische Effekte eine fragwürdige Einnahme solcher Mittel
befördern können. Zudem fehlt der wissenschaftliche Nachweis dafür, dass Wirkungen von Acetylsalicylsäure oder Paracetamol durch Kombination mit Coffein
oder Codein verstärkt wird (*Glaeske,* Jahrbuch Sucht [2010], S. 78). Weitere unerwünschte Wirkungen, etwa Entzugs(kopf-)schmerzen oder ein medikamentenin-
duzierter Dauerkopfschmerz sind als Folgen eines schädlichen Gebrauchs beschrieben worden.

23   Zur Behandlung schwerer Schmerzzustände werden erfolgreich **opiat–** oder
opioidhaltige Schmerzmittel eingesetzt. In Anbetracht des unbestrittenen Po-
tentials, die Lebensqualität der betroffenen Patienten erheblich zu steigern, darf
freilich die Gefahr einer Opiatabhängigkeit nicht unterschätzt werden. Aus chronischen Schmerzsyndromen heraus entwickeln sich gelegentlich schwere Opiatab-
hängigkeiten mit massiver Dosissteigerung und ggf. heimlicher Selbstinjektion;
Voraussetzung für einen erfolgreichen Opiatentzug ist in diesen Fällen eine adäquate Schmerztherapie (*BÄK*, Medikamente – schädlicher Gebrauch und Abhängigkeit, S. 37).

24   **b) Schlaf- und Beruhigungsmittel.** Benzodiazepine sind diejenige Medikamentengruppe, deren Konsumenten die größte Zahl der Medikamentenabhängigen stellen, vgl. nur BT-Drs. 16/7973 S. 5. Unter den verkauften Schlaf- und
Beruhigungsmitteln nehmen diejenigen, die Benzodiazepin oder benzodiazepin-
ähnliche Wirkstoffe enthalten, noch immer den vordersten Platz ein (2008 – 59%
aller Packungen). Zwar geht die Verordnung langwirksamer Benzodiazepin-Wirk-
stoffe in den letzten Jahren stetig zurück, gleichzeitig ist aber eine Zunahme der
Verordnung benzodiazepinähnlicher Wirkstoffe (Zolpidem, Zopiclon, Zaleplon –
sog. „Z-Drugs") zu verzeichnen; das Suchtpotential dieser Benzodiazepin-Ersatz-
präparate wird teilweise ebenso hoch eingeschätzt (*Glaeske,* Jahrbuch Sucht [2010],
S. 82 ff.; vgl. BT-Drs. 16/7973 S. 6).

25   **c) Arzneimittelabhängigkeit im Alter.** Ältere und pflegebedürftige Menschen unterliegen aufgrund ihres ohnehin eher höheren Arzneimittelkonsums

einem besonderen Risiko, der Arzneimittelsucht anheim zu fallen. Hinzu kommt, dass die Leber älterer Menschen Substanzen nur noch vergleichsweise langsam abbauen kann; noch ehe die Wirkung einer Medikamentengabe abgebaut ist, wird häufig bereits erneut zum verschriebenen Arzneimittel gegriffen. „Sucht auf Rezept" ist in vielen Fällen die Folge. Zwischen 1,7 bis 2,8 Mio. der über 60-Jährigen pflegen einen mindestens problematischen Umgang mit psychoaktiven Arzneimitteln; etwa 40% der über 65-Jährigen erhalten 8 und mehr Wirkstoffe parallel; bis zu 25% der über 70-jährigen Bewohner von Alters- und Pflegeheimen sollen eine Abhängigkeit von Psychopharmaka (insbesondere von Benzodiazepin und Ersatzwirkstoffen) entwickelt haben (*Koeppe*, Jahrbuch Sucht [2010], S. 215 ff., 218).

Als Ergebnis des vom Bundesministerium für Bildung und Forschung geförder- **26** ten Verbundprojektes PRISCUS liegt zwischenzeitlich die sog. **PRISCUS-Liste** zu potentiell inadäquater Medikation für ältere Menschen vor (http://priscus.net/download/PRISCUS-Liste_PRISCUS-TP3_2011.pdf; abgerufen am 13. 8. 2011). Aufgeführt sind etwa **langwirksame Benzodiazepine**, die insbesondere wegen ausgeprägter muskelrelaxierender Wirkungen mit der Gefahr von Stürzen und also mit einem erhöhten Risiko für Hüftfrakturen verbunden sind (vgl. dazu auch *Koeppe*, Jahrbuch Sucht [2010], S. 219 f.).

Das **Bundesgesundheitsministerium** hat im Herbst 2007 einen Aktionsplan **27** zur Verbesserung der Arzneimitteltherapiesicherheit (AMTS) aufgelegt, der unter anderem vorsieht, die Verhältnisse in Alten- und Pflegeheimen zu analysieren, um hieraus ggf. arzneimittelsuchtspezifische Interventionsstrategien ableiten zu können; Schwerpunkt des Projektes ist u. a. die Anwendung von Benzodiazepinen (vgl. BT-Drs. 16/7973, S. 7 f.).

Nach dem Abschlussbericht des Zentrums für Interdisziplinäre Suchtforschung **28** (ZIS) der Universität Hamburg (*Kuhn/Haasen*, Abschlussbericht – Repräsentative Erhebung zum Umgang mit suchtmittelabhängigen älteren Menschen in stationären und ambulanten Pflegeeinrichtungen [2009]), dessen Ergebnisse auf einer Fragebogenaktion unter 5.000 ambulanten Pflegediensten und stationären Pflegeeinrichtungen (Rücklaufquote 20%) beruhen, schätzen stationäre und ambulante Einrichtungen den prozentualen Anteil von Personen mit Suchtproblemen im Mittel auf 14%. Der Anteil der betroffenen Frauen überwiegt dabei deutlich, soweit ein problematischer Konsum von Arzneimitteln in Frage steht; einzelne Medikamentengruppen waren freilich nicht Gegenstand der Befragung. Ein bemerkenswertes Ergebnis der Untersuchung ist, dass Angebote des Suchthilfesystems von der betroffenen Alters- und Personengruppe kaum genutzt werden. Hier gilt es anzusetzen und die Vernetzung von Altenpflege und Suchthilfe zu befördern.

d) Mortalität von Arzneimittelabhängigen. Im Rahmen eines Langzeitprojektes **29** zum Verlauf von Arzneimittelabusus und -abhängigkeit wurden von *Poser, W./Poser, S. et al.* SuchtG 1990, 319 ff. Sterblichkeit und Rückfallneigung von 2.079 Suchtkranken, darunter 1.363 Patienten mit Arzneimittelsüchten, untersucht. 716 Patienten mit Alkoholabhängigkeit oder -abusus dienten zum Vergleich. Dafür wurde ein seit 1974 geführtes Fallregister benutzt, das 1989 ausgewertet wurde. Die Sterblichkeit wurde anhand der Sterbetafelmethode im Vergleich zur Gesamtbevölkerung ermittelt. Alle untersuchten Formen von Suchtkrankheiten führten zu erhöhter Mortalität im Vergleich zur Normalbevölkerung, am massivsten Arzneimittel plus illegale Drogen (17-fach) und isolierter Alkoholismus (4 bis 5-fach). Abusus und Abhängigkeit von Arzneimitteln allein ließen die Sterblichkeit weniger massiv ansteigen (2-fach). Die Kombination von Alkohol und Arzneimitteln führte zu einer geringeren Übersterblichkeit als isolierter Alkoholismus (3 bis 4-fach). Abusus war von der Sterblichkeit her gesehen weniger bedrohlich als Abhängigkeit (1,8-fach versus 3,8-fach). Drogenabhängige haben auch die höchste Rückfallrate nach Behandlung (62 %), beim Alkoholismus dagegen machten diese ungünstigen Verläufe nur 32% aus, bei Arzneimittelabhängigkeit und -abusus 30% und bei der Kombination von Alkohol und Arzneimitteln 41%.

2. Unerlaubter Arzneimittelhandel. Neben dem legalen Arzneimittelmarkt breitet **30** sich seit geraumer Zeit – ähnlich dem Betäubungsmittelmarkt –, insbesondere in Großstädten, ein illegaler Markt aus, auf dem nahezu jede gewünschte Substanz, unabhängig von ihrer Gefährlichkeit, in nahezu jeder gewünschten Menge angeboten wird. Die Verantwortlichen für die zahlreichen **Internet-Angebote** von Arzneimitteln, Giften, Grundstoffen, Dopingmitteln, „Legal-Highs" usw., die ohne Mitarbeit der Provider von den Strafverfolgungsbehörden nur schwer zu erfassen sind, haben einen neuen virtuellen, weltweiten, illegalen Drogenmarkt geschaffen, der sich mangels erfolgreicher Strafverfolgungsarbeit nahezu uferlos ausbreitet. Die grundsätzlich zu begrüßende Öffnung des **Arzneimittelversandhandels** und die Zulassung sog. **Online-Apotheken** (vgl. dazu Rn. 325 ff.) mögen hieran einen nicht unmaßgeblichen Anteil haben. Dubiose Internethändler sind nicht immer auf den ersten Blick von den seriösen Vertretern dieser Zunft zu unterscheiden; die technischen Hürden zur Erstellung professioneller (zumeist im Ausland gehosteter) Internetauftritte sind heute niedriger denn je.

31   Neben den ärztlichen Verschreibungen und der legalen Abgabe von Psychopharmaka in Apotheken findet in der Drogenszene ein umfangreicher illegaler Handel mit Psychopharmaka aller Art statt. Illegale Arzneimittelgroßhändler verschaffen sich durch betrügerische Im- und Exporte tonnenweise Arzneimittellieferungen und setzen diese en detail oder en gros auf dem grauen Markt ab. Illegale Zwischen- und Klein-Dealer verkaufen einzelne Tabletten, Tablettenstreifen, Klinikpackungen, Originalrezepte und Falsifikate.

32   Einzelne verantwortungslose Ärzte, Arzneimittelvertreter und -großhändler, Apotheker und Drogentherapeuten versorgen den Drogenschwarzmarkt durch missbräuchliche Verschreibung oder Lieferung suchtbildender Schmerz-, Schlaf- und Beruhigungsmittel; auch der **Dealer im weißen Kittel** ist Teil einer traurigen Realität.

33   **3. Doping im Sport.** Hierzu Rn. 239 ff.

C. Zweck des AMG

I. Programm

34   Der Zweck des Gesetzes ist in § 1 AMG umschrieben, wonach die Vorschriften des AMG im Interesse einer ordnungsgemäßen Arzneimittelversorgung von Mensch und Tier für die **Sicherheit im Verkehr mit Arzneimitteln**, insbesondere für die Qualität, Wirksamkeit und Unbedenklichkeit der Arzneimittel Sorge tragen sollen. Das AMG soll durch strenge Kontrollen von der Herstellung bis zur Abgabe der Arzneimittel an den Verbraucher (sowohl im humanmedizinischen als auch im veterinärmedizinischen Bereich) die Sicherheit des Verkehrs mit Arzneimitteln gewährleisten. Die materielle Zulassungspflicht für Fertigarzneimittel (§ 21 AMG), die Notwendigkeit einer Herstellungserlaubnis (§ 13 AMG), die Apothekenpflichtigkeit (§ 43 AMG), die Verschreibungspflichtigkeit (§ 48 AMG), die Sondervorschriften für a) die Einfuhr (§§ 72 bis 74 AMG), b) den Vertriebsweg, c) die Werbung und Kennzeichnung (§§ 8, 10 bis 12 AMG) beschränken die Missbrauchsmöglichkeiten. Zuwiderhandlungen gegen die Vorschriften des Gesetzes sind zum großen Teil mit Strafe oder Bußgeld bedroht. Die Regelung des § 1 AMG ist dabei Ausgangspunkt der **Auslegung** einzelner arzneimittelrechtlicher Bestimmungen (*Kloesel/Cyran* § 1 AMG Nr. 4; MüKo-StGB/*Freund* § 1 AMG Rn. 2). Mehr als ein programmatisches Bekenntnis enthält sie freilich nicht; insbesondere ist sie **nicht Anspruchsgrundlage** des Einzelnen gegenüber dem Staat (vgl. *Kloesel/Cyran* a. a. O.). Zu den Prinzipien der Risikobewertung und der Risikovorsorge vgl. *Rehmann* § 1 AMG Rn. 1; dort auch zum Verhältnis zwischen AMG und UWG m. w. N.

II. Straf- und Bußgeldnormen

35   Die straf- und bußgeldrechtliche Ahndung von Verstößen gegen die Vorschriften des AMG ist ultima ratio zur Gewährleistung der Arzneimittelsicherheit. Leider orientiert sich der Gesetzgeber bei der Formulierung arzneimittelrechtlicher **Straf- und Bußgeldvorschriften** allzu häufig an den Verwaltungsvorschriften des legalen Arzneimittelverkehrs, an den Vorschriften des Lebensmittelrechtes und nicht etwa an den Bestimmungen des Betäubungsmittelrechtes, obschon gerade die **Harmonisierung** der genannten Vorschriften die Rechtsanwendung deutlich erleichtern würde. Dies ist vor allem deshalb unverständlich, weil die Parallelen beider Rechtsmaterien unverkennbar sind: Hier wie dort geht es um den Umgang mit bestimmten chemischen Substanzen, die teils legal, teils illegal hergestellt, gehandelt oder abgegeben werden. Beide Regelungsbereiche kennen den Begriff der nicht geringen Menge, knüpfen strafbewehrte Unterlassungspflichten an den Besitz, das Handeltreiben (bzw. Inverkehrbringen) oder die Abgabe bestimmter Substanzen und sehen besondere Strafschärfungen u. a. für gewerbs- oder bandenmäßiges Handeln, für die Verursachung einer Todesgefahr oder für Handlungen zum Nachteil von Kindern und Jugendlichen vor. Zwischenzeitlich enthält auch das AMG einen Anhang mit Stoffen (Anhang zu § 6 a AMG), deren Besitz unter bestimmten Voraussetzungen strafrechtlich relevant ist. Harmonisierungsbedarf belegen etwa die Diskussion um die Frage der Zurückstellung der Strafvollstreckung im Kontext von Rechtsverstößen, die aufgrund einer Arzneimittelabhängigkeit begangen wurden und das Fehlen einer dem § 31 BtMG entsprechenden Vorschrift zur Leistung von Aufklärungshilfe (vor allem im Zusammenhang mit dem Doping im Sport).

Die Ausführungen des Rechtsanwaltes *Setsevits* (Der **hilflose Staatsanwalt-** Von **36** der Wirkungslosigkeit des Strafrechts in Arzneimittelsachen, StV 1982, 280 ff.) über die Schwierigkeiten der Ermittlungsorgane im Umgang mit wirtschaftlich mächtigen und juristisch sachkundig beratenen Pharmakonzernen sind trotz zahlreicher Gesetzesänderungen auch heute noch aktuell. Der Umgang mit der Materie setzt besondere Sachkenntnis, gehöriges pharmakologisches Verständnis und nicht zuletzt Sicherheit im Umgang mit dem strafprozessualen Handwerkszeug voraus. Vor allem die sachliche Ausstattung und die personelle Besetzung der mit Arzneimittelsachen befassten Abteilungen und Dezernate der Staatsanwaltschaften und Polizeidienststellen sind daher Schlüssel zu effektiver Strafverfolgung; Ohnmacht der zuständigen Ermittler wäre ein zweifelhafter wirtschaftlicher Standortvorteil.

Kap. 2. Arzneimittelbegriff

Übersicht

A. Arzneimittelbegriff des AMG

37   Die Feststellung der Arzneimitteleigenschaft bereitet häufig Schwierigkeiten. Dies liegt nicht zuletzt an der recht eigenwilligen Systematik des § 2 AMG. Das AMG unterscheidet in § 2 solche Arzneimittel, die bereits der Legaldefinition der Abs. 1 unterfallen (geborene oder „echte" Arzneimittel) und solche, die nach Abs. 2 oder Abs. 4 S. 1 lediglich „als Arzneimittel gelten" (gekorene oder „fiktive" Arzneimittel). Darüber hinaus sind die Ausschlussklauseln nach Abs. 3 i. V. m. Abs. 3 a und Abs. 4 S. 2 zu beachten.

38   Der Arzneimittelbegriff setzt weder die arzneimittelrechtliche Zulassung (vgl. aber Abs. 4 S. 1), noch die Eignung oder den Einsatz in der Medizin, weder eine besondere Verpackung, noch einen besonderen Beipackzettel, weder eine besondere Bezeichnung, noch eine besondere Vertriebsform voraus (*BGH* NStZ 1998, 258 = NJW 1998, 836 = StV 1998, 136). Ein Präparat kann also Arzneimittel nach § 2 AMG auch dann sein, wenn es für die therapeutische Anwendung vollkommen **untauglich** ist (*Kloesel/Cyran* § 2 AMG Nr. 55 m. w. N.; MK-StGB/*Freund* § 2 AMG Rn. 4). Das kann auch bei einem äußerlich ausdrücklich als „kein Arzneimittel" ausgewiesenen Produkt oder Präparat gelten (*Kloesel/Cyran* § 2 AMG Nr. 56; MK-StGB/*Freund* § 2 AMG Rn. 4). Die Loslösung des Begriffs des Arzneimittels von der Eignung zu arzneilichen Zwecken gewährleistet, indem sie regelungsfreie Räume vermeidet, der Zielsetzung des § 1 AMG entsprechend, den umfassenden Schutz vor Gefahren im Umgang mit Arzneimitteln. Freilich darf nicht verkannt werden, dass die offensichtliche objektive Untauglichkeit eines Erzeugnisses auch Einfluss darauf haben wird, welchen Zwecken es aus der Sicht eines durchschnittlich informierten, aufmerksamen und verständigen Durchschnittsverbrauchers (zur Objektivierung des Arzneimittelbegriffs sogleich) dienen kann.

39   Der Arzneimittelbegriff in § 2 des AMG erfasst Human- und Tierarzneimittel und schließt teilweise abweichend vom allgemeinen Sprachgebrauch nicht nur alle

Mittel ein, die der Heilung, Linderung, Verhütung oder Erkennung von Krankheiten, Leiden, Körperschäden oder krankhaften Beschwerden zu dienen bestimmt sind, sondern auch alle Mittel, die die Körperfunktionen beeinflussen sollen, wie z. B. Aufputschmittel, Dopingmittel, Rauschmittel, Schlankheitsmittel oder Empfängnisverhütungsmittel.

Der Arzneimittelbegriff des AMG ist zwar weit; dies begegnet jedoch – auch in **40** Bezug auf die Straf- und Bußgeldtatbestände der §§ 95 ff. AMG keinen rechtlichen Bedenken im Hinblick auf das **Bestimmtheitsgebot** des Art. 103 Abs. 2 GG. Zum einen ist der gesetzliche Arzneimittelbegriff schon durch die an der Rechtsprechung orientierte Neufassung im Jahr 1976 auf objektive Kriterien hin ausgerichtet worden. Zudem wird er durch weitere Vorschriften des AMG zusätzlich konkretisiert (BGHSt. 43, 336 = NStZ 1998, 258 = StV 1998, 136).

I. Legaldefinition (Abs. 1)

Arzneimittel sind nach § 2 Abs. 1 AMG solche Stoffe oder Zubereitungen, die **41** (sog. **Präsentations- oder besser Zweckarzneimittel; § 2 Abs. 1 Nr. 1:)** zur Anwendung im oder am menschlichen oder tierischen Körper bestimmt sind und als Mittel mit Eigenschaften zur Heilung oder Linderung oder zur Verhütung menschlicher oder tierischer Krankheiten oder krankhafter Beschwerden bestimmt sind oder die (sog. **Funktionsarzneimittel; § 2 Abs. 1 Nr. 2:)** im oder am menschlichen oder tierischen Körper angewendet oder einem Menschen oder einem Tier verabreicht werden können, um entweder (Buchst. a:) die physiologischen Funktionen durch eine pharmakologische, immunologische oder metabolische Wirkung wiederherzustellen, zu korrigieren oder zu beeinflussen oder (Buchst. b:) eine medizinische Diagnose zu erstellen.

1. Stoffe. a) Definition. Stoffe im Sinne des AMG sind nach § 3 AMG zu- **42** nächst (Nr. 1:) chemische Elemente und chemische Verbindungen sowie deren natürlich vorkommende Gemische und Lösungen, darüber hinaus aber auch (Nr. 2:) Pflanzen, Pflanzenteile, Pflanzenbestandteile, Algen, Pilze und Flechten in bearbeitetem oder unbearbeitetem Zustand, (Nr. 3:) Tierkörper, auch lebender Tiere sowie Körperteile, -bestandteile und Stoffwechselprodukte von Mensch und Tier in bearbeitetem oder unbearbeitetem Zustand und (Nr. 4:) Mikroorganismen einschließlich Viren sowie deren Bestandteile oder Stoffwechselprodukte. Soweit Gemische und Lösungen chemischer Elemente nicht natürlich vorkommen, handelt es sich um Zubereitungen (*Rehmann* § 3 Rn. 2).

b) Verbrauchbarkeit. Das AMG verwendet den Stoffbegriff im Gegensatz zu **43** dem Begriff der Gegenstände und basiert damit auf der Vorstellung von deren Verbrauchbarkeit (*Kloesel/Cyran* § 3 Nr. 1, Nr. 12; MK-StGB/*Freund* § 3 AMG Rn. 1; *Rehmann* § 3 Rn. 1), obgleich diese Differenzierung zur Abgrenzung – etwa von Arzneimitteln und Medizinprodukten (vgl. dazu unten Rn. 150 ff.) – nicht taugt.

c) Einzelheiten. Chemische Elemente sind alle Atomarten mit derselben **44** Kernladungs- oder Protonenzahl; sie werden im Periodensystem der Elemente in aufsteigender Reihenfolge abgebildet. **Chemische Verbindungen** sind Reinstoffe, die aus mindestens zwei verschiedenen chemischen Elementen bestehen, die in einem festen Mengenverhältnis zueinander stehen.

In den Begriff der „Stoffe" im Sinne des Gesetzes müssen auch gewisse natürli- **45** che Erzeugnisse wie **Pflanzen** und **Pflanzenteile** einbezogen werden, die auch als Arzneimittel Verwendung finden und im allgemeinen Sprachgebrauch nicht als Stoffe bezeichnet werden (zu der hierauf beruhenden Kritik am Stoffbegriff vgl. *Kloesel/Cyran* § 3 Nr. 1). **Algen, Pilze und Flechten**, die in Art. 1 Nr. 31 der Richtlinie 2001/83/EG als „Pflanzliche Stoffe" aufgeführt sind, wurden durch Gesetz vom 28. 8. 2005 (BGBl. I, 2570) in § 3 Nr. 2 AMG aufgenommen.

Stoffe können nach § 3 Nr. 3 AMG auch lebende oder tote Fliegen, Käfer, **46** Schnecken, Spinnen, Schlangen, Kröten und Eidechsen sein (*Kloesel/Cyran* § 3

Nr. 27, 28). Körperteile und Körperflüssigkeiten von lebenden oder toten **Menschen oder Tieren** wie Knochen, Drüsen- und Muskelextrakte, Haut, Blut, Hormone, Stammzellen usw. kommen als Stoffe in Betracht. Stoffwechselprodukte von **Mikroorganismen** (Bakterien, Viren, Pilze) sind bspw. Antibiotika und Toxine (*Kloesel/Cyran* § 3 Nr. 36; *Rehmann* § 3 Rn. 2).

47   **d) Rohstoffe, Grundstoffe, Wirkstoffe.** Der Stoffbegriff des § 3 AMG erfüllt darüber hinaus die Funktion eines Oberbegriffs. In unterschiedlichen Zusammenhängen dient er als Synonym für Ausgangs- und Grundstoffe sowie für Hilfs- und Wirkstoffe. Zur Vermeidung von Missverständnissen sollte freilich jeweils exakt formuliert werden.

48   **aa) Roh- und Grundstoffe.** Nur wenn Stoffe und Zubereitungen den in § 2 Abs. 1 Nr. 1 AMG aufgeführten Zwecken dienen (Zweckarzneimittel) oder die in § 2 Abs. 1 Nr. 2 beschriebenen Wirkungen entfalten, kann es sich um Arzneimittel handeln. Vorstufen von Arzneimitteln, also Roh- und Grundstoffe, welche nach der allgemeinen Verkehrsauffassung ausschließlich zur Herstellung von Arzneimitteln verwendet werden, sind selbst noch keine Arzneimittel. Wenn pharmazeutische Grundstoffe aber etwa selbst zur Verwendung als Arzneimittel geeignet und – aus der Sicht eines informierten, aufmerksamen und verständigen Durchschnittsverbrauchers – bestimmt sind, können sie auch ohne weitere Bearbeitung und ohne entsprechende Zulassung Arzneimittel sein (*BGH* NStZ 2008, 530 = PharmR 2008, 209 [Streckmittel]; vgl. auch BGHSt. 43, 336 = NStZ 1998, 258 = StV 1998, 136 [„Designer-Drogen"]; dazu auch *Rehmann* § 2 Rn. 7; *Dettling* PharmR 2003, 79 ff.).

49   **bb) Wirkstoffe.** Wirkstoffe sind nach § 4 Abs. 19 AMG solche Stoffe, die dazu bestimmt sind, bei der Herstellung von Arzneimitteln als arzneilich wirksame Bestandteile verwendet zu werden oder bei ihrer Verwendung in der Arzneimittelherstellung zu arzneilich wirksamen Bestandteilen der Arzneimittel zu werden. In § 10 Abs. 1 Nr. 8 unterscheidet das AMG zwischen arzneilich wirksamen Bestandteilen und weiteren Bestandteilen. Im § 29 Abs. 2a Nr. 2 AMG wird zwischen wirksamen Bestandteilen und arzneilich wirksamen Bestandteilen unterschieden. Zu ersteren zählen sämtliche Bestandteile eines Arzneimittels, die Einfluss auf die **Pharmakokinetik** (Aufnahme und Verteilung im Körper, Metabolisierung und Ausscheidung) oder **Pharmakodynamik** (Wirkung von Arzneistoffen im Organismus) haben. Zu den wirksamen Bestandteilen eines Arzneimittels gehören damit z. B. auch Fließregulierungsmittel, Geschmackskorrigentien oder Resorptionsbeschleuniger.

50   **2. Zubereitungen aus Stoffen.** Der Begriff der Zubereitung ist im AMG nicht definiert. Er umfasst solche Erzeugnisse aus Stoffen, in denen diese noch vollständig oder teilweise enthalten (Erbs/Kohlhaas/*Pelchen/Anders* § 2 AMG Rn. 3; *Kloesel/Cyran* § 2 AMG Nr. 16), also gerade nicht – etwa durch Veränderung der Molekularstruktur chemischer Verbindungen – untergegangen, in ihre chemischen Elemente aufgespalten oder in andere chemische Verbindungen umgewandelt worden sind. Dies gilt vor allem für Lösungen und Gemische; zu beachten ist freilich, dass natürlich vorkommende Gemische und Lösungen aus chemischen Elementen und chemischen Verbindungen selbst Stoffe im Sinne des § 3 Nr. 1 AMG sind. Gleiches gilt für die in Pflanzen- und Pflanzenteilen, Tierkörpern oder Körperteilen enthaltenen chemischen Elemente und Verbindungen, weil jene selbst Stoffe nach § 3 AMG sind.

51   **Eigenblutzubereitungen** sind als Körperbestandteile und **Eigenurin** als Stoffwechselprodukt Zubereitungen; wenn sie zur Anwendung durch Neurodermitispatienten bestimmt sind, Arzneimittel im Sinne des § 2 Abs. 1 Nr. 1 AMG (*BVerwG* NJW 1999, 882; *BayObLG* NJW 1998, 3430 ff. = MedR 1998, 418; zu Zubereitungen als Bestandteile von Arzneimitteln und zur deren Abgrenzung von Medizinprodukten vgl. auch *Köln* NJOZ 2010, 1133 = PharmR 2010, 73 = GRUR-RR 2010, 308).

3. Präsentationsarzneimittel (Abs. 1 Nr. 1). a) Europäische Grundlagen 52
der Begriffsbildung. Der Begriff der „Präsentations-" oder „Bezeichnungsarzneimittel" geht auf die Richtlinie 65/65/EWG des Rates vom 26. 1. 1965 zur
Angleichung der Rechts- und Verwaltungsvorschriften über Arzneispezialitäten
(ABl. Nr. 22 vom 9. 2. 1965 S. 369 ff.) zurück. Danach wurden als Arzneimittel
insbesondere solche Stoffe und Stoffzusammensetzungen verstanden, „die als Mittel
zur Heilung oder zur Verhütung menschlicher oder tierischer Krankheiten **bezeichnet** werden". Für die Einstufung eines Produktes kam es hiernach vor allem
auf dessen Bezeichnung (also letztlich seine Präsentation am Markt) an. Es wurden
daher u. a. auch solche Präparate erfasst, die – trotz objektiver arzneilicher Ungeeignetheit – von dem Hersteller als Arzneimittel bezeichnet wurden (vgl. *Rehmann*
§ 2 AMG Rn. 6). Mit den Richtlinien 2001/83/EG des Europäischen Parlaments
und des Rates vom 6. 11. 2001 zur Schaffung eines Gemeinschaftskodexes für
Humanarzneimittel (ABl. L 311 vom 28. 11. 2001, S. 67 ff.) und 2001/82/EG zur
Schaffung eines Gemeinschaftskodexes für Tierarzneimittel (ABl. L vom 28. 11.
2001, S. 1 ff.) wurden sämtliche arzneimittelrechtlichen Richtlinien zusammengeführt, ohne dass mit einzelnen begrifflichen Anpassungen eine inhaltliche Änderung der Vorschriften verbunden gewesen wäre. Erst die Richtlinie 2004/27/EG
des Europäischen Parlaments und des Rates vom 31. 3. 2004 zur Änderung der
Richtlinie 2001/83/EG zur Schaffung eines Gemeinschaftskodexes für Humanarzneimittel (ABl. L 136 vom 30. 4. 2004, S. 34 ff.) definierte den Begriff der Arzneimittel neu. Die Wortgruppe „zur Heilung oder zur Verhütung menschlicher
Krankheiten bestimmt" ist hiernach auf die Präsentation des Arzneimittels am
Markt bezogen und wird inhaltlich ganz wesentlich aus Sichtweise und wirtschaftlicher Betätigung des Pharmaunternehmers gespeist (vgl. dazu *OVG Münster*
LMRR 2005, 49 = ZLR 2006, 96; zum europäischen Arzneimittelbegriff ausführlich *Kloesel/Cyran* § 2 AMG Nr. 4; vgl. auch *Rehmann* § 2 Rn. 2 ff.). Gleichwohl
hat der Europäische Gerichtshof frühzeitig für **Objektivierung** gesorgt: Nach
EuGH NJW 1985, 541 ist ein Erzeugnis nicht nur dann als Arzneimittel einzustufen, wenn es ausdrücklich als solches bezeichnet wird, sondern auch dann, „wenn
bei einem durchschnittlich informierten Verbraucher auch nur schlüssig, aber mit
Gewissheit der Eindruck entsteht, dass dieses Erzeugnis – in Anbetracht seiner
Aufmachung – die (…) beschriebene Wirkung haben müsse".

b) Kritik. Der deutsche Gesetzgeber hat den europarechtlich geprägten Arz 53
neimittelbegriff – mit Einschränkungen („Linderung"; „krankhafte Beschwerden";
dazu unten Rn. 59 f., 61 ff.) – in das AMG übernommen. Ungeachtet der möglicherweise eher unabsichtlichen Ersetzung des Wortes „*bezeichnet*" durch das Wort
„*bestimmt*" in der deutschen Übersetzung zur Richtlinie 2004/27/EG (vgl. *Kloesel/
Cyran* § 2 Nr. 8, 34 m. w. N.), die demgemäß beide synonym gebraucht werden,
trifft der Begriff der Präsentationsarzneimittel den Kern der Sache heute nicht
mehr. Im Vordergrund steht nicht mehr, welcher Zweck dem Produkt von seinem
Hersteller beigelegt wird (so noch ausdrücklich § 1 AMG 1961), wie dieser das
Produkt also am Markt „präsentiert". Entscheidend ist vielmehr die Sicht eines
durchschnittlich informierten, aufmerksamen und verständigen EU-Normverbrauchers (vgl. etwa *BGH* NJW 2010, 2528 = PharmR 2010, 30 = A&R 2010
[Gamma-Butyrolacton, „liquid ecstasy"] m. Anm. *Winkler* A&R 2010, 90 f.; vgl.
dazu auch *Rennert* NVwZ 2008, 1179, 1182: „Präsentation des Produkts, so wie
sie der Verbraucher verstehen muss"), die freilich auch durch Aufmachung und
Werbung beeinflusst sein kann. Dieser Entwicklung sollte auch terminologisch
Rechnung getragen werden. In Abgrenzung zum *Funktions*arzneimittel nach § 2
Abs. 1 Nr. 2 AMG schlage ich daher den – von einer allein maßgeblichen Perspektive entkoppelten – Begriff des **Zweckarzneimittels** vor, der zudem auch
Verwendungsarten chemischer Substanzen gerecht wird, die sich in bestimmten
Verkehrskreisen – völlig unabhängig von den Vorstellungen des Herstellers und der
Präsentation eines Erzeugnisses – herausbilden (vgl. etwa *BGH* a. a. O. [Gamma-
Butyrolacton, „liquid ecstasy"]).

54   **c) Anwendung im oder am menschlichen Körper.** Zur Anwendung *im* menschlichen Körper bestimmt sind Produkte zu oralen Einnahme, Inhalation, Injektion, Infusion oder zu einer anderen Form der Verabreichung, soweit diese mit der Einbringung in den Körper verbunden ist. Ob der Stoff oder die Zubereitung vom Körper aufgenommen oder unverdaut wieder ausgeschieden wird, spielt dabei keine Rolle (*Kloesel/Cyran* § 2 AMG Nr. 37). Arzneimittel werden *am* menschlichen Körper angewandt, wenn sie – wie etwa Salben, Wirkstoffpflaster, Sprays oder Puder – auf Haut, Haare oder Nägel aufgetragen werden.

55   Als Körper wird in diesem Kontext nur der lebende Körper verstanden (*Kloesel/Cyran* § 2 AMG Nr. 61; *Rehmann* § 2 Rn. 11). Extrakorporale Wirkstoffanwendungen an (lebenden) Körperteilen oder -bestandteilen zählen hierzu ebenso, wie etwa die Anwendung von Konservierungsmitteln an zur Transplantation vorgesehenen Organen (*Kloesel/Cyran* § 2 Nr. 60f.).

56   Für den Vorgang des **Blutdopings** gilt Folgendes: Unabhängig davon, dass die entnommene Blutkonserve zum Zwecke der Aufbereitung in der Regel mit Stabilisatoren, Gerinnungshemmern und anderen Stoffen und Zubereitungen versetzt wird, handelt es sich schon bei der Blutkonserve selbst um einen zur Anwendung im menschlichen Körper bestimmten Stoff im Sinne des § 3 Nr. 3 AMG. Zwar bilden Körperbestandteile – soweit sie zur Eigentransplantation vorgesehen sind – regelmäßig auch während der Trennung vom Körper mit diesem eine **funktionale Einheit** (vgl. *Kloesel/Cyran* § 2 AMG Nr. 60 m. w. N.) mit der Folge, dass der Einsatz von Stoffen oder Zubereitungen hieran ebenfalls ein solcher „im Körper" ist. Jedoch endet diese Einheit spätestens dann, wenn die Blutkonserve auch funktionell von dem ihr zuzuordnenden Körper getrennt und ihr als (ehemaliger) Körperbestandteil selbst ein arzneilicher Zweck im Sinne des § 2 Abs. 1 Nr. 1 AMG beigelegt wird. Zur Einordnung von Blutkonserven als Arzneimittel vgl. *Eichholz* NJW 1991, 732ff.; *Erbs/Kohlhaas/Pelchen/Anders* § 4 AMG Rn. 5; zu Blutzubereitungen vgl. auch § 4 Abs. 2 AMG; zu Eigenblutzubereitungen als Arzneimittel vgl. *BayObLG* NJW 1998, 3430ff. = MedR 1998, 418.

57   Die Frage, ob Dentalprodukte (vgl. etwa *OVG Münster* GesR 2010, 435 = PharmR 2010, 471 m. Anm. *v. Czettnitz*) oder sonstige in die Mundhöhle eingebrachte Erzeugnisse im oder am Körper angewendet werden, kann letztlich dahinstehen, weil das Gesetz beide Anwendungsmodalitäten gleichstellt. Vgl. aber unten Rn. 128ff. (Kosmetika). Zum Aufbringen auf die Schleimhäute vgl. *Kloesel/Cyran* § 2 Nr. 37.

58   **d) Anwendung im oder am tierischen Körper.** Für Tierarzneimittel gelten die vorstehenden Ausführungen entsprechend. Zur äußerlichen Anwendung bestimmt sind etwa Mittel zur Euter- und Zitzendesinfektion (vgl. *Rehmann* § 2 AMG Rn. 32; BVerwGE 97, 132 = NVwZ-RR 1995, 625 = NVwZ 1996, 180 [campherhaltige Eutersalbe]; vgl. auch *BVerwG* NVwZ-RR 2007, 771 = PharmR 2007, 513 = LMRR 2007, 42 [campherhaltige Pferdesalbe „Cold Pack"]).

59   **e) Krankheiten oder krankhafte Beschwerden.** Krankheit ist „jede, also auch eine nur unerhebliche oder nur vorübergehende Störung der normalen Beschaffenheit oder der normalen Tätigkeit des Körpers, die geheilt, das heißt beseitigt oder gelindert werden kann" (*BGH* NJW 1958, 916 = LMRR 1958, 4; *Hamburg* NJOZ 2002, 1139 = LMuR 2002, 3). Normale Schwankungen der Körperfunktionen natürlichen Ursprungs, die dem schlichten Auf und Ab der allgemeinen Leistungsfähigkeit entsprechen, werden gleichwohl nicht als Krankheiten eingestuft, *BGH* NJW 1958, 916 = LMRR 1958, 4; *BVerwG* DAZ 1973, 1360ff. [Dentinox®]. So wird etwa eine Entzündung des Zahnfleischs regelmäßig Krankheitswert haben, unbedeutende Zahnfleischschmerzen dagegen nicht zwingend. Bloßes Übergewicht muss die Schwelle zur Krankheit für sich genommen noch nicht überschreiten; die sog. *Adipositas* (krankhaftes Übergewicht, Fettsucht) liegt dagegen deutlich jenseits dieser Grenze. Bei Wechseljahrsbeschwerden wird zu unterscheiden sein: Urogenital-Migräne, Depressionen, Kopfschmerzen, Durchblutungsstörungen und Osteoporose sind sicher Krankheiten im Sinne des Gesetzes. Unangenehme Begleiterscheinungen des Klimakteriums (Hitzewallungen, gelegentliche Schweißausbrüche, mäßige Erschöpfung oder gelegentliche Müdigkeit) dürften dagegen in der Regel als Befindlichkeitsstörungen ohne Krankheitswert einzustufen sein (so zutreffend *Hamburg* NJOZ 2002, 1139 = LMuR 2002, 3 [pflanzliche Östrogene]).

Schwangerschaft und Menstruation sind keine Krankheiten (*BGH* NJW 1958, **60** 916 = LMRR 1958, 4); Schwangerschafts- und Menstruationsbeschwerden können aber **krankhafte Beschwerden** im Sinne des § 2 Abs. 1 Nr. 1 AMG sein, weil diese jedenfalls nicht zu den typischen Symptomen zählen und deshalb auch nicht dem normalen körperlichen „Auf und Ab" entspringen (*Kloesel/Cyran* § 2 AMG Nr. 46 ff.). Der Begriff der „krankhaften Beschwerden" ist daher durchaus keine überflüssige Gesetzeslyrik (a. A. *Rehmann* § 2 AMG Rn. 15), zumal da der Bestimmungszweck „Lindern" (dazu sogleich) dem Wortlaut der Norm nach auf den der krankhaften Beschwerden bezogen ist.

f) Heilung, Linderung, Verhütung. Geheilt ist eine Krankheit, wenn sie **61** vollständig beseitigt ist. Lindern ist die Herabsetzung der mit einer Krankheit einhergehenden krankhaften bzw. krankheitsbedingten Beschwerden, ohne dass damit begriffsnotwendig ein vollständiges Abklingen der zugehörigen Symptome verbunden sein müsste. Es genügt bereits eine Besserung des medizinischen Befundes.

Die Regelung des § 2 Abs. 1 Nr. 1 AMG erfasst auch solche Stoffe und Zube- **62** reitungen, die der **Verhütung von Krankheiten**, also der Prophylaxe dienen. Entsprechende Mittel setzen an der Ursache der Erkrankung an; klassisches Beispiel sind insbesondere Impfstoffe.

Heftig umstritten ist in diesem Zusammenhang, ob der Begriff der Krankheits- **63** verhütung einen **unmittelbaren therapeutischen Wirkansatz** voraussetzt, mit der Folge, dass (Haut- und Hände-) Desinfektionsmittel nicht als Krankheitsverhüter im Sinne des § 2 Abs. 1 Nr. 1 AMG eingestuft werden könnten (so etwa *Bruggmann* PharmR 2010, 97, 99; anders *Jäkel* PatR/Q-med 2009, 23, 25; *ders.* StoffR 2010, 99 ff.; *ders.* PharmR 2010, 278 ff.; *Dettling/Koppe-Zagouras* PharmR 2010, 152 ff.). Nach *Bruggmann* (a. a. O.) reicht eine bloß mittelbare Eignung zur Krankheitsverhütung vor allem deshalb nicht aus, weil andernfalls etwa auch ganz normale **Seifen** zur Händereinigung als Arzneimittel eingestuft werden müssten. Dem dürfte – an dieser Stelle – (noch) zuzustimmen sein, obschon die Qualifizierung als Funktionsarzneimittel nach § 2 Abs. 1 Nr. 2 AMG zumindest nahe liegt (dazu *Jäkel* PharmR 2010, 278, 282 ff.). Zu der weiteren (in diesem Kontext entscheidenden) Frage, ob solche **Desinfektionsmittel** als Biozid-Produkte nach § 2 Abs. 3 Nr. 5 AMG aus der Gruppe der Arzneimittel herausfallen, vgl. unten Rn. 142.

g) Bestimmtsein. Präsentations- oder Zweckarzneimittel nach § 2 Abs. 1 **64** Nr. 1 AMG müssen zu den dort aufgeführten Zwecken **bestimmt** sein. Zu den maßgeblichen Grundlagen dieser Zweckbestimmung, also dazu, wer die Bestimmung vornimmt, verhält sich das Gesetz indessen nicht. Freilich dürfte zwischenzeitlich Einigkeit dahingehend bestehen, dass es allein auf die Perspektive eines durchschnittlich informierten, aufmerksamen und verständigen EU-Normverbrauchers ankommen kann (so ausdrücklich *BGH* NJW 2010, 2528 = PharmR 2010, 30 = A&R 2010 [Gamma-Butyrolacton, „liquid ecstasy"] m. Anm. *Winkler* A&R 2010, 90 f.). Entscheidend ist daher, welchen Zwecken dem betreffenden Erzeugnis nach der **Verkehrsauffassung**, d. h. nach der Ansicht eines mindestens beachtlichen Teils der Verbraucher (*BGH* a. a. O.; *BGH* NJW-RR 2000, 1284 = PharmR 2000, 184 = GRUR 2000, 528 [L-Carnitin]; *Kloesel/Cyran* § 2 AMG Nr. 48 f.) zukommt. Die objektive Zweckbestimmung gilt jedoch nur für den Regelfall. Es gibt Ausnahmen, bei denen es nach wie vor auf subjektive Komponenten ankommt, namentlich darauf, welche Zweckbestimmung der Hersteller eines Mittels oder derjenige, der es in den Verkehr bringt, dem Mittel gibt. Dies kommt nicht nur für Stoffe und Zubereitungen in Betracht, die für mehrere Verwendungszwecke geeignet sind (dazu sogleich), sondern auch dann, wenn sich die Zweckbestimmung nach den genannten objektiven Kriterien nicht beurteilen lässt, weil es sich um einen ansonsten nicht im Verkehr befindlichen Stoff handelt, der eine Zweckbestimmung erstmals durch den Hersteller oder den Akteur der illegalen Drogenszene erfährt (BGHSt. 43, 336 = NStZ 1998, 258 = StV 1998, 136 [Designer-Drogen]).

65   Die Verkehrsauffassung knüpft regelmäßig an ein schon bestehendes Bild über den Zweck vergleichbarer Mittel und ihre Anwendung an, die wiederum davon abhängt, welche Verwendungsmöglichkeiten solche Mittel ihrer Art nach haben. Die Vorstellung der Verbraucher von der Zweckbestimmung des Produkts kann durch die Auffassung der pharmazeutischen oder medizinischen Wissenschaft, durch die dem Mittel beigefügten oder in Werbeprospekten oder Werbeanzeigen enthaltenen Indikationshinweise und Gebrauchsanweisungen, durch die Aufmachung, in der das Mittel dem Verbraucher allgemein entgegentritt, oder durch die Art und Weise, wie die Verbraucher das Produkt zu erwerben suchen, beeinflusst sein. Auch wenn ein Produkt ohne objektive pharmakologische Wirkung vom Hersteller oder Verkäufer als Arzneimittel bezeichnet, beschrieben oder angepriesen wird, kann von einem Arzneimittel im Sinne des AMG auszugehen sein. Denn der Verbraucher soll auch davor geschützt werden, an Stelle eines wirksamen Präparates ein unwirksames Medikament anzuwenden (*BVerwG* PharmR 1995, 256).

66   Aus der **Darreichungsform** (Tabletten, Kapseln, Dragees, Tropfen, Brühwürfel, Lutschbonbons) allein sind Erkenntnisse zur Verkehrsauffassung kaum abzuleiten, weil es insbesondere durchaus üblich geworden ist, Nahrungsergänzungsmittel (Vitamine, Mineralstoffe, essenzielle Fettsäuren oder bestimmte Eiweißstoffe und Kohlenhydrate) in entsprechender Form zu vertreiben (vgl. *BGH* NJW-RR 2000, 1284 = PharmR 2000, 184 = GRUR 2000, 528 [L-Carnitin]; *Hamburg* ZLR 2000, 922 = LMRR 2000, 92 = LMuR 2000, 156 [Pu-Erh-Tee]). Gleiches gilt aus den nämlichen Gründen für den Umstand des **Vertriebs über Apotheken** (*BGH* a. a. O.). Arzneiliche Produktnamen, Aufmachung, Verpackung, Packungsbeilage, Darreichungsform, Dosierungsangaben und Vertriebswege haben im Bereich der Nahrungsergänzungsmittel weitgehend ihre Indizwirkung verloren. Feststellungen des Gerichts zum Erscheinungsbild eines Präparates wie Art und Weise seiner Präsentation in Vertrieb, Werbung und Verpackung ohne Feststellung pharmakologischer Wirkungen begründen noch keine Arzneimitteleigenschaft. Es bedarf vielmehr einer **Gesamtwürdigung** aller Umstände (*BGH* NJW-RR 2000, 1284 = PharmR 2000, 184 = GRUR 2000, 528 [L-Carnitin]; BGHSt. 46, 380 = NStZ 2001, 488 ff., 549 ff. = wistra 2001, 391; *BGH* NJW 2002, 3469 = PharmR 2002, 400 = GRUR 2002, 910; *BGH* ZLR 2002, 660 = LMRR 2002, 70).

67   Hat sich – vor allem bei einem **neuen Erzeugnis** – eine entsprechende Verkehrsauffassung noch nicht herausgebildet, wird es wesentlich auf den Namen des Produkts, seine stoffliche Zusammensetzung, seine Verpackung und die beiliegenden Gebrauchsanweisungen, die genutzten Vertriebswege und ggf. die Werbung ankommen; daneben sind wissenschaftliche Erkenntnisse zu berücksichtigen, soweit sie für einen Durchschnittsverbraucher zugänglich und darüber hinaus auch verständlich sind. Subsidiär kann – gerade bei Produkten, für die sich eine Verkehrsauffassung noch nicht herausgebildet hat – auf die vom Hersteller des Produktes angegebene Zweckbestimmung zurückgegriffen werden; auf diese Weise wird der in Anbetracht der erheblichen Reichweite der gesetzlichen Begriffsbestimmung nicht nur naheliegenden, sondern sogar erforderlichen einschränkenden Interpretation des Arzneimittelbegriffs Rechnung getragen (*BVerfG* NJW 2006, 2684 [Designer-Drogen]).

68   Soweit sich die Verwendung eines Stoffs oder einer Zubereitung als Arzneimittel nur unter einigen wenigen Verbrauchern manifestiert hat, genügt dies zum Beleg einer entsprechenden Verkehrsauffassung noch nicht (*Kloesel/Cyran* § 2 AMG Nr. 50 m. w. N.; vgl. auch *BGH* NJW 2010, 2528 = PharmR 2010, 30 = A&R 2010 [Gamma-Butyrolacton, „liquid ecstasy"l]).

69   Für Produkte, die sowohl zu technischen als auch zu arzneilichen Zwecken eingesetzt werden können (**„Dual-Use-Erzeugnisse"**) gilt folgendes: Der Umstand,

dass das Produkt in größerem Umfang oder gar überwiegend tatsächlich in industriellen Zusammenhängen Verwendung findet, ist unerheblich. Regelmäßig werden die verschiedenen Verwendungsarten nämlich weder qualitativ noch quantitativ vergleichbar sein; ein zahlenmäßiger Vergleich führt hier – auch in Anbetracht des Schutzzwecks nach § 1 AMG – nicht weiter. So wird etwa **Gamma-Butyrolacton (GBL)** in der chemischen Industrie in großen Mengen produziert und bspw. zur Durchführung chemischer Synthesen oder in Konzentrationen von 5 bis 10% zur Herstellung von Reinigungs- und Lösungsmitteln eingesetzt (*BGH* NJW 2010, 2528 = PharmR 2010, 30 = A&R 2010 [Gamma-Butyrolacton, „liquid ecstasy"]). Drogenkonsumenten schlucken das Mittel demgegenüber in nahezu reiner Form und nehmen zudem jeweils nur wenige Milliliter zu sich. Entscheidend ist daher, ob sich bei einer ausreichend großen Anzahl von Verbrauchern eine Gewohnheit manifestiert hat, einen Stoff oder eine Zubereitung zu den in § 2 Abs. 1 AMG aufgeführten Zwecken zu verwenden. Dies ist eine Frage des Einzelfalles. Die Installation von Monitoring-Systemen zur freiwilligen Selbstkontrolle der Industrie sind dabei ebenso von Bedeutung wie etwa eine ausgeprägte Diskussion des Mittels in den einschlägigen Kreisen (zu Internet-Drogen-Foren vgl. *BGH* a. a. O.).

4. Funktionsarzneimittel (Abs. 1 Nr. 2). Funktionsarzneimittel sind nach **70** § 2 Abs. 1 Nr. 2 AMG solche Stoffe (vgl. oben Rn. 42 ff.) oder Zubereitungen (vgl. oben Rn. 50), die im oder am menschlichen oder tierischen Körper angewendet (vgl. oben Rn. 54 ff., 58 ff.) oder einem Menschen oder einem Tier verabreicht werden können, sofern es sich um Diagnostika (§ 2 Abs. 1 Nr. 2 Buchst. b; vgl. unten Rn. 86 f.) handelt oder sie zur Wiederherstellung, zur Korrektur oder zur Beeinflussung der physiologischen Funktionen angewendet werden (§ 2 Abs. 1 Nr. 2 Buchst. a; unten Rn. 72 ff.). Dabei steht die Einordnung eines Erzeugnisses als Präsentations- (oder Zweck-)Arzneimittel seiner Einstufung als Funktionsarzneimittel nicht im Wege; eine Vielzahl von Erzeugnissen werden vielmehr beiden Alternativen des § 2 Abs. 1 AMG unterfallen.

a) Physiologische Funktionen. Als physiologische Funktionen sind alle na- **71** turgegebenen Zweckbestimmungen oder Aufgaben der einzelnen Körperteile, Organe oder Gewebe, ihr Zusammenspiel im menschlichen oder tierischen Körper, also die normalen (auch die pathologischen, vgl. *Kloesel/Cyran* § 2 AMG Nr. 63) Lebensvorgänge erfasst. So wirkt sich etwa der Einsatz von Haut- und Händedesinfektionsmitteln vornehmlich auf die transiente Hautflora (d. h. die hautfremde Besiedlung mit Mikroorganismen und vor allem pathogenen Keimen) aus, daneben sind aber auch Effekte auf die residente (hauteigene) Flora zu beobachten (vgl. dazu *Jäkel* PharmR 2010, 278, 282).

b) Wiederherstellung, Korrektur oder Beeinflussung. Zur Wiederherstel- **72** lung oder Korrektur der physiologischen Funktionen eingesetzte Stoffe und Zubereitungen dienen der Rekonstruktion der naturgegebenen Zustände. Die Wiederherstellung der physiologischen Funktionen setzt dabei voraus, dass die normalen Lebensvorgänge nicht mehr ordnungsgemäß ablaufen (*BVerwG* ZLR 2008, 80 = PharmR 2008, 73 = LMuR 2008, 42 [Vitamin E 400]). Der Begriff der Beeinflussung geht hierüber insoweit hinaus, als er einerseits auch solche Effekte erfasst, die in die gegensätzliche Richtung weisen, also naturgegebene Zustände beeinträchtigen oder ändern. Andererseits sind auch Wirkmechanismen unter den Begriff der Beeinflussung zu subsumieren, die das Ziel einer endgültigen und dauerhaften Wiederherstellung oder Korrektur der Vorgänge nicht oder nicht vollständig erreichen können. Dabei setzt der Begriff der Beeinflussung voraus, dass eine Veränderung herbeigeführt wird, die außerhalb des normalen körperlichen Lebensvorgänge liegt (*BVerwG* a. a. O.). Letzteres ist beispielsweise dann der Fall, wenn Stoffe oder Zubereitungen zur Rauscherzeugung eingesetzt werden, wenn die natürlichen Körperfunktionen (zeitweise) aufgehoben werden, um pathogenen Keimen die Lebensgrundlage zu entziehen oder wenn etwa die Anwendung von Haut- und Händedesinfektionsmitteln mit Auswirkungen auf die natürliche (schützende) Hautflora verbunden sind (hierzu *Jäkel* PharmR 2010, 278, 282).

73 **c) Wirkungsweise.** Die Wiederherstellung, Korrektur oder Beeinflussung der physiologischen Funktionen muss auf eine pharmakologische, immunologische oder metabolische Wirkung der verabreichten Stoffe zurückzuführen sein. Die genannten Wirkspezifika sind insbesondere ausschlaggebend für die Abgrenzung der Arzneimittel von Medizinprodukten, Lebensmitteln (Nahrungsergänzungsmitteln) aber auch Biozid-Produkten.

74 Zur Entscheidung der Frage, ob ein Erzeugnis unter die Definition des Funktionsarzneimittels fällt, sind alle seine Merkmale und insbesondere seine Zusammensetzung, die pharmakologischen Eigenschaften, wie sie sich nach dem Stand der Wissenschaft darstellen, die Modalitäten des Gebrauchs, der Umfang der Verbreitung, die Bekanntheit bei den Verbrauchern und diejenigen Risiken zu berücksichtigen, die die Verwendung mit sich bringen kann (*BGH* NVwZ 2008, 1266 = PharmR 2008, 425 = GRUR 2008, 830 [L-Carnitin II] m. w. N.; *BGH* PharmR 2010, 522 = GRUR 2010, 942 [Ginkgo-Extrakt]; dazu *Dettling* PharmR 2010, 525; *Salomon/Kewitz* GRUR-Prax 2010, 424). Stoffe, die zwar auf den menschlichen (oder tierischen) Körper einwirken, sich dabei aber nicht nennenswert auf den Stoffwechsel auswirken und dessen Funktionsbedingungen unberührt lassen, dürfen nicht als Funktionsarzneimittel eingestuft werden (*BGH* a. a. O. m. w. N.; *BVerwG* ZLR 2008, 80 = PharmR 2008, 73 = LMuR 2008, 42 [Vitamin E 400]; *BGH* PharmR 2010, 181 = LMRR 2010, 14 [Nobilin GLUCO Zimt]).

75 Ob einem Stoff pharmakologische, immunologische oder metabolische Wirkungen zugeschrieben werden können, ist nicht allein eine Frage rechtlicher Wertungen, sondern vielmehr – jedenfalls auch (vgl. *BGH* PharmR 2010, 522 = GRUR 2010, 942 [Ginkgo-Extrakt]; dazu *Dettling* PharmR 2010, 525; *Salomon/Kewitz* GRUR-Prax 2010, 424) – Gegenstand **empirischer Beweisführung** (vgl. *EuGH* ZLR 2004, 479 = LMRR 2004, 8 [dreifache Tagesdosis]; *EuGH* ZLR 2005, 435 = WRP 2005, 863; *EuGH* EuZW 2008, 56 = PharmR 2008, 59 = ZLR 2008, 48 [Knoblauch-Kapseln]; *BGH* NVwZ 2008, 1266 = PharmR 2008, 425 = GRUR 2008, 830 [L-Carnitin II]; vgl. auch *BVerwG* ZLR 2008, 80 = PharmR 2008, 73 = LMuR 2008, 42 [Vitamin E 400]). An die Einschätzung eines Sachverständigen ist das Gericht dabei nicht gebunden (*BGH* NJW-RR 2008, 1255 = PharmR 2008, 430 = GRUR 2008, 834 [HMB-Kapseln]). Ob das Gericht eine zutreffende Einordnung vorgenommen hat, unterliegt der Überprüfung durch das Revisionsgericht (*BGH* PharmR 2010, 522 = GRUR 2010, 942 [Ginkgo-Extrakt]).

76 **aa) Pharmakologisch** ist eine Wirkung, wenn sie aufgrund einer Wechselwirkung zwischen den Molekülen des Erzeugnisses und speziellen, als Rezeptoren bezeichneten Zellbestandteilen nach dem Schlüssel-Schloss-Prinzip eintritt und der betreffende Stoff hierdurch entweder selbst unmittelbar eine Wirkung im Körper entfaltet oder aber (indirekt) einen anderen Wirkstoff blockiert (vgl. auch *Dettling/Koppe-Zagouras* PharmR 2010, 152, 158 m. w. N.; zur Verhinderung der Einwirkung anderer Stoffe auf die Körperzellen vgl. *BGH* NJW-RR 2011, 49 = PharmR 2010, 641 = GRUR 2010, 1140 [Chlorhexidin-Mundspüllösung]).

77 Osmotische oder physikalische Vorgänge werden nicht erfasst; derartige Wirkungen sprechen vielmehr dafür, das Erzeugnis als **Medizinprodukt** einzustufen (*BGH* PharmR 2010, 338 = GRUR 2010, 754 [Golly Telly]).

78 Kommen Inhaltsstoffe von Produkten auch in natürlichen **Lebensmitteln** vor und liegt ihre Dosierung zudem in einem Bereich, die auch mit der Nahrungsaufnahme erreichbar wäre, bedarf die Bejahung der Arzneimitteleigenschaft einer besonderen Begründung. Kennzeichnend für die pharmakologische Wirkung eines Produktes ist es nämlich vor allem, dass die physiologischen Effekte über das hinausgehen, und durch die Aufnahme eines **in angemessener Menge** (zur „verzehrähnlichen" Menge vgl. *BGH* PharmR 2010, 117 = LMRR 2010, 9 [Zimtkapseln]) verzehrten Lebensmittels bewirkt werden könnte (BGHZ 151, 286 = NJW 2002, 3469 = PharmR 2002, 400 [Muskelaufbaupräparate]; *BGH* NVwZ

2008, 1266 = PharmR 2008, 425 = GRUR 2008, 830 [L-Carnitin II]; *BGH* PharmR 2010, 181 = LMRR 2010, 14 [Nobilin GLUCO Zimt]).

Ausgehend hiervon ist ein Erzeugnis nicht als Arzneimittel einzustufen, das **79** einen Stoff enthält, der bei normaler Ernährung als **Abbauprodukt** im Körper entsteht, sofern seine unmittelbare Aufnahme keinen qualitativ oder quantitativ nennenswert abweichenden Einfluss auf den Stoffwechsel mit sich bringt (*BGH* NJW-RR 2008, 1255 = PharmR 2008, 430 = GRUR 2008, 834 [HMB-Kapseln]).

Entscheidend ist bei alledem freilich nicht, ob es zu den normalen Ernährungs- **80** gewohnheiten der Verbraucher gehört, eine entsprechende Menge des Stoffes mit der Nahrung zu sich zu nehmen (*BGH* PharmR 2010, 181 = LMRR 2010, 14 [Nobilin GLUCO Zimt]). In gleicher Weise unerheblich ist der Umstand, dass die empfohlene Häufigkeit der Aufnahme nicht den **üblichen Ernährungsgewohnheiten** entspricht (*BGH* PharmR 2010, 117 = LMRR 2010, 9 [Zimtkapseln]).

Hat ein Produkt erst ab einer gewissen Menge eine pharmakologische Wirkung, **81** ist es als Funktionsarzneimittel einzustufen, wenn und soweit es die für diese Wirkung erforderliche Menge enthält. Gleiches gilt, wenn nach den Umständen des Einzelfalles die naheliegende Möglichkeit besteht, dass eine pharmakologisch wirksame Menge auch bei Einhaltung der normalen Verzehrgewohnheiten aufgenommen werden kann (*BGH* PharmR 2010, 522 = GRUR 2010, 942 [Ginkgo-Extrakt]; anders noch *Köln* LMRR 2007, 57 = GRUR-RR 2008, 201 = PharmR 2008, 506).

Vertreibt ein Hersteller ein Produkt mit pharmakologischen Wirkungen mit der er- **82** gänzenden Bezeichnung „Anabol" und erweckt er hierdurch den Eindruck, sein Produkt habe anabole Wirkungen oder sei mit Anabolika verunreinigt, so bringt er die Substanz als dopingmittelähnliches Arzneimittel in den Verkehr. Die verharmlosende Einlassung des Produzenten, das Wort anabol (vgl. *Hunnius* Pharmazeutisches Wörterbuch, 9. Aufl. 2004: zum Aufbaustoffwechsel gehörig) bezeichne in Sportlerkreisen lediglich den Muskelaufbau, während das Wort katabol (vgl. *Hunnius* a. a. O.: zum Abbaustoffwechsel gehörig) den Muskelabbau beschreibe, vermag nicht zu überzeugen, denn derartige Zusätze sollen bei diesem Präparat gerade darauf hinweisen, dass der künstliche Muskelaufbau und nicht die Ernährung des Sportlers im Vordergrund steht (vgl. dazu *Hamm* LMRR 1999, 40). Tritt bei einer Gesamtschau hervor, dass das Produkt keine Nähr-, Genuss- oder Sättigungszwecke in nennenswertem Umfang erzielt, dass der Stoff in Kapselform zum Würzen von Speisen denkbar ungeeignet ist, dass vielmehr pharmakologische Eigenschaften im Vordergrund stehen (vgl. *Berlin* ZLR 2001, 593 = LMRR 2000, 116), so liegt seine Einstufung als Arzneimittel nahe. Wenn der eigentliche pharmazeutische Verwendungszweck, nämlich Blutdruck und Cholesterin zu senken und einer Arterienverkalkung vorzubeugen, verschwiegen wird, um die Zulassungsprüfung für Arzneimittel zu umgehen, so ist ebenfalls die Arzneimitteleigenschaft indiziert (vgl. *BGH* NJW 1995, 1615 = LMRR 1995, 1 = GRUR 1995, 419 [Knoblauchkapseln]).

Ein verständiger Durchschnittsverbraucher (vgl. oben Rn. 64 ff.) wird regelmäßig **83** nicht annehmen, dass ein als Nahrungsergänzungsmittel angebotenes Präparat ein Arzneimittel ist, wenn es in der empfohlenen Dosierung keine pharmakologischen Wirkungen hat. Allein die Möglichkeit, ein Präparat missbrauchen zu können, macht es noch nicht zum Funktionsarzneimittel (vgl. *BGH* NJW-RR 2000, 1284 = PharmR 2000, 184 = GRUR 2000, 528 [L-Carnitin]; BGHSt. 46, 380 = NStZ 2001, 549 = MedR 2002, 255; *BGH* ZLR 2002, 660 = LMRR 2002, 70; BGHZ 151, 286 = NJW 2002, 3469 = PharmR 2002, 400 [Muskelaufbaupräparate]).

bb) Immunologisch. Immunologie ist die Lehre von den biologischen und **84** biochemischen Grundlagen der Mechanismen zur Abwehr von Krankheitserregern aller Art und Toxinen, also derjenigen Körperprozesse, die der Identifizierung und Inaktivierung von körperfremden Organismen und Substanzen dienen. Ausgehend hiervon kann eine Wirkung als immunologisch bezeichnet werden, wenn sie Einfluss auf die Bildung von Antikörpern (Immunglobuline) und damit auf die spezifischen körpereigenen Reaktionen (Immunantwort) auf bestimmte Antigene hat.

85   **cc) Metabolisch.** Metabolische (d. h. auf den Stoffwechsel bezogene) Wirkungen sind all jene Effekte, die mit der Umwandlung (Metabolisierung) von Stoffen durch die Enzymsysteme des Körpers in Zusammenhang stehen (vgl. *Hunnius* Pharmazeutisches Wörterbuch, 9. Auflage 2004). Dabei unterscheidet man 2 Phasen der Metabolisierung: In der Phase-I, der sogenannten Biotransformation, werden Arzneistoffe oxidativ, reduktiv oder hydrolytisch verändert und hierdurch für die Phase-II, also die Kopplung (sog. Konjugation) mit den körpereigenen Substanzen, vorbereitet (*Hunnius* a. a. O.). Zur Bedeutung des Tatbestandsmerkmals insbesondere für die Abgrenzung zwischen Arznei- und Lebensmitteln vgl. *Hüttebräuker/Müller* NVwZ 2008, 1185, 1189 f.

86   **d) Diagnostika** oder Diagnosemittel sind die zur Untersuchung des Zustandes (auch des seelischen) und der Funktionen des Organismus verwendeten Stoffe (*Hunnius*, Pharmazeutisches Wörterbuch, 9. Aufl. 2004). Der Begriff setzt nicht das Vorliegen einer Krankheit voraus, weshalb Mittel auch dann erfasst werden, wenn sie der Bestimmung von Zuständen dienen, die keinen Krankheitswert haben (*Kloesel/Cyran* § 2 Nr. 81). Unterschieden werden Mittel zur Krankheitserkennung und Verlaufsbeobachtung, zur Therapiekontrolle und -steuerung. Hierzu zählen etwa Mittel zur Blutzuckerbestimmung, zur Feststellung des Blutgerinnungsfaktors, Röntgenkontrastmittel oder sog. Radiopharmaka. Diagnosemittel, die nicht am oder im menschlichen oder tierischen Körper angewendet werden (sog. Labordiagnostika) unterfallen nicht dem Arzneimittelbegriff nach § 2 Abs. 1 Nr. 2 (*Kloesel/Cyran* a. a. O.; *Rehmann* § 2 Rn. 17).

87   Dient das Erzeugnis noch nicht der Befunderhebung, sondern soll es erst die hierfür notwendigen Voraussetzungen schaffen (Mittel zur Darmreinigung vor einer Koloskopie), handelt es sich nicht um ein Diagnostikum (*BGH* PharmR 2010, 338 = GRUR 2010, 754 [Golly Telly]). Gleiches gilt für sog. Kontaktpasten für Ultraschall-, EKG- und EEG-Geräte, wenn und weil sie lediglich der Erhöhung der Leistungsfähigkeit dieser technischen Geräte dienen, ohne die Körperfunktionen oder seine Beschaffenheit zu beeinflussen (*Kloesel/Cyran* § 2 Nr. 54; *Rehmann* § 2 Rn. 17).

II. Gekorene Arzneimittel (Abs. 2)

88   Die Regelung des § 2 Abs. 2 AMG betrifft solche Stoffe, Zubereitungen und Instrumente, die für sich genommen nicht der Arzneimitteldefinition des Abs. 1 unterfallen müssen, unabhängig davon aber *als Arzneimittel gelten* sollen. Hintergrund der Vorschrift ist die Erwägung, dass es in Anbetracht der von den genannten Erzeugnissen ausgehenden Wirkungen und Gefahren für die betroffenen Organismen geboten erscheint, sie ebenfalls dem Regelungsregime des Arzneimitteltelgesetzes zu unterstellen. Genannt sind im Einzelnen (ausführlich *Kloesel/Cyran* § 2 Nr. 83 ff.):

89   a) Gegenstände, die ein Arzneimittel nach Abs. 1 enthalten oder auf die ein Arzneimittel nach Abs. 1 aufgebracht ist und die dazu bestimmt sind, dauernd oder vorübergehend mit dem menschlichen oder tierischen Körper in Berührung gebracht zu werden (**Gegenstände mit Arzneimittelzusatz**);

        b) tierärztliche Instrumente, soweit sie zur einmaligen Anwendung bestimmt sind und aus der Kennzeichnung hervorgeht, dass sie einem Verfahren zur Verminderung der Keimzahl unterzogen worden sind (**veterinärmedizinische Instrumente**);

        c) Gegenstände, die […] dazu bestimmt sind, zu den unter a) und b) genannten Zwecken in den tierischen Körper dauernd oder vorübergehend eingebracht zu werden, ausgenommen tierärztliche Instrumente (**veterinärmedizinische Implantate**; zu Implantaten im menschlichen Körper vgl. § 3 MPG);

        d) Verbandsstoffe und chirurgische Nahtmaterialien, soweit sie zur Anwendung am oder im tierischen Körper bestimmt sind (**veterinärmedizinische Verbandsstoffe**);

        e) Stoffe und Zubereitungen aus Stoffen, die, auch im Zusammenwirken mit anderen Stoffen oder Zubereitungen aus Stoffen, dazu bestimmt sind, ohne am oder im tierischen Körper angewandt zu werden, die Beschaffenheit, den Zustand oder die Funk-

tion des tierischen Körpers erkennen zu lassen oder der Erkennung von Krankheitserregern bei Tieren zu dienen (**veterinärmedizinische In-vitro-Diagnostika**).

III. Arzneimittel kraft gesetzlicher Erstreckung (§ 4 AMG)

Die Regelung des § 4 AMG enthält unter der Überschrift „Sonstige Begriffsbe- **90**
stimmungen" eine Reihe von Definitionen, die für das Verständnis der Vorschriften des Arzneimittelgesetzes belangvoll sind. Darüber hinaus ist dem Wortlaut
einzelner Absätze („*sind Arzneimittel im Sinne des § 2 Absatz 1*" oder „*sind Arzneimittel im Sinne des § 2 Abs. 2*") zu entnehmen, dass es sich bei den im Einzelnen
benannten Stoffen und Zubereitungen jedenfalls um Arzneimittel im Sinne des
Gesetzes handeln soll; sog. **„Arzneimittel kraft gesetzlicher Erstreckung"**
(*Fuhrmann/Klein/Fleischfresser* § 2 Rn. 27). Der Gesetzgeber geht in diesen Fällen
davon aus, dass die betreffenden Stoffe und Erzeugnisse jedenfalls dem Arzneimittelbegriff des § 2 Abs. 1 oder Abs. 2 unterfallen.

Zudem enthält die Vorschrift des § 4 AMG Begriffsbestimmungen, die am Arz- **91**
neimittelbegriff nach § 2 Abs. 1 oder Abs. 2 AMG ansetzen, solche Erzeugnisse
aber sodann einem gesonderten Regelungsregime unterstellen. Dies gilt etwa für
die „Blutzubereitungen" nach § 4 Abs. 2 AMG („*Blutzubereitungen sind Arzneimittel, die ...*") und „Pflanzlichen Arzneimittel" nach § 4 Abs. 29 AMG („*Pflanzliche
Arzneimittel sind Arzneimittel, die ...*"), a.A. offenbar *Fuhrmann/Klein/Fleischfresser*
a.a.O.

Definiert sind folgende Begriffe: **92**

Blutzubereitungen (§ 4 Abs. 2 AMG)	Arzneimittel, die aus Blut gewonnene Blut-, Plasma oder Serumkonserven, Blutbestandteile oder Zubereitungen aus Blutbestandteilen sind oder als Wirkstoffe enthalten,
Sera (§ 4 Abs. 3 AMG)	Arzneimittel, die Antikörper, Antikörperfragmente oder Fusionsproteine mit einem funktionellen Antikörperbestandteil als Wirkstoff enthalten und wegen dieses Wirkstoffs angewendet werden; Sera gelten nicht als Blutzubereitungen im Sinne des Absatzes 2 oder als Gewebezubereitungen im Sinne des Absatzes 30,
Impfstoffe (§ 4 Abs. 4 AMG)	Arzneimittel, die Antigene oder rekombinante Nukleinsäuren enthalten und die dazu bestimmt sind, bei Mensch oder Tier zur Erzeugung von spezifischen Abwehr- und Schutzstoffen angewendet zu werden und, soweit sie rekombinante Nukleinsäuren enthalten, ausschließlich zur Vorbeugung oder Behandlung von Infektionskrankheiten bestimmt sind,
Allergene (§ 4 Abs. 5 AMG)	Arzneimittel, die Antigene oder Haptene enthalten und dazu bestimmt sind, bei Mensch oder Tier zur Erkennung von spezifischen Abwehr- oder Schutzstoffen angewendet zu werden (Testallergene) oder Stoffe enthalten, die zur antigenspezifischen Verminderung einer spezifischen immunologischen Überempfindlichkeit angewendet zu werden (Therapieallergene),
Testsera (§ 4 Abs. 6 AMG)	Arzneimittel, die aus Blut, Organen, Organteilen oder Organsekreten gesunder, kranker, krank gewesener oder immunisatorisch vorbehandelter Lebewesen gewonnen werden, spezifische Antikörper enthalten und die dazu bestimmt sind, wegen dieser Antikörper verwendet zu werden, sowie die dazu gehörenden Kontrollsera,

Testantigene (§ 4 Abs. 7 AMG)	Arzneimittel, die Antigene oder Haptene enthalten und die dazu bestimmt sind, als solche verwendet zu werden,
Radioaktive AM (§ 4 Abs. 8 AMG)	Arzneimittel, die radioaktive Stoffe sind oder enthalten und ionisierende Strahlen spontan aussenden und die dazu bestimmt sind, wegen dieser Eigenschaften angewendet zu werden; als radioaktive Arzneimittel gelten auch für die Radiomarkierung anderer Stoffe vor der Verabreichung hergestellte Radionuklide (Vorstufen) sowie die zur Herstellung von radioaktiven Arzneimitteln bestimmten Systeme mit einem fixierten Mutterradionuklid, das ein Tochterradionuklid bildet (Generatoren),
Arzneimittel für neuartige Therapien (§ 4 Abs. 9 AMG)	Gentherapeutika, somatische Zelltherapeutika oder biotechnologisch bearbeitete Gewebeprodukte nach Artikel 2 Absatz 1 Buchstabe a der Verordnung (EG) Nr. 1394/2007 des Europäischen Parlaments und des Rates vom 13. November 2007 über Arzneimittel für neuartige Therapien und zur Änderung der Richtlinie 2001/83/EG und der Verordnung (EG) Nr. 726/2004 (ABl. L 324 vom 10. 12. 2007, S. 121),
Fütterungsarzneimittel (§ 4 Abs. 10 AMG)	Arzneimittel in verfütterungsfertiger Form, die aus Arzneimittelvormischungen und Mischfuttermitteln hergestellt werden und die dazu bestimmt sind, zur Anwendung bei Tieren in den Verkehr gebracht zu werden,
Arzneimittel-Vormischungen (§ 4 Abs. 10 AMG)	Arzneimittel, die ausschließlich dazu bestimmt sind, zur Herstellung von Fütterungsarzneimitteln verwendet zu werden,
Xenogene Arzneimittel (§ 4 Abs. 21 AMG)	Zur Anwendung im oder am Menschen bestimmte Arzneimittel, die lebende tierische Gewebe oder Zellen sind oder enthalten,
Homöopathische Arzneimittel (§ 4 Abs. 26 AMG)	Arzneimittel, die nach einem Europäischen Arzneibuch oder, in Ermangelung dessen, nach einem in den offiziell gebräuchlichen Pharmakopöen der Mitgliedstaaten der Europäischen Union beschriebenen homöopathischen Zubereitungsverfahren hergestellt worden sind; ein homöopathisches Arzneimittel kann auch mehrere Wirkstoffe enthalten,
Pflanzliche Arzneimittel (§ 4 Abs. 29 AMG)	Arzneimittel, die als Wirkstoff ausschließlich einen oder mehrere pflanzliche Stoffe oder eine oder mehrere pflanzliche Zubereitungen oder eine oder mehrere solcher pflanzlichen Stoffe in Kombination mit einer oder mehreren solcher pflanzlichen Zubereitungen enthalten,
Gewebezubereitungen (§ 4 Abs. 30 AMG)	Arzneimittel, die Gewebe im Sinne von § 1 a Nr. 4 des Transplantationsgesetzes sind oder aus solchen Geweben hergestellt worden sind; menschliche Samen- oder Eizellen, einschließlich imprägnierter Eizellen (Keimzellen), und Embryonen sind weder Arzneimittel noch Gewebezubereitungen,

Anthroposophische Arzneimittel (§ 4 Abs. 33 AMG)	Arzneimittel, die nach der anthroposophischen Menschen- und Naturerkenntnis entwickelt wurden, nach einem im Europäischen Arzneibuch oder, in Ermangelung dessen, nach einem in den offiziell gebräuchlichen Pharmakopöen der Mitgliedstaaten der Europäischen Union beschriebenen homöopathischen Zubereitungsverfahren oder nach einem besonderen anthroposophischen Zubereitungsverfahren hergestellt worden sind und die bestimmt sind, entsprechend den Grundsätzen der anthroposophischen Menschen- und Naturerkenntnis angewendet zu werden.

IV. Ausschlussklausel (Abs. 3, § 4 a AMG)

Die Ausschlussklausel nach § 2 Abs. 3 AMG bestimmt, dass die dort aufgeführ- **93** ten Erzeugnisse – vor allem **Lebensmittel, Kosmetika, Tabakerzeugnisse, Tierkosmetika, Biozid-Produkte, Futtermittel, Medizinprodukte** und **Organe** – keine Arzneimittel im Sinne des Gesetzes sind. Erfüllt ein Produkt schon nicht die positiven Merkmale eines Arzneimittels nach § 2 Abs. 1 AMG, so kommt es nicht darauf an, ob es auch unter die Ausschlussregelung des § 2 Abs. 3 AMG fällt (*BVerwG* NVwZ-RR 2007, 771 = PharmR 2007, 513 = LMRR 2007, 42 [campherhaltige Pferdesalbe „Cold Pack"]; vgl. auch *OVG Münster* GesR 2010, 435 = BeckRS 2010, 49951 [Dentalprodukte]).

Als ergänzende Vorschrift ist § 4 a AMG zu beachten, nach der das Arzneimit- **94** telgesetz auf weitere Erzeugnisse – etwa Arzneimittel aus biotechnischer Herstellung – keine Anwendung finden soll.

1. Verhältnis zu § 2 Abs. 3 a AMG (Zweifelsfallregelung). Das Verhältnis **95** von Abs. 3 zu der Regelung des Abs. 3 a erschließt sich nicht auf den ersten Blick. Nach der letztgenannten Norm sind Arzneimittel auch solche Erzeugnisse, die Stoffe oder Zubereitungen aus Stoffen sind oder enthalten, die unter Berücksichtigung aller Eigenschaften des Erzeugnisses unter eine Begriffsbestimmung des Abs. 1 fallen und zugleich unter die Begriffsbestimmung eines Erzeugnisses nach Abs. 3 fallen können (sog. **Zweifelsfall-** oder **Zwitterregelung**; *Fuhrmann/Klein/Fleischfresser* § 2 Rn. 63). Die Regelung geht auf Art. 2 Abs. 2 der Richtlinie 2001/83/EG des Europäischen Parlaments und des Rates vom 6. 11. 2001 zur Schaffung eines Gemeinschaftskodexes für Humanarzneimittel (ABl. L 311 vom 28. 11. 2001, S. 67) zurück und ist mit Gesetz vom 17. 7. 2009 (BGBl. I, 1990, 3578) in das AMG aufgenommen worden (vgl. dazu BT-Drs. 16/12256, S. 41). Ziel der Zweifelsfallregelung ist es, für „Grenzprodukte" Sicherheit insoweit zu schaffen, als „im Zweifel" die Vorschriften des AMG Anwendung finden sollen. Schon mit Blick auf die zugrundeliegende Richtlinie war jedoch umstritten, wann ein Zweifelsfall in diesem Sinne vorliegt, wann also ein Erzeugnis „zugleich unter die Begriffsbestimmung eines Erzeugnisses nach Abs. 3 *fallen kann*". Zugespitzt stellte sich also die Frage, ob und inwieweit **tatsächliche Zweifel** bei der Feststellung der Arzneimitteleigenschaft nach Abs. 1 verbleiben oder ob Zweifel nur die **rechtliche Einordnung** des betreffenden Erzeugnisses betreffen dürfen (zum Streitstand ausführlich *Fuhrmann/Klein/Fleischfresser* § 2 Rn. 65 ff. m. w. N.). Hierzu nur soviel:

Dem Wortlaut der Vorschrift des Abs. 3 a („unter eine Begriffsbestimmung des **96** Absatzes 1 *fallen*") entspricht es, dass sie jedenfalls dann keine Anwendung findet, wenn die Arzneimitteleigenschaft des betreffenden Erzeugnisses wissenschaftlich nicht nachgewiesen ist, ohne dass sie ausgeschlossen werden kann (*EuGH* EuZW 2009, 219 = PharmR 2009, 122 = GRUR 2009, 511 [Red Rice Kapseln]; dazu *Müller* NVwZ 2009, 425). Ausgehend hiervon kann ein Erzeugnis nicht allein deshalb als Funktionsarzneimittel eingeordnet werden, weil der bloße Verdacht einer pharmakologischen Wirkung für eine solche Einordnung streitet (*BVerwG* PharmR 2009, 397 = NVwZ 2009, 1038 = LMRR 2009, 29). Mehr noch: Der Vorschrift des Abs. 3 a kommt lediglich **deklaratorische Bedeutung** zu (a. A.

– zur RL 2001/83/EG – *OVG Münster* LMRR 2005, 49; *OVG Lüneburg* PharmR 2007, 71); sie soll sicherstellen, dass ein Erzeugnis selbst dann als Arzneimittel anzusehen ist, wenn es in den Anwendungsbereich eines anderen, weniger strengen Gesetzes fällt (vgl. *EuGH* EuZW 1993, 736 [Kräutertee]; *EuGH* EuZW 2008, 56 = PharmR 2008, 59 = GRUR 2008, 271 [Knoblauchkapseln]); Zweifel im Sinne der Norm können daher nur rechtliche Zweifel bei der Statusbestimmung sein (so etwa *Dieners/Reese* § 2 Rn. 70, 72).

97   Darüber hinaus spricht alles dafür, Abs. 3a lediglich auf Funktionsarzneimittel nach Abs. 1 Nr. 2 (dazu oben Rn. 70 ff.) anzuwenden, weil mit der Bezugnahme auf die *„Eigenschaften des Erzeugnisses"* der naturwissenschaftlich bestimmbare objektive Charakter des jeweiligen Produkts angesprochen ist (*Dieners/Reese* § 2 Rn. 69 m. w. N.; so auch *v. Czettritz/Strelow* MPR 2010, 1, 3; vgl. aber auch *Kloesel/Cyran* § 2 AMG Nr. 165; *EuGH* PharmR 2009, 122 = EuZW 2009, 219 = LMRR 2009, 3 [Red Rice]).

98   **2. Wirtschaftliche Bedeutung der Abgrenzung.** Durch § 2 Abs. 3 AMG wird der Anwendungsbereich des Arzneimittelgesetzes vom Lebensmittelrecht, vom Recht der Tabakerzeugnisse, der kosmetischen Mittel, der Futtermittel und der Medizinprodukte abgegrenzt. Ein Produkt, das als Lebensmittel weite Verbreitung finden und große Umsätze erzielen kann, kann nach seiner Einstufung als Arzneimittel immense Umsatzverluste erleben. Im Gegensatz zu Arzneimitteln bedürfen Lebens- und Genussmittel keiner detaillierten Packungsbeilage und keines langwierigen und kostspieligen Zulassungsverfahrens. Für die Kennzeichnung von Lebensmitteln gilt die Verordnung über die Kennzeichnung von Lebensmitteln vom 15. 12. 1999 (BGBl. I, S. 2464; Lebensmittel-Kennzeichnungsverordnung – LMKV); für Nahrungsergänzungsmittel ist beifolgend die Verordnung über Nahrungsergänzungsmittel vom 24. 5. 2004 (BGBl. I, S. 1011; Nahrungsergänzungsmittelverordnung – NemV) einschlägig, die zwar die Angabe einer empfohlenen Verzehrmenge und spezifische Warnhinweise vorsieht, dabei jedoch bei Weitem nicht an arzneimittelrechtliche Standards heranreicht. Die Komplexität der Materie, aber auch handfeste wirtschaftliche Interessen sind daher die wesentlichen Auslöser unterschiedlichster Kontroversen in der Grauzone zwischen Arzneimitteln und anderen Erzeugnissen (vgl. dazu etwa *Jäkel* PharmR 2010, 278).

99   **3. Lebensmittel (Abs. 3 Nr. 1).** Bis zum Inkrafttreten des LFGB blieben neben dem Ernährungszweck bestehende arzneiliche Zweckbestimmungen für die Lebensmitteleigenschaft eines Produktes so lange ohne Bedeutung, als ihnen jedenfalls keine überwiegende Bedeutung zugeschrieben werden konnte. Ließ sich eine solche überwiegende arzneiliche Zweckbestimmung nicht feststellen, so war das Produkt als Lebensmittel anzusehen (*BGH* NJW 1976, 1154 = LMRR 1976, 3 = GRUR 1976, 430 [Fencheltee]; *VGH München* NJW 1998, 845 = ZLR 1997, 468 = LMRR 1997, 7). Lebensmittel waren nach § 1 LMBG a. F. als Stoffe definiert, die überwiegend der Ernährung und/oder dem Genuss dienen. Diese Abgrenzung ist zwischenzeitlich überholt. Zur historischen Entwicklung lebensmittelrechtlicher Bestimmungen vgl. *Nöhle* ZLR 2010, 391 ff.

100   **a) Neuer Lebensmittel-Begriff des LFGB.** Lebensmittel sind nach der für sich genommen nicht sonderlich aussagekräftigen Definition des § 2 Abs. 2 des Lebensmittel- und Futtermittelgesetzbuches (LFGB) Lebensmittel im Sinne des Artikels 2 der Verordnung (EG) 178/2002. Die in Bezug genommene Vorschrift der Verordnung (EG) 178/2002 des Europäischen Parlaments und des Rates vom 28. 1. 2002 zur Festlegung der allgemeinen Grundsätze und Anforderungen des Lebensmittelrechts, zur Errichtung der Europäischen Behörde für Lebensmittelsicherheit und zur Festlegung von Verfahren zur Lebensmittelsicherheit (ABl. L 31 vom 1. 2. 2002, S. 1 ff.) umschreibt Lebensmittel als **„alle Stoffe oder Erzeugnisse, die dazu bestimmt sind oder von denen nach vernünftigem Ermessen erwartet werden kann, dass sie in verarbeitetem, teilweise verarbeitetem oder unverarbeitetem Zustand von Menschen aufgenommen werden."** Nach

Unterabsatz 2 des Art. 2 der Verordnung zählen zu den Lebensmitteln auch Getränke, Kaugummi sowie alle Stoffe – einschließlich Wasser –, die dem Lebensmittel bei seiner Herstellung, Ver- oder Bearbeitung absichtlich zugesetzt werden.

Die weite Fassung des neuen Lebensmittel-Begriffes erforderte es aber, die Kategorie der Lebensmittel ihrerseits von bestimmten anderen Stoffen und Erzeugnissen abzugrenzen. Nicht zu den Lebensmitteln gehören daher nach Unterabsatz 3 des Art. 2 der Verordnung (EG) 178/2002: a) Futtermittel, b) lebende Tiere, soweit sie nicht für das Inverkehrbringen zum menschlichen Verzehr hergerichtet worden sind, c) Pflanzen vor dem Ernten, d) Arzneimittel im Sinne der Richtlinien 65/65/EWG und 92/73/EWG des Rates – vgl. dazu oben Rn. 52, e) kosmetische Mittel im Sinne der Richtlinie 76/768/EWG des Rates, f) Tabak und Tabakerzeugnisse im Sinne der Richtlinie 89/622/EWG des Rates, g) Betäubungsmittel und psychotrope Stoffe im Sinne des Einheitsübereinkommens der Vereinten Nationen über Suchtstoffe (1961) und des Übereinkommens der Vereinten Nationen über psychotrope Stoffe (1971), h) Rückstände und Kontaminanten. Aus dieser Aufzählung ergibt sich zweifelsfrei, dass **Rauschmittel und psychotrope Stoffe**, die dem Arzneimittelbegriff unterfallen, nicht zu den Lebensmitteln gezählt werden können. Umgekehrt können aber berauschende Getränke und psychotrope Stoffe, die den tatbestandlichen Voraussetzungen des Arzneimittelbegriffs nicht gerecht werden, Lebens- oder Genussmittel sein. Zur Produktgruppe der Kräuter- und Früchtetees *Beutgen*, FS-Welsch, 2010, 385 ff. **101**

b) Die **Aufnahme durch den Menschen** ist also charakteristisches Merkmal eines Lebensmittels. „Aufnahme" ist dabei Oberbegriff und mehr als bloßer **Verzehr**, der nach § 3 Nr. 5 LFGB nur die Aufnahme von Lebensmitteln durch Essen, Kauen, Trinken und jede sonstige Zufuhr von Stoffen *„in den Magen"* umfasst. Aufgenommen werden können Stoffe daneben auch im Wege der Inhalation, der Infusion, durch Einreiben oder sonst unter Umgehung des Magen-Darm-Traktes. Freilich dürfte es sich bei den meisten nicht verzehrten Stoffen um Arzneimittel, Kosmetika, Tabakerzeugnisse (vgl. *Kloesel/Cyran*, 115. EL, § 2 AMG Nr. 106 m. w. N.) oder Betäubungsmittel handeln, die nach Art. 2 UAbs. 3 der Verordnung (EG) Nr. 178/2002 ohnehin nicht zu den Lebensmitteln zählen. **102**

c) **Gesundheitsschädliche Lebensmittel.** Sind Lebensmittel verdorben, versalzen, verschimmelt, vergiftet oder sonst ungenießbar geworden, so führt dies nicht dazu, dass sie ihren Status verlieren und damit aus dem Anwendungsbereich lebensmittelrechtlicher Bestimmungen herausfallen. Die genannten Eigenschaften können allenfalls Einfluss auf die **Verkehrsfähigkeit** von Lebensmitteln haben. Gesundheitsschädlichkeit oder Toxizität sind also nicht für den Produktstatus, sondern nur für den Vertriebsstatus von Bedeutung. Eine Sammlung von Leitsätzen, in denen Herstellung, Beschaffenheit und sonstige Merkmale von Lebensmitteln unter Berücksichtigung redlicher Hersteller- und Handelsbräuche sowie der Verbrauchererwartungen beschrieben sind, enthält das **Deutsche Lebensmittelbuch** (§ 15 LFGB; Leitsätze unter http://www.bmelv.de – zuletzt geprüft am 14. 8. 2011). **103**

d) **Nahrungsergänzungsmittel.** Besondere Vorschriften für sog. Nahrungsergänzungsmittel enthält die Verordnung über Nahrungsergänzungsmittel vom 24. 5. 2004 (NemV; BGBl. I S. 1011). Die Verordnung dient der Umsetzung der Richtlinie 2002/46/EG des Europäischen Parlaments und des Rates vom 10. 6. 2002 zur Angleichung der Rechtsvorschriften der Mitgliedstaaten über Nahrungsergänzungsmittel (ABl. L 183 vom 12. 7. 2002, S. 51 ff.; vgl. dazu *EuGH* EuZW 2005, 598 = LMRR 2005, 26 = WRP 2005, 1142). Nach der in § 1 Abs. 1 NemV enthaltenen **Definition** ist ein Nahrungsergänzungsmittel ein Lebensmittel, das a) dazu bestimmt ist, die allgemeine Ernährung zu ergänzen, b) ein Konzentrat von Nährstoffen (Vitamine und Mineralstoffe, einschließlich Spurenelemente, § 1 Abs. 2 NemV) oder sonstigen Stoffen mit ernährungsspezifischer oder physiologischer Wirkung allein oder in Zusammensetzung darstellt und c) in dosierter Form, insbesondere in Form von Kapseln, Pastillen, Tabletten, Pillen oder ähnlichen Darreichungsformen, Pulverbeuteln, Flüssigampullen, Flaschen mit Tropfeinsätzen **104**

und ähnlichen Darreichungsformen von Flüssigkeiten und Pulvern zur Aufnahme in abgemessenen kleinen Mengen, in den Verkehr gebracht wird.

105 **Vitamine und Mineralstoffe**, die als Nährstoffe bei der Herstellung von Nahrungsergänzungsmitteln verwendet werden dürfen, sind in der **Anlage 1 zur NemV** aufgeführt (die Klammerzusätze geben die zur Kennzeichnung der empfohlenen täglichen Verzehrmenge nach § 4 NemV zu verwendenden Maßeinheiten an):

Vitamine	
	Vitamin A (µg RE)
	Vitamin D (µg)
	Vitamin E (mg α-TE)
	Vitamin K (µg)
	Vitamin B1 (mg)
	Vitamin B2 (mg)
	Niacin (mg NE)
	Pantothensäure (mg)
	Vitamin B6 (mg)
	Folsäure (µg)
	Vitamin B12 (µg)
	Biotin (µg)
	Vitamin C (mg)
Mineralstoffe	Calcium (mg)
	Magnesium (mg)
	Eisen (mg)
	Kupfer (µg)
	Jod (µg)
	Zink (mg)
	Mangan (mg)
	Natrium (mg)
	Kalium (mg)
	Selen (µg)
	Chrom (µg)
	Molybdän (µg)
	Fluor (mg)
	Chlor (mg)
	Phosphor (mg)

106 Die **Anlage 2 zur NemV** enthält Verbindungen von Vitaminen und Mineralstoffen, die bei der Herstellung von Nahrungsergänzungsmitteln verwendet werden dürfen:

Vitamine	
Biotin	D-Biotin
Folsäure	Pteroylmonoglutaminsäure
Niacin	Nicotinsäure
	Nicotinamid
Pantothensäure	Calcium-D-pantothenat
	Natrium-D-pantothenat
	D-Panthenol
Vitamin A	Retinol
	Retinylactat
	Retinylpalmitat
	Beta-Carotin
Vitamin B1	Thiaminhydrochlorid
	Thiaminmononitrat

Vitamine	
Vitamin B2	Riboflavin Riboflavin 5'-phosphat, Natrium
Vitamin B6	Pyridoxinhydrochlorid Pyridoxin-5'-phosphat
Vitamin B12	Cyanocobalamin Hydroxocobalamin
Vitamin C	L-Ascorbinsäure Natrium-L-ascorbat Calcium-L-ascorbat Kalium-L-ascorbat L-Ascorbyl-6-palmitat
Vitamin D	Cholecalciferol Ergocalciferol
Vitamin E	D-alpha-Tocopherol DL-alpha-Tocopherol D-alpha-Tocopherylacetat DL-alpha-Tocopherylacetat D-alpha-Tocopherylsäuresuccinat
Vitamin K	Phyllochinon (Phytomenadion)

Mineralstoffe		107
Calcium	Calciumcarbonat Calciumchlorid Calciumsalze der Citronensäure Calciumgluconat Calciumglycerophosphat Calciumlactat Calciumsalze der Orthophosphorsäure Calciumhydroxid Calciumoxid	
Chrom	Chrom-(III)-chlorid Chrom-(III)-sulfat	
Eisen	Eisencarbonat Eisencitrat Eisenammoniumcitrat Eisengluconat Eisenfumarat Eisennatriumphosphat Eisenlactat Eisensulfat Eisendiphosphat (Eisenpyrophosphat) Eisensaccharat elementares Eisen (Carbonyl + elektrolytisch + wasserstoffreduziert)	
Kalium	Kaliumiodid Kaliumbicarbonat Kaliumcarbonat Kaliumchlorid Kaliumcitrat	

Mineralstoffe	
	Kaliumgluconat
	Kaliumglycerophosphat
	Kaliumlactat
	Kaliumhydroxid
	Kaliumsalze der Orthophosphorsäure
	Kaliumiodat
	Kaliumfluorid
Kupfer	Kupfercarbonat
	Kupfercitrat
	Kupfergluconat
	Kupfersulfat
	Kupferlysinkomplex
Magnesium	Magnesiumacetat
	Magnesiumcarbonat
	Magnesiumchlorid
	Magnesiumsalze der Citronensäure
	Magnesiumgluconat
	Magnesiumglycerophosphat
	Magnesiumsalze der Orthophosphorsäure
	Magnesiumlactat
	Magnesiumhydroxid
	Magnesiumoxid
	Magnesiumsulfat
Mangan	Mangancarbonat
	Manganchlorid
	Mangancitrat
	Mangangluconat
	Manganglycerophosphat
	Mangansulfat
Molybdän	Ammoniummolybdat (Molybdän (VI))
	Natriummolybdat (Molybdän (VI))
Natrium	Natriumbicarbonat
	Natriumcarbonat
	Natriumchlorid
	Natriumcitrat
	Natriumgluconat
	Natriumlactat
	Natriumhydroxid
	Natriumsalze der Orthophosphorsäure
	Natriumfluorid
	Natriumiodid
	Natriumiodat
	Natriumselenat
	Natriumhydrogenselenit
	Natriumselenit
Zink	Zinkacetat
	Zinkchlorid
	Zinkcitrat
	Zinkgluconat
	Zinklactat
	Zinkoxid
	Zinkcarbonat
	Zinksulfat

Der *EuGH* hat mit Urteil vom 12. 7. 2005 (EuZW 2005, 598 = LMRR 2005, 26 = WRP 2005, 1142) die Einführung derartiger **Positivlisten für Nahrungsergänzungsmittel** gebilligt (vgl. dazu *Delewski*, FS-Welsch [2010] 295, 297 f.). Zwischenzeitlich sind die Anhänge zur Richtlinie 2002/46/EG, auf der auch die NemV basiert, durch Verordnung (EG) Nr. 1170/2009 der Kommission vom 30. 11. 2009 (ABl. L 314 vom 1. 12. 2009, S. 36) aufgehoben und durch die **Anhänge I und II der Verordnung (EG) Nr. 1170/2009** ersetzt worden. Wegen ihres Geltungsvorranges ersetzt die Verordnung seit Inkrafttreten am 21. 12. 2009 die Anlagen I und II der NemV (*Delewski*, FS-Welsch, 2010, 295, 298 f.).

Hochdosierte Vitaminpräparate, die etwa die vierfache Menge der empfoh- **108** lenen Tagesdosis enthalten, können dazu bestimmt sein, Mangelerscheinungen zu therapieren und sind dann als Arzneimittel einzustufen (*München* NJWE-WettbR 1997, 51 = ZLR 1996, 545). Freilich genügt allein das Überschreiten der durch die Deutsche Gesellschaft für Ernährung empfohlenen täglichen Aufnahmemenge eines Vitamins dann nicht, wenn das Produkt als Nahrungsergänzungsmittel vertrieben wird, weil einerseits die Verkehrsauffassung von einer Vielzahl von Faktoren geprägt wird und andererseits die Überschreitung des normalen Tagesbedarfs zunächst lediglich besagt, dass mit der erhöhten Aufnahme kein zusätzlicher ernährungsphysiologischer Nutzen verbunden ist (*BGH* NStZ 2001, 549 = MedR 2002, 255 = LMuR 2003, 9 [Vitaminpräparate]). Es genügt also nicht, lediglich eine Überdosierung einzelner Nährstoffe festzustellen. Die Qualifizierung des Erzeugnisses als Funktionsarzneimittel setzt weiter voraus, dass die Inhaltsstoffe in der konkreten Dosierung arzneimittelspezifische pharmakologische Wirkungen zeitigen (*BGH* a. a. O.; *BVerwG* PharmR 2008, 73 = LMuR 2008, 42 [E-400]).

Nahrungsergänzungsmittel, die zur Abgabe an den Verbraucher bestimmt sind, **109** dürfen nach § 2 NemV gewerbsmäßig nur in einer **Fertigpackung** in den Verkehr gebracht werden. Verpflichtungen zur **Kennzeichnung** von Nahrungsergänzungsmitteln ergeben sich aus § 4 NemV. Danach sind neben den durch die Lebensmittel-Kennzeichnungsverordnung (LMKV; BGBl. I 1999, S. 2464) vorgeschriebenen Angaben auf der Fertigpackung insbesondere die Namen der Kategorien von Nährstoffen und sonstigen Stoffen, die empfohlene Verzehrsmenge des Erzeugnisses und der Warnhinweis *„Die angegebene empfohlene tägliche Verzehrsmenge darf nicht überschritten werden."* anzugeben. Weder die Kennzeichnung und Aufmachung eines Nahrungsergänzungsmittels noch die produktbezogene Werbung darf einen Hinweis enthalten, mit dem behauptet oder unterstellt wird, dass bei einer ausgewogenen, abwechslungsreichen Ernährung im Allgemeinen die Zufuhr angemessener Nährstoffmengen nicht möglich sei, § 4 Abs. 4 NemV. Straftatbestände und Ordnungswidrigkeiten ergeben sich aus § 6 NemV.

Aus der **Darreichungsform** (Kapseln, Pastillen, Tabletten, Pillen, Pulver, Am- **110** pullen, vgl. § 1 Abs. 1 Nr. 3 NemV), der Art der Verpackung (§ 2 NemV) oder der Kennzeichnung (§ 4 NemV) kann für sich genommen nicht auf die Arzneimitteleigenschaft des Produktes geschlossen werden, weil diese Umstände – wie die Regelungen der NemV zeigen – nicht arzneimittelspezifisch sind. Auch aus der Tatsache, dass das Nahrungsergänzungsmittel in Apotheken vertrieben wird, folgt solches nicht, weil gerade Nahrungsergänzungsmittel **apothekenübliche Waren** sind (vgl. dazu *Kloesel/Cyran*, 115. EL, § 2 AMG Nr. 122). Apothekenübliche Waren sind nach § 25 Nr. 2 ApBetrO vor allem Mittel und Gegenstände, die der Gesundheit von Mensch und Tier mittelbar oder unmittelbar dienen oder diese fördern. Vgl. zur Abgrenzung von Arzneimitteln und Nahrungsergänzungsmitteln auch *Streit*, FS-Welsch, 2010, 305, 307 f.; *ders.* IntPrax 2001, 449 ff. [Abdruck unter www.lebensmittel.org/download/lm_am_de.pdf, zuletzt geprüft am 14. 8. 2011].

Handelt es sich bei Nahrungsergänzungsmitteln um **neuartige Lebensmittel 111** im Sinne der Verordnung zur Durchführung gemeinschaftsrechtlicher Vorschriften über neuartige Lebensmittel und Lebensmittelzutaten (Neuartige Lebensmittel- und Lebensmittelzutaten-Verordnung; NLV) vom 14. 2. 2000 (BGBl. I, S. 123) sind die maßgeblichen Genehmigungs-, Anzeige- und Kennzeichnungspflichten zu beachten.

112   Die Abgrenzungsprobleme zwischen Lebensmitteln (Nahrungsergänzungsmitteln) und Arzneimitteln verkomplizieren sich weiter dadurch, dass nicht wenige, bisweilen wenig vertrauenserweckende Produzenten von Nahrungsergänzungsmitteln vor allem über das Internet **verunreinigte Nahrungsergänzungsmittel** vertreiben, die Spuren von Anabolika oder anderen Dopingmitteln enthalten und Produzenten wie Verbrauchern die Einlassung der Ahnungslosigkeit ermöglichen. Wegen der weit verbreiteten Verunreinigungen genügt ein Blick auf die Kennzeichnung des Produktes häufig nicht; regelmäßig wird eine Untersuchung des betreffenden Erzeugnisses auf seine gesamten Inhaltsstoffe geboten sein.

113   Die Nationale Anti Doping Agentur Deutschland (NADA) warnt in Anbetracht der mit dem Konsum verunreinigter Präparate verbundenen Risiken grundsätzlich vor der Einnahme von Nahrungsergänzungsmitteln. Vor allem ausländische Erzeugnisse können Stoffe enthalten, die dem Dopingverbot unterliegen. *Geyer/Mareck-Engelke/Thevis/ Schänzer* (Positive Dopingfälle mit Norandrosteron durch verunreinigte Nahrungsergänzungsmittel, DZSM 2000, 378) haben im Rahmen von Nachuntersuchungen bei Norandrosteron-positiv getesteten Athleten die von ihnen konsumierten Nahrungsergänzungsmittel analysiert. Drei Nahrungsergänzungsmittel (ein Chrysin/Quercetin-Produkt, ein Tribulus-Terrestris-Produkt und ein Guarana-Produkt) aus den USA enthielten nicht deklarierte anabol-androgene Steroide (sog. Prohormone). Nach der Applikation von jeweils einer Kapsel konnten sämtliche Probanden positiv auf Norandrosteron getestet werden.

114   Auf dem Markt der Nahrungsergänzungsmittel finden sich seit einigen Jahren daneben auch anabole Steroide enthaltende, als Nahrungsergänzungsmittel getarnte Erzeugnisse.

115   Soweit Nahrungsergänzungsmittel – auch nicht deklarierte – Substanzen mit pharmakologischen Wirkungen enthalten, handelt es sich regelmäßig um Funktionsarzneimittel nach § 2 Abs. 1 Nr. 2 AMG (vgl. BGHZ 151, 286 = PharmR 2002, 400 = GRUR 2002, 910; BVerwG NVwZ 2009, 1038 = PharmR 2009, 397 = LMRR 2009, 29 [Red Rice]). Ausgehend hiervon bedarf es im Einzugsbereich verunreinigter Nahrungsergänzungsmittel stets einer zweistufigen Prüfung, zunächst des fraglichen (deklarierten) die Ernährung ergänzenden Stoffes und sodann der Kombination des Stoffes mit Zusatzstoffen und Verunreinigungen. Die Produkte müssen also auch darauf untersucht werden, ob sie neben den deklarierten Stoffen undeklarierte Substanzen mit pharmakologischem Potential enthalten. Werden in der Zubereitung etwa Testosteron, Nor-Androstendion, Nor-Testosteron, De-Hydro-Epi-Androstendion (DHEA) oder Androstendiol nachgewiesen, wird aus einem Nahrungsergänzungsmittel ein Arzneimittel, das weder zugelassen ist noch in den Verkehr gebracht werden darf. In einem solchen Fall sind die Strafvorschriften des AMG zu prüfen.

116   **e) Functional Food** oder „funktionelle Lebensmittel" ist die Sammelbezeichnung für solche Produkte, die über die ernährungsphysiologischen Effekte hinaus einen zusätzlichen gesundheitlichen Nutzen versprechen. Im Gegensatz zu Nahrungsergänzungsmitteln werden sie nicht in Pillen-, Pulver- oder Kapselform, sondern als traditionelle Lebensmittel vertrieben. Neben probiotischen Joghurts oder Omega-3-Brot geht es dabei um Eier mit Fischöl- oder Müsli mit Kalziumzusätzen (sog. angereicherte Lebensmittel, vgl. dazu *Dieners/Reese*, Handbuch des Pharmarechts [2010] § 2 Rn. 89). Die Schwelle vom Lebens- zum Arzneimittel ist dann überschritten, wenn das Produkt durch den Zusatz arzneilich wirksamer Bestandteile in pharmakologisch wirksamer Dosierung zum bloßen Trägerstoff verkommt (*Kloesel/Cyran*, 115. EL, § 2 AMG Nr. 131).

117   **f) Diätetische Lebensmittel, bilanzierte Diäten.** Seitdem wegen des gestiegenen Gesundheitsbewusstseins der Bevölkerung immer mehr Menschen zur Krankheitsvorsorge diätetische Lebensmittel, Vitaminpräparate oder Nahrungsergänzungsmittel konsumieren, seitdem immer mehr Sportler zur Steigerung der körperlichen Leistungsfähigkeit auf Vitaminpräparate, Mineralstoffe und „Sportlernahrung" setzen, gewinnt die Abgrenzung zwischen Arznei- und Lebensmitteln zunehmend an Bedeutung. Für Produzenten derartiger Produkte ist es von erheblicher wirtschaftlicher Bedeutung (vgl. dazu schon oben Rn. 98), ob ihre Produkte ein Arzneimittel-Zulassungsverfahren überstehen müssen, oder ob sie als diätetische Lebensmittel in den Verkehr gebracht werden können (für die freilich die Anzeige- und Genehmigungserfordernisse nach der DiätV zu berücksichtigen sind, vgl. dazu etwa Erbs/Kohlhaas/*Rohnfelder/Freytag* § 4a DiaetVO Rn. 1 ff.). Kritisch zu den marktöffnenden Effekten des „raus aus dem Arzneimittelrecht – rein ins Lebensmittelrecht" *Delewski*, FS-Welsch [2010] 295, 299.

Für **diätetische Lebensmittel** gelten die Vorschriften der Verordnung über **118** diätetische Lebensmittel vom 28. 5. 2005 (Diätverordnung; BGBl. I S. 1161). Nach § 1 Abs. 1 DiätV handelt es sich um solche **Lebensmittel**, die für eine **besondere Ernährung** bestimmt sind. Dies ist nach § 1 Abs. 2 DiätV dann der Fall, wenn sie

a) den besonderen Ernährungserfordernissen folgender Verbrauchergruppen entsprechen:
 – bestimmter Gruppen von Personen, deren Verdauungs- oder Resorptionsprozess oder Stoffwechsel gestört ist oder
 – bestimmter Gruppen von Personen, die sich in besonderen physiologischen Umständen befinden und deshalb einen besonderen Nutzen aus der kontrollierten Aufnahme bestimmter in der Nahrung enthaltener Stoffe ziehen können, oder
 – gesunder Säuglinge oder Kleinkinder,
b) sich für den angegebenen Ernährungszweck eignen und mit dem Hinweis darauf in den Verkehr gebracht werden, dass sie für diesen Zweck geeignet sind, *und*
c) sich auf Grund ihrer besonderen Zusammensetzung oder des besonderen Verfahrens ihrer Herstellung deutlich von den Lebensmitteln des allgemeinen Verzehrs unterscheiden.

Bilanzierte Diäten sind nach § 1 Abs. 4a DiätV diätetische Lebensmittel (oben **119** Rn. 117f.) für besondere medizinische Zwecke, die auf besondere Weise verarbeitet oder formuliert und für die diätetische Behandlung von Patienten bestimmt sind. Sie dienen der ausschließlichen oder teilweisen Ernährung von Patienten mit eingeschränkter, behinderter oder gestörter Fähigkeit zur Aufnahme, Verdauung, Resorption, Verstoffwechslung oder Ausscheidung gewöhnlicher Lebensmittel oder bestimmter darin enthaltener Nährstoffe oder ihrer Metaboliten oder der Ernährung von Patienten mit einem sonstigen medizinisch bedingten Nährstoffbedarf, für deren diätetische Behandlung eine Modifizierung der normalen Ernährung, andere Lebensmittel für eine besondere Ernährung oder eine Kombination aus beiden nicht ausreichen. Die Einführung der Produktkategorie der bilanzierten Diäten geht auf die Richtlinie 1999/21/EG der Kommission vom 25. 3. 1999 über diätetische Lebensmittel für besondere medizinische Zwecke (ABl. L 91 vom 7. 4. 1999, S. 29ff.) zurück.

Weil es nach § 1 Abs. 4a DiätV bereits zum notwendigen begrifflichen Inhalt **120** der bilanzierten Diäten gehört, Lebensmittel *„für besondere medizinische Zwecke"* zu sein, kann hieraus allein auf die Arzneimitteleigenschaft des Erzeugnisses nicht geschlossen werden (*Frankfurt* LMRR 2006, 1 = ZLR 2006, 428 [Priorin-Kapseln] m. Anm. *Delewski*; a. A. *Pfortner* PharmR 2004, 419ff., der wegen einer Überschneidung beider Produktkategorien die Kennzeichnung des betreffenden Erzeugnisses für ausschlaggebend hält); anderenfalls liefen die Vorschriften der DiätV faktisch leer (*Frankfurt* a. a. O.; vgl. auch *Dieners/Reese*, Handbuch des Pharmarechts [2010], § 2 Rn. 99). Entscheidend ist auch insoweit, ob dem Erzeugnis unter Berücksichtigung der empfohlenen Dosierung eine pharmakologische Wirkung (vgl. dazu oben Rn. 76f.) zugesprochen werden kann, d.h. ob das Produkt in seinen physiologischen Effekten über das hinausgeht, was auch mit der (normalen, dazu oben Rn. 78) Nahrungsaufnahme im menschlichen Körper ausgelöst werden könnte. Vgl. auch *München* LMRR 2006, 11 = ZLR 2006, 621 [Pflanzliche Sterole] m. Anm. *Krügel*.

121   **g) Muskelaufbaupräparate.** Die Ansicht, Hinweise auf einen Muskelaufbau und eine Muskelvergrößerung deuteten bei isolierter Betrachtung immer auf die Arzneimitteleigenschaft eines Erzeugnisses hin, entspricht heute nicht mehr uneingeschränkt der Auffassung der pharmazeutischen und medizinischen Wissenschaft, welche die Vorstellung der Verbraucher von der Zweckbestimmung eines Produkts maßgeblich beeinflussen kann (*BGH* NJW-RR 2003, 1123 = PharmR 2003, 297 = LMRR 2003, 11 [L-Glutamin Kapseln]).

122   Der Entscheidung „HMB-Kapseln" (*BGH* NVwZ 2008, 1270 = PharmR 2008, 430 = LMRR 2008, 28) lagen Feststellungen des Berufungsgerichts zur Wirkungsweise zugrunde, die der *BGH* wie folgt zusammenfasst: „Das Berufungsgericht hat festgestellt, dass der Stoff ‚HMB' (Hydroxymethylbutyrat) ein Metabolit der essentiellen Aminosäure Leucin ist, der als vierte Abbaustufe bei der Verstoffwechslung von Leucin entsteht und von allen Zellen über die weiteren Metaboliten Acetoacetat und Acetyl-Coenzym A energetisch genutzt wird. ‚HMB' diene dazu, einen Muskelabbau infolge intensiven sportlichen Trainings zu verhindern. Der mit einem Krafttraining angestrebte Muskelzuwachs ergebe sich aus der Summe von Muskelproteinsynthese und Muskelproteinabbau. Ein Muskelaufbau sei nur möglich, wenn die durch das Training induzierte Mehrsynthese an Muskelprotein größer sei als der durch das Training induzierte Abbau an Muskelprotein. Bei sehr intensivem Training bestehe die Gefahr, dass der trainingsinduzierte Muskelabbau größer sei, als die gesteigerte Synthese kompensieren könne; es drohe ein Verlust an Muskelprotein und damit ein Verlust an Muskelmasse. Um in dieser Situation die Trainingsintensität nicht deutlich reduzieren zu müssen, könne das Verhältnis von Muskelaufbau (Anaboli) und Muskelabbau (Kataboli) durch Zufuhr von freien Aminosäuren und Stoffen wie ‚HMB', die den Abbau von Muskelprotein unmittelbar minderten, so geändert werden, dass effektiv keine Muskelsubstanz verloren gehe."

123   Es gilt, dass es sich im Einzelfall auch um Produkte handeln kann, die als diätetische Lebensmittel nach § 1 Abs. 1 DiätV einer **besonderen Ernährung** und also der Befriedigung besonderer physiologischer Bedürfnisse und sich hieraus ergebenden Ernährungserfordernisse einer **speziellen Personengruppe** dienen. Nach § 1 Abs. 2 Nr. 1 Buchst. b DiätV sind Lebensmittel dann für eine besondere Ernährung bestimmt, wenn sie den besonderen Ernährungserfordernissen bestimmter Gruppen von Personen (etwa Hochleistungs-, Kraft- oder Ausdauersportler) entsprechen, die sich in **besonderen physiologischen Umständen** befinden und deshalb einen besonderen Nutzen aus der kontrollierten Aufnahme in der Nahrung enthaltener Stoffen ziehen können. Der Ausgleich der durch intensive Körperanstrengungen verbrauchten Nährstoffe und die Steigerung der körperlichen Leistungsfähigkeit als solche werden zunehmend als berücksichtigungsfähige Zwecke in diesem Sinne anerkannt (vgl. etwa *Dieners/Reese* Handbuch des Pharmarechts [2010] § 3 Rn. 80). Gleiches gilt für Erzeugnisse, die einen Muskelabbau verhindern sollen oder zur Regeneration nach intensiven Trainingsphasen eingesetzt werden (*Dieners/Reese* a. a. O.; *BGH* NVwZ 2008, 1270 = PharmR 2008, 430 = LMRR 2008, 28 [HMB-Kapseln]). Entsprechendes ergibt sich zudem aus Anlage 8 zu § 4 a Abs. 1 DiätV („Lebensmittel für intensive Muskelanstrengungen, vor allem für Sportler"; vgl. dazu *BGH* NJW 2004, 3122 = LMRR 2004, 7 = GRUR 2004, 793 [Sportlernahrung II]; hierzu *Hüttebräuker/Müller* NVwZ 2008, 1185; 1189 f.).

124   Erst dann, wenn man – aus der Sicht eines verständigen Durchschnittsverbrauchers – zu dem Ergebnis gelangt, dass neben einer Steigerung der körperlichen Leistungsfähigkeit und einer Anregung des Muskelwachstums a) eine mit Gesundheitsgefahren einhergehende **pharmakologische Manipulation** der körpereigenen Funktionen oder b) eine ernährungsphysiologisch riskante, gesundheitsschädliche Überdosierung, die **nicht Ernährungserfordernissen**, sondern der Erreichung von Höchstleistungen dient, bezweckt wird oder c) **Behandlungsindikationen**, wie sportliche Startschwierigkeiten oder Wettkampfunfälle gegeben sind, liegt die Arzneimittel-Eigenschaft des Erzeugnisses nahe (vgl. *BGH*

NJW 2002, 3469 = PharmR 2002, 400 = LMRR 2002, 11; *BGH* NJW 2004, 3122 = LMRR 2004, 7 = GRUR 2004, 793 [Sportlernahrung II]).

Ausgehend hiervon sind **Dopingmittel** (vgl. Anhang zu § 6 a Abs. 2 a AMG), **125** die von gesunden sportlichen Menschen eingenommen werden, um die Muskelbildung zu steigern und sportliche Spitzenleistungen durch eine über den körperlichen Bedarf hinausgehende Stoffzufuhr zu erreichen, als Arzneimittel einzustufen. Unter diese Produktkategorie fallen insbesondere solche Erzeugnisse, bei denen – auf der Basis einer meist gesundheitsgefährlichen Körperoptimierungsstrategie – eine Manipulation der physiologischen Funktionen durch Überdosierung bestimmter pharmakologisch wirksamer Substanzen bewirkt wird oder die auf körperlicher Überbeanspruchung beruhende Beschwerden durch Betäubungs- oder Linderungseffekte erträglicher machen sollen. Geht die produktspezifische Wirkung dabei von Inhaltsstoffen aus, die auch in natürlichen Lebensmitteln vorkommen, ist entscheidend darauf abzustellen, ob die physiologischen Effekte über das Maß hinausgehen, was durch die **Aufnahme eines in angemessener Menge verzehrten Lebensmittels** bewirkt werden könnte (vgl. oben Rn. 78 ff.; *Berlin* LMRR 2000, 116 = ZLR 2001, 593).

Produkte, die die Substanz **Metandienon** (ein synthetisch gewonnenes anaboles **126** Steroid; vgl. Anhang zu § 6 a Abs. 2 a AMG) enthalten, sind auf dem deutschen Arzneimittelmarkt seit 1987 nicht mehr zugelassen und nicht mehr legal erhältlich, weil die Einnahme dieses Wirkstoffs mit dem Risiko erheblicher Nebenwirkungen (Leberfunktionsstörungen, Tumorbildung, Stoffwechselstörungen, Reduzierung der Immunabwehr, Schädigung des Herz-Kreislauf-Systems, Akne und Haarausfall) verbunden ist. Ein bestimmungsgemäßer Gebrauch, eine Einnahme nach ärztlicher Verschreibung und nach der Gebrauchsanweisung im Beipackzettel des Herstellers ist nicht vorgesehen. Nach allgemeiner Verkehrsanschauung, die auch die illegalen Vertriebs- und Erwerbswege berücksichtigt, handelt es sich deshalb bei **Anaboltabletten** und ähnlichen Erzeugnissen um bedenkliche Arzneimittel im Sinne des § 5 AMG (vgl. *BGH* MedR 1999, 270 = StV 1998, 663; vgl. auch *BVerwG* NVwZ 1999, 881 = DVBl 1999, 925; *Berlin* LMRR 1999, 30).

h) Arzneipflanzen in Lebensmitteln. Die Einordnung von Stoffen, die als **127** Lebensmittel oder Lebensmittelzutaten auf den Markt kommen, bereitet häufig besondere Schwierigkeiten. Dies gilt vor allem für Produkte, die Pflanzen oder Pflanzenteile enthalten, die bisher nicht als Lebensmittel oder Lebensmittelzutaten eingesetzt wurden. Das Bundesinstitut für Arzneimittel und Medizinprodukte (BfArM; http://www.bfarm.de) und das Bundesamt für Verbraucherschutz und Lebensmittelsicherheit (BLV; http://www.bvl.bund.de) erarbeiten derzeit in Zusammenarbeit mit Vertretern der Bundesländer und dem Bundesinstitut für Risikobewertung (BfR; www.bfr.bund.de) **Stofflisten** für verschiedene Kategorien von Stoffen, die Behörden, Verbrauchern und der Lebensmittelindustrie eine Orientierung erleichtern, eine Prüfung im Einzelfall allerdings nicht ersetzen sollen. Zwischenzeitlich liegt ein Entwurf der Stoffliste für die Kategorie „Pflanzen und Pflanzenteile" vor (http://goo.gl/xoRrJ; zuletzt geprüft am 14. 8. 2011). Zu beachten ist freilich, dass die in der Stoffliste „Pflanzen und Pflanzenteile" vorgenommene Einstufung nicht auf Zubereitungen aus Pflanzen und Pflanzenteilen (bspw. Extrakte und Isolate) übertragbar ist, weil die ernährungsphysiologischen, pharmakologischen und toxikologischen Eigenschaften nicht ohne Weiteres mit denen der Ausgangsstoffe vergleichbar sind.

4. Kosmetika (Abs. 3 Nr. 2). Vom Anwendungsbereich des Arzneimittelrechts **128** ausgenommen sind nach § 2 Abs. 3 Nr. 2 AMG kosmetische Mittel im Sinne des § 2 Abs. 5 LFGB. Danach sind kosmetische Mittel Stoffe oder Zubereitungen aus Stoffen, die ausschließlich oder überwiegend dazu bestimmt sind, äußerlich am Körper des Menschen oder in seiner Mundhöhle zur Reinigung, zum Schutz, zur Erhaltung eines guten Zustandes, zur Parfümierung, zur Veränderung des Aussehens oder dazu angewendet zu werden, den Körpergeruch zu beeinflussen. Als kosmetische Mittel gelten nicht Stoffe oder Zubereitungen aus Stoffen, die zur Beeinflussung der Körperformen bestimmt sind. Das Tatbestandsmerkmal einer äußeren Anwendung ist zur Abgrenzung der Kosmetika von den Arzneimitteln dabei freilich wenig hilfreich, weil zu den Arzneimitteln auch und gerade solche Erzeugnisse gezählt werden, die *„am menschlichen Körper"* angewendet werden, vgl. § 2 Abs. 1 Nr. 2 AMG (vgl. oben Rn. 54 ff.). Das Kriterium der äußeren Anwendung wird zudem nicht konsequent durchgehalten. So bestimmt § 4 Abs. 1 Nr. 3 LFGB, dass **Tätowierungsmittel**, also Stoffe und Zubereitungen aus Stoffen, die dazu bestimmt sind, zur Beeinflussung des Aussehens in oder unter die menschliche Haut eingebracht zu werden und dort – auch vorübergehend – zu verbleiben, als kosmetische Mittel gelten. Ist ein Erzeugnis zur inneren Anwendung vorgesehen, liegt die Arzneimitteleigenschaft allerdings nahe (*Düsseldorf* LMRR 1989, 34 [M.-Dragees für kosmetische Zwecke]; dazu auch *Reinhart*, Abgrenzungsproblematik kosmetische Mittel – Schönheit auch von innen, Lebensmittel heute 2010, 283).

129   Entscheidendes Abgrenzungskriterium ist vielmehr, ob das betreffende Erzeugnis **ausschließlich oder überwiegend** (vgl. dazu *Mestel* StoffR 2005, 230) einem der vorstehend aufgeführten (kosmetischen) Anwendungszwecke dient. Maßgeblich ist dabei nicht die Zweckbestimmung einzelner Zutaten, sondern diejenige des **Gesamtproduktes** (MK-StGB/*Freund* § 2 AMG Rn. 24; *BVerwG* NJW 1998, 3433 = NVwZ 1999, 75 = DVBl 1998, 535 [G. Nagel- und Hautschutzcreme]). Vgl. auch *Reinhart* Lebensmittel heute 2010, 283 ff. insbes. zu Zahnpflegeprodukten und sog. Nutricosmetics.

130   Ist eine (mindestens) überwiegende Zweckbestimmung nicht festzustellen, bleibt es – sofern das Erzeugnis die übrigen Voraussetzungen des Arzneimittelbegriffs erfüllt – bei der Anwendbarkeit des AMG (*Kloesel/Cyran* § 2 AMG Nr. 136). Die Einordnung eines Präparats als kosmetisches Mittel im Sinne des LFGB oder als Arzneimittel im Sinne des AMG hängt also in Grenzfällen von der überwiegenden Zweckbestimmung ab. Diese ist aus der Sicht eines durchschnittlich informierten Verbrauchers zu beurteilen, wobei auch **Umstände der Produktion und des Vertriebs** des Produktes (Aufmachung, Beschriftung, Gebrauchsanweisung, Indikationshinweise, Verpackung, Werbung, vgl. *Kloesel/Cyran* § 2 AMG Nr. 141; *Karlsruhe* LMRR 1999, 73 = ZLR 1999, 488) berücksichtigt werden können. Bringt ein Hersteller als Nachfolgeprodukt einer verbotenen Ekzem-Creme eine Aufbaucreme unter der Aufschrift „Ein Hautpflegemittel mit ungewöhnlicher Wirkung" heraus und behauptet dabei, mit seiner Aufbaucreme besser als Arznei- oder Heilmittel von unheilbaren Hautkrankheiten befreien zu können, so handelt es sich zweifelsfrei um ein Arzneimittel (*OVG Münster*, Urteil vom 17. 9. 1991 – 13 A 832/91).

131   Die Angleichung der Rechtsvorschriften der Mitgliedstaaten der Europäischen Union im Kontext kosmetischer Mittel ist Gegenstand der **„Kosmetik-Richtlinie"** vom 27. 7. 1976 (76/768/EWG; ABl. L 262 vom 27. 9. 1976, S. 169). Nach Art. 1 Abs. 1 der Richtlinie in der aktuell gültigen Fassung (zum Rechtsstand ab 11. 7. 2013 vgl. oben Rn. 129) sind kosmetische Mittel solche Stoffe oder Gemische, die dazu bestimmt sind, äußerlich mit den verschiedenen Teilen des menschlichen Körpers (Haut, Behaarungssystem, Nägel, Lippen und intime Regionen) oder mit den Zähnen und den Schleimhäuten der Mundhöhle in Berührung zu kommen, und zwar zu dem ausschließlichen oder überwiegenden Zweck, diese zu reinigen, zu parfümieren, ihr Aussehen zu verändern und/oder den Körpergeruch zu beeinflussen und/oder um sie zu schützen oder in gutem Zustand zu halten. Obwohl sich die Legaldefinitionen kosmetischer Mittel aus LFGB und Kosmetik-Richtlinie ihrem Wortlaut nach unterscheiden, dürften inhaltliche Abweichungen auszuschließen sein (*Kloesel/Cyran* § 2 AMG Nr. 138). Ausgehend kann hiervon den Anhang I der Richtlinie, der **Beispiele kosmetischer Mittel** im Sinne der Definition enthält (Art. 1 Abs. 2 der Richtlinie), im Einzelfall einen ersten Anhalt bieten. Danach sind kosmetische Mittel insbesondere:

– Cremes, Emulsionen, Lotionen, Gelees und Öle für die Hautpflege (Hände, Gesicht, Füße usw.),
– Schönheitsmasken (ausgenommen Hautschälmittel),

- Schminkgrundlagen (Flüssigkeiten, Pasten, Puder),
- Gesichtspuder, Körperpuder, Fußpuder usw.,
- Toilettenseifen, desodorierende Seifen usw.,
- Parfüms, Toilettenwässer und Kölnisch Wasser,
- Bade- und Duschzusätze (Salz, Schaum, Öl, Gelee usw.),
- Haarentfernungsmittel,
- Desodorantien und schweißhemmende Mittel,
- Haarbehandlungsmittel,
- Färbe- und Entfärbemittel,
- Wellmittel und Entkrausungsmittel, Festigungsmittel,
- Wasserwellmittel,
- Reinigungsmittel (Lotionen, Puder, Shampoos),
- Pflegemittel (Lotionen, Cremes, Öle),
- Frisierhilfsmittel (Lotionen, Lack, Brillantine),
- Rasiermittel, Vor- und Nachbehandlungsmittel,
- Schmink- und Abschminkmittel für Gesicht und Augen,
- Lippenpflegemittel und -kosmetika
- Zahn- und Mundpflegemittel,
- Nagelpflegemittel und -kosmetika,
- Mittel für die äußerliche Intimpflege,
- Sonnenschutzmittel,
- ohne Sonneneinwirkung bräunende Mittel,
- Hautbleichmittel,
- Antifaltenmittel.

In Anbetracht einer überwiegend arzneilichen Zweckbestimmung sind als Arz- **132** neimittel (und nicht als Kosmetika) einzustufen: Aknesalbe (*Kloesel/Cyran* § 2 AMG Nr. 143), Fußpilzmittel (vgl. *BGH* PharmR 2009, 188), Haarwuchsmittel (*Kloesel/Cyran* a. a. O.), Hühneraugenpflaster (*Kloesel/Cyran* a. a. O.), Läuse-Shampoo (auf Insektizidbasis *LG Hamburg* NJOZ 2009, 4446; bei physikalischer Wirkung ggf. Medizinprodukt), Mundspüllösungen auf Chlorhexidin-Basis (*BGH* NJW-RR 2011, 49 = PharmR 2010, 641 = GRUR 2010, 1140), Neurodermitis-Salbe (*Karlsruhe* LMRR 1999, 73 = ZLR 1999, 488), Wundcremes mit antibiotisch oder desinfizierend wirkenden Substanzen (*Kloesel/Cyran* a. a. O.).

5. Tabakerzeugnisse (Abs. 3 Nr. 3). Nicht zu den Arzneimitteln im Sinne **133** des Arzneimittelgesetzes zählen ferner Tabakerzeugnisse im Sinne des § 3 des Vorläufigen Tabakgesetzes (VTabakG; LMG 1974), § 2 Abs. 3 Nr. 3 AMG. Tabakerzeugnisse nach der **Legaldefinition des VTabakG** solche aus Rohtabak oder unter Verwendung von Rohtabak hergestellte Erzeugnisse, die zum Rauchen, Kauen oder anderweitigen oralen Gebrauch oder zum Schnupfen bestimmt sind. Den Tabakerzeugnissen stehen nach § 3 Abs. 2 VTabakG gleich (1) Rohtabak sowie Tabakerzeugnissen ähnliche Waren, die zum Rauchen, Kauen oder anderweitigen oralen Gebrauch oder zum Schnupfen bestimmt sind, (2) Zigarettenpapier, Kunstumblätter und sonstige mit dem Tabakerzeugnis fest verbundene Bestandteile mit Ausnahme von Zigarrenmundstücken sowie Rauchfiltern aller Art, (3) Erzeugnisse im Sinne der Nummer 2, sowie dazu bestimmt sind, bei denen nicht gewerbsmäßigen Herstellen von Tabakerzeugnissen verwendet zu werden. Als Tabakerzeugnisse gelten nach § 3 Abs. 3 VTabakG nicht solche Erzeugnisse im Sinne des Abs. 1 und des Abs. 2 Nr. 1 zur **Linderung von Asthmabeschwerden.** Nikotinfreie, aus Rohtabak hergestellte Zigaretten sind tabakähnliche Erzeugnisse im Sinne des § 3 Abs. 2 VTabakG (*Rehmann* § 2 AMG Rn. 31). Dabei kommt es auf eine etwaige arzneiliche Zweckbestimmung – anders als etwa bei kosmetischen Mitteln (vgl. dazu oben Rn. 128 ff.) – grundsätzlich nicht an, weil § 3 VTabakG das Überwiegen eines bestimmten Verwendungszwecks nicht voraussetzt (*Kloesel/Cyran* § 2 AMG Nr. 146).

Zigarettenattrappen, die weder Tabak noch Nikotin enthalten und dem ent- **134** wöhnungswilligen Raucher lediglich den Eindruck des Rauchvorganges und ein spezifisches Geschmackserlebnis verschaffen sollen, sind schon deshalb keine Arzneimittel, weil sie insgesamt keinen Einfluss auf die Körperfunktionen haben (*Kloesel/Cyran* § 2 Nr. 147). Auf die Ausschlussklausel des § 2 Abs. 3 Nr. 3 AMG kommt es vor diesem Hintergrund daher überhaupt nicht an (vgl. oben Rn. 93).

135 Demgegenüber sind **Nikotin-Inhalationssysteme**, die meist modular aufgebaut sind, aus einem Mundstück und auswechselbaren Nikotin-Patronen bestehen und durch die regelmäßige Zufuhr medizinisch wirksamen Nikotins die Nikotinentzugssymptomatik lindern und also auf die physiologischen Funktionen des Entzugswilligen Einfluss nehmen sollen, als Arzneimittel einzustufen (zu Nikotin-Pflastern vgl. *Dieners/Reese*, Handbuch des Pharmarechts, 2010, § 3 Rn. 5, 80, 84; zu **Entwöhnungsmitteln** vgl. *Naumburg* LMRR 1996, 23 = ZLR 1997, 68 = WRP 1997, 228 [Gluth-ACE]). Den Tabakerzeugnissen nach § 3 VTabakG unterfallen sie hingegen nicht.

136 **6. Tierpflegemittel u. a. (Abs. 3 Nr. 4).** Ebenfalls keine Arzneimittel sind nach § 2 Abs. 3 Nr. 4 AMG „Stoffe und Zubereitungen aus Stoffen, die ausschließlich dazu bestimmt sind, äußerlich am Tier zur Reinigung oder Pflege oder zur Beeinflussung des Aussehens oder des Körpergeruchs angewendet zu werden, soweit ihnen keine Stoffe oder Zubereitungen aus Stoffen zugesetzt sind, die vom **Verkehr außerhalb der Apotheke ausgeschlossen** sind". Weil der Wortlaut der Norm keine arzneilichen Nebenzwecke zulässt (**„ausschließlich"**) und also gerade nicht auf das Überwiegen der einen oder anderen Zweckbestimmung abgestellt werden kann, darf der Begriff der Pflege nicht zu eng ausgelegt und etwa nur im Sinne bloßer „Fellpflege" verstanden werden. Er erfasst vielmehr auch solche Erzeugnisse, die als **„Wohlfühlprodukte"** zwar in die Haut einziehen, aber keine nennenswerte pharmakologische Wirkung entfalten (*BVerwG* NVwZ-RR 2007, 771 = PharmR 2007, 513 = LMRR 2007, 42 [campherhaltige Pferdesalbe „Cold Pack"]; so auch *Kloesel/Cyran* § 2 AMG Nr. 148.). Sollen bestimmte Inhaltsstoffe einen therapeutischen Zweck erfüllen – mag dieser auch nur Nebenzweck sein – liegt dagegen ein Arzneimittel vor (vgl. BVerwGE 97, 132 = NVwZ 1996, 180 = NVwZ-RR 1995, 625 [kampfhaltige Eutersalbe]). Zu „Schweineparfüm" zur Hemmung der Beißreaktion vgl. *Kloesel/Cyran* § 2 AMG Nr. 148.

137 Zu Stoffen und Zubereitungen, die vom Verkehr außerhalb der Apotheken ausgeschlossen sind vgl. die Verordnung über apothekenpflichtige und freiverkäufliche Arzneimittel vom 24. 11. 1988 (AMVerkRV; BGBl. I S. 2150).

138 **7. Biozid-Produkte (Abs. 3 Nr. 5).** Nach § 2 Abs. 3 Nr. 5 AMG sind Biozid-Produkte nach § 3b des ChemG vom 2. 7. 2008 (BGBl. I, S. 1146) vom Arzneimittelbegriff ausgenommen. Biozid-Produkte sind danach Biozid-Wirkstoffe und Zubereitungen, die einen oder mehrere Biozid-Wirkstoffe enthalten, in der Form, in welcher sie zum Verwender gelangen, die dazu bestimmt sind, auf chemischem oder biologischem Wege Schadorganismen zu zerstören, abzuschrecken, unschädlich zu machen, Schädigungen durch sie zu verhindern oder sie in anderer Weise zu bekämpfen, und die (a) einer Produktart zugehören, die in Anhang V der **Richtlinie 98/8/EG** des Europäischen Parlaments und des Rates vom 16. 2. 1998 über das Inverkehrbringen von Biozid-Produkten (ABl. L 123 S. 1) in der jeweils geltenden Fassung aufgeführt ist (vgl. Rn. 140), und (b) nicht einem der in Art. 1 Abs. 2 der Richtlinie 98/8/EG aufgeführten Ausnahmebereiche (vgl. Rn. 141) unterfallen.

139 **Biozid-Wirkstoffe** sind nach § 3b Abs. 1 Nr. 2 ChemG solche Stoffe mit allgemeiner oder spezifischer Wirkung auf oder gegen Schadorganismen, die zur Verwendung als Wirkstoff in Biozid-Produkten bestimmt sind; als derartige Stoffe gelten auch Mikroorganismen einschließlich Viren oder Pilze mit entsprechender Wirkung oder Zweckbestimmung. Während die Definition der Biozid-Produkte im Wesentlichen derjenigen der Richtlinie 98/8/EG entspricht, hat der deutsche Gesetzgeber dazu entschlossen, bei der Beschreibung der Wirkstoffe von den Vorgaben der Richtlinie abzuweichen. Dies bietet zumindest insoweit Anlass zur Kritik, als die Definition der Biozid-Wirkstoffe auf die der Biozid-Produkte zurückverweist, zu deren Umschreibung der Begriff selbst verwendet wird. Nach der Richtlinie sind Wirkstoffe Stoffe oder Mikroorganismen, einschließlich Viren oder Pilze mit allgemeiner oder spezifischer Wirkung auf oder gegen Schadorganismen. Bei Auslegungszweifeln wird daher auf diese Begriffsbestimmung zurückzugreifen sein.

Der Anhang V der Biozid-Richtlinie (98/8/EG) enthält ein **erschöpfendes** 140 **Verzeichnis von 23 Produktarten** mit beispielhaften Beschreibungen innerhalb jeder Produktart:

Hauptgruppe 1: Desinfektionsmittel und allgemeine Biozid-Produkte

  1. Biozid-Produkte für die menschliche Hygiene
  2. Desinfektionsmittel für den Privatbereich und den Bereich des öffentlichen Gesundheitswesens sowie andere Biozid-Produkte
  3. Biozid-Produkte für die Hygiene im Veterinärbereich
  4. Desinfektionsmittel für den Lebens- und Futtermittelbereich
  5. Trinkwasserdesinfektionsmittel

Hauptgruppe 2: Schutzmittel

  6. Topf-Konservierungsmittel
  7. Beschichtungsschutzmittel
  8. Holzschutzmittel
  9. Schutzmittel für Fasern, Leder, Gummi und polymerisierte Materialien
 10. Schutzmittel für Mauerwerk
 11. Schutzmittel für Flüssigkeiten in Kühl- und Verfahrenssystemen
 12. Schleimbekämpfungsmittel
 13. Schutzmittel für Metallbearbeitungsflüssigkeiten

Hauptgruppe 3: Schädlingsbekämpfungsmittel

 14. Rodentizide
 15. Avizide
 16. Molluskizide
 17. Fischbekämpfungsmittel
 18. Insektizide, Akarizide und Produkte gegen Arthropoden
 19. Repellentien und Lockmittel

Hauptgruppe 4: Sonstige Biozid-Produkte

 20. Schutzmittel für Lebens- und Futtermittel
 21. Antifouling-Produkte
 22. Flüssigkeiten für Einbalsamierung und Taxidermie
 23. Produkte gegen sonstige Wirbeltiere

Die Biozid-Richtlinie gilt nach Art. 1 Abs. 2 nicht für Produkte, die in den fol- 141 genden Richtlinien definiert sind oder für Zwecke dieser Richtlinien in den Anwendungsbereich dieser Richtlinien fallen:

– Richtlinie 65/65/EWG des Rates vom 26. 1. 1965 zur Angleichung der Rechts- und Verwaltungsvorschriften über *Arzneispezialitäten*,
– Richtlinie 81/851/EWG des Rates vom 28. 9. 1981 zur Angleichung der Rechtsvorschriften der Mitgliedstaaten über *Tierarzneimittel*,
– Richtlinie 90/677/EWG des Rates vom 13. 12. 1990 zur Erweiterung des Anwendungsbereichs der Richtlinie 81/851/EWG zur Angleichung der Rechtsvorschriften der Mitgliedstaaten über *Tierarzneimittel* sowie zur Festlegung zusätzlicher Vorschriften für *immunologische Tierarzneimittel*,
– Richtlinie 92/73/EWG des Rates vom 22. 9. 1992 zur Erweiterung des Anwendungsbereichs der Richtlinien 65/65/EWG und 75/319/EWG zur Angleichung der Rechts- und Verwaltungsvorschriften über *Arzneimittel* und zur Festlegung zusätzlicher Vorschriften für *homöopathische Arzneimittel*,

- Richtlinie 92/74/EWG des Rates vom 22. 9. 1992 zur Erweiterung des Anwendungsbereichs der Richtlinie 81/851/EWG zur Angleichung der Rechts- und Verwaltungsvorschriften über *Tierarzneimittel* und zur Festlegung zusätzlicher Vorschriften für *homöopathische Tierarzneimittel*,
- Verordnung (EWG) Nr. 2309/93 des Rates vom 22. 7. 1993 zur Festlegung von Gemeinschaftsverfahren für die Genehmigung und Überwachung von *Human- und Tierarzneimitteln* und zur Schaffung einer Europäischen Agentur für die Beurteilung von Arzneimitteln,
- Richtlinie 90/385/EWG des Rates vom 20. 6. 1990 zur Angleichung der Rechtsvorschriften der Mitgliedstaaten über *aktive implantierbare medizinische Geräte*,
- Richtlinie 93/42/EWG des Rates vom 14. 6. 1993 über *Medizinprodukte*,
- Richtlinie 89/107/EWG des Rates vom 21. 12. 1988 zur Angleichung der Rechtsvorschriften der Mitgliedstaaten über *Zusatzstoffe, die in Lebensmitteln verwendet werden dürfen*, Richtlinie 88/388/EWG des Rates vom 22. 6. 1988 zur Angleichung der Rechtsvorschriften der Mitgliedstaaten über *Aromen zur Verwendung in Lebensmitteln* und über Ausgangsstoffe für ihre Herstellung und die Richtlinie 95/2/EG des Europäischen Parlaments und des Rates vom 20. 2. 1995 über andere *Lebensmittelzusatzstoffe* als Farbstoffe und Süßungsmittel,
- Richtlinie 89/109/EWG des Rates vom 21. 12. 1988 zur Angleichung der Rechtsvorschriften der Mitgliedstaaten über *Materialien und Gegenstände, die dazu bestimmt sind, mit Lebensmitteln in Berührung zu kommen*,
- Richtlinie 92/46/EWG des Rates vom 16. 6. 1992 mit Hygienevorschriften für die Herstellung und Vermarktung von *Rohmilch, wärmebehandelter Milch* und *Erzeugnissen auf Milchbasis*,
- Richtlinie 89/437/EWG des Rates vom 20. 6. 1989 zur Regelung hygienischer und gesundheitlicher Fragen bei der Herstellung und Vermarktung von *Eiprodukten*,
- Richtlinie 91/493/EWG des Rates vom 22. 6. 1991 zur Festlegung von Hygienevorschriften für die Erzeugung und die Vermarktung von *Fischereierzeugnissen*,
- Richtlinie 90/167/EWG des Rates vom 26. 3. 1990 zur Festlegung der Bedingungen für die Herstellung, das Inverkehrbringen und die Verwendung von *Fütterungsarzneimitteln* in der Gemeinschaft,
- Richtlinie 70/524/EWG des Rates vom 23. 11. 1970 über *Zusatzstoffe in der Tierernährung*, Richtlinie 82/471/EWG des Rates vom 30. 6. 1982 über bestimmte Erzeugnisse für die Tierernährung und Richtlinie 77/101/EWG des Rates vom 23. 11. 1976 über den Verkehr mit *Einzelfuttermitteln*,
- Richtlinie 76/768/EWG des Rates vom 27. 7. 1976 zur Angleichung der Rechtsvorschriften der Mitgliedstaaten über *kosmetische Mittel*,
- Richtlinie 95/5/EG des Rates vom 27. 2. 1995 zur Änderung der Richtlinie 92/120/EWG über die Gewährung von zeitlich und inhaltlich begrenzten Ausnahmen von den besonderen Hygienevorschriften der Gemeinschaft für die Herstellung und das Inverkehrbringen bestimmter *Erzeugnisse tierischen Ursprungs*,
- Richtlinie 91/414/EWG des Rates vom 15. 7. 1991 über das Inverkehrbringen von *Pflanzenschutzmitteln*,
- Richtlinie 98/79/EG des Europäischen Parlaments und des Rates vom 27. 10. 1998 über *In-vitro-Diagnostika*.

142 Der Ausschlusstatbestand für Biozid-Produkte ist durch Gesetz zur Änderung arzneimittelrechtlicher und anderer Vorschriften vom 17. 7. 2009 (BGBl. I S. 1990) mit Wirkung vom 23. 7. 2009 in den Katalog des § 2 Abs. 3 AMG aufgenommen worden. Er dient lediglich der **Klarstellung**, dass Biozid-Produkte keine Arzneimittel sind (vgl. BT-Drs. 16/12256, S. 41, S. 33: „technische Anpassungen und Erfahrungen aus dem Vollzug"). Gleichwohl hat der Gesetzgeber mit dieser Regelung – ohne dass dies freilich überraschend gewesen wäre (vgl. *Dettling/Koppe-Zagouras* PharmR 2010, 152) – ein neues Schlachtfeld für die juristische Auseinandersetzung um die Einordnung einzelner Produktkategorien erschlossen.

143 Ein erstes, gleichwohl nicht minder heiß umkämpftes Terrain bietet der Bereich der **Haut- und Händedesinfektionsmittel** (zum Erfordernis eines unmittelbaren therapeutischen Wirkansatzes im Kontext solcher Erzeugnisse vgl. oben Rn. 63).

Damit unmittelbar zusammenhängend ist die Kontroverse über die Stellung von **Chlorhexidin-Produkten** neu entflammt. Während das *OLG Köln* eine Chlorhexidin-Mundspüllösung mit Urteilen vom 28. 4. und 14. 7. 2006 (bei *Dettling/Koppe-Zagouras* PharmR 2010, 152 Fn. 1) als Funktionsarzneimittel eingestuft (so jüngst auch der *BGH* NJW-RR 2011, 49 = PharmR 2010, 641 = GRUR 2010, 1140), das *OLG Frankfurt a. M.* (PharmR 2008, 550) hingegen die Arzneimitteleigenschaft derartiger Erzeugnisse verneint hatte (dazu ausführlich *Dettling/Koppe-Zagouras*, a. a. O.), scheint eine erneute Beurteilung von Chlorhexidin-Produkten, soweit sie zur Verwendung als Haut- und Händedesinfektionsmittel oder zur Desinfektion von Gegenständen bestimmt sind, unter dem Gesichtspunkt der Biozid-Produkte angezeigt. Soweit **Gegenstände-Desinfektionsmittel** unter die Kategorie der Medizinprodukte (vgl. oben Rn. 153) fallen, kommt eine Einstufung als Biozid-Produkte – vor dem Hintergrund der in Art. 1 Abs. 2 der Richtlinie 98/8/EG aufgeführten Ausnahmebereiche (vgl. oben Rn. 138) – nicht in Betracht (vgl. oben Rn. 141; so auch *Dettling/Koppe-Zagouras*, a. a. O.), während im Übrigen ein Biozid-Produkt der Produktart 2 des Anhangs V zur Biozid-Richtlinie (vgl. oben Rn. 140; vgl. auch *Jäkel* PharmR 2010, 397) vorliegen kann. Die Klärung der Frage, ob Haut- und Händedesinfektionsmittel unter die Kategorie der Biozid-Produkte fallen (dafür *Dettling/Koppe-Zagouras*, a. a. O.; anders *Jäkel* PharmR 2010, 397) hängt vor dem Hintergrund der komplex verzahnten rechtlichen Vorgaben entscheidend davon ab, ob man ihnen eine pharmakologische Wirkung (vgl. oben Rn. 76 ff.) zuschreiben kann. Dies dürfte in Anbetracht der erheblichen Effekte solcher Erzeugnisse auf die physiologische Hautflora freilich zu bejahen sein (dazu eingehend *Jäkel*, a. a. O., 399; *ders.* PharmR 2010, 278; anders *Bruggmann* PharmR 2010, 97).

8. Futtermittel (Abs. 3 Nr. 6). Keine Arzneimittel sind ferner Futtermittel **144** im Sinne des § 3 Nrn. 11 bis 15 LFGB. Der recht großzügige Verweis auf die Nrn. 11 bis 15 mag auf den ersten Blick überraschen, weil gerade die Nr. 11 des § 3 LFGB eine Definition des Begriffs Futtermittel*unternehmer(in)* enthält und damit eigentlich keine Produktkategorie umschreibt. Gleichwohl wird hieraus deutlich, dass eine Bezugnahme auf die Verordnung (EG) Nr. 178/2002 des Europäischen Parlaments und des Rates vom 28. 2. 2002 zur Festlegung der allgemeinen Grundsätze und Anforderungen des Lebensmittelrechts, zur Errichtung der Europäischen Behörde für Lebensmittelsicherheit und zur Festlegung von Verfahren zur Lebensmittelsicherheit (ABl. L Nr. 31, S. 1) beabsichtigt ist.

Nach § 3 Nr. 12 LFGB sind **Einzelfuttermittel** einzelne Stoffe mit Futtermittel- **145** Zusatzstoffen oder ohne Futtermittel-Zusatzstoffe, die dazu bestimmt sind, in unverändertem, zubereitetem, bearbeitetem oder verarbeitetem Zustand an Tiere verfüttert zu werden; ausgenommen sind Stoffe, die *überwiegend* dazu bestimmt sind, zu anderen Zwecken als zur Tierernährung verwendet zu werden; den Einzelfuttermitteln stehen einzelne Stoffe gleich, die zur Verwendung als Trägerstoffe für Vormischungen bestimmt sind.

Mischfuttermittel sind nach § 3 Nr. 13 LFGB Stoffe in Mischungen, mit Futter- **146** mittel-Zusatzstoffen oder ohne Futtermittel-Zusatzstoffe, die dazu bestimmt sind, in unverändertem, zubereitetem, bearbeitetem oder verarbeitetem Zustand an Tiere verfüttert zu werden; ausgenommen sind Stoffe, die *überwiegend* dazu bestimmt sind, zu anderen Zwecken als zur Tierernährung verwendet zu werden.

Mischfuttermittel, die dazu bestimmt sind, den besonderen Ernährungsbedarf der **147** Tiere zu decken, bei denen insbesondere Verdauungs-, Resorptions- oder Stoffwechselstörungen vorliegen oder zu erwarten sind, werden in § 3 Nr. 14 LFGB als **Diätfuttermittel** definiert.

Zur Definition der **Futtermittelzusatzstoffe** verweist § 3 Nr. 15 LFGB auf Art. 2 **148** Abs. 2 Buchst. a) der Verordnung (EG) Nr. 1831/2003 des Europäischen Parlaments und des Rates vom 22. 9. 2003 über Zusatzstoffe zur Verwendung in der Tierernährung (ABl. L Nr. 268 S. 29, 2004, L Nr. 192 S. 34, 2007, L Nr. 98 S. 29). Hiernach sind Futtermittelzusatzstoffe Stoffe, Mikroorganismen oder Zubereitungen, die keine Futtermittel-Ausgangserzeugnisse (Richtlinie 96/25/EG vom 29. 4. 1996; ABl. L Nr. 125, S. 35) oder Vormischungen sind und bewusst Futtermitteln oder Wasser zugesetzt werden, um insbesondere eine oder mehrere der in Art. 5 Abs. 3 genannten Funktionen zu erfüllen. Die in Bezug genommenen Funktionen sind (1) die positive Beeinflussung der Beschaffenheit des Futtermittels, (2) die positive Beeinflussung der Beschaffenheit tierischer Erzeugnisse, (3) die positive Beeinflussung der Farbe von Zierfischen, (4) die Deckung des Ernährungsbedarfs der Tiere, (5) die positive Beeinflussung der ökologischen Folgen der Tierproduktion, (6) die positive Beeinflussung der Tierproduktion, der Leistung oder des Wohlbefindens der Tiere, insbesondere durch Einwirkung auf die Magen- und Darmflora oder die Verdaulichkeit der Futtermittel und (7) kokzidiostatische (gegen Infektionskrankheiten durch Kokzidien) oder histomonostatische (gegen Infektionskrankheiten durch den Erreger *histomonas meleagridis*) Wirkung. Zusatzstoffe, die zur Behandlung oder Verhütung **anderer Erkrankungen** bestimmt sind oder eine solche (pharmakologische) Wirkung aufweisen, sind dagegen den Arzneimitteln zuzuordnen (vgl. auch *Kloesel/Cyran* § 2 AMG Nr. 154 f.).

149   Zur Beantwortung von Einzelfragen können die zur Abgrenzung von Arznei- und Futtermitteln entwickelten Grundsätze (oben Rn. 99 ff.) ergänzend herangezogen werden. Dies gilt insbesondere, soweit es auf das Überwiegen bestimmter Funktionen von Erzeugnissen ankommt.

150   **9. Medizinprodukte u. a. (Abs. 3 Nr. 7).** In der Praxis von außerordentlicher Bedeutung ist die Abgrenzung von Arzneimitteln und Medizinprodukten. Nach § 2 Abs. 3 Nr. 7 AMG nicht zu den Arzneimitteln zählen **Medizinprodukte und Zubehör für Medizinprodukte** im Sinne des § 3 MPG, es sei denn es handelt sich um ein Arzneimittel im Sinne des § 2 Abs. 1 Nr. 2 AMG. Erzeugnisse können also nur entweder Arzneimittel oder Medizinprodukte sein. Entsprechendes ergibt sich aus § 2 Abs. 5 Nr. 1 MPG, der – quasi spiegelbildlich – Arzneimittel im Sinne des § 2 Abs. 1 Nr. 2 AMG vom Anwendungsbereich des MPG ausnimmt.

151   Medizinprodukte sind Stoffe und Zubereitungen aus Stoffen, die vom Hersteller zur Anwendung für Menschen mittels ihrer Funktion zum Zwecke der Erkennung, Verhütung, Überwachung, Behandlung oder Linderung von Krankheiten zu dienen bestimmt sind und deren bestimmungsgemäße Hauptwirkung im oder am menschlichen Körper weder durch pharmakologisch (vgl. oben Rn. 76) oder immunologisch (vgl. oben Rn. 84) wirkende Mittel noch durch Metabolismus (vgl. oben Rn. 85) erreicht wird (*BGH* PharmR 2010, 638 = GRUR 2010, 1026 = NJW-RR 2010, 1705 [Photodynamische Therapie] m. Anm. *Epping/Sökeland* GRUR-Prax 2010, 567). Dabei sind neben den unmittelbaren oder primären auch etwaige Neben- und Folgewirkungen des Erzeugnisses zu berücksichtigen (*BGH* a. a. O.). Entscheidend ist die **bestimmungsgemäße Hauptwirkung** des Erzeugnisses. Es kommt also gerade nicht darauf an, ob die Wirkung des Erzeugnisses auf physikalischem oder chemischem Wege erreicht wird (vgl. *v. Czettritz*, Anm. zu OVG Münster PharmR 2010, 471, 475 ff. [natriumfluoridhaltige Dentalprodukte]).

152   Vor diesem Hintergrund wird deutlich, dass die Produktkategorie des Präsentationsarzneimittels nach § 2 Abs. 1 Nr. 1 AMG (vgl. oben Rn. 52) zur Abgrenzung von Arzneimitteln von Medizinprodukten gänzlich ungeeignet ist, weil beide Produktklassen identische Zielsetzungen verfolgen und sich daher am Markt in ganz ähnlicher Weise präsentieren (*v. Czettritz/Strelow* MPR 2010, 1, 2 f.; *v. Czettritz*, Anm. zu OVG Münster PharmR 2010, 471, 476 [natriumfluoridhaltige Dentalprodukte]; *ders.*, Anm. zu OVG Münster PharmR 2010, 342, 345 [Cistus Incanus]; *Natz* PharmR 2010, 40, 42; abweichend *VG Köln* PharmR 2010, 35 = MPR 2009, 209). Die gegenteilige Ansicht würde dazu führen, dass sämtliche stofflichen Medizinprodukte als Arzneimittel einzustufen wären (so auch *v. Czettritz/Strelow* a. a. O.).

153   Zu den Medizinprodukten zählen beispielsweise **Gegenstände-Desinfektionsmittel**, die dazu bestimmt sind, chirurgische Instrumente chemisch zu desinfizieren (vgl. *Dettling/Koppe-Zagouras* PharmR 2010, 152, 160 f.). Ein **Darmreini-**

gungsmittel, das seine Wirkung auf osmotischem und physikalischem Wege erreicht, ist ebenfalls ein Medizinprodukt (*BGH* PharmR 2010, 338 = GRUR 2010, 754 = MDR 2010, 1008 [Golly Telly] m. Anm. *Epping* GRUR-Prax 2010, 300; vgl. dazu auch *Köln* PharmR 2010, 73 = NJOZ 2010, 1133 = GRUR-RR 2010, 308 m. krit. Anm. *Epping* GRUR-Prax 2010, 65). Gleiches gilt etwa für **Augenspüllösungen**, die eine Reinigung durch rein mechanische Spülung bezwecken (*Kloesel/Cyran* § 2 AMG Nr. 160), **Meerwasser-Nasenspray** zur Befeuchtung der Nasenschleimhaut (*Kloesel/Cyran* § 2 AMG Nr. 143) und physikalisch wirksames **Läuse-Shampoo** (vgl. *LG Hamburg* NJOZ 2009, 4446 [Goldgeist forte]).

10. Organe (Abs. 3 Nr. 8). Keine Arzneimittel sind nach § 2 Abs. 3 Nr. 8 **154** AMG Organe im Sinne des § 1 a Nr. 1 des Gesetzes über Spende, Entnahme und Übertragung von Organen und Geweben vom 4. 9. 2007 (Transplantationsgesetz; BGBl. I S. 2206), wenn sie zur Übertragung auf menschliche Empfänger bestimmt sind. Danach sind Organe, mit Ausnahme der Haut, alle aus verschiedenen Geweben bestehenden **Teile des menschlichen Körpers**, die in Bezug auf Struktur, Blutgefäßversorgung und Fähigkeit zum Vollzug physiologischer Funktionen eine funktionale Einheit bilden, einschließlich der Organteile und einzelnen Gewebe des Organs, die zum gleichen Zweck wie das ganze Organ im menschlichen Körper verwendet werden können, mit Ausnahme solcher Gewebe, die zur Herstellung von Arzneimitteln für neuartige Therapien bestimmt sind.

Die menschliche **Haut**, die nach der medizinischen Wissenschaft den Organen **155** zuzurechnen ist, ist vom transplantationsrechtlichen Organbegriff ausgenommen und unterfällt daher dem Arzneimittelrecht. Zur **Augenhornhaut**, die – weil sie die Funktion des Organs Auge nicht übernehmen kann – kein Organteil im Sinne des TPG ist und damit ebenfalls dem Arzneimittelbegriff unterfallen kann, vgl. *Kloesel/Cyran* § 2 AMG Nr. 161; *Fuhrmann/Klein/Fleischfresser*, Arzneimittelrecht, § 2 Rn. 167.

Nach § 1 Abs. 2 TPG gilt das Transplantationsgesetz nicht für Blut und Blutzu- **156** bereitungen. Ausgehend hiervon fallen **Eigenblutzubereitungen**, die etwa zur Behandlung von Neurodermitispatienten, im Rahmen einer Tumortherapie oder im Leistungssport zur künstlichen Erhöhung der Hämoglobinkonzentration im Blut eingesetzt werden, unter das Arzneimittelgesetz; so auch § 4 Abs. 2 AMG (*BVerwG* NJW 1999, 882; *BayObLG* NJW 1998, 3430 ff. = MedR 1998, 418; vgl. dazu auch oben Rn. 51, 92).

Arzneimittel für neuartige Therapien sind nach § 4 Abs. 9 AMG Gentherapeutika, **157** somatische Zelltherapeutika oder biotechnologisch bearbeitete Gewebeprodukte nach Art. 2 Abs. 1 Buchst. a) der Verordnung (EG) Nr. 1394/2007 des Europäischen Parlaments und des Rates vom 13. 11. 2007 über Arzneimittel für neuartige Therapien und zur Änderung der Richtlinie 2001/83/EG und der Verordnung (EG) Nr. 726/2004 (ABl. L Nr. 324 vom 10. 12. 2007, S. 121). Vgl. auch *Middel/Hübner/Pühler*, Pankreasinseln – Was tun, wenn ein Organ zum Gewebe wird?, MedR 2010, 23; *Straßburger/Meilicke/Cichutek*, Arzneimittelrechtliche Anforderungen an neuartige Therapien aus humanen Pankreata, MedR 2010, 835.

V. Bindungsvorschrift (Abs. 4)

Zulassung, Registrierung oder Freistellung von der Zulassung oder Registrie- **158** rung entfalten **positive Bindungswirkung** dergestalt, dass das betreffende Erzeugnis (zum Begriff des „Mittels" in diesem Kontext vgl. *Kloesel/Cyran* § 2 AMG Nr. 166) jedenfalls im Einzugsbereich des Arzneimittelgesetzes als Arzneimittel „gilt".

Umgekehrt sieht das Gesetz eine **negative Bindungswirkung** der Entschei- **159** dung der zuständigen Bundesoberbehörde (vgl. § 77 AMG) für den Fall vor, dass diese die Zulassung oder Registrierung eines Erzeugnisses mit der Begründung ablehnt, dass es sich um kein Arzneimittel handelt, § 2 Abs. 4 S. 2 AMG. In solchen Konstellationen „gilt" das Erzeugnis nicht als Arzneimittel.

160   Weil es sich bei der Entscheidung über die **Zulassung** um einen **Verwaltungs-akt** handelt (vgl. *Fuhrmann/Klein/Fleischfresser*, Arzneimittelrecht [2010] § 7 Rn. 3 ff.; *OVG Münster* PharmR 2008, 607), sind Geltung und Reichweite der Bindungswirkung eng an diese Entscheidung gebunden. Ausgehend hiervon können nichtige Entscheidungen keine Bindungswirkung auslösen. Unabhängig von ihrer Rechtmäßigkeit entfaltet eine Entscheidung aber bis zu ihrer Rücknahme, ihrem Widerruf (§ 30 AMG), ihrem Erlöschen (§ 31 AMG) oder ihrer Aufhebung im gerichtlichen Verfahren **Tatbestandswirkung** (vgl. dazu *Stelkens/Bonk/Sachs* VwVfG § 43 Rn. 154 ff.), mit der Folge, dass etwa zuständige Landesbehörden die erfolgte Einstufung des Erzeugnisses bei ihren Entscheidungen berücksichtigen müssen. Die in § 2 Abs. 4 S. 2 AMG angeordnete negative Bindungswirkung (vgl. oben Rn. 159) ist eine Fallgruppe der **umgekehrten Tatbestandswirkung** (vgl. dazu *Stelkens/Bonk/Sachs* VwVfG § 43 Rn. 155), weil das Gesetz entsprechende Rechtsfolgen an das Nichtvorliegen eines bestimmten Verwaltungsakts knüpft.

161   Auch die **Registrierung**sentscheidung ist Verwaltungsakt (*Fuhrmann/Klein/Fleischfresser*, Arzneimittelrecht [2010] § 7 Rn. 110). Auf Entscheidungen im Registrierungsverfahren sind daher die unter Rn. 160 aufgeführten Grundsätze entsprechend anwendbar.

162   Inhaltlich erstreckt sich die Bindungswirkung auf die von Zulassung oder Registrierung erfassten Erzeugnisse.

163   Weil die Registrierung nach § 39 Abs. 1 S. 2 AMG primär für das im Bescheid aufgeführte **homöopathische Arzneimittel**, daneben aber auch für seine Verdünnungsgrade gilt, dürfen auf der Grundlage des Bescheids zwar keine niedrigeren Verdünnungsstufen in den Verkehr gebracht werden; für das Inverkehrbringen höherer Verdünnungsstufen ist die erfolgte Registrierung aber ausreichend (vgl. dazu *Fuhrmann/Klein/Fleischfresser* Arzneimittelrecht [2010] § 7 Rn. 110). Ausgehend hiervon wird man sich fragen dürfen, ob die Vorschrift des § 2 Abs. 4 AMG zur Bindungswirkung auch auf die von der Registrierung erfassten Verdünnungsstufen Anwendung findet. Weil die Regelung vor allem der Sicherheit im Verkehr mit Arzneimitteln dient (*Kloesel/Cyran* § 2 AMG Nr. 166 ff.), die Gefährlichkeit eines Erzeugnisses aber mit der Erhöhung des Verdünnungsgrades tendenziell abnimmt, sind insoweit zumindest Zweifel angebracht, zumal da Aspekte der Rechtssicherheit (vgl. dazu *Rehmann* § 2 AMG Rn. 36) für eine restriktive Auslegung streiten.

164   Die Vorschrift des § 2 Abs. 4 AMG gilt vorrangig im Einzugsbereich des AMG. Ob und in welchem Umfang Entscheidungen über Zulassung oder Registrierung eines Erzeugnisses **in anderen Zusammenhängen** (Wettbewerbsrecht, Heilmittelwerberecht usw.) binden, ist unter Berücksichtigung verwaltungsrechtlicher Grundsätze durch Auslegung der betreffenden Vorschriften zu ermitteln. Vgl. etwa zur Wettbewerbswidrigkeit des Inverkehrbringens von nicht zugelassenen Arzneimitteln *BGH* NJW 2005, 2705 = PharmR 2007, 80 = GRUR 2005, 778; *Bopp/Holzapfel* PharmR 2006, 87; vgl. auch *Nürnberg* NJWE-WettbR 1998, 35.

B. Verhältnis zu anderen Erzeugnissen

I. Betäubungsmittel

165   Die Begriffe Arzneimittel und Betäubungsmittel stehen nicht in einem Ausschlussverhältnis, sondern ergänzen einander zum umfassenden Gesundheitsschutz der Bevölkerung (vgl. nur *BGH* NJW 2010, 2528 = PharmR 2010, 30 = LMuR 2010, 78 [Gamma-Butyrolacton]; vgl. auch § 1 BtMG Rn. 12).

166   Nach § 81 **AMG** bleiben die **Vorschriften des Betäubungsmittelrechts** unberührt. Auf Arzneimittel, die gleichzeitig Betäubungsmittel im Sinne des BtMG sind, finden daher neben den Vorschriften des AMG auch die des BtMG Anwendung. Dies folgt nicht zuletzt daraus, dass BtMG und BtMVV (in unterschiedlichen Zusammenhängen und dabei mehr oder weniger ausdrücklich) bestimmte Erzeugnisse sowohl als Betäubungsmittel als auch als Arzneimittel einstufen (vgl.

etwa § 6 Abs. 1 Nr. 2 „Betäubungsmittel, die keine Arzneimittel sind"; § 5 Abs. 4 S. 2 Nr. 3 BtMVV „Diamorphin als zur Substitution zugelassenes Arzneimittel"; § 5 Abs. 4 S. 2 Nr. 4 BtMVV „ein anderes zur Substitution zugelassenes Arzneimittel"; § 9 Abs. 1 Nrn. 3, 4 BtMVV). In Anl. III zu § 1 Abs. 1 BtMG ist vielfach vom Arzneibuch die Rede. Nach § 2 Abs. 1 Nr. 3 BtMG sind Zubereitungen nur deshalb vom BtMG ausgenommen, weil sie einer ausreichenden arzneimittelrechtlichen Kontrolle unterliegen. Gegenteiliges lässt sich auch nicht aus der Regelung des § 1 Abs. 3 BtMG ableiten. Die Vorschrift ermächtigt das Bundesministerium für Gesundheit dazu, in dringenden Fällen zur Sicherheit oder zur Kontrolle des Betäubungsmittelverkehrs durch Rechtsverordnung ohne Zustimmung des Bundesrates Stoffe und Zubereitungen, *die nicht Arzneimittel sind*, in die Anlagen I bis III aufzunehmen, wenn dies wegen des Ausmaßes der missbräuchlichen Verwendung und wegen der unmittelbaren oder mittelbaren Gefährdung der Gesundheit erforderlich ist. Durch den Zusatz „die nicht Arzneimittel sind", der auf einer Stellungnahme der Bundesregierung im Gesetzgebungsverfahren beruht, sollten mit einer überraschenden Rechtsänderung verbundene strafrechtliche und damit mittelbar zugleich gesundheitliche Konsequenzen für betroffene Patienten vermieden werden (BGHSt. 43, 336 = NStZ 1998, 258 = StV 1998, 136 [Designer-Drogen]; *BVerfG* NJW 2006, 2684). Die Ausnahme ist im Übrigen deshalb gerechtfertigt, weil zugelassene Arzneimittel ohnehin einer hinreichenden (arzneimittelrechtlichen) Kontrolle unterliegen (*BGH* a. a. O.).

Der Wortlaut der Regelung des § 81 AMG („Vorschriften des Betäubungsmit- **167** tel*rechts*") macht deutlich, dass damit nicht nur das Konkurrenzverhältnis zwischen den Vorschriften des BtMG und des AMG angesprochen ist. Unberührt bleiben vielmehr auch die jeweiligen **Durch- und Ausführungsvorschriften** (BtMVV; BtMBinHV; BtMAHV; vgl. *Kloesel/Cyran* § 81 AMG Nr. 1).

Das dargestellte Verhältnis von BtMG und AMG hat für die **Praxis** die Konse- **168** quenz, dass der Umgang mit Substanzen, die (noch) nicht dem BtMG unterfallen, also in den Anlagen I bis III zu § 1 Abs. 1 BtMG nicht aufgeführt sind, gleichwohl nach dem AMG strafrechtlich relevant sein kann (BGHSt. 43, 336 = NStZ 1998, 258 = StV 1998, 136 [Designer-Drogen]; *BGH* NJW 2010, 2528 = PharmR 2010, 30 = LMuR 2010, 78 [Gamma-Butyrolacton]). Mehr noch: eine Strafbarkeit nach dem AMG kommt selbst **neben** einer solchen nach dem BtMG in Betracht (*BVerfG* NJW 2006, 2684; vgl. dazu *Knauer* PharmR 2008, 199). Die **Strafvorschriften des AMG und des BtMG** sind daher im konkreten Einzelfall stets **unabhängig voneinander zu prüfen**.

II. Betäubungsmittel-Grundstoffe

Der Umgang mit Betäubungsmittel-Grundstoffen, also solchen Stoffen, Mi- **169** schungen und Naturprodukten, die zur unerlaubten Herstellung von Betäubungsmitteln verwendet werden sollen, ist Regelungsgegenstand des Gesetzes zur Überwachung des Verkehrs mit Grundstoffen, die für die unerlaubte Herstellung von Betäubungsmitteln missbraucht werden können (**Grundstoffüberwachungsgesetz** vom 11. 3. 2008; BGBl. I S. 306; vgl. dazu im Einzelnen die Kommentierung zum GÜG). Grundstoffe im Sinne dieses Gesetzes sind nach § 1 Nr. 1 GÜG alle Stoffe im Sinne des Art. 2 Buchst. a) in Verbindung mit Anhang I der **Verordnung (EG) Nr. 273/2004** des Europäischen Parlaments und des Rates vom 11. 2. 2004 betreffend Drogenausgangsstoffe (ABl. L 47 vom 18. 2. 2004, S. 1) und des Art. 2 Buchst. a) in Verbindung mit Anhang der **Verordnung (EG) Nr. 111/2005** des Rates vom 22. 12. 2004 zur Festlegung von Vorschriften für die Überwachung des Handels mit Drogenausgangsstoffen zwischen der Gemeinschaft und Drittländern (ABl. L 22 vom 26. 1. 2005, S. 1; ABl. L 61 vom 2. 3. 2006, S. 23).

Beide Verordnungen nehmen **Arzneimittel** im Sinne der Richtlinie 2001/ **170** 83/EG des Europäischen Parlaments und des Rates vom 6. 11. 2001 zur Schaffung eines Gemeinschaftskodexes für Humanarzneimittel (ABl. L 311 vom 28. 11. 2001,

S. 67), pharmazeutische Zubereitungen, Mischungen, Naturprodukte und sonstige Zubereitungen, die erfasste Stoffe enthalten und so zusammengesetzt sind, dass diese Stoffe nicht einfach verwendet oder leicht und wirtschaftlich extrahiert werden können, von ihrem Anwendungsbereich aus. Vor dem Hintergrund, dass der Arzneimittelbegriff des AMG (im Wesentlichen) europäischen Vorgaben folgt, können mithin Konkurrenzen zwischen den Vorschriften des AMG und denen des GÜG *grundsätzlich* nicht auftreten (vgl. auch Vorbem. GÜG Rn. 22 ff.)

171 Überschneidungen sind im Einzelfall freilich etwa dann vorstellbar, wenn pharmazeutische Erzeugnisse zunächst **als Arzneimittel in den Verkehr gebracht**, später aber ihre eigentliche Bestimmung geändert und dahingehend konkretisiert wird, dass sie nunmehr der unerlaubten Herstellung von Betäubungsmitteln dienen sollen. So ist bspw. **Ephedrin** Grundstoff der Kategorie 1 im Sinne des jeweiligen Anhangs zu den genannten Verordnungen. Werden Ephedrin-Tabletten aber in pharmazeutischer Darreichungsform (und also als Arzneimittel im Sinne des AMG) eingeführt, später zerstampft und damit zu einem Rohstoff für die unerlaubte Betäubungsmittelherstellung umgewidmet, handelt es sich ab diesem Zeitpunkt um einen Grundstoff im Sinne des GÜG. Bis zur beschriebenen **Umwidmung** bleiben die Erzeugnisse Arzneimittel, ohne dass es auf den von den Tätern vorgesehenen Verwendungszweck ankäme (anders *BGH*, Beschluss vom 12. 4. 2011 – 5 StR 463/10 = BeckRS 2011, 11238: Grundstoff und Arzneimittel; der zur Begründung herangezogene Verweis auf *BGH* NStZ 2008, 530 gibt freilich argumentativ nichts her, dort ging es um die Arzneimitteleigenschaft von **Streckmitteln**).

III. Gifte

172 Ist ein Stoff weder dazu bestimmt, Krankheiten oder krankhafte Beschwerden zu heilen, zu lindern oder zu verhüten (§ 2 Abs. 1 Nr. 1 AMG) noch dazu geeignet, physiologische Funktionen durch eine pharmakologische, immunologische oder metabolische Wirkung wiederherzustellen oder zu korrigieren (§ 2 Abs. 1 Nr. 2 AMG), sondern wird er ganz im Gegenteil dazu verwendet, einen Menschen an der Gesundheit zugrunde zu richten oder zu töten, wird man ihn mit Fug und Recht als Gift bezeichnen dürfen.

173 Dies bedeutet freilich nicht, dass solche Erzeugnisse prinzipiell keine Arzneimittel sein könnten. Die Regelung des § 2 Abs. 1 Nr. 2 AMG weist in eine andere Richtung, weil zu den Funktionsarzneimitteln hiernach auch solche Stoffe und Zubereitungen zählen, die die physiologischen Funktionen *„beeinflussen"*. Das Ziel einer solchen Einflussnahme ist dagegen gesetzlich nicht vorgegeben, weshalb es auch nicht darauf ankommen kann, ob positive oder negative Wirkungen auf die Körperfunktionen zu verzeichnen oder beabsichtigt sind (vgl. auch oben Rn. 72). Es wäre zudem überaus misslich, wenn gerade solche Erzeugnisse vom Anwendungsbereich des AMG ausgenommen würden, deren Konsum mit besonders nachteiligen Folgen für den Patienten verbunden ist.

174 Auch für **Rattengift**, **Tränengas** und ähnliche Erzeugnisse (vgl. BGHSt. 43, 336 = NStZ 1998, 258 = StV 1998, 136 [Designer-Drogen]) ist also die Arzneimitteleigenschaft nach Maßgabe des § 2 AMG einzelfallbezogen zu untersuchen, ohne dabei allerdings die Zweckbestimmung arzneimittelrechtlicher Vorschriften (vgl. dazu oben Rn. 34) aus dem Blick zu verlieren (dazu *Kloesel/Cyran* § 2 AMG Nr. 75). Der Einsatz von chemischen Waffen oder Reizgas ist daher schon nach der Ratio des AMG nicht am Maßstab dieses Gesetzes zu beurteilen (*Kloesel/Cyran* § 2 Nr. 73). Rattengift ist als Biozid-Produkt der Produktart 14 (Rodentizide – Bekämpfungsmittel gegen Mäuse, Ratten und andere Nagetiere; vgl. oben Rn. 140) des Anhangs V der Biozid-Richtlinie (98/8/EG) nach § 2 Abs. 3 Nr. 5 AMG ohnehin kein Arzneimittel.

175 Im Übrigen spielen **Gifte im deutschen Recht** in unterschiedlichsten Zusammenhängen eine Rolle. Eine für alle Bereiche verbindliche Definition kann es schon deshalb nicht geben. Zu den Giften vgl. im Einzelnen Rn. 349 ff.

IV. Chemikalien und Gase

Chemikalien und Gase sind ebenfalls Gegenstand vielfältiger gesetzlicher Rege- **176** lungen. Neben dem Arzneimittelrecht können daher bspw. das Chemikalienrecht (vgl. *Kloesel/Cyran* § 3 AMG Nr. 14 ff.), verbraucherschützende Vorschriften aber auch solche des Umweltrechts einschlägig sein. Soweit das Erzeugnis im Einzelfall unter eine der in § 2 Abs. 3 AMG aufgeführten Produktkategorien fällt (dazu oben Rn. 93 ff.), handelt es sich nicht um ein Arzneimittel. Im Übrigen sind stets die Bestimmungen zum Anwendungsbereich der einschlägigen Vorschriften und spezifische Konkurrenzklauseln zu beachten.

Distickstoffmonoxid (Lachgas), das als Inhalationsnarkotikum oder Analgeti- **177** kum zur Anwendung gelangt (NIONTIX®) oder als Rauschmittel verkauft und konsumiert wird, ist ein Arzneimittel. Wird es in Lachgaseinspritzanlagen zur Steigerung der Motorleistung bei Kraft- und Luftfahrzeugen eingesetzt oder als Treibgas für Lebensmittelaufschäumer (vgl. hierzu *BayObLG* BayObLGSt 1962, 81: Lachgas zur Schlagrahmherstellung) vertrieben, sind arzneiliche Zweckbestimmungen und Funktionen auszuschließen.

C. Erscheinungsformen

Die einschlägigen Erscheinungsformen von Arzneimitteln sind im Rahmen der **178** Tathandlungen nach §§ 95 ff. kommentiert:

– zu den **Fertigarzneimitteln** vgl. § 96 Rn. 72 ff.;
– zu den **bedenklichen Arzneimitteln** vgl. § 95 Rn. 8 ff. (dort auch zum Ablauf des Haltbarkeitsdatums; zu aus dem Verkehr gezogenen Arzneimitteln, zu **Designer-Drogen**, „**Legal-High**"-**Produkten** und **Doping-Substanzen**);
– zu den **Doping-Mitteln** vgl. § 95 Rn. 84 ff., 115 ff.;
– zu den **radioaktiven Arzneimitteln** vgl. § 95 Rn. 158 ff.;
– zu den **gefälschten** und **qualitätsgeminderten Arzneimitteln** vgl. § 95 Rn. 167 ff., 170 ff.;
– zu den **verschreibungspflichtigen Arzneimitteln** vgl. § 95 Rn. 185 ff.;
– zu den **Schwangerschaftsabbruchmitteln** vgl. § 95 Rn. 267;
– zu den **Fütterungsarzneimitteln** vgl. § 95 Rn. 278;
– zu den **Tierarzneimitteln** vgl. § 95 Rn. 192.

Kap. 3. Haftung für Arzneimittelschäden

Übersicht

A. Einleitung

179   Die **Haftung für Arzneimittelschäden** ist Gegenstand des 16. Abschnitts des
AMG (§§ 84 bis 94 AMG). Dabei ist zu berücksichtigen, dass der in § 84 AMG
geregelte und durch einen Auskunftsanspruch (§ 84a AMG) gestützte Gefähr-
dungshaftungstatbestand keineswegs eine abschließende Regelung für den Ersatz
von Schäden im Zusammenhang mit dem Umgang mit Arzneimitteln darstellt (vgl.
nur *Rehmann* § 91 Rn. 1). Vielmehr bleiben nach § 91 AMG solche gesetzlichen
Vorschriften unberührt, nach denen ein gem. § 84 AMG Ersatzpflichtiger in weiterem Umfang haftet oder nach denen ein anderer für den Schaden verantwortlich
ist. Eine deliktische Haftung nach §§ 823 ff. BGB (dazu unten Rn. 232), etwaige
Staatshaftungsansprüche im Zusammenhang mit der Arzneimittelüberwachung
(unten Rn. 233) oder Versorgungsansprüche (§ 60 IfSG (unten Rn. 234) bleiben also ungeachtet einer Ersatzpflicht nach §§ 84 ff. AMG denkbar; die diesbezüglichen Voraussetzungen sind im Einzelfall freilich gesondert zu prüfen.

180   Gerade **Ansprüche aus unerlaubter Handlung** nach §§ 823 ff. BGB bilden
dabei die Grundlage dafür, arzneimittelstrafrechtlich relevante Sachverhalte (§§ 95 f.
AMG) auch im zivilrechtlichen Kontext fruchtbar zu machen, § 823 Abs. 2 BGB.

181   Ein Rückgriff auf die Regelungen des ProdHaftG (Gesetz über die Haftung
für fehlerhafte Produkte; **Produkthaftungsgesetz** vom 15. 12. 1989; BGBl. I
S. 2198) ist nach Maßgabe des § 15 ProdHaftG ausgeschlossen. Danach ist das
ProdHaftG dann nicht anzuwenden, wenn jemand infolge der Anwendung eines
zum Gebrauch bei Menschen bestimmten Arzneimittels, das im Geltungsbereich
des Arzneimittelgesetzes an den Verbraucher abgegeben wird und der Pflicht zur
Zulassung unterliegt oder durch Rechtsverordnung von der Zulassung befreit worden ist, getötet oder sein Körper oder seine Gesundheit verletzt wird. Zur Frage
der Vereinbarkeit dieser Regelung mit EU-Produkthaftungsrecht vgl. *Rehmann*
§ 84 Rn. 1.

B. Gefährdungshaftung nach §§ 84 ff. AMG

I. Gesetzliche Regelung

182 *§ 84 Gefährdungshaftung*

    *(1) [1] Wird infolge der Anwendung eines zum Gebrauch bei Menschen bestimmten Arzneimit-
tels, das im Geltungsbereich dieses Gesetzes an den Verbraucher abgegeben wurde und der Pflicht
zur Zulassung unterliegt oder durch Rechtsverordnung von der Zulassung befreit worden ist, ein
Mensch getötet oder der Körper oder die Gesundheit eines Menschen nicht unerheblich verletzt, so
ist der pharmazeutische Unternehmer, der das Arzneimittel im Geltungsbereich dieses Gesetzes in
den Verkehr gebracht hat, verpflichtet, dem Verletzten den daraus entstandenen Schaden zu ersetzen. [2] Die Ersatzpflicht besteht nur, wenn*

    *1. das Arzneimittel bei bestimmungsgemäßem Gebrauch schädliche Wirkungen hat, die über ein
nach den Erkenntnissen der medizinischen Wissenschaft vertretbares Maß hinausgehen oder*

2. der Schaden infolge einer nicht den Erkenntnissen der medizinischen Wissenschaft entsprechenden Kennzeichnung, Fachinformation oder Gebrauchsinformation eingetreten ist.

(2) ¹Ist das angewendete Arzneimittel nach den Gegebenheiten des Einzelfalls geeignet, den Schaden zu verursachen, so wird vermutet, dass der Schaden durch dieses Arzneimittel verursacht ist. ²Die Eignung im Einzelfall beurteilt sich nach der Zusammensetzung und der Dosierung des angewendeten Arzneimittels, nach der Art und Dauer seiner bestimmungsgemäßen Anwendung, nach dem zeitlichen Zusammenhang mit dem Schadenseintritt, nach dem Schadensbild und dem gesundheitlichen Zustand des Geschädigten im Zeitpunkt der Anwendung sowie allen sonstigen Gegebenheiten, die im Einzelfall für oder gegen die Schadensverursachung sprechen. ³Die Vermutung gilt nicht, wenn ein anderer Umstand nach den Gegebenheiten des Einzelfalls geeignet ist, den Schaden zu verursachen. ⁴Ein anderer Umstand liegt nicht in der Anwendung weiterer Arzneimittel, die nach den Gegebenheiten des Einzelfalls geeignet sind, den Schaden zu verursachen, es sei denn, dass wegen der Anwendung dieser Arzneimittel Ansprüche nach dieser Vorschrift aus anderen Gründen als der fehlenden Ursächlichkeit für den Schaden nicht gegeben sind.

(3) Die Ersatzpflicht des pharmazeutischen Unternehmers nach Absatz 1 Satz 2 Nr. 1 ist ausgeschlossen, wenn nach den Umständen davon auszugehen ist, dass die schädlichen Wirkungen des Arzneimittels ihre Ursache nicht im Bereich der Entwicklung und Herstellung haben.

§ 84a Auskunftsanspruch   183

(1) ¹Liegen Tatsachen vor, die die Annahme begründen, dass ein Arzneimittel den Schaden verursacht hat, so kann der Geschädigte von dem pharmazeutischen Unternehmer Auskunft verlangen, es sei denn, dies ist zur Feststellung, ob ein Anspruch auf Schadensersatz nach § 84 besteht, nicht erforderlich. ²Der Anspruch richtet sich auf dem pharmazeutischen Unternehmer bekannte Wirkungen, Nebenwirkungen und Wechselwirkungen und ihm bekannt gewordene Verdachtsfälle von Nebenwirkungen und Wechselwirkungen und sämtliche weiteren Erkenntnisse, die für die Bewertung der Vertretbarkeit schädlicher Wirkungen von Bedeutung sein können. ³Die §§ 259 bis 261 des Bürgerlichen Gesetzbuchs sind entsprechend anzuwenden. ⁴Ein Auskunftsanspruch besteht insoweit nicht, als die Angaben auf Grund gesetzlicher Vorschriften geheim zu halten sind oder die Geheimhaltung einem überwiegenden Interesse des pharmazeutischen Unternehmers oder eines Dritten entspricht.

(2) ¹Ein Auskunftsanspruch besteht unter den Voraussetzungen des Absatzes 1 auch gegenüber den Behörden, die für die Zulassung und Überwachung von Arzneimitteln zuständig sind. ²Die Behörde ist zur Erteilung der Auskunft nicht verpflichtet, soweit Angaben auf Grund gesetzlicher Vorschriften geheim zu halten sind oder die Geheimhaltung einem überwiegenden Interesse des pharmazeutischen Unternehmers oder eines Dritten entspricht. ³Ansprüche nach dem Informationsfreiheitsgesetz bleiben unberührt.

II. Grundlagen

1. Dogmatische Einordnung. Die Vorschrift des § 84 AMG enthält einen 184
speziellen Produkthaftungstatbestand, der in seinem Anwendungsbereich einen
Rückgriff auf das ProdHaftG ausschließt. Einer der wesentlichen Gründe seiner
Etablierung war der Skandal um das Thalidomid-(α-Phthalimidoglutarimid)-
haltige Arzneimittel *Contergan®*. Der pharmazeutische Unternehmer haftet nach
§ 84 AMG **verschuldensunabhängig** für Entwicklungs-, Herstellungs- und Instruktionsfehler (*Rehmann* § 84 Rn. 1).

Um im Gegenzug eine ausufernde (ggf. existenzgefährdende, weil kaum versi- 185
cherbare) Haftung des pharmazeutischen Unternehmers zu vermeiden, sind nach
§ 88 AMG **Haftungshöchstgrenzen** sowohl für jeden einzelnen Geschädigten als
auch für die Gesamtheit aller Geschädigten vorgesehen, die sich freilich jeweils auf
ein abgrenzbares – durch den jeweiligen Haftungsgrund und die hierdurch bedingten haftungsauslösenden Ereignisse umschreibbares – Schadensereignis, also regelmäßig die Herbeiführung eines Schadens durch ein bestimmtes Arzneimittel beziehen.

2. Gesamtschuldnerische Haftung. Sind mehrere pharmazeutische Unter- 186
nehmer ersatzpflichtig, haften sie dem Geschädigten gegenüber nach § 93 AMG als
Gesamtschuldner. Der Geschädigte hat dann grundsätzlich die Wahl, welchen von

ihnen er in Anspruch nehmen möchte. Der interne Ausgleich der Ersatzpflichtigen untereinander orientiert sich sodann im Wesentlichen an Verschuldensgesichtspunkten; mit der Regulierung des Schadens gehen zudem gem. § 426 Abs. 2 BGB Ansprüche des befriedigten Ersatzberechtigten bis zur Höhe seiner Ausgleichsforderung auf den leistenden pharmazeutischen Unternehmer über.

187   **3. Unabdingbarkeit.** Um einen umfassenden Schutz der Bevölkerung vor den Risiken beim Umgang mit Arzneimitteln zu gewährleisten, darf die Ersatzpflicht nach §§ 84 ff. AMG gem. § 92 S. 1 AMG im Voraus weder ausgeschlossen noch beschränkt werden. Entgegenstehende Vereinbarungen sind nach § 92 S. 2 AMG nichtig. Die Regelung mildert die strukturelle Übermacht der Pharmaproduzenten am Markt zugunsten der geschützten Verbraucher insoweit ab, als Haftungsfreizeichnungen aller Art (also etwa auch **Haftungsbegrenzungsklauseln** in Gebrauchsinformationen und Packungsbeilagen, vgl. dazu *Rehmann* § 92 Rn. 1) gesetzlich untersagt und vor allem zivilrechtlich belanglos sind.

188   Die Vorschrift begrenzt den Einsatz von Haftungsfreistellungsinstrumenten auf den Zeitraum vor dem Eintritt eines Haftungsfalles („im Voraus") und macht damit zugleich deutlich, dass Vereinbarungen im Nachhinein durchaus möglich sind. Ebenso, wie es dem Verbraucher obliegt, darüber zu entscheiden, ob er faktischen Verzicht üben und also schlicht die Geltendmachung von Ersatzansprüchen unterlassen möchte, muss es ihm gestattet sein, mit dem ersatzpflichtigen pharmazeutischen Unternehmer in **Vergleichsverhandlungen** zu treten und seine Rechte zum Gegenstand einer einvernehmlichen – von gegenseitigem Nachgeben geprägten – Lösung zu machen. Derartige Vereinbarungen der Beteiligten unterliegen lediglich der allgemeinen zivilrechtlichen Inhaltskontrolle (§§ 138, 305 ff. BGB).

189   **4. Auskunftsanspruch. a) Hintergrund der Regelung.** Die erfolgreiche Geltendmachung von Ersatzansprüchen setzt – rein faktisch – hinreichende Kenntnisse von dem den Schaden auslösenden Ereignis voraus. Gerade in einem interdisziplinär wissenschaftlich geprägten Themenfeld wie der Pharmazie, das im Hinblick auf den naturwissenschaftlichen Fortschritt zudem einem ständigen Wandel unterworfen ist, können aber selbst von einem durchschnittlich informierten „EU-Normverbraucher" vertiefte Kenntnisse der biologischen, physikalischen und chemischen Wirkmechanismen bei der Anwendung von Arzneimitteln regelmäßig nicht erwartet werden. Werden dem Ersatzberechtigten die zur Geltendmachung seiner Ansprüche erforderlichen Kenntnisse vorenthalten, laufen arzneimittelrechtliche Gefährdungshaftungstatbestände daher regelmäßig leer. Ausgehend hiervon sieht § 84 a AMG einen Auskunftsanspruch des Geschädigten vor, der sich primär gegen den betreffenden pharmazeutischen Unternehmer, in zweiter Linie aber auch gegen diejenigen Behörden richtet, die für die Zulassung und Überwachung der jeweiligen Arzneimittel zuständig sind.

190   Die Regelung des § 84 a AMG ist auf der Grundlage von Art. 1 des Zweiten Gesetzes zur Änderung schadensersatzrechtlicher Vorschriften vom 19. 7. 2002 (BGBl. I S. 2674) in das Arzneimittelgesetz aufgenommen worden, geht aber maßgeblich auf den Bericht einer interministeriellen Arbeitsgruppe Arzneimittelhaftung (BR-Drs. 1012/96) und den Entwurf eines 2. Schadensersatzrechtsänderungsgesetzes aus der 13. Legislaturperiode zurück (vgl. BT-Drs. 14/7752 S. 12). Danach war das Haftungsrecht des Arzneimittelgesetzes vor allem vor dem Hintergrund von aufgetretenen HIV-Infektionen durch Blut und Blutprodukte als dringend reformbedürftig angesehen worden (vgl. BT-Drs. 13/10019 S. 1), weil Patienten, die durch Arzneimittel geschädigt wurden, vor allem in Anbetracht einer ungünstigen Beweislage vor erheblichen Schwierigkeiten bei der Durchsetzung ihrer Ersatzansprüche standen (BT-Drs. a. a. O.; vgl. auch den Bericht des 3. Untersuchungsausschusses der 12. Legislaturperiode „HIV-Infektionen durch Blut und Blutprodukte" – BT-Drs. 12/8591).

191   Im Entwurf eines Gesetzes zur Reform des Arzneimittelrechts vom 4. 3. 1998 (BT-Drs. 13/10019 S. 4) heißt es hierzu:

„Arzneimittel sind unumstritten riskante Produkte, die Schäden an hochwertigen Rechtsgütern (Leben, Körper, Gesundheit) verursachen können. Die Einnahme von Arzneimitteln verbindet sowohl die Chance auf Heilung als auch ein Gesundheitsrisiko. Dieses mit Arzneimitteln verbundene Gesundheits- bzw. Lebensrisiko muss in einem Rechtsstaat sozial verträglich zwischen Verursachern und Verbrauchern verteilt werden. Beweisbelastungen müssen nach dem Maßstab sozialer Gerechtigkeit zwischen pharmazeutischen Unternehmern und geschädigten Patienten verteilt werden.

Bund und Länder dürfen nicht ein weiteres Mal nach Contergan und HIV-Blutprodukten bei einem Arzneimittelschaden vergleichbarer Art die Geschädigten einer faktischen Rechtlosigkeit überlassen."

Dies aufnehmend sah der Entwurf eines Zweiten Gesetzes zur Änderung scha- **192** densersatzrechtlicher Vorschriften vom 27. 3. 1998 (BR–Drs. 265/98) erstmals die Einführung eines Auskunftsanspruchs von Pharmageschädigten gegenüber pharmazeutischen Unternehmern und beteiligten Behörden in der Regelung des § 84 Abs. 3 und Abs. 4 AMG vor (BR–Drs. 265/98 S. 35 ff.):

„Die vorgesehene Regelung räumt den Betroffenen einen Auskunftsanspruch ein, der sich an dem Vorbild der Regelungen der §§ 8 ff. UmwHG sowie des § 35 GenTG orientiert.

Hintergrund der neuen Regelung ist die Erkenntnis, dass der Geschädigte in aller Regel den Weg ,seines' Arzneimittels von der ersten Forschung über die Erprobung bis zu dessen konkretem Herstellungsprozess nicht überschauen kann, während die pharmazeutischen Unternehmen – insbesondere zur Frage der Vertretbarkeit ihrer Arzneimittel – und auch die für die Zulassung und Überwachung zuständigen Behörden den jeweiligen Erkenntnisstand dokumentiert zur Verfügung haben (§ 31 Abs. 2 S. 2 AMG). Es erscheint daher angebracht, dem Anspruchsteller die zur Geltendmachung der ihm zustehenden Ansprüche notwendigen Tatsachen im Interesse einer prozessualen Chancengleichheit zugänglich zu machen. Dadurch wird der Geschädigte in die Lage versetzt, schon im Vorfeld eines gerichtlichen Verfahrens zu prüfen, ob er einen Anspruch auf Schadensersatz hat, was allseits unnötige Kosten und eine gerichtliche Auseinandersetzung ersparen kann (...)

Absatz 4 gibt einen inhaltsgleichen Anspruch gegenüber den für die Zulassung und Überwachung zuständigen Behörden. Während der Anspruch gegenüber dem pharmazeutischen Unternehmer im Kern dem Zivilrecht zuzuordnen und zivilrechtlich durchzusetzen ist, richtet sich die Durchsetzung des Anspruchs gegenüber der Behörde nach den Vorschriften des öffentlichen Rechts."

Der Auskunftsanspruch nach § 84a AMG kann gemäß Art. 229 § 8 Abs. 1 **193** EGBGB auch in Bezug auf schädigende Ereignisse verfolgt werden, die vor dem 31. 7. 2002 eingetreten sind (*München, Urteil vom 25. 11. 2009 – 20 U 3065/09, BeckRS 2009, 87185 [VIOXX]*).

b) Anspruchsvoraussetzungen. Weil der Auskunftsanspruch nach § 84a **194** AMG den eigentlichen Ersatzanspruch und seine Durchsetzung stützen soll, setzt er das Vorliegen von **Tatsachen** voraus, die der Annahme begründen, dass ein Arzneimittel einen Schaden verursacht hat, § 84a Abs. 1 S. 1 AMG. Die Erteilung von Auskünften muss zudem **erforderlich** sein zu der Feststellung, ob ein Schadensersatzanspruch nach § 84 AMG besteht. Hierdurch soll vermieden werden, dass die Auskunftserteilung zu bloßen Ausforschungszwecken verfolgt wird (vgl. auch *Rehmann* § 84a Rn. 1). Die Erteilung von Auskünften ist etwa dann nicht (oder nur eingeschränkt) erforderlich, wenn der Ersatzpflichtige den Anspruch dem Grunde nach anerkennt.

An die Darlegungserfordernisse dürfen vor dem Hintergrund der vom Gesetz- **195** geber mit der Einführung des Auskunftsanspruchs verfolgten Ziele keine allzu strengen Maßstäbe angelegt werden; ausreichend ist vielmehr, wenn der Sachvortrag dem Richter – ohne weitere (umfangreiche) sachverständige Hilfe – eine Plausibilitätsprüfung ermöglicht (*Rehmann* § 84a Rn. 1 m.w.N.). Im Übrigen ist der erforderliche Vortrag an den Punkten auszurichten, die auch für den eigentlichen Ersatzanspruch nach § 84 AMG relevant sind.

c) Anspruchsinhalt. Der Anspruch auf Erteilung von Auskünften richtet sich **196** gem. § 84a Abs. 1 S. 2 AMG auf die dem pharmazeutischen Unternehmer bekannten **Wirkungen, Nebenwirkungen und Wechselwirkungen** sowie sämtliche weiteren Erkenntnisse, die für die Bewertung der Vertretbarkeit schädlicher Wirkungen von Bedeutung sein können. Diesen Anspruch hat der pharmazeutische Unternehmer – als möglicher Ersatzpflichtiger – **auf eigene Kosten** (vgl. *Hieke* PharmR 2005, 35, 45) zu erfüllen.

197   Die Frage, ob der pharmazeutische Unternehmer darüber hinaus verpflichtet ist, **Belege** für seine Angaben vorzulegen, ist umstritten (dafür *Rehmann* § 84 a AMG Rn. 1; *Wagner* NJW 2002, 2049, 2052; dagegen *Hieke* PharmR 2005, 35, 44 f.). Dabei wird wie folgt zu differenzieren sein: Zwar verweist § 84 a Abs. 1 S. 3 AMG auf die Vorschriften der §§ 259 bis 261 BGB. Nach vorzugswürdiger Ansicht betrifft diese Verweisung indes nicht die Verpflichtung zur Vorlage von Belegen nach § 259 Abs. 1 BGB (so auch *Hieke* a. a. O.), denn der Gesetzgeber hat mit dem Verweis lediglich das Ziel verfolgt, die Voraussetzungen eines ergänzenden Anspruchs auf Erteilung einer **eidesstattlichen Versicherung** festzulegen (vgl. BT-Drs. 14/7752 S. 21). Gleichwohl wird man die Vorlage von Belegen stets dann verlangen dürfen und müssen, wenn die erteilten Auskünfte ohne vertiefte Kenntnisse einzelner Unterlagen nicht hinreichend aussagekräftig sind. Eine derartige Vorlage von Dokumenten ist freilich keine Belegvorlage im Sinne des § 259 Abs. 1 BGB, sondern vielmehr bloß unselbständiger Teil einer (einheitlichen) umfassenden und inhaltlich vollständigen Erfüllung des Auskunftsanspruchs nach § 84 a AMG.

198   **d) Anspruchsgegner.** Zur Auskunft verpflichtet ist in erster Linie der potentiell ersatzpflichtige pharmazeutische **Unternehmer**; der Anspruch ist im Zivilrechtsweg geltend zu machen. Daneben kann sich der Anspruch unter den Voraussetzungen des § 84 a Abs. 2 AMG auch gegen die für die Zulassung und Überwachung von Arzneimitteln zuständigen **Behörden** richten; in diesen Fällen ist der Verwaltungsrechtsweg einschlägig.

199   **e) Verjährung.** Der Auskunftsanspruch verjährt in Ermangelung einer Sonderregelung selbständig in der dreijährigen Frist des § 195 BGB (*München*, Urteil vom 25. 11. 2009 – 20 U 3065/09, BeckRS 2009, 87185 [VIOXX]). Zwar kann der Auskunftsanspruch nach § 84 a AMG gemäß Art. 229 § 8 Abs. 1 EGBGB auch in Bezug auf Schadensereignisse verfolgt werden, die vor dem 31. 7. 2002 eingetreten sind. Eine Verlängerung der Verjährungsfrist gemäß § 199 Abs. 2 BGB kommt in diesen Fällen gleichwohl nicht in Betracht, weil für diese Ersatzansprüche eine dreijährige Verjährungsfrist nach § 90 AMG in der bis zum 14. 12. 2004 geltenden Fassung einschlägig war (*München*, a. a. O.).

III. Voraussetzungen des Ersatzanspruchs

200   Die Voraussetzungen des Ersatzanspruchs, die der Geschädigte im Einzelnen zu beweisen hat (zur Ausnahme des Kausalitätserfordernisses vgl. unten Rn. 220), sind in § 84 AMG abschließend aufgeführt.

201   **1. Arzneimittel.** Das den Schaden auslösende Ereignis muss zunächst durch die Anwendung eines Arzneimittels (zur Begriffsbestimmung ausführlich oben Rn. 37 ff.) eingetreten sein. Für Schäden, die auf der Anwendung von Produkten anderer Kategorien (zur Ausschlussklausel des § 2 Abs. 3 AMG vgl. oben Rn. 93 ff.) beruhen, sind die §§ 84 ff. AMG demgegenüber nicht (auch nicht entsprechend) anwendbar. Insbesondere für Medizinprodukte (vgl. dazu oben Rn. 150 ff.) ist insoweit an die Regelung des § 15 ProdHaftG zu denken (vgl. *München*, Urteil vom 21. 7. 2009 – 18 U 1549/09, BeckRS 2010, 18785; vgl. dazu auch *Dieners/Reese*, Handbuch des Pharmarechts [2010], § 13 Rn. 9).

202   Für zugelassene Impfstoffe (vgl. § 4 Abs. 4 AMG; dazu oben Rn. 92) ist neben dem AMG auch die Regelung des § 60 IfSG zur Versorgung bei **Impfschäden** (vgl. § 2 Nr. 11 IfSG) und bei Gesundheitsschäden durch andere Maßnahmen der spezifischen Prophylaxe zu beachten (vgl. zur Haftung nach § 84 AMG in diesem Kontext auch *Frankfurt* NJW-RR 1995, 406).

2. Anwendung beim Menschen. Eine Ersatzpflicht nach § 84 AMG setzt zu- **203**
dem voraus, dass das betreffende Arzneimittel zum Gebrauch beim Menschen
bestimmt ist (vgl. dazu oben Rn. 54 ff.). Tierarzneimittel (dazu oben Rn. 58) lösen
daher eine Gefährdungshaftung nach § 84 AMG nicht aus; sie unterliegen vielmehr dem Haftungsregime des ProdHaftG (vgl. *Dieners/Reese*, Handbuch des
Pharmarechts [2010], § 13 Rn. 9).

3. Zulassungspflicht. Erforderlich ist weiter, dass das Arzneimittel der Pflicht **204**
zur Zulassung unterliegt oder *durch Rechtsverordnung* von der Zulassungspflicht befreit worden ist. Lediglich **registrierungspflichtige Arzneimittel** (§§ 38 ff.
AMG) unterliegen daher ebenso wenig der arzneimittelrechtlichen Gefährdungshaftung, wie die in § 21 Abs. 2 AMG aufgeführten, von der Pflicht zur Zulassung
befreiten Arzneimittel. Dies betrifft vor allem solche Arzneimittel, die zur **klinischen Prüfung** beim Menschen bestimmt sind (§ 21 Abs. 2 Nr. 2 AMG) oder die
unter den in Art. 83 der Verordnung (EG) Nr. 726/2004 genannten Voraussetzungen kostenlos für eine Anwendung bei Patienten zur Verfügung gestellt werden,
die an einer zu einer schweren Behinderung führenden Erkrankung leiden oder
deren Krankheit lebensbedrohend ist, und die mit einem zugelassenen Arzneimittel
nicht zufriedenstellend behandelt werden können (§ 21 Abs. 2 Nr. 6 AMG).

Im strafrechtlichen Kontext ist die Frage der Zulassungspflicht daher etwa des- **205**
halb von Interesse, weil mit der Gefährdungshaftung zugleich die Pflicht zur
Erbringung einer Deckungsvorsorge nach § 94 AMG entfällt (vgl. § 96 Nr. 19
AMG).

4. Abgabe an den Verbraucher. Das Arzneimittel muss ferner im Geltungs- **206**
bereich des AMG an den Verbraucher abgegeben worden sein. **Abgabe** ist dabei
nicht etwa ein Sonderfall des Handeltreibens, sondern vielmehr eine selbständige
Form der Verschaffung der tatsächlichen Verfügungsgewalt, bei der es auf das Vorliegen einer Gewinnerzielungsabsicht nicht ankommt (vgl. *BGH* NStZ 2004, 457
= JR 2004, 245 = wistra 2003, 424). Es scheiden daher solche Arzneimittel aus,
die außerhalb des räumlichen **Geltungsbereichs des Arzneimittelgesetzes**
abgegeben werden, selbst wenn sie im Inland hergestellt und/oder angewendet
werden (*Dieners/Reese*, Handbuch des Pharmarechts [2010], § 13 Rn. 7). Dies gilt
selbst dann, wenn ein identisches Arzneimittel im Inland vertrieben wird (*Kloesel/
Cyran* § 84 AMG Nr. 7).

Wird ein Arzneimittel **auf dem Postweg** aus dem Ausland an den Verbraucher **207**
abgegeben, erlangt der Patient die Verfügungsgewalt erst im Inland, weshalb die
Abgabe in derartigen Fällen durchaus erst im räumlichen Geltungsbereich des
AMG erfolgt (*Kloesel/Cyran* § 84 AMG Nr. 7). Weil aber nur derjenige pharmazeutische Unternehmer nach § 84 AMG haftet, der „das Arzneimittel im
Geltungsbereich dieses Gesetzes in den Verkehr gebracht hat" (vgl. dazu unten
Rn. 198), kommt es für die Frage der arzneimittelrechtlichen Gefährdungshaftung
des Zulassungsinhabers entscheidend darauf an, ob die Abgabe an den inländischen
Verbraucher dem Willen des pharmazeutischen Unternehmers entspricht und dies
im Wege der üblichen Vertriebskette erfolgt (*Kloesel/Cyran* § 84 AMG Nr. 9). Entscheidend sind die Umstände des Einzelfalles. Ein Indiz kann es etwa sein, wenn
die Packungsbeilage in deutscher Sprache abgefasst ist (vgl. *Kloesel/Cyran* a. a. O.).
Zu einem dem Willen des Herstellers widersprechenden Reimport vgl. unten
Rn. 228.

Auf Arzneimittel, die **vom Verbraucher eingeführt** werden (§ 73 Abs. 2 **208**
Nr. 6, 6a AMG) sind die Gefährdungshaftungsregelungen des AMG daher ebenso
wenig anzuwenden, wie auf nicht zum Verkehr im Inland zugelassene Fertigarzneimittel, die nach § 73 Abs. 3 AMG von Apotheken auf vorliegende Bestellung
einzelner Personen an den Verbraucher abgegeben werden, § 73 Abs. 4 S. 2 AMG
(*Rehmann* § 84 Rn. 3).

5. Haftungsauslösende Ereignisse sind nach § 84 Abs. 1 S. 1 AMG einerseits **209**
die Tötung eines Menschen und andererseits die Verletzung von Körper oder Ge-

sundheit. Für beide Fälle sehen die §§ 86 f. AMG einen unterschiedlichen Haftungsumfang vor. Schäden, die durch die Anwendung von Tierarzneimitteln entstehen, lösen keinen Ersatzanspruch aus, selbst wenn eine Einnahme durch einen Menschen erfolgt ist. Auch im umgekehrten Fall, also der Anwendung von Humanarzneimitteln bei Tieren greift § 84 AMG nicht, unabhängig davon, ob hierdurch – mittelbar (etwa durch Rückstände in Lebensmitteln) – Körper- oder Gesundheitsschäden hervorgerufen werden (*Kloesel/Cyran* § 84 AMG Nr. 6).

210 **6. Haftungsgründe.** Eine Ersatzpflicht des pharmazeutischen Unternehmers kommt nur dann in Betracht, wenn das haftungsauslösende Ereignis (vgl. Rn. 209) entweder auf einen Herstellungs- und Entwicklungsmangel (§ 84 Abs. 1 S. 2 Nr. 1, Abs. 3 AMG) oder auf Instruktionsdefizite (§ 84 Abs. 1 S. 2 Nr. 2 AMG) zurückgeführt werden kann.

211 **a) Herstellungs- und Entwicklungsmängel** (vgl. § 84 Abs. 1 S. 2 Nr. 1, Abs. 3 AMG), deren Vorliegen widerlegbar vermutet wird, müssen dabei dazu geführt haben, dass das Arzneimittel bei bestimmungsgemäßem Gebrauch schädliche Wirkungen entfaltet, die über ein nach den Erkenntnissen der medizinischen Wissenschaft vertretbares Maß hinausgehen.

212 Die arzneimittelrechtliche Haftung des pharmazeutischen Unternehmers ist dabei von der Entscheidung der zuständigen Behörden über die Zulassung eines Arzneimittels, mit der es gem. § 21 AMG die Verkehrsfähigkeit erlangt, gänzlich unabhängig, § 25 Abs. 10 AMG.

213 Weil der Haftungsgrund des § 84 Abs. 1 S. 2 Nr. 1 AMG (schädliche Wirkungen, die über ein nach den Erkenntnissen der medizinischen Wissenschaft vertretbares Maß hinausgehen) inhaltlich dem **Zulassungsversagungsgrund des § 25 Abs. 2 S. 1 Nr. 5 AMG** (ungünstiges Nutzen-Risiko-Verhältnis) entspricht (vgl. nur *Rehmann* § 84 AMG Rn. 5), haftet der pharmazeutische Unternehmer selbst dann, wenn eine Zulassung rechtsfehlerhaft erteilt wurde. Unbeachtlich ist daher auch, ob im Zulassungsverfahren bestimmte Nebenwirkungen hingenommen wurden. Die im Zulassungsverfahren gewonnenen Erkenntnisse sind also nicht etwa bindend dergestalt, dass bekannte und tolerierte Nebenwirkungen zum Entfallen der Ersatzpflicht führen müssten. Es bedarf vielmehr einer vom Zulassungsverfahren unabhängigen Betrachtung des Nutzen-Risiko-Verhältnisses, die im Einzelfall letztlich auch dazu führen kann, dass – etwa in den Fällen einer insoweit fehlerhaften Zulassungsentscheidung – neben die Gefährdungshaftung des pharmazeutischen Unternehmers Ansprüche aus **Staatshaftung** (vgl. nur *Rehmann* § 25 AMG Rn. 26) treten.

214 Die schädlichen Wirkungen müssen beim **bestimmungsgemäßen Gebrauch** des Arzneimittels auftreten. Maßgeblich sind dabei primär die Angaben des pharmazeutischen Unternehmers auf Verpackung, Packungsbeilage u. ä. oder im Rahmen der Arzneimittelwerbung. Schränkt der Unternehmer die Verabreichung des Arzneimittels für bestimmte Anwendungsgebiete ein, kann er der Arzneimittelhaftung nach § 84 AMG entgehen; bloße „Empfehlungen" genügen hierfür freilich nicht (*Fuhrmann/Klein/Fleischfresser*, Arzneimittelrecht [2010] § 27 Rn. 42 m. w. N.).

215 Regelmäßig nicht bestimmungsgemäß sind die *suchtbedingte Einnahme* von Arzneimitteln oder etwa die *Einnahme zu Dopingzwecken* (*Fuhrmann/Klein/Fleischfresser*, Arzneimittelrecht [2010] § 27 Rn. 43). Gegenteiliges dürfte indes für die organisiert kriminellen Akteure der Pharmabranche gelten, die Arzneimittel **verbotswidrig** und unter Missachtung der Zulassungspflichten gerade zur Befriedigung suchtbedingter Bedürfnisse oder zu Dopingzwecken in den Verkehr und an den Mann bringen. Ein Grund, die Vertreter dieser Zunft – jenseits von Mitverschuldensgesichtspunkten des Konsumenten (§ 85 AMG i. V. m. § 254 BGB; vgl. dazu *Koyuncu* PharmR 2005, 289) – von der arzneimittelrechtlichen Haftung gänzlich freizustellen, ist nicht ersichtlich.

216 Der sog. *Off-Label-Use*, also die therapeutische Anwendung eines Arzneimittels außerhalb seines Zulassungsbereichs bereitet aus gefährdungshaftungsrechtlicher

Sicht besondere Probleme. Regelfälle des Off-Label-Use finden sich in der Pädiatrie, nämlich immer dann, wenn Arzneimittel zum Einsatz kommen, die für die betreffende Altersgruppe der Patienten nicht zugelassen sind. Kommt es aber nach § 84 Abs. 1 S. 2 Nr. 1 AMG ganz maßgeblich auf eine Zweckbestimmung des potentiell haftungspflichtigen pharmazeutischen Unternehmers an, kann eine Haftung jedenfalls dann nicht bejaht werden, wenn die Entscheidung zur zulassungsüberschreitenden Anwendung eines Arzneimittels allein vom behandelnden Arzt – sei es auch aufgrund einer anerkannten Therapiepraxis – getroffen wird. Erst dann, wenn der pharmazeutische Unternehmer selbst eine außerhalb der Zulassung liegende Anwendung befürwortet oder gar in entsprechender Weise für sein Produkt wirbt und also gefahrerhöhend nach außen hin tätig wird, kommt eine Haftung in Betracht (eingehend *Fuhrmann/Klein/Fleischfresser*, Arzneimittelrecht [2010] § 27 Rn. 45 ff.).

b) Instruktionsdefizite. Neben den Herstellungs- und Entwicklungsmängeln **217** sind Haftungsgrund auch die sog. Instruktionsdefizite (§ 84 Abs. 1 S. 2 Nr. 2 AMG). Ein derartiger Instruktionsmangel liegt vor, wenn das haftungsauslösende Ereignis (vgl. Rn. 209) infolge einer nicht den Erkenntnissen der medizinischen Wissenschaft entsprechenden **Kennzeichnung, Fachinformation** oder **Ge- 218 brauchsinformation** eintritt. Entsprechen die Informationen in den genannten Unterlagen nicht den jeweils aktuellen wissenschaftlichen Erkenntnissen, haftet der pharmazeutische Unternehmer verschuldensunabhängig für den hierdurch eintretenden Schaden. Zum **Stufenplanverfahren** bei Erlangung neuer Erkenntnisse zu Neben- und Wechselwirkungen vgl. § 63 AMG sowie die Allgemeine Verwal- **219** tungsvorschrift zur Beobachtung, Sammlung und Auswertung von Arzneimittelrisiken (Stufenplan) nach § 63 des Arzneimittelgesetzes (AMG) vom 9. 2. 2005.

7. Kausalität. Das haftungsauslösende Ereignis muss kausal auf den einschlägi- **220** gen Haftungsgrund zurückgeführt werden können. Um den Geschädigten einen für sie regelmäßig nur mit erheblichen Schwierigkeiten zu erbringenden Kausalitätsnachweis zu ersparen, hat der Gesetzgeber insoweit eine gesetzliche Vermutungsregelung eingeführt, nach der es genügt, die **konkrete Möglichkeit der Schadensverursachung** darzulegen und ggf. zu beweisen (vgl. BT-Drs. 14/7752 S. 19):

„*Um die Schwierigkeiten des Arzneimittelanwenders beim Nachweis der Kausalität zu erleichtern, wird mit dem neuen § 84 Abs. 2 AMG eine – vom pharmazeutischen Unternehmer widerlegbare – Kausalitätsvermutung eingeführt, die § 6f. UmweltHG nachgebildet wurde: ‚Ist das angewendete Arzneimittel nach den Gegebenheiten des Einzelfalls geeignet, den Schaden zu verursachen, so wird vermutet, dass der Schaden durch dieses Arzneimittel verursacht ist' (Satz 1). Dabei bezieht sich – ebenso wie bei dem insoweit gleich lautenden § 6 Abs. 1 UmweltHG (dazu Landsberg/Lülling, Umwelthaftungsgesetz, § 6, Rdnr. 48) – die Vermutung genau genommen auf den Verletzungsschaden, der an einem der durch Absatz 1 geschützten Rechtsgüter entstanden ist.*"

Obwohl die Kausalitätsvermutung den Geschädigten durchaus erheblich besser **221** stellt, enthebt ihn der Gesetzgeber nicht von dem Erfordernis zur **Darlegung** einer ganzen Reihe von Umständen (dazu etwa *BGH* NJW 2008, 2994 = MDR 2008, 1156 = MedR 2009, 281; sowie BT-Drs. 14/7752 S. 19):

„*Damit die Vermutung eingreift, wird mehr als die nur abstrakt-generelle Eignung des Arzneimittels verlangt, Schäden der in Rede stehenden Art hervorzurufen. Die Eignung muss auf Grund der konkreten Umstände des jeweiligen Einzelfalls festgestellt werden. Satz 2 zählt beispielhaft Umstände auf, die bei der Frage der konkreten Eignung eine Rolle spielen und der Geschädigte darlegen muss, damit die Vermutung eingreift. Dazu gehören die Zusammensetzung und Dosierung des angewendeten Arzneimittels, die Art und Dauer seiner bestimmungsgemäßen Anwendung, der zeitliche Zusammenhang mit dem Schadenseintritt, das Schadensbild und der gesundheitliche Zustand des Geschädigten im Zeitpunkt der Anwendung. Diese Aufzählung der für die Eignung im Einzelfall maßgeblichen Umstände ist nicht abschließend. Vielmehr sind auch alle sonstigen Gegebenheiten vorzutragen, die im Einzelfall für oder gegen die Schadensverursachung*"

durch das von dem in Anspruch genommenen pharmazeutischen Unternehmer hergestellte Arz-
neimittel sprechen. Hierzu kann insbesondere auch die Anwendung weiterer Arzneimittel zählen,
die sich auf den Schadenseintritt ausgewirkt haben können. Kann der Geschädigte darlegen und im
Streitfall beweisen, dass das Medikament nach den Umständen des Einzelfalls dazu geeignet war,
den Schaden zu verursachen, so wird darauf geschlossen, dass die bei ihm konkret vorliegende
Beeinträchtigung durch das Arzneimittel bewirkt wurde."

222   Für **vor dem 1. 8. 2002 eingetretene Schadensfälle** kann der Geschädigte
nach Art. 229 § 8 EGBGB die Rechtswohltat der in der aktuellen Fassung des
§ 84 Abs. 2 S. 1 AMG enthaltenen Vermutungsregelung nicht für sich fruchtbar
machen (vgl. *BGH* PharmR 2010, 468 = NJW-RR 2010, 1331 = MDR 2010,
806 [VIOXX] m. Anm. *Guttmann* A&R 2010, 163). Er hat in derartigen Konstellationen vielmehr den Vollbeweis des Ersatzanspruchs auch im Hinblick auf Kau-
salitätserfordernisse zu erbringen (*München*, Urteil vom 25. 11. 2009 – 20 U
3065/09, BeckRS 2009, 87185 [VIOXX]).

IV. Anspruchsinhalt

223   Sind die Anspruchsvoraussetzungen erfüllt, so hat der pharmazeutische Unternehmer nach § 84 Abs. 1 S. 1 AMG grundsätzlich den aus dem haftungsauslösenden Ereignis („daraus") resultierenden Schaden zu ersetzen. Dabei ist der **Umfang**
der Ersatzpflicht von der Art des haftungsauslösenden Ereignisses abhängig
(§§ 86 f. AMG).

224   Während der pharmazeutische Unternehmer sowohl im Falle der Tötung eines
Menschen als auch bei bloßer Körper- oder Gesundheitsverletzung etwaige Hei-
lungskosten zu tragen und Ersatz des Vermögensnachteils zu leisten hat, den der
Verletzte dadurch erleidet, dass infolge der Verletzung zeitweise oder dauerhaft
seine Erwerbsfähigkeit aufgehoben oder gemindert oder eine Vermehrung seiner
Bedürfnisse eingetreten ist, sind im Fall der **Tötung** zusätzlich die Kosten der Beerdigung zu ersetzen und im Fall der **Gesundheits- oder Körperverletzung**
eine billige Geldentschädigung für Nicht-Vermögensschäden – also Schmerzensgeld – zu leisten.

225   Zu berücksichtigen sind stets die **Haftungshöchstbeträge** nach § 88 AMG.
Hiernach haftet der Ersatzpflichtige im Falle der Schädigung *eines Menschen* bis zu
einem Kapitalbetrag i. H. v. EUR 600.000 oder bis zu einem Rentenbetrag von
jährlich EUR 36.000. Sind durch das gleiche Arzneimittel *mehrere Menschen* geschädigt worden, haftet der pharmazeutische Unternehmer bis zu einem Kapitalbetrag i. H. v. EUR 120 Mio. oder bis zu einem Rentenbetrag von jährlich
EUR 7,2 Mio. Erst die letztgenannten Höchstgrenzen entschärfen das Risiko der
Gefährdungshaftung, machen es kalkulierbar und damit letztlich auch versicherbar
(vgl. § 94 sowie § 96 Nr. 19 AMG).

V. Anspruchsgegner

226   Ersatzpflichtig ist nur der „pharmazeutische Unternehmer, der das Arzneimittel im Geltungsbereich dieses Gesetzes in den Verkehr gebracht hat". **Pharmazeu-**
tischer Unternehmer ist nach § 4 Abs. 18 S. 1 AMG bei zulassungs- [oder re-
gistrierungspflichtigen] Arzneimitteln zunächst der Inhaber der Zulassung [oder
Registrierung]. Daneben ist pharmazeutischer Unternehmer aber auch derjenige,
der Arzneimittel unter seinem Namen in den Verkehr bringt, § 4 Abs. 18 S. 2
AMG.

227   **Inverkehrbringen** (vgl. dazu im Einzelnen § 95 AMG Rn. 44 ff.) ist nach § 4
Abs. 17 AMG das Vorrätighalten zum Verkauf oder zu sonstiger Abgabe (vgl. § 95
AMG Rn. 45 ff.), das Feilhalten (vgl. § 95 AMG Rn. 50), das Feilbieten (vgl. § 95
AMG Rn. 51) und die Abgabe an andere (vgl. § 95 AMG Rn. 52 f.). Feilhalten,
Feilbieten oder Vorrätighalten zum Verkauf müssen aber in der Absicht erfolgen,
das Arzneimittel im Geltungsbereich des AMG in den Verkehr zu bringen (*Reh-*
mann § 4 Rn. 16 f.).

Ausgehend hiervon ist ein pharmazeutischer Unternehmer, der ein Arzneimittel **228**
ausschließlich im Ausland in den Verkehr bringen möchte, nicht als Ersatzpflichtiger im Sinne des § 84 AMG anzusehen. Der **Reimporteur**, der solchermaßen
ausgeführte Arzneimittel – der Bestimmung des Herstellers zuwider – im Inland in
den Verkehr bringt, wird damit zum Ersatzpflichtigen der arzneimittelrechtlichen
Gefährdungshaftung der §§ 84 ff. AMG (*Kloesel/Cyran* § 84 AMG Nr. 9).

Im Einzelfall ist es daher durchaus auch möglich, dass **mehrere Unternehmer** **229**
nebeneinander als pharmazeutische Unternehmer im Sinne des § 84 AMG in Betracht kommen (vgl. dazu auch *Rehmann* § 4 Rn. 20), namentlich etwa dann,
wenn neben dem Hersteller, der das Arzneimittel in Deutschland in den Verkehr
bringen will, ein weiterer Unternehmer mit dem eigenverantwortlichen Vertrieb
des Arzneimittels betraut ist. Gleiches gilt, wenn auf der Arzneimittelverpackung
oder der Packungsbeilage mehrere pharmazeutische Unternehmer angegeben sind
(*Rehmann* § 84 Rn. 2). Zum sog. **Mitvertrieb**, bei dem der Zulassungsinhaber
einem anderen Unternehmer gestattet, das nämliche Arzneimittel unter seinem
Namen in den Verkehr zu bringen, vgl. *OVG Berlin*, Urteil vom 16. 8. 2001 –
OVG 5 B 3.00; sowie *Dettling/Lenz* PharmR 2002, 96 ff. Mehrere Ersatzpflichtige
haften nach § 93 S. 1 AMG als **Gesamtschuldner**.

Humanarzneimittel, die der Pflicht zur Zulassung oder Genehmigung nach **230**
§ 21 a AMG oder zur Registrierung unterliegen und die nach § 73 Abs. 1 Nr. 1 a
AMG im Wege des **Versandhandels** von einer Apotheke eines Mitgliedstaates der
Europäischen Union an den inländischen Endverbraucher versandt werden, gelangen zwar mit der Versendung in den räumlichen Geltungsbereich des Arzneimittelgesetzes. Der **ausländische Apothekenbetreiber** übernimmt jedoch als reiner
Händler mit der Lieferung nicht die Rolle des für das Inverkehrbringen verantwortlichen pharmazeutischen Unternehmers (*Dettling* PharmR 2003, 194, 197);
der ausländische Apothekenbetreiber ist daher kein tauglicher Ersatzpflichtiger der
arzneimittelrechtlichen Gefährdungshaftung. Vgl. ergänzend § 96 Rn. 314.

VI. Verjährung

Durch das Gesetz zur Modernisierung des Schuldrechts vom 9. 12. 2004 ist die **231**
Verjährungsvorschrift des § 90 AMG a. F. aufgehoben worden. Es gilt daher eine
regelmäßige Verjährungsfrist von 3 Jahren (§ 195 BGB). Nach § 199 Abs. 1 BGB
beginnt die Verjährung grundsätzlich mit dem Schluss des Jahres, in dem der Anspruch entstanden ist und der Gläubiger von den den Anspruch begründenden
Umständen und der Person des Schuldners Kenntnis erlangt oder ohne grobe
Fahrlässigkeit erlangen müsste. Zu den Einzelheiten vgl. *Fuhrmann/Klein/Fleisch-
fresser*, Arzneimittelrecht [2010], § 27 Rn. 114 ff. Vgl. auch *LG Berlin*, Urteil vom
11. 1. 2011 – 7 O 271/10 = BeckRS 2011, 00997.

C. Sonstige Anspruchsgrundlagen

I. Deliktische Ansprüche

Neben den Gefährdungshaftungsansprüchen des AMG sind zunächst verschul- **232**
densabhängige deliktische Ansprüche nach § 823 ff. BGB anwendbar (vgl. *Kloesel/
Cyran* § 91 AMG; *Rehmann* Vor § 84 AMG Rn. 1, § 91 AMG Rn. 1); dies stellt § 91
AMG ausdrücklich klar. Obschon die Hürden der Geltendmachung derartiger Ansprüche deutlich erhöht sind, sind deliktische Ansprüche insoweit komfortabler, als
sie dem Geschädigten den Ersatz von Schadenspositionen eröffnen, die ihm das AMG
vorenthält (keine Haftungshöchstgrenzen, Schmerzensgeld). Umstritten ist, ob die
Deckungsvorsorgeverpflichtung nach § 94 AMG auch auf derart weitreichende,
konkurrierende Ansprüche bezogen werden kann; vgl. dazu unten Rn. 235 ff.

II. Amtshaftungsansprüche

Amtshaftungsansprüche (Art. 34 GG, § 839 BGB) werden im Zusammenhang **233**
mit der Entscheidung über die **Zulassung** eines Arzneimittels diskutiert. Dies

betrifft vor allem solche Fälle, in denen schuldhaft regelwidrig die Zulassung eines **nicht zulassungsfähigen Arzneimittels** erfolgt ist. Weil der Amtshaftungsanspruch neben der schuldhaften Amtspflichtverletzung und einer hierauf kausal beruhenden Schadensentstehung insbesondere auch voraussetzt, dass die verletzte Amtspflicht ihrem Schutzzweck nach drittbezogen ist, hängt die Beantwortung der Frage entscheidend davon ab, ob man geneigt ist, den Regeln zum arzneimittel-rechtlichen Zulassungsverfahren eine entsprechende **drittschützende Zweckrichtung** zuzuerkennen (ablehnend *Rehmann* § 25 AMG Rn. 26; anders *Kloesel/Cyran* § 25 AMG Nr. 189).

III. Ansprüche auf Versorgung nach § 60 IfSG

234   Erwähnenswert sind zudem Ansprüche auf Versorgung bei Impfschäden und bei Gesundheitsschäden durch andere Maßnahmen der spezifischen Prophylaxe nach § 60 IfSG (Gesetz zur Verhütung und Bekämpfung von Infektionskrankheiten beim Menschen vom 20. 7. 2000, BGBl. I S. 1045):

§ 60 Versorgung bei Impfschaden und bei Gesundheitsschäden durch andere Maßnahmen der spezifischen Prophylaxe

(1) [1] Wer durch eine Schutzimpfung oder durch eine andere Maßnahme der spezifischen Prophylaxe, die

1. *von einer zuständigen Landesbehörde öffentlich empfohlen und in ihrem Bereich vorgenommen wurde,*
2. *auf Grund dieses Gesetzes angeordnet wurde,*
3. *gesetzlich vorgeschrieben war oder*
4. *auf Grund der Verordnungen zur Ausführung der Internationalen Gesundheitsvorschriften durchgeführt worden ist,*

eine gesundheitliche Schädigung erlitten hat, erhält nach der Schutzimpfung wegen des Impfschadens im Sinne des § 2 Nr. 11 oder in dessen entsprechender Anwendung bei einer anderen Maßnahme wegen der gesundheitlichen und wirtschaftlichen Folgen der Schädigung auf Antrag Versorgung in entsprechender Anwendung der Vorschriften des Bundesversorgungsgesetzes, soweit dieses Gesetz nichts Abweichendes bestimmt. [2] Satz 1 Nr. 4 gilt nur für Personen, die zum Zwecke der Wiedereinreise in den Geltungsbereich dieses Gesetzes geimpft wurden und die ihren Wohnsitz oder gewöhnlichen Aufenthalt in diesem Gebiet haben oder nur vorübergehend aus beruflichen Gründen oder zum Zwecke der Ausbildung aufgegeben haben, sowie deren Angehörige, die mit ihnen in häuslicher Gemeinschaft leben. [3] Als Angehörige gelten die in § 10 des Fünften Buches Sozialgesetzbuch genannten Personen.

(2) bis (4) [...]

(5) [...] [2] Einem Impfschaden im Sinne des Satzes 1 steht die Beschädigung eines am Körper getragenen Hilfsmittels, einer Brille, von Kontaktlinsen oder von Zahnersatz infolge eines Impfschadens im Sinne des Absatzes 1 oder eines Unfalls im Sinne des Satzes 1 gleich.

(6) [...].

D. Deckungsvorsorge

235   Nach § 94 Abs. 1 S. 1 AMG hat der pharmazeutische Unternehmer dafür Vorsorge zu treffen, dass er seinen gesetzlichen Schadensersatzverpflichtungen nach §§ 84ff. AMG nachkommen kann. Der Erfüllung **konkurrierender Haftungstatbestände** (etwa nach allgemeinem Deliktsrecht) dient die Deckungsvorsorge-Verpflichtung zunächst nicht (so auch *Fuhrmann/Klein/Fleischfresser*, Arzneimittelrecht [2010], § 27 Rn. 131), obgleich entsprechende Vorsorgeverträge regelmäßig auch solche Haftungsansprüche abdecken (vgl. *Rehmann* § 94 AMG Rn. 1; *Dieners/Reese*, Handbuch des Pharmarechts [2010], § 13 Rn. 46). Dies folgt zum einen daraus, dass allein die Ersatzansprüche nach §§ 84ff. AMG ihrer Höhe nach begrenzt, hierdurch kalkulierbar und damit überhaupt auch versicherbar (vgl. § 94 Abs. 1 S. 3 Nr. 1 AMG) sind. Nicht zuletzt deshalb bestimmt § 94 Abs. 1 S. 2 AMG, dass die Deckungsvorsorge in Höhe der in § 88 S. 1 AMG genannten Haftungshöchstbeträge erbracht werden muss. Zum anderen darf nicht unberücksichtigt bleiben, dass die Erfüllung der Deckungsvorsorgeverpflichtung nach § 96 Nr. 19 AMG strafrechtlich abgesichert ist und sich also – der ultima-ratio-Stellung strafrechtlicher Ge- und Verbotsnormen folgend – allenfalls auf die Gewährleistung von Mindeststandards beziehen kann.

Die Deckungsvorsorge kann nach § 94 Abs. 1 S. 3 AMG durch den Abschluss **236** einer **Haftpflichtversicherung** oder durch Beibringung einer **Freistellungs- oder Gewährleistungsverpflichtung** eines Kreditinstituts (zur praktischen Bedeutungslosigkeit dieser Möglichkeit vgl. *Rehmann* § 94 AMG Rn. 2) erbracht werden.

Obwohl für die einschlägigen Versicherungsunternehmen **kein Kontrahie- 237 rungszwang** besteht (vgl. dazu *Fuhrmann/Klein/Fleischfresser*, Arzneimittelrecht [2010], § 27 Rn. 132 m. w. N.), hat sich ein funktionierender Versicherungsmarkt etabliert. Dieser basiert auf einem vom Bundesverband der pharmazeutischen Industrie und der Versicherungswirtschaft erarbeiteten Modell, nach dem das mit dem pharmazeutischen Unternehmer in versicherungsvertraglicher Beziehung stehende Versicherungsunternehmen einen Betrag i. H. v. EUR 5 Mio. selbst trägt und ein hierüber hinausgehendes Haftungsrisiko von einem Pharmapool aufgefangen wird (zu den Einzelheiten *Fuhrmann/Klein/Fleischfresser*, Arzneimittelrecht [2010], § 27 Rn. 133).

Gelingt es einem pharmazeutischen Unternehmer im Einzelfall nicht, einen **238** Haftpflichtversicherungsschutz in erforderlicher Höhe und zu wirtschaftlich akzeptablen Konditionen zu erlangen, befreit ihn dies nicht von seiner strafrechtlichen Verantwortung nach § 96 Nr. 19 AMG. Denn das arzneimittelrechtlich missbilligte Verhalten und damit auch der Anknüpfungspunkt der Strafdrohung ist nicht der mangelnde Abschluss eines solchen Vertrages, sondern vielmehr das ohne entsprechende Vorsorge erfolgte **Inverkehrbringen von Arzneimitteln**. Im Zweifel hat der pharmazeutische Unternehmer also hierauf zu verzichten, will er nicht in strafrechtlich relevanter Weise tätig werden.

Kap. 4. Ausgewählte Phänomenbereiche

Übersicht

I. Doping – Begriffsbestimmung und Ursprung

239   **1. Einführung.** Der Begriff des Doping ist abgeleitet von dem Zulu-Wort „Doop" (= berauschender Schnaps). Schon in der **Antike** wurden beim Wettkampfsport illegale Hilfsmittel genutzt, um der unliebsamen Konkurrenz auf unlautere Weise Herr zu werden. Überliefert sind Fälle von künstlicher Leistungssteigerung durch entsprechende Kräuter, Säfte oder Cremes (Doping-Substanzen im weiteren Sinne), Fälle von „Sportbetrug" und Bestechung (Einflussnahmen zur Erlangung der Startberechtigung oder ganz allgemein auf das Wohlwollen der Schiedsrichter, Manipulationen der Streckenführung), Fälle technischer und sonstiger Manipulationen (Ansägen von Wagenrädern, verfrühtes Öffnen von Tierkäfigen) und nicht zuletzt die schon fast altbacken anmutenden Fälle der Einflussnahme auf den körperlichen Zustand und das Leistungsvermögen der Konkurrenten selbst (Beibringen von Gift oder schlechtes Beinstellen). Neben der Steigerung der eigenen Leistungsfähigkeit stand dabei von jeher auch das Phänomen des sog. **Paradoping** (oder „negativen Dopings"), d.h. der Einsatz leistungshemmender Substanzen bei Mensch und Tier im Vordergrund unlauterer Aktivitäten.

240   Auf zahlreichen **Entdeckungsfahrten** in der Geschichte der Seefahrt sowie bei strapaziöser Feld- und Bergwerksarbeit wurden Sklaven mit Kokablättern, Kolanüssen, Betel und anderen Naturdrogen gedopt. Im Rahmen **kriegerischer Auseinandersetzungen** wurden Kampfflieger und Bodentruppen mit entsprechenden Substanzen zum Zwecke der Steigerung ihrer Aufmerksamkeit, ihrer Aggressivität und Ausdauer versorgt.

241   **2. Einteilung der Substanzen in Wirkstoffgruppen.** Doping ist der Gebrauch einer künstlichen Substanz oder Methode, die die Gesundheit der Athleten gefährden und/oder ihre sportliche Leistung steigern kann, oder die Anwesenheit einer solchen Substanz im Körper des Athleten oder die Feststellung des Gebrauches einer Methode verschleiert, die im Anhang des Antidopingcodes des Internationalen Olympischen Komitees aufgelistet ist. Da der Begriff des Dopings und die Umschreibung aller verbotenen Formen der Leistungssteigerung sich einer streng abstrakten Definition entziehen, wird vielfach auf Listen, Tabellen und Kataloge zurückgegriffen, die die aktuell verbotenen Verhaltensweisen und vor allem die verbotenen Wirkstoffe im Einzelnen aufzählen. Derartige **Verbotslisten** werden unter anderem durch die internationalen Sportverbände erstellt und häufig von den nationalen Sportorganisationen übernommen. Problematisch sind solche Verbotslisten vor allem deshalb, weil sie stets nur den aktuellen Stand der medizinischen und technischen Möglichkeiten und vor allem die zum jeweiligen Zeitpunkt verbreiteten Anwendungsgepflogenheiten abbilden. Sie sind häufig wenig fortschrittsoffen formuliert und fördern damit zugleich eine zweifelhafte Kreativität bei der schöpferischen Entwicklung von Umgehungsstrategien.

Dem deutschen **Gesetzgeber** ist es nur teilweise gelungen, sich der Anziehungskraft solcher Verbotslisten bei der strafrechtlichen Ausgestaltung von Verboten im Umgang mit Dopingmitteln zu entziehen. Während er sich für die Regelungen zur Strafbarkeit des Inverkehrbringens und der Anwendung von Arzneimitteln zu Dopingzwecken im Sport noch darauf beschränkt hat, auf die im Anhang des Übereinkommens gegen Doping (Gesetz vom 2. 3. 1994 zu dem Übereinkommen vom 16. 11. 1989 gegen Doping, BGBl. 1994 II S. 334) aufgeführten **Gruppen von verbotenen Wirkstoffen** und die dort aufgeführten **verbotenen Methoden** zu verweisen (vgl. § 6a Abs. 1 AMG), hat er zur Regelung der Besitzstrafbarkeit einen eigens hierfür entwickelten Anhang zu § 6a Abs. 2a AMG geschaffen, in dem die erfassten Arzneimittel und Wirkstoffe im Einzelnen aufgelistet sind und der vor dem Hintergrund der fortschreitenden medizinischen und technischen Entwicklung einer ständigen Anpassung bedarf (zur Kritik an der Regelungstechnik vgl. auch § 95 AMG Rn. 125 ff.). **242**

a) Übereinkommen gegen Doping vom 16. 11. 1989. Der Anhang zum **243** Übereinkommen gegen Doping vom 16. 11. 1989 (vgl. Gesetz vom 2. 3. 1994 zum Übereinkommen, BGBl. 1994 II S. 334) enthält die folgende Bezugsliste der pharmakologischen Gruppen von Dopingwirkstoffen und Dopingmethoden:

I. Gruppen von Dopingwirkstoffen
  A. Stimulantien
  B. Narkotika
  C. Anabole Steroide
  D. Beta-Blocker
  E. Diuretika
  F. Peptidhormone und entsprechende Wirkstoffe

II. Dopingmethoden
  A. Blutdoping
  B. Pharmakologische, chemische und physikalische Manipulation

III. Gruppen von Wirkstoffen, die bestimmten Einschränkungen unterliegen
  A. Alkohol
  B. Marihuana
  C. Lokalanästhetika
  D. Kortikosteroide

b) WADA-Liste verbotener Wirkstoffe und Methoden. Die am 10. 11. **244** 1999 auf der Basis der vom Internationalen Olympischen Komitee (IOC) im Februar 1999 einberufenen Welt-Anti-Doping Konferenz gegründete Welt-Anti-Doping-Agentur (World Anti-Doping Agency – **WADA**; http://www.wada-ama.org), die als unabhängige Agentur zu gleichen Teilen von Vertretern der Sportbewegung und internationalen Regierungen finanziert wird, widmet sich der wissenschaftlichen Forschung rund um das Phänomen des Dopings und überwacht insbesondere die Einhaltung des am 1. 1. 2004 in Kraft getretenen **World Anti-**

Doping Code, der harmonisierte Anti-Doping-Richtlinien enthält. Seither ist die WADA zuständig für die Vorbereitung und Veröffentlichung der alljährlich aktualisierten sog. WADA-Verbotsliste (Prohibited List), die bereits 1963 erstmals vom Internationalen Olympischen Komitee herausgegeben worden war.

245   Die **WADA-Verbotsliste** ist *der* internationale Standard zur Identifizierung verbotener Substanzen und Methoden. Sie differenziert nach einer Verwendung der betreffenden Substanzen und Methoden im Rahmen von sportlichen Wettkämpfen, beim Training und zudem nach einzelnen Sportarten; Wirkstoffe und Methoden werden dabei nach Kategorien klassifiziert. Die jährlich aktualisierte Liste wird bis zum 1. Oktober eines jeden Jahres veröffentlicht und tritt sodann zum 1. Januar des jeweiligen Folgejahres in Kraft.

246   Die aktuelle **WADA-Verbotsliste 2011** ist wie folgt aufgebaut:

    I. Jederzeit verbotene Substanzen und Methoden
       S0. Nicht zugelassene Substanzen
       S1. Anabolika
       S2. Peptidhormone, Wachstumshormone und verwandte Substanzen
       S3. Beta-2 Agonisten
       S4. Hormon-Antagonisten und Modulatoren
       S5. Diuretika und andere Maskierungsmittel
       M1. Erhöhung des Sauerstofftransfers
       M2. Chemische und physikalische Manipulation
       M3. Gendoping

    II. Im Wettkampf verbotene Wirkstoffe und Methoden
       S6. Stimulantien
       S7. Narkotika
       S8. Cannabinoide
       S9. Glukokortikoide

    III. Für bestimmte Sportarten verbotene Stoffe
       P1. Alkohol (bspw. Bogenschießen, Motorsport, Karate)
       P2. Beta-Blocker (bspw. Bogenschießen, Motorsport, Segeln, Skispringen)

II. Geschichte des Doping im Leistungssport

247   Nicht erst die Teilnehmer der **Olympischen Spiele der Antike** brachten den Göttern Opfer, tranken anregende Kräutergetränke, rösteten Samen von Rauschpflanzen, verzehrten Stierhoden und cremten ihre Körper mit Ölen ein, um ihre Leistungsfähigkeit zu steigern. Schon die **Eingeborenen** Südamerikas und Afrikas kauten COCA-, Betel- oder Khat-Blätter oder verzehrten Extrakte aus Baumfrüchten, Wurzeln und Baumrinde, um ihre körperliche Leistungsfähigkeit und ihre Ausdauer zu steigern.

248   **Sportliche Wettkämpfe** werden seit jeher von Betrugs- und Manipulationsversuchen begleitet. So wie eine Gesellschaft niemals ohne Kriminalität sein wird, wird es auch im Umfeld des Sports immer Betrug und insbesondere Doping geben. Bei der 1903 gegründeten Tour de France gab es von Anbeginn nicht nur Drogen- und Dopingmissbrauch; zum Einsatz kamen vielmehr auch sonstige unerlaubte Techniken (Einflößen von Schlaf- und Abführmitteln; Beibringen von Juckpulver; absichtliches Herbeiführen von Stürzen), mit denen die Konkurrenten zum Ausscheiden veranlasst oder gezwungen werden sollten.

249   Schon Ende des 19. Jahrhunderts wurden Morphin, Cocain oder Strychnin in Form von Speziallösungen und Salben von Radsportlern missbraucht; bekannt wurden etwa das „Elixir de Vitesse" und fragwürdige Champagnercocktails. Das **erste dopingbedingte Todesopfer** war bereits bei einem Radrennen in Frankreich 1886 zu beklagen; der englische Radrennfahrer *Arthur Linton* erlag bei der Fernfahrt Bordeaux-Paris der Einnahme einer Überdosis Trimethyl. Seither sind zahlreiche Radrennfahrer durch Dopingmittel ums Leben gekommen. Bei den Olympischen Spielen 1904 in Saint Louis/Missouri brach der amerikanische Sieger

des Marathonlaufs *Tom Hicks* im Ziel zusammen; er hatte Strychnin und Brandy zu sich genommen. Bei den Olympischen Spielen von 1960 starb der dänische Radrennfahrer *Knud Jensen* an einer Überdosis Amphetamin. Im Jahr 1966 wurden sodann die ersten Dopingkontrollen bei der Tour de France eingeführt: 6 Fahrer wurden überführt. Der 30-jährige Brite *Tom Simpson* fiel bei der Tour de France von 1967 an den Hängen des Mont Ventoux bei einer Überdosis Amphetamin tot von seinem Rad. 1968 brach der mit Pervitin® (N-Methylamphetamin) gedopte Boxer *Jupp Elze* im Kampf um die Mittelgewichts-Europameisterschaft tot im Ring zusammen und ging damit als **erstes deutsches Profi-Doping-Opfer** in die Sportgeschichte ein.

Anfang der 1980er Jahre gelang die synthetische Herstellung von EPO und wenig später des Wachstumshormons HGH. Besonderes Aufsehen erregte der Tod der damals 26-jährigen deutschen Siebenkämpferin *Birgit Dressel*, die nach Einnahme eines Arzneimittelcocktails (einer Auswahl von über 100 Medikamenten, darunter die Anabolika: Stanozolol und Clostebolacetat) am 10. 4. 1987 auf der Intensivstation der Mainzer Universitätskliniken an einem allergischen Schock starb. 1988 verstarb der damals 22-jährige Bobfahrer *Jens Ränger* nach Anabolikamissbrauch an akutem Herzversagen. **250**

Die Olympischen Spiele von 1988 in Seoul verdeutlichten einmal mehr, dass die Spitzensportler aller Welt die Grenzen menschlicher Leistungsfähigkeit längst erreicht hatten und die olympische Fortschrittparole: *citius, altius, fortius* (= noch schneller, noch höher, noch stärker) in vielen sportlichen Disziplinen nicht mehr mit Training allein, sondern nur noch durch künstliche Leistungssteigerung zu erfüllen ist. Als der kanadische Rekordsprinter *Ben Johnson* am 24. 9. 1988 in Seoul beim 100 m-Lauf das Ziel in einer legendären Zeit von 9,79 Sekunden erreichte und die Dopingkontrolle ergab, dass Johnson das wasserlösliche anabole Steroid Stanozolol eingenommen hatte, war der Skandal perfekt. Im Jahr 1989 wurden die Peptidhormone EPO und HGH auf die Dopingliste des IOC gesetzt. **251**

Im Jahr 1991 verstarb der ehemalige Schwimm-Europameister *Frank Pfütze* mit 32 Jahren an Herzversagen. Sein früher Tod wird der Einnahme leistungssteigernder Substanzen zugeschrieben. Gleiches gilt für die 1993 im Alter von 35 bzw. 48 Jahren verstorbenen deutschen Hammerwerfer *Detlef Gerstenberg* und *Uwe Beyer*. 1996 verstarb der Bodybuilding-Meister *Andreas Münzer* nach einem Auftritt in den USA im Alter von 31 Jahren an den Folgen eines jahrelangen Missbrauchs von Dopingsubstanzen. Der Deutsche Meister im Kugelstoßen *Ralf Reichenbach* starb 1998 im Alter von 47 Jahren den Dopingtod. Der Fußballer *Marc-Vivien Foé* aus Kamerun starb im Juni 2003 an (wahrscheinlich ebenfalls dopingbedingtem) Herzversagen. **252**

Im Juni 2003 starb der 23jährige Radprofi *Fabrice Salanson* am Vorabend der Deutschlandtour in Dresden; als Todesursache wurde plötzlicher Herztod diagnostiziert; Doping-Substanzen wurden bei der Obduktion freilich nicht gefunden (vgl. Spiegel-Online vom 6. 6. 2003 „Plötzlicher Herztod als Todesursache"). Im Februar 2004 verstarb der italienische Radsportler und Tour de France-Fahrer *Marco Pantani* an einer Überdosis Cocain. Im Oktober 2004 verstarb der US-Baseballstar *Ken Caminiti* nach Missbrauch von anabolen Steroiden. Zu weiteren spektakulären Doping-Fällen vgl. *Körner* BtMG/AMG, 6. Auflage 2007, Anh. DII. **253**

III. Erscheinungsformen des Doping

1. Heimliche Verabreichung von Anabolika in der DDR. Um verstärkt **254** Weltklasseleistungen und Erfolge des DDR-Sports bei internationalen Wettbewerben, insbesondere bei Olympischen Spielen sowie Welt- und Europameisterschaften zu ermöglichen, fasste die DDR-Leistungssport-Kommission (LSK) 1974 unter Leitung des Präsidenten des Deutschen Turn- und Sportbundes der DDR (DTSB), Leiter des DDR-Olympiakomitees, SED-Zentralkomiteemitglied und Gewährsmann von Politbüromitglied *Egon Krenz, Manfred Ewald* den Beschluss, DDR-Spitzensportler durch die systematische und flächendeckende Vergabe von Anabolika zum Sieg zu verhelfen.

255   In Konsequenz zu der Staatsstruktur wurde das Doping als staatliche Aufgabe zentral und straff organisiert (Staats-Doping). Der Sportmedizinische Dienst (SMD) wurde beauftragt, die Vergabe von Anabolika systematisch zu erforschen, zu planen und umzusetzen. Hierfür wurde die Arbeitsgruppe „Unterstützende Mittel" gegründet. Mit der zentralen Organisation des Dopings wurde das Ziel einer möglichst effektiven Steigerung der körperlichen Leistungsfähigkeit der Sportler durch Verabreichung pharmakologischer Mittel (zumeist Anabolika) verfolgt, die man zur Verschleierung als „Unterstützende Mittel" bezeichnete und die man den Sportlern als rote und blaue Vitaminpillen verabreichte.

256   Ärzte, Trainer und Forscher wurden zur absoluten Geheimhaltung verpflichtet. Sie wurden nicht nur über die Wirkungen und Nebenwirkungen, sondern auch in Verschleierungstechniken geschult. Die Anabolika wurden nicht in Originalpackungen mit Gebrauchsanweisung, sondern lose als Vitaminpillen oder Aufbaustoffe ausgehändigt. Die Abteilung XX I 3 des Ministeriums für Staatssicherheit der DDR (MfS) wurde fortlaufend über die Forschungsergebnisse des Forschungsinstitutes für Körperkultur und Sport in Leipzig (FKS) und über die Planungen und Vorgehensweisen des Sportmedizinischen Dienstes unterrichtet und überwachte auf Grund Komplex 08 des Staatsplanes Nr. 14.25 das staatliche Dopingprogramm des SED-Zentralkomitees. Im Volkseigenen Betrieb (VEB) Jenapharm wurden mehrere Versuchs-Anabolika der STS-Klasse (Steroid-Substanz) entwickelt, erprobt und produziert, so z.B. die Experimental-Steroidsubstanz 646 (*Spitzer*, VEB Jenapharm, FAZ vom 30. 6. 2000). Tabletten und Spritzen der sog. unterstützenden Mittel wie Oral-Turinabol wurden zum großen Teil in Jena produziert. Nach Schätzungen des Potsdamer Sporthistorikers *Spitzer* über die Dopingpraxis in der DDR waren von 1972–1990 3000 Trainer, Sportärzte, Forscher, Manager und Mitarbeiter damit befasst, die 10–20.000 betroffenen Sportler mit Doping-Mitteln auszustatten (*Spitzer*, Doping in der DDR, Ein historischer Überblick, Forschungsbericht im Auftrag des Sportausschusses des Deutschen Bundestages beim Bundesinstitut für Sportwissenschaften (BISp) [1998]).

257   Seit 1974 wurde die Leistungssteigerung von Hochleistungssportlern mittels unterstützender Mittel systematisch vom Sportmedizinischen Dienst (SMD) der DDR betrieben. Grundlage war die 1975 entworfene „Ordnung für unterstützende Mittel". Diese Richtlinie wurde alle zwei Jahre überarbeitet und enthielt die Namen und Bedingungen der im Programm befindlichen Spitzensportler.

258   Für den Fall ihres Bekanntwerdens lag eine diese Praxis rechtfertigende Verlautbarung bereit: Hochleistungssport sei kein Gesundheitssport, sondern eine temporäre, außergewöhnliche berufliche Belastung, die man nur mit Medikamenteneinsatz überstehen könne. Trainingsausfälle führten im Hochleistungssport zu schweren gesundheitlichen Folgen, die man den Sportlern in jedem Fall ersparen müsse. Eine kontrollierte Anabolika-Vergabe sei daher geeignet, sowohl die Leistungsfähigkeit als auch die Gesundheit der Sportler zu erhalten.

259   Die Anabolika-Vergabe fand in einem besonderen staatlich gesteuerten Verteilungssystem statt. Die Ausgabe der meist blauen Testosteron-Pillen an Sportärzte bedurfte einer Genehmigung höchster Stellen.

260   Die gesundheitlichen Belange der betroffenen Sportler wurden dabei den mit der Hochleistungssportförderung verfolgten politischen Zielsetzungen untergeordnet. Bei minderjährigen Sportlern im Alter von 11–16 Jahren war ihre Nichtinformation – wie die ihrer Eltern – gerade auch zum Zweck möglichst effektiver Geheimhaltung vorgesehen.

261   Es war bekannt, dass die Einnahme von Anabolika gerade bei jungen Sportlerinnen teils gravierende, unter Umständen sogar irreversible Nebenwirkungen mit sich bringen kann (Stimmvertiefung, vermehrte Körperbehaarung, Akne, Wachstumsretardierung, Leberschäden und Herzerkrankungen). Zahlreiche geschädigte Sportlerinnen hatten an derartigen Nebenwirkungen zu leiden. Bei den Einen war die Mitteleinnahme mindestens mitursächlich für signifikante Stimmvertiefungen, bei verschiedenen Frauen ferner für passagere Schädigungen der Leber oder für eine stark virilisierende Behaarung, bei anderen Frauen auch für einen sehr viel später diagnostizierten gutartigen Lebertumor. Bei ca. 10–15% der mit Anabolika oder anderen unerlaubten Mitteln gedopten Athletinnen kam es zu Gesundheitsschäden. Die Kugelstoß-Europameisterin *Heidi Krieger*, die seit ihrem 16. Lebensjahr mit männlichen Hormonen gedopt wurde, unterzog sich 1994 einer Geschlechtsumwandlung und heißt heute *Andreas Krieger* (vgl. Spiegel-online, vom 30. 5. 2000, DDR-Doping – „Eine Heidi Krieger ist mir fremd"). Auch bei männlichen Leistungssportlern kam es zur sog. Gynäkomastie (Brustwachstum), zu Herzbeschwerden und dergleichen mehr.

Zahlreiche mysteriöse Todesfälle jugendlicher Leistungssportler blieben weitgehend ungeklärt. In den Jahren 1984 bis 1988 ereigneten sich 5 bis 10 Todesfälle allein bei Sportlern in der Altersgruppe zwischen 10 und 20 Jahren. 1973 verstarb der 16-jährige Magdeburger Schwimmer *Jörg Sievers* (vgl. *Seppelt/Schück*, Anklage: Kinderdoping [1999]). 1985 verstarb die 15-jährige Rodlerin *Cornelia S.* (vgl. *Spitzer*, aaO und FAZ v 27. 12. 1999). 1986 verstarb der 15-jährige Skispringer *Jörg S.* aus Zella-Mehlis. **262**

Im August 1998 verurteilte das *Landgericht Berlin* (512–8/98) einen früheren Schwimmtrainer und zwei Sportärzte wegen ihrer Beteiligung am systematischen Doping im DDR-Sport wegen medizinisch nicht indizierter Verabreichung männlicher Sexualhormone (Testosteron-Tabletten) an minderjährige Schwimmerinnen zur Leistungssteigerung wegen vorsätzlicher Körperverletzung bzw. Beihilfe zur Körperverletzung zu hohen Geldstrafen. Gegen zwei weitere geständige Schwimmtrainer wurde das Verfahren gegen Zahlung einer Geldbuße eingestellt. Im Dezember 1998 verurteilte das *Landgericht Berlin* einen 56-jährigen Chefarzt und Sportarzt wegen der Verabreichung männlicher Sexualhormone an mindestens neun minderjährige Schwimmerinnen zu einer Geldstrafe von 180 Tagessätzen zu je 80 DM (vgl. *BGH* NJW 2000, 1506 ff. = NStZ 2000, 252). **263**

Am 22. 12. 1999 verurteilte das *Landgericht Berlin* drei ehemalige DDR-Sportfunktionäre, die in 48, 62 bzw. 67 Fällen angeblich harmlose blaue Vitaminpillen an minderjährige Schwimmerinnen verabreicht hatten, zu einer Freiheitsstrafe von 1 Jahr unter Strafaussetzung zur Bewährung. Die geschädigten Schwimmerinnen hatten infolge der staatlich verordneten Hormongaben eine tiefere Stimme, die Ausbildung einer umfangreicheren Körperbehaarung, eine Zurückbildung der Brüste, erhebliche Hormonstörungen und insgesamt eine erhebliche Virilisierung erlitten. **264**

Die 38. Große Strafkammer des *Berliner Landgerichts* verurteilte den damals 74-jährigen, von 1961–1988 amtierenden Präsidenten des Deutschen Turn- und Sportbundes der DDR am 18. 7. 2000 wegen Beihilfe zur Körperverletzung in 20 Fällen zu 22 Monaten Freiheitsstrafe unter Strafaussetzung zur Bewährung. Der mitangeklagte seinerzeit 66-jährige Sportarzt, damals stellvertretender Leiter des Sportmedizinischen Dienstes, erhielt 18 Monate Freiheitsstrafe mit Bewährung. Zur Finanzierung der DDR-Doping-Analytik vgl. *Teichler*, Schalck-Golodkowski und der Sport – Dopinganalytik aus Mitteln des Häftlingsfreikaufs, DA 2010, 625 ff. **265**

2. Weitere Doping-Skandale. Zu Doping-Fällen im US-Leichtathletiksport, zum Dopingstreitfall um *Thomas Springstein*, zum Festina-Dopingskandal bei der Tour de France 1998, zum Fall *Dieter Baumann*, zum EPO-Skandalfall *Conconi*, zur Dopingaffäre in Belgien [2003], zum Fall BALCO-Chemie [2003], zum COFIDIS-Blutdoping-Skandal [2003], zum Doping-Skandal bei den Olympischen Spielen 2004 in Athen, zum Doping-Skandal bei den Olympischen Winterspielen 2006 in Turin, zum Blutdoping-Fall *Fuentes* [2006] und zum Doping-Skandal beim Team Telekom [2007] ausführlich *Körner* BtMG, 6. Auflage 2007, Anh. DII. **266**

3. Doping im Tiersport. Auch das Dopen von Tieren, insbesondere von Rennpferden, ist im Sport weit verbreitet. **Rennpferde** werden durch Dopingmittel künstlich zu Spitzenleistungen angespornt. Kampfstiere und Kampfhunde werden mit Dopingmitteln zu erhöhter Angriffslust getrieben. Zucht- und Masttiere werden wie Bodybuilder extrem mit Muskeln versehen und im Wachstum künst- **267**

lich gefördert (vgl. *Faber*, Doping als unlauterer Wettbewerb und Spielbetrug [1972], S. 179 ff.).

268 Auch das Tierantihustenmittel Ventipulmin® mit dem Wirkstoff Clenbuterol, das Tieranabolikum Ganabol®, das Dopingmittel Spiropent® mit Clenbuterolhydrochlorid, das Dopingmittel (für Rennpferde) Finaject® werden zur Leistungssteigerung und zur Muskelbildung bei Tieren missbraucht.

269 Die Anwendung von Dopingmitteln bei Tieren kann unter den Voraussetzungen des § 3 Nr. 1 b TierSchG als **Ordnungswidrigkeit** nach § 18 Abs. 1 Nr. 4 TierSchG verfolgt werden.

270 **4. Doping im Freizeitsport.** Anabolika sind aber nicht nur die Instrumente einer gnadenlosen Vermarktung sportlicher Superleistungen, sondern auch Ausdruck einer Gesellschaft, die den Sport und das körperliche Erscheinungsbild immer mehr in den Vordergrund stellt. So greifen Frauen und Männer, Mädchen und Jungen vermehrt zu Kosmetika und muskelaufbauenden Präparaten, um in ihrem Traumbild körperlicher Schönheit möglichst nahe zu kommen. Im ganzen Land sind Bodybuilding-Center entstanden, die sich gleichzeitig zu illegalen Verkaufsstellen von anabolen Stereoiden entwickelt haben. Nach neueren amerikanischen Untersuchungen haben zwischen 10 und 38% der Schüler im Alter bis zu 15 Jahren schon Kontakt mit muskelbildenden Substanzen, insbesondere Anabolika eingeräumt. Rund um das Thema Doping hat sich ein Markt entwickelt, der nicht nur in den USA, sondern auch in der Bundesrepublik Deutschland Millionengewinne verspricht.

271 Der Dopingmittelmissbrauch ist inzwischen auch unter Freizeitsportlern im Fitnessbereich weit verbreitet (*Kujath/Boos et al.*, Medikamentenmissbrauch bei Freizeitsportlern im Fitnessbereich, DÄrzteBl. 1998, 774 ff.). Schätzungen zufolge besuchen ca. 3,5 Millionen Bürger etwa 5.500 Sportstudios und Bodybuildingcenter. Etwa 100.000 von ihnen helfen bei dieser Körperkultur mit anabolen Steroiden nach. Frankfurt hat sich in Deutschland zu einer weltweiten Drehscheibe für den illegalen Dopingmittelhandel entwickelt. Nach den Untersuchungen von *Kujath/Boos et al.*, DÄrzteBl. 1998, 774 ff., gaben die Konsumenten von Dopingdrogen folgende Bezugsquellen an: 56% erhielten die Dopingdrogen von Bekannten (Mitsportler etc.), 12% von ihrem Trainer, 16% vom Apotheker, 14% vom Arzt. Nur 31% der Konsumenten ließen ihre Medikamenteneinnahme ärztlich kontrollieren. Es hat sich eine regelrechte Underground-Literatur entwickelt, in der Doping-Mittel empfohlen werden und ihr Gebrauch beschrieben wird; die ständige Verfügbarkeit des Internet hat diese Entwicklung weiter forciert. Per E-Mail lassen sich sogar Anabolika bestellen. Das Internet darf zwischenzeitlich sicherlich als einer der wesentlichen Umschlagplätze für Dopingsubstanzen angesehen werden. Zum Problem des Dopings im Breitensport vgl. auch *König*, Paternalismus im Sport, in: Grenzen des Paternalismus [2010] S. 270 f.

272 **5. Neuro-Enhancement („Gehirn-Doping").** Doch Doping ist nicht nur ein Problem des Sports. Zahlreiche Künstler: Maler, Jazzmusiker, Filmschauspieler, Schriftsteller, Conferenciers und Animateure arbeiteten fieberhaft unter Drogen und steigerten damit ihre Erlebnis- und Leistungsfähigkeit. Das am weitesten verbreitete Aufputschmittel: **Captagon®** wurde bis zu seiner Unterstellung unter das BtMG in Massen von Prostituierten konsumiert. Schon seit Jahrhunderten kauen die südamerikanischen Indianer Cocablätter zur Steigerung ihrer Leistungsfähigkeit. Mit Pervitin® hielt man die deutschen Kampfflieger im Zweiten Weltkrieg wach. Mit Amphetaminen dopte man die japanischen Kamikazepiloten vor ihren Selbstmordstürzen auf US-Kriegsschiffe. Im Ersten Weltkrieg wurde den deutschen Kampffliegern Cocain-, Coffein- und Adrenalinspritzen verabreicht. Bodentruppen, Kampfflieger und Bomberpiloten erhielten im Zweiten Weltkrieg Amphetamine (PEPP-Pillen bzw. Panzerschokolade = Benzedrin plus Pervitin®). Mit Betäubungsmitteln dopte man die amerikanischen Soldaten im Vietnamkrieg.

273 Das sog. **Neuro- oder Cognitive Enhancement** (umgangssprachlich auch „Gehirn-Doping"; vgl. zum Begriff *Repantis*, in: Die Verbesserung des Menschen, 2009, S. 63 ff.; *Kunz* MedR 2010, 471, 472 f., dieser auch zu der Frage, ob Neuro-Enhancer als unzulässige Mittel im Sinne des Prüfungsrechts einzustufen sind; dazu auch *Bublitz*, Doping-Kontrollen im Staatsexamen?, ZJS 2010, 306 ff.; vgl. auch *Lindner*, „Neuro-Enhancement" als Grundrechtsproblem, MedR 2010, 463) ist also keine bloße Modeerscheinung; gleichwohl geben aktuelle Studien Anlass zur Sorge: Eine im Jahr 2008 durchgeführte Umfrage unter 1.400 Lesern des englischsprachigen naturwissenschaftlichen Magazins *Nature* ergab, dass rund 20 Prozent der Teilnehmer bereits einmal konzentrationssteigernde Medikamente eingenommen hatten oder gar regelmäßig dazu greifen (vgl. *Repantis*, a. a. O. und *Kunz*, a. a. O.).

Von Bedeutung sind in diesem Kontext insbesondere die Wirkstoffe **Me-** **274** **thylphenidat (Ritalin®), Modafinil, Citalopram, Fluoxetin und Paroxetin**, obschon die Wirksamkeit bei Einnahme durch Gesunde bislang nicht hinreichend belegt ist (vgl. *Bublitz*, a. a. O. 307 f.; dazu auch *Kunz*, a. a. O. 474 f.).

Ethische, soziokulturelle und neuropsychiatrische Aspekte des Neuro-Enhan- **275** cement werden derzeit im Rahmen des durch das Bundesministerium für Bildung und Forschung geförderten Forschungsprojekts „Normalität, Normalisierung und Enhancement in den Neurowissenschaften" der Johannes Gutenberg-Universität Mainz untersucht.

Der Gesetzgeber ist berufen, die weitere wissenschaftliche Ergründung des Phä- **276** nomens und der Wirkzusammenhänge der einschlägigen Substanzen auf den gesunden Organismus aufmerksam zu verfolgen. Spätestens mit der Entwicklung spezifischer Neuro-Enhancing-Substanzen dürfte sich die Nachfrage nach leistungssteigernden Mitteln – trotz ethischer und gesundheitlicher Bedenken – dramatisch erhöhen und legislative Lenkungsmanöver provozieren. Blinder Aktionismus ist hier freilich fehl am Platz; es gilt vielmehr vorbereitet zu sein. Ob indessen die Einführung eines Straftatbestandes zum Schutz der mentalen Selbstbestimmung (dazu *Merkel* ZStW 2009, 919 ff.) erforderlich sein wird, darf bezweifelt werden. Zum Umgang mit „Doping am Arbeitsplatz" vgl. *Flammann* AuA 2010, 412 ff.

IV. Lösungsansätze und Strategien der Doping-Bekämpfung

1. Doping-Kontrollen. Zur wirksamen Bekämpfung des Dopingmissbrauches **277** gehören unter anderem (1) personell und technisch gut ausgestattete Dopingkontrollinstitute, (2) polizeilicher und staatsanwaltschaftlicher Sachverstand und entsprechende Sonderkommissionen, (3) wirksame Strafbestimmungen, (4) häufige und unangemeldete Kontrollen nicht nur beim Wettkampf sondern insbesondere auch beim Training.

a) Grundlagen. Ein sauberer, manipulationsfreier Sport und ein fairer Wett- **278** kampf gehören nicht nur zur olympischen Idee, sondern sind richtungsweisende Grundgedanken eines friedlichen menschlichen Zusammenlebens. Ohne Fairness und einen Grundbestand an Regeln sind Privat- und Berufsleben, Wirtschaft und Politik aber auch der Sport in ihrer Existenz bedroht. Doping unterwandert den Sport wie die Korruption die Wirtschaft. Der deutsche Sportärztebund hat sich in den Jahren 1952, 1966, 1970, 1977 und 1989 immer wieder eindeutig gegen Doping ausgesprochen. Vgl. auch die Empfehlungen des wissenschaftlichen Beirates der Bundesärztekammer zum Doping im Sport aus dem Jahr 1990 – DÄrzteBl 1990, 953 ff)

Vom Ziel einer weltweiten Zusammenarbeit bei der Bekämpfung des Doping **279** im Sport bestimmt war die auf der Grundlage der Europäischen Charta gegen Doping erarbeitete und von der I. Ständigen Weltkonferenz gegen Doping vom 26. bis 29. 6. 1988 in Ottawa angenommene „Internationale Olympische Charta gegen Doping im Sport". Die II. Weltkonferenz der für Sport zuständigen Minister in den Mitgliedstaaten der UNESCO vom 22. bis 25. 11. 1988 in Moskau hat die weltweite Annahme der Internationalen Olympischen Charta empfohlen.

Unter Zugrundelegung dieser Empfehlungen und Absprachen wurde das Euro- **280** päische Übereinkommen gegen Doping im Sport von der 6. Europäischen Sportministerkonferenz des Europarates vom 21. Mai bis 1. Juni 1989 in Reykjavik verabschiedet. Es trat am 1. März 1990 in Kraft, nachdem fünf Staaten ihre Zustimmung erklärt hatten, durch das Übereinkommen gebunden zu sein (Art. 15 Abs. 1 i. V. m. Art. 14). Seit 1990 gibt es in den USA den Anabolic Steroids Control Act, der die Abgabe von Anabolika mit Geldstrafe und Freiheitsstrafe bis zu 5 Jahren bedroht. Die Bundesrepublik Deutschland hat das Übereinkommen am 27. Mai 1992 in Straßburg unterzeichnet und am 11. 3. 1994 im Gesetzblatt veröffentlicht. In Deutschland schufen der Deutsche Sportbund (DFB) und das Nationale Olympische Komitee (NOK) eine Antidoping-Kommission (ADK), die sich vor allem um die Organisation der Dopingkontrollen kümmerte, das deutsche Doping-Kontroll-System (DKS) im sportlichen Wettkampf und im Training entwickelte und vertraglich ein Unternehmen mit der Durchführung der Dopingkontrollen beauftragte (Durchführungsrichtlinien). Diese verdienstvolle Einrichtung hatte aber im Antidopingkampf den Nachteil einer starken Abhängigkeit von den Sportverbänden und von staatlichen Stellen. Das Internationale Olympische Komitee (IOK) gründete 1999 nach langen Auseinandersetzungen die WADA (World Anti Doping Agency) mit Sitz in Montreal und rief die Mitgliedsländer auf, nationale Antidoping-Agenturen (NADAs) einzurichten und den Antidopingkampf nach einheitlichen Kriterien zu gestalten.

281   In Deutschland wurde am 15. 7. 2002 die rechtlich und finanziell selbstständige Nationale Antidoping-Agentur (NADA) in Bonn in der Rechtsform einer Stiftung gegründet, die nicht nur Trainings- und Wettkampfkontrollen zu organisieren hat, sondern sich zudem um präventive und repressive Wege der Antidopingbekämpfung kümmert.

282   **b) Durchführung.** Jeder Athlet, der von einem Dopingkontrolleur überprüft wird, muss 100 ml Urin abliefern, 60 ml für die A-Probe und 40 ml für die B-Probe. Diese Proben werden in Spezialbehältern transportiert und kühl gelagert. Zeigt die A-Probe ein positives Ergebnis, so wird später die B-Probe zur Bestätigung untersucht. Die A-Probe wird vielfach portioniert und mit dem Gaschromatographen auf die verschiedensten Substanzgruppen hin untersucht. Wird das Ergebnis der Untersuchung der A-Probe später nicht durch die die B-Probe bestätigt, so gilt der Nachweis des Einsatzes von Dopingsubstanzen als nicht erbracht.

283   **2. Kooperation mit Strafverfolgungsbehörden.** Der von der Nationalen Anti Doping Agentur Deutschland (NADA; http://www.nada-bonn.de) herausgegebene **Nationale Anti Doping Code** enthält spezifische Vorschriften zur Zusammenarbeit mit den staatlichen Strafverfolgungsbehörden. Hiernach gilt Folgendes:

„14.2 Meldung staatlicher Ermittlungsbehörden

Die für das Ergebnismanagement zuständige Anti-Doping-Organisation sowie die NADA sind nach Ausübung pflichtgemäßen Ermessens befugt, soweit ein Verstoß gegen das Strafgesetzbuch, das Arzneimittel- oder Betäubungsmittelgesetz auf Grund Vorliegens eines von der Norm abweichenden Analyseergebnisses oder eines anderen möglichen Verstoßes gegen Anti-Doping-Bestimmungen nicht auszuschließen ist [...] den Namen des betroffenen Athleten, seinen gewöhnlichen Aufenthaltsort, die Substanz, die zu dem von der Norm abweichenden Analyseergebnis geführt hat oder die Art des anderen möglichen Verstoßes gegen Anti-Doping-Bestimmungen sowie weitere relevante Informationen der zuständigen Staatsanwaltschaft oder dem Bundeskriminalamt zu melden.

Ungeachtet dessen hat die für das Ergebnismanagement zuständige Anti-Doping-Organisation sowie die NADA die Verpflichtung, bei auf Grund von Hinweisen von Athleten, Athletenbetreuern oder anderen Personen begründeten hinreichendem Verdacht auf einen Verstoß gegen das Arznei- oder Betäubungsmittelgesetz oder das Strafgesetzbuch die jeweilige Person zur Anzeige zu bringen.“

284   Diese Passage enthält eine eindeutige Regelung zur Zusammenarbeit von Sport und Justiz. Allerdings prüfen die Verbände den hinreichenden Verdacht. Die Rege-

lungen zur Zusammenarbeit finden nur Anwendung auf Mittel, die Stoffe der Verbotsliste (WADA-Verbotsliste) sind.

Das NADA-Regelwerk ist für alle nationalen Sportfachverbände und Landes- **285** sportbünde verbindlich, die eine vertragliche Vereinbarung (Trainingskontrollvereinbarung) mit der NADA abgeschlossen haben (grundsätzlich alle Sportverbände, auch der DFB).

3. Anti-Doping-Gesetzgebung in Deutschland und Europa. Vorreiter in **286** der Anti-Doping-Gesetzgebung war zunächst **Frankreich**, das im Jahr 1965 das erste Anti-Doping-Gesetz Europas in Kraft setzte. Das Gesetz wurde 1989 reformiert und insbesondere die Beschaffung und Verabreichung von Dopingmitteln unter Strafe gestellt; die konsumierenden Sportler blieben freilich straffrei. Gleichwohl hat Frankreich seine Vorreiterrolle längst an die nordischen Staaten Europas abgetreten: Nirgendwo in Europa findet eine so gezielte Verfolgung von Dopingvergehen statt wie in **Norwegen, Schweden, Dänemark** und **Finnland**, die in einem gemeinsamen Anti-Dopingprojekt unter Einbindung von Polizei und Zoll den Handel mit Doping-Substanzen zu bekämpfen suchen. Grundlage sind die nationalen Dopingmittel-Verbotsgesetze (1991/1993).

Im Kampf gegen das Doping haben auch Belgien, Griechenland und Spanien **287** ihre Vorschriften massiv verschärft. In **Italien** ist selbst der Konsum von Dopingsubstanzen strafbar; Frankreich hat den Besitz – unabhängig von der betroffenen Menge – unter Strafe gestellt (*Parzeller et al.*, Rechtsvergleich der strafrechtlichen Normen und der strafprozessualen Verfolgung des Dopings im Leistungs- und Spitzensport in Deutschland, Italien, Frankreich, Schweiz und Spanien, in: BISp-Jahrbuch – Forschungsförderung 2009/10, S. 319).

Der **deutsche Gesetzgeber** hat insoweit nachgezogen, als er durch das Achte **288** Änderungsgesetz zum Arzneimittelgesetz das **Inverkehrbringen** von Arzneimitteln zu Dopingzwecken verboten und in § 95 Abs. 1 Nr. 2a AMG unter Strafe gestellt hat. Auf der Grundlage des Gesetzes zur Verbesserung der Bekämpfung des Dopings im Sport vom 25. 10. 2007 (BGBl. I S. 2510) ist mit Wirkung vom 1. 11. 2007 nunmehr zudem der **Besitz nicht geringer Mengen** von Arzneimitteln zu Dopingzwecken im Sport strafbar, sofern das Doping bei Menschen erfolgen soll, § 95 Abs. 1 Nr. 2b AMG.

4. Selbstreinigungskräfte des Sports. So wirksam die Kontrollmaßnahmen **289** des Sports bei einzelnen Spitzensportlern auch greifen mögen, die Sportverbände sind wegen ihrer besonderen Interessen an sportlichen Erfolgen und an einer Organisation und Finanzierung des Spitzensports zu stark betroffen, als dass sie in der Lage wären, den Dopinghandel und Dopingschmuggel vorbehaltlos zu bekämpfen und der Verführung von Sportlern zum Einsatz von Dopingsubstanzen sowie dem Besitz von Dopingmitteln durch Trainer, Manager, Sportärzte, Sportler und Sponsoren Einhalt zu gebieten.

Den Verantwortlichen fehlen die notwendigen Mittel der Sachverhaltsaufklärung **290** (Durchsuchung, Beschlagnahme, längerfristige Observation, Einsatz technischer Mittel, Telefonüberwachung, Einsatz von V-Leuten und verdeckter Ermittler). Sie müssen sich darauf beschränken, Dopingkontrollen durchzuführen, Personen vorzuladen und zu befragen, sofern diese denn überhaupt antworten wollen. Gegen fantastische Einlassungen, Beweismanipulationen, Gefälligkeitsgutachten, Krankheitsatteste und ähnliche Manipulationen ist der Sport selbst nahezu machtlos. Nicht zuletzt deshalb scheint die Forderung nach einer Kronzeugenregelung für ertappte Leistungssportler (so etwa *Wüterich/Breucker*, Plädoyer für eine Kronzeugenregelung zur Dopingbekämpfung, SpuRt 2002, 133 ff.) auf allseits offene Ohren zu treffen. Zwar erscheint es durchaus als möglich, hierdurch vor allem die Verbindungen der betroffenen Sportler zu ihren illegalen Bezugsquellen, zu Sportärzten, Trainern und Managern offen zu legen. So wichtig die Erhellung des Dunkelfeldes und die Verfolgung der Hinterleute auch ist, der Sport selbst wäre jedoch mit einer Kronzeugenregelung gnadenlos überfordert (*Körner*, Kronzeugen-Regelung zur Dopingbekämpfung nur durch die Justiz, SpuRt 2002, 226 ff., *Kör-*

ner, Wenn Sportverbände die Arbeit von Justiz und Polizei übernehmen – Widerspruch gegen eine Kronzeugenregelung im Sanktionensystem der Sportverbände [2002]; *Körner,* Dopingkriminalität: Mit der Taschenlampe im Dunkelfeld, Kriminalistik 2003, 102 f.; *Jahn,* Ein neuer Straftatbestand gegen eigenverantwortliches Doping? – Anmerkungen aus strafprozessualer Sicht, SpuRt 2005, 141 ff.). Eine beschränkte Kronzeugenregelung (Aufklärungsgehilfe) entsprechend § 31 BtMG im Geltungsbereich des AMG wäre wesentlich hilfreicher. Während sich die Sportler mit Dopingkontrollen wenigstens überprüfen und mit Sperren belegen lassen, sind die Sportverbände gegenüber Dopingmittel besitzenden Trainern, Beratern, Vereins- oder Verbandsvorsitzenden, Sportärzten, Sponsoren nahezu wehrlos. Schnittstellen zwischen Sport- und Strafjustiz bestehen kaum.

291   Der Umstand, dass gleichwohl noch immer einzelne Politiker und Sportfunktionäre an der Überzeugung festhalten, der Sport könne das Dopingproblem schon allein in den Griff bekommen, ist entweder Ausdruck einer bloßen – vorrangig um den Ruf und das Ansehen des Spitzensports bemühten – Bekämpfungsrhetorik oder eine Art realitätsentrückte Religion, nach der jedenfalls nicht sein kann, was nicht sein darf. Dahinter steht allzu oft das vermeintliche Schreckensbild von einer flächendeckenden Kriminalisierung des Sports. Die Angst von Sportfunktionären, staatliche Strafverfolgungsbehörden könnten mit überraschenden und zudem unverhältnismäßigen Maßnahmen die Eintracht im deutschen Sport stören, ist ungebrochen und verhindert bislang erfolgversprechende Entwicklungen.

292   Jeder neue Doping-Skandal macht indes deutlich, dass die Selbstreinigungskräfte des Sports jedenfalls nicht ausreichen, das Doping-Problem im Spitzensport endgültig in den Griff zu bekommen. Dass die Angst vor einer flächendeckenden Kriminalisierung in jedem Fall unbegründet ist, belegen die Erfahrungen im Umgang mit Betäubungsmitteldelikten.

293   Auch die vielbeschworene Schwächung der Sportgerichtsbarkeit kann vermieden werden, wenn klare Kompetenzverteilungen und eine vertrauensvolle Zusammenarbeit Platz greifen. *De lege ferenda* wären **Auskunfts- und Mitteilungspflichten** wünschenswert, die freilich über eine **Prioritäts- oder Prädominanzklausel** limitiert werden sollten: Überführte Sportler könnten so der sportgerichtlichen Verantwortung überlassen bleiben; der Justiz wären die Fälle zu überantworten, in denen eine Gefährdung Dritter im Raum steht oder handfeste wirtschaftliche Aspekte dominieren (wie etwa beim Besitz nicht geringer Mengen von Dopingmitteln – vgl. § 95 Abs. 1 Nr. 2 b AMG). Die Regelung der Nr. 14.2 des von der *NADA* herausgegebenen Nationalen Anti-Doping Code (vgl. oben Rn. 283) weist tendenziell in die richtige Richtung.

294   **5. Strafverfolgung.** Bei den Erörterungen neuer Strafvorschriften treffen regelmäßig zwei Fronten aufeinander: die einen, die die Ausarbeitung neuer Vorschriften für zwingend erforderlich halten und die anderen, die solches unter allen Umständen verhindern wollen. Eine objektive Debatte wird hierdurch erheblich be- oder gar verhindert. Zudem besteht die nicht zu unterschätzende Gefahr, dass – um des lieben Friedens willen – im Kompromisswege einzelne kaum praktikable und vor allem unzureichende Vorschriften entstehen, die im Ergebnis nicht zielführend sind – Wasser auf die Mühlen der Vertreter des Verweigerungslagers.

295   Die Gegner neuer Vorschriften tragen nicht nur **verfassungsrechtliche Bedenken** vor, wonach a) das Strafrecht stets *ultima ratio* sein müsse, b) Willkürverbot und Verhältnismäßigkeitsgrundsatz entgegenstünden und schließlich c) Art. 2 Abs. 1 GG die Handlungsfreiheit garantiere und damit auch das Grundrecht des Einzelnen, sich selbstbestimmt für oder gegen Risiko und Selbstschädigung entscheiden zu können (differenzierend *Greco,* Zur Strafwürdigkeit des Selbstdopings im Leistungssport, GA 2010, 622 ff.). Sie bestreiten, dass die Volksgesundheit und die Leistungsfähigkeit des Gesundheitssystems strafrechtliche Schutzgüter seien, die durch „den guten Prinzen Strafrecht" vor Schaden bewahrt werden könnten. So wie die Benutzung von nicht zugelassenen Spoilern im Motorsport oder die Benutzung vorschriftswidriger Spikes beim Sprintwettbewerb nicht unter Kriminalstrafe stünden, bestünde auch kein Bedürfnis danach, die Gesellschaft vor dem dopenden Sportler zu schützen. Dem kann nicht beigepflichtet werden: Wer gesundheits- und lebensgefährliche Anabolika mit Spoilern im Motorsport vergleicht, dem sind die Gesundheitsgefahren von Doping-Substanzen nicht vertraut. Nicht anders als im Betäubungsmittelrecht rechtfertigt das Rechtsgut der Volksgesundheit strafrechtliches Einschreiten auch im Arzneimittelrecht. Wer angesichts der zahlreichen dopingbedingten Todesfälle und der weitreichenden Gesundheitsschäden durch den Einsatz von Anabolika in der DDR noch Zweifel an der **Sozialschädlichkeit von Dopingdrogen** äußert, verharmlost nicht nur, sondern verschließt die Augen vor der Realität.

Auf der Grundlage des Gesetzes zur Verbesserung der Bekämpfung des Dopings **296** im Sport vom 25. 10. 2007 (BGBl. I S. 2510) ist mit Wirkung vom 1. 11. 2007 nunmehr der **Besitz nicht geringer Mengen** von Arzneimitteln zu Dopingzwecken im Sport strafbar, sofern das Doping bei Menschen erfolgen soll, § 95 Abs. 1 Nr. 2b AMG. Die Botschaft, die von dieser Norm ausgeht, ist freilich nicht unproblematisch, denn sie könnte als falsches Signal missverstanden werden: *„Mit einer kleinen oder normalen Menge darf man dopen. Verboten und strafbar wird die Angelegenheit erst dann, wenn die nicht geringe Menge überschritten ist."* Es bleibt abzuwarten, ob das Phänomen Doping damit endgültig den Weg zum Kavaliersdelikt angetreten hat. Wünschenswert wäre es gleichwohl, den Besitz von Dopingmitteln – unabhängig von der jeweiligen Menge – zu verbieten und unter Strafe zu stellen.

Nach den Erfahrungen aus den jüngsten Doping-Skandalen und aus dem Staats- **297** doping in der ehemaligen DDR ist deutlich geworden, dass die Initiative zum Dopen häufig nicht von dem Sportler, sondern von einem Unterstützerumfeld (Trainer, Betreuer, Sportärzte, Sponsoren, Vereins- oder Verbandsfunktionäre) ausgeht. Deshalb bedarf es eines besonderen Straftatbestandes, der für das Verführen und Verleiten zum Dopen eine besondere Strafe androht.

Zur Bekämpfung des Phänomens Doping mit den Mitteln des Strafrechts und **298** insbesondere zur Legitimation strafrechtlichen Vorgehens vgl. ergänzend *Valerius*, Zur Strafbarkeit des Dopings de lege lata und de lege ferenda, in FS für Rissing-van Saan [2011], S. 717 ff.; siehe auch *Glocker*, Die strafrechtliche Bedeutung von Doping – De lege lata und de lege ferenda [2009].

Zur Harmonisierung der Dopingbekämpfung auf EU-Ebene vgl. *Kornbeck*, Do- **299** pingbekämpfung: Harmonisierungspotential durch die EU nach Inkrafttreten des Vertrages von Lissabon?, MschrKrim 2010, 198 ff.; dazu auch *Mansdörfer*, Das europäische Strafrecht nach dem Vertrag von Lissabon – oder: Europäisierung des Strafrechts unter nationalstaatlicher Mitverantwortung, HRRS 2010, 11.

6. Entwurf eines Bundes-Sportschutzgesetzes. Mit dem Entwurf eines **300** Bundes-Sportschutzgesetzes ist zuletzt das Bundesland Bayern in Vorlage getreten, nachdem es bereits 2006 den Entwurf eines Anti-Doping-Gesetzes im Bundesrat eingebracht hatte (vgl. dazu *König*, Paternalismus im Sport, in: Grenzen des Paternalismus [2010] S. 275 f.).

Der Referentenentwurf [2009] beschreibt dabei zunächst die aktuelle Situation **301** rund um das Doping-Problem wie folgt: *„Trotz erhöhter Anstrengungen der Sportverbände sowie des Gesetzgebers ist es bislang nicht gelungen, das Dopingproblem effektiv zurückzudrängen. Auch aus dem Sport wird unter Hinweis auf spezifische Anti-Doping-Gesetze in anderen Staaten daher vermehrte Unterstützung durch den Staat eingefordert. Verwiesen wird vorrangig darauf, dass den staatlichen Behörden Zwangsbefugnisse und Ermittlungsmaßnahmen zu Gebote stünden, über die der Sport nicht verfüge. Das gelte umso mehr, als beim Vertrieb von Dopingmitteln netzwerkartige Strukturen festgestellt worden seien. Es sei darüber hinaus angezeigt, gegen den Sportler, der der Nachfrager nach Dopingmitteln sowie Dopingmethoden und damit eine Zentralgestalt des Geschehens sei, mit spezifischen strafrechtlichen Handhaben vorzugehen. Die Glaubwürdigkeit des Sports leidet zudem unter den Wett- und Manipulationsskandalen der jüngeren Vergangenheit. Manipulationen im Sport rütteln an den Grundfesten des sportlichen Wettkampfes, da die Unvorher-*

sehbarkeit des Ausgangs seine Basis ist und der Wettkampf hieraus seinen besonderen Reiz gewinnt."

302   Ausgehend hiervon verfolgt der Referentenentwurf einen umfassenden sportschützenden Ansatz. Er sieht unter anderem erweiterte Strafvorschriften gegen den Vertrieb und die Abgabe von Dopingmitteln, Verbrechenstatbestände für gewerbs- und bandenmäßiges Handeln, eine Strafbarkeit der Anwendung von Dopingmethoden bei anderen, die Strafbarkeit des Besitzes und der Besitzverschaffung von Dopingmitteln, die Schaffung eines Vorfeldtatbestandes des „Sportbetrugs", die Schaffung eines Tatbestandes der Bestechlichkeit und Bestechung im Sport sowie – in strafprozessualer Hinsicht – Maßnahmen der Telekommunikationsüberwachung für bestimmte schwere Straftaten vor. Materiell–rechtlich interessant sind dabei vor allem die folgenden Vorschriften:

303   § 1 Definitionen

(1) Doping ist die Anwendung, Aufnahme, Injektion oder Einnahme eines Dopingmittels im Sinne des Absatzes 2 oder die Anwendung einer Dopingmethode im Sinne des Absatzes 3, sofern dies im Einzelfall anderen Zwecken als der Behandlung von Krankheiten dient und bei Menschen erfolgt oder erfolgen soll.

(2) Als Dopingmittel im Sinne dieses Gesetzes gelten die in der Anlage zu diesem Gesetz aufgeführten Stoffe und Zubereitungen.

(3) Als Dopingmethoden im Sinne dieses Gesetzes gelten die im Anhang des Übereinkommens gegen Doping (Gesetz vom 2. März 1994 zu dem Übereinkommen vom 16. November 1989 gegen Doping, BGBl. 1994 II S. 334) in der jeweiligen Fassung aufgeführten Methoden zur Erhöhung des Sauerstofftransfers sowie die dort beschriebene nicht therapeutische Anwendung von Zellen, Genen, Genelementen oder der Regulierung der Genexpression (Gendoping).

(4) Das Bundesministerium für Gesundheit wird ermächtigt, im Einvernehmen mit dem Bundesministerium des Inneren durch Rechtsverordnung mit Zustimmung des Bundesrates weitere Stoffe oder Zubereitungen aus Stoffen im Sinne von Absatz 2 oder Methoden im Sinne von Absatz 3 zu bestimmen, soweit dies geboten ist, um eine unmittelbare oder mittelbare Gefährdung der Gesundheit von Menschen durch Doping zu verhüten.

(5) Als sportlicher Wettkampf im Sinne dieses Gesetzes gilt nur ein sportlicher Wettkampf, an dem Sportler ihres Vermögensvorteils wegen teilnehmen.

304   § 4 Straftaten

(1) Mit Freiheitsstrafe bis zu fünf Jahren oder mit Geldstrafe wird bestraft, wer

1. mit Dopingmitteln (§ 1 Abs. 2) zu Dopingzwecken im Sport Handel treibt, sie, ohne Handel zu treiben, einführt, ausführt, veräußert, abgibt oder sonst in den Verkehr bringt,
2. Dopingmittel (§ 1 Abs. 2) zu Dopingzwecken im Sport verschreibt, verabreicht oder zum unmittelbaren Verbrauch überlässt,
3. einem anderen die Gelegenheit zum Erwerb oder zur Abgabe von Dopingmitteln (§ 1 Abs. 2) zu Dopingzwecken im Sport verschafft oder gewährt, eine solche Gelegenheit öffentlich oder eigennützig mitteilt oder einen anderen zum Verbrauch solcher Dopingmittel zu Dopingzwecken im Sport verleitet oder
4. Dopingmittel (§ 1 Abs. 2) zu Dopingzwecken im Sport sich zu verschaffen unternimmt oder besitzt.

(2) Ebenso wird bestraft, wer eine Dopingmethode im Sinne des § 1 Abs. 3 zu Dopingzwecken im Sport bei einem anderen anwendet oder einen anderen dazu verleitet, dass er eine solche Dopingmethode an sich vornehmen lässt.

(3) In den Fällen des Absatzes 1 Nr. 1, 2, 3 und des Absatzes 2 ist der Versuch strafbar.

(4) Mit Freiheitsstrafe nicht unter einem Jahr wird bestraft, wer

1. in den Fällen des Absatzes 1 Nr. 1, 2, 3 oder des Absatzes 2 gewerbsmäßig oder als Mitglied einer Bande handelt, die sich zur fortgesetzten Begehung solcher Taten zusammengeschlossen hat,

2. in den Fällen des Absatzes 1 Nr. 1, 2, 3 oder des Absatzes 2 einen anderen in die Gefahr des Todes oder einer schweren Schädigung an Körper oder Gesundheit bringt oder

3. Dopingmittel (§ 1 Abs. 2) zu Dopingzwecken im Sport an Personen unter 18 Jahren abgibt, verabreicht, diesen Personen zum unmittelbaren Verbrauch überlässt oder diese Personen zum Verbrauch solcher Dopingmittel zu Dopingzwecken im Sport verleitet oder in den Fällen des Absatzes 2 gegenüber Personen unter 18 Jahren handelt.

(5) In minder schweren Fällen des Absatzes 4 ist die Strafe Freiheitsstrafe von sechs Monaten bis zu zehn Jahren.

(6) Handelt der Täter in den Fällen des Absatzes 1 oder 2 fahrlässig, so ist die Strafe Freiheitsstrafe bis zu einem Jahr oder Geldstrafe.

§ 5 Sportbetrug
305

(1) Wer an einem sportlichen Wettkampf (§ 1 Abs. 5) teilnimmt und dabei ein Dopingmittel im Sinne des § 1 Abs. 2 oder eines seiner Metabolite oder Marker im Körper hat, wird mit Freiheitsstrafe bis zu fünf Jahren oder mit Geldstrafe bestraft. Satz 1 gilt nicht, wenn das Dopingmittel, der Metabolit oder der Marker aus der bestimmungsgemäßen Einnahme eines für einen konkreten Krankheitsfall verschriebenen Arzneimittels herrührt.

(2) Ebenso wird bestraft, wer nach Anwendung einer Methode zur Erhöhung des Sauerstofftransfers (§ 1 Abs. 3) an einem sportlichen Wettkampf (§ 1 Abs. 5) teilnimmt. Satz 1 gilt nicht, wenn die Anwendung der Methode nach ärztlicher Erkenntnis wegen eines konkreten Krankheitsfalles angezeigt gewesen ist.

(3) Der Versuch ist strafbar.

(4) In besonders schweren Fällen ist die Strafe Freiheitsstrafe von sechs Monaten bis zu zehn Jahren. Ein besonders schwerer Fall liegt in der Regel vor, wenn

1. sich die Tat auf einen Vermögensvorteil großen Ausmaßes bezieht oder
2. der Täter gewerbsmäßig oder als Mitglied einer Bande handelt, die sich zur fortgesetzten Begehung von Straftaten nach §§ 4 oder 5 zusammengeschlossen hat.

§ 6 Bestechlichkeit und Bestechung im Sport
306

(1) Wer als Teilnehmer, Trainer eines Teilnehmers oder Schiedsrichter eines sportlichen Wettkampfes (§ 1 Abs. 5) einen Vorteil für sich oder einen Dritten als Gegenleistung dafür fordert, sich versprechen lässt oder annimmt, dass er das Ergebnis oder den Verlauf eines sportlichen Wettkampfes in unlauterer Weise beeinflusse, wird mit Freiheitsstrafe bis zu fünf Jahren oder mit Geldstrafe bestraft.

(2) Ebenso wird bestraft, wer einem Teilnehmer, Trainer eines Teilnehmers oder Schiedsrichter eines sportlichen Wettkampfes (§ 1 Abs. 5) einen Vorteil für diesen oder einen Dritten als Gegenleistung dafür anbietet, verspricht oder gewährt, dass er das Ergebnis oder den Verlauf eines sportlichen Wettkampfes in unlauterer Weise beeinflusse.

(3) Die Absätze 1 und 2 gelten auch für Handlungen in einem ausländischen Wettkampf.

(4) In besonders schweren Fällen ist die Strafe Freiheitsstrafe von sechs Monaten bis zu zehn Jahren. Ein besonders schwerer Fall liegt in der Regel vor, wenn

1. sich die Tat auf einen Vermögensvorteil großen Ausmaßes bezieht oder
2. der Täter gewerbsmäßig oder als Mitglied einer Bande handelt, die sich zur fortgesetzten Begehung solcher Taten zusammengeschlossen hat.

§ 7 Erweiterter Verfall und Einziehung
307

(1) § 73 d des Strafgesetzbuches ist anzuwenden in den Fällen des § 4 Abs. 4 Nr. 1, des § 5 unter den in § 5 Abs. 4 Satz 2 Nr. 2 bezeichneten Voraussetzungen und des § 6 unter den in § 6 Abs. 4 Satz 2 Nr. 2 bezeichneten Voraussetzungen.

(2) Gegenstände, auf die sich eine Straftat nach den §§ 4 bis 6 bezieht, können eingezogen werden. § 74 a des Strafgesetzbuches ist anzuwenden.

308   Der Entwurf hat durchaus (freilich nicht uneingeschränkt) Zustimmung verdient. Ob es – angesichts des Umstandes, dass die in der Anlage zum Gesetzentwurf aufgeführten Stoffe und Zubereitungen jedenfalls auch als Arzneimittel im Sinne des AMG einzustufen sind – tatsächlich eines **eigenständigen Sportschutzgesetzes** bedarf, wird man füglich bezweifeln dürfen, obgleich dieser Ansatz ersichtlich dem Ziel geschuldet ist, quasi „mit einem Streich" auch noch andere unliebsame Erscheinungsformen moderner Manipulationsmöglichkeiten im Spitzensport den Garaus zu machen.

309   Kritikwürdig ist zudem, dass auch der Referentenentwurf nicht darauf verzichtet, eine umfassende Liste verbotener Stoffe und Zubereitungen in Bezug zu nehmen und sich damit dem technischen und vor allem medizinischen Fortschritt mindestens insoweit verschließt, als der Anhang einer regelmäßigen **Evaluierung und Anpassung** bedarf, um auch künftigen Produktentwicklungen einschlägiger Pharma-Produzenten hinreichend gerecht werden zu können. Das Bestimmtheitsgebot nötigt hierzu jedenfalls nicht. Keineswegs einfacher, aber sicherlich mutiger wäre es daher an dieser Stelle gewesen, pharmakologisch verwandte Stoffe und Zubereitungen unter den Aspekten eines gemeinsamen Wirkstoffs oder einer vergleichbaren Wirkungsweise zu gruppieren und die so gebildeten Gruppen zum Anknüpfungspunkt einer Definition der Dopingmittel zu machen (so etwa § 6 Abs. 2 S. 1 AMG).

310   Diskussionsbedürftig ist nicht zuletzt auch die Frage nach einem **gemeinsamen Rechtsgut** (vgl. nur *Greco*, Zur Strafwürdigkeit des Selbstdopings im Leistungssport, GA 2010, 622 ff.), das sämtliche erfassten Tatbestände zu einer Einheit verbindet, sofern man nicht gänzlich auf ein solches gemeinsames Fundament verzichten und sich hierdurch den „Ausweg" zur Entscheidung von Zweifelsfragen von vornherein versperren möchte.

311   Vgl. zur Kritik am Ansatz „Sportschutzgesetz" auch *Wegmann*, Entwurf zum Sportschutzgesetz: ja – aber richtig!, CaS 2010, 242 ff.; *Kudlich*, Sportschutzgesetz – Pro und Contra. Contra: Argumente gegen ein Sportschutzgesetz, SpuRt 2010, 108 f. sowie *König*, Sportschutzgesetz – Pro und Contra, Pro: Argumente für ein Sportschutzgesetz, SpuRt 2010, 106 f. In ihrer Antwort auf die Kleine Anfrage der SPD-Fraktion (BT-Drs. 17/6530) zur „Bedeutung des Sports in der Politik der Bundesregierung" vom 20. 7. 2011 (BT-Drs. 17/6672) hat diese eine erneute Prüfung der Einführung eines „Sportbetrug"-Tatbestandes als Instrument gegen Doping, Korruption und andere Formen der Manipulation sportlicher Wettkämpfe abgelehnt. Die Frage sei bereits im Jahr 2007 ausführlich diskutiert worden; die Mehrheit der Experten habe sich seinerzeit – vor allem im Hinblick auf Schwierigkeiten bei der Bestimmung eines Schutzgutes – gegen die Einführung eines solchen Straftatbestandes ausgesprochen, heißt es in der Begründung. Im Übrigen hätten jüngere strafgerichtliche Verurteilungen gezeigt, dass die bestehenden Vorschriften ausreichend seien.

312   **7. Prävention.** *Zuck* (Doping, NJW 1999, 831 ff.) verweist darauf, dass Doping elementarer Bestandteil der Sportunterhaltungsindustrie ist und ist skeptisch, ob der Kampf gegen Doping in einem Klima von Kommerz, Korruption und Heuchelei überhaupt gewonnen werden kann. Geld und Ehrgeiz seien stärker als die Bemühungen um Chancengleichheit, Fairness und die Gesundheit der Sportler. Weil die Täter letztlich immer davon ausgingen, einer strafrechtlichen Verfolgung entgehen zu können, zweifelt er die Wirksamkeit von Verboten und hierauf basierenden strafrechtlichen Sanktionen an. Verbotslisten und Strafnormen seien vielmehr sogar Anreiz dafür, die Suche nach unverfänglichen Substanzen und Methoden zu intensivieren. Die Kritik ist überzogen; Kapitulation ist keine Lösung.

313   Obschon die staatlichen Stellen stets nur die Spitze des Eisbergs zu Gesicht bekommen, kann die exemplarische Verfolgung schwerwiegender Dopingdelikte doch zur Einhaltung strafbewehrter Verbotsvorschriften beitragen. Doping ist ein **komplexes soziokulturelles Phänomen** und **Symptom eines gesellschaftlichen Umgangs mit „Sport"**, der sich längst vom Idealbild gesundheitsfördernder Körperertüchtigung – ganz im Sinne der lateinischen Wurzeln (*disportare* = sich zerstreuen) – entfernt hat und vielmehr zu einem Industriezweig mutiert, in dem Milliardenbeträge umgesetzt werden und in dem die Gesundheit des Sportlers allenfalls den Wert einer Ware hat. Neben strafrechtlichen Sanktionen sind vor allem präventive Ansätze gefragt. **Aufklärung und Ächtung** sind die Schlüssel. Nachdem die Grenzen menschlicher Leistungsfähigkeit längst erreicht und ausgelotet sind, gilt es, den eigentlichen Antrieb für sportliche Auseinandersetzungen und den dahinter stehenden Sinn neu zu entdecken. Gelingt dies nicht, werden verantwortungsvolle Eltern ihren talentierten Kindern künftig kaum mehr zu einer sportlichen Karriere raten können.

8. Amnestie. Nach jeder Lebensbeichte wird regelmäßig die Frage diskutiert, **314** ob man nicht – im Falle eines Geständnisses – mit einer General-Amnestie einen dopingfreien Neu-Anfang begünstigen könnte. Diese Vorstellung basiert auf einer Illusion. Leistungsmanipulationen gibt es seit Jahrhunderten und es wird sie auch in Zukunft geben. Eine flächendeckende Amnestie wäre ein Beleg für Kapitulation, bedeutet Ungerechtigkeit und würde den Trend zur Wiederholung nur verstärken. Die Strafprozesse, mit denen das Staatsdoping in der ehemaligen DDR aufgearbeitet wurde, hatten eine wichtige sportethische, eine general- und spezialpräventive Funktion. Deshalb scheint eine gesetzliche Kronzeugen-Regelung im Einzelfall der deutlich bessere Weg zu sein, wenn und weil der Sportler über sein eigenes Fehlverhalten hinaus das kriminelle Umfeld aufdeckt. Eine Strafandrohung, die durch ein faktisches Vollzugsdefizit überlagert wird, verliert jede abschreckende Wirkung.

9. Freigabe von Doping-Drogen. Weder Dopingkontrollen noch strafrecht- **315** liche Sanktionen sind für sich genommen geeignet, Gerechtigkeit und Fairness im sportlichen Wettkampf zu oktroyieren. Positive Dopingproben sind – nicht zuletzt aufgrund mannigfaltiger Umgehungsmöglichkeiten – ein Produkt des Zufalls. Nicht selten wird deshalb die Freigabe von Doping-Drogen diskutiert (vgl. etwa *Weis/Baron et al.*, Doping. Warum wir über die Freigabe reden müssen, Sports 1992). Andererseits können Todesfälle von dopenden Sportlern nicht als Tribut an den Leistungssport, als Folgen chronischer Selbstschädigung ehrgeiziger Leistungssportler hingenommen werden. Wir brauchen vielmehr einen humanen Leistungssport ohne Drogen. Diese Einsicht wird aber nur durch einen Überzeugungswandel und mithilfe von Aufklärung durch die Sportverbände wachsen. Wenn selbst renommierte Spitzensportler zu den Befürwortern einer Doping-Freigabe zählen, scheint der letzte Rest an Sportethik längst verspielt zu sein. Die Konsequenz wäre freilich das Gegenteil von Chancengleichheit. Denn der Einsatz von Doping-Drogen wäre unumgängliche Voraussetzungen für die erfolgreiche Teilnahme am sportlichen Wettstreit: eine Riesen-Chance für die Pharma-Industrie und zugleich das Todesurteil für den Spitzensport. Maßgeblich wäre letztlich nicht mehr die beste sportliche Leistung, sondern die beste Form der künstlichen Leistungssteigerung. Der eigentliche Wettkampf würde (endgültig) verlagert **von der Aschenbahn in die sterile Umgebung eines Doping-Labors.** Unbedingter Widerstand in Sachen Doping-Freigabe ist daher erforderlich, geht es doch um die Frage, ob die Gesellschaft noch die Kraft besitzt, ihre Grundwerte zu verteidigen.

B. Pharma-Marketing und Leistungssteuerung durch finanzielle Anreize

Übersicht

I. Pharma-Marketing

316   Unter dem Stichwort „Korruption im Gesundheitswesen" wird unter anderem die Strafbarkeit von Ärzten und Apothekern im Rahmen des sog. **Pharmamarketing** diskutiert (zu den strafrechtlichen Risiken der Zusammenarbeit zwischen Pharmaindustrie und Ärzten vgl. *Krais* PharmR 2010, 513; *Warntjen/Schelling* PharmR 2010, 509). Problematisch sind dabei insbesondere solche geldwerten Zuwendungen von Pharmaunternehmen an niedergelassene Vertragsärzte, die im Zusammenhang mit der Verordnung von **Fertigarzneimitteln** stehen, weil sich „kick-back"-Zahlungen – aufgrund der Preisbindung für solche Arzneimittel (vgl. § 78 AMG i. V. m. den Vorschriften der AMPreisV, BGBl. I 1980, 2147; hierzu *Rehmann* AMG § 78) – auf Seiten der gesetzlichen Krankenkassen nicht als Vermögensschaden niederschlagen und deshalb eine Strafbarkeit wegen Betruges oder Untreue ausscheidet (vgl. *Schneider* HRRS 2010, 241, 243 f.). Da mithin eine Bestrafung der betreffenden Ärzte allenfalls unter dem Gesichtspunkt der Bestechlichkeit im geschäftlichen Verkehr nach § 299 StGB in Betracht kommt, steht die Frage nach der **„Beauftragten"-Eigenschaft** der betreffenden Kassenärzte, mit deren Bejahung zugleich strafrechtliche Vorwürfe gegen die Verantwortlichen der betreffenden Pharmaunternehmen im Raum stehen, im Fokus der wissenschaftlichen Auseinandersetzung (dafür *Pragal* NStZ 2005, 133; anders *Geis* wistra 2005, 369; *ders.* wistra, 2007, 361; *Klötzer* NStZ 2008, 12; *Reese* PharmR 2006, 92; *Eggerts/Klümper* A&R 2010, 211; vgl. auch *Fischer* § 299 Rn. 10 ff. m. w. N.; *Dieners* PharmR 2010, 613).

317   Das *OLG Braunschweig* hat den niedergelassenen Vertragsarzt mit Beschluss vom 23. 2. 2010 (NStZ 2010, 392 = PharmR 2010, 230 = StV 2010, 365; zust. *Schmidt* NStZ 2010, 393 ff.; vgl. dazu auch *Dannecker* GesR 2010, 281; *Sobotta* GesR 2010, 281) – freilich nur *obiter dictu* – als **Beauftragten der Krankenkassen** eingestuft und sich zur Untermauerung seiner Einschätzung unter anderem auf einen Beschluss des *BGH* (BGHSt. 49, 17 = NStZ 2004, 266 = StV 2004, 422; abl. *Reese* PharmR 2006, 92) zur Vermögensbetreuungspflicht niedergelassener Ärzte gegenüber den gesetzlichen Krankenkassen nach § 266 StGB berufen (dagegen *Schneider* StV 2010, 366). Obgleich die Entscheidung durchaus Ansatz zur Kritik bietet (siehe nur *Eggerts/Klümper* A&R 2010, 211; *Krais* PharmR 2010, 513, 515 f.; *Mosiek* jurisPR-MedizinR 5/2010 Anm. 1; *Schneider* StV 2010, 366; vgl. auch *Brockhaus/Dann et al.* wistra 2010, 418 ff., die mit Blick auf das Bestimmtheitsgebot nach Art. 103 Abs. 2 GG vor allem die Erfüllung des Tatbestandsmerkmals „Bezug von Waren" in Abrede stellen), dürfte sie sowohl die Unsicherheit der an derartigen Geschäften Beteiligten als auch das Risiko ihrer strafrechtlichen Verfolgung faktisch erheblich erhöht haben. Zu den Konsequenzen der Entscheidung des *OLG Braunschweig* im Hinblick auf **Marketingaktivitäten gegenüber Apothekern** vgl. *Warntjen/Schelling* PharmR 2010, 512 f.

318   Der *Bundesgerichtshofs* hatte sich bislang nur mit der Frage der Untreue im Zusammenhang mit umsatzbezogenen Rückvergütungen für den sog. „Praxisbedarf" befasst (vgl. *BGH* NStZ 2004, 568 = wistra 2004, 422 = MedR 2004, 613). Nunmehr liegt ihm eine Revision der *Staatsanwaltschaft Verden (Aller)* vor, deren Antrag im selbständigen Verfallverfahren durch das Landgericht verworfen worden war. Vor dem Hintergrund der bisherigen Diskussion durchaus überraschend, hat der *3. Strafsenat* des Bundesgerichtshofs nunmehr den **Großen Senat für Strafsachen** angerufen und ihm mit Beschluss vom 5. 5. 2011 (3 StR 458/10 = NJW-Spezial 2011, 4723 = BeckRS 2011, 10129) die Frage vorgelegt, ob der **Vertragsarzt** im Hinblick auf eine mögliche Strafbarkeit wegen Beteiligung am sog. Pharmamarketing im Rahmen der Behandlung gesetzlich Versicherter als **Amtsträger im Sinne des § 11 Abs. 1 Nr. 2 Buchst. c StGB** einzustufen ist, mit der Folge, dass die Beteiligten wegen Vorteilsannahme bzw. Vorteilsgewährung, Bestechlichkeit oder Bestechung nach den **§§ 331 ff. StGB** bestraft werden könnten. Die Beantwortung der Frage nach der Beauftragteneigenschaft des Vertragsarztes wäre hiernach von zweitrangiger Bedeutung. Die Entscheidung des Großen Senats für Strafsachen lag bei Redaktionsschluss noch nicht vor.

Weil sich der Fokus der Strafverfolgungsbehörden – nicht erst seit dem Urteil **319** des *OLG Braunschweig* – künftig in verstärktem Maße auf die Akteure moderner Pharmamarketing-Methoden richten wird, dürften die **Verhaltens-Kodizes** der Organisationen der **Freiwilligen Selbstkontrolle** (vgl. etwa den FSA-Kodex „Fachkreise" vom 16. 2. 2004, BAnz Nr. 76, S. 8732, den FSA-Kodex „Patienten-organisationen" vom 13. 6. 2008, BAnz Nr. 109, S. 2684 des Freiwillige Selbst-kontrolle für die Arzneimittelindustrie e. V. [www.fs-arzneimittelindustrie.de]; AKG-Verhaltenskodex vom 7. 4. 2008, BAnz Nr. 59, S. 1465 des Arzneimittel und Kooperation im Gesundheitswesen e. V. [www.ak-gesundheitswesen.de]) an Bedeutung gewinnen. Ob Kodex-konformes Verhalten einer strafrechtlichen Wür-digung standhält, ist und bleibt allerdings eine Frage des Einzelfalles. Freilich dürfte die Beachtung der entsprechenden Normen das Strafbarkeitsrisiko erheblich min-dern. Der Einwand der Kodex-Konformität einschlägiger Tathandlungen erfordert in jedem Fall eine vertiefte Auseinandersetzung mit dem subjektiven Tatbestand und die Prüfung etwaiger Irrtumskonstellationen.

Die Träger der **privaten Krankenversicherung** sind nicht in die Vertragsab- **320** wicklung zwischen Arzt und Patient eingebunden. Im Gegensatz zur gesetzlichen Krankenversicherung sind die Versicherten vielmehr gehalten, die von ihnen ver-auslagten Kosten im Wege der Rückerstattung geltend zu machen. Ausgehend hiervon kommt eine Strafbarkeit nach § 299 StGB in diesem Kontext jedenfalls nicht in Betracht (*Eggerts/Klümper* A&R 2010, 212).

II. Leistungssteuerung durch finanzielle Anreize

Vorschriften zu Informationen und Werbung im Arzneimittelsektor enthält auch **321** die **Richtlinie 2001/83/EG** des Europäischen Parlaments und des Rates vom 6. 11. 2001 zur Schaffung eines Gemeinschaftskodexes für Humanarzneimittel (ABl. L 311 vom 28. 11. 2001, S. 67). Insbesondere die Regelung des Art. 94 Abs. 1 der Richtlinie schließt es dabei aus, im Rahmen der „**Verkaufsförderung für Arzneimittel**" den zu ihrer Verschreibung oder Abgabe berechtigten Perso-nen Prämien, finanzielle oder materielle Vorteile zu gewähren, anzubieten oder zu versprechen, soweit diese nicht lediglich von geringem Wert und für die medizini-sche oder pharmazeutische Praxis von Belang sind.

Einerseits liegt das *OLG Braunschweig* (vgl. oben Rn. 317) damit zumindest **322** wertungsmäßig auf der Linie der europäischen Vorgaben; andererseits bedeutet dies nicht, dass **finanzielle Anreize** im Kontext der Verschreibung und/oder Abgabe von Arzneimitteln und Generika gänzlich vom Tisch wären. Vielmehr hat der *EuGH* mit Urteil vom 22. 4. 2010 (EuZW 2010, 473 = PharmR 2010, 283 = DÖV 2010, 565 Ls.; zur *Penner* ZESAR 2010, 435 ff.; vgl. dazu auch *Huß-mann* A&R 2010, 129 f.; *Schmidt* AB 2010, 16) entschieden, dass die Regel-ung des Art. 94 Abs. 1 der Richtlinie 2001/83/EG nicht für solche finan-ziellen Vorteile fruchtbar gemacht werden kann, die staatliche Gesundheitsbe-hörden zum Zwecke der Kosteneinsparung im Gesundheitswesen gewähren. Art. 94 Abs. 1 der Richtlinie betreffe Maßnahmen der „Verkaufsförderung für Arzneimittel" und sei damit schon seinem Wortlaut nach primär an die Pharma-industrie, daneben auch an von den Interessen des Herstellers oder Vertreibers unabhängige Dritte (vgl. dazu *EuGH* EuZW 2009, 428 = PharmR 2009, 277 = DÖV 2009, 539 [Damgaard]), jedenfalls aber nicht an **nationale Gesundheits-behörden** gerichtet, die damit betraut seien, Einsparpotentiale der nationalen Gesundheitssysteme auszuloten (gegen eine uneingeschränkte Übertragbarkeit der Entscheidung auf die deutschen **gesetzlichen Krankenkassen** mit Blick auf deren Status als Körperschaften des öffentlichen Rechts *Hußmann* A&R 2010, 129 f.; anders *Penner* a. a. O., S. 440, der finanzielle Anreize der „Krankenkassen" unabhängig von Statusfragen vom Anwendungsbereich der Richtlinie ausnehmen will).

323   Jenseits der Frage nach der rechtlichen Zulässigkeit derartiger Eingriffe in den Arzneimittelmarkt bleibt freilich mindestens zweifelhaft, ob die gesetzlichen Krankenkassen zum Zwecke der Kostensenkung auf ein Marktinstrument setzen sollten, das der Pharmaindustrie aus Verbraucher-/Patientenschutzerwägungen und also mit guten Gründen (vgl. auch *GA Jääskinen*, Schlussanträge Rs. C-92/09) aus der Hand geschlagen ist.

III. Rabatte im Arzneimittelhandel

324   Dazu *BGH* NJW 2010, 3721 = MedR 2010, 282 [*„Unser Dankeschön für Sie"*] m. Anm. *Sökeland* GRUR-Prax 2010, 485; *Brixius* GRUR-Prax 2010, 497; *Mack* AMK 2010, 6; *Mand* NJW 2010, 3681; *BGH* NJW 2010, 3724 = PharmR 2010, 634 [*„Sparen Sie beim Medikamentenkauf"*] m. Anm. *Möllers/Poppele* LMK 2010, 310439; *BSG* NZS 2010, 676 = NJOZ 2010, 1761 m. Anm. *Stallberg* PharmR 2011, 38; siehe auch *Dietel/Guttau* PharmR 2010, 440.

C. Versandhandel und Selbstbedienung

Übersicht

I. Humanarzneimittel

325   **1. Grundlagen. a) Apotheker und Apothekenbetrieb.** Die Rechtsstellung der Apotheker ist im **Gesetz über das Apothekenwesen** (ApoG; in der Fassung der Bekanntmachung vom 15. 10. 1980 – BGBl. I, 1993) und in der Verordnung über den Betrieb von Apotheken – **Apothekenbetriebsordnung** (ApBetrO; in der Fassung der Bekanntmachung vom 26. 9. 1995 – BGBl. I, 1195) geregelt. Das BVerfG hat sich in seinem sogenannten Apothekenurteil (BVerfGE 7, 377 ff. = NJW 1958, 1035) zum **Apothekenmonopol** bekannt und die Beschränkung der Abgabe von Arzneimitteln auf Apotheken als verfassungsrechtlich zulässig und notwendig erklärt, um die sachverständige Beratung zu gewährleisten, der Tablettensucht vorzubeugen, eine sachgerechte Prüfung der abzugebenden Arzneimittel zu ermöglichen und die Existenzgrundlage der Apotheker sicherzustellen (vgl. BVerfGE 9, 73 ff. = NJW 1959, 667; BVerfGE 17, 232 ff. = NJW 1964, 1067).

326   Nach § 1 Abs. 1 des Gesetzes über das Apothekenwesen (ApoG) obliegt den Apotheken die im öffentlichen Interesse gebotene Sicherstellung einer ordnungsgemäßen Arzneimittelversorgung der Bevölkerung. Wer eine Apotheke betreiben will, bedarf der Erlaubnis der zuständigen Behörde, § 1 Abs. 2 ApoG. Die Erlaubnis gilt nur für den Apotheker, dem sie erteilt ist (zum Erlöschen der Erlaubnis vgl. § 3 ApoG) und nur für die in der Erlaubnisurkunde bezeichneten Räume, § 1 Abs. 3 ApoG. Ausgehend hiervon ist bei Verlegung der Apotheke in andere Betriebsräume grundsätzlich eine neue Betriebserlaubnis erforderlich (Erbs/Kohlhaas/ *Senge* § 1 ApoG Rn. 8 m. w. N.).

327   Nach dem Leitbild des Gesetzgebers vom **„Apotheker in seiner Apotheke"** (BVerfGE 17, 232 ff. = NJW 1964, 1067, 1069 ff.; *BGH* GRUR 1981, 282 [Apothekenbotin]; *BVerfG* NVwZ-RR 2005, 297 f.; BVerwGE 131, 1 = NVwZ 1238 = MedR 2008, 572; dazu auch *Zuck/Lenz* NJW 1999, 3393 ff.; *Tisch* EuR 2007, Beiheft 2, 93, 95) verpflichtet die Erlaubnis zur persönlichen Leitung der Apotheke in eigener Verantwortung, § 7 S. 1 ApoG. Zur Apothekenbetriebserlaubnis für

ausländische Anbieter vgl. *OVG Saarlouis* NVwZ-RR 2008, 95 = EuZW 2007, 351 [DocMorris].

b) Apothekenbetriebsräume. Nach § 6 ApoG darf eine Apotheke erst eröff- **328** net werden, nachdem die zuständige Behörde bescheinigt hat, dass die Apotheke den gesetzlichen Anforderungen entspricht (sog. Abnahme). Neben der Einhaltung gewerberechtlicher und gesetzlicher Regelungen zur Unfallverhütung (vgl. Erbs/ Kohlhaas/*Senge* § 6 ApoG Rn. 1) setzt dies das Vorhandensein der nach der Apo- thekenbetriebsordnung vorgeschriebenen Räume voraus, § 2 Abs. 1 Nr. 6 ApoG. Die Apothekenbetriebsräume müssen dabei insbesondere geeignet sein, die ein- wandfreie Entwicklung, Herstellung, Prüfung, Lagerung, Verpackung sowie eine ordnungsgemäße Abgabe von Arzneimitteln und die Information und Beratung über Arzneimittel zu gewährleisten, § 4 Abs. 1 S. 1 ApBetrO. Dies gilt in gleicher Weise für Versandapotheken und solche, die den elektronischen Handel mit Arz- neimitteln betreiben, § 4 Abs. 1 S. 2 ApBetrO.

Welche **Betriebsräume** zur Apotheke mindestens gehören, ergibt sich aus den **329** Regelungen des § 4 Abs. 2 und Abs. 3 ApBetrO, die zwischen der sog. Vollapo- theke und den sog. Filialapotheken differenzieren. Während Zweigapotheken eine **Offizin**, einen ausreichenden **Lagerraum** und ein **Nachtdienstzimmer** aufwei- sen müssen, setzt der Betrieb einer Vollapotheke zudem die Einrichtung eines **La- boratorium**s voraus.

Die Offizin einer Apotheke dient der Annahme von Verschreibungen (Rezep- **330** ten), der Beratung des Kunden und der Abgabe von Arzneimitteln und apothe- kenüblichen Waren (§ 25 ApBetrO). Aus Gründen der Arzneimittelsicherheit und der Hygiene ist Kunden einer Apotheke nur die Offizin zugänglich. Nach § 4 Abs. 2 S. 2 ApBetrO muss die Offizin über einen Zugang zu öffentlichen Ver- kehrsflächen verfügen; sie muss zudem − dem in § 20 ApBetrO verankerten In- formations- und Beratungsauftrag des Apothekers (dazu Erbs/Kohlhaas/*Senge* § 20 ApBetrO Rn. 1) entsprechend − so eingerichtet sein, dass die Vertraulichkeit der Beratung gewahrt werden kann.

Nach § 17 ApBetrO dürfen Arzneimittel − außer in den Fällen des § 11a ApoG **331** (Versand- und elektronischer Handel) und des Abs. 2a (Zustellung durch Boten der Apotheke) − nur **in den Apothekenbetriebsräumen** in den Verkehr ge- bracht werden. Gleichwohl ist die Abgabe apothekenpflichtiger Arzneimittel über den **Außenschalter** einer Apotheke seit der durch das Gesetz zur Modernisierung der gesetzlichen Krankenversicherung (GKV-Modernisierungsgesetz vom 14. 11. 2003, BGBl. I, 2190) eingeführten Zulässigkeit des Versandhandels mit Medi- kamenten durchaus statthaft (BVerwGE 123, 236 = NVwZ 2005, 1198 = NJW 2005, 3736 (Ls) [Außenschalter]; dazu näher unten Rn. 336 ff.).

c) Apothekenketten und Apothekenfilialen. Lange Zeit galt im deutschen **332** Apothekenrecht das Mehrbetriebsverbot, und eine für bestimmte Apotheken- räume erteilte Betriebserlaubnis (§ 1 Abs. 3 ApoG) erlosch, wenn dem Erlaubnis- inhaber im Geltungsbereich des Gesetzes die Erlaubnis zum Betrieb einer anderen Apotheke erteilt wurde, die keine Zweigapotheke war (§ 3 Nr. 5 ApoG a. F.).

Das *BVerfG* hielt das Mehrbetriebsverbot in seinem Urteil vom 13. 2. 1964 **333** (BVerfGE 17, 232 ff. = NJW 1964, 1067 ff.) für mit Art. 12 Abs. 1 GG vereinbar, weil es als bloße Berufsausübungsregelung insbesondere dem Schutz der Gesund- heit der Bevölkerung diene.

Im Fall eines Apothekers, der eine Vielzahl von Apotheken unter einem einheit- **334** lichen Erscheinungsbild und Markenzeichen errichtet hatte und durch Apotheker führen ließ, denen selbst eine Erlaubnis erteilt worden war, verneinte der *BGH* indes eine Strafbarkeit wegen Betreibens einer Apotheke ohne die erforderliche Erlaubnis nach § 23 ApoG a. F. (*BGH* NJW 2002, 2724 = NStZ 2003, 160 = MedR 2003, 301; vgl. dazu Anm. *Schübel* NStZ 2003, 122).

Durch das Gesetz zur Modernisierung der gesetzlichen Krankenversicherung **335** (GKV-Modernisierungsgesetz vom 14. 11. 2003, BGBl. I, 2190) wurden die § 1 Abs. 2 und § 2 Abs. 4, Abs. 5 des Gesetzes über das Apothekenwesen (ApoG) dahin geändert, dass nunmehr neben der Hauptapotheke bis zu drei Filialapotheken betrieben werden dürfen, sofern die zu betreibende Apotheke und die Filialapotheken innerhalb desselben Kreises oder derselben kreisfreien Stadt oder in einander benachbarten Kreisen oder kreisfreien Städten liegen. Eine der Apotheken (die **Hauptapotheke**) hat der Betreiber nach § 2 Abs. 5 Nr. 1 ApoG persönlich zu führen. Für jede weitere Apotheke (die **Filialapotheken**) ist ein Apotheker als Verantwortlicher zu benennen, § 2 Abs. 5 Nr. 2 ApoG.

336   **2. Internetversandhandel.** Arzneimittel im Sinne des § 2 Abs. 1 oder Abs. 2 Nr. 1 AMG, die nicht durch die Vorschriften des § 44 AMG oder nach § 45 Abs. 1 AMG für den Verkehr außerhalb der Apotheken freigegeben sind, dürfen nach § 43 Abs. 1 AMG für Endverbraucher grundsätzlich nur in Apotheken in den Verkehr gebracht werden. Nach der alten Rechtslage war der Versand von Arzneimitteln unzulässig (vgl. dazu ausführlich *Rehmann* § 43 AMG Rn. 3). Mit Gesetz zur Modernisierung der gesetzlichen Krankenkassen (GKV-Modernisierungsgesetz vom 14. 11. 2003, BGBl. I, 2190) hat der Gesetzgeber das generelle Verbot gelockert; seither bedarf der Versandhandel mit Medikamenten einer behördlichen Erlaubnis. Dem Inhaber einer Erlaubnis nach § 2 ApoG (Apothekenbetriebserlaubnis) ist auf entsprechenden Antrag nach § 11 a ApoG eine Erlaubnis zum Versand von apothekenpflichtigen Arzneimitteln zu erteilen, wenn der Versand aus einer öffentlichen Apotheke **zusätzlich zum üblichen Apothekenbetrieb** (kritisch dazu *Rehmann* § 43 Rn. 3) erfolgt, ein Qualitätssicherungssystem besteht, das insbesondere den Erhalt von Qualität und Wirksamkeit des Arzneimittels bei Verpackung, Transport und Auslieferung sicherstellt, waren bestellte Arzneimittel innerhalb von zwei Arbeitstagen nach Eingang der Bestellung versandt, eine kostenfreie Zweitzustellung veranlasst und ein System zur Sendungsverfolgung unterhalten wird, § 11 a S. 1 ApoG. Im Falle des elektronischen Handels mit apothekenpflichtigen Arzneimitteln (Internetversandhandel) sind die hierfür erforderlichen Einrichtungen und Geräte verfügbar zu halten, § 11 a S. 2 ApoG. Die Regelung des § 24 ApBetrO, wonach **Rezeptsammelstellen** nur mit Erlaubnis der zuständigen Behörde unterhalten werden dürfen, ist auf den Versandhandel mit Arzneimitteln von vornherein nicht anwendbar, BVerwGE 131, 1 = NVwZ 2008, 1238 = MedR 2008, 572. Zur **Veröffentlichung von Packungsbeilagen** verschreibungspflichtiger Arzneimittel **im Internet** vgl. *EuGH* EuZW 2011, 481 = GRUR-Prax 2011, 244 = BeckRS 2011, 80464 m. Anm. *Held* GRUR-Prax 2011, 244.

337   Der Arzneimittelversand durch **ausländische Apotheken** ist zulässig, wenn er von Apotheken eines Mitgliedstaates der Europäischen Union oder eines anderen Vertragsstaates des Abkommens über den Europäischen Wirtschaftsraum betrieben wird, die für den Versandhandel nach ihrem nationalen Recht (soweit dies dem deutschen Apotheken-Versandhandelsrecht entspricht; kritisch hierzu aus gemeinschaftsrechtlicher Perspektive *Rehmann* § 43 Rn. 3 a. E.) oder nach dem deutschen Apothekengesetz hierzu befugt sind, § 73 Abs. 1 S. 1 Nr. 1 a AMG (vgl. BVerwGE 131, 1 = NVwZ 2008, 1238 = MedR 2008, 572). Die deutschen Vorschriften zum Versandhandel mit Arzneimitteln gehen damit über die gemeinschaftsrechtlichen Erfordernisse der Bestimmungen zum Schutz des freien Warenwarenverkehrs im Sinne der Art. 28 bis 30 EGV a. F. (nunmehr Art. 34 bis 36 AEUV; mit Inkrafttreten des Vertrages von Lissabon wurde der EG-Vertrag reformiert und in „Vertrag über die Arbeitsweise der Europäischen Union" umgetauft) insoweit hinaus, als sie auch den Versandhandel mit verschreibungspflichtigen Arzneimitteln eröffnen. Verbote und Beschränkungen nach Art. 36 AEUV wären freilich grundsätzlich zulässig gewesen, soweit sie sich auf den Versand von verschreibungspflichtigen Arzneimitteln beschränkt hätten (*EuGH* NJW 2004, 131 = GRUR 2004, 174 = EuZW 2004, 21 [DocMorris]). Zur **Apothekenbetriebserlaubnis** für ausländische Anbieter vgl. *OVG Saarlouis* NVwZ-RR 2008, 95 = EuZW 2007, 351 [DocMorris]. Zur Anwendbarkeit der deutschen Vorschriften zur **Arzneimittelpreisbindung** auf ausländische Versandapotheken vgl. *München* GRUR-RR 2010, 53 = PharmR 2009, 511.

Nach § 17 Abs. 2b ApBetrO dürfen Arzneimittel, die die Wirkstoffe **Thali-** 338
domid oder **Lenalidomid** enthalten, nicht im Wege des Versandhandels nach
§ 43 Abs. 1 S. 1 AMG in Verkehr gebracht werden.

3. Abholstation und Apothekenterminal, „Pick-up-Stellen". Der nach 339
§ 43 Abs. 1 S. 1 AMG zugelassene Arzneimittelversandhandel erfordert keine Zustellung der bestellten Arzneimittel an die Adresse des Endverbrauchers. Zwar ist
die Erlaubnis zum Versand apothekenpflichtiger Arzneimittel nach § 11a S. 1 Nr. 2
Buchst. b) ApoG mittelbar (d.h. über das Erfordernis zur Einrichtung eines Quali-
tätssicherungssystems) daran gebunden, dass das versandte Arzneimittel „der Person
ausgeliefert wird, die von dem Auftraggeber der Bestellung der Apotheke mitgeteilt" worden ist. Diesem Erfordernis kann aber auch durch Übersendung der Arzneimittel an eine in einem Gewerbebetrieb (hier: Drogeriemarkt) eingerichtete
Abholstation genügt werden, an der die Arzneimittelsendung dem Kunden sodann ausgehändigt wird, BVerwGE 131, 1 = NVwZ 2008, 1238 = MedR 2008,
572. Eine Beschränkung der Regelungen zum Versandhandel auf klassische Ver-
triebsmodelle mit individueller Zustellung lässt sich weder dem gesetzgeberischen
Willen entnehmen, noch wäre eine derartige Einengung mit Art. 12 Abs. 1 GG
vereinbar; die Entgegennahme der bestellten Arzneimittel an einer Abholstation ist
– jedenfalls soweit eine Identitätsprüfung anhand eines Personaldokuments unter
gleichzeitiger Vorlage eines Abholscheins erfolgt – zudem nicht unsicherer als die
Auslieferung durch einen Postdienstleister. Dies setzt freilich voraus, dass die Abgabe **durch eine Apotheke** (vgl. § 11a S. 1 Nr. 1 ApoG: „aus einer öffentlichen
Apotheke") erfolgt und die Beteiligung Dritter am Vertrieb auf bloße Transport-
funktionen beschränkt bleibt, *BVerwG* a. a. O. Vertriebsstrukturen, die der Vorstellung vermitteln können, der Betreiber der Abholstation zeichne selbst für die Lieferung bestellter Arzneimittel verantwortlich, sind mithin in jedem Fall fragwürdig.

Auch ein an der Außenwand einer Apotheke angebrachtes **Apothekentermi-** 340
nal kann nach den Bestimmungen des AMG und der ApBetrO entsprechend betrieben
werden. Zwar dürfen Arzneimittel nach § 17 Abs. 1 ApBetrO – außerhalb des
Versandhandels – grundsätzlich „nur in den Apothekenbetriebsräumen" in den
Verkehr gebracht werden. Jedoch steht seit der Einführung der Zulässigkeit des
Versandhandels durch Apotheken fest, dass nicht mehr eine räumliche, sondern
lediglich eine **institutionelle Bindung** des Abgabevorganges an die Apotheke
vorausgesetzt wird (vgl. BVerwGE 123, 236 = NVwZ 2005, 1198 = NJW 2005,
3736 (Ls.) [Außenschalter] unter Aufgabe von BVerwGE 106, 141 = NJW 1999,
881 = NVwZ 1999, 422 (Ls.) [Autoschalter]; *BVerwG* NVwZ-RR 2010, 809 =
MedR 2011, 173; vgl. auch § 43 Abs. 3 AMG: „von Apotheken"). Es muss freil-
lich auch hierbei sichergestellt sein, dass der Betreiber den übrigen apothekenrechtlichen Vorschriften genügt und insbesondere seinen Dokumentationspflichten nach
§ 17 Abs. 5 und Abs. 6 ApBetrO umfassend gerecht wird. So muss der Apotheker
etwa jede Änderung vor der Abgabe des Arzneimittels auf der Verschreibung vermerken und dies durch seine (eigenhändige) Unterschrift besiegeln. Zudem muss
eine Kollision mit dem **Verbot der Selbstbedienung** nach § 52 AMG, der das
Inverkehrbringen von Arzneimitteln durch Automaten oder andere Formen der
Selbstbedienung verbietet, ausgeschlossen sein; hierzu, zur Beratungs- und Informationspflicht des Apothekers nach § 20 Abs. 1 S. 1 ApBetrO sowie zu der Verpflichtung zur Leitung der Apotheke in eigener Verantwortung nach § 7 S. 1
ApoG, *BVerwG* NVwZ-RR 2010, 809 = MedR 2011, 173.

Der Bundesrat hat sich zur „Erhaltung der sicheren, flächendeckenden und qua- 341
litativ hochwertigen Arzneimittelversorgung der Bevölkerung durch Apotheken"
jüngst (BR-Drs. 484/10 vom 24. 9. 2010) für ein Verbot sog. **„Pick-up-Stellen"**
und damit für eine teilweise Einschränkung erreichter Freiheiten im Versandhandel
mit Arzneimitteln ausgesprochen. Der Arzneimittelversandhandel über diese bei
Discountern und Drogeriemärkten eingerichteten Stellen bedrohe „die bewährte
Art der Rund-um-die-Uhr-Versorgung der Bevölkerung mit Arzneimitteln durch
ein flächendeckendes Netz inhabergeführter Apotheken." Niederländische Ver-

sandapotheken – so heißt es weiter – bedrohten vor allem die Existenz kleinerer Landapotheken, mit fatalen Folgen für die Gesundheitsversorgung im ländlichen Raum (BR-Drs. a. a. O., S. 38).

II. Tierarzneimittel

342   Nach § 43 Abs. 5 S. 1 AMG dürfen zur Anwendung bei Tieren bestimmte **nicht frei verkäufliche** (vgl. § 44 AMG sowie die *Verordnung über apothekenpflichtige und freiverkäufliche Arzneimittel* vom 24. 11. 1988, **AMVerkRV** – BGBl. I S. 2150) Arzneimittel grundsätzlich nur in der Apotheke oder tierärztlichen Hausapotheke oder durch einen Tierarzt ausgehändigt werden. Das **Versandhandelsverbot** erstreckt sich auch auf Apotheken; eine **Zustellung durch Boten** kommt nicht in Betracht, § 17 Abs. 2 S. 4 ApBetrO. Zur verfassungsrechtlichen Vereinbarkeit des Versandhandelsverbots für Tierarzneimittel vgl. *Kloesel/Cyran* § 43 AMG Nr. 70 sowie *Backmann*, Versand frei für Tierarzneimittel, PharmR 2010, 377. Zum Verhältnis von § 43 Abs. 5 S. 2 AMG und **§ 56 Abs. 1 S. 1 AMG** (Direktvertrieb vom Hersteller an den Tierhalter; dazu ausführlich *Deutsch/Lippert/Anker* § 56 Rn. 5 ff.) im Einzugsbereich der **Fütterungsarzneimittel** vgl. *Kloesel/Cyran* § 43 AMG Nr. 72.

343   **Ausnahmen** sind nach Maßgabe des § 43 Abs. 5 S. 3 f. AMG (eingefügt *mit Wirkung vom 31. 5. 2011* durch Gesetz vom 25. 5. 2011 – 15. AMGÄndG – BGBl. I S. 946) zugelassen. Sie betreffen im Wesentlichen solche Arzneimittel, die ausschließlich zur Anwendung bei Tieren bestimmt sind, die **nicht der Gewinnung von Lebensmitteln dienen**, § 43 Abs. 5 S. 3 AMG (vgl. dazu – freilich zur alten Rechtslage – *BGH* NJW 2010, 2139 = PharmR 2010, 345 = GRUR 2010, 542 [„exspot"]); in diesem Fall ist allerdings eine behördliche Erlaubnis nach § 43 Abs. 1 AMG erforderlich. Für von einem Tierarzt behandelte Einzeltiere dürfen Arzneimittel in solchen Fällen im Rahmen des Betriebs einer tierärztlichen Hausapotheke auch zum Zwecke einer **kurzfristigen Weiterbehandlung** (in den hierfür notwendigen Mengen) im Wege des Versandes abgegeben werden, § 43 Abs. 5 S. 4 AMG.

D. Psychoaktive Pflanzen

Übersicht

I. Einführung

344   Vor allem im Internet werden die unterschiedlichsten psychoaktiven Pflanzen, Kräuter, Samen, Wurzeln, Pilze aber auch Pflanzen- und Kräuterextrakte als Genussmittel, als Heilmittel, als Aphrodisiaka oder als Sakral- und Rauschdrogen angeboten. Zu den am häufigsten angebotenen Pflanzen zählen:

a) **Alraune** (*Mandragora Officinarum*),
b) **Bilsenkraut** (*Hyoscyamus Niger*),
c) **Cola-Nuss** (*Cola Nitida und Cola Acuminata*),
d) **Damiana-Blätter** (*Turnera Aphrodisiaca*),
e) **Engelstrompete** (*Datura Suaveolens*),
f) **Ginseng-Wurzel** (*Panax Ginseng*),
g) **Guarana** (*Paullinia Cupana*),
h) **Meerträubel = Ma Huang** (*Ephedra Sinica*),
i) **Passion Flower** (*Passiflora Incarnata*),
j) **Stechapfel** (*Datura Stramonium Linne*),
k) **Tollkirsche** (*Atropa Belladonna Linne*),

l) **Wahrsagesalbei** (*Salvia Divinorum*),
m) **Rauschpfeffer** (Kava-Kava = *Piperis Methystici Rhizoma*).

II. Strafrechtliche Einordnung

1. Grundlagen. Die strafrechtliche Einordnung dubioser Verhaltensweisen soll- 345
te immer bei der Prüfung betäubungsmittelrechtlicher Vorschriften ansetzen. So
fallen etwa Pflanze und Pflanzenteile der *salvia divinorum* (vgl. Rn. 344 Buchst. l)
unter die Bestimmungen des BtMG (vgl. dort Anlage I – nicht verkehrsfähige
Betäubungsmittel).

Wird man bei den einschlägigen Strafvorschriften des BtMG nicht fündig (vgl. 346
zum Verhältnis von AMG und BtMG oben Rn. 165 ff.), sind die Vorschriften des
AMG zu prüfen. Denn **Arzneimittel** sind nach § 2 Abs. 1 AMG Stoffe oder Zubereitungen aus Stoffen (vgl. ausführlich oben Rn. 37 ff.). Der Stoffbegriff ist Gegenstand der Definition in § 3 AMG (vgl. dazu oben Rn. 42 ff.). Danach zählen zu
den Stoffen im Sinne des AMG neben den chemischen Elementen und chemischen Verbindungen vor allem *Pflanzen, Pflanzenteile, Pflanzenbestandteile, Algen, Pilze und Flechten*, unabhängig davon, ob sie in einem bearbeiteten oder
unbearbeiteten Zustand vorliegen.

Zu prüfen ist im Einzelfall, ob **bedenkliche Arzneimittel** im Sinne des § 5 347
AMG vorliegen (vgl. dazu § 95 Rn. 8 ff. – dort auch zu den sog. „Legal-High"-
Produkten). Darüber hinaus sind Verstöße gegen die **Verschreibungspflicht** (dazu
§ 95 Rn. 185 ff.) oder gegen die **Apothekenpflicht** (vgl. etwa § 97 Abs. 2 Nr. 10
AMG) denkbar. Handelt es sich um ein Fertigarzneimittel (vgl. dazu § 96
Rn. 72 ff.) kommt eine Strafbarkeit nach § 96 Nr. 5 AMG (**Inverkehrbringen
nicht zugelassener Arzneimittel**) in Betracht.

2. Pflanzen und Pflanzenteile mit verschreibungs- und apotheken- 348
pflichtigen Stoffen. Unter Federführung des Bundesamtes für Verbraucherschutz
und Lebensmittelsicherheit erarbeiten die Vertreter des Bundes und der Bundesländer derzeit eine **Stoffliste des Bundes und der Bundesländer**, aus der unter
anderem diejenigen Pflanzen und Pflanzenteile ersichtlich sind, die der Verschrei-
bungs- und/oder Apothekenpflicht unterliegende Stoffe oder Betäubungsmittel
enthalten (beachte aber zur Verschreibungspflicht von Pflanzen und Pflanzenteilen
§ 95 Rn. 188). Die Stoffliste soll eine **Bewertung** von Produkten erleichtern,
kann sie freilich **nicht ersetzen.** Ein **Entwurf** der Liste für die Kategorie „Pflanzen und Pflanzenteile" kann auf der Internetseite des Bundesamtes für Verbraucherschutz und Lebensmittelsicherheit (http://www.bvl.bund.de) abgerufen werden. Vgl. dazu Stoffe/Teil 2 Rn. 265.

E. (Unerlaubter) Umgang mit Giften
Übersicht

I. Gifte – Definition, Wirkungen, Einteilung

349   Als Gifte werden üblicherweise chemische Substanzen bezeichnet, die – ungeachtet ihrer spezifischen Wirkungen – in bestimmter (meist schon geringer) Dosis Funktionen von Organismen stören, zeitweise oder dauerhaft schädigen oder gar zum Absterben von Organismen führen. Einen **allgemeingültigen Gift-Begriff** (es gilt ohnehin: *„alle ding sin gift"*/Paracelsus/; zur Einstufung von Kochsalz als Gift BGHSt. 51, 18 = NStZ 2006, 506 = NJW 2006, 1822) kann es freilich schon deshalb nicht geben, weil die **Toxikologie ein interdisziplinäres Fachgebiet** ist. Definitionsbemühungen sind daher vielmehr stets von bereichsspezifischen Aspekten beeinflusst. Gleichwohl dürfte sämtlichen Begriffsbestimmungen ein gemeinsamer Ausgangspunkt, nämlich die Wechselwirkung einer Substanz mit lebenden Organismen und also die Perspektive auf die Reaktion auf die Beibringung der betreffenden Substanzen zugrunde liegen. Dies gilt selbst dann, wenn der Fokus – wie etwa im Bereich der Ökotoxikologie – auf den Funktionen der (für sich genommen leblosen) Umweltmedien Boden, Luft und Wasser liegt, denn der Schutz der genannten Kompartimente erfolgt – gerade in diesem Kontext – keineswegs um ihrer selbst willen (zum anthropozentrischen Ansatz des Bodenschutzrechts vgl. etwa Landmann/Rohmer/Nies, Umweltrecht, BBodSchG § 1 Rn. 12).

350   Regelmäßig werden zu den Giften nur solche Stoffe gezählt, die die sie kennzeichnenden Wechselwirkungen **auf chemischem oder mindestens chemisch-physikalischem Wege** entfalten (vgl. dazu *Fischer* § 224 Rn. 3 a); rein physikalisch wirkende Stoffe werden heute (vgl. zu überwundenen Ansichten etwa Busch/v. Gräfe/Hufeland/Link/Müller, Encyclopädisches Wörterbuch der medicinischen Wissenschaften [1836], Bd. 14 S. 637) meist anderen Substanzkategorien zugeschlagen. Im menschlichen Organismus sind von Giftwirkungen vor allem Niere, Leber und Nervensystem betroffen. Reversibel wirkende **Konzentrationsgifte** sind dabei von den sog. **Summationsgiften** zu unterscheiden, bei denen die spezifische Wirkung im Organismus auch nach dem Abbau der Wirkstoffmoleküle erhalten bleibt, sich mehrere Einzeldosen in ihren Wirkungen also summieren.

351   Die Bestimmung der Toxizität, d. h. des Grades der Giftigkeit einer Substanz, erfolgt anhand von standardisierten Verfahren (meist auf der Grundlage von Tierversuchen). Stoffkonzentrationen mit tödlicher Wirkung innerhalb einer repräsentativen Population von Organismen werden als **letale Konzentration** bezeichnet. Weil die Wirkungen von Substanzen auf verschiedene Organismen einer Population je nach der Disposition der Individuen zum Teil erheblich voneinander abweichen können, hat sich als Maßstab der Toxizitätsbestimmung die sog. **mittlere letale Dosis (LD₅₀)**, bei der 50% einer Versuchspopulation innerhalb eines bestimmten Beobachtungszeitraums sterben, durchgesetzt (Bsp. Natriumchlorid: ORL-RAT LD₅₀ 3000 mg/kg). Ergänzend wird auf Stoffe/Teil 2 Rn. 266 Bezug genommen.

II. Recht der Giftstoffe

Umgang, Lagerung, Transport und Verkehr mit Giften sind Gegenstand viel- **352** fältiger rechtlicher Regelungen. So sind etwa der Vertrieb im Reisegewerbe (§§ 56 Abs. 1 Nr. 1 b, 145 Abs. 2 Nr. 2 a, 148 GewO, vgl. dazu *Tettinger/Wank et al.*, GewO, § 56 Rn. 5 ff.), ihr Transport (vgl. § 2 Abs. 1 GGBefG; § 3 GGVSEB, § 1 GGVSee, § 1 GGAV 2002), das Inverkehrbringen (§ 1 ChemVerbotsV), die Verwendung von Giften bei der Jagd (§§ 19 Abs. 1 Nr. 15, 39 Abs. 2 Nr. 2 BJagdG) und in der Fischerei (vgl. § 1 Abs. 2 Nr. 26 FischRDV 1998), ihr Einsatz im Pflanzenschutz (§ 6 PflSchG), der Umgang mit ihnen im Einzugsbereich von Gewässern (vgl. § 62 Abs. 3 WHG), ihre Entsorgung (§ 41 KrW-/AbfG), der Umgang mit ihnen bei Störfällen (12. BImSchV) oder ihr Einsatz als Mittel der Kriegsführung (§ 12 Abs. 1 Nr. 1, Abs. 2 VStGB) rechtlich reglementiert.

III. Gifte im Strafrecht

Gifte und Giftstoffe spielen auch in strafrechtlichen Zusammenhängen eine **353** nicht zu unterschätzende Rolle (zur Versorgung im Falle der Schädigung durch vorsätzliche Beibringung von Gift vgl. § 1 Abs. 2 Nr. 1 OEG).

1. Strafgesetzbuch. Kernstrafrechtliche Regelungen zum Umgang mit Giften **354** enthalten neben den Vorschriften zu Tötungs- (vgl. dazu Rn. 357 ff.) und Körperverletzungsdelikten (Rn. 365 ff.) auch die Schriftenverbreitungs- und Äußerungsdelikte des § 130 a StGB (Rn. 356), die umweltstrafrechtliche Regelung des § 330 a StGB (Rn. 375) und – als eine der neueren Vorschriften – § 89 a StGB (Rn. 355).

a) Vorbereitung schwerer staatsgefährdender Gewalttaten (§ 89 a StGB). **355** Nach § 89 a StGB – eine Regelung zur Sanktionierung von Vorbereitungshandlungen zu schwerwiegenden politisch motivierten Gewalttaten (zu Zielrichtung und Einordnung in den Kontext des Staatsschutzstrafrechts vgl. *Fischer*, § 89 a Rn. 3 f.; *Gazeas/Grosse-Wilde/Kießling*, NStZ 2009, 593) – ist eine Vorbereitung von schweren staatsgefährdenden Gewalttaten (krit. zum Begriff der „Gewalttat" *Fischer*, § 89 Rn. 12) insbesondere dann strafrechtlich relevant, wenn sie mit der Unterweisung in der Herstellung von oder im Umgang mit „**Stoffen, die Gift enthalten oder hervorbringen können**" (§ 89 a Abs. 2 Nr. 1 StGB), verbunden ist. Obgleich die Vorschrift damit begrifflich an § 330 a StGB anknüpft (so etwa *Fischer*, § 89 a Rn. 26; BeckOK-StGB/*von Heintschel-Heinegg* § 89 a Rn. 15; *Gazeas/Grosse-Wilde/Kießling* NStZ 2009, 593, 596), dürfte eine **tatbestandsautonome Auslegung** deshalb naheliegen, weil § 330 a StGB das Verbreiten bzw. Freisetzen des jeweiligen Stoffes voraussetzt und die einschlägigen Substanzen mithin wegen ihrer Gefährlichkeit beim (unkontrollierten und/oder unkontrollierbaren) Kontakt mit den geschützten Umweltkompartimenten erfasst. Demgegenüber dürften im Rahmen des § 89 a StGB willensgetragene „Hervorbringungshandlungen" die Erfassung einer Substanz generell ausschließen.

b) Anleitung zu Straftaten (§ 130 a StGB). Wer eine Schrift (§ 11 Abs. 3 **356** StGB), die geeignet ist, als Anleitung zu einer in § 126 Abs. 1 StGB genannten rechtswidrigen Tat wie z.B. **Mord oder Totschlag zu dienen** und nach ihrem Inhalt bestimmt ist, die **Bereitschaft anderer zu fördern oder zu wecken**, eine solche Tat zu begehen, **verbreitet, öffentlich ausstellt, anschlägt, vorführt oder sonst zugänglich macht**, wird mit Geldstrafe oder mit Freiheitsstrafe bis zu 3 Jahren bestraft. Vgl. auch Rn. 357 ff., 365 ff. Dabei genügen etwa **naturwissenschaftliche Abhandlungen** oder Darstellungen zur Wirkung von Giften dann nicht, wenn es ihnen an der **tendenziellen Tatförderungseignung** fehlt (vgl. MK-StGB/*Miebach/Schäfer* § 130a Rn. 18; Sch/Sch/*Lenckner/Sternberg-Lieben* § 130a Rn. 4; *Derksen* NJW 1998, 3760; a.A. *Fischer* § 130a Rn. 8ff.). Demgemäß zog das *LG München* durch Beschluss vom 14. 5. 1991 die Bücher von Uncle Fester, „**Silent Death**" und Maxwell Hutchkinsons „**The Poisoner's Handbook**" unter 471 Drs 113 Js 4387/90 ein, weil sie ausführliche **Anweisungen zum Töten** enthalten, wie der Leser mit Rizin aus Castornüssen, Arsenoxid oder einer Mischung aus Cola und Nicotin Zielpersonen, insbesondere **missliebige Drogenabhängige töten kann**, ohne dass dies von der Zielperson und den später zuständigen Behörden bemerkt würde. In „Silent Death" wird der Leser in die Kunst des Vergiftens eingeführt; gelehrt wird, wie man mit heimtückischen und vielseitigen Giften wie z. B. mit **Kohlenmonoxid, Nervengas** oder **Digitalis** (Fingerhut) unbemerkt Menschen ums Leben bringt.

357 **c) Tötungsdelikte.** Seit dem Beginn der Menschheitsgeschichte werden Tötungsverbrechen und Selbsttötungen auch unter Zuhilfenahme von Giften verübt (zum Einsatz von Gift in der Literaturgeschichte vgl. *Harnack*, Das Gift in der dramaturgischen Dichtung der antiken Literatur [1908]; *Kaiser/Moc/Zierholz*, Das Gastmahl der Mörderin – Giftmorde aus drei Jahrhunderten [1997]), zumal da für ihren Einsatz eine ganze Reihe von Vorteilen sprechen. Gift wirkt – die „richtige Dosierung" vorausgesetzt – zumeist schnell und sicher. Todeszeitpunkt sowie Art und Ausmaß der körperlichen Qualen lassen sich weitestgehend genau eingrenzen und durch gezielte Dosierung prädestinieren.

358 **aa) Giftmord.** Gift kann helfen, körperliche Auseinandersetzungen mit ungewissem Ausgang zu vermeiden. Nicht zuletzt deshalb gilt der Giftmord nach populärwissenschaftlichen Erkenntnissen als eine insbesondere von Frauen bevorzugte Methode zur Beseitigung unliebsamer Zeitgenossen. Statistische Erhebungen scheinen diese Einschätzung zu bestätigen (vgl. etwa *Eikermann*, Heilkundige Frauen und Giftmischerinnen – eine pharmaziehistorische Studie aus forensischtoxikologischer Sicht [2004]; *Lanzerath*, Panoramawandel der Giftmorde – Eine Analyse von Sektionsfällen der Jahre 1946–2005 aus dem Institut für Rechtsmedizin der Universität Bonn [2009], S. 93ff., dort auch zur Frage der Abhängigkeit des Einsatz bestimmter Substanzen von ihrer Verfügbarkeit). Weil es nach dem *modus operandi* von Verbrechen dieser Art eine vorzeitige Kenntnisnahme des Gifteinsatzes durch das Opfer zu vermeiden gilt und das Gelingen der Tat also ein heimliches und unentdecktes Vorgehen voraussetzt, wird sich regelmäßig die Frage stellen, ob das Mordmerkmal der **Heimtücke** erfüllt ist. Erforderlich ist hierfür, dass der Täter die **Arg-** (vgl. dazu *Fischer* § 211 Rn. 35ff.; MK-StGB/ *Schneider* § 211 Rn. 124ff.) und **Wehrlosigkeit** (dazu MK-StGB/*Schneider* § 211 Rn. 138f.) des Opfers bewusst zur Tötung ausnutzt (vgl. etwa BGHSt. 50, 16 = NStZ-RR 2005, 310). Die Beibringung von Gift wird diese Voraussetzungen regelmäßig erfüllen (vgl. etwa BGHSt. 41, 94 = NJW 1995, 2176 = StV 1995, 581; *BGH* NStZ 1996, 434, 435; LK-StGB/*Jähnke* § 211 Rn. 39 a.E., 42 a.E.; zur Heimtücke bei Ausschaltung natürlicher Abwehrmechanismen von Kindern BGHSt. 8, 216 = NJW 1955, 1524; vgl. dazu auch *Kett-Straub* JuS 2007, 515, 520; zur **feindseligen Haltung**, insbesondere beim sog. Mitnahme-Suizid vgl. *Fischer* § 211 Rn. 44a).

359 Zum fehlgeschlagenen Giftmord des **mittelbaren Täters**, wenn der Tatmittler die Tat nicht begeht (der als ahnungsloses Werkzeug gewonnene Tatmittler erkennt am ätzenden Geruch, dass es sich um kein Arzneimittel, sondern um Gift handelt und nimmt deshalb vom Tatplan Abstand) vgl. BGHSt. 30, 363 = NStZ 1982, 197 = NJW 1982, 1164.

360 **bb) Versuchsbeginn beim Aufstellen einer Giftfalle.** Ist nach der Vorstellung des Täters, der in seinen Räumen eine Giftfalle aufgebaut hat, die Mitwirkung des Opfers zwingend erforderlich aber noch ungewiss, so beginnt der Versuch des Tötungsdelikts erst, wenn sich das Opfer so in den Wirkungsbereich der Giftfalle begeben hat, dass sein Verhalten nach dem Tatplan die Tatbestandsverwirklichung unmittelbar auslöst (*München* NStZ-RR 1996, 71 ff.; BGHSt. 43, 177 = NStZ 1998, 241 m. Anm. *Otto* = NStZ 1999, 79 (LS) m. Anm. *Heckler* JZ 1998, 209; **Fall eines Apothekers**, der in eine **Steingutflasche ein Gemisch aus Tetrachlorkohlenstoff und Wasser** abgefüllt und diese in seiner Wohnung in der Erwartung aufgestellt hatte, dass Einbrecher den Inhalt unter Lebensgefahr zu sich nehmen würden). Ein **untauglicher Versuch** liegt vor, wenn das Opfer vom weiteren Verzehr des mit einer nicht todbringenden Dosis des **Insektenvernichtungsmittels Fenitrothion** besprühten Pausenbrotes wegen seines bitteren Geschmacks bereits nach dem ersten Bissen Abstand nimmt. Irrt der Täter nur über die zur Tötung erforderliche Dosis, so kommt ein Absehen von Strafe bzw. eine Strafmilderung nach § 23 Abs. 3 StGB **(grob unverständiger Versuch)** nicht in Betracht. Anderes kann dann gelten, wenn der Täter ein objektiv harmloses Mittel auf der Basis einer völlig abwegigen Vorstellung irrtümlich für tauglich hält, vgl. BGHSt. 41, 94 = NJW 1995, 2176 = StV 1995, 581.

cc) Strafbefreiender Rücktritt vom Versuch. Ein strafbefreiender Rücktritt **361** vom (beendeten) Versuch gemäß § 24 Abs. 1 S. 1, 2. Alt. kommt nur dann in Betracht, wenn der Täter den von ihm in Gang gesetzten Kausalverlauf aus freien Stücken bewusst und gewollt unterbricht (BGHSt. 44. 204 = NStZ 1999, 238 = StV 1999, 203). Dies gilt freilich nur dann, wenn der Täter den Eintritt des Erfolges auch tatsächlich verhindern will, seine Handlung also von einem **Rettungswillen** getragen ist (BGHSt. 48, 147 = NStZ 2003, 308 m. Anm. *Puppe* = StV 2003, 214; vgl. auch BGHSt. 31, 46; 33, 295). Zweifel hieran ergaben sich etwa im Fall von *BGH* NStZ 1989, 525: Die Angeklagte hatte ihrem Ehemann eine tödliche Dosis des Giftes E 605 (vgl. dazu auch unter Stoffe/Teil 2 Rn. 278) verabreicht. Als die das Atemzentrum lähmende Wirkung des Giftes bereits einsetzte, alarmierte die Angeklagte auf „energische" Aufforderung ihres Gatten hin den Arbeiter-Samariter-Bund, bat um Entsendung eines Krankenwagens und teilte ergänzend mit, dass es ihrem Ehemann schlecht gehe und er in der Küche „herumtaumele". Obzwar sie hierdurch wesentlich zur Rettung ihres Mannes beigetragen hatte, ergibt sich das Fehlen eines Rücktrittswillens aus ihrem Verhalten beim Eintreffen der Sanitäter. Sie gab keinen Hinweis auf das Gift, sondern machte bewusst irreführende Angaben. Zum **Umfang erforderlicher Rettungsbemühungen** (Eröffnung einer Rettungschance vs. bestmögliche Erfolgsverhinderung) vgl. *Fischer* § 24 Rn. 32 ff.

dd) Suizid und Sterbehilfe. Tötungsdelikte setzen Tathandlungen gegen ei- **362** nen anderen Menschen voraus; Selbsttötungen werden daher nicht erfasst und sind straflos. Wegen der **Akzessorietät der Teilnahme** gilt dies gleichermaßen für Anstiftung und Beihilfe zum (eigenverantwortlichen; vgl. *Fischer* Vor §§ 211–216 Rn. 13 f.; dazu auch MK-StGB/*Schneider* Vor §§ 211 Rn. 37 ff.) Suizid (BGHSt. 2, 150 = NJW 1952, 552; BGHSt. 13, 162 = NJW 1959, 1738; vgl. auch *BGH* NStZ 2003, 537 = JuS 2003, 1137). Auch Anleitungen hierzu sind strafrechtlich irrelevant; Ordnungsmaßnahmen sind in diesen Fällen freilich ungeachtet der strafrechtlichen Einordnung möglich (vgl. *VG Karlsruhe* NJW 1988, 1536 = NVwZ 1988, 666 = JZ 1988 182; zur Indizierung entsprechender Medien nach § 18 JuSchG vgl. *Erbs/Kohlhaas/ Liesching* § 18 JuSchG Rn. 27 m. w. N.).

Wegen der Straflosigkeit der Beihilfe zur eigenverantwortlichen Selbsttötung er- **363** füllt das **Überlassen des Betäubungsmittels Natrium-Pento-Barbital (NPB) an einen unheilbar Schwerstkranken** – soweit den Täter kein Fahrlässigkeitsvorwurf im Hinblick auf die Frage der Freiwilligkeit des Suizids trifft – nicht den Tatbestand der fahrlässigen Tötung und auch nicht den der Überlassung von Betäubungsmitten mit leichtfertiger Todesverursachung gem. § 30 Abs. 1 Nr. 3 BtMG. Freilich liegt ein strafbares Überlassen von Betäubungsmitteln nach § 29 Abs. 1 Satz 1 Nr. 6 b BtMG vor (BGHSt. 46, 279 = NStZ 2001, 324 = StV 2001, 684; vgl. dazu auch *Duttge* NStZ 2001, 546). Zum Überlassen und Verabreichen von **Kaliumcyanid (Zyankali)** an Lebensmüde vgl. *Herzberg* NJW 1986, 1635; *München* NJW 1987, 2940 ff.; *Hudalla* KR 1995, 561 ff.

364 Der bloße **Verkauf von Kaliumcyanid (Zyankali-Kapseln) an lebensmüde und kranke Personen** begründet keinen Verstoß gegen § 27 Abs. 2 ChemG (zu Verstößen gegen das ChemG vgl. Rn. 378 bis 380). Denn das konkrete Gefährdungsdelikt der menschengefährdenden Abgabe setzt – dem Schutzzweck des ChemG entsprechend – voraus, dass die konkrete Lebens- und/oder Gesundheitsgefährdung unmittelbar durch den Verkauf des Giftes eintritt. Demgegenüber konkretisiert sich die Gefahr in der angesprochenen Konstellation nicht bereits durch die Übergabe des Gifts, sondern erst durch seine Verwendung zum Suizid. Zur (vermeintlichen) Aufgabe der Unterscheidung zwischen aktivem Handeln und Unterlassen im Kontext der Rechtfertigung des Abbruchs lebenserhaltender Maßnahmen vgl. BGHSt. 55, 191 = NStZ 2010, 630 = StV 2011, 277 [Sterbehilfe durch Behandlungsabbruch].

365 **d) Körperverletzungsdelikte. aa) Beibringung von Gift und anderen Stoffen.** Die bis zum 6. StrRG als eigenständiger Tatbestand der Vergiftung (§ 229 a.F. StGB) geregelte **Beibringung von Gift** wird seither als Unterfall der gefährlichen Körperverletzung von der Regelung des § 224 Abs. 1 Nr. 1 StGB erfasst. Waren vormals neben den Giften nur solche Stoffe erfasst, die geeignet sind, die Gesundheit zu *zerstören*, genügt es nach der Neufassung, dass der Stoff **gesundheitsschädlich** ist. Dass der hergebrachte Gift-Begriff von dieser Anpassung nicht unberührt bleiben konnte, liegt geradezu auf der Hand (im Einzelnen *Küper*, Strafrecht Besonderer Teil, 7. Aufl. [2008] S. 70 f.). Nach den verringerten stofflichqualitativen Anforderungen und der zudem erheblich verminderten Strafdrohung (dazu Sch/Sch/*Stree* § 224 Rn. 2a) werden nunmehr sämtliche organischen und anorganischen Substanzen erfasst, die nach ihren **chemischen oder chemischphysikalischen Wirkspezifika** (dazu schon oben Rn. 350) geeignet sind, die menschliche Gesundheit zu beeinträchtigen.

366 **(1) Gifte.** Erfasst werden danach etwa das Pflanzenschutzmittel E 605 (vgl. *BGH* NStZ 1989, 525 = NJW 1989, 2068), Schädlingsbekämpfungsmittel, Desinfektionsmittel, Narkose- und Reinigungsmittel, chemische Waffen (Nervengas, Entlaubungsmittel), Rückstände, Abgase und Abfälle der chemischen Industrie, Stechapfeltee (*datura stramonium*; vgl. *BGH* NJW 1979, 556), Krankheitsgifte (Sch/Sch/*Stree* § 224 Rn. 2b), Doping-Präparate (*Kagl* NStZ 2007, 489, 490), Schnüffelstoffe (etwa Klebstoff- oder Lackdämpfe) u.v.m. Weil die ätzende Wirkung von Salzsäure im Grunde rein chemischer Natur ist, ist die Substanz Gift und nicht etwa ein anderer gesundheitsschädlicher Stoff (dazu unten Rn. 368; vgl. *Hardtung* JuS 2008, 960, 964; Sch/Sch/*Stree* § 224 Rn. 2b; dazu auch BGHSt. 15, 113 = NJW 1960, 2254; *BGH* NJW 1976, 1851; BGHSt. 32, 130 = NStZ 1984, 165 m. Anm. *Bottke* = JZ 1984, 337).

367 Die Frage, ob **Arzneimittel bei Überdosierung** als Gift einzustufen sind, wird kontrovers diskutiert (dafür Sch/Sch/*Stree* § 224 Rn. 2b a.E.; anders *Fischer* § 224 Rn. 5 a.E.; zu Schlaf-, Betäubungs- und Arzneimitteln als andere gesundheitsschädliche Stoffe OK-StGB/*v. Heintschel-Heinegg* § 224 Rn. 17). Weil freilich selbst der ungefährlichste Stoff je nach Dosierung (zu Kochsalz vgl. Rn. 349) oder Art und Weise seiner Beibringung gesundheitsschädliche Wirkungen entfalten kann, dürfte die strafrechtliche Einstufung einer Handlung als einfache oder gefährliche Körperverletzung nicht von dem Ausmaß der Dosissteigerung abhängen, zumal da die individuelle körperliche Verfassung des Opfers (Alter, Gewicht, Geschlecht und allgemeine Konstitution) letztlich darüber entscheiden wird, ob eine Substanz schon Gift oder noch Arzneimittel ist. Es spricht deshalb viel dafür, die Gesundheitsschädigungseignung – in Anlehnung an die Praxis zur Bestimmung der Gefährlichkeit eines Werkzeuges (§ 224 Abs. 2 Nr. 2 StGB) – nach der konkreten Art des Einsatzes der Substanz zu bestimmen. Eine **geringfügige – aber bereits gesundheitsgefährliche – Überschreitung der medizinisch indizierten Dosis** dürfte insoweit noch nicht genügen. Erst dann, wenn die Art und Weise der Beibringung – freilich auch unter Berücksichtigung der Dosis – im konkreten Einzelfall erheblich von der medizinischen Indikation abweicht, wird man getrost vom

„Einsatz eines Giftes" sprechen dürfen. In diesem Zusammenhang wird dann auch von Bedeutung sein, ob es sich bei dem Täter um einen Arzt handelt und ob dessen Behandlung im Übrigen den Regeln der ärztlichen Kunst entsprach (zur Einstufung einer Zahnarzt-Zange als gefährliches Werkzeug *BGH* NJW 1978, 1206; krit. insoweit *Fischer* § 224 Rn. 9 a; vgl. auch *Kagl* NStZ 2007, 489 Fn. 17; *Tag*, Der Körperverletzungstatbestand im Spannungsfeld zwischen Patientenautonomie und lex artis [2000] S. 428; zur ärztlichen Heilbehandlung MK-StGB/*Hardtung* § 224 Rn. 33 f.).

(2) Andere gesundheitsschädliche Stoffe. Die gefährliche Körperverletzung **368** nach § 224 Abs. 1 Nr. 1 StGB kann auch durch Verabreichung sonstiger gesundheitsschädlicher Stoffe begangen werden. Gesundheitsschädlich in diesem Sinne sind – in Abgrenzung vom Gift-Begriff (dazu oben Rn. 365) – solche Stoffe, die anders als auf chemischem oder wenigstens chemisch-physikalischem Wege, d. h. beispielsweise **thermisch, mechanisch** oder etwa aufgrund einer von ihnen ausgehenden Strahlung oder eines Feldes wirken. Freilich scheiden derartige **Strahlen und Felder** als solche schon deshalb aus, weil es sich bei ihnen – gleiches gilt im Übrigen für elektrischen Strom – nicht um Stoffe (also feste, flüssige oder gasförmige Materie) handelt. Es kommt mithin entscheidend auf die Beibringung des Stoffes an, von dem die genannten physikalischen Phänomene ausgehen (vgl. MK-StGB/*Hardtung* § 224 Rn. 5; Sch/Sch/*Stree* § 224 Rn. 2 b).

Ausgehend hiervon kommen als andere gesundheitsschädliche Stoffe insbeson- **369** dere zerstoßenes Glas, Nägel, kochende oder gefrorene Flüssigkeiten oder radioaktive Substanzen in Betracht. Ob **Schlaf-, Betäubungs- oder Arzneimittel** andere gesundheitsschädliche Stoffe oder aber Gifte im Sinne des § 224 Abs. 1 Nr. 1 StGB sind, hängt damit entscheidend von ihrer spezifischen physiologischen Wirkung ab, ohne dass freilich im Einzelfall eine nähere Aufklärung erforderlich wäre (zur Wahlfeststellung bei Zweifeln über die konkrete Wirkweise MK-StGB/ *Hardtung* § 224 Rn. 5; zur Abgrenzung von Arzneimitteln und Giften vgl. oben Rn. 172 ff.).

(3) Beibringung. Die Tathandlung besteht in der Beibringung der Gifte. Bei- **370** bringen ist ein solches Einführen der Stoffe in, aber auch das Aufbringen auf den Körper des anderen, dass sie ihre die Gesundheit zerstörende oder schädigende Eigenschaft zu entfalten in der Lage sind, so beim **Injizieren, Auftragen auf die Haut, beim Überschütten, Einatmen lassen, Einflößen, Eingeben, Konsumieren lassen oder Bestrahlen.** Die Vollendung der Giftbeibringung ist nicht davon abhängig, ob sich die Wirkung des Stoffes bereits im Körperinnern entfaltet (so auch *Fischer* § 224 Rn. 6 m. w. N.; a. A. *Schröder* JR 1960, 466). Maßgeblich ist, dass die Schwere der Gesundheitsgefährdung des äußerlich angewandten Mittels der Gefährdung durch einen in das Körperinnere eingeführten Stoff gleichkommt (BGHSt. 15, 113 = NJW 1960, 2254; *BGH* NJW 1976, 1851; BGHSt. 32, 130 = NStZ 1984, 165 m. Anm. *Bottke* JZ 1984, 337).

(4) Erscheinungsformen der Beibringung. Wer seinem Opfer heimlich **371** Stoffe oder Zubereitungen **in Getränken beibringt**, begeht eine **gefährliche Körperverletzung** mittels eines hinterlistigen Überfalles (*BGH* GA 1989, 132 = NStE Nr. 8 zu § 223 a StGB; *BGH* NStZ 1992, 490 = NJW 1992, 2977; *BGH* NStZ-RR 1996, 100; zur Gewaltanwendung im Sinne des § 249 StGB vgl. BGHSt. 1, 145 ff. = NJW 1951, 532; *BGH* Urt. v. 3. 11. 1992 – 1 StR 543/92). Vgl. zum **heimlichen Beibringen von K. O.-Tropfen** (Rohypnol®/Flunitrazepam) *Missliwetz* KR 1991, 56 ff.; *BGH* NStZ-RR 1996, 100. Das Verabreichen bewusstseinstrübender Mittel stellt dabei schon dann eine Körperverletzung dar, wenn es den Betroffenen in einen Zustand versetzt, bei dem das Bewusstsein schwindet (*BGH* NStZ-RR 1996, 100). Das Verabreichen eines Glases Orangensaft, dem zuvor heimlich die Arzneimittel **Diazepam** und **Flunitrazepam** in Überdosis beigemischt wurden, erfüllt den Tatbestand der gefährlichen Körperverletzung nach § 224 Abs. 1 Nr. 1 StGB (vgl. *BayObLG* NJW 1998, 3366 = StV 1998, 488). Mischt der Täter dem Opfer Flunitrazepam (Rohypnol®) ins

Bier, so handelt es sich bei Zubereitungen mit bis zu einem Milligramm Wirkstoff pro abgeteilter Form um ein Arzneimittel, bei höheren Wirkstoffgehalten um ein Betäubungsmittel (vgl. Anlage III zu § 1 Abs. 1 BtMG); neben §§ 223, 224 StGB kommen daher auch Verstöße gegen das AMG bzw. das BtMG in Betracht. Schüttet der Täter **Germanooxid** ins Bier, so handelt es sich um eine Feinchemikalie und nicht um ein zugelassenes Arzneimittel, deren heimliche Beimengung aber § 224 StGB erfüllt. Zu einschlägigen Dienstvergehen eines Soldaten bei heimlicher **Beimischung von Ecstasy-Tabletten** in den Kaffee einer Zivilangestellten der Streitkräfte BVerwGE 113, 169 = NJW 1998, 1730 = NVwZ 1998, 740.

372   **bb) Gefährliches Werkzeug.** Gifte (namentlich Salzsäure und Reizgas, vgl. oben Rn. 366; *BGH* NJW 1951, 82; *BGH* NStZ 2000, 87) und sonstige gesundheitsschädliche Stoffe (etwa kochendes Wasser – dazu oben Rn. 368 f.; vgl. *RG* GA 62, 321) sind teilweise als gefährliche Werkzeuge im Sinne des § 224 Abs. 1 Nr. 2 StGB eingestuft worden. Die Abgrenzung ist – soweit die Gifte betroffen sind – freilich müßig. Für thermische Einwirkungen bleibt sie *de lege lata* jedenfalls dann von Bedeutung, wenn man – anders als die Rechtsprechung (vgl. *BGH* NStZ-RR 2005, 75) – auch unbewegliche Gegenstände als gefährliche Werkzeuge einstuft (so etwa für ein offenes Feuer Sch/Sch/*Stree* § 224 Rn. 6, 8; ausführlich MK-StGB/*Hardtung* § 224 Rn. 14 ff.).

373   **cc) Hinterlistiger Überfall.** Das verdeckte Beibringen von Schlaf- (*BGH* NStZ 1992, 490), Arznei- oder Betäubungsmitteln (*BGH* NStZ-RR 1996, 100; Diazepam) kann ein hinterlistiger Überfall im Sinne des § 224 Abs. 1 Nr. 3 StGB sein (vgl. auch oben Rn. 371).

374   **dd) Lebensgefährdende Behandlung.** Insbesondere bei Überdosierungen von Arznei- und Betäubungsmitteln (dazu auch oben Rn. 367) liegt eine Tatbegehung mittels einer das Leben gefährdenden Behandlung im Sinne des § 224 Abs. 1 Nr. 5 StGB nahe (vgl. *Fischer* § 224 Rn. 12 b a. E.).

375   **e) Schwere Gefährdung durch Freisetzen von Gift.** (§ 330 a StGB) Die Regelung des § 330 a StGB siedelt im 29. Abschnitt des Besonderen Teils des StGB, der zusammen mit den §§ 311, 312 StGB die Kernvorschriften zum Umweltstrafrecht enthält. Ausgehend hiervon ist Schutzgut jener Straftatbestände die Umwelt (zum Umwelt-Begriff im strafrechtlichen Kontext vgl. *Fischer* Vor § 324 Rn. 3), freilich nach Maßgabe eines **anthropozentrisch** determinierten Begriffsverständnisses (dazu schon oben Rn. 349 a. E.; vgl. auch *Kloepfer* DVBl. 1996, 77). Hieraus folgt, dass der Schutz von Leben und Gesundheit des Einzelnen lediglich reflexartig, d. h. jeweils nur über den im Einzelfall einschlägigen Wirkungspfad und also unter Einbeziehung der betroffenen Umweltkompartimente bewirkt wird. Nach § 330 a StGB wird mit Freiheitsstrafe von einem Jahr bis zu zehn Jahren bestraft, wer **Stoffe, die Gifte enthalten oder hervorbringen können** (zur Begriffsbestimmung im Rahmen des § 89 a StGB oben Rn. 355; zu den Umweltgiften siehe *Ohm*, Der Giftbegriff im Umweltstrafrecht [1985]), **verbreitet oder freisetzt** und dadurch die Gefahr des Todes oder einer schweren Gesundheitsschädigung eines anderen Menschen oder die Gefahr einer Gesundheitsschädigung einer großen Zahl von Menschen verursacht. Erfasst werden sämtliche Handlungen, die dazu führen, dass sich der betreffende Stoff unkontrollierbar ausdehnen und verbreiten kann (*Fischer* § 330 a Rn. 3). Weil mithin der **Kontakt des Stoffes mit der Umwelt** wesentliche Tatbestandsvoraussetzung ist und nach dem Wortlaut der Norm („und dadurch die Gefahr …") mit der konkreten Gefahr der Schädigung in mindestens kausaler Beziehung stehen muss, ist letztlich ausreichend, wenn das Gift erst im Rahmen dieses Kontaktes zur Entstehung gelangt (so auch *Fischer* § 330 a Rn. 2) oder sich hierdurch sein (umwelt-)toxisches Potential gefahrerhöhend steigert.

376   **2. Nebenstrafrecht.** Nebenstrafrechtliche Vorschriften zu Giften sind ebenso breit gesät, wie Regelungen zum Umgang mit Giften im Allgemeinen (dazu oben Rn. 352).

a) BtMG. Zur Überlassung von Betäubungsmitteln und zur leichtfertigen To- 377
desverursachung nach § 30 Abs. 1 Nr. 3 BtMG siehe oben Rn. 363.

b) ChemG und GefStoffV. Das Gesetz zum Schutz vor gefährlichen Stoffen 378
(Chemikaliengesetz – ChemG; in der Fassung vom 2. Juli 2008 – BGBl. I S. 1146)
bezweckt neben dem Schutz der Umwelt auch den allgemeinen Gesundheitsschutz
(Erbs/Kohlhaas/*Ambs* § 1 ChemG Rn. 1 ff.). Sein Ziel ist es, **schädliche Einwirkungen gefährlicher Stoffe und Zubereitungen** erkennbar zu machen, sie
abzuwenden und ihrem Entstehen vorzubeugen und so Mensch und Umwelt zu
schützen.

aa) Gefahrstoffe. (1) Ausnahmetatbestände. Vom Anwendungsbereich des 379
ChemG (teilweise, § 2 ChemG) ausgenommen sind vor allem kosmetische Mittel,
Tabakerzeugnisse, Arzneimittel (§ 2 Abs. 1 Nr. 2 ChemG; zur besonderen Problematik dieser Bereichsausnahme im Hinblick auf das Schutzgut ChemG vgl.
Erbs/Kohlhaas/*Ambs* § 2 ChemG Rn. 7), Medizinprodukte (§ 2 Abs. 1 Nr. 2a
ChemG), Abfälle, radioaktive Abfälle, Abwasser, Lebensmittel und Futtermittel.
(2) Gefährliche Stoffe und gefährliche Zubereitungen. Das ChemG unterscheidet in § 3a ChemG die gefährlichen Stoffe und Zubereitungen, die
a) **explosionsgefährlich,** b) **brandfördernd,** c) **hochentzündlich,** d) **leicht
entzündlich,** e) **entzündlich,** f) **sehr giftig,** g) **giftig,** h) **gesundheitsschädlich,** i) **ätzend,** j) **reizend,** k) **sensibilisierend,** l) **krebserzeugend,** m) **fort-
pflanzungsgefährdend,** n) **erbgutverändernd** oder o) **umweltgefährlich** sind.
Das ChemG enthält Verordnungsermächtigungen, von denen der Verordnungsgeber mehrfach Gebrauch gemacht hat. Wesentliche Regelungen enthält die Verordnung zum Schutz vor Gefahrstoffen (Gefahrstoffverordnung – GefStoffV vom
23. Dezember 2004 – BGBl. I S. 3758, 3759 vgl. dazu *Volkmer* in Graf/Jäger/
Wittig, Wirtschafts- und Steuerstrafrecht, 1. Auflage [2011], Nr. 330), deren Sieb-
ter Abschnitt (§§ 23 bis 26 GefStoffV) zahlreiche Straf- und Bußgeldtatbestände
enthält, die jeweils auf die Blankettnormen des ChemG Bezug nehmen. Was „Gefahrstoffe" in diesem Sinne sind, ergibt sich aus § 19 Abs. 2 ChemG (vgl. auch § 3
Abs. 1 GefStoffV).

bb) Herstellen, Inverkehrbringen und Verwenden. Nach der Regelung des 380
§ 27 ChemG werden Verstöße gegen Rechtsverordnungen zur Regelung der Herstellung, des Inverkehrbringens oder des Verwendens von Gefahrstoffen sanktioniert. Einschlägige Herstellungs- und Verwendungsverbote enthält die Vorschrift
des § 26 GefStoffV; Regelungen zum Inverkehrbringen von Stoffen und Zubereitungen können insbesondere der Verordnung über Verbote und Beschränkungen
des Inverkehrbringens gefährlicher Stoffe, Zubereitungen und Erzeugnisse nach
dem Chemikaliengesetz vom 13. Juni 2003 (Chemikalien-Verbotsverordnung
– ChemVerbotsV – BGBl. I S. 867) entnommen werden. Zum Zersägen teerölbe-
handelter Bahnschwellen vgl. *BayObLG* NStZ-RR 2002, 152.

c) GGBefG. Das Gesetz über die Beförderung gefährlicher Güter vom 7. Juli 381
2009 (Gefahrgutbeförderungsgesetz; BGBl. I S. 1774, 3975) regelt vor allem die
Beförderung gefährlicher Güter mit Eisenbahn-, Magnetschwebebahn-, Stra-
ßen-, Wasser- und Luftfahrzeugen, wobei insbesondere die Beförderung innerhalb
von Industrieparks (zur Definition vgl. § 1 Abs. 1 Satz 2 Nr. 1) und nach Maßgabe
des § 1 Abs. 1 Satz 2 Nr. 3 GGBefG der grenzüberschreitende Verkehr ausgenommen sind. **Gefährliche Güter** in diesem Sinne sind nach § 2 Abs. 1 GGBefG
solche Stoffe und Gegenstände, von denen aufgrund ihrer Natur, ihrer Eigenschaft
oder ihres Zustandes im Zusammenhang mit der Beförderung Gefahren für die
öffentliche Sicherheit oder Ordnung, insbesondere für die Allgemeinheit, für
wichtige Gemeingüter, für Leben und Gesundheit von Menschen sowie für Tiere
und Sachen ausgehen können. Mit Freiheitsstrafe bis zu einem Jahr oder mit Geldstrafe wird nach § 11 i. V. m. § 10 Abs. 1 Nr. 1 Buchst. a bestraft, wer einer
Rechtsverordnung nach § 3 Abs. 1 Satz 1 Nr. 2 Buchst. b und c oder Nr. 4
Buchst. c und d oder einer vollziehbaren Anordnung aufgrund einer solchen Verordnung beharrlich zuwiderhandelt oder durch eine solche vorsätzliche Handlung

Leben oder Gesundheit eines Anderen, ihm nicht gehörende Tiere oder fremde Sachen von bedeutendem Wert gefährdet. Entsprechende Regelungen enthält etwa die Gefahrgutverordnung Straße, Eisenbahn und Binnenschifffahrt – **GGVSEB** vom 17. Juni 2009 (BGBl. I S. 1389).

382   **d) GewO.** Nach § 56 Abs. 1 Nr. 1 Buchst. b GewO ist der **Vertrieb von Giften und gifthaltigen Waren im Reisegewerbe** (§ 55 GewO) verboten. Zugelassen ist das Aufsuchen von Bestellungen auf Pflanzenschutzmittel, Schädlingsbekämpfungsmittel und Holzschutzmittel, für die nach baurechtlichen Vorschriften ein Prüfbescheid oder Prüfzeichen erteilt worden ist. Aufsuchen von Bestellungen ist in diesem Kontext jede Tätigkeit, die darauf abzielt, von einem anderen einen festen Auftrag über die künftige Lieferung bestimmter Waren zu erhalten (vgl. BGHSt. 40, 94 = NJW 1994, 2102 = StV 1995, 26; vgl. auch *KG* NJW 1971, 815). Die GewO selbst sieht weder eine Definition des Gift-Begriffes (vgl. Erbs/Kohlhaas/*Ambs* § 56 GewO Rn. 3) noch eine Liste der erfassten Stoffe und Verbindungen vor. Wegen des (auch) verbraucherschützenden Charakters der Norm dürfte eine **großzügige Auslegung** vorzugswürdig sein. Verstöße sind nach § 145 Abs. 2 Nr. 2 GewO bußgeldbewehrt; beharrliche Zuwiderhandlungen oder Verstöße mit der Folge einer Gefährdung des Lebens oder der Gesundheit anderer oder fremder Sachen von bedeutendem Wert können nach § 148 Nrn. 1 und 2 GewO mit Freiheitsstrafe bis zu einem Jahr oder mit Geldstrafe bestraft werden (vgl. Erbs/Kohlhaas/*Ambs* § 145 GewO Rn. 20 c).

383   Soweit es sich um **Arzneimittel** handelt, ist die **Spezialregelung des § 51 AMG** einschlägig, die das Feilbieten und das Aufsuchen von Bestellungen auf Arzneimittel im Reisegewerbe untersagt, soweit nicht die dort angesprochenen Ausnahmen gegeben sind (im Einzelnen *Rehmann*, AMG, § 51 Rn. 1 ff.).

384   Unter Verstoß gegen § 56 Abs. 1 Nr. 1 Buchst. b GewO geschlossene **Verträge sind nach § 134 BGB nichtig** (so *LG Düsseldorf* NJW 1980, 647 f. für § 51 AMG; vgl. auch BGHZ 131, 385 = NJW 1996, 926 = ZIP 1996, 370 zum Abschluss von Darlehensverträgen nach § 56 Abs. 1 Nr. 6 GewO a. F.).

385   **e) LFGB.** Das Lebensmittel-, Bedarfsgegenstände- und Futtermittelgesetzbuch 2005 (Lebensmittel- und Futtermittelgesetzbuch in der Fassung vom 24. 6. 2009 – LFGB; BGBl. I S. 2205) löste das frühere Lebensmittel- und Bedarfsgegenstände-Gesetz (LMBG) ab. Das Gesetz, das neben **Lebensmitteln** auch **Lebensmittelzusatzstoffe, Futtermittel, kosmetische Mittel** und **Bedarfsgegenstände** erfasst (vgl. § 2 Abs. 1 LFGB), dient im Wesentlichen dem Verbraucher- (§ 1 Abs. 1 LFGB) und Gesundheitsschutz (§ 1 Abs. 2 LFGB).

386   **aa) Erfasste Erzeugnisse.** Das LFGB verzichtet auf eine eigenständige Definition der Begriffe Lebens- und Futtermittel und lehnt sich stattdessen an die in der Verordnung (EG) Nr. 178/2002 (ABl. L 031 vom 1. 2. 2002, S. 1) vorgesehenen Begrifflichkeiten an, § 2 Abs. 2, Abs. 4 LFGB. Demgegenüber sind die Lebensmittelzusatzstoffe (§ 2 Abs. 3 LFGB), die kosmetischen Mittel (§ 2 Abs. 5 LFGB) und die Bedarfsgegenstände (§ 2 Abs. 6 LFGB) Gegenstand autonomer Begriffsbestimmungen, wobei nach § 2 Abs. 3 S. 3 Nr. 3 LFGB **Pflanzenschutzmittel** und nach § 2 Abs. 6 S. 2 insbesondere **Arzneimittel** im Sinne des § 2 Abs. 2 AMG, **Medizinprodukte** und Zubehör für Medizinprodukte im Sinne des § 3 MPG sowie **Biozid-Produkte** im Sinne des § 3 b Abs. 1 Nr. 1 ChemG vom Anwendungsbereich des LFGB ausdrücklich ausgenommen sind. Zur Abgrenzung von Arzneimitteln und Lebensmitteln ausführlich oben Rn. 99.

387   **bb) Herstellen, Behandeln, Inverkehrbringen gesundheitsschädlicher Lebensmittel.** Nach § 5 LFGB ist es einerseits untersagt, Lebensmittel derart herzustellen oder zu behandeln, dass ihr Verzehr (abstrakt, vgl. *München* NStZ-RR 1996, 71 = LMRR 1995, 69) gesundheitsschädlich ist und andererseits Stoffe, die keine Lebensmittel sind und deren Verzehr gesundheitsschädlich ist, als Lebensmittel in den Verkehr zu bringen. **Herstellen** ist nach § 3 Nr. 2 LFGB das Gewinnen, einschließlich des Schlachtens oder Erlegens lebender Tiere, deren Fleisch als Lebensmittel zu dienen bestimmt ist, das Zubereiten, das Be- und Verarbeiten und

insbesondere das Mischen. Der Begriff des **Behandelns** erfasst nach § 3 Nr. 3 LFGB zudem das Um- und Abfüllen, das Bedrucken, Verpacken, Kühlen, Gefrieren und Auftauen, das Lagern und das Befördern sowie jede sonstige Tätigkeit, die nicht als Herstellen oder Inverkehrbringen (vgl. § 3 Nr. 1 LFGB) angesehen werden kann. **Gesundheitsschädlich** ist ein Lebensmittel dann, wenn es Eigenschaften aufweist, die ihm das Potential vermitteln, eine – wenn auch nur vorübergehende – nicht gänzlich unerhebliche Beeinträchtigung der menschlichen Gesundheit zu bewirken (vgl. Erbs/Kohlhaas/*Rohnfelder/Freytag* § 5 LFGB Rn. 2; zum Ausschluss der Gesundheitsgefährdung durch geeignete Verbraucherinformation vgl. ebenda Rn. 3). Verstöße gegen § 5 LFGB werden nach § 58 Abs. 1 Nrn. 1, 2 LFGB mit Freiheitsstrafe bis zu drei Jahren oder mit Geldstrafe geahndet. Obgleich also durch diese Strafnorm bereits solche Handlungen erfasst werden, die im Vorfeld eines unmittelbaren Kontaktes des gesundheitsgefährlichen Stoffes mit dem menschlichen Körper siedeln (zum Beibringen im Sinne der §§ 223, 224 Abs. 1 Nr. 1 StGB oben Rn. 365–371; zum Präparieren, Abfüllen und Bereitstellen einer mit Tetrachlorkohlenstoff gefüllten Spirituosenflasche – freilich noch zur Regelung des § 51 LMBG – *München* NStZ-RR 1996, 71 = LMRR 1995, 69; BGHSt. 43, 177 = NStZ 1998, 241 = StV 1997, 632), sollen **lebensmittelbezogene Sabotageakte** sogenannter „Produkterpresser" dem Begriff des Herstellens nach § 3 Nr. 2 LFGB nicht unterfallen (Erbs/Kohlhaas/*Rohnfelder/Freytag* § 5 LFGB Rn. 4). Entsprechende Regelungen für kosmetische Mittel und Bedarfsgegenstände enthalten die §§ 26 und 30 i. V. m. § 58 Abs. 1 Nrn. 11, 13, 14 LFGB.

cc) Inverkehrbringen belasteter Lebensmittel. Nach § 9 Abs. 1 LFGB ist es **388** daneben verboten, Lebensmittel in den Verkehr zu bringen, bei denen die durch Rechtsverordnung festgelegten Höchstwerte an Pflanzenschutzmitteln, Düngemitteln, anderen Pflanzen- und Bodenbehandlungsmitteln oder dem Vorratsschutz, der Schädlingsbekämpfung oder dem Schutz von Lebensmitteln dienenden Biozid-Produkten überschritten werden. Die maßgeblichen Grenzwerte sind der Verordnung über Höchstmengen an Rückständen von Pflanzenschutz- und Schädlingsbekämpfungsmitteln, Düngemitteln und sonstigen Mitteln in oder auf Lebensmitteln (Rückstands-Höchstmengenverordnung in der Fassung vom 21. 10. 1999 (BGBl. I S. 2082, ber. 2002 S. 1004; RHmV) zu entnehmen. Zur Abgrenzung Pflanzenschutzmittel/Zusatzstoffe vgl. Erbs/Kohlhaas/*Rohnfelder/Freytag* § 9 LFGB Rn. 7 f.

f) PflSchG. Auch das Gesetz zum Schutz der Kulturpflanzen vom 14. 5. 1998 **389** (BGBl. I S. 971, ber. S. 1527, 3512; PflSchG; vgl. dazu *Volkmer* in Graf/Jäger/ Wittig, Wirtschafts- und Steuerstrafrecht, 1. Auflage [2011], Nr. 605) soll Gefahren abwenden, die durch die Anwendung von Pflanzenschutzmitteln für die **Gesundheit von Mensch und Tier** und für den **Naturhaushalt** entstehen können (§ 1 Nr. 4 PflSchG; dazu *BGH* NJW-RR 1996, 418 f. = GRUR 1996, 372; *BayObLG* NStZ-RR 1997, 83). Ausgehend hiervon und weil nach § 2 Nr. 9 PflSchG als Pflanzenschutzmittel auch solche Stoffe gelten, die dazu bestimmt sind, Pflanzen abzutöten, ihr Wachstum zu hemmen oder zu verhindern und damit auch Substanzen erfasst, die als klassische Gifte einzustufen sind (dazu oben Rn. 349, 366), kann der Verkehr mit Giftstoffen im Einzelfall auch nach den Vorschriften dieses Gesetzes zu beurteilen sein. So dürfen Pflanzenschutzmittel nach § 22 Abs. 1 Satz 1 PflSchG beispielsweise im Einzelhandel nicht durch eine Form der Selbstbedienung in Verkehr gebracht werden.

g) VStGB und KrWaffKontrG. Der Einsatz von **Gift oder vergifteten** **390** **Waffen** (d. h. mit Gift versetzte, ohnehin verletzungsgeeignete Gegenstände, MK-StGB/*Kreß* § 12 VStGB Rn. 19) im Rahmen eines internationalen oder nichtinternationalen bewaffneten Konflikts ist nach § 12 Abs. 1 Nr. 1 VStGB **Kriegsverbrechen** und steht damit rechtserhöhnis auf einer Ebene mit der Verwendung **biologischer** oder **chemischer Waffen** (§ 12 Abs. 1 Nr. 2 VStGB). Der Gift-Begriff des VStGB ist schillernd und wird in vielfältigen Zusammenhängen thematisiert, weil er letztlich darüber entscheidet, welche Waffensysteme und Kampfführungsmethoden dem Ächtungstatbestand unterfallen (wegen der Einzelheiten vgl. MK-StGB/*Kreß* § 12 VStGB Rn. 20 ff.). Die in der Anlage zum Gesetz über die Kontrolle von Kriegswaffen vom 22. November 1990 (KrWaffG; BGBl. I S. 2506) – sog. **Kriegswaffenliste** – aufgeführten, zur Kriegsführung bestimmten Gegenstände, Stoffe und Organismen sind Kriegswaffen. Erfasst sind hiernach sowohl biologische Toxine (etwa **Ricin** oder **Saxitoxin**; vgl. Teil A, Abschn. II Nr. 3 d) als auch toxische Chemikalien (Sarin, Tabun, **Senfgas** u. a.; Teil A, Abschn. III Nr. 5.A). Siehe auch Anh. Stoffe.

IV. Nachweis von Giften

391   Der Nachweis von Giften ist klassisches Betätigungsfeld der **forensischen Toxikologie** (zur historischen Entwicklung der forensischen Toxikologie vgl. *Madea/Brinkmann*, Handbuch gerichtliche Medizin [2003], S. 6 ff.). Beschränkten sich die Vertreter dieser Zunft noch bis vor etwa einem Jahrhundert im Wesentlichen darauf, Rückschlüsse aus typischen Veränderungen des Leichnams zu ziehen oder Reste mutmaßlicher Gifte an Tieren zu testen, um so ihre todbringende Wirkung nachzuweisen, stehen heute eine Vielzahl von physikalisch-chemischen Analysemethoden zur Verfügung. Untersuchungsobjekte sind neben Knochen und Zähnen, Organgeweben, Blut, Urin, Haaren, Nägeln sowie Magen- und Darminhalt vor allem am Tatort aufgefundene Spuren verdächtiger Substanzen. Von Bedeutung sind in diesem Kontext **chromatographische Verfahren** (Dünnschichtchromatographie – DC; Gaschromatographie – GC; Flüssigchromatographie – LC), bei denen Substanzgemische in ihre Bestandteile getrennt werden, **spektroskopische/spektrometrische Methoden** (Atomabsorptionsspektroskopie – AAS; Massenspektrometrie – MS), die auf einer Analyse der Wechselwirkung von elektromagnetischer Strahlung und Materie basieren und **immuno-chemische Tests**, bei denen die substanzbedingten Reaktionen der körpereigenen Immunabwehr untersucht werden. Ausführlich zum Ganzen *Wirth/Strauch*, Rechtsmedizin, 2. Aufl. [2006], S. 187 ff.; siehe auch *Tünnesen*, Criminal poisoning I: Autopsien und post-mortale Untersuchungen in Deutschland, Österreich und der Schweiz [2008]; vgl. auch *Feulner*, Zum Giftmord und seinem Nachweis [1983].

Kommentierung der Straf- und Bußgeldvorschriften des AMG

Gesetz über den Verkehr mit Arzneimitteln (Arzneimittelgesetz – AMG)

In der Fassung der Bekanntmachung vom 12. Dezember 2005
(BGBl. I S. 3394)

Zuletzt geändert durch Art. 1 Erste VO zur Änd. EU-rechtl. Verweisungen
im ArzneimittelG vom 19. 7. 2011 (BGBl. I S. 1388)

– in Auszügen –

Siebzehnter Abschnitt. Straf- und Bußgeldvorschriften

Strafvorschriften

95 (1) Mit Freiheitsstrafe bis zu drei Jahren oder mit Geldstrafe wird bestraft, wer

1. entgegen § 5 Absatz 1 ein Arzneimittel in den Verkehr bringt oder bei anderen anwendet,
2. eine Rechtsverordnung nach § 6, die das Inverkehrbringen von Arzneimitteln untersagt, zuwiderhandelt, soweit sie für einen bestimmten Tatbestand auf diese Strafvorschrift verweist,
2a. entgegen § 6a Abs. 1 Arzneimittel zu Dopingzwecken im Sport in den Verkehr bringt, verschreibt oder bei anderen anwendet,
2b. entgegen § 6a Absatz 2a Satz 1 ein Arzneimittel oder einen Wirkstoff besitzt,
3. entgegen § 7 Abs. 1 radioaktive Arzneimittel oder Arzneimittel, bei deren Herstellung ionisierende Strahlen verwendet worden sind, in den Verkehr bringt,
3a. entgegen § 8 Abs. 1 Nr. 1 oder 1a, auch in Verbindung mit § 73 Abs. 4 oder § 73a, Arzneimittel oder Wirkstoffe herstellt oder in den Verkehr bringt,
4. entgegen § 43 Abs. 1 Satz 2, Abs. 2 oder 3 Satz 1 mit Arzneimitteln, die nur auf Verschreibung an Verbraucher abgegeben werden dürfen, Handel treibt oder diese Arzneimittel abgibt,
5. Arzneimittel, die nur auf Verschreibung an Verbraucher abgegeben werden dürfen, entgegen § 47 Abs. 1 an andere als dort bezeichnete Personen oder Stellen oder entgegen § 47 Abs. 1a abgibt oder entgegen § 47 Abs. 2 Satz 1 bezieht,
5a. entgegen § 47a Abs. 1 ein dort bezeichnetes Arzneimittel an andere als die dort bezeichneten Einrichtungen abgibt oder in den Verkehr bringt,
6. entgegen § 48 Abs. 1 Satz 1 in Verbindung mit einer Rechtsverordnung nach § 48 Abs. 2 Nr. 1 oder 2 Arzneimittel, die zur Anwendung bei Tieren bestimmt sind, die der Gewinnung von Lebensmitteln dienen, abgibt,
7. Fütterungsarzneimittel entgegen § 56 Abs. 1 ohne die erforderliche Verschreibung an Tierhalter abgibt,
8. entgegen § 56a Abs. 1 Satz 1, auch in Verbindung mit Satz 3, oder Satz 2 Arzneimittel verschreibt, abgibt oder anwendet, die zur An-

wendung bei Tieren bestimmt sind, die der Gewinnung von Lebensmitteln dienen, und nur auf Verschreibung an Verbraucher abgegeben werden dürfen,

9. Arzneimittel, die nur auf Verschreibung an Verbraucher abgegeben werden dürfen, entgegen § 57 Abs. 1 erwirbt,

10. entgegen § 58 Abs. 1 Satz 1 Arzneimittel, die nur auf Verschreibung an Verbraucher abgegeben werden dürfen, bei Tieren anwendet, die der Gewinnung von Lebensmitteln dienen oder

11. entgegen § 59 d Satz 1 Nummer 1 einen verbotenen Stoff einem dort genannten Tier verabreicht.

(2) Der Versuch ist strafbar.

(3) [1] In besonders schweren Fällen ist die Strafe Freiheitsstrafe von einem Jahr bis zu zehn Jahren. [2] Ein besonders schwerer Fall liegt in der Regel vor, wenn der Täter

1. durch eine der in Absatz 1 bezeichneten Handlungen
   a) die Gesundheit einer großen Zahl von Menschen gefährdet,
   b) einen anderen der Gefahr des Todes oder einer schweren Schädigung an Körper oder Gesundheit aussetzt oder
   c) aus grobem Eigennutz für sich oder einen anderen Vermögensvorteile großen Ausmaßes erlangt oder

2. in den Fällen des Absatzes 1 Nr. 2 a
   a) Arzneimittel zu Dopingzwecken im Sport an Personen unter 18 Jahren abgibt oder bei diesen Personen anwendet oder
   b) gewerbsmäßig oder als Mitglied einer Bande handelt, die sich zur fortgesetzten Begehung solcher Taten verbunden hat, oder

3. in den Fällen des Absatzes 1 Nr. 3 a gefälschte Arzneimittel oder Wirkstoffe herstellt oder in den Verkehr bringt und dabei gewerbsmäßig oder als Mitglied einer Bande handelt, die sich zur fortgesetzten Begehung solcher Taten verbunden hat.

(4) Handelt der Täter in den Fällen des Absatzes 1 fahrlässig, so ist die Strafe Freiheitsstrafe bis zu einem Jahr oder Geldstrafe.

Übersicht

A. Grundlagen

1   Die Vorschrift des § 95 AMG erfasst besonders schwere Verstöße gegen die Regelungen des Arzneimittelgesetzes (zum Arzneimittelbegriff ausführlich Vorbem. AMG Rn. 37 ff.) und sieht hierfür einen Grundstrafrahmen von Geldstrafe bis zu **Freiheitsstrafe von 3 Jahren** vor. Viele der erfassten strafrechtlich relevanten Handlungen werden durch die Straftatbestände des § 96 AMG und die Bußgeldvorschriften des § 97 AMG ergänzt; die Tatbestände nach §§ 95, 96 und 97 AMG weichen dabei regelmäßig inhaltlich nur geringfügig voneinander ab, sodass es sich im Einzelfall empfiehlt, die potentiell einschlägigen Sanktionsnormen parallel in den Blick zu nehmen.

2   Anders als im Rahmen des § 96 AMG ist der **Versuch** der von § 95 Abs. 1 AMG erfassten tatbestandlichen Handlungen nach Abs. 2 strafbar.

3   Für **besonders schwere Fälle** ist ein Regelstrafrahmen von 1 Jahr bis zu 10 Jahren Freiheitsstrafe vorgesehen, § 95 Abs. 3 AMG.

4   **Fahrlässige Zuwiderhandlungen** sind nach § 95 Abs. 4 AMG strafbar; das Gesetz sieht hierfür die Verhängung von Freiheitsstrafe bis zu 1 Jahr oder von Geldstrafe vor.

B. Tatbestände

I. Inverkehrbringen und Anwendung bedenklicher Arzneimittel (§ 95 Abs. 1 Nr. 1 AMG)

1. Zweck der Vorschrift. Die Vorschrift will Vorkehrungen dagegen treffen, 5 dass der von sorgfältig entwickelten und erprobten, behördlich geprüften und zugelassenen, vom Arzt verordneten und verschriebenen Pharmaprodukten mit detaillierter Gebrauchsanweisung dominierte Arzneimittelmarkt nicht von **zweifelhaften Stoffen und Zubereitungen** überschwemmt wird, deren **unkontrollierbare Zusammensetzung, riskanten Wirkungen und Nebenwirkungen** gesundheitlichen Schaden anrichten und ggf. zudem gefährliche **Intoxikationen** hervorrufen können.

Der Straftatbestand des Inverkehrbringens bedenklicher Arzneimittel (§ 95 6 Abs. 1 Nr. 1 i. V. m. § 5 Abs. 1 AMG) genügt dem **Bestimmtheitserfordernis** des Art. 103 Abs. 2 GG (BGHSt. 43, 336, 342 ff. = NJW 1998, 836 = NStZ 1998, 258; *BGH* NStZ 1999, 625 = StV 2000, 81 = wistra 1999, 465). Von Verfassungs wegen ist nichts dagegen zu erinnern, dass ein Arzneimittel als bedenklich eingestuft wird, wenn der begründete Verdacht besteht, dass es bei bestimmungsgemäßem Gebrauch schädliche Wirkungen zeigt, die über ein nach den Erkenntnissen der medizinischen Wissenschaft vertretbares Maß hinausgehen (*BVerfG* NJW 2000, 3417 = NStZ 2000, 595 = wistra 2000, 379; *BVerfG* NJW 1997, 3085 = NVwZ 1997, 1206 = NZS 1997, 226). Als geschütztes Rechtsgut steht hier die **Volksgesundheit** im Vordergrund.

2. Tatobjekte. a) Arzneimittel. Zum Arzneimittelbegriff ausführlich Vorbem. 7 AMG Rn. 37 ff.

b) Bedenklichkeit. Nach der Legaldefinition des § 5 Abs. 2 AMG sind Arz- 8 neimittel bedenklich, wenn und soweit nach dem jeweiligen Stand der wissenschaftlichen Erkenntnisse der begründete Verdacht besteht, dass sie bei bestimmungsgemäßem Gebrauch schädliche Wirkungen haben, die über ein nach den Erkenntnissen der medizinischen Wissenschaft vertretbares Maß hinausgehen. Zwar werden Arzneimittel vorwiegend zur Vorbeugung, Linderung, Heilung oder Erkennung von Krankheiten produziert. Es gibt aber auch unangenehme Vertreter dieser Produktpalette, nämlich die in § 5 AMG umschriebenen bedenklichen Arzneimittel, die Gesundheitsschäden anrichten, mit schädlichen Wirkungen oder Nebenwirkungen verbunden sind und allein des Profits wegen produziert werden. Die pharmakologischen und biologischen Wirkungen dieser Substanzen stabilisieren oder verbessern hier nicht etwa den Zustand des kranken Organismus, sondern machen ihn instabil und krank, versetzen ihn in Schlaf oder Rausch. Doch nicht nur zweifelhafte Psychopharmaka und Arzneimittelcocktails, sondern auch Rauschdrogen, Dopingmittel, Schlankheitsmittel, ungewöhnliche Kräuter-, Pilz- und Wurzelmischungen, Säfte und Tinkturen können ggf. als bedenkliche Arzneimittel einzustufen sein.

Mit dem Stichwort Bedenklichkeit angesprochen ist zugleich das sog. **Nutzen-** 9 **Risiko-Verhältnis**, das letztlich auch darüber entscheidet, ob ein Arzneimittel zugelassen werden kann, § 25 Abs. 2 S. 1 Nr. 5 AMG. Zur Unterscheidung der absoluten von der relativen Bedenklichkeit, vgl. *Kloesel/Cyran* § 5 AMG Nr. 13.

aa) Bestimmungsgemäßer Gebrauch. Schädliche Wirkungen eines Arznei- 10 mittels, die bei seiner Anwendung außerhalb des bestimmungsgemäßen Gebrauchs auftreten, sind für das Bedenklichkeitsurteil irrelevant. Die Festlegung des bestimmungsgemäßen Gebrauchs ist dabei in erster Linie eine dem Hersteller des Erzeugnisses obliegende Angelegenheit, weil er in dem von ihm vorgegebenen Rahmen auch für die durch "sein" Arzneimittel verursachten Schäden haftet (zur Haftung für Arzneimittelschäden nach den §§ 84 ff. AMG vgl. Vorbem. AMG Rn. 179 ff.). Daneben kommen als Erkenntnisquellen wissenschaftliche Erfahrungen zum Einsatz eines Arzneimittels (vgl. Rn. 11) und – in Einzelfällen (dazu

Rn. 18, 19 ff.) – der am Markt vorherrschende oder mindestens in nicht unerheblichem Umfang geübte Gebrauch des Erzeugnisses in Betracht. Entscheidend ist dabei in jedem Fall, ob eine bestimmte Art der Anwendung, der Einsatz zu bestimmten Zwecken oder sonstige Umstände der Verwendung des Erzeugnisses auf der Grundlage von **Gefahreröffnungs- und Gefahrbeherrschungsgesichtspunkten** dem Hersteller in objektivierbarer Weise **zugerechnet** werden können (Abgrenzung nach Risikosphären, *Kloesel/Cyran* § 5 AMG Nr. 17).

11   Ob und inwieweit ein Gebrauch als bestimmungsgemäß anzusehen ist, richtet sich nach den vom Hersteller angegebenen **Indikationen und Kontraindikationen**, nach der vorgeschriebenen Dosierung und der vorgesehenen Art seiner Anwendung (*Kloesel/Cyran* § 5 AMG Nr. 17; *Rehmann* § 5 AMG Rn. 3); entscheidend sind also die Angaben des Herstellers auf der Verpackung, im Beipackzettel und im Rahmen von Fachinformationen. In Einzelfällen – etwa beim wissenschaftlich anerkannten „Off-Label-Use" eines Arzneimittels, also bei seiner Anwendung außerhalb der vom Hersteller angegebenen Indikation oder in einer nicht vorgesehenen Dosierung – kann ausnahmsweise dann von einem bestimmungsgemäßen Gebrauch ausgegangen werden, wenn sich die konkrete Form der Anwendung innerhalb der nach dem aktuellen Stand der medizinischen Wissenschaft gebilligten Bandbreite bewegt (vgl. *Kloesel/Cyran* § 5 AMG Nr. 20). Überschreitet der behandelnde Arzt die wissenschaftlich vorgezeichneten Grenzen, bewegt er sich in jedem Fall außerhalb eines bestimmungsgemäßen Gebrauchs mit der Folge, dass das abstrakte Nutzen-Risiko-Verhältnis des betreffenden Arzneimittels hiervon unbeeinflusst bleibt. Auf das Bedenklichkeitsurteil hat die Überschreitung der Grenzen eines wissenschaftlich anerkannten „Off-Label-Use" daher keine Auswirkungen.

12   Hat der Hersteller durch ihm zurechenbare Verlautbarungen **Vertrauen** in die Unbedenklichkeit einer bestimmten Form der zulassungsüberschreitenden Anwendung eines Arzneimittels erweckt, wird man – weil es sich letztlich um ein Problem der **Abgrenzung von Risikosphären** handelt (vgl. *Kloesel/Cyran* § 5 AMG Nr. 17; oben Rn. 10) – ebenfalls von einem bestimmungsgemäßen Gebrauch ausgehen dürfen (*Deutsch/Lippert* § 5 AMG Rn. 6; *Fuhrmann/Klein/Fleischfresser* § 27 Rn. 46).

13   **(1) Ablauf des Haltbarkeitsdatums.** Haben Arzneimittel das angegebene Haltbarkeitsdatum überschritten und sie verdorben, so schränkt dies zwar die Verkehrsfähigkeit ein bzw. schließt sie gar aus. Die genannten Umstände verleihen Arzneimitteln jedoch – trotz der mit ihnen ggf. einhergehenden Gesundheitsgefährdung – regelmäßig nicht den Status der Bedenklichkeit. Dies ergibt sich letztlich daraus, dass der Hersteller mit der Angabe eines Haltbarkeitsdatums den bestimmungsgemäßen Gebrauch auf den Zeitraum vor dessen Ablauf festgelegt hat und sich jeder weitere, anschließende Einsatz außerhalb des von ihm bestimmten Verwendungsrahmens und damit auch jenseits eines von ihm beherrschbaren Risikos bewegt. Werden Arzneimittel entgegen § 8 Abs. 2 AMG trotz Ablaufes des Verfallsdatums in den Verkehr gebracht, liegt eine Ordnungswidrigkeit nach § 97 Abs. 2 Nr. 1 AMG vor.

14   **(2) Aus dem Verkehr gezogene Arzneimittel.** Der bestimmungsgemäße Gebrauch eines aus dem Verkehr gezogenen Arzneimittels ist – ausgehend von der Erkenntnis, dass die Festlegung des Anwendungsgebietes in erster Linie dem Hersteller eines Erzeugnisses obliegt (Rn. 10) – naturgemäß ganz wesentlich von der ursprünglichen Zweckbestimmung geprägt. Diese Bestimmung entfällt nicht allein dadurch, dass das Arzneimittel wegen der mit seiner Verwendung einhergehenden Gefahren nicht mehr zu therapeutischen Zwecken eingesetzt wird (vgl. *Koblenz*, Beschluss vom 26. 8. 1981 – Az. 1 Ws 371/81, abgedruckt bei *Kloesel/Cyran* AMG E 12). Die objektivierte Zweckbestimmung, die ein Stoff oder eine Zubereitung auf diese Weise einmal erfahren hat, bleibt mithin solange erhalten, bis eine neue, abweichende Form der therapeutischen Anwendung wissenschaftlich fundiert oder durch Zulassung eines entsprechenden Präparats mit andersartiger

Zweckbestimmung anerkannt worden ist. Eine **Konkretisierung und Aktualisierung** des bestimmungsgemäßen Gebrauchs tritt daneben freilich auch dann ein, wenn das Arzneimittel – etwa von einem anderen Hersteller – zu einem neuen, gänzlich anderen Verwendungszweck auf den Markt gebracht wird. Die Bedenklichkeit des Arzneimittels und dabei vor allem die Frage nach der Vertretbarkeit etwaiger schädlicher Wirkungen sind in diesen Fällen anhand des neuen (von der ursprünglichen Zulassung abweichenden) Verwendungszwecks zu überprüfen. Vor diesem Hintergrund kann die Vermarktung eines – seiner unvertretbaren Nebenwirkungen wegen – aus dem Verkehr gezogenen Arzneimittels unter dem neuen Verwendungszweck der *Rauscherzeugung* durchaus Einfluss auf den nach § 5 Abs. 2 AMG maßgeblichen „bestimmungsgemäßen Gebrauch" haben (anders *Koblenz*, Beschluss vom 26. 8. 1981 – Az. 1 Ws 371/81, abgedruckt bei *Kloesel/Cyran* AMG E 12). Weil dieser Verwendungszweck aber weder rechtlich noch medizinisch-pharmazeutisch anerkannt ist, wird das Risiko-Nutzen-Verhältnis und damit auch das Bedenklichkeitsurteil in solchen Fällen eher negativ ausfallen müssen (im Ergebnis ebenso *Koblenz* a. a. O.). Zur Bedenklichkeit von Phenacetin (vgl. dazu Stoffe/Teil 2 Rn. 19 f.), das als schmerzstillendes Arzneimittel im Jahr 1986 vom Markt genommen wurde und seither im Wesentlichen als Streckmittel missbraucht wird, vgl. BGH, Urteil vom 11. 5. 2011 – 2 StR 590/10.

Wird also **Benzilsäure N Methyl-3-Piperidyl-Ester (JB 336)**, das der Grup- **15** pe der Konvulsiva (Krampfgifte; vgl. dazu *Hunnius* Pharmazeutisches Wörterbuch, 9. Aufl. 2004) zuzuordnen ist, in den USA als psychotropes Arzneimittel angewandt wurde und bereits in Dosen von 2,5 bis 3 mg Bewusstseinsstörungen, Halluzinationen und Delirien hervorruft, in den Verkehr gebracht oder bei anderen angewendet, liegt ein Vergehen nach § 95 Abs. 1 Nr. 1 AMG nahe (vgl. *Koblenz*, Beschluss vom 26. 8. 1981 – Az. 1 Ws 371/81, abgedruckt bei *Kloesel/Cyran* AMG E 12).

Die früher als Arzneimittel gegen Herzbeschwerden oder als Operationsmit- **16** tel verwendeten sexuellen Stimulationsmittel **Isoamylnitrit und Isobutylnitrit (Poppers)**, die in geringeren Mengen eine intensive Wärmeempfindung und sexuelle Stimulation bewirken, wurden wegen ihrer schädlichen Nebenwirkungen vom Markt genommen. Bei Missbrauch – vor allem in höheren Dosierungen – führen sie zu Atem- und Kreislaufbeschwerden und rauschähnlichen Zuständen. Die mit ihrer Anwendung verbundenen Gefahren nötigen zur Einstufung als bedenkliche Arzneimittel im Sinne des § 5 Abs. 2 AMG (*AG Frankfurt*, Urteil vom 25. 10. 2005 – Az. 943 Ds 8910 Js 240082/03).

(3) Designer-Drogen. Designer-Drogen besitzen keinen arzneimittelrechtlich **17** anerkannten Anwendungsbereich. Es handelt sich regelmäßig um nicht zugelassene Arzneimittel (zum Arzneimittelbegriff ausführlich Vorbem. AMG Rn. 37 ff.), für die ein anderer Einsatz, als die Einnahme zum Zwecke der Rauscherzeugung oder der Psychostimulanz von vorn herein nicht in Betracht kommt. Die Ermittlung des bestimmungsgemäßen Gebrauchs bereitet daher auch in diesem Falle keine Schwierigkeiten, weil die Herstellung genau zu dem Zweck erfolgt, der auch am (illegalen Drogen-)Markt verfolgt wird (vgl. BGHSt. 54, 243 = NJW 2010, 2528 = StV 2010, 683 Ls = PharmR 2010, 30 [**Gamma-Butyrolacton**] unter Bezugnahme auf BGHR AMG § 95 Abs. 1 Nr. 1 Arzneimittel 2; vgl. auch BGHSt. 43, 336 = NStZ 1998, 258 = StV 1998, 136 [**Designer-Drogen**]; dazu auch *AG Hamburg* BeckRS 2009, 12232 [Gamma-Butyrolacton]). Gegenteiliges gilt freilich selbst dann nicht, wenn und soweit Ergebnis des illegalen Herstellungsvorgangs ein Wirkstoff ist, für den ein medizinisch anerkannter Anwendungsbereich existiert. Denn für die Frage nach dem bestimmungsgemäßen Gebrauch des Erzeugnisses kommt es nicht darauf an, ob der betreffende Wirkstoff in anderer Form, Zusammensetzung und Verpackung und im Rahmen einer anderweitig erteilten Zulassung am Markt vertrieben wird. Entscheidend ist vielmehr auch in derartigen Fällen allein diejenige Zweckbestimmung, die der konkrete Hersteller mit seinem

Erzeugnis verbindet. Denn vor allem dieser Verwendungszweck kann dem Hersteller unter Gefahreröffnungs- und Gefahrbeherrschungsgesichtspunkten unmittelbar zugerechnet werden (vgl. dazu oben Rn. 10). Darüber hinaus ist zu berücksichtigen, dass Inhaber von „Giftküchen" und Hersteller von Designer-Drogen ihre Erzeugnisse nur in Ausnahmefällen mit einer **Packungsbeilage und Fachinformationen** (vgl. dazu *Kloesel/Cyran* § 5 AMG Nr. 42) versehen, die dem Stand einer Zulassung oder dem jeweiligen Stand der medizinischen und pharmazeutischen Wissenschaft entsprechen. Schon hieraus kann sich aber die Bedenklichkeit des Arzneimittels im Sinne des § 5 Abs. 2 AMG ergeben (vgl. dazu unten Rn. 37 ff.). Zum Handeltreiben mit „neuen" Designer-Drogen unter dem Gesichtspunkt der Verschreibungspflicht kraft Gesetzes nach § 48 Abs. 1 S. 1 Nr. 3 i. V. m. § 95 Abs. 1 Nr. 4 AMG vgl. unten Rn. 197 f.

18   **(4) „Legal-High"-Produkte.** Besondere Schwierigkeiten bei der Beurteilung des bestimmungsgemäßen Gebrauchs treten regelmäßig dann auf, wenn – wie etwa bei den sog. **„Legal-High"-Produkten** (schon die Bezeichnung weckt Bedenken, weil sich der Namensbestandteil „legal" allenfalls auf eine weit verbreitete Fehleinschätzung der arzneimittelstrafrechtlichen Vorschriften beziehen kann), die bspw. als Badezusätze, Lufterfrischer oder Räucherwaren in den Verkehr gebracht werden – der eigentliche (und redlicherweise einzig tatsächlich in Betracht zu ziehende) Verwendungszweck eines Erzeugnisses durch **dubiose Gebrauchsvorschriften oder Warnhinweise** zielgerichtet verschleiert oder wahrheitswidrig kenntlich gemacht wird. Entscheidend sind in diesen Fällen das Verhalten der Konsumenten und der am Markt zu beobachtende Gebrauch des betreffenden Erzeugnisses. Zwar ist auch hier von dem Grundsatz auszugehen, dass es vorrangig dem pharmazeutischen Unternehmer als Hersteller des Erzeugnisses obliegt, den bestimmungsgemäßen Gebrauch seines Produktes festzulegen. Jedoch ist ein **häufiger und typischer „Fehlgebrauch"** (vgl. dazu *Kloesel/Cyran* § 5 AMG Nr. 21; *Fuhrmann/Klein/Fleischfresser* § 45 Rn. 15 m. w. N.; vgl. auch *Karlsruhe* PharmR 2009, 81 = VersR 2009, 544 [VIOXX] sowie *Mayer,* Die strafrechtliche Rückrufpflicht des pharmazeutischen Unternehmers, PharmR 2008, 236, 252) zur Einstufung eines Arzneimittels als bedenklich jedenfalls dann heranzuziehen, wenn ein nicht unerheblicher Teil der Konsumenten einen Umgang damit pflegt, der mit den am Erzeugnis angebrachten Warnhinweisen oder den beigefügten Gebrauchsvorschriften (bspw. „Nicht zur Inhalation") unter keinen Umständen in Einklang gebracht werden kann. Dazu ausführlich *Patzak/Volkmer* NStZ 2011, 498 ff.

19   **(5) Doping-Substanzen.** Doping-Substanzen lassen sich für die hier maßgebliche Frage nach dem bestimmungsgemäßen Gebrauch in zwei Gruppen von Arzneimitteln einteilen:

20   Einerseits kommen zur unlauteren Leistungssteigerung im Sport Stoffe und Zubereitungen zum Einsatz, die für eine medizinisch begründbare therapeutische Anwendung unter keinen Umständen in Betracht kommt, denen sich also insbesondere auch kein gebräuchliches, zugelassenes Arzneimittel im Sinne einer stoffbezogenen Verwandtschaft zuordnen lässt. Vor dem Hintergrund, dass neben der gesundheitlich fragwürdigen Anwendung als Doping-Mittel **keine anderweitige objektivierbare Zweckbestimmung** feststellbar ist, bereiten diese Präparate deshalb keine weitergehenden Schwierigkeiten, weil mit ihrer bestimmungsgemäßen Verwendung als Doping-Mittel regelmäßig unvertretbare schädliche Wirkungen verbunden sind, die ihre Einstufung als bedenkliche Arzneimittel rechtfertigen (vgl. zu den Designer-Drogen oben Rn. 17). In derartigen Fällen kann eine tateinheitliche Verwirklichung von Vergehen nach § 95 Abs. 1 Nr. 1 AMG einerseits und Nrn. 2 a und 2 b andererseits in Betracht kommen.

21   Andererseits werden auch Stoffe und Zubereitungen zu Dopingzwecken missbraucht, die Wirkstoffe oder Wirkstoffkombinationen mit durchaus feststellbarem therapeutischem Nutzen enthalten. Häufig sehen die einschlägigen Doping-Verbotslisten für diese Produktkategorie Ausnahmetatbestände vor, die eine Anwendung zu therapeutischen Zwecken zulassen, sofern sie im Einzelfall medizi-

cc) Schädliche Wirkungen. Der Begriff der schädlichen Wirkungen im Sinne **32** des § 5 Abs. 2 AMG durfte nach dem bis zum 5. 8. 2004 geltenden Rechtsstand nicht mit dem der Nebenwirkungen im Sinne des § 4 Abs. 13 AMG gleichgesetzt werden (*Kloesel/Cyran* § 5 AMG Nr. 15). **Nebenwirkungen** waren danach die beim bestimmungsgemäßen Gebrauch eines Arzneimittels auftretenden unerwünschten Begleiterscheinungen. Der Begriff erfasste damit auch solche Arzneimittelwirkungen, die zwar unerwünscht, ggf. aber sogar gesundheitlich positiv waren (*Kloesel/Cyran* a. a. O. m. w. N.). Zwischenzeitlich ist der Nebenwirkungsbegriff nach § 4 Abs. 13 S. 1 AMG auf solche unbeabsichtigten Reaktionen begrenzt, die als schädlich eingestuft werden können. Was **schädlich** ist, gibt das Gesetz allerdings nicht vor, weshalb der Rückgriff auf den Begriff der Nebenwirkungen auch nach geltendem Recht unergiebig ist.

Unter schädlichen Wirkungen sind nach allgemeiner Ansicht solche Folgen der **33** Arzneimittelanwendung zu verstehen, die die Gesundheit von Mensch und/oder Tier nachteilig beeinflussen (*Kloesel/Cyran* § 5 AMG Nr. 15; *Fuhrmann/Klein/ Fleischfresser*, Arzneimittelrecht, § 10 Rn. 183). Ob diese Wirkungen unmittelbarer oder mittelbarer Natur sind, ist unerheblich.

(1) „Risiko-Seite" der Bilanz. (a) Bagatellrisiken. Teilweise wird vertreten, **34** dass bloße Befindlichkeitsstörungen und nur unerhebliche Gesundheitsbeeinträchtigungen (sog. Bagatellrisiken) vom Begriff der schädlichen Wirkungen auszunehmen seien (vgl. die Nachweise bei *Fuhrmann/Klein/Fleischfresser*, Arzneimittelrecht, § 10 Rn. 187 sowie bei *Kloesel/Cyran* § 5 AMG Nr. 16). Dies kann aber schon deshalb nicht zutreffend sein, weil damit das Vertretbarkeitselement (vgl. dazu unten Rn. 42) des Bedenklichkeitstatbestandes partiell entwertet und das Abwägungsergebnis von vornherein einseitig zugunsten des Anwendungsinteresses verschoben würde (kritisch daher auch *Fuhrmann/Klein/Fleischfresser*, a. a. O.; *Kloesel/Cyran* a. a. O.).

(b) Human- und Tierarzneimittel. Ausgehend davon, dass mit der Frage **35** nach der Bedenklichkeit eines Arzneimittels letztlich nichts anderes angesprochen ist, als eine ungünstige Nutzen-Risiko-Bilanz (vgl. nur *Rehmann* § 5 AMG Rn. 2), die einen wesentlichen Zulassungsversagungsgrund nach § 25 Abs. 2 S. 1 Nr. 5 AMG darstellt, darf zur Beantwortung der weiteren Frage, welche Aspekte auf der „Risiko-Seite" der Gegenüberstellung verbucht werden dürfen, auf die Regelungen des § 4 Abs. 27 und Abs. 28 AMG zurückgegriffen werden. Nach § 4 Abs. 28 AMG umfasst das Nutzen-Risiko-Verhältnis eine Bewertung der positiven therapeutischen Wirkungen des Arzneimittels im Verhältnis zu dem Risiko nach Abs. 27 Buchst. a, bei zur Anwendung bei Tieren bestimmten Arzneimitteln auch nach Abs. 27 Buchst. b. Zwischen Tier- und Humanarzneimitteln ist daher wie folgt zu differenzieren: Für **Humanarzneimittel** spielen unerwünschte Auswirkungen seiner Anwendung auf die Umwelt (§ 4 Abs. 27 Buchst. b AMG) keine Rolle. Entscheidend sind vielmehr allein solche Risiken, die im Zusammenhang mit der Qualität, Sicherheit oder Wirksamkeit eines Arzneimittels stehen und für die Gesundheit der Patienten oder die öffentliche Gesundheit mit der Anwendung des Arzneimittels verbunden sind. Bei **Tierarzneimitteln** sind darüber hinaus auch unerwünschte Auswirkungen auf die Umwelt (§ 4 Abs. 27 Buchst. b) zu berücksichtigen.

(2) Qualitätsminderungen. Nach § 4 Abs. 27 Buchst. a AMG können neben **36** Aspekten der Arzneimittelsicherheit und -wirksamkeit auch solche der Qualität Auswirkungen auf die Risikobewertung eines Arzneimittels haben. Zu beachten ist freilich, dass das Inverkehrbringen nicht unerheblich qualitätsgeminderter Arzneimittel nach § 8 Abs. 1 Nr. 1 AMG verboten und dieses Verbot nach § 95 Abs. 1 Nr. 3a AMG strafrechtlich abgesichert ist. Allein der Umstand, dass Arzneimittel durch Abweichungen von den anerkannten pharmazeutischen Regeln in ihrer Qualität gemindert sind, bedeutet zudem nicht zwingend, dass sie im Sinne des § 5 Abs. 2 AMG unvertretbare schädliche Wirkungen aufweisen. Zwar verfolgen sowohl das Verbot des Inverkehrbringens bedenklicher Arzneimittel als auch das Verbot des Inverkehrbringens qualitätsgeminderter Arzneimittel letztlich verbraucherschützende Ziele, sie setzen jedoch an unterschiedlichen Arzneimitteleigenschaften an und ergänzen sich auf diese Weise. Führt die Qualitätsminderung dazu, dass eine Anwendung des Arzneimittels nach dem jeweiligen Stand der medizinischen Wissenschaft wegen des begründeten Verdachts unvertretbarer schädlicher Wirkungen nicht mehr in Betracht gezogen werden kann, ist eine tateinheitliche Verwirklichung der Straftatbestände nach § 95 Abs. 1 Nrn. 1 und 3a AMG möglich (vgl. dazu auch *Kloesel/Cyran* § 5 AMG Nr. 42).

37 **(3) Sicherheitsaspekte.** Sicherheitsaspekte spielen bei der Bilanzierung von Risiken und Nutzen der Arzneimittelanwendung ebenfalls eine Rolle, vgl. § 4 Abs. 27 Buchst. a AMG.

38 **(a) Kennzeichnung.** Vor diesem Hintergrund kann auch eine fehlerhafte oder falsche Kennzeichnung des Arzneimittels im Extremfall zu seiner Bedenklichkeit führen (vgl. dazu *Kloesel/Cyran* § 5 AMG Nr. 42). Eine tateinheitliche Verwirklichung von § 95 Abs. 1 Nr. 1 AMG und § 97 Abs. 2 Nr. 4 AMG ist daher grundsätzlich möglich.

39 **(b) Packungsbeilage.** Gleiches gilt für das Inverkehrbringen eines Arzneimittels ohne die erforderliche Packungsbeilage, § 11 AMG. Neben Verstößen nach § 97 Abs. 2 Nr. 5 AMG kommt daher im Einzelfall ein tateinheitlich begangener Verstoß nach § 95 Abs. 1 Nr. 1 AMG in Betracht.

40 **(4) Wirksamkeit.** Nach § 4 Abs. 27 AMG sind auch Wirksamkeitsaspekte zu berücksichtigen. Obgleich diese Umstände eigentlich erst auf der Ebene der Vertretbarkeitsabwägung (dazu unten Rn. 42) relevant werden, sollen sie – der Vollständigkeit halber – bereits an dieser Stelle angesprochen werden. Zudem kann die mangelnde Wirksamkeit eines Arzneimittels die mit seiner Anwendung verbundenen schädlichen Wirkungen in gänzlich anderem Licht erscheinen lassen. Ist ein therapeutischer Nutzen eines Arzneimittels weder festzustellen noch sonst wissenschaftlich belegt (vgl. *BGH* NStZ 1999, 625 = MedR 2000, 482 = StV 2000, 81 [Schlankheitskapseln]), gewinnt ein begründeter Verdacht schädlicher Wirkungen im Rahmen der Vertretbarkeitsanalyse an Gewicht.

41 Wirksamkeitsaspekte sind auch von Belang, soweit zwischen der **absoluten und der relativen Bedenklichkeit** differenziert wird (*Deutsch/Lippert* § 5 AMG Rn. 6 m. w. N.; *Kloesel/Cyran* § 5 Nr. 13; *Rehmann* § 5 AMG Rn. 2). Zur Bestimmung der relativen Bedenklichkeit werden dabei die schädlichen Wirkungen solcher Arzneimittel zueinander in Beziehung gesetzt, die aus therapeutischer Sicht eine vergleichbare Wirksamkeit aufweisen (zu weiteren Konstellationen vgl. *Kloesel/Cyran* a. a. O.).

42 **dd) Vertretbarkeit.** Voraussetzung für die Einstufung eines Arzneimittels als bedenklich ist die sog. Vertretbarkeitsanalyse. Dabei ist im Rahmen einer **Risiko-Nutzen-Bilanzierung** der therapeutische Wert mit den verdachtsbegründenden schädlichen Wirkungen des Arzneimittels unter Berücksichtigung des Wahrscheinlichkeitsgrades ihres Auftretens in Beziehung zu setzen. Es ist also nicht der begründete Verdacht schädlicher Wirkungen allein, der über die Bedenklichkeit eines Arzneimittels nach § 5 Abs. 2 AMG entscheidet. Vielmehr ist erst das Ergebnis einer **Abwägung** zwischen dem gesundheitsbezogenen Integritätsinteressen der betroffenen Verbraucher und dem vom therapeutischen Nutzen des Arzneimittels gespeisten Interesse an seiner Anwendung ausschlaggebend. Je höher dabei die erwünschten Vorteile der Anwendung des Arzneimittels zu bewerten sind, umso eher wird man nach der gesetzgeberischen Entscheidung das Risiko schädlicher Wirkungen in Kauf nehmen dürfen. Von Bedeutung sind unter anderem die Schwere der Erkrankung und die aufgrund der Erkrankung zu befürchtenden Gesundheitsschäden, die Verfügbarkeit alternativer Behandlungsmethoden, die Nachhaltigkeit der erwartbaren Wirkung des Arzneimittels und nicht zuletzt die Wahrscheinlichkeit des erstrebten Behandlungserfolges. Zur Beurteilung der Vertretbarkeit in den Fällen, in denen schädliche Wirkungen nur unter besonderen Umständen zu erwarten sind vgl. *Kloesel/Cyran* § 5 AMG Nr. 37.

3. Tathandlungen. Strafbewehrt sind nach § 95 Abs. 1 Nr. 1 AMG einerseits **43** das Verbot des Inverkehrbringens bedenklicher Arzneimittel und daneben das Verbot der Anwendung bedenklicher Arzneimittel bei anderen.

a) Inverkehrbringen ist nach § 4 Abs. 17 AMG das Vorrätighalten zum Ver- **44** kauf oder zu sonstiger Abgabe, das Feilhalten, das Feilbieten und die Abgabe an andere. Darauf, dass dem Begriff des Inverkehrbringens in diversen nebenstrafrechtlichen Regelungen ein unterschiedlicher Bedeutungsgehalt zugeordnet wird (vgl. dazu *Horn*, Das „Inverkehrbringen" als Zentralbegriff des Nebenstrafrechts, NJW 1977, 2329 ff.), kommt es daher vorliegend nicht an.

Ein Inverkehrbringen durch **Unterlassen** ist möglich, soweit eine Rechtspflicht **45** zur Verhinderung des tatbestandsmäßigen Erfolgs besteht und das Unterlassen der Verwirklichung des gesetzlichen Tatbestandes durch aktives Tun entspricht (§ 13 Abs. 1 StGB; Erbs/Kohlhaas/*Pelchen/Anders* § 95 AMG Rn. 4; vgl. auch MüKo-StGB/*Freund* § 4 AMG Rn. 22, dort auch zur pflichtwidrigen Unterlassung eines Rückrufs).

Noch kein Inverkehrbringen ist die bloße **Einfuhr eines Arzneimittels zum** **46** **Zwecke der Veräußerung** (*BGH* MedR 1999, 270 = StV 1998, 663 = BeckRS 1998, 31360771). Auch die **Anwendung** eines Arzneimittels am Patienten kann nicht unter die Tathandlungsalternative des Inverkehrbringens subsumiert werden (BVerwGE 94, 341 = NVwZ 1994, 1013 = BeckRS 1993, 30427384 [tierärztliche Hausapotheke]; *Deutsch/Lippert* § 4 AMG Rn. 60). Insbesondere wird die Anwendung eines Arzneimittels nicht von dem Begriff der Abgabe erfasst, weil die bloße Anwendung nicht mit einem Übergang der tatsächlichen Verfügungsgewalt verbunden ist (BVerwGE a.a.O.; *Kloesel/Cyran* § 4 AMG Nr. 58; *Rehmann* § 4 AMG Rn. 19; *Pabel*, Sind Verkehrsverbote nach dem Arzneimittelgesetz auch Anwendungsverbote für den behandelnden Arzt, NJW 1989, 759, 760).

aa) Vorrätighalten bezeichnet das Lagern von Arzneimitteln zu bestimmten, in **47** § 4 Abs. 17 AMG aufgeführten Zwecken (vgl. *Deutsch/Lippert* § 4 AMG Rn. 63), wobei es auf die Art, die Größe oder die Beschaffenheit des Lagers nicht ankommt (*BGH* MedR 1999, 270 = StV 1998, 663 = BeckRS 1998, 31360771: „irgendwie geartetes Lager"). Namentlich setzt das Gesetz voraus, dass die Lagerung zum Verkauf oder zum Zwecke der sonstigen Abgabe erfolgt. Weil hiermit Verkauf und sonstige Abgabe im Geltungsbereich des Arzneimittelgesetzes gemeint sind, erfüllt die **Lagerung zu Exportzwecken** den Tatbestand des Vorrätighaltens nicht (*Rehmann* § 4 AMG Rn. 16 f.). Gleiches gilt für das Lagern von Arzneimitteln mit dem Ziel einer **Rückgabe**, zum **Eigenverbrauch** oder zur **Vernichtung**. Hat sich der Täter noch nicht entschieden, was mit den von ihm gelagerten Arzneimitteln geschehen soll, liegt in Ermangelung einer hinreichenden Zweckbestimmung ebenfalls noch kein Vorrätighalten im Sinne des § 4 Abs. 17 AMG vor. Im Einzelfall kann aber aus der festgestellten großen Menge an Chemikalien, aus dem betriebenen technischen und finanziellen Aufwand und der erheblichen Anzahl verkaufsfertig abgefüllter Gelatine-Kapseln geschlossen werden, dass ein Arzneimittel nicht nur zu rein persönlichen Zwecken und also vielmehr zum gewinnbringenden Verkauf hergestellt und gelagert wurde (BGHSt. 43, 336 = NStZ 1998, 258 = StV 1998, 136 [Designer-Drogen]).

Die bloße **Einfuhr** von Arzneimitteln ist ebenfalls noch kein Vorrätighalten **48** (*BGH* MedR 1999, 270 = StV 1998, 663 = BeckRS 1998, 31360771), weil die Einfuhr (noch) nicht mit der Anlegung eines Lagers bzw. eines Vorrates verbunden ist. Die Einfuhr kann freilich dann bereits als versuchtes Inverkehrbringen eingestuft werden, wenn mit ihr ein unmittelbares Ansetzen zur Anlegung eines Vorrates verbunden ist (*Kloesel/Cyran* § 4 AMG Nr. 53).

Nicht vorausgesetzt wird, dass eine etwaige Verkaufsabsicht nach außen erkennbar geworden ist (*Kloesel/Cyran* § 4 AMG Nr. 53); insbesondere müssen Verkaufsverhandlungen brauchen also noch nicht geführt worden sein. Freilich erleichtert der Abschluss eines Kaufvertrages im Einzelfall die Beweisführung erheblich. Die Regelung des § 4 Abs. 17 AMG lässt auch die Lagerung „zu sonstiger Abgabe" genügen und erfasst daher die Lagerung von Arzneimitteln selbst dann, wenn diese nur schenkweise oder im Wege eines Tauschs überlassen werden sollen. Der Begünstigte braucht dabei weder namentlich bekannt sein, noch muss er überhaupt feststehen. Ob die Arzneimittel am Ort des in Aussicht genommenen Verkaufs oder bereits in verkaufsfertiger Form vorliegen, ist unerheblich (*BGH* MedR 1999, 270 = StV 1998, 663 = BeckRS 1998, 31360771). Der bloße **Besitz** bedenklicher Arzneimittel ist nach § 95 Abs. 1 Nr. 1 AMG dagegen nicht mit Strafe bedroht. Zur Überführung des „schweigenden Händlers", bei dem bedenkliche Arzneimittel in großen Mengen vorgefunden werden, wird es daher ganz entscheidend auf die sonstigen Umstände des Einzelfalles ankommen.

50   **bb) Feilhalten** liegt vor, wenn die in Veräußerungsabsicht betriebene Lagerung nach außen offenbar wird (*Kloesel/Cyran* § 4 AMG Nr. 54; *Rehmann* § 4 AMG Rn. 18). Stellt der Täter also Arzneimittel zur alsbaldigen Abgabe körperlich in einer Weise bereit, die es etwaigen Kaufinteressenten ermöglicht, von den Verkaufsabsichten des Täters Kenntnis zu nehmen, ist Feilhalten gegeben (RGSt. 40, 148 ff.; RGSt. 42, 22 ff.; zum Feilhalten von Lebensmitteln vgl. BGHSt. 23, 286 = NJW 1970, 1647). Das Bereithalten in einem Ladenlokal ist dabei ebenso ausreichend, wie das Verteilen entsprechender Werbebotschaften, die Aufgabe von Verkaufsofferten in Zeitungen und Zeitschriften oder vergleichbare Angebote auf den Seiten einschlägiger Internet-Shops (vgl. *Weber* § 29 BtMG Rn. 478 f.). Der Grad an Professionalität ist dagegen nicht entscheidend; vielmehr genügt es beispielsweise, wenn der Anbieter seine Waren auf einer Parkbank platziert.

51   **cc) Feilbieten** ist der an einen oder mehrere potentielle Käufer gerichtete Hinweis auf feilgehaltene (Rn. 50) Ware (*Rehmann* § 4 AMG Rn. 18). Mit Blick auf das in Aussicht genommene Umsatzgeschäft verbindet es also die in allgemeiner Veräußerungsabsicht betriebene Lagerung mit einem konkreten potentiellen Kunden zu einer möglichen tatsächlichen Abgabebeziehung (vgl. *Weber* § 29 BtMG Rn. 480). Erscheinungsformen des Feilbietens sind etwa das Ansprechen von Kunden oder das offensive Anpreisen feilgehaltener Waren. Macht der Täter potentielle Kunden auf besondere Wirkungen der von ihm feilgehaltenen Arzneimittel oder auf besondere Verkaufskonditionen aufmerksam, bietet er ebenfalls feil. Angebote, die sich dagegen nicht auf feilgehaltene, sondern ggf. erst noch zu beschaffende Arzneimittel beziehen, fallen nicht unter den Begriff des Feilbietens (*Hamburg* DAZ 1962, 815); sie sind als Werbemaßnahmen den besonderen Vorschriften des Gesetzes über die Werbung auf dem Gebiete des Heilwesens vom 19. 10. 1994 (HWG; BGBl. I S. 3068) unterworfen. Beantragt ein Reisegewerbetreibender eine Gewerbeerlaubnis zum Feilbieten von Gasluftballons mit technischem **Distickstoffmonoxid (Lachgas)**, verkauft die gefüllten Luftballons sodann aber nicht als technisches Lachgas auf Märkten und Messen, sondern als medizinisches Lachgas an Besucher von Discoveranstaltungen, die das Lachgas inhalieren, um sich in einen rauschähnlichen Zustand zu versetzen, so bringt er Lachgas als bedenkliches Arzneimittel im Sinne des § 5 Abs. 2 AMG in den Verkehr und macht sich damit nach § 95 Abs. 1 Nr. 1 AMG strafbar.

52   **dd) Abgabe.** Die Abgabe gehört nach § 4 Abs. 17 AMG zum Katalog der Erscheinungsformen des Inverkehrbringens. Unter Abgabe ist im Arzneimittel-, Lebensmittel-, Bedarfsgegenstände- und Heilmittelwerberecht die **Übertragung der tatsächlichen Verfügungsgewalt** auf einen Dritten zu verstehen, mit der dieser die Möglichkeit erlangt, wie ein Eigentümer darüber verfügen zu können (vgl. im Einzelnen *Kloesel/Cyran* § 4 AMG Nr. 57; MK-StGB/*Freund* § 4 AMG Rn. 32 ff.; *Rehmann* § 4 AMG Rn. 19). Abgabe setzt kein Rechtsgeschäft und keine Eigentumsübertragung voraus, kann durch Abtretung eines Herausgabeanspruchs oder durch Vereinbarung eines Besitzkonstituts erfolgen, kann entgeltlich oder unentgeltlich erfolgen. Freilich erfolgt die Abgabe in der Apotheke grundsätzlich berufs- und gewerbsmäßig und damit vor allem entgeltlich. Der Apotheker gibt etwa dann ein Arzneimittel ab, wenn er es auf Grund eines vorliegenden ärztlichen Rezepts an den Patienten aushändigt. Im Übrigen finden sich Vorgänge der Übertragung

der tatsächlichen Verfügungsgewalt auf allen Stufen der Handelskette am Arznei-mittelmarkt. Auch das Liegenlassen, Wegwerfen, Aufgeben oder Versenden, damit ein Dritter das Arzneimittel übernehme, ist Abgabe. Keine Abgabe ist dagegen die **Anwendung eines Arzneimittels**, also die Verabreichung oder Injektion durch den Arzt, weil der Patient oder der Tierhalter hierbei keine Verfügungsgewalt er-langen (*Kloesel/Cyran* § 4 AMG Nr. 58; MK-StGB/*Freund* § 4 AMG Rn. 33; *Rehmann* § 4 AMG Rn. 19; anders *OVG Münster* NJW 1989, 792 = NVwZ 1989, 390 [Anwendung von Frischzellen]; dagegen *Pabel* NJW 1989, 759).

Selbst die Überlassung eines **Blutpräparates** an den Spender zum Zwecke der **53** Selbstanwendung kann den Begriff der Abgabe erfüllen, wenn und weil hiermit ein Wechsel der Verfügungsgewalt verbunden ist (*BGH* NJW-RR 1989, 550 = GRUR 1988, 623; *BVerwGE* 94, 341 = NVwZ 1994, 1013; vgl. auch *BVerwG* NJW 1999, 882 (Ls); BayObLGSt 1998, 71 = NJW 1998, 3430 = MedR 1998, 418; zur Aufhebung der funktionalen Einheit der (Eigen-)Blutkonserve mit dem Körper des Spenders vgl. oben Rn. 56). Ob der Begriff der Abgabe im Einzelfall mit Blick auf den jeweiligen Schutzzweck der anzuwendenden (Verbots-)Norm einer **teleologischen Reduktion** insoweit bedarf, als nur solche Übertragungsvor-gänge erfasst werden, die mit einer entsprechenden Erhöhung der tatbestandsspezi-fischen Gefahr oder einer Erweiterung des Kreises der in den Übertragungsvorgang einbezogenen Personen verbunden sind, ist bislang nicht hinreichend geklärt: Die **Rückgabe** eines Arzneimittels (etwa im Fall der Rückabwicklung eines Kaufver-trages) ist keine Abgabe, wenn der Empfänger der tatsächlichen Verfügungsgewalt zuvor selbst den Gewahrsam darüber ausgeübt hat und also hierdurch der Kreis der Bezugspersonen nicht normativ belangvoll erweitert wird. Nach § 30 Abs. 4 AMG verliert ein Arzneimittel bei **Zurücknahme, Widerruf oder Ruhen der Zulas-sung** seine Verkehrsfähigkeit und darf nur an den pharmazeutischen Unternehmer zurückgegeben werden. Ob eine solche, nach § 30 Abs. 4 S. 4 AMG zulässige, Rückgabe an den pharmazeutischen Unternehmer zugleich als Abgabe im arznei-mittelrechtlichen Sinne eingestuft werden kann, ist umstritten (vgl. *Kloesel/Cyran* § 4 AMG Nr. 57 a. E. m. w. N.; *Rehmann* § 4 AMG Rn. 19; zur Rückgabe gestoh-lener Betäubungsmittel vgl. auch BGHSt. 30, 359 = NStZ 1982, 250 = NJW 1982, 1337). Die besseren Gründe sprechen wohl dafür, diese Frage entweder grundsätz-lich zu verneinen, mindestens aber Entscheidungen über die aus einer derartigen Subsumtion folgenden Konsequenzen einer gesonderten Betrachtung der im Ein-zelfall anzuwendenden (Verbots-)Norm vorzubehalten.

b) Anwendung bei anderen. Die Anwendung eines Arzneimittels (Verabrei- **54** chung, Injektion, Aufbringen, Einreiben usw.) ist nicht mit einem Übergang der Verfügungsgewalt verbunden und kann daher nicht unter den Begriff der Abgabe als besondere Erscheinungsform des Inverkehrbringens subsumiert werden (Rn. 52; *Kloesel/Cyran* § 4 AMG Nr. 58 m. w. N.). Ausgehend hiervon bedurfte es einer gesonderten Aufnahme dieser Tathandlung in den Tatbestand des § 95 Abs. 1 Nr. 1 AMG.

Der Arzneimittelbegriff des § 2 AMG setzt den Begriff der Anwendung am **55** oder im menschlichen oder tierischen Körper voraus (vgl. dazu Vorbem. AMG Rn. 54 ff.), ohne ihn selbst näher zu bestimmen. Unter **Anwendung am Körper** versteht man den Einsatz eines Arzneimittels durch Einreiben, Auftragen, Eincre-men oder Sprayen auf die Haut oder sonstige Körperflächen, Haare oder Nägel, ggf. unter Fixierung mittels Pflaster, Binde oder Kissen. Unter **Anwendung im Körper** ist das Einführen oder Einflößen von Arzneimitteln durch Verabreichung, Injektion, Inhalation, Infusion o. ä. gemeint.

Das Verbot, bedenkliche Arzneimittel bei anderen anzuwenden (§ 5 Abs. 1 **56** AMG) gilt dabei für sämtliche Anwendungsformen – peroral, parenteral, nasal, sublingual, bukkal, pulmonal rektal, vaginal, kutan, subkutan – (*Deutsch/Lippert* § 5 AMG Rn. 9).

4. Subjektiver Tatbestand. a) Vorsatz. Besondere Probleme wird der Nach- **57** weis vorsätzlichen Handelns regelmäßig dann bereiten, wenn sich die Tathandlung auf definitionsgemäß bedenkliche, aber gleichwohl **zugelassene** (§§ 21 ff. AMG) **oder registrierte** (§§ 38 ff. AMG) **Arzneimittel** bezieht. Zwar ist die Bedenklichkeit eines Arzneimittels – auch wenn sie sich nachträglich ergibt – ein Grund dafür, die erteilte Arzneimittelzulassung zurückzunehmen oder zu widerrufen (§ 30 Abs. 1 S. 1 i. V. m. § 25 Abs. 2 Nr. 5 AMG). Vorausgesetzt ist jedoch stets eine entsprechende Entscheidung der zuständigen Behörde. In Ermangelung gegenteiliger Anhaltspunkte darf der Täter in solchen Fällen daher grundsätzlich davon ausgehen, dass sich die betreffenden Erzeugnisse bei behördlichen Prüfungen als unbedenklich erwiesen haben. Nachforschungs-, Erkundigungs- und Überwachungspflichten treffen ihn indes nur dann, wenn er – wie etwa der Hersteller des Erzeugnisses – in einer besonderen Beziehung zum betreffenden Arzneimittel steht; in solchen Konstellationen sind fahrlässige oder gar vorsätzliche Zuwiderhandlungen denkbar.

58   Handelt es sich hingegen um **nicht (mehr) zugelassene Arzneimittel**, unterfällt etwa der in Verkehr gebrachte Stoff in den Vereinigten Staaten von Amerika wegen erheblicher Missbrauchsgefahren oder in Ermangelung einer allgemein anerkannten therapeutischen Verwendbarkeit einer besonderen Überwachung und ist sich der Täter all dessen hinreichend bewusst, liegt vorsätzliches Handeln nahe.

59   Bis 1995 hatte die Verpflichtung des Apothekers zur Abgabe eines verordneten Arzneimittels vor dem Hintergrund der ärztlichen Therapiefreiheit grundsätzlich Vorrang vor dem Verbot des § 5 Abs. 1 AMG. Mit einer von dem verordnenden Arzt vorgenommenen und – etwa durch den Vermerk *„necesse est"* oder *„Therapie ärztlich begründet"* – auf der Verordnung dokumentierten individuellen Nutzen-Risiko-Abwägung war der Apotheker regelmäßig einer erneuten Bedenklichkeitsprüfung enthoben. Seit 1995 ist ein ärztliches *„necesse est"* nur noch geeignet, Bedenken im Sinne des § 17 Abs. 5 ApBetrO auszuräumen; die Abgabe bedenklicher Arzneimittel rechtfertigt es nicht.

60   **b) Fahrlässigkeit.** Fahrlässige Zuwiderhandlungen gegen das Verbot des Inverkehrbringens und der Anwendung bedenklicher Arzneimittel sind nach § 95 Abs. 4 AMG strafbar. Fahrlässig handelt, wer diejenige Sorgfalt außer acht lässt, die zu beobachten er verpflichtet und nach seinen persönlichen Kenntnissen und Fähigkeiten in der Lage ist. Wegen der besonderen Bedeutung des Schutzes der Volksgesundheit müssen an die Sorgfalt der am Produktions- und Vertriebsprozess von Arzneimitteln beteiligten Personen strenge Anforderungen gestellt werden. Aufmerksamkeit ist dabei neben den Arzneimitteleigenschaften (Zusammensetzung, Beschaffenheit, Wirkungen, Nebenwirkungen) auch der Überwachung des Personals und der Betriebsabläufe zu widmen. Sorgfaltspflichtverletzungen in diesen Bereichen, die zur Bedenklichkeit eines Arzneimittels führen, begründen daher – jedenfalls soweit diese Folgen vorhersehbar sind – regelmäßig einen Fahrlässigkeitsvorwurf (vgl. *BayObLG* NStZ 1981, 306 [Sorgfaltspflicht eines Tierheilpraktikers]).

61   **5. Versuch.** Der Versuch ist gem. § 95 Abs. 2 AMG strafbar. Voraussetzung der Versuchsstrafbarkeit ist, dass der Täter nach Maßgabe seines Tatplans unmittelbar zur Tatbestandsverwirklichung ansetzt (vgl. dazu *Fischer* § 22 StGB Rn. 9 ff.; Sch/Sch/*Eser* § 22 Rn. 36 ff.).

62   Zwar kann die bloße **Einfuhr** eines Arzneimittels noch nicht als Vorrätighalten im Sinne des § 4 Abs. 17 AMG und damit auch nicht als Inverkehrbringen angesehen werden (vgl. dazu Rn. 48). Gleichwohl kann aber bei einem an der Grenze entdeckten Import von Arzneimitteln bereits die Schwelle zur Versuchsstrafbarkeit überschritten sein, wenn und weil damit die Anlegung eines zur Veräußerung bestimmten Vorrates beabsichtigt ist und der Tatplan keine normativ bedeutsamen Ausführungshandlungen mehr vorsieht. Die Einfuhr ist dann eine der beabsichtigten Einlagerung unmittelbar vorangehende Handlung, die im Falle eines ungestörten Fortgangs ohne weitere wesentliche Zwischenakte in die Tatbestandsverwirklichung einmünden soll (zur Abgrenzung von Vorbereitungshandlungen und Versuch vgl. nur *BGH*, Urteil vom 27. 1. 2011 – Az. 4 StR 338/10 = Beck-

RS 2011, 03863; *BGH* NStZ 1989, 473). Wird der Vorrat später tatsächlich angelegt, liegt vollendetes Inverkehrbringen vor (vgl. Rn. 47 f.).

6. Strafzumessung. Der Strafrahmen des § 95 Abs. 1 AMG reicht von Geld- 63
strafe bis Freiheitsstrafe bis zu 3 Jahren. In besonders schweren Fällen (vgl. dazu
Rn. 329 ff.) kommt nach § 95 Abs. 3 AMG Freiheitsstrafe von 1 Jahr bis zu
10 Jahren in Betracht.

Besondere Bedeutung können – neben den allgemeinen zumessungsrelevanten 64
Aspekten (geständige Einlassung, polizeiliche Tatprovokation, Schadenswiedergutmachung, einschlägige Vorstrafen) – im Rahmen der Strafzumessung vor allem
die folgenden Gesichtspunkte erlangen: (1) Menge der betroffenen Arzneimittel,
(2) Schädlichkeit der mit ihrer Anwendung verbundenen (möglichen) Wirkungen,
(3) tatsächlich eingetretene Schäden, (4) Dauer und Umfang der Tätigkeit,
(5) Grad der Verantwortungslosigkeit, (6) Ausnutzung notleidender oder drogenabhängiger Personen, (7) Ausmaß des Gewinnstrebens, (8) Missbrauch der beruflichen Position. Zu berufsrechtlichen Konsequenzen vgl. § 96 Rn. 346 ff.

7. Konkurrenzen. Da die der Definition des § 4 Abs. 17 AMG unterfallenden 65
Tathandlungsalternativen (Vorrätighalten zum Verkauf oder zu sonstiger Abgabe,
Feilhalten, Feilbieten, Abgabe) durch den Begriff des Inverkehrbringens zu einer
Bewertungseinheit (vgl. dazu nur BGHSt. 30, 28 = NStZ 1981, 1325 [Bewertungseinheit beim Handeltreiben mit Betäubungsmitteln]) zusammengefasst werden, wird der Tatbestand des § 95 Abs. 1 Nr. 1 AMG nur einmal erfüllt, wenn der
zunächst in Veräußerungsabsicht angelegte Verkaufsvorrat später tatsächlich verkauft und die betreffenden Arzneimittel abgegeben werden.

Tateinheit zwischen § 95 Abs. 1 Nr. 1 und Nr. 4 AMG (verschreibungspflich- 66
tige Arzneimittel) ist möglich. Gleiches gilt für Verstöße nach § 96 Nr. 1, Nr. 4
(*BGH* MedR 1999, 270 = StV 1998, 663) und Nr. 5 AMG (*BGH* NStZ 1999,
625 = MedR 2000, 482 = StV 2000, 81).

Soweit **Doping-Mittel** bedenkliche Arzneimittel sind (dazu oben Rn. 19), sind 67
neben einen Verstoß nach § 95 Abs. 1 Nr. 1 AMG auch solche nach den Nrn. 2 a
und/oder Nr. 2 b denkbar. Tateinheitliche Verwirklichung kommt daher in Einzelfällen in Betracht, soweit sich die tatbestandlichen Handlungen überschneiden.
Gleiches gilt für das Inverkehrbringen qualitätsgeminderter Arzneimittel nach § 95
Abs. 1 Nr. 3 a AMG, sofern die **Qualitätsminderung** so erheblich ist, dass sie zur
Bedenklichkeit des betroffenen Arzneimittels führt (vgl. dazu Rn. 36).

Werden Arzneimittel entgegen § 8 Abs. 2 AMG mit abgelaufenem **Verfallsda-** 68
tum in den Verkehr gebracht, führt dies regelmäßig nicht zur Bedenklichkeit im
Sinne des § 5 Abs. 2 AMG (vgl. Rn. 13). Der Verstoß ist Ordnungswidrigkeit nach
§ 97 Abs. 1 Nr. 1 AMG.

Mit **Körperverletzungs- und Tötungsdelikten** ist ebenfalls Tateinheit mög- 69
lich, wenn sich die eine Bedenklichkeit des Arzneimittels begründenden Umstände
in einem konkreten Schadensgeschehen niedergeschlagen haben. Tateinheit ist
ferner mit Straftaten nach der **Abgabenordnung** möglich.

8. Urteilstenor. Im Urteilstenor muss die genaue Bezeichnung der Tat zum 70
Ausdruck kommen. Eine Aufzählung der angewandten Strafvorschriften oder die
Bezeichnung „Verstoß gegen das Arzneimittelgesetz" genügen für sich genommen
nicht. Zu formulieren ist vielmehr wie folgt: „Der Angeklagte ist schuldig des
Inverkehrbringens bedenklicher Arzneimittel in Tateinheit mit Handeltreiben
mit verschreibungspflichtigen Arzneimitteln unter Verstoß gegen die Apothekenpflicht", § 95 Abs. 1 Nr. 1 und Nr. 4 AMG, § 52 StGB. Ein Hinweis darauf, dass
es sich um eine **„unerlaubte" Tätigkeit** handelt, ist nicht erforderlich, weil es
sich bei dem Verbot des Inverkehrbringens bedenklicher Arzneimittel nicht um ein
präventives Verbot mit Erlaubnisvorbehalt handelt, das Inverkehrbringen also
grundsätzlich nicht durch eine behördliche Erlaubnis legitimiert werden kann.
Eine Verurteilung wegen „unerlaubten Inverkehrbringens bedenklicher Arzneimittel" wäre mit einer solchen wegen „unerlaubter Körperverletzung" vergleichbar.

II. Inverkehrbringen von Arzneimitteln unter Verstoß gegen eine Rechtsverordnung nach § 6 AMG (§ 95 Abs. 1 Nr. 2 AMG)

71   Nach § 95 Abs. 1 Nr. 2 AMG wird bestraft, wer einer Rechtsverordnung nach § 6 AMG zuwiderhandelt, die das Inverkehrbringen von Arzneimitteln untersagt, soweit diese für einen bestimmten Tatbestand auf die Strafvorschrift verweist. Zum Verstoß gegen auf einer Rechtsverordnung nach § 6 AMG beruhende Verwendungsvorschriften, -beschränkungen und -verbote vgl. § 96 Nr. 2 AMG (dazu § 96 AMG Rn. 11 ff.).

72   **1. Begriffe. a) Arzneimittel.** Zum Arzneimittelbegriff ausführlich Vorbem. AMG Rn. 37 ff.

73   **b) Inverkehrbringen.** Der Begriff des Inverkehrbringens (vgl. Rn. 44 ff.) umfasst nach § 4 Abs. 17 AMG das Vorrätighalten zum Verkauf oder zu sonstiger Abgabe (vgl. Rn. 45 ff.), das Feilhalten (vgl. Rn. 50), das Feilbieten (vgl. Rn. 51) und die Abgabe an andere (vgl. Rn. 52 f.).

74   **2. Rechtsverordnung nach § 6 AMG.** Das Bundesministerium für Gesundheit ist nach § 6 Abs. 1 AMG ermächtigt, durch Rechtsverordnung mit Zustimmung des Bundesrates die Verwendung bestimmter Stoffe, Zubereitungen aus Stoffen oder Gegenstände bei der Herstellung von Arzneimitteln vorzuschreiben, zu beschränken oder zu verbieten und das Inverkehrbringen und die Anwendung von Arzneimitteln, die nicht nach diesen Vorschriften hergestellt sind, zu untersagen, soweit es zur Risikovorsorge oder zur Abwehr einer unmittelbaren oder mittelbaren Gefährdung der Gesundheit von Mensch oder Tier durch das Arzneimittel geboten ist. Vgl. ergänzend § 96 AMG Rn. 11 ff.

75   Überschreitet der Verordnungsgeber die **Grenzen der Ermächtigung** des § 6 AMG, ist die Rechtsverordnung nichtig (vgl. nur BeckOK-GG/*Uhle* Art. 80 Rn. 36 m. w. N.), mit der Folge, dass auch die auf den einschlägigen Regelungen basierenden Verstöße nicht als Grundlage eines strafrechtlichen Unwerturteils herhalten können.

76   Strafrechtliche Relevanz haben Verstöße gegen das auf einer Rechtsverordnung nach § 6 AMG beruhende Verbot des Inverkehrbringens einschlägiger Arzneimittel nur dann, wenn die Rechtsverordnung auf die Vorschrift des § 95 AMG verweist.

77   **a) Arzneimittelfarbstoffverordnung.** Nach § 1 Abs. 1 der Arzneimittelfarbstoffverordnung vom 17. 10. 2005 (AMFarbV; BGBl. I S. 3031) dürfen bei der Herstellung von Arzneimitteln im Sinne des § 2 Abs. 1 AMG, die dazu bestimmt sind, in einem Mitgliedstaat der Europäischen Gemeinschaft oder in einem anderen Vertragsstaat des Abkommens über den Europäischen Wirtschaftsraum in den Verkehr gebracht zu werden, zur Färbung nur die in Anhang I der **Richtlinie 94/36/EG** vom 30. 6. 1994 (ABl. L Nr. 237 S. 13), **in der jeweils geltenden Fassung** aufgeführten Stoffe oder Zubereitungen aus diesen Stoffen verwendet werden. Diese Stoffe sowie deren Zubereitungen müssen zudem den Reinheitskriterien nach dem Anhang der Richtlinie 95/45/EG vom 26. 6. 1995 zur Festlegung spezifischer Reinheitskriterien für Lebensmittelfarbstoffe (ABl. L Nr. 226 S. 1) in der jeweils geltenden Fassung entsprechen. Sofern Farbstoffe in Monographien des Europäischen Arzneibuchs beschrieben sind, müssen sie zusätzlich den dort aufgeführten Anforderungen entsprechen. Arzneimittel, die nicht diesen Vorschriften entsprechend hergestellt wurden, dürfen im Geltungsbereich des AMG nicht in den Verkehr gebracht werden, § 1 Abs. 2 AMFarbV. Den erforderlichen Verweis auf die Vorschrift des § 95 Abs. 1 Nr. 2 AMG enthält § 2 Abs. 1 AMFarbV: „Nach § 95 Abs. 1 Nr. 2, Abs. 2 bis 4 des Arzneimittelgesetzes wird bestraft, wer vorsätzlich oder fahrlässig Arzneimittel entgegen § 1 Abs. 2 in den Verkehr bringt".

78   Zu beachten ist, dass die **Richtlinie 94/36/EG** durch Art. 33 Abs. 1 Buchst. h der Verordnung (EG) Nr. 1333/2008 des Europäischen Parlaments und des Rates vom 16. 12. 2008 über Lebensmittelzusatzstoffe (ABl. L Nr. 354 S. 16) mit

Wirkung vom 20. 1. 2010 **aufgehoben** wurde. Nach Art. 34 UAbs. 1 Buchst. b) der Verordnung (EG) Nr. 1333/2008 gilt jedoch insbesondere der Anhang I der Richtlinie 94/36/EG fort, bis die Übernahme von Lebensmittelzusatzstoffen, die nach der Richtlinie 94/36/EG bereits zugelassen sind, abgeschlossen ist.

Die nach Anhang I der Richtlinie 94/36/EG zugelassenen Lebensmittelfarbstof- **79** fe sind:

EG-Nr.	Übliche Bezeichnung	Cl-Nr. oder Beschreibung
E 100	Kurkumin	75300
E 101	i) Riboflavin ii) Riboflavin-5'-Phosphat	
E 102	Tartrazin	19140
E 104	Chinolingelb	47005
E 110	Sunsetgelb FCF	15985
	Gelborange S	
E 120	Cochenille, Karminsäure, Karmin	75470
E 122	Azorubin, Carmoisin	14720
E 123	Amaranth	16185
E 124	Ponceau 4R, Cochenillerot A	16255
E 127	Erythrosin	45430
E 128	Rot 2G	18050
E 129	Allurarot AC	16035
E 131	Patentblau V	42051
E 132	Indigotin, Indigokarmin	73015
E 133	Brillantblau FCF	42090
E 140	Chlorophylle und Chlorophylline: i. Chlorophylle ii. Chlorophylline	75810 75815
E 141	Kupferhaltige Komplexe der Chlorophylle und Chlorophylline: i) kupferhaltige Komplexe der Chlorophylle ii) kupferhaltige Komplexe der Chlorophylline	75815
E 142	Grün S	44090
E 150 a	Einfache Zuckerkulör	
E 150 b	Sulfitlaugen-Zuckerkulör	
E 150 c	Ammoniak-Zuckerkulör	
E 150 d	Ammonsulfit-Zuckerkulör	
E 151	Brillantschwarz BN, Schwarz PN	28440
E 153	Pflanzenkohle	

EG-Nr.	Übliche Bezeichnung	Cl-Nr. oder Beschreibung
E 154	Braun FK	
E 155	Braun HT	20285
E 160 a	Carotine: i) gemischte Carotine ii) Beta-Carotin	75130 40800
E 160 b	Annatto, Bixin, Norbixin	75120
E 160 c	Paprikaextrakt Capsanthin, Capsorubin	
E 160 d	Lycopin	
E 160 e	Beta-apo-8'-Carotinal (C 30)	40820
E 160 f	Beta-apo-8'-Carotinsäure (C 30) Ethylester	40825
E 161 b	Lutein	
E 161 g	Canthaxanthin	
E 162	Beetenrot, Betanin	
E 163	Anthocyane	Mit physikalischen Methoden aus Obst und Gemüse hergestellt
E 170	Calciumcarbonat	77220
E 171	Titandioxid	77891
E 172	Eisenoxide und –hydroxide	77491 77492 77499
E 173	Aluminium	
E 174	Silber	
E 175	Gold	
E 180	Litholrubin BK	

80 **b) Arzneimittel-TSE-Verordnung.** Nach § 1 Abs. 1 der Verordnung zum Verbot der Verwendung bestimmter Stoffe zur Vermeidung des Risikos der Übertragung transmissibler spongiformer Enzephalopathien durch Arzneimittel vom 9. 5. 2001 (TSEAMV; BGBl. I S. 856) ist es insbesondere verboten, Stoffe, Zubereitungen aus Stoffen oder Gegenstände, die von im Vereinigten Königreich Großbritannien und Nordirland oder von in der Portugiesischen Republik getöteten Rindern stammen, bei der Herstellung von Arzneimitteln im Sinne des § 2 Abs. 1 und 2 Nr. 1 AMG, die zum Zwecke der Abgabe an andere erfolgt, zu verwenden. Darüber hinaus sind die Vorschriften des § 1 Abs. 2, Abs. 5 TSEAMV zu beachten. Nach § 1 Abs. 4 TSEAMV ist es verboten, Arzneimittel im Sinne des § 2 Abs. 1 und 2 Nr. 1 AMG, die unter Verstoß gegen die genannten Regelungen hergestellt worden sind, in den Verkehr zu bringen. Der erforderliche Verweis auf die Vorschrift des § 95 Abs. 1 Nr. 2 AMG findet sich in § 3 Abs. 1 TSEAMV.

81 **c) Ethylenoxid-Verbotsverordnung.** Nach § 1 Abs. 1 der Verordnung über ein Verbot der Verwendung von Ethylenoxid bei Arzneimitteln vom 11. 8. 1988 (EthylenoxidVV; BGBl. I S. 1586) ist es verboten, bei der Herstellung von Arz-

neimitteln, die aus Pflanzen oder Pflanzenteilen bestehen, Ethylenoxid zu verwenden; nach Abs. 2 ist es verboten, Arzneimittel, die aus Pflanzen oder Pflanzenteilen bestehen und unter Verwendung von Ethylenoxid hergestellt worden sind, in den Verkehr zu bringen. Die erforderliche Bezugnahme auf die Vorschrift des §95 Abs. 1 Nr. 2 AMG ergibt sich aus §2 Abs. 1 EthylenoxidVV.

d) Aflatoxin-Verbotsverordnung. Nach §1 Abs. 1 S. 1 der Verordnung über **82** das Verbot der Verwendung von mit Aflatoxinen kontaminierten Stoffen bei der Herstellung von Arzneimitteln vom 19. 7. 2000 (AflatoxinVerbotsV; BGBl. I S. 1081, 1505) ist es verboten, bei der Herstellung von Arzneimitteln Stoffe und Zubereitungen aus Stoffen oder Erzeugnisse zu verwenden, bei denen die auf mindestens 88 Prozent Trockenmasse berechnete Höchstmenge an Aflatoxin M1 von 0,05 Mikrogramm pro Kilogramm, an Aflatoxin B1 von 2 Mikrogramm pro Kilogramm oder die Gesamtmenge der Aflatoxine B1, B2, G1 und G2 von 4 Mikrogramm pro Kilogramm überschritten wird. Für Enzyme und Enzymzubereitungen gilt dies nach §1 Abs. 1 S. 2 AflatoxinVerbotsV entsprechend mit der Maßgabe, dass die Gesamtmenge der Aflatoxine B1, B2, G1 und G2 0,05 Mikrogramm pro Kilogramm nicht überschreiten darf. Nach §1 Abs. 2 AflatoxinVerbotsV ist das Inverkehrbringen eines Arzneimittels, das unter Verstoß gegen diese Bestimmungen hergestellt worden ist, verboten. Für Fütterungsarzneimittel gelten die Bestimmungen des Futtermittelrechts. Die erforderliche Bezugnahme auf die Vorschrift des §95 Abs. 1 Nr. 2 AMG findet sich in §2 Abs. 1 AflatoxinVerbotsV.

II a. Inverkehrbringen, Verschreiben und Anwendung von Arzneimitteln zu Dopingzwecken im Sport (§95 Abs. 1 Nr. 2a AMG)

1. Zweck der Vorschrift. Die Strafnorm des §95 Abs. 1 Nr. 2a AMG bezieht **83** sich auf das in §6a Abs. 1 AMG enthaltene Verbot, Arzneimittel zu Dopingzwecken im Sport in den Verkehr zu bringen, zu verschreiben oder bei einem anderen anzuwenden. Damit ergänzt er den Straftatbestand des Inverkehrbringens bedenklicher Arzneimittel nach §95 Abs. 1 Nr. 1 AMG für die spezielle Produktkategorie der Dopingmittel. Dies ist vor allem deshalb sinnvoll, weil es sich bei Dopingmitteln nicht begriffsnotwendig um bedenkliche Arzneimittel handeln muss (vgl. dazu oben Rn. 19ff.). Denn es werden durchaus auch solche Substanzen zu Dopingzwecken ge- oder missbraucht, für die eine andere, therapeutisch sinnvolle Anwendung vorgesehen, bekannt oder im Rahmen eines Arzneimittelzulassungsverfahrens einer Überprüfung unterzogen worden ist und bei denen also gerade nicht der Verdacht besteht, dass sie bei „bestimmungsgemäßem Gebrauch" (ausführlich oben Rn. 10ff.) unvertretbare schädliche Wirkungen haben (§5 Abs. 2 AMG).

Ebenso wie die Verbotsnorm des §5 Abs. 1 AMG, die das Inverkehrbringen **84** und die Anwendung bedenklicher Arzneimittel bei anderen untersagt, dient die Regelung des §6a Abs. 1 AMG dem **Schutz der Gesundheit (Volksgesundheit)**. Die **Fairness im Sport** wird demgegenüber allenfalls reflexartig geschützt. Die Regelung ist vielmehr Ausdruck der Verpflichtung der Bundesrepublik zur umfassenden Bekämpfung des Dopings auf der Grundlage des Übereinkommens vom 16. 11. 1989 gegen Doping (vgl. Gesetz vom 2. 3. 1994, BGBl. II, S. 334; vgl. auch §6a Abs. 2 AMG).

2. Anwendungsbereich der Verbotsvorschrift. Nach §6a Abs. 2 S. 1 AMG **85** findet die Verbotsnorm des §6a Abs. 1 AMG nur Anwendung auf solche „Arzneimittel, die Stoffe der im **Anhang des Übereinkommens gegen Doping** (Gesetz vom 2. März 1994 zu dem Übereinkommen vom 16. November 1989 gegen Doping, BGBl. II 1994 S. 334) aufgeführten **Gruppen von verbotenen Wirkstoffen** oder Stoffe enthalten, die zur Anwendung bei den dort aufgeführten **verbotenen Methoden** bestimmt sind, sofern das **Doping bei Menschen** erfolgt oder erfolgen soll".

Der in Bezug genommene Anhang zum Übereinkommen lautete in seiner **ur-** **86** **sprünglichen Fassung** wie folgt (BGBl. II 1994 S. 334):

I. Gruppen von Dopingwirkstoffen	Beispiele
A. Stimulantien	Amfepramon, Amfetaminil, Amineptin, Amiphenazol, Amphetamin, Benzphetamin, Cathin, Chlorphentermin, Clobenzorex, Chorprenalin; Cropropamid (Bestandteil von Micoren), Crothetamid (Bestandteil von Micoren), Dimetamfetamin, Ephedrin, Etafedrin, Etamivan, Etilamfetamin, Fencamfamin, Fenetyllin, Fenproporex, Koffein (Coffein), Kokain (Cocain), Mefenorex, Mesocarb, Methamphetamin, Methoxyphetamin, Methylephedrin, Methylphenidat, Morazon, Nikethamid, Pemolin, Pentetrazol, Phendimetrazin, Phenmetrazin, Phentermin, Phenylpropanolamin, Pipradol, Prolintan, Propylhexedrin, Pyrovaleron, Strychnin und verwandte Verbindungen
B. Narkotika	Alphaprodin, Anileridin, Buprenorphin, Codein, Dextromoramid, Dextropropoxyphen, Diamorphin (Herion), Dihydrocodein, Dipipanon, Ethoheptazin, Ethylmorphin, Levorphanol, Methadon, Morphin, Nalbuphin, Pentazocin, Pethidin, Phenazocin, Trimeperidin und verwandte Verbindungen
C. Anabole Steroide	Bolasteron, Boldenon, Clostebol, Dehydrochlormethyltestosteron, Fluoxymesteron, Mesterolon, Metandienon, Metenolon, Methyltestosteron, Nandrolon, Norethandrolon, Oxandrolon, Oxymesteron, Oxymetholon, Stanozolol, Testosteron und verwandte Verbindungen
D. Beta–Blocker	Acebutolol, Alprenolol, Atenolol, Labetalol, Metoprolol, Nadolol, Oxprenolol, Propranolol, Sotalol und verwandte Verbindungen
E. Diuretika	Acetazolamid, Amilorid, Bendroflumethiazid, Benzthiazid, Bumetanid, Canrenon, Chlormerodrin, Chlortalidon, Diclofenamid, Etacrynsäure, Hydrochlorothiazid, Mersalyl, Spironolacton, Triamteren und verwandte Verbindungen
F. Peptidhormone und entsprechende Wirkstoffe	Chorionisches Gonadotrophin (HCG – menschliches chorionisches Gonadotrophin), Corticotrophin (ACTH), Wachstumshormon (HGH, Somatotrophin), Erytropietin (EPO)
II. Dopingmethoden	
A. Blutdoping	
B. Pharmakologische, chemische und physikalische Manipulation	

Obwohl Art. 10 Abs. 1 des europäischen Übereinkommens vom 16. 11. 1989 **87** gegen Doping die Einsetzung einer sog. **„Beobachtenden Begleitgruppe"** vorsieht, die nach Art. 11 Abs. 1 des Übereinkommens vor allem für die Anpassung der Bezugsliste an den jeweiligen Stand der wissenschaftlichen Erkenntnisse verantwortlich ist, ist zweifelhaft, ob derartige Modifizierungen des Anhangs zum Übereinkommen überhaupt geeignet sind, den Anwendungsbereich des Verbots nach § 6a Abs. 1 AMG zu konkretisieren. Hierzu nur soviel:

Die **Formulierung** der den Anwendungsbereich des Verkehrs-, Verschrei- **88** bungs- und Anwendungsverbots nach § 6a Abs. 1 AMG einschränkenden Regelung des Abs. 2 ist zumindest insoweit **unglücklich**, als sie − vor allem mit Blick auf den Klammerzusatz − *„Gesetz vom 2. März 1994 zu dem Übereinkommen vom 16. November 1989 gegen Doping, BGBl. 1994 II S. 334"* − ganz erheblich für eine **statische Verweisung** auf den Anhang zum Übereinkommen gegen Doping in seiner ursprünglichen Fassung (vgl. Rn. 86) streitet. Anderenfalls hätte es zudem nahe gelegen, sich auf den Anhang zum Übereinkommen „in der jeweils geltenden Fassung" (so etwa in § 63b Abs. 8 S. 2 AMG) zu beziehen. Das Ergebnis scheint zwar in Anbetracht des rasanten technischen und wissenschaftlichen Fortschritts und angesichts des ungebrochenen Erfindungsreichtums unlauterer Sportler und Trainer auf den ersten Blick kontraproduktiv und daher nicht mit dem Willen des historischen Gesetzgebers vereinbar zu sein. Die argumentative Kraft der genannten Umstände schmilzt jedoch dahin, wenn man sich vergegenwärtigt, dass nicht etwa auf die in der rechten Spalte der obigen Tabelle abgedruckten Stoffe und Wirkstoffe verwiesen, sondern vielmehr nur auf die Zugehörigkeit eines Stoffes zu einer der in der linken Spalte aufgeführten Wirkstoffgruppen oder die Verwendung zu einer der genannten Methoden abgestellt wird. Damit bleibt durchaus genügend Raum, auch **neuartige Substanzen** einer Wirkstoffgruppe oder Methode zuzuordnen. Darüber hinaus hat der Gesetzgeber in § 6a Abs. 3 AMG eine Verordnungsermächtigung vorgesehen, die es ermöglicht, Stoffe und Zubereitungen aus Stoffen in den Anwendungsbereich der Verbotsnorm des § 6a Abs. 1 AMG einzubeziehen.

Der Entwurf zum 8. AMGÄndG (BT-Drs. 13/9996) gibt ebenfalls keine in- **89** struktiven Fingerzeige. Er enthält lediglich den folgenden Hinweis (BT-Drs. 13/9996 S. 13): „Durch die Rechtsverordnung nach Absatz 3 wird ermöglicht, Stoffe und Zubereitungen aus Stoffen zu erfassen, die (noch) nicht vom Anhang des Übereinkommens erfasst werden, damit Umgehungsversuchen durch Ausweichen auf andere Substanzen wirksam begegnet werden kann."

Gleichwohl geht der *BGH* (NStZ 2010, 170f. = HRRS 2009, 937) offenbar **90** von einer **dynamischen Verweisung** aus: *„Jedoch beschränkt § 6a Abs. 2 AMG in der zur Tatzeit geltenden Fassung (entspricht § 6a Abs. 2 Satz 1 AMG heutiger Fassung) den Anwendungsbereich des in § 6a Abs. 1 AMG enthaltenen Verbots, soweit hier relevant, auf Arzneimittel, die Stoffe der im Anhang des Europäischen Übereinkommens gegen Doping (Gesetz vom 2. März 1994 zu dem Übereinkommen vom 16. November 1989 gegen Doping, BGBl. 1994 II S. 334) aufgeführten Gruppen von verbotenen Wirkstoffen enthalten. Für den Tatzeitraum galt die gemäß Art. 11 Abs. 1 lit. b des Übereinkommens von der Beobachtenden Begleitgruppe beschlossene und in BGBl. 2006 II S. 421 veröffentlichte Verbotsliste 2006 der Welt-Anti-Doping-Agentur."* An dieser Auffassung wird sich die Praxis daher − ungeachtet der vorstehend aufgeführten Bedenken − zunächst zu orientieren haben.

Die **aktuelle Fassung** des Anhangs zum Übereinkommen vom 16. 11. 1989 **91** gegen Doping ist am 28. 1. 2011 im Bundesgesetzblatt veröffentlicht worden (BGBl. II 2011 S. 78ff.). Die verbotenen Stoffe und Methoden werden hier in folgende Gruppen eingeteilt:

Stoffe und Methoden, die zu allen Zeiten (in und außerhalb von Wett-kämpfen) verboten sind
Verbotene Stoffe
S0. Nicht zugelassene Stoffe
S1. Anabole Stoffe
S2. Peptidhormone, Wachstumsfaktoren und verwandte Stoffe
S3. Beta-2-Agonisten
S4. Hormon-Antagonisten und –Modulatoren
S5. Diuretika und andere Maskierungsmittel
Verbotene Methoden
M1. Erhöhung des Sauerstofftransfers
M2. Chemische und physikalische Manipulationen
M3. Gendoping
Im Wettkampf verbotene Stoffe und Methoden
S6. Stimulanzien
S7. Narkotika
S8. Cannabinoide
S9. Glucocorticosteroide
Bei bestimmten Sportarten verbotene Stoffe
P1. Alkohol
P2. Betablocker

92   Für **vergangene Tatzeiträume** sind nach Maßgabe des § 2 StGB die folgen-den Fassungen zu beachten: Bekanntmachung vom **23. 3. 2010** (BGBl. II 2010 S. 206), vom **7. 4. 2009** (BGBl. II 2009 S. 368), vom **14. 4. 2008** (BGBl. II 2008 S. 255), vom **21. 6. 2007** (BGBl. II 2007 S. 812), vom **21. 2. 2006** (BGBl. II 2006 S. 421) und vom **7. 4. 2005** (BGBl. II 2005 S. 372) usw.

93   **3. Tathandlungen.** Strafrechtlich relevant sind nach § 95 Abs. 1 Nr. 2 a AMG das Inverkehrbringen, das Verschreiben und die Anwendung bei anderen.

94   **a) Inverkehrbringen.** Das Arzneimittelgesetz definiert den Begriff des Inver-kehrbringens in § 4 Abs. 17 AMG. Danach fallen hierunter das Vorrätighalten zum Verkauf oder zu sonstiger Abgabe (dazu ausführlich Rn. 45 ff.), das Feilhalten (dazu Rn. 50), das Feilbieten (dazu Rn. 51) und die Abgabe an andere (dazu Rn. 52 f.). Nicht zum Inverkehrbringen gehören die Einfuhr und das besitzlose Handeltreiben (vgl. Rn. 44 ff.).

95   **b) Verschreiben** ist das „Rezeptieren durch einen Angehörigen der Heilberu-fe" (*Kloesel/Cyran* § 6 a AMG Nr. 26), d. h. das Ausstellen der schriftlichen Anwei-sung eines Arztes, Zahnarztes oder Tierarztes, dem Patienten oder Kunden ein bestimmtes oder mehrere bestimmte Arzneimittel gegen Bezahlung oder Verrech-nung auszuhändigen. Das AMG selbst definiert den Begriff der Verschreibung nicht, setzt ihn vielmehr voraus (zu den Mindestanforderungen an den Inhalt einer ärztlichen Verschreibung vgl. § 96 Rn. 217). Zwar ist mit der Strafbewehrung des Verschreibensverbots bereits ein erheblicher und zudem besonders risikoreicher Teilbereich dubioser ärztlicher Tätigkeit im Kontext der Doping-Problematik er-fasst.

Die Tathandlungen des Verschreibens und die der Anwendung bei anderen de- **96** cken jedoch bei weitem nicht sämtliche Aktivitäten von Angehörigen der Heilberufe ab, die dem Phänomenbereich des Dopings zugeordnet werden können und müssen. Denn es ist keineswegs erst eine Lehre aus den Dopingskandalen der jüngeren Vergangenheit, dass Sportärzte ganz wesentlich auch in beratender Funktion oder in sonstiger Weise unterstützend tätig werden (bspw. durch Erstellung von Einnahmeplänen u. ä.) und so ihr umfangreiches medizinisches Wissen – jeder Berufsethik zum Trotz – in den Dienst dopender Sportler stellen.

c) Anwendung bei anderen. Zur Tathandlung der Anwendung bei anderen **97** vgl. oben Rn. 54 ff. Zu beachten ist, dass nicht jede Anwendung von Dopingmitteln mit Strafe bedroht ist. Erfasst wird vielmehr nur die Anwendung bei anderen. Damit steht zugleich fest, dass die **Eigenanwendung** durch den Sportler als bloßer Selbstschädigungsakt zwar sportethisch missbilligt, jedoch strafrechtlich irrelevant ist. Solange der Sportler „nur" seine eigene Gesundheit aufs Spiel setzt, bleibt er vor strafrechtlicher Verfolgung verschont, sofern er sich nicht zugleich auf das Glatteis des § 6 a Abs. 2 a AMG begibt und die im Anhang zum AMG genannten Stoffe und Zubereitungen *in nicht geringer Menge* besitzt (§ 95 Abs. 1 Nr. 2 b AMG).

4. Zu Dopingzwecken im Sport. Das Verbot, die in § 6 a Abs. 2 AMG nä- **98** her bezeichneten Arzneimittel in den Verkehr zu bringen, zu verschreiben oder bei anderen anzuwenden, wird durch zwei weitere Tatbestandsmerkmale begrenzt. Die Tathandlungen müssen einerseits zu Dopingzwecken vorgenommen werden; andererseits muss es sich dabei um Doping im Sport handeln.

a) Dopingzwecke. Das Verbot setzt voraus, dass die Tathandlung zu Doping- **99** zwecken erfolgt. Entscheidend ist dabei die konkrete Zweckbestimmung des Einsatzes im Einzelfall. Was der Gesetzgeber in diesem Zusammenhang unter „Doping" versteht, hat er allerdings offen gelassen. Nur bedingt Aufschluss gibt auch der Vertragstext des Übereinkommens gegen Doping vom 16. 11. 1989 (BGBl. II S. 334), auf das die Regelung des § 6 a Abs. 2 AMG – freilich nur zur näheren Eingrenzung der vom Verbot erfassten Arzneimittel – ausdrücklich Bezug nimmt. Danach ist „Doping im Sport" die „Verabreichung pharmakologischer Gruppen von Dopingwirkstoffen oder Dopingmethoden an Sportler und Sportlerinnen oder die Anwendung solcher Wirkstoffe oder Methoden durch diese Personen", Art. 2 Abs. 1 Buchst. a des Übereinkommens. Einigkeit besteht aber darüber, dass unter den Begriff des Dopings jede Form der **Steigerung der körperlichen Leistungsfähigkeit** fällt, die nicht auf natürlichem Wege (etwa durch Training oder Ernährung) bewirkt wird, sondern vielmehr das Prädikat **„unphysiologisch"** verdient (*Deutsch/Lippert* § 6 a AMG Rn. 2; *Kloesel/Cyran* § 6 a AMG Nr. 2 a). Eine Einnahme von Arzneimitteln zur Leistungssteigerung liegt daher vor allem dann vor, wenn hierdurch die körperlichen Kräfte oder die Ausdauer auf unnatürliche Weise erhöht werden sollen.

Damit allein ist indes das Doping-Phänomen nicht vollständig beschrieben. **100** Ebenfalls unter den Begriff des Dopings fallen nämlich solche Verhaltensweisen, die vorgesehene **Dopingkontrollen erschweren** oder die Entdeckung künstlicher Leistungssteigerungen vereiteln sollen. Hierunter fällt etwa der Einsatz sog. **Diuretika**, die eine vermehrte Ausschwemmung von Wasser aus dem menschlichen Körper bewirken und deshalb nicht nur zur künstlichen Gewichtsreduktion (etwa beim Judo oder beim Ringen) eingesetzt werden, sondern auch als **Maskierungsmittel** Verwendung finden, um die Einnahme anderer Doping-Substanzen zu verschleiern. Weil auch die Wirkstoffgruppe der Diuretika im Anhang zum Übereinkommen gegen Doping vom 16. 11. 1989 aufgeführt ist, spricht letztlich nichts dagegen, derartige Verhaltensweisen als verbotswidrig anzusehen (anders *Kloesel/Cyran* § 6 a AMG Nr. 17).

Nicht erforderlich ist, dass der Einsatz der einschlägigen Arzneimittel tatsächlich **101** eine Leistungssteigerung bewirkt hat und also **„erfolgreich"** war. Es genügt vielmehr, dass Inverkehrbringen, Verschreiben oder Anwendung mit dieser Zweckbestimmung erfolgen.

102   **b) Im Sport.** Nicht jeder Umgang mit Dopingmitteln ist nach § 6a Abs. 1 AMG verboten. Vorausgesetzt ist vielmehr, dass Dopingzwecke im Zusammenhang mit einer sportlichen Betätigung des Betroffenen verfolgt werden. Unter „Sport" ist dabei nicht nur der **Leistungs- oder Wettkampfsport** zu verstehen, erfasst wird auch der sog. **Freizeit- und Breitensport**. Unerheblich ist zudem, ob die intendierte Leistungssteigerung auf sportliche Aktivitäten im Wettkampf, im Training oder in der Freizeit gerichtet ist (BT-Drs. 13/9996 S. 13). Darunter fällt auch die angestrebte Steigerung des Muskelwachstums im Zusammenhang mit „Bodybuilding" (BT-Drs. a.a.O.; so auch *BGH* NStZ 2010, 170 = HRRS 2009, 937). Doping ist darüber hinaus im Kontext sportlicher Betätigungen im **Strafvollzug** möglich. Übergibt daher ein Besucher der JVA einem Strafgefangenen Tabletten mit der verbotenen Doping-Substanz Metandienon, die der Empfänger zur Stärkung und Erhaltung des Muskelwachstums im Rahmen des Anstaltsports für erforderlich erachtet, bringt er entgegen § 6a Abs. 1 AMG Arzneimittel zu Dopingzwecken im Sport in den Verkehr und macht sich daher nach § 95 Abs. 1 Nr. 2 AMG strafbar (a.A. *AG Cottbus*, Beschluss vom 23. 10. 2001 – Az. 86 Ds. 178/00; *LG Cottbus*, Beschluss vom 31. 1. 2002 – Az. 26 Qs 458/01, jeweils mit der Begründung es sei kein Wettkampf und ausgehend hiervon auch nicht das Ziel einer unfairen, künstlichen Leistungssteigerung erkennbar).

103   Andere Zwecke als das Doping im Sport vermögen den Anwendungsbereich des Verbots nach § 6a Abs. 1 AMG indessen nicht zu eröffnen. Nicht vom Verbot erfasst wird daher etwa die Verwendung von Arzneimitteln zu militärischen Zwecken oder zur erfolgreichen Bewältigung von Prüfungen bzw. bei der Ablegung von Leistungsnachweisen (Examen, Abitur pp.), selbst wenn sie Stoffe enthalten, die den einschlägigen Wirkstoffgruppen unterfallen; der Umstand, dass Arzneimittel mit der Indikation „Leistungssteigerung" zugelassen sind, ist daher nicht entscheidend, soweit nicht Dopingzwecke im Sport die Grundlage der tatbestandsmäßigen Handlungen bilden. Der Einsatz einschlägiger Arzneimittel zu **therapeutischen Zwecken** ist grundsätzlich unproblematisch (vgl. dazu etwa *Kloesel/Cyran* § 6a AMG Rn. 22f.; *Deutsch/Lippert* § 6a AMG Rn. 5). Beweisschwierigkeiten werden in diesem Zusammenhang regelmäßig dann auftreten, wenn Arzneimittel bei Personen angewendet werden, die als (Leistungs-)Sportler angesehen werden können. Gerade weil die Verschreibung von Arzneimitteln zu vorgeblich therapeutischen Zwecken ein Einfallstor für Umgehungsversuche aller Art darstellt, wird sich die wesentliche Ermittlungsarbeit im Einzelfall darauf beziehen, ob die Abgabe, Verschreibung oder Anwendung tatsächlich therapeutisch fundiert ist. Typisches Leiden, für das die einschlägigen Anti-Doping-Codes die Erteilung einer Ausnahmegenehmigung vorsehen und das daher besonders häufig wahrheitswidrig diagnostiziert wird, ist *Asthma bronchiale*, eine chronische, entzündliche Erkrankung der Atemwege.

104   **c) Doping bei Menschen.** Die Regelung des § 6a Abs. 2 S. 1 AMG setzt ferner voraus, dass das Doping bei Menschen „erfolgt oder erfolgen soll". Doping von Tieren ist nach § 3 Nr. 1b TierSchG verboten.

105   **5. Täter.** Die Strafvorschrift bedroht sowohl den gewinnorientierten Dopingmittelhändler auf dem **Schwarzmarkt** als auch **Trainer**, Ausbildungsleiter, Sportfunktionäre und **Mannschaftsärzte**, die Dopingdrogen unentgeltlich weitergeben, abgeben oder bei ihren Schützlingen anwenden. Ob sie dabei aus allgemeinem Geltungsbedürfnis heraus handeln oder primär wirtschaftliche Ziele verfolgen, ist unerheblich. Auch **Apotheker** kommen als Täter in Betracht, selbst wenn sie die Doping-Mittel auf ärztliche Verschreibung hin abgeben (*Kloesel/Cyran* § 6a Nr. 27). Die Verbotsvorschrift des § 6a Abs. 1 AMG gilt ausnahmslos, soweit der *Anwendungsbereich* nach § 6a Abs. 2 AMG (vgl. Rn. 85ff.) eröffnet ist.

106   **6. Versuch.** Der Versuch ist strafbar. Vollendetes Inverkehrbringen liegt nach § 4 Abs. 17 AMG bereits dann vor, wenn der Täter die Dopingmittel zum Verkauf vorrätig hält (vgl. dazu Rn. 45ff.), feilhält (vgl. Rn. 50) oder feilbietet (Rn. 51). Zum unmittelbaren Ansetzen durch **Einfuhr** vgl. Rn. 61f., 48.

7. Strafzumessung. Zum Schutzzweck der strafbewehrten Verbotsvorschrift **107**
des § 6 a Abs. 1 AMG, der auch im Rahmen der Strafzumessung relevant ist, vgl.
Rn. 83 f. Neben allgemeinen strafzumessungsrelevanten Aspekten sind im Kontext
des § 95 Abs. 1 Nr. 2 AMG relevant:

a) Dopingmittel-Missbrauch. Bei hohen Dosierungen sind als psychotrope **108**
Wirkungen von Anabolika neben einer Steigerung der Euphorie und der sexuellen
Erregbarkeit vor allem Gefühlsschwankungen und eine Erhöhung der Gewaltbereitschaft bekannt (*Madea/Dettmeyer*, Basiswissen Rechtsmedizin, Abschn. 7.4.4).
Bislang nur ungenügend psycho-wissenschaftlich abgesichert ist dagegen der Zusammenhang des Dopingmittel-Missbrauchs mit einer **narzisstischen Persönlichkeitsstörung** oder Störungen der Empathiefähigkeit (vgl. dazu etwa *LG Freiburg* NStZ-RR 1998, 138 = NJW 1998, 2756; dazu auch *March*, Sport in der
Suchtgesellschaft – Suchttendenzen im Sport [2004]; zur Dopingmittelsucht vgl.
auch *Wörz*, Doping und psychische Abhängigkeit, in: Doping – Aufklärung und
Maßnahmen der Prävention [2007], S. 1 ff.). Zweifelhaft ist vor allem, ob narzisstische Persönlichkeitszüge (etwa beim „Bodybuilding") zum Gebrauch von Anabolika führen oder vielmehr selbst eine Folge der Einnahme sind (dazu ausführlich
LG Freiburg a. a. O.; vgl. auch *Madea/Grellner*, Langzeitfolgen und Todesfälle bei
Anabolikaabusus, Rechtsmedizin 1996, 33 ff.). In begründeten Einzelfällen (vgl.
LG Freiburg a. a. O.: 50fache therapeutische Dosis täglich, aggressives Verhalten,
„laufend geladen und auf 180") ist daher zu prüfen, ob eine **Strafrahmenverschiebung nach §§ 21, 49 Abs. 1 StGB** in Betracht kommt.

b) Berufliche Konsequenzen. Auswirkungen der Strafe auf das künftige Le **109**
ben des Täters und also vor allem berufliche Konsequenzen sind nach § 46 Abs. 1
S. 2 StGB im Rahmen der Strafzumessung zu berücksichtigen (BGHSt. 35, 148
= NStZ 1988, 494 = JZ 1988, 467 m. Anm. *Streng* NStZ 1988, 485). Dies gilt
insbesondere für den Verlust des Arbeitsplatzes oder der Stellung als Beamter
(vgl. *Sch/Sch/Stree/Kinzig* § 46 Rn. 55 m. w. N.). Zur disziplinarrechtlichen
Ahndung des Handeltreibens mit Anabolika vgl. *BVerwG* NVwZ 1999, 881 =
DVBl. 1999, 925 = ZfBeamtR 1999, 203.

Auch der Widerruf der **Apothekenbetriebserlaubnis** oder der **Approbation** **110**
als Apotheker oder als Arzt (vgl. dazu § 96 AMG Rn. 348 ff.) ist ein zugunsten des
Täters zu berücksichtigender Strafzumessungsgesichtspunkt (vgl. *BGH* StV 91,
157). Ob freilich eine ausdrückliche **Erwähnung in den Urteilsgründen** erforderlich ist, ist nach Maßgabe des § 267 Abs. 3 S. 1 StPO zu entscheiden. Hiernach
sind nur diejenigen Umstände ausdrücklich anzuführen, die für die Zumessung der
Strafe bestimmend gewesen sind. Nach *BGH* NStZ 1996, 539 soll dies insbesondere dann nicht der Fall sein, wenn mit Widerruf oder Rücknahme von Approbation oder Betriebserlaubnis keine existenziellen Auswirkungen verbunden sind,
etwa weil der Täter neben dem Beruf des Apothekers diverse andere Tätigkeiten
ausübt, die in erheblichem Umfang sein Auskommen sichern.

c) Sonstige Umstände. Darüber hinaus können im Einzelfall Berücksichti **111**
gung finden: (1) die Dauer der rechtlich missbilligten Tätigkeit, (2) die Menge der
von der Tatausführung betroffenen Dopingmittel, (3) die Fortsetzung der Handelstätigkeit aus der Haftanstalt heraus, (4) die mindere Qualität von Dopingsubstanzen
und die sich hieraus ergebenden besonderen Gesundheitsgefahren, (5) der gleichzeitige Verstoß gegen mehrere Straftatbestände des AMG, (6) die bei Dritten eingetretenen Gesundheitsschäden, (7) die Verleitung Dritter zur Einnahme von Dopingmitteln, (8) einschlägige Vorstrafen (auch solche nach dem BtMG).

8. Konkurrenzen. Der nach § 95 Abs. 1 Nr. 2 a AMG strafbare Umgang mit **112**
Dopingmitteln kann tateinheitlich mit Verstößen nach § 95 Abs. 1 Nr. 1 (vgl. dazu
oben Rn. 19 ff.), Nr. 2 b (vgl. dazu Rn. 115), Nr. 4 (vgl. Rn. 185) AMG begangen
werden. Sofern es sich bei den zu Dopingzwecken im Sport in den Verkehr gebrachten, verschriebenen oder angewandten Arzneimitteln um sog. Fertigarzneimittel handelt (vgl. dazu § 96 Rn. 72 ff., 96 ff.), kann tateinheitlich auch der Tatbe-

stand des § 96 Nr. 5 AMG verwirklicht sein. Stimmen die Wirkstoffgehalte nicht mit der Deklaration überein, so kann – ebenfalls tateinheitlich – auch der Tatbestand des § 95 Abs. 1 Nr. 3a AMG erfüllt sein. Zur Bewertungseinheit im Kontext der verschiedenen Handlungsalternativen des Inverkehrbringens vgl. oben Rn. 65. Daneben kommt Tateinheit mit Körperverletzungs- und/oder Tötungsdelikten nach dem StGB in Frage.

113   Scheidet § 95 Abs. 1 Nr. 2a AMG aus, so sind gleichwohl die Straftatbestände des § 95 Abs. 1 Nr. 1, § 95 Abs. 1 Nr. 4 AMG und der Bußgeldtatbestand des § 97 Abs. 2 Nr. 10 AMG zu prüfen.

114   Wirken **mehrere Tatbeteiligte** an der Tatausführung mit, ist das Konkurrenzverhältnis nach ihrem jeweiligen Tatbeitrag einer selbständigen Bewertung zu unterziehen (*BGH* BeckRS 2001, 30179745 = StV 2002, 73 = wistra 2001, 336; *BGH* NStZ 2004, 457 = JR 2004, 245 = wistra 2003, 424; dazu ausführlich Sch/Sch/*Stree/Sternberg-Lieben* § 52 Rn. 20 ff. m. w. N.). Lässt sich nicht klären, durch wie viele Handlungen die festgestellte Tat im Sinne der §§ 52, 53 StGB gefördert wurde, so ist im Zweifel zugunsten des Gehilfen davon auszugehen, dass er nur eine Handlung begangen hat (*BGH* NStZ 1997, 121 ff. = wistra 1997, 61; *BGH* NStZ 2004, 457 = JR 2004, 245 = wistra 2003, 424).

IIb. Besitz der im Anhang zum AMG aufgeführten Arzneimittel und Wirkstoffe in nicht geringer Menge zu Dopingzwecken im Sport (§ 95 Abs. 1 Nr. 2b AMG)

115   **1. Regelungszweck.** Die durch das **Gesetz zur Verbesserung der Bekämpfung des Dopings im Sport** vom 24. 10. 2007 (BGBl. I S. 2510) mit Wirkung vom 1. 11. 2007 eingeführte Strafvorschrift des § 95 Abs. 1 Nr. 2b AMG beruht auf der Erkenntnis, dass „gedopte Sportler und Sportlerinnen bewusst, gewollt und aktiv im Umfeld von Doping-Netzwerken mitwirken" und es daher erforderlich sei „die kriminellen Netzwerke im Bereich des Handels mit und der Abgabe von Dopingsubstanzen stärker zu bekämpfen" (BT-Drs. 16/5526). Die Strafdrohung für den Besitz von Dopingmitteln soll dabei insbesondere der Verbreitung dieser Mittel entgegenwirken (BT-Drs. a. a. O.). Zur Änderung der Strafvorschrift des § 95 Abs. 1 Nr. 2b durch das Gesetz zur Neuordnung des Arzneimittelmarktes in der gesetzlichen Krankenversicherung vom 22. 12. 2010 (Arzneimittelmarktneuordnungsgesetz – AMNOG; BGBl. I S. 2262) vgl. unten Rn. 123.

116   **a) Geschütztes Rechtsgut** ist daher neben der **Sicherheit des Arzneimittelverkehrs** auch der **Gesundheitsschutz** potentieller Konsumenten, die sich zunehmend nicht nur mehr aus den Akteuren des Spitzensports rekrutieren. Skrupellose Geschäftemacher haben seit geraumer Zeit vielmehr auch den Breitenport als Aktionsfeld entdeckt, zumal da die Nachfrage an leistungssteigernden Substanzen auch hier ungebrochen ist. Der Gesetzgeber betrachtet den Besitz von Dopingsubstanzen in nicht geringer Menge offenbar als ein Indiz für ein Handeltreiben mit ihnen (so ausdrücklich, freilich nur im Rahmen eines Klammerzusatzes – BT-Drs. 16/5526 S. 9: „Indiz für Handel"). Allein hieraus erklärt sich die Beschränkung der Strafdrohung auf den Besitz nicht geringer Mengen der betreffenden Substanzen. Zugleich wird deutlich, dass sportliche Fairness und die **Lauterkeit des Sports** (vgl. dazu *Leipold/Beukelmann* NJW-Spezial 2010, 56; siehe auch *Leipold* NJW-Spezial 2006, 424; *Kargl* NStZ 2007, 489) offenbar nicht zu den geschützten Rechtsgütern zählen.

117   **b) Kritik.** Die Beschränkung der Strafbarkeit auf den Besitz nicht geringer Mengen von Dopingmitteln begegnet in mehrfacher Hinsicht **Bedenken**. Soweit sie darauf abzielt, das Handeltreiben mit Dopingsubstanzen zu unterbinden (vgl. Rn. 116), verfehlt sie ihr eigentliches Ziel, wenn es um besitzlose Handelsformen geht. Mit Blick auf die dopenden Sportler als primäre Dopingsünder entsteht zudem der ungute Eindruck, kompromisslose Dopingbekämpfung sei an die Überschreitung von Mindestmengen geknüpft; unterhalb solcher Mengen sei Doping

gesellschaftlich akzeptiert oder mindestens mit Mitteln des Strafrechts nicht wirksam zu bekämpfen. Das Potential einer Besitzstrafbarkeit als Auffangtatbestand für nicht nachweisbaren unlauteren anderweitigen Umgang mit entsprechenden Substanzen wird damit jedenfalls nicht konsequent ausgeschöpft (vgl. auch die Vorauflage Anh. DII zum AMG Rn. 146 f., 154 f.).

2. Tatobjekte. Die Strafnorm des § 95 Abs. 1 Nr. 2b AMG knüpft an die Verbotsvorschrift des § 6a Abs. 2a S. 1 AMG an („wer […] entgegen § 6a Abs. 2a Satz 1 ein Arzneimittel oder einen Wirkstoff besitzt") und soll so das Besitzverbot untermauern (BT-Drs. 16/5526 S. 9). Voraussetzung eines strafbaren Besitzes ist damit, dass der Täter sämtliche Tatbestandsmerkmale des in Bezug genommenen Besitzverbots erfüllt. **118**

Die Besitzstrafbarkeit gilt freilich nicht für sämtliche Substanzen und Methoden, die zur unlauteren Leistungssteigerung im Sport taugen und eingesetzt werden. Der Gesetzgeber hat sich vielmehr dafür entschieden, die erfassten Arzneimittel und Wirkstoffe (vgl. 120 f.) in einem **abschließenden Katalog als Anhang zum AMG** (dazu Rn. 122) aufzuführen. Der unbedingte Vorteil der Bestimmtheit der Strafvorschrift wird dabei zu dem Preis einer relativ trägen Verweistechnik erkauft; der Katalog der Dopingdrogen bedarf ständiger Anpassung an den medizinischen und technischen Fortschritt und den Erfindungsreichtum der Dopingakteure. Um den Anpassungsaufwand dabei möglichst gering zu halten, enthält § 6a Abs. 2 eine Verordnungsermächtigung, die es dem Bundesministerium für Gesundheit (vgl. § 6 Abs. 1 S. 1 AMG) ermöglicht, im Einvernehmen mit dem Bundesministerium des Inneren und nach Anhörung von Sachverständigen weitere Stoffe in den Anhang des Gesetzes aufzunehmen oder aber Stoffe aus dem Katalog des Anhangs zu streichen. **119**

a) Arzneimittel und Wirkstoffe. Zum **Arzneimittel**begriff vgl. Vorbem. AMG Rn. 37 ff. Die durch Art. 7 des Gesetzes zur Neuordnung des Arzneimittelmarktes in der gesetzlichen Krankenversicherung vom 22. 12. 2010 (Arzneimittelmarktneuordnungsgesetz – AMNOG; BGBl. I S. 2262) erfolgte Aufnahme des Wirkstoff-Begriffes soll Strafbarkeitslücken schließen, die sich durch eine entsprechende Ergänzung des § 6a Abs. 2a AMG aufgrund des Gesetzes zur Änderung arzneimittelrechtlicher und anderer Vorschriften vom 17. 7. 2009 (BGBl. I S. 1990) ergeben hatten (vgl. BT-Drs. 17/2413 S. 36: *„Durch die Ergänzung der Strafvorschrift hinsichtlich des Besitzes von Wirkstoffen in nicht geringer Menge zu Dopingzwecken im Sport (§ 95 Absatz 1 Nummer 2b AMG) wird somit eine Strafbarkeitslücke geschlossen. Damit wird auch einer Forderung der Strafverfolgungsbehörden entsprochen."*). **120**

Wirkstoffe sind nach § 4 Abs. 19 AMG solche Stoffe, die dazu bestimmt sind, bei der Herstellung von Arzneimitteln als arzneilich wirksame Bestandteile verwendet zu werden oder bei ihrer Verwendung in der Arzneimittelherstellung zu arzneilich wirksamen Bestandteilen der Arzneimittel zu werden. Wesentliches Tatbestandsmerkmal des Wirkstoffbegriffs ist die **arzneiliche Wirkung**; Wirkstoffe sind daher nicht bloße Hilfs- oder Farbstoffe. Vgl. zum Wirkstoffbegriff und zu sog. Prodrugs im Einzelnen *Kloesel/Cyran* § 4 Nr. 60 ff. **121**

b) Der **Anhang (zu § 6a Abs. 2a AMG)** teilt die dem Besitzverbot unterfallenden Dopingsubstanzen in folgende Arzneimittel- und Wirkstoffgruppen ein: **122**

I. anabole Stoffe
1. anabol-androgene Steroide
a) exogene anabol-androgene Steroide
b) endogene anabol-androgene Steroide
II. Peptidhormone, Wachstumsfaktoren und verwandte Stoffe
1. Erythropoese stimulierende Stoffe
2. Choriongonadotropin (CG) und Luteinisierendes Hormon (LH)

| 3. Insuline |
| 4. Corticotropine |
| 5. Wachstumshormon, Releasingfaktoren, Releasingpeptide und Wachstumsfaktoren |
| **III. Hormon-Antagonisten und -Modulatoren** |
| 1. Aromatasehemmer |
| 2. selektive Estrogen-Rezeptor-Modulatoren (SERMs) |
| 3. andere antiestrogen wirkende Stoffe |
| 4. Myostatinfunktionen verändernde Stoffe |
| **IV. Stoffe für ein Gendoping** |

Salze, Ester, Ether, Isomere, Mischungen von Isomeren, Komplexe oder Derivate der genannten Substanzen sind nach dem Anhang zu § 6a Abs. 2a AMG ausdrücklich einbezogen.

123   **c) Nicht geringe Menge.** Der Besitz der im Anhang zu § 6a Abs. 2a AMG aufgeführten Dopingsubstanzen ist nur dann strafrechtlich relevant, wenn er eine nicht geringe Menge betrifft.

124   Dies gilt auch für den Zeitraum nach Inkrafttreten des Gesetzes zur Neuordnung des Arzneimittelmarktes in der gesetzlichen Krankenversicherung vom 22. 12. 2010 (Arzneimittelmarktneuordnungsgesetz – AMNOG; BGBl. I S. 2262), obschon der Gesetzgeber mit der Änderung der Strafvorschrift des § 95 Abs. 1 Nr. 2b AMG in Strafverfolgerkreisen für einige Verwirrung gesorgt haben dürfte: Mit dem Wegfall der Wortgruppe „in nicht geringer Menge zu Dopingzwecken im Sport" war freilich weder eine inhaltliche Ausweitung des strafbewehrten Besitzverbots beabsichtigt (vgl. BT-Drs. 17/2413 S. 36), noch lässt sich eine derartige Änderung dem erhalten gebliebenen Verweis auf die Verbotsnorm des § 6a Abs. 2a AMG entnehmen. Denn ein Besitz *„entgegen* § 6a Absatz 2a Satz 1" ist weiterhin nur dann anzunehmen, wenn die Voraussetzungen der in Bezug genommenen Vorschrift umfänglich erfüllt sind; dies schließt das Überschreiten der in der einschlägigen Dopingmittel-Mengen-Verordnung des Bundesministeriums für Gesundheit aufgeführten Mengenvorgaben ein.

125   **aa) Dopingmittel-Mengen-Verordnung.** Nach § 6a Abs. 2a S. 2 AMG bestimmt das Bundesministerium für Gesundheit (vgl. § 6 Abs. 1 S. 1 AMG) im Einvernehmen mit dem Bundesministerium des Inneren nach Anhörung von Sachverständigen durch Rechtsverordnung mit Zustimmung des Bundesrates die nicht geringe Menge der im Anhang zum AMG aufgeführten Stoffe.

126   Die Regelungstechnik ist mindestens eigenartig, weil das Bundesministerium durch Rechtsverordnung und im Übrigen unter den gleichen formellen Voraussetzungen (Einvernehmen mit dem Bundesministerium des Inneren, Anhörung von Sachverständigen, Zustimmung des Bundesrates) befugt ist, Änderungen am Anhang zum AMG vorzunehmen, also weitere Stoffe aufzunehmen oder aber von der Liste zu streichen. Was bleibt, sind zwei teilidentische Kataloge, von denen wenigstens einer entbehrlich wäre. Vor dem Hintergrund einer ohnehin fragwürdigen Vielzahl gesetzlicher Regelungen und Verordnungen sollte man sich einen derartigen „Luxus" jedenfalls nicht dauerhaft leisten.

127   Für den Zeitraum bis zum Inkrafttreten der ersten DmMV am 30. 11. 2007 läuft das Besitzverbot aus strafrechtlicher Perspektive leer, weil es insoweit an einer Bestimmung der nicht geringen Menge fehlt, die auch nicht durch die Rechtsprechung ausgefüllt werden kann (*Hügel/Junge/Lander/Winkler* AMG Rn. 2).

128   **bb) Mengen-Vorgaben.** Die einschlägigen nicht geringen Mengen der Stoffe im Sinne des § 6a Abs. 2a S. 1 AMG sind in der Anlage der am 9. 12. 2010 in Kraft getretenen Verordnung zur Festlegung der nicht geringen Menge von

Dopingmitteln vom 29. 11. 2010 (Dopingmittel-Mengen-Verordnung; DmMV; BGBl. I S. 1754) verzeichnet. Dabei wird die nicht geringe Menge jeweils für die freie Verbindung der betreffenden Stoffe angegeben.

I. Anabole Stoffe

1. Anabol-androgene Steroide

a) Exogene anabol-androgene Steroide

	nicht geringe Menge
1-Androstendiol	3.000 mg
1-Androstendion	3.000 mg
Bolandiol	3.000 mg
Bolasteron	150 mg
Boldion	1.500 mg
Calusteron	3.000 mg
Clostebol	150 mg
− Depot-Zubereitungen	80 mg
− andere Zubereitungen	900 mg
Danazol	3.000 mg
Dehydrochlormethyltestosteron	150 mg
Desoxymethyltestosteron	150 mg
Drostanolon	1.015 mg
Ethylestrenol	450 mg
Fluoxymesteron	150 mg
Formebolon	150 mg
Furazabol	150 mg
Gestrinon	45 mg
4-Hydroxytestosteron	1.500 mg
Mestanolon	450 mg
Mesterolon	1.500 mg
Metandienon	150 mg
Metenolon	
− Depot-Zubereitungen	150 mg
− andere Zubereitungen	1.500 mg
Methandriol	150 mg
Methasteron	150 mg
Methyldienolon	45 mg
Methyl-1-testosteron	150 mg
Methylnortestosteron	150 mg
Methyltestosteron	450 mg
Metribolon, synonym Methyltrienolon	45 mg
Miboleron	150 mg
Nandrolon	45 mg
19-Norandrostendion	3.000 mg
Norboleton	450 mg
Norclostebol	1.500 mg
Norethandrolon	450 mg
Oxabolon	75 mg
Oxandrolon	150 mg
Oxymesteron	150 mg
Oxymetholon	150 mg
Prostanozol	1.500 mg
Quinbolon	1.500 mg
Stanozolol	
− Depot-Zubereitungen	100 mg
− andere Zubereitungen	150 mg

Stenbolon	1.500 mg
1–Testosteron	1.500 mg
Tetrahydrogestrinon	45 mg
Trenbolon	150 mg
Andere mit anabol-androgenen Steroiden verwandte Stoffe	
– mit 17–Alpha-Methyl-Struktur	150 mg
– mit anderen Strukturen	3.000 mg

b) Endogene anabol–androgene Steroide

	nicht geringe Menge
Androstendiol	3.000 mg
Androstendion	3.000 mg
Androstanolon, synonym Dihydrotestosteron	1.500 mg
Prasteron, synonym Dehydroepiandrosteron (DHEA)	
– Depot-Zubereitungen	144 mg
– andere Zubereitungen	3.000 mg
Testosteron	
– Depot-Zubereitungen	632 mg
Pflaster	67,2 mg
– andere Zubereitungen	3.000 mg

2. Andere anabole Stoffe

	nicht geringe Menge
Clenbuterol	2,1 mg
Selektive Androgen-Rezeptor-Modulatoren (SARMs)	90 mg
Tibolon	75 mg
Zeranol	4,5 mg
Zilpaterol	4,5 mg

II. Peptidhormone, Wachstumsfaktoren und verwandte Stoffe

1. Erythropoese stimulierende Stoffe

	nicht geringe Menge
Erythropoetin human (EPO) Epoetin alfa, beta, delta, omega, theta, zeta und analoge rekombinante humane Erythropoetine	24.000 IE
Darbepoetin alfa (dEPO)	120 µg
Methoxy-Polyethylenglycol-Epoetin beta, synonym PEG-Epoetin beta, Continuous Erythropoiesis Receptor Activator (CERA)	90 µg
Hematide, synonym Peginesatide	5 mg

2. Choriongonadotropin (CG) und Luteinisierendes Hormon (LH)

	nicht geringe Menge
Choriongonadotropin (HCG)	7.500 IE
Choriogonadotropin alfa	250 µg
Lutropin alfa	2.250 IE

3. Insuline

	nicht geringe Menge
Insuline	400 IE

4. Corticotropine

	nicht geringe Menge
Corticotropin	1.200 IE
Tetracosactid	
– Depot-Zubereitungen	12 mg
andere Zubereitungen	0,25 mg

5. Wachstumshormon, Releasingfaktoren, Releasingpeptide und Wachstumsfaktoren

	nicht geringe Menge
Somatropin, synonym Wachstumshormon human, Growth Hormone (GH)	16 mg
Somatrem, synonym Somatotropin (methionyl), human	16 mg
Wachstumshormon-Releasingfaktoren, synonym Growth Hormone Releasing Hormones (GHRH)	
Sermorelin	
Somatorelin	
Wachstumshormon-Releasingpeptide, synonym Growth Hormone Releasing Peptides (GHRP)	1,5 mg
Mecasermin, synonym Insulin-ähnlicher Wachstumsfaktor 1, Insulin-like Growth Factor-1 (IGF-1)	60 mg
IGF-1-Analoga	3 mg

III. Hormon-Antagonisten und -Modulatoren

1. Aromatasehemmer

	nicht geringe Menge
Aminoglutethimid	30.000 mg
Anastrozol	30 mg
Androsta-1,4,6-trien-3,17-dion, synonym Androstatriendion	3.000 mg
4-Androsten-3,6,17-trion (6-oxo)	6.000 mg
Exemestan	750 mg
Formestan	600 mg
Letrozol	75 mg
Testolacton	6.000 mg

2. Selektive Estrogen-Rezeptor-Modulatoren (SERMs)

	nicht geringe Menge
Raloxifen	1.680 mg
Tamoxifen	600 mg
Toremifen	1.800 mg

3. Andere antiestrogen wirkende Stoffe

	nicht geringe Menge
Clomifen	509 mg
Cyclofenil	12.000 mg
Fulvestrant	250 mg

4. Myostatinfunktionen verändernde Stoffe Myostatinhemmer	
	nicht geringe Menge
Stamulumab	450 mg
IV. Stoffe für ein Gendoping	
PPARδ (Peroxisome Proliferator Activated Receptor Delta)-Agonisten, synonym PPAR-delta-Agonisten	
	nicht geringe Menge
GW 501516, synonym GW 1516	75 mg
AMPK (PPARδ-AMP-activated protein kinase)-Axis-Agonisten	
	nicht geringe Menge
Aminoimidazole Carboxamide Riboside (AICAR)	7.000 mg

129   **cc) Altfälle.** Für den Zeitraum vom 3. 10. 2009 bis zum Inkrafttreten der DmMV vom 29. 11. 2010 am 9. 12. 2010 ist zur Beurteilung strafrechtlich relevanter Besitzverstöße auf die Dopingmittel-Mengen-Verordnung vom 28. 9. 2009 (BGBl. I S. 3172) zurückzugreifen, nach der die folgenden Mengenvorgaben einschlägig waren.

I. Anabole Stoffe	
1. Anabol-androgene Steroide	
a) Exogene anabol-androgene Steroide	
	nicht geringe Menge
1-Androstendiol	3.000 mg
1-Androstendion	3.000 mg
Bolandiol	3.000 mg
Bolasteron	
Boldenon	1.500 mg
Boldion	3.000 mg
Calusteron	150 mg
Clostebol	
– Depot-Zubereitungen	80 mg
– andere Zubereitungen	900 mg
Danazol	3.000 mg
Dehydrochlormethyltestosteron	150 mg
Desoxymethyltestosteron	150 mg
Drostanolon	1.015 mg
Ethylestrenol	450 mg
Fluoxymesteron	150 mg
Formebolon	150 mg
Furazabol	150 mg
Gestrinon	45 mg
4-Hydroxytestosteron	1.500 mg
Mestanolon	450 mg
Mesterolon	1.500 mg
Metandienon	150 mg

Metenolon	
– Depot-Zubereitungen	150 mg
– andere Zubereitungen	1.500 mg
Methandriol	150 mg
Methasteron	150 mg
Methyldienolon	45 mg
Methyl-1-testosteron	150 mg
Methylnortestosteron	150 mg
Methyltrienolon	45 mg
Methyltestosteron	450 mg
Miboleron	150 mg
Nandrolon	45 mg
19-Norandrostendion	3.000 mg
Norboleton	450 mg
Norclostebol	1.500 mg
Norethandrolon	450 mg
Oxabolon	75 mg
Oxandrolon	150 mg
Oxymesteron	150 mg
Oxymetholon	150 mg
Prostanozol	1.500 mg
Quinbolon	1.500 mg
Stanozolol	
– Depot-Zubereitungen	100 mg
– andere Zubereitungen	150 mg
Stenbolon	1.500 mg
1-Testosteron	1.500 mg
Tetrahydrogestrinon	45 mg
Trenbolon	150 mg

b) Endogene anabol-androgene Steroide

	nicht geringe Menge
Androstendiol	3.000 mg
Androstendion	3.000 mg
Androstanolon, synonym Dihydrotestosteron	1.500 mg
Prasteron, synonym Dehydroepiandrosteron, DHEA	
– Depot-Zubereitungen	144 mg
– andere Zubereitungen	3.000 mg
Testosteron	
– Depot-Zubereitungen	632 mg
– andere Zubereitungen	3.000 mg
ausgenommen Pflaster	67,2 mg
Bei Stoffen, die als Ester vorliegen, erfolgt Umrechnung auf die freie Verbindung.	

2. Andere anabole Stoffe

	nicht geringe Menge
Clenbuterol	2,1 mg
Selektive Androgen-Rezeptoren-Modulatoren (SARMs)	90 mg
Tibolon	75 mg
Zeranol	4,5 mg
Zilpaterol	4,5 mg

II. Hormone und verwandte Stoffe

1. Erythropoietin und Analoga

	nicht geringe Menge
Epoetin alfa	24.000 IE
Epoetin beta	24.000 IE
Epoetin delta	24.000 IE
Epoetin zeta	24.000 IE
Darbepoetin alfa	120 µg
Methoxy-Polyethylenglycol-Epoetin beta, synonym PEG-Epoetin beta	90 µg

2. Wachstumshormon und Insulin-ähnliche Wachstumsfaktoren, synonym Insulin-like Growth Factors, IGF-1

	nicht geringe Menge
Somatropin	16 mg
Mecasermin	216 mg

3. Gonadotropine

	nicht geringe Menge
Choriongonadotropin (HCG)	24.000 IE
Choriogonadotropin alfa	6.500 IE
Lutropin alfa	2.250 IE

4. Insuline

	nicht geringe Menge
Insuline	400 IE

5. Corticotropine

	nicht geringe Menge
Corticotropin	1.200 IE
Tetracosactid	
– Depot-Zubereitungen	12 mg
– andere Zubereitungen	0,25 mg

III. Hormon-Antagonisten und -Modulatoren

1. Aromatasehemmer

	nicht geringe Menge
Anastrozol	30 mg
Letrozol	75 mg
Aminoglutethimid	30.000 mg
Exemestan	750 mg
Formestan	600 mg
Testolacton	6.000 mg

2. Selektive Estrogen-Rezeptor-Modulatoren (SERMs)

	nicht geringe Menge
Raloxifen	1.680 mg
Tamoxifen	1.200 mg
Toremifen	1.800 mg

3. Andere antiestrogen wirkende Stoffe	
	nicht geringe Menge
Clomifen	509 mg
Cyclofenil	12.000 mg
Fulvestrant	250 mg
4. Myostatinfunktionen verändernde Stoffe	
Myostatinhemmer	
	nicht geringe Menge
Stamulumab	450 mg

3. Tathandlung. Erforderlich ist, dass der Täter eine im Anhang zu § 6 a **130** Abs. 2 a AMG aufgeführte Substanz besitzt. Darüber hinaus muss der Besitz Dopingzwecken im Sport dienen.

a) Besitz. Der Besitz im Sinne des Arzneimittelstrafrechts setzt dabei ein vom **131** Besitzwillen getragenes Innehaben eines tatsächlichen Herrschaftsverhältnisses voraus, das darauf gerichtet ist, sich die Möglichkeit ungehinderter Einwirkung auf die betreffende Substanz zu erhalten (*BGH* NStZ-RR 2008, 54; vgl. auch § 29 BtMG/ Teil 13 Rn. 15 m. w. N.). Besitz ist damit kein bloßer Zustand, sondern Ausdruck eines kausalen, nicht finalen Verhaltens. Eine Gefahr für andere Personen muss mit der Ausübung des Besitzes nicht unbedingt verbunden sein.

aa) Tatsächliches Herrschaftsverhältnis. Der Besitzbegriff des AMG ent- **132** spricht daher dem des Gewahrsams im Sinne der §§ 242, 246 StGB. Maßgeblich ist eine auf eine gewisse Dauer angelegte Einwirkungsmöglichkeit, die auf einem tatsächlich ungehinderten Zugang zur Sache basiert. Dem steht insbesondere nicht entgegen, dass ein Dopingmittel-Geschäft von der Polizei überwacht wird (vgl. § 29 BtMG/Teil 13 Rn. 16 m. w. N.). Ebenfalls keine Rolle spielt die Art der Besitzerlangung; rechtsgeschäftlicher Erwerb kann daher in gleicher Weise zum Besitz des Täters führen, wie die Erlangung der Sachherrschaft in deliktischer (§§ 242, 246, 249 StGB) oder sonstiger Form.

Die tatsächliche Einwirkungsmöglichkeit muss auf eine gewisse Dauer angelegt **133** sein oder aber zumindest über einen nennenswerten Zeitraum bestehen. Hieran fehlt es etwa bei nur kurzfristigen Transporttätigkeiten.

bb) Besitzwille. Der Besitz kann als **Eigen- oder Fremdbesitz** vorliegen; es **134** ist daher unerheblich, ob der Täter die Dopingsubstanzen als ihm gehörend oder für einen anderen besitzt. Freilich liegt ein strafbarer Fremdbesitz noch nicht dann vor, wenn etwa ein Sportarzt einem Trainer oder Sportler den Schlüssel zu seinem „Giftschrank" aushändigt, solange dieser nicht befugt ist, über die darin lagernden Dopingsubstanzen frei zu verfügen und er keinen entsprechenden Besitzwillen entfaltet (vgl. *BGH* BeckRS 2010, 15785). Ein **Mitbesitzer**verhältnis (§ 29 BtMG Teil 13 Rn. 20 m. w. N.) genügt ebenso, wie die Ausübung **mittelbaren Besitzes** (vgl. § 29 BtMG/Teil 13 Rn. 21 ff.).

b) Einzelfälle. Ein Täter, der erfasste Dopingsubstanzen von einem Dritten **135** übernimmt, um sie aus Gefälligkeit oder gegen Honorar für diesen zum Weiterverkauf aufzubewahren, hat Besitz, auch wenn er als bloßer Verwahrer keine eigene Verfügungsgewalt über die Dopingsubstanzen für sich in Anspruch nehmen will, § 29 BtMG/Teil 13 Rn. 23. Der Besitz von Abhol- oder Empfangsscheinen zur Vorlage bei einer Gepäckaufbewahrung, einer Spedition oder einer Zollbehörde sowie der Besitz von Schlüsseln für Schließ- und Gepäckfächer, die die tatsächliche Verfügungsgewalt über das dort deponierten oder gelagerten Dopingsubstanzen erschließen, reicht aus (vgl. § 29 BtMG/Teil 13 Rn. 23 m. w. N.). Weiß ein Sportler von Dopingverstößen eines Sportkameraden, mit dem er – etwa in einem Trainingszentrum – ein Zimmer teilt, duldet er dessen Dopingverstöße, um die Beziehung zu ihm nicht zu gefährden, obschon er selbst das Doping ablehnt, scheidet der Besitztatbestand in Ermangelung eines tatsächlichen Herrschaftswillens und eines eigenen Besitzwillens aus. Bloßes Dulden des Besitzes von Dopingsubstanzen in nicht geringer Menge erfüllt auch nicht die Voraussetzungen strafbarer Beihilfe. Zum Besitz durch Unterlassen sowie zum Besitz von Vermietern und Grundstückseigentümern vgl. § 29 BtMG/Teil 13 Rn. 25 f.

136   Lässt sich ein Dopingsünder von einem Dritten regelmäßig Dopingsubstanzen verabreichen oder injizieren, macht er sich mangels eigener Verfügungsgewalt selbst dann nicht wegen Besitzes von Dopingsubstanzen in nicht geringer Menge strafbar, wenn feststeht, dass die eingenommenen Substanzen einem die Mengenvorgaben der Dopingmittel-Mengen-Verordnung überschreitenden Depot entstammen. Ggf. kommt eine Strafbarkeit nach § 95 Abs. 1 Nr. 2 a AMG in Betracht (zur Anwendung von Arzneimitteln zu Dopingzwecken in Sport vgl. Rn. 97 ff.).

137   **4. Subjektiver Tatbestand. a) Vorsatz.** Der subjektive Tatbestand setzt Vorsatz voraus. Vorsatz ist gegeben, wenn der Täter weiß, dass er die tatsächliche Verfügungsgewalt über die einschlägigen Dopingsubstanzen ausübt und er darüber hinaus diese Verfügungsgewalt für sich oder einen Dritten ausüben und/oder aufrechterhalten will. *Dolus eventualis* ist freilich ausreichend. Der unerwünschte oder unbewusste Besitz ist hingegen nicht strafrechtlich relevant (vgl. § 29 BtMG Teil 13 Rn. 50 m. w. N.). Zu beachten ist, dass auch der fahrlässige Besitz von Dopingsubstanzen in nicht geringer Menge zu Dopingzwecken im Sport strafbar ist, § 95 Abs. 4 AMG.

138   In Bezug auf die **nicht geringe Menge** genügt es, dass der Täter hinreichende Vorstellungen über die von ihm besessene Menge von Dopingsubstanzen hat und dass er sich des hieraus ergebenden erhöhten Unrechts der Tat bewusst ist. Nicht erforderlich ist dagegen, dass er die Überschreitung der Mengenvorgaben aus der DmMV konkret erkannt hat.

139   **b) Zweckbestimmung.** Der Täter muss die Dopingmittel „zu Dopingzwecken im Sport" besitzen; erforderlich ist ferner, dass das Doping beim Menschen erfolgt oder erfolgen soll. Dopingzwecke im Tier- (also etwa im Pferdesport) sind ausdrücklich vom strafbewehrten Besitzverbot des § 6 a Abs. 2 a S. 1 AMG ausgenommen; insoweit kommt ggf. eine Ordnungswidrigkeit nach § 18 Abs. 1 Nr. 4 i. V. m. § 3 Nr. 1 b TierSchG in Betracht.

140   Entscheidend ist die subjektive Willensrichtung des Besitzers, wobei es nicht darauf ankommt, welchen Plan der Täter im Einzelnen verfolgt und zu wessen Gunsten die Verwendung letztendlich erfolgen soll, solange nur Dopingzwecke im Sport maßgebend sind. Zu „Dopingzwecken im Sport" besitzt daher auch der Zwischenhändler, der die betreffenden Substanzen lediglich an in einschlägigen Kreisen tätige Sportfunktionäre, Trainer oder Sportärzte veräußern will. Unerheblich ist aber, wenn die Substanzen ihrer insoweit vorgegebenen Bestimmung tatsächlich zugeführt werden sollen.

141   Weil sich eine derartige Verwendungsabsicht nicht von selbst versteht, reichen lediglich verdachtsbegründende Vermutungen regelmäßig nicht aus. Die Feststellung einer entsprechenden Willensrichtung muss vielmehr zum Gegenstand tatsachenfundierter richterlicher Überzeugungsbildung gemacht werden; die tragenden Gründe sind im Rahmen der beweiswürdigenden Erwägungen im Urteil anzugeben (vgl. *BGH* NStZ-RR 2005, 309).

142   Der strafbare Besitz nicht geringer Mengen einschlägiger Dopingsubstanzen ist dann beendet, wenn der Besitzer seine ursprüngliche Absicht aufgibt, sie zu Dopingzwecken im Sport einzusetzen. Dieser Zeitpunkt markiert zugleich den Beginn der Verjährung, § 78 a StGB. Zu beachten ist freilich, dass der Tatrichter – auch vor dem Hintergrund des Zweifelssatzes – einer entsprechenden Einlassung nicht kritiklos folgen darf; er ist insbesondere auch nicht gehalten, zugunsten des Angeklagten einen Sachverhalt zu unterstellen, für dessen Vorliegen keine zureichenden tatsächlichen Anhaltspunkte streiten (*BGH* NStZ 2009, 401; vgl. auch *Brause* NStZ-RR 2010, 329 m. w. N.).

c) Irrtumsfälle. Geht der Täter – entgegen den tatsächlichen Umständen – von 143
einer Menge an Dopingsubstanzen aus, die die einschlägigen Mengenvorgaben der
DmMV unterschreiten, liegt ein **Tatbestandsirrtum** vor, der nach § 16 Abs. 1
S. 1 StGB den Vorsatz ausschließt. Gleiches gilt, wenn der Täter verkennt, dass er
den Besitz „zu Dopingzwecken im Sport" ausübt oder irrig annimmt, die von ihm
besessenen Substanzen seien zu Dopingzwecken im Tiersport bestimmt. Die Strafbarkeit wegen fahrlässiger Begehung nach § 95 Abs. 4 AMG bleibt freilich in solchen Fällen unberührt, § 16 Abs. 1 S. 2 StGB.

Kein Tatbestandsirrtum liegt hingegen vor, wenn der Täter hinreichend konkre- 144
te Vorstellungen zur Wirkstoffmenge der von ihm besessenen Dopingmittel hat,
aber irrtümlich annimmt, die nicht geringe Menge nach der DmMV sei gleichwohl noch nicht überschritten. In diesen Fällen liegt ein bloßer **Subsumtionsirrtum** vor (vgl. dazu *Fischer* § 16 StGB Rn. 13), der für den Vorsatz des Täters unbeachtlich ist.

d) Fahrlässigkeit. Fahrlässige Verstöße gegen das Besitzverbot sind nach § 95 145
Abs. 4 AMG strafbar. Anwendungsfälle sind in erster Linie die unter Rn. 143 f.
genannten, sofern die Fehlvorstellung des Täters vorwerfbar begründet wurde oder
erhalten geblieben ist.

5. Versuch. Der Versuch des Besitzes von Dopingsubstanzen in nicht geringer 146
Menge zu Dopingzwecken im Sport ist nach § 95 Abs. 2 AMG strafbar. Versuchter
Besitz in diesem Sinne kommt etwa dann in Betracht, wenn der Täter die Menge
der von ihm besessenen Dopingmittel irrtümlich zu hoch taxiert (vgl. *BGH*
NStZ 2007, 102 = StV 2007, 80). Dies gilt auch dann, wenn sich ein Besitzwille
manifestiert, obwohl eine tatsächliche Verfügungsgewalt über Dopingsubstanzen
nicht festgestellt werden kann (vgl. *Hügel/Junge/Lander/Winkler* § 29 a BtMG
Rn. 6; *Weber* § 29 a BtMG Rn. 133).

6. Täterschaft und Teilnahme. a) Täter. Ausgehend vom Wortlaut der Ver- 147
botsvorschrift des § 6 a Abs. 2 a S. 1 AMG, die es untersagt, die betreffenden Substanzen „zu Dopingzwecken im Sport zu besitzen", zählen zu den Adressaten der
Strafvorschrift des § 95 Abs. 1 Nr. 2 b AMG in erster Linie die dopenden Sportler.
Ob es sich um Spitzen- oder Breitensportler handelt, ist nach dem Zweck der
Regelung (vgl. Rn. 115 ff.) unbeachtlich. Neben den Sportlern selbst werden aber
auch alle sonstigen Dopingakteure (Trainer, Sportärzte, Manager und Familienangehörige von Sportlern) erfasst, sofern ihr Besitz an verbotenen Substanzen nur
davon beseelt ist, dieselben zu Dopingzwecken im Sport einzusetzen. Weil der
Besitz ein tatsächliches Herrschaftsverhältnis voraussetzt, kommt eine Erstreckung
des Besitztatbestandes auf Tatbeteiligte, die selbst keine Sachherrschaft haben, nicht
in Betracht. Üben mehrere Täter die tatsächliche Sachherrschaft aus, wird im
Grundsatz jedem von ihnen die Gesamtmenge ungeteilt zugerechnet.

b) Beihilfe zum unerlaubten Besitz von Dopingsubstanzen in nicht geringer 148
Menge liegt vor, wenn der Täter die Rechtsgutsverletzung des Haupttäters ermöglicht, verstärkt oder erleichtert, also die Tatbegehung fördert. Bloßes Dulden fremder Rechtsverletzungen genügt insoweit nicht; die Grenzen zum Sonderfall der
psychischen Beihilfe sind fließend (siehe dazu nur *Fischer* § 27 Rn. 11 ff. m. w. N.).

c) Anstiftung. Hat ein Sportler die Bestellung einer nicht geringen Menge von 149
Dopingsubstanzen in Auftrag gegeben, kommt es letztlich aber nicht zu einer
Übergabe an den Doping-Sünder, ist eine Strafbarkeit wegen Anstiftung denkbar.

7. Rechtsfolgen. a) Strafe. Der vorsätzliche verbotene Besitz von Doping- 150
Substanzen in nicht geringer Menge zum Zwecke des Dopings im Sport ist nach
§ 95 Abs. 1 AMG mit Freiheitsstrafe bis zu drei Jahren oder mit Geldstrafe bedroht. Zur Strafrahmenverschiebung nach §§ 21, 49 Abs. 1 StGB bei besonders
schweren Formen des **Dopingmittelmissbrauchs** vgl. Rn. 108.

Für **besonders schwere Fälle** ist ein Strafrahmen von einem Jahr bis zu zehn 151
Jahren vorgesehen, § 95 Abs. 3 AMG (vgl. dazu unten Rn. 329 ff.). Ein unbenann-

ter besonders schwerer Fall kann etwa vorliegen, wenn der Täter Dopingsubstanzen zu Hause frei zugänglich aufbewahrt und dabei weiß und in Kauf nimmt, dass seine minderjährigen Kinder auf den Vorrat zugreifen (vgl. *AG Bittburg* NStZ 2008, 472). Zu erwägen ist auch, die für das Inverkehrbringen, Verschreiben oder Anwenden nach § 95 Abs. 2 a AMG benannten besonders schweren Fälle nach § 95 Abs. 3 S. 2 Nr. 2 AMG in die jeweils erforderliche Gesamtwürdigung der Tat einzubeziehen; hierbei ist freilich Vorsicht geboten, weil der Gesetzgeber insbesondere banden- und gewerbsmäßige Handlungsweisen ausdrücklich nur auf die Tathandlungen nach § 95 Abs. 2 a AMG bezogen hat.

152 Handelt der Täter **fahrlässig**, so ist die Strafe nach § 95 Abs. 4 AMG Freiheitsstrafe bis zu einem Jahr oder Geldstrafe.

153 **b) Einziehung.** Gegenstände, auf die sich der Verstoß gegen das strafbewehrte Besitzverbot des § 6 a Abs. 2 a AMG bezieht, können nach § 98 S. 1 AMG eingezogen werden. Darüber hinaus ist die Dritteinziehung nach Maßgabe des § 74 a StGB vorgesehen, § 98 S. 2 AMG.

154 **8. Konkurrenzen.** Ist das betreffende Dopingmittel zugleich Betäubungsmittel nach dem BtMG, kommt Tateinheit mit betäubungsmittelstrafrechtlichen Rechtsverstößen in Betracht (*Hügel/Junge/Lander/Winkler* AMG Rn. 1.4 m. w. N.). Das Anwenden von Arzneimitteln bei anderen nach § 95 Abs. 1 Nr. 2 a AMG dürfte den bloßen Besitz als Spezialgesetz verdrängen (vgl. zum Verhältnis von Besitz und Abgabe beim Besitz von Betäubungsmitteln § 29 BtMG/Teil 13 Rn. 103).

155 **9. Strafklageverbrauch.** Zum Strafklageverbrauch bei Verurteilung wegen Besitzes einer Teilmenge von Dopingmitteln und zur Ausübung des Besitzes über die der Verurteilung zugrunde liegenden Dopingsubstanzen wird auf die Ausführungen unter § 29 BtMG/Teil 13 Rn. 117 f. Bezug genommen.

III. Inverkehrbringen radioaktiver oder mit ionisierenden Strahlen behandelter Arzneimittel (§ 95 Abs. 1 Nr. 3 AMG)

156 Nach § 7 Abs. 1 S. 1 AMG ist es verboten, radioaktive Arzneimittel oder Arzneimittel, bei deren Herstellung ionisierende Strahlen verwendet worden sind, in den Verkehr zu bringen. Ausnahmen sind möglich, bspw. aufgrund einer Rechtsverordnung nach § 7 Abs. 2 AMG (dazu unten Rn. 162 ff.).

157 **1. Begriffe. a) Arzneimittel.** Zum Arzneimittelbegriff ausführlich Vorbem. AMG Rn. 37 ff.

158 **b) Radioaktive Arzneimittel** sind nach der Definition des § 4 Abs. 8 AMG solche Arzneimittel, die radioaktive Stoffe sind oder enthalten und ionisierende Strahlen spontan aussenden und die dazu bestimmt sind, wegen dieser Eigenschaften angewendet zu werden. Als radioaktive Arzneimittel gelten auch die Radiomarkierung anderer Stoffe vor der Verabreichung hergestellte Radionuklide (Vorstufen) sowie die zur Herstellung von radioaktiven Arzneimitteln bestimmten Systeme mit einem fixierten Mutterradionuklid, das ein Tochterradionuklid bildet, (Generatoren).

159 **c) Ionisierende Strahlen** sind sowohl elektromagnetische Strahlen (Röntgen-, Gammastrahlen) als auch Teilchenstrahlen (Alpha-, Beta-, Neutronenstrahlen). Charakteristisch ist ihre Fähigkeit, Atome und Moleküle zu ionisieren, d. h. Elektronen zu entfernen, mit der Folge der Entstehung eines elektrisch geladenen Teilchens. Die durch den Vorgang der Ionisierung bewirkte Bildung sog. freier Radikale (meist reaktionsfreudige Atome und Moleküle mit einem ungepaarten Elektron) ist der eigentliche Grund für die Gefährlichkeit ionisierender Strahlung. **Freie Radikale** können wichtige Stoffwechselprozesse ungünstig beeinflussen, daneben aber auch Zellmembranen und die Erbsubstanz schädigen. Die zuletzt genannte Wirkung ist erstmals bereits 1927 beschrieben worden (*Janning/Knust*, Genetik [2004] S. 207).

d) Herstellung. Herstellen ist nach § 4 Abs. 14 AMG das Gewinnen, das An- **160** fertigen, das Zubereiten, das Be- und Verarbeiten, das Umfüllen einschließlich Abfüllen, das Abpacken, das Kennzeichnen und die Freigabe von Arzneimitteln. Problematisch kann der Vorgang des Inverkehrbringens von Arzneimitteln – allein hierauf stellt die Strafvorschrift des § 95 Abs. 1 Nr. 3 AMG ab – also dann sein, wenn bei einer der vorgenannten Tätigkeiten ionisierende Strahlung zum Einsatz kommt.

2. Tathandlung. Verboten ist nicht etwa der Herstellungsvorgang; rechtlicher **161** Missbilligung unterliegt vielmehr das **Inverkehrbringen** der genannten Arzneimittel (§ 7 Abs. 1 S. 1, § 95 Abs. 1 Nr. 3 AMG). Unter Inverkehrbringen versteht das AMG das Vorrätighalten zum Verkauf oder zu sonstiger Abgabe, das Feilhalten, das Feilbieten und die Abgabe an andere (zu den Einzelheiten vgl. oben Rn. 44 ff.).

3. Ausnahmen. a) Rechtsverordnung nach § 7 Abs. 2 AMG. Das Verbot **162** des § 7 Abs. 1 AMG steht unter dem Vorbehalt einer Zulassung durch Rechtsverordnung nach § 7 Abs. 2 AMG.

Nach § 7 Abs. 2 S. 1 AMG ist das Bundesministerium für Gesundheit ermäch- **163** tigt, im Einvernehmen mit dem Bundesministerium für Umwelt, Naturschutz und Reaktorsicherheit durch Rechtsverordnung mit Zustimmung des Bundesrates das **Inverkehrbringen radioaktiver Arzneimittel** oder bei der Herstellung von Arzneimitteln die Verwendung ionisierender Strahlen zuzulassen, soweit dies nach dem jeweiligen Stand der wissenschaftlichen Erkenntnisse zu medizinischen Zwecken geboten und für die Gesundheit von Mensch oder Tier unbedenklich ist. Soweit es sich um **Tierarzneimittel** handelt, wird die Verordnung nach § 7 Abs. 2 S. 3 AMG vom Bundesministerium für Ernährung, Landwirtschaft und Verbraucherschutz im Einvernehmen mit dem Bundesministerium für Gesundheit und dem Bundesministerium für Umwelt, Naturschutz und Reaktorsicherheit erlassen.

Von der Ermächtigung ist durch Erlass der Verordnung über radioaktive oder **164** mit ionisierenden Strahlen behandelte Arzneimittel vom 19. 1. 2007 (**AMRadV**; BGBl. I S. 48) Gebrauch gemacht worden. Die Verordnung, die die Vorschriften der Strahlenschutzverordnung und der Röntgenverordnung unberührt lässt (§ 4 AMRadV), sieht die folgenden **Ausnahmen vom Verkehrsverbot** des § 7 Abs. 1 AMG vor:

§ 1 Verkehrsfähigkeit von Arzneimitteln, die mit ionisierenden Strahlen
behandelt worden sind

(1) Das Verkehrsverbot des § 7 Abs. 1 des Arzneimittelgesetzes gilt nicht für Arzneimittel, bei deren Herstellung Elektronen-, Gamma- oder Röntgenstrahlen für messtechnische Zwecke verwendet worden sind, wenn

1. offene radioaktive Stoffe nicht verwendet worden und umschlossene radioaktive Stoffe mit den Arzneimitteln nicht in Berührung gekommen sind,
2. a) die maximale Energie der Elektronen nicht mehr als 10 Megaelektronvolt betragen hat,
    b) die Gammastrahlen aus den Radionuklidquellen Cobalt 60 oder Caesium 137 stammen,
    c) die maximale Energie der Röntgenstrahlen nicht mehr als 10 Megaelektronvolt betragen hat,
       es sei denn, dass in wissenschaftlich begründeten Fällen andere Energiewerte zulässig sind
       oder sichergestellt ist, dass keine schädlichen Kernreaktionen auftreten,
3. die Energiedosis im Arzneimittel nicht mehr als 0,1 Gray betragen hat.

(2) Das Verkehrsverbot des § 7 Abs. 1 des Arzneimittelgesetzes gilt nicht für Arzneimittel im Sinne des § 2 Abs. 1 oder Abs. 2 Nr. 1 bis 4 des Arzneimittelgesetzes, bei deren Herstellung Elektronen-, Gamma- oder Röntgenstrahlen zur Verminderung der Keimzahl oder zur Inaktivierung von Blutbestandteilen oder Tumormaterial oder zur Modifizierung von Bestandteilen verwendet worden sind, wenn

1. offene radioaktive Stoffe nicht verwendet worden und umschlossene radioaktive Stoffe mit den Arzneimitteln nicht in Berührung gekommen sind,

2. a) die maximale Energie der Elektronen nicht mehr als 10 Megaelektronvolt betragen hat, oder, wenn dieser Wert überschritten wurde, nachgewiesen ist, dass keine Radionuklide in diesem Produkt entstehen,

b) die Gammastrahlen aus den Radionuklidquellen Cobalt 60 oder Caesium 137 stammen,

c) die maximale Energie der Röntgenstrahlen nicht mehr als 6 Megaelektronvolt betragen hat, es sei denn, dass in begründeten Fällen andere Energiewerte zulässig sind und sichergestellt ist, dass keine schädlichen Kernreaktionen auftreten,

3. die Energiedosis bei Arzneimitteln nach

a) § 2 Abs. 1 oder Abs. 2 Nr. 1 des Arzneimittelgesetzes nur in begründeten Fällen mehr als $3,2 \times 10^4$ Gray betragen hat und sichergestellt ist, dass dabei die Qualität des Bestrahlungsgutes nicht beeinträchtigt wurde,

b) § 2 Abs. 2 Nr. 1a bis 4 des Arzneimittelgesetzes nicht mehr als 5×10^4 Gray betragen hat und

4. die Arzneimittel durch die zuständige Bundesoberbehörde im Hinblick auf die Behandlung mit ionisierenden Strahlen zur Verminderung der Keimzahl oder zur Inaktivierung von Blutbestandteilen oder Tumormaterial oder zur Modifizierung von Bestandteilen nach § 25 Abs. 1 des Arzneimittelgesetzes zugelassen worden sind oder nach § 21 Abs. 2 Nr. 1a, 1b, 1c, 2, 5 oder 6 des Arzneimittelgesetzes ohne Zulassung in den Verkehr gebracht werden dürfen.

Einer Zulassung nach Satz 1 Nr. 4 bedarf es nicht für

1. Arzneimittel im Sinne des § 2 Abs. 2 Nr. 1a, 3 oder 4 des Arzneimittelgesetzes,

2. Arzneimittel im Sinne des § 2 Abs. 2 Nr. 2 des Arzneimittelgesetzes, soweit sie ausschließlich aus metallischen, keramischen oder diesen beiden Werkstoffen bestehen, und

3. Collagenmembranen, Wundblutzubereitungen, Tumormaterial oder Erzeugnisse aus Fibrinschaum, die keine Fertigarzneimittel sind.

(3) Die Vorschriften des Vierten Abschnittes des Arzneimittelgesetzes über die Zulassung finden entsprechende Anwendung auf Arzneimittel im Sinne des

1. § 2 Abs. 1 und Abs. 2 Nr. 1 des Arzneimittelgesetzes, die keine Fertigarzneimittel und zur Anwendung bei Menschen bestimmt sind, sofern sie nicht Collagenmembranen, Wundblutzubereitungen, Tumormaterial oder Erzeugnisse aus Fibrinschaum sind, und

2. § 2 Abs. 2 Nr. 2 des Arzneimittelgesetzes, soweit sie nicht ausschließlich aus metallischen, keramischen oder diesen beiden Werkstoffen bestehen.

sofern bei ihrer Herstellung Elektronen-, Gamma- oder Röntgenstrahlen zur Verminderung der Keimzahl oder zur Inaktivierung von Blutbestandteilen oder zur Modifizierung von Bestandteilen verwendet worden sind.

§ 2 Verkehrsfähigkeit radioaktiver Arzneimittel

(1) Das Verkehrsverbot des § 7 Abs. 1 des Arzneimittelgesetzes gilt nicht für radioaktive Arzneimittel, die

1. durch die zuständige Bundesoberbehörde nach § 25 Abs. 1 des Arzneimittelgesetzes zugelassen worden sind oder nach § 21 Abs. 2 Nr. 1a, 1b, 1c, 2, 5 oder 6 des Arzneimittelgesetzes ohne Zulassung in den Verkehr gebracht werden dürfen,

2. nach § 2 Abs. 2 Nr. 1 des Arzneimittelgesetzes als Arzneimittel gelten und keine Fertigarzneimittel sind oder

3. nach § 2 Abs. 2 Nr. 4 des Arzneimittelgesetzes als Arzneimittel gelten.

Es gilt ferner nicht für radioaktive Arzneimittel, die keine Fertigarzneimittel sind und

1. bei deren Herstellung Bestandteile verwendet worden sind, die von Natur aus radioaktive Stoffe enthalten, soweit die Konzentration radioaktiver Stoffe in diesen Bestandteilen nicht erhöht worden ist und diese Bestandteile von Natur aus nicht mehr als 500 Mikrobecquerel je Gramm an radioaktiven Stoffen der Uran-, Thorium- oder Actiniumreihe enthalten oder

2. die Heilwässer aus natürlichen Quellen sind, deren Konzentration an radioaktiven Stoffen natürlichen Ursprungs aus der Uran-, Thorium- oder Actiniumreihe nicht erhöht worden ist.

Es gilt weiterhin nicht für radioaktive Arzneimittel, die

1. zur Erkennung der Beschaffenheit, von Zuständen oder Funktionen des Körpers vorgesehen sind,

2. in einer klinischen Einrichtung auf der Grundlage einer Herstellungserlaubnis nach § 13 des Arzneimittelgesetzes hergestellt und

3. *dort für nicht mehr als 20 Behandlungsfälle in der Woche nach dem anerkannten Stand der wissenschaftlichen Erkenntnisse auf Grund einer patientenbezogenen ärztlichen Verschreibung angewendet werden,*

sowie für radioaktive Arzneimittel, die in einer Krankenhausapotheke oder krankenhausversorgenden Apotheke ausschließlich auf der Grundlage zugelassener Radionuklidgeneratoren, Radionuklidkits oder Radionuklidvorstufen nach den Anweisungen des jeweiligen pharmazeutischen Unternehmers zubereitet werden.

(2) Die Vorschriften des Vierten Abschnittes des Arzneimittelgesetzes über die Zulassung finden entsprechende Anwendung auf radioaktive Arzneimittel, die Arzneimittel im Sinne des § 2 Abs. 1 des Arzneimittelgesetzes, keine Fertigarzneimittel und zur Anwendung bei Menschen bestimmt sind. Die Ausnahmevorschriften des § 21 Abs. 2 Nr. 1, 3 und 4 des Arzneimittelgesetzes finden keine Anwendung. Satz 1 findet keine Anwendung auf Arzneimittel nach Absatz 1 Satz 2 und 3.

Zu Ausnahmen von der Apothekenpflicht für **radioaktive Medizinprodukte** **165** vgl. § 2 der Verordnung über Vertriebswege für Medizinprodukte vom 17. 12. 1997 (MPVertrV; BGBl. I S. 3148).

b) Genehmigung im zentralisierten Verfahren. Ist das Inverkehrbringen ei- **166** nes bestimmten Arzneimittels durch die Europäische Arzneimittel-Agentur europaweit genehmigt worden, muss eine Strafbarkeit nach § 95 Abs. 1 Nr. 3 AMG entfallen (vgl. auch *Rehmann* § 7 AMG Rn. 1). Grundlage der zentralisierten Genehmigung ist die Verordnung (EG) Nr. 726/2004 des Europäischen Parlaments und des Rates vom 31. 3. 2004 zur Festlegung von Gemeinschaftsverfahren für die Genehmigung und Überwachung von Human- und Tierarzneimitteln und zur Errichtung einer Europäischen Arzneimittel-Agentur (ABl. L Nr. 136 vom 30. 4. 2004, S. 1).

III a. Herstellen und Inverkehrbringen qualitätsgeminderter und gefälschter Arzneimittel und Wirkstoffe (§ 95 Abs. 1 Nr. 3 a AMG)

1. Grundlagen und Abgrenzung. Zum Arzneimittelbegriff ausführlich Vor- **167** bem. AMG Rn. 37 ff. Zum Begriff der Wirkstoffe nach § 4 Abs. 19 AMG vgl. Vorbem. AMG Rn. 49. Die Regelung des § 8 AMG enthält Herstellungs- und Verkehrsverbote für qualitätsgeminderte (Abs. 1 Nr. 1), gefälschte (Abs. 1 Nr. 1a), in anderer Weise mit irreführender Bezeichnung, Angabe oder Aufmachung versehene (Abs. 1 Nr. 2) und solche Arzneimittel, deren Verfalldatum abgelaufen ist (Abs. 2). Sie dient damit dem Verbraucherschutz (*Kloesel/Cyran* § 8 AMG Nr. 1; *Rehmann* § 8 AMG Rn. 1) und insbesondere dem Schutz der **Erwartung der Marktteilnehmer** dahingehend, dass das von ihnen verschriebene, erworbene oder konsumierte Produkt den **anerkannten pharmazeutischen Regeln** gerecht wird (*Deutsch/Lippert* § 8 AMG Rn. 1).

Die Sanktionsnorm des § 95 Abs. 1 Nr. 3 a AMG, die nur das unter Verstoß gegen **168** § 8 Abs. 1 Nrn. 1 und 1 a AMG erfolgende Herstellen oder Inverkehrbringen unter Strafe stellt, wird durch die Vorschrift des § 96 Nr. 3 AMG ergänzt. Nach § 96 Nr. 3 AMG ist das Herstellen und Inverkehrbringen solcher Arzneimittel oder Wirkstoffe mit Strafe bedroht, die *„in anderer Weise mit irreführender Bezeichnung, Angabe oder Aufmachung versehen sind"* (§ 8 Abs. 1 Nr. 2 AMG). Ausgehend hiervon bedarf es stets einer trennscharfen Abgrenzung der einschlägigen Verbotstatbestände (vgl. dazu im Einzelnen § 96 AMG Rn. 25 ff.). Die Vorschrift des § 96 Nr. 3 AMG darf daher auch keinesfalls als **Auffangtatbestand** für solche Fälle missverstanden werden, in denen die von § 8 Abs. 1 Nrn. 1 und 1 a AMG vorausgesetzten Tatbestandsmerkmale (noch) nicht vollständig erfüllt sind oder einschlägige Erheblichkeitsschwellen unterschritten werden (bspw. Nr. 1: *„Qualität nicht unerheblich gemindert"*).

Das Inverkehrbringen von Arzneimitteln, deren Verfalldatum abgelaufen ist, **169** wird von § 97 Abs. 2 Nr. 1 AMG erfasst (vgl. dort).

2. Verbote im Einzelnen. a) Qualitätsminderung. Qualitätsmaßstab sind **170** die anerkannten pharmazeutischen Regeln, die sich ihrerseits aus dem Arzneibuch

(§ 55 AMG), den Erkenntnissen der pharmazeutischen Wissenschaft und Praxis und den gebräuchlichen Qualitätssicherungsrichtlinien für Produktionsabläufe (sog. *„Good-Manufacturing-Practice"*; GMP-Richtlinien; vgl. *Rehmann* § 8 AMG Rn. 2) ergeben oder ableiten lassen. Einschlägige Regelungen enthalten etwa die Verordnung über die Anwendung der Guten Herstellungspraxis bei der Herstellung von Arzneimitteln und Wirkstoffen und über die Anwendung der Guten fachlichen Praxis bei der Herstellung von Produkten menschlicher Herkunft vom 3. 11. 2006 (**AMWHV**; BGBl. I S. 2523) und der **EG-GMP Leitfaden**, der wie folgt im Bundesanzeiger bekanntgemacht wurde und auf den Internetseiten des Bundesministeriums für Gesundheit (http://www.bmg.bund.de) in einer deutschen Übersetzung abgerufen werden kann:

– *Einleitung zum EG-GMP Leitfaden: Anlage 1 zur Bekanntmachung des Bundesministeriums für Gesundheit zu § 2 Nr. 3 der Arzneimittel- und Wirkstoffherstellungsverordnung – AMWHV – vom 18. 7. 2008 (BAnz. S. 2798)*

– *Leitfaden der Guten Herstellungspraxis – Teil I: Anlage 2 zur Bekanntmachung des Bundesministeriums für Gesundheit zu § 2 Nr. 3 der Arzneimittel- und Wirkstoffherstellungsverordnung – AMWHV – vom 18. 7. 2008 (BAnz. S. 2798)*

– *Leitfaden der Guten Herstellungspraxis – Teil II: Anlage 3 zur Bekanntmachung des Bundesministeriums für Gesundheit zu § 2 Nr. 3 der Arzneimittel- und Wirkstoffherstellungsverordnung vom 27. 10. 2006 (BAnz. S. 6887)*

– *Anhang 1 (Herstellung steriler Arzneimittel): Anlage zur Bekanntmachung des Bundesministeriums für Gesundheit zu § 2 Nr. 3 der Arzneimittel- und Wirkstoffherstellungsverordnung vom 12. 3. 2008 (BAnz. S. 1217)*

– *Anhang 3 (Herstellung von Radiopharmaka): Anlage 1 zur Bekanntmachung des Bundesministeriums für Gesundheit zu § 2 Nr. 3 der Arzneimittel- und Wirkstoffherstellungsverordnung vom 6. 8. 2009 (BAnz. S. 2890)*

– *Anhang 7 (Herstellung von pflanzlichen Arzneimitteln): Anlage 2 zur Bekanntmachung des Bundesministeriums für Gesundheit zu § 2 Nr. 3 der Arzneimittel- und Wirkstoffherstellungsverordnung vom 6. 8. 2009 (BAnz. S. 2890)*

– *Anhang 16 (Zertifizierung durch eine sachkundige Person und Chargenfreigabe): Anlage 1 zur Bekanntmachung des Bundesministeriums für Gesundheit zu § 2 Nr. 3 der Arzneimittel- und Wirkstoffherstellungsverordnung vom 18. 8. 2007 (BAnz. S. 4826)*

– *Anhang 19 (Referenzproben und Rückstellmuster): Anlage 2 zur Bekanntmachung des Bundesministeriums für Gesundheit zu § 2 Nr. 3 der Arzneimittel- und Wirkstoffherstellungsverordnung vom 18. 4. 2007 (BAnz. S. 4826)*

– *Anhang 20 (Qualitäts-Risikomanagement): Anlage 3 zur Bekanntmachung des Bundesministeriums für Gesundheit zu § 2 Nr. 3 der Arzneimittel- und Wirkstoffherstellungsverordnung vom 18. 7. 2008 (BAnz. S. 2798)*

171   Nicht jede Abweichung von den anerkannten pharmazeutischen Regeln führt indessen zu einem Verkehrsverbot nach § 8 Abs. 1 Nr. 1 AMG. Erforderlich ist vielmehr, dass die Qualität der betroffenen Arzneimittel oder Wirkstoffe **nicht unerheblich gemindert** ist. Für die Abgrenzung solchermaßen relevanter Qualitätseinbußen von lediglich geringfügigen Minderungen der Arzneimittelgüte sind in erster Linie Einschränkungen des Behandlungserfolges maßgebend (vgl. *Rehmann* § 8 AMG Rn. 2). Daneben können **Verunreinigungen** als nicht unerhebliche Qualitätsminderung eingestuft werden (vgl. *Kloesel/Cyran* § 8 AMG Nr. 14). Dies gilt vor allem dann, wenn der Therapieerfolg in Frage gestellt ist, weil die Verbraucher aufgrund der (erkennbaren) Verunreinigungen von einer Einnahme Abstand nehmen. Unwesentliche Qualitätsminderungen können einen Verstoß gegen § 55 Abs. 8 AMG begründen; ggf. kann daher die Bußgeldvorschrift des § 97 Abs. 2 Nr. 17 AMG einschlägig sein. Ergibt sich aufgrund der Qualitätseinbuße der begründete Verdacht, dass das Arzneimittel bei bestimmungsgemäßem Gebrauch schädliche Wirkungen hat, die über ein nach den Erkenntnissen der medizinischen Wissenschaft vertretbares Maß hinausgehen (vgl. § 5 Abs. 2 AMG; **bedenkliche Arzneimittel**) ist ein Verstoß gegen § 95 Abs. 1 Nr. 1 AMG zu prüfen. Dies kann – je nach Indikation – sogar dann der Fall sein, wenn das Arzneimittel einen zu geringen Wirkstoffgehalt aufweist und aufgrund seiner Anwendung die Einnahme des indizierten Arzneimittels vereitelt wird (*Kloesel/Cyran* § 8 AMG Nr. 14).

Darüber hinaus liegt ein Verstoß gegen § 8 Abs. 1 Nr. 1 AMG nur dann vor, **172** wenn zwischen der Abweichung von den anerkannten pharmazeutischen Regeln und der festgestellten (nicht unerheblichen) Qualitätsminderung ein **Kausalzusammenhang** besteht (*„durch Abweichung"*). Zwar wird dieser regelmäßig auf der Hand liegen, wenn sowohl eine Qualitätseinbuße als auch eine Abweichung vom pharmazeutischen Regelwerk festgestellt werden kann; im Einzelfall wird sich das erkennende Gericht jedoch sachverständiger Hilfe bedienen müssen.

b) Gefälschte Arzneimittel und Wirkstoffe. Das Herstellungs- und Ver- **173** kehrsverbot nach § 8 Abs. 1 Nr. 1 a AMG betrifft die hinsichtlich ihrer **Identität** oder **Herkunft** falsch gekennzeichneten Arzneimittel und Wirkstoffe. Ob die Qualität der Arzneimittel- und Wirkstofffälschungen als minderwertig eingestuft werden kann, ist im Einzugsbereich des § 8 Abs. 1 Nr. 1 a AMG unerheblich. Erfasst werden also auch solche Erzeugnisse, deren Güte in keiner Weise zu beanstanden ist (*Dieners/Reese*, Handbuch des Pharmarechts [2010], § 16 Rn. 18 m.w.N.). Gleichwohl ist der Begriff der *„Arzneimittelfälschung"* eher konturlos und im hier interessierenden Kontext zudem geeignet, Missverständnisse hervorzurufen (zu Fälschungsarten und einschlägigen Beispielen im Einzelnen *Kloesel/Cyran* § 8 AMG Nr. 16f.; vgl. auch *Tillmanns*, Arzneimittelfälschungen – regulatorische Rahmenbedingungen und Haftungsfragen, PharmR 2009, 66). Denn der geregelte Arzneimittelmarkt wird mit einer Vielzahl von zweifelhaften Produkte belastet, die sich umgangssprachlich allesamt unter den Begriff der „Fälschung" fassen ließen, aus arzneimittelrechtlicher Sicht aber als bedenkliche (§ 5 Abs. 2 AMG), qualitätsgeminderte (§ 8 Abs. 1 Nr. 1 AMG) oder aber gefälschte (§ 8 Abs. 1 Nr. 1 a AMG) Arzneimittel einzustufen sind.

Die **falsche Identitätskennzeichnung** (lat. *idem* = dasselbe) im Sinne des § 8 **174** Abs. 1 Nr. 1 a AMG kann sich sowohl auf den Namen des Arzneimittels oder Wirkstoffs als auch auf dessen stoffliche Zusammensetzung (*Rehmann* § 8 AMG Rn. 3) beziehen.

Falsche Herkunftskennzeichnungen betreffen neben Angaben zum Herstel- **175** ler des Arzneimittels oder Wirkstoffs auch sonstige Bezeichnungen, die aus der Sicht eines verständigen Durchschnittsverbrauchers auf eine bestimmte Herkunft schließen lassen. Erforderlich ist aber stets, dass die Herkunftsangaben **Täuschungsrelevanz** besitzen, d.h. ihnen eine über lediglich wettbewerbsrechtliche Bedenken hinausgehende Bedeutung beigemessen werden kann (zur Angabe eines falschen, aber dem Konzernverbund des tatsächlichen Herstellers angehörenden Unternehmens vgl. *Rehmann* § 8 AMG Rn. 3).

Um eine noch wirksamere Bekämpfung von Arzneimittelfälschungen zu ge- **176** währleisten, hat das Europäische Parlament am 16. 2. 2011 auf Vorschlag der Kommission eine **Änderung der Richtlinie 2001/83/EG** des Europäischen Parlaments und des Rates vom 6. 11. 2001 zur Schaffung eines Gemeinschaftskodexes für Humanarzneimittel (ABl. L Nr. 311 S. 67) beschlossen. Aufgenommen werden soll insbesondere die nachfolgende Definition für gefälschte Arzneimittel:

Artikel 1 wird wie folgt geändert:

a) Nach Nummer 2 werden folgende Nummern eingefügt:

2 a. Gefälschtes Arzneimittel:

Jedes Arzneimittel, bei dem Folgendes gefälscht wurde:
a) die Identität, einschließlich Verpackung, Kennzeichnung, Name sowie Zusammensetzung der Bestandteile, einschließlich Trägerstoffe, und Gehalt und/oder
b) die Herkunft, einschließlich Hersteller, Herstellungsland, Herkunftsland und Inhaber der Genehmigung für das Inverkehrbringen, und/oder
c) die Herstellung, einschließlich der Aufzeichnung und Dokumentation in Zusammenhang mit den Lieferketten

Diese Begriffsbestimmung erstreckt sich nicht auf unbeabsichtigte Qualitätsmängel und lässt Verstöße gegen die Vorschriften über die Rechte des geistigen Eigentums unberührt.

177   **3. Sachverhalte mit Auslandsbezug.** Der in § 95 Abs. 1 Nr. 3 a AMG enthaltene Verweis auf die Vorschrift des § 73 Abs. 4 AMG betrifft solche Arzneimittel, die in den Geltungsbereich des AMG **eingeführt** werden, vgl. § 73 Abs. 1 AMG.

178   Die **Ausfuhr** nicht unerheblich qualitätsgeminderter (§ 8 Abs. 1 Nr. 1 AMG) oder hinsichtlich ihrer Identität oder Herkunft falsch gekennzeichneter (§ 8 Abs. 1 Nr. 1 a AMG) Arzneimittel ist nach § 73 a Abs. 1 S. 1 AMG dann zulässig, wenn die zuständige Behörde des Bestimmungslandes die Einfuhr oder das Verbringen genehmigt hat. Aus der **Genehmigung** muss freilich hervorgehen, dass der der zuständigen Behörde des Bestimmungslandes die dem Inverkehrbringen im Geltungsbereich des AMG entgegenstehenden Versagungsgründe bekannt sind, § 73 Abs. 1 S. 2 AMG.

179   **4. Tathandlungen.** Bei Strafe verboten sind nach § 95 Abs. 1 Nr. 3 a AMG Herstellung und Inverkehrbringen der nicht unerheblich qualitätsgeminderten oder falsch gekennzeichneten Arzneimittel.

180   **a) Herstellen** ist nach § 4 Abs. 14 AMG das Gewinnen, das Anfertigen, das Zubereiten, das Be- und Verarbeiten, das Umfüllen einschließlich Abfüllen, das Abpacken, das Kennzeichnen und die Freigabe, vgl. dazu auch § 96 Rn. 11.

181   **b) Inverkehrbringen** (vgl. oben Rn. 44) ist nach § 4 Abs. 17 AMG das Vorrätighalten zum Verkauf oder zu sonstiger Abgabe (Rn. 45 ff.), das Feilhalten (Rn. 50), das Feilbieten (Rn. 51) und die Abgabe an andere (Rn. 52 f.).

182   **5. Erscheinungsformen.** Werden große Mengen der Arzneimittel **Paracetamol** und **Coffein** unter Verstoß gegen elementare Hygienevorschriften in einer Wohnung gelagert, in verschmutzten Plastikbehältern und Kochtöpfen mit Lebensmittelfarbstoffen gemischt, aufgekocht, gemahlen und gefiltert, um sie später als **Streckmittel** einzusetzen, liegt – in Anbetracht einer nicht lediglich unerheblichen Qualitätsminderung aufgrund eines Verstoßes gegen grundlegende pharmazeutische Regeln (§ 8 Abs. 1 Nr. 1 AMG) eine Straftat nach § 95 Abs. 1 Nr. 3 a AMG vor. Werden die Arzneimittel sodann in den Verkehr gebracht, liegt zudem ein Verstoß gegen § 95 Abs. 1 Nr. 1 AMG (**bedenkliche Arzneimittel**) nahe. Beteiligt sich der Täter mit seinen Streckmittelgeschäften zugleich an der Herstellung und dem Vertrieb von Betäubungsmitteln, so kann zudem Beihilfe zum Handeltreiben nach § 29 Abs. 1 und § 29 a BtMG vorliegen.

183   Lässt ein Tierarzt die zur oralen Anwendung vorgesehene Lösung des verschreibungspflichtigen **Tierarzneimittels Baytril®** durch einen Lagerarbeiter unter unhygienischen Bedingungen auf Injektionsflaschen umfüllen und die so befüllten Flaschen mit nachgemachten Etiketten für sterile Injektionslösung versehen, kann angesichts einer nicht unerheblichen Qualitätsminderung (für Injektionslösungen werden üblicherweise andere Konservierungsstoffe eingesetzt) neben einer Urkundenfälschung (§ 267 StGB) auch ein Verstoß gegen § 95 Abs. 1 Nr. 3 a AMG vorliegen. Daneben kann in Anbetracht der irreführenden Kennzeichnungen (§ 8 Abs. 1 Nr. 2 AMG) ein Verstoß gegen § 96 Nr. 3 AMG gegeben sein (vgl. dazu *BGH*, Urteil vom 3. 7. 2003 – 1 StR 453/02 = BeckRS 2003, 07432 = NStZ 2004, 457 [insoweit nicht abgedruckt]).

184   **6. Konkurrenzen.** Zur Abgrenzung zu anderen arzneimittelstrafrechtlichen Tatbeständen vgl. oben Rn. 167, 171. Tateinheit mit § 95 Abs. 1 Nr. 1, Nr. 2 a, Nr. 4 oder Nr. 8 AMG (*BGH*, Urteil vom 3. 7. 2003 – 1 StR 453/02 = BeckRS 2003, 07432 = NStZ 2004, 457 [insoweit nicht abgedruckt]) ist möglich.

**IV. Handeltreiben mit und Abgabe verschreibungspflichtiger
Arzneimittel außerhalb von Apotheken (§ 95 Abs. 1 Nr. 4 AMG)**

185   **1. Grundlagen und Abgrenzung.** Der Straftatbestand des § 95 Abs. 1 Nr. 4 AMG untermauert die in § 43 ff. AMG enthaltenen Regelungen zur Apothekenpflicht von Arzneimitteln. Allerdings bezieht sich das strafbewehrte **Handels- und Abgabeverbot** nach dem ausdrücklichen Wortlaut der Strafbestimmung allein auf die **verschreibungspflichtigen** Arzneimittel (zum Arzneimittelbegriff ausführlich Vorbem AMG Rn. 37 ff.). Weitergehend betrifft die Regelung des § 43 AMG solche Arzneimittel, „die nicht durch die Vorschriften des § 44 oder der nach § 45 Abs. 1 AMG erlassenen Rechtsverordnung für den Verkehr außerhalb der Apotheken freigegeben sind" und erfasst damit auch die sog. apothekenpflichtigen Arzneimittel. Die Abgabe **apothekenpflichtiger** (aber nicht zugleich verschreibungspflichtiger) Arzneimittel außerhalb von Apotheken ist indessen eine Ordnungswidrigkeit nach § 97 Abs. 2 Nr. 10 oder Nr. 11 AMG (*Kloesel/Cyran* § 43 AMG Nr. 79; *Rehmann* § 43 AMG Rn. 9).

2. Verschreibungspflicht. Die Verschreibungspflicht von Arzneimitteln ist **186** Gegenstand der Regelung des § 48 AMG. Die Verschreibungspflicht wird sich regelmäßig bereits aus einer **Rechtsverordnung** nach § 48 Abs. 2 AMG ergeben (dazu Rn. 187). Darüber hinaus sind weitere Fälle der **Verschreibungspflicht kraft Gesetzes** (§ 48 Abs. 1 S. 1 Nrn. 2 und 3 AMG) zu beachten:

a) Verschreibungspflicht nach der AMVV. Verschreibungspflichtig sind nach **187** § 48 Abs. 1 S. 1 Nr. 1 AMG zunächst solche Arzneimittel, die **durch Rechtsverordnung** nach § 48 Abs. 2 AMG (ggf. i. V. m. § 48 Abs. 4 [*Tierarzneimittel*] und Abs. 5 AMG [*radioaktive Arzneimittel oder Arzneimittel, bei deren Herstellung ionisierende Strahlen verwendet werden*]) **bestimmte Stoffe, Zubereitungen aus Stoffen oder Gegenstände sind oder** denen solche Stoffe oder Zubereitungen aus Stoffen **zugesetzt sind.**

Die Formulierung „zugesetzt sind" (ursprünglich: „oder solche enthalten") stellt **188** klar, dass **Pflanzen und Pflanzenteile** als solche regelmäßig **nicht** der Verschreibungspflicht unterliegen, selbst wenn sie den verschreibungspflichtigen Stoff in natürlicher Form enthalten (vgl. BT-Drs. 7/3060, abgedr. bei *Kloesel/Cyran* § 48 vor Nr. 1; vgl. auch Erbs/Kohlhaas/*Pelchen/Anders* § 48 Rn. 2). Zum Entwurf einer **Stoffliste des Bundes und der Bundesländer** für die Kategorie „Pflanzen und Pflanzenteile" vgl. Vorbem. AMG Rn. 348 sowie Stoffe/Teil 2 Rn. 265).

Die **Verordnungsermächtigung nach § 48 Abs. 2 AMG** betrifft **189**

(1) Stoffe oder Zubereitungen aus Stoffen (vgl. dazu Vorbem. AMG Rn. 42 ff. sowie Rn. 50 f.), bei denen die Voraussetzungen nach § 48 Abs. 1 S. 1 Nr. 3 AMG vorliegen (**Stoffe und Zubereitungen mit unbekannten Wirkungen** – vgl. dazu unten Rn. 194),

(2) Stoffe, Zubereitungen aus Stoffen oder Gegenstände,
   a) die die Gesundheit des Menschen oder, sofern sie zur Anwendung bei Tieren bestimmt sind die Gesundheit des Tieres, des Anwenders oder die Umwelt **auch bei bestimmungsgemäßem Gebrauch unmittelbar oder mittelbar gefährden können**, wenn sie ohne ärztliche, zahnärztliche oder tierärztliche Überwachung angewendet werden,
   b) die **häufig in erheblichem Umfang nicht bestimmungsgemäß gebraucht werden**, wenn dadurch die Gesundheit von Mensch oder Tier unmittelbar oder mittelbar gefährdet werden kann oder
   c) sofern sie **zur Anwendung bei Tieren bestimmt** sind, deren Anwendung eine vorherige tierärztliche Diagnose erfordert oder Auswirkungen haben kann, die die späteren diagnostischen oder therapeutischen Maßnahmen erschweren oder überlagern,

(3) (...) [*Aufhebung der Verschreibungspflicht*],
(4) (...) [*Höchstmengen für den Einzel- oder Tagesgebrauch*],
(5) (...) [*wiederholte Abgabe*],
(6) (...) [*Verschreibung durch Ärzte eines bestimmten Fachgebietes; zugelassene Einrichtungen*],
(7) (...) [*Form und Inhalt der Verschreibung; Verschreibung in elektronischer Form*].

Die nach § 48 Abs. 1 S. 1 Nr. 1 AMG verschreibungspflichtigen Arzneimittel **190** sind der **Verordnung über die Verschreibungspflicht von Arzneimitteln**

(Arzneimittelverschreibungsverordnung – AMVV) vom 21. 12. 2005 (BGBl. I S. 3632) in ihrer jeweils geltenden Fassung zu entnehmen. Nach § 1 AMVV dürfen Arzneimittel,

1. die in der Anlage 1 zur AMVV bestimmte Stoffe oder Zubereitungen aus Stoffen sind oder
2. die Zubereitungen aus den in der Anlage 1 zur AMVV bestimmten Stoffe oder Zubereitungen aus Stoffen sind oder
3. denen die unter Nrn. 1 oder 2 genannten Stoffe oder Zubereitungen aus Stoffen zugesetzt sind oder
4. die in den Anwendungsbereich des § 48 Abs. 1 S. 1 Nr. 2 AMG fallen (verschreibungspflichtige Tierarzneimittel – vgl. dazu unten Rn. 192)

nur bei Vorliegen einer ärztlichen, zahnärztlichen oder tierärztlichen Verschreibung (ugs. „Rezept") abgegeben werden, soweit in den nachfolgenden Vorschriften nichts anderes bestimmt ist. Die in der Anlage 1 zur AMVV enthaltenen Stoffe und Zubereitungen sind nach der **INN-Nomenklatur** und in alphabetischer Reihenfolge aufgeführt. Verschreibungspflichtig sind – soweit nicht im Einzelfall anders geregelt – auch Arzneimittel, die die jeweiligen **Salze der aufgeführten Stoffe** enthalten oder denen diese zugesetzt sind. Unter den „äußeren Gebrauch" im Sinne der Anlage 1 zur AMVV fällt die **Anwendung auf Haut, Haaren oder Nägeln**. Wegen der Einzelheiten wird auf die Anlage 1 zur AMVV sowie auf die §§ 2 bis 9 AMVV verwiesen.

191   Die **Verschreibung von Betäubungsmitteln** ist Gegenstand der Spezialvorschriften der Verordnung über das Verschreiben, die Abgabe und den Nachweis des Verbleibs von Betäubungsmitteln (Betäubungsmittel-Verschreibungsverordnung – BtMVV) vom 20. 1. 1988 (BGBl. I S. 74, 80).

192   **b) Verschreibungspflichtige Tierarzneimittel.** Arzneimittel, die nicht bereits unter die Verschreibungspflicht nach der AMVV fallen (vgl. dazu Rn. 187 ff.) sind nach § 48 Abs. 1 S. 1 Nr. 2 AMG verschreibungspflichtig, sofern sie **zur Anwendung bei Tieren bestimmt sind, die der Gewinnung von Lebensmitteln dienen** (vgl. dazu auch Art. 67 Abs. 1 Buchst. aa) Gemeinschaftskodex-Tierarzneimittel; Richtlinie 2001/82/EG vom 6. 11. 2001 – ABl. L Nr. 311 S. 1).

193   **Fütterungsarzneimittel** dürfen nach § 56 Abs. 1 S. 1 Hs. 1 AMG (auf Verschreibung eines Tierarztes) vom Hersteller nur unmittelbar an den Tierhalter abgegeben werden. Ihre Abgabe ohne die erforderliche Verschreibung ist kein Verstoß gegen die in § 95 Abs. 1 Nr. 4 AMG in Bezug genommenen Vorschriften des § 43 AMG. Ein Verstoß gegen die Vorschriften des § 56 Abs. 1 AMG ist nach § 95 Abs. 1 Nr. 7 strafbar.

194   **c) Stoffe und Zubereitungen mit unbekannten Wirkungen. aa) Grundlagen.** Arzneimittel im Sinne des § 2 Abs. 1 oder Abs. 2 Nr. 1 AMG (vgl. dazu Vorbem. AMG Rn. 37 ff.), die Stoffe mit **in der medizinischen Wissenschaft nicht allgemein bekannten Wirkungen** oder Zubereitungen solcher Stoffe enthalten, sind nach § 48 Abs. 1 S. 1 Nr. 3 AMG kraft Gesetzes verschreibungspflichtig. Dies gilt nach § 48 Abs. 1 S. 3 AMG auch für Arzneimittel, die Zubereitungen aus in ihren Wirkungen allgemein bekannten Stoffen sind, sofern die **Wirkungen dieser Zubereitungen** in der medizinischen Wissenschaft nicht allgemein bekannt sind, es sei denn, dass die Wirkungen nach Zusammensetzung, Dosierung, Darreichungsform oder Anwendungsgebiet der Zubereitung bestimmbar sind. Nach § 48 Abs. 1 S. 4 AMG sind die zuletzt genannten Arzneimittel allerdings von der Verschreibungspflicht kraft Gesetzes ausgenommen, soweit sie Zubereitungen aus Stoffen bekannter Wirkung sind, die außerhalb der Apotheken abgegeben werden dürfen.

195   **bb) Hintergrund der Regelungen**, die auf der Grundlage des *Gesetzes zur Änderung arzneimittelrechtlicher und anderer Vorschriften* vom 17. 7. 2009 (BGBl. I S. 1990) mit Wirkung vom 23. 7. 2009 in das AMG aufgenommen wurden, waren die folgenden Erwägungen (vgl. BT-Drs. 16/12256 S. 52):

„Mit den Änderungen in den Absätzen 1 und 2 Satz 1 Nummer 1 wird sichergestellt, dass Arzneimittel mit ‚neuen Stoffen' (Arzneimittel, die Stoffe mit in der medizinischen Wissenschaft nicht allgemein bekannten Wirkungen oder Zubereitungen solcher Stoffe enthalten, oder die mit der Vorschrift erfassten Zubereitungen bekannter Stoffe) bereits mit Marktzugangsberechtigung, d. h. insbesondere der Zulassung oder Genehmigung für das Inverkehrbringen, der Verschreibungspflicht unterliegen. Dadurch wird eine Lücke vermieden, die ansonsten bis zum Inkrafttreten der Verschreibungspflicht nach der Verordnung bestehen würde. Mit Inkrafttreten dieser Verordnung endet die Verschreibungspflicht nach dem Gesetz und wird durch die nach der Verordnung abgelöst. Insoweit bedarf es anders als im früheren Recht (§ 49 i. d. F vor Inkrafttreten des Vierzehnten Gesetzes zur Änderung des Arzneimittelgesetzes) keiner zeitlichen Limitierung der Verschreibungspflicht für neue Stoffe, weil insoweit § 48 Absatz 2 Nummer 3 für den Verordnungsgeber das erforderliche Instrumentarium bereithält."

Mit der Aufnahme der „neuen" Stoffe oder Zubereitungen" in die AMVV oder **196** eine vergleichbare Rechtsverordnung tritt die Verschreibungspflicht auf dieser Grundlage an die Stelle der gesetzlichen (§ 48 Abs. 1 S. 5 AMG).

cc) „Neue" Designer-Drogen. Inhaber illegaler Drogenlabors betreiben ei- **197** nen nicht unerheblichen Aufwand, um mit **neuen Produktentwicklungen** die Vorschriften des BtMG zu umgehen. Für ihre neuen psychoaktiv wirksamen Erzeugnisse greifen sie dabei entweder auf bislang unbekannte Stoffe zurück oder stellen neuartige Zubereitungen aus bekannten oder bislang unbekannten Stoffen her. Sind die Wirkungen dieser Stoffe oder Zubereitungen in der medizinischen Wissenschaft (noch) nicht allgemein bekannt, ergibt sich die **Verschreibungspflicht** der Erzeugnisse aus **§ 48 Abs. 1 S. 1 Nr. 3 AMG** (ggf. i. V. m. § 48 Abs. 1 S. 3 AMG). Wird mit solchen Erzeugnissen entgegen § 43 Abs. 1 S. 2, Abs. 2 oder Abs. 3 S. 1 AMG **Handel getrieben** oder werden diese unter Verstoß gegen die genannten Bestimmungen **abgegeben**, kommt eine Strafbarkeit nach § 95 Abs. 1 Nr. 4 AMG in Betracht. Zur Bedenklichkeit von Designer-Drogen im Sinne des § 95 Abs. 1 Nr. 1 i. V. m. § 5 AMG vgl. oben Rn. 17.

Es darf freilich nicht übersehen werden, dass eine mögliche Strafbarkeit nach **198** § 95 Abs. 1 Nr. 4 i. V. m. § 48 Abs. 1 S. 1 *Nr. 3* AMG unter dem Gesichtspunkt der **Bestimmtheit** der (Strafrechts-)Norm (Art. 103 Abs. 2 GG) mindestens bedenklich erscheint (vgl. etwa zur Erkennbarkeit „neuer" Pflanzeninhaltsstoffe im Zusammenhang mit der Kennzeichnung nach § 10 Abs. 1 AMG *Kloesel/Cyran* § 48 AMG Nr. 36). Allerdings dürfte die Bezugnahme auf den **Stand der medizinischen Wissenschaft** den Erfordernissen des Bestimmtheitsgebots (vgl. dazu *BVerfG* NJW 2003, 1030 = *JZ* 2004, 303 m. w. N.) vor allem deshalb nicht hinreichend gerecht werden, weil von den **Normadressaten im Arzneimittelhandel** **besonderes Fachwissen** erwartet werden kann (vgl. dazu etwa *BVerfG* LMRR 1988, 39 = ZLR 1988, 631; *BVerfG* NStZ-RR 2002, 22; vgl. auch *Rehmann* Vor §§ 95–98a Rn. 1 ff.). Vor diesem Hintergrund ist die Bezugnahme auf den Stand der medizinischen Wissenschaft im Ergebnis ähnlich unbedenklich wie etwa ein Verweis auf den „Stand der Technik" in anderen Zusammenhängen (zur Bestimmtheit des Arzneimittelbegriffs im Kontext bedenklicher Arzneimittel vgl. BGHSt. 43, 336 = NStZ 1998, 258 = StV 1998, 136).

3. Tathandlungen. Ein Verstoß gegen § 95 Abs. 1 Nr. 4 AMG setzt – nach **199** dem Wortlaut der Norm – voraus, dass der Täter die nach Maßgabe der unter Rn. 186 ff. referierten Grundsätze **verschreibungspflichtigen Arzneimittel** entgegen § 43 Abs. 1 S. 2, Abs. 2 oder Abs. 3 S. 1 AMG abgibt oder mit ihnen unter Missachtung der genannten Bestimmungen Handel treibt. Zur Apothekenpflicht vgl. insbesondere **§ 43 Abs. 1 S. 1 AMG sowie §§ 44 und 45 AMG** auch in Verbindung mit der **Verordnung über apothekenpflichtige und freiverkäufliche Arzneimittel** vom 24. 11. 1988 (BGBl. I S. 2150; im Anhang).

a) Handeltreiben. aa) Begriffsbestimmung. Im Gegensatz zu vielen ande- **200** ren Tathandlungen der §§ 95 und 96 AMG wird der Begriff des Handeltreibens im Gesetz nicht näher definiert. Auszugehen ist davon, dass der Begriff – anders als die

Tathandlung der Abgabe (dazu unten Rn. 206) – auf die Verbotsnorm des § 43 Abs. 1 S. 2 AMG bezogen ist. Hiernach darf mit den nach § 43 Abs. 1 S. 1 AMG den Apotheken vorbehaltenen Arzneimitteln **außerhalb der Apotheken** kein Handel getrieben werden.

201   Weil das entgegen § 43 Abs. 1 S. 1 AMG erfolgende (berufs- oder gewerbsmäßige) Inverkehrbringen von Arzneimitteln eine Ordnungswidrigkeit nach § 97 Abs. 2 Nr. 10 AMG ist und der Begriff des Inverkehrbringens nach § 4 Abs. 17 AMG unter anderem auch die „Abgabe" an andere umfasst, kann der Begriff des Handeltreibens nach § 95 Abs. 1 Nr. 4 AMG jedenfalls nicht mit dem der Abgabe gleichgesetzt werden (*BGH* NStZ 2004, 457 = JR 2004, 245 = wistra 2003, 424). Allein aus der festgestellten Entgeltlichkeit eines Geschäfts ergibt sich ebenfalls noch kein Handeltreiben im Sinne des § 95 Abs. 1 Nr. 4 AMG. Der Begriff ist vielmehr ebenso zu verstehen **wie im Recht der Betäubungsmittel** (vgl. *BGH* a. a. O. sowie Erbs/Kohlhaas/*Pelchen/Anders* § 95 AMG Rn. 13). Wegen der Einzelheiten kann daher auf die Kommentierung zu § 29 BtMG Bezug genommen werden (zum Begriff des Handeltreibens vgl. § 29 BtMG/Teil 4 Rn. 1 ff.).

202   Zwar wurde die Bestimmung in der Gesetzesbegründung dahingehend verstanden, dass apothekenpflichtige Arzneimittel außerhalb von Apotheken selbst dann nicht **entgeltlich** abgegeben werden dürfen, wenn dies nicht berufs- oder gewerbsmäßig erfolgt (vgl. BT-Drs. 13/9996 S. 16; vgl. dazu auch *Kloesel/Cyran* § 43 AMG Nr. 46). „*Selbst wenn damit ein entsprechender Wille des Gesetzgebers vorgelegen haben sollte, jedes entgeltliche Geschäft mit apothekenpflichtigen Arzneimitteln außerhalb von Apotheken zu verbieten, hat sich dieser Wille im Gesetzeswortlaut nicht niedergeschlagen. Eine vom Verständnis des Tatbestandsmerkmals ‚Handeltreiben' im Betäubungsmittelrecht abweichende Interpretation im Arzneimittelrecht wäre wegen des engen Zusammenhangs zwischen beiden Gesetzesmaterien nicht sachgerecht*" (*BGH* NStZ 2004, 457 = JR 2004, 245 = wistra 2003, 424). Zur Versteigerung apothekenpflichtiger Arzneimittel im Internet vgl. *VGH München* NJW 2006, 715 = MedR 2006, 106.

203   Durch Neuformulierung des § 95 Abs. 1 Nr. 4 AMG und durch Streichung des Merkmals Einzelhandel im Jahre 1998 hat der Gesetzgeber den Straftatbestand des § 95 Abs. 1 Nr. 4 AMG weit geöffnet. Er erfasst als wichtigste Strafvorschrift eine Vielzahl von Sachverhalten, nicht nur den Einzelhandel, sondern auch den Zwischen- und Großhandel, soweit er nicht von § 95 Abs. 1 Nr. 5 i. V. m. § 47 AMG erfasst wird. Auf die **Gewerbs- oder Berufsmäßigkeit** (vgl. nur § 43 Abs. 1 S. 1 AMG) **des Handeltreibens** (anders zur Abgabe – vgl. unten Rn. 206) kommt es demgegenüber nicht an (vgl. *Kloesel/Cyran* § 43 AMG Nr. 46; anders wohl MK-StGB/*Freund* § 95 AMG Rn. 46). Der Begriff des Handeltreibens setzt weder ein wiederholtes noch ein nachhaltiges Tätigwerden voraus und soll nach dem ausdrücklichen Willen des AMG-Gesetzgebers vor allem auch Einzelfälle erfassen (vgl. BT-Drs. 13/9996 S. 16: „*Durch die Änderung zu Absatz 1 Satz 1 wird klargestellt, dass die der Apothekenpflicht unterliegenden Arzneimittel im Einzelhandel nur in Apotheken in den Verkehr gebracht werden dürfen und auch eine unentgeltliche Abgabe über die Notfallversorgung hinaus unterbleiben muss. Diese Änderung erscheint zweckmäßig, weil in Gerichtsentscheidungen § 43 Abs. 1 aufgrund des Begriffs ‚Einzelhandel' dahin gehend ausgelegt worden ist, dass eine unentgeltliche Abgabe von Arzneimitteln durch Ärzte und Zahnärzte auch über die Notfallversorgung hinaus zulässig sei; eine Klärung durch die Rechtsprechung (...) ist bislang nicht eingetreten. Durch den dem Absatz 1 neu angefügten Satz 2 wird klargestellt, dass andere Personen als die am Arzneimittelverkehr beteiligten apothekenpflichtige Arzneimittel auch dann nicht entgeltlich abgeben dürfen, wenn es nicht berufs- oder gewerbsmäßig geschieht. Damit werden insbesondere auch Einzelfälle der Abgabe von ‚Ersatzdrogen' erfasst*"). Wertungswidersprüche in Bezug auf die Bußgeldnorm des § 97 Abs. 2 Nr. 10 AMG ergeben sich bei dieser Lesart der Vorschrift nicht. Denn die **Berufs- oder Gewerbsmäßigkeit** bezieht sich nach dem insoweit eindeutigen Wortlaut der genannten Regelung des § 97 AMG allein auf das Tatbestandsmerkmal des *Inverkehrbringens* und umfasst damit auch die *Abgabe* im Sinne des § 95 Abs. 1 Nr. 4 AMG (vgl. § 4 Abs. 17 AMG). Demgemäß besteht der entscheidende Unterschied zwischen einer Straftat nach § 95 Abs. 1 Nr. 4 AMG und einer Ordnungswidrigkeit nach § 97 Abs. 2 Nr. 10 AMG *in Bezug auf den Vorgang des Handeltreibens* darin, dass einerseits verschreibungspflichtige, andererseits aber gerade solche Arzneimittel betroffen sind, „die ohne Verschreibung an Verbraucher abgegeben werden dürfen". Der **Besitz** zweifelhafter Arzneimittel ist nur in Einzelfällen strafbewehrt (vgl. etwa § 95 Abs. 1 Nr. 2b AMG). Der schweigende Händler, dem ein Handeltreiben nicht nachgewiesen werden kann, geht daher unter Umständen straflos aus. Dagegen kommt für den mit „neuen" **Designer-Drogen** (vgl. dazu Rn. 197) Handel treibenden Täter eine Strafbarkeit nach § 95 Abs. 1 Nr. 4 AMG selbst dann in Betracht, wenn das Inverkehrbringen oder die Abgabe der als bedenklich einzustufenden Arzneimittel (vgl. dazu oben Rn. 17) nicht nachweisbar sind, der Täter aber bereits hinreichende eigennützige auf den Umsatz der betroffenen Erzeugnisse gerichtete Bemühungen entfaltet hat.

Soweit der **Versandhandel mit verschreibungspflichtigen Arzneimitteln** **204** (vgl. dazu Vorbem. AMG Rn. 325 ff.) von Apotheken betrieben wird, findet er nicht „**außerhalb der Apotheken**" im Sinne des § 43 Abs. 1 S. 2 AMG statt und ist daher in keinem Fall Anknüpfungspunkt einer Strafbarkeit nach § 95 Abs. 1 Nr. 4 i. V. m. § 43 Abs. 1 S. 2 AMG. Zwar erfolgt die **Übertragung der tatsächlichen Verfügungsgewalt** (und damit die Abgabe – vgl. oben Rn. 52) „außerhalb der Apotheke". Die nach § 95 Abs. 1 Nr. 4 AMG strafbare Abgabe ist jedoch nur auf die Bestimmungen des § 43 Abs. 2 und Abs. 3 S. 1 AMG bezogen (*BGH* NStZ 2004, 457 = JR 2004, 245 = wistra 2003, 424; vgl. Rn. 206).

bb) Ausnahmen von der Apothekenpflicht. Die in der Regelung des § 43 **205** Abs. 1 S. 2 AMG enthaltenen Ausnahmen vom Handelsverbot „außerhalb der Apotheken" betreffen Arzneimittel im Sinne des § 2 Abs. 1 oder Abs. 2 Nr. 1 AMG (dazu ausführlich Vorbem. AMG Rn. 37 ff.), die

– im Rahmen des Betriebes einer **tierärztlichen Hausapotheke** durch Tierärzte an Halter der von ihnen behandelten Tiere abgegeben und zu diesem Zweck vorrätig gehalten werden (§ 43 Abs. 4 S. 1 AMG),
– zur Durchführung tierärztlich gebotener und tierärztlich kontrollierter **krankheitsvorbeugender Maßnahmen bei Tieren** abgegeben werden, wobei der Umfang der Abgabe den auf Grund tierärztlicher Indikation festgestellten Bedarf nicht überschreiten darf (§ 43 Abs. 4 S. 2 AMG),
– zur Durchführung **tierseuchenrechtlicher Maßnahmen** bestimmt und **nicht verschreibungspflichtig** sind [*die Strafvorschrift des § 95 Abs. 1 Nr. 4 AMG greift daher nicht – dazu oben Rn. 185*] und die in der jeweils erforderlichen Menge durch Veterinärbehörden an Tierhalter abgegeben werden (§ 43 Abs. 4 S. 3)

sowie Arzneimittel, die

– **durch Pharmazeutische Unternehmer** oder **im Großhandel** (vgl. dazu *BGH*, Beschluss vom 12. 4. 2011 – 5 StR 463/10 = BeckRS 2011, 11238) nach § 47 Abs. 1 AMG abgegeben werden.

b) Abgabe. Zum Begriff der Abgabe vgl. oben Rn. 52 f. Die Tathandlung der **206** Abgabe nach § 95 Abs. 1 Nr. 4 AMG bezieht sich allein auf die in Bezug genommenen Vorschriften nach **§ 43 Abs. 2** (Rn. 207) und **Abs. 3 S. 1** (Rn. 208) AMG (vgl. *BGH* NStZ 2004, 457 = JR 2004, 245 = wistra 2003, 424). Die Abgabe ist nach § 95 Abs. 1 Nr. 4 AMG nur dann strafbar, wenn sie **gewerbsmäßig oder berufsmäßig** erfolgt (vgl. *Köln* NStZ 1981, 444; *Hamburg* NStZ 1995, 589). Dies ergibt sich einerseits aus dem Verhältnis der in Bezug genommenen Bestimmungen des § 43 AMG zur Grundsatznorm des § 43 Abs. 1 S. 1 AMG (vgl. dazu MK-StGB/*Freund* § 95 AMG Rn. 46 f.) sowie andererseits daraus, dass die Bußgeldnorm des § 97 Abs. 2 Nr. 10 AMG ebenfalls ein berufs- oder gewerbsmäßiges Inverkehrbringen (und damit wegen § 4 Abs. 17 AMG auch eine berufs- oder gewerbsmäßige Abgabe) von Arzneimitteln voraussetzt (vgl. zum Handeltreiben oben Rn. 203). **Gewerbsmäßig** handelt, wer sich durch die wiederholte Tatbegehung eine nicht unerhebliche, nicht lediglich vorübergehende Einnahmequelle zu verschaffen sucht (vgl. nur *Fischer* Vor § 52 Rn. 62 m. w. N.; *Kloesel/Cyran* § 43 AMG Nr. 18). **Berufsmäßig** handelt, wer einer auf Dauer angelegten und nicht lediglich vorübergehend der Schaffung einer Lebensgrundlage dienenden Tätigkeit nachgeht (vgl. im Einzelnen *Kloesel/Cyran* § 43 AMG Nr. 19).

207   **aa) Abgabe durch juristische Personen u. a.** Nach § 43 Abs. 2 AMG dürfen die der Apothekenpflicht unterliegenden Arzneimittel von juristischen Personen, nicht rechtsfähigen Vereinen und Gesellschaften des bürgerlichen und des Handelsrechts nicht an ihre Mitglieder abgegeben werden, sofern es sich bei den Mitgliedern nicht um Apotheken oder die in § 47 Abs. 1 AMG [*Abgabe durch Pharmazeutische Unternehmer oder im Großhandel*] genannten Personen handelt und die Abgabe nach den dort beschriebenen Regeln erfolgt. Die Regelung soll eine **Umgehung** der Apothekenpflicht zum Schutz des Endverbrauchers verhindern. Dazu im Einzelnen *Kloesel/Cyran* § 43 AMG Nr. 49 ff.

208   **bb) Abgabe von Arzneimitteln auf Verschreibung.** Auf Verschreibung dürfen Arzneimittel nach § 43 Abs. 3 S. 1 AMG nur von Apotheken abgegeben werden. Dies gilt auch für verschriebene, aber freiverkäufliche Arzneimittel (*Kloesel/Cyran* § 43 AMG Nr. 53). Freilich kann die Strafvorschrift des § 95 Abs. 1 Nr. 4 AMG in diesem Kontext nicht fruchtbar gemacht werden, weil sie die Verschreibungspflicht der abgegebenen Erzeugnisse voraussetzt.

209   In Zusammenschau mit § 95 Abs. 1 Nr. 4 AMG stellt die Regelung klar, dass die Übertragung der tatsächlichen Verfügungsgewalt (vgl. zur **Abgabe** oben Rn. 52 f.) im Einzugsbereich verschreibungspflichtiger Arzneimittel (dazu Rn. 185) – **unabhängig davon, ob Handeltreiben im Sinne der Rn. 200 ff. gegeben ist** – nur „von Apotheken" ausgehen darf.

210   Die Änderung des Wortlauts der Bestimmung (vormals: „in Apotheken"; vgl. BT-Drs. 15/1525 S. 66, S. 165) war im Hinblick auf Modifikationen zum **Versandhandel mit Arzneimitteln** (vgl. dazu Vorbem. AMG Rn. 325 ff.) erforderlich geworden. Es gelten daher die unter Rn. 204 dargestellten Grundsätze entsprechend; obschon die Übertragung der tatsächlichen Verfügungsgewalt hier erst mit der Ankunft der Arzneimittel beim Empfänger abgeschlossen ist, geht sie doch „von" einer Apotheke aus.

211   **4. Täter.** Die Vorschrift wendet sich gegen jedermann, gegen Befugte ebenso wie gegen Unbefugte. Als (unbefugte) Täter kommen daher insbesondere Privatleute, Ärzte, Tierärzte, Pharmareferenten, Krankenpfleger, Tierheilpraktiker oder Drogisten in Betracht. Zur Gewerbs- oder Berufsmäßigkeit des Handeltreibens vgl. oben Rn. 203. Da verschreibungspflichtige Arzneimittel grundsätzlich immer apothekenpflichtig sind (vgl. § 43 Abs. 1, Abs. 3 AMG), muss ein Unbefugter, der verschreibungspflichtige Arzneimittel abgibt, stets auch gegen die Apothekenpflicht (§ 43 AMG) und die Verschreibungspflicht (§ 48 AMG) verstoßen und macht sich daher nach § 95 Abs. 1 Nr. 4 AMG strafbar. Da befugte Apotheker, Apothekenleiter oder pharmazeutisches Personal eines Apothekers bei der Abgabe verschreibungspflichtiger Arzneimittel jedenfalls dann nicht zugleich gegen die Apothekenpflicht verstoßen, wenn sie die Abgabe der verschreibungspflichtigen Arzneimittel in einer Apotheke vornehmen, scheidet eine Strafbarkeit nach § 95 Abs. 1 Nr. 4 AMG in diesen Fällen regelmäßig aus.

212   Für **Verstöße von Apothekern gegen die Verschreibungspflicht** ist daher auf die Strafbestimmung des § 96 Nr. 13 AMG zurückzugreifen. Schon die vor Inkrafttreten des AMG geltenden Straftatbestände des § 367 Abs. 1 Nr. 3 und Nr. 5 StGB unterschieden nach dem Adressaten. So gab es seit je her eine Strafvorschrift, die sich wegen der Abgabe verschreibungspflichtiger Arzneimittel gegen *alle* unbefugten Personen (die keinen Einzelhandel mit Arzneimitteln betreiben dürfen) richtete und eine weitere Strafvorschrift gegen die sog. befugten Personen. Auch die früheren AMG-Vorschriften der §§ 45 Abs. 1 Nr. 6 und Nr. 8 AMG a. F. unterschieden zwischen Verstößen gegen die Apothekenpflicht und Verstößen gegen die Verschreibungspflicht (*BGH*, Beschluss vom 25. 8. 1967 – 1 StR 641/66

= NJW 1968, 204). Es stellte sich deshalb stets die Frage, ob der Unbefugte bei der Abgabe von verschreibungspflichtigen Arzneimitteln allein nach § 95 Abs. 1 Nr. 4 AMG (und den entsprechenden Vorgängerbestimmungen) strafbar war oder ob die der Vorschrift des § 96 Nr. 13 AMG entsprechenden Regelungen tateinheitlich verwirklicht wurden. Ein kriminalpolitisches Bedürfnis, für eine zusätzliche Strafbarkeit des Unbefugten jenseits der Regelung des § 95 Abs. 1 Nr. 4 AMG ist freilich nicht ersichtlich, weil die verschreibungspflichtigen Arzneimittel regelmäßig auch der Apothekenpflicht unterliegen.

5. Einzelfälle. a) Lieferung in die Arztpraxis. Ein Apotheker, der aufgrund **213** einer Vereinbarung mit einem niedergelassenen Arzt verschreibungspflichtige Arzneimittel, die nach dem Rezept für bestimmte Patienten vorgesehen sind, dem verschreibenden Arzt in die Praxis liefert, verstößt gegen die Apothekenpflicht und damit gegen § 95 Abs. 1 Nr. 4 AMG. Denn er beliefert nicht den in der Verordnung vorgesehenen Empfänger und gibt die Arzneimittel nicht in den Apothekenräumen an den vorgesehenen Endverbraucher ab.

b) Bevorratung zur Anwendung. Auch nach dem Wegfall des Tatbestands- **214** merkmals „Einzelhandel" liegt es in der Verantwortung des Arztes oder Heilpraktikers, in welchem Umfang er apothekenpflichtige Arzneimittel für die Behandlung seiner Patienten (nicht für die entgeltliche Abgabe – vgl. Rn. 220) in seiner Praxis vorrätig hält. Das Vorrätighalten zum Zwecke der Anwendung ist **kein Handeltreiben**.

c) Abgabe von Ärztemustern durch Ärzte. aa) Unentgeltliche Abgabe. **215** Die Abgabe von Ärztemustern durch einen Arzt wird allgemein für zulässig erachtet, sofern der Arzt das **zur Behandlung** erforderliche Arzneimittel mit einer genauen Anweisung zu seiner Anwendung **unentgeltlich** an seinen Patienten aushändigt (so *Kloesel/Cyran* § 43 AMG Nr. 26). Zur unerlaubten entgeltlichen Abgabe von Ärztemustern und zur Strafbarkeit nach § 263 StGB wegen Schädigung der Krankenkasse durch Vergütung von Ärztemustern vgl. *BayObLG*, Beschluss vom 31. 3. 1977 – RReg. 4 St 45/76 = NJW 1977, 1501; vgl. auch *OVG Koblenz* NJW 1994, 813 = NVwZ 1994, 513. Zur Abgabe einzelner Schmerztabletten aus dem Sprechstundenbedarf, die im Anschluss an den Eingriff erfolgt vgl. *Bremen* GRUR 1989, 533.

Da gemäß § 47 Abs. 3 AMG die Abgabe von Fertigarzneimittel-Mustern durch **216** pharmazeutische Unternehmer an Ärzte, Zahnärzte und Tierärzte zur Information, zur Erprobung und Bevorratung zulässig ist und § 43 Abs. 1 S. 1 AMG ausdrücklich auf die Ausnahmen des § 47 AMG verweist, wäre es widersinnig, die **bestimmungsgemäße Weitergabe solcher Arzneimittelmuster an die Patienten** des Arztes zu verbieten und zu bestrafen. Die unentgeltliche Abgabe von Ärztemustern oder anderer legal erworbener verschreibungspflichtiger Arzneimittel von Ärzten an Patienten stellt in der Regel weder einen Verstoß gegen § 43 Abs. 1 S. 2, Abs. 2 noch gegen § 43 Abs. 3 S. 1 AMG dar und ist deshalb nicht nach § 95 Abs. 1 Nr. 4 AMG strafbar.

Die Regelung des **§ 43 Abs. 1 S. 2 AMG** wird nicht verletzt, da diese Be- **217** stimmung lediglich das Handeltreiben mit verschreibungspflichtigen Arzneimittel außerhalb von Apotheken verbietet. § 43 AMG wurde geschaffen, um den Arzneimittel-Vertriebsweg vom Ende der Handelskette zum Endverbraucher zu regeln und das **Apothekermonopol** zu untermauern. Ein Arzt, der unentgeltlich Arzneimittel an seine Patienten abgibt, macht dem Apotheker weder das Apothekermonopol streitig noch gewährleistet er bei der Arzneimittel-Abgabe einen geringeren Patientenschutz als der Apotheker selbst. **§ 43 Abs. 2 AMG** regelt andere Fälle als eine unentgeltliche Abgabe von Ärztemustern (vgl. Rn. 207).

Die Vorschrift des **§ 43 Abs. 3 AMG** kommt nicht zur Anwendung, da **Ärz- 218 temuster nicht auf Verschreibung abgegeben** werden, sondern kostenlos an Ärzte zu ihrer Erprobung an Patienten ausgehändigt werden (vgl. *OVG NW Landesberufungsgericht für Heilberufe*, Urteil vom 17. 1. 1990 ZA 14/86 bei *Kloesel/Cyran* AMG, Anh. E 19 b).

219   Hierzu steht auch nicht im Widerspruch, dass nach der amtlichen Begründung des Gesetzgebers zur Neufassung des § 43 Abs. 1 S. 1 AMG mit der Streichung des Merkmales „Einzelhandel" offenbar ein über die Notfallversorgung hinausgehendes Inverkehrbringen von Arzneimittel-Mustern durch Ärzte und Zahnärzte zur freien Verfügung unterbunden werden sollte (BR-Drs. 1029/97 S. 32 – so bereits der Erfahrungsbericht der Bundesregierung von 1993 – BT-Drs. 12/5226 S. 28).

– Erfolgt die unentgeltliche Arzneimittel-Überlassung als Bestandteil der **ärztlichen Behandlung**, als **erste Hilfe** oder im Rahmen der **Notfallversorgung** oder zur kurzfristigen Überbrückung bis zum Beginn einer medikamentösen Behandlung, so stellt dies keinen Verstoß gegen § 43 Abs. 1 S. 1 AMG dar und ist daher nicht nach § 97 Abs. 2 Nr. 10 AMG bußgeldbewehrt.

– Die **unentgeltliche berufsmäßige Abgabe von Arzneimitteln durch einen Arzt an seinen Patienten** verstößt nicht gegen § 43 Abs. 1 S. 2, Abs. 2 oder Abs. 3 AMG und ist deshalb auch nicht nach § 95 Abs. 1 Nr. 4 AMG strafbar. Sie kann lediglich im Ausnahmefall wegen Verstoßes gegen § 43 Abs. 1 S. 1 AMG ordnungswidrig nach § 97 Abs. 2 Nr. 10 AMG sein (vgl. *OVG NW, Landesberufungsgericht für Heilberufe*, Urteil vom 17. 1. 1990 – ZA 14/86 bei *Kloesel/Cyran* AMG, Anh. E 19 b).

– Will ein Arzt mit der **Rücknahme nicht verwendeter Arzneimittel** von Patienten und der unentgeltlichen Weitergabe dieser Arzneimittel an andere Patienten auf die Verschwendung von Arzneimitteln aufmerksam machen, hiergegen protestieren und seinen Patienten im Rahmen der Behandlung zugleich eine kurzfristige Versorgung ermöglichen, so ist dies weder strafbar noch wettbewerbswidrig (*Hamm*, Urteil vom 26. 10. 2000 – 4 U 112/00).

– Erfolgt die **unentgeltliche Überlassung von Arzneimitteln zur Kostenersparnis und zur freien Verfügung** des Patienten, also **quasi anstelle der Abgabe durch den Apotheker und in Verlängerung der Handelskette,** so stellt dies ein Verstoß gegen die Apothekenpflicht dar, der nach § 97 Abs. 2 Nr. 10 AMG ordnungswidrig ist.

220   **bb) Entgeltliche Abgabe.** Hat sich ein Arzt für Allgemeinmedizin aus Ärztemustern, die von pharmazeutischen Unternehmern an Ärzte, Zahn- und Tierärzte nur auf Anforderung, nur in geringer Zahl und nur zur Information des Arztes ausgegeben werden dürfen (§ 47 Abs. 3 und Abs. 4 AMG), ein umfangreiches Lager an Medikamenten angelegt und gibt er diese als **„unverkäufliches Muster"** (§ 10 Abs. 1 Nr. 11 AMG) gekennzeichneten verschreibungspflichtigen Arzneimittel an Kassenpatienten **gegen Entgelt** ab, liegt ein Verstoß gegen § 95 Abs. 1 Nr. 4 AMG nahe. Zu landesrechtlichen Dispensierrechten vgl. *Kloesel/Cyran* § 43 AMG Nr. 25, 26.

221   **d) Abgabe an Mitglieder juristischer Personen u. a.** Die Abgabe verschreibungspflichtiger Arzneimittel von juristischen Personen, nicht rechtsfähigen Vereinen und Gesellschaften des bürgerlichen oder des Handelsrechts an ihre Mitglieder entgegen § 43 Abs. 2 AMG (unter Umgehung der Apothekenpflicht, vgl. dazu oben Rn. 207) ist nach § 95 Abs. 1 Nr. 4 AMG strafbar.

222   **e) Abgabe von Tierarzneimitteln durch Tierärzte.** Händigt ein Tierarzt verschreibungspflichtige Tierarzneimittel an andere Tierärzte oder an einen Pharmareferenten aus seiner tierärztlichen Hausapotheke zum Einkaufspreis aus, fehlt es am Eigennutz; ein nach § 95 Abs. 1 Nr. 4 i. V. m. § 43 Abs. 1 S. 2 AMG strafbares Handeltreiben liegt damit nicht vor. Für eine strafbare Abgabe im Sinne des § 43 Abs. 3 AMG fehlt es an der hierfür erforderlichen Verschreibung.

223   **f) Abgabe an Privatpersonen. aa) Durch Krankenpfleger oder Tierheilpraktiker.** Ein Krankenpfleger, der in einem Krankenhaus zur Vernichtung bestimmte rezeptpflichtige Arzneimittel an andere Krankenpfleger *unentgeltlich* zum eigenen Verbrauch abgibt, macht sich nicht nach § 95 Abs. 1 Nr. 4 AMG strafbar, weil er die betreffenden Arzneimittel damit weder berufs- oder gewerbsmäßig abgibt noch sonst (eigennützig) Handel treibt (vgl. *Köln*, Beschluss vom 8. 7. 1981

– 3 Ss 1046/80 = NStZ 1981, 444). Ein Tierheilpraktiker, der apotheken- und verschreibungspflichtige Tierarzneimittel an Tierhalter und Verwandte *verkauft*, erfüllt dagegen den Tatbestand (*BayObLG*, Beschluss vom 30. 7. 1974 – 4 St 68/74 = NJW 1974, 2060).

bb) Durch Privatpersonen in Drogennotfällen. In den Jahren 1998 bis **224** 2002 wurden in dem Präventionsprojekt Fixpunkt e. V. Mobolix Berlin 1615 Teilnehmer in Erste-Hilfe-Kursen geschult. Insgesamt 246 Drogengebraucher erhielten ein Notfallset mit je 2 Naloxon-Ampullen, um in einem Krisenfall durch die Weitergabe des verschreibungspflichtigen Arzneimittels einen Drogentodesfall zu verhindern. Die Verschreibung des Arzneimittels durch einen Arzt zum Zwecke der Laienhilfe an Drogenabhängigen und die Abgabe in der Apotheke sind unbedenklich. Die (berufsmäßige) Weitergabe von Naloxon von Privat an Privat ohne Vorliegen eines Notfalls verstößt indessen gegen § 95 Abs. 1 Nr. 4; zur Vermeidung von Todesfällen kann die Weitergabe und Anwendung freilich nach Maßgabe des § 34 StGB gerechtfertigt sein.

g) Arzneimittelhandel in der Drogenszene. Sämtliche eigennützigen Ab- **225** satzbemühungen, die verschreibungspflichtigen Arzneimitteln im Einzugsbereich des unerlaubten Einzel-, Zwischen- oder Großhandels außerhalb von Apotheken (also etwa im Rahmen der Drogenszene) gelten, erfüllen als **Handeltreiben** mit verschreibungspflichtigen Arzneimitteln den Tatbestand des § 95 Abs. 1 Nr. 4 AMG. Der strafrechtlich relevante Verstoß bezieht sich sowohl auf die Verschreibungs- als auch auf die Apothekenpflicht der betreffenden Erzeugnisse. Der regelwidrige **Großhandel** (vgl. dazu *BGH*, Beschluss vom 12. 4. 2011 – 5 StR 463/10 = BeckRS 2011, 11238) mit verschreibungspflichtigen Arzneimitteln ist nach § 95 Abs. 1 Nr. 5 AMG strafbar. Zum Verkauf verschreibungspflichtiger **Preludin®**-Tabletten, die **Phenyl-Methyl-Morpholin** enthielten vgl. *BGH*, Beschluss vom 25. 8. 1967 – 1 StR 641/66 = NJW 1968, 204. Zum Verkauf von **Captagon®**-Tabletten vgl. *Karlsruhe*, Beschluss vom 17. 3. 1975 – Ss 364/74 = MDR 1975, 776. Zur Abgabe von **Medinox®**-Tabletten durch Privatpersonen in Konsumentenkreisen vgl. *Frankfurt*, Urteil vom 7. 3. 1986 – 90 Js 36767/84 Ns sowie *Frankfurt*, Urteil vom 6. 5. 1987 – 90 Js 36767/84 Ns. Zum Verkauf von **Rohypnol®**-Tabletten vgl. *Hamburg*, Beschluss vom 30. 3. 1995 – II 63/95 = StV 1995, 533 ff. sowie *AG Frankfurt*, Urteil vom 18. 3. 2003 – 940 Ls 80 Js 34373.9/98. Zum Inverkehrbringen von Arzneimitteln zu **Dopingzwecken** im Sport vgl. oben Rn. 83 ff.

6. Subjektiver Tatbestand. Unerheblich ist, ob der Täter mit *dolus directus* **226** oder *dolus eventualis* handelt (§ 95 Abs. 1 Nr. 4 AMG). Der Vorsatz muss stets die **Verschreibungs- und die Apothekenpflicht** der gehandelten oder abgegebenen Erzeugnisse umfassen. Für Fertigarzneimittel wird insoweit freilich regelmäßig auf die nach § 10 Abs. 1 S. 1 Nr. 10 AMG erforderliche Kennzeichnung („*Verschreibungspflichtig*", „*Apothekenpflichtig*") zurückgegriffen werden können.

Wird dem Täter **Abgabe** von verschreibungspflichtigen Arzneimitteln vorge- **227** worfen, muss sich der Vorsatz auch auf die Gewerbs- oder Berufsmäßigkeit seines Vorgehens beziehen. Zum **Handeltreiben** gelten im Übrigen die Erläuterungen zu § 29 BtMG. **Fahrlässige** Verstöße sind nach § 95 Abs. 4 AMG strafbar.

7. Versuch. Versuchte **Abgabe** liegt vor, wenn der Täter nach Maßgabe seines **228** Tatplans unmittelbar zur Übertragung der tatsächlichen Verfügungsgewalt (vgl. zum Begriff der Abgabe oben Rn. 52) ansetzt. Das Versuchsstadium ist daher noch nicht erreicht, wenn der Täter die verschreibungspflichtigen Arzneimittel einem Dritten zum Kauf anbietet, ohne sie bereits zu besitzen. Gleiches gilt für die bloße Bestellung rezeptpflichtiger Arzneimittel und das Erwerben oder Sichverschaffen solcher Erzeugnisse zum Zwecke des Weiterverkaufs. Mit Entfaltung der genannten Tätigkeiten überschreitet der Täter die Schwelle von der Vorbereitungshandlung zum Versuch noch nicht. Zum Versuchsbeginn beim **Handeltreiben** vgl. § 29 BtMG/Teil 4).

229   **8. Irrtümer.** Hält der Täter die Abgabe für gerechtfertigt, obwohl er weiß, dass die verschreibungspflichtigen Arzneimittel nur von der Apotheke abgegeben werden dürfen, so kann ein Erlaubnistatbestandsirrtum (vgl. dazu *Fischer* § 16 Rn. 20 f.) vorliegen. Zum Vorsatz in Bezug auf die Apotheken- und Verschreibungspflicht von Fertigarzneimitteln vgl. oben Rn. 226.

230   **9. Mittelbare Täterschaft – Organisationsdelikte.** Nach der ständigen Rechtsprechung des Bundesgerichtshofs kann mittelbarer Täter kraft Organisationsherrschaft (vgl. dazu *Fischer* § 25 Rn. 7 m. w. N.) auch derjenige (Hintermann) sein, der **betriebliche Organisationsstrukturen** ausnutzt, indem er durch sein eigenes Handeln regelhafte Abläufe in Gang setzt, um die erstrebte Tatbestandsverwirklichung herbeizuführen (sog. *„Organisationsdelikte"*). Nach diesem Maßstab soll mittelbare Täterschaft selbst dann vorliegen, wenn der unmittelbare Täter (der Vordermann) selbst schuldhaft handelt (vgl. *BGH* NStZ 2000, 596 = StV 2002, 26 = wistra 2000, 426; BGHSt. 40, 218 = NStZ 1994, 537 = StV 1994, 534; *BGH* NStZ 1998, 568 = StV 1998, 416 = wistra 1998, 148). Der Bundesgerichtshof hat seine diesbezügliche Rechtsprechung freilich zwischenzeitlich insoweit konkretisiert, als er für die Annahme von **mittelbarer Täterschaft kraft Organisationsherrschaft** fordert, dass zwischen der Spitze der (betrieblichen) Organisation und den unmittelbar handelnden Personen ein hinlänglich deutlicher räumlicher, zeitlicher oder hierarchischer Abstand besteht (vgl. *BGH* NStZ 2008, 89 = wistra 2008, 57; zu der Vielzahl der Diskussionsbeiträge in der Literatur vgl. nur die Nachweise bei *Fischer* § 25 Rn. 8). Erforderlich ist dies, um eine trennscharfe Abgrenzung zur Mittäterschaft zu ermöglichen (vgl. *BGH* NStZ 2008, 89). Zu den Urteilsfeststellungen bei derartigen „uneigentlichen Organisationsdelikten" vgl. *BGH* NStZ 2010, 103 = StV 2010, 363 = wistra 2009, 437.

231   Hat ein Tierarzt, der zahlreiche Tierärzte in einer großen Tierarztapotheke beschäftigt, seine Stellung als Arbeitgeber und die streng hierarchische Organisation seiner Praxis bewusst dazu ausgenutzt, bestimmte Arzneimittel umzuetikettieren, umzubenennen und die bei ihm angestellten Tierärzte angewiesen, die Medikamentenabgabe und den Arzneimittelverkauf entgegen den gesetzlichen Vorschriften zu betreiben, so liegt nach Maßgabe der einschlägigen Rechtsprechung ein Fall der mittelbaren Täterschaft mindestens nahe (vgl. *BGH* NStZ 2004, 457 = JR 2004, 245 = wistra 2003, 424).

232   **10. Rechtsfolgen. a) Strafzumessung.** Als bestimmende Strafzumessungsfaktoren im Sinne des § 267 Abs. 3 S. 1 StPO kommen im Einzugsbereich eines Rechtsverstoßes nach § 95 Abs. 1 Nr. 4 AMG insbesondere in Betracht: eine geständige Einlassung des Täters und insbesondere etwa geleistete Aufklärungshilfe (freilich nicht nach Maßgabe des § 46b StGB – krit. insoweit *Fischer* § 46b Rn. 6 f.), die **Menge, Art und Gefährlichkeit** der betroffenen Arzneimittel, etwaige Nebenwirkungen und Verunreinigungen, der bewirkte (rechtlich missbilligte) Umsatz, die Dauer der berufs- oder gewerbsmäßige Tätigkeit; ein Missbrauch der beruflichen Stellung, festgestellte gesundheitliche Folgen (vgl. aber § 95 Abs. 3 Nr. 1 Buchst. a und b AMG); die Ausnutzung von Hilfslosigkeit oder Notlagen. Daneben sind die allgemeinen strafzumessungsrelevanten Umstände zu berücksichtigen.

233   **b) Berufliche Konsequenzen.** Zur Berücksichtigung beruflicher Konsequenzen im Rahmen der Strafzumessung vgl. oben Rn. 109 f. Zu den *berufsrechtlichen* Folgen einschlägiger Zuwiderhandlungen vgl. zudem § 96 AMG Rn. 346 ff.

234   **c) Einziehung.** Beziehungsgegenstände können nach § 98 AMG eingezogen werden. Die Regelung des § 74a StGB ist nach § 98 S. 2 AMG anwendbar. Vgl. im Einzelnen § 98 Rn. 1 ff. sowie ergänzend die Kommentierung zu § 33 BtMG.

235   **11. Konkurrenzen.** Seit der Ersetzung des Tatbestandsmerkmals „Inverkehrbringen" durch den Begriff des **Handeltreibens** werden (wie im BtMG; zur inhaltlichen Entsprechung des Begriffsverständnisses vgl. oben Rn. 200 ff.) **alle entgeltlichen Vertriebshandlungen** (rechtsgeschäftliche Erklärungen und Be-

sitzübertragungen) erfasst. Daneben ist in § 95 Abs. 1 Nr. 4 AMG lediglich noch die (gewerbs- oder berufsmäßige) unentgeltliche Besitzübertragung (Abgabe) aufgeführt. Das Handeltreiben fasst alle entgeltlichen Teilakte des Tatgeschehens (Feilhalten, Feilbieten, Anbieten, Verkauf und Übergabe) im Zusammenhang mit verschreibungspflichtigen Arzneimitteln außerhalb von Apotheken zur einer **Bewertungseinheit** zusammen, sofern sie auf denselben Tatgegenstand bezogen sind. Der Tatbestand ist weder auf den Einzel- noch auf den Großhändler, weder auf Befugte noch auf Unbefugte beschränkt (zur Irrelevanz der Gewerbs- oder Berufsmäßigkeit im Kontext des Handeltreibens vgl. oben Rn. 200 ff.).

Die (berufs- oder gewerbsmäßige) **Abgabe** ist als (nicht notwendig entgeltliche) **236** Besitzübertragung eine Tatbestandsalternative, kann aber zum Handeltreiben in **Tateinheit** stehen, sofern ein Teil einer **Gesamtmenge** unentgeltlich, der andere entgeltlich übergeben wird. Die Abgabe ist *kein* Unterfall des Handeltreibens; Überschneidungen sind denkbar (vgl. *BGH* NStZ 2004, 457 = JR 2004, 245 = wistra 2003, 424).

Die Regelung des § 95 Abs. 1 Nr. 4 AMG ist die zentrale Strafnorm, die nur **237** bei Verstoß sowohl gegen die Verschreibungspflicht als auch gegen die Apothekenpflicht Anwendung findet und gegenüber zahlreichen Spezialtatbeständen zurücktritt. Die Strafnorm des § 95 Abs. 1 Nr. 5 AMG ist *lex specialis*. Werden verschreibungspflichtige Humanarzneimittel (ohne Verletzung der Apothekenpflicht) von Apothekern oder pharmazeutischem Personal in Apotheken ohne erforderliche Verschreibung abgegeben, ist § 96 Nr. 13 AMG einschlägig. Für Verstöße gegen die Verschreibungspflicht im Zusammenhang mit Arzneimitteln, die für „Lebensmittel-Tiere" bestimmt sind, kommt § 95 Abs. 1 Nr. 6 AMG zur Anwendung. Die berufs- oder gewerbsmäßige Abgabe oder ein entsprechender Handel mit (lediglich) apothekenpflichtigen Arzneimitteln ist eine Ordnungswidrigkeit nach § 97 Abs. 2 Nr. 10 AMG (vgl. ergänzend § 97 AMG Rn. 35 ff.).

Werden **bedenkliche Arzneimittel** in den Verkehr gebracht (§ 95 Abs. 1 **238** Nr. 1 AMG), kommt Tateinheit mit § 95 Abs. 1 Nr. 4 AMG in Betracht, sofern zugleich ein Verstoß gegen die Apotheken- und die Verschreibungspflicht vorliegt. Gleiches gilt für das Inverkehrbringen von Arzneimitteln zu **Dopingzwecken im Sport** nach § 95 Abs. 1 Nr. 2 a AMG (vgl. dazu oben Rn. 83 ff.).

Ausgehend von der ständigen höchstrichterlichen Rechtsprechung hängt die Be- **239** antwortung der Frage nach tateinheitlicher oder tatmehrheitlicher Begehensweise im Rahmen von **Deliktsserien unter Beteiligung mehrerer Personen** in unterschiedlichen Beteiligungsformen von dem konkreten Tatbeitrag jedes Einzelnen ab (*BGH*, Beschluss vom 7. 12. 2010 – 3 StR 434/10 = BeckRS 2011, 03180).

Hat der **mittelbare Täter** als Hintermann eines „uneigentlichen Organisations- **240** delikts" (vgl. oben Rn. 230 f.) auf seine Tatmittler nur durch eine einzige Handlung (etwa *eine* Anweisung) eingewirkt, liegt regelmäßig nur *ein* Rechtsverstoß des mittelbaren Täters vor, selbst wenn auf das Konto der Tatmittler mehrere rechtswidrige Taten gehen (*BGH* BeckRS 2001, 30179745 = StV 2002, 73 = wistra 2001, 336; *BGH*, Beschluss vom 7. 12. 2010 – 3 StR 434/10 = BeckRS 2011, 03180). Lässt sich nicht klären, durch wie viele Handlungen im Sinne der §§ 52, 53 StGB ein Angeklagter die festgestellte Tat gefördert hat, so kann im Zweifel zu seinen Gunsten davon auszugehen sein, dass er nur eine Handlung begangen hat (*BGH* NStZ 2004, 457 = JR 2004, 245 = wistra 2003, 424). Zur Annahme von Bewertungseinheit nötigt der Zweifelssatz dagegen nicht (*BGH* NStZ 1997, 137; *BGH* NStZ-RR 2006, 55 = BeckRS 2005, 14340).

V. Abgabe verschreibungspflichtiger Arzneimittel an Nichtberechtigte – Bezug verschreibungspflichtiger Arzneimittel durch Nicht-/Berechtigte (§ 95 Abs. 1 Nr. 5 AMG)

Nach § 95 Abs. 1 Nr. 5 AMG handelt rechtswidrig, wer Arzneimittel, die nur **241** auf Verschreibung an Verbraucher abgegeben werden dürfen, entgegen § 47 Abs. 1 AMG an andere als dort bezeichnete Personen oder Stellen oder entgegen § 47 Abs. 1 a AMG abgibt oder entgegen § 47 Abs. 2 S. 1 bezieht.

242   **1. Zweckbestimmung.** Während der § 95 Abs. 1 Nr. 4 AMG den Endverbraucher vor illegalen Arzneimittel(einzel-)händlern (vgl. oben Rn. 200 ff.) schützen soll, dient § 95 Abs. 1 Nr. 5 AMG vor allem der **Sicherheit und Ordnung
im Arzneimittel-Großhandel** und will pharmazeutische Unternehmer und
Großhändler, Krankenhäuser und Ärzte, Gesundheitsämter sowie sonstige befugte
Institutionen beim erlaubten Arzneimittelverkehr zur **Einhaltung bestimmter
Regeln anhalten.**

243   Daneben dient die Vorschrift der Sicherheit im Arzneimittelverkehr (vgl. § 1
AMG) insoweit, als sie klarstellt, welche Personen Arzneimittel im Wege des
Großhandels (§ 4 Abs. 22 AMG) vertreiben dürfen (vgl. *BGH*, Beschluss vom
12. 4. 2011 – 5 StR 463/10 = BeckRS 2011, 11238).

244   **2. Regelungsgehalt.** Die Regelung enthält 3 strafbewehrte Verbotstatbestände,
die es zu unterscheiden gilt:
– **Abgabe** an andere als die in § 47 Abs. 1 AMG genannte Personen oder Stellen
    (vgl. dazu unten Rn. 246),
– **Abgabe** von Tierarzneimitteln entgegen § 47 Abs. 1a AMG (Abgabe erst nach
    Vorlage einer Bescheinigung über die Erfüllung der Anzeigepflicht nach § 67
    AMG, vgl. dazu Rn. 260),
– **Bezug** von Arzneimitteln entgegen § 47 Abs. 2 S. 1 AMG (Bezug nur für den
    eigenen Bedarf im Rahmen der Aufgabenerfüllung; vgl. dazu Rn. 261).

245   **3. Tatobjekte.** Die Strafnorm betrifft nur **verschreibungspflichtige Arzneimittel** (zum Arzneimittelbegriff ausführlich Vorbem. AMG Rn. 37 ff.; zur Verschreibungspflicht vgl. oben Rn. 186 ff.); für nicht verschreibungs- (aber apothekenpflichtige) Arzneimittel gilt der Bußgeldtatbestand des § 97 Abs. 2 Nr. 12
AMG.

246   **4. Abgabe an Nichtberechtigte. a) Vertriebsweg nach § 47 Abs. 1 AMG.**
Zum Begriff der Abgabe vgl. oben Rn. 52 f. Nach § 47 Abs. 1 AMG dürfen
pharmazeutische Unternehmer und **Großhändler** verschreibungspflichtige
Arzneimittel, deren Abgabe den Apotheken vorbehalten ist (zur Apothekenpflicht
vgl. oben Rn. 199), **außer an Apotheken** nur abgeben an:

247   1. andere **pharmazeutische Unternehmer und Großhändler,**
248   2. **Krankenhäuser und Ärzte,** soweit es sich handelt um
    a) aus menschlichem Blut gewonnene *Blutzubereitungen* oder gentechnologisch
        hergestellte Blutbestandteile, die, soweit es sich um *Gerinnungsfaktorenzubereitun-
        gen* handelt, von dem hämostaseologisch qualifizierten Arzt im Rahmen der ärzt-
        lich kontrollierten Selbstbehandlung von Blutern an seine Patienten abgegeben
        werden dürfen,
    b) *Gewebezubereitungen* oder tierisches Gewebe,
    c) *Infusionslösungen* in Behältnissen mit mindestens 500 ml, die zum Ersatz oder zur
        Korrektur von Körperflüssigkeit bestimmt sind, sowie Lösungen zur Hämodialyse
        und Peritonealdialyse, die, soweit es sich um Lösungen zur Peritonealdialyse han-
        delt, auf Verschreibung des nephrologisch qualifizierten Arztes im Rahmen der
        ärztlich kontrollierten Selbstbehandlung seiner Dialysepatienten an diese abgege-
        ben werden dürfen,
    d) Zubereitungen, die ausschließlich dazu bestimmt sind, die Beschaffenheit, den
        Zustand oder die Funktion des Körpers oder seelische Zustände erkennen zu las-
        sen (*Diagnostika*; zu Labordiagnostika vgl. *Kloesel/Cyran* § 47 AMG Nr. 19; zu
        Röntgenkontrastmitteln zur oralen Anwendung vgl. *München* NJOZ 2001, 613 =
        PharmR 2001, 253 sowie hierzu BT-Drs. 15/2109 S. 13, 33: *„Die Streichung der
        Begriffe [zur Injektion oder Infusion] trägt den von der Rechtsprechung (z. B. OLG Mün-
        chen, Urteil vom 22. Februar 2001, 29 U 4890/00, PharmR 2001, S. 253 ff.) ange-
        mahnten Maßnahmen zur Beseitigung von aufgezeigten Wertungswidersprüchen Rech-
        nung"),*
    e) *medizinische Gase,* bei denen auch die Abgabe an Heilpraktiker zulässig ist,
    f) *radioaktive Arzneimittel,*

g) Arzneimittel, die mit dem Hinweis *„Zur klinischen Prüfung bestimmt"* versehen sind, sofern sie kostenlos zur Verfügung gestellt werden (vgl. dazu *BVerfG* NJW 2002, 357 = PharmR 2002, 23),

h) *Blutegel und Fliegenlarven*, bei denen auch die Abgabe an Heilpraktiker zulässig ist, oder

i) Arzneimittel, die im Falle des § 21 Abs. 2 Nr. 6 AMG zur Verfügung gestellt werden (*„Compassionate Use"*; vgl. dazu § 96 AMG Rn. 92 a. E., 166, 168)

3. **Krankenhäuser, Gesundheitsämter und Ärzte**, soweit es sich um *Impfstoffe* 249 handelt, die dazu bestimmt sind, bei einer unentgeltlichen und auf Grund des § 20 Abs. 5, 6 oder 7 des Infektionsschutzgesetzes vom 20. Juli 2000 (BGBl. I S. 1045) durchgeführten Schutzimpfung angewendet zu werden, oder soweit eine Abgabe von Impfstoffen zur Anwendung einer Seuchen- oder Lebensgefahr erforderlich ist,

3a. **anerkannte Impfzentren**, soweit es sich um *Gelbfieberimpfstoff* handelt,   250

3b. **Krankenhäuser und Gesundheitsämter**, soweit es sich um *Arzneimittel mit* 251 *antibakterieller oder antiviraler Wirkung* handelt, die dazu bestimmt sind, auf Grund des § 20 Abs. 5, 6 oder 7 des Infektionsschutzgesetzes zur spezifischen Prophylaxe gegen übertragbare Krankheiten angewendet zu werden,

3c. **Gesundheitsbehörden des Bundes oder der Länder** oder von diesen im Einzelfall benannte Stellen, soweit es sich um Arzneimittel handelt, die für den Fall einer *bedrohlichen übertragbaren Krankheit*, deren Ausbreitung eine sofortige und das übliche Maß erheblich überschreitende Bereitstellung von spezifischen Arzneimitteln erforderlich macht, bevorratet werden,   252

4. **Veterinärbehörden**, soweit es sich um Arzneimittel handelt, die zur Durchführung 253 öffentlich-rechtlicher Maßnahmen bestimmt sind,

5. auf gesetzlicher Grundlage eingerichtete oder im Benehmen mit dem Bundesministe- 254 rium von der zuständigen Behörde **anerkannte zentrale Beschaffungsstellen** für Arzneimittel,

6. **Tierärzte** im Rahmen des Betriebes einer tierärztlichen Hausapotheke, soweit es sich 255 um *Fertigarzneimittel* handelt, zur Anwendung an den von ihnen behandelten Tieren und zur Abgabe an deren Halter,

7. **zur Ausübung der Zahnheilkunde berechtigte Personen**, soweit es sich um 256 *Fertigarzneimittel* handelt, die ausschließlich in der Zahnheilkunde verwendet werden und bei der Behandlung am Patienten angewendet werden,

8. **Einrichtungen von Forschung und Wissenschaft**, denen eine Erlaubnis nach § 3 257 des Betäubungsmittelgesetzes erteilt worden ist, die zum Erwerb des betreffenden Arzneimittels berechtigt,

9. **Hochschulen**, soweit es sich um Arzneimittel handelt, die für die Ausbildung der 258 Studierenden der Pharmazie und der Veterinärmedizin benötigt werden.

b) Täter. Als Täter einer Straftat nach § 95 Abs. 1 Nr. 5 i. V. m. § 47 Abs. 1 259 AMG kommen zunächst die in der Bezugsnorm ausdrücklich aufgeführten **Großhändler** und **pharmazeutischen Unternehmer** in Betracht, soweit sie gegen die Regelungen zum Vertriebsweg (vgl. Rn. 246) verstoßen. Daneben werden – im Hinblick auf den Schutzzweck der Vorschrift (vgl. oben Rn. 242 f.) – aber auch solche Teilnehmer am Arzneimittelmarkt erfasst, die eine **gesetzlich nicht vorgesehene Form des Großhandels** mit Arzneimitteln betreiben. Großhandel ist nach § 4 Abs. 22 AMG *jede berufs- oder gewerbsmäßige* zum Zwecke des *Handeltreibens* ausgeübte Tätigkeit, die in der Beschaffung, der Lagerung, der Abgabe oder Ausfuhr von Arzneimitteln besteht, mit Ausnahme der Abgabe von Arzneimitteln an andere Verbraucher als Ärzte, Tierärzte oder Krankenhäuser. Weil der Großhandelsbegriff dabei maßgeblich von der Art der ausgeübten Tätigkeit bestimmt ist und gerade nicht auf die funktionelle Stellung des Marktteilnehmers abstellt, kommen bspw. auch **Apotheker** als Täter einer Straftat nach § 95 Abs. 1 Nr. 5 AMG in Betracht, soweit sie nach Maßgabe des § 4 Abs. 22 AMG tätig werden (*BGH*, Beschluss vom 12. 4. 2011 – 5 StR 463/10 = BeckRS 2011, 11238).

5. Abgabe ohne Vorlage einer Anzeige-Bescheinigung. Zum Begriff der 260 Abgabe vgl. oben Rn. 52 f. Nach § 95 Abs. 1 Nr. 5 AMG wird zudem bestraft, wer verschreibungspflichtige Arzneimittel (vgl. Rn. 245) entgegen § 47 Abs. 1a

AMG abgibt. Danach dürfen **pharmazeutische Unternehmer** und **Großhändler** Arzneimittel, die zur Anwendung bei Tieren bestimmt sind, an die in § 47 Abs. 1 Nr. 1 (Rn. 247 – *andere pharmazeutische Unternehmer und Großhändler*) oder Nr. 6 (Rn. 255 – *Tierärzte im Rahmen des Betriebs einer tierärztlichen Hausapotheke*) AMG bezeichneten Empfänger erst abgeben, wenn ihnen diese eine **Bescheinigung der zuständigen Behörde** vorgelegt haben, aus der sich ergibt, dass sie ihrer **Anzeigepflicht nach § 67 AMG** nachgekommen sind.

261   **6. Bezug außerhalb des aufgabenbezogenen eigenen Bedarfs.** Nach § 47 Abs. 2 S. 1 AMG dürfen die in § 47 Abs. 1 Nr. 5 bis 9 AMG aufgeführten Empfänger (vgl. Rn. 254 bis 258 – *zentrale Beschaffungsstellen für Arzneimittel, Tierärzte im Rahmen des Betriebes einer tierärztlichen Hausapotheke, zur Ausübung der Zahnheilkunde berechtigte Personen, Einrichtungen von Forschung und Wissenschaft, Hochschulen*) Arzneimittel nur für den **eigenen Bedarf** im Rahmen der **Erfüllung ihrer Aufgaben** beziehen. Eine Weitergabe der verschreibungspflichtigen Arzneimittel kommt nicht in Betracht und ist ggf. nach § 95 Abs. 1 Nr. 4 AMG (vgl. dazu Rn. 185 ff.) strafbar.

262   Tierärzte dürfen Tierarzneimittel nur in dem Umfange beziehen, in dem sie diese bei den von ihnen behandelten Tieren einsetzen. Nach § 95 Abs. 1 Nr. 5 AMG ist schon ein Verstoß gegen diese Bezugsbeschränkung strafbewehrt. Auf diese Weise soll verhindert werden, dass der Tierarzt die für Großhändler geltenden Nachweisbestimmungen in § 47 Abs. 1 a und Abs. 1 b AMG umgeht, die für ihn nicht gelten.

263   **7. Erscheinungsformen. a) Abgabe an niedergelassene Ärzte.** Liefert ein Arzneimittelgroßhändler aufgrund eines auf einen bestimmten Patienten ausgestellten Rezeptes die gewünschten Medikamente nicht an eine Apotheke, sondern an die Praxis des behandelnden Arztes, so macht er sich nach § 95 Abs. 1 Nr. 5 AMG strafbar. Liefert ein pharmazeutischer Unternehmer verschreibungspflichtige Arzneimittel zu Werbungszwecken über Apotheken an niedergelassene Ärzte zur freien Verfügung, so verstößt er gegen die §§ 43, 47 AMG und macht sich nach § 95 Abs. 1 Nr. 5 AMG strafbar (*Düsseldorf*, Urteil vom 17. 5. 1990 – 2 U 93/89; *LG Krefeld*, Urteil vom 18. 7. 1991 = PharmaZ 1991, 3108). Wer bei der Abgabe oder bei dem Erwerb nicht verschreibungspflichtiger Arzneimittel gegen § 47 AMG verstößt, begeht eine Ordnungswidrigkeit nach § 97 Abs. 2 Nr. 12 AMG.

264   **b) Abgabe von Tierarzneimitteln an unbefugte Händler.** Vgl. dazu den Sachverhalt von *BGH* NStZ 1987, 514 = wistra 1987, 295; dort auch zur Gefährdung der Gesundheit einer großen Zahl von Menschen im Sinne des § 95 Abs. 3 S. 2 Nr. 1 Buchst. a AMG bei einer nach den Umständen zu erwartenden missbräuchlichen Verwendung von Tierarzneimitteln in einer Vielzahl von Fällen.

265   **c) Bezug verschreibungspflichtiger Arzneimittel.** Vgl. dazu *Kloesel/Cyran* § 47 AMG Nr. 33 a.

266   **8. Versuch.** Der Versuch einer Straftat nach § 95 Abs. 1 AMG ist nach Abs. 2 der genannten Vorschrift strafbar. Allein das unerlaubte Verbringen verschreibungspflichtiger Arzneimittel aus dem Ausland zur Zollkontrolle nach Deutschland ist noch kein unmittelbares Ansetzen zur Verwirklichung des Tatbestandsmerkmals der Abgabe (*BGH* MedR 1999, 270 = StV 1998, 663).

V a. Abgabe und Inverkehrbringen von Schwangerschaftsabbruchmitteln unter Verstoß gegen § 47 a Abs. 1 AMG (§ 95 Abs. 1 Nr. 5 a AMG)

267   Nach § 47 a Abs. 1 S. 1 AMG dürfen **pharmazeutische Unternehmer** Arzneimittel (*Vorbem. AMG Rn. 37 ff.*), die zur Vornahme eines Schwangerschaftsabbruchs zugelassen sind, nur an **Einrichtungen im Sinne des § 13 SchKG** (*Gesetz zur Vermeidung und Bewältigung von Schwangerschaftskonflikten vom 27. 7. 1992 – Schwangerschaftskonfliktgesetz – BGBl. I S. 1398; geändert durch Art. 1 des Gesetzes vom 21. 8. 1995 – BGBl. I S. 1050*) und nur **auf Verschreibung eines dort be-**

handelnden Arztes abgeben. Andere Personen dürfen solche Arzneimittel nicht in den Verkehr bringen, § 47a Abs. 1 S. 2 AMG. Die Abgabe über Apotheken ist ausdrücklich ausgeschlossen, § 47a Abs. 3 AMG.

1. Tatobjekte sind Arzneimittel, die zur Vornahme eines Schwangerschaftsab- 268 bruchs zugelassen sind. Der Sondervertriebsweg nach § 47a AMG gilt daher nicht für sämtliche Arzneimittel, denen eine potentiell embryotoxische, teratogene (fruchtschädigende) oder schwangerschaftsunterbrechende Wirkung zukommt, sondern nur für solche Arzneimittel, die **mit einem entsprechenden Anwendungsgebiet zugelassen** sind (vgl. BT-Drs. 14/898 S. 4: *„Zur Vornahme eines Schwangerschaftsabbruchs zugelassen sind Arzneimittel, die mit diesem Anwendungsgebiet zugelassen sind"*). Hierunter fällt etwa das Arzneimittel Mifegyne®.

2. Tathandlungen sind die Abgabe (vgl. dazu oben Rn. 52f.) und das Inver- 269 kehrbringen (vgl. oben Rn. 44ff.) entgegen den in § 47 Abs. 1 AMG aufgeführten Modalitäten. Die Anwendung des Arzneimittels durch den behandelnden Arzt ist kein Inverkehrbringen im Sinne des § 4 Abs. 17 AMG. Gleiches gilt für die Einnahme des Mittels durch den Patienten unter Kontrolle des behandelnden Arztes (*Kloesel/Cyran* § 47a AMG Nr. 2).

3. Einrichtungen nach § 13 SchKG. Die Abgabe der zur Vornahme von 270 Schwangerschaftsabbrüchen zugelassenen Arzneimittel darf nur an Einrichtungen erfolgen, die den Voraussetzungen des § 13 SchKG gerecht werden:

§ 13 Einrichtungen zur Vornahme von Schwangerschaftsabbrüchen

(1) Ein Schwangerschaftsabbruch darf nur in einer Einrichtung vorgenommen werden, in der auch die notwendige Nachbehandlung gewährleistet ist.

(2) Die Länder stellen ein ausreichendes Angebot ambulanter und stationärer Einrichtungen zur Vornahme von Schwangerschaftsabbrüchen sicher.

Zur **Rechtslage in Bayern** vgl. das *Gesetz über ergänzende Regelungen zum* 271 *Schwangerschaftskonfliktgesetz und zur Ausführung des Gesetzes zur Hilfe für Frauen bei Schwangerschaftsabbrüchen in besonderen Fällen* vom 9. 8. 1996 (BaySchwHEG; GVBl. S. 328).

4. Täter. Als Täter eines strafbewehrten Verstoßes gegen die Regelung des 272 § 47a Abs. 1 AMG kommt zunächst der **pharmazeutische Unternehmer** (§ 4 Abs. 18 S. 1 AMG) in Betracht, der ein Schwangerschaftsabbruchmittel an andere Personen und Einrichtungen abgibt, als die in § 47 Abs. 1 S. 1 AMG genannten. Das Verkehrsverbot des § 47a Abs. 1 S. 2 AMG richtet sich auch an die in § 4 Abs. 18 S. 2 AMG genannten pharmazeutischen Unternehmer (*Kloesel/Cyran* § 47a AMG Nr. 2). Daneben sind Adressaten des Verbots alle Akteure sonstiger Vertriebswege (Apotheker oder Großhändler) sowie all jene Personen, die Schwangerschaftsabbruchmittel in den Verkehr bringen.

VI. Verbotene Abgabe verschreibungspflichtiger Arzneimittel, die zur Anwendung bei Tieren bestimmt sind, die der Gewinnung von Lebensmitteln dienen (§ 95 Abs. 1 Nr. 6 AMG)

Nach § 95 Abs. 1 Nr. 6 AMG wird bestraft, wer entgegen § 48 Abs. 1 S. 1 273 AMG in Verbindung mit einer Rechtsverordnung nach § 48 Abs. 2 Nr. 1 oder Nr. 2 AMG Arzneimittel (Vorbem. AMG Rn. 37ff.) abgibt (zum Begriff der Abgabe vgl. oben Rn. 52f.), **die zur Anwendung bei Tieren** bestimmt sind, **die der Gewinnung von Lebensmitteln dienen.**

Demgegenüber erfasst die Regelung des § 96 Abs. 1 Nr. 13 AMG nur die uner- 274 laubte Abgabe von verschreibungspflichtigen Humanarzneimitteln. Die unerlaubte Abgabe verschreibungspflichtiger Fütterungsarzneimittel an Tierhalter entgegen § 56 Abs. 1 AMG ist Vergehen nach § 95 Abs. 1 Nr. 7 AMG. Die Abgabe von verschreibungspflichtigen Tierarzneimitteln an den Tierhalter entgegen § 56a AMG ist nach § 95 Abs. 1 Nr. 8 AMG strafbewehrt.

275   **1. Tatobjekte** sind der **Verschreibungspflicht** (vgl. dazu oben Rn. 186 ff.) unterliegende Arzneimittel, die zur Anwendung bei Lebensmittel-Tieren bestimmt sind (ergänzend Rn. 274). Zu den Tieren, die der Gewinnung von Lebensmitteln dienen, vgl. unten Rn. 308 ff.

276   **2. Tathandlung.** Untersagt ist nach § 48 Abs. 1 S. 1 AMG die Abgabe (vgl. oben Rn. 52 ff.) verschreibungspflichtiger Arzneimittel ohne das Vorliegen der erforderlichen tierärztlichen Verschreibung.

277   **3. Täter.** Der Straftatbestand des § 95 Abs. 1 Nr. 6 AMG wendet sich gegen Befugte, also Personen, die nicht gegen § 43 AMG (Apothekenpflicht) und nicht gegen den gesetzlich geregelten Vertriebsweg des § 47 AMG verstoßen. Betroffen sind also vor allem **Apotheker, pharmazeutische Unternehmer** und **Großhändler, nicht aber der Tierarzt.** Gibt nämlich ein Tierarzt über das ihm in § 43 Abs. 4 AMG eingeräumte Dispensierrecht hinaus Tierarzneimittel ab (etwa an Personen, die keine Tierhalter sind oder an Tierhalter, deren Tiere nicht von ihm behandelt werden), so kann er sich nicht auf die Ausnahme von der Apothekenpflichtigkeit nach § 43 Abs. 4 AMG stützen. Der Arzt verstößt in solchen Fällen gegen die Apothekenpflicht und macht sich nach § 95 Abs. 1 Nr. 4 AMG strafbar.

VII. Abgabe von Fütterungsarzneimitteln an Tierhalter ohne erforderliche Verschreibung (§ 95 Abs. 1 Nr. 7 AMG)

278   **1. Tatobjekt.** *Fütterungsarzneimittel* sind nach § 4 Abs. 10 AMG Arzneimittel in verfütterungsfertiger Form, die aus Arzneimittel-Vormischungen und Mischfuttermitteln hergestellt werden und die dazu bestimmt sind, zur Anwendung bei Tieren in den Verkehr gebracht zu werden. *Arzneimittel-Vormischungen* sind Arzneimittel, die ausschließlich dazu bestimmt sind, zur Herstellung von Fütterungsarzneimitteln verwendet zu werden, § 4 Abs. 11 AMG.

279   Die Überschrift zum 9. Abschnitt des Gesetzes *„Sondervorschriften für Arzneimittel, die bei Tieren angewendet werden"*, stellt klar, dass auch Humanarzneimittel erfasst werden sollen, sofern diese nach erfolgter Umwidmung bei Tieren angewendet werden (BT-Drs. 12/6480 S. 22).

280   Fütterungsarzneimittel dürfen nach § 56 Abs. 1 S. 1 Hs. 1 AMG nur vom Hersteller unmittelbar an den Tierhalter abgegeben werden. Erforderlich ist freilich in jedem Fall eine **Verschreibung eines Tierarztes** (*Kloesel/Cyran* § 56 AMG Nr. 4; *Rehmann* § 56 AMG Rn. 1). Dies gilt selbst dann, wenn das Fütterungsarzneimittel nach Maßgabe der Vorschriften über die Verschreibungspflicht (ggf. i. V. m. den Vorschriften der AMVV) prinzipiell nicht verschreibungspflichtig wäre, etwa weil es keinen Stoff enthält, der die Verschreibungspflicht auslöst (vgl. *Kloesel/ Cyran* a. a. O.: Verschreibungspflicht kraft Gesetzes). Vgl. ergänzend oben Rn. 193.

281   **2. Tathandlung** ist die Abgabe von Fütterungsarzneimitteln ohne die erforderliche Verschreibung. Zum Begriff der Abgabe vgl. oben Rn. 52 f. Zum Versandhandel mit Fütterungsarzneimitteln vgl. *Kloesel/Cyran* § 56 AMG Nr. 5 a.

VIII. Abgabe, Verschreibung und Anwendung verschreibungspflichtiger Tierarzneimittel durch den Tierarzt im Rahmen seines Dispensierrechts (§ 95 Abs. 1 Nr. 8 AMG)

282   Die Strafvorschrift des § 95 Abs. 1 Nr. 8 AMG nimmt zwar auf die Regelung des § 56 a Abs. 1 S. 1 AMG Bezug, der seinerseits all jene Arzneimittel umfasst, die nicht für den Verkehr außerhalb der Apotheken freigegeben sind. Der Tatbestand wird jedoch nur erfüllt, sofern es sich um Arzneimittel handelt, die zur Anwendung bei Tieren bestimmt sind, **die der Gewinnung von Lebensmitteln dienen**, und nur auf **Verschreibung** an Verbraucher abgegeben werden dürfen. Zu den Tieren, die der Gewinnung von Lebensmitteln dienen, vgl. unten Rn. 308 ff.

283   Einer Forderung der *Arbeitsgruppe Tierarzneimittel der leitenden Veterinärbeamten (ArgeVET)* folgend ist die zuwider § 56 a Abs. 1 AMG erfolgende Verschrei-

bung, Abgabe und Anwendung von verschreibungspflichtigen Arzneimitteln, die zur Anwendung bei Tieren bestimmt sind, die *nicht* der Gewinnung von Lebensmitteln dienen, in eine Ordnungswidrigkeit (vgl. § 97 Abs. 2 Nr. 21 Buchst. a) umgewandelt worden (BT-Drs. 15/4736 S. 12: *„Aufgrund der Erfahrungen aus der Überwachung des Verkehrs mit Arzneimitteln wird die Strafbewehrung einer Verschreibung, Abgabe oder Anwendung entgegen § 56a Abs. 1 hinsichtlich verschreibungspflichtiger Arzneimittel, die zur Anwendung bei Tieren, die nicht der Gewinnung von Lebensmitteln dienen, in eine Ordnungswidrigkeit umgewandelt.“*). Arzneimittel, die *ohne* Verschreibung an Verbraucher abgegeben werden dürfen, werden ebenfalls nicht von § 95 Abs. 1 Nr. 8 AMG, sondern von § 97 Abs. 2 Nr. 21 Buchst. b erfasst.

1. Tatobjekt sind vor diesem Hintergrund zunächst nur Arzneimittel, die zur **284** Anwendung bei Tieren bestimmt sind, die der **Lebensmittelgewinnung** dienen. Darüber hinaus müssen die betreffenden Arzneimittel der **Verschreibungspflicht** (dazu oben Rn. 186 ff.) unterliegen.

2. Tathandlung. a) Grundlagen. Zur Verschreibung vgl. oben Rn. 95 f.; zur **285** Abgabe vgl. oben Rn. 52 f.; zur Anwendung vgl. oben Rn. 54 ff. Nach § 56a Abs. 1 S. 1 AMG darf der **Tierarzt** für den Verkehr außerhalb der Apotheken nicht freigegebene Arzneimittel dem Tierhalter nur **verschreiben** oder an diesen **abgeben,** wenn

1. sie für die **von ihm behandelte Tiere** bestimmt sind, **286**
Behandelnde Tierärzte sind nur diejenigen Ärzte, die selbst unmittelbar an der Behandlung beteiligt sind, nicht automatisch alle Mitglieder einer Gruppenpraxis oder eines Beratungsdienstes. Bei einer Gruppenpraxis ist Abgebender der Anweisende und nicht der Ausführende. Dies gilt jedenfalls dann, wenn ihm die Verfügungsbefugnis über die Arzneimittel eingeräumt ist und ihm seine Weisungsbefugnis gegenüber seinem Personal zukommt. Er trägt dann die Verantwortung für die Beschaffenheit des Arzneimittels sowie dafür, dass die Abgabe im Rahmen des Dispensierrechtes erfolgt (vgl. *BayObLG*, Urteil vom 25. 7. 1983 – RReg 4 St 80/83 bei *Kloesel/Cyran*, E 20).
Nach § 43 Abs. 4 i. V. m. § 56a Abs. 1 Nr. 1 AMG darf der Tierarzt Tierarzneimittel nur an den Halter der von ihm behandelten Tiere abgeben. Dabei ergeben sich aus der gemäß § 54 Abs. 1 Nr. 12 AMG ergangenen Verordnung über tierärztliche Hausapotheken (TÄHAV) **Anforderungen an die Art und Weise der Behandlung,** die der Tierarzt zu erfüllen hat, wenn er von seinem Dispensierrecht Gebrauch machen will. Nach **§ 12 TÄHAV** dürfen Tierärzte apothekenpflichtige Stoffe nur im Rahmen einer ordnungsgemäßen tierärztlichen Behandlung an Tierhalter abgeben (vgl. auch BVerwGE 94, 341 = NVwZ 1994, 1013). Nach dem eindeutigen Wortlaut dieser Rechtsvorschriften begründet daher nicht jede beliebige Behandlung ein Dispensierrecht. Erforderlich ist vielmehr einerseits, dass das Tier oder der Tierbestand nach den Regeln der tierärztlichen Wissenschaft in einem angemessenen Umfang untersucht (§ 12 Abs. 2 Nr. 1 TÄHAV) und die Anwendung der Arzneimittel sowie der Behandlungserfolg kontrolliert werden (§ 12 Abs. 2 Nr. 2 TÄHAV). Das tierärztliche Dispensierrecht soll eine möglichst effektive ärztliche Versorgung, nicht aber einen Arzneimittelgroßhandel durch Tierärzte eröffnen, der die Tierhalter in die Lage versetzt, Arzneimittelvorräte anzulegen und die Tiere nach Gutdünken selbst zu behandeln. Bei der Behandlung von Großtierbeständen, die die TÄHAV in § 12 Abs. 3 ausdrücklich in ihren Anwendungsbereich einbezieht, ist danach zwar nicht die Untersuchung eines jeden einzelnen Tieres erforderlich; der Tierarzt muss aber die Bestandsuntersuchung begründet nach den Regeln der Tiermedizin vornehmen und die Anwendung der Arzneimittel sowie den Behandlungserfolg kontrollieren (*BayObLG*, Beschluss vom 24. 3. 1988 – RReg 4 St 249/87; *BayObLG*, Beschluss vom 12. 5. 1992 – 4 St RR 75/92 = NStE Nr. 1 zu § 56a AMG; *BGH* NStZ 2004, 457 = JR 2004, 245 = wistra 2003, 424).

2. sie **zugelassen** sind oder sie auf Grund des § 21 Abs. 2 Nr. 4 in Verbindung mit **287** Abs. 1 in Verkehr gebracht werden dürfen oder in den Anwendungsbereich einer

Rechtsverordnung nach § 36 oder § 39 Abs. 3 S. 1 Nr. 2 fallen oder sie nach § 38 Abs. 1 in den Verkehr gebracht werden dürfen,

288   3. sie nach der Zulassung für das **Anwendungsgebiet bei der behandelten Tierart** bestimmt sind,

289   4. ihre Anwendung nach Anwendungsgebiet und Menge nach dem Stand der veterinärmedizinischen Wissenschaft **gerechtfertigt** ist, **um das Behandlungsziel zu erreichen,** und

290   5. die zur Anwendung bei Tieren, die der Gewinnung von Lebensmitteln dienen,

     a) vorbehaltlich des Buchstaben b, verschriebene oder abgegebene Menge verschreibungspflichtiger Arzneimittel zur **Anwendung innerhalb der auf die Abgabe folgenden 31 Tage** bestimmt ist, oder

     b) verschriebene oder abgegebene Menge von Arzneimitteln, die **antimikrobiell wirksame Stoffe** enthalten und nach den Zulassungsbedingungen nicht ausschließlich zur lokalen Anwendung vorgesehen sind, zur Anwendung **innerhalb der auf die Abgabe folgenden sieben Tage** bestimmt ist,

sofern die Zulassungsbedingungen nicht eine längere Anwendungsdauer vorsehen.

291   Nach § 56a Abs. 1 S. 2 AMG darf der Tierarzt verschreibungspflichtige Arzneimittel zur Anwendung bei Tieren, die der Gewinnung von Lebensmitteln dienen, für den jeweiligen Behandlungsfall **erneut** nur **abgeben** oder **verschreiben,** sofern er in einem Zeitraum von 31 Tagen vor dem Tag der entsprechend seiner Behandlungsanweisung vorgesehenen letzten Anwendung der abzugebenden oder zu verschreibenden Arzneimittel die behandelten Tiere oder den behandelten Tierbestand **untersucht hat.**

292   Gem. § 56a Abs. 1 S. 3 AMG gilt S. 1 Nr. 2 bis 4 (vgl. Rn. 285) für die **Anwendung** durch den Tierarzt entsprechend.

293   Der Tatbestand des § 95 Abs. 1 Nr. 8 AMG erfasst die Verschreibung, Abgabe und Anwendung von verschreibungspflichtiger Tierarzneimitteln im Rahmen des **tierärztlichen Dispensierrechtes.** Außerhalb dieses Bereichs sind Verstöße gegen § 95 Abs. 1 Nr. 4 AMG möglich.

294   **b) Erscheinungsformen.** Ist zum Zeitpunkt der Abgabe der gesamte Tierbestand gesund und kein Tier erkrankt, so verstößt eine Abgabe erfasster Tierarzneimittel an den Tierhalter gegen § 56a AMG und führt zur Strafbarkeit nach § 95 Abs. 1 Nr. 8 i. V. m. § 56a Abs. 1 AMG. Liefert ein Tierarzt auf telefonische Bestellung verschreibungspflichtige Tierarzneimittel an einen Zuchtsau-, Legehennen- oder Schweinemastbetrieb, **ohne zuvor die Tiere untersucht und ohne eine Erkrankung festgestellt zu haben,** so verstößt er gegen § 56a Abs. 1 S. 1 Nr. 1 AMG und macht sich nach § 95 Abs. 1 Nr. 8 AMG strafbar (vgl. *BGH* NStZ 2004, 457 = JR 2004, 245 = wistra 2003, 424).

295   Lässt ein Tierarzt kortisonhaltige Tierarzneimittel, die **nicht zur Anwendung bei lebensmittelliefernden Tieren zugelassen** sind, **umetikettieren** und mit einem anderen Medikamentennamen versehen, um den **Wirkstoff zu verschleiern** und verkauft er diese anschließend an Tierhalter zur Behandlung lebensmittelliefernder Tiere, so verstößt er gegen § 56a Abs. 1 S. 1 Nr. 3 AMG und macht sich nach § 95 Abs. 1 Nr. 8 AMG strafbar (*BGH* a. a. O.).

296   Hat ein Tierarzt eine verschreibungspflichtige Tierarzneimittel-Lösung, die **nur für die orale Behandlung von Hühnern und Puten** zugelassen ist, in Injektionsflaschen umfüllen und als Injektions-Lösung umetikettieren lassen und dann diese Flaschen als Injektionslösung **an den Inhaber eines Schweinezuchtbetriebes** verkauft, so hat er nicht nur eine Urkundenfälschung begangen, sondern zugleich gegen § 56a Abs. 1 Nr. 3 AMG verstoßen und sich nach § 95 Abs. 1 Nr. 8 AMG strafbar gemacht (*BGH* a. a. O.).

297   **3. Täter.** Umstritten ist, ob neben dem **Tierarzt** auch sonstige Personen als Täter in Betracht kommen. Soweit dies bejaht wird, wird darauf abgestellt, dass der Tatbestand nicht nur die Verschreibung, sondern auch die Abgabe und Anwendung von Tierarzneimittel mit Bezug zur Lebensmittelgewinnung erfasse und deshalb in persönlicher Hinsicht umfassende Geltung beanspruche (so *Rehmann* § 95

AMG Rn. 18 a. E.). Dies erscheint indes mindestens zweifelhaft. Denn unabhängig davon, dass die Vorschrift des § 56a AMG die Verschreibung, Abgabe und Anwendung von Arzneimitteln *durch Tierärzte* regelt, sind Strafbarkeitslücken in Bezug auf die Abgabe und die Anwendung der betreffenden Arzneimittel nicht ersichtlich.

Die *Abgabe* verschreibungspflichtiger Arzneimittel, die zur Anwendung bei Tie- **298** ren bestimmt sind, die der Gewinnung von Lebensmitteln dienen, ist Gegenstand des Tatbestandes nach § *95 Abs. 1 Nr. 6 AMG* (vgl. oben Rn. 277); darüber hinaus ist die Abgabe verschreibungspflichtiger Arzneimittel Tathandlung nach *§ 95 Abs. 1 Nr. 4 AMG.* Die entgegen den Bestimmungen des § 58 Abs. 1 S. 1 AMG erfolgende *Anwendung* von verschreibungspflichtigen Arzneimitteln bei Tieren, die der Gewinnung von Lebensmitteln dienen, ist nach § *95 Abs. 1 Nr. 10 AMG* strafbewehrt. Der Tatbestand des § 95 Abs. 1 Nr. 8 AMG setzt daher im Ergebnis das verbotswidrige Handeln eines Tierarztes voraus.

Tierheilpraktiker können nicht mit Tierärzten gleichgesetzt werden. Sie haben **299** keine Dispensierrechte, nicht die Befugnisse nach § 13 Abs. 2 AMG und nach § 56a AMG (*OVG Münster*, Beschluss vom 3. 3. 1998 – 13 B 3026/97).

4. Rechtsfolgen. Zu beruflichen Konsequenzen vgl. § 96 AMG Rn. 346 ff. **300** Beziehungsgegenstände können nach Maßgabe des § 98 AMG eingezogen werden. Die Regelung des § 74a StGB ist nach § 98 S. 2 AMG anwendbar. Vgl. im Einzelnen § 98 Rn. 1 ff. sowie ergänzend die Kommentierung zu § 33 BtMG.

IX. Verbotener Erwerb verschreibungspflichtiger Tierarzneimittel (§ 95 Abs. 1 Nr. 9 AMG)

Den Straftatbestand des § 95 Abs. 1 Nr. 9 AMG erfüllt, wer Arzneimittel (vgl. **301** Vorbem. AMG Rn. 37 ff.), die nur auf Verschreibung (vgl. oben Rn. 186 ff.) an Verbraucher abgegeben werden dürfen, entgegen § 57 Abs. 1 AMG **erwirbt.** Für den Erwerb nicht verschreibungspflichtiger Arzneimittel, die zum Verkehr außerhalb der Apotheken nicht freigegeben sind, gilt § 97 Abs. 2 Nr. 22 AMG.

Nach der in Bezug genommenen Vorschrift des § 57 Abs. 1 S. 1 AMG darf ein **302** **Tierhalter** Arzneimittel, die zum Verkehr außerhalb der Apotheken nicht freigegeben sind, zur Anwendung bei Tieren nur in Apotheken, bei dem den Tierbestand behandelnden Tierarzt oder in den Fällen des § 56 Abs. 1 AMG (vgl. oben Rn. 278 ff.) bei Herstellern erwerben.

Andere Personen (die in § 47 Abs. 1 AMG nicht genannt sind – vgl. dazu **303** oben Rn. 246 ff.) dürfen solche Arzneimittel grundsätzlich nur in Apotheken erwerben (vgl. die Ausnahmetatbestände nach § 57 Abs. 1 S. 3 und S. 4 AMG).

Die §§ 57 Abs. 1, 95 Abs. 1 Nr. 9 AMG dienen der Überwachung des Verkehrs **304** mit Tierarzneimitteln und damit der Unterbindung des sog. Grauen Marktes. Die Einengung der Bezugswege soll zur Gewährleistung der Sicherheits- und Qualitätsstandards von Lebensmitteln tierischer Herkunft beitragen (*BayObLG* NStZ 1987, 179).

Ein **Erwerb** im Sinne des § 95 Abs. 1 Nr. 9 i. V. m. § 57 Abs. 1 AMG setzt vor- **305** aus, dass der Täter die **tatsächliche Verfügungsgewalt** über das Tierarzneimittel erlangt (*BayObLG* NStZ 1987, 179). Werden Tierarzneimittel unmittelbar am Tier angewandt, ist dies nicht mit einem Wechsel der Verfügungsgewalt verbunden (vgl. zur Anwendung bei anderen oben Rn. 54 ff.). Der Tatbestand ist bereits mit dem Erwerb von nur einer Dosis verschreibungspflichtiger Tierarzneimittel erfüllt.

Strafbar ist etwa der regelwidrige Erwerb **verschreibungspflichtiger Tier-** **306** **mastmittel** auf Hormonbasis. Zur Anwendung vgl. unten Rn. 312.

X. Verbotene Anwendung verschreibungspflichtiger Arzneimittel bei Tieren, die der Gewinnung von Lebensmitteln dienen (§ 95 Abs. 1 Nr. 10 AMG)

1. Regelungsgehalt und Zweck der Vorschrift. Nach § 95 Abs. 1 Nr. 10 **307** AMG wird bestraft, wer entgegen § 58 Abs. 1 S. 1 AMG verschreibungspflichtige (vgl. oben Rn. 186 ff.) Arzneimittel (Vorbem. AMG Rn. 37 ff.) bei Tieren **anwendet**, die der Gewinnung von Lebensmitteln dienen. Tierhalter und andere Personen, die nicht Tierärzte sind, dürfen verschreibungspflichtige Arzneimittel gem. § 57a AMG bei Tieren nur anwenden, soweit die Arzneimittel von dem Tierarzt verschrieben oder abgegeben worden sind, bei dem sich die Tiere in Behandlung befinden. Verstöße hiergegen sind nach § 97 Abs. 2 Nr. 22a AMG ordnungswidrig. Darüber hinaus bestimmt § 58 Abs. 1 S. 1 AMG, dass **Tierhalter und andere Personen** (die nicht Tierärzte sind; etwa Tierheilpraktiker) verschreibungspflichtige Arzneimittel bei Tieren, die der Gewinnung von Lebensmitteln dienen, nur nach einer **tierärztlichen Behandlungsanweisung für den betreffenden Fall** anwenden dürfen. Damit soll einerseits sichergestellt werden, dass Arzneimittel bei Tieren mit Bezug zur Lebensmittelgewinnung genau so angewendet werden, wie es der behandelnde Tierarzt im konkreten Fall angeordnet hat. Andererseits soll einer Anwendung verschreibungspflichtiger Arzneimittel bei Lebensmittel liefernden Tieren vorgebeugt werden, die allein auf einer Entscheidung des Tierhalters oder einer anderen Person (die nicht Tierarzt ist) beruht (vgl. *Kloesel/Cyran* § 58 AMG Nr. 1: „*Ohne Tierarzt keine Anwendung verschreibungspflichtiger Arzneimittel.*").

308   **2. Der Lebensmittelgewinnung dienende Tiere.** Die Frage, ob ein Tier der Gewinnung von Lebensmitteln dient, mag zuweilen schwierig zu beantworten sein. Dies betrifft etwa Pferde (vgl. § 3 Nr. 20 LFGB), die sowohl zu sportlichen Zwecken, als auch als Fleischlieferanten gezüchtet und gehalten werden (dazu ausführlich *Kloesel/Cyran* § 58 AMG Nr. 2). Insoweit soll es nicht auf die subjektiven Absichten des jeweiligen Tierhalters ankommen (*Kloesel/Cyran* § 58 AMG Nr. 2; *Rehmann* § 58 AMG Rn. 1); entscheidend ist vielmehr, ob die betreffenden Tiere ihrer Art nach geeignet sind, als Grundlage der Lebensmittelgewinnung zu dienen (*Kloesel/Cyran* a. a. O.; *Rehmann* a. a. O.).

309   **Lebensmittel tierischen Ursprungs** sind nach **§ 2 Abs. 1 Nr. 1 Tier-LMHV** (*Verordnung über Anforderungen an die Hygiene beim Herstellen, Behandeln und Inverkehrbringen von bestimmten Lebensmitteln tierischen Ursprungs* vom 8. 8. 2007 – BGBl. I S. 1828) Erzeugnisse tierischen Ursprungs im Sinne des **Anhangs I Nr. 8.1 Spiegelstrich 1 der Verordnung (EG) Nr. 853/2004** des Europäischen Parlaments und des Rates vom 29. 4. 2004 mit spezifischen Hygienevorschriften für Lebensmittel tierischen Ursprungs (ABl. L Nr. 139 S. 55, L Nr. 226 S. 22) in der geltenden Fassung.

310   Danach sind **„*Erzeugnisse tierischen Ursprungs*"**

– Lebensmittel tierischen Ursprungs, einschließlich Honig und Blut,
– zum menschlichen Verzehr bestimmte lebende Muscheln, lebende Stachelhäuter, lebende Manteltiere und lebende Meeresschnecken sowie
– sonstige Tiere, die lebend an den Endverbraucher geliefert werden und zu diesem Zweck entsprechend vorbereitet werden sollen.

311   Einen ersten Anhalt dafür, **welche Tiere der Lebensmittelgewinnung dienen**, gibt Anhang 1 der VO (EG) Nr. 853/2004. Hierzu zählen vor allem:

– Rinder (einschließlich Bubalus und Bison), Schweine, Schafe und Ziegen,
– Geflügel,
– Kaninchen, Hasen und Nagetiere,
– Zuchtlaufvögel, „Kleinwild", „Großwild",
– „Fischereierzeugnisse" (alle frei lebenden oder von Menschen gehaltenen Meerestiere oder Süßwassertiere),
– Muscheln, Frösche der Art *Rana* (Familie der Ranidae), Schnecken der Arten *Helix pomatia Linné*, *Helix aspersa Muller*, *Helix lucorum* sowie der Arten der Familie der Achatschnecken.

312   **3. Anwendung von Tiermastmitteln.** Die nach Maßgabe des § 58 Abs. 1 S. 1 AMG regelwidrige Anwendung **verschreibungspflichtiger Arzneimittel** auf Hormonbasis zum Zwecke der Tiermast unterfällt § 95 Abs. 1 Nr. 10 AMG,

soweit die Anwendung bei Tieren erfolgt, die der Gewinnung von Lebensmitteln dienen.

Freilich wird in diesen Fällen nur selten ein **benannter, besonders schwerer** 313 **Fall** im Sinne des § 95 Abs. 3 S. 2 Nr. 1 Buchst. a AMG (Gefährdung der Gesundheit einer großen Anzahl von Menschen) in Betracht kommen. Denn häufig ist nur das Fleisch in unmittelbarer Nähe zur Injektionsstelle gesundheitlich bedenklich. Es dürfte indessen eher unwahrscheinlich sein, dass eine größere Zahl von Menschen ausschließlich oder vorwiegend Fleisch verzehrt, das aus der belasteten Körperregion stammt. Die Eignung zur Gesundheitsschädigung solcher Hormonpräparate ist mithin insgesamt eher gering (vgl. *LG Münster*, Urteil vom 5. 7. 1991 – 9 KLs 44 Js 2031/88 (4)/89). Im Einzelfall werden allerdings auch in Bezug auf die Beantwortung dieser Frage vertiefte Ermittlungen zu führen sein.

XI. Verabreichung verbotener Stoffe an Tiere, die der Lebensmittelgewinnung dienen (§ 95 Abs. 1 Nr. 11 AMG)

1. Regelungsumfeld. Die Strafvorschrift ist aufgrund des *Fünfzehnten Gesetzes* 314 *zur Änderung des Arzneimittelgesetzes* vom 25. 5. 2011 (BGBl. I S. 946) mit Wirkung vom 31. 5. 2011 neu gefasst worden. Damit ist die bisherige Bezugnahme auf Art. 5 Abs. 2 der Verordnung (EWG) Nr. 2377/90 entfallen (vgl. BT-Drs. 17/4231 S. 12) und durch einen Verweis auf die Vorschrift des § 59d S. 1 Nr. 1 AMG ersetzt worden, der sich seinerseits auf die **Verordnung (EU) Nr. 37/ 2010** der Kommission vom 22. 12. 2009 über pharmakologisch wirksame Stoffe und ihre Einstufung hinsichtlich Rückstandshöchstmengen in Lebensmitteln tierischen Ursprungs (ABl. L Nr. 15 vom 20. 1. 2010 S. 1) bezieht:

BR-Drs. 582/10 S. 19: *„Ein Verabreichungsverbot für bestimmte pharmakologisch wirksame* 315 *Stoffe ergab sich bis zur Aufhebung der Verordnung (EWG) Nr. 2377/90 aus Artikel 5 Unterabsatz 2 dieser Verordnung, wonach die Verabreichung von in Anhang IV aufgeführten Stoffen an Lebensmittel liefernde Tiere verboten war. Anhang IV enthielt diejenigen Stoffe, für die keine Höchstmenge festgesetzt werden konnte, weil sie als in jeglicher Konzentration gesundheitsgefährdend bewertet worden waren. Ein entsprechendes Verabreichungsverbot ist in der Verordnung (EG) Nr. 470/2009 nicht mehr enthalten. Vielmehr besagt nunmehr Artikel 16 Absatz 1 der Verordnung (EG) Nr. 470/2009 lediglich, dass in der Gemeinschaft nur gemäß Artikel 14 Absatz 2 Buchstaben a, b oder c der genannten Verordnung eingestufte pharmakologisch wirksame Stoffe der Lebensmittelgewinnung dienenden Tieren unter Beachtung der arzneimittelrechtlichen Vorschriften der Richtlinie 2001/82/EG verabreicht werden dürfen. Damit sollen diejenigen Stoffe erfasst werden, die in der Verordnung (EU) Nr. 37/2010 im Anhang Tabelle 1 aufgeführt sind.*

Für die übrigen Stoffe, nämlich zum einen für die in Tabelle 2 des Anhangs der Verordnung (EU) Nr. 37/2010 aufgeführten (ausdrücklich) verbotenen Stoffe, die den ehemaligen Anhang IV-Stoffen entsprechen, und zum anderen aber auch für die Stoffe, die noch nicht bewertet und eingestuft und somit noch nicht in den Anhang der Verordnung (EU) Nr. 37/2010 aufgenommen worden sind, sieht § 59d Satz 1 (neu) jeweils ein Verabreichungsverbot vor (…).“

2. Verabreichungsverbot. Nach § 59d S. 1 Nr. 1 AMG dürfen die in **Tabel-** 316 **le 2 der Verordnung (EU) Nr. 37/2010** aufgeführten Stoffe nicht solchen Tieren verabreicht werden, die der Gewinnung von Lebensmitteln dienen.

a) Hintergrund der Regelung. Die Neufassung der Strafvorschrift war erfor- 317 derlich geworden, weil die **Verordnung (EWG) Nr. 2377/90** des Rates vom 26. Juni 1990 zur Schaffung eines Gemeinschaftsverfahrens für die Festsetzung von Höchstmengen für Tierarzneimittelrückstände in Nahrungsmitteln tierischen Ursprungs (ABl. L Nr. 24 vom 18. 8. 1990 S. 1) mit **Inkrafttreten der Verordnung (EG) Nr. 470/2009** des Europäischen Parlaments und des Rates vom 6. Mai 2009 über die Schaffung eines Gemeinschaftsverfahrens für die Festsetzung von Höchstmengen für Rückstände pharmakologisch wirksamer Stoffe in Lebensmitteln tierischen Ursprungs, zur Aufhebung der Verordnung (EWG) Nr. 2377/90 des Rates und zur Änderung der Richtlinie 2001/82/EG des Europäischen Parlaments und des Rates und der Verordnung (EG) Nr. 726/2004 des Europäischen Parlaments und des Rates am 6. 7. 2009 aufgehoben worden ist.

318   BR–Drs. 582/10 S. 21: *„Die bisherige Regelung in § 95 Absatz 1 Nummer 11 enthält eine Bewehrung des Verabreichungsverbotes in Artikel 5 Unterabsatz 2 der aufgehobenen Verordnung (EWG) Nr. 2377/90. Ein Verabreichungsverbot für pharmakologisch wirksame Stoffe ist nunmehr in § 59d Satz 1 (neu) vorgesehen, der – anders als das frühere Verabreichungsverbot – nicht nur die (ausdrücklich) verbotenen, sondern auch die noch nicht eingestuften Stoffe erfasst (siehe zu Nummer 20). Dementsprechend ist die Bewehrung neu zu fassen. Im Sinne der Verhältnismäßigkeit ist allerdings zu berücksichtigen, dass es sich bei den verbotenen Stoffen des Anhangs Tabelle 2 der Verordnung (EG) Nr. 37/2010, die vom bisherigen in § 95 Nummer 11 strafbewehrten Verabreichungsverbot erfasst waren, um solche Stoffe handelt, die im Rahmen ihrer Einstufung als gesundheitsschädlich bewertet wurden, während für die noch nicht eingestuften Stoffe noch keine derartige Bewertung hinsichtlich ihrer gesundheitlichen Bedenklichkeit vorliegt. Daher soll der in § 95 Absatz 1 vorgesehene Strafrahmen lediglich für den Fall der Verabreichung der verbotenen Stoffe vorgesehen werden. Die Strafbewehrung der Verabreichung nicht eingestufter Stoffe soll dagegen in § 96 erfolgen mit der Folge, dass der dort vorgesehene niedrigere Strafrahmen zur Anwendung kommt (…)“.*

319   **b) Verbotene Stoffe.** Die für die Strafvorschrift des § 95 Abs. 1 Nr. 11 AMG maßgeblichen Stoffe ergeben sich aus der **Tabelle 2 des Anhangs der Verordnung (EU) Nr. 37/2010** (zum Stoffbegriff vgl. Vorbem. AMG Rn. 42 ff.). Hierbei handelt es sich um die folgenden pharmakologisch wirksamen Stoffe:

| Tabelle 2: Verbotene Stoffe ||
Pharmakologisch wirksame(r) Stoff(e)	Rückstandshöchstmenge(n)
Aristolochia spp. und deren Zubereitungen	Rückstandshöchstmenge(n) kann (können) nicht bestimmt werden.
Chloramphenicol	Rückstandshöchstmenge(n) kann (können) nicht bestimmt werden.
Chloroform	Rückstandshöchstmenge(n) kann (können) nicht bestimmt werden.
Chlorpromazin	Rückstandshöchstmenge(n) kann (können) nicht bestimmt werden.
Colchicin	Rückstandshöchstmenge(n) kann (können) nicht bestimmt werden.
Dapson	Rückstandshöchstmenge(n) kann (können) nicht bestimmt werden.
Dimetridazol	Rückstandshöchstmenge(n) kann (können) nicht bestimmt werden.
Metronidazol	Rückstandshöchstmenge(n) kann (können) nicht bestimmt werden.
Nitrofurane (einschließlich Furazolidon)	Rückstandshöchstmenge(n) kann (können) nicht bestimmt werden.
Ronidazol	Rückstandshöchstmenge(n) kann (können) nicht bestimmt werden.

320   **c) Verabreichen.** Der Begriff der Verabreichung ist im AMG nicht definiert. Während die **Abgabe** die Übertragung der freien Verfügungsgewalt über ein Arzneimittel voraussetzt, ermöglicht die **Überlassung zum alsbaldigen Verbrauch** keine freie Verfügungsgewalt, sondern lediglich den kontrollierten Konsum. Die **Verabreichung** stellt eine Form der Anwendung von Arzneimitteln dar, also das Einführen in den Körper eines anderen durch **Einflößen**, **Injektion**, **Inhalation**, **Infusion**, **Einreiben** oder **Einschieben**.

3. Ausnahmen vom Verabreichungsverbot. Die Regelung des § 59 d S. 2 **321** AMG sieht für die nachfolgend genannten Fälle Ausnahmen vom generellen Verabreichungsverbot vor:

BR-Drs. 582/10 S. 19 f.: *„Nach § 59 d Satz 2 (neu) gilt das Verbot des Satzes 1 nicht für* **322** *die Verabreichung pharmakologisch wirksamer Stoffe im Rahmen klinischer Prüfungen unter den in Artikel 16 Absatz 2 der Verordnung (EG) Nr. 470/2009 genannten Bedingungen. Für die nachgelagerte Frage, ob von Tieren, denen pharmakologisch wirksame Stoffe im Rahmen klinischer Prüfungen verabreicht wurden, tatsächlich Lebensmittel gewonnen werden dürfen, ist unter anderem § 59 Absatz 2 zu beachten. § 59 d Satz 2 (neu) sieht darüber hinaus zwei Ausnahmen von Satz 1 für folgende Fälle vor: es handelt sich um Stoffe, die in der VO (EU) Nr. 1950/2006 als für die Behandlung von Equiden wesentliche Stoffe aufgeführt sind (…); oder die Verabreichung erfolgt dadurch, dass die betroffenen pharmakologisch wirksamen Stoffe als Futtermittelzusatzstoffe bzw. als deren Bestandteile zugelassen sind und Futtermittel verabreicht werden, die diese zugelassenen Futtermittelzusatzstoffe enthalten."*

4. Ergänzende Regelungen. Ergänzend ist die Strafvorschrift des § 96 **323** Nr. 18 a AMG zu beachten, die sich auf die Verabreichung der nach Maßgabe der Verordnung (EU) Nr. 37/2010 nicht eingestuften Stoffe bezieht.

C. Subjektiver Tatbestand

Nicht nur **vorsätzliches**, sondern auch **fahrlässiges** Verhalten ist strafbar. Han- **324** delt der Täter fahrlässig, sieht § 95 Abs. 4 AMG Freiheitsstrafe bis zu einem Jahr oder Geldstrafe vor.

Vorsatz setzt nach der allgemein gebräuchlichen – freilich unpräzisen (vgl. **325** *Lackner/Kühl* § 15 StGB Rn. 3 m. w. N.; vgl. auch MK-StGB/*Freund* § 95 AMG Rn. 2 ff.) – Kurzformel **Wissen und Wollen der Tatbestandsverwirklichung** voraus. Für das Wissenselement des Vorsatzes (das das Verhalten prägende Vorstellungsbild) ist freilich nicht erforderlich, dass der Täter sein Handeln juristisch exakt einem der Straftatbestände des § 95 AMG zuordnet. Es genügt vielmehr, dass er die Tatsachen kennt, die den einschlägigen Rechtsbegriffen zugrunde liegen und (bei normativen Tatbestandsmerkmalen) ausgehend hiervon den rechtlichsozialen Bedeutungsgehalt seiner Handlung in der Laiensphäre zutreffend nachvollzieht.

D. Versuch

Der Versuch ist nach § 95 Abs. 2 AMG strafbar. Die Beantwortung der Frage **326** nach dem **Versuchsbeginn** lässt sich für die in § 95 Abs. 1 enthaltenen Straftatbestände nicht in allgemein gültiger Form beantworten. Erforderlich ist stets eine genaue Analyse der einschlägigen Tatbestandsmerkmale. Dies gilt insbesondere für die in § 4 AMG definierten Begriffe des **Herstellens** (§ 4 Abs. 14 AMG) und des **Inverkehrbringens** (§ 4 Abs. 17 AMG), weil sie zum Teil Verhaltensweisen umfassen, die über den Inhalt der umgangssprachlichen Bedeutung dieser Begriffe jedenfalls deutlich hinausgehen und so die Strafbarkeit ohnehin weit in das Vorfeld akuter Gefährdungssachverhalte hinein verlagern.

Zur **Milderungsmöglichkeit** nach § 23 Abs. 2 i. V. m. § 49 Abs. 1 StGB wird **327** auf die einschlägige Kommentarliteratur verwiesen. Zu beachten ist, dass die Regelwirkung für besonders schwere Fälle nach § 95 Abs. 3 S. 2 AMG durch den geringeren Unrechtsgehalt der (lediglich) versuchten Tat im Einzelfall entkräftet werden kann (vgl. nur *Fischer* § 46 Rn. 103; vgl. auch Kindhäuser/Neumann/Paeffgen/*Streng* § 46 StGB Rn. 9 ff.).

E. Rechtsfolgen

I. Strafrahmen nach Abs. 1

Für Rechtsverstöße nach § 95 Abs. 1 AMG sieht das Gesetz einen Strafrahmen **328** vor, der von Geldstrafe bis **Freiheitsstrafe bis zu drei Jahren** reicht.

II. Besonders schwere Fälle

329   In besonders schweren Fällen ist die Strafe **Freiheitsstrafe von einem Jahr bis zu zehn Jahren**, § 95 Abs. 3 S. 1 AMG. Die Regelung des § 95 Abs. 3 AMG enthält keine qualifizierten Tatbestände, sondern **Regelbeispiele**, die die Anwendung des erhöhten Strafrahmens nahe legen. Die Erfüllung eines Regelbeispiels führt dabei „in der Regel" zur Anwendung des verschärften Strafrahmens; in diesen Fällen besteht eine **widerlegbare** Vermutung dafür, dass der Rechtsverstoß als besonders schwer einzustufen ist.

330   Daneben sind sog. **unbenannte besonders schwere Fälle** denkbar, die ausnahmsweise die Anwendung des erhöhten Strafrahmens begründen können, sofern eine Gesamtwürdigung der strafzumessungsrechtlich relevanten Umstände ergibt, dass die Tat nach ihrem Unwertgehalt einem gesetzlich geregelten besonders schweren Fall gleichkommt. Dabei ist freilich darauf zu achten, dass die der Regelung des § 95 Abs. 3 AMG zugrunde liegenden gesetzlichen Wertungen nicht durch die Annahme unbenannter besonders schwerer Fälle überspielt werden dürfen. Sind die Voraussetzungen eines Regelbeispiels nach § 95 Abs. 3 AMG nicht erfüllt, kommt die Annahme eines (unbenannten) besonders schweren Falles nur dann in Betracht, wenn die Tat am Maßstab von Unrecht und Schuld einem Regelfall entspricht. Für die Annahme eines solchen Falles kommt es darauf an, ob das gesamte Tatbild einschließlich aller subjektiven Momente und der Täterpersönlichkeit vom Durchschnitt der erfahrungsgemäß gewöhnlich vorkommenden Fälle in einer Weise abweicht, die die Anwendung des Ausnahmestrafrahmens gebietet (BGHSt. 29, 319 = NJW 1981, 692 = LMRR 1980, 34).

331   Die indizielle Wirkung der Regelbeispiele kann entfallen, wenn erhebliche (insbesondere vertypte) **Milderungsgründe** vorliegen (vgl. *BGH* NStZ-RR 2003, 297 = wistra 2003, 297) und die Anwendung des verschärften Strafrahmens auf der Basis einer Gesamtwürdigung der Tatumstände als unangemessen erscheint (*BGH* NStZ 2004, 265). Vgl. dazu im Einzelnen Kindhäuser/Neumann/Paeffgen/*Streng* § 46 StGB Rn. 9 ff.

332   **1. Benannte besonders schwere Fälle.** Die Vorschrift des § 95 Abs. 3 S. 2 AMG enthält (allgemeine) besonders schweren Rechtsverstöße nach § 95 Abs. 1 AMG (Nr. 1 Buchst. a bis c) und solche Fälle, die sich auf die Tatbestände nach § 95 Abs. 1 Nr. 2a und Nr. 3a AMG beziehen (Nr. 2 und Nr. 3).

333   **a) Gefährdung der Gesundheit einer großen Zahl von Menschen.** Ein besonders schwerer Fall liegt in der Regel vor, wenn der Täter durch die Tat die Gesundheit einer großen Zahl von Menschen gefährdet. Die Gefährdung eines einzelnen Verbrauchers genügt nicht; freilich kann ein besonders schwerer Fall nach Abs. 3 Nr. 1 Buchst. b vorliegen.

334   Was unter einer **„großen Zahl von Menschen"** im Einzelnen zu verstehen ist, ist umstritten. Das Gesetz verwendet diesen Begriff bspw. in § 330 StGB. Konsensfähig dürfte insoweit sein, dass eine Zahl von Individuen erforderlich ist, die über das hinausgeht, was das Gesetz unter „viele Personen" im Sinne des § 283a StGB versteht (vgl. dazu *Fischer* § 283a Rn. 3, 4 [mindestens 10]). Auf der anderen Seite dürfte der Begriff jedenfalls enger sein, als der der „unübersehbaren Zahl von Menschen" im Sinne des § 309 Abs. 2 StGB (vgl. *Fischer* § 309 Rn. 7 [eine so große Zahl, dass sie für einen objektiven Beobachter nicht ohne weiteres übersehbar ist]). Die Schwelle zur „großen Zahl von Menschen" dürfte ab **20 Personen** (so *Fischer* § 330 Rn. 8; vgl. auch *Lackner/Kühl* § 330 Rn. 6; sowie Sch/Sch/*Heine* § 330 Rn. 9a), spätestens jedoch ab **100 Personen** (*LG Nürnberg-Fürth*, Urteil vom 22. 12. 2008 – 7 KLs 352 Js 22486/06 = BeckRS 2009, 10311 sowie Erbs/Kohlhaas/*Pelchen/Anders* § 95 AMG Rn. 47 [mindestens dreistellige Zahl]; offen gelassen von *BGH* NStZ 1987, 514) überschritten sein.

335   Der Eintritt eines gesundheitlichen Schadens wird nicht vorausgesetzt; auf eine Realisierung der Gefahr kommt es nicht an. Erforderlich ist vielmehr lediglich, dass die Möglichkeit eines Schadens für die menschliche Gesundheit so wahrscheinlich ist, dass die **Verletzung in bedrohliche Nähe rückt** und der Schadenseintritt nur noch vom Zufall abhängt (vgl. *BGH* NStZ 1987, 514). Dies kann schon dann der Fall sein, wenn bedenkliche Arzneimittel zwar noch nicht beim Endverbraucher angekommen, jedoch bereits zu den Ausgabestellen gelangt sind.

Wer in großen Mengen und über einen langen Zeitraum hinweg den Vertrieb **336** von verschreibungspflichtigen Tierarzneimitteln an eine Vielzahl von Landwirten bewirkt, die sie beziehen, um sie ohne tierärztliche Überwachung bei ihren der Lebensmittelgewinnung dienenden Tieren anzuwenden, gefährdet die Gesundheit einer großen Zahl von Menschen im Sinne des § 95 Abs. 3 Nr. 1 AMG, ohne dass es in derartigen **Evidenzfällen** konkreter Feststellungen dazu bedürfte, welche Tiere vor Ablauf der Karenzzeit geschlachtet und welche Mengen von Arzneimittelrückständen im Fleisch geschlachteter Tiere vorhanden waren (*BGH* NStZ 1987, 514). Zum besonders schweren Fall nach § 95 Abs. 3 S. 2 Nr. 1 Buchst. a im Falle der Verabreichung hormonbasierter Tiermastmittel vgl. oben Rn. 312 f.

Die **Schwere des drohenden Schadens** ist für die konkrete Strafzumessung **337** innerhalb des aus § 95 Abs. 3 S. 1 AMG entnommenen Strafrahmens von Belang.

b) Todes- oder schwere Gesundheitsgefahr. Ein besonders schwerer Fall **338** nach § 95 Abs. 3 S. 2 Nr. 1 Buchst. b AMG liegt vor, wenn der Täter einen anderen durch die Tat nach § 95 Abs. 1 AMG der Gefahr des Todes oder einer schweren Schädigung an Körper oder Gesundheit aussetzt.

Erforderlich ist – wie bei § 113 Abs. 2 S. 2 Nr. 2 StGB und § 125 a S. 2 Nr. 3 **339** StGB (vgl. *LG Nürnberg-Fürth*, Urteil vom 22. 12. 2008 – 7 KLs 352 Js 22486/06 = BeckRS 2009, 10311) – die **konkrete Gefahr** des Todes oder einer schweren Gesundheitsschädigung im Sinne des § 225 Abs. 3 Nr. 1 StGB. Erfasst sind solche Schädigungen, die den Folgen nach § 226 Abs. 1 StGB nahe kommen (*Fischer* § 225 Rn. 18). Es genügt die Gefahr, dass die Gesundheit des Betroffenen ernstlich, einschneidend oder nachhaltig beeinträchtigt ist (zu § 225 Abs. 3 Nr. 1 Alt. 2 StGB – *BGH* NStZ-RR 2007, 304 = StV 2007, 635).

Die Regelwirkung *kann* entfallen, wenn der Täter ernsthaft versucht, die Gefahr **340** durch Aufklärungsmaßnahmen oder Warnung der betreffenden Verbraucherkreise und Konsumenten zu verringern oder nachträglich auszuschließen.

c) Vermögensvorteile großen Ausmaßes. Ein besonders schwerer Fall liegt **341** in der Regel auch dann vor, wenn der Täter durch die Tat aus grobem Eigennutz für sich oder einen anderen Vermögensvorteile großen Ausmaßes erlangt.

Ein Vermögensvorteil dürfte jedenfalls dann nicht von „großem Ausmaß" sein, wenn er die Wertgrenze von **50.000 EUR** nicht erreicht (*BGH* NStZ 2004, 155 = NJW 2004, 169; offen gelassen noch von *BGH* NStZ-RR 2002, 50 = NJW 2001, 2485 = StV 2002, 144; vgl. dazu auch *Fischer* § 263 Rn. 215).

Der Vermögensvorteil „großen Ausmaßes" muss tatsächlich beim Täter oder einem **342** anderen angekommen sein („erlangt"; vgl. zu § 263 Abs. 3 Nr. 2, 266 Abs. 2 StGB – *BGH* NStZ-RR 2007, 269 = wistra 2007, 306).

Der Vermögensvorteil muss dem Täter oder dem Dritten aus grobem Eigennutz **343** zugeflossen sein. **Grober Eigennutz** setzt ein deutlich über das noch vertretbaren kaufmännischen Maß siedelndes Gewinnstreben voraus, das freilich noch nicht den Grad der „Gewinnsucht" erreichen muss (*LG Nürnberg-Fürth*, Urteil vom 22. 12. 2008 – 7 KLs 352 Js 22486/06 = BeckRS 2009, 10311; Erbs/Kohlhaas/ *Pelchen/Anders* § 95 AMG Rn. 49). Es genügt, wenn sich der Täter von seinem Vorteilsstreben **in besonders anstößiger Weise** leiten lässt (*BGH* wistra 1991, 106 = BeckRS 1990, 31084951); **Skrupellosigkeit** ist nicht erforderlich (Kindhäuser/Neumann/Paeffgen/*Hellmann* § 264 StGB Rn. 136).

Grober Eigennutz dürfte regelmäßig ausscheiden, wenn der Täter primär die **344** **Rettung seines Unternehmens** oder die **Sicherung von Arbeitsplätzen** im Auge hat (vgl. Sch/Sch/*Perron* § 264 StGB Rn. 75).

d) Besonders schwere Fälle des Abs. 1 Nr. 2 a. Neben die allgemeinen be- **345** sonders schweren Fälle nach § 95 Abs. 3 S. 2 Nr. 1 AMG treten in den Fällen des

§ 95 Abs. 1 Nr. 2 a AMG (Inverkehrbringen, Verschreiben und Anwenden von Arzneimitteln zu Dopingzwecken im Sport, vgl. dazu oben Rn. 83 ff.) die Regelbeispiele nach § 95 Abs. 3 S. 2 Nr. 2 AMG.

346   Ein besonders schwerer Fall liegt danach insbesondere dann vor, wenn der Täter **Arzneimittel zu Dopingzwecken** im Sport **an Personen unter 18 Jahren abgibt**. Die Regelung trägt der besonderen Schutzbedürftigkeit von Minderjährigen Rechnung. Gerade hier wird deutlich, wie verwerflich die Abgabe von Dopingmitteln ist, selbst wenn sie kostenlos erfolgen mag. Den betroffenen Jugendlichen ist oft nicht hinreichend bewusst, welche gesundheitlichen Gefahren mit der Einnahme von anabolen Steroiden, Wachstumshormonen und ähnlichen Substanzen verbunden sind.

347   Ein besonders schwerer Fall im Zusammenhang mit dem Inverkehrbringen, Verschreiben oder Anwenden von Arzneimitteln zu Dopingzwecken im Sport kann darüber hinaus auch dann vorliegen, wenn der Täter **gewerbsmäßig** oder **als Mitglied einer Bande** handelt, die sich zur fortgesetzten Begehung von Taten nach § 95 Abs. 1 Nr. 2 a AMG verbunden hat, § 95 Abs. 3 S. 2 Nr. 2 Buchst. b AMG. Zur Gewerbsmäßigkeit vgl. die Kommentierung zu § 29 Abs. 3 S. 2 Nr. 1 und § 30 Abs. 1 Nr. 2 BtMG; zur bandenmäßigen Tatbegehung vgl. § 30 Abs. 1 Nr. 1 BtMG.

348   **e) Besonders schwere Fälle des Abs. 1 Nr. 3 a.** Stellt der Täter in den Fällen des § 95 Abs. 1 Nr. 3 a AMG (vgl. dazu oben Rn. 167 ff.) gefälschte Arzneimittel oder Wirkstoffe her oder bringt diese in den Verkehr und handelt er dabei **gewerbsmäßig** oder **als Mitglied einer Bande**, die sich zur fortgesetzten Begehung solcher Taten verbunden hat, liegt in der Regel die Anwendung des erhöhten Strafrahmens nahe, § 95 Abs. 3 S. 2 Nr. 3 AMG. Wegen der Einzelheiten wird auf die Kommentierung zu § 29 Abs. 3 S. 2 Nr. 1 und § 30 Abs. 1 Nr. 2 BtMG sowie zu § 30 Abs. 1 Nr. 1 BtMG verwiesen.

349   **2. Unbenannte besonders schwere Fälle.** Vgl. oben Rn. 330. Die Annahme eines unbenannten besonders schweren Falles des § 95 Abs. 1 AMG kommt in Betracht, wenn das gesamte Tatbild einschließlich aller subjektiven Momente und der Täterpersönlichkeit vom Durchschnitt der erfahrungsgemäß gewöhnlich vorkommenden Fälle in einer Weise abweicht, die die Anwendung des erhöhten Strafrahmens nach § 95 Abs. 3 S. 1 AMG gebietet (vgl. BGHSt. 29, 319 = NJW 1981, 692 = LMRR 1980, 34).

350   Der außergewöhnliche Unwertgehalt einer Tat kann sich dabei bspw. aus der Menge der Arzneimittel ergeben, mit denen der Täter in verbotswidriger Weise umgeht. Weil für die Annahme eines besonders schweren Falles die gesetzlichen Wertungen des Grundtatbestandes allerdings nicht übergangen werden dürfen, kann das Überschreiten der **nicht geringen Menge** in den Fällen des § 95 Abs. 1 Nr. 2 b AMG (*Besitz von Arzneimitteln oder Wirkstoffen in nicht geringer Menge zu Dopingzwecken im Sport*, vgl. dazu oben Rn. 115 ff.) für sich genommen den Strafrahmen des § 95 Abs. 3 S. 1 AMG nicht eröffnen. Anderes mag gelten, wenn die nicht geringe Menge in einem außergewöhnlich hohen Maße überschritten wird und auch die übrigen Tatumstände für die Anwendung des Ausnahmestrafrahmens streiten.

351   Auch die **bandenmäßige** Begehung von Straftaten nach § 95 Abs. 1 AMG kann die Anwendung des Sonderstrafrahmens rechtfertigen. Dabei ist allerdings zu beachten, dass der Gesetzgeber das bandenmäßige Handeln vor allem in den Fällen des § 95 Abs. 1 Nr. 2 a und Nr. 3 a AMG als besonders strafwürdig eingestuft hat (§ 95 Abs. 3 S. 2 Nr. 2 Buchst. b und Nr. 3 AMG). Ausgehend hiervon bedarf es für die übrigen Tatbestände des § 95 Abs. 1 AMG einer besonders sorgfältigen Prüfung, ob die Anbindung des Täters an eine Bandenstruktur die Anwendung des Ausnahmestrafrahmens gebietet.

352   Schließlich kann auch für besonders **gewalttätiges** Vorgehen oder im Falle der **Verwendung von Waffen** der Ausnahmestrafrahmen des § 95 Abs. 3 S. 1 AMG eröffnet sein.

III. Sonstige Rechtsfolgen

Zum **Berufsverbot** und zum **Widerruf der Apothekenbetriebserlaubnis** 353
sowie der Approbation als Apotheker vgl. § 96 Rn. 346 ff.

Beziehungsgegenstände können nach Maßgabe des § 98 AMG eingezogen 354
werden. Die Regelung des § 74 a StGB ist nach § 98 S. 2 AMG anwendbar. Vgl.
im Einzelnen § 98 Rn. 1 ff. sowie ergänzend die Kommentierung zu § 33 BtMG.

Handelt der Täter in den Fällen des § 95 Abs. 1 Nr. 2 a AMG, bei der Herstellung 355
oder beim Inverkehrbringen gefälschter Arzneimittel nach § 95 Abs. 1 Nr. 3 a
i. V. m. § 8 Abs. 1 Nr. 1 a AMG gewerbsmäßig oder als Mitglied einer Bande, die
sich zur fortgesetzten Begehung solcher Taten verbunden hat, ist nach Maßgabe des
§ 98 a AMG die Regelung des § 73 d StGB (**erweiterter Verfall**) anzuwenden.

Strafvorschriften

96 Mit Freiheitsstrafe bis zu einem Jahr oder mit Geldstrafe wird bestraft, wer

1. entgegen § 4 b Absatz 3 Satz 1 ein Arzneimittel abgibt,
2. einer Rechtsverordnung nach § 6, die die Verwendung bestimmter Stoffe, Zubereitungen aus Stoffen oder Gegenständen bei der Herstellung von Arzneimitteln vorschreibt, beschränkt oder verbietet, zuwiderhandelt, soweit sie für einen bestimmten Tatbestand auf diese Strafvorschrift verweist,
3. entgegen § 8 Abs. 1 Nr. 2, auch in Verbindung mit § 73 a, Arzneimittel oder Wirkstoffe herstellt oder in den Verkehr bringt,
4. ohne Erlaubnis nach § 13 Absatz 1 Satz 1 oder § 72 Absatz 1 Satz 1 ein Arzneimittel, einen Wirkstoff oder einen dort genannten Stoff herstellt oder einführt,
4 a. ohne Erlaubnis nach § 20 b Abs. 1 Satz 1 oder Abs. 2 Satz 7 Gewebe gewinnt oder Laboruntersuchungen durchführt oder ohne Erlaubnis nach § 20 c Abs. 1 Satz 1 Gewebe oder Gewebezubereitungen be- oder verarbeitet, konserviert, lagert oder in den Verkehr bringt,
5. entgegen § 21 Abs. 1 Fertigarzneimittel oder Arzneimittel, die zur Anwendung bei Tieren bestimmt sind, oder in einer Rechtsverordnung nach § 35 Abs. 1 Nr. 2 oder § 60 Abs. 3 bezeichnete Arzneimittel ohne Zulassung oder ohne Genehmigung der Kommission der Europäischen Gemeinschaften oder des Rates der Europäischen Union in den Verkehr bringt,
5 a. ohne Genehmigung nach § 21 a Abs. 1 Satz 1 Gewebezubereitungen in den Verkehr bringt,
6. eine nach § 22 Abs. 1 Nr. 3, 5 bis 9, 11, 12, 14 oder 15, Abs. 3 b oder 3 c Satz 1 oder § 23 Abs. 2 Satz 2 oder 3 erforderliche Angabe nicht vollständig oder nicht richtig macht oder eine nach § 22 Abs. 2 oder 3, § 23 Abs. 1, Abs. 2 Satz 2 oder 3, Abs. 3, auch in Verbindung mit § 38 Abs. 2, erforderliche Unterlage oder durch vollziehbare Anordnung nach § 28 Abs. 3, 3 a oder 3 c Satz 1 Nr. 2 geforderte Unterlage nicht vollständig oder mit nicht richtigem Inhalt vorlegt,
7. entgegen § 30 Abs. 4 Satz 1 Nr. 1, auch in Verbindung mit einer Rechtsverordnung nach § 35 Abs. 1 Nr. 2, ein Arzneimittel in den Verkehr bringt,
8. entgegen § 32 Abs. 1 Satz 1, auch in Verbindung mit einer Rechtsverordnung nach § 35 Abs. 1 Nr. 3, eine Charge ohne Freigabe in den Verkehr bringt,
9. entgegen § 38 Abs. 1 Satz 1 oder § 39 a Satz 1 Fertigarzneimittel als homöopathische oder als traditionelle pflanzliche Arzneimittel ohne Registrierung in den Verkehr bringt,

10. entgegen § 40 Abs. 1 Satz 3 Nr. 2, 2a Buchstabe a, Nr. 3, 4, 5, 6 oder 8, jeweils auch in Verbindung mit Abs. 4 oder § 41 die klinische Prüfung eines Arzneimittels durchführt,

11. entgegen § 40 Abs. 1 Satz 2 die klinische Prüfung eines Arzneimittels beginnt,

12. entgegen § 47a Abs. 1 Satz 1 ein dort bezeichnetes Arzneimittel ohne Verschreibung abgibt, wenn die Tat nicht nach § 95 Abs. 1 Nr. 5a mit Strafe bedroht ist,

13. entgegen § 48 Abs. 1 Satz 1 Nr. 1 in Verbindung mit einer Rechtsverordnung nach § 48 Abs. 2 Nr. 1 oder 2 Arzneimittel abgibt, wenn die Tat nicht in § 95 Abs. 1 Nr. 6 mit Strafe bedroht ist,

14. ohne Erlaubnis nach § 52a Abs. 1 Satz 1 Großhandel betreibt,

15. entgegen § 56a Abs. 4 Arzneimittel verschreibt oder abgibt,

16. entgegen § 57 Abs. 1a Satz 1 in Verbindung mit einer Rechtsverordnung nach § 56a Abs. 3 Satz 1 Nr. 2 ein dort bezeichnetes Arzneimittel in Besitz hat,

17. entgegen § 59 Abs. 2 Satz 1 Lebensmittel gewinnt,

18. entgegen § 59a Abs. 1 oder 2 Stoffe oder Zubereitungen aus Stoffen erwirbt, anbietet, lagert, verpackt, mit sich führt oder in den Verkehr bringt,

18a. entgegen § 59d Satz 1 Nummer 2 einen Stoff einem dort genannten Tier verabreicht,

18b. entgegen § 72a Absatz 1 Satz 1, auch in Verbindung mit Absatz 1b oder Absatz 1d, oder entgegen § 72a Absatz 1c ein Arzneimittel, einen Wirkstoff oder einen in den genannten Absätzen anderen Stoff einführt,

18c. ohne Erlaubnis nach § 72b Abs. 1 Satz 1 Gewebe oder Gewebezubereitungen einführt,

18d. entgegen § 72b Abs. 2 Satz 1 Gewebe oder Gewebezubereitungen einführt,

18e. entgegen § 73 Absatz 1b Satz 1 ein gefälschtes Arzneimittel oder einen gefälschten Wirkstoff in den Geltungsbereich dieses Gesetzes verbringt,

19. ein zum Gebrauch bei Menschen bestimmtes Arzneimittel in den Verkehr bringt, obwohl die nach § 94 erforderliche Haftpflichtversicherung oder Freistellungs- oder Gewährleistungsverpflichtung nicht oder nicht mehr besteht oder

20. gegen die Verordnung (EG) Nr. 726/2004 des Europäischen Parlaments und des Rates vom 31. März 2004 zur Festlegung von Gemeinschaftsverfahren für die Genehmigung und Überwachung von Human- und Tierarzneimitteln und zur Errichtung einer Europäischen Arzneimittel-Agentur (ABl. EU Nr. L 136 S. 1) verstößt, indem er

a) entgegen Artikel 6 Abs. 1 Satz 1 der Verordnung in Verbindung mit Artikel 8 Abs. 3 Unterabsatz 1 Buchstabe c bis e, h bis ia oder ib der Richtlinie 2001/83/EG des Europäischen Parlaments und des Rates vom 6. November 2001 zur Schaffung eines Gemeinschaftskodexes für Humanarzneimittel (ABl. EG Nr. L 311 S. 67), zuletzt geändert durch die Richtlinie 2004/27/EG des Europäischen Parlaments und des Rates vom 31. März 2004 (ABl. EU Nr. L 136 S. 34), eine Angabe oder eine Unterlage nicht richtig oder nicht vollständig beifügt oder

b) entgegen Artikel 31 Abs. 1 Satz 1 der Verordnung in Verbindung mit Artikel 12 Abs. 3 Unterabsatz 1 Buchstabe c bis e, h bis j oder k der Richtlinie 2001/82/EG des Europäischen Parlaments und des Rates vom 6. November 2001 zur Schaffung eines Gemeinschaftskodexes für Tierarzneimittel (ABl. EG Nr. L 311 S. 1), geändert durch die Richtlinie 2004/28/EG des Europäischen Parlaments und des Rates vom 31. März 2004 (ABl. EU Nr. L 136 S. 58), eine Angabe nicht richtig oder nicht vollständig beifügt.

Übersicht

A. Grundlagen

1   Die Regelung des § 96 AMG enthält Straftatbestände, die – in Ergänzung zu den in § 95 AMG geregelten besonders schweren Verstößen gegen arzneimittelrechtliche Vorschriften, die die Gesundheit in erhöhtem Maße gefährden – der Vermeidung weiterer gesundheitlicher Risiken dienen. Zum **Arzneimittelbegriff** ausführlich Vorbem. AMG Rn. 37 ff.

2   Nach § 96 AMG strafbar sind nur **vorsätzliche Rechtsverstöße**; fahrlässige Handlungen sind Ordnungswidrigkeiten nach § 97 Abs. 1 AMG.

3   Die **versuchte Tatbegehung** ist – anders als nach der Regelung des § 95 Abs. 2 AMG – nicht mit Strafe bedroht.

B. Objektive Tatbestände

I. Abgabe von Arzneimitteln entgegen § 4 b Abs. 3 S. 1 AMG (§ 96 Nr. 1 AMG)

4   Die Regelung des § 4 b AMG ist mit Gesetz vom 17. 7. 2009 (Gesetz zur Änderung arzneimittelrechtlicher und anderer Vorschriften; BGBl. I S. 1990) mit Wirkung vom 23. 7. 2009 eingeführt und durch Gesetz vom 22. 12. 2010 (Arzneimittelmarktneuordnungsgesetz – AMNOG; BGBl. I S. 2262) mit Wirkung vom 1. 1. 2011 geändert worden. Vgl. dazu etwa *Straßburger/Meilicke/Cichutek* MedR 2010, 835.

5   **1. Regelungsumfeld.** Die Vorschrift betrifft Arzneimittel für neuartige Therapien, die im Geltungsbereich des Arzneimittelgesetzes als individuelle Zubereitung für einen einzelnen Patienten ärztlich verschrieben, nach spezifischen Qualitätsnormen nicht routinemäßig hergestellt und in einer spezialisierten Einrichtung der Krankenversorgung unter der fachlichen Verantwortung eines Arztes angewendet werden (§ 4 b Abs. 1 S. 1 AMG). **Arzneimittel für neuartige Therapien (Advanced Therapy Medicinal Products – ATMP)** sind nach § 4 Abs. 9 AMG Gentherapeutika, somatische Zelltherapeutika oder biotechnologisch bearbeitete Gewebeprodukte nach Art. 2 Abs. 1 Buchst. a der Verordnung (EG) Nr. 1394/ 2007 des Europäischen Parlaments und des Rates vom 13. 11. 2007 über Arzneimittel für neuartige Therapien und zur Änderung der Richtlinie 2001/83/EG und der Verordnung (EG) Nr. 726/2004 (ABl. L 324 vom 10. 12. 2007, S. 121). Die in § 4 b Abs. 1 S. 1 aufgeführten Zubereitungen fallen aus dem Anwendungsbereich der Verordnung (EG) Nr. 1394/2007 heraus (BT-Drs. 16/12256 S. 43).

2. Nicht routinemäßige Herstellung. Nach § 4 b Abs. 2 AMG sind Arznei- 6
mittel in diesem Sinne „nicht routinemäßig hergestellt", wenn sie entweder (1) in
geringem Umfang hergestellt werden und bei denen auf der Grundlage einer routinemäßigen Herstellung Abweichungen im Verfahren vorgenommen werden, die
für einen einzelnen Patienten medizinisch begründet sind oder (2) noch nicht in
ausreichender Anzahl hergestellt worden sind, so dass die notwendigen Erkenntnisse für ihre umfassende Beurteilung noch nicht vorliegen.

3. Genehmigungspflicht. Arzneimittel für neuartige Therapien sind – unab- 7
hängig von (aber auch gerade wegen) einer ggf. nicht routinemäßigen Herstellung
– technisch höchst anspruchsvolle Erzeugnisse und bedürfen daher zur Gewährleistung der Arzneimittelsicherheit und zur Wahrung hinreichender Produktqualität
einer besonderen Kontrolle und Überwachung (BT-Drs. 16/12256 S. 43). Ausgehend hiervon dürfen die in § 4 b Abs. 1 AMG aufgeführten Arzneimittel für neuartige Therapien gem. § 4 b Abs. 3 S. 1 AMG nur dann an andere abgegeben werden, wenn sie durch die zuständige Bundesoberbehörde (§ 77 Abs. 1, Abs. 2
AMG; Paul-Ehrlich-Institut) genehmigt worden sind.

4. Abgabe an andere. Abgabe ist dabei die Verschaffung der tatsächlichen Ver- 8
fügungsgewalt, ohne dass es auf das Vorliegen der Absicht zur Gewinnerzielung
(*BGH* NStZ 2004, 457 = JR 2004, 245 = wistra 2003, 424) oder auf eine Übertragung des Eigentums ankäme (vgl. im Einzelnen *Kloesel/Cyran* § 4 AMG Nr. 57;
MK-StGB/Freund § 4 AMG Rn. 32 ff.; *Rehmann* § 4 AMG Rn. 19). Da von § 4 b
Abs. 1 S. 1 AMG nur Arzneimittel erfasst sind, die *„im Geltungsbereich dieses
Gesetzes"* verschrieben, hergestellt und angewandt werden, ist auch die außerhalb
des räumlichen Geltungsbereichs des AMG erfolgte Abgabe vom Tatbestand ausgenommen, selbst wenn die betreffenden Arzneimittel im Inland hergestellt
und/oder angewandt werden. Abgabe setzt kein Rechtsgeschäft und keine Eigentumsübertragung voraus, kann durch Abtretung eines Herausgabeanspruchs oder
durch Vereinbarung eines Besitzkonstituts erfolgen, kann entgeltlich oder unentgeltlich erfolgen. Freilich erfolgt die Abgabe in der Apotheke grundsätzlich berufs-
und gewerbsmäßig und damit vor allem entgeltlich. Der Apotheker gibt etwa dann
ein Arzneimittel ab, wenn er es auf Grund eines vorliegenden ärztlichen Rezepts
an den Patienten aushändigt. Im Übrigen finden sich Vorgänge der Übertragung
der tatsächlichen Verfügungsgewalt auf allen Stufen der Handelskette am Arzneimittelmarkt. Auch das Liegenlassen, Wegwerfen, Aufgeben oder Versenden, damit
ein Dritter das Arzneimittel übernehme, ist Abgabe.

Ob die **Rückgabe** eines Arzneimittels im Fall der Rückabwicklung eines Kauf- 9
vertrages unter den Begriff der Abgabe subsumiert werden kann, darf zumindest
bezweifelt werden (dagegen *Kloesel/Cyran* § 4 AMG Nr. 57 a. E. m. w. N.; anders
MK-StGB/*Freund* § 4 AMG Rn. 32 unter Bezugnahme auf die Regelung des § 30
Abs. 4 S. 2 AMG; vgl. auch *Rehmann* § 4 AMG Rn. 19; zur Rückgabe gestohlener
Betäubungsmittel vgl. auch BGHSt. 30, 359 = NStZ 1982, 250 = NJW 1982,
1337); vor dem Hintergrund des Zwecks des Genehmigungserfordernisses sollte es
freilich ausreichen, nur solche Übertragungsvorgänge zu erfassen, mit denen eine
Gefahrerhöhung verbunden ist. Die **Anwendung** eines Arzneimittels beim Pati-
enten durch den behandelnden Arzt ist keine Abgabe in diesem Sinne (MK-
StGB/*Freund* § 4 AMG Rn. 33).

5. Täter. Zwar hat bereits der Hersteller für eine erforderliche Genehmigung 10
nach § 4 b Abs. 3 S. 1 AMG zu sorgen (vgl. BT-Drs. 16/12256 S. 43), wenn er
einem anderen die Verfügungsgewalt über ein einschlägiges Arzneimittel verschaffen möchte. Dies bedeutet jedoch nicht, dass das strafbewehrte Abgabeverbot auf
den Hersteller des Arzneimittels beschränkt wäre. Täter kann vielmehr grundsätzlich jedermann sein, denn Übertragungen der tatsächlichen Verfügungsgewalt finden sich auf allen Stufen der Handelskette. Sind mehrere Personen (etwa Arzt und
Apotheker) als Initiatoren der Weitergabehandlung anzusehen, ist **Mittäterschaft**
denkbar (so auch MK-StGB/*Freund* § 4 Rn. 34).

II. Missachtung einer Rechtsverordnung nach § 6 AMG bei der Arzneimittelherstellung (§ 96 Nr. 2 AMG)

11   **1. Herstellung.** Herstellen ist nach § 4 Abs. 14 AMG das Gewinnen, das Anfertigen, das Zubereiten, das Be- oder Verarbeiten, das Umfüllen einschließlich Abfüllen, das Abpacken, das Kennzeichnen und die Freigabe. Der Sammelbegriff der Herstellung umfasst mithin sämtliche Tätigkeiten des Produktions- und Verarbeitungsprozesses auf dem Weg zum verkaufsfertig verpackten Arzneimittel und entspricht damit – mit Ausnahme des Umfüllens, Abpackens und Kennzeichnens – dem Begriff des Herstellens in § 2 Abs. 1 Nr. 4 BtMG (BGHSt. 43, 336 = NStZ 1998, 258 = StV 1998, 136). Vgl. ergänzend § 95 AMG Rn. 160 f. Zu beachten ist, dass Verstöße gegen eine Rechtsverordnung nach § 6 AMG, die das **Inverkehrbringen** von Arzneimitteln untersagt, nach § 95 Abs. 1 Nr. 2 AMG mit Strafe bedroht sind, soweit hierin für einen bestimmten Tatbestand auf die genannte Strafvorschrift verwiesen wird (vgl. dazu § 95 AMG Rn. 71 ff.).

12   **2. Rechtsverordnung nach § 6 AMG.** Das Bundesministerium für Gesundheit ist nach § 6 Abs. 1 S. 1 AMG ermächtigt, durch Rechtsverordnung mit Zustimmung des Bundesrates die Verwendung bestimmter Stoffe, Zubereitungen aus Stoffen oder Gegenstände bei der Herstellung von Arzneimitteln vorzuschreiben, zu beschränken oder zu verbieten, soweit es zur Risikovorsorge oder zur Abwehr einer unmittelbaren oder mittelbaren Gefährdung der Gesundheit von Mensch oder Tier durch Arzneimittel geboten ist. Die Rechtsverordnung wird vom Bundesministerium für Ernährung, Landwirtschaft und Verbraucherschutz im Einvernehmen mit dem Bundesministerium erlassen, soweit Arzneimittel betroffen sind, die zur Anwendung bei Tieren bestimmt sind, § 6 Abs. 1 S. 2 AMG. Soweit es sich um radioaktive Arzneimittel handelt, ergeht die Verordnung im Einvernehmen mit dem Bundesministerium für Umwelt, Naturschutz und Reaktorsicherheit, § 6 Abs. 2 AMG. Gleiches gilt für Arzneimittel, bei deren Herstellung ionisierende Strahlen verwendet werden.

13   Überschreitet der Verordnungsgeber die **Grenzen der Ermächtigung** nach § 6 AMG, ist die Rechtsverordnung nichtig (vgl. nur BeckOK-GG/*Uhle* Art. 80 Rn. 36 m. w. N.), mit der Folge, dass auch die auf den einschlägigen Regelungen basierenden Verstöße nicht als Grundlage eines strafrechtlichen Unwerturteils herhalten können.

14   **a) Stoffe und Zubereitungen aus Stoffen.** Der Stoffbegriff des Arzneimittelgesetzes ist Gegenstand der Regelung des § 3 AMG; dazu im Einzelnen Vorbem. AMG Rn. 42. Zu den Zubereitungen aus Stoffen vgl. Vorbem. AMG Rn. 50. Weil der Stoffbegriff im vorliegenden Kontext im Zusammenhang mit der Herstellung eines *Arzneimittels* steht, werden zur Herstellung von Arzneimittel*grundstoffen* benötigte Rohstoffe nicht erfasst, *Kloesel/Cyran* § 6 AMG Nr. 6.

15   **b) Sonstige Gegenstände.** Verwendungsvorschriften können sich zudem auf alle sonstigen Gegenstände, d. h. Produktionsmittel, Verpackungsmaterialien o. ä. beziehen, die bei der Herstellung (vgl. oben Rn. 11) von Arzneimitteln zum Einsatz kommen, soweit derartige Regelungen „zur Risikovorsorge oder zur Abwehr einer unmittelbaren oder mittelbaren Gefährdung der Gesundheit von Mensch oder Tier durch Arzneimittel geboten ist". Zu beachten ist in diesem Zusammenhang, dass es sich hierbei zumeist um Utensilien und Sachen handelt, die mit dem herzustellenden Arzneimittel allenfalls in Berührung kommen, sich aber regelmäßig nicht im Erzeugnis selbst wiederfinden oder überhaupt nachweisen lassen (vgl. die Einzelfälle bei *Kloesel/Cyran* § 6 AMG Nr. 6). Gerade die letztgenannte Einschränkung der Verordnungsermächtigung bedarf daher – im Hinblick auf die möglichen Folgen einer Überschreitung der inhaltlichen Grenzen der Ermächtigung (vgl. oben Rn. 13) – stets einer eingehenden Prüfung.

16   **c) Verwendungsvorschriften.** Der Verordnungsgeber ist weitgehend frei in seiner Entscheidung, ob er die Verwendung von Stoffen und Zubereitungen aus Stoffen (Rn. 14) oder Gegenständen (Rn. 15) bei der Herstellung (Rn. 11) von

Arzneimitteln (Vorbem. AMG Rn. 37 ff.) vorschreiben (**Verwendungsgebot**, *Kloesel/Cyran* § 6 AMG Nr. 6 a), beschränken (**Verwendungsbeschränkung**) oder verbieten (**Verwendungsverbot**, *Kloesel/Cyran* § 6 AMG Nr. 6) will.

Dies rechtfertigt freilich nicht Regelungen in Bezug auf ein bestimmtes **Her-** **17** **stellungsverfahren**, *Kloesel/Cyran* § 6 AMG Nr. 6 m. w. N.

d) Verweis auf § 96 AMG. Ein Verstoß gegen die Verwendungsvorschriften ist **18** nur dann strafbar, wenn die Rechtsverordnung auf die Regelung des § 96 AMG verweist.

e) Vorschriften – Einzelfälle. Verwendungsvorschriften, die auf der Verord- **19** nungsermächtigung des § 6 AMG beruhen, enthalten die Arzneimittelfarbstoffverordnung vom 17. 10. 2005 (**AMFarbV**; BGBl. I S. 3031; vgl. dazu § 95 AMG Rn. 77 ff.), die Verordnung zum Verbot der Verwendung bestimmter Stoffe zur Vermeidung des Risikos der Übertragung transmissibler spongiformer Enzephalopathien durch Arzneimittel vom 9. 5. 2001 (Arzneimittel-TSE-Verordnung; **TSEAMV**; BGBl. I S. 856; vgl. dazu § 95 AMG Rn. 80), die Verordnung über ein Verbot der Verwendung von Ehylenoxid bei Arzneimitteln vom 11. 8. 1988 (**EthylenoxidVV**; BGBl. I S. 1586; vgl. dazu § 95 AMG Rn. 81) und die Verordnung über das Verbot der Verwendung von mit Aflatoxinen kontaminierten Stoffen bei der Herstellung von Arzneimitteln vom 19. 7. 2000 (**AflatoxinVerbotsV**; BGBl. I S. 1081, 1505; vgl. dazu § 95 AMG Rn. 82).

3. Täter. Ausgehend vom Inhalt der sich aus den einschlägigen Rechtsverord- **20** nungen ergebenden Verwendungsregelungen kommen als **Adressaten** strafbewehrter Ge- und Verbote alle mit der Herstellung von Arzneimitteln befassten Personen in Betracht. Bei der Anwendung einschlägiger Strafnormen auf **vertretungsberechtigte Organe juristischer Personen** oder Mitglieder solcher Organe sowie auf vertretungsberechtigte Gesellschafter **rechtsfähiger Personengesellschaften** ist die Vorschrift des § 14 StGB zu beachten.

III. Herstellung und Inverkehrbringen von Arzneimitteln mit irreführender Bezeichnung, Angabe oder Aufmachung (§ 96 Nr. 3 AMG)

Nach § 96 Nr. 3 AMG wird bestraft, wer Arzneimittel (zum Arzneimittelbegriff **21** ausführlich Vorbem. AMG Rn. 37 ff.) oder Wirkstoffe (Vorbem. AMG Rn. 49) entgegen § 8 Abs. 1 Nr. 2 – auch in Verbindung mit § 73 a AMG – herstellt oder in den Verkehr bringt.

1. Herstellung. Zum Begriff der Herstellung vgl. oben Rn. 11 sowie ergän- **22** zend § 95 AMG Rn. 160.

2. Inverkehrbringen. Inverkehrbringen ist nach § 4 Abs. 17 AMG das Vorrä- **23** tighalten zum Verkauf oder zu sonstiger Abgabe, das Feilhalten, das Feilbieten und die Abgabe an andere. Vgl. ergänzend § 95 AMG Rn. 44 ff.

3. Irreführung. Nach § 8 Abs. 1 Nr. 2 AMG ist es verboten, Arzneimittel oder **24** Wirkstoffe herzustellen oder in den Verkehr zu bringen, die in anderer Weise mit irreführender Bezeichnung, Angabe oder Aufmachung versehen sind. Irreführend ist eine Bezeichnung, Angabe oder Aufmachung, wenn sie geeignet ist, bei dem Patienten einen unrichtigen Eindruck zu erwecken (*Kloesel/Cyran* § 8 AMG Nr. 22 mit einer Vielzahl von Beispielen).

a) In anderer Weise. Das Verbot der Nr. 2 des § 8 Abs. 1 AMG reiht sich ein **25** in einen Katalog von Verboten zum Schutz vor Täuschungen. So erfasst die Nr. 1 Arzneimittel und Wirkstoffe, die durch Abweichung von den anerkannten pharmazeutischen Regeln in ihrer Qualität nicht unerheblich gemindert sind (sog. **qualitätsgeminderte** Arzneimittel und Wirkstoffe); die Nr. 1 a betrifft demgegenüber hinsichtlich ihrer Identität oder Herkunft falsch gekennzeichnete Erzeugnisse (sog. **gefälschte** Arzneimittel und Wirkstoffe).

Weil die zuletzt genannten Rechtsverstöße Gegenstand der Sanktionsnorm des **26** § 95 Abs. 1 Nr. 3 a AMG sind (vgl. § 95 AMG Rn. 167), bedarf es einer inhaltlichen Abgrenzung zu den von § 8 Abs. 1 Nr. 2 AMG erfassten Täuschungstatbeständen. Festzuhalten ist in diesem Zusammenhang zunächst, dass sich eine Täuschung „in anderer Weise" nur auf solche Irreführungshandlungen beziehen kann, die nicht bereits von Nr. 1 oder Nr. 1a erfasst sind. Auch soweit die Irreführung im Einzelfall die Schwelle des § 8 Abs. 1 Nr. 1 AMG nicht erreicht („in ihrer Qualität *nicht unerheblich* gemindert"), kommt ein Rückgriff auf § 8 Abs. 1 Nr. 2 i. V. m. § 96 Nr. 3 AMG nicht in Betracht.

27   Um die Einordnung zu erleichtern, enthält § 8 Abs. 1 Nr. 2 AMG einen **Regelbeispielskatalog**, der die üblicherweise vorkommenden anderweitigen Irreführungen weitgehend umschreibt, ohne sie freilich abschließend zu regeln (vgl. *Köln* NJWE-WettbR 1998, 6). Hiernach kann sich eine Irreführung insbesondere auf die therapeutische Wirksamkeit eines Arzneimittels oder die Aktivität eines Wirkstoffes, auf einen angeblich zu erwartenden therapeutischen Erfolg oder die vorgebliche Bedenkenlosigkeit der Einnahme oder auf sonstige qualitätsbezogene Angaben beziehen.

28   **aa) Therapeutische Wirksamkeit.** Nach § 8 Abs. 1 Nr. 2 S. 2 Buchst. a liegt eine Irreführung insbesondere dann vor, wenn Arzneimitteln eine therapeutische Wirksamkeit oder Wirkung oder Wirkstoffen eine Aktivität beigelegt werden, die sie nicht haben. Dies ist bereits dann der Fall, wenn der Nachweis der Wirksamkeit auf der Basis wissenschaftlicher Erkenntnisse nicht zu führen ist (*Kloesel/Cyran* § 8 AMG Nr. 27). Ob eine Irreführung bereits dann entfällt, wenn allein praktische Erfahrungen für die behauptete Wirksamkeit streiten, ist umstritten (dafür *VG Berlin*, Urteil v. 7. 9. 1981 – Az. VG 14 A 531.80 [Sanhelios Teufelskralle Kapseln] – abgedruckt bei *Kloesel/Cyran* E7; dagegen *Kloesel/Cyran* § 8 AMG Nr. 29; *Rehmann* § 8 AMG Rn. 4).

29   **bb) Erfolgs- oder Unbedenklichkeitsversprechen.** Eine Irreführung ist nach § 8 Abs. 1 Nr. 2 S. 2 Buchst. b AMG ferner gegeben, wenn fälschlich der Eindruck erweckt wird, dass ein Erfolg mit Sicherheit erwartet werden kann oder dass nach bestimmungsgemäßem oder längerem Gebrauch keine schädlichen Wirkungen eintreten. Zur Bestimmung der inhaltlichen Unrichtigkeit entsprechender Angaben gelten die unter Rn. 28 dargelegten Grundsätze entsprechend.

30   **cc) Qualitätsbezogene Täuschungen.** Irreführend sind letztlich auch Bezeichnungen, Angaben oder Aufmachungen, die zur Täuschung über die Qualität eines Arzneimittels oder Wirkstoffs **geeignet** und zudem für die Bewertung des Arzneimittels oder Wirkstoffes **mitbestimmend** sind, § 8 Abs. 1 Nr. 2 S. 2 Buchst. c AMG. Dabei ist auf die Vorstellungswelt eines durchschnittlich informierten, verständigen und aufmerksamen EU-Normverbrauchers abzustellen, vgl. *Rehmann* § 8 AMG Rn. 5. Nicht erforderlich ist indes, dass die Verwendung entsprechender Informationen bereits einen zugehörigen Täuschungserfolg bewirkt, sich also in irrtumsrelevanter Weise im Bewusstsein eines konkreten Verbrauchers niedergeschlagen hat. Qualitätsbezogene Täuschungen in diesem Sinne sind vor allem Gegenstand sog. *„Nebenbei-Äußerungen"* (*Deutsch/Lippert* § 8 AMG Rn. 7; MK-StGB/*Freund* § 8 AMG Rn. 15).

31   **b) Irreführende Bezeichnung, Angabe oder Aufmachung.** Das Herstellungs- und Verkehrsverbot des § 8 AMG bezieht sich auf Arzneimittel und Wirkstoffe, die mit einer irreführenden Bezeichnung, Angabe oder Aufmachung versehen sind.

32   **aa) Bezeichnung.** Der Begriff der Bezeichnung entspricht dem der „Bezeichnung eines Arzneimittels" nach § 10 Abs. 1 Nr. 2 AMG und beschreibt als primäres Identifizierungsmerkmal den Namen des Produkts, unter dem es zugelassen oder registriert worden ist (vgl. *Kloesel/Cyran* § 10 AMG Nr. 32; *Rehmann* § 10 AMG Rn. 6; vgl. dazu auch *BVerwG* NVwZ 1990, 866 = EuZW 1990, 289 sowie *VG Frankfurt* NVwZ 1990, 897; vgl. auch *Heßhaus/Pannenbecker* PharmR 2001, 382 „Zur Bezeichnung von Arzneimitteln"). Nach Art. 1 Nr. 20 der **Richtlinie 2001/83/EG** des Europäischen Parlaments und des Rates vom 6. 11. 2001 zur

Schaffung eines Gemeinschaftskodexes für Humanarzneimittel (ABl. L Nr. 311 vom 28. 11. 2001 S. 67) ist der Name des Arzneimittels seine *Bezeichnung*, die entweder eine Phantasiebezeichnung oder eine gebräuchliche oder wissenschaftliche Bezeichnung mit einem Warenzeichen oder dem Namen des Herstellers sein kann.

bb) Angabe. Angaben sind an den Verbraucher oder den Abnehmer gerichtete 33 Mitteilungen, die sich auf belangvolle Eigenschaften eines Arzneimittels und damit im Zusammenhang stehende Umstände beziehen (*Kloesel/Cyran* § 8 AMG Nr. 23 m. w. N.; *Rehmann* § 8 AMG Rn. 4).

cc) Aufmachung. Zur Aufmachung eines Arzneimittels zählen alle außen- 34 wirksamen Kennzeichnungen, mit denen das Erzeugnis – etwa zur Verbesserung der Vermarktungschancen – versehen ist. Hierzu gehören neben der Art und Farbe der Verpackung, der Kolorierung, Form und des Fassungsvermögens des Gefäßes auch sonstige Ausschmückungen und Bebilderungen (vgl. Erbs/Kohlhaas/*Pelchen/ Anders* § 96 AMG Rn. 8; *Kloesel/Cyran* § 8 AMG Nr. 24; *Rehmann* § 8 AMG Rn. 4).

4. Einzelfälle. a) Irreführende Bezeichnungen. Die Bezeichnung „forte" 35 für ein frei verkäufliches Arzneimittel kann irreführend sein, weil es bei einem durchschnittlichen Verbraucher die Erwartung einer stärkeren Wirksamkeit erweckt. Problematisch ist eine solche Bezeichnung dann, wenn es sich lediglich um ein höher dosiertes Mittel handelt, mit dem – im Vergleich zu anderen Präparaten – eine höhere Wirkung nicht erzielt werden kann (*OVG Münster* PharmR 2008, 383 = DVBl 2008, 470 Ls.).

Die Bezeichnung „extra" bei einem Schmerzmittel ist irreführend, wenn das 36 Arzneimittel aus der Sicht des Verbrauchers keine Vorteile bietet, die über die bloße Tatsache eines erhöhten Wirkstoffgehaltes hinausgehen (*Köln* PharmR 2009, 37 = GRUR–RR 2008, 448).

Durch den Namenszusatz „akut" bei einem Arzneimittel gegen Sodbrennen 37 und saures Aufstoßen wird zwar nicht der Eindruck einer besonders schnellen Wirksamkeit hervorgerufen. Jedoch erwartet der Verbraucher ganz zu Recht, dass ein so bezeichnetes Arzneimittel bei akuten Beschwerden eine Besserung in einem angemessenen Zeitraum bewirkt (*München* PharmR 2010, 233 = GRUR– RR 2010, 396 = NJOZ 2010, 1928).

b) Captagon®-Fälle. Wer die Grundsubstanz **Fenetyllin** durch Zusetzen von 38 anderen Wirkstoffen verarbeitet oder verarbeiten lässt, aus dem neuen Stoff rezeptpflichtige Arzneimittel (Tabletten) pressen und diese Tabletten so verpacken lässt, dass sie den **Eindruck** erwecken, als seien sie **von der pharmazeutischen Firma Homburg hergestellte Captagon®-Tabletten,** stellt Arzneimittel her, die gem. § 8 Abs. 1 Nr. 1 a AMG hinsichtlich ihrer Identität oder Herkunft falsch gekennzeichnet sind (gefälschte Arzneimittel) und macht sich daher nach § 95 Abs. 1 Nr. 3 a AMG und nicht etwa nach § 96 Nr. 3 AMG strafbar, vgl. zum Fall *AG Freiburg*, Urteil v. 10. 12. 1984 – Az. 22 AK 22/84-45 Ls 21/84; *KG*, Urteil v. 13. 10. 1983 – Az. 4 Ls 107/83 (51/83).

c) Anabolika-Fälle. Das *LG Gießen* (Urteil v. 26. 3. 1999 – Az. 7 KLs 9 Js 39 18335/98) verurteilte zwei Kuriere, die 42 Kartons mit diversen Anabolika von Belgien nach Deutschland brachten und an verschiedene Abnehmer auslieferten, die zwar die Arzneimittel Winstrol® und Methandrostenolon (Metandienon) enthalten sollten, aber Falsifikate enthielten, die illegal hergestellt und andere Wirkstoffe und Wirkstoffmengen enthielten, als angegeben. Weil es sich auch insoweit um gefälschte Arzneimittel und Wirkstoffe im Sinne des § 8 Abs. 1 Nr. 1 a AMG handelt, kommt allein eine Strafbarkeit nach § 95 Abs. 1 Nr. 3 a AMG in Betracht.

d) Mode-Arzneimittel und Wundermittel. Um Arzneimittelfälschungen 40 handelte es sich demgegenüber nicht beim Vertrieb eines „Teufelskralle-Tonikums" gegen rheumatische Beschwerden, das aus Extrakten der Teufelskralle, Speicherwurzel, Artischockenblättern, Wacholderbeeren und Mariendistelsamen zusammengesetzt war. Denn die Angaben über Identität und Herkunft des Arzneimittels waren zutreffend, nicht jedoch diejenigen über die Wirksamkeit des Tonikums (*VG Würzburg*, Urteil v. 16. 7. 1980 – Az. W 1448/78; vgl. auch *VG Berlin*, Urteil v. 7. 9. 1981 – Az. VG 14 A 531.80, beide abgedruckt bei *Kloesel/Cyran* AMG E5, E7).

41   **e) Tierarzneimittel.** Hat ein Tierarzt mit einer Tierarztpraxis ein nur zur Anwendung bei Rindern zugelassenes Tierarzneimittel umetikettiert und mit dem selbst hergestellten Etikett **„Straubinger Plus-Injektionslösung für Schweine"** beklebt und verkauft, so hat er verschreibungspflichtige Tierarzneimittel mit falscher Kennzeichnung in Bezug auf Identität und Herkunft im Sinne des § 8 Abs. 1 Nr. 1 a AMG in den Verkehr gebracht und sich daher nicht nach § 96 Nr. 3 AMG, sondern vielmehr nach § 95 Abs. 1 Nr. 3 a strafbar gemacht.

42   **5. Sonderbedingungen für die Ausfuhr.** Nach § 73 a Abs. 1 S. 1 AMG dürfen Arzneimittel ausnahmsweise dann auch mit irreführenden Angaben im Sinne des § 8 Abs. 1 Nr. 2 AMG ausgeführt werden, wenn die zuständige Behörde des Bestimmungslandes die Einfuhr oder das Verbringen genehmigt hat. Aus der **Genehmigung** muss nach § 73 a Abs. 1 S. 2 AMG hervorgehen, dass der zuständigen Behörde des Bestimmungslandes die Versagungsgründe bekannt sind, die dem Inverkehrbringen im Inland entgegenstehen. Auf die Form der Ausfuhr kommt es dabei nicht an, insbesondere sind sowohl entgeltliche als auch unentgeltliche Ausfuhrvorgänge erfasst (vgl. *Rehmann* § 73 a AMG Rn. 1).

IV. Unerlaubte gewerbsmäßige oder berufsmäßige Herstellung von Arzneimitteln oder Stoffen sowie deren Einfuhr aus Nicht-EWG-Staaten (§ 96 Nr. 4 AMG)

43   **1. Erlaubnispflicht.** Der Straftatbestand des § 96 Nr. 4 AMG betrifft die unbefugte Herstellung und die unbefugte Einfuhr von Arzneimitteln, Wirkstoffen und weiteren in § 13 Abs. 1 S. 1 AMG und § 72 Abs. 1 S. 1 AMG aufgeführten Stoffen. Weil sich die Erlaubnispflicht in beiden Fällen jeweils nur auf gewerbs- oder berufsmäßiges Handeln bezieht, ist die Herstellung oder die Einfuhr auch nur dann strafrechtlich relevant, wenn sie selbst gewerbs- oder berufsmäßig erfolgt (dazu näher unten Rn. 47 ff.).

44   **a) Herstellung.** Zum Begriff der Herstellung vgl. oben Rn. 11 sowie ergänzend § 95 AMG Rn. 160. Einer Erlaubnis bedarf nicht der **Inhaber einer Apotheke** für die Herstellung von Arzneimitteln im Rahmen des üblichen Apothekenbetriebs, § 13 Abs. 2 S. 1 Nr. 1 AMG. Zu beachten ist freilich, dass die Ausnahme nicht für die Herstellung von Blutzubereitungen, Gewebezubereitungen, Sera, Impfstoffen, Allergenen, Testsera, Testantigenen und radioaktiven Arzneimitteln gilt (§ 13 Abs. 2 S. 2 AMG) und dass eine Herstellung ohne Herstellererlaubnis nur zur Abgabe in der **eigenen Apotheke** gestattet ist (*OVG Hamburg* NJW 2000, 2726 = MedR 2001, 41). Ein **Tierarzt**, der homöopathische Arzneimittel herstellt, die er selbst an Tieren anwendet und zur weiteren Anwendung den Tierhaltern der behandelten Tiere überlässt, bedarf nach § 13 Abs. 2 Nr. 3 AMG keiner Herstellererlaubnis (vgl. *OVG Münster* NJW 2001, 2821 = PharmR 2001, 103 = MedR 2001, 41). Für den **Tierheilpraktiker** gilt dies nicht in gleicher Weise; dieser bedarf auch zur Herstellung der vorgenannten homöopathischen Tierarzneimittel einer Herstellererlaubnis nach § 13 Abs. 1 AMG (*OVG Münster* Beschluss v. 3. 3. 1998 – Az. 13 B 3026/97).

45   **b) Einfuhr.** Einfuhr ist das endgültige Verbringen in den Geltungsbereich des Arzneimittelgesetzes (vgl. *Kloesel/Cyran* § 72 AMG Nr. 6; *Rehmann* § 72 AMG Rn. 2). Erlaubnispflichtig ist die Einfuhr nach § 72 Abs. 1 S. 1 AMG nur, wenn sie aus Ländern erfolgt, die nicht Mitgliedstaaten der Europäischen Union oder andere Vertragsstaaten des Abkommens über den Europäischen Wirtschaftsraum sind (sog. **Drittländer-Regelung**). Die Formulierung des Gesetzes ist, soweit es sich um das Verbringen von Arzneimitteln aus Ländern, die nicht Mitgliedstaaten der Europäi-

schen Gemeinschaft oder andere Vertragsstaaten des Abkommens über den europäischen Wirtschaftsraum sind, mehrdeutig und auslegungsbedürftig. Sie lässt einerseits die Deutung zu, dass das Verbringen eines Arzneimittels aus einem der genannten Drittländer in den Geltungsbereich des AMG **auch dann** der Erlaubnis, eines Zertifikats des Herstellungslandes oder einer Bescheinigung bedarf, wenn dieses **Arzneimittel in einem Mitgliedsstaat der Europäischen Gemeinschaft** oder in einem anderen Vertragsstaat des Abkommens über den europäischen Wirtschaftsraum **hergestellt wurde.** Der Wortlaut erlaubt aber andererseits auch eine Auslegung dahingehend, dass es der Erlaubnis, eines Zertifikats oder einer Bescheinigung nicht bedarf, wenn das Arzneimittel zwar aus einem Drittstaat in die Bundesrepublik verbracht wird, es aber in einem Mitgliedsstaat der Europäischen Gemeinschaft oder einem anderen Vertragsstaat des Abkommens über den europäischen Wirtschaftsraum hergestellt wurde. Nach der Auffassung des *BayObLG* (BayObLGSt. 1998, 66 = NStZ 1998, 578 = DVBl 1998, 851 Ls.) spricht die Entstehungsgeschichte der §§ 72, 72a AMG, durch die die Strafvorschrift des § 96 Nr. 4 AMG ausgefüllt wird, für die letztgenannte Auslegung. Erwägungsgrund Nr. 26 zur Richtlinie 2001/83/EG des Europäischen Parlaments und des Rates vom 6. 11. 2001 zur Schaffung eines Gemeinschaftskodexes für Humanarzneimittel (ABl. Nr. L 311 vom 28. 11. 2001, S. 67) spricht zudem eine deutliche Sprache: *„Um den Verkehr mit Arzneimitteln zu erleichtern und zu verhindern, dass Kontrollen, die in einem Mitgliedstaat erfolgt sind, in einem anderen Mitgliedstaat nochmals durchgeführt werden, müssen Mindestanforderungen in Bezug auf die Herstellung und die Einfuhr* **mit Herkunft aus Drittländern** *sowie die Gewährung von Herstellungs- und Einfuhrerlaubnissen festgelegt werden."* Demgemäß ist die Strafnorm des § 96 Nr. 4 i. V. m. §§ 72 Abs. 1 S. 1 einschränkend auszulegen, dass die Erlaubnispflicht erst dann eingreift, wenn das betreffende Arzneimittel auch **in einem Drittland hergestellt** worden ist. Die Einfuhr von Arzneimitteln ist mit dem Erreichen des inländischen Flughafens **vollendet** (*AG Frankfurt*, Urteil v. 26. 9. 2003 – Az. 942 Ls 8920 Js 213434/01), weil es genügt, dass die Arzneimittel die Grenze zum Hoheitsgebiet der Bundesrepublik Deutschland überschreiten (vgl. *BGH* NStZ 2008, 286 zur Einfuhr von Betäubungsmitteln). Demgegenüber ist es nicht erforderlich, dass der Täter im Inland **unkontrollierte Verfügungsmacht** über die eingeführten Arzneimittel erlangt (*BGH* a. a. O.).

Von der Einfuhr zu unterscheiden ist daher die sog. **Durchfuhr,** die zwar be- **46** grifflich ebenfalls ein – freilich nicht endgültiges – Verbringen in den Geltungsbereich des AMG erfordert (*Kloesel/Cyran* § 72 AMG Nr. 7), jedoch nach § 73 Abs. 2 Nr. 3 AMG lediglich der zollamtlichen Überwachung unterliegt.

c) Gewerbsmäßig handelt, wer sich mit der wiederholten Herstellung oder **47** Einfuhr eine nicht nur vorübergehende, nicht lediglich unerhebliche Einnahmequelle zu erschließen sucht (vgl. *Fischer* Vor § 52 StGB Rn. 62; *Kloesel/Cyran* § 13 AMG Nr. 13 sowie § 72 AMG Nr. 13; *Rehmann* § 13 AMG Rn. 2 sowie § 72 AMG Rn. 3 jeweils m. w. N.). Vgl. zur Gewerbsmäßigkeit ergänzend auch § 29 BtMG/Teil 26 Rn. 11 ff.

d) Berufsmäßig wird eine Tätigkeit dann ausgeübt, wenn sie – ohne zwingend **48** gewerbsmäßig zu sein – der Schaffung und/oder Erhaltung einer auf Dauer angelegten Lebensgrundlage dient (vgl. *Kloesel/Cyran* § 13 AMG Nr. 14).

2. Erfasste Erzeugnisse. Die Herstellungs- (§ 13 Abs. 1 S. 1 AMG) und die **49** Einfuhrerlaubnis (§ 72 Abs. 1 S. 1 AMG) beziehen sich auf:

a) Arzneimittel im Sinne des § 2 Abs. 1 AMG (dazu ausführlich Vorbem. **50** AMG Rn. 37 ff.); daneben aber auch auf gekorene Arzneimittel (vgl. Vorbem. AMG Rn. 88) nach § 2 Abs. 2 Nr. 1 AMG, d. h. solche Gegenstände, die ein Arzneimittel nach § 2 Abs. 1 AMG enthalten oder auf die ein Arzneimittel nach § 2 Abs. 1 AMG aufgebracht ist und die dazu bestimmt sind, dauernd oder vorübergehend mit dem menschlichen oder tierischen Körper in Berührung gebracht zu werden (§ 13 Abs. 1 S. 1 Nr. 1 AMG, § 72 Abs. 1 S. 1 Nr. 1 AMG);

51 **b) Wirkstoffe** (vgl. § 4 Abs. 19 AMG; dazu Vorbem. AMG Rn. 49), die menschlicher, tierischer oder mikrobieller Herkunft sind oder die auf gentechnischem Wege hergestellt werden (§ 13 Abs. 1 S. 1 Nr. 3, § 72 Abs. 1 S. 1 Nr. 2 AMG);

52 **c) Andere zur Arzneimittelherstellung bestimmte Stoffe** menschlicher Herkunft (§ 13 Abs. 1 S. 1 Nr. 4 AMG, § 72 Abs. 1 S. 1 Nr. 3 AMG).

53 **d) Testsera und Testantigene.** Darüber hinaus ist eine Erlaubnis auch zur *Herstellung* sog. Testsera und Testantigene erforderlich (§ 13 Abs. 1 S. 1 Nr. 2 AMG). **Testsera** sind nach § 4 Abs. 6 AMG Arzneimittel im Sinne des § 2 Abs. 2 Nr. 4 AMG, die aus Blut, Organen, Organteilen oder Organsekreten gesunder, kranker, krank gewesener oder immunisatorisch vorbehandelter Lebewesen gewonnen werden, spezifische **Antikörper** enthalten und die dazu bestimmt sind, wegen dieser Antikörper verwendet zu werden, sowie die dazu gehörenden Kontrollsera (dazu ausführlich *Kloesel/Cyran* § 4 AMG Nr. 31 ff.).

54 **Arzneimittel im Sinne des § 2 Abs. 2 Nr. 4 AMG** sind Stoffe und Zubereitungen aus Stoffen, die […] dazu bestimmt sind, ohne am oder im tierischen Körper angewendet zu werden, die Beschaffenheit, den Zustand oder die Funktion des tierischen Körpers erkennen zu lassen oder der Erkennung von Krankheitserregern bei Tieren dienen.

55 **Testantigene** sind nach § 4 Abs. 7 AMG Arzneimittel im Sinne des § 2 Abs. 2 Nr. 4 AMG (dazu Rn. 54), die Antigene oder Haptene enthalten und die dazu bestimmt sind, als solche verwendet zu werden (näher *Kloesel/Cyran* § 4 AMG Nr. 34).

56 **3. Tathandlungen.** Strafrechtlich relevant sind Herstellungs- (vgl. oben Rn. 44) und Einfuhrhandlungen (vgl. oben Rn. 45), die ohne die erforderliche Erlaubnis (vgl. oben Rn. 43 ff.; vgl. dazu BGHSt. 43, 336 = NStZ 1998, 258 = StV 1998, 136) vorgenommen werden. Das unerlaubte Herstellen eines Arzneimittels ist Unternehmensdelikt und damit nicht erst mit Erreichen eines konsumfertigen Endprodukts vollendet. Das Vollendungsstadium ist vielmehr bereits dann erreicht, wenn eine der verschiedenen Herstellungsphasen (Gewinnen, Anfertigen, Zubereiten, Be- und Verarbeiten, Umfüllen, Abfüllen, Abpacken, Kennzeichnen, Freigabe) abgeschlossen ist (vgl. BGHSt. a. a. O.). Wird durch die Synthese verschiedener Stoffe die Vorstufe eines Arzneimittels, eines Zwischenprodukts oder eines Endprodukts erarbeitet, so liegt bereits Vollendung vor.

57 **4. Einzelfälle. a) Unerlaubte gewerbs- oder berufsmäßige Herstellung.** Wer ohne Herstellungserlaubnis (§ 13 AMG) **bedenkliche Arzneimittel** (vgl. § 5 Abs. 2 AMG) wie z. B. JB-336 (N-Methyl-3-piperidyl-Benzilat) herstellt, verstößt gegen § 96 Nr. 4 i. V. m. § 13 Abs. 1 S. 1 AMG (*Koblenz*, Beschluss v. 26. 8. 1981 – Az. 1 Ws 371/81 – abgedruckt bei *Kloesel/Cyran* E 12). Ein Facharzt für Anästhesie, der ohne Herstellungserlaubnis große Mengen von Zäpfchen und Ampullen aus tierischen Thymusdrüsen herstellt und derartige Thymus-Extrakt-Präparate ohne Arzneimittelzulassung an Ärzte, Krebs- und Multiple-Sklerose-Kranke verkauft oder ins Ausland versendet, verstößt gegen § 96 Nr. 4 AMG (*Frankfurt*, Beschluss v. 27. 7. 1994 – Az. 2 Ss 162/94).

58 Die gewerbsmäßige unerlaubte Herstellung von **Designerdrogen**, die (noch) nicht dem BtMG unterfallen, ist vor dem Hintergrund einer mangelnden Herstellungserlaubnis zunächst nach § 96 Nr. 4 AMG strafrechtlich relevant (BGHSt. 43, 336 = NStZ 1998, 258 = StV 1998, 136 [Designer-Drogen]). Weil die Risiko-Nutzen-Bilanz derartiger rauscherzeugender Arzneimittel regelmäßig ungünstig ausfallen wird, kommt daneben eine Strafbarkeit nach § 95 Abs. 1 Nr. 1 AMG in Betracht, wenn die so hergestellten (bedenklichen) Arzneimittel in den Verkehr gebracht werden.

59 Zur berufsmäßigen Herstellung von **Eigenblut- und Eigenurin-Zubereitungen**, die dem Spender zur oralen Selbstanwendung oder Subkutaninjektion überlassen werden, vgl. BayObLGSt. 1998, 71 = NJW 1998, 3430 = MedR 1998, 418.

b) Unerlaubte gewerbs- oder berufsmäßige Einfuhr. Die **Arzneimittel- 60 Angebote im Internet** weisen vielfältige Probleme für den Verbraucher auf. Im Internet gilt das sog. Herkunftslandprinzip; die Anbieter können ohne Einschränkung für den Versand von Arzneimitteln werben, sofern in ihrem Heimatland ein Medikament rezeptfrei ist, auch wenn dieses Arzneimittel in Deutschland verboten, nicht zugelassen, apotheken- oder verschreibungspflichtig ist und/oder für diese Substanz in Deutschland keine Werbung getrieben werden darf. Da Internet-Offerten nur Einladungen an unbekannte Interessenten darstellen, Kaufangebote zu unterbreiten, sind sie rechtlich unverbindlich und es obliegt dem Verbraucher, die Zulässigkeit seines Tuns zu überprüfen. Der Abnehmer von Dopingmitteln bestellt diese regelmäßig in dem Wissen, sie in Deutschland nicht kaufen zu können, weil sie hier verboten sind. Er erwirbt sie ohne Beratung durch einen Arzt oder Apotheker, ohne Kontrolle der Zulassungsbehörde regelmäßig per Nachnahme und wird bisweilen von der anschließenden Post- und Zollkontrolle sowie einem sich ggf. anschließenden Strafverfahren überrascht, weil er den Inhalt des Päckchens als Besteller einführt.

Weil eine Einfuhrerlaubnis nur dann erforderlich ist, wenn die Einfuhr gewerbs- 61 oder berufsmäßig erfolgt, ist diejenige Einfuhr erlaubnisfrei, die ein Patient bei der Einreise in den Geltungsbereich des AMG in einer zum persönlichen Bedarf tauglichen Menge (sog. **persönlicher Bedarf** oder **Reisebedarf**) vornimmt. Ausgehend hiervon gilt das Verbringungsverbot des § 73 Abs. 1 S. 1 AMG nicht für Arzneimittel, die bei der Einreise in den Geltungsbereich des AMG in einer dem üblichen persönlichen Bedarf entsprechenden Menge eingebracht werden. Vieles spricht dafür, die zum persönlichen Bedarf erforderliche Menge – jedenfalls für einmal täglich anzuwendende Arzneimittel – auf höchstens 90 Konsumeinheiten (Bedarf für maximal 3 Monate = Hinreise, Aufenthalt, Rückreise) zu begrenzen.

Erfolgt die Einfuhr von Dopingmitteln aus Thailand zum **Eigenkonsum**, und 62 damit nicht gewerbsmäßig (etwa zum Zwecke der Abgabe an andere), so scheidet eine Strafbarkeit nach § 96 Nr. 4 AMG aus. Gleiches gilt, wenn Arzneimittel zwar aus Nicht-EWG-Ländern eingeführt werden, diese jedoch in EWG-Ländern pharmazeutisch hergestellt wurden (vgl. oben Rn. 45).

Hat ein Beschuldigter aus den USA auf dem Postweg eine Paketsendung mit 63 2 Dosen Anabolika eingeführt, so scheidet eine Strafbarkeit nach § 96 Nr. 4 AMG aus, da auf Grund der festgestellten Menge nicht davon auszugehen ist, dass das Arzneimittel gewerbs- oder berufsmäßig eingeführt worden ist. Es liegt insoweit auch kein Inverkehrbringen im Sinne der §§ 6 a, 95 Abs. 1 Nr. 2 a AMG vor. Auch ein Verstoß nach § 95 Abs. 1 Nr. 2 b AMG kommt nicht in Betracht, weil nach der in Bezug genommenen Vorschrift des § 6 a Abs. 2 a S. 1 AMG ein Besitz in nicht geringer Menge vorausgesetzt wird. Zu prüfen bleibt freilich eine **Ordnungswidrigkeit** nach § 97 Abs. 2 Nr. 8 AMG.

IV a. Unerlaubte Gewinnung von Geweben, unerlaubte Laboruntersuchungen, unerlaubte Be- oder Verarbeitung, Konservierung, Lagerung und unerlaubtes Inverkehrbringen von Geweben und Gewebezubereitungen (§ 96 Nr. 4 a AMG)

1. Begriffe. a) Organe sind nach § 1 Nr. 1 des Transplantationsgesetzes (TPG 64 vom 4. 9. 2007 – BGBl. I S. 2206), mit Ausnahme der Haut, alle aus verschiedenen Geweben bestehende Teile des menschlichen Körpers, die in Bezug auf Struktur, Blutgefäßversorgung und Fähigkeit zum Vollzug physiologischer Funktionen eine funktionale Einheit bilden, einschließlich der Organteile und einzelnen Gewebe eines Organs, die zum gleichen Zweck wie das ganze Organ im menschlichen Körper verwendet werden können, mit Ausnahme solcher Gewebe, die zur Herstellung von Arzneimitteln für neuartige Therapien im Sinne des § 4 Abs. 9 AMG bestimmt sind.

b) Gewebe. Gewebe im hier maßgeblichen Sinne sind nach § 1 a Nr. 4 TPG 65 alle aus Zellen bestehenden Bestandteile des menschlichen Körpers, die keine Organe (Rn. 64) nach § 1 a Nr. 1 TPG sind, einschließlich einzelner menschlicher Zellen. Dabei ist unerheblich, ob die betreffenden Gewebe unmittelbar auf einen anderen Menschen übertragen werden oder zu Arzneimitteln weiterverarbeitet werden sollen (vgl. *Heinemann/Löllgen* PharmR 2007, 183). In Betracht kommen sowohl Gewebe von lebenden und toten Spendern als auch solche Gewebe, die aus bereits entnommenen Organen gewonnen werden (*Deutsch/Lippert* § 20 b Rn. 2).

66   **c) Gewebezubereitungen** sind nach § 4 Abs. 30 S. 1 AMG Arzneimittel, die Gewebe im Sinne des § 1 a Nr. 4 TPG (vgl. Rn. 65) sind oder aus solchen Geweben hergestellt worden sind. Menschliche Eizellen, einschließlich imprägnierter Eizellen (Keimzellen), und Embryonen sind gem. § 4 Abs. 30 S. 2 AMG weder Arzneimittel noch Gewebezubereitungen.

67   **2. Erlaubnispflicht nach § 20 b AMG. a) Grundsatz.** Nach § 20 b Abs. 1 S. 1 AMG bedarf eine Einrichtung, die zur Verwendung bei Menschen bestimmte Gewebe im Sinne von § 1 a Nr. 4 TPG gewinnen oder die für die Gewinnung erforderlichen Laboruntersuchungen durchführen will, einer Erlaubnis der zuständigen Behörde. Die Regelung ist mit Wirkung vom 1. 8. 2007 durch das Gesetz über Qualität und Sicherheit von menschlichen Geweben und Zellen vom 20. 7. 2007 (Gewebegesetz; BGBl. I S. 1574) eingeführt worden und beruht auf der Richtlinie 2004/23/EG des Europäischen Parlaments und des Rates vom 31. 3. 2004 zur Festlegung von Qualitäts- und Sicherheitsstandards für die Spende, Beschaffung, Testung, Verarbeitung, Konservierung, Lagerung und Verteilung von menschlichen Geweben und Zellen (ABl. Nr. L 102 S. 48).

68   **b) Ausnahmen.** Nach § 20 b Abs. 2 S. 1 AMG bedarf derjenige keiner Erlaubnis nach Abs. 1, der diese Tätigkeiten unter vertraglicher Bindung mit einem Hersteller oder einem Be- oder Verarbeiter ausübt, der eine Erlaubnis nach § 13 oder § 20 c AMG (vgl. dazu Rn. 70) für die Be- oder Verarbeitung von Geweben oder Gewebezubereitungen besitzt.

69   **c) Gewinnung und Untersuchung autologen Blutes.** Weil für die autologe Gewebezüchtung (Eigenspende) regelmäßig eine geringe Menge Blut benötigt wird, ist durch das Gesetz zur Änderung arzneimittelrechtlicher und anderer Vorschriften vom 17. 7. 2009 (BGBl. I S. 1990) die Regelung des § 20 b Abs. 4 angefügt worden. Hiernach gilt auch für die Gewinnung und die Laboruntersuchung von autologem Blut für die Herstellung von biotechnologisch bearbeiteten Gewebeprodukten die Erlaubnispflicht nach § 20 b Abs. 1 S. 1 AMG. Die Entnahmeeinrichtungen sollen so davor bewahrt werden, sowohl eine Erlaubnis nach § 13 AMG (das Blut betreffend) und eine weitere nach § 20 b AMG (das Gewebe betreffend) beantragen zu müssen (vgl. BT-Drs. 16/12256 S. 46 f.).

70   **3. Erlaubnispflicht nach § 20 c AMG.** Nach § 20 c Abs. 1 S. 1 AMG bedarf eine Einrichtung der Erlaubnis der zuständigen Behörde, die Gewebe (Rn. 65) oder Gewebezubereitungen (Rn. 66), die nicht mit industriellen Verfahren be- oder verarbeitet werden und deren wesentliche Be- oder Verarbeitungsverfahren in der Europäischen Union hinreichend bekannt sind, be- oder verarbeiten, konservieren, prüfen, lagern oder in den Verkehr bringen will, abweichend von § 13 Abs. 1 AMG.

71   Der Gesetzgeber des Gesetzes zur Änderung arzneimittelrechtlicher und anderer Vorschriften vom 17. 7. 2009 (BGBl. I S. 1990) hielt es für erforderlich, in § 20 c Abs. 1 S. 1 AMG klarstellend tätig zu werden und hat deshalb das Wort **„prüfen"** eingefügt. Die Ergänzung soll dem Umstand Rechnung tragen, dass vor allem sog. **Prüflabore** be- oder verarbeitetes Gewebe lediglich prüfen und vor diesem Hintergrund sicherstellen, dass auch derartige Einrichtungen grundsätzlich einer Erlaubnispflicht unterliegen (BT-Drs. 16/12256 S. 47). Indes hat der Änderungsgesetzgeber darauf verzichtet, die Aufnahme prüfender Tätigkeiten in den Katalog der nach § 20 c Abs. 1 S. 1 AMG erlaubnispflichtigen Handlungen in der Strafnorm des § 96 Nr. 4 a AMG nachzuvollziehen. Strafbar sind hiernach lediglich solche Verstöße gegen die Erlaubnispflicht nach § 20 c Abs. 1 S. 1 AMG, die als

Be- oder Verarbeitung, als Konservierung oder Lagerung oder als Inverkehrbringen eingestuft werden können.

V. Inverkehrbringen zulassungspflichtiger Fertig- und Tierarzneimittel ohne Zulassung oder Genehmigung (§ 96 Nr. 5 AMG)

1. Begriffe. a) Fertigarzneimittel sind nach § 4 Abs. 1 AMG Arzneimittel 72 (zum Arzneimittelbegriff ausführlich Vorbem. AMG Rn. 37 ff.), die im Voraus hergestellt und in einer zur Abgabe an den Verbraucher bestimmten Packung in den Verkehr gebracht werden oder andere zur Abgabe an Verbraucher bestimmte Arzneimittel, bei deren Zubereitung in sonstiger Weise ein industrielles Verfahren zur Anwendung kommt oder die, ausgenommen in Apotheken, gewerblich hergestellt werden. **Keine** Fertigarzneimittel sind nach § 4 Abs. 1 S. 2 AMG solche Zwischenprodukte, die für eine weitere Verarbeitung durch den Hersteller bestimmt sind.

Ob ein Arzneimittel **im Voraus hergestellt** ist, hängt nicht – jedenfalls nicht 73 primär – vom zeitlichen Abstand zwischen Herstellung und Abgabe ab (*Kloesel/ Cyran* § 4 AMG Nr. 3 a); vielmehr sollen vor allem solche Erzeugnisse ausgenommen werden, bei denen die Herstellung auf einer **individuellen Bestellung** beruht (**Rezepturarzneimittel**). Dem liegt der Gedanke zugrunde, dass der Aufwand eines arzneimittelrechtlichen Zulassungsverfahrens – auch in Anbetracht der Belange des Gesundheitsschutzes – erste dann „lohnt", wenn eine Herstellung im größeren oder gar „im großen Stil" erfolgt. Vor diesem Hintergrund ist auch die Vorschrift des § 21 Abs. 2 Nr. 1 AMG verständlich, die solche Arzneimittel von der Zulassungspflicht nach § 21 Abs. 1 AMG ausnimmt, die auf Grund nachweislich häufiger ärztlicher oder zahnärztlicher Verschreibung in den wesentlichen Herstellungsschritten in einer Apotheke in einer Menge bis zu hundert abgabefertigen Packungen an einem Tag im Rahmen des üblichen Apothekenbetriebs hergestellt werden und zur Abgabe im Rahmen der bestehenden Apothekenbetriebserlaubnis bestimmt sind. Gleichwohl sind – anderenorts als in Apotheken – gewerblich hergestellte Arzneimittel vom Begriff des Fertigarzneimittels erfasst (zu gewerblich hergestellten Rezepturarzneimitteln vgl. *Rehmann* § 4 AMG Rn. 1).

Ein **industrielles Herstellungsverfahren** im Sinne der 2. Variante des § 4 74 Abs. 1 AMG liegt dann vor, wenn die Produktion in breitem Maßstab nach einheitlichen Vorschriften (BT–Drs. 15/5316 S. 33) erfolgt (vgl. *Deutsch/Lippert* § 4 AMG Rn. 6), wobei insbesondere der Einsatz aufwendiger Produktionseinrichtungen und anspruchsvoller technischer Verfahren ausschlaggebend ist (*Kloesel/Cyran* § 21 a AMG Nr. 4; dort auch zum Gegenbegriff der Herstellung im Labormaßstab). Zu beachten ist, dass der von § 4 Abs. 1 S. 1 Var. 2 AMG in den Blick genommene (durch einen oder mehrere industrielle Verfahren geprägte) Herstellungsprozess allein derjenige der Zubereitung ist („bei deren Zubereitung"; *Deutsch/Lippert* § 4 AMG Rn. 6). Im Gegensatz dazu umfasst der Begriff des **Herstellens** nach § 4 Abs. 14 AMG darüber hinaus die folgenden Vorgänge: Gewinnen, Anfertigen, Be- oder Verarbeiten, Umfüllen, Abfüllen, Abpacken, Kennzeichnen, Freigabe (dazu schon oben Rn. 11).

Die Frage, ob der Einsatz industrieller Verfahren im Rahmen der zuletzt genannten Produktionsschritte für die Einstufung eines Erzeugnisses als Fertigarzneimittel von Bedeutung ist, hängt davon ab, ob diese Herstellungsschritte selbst noch als „Zubereitung" im Sinne des § 4 Abs. 1 AMG angesehen werden können. Dies ist immer dann anzunehmen, wenn sie mit der *„Behandlung eines oder mehrerer Stoffe"* (*Kloesel/Cyran* § 4 AMG Nr. 8) des Erzeugnisses einhergehen. Von den in § 4 Abs. 14 AMG aufgeführten Herstellungsmodalitäten bleiben deshalb das Gewinnen (dazu *Kloesel/Cyran* § 4 AMG Nr. 8), das Um- und Abfüllen, das Abpacken, das Kennzeichnen und die Freigabe außer Betracht.

Zur Abgabe an den Verbraucher bestimmt sind Arzneimittel dann, wenn sie 76 „fertig" sind (*Deutsch/Lippert* § 4 AMG Rn. 7), d. h. in einer Darreichungsform (Tablette, Pille, Kapsel, Suspension u. a.) vorliegen (vgl. *Kloesel/Cyran* § 4 AMG

Nr. 7 a), in der sie vom Verbraucher angewendet werden können, selbst wenn sie hierzu unmittelbar vor ihrer Anwendung noch in eine anwendungsfähige Form überführt werden müssen (sog. **Rekonstitution** nach § 4 Abs. 31 AMG = Verflüssigen, Verdünnen, Mischen mit einem Hilfsstoff; vgl. dazu *VG Oldenburg*, Beschluss v. 19. 12. 2007 – Az. 7 B 3409/07, BeckRS 2008, 30423 – dazu *Fuhrmann/Klein/Fleischfresser* § 14 Rn. 46 sowie *Dettling/Kieser/Ulshöfer*, Zytostatikaversorgung nach der AMG-Novelle (Teil 2), PharmR 2009, 546; vgl. in diesem Zusammenhang auch die Regelung des § 13 Abs. 1 a Nr. 4 AMG, wonach die Rekonstitution grundsätzlich nicht zu den erlaubnispflichtigen Herstellungsverfahren zählt).

77   Der Begriff der **gewerblichen Herstellung** im Sinne des § 4 Abs. 1 AMG darf mit dem der gewerbsmäßigen Herstellung (vgl. dazu oben Rn. 47) gleichgesetzt werden (*Deutsch/Lippert* § 4 AMG Rn. 6; *Kloesel/Cyran* § 4 AMG Nr. 9). Dabei ist zu beachten, dass der Begriff der Gewerblichkeit (anders als die Anwendung industrieller Fertigungsverfahren – vgl. dazu oben Rn. 74 f., insbes. Rn. 75) nicht auf einzelne der in § 4 Abs. 14 AMG aufgeführten Produktionsschritte (Gewinnen, Anfertigen, Zubereiten, Be- und Verarbeiten, Um- und Abfüllen, Abpacken, Kennzeichnen, Freigabe) beschränkt ist (*Deutsch/Lippert* § 4 AMG Rn. 6).

78   In den Fällen industrieller oder gewerblicher Herstellung (vgl. Rn. 74 f.) liegt ein Fertigarzneimittel unabhängig davon vor, ob das betreffende Arzneimittel im Voraus hergestellt (dazu Rn. 73) worden ist (*Deutsch/Lippert* § 4 AMG Rn. 6).

79   **b) Zulassungspflichtige Tierarzneimittel.** Arzneimittel im Sinne des § 2 Abs. 1 AMG (zum Arzneimittelbegriff ausführlich Vorbem. AMG Rn. 37 ff.) sowie solche nach § 2 Abs. 2 Nr. 1 AMG, die zur Anwendung bei Tieren bestimmt sind, unterliegen nach § 21 Abs. 1 S. 2 AMG – sollen sie im Geltungsbereich des AMG in den Verkehr gebracht werden – selbst dann der Zulassungspflicht, wenn es sich nicht um Fertigarzneimittel (dazu oben Rn. 72 ff.) handelt.

80   Dies gilt nur dann nicht, wenn sie an einen pharmazeutischen Unternehmer abgegeben werden sollen, der eine **Herstellungserlaubnis nach § 13 AMG** besitzt. Auf die Ausnahmetatbestände des § 13 Abs. 2 AMG für Inhaber von Apotheken, Krankenhausträger, Tierärzte, Großhändler, Einzelhändler und Wirkstoffhersteller ist in diesem Kontext besonders zu achten (dazu im Einzelnen *Kloesel/Cyran* § 21 AMG Nr. 32).

81   **c) „Rechtsverordnungs"-Arzneimittel.** Unabhängig von den gesetzlichen Bestimmungen zur Zulassungspflicht, ist das Inverkehrbringen von Arzneimitteln ohne Zulassung oder ohne Genehmigung der Kommission der Europäischen Gemeinschaften oder des Rates der Europäischen Union auch dann strafrechtlich relevant, wenn sich die Zulassungspflicht aus einer Rechtsverordnung nach § 35 Abs. 1 Nr. 2 AMG oder nach § 60 Abs. 3 AMG ergibt.

82   **aa) Rechtsverordnung nach § 35 Abs. 1 Nr. 2 AMG.** Nach § 35 Abs. 1 Nr. 2 AMG ist das Bundesministerium ermächtigt, durch Rechtsverordnung mit Zustimmung des Bundesrates die Vorschriften über die Zulassung auf andere Arzneimittel auszudehnen, soweit dies geboten ist, um eine unmittelbare oder mittelbare Gefährdung der Gesundheit von Mensch oder Tier zu verhüten. Derartige **Rechtsverordnungen** sind etwa die:

– Verordnung über die Ausdehnung der Vorschriften über die Zulassung und staatliche Chargenprüfung auf Tests zur In-vitro-Diagnostik nach dem Arzneimittelgesetz vom 24. 5. 2000 (**IVD-AMG-V**; BGBl. I S. 746);
– Verordnung über die Ausdehnung der Vorschriften über die Zulassung der Arzneimittel auf Therapieallergene, die für einzelne Personen auf Grund einer Rezeptur hergestellt werden, sowie über Verfahrensregelungen der staatlichen Chargenprüfung vom 7. 11. 2008 (**TherapAllVO**; BGBl. I S. 2177);

83   **bb) Rechtsverordnung nach § 60 Abs. 3 AMG.** Gemäß § 60 Abs. 3 AMG kann das Bundesministerium für Ernährung, Landwirtschaft und Verbraucherschutz im Einvernehmen mit dem Bundesministerium für Wirtschaft und Technologie und dem Bundesministerium für Gesundheit durch Rechtsverordnung mit Zustimmung des Bundesrates die Vorschriften über die Zulassung auf Arzneimittel ausdehnen, die ausschließlich zur Anwendung bei **Zierfischen, Zier- und Singvögeln, Brieftauben, Terrarientieren, Kleinnagern, Frettchen** oder **nicht der Gewinnung von Lebensmitteln dienenden Kaninchen** bestimmt und für den Verkehr außerhalb der Apotheken zugelassen sind. Vorausgesetzt wird freilich, dass dies geboten ist, um eine unmittelbare oder mittelbare Gefährdung der Gesundheit von Mensch oder Tier zu verhüten.

d) Inverkehrbringen. Inverkehrbringen ist nach § 4 Abs. 17 AMG das Vorrä 84 tighalten zum Verkauf oder zu sonstiger Abgabe, das Feilhalten, das Feilbieten und die Abgabe an andere. Dazu ausführlich § 95 AMG Rn. 44 ff.

2. Zulassung oder Genehmigung. Strafrechtlich relevant ist das Inver 85 kehrbringen zulassungspflichtiger Arzneimittel immer dann, wenn es ohne die erforderliche Zulassung oder ohne Genehmigung der Kommission der Europäischen Gemeinschaften oder des Rates der Europäischen Union erfolgt, § 96 Nr. 5 AMG.

a) Zulassung. Zum Gang des Zulassungsverfahrens vgl. *Deutsch/Lippert* Vor 86 bem. § 21 AMG Rn. 11; *Kloesel/Cyran* § 21 AMG. Die arzneimittelrechtlichen Vorschriften zur Zulassung sind gesetzestechnisch als Verbot des Inverkehrbringens unter dem Vorbehalt der behördlichen Zulassung ausgestaltet (**präventives Verbot mit Erlaubnisvorbehalt**; *Siegel*, Entscheidungsfindung im Verwaltungsverbund − Horizontale Entscheidungsvernetzung und vertikale Entscheidungsstufung im nationalen und europäischen Verwaltungsverbund [2009], S. 93 f.).

Nach der **Überleitungsvorschrift** des § 105 Abs. 1 AMG gelten Fertigarznei 87 mittel, die Arzneimittel im Sinne des § 2 Abs. 1 AMG (dazu ausführlich Vorbem. AMG Rn. 37 ff.) oder im Sinne des § 2 Nr. 1 AMG sind und sich am 1. 1. 1978 im Verkehr befanden dann als zugelassen, wenn sie entweder bereits am 1. 9. 1976 im Verkehr waren oder aufgrund eines bis zu diesem Zeitpunkt gestellten Antrages vor dem 31. 12. 1977 (*Rehmann* § 105 AMG Rn. 1) in das Spezialitätenregister nach dem AMG 1961 eingetragen wurden (sog. **fiktive Zulassung**).

aa) Verwaltungsakt. Die Zulassung ist **Verwaltungsakt** im Sinne des § 35 88 VwVfG. Sie kann mit Auflagen versehen werden, § 28 Abs. 1 S. 1 AMG. Gegen die Entscheidung im Zulassungsverfahren ist der **Verwaltungsrechtsweg** eröffnet.

bb) Widerruf, Rücknahme, Ruhen. Rücknahme und Widerruf der Zulas 89 sung sind nach § 30 AMG möglich. Daneben kann das Ruhen der Zulassung angeordnet werden, was sich immer dann anbieten wird, wenn die zulassungsfeindlichen Umstände − etwa durch Beibringung weiterer Unterlagen − ausgeräumt werden können. Mit der Anordnung der Rücknahme oder des Widerrufs der Zulassung sowie mit der Ruhensbestimmung erlischt die **Verkehrsfähigkeit** des Arzneimittels. Das Erzeugnis darf daher von diesem Zeitpunkt an nicht mehr in den Verkehr gebracht werden (*Rehmann* § 30 AMG Rn. 11). Wird das betreffende Arzneimittel gleichwohl in den Verkehr gebracht, handelt es sich nicht um eine Straftat nach § 96 Nr. 5 AMG. Der Rechtsverstoß wird vielmehr von der Spezialregelung des § 96 Nr. 7 AMG erfasst (dazu unten Rn. 135 ff.).

cc) Produktbezug. Die Zulassungsentscheidung ist (jedenfalls primär) pro 90 duktbezogen. Ob sie daneben auch **personenbezogen** ist (so etwa *Deutsch/Lippert* § 21 AMG Rn. 9) ist umstritten (zum Streitstand ausführlich *Rehmann* Einführung Rn. 14 m. w. N.). Vor dem Hintergrund der rechtlichen Vorgaben zur **EU-Warenverkehrsfreiheit** dürfte zumindest dem Umstand, dass die Zulassungsentscheidung (§ 25 AMG) dem Antragsteller im Zulassungsverfahren gegenüber ergeht, in diesem Zusammenhang keine allzu große Bedeutung beigemessen werden. Jedenfalls kann dem Importeur eines Arzneimittels eine Vollzulassung nach § 21 AMG dann nicht abverlangt werden, wenn das von ihm vertriebene Präparat mit einem zugelassenen Arzneimittel stoffidentisch ist (*BGH* NJW 1998, 1792 = GRUR 1998, 407 = LMRR 1997, 61).

91   **b) Genehmigung.** Nach § 37 Abs. 1 S. 1 AMG steht eine von der Kommission der Europäischen Gemeinschaften oder dem Rat der Europäischen Union gemäß der Verordnung (EG) Nr. 726/2004 auch in Verbindung mit der Verordnung
(EG) Nr. 1901/2006 oder der Verordnung (EG) Nr. 1394/2007 erteilte Genehmigung für das Inverkehrbringen einer nach § 25 AMG erteilten Zulassung gleich.
Zur rechtspraktischen Bedeutungslosigkeit der Möglichkeit, die in einem anderen
Staat für ein Arzneimittel erteilte Zulassung anzuerkennen (§ 37 Abs. 1 S. 2 AMG)
vgl. *Deutsch/Lippert* § 37 AMG Rn. 2; *Rehmann* § 37 AMG Rn. 2).

92   **c) Ausnahmen von der Zulassungspflicht** sind Gegenstand der Regelung
des § 21 Abs. 2 AMG. Danach bedarf es einer Zulassung *insbesondere* nicht für
solche Arzneimittel, die

– zur Anwendung bei Menschen bestimmt sind und auf Grund nachweislich häufiger
   ärztlicher oder zahnärztlicher Verschreibung in den wesentlichen Herstellungsschritten
   in einer **Apotheke** in einer Menge bis **zu hundert abgabefertigen Packungen** an
   einem Tag im Rahmen des üblichen Apothekenbetriebs hergestellt werden und zur
   Abgabe im Rahmen der bestehenden Apothekenbetriebserlaubnis bestimmt sind,
– Arzneimittel sind, bei deren Herstellung **Stoffe menschlicher Herkunft** eingesetzt
   werden und die entweder zur autologen oder gerichteten, für eine bestimmte Person
   vorgesehenen Anwendung bestimmt sind oder auf Grund einer Rezeptur für einzelne
   Personen hergestellt werden, es sei denn, es handelt sich um Arzneimittel im Sinne
   des § 4 Abs. 4 AMG (Impfstoffe),
– zur Anwendung bei Menschen bestimmt sind, antivirale oder antibakterielle Wirksamkeit haben und **zur Behandlung einer bedrohlichen übertragbaren Krankheit**, deren Ausbreitung eine sofortige und das übliche Maß erheblich überschreitende
   Bereitstellung von spezifischen Arzneimitteln erforderlich macht, aus Wirkstoffen hergestellt werden, die von den Gesundheitsbehörden des Bundes oder der Länder oder
   von diesen benannten Stellen für diese Zwecke bevorratet wurden, soweit ihre Herstellung in einer Apotheke zur Abgabe im Rahmen der bestehenden Apothekenbetriebserlaubnis oder zur Abgabe an andere Apotheken erfolgt,
– **Heilwässer, Bademoore oder andere Peloide** sind, die nicht im Voraus hergestellt
   und nicht in einer zur Abgabe an den Verbraucher bestimmten Packung in den Verkehr gebracht werden, oder die ausschließlich zur äußeren Anwendung oder zur Inhalation vor Ort bestimmt sind,
– als **Therapieallergene** für einzelne Patienten auf Grund einer Rezeptur hergestellt
   werden,
– zur **klinischen Prüfung bei Menschen** bestimmt sind,
– zur **klinischen Prüfung bei Tieren** oder zur Rückstandsprüfung bestimmt sind
   oder
– unter den in Art. 83 der Verordnung (EG) Nr. 726/2004 genannten Voraussetzungen
   kostenlos für eine Anwendung bei Patienten zur Verfügung gestellt werden, die an einer **zu einer schweren Behinderung führenden Erkrankung** leiden oder deren
   Krankheit **lebensbedrohend** ist, und die mit einem zugelassenen Arzneimittel nicht
   zufrieden stellend behandelt werden können; dies gilt auch für die nicht den Kategorien des Art. 3 Abs. 1 oder 2 der Verordnung (EG) Nr. 726/2004 zugehörigen Arzneimitteln; Verfahrensregelungen werden in einer Rechtsverordnung nach § 80 AMG
   (Verordnung über das Inverkehrbringen von Arzneimitteln ohne Genehmigung oder
   ohne Zulassung in Härtefällen vom 14. 7. 2010 – **AMHV** – BGBl. I S. 935) bestimmt (sog. „Compassionate Use"; dazu unten Rn. 168).

93   **3. Tathandlung** ist das Inverkehrbringen, das ohne die erforderliche Zulassung
(vgl. oben Rn. 86) oder ohne Genehmigung der Kommission der Europäischen
Gemeinschaften oder des Rates der Europäischen Union erfolgt. Der Straftatbestand richtet sich in erster Linie an **pharmazeutische Unternehmer** als Hersteller von Arzneimitteln. Er ist freilich nicht auf Tathandlungen dieser Akteure am
Arzneimittelmarkt beschränkt, sondern erfasst vielmehr jeden, der die unter den
Rn. 72 ff. näher bezeichneten Arzneimittel – also insbesondere Fertigarzneimittel –
ohne die erforderliche Zulassung oder ohne Genehmigung der Kommission der

Europäischen Gemeinschaften oder des Rates der Europäischen Union in den Verkehr bringt. Der Verstoß ist damit kein Sonder-, sondern ein **Jedermannsdelikt**. Dies folgt nicht zuletzt daraus, dass es Ziel der Zulassungsvorschriften ist, die Bevölkerung vor den Risiken des Gebrauchs ungeprüfter Arzneimittel zu schützen (*Ulsenheimer* in FS für Rissing-van Saan [2011], S. 703). Ausgehend hiervon ist der Einsatz **nicht zugelassener**, aber zulassungspflichtiger Arzneimittel auch für Ärzte und Apotheker aus strafrechtlicher Perspektive riskant. Der sog. „Off-Label-Use" eines Arzneimittels (vgl. dazu auch unten Rn. 169), d. h. sein Einsatz außerhalb des von der zuständigen Behörde genehmigten Gebrauchs, stellt dagegen in keinem Fall ein Inverkehrbringen „ohne Zulassung" im Sinne des § 96 Nr. 5 AMG dar, weil das Präparat in diesem Fall die dem Zulassungsverfahren immanenten Hürden (analytische Prüfung; pharmakologisch-toxikologische Versuche; klinische Prüfungen) genommen und damit seine Unbedenklichkeit – zumindest im Einzugsbereich der der Zulassung zugrundeliegenden Anwendungsvoraussetzungen – unter Beweis gestellt hat (*Ulsenheimer* a. a. O., S. 704 f. m. w. N. auch zur Gegenansicht).

4. Einzelfälle/Erscheinungsformen. a) Verlängerte Rezeptur. Die nach 94 § 21 Abs. 2 Nr. 1 AMG vorgesehene Ausnahme von der Zulassungspflicht gilt nur für solche Rezepturarzneimittel, die als abgabefertige Packungen hergestellt werden, deren Herstellung sich im Rahmen eines üblichen Apothekenbetriebs hält und die vor allem auf Grund einer häufigen ärztlichen oder zahnärztlichen Verschreibung hergestellt werden. Verschreibungen von Tierärzten oder etwa Heilpraktikern müssen insoweit außer Betracht bleiben (*Kloesel/Cyran* § 21 AMG Nr. 33). Die Ausnahme von der Zulassungspflicht gilt auch nur insoweit, als sich die betreffenden Erzeugnisse in einem regional begrenzten Gebiet, nämlich dem **Einzugs- und Versorgungsbereich der Apotheke** vertrieben werden (*Hamburg* PharmR 2008, 448 = GRUR-RR 2008, 455 = NJOZ 2008, 2366 [Klean-Prep]).

b) Aphrodisiaka. Wird eine Nitritverbindung vertrieben, die wegen der mit 95 ihrer Einnahme verbundenen erheblichen Risiken nicht mehr als Arzneimittel gegen Herzbeschwerden zugelassen ist und die in Künstler- und Homosexuellenkreisen als **Aphrodisiakum und Riechwasser** missbraucht wird, kommt eine Strafbarkeit nach § 96 Nr. 5 AMG und wegen eines im Einzelfall festzustellenden negativen Nutzen–Risiko-Verhältnisses darüber hinaus auch eine solche nach § 95 Abs. 1 Nr. 1 AMG (Inverkehrbringen **bedenklicher Arzneimittel**) in Betracht.

c) Doping-Drogen. Nach § 6a Abs. 1 AMG ist es unter anderem verboten, 96 Arzneimittel zu Dopingzwecken im Sport in den Verkehr zu bringen; Verstöße gegen das Verbot sind primär Regelungsgegenstand der Strafnorm des § 95 Abs. 1 Nr. 2a AMG (dazu § 95 AMG Rn. 83 ff.). Verstößt das Inverkehrbringen eines Arzneimittels aber gegen ein gesetzliches Verbot, ist seine Zulassung zu versagen (§ 25 Abs. 2 Nr. 7 AMG); eine bereits erteilte Zulassung ist gem. § 30 Abs. 1 S. 1 AMG zu widerrufen, wenn und weil der Versagungsgrund nachträglich eingetreten ist. Handelt es sich daher bei einem Dopingmittel um ein zulassungspflichtiges Fertigarzneimittel im Sinne des § 21 Abs. 1 AMG (vgl. Rn. 72 ff.), ist – soweit es dem Verbot des § 6a Abs. 1 AMG zuwider in den Verkehr gebracht wird – neben einer Strafbarkeit nach § 95 Abs. 1 Nr. 2a AMG immer auch eine solche nach § 96 Nr. 5 AMG zu prüfen. Beide Rechtsverstöße können tateinheitlich begangen werden.

Haben also etwa die **Trainer eines Sportvereins**, eine im Sport verbotene 97 Substanz besorgt und zur Leistungssteigerung an die Athleten verteilt oder ein in den USA hergestelltes und dort zugelassenes (in Deutschland aber nicht verkehrsfähiges) Fertigarzneimittel zur Vorbereitung auf einen sportlichen Wettkampf beschafft und an die Sportler zu Leistungssteigerungszwecken verteilt, so liegt hierin ein Verstoß gegen das Verbringungsverbot des § 73 Abs. 1 AMG und ein Inverkehrbringen nicht zugelassener Fertigarzneimittel nach § 96 Nr. 5 i. V. m. § 21 Abs. 1 AMG.

Hat der **Inhaber eines Fitness-Studios** Präparate, die speziell für den Body- 98 building-Sport entwickelt wurden, die jedoch in Deutschland wegen erheblicher

Nebenwirkungen und irreführender Produktangaben des Herstellers nicht zugelassen waren, in großem Umfang aus den USA eingeführt und in Deutschland in den Verkehr gebracht, um sich durch deren Verkauf im Sportstudio eine fortlaufende Einnahmequelle zu verschaffen, so kommt neben einem Verstoß nach § 95 Abs. 1 Nr. 2 AMG (ggf. in der Form eines besonders schweren Falles nach § 95 Abs. 3 Nr. 2 Buchst. b) auch ein solcher nach § 96 Nr. 5 AMG in Betracht, sofern es sich bei dem abgegebenen Präparat um ein Fertigarzneimittel im Sinne des § 4 Abs. 1 AMG handelte.

99   **d) Erloschene Zulassung.** Die Zulassung kann gem. § 30 AMG zurückgenommen oder widerrufen werden; darüber hinaus kann ihr Ruhen angeordnet werden (vgl. dazu oben Rn. 89). In allen Fällen erlischt die **Verkehrsfähigkeit** des Erzeugnisses. Wird es dennoch in den Verkehr gebracht, handelt es sich nicht um einen nach § 96 Nr. 5 AMG strafbaren Rechtsverstoß. Es greift vielmehr der Spezialtatbestand des § 96 Nr. 7 AMG (dazu oben Rn. 89 sowie unten Rn. 135 ff.).

100   **e) Therapienotstand.** Nach § 21 Abs. 2 Nr. 4 AMG dürfen in einer tierärztlichen Hausapotheke zwar Arzneimittel für Einzeltiere oder Tiere eines bestimmten Bestandes hergestellt werden, ohne dass das sich hieran anschließende Inverkehrbringen einer Zulassungspflicht nach § 21 Abs. 1 AMG unterliegt. Erfolgt die Herstellung jedoch nicht für bestimmte Tiere oder einen bestimmten Tierbestand, scheidet also eine Anwendbarkeit der Vorschrift des § 21 Abs. 2 Nr. 4 AMG ohnehin von vornherein aus, bedarf es auch keiner Prüfung mehr, ob ein Therapienotstand nach § 21 Abs. 2 a AMG gegeben ist.

101   **f) Grenzüberschreitender Versandhandel.** Nach § 73 Abs. 1 Nr. 1 a AMG dürfen Arzneimittel, die der Pflicht zur Zulassung oder Genehmigung nach § 21 a AMG oder zur Registrierung unterliegen, in den Geltungsbereich des AMG u. a. dann verbracht werden, wenn sie im Falle des Versandes an den Endverbraucher zur Anwendung am oder im menschlichen Körper bestimmt sind und von einer Apotheke eines Mitgliedsstaates der Europäischen Union oder eines anderen Vertragsstaates des Abkommens über den Europäischen Wirtschaftsraum, welche für den Versandhandel nach ihrem nationalen Recht – soweit es dem deutschen Apothekenrecht im Hinblick auf die Vorschriften zum Versandhandel entspricht – oder nach dem deutschen Apothekengesetz befugt ist, *entsprechend den deutschen Vorschriften zum Versandhandel oder zum elektronischen Handel* versandt werden (dazu im Einzelnen Vorbem. AMG Rn. 325 ff.).

V a. Ungenehmigtes Inverkehrbringen von Gewebezubereitungen (§ 96 Nr. 5 a AMG)

102   **1. Begriffe. a) Gewebezubereitungen.** Zum Begriff der Gewebezubereitung vgl. Rn. 66.

103   **b) Inverkehrbringen.** Zum Begriff des Inverkehrbringens vgl. Rn. 23.

104   **2. Genehmigung nach § 21 a AMG.** Gewebezubereitungen, die nicht mit industriellen Verfahren be- oder verarbeitet werden und deren wesentliche Be- oder Verarbeitungsverfahren in der Europäischen Union hinreichend bekannt und deren Wirkungen und Nebenwirkungen aus wissenschaftlichen Erkenntnisquellen ersichtlich sind, dürfen im Geltungsbereich dieses Gesetzes nur in den Verkehr gebracht werden, wenn sie abweichend von der Zulassungspflicht nach § 21 Abs. 1 AMG von der zuständigen Bundesoberbehörde genehmigt worden sind.

105   Gewebezubereitungen, die der Pflicht zur Genehmigung nach § 21 a Abs. 1 AMG unterliegen, sind gem. § 21 Abs. 2 Nr. 1 d AMG von der arzneimittelrechtlichen Zulassungspflicht nach § 21 Abs. 1 AMG ausgenommen. Weil die Zulassungspflicht nach § 21 Abs. 1 S. 1 AMG an den Begriff der **Fertigarzneimittel** (§ 4 Abs. 1 AMG) anknüpft, kommt ein Genehmigungsverfahren nach § 21 a AMG nur dann in Betracht, wenn die Gewebezubereitungen weder **im Voraus hergestellt** und in einer zur Abgabe an den Verbraucher bestimmten Packung in den Verkehr gebracht werden noch bei ihrer Zubereitung ein **industrielles Ver-**

fahren zur Anwendung kommt. Industriell in diesem Sinne ist ein Herstellungs-verfahren dann, wenn es in breitem Maßstab nach einheitlichen Vorschriften (BT-Drs. 15/5316 S. 33) erfolgt (vgl. *Deutsch/Lippert* § 4 AMG Rn. 6), wobei insbe-sondere der Einsatz aufwendiger Produktionseinrichtungen und anspruchsvoller technischer Verfahren ausschlaggebend ist (*Kloesel/Cyran* § 21 a AMG Nr. 4; dort auch zum Gegenbegriff der Herstellung im Labormaßstab).

Inhaltlich unterscheidet sich das **Genehmigungsverfahren** vom **Zulassungs-** 106 **verfahren** vor allem dadurch, dass hier nicht das betreffende Produkt, sondern vielmehr das Herstellungsverfahren einer Bewertung unterzogen wird. Gleichwohl ist auch die Genehmigung selbst produktbezogen (*Rehmann* § 21 a AMG Rn. 1), wie sich vor allem der Regelung des § 21 a Abs. 6 Nr. 3 AMG entnehmen lässt, wonach die Genehmigung insbesondere dann versagt werden kann, wenn die Ge-webezubereitung nicht die vorgesehene Funktion erfüllt oder das Nutzen-Risiko-Verhältnis ungünstig ist. Zum vorausgesetzten Bekanntheitsgrad des Be- und Ve-rarbeitungsverfahrens sowie der Wirkungen und Nebenwirkungen ausführlich *Kloesel/Cyran* § 21 a AMG Nr. 7, 8.

Gewebezubereitungen, deren **Be- und Verarbeitungsverfahren** neu, aber mit 107 einem bekannten Verfahren **vergleichbar** sind, unterfallen nach § 21 Abs. 1 S. 2 AMG ebenfalls der Genehmigungspflicht. Auf eine Zulassung der betreffenden Erzeugnisse kann hier nach der Intention des Gesetzgebers vor allem deshalb ver-zichtet werden, weil der Herstellungsprozess in Bezug auf die von ihm ausgehen-den Gefahren in Anbetracht seiner Vergleichbarkeit mit etablierten Verfahren si-cher eingeschätzt werden kann.

VI. Vorlegen unvollständiger oder unrichtiger Zulassungsunterlagen und unvollständige oder unrichtige Angaben im Zulassungsverfahren (§ 96 Nr. 6 AMG)

Mit Freiheitsstrafe bis zu einem Jahr oder mit Geldstrafe wird nach § 96 Nr. 6 108 AMG bestraft, wer eine nach § 22 Abs. 1 Nr. 3, 5 bis 9, 11, 12, 14 oder 15, Abs. 3 b oder 3 c S. 1 oder § 23 Abs. 2 S. 2 oder 3 erforderliche Angabe nicht voll-ständig oder nicht richtig macht oder eine nach § 22 Abs. 2 oder 3, § 23 Abs. 1, Abs. 2 S. 2 oder 3, Abs. 3, auch in Verbindung mit § 38 Abs. 2, erforderliche Un-terlage oder durch vollziehbare Anordnung nach § 28 Abs. 3, 3 a oder 3 c S. 1 Nr. 2 geforderte Unterlage nicht vollständig oder mit nicht richtigem Inhalt vor-legt.

1. Angaben. Nach § 22 Abs. 1 AMG sind dem Antrag auf Zulassung eine 109 Vielzahl von Angaben beizufügen. Diese Verpflichtung ist insoweit strafrechtlich untermauert, als sie sich auf die folgenden, für die Zulassungsentscheidung **beson-ders wichtigen Angaben** bezieht:

a) die **Bestandteile des Arzneimittels nach Art und Menge**; zur Bezeich- 110
   nung der Art sind die internationalen Kurzbezeichnungen der Weltgesund-heitsorganisation oder, soweit solche nicht vorhanden sind, gebräuchliche wissenschaftliche Bezeichnungen zu verwenden; das Bundesinstitut für Arz-neimittel und Medizinprodukte bestimmt im Einvernehmen mit dem Paul-Ehrlich-Institut und dem Bundesamt für Verbraucherschutz und Lebensmittel-sicherheit die zu verwendenden Bezeichnungen und veröffentlicht diese in ei-ner Datenbank nach § 67 a AMG; zur Bezeichnung der Menge sind Maßein-heiten zu verwenden; sind biologische Einheiten oder andere Angaben zur Wertigkeit wissenschaftlich gebräuchlich, so sind diese zu verwenden (§ 10 Abs. 6 AMG),

b) die **Wirkungen**, 111

c) die **Anwendungsgebiete**, 112

d) die **Gegenanzeigen**, 113

e) die **Nebenwirkungen**, 114

f) die **Wechselwirkungen** mit anderen Mitteln, 115

116 g) Angaben über die **Herstellung des Arzneimittels**,

117 h) die **Art** der Anwendung **und** bei Arzneimitteln, die nur begrenzte Zeit angewendet werden sollen, die **Dauer der Anwendung**,

118 i) die Art der Haltbarmachung, die Dauer der **Haltbarkeit**, die Art der Aufbewahrung, die Ergebnisse von Haltbarkeitsversuchen,

119 j) die Methoden zur Kontrolle der Qualität (**Kontrollmethoden**),

120 k) bei **radioaktiven Arzneimitteln**, die Generatoren sind, sind ferner eine allgemeine Beschreibung des Systems mit einer detaillierten Beschreibung der Bestandteile des Systems, die die Zusammensetzung oder Qualität der Tochterradionuklidzubereitung beeinflussen können, und qualitative und quantitative Besonderheiten des Eluats oder Sublimats anzugeben (§ 22 Abs. 3 b AMG),

121 l) ferner sind Unterlagen vorzulegen, mit denen eine Bewertung möglicher **Umweltrisiken** vorgenommen wird, und für den Fall, dass die Aufbewahrung des Arzneimittels oder seine Anwendung oder die Beseitigung seiner Abfälle besondere Vorsichts- oder Sicherheitsmaßnahmen erfordern, um Gefahren für die Umwelt oder die Gesundheit von Menschen, Tieren oder Pflanzen zu vermeiden, ist dies ebenfalls anzugeben. Angaben zur Verminderung dieser Gefahren sind beizufügen und zu begründen (§ 22 Abs. 3 c S. 1 AMG),

122 m) bei **Arzneimittel-Vormischungen** ist außerdem zu begründen und durch Unterlagen zu belegen, dass sich diese für die bestimmungsgemäße Herstellung der Fütterungsarzneimittel eignen, insbesondere dass sie unter Berücksichtigung der bei der Mischfuttermittelherstellung zur Anwendung kommenden Herstellungsverfahren eine homogene und stabile Verteilung der wirksamen Bestandteile in den Fütterungsarzneimitteln erlauben; ferner ist zu begründen und durch Unterlagen zu belegen, für welche Zeitdauer die Fütterungsarzneimittel haltbar sind (§ 23 Abs. 2 S. 2 AMG),

123 n) bei **Arzneimittel-Vormischungen** ist darüber hinaus eine routinemäßig durchführbare **Kontrollmethode**, die zum qualitativen und quantitativen Nachweis der wirksamen Bestandteile in den Fütterungsarzneimitteln geeignet ist, zu beschreiben und durch Unterlagen über Prüfungsergebnisse zu belegen (§ 23 Abs. 2 S. 3 AMG).

124 **2. Unterlagen.** Vorzulegen sind darüber hinaus diverse Unterlagen; die Verletzung dieser Verpflichtung ist in den folgenden Fällen strafbewehrt. Die Ergebnisse analytischer Prüfungen, pharmakologischer und toxikologischer Versuche und die Ergebnisse klinischer Prüfungen und sonstiger ärztlicher und zahnärztlicher Erprobungen sind so zu belegen, dass aus diesen Art, Umfang und Zeitpunkt der Prüfung hervorgeht. Dem Antrag sind darüber hinaus alle für die Bewertung des Arzneimittels zweckdienlichen Unterlagen beizufügen, unabhängig davon, ob diese **günstig oder ungünstig** sind. Dies gilt auch für unvollständige oder abgebrochene toxikologische oder pharmakologische Versuche oder klinische Prüfungen, § 22 Abs. 2 S. 2 bis 4 AMG. Beizufügen sind:

125 a) die Ergebnisse physikalischer, chemischer, biologischer oder mikrobiologischer Versuche und die zu ihrer Ermittlung angewandten Methoden (**analytische Prüfung**),

126 b) die Ergebnisse der **pharmakologischen und toxikologischen Versuche**,

127 c) die Ergebnisse der **klinischen Prüfungen** oder sonstigen ärztlichen, zahnärztlichen oder tierärztlichen Erprobung,

128 d) eine Erklärung, dass **außerhalb der Europäischen Union durchgeführte klinische Prüfungen** unter ethischen Bedingungen durchgeführt wurden, die mit den ethischen Bedingungen der Richtlinie 2001/20/EG des Parlaments und des Rates vom 4. 4. 2001 zur Angleichung der Rechts- und Verwaltungsvorschriften der Mitgliedstaaten über die Anwendung der guten klinischen Praxis bei der Durchführung von klinischen Prüfungen mit Humanarzneimitteln (ABl. L Nr. 121 vom 1. 5. 2001, S. 34) gleichwertig sind,

129 e) eine detaillierte Beschreibung des **Pharmakovigilanz- und**, soweit zutreffend, des **Risikomanagement-Systems**, das der Antragsteller einführen wird,

f) den Nachweis, dass der Antragsteller über eine **qualifizierte Person** nach 130
§ 63a verfügt, die mit den notwendigen Mitteln zur Wahrnehmung der Verpflichtungen nach § 63b ausgestattet ist,

g) eine Kopie jeder Ausweisung des Arzneimittels als **Arzneimittel für seltene** 131
Leiden gemäß der Verordnung (EG) Nr. 141/2000 des Europäischen Parla-
ments und des Rates vom 16. 12. 1999 über Arzneimittel für seltene Leiden
(ABl. L Nr. 18 S. 1),

h) Anforderungen an die für **Tierarzneimittel** vorzulegenden Unterlagen erge- 132
ben sich aus § 23 AMG,

3. Auflagen. Die Zulassung kann mit Auflagen verbunden werden, § 28 Abs. 1 133
S. 1 AMG. Nach § 28 Abs. 3, 3a und 3c S. 1 Nr. 2 AMG kann insbesondere die
Durchführung weiterer analytischer, pharmakologisch-toxikologischer oder klinischer Prüfungen, die Einführung eines Risiko-Management-Systems oder (bei
Arzneimitteln und Ausgangsstoffen, die biologischer Herkunft sind oder auf biotechnischem Wege hergestellt werden) die Beibringung von Belegen zur Eignung
bestimmter Maßnahmen und Verfahren angeordnet werden. Die unrichtige oder
unvollständige Vorlage diesbezüglicher Unterlagen ist nach § 96 Nr. 6 AMG ebenfalls strafrechtlich relevant.

4. Tathandlung. Tathandlung nach § 96 Nr. 6 AMG ist die Abgabe einer Wis- 134
senserklärung (Angabe), die in tatsächlicher Hinsicht unrichtig oder unvollständig
ist. Darüber hinaus handelt tatbestandsmäßig, wer eine der genannten Unterlagen
nicht vollständig oder mit unrichtigem Inhalt vorlegt. Nicht vollständig liegt eine
Unterlage auch dann vor, wenn sie der zuständigen Behörde überhaupt nicht zur
Verfügung gestellt wird, weil die Nichtvorlage als die in tatsächlicher Hinsicht
höchste Form der Unvollständigkeit von Unterlagen angesehen werden kann.

**VII. Inverkehrbringen zulassungspflichtiger Arzneimittel,
deren Zulassung ruht, zurückgenommen oder widerrufen wurde
(§ 96 Nr. 7 AMG)**

Ein Arzneimittel darf nach § 30 Abs. 4 S. 1 Nr. 1 AMG nicht (mehr) in den 135
Verkehr gebracht werden, wenn seine Zulassung (dazu oben Rn. 86) zurückge-
nommen oder widerrufen wurde oder die Zulassung ruht (dazu oben Rn. 89).
Wird es dennoch in den Verkehr gebracht, kommt ein Vergehen nach § 96 Nr. 7
AMG in Betracht.

1. Zulassungspflichtiges Arzneimittel. Zum Arzneimittelbegriff vgl. Vor- 136
bem. AMG Rn. 37ff. Ein strafbarer Rechtsverstoß kann freilich nur dann vorliegen, wenn es sich um ein zulassungspflichtiges Arzneimittel handelt. Insoweit ist
die Vorschrift des § 21 AMG relevant. Wird daher eine Zulassung für ein Arzneimittel zurückgenommen oder widerrufen, das nach der einschlägigen Vorschrift
des § 21 AMG überhaupt nicht zulassungspflichtig war, kommt eine Strafbarkeit
nicht in Betracht. Bedeutung können daher auch in diesem Zusammenhang die
Ausnahmen von der Zulassungspflicht nach § 21 Abs. 2 AMG (dazu oben Rn. 92)
erlangen.

2. Widerruf, Rücknahme, Ruhen der Zulassung. Vgl. dazu oben Rn. 89. 137
Mit dem Wegfall der Zulassung und mit der Ruhensanordnung verliert das Arzneimittel seine **Verkehrsfähigkeit**.

3. Inverkehrbringen. Inverkehrbringen ist nach § 4 Abs. 17 AMG das Vorrä- 138
tighalten zum Verkauf oder zu sonstiger Abgabe, das Feilhalten, das Feilbieten und
insbesondere die Abgabe an andere. Zu den Einzelheiten vgl. ergänzend § 95
AMG Rn. 44ff.

Nach § 30 Abs. 4 S. 2 AMG darf das Arzneimittel nach Widerruf oder Rück- 139
nahme der Zulassung oder im Falle der Anordnung ihres Ruhens unter entsprechender Kenntlichmachung an den pharmazeutischen Unternehmer zurückgegeben werden. Ausgehend hiervon ist umstritten, ob eine solche **Rückgabe** an den

pharmazeutischen Unternehmer als **Abgabe** im arzneimittelrechtlichen Sinne eingestuft werden kann (vgl. *Kloesel/Cyran* § 4 AMG Nr. 57 a. E. m. w. N.; *Rehmann* § 4 AMG Rn. 19; zur Rückgabe gestohlener Betäubungsmittel vgl. auch BGHSt 30, 359 = NStZ 1982, 250 = NJW 1982, 1337). Die besseren Gründe dürften dafür sprechen, diese Frage jedenfalls im hier interessierenden Zusammenhang entweder grundsätzlich zu verneinen, mindestens aber Entscheidungen über die aus einer derartigen Subsumtion folgenden Konsequenzen einer gesonderten Betrachtung nach Maßgabe der im Einzelfall anzuwendenden (Verbots-)Norm und mit Blick auf deren Schutzzweck vorzubehalten und deshalb im vorliegenden Kontext eine Strafbarkeit zu verneinen.

140 **4. Verhältnis zu § 96 Nr. 5 AMG.** Wird ein Fertigarzneimittel oder ein Arzneimittel, das zur Anwendung bei Tieren bestimmt ist, entgegen § 21 Abs. 1 AMG **ohne die erforderliche Zulassung** oder Genehmigung der Kommission der Europäischen Gemeinschaften oder des Rates der Europäischen Union in den Verkehr gebracht, liegt ein Vergehen nach § 96 Nr. 5 AMG vor (dazu oben Rn. 72 ff.). Weil ein Arzneimittel eigentlich auch dann ohne Zulassung in den Verkehr gebracht wird, wenn diese zurückgenommen oder widerrufen worden ist (anders möglicherweise für den Fall des Ruhens der Zulassung), ist die Vorschrift des § 96 Nr. 7 AMG als Spezialtatbestand zu begreifen, der in seinem Anwendungsbereich einen Rückgriff auf die Vorschrift des § 96 Nr. 5 AMG ausschließt (vgl. auch oben Rn. 89).

VIII. Inverkehrbringen der Charge eines Serums, eines Impfstoffes oder eines Allergens ohne Freigabe (§ 96 Nr. 8 AMG)

141 Nach § 32 Abs. 1 S. 1 AMG darf die Charge eines Serums, eines Impfstoffes oder eines Allergens – ungeachtet ihrer Zulassung – nur in den Verkehr gebracht werden, wenn sie von der zuständigen Bundesoberbehörde freigegeben worden ist.

142 **1. Begriffe. a) Sera** sind nach § 4 Abs. 3 S. 1 AMG Arzneimittel im Sinne des § 2 Abs. 1 AMG (dazu ausführlich Vorbem. AMG Rn. 37 ff.), die Antikörper, Antikörperfragmente oder Fusionsproteine mit einem funktionellen Antikörperbestandteil als Wirkstoff enthalten und wegen dieses Wirkstoffs angewendet werden. Zu den Sera zählen auch polyvalente Immunglobuline (*BVerwG* NVwZ-RR 2004, 253 = DVBl. 2004, 843 Ls).

143 Sera werden häufig – aber nicht ausschließlich – zur **passiven Immunisierung** eingesetzt. Anders als bei der aktiven Immunisierung durch Impfstoffe werden die therapeutisch notwendigen Abwehrstoffe also nicht durch das eigene Immunsystem gebildet, sondern es werden vielmehr von anderen Organismen (Menschen oder Tiere) gebildete Abwehrstoffe gezielt gegen einen bestimmten Erreger in den Körper eingebracht. Der Vorteil besteht darin, dass die benötigten Antikörper unmittelbar zur Verfügung stehen, weshalb eine passive Immunisierung regelmäßig dann in Erwägung gezogen wird, wenn eine Infizierung bereits stattgefunden hat oder der Patient einem bestimmten Krankheitserreger ausgesetzt war (Postexpositionsprophylaxe). Der Schutz hält freilich nur so lange an, bis die Abwehrstoffe im Körper abgebaut sind.

144 Der Begriff der **Antikörper** bezeichnet eine zu den Gammaglobulinen gehörende heterogene Gruppe von Glykoproteinen. Sie werden als Antwort des Immunsystems nach dem Kontakt des Organismus mit einem Antigen von B-Lymphozyten und Plasmazellen gebildet und reagieren mit dem entsprechenden Antigen in spezifischer Weise (sog. Antigen-Antikörper-Reaktion), *Hunnius* Pharmazeutisches Wörterbuch, 9. Aufl. 2004.

145 **b) Impfstoffe** sind nach § 3 Abs. 4 AMG Arzneimittel im Sinne des § 2 Abs. 1 AMG (dazu ausführlich Vorbem. AMG Rn. 37 ff.), die Antigene oder rekombinante Nukleinsäuren enthalten und die dazu bestimmt sind, bei Mensch oder Tier zur Erzeugung von spezifischen Abwehr- und Schutzstoffen angewendet zu wer-

den und, soweit sie rekombinante Nukleinsäuren enthalten, ausschließlich zur
Vorbeugung oder Behandlung von Infektionskrankheiten bestimmt sind.

Impfstoffe dienen der **aktiven Immunisierung** (zur sog. passiven Immunisie- 146
rung vgl. oben Rn. 143); die Antikörper werden also nach dem Kontakt mit dem
Impfstoff vom Körper selbst gebildet.

c) Allergene sind nach § 4 Abs. 5 AMG Arzneimittel im Sinne des § 2 Abs. 1 147
AMG (dazu ausführlich Vorbem. AMG Rn. 37 ff.), die Antigene oder Haptene
enthalten und dazu bestimmt sind, bei Mensch oder Tier zur Erkennung von spezifischen Abwehr- oder Schutzstoffen angewendet zu werden (**Testallergene**) oder
Stoffe enthalten, die zur antigenspezifischen Verminderung einer spezifischen immunologischen Überempfindlichkeit angewendet werden (**Therapieallergene**).

Antigene (Abk. für Antisomatogene) sind Substanzen, die von einem Organis- 148
mus als fremd erkannt werden und auf dieser Basis eine spezifische Immunantwort
auslösen, *Hunnius* Pharmazeutisches Wörterbuch, 9. Aufl. 2004.

Haptene sind niedermolekulare Substanzen oder Ionen (etwa Cobalt- oder Ni- 149
ckelionen) und isoliert keine vollwertigen Antigene, wenn und weil sie für sich
betrachtet nicht in der Lage sind, eine Immunreaktion des Körpers auszulösen.
Gekoppelt an einen hochmolekularen Träger (etwa ein körpereigenes Protein)
werden sie zum Vollantigen.

d) Charge. Eine Charge ist nach § 4 Abs. 16 AMG die jeweils aus derselben 150
Ausgangsmenge in einem **einheitlichen Herstellungsvorgang** oder bei einem
kontinuierlichen Herstellungsverfahren in einem bestimmten Zeitraum erzeugte
Menge eines Arzneimittels.

2. Freigabe. Die zuständige Bundesoberbehörde gibt eine Charge frei, wenn 151
die staatliche **Chargenprüfung** ergeben hat, dass sie nach Herstellungs- und Kontrollmethoden, die dem jeweiligen Stand der wissenschaftlichen Erkenntnisse entsprechen, hergestellt und geprüft worden ist und dass sie die erforderliche **Qualität, Wirksamkeit und Unbedenklichkeit** aufweist, § 32 Abs. 1 S. 2 AMG. Die
Entscheidung über die Freigabe ist innerhalb einer Frist von 2 Monaten nach Eingang der zu prüfenden Chargenprobe zu treffen, § 32 Abs. 1 a S. 1 AMG.

Die Freigabe ist **Verwaltungsakt. Rücknahme** und **Widerruf** sind nach Maß- 152
gabe des § 32 Abs. 5 AMG möglich; sie sind nach § 34 Abs. 1 Nr. 8 AMG im
Bundesanzeiger bekannt zu machen.

Nach § 35 Abs. 1 Nr. 3 AMG ist das Bundesministerium für Gesundheit (vgl. § 6 153
Abs. 1 S. 1 AMG) ermächtigt, durch **Rechtsverordnung** mit Zustimmung des
Bundesrates die Vorschriften über die Freigabe einer Charge auf andere Arzneimit-
tel auszudehnen, die in ihrer Zusammensetzung oder in ihrem Wirkstoffgehalt
Schwankungen unterworfen sind. Entsprechende Regelungen enthalten etwa die

– Verordnung zur Ausdehnung der Vorschriften über die Zulassung und staatliche Chargenprüfung auf Tests zur In-vitro-Diagnostik nach dem Arzneimittelgesetz vom 24. 5.
  2000 (**IVD-AMG-V**; BGBl. I S. 746) und die
– Verordnung über die Ausdehnung der Vorschriften über die Zulassung der Arzneimittel auf Therapieallergene, die für einzelne Personen auf Grund einer Rezeptur hergestellt werden, sowie über Verfahrensregelungen der staatlichen Chargenprüfung vom
  7. 11. 2008 (**TherapAllVO**; BGBl. I S. 2177).

3. Tathandlung. Verboten ist das **Inverkehrbringen** einer Charge. Hierunter 154
ist nach § 4 Abs. 17 AMG das Vorrätighalten zum Verkauf oder zu sonstiger Abgabe, das Feilhalten, das Feilbieten und vor allem die Abgabe an andere zu verstehen.
Zu den Einzelheiten vgl. § 95 AMG Rn. 44 ff.

IX. Inverkehrbringen von Fertigarzneimitteln als homöopathische oder traditionelle pflanzliche Arzneimittel ohne Registrierung (§ 96 Nr. 9 AMG)

1. Begriffe. a) Fertigarzneimittel sind nach § 4 Abs. 1 AMG solche Arznei- 155
mittel, die im Voraus hergestellt und in einer zur Abgabe an den Verbraucher be-

stimmten Packung in den Verkehr gebracht werden oder andere zur Abgabe an den Verbraucher bestimmte Arzneimittel, bei deren Zubereitung in sonstiger Weise ein industrielles Verfahren zur Anwendung kommt oder die, ausgenommen in Apotheken, gewerblich hergestellt werden. Zu den Einzelheiten vgl. oben Rn. 72 ff.

156   **b) Homöopathische Arzneimittel.** Als homöopathische Arzneimittel werden nach § 4 Abs. 26 AMG solche Arzneimittel bezeichnet, die nach einem im Europäischen Arzneibuch oder, in Ermangelung dessen, nach einem in den offiziell gebräuchlichen Pharmakopöen der Mitgliedstaaten der Europäischen Union beschriebenen **homöopathischen Zubereitungsverfahren** hergestellt werden. Ein homöopathisches Arzneimittel kann auch mehrere Wirkstoffe enthalten. Unerheblich ist vor dem Hintergrund dieser Begriffsbestimmung insbesondere, ob das betreffende Arzneimittel als Human- oder Tierarzneimittel eingesetzt werden soll (*Kloesel/Cyran* § 4 AMG Nr. 78).

157   Entscheidend für die Einstufung eines Erzeugnisses als homöopathisches Arzneimittel ist vordringlich der Einsatz eines **homöopathischen Zubereitungsverfahrens.** Der Begriff selbst ist freilich gesetzlich nicht definiert. Sein Inhalt erschließt sich nur mit Blick auf die von § 4 Abs. 26 AMG vorausgesetzte Beschreibung im Europäischen Arzneibuch oder in einem offiziell gebräuchlichen Pharmakopöe.

158   Ein **Arzneibuch** (*Pharmakopöe*) ist eine amtliche Vorschriftensammlung für die Zubereitung, Qualität, Prüfung, Bezeichnung, Lagerung und Abgabe einer bestimmten Auswahl von Arzneimitteln (*Hunnius*, Pharmazeutisches Wörterbuch, 9. Aufl. 2004). Zum **Europäischen Arzneibuch** ausführlich *Kloesel/Cyran* § 55 Nr. 26 f.

159   Nach § 55 Abs. 1 AMG ist das Arzneibuch eine vom Bundesinstitut für Arzneimittel und Medizinprodukte im Einvernehmen mit dem Paul-Ehrlich-Institut und dem Bundesamt für Verbraucherschutz und Lebensmittelsicherheit bekannt gemachte Sammlung anerkannter pharmazeutischer Regeln über die Qualität, Prüfung, Lagerung, Abgabe und Bezeichnung von Arzneimitteln und den bei ihrer Herstellung verwendeten Stoffen. Die Regeln des Arzneibuches werden gem. § 55 Abs. 2 von der **Deutschen Arzneibuch-Kommission** und der Europäischen Arzneibuch-Kommission beschlossen. Die Deutsche Arzneibuch-Kommission hat die Aufgabe, über die Regeln des Arzneibuchs zu beschließen und die zuständige Bundesoberbehörde bei den Arbeiten im Rahmen des Übereinkommens über die Ausarbeitung eines Europäischen Arzneibuches zu unterstützen, § 55 Abs. 3 AMG.

160   Das **Homöopathische Arzneibuch** (vgl. zur Deutschen Homöopathischen Arzneibuch-Kommission § 55 Abs. 6 AMG) enthält vor allem die Beschreibung von Herstellungsverfahren der Homöopathie.

161   **c) Traditionelle pflanzliche Arzneimittel.** Eine Definition des Begriffes der traditionellen pflanzlichen Arzneimittel enthält das AMG nicht. Das Gesetz definiert jedoch den Begriff der pflanzlichen Arzneimittel: **Pflanzliche Arzneimittel** sind nach § 4 Abs. 29 AMG solche Arzneimittel, die als Wirkstoff ausschließlich einen oder mehrere pflanzliche Stoffe oder eine oder mehrere pflanzliche Zubereitungen oder eine oder mehrere solcher pflanzlichen Stoffe in Kombination mit einer oder mehreren solcher pflanzlichen Zubereitungen enthalten. Der Begriffsteil *„traditionell"* erschließt sich, wenn man die Regelungen zu den im Registrierungsverfahren vorzulegenden Unterlagen nach § 39 b Abs. 1 S. 1 Nr. 4 AMG näher betrachtet: Danach hat der Antragsteller insbesondere bibliographische Angaben über die traditionelle Anwendung oder Berichte von Sachverständigen beizufügen, aus denen hervorgeht, dass das betreffende oder ein entsprechendes Arzneimittel zum Zeitpunkt der Antragstellung **seit mindestens 30 Jahren**, davon mindestens 15 Jahre in der Europäischen Union, medizinisch oder tiermedizinisch verwendet wird und dass die pharmakologischen Wirkungen oder die Wirksamkeit des Arzneimittels auf Grund langjähriger Anwendung und Erfahrung plausibel sind (vgl. auch BT-Drs. 15/5316 S. 41).

2. Registrierung. Nach §§ 38 Abs. 1 S. 1, 39 a S. 1 AMG dürfen die dort ge-   162
nannten Erzeugnisse erst dann in den Verkehr gebracht werden, wenn sie in ein bei
der zuständigen Bundesoberbehörde geführtes **Register** eingetragen sind; die gesetzlich geregelten Ausnahmen vom Registrierungserfordernis sind zu beachten.
Mit der Registrierung werden die genannten Erzeugnisse **verkehrsfähig** (*Rehmann*
§ 38 Rn. 5). Für die Frage, ob die Registrierung allein produkt- oder (wenigstens
auch) personenbezogen wirkt, gelten die Ausführungen zur Zulassung von Arzneimitteln entsprechend (vgl. dazu oben Rn. 90).

3. Tathandlung. Untersagt und daher auch Gegenstand des arzneimittelstraf-   163
rechtlichen Vorwurfes ist das **Inverkehrbringen** der genannten Arzneimittel ohne
die erforderliche Registrierung. Hierunter fallen gemäß § 4 Abs. 17 AMG das
Vorrätighalten zum Verkauf oder zu sonstiger Abgabe, das Feilhalten, das Feilbieten
und die Abgabe an andere. Zu den Einzelheiten vgl. § 95 AMG Rn. 44 ff.

X. Verletzung allgemeiner Anforderungen an die klinische Prüfung eines Arzneimittels (§ 96 Nr. 10 AMG)

1. Klinische Prüfung von Arzneimitteln. Bevor ein zulassungspflichtiges   164
Arzneimittel (vgl. dazu oben Rn. 85 ff.) in Deutschland zugelassen werden kann
und damit Verkehrsfähigkeit erlangt, ist es aus Gründen der Arzneimittelsicherheit
einer klinischen Prüfung zu unterziehen (vgl. § 22 Abs. 2 Nr. 3 AMG, §§ 40 ff.
AMG). Weil die Prüfung der Wirkungen und Nebenwirkungen eines noch nicht
zugelassenen Arzneimittels durch Anwendung am Menschen vielfältige gesundheitliche, ethische und rechtliche Risiken birgt, muss vor der Genehmigung eines
klinischen Versuchs sorgfältig geprüft werden, ob die Anwendung des Prüfmittels
am Menschen zu verantworten ist, ob die erkannten Risiken und Nebenwirkungen vermeidbar oder ärztlich beherrschbar sind oder unter Einhaltung bestimmter
Sicherheitsvorkehrungen so stark abgeschwächt werden können, dass für den Probanden kein Schaden entsteht. Schließlich muss aus ethischen Gründen gewährleistet sein, dass der Proband vor seiner Einverständniserklärung ausreichend über die
Risiken des klinischen Versuchs aufgeklärt wird und während des Versuchs ständig
vom Prüfleiter auf die Einhaltung der Grundsätze und den Nichteintritt von Risiken geachtet wird. Zur Geschichte der klinischen Prüfung vgl. *Mayer* Strafrechtliche Produktverantwortung bei Arzneimittelschäden [2008], § 3 A II 1 b).

2. Begriffe. a) Arzneimittel. Zum Begriff der **Arzneimittel** ausführlich Vor-   165
bem. AMG Rn. 37 ff.

b) Klinische Prüfung. Eine klinische Prüfung bei Menschen ist nach § 4   166
Abs. 23 AMG jede am Menschen durchgeführte Untersuchung, die dazu bestimmt
ist, klinische oder pharmakologische Wirkungen von Arzneimitteln zu erforschen
oder nachzuweisen oder Nebenwirkungen festzustellen oder Resorption, die Verteilung, den Stoffwechsel oder die Ausscheidung zu untersuchen, mit dem Ziel,
sich von der Unbedenklichkeit und/oder Wirksamkeit der Arzneimittel zu überzeugen. Die klinische Prüfung ist vom ärztlichen Heilversuch (dazu Rn. 167), vom
sog. Compassionate Use (Rn. 168), vom Einsatz eines Arzneimittels „Off-Label"
(Rn. 169), von Therapieoptimierungsstudien (Rn. 170) und von sog. nichtinter-
ventionellen Prüfungen (Rn. 171) abzugrenzen.

aa) Ärztlicher Heilversuch. Anders als bei einem ärztlichen Heilversuch steht   167
bei der klinischen Prüfung die Sammlung von Erkenntnissen über das Arzneimittel
im Vordergrund, nicht dagegen ein konkreter Therapieerfolg zugunsten des betroffenen Patienten (sog. subjektive Indikation der Medikation), vgl. dazu auch *Mayer*
Strafrechtliche Produktverantwortung bei Arzneimittelschäden [2008], § 3 A II 1 e)
(B), (C); *Rehmann* Vor § 40 AMG Rn. 3; *Hasskarl* Rechtsfragen bei der Anwendung eines nicht zugelassenen Arzneimittels, PharmR 2010, 444).

bb) „Compassionate Use". Der sog. „compassionate use" eines Arzneimit-   168
tels, der als Alternative zu einem individuellen Heilversuch in Betracht kommt

(*Rehmann* Vor § 21 AMG Rn. 35) und für den nach § 21 Abs. 2 Nr. 6 AMG eine Ausnahme von der Zulassungspflicht vorgesehen ist, betrifft Arzneimittel, die kostenlos für eine Anwendung bei Patienten zur Verfügung gestellt werden, die an einer zu einer schweren Behinderung führenden Erkrankung leiden oder deren Krankheit lebensbedrohend ist, und die mit einem zugelassenen Arzneimittel nicht zufrieden stellend behandelt werden können. Die Anwendung eines nicht zugelassenen, aber möglicherweise wirksamen Präparates erfolgt in diesen Fällen ausschließlich „aus Gründen des überwältigenden Mitleids" (*Mayer* Strafrechtliche Produktverantwortung bei Arzneimittelschäden [2008], § 3 A II 1 f) (B)) und ist daher auch hier nicht Ausdruck wissenschaftlicher Interessen über den konkreten Einzelfall hinaus, sondern vielmehr Gegenstand der ärztlichen Therapiefreiheit. Wird freilich nach mehreren erfolgreichen Therapieversuchen dazu übergegangen, die im Rahmen der Behandlung gewonnenen Erkenntnisse einer objektivierten Überprüfung anhand von Vergleichsgruppen zu unterziehen, dürfte die Grenze zur klinischen Prüfung erreicht und überschritten sein (*Mayer* Strafrechtliche Produktverantwortung bei Arzneimittelschäden [2008] § 3 A II 1 f) (B) m. w. N.). Zur Haftung des Pharmaherstellers beim sog. „Compassionate Use" *Harney* PharmR 2010, 18. Vgl. auch die Verordnung über das Inverkehrbringen von Arzneimitteln ohne Genehmigung oder ohne Zulassung in Härtefällen vom 14. 7. 2010 (**AMHV**; BGBl. I S. 935; vgl. dazu oben Rn. 92 a. E. sowie *Fulda* PharmR 2010, 517; *Jäkel* Hemmnisse für den Compassionate Use durch die 15. AMG-Novelle, PharmR 2009, 323).

169   **cc) „Off-Label-Use".** Der sog. „Off-Label-Use" eines Arzneimittels, also die therapeutische Anwendung außerhalb des Indikationsbereiches, für das es zugelassen ist (im Einzelnen *Fuhrmann/Klein/Fleischfresser* Arzneimittelrecht, § 46 Rn. 51: jede Abweichung vom genehmigten „Kern der Zulassung", die damit also auch Abweichungen vom Anwendungsgebiet, der Dosierung und der Darreichungsform erfassen wollen; vgl. auch *Ulsenheimer* in FS für Rissing-van Saan [2011], S. 701), der für den Patienten regelmäßig mit einem höheren Risiko verbunden ist und der deshalb in jedem Einzelfall einer besonderen sachlichen Rechtfertigung bedarf, wird nicht nur allgemein für zulässig erachtet. Vielmehr kann die Anwendung eines Arzneimittels „Off-Label" in Einzelfällen gerade Ausfluss der **ärztlichen Sorgfalt** sein (vgl. *Dieners/Reese*, Handbuch des Pharmarechts, § 7 Rn. 66), nämlich etwa dann, wenn ein ausschließlich für die Anwendung bei Jugendlichen und Erwachsenen zugelassenes Arzneimittel in Ermangelung alternativer Behandlungsmethoden bei Kindern angewendet werden soll und im Rahmen einer Abwägung der mögliche Nutzen der Medikation einerseits deren Risiken (und auch das Risiko der Nichtbehandlung) andererseits deutlich überwiegen (*Naumburg*, Urteil v. 11. 7. 2006 – 1 U 1/06, BeckRS 2007, 03103). Zur Anwendung von Aciclovir (Zovirax®) zur Behandlung einer Herpes-Enzephalitis (ICD-10 G04) vgl. *Köln* NJW-RR 1991, 880. Zu den straf- und haftungsrechtlichen Konsequenzen des „Off-Label-Use" vgl. *Ulsenheimer* in FS für Rissing-van Saan [2011], S. 701 ff.

170   **dd) Therapieoptimierungsstudien.** Der „Off-Label-Use" unterscheidet sich von der klinischen Prüfung dadurch, dass er – einer ärztlichen Entscheidung im Einzelfall folgend – ausschließlich zu Therapiezwecken bei einem ganz bestimmten Patienten dient. Dies gilt selbst dann, wenn daneben das Ziel verfolgt wird, zur Verbesserung des bestehenden therapeutischen Standards Entscheidungshilfen und Therapiestrategien für die tägliche Praxis des klinisch tätigen Arztes zu entwickeln (sog. Therapieoptimierungsstudien; *Mayer*, Strafrechtliche Produktverantwortung bei Arzneimittelschäden [2008] § 3 A II 1 f) (C) m. w. N. auch zur Gegenansicht). Zwar unterscheiden sich Therapieoptimierungsstudien in methodischer Hinsicht nur unwesentlich von klinischen Prüfungen. Ziel solcher Studien ist jedoch nicht der Erkenntnisgewinn über Eigenschaften des eingesetzten Arzneimittels, sondern allein eine optimierte Patientenversorgung (*Krych/Hiddemann* PharmR 2004, 73, 75).

ee) Nichtinterventionelle Prüfung. Von der klinischen Prüfung ist die sog. 171
nichtinterventionelle Prüfung zu unterscheiden. Hierbei handelt es sich nach § 4
Abs. 23 S. 3 AMG um eine Untersuchung, in deren Rahmen Erkenntnisse aus der
Behandlung von Personen mit Arzneimitteln anhand epidemiologischer Methoden
analysiert werden. Diagnose, Behandlung und Überwachung folgen dabei nicht
einem vorab festgelegten Prüfplan, sondern ausschließlich der ärztlichen Praxis.
Soweit es sich um ein zulassungspflichtiges oder nach § 21 a Abs 1 AMG genehmigungspflichtiges Arzneimittel handelt, erfolgt dies ferner gemäß den in der Zulassung oder der Genehmigung festgelegten Angaben für seine Anwendung.

c) Sponsor ist nach § 4 Abs. 4 AMG eine natürliche oder juristische Person, 172
die die Verantwortung für die Veranlassung, Organisation und Finanzierung einer
klinischen Prüfung bei Menschen übernimmt. Der Begriff der Veranlassung bezieht sich dabei auf den gesamten Ablauf der klinischen Prüfung (*Kloesel/Cyran* § 4
AMG Nr. 74; zu Vertretern des Sponsors vgl. dort Nr. 74 a).

d) Prüfer. Eine Definition des Prüfers enthält die Vorschrift des § 4 Abs. 25 173
AMG. Danach ist der Prüfer in der Regel ein für die Durchführung der klinischen
Prüfung bei Menschen in einer Prüfstelle verantwortlicher Arzt oder in begründeten Ausnahmefällen eine andere Person, deren Beruf auf Grund seiner wissenschaftlichen Anforderungen und der seine Ausübung voraussetzenden Erfahrungen
in der Patientenbetreuung für die Durchführung von Forschungen am Menschen
qualifiziert.

Soll das Arzneimittel ausschließlich oder überwiegend in der Zahnmedizin ein- 174
gesetzt werden, kommt als Prüfer auch ein **Zahnarzt** in Betracht (*Kloesel/Cyran*
§ 4 Nr. 75). **Heilpraktiker** sind dagegen als Prüfer ausgeschlossen (vgl. *Kloesel/
Cyran* a. a. O.).

Wird eine Prüfung in einer **Prüfstelle** von mehreren Prüfern vorgenommen, so 175
ist der verantwortliche Leiter der Gruppe der **Hauptprüfer**. Wird eine Prüfung in
mehreren Prüfstellen durchgeführt, wird vom Sponsor ein Prüfer als **Leiter der
klinischen Prüfung** benannt.

3. Klinische Prüfung von Tierarzneimitteln. Der Begriff der klinischen 176
Prüfung nach § 4 Abs. 23 AMG ist auf solche Prüfungen bei Menschen beschränkt. Auch die Regelungen der §§ 40 und 41 AMG beziehen sich allein auf
klinische Prüfungen bei Menschen; Vorschriften für klinische Prüfungen und
Rückstandsprüfungen bei Tieren sind demgegenüber der Regelung des § 59 AMG
zu entnehmen. Unabhängig davon, dass für klinische Prüfungen von Tierarzneimitteln die Definition des § 4 Abs. 23 AMG entsprechende Anwendung findet
(*Kloesel/Cyran* § 4 AMG Nr. 73), gilt die Strafvorschrift des § 96 Nr. 10 AMG
daher allein für klinische Prüfungen bei Menschen.

4. Anforderungen an die klinische Prüfung. Von den sich aus §§ 40 und 41 177
AMG ergebenden Anforderungen an die Durchführung von klinischen Prüfungen
sind nur die folgenden nach § 96 Nr. 10 AMG strafbewehrt:

a) Allgemeine Anforderungen. Nach § 40 Abs. 1 S. 3 AMG darf die klini- 178
sche Prüfung bei Menschen nur durchgeführt werden, wenn und solange

– die vorhersehbaren Risiken und Nachteile gegenüber dem Nutzen für die Per- 179
son, bei der sie durchgeführt werden soll (betroffene Person), und der voraussichtlichen Bedeutung des Arzneimittels für die Heilkunde **ärztlich vertretbar**
sind (Nr. 2),
– nach dem Stand der Wissenschaft im Verhältnis zum Zweck der klinischen Prü- 180
fung eines Arzneimittels, das aus einem gentechnisch veränderten Organismus
oder einer Kombination von gentechnisch veränderten Organismen besteht oder
solche enthält, **unvertretbare schädliche Auswirkungen auf die Gesundheit Dritter** nicht zu erwarten sind (Nr. 2 Buchst. a),
– die betroffene Person **volljährig** und in der Lage ist, Wesen, Bedeutung und 181
Tragweite der klinischen Prüfung zu erkennen und ihren Willen hiernach auszurichten (Nr. 3 Buchst. a),

182 – die betroffene Person durch den Prüfer über Wesen, Bedeutung, Risiken und Tragweite der klinischen Prüfung sowie über ihr Recht, die Teilnahme an der klinischen Prüfung jederzeit zu beenden, **aufgeklärt** wurde und schriftlich **eingewilligt** hat (Nr. 3 Buchst. b; zu Ausnahmen vgl. § 40 Abs. 4, § 41 AMG),

183 – die betroffene Person über Zweck und Umfang der Erhebung und Verwendung **personenbezogener Daten** insbesondere von **Gesundheitsdaten** informiert wurde und schriftlich eingewilligt hat (Nr. 3 Buchst. c; zu den Einzelheiten vgl. § 40 Abs. 2 a AMG),

184 – die betroffene Person **nicht auf gerichtliche oder behördliche Anordnung in einer Anstalt untergebracht** ist (Nr. 4; vgl. hierzu *Oswald, K.*, Weicher Paternalismus und das Verbot der Teilnahme untergebrachter Personen an klinischen Arzneimittelprüfungen, in: Grenzen des Paternalismus (2010) S. 94 ff., der mit Blick auf das Selbstbestimmungsrecht dieser Personengruppe die Erforderlichkeit eines strafbewehrten Totalverbotes in Frage stellt und *de lege ferenda* Ausnahmen zumindest für die Fälle erwägt, in denen eine spezifische Gefährdung autonomer Entscheidungen ausgeschlossen ist),

185 – sie in einer geeigneten Einrichtung von einem **angemessen qualifizierten Prüfer** verantwortlich durchgeführt wird und die Prüfung von einem Prüfer mit **mindestens zweijähriger Erfahrung** in der klinischen Prüfung von Arzneimitteln geleitet wird (Nr. 5),

186 – eine dem jeweiligen Stand der wissenschaftlichen Erkenntnisse entsprechende **pharmakologisch-toxikologische Prüfung** des Arzneimittels durchgeführt worden ist (Nr. 6),

187 – für den Fall, dass bei der Durchführung der klinischen Prüfung ein Mensch getötet oder der Körper oder die Gesundheit eines Menschen verletzt wird, eine **Versicherung** besteht, die auch Leistungen gewährt, wenn kein anderer für den Schaden haftet; die Versicherung muss nach § 40 Abs. 3 AMG zugunsten der von der klinischen Prüfung betroffenen Person bei einem in einem Mitgliedstaat der Europäischen Union oder einem anderen Vertragsstaat des Abkommens über den Europäischen Wirtschaftsraum zum Geschäftsbetrieb zugelassenen Versicherer genommen werden; ihr Umfang muss in einem angemessenen Verhältnis zu den mit der klinischen Prüfung verbundenen Risiken stehen und auf der Grundlage der Risikoabschätzung so festgelegt werden, dass für jeden Fall des Todes oder der dauernden Erwerbsunfähigkeit einer von der klinischen Prüfung betroffenen Person mindestens EUR 500.000 zur Verfügung stehen (Nr. 8; vgl. dazu *Voit* PharmR 2005, 345 ff.; zur Deckungsvorsorgeverpflichtung nach § 94 AMG vgl. unten Rn. 306 ff. sowie Vorbem. AMG Rn. 179 ff.).

188   **b) Klinische Prüfung bei Minderjährigen.** Für klinische Arzneimittelprüfungen bei Minderjährigen enthält § 40 Abs. 4 AMG zum Zwecke des **Minderjährigenschutzes** (*Rehmann* § 40 AMG Rn. 16; vgl. auch *Deutsch/Lippert* § 40 AMG Rn. 50 f.; zu klinischen Prüfungen mit Kindern ausführlich *Fuhrmann/Klein/Fleischfresser* § 12 Rn. 85 ff.) strafbewehrte Sonderregelungen:

189   Danach muss das Arzneimittel zum Erkennen oder zum Verhüten von **Krankheiten bei Minderjährigen** bestimmt und die Anwendung nach den Erkenntnissen der medizinischen Wissenschaft angezeigt sein, um bei dem Minderjährigen Krankheiten zu erkennen oder ihn vor Krankheiten zu schützen. Angezeigt ist das Arzneimittel, wenn seine Anwendung bei dem Minderjährigen medizinisch indiziert ist.

190   Zudem dürfen klinische Prüfungen an Erwachsenen oder andere Forschungsmethoden nach den Erkenntnissen der medizinischen Wissenschaft keine ausreichenden Prüfergebnisse erwarten lassen (**Subsidiarität**).

191   Die **Einwilligung** wird durch den gesetzlichen Vertreter abgegeben, nachdem eine **Aufklärung** entsprechend den unter Rn. 182 f. beschriebenen Grundsätzen erfolgt ist. Die Teilnahme an der klinischen Prüfung muss dem mutmaßlichen Willen des Minderjährigen entsprechen, soweit ein solcher feststellbar ist. Der Minderjährige ist vor Beginn der klinischen Prüfung von einem im Umgang mit

Minderjährigen erfahrenen Prüfer über die Prüfung, die Risiken und den Nutzen aufzuklären, soweit dies im Hinblick auf sein Alter und seine geistige Reife möglich ist. Erklärt der Minderjährige, nicht an der klinischen Prüfung teilnehmen zu wollen, oder bringt er dies in sonstiger Weise zum Ausdruck, so ist dies zu beachten. Ist der Minderjährige in der Lage, Wesen, Bedeutung und Tragweite der klinischen Prüfung zu erkennen und seinen Willen hiernach auszurichten, so ist auch seine Einwilligung erforderlich. Eine Gelegenheit zu einem **Beratungsgespräch** mit einem Prüfer über die sonstigen Bedingungen der Durchführung der klinischen Prüfung ist neben dem gesetzlichen Vertreter auch dem Minderjährigen zu eröffnen.

Die klinische Prüfung darf nur durchgeführt werden, wenn sie für den betroffe- **192** nen Minderjährigen mit möglichst wenig Belastungen und anderen vorhersehbaren Risiken verbunden ist. **Belastungsgrad** und **Risikoschwelle** müssen im Prüfplan eigens definiert und vom Prüfer ständig überprüft werden.

Die **Gewährung von Vorteilen** ist – mit Ausnahme einer angemessenen Ent- **193** schädigung – nicht gestattet. Zu Fragen rund um die Entschädigung für die Teilnahme an klinischen Prüfungen ausführlich *Dieners/Reese* Handbuch des Pharmarechts § 4 Rn. 232 ff.

c) Besondere Voraussetzungen für klinische Prüfungen. Die Regelung **194** des § 41 AMG enthält Spezialvorschriften für besondere Konstellationen im Rahmen von klinischen Prüfungen. Wie sich dem Wortlaut des § 96 Nr. 10 AMG („jeweils auch in Verbindung mit […] § 41") und im Übrigen aus der Vorschrift des § 41 AMG selbst entnehmen lässt, handelt es sich hier um Modifikationen der unter den Rn. 178 ff. und Rn. 188 ff. aufgeführten Durchführungsbestimmungen.

Für die Frage der **Strafbarkeit von Verstößen** gegen § 41 AMG kommt es **195** daher in jedem Einzelfall ganz entscheidend darauf an, ob und in welchem Umfang sich aus § 41 AMG spezielle Anforderungen in Bezug auf die in „§ 40 Abs. 1 S. 3 Nr. 2, 2a Buchst. a, Nr. 3, 4, 5, 6 oder 8, jeweils auch in Verbindung mit Abs. 4 AMG" genannten Bestimmungen ergeben. Denn nur dann basieren Verstöße auf den in § 96 Nr. 10 AMG im einzelnen aufgeführten Vorschriften des § 40 AMG.

aa) Volljährige Kranke. Klinische Prüfungen dürfen bei einer volljährigen **196** Person, die an einer Krankheit leidet, zu deren Behandlung das zu prüfende Arzneimittel angewendet werden soll, dann durchgeführt werden, wenn das zu prüfende Arzneimittel nach den Erkenntnissen der medizinischen Wissenschaft angezeigt ist, um das Leben der betroffenen Person zu retten, ihre Gesundheit wiederherzustellen oder ihr Leiden zu erleichtern (**Individual- oder Eigennutzen**, vgl. dazu *Kloesel/Cyran* § 41 AMG Nr. 7; *Graf von Kielmannsegg* PharmR 2008, 517). Alternativ sind solche klinischen Prüfungen zulässig, wenn sie zwar nicht für den Prüfungsteilnehmer selbst aber für die Gruppe von Patienten, die an der gleichen Krankheit leiden, wie die betroffene Person, mit einem direkten Nutzen verbunden sind (**Gruppennutzen**, vgl. dazu *Kloesel/Cyran* § 41 AMG Nr. 9).

In **Notfallsituationen**, wenn also eine Behandlung des Patienten ohne Auf- **197** schub erforderlich ist, um sein Leben zu retten, seine Gesundheit wiederherzustellen oder sein Leiden zu erleichtern, darf die klinische Prüfung nach § 41 Abs. 1 S. 2 AMG umgehend begonnen werden, obwohl eine Einwilligung nicht eingeholt werden kann. Die Einwilligung zur weiteren Teilnahme ist in diesen Fällen nach § 41 Abs. 1 S. 3 AMG einzuholen, sobald dies möglich und zumutbar ist.

bb) Minderjährige Kranke. Klinische Prüfungen dürfen bei einer minderjäh- **198** rigen Person, die an einer Krankheit leidet, zu deren Behandlung das zu prüfende Arzneimittel angewendet werden soll, nach Maßgabe der folgenden Bestimmungen durchgeführt werden:

Die Anwendung des zu prüfenden Arzneimittels muss nach den Erkenntnissen **199** der medizinischen Wissenschaft angezeigt sein, um das Leben der betroffenen Person zu retten, ihre Gesundheit wiederherzustellen oder ihr Leiden zu erleichtern (**Individual- oder Eigennutzen**, vgl. oben Rn. 196).

200   Gruppennützige klinische Prüfungen (vgl. dazu oben Rn. 196), d. h. solche klinischen Prüfungen, die zwar nicht für den betroffenen Minderjährigen, jedoch für eine Gruppe von Patienten, die an der gleichen Krankheit leiden, wie der betroffene Minderjährige müssen mit einem direkten Nutzen (**Gruppennutzen**) verbunden sein. Anders als für klinische Prüfungen bei kranken Erwachsenen enthält § 41 Abs. 2 AMG für diese Fälle darüber hinaus weitere **Anforderungen in Bezug auf die Erfordernisse und den Stand der medizinischen Forschung** (beachte aber § 41 Abs. 2 S. 2 AMG). Hiernach muss die Forschung für die Bestätigung von Daten, die bei klinischen Prüfungen an anderen Personen oder mittels anderer Forschungsmethoden gewonnen wurden, **unbedingt erforderlich** sein. Die Forschung muss sich zudem auf einen klinischen Zustand beziehen, unter dem der betroffene Minderjährige leidet. Daneben darf die Forschung für den betroffenen Minderjährigen nur mit einem minimalen Risiko und einer minimalen Belastung verbunden sein. Dies ist der Fall, wenn einerseits nach Art und Umfang der Intervention zu erwarten ist, dass sie allenfalls zu einer sehr geringfügigen und vorübergehenden Beeinträchtigung der Gesundheit des betroffenen Minderjährigen führen wird und andererseits Unannehmlichkeiten für den betroffenen Minderjährigen allenfalls vorübergehend auftreten und sehr geringfügig sein werden.

201   **cc) Nicht einwilligungsfähige Kranke.** Für klinische Prüfungen bei volljährigen Personen, die nicht in der Lage sind, Wesen, Bedeutung und Tragweite der klinischen Prüfung zu erkennen und ihren Willen hiernach auszurichten und die zudem an einer Krankheit leiden, zu deren Behandlung das zu prüfende Arzneimittel angewendet werden soll, gelten die Sonderregelungen des § 41 Abs. 3 AMG. Insbesondere dürfen Vorteile (vor allem finanzielle Vorteile) – mit Ausnahme einer angemessenen Entschädigung – nicht gewährt werden (vgl. dazu auch oben Rn. 193).

202   **5. Tathandlung** ist nach § 96 Nr. 10 AMG die Durchführung der klinischen Prüfung entgegen den unter den Rn. 177 ff. genannten Anforderungen. Der Ablauf einer klinischen Prüfung ist dabei in insgesamt **4 Phasen** gegliedert, von der Phase I, in der das Prüfpräparat erstmals an Menschen getestet wird, bis zur Phase IV, die zur Beurteilung der Langzeitverträglichkeit, zur Erfassung weiterer unerwünschter Nebenwirkungen oder zur Optimierung der Therapie durchgeführt wird (ausführlich zu den Phasen der klinischen Prüfung *Dieners/Reese* Handbuch des Pharmarechts, § 4 Rn. 100). Wird die klinische Prüfung bei auftretenden unbeherrschbarer Risiken nicht abgebrochen oder abgewandelt, wird die Vergabe des Prüfarzneimittels fortgesetzt, obwohl der Proband seine Einwilligung zurückgezogen hat oder wird das Prüfarzneimittel durch ein anderes ersetzt, liegt ein Verstoß gegen § 96 Nr. 10 AMG nahe. Zur Durchführung einer klinischen Arzneimittelprüfung an Geschäftsunfähigen ohne Einwilligung ihres gesetzlichen Vertreters oder Pflegers vgl. *BayObLG* NStZ 1990, 288.

203   Die Durchführung der klinischen Prüfung unter Verstoß gegen die in den Rn. 177 ff. beschriebenen Erfordernisse begründet eine Strafbarkeit unabhängig davon, ob sich die damit verbundenen Gefahren tatsächlich schädigend ausgewirkt haben. Ist ein Schaden eingetreten, kommt eine Strafbarkeit nach allgemeinem Strafrecht in Betracht (*Kloesel/Cyran* § 96 AMG Nr. 17). Verstöße gegen § 40 Abs. 1 S. 3 Nr. 7 AMG (Information der Prüfer durch einen für die pharmakologisch-toxikologische Prüfung verantwortlichen Wissenschaftler über deren Ergebnisse und die voraussichtlich mit der klinischen Prüfung verbundenen Risiken) sind nach § 97 Abs. 1 Nr. 9 bußgeldbewehrt.

204   **6. Sonderfall – Klinische Prüfungen mit Betäubungsmitteln.** Auch Betäubungsmittel sind Arzneimittel (zum Arzneimittelbegriff ausführlich Vorbem. AMG Rn. 37 ff.). Ausgehend hiervon werden auch klinische Prüfungen mit betäubungsmittelhaltigen Arzneimitteln für zulässig erachtet. Freilich sind solche klinischen Studien nach überwiegender Auffassung gem. § 3 BtMG erlaubnispflichtig (siehe nur *Hügel/Junge/Lander/Winkler* § 13 BtMG Rn. 3; *Dieners/Reese*

Handbuch des Pharmarechts § 4 Rn. 230 m. w. N.; vgl. auch *Wagner* Klinische Prüfung mit Betäubungsmitteln und die Verkehrserlaubnis nach § 3 BtMG – ein Junktim, MedR 2004, 373 sowie *Dähne* Klinische Prüfung mit Betäubungsmitteln – Ein Beitrag zur Deregulierung im Arzneimittelrecht, MedR 2003, 547). Das Bundesinstitut für Arzneimittel und Medizinprodukte (BfArM) hält daher auf seiner Homepage (http://www.bfarm.de) Antragsformulare für den Betäubungsmittelverkehr im Rahmen von klinischen Prüfungen bereit. Anträge sind zu richten an das *Bundesinstitut für Arzneimittel und Medizinprodukte, Bundesopiumstelle – FG 83 – Kurt-Georg-Kiesinger-Allee 3, 53175 Bonn.* Zur Bestimmung der nach § 15 BtMG erforderlichen Sicherungsmaßnahmen bei der Aufbewahrung der im Rahmen der klinischen Prüfung verwendeten Betäubungsmittel steht auf der genannten Internetseite darüber hinaus ein **Sicherungsrechner** zur Verfügung.

XI. Beginn der klinischen Prüfung eines Arzneimittels ohne zustimmende Bewertung der Ethik-Kommission und Genehmigung (§ 96 Nr. 11 AMG)

Nach § 40 Abs. 1 S. 2 AMG darf die klinische Prüfung eines Arzneimittels bei **205** Menschen vom Sponsor (vgl. dazu 172) nur begonnen werden, wenn die zuständige Ethik-Kommission diese nach Maßgabe des § 42 Abs. 1 AMG zustimmend bewertet und die zuständige Bundesoberbehörde diese gemäß § 42 Abs. 2 AMG genehmigt hat.

1. Zustimmende Bewertung der Ethik-Kommission. Die zustimmende **206** Bewertung darf durch die Ethik-Kommission nur dann versagt werden, wenn die vorgelegten Unterlagen auch nach Ablauf einer dem Sponsor gesetzten angemessenen Frist zur Ergänzung nicht vollständig vorgelegt wurden, die vorgelegten Unterlagen nicht dem Stand der wissenschaftlichen Erkenntnisse entsprechen oder die in § 40 Abs. 1 S. 3 Nr. 2 bis 9, Abs. 4 und § 41 AMG geregelten Anforderungen nicht erfüllt sind. Zur Prüfungskompetenz der Ethik-Kommission im Kontext der Probandenversicherung vgl. *Voit* PharmR 2005, 345 ff.

Die Entscheidung der Ethik-Kommission ist **Verwaltungsakt** (*Deutsch/Lippert* **207** § 42 AMG Rn. 16; *Kloesel/Cyran* § 42 AMG Nr. 30; *Meuser/Platter* PharmR 2005, 395 f.; *Schlette* NVwZ 2006, 785).

2. Genehmigung der zuständigen Bundesoberbehörde. Die Genehmi- **208** gung der zuständigen Bundesoberbehörde ist vom Sponsor zu beantragen. Dabei hat er alle Unterlagen vorzulegen, die diese zur Bewertung benötigt. Dazu zählen vor allem die Ergebnisse der analytischen und der pharmakologisch-toxikologischen Prüfung sowie der Prüfplan und die klinischen Angaben zum Arzneimittel, § 42 Abs. 2 S. 1, 2 AMG. Versagungsgründe sind in § 42 Abs. 2 S. 3 AMG aufgeführt.

Die Genehmigung gilt nach § 42 Abs. 2 S. 4 AMG als erteilt (**Genehmigungs-** **209** **fiktion**), wenn die zuständige Bundesoberbehörde dem Sponsor nicht innerhalb von höchstens 30 Tagen nach Eingang der Antragsunterlagen mit Gründen versehene Erklärung über Einwände übermittelt. Der Sponsor hat auf eine derartige Erklärung die Gelegenheit, seinen Antrag innerhalb von höchstens 90 Tagen abzuändern; anderenfalls gilt der Antrag als abgelehnt.

Keine Genehmigungsfiktion tritt nach § 42 Abs. 2 S. 4 AMG ein für Arznei- **210** mittel, die

a) unter die Nr. 1 oder Nr. 1 a des Anhangs der Verordnung (EG) Nr. 726/2004 des Europäischen Parlaments und des Rates vom 31. 3. 2004 zur Festlegung von Gemeinschaftsverfahren für die Genehmigung und Überwachung von Human- und Tierarzneimitteln und zur Errichtung einer Europäischen Arzneimittel-Agentur (ABl. L Nr. 136 S. 1) fallen; dies betrifft
    (1) Arzneimittel, die mit Hilfe der folgenden biotechnologischen Verfahren hergestellt werden:
    – Technologie der rekombinierten DNS;

     – kontrollierte Expression in Prokaryonten und Eukaryonten, einschließlich transformierter Säugetierzellen, von Genen, die für biologisch aktive Proteine kodieren;

     – Verfahren auf der Basis von Hybridomen und monoklonalen Antikörpern;

(1 a) Arzneimittel für neuartige Therapien gemäß Art. 2 der Verordnung (EG) Nr. 1394/2007 des Europäischen Parlaments und des Rates vom 13. 11. 2007 über Arzneimittel für neuartige Therapien (ABl. L Nr. 324 S. 121).

b) Arzneimittel für neuartige Therapien, xenogene Arzneimittel (zur Definition vgl. § 4 Abs. 21 AMG) sind,

c) die genetisch veränderte Organismen enthalten oder

d) deren Wirkstoff ein biologisches Produkt menschlichen oder tierischen Ursprungs ist oder biologische Bestandteile menschlichen oder tierischen Ursprungs enthält oder zu seiner Herstellung derartige Bestandteile erfordert.

211   **3. Tathandlung.** Verboten ist nach § 96 Nr. 11 AMG der Beginn der klinischen Prüfung ohne Vorliegen der zustimmenden Bewertung der Ethik-Kommission und ohne die Genehmigung der zuständigen Bundesoberbehörde. Vgl. ergänzend Rn. 202 f.

XII. Abgabe eines Schwangerschaftsabbruchs-Arzneimittels ohne ärztliche Verschreibung (96 Nr. 12 AMG)

212   Nach § 47 a AMG dürfen pharmazeutische Unternehmer Arzneimittel, die zur Vornahme eines Schwangerschaftsabbruchs zugelassen sind, nur an Einrichtungen im Sinne des § 13 des Gesetzes zur Vermeidung und Bewältigung von Schwangerschaftskonflikten vom 27. 7. 1992 (SchKG; BGBl. I S. 1398) und nur auf Verschreibung eines dort behandelnden Arztes abgeben (**Sondervertriebsweg**; vgl. dazu *Hofmann/Nickel* Der Sondervertriebsweg für zur Vornahme eines Schwangerschaftsabbruchs zugelassene Arzneimittel, DVBl. 2000, 682).

213   Einrichtungen zur Vornahme von Schwangerschaftsabbrüchen können nach § 13 Abs. 1 SchKG nur solche sein, in denen auch die notwendige Nachbehandlung gewährleistet ist. In Betracht kommen neben Krankenhäusern auch ambulante Einrichtungen (*Kloesel/Cyran* § 47 a AMG Nr. 4).

214   Die Strafvorschrift des § 96 Nr. 12 AMG richtet sich an den pharmazeutischen Unternehmer (*Deutsch/Lippert* § 47 a AMG Rn. 7). Wird ein zur Vornahme von Schwangerschaftsabbrüchen zugelassenes Arzneimittel außerhalb des Sondervertriebsweges an Schwangere abgegeben, kann eine Beihilfe zu einer Tat nach § 218 StGB vorliegen (*Deutsch/Lippert* § 47 a AMG Rn. 6).

215   Eine Strafbarkeit nach § 96 Nr. 12 AMG kommt nur dann in Betracht, wenn die Tat nicht nach § 95 Abs. 1 Nr. 5 a AMG mit Strafe bedroht ist (**Subsidiarität**). Danach wird bestraft, wer ein zur Vornahme von Schwangerschaftsabbrüchen zugelassenes Arzneimittel an andere als die dort bezeichneten Einrichtungen abgibt oder in den Verkehr bringt. Ausgehend hiervon und weil sich die Strafvorschrift des § 95 Abs. 1 Nr. 5 a AMG nicht nur an den pharmazeutischen Unternehmer sondern auch an andere Personen richtet, die das betreffende Arzneimittel außerhalb des Sondervertriebsweges abgeben oder in den Verkehr bringen, betrifft die Strafbarkeit nach § 96 Nr. 12 AMG im Wesentlichen den Fall, dass ein pharmazeutischer Unternehmer das Arzneimittel ohne ärztliche Verschreibung an eine in § 13 SchKG genannte Einrichtung abgibt.

XIII. Abgabe von verschreibungspflichtigen Arzneimitteln ohne Vorliegen einer ärztlichen, zahnärztlichen oder tierärztlichen Verschreibung an Verbraucher (§ 96 Nr. 13 AMG)

216   **1. Begriffe. a) Arzneimittel.** Zum Begriff der **Arzneimittel** ausführlich Vorbem. AMG Rn. 37 ff.

217   **b) Verschreibung.** Unter einer Verschreibung ist die schriftliche Anweisung eines Arztes, Zahnarztes oder Tierarztes zu verstehen, ein bestimmtes oder mehrere bestimmte Arzneimittel an den Kunden gegen Bezahlung oder Verrechnung herauszugeben. Das AMG selbst definiert den Begriff der Verschreibung nicht, setzt ihn vielmehr voraus. Die Mindestanforderungen an den **Inhalt einer Verschreibung** im Rechtssinne ergeben sich aus § 2 Abs. 1 AMVV. Danach muss die Verschreibung enthalten:

(1) Name, Berufsbezeichnung und Anschrift der verschreibenden ärztlichen, tierärztlichen oder zahnärztlichen Person (verschreibende Person),

(2) Datum der Ausstellung,

(3) Name und Geburtsdatum der Person, für die das Arzneimittel bestimmt ist,

(4) Bezeichnung des Fertigarzneimittels oder des Wirkstoffs einschließlich der Stärke,

(4 a) bei einem Arzneimittel, das in der Apotheke hergestellt werden soll, die Zusammensetzung nach Art und Menge oder die Bezeichnung des Fertigarzneimittels, von dem Teilmengen abgegeben werden sollen,

(5) Darreichungsform, sofern dazu die Bezeichnung nach Nummer 4 oder Nummer 4 a nicht eindeutig ist,

(6) abzugebende Menge des verschriebenen Arzneimittels,

(7) Gebrauchsanweisung bei Arzneimitteln, die in der Apotheke hergestellt werden sollen,

(8) Gültigkeitsdauer der Verschreibung,

(9) bei tierärztlichen Verschreibungen zusätzlich

    (a) die Dosierung pro Tier und Tag,

    (b) die Dauer der Anwendung und

    (c) sofern das Arzneimittel zur Anwendung bei Tieren verschrieben wird, die der Gewinnung von Lebensmitteln dienen, die Indikation und die Wartezeit,

    sowie anstelle der Angabe nach Nummer 3 der Name des Tierhalters und Zahl und Art der Tiere, bei denen das Arzneimittel angewendet werden soll, sowie bei Verschreibungen für Tiere, die der Gewinnung von Lebensmitteln dienen, die Identität der Tiere,

(10) die eigenhändige Unterschrift der verschreibenden Person oder, bei Verschreibungen in elektronischer Form, deren qualifizierte elektronische Signatur nach dem Signaturgesetz.

Die Vorlage kann im Normalfall nicht durch das Versprechen, das Rezept nachzureichen oder gar durch ein Telefongespräch ersetzt werden (*AG Berlin-Tiergarten,* Urteil vom 12. 9. 1995 – Az. (332) 1 Wi Js 187192 Ls (18/95)). Das Original des Verordnungsblattes kann auch nicht durch eine **Ablichtung,** eine **E-Mail** oder ein **Telefax** ersetzt werden, da es **eigenhändig** unterschrieben sein muss. **218**

c) Abgabe. Der Begriff der Abgabe bezeichnet einen Unterfall des Inverkehrbringens (vgl. § 4 Abs. 17 AMG). Abgabe ist danach die Verschaffung der tatsächlichen Verfügungsgewalt, ohne dass es auf das Vorliegen der Absicht zur Gewinnerzielung (*BGH* NStZ 2004, 457 = JR 2004, 245 = wistra 2003, 424) oder auf eine Übertragung des Eigentums ankäme (vgl. oben Rn. 8 f.). Auch das bloße Liegenlassen eines Arzneimittels in dem Bewusstsein, dass es ein anderer an sich nehmen wird, unterfällt dem Begriff der Abgabe. **219**

2. Verstoß gegen die Verschreibungspflicht. Zur Verschreibungspflicht nach § 48 AMG vgl. § 95 AMG Rn. 186 ff. **220**

a) Anwendungsbereich. aa) Täter. Die Abgabe verschreibungspflichtiger Arzneimittel ohne Vorlage einer Verschreibung an Verbraucher ist nach § 96 Nr. 13 AMG nur dann strafbar, wenn der Handelnde **Apotheker** oder eine sonst zur Abgabe von Arzneimitteln befugte Person ist (*Hamburg* NStZ 1995, 598). Denn die Vorschrift des § 48 AMG wendet sich nur an Apotheker oder sonstige befugte Personen, die nicht gegen die Apothekenpflicht nach § 43 AMG verstoßen. Dies sind insbesondere **Apothekenleiter** und **pharmazeutisches Personal** einer Apotheke, aber auch **pharmazeutische Unternehmer und Großhändler,** **221**

soweit sie nach § 47 AMG Arzneimittel abgeben dürfen (BGHSt. 21, 291 ff.; *Köln* NStZ 1981, 444; Erbs/Kohlhaas/*Pelchen/Anders* § 96 Rn. 32; a. A. MK–StGB/ *Freund* § 96 Rn. 19). Vgl. zur Strafbarkeit nach § 95 Abs. 1 Nr. 4 AMG ergänzend § 95 AMG Rn. 211.

222   **bb) Sonderfall – Notfallabgabe.** Erlaubt die Anwendung eines verschreibungspflichtigen Arzneimittels keinen Aufschub, kann die verschreibende Person den Apotheker in geeigneter Weise, insbesondere fernmündlich, über die Verschreibung und den Inhalt unterrichten. Der Apotheker hat sich über die Identität der verschreibenden Person Gewissheit zu verschaffen. Die verschreibende Person hat dem Apotheker die Verschreibung in schriftlicher oder elektronischer Form unverzüglich nachreichen (§ 4 AMVV). Ein solcher Ausnahmefall, bei dem die Anwendung eines verschreibungspflichtigen Arzneimittels keinen Aufschub erlaubt, liegt bspw. in den Fällen vor, in denen Patienten auf die unverzügliche Einnahme des Arzneimittels angewiesen sind, um gesundheitliche Beeinträchtigungen durch Entzugserscheinungen zu vermeiden oder zu lindern (vgl. *LG Berlin* StV 1997, 309: lebensbedrohliche Situation, Entzugserscheinungen). Entscheidend ist, dass ein Zuwarten auf den Rezepteingang unzumutbar erscheint, unabhängig davon, ob das Fehlen der Verschreibung auf alltäglichen oder ungewöhnlichen Versäumnissen beruht (Arzt hat Rezeptblock vergessen, Rezeptausstellung verabsäumt, Patient hat Rezept verloren oder verlegt). Ist der behandelnde Arzt auch telefonisch nicht erreichbar, so ist regelmäßig eine Abgabe rezeptpflichtiger Arzneimittel ohne Vorlage einer Verschreibung trotz akuter Schmerzen nicht gerechtfertigt. Vielmehr ist in solchen Fällen für eine alsbaldige stationäre Behandlung Sorge zu tragen.

223   Nicht unter die Voraussetzungen einer Notfallabgabe fällt aber eine **Regelvereinbarung** zwischen behandelndem Arzt, Patienten und Apotheker. Kommt es vermehrt zu Rezeptfälschungen aus dem Kreis der Drogenkonsumenten und geht der behandelnde Arzt deshalb dazu über, den Patienten grundsätzlich keine Rezepte mehr auszustellen, so handelt es sich um eine Praxis, die von der Regelung des § 4 AMVV nicht mehr gedeckt ist. Grundsätzlich hat der Apotheker zwar die ärztliche Einschätzung eines Notfalles nicht zu überprüfen oder in Frage zu stellen. Übermittelt ein Arzt bei drogenabhängigen Patienten jedoch regelmäßig die Verschreibung per Telefax und überbringt die Originalrezepte – um Fälschungen zu vermeiden – erst im Nachhinein und nach erfolgter Abgabe der betreffenden Arzneimittel, so genügt dies weder der Vorlage- noch der Verschreibungspflicht (§ 48 AMG) und ist auch nicht mehr als Notfallabgabe im Sinne des § 4 AMVV einzustufen (vgl. *BayObLG* NStZ 1996, 241 = NJW 1996, 1606 = MedR 1996, 321 ff. m. Anm. *Körner*).

224   **cc) Sonderfall – Rechtfertigender Notstand.** Nur in extremen Ausnahmefällen kann die Abgabe eines verschreibungspflichtigen Arzneimittels unter den Voraussetzungen eines rechtfertigenden Notstands nach § 34 StGB statthaft sein (vgl. dazu *Kloesel/Cyran* § 48 AMG Nr. 7).

225   **dd) Praxisbedarf.** Auch die Abgabe von Arzneimitteln für den Praxisbedarf einer verschreibenden Person (Ärzte, Zahnärzte, Tierärzte) setzt eine Verschreibung voraus (vgl. § 2 Abs. 2 AMVV), an die freilich geringere Anforderungen in Bezug auf die nach § 2 Abs. 1 AMVV erforderlichen Angaben (dazu oben Rn. 217) gestellt werden.

226   **b) Nichtvorliegen der Verschreibung.** Das Nichtvorliegen der erforderlichen Verschreibung ist Tatbestandsmerkmal. Dabei spielt es keine Rolle, ob eine Verschreibung existiert oder nicht. Die Verschreibung muss den Erfordernissen der Verordnung über die Verschreibungspflicht von Arzneimitteln vom 21. 12. 2005 (AMVV; BGBl. I S. 3632) genügen. Wird die Verschreibung den formellen Anforderungen des § 2 Abs. 1 AMVV (dazu oben Rn. 217) nicht gerecht, so fehlt es grundsätzlich an einer wirksamen Verschreibung.

Zwar braucht der Apotheker nicht im Einzelnen prüfen, auf welcher sachlichen Grundlage eine Verschreibung ausgestellt wurde. Er muss jedoch kontrollieren, ob das Rezept von einer befugten Person und für einen berechtigten Zweck ausgestellt wurde (*Münster*, Urteil vom 17. 1. 1990 – Az. 2 A 14/86 bei *Kloesel/Cyran* AMG, Anh E 19 b).

Die Verschreibung eines Fertigarzneimittels erlaubt dem Apotheker grundsätz- **227** lich nur eine Lieferung im Rahmen der Verordnung. Unter den Voraussetzungen des § 129 SGB V darf der Apotheker freilich ein preisgünstigeres Arzneimittel, ein preisgünstigeres Importprodukt oder Arzneimittel in wirtschaftlicheren Einzelmengen abgeben (**sog. Aut-idem-Regelung**). Die Abgabe solcher Erzeugnisse setzt eine Identität im Hinblick auf Wirkstärke, Packungsgröße, Anwendungsgebiet und (mit Einschränkungen) Darreichungsform voraus. Abgesehen davon ist dem Apotheker eine Alternativlieferung nicht verordneter Arzneimittel nach § 17 Abs. 5 ApBetrO nicht gestattet. Die abgegebenen Arzneimittel müssen vielmehr den Verschreibungen entsprechen.

Enthält eine Verschreibung einen für den Abgebenden erkennbaren **Irrtum**, ist **228** sie unleserlich oder ergeben sich sonstige Bedenken, so darf das Arzneimittel nicht abgegeben werden, bevor die Unklarheit beseitigt ist, § 17 Abs. 5 S. 2 ApBetrO. Der Apotheker hat jede Änderung auf der Verschreibung zu vermerken, § 17 Abs. 5 S. 3 ApBetrO.

Nach § 17 Abs. 8 ApBetrO hat das pharmazeutische Personal einem erkennba- **229** ren **Arzneimittelmissbrauch** in geeigneter Weise entgegenzutreten. Auch ein ärztlicher *„necesse-est"*-Vermerk auf dem Rezept muss nicht notwendigerweise geeignet sein, die Bedenken des Apothekers im Hinblick auf einen möglichen Arzneimittelmissbrauch zu zerstreuen.

Der Abgebende muss nicht prüfen, ob die Verschreibung begründet ist und ob **230** der Arzt deshalb zur Verschreibung befugt war. Die Verschreibung rechtfertigt in der Regel die Abgabe, es sei denn, es liegen deutliche Anzeichen für eine **Straftat** (**Rezeptfälschung**, **Rezeptdiebstahl**, **Erpressung** des Arztes o. ä.) vor. In diesen Fällen hat ein Apotheker seine Zweifel mit dem Rezeptaussteller zu erörtern. Verzichtet er hierauf, ohne seine Bedenken tatsächlich anderweitig überwunden zu haben, kommt eine fahrlässige Tatbegehung in Betracht (§ 97 Abs. 1 i. V. m. § 96 Nr. 13 AMG). Mindestens fahrlässig handelt er auch, wenn er Arzneimittel auf das Versprechen, das Rezept nachzureichen aushändigt und die Verschreibung letztlich ausbleibt (Erbs/Kohlhaas/*Pelchen/Anders* § 96 AMG Rn. 34).

3. Subsidiarität. Die Strafvorschrift des § 96 Nr. 13 AMG gilt im Wesentli- **231** chen für Humanarzneimittel sowie für solche Tierarzneimittel, die nicht zur Anwendung bei Tieren bestimmt sind, die der Gewinnung von Lebensmitteln dienen (*Rehmann* § 96 AMG Rn. 17). Für die Abgabe von Arzneimitteln, die zur Anwendung bei lebensmittel-liefernden Tieren bestimmt sind, ist der Straftatbestand des § 95 Abs. 1 Nr. 6 AMG einschlägig (im Hinblick auf den höheren Strafrahmen des § 95 AMG kritisch *Rehmann* § 96 AMG Rn. 17).

4. Einzelfälle. a) Belieferung der Drogenszene. Ein Apotheker verstößt ge- **232** gen § 96 Nr. 13 AMG, wenn er außerhalb der normalen Geschäftszeiten oder während des Nachtdienstes an Kunden, die offensichtlich der Drogenszene angehören, ohne ärztliche Verschreibung verschreibungspflichtige Psychopharmaka in Klinikpackungen aushändigt.

Das *AG Frankfurt am Main* verurteilte daher den Inhaber einer Vorortapotheke **233** wegen der unerlaubten Abgabe von 260.000 **Mandrax-Tabletten,** die er in 100- Stück-Packungen für 12 DM bezog und für 35 DM verkaufte, zu einer Geldstrafe von 210 Tagessätzen zu 90 DM und erklärte 10.000 DM für verfallen (*AG Frankfurt* – 910/R 2 Js 340/76 Ls).

Ein Maschinenschlosser, der regelmäßig rezeptpflichtige Ausweichmittel bei ei- **234** nem befreundeten Apotheker abholt, bezahlt und als Bote an mit ihm bekannte Prostituierte zum Einkaufspreis aushändigt, erfüllt als Unbefugter (vgl. dazu oben Rn. 221) nicht den Tatbestand des § 96 Nr. 13 AMG. Ein Apotheker, der drogenabhängige Prostituierte mit rezeptpflichtigen Drogenersatzmitteln beliefert, kommt dagegen als tauglicher Täter in Betracht (vgl. *BGH* NStZ 1982, 113; *BGH* NStZ 1982, 463).

235   **b) Belieferung von Heilpraktikern ohne Verschreibung.** Ein Apotheker, der Lieferungen mit verschreibungspflichtigen Arzneimitteln ohne ärztliche Verschreibung an einen Heilpraktiker ausführt, macht sich nach § 96 Nr. 13 AMG strafbar. Handelt er hierbei fahrlässig, weil etwa sein Computer nicht zwischen Ärzten und Heilpraktikern unterscheidet, kommt eine Ordnungswidrigkeit nach § 97 Abs. 1 AMG in Betracht. Handelt nicht der Apotheker selbst, sondern sein pharmazeutisches Personal fahrlässig und gibt verschreibungspflichtige Arzneimittel ohne die erforderliche Verschreibung an einen Heilpraktiker ab, kommt es darauf an, ob der Apotheker die ihm gemäß § 3 Abs. 4 und Abs. 5 ApBetrO (Verordnung über den Betrieb von Apotheken vom 26. 9. 1995; BGBl. I S. 1195) obliegende **Überwachungspflicht** wahrgenommen hat. In solchen Fällen ist an eine Ordnungswidrigkeit nach § 34 Nr. 2 Buchst. c) ApBetrO i. V. m. § 25 Abs. 2 ApoG (Gesetz über das Apothekenwesen vom 15. 10. 1980; BGBl. I S. 1993) zu denken, die nach § 25 Abs. 3 ApoG mit einer Geldbuße von bis zu fünftausend Euro geahndet werden kann (*AG Solingen* NStZ 1996, 240 = NJW 1996, 1607). Weil Verstöße nach § 25 Abs. 2 ApoG sowohl vorsätzlich als auch fahrlässig begangen werden können, ist die Vorschrift des § 17 Abs. 2 OWiG zu beachten.

236   **c) Belieferung von Betriebsärzten ohne Verschreibung.** Beliefert ein Apotheker Betriebsärzte auf Bestellung mit apotheken- und rezeptpflichtigen Arzneimitteln zur Anwendung bei betriebsangehörigen Patienten ohne ordnungsgemäße Verschreibungen, so macht er sich wegen eines Verstoßes gegen § 48 Abs. 1 AMG nach § 96 Nr. 13 AMG strafbar (*OVG Münster*, Urteil vom 17. 1. 1990 – Az. 2 A 14/86, abgedruckt bei *Kloesel/Cyran* Anh. E 19b).

237   **d) Abgabe von Arzneimittelmustern.** Muster von Fertigarzneimitteln (zum Begriff der Fertigarzneimittel vgl. oben Rn. 72 ff.), auch sog. „Ärztemuster", die nach § 10 Abs. 1 S. 1 Nr. 11 AMG mit der Kennzeichnung „**Unverkäufliches Muster**" zu versehen sind, dürfen nach § 47 Abs. 3 AMG von pharmazeutischen Unternehmern nur abgegeben werden an (1) Ärzte, Zahnärzte oder Tierärzte, (2) andere Personen, die die Heilkunde oder Zahnheilkunde berufsmäßig ausüben, soweit es sich nicht um verschreibungspflichtige Arzneimittel handelt und (3) Ausbildungsstätten für die Heilberufe (zur entgeltlichen Abgabe von Ärztemustern vgl. etwa *BayObLG* NJW 1977, 1501). Ausgehend von dem abschließenden Katalog des § 47 Abs. 3 AMG dürfen unverkäufliche Muster also insbesondere nicht an Apotheken abgegeben werden (*Kloesel/Cyran* § 47 AMG Nr. 42). Ein Apotheker, der anstelle des verordneten Fertigarzneimittels ein unverkäufliches Arzneimittel liefert, verstößt gegen die Regelung des § 48 AMG, weil er ohne entsprechende Befugnis ein Aliud liefert und macht sich daher nach § 96 Nr. 13 AMG strafbar.

238   Arzneimittelmuster sind von sog. **Arzneimittelproben** zu unterscheiden, die nicht mit der Kennzeichnung „Unverkäufliches Muster" versehen sein dürfen (vgl. dazu *Kloesel/Cyran* § 47 AMG Nr. 43; *Fuhrmann/Klein/Fleischfresser* Arzneimittelrecht § 24 Rn. 51; *Rehmann* § 47 AMG Rn. 16). Arzneimittelproben sind zumindest aus heilmittelwerberechtlicher Sicht problematisch (dazu näher *Fuhrmann/Klein/Fleischfresser* a. a. O. m. w. N.).

239   **e) Unbegründete Arzneimittelverschreibungen** von Humanarzneimitteln verletzen keine Strafvorschrift des AMG. In Betracht kommen aber Verstöße gegen das allgemeine Strafrecht; werden hierdurch Gesundheitsschäden verursacht, handelt es sich ggf. um Körperverletzungshandlungen nach §§ 223, 230 StGB.

240   **5. Exkurs – Prüfungspflicht des Apothekers.** Nach § 17 Abs. 8 ApBetrO hat das pharmazeutische Personal einem erkennbaren **Arzneimittelmissbrauch** in geeigneter Weise entgegenzutreten und bei begründetem Verdacht auf Missbrauch die Abgabe von Arzneimitteln zu verweigern. Die Pflicht zur Abgabeverweigerung folgt dabei insbesondere aus der Pflicht des Apothekers, den Kunden über die abgegebenen Arzneimittel umfassend zu informieren und zu beraten, um ihn so vor möglichen Gesundheitsschäden zu bewahren.

Ein **Verdacht des Arzneimittelmissbrauches** kann sich vor allem daraus er- 241
geben, dass der Kunde häufig oder in ungewöhnlichen Mengen Arzneimittel erwirbt, äußerlich sichtbar von Drogensucht gezeichnet ist, ungewöhnliche Wundermittel oder Fetische verlangt oder wirre Krankheitsbilder beschreibt. Ein
Arzneimittelmissbrauch kann sich auch aus ungewöhnlichen Kundenwünschen
ergeben, so z. B. auf Schutzvorkehrungen bei der Auslieferung zu verzichten, Arzneimittelpackungen, Warnhinweise oder Gebrauchsanweisungen zu entfernen,
Apothekenprodukte in neutrale Behältnisse umzufüllen oder riskante Rezeptkom-
binationen herzustellen.

Der Apotheker ist grundsätzlich nicht gehalten, die ärztliche Diagnose, die ge- 242
wählte Form der Therapie oder die vom Arzt bestimmte Dosierung eines Arzneimittels in Frage zu stellen. Den Apotheker trifft aber gem. § 17 Abs. 5 ApBetrO
eine umfassende **formelle Prüfpflicht**. Enthält eine Verschreibung eine für den
Abgebenden erkennbaren Irrtum, ist sie unleserlich oder ergeben sich sonstige
Bedenken, so darf das Arzneimittel nicht abgegeben werden, bevor die Unklarheit
ausgeräumt ist. Sachgerechte **Änderungen des Rezepts** sind auf der Verschreibung zu vermerken und zu unterschreiben oder im Falle der Verschreibung in
elektronischer Form der elektronischen Verschreibung hinzuzufügen und das Ge-
samtdokument mit einer qualifizierten elektronischen Signatur nach dem Signaturgesetz zu versehen.

Das Recht und die Pflicht, die Arzneimittellieferung zu verweigern, umfasst 243
gleichwohl nicht die Befugnis, das gefälschte Rezept einzubehalten; die Regelung
des § 127 Abs. 1 StPO erlaubt keine **Rezeptbeschlagnahme zu Beweiszwecken**. Der Apotheker darf aber den auf frischer Tat ertappten Rezeptfälscher bis
zum Eintreffen der Polizei **vorläufig festnehmen** und festhalten (§ 127 Abs. 1
StPO). Ebenfalls zulässig dürfte es sein, das Rezept mit dem Vermerk „**Belieferung verweigert**" zu versehen.

6. Einlassungen. Folgende Einlassungen sind nicht selten: Der Apothekenkun- 244
de sei nicht als Drogenabhängiger oder als Dealer erkannt worden; den Wunsch
nach Klinikpackungen habe man so verstanden, dass die Tabletten für ein Krankenhaus benötigt würden; der Kunde habe vereinzelt ein Rezept vorgelegt und
versprochen, die notwendigen Rezepte nachzureichen; der Kunde habe Unterlagen vorgelegt, wonach er für die soziale Einrichtung X tätig sei; der Apothekenkunde Y habe sich als Mitarbeiter einer Entwicklungshilfegesellschaft vorgestellt,
die die Tabletten in die Dritte Welt habe liefern wollen; der Kunde habe auswan-
dern und sich auf bewährte deutsche Arzneimittel verlassen wollen und hierfür
größere Mengen benötigt; der Kunde habe sich als Arzt vorgestellt, der im Ausland
praktiziere und der seinen Rezeptblock vergessen habe; bei den Kunden handele es
sich ggf. um Mitglieder eines internationalen Drogenkartells, weil sie ihre Forderungen mit Entführungsdrohungen oder Waffengewalt unterstrichen hätten.

Den Einlassungen ist entgegenzuhalten, dass Entwicklungshilfegesellschaften und 245
ähnliche Organisationen beim Pharmagroßhändler deutlich preisgünstiger kaufen,
mit schriftlicher Bestellung und bei Tageslicht aufzutreten pflegen. Ihre Anschrift
und Telefonnummer ist in öffentlich zugänglichen Registern verzeichnet und telefonisch erfragbar. Privatkunden benötigen keine Klinikpackungen. Ärzte, die ihren
Rezeptblock vergessen haben, können ihre Verordnungen ausnahmsweise auch auf
anderen Papieren vornehmen. Wer wiederholt ein Rezept nachzureichen verspricht, verdient keinen Glauben, dass er überhaupt Rezepte besitzt. Wer nachweisbar mündlich oder schriftlich Psychopharmaka auf Grund eigener Initiative
angeboten hat, ohne das Rezepterfordernis zu erwähnen, kann sich nicht auf eine
angebliche Erpressung berufen, wenn der Kunde die Offerte annimmt.

7. Sonderfall – Verbotsirrtum. Gibt ein Apotheker verschreibungspflichtige 246
Arzneimittel ohne die erforderliche Verschreibung ab, weil er die Verschreibungspflicht im konkreten Einzelfall für unsinnig hält, liegt ein vermeidbarer Verbotsirrtum vor, weil er sich an fachkundiger Stelle unschwer über die Rechtslage und das
Verbotensein seines Tuns hätte informieren können (vgl. *Oldenburg* NJW 1966,

AMG § 96

1181). Der Täter darf sich nur auf die Auskunft einer zuständigen sachkundigen und unvoreingenommenen Person verlassen, der zudem kein eigenes Interesse an einer unrichtigen Auskunft zugesprochen werden kann und die deshalb Gewähr für eine objektive, sorgfältige, pflichtgemäße und verantwortungsvolle Auskunftserteilung bietet (BGHSt. 40, 264 = NJW 1995, 204, 205 = MDR 1995, 80; *BGH*, Urteil vom 2. 11. 2010 – 1 StR 580/09 = BeckRS 2011, 01482; vgl. auch *Fischer* § 17 StGB Rn. 9).

XIV. Unerlaubter Betrieb des Großhandels mit Arzneimitteln, Testsera oder Testantigenen (§ 96 Nr. 14 AMG)

247 **1. Begriffe. a) Arzneimittel.** Zum Begriff der **Arzneimittel** ausführlich Vorbem. AMG Rn. 37 ff.

248 **b) Testsera** sind nach § 4 Abs. 6 AMG Arzneimittel im Sinne des § 2 Abs. 2 Nr. 4 AMG (Stoffe und Zubereitungen aus Stoffen, die, auch im Zusammenwirken mit anderen Stoffen oder Zubereitungen aus Stoffen, dazu bestimmt sind, ohne am oder im tierischen Körper angewendet zu werden, die Beschaffenheit, den Zustand oder die Funktion des tierischen Körpers erkennen zu lassen oder der Erkennung von Krankheitserregern bei Tieren zu dienen), die aus Blut, Organen, Organteilen oder Organsekreten gesunder, kranker, krank gewesener oder immunisatorisch vorbehandelter Lebewesen gewonnen werden, spezifische Antikörper enthalten und die dazu bestimmt sind, wegen dieser Antikörper verwendet zu werden, sowie die dazu gehörenden Kontrollsera.

249 **c) Testantigene** sind nach § 4 Abs. 7 AMG Arzneimittel im Sinne des § 2 Abs. 2 Nr. 4 AMG, die Antigene oder Haptene enthalten und die dazu bestimmt sind, als solche verwendet zu werden.

250 **d) Großhandel.** Erlaubnispflichtig ist der **Großhandel**. Nach § 4 Abs. 22 AMG ist darunter jede berufs- oder gewerbsmäßige zum Zwecke des Handeltreibens ausgeübte Tätigkeit zu verstehen, die in der Beschaffung, der Lagerung, der Abgabe oder Ausfuhr von Arzneimitteln besteht, mit Ausnahme der Abgabe von Arzneimitteln an andere Verbraucher als Ärzte, Zahnärzte, Tierärzte oder Krankenhäuser.

251 **aa) Handeltreiben.** Der Begriff des **Handeltreibens** ist dabei mit dem im BtMG verwendeten entsprechenden Begriff identisch (BGHSt. 50, 252 = NStZ 2006, 171 = StV 2006, 19; *BGH* NStZ 2004, 457, 458 = wistra 2003, 424). Handeltreiben ist danach jede eigennützige, auf den Umsatz von Arzneimitteln gerichtete Tätigkeit.

252 **bb) Gewerbsmäßig.** Gewerbsmäßigkeit liegt vor, wenn die Tätigkeit planmäßig, für eine gewisse Dauer und insbesondere zum Zwecke der Gewinnerzielung ausgeübt wird (*Deutsch/Lippert* § 4 AMG Rn. 76; *Rehmann* § 4 AMG Rn. 24).

253 **cc) Berufsmäßig** ist eine auf Dauer angelegte Tätigkeit, die dem Erwerb oder der Erzielung von Einkünften dient, ohne deshalb gewerbsmäßig zu sein (*Rehmann* § 4 AMG Rn. 24). Das Tatbestandsmerkmal soll als Auffangtatbestand alle übrigen Formen von Großhandelstätigkeiten erfassen (*Deutsch/Lippert* § 4 AMG Rn. 76; *Kloesel/Cyran* § 4 AMG Nr. 67).

254 **2. Erlaubnispflicht.** Einer Erlaubnis bedarf nach § 52a Abs. 1 S. 1 AMG derjenige, der den Großhandel mit Arzneimitteln im Sinne des § 2 Abs. 1 oder Abs. 2 Nr. 1, Testsera oder Testantigenen betreibt.

255 **3. Ausnahmen** von der Erlaubnispflicht sieht die Regelung des § 52a Abs. 1 S. 2 AMG für die in § 51 Abs. 1 Hs. 2 AMG genannten, für den Verkehr außerhalb von Apotheken freigegebenen Fertigarzneimittel (vgl. dazu oben Rn. 72) sowie Gase für medizinische Zwecke vor.

256 Bei den in § 51 Abs. 1 Hs. 2 AMG genannten Arzneimitteln handelt es sich um Fertigarzneimittel, die

– mit ihren verkehrsüblichen deutschen Namen bezeichnete, in ihren Wirkungen allgemein bekannte Pflanzen oder Pflanzenteile oder Presssäfte aus frischen Pflanzen oder Pflanzenteilen sind, sofern diese mit keinem anderen Lösungsmittel als Wasser hergestellt wurden (dazu *Kloesel/Cyran* § 51 AMG Nr. 7: Baldrian-, Lindenblüten-, Salbei-, Kamillen-, Eibisch- oder Huflattichtee), oder
– Heilwässer und deren Salze in ihrem natürlichen Mischungsverhältnis oder ihre Nachbildungen sind.

4. Tathandlung ist der unerlaubte Betrieb des Großhandels. Erfasst sind damit **257** insbesondere die in § 4 Abs. 22 AMG genannten Erscheinungsformen (Beschaffung, Lagerung, Abgabe, Ausfuhr) des zum Zwecke des Handeltreibens betriebenen Großhandels.

XV. Verschreibung und Abgabe von Arzneimitteln, die nur durch den Tierarzt angewendet werden dürfen (§ 96 Nr. 15 AMG)

1. Begriffe. a) Arzneimittel. Zum Arzneimittelbegriff ausführlich Vorbem. **258** AMG Rn. 37 ff.

b) Verschreibung. Eine Verschreibung ist die schriftliche Anweisung eines **259** Arztes, Zahnarztes oder Tierarztes, ein bestimmtes oder mehrere bestimmte Arzneimittel an den Kunden gegen Bezahlung oder Verrechnung herauszugeben; zu den Einzelheiten vgl. oben Rn. 217 ff.

c) Abgabe. Abgabe ist die Verschaffung der tatsächlichen Verfügungsgewalt, **260** ohne dass es auf das Vorliegen der Absicht zur Gewinnerzielung (*BGH* NStZ 2004, 457 = JR 2004, 245 = wistra 2003, 424) oder auf die Übertragung des Eigentums ankäme; zu den Einzelheiten oben Rn. 8 f.

2. Verschreibungs- und Abgabeverbot. a) Rechtsverordnung nach § 56 a **261** **Abs. 3 S. 1 Nr. 2 AMG.** Nach § 56 a Abs. 3 S. 1 AMG ist das Bundesministerium für Ernährung, Landwirtschaft und Verbraucherschutz dazu ermächtigt, im Einvernehmen mit dem Bundesministerium für Gesundheit durch Rechtsverordnung mit Zustimmung des Bundesrates Anforderungen an die Abgabe von Arzneimitteln zur Anwendung bei Tieren festzulegen. Es kann dabei insbesondere vorschreiben, dass (Nr. 2) bestimmte Arzneimittel nur durch den Tierarzt selbst angewendet werden dürfen, wenn diese Arzneimittel (a) die Gesundheit von Mensch oder Tier auch bei bestimmungsgemäßem Gebrauch unmittelbar oder mittelbar gefährden können, sofern sie nicht fachgerecht angewendet werden, oder (b) häufig in erheblichem Umfang nicht bestimmungsgemäß gebraucht werden und dadurch die Gesundheit von Mensch oder Tier unmittelbar oder mittelbar gefährdet werden kann. In der Rechtsverordnung können nach § 56 a Abs. 3 S. 2 AMG Art, Form und Inhalt der Nachweise sowie die Dauer der Aufbewahrung geregelt werden. Die Nachweispflicht kann auf bestimmte Arzneimittel, Anwendungsbereiche oder Darreichungsformen beschränkt werden, § 56 a Abs. 3 S. 3 AMG.

b) Verschreibung und Abgabe. Arzneimittel, die der Tierarzt nach einer sol- **262** chen Verordnung nur selbst anwenden darf, dürfen demzufolge weder verschrieben noch abgegeben werden.

3. Tathandlung. Abgabe oder Verschreibung unter Missachtung des Verschrei- **263** bungsverbotes nach § 56 a Abs. 4 AMG ist nach § 96 Abs. 1 Nr. 15 AMG strafbar.

XVI. Besitz von Arzneimitteln, die nur durch den Tierarzt angewendet werden dürfen (§ 96 Nr. 16 AMG)

1. Begriffe. a) Arzneimittel. Zum Arzneimittelbegriff ausführlich Vorbem. **264** AMG Rn. 37 ff.

b) Besitz. Zum Besitz vgl. § 29 BtMG/Teil 13 Rn. 15 sowie § 95 AMG **265** Rn. 131 ff.

266   **2. Besitzverbot.** Nach § 57 Abs. 1a S. 1 AMG dürfen Tierhalter Arzneimittel, bei denen durch Rechtsverordnung vorgeschrieben ist, dass sie nur durch den Tierarzt angewendet werden dürfen, nicht im Besitz haben. Die Vorschrift verweist damit auf ein durch Rechtsverordnung nach § 56a Abs. 3 S. 1 Nr. 2 AMG vorgeschriebenes Verschreibungs- und Abgabeverbot (dazu oben Rn. 261 ff.) und sieht eine spiegelbildliche Verhaltensvorschrift für den Tierhalter vor. **Ausgenommen** sind Arzneimittel nach § 57 Abs. 1a S. 2 AMG, wenn sie für einen anderen Zweck als zur Anwendung bei Tieren bestimmt sind oder der Besitz nach der Richtlinie 96/22/EG des Rates vom 29. 4. 1996 über das Verbot der Verwendung bestimmter Stoffe mit hormonaler beziehungsweise thyreostatischer Wirkung und von ß-Agonisten in der tierischen Erzeugung und zur Aufhebung der Richtlinien 81/602/EWG, 88/146/EWG und 88/299/EWG (ABl. L Nr. 125 S. 3) erlaubt ist.

267   **3. Tathandlung.** Hat ein Tierhalter Tierarzneimittel, die nur vom Tierarzt selbst angewendet werden dürfen, entgegen § 57 Abs. 1a S. 1 AMG i.V.m. einer Rechtsverordnung nach § 56a Abs. 3 S. 1 Nr. 2 AMG in Besitz, so macht er sich nach § 96 Abs. 1 Nr. 16 AMG strafbar.

268   **4. Täter.** Als Täter kommt – weil nur für ihn das Besitzverbot des § 57 Abs. 1a S. 1 AMG gilt – nur der **Tierhalter** in Betracht. Der verschreibende oder abgebende Täter (also vor allem der betreffende Tierarzt) macht sich dagegen nach § 96 Nr. 15 AMG strafbar (dazu oben Rn. 258).

XVII. Gewinnen von Lebensmitteln aus Tieren, bei denen klinische Prüfungen oder Rückstandsprüfungen durchgeführt werden (§ 96 Nr. 17 AMG)

269   **1. Begriffe. a) Lebensmittel** sind – wie die Vorschrift des § 2 Abs. 3 Nr. 1 AMG klarstellt – solche im Sinne des § 2 Abs. 2 des Lebensmittel- und Futtermittelgesetzbuches in der Fassung der Bekanntmachung vom 24. 7. 2009 (LFGB; BGBl. I S. 2205). Die genannte Vorschrift wiederum verweist auf die Regelung des Art. 2 der Verordnung (EG) Nr. 178/2002 des Europäischen Parlaments und des Rates vom 28. 1. 2002 zur Festlegung der allgemeinen Grundsätze und Anforderungen des Lebensmittelrechts, zur Errichtung der Europäischen Behörde für Lebensmittelsicherheit und zur Festlegung von Verfahren zur Lebensmittelsicherheit (ABl. L Nr. 31 S. 1), die eine Definition des Lebensmittel-Begriffes enthält.

270   Lebensmittel sind danach alle Stoffe und Erzeugnisse, die dazu bestimmt sind oder von denen nach vernünftigem Ermessen erwartet werden kann, dass sie in verarbeitetem, teilweise verarbeitetem oder unverarbeitetem Zustand von Menschen aufgenommen werden. Zu den Lebensmitteln zählen auch Getränke, Kaugummi sowie alle Stoffe – einschließlich Wasser –, die dem Lebensmittel bei seiner Herstellung oder Ver- oder Bearbeitung absichtlich zugesetzt werden. Nicht zu den Lebensmitteln gehören

271   – Futtermittel,
– lebende Tiere, soweit sie nicht für das Inverkehrbringen zum menschlichen Verzehr hergerichtet worden sind,
– Pflanzen vor dem Ernten,
– Arzneimittel im Sinne der Richtlinien 65/65/EWG und 92/73/EWG des Rates,
– kosmetische Mittel im Sinne der Richtlinie 76/768/EWG des Rates,
– Tabak und Tabakerzeugnisse im Sinne der Richtlinie 89/622/EWG des Rates,
– Betäubungsmittel und psychotrope Stoffe im Sinne des Einheitsübereinkommens der Vereinten Nationen über Suchtstoffe, 1961, und des Übereinkommens der Vereinten Nationen über psychotrope Stoffe, 1971,
– Rückstände und Kontaminanten.

272   **b) Gewinnen** ist ein Teilakt des Herstellungsgeschehens (§ 4 Abs. 14 AMG). Der Begriff bezeichnet die Entnahme von Stoffen aus ihrer natürlichen (namentlich tierischen) Umgebung zum Zwecke ihrer weiteren Verwendung als Lebens-

mittel (vgl. zum Begriff des Gewinnens im Sinne des § 4 Abs. 14 AMG *Kloesel/Cyran* § 4 AMG Nr. 49).

2. Verbot der Lebensmittelgewinnung. Nach § 59 Abs. 2 S. 1 AMG dürfen **273** von Tieren, bei denen klinische Prüfungen (vgl. dazu *Lippert* MedR 2003, 451) oder Rückstandsprüfungen durchgeführt wurden, grundsätzlich keine Lebensmittel gewonnen werden. Die Regelung dient dem Verbraucherschutz (*Kloesel/Cyran* § 59 AMG Nr. 10); es soll vermieden werden, dass Lebensmittel in den Nahrungskreislauf gelangen, die Rückstände nicht zugelassener Arzneimittel enthalten. Das Verbot richtet sich zunächst an Nahrungsmittelproduzenten, also vor allem an diejenigen, die Tiere in den Kreislauf der Nahrungskette einbringen oder einbringen wollen (*Deutsch/Lippert* § 59 AMG Rn. 17). Daneben kommen als Täter auch pharmazeutische Unternehmer, Leiter klinischer Prüfungen und nicht zuletzt Tierhalter selbst in Betracht (*Deutsch/Lippert* § 59 AMG Rn. 19).

3. Ausnahmen. Das Lebensmittelgewinnungsverbot gilt nach § 59 Abs. 2 S. 2 **274** AMG dann nicht, wenn die zuständige Bundesoberbehörde eine angemessene **Wartezeit** festgelegt hat. Die Wartezeit ist nach § 4 Abs. 12 AMG die Zeit, die bei bestimmungsgemäßer Anwendung des Arzneimittels nach der letzten Anwendung des Arzneimittels bei einem Tier bis zur Gewinnung von Lebensmitteln, die von diesem Tier stammen, zum Schutz der öffentlichen Gesundheit einzuhalten ist und die sicherstellt, dass Rückstände in diesen Lebensmitteln die gemäß der Verordnung (EWG) Nr. 2377/90 des Rates vom 26. 6. 1990 zur Schaffung eines Gemeinschaftsverfahrens für die Festsetzung von Höchstmengen für Tierarzneimittelrückstände in Nahrungsmitteln tierischen Ursprungs (ABl. L Nr. 224 S. 1) festgelegten zulässigen **Höchstmengen für pharmakologisch wirksame Stoffe** nicht überschreiten. Die Wartezeit muss nach § 59 Abs. 2 S. 3 AMG

– entweder mindestens der Wartezeit nach der **Verordnung über tierärztliche Haus-** **275** **apotheken** (TÄHAV in der Fassung der Bekanntmachung vom 8. 7. 2009; BGBl. I S. 1760) entsprechen und gegebenenfalls einen Sicherheitsfaktor einschließen, mit dem die Art des Arzneimittels berücksichtigt wird,
Nach § 12 a Abs. 2 S. 3 TÄHAV beträgt die Wartezeit
1. bei Eiern sieben Tage,
2. bei Milch sieben Tage,
3. bei essbarem Gewebe von Geflügel und Säugetieren 28 Tage,
4. bei essbarem Gewebe von Fischen die Zahl, die sich aus der Division von 500 durch die mittlere Wassertemperatur in Grad Celsius ergibt,
5. bei essbarem Gewebe von Einhufern, die der Gewinnung von Lebensmitteln dienen und bei denen Arzneimittel gemäß § 56 a Abs. 2 a AMG angewendet wurden, sechs Monate.
– oder wenn Höchstmengen für Rückstände von der Gemeinschaft gemäß der **Verord-** **276** **nung (EWG) Nr. 2377/90** festgelegt wurden, sicherstellen, dass diese Höchstmengen in den Lebensmitteln, die von Tieren gewonnen werden, nicht überschritten werden.
In Anhang I der Verordnung sind Rückstandshöchstmengen für die folgenden pharmakologisch wirksamen Stoffe enthalten:
1. Mittel gegen Infektionen
1.1. Chemotherapeutika (alle Stoffe der Sulfonamidgruppe, Baquiloprim, Trimethoprim)
1.2. Antibiotika (Amoxicillin, Ampicillin, Benzylpenicillin, Cloxacillin, Dicloxacillin, Nafcillin, Oxacillin, Penethamat, Phenoxymethylpenicillin, Cefacetril, Cefalexin, Cefalonium, Cefapirin, Cefazolin, Cefoperazon, Cefquinom, Ceftiofur, Oxolinsäure, Danofloxacin, Difloxacin, Enrofloxacin, Flumequin, Marbofloxacin, Sarafloxacin, Erythromycin, Gamithromycin, Spiramycin, Tilmicosin, Tulathromycin, Tylosin, Tylvalosin, Thiamphenicol, Chlortetracyclin, Doxycyclin, Oxytetracyclin, Tetracyclin, Rifaximin, Tiamulin, Valnemulin, Lincomycin, Pirlimycin, Apramycin, Dihydrostreptomycin, Gentamicin, Kanamycin, Neomycin (einschließlich Framycetin), Paromomycin, Spectinomycin, Streptomycin, Novobiocin, Bacitracin, Clavulansäure, Colistin, Avilamycin, Monensin, Lasalocid)
2. Mittel gegen Parasiten
2.1. Mittel gegen Endoparasiten (Closantel, Rafoxanid, Levamisol, Albendazol, Albendazoloxid, Febantel, Fenbendazol, Flubendazol, Mebendazol, Netobimin, Oxfendazol, Oxi-

bendazol, Thiabendazol, Triclabendazol, Nitroxinil, Oxyclozanid, Clorsulon, Piperazin, Morantel, Monepantel)

2.2. *Mittel gegen Ektoparasiten (Coumafos, Diazinon, Phoxim, Amitraz, Cyhalothrin, Cyfluthrin, Deltamethrin, Fenvalerat, Flumethrin, Permethrin, Cypermethrin, Alpha-Cypermethrin, Diflubenzuron, Fluazuron, Teflubenzuron, Dicyclanil, Cyromazin)*

2.3. *Mittel gegen Endo- und Ektoparasiten (Abamectin, Doramectin, Emamectin, Eprinomectin, Ivermectin, Moxidectin)*

2.4. *Mittel gegen Protozoen (Toltrazuril, Halofuginon, Imidocarb)*

3. *Mittel, die auf das Nervensystem wirken*

3.1. *Mittel, die auf das Zentralnervensystem wirken (Azaperon)*

3.2. *Mittel, die auf das autonome (vegetative) Nervensystem wirken (Carazolol, Clenbuterol-hydrochlorid)*

4. *Entzündungshemmende Mittel*

4.1. *Nicht-steroidale entzündungshemmende Mittel (Carprofen, Vedaprofen, Flunixin, Tolfenaminsäure, Meloxicam, Metamizol, Diclofenac, Firocoxib)*

5. *Kortikoide*

5.1. *Glukokortikoide (Betamethason, Dexamethason, Methylprednisolon, Prednisolon)*

6. *Mittel, die auf den Fortpflanzungsapparat wirken*

6.1. *Gestagene (Chlormadinon, Flugestonacetat, Altrenogest, Norgestomet)*

277   **4. Tathandlung.** Verstöße gegen die Grundsätze des § 59 Abs. 2 AMG sind Vergehen nach § 96 Nr. 17 AMG.

XVIII. Verkehr mit Stoffen und Zubereitungen, die zur Herstellung von Arzneimitteln für Tiere nicht verwendet werden dürfen oder die nicht für den Verkehr außerhalb der Apotheken freigegeben sind (§ 96 Nr. 18 AMG)

278   **1. Begriffe. a) Stoffe.** Der Stoffbegriff ist in § 3 AMG legaldefiniert und umfasst neben chemischen Elementen und chemischen Verbindungen vor allem Pflanzen, Pflanzenteile, Tierkörper und Mikroorganismen. Zum Begriff der Stoffe ausführlich Vorbem. AMG Rn. 42 ff.

279   **b) Zubereitungen aus Stoffen.** Obschon das AMG den Begriff der Zubereitung an diversen Stellen verwendet, ist er im Gesetz selbst nicht definiert. Üblicherweise erfasst er ein aus zwei oder mehreren Stoffen bestehendes Erzeugnis. Vgl. auch Vorbem. AMG Rn. 50.

280   **2. Verkehrsverbot für Arzneimittelgrundstoffe.** Die strafbewehrten Verbote und Beschränkungen im Umgang mit Stoffen und Zubereitungen aus Stoffen sind Gegenstand der umfangreichen und auf den ersten Blick nur schwer verständlichen Regelung des § 59a AMG. Die Vorschrift des § 59a AMG schließt Personen, Betriebe und Einrichtungen vom Umgang mit Stoffen und Zubereitungen aus, soweit diese Stoffe bei der Herstellung von Arzneimitteln für Tiere nicht verwendet werden dürfen oder wenn sie durch Rechtsverordnung nach § 48 AMG der Verschreibungspflicht unterliegen.

281   Die Regelung des § 59a Abs. 1 AMG nimmt dabei Bezug auf eine Rechtsverordnung nach § 6 AMG, soweit hiernach bestimmte Stoffe oder Zubereitungen aus Stoffen bei der **Herstellung von Arzneimitteln für Tiere** nicht verwendet werden dürfen. Die Verbotsvorschrift des § 59a Abs. 1 AMG knüpft also im Vorfeld einer solchen Verwendung an und verbietet bereits die im Einzelnen genannten Handlungen im Umgang mit Grundstoffen zur Arzneimittelherstellung, soweit ihnen eine entsprechende Zweckbestimmung zugrunde liegt.

282   § 59a Abs. 2 AMG betrifft neben den nicht für den Verkehr außerhalb der Apotheken freigegebenen Stoffen und Zubereitungen solche, die Gegenstand einer Rechtsverordnung nach § 48 AMG sind.

283   **Personen, Betriebe und Einrichtungen nach § 47 Abs. 1 AMG** sind in erster Linie pharmazeutische Unternehmer und Großhändler, daneben aber auch alle weiteren in § 47 Abs. 1 AMG aufgeführten Teilnehmer am Arzneimittelmarkt.

3. Tathandlung. Als einschlägige Tathandlungen nennt das Gesetz den Erwerb, 284
das Anbieten, die Lagerung, das Verpacken, das Mitsichführen und das Inverkehrbringen (dazu im Einzelnen oben Rn. 32 sowie ergänzend § 95 AMG Rn. 44 ff.).

**XVIII a. Verbotene Verabreichung pharmakologisch wirksamer Stoffe
an Tiere, die der Lebensmittelgewinnung dienen (§ 96 Nr. 18 a AMG)**

1. Regelungsumfeld. Die Strafvorschrift ist mit Wirkung vom 31. 5. 2011 285
eingefügt worden auf der Grundlage der Änderungen durch das **Fünfzehnte Gesetz zur Änderung des Arzneimittelgesetzes** vom 25. 5. 2011 (BGBl. I
S. 946). Zugleich wurde die Regelung des § 59 d AMG geschaffen, die ein Verbot
der Verabreichung bestimmter pharmakologisch wirksamer Stoffe für **Tiere** vorsieht, **die der Lebensmittelgewinnung dienen.** Zur Strafbarkeit der Verabreichung **verbotener Stoffe** nach der Verordnung (EU) Nr. 37/2010 vgl. die Kommentierung zu § 95 Abs. 1 Nr. 11 AMG.

2. Verabreichungsverbot. Die Vorschrift nimmt auf die Regelung des § 59 d 286
S. 1 Nr. 2 AMG Bezug und gilt daher für die Verabreichung der *nicht* im **Anhang
der Verordnung (EU) Nr. 37/2010** der Kommission vom 22. Dezember 2009
über pharmakologisch wirksame Stoffe und ihre Einstufung hinsichtlich Rückstandshöchstmengen in Lebensmitteln tierischen Ursprungs (ABl. L Nr. 15 vom
20. 1. 2010 S. 1) genannten Stoffe.

Eine entsprechende Regelung zur Verabreichung der in § 59 d S. 1 Nr. 1 AMG 287
genannten Stoffe (pharmakologisch wirksame Stoffe, die in **Tabelle 2 des Anhangs zur Verordnung (EU) Nr. 37/2010** aufgeführt sind) enthält die – ebenfalls durch das 15. AMGÄndG neu gefasste und vom Strafrahmen her deutlich
schärfere – Strafvorschrift des **§ 95 Abs. 1 Nr. 11 AMG**.

**XVIII b. Einfuhr nicht zertifizierter Arzneimittel, Wirkstoffe und
anderer Stoffe (§ 96 Nr. 18 b AMG)**

1. Allgemeines. Die Straftatbestände der Nrn. 18 b und 18 c des § 96 AMG 288
sind zunächst – als Nummern 18 a und 18 b – mit dem Gesetz über Qualität und
Sicherheit von menschlichen Geweben und Zellen vom 20. 7. 2007 (Gewebegesetz; BGBl. I S. 1574) **mit Wirkung vom 1. 8. 2007** in das Arzneimittelgesetz
aufgenommen worden. Durch das Gesetz zur Änderung arzneimittelrechtlicher
und anderer Vorschriften vom 17. 7. 2009 (BGBl. I S. 1990) ist freilich die Strafbewehrung von Verstößen gegen § 72 a AMG infolge einer Änderung der Systematik betreffend § 96 Nrn. 4 und 18 a AMG versehentlich **mit Wirkung vom
23. 7. 2009** entfallen. Seit dieser Zeit fehlte es folglich an einer entsprechenden
arzneimittelstrafrechtlichen Vorschrift. Dieser Zustand ist durch das Gesetz zur
Neuordnung des Arzneimittelmarktes in der gesetzlichen Krankenversicherung
vom 22. 12. 2010 (Arzneimittelmarktneuordnungsgesetz – AMNOG; BGBl. I
S. 2262) **mit Wirkung vom 1. 1. 2011** bereinigt worden (vgl. dazu BT-
Drs. 17/2413). Seit dem 1. 1. 2011 sieht das AMG mithin wieder eine entsprechende Strafvorschrift vor, die freilich seit dem Inkrafttreten der **Fünfzehnten
Gesetzes zur Änderung des Arzneimittelgesetzes** vom 25. 5. 2011 am 31. 5.
2011 in § 96 Nr. 18 b AMG zu finden ist. Für die Strafbarkeit im Zeitraum vor,
zwischen und nach den oben genannten Terminen ist demzufolge auf die Regelungen des **§ 2 StGB** Bedacht zu nehmen.

2. Regelungsgehalt. Nach § 72 a Abs. 1 S. 1 AMG dürfen Arzneimittel im 289
Sinne des § 2 Abs. 1 und 2 Nr. 1, 1 a, 2 und 4 oder Wirkstoffe nur eingeführt
werden, wenn **(1)** die zuständige Behörde des Herstellungslandes durch ein **Zertifikat** bestätigt hat, dass die Arzneimittel oder Wirkstoffe entsprechend anerkannten
Grundregeln für die Herstellung und die Sicherung ihrer Qualität, insbesondere
der Europäischen Gemeinschaften oder der Weltgesundheitsorganisation, hergestellt werden und solche Zertifikate für Arzneimittel im Sinne des § 2 Abs. 1 und 2
Nr. 1, die zur Anwendung bei Menschen bestimmt sind, und Wirkstoffe, die

menschlicher, tierischer oder mikrobieller Herkunft sind, oder Wirkstoffe, die auf gentechnischem Wege hergestellt werden, gegenseitig anerkannt sind, **oder (2)** die zuständige Behörde bescheinigt hat, dass die genannten Grundregeln bei der Herstellung der Arzneimittel sowie der dafür eingesetzten Wirkstoffe, soweit sie menschlicher, tierischer oder mikrobieller Herkunft sind, oder Wirkstoffe, die auf gentechnischem Wege hergestellt werden, oder bei der Herstellung der Wirkstoffe eingehalten werden **oder (3)** die zuständige Behörde bescheinigt hat, dass die Einfuhr im öffentlichen Interesse liegt. Ausnahmen hiervon ergeben sich aus der Vorschrift des § 72a Abs. 1a AMG. Nach § 72a Abs. 1c AMG dürfen Arzneimittel und Wirkstoffe, die menschlicher, tierischer oder mikrobieller Herkunft sind oder Wirkstoffe, die auf gentechnischem Wege hergestellt werden, sowie andere zur Arzneimittelherstellung bestimmte Stoffe menschlicher Herkunft, ausgenommen die in Abs. 1a Nr. 1 und 2 genannten Arzneimittel, nicht auf Grund einer Bescheinigung nach Abs. 1 S. 1 Nr. 3 eingeführt werden. Nach § 72a Abs. 1d AMG findet die Vorschrift des § 72a Abs. 1 S. 1 AMG auf die Einfuhr von Wirkstoffen sowie anderen zur Arzneimittelherstellung bestimmten Stoffen menschlicher Herkunft Anwendung, soweit ihre Überwachung durch eine Rechtsverordnung nach § 54 AMG geregelt ist.

290   Die Vorschrift soll – arzneimittelstrafrechtlich untermauert – sicherstellen, dass auch die aus den Nicht-EU/EWG-Staaten (zur diesbezüglichen Einschränkung des Einfuhr-Begriffes siehe unten Rn. 290; vgl. dazu auch *Deutsch/Lippert* § 72a AMG Rn. 1) importierten Arzneimittel den Herstellungsstandards genügen, die für im Inland hergestellte Arzneimittel gelten. Dabei stehen die unter Rn. 286 aufgeführten Bedingungen zur Einfuhr in einem gestuften Verhältnis zueinander; die Zertifizierung nach § 72a Abs. 1 S. 1 Nr. 1 AMG geht daher den Verfahren zur Ausstellung einer Bescheinigung nach den Nrn. 2 und 3 der genannten Vorschrift prinzipiell vor.

291   **3. Begriffe. a) Arzneimittel.** Zum Arzneimittelbegriff ausführlich Vorbem. AMG Rn. 37ff.

292   **b) Wirkstoffe** sind nach § 4 Abs. 19 AMG Stoffe, die dazu bestimmt sind, bei der Herstellung von Arzneimitteln als arzneilich wirksame Bestandteile verwendet zu werden oder bei ihrer Verwendung in der Arzneimittelherstellung zu arzneilich wirksamen Bestandteilen der Arzneimittel zu werden (vgl. auch Vorbem. AMG Rn. 49).

293   **4. Tathandlung** und damit verboten ist die Einfuhr der im Einzelnen aufgeführten Arzneimittel und Wirkstoffe, sofern die entsprechenden Einfuhrvoraussetzungen nicht erfüllt sind. **Einfuhr** ist nach § 4 Abs. 32 S. 2 AMG die Überführung von unter das Arzneimittelgesetz fallenden Produkten aus Drittstaaten, die nicht Vertragsstaaten des Abkommens über den Europäischen Wirtschaftsraum sind, in den zollrechtlich freien Verkehr. Die genannten Produkte gelten nach § 4 Abs. 32 S. 3 AMG als eingeführt, wenn sie entgegen den Zollvorschriften in den Wirtschaftskreislauf überführt wurden. Werden Arzneimittel nicht endgültig ins Inland verbracht, sondern ohne zollamtliche Überwachung nur durch Deutschland transportiert, so handelt es sich um eine **Durchfuhr** und damit um einen weiteren Unterfall des **Verbringens**, das nach § 4 Abs. 32 S. 1 AMG jede Beförderung in den, durch den oder aus dem Geltungsbereich des Arzneimittelgesetzes erfasst.

XVIIIc, d. Unerlaubte Einfuhr von Geweben und bestimmten Gewebezubereitungen (§ 96 Nr. 18c und Nr. 18d AMG)

294   **1. Regelungsgehalt.** Nach § 72b Abs. 1 S. 1 AMG ist eine Erlaubnis der zuständigen Behörde erforderlich, wenn **Gewebe** im Sinne des § 1a Nr. 4 des Transplantationsgesetzes oder **Gewebezubereitungen** im Sinne von § 20c AMG gewerbs- oder berufsmäßig (vgl. dazu oben Rn. 252f.) zum Zwecke der Abgabe an andere (vgl. oben Rn. 8f.) oder zur Be- oder Verarbeitung eingeführt (vgl. oben Rn. 293) werden sollen.

Der Einführer darf die genannten Gewebe und Gewebezubereitungen – unge- 295
achtet der Genehmigung nach § 72b Abs. 1 S. 1 AMG – aber nur dann einführen,
wenn (1) die Behörde des Herkunftslandes durch ein **Zertifikat** bestätigt hat, dass
die Gewinnung, Laboruntersuchung, Be- oder Verarbeitung, Konservierung, Lagerung oder Prüfung nach Standards durchgeführt wurden, die den von der Gemeinschaft festgelegten Standards der Guten fachlichen Praxis mindestens gleichwertig sind, und solche Zertifikate gegenseitig anerkannt sind, **oder (2)** die für den
Einführer zuständige Behörde **bescheinigt** hat, dass die Standards der Guten fachlichen Praxis bei der Gewinnung, Laboruntersuchung, Be- oder Verarbeitung,
Konservierung, Lagerung oder Prüfung eingehalten werden, nachdem sie oder
eine zuständige Behörde eines anderen Mitgliedstaates der Europäischen Union
oder eines anderen Vertragsstaates des Abkommens über den Europäischen Wirtschaftsraum sich darüber im Herstellungsland vergewissert hat, **oder (3)** die für
den Einführer zuständige Behörde **bescheinigt** hat, dass die **Einfuhr im öffentlichen Interesse** ist, wenn ein Zertifikat nach § 72b Abs. 2 S. 1 Nr. 1 AMG nicht
vorliegt und eine Bescheinigung nach § 72b Abs. 2 S. 1 Nr. 2 AMG nicht möglich
ist. Zum Stufenverhältnis von Zertifizierungs- und Bescheinigungsverfahren vgl.
oben Rn. 289f.

2. Tathandlung ist die ohne Erlaubnis oder entgegen § 72b Abs. 2 S. 1 AMG 296
erfolgte Einfuhr der einschlägigen Gewebe und Gewebezubereitungen. Zum Begriff der Einfuhr vgl. oben Rn. 293.

XVIIIe. Verbringen gefälschter Arzneimittel und Wirkstoffe in den Geltungsbereich des AMG (§ 96 Nr. 18e AMG)

1. Regelungsumfeld. Nach § 8 Abs. 1 Nr. 1a AMG ist es verboten, Arznei- 297
mittel oder Wirkstoffe herzustellen oder in den Verkehr zu bringen, die hinsichtlich ihrer **Identität** oder **Herkunft** falsch gekennzeichnet sind (**gefälschte Arzneimittel; gefälschte Wirkstoffe**). Die Regelung des § 73 Abs. 1b AMG
erweitert das Verbot der Herstellung und des Inverkehrbringens im Interesse eines
wirksamen Verbraucherschutzes und der Arzneimittelsicherheit um ein umfassendes Verbringungsverbot. Danach ist es verboten, gefälschte Arzneimittel oder gefälschte Wirkstoffe in den Geltungsbereich des AMG zu verbringen:

BT-Drs. 16/12256 S. 55: „*Die Vorschrift dient der Sicherheit des Arzneimittelverkehrs und* 298
der Bekämpfung des Inverkehrbringens von gefälschten Arzneimittel oder Wirkstoffen. Insbeson-
dere soll verhindert werden, dass derartige Produkte bereits im Vorfeld eines möglichen Inver-
kehrbringens nach Deutschland gelangen. Die bisherigen Ausnahmen vom Verbringungsverbot der
Absätze 2 und 3 finden keine Anwendung, da sich die Ausnahmen nur auf das Verbringungsver-
bot des Absatzes 1 Satz 1 beziehen. Dies bedeutet, dass die gefälschten Arzneimittel auch die
Durchfuhr, die Überführung in ein Zolllager oder die Mitnahme zum persönlichen Bedarf im
Reiseverkehr, ebenso wie der Einzelbezug über Apotheken nach Absatz 3, nicht mehr zulässig
sind."

2. Begriffe. a) Arzneimittel. Zum Arzneimittelbegriff ausführlich Vorbem. 299
AMG Rn. 37ff.

b) Wirkstoffe. Vgl. oben Rn. 292. 300

c) Fälschung. Gefälschte Arzneimittel und Wirkstoffe sind nach der Legaldefi- 301
nition des § 8 Abs. 1 Nr. 1a AMG solche, die hinsichtlich ihrer Identität oder
Herkunft falsch gekennzeichnet sind. Ein Mangel an pharmazeutischer Qualität
wird dabei nicht vorausgesetzt (*Kloesel/Cyran* § 8 AMG Nr. 9; dort auch zu einzelnen Fälschungsarten a.a.O. Nr. 10f.; zur Herstellung und zum Inverkehrbringen gefälschter Arzneimittel und Wirkstoffe vgl. § 95 Abs. 1 Nr. 3a AMG – § 95
AMG Rn. 167).

3. Tathandlung. Verboten ist das **Verbringen** in den Geltungsbereich des Arz- 302
neimittelgesetzes. Verbringen ist nach § 4 Abs. 32 S. 1 AMG jede Beförderung in
den, durch den oder aus dem Geltungsbereich des Gesetzes. Strafrechtlich relevant

ist in Anbetracht des insoweit eindeutigen Wortlautes des § 96 Nr. 18 e AMG nur die Verbringung „in den Geltungsbereich" des AMG.

303   **4. Ausnahmen.** Die zuständige Behörde kann in begründeten Fällen, insbesondere zum Zwecke der Untersuchung oder **Strafverfolgung**, Ausnahmen zulassen:

304   BT-Drs. 16/12256 S. 55: *„Das Verbot des Verbringens gefälschter Arzneimittel oder gefälschter Wirkstoffe nach Deutschland gilt nicht, wenn die betreffenden Waren zum Zwecke der Untersuchung, zur Strafverfolgung oder der Vernichtung durch die zuständigen Stellen nach Deutschland verbracht werden."*

305   Zu beachten ist freilich, dass die Erfüllung des Straftatbestandes erst bei Vorliegen der **Zulassung** einer Verbringung durch die zuständige Behörde – also nur auf der Grundlage einer förmlichen Entscheidung – gehindert ist. Die Zulassungsentscheidung ist damit **negatives Tatbestandsmerkmal** (vgl. nur MK-StGB/*Schmitz* Vorbem. §§ 324 ff. Rn. 43).

XIX. Inverkehrbringen von Humanarzneimitteln ohne Deckungsvorsorge (§ 96 Nr. 19 AMG)

306   Vgl. zum Ganzen zunächst Vorbem. AMG Rn. 179 ff. Nach § 94 Abs. 1 AMG hat der pharmazeutische Unternehmer dafür Vorsorge zu treffen, dass er seinen gesetzlichen Verpflichtungen zum Ersatz von Schäden nachkommen kann, die durch die Anwendung eines von ihm in den Verkehr gebrachten, zum Gebrauch bei Menschen bestimmten Arzneimittels entstehen. Weil sich die Vorschrift des § 94 AMG auf die Tatbestände der **Gefährdungshaftung** nach §§ 84 ff. AMG bezieht, muss es sich hier wie dort um ein **Humanarzneimittel**, d. h. ein zum Gebrauch bei Menschen bestimmtes Arzneimittel handeln, das zudem der Pflicht zur **Zulassung** unterliegt oder durch Rechtsverordnung von der Pflicht zur Zulassung befreit worden ist.

307   **1. Tatobjekt. a) Arzneimittel.** Die Deckungsvorsorgepflicht knüpft zunächst an den Arzneimittelbegriff nach § 2 AMG an (zur Begriffsbestimmung ausführlich Vorbem. AMG Rn. 37 ff.). Schäden, die auf eine Anwendung von Produkten anderer Kategorien (zur Ausschlussklausel des § 2 Abs. 3 AMG vgl. Vorbem. AMG Rn. 93 ff.) zurückzuführen sind, sind nicht Gegenstand der Gefährdungshaftungstatbestände nach §§ 84 ff. AMG und damit auch nicht Auslöser der Deckungsvorsorgepflicht. Zur Abgrenzung von Arzneimitteln und Medizinprodukten vgl. Vorbem. AMG Rn. 150 ff.

308   **b) Humanarzneimittel.** Eine Ersatzpflicht nach § 84 AMG setzt voraus, dass das betreffende Arzneimittel zum Gebrauch beim Menschen bestimmt ist (vgl. dazu Vorbem. AMG Rn. 54 ff.). Tierarzneimittel (dazu Vorbem. AMG Rn. 58), die dem Haftungsregime des ProdHaftG unterfallen, sind vom Anwendungsbereich der Gefährdungshaftung nach §§ 84 ff. AMG und damit auch von der Pflicht zur Erbringung einer Deckungsvorsorge nach § 94 AMG ausgenommen.

309   **c) Zulassungspflicht.** Die Strafvorschrift setzt ausdrücklich eine nach § 94 AMG „erforderliche" Haftpflichtversicherung oder Freistellungs- oder Gewährleistungsverpflichtung voraus. *Erforderlich* ist eine derartige Deckungsvorsorge allerdings nur für solche Arzneimittel, die der Pflicht zur Zulassung unterliegen oder *durch Rechtsverordnung* von der Zulassungspflicht befreit worden sind. Lediglich **registrierungspflichtige Arzneimittel** (§§ 38 ff. AMG) oder nach § 21 Abs. 2 AMG von der Zulassungspflicht befreite Arzneimittel werden demgegenüber nicht erfasst.

310   **2. Deckungsvorsorge.** Strafrechtlich relevant ist das Inverkehrbringen eines solchen Arzneimittels nur dann, wenn die erforderliche Haftpflichtversicherung (§ 94 Abs. 1 S. 3 Nr. 1 AMG) oder Freistellungs- oder Gewährleistungsverpflichtung (§ 94 Abs. 1 S. 3 Nr. 2 AMG) nicht oder nicht mehr besteht. Zur Deckungsvorsorgeverpflichtung vgl. auch Vorbem. AMG Rn. 179 ff., 235.

a) Vorsorgepflicht. Vorsorgepflichtig ist nach § 94 Abs. 1 S. 1 AMG der **311** pharmazeutische Unternehmer, der das betreffende Arzneimittel in den Verkehr bringt (*„Anwendung eines von ihm in den Verkehr gebrachten [...] Arzneimittels"*). Zum Inverkehrbringen von sog. unechten Hausspezialitäten, bei denen Hersteller und Apotheker Deckungsvorsorge zu erbringen haben, *BVerwG* NJW 1992, 1579 = NVwZ 1993, 66.

b) Umfang der Deckungsvorsorge. Nach § 94 Abs. 1 S. 1 AMG hat der **312** pharmazeutische Unternehmer Vorsorge dafür zu treffen, dass er im Schadensfall seinen gesetzlichen Verpflichtungen aus den arzneimittelrechtlichen Vorschriften zur Gefährdungshaftung (vgl. zum Ganzen Vorbem AMG Rn. 179 ff.) nachkommen kann. Dies setzt gem. § 94 Abs. 1 S. 2 AMG voraus, dass die Deckungsvorsorge in Höhe der in § 88 S. 1 genannten **Haftungshöchstbeträge** (vgl. dazu Vorbem. AMG Rn. 223 ff.) erbracht ist.

3. Tathandlung. Der Täter muss das Arzneimittel in den Verkehr bringen, § 4 **313** Abs. 17 AMG (dazu im Einzelnen § 95 AMG Rn. 44 ff.; vgl. auch Vorbem AMG Rn. 226 ff.), obwohl die nach § 94 AMG erforderliche Deckungsvorsorge nicht besteht. Strafbewehrt ist damit nicht die Verpflichtung zum Abschluss eines Haftpflichtversicherungsvertrages oder zur Beibringung einer Freistellungs- oder Gewährleistungsverpflichtung, sondern das Inverkehrbringen des Arzneimittels unter Missachtung der genannten Verpflichtung. Gelingt es dem Täter – aus welchen Gründen auch immer – also nicht, für ausreichenden Deckungsschutz zu sorgen, hat er sämtliche Handlungen zu unterlassen, die als Inverkehrbringen seines Erzeugnisses im arzneimittelrechtlichen Sinne einzustufen sind.

4. Täter. Zwar unterliegt der Pflicht zur Erbringung einer Deckungsvorsorge **314** nach § 94 AMG nur derjenige **pharmazeutische Unternehmer** (zum Begriff § 4 Abs. 18 AMG), der selbst ein Arzneimittel in den Verkehr bringt. Der Begriff des Inverkehrbringens ist nach § 4 Abs. 17 AMG allerdings derart weit und umfasst sowohl das Vorrätighalten zum Verkauf oder zu sonstiger Abgabe als auch das Feilhalten, das Feilbieten und die Abgabe an andere, dass als Täter eines Verstoßes nach § 96 Nr. 19 AMG auch **sonstige Personen** in Betracht kommen, unabhängig davon, ob es sich bei ihnen um selbst vorsorgepflichtige pharmazeutische Unternehmer handelt. Dies folgt auch daraus, dass die Strafnorm des § 96 Nr. 19 AMG in personaler Hinsicht offen formuliert ist und lediglich – rein objektiv – voraussetzt, dass *„die nach § 94 erforderliche Haftpflichtversicherung oder Freistellungs- oder Gewährleistungsverpflichtung nicht oder nicht mehr besteht"*. Zu den Vorsorgepflichtigen im Einzelnen Vorbem. AMG Rn. 226 ff.

XX. Verstoß gegen die Verordnung (EG) Nr. 726/2004 vom 31. 3. 2004 – ABl. EU Nr. L 136 S. 1 (§ 96 Nr. 20 AMG)

1. Historie. Die Straftatbestände des § 96 Nr. 20 AMG, die Verstöße gegen das **315** Gemeinschaftsrecht im Hinblick auf Angaben und Unterlagen im Genehmigungsverfahren bei der **Europäischen Arzneimittelagentur** betreffen (BT-Drs. 13/8805 S. 15), sind durch das Siebte Gesetz zur Änderung des Arzneimittelgesetzes vom 25. 2. 1998 (BGBl. I S. 374) mit Wirkung vom 4. 3. 1998 als Nrn. 15 und 16 mit dem folgenden Wortlaut in § 96 AMG eingeführt worden:

15. entgegen Artikel 6 Abs. 1 der Verordnung (EWG) Nr. 2309/93 in Verbindung mit Artikel 4 Abs. 2 Nr. 3 bis 5, 7 oder 8 der Richtlinie 65/65/EWG des Rates vom 26. Januar 1965 zur Angleichung der Rechts- und Verwaltungsvorschriften über Arzneimittel (ABl. EG S. 369), diese zuletzt geändert durch Artikel 1 der Richtlinie 93/39/EWG des Rates vom 14. Juni 1993 zur Änderung der Richtlinien 65/65/EWG, 75/318/EWG und 75/319/EWG betreffend Arzneimittel (ABl. EG Nr. L 214 S. 22), eine Angabe oder eine Unterlage nicht richtig oder nicht vollständig beifügt oder

16. entgegen Artikel 28 Abs. 1 der Verordnung (EWG) Nr. 2309/93 in Verbindung mit Artikel 5 Abs. 2 Nr. 3 bis 5, 8, 9 oder 10 der Richtlinie 81/851/EWG des Rates vom 28. September 1981 zur Angleichung der Rechtsvorschriften der Mitgliedstaaten über Tier-

arzneimittel (ABl. EG Nr. L 317 S. 1), diese zuletzt geändert durch Artikel 1 der Richtlinie 93/40/EWG des Rates vom 14. Juni 1993 zur Änderung der Richtlinien 81/851/EWG und 81/852/EWG zur Angleichung der Rechtsvorschriften der Mitgliedstaaten über Tierarzneimittel (ABl. EG Nr. L 214 S. 31), eine Angabe oder eine Unterlage nicht richtig oder nicht vollständig beifügt.

316 Der Wortlaut der Vorschriften ist durch das Vierzehnte Gesetz zur Änderung des Arzneimittelgesetzes vom 29. 8. 2005 (BGBl. I S. 2570) mit Wirkung zum 6. 9. 2005 inhaltlich und redaktionell angepasst worden (vgl. BT-Drs. 15/5316 S. 45).

317 **2. Regelungsumfeld.** Die Vorschrift stellt Verstöße gegen die Verordnung (EG) Nr. 726/2004 des Europäischen Parlaments und des Rates vom 31. 3. 2004 zur Festlegung von Gemeinschaftsverfahren für die Genehmigung und Überwachung von Human- und Tierarzneimitteln und zur Errichtung einer Europäischen Arzneimittel-Agentur (ABl. EU L Nr. 136 S. 1) unter Strafe.

318 Nach Art. 3 Abs. 1 der Verordnung (EG) Nr. 726/2004 darf ein unter den Anhang fallendes Arzneimittel innerhalb der Gemeinschaft nur in den Verkehr gebracht werden, wenn von der Gemeinschaft eine Genehmigung hierzu erteilt worden ist. Unter den in Abs. 2 der genannten Vorschrift näher aufgeführten Voraussetzungen *kann* die Gemeinschaft eine Genehmigung auch für das Inverkehrbringen von *nicht unter den Anhang fallenden Arzneimitteln* erteilen. Dies betrifft im Wesentlichen Arzneimittel, die einen neuen Wirkstoff enthalten, der bei Inkrafttreten der Verordnung nicht in der Gemeinschaft genehmigt war sowie solche Arzneimittel, die in therapeutischer, wissenschaftlicher oder technischer Hinsicht eine Innovation darstellen oder hinsichtlich derer die Erteilung einer Genehmigung auf Gemeinschaftsebene im Interesse der Patienten oder der Tiergesundheit geboten erscheint. Entsprechende Anträge auf Erteilung einer Genehmigung sind gem. Art. 4 Abs. 1 der Verordnung bei der Europäischen Arzneimittel-Agentur einzureichen.

319 Nach dem **Anhang zur Verordnung** ist das Inverkehrbringen folgender Arzneimittel von der Gemeinschaft zu genehmigen:

1. Arzneimittel, die mit Hilfe eines der folgenden biotechnologischen Verfahren hergestellt werden:
– Technologie der rekombinierten DNS;
– kontrollierte Expression in Prokaryonten und Eukaryonten, einschließlich transformierter Säugetierzellen, von Genen, die für biologisch aktive Proteine kodieren;
– Verfahren auf der Basis von Hybridomen und monoklonalen Antikörpern;
1 a. Arzneimittel für neuartige Therapien gemäß Artikel 2 der Verordnung (EG) Nr. 1394/2007 des Europäischen Parlaments und des Rates vom 13. November 2007 über Arzneimittel für neuartige Therapien (ABl. L 324 vom 10. 12. 2007, S. 121);
2. Tierarzneimittel, die vorwiegend zur Anwendung als Leistungssteigerungsmittel zur Förderung des Wachstums oder zur Erhöhung der Ertragsleistung von behandelten Tieren vorgesehen sind;
3. Humanarzneimittel, die einen neuen Wirkstoff enthalten, der bei Inkrafttreten dieser Verordnung noch nicht in der Gemeinschaft genehmigt war und dessen therapeutische Indikation die Behandlung der folgenden Erkrankungen ist:
– erworbenes Immundefizienz-Syndrom;
– Krebs;
– neurodegenerative Erkrankungen;
– Diabetes
und mit Wirkung vom 20. Mai 2008
– Autoimmunerkrankungen und andere Immunschwächen
– Viruserkrankungen.
Nach dem 20. Mai 2008 kann die Kommission nach Anhörung der Agentur geeignete Vorschläge zur Änderung dieser Nummer unterbreiten, über die das Europäische Parlament und der Rat gemäß dem Vertrag beschließen.
4. Arzneimittel, die als Arzneimittel für seltene Leiden gemäß der Verordnung (EG) Nr. 141/2000 ausgewiesen sind.

320 **3. Beizufügende Unterlagen.** Sowohl die Verordnung (EG) Nr. 726/2004 als auch die Strafvorschrift des § 96 Nr. 20 AMG trennen systematisch die Genehmigungsverfahren für Human- und Tierarzneimittel.

a) Humanarzneimittel. Nach Art. 6 Abs. 1 S. 1 der Verordnung (EG) **321** Nr. 726/2004 sind jedem Antrag auf Genehmigung eines Humanarzneimittels die in Art. 8 Abs. 3 und den Art. 10, 10a, 10b oder 11 sowie im Anhang I der **Richtlinie 2001/83/EG** genannten Angaben und Unterlagen ausdrücklich und vollständig beizufügen. Die Unterlagen müssen eine Bestätigung darüber enthalten, dass die klinischen Versuche, die außerhalb der Europäischen Union durchgeführt wurden, den ethischen Anforderungen der Richtlinie 2001/20/EG entsprechen, Art. 6 Abs. 1 S. 2 der Verordnung. Die Angaben und Unterlagen müssen dem besonderen gemeinschaftlichen Charakter der Genehmigung Rechnung tragen und, abgesehen von Ausnahmefällen, die mit dem Warenzeichenrecht zusammenhängen, die Verwendung eines einheitlichen Namens für das Arzneimittel enthalten, Art. 6 Abs. 1 S. 3 der Verordnung. **Strafbewehrt** ist nach § 96 Nr. 20 Buchst. a AMG freilich allein die nicht oder nicht vollständige Beifügung der in Art. 8 Abs. 3 UAbs. 1 Buchst. c bis e, h bis ia oder ib der Richtlinie 2001/83/EG **(Gemeinschaftskodex Humanarzneimittel)** aufgeführten Unterlagen. Hierbei handelt es sich um Unterlagen über:

(c) *Zusammensetzung nach Art und Menge aller Bestandteile des Arzneimittels, einschließlich der* **322** *Nennung des von der Weltgesundheitsorganisation empfohlenen internationalen Freinamens (INN), falls ein INN für das Arzneimittel besteht, oder des einschlägigen chemischen Namens;*

(ca) *Bewertung der möglichen Umweltrisiken des Arzneimittels. Diese Auswirkungen sind zu prüfen; im Einzelfall sind Sonderbestimmungen zu ihrer Begrenzung vorzulegen;*

(d) *Angaben über die Herstellungsweise;*

(e) *Heilanzeigen, Gegenanzeigen und Nebenwirkungen;*

(h) *Beschreibung der vom Hersteller angewandten Kontrollmethoden;*

(i) *Ergebnisse von*
— *pharmazeutischen (physikalisch-chemischen, biologischen oder mikrobiologischen) Versuchen,*
— *vorklinischen (toxikologischen und pharmakologischen) Versuchen,*
— *klinischen Versuchen,*

(ia) *Zusammenfassung des Pharmakovigilanz-Systems des Antragstellers, die Folgendes umfassen muss:*
— *Nachweis, dass der Antragsteller über eine qualifizierte Person verfügt, die für die Pharmakovigilanz verantwortlich ist,*
— *Angabe der Mitgliedstaaten, in denen diese Person ansässig und tätig ist,*
— *die Kontaktangaben zu dieser qualifizierten Person,*
— *vom Antragsteller unterzeichnete Erklärung, dass er über die notwendigen Mittel verfügt, um den in Titel IX aufgeführten Aufgaben und Pflichten nachzukommen,*
— *Angabe des Ortes, an dem die Pharmakovigilanz-Stammdokumentation für das betreffende Arzneimittel geführt wird,*

(ib) *Erklärung dahingehend, dass die klinischen Versuche, die außerhalb der Europäischen Union durchgeführt wurden, den ethischen Anforderungen der Richtlinie 2001/20/EG entsprechen.*

b) Tierarzneimittel. Nach Art. 31 Abs. 1 S. 1 der Verordnung (EG) Nr. 726/ **323** 2004 sind jedem Antrag auf Genehmigung eines Tierarzneimittels die in Art. 12 Abs. 3 und den Art. 13, 13a, 13b und 14 sowie im Anhang I der **Richtlinie 2001/82/EG** genannten Angaben und Unterlagen ausdrücklich und vollständig beizufügen. Die Angaben und Unterlagen müssen dem einzigartigen gemeinschaftlichen Charakter der beantragten Genehmigung Rechnung tragen und, abgesehen von Ausnahmefällen, die mit dem Warenzeichenrecht zusammenhängen, die Verwendung eines einheitlichen Namens für das Arzneimittel enthalten, Art. 31 Abs. 1 S. 2 der Verordnung. **Strafbewehrt** ist nach § 96 Nr. 20 Buchst. b AMG lediglich die nicht richtige oder nicht vollständige Beifügung der in Art. 12 Abs. 3 UAbs. 1 S. 2 Buchst. c bis e, h bis j oder k der Richtlinie 2001/82/EG **(Gemeinschaftskodex Tierarzneimittel)** aufgeführten Unterlagen. Hierbei handelt es sich um Unterlagen über:

(c) *Zusammensetzung des Tierarzneimittels nach Art und Menge aller Bestandteile, einschließlich* **324** *des von der Weltgesundheitsorganisation empfohlenen internationalen Freinamens (INN), falls ein INN besteht, oder seinen chemischen Namen;*

(d) Beschreibung der Herstellungsweise;

(e) therapeutische Indikationen, Gegenanzeigen und Nebenwirkungen;

(h) Angabe der Wartezeit bei Arzneimitteln für zur Nahrungsmittelerzeugung genutzte Tierarten;

(i) Beschreibung der vom Hersteller angewandten Prüfmethoden;

(j) Ergebnisse von:

 – pharmazeutischen (physikalisch-chemischen, biologischen oder mikrobiologischen) Versuchen,

 – Unbedenklichkeits- und Rückstandsversuchen,

 – vorklinischen und klinischen Versuchen;

 – Tests zur Bewertung der möglichen Umweltrisiken des Arzneimittels. Diese Auswirkungen sind zu prüfen; im Einzelfall sind Sonderbestimmungen zu ihrer Begrenzung vorzusehen;

(k) eine detaillierte Beschreibung des Pharmakovigilanz- und gegebenenfalls des Risikomanagements-Systems, das der Antragsteller einführen wird.

C. Subjektiver Tatbestand

325 Die Straftatbestände des § 96 AMG setzen eine vorsätzliche Tatbegehung voraus. Fahrlässige Zuwiderhandlungen werden von § 97 Abs. 1 AMG erfasst und sind (lediglich) ordnungswidrig.

D. Versuch

326 Die **versuchte Tatbegehung** ist – anders als nach der Regelung des § 95 Abs. 2 AMG – nicht mit Strafe bedroht.

327 Zum Import von Anabolika vgl. *BGH* BeckRS 1998, 31360771 = MedR 1999, 270 = StV 1998, 663.

E. Täterschaft und Teilnahme

I. Täterschaft

328 Für die Abgrenzung zwischen Täterschaft und Teilnahme kann auf die einschlägigen Kommentierungen zu §§ 25 ff. StGB Bezug genommen werden (vgl. etwa Sch/Sch/*Heine* Vorbem. §§ 25 ff. Rn. 51 ff.).

329 **Täter** ist zunächst, wer sämtliche Tatbestandsmerkmale selbst verwirklicht. Täter können nur **natürliche Personen** sein. Strafbarkeitsbegründende besondere persönliche Merkmale können einer natürlichen Person allerdings unter den Voraussetzungen des **§ 14 StGB** dann zugerechnet werden, wenn Normadressat der strafbewehrten Verhaltenspflicht eine juristische Person oder eine rechtsfähige Personengesellschaft ist (pharmazeutischer Unternehmer; Hersteller pp.).

330 Für die Frage, ob **Mittäterschaft** in Betracht kommt, bedarf es einer vertieften Betrachtung der einzelnen Straftatbestände der Nrn. 1 bis 20. Soweit es sich dabei um **Sonderdelikte** (vgl. dazu Sch/Sch/*Heine* Vorbem. §§ 25 ff. Rn. 84) oder **eigenhändige Delikte** (dazu Sch/Sch/*Heine* Vorbem. §§ 25 ff. Rn. 86) handelt, gelten die allgemeinen Grundsätze.

II. Teilnahme

331 Teilnahme (**Anstiftung** und **Beihilfe**) kommt nach Maßgabe der allgemeinen Abgrenzungskriterien grundsätzlich in Betracht.

332 Hat ein Polizeibeamter, der in der Vergangenheit wiederholt Dopingverstöße von zwei Bekannten aus der Fitness-Szene bearbeitet hatte, sich dazu bereit erklärt, im Rahmen einer Serie von Thailandreisen, bei denen die zwei Bekannten regelmäßig kofferweise Anabolika nach Deutschland einschmuggelten, Anabolika-Koffer auf dem Frankfurter Flughafen vom Transportband zu nehmen und an der Zollkontrolle vorbeizuschmuggeln, diese Anabolika-Koffer unter Vorspiegelung eines dienstlichen Einsatzes als BKA-Beamter und unter Ablenkung der Zollbeamten an der Zollkontrolle vorbeitransportiert, so stellt dies – weil Beihilfe auch noch nach Vollendung der Einfuhr (dazu oben Rn. 45 ff.) möglich ist (dazu nur *Fischer* § 27 StGB Rn. 6 m. w. N.) – eine Beihilfe zur unerlaubten gewerbsmäßigen Ein-

fuhr von Arzneimitteln aus Drittländern dar, strafbar nach §§ 96 Nr. 4 AMG, 27 StGB (vgl. *AG Frankfurt*, Urteil v. 20. 5. 2003 – Az. 940 Ls 8940 Js 236036/01).

F. Rechtsfolgen

I. Strafrahmen

Straftaten nach § 96 AMG können mit Freiheitsstrafe bis zu 1 Jahr oder mit **333** Geldstrafe betraft werden. Ein verschärfter Strafrahmen für besonders schwere Fälle ist nicht vorgesehen.

Vor dem Hintergrund des überaus milden **Strafrahmens** und in Anbetracht des **334** Umstandes, dass die gesetzlich vorgesehene Höchststrafe von 1 Jahr nur in den jeweils denkbar schwersten Fällen verhängt werden darf (*BGH* BeckRS 1983, 31110998 = StV 1984, 152; Sch/Sch/*Stree/Kinzig* Vorbem. §§ 38 ff. Rn. 44; *Fischer* § 46 Rn. 16 jeweils m. w. N.), ist der Regelung des § 47 Abs. 1 StGB im Rahmen der Strafzumessung besondere Beachtung zu schenken. Eine **kurze Freiheitsstrafe**, d. h. eine Freiheitsstrafe unter 6 Monaten darf danach nur verhängt werden, wenn besondere – in der Tat oder der Persönlichkeit des Täters siedelnde – Umstände die Verhängung einer Freiheitsstrafe zur Einwirkung auf den Täter oder zur Verteidigung der Rechtsordnung **unerlässlich** machen.

Soweit **Geldstrafe** verhängt werden soll, beträgt diese mindestens 5 und höchs- **335** tens 360 volle Tagessätze, § 40 Abs. 1 StGB.

Hat der Täter allenfalls Geldstrafe bis zu 180 Tagessätzen verwirkt, ist – unter **336** den Voraussetzungen des § 59 Abs. 1 StGB – die Möglichkeit einer **Verwarnung mit Strafvorbehalt** zu bedenken und regelmäßig auch in den Urteilsgründen zu erörtern.

II. Strafzumessung

Bei der konkreten Strafzumessung kommen – jeweils unter Berücksichtigung **337** der Vorgaben des § 46 Abs. 3 StGB (Doppelverwertungsverbot; dazu mit einer Vielzahl von Beispielen *Fischer* § 46 Rn. 76 ff.) – vor allem die folgenden strafmildernden und strafschärfenden Erwägungen in Betracht:

1. Strafmildernde Umstände. Strafmildernd können zu berücksichtigen sein: **338**
– **geringe Mengen** von Arzneimitteln,
– **geringe Gefährlichkeit** der Arzneimittel,
– **geringfügige Täuschung** des Arzneimittel-Verbrauchers,
– **geringer Schaden**,
– Tatbegehung unter **polizeilicher Beobachtung** ohne ernsthafte Gefährdung der Volksgesundheit,
– polizeiliche Tatprovokation,
– **Tatprovokation** durch die Kundschaft,
– wirtschaftliche **Notlage**,
– **Unbestraftheit**,
– **Geständnis** und **Aufklärungshilfe**,
– Schadenswiedergutmachung,
– **Widerruf der Strafaussetzung** zur Bewährung in anderer Sache,
– **berufsbezogene** Konsequenzen.

2. Strafschärfende Umstände. Strafschärfend können sich auswirken: **339**
– **große Mengen** von Arzneimitteln,
– **kriminelle Energie** bei Tatplanung und -durchführung,
– **Maß der Pflichtwidrigkeit**,
– **Schadenshöhe**,
– **banden- oder gewerbsmäßige** Tatbegehung,
– **besondere Gesundheitsgefährdung** aufgrund der Art der Arzneimittel (bspw. Anabolika),
– **Dauer** der Straftat,

- **Vorstrafen**,
- **Bewaffnung der Täter**,
- **Umfang der Geschäftstätigkeit** und Ausmaß des Gewinnstrebens,
- Versorgung **eines illegalen Drogenmarkts** in einem krisengeschüttelten Entwicklungsland,
- tateinheitliche Verwirklichung weiterer Straftatbestände.

340   **3. Einzelfragen.** Es verstößt gegen das **Doppelverwertungsverbot** des § 46 Abs. 3 StGB, die Gefährlichkeit der ohne Vorlage der erforderlichen Verschreibung abgegebenen verschreibungspflichtigen Arzneimittel strafschärfend zu berücksichtigen (*BGH* NStZ 1982, 113); dagegen wird die objektive Ungefährlichkeit eines solchen Arzneimittels strafmildernd zu berücksichtigen sein. Eine strafschärfende Heranziehung der Apothekereigenschaft kommt − soweit bereits der Tatbestand eine solche Eigenschaft des Täters voraussetzt − ebenfalls aus Gründen des Doppelverwertungsverbots nicht in Betracht. Die hohe Verantwortung der Apotheker für die Volksgesundheit reicht für sich genommen als Basis generalpräventiver Erwägungen jedenfalls nicht aus.

341   Rechtsfehlerhaft ist es, eine Strafschärfung aus Gründen der **Generalprävention** auf die angebliche − dagegen nicht näher tatsachenfundierte − Zunahme bestimmter arzneimittelrechtlicher Verstöße zu stützen. Der Schutz der Allgemeinheit durch Abschreckung anderer möglicher künftiger Rechtsbrecher rechtfertigt eine Erhöhung der Strafe erst dann, wenn hierfür eine − näher darzulegende − Notwendigkeit besteht (*BGH* NStZ 1982, 463).

342   Bei der **Einziehung** einer großen Menge von Arzneimitteln ist deren Wert im Regelfall − notfalls durch Schätzung − zu ermitteln, weil er ggf. im Rahmen der Strafzumessung berücksichtigt werden muss (*BayObLG* NJW 1974, 2060). Zu den notwendigen Angaben im Rahmen der Urteilsgründe vgl. § 98 AMG Rn. 12.

III. Strafaussetzung zur Bewährung

343   Weil schon der Strafrahmen eine Überschreitung der nach § 56 Abs. 1 StGB maßgeblichen Grenzen nicht zulässt, ist stets zu prüfen, ob eine Strafaussetzung zur Bewährung in Betracht kommt. Dies setzt in jedem Fall eine günstige **Sozialprognose** voraus, d. h. die Erwartung, dass der Verurteilte sich schon die Verurteilung zur Warnung dienen lassen und künftig auch ohne die Einwirkung des Strafvollzuges keine Straftaten mehr begehen wird.

344   Die Vollstreckung von **kurzen Freiheitsstrafen** ist bei günstiger Sozialprognose stets zur Bewährung auszusetzen (vgl. *Fischer* § 56 Rn. 12). Der Umstand, dass eine solche Freiheitsstrafe zur Einwirkung auf den Täter oder zur Verteidigung der Rechtsordnung unerlässlich ist (§ 47 Abs. 1 StGB), steht einer günstigen Sozialprognose nicht von vornherein entgegen (vgl. *BGH* NStZ 2001, 311; BeckOK-StGB/*von Heintschel-Heinegg* § 56 Rn. 20; *Fischer* § 56 Rn. 12).

IV. Einziehung

345   Beziehungsgegenstände können gemäß § 98 AMG (siehe dort) eingezogen werden. Bei Verstößen gegen § 96 Nr. 3 AMG betrifft dies insbesondere Schachteln, Beipackzettel und Blisterstreifen.

V. Berufsrechtliche Konsequenzen

346   **1. Berufsverbot.** Unter den weiteren Voraussetzungen des § 70 StGB kommt die Verhängung eines Berufsverbots gegen den Täter in Betracht (**Ermessen**, vgl. *Fischer* § 70 Rn. 11), soweit er eine rechtswidrige Tat **unter Missbrauch seines Berufs oder Gewerbes** oder **unter grober Verletzung der mit ihnen verbundenen Pflichten** begangen hat. Wegen der diesbezüglichen Einzelheiten wird auf die einschlägige Kommentarliteratur zu §§ 70 ff. StGB Bezug genommen.

347   In Betracht kommt ein Berufsverbot insbesondere gegen **Apotheker**, die den Betrieb der Apotheke zu dem Zwecke ausnutzen, verschreibungspflichtige Arzneimittel zu beschaffen und sodann – unter strafrechtlich relevanter Umgehung der Verschreibungspflicht – an Dritte abzugeben (vgl. *LG Berlin*, Urteil vom 22. 1. 2009 – Az. (511) 68 Js 533/06 KLs (15/08) = BeckRS 2011, 00659). Bei der Verhängung des Berufsverbots und insbesondere bei der Entscheidung über dessen Dauer ist aus Gründen der **Verhältnismäßigkeit** (§ 62 StGB) auf die konkrete Situation des Angeklagten unter Berücksichtigung der von ihm ausgehenden Gefahr der Begehung weiterer erheblicher rechtswidriger Taten einzugehen. Das Lebensalter des Täters ist in diesem Kontext ebenfalls zu berücksichtigen (*LG Berlin* a. a. O.).

2. Approbation und Apothekenbetriebserlaubnis. Strafrechtlich relevante 348 Verstöße gegen das AMG können darüber hinaus auch insoweit Konsequenzen für berufliche Tätigkeit des Apothekers haben, als sie ggf. zum Entzug der Apothekenbetriebserlaubnis oder der Approbation führen können.

a) Widerruf der Apothekenbetriebserlaubnis. Der Betrieb einer Apotheke 349 setzt nach § 1 Abs. 2 ApoG eine behördliche Erlaubnis voraus. Voraussetzung der Erlaubniserteilung ist nach § 2 Abs. 1 Nr. 4 ApoG vor allem das Vorliegen der für den Betrieb einer Apotheke erforderlichen **Zuverlässigkeit**. Daran fehlt es nach den in § 2 Abs. 1 Nr. 4 ApoG aufgeführten Beispielsfällen insbesondere dann, wenn strafrechtliche oder schwere sittliche Verfehlungen vorliegen, die den Betroffenen für die Leitung einer Apotheke als ungeeignet erscheinen lassen oder wenn sich der Betroffene durch gröbliche oder beharrliche Zuwiderhandlung gegen das ApoG, die aufgrund des Gesetzes erlassene Apothekenbetriebsverordnung oder die für die Herstellung von Arzneimitteln und den Verkehr mit diesen erlassenen Rechtsverordnungen als unzuverlässig erwiesen hat.

Nach § 4 Abs. 2 ApoG **ist die Erlaubnis zu widerrufen**, wenn sich nachträg- 350 lich die Unzuverlässigkeit des Erlaubnisinhabers ergibt. Dies betrifft vor allem Fälle des wiederholten Verstoßes gegen die Verschreibungspflicht (vgl. *VG Frankfurt am Main*, Beschluss vom 11. 2. 1981 – Az. V/2 H – 232/81 = DAZ 1981, 711; *Hess VGH*, Urteil vom 1. 4. 1981 – Az. VIII TH 15/81 = DAZ 1981, 1218; zur rechtlichen Wirkung des Widerrufs der Apothekenbetriebserlaubnis vgl. *OVG Münster* NVwZ-RR 1996, 503; zur Anordnung der **sofortigen Vollziehbarkeit** des Widerrufs vgl. *OVG Berlin-Brandenburg*, Beschluss vom 2. 4. 2008 – Az. OVG 5 S 64/07 = BeckRS 2008, 37201).

b) Widerruf der Approbation. Gem. § 2 Abs. 1 der Bundes-Apotheker- 351 ordnung vom 19. 7. 1989 (BApO; BGBl. I S. 1478) bedarf derjenige, der den Apothekerberuf ausüben will, der Approbation als Apotheker. Nach § 4 Abs. 1 S. 1 Nr. 2 BApO ist Voraussetzung für die Erteilung der Approbation als Apotheker, dass sich der Betroffene nicht eines Verhaltens schuldig gemacht hat, aus dem sich seine **Unwürdigkeit** oder **Unzuverlässigkeit** zur Ausübung des Apothekerberufs ergibt. Nach § 6 Abs. 2 **ist die Approbation zu widerrufen**, wenn nachträglich eine der Voraussetzungen nach § 4 Abs. 1 S. 1 Nr. 2 weggefallen ist, sich also nachträglich die Unwürdigkeit oder Unzuverlässigkeit ergeben hat.

Die fortgesetzte Abgabe verschreibungspflichtiger Arzneimittel ohne die erfor- 352 derliche Verschreibung an Drogenabhängige kann die Unwürdigkeit und Unzuverlässigkeit eines Apothekers zur Ausübung des Apothekerberufs begründen und rechtfertigt damit regelmäßig den Widerruf der Approbation (*Kloesel/Cyran* § 48 AMG Nr. 115; zur Unwürdigkeit eines rechtskräftig wegen Mordes verurteilten Apothekers vgl. *VGH Mannheim* NVwZ 2006, 1202 = NJW 2006, 3371 Ls. = MedR 2006, 476).

Über den Widerruf der Apothekenbetriebserlaubnis hinaus ist der Widerruf der 353 Approbation deshalb von Interesse, weil der betroffene Apotheker nach einem Widerruf seiner Approbation auch nicht mehr als **angestellter Apotheker** tätig sein darf (vgl. *BVerwG* NJW 2003, 913 = NVwZ 2003, 998).

c) Verhältnis zum Berufsverbot. Strafrechtliches und berufsgerichtliches Ver- 354 fahren stehen nebeneinander. So sind die Berufsgerichte nicht an die Entscheidungen des Strafrichters nach § 70 StGB gebunden. Das Berufsverbot nach § 70 StGB soll vielmehr die Allgemeinheit vor der Begehung weiterer Straftaten und damit vor einer weiteren Gefährdung durch den Täter schützen, während die berufsgerichtlichen Entscheidungen neben dem Schutz der Allgemeinheit auch und vor allem dem Ziel der **Berufsstandspflege** und also der Reinhaltung des Berufsstandes von untragbaren und unehrenhaften Mitgliedern dient.

G. Konkurrenzen

355 Verstöße gegen § 96 AMG stehen **mit den Körperverletzungs- und Tötungsdelikten** des StGB in Tateinheit. Die Abgabe von rezeptpflichtigen Psychopharmaka durch einen Apotheker ohne Vorlage der erforderlichen Verschreibung an eine süchtige Kundin stellt nicht nur einen Verstoß gegen § 96 Nr. 13 AMG dar, sondern kann darüber hinaus den Tatbestand einer (fahrlässigen) Körperverletzung nach §§ 230, 223 StGB erfüllen (*AG Erding*, Urteil vom 21. 4. 1980 – Az. Js 78 Js 23522/79, abgedruckt bei *Kloesel/Cyran* AMG E 34).

356 Verstöße nach § 96 Nr. 3 AMG können mit § 95 Abs. 1 Nr. 1, § 95 Abs. 1 Nr. 2 a, § 95 Abs. 1 Nr. 4 AMG in Tateinheit stehen, wenn **Dopingmittel** als rezeptpflichtige und bedenkliche Arzneimittel mit **irreführender Bezeichnung**, Angabe oder Aufmachung außerhalb von Apotheken in der Fitnessszene in den Verkehr gebracht werden.

357 Die **Herstellung bedenklicher Arzneimittel** ohne Herstellungserlaubnis oder die **unerlaubte Einfuhr** von Arzneimitteln aus Nicht-EWG-Ländern (§ 96 Nr. 4 AMG) steht mit dem besonders schweren Fall des **Inverkehrbringens** von bedenklichen Arzneimitteln (§§ 95 Abs. 1 Nr. 1, Abs. 3 AMG) in Tateinheit (*Koblenz*, Beschluss v. 26. 8. 1981 – Az. 1 Ws 371/81 – abgedruckt bei *Kloesel/Cyran* E 12; *BGH* BeckRS 1998, 31360771 = MedR 1999, 270 = StV 1998, 663).

358 Handelt es sich bei einem **Dopingmittel** um ein **zulassungspflichtiges Fertigarzneimittel**, im Sinne des § 21 Abs. 1 AMG (vgl. Rn. 72 ff.), ist – soweit es dem Verbot des § 6 a Abs. 1 AMG zuwider in den Verkehr gebracht wird – neben einer Strafbarkeit nach § 95 Abs. 1 Nr. 2 a AMG immer auch eine solche nach § 96 Nr. 5 AMG (Inverkehrbringen ohne Zulassung) zu prüfen. Beide Rechtsverstöße können tateinheitlich begangen werden (vgl. oben Rn. 96).

H. Verjährung

359 Straftaten nach § 96 AMG verjähren gemäß § 78 Abs. 3 Nr. 5 StGB, Art. 1 EGStGB in 3 Jahren. Zum Beginn der Verjährung vgl. § 78 a StGB.

Bußgeldvorschriften

97 (1) Ordnungswidrig handelt, wer eine der in § 96 bezeichneten Handlungen fahrlässig begeht.

(2) Ordnungswidrig handelt auch, wer vorsätzlich oder fahrlässig

1. entgegen § 8 Abs. 2 Arzneimittel in den Verkehr bringt, deren Verfalldatum abgelaufen ist,
2. entgegen § 9 Abs. 1 Arzneimittel, die nicht den Namen oder die Firma des pharmazeutischen Unternehmers tragen, in den Verkehr bringt,
3. entgegen § 9 Abs. 2 Satz 1 Arzneimittel in den Verkehr bringt, ohne seinen Sitz im Geltungsbereich dieses Gesetzes oder in einem anderen Mitgliedstaat der Europäischen Union oder in einem anderen Vertragsstaat des Abkommens über den Europäischen Wirtschaftsraum zu haben,
4. entgegen § 10, auch in Verbindung mit § 109 Abs. 1 Satz 1 oder einer Rechtsverordnung nach § 12 Abs. 1 Nr. 1, Arzneimittel ohne die vorgeschriebene Kennzeichnung in den Verkehr bringt,
5. entgegen § 11 Abs. 1 Satz 1, auch in Verbindung mit Abs. 2 a bis 3 b oder 4, jeweils auch in Verbindung mit einer Rechtsverordnung nach

§ 12 Abs. 1 Nr. 1, Arzneimittel ohne die vorgeschriebene Packungsbeilage in den Verkehr bringt,

5 a. entgegen § 11 Abs. 7 Satz 1 eine Teilmenge abgibt,

6. einer vollziehbaren Anordnung nach § 18 Abs. 2 zuwiderhandelt,

7. entgegen § 20, § 20 c Abs. 6, auch in Verbindung mit § 72 b Abs. 1
Satz 2, § 21 a Abs. 7 und 9 Satz 4, § 29 Abs. 1 oder 1 c Satz 1, § 52 a
Abs. 8, § 63 b Abs. 2, 3 oder 4, jeweils auch in Verbindung mit § 63 a
Abs. 1 Satz 3 oder § 63 b Abs. 7 Satz 1 oder Satz 2, § 63 c Abs. 2
Satz 1, § 67 Abs. 1, auch in Verbindung mit § 69 a, § 67 Abs. 2, 3, 5
oder 6 oder § 73 Absatz 3 a Satz 4 eine Anzeige nicht, nicht richtig,
nicht vollständig oder nicht rechtzeitig erstattet,

7 a. entgegen § 29 Abs. 1 a Satz 1, Abs. 1 b oder 1 d eine Mitteilung
nicht, nicht richtig, nicht vollständig oder nicht rechtzeitig macht,

8. entgegen § 30 Abs. 4 Satz 1 Nr. 2 oder § 73 Abs. 1 oder 1 a Arzneimittel in den Geltungsbereich dieses Gesetzes verbringt,

9. entgegen § 40 Abs. 1 Satz 3 Nr. 7 die klinische Prüfung eines Arzneimittels durchführt,

9 a. entgegen § 42 b Absatz 1 oder Absatz 2 die Berichte nicht, nicht
richtig, nicht vollständig oder nicht rechtzeitig zur Verfügung stellt,

10. entgegen § 43 Abs. 1, 2 oder 3 Satz 1 Arzneimittel berufs- oder gewerbsmäßig in den Verkehr bringt oder mit Arzneimitteln, die ohne
Verschreibung an Verbraucher abgegeben werden dürfen, Handel
treibt oder diese Arzneimittel abgibt,

11. entgegen § 43 Abs. 5 Satz 1 zur Anwendung bei Tieren bestimmte
Arzneimittel, die für den Verkehr außerhalb der Apotheken nicht
freigegeben sind, in nicht vorschriftsmäßiger Weise abgibt,

12. Arzneimittel, die ohne Verschreibung an Verbraucher abgegeben
werden dürfen, entgegen § 47 Abs. 1 an andere als dort bezeichnete
Personen oder Stellen oder entgegen § 47 Abs. 1 a abgibt oder entgegen § 47 Abs. 2 Satz 1 bezieht,

12 a. entgegen § 47 Abs. 4 Satz 1 Muster ohne schriftliche Anforderung,
in einer anderen als der kleinsten Packungsgröße oder über die zulässige Menge hinaus abgibt oder abgeben lässt,

13. die in § 47 Abs. 1 b oder Abs. 4 Satz 3 oder in § 47 a Abs. 2 Satz 2
vorgeschriebenen Nachweise nicht oder nicht richtig führt oder der
zuständigen Behörde auf Verlangen nicht vorlegt,

13 a. entgegen § 47 a Abs. 2 Satz 1 ein dort bezeichnetes Arzneimittel
ohne die vorgeschriebene Kennzeichnung abgibt,

14. entgegen § 50 Abs. 1 Einzelhandel mit Arzneimitteln betreibt,

15. entgegen § 51 Abs. 1 Arzneimittel im Reisegewerbe feilbietet oder
Bestellungen darauf aufsucht,

16. entgegen § 52 Abs. 1 Arzneimittel im Wege der Selbstbedienung in
den Verkehr bringt,

17. entgegen § 55 Absatz 8 Satz 1 auch in Verbindung mit Satz 2, einen
Stoff, ein Behältnis oder eine Umhüllung verwendet oder eine
Darreichungsform anfertigt,

17 a. entgegen § 56 Abs. 1 Satz 2 eine Kopie einer Verschreibung nicht
oder nicht rechtzeitig übersendet,

18. entgegen § 56 Abs. 2 Satz 1, Abs. 3 oder 4 Satz 1 oder 2 Fütterungsarzneimittel herstellt,

19. Fütterungsarzneimittel nicht nach § 56 Abs. 4 Satz 3 kennzeichnet,

20. entgegen § 56 Abs. 5 Satz 1 ein Fütterungsarzneimittel verschreibt,

21. entgegen § 56 a Abs. 1 Satz 1 Nr. 1, 2, 3 oder 4, jeweils auch in Verbindung mit Satz 3, Arzneimittel,
  a) die zur Anwendung bei Tieren bestimmt sind, die nicht der Gewinnung von Lebensmitteln dienen, und nur auf Verschreibung an
  Verbraucher abgegeben werden dürfen,

    b) die ohne Verschreibung an Verbraucher abgegeben werden dür-
       fen,
    verschreibt, abgibt oder anwendet,

21 a. entgegen § 56 a Abs. 1 Satz 4 Arzneimittel-Vormischungen ver-
     schreibt oder abgibt,

22. Arzneimittel, die ohne Verschreibung an Verbraucher abgegeben
    werden dürfen, entgegen § 57 Abs. 1 erwirbt,

22 a. entgegen § 57 a Arzneimittel anwendet,

23. entgegen § 58 Abs. 1 Satz 2 oder 3 Arzneimittel bei Tieren anwen-
    det, die der Gewinnung von Lebensmitteln dienen,

24. einer Aufzeichnungs- oder Vorlagepflicht nach § 59 Abs. 4 zuwider-
    handelt,

24 a. entgegen § 59 b Satz 1 Stoffe nicht, nicht richtig oder nicht recht-
     zeitig überlässt,

24 b. entgegen § 59 c Satz 1, auch in Verbindung mit Satz 2, einen dort
     bezeichneten Nachweis nicht, nicht richtig oder nicht vollständig
     führt, nicht oder nicht mindestens drei Jahre aufbewahrt oder nicht
     oder nicht rechtzeitig vorlegt,

24 c. entgegen § 63 a Abs. 1 Satz 1 einen Stufenplanbeauftragten nicht
     beauftragt oder entgegen § 63 a Abs. 3 eine Mitteilung nicht, nicht
     vollständig oder nicht rechtzeitig erstattet,

24 d. entgegen § 63 a Abs. 1 Satz 6 eine Tätigkeit als Stufenplanbeauf-
     tragter ausübt,

24 e. entgegen § 63 c Abs. 3 Satz 1 eine Meldung nicht oder nicht recht-
     zeitig macht,

24 f. entgegen § 63 c Abs. 4 einen Bericht nicht oder nicht rechtzeitig
     vorlegt,

25. einer vollziehbaren Anordnung nach § 64 Abs. 4 Nr. 4, auch in Ver-
    bindung mit § 69 a, zuwiderhandelt,

26. einer Duldungs- oder Mitwirkungspflicht nach § 66, auch in Verbin-
    dung mit § 69 a, zuwiderhandelt,

27. entgegen einer vollziehbaren Anordnung nach § 74 Abs. 1 Satz 2
    Nr. 3 eine Sendung nicht vorführt,

27 a. entgegen § 74 a Abs. 1 Satz 1 einen Informationsbeauftragten nicht
     beauftragt oder entgegen § 74 a Abs. 3 eine Mitteilung nicht, nicht
     vollständig oder nicht rechtzeitig erstattet,

27 b. entgegen § 74 a Abs. 1 Satz 4 eine Tätigkeit als Informationsbeauf-
     tragter ausübt,

28. entgegen § 75 Abs. 1 Satz 1 eine Person als Pharmaberater beauf-
    tragt,

29. entgegen § 75 Abs. 1 Satz 3 eine Tätigkeit als Pharmaberater aus-
    übt,

30. einer Aufzeichnungs-, Mitteilungs- oder Nachweispflicht nach § 76
    Abs. 1 Satz 2 oder Abs. 2 zuwiderhandelt,

30 a. *[aufgehoben]*

31. einer Rechtsverordnung nach § 7 Abs. 2 Satz 2, § 12 Abs. 1 Nr. 3
    Buchstabe a, § 12 Abs. 1 b, § 42 Abs. 3, § 54 Abs. 1, § 56 a Abs. 3,
    § 57 Abs. 2, § 58 Abs. 2 oder § 74 Abs. 2 zuwiderhandelt, soweit sie
    für einen bestimmten Tatbestand auf diese Bußgeldvorschrift ver-
    weist,

32. entgegen Artikel 16 Abs. 2 Satz 1 oder 2 der Verordnung (EG)
    Nr. 726/2004 in Verbindung mit Artikel 8 Abs. 3 Unterabsatz 1
    Buchstabe c bis e, h bis ia oder ib der Richtlinie 2001/83/EG oder
    Artikel 41 Abs. 4 Satz 1 oder 2 der Verordnung (EG) Nr. 726/2004 in
    Verbindung mit Artikel 12 Abs. 3 Unterabsatz 1 Satz 2 Buchstabe c
    bis e, h bis j oder k der Richtlinie 2001/82/EG, jeweils in Verbin-
    dung mit § 29 Abs. 4 Satz 2, der Europäischen Arzneimittel-Agentur

oder der zuständigen Bundesoberbehörde eine dort genannte Information nicht, nicht richtig, nicht vollständig oder nicht rechtzeitig mitteilt,

33. entgegen Artikel 24 Abs. 1 Unterabsatz 1 oder Abs. 2 Satz 1 oder Artikel 49 Abs. 1 Unterabsatz 1 oder Abs. 2 Satz 1 der Verordnung (EG) Nr. 726/2004, jeweils in Verbindung mit § 29 Abs. 4 Satz 2, nicht sicherstellt, dass der zuständigen Bundesoberbehörde oder der Europäischen Arzneimittel-Agentur eine dort bezeichnete Nebenwirkung mitgeteilt wird,

34. entgegen Artikel 24 Abs. 3 Unterabsatz 1 oder Artikel 49 Abs. 3 Unterabsatz 1 der Verordnung (EG) Nr. 726/2004 eine dort bezeichnete Unterlage nicht, nicht richtig oder nicht vollständig führt ,

35. entgegen Artikel 1 der Verordnung (EG) Nr. 540/95 der Kommission vom 10. März 1995 zur Festlegung der Bestimmungen für die Mitteilung von vermuteten unerwarteten, nicht schwerwiegenden Nebenwirkungen, die innerhalb oder außerhalb der Gemeinschaft an gemäß der Verordnung (EWG) Nr. 2309/93 zugelassenen Human- oder Tierarzneimitteln festgestellt werden (ABl. EG Nr. L 55 S. 5) in Verbindung mit § 63 b Abs. 8 Satz 2 nicht sicherstellt, dass der Europäischen Arzneimittel- Agentur und der zuständigen Bundesoberbehörde eine dort bezeichnete Nebenwirkung mitgeteilt wird oder

36. gegen die Verordnung (EG) Nr. 1901/2006 des Europäischen Parlaments und des Rates vom 12. Dezember 2006 über Kinderarzneimittel und zur Änderung der Verordnung (EWG) Nr. 1768/92, der Richtlinien 2001/20/ EG und 2001/83/EG sowie der Verordnung (EG) Nr. 726/2004 (ABl. L 378 vom 27. 12. 2006, S. 1) verstößt, indem er

a) entgegen Artikel 33 Satz 1 ein dort genanntes Arzneimittel nicht oder nicht rechtzeitig mit der pädiatrischen Indikation versehen in den Verkehr bringt,

b) einer vollziehbaren Anordnung nach Artikel 34 Absatz 2 Satz 4 zuwiderhandelt,

c) entgegen Artikel 34 Absatz 4 Satz 1 den dort genannten Bericht nicht oder nicht rechtzeitig vorlegt,

d) entgegen Artikel 35 Satz 1 die Genehmigung für das Inverkehrbringen nicht oder nicht rechtzeitig auf einen dort genannten Dritten überträgt und diesem einen Rückgriff auf die dort genannten Unterlagen nicht gestattet,

e) entgegen Artikel 35 Satz 2 die Europäische Arzneimittel-Agentur nicht oder nicht rechtzeitig von der Absicht unterrichtet, das Arzneimittel nicht länger in den Verkehr zu bringen, oder

f) entgegen Artikel 41 Absatz 2 Satz 2 das Ergebnis der dort genannten Prüfung nicht oder nicht rechtzeitig vorlegt.

(3) Die Ordnungswidrigkeit kann mit einer Geldbuße bis zu 25 000 Euro geahndet werden.

(4) Verwaltungsbehörde im Sinne des § 36 Abs. 1 Nr. 1 des Gesetzes über Ordnungswidrigkeiten ist in den Fällen des Absatzes 1 in Verbindung mit § 96 Nr. 6, 20 und 21, des Absatzes 2 Nr. 7 in Verbindung mit § 29 Abs. 1 und 63 b Abs. 2, 3 und 4 und des Absatzes 2 Nummer 9 a und 32 bis 36 die nach § 77 zuständige Bundesoberbehörde.

Übersicht
(vgl. auch die nachfolgende Tatbestandsübersicht)

Rn.

Tatbestandsübersicht		
§ 97 Abs. 1 AMG	*Kapitel, Unterpunkt*	*Rn.*
	Kap. 1.	*1*
§ 97 Abs. 2 AMG	*Kapitel, Unterpunkt*	*Rn.*
Nr. 1	*Kap. 2 A. I.*	*3–5*
Nr. 2	*Kap. 2 A. II.*	*6–8*
Nr. 3	*Kap. 2 A. III.*	*9*
Nr. 4	*Kap. 2 A. IV.*	*10–18*
Nr. 5	*Kap. 2 A. V.*	*19–23*
Nr. 5 a	*Kap. 2 A. VI.*	*24–27*
Nr. 6	*Kap. 2 E. I.*	*161–162*
Nr. 7	*Kap. 2 C. I.*	*88–90*
Nr. 7 a	*Kap. 2 C. II.*	*91–93*
Nr. 8	*Kap. 2 A. VII.*	*28–32*
Nr. 9	*Kap. 2 A. VIII.*	*33–34*
Nr. 9 a	*Kap. 2 C. III.*	*94–98*
Nr. 10	*Kap. 2 A. IX*	*35–46*

Tatbestandsübersicht		
	Kapitel, Unterpunkt	*Rn.*
Nr. 11	*Kap. 2 A. X.*	*47–48*
Nr. 12	*Kap. 2 A. XI.*	*49–50*
Nr. 12 a	*Kap. 2 A. XII.*	*51–52*
Nr. 13	*Kap. 2 C. IV.*	*99–107*
Nr. 13 a	*Kap. 2 A. XIII.*	*53*
Nr. 14	*Kap. 2 A. XIV.*	*54–56*
Nr. 15	*Kap. 2 A. XV.*	*57–59*
Nr. 16	*Kap. 2 A. XVI.*	*60–62*
Nr. 17	*Kap. 2 A. XVII.*	*63–64*
Nr. 17 a	*Kap. 2 C. V.*	*108*
Nr. 18	*Kap. 2 A. XVIII.*	*65–67*
Nr. 19	*Kap. 2 A. XVIII.*	*68*
Nr. 20	*Kap. 2 A. XIX.*	*69*
Nr. 21 (Buchst. a und b)	*Kap. 2 A. XX.*	*70–71*
Nr. 21 a	*Kap. 2 A. XXI.*	*72–73*
Nr. 22	*Kap. 2 A. XXII.*	*74*
Nr. 22 a	*Kap. 2 A. XXIII.*	*75–76*
Nr. 23	*Kap. 2 A. XXIV.*	*77–79*
Nr. 24	*Kap. 2 C. VI.*	*109*
Nr. 24 a	*Kap. 2 C. VII.*	*110*
Nr. 24 b	*Kap. 2 C. VIII.*	*111*
Nr. 24 c	*Kap. 2 B. I.*	*80–81*
Nr. 24 d	*Kap. 2 B. I.*	*80–81*
Nr. 24 e	*Kap. 2 C. IX.*	*112–114*
Nr. 24 f	*Kap. 2 C. IX.*	*112–114*
Nr. 25	*Kap. 2 E. II.*	*163–165*
Nr. 26	*Kap. 2 C. X.*	*115*
Nr. 27	*Kap. 2 E. III.*	*166–167*
Nr. 27 a	*Kap. 2 B. II.*	*82–84*
Nr. 27 b	*Kap. 2 B. II.*	*82–84*
Nr. 28	*Kap. 2 B. III.*	*85–87*
Nr. 29	*Kap. 2 B. III.*	*85–87*
Nr. 30	*Kap. 2 B. III.*	*85–87*
Nr. 30 a	*[aufgehoben]*	
Nr. 31	*Kap. 2 D. I.*	*116–148*
Nr. 32	*Kap. 2 D. II.*	*149–152*
Nr. 33	*Kap. 2 D. II.*	*149–152*
Nr. 34	*Kap. 2 D. II.*	*149–152*
Nr. 35	*Kap. 2 D. III.*	*153–154*
Nr. 36 (Buchst. a bis f)	*Kap. 2 D. IV.*	*155–160*

Kap. 1. Fahrlässige Verstöße gegen § 96 AMG
(§ 97 Abs. 1 AMG)

Fahrlässige Verstöße gegen die in § 96 AMG aufgeführten Strafvorschriften wer- **1** den nach § 97 Abs. 1 AMG als Ordnungswidrigkeiten geahndet. Im Gegensatz hierzu werden Zuwiderhandlungen gegen die in § 97 Abs. 2 AMG enthaltenen Tatbestände – sowohl bei vorsätzlicher als auch bei fahrlässiger Begehungsweise – als Ordnungswidrigkeiten verfolgt.

Kap. 2. Bußgeldtatbestände nach § 97 Abs. 2 AMG

Zum Arzneimittelbegriff ausführlich Vorbem. AMG Rn. 37 ff. **2**

A. Zuwiderhandlungen beim Verkehr mit Arzneimitteln

I. Inverkehrbringen von Arzneimitteln mit abgelaufenem Verfalldatum (§ 97 Abs. 2 Nr. 1 AMG)

3   Nach § 8 Abs. 2 AMG ist es verboten, Arzneimittel in den Verkehr zu bringen, deren Verfalldatum abgelaufen ist. Das Verkehrsverbot ist aus Gründen des **Gesundheitsschutzes** geboten; es soll verhindern, dass wirkungslose oder bisweilen gar gefährliche Produkte in den Verkehr und damit zum Verbraucher gelangen.

4   Arzneimittel mit abgelaufenem Verfalldatum können grundsätzlich **nicht** als **bedenklich** im Sinne des § 5 Abs. 2 AMG eingestuft werden, weil mit der Angabe des Verfalldatums der bestimmungsgemäße Gebrauch des Arzneimittels in zeitlicher Hinsicht eingegrenzt wird (vgl. dazu § 95 AMG Rn. 8 ff., Rn. 13). Zur Kennzeichnung vgl. § 10 Abs. 1 Nr. 9 AMG [„*verwendbar bis*"].

5   Auf die tatsächliche Verwendbarkeit oder die Wirksamkeit des Arzneimittels trotz Ablaufs des Verfalldatums kommt es nicht an (abstraktes Gefährdungsdelikt). Der Umstand, dass das in den Verkehr gebrachte Arzneimittel tatsächlich noch ohne jede Gesundheitsbeeinträchtigung verwendet werden kann, lässt den Tatbestand ebenfalls nicht entfallen. Zum Begriff des Inverkehrbringens vgl. § 95 AMG Rn. 44 ff.

II. Inverkehrbringen von Arzneimitteln ohne Angabe des Namens oder der Firma des pharmazeutischen Unternehmers (§ 97 Abs. 2 Nr. 2 AMG)

6   Mit Ausnahme der für klinische Prüfungen bei Menschen bestimmten Arzneimittel müssen Arzneimittel, die im Geltungsbereich des AMG in den Verkehr gebracht werden, nach § 9 Abs. 1 AMG den **Namen oder die Firma** und die Anschrift **des pharmazeutischen Unternehmers** tragen. Zum Begriff des pharmazeutischen Unternehmers vgl. § 4 Abs. 18 AMG (dazu auch Vorbem. AMG Rn. 226 ff.). Bußgeldbewehrt ist lediglich die fehlende Angabe des Namens oder der Firma des pharmazeutischen Unternehmers; das Fehlen der Anschrift ist nicht nach § 97 Abs. 2 Nr. 2 AMG sanktioniert; für Fertigarzneimittel gelten darüber hinaus allerdings die besonderen Kennzeichnungsbestimmungen nach § 10 AMG i. V. m. § 97 Abs. 2 Nr. 4 AMG (dazu unten Rn. 10). Die Firma des pharmazeutischen Unternehmers ist der Name, unter dem er seine Geschäfte betreibt (§ 17 Abs. 1 HGB).

7   Die Regelung soll den Zugriff auf denjenigen ermöglichen, der das Arzneimittel in den Verkehr gebracht hat, um ihn straf- oder ggf. auch zivilrechtlich (vgl. zur Arzneimittelhaftung Vorbem. AMG Rn. 179 ff.) zur Verantwortung ziehen zu können (*Kloesel/Cyran* § 9 AMG Nr. 1). Zum Begriff des Inverkehrbringens vgl. § 95 AMG Rn. 44 ff.

8   Zu kennzeichnen sind grundsätzlich alle Arzneimittel, die im Geltungsbereich des AMG in den Verkehr gebracht werden; ob es sich um **Fertigarzneimittel** nach § 4 Abs. 1 AMG (vgl. ergänzend § 97 Abs. 2 Nr. 4 i. V. m. § 10 AMG; dazu unten Rn. 10) oder um sog. **Bulkware** handelt, ist unerheblich (vgl. *Kloesel/Cyran* § 9 AMG Nr. 2; *Rehmann* § 9 Rn. 1).

III. Inverkehrbringen von Arzneimitteln unter Verstoß gegen § 9 Abs. 2 S. 1 AMG – Sitz des pharmazeutischen Unternehmers (§ 97 Abs. 2 Nr. 3 AMG)

9   Arzneimittel dürfen nach § 9 Abs. 2 S. 1 AMG im Geltungsbereich des AMG nur durch einen pharmazeutischen Unternehmer in den Verkehr gebracht werden (zum Begriff des Inverkehrbringens vgl. § 4 Abs. 17 AMG sowie § 95 AMG Rn. 44 ff.), der seinen Sitz im Geltungsbereich des AMG, in einem anderen Mitgliedstaat der Europäischen Union oder in einem anderen Vertragsstaat des Abkommens über den Europäischen Wirtschaftsraum (EWR-Abkommen vom 2. 5. 1992 (ABl. 1994 L Nr. 1 S. 3) hat. Zur **Warenverkehrsfreiheit** in Bezug auf

pharmazeutische Erzeugnisse vgl. *EuGH*, Urteil vom 28. 2. 1984 – C-247/81 = BeckEuRS 1984, 111649.

IV. Inverkehrbringen von Arzneimitteln ohne die vorgeschriebene Kennzeichnung (§ 97 Abs. 2 Nr. 4 AMG)

Die in § 10 Abs. 1 S. 1 AMG näher bezeichneten Fertigarzneimittel dürfen im **10** Geltungsbereich des AMG nur in den Verkehr gebracht werden, sofern sie mit den folgenden Angaben gekennzeichnet sind:

Kurzbezeichnung	anzugeben sind …
Name oder Firma	*Nr. 1 – der Name oder die Firma und die Anschrift des pharmazeutischen Unternehmers und, soweit vorhanden, der Name des von ihm benannten örtlichen Vertreters*
Bezeichnung	*Nr. 2 – die Bezeichnung des Arzneimittels, gefolgt von der Angabe der Stärke und der Darreichungsform, und soweit zutreffend, dem Hinweis, dass es zur Anwendung für Säuglinge, Kinder oder Erwachsene bestimmt ist, es sei denn, dass diese Angaben bereits in der Bezeichnung enthalten sind*
Zulassungsnummer *[ggf. Registernummer des Spezialitätenregisters]*	*Nr. 3 – die Zulassungsnummer mit der Abkürzung „Zul.-Nr."; [bei Fertigarzneimitteln nach § 2 Abs. 1 oder Abs. 2 Nr. 1 AMG, die sich am 1. 1. 1978 im Verkehr befunden haben, ist anstelle der Zulassungsnummer, soweit vorhanden, die Registernummer des Spezialitätenregisters nach dem AMG 1961 mit der Abkürzung „Reg.-Nr." anzugeben, § 109 Abs. 1 S. 1 AMG]*
Chargen-bezeichnung, *ggf. Herstellungsdatum*	*Nr. 4 – die Chargenbezeichnung, soweit das Arzneimittel in Chargen in den Verkehr gebracht wird, mit der Abkürzung „Ch.-B.", soweit es nicht in Chargen in den Verkehr gebracht werden kann, das Herstellungsdatum*
Darreichungsform	*Nr. 5 – die Darreichungsform*
Inhalt	*Nr. 6 – der Inhalt nach Gewicht, Rauminhalt oder Stückzahl*
Art der Anwendung	*Nr. 7 – die Art der Anwendung*
Wirkstoffe	*Nr. 8 – die Wirkstoffe nach Art und Menge und sonstige Bestandteile nach der Art, soweit dies durch Auflage der zuständigen Bundesoberbehörde nach § 28 Abs. 2 Nr. 1 angeordnet oder durch Rechtsverordnung nach § 12 Abs. 1 Nr. 4, auch in Verbindung mit Abs. 2, oder nach § 36 Abs. 1 vorgeschrieben ist; bei Arzneimitteln zur perenteralen oder zur topischen Anwendung, einschließlich der Anwendung am Auge, alle Bestandteile nach der Art Nr. 8 a – bei gentechnologisch gewonnenen Arzneimitteln der Wirkstoff und die Bezeichnung des bei der Herstellung verwendeten gentechnisch veränderten Mikroorganismus oder die Zelllinie*
Verfalldatum	*Nr. 9 – das Verfalldatum mit dem Hinweis „verwendbar bis"*
Hinweise *(„Verschreibungspflichtig", „Apothekenpflichtig", „Unverkäufliches Muster"; Gefahren für Kinder und die Umwelt)*	*Nr. 10 – bei Arzneimitteln, die nur auf ärztliche, zahnärztliche oder tierärztliche Verschreibung abgegeben werden dürfen, der Hinweis „Verschreibungspflichtig", bei sonstigen Arzneimitteln, die nur in Apotheken an Verbraucher abgegeben werden dürfen, der Hinweis „Apothekenpflichtig" Nr. 11 – bei Mustern der Hinweis „Unverkäufliches Muster"*

Kurzbezeichnung	anzugeben sind ...
	Nr. 12 – der Hinweis, dass Arzneimittel unzugänglich für Kinder aufbewahrt werden sollen, es sei denn, es handelt sich um Heilwässer *Nr. 13 – soweit erforderlich besondere Vorsichtsmaßnahmen für die Beseitigung von nicht verwendeten Arzneimitteln oder sonstige besondere Vorsichtsmaßnahmen, um Gefahren für die Umwelt zu vermeiden*
Verwendungszweck	*Nr. 14 – Verwendungszweck bei nicht verschreibungspflichtigen Arzneimitteln*

11   Die Kennzeichung ist **auf den Behältnissen** (Flaschen, Tuben, Ampullen; nicht: *Blister* = „Durchdrückpackungen" – vgl. § 10 Abs. 8 S. 1 AMG) und (sofern vorhanden) den **äußeren Umhüllungen** (Hülle der Primärverpackung – vgl. *Rehmann* § 10 Rn. 2) in gut lesbarer Schrift (zu den Einzelheiten *Kloesel/Cyran* § 10 AMG Nr. 20 f.; *Rehmann* § 10 AMG Rn. 3 f.), allgemeinverständlich, in deutscher Sprache und dauerhaft anzubringen, § 10 Abs. 1 S. 1 AMG. Vgl. auch die **„Readability Guideline"** der Europäischen Kommission (*Guideline of the European Commission on the readability of the labelling and package leaflet of medicinal products for human use* vom 12. 1. 2009 – abgedruckt bei *Kloesel/Cyran* EU 45; dazu *Fuchs/Götze*, Patientengerechte Arzneimittelinformation in Packungsbeilagen, pharmind 2009, 1094).

12   Nach § 12 Abs. 1 S. 1 Nr. 1 AMG kann das Bundesministerium für Gesundheit durch Rechtsverordnung die Vorschriften des § 10 AMG auf andere Arzneimittel und den Umfang der Fachinformation auf weitere Angaben ausdehnen. Auf der Grundlage der **Verordnungsermächtigung** sind ergangen:

13   *Betriebsverordnung für Arzneimittelgroßhandelsbetriebe*
vom 10. 11. 1987 (BGBl. I S. 2370)

§ 4 AMBetriebsV

(1) bis (3) ...

(4) Arzneimittel, die zur Anwendung bei Menschen bestimmt und keine Fertigarzneimittel sind, dürfen nur in den Verkehr gebracht werden, wenn ihre Behältnisse und, soweit verwendet, die äußeren Umhüllungen nach § 10 Abs. 1 Nr. 1, 2, 4, 8 und 9 des Arzneimittelgesetzes in gut lesbarer Schrift, in deutscher Sprache und auf dauerhafte Weise gekennzeichnet sind. Zur Anwendung bei Tieren bestimmte Arzneimittel, die keine Fertigarzneimittel sind, dürfen nur in den Verkehr gebracht werden, wenn die Behältnisse und, soweit verwendet, die äußeren Umhüllungen mit den Angaben nach den §§ 10 und 11 des Arzneimittelgesetzes versehen sind.

14   *Verordnung über die Anwendung der Guten Herstellungspraxis bei der Herstellung von Arzneimitteln und Wirkstoffen und über die Anwendung der Guten fachlichen Praxis bei der Herstellung von Produkten menschlicher Herkunft*
vom 3. 11. 2006 (BGBl. I S. 2523)

§ 15 AMWHV [zu Arzneimitteln, Blutprodukten und anderen Blutbestandteilen sowie Produkten menschlicher Herkunft]

(1) Arzneimittel, die zur Anwendung bei Menschen bestimmt und keine Fertigarzneimittel oder Prüfpräparate sind, dürfen im Geltungsbereich des Arzneimittelgesetzes nur in den Verkehr gebracht werden, wenn ihre Behältnisse und, soweit verwendet, die äußeren Umhüllungen nach § 10 Abs. 1 Nr. 1, 2, 4, 6 und 9 des Arzneimittelgesetzes in gut lesbarer Schrift, in deutscher Sprache und auf dauerhafte Weise gekennzeichnet sind.

(2) Fertigarzneimittel, die Arzneimittel im Sinne des § 2 Abs. 2 Nr. 1 a, 2 oder 3 des Arzneimittelgesetzes sind, dürfen nur in den Verkehr gebracht werden, wenn ihre Behältnisse und, soweit verwendet, ihre äußeren Umhüllungen nach § 10 des Arzneimittelgesetzes gekennzeichnet sind. Die Angaben über die Darreichungsform, die Wirkstoffe und die Wartezeit können entfallen.

Bei diesen Arzneimitteln sind auf dem Behältnis oder, soweit verwendet, auf der äußeren Umhüllung oder einer Packungsbeilage zusätzlich anzugeben

1. *die Anwendungsgebiete,*
2. *die Gegenanzeigen,*
3. *die Nebenwirkungen,*
4. *die Wechselwirkungen mit anderen Mitteln.*

(3) Fertigarzneimittel, die Arzneimittel im Sinne des § 2 Abs. 2 Nr. 4 des Arzneimittelgesetzes sind, dürfen nur in den Verkehr gebracht werden, wenn ihre Behältnisse und, soweit verwendet, ihre äußeren Umhüllungen nach § 10 Abs. 1, 2, 6, 8 und 9 des Arzneimittelgesetzes gekennzeichnet sind. Die Angaben über die Darreichungsform können entfallen. Die Wirkstoffe sind bei Arzneimitteln im Sinne des § 2 Abs. 2 Nr. 4 des Arzneimittelgesetzes nach Art und Menge anzugeben, soweit sie für die Funktion des Arzneimittels charakteristisch sind. Besteht das Fertigarzneimittel aus mehreren Teilen, so sind auf dem Behältnis und, soweit verwendet, auf der äußeren Umhüllung die Chargenbezeichnungen der einzelnen Teile anzugeben. Ist die Angabe der Wirkstoffe nach Art und Menge auf dem Behältnis aus Platzmangel nicht möglich, so ist sie auf der äußeren Umhüllung oder, sofern auch dies aus Platzmangel nicht möglich ist, in einem dem Behältnis beigefügten Informationsblatt vorzunehmen.

(4) Bei Arzneimitteln, die der Zulassung oder Registrierung nicht bedürfen, entfällt die Angabe der Zulassungsnummer oder Registrierungsnummer.

(5) Produkte menschlicher Herkunft sind auf ihren Behältnissen und, soweit verwendet, ihren äußeren Umhüllungen in gut lesbarer Schrift in deutscher oder englischer Sprache und auf dauerhafte Weise mindestens wie folgt zu kennzeichnen:

1. *Name oder Firma und Anschrift des Herstellers des Produkts und, soweit unterschiedlich, des Herstellers, der das Produkt abgefüllt, umgefüllt, umgepackt oder umgekennzeichnet hat,*
2. *Bezeichnung oder Identifikationscode des Produkts, verbunden mit dem Hinweis „menschlicher Herkunft" und, soweit möglich und zutreffend, seines Reinheitsgrades, der Referenz zu einem Arzneibuch sowie die internationale Kurzbezeichnung der Weltgesundheitsorganisation,*
3. *soweit zutreffend, Inhalt nach Gewicht oder Rauminhalt; sind biologische Einheiten oder andere Angaben zur Wertigkeit wissenschaftlich gebräuchlich, so sind diese zu verwenden,*
4. *Chargenbezeichnung des Fertigprodukts oder, soweit das Produkt nicht in Chargen hergestellt wird, das Herstellungsdatum und, soweit zutreffend auch des abgefüllten, umgefüllten, umgepackten oder umgekennzeichneten Produkts,*
5. *Verfalldatum oder Nachtestdatum und*
6. *besondere Transport- oder Lagerbedingungen, soweit für die Aufrechterhaltung der Qualität des Produkts erforderlich.*

In begründeten Fällen kann die zuständige Behörde Ausnahmen über die Kennzeichnung zulassen.

§ 24 AMWHV [zu Wirkstoffen nicht menschlicher Herkunft] 15

(1) Die Kennzeichnung der Zwischenprodukte und Wirkstoffe ist nach vorher erstellten schriftlichen Anweisungen und Verfahrensbeschreibungen und in Übereinstimmung mit der Guten Herstellungspraxis durchzuführen. Bei der nach § 13 des Arzneimittelgesetzes erlaubnispflichtigen Wirkstoffherstellung ist die Leitung der Herstellung verantwortlich für die Genehmigung der Anweisung und Verfahrensbeschreibung. In anderen Betrieben und Einrichtungen ist es die Qualitätssicherungseinheit.

(2) Zwischenprodukte und Wirkstoffe sind vor ihrem Inverkehrbringen auf ihren Behältnissen und, soweit verwendet, ihren äußeren Umhüllungen in gut lesbarer Schrift und auf dauerhafte Weise mindestens wie folgt zu kennzeichnen:

1. *Name oder Firma und zusätzlich Anschrift des Herstellers,*
2. *Bezeichnung oder Identifizierungscode des Produkts, soweit möglich auch seines Reinheitsgrades; soweit zutreffend, Referenz zu einem Arzneibuch und – soweit vorhanden – internationale Kurzbezeichnung der Weltgesundheitsorganisation,*
3. *Inhalt nach Gewicht oder Rauminhalt; sind biologische Einheiten oder andere Angaben zur Wertigkeit wissenschaftlich gebräuchlich, so sind diese zu verwenden,*
4. *Chargenbezeichnung oder, soweit das Zwischenprodukt oder der Wirkstoff nicht in Chargen hergestellt wird, das Herstellungsdatum,*

5. *Verfalldatum oder Nachtestdatum,*

6. *besondere Transport- oder Lagerbedingungen, soweit für die Aufrechterhaltung der Qualität des Wirkstoffs oder Stoffs erforderlich,*

7. *bei gentechnologisch gewonnenen Wirkstoffen die Bezeichnung des bei der Herstellung verwendeten gentechnisch veränderten Mikroorganismus oder der Zelllinie und*

8. *bei Wirkstoffen mikrobieller Herkunft die Angabe, dass es sich um einen Wirkstoff mikrobieller Herkunft handelt und bei Wirkstoffen tierischer Herkunft die Bezeichnung der zur Herstellung verwendeten Tierspezies.*

(3) Sofern das Zwischenprodukt oder der Wirkstoff nachträglich von einem anderen Betrieb als dem Originalhersteller umgefüllt, umverpackt, umgekennzeichnet oder freigegeben wurde, ist zusätzlich der Name oder die Firma und die Anschrift dieses Betriebs sowie die neue Chargenbezeichnung auf dem Behältnis und, soweit verwendet, der äußeren Umhüllung des Zwischenprodukts oder des Wirkstoffs anzugeben. Die Angaben sind in deutscher Sprache zu machen, sofern das Zwischenprodukt oder der Wirkstoff im Geltungsbereich des Arzneimittelgesetzes in den Verkehr gebracht wird. Weitere Angaben sind zulässig, soweit sie den deutschen Angaben nicht widersprechen. Die Sätze 1 bis 3 finden keine Anwendung, sofern es sich um Tätigkeiten im Einzelfall handelt, die aufgrund einer nachweislichen Beschädigung des Originalbehältnisses oder seiner Verpackung erforderlich sind. Eine Tätigkeit im Sinne von Satz 4 gilt nicht als Herstellungsschritt. Der Vorgang ist zu dokumentieren und auf Verlangen der zuständigen Behörde vorzulegen.

16   **§ 30 AMWHV [Ergänzende Regelungen für Fütterungsarzneimittel]**

(1) bis (3) ...

(4) Unbeschadet sonstiger Vorschriften über die Kennzeichnung dürfen Fütterungsarzneimittel nur in Verkehr gebracht werden, wenn sie durch das deutlich sichtbare Wort „Fütterungsarzneimittel" gekennzeichnet sowie mit der Angabe darüber versehen sind, zu welchem Prozentsatz sie den Futterbedarf zu decken bestimmt sind.

17   **§ 31 AMWHV [Ergänzende Regelungen für Blutspendeeinrichtungen]**

(1) bis (7) ...

(8) Zubereitungen aus Frischplasma und aus Blutzellen müssen, soweit sie nach § 21 Abs. 2 Nr. 1 a des Arzneimittelgesetzes nicht der Zulassung bedürfen, der Kennzeichnung nach § 10 Abs. 8 Satz 4 des Arzneimittelgesetzes entsprechen. Eigenblutspenden müssen eindeutig als solche gekennzeichnet werden.

18   Besonders problematisch sind sog. **Ärztemuster,** die zur Information und Erprobung nach § 47 Abs. 3 und 4 AMG abgegeben werden dürfen. In Apotheken dürfen diese Muster nicht verkauft werden. Beliefert ein Apotheker eine Verschreibung mit einem unverkäuflichen Muster eines verschreibungspflichtigen Arzneimittels, liegt zwar kein Verstoß gegen die Verschreibungs- oder die Apothekenpflicht vor; der Apotheker verstößt jedoch gegen seine Berufspflichten. Hat er deshalb die Kennzeichnung **„Unverkäufliches Muster"** entfernt, kommt (ggf. neben Urkundenfälschung und Betrug) eine Ordnungswidrigkeit nach § 97 Abs. 2 Nr. 4 AMG in Betracht (vgl. *VG Mainz*, Urteil vom 22. 11. 1979 – BG (H) K 5/ 79; *BG f. HeilB Hamburg*, Urteil vom 28. 5. 1979 – IV H HeilbG 1/79).

V. Inverkehrbringen von Arzneimitteln ohne die vorgeschriebene Packungsbeilage (§ 97 Abs. 2 Nr. 5 AMG)

19   Die in § 11 Abs. 1 S. 1 AMG aufgeführten Fertigarzneimittel dürfen nur mit einer Packungsbeilage in den Verkehr gebracht werden, die die Überschrift **„Gebrauchsinformation"** trägt und folgende Angaben in der nachstehenden Reihenfolge allgemein verständlich in deutscher Sprache, gut lesbarer Schrift und in Übereinstimmung mit den Angaben nach § 11 a AMG (Fachinformation) enthält:

Kurzbezeichnung	anzugeben sind ...

Identifizierung des Arzneimittels	*Nr. 1 – zur Identifizierung des Arzneimittels:*
	a) die Bezeichnung des Arzneimittels, § 10 Abs. 1 Satz 1
	   Nr. 2 und Abs. 1 a finden entsprechende Anwendung,
	b) die Stoff- oder Indikationsgruppe oder die Wirkungs-
	   weise

Anwendungsgebiete	*Nr. 2 – die Anwendungsgebiete*

Informationen, Warnhinweise	*Nr. 3 – eine Aufzählung von Informationen, die vor der*
	Einnahme des Arzneimittels bekannt sein müssen:
	a) Gegenanzeigen,
	b) entsprechende Vorsichtsmaßnahmen für die Anwendung,
	c) Wechselwirkungen mit anderen Arzneimitteln oder anderen
	   Mitteln, soweit sie die Wirkung des Arzneimittels
	   beeinflussen können,
	d) Warnhinweise, insbesondere soweit dies durch Auflage der
	   zuständigen Bundesoberbehörde nach § 28 Abs. 2 Nr. 2
	   angeordnet oder durch Rechtsverordnung nach § 12 Abs. 1
	   *Nr. 3 vorgeschrieben ist; vgl. dazu **Arzneimittel-Warn-***
	   ***hinweisverordnung** vom 21. 12. 1984 (BGBl. I 1985*
	   *S. 22) sowie die **Besonderheitenliste des Bundesinstituts***
	   ***für Arzneimittel und Medizinprodukte (BfArM)** –*
	   Version 1–04, Dezember 2006 (http://www.bfarm.de)

Anleitung	*Nr. 4 – die für die ordnungsgemäße Anwendung erforderlichen*
	Anleitungen über
	a) Dosierung,
	b) Art der Anwendung,
	c) Häufigkeit der Verabreichung, erforderlichenfalls mit Angabe
	   des genauen Zeitpunkts, zu dem das Arzneimittel verabreicht
	   werden kann oder muss,
	sowie, soweit erforderlich und je nach Art des Arzneimittels
	d) Dauer der Behandlung, falls diese festgelegt werden soll,
	e) Hinweise für den Fall der Überdosierung (vgl. dazu
	   VG Berlin PharmR 2000, 58), der unterlassenen Einnahme
	   oder Hinweise auf die Gefahr von unerwünschten Folgen des
	   Absetzens,
	f) die ausdrückliche Empfehlung, bei Fragen zur Klärung der
	   Anwendung den Arzt oder Apotheker zu befragen;

Nebenwirkungen	*Nr. 5 – die Nebenwirkungen; zu ergreifende Gegenmaßnahmen* *sind, soweit dies nach dem jeweiligen Stand der wissen-* *schaftlichen Erkenntnisse erforderlich ist, anzugeben; den* *Hinweis, dass der Patient aufgefordert werden soll, dem Arzt* *oder Apotheker jede Nebenwirkung mitzuteilen, die in der* *Packungsbeilage nicht aufgeführt ist;*

Verfalldatum, Warnungen, Hinweise	*Nr. 6 – einen Hinweis auf das auf der Verpackung angegebene*
	Verfalldatum sowie
	a) Warnung davor, das Arzneimittel nach Ablauf des Datums
	   anzuwenden,
	b) soweit erforderlich besondere Vorsichtsmaßnahmen für die
	   Aufbewahrung und die Angabe der Haltbarkeit nach Öffnung
	   des Behältnisses oder nach Herstellung der gebrauchsfertigen
	   Zubereitung durch den Anwender,
	c) soweit erforderlich Warnung vor bestimmten sichtbaren
	   Anzeichen dafür, dass das Arzneimittel nicht mehr zu ver-
	   wenden ist,

Kurzbezeichnung	anzugeben sind …
	d) vollständige qualitative Zusammensetzung nach Wirkstoffen und sonstigen Bestandteilen sowie quantitative Zusammensetzung nach Wirkstoffen unter Verwendung gebräuchlicher Bezeichnungen für jede Darreichungsform des Arzneimittels, § 10 Abs. 6 findet Anwendung, *e) Darreichungsform und Inhalt nach Gewicht, Rauminhalt oder Stückzahl für jede Darreichungsform des Arzneimittels,* *f) Name und Anschrift des pharmazeutischen Unternehmers und, soweit vorhanden, seines örtlichen Vertreters,* *g) Name und Anschrift des Herstellers oder des Einführers, der das Fertigarzneimittel für das Inverkehrbringen freigegeben hat;*
Verzeichnis genehmigter Bezeichnungen	*Nr. 7 – bei einem Arzneimittel, das unter anderen Bezeichnungen in anderen Mitgliedstaaten der Europäischen Union nach den Artikeln 28 bis 39 der Richtlinie 2001/83/EG des Europäischen Parlaments und des Rates zur Schaffung eines Gemeinschaftskodexes für Humanarzneimittel vom 6. November 2001 (ABl. EG Nr. L 311 S. 67) […], für das Inverkehrbringen genehmigt ist, ein Verzeichnis der in den einzelnen Mitgliedstaaten genehmigten Bezeichnungen;*
Datum der letzten Überarbeitung	*Nr. 8 – das Datum der letzten Überarbeitung der Packungsbeilage*

20   Für **radioaktive Arzneimittel**, Arzneimittel, die in das Register für **homöopathische Arzneimittel** eingetragen sind, **Sera** und **traditionelle pflanzliche Arzneimittel** vgl. § 11 Abs. 2a bis 3b AMG. Zu **Tierarzneimitteln** vgl. § 11 Abs. 4 AMG.

21   Die Packungsbeilage ist – neben der Aufklärung durch den Apotheker – das wichtigste **Informationsmedium** des Verbrauchers. Sie soll allerdings nicht nur den bestimmungsgemäßen Gebrauch fördern, sondern durch Beschreibung von Kontraindikationen, Dosierungsanleitungen, Nebenwirkungen und Wechselwirkungen mit anderen Stoffen einen Fehlgebrauch vermeiden helfen.

22   Eine den Erkenntnissen der medizinischen Wissenschaft entsprechende **Gebrauchsinformation** muss auch dann einschlägige Warnhinweise enthalten, wenn aufgrund der Prüfungsunterlagen oder sonst bekanntgewordener Tatsachen oder Erfahrungen davon auszugehen ist, dass ohne derartige Hinweise ein Gesundheitsschaden für Verbraucher entstehen kann (*BGH*, Urteil vom 24. 1. 1989 – 6 ZR 112/88 = JZ 1989, 853 m. Anm. *Deutsch*).

23   Zum Begriff des Inverkehrbringens vgl. § 95 AMG Rn. 44 ff. Sind in der Packungsbeilage **Anwendungsgebiete** aufgeführt, die von der Zulassung des Erzeugnisses nicht umfasst sind, liegt ein Verstoß gegen § 8 Abs. 1 Nr. 2 Buchst. a AMG und damit eine Strafbarkeit nach § 96 Nr. 3 AMG nahe (*Kloesel/Cyran* § 11 AMG Nr. 90: Tateinheit mit § 96 Nr. 5 i. V. m. § 21 Abs. 1 AMG).

VI. Abgabe einer Teilmenge entgegen § 11 Abs. 7 S. 1 AMG (§ 97 Abs. 2 Nr. 5a AMG)

24   Nach § 97 Abs. 2 Nr. 5a AMG handelt ordnungswidrig, wer entgegen § 11 Abs. 7 S. 1 AMG eine Teilmenge abgibt. Nach der in Bezug genommenen Vorschrift dürfen **aus Fertigarzneimitteln entnommene Teilmengen**, die zur Anwendung bei Menschen bestimmt sind, nur zusammen mit einer Ausfertigung der für das Fertigarzneimittel vorgeschriebenen Packungsbeilage abgegeben werden.

Fertigarzneimittel sind nach § 4 Abs. 1 AMG solche Arzneimittel, die im 25 Voraus hergestellt und in einer zur Abgabe an den Verbraucher bestimmten Packung in den Verkehr gebracht werden (...). Üblicherweise werden etwa Tabletten, Dragees oder Kapseln zunächst in einer sog. **Primärverpackung** verblistert (tiefgezogene Kunststoff-Durchdrückpackung) und sodann mit einer Karton-Umhüllung, in der jeweils ein oder mehrere Blister sowie die Packungsbeilage aufbewahrt werden, versehen. Fertigarzneimittel ist indessen nicht etwa nur der einzelne Blister oder gar das Präparat als solches, sondern vielmehr das Gesamterzeugnis in der Verpackung **(Sekundärverpackung)**, wie sie für den Endverbraucher vorgesehen ist (*Kloesel/Cyran* § 4 AMG Nr. 4; vgl. auch *Rehmann* § 4 AMG Rn. 1). Werden aus der Sekundärverpackung einzelne Blister entnommen, handelt es sich deshalb um „entnommene Teilmengen" im Sinne des § 11 Abs. 7 S. 1 AMG.

Zum Begriff des Inverkehrbringens vgl. § 95 AMG Rn. 44 ff. Weil das Inver- 26 kehrbringen nach § 4 Abs. 17 AMG auch den Vorgang der Abgabe an andere erfasst, kommt ein Verstoß gegen § 97 Abs. 2 Nr. 5 AMG auch dann in Betracht, wenn ein Apotheker Tablettenblister aus Einzelarznei- oder Klinikpackungen ohne die vorgeschriebene Packungsbeilage veräußert.

Sog. **Wochenblister** (Blisterkarten für sieben Tage mit Multidose-Einheiten zur 27 Dauermedikation mit verschiedenen Arzneimitteln, in der sich alle Medikamente für einen bestimmten Einnahmezeitpunkt befinden, vgl. § 21 Abs. 2 Nr. 1 b AMG) enthalten regelmäßig aus Fertigarzneimitteln entnommene Teilmengen. Bei der erstmaligen Abgabe eines Blisters im Rahmen einer Dauermedikation ist daher für jedes im **Multidose-Blister** enthaltene Arzneimittel eine gesonderte Gebrauchsinformation erforderlich (*Rehmann* § 11 Rn. 25). Nach § 11 Abs. 7 S. 3 AMG müssen bei der nachfolgenden regelmäßigen Abgabe im Rahmen der Dauermedikation in neuen patientenindividuell zusammengestellten Blistern Ausfertigungen der für die jeweiligen Fertigarzneimittel vorgeschriebenen Packungsbeilagen erst dann **erneut beigefügt** werden, wenn sich diese gegenüber den zuletzt beigefügten geändert haben.

VII. Verbringung nicht zugelassener Arzneimittel aus EU-Mitgliedstaaten in den Geltungsbereich des Gesetzes (§ 97 Abs. 2 Nr. 8 AMG)

Der Gesetzgeber unterscheidet zwischen der **Einfuhr** von Arzneimitteln (vgl. 28 § 72 AMG) und ihrer **Verbringung** (vgl. § 73 AMG) in den Geltungsbereich des Arzneimittelgesetzes. Einfuhr ist nach § 4 Abs. 32 S. 2 AMG die Überführung von unter das Arzneimittelgesetz fallenden Produkten aus Drittstaaten, die nicht Vertragsstaaten des Abkommens über den Europäischen Wirtschaftsraum sind, in den zollrechtlich freien Verkehr. Verbringen ist demgegenüber jede Beförderung in den, durch den oder aus dem Geltungsbereich des Gesetzes.

Der Bezug von Arzneimitteln aus einem Land, das *nicht* **Mitgliedstaat der** 29 **Europäischen Union** oder ein anderer Vertragsstaat des Abkommens über den Europäischen Wirtschaftsraum ist, setzt eine Erlaubnis nach § 72 AMG voraus, § 73 Abs. 1 S. 1 Nr. 2 AMG.

Die Bußgeldvorschrift ergänzt die Straftatbestände des **§ 96 Nr. 4 AMG (uner-** 30 **laubte Einfuhr aus Nicht-EU- und Nicht-EWG-Staaten)**, indem sie auch das Verbringen von Arzneimitteln aus Mitglied- und Vertragsstaaten mit Bußgeld bedroht, sofern das Verbringungsverbot des § 73 Abs. 1 AMG verletzt wird.

Neben dem Verbringen der erfassten Erzeugnisse nach Deutschland gehört zur 31 Tathandlung der Verstoß gegen § 73 Abs. 1 oder 1 a AMG oder gegen § 30 Abs. 4 S. 1 Nr. 2 AMG. Überschreitet ein **Reisender** die seinem **üblichen persönlichen Bedarf** entsprechenden Mengen an Arzneimitteln – gemessen an der Dauer seines Aufenthaltes und seiner Krankheitsbeschwerden (§ 73 Abs. 2 Nr. 6 und Nr. 6 a AMG) – oder ist ein persönlicher Bedarf an den mitgeführten Arzneimitteln nicht aufgrund einer ärztlichen Verschreibung oder sonst plausibel, so gilt das Verbringungsverbot des § 73 Abs. 1 AMG.

32   Zum **Versandhandel** vgl. § 73 Abs. 1 S. 1 Nr. 1 a AMG sowie Vorbem. AMG Rn. 325 ff., 337.

VIII. Verstoß gegen § 40 Abs. 1 S. 3 Nr. 7 AMG (Prüferinformation) im Rahmen von klinischen Prüfungen (§ 97 Abs. 2 Nr. 9 AMG)

33   Nach § 40 Abs. 1 S. 3 Nr. 7 AMG darf die klinische Prüfung eines Arzneimittels bei Menschen nur durchgeführt werden, sofern jeder Prüfer durch einen für die **pharmakologisch-toxikologische Prüfung verantwortlichen Wissenschaftler** über deren Ergebnisse und die voraussichtlich mit der klinischen Prüfung verbundenen Risiken informiert worden ist. Wird ein Prüfer nachträglich mit der Fortführung der klinischen Prüfung betraut, ist er in entsprechender Weise zu informieren (*Kloesel/Cyran* § 40 AMG Nr. 72).

34   Vgl. ergänzend die *Verordnung über die Anwendung der Guten Klinischen Praxis bei der Durchführung von klinischen Prüfungen mit Arzneimitteln zur Anwendung am Menschen* vom 9. 8. 2004 (GCP-Verordnung, BGBl. I S. 2081; dort § 3 Abs. 4 zur Prüferinformation).

IX. Berufs- oder gewerbsmäßiges Inverkehrbringen verschreibungspflichtiger Arzneimittel ohne Eigennutz; Handeltreiben und Abgabe apothekenpflichtiger Arzneimittel außerhalb von Apotheken (§ 97 Abs. 2 Nr. 10 AMG)

35   **1. Zweck der Vorschrift.** Der Bußgeldtatbestand ergänzt sowohl die Strafnorm des § 95 Abs. 1 Nr. 4 AMG (Handeltreiben/Abgabe von/mit verschreibungspflichtigen Arzneimitteln durch Unbefugte außerhalb von Apotheken) als auch den Straftatbestand des § 96 Nr. 13 AMG (Abgabe verschreibungspflichtiger Arzneimittel durch Befugte in Apotheken ohne Verschreibung) und bedroht die aufgeführten Handlungen mit Bußgeld. Die Regelung erfasst damit sämtliche über die in § 95 Abs. 1 Nr. 4 AMG und § 96 Nr. 13 AMG hinausgehenden **Verstöße gegen die Apothekenpflicht.** Ausgehend hiervon handelt etwa auch der *Unbefugte* ordnungswidrig, der einen in § 96 Nr. 13 AMG bezeichneten Verstoß gegen die Verschreibungspflicht begeht, sofern zugleich § 43 Abs. 1, 2 oder 3 S. 1 AMG berührt ist.

36   Der Wortlaut der Regelung ist missverständlich. Das Tatbestandsmerkmal der **Gewerbs- oder Berufsmäßigkeit**, das sich in gleicher Weise in § 43 Abs. 1 S. 1 AMG wiederfindet, scheint nach der Formulierung des Bußgeldtatbestandes nach § 97 Abs. 2 Nr. 10 AMG allein auf den Vorgang des **Inverkehrbringens** bezogen zu sein. Auf den ersten Blick könnte dies vor allem deshalb einleuchten, weil der Begriff des **Handeltreibens** in § 95 Abs. 1 Nr. 4 AMG ein gewerbs- oder berufsmäßiges Vorgehen gerade nicht voraussetzt (vgl. § 95 AMG Rn. 200 ff.).

37   Weder der Normzweck des § 97 Abs. 2 Nr. 10 AMG noch die Entstehungsgeschichte der Vorschrift lassen indessen eine solche Auslegung zu. Denn es war keinesfalls das Ziel des Gesetzgebers, *sämtliche* auf den eigennützigen Umsatz von apothekenpflichtigen Arzneimitteln gerichtete Bemühungen, also etwa auch die entgeltliche Weitergabe einer **unangebrochenen Flasche Hustensaft** von Privatanwender zu Privatanwender mit Bußgeld zu bedrohen.

38   Gleiches ergibt sich im Übrigen aus der amtlichen Begründung zum *Entwurf eines Achten Gesetzes zur Änderung des Arzneimittelgesetzes* (BT-Drs. 13/9996 S. 17: *„Nummer 10 wird für nicht verschreibungspflichtige Arzneimittel im Hinblick auf das umfassende Verbot des Handeltreibens durch Nichtbefugte angepasst"*), wonach die Regelung ersichtlich auf die Neufassung des § 43 AMG bezogen ist. Hierzu ist im Gesetzentwurf Folgendes ausgeführt: *„Durch die Änderung zu Absatz 1 Satz 1 wird klargestellt, dass die der Apothekenpflicht unterliegenden Arzneimittel im Einzelhandel nur in Apotheken in den Verkehr gebracht werden dürfen und auch eine unentgeltliche Abgabe über die Notfallversorgung hinaus unterbleiben muss. Diese Änderung erscheint zweckmäßig, weil in Gerichtsentscheidungen § 43 Abs. 1 aufgrund des Begriffs ‚Einzelhandel' dahin gehend ausgelegt worden ist, dass die unentgeltliche Abgabe von Arzneimitteln durch Ärzte* *und Zahnärzte auch über die Notfallversorgung hinaus zulässig sei; eine Klärung durch die Rechtsprechung (...) ist bislang nicht eingetreten. Durch den dem Absatz 1 neu angefügten Satz 2 wird klargestellt, dass andere Personen als die am Arzneimittelverkehr beteiligten apothekenpflichtige Arzneimittel auch dann nicht entgeltlich abgeben dürfen, wenn es nicht berufs- oder gewerbsmäßig geschieht. Damit werden insbesondere auch Einzelfälle der Abgabe von ‚Ersatzdrogen' erfasst.*" Der Gesetzgeber hatte also offenbar speziell die verschreibungspflichtigen Arzneimittel im Blick, für die ein strafbares Handeltreiben nach § 95 Abs. 1 Nr. 4 AMG gewerbs- oder berufsmäßiges Verhalten gerade nicht erforderlich ist (vgl. § 95 AMG Rn. 200 ff.).

Auch systematische Überlegungen sprechen für diese Lesart. Denn die Vorschrift **39** des § 97 Abs. 2 Nr. 10 AMG zieht die in Bezug genommene Regelung des § 43 Abs. 1, 2 oder 3 S. 1 AMG und das damit sprachlich verknüpfte Tatbestandsmerkmal der Berufs- oder Gewerbsmäßigkeit vollständig vor die Klammer, obschon die Tathandlungen des Handeltreibens und der Abgabe auf verschiedene Absätze der genannten Bestimmung bezogen sind (vgl. dazu § 95 AMG Rn. 200 ff., 206 ff.). Insoweit wird im Ergebnis deutlich, dass **Berufs- oder Gewerbsmäßigkeit für sämtliche Tathandlungsalternativen** nach § 97 Abs. 2 Nr. 10 AMG vorausgesetzt wird.

2. Begriffe. Zum Arzneimittelbegriff ausführlich Vorbem. AMG Rn. 37 ff.; **40** zum Inverkehrbringen vgl. § 95 AMG Rn. 44 ff.; zum Handeltreiben vgl. § 95 Rn. 200 ff.; zur Abgabe vgl. § 95 Rn. 206 ff.

3. Täter. Der Bußgeldtatbestand des § 97 Abs. 2 Nr. 10 AMG wendet sich so- **41** wohl an Befugte als auch an Unbefugte. Auch ein Apotheker, der außerhalb seiner Apotheke apothekenpflichtige Arzneimittel abgibt, verstößt gegen § 43 Abs. 1 AMG.

4. Tathandlungen. Die Tathandlung besteht in einem berufs- oder gewerbs- **42** mäßigen (vgl. dazu § 95 AMG Rn. 206 ff.) Inverkehrbringen, im Handeltreiben oder in der Abgabe apothekenpflichtiger Arzneimittel unter Verstoß gegen die Apothekenpflicht nach § 43 Abs. 1, Abs. 2 oder Abs. 3 S. 1 AMG. Im Gegensatz zu § 95 Abs. 1 Nr. 4 AMG ist der *einmalige* Verkauf nicht verschreibungspflichtiger Arzneimittel (etwa in der Drogenszene) – wegen fehlender Gewerbs- oder Berufsmäßigkeit (vgl. dazu oben Rn. 35 ff.) – regelmäßig nicht ordnungswidrig. Andererseits ist auch die Abgabe nicht verschreibungspflichtiger Arzneimittel außerhalb von Apotheken entgegen § 43 Abs. 2 und Abs. 3 S. 1 AMG eine Ordnungswidrigkeit nach § 97 Abs. 2 Nr. 10 AMG. Dies gilt selbst dann, wenn die Ausstellung einer Verschreibung unnötig war (§ 43 Abs. 3 S. 1 AMG). Darüber hinaus werden diejenigen Fälle des § 96 Nr. 13 AMG erfasst, in denen der Täter Unbefugter ist und zugleich die in Bezug genommenen Bestimmungen des § 43 AMG berührt sind (vgl. oben Rn. 35 ff.).

5. Erscheinungsformen. Die berufsmäßige oder gewerbsmäßige, entgeltliche **43** oder unentgeltliche Abgabe apothekenpflichtiger Arzneimittel an Endverbraucher darf nur in Apotheken erfolgen.

a) Verstöße von Apothekern. Verkauft ein Apotheker im Treppenhaus, in der **44** Toilette oder im Keller der Apotheke apothekenpflichtige Arzneimittel an Drogenabhängige, so erfüllt er den Tatbestand, weil als „Apotheke" im Sinne des Gesetzes nicht das Gebäude als solches, sondern nur der offizielle Verkaufsraum zu verstehen ist. Liefert ein Apotheker apothekenpflichtige Arzneimittel an Ärzte eines werksärztlichen Dienstes zur Anwendung bei Betriebsangehörigen, also an Endverbrauchern, so verstößt dies nicht gegen § 43 Abs. 1 AMG. Beliefert eine Apotheke die betriebsärztliche Ambulanz mit apothekenpflichtigen Arzneimitteln zur unentgeltlichen Weitergabe an Betriebsangehörige, so verstößt dies gegen § 43 Abs. 1 AMG und ist nach § 97 Abs. 2 Nr. 10 AMG bußgeldbewehrt; denn die Lieferung erfolgt dann nicht an den Endverbraucher. Auch der Betriebsarzt ist ebenso wie der niedergelassene Arzt nicht zur berufsmäßigen Abgabe apothekenpflichtiger Arzneimittel an Betriebsangehörige (außerhalb von Apotheken) befugt (*LBG beim OVG Münster*, Urteil vom 16. 1. 1980 – PharmZ 1980, 983; anders aber vor Streichung des Merkmals Einzelhandel in § 43 Abs. 1 AMG: *LBG beim OVG Münster*, Urteil vom 27. 2. 1990, PharmZ 1990, 920 ff.).

45   **b) Verstöße von Tierärzten.** Verkauft ein Tierarzt apothekenpflichtige Humanarzneimittel an einen Tierhalter, liegt eine Ordnungswidrigkeit nach § 97 Abs. 2 Nr. 10 AMG vor.

46   **c) Verstöße von Privatpersonen.** Bestellen Deutsche verschreibungspflichtige Arzneimittel zu Dopingzwecken auf Internetangebote ausländischer Versandfirmen und geben sie diese Mittel berufs- oder gewerbsmäßig an Sportkameraden oder Kraftsportler weiter, so kommt eine Ordnungswidrigkeit nach § 97 Abs. 2 Nr. 10 AMG in Betracht. Der Tatbestand ist aber auch erfüllt, wenn Privatpersonen apothekenpflichtige Arzneimittel berufs- oder gewerbsmäßig an andere Endverbraucher verkaufen.

X. Vorschriftswidrige Abgabe apothekenpflichtiger (nicht verschreibungspflichtiger) Tierarzneimittel (§ 97 Abs. 2 Nr. 11 AMG)

47   Zur Anwendung bei Tieren bestimmte Arzneimittel, die nicht für den Verkehr außerhalb der Apotheken freigegeben sind, dürfen an den Tierhalter oder an andere in § 47 Abs. 1 AMG nicht genannte Personen nur in der Apotheke oder tierärztlichen Hausapotheke oder durch den Tierarzt ausgehändigt werden, § 43 Abs. 5 S. 1 AMG. Die Regelung des § 43 Abs. 5 S. 1 AMG richtet sich sowohl an befugte als auch an unbefugte Marktteilnehmer und enthält ein **Verbot des Versandhandels mit Tierarzneimitteln** (*Kloesel/Cyran* § 43 AMG Nr. 70). Ausnahmen gelten für **Fütterungsarzneimittel** (§ 43 Abs. 5 S. 2 AMG). Das Versandhandelsverbot gilt auch für Apotheken (vgl. § 17 Abs. 2 S. 4 ApBetrO).

48   Im Hinblick auf den verfassungsrechtlichen Rang der Berufsausübungsfreiheit nach Art. 12 GG hat der BGH mit Urteil vom 12. 11. 2009 (*BGH* NJW 2010, 2139 = GRUR 2010, 542 = PharmR 2010, 345 [„exspot"]) im Wege der verfassungskonformen Auslegung des § 43 Abs. 5 AMG einen wesentlichen Teilbereich der Tierarzneimittel vom Versandhandelsverbot ausgenommen. Vom Verbot erfasst sind danach **nicht solche Fälle, in denen eine durch die spezifischen Risiken des Versandhandels verursachte Fehlmedikation weder eine Gesundheitsgefahr für den Menschen noch eine mit Blick auf Art. 20 a GG relevante Gefahr für die Gesundheit des behandelten Tieres** begründet ist. Eine Gefahr für die menschliche Gesundheit dürfte regelmäßig ausgeschlossen werden können, soweit Tierarzneimittel betroffen sind, die bestimmungsgemäß ausschließlich bei nicht zu Ernährungszwecken gehaltenen Haustieren anzuwenden sind. Anderes kann ausnahmsweise dann gelten, wenn eine mittelbare Gefährdung der Gesundheit des Tierhalters oder ihm nahestehender Personen zu besorgen ist (vgl. dazu *OVG Koblenz* PharmR 2006, 186 = LKRZ 2007, 33).

XI. Missachtung des Vertriebsweges für apothekenpflichtige (nicht verschreibungspflichtige) Arzneimitteln (§ 97 Abs. 2 Nr. 12 AMG)

49   Der Bußgeldtatbestand nach § 97 Abs. 2 Nr. 12 AMG ergänzt den Straftatbestand des § 95 Abs. 1 Nr. 5 AMG für apothekenpflichtige Arzneimittel (vgl. § 47 Abs. 1 S. 1 AMG: *„Arzneimittel, deren Abgabe den Apotheken vorbehalten ist"*), die **ohne Verschreibung** an Verbraucher abgegeben werden dürfen. Wegen der Einzelheiten vgl. § 95 AMG Rn. 241 ff. Zum Begriff der **Abgabe** vgl. § 95 AMG Rn. 52 f.

50   Weil sich die Vorschrift des § 47 Abs. 2 S. 1 AMG ausdrücklich an die in § 47 Abs. 1 Nr. 5 bis 9 AMG bezeichneten Empfänger richtet, erfasst die Bußgeldnorm des § 97 Abs. 2 Nr. 12 AMG nicht den **Bezug** von Arzneimitteln durch Verbraucher. Vgl. ergänzend § 95 AMG Rn. 261.

XII. Unzulässige Abgabe von Arzneimittel-Mustern (§ 97 Abs. 2 Nr. 12 a AMG)

Nach § 47 Abs. 4 S. 1 AMG dürfen pharmazeutische Unternehmer **Muster ei-** 51
nes Fertigarzneimittels an Personen nach § 47 Abs. 3 S. 1 AMG (Ärzte, Zahnärzte, Tierärzte; andere Personen, die die Heilkunde oder Zahnheilkunde berufsmäßig ausüben, soweit es sich nicht um verschreibungspflichtige Arzneimittel
handelt; Ausbildungsstätten für Heilberufe) nur **auf jeweilige schriftliche An-**
forderungen, in der **kleinsten Packungsgröße** und **in einem Jahr** von einem
Fertigarzneimittel **nicht mehr als zwei Muster** abgeben oder abgeben lassen.
Zum Begriff der Abgabe vgl. § 95 AMG Rn. 52 f. Die Regelung dient der Einhaltung der Apothekenpflicht und damit indirekt der Sicherheit im Arzneimittelverkehr. Potentielle Täter sind Pharmaunternehmer.

Muster dürfen nach § 47 Abs. 3 S. 3 Nr. 1 AMG keine Stoffe oder Zubereitun- 52
gen enthalten, die als solche in Anlage II oder III des BtMG aufgeführt sind.

XIII. Abgabe von Schwangerschaftsabbruchmitteln ohne vorgeschriebene Kennzeichnung (§ 97 Abs. 2 Nr. 13 a AMG)

Die in Bezug genommene Vorschrift des § 47 a Abs. 2 S. 1 AMG enthält eine 53
Kennzeichnungsverpflichtung für solche Arzneimittel, die zur Vornahme eines
Schwangerschaftsabbruchs zugelassen sind (vgl. dazu § 95 AMG Rn. 268). Pharmazeutische Unternehmer haben die zur Abgabe bestimmten Packungen fortlaufend zu nummerieren. Die **fortlaufende Nummerierung** ist Grundlage für
die in § 47 a AMG und § 3 AMVV vorgesehene Nachweisführung (dazu unten
Rn. 102 ff.).

XIV. Unzulässiger Einzelhandel mit freiverkäuflichen Arzneimitteln (§ 97 Abs. 2 Nr. 14 AMG)

Die Vorschrift des § 50 Abs. 1 AMG betrifft den **Einzelhandel** (entgeltliche 54
Abgabe unmittelbar an den Verbraucher) mit **freiverkäuflichen Arzneimitteln.**
Ausnahmen von der Apothekenpflicht ergeben sich aus §§ 44, 45 AMG ggf.
i. V. m. der *Verordnung über apothekenpflichtige und freiverkäufliche Arzneimittel*
vom 24. 11. 1988 (BGBl. I S. 2150).

Freiverkäufliche Arzneimittel dürfen grundsätzlich nur im Wege des Einzelhan- 55
dels vertrieben werden, wenn der Unternehmer, eine zur Vertretung des Unternehmens gesetzlich berufene oder von dem Unternehmer mit der Leitung des
Unternehmens oder mit dem Verkauf beauftragte Person die **erforderliche Sach-**
kenntnis besitzt. Unternehmen mit mehreren Betriebsstellen müssen für jede Betriebsstelle eine solche sachkundige Person vorhalten, § 50 Abs. 1 AMG.

Der **Sachkundenachweis** wird üblicherweise im Rahmen einer Prüfung vor 56
der zuständigen Industrie- und Handelskammer erbracht. Vgl. dazu die *Verordnung*
über den Nachweis der Sachkenntnis im Einzelhandel mit freiverkäuflichen Arznei-
mitteln vom 20. 6. 1978 (ArzneimNV; BGBl. I S. 753).

XV. Abgabe freiverkäuflicher Arzneimittel im Reisegewerbe entgegen § 51 Abs. 1 AMG (§ 97 Abs. 2 Nr. 15 AMG)

Zum Arzneimittelbegriff vgl. Vorbem. AMG Rn. 37 ff. Zum Feilbieten vgl. 57
§ 95 AMG Rn. 51.

Das Feilbieten von Arzneimitteln und das Aufsuchen von Bestellungen auf Arz- 58
neimittel im Reisegewerbe sind grundsätzlich verboten. **Ausgenommen** sind
nach § 51 Abs. 1 Hs. 2 AMG freiverkäufliche (vgl. oben Rn. 54) Fertigarzneimittel
(§ 4 Abs. 1 AMG) die

– mit ihren verkehrsüblichen deutschen Namen bezeichnete, in ihren Wirkungen
allgemein bekannte **Pflanzen** oder **Pflanzenteile** oder **Presssäfte** aus frischen

Pflanzen oder Pflanzenteilen sind, sofern diese mit keinem anderen Lösungsmittel als Wasser hergestellt wurden, oder
– **Heilwässer** und deren Salze in ihrem natürlichen Mischungsverhältnis oder ihre Nachbildungen sind.

59 **Einmalspritzen** sind Medizinprodukte nach dem MPG (vgl. § 2 Abs. 3 Nr. 7 AMG; vgl. auch Vorbem. AMG Rn. 150 ff.); die Vorschriften des AMG sind insoweit nicht anzuwenden. Ggf. sind die Strafbestimmungen der §§ 40 ff. MPG einschlägig.

XVI. Inverkehrbringen von Arzneimitteln im Wege der Selbstbedienung (§ 97 Abs. 2 Nr. 16 AMG)

60 Arzneimittel im Sinne des § 2 Abs. 1 oder Abs. 2 Nr. 1 AMG (vgl. dazu Vorbem. AMG Rn. 37 ff.) dürfen nach § 52 Abs. 1 AMG grundsätzlich nicht durch **Automaten** oder durch **andere Formen der Selbstbedienung** in den Verkehr gebracht werden (zum Begriff des Inverkehrbringens vgl. § 95 AMG Rn. 44 ff.). Zu **Abholstationen, Apothekenterminals** und „**Pick-up-Stellen**" vgl. Vorbem. AMG Rn. 339 ff.

61 Das Selbstbedienungsverbot steht insbesondere in Zusammenhang mit der Apothekenpflicht von Arzneimitteln; ausgehend hiervon sind nach § 52 Abs. 3 AMG **freiverkäufliche Arzneimittel** (vgl. dazu oben Rn. 54) vom Selbstbedienungsverbot ausgenommen, sofern – im Einzelhandel – eine sachkundige Person im Sinne des § 50 AMG zur Verfügung steht (vgl. Rn. 54 ff.).

62 Das Selbstbedienungsverbot gilt nach § 52 Abs. 2 AMG nicht für Fertigarzneimittel (§ 4 Abs. 1 AMG), die
– im Reisegewerbe abgegeben werden dürfen (vgl. Rn. 58),
– zur Verhütung der Schwangerschaft oder von Geschlechtskrankheiten beim Menschen bestimmt und zum Verkehr außerhalb der Apotheken freigegeben sind (etwa [Patentex® Oval Vaginalzäpfchen]),
– ausschließlich zum äußeren Gebrauch bestimmte Desinfektionsmittel oder
– Sauerstoff sind.

XVII. Verstoß gegen die Regeln des Arzneibuches (§ 97 Abs. 2 Nr. 17 AMG)

63 Nach § 55 Abs. 8 S. 1 AMG dürfen bei der **Herstellung** von Arzneimitteln (vgl. Vorbem. AMG Rn. 37 ff.) nur Stoffe verwendet werden und nur Darreichungsformen angefertigt werden, die den **anerkannten pharmazeutischen Regeln** entsprechen. Gleiches gilt für Behältnisse und Umhüllungen, soweit sie mit dem Arzneimittel in Berührung kommen.

64 Für Arzneimittel, die ausschließlich für den **Export** bestimmt sind, sollen die im Empfängerland geltenden Regelungen berücksichtigt werden, § 55 Abs. 8 S. 2 AMG.

XVIII. Verstöße bei der Herstellung und Kennzeichnung von Fütterungsarzneimitteln (§ 97 Abs. 2 Nr. 18, Nr. 19 AMG)

65 Nach § 56 Abs. 2 S. 1 AMG darf zur **Herstellung** eines Fütterungsarzneimittels nur *eine* zugelassene oder aufgrund des § 36 Abs. 1 von der Pflicht zur Zulassung freigestellte Arzneimittel-Vormischung verwendet werden. Im Einzelfall dürfen nach Maßgabe des § 56 Abs. 2 S. 2 AMG abweichend davon höchstens *drei* Arzneimittel-Vormischungen verwendet werden.

66 Das verwendete **Mischfuttermittel** muss vor und nach der Vermischung den futtermittelrechtlichen Vorschriften entsprechen und darf kein Antibiotikum oder Kokzidiostatikum als Futtermittelzusatzstoff enthalten, § 56 Abs. 3 AMG.

67 Die Arzneimitteltagesdosis muss in einer Menge Mischfuttermittel enthalten sein, die die tägliche Futterration der behandelten Tiere bei Wiederkäuern den täglichen Bedarf an Ergänzungsfuttermitteln, ausgenommen Mineralfutter, mindestens zu Hälfte deckt, §56 Abs. 4 S. 1 AMG.

Kennzeichnungsvorschriften für Fütterungsarzneimittel enthält §56 Abs. 3 **68** S. 2 AMG. Der Verweis in §97 Abs. 2 Nr. 19 AMG auf §56 Abs. 3 S. 3 AMG geht daher ins Leere. Die verfütterungsfertigen Mischungen müssen deutlich sichtbar das Wort „Fütterungsarzneimittel" tragen. Sie müssen ferner mit der Angabe versehen sein, zu welchem Prozentsatz sie den Futterbedarf zu decken bestimmt sind.

XIX. Unzulässige Verschreibung von Fütterungsarzneimitteln (§97 Abs. 2 Nr. 20 AMG)

Nach §56 Abs. 5 AMG darf der **Tierarzt** Fütterungsarzneimittel nur verschrei- **69** ben, wenn

1. sie zur Anwendung an den von ihm behandelten Tieren bestimmt sind,
2. sie für die in den Packungsbeilagen der Arzneimittel-Vormischung bezeichneten Tierarten und Anwendungsgebiete bestimmt sind,
3. ihre Anwendung nach Anwendungsgebiet und Menge nach dem Stand der veterinärmedizinischen Wissenschaft gerechtfertigt ist, um das Behandlungsziel zu erreichen, und
4. die zur Anwendung bei Tieren, die der Gewinnung von Lebensmitteln dienen, verschriebene Menge von Fütterungsarzneimitteln, die
   a) vorbehaltlich des Buchstaben b, verschreibungspflichtige Arzneimittel-Vormischungen enthalten, zur Anwendung innerhalb der auf die Abgabe folgenden 31 Tage bestimmt ist, oder
   b) antimikrobiell wirksame Stoffe enthalten, zur Anwendung innerhalb der auf die Abgabe folgenden sieben Tage bestimmt ist,
   sofern die Zulassungsbedingungen der Arzneimittel-Vormischung nicht eine längere Anwendungsdauer vorsehen.

XX. Verschreibung, Abgabe und Anwendung apothekenpflichtiger Tierarzneimittel sowie verschreibungspflichtiger Tierarzneimittel ohne Bezug zur Lebensmittelgewinnung (§97 Abs 2 Nr. 21 AMG)

Einer Forderung der *Arbeitsgruppe Tierarzneimittel der leitenden Veterinärbeamten* **70** *(ArgeVET)* folgend ist die zuwider §56a Abs. 1 AMG erfolgende Verschreibung, Abgabe und Anwendung von verschreibungspflichtigen Arzneimitteln, die zur Anwendung bei Tieren bestimmt sind, die **nicht** *der Gewinnung von Lebensmitteln* dienen, in eine Ordnungswidrigkeit (vgl. §97 Abs. 2 Nr. 21 Buchst. a) umgewandelt worden (BT-Drs. 15/4736 S. 12: *„Aufgrund der Erfahrungen aus der Überwachung des Verkehrs mit Arzneimitteln wird die Strafbewehrung einer Verschreibung, Abgabe oder Anwendung entgegen §56a Abs. 1 hinsichtlich verschreibungspflichtiger Arzneimittel, die zur Anwendung bei Tieren, die nicht der Gewinnung von Lebensmitteln dienen, in eine Ordnungswidrigkeit umgewandelt."*).

Arzneimittel, die **ohne** *Verschreibung an Verbraucher abgegeben werden dürfen*, werden **71** von §97 Abs. 2 Nr. 21 Buchst. b) erfasst. Vgl. ergänzend §95 AMG Rn. 282 ff.

XXI. Verschreibung und Abgabe von Arzneimittel-Vormischungen entgegen §56a Abs. 1 S. 1 AMG (§97 Abs. 2 Nr. 21a AMG)

Nach §56a Abs. 1 S. 4 AMG darf der Tierarzt dem Tierhalter Arzneimittel- **72** Vormischungen weder verschreiben noch abgeben, sofern die Erfordernisse des §56a Abs. 1 S. 1 AMG nicht erfüllt sind (vgl. dazu §95 AMG Rn. 282 ff.). Der Bußgeldtatbestand des **§97 Abs. 2 Nr. 21a AMG** ergänzt insoweit die Straftatbestände nach **§95 Abs. 1 Nr. 8 AMG** (vgl. §95 AMG Rn. 282 ff.) und **§96 Nr. 15 AMG** (vgl. §96 Rn. 258 ff.) für Arzneimittel-Vormischungen.

Arzneimittel-Vormischungen sind nach §4 Abs. 11 AMG Arzneimittel, die **73** ausschließlich dazu bestimmt sind, zur Herstellung von Fütterungsarzneimitteln

(§ 4 Abs. 10 AMG) verwendet zu werden. Sie gelten als Fertigarzneimittel im Sinne des § 4 Abs. 1 AMG, § 4 Abs. 11 S. 2 AMG.

XXII. Erwerb nicht verschreibungspflichtiger Tierarzneimittel entgegen § 57 Abs. 1 AMG (§ 97 Abs. 2 Nr. 22 AMG)

74 Der Erwerb **verschreibungspflichtiger** Tierarzneimittel entgegen § 57 Abs. 1 AMG ist eine Straftat nach § 95 Abs. 1 Nr. 9 AMG. Für nicht verschreibungspflichtige Tierarzneimittel gilt § 97 Abs. 2 Nr. 22 AMG. Im Übrigen gelten die für § 95 Abs. 1 Nr. 9 AMG geltenden Grundsätze entsprechend (vgl. § 95 AMG Rn. 301 ff.).

XXIII. Unzulässige Anwendung verschreibungspflichtiger Tierarzneimittel durch Tierhalter und andere Personen ohne Bezug zur Lebensmittelgewinnung (§ 97 Abs. 2 Nr. 22 a AMG)

75 Nach § 57a AMG dürfen **Tierhalter und andere Personen, die nicht Tierärzte sind**, verschreibungspflichtige Arzneimittel bei Tieren nur anwenden, soweit die Arzneimittel von dem Tierarzt verschrieben oder abgegeben worden sind, bei dem sich die Tiere in Behandlung befinden.

76 Die unzulässige Anwendung verschreibungspflichtiger Arzneimittel bei Tieren, die der **Gewinnung von Lebensmitteln** dienen, ist Gegenstand der Regelung des § 58 AMG und des Straftatbestandes nach **§ 95 Abs. 1 Nr. 10 AMG** (vgl. ergänzend § 95 AMG Rn. 307 ff.).

XXIV. Unzulässige Anwendung apothekenpflichtiger, nicht verschreibungspflichtiger Tierarzneimittel (§ 97 Abs. 2 Nr. 23 AMG)

77 Nicht verschreibungspflichtige Arzneimittel, die *nicht* für den Verkehr außerhalb der Apotheken freigegeben sind und deren Anwendung nicht aufgrund einer tierärztlichen Behandlungsanweisung erfolgt, dürfen nach § 58 Abs. 1 S. 2 AMG nur angewendet werden,

1. wenn sie **zugelassen** sind oder in den Anwendungsbereich einer Rechtsverordnung nach § 36 AMG oder § 39 Abs. 3 S. 1 Nr. 2 AMG fallen oder sie nach § 38 Abs. 1 AMG in den Verkehr gebracht werden dürfen,
2. für die in der Kennzeichnung oder Packungsbeilage der Arzneimittel bezeichneten **Tierarten und Anwendungsgebiete** *und*
3. in einer Menge, die nach **Dosierung und Anwendungsdauer** der Kennzeichnung des Arzneimittels entspricht.

78 Abweichend hiervon dürfen Arzneimittel im Sinne des § 43 Abs. 4 S. 3 AMG (zur Durchführung **tierseuchenrechtlicher Maßnahmen** bestimmte Arzneimittel) nach § 58 Abs. 1 S. 3 AMG nur nach der veterinärbehördlichen Anweisung nach § 4 Abs. 4 S. 4 AMG angewendet werden.

79 Der Bußgeldtatbestand des § 97 Abs. 2 Nr. 23 AMG setzt die Anwendung bei Tieren voraus, die der Gewinnung von Lebensmitteln dienen (vgl. hierzu § 95 AMG Rn. 308 ff.). Für die Anwendung **verschreibungspflichtiger Tierarzneimittel** (§ 95 AMG Rn. 186 ff.) gilt § 95 Abs. 1 Nr. 10 AMG (vgl. dazu § 95 AMG Rn. 307 ff.).

B. Stufenplan- und Informationsbeauftragte, Pharmaberater

I. Verstöße im Zusammenhang mit der Bestellung eines Stufenplanbeauftragten (§ 97 Abs. 2 Nr. 24 c und Nr. 24 d AMG)

80 *Die Bußgeldtatbestände* des § 97 Abs. 2 Nr. 24 c und Nr. 24 d AMG betreffen Rechtsverstöße im Zusammenhang mit der Bestellung eines Stufenplanbeauftragten.

81 Als **Stufenplanbeauftragter** kommt nur eine in einem Mitgliedstaat der Europäischen Union ansässige qualifizierte Person mit der erforderlichen **Sachkenntnis**

und der zur Ausübung der Tätigkeit erforderlichen **Zuverlässigkeit** in Betracht, § 63a Abs. 1 S. 1 AMG. Erforderlich ist ein Abschluss einer relevanten Berufsausbildung und ein Behördenführungszeugnis. Andere Personen dürfen eine Tätigkeit als Stufenplanbeauftragter nicht ausüben.

II. Verstöße im Zusammenhang mit der Bestellung eines Informationsbeauftragten (§ 97 Abs. 2 Nr. 27a und Nr. 27b AMG)

Nach § 74a Abs. 1 S. 1 AMG hat derjenige, der als pharmazeutischer Unter- **82** nehmer Fertigarzneimittel (§ 4 Abs. 1 AMG) nach § 2 Abs. 1 oder Abs. 2 Nr. 1 AMG in den Verkehr bringt, eine **sachkundige und zuverlässige Person** zu beauftragen, die Aufgabe der wissenschaftlichen Information über die Arzneimittel verantwortlich wahrzunehmen. Die zuständige Behörde ist nach Maßgabe des § 74a Abs. 3 AMG über die Person des Informationsbeauftragten und jeden Wechsel (zu unvorhergesehenen Wechsel vgl. § 74a Abs. 3 S. 2) zu informieren. Zu den Aufgaben des Informationsbeauftragten zählen unter anderem die Überwachung der Einhaltung der Vorschriften über die Kennzeichnung (§ 10 AMG), die Packungsbeilage (§ 11 AMG) oder der Regelungen des Heilmittelwerbegesetzes (im Einzelnen *Kloesel/Cyran* § 74a AMG Nr. 2).

Der erforderliche Sachkundenachweis kann erbracht werden durch ein Zeugnis **83** über eine nach abgeschlossenem Hochschulstudium der Humanmedizin, der Humanbiologie, der Veterinärmedizin, der Pharmazie, der Biologie oder der Chemie abgelegte Prüfung und eine mindestens zweijährige Berufserfahrung, § 74a Abs. 2 S. 1 AMG oder einen Nachweis nach § 15 AMG.

Der Informationsbeauftragte kann nach § 74a Abs. 2 S. 2 AMG zugleich Stu- **84** fenplanbeauftragter sein.

III. Verstöße im Zusammenhang mit der Beauftragung und der Tätigkeit eines Pharmaberaters (§ 97 Abs. 2 Nr. 28 bis Nr. 30 AMG)

Pharmaberater sind nach § 75 Abs. 1 S. 1 AMG Personen, die hauptberuflich **85** Angehörige von Heilberufen aufsuchen, um diese über Arzneimittel im Sinne des § 2 Abs. 1 oder Abs. 2 Nr. 1 AMG fachlich zu informieren.

Der pharmazeutische Unternehmer darf nur solche Personen beauftragen, die **86** über die **erforderliche Sachkunde** verfügen, § 75 Abs. 1 S. 1 AMG. In Betracht kommen nach § 75 Abs. 2 AMG (1) Apotheker oder Personen mit einem Zeugnis über eine nach abgeschlossenem Hochschulstudium der Pharmazie, der Chemie, der Biologie, der Human- oder Veterinärmedizin abgelegte Prüfung, (2) Apothekerassistenten sowie Personen mit einer abgeschlossenen Ausbildung als technische Assistenten in der Pharmazie, der Chemie, der Biologie, der Human- oder Veterinärmedizin und (3) Pharmareferenten. Eine andere abgelegte Prüfung oder abgeschlossene Ausbildung kann anerkannt werden, wenn sie den genannten Ausbildungsnachweisen gleichwertig ist, § 75 Abs. 3 AMG.

Der Pharmaberater hat **Mitteilungen von Angehörigen der Heilberufe** **87** **über Nebenwirkungen und Gegenanzeichen oder sonstige Risiken** bei Arzneimitteln schriftlich aufzuzeichnen und seinem Auftraggeber schriftlich mitzuteilen, § 76 Abs. 1 S. 2 AMG. Darüber hinaus hat er nach Maßgabe des § 76 Abs. 2 AMG **Nachweise über die Abgabe von Mustern** (vgl. oben Rn. 51 ff.) zu führen und auf Verlangen der zuständigen Behörde vorzulegen.

C. Dokumentations-, Nachweis-, Mitwirkungs-, Anzeige- und Duldungspflichten

I. Verstöße gegen Anzeigepflichten (§ 97 Abs. 2 Nr. 7 AMG)

Dieser Bußgeldtatbestand soll gewährleisten, dass die Arzneimittel-Überwa- **88** chungsbehörde auch nach der Erlaubniserteilung fortlaufend aktuell über Veränderungen in Bezug auf das zugelassene Arzneimittel oder den Erlaubnisinhaber unterrichtet wird.

89   Mit Bußgeld wird bedroht, wer gegen die Anzeigepflichten aus § 20, § 20 c Abs. 6, auch in Verbindung mit § 72 b Abs. 1 Satz 2, § 21 a Abs. 7 und 9 Satz 4, § 29 Abs. 1 oder 1 c Satz 1, § 52 a Abs. 8, § 63 b Abs. 2, 3 oder 4, jeweils auch in Verbindung mit § 63 a Abs. 1 Satz 3 oder § 63 b Abs. 7 Satz 1 oder Satz 2, § 63 c Abs. 2 Satz 1, § 67 Abs. 1, auch in Verbindung mit § 69 a, § 67 Abs. 2, 3, 5 oder 6 oder § 73 Abs. 3 Satz 4 AMG verstößt und eine Anzeige nicht, nicht richtig, nicht vollständig oder nicht rechtzeitig erstattet.

90   Nach der **allgemeinen Anzeigepflicht des § 67 Abs. 1 S. 1 AMG** müssen Betriebe und Einrichtungen, die Arzneimittel entwickeln, herstellen, klinisch prüfen oder einer Rückstandsprüfung unterziehen, prüfen, lagern, verpacken, in den Verkehr bringen oder sonst mit ihnen Handel treiben, dies vor der Aufnahme der Tätigkeit der zuständigen Behörde (bei einer klinischen Prüfung am Menschen auch der der zuständigen Bundesoberbehörde) anzeigen. Die näheren Bestimmungen des § 67 AMG sind zu beachten. Der Verstoß gegen die Anzeigepflicht ist ordnungswidrig.

II. Verstöße gegen Anzeigepflichten (§ 97 Abs. 2 Nr. 7 a AMG)

91   Nach § 29 Abs. 1 a S. 1 AMG hat der Inhaber der Zulassung eines Arzneimittels der zuständigen Bundesoberbehörde unverzüglich **alle Verbote oder Beschränkungen durch die zuständigen Behörden jedes Landes**, in dem das betreffende Arzneimittel in Verkehr gebracht wird, sowie alle anderen **neuen Informationen** mitzuteilen, die für die Beurteilung des Nutzens und der Risiken des betreffenden Arzneimittels relevant werden können.

92   Darüber hinaus hat der Zulassungsinhaber der zuständigen Bundesoberbehörde den **Zeitpunkt für das Inverkehrbringen** des Arzneimittels unverzüglich mitzuteilen, § 29 Abs. 1 b AMG. Dabei hat er die unterschiedlichen zugelassenen Darreichungsformen und Stärken des Arzneimittels zu berücksichtigen.

93   Auf Verlangen der zuständigen Bundesoberbehörde muss der Zulassungsinhaber zudem die Daten im Zusammenhang mit der **Absatzmenge** des Arzneimittels sowie alle ihm vorliegenden Informationen zum **Verschreibungsvolumen** mitteilen, § 29 Abs. 1 d AMG.

III. Verstoß gegen Berichtspflichten nach § 42 b Abs. 1 oder Abs. 2 AMG im Zusammenhang mit klinischen Prüfungen (§ 97 Abs. 2 Nr. 9 a AMG)

94   Die in Bezug genommene Regelung des § 42 b AMG ist aufgrund des *Gesetzes zur Neuordnung des Arzneimittelmarktes in der gesetzlichen Krankenversicherung* vom 22. 12. 2010 (Arzneimittelmarktneuordnungsgesetz – AMNOG; BGBl. I S. 2262) mit Wirkung vom 1. 1. 2011 eingeführt worden.

95   Nach § 67 Abs. 1 S. 1 AMG ist die Errichtung eines zentralen datenbankgestützten Informationssystems über Arzneimittel, Wirkstoffe und Gewebe sowie deren Hersteller oder Einführer unter maßgeblicher Mitwirkung des Deutschen Instituts für Medizinische Dokumentation und Information (**DIMDI**; www.dimdi.de) vorgesehen.

96   Pharmazeutische Unternehmer haben nach § 42 b Abs. 1 S. 1 AMG Berichte über alle Ergebnisse **konfirmatorischer klinischer Prüfungen** zum Nachweis der Wirksamkeit und Unbedenklichkeit der zuständigen Bundesoberbehörde zur Eingabe in die Datenbank zur Verfügung zu stellen. Wird eine klinische Prüfung mit einem Arzneimittel durchgeführt, das bereits zugelassen oder dessen Inverkehrbringen genehmigt worden ist, sind die Ergebnisse der klinischen Prüfung **innerhalb eines Jahres nach ihrer Beendigung** vorzulegen, § 42 b Abs. 2 AMG.

97   Zur Bußgeldvorschrift des § 97 Abs. 2 Nr. 9 a AMG ist im Gesetzentwurf (BR-Drs. 484/10(neu) S. 56) Folgendes ausgeführt:

> „Die Pflicht, die Ergebnisse klinischer Studien öffentlich zugänglich zu machen, wird mit einer entsprechenden Bußgeldbewehrung versehen. Dies ist zur Durchsetzung der Verpflichtung erforderlich, da zulassungsbezogene Sanktionen nicht zur Verfügung stehen."

Zu beachten ist die Übergangsvorschrift des § 145 AMG. Dazu BR-Drs. 484/ **98** 10(neu) S. 56 f.:

> *„Für Arzneimittel, die zum Zeitpunkt des Inkrafttretens bereits zugelassen oder genehmigt sind, bedarf es einer Übergangsvorschrift. Auch für bereits im Markt befindliche Arzneimittel besteht ein öffentliches Interesse, insbesondere auch der Ärztinnen und Ärzte sowie der Patientinnen und Patienten, nähere Einzelheiten über die Eigenschaften von zugelassenen Arzneimitteln wie den Nutzen oder die Risiken des Arzneimittels erfahren zu können. Daher ist geregelt, dass pharmazeutische Unternehmer und Sponsoren, die klinische Prüfungen durchgeführt haben, auch Berichte im Sinne von § 42 b Absatz 1 und 2 zu veröffentlichen haben. Dies gilt allerdings nur für solche klinische Prüfungen, die nach dem 6. August 2004 beantragt worden sind. Die Anknüpfung an den 6. August 2004 ist sachgerecht, weil ab diesem Zeitpunkt die Verpflichtung einen Studienbericht zu veröffentlichen durch die Umsetzung unter anderem in die GCP-Verordnung etabliert wurde. Den pharmazeutischen Unternehmern und Sponsoren wird für die Veröffentlichung dieser Berichte eine Frist von 18 Monaten gegeben.“*

IV. Nachweise zum Vertriebsweg nach § 47 AMG (§ 97 Abs. 2 Nr. 13 AMG)

1. Verschreibungspflichtige Tierarzneimittel. Nach § 47 Abs. 1b AMG **99** haben pharmazeutische Unternehmer und Großhändler über den Bezug und die Abgabe **zur Anwendung bei Tieren** bestimmter **verschreibungspflichtiger** Arzneimittel, die nicht ausschließlich zur Anwendung bei anderen Tieren als solchen, die der Gewinnung von Lebensmitteln dienen, bestimmt sind, **Nachweise zu führen**, aus denen gesondert für jedes dieser Arzneimittel zeitlich geordnet die **Menge des Bezugs** unter Angabe des oder der **Lieferanten** und die **Menge der Abgabe** unter Angabe des oder der **Bezieher** nachgewiesen werden kann. Auf Verlangen der zuständigen Behörde sind diese Nachweise vorzulegen.

Nach § 7 Abs. 3 S. 1 AMBetriebsV (*Betriebsverordnung für Arzneimittelgroß-* **100** *handelsbetriebe* vom 10. 11. 1987; BGBl. I S. 2370) sind die Nachweise nach § 47 Abs. 1b AMG mindestens **5 Jahre** nach der letzten Eintragung aufzubewahren. Sie sind zu vernichten oder zu löschen, wenn die Aufbewahrung oder Speicherung nicht mehr erforderlich ist, § 7 Abs. 3 S. 3 AMBetriebsV.

Nachweise können auch in **elektronischer Form** (auf Datenträgern) geführt **101** werden. In diesem Fall muss sichergestellt sein, dass die Daten während der Dauer der Aufbewahrungsfrist verfügbar sind und innerhalb angemessener Zeit lesbar gemacht werden können, § 7 Abs. 4 AMBetriebsV.

2. Schwangerschaftsabbruchmittel. Die in Bezug genommene Vorschrift des **102** § 47a Abs. 2 S. 2 AMG gilt für Arzneimittel, die zur Vornahme eines Schwangerschaftsabbruchs zugelassen sind (vgl. zum **Sondervertriebsweg** für Schwangerschaftsabbruchmittel § 95 AMG Rn. 267).

Adressaten der bußgeldbewehrten Nachpflichten sind **103**

– **pharmazeutische Unternehmer** in Bezug auf die **Abgabe**,
– **Einrichtungen nach § 13 SchKG** (vgl. § 95 AMG Rn. 270 f.) und **behandelnde Ärzte** über **Erhalt und Anwendung** solcher Mittel.

Die **Verschreibung** eines Schwangerschaftsabbruchmittels ist in zwei Ausferti- **104** gungen zu erstellen (Original und Durchschrift); das Original und die Durchschrift sind dem pharmazeutischen Unternehmer zu übermitteln. Der pharmazeutische Unternehmer hat auf Original und Durchschrift die fortlaufenden Nummern der abgegebenen Packungen nach § 47a Abs. 2 S. 1 AMG und das Datum der Abgabe einzutragen und die Durchschrift mit dem Arzneimittel der Einrichtung zuzustellen. Die **Originale** verbleiben beim **pharmazeutischen Unternehmer**, der sie zeitlich geordnet **fünf Jahre lang aufzubewahren** und der zuständigen Behörde auf Verlangen vorzulegen hat, § 3 S. 1 bis S. 4 AMVV.

Die **verschreibende Person** hat auf der **Durchschrift** das Datum des Erhalts **105** und der Anwendung des Arzneimittels zu vermerken. Darüber hinaus hat eine Zuordnung zu der konkreten Patientenakte in anonymisierte Form zu erfolgen.

Die Durchschriften sind zeitlich geordnet **fünf Jahre lang aufzubewahren**, § 3 S. 6 und S. 7 AMVV.

106 Verschreibungen können auch in **elektronischer Form** (datenträgerbasiert) erstellt werden, vgl. § 3 S. 8 AMVV. In diesen Fällen gelten die Vorschriften zur Erstellung, Nachweisführung und Vorlagepflicht entsprechend. Es muss sichergestellt sein, dass die Daten während der Dauer der Aufbewahrungsfrist verfügbar sind und innerhalb angemessener Zeit lesbar gemacht werden können.

107 Auf Verlangen der zuständigen Behörde sind die Nachweise zur Einsichtnahme vorzulegen, § 47a Abs. 2 S. 2 AMG, § 3 S. 5, S. 7 AMVV.

V. Übersendung einer Kopie der Verschreibung von Fütterungsarzneimitteln (§ 97 Abs. 2 Nr. 17a AMG)

108 Nach § 56 Abs. 1 S. 2 AMG hat der **verschreibende Tierarzt** eine **Kopie der Verschreibung** der nach § 64 Abs. 1 zuständigen Behörde unverzüglich zu übersenden, sofern es sich um **Fütterungsarzneimittel** handelt, die in einem anderen Mitgliedstaat der Europäischen Union oder in einem anderen Vertragsstaat des Abkommens über den Europäischen Wirtschaftsraum (nach Maßgabe des § 56 Abs. 1 Hs. 2 AMG) hergestellt wurden.

VI. Aufzeichnungs- und Vorlagepflichten im Zusammenhang mit klinischen Prüfungen und Rückstandsprüfungen bei Tieren, die der Lebensmittelgewinnung dienen (§ 97 Abs. 2 Nr. 24 AMG)

109 Über durchgeführte klinische Prüfungen und Rückstandsprüfungen bei Tieren sind nach § 59 Abs. 4 AMG Aufzeichnungen zu führen, die der zuständigen Behörde auf Verlangen vorzulegen sind.

VII. Überlassung von Stoffen zur Durchführung von Rückstandskontrollen (§ 97 Abs. 2 Nr. 24a AMG)

110 Nach § 59b S. 1 AMG hat der **pharmazeutische Unternehmer** für Arzneimittel, die zur Anwendung bei Tieren bestimmt sind, die der Gewinnung von Lebensmitteln dienen (vgl. dazu § 95 AMG Rn. 308ff.), der zuständigen Behörde die zur Durchführung von **Rückstandskontrollen** erforderlichen Stoffe auf Verlangen und in ausreichender Menge (gegen eine angemessene Entschädigung) zu überlassen. Für Arzneimittel die nicht mehr in den Verkehr gebracht werden, gilt die Sonderregelung des § 59b S. 2 AMG.

VIII. Nachweispflichten für Stoffe, die als Tierarzneimittel verwendet werden können (§ 97 Abs. 2 Nr. 24b AMG)

111 Die Vorschrift des § 59c S. 1 AMG begründet Nachweispflichten für Betriebe und Einrichtungen, die Stoffe oder Zubereitungen aus Stoffen, die als Tierarzneimittel verwendet werden können oder zur Herstellung von Tierarzneimitteln verwendet werden können und **anabole**, **infektionshemmende**, **parasitenabwehrende**, **entzündungshemmende**, **hormonale** oder **psychotrope** Eigenschaften aufweisen. Die Nachweise sind mindestens **drei Jahre lang aufzubewahren** und auf Verlangen der zuständigen Behörde vorzulegen.

IX. Melde- und Berichtspflichten im Zusammenhang mit Blut- und Gewebezubereitungen (§ 97 Abs. 2 Nr. 24e und Nr. 24f AMG)

112 Die Vorschrift des § 63c AMG enthält Regelungen über besondere Dokumentations- und Meldepflichten im Zusammenhang mit **Blut- und Gewebezubereitungen**.

113 Blut- und Plasmaspendeeinrichtungen oder Gewebeeinrichtungen haben bei nicht zulassungs- oder genehmigungspflichtigen Blut- oder Gewebezubereitungen sowie bei Blut und Blutbestandteilen und bei Gewebe jeden **Verdacht eines**

schwerwiegenden Zwischenfalls, der sich auf die Qualität oder Sicherheit der Blut- oder Gewebezubereitungen auswirken kann, und jeden **Verdacht einer schwerwiegenden unerwünschten Reaktion,** die die Qualität oder Sicherheit der Blut- oder Gewebezubereitungen beeinflussen oder auf sie zurückgeführt werden kann, unverzüglich der zuständigen Behörde zu melden, § 63 c Abs. 3 S. 1 AMG.

Der Inhaber einer Zulassung oder Genehmigung für Blut- oder Gewebezubereitungen hat der zuständigen Bundesoberbehörde einen **aktualisierten Bericht über die Unbedenklichkeit der Arzneimittel** unverzüglich nach Aufforderung oder, soweit Rückrufe oder Fälle oder Verdachtsfälle schwerwiegender Zwischenfälle oder schwerwiegender unerwünschter Reaktionen betroffen sind, mindestens **einmal jährlich** vorzulegen, § 63 c Abs. 4 AMG. **114**

X. Duldungs- und Mitwirkungspflichten nach § 66 AMG (§ 97 Abs. 2 Nr. 26 AMG)

Verstöße gegen die Duldungs- und Mitwirkungspflichten nach § 66 AMG sind nach § 97 Abs. 2 Nr. 26 AMG mit Bußgeld bedroht. **115**

D. Verstöße gegen Rechtsverordnungen und Gemeinschaftsrecht

I. Zuwiderhandlungen gegen Rechtsverordnungen (§ 97 Abs. 2 Nr. 31 AMG)

Nach § 97 Abs. 2 Nr. 31 AMG begeht eine Ordnungswidrigkeit, wer einer Rechtsverordnung nach § 7 Abs. 2 S. 2, § 12 Abs. 1 Nr. 3 Buchst. a, § 12 Abs. 1 b, § 42 Abs. 3, § 54 Abs. 1, § 56 a Abs. 3, § 57 Abs. 2, § 58 Abs. 2 oder § 74 Abs. 2 zuwiderhandelt, soweit sie für einen bestimmten Tatbestand auf diese Bußgeldvorschrift verweist. **116**

Eine entsprechende Bezugnahme enthalten unter anderem die folgenden Verordnungen: **117**

1. AMRadV. Nach § 5 der *Verordnung über radioaktive oder mit ionisierenden Strahlen behandelte Arzneimittel* vom 19. 1. 2007 (AMRadV; BGBl. I S. 48) handelt ordnungswidrig, wer vorsätzlich oder fahrlässig entgegen § 3 Nr. 1 Satz 1, Nr. 2 oder 4 ein radioaktives Arzneimittel in den Verkehr bringt. Die maßgeblichen Vorschriften des § 3 AMRadV lauten: **118**

§ 3 Kennzeichnung, Packungsbeilage, Fachinformation **119**

Radioaktive Arzneimittel im Sinne des § 4 Abs. 8 des Arzneimittelgesetzes dürfen im Geltungsbereich dieser Verordnung nur in den Verkehr gebracht werden, wenn

1. die Behältnisse und äußeren Umhüllungen gemäß § 68 der Strahlenschutzverordnung vom 20. Juli 2001 (BGBl. I S. 1714, 2002 I S. 1459), die zuletzt durch § 3 Abs. 31 des Gesetzes vom 1. September 2005 (BGBl. I S. 2618, 2653) geändert worden ist, gekennzeichnet sind; auf den Behältnissen sind Namen und Anschrift des Herstellers anzugeben. (...)

2. auf den Behältnissen und äußeren Umhüllungen die Gesamtaktivität pro Behältnis benannt und ein definierter Kalibrierzeitpunkt, auf den sich die angegebenen Aktivitäten beziehen, und überdies der Verfallszeitpunkt mit Datum und Uhrzeit angegeben wurde. Die Kennzeichnung der Behältnisse hat auch einen Hinweis auf in die Packungsbeilage aufgenommene Angaben zum Umgang mit radioaktiven Arzneimitteln, deren Entsorgung und, falls notwendig, spezielle Warnhinweise zu umfassen.

3. (...)

4. im Fall von für klinische Prüfungen vorgesehenen radioaktiven Arzneimitteln die Vorschriften der §§ 5 und 6 der GCP-Verordnung vom 9. August 2004 (BGBl. I S. 2081) entsprechend angewandt wurden.

2. GCP-V. Nach § 16 der *Verordnung über die Anwendung der Guten Klinischen Praxis bei der Durchführung von klinischen Prüfungen mit Arzneimitteln zur Anwendung am Menschen* vom 9. 8. 2004 (BGBl. I S. 2081) handelt ordnungswidrig im Sinne des § 97 Abs. 2 Nr. 31 AMG, wer vorsätzlich oder fahrlässig **120**

1. entgegen § 12 Abs. 4 S. 1 oder Abs. 7 oder § 13 Abs. 2 S. 1 eine Unterrichtung nicht, nicht richtig, nicht vollständig oder nicht rechtzeitig vornimmt,
2. entgegen § 13 Abs. 3 S. 1 eine Information nicht, nicht richtig, nicht vollständig oder nicht rechtzeitig übermittelt,
3. entgegen § 13 Abs. 6 eine Liste oder einen Bericht nicht, nicht richtig, nicht vollständig oder nicht rechtzeitig vorlegt oder
4. entgegen § 13 Abs. 7 eine Mitteilung nicht, nicht richtig, nicht vollständig oder nicht rechtzeitig macht.

121   Die in Bezug genommenen Vorschriften der GCP-V lauten:

§ 12 Anzeige-, Dokumentations- und Mitteilungspflichten des Prüfers

(1) bis (3) ...

(4) Der Prüfer hat den Sponsor unverzüglich über das Auftreten eines schwerwiegenden unerwünschten Ereignisses, ausgenommen Ereignisse, über die laut Prüfplan oder Prüferinformation nicht unverzüglich berichtet werden muss, zu unterrichten und ihm anschließend einen ausführlichen schriftlichen Bericht zu übermitteln. (...)

(5) und (6) ...

(7) Bei klinischen Prüfungen mit Arzneimitteln, die aus einem gentechnisch veränderten Organismus oder einer Kombination von gentechnisch veränderten Organismen bestehen oder solche enthalten, hat der Prüfer den Sponsor unverzüglich über Beobachtungen von in der Risikobewertung nicht vorgesehenen etwaigen schädlichen Auswirkungen auf die Gesundheit nicht betroffener Personen und die Umwelt zu unterrichten.

122   *§ 13 Dokumentations- und Mitteilungspflichten des Sponsors*

(1) ...

(2) Der Sponsor hat über jeden ihm bekannt gewordenen Verdachtsfall einer unerwarteten schwerwiegenden Nebenwirkung unverzüglich, spätestens aber innerhalb von 15 Tagen nach Bekanntwerden, die zuständige Ethik-Kommission, die zuständige Bundesoberbehörde und die zuständigen Behörden anderer Mitgliedstaaten der Europäischen Union und anderer Vertragsstaaten des Abkommens über den Europäischen Wirtschaftsraum, in deren Hoheitsgebiet die klinische Prüfung durchgeführt wird, sowie die an der klinischen Prüfung beteiligten Prüfer zu unterrichten. (...)

(3) Der Sponsor hat bei jedem ihm bekannt gewordenen Verdachtsfall einer unerwarteten schwerwiegenden Nebenwirkung, die zu einem Todesfall geführt hat oder lebensbedrohlich ist, unverzüglich, spätestens aber innerhalb von sieben Tagen nach Bekanntwerden, der zuständigen Ethik-Kommission, der zuständigen Bundesoberbehörde und den zuständigen Behörden anderer Mitgliedstaaten der Europäischen Union und anderer Vertragsstaaten des Abkommens über den Europäischen Wirtschaftsraum, in deren Hoheitsgebiet die klinische Prüfung durchgeführt wird, sowie den an der Prüfung beteiligten Prüfern alle für die Bewertung wichtigen Informationen und innerhalb von höchstens acht weiteren Tagen die weiteren relevanten Informationen zu übermitteln. (...)

(4) und (5) ...

(6) Der Sponsor hat der zuständigen Ethik-Kommission, der zuständigen Bundesoberbehörde und den zuständigen Behörden anderer Mitgliedstaaten der Europäischen Union und anderer Vertragsstaaten des Abkommens über den Europäischen Wirtschaftsraum, in deren Hoheitsgebiet die klinische Prüfung durchgeführt wird, während der Dauer der Prüfung einmal jährlich oder auf Verlangen eine Liste aller während der Prüfung aufgetretenen Verdachtsfälle schwerwiegender Nebenwirkungen sowie einen Bericht über die Sicherheit der betroffenen Personen vorzulegen.

(7) Erhält der Sponsor bei klinischen Prüfungen mit Arzneimitteln, die aus einem gentechnisch veränderten Organismus oder einer Kombination von gentechnisch veränderten Organismen bestehen oder solche enthalten, neue Informationen über Gefahren für die Gesundheit nicht betroffener Personen und die Umwelt, hat er diese der zuständigen Bundesoberbehörde unverzüglich mitzuteilen.

(8) ...

123   **3. AMTSEV.** Nach § 3 Abs. 4 der *Verordnung zum Verbot der Verwendung bestimmter Stoffe zur Vermeidung des Risikos der Übertragung transmissibler spongi-*

former Enzephalopathien durch Arzneimittel vom 9. 5. 2001 (BGBl. I S. 856) handelt ordnungswidrig im Sinne des § 97 Abs. 2 Nr. 31 AMG, wer entgegen § 2 S. 1 eine Erklärung nicht oder nicht rechtzeitig vorlegt. Die in Bezug genommene Vorschrift der AMTSEV lautet wie folgt:

§ 2 Erklärung für das Verbringen aus Mitgliedstaaten der Europäischen Union und die Einfuhr aus Drittstaaten 124

Für Fertigarzneimittel, die in den Geltungsbereich dieser Verordnung verbracht werden sollen, hat der für das Verbringen Verantwortliche eine von ihm unterzeichnete Erklärung mit folgendem Wortlaut bereitzuhalten und der zuständigen Behörde auf deren Verlangen unverzüglich vorzulegen: „Das Erzeugnis enthält weder spezifiziertes Risikomaterial im Sinne von § 1 Abs. 2 der Arzneimittel-TSE-Verordnung, noch ist es unter Verwendung von solchem Material hergestellt worden." (...)

4. AMWHV. Nach § 42 der *Verordnung über die Anwendung der Guten Herstellungspraxis bei der Herstellung von Arzneimitteln und Wirkstoffen und über die Anwendung der Guten fachlichen Praxis bei der Herstellung von Produkten menschlicher Herkunft* vom 3. 11. 2006 (BGBl. I S. 2523) handelt ordnungswidrig im Sinne des § 97 Abs. 2 Nr. 31 AMG, wer vorsätzlich oder fahrlässig 125

1. entgegen § 16 Abs. 1 oder § 25 Abs. 1 eine Charge oder einen Wirkstoff nicht menschlicher Herkunft zum Inverkehrbringen freigibt,
2. entgegen § 17 Abs. 1 S. 1 oder § 26 Abs. 1 S. 1 ein dort genanntes Produkt ohne vorherige Freigabe in den Verkehr bringt,
3. entgegen § 18 Abs. 1 S. 1 oder Abs. 2 Satz 1 nicht sicherstellt, dass ein dort genanntes Rückstellmuster aufbewahrt wird,
4. entgegen § 18 Abs. 3 S. 1 nicht sicherstellt, dass ein dort genanntes Muster aufbewahrt wird,
5. entgegen § 30 Abs. 1 ein Mischfuttermittel verwendet,
6. entgegen § 30 Abs. 4 ein Fütterungsarzneimittel in Verkehr bringt,
7. entgegen § 30 Abs. 7 S. 3 eine Verschreibung nicht, nicht richtig, nicht vollständig oder nicht rechtzeitig ergänzt oder
8. entgegen § 30 Abs. 7 S. 4 das Original nicht oder nicht mindestens fünf Jahre aufbewahrt oder nicht oder nicht rechtzeitig vorlegt und nicht oder nicht rechtzeitig aushändigt.

Die in Bezug genommenen Vorschriften der AMWHV lauten wie folgt: 126

§ 16 Freigabe zum Inverkehrbringen

(1) Die Freigabe einer Charge zum Inverkehrbringen darf von der sachkundigen Person nach § 14 des Arzneimittelgesetzes, die mit dem Produkt und mit den für dessen Herstellung und Prüfung eingesetzten Verfahren vertraut ist, nur nach von ihr vorher erstellten schriftlichen Anweisungen und Verfahrensbeschreibungen nach Absatz 2 oder 3 Satz 2 vorgenommen werden.

(2) bis (7) ...

§ 17 Inverkehrbringen und Einfuhr 127

(1) Arzneimittel, Blutprodukte und andere Blutbestandteile sowie Produkte menschlicher Herkunft, die im Geltungsbereich des Arzneimittelgesetzes hergestellt und geprüft wurden, dürfen nur in den Verkehr gebracht werden, wenn sie gemäß § 16 freigegeben wurden. (...)

(2) bis (6) ...

§ 18 Rückstellmuster 128

(1) Die für die Freigabe nach § 16 verantwortliche sachkundige Person nach § 14 des Arzneimittelgesetzes hat sicherzustellen, dass Rückstellmuster von jeder Charge eines Fertigarzneimittels in ausreichender Menge zum Zwecke einer gegebenenfalls erforderlichen analytischen Nachtestung und zum Nachweis der Kennzeichnung einschließlich der Packungsbeilage mindestens ein Jahr über den Ablauf des Verfalldatums hinaus aufbewahrt werden. (...)

(2) Die für die Freigabe nach § 16 verantwortliche sachkundige Person nach § 14 des Arzneimittelgesetzes hat sicherzustellen, dass Rückstellmuster von jeder Charge der für die Arzneimittelherstellung verwendeten Ausgangsstoffe mindestens zwei Jahre nach Freigabe der unter Verwendung

dieser Ausgangsstoffe hergestellten Arzneimittel aufbewahrt werden, es sei denn, in den Zulassungsunterlagen ist eine kürzere Haltbarkeit angegeben. (...)

(3) Abweichend von Absatz 1 hat die für die Freigabe nach § 16 verantwortliche sachkundige Person nach § 14 des Arzneimittelgesetzes sicherzustellen, dass von Prüfpräparaten sowie deren Kennzeichnungs- und bedruckte Verpackungsmaterialien ausreichende Muster jeder Herstellungscharge mindestens zwei Jahre nach Abschluss oder Abbruch der letzten klinischen Prüfung, bei der die betreffende Charge zur Anwendung kam, aufbewahrt werden. (...)

(4) ...

129 § 25 Freigabe zum Inverkehrbringen

(1) Die Freigabe zum Inverkehrbringen darf nur nach vorher erstellten schriftlichen Anweisungen und Verfahrensbeschreibungen nach Absatz 3 oder Absatz 4 Satz 1 von Personen vorgenommen werden, die mit den Produkten und mit den für deren Herstellung und Prüfung eingesetzten Verfahren vertraut sind.

(2) bis (4) ...

130 § 26 Inverkehrbringen und Einfuhr

(1) Wirkstoffe oder Zwischenprodukte, die im Geltungsbereich des Arzneimittelgesetzes hergestellt und geprüft wurden oder die in den Geltungsbereich des Arzneimittelgesetzes verbracht oder eingeführt wurden, dürfen nur in den Verkehr gebracht werden, wenn sie gemäß § 25 freigegeben wurden. (...)

(2) ...

131 § 30 Ergänzende Regelungen für Fütterungsarzneimittel

(1) Zur Herstellung von Fütterungsarzneimitteln dürfen nur Mischfuttermittel verwendet werden, die den futtermittelrechtlichen Vorschriften entsprechen und kein Kokzidiostatikum enthalten.

(2) bis (3) ...

(4) Unbeschadet sonstiger Vorschriften über die Kennzeichnung dürfen Fütterungsarzneimittel nur in Verkehr gebracht werden, wenn sie durch das deutlich sichtbare Wort „Fütterungsarzneimittel" gekennzeichnet sowie mit der Angabe darüber versehen sind, zu welchem Prozentsatz sie den Futterbedarf zu decken bestimmt sind.

(5) und (6) ...

(7) (...)Der Hersteller hat die Verschreibung vor der Abgabe des Fütterungsarzneimittels durch die von ihm einzutragenden Angaben zu ergänzen. Er hat die bei ihm verbleibenden Originale zeitlich geordnet ab dem Zeitpunkt der Abgabe des Fütterungsarzneimittels fünf Jahre aufzubewahren und der zuständigen Behörde auf Verlangen unverzüglich vorzulegen oder auszuhändigen. (...)

132 5. AMBetriebsV. Nach § 10 der *Betriebsverordnung für Arzneimittelgroßhandelsbetriebe* vom 10. 11. 1987 (BGBl. I S. 2370) handelt ordnungswidrig, wer vorsätzlich oder fahrlässig

1. als Betreiber eines Arzneimittelgroßhandels
   a) entgegen § 2 Abs. 1 eine verantwortliche Person nicht bestellt oder
   b) *[aufgehoben]*
2. als nach § 2 Abs. 1 bestellte Person
   a) entgegen § 4 Abs. 1 oder 3 Arzneimittel umfüllt oder abpackt,
   b) entgegen § 4a Abs. 1 Satz 1 Arzneimittel von Betrieben und Einrichtungen bezieht, die nicht über eine Erlaubnis verfügen,
   c) entgegen § 5 Abs. 1 Arzneimittel nicht in der vorgeschriebenen Weise lagert,
   d) entgegen § 5 Abs. 3 Satz 1 Arzneimittel nicht in der vorgeschriebenen Weise aufbewahrt,
   e) entgegen § 5 Abs. 3 Satz 2 Arzneimittel nicht kennzeichnet,
   f) entgegen § 5 Abs. 3 Satz 3 die zuständige Behörde nicht oder nicht rechtzeitig informiert,
   g) entgegen § 6 Abs. 2 den Lieferungen keine Unterlagen oder Unterlagen mit nicht richtigen oder nicht vollständigen Angaben beifügt,

h) entgegen § 7 Abs. 1 oder Abs. 2 Satz 1 Aufzeichnungen nicht, nicht richtig oder nicht vollständig führt,

i) Aufzeichnungen oder Nachweise nicht entsprechend § 7 Abs. 3 Satz 1 oder 2, auch in Verbindung mit § 7 a Abs. 2 Satz 3, aufbewahrt oder

j) entgegen § 7 Abs. 3 Satz 5 oder 6, jeweils auch in Verbindung mit § 7 a Abs. 2 Satz 3 Aufzeichnungen oder Nachweise unleserlich macht oder Veränderungen vornimmt.

Die in Bezug genommenen Vorschriften der AMBetriebsV lauten wie folgt: 133

§ 2 Personal

(1) Wer einen Arzneimittelgroßhandel betreibt, hat für jede Betriebsstätte mindestens eine Person zu bestellen, die für den ordnungsgemäßen Betrieb, insbesondere für die Einhaltung der Vorschriften der §§ 1a, 4 bis 7c dieser Verordnung verantwortlich ist.

(2) ...

§ 4 Umfüllen, Abpacken und Kennzeichnen von Arzneimitteln   134

(1) Es dürfen nur solche Arzneimittel zum Zwecke der Abgabe umgefüllt oder abgepackt werden, deren erforderliche Qualität festgestellt ist.

(2) ...

(3) Arzneimittel dürfen nur in Behältnisse umgefüllt oder abgepackt werden, die gewährleisten, daß die Qualität nicht mehr als unvermeidbar beeinträchtigt wird.

(4) ...

§ 4a Bezug von Arzneimitteln   135

(1) Arzneimittel dürfen nur von Betrieben und Einrichtungen bezogen werden, die über eine Erlaubnis gemäß § 13 oder § 52 a des Arzneimittelgesetzes verfügen. (...)

(2) ...

§ 5 Lagerung   136

(1) Arzneimittel sind so zu lagern, daß ihre Qualität nicht nachteilig beeinflußt wird und Verwechslungen vermieden werden. Die für bestimmte Arzneimittel erforderliche Lagertemperatur ist durch Kühleinrichtungen oder sonstige Maßnahmen sicherzustellen. Lagerungshinweise sind zu beachten.

(2) ...

(3) Gefälschte Arzneimittel, die im Vertriebsnetz festgestellt werden, sowie andere nicht verkehrsfähige Arzneimittel sind bis zur Entscheidung über das weitere Vorgehen getrennt von verkehrsfähigen Arzneimitteln und gesichert aufzubewahren, um Verwechslungen zu vermeiden und einen unbefugten Zugriff zu verhindern. Sie müssen eindeutig als nicht zum Verkauf bestimmte Arzneimittel gekennzeichnet werden. Über das Auftreten von Arzneimittelfälschungen ist die zuständige Behörde unverzüglich zu informieren.

(4) ...

§ 6 Auslieferung   137

(1) ...

(2) Den Lieferungen sind ausreichende Unterlagen beizufügen, aus denen insbesondere das Datum der Auslieferung, die Bezeichnung und Menge des Arzneimittels sowie Name und Anschrift des Lieferanten und des Empfängers hervorgehen. Im Falle der Lieferung an andere Betriebe und Einrichtungen, die über eine Erlaubnis nach § 52 a des Arzneimittelgesetzes verfügen, muss zusätzlich die Chargenbezeichnung des jeweiligen Arzneimittels angegeben werden. Darüber hinaus muss unter Angabe der ausstellenden Behörde und des Ausstellungsdatums bestätigt werden, dass der Lieferant über eine Erlaubnis gemäß § 52 a des Arzneimittelgesetzes verfügt. Die Verpflichtung zur zusätzlichen Angabe der Chargenbezeichnung gilt auch

1. *bei der Abgabe von Arzneimitteln an pharmazeutische Unternehmer, Krankenhausapotheken und krankenhausversorgende Apotheken für die Zwecke der Belieferung von Krankenhäusern,*
2. *im Falle der Abgabe von Blutzubereitungen, Sera aus menschlichem Blut und Zubereitungen aus anderen Stoffen menschlicher Herkunft sowie gentechnisch hergestellten Blutbestandteilen,*

die fehlende Blutbestandteile ersetzen, auch bei Lieferung an Betriebe und Einrichtungen zur Abgabe an den Endverbraucher sowie

3. bei Abgabe von zur Anwendung bei Tieren bestimmten Arzneimitteln.

(3) ...

138 § 7 Dokumentation

(1) Über jeden Bezug und jede Abgabe von Arzneimitteln sind Aufzeichnungen in Form von Einkaufs-/Verkaufsrechnungen, in rechnergestützter Form oder in jeder sonstigen Form zu führen, die die Angaben nach § 6 Abs. 2 enthalten.

(1 a) [aufgehoben]

(2) Aufzeichnungen sind ferner zu führen über das Umfüllen und das Abpacken von Arzneimitteln sowie über die Rücknahme, Rückgabe oder das Vernichten von Arzneimitteln, die nicht in den Verkehr gebracht werden dürfen; dabei sind Angaben über den Zeitpunkt sowie über Art und Menge der Arzneimittel zu machen. Die Aufzeichnungen sind von der nach § 2 Abs. 1 bestellten oder einer von ihr beauftragten Person mit Namenszeichen zu versehen.

(3) Die Aufzeichnungen nach den Absätzen 1 und 2 sowie die Nachweise nach § 47 Abs. 1 b des Arzneimittelgesetzes sind mindestens fünf Jahre nach der letzten Eintragung aufzubewahren. Bei Blutzubereitungen, Sera aus menschlichem Blut und Zubereitungen aus anderen Stoffen menschlicher Herkunft sowie gentechnisch hergestellten Blutbestandteilen, die fehlende Blutbestandteile ersetzen, sind die Aufzeichnungen nach Absatz 1 mindestens dreißig Jahre aufzubewahren oder zu speichern. Sie sind zu vernichten oder zu löschen, wenn die Aufbewahrung oder Speicherung nicht mehr erforderlich ist. Werden die Aufzeichnungen länger als 30 Jahre aufbewahrt oder gespeichert, sind sie zu anonymisieren. Der ursprüngliche Inhalt einer Eintragung darf weder mittels Durchstreichens noch auf andere Weise unlesbar gemacht werden. Es dürfen keine Veränderungen vorgenommen werden, die nicht erkennen lassen, ob sie bei der ursprünglichen Eintragung oder erst später gemacht worden sind.

(4) Bei der Aufbewahrung der Aufzeichnungen auf Datenträgern muß insbesondere sichergestellt sein, daß die Daten während der Dauer der Aufbewahrungsfrist verfügbar sind und innerhalb einer angemessenen Frist lesbar gemacht werden können.

139 § 7 a Rückrufplan, Rückrufe von Arzneimitteln

(1) Wer einen Arzneimittelgroßhandel betreibt, muß einen Rückrufplan bereithalten, der die Durchführung jedes Rückrufes eines Arzneimittels gewährleistet, der nach Angaben der zuständigen Behörden oder des pharmazeutischen Unternehmers erfolgt.

(2) Der Rückrufplan und die hierzu erforderlichen organisatorischen Abläufe müssen schriftlich festgelegt sein. Über die Durchführung von Rückrufen müssen Aufzeichnungen geführt werden. § 7 Abs. 3 gilt entsprechend.

140 6. TÄHAV. Nach § 15 der *Verordnung über tierärztliche Hausapotheken* vom 8. 7. 2009 (BGBl. I S. 1760) handelt ordnungswidrig im Sinne des § 97 Abs. 2 Nr. 31 AMG, wer vorsätzlich oder fahrlässig als Tierarzt oder als Leiter der Apotheke einer tierärztlichen Bildungsstätte

1. entgegen § 3 Absatz 3 einen Betriebsraum zu praxisfremden Zwecken verwendet,
2. entgegen § 8 Absatz 1 Satz 1 sich nicht vergewissert, dass die dort genannten Arzneimittel einwandfrei beschaffen sind,
3. entgegen § 8 Absatz 3 Satz 2 Arzneimittel nicht oder nicht richtig lagert,
4. entgegen § 9 Absatz 1 Satz 1 oder Absatz 2 Arzneimittel nicht oder nicht richtig lagert,
5. entgegen § 10 Absatz 2 ein Behältnis nicht oder nicht richtig kennzeichnet,
6. entgegen § 11 Arzneimittel oder Fertigarzneimittel mitführt,
7. entgegen § 12 a Absatz 1 Satz 1 auf die Wartezeit nicht, nicht richtig oder nicht rechtzeitig hinweist oder nicht, nicht richtig oder nicht rechtzeitig hinweisen lässt,
8. entgegen § 13 Absatz 1 Satz 1 oder 4 oder Absatz 3 Satz 1 einen Nachweis nicht, nicht richtig oder nicht vollständig führt, nicht oder nicht rechtzeitig aushändigt, nicht oder nicht rechtzeitig übermittelt, nicht oder nicht mindestens fünf Jahre aufbewahrt oder nicht oder nicht rechtzeitig vorlegt oder

9. entgegen § 13a Absatz 2 Satz 3 das Doppel nicht oder nicht mindestens fünf Jahre aufbewahrt oder nicht oder nicht rechtzeitig vorlegt.

Die in Bezug genommenen Vorschriften der TÄHAV haben den folgenden **141** Wortlaut:

§ 3 Betriebsräume

(1) und (2) ...

(3) Betriebsräume dürfen zu praxisfremden Zwecken nicht verwendet werden.

§ 8 Prüfung der Arzneimittel **142**

(1) Der Tierarzt hat sich zu vergewissern, dass Arzneimittel, die von ihm vorrätig gehalten, abgegeben oder angewendet werden, einwandfrei beschaffen sind. Zum Nachweis der einwandfreien Beschaffenheit hat der Tierarzt die Arzneimittel zu prüfen oder unter seiner Verantwortung prüfen zu lassen, es sei denn, er hat die Arzneimittel unmittelbar aus der Apotheke oder mit einem Zertifikat über die erfolgte Prüfung bezogen.

(2) Von pharmazeutischen Unternehmern, Großhändlern oder aus Apotheken bezogene Fertigarzneimittel sind stichprobenweise zu prüfen. Dabei darf von einer über die Sinnenprüfung hinausgehenden Prüfung abgesehen werden, wenn sich keine Anhaltspunkte ergeben haben, die Zweifel an der einwandfreien Beschaffenheit des Arzneimittels begründen.

(3) Ergibt die Prüfung, dass ein Arzneimittel nicht einwandfrei beschaffen ist oder das Verfalldatum abgelaufen ist, so ist es der Vernichtung zuzuführen. Bis zur Zuführung zur Vernichtung ist das Arzneimittel unter Kenntlichmachung des Erfordernisses der Vernichtung gesondert zu lagern.

§ 9 Lagerung der Arzneimittel **143**

(1) Der Tierarzt muss alle Arzneimittel in Betriebsräumen an einem einzigen Standort lagern. Abweichend von Satz 1 dürfen Arzneimittel auch in anderen Betriebsräumen gelagert werden, die sich in Zoologischen Gärten, Tierheimen, Versuchstierhaltungen, Tierkliniken, Hochschulen, Besamungsstationen oder höchstens einer Untereinheit der Praxis befinden, wenn

1. die Arzneimittel ausschließlich zur arzneilichen Versorgung der dort vorhandenen oder, im Falle einer Untereinheit der Praxis, von dort behandelten Tiere bestimmt sind und

2. die Betriebsräume ausschließlich der Verfügungsgewalt des Tierarztes unterstehen.

Die Praxis und die Untereinheit der Praxis müssen innerhalb desselben Kreises oder derselben kreisfreien Stadt oder in einem angrenzenden Kreis oder einer angrenzenden kreisfreien Stadt liegen.

(2) Arzneimittel sind in übersichtlicher Anordnung und getrennt von anderen Mitteln zu lagern. Sie sind so zu lagern, dass ihre einwandfreie Beschaffenheit erhalten bleibt und sie Unbefugten nicht zugänglich sind.

(3) ...

§ 10 Abgabebehältnisse **144**

(1) Arzneimittel dürfen nur in Behältnissen abgegeben werden, die gewährleisten, dass die einwandfreie Beschaffenheit des Arzneimittels nicht beeinträchtigt wird.

(2) Der Tierarzt hat Behältnisse, in denen Arzneimittel vom Tierarzt an den Tierhalter abgegeben werden, auch sofern es sich nicht um Fertigarzneimittel handelt, mit den Angaben nach den §§ 10 und 11 des Arzneimittelgesetzes zu kennzeichnen. Abweichend von Satz 1 dürfen vom Tierarzt in unveränderter Form umgefüllte oder abgepackte Arzneimittel abgegeben werden, soweit die Anforderungen nach § 10 Absatz 8 Satz 1 sowie § 11 Absatz 7 Satz 1 und 2 des Arzneimittelgesetzes erfüllt und die Arzneimittel zusätzlich mit dem Namen und der Praxisanschrift des behandelnden Tierarztes sowie der abgegebenen Menge gekennzeichnet sind.

§ 11 In der Außenpraxis mitgeführte Arzneimittel **145**

(1) Arzneimittel dürfen in der Außenpraxis nur in allseits geschlossenen Transportbehältnissen mitgeführt werden, die Schutz bieten vor einer nachteiligen Beeinflussung der Arzneimittel, insbesondere durch Licht, Temperatur, Witterungseinflüsse oder Verunreinigungen. Von pharmazeutischen Unternehmern, Großhändlern oder aus Apotheken bezogene Fertigarzneimittel dürfen darüber hinaus nur in ihrem Originalbehältnis mitgeführt werden. § 9 Absatz 2 gilt entsprechend.

(2) Der Tierarzt darf Arzneimittel nur in einer solchen Menge und in einem solchen Sortiment mit sich führen, dass der regelmäßige tägliche Bedarf seiner tierärztlichen Tätigkeit nicht überschritten wird.

146 § 12 a Informationspflichten

(1) Wird ein Arzneimittel vom Tierarzt bei Tieren, die der Gewinnung von Lebensmitteln dienen, angewendet oder zur Anwendung bei diesen Tieren von ihm selbst oder auf seine ausdrückliche Weisung abgegeben, so hat der Tierarzt den Tierhalter unverzüglich auf die Einhaltung der Wartezeit hinzuweisen oder hinweisen zu lassen. Im Falle der Abgabe hat sich der Tierarzt ferner von der Möglichkeit der ordnungsgemäßen Arzneimittelanwendung durch den Tierhalter zu vergewissern. § 13 Absatz 1 bleibt unberührt.

(2) ...

147 § 13 Nachweispflicht

(1) Der Tierarzt hat über den Erwerb, die Prüfung, sofern sie über eine Sinnenprüfung hinausgeht, und den Verbleib der Arzneimittel in der jeweiligen tierärztlichen Hausapotheke, ferner über die Verschreibung von Fütterungsarzneimitteln sowie über die Herstellung von Arzneimitteln Nachweise zu führen. Bei der Anwendung von Arzneimitteln bei Tieren, die der Gewinnung von Lebensmitteln dienen, sowie bei der Abgabe von Arzneimitteln, die zur Anwendung bei diesen Tieren bestimmt sind, ist ein Nachweis auszufüllen, der mindestens folgende Angaben in übersichtlicher Weise enthält:

1. *Anwendungs- oder Abgabedatum,*
2. *fortlaufende Belegnummer des Tierarztes im jeweiligen Jahr,*
3. *Name des behandelnden Tierarztes und Praxisanschrift,*
4. *Name und Anschrift des Tierhalters,*
5. *Anzahl, Art und Identität der Tiere,*
6. *Arzneimittelbezeichnung,*
7. *angewendete oder abgegebene Menge des Arzneimittels und*
8. *Wartezeit.*

Im Falle der Abgabe von Arzneimitteln muss der Nachweis zusätzlich folgende Angaben enthalten:

1. *Diagnose,*
2. *Chargenbezeichnung,*
3. *Dosierung des Arzneimittels pro Tier und Tag sowie Art, Dauer und Zeitpunkt der Anwendung und*
4. *soweit erforderlich, weitere Behandlungsanweisungen an den Tierhalter.*

Der Tierarzt hat dem Tierhalter den Nachweis unverzüglich auszuhändigen oder im Falle des Absatzes 3 Satz 2 unverzüglich zu übermitteln. (...)

(2) ...

(3) Die Nachweise sind in übersichtlicher und allgemein verständlicher Form zu führen und mindestens fünf Jahre aufzubewahren und der zuständigen Behörde auf Verlangen vorzulegen. Sie können auch als elektronisches Dokument geführt und aufbewahrt werden. Bei der Aufbewahrung der Nachweise als elektronisches Dokument muss insbesondere sichergestellt sein, dass die Daten während der Aufbewahrungszeit jederzeit lesbar gemacht werden können und unveränderlich sind. Im Falle der Übermittlung des Nachweises nach Absatz 1 Satz 2 an den Tierhalter in elektronischer Form ist die Authentizität der Daten sicherzustellen. Die Nachweise sind der Behörde zeitlich und im Falle des Absatzes 2 Nummer 4 und 4 a auf Verlangen nach Tierhaltern geordnet vorzulegen.

(4) ...

148 § 13 a Verschreibung von Arzneimitteln

(1) Außer im Falle des § 4 Absatz 2 der Arzneimittelverschreibungsverordnung dürfen verschreibungspflichtige Arzneimittel, die zur Anwendung bei Tieren bestimmt sind, die der Gewinnung von Lebensmitteln dienen, nur in drei Ausfertigungen (Original und zwei Doppel), sonstige Verschreibungen nur in zwei Ausfertigungen (Original und ein Doppel) verschrieben werden.

(2) Das Original der Verschreibung sowie das für die Apotheke bestimmte erste Doppel sind dem Tierhalter auszuhändigen. Im Falle von Verschreibungen von Arzneimitteln, die zur An-

wendung bei Tieren bestimmt sind, die der Gewinnung von Lebensmitteln dienen, verbleibt das zweite Doppel beim Tierarzt. Das Doppel ist vom Tierarzt zeitlich geordnet mindestens fünf Jahre aufzubewahren und der zuständigen Behörde auf Verlangen vorzulegen.

II. Mitteilungs- und Aufzeichnungspflichten nach der Verordnung (EG) Nr. 726/2004 (§ 97 Abs. 2 Nr. 32 bis Nr. 34 AMG)

Die Bußgeldtatbestände nach § 97 Abs. 2 Nr. 32 bis Nr. 34 AMG betreffen **149** Mitteilungs- und Aufzeichnungspflichten nach der **Verordnung (EG) Nr. 726/ 2004** des Europäischen Parlaments und des Rates vom 31. März 2004 zur Festlegung von Gemeinschaftsverfahren für die Genehmigung und Überwachung von Human- und Tierarzneimitteln und zur Errichtung einer Europäischen Arzneimittel-Agentur (ABl. L Nr. 136 S. 1). Die in Bezug genommenen Vorschriften der Art. 16, 24 und 49 der Verordnung (EG) Nr. 726/2004 lauten wie folgt:

Artikel 16   150

(1) Der Inhaber der Genehmigung für das Inverkehrbringen eines Humanarzneimittels hat nach Erteilung der Genehmigung gemäß dieser Verordnung bezüglich der Herstellungs- und Kontrollmethoden nach Artikel 8 Absatz 3 Buchstaben d) und h) der Richtlinie 2001/83/EG den Stand der Technik und den Fortschritt der Wissenschaft zu berücksichtigen und alle notwendigen Änderungen vorzunehmen, um die Herstellung und Kontrolle des Arzneimittels gemäß den allgemein anerkannten wissenschaftlichen Methoden sicherzustellen. Er hat in Übereinstimmung mit dieser Verordnung für solche Änderungen eine Genehmigung zu beantragen.

(2) Der Inhaber der Genehmigung für das Inverkehrbringen teilt der Agentur, der Kommission und den Mitgliedstaaten unverzüglich alle neuen Informationen mit, die die Änderung der Angaben oder Unterlagen gemäß Artikel 8 Absatz 3, den Artikeln 10, 10a, 10b und 11 sowie Anhang I der Richtlinie 2001/83/EG oder gemäß Artikel 9 Absatz 4 der vorliegenden Verordnung nach sich ziehen könnten.

Insbesondere teilt er der Agentur, der Kommission und den Mitgliedstaaten unverzüglich alle Verbote oder Beschränkungen durch die zuständigen Behörden jedes Landes, in dem das Humanarzneimittel in Verkehr gebracht wird, sowie alle anderen neuen Informationen mit, die die Beurteilung des Nutzens und der Risiken des betreffenden Humanarzneimittels beeinflussen könnten.

Damit das Nutzen-Risiko-Verhältnis kontinuierlich bewertet werden kann, kann die Agentur vom Inhaber der Genehmigung für das Inverkehrbringen jederzeit Daten anfordern, die belegen, dass das Nutzen-Risiko-Verhältnis weiterhin positiv ist.

(3) Schlägt der Inhaber der Genehmigung für das Inverkehrbringen des Humanarzneimittels Änderungen an den in Absatz 2 genannten Angaben und Unterlagen vor, so muss er einen entsprechenden Antrag bei der Agentur stellen.

(4) Die Kommission erlässt nach Konsultation der Agentur geeignete Bestimmungen für die Beurteilung der an den Genehmigungen vorgenommenen Änderungen in Form einer Verordnung. Diese Maßnahmen zur Änderung nicht wesentlicher Bestimmungen dieser Verordnung durch Ergänzung werden nach dem in Artikel 87 Absatz 2a genannten Regelungsverfahren mit Kontrolle erlassen.

Artikel 24   151

(1) Die Kommission erlässt nach Konsultation der Agentur geeignete Bestimmungen für die Beurteilung der an den Genehmigungen vorgenommenen Änderungen in Form einer Verordnung. Diese Maßnahmen zur Änderung nicht wesentlicher Bestimmungen dieser Verordnung durch Ergänzung werden nach dem in Artikel 87 Absatz 2a genannten Regelungsverfahren mit Kontrolle erlassen.

Der Inhaber der Genehmigung für das Inverkehrbringen erfasst in Übereinstimmung mit dem in Artikel 26 genannten Leitfaden alle in der Gemeinschaft auftretenden weiteren vermuteten schwerwiegenden Nebenwirkungen, bei denen davon ausgegangen werden kann, dass sie ihm bekannt sind, und unterrichtet unverzüglich, spätestens jedoch innerhalb von 15 Tagen nach Erhalt der Information die zuständige Behörde der Mitgliedstaaten, in denen die Nebenwirkung aufgetreten ist, und die Agentur.

(2) Der Inhaber der Genehmigung für das Inverkehrbringen eines Humanarzneimittels stellt sicher, dass alle vermuteten unerwarteten schwerwiegenden Nebenwirkungen und jede vermutete

Übertragung eines Krankheitserregers durch ein Arzneimittel, die im Hoheitsgebiet eines Drittlands auftreten, den Mitgliedstaaten und der Agentur unverzüglich, spätestens jedoch innerhalb von 15 Tagen nach Erhalt der Information, mitgeteilt werden. Die Kommission erlässt Bestimmungen zur Mitteilung nicht schwerwiegender vermuteter unerwarteter Nebenwirkungen, die in der Gemeinschaft oder in einem Drittland auftreten. Diese Maßnahmen zur Änderung nicht wesentlicher Bestimmungen dieser Verordnung durch Ergänzung werden nach dem in Artikel 87 Absatz 2a genannten Regelungsverfahren mit Kontrolle erlassen.

Außer in Ausnahmefällen werden diese Nebenwirkungen auf elektronischem Weg in Form eines Berichts gemäß dem in Artikel 26 genannten Leitfaden mitgeteilt.

(3) Der Inhaber der Genehmigung für das Inverkehrbringen eines Humanarzneimittels führt detaillierte Unterlagen über alle vermuteten Nebenwirkungen, die innerhalb oder außerhalb der Gemeinschaft auftreten und ihm von einem Angehörigen eines Gesundheitsberufes mitgeteilt werden.

Sofern für die Erteilung der Genehmigung für das Inverkehrbringen durch die Gemeinschaft keine anderen Anforderungen festgelegt wurden, werden diese Unterlagen der Agentur und den Mitgliedstaaten in Form eines regelmäßigen aktualisierten Berichts über die Sicherheit unmittelbar auf Anfrage oder mindestens alle sechs Monate nach der Genehmigung bis zum Inverkehrbringen vorgelegt. Ferner werden regelmäßig aktualisierte Berichte über die Sicherheit unmittelbar auf Anfrage oder mindestens alle sechs Monate während der ersten beiden Jahre nach dem ersten Inverkehrbringen in der Gemeinschaft und einmal jährlich in den folgenden zwei Jahren vorgelegt. Danach werden die Berichte in Abständen von drei Jahren oder unmittelbar auf Anfrage vorgelegt.

Diesen Berichten ist eine wissenschaftliche Beurteilung, insbesondere hinsichtlich des Nutzen-Risiko-Verhältnisses des Arzneimittels, beizufügen.

(4) Die Kommission kann aufgrund der bei der Anwendung des Absatzes 3 gewonnenen Erfahrungen Bestimmungen zur Änderung jenes Absatzes festlegen. Diese Maßnahmen zur Änderung nicht wesentlicher Bestimmungen dieser Verordnung werden nach dem in Artikel 87 Absatz 2a genannten Regelungsverfahren mit Kontrolle erlassen.

(5) Der Inhaber einer Genehmigung für das Inverkehrbringen darf im Zusammenhang mit seinem genehmigten Arzneimittel keine die Pharmakovigilanz betreffenden Informationen ohne vorherige oder gleichzeitige Mitteilung an die Agentur öffentlich bekannt machen.

Der Inhaber der Genehmigung für das Inverkehrbringen stellt auf jeden Fall sicher, dass solche Informationen in objektiver und nicht irreführender Weise dargelegt werden.

Die Mitgliedstaaten treffen die erforderlichen Maßnahmen, um sicherzustellen, dass gegen Inhaber einer Genehmigung für das Inverkehrbringen, die diesen Verpflichtungen nicht nachkommen, wirksame, verhältnismäßige und abschreckende Sanktionen verhängt werden.

152 Artikel 49

(1) Der Inhaber der Genehmigung für das Inverkehrbringen eines Tierarzneimittels stellt sicher, dass alle vermuteten schwerwiegenden Nebenwirkungen und Nebenwirkungen beim Menschen eines gemäß dieser Verordnung genehmigten Tierarzneimittels, die innerhalb der Gemeinschaft aufgetreten sind und die ihm durch einen Angehörigen eines Gesundheitsberufes zur Kenntnis gebracht werden, erfasst und den Mitgliedstaaten, in denen die Nebenwirkung aufgetreten ist, unverzüglich, spätestens jedoch innerhalb von 15 Tagen nach Erhalt der Information, mitgeteilt werden.

Der Inhaber der Genehmigung für das Inverkehrbringen erfasst in Übereinstimmung mit dem in Artikel 51 genannten Leitfaden alle in der Gemeinschaft auftretenden weiteren vermuteten schwerwiegenden Nebenwirkungen und Nebenwirkungen beim Menschen, bei denen davon ausgegangen werden kann, dass sie ihm bekannt sind, und unterrichtet unverzüglich, spätestens jedoch innerhalb von 15 Tagen nach Erhalt der Information die Mitgliedstaaten, in denen die Nebenwirkung aufgetreten ist, und die Agentur.

(2) Der Inhaber der Genehmigung für das Inverkehrbringen eines Tierarzneimittels stellt sicher, dass alle vermuteten unerwarteten schwerwiegenden Nebenwirkungen und Nebenwirkungen beim Menschen und diese vermutete Übertragung eines Krankheitserregers durch ein Arzneimittel, die im Hoheitsgebiet eines Drittlands auftreten, den Mitgliedstaaten und der Agentur unverzüglich, spätestens jedoch innerhalb von 15 Tagen nach Erhalt der Information, mitgeteilt werden. Die Kommission erlässt Bestimmungen zur Mitteilung nicht schwerwiegender vermuteter unerwarteter

Nebenwirkungen, die in der Gemeinschaft oder in einem Drittland auftreten. Diese Maßnahmen zur Änderung nicht wesentlicher Bestimmungen dieser Verordnung durch Ergänzung werden nach dem in Artikel 87 Absatz 2 a genannten Regelungsverfahren mit Kontrolle erlassen.

Außer in Ausnahmefällen werden diese Nebenwirkungen auf elektronischem Weg in Form eines Berichts gemäß dem in Artikel 51 genannten Leitfaden mitgeteilt.

(3) Der Inhaber der Genehmigung für das Inverkehrbringen eines Tierarzneimittels führt detaillierte Unterlagen über alle vermuteten Nebenwirkungen, die innerhalb oder außerhalb der Gemeinschaft auftreten und ihm mitgeteilt werden.

Sofern für die Erteilung der Genehmigung für das Inverkehrbringen durch die Gemeinschaft keine anderen Anforderungen festgelegt wurden, werden diese Unterlagen der Agentur und den Mitgliedstaaten in Form eines regelmäßigen aktualisierten Berichts über die Sicherheit unmittelbar auf Anfrage oder mindestens alle sechs Monate nach der Genehmigung bis zum Inverkehrbringen vorgelegt. Ferner werden regelmäßig aktualisierte Berichte über die Sicherheit unmittelbar auf Anfrage oder mindestens alle sechs Monate während der ersten beiden Jahre nach dem ersten Inverkehrbringen in der Gemeinschaft und einmal jährlich in den folgenden zwei Jahren vorgelegt. Danach werden die Berichte in Abständen von drei Jahren oder unmittelbar auf Anfrage vorgelegt.

Diesen Berichten ist eine wissenschaftliche Beurteilung, insbesondere hinsichtlich des Nutzen-Risiko-Verhältnisses des Arzneimittels, beizufügen.

(4) Die Kommission kann aufgrund der bei der Anwendung des Absatzes 3 gewonnenen Erfahrungen Bestimmungen zur Änderung jenes Absatzes festlegen. Diese Maßnahmen zur Änderung nicht wesentlicher Bestimmungen dieser Verordnung werden nach dem in Artikel 87 Absatz 2 a genannten Regelungsverfahren mit Kontrolle erlassen.

(5) Der Inhaber einer Genehmigung für das Inverkehrbringen darf im Zusammenhang mit seinem genehmigten Arzneimittel keine die Pharmakovigilanz betreffenden Informationen ohne vorherige oder gleichzeitige Mitteilung an die Agentur öffentlich bekannt machen.

Der Inhaber der Genehmigung für das Inverkehrbringen stellt auf jeden Fall sicher, dass solche Informationen in objektiver und nicht irreführender Weise dargelegt werden.

Die Mitgliedstaaten treffen die erforderlichen Maßnahmen, um sicherzustellen, dass gegen Inhaber einer Genehmigung für das Inverkehrbringen, die diesen Verpflichtungen nicht nachkommen, wirksame, verhältnismäßige und abschreckende Sanktionen verhängt werden.

III. Mitteilungspflichten nach der Verordnung (EG) Nr. 540/95 (§ 97 Abs. 2 Nr. 35 AMG)

Der Bußgeldtatbestand des § 97 Abs. 2 Nr. 35 AMG betrifft die Verpflichtung **153** zur Mitteilung von vermuteten unerwarteten, nicht schwerwiegenden Nebenwirkungen, die innerhalb oder außerhalb der Gemeinschaft aus gemäß der Verordnung (EWG) Nr. 2309/1993 zugelassenen Human- oder Tierarzneimitteln festgestellt werden gegenüber der **Europäischen Arzneimittelagentur** und der zuständigen Bundesoberbehörde (§ 63 b Abs. 8 S. 2 AMG).

Die in Bezug genommene Vorschrift des Art. 1 der Verordnung (EG) Nr. 540/ **154** 95 der Kommission vom 10. März 1995 hat folgenden Wortlaut:

Artikel 1

Die für das Inverkehrbringen des Arzneimittels verantwortliche Person stellt sicher, dass in der Gemeinschaft oder in Drittländern vermutete, unerwartete und nicht als schwerwiegend eingestufte Nebenwirkungen eines gemäß der Verordnung (EWG) Nr. 2309/93 zugelassenen Arzneimittels den zuständigen Behörden aller Mitgliedstaaten und der Agentur mitgeteilt werden.

IV. Verstöße gegen die Verordnung (EG) Nr. 1901/2006 über Kinderarzneimittel (§ 97 Abs. 2 Nr. 36 AMG)

Der Bußgeldtatbestand des § 97 Abs. 2 Nr. 36 (Buchst. a bis f) AMG erfasst ver- **155** schiedene Verstöße gegen die Verordnung (EG) Nr. 1901/2006 des Europäischen Parlaments und des Rates vom 12. Dezember 2006 über Kinderarzneimittel und zur Änderung der Verordnung (EWG) Nr. 1768/91, der Richtlinien 2001/20/EG und 2001/83/EG sowie der Verordnung (EG) Nr. 726/2004 (ABl. L Nr. 378 S. 1). Der Gesetzgeber hat zu den genannten Vorschriften folgende Erwägungen niedergelegt (BT-Drs. 16/12256 S. 57 f.; Hervorhebungen d. Verfassers):

156 „*Die Bußgeldvorschrift in **Nummer 36 Buchstabe a** ist notwendig, um die Erfüllung der sich aus Artikel 33 Satz 1 der Verordnung (EG) Nr. 1901/2006 ergebenden Rechtspflicht der pharmazeutischen Unternehmer zu gewährleisten. Die Vorschrift besagt, dass ein Arzneimittel, das mit einer pädiatrischen Indikation zugelassen wird, aber bereits vorher mit einer anderen Indikation im Verkehr war, vom Genehmigungsinhaber innerhalb von zwei Jahren nach Genehmigung der pädiatrischen Indikation mit dieser versehen in den Verkehr gebracht wird. Das Inverkehrbringen eines Arzneimittels mit einer bestimmten Indikation ist zwar grundsätzlich unternehmerische Entscheidung des Einzelnen, im Fall des Inverkehrbringens von Arzneimitteln mit einer pädiatrischen Indikation ist es jedoch notwendig, diese Freiheit der pharmazeutischen Unternehmer mit dem Ziel einzuschränken, dass ein mit einer pädiatrischen Indikation genehmigtes Arzneimittel tatsächlich auch mit dem Hinweis auf diese Indikation auf den Markt gebracht wird. Eine Sanktion ist erforderlich, um in Übereinstimmung mit der Verordnung (EG) Nr. 1901/2006 die Verfügbarkeit von Arzneimitteln zu verbessern, deren Eignung für die Anwendung bei Kindern durch geeignete Untersuchungen nachgewiesen wurde.*

157 *Die Vorschrift in **Nummer 36 Buchstabe b** bewehrt das Zuwiderhandeln gegen Auflagen der zuständigen Bundesoberbehörde nach Artikel 34 Absatz 2 Satz 4 der Verordnung (EG) Nr. 1901/2006 im Hinblick auf die Einrichtung eines Risikomanagementsystems mit Buße.*

158 *Die Bußgeldvorschrift in **Nummer 36 Buchstabe c** ist erforderlich, um die von Artikel 34 Absatz 4 Satz 1 geforderte Verhaltenspflicht zu gewährleisten. Der Genehmigungsinhaber ist danach im Falle einer Zurückstellung zur Vorlage eines jährlichen Berichts bei der Europäischen Arzneimittel-Agentur mit einem aktualisierten Fortschrittsbericht über die pädiatrischen Studien entsprechend der Entscheidung der Agentur über das gebilligte pädiatrische Prüfkonzept und die gewährte Zurückstellung verpflichtet. Die Sanktionierung einer Zuwiderhandlung ist insbesondere notwendig, um das Ziel der Verordnung, die Förderung der Entwicklung von Arzneimitteln mit pädiatrischer Indikation, zu erreichen. Der Unrechtsgehalt einer Zuwiderhandlung gegen dieses Gebot ist mit den Unrechtsgehalten der anderen bußgeldbewehrten Verhaltensweisen nach § 97 Absatz 2 vergleichbar.*

159 *Die Bußgeldvorschriften in **Nummer 36 Buchstabe d und e** sind notwendig, um die Einhaltung der Verpflichtung der pharmazeutischen Unternehmer aus Artikel 35 Satz 1 und 2 der Verordnung (EG) Nr. 1901/2006 zu gewährleisten. Nach dieser Vorschrift muss der Genehmigungsinhaber eines für eine pädiatrische Indikation zugelassenen Arzneimittels, der plant, das Inverkehrbringen des Arzneimittels einzustellen, die Genehmigung übertragen oder einem Dritten den Rückgriff auf die pharmazeutischen, vorklinischen und klinischen Unterlagen gestatten, die in dem Dossier des Arzneimittels enthalten sind. Auch die Übertragung einer Genehmigung für das Inverkehrbringen eines Arzneimittels und die Gestattung des Rückgriffs auf die Unterlagen sind grundsätzlich, wie auch das Inverkehrbringen eines Arzneimittels selbst, Entscheidungen, die pharmazeutische Unternehmer nach eigenem Ermessen treffen kann. Um zu gewährleisten, dass die pädiatrische Bevölkerungsgruppe weiterhin Zugang zu dem Arzneimittel mit pädiatrischer Indikation hat, schränkt die Verordnung (EG) Nr. 1901/2006 diese unternehmerische Freiheit für die vorliegenden Fälle in zulässiger Weise ein. Die Einhaltung dieser Handlungspflicht kann nur durch eine entsprechende Sanktionierung von Zuwiderhandlungen gewährleistet werden.*

160 *Die Bußgeldvorschrift in **Nummer 36 Buchstabe f** ist erforderlich, um die von Artikel 41 Absatz 2 der Verordnung (EG) Nr. 1901/2006 geforderte Datenbank-Eingabe oder Vorlage von Studien und Studienergebnissen zu gewährleisten. Nach diesen Vorschriften (Artikel 41) müssen klinische Prüfungen, auch soweit sie in Drittstaaten durchgeführt wurden, in die europäische Datenbank nach der Richtlinie 2001/20/EG eingegeben werden und sind Einzelheiten der Ergebnisse aller Prüfungen den zuständigen Behörden vorzulegen; ferner sind (nach Artikel 45) vor Inkrafttreten der Verordnung durchgeführte pädiatrische Studien der zuständigen Behörde vorzulegen sowie innerhalb von sechs Monaten nach Abschluss der Studie andere vom Genehmigungsinhaber gesponserte Studien, unabhängig davon, ob der Genehmigungsinhaber eine pädiatrische Indikation zu beantragen gedenkt. Das Ziel dieser Vorschrift, die über die Verwendung bei Arzneimitteln bei den verschiedenen pädiatrischen Bevölkerungsgruppen verfügbaren Informationen zu verbessern, kann nur durch eine Sanktionierung der Zuwiderhandlungen gegen die vorliegende Verhaltenspflicht gewährleistet werden.*"

E. Verstöße gegen vollziehbare Anordnungen

I. Verstoß gegen eine vollziehbare Anordnung nach § 18 Abs. 2 AMG (§ 97 Abs. 2 Nr. 6 AMG)

Nach § 18 Abs. 2 S. 1 AMG kann die nach § 13 Abs. 4 AMG zuständige Be- **161** hörde die **vorläufige Einstellung der Herstellung** eines Arzneimittels anord- nen, wenn der Hersteller die für die Herstellung und Prüfung zu führenden Nachweise nicht vorlegt. Diese Anordnung kann auf eine Charge (§ 4 Abs. 16 AMG) beschränkt werden, § 18 Abs. 2 S. 2 AMG.

Die vorläufige Anordnung ist **Verwaltungsakt** und kann daher mit Wider- **162** spruch und Anfechtungsklage angegriffen werden. Diese Rechtsbehelfe haben grundsätzlich aufschiebende Wirkung (§ 80 Abs. 1 S. 1 VwGO), es sei denn, die zuständige Behörde hat (was freilich regelmäßig der Fall sein wird) den Sofortvoll- zug angeordnet.

II. Verstoß gegen eine vollziehbare Anordnung nach § 64 Abs. 4 Nr. 4 AMG (§ 97 Abs. 2 Nr. 25 AMG)

Die Regelung des § 64 Abs. 4 Nr. 4 AMG enthält die Befugnis der zur Über- **163** wachung berufenen Personen, zur **Verhütung dringender Gefahren für die öffentliche Sicherheit und Ordnung** die Schließung von Betrieben oder Ein- richtungen vorläufig anzuordnen.

Auch die vorläufige Anordnung nach § 64 Abs. 4 Nr. 4 AMG ist **Verwaltungs-** **164** **akt**; **Widerspruch** und **Anfechtungsklage** haben grundsätzlich aufschieben- de Wirkung (§ 80 Abs. 1 S. 1 VwGO). Die aufschiebende Wirkung entfällt bei Anordnungen nach § 64 Abs. 4 Nr. 4 AMG nicht gem. § 80 Abs. 2 Nr. 2 VwGO (*„unaufschiebbare Anordnungen und Maßnahmen von Polizeivollzugsbeamten"*); denn Verwaltungsakte anderer Sicherheitsbehörden werden hiervon grundsätzlich nicht erfasst (vgl. *Wittern/Baßlsperger* Verwaltungs- und Verwaltungsprozessrecht, 19. Aufl. 2007, Rn. 730). Vor dem Hintergrund einer dringenden Gefahr für die öffentliche Sicherheit und Ordnung wird allerdings regelmäßig der **Sofortvollzug** angeordnet werden (§ 80 Abs. 2 Nr. 4 VwGO).

Für Betriebe nach § 69a AMG gilt die Regelung des § 64 Abs. 4 Nr. 4 AMG **165** entsprechend.

III. Verstoß gegen eine vollziehbare Anordnung nach § 74 Abs. 1 S. 2 Nr. 3 AMG (§ 97 Abs. 2 Nr. 27 AMG)

Im Rahmen der **Überwachung des Verbringens** (§ 4 Abs. 32 S. 1 AMG) **von** **166** **Arzneimitteln und Wirkstoffen** in den Geltungsbereich des AMG können die vom Bundesministerium der Finanzen bestimmten Zolldienststellen anordnen, dass der Verfügungsberechtigte eine Sendung einer für die Arzneimittelüberwachung zuständigen Behörde vorzuführen hat, sofern sich aus dem **Verdacht von Verstößen gegen Verbote und Beschränkungen** nach dem AMG oder der nach dem AMG erlassenen Rechtsverordnungen ergibt.

Zuwiderhandlungen gegen vollziehbare Anordnungen dieser Art sind nach § 97 **167** Abs. 2 Nr. 27 AMG bußgeldbewehrt.

Kap. 3. Flankierende Vorschriften

A. Versuch

Eine versuchte Ordnungswidrigkeit nach § 97 AMG kann nicht geahndet wer- **168** den (§ 13 Abs. 2 OWiG).

B. Subjektiver Tatbestand

Ordnungswidrigkeiten nach § 97 Abs. 1 AMG können nur fahrlässig begangen **169** werden. Handelt der Täter mit Vorsatz liegt eine Straftat nach § 96 AMG vor.

170   Dagegen können die Bußgeldtatbestände des § 97 Abs. 2 AMG sowohl vorsätzlich als auch fahrlässig begangen werden (vgl. § 10 OWiG). Bleiben dem Täter Umstände, die zum gesetzlichen Tatbestand gehören, irrtumsbedingt verborgen, ist stets zu prüfen, ob ihm nicht wenigstens fahrlässiges Verhalten vorgeworfen
werden kann. Zum Tatbestands- und Verbotsirrtum vgl. § 11 Abs. 1 und Abs. 2
OWiG.

C. Bemessung der Geldbuße

171   Die Ordnungswidrigkeit kann nach § 97 Abs. 3 AMG mit einer Geldbuße bis
zu **EUR 25.000** geahndet werden. Für fahrlässige Rechtsverstöße beträgt das
Höchstmaß gem. § 17 Abs. 2 OWiG **EUR 12.500**.

172   Grundlage für die **Zumessung** der Geldbuße sind die Bedeutung der Ordnungswidrigkeit und der den Täter treffende Vorwurf, § 17 Abs. 3 S. 1 OWiG. Die
wirtschaftlichen Verhältnisse des Täters sind nach Maßgabe des § 17 Abs. 3 S. 2
OWiG zu berücksichtigen.

173   Die Geldbuße soll den **wirtschaftlichen Vorteil**, den der Täter aus der Ordnungswidrigkeit gezogen hat, übersteigen; reicht das **gesetzliche Höchstmaß**
hierzu nicht aus, kann es **überschritten** werden, § 17 Abs. 4 OWiG.

D. Verjährung

174   Ordnungswidrigkeiten nach § 97 AMG verjähren in **3 Jahren** (§ 31 Abs. 2
Nr. 1 OWiG). Die Verjährung beginnt nach § 31 Abs. 3 S. 1 OWiG mit der Beendigung der Handlung. Tritt ein zum gesetzlichen Tatbestand gehörender Erfolg
erst später ein, ist dieser Zeitpunkt maßgeblich, § 31 Abs. 3 S. 2 OWiG. Zur Unterbrechung der Verjährung vgl. § 33 OWiG.

Einziehung

98 [1] **Gegenstände, auf die sich eine Straftat nach § 95 oder § 96 oder
eine Ordnungswidrigkeit nach § 97 bezieht, können eingezogen
werden.** [2] **§ 74 a des Strafgesetzbuches und § 23 des Gesetzes über Ordnungswidrigkeiten sind anzuwenden.**

Übersicht

A. Regelungsgehalt

1   Die Bestimmung des § 98 AMG enthält in den Sätzen 1 und 2 zwei ganz unterschiedliche Regelungen, die sich freilich in ihrer Bedeutung durchaus ergänzen.
Nach § 98 S. 1 AMG können Gegenstände – in Erweiterung zu § 74 Abs. 1 StGB
– auch dann eingezogen werden, wenn es sich nicht um *producta* oder *instrumenta
sceleris*, also nicht um solche Gegenstände handelt, die durch die Tat hervorgebracht oder zu ihrer Begehung oder Vorbereitung gebraucht worden oder bestimmt gewesen sind. Die Vorschrift des § 98 S. 1 AMG erlaubt damit – über die
Einziehungsmöglichkeiten nach § 74 StGB hinaus auch die Einziehung sog. **Beziehungsgegenstände** (dazu näher unter Rn. 3).

Nach § 98 S. 2 AMG sind die Bestimmungen der §§ 74a StGB und 23 OWiG **2**
anzuwenden. Zulässig ist daher auch die **Dritteinziehung** täterfremder (ungefährlicher, vgl. Rn. 6 ff.) Gegenstände auf der Grundlage eines vorwerfbaren Verhaltens
des (tatunbeteiligten) Eigentümers oder Rechtsinhabers (Sch/Sch/*Eser* § 74a
Rn. 1).

B. Einziehung von Beziehungsgegenständen (S. 1)

Beziehungsgegenstände sind all jene Sachen und Rechte an Sachen, auf die **3**
sich *die* Tat bezieht, die den Gegenstand der Anklage und der tatrichterlichen Feststellungen bildet, ohne dass es sich bei diesen Gegenständen um *producta* oder *instrumenta sceleris* handelt (BGHSt. 10, 28 = NJW 1957, 351 = LMRR 1956, 38;
BGH NStZ 1991, 496; *BayObLG* NStZ-RR 1997, 51 = wistra 1997, 109; *BGH*
NStZ 2002, 438 = NJW 2002, 1810 = StV 2002, 257).

Im Einzugsbereich des AMG kommen als solche *passiven Tatobjekte* (Sch/Sch/ **4**
Eser § 74 Rn. 12a; Kindhäuser/Neumann/Paeffgen/*Herzog* § 74 Rn. 11) vor allem die von der Tatbegehung erfassten **Arzneimittel** in Betracht. Die Einziehung
erstreckt sich dabei regelmäßig auch auf die die Arzneimittel umgebenden **Behältnisse und Verpackungen** (BGHSt. 7, 18; Erbs/Kohlhaas/*Pelchen/Anders*
§ 98 AMG Rn. 2). Diese Gegenstände sind allerdings bereits für sich genommen einziehungsrelevante Beziehungsgegenstände, wenn sie selbst in der erforderlichen
Relation zum strafrechtlich relevanten Tatgeschehen stehen.

Ob der Rechtsverstoß als Straftat oder als **Ordnungswidrigkeit** einzustufen ist, **5**
ist nach § 98 S. 1 AMG ebenso unerheblich wie das erreichte Stadium der Tatbegehung (**Versuch, Vollendung**), sofern der Versuch strafbar ist (vgl. Sch/Sch/*Eser*
§ 74 Rn. 3 m.w.N.). Die Beteiligungsform (Täterschaft/Teilnahme) ist nicht entscheidend; vorsätzliche Straftaten kommen ebenso in Betracht wie fahrlässige (vgl.
§ 95 Abs. 4, § 97 Abs. 1, Abs. 2 AMG). Vgl. ergänzend die Erläuterungen zur
entsprechenden Regelung des § 33 Abs. 2 S. 1 BtMG (dort Rn. 10 ff.). Zur Verhältnismäßigkeit der Einziehungsentscheidung vgl. unten Rn. 11.

C. Dritteinziehung (S. 2)

I. Abgrenzung zur Einziehung nach § 74 Abs. 2 Nr. 2 StGB

Auf die Vorschriften zur Einziehung täterfremder Gegenstände nach § 98 S. 2 **6**
AMG i.V.m. § 74a StGB (§ 23 OWiG) darf nur dann zurückgegriffen werden,
wenn eine Einziehung nicht bereits nach **§ 74 Abs. 2 Nr. 2 StGB** (§ 22 Abs. 2
Nr. 2 OWiG) zulässig ist (vgl. MK-StGB/*Joecks* § 74a Rn. 1). Hiernach ist eine
Sicherungseinziehung von Gegenständen auch zum Nachteil eines Dritteigen-
tümers oder eines tatunbeteiligten Rechtsinhabers (vgl. MK-StGB/*Joecks* § 74
Rn. 35; BeckOK-StGB/*Heuchemer* § 74 Rn. 29) möglich, sofern der betreffende
Gegenstand nach seiner Art und den Umständen für die Allgemeinheit gefährlich
ist oder die Gefahr besteht, dass er zur Begehung rechtswidriger Taten dienen
wird. **Gefährliche Beziehungsgegenstände** (vgl. oben Rn. 3 ff.) unterliegen der
Sicherungseinziehung nach § 98 S. 1 AMG i.V.m. § 74 Abs. 2 Nr. 2 StGB (zu
ungefährlichen Beziehungsgegenständen vgl. unten Rn. 9 f.).

Eine **generelle Gefährlichkeit** von Gegenständen im Sinne des § 74 Abs. 2 **7**
Nr. 2 Alt. 1 StGB wird bspw. für Gifte oder verdorbene Lebensmittel angenommen (Kindhäuser/Neumann/Paeffgen/*Herzog* § 74 StGB Rn. 31; Sch/Sch/*Eser*
§ 74 Rn. 31) und sollte daher im Ausgangspunkt jedenfalls auch für (nicht zugelassene) **Dopingdrogen** oder **bedenkliche Arzneimittel** im Sinne des § 95 Abs. 1
Nr. 1 i.V.m. § 5 Abs. 1 AMG (hierzu zählen auch die sog. *Designer-Drogen* und
mindestens die Mehrzahl der sog. „*Legal-High*"-*Produkte*, vgl. dazu § 95 AMG
Rn. 17, 18) unterstellt werden dürfen. Daneben kommen all jene Gegenstände in
Betracht, die zwar für sich genommen unbedenklich sein mögen, denen aber **um-
ständehalber** durchaus ein Gefährdungspotential zugesprochen werden muss.

Letzteres betrifft etwa **verschreibungspflichtige Arzneimittel** in den Händen eines (ggf. einschlägig verurteilten) unbefugten (Groß-)Händlers – jedenfalls, soweit es sich um solche Arzneimittel oder derart große Mengen handelt, dass ein Eigengebrauch sicher ausgeschlossen werden kann (vgl. auch die Beispiele bei Kindhäuser/Neumann/Paeffgen/*Herzog* § 74 Rn. 32 [*Abtreibungsinstrumente in den Händen eines Arztes, dem die Approbation entzogen wurde*]). Ausgangspunkt für eine sinnvolle Gefährlichkeitsprognose ist daher stets die umfassende Aufklärung der tatrelevanten Umstände.

8   Einziehungsobjekte nach § 74 Abs. 2 Nr. 2 Alt. 2 StGB sind auch solche Gegenstände, hinsichtlich derer die **Gefahr der Begehung rechtswidriger Taten** besteht. Auch insoweit bedarf es einer hinlänglich konkreten Gefahr; die bloße Möglichkeit der Tatbegehung genügt für sich genommen nicht (Kindhäuser/Neumann/Paeffgen/*Herzog* § 74 Rn. 34 m. w. N.).

II. Einziehung nach § 74a StGB (§ 23 OWiG)

9   Für die Einziehung objektiv **ungefährlicher** (vgl. oben Rn. 6 ff.; Kindhäuser/Neumann/Paeffgen/*Herzog* § 74a Rn. 2 m. w. N.) Gegenstände sind die Vorschriften des § 74a StGB und des § 23 OWiG anzuwenden (§ 98 S. 2 AMG).

10   Stehen also **Tatwerkzeuge**, **Tatprodukte** (§ 74 Abs. 1 StGB) oder (ungefährliche, vgl. Rn. 6 f.) **Beziehungsgegenstände** (§ 98 S. 1 AMG; vgl. dazu Kindhäuser/Neumann/Paeffgen/*Herzog* § 74a Rn. 5; BeckOK-StGB/*Heuchemer* § 74a Rn. 7; Sch/Sch/*Eser* § 74a Rn. 5) im Eigentum eines tatunbeteiligten Dritten, können sie nach Maßgabe der §§ 98 S. 2 AMG i. V. m. 74a StGB eingezogen werden. Wegen der Einzelheiten wird auf die Erläuterungen zu § 33 BtMG Bezug genommen.

D. Verhältnismäßigkeit

11   Der Tatrichter muss sich stets – insbesondere aber in Fällen der Dritteinziehung – der Frage der Verhältnismäßigkeit der beabsichtigten Entscheidung widmen. Dies gilt vor allem dann, wenn die einzuziehenden Gegenstände objektiv höherwertig sind. In den **Urteilsgründen** ist dann – nicht zuletzt, um dem Revisionsgericht eine Überprüfung der Entscheidung auf Rechtsfehler zu ermöglichen – regelmäßig auch der **Wert des einzuziehenden Gegenstandes** anzugeben (*BGH*, Beschluss vom 9. 6. 2006 – 2 StR 186/06 = BeckRS 2006, 08916; *Berlin* NStZ-RR 2010, 58 = NZV 2009, 407; vgl. auch BtMG § 33 Rn. 46 ff.).

12   Zieht das Tatgericht eine **große Zahl von Arzneimitteln** ein und steht zu erwarten, dass deren Wert die Höhe der ausgeworfenen Geldstrafe übersteigt, sind im Lichte des Verhältnismäßigkeitsgrundsatzes (§ 74b StGB) Ausführungen zum Wert der Präparate unerlässlich (vgl. *BayObLG* NJW 1974, 2060 = LMRR 1974, 14). Vor dem Hintergrund der Preisbildungsregelungen im Arzneimittelsektor dürfte es im Einzelfall freilich noch nicht ausreichen, wenn der Tatrichter die von der Einziehungsentscheidung betroffenen Arzneimittel konkret (**Bezeichnung des Medikaments**, Firma des Herstellers) benennt und ihre genaue **Menge** angibt (vgl. zu einer ähnlich gelagerten Fallgestaltung *BGH*, Urteil vom 5. 5. 2011 – 3 StR 57/11 = BeckRS 2011, 14183 [*zur Angabe der Typenbezeichnung in Bezug auf die Bauweise einer Schusswaffe*]).

13   Darüber hinaus ist zu prüfen, ob der Zweck der Einziehung im Einzelfall nicht durch **weniger einschneidende Maßnahmen** erreicht werden kann (§ 74b Abs. 2 StGB). In Betracht kommt etwa die Anweisung, die sichergestellten (unbedenklichen) Arzneimittel innerhalb einer zu bestimmenden Frist an den Hersteller zurückzugeben oder sie – soweit im Einzelfall rechtlich möglich – an den Inhaber einer Apotheke oder an einen Tierarzt zu veräußern (*BayObLG* NJW 1974, 2060 = LMRR 1974, 14).

Erweiterter Verfall

98a In den Fällen des § 95 Abs. 1 Nr. 2 a sowie der Herstellung und des Inverkehrbringens gefälschter Arzneimittel nach § 95 Abs. 1 Nr. 3 a in Verbindung mit § 8 Abs. 1 Nr. 1 a ist § 73 d des Strafgesetzbuches anzuwenden, wenn der Täter gewerbsmäßig oder als Mitglied einer Bande, die sich zur fortgesetzten Begehung solcher Taten verbunden hat, handelt.

Die Regelung des § 98 a AMG ist aufgrund des *Gesetzes zur Verbesserung der* **1** *Bekämpfung des Dopings im Sport* vom 24. 10. 2007 (BGBl. I S. 2510) mit Wirkung vom 1. 11. 2007 in das AMG eingefügt worden und steht daher in einem untrennbaren Zusammenhang mit der Verschärfung der Strafbarkeit des Inverkehrbringens, Verschreibens oder Anwendens von Arzneimitteln zu Dopingzwecken im Sport nach § 6 a Abs. 1 i. V. m. § 95 Abs. 1 Nr. 2 a AMG durch Erweiterung der Bestimmungen über **besonders schwere Fälle nach § 95 Abs. 3 AMG**.

Ausgehend hiervon hat der Gesetzgeber zu den Hintergründen der Neurege- **2** lung Folgendes ausgeführt (BT-Drs. 16/5526 S. 9):

„*Um über die Ausgestaltung dieser Fälle als besonders schwere Fälle hinaus eine effektive Gewinnabschöpfung bei diesen Straftaten sicherzustellen, sieht § 98 a eine Anwendbarkeit des Erweiterten Verfalls (§ 73 d StGB) für den Fall vor, dass der Täter gewerbsmäßig oder als Mitglied einer Bande handelt, die sich zur fortgesetzten Begehung solcher Taten verbunden hat. Die Regelung entspricht damit den vergleichbaren Vorschriften über die Gewinnabschöpfung bei anderen Straftaten, die einen engen Bezug zur organisierten Kriminalität aufweisen (u. a. § 181 c, § 256 Abs. 2, § 261 Abs. 7, § 263 Abs. 7 sowie § 302 StGB).*"

Der Anwendungsbereich der Vorschriften über den Erweiterten Verfall nach **3** § 73 d StGB ist freilich nur dann eröffnet, wenn die Voraussetzungen der in Bezug genommenen Strafvorschriften (vollständig) erfüllt sind (§ 73 d Abs. 1 S. 1 StGB: „*Ist eine rechtswidrige Tat nach einem Gesetz begangen worden, das auf diese Vorschrift verweist [...]*"). Vorausgesetzt wird also eine **rechtswidrige Straftat** nach § 95 Abs. 1 Nr. 2 a AMG oder die Herstellung bzw. das Inverkehrbringen gefälschter Arzneimittel nach § 95 Abs. 1 Nr. 3 a i. V. m. § 8 Abs. 1 Nr. 1 a AMG. Eine schuldhafte Tatbegehung ist dagegen nicht erforderlich.

Wegen der Einzelheiten wird auf die Kommentierung zu § 33 BtMG Bezug ge- **4** nommen (vgl. § 33 BtMG Rn. 183 ff.).

Gesetz zur Überwachung des Verkehrs mit Grundstoffen, die für die unerlaubte Herstellung von Betäubungsmitteln missbraucht werden können (Grundstoffüberwachungsgesetz – GÜG)

Inhalt

Gesetzestext

Gesetz zur Überwachung des Verkehrs mit Grundstoffen, die für die unerlaubte Herstellung von Betäubungsmitteln missbraucht werden können (Grundstoffüberwachungsgesetz – GÜG)

In der Fassung des Gesetzes zur Neuregelung des Grundstoffüberwachungsrechts vom 11. 3. 2008 (BGBl. I S. 306)

Abschnitt 1. Allgemeine Vorschriften

§ 1 Begriffsbestimmungen

Im Sinne dieses Gesetzes ist

1. Grundstoff: ein erfasster Stoff im Sinne des Artikels 2 Buchstabe a in Verbindung mit Anhang I der Verordnung (EG) Nr. 273/2004 des Europäischen Parlaments und des Rates vom 11. Februar 2004 betreffend Drogenausgangsstoffe (ABl. EU Nr. L 47 S. 1) in ihrer jeweils geltenden Fassung und des Artikels 2 Buchstabe a in Verbindung mit dem Anhang der Verordnung (EG) Nr. 111/2005 des Rates vom 22. Dezember 2004 zur Festlegung von Vorschriften für die Überwachung des Handels mit Drogenausgangsstoffen zwischen der Gemeinschaft und Drittländern (ABl. EU 2005 Nr. L 22 S. 1, 2006 Nr. L 61 S. 23) in ihrer jeweils geltenden Fassung;
2. Gemeinschaft: die Europäischen Gemeinschaften;
3. Drittstaat: ein Staat außerhalb der Gemeinschaft;
4. Einfuhr: jede Verbringung von Grundstoffen in das Zollgebiet der Gemeinschaft im Sinne des Artikels 2 Buchstabe c der Verordnung (EG) Nr. 111/2005 oder in einen nicht zum Zollgebiet der Gemeinschaft gehörenden Teil des Hoheitsgebietes der Bundesrepublik Deutschland;
5. Ausfuhr: jede Verbringung von Grundstoffen aus dem Zollgebiet der Gemeinschaft im Sinne des Artikels 2 Buchstabe d der Verordnung (EG) Nr. 111/2005 oder aus einem nicht zum Zollgebiet der Gemeinschaft gehörenden Teil des Hoheitsgebietes der Bundesrepublik Deutschland;
6. Vermittlungsgeschäft: jede Tätigkeit zur Anbahnung des Ankaufs, des Verkaufs oder der Lieferung von Grundstoffen im Sinne des Artikels 2 Buchstabe e der Verordnung (EG) Nr. 111/2005;
7. Inverkehrbringen: jede Abgabe von Grundstoffen im Sinne des Artikels 2 Buchstabe c der Verordnung (EG) Nr. 273/2004;
8. Herstellen: das Gewinnen, Synthetisieren, Anfertigen, Zubereiten, Be- oder Verarbeiten und Umwandeln von Grundstoffen;
9. Wirtschaftsbeteiligter: eine in Artikel 2 Buchstabe d der Verordnung (EG) Nr. 273/2004 oder in Artikel 2 Buchstabe f der Verordnung (EG) Nr. 111/2005 bezeichnete natürliche oder juristische Person.

§ 2 Anwendung der Verordnungen (EG) Nr. 111/2005 und Nr. 1277/2005

Soweit die Verordnung (EG) Nr. 111/2005 und die Verordnung (EG) Nr. 1277/2005 der Kommission vom 27. Juli 2005 mit Durchführungsvorschriften zu der Verordnung (EG) Nr. 273/2004 des Europäischen Parlaments und des Rates betreffend Drogenausgangsstoffe und zur Verordnung (EG) Nr. 111/2005 des Rates zur Festlegung von Vorschriften für die Überwachung des Handels mit

Drogenausgangsstoffen zwischen der Gemeinschaft und Drittländern (ABl. EU Nr. L 202 S. 7) in ihrer jeweils geltenden Fassung auf das Zollgebiet der Gemeinschaft Bezug nehmen, sind sie auch auf den nicht zum Zollgebiet der Gemeinschaft gehörenden Teil des Hoheitsgebietes der Bundesrepublik Deutschland anzuwenden.

§ 3 Verbote

Es ist verboten, einen Grundstoff, der zur unerlaubten Herstellung von Betäubungsmitteln verwendet werden soll, zu besitzen, herzustellen, mit ihm Handel zu treiben, ihn, ohne Handel zu treiben, einzuführen, auszuführen, durch den oder im Geltungsbereich dieses Gesetzes zu befördern, zu veräußern, abzugeben oder in sonstiger Weise einem anderen die Möglichkeit zu eröffnen, die tatsächliche Verfügung über ihn zu erlangen, zu erwerben oder sich in sonstiger Weise zu verschaffen.

§ 4 Allgemeine Vorkehrungen gegen Abzweigung

(1) Wirtschaftsbeteiligte sind verpflichtet, im Rahmen der im Verkehr erforderlichen Sorgfalt Vorkehrungen zu treffen, um eine Abzweigung von Grundstoffen zur unerlaubten Herstellung von Betäubungsmitteln zu verhindern.

(2) [1] Meldungen nach Artikel 8 Abs. 1 der Verordnung (EG) Nr. 273/2004 und Artikel 9 Abs. 1 der Verordnung (EG) Nr. 111/2005 sind an die Gemeinsame Grundstoffüberwachungsstelle nach § 6 zu richten. [2] Mündliche Meldungen sind innerhalb von drei Tagen schriftlich zu wiederholen. [3] Die übermittelten personenbezogenen Daten dürfen nur verwendet werden, um Straftaten und Ordnungswidrigkeiten nach den §§ 19 und 20, die Abzweigung von Grundstoffen, die für die unerlaubte Herstellung von Betäubungsmitteln verwendet werden können, die unerlaubte Herstellung von Betäubungsmitteln und die mit den zuvor genannten Handlungen in unmittelbarem Zusammenhang stehenden Straftaten, Straftaten nach § 95 des Arzneimittelgesetzes und den §§ 324, 324a, 326, 330 und 330a des Strafgesetzbuchs sowie die in § 100a Abs. 2 der Strafprozessordnung genannten Straftaten zu verhindern und zu verfolgen.

(3) Wer nach Absatz 2 Satz 1 Tatsachen mitteilt, die auf eine Straftat nach § 19 schließen lassen, kann wegen dieser Mitteilung nicht verantwortlich gemacht werden, es sei denn, die Mitteilung ist vorsätzlich oder grob fahrlässig unrichtig erstattet worden.

Abschnitt 2. Zuständigkeit und Zusammenarbeit der Behören

§ 5 Zuständige Behörden

(1) Das Bundesinstitut für Arzneimittel und Medizinprodukte ist zuständige Behörde

1. nach Artikel 3 (Mitteilung des verantwortlichen Beauftragten, Erlaubnis, Registrierung, Gebührenerhebung) und Artikel 8 Abs. 2 (Auskunft über Vorgänge mit erfassten Stoffen) der Verordnung (EG) Nr. 273/2004,
2. nach Artikel 6 (Erlaubnis), Artikel 7 Abs. 1 (Registrierung), Artikel 9 Abs. 2 (Auskunft über Ausfuhr-, Einfuhr- und Vermittlungtätigkeiten), Artikel 11 (Vorausfuhrunterrichtung), Artikel 12 Abs. 2, Artikel 13 Abs. 2, Artikel 14 Abs. 1 Unterabs. 1 und den Artikeln 15 bis 19 (Ausfuhrgenehmigung), den Artikeln 20, 21 Abs. 2 und den Artikeln 23 bis 25 (Einfuhrgenehmigung) und Artikel 26 Abs. 5 (Gebührenerhebung) der Verordnung (EG) Nr. 111/2005 und
3. nach Artikel 4 (Mitteilung des verantwortlichen Beauftragten), den Artikeln 5, 7 und 8 bis 11 (Erlaubnis), den Artikeln 17 bis 19 (Auskünfte und Meldungen), Artikel 21 (Vorausfuhrunterrichtung), den Artikeln 23, 25, 26 Abs. 2 und Artikel 27 Abs. 1 und 3 (Ausfuhr- und Einfuhrgenehmigung) und Artikel 31 (Wi-

derruf offener Einzelausfuhrgenehmigungen) der Verordnung (EG) Nr. 1277/2005.

(2) Zuständige Behörden für die Überwachung der Ein- und Ausfuhr von Grundstoffen sowie des Warenverkehrs mit diesen Stoffen zwischen den Mitgliedstaaten der Gemeinschaft sind die Zollbehörden.

(3) [1] Benannte Behörden im Sinne des Artikels 11 Abs. 1 und 2 Satz 2 der Verordnung (EG) Nr. 273/2004 und des Artikels 27 Satz 2 der Verordnung (EG) Nr. 111/2005 sind das Bundesinstitut für Arzneimittel und Medizinprodukte, das Zollkriminalamt und die Gemeinsame Grundstoffüberwachungsstelle nach § 6. [2] Für die Entgegennahme von Informationen, einschließlich personenbezogener Daten, die die Erlaubnis- und Genehmigungsverfahren sowie die innerstaatliche Überwachung betreffen, ist das Bundesinstitut für Arzneimittel und Medizinprodukte, für die Entgegennahme von Informationen zur Überwachung der Ein- und Ausfuhr sowie des Warenverkehrs zwischen den Mitgliedstaaten der Gemeinschaft ist das Zollkriminalamt, und für die Entgegennahme von Informationen zu strafrechtlichen und anderen Ermittlungen ist die Gemeinsame Grundstoffüberwachungsstelle nach § 6 zuständig.

§ 6 Gemeinsame Grundstoffüberwachungsstelle des Zollkriminalamtes und des Bundeskriminalamtes beim Bundeskriminalamt

(1) [1] Die Gemeinsame Grundstoffüberwachungsstelle des Zollkriminalamtes und des Bundeskriminalamtes ist beim Bundeskriminalamt eingerichtet. [2] Sie nimmt Aufgaben des Zollkriminalamtes und des Bundeskriminalamtes im Bereich der Grundstoffüberwachung wahr. [3] Die Aufgaben der Gemeinsamen Grundstoffüberwachungsstelle sowie die Verteilung der Aufgaben und Zuständigkeiten innerhalb dieser Stelle werden im Einzelnen von dem Bundesministerium des Innern und dem Bundesministerium der Finanzen einvernehmlich festgelegt.

(2) Soweit es zur Verhinderung und Verfolgung der in § 4 Abs. 2 Satz 3 genannten Straftaten und Ordnungswidrigkeiten erforderlich ist, leitet die Gemeinsame Grundstoffüberwachungsstelle Mitteilungen nach § 4 Abs. 2, § 5 Abs. 3 Satz 2 und § 11 Abs. 1 Satz 2 und 3 unverzüglich weiter an

1. das Bundeskriminalamt zur Erfüllung seiner Aufgaben nach den §§ 2 bis 4 Abs. 1 und 2 des Bundeskriminalamtgesetzes,
2. das zuständige Landeskriminalamt zur Erfüllung seiner Aufgabe als Zentralstelle und zur Verhinderung und Verfolgung von Straftaten,
3. das Zollkriminalamt zur Erfüllung seiner Aufgaben nach den §§ 3 und 4 des Zollfahndungsdienstgesetzes oder
4. das zuständige Zollfahndungsamt zur Verhinderung und Verfolgung von Straftaten und Ordnungswidrigkeitennach § 24 Abs. 2 des Zollfahndungsdienstgesetzes.

(3) Die Gemeinsame Grundstoffüberwachungsstelle leitet die Mitteilungen nach § 4 Abs. 2 und § 5 Abs. 3 Satz 2 unverzüglich an das Bundesinstitut für Arzneimittel und Medizinprodukte weiter, soweit aus ihrer Sicht die Kenntnis der Daten zur Erfüllung der Aufgaben des Bundesinstituts für Arzneimittel und Medizinprodukte nach diesem Gesetz erforderlich ist.

(4) Im Übrigen darf die Gemeinsame Grundstoffüberwachungsstelle die in den Mitteilungen nach Absatz 2 enthaltenen personenbezogenen Daten nur zu den in § 4 Abs. 2 Satz 3 genannten Zwecken verwenden.

§ 7 Mitwirkung der Bundespolizei

[1] Das Bundesministerium der Finanzen kann im Einvernehmen mit dem Bundesministerium des Innern die Beamten der Bundespolizei, die mit Aufgaben des Grenzschutzes nach § 2 des Bundespolizeigesetzes betraut sind, mit der Wahrnehmung von Aufgaben betrauen, die nach § 5 Abs. 2 den Zollbehörden obliegen. [2] In diesem Fall gilt § 67 Abs. 2 des Bundespolizeigesetzes entsprechend.

§ 8 Befugnisse der Zollbehörden

[1] Bei Straftaten und Ordnungswidrigkeiten nach den §§ 19 und 20 kann die zuständige Verfolgungsbehörde Ermittlungen (§ 161 Abs. 1 Satz 1 der Strafprozessordnung, § 46 Abs. 1 des Gesetzes über Ordnungswidrigkeiten) auch durch die Hauptzollämter oder die Behörden des Zollfahndungsdienstes und deren Beamte vornehmen lassen. [2] § 37 Abs. 2 bis 4 des Außenwirtschaftsgesetzes gilt entsprechend.

§ 9 Daten beim Bundesinstitut für Arzneimittel und Medizinprodukte

(1) Das Bundesinstitut für Arzneimittel und Medizinprodukte darf die in den Meldungen nach den Artikeln 17 und 18 der Verordnung (EG) Nr. 1277/2005 enthaltenen personenbezogenen Daten nur verwenden, um Straftaten nach § 19 zu verhindern und Ordnungswidrigkeiten nach § 20 zu verhindern und zu verfolgen.

(2) Soweit es zur Verhinderung und Verfolgung der in § 4 Abs. 2 Satz 3 genannten Straftaten und Ordnungswidrigkeiten erforderlich ist, darf das Bundesinstitut für Arzneimittel und Medizinprodukte die in den Meldungen nach den Artikeln 17 und 18 der Verordnung (EG) Nr. 1277/2005 enthaltenen personenbezogenen Daten übermitteln an

1. das Bundeskriminalamt zur Erfüllung seiner Aufgaben nach den §§ 2 bis 4 Abs. 1 und 2 des Bundeskriminalamtgesetzes,
2. das Zollkriminalamt zur Erfüllung seiner Aufgaben nach den §§ 3 und 4 des Zollfahndungsdienstgesetzes und
3. die zuständige Zollbehörde zur Erfüllung ihrer Aufgaben nach § 5 Abs. 2 und zur Verhinderung und Verfolgung von Straftaten und Ordnungswidrigkeiten.

§ 10 Automatisierter Datenabruf

(1) [1] Das Zollkriminalamt darf die beim Bundesinstitut für Arzneimittel und Medizinprodukte gespeicherten Daten aus den Meldungen nach Artikel 18 der Verordnung (EG) Nr. 1277/2005, einschließlich personenbezogener Daten, im automatisierten Verfahren abrufen. [2] Das Bundesinstitut für Arzneimittel und Medizinprodukte trifft nach § 9 des Bundesdatenschutzgesetzes dem jeweiligen Stand der Technik entsprechende angemessene Maßnahmen zur Sicherstellung von Datenschutz und Datensicherheit, die insbesondere die Vertraulichkeit, Authentizität und Integrität der Daten gewährleisten. [3] Im Falle der Nutzung allgemein zugänglicher Netze sind dem jeweiligen Stand der Technik entsprechende Verschlüsselungsverfahren anzuwenden.

(2) [1] Für die Festlegungen zur Einrichtung eines automatisierten Abrufverfahrens gilt § 10 Abs. 2 bis 5 des Bundesdatenschutzgesetzes. [2] Das Bundesinstitut für Arzneimittel und Medizinprodukte unterrichtet den Bundesbeauftragten für den Datenschutz und die Informationsfreiheit über die Einrichtung des Abrufverfahrens und die getroffenen Festlegungen.

(3) [1] Das Bundesinstitut für Arzneimittel und Medizinprodukte und das Zollkriminalamt protokollieren die Zeitpunkte der Abrufe, die abgerufenen Daten sowie Angaben, die eine eindeutige Identifizierung der für den Abruf verantwortlichen Person ermöglichen. [2] Die Protokolldaten dürfen ohne Einwilligung des Betroffenen nur für die Kontrolle der Zulässigkeit der Abrufe verwendet werden und sind nach sechs Monaten zu löschen.

§ 11 *Gegenseitige Unterrichtung*

(1) [1] Sofern tatsächliche Anhaltspunkte für den Verdacht einer Straftat nach § 19 vorliegen, unterrichten die nach § 5 Abs. 2 zuständigen Zollbehörden sowie die nach § 7 betrauten Beamten der Bundespolizei unverzüglich das Zollkriminalamt zur Erfüllung seiner Aufgaben nach den §§ 3 und 4 des Zollfahndungsdienstge-

setzes. [2]Das Zollkriminalamt leitet diese Informationen unter Beachtung des § 30 der Abgabenordnung unbeschadet sonstiger Meldepflichten unverzüglich an die Gemeinsame Grundstoffüberwachungsstelle weiter. [3]Sofern tatsächliche Anhaltspunkte für den Verdacht einer Straftat nach § 19 vorliegen, unterrichten das Bundesinstitut für Arzneimittel und Medizinprodukte und das Bundeskriminalamt unverzüglich die Gemeinsame Grundstoffüberwachungsstelle. [4]Die Gemeinsame Grundstoffüberwachungsstelle darf die nach den Sätzen 2 und 3 übermittelten Informationen nur für die in § 4 Abs. 2 Satz 3 genannten Zwecke einschließlich der Weiterleitung nach § 6 Abs. 2 verwenden.

(2) [1]Das Bundeskriminalamt, die Landeskriminalämter und das Zollkriminalamt übermitteln dem Bundesinstitut für Arzneimittel und Medizinprodukte unverzüglich Erkenntnisse über Tatsachen, einschließlich personenbezogener Daten, die aus ihrer Sicht für Entscheidungen des Bundesinstitutes für Arzneimittel und Medizinprodukte nach diesem Gesetz, der Verordnung (EG) Nr. 273/2004, der Verordnung (EG) Nr. 111/2005 oder der Verordnung (EG) Nr. 1277/2005 erforderlich sind. [2]Eine Übermittlung unterbleibt, wenn sie den Untersuchungszweck gefährden kann oder besondere gesetzliche Verwendungsregelungen entgegenstehen.

(3) Bei Verdacht von Verstößen gegen Vorschriften, Verbote und Beschränkungen dieses Gesetzes, der Verordnung (EG) Nr. 111/2005 oder der Verordnung (EG) Nr. 1277/2005, der sich im Rahmen der Wahrnehmung der Aufgaben nach § 5 Abs. 2 ergibt, unterrichten die Zollbehörden sowie die nach § 7 mitwirkende Bundespolizei unverzüglich das Bundesinstitut für Arzneimittel und Medizinprodukte und das Zollkriminalamt, soweit es für deren Aufgabenerfüllung erforderlich ist.

(4) Das Bundesinstitut für Arzneimittel und Medizinprodukte übermittelt die ihm bei der Erfüllung seiner Aufgaben nach diesem Gesetz bekannt gewordenen Informationen an die Zollbehörden, soweit dies zum Zwecke der Überwachung des Außenwirtschaftsverkehrs mit Grundstoffen erforderlich ist.

(5) Das Bundeskriminalamt, die Landeskriminalämter und das Zollkriminalamt übermitteln der Gemeinsamen Grundstoffüberwachungsstelle die zur Erfüllung der Berichtspflichten nach § 12 Abs. 1 und 3 erforderlichen Informationen.

(6) [1]Dritte, an die die Daten übermittelt werden, dürfen die Daten nur zu dem Zweck verwenden, für den sie übermittelt worden sind. [2]Eine Verwendung für andere Zwecke ist zulässig, soweit die Daten auch für diese Zwecke hätten übermittelt werden dürfen.

§ 12 Berichterstattung

(1) [1]Die Gemeinsame Grundstoffüberwachungsstelle berichtet dem Bundesinstitut für Arzneimittel und Medizinprodukte über

1. die ihr im Inland bekannt gewordenen Sicherstellungen von Grundstoffen nach Art und Menge und
2. die Methoden der Abzweigung einschließlich der unerlaubten Herstellung von Grundstoffen.

[2]Der Bericht ist jährlich bis zum 15. April für das vergangene Kalenderjahr abzugeben.

(2) Die nach Artikel 13 Abs. 1 der Verordnung (EG) Nr. 273/2004 und in Artikel 32 Unterabs. 1 der Verordnung (EG) Nr. 111/2005 vorgeschriebene Berichterstattung obliegt dem Bundesinstitut für Arzneimittel und Medizinprodukte.

(3) Die nach Artikel 29 Abs. 1 der Verordnung (EG) Nr. 1277/2005 vorgeschriebene Berichterstattung obliegt der Gemeinsamen Grundstoffüberwachungsstelle.

Abschnitt 3. Verkehr mit Grundstoffen

§ 13 Versagung der Erlaubnis nach Artikel 6 Abs. 1 der Verordnung (EG) Nr. 111/2005

Für die Versagung der Erlaubnis nach Artikel 6 Abs. 1 der Verordnung (EG) Nr. 111/2005 gilt Artikel 3 Abs. 4 Satz 2 der Verordnung (EG) Nr. 273/2004 entsprechend.

§ 14 Registrierung

Das Bundesinstitut für Arzneimittel und Medizinprodukte bestätigt dem Anzeigenden innerhalb eines Monats die Registrierung nach Artikel 3 Abs. 6 der Verordnung (EG) Nr. 273/2004 oder Artikel 7 Abs. 1 der Verordnung (EG) Nr. 111/2005.

§ 15 Gebühren und Auslagen

(1) Das Bundesinstitut für Arzneimittel und Medizinprodukte kann für die in Artikel 3 Abs. 7 der Verordnung (EG) Nr. 273/2004 und Artikel 26 Abs. 5 der Verordnung (EG) Nr. 111/2005 bezeichneten Amtshandlungen Gebühren zur Deckung des Verwaltungsaufwands sowie Auslagen erheben.

(2) [1]Das Bundesministerium für Gesundheit wird ermächtigt, im Einvernehmen mit dem Bundesministerium des Innern, dem Bundesministerium der Finanzen und dem Bundesministerium für Wirtschaft und Technologie durch Rechtsverordnung ohne Zustimmung des Bundesrates die gebührenpflichtigen Tatbestände und Gebühren nach Absatz 1 zu bestimmen und dabei feste Sätze oder Rahmensätze vorzusehen. [2]Das Verwaltungskostengesetz ist nach Maßgabe von Artikel 3 Abs. 7 der Verordnung (EG) Nr. 273/2004 und Artikel 26 Abs. 5 der Verordnung (EG) Nr. 111/2005 anzuwenden.

Abschnitt 4. Überwachung

§ 16 Überwachungsmaßnahmen

(1) Die für die Überwachung des Verkehrs mit Grundstoffen zuständigen Behörden oder die mit der Überwachung beauftragten Personen sind befugt,

1. von Wirtschaftsbeteiligten alle für die Überwachung erforderlichen Auskünfte zu verlangen;
2. die in Artikel 5 Abs. 2 und 3 der Verordnung (EG) Nr. 273/2004 und Artikel 3 der Verordnung (EG) Nr. 111/2005 bezeichneten Unterlagen einzusehen und hieraus Abschriften anzufertigen sowie Einsicht in die nach Artikel 5 Abs. 6 der Verordnung (EG) Nr. 273/2004 oder Artikel 4 Satz 3 der Verordnung (EG) Nr. 111/2005 angelegten elektronischen Dokumente zu nehmen und Ausdrucke dieser Dokumente zu verlangen, soweit diese für die Aufdeckung oder Verhinderung der unerlaubten Abzweigung von Grundstoffen erforderlich sind;
3. die Datenverarbeitungssysteme von Wirtschaftsbeteiligten zur Prüfung der Unterlagen nach Nummer 2 zu nutzen; sie können auch verlangen, dass die Daten nach ihren Vorgaben automatisiert ausgewertet oder ihnen auf automatisiert verarbeitbaren Datenträgern zur Verfügung gestellt werden, soweit dies für die Aufdeckung oder Verhinderung der unerlaubten Abzweigung von Grundstoffen erforderlich ist;
4. Grundstücke, Gebäude, Gebäudeteile, Einrichtungen und Transportmittel, die zum Verkehr mit Grundstoffen genutzt werden, zu betreten und zu besichtigen, um zu prüfen, ob die Vorschriften dieses Gesetzes sowie der Verordnung (EG) Nr. 273/2004, der Verordnung (EG) Nr. 111/2005 und der Verordnung (EG) Nr. 1277/2005 beachtet werden. Zur Abwehr dringender Gefahren für die öf-

fentliche Sicherheit, insbesondere zur Verhinderung einer Straftat nach § 19 oder einer Ordnungswidrigkeit nach § 20, dürfen die bezeichneten Grundstücke, Gebäude, Gebäudeteile, Einrichtungen und Transportmittel auch außerhalb der Betriebs- und Geschäftszeit sowie zu Wohnzwecken dienende Räume betreten werden; das Grundrecht der Unverletzlichkeit der Wohnung (Artikel 13 des Grundgesetzes) wird insoweit eingeschränkt;

5. zur Verhütung dringender Gefahren für die Sicherheit und Kontrolle des Grundstoffverkehrs vorläufige Anordnungen zu treffen, soweit Tatsachen die Annahme rechtfertigen, dass
   a) ein Grundstoff zur unerlaubten Herstellung von Betäubungsmitteln abgezweigt werden soll oder
   b) Vorschriften dieses Gesetzes, der Verordnung (EG) Nr. 273/2004, der Verordnung (EG) Nr. 111/2005 oder der Verordnung (EG) Nr. 1277/2005 nicht eingehalten werden.

Insbesondere können sie die weitere Teilnahme am Grundstoffverkehr ganz oder teilweise untersagen und die Grundstoffbestände sicherstellen. Die zuständige Behörde hat innerhalb eines Monats nach Erlass einer vorläufigen Anordnung endgültig zu entscheiden. Maßnahmen der mit der Überwachung beauftragten Personen werden einen Monat nach ihrer Bekanntgabe unwirksam. Erfolgt eine Bekanntgabe nicht, werden sie einen Monat nach ihrer Vornahme unwirksam. Die zuständige Behörde kann Maßnahmen jeder mit der Überwachung beauftragten Person bereits vorher aufheben.

(2) ¹Die Zollbehörden prüfen im Rahmen ihrer Zuständigkeiten nach § 5 Abs. 2 die Einhaltung dieses Gesetzes und der auf diesem Gebiet erlassenen Rechtsakte der Europäischen Gemeinschaften. ²Sie können zu diesem Zweck von den am Warenverkehr mittelbar oder unmittelbar beteiligten Personen Auskünfte und die Vorlage von Unterlagen verlangen. ³Bestehen Zweifel an der Einhaltung der zuvor genannten Vorschriften, ordnen die Zollbehörden im Falle des innergemeinschaftlichen Warenverkehrs die Beschlagnahme, im Falle der Ein- und Ausfuhr die Aussetzung der Überlassung oder die Zurückhaltung der Waren an. ⁴Werden die Zweifel nicht innerhalb einer Frist von sieben Werktagen ausgeräumt, können die Zollbehörden die Einziehung der Waren anordnen, soweit nicht die Einziehung nach § 21 in Betracht kommt. ⁵Die Kosten für die in dieser Vorschrift genannten Sicherungsmaßnahmen können den Verfügungsberechtigten auferlegt werden.

(3) ¹Die auf Grund von Überwachungsmaßnahmen nach Absatz 1 und 2 erlangten Informationen dürfen nur zu den in § 4 Abs. 2 Satz 3 genannten Zwecken verwendet werden. ²Die für die Überwachung des Verkehrs mit Grundstoffen zuständigen Behörden dürfen die Informationen auch ohne Ersuchen an die Gemeinsame Grundstoffüberwachungsstelle übermitteln, soweit aus ihrer Sicht die Kenntnis der Informationen für die in § 4 Abs. 2 Satz 3 genannten Zwecke erforderlich ist.

§ 17 Probenahmen

(1) ¹Soweit es zur Durchführung dieses Gesetzes, der Verordnung (EG) Nr. 273/2004, der Verordnung (EG) Nr. 111/2005 oder der Verordnung (EG) Nr. 1277/2005 erforderlich ist, sind die mit der Überwachung beauftragten Personen befugt, gegen Empfangsbescheinigung Proben nach ihrer Auswahl zum Zwecke der Untersuchung zu fordern oder zu entnehmen. ²Soweit nicht ausdrücklich darauf verzichtet wird, ist ein Teil der Probe, oder sofern die Probe nicht oder ohne Gefährdung des Untersuchungszwecks nicht in Teile von gleicher Qualität teilbar ist, ein zweites Stück der gleichen Art wie das als Probe entnommene zurückzulassen.

(2) ¹Zurückzulassende Proben sind amtlich zu verschließen oder zu versiegeln. ²Sie sind mit dem Datum der Probenahme und dem Datum des Tages zu verse-

hen, nach dessen Ablauf der Verschluss oder die Versiegelung als aufgehoben gelten.

§ 18 Duldungs- und Mitwirkungspflichten

(1) Jeder Wirtschaftsbeteiligte ist verpflichtet, Maßnahmen nach den §§ 16 und 17 zu dulden und bei der Durchführung der Überwachung mitzuwirken, insbesondere auf Verlangen der mit der Überwachung beauftragten Personen die Stellen zu bezeichnen, an denen der Verkehr mit Grundstoffen stattfindet, umfriedete Grundstücke, Gebäude, Räume, Behälter und Behältnisse zu öffnen, Auskünfte zu erteilen, Unterlagen vorzulegen sowie die Entnahme von Proben zu ermöglichen.

(2) [1]Der zur Auskunft Verpflichtete kann die Auskunft auf solche Fragen verweigern, deren Beantwortung ihn selbst oder einen seiner in § 383 Abs. 1 Nr. 1 bis 3 der Zivilprozessordnung bezeichneten Angehörigen der Gefahr strafgerichtlicher Verfolgung oder eines Verfahrens nach dem Gesetz über Ordnungswidrigkeiten aussetzen würde. [2]Der zur Auskunft Verpflichtete ist vor der Auskunft über sein Recht zur Auskunftsverweigerung zu belehren.

Abschnitt 5. Straf- und Bußgeldvorschriften

§ 19 Strafvorschriften

(1) Mit Freiheitsstrafe bis zu fünf Jahren oder mit Geldstrafe wird bestraft, wer

1. entgegen § 3 einen Grundstoff besitzt, herstellt, mit ihm Handel treibt, ihn, ohne Handel zu treiben, einführt, ausführt, durch den oder im Geltungsbereich dieses Gesetzes befördert, veräußert, abgibt oder in sonstiger Weise einem anderen die Möglichkeit eröffnet, die tatsächliche Verfügung über ihn zu erlangen, erwirbt oder sich in sonstiger Weise verschafft,
2. entgegen Artikel 3 Abs. 2 der Verordnung (EG) Nr. 273/2004 einen in Kategorie 1 des Anhangs I dieser Verordnung bezeichneten Grundstoff ohne Erlaubnis besitzt oder in den Verkehr bringt,
3. entgegen Artikel 6 Abs. 1 der Verordnung (EG) Nr. 111/2005 einen in Kategorie 1 des Anhangs dieser Verordnung bezeichneten Grundstoff ohne Erlaubnis einführt, ausführt oder ein Vermittlungsgeschäft mit ihm betreibt,
4. entgegen Artikel 12 Abs. 1 der Verordnung (EG) Nr. 111/2005 einen in Kategorie 1, 2 oder 3 des Anhangs dieser Verordnung bezeichneten Grundstoff ohne Ausfuhrgenehmigung ausführt oder
5. entgegen Artikel 20 der Verordnung (EG) Nr. 111/2005 einen in Kategorie 1 des Anhangs dieser Verordnung bezeichneten Grundstoff ohne Einfuhrgenehmigung einführt.

(2) Der Versuch ist strafbar.

(3) [1]In besonders schweren Fällen des Absatzes 1 ist die Strafe Freiheitsstrafe nicht unter einem Jahr. [2]Ein besonders schwerer Fall liegt in der Regel vor, wenn der Täter

1. gewerbsmäßig oder
2. als Mitglied einer Bande, die sich zur fortgesetzten Begehung solcher Taten verbunden hat, handelt.

[3]In besonders schweren Fällen ist § 73 d des Strafgesetzbuchs anzuwenden.

(4) Handelt der Täter in den Fällen des Absatzes 1 fahrlässig, so ist die Strafe Freiheitsstrafe bis zu einem Jahr oder Geldstrafe.

(5) Soweit auf die Verordnung (EG) Nr. 273/2004 oder die Verordnung (EG) Nr. 111/2005 Bezug genommen wird, ist jeweils die am 18. August 2005 geltende Fassung maßgeblich.

§ 20 Bußgeldvorschriften

(1) Ordnungswidrig handelt, wer vorsätzlich oder fahrlässig

1. in einem Antrag nach Artikel 5 der Verordnung (EG) Nr. 1277/2005 eine unrichtige Angabe macht oder eine unrichtige Unterlage beifügt,
2. entgegen Artikel 3 Abs. 3 der Verordnung (EG) Nr. 273/2004 einen in Kategorie 1 des Anhangs I dieser Verordnung bezeichneten Grundstoff in der Gemeinschaft abgibt,
3. entgegen Artikel 3 Abs. 6 der Verordnung (EG) Nr. 273/2004 dem Bundesinstitut für Arzneimittel und Medizinprodukte die Anschrift der Geschäftsräume, in denen ein in Kategorie 2 des Anhangs I dieser Verordnung bezeichneter Grundstoff hergestellt oder von denen aus mit ihm Handel betrieben wird, vor dem Inverkehrbringen nicht, nicht richtig, nicht vollständig oder nicht rechtzeitig anzeigt oder deren Änderung nicht, nicht richtig, nicht vollständig oder nicht rechtzeitig mitteilt,
4. entgegen Artikel 7 Abs. 1 der Verordnung (EG) Nr. 111/2005 dem Bundesinstitut für Arzneimittel und Medizinprodukte die Anschrift der Geschäftsräume, von denen ein in Kategorie 2 des Anhangs der Verordnung (EG) Nr. 111/2005 bezeichneter Grundstoff eingeführt, ausgeführt oder ein Vermittlungsgeschäft mit ihm betrieben wird, nicht, nicht richtig, nicht vollständig oder nicht rechtzeitig anzeigt oder deren Änderung nicht, nicht richtig, nicht vollständig oder nicht rechtzeitig mitteilt,
5. entgegen Artikel 7 Abs. 1 der Verordnung (EG) Nr. 111/2005, auch in Verbindung mit Artikel 14 Abs. 1 Unterabs. 2 oder Abs. 2 Unterabs. 2 und Anhang II der Verordnung (EG) Nr. 1277/2005, dem Bundesinstitut für Arzneimittel und Medizinprodukte die Anschrift der Geschäftsräume, von denen ein in Kategorie 3 des Anhangs der Verordnung (EG) Nr. 111/2005 bezeichneter Grundstoff ausgeführt wird, nicht, nicht richtig, nicht vollständig oder nicht rechtzeitig anzeigt oder deren Änderung nicht, nicht richtig, nicht vollständig oder nicht rechtzeitig mitteilt,
6. entgegen Artikel 5 Abs. 1 und 2 der Verordnung (EG) Nr. 273/2004 einen Vorgang, der zum Inverkehrbringen eines in Kategorie 1 oder 2 des Anhangs I dieser Verordnung bezeichneten Grundstoffs führt, nicht ordnungsgemäß in Handelspapieren wie Rechnungen, Ladungsverzeichnissen, Verwaltungsunterlagen oder Fracht- und sonstigen Versandpapieren dokumentiert oder entgegen Artikel 5 Abs. 3 dieser Verordnung eine Erklärung des Kunden nicht beifügt,
7. entgegen Artikel 3 der Verordnung (EG) Nr. 111/2005 Einfuhren oder Ausfuhren von Grundstoffen oder Vermittlungsgeschäfte mit Grundstoffen nicht ordnungsgemäß in Zoll- und Handelspapieren wie summarischen Erklärungen, Zollanmeldungen, Rechnungen, Ladungsverzeichnissen oder Fracht- und sonstigen Versandpapieren dokumentiert,
8. entgegen Artikel 5 Abs. 5, auch in Verbindung mit Abs. 6 der Verordnung (EG) Nr. 273/2004, die in Artikel 5 Abs. 2 und 3 dieser Verordnung bezeichneten Handelspapiere nicht oder nicht mindestens drei Jahre nach Ende des Kalenderjahres, in dem der in Artikel 5 Abs. 1 dieser Verordnung bezeichnete Vorgang stattgefunden hat, aufbewahrt,
9. entgegen Artikel 4 der Verordnung (EG) Nr. 111/2005 die in Artikel 3 dieser Verordnung bezeichneten Zoll- und Handelspapiere nicht oder nicht mindestens drei Jahre nach Ende des Kalenderjahres, in dem der in Artikel 3 dieser Verordnung bezeichnete Vorgang stattgefunden hat, aufbewahrt,
10. entgegen Artikel 7 der Verordnung (EG) Nr. 273/2004 einen in Kategorie 1 oder 2 des Anhangs I dieser Verordnung bezeichneten Grundstoff, einschließlich Mischungen und Naturprodukte, die derartige Grundstoffe enthalten, vor deren Abgabe in der Gemeinschaft nicht oder nicht in der vorgeschriebenen Form kennzeichnet,
11. entgegen Artikel 5 der Verordnung (EG) Nr. 111/2005 einen Grundstoff, einschließlich Mischungen und Naturprodukte, die Grundstoffe enthalten, vor

der Einfuhr oder Ausfuhr nicht oder nicht in der vorgeschriebenen Form kennzeichnet,

12. entgegen Artikel 17 Unterabs. 1 in Verbindung mit Artikel 19 Unterabs. 1 der Verordnung (EG) Nr. 1277/2005 dem Bundesinstitut für Arzneimittel und Medizinprodukte eine Meldung über die Mengen von in Kategorie 1 oder 2 des Anhangs I der Verordnung (EG) Nr. 273/2004 bezeichneten Grundstoffen, die von ihm im zurückliegenden Kalenderjahr innerhalb der Gemeinschaft geliefert wurden, nicht, nicht richtig, nicht vollständig oder nicht rechtzeitig erstattet,

13. entgegen Artikel 18 in Verbindung mit Artikel 19 Unterabs. 1 der Verordnung (EG) Nr. 1277/2005 dem Bundesinstitut für Arzneimittel und Medizinprodukte eine Meldung über Ausfuhren, Einfuhren oder Vermittlungsgeschäfte, die von ihm im zurückliegenden Kalenderjahr getätigt wurden, nicht, nicht richtig, nicht vollständig oder nicht rechtzeitig erstattet,

14. entgegen Artikel 13 Abs. 1 der Verordnung (EG) Nr. 111/2005 in einem Antrag auf Ausfuhrgenehmigung eine Angabe nicht, nicht richtig oder nicht vollständig macht,

15. einer vollziehbaren Auflage zur Ausfuhrgenehmigung nach Artikel 14 Abs. 1 Unterabs. 1 Satz 1 der Verordnung (EG) Nr. 111/2005 zuwiderhandelt, indem er am Ort der Verbringung aus dem Zollgebiet der Gemeinschaft eine Angabe über den Beförderungsweg oder das Transportmittel nicht, nicht richtig oder nicht vollständig macht,

16. entgegen Artikel 21 Abs. 1 der Verordnung (EG) Nr. 111/2005 in einem Antrag auf Einfuhrgenehmigung eine Angabe nicht, nicht richtig oder nicht vollständig macht oder

17. entgegen § 18 Abs. 1 einer Duldungs- oder Mitwirkungspflicht nicht nachkommt.

(2) Die Ordnungswidrigkeit kann mit einer Geldbuße bis zu fünfundzwanzigtausend Euro geahndet werden.

(3) Verwaltungsbehörde im Sinne des § 36 Abs. 1 Nr. 1 des Gesetzes über Ordnungswidrigkeiten ist das Bundesinstitut für Arzneimittel und Medizinprodukte.

(4) Soweit auf die Verordnung (EG) Nr. 273/2004, die Verordnung (EG) Nr. 111/2005 oder die Verordnung (EG) Nr. 1277/2005 Bezug genommen wird, ist jeweils die am 18. August 2005 geltende Fassung maßgeblich.

§ 21 Einziehung

[1] Gegenstände, auf die sich eine Straftat nach § 19 oder eine Ordnungswidrigkeit nach § 20 bezieht, können eingezogen werden. [2] § 74a des Strafgesetzbuchs und § 23 des Gesetzes über Ordnungswidrigkeiten sind anzuwenden.

Abschnitt 6. Schlussbestimmungen

§ 22 Bundeswehr

(1) Dieses Gesetz sowie die Verordnung (EG) Nr. 273/2004, die Verordnung (EG) Nr. 111/2005 und die Verordnung (EG) Nr. 1277/2005 sind auf die Bundeswehr entsprechend anzuwenden.

(2) Im Bereich der Bundeswehr obliegt die Überwachung des Verkehrs mit Grundstoffen den zuständigen Stellen und Sachverständigen der Bundeswehr.

(3) Das Bundesministerium der Verteidigung kann für seinen Geschäftsbereich im Einvernehmen mit dem Bundesministerium für Gesundheit in Einzelfällen Ausnahmen von diesem Gesetz sowie von der Verordnung (EG) Nr. 273/2004, der Verordnung (EG) Nr. 111/2005 und der Verordnung (EG) Nr. 1277/2005 zulassen, soweit zwingende Gründe der Verteidigung dies erfordern und die internationalen Suchtstoffübereinkommen dem nicht entgegenstehen.

Vorbemerkungen zum GÜG

Übersicht

A. Maßnahmen der Grundstoffüberwachung

Die Grundstoffüberwachung in Deutschland basiert auf drei Säulen: **1.) Inter-** **1** **nationale Regelungen und gesetzliche Vorschriften, 2.) freiwilliges Monitoring-System, 3.) Maßnahmen der Ermittlungsbehörden.** Diese Maßnahmen dürfen keinesfalls isoliert voneinander betrachtet werden. Es handelt sich dabei vielmehr um ein Bündel sich gegenseitig ergänzender Maßnahmen, welches erst in seiner Gesamtheit ein wirkungsvolles System zur Grundstoff- und Chemikalienkontrolle schafft. Damit ist die notwendige Flexibilität gegeben, auf Straftätermethoden zu reagieren.

I. Historische Gesetzgebung und Strafvorschriften des GÜG

Nach der amtlichen Begründung des GÜG vom 7. 10. 1994 (BGBl. I 1994, **2** 2835 ff.) verfolgte das Gesetz das Ziel, die missbräuchliche Abzweigung und Verwendung von bestimmten chemischen Erzeugnissen (Grundstoffen) zum Zwecke der unerlaubten Herstellung von Betäubungsmitteln zu verhindern bzw. zu verfolgen.

Es diente damit primär der innerstaatlichen Umsetzung der **Richtlinie 92/109/** **3** **EWG des Rates vom 14. 12. 1992** über die Herstellung und das Inverkehrbringen bestimmter Stoffe, die zur unerlaubten Herstellung von Suchtstoffen und psychotropen Stoffen verwendet werden (ABl. L Nr. 370 S. 76) sowie zur Anpassung der nationalen Verwaltung an die Vorschriften der **Verordnung (EWG) Nr. 3677/90 des Rates vom 13. 12. 1990** über Maßnahmen gegen Abzweigung bestimmter Stoffe zur unerlaubten Herstellung von Suchtstoffen und psychotropen Substanzen (ABl. L Nr. 357 S. 1) in der Fassung der **Verordnung (EWG) Nr. 900/92 des Rates vom 31. 3. 1992** zur Änderung der Verordnung (EWG) Nr. 3677/90 über Maßnahmen gegen die Abzweigung bestimmter Stoffe zur unerlaubten Herstellung von Suchtstoffen und psychotropen Substanzen (ABl. L Nr. 96 S. 1). Diese gemeinschaftlichen Rechtsakte setzten ihrerseits die einschlägigen Regelungen des Art. 12 des **Übereinkommens der Vereinten Nationen von 1988** gegen den unerlaubten Verkehr mit Suchtstoffen und psychotropen Stoffen (nachfolgend „Suchtstoffübereinkommen von 1988") um, sie berücksichtigten zugleich die Empfehlungen einer **Arbeitsgruppe der G 7-Länder** zur Kontrolle von Grundstoffen, nämlich der **Chemical Action Task Force (CATF),** die der Weltwirtschaftsgipfel 1990 in Houston (Texas) eingesetzt hatte (vgl. Wirtschaftserklärung von Houston vom 11. 6. 1990 unter Nr. 79 im Bulletin der BReg. vom 13. 7. 1990, S. 783 ff.).

4   Der Erwerb von Grundstoffen, die zur Herstellung von Betäubungsmitteln taugen, war bis zur Einführung der Strafvorschrift des § 29 Abs. 1 Nr. 11 i. V. m. § 18 a BtMG, also bis zum 28. 2. 1994, nicht mit Strafe bedroht (vgl. *Frankfurt*, Beschlüsse vom 13. 9. 1990 – 1 Ws 183/90 und 1 Ws 240/90).

5   Das **GÜG** bedurfte aber nach ersten Jahren der Erprobung **einer grundlegenden Novellierung** sowohl im Hinblick auf die **Verwaltungsvorschriften** als auch betreffend die **Straf- und Bußgeldtatbestände.** Außerdem musste eine Angleichung an neue europäische Regelungen erfolgen.

6   Am **18. 8. 2005** erfolgte eine **grundlegende Umstrukturierung und Änderung des zugrunde liegenden EU-Grundstoffrechts.** Folgende EU-Verordnungen traten in Kraft:

– **Verordnung (EG) Nr. 273/2004 des Europäischen Parlaments und des Rates vom 11. Februar 2004 betreffend Drogenausgangsstoffe** (ABl. L Nr. 47 S. 1). Durch diese Verordnung wurde die Richtlinie 92/109 EWG vom 14. 12. 1992 über die Herstellung und das Inverkehrbringen bestimmter Stoffe, die zur unerlaubten Herstellung von Suchtstoffen und psychotropen Stoffen verwendet werden können (ABl. L Nr. 370 S. 76), aufgehoben, die den innergemeinschaftlichen Handel mit Grundstoffen zum Gegenstand hatte und die durch das GÜG a. F. in nationales Recht umgesetzt worden war.

– **Verordnung (EG) Nr. 111/2005 des Rates vom 22. 12. 2004 zur Festlegung von Vorschriften für die Überwachung des Handels mit Drogenausgangsstoffen zwischen der Gemeinschaft und Drittländern** (ABl. 2005 L Nr. 22 S. 1). Diese Verordnung löst die Verordnung (EWG) Nr. 3677/90 vom 13. 12. 1990 über Maßnahmen gegen die Abzweigung bestimmter Stoffe zur unerlaubten Herstellung von Suchtstoffen und psychotropen Substanzen (ABl. L Nr. 357 S. 1) ab. Die Verordnung (EWG) Nr. 3677/90 regelte den Drittlandshandel mit Grundstoffen.

– **Verordnung (EG) Nr. 1277/2005 der Kommission vom 27. 7. 2005 mit Durchführungsvorschriften zu der Verordnung (EG) Nr. 273/2004 des Europäischen Parlaments und des Rates vom 11. 2. 2004 betreffend Drogenausgangsstoffe und zur Verordnung (EG) Nr. 111/2005 des Rates vom 22. 12. 2004** zur Festlegung von Vorschriften für die Überwachung des Handels mit Drogenausgangsstoffen zwischen der Gemeinschaft und Drittländern (ABl. L Nr. 202 S. 7). Durch diese VO wurde die VO (EWG) Nr. 3769/92 der Kommission vom 21. 12. 1992 (ABl. L Nr. 373 S. 17) aufgehoben.

7   Die bisher geltenden Bestimmungen (Richtlinie 92/109/EWG zum innergemeinschaftlichen Handel, umgesetzt durch das GÜG und die Verordnung (EWG) Nr. 3677/90 über den Drittlandshandel) wurden durch zwei neue Verordnungen ersetzt. Die alten Bestimmungen wurden aufgehoben und alle wesentlichen Inhalte zur Kontrolle und **Überwachung des legalen Verkehrs** unmittelbar und für alle EU-Mitgliedstaaten gleichermaßen **verbindlich durch EU-Recht geregelt.** Nähere Einzelheiten des EU-Rechts wurden in der ebenfalls am 18. 8. 2005 in Kraft getretenen Durchführungsverordnung (EG) Nr. 1277/2005 festgelegt. Aus deutscher Sicht **traten** die neuen Verordnungen jedoch **zu früh in Kraft,** da die notwendigen **Änderungen des nationalen Rechts nicht zeitgerecht umgesetzt werden konnten.** So entstand mit Inkrafttreten des neuen EU-Grundstoffrechts ein sanktionsfreier Raum, da das GÜG sich beim Begriff Grundstoff noch auf eine außer Kraft getretene EU-Verordnung bezog und **nicht an die seit 18. 8. 2005 in Kraft getretene EU-Rechtslage angepasst** worden war (vgl. dazu auch *BGH*, Beschluss vom 12. 4. 2011 – 5 StR 463/10). In zwei Strafsachen, die illegale Transporte von Grundstoffen zum Gegenstand hatten, wurden im September/Oktober 2005 Haftbefehle aufgehoben, weil **keine hinreichend bestimmte Strafvorschrift galt.** Die Regelung des § 29 Abs. 1 Nr. 1 GÜG war nicht mehr anwendbar, weil der in § 3 und § 29 Abs. 1 GÜG verwendete Begriff des „Grundstoffs" nach der Änderung des EU-Grundstoffrechts nicht mehr der aktuellen EU-Rechtslage entsprach. Zwar war die Liste der erfassten Grundstoffe im Zuge der Rechtsänderung inhaltlich nicht verändert worden, wohl aber die Rechtsgrundlagen, in denen die einschlägigen Stofflisten niedergelegt waren (*AG Nordhorn*, Beschluss vom 27. 10. 2005 – 5 GS 919/05). Um diese **Rechtslücke** möglichst schnell zu schließen, beförderte das Bundesministerium für Gesundheit im zeitlichen Vorgriff auf die in Arbeit befindliche vollständige Anpassung des GÜG eine Rechtsänderung bezogen auf diese Strafbarkeitsbestimmungen. Mit dem Gesetz über den Ausgleich von Arbeitgeberaufwendungen und zur Änderung anderer Gesetze vom 22. 12. 2005 (BGBl. I S. 3689) wurde das Grundstoffüberwachungsgesetz (GÜG) in den §§ 2, 3 und 29 Abs. 1 Nr. 1 a. F. geändert. Damit wurde zunächst die seit 18. 8. 2005 bestehende **Strafbarkeitslücke** bei Verstößen gegen das Verbot der Abzweigung von Grundstoffen gem. § 3 GÜG a. F. mit Wirkung zum 1. 1. 2006 wieder **geschlossen**.

Dem **nationalen Grundstoffüberwachungsgesetz geltender Fassung** 8 kommt im Bereich der administrativen Kontrolle und Überwachung – anders als vorher, als es der Umsetzung der Richtlinie 92/109/EWG in nationales Recht diente – nur noch eine ergänzende und konkretisierende Rolle zu, insbesondere im Hinblick auf die Regelungen zur **nationalen Zuständigkeit**, auf Anpassungen an das nationale Verwaltungsverfahren sowie auf die Ausgestaltung bestimmter Überwachungsmaßnahmen. Durch das Gesetz werden die regelungsbedürftigen Teile der Verordnung (EG) Nr. 273/2004 und der Verordnung (EG) Nr. 111/2005 auf nationaler Ebene zusammengefasst und gebündelt. Das Gesetz gleicht dabei EU-rechtliche Ungenauigkeiten aus und stellt auf nationaler Ebene die notwendige Übereinstimmung zwischen den Regularien zum innergemeinschaftlichen Handel und zum Außenhandel mit Grundstoffen her. Soweit sich Doppelregelungen nicht gänzlich vermeiden ließen, dienen sie der Rechtsklarheit. Im Bereich der administrativen Kontrolle (Erlaubnisse, Genehmigungen, Registrierung, Dokumentations- und Meldepflichten) hat das Gesetz **neben dem neuen EU-Recht nur begrenzt eine eigenständige inhaltliche Regelungsfunktion**, wohl aber enthält es notwendige nationale Durchführungsvorschriften für die Anwendung der drei neuen EU-Verordnungen. Daneben enthält es die dem nationalen Gesetzgeber ausdrücklich aufgegebene Ausgestaltung der Überwachungsmaßnahmen sowie die vorgeschriebenen **Straf- und Bußgeldvorschriften.**

Im Übrigen sind die Vertragsparteien des Suchtstoffübereinkommens von 9 1988 schon nach Art. 3 Abs. 1 Buchst. a iv sowie Buchst. c ii und iv verpflichtet, **Straftatbestände für das Herstellen, Befördern oder Verteilen von Grundstoffen** vorzusehen, **sofern diese zur illegalen Herstellung von Suchtstoffen oder psychotropen Stoffen verwendet werden sollen.** Eine vergleichbare Verpflichtung der EU-Mitgliedstaaten enthält Art. 2 Abs. 1 Buchst. d des Rahmenbeschlusses 2004/757/JI des Rates vom 25. 10. 2004 zur Festlegung von Mindestvorschriften über die Tatbestandsmerkmale strafbarer Handlungen und die Strafen im Bereich des illegalen Drogenhandels. Art. 4 Abs. 4 des genannten Rahmenbeschlusses sieht darüber hinaus bestimmte Mindesthöchststrafen vor. Daneben verlangen Art. 12 der VO (EG) Nr. 273/2004 sowie Art. 31 der VO (EG) Nr. 111/2005 nationale Sanktionen bei Verstößen gegen beide Verordnungen.

II. Monitoring-Melde-System der Chemischen Industrie

Bereits 10 Jahre vor Inkrafttreten des Grundstoffüberwachungsgesetzes wurde 10 in Deutschland ein sog. Monitoring-System eingerichtet. Dieses basiert auf der Grundlage einer **freiwilligen, vertrauensvollen Zusammenarbeit zwischen Beteiligten der Chemie- und Pharmawirtschaft und den Strafverfolgungsbehörden** und verfolgt das Ziel, illegale Rauschgift-Labore festzustellen und die Abzweigung von Chemikalien für die Betäubungsmittel-Herstellung zu verhindern.

11   Die freiwillige Zusammenarbeit basiert vor allem auf einer Vereinbarung zwischen den deutschen Dachverbänden der chemischen Industrie und des Handels sowie der Bundesregierung. Auf der Grundlage dieser Vereinbarung verpflichteten sich alle diesen Verbänden angeschlossenen Mitglieder zu einer Zusammenarbeit mit den Strafverfolgungsbehörden, um den Missbrauch ihrer Produkte für die illegale Drogenproduktion zu verhindern. Aus diesem Grund werden die Kunden von Grundstofflieferanten einer genauen Prüfung unterzogen. Bei Vorliegen von Zweifeln über den angegebenen (legalen) Verwendungszweck unterbleibt eine Auslieferung der Ware auf freiwilliger Basis. In diesen Verdachtsfällen wird durch Einschaltung zuständiger Behörden (etwa der **Gemeinsamen Grundstoff-Überwachungsstelle ZKA/BKA beim Bundeskriminalamt Wiesbaden – GÜS**) jeder weitere Schritt zwischen den Beteiligten abgestimmt. Auch nach Inkrafttreten des GÜG wurde das Monitoring-System in Deutschland parallel dazu weitergeführt, wobei **von den Maßnahmen des Monitoring-Systems weitaus mehr Chemikalien** erfasst werden, **als die 23 Grundstoffe, die nach dem GÜG** der Kontrolle unterliegen.

III. Kontrolle nicht gelisteter Vorläufersubstanzen

12   Es gibt eine ganze Reihe gesetzlich nicht überwachter, aber für die Betäubungsmittel-Herstellung wesentlicher Laborchemikalien, die den freiwilligen Überwachungsmaßnahmen des sog. **Monitoring-Systems (MS)** unterliegen und deren Bestellung beim Hinzutreten merkwürdiger Umstände die Einschaltung der Kontrollbehörden rechtfertigen. Zu diesen MS-Stoffen gehören a) **Acetondicarbonsäure,** b) **Ameisensäure,** c) **Benzaldehyd,** d) **Formamid,** e) **Methylamin,** f) **Methylisobutylketon (MIBK),** g) **Nitroethan,** h) **N-Methylformamid,** i) **Sassafrasöl,** j) **Succiudialdehyd. Sassafrasöl** ist zwar kein gelisteter Stoff im Sinne der VO/EWG Nr. 111/2005, wird jedoch wegen seines hohen Safrol-Anteils in Deutschland wie ein Stoff der Kategorie 1 behandelt. Es ist ein Trend zur **Substitution gesetzlich erfasster Grundstoffe** festzustellen. An Stelle des **gelisteten Grundstoffes** Phenylaceton (Benzylmethylketon = BMK) wird bei der illegalen Amphetaminherstellung in zunehmendem Maße die nicht dem GÜG unterliegende Chemikalie Benzaldehyd („künstliches Bittermandelöl") verwendet.

13   Zur Verbesserung der Zusammenarbeit zwischen den Mitgliedstaaten und der chemischen Industrie in Bezug auf Substanzen, die zwar nicht unter die Regelungen für Drogenausgangsstoffe fallen, aber dennoch zur illegalen Herstellung synthetischer Drogen verwendet werden, erarbeitete die Kommission Leitlinien für diesen Wirtschaftszweig. Die für **Hersteller und Händler bestimmten Leitlinien** enthalten u. a. die Verpflichtung, verdächtige Transaktionen mit den im Einzelnen aufgeführten Stoffen der Gemeinsamen Grundstoffüberwachungsstelle ZKA/BKA – GÜS – auf freiwilliger Basis zu melden (Verstöße gegen die Anzeigepflicht werden freilich nicht sanktioniert). In analoger Anwendung der bei der Abfertigung für – gelistete – Grundstoffe geltenden Überwachungsmaßnahmen melden die Zollstellen grenzüberschreitende Transporte.

IV. Strafvorschriften des GÜG

14   Der 5. Abschnitt des GÜG enthält eine Reihe von Straf- und Bußgeldvorschriften, die im Einzelnen stark an die entsprechenden Regelungen des BtMG angelehnt sind, gleichwohl aber wesentliche Besonderheiten aufweisen.

15   Das Verbot des § 3 GÜG und die hiermit korrespondierende Strafvorschrift des § 19 Abs. 1 Nr. 1 GÜG richtet sich gegen die **Abzweigung von Grundstoffen für die unerlaubte Betäubungsmittelherstellung.** Es soll nicht nur die unerlaubte Produktion nicht verkehrsfähiger Betäubungsmittel, sondern auch die grundsätzlich erlaubnisfähige Produktion verkehrsfähiger Betäubungsmittel unterbinden, wenn und weil sie sich in Ermangelung einer Erlaubnis oder wegen Überschreitung der zeitlichen oder inhaltlichen Grenzen einer derartigen Erlaubnis (vgl. *LG Koblenz* NStZ 1984, 272 f.) der staatlichen Kontrolle entzieht.

B. Verhältnis zum Betäubungsmittelrecht

I. Grundlagen

Die Regelungen des BtMG und des GÜG sind grundsätzlich **nebeneinander** 16 anwendbar. Weder sehen die einschlägigen Begriffsbestimmungen (zum Begriff der Grundstoffe vgl. nur § 1 Nr. 1 GÜG) einen generellen Ausschluss der jeweils anderen Stoffkategorie vor, noch lassen sich Überschneidungen beider Regelungsbereiche im Einzelfall von vorn herein überhaupt oder mindestens für einen „normspezifischen Regelfall" ausschließen. Vielmehr dürften sich Überschneidungen im Einzelfall vor allem aufgrund der Vielzahl der vom Begriff des „Handeltreibens" nach dem BtMG erfassten Handlungen ergeben.

Ein vom Gesetzgeber vorgesehenes **Rangverhältnis** beider Rechtsregime ist 17 ebenfalls **nicht ersichtlich**. Zwar mögen die Regelungen des GÜG ihrer Zielsetzung entsprechend – eine Abzweigung erfasster Drogenausgangsstoffe zur illegalen Betäubungsmittelherstellung zu verhindern – inhaltlich den Vorschriften des BtMG insoweit vorgelagert sein, als die in den einschlägigen Grundstofflisten aufgeführten Substanzen häufig oder regelmäßig die stoffliche Basis illegaler Herstellungsvorgänge nach dem BtMG bilden. Diese an den rein faktischen Abläufen orientierte Sichtweise gibt jedoch für das Verhältnis der einschlägigen Rechtsnormen zueinander nichts her. Gleichwohl wird zu berücksichtigen sein, dass es sich bei einigen wesentlichen Tatbeständen nach dem GÜG um zu selbständigen Straftaten erhobene **Vorbereitungshandlungen** betreffend einen nach dem BtMG strafrechtlich relevanten Umgang mit Betäubungsmitteln handelt (MK-StGB/*Kotz* § 29 GÜG Rn. 52).

Im Ergebnis und also allein auf der **Konkurrenzebene** dürfte es vor diesem 18 Hintergrund entscheidend darauf ankommen, ob und in welchem Umfang den einzelnen Tathandlungsalternativen im konkreten Einzelfall ein **eigenständiger Unwertgehalt** zukommt. Dies dürfte jedenfalls dann anzunehmen sein, wenn der strafrechtlich relevante Umgang mit dem betreffenden Drogenausgangsstoff zu einer Abzweigung der Substanz aus dem legalen Grundstoffhandelssektor führt und damit rechtserheblich Vertrauen in die Funktionsfähigkeit der einschlägigen Grundstoffüberwachungsmaßnahmen erschüttert wird. Die Klärung dieser Frage muss freilich der Prüfung im jeweiligen Einzelfall vorbehalten bleiben.

II. Unerlaubtes Handeltreiben mit Betäubungsmitteln

Bei einem Tatverdächtigen, der Grundstoffe zur unerlaubten Herstellung von 19 Betäubungsmitteln verwendet, ist zunächst zu prüfen, ob er sich am **unerlaubten Handeltreiben** mit Betäubungsmitteln beteiligt und damit gegen das **BtMG** verstoßen hat. Ob daneben eine tateinheitliche Verwirklichung eines Straftatbestandes nach § 19 GÜG in Betracht kommt, ist nach Maßgabe der unter Rn. 16 f. dargelegten Grundsätze zu prüfen. Im Regelfall wird sich freilich insoweit eine Verfolgungsbeschränkung nach § 154 a StPO anbieten.

III. Unerlaubtes Herstellen von Betäubungsmitteln

Sofern die für das Handeltreiben nach dem BtMG relevanten Absatzbemühun- 20 gen nicht nachweisbar sind, ist zu prüfen, ob die Tatverdächtigen unmittelbar dazu angesetzt haben, **Betäubungsmittel herzustellen** und sich deshalb bereits wegen versuchter Herstellung strafbar gemacht haben (§ 29 Abs. 1 S. 1 Nr. 1 und Abs. 2 BtMG). Der Ankauf von Grundstoffen und/oder der Transport von Grundstoffen zum Labor stellen nach der Rechtsprechung des *BGH* bloße Vorbereitungshandlungen der Herstellung dar.

Ist ein Tatverdächtiger dazu übergegangen, mit den Drogenausgangsstoffen zu 21 arbeiten, Laborgeräte in Gang zu setzen, Grundstoffe in Behältnisse zu füllen, zu mischen oder zu verarbeiten, ist die Schwelle zum **Versuchsbeginn** des Herstellungsvorgangs von Betäubungsmitteln überschritten. Wird ein vorhandenes Betäubungsmittel bearbeitet, verarbeitet oder ist aus dem Drogenausgangsstoff ein neues Betäubungsmittel gewonnen worden, kann von **vollendeter Herstellung von Betäubungsmitteln** ausgegangen werden. Zur tateinheitlichen Verwirklichung von Tatbeständen nach dem GÜG vgl. Rn. 18.

C. Verhältnis zum Arzneimittelrecht

22   Der **Grundstoffbegriff** des GÜG knüpft an die Definitionen der **„erfassten Stoffe"** in den zugehörigen Verordnungen (EG) Nr. 273/2004 (Art. 2 Buchst. a i. V. m. Anhang I der VO) und Nr. 111/2005 (Art. 2 Buchst. a i. V. m. dem Anhang zur VO) an, § 1 Nr. 1 GÜG.

23   Nach der insoweit in Bezug genommenen Regelung des Art. 2 Buchst. a der VO (EG) Nr. 273/2004 (die die Begriffsbestimmung des Art. 2 Buchst. a VO (EG) Nr. 111/2005 inhaltlich entspricht) bezeichnet der Ausdruck „erfasster Stoff" alle im Anhang I aufgeführten Stoffe, einschließlich Mischungen und Naturprodukte, die derartige Stoffe enthalten. **Ausgenommen sind Arzneimittel gemäß der Definition der Richtlinie 2001/83/EG** des Europäischen Parlaments und des Rates vom 6. November 2001 zur Schaffung eines **Gemeinschaftskodexes für Humanarzneimittel** (ABl. L Nr. 311 S. 67), pharmazeutische Zubereitungen, die erfasste Stoffe enthalten und so zusammengesetzt sind, dass sie nicht einfach verwendet oder leicht und wirtschaftlich extrahiert werden können.

24   **Vor jeder Einstufung von Substanzen als Grundstoffe** ist daher zu prüfen, ob es sich um Arzneimittel im Sinne des Art. 1 der Richtlinie 2001/83/EG handelt, nämlich um a) Stoffe oder Stoffzusammensetzungen, die als Mittel mit Eigenschaften zur Heilung oder zur Verhütung *menschlicher* Krankheiten bestimmt sind, oder b) um Stoffe oder Stoffzusammensetzungen, die im oder am *menschlichen* Körper verwendet oder einem *Menschen* verabreicht werden können, um entweder die *menschlichen* physiologischen Funktionen durch eine pharmakologische, immunologische oder metabolische Wirkung wiederherzustellen, zu korrigieren oder zu beeinflussen oder eine Diagnose zu erstellen. Im Einzugsbereich der **Humanarzneimittel** sind daher zumindest insoweit Überschneidungen der einschlägigen Straftatbestände auszuschließen, als die Sanktionsvorschriften des GÜG an den Umgang mit Grundstoffen anknüpfen. Jenseits des so umschriebenen Bereichs – insbesondere im Kontext der Formalverstöße nach § 20 GÜG – sind Berührungen denkbar. Zur tateinheitlichen Begehung von Straftaten nach dem AMG und dem GÜG vgl. *BGH*, Beschluss vom 12. 4. 2011 – 5 StR 463/10.

25   Werden bei einem Sportler nicht zugelassene Ephedrin-Tabletten zu Dopingzwecken mit dem Wirkstoff Ephedrinhydrochlorid sichergestellt, so wird zwar der Grundstoff-Begriff insoweit erfüllt, als aus der Tablettenzubereitung der Kategorie-1-Grundstoff Ephedrin leicht wiederzugewinnen ist. Dennoch ist die Anwendung des GÜG ausgeschlossen, da es sich um eine pharmazeutische Zubereitung, um ein verschreibungspflichtiges, apothekenpflichtiges Humanarzneimittel handelt.

26   Keine Regelungskonkurrenzen im eigentlichen Sinne, sondern vielmehr ein Problem der **Subsumtion** offenbaren dagegen diejenigen Fallgestaltungen, in denen pharmazeutische Erzeugnisse zunächst als Arzneimittel in den Verkehr gebracht, später aber ihre eigentliche Bestimmung geändert und dahingehend konkretisiert wird, dass sie nunmehr der unerlaubten Herstellung von Betäubungsmitteln dienen sollen. So handelt es sich zwar bei **Ephedrin** um einen Drogenausgangsstoff der Kategorie 1 des Anhangs der einschlägigen Verordnungen (EG) Nr. 273/2004 und Nr. 111/2005. Werden Ephedrin-Tabletten als Arzneimittel eingeführt, später zerstampft und damit zu einem Rohstoff für die unerlaubte Betäubungsmittelherstellung umgewidmet, handelt es sich gleichwohl erst ab diesem Zeitpunkt um einen Grundstoff im Sinne des GÜG. Bis zur eigentlichen **Umwidmung** bleiben die Erzeugnisse Arzneimittel, unabhängig davon, welchen Verwendungszweck die Täter im Auge haben (Vorbem. AMG Rn. 171). Zum unerlaubten Großhandel eines Apothekers mit **Ephedrinhydrochlorid** nach § 95

Abs. 1 Nr. 5 i. V. m. § 47 Abs. 1 AMG sowie zur Strafbarkeit nach § 29 Abs. 1
Nr. 2 GÜG a. F. (jetzt § 19 Abs. 1 Nr. 2 GÜG) vgl. *BGH*, Beschluss vom 12. 4.
2011 – 5 StR 463/10.

D. Grundstoffe und ihre Verwendung

Die derzeit erfassten **23 Drogenausgangsstoffe** sind in den Anhängen der Ver- **27**
ordnungen (EG) Nr. 273/2004 und Nr. 111/2005 für alle Mitgliedstaaten der
Gemeinschaft gleichermaßen verbindlich aufgeführt. Sie untergliedern sich in **drei
Kategorien**, für die unterschiedliche Kontrollen, Verbote und Strafvorschriften
vorgesehen sind. Ihre Verwendung im Einzugsbereich strafbarer Betäubungsmittelherstellung ist der nachfolgenden tabellarischen Aufstellung zu entnehmen.

Erfasster Stoff	Hergestellte Substanz
Kategorie 1	
1. **Ephedrin**	Amphetamine/Methamphetamine
2. **Ergometrin**	LSD
3. **Ergotamin**	LSD
4. **Lysergsäure**	LSD
5. **1-Phenyl-2-Propanon (BMK) (Benzyl-Methyl-Keton/ Phenyl-Aceton)**	Amphetamine/Methamphetamine
6. **Pseudo-Ephedrin**	Amphetamine/Methamphetamine
7. **Phenylpropanolamin (PPA) (Norephedrin)**	Amphetamine/Methamphetamine
8. **N-Acetylanthranilsäure (2-Acetamidobenzoesäure)**	Methaqualon
9. **3,4-Methylendioxyphenyl- propan-2-on (PMK) Piperonyl-Methyl-Keton Benzo-Dioxol-Propam**	Methylendioxyamphetamin (MDA) Methylendioxymethamphetamin (MDMA) Methylenethylamphetamin (MDE) = Ecstasy und andere Designer- Drogen
10. **Isosafrol**	MDA-MDMA-MDE
11. **Piperonal (Piperonylaldehyd, Heliotropin, Methylen-Dioxy-Benzaldehyd)**	MDA-MDMA-MDE
12. **Safrol**	MDA-MDMA-MDE
Kategorie 2	
1. **Essigsäureanhydrid (EA)**	Heroin, Methaqualon
2. **Anthranilsäure**	Methaqualon
3. **Phenylessigsäure**	Amphetamine/Methamphetamine
4. **Piperidin**	Phencyclidin
5. **Kaliumpermanganat (KPM)**	Kokain
Kategorie 3	
1. **Aceton**	Kokain, Heroin
2. **Ethylether (Diethylether)**	Kokain, Heroin
3. **Methylethylketon (MEK) (Butanon)**	Kokain
4. **Toluol**	Kokain
5. **Schwefelsäure**	Kokain, Heroin
6. **Salzsäure (Hydrogenchlorid)**	Kokain, Heroin

Kommentierung der
Straf- und Bußgeldvorschriften des GÜG

Gesetz zur Überwachung des Verkehrs mit Grundstoffen, die für die unerlaubte Herstellung von Betäubungsmitteln missbraucht werden können (Grundstoffüberwachungsgesetz – GÜG)

In der Fassung des Gesetzes zur Neuregelung des Grundstoffüberwachungsrechts vom 11. 3. 2008 (BGBl. I S. 306)

– in Auszügen –

Strafvorschriften

19 (1) **Mit Freiheitsstrafe bis zu fünf Jahren oder mit Geldstrafe wird bestraft, wer**

1. **entgegen § 3 einen Grundstoff besitzt, herstellt, mit ihm Handel treibt, ihn, ohne Handel zu treiben, einführt, ausführt, durch den oder im Geltungsbereich dieses Gesetzes befördert, veräußert, abgibt oder in sonstiger Weise einem anderen die Möglichkeit eröffnet, die tatsächliche Verfügung über ihn zu erlangen, erwirbt oder sich in sonstiger Weise verschafft,**
2. **entgegen Artikel 3 Abs. 2 der Verordnung (EG) Nr. 273/2004 einen in Kategorie 1 des Anhangs I dieser Verordnung bezeichneten Grundstoff ohne Erlaubnis besitzt oder in den Verkehr bringt,**
3. **entgegen Artikel 6 Abs. 1 der Verordnung (EG) Nr. 111/2005 einen in Kategorie 1 des Anhangs dieser Verordnung bezeichneten Grundstoff ohne Erlaubnis einführt, ausführt oder ein Vermittlungsgeschäft mit ihm betreibt,**
4. **entgegen Artikel 12 Abs. 1 der Verordnung (EG) Nr. 111/2005 einen in Kategorie 1, 2 oder 3 des Anhangs dieser Verordnung bezeichneten Grundstoff ohne Ausfuhrgenehmigung ausführt oder**
5. **entgegen Artikel 20 der Verordnung (EG) Nr. 111/2005 einen in Kategorie 1 des Anhangs dieser Verordnung bezeichneten Grundstoff ohne Einfuhrgenehmigung einführt.**

(2) **Der Versuch ist strafbar.**

(3) [1]**In besonders schweren Fällen des Absatzes 1 ist die Strafe Freiheitsstrafe nicht unter einem Jahr.** [2]**Ein besonders schwerer Fall liegt in der Regel vor, wenn der Täter**

1. **gewerbsmäßig oder**
2. **als Mitglied einer Bande, die sich zur fortgesetzten Begehung solcher Taten verbunden hat, handelt.**

[3]**In besonders schweren Fällen ist § 73 d des Strafgesetzbuchs anzuwenden.**

(4) **Handelt der Täter in den Fällen des Absatzes 1 fahrlässig, so ist die Strafe Freiheitsstrafe bis zu einem Jahr oder Geldstrafe.**

(5) **Soweit auf die Verordnung (EG) Nr. 273/2004 oder die Verordnung (EG) Nr. 111/2005 Bezug genommen wird, ist jeweils die am 18. August 2005 geltende Fassung maßgeblich.**

Übersicht

A. Grundlagen

I. Historie und Zielsetzung

Das Gesetz zur Neuregelung des Grundstoffüberwachungsrechts vom 11. 3. **1**
2008 (BGBl. I S. 306, in Kraft getreten am 19. 3. 2008) ersetzt das Grundstoffüberwachungsgesetz vom 7. 10. 1994 (BGBl. I S. 2835; vgl. dazu die Vorauflage
§ 1 Rn. 13 ff.) sowie die Verordnung über Verstöße gegen das Grundstoffüberwachungsgesetz (GÜG-VV) vom 24. 7. 2002 (BGBl. I S. 2915). Es dient der Anpassung der nationalen Rechtsvorschriften an geltendes EU-Grundstoffrecht (BR-
Drs. 719/07). Anlass für die Überarbeitung waren die am 18. 8. 2005 in Kraft
getretenen Verordnungen (EG) Nr. 273/2004 vom 11. 2. 2004 betreffend Drogenausgangsstoffe (ABl. L Nr. 47 S. 1), Nr. 111/2005 vom 22. 12. 2004 zur Festlegung von Vorschriften über die Überwachung des Handels mit Drogenaustausch-
stoffen zwischen der Gemeinschaft und Drittländern (ABl. L Nr. 22 S. 1) und
Nr. 1277/2005 vom 27. 7. 2005 mit Durchführungsvorschriften zu der Verordnung (EG) Nr. 273/2004 des Europäischen Parlaments und des Rates betreffend
Drogenausgangsstoffe und zur Verordnung (EG) Nr. 111/2005 des Rates zur Festlegung von Vorschriften für die Überwachung des Handels mit Drogenausgangsstoffen zwischen der Gemeinschaft und Drittländern (ABl. L Nr. 202 S. 7). Nunmehr ist auch der innergemeinschaftliche Handel mit Grundstoffen, d. h.
Chemikalien, die zwar grundsätzlich legal gehandelt, aber auch zur illegalen Drogenherstellung missbraucht werden können, Gegenstand unmittelbar geltenden
EU-Rechts.

Die Regelungen des GÜG verfolgen das Ziel, „die missbräuchliche Abzweigung **2**
und Verwendung von sogenannten Grundstoffen zum Zwecke der unerlaubten
Herstellung von Betäubungsmitteln zu verhindern" (BT-Drs. 16/7414 S. 12). Die
von den Vorschriften des GÜG erfassten Grundstoffe oder „Drogenausgangsstoffe"
sind im Wesentlichen solche Chemikalien, die im legalen Handelssystem in durchaus nicht unerheblichen Mengen umgesetzt werden, die aber daneben auch für die
illegale Betäubungsmittelherstellung benötigt werden (vgl. nur BT-Drs. 16/7414
S. 12: Essigsäureanhydrid – Heroin, Kaliumpermanganat – Kokain). Rauschmittel-

Produzenten haben daher ein besonderes Interesse daran, die benötigten Ausgangsstoffe auf dem legalen Markt erwerben und sodann für rechtlich missbilligte Zwecke verwenden zu können. Vor diesem Hintergrund kommt der Grundstoffüberwachung erhebliche Bedeutung für die Bekämpfung des illegalen Drogenhandels
zu (BT-Drs. a. a. O.).

3   Die **Straf- und Bußgeldvorschriften** sind seit der Neuregelung vollständig im
GÜG selbst geregelt, weshalb die Verordnung über Verstöße gegen das Grundstoffüberwachungsgesetz (GÜG-VV) vom 24. 7. 2002 (BGBl. I S. 2915) ersatzlos entfallen konnte.

II. Einteilung in Stoffkategorien

4   In Anlehnung an das UN-Suchtstoffübereinkommen (1988) vom 20. 12. 1988
(UNITED NATIONS CONVENTION AGAINST ILLICIT TRAFFIC IN
NARCOTIC DRUGS AND PSYCHOTROPIC SUBSTANCES; BGBl. II 1993,
1136; nebst Anhang in aktueller Fassung abrufbar unter http://www.incb.org/
incb/convention_1988.html – zuletzt geprüft am 29. 4. 2011) sehen auch die
genannten Verordnungen eine Einteilung der **23 international gelisteten Chemikalien** in 3 Kategorien vor. Diese bilden den Ausgangspunkt differenzierter
Kontrollmechanismen für den Außenhandel mit Drittländern und den innergemeinschaftlichen Verkehr:

5   BT-Drs. 16/7414, S. 12 f. (Hervorhebungen des Verfassers): *„Die 23 international gelisteten Chemikalien sind in den Rechtsakten der Europäischen Gemeinschaft in drei Kategorien
eingeteilt, die unterschiedlich strengen Kontrollen unterliegen. Die Kontrollverfahren berücksichtigen je nach Stoffkategorie die Eigenschaften, den Handelsumfang und Verwendungszweck sowie
die Bestimmungsländer der Grundstoffe. Diesen Gegebenheiten ist der Kontrollaufwand so angepasst, dass der normale Handelsverkehr nicht über Gebühr erschwert wird.
Die Kontrollverfahren für Grundstoffe der **Kategorie 1** sehen sowohl für das innergemeinschaftliche Inverkehrbringen als auch für den Außenhandel mit Drittländern die Verpflichtung der Wirtschaftsbeteiligten vor, eine generelle Erlaubnis für den Verkehr mit diesen Stoffen einzuholen.
Zudem bedürfen alle Ein- und Ausfuhren dieser Stoffe einer vorherigen Genehmigung. Ausfuhren
sind der zuständigen Behörde im Bestimmungsland von der zuständigen Behörde in der Gemeinschaft zusätzlich durch eine so genannte Vorausfuhrunterrichtung anzukündigen. Vor dem
Verkehr mit Grundstoffen der **Kategorie 2** müssen Wirtschaftsbeteiligte die Anschriften ihrer
Geschäftsräume bei der zuständigen Behörde registrieren lassen. Bei diesen Stoffen bedürfen nur
die Ausfuhren einer vorherigen Genehmigung. Vorausfuhrunterrichtungen sind nur bei bestimmten
Zielländern erforderlich. Für beide Stoffkategorien gelten darüber hinaus vorgangsbezogene Doku-
mentations- und Meldeverpflichtungen der Wirtschaftsbeteiligten vorgesehen. Die Kontrollmaßnahmen für den Verkehr mit Grundstoffen der **Kategorie 3** beschränken sich auf den Außenhandel. Neben Dokumentations- und bestimmten Meldeverpflichtungen, die auch bei Kategorie 3-
Stoffen bestehen, müssen Wirtschaftsbeteiligte nur im Falle von Ausfuhrgeschäften die Registrierung der Geschäftsräume bei der zuständigen Behörde vornehmen lassen und auch nur, wenn
festgelegte Jahresmengen überschritten werden. Die Einholung einer Ausfuhrgenehmigung und die
Vorausfuhrunterrichtung sind nur für bestimmte Zielländer vorgeschrieben."*

III. Europäische Vorgaben zum Grundstoffstrafrecht

6   Mit Ausnahme des § 19 Abs. 1 Nr. 1 und des § 20 Abs. 1 Nr. 16 GÜG dienen
die Straf- und Bußgeldtatbestände der Umsetzung verbindlicher Vorgaben des
Gemeinschaftsrechts, Art. 12 VO (EG) Nr. 273/2004 und Art. 31 VO (EG)
Nr. 111/2005. Die Regelungen des Art. 3 Abs. 1 Buchst. a Nr. iv und Buchst. c
Nr. ii des UN-Suchtstoffübereinkommens (1988) verpflichten die Vertragsparteien
darüber hinaus, die zur strafrechtlichen Erfassung näher bezeichneten Formen des
Umgangs mit Grundstoffen notwendigen Maßnahmen zu treffen. Mindeststrafhö-
hen für das Herstellen, Befördern und Verteilen von Grundstoffen ergeben sich aus
Art. 4 Abs. 4 des Rahmenbeschlusses 2004/757/JI des Rates der Europäischen
Union (ABl. L Nr. 335 S. 8).

IV. Rechtsanwendungsrecht

Soweit die Straf- und Bußgeldvorschriften der §§ 19 und 20 GÜG auf die Ver- **7** ordnungen (EG) Nr. 273/2004, Nr. 111/2005 und Nr. 1277/2005 Bezug nehmen, ist die jeweils am 18. 8. 2005 geltende Fassung maßgeblich, § 19 Abs. 5, § 20 Abs. 4 GÜG (vgl. dazu auch unten Rn. 10).

B. Tatbestände
I. Verstöße gegen § 3 GÜG (§ 19 Abs. 1 Nr. 1 GÜG)

Der Straftatbestand greift die in § 3 GÜG enthaltenen Verbote im Umgang mit **8** Grundstoffen auf und sieht namentlich für den Besitz, das Herstellen, das Handeltreiben, die Ein-, Aus- oder Durchfuhr, die Veräußerung, die Abgabe, die Verschaffung der tatsächlichen Verfügungsgewalt, den Erwerb und die Verschaffung in sonstiger Weise Freiheitsstrafe bis zu fünf Jahren oder Geldstrafe vor.

1. Tatobjekte. Die Strafbestimmung des § 19 Abs. 1 Nr. 1 GÜG geht vom Be- **9** griff des Grundstoffs aus und nimmt insoweit über die Verbotsnorm des § 3 GÜG auf die Begriffsbestimmung des § 1 Nr. 1 GÜG Bezug.

Anders als die Straftatbestände der Nrn. 2 bis 5, für die die Regelung des Abs. 5 **10** eine Anwendung der Verordnungen (EG) Nr. 273/2004 und (EG) Nr. 111/2005 in der am 18. 8. 2005 geltenden Fassung ausdrücklich vorschreibt, nimmt der Tatbestand der Nr. 1 – über § 3 GÜG – auf den Grundstoffbegriff des § 1 Nr. 1 GÜG Bezug. **Grundstoff** ist danach jeder **erfasste Stoff** im Sinne des Art. 2 Buchst. a in Verbindung mit Anhang I der Verordnung (EG) Nr. 273/2004 vom 11. 2. 2004 betreffend Drogenausgangsstoffe (ABl. L Nr. 47 S. 1) und des Art. 2 Buchst. a in Verbindung mit dem Anhang der Verordnung (EG) Nr. 111/2005 vom 22. 12. 2004 zur Festlegung von Vorschriften für die Überwachung des Handels mit Drogenausgangsstoffen zwischen der Gemeinschaft und Drittländern (ABl. L 2005 Nr. 22 S. 1, L 2006 Nr. 61 S. 23) **in der jeweils geltenden Fassung**. Bei vordergründiger Betrachtung scheint die Strafvorschrift des § 19 Abs. 1 Nr. 1 GÜG damit eine – insbesondere in strafrechtlichen Zusammenhängen überaus problematische (vgl. *Hamburg* NZV 2007, 327; dazu *Satzger*, Die Europäisierung des Strafrechts [2001]; *ders.* JuS 2004, 943 ff.; so auch *Zimmermann* ZRP 2009, 74, 76 m. w. N.) – dynamische Verweisung auf EG-Recht zu enthalten. Allerdings stand bereits die bis zum 18. 3. 2008 geltende Vorgängervorschrift des § 29 Abs. 1 Nr. 1 GÜG a. F. insoweit in der Kritik. Anlass zu Zweifeln hinsichtlich der Bestimmtheit der Norm bestand vor allem deshalb, weil dem GÜG selbst eine hinreichende Bestimmung der charakteristischen Merkmale der erfassten Stoffe nicht zu entnehmen ist (MK-StGB/*Kotz*, 1. Auflage [2007], § 29 GÜG Rn. 11 a. E.). Vor diesem Hintergrund hat sich der Gesetzgeber des § 19 GÜG n. F. im strafrechtlichen Kontext insgesamt für eine statische Verweisung entschieden, vgl. *BGH*, Beschl. v. 17. 3. 2011 – 5 StR 543/10; BT-Drs. 16/7414 S. 21: *„Absatz 5 bestimmt, dass für die Strafvorschriften, soweit sie auf die EG-Verordnungen Bezug nehmen, eine bestimmte Fassung der Verordnungen maßgeblich ist. Damit wird eine bei Strafvorschriften als problematisch angesehene gleitende Verweisung auf die jeweils geltende Fassung von Normen anderer Gesetzgeber vermieden.“* Damit kann sich im Einzelfall (zumindest bei künftigen Änderungen der in Bezug genommenen Anhänge der Verordnungen) ein **merkwürdiges Bild** ergeben: Das gesetzliche Verbot des § 3 GÜG gilt für die nach Maßgabe des § 1 Nr. 1 GÜG zu bestimmenden Grundstoffe (dynamische Verweisung). Strafrechtlich relevant sind Zuwiderhandlungen dagegen nur, wenn sie sich auf solche Stoffe beziehen, die bereits Gegenstand der am 18. 8. 2005 geltenden Fassung der genannten Verordnungen waren.

a) Verordnung (EG) Nr. 273/2004. Nach Art. 2 Buchst. a der Verordnung **11** (EG) Nr. 273/2004 des Europäischen Parlaments und des Rates vom 11. 2. 2004 betreffend Drogenausgangsstoffe (ABl. L Nr. 47 S. 1) sind **„erfasste Stoffe"** alle in Anhang I aufgeführten Stoffe, einschließlich Mischungen und Naturprodukten, die derartige Stoffe enthalten. **Ausgenommen** sind **Arzneimittel** gemäß der Definition der Richtlinie 2001/83/EG des Europäischen Parlaments und des Rates vom 6. 11. 2001 (Gemeinschaftskodex Humanarzneimittel), pharmazeutische Zubereitungen, Mischungen, Naturprodukte und sonstige Zubereitungen, die [zwar] erfasste Stoffe enthalten und [aber] so zusammengesetzt sind, dass sie nicht **einfach verwendet oder leicht und wirtschaftlich extrahiert** werden können.

12   **aa) Arzneimittelbegriff (Gemeinschaftskodex).** Arzneimittel im Sinne der Richtlinie 2001/83/EG des Europäischen Parlaments und des Rates vom 6. 11. 2001 zur Schaffung eines Gemeinschaftskodexes für Humanarzneimittel (ABl. L Nr. 331 S. 67) – und damit vom Grundstoffbegriff nach Art. 2 Buchst. a der Verordnung (EG) Nr. 273/2004 ausgenommen (vgl. Rn. 11) – sind nach Art. 1 Nr. 2 (2001/83/EG) zunächst alle Stoffe oder Stoffzusammensetzungen, die als Mittel mit Eigenschaften zur Heilung oder zur Verhütung menschlicher Krankheiten bestimmt sind. Daneben kommen all jene Stoffe oder Stoffzusammensetzungen in Betracht, die im oder am menschlichen Körper verwendet oder einem Menschen verabreicht werden können, um entweder die physiologischen Funktionen durch eine pharmakologische, immunologische oder metabolische Wirkung wiederherzustellen, zu korrigieren oder zu beeinflussen oder eine medizinische Diagnose zu erstellen. Weil der geltende Arzneimittelbegriff des AMG entscheidend von den Vorgaben der Richtlinie 2001/83/EG geprägt ist, kann wegen der insoweit maßgeblichen Einzelheiten auf die Erläuterungen unter Vorbem. AMG Rn. 37 ff. Bezug genommen werden.

13   **bb) Grundstoffliste.** „Erfasste Stoffe" nach Anhang I der Verordnung (EG) Nr. 273/2004 sind daher – unabhängig davon welcher Kategorie sie angehören –:

Stoff	KN-Bezeichnung (sofern anders lautend)	KN-Code
Kategorie 1		
1-Phenyl-2-Propanon	Phenylaceton	2914 31 00
N-Acetylanthranilsäure	2-Acetamidobenzoesäure	2924 23 00
Isosafrol (cis + trans)		2932 91 00
3,4-Methylendioxyphenyl-propan-2-on	1-(1,3-Benzodioxol-5-yl)propan-2-on	2932 92 00
Piperonal		2932 93 00
Safrol		2932 94 00
Ephedrin		2939 41 00
Pseudoehedrin		2939 42 00
Norehedrin		ex 2939 49 00
Ergometrin		2939 61 00
Ergotamin		2939 62 00
Lysergsäure		2939 63 00

Die stereoisomerischen Formen der in dieser Kategorie aufgeführten Stoffe außer Cathin [auch (+)-Norpseudoephedrin genannt, KN-Code 29394300, CAS-Nr. 492-39-7], sofern das Vorhandensein solcher Formen möglich ist.

Die Salze der in dieser Kategorie aufgeführten Stoffe, sofern das Vorhandensein solcher Salze möglich ist und es sich nicht um Salze von Cathin handelt.

Stoff	KN-Bezeichnung (sofern anders lautend)	KN-Code
Kategorie 2		
Essigsäureanhydrid		2915 24 00
Phenylessigsäure		2916 34 00
Anthranilsäure		2922 43 00
Piperidin		2933 32 00
Kaliumpermanganat		2841 61 00
Die Salze der in dieser Kategorie aufgeführten Stoffe, sofern das Vorhandensein solcher Salze möglich ist.		
Kategorie 3		
Salzsäure	Chlorwasserstoff	2806 10 00
Schwefelsäure		2807 00 10
Toluol		2902 30 00
Ethylether	Diethylether	2909 11 00
Aceton		2914 11 00
Methylethylketon	Butanon	2914 12 00
Die Salze der in dieser Kategorie aufgeführten Stoffe, sofern das Vorhandensein solcher Salze möglich ist und es sich nicht um Salze von Salzsäure und Schwefelsäure handelt.		

b) Verordnung (EG) Nr. 111/2005. Der Wortlaut der Definition „erfasster **14** Stoffe" des Art. 2 Buchst. a der Verordnung (EG) Nr. 111/2005 des Rates vom 22. 12. 2004 zur Festlegung von Vorschriften für die Überwachung des Handels mit Drogenausgangsstoffen zwischen der Gemeinschaft und Drittländern (ABl. L 2005 Nr. 22 S. 1, L 2006 Nr. 61 S. 23) entspricht derjenigen des Art. 2 Buchst. a der Verordnung (EG) Nr. 273/2004 (vgl. dazu oben Rn. 11). Sie nimmt Bezug auf einen Anhang zur Verordnung, der ebenfalls dem Anhang I der Verordnung (EG) Nr. 273/2004 entspricht. Die Frage, welche der Grundstofflisten im konkreten Einzelfall zur Anwendung gelangen soll, darf daher aus rechtspraktischer Sicht offen bleiben. Aus strafrechtsdogmatischer Perspektive dürfte es maßgeblich auf den Anwendungsbereich und die einschlägigen Zweckbestimmungen der genannten Verordnungen ankommen; ausgehend hiervon wird nach den einschlägigen Tathandlungen des § 19 Abs. 1 Nr. 1 GÜG zu differenzieren sein (vgl. auch BT-Drs. 16/7414 S. 14: „*Obwohl beide Stofflisten identisch sind, ist ein Verweis auf beide EG-Verordnungen unerlässlich, da das Gesetz Durchführungsvorschriften für beide Verordnungen enthält und zu jeder Verordnung Kongruenz herstellen muss*").

c) Zweckbestimmung. Wesentliches Tatbestandsmerkmal der Verbotsvor- **15** schrift des § 3 GÜG ist, dass es sich um einen Grundstoff handelt, der „*zur unerlaubten Herstellung von Betäubungsmitteln verwendet werden soll*". Erforderlich ist also die Feststellung einer entsprechend objektivierten Zweckbestimmung. Dies setzt freilich nicht voraus, dass die betreffenden Stoffe, Mischungen oder Naturprodukte (dazu oben Rn. 11) zur Betäubungsmittelherstellung geeignet oder ihre entsprechende Verwendung zweckmäßig oder gar wirtschaftlich sinnvoll ist (zu den Ausnahmen von der Grundstoffeigenschaft nach der Verordnung (EG) Nr. 273/2004 vgl. aber oben Rn. 11 a. E.), obschon dies bei den von den Anhängen der genannten Verordnungen erfassten Grundstoffen regelmäßig der Fall sein wird. Ausreichend ist es vielmehr, dass sie in der genannten verbotswidrigen Weise zum Einsatz kommen sollen. **Unerlaubt** ist die Betäubungsmittelherstellung, wenn hierfür keine Erlaubnis nach § 3 BtMG erteilt wurde oder wenn die zeitlichen oder inhaltlichen Grenzen der Erlaubnis überschritten wurden (*LG Koblenz* NStZ 1984, 272). Erwirbt ein Beschuldigter Essigsäureanhydrid und Anthranilsäure (Grundstoffe der Kategorie 2) für Forschungszwecke oder gar zur **Herstellung von Designerdrogen, die nicht dem BtMG unterliegen** und kann ihm Gegenteiliges nicht nachgewiesen werden, muss eine Strafbarkeit nach § 19 Abs. 1 Nr. 1 GÜG ausscheiden. Freilich ist die **objektiv illegale Zweckbestimmung der Grundstoffe** im Einzelfall nur **schwer nachzuweisen.** Dies wird schon dann deutlich, wenn man sich vergegenwärtigt, dass die Produktion und der Handel mit den zur Betäubungsmittelherstellung benötigten Grundstoffen in **ganz überwiegendem Umfang legalen Zwecken** (etwa der Produktion von Kosmetika, Arzneimitteln, Textilien, Filmen, Haushaltsgeräten u. ä.) dienen. Selbst wenn in Ermittlungsfällen ungewöhnliche Begleitumstände zunächst für einen gerichtlichen Tatnachweis nicht ausreichen mögen, so begründen sie jedoch zumeist einen entsprechenden Tatverdacht, der die Überführung der Beschuldigten und insbesondere das Auffinden eines Labors im Rahmen eines Ermittlungsverfahrens ermöglichen kann. Wird das häufig im Ausland befindliche illegale Labor gleichwohl nicht gefunden und bestreiten die Täter, so kann im Einzelfall auf die illegale Zweckbestimmung des Grundstoffhandels und den Vorsatz der Täter durch eine **Gesamtbewertung** der Begleitumstände geschlossen werden. Der Tatverdacht kann sich: a) aus ungewöhnlichen Verhaltensweisen und Aufträgen der Besteller bzw. aus der Zugehörigkeit der Besteller zur illegalen Rauschgiftszene, b) aus dem Fehlen behördlicher Erlaubnisse, c) aus der Verwendung von Briefkastenfirmen und der Mitwirkung von Strohleuten, d) aus nicht existenten Anschriften, Telefon- oder Telefaxnummern, e) aus dem Verschweigen des Endverbrauchers, f) aus der Angabe eines nicht plausiblen Verwendungszweckes, g) aus einem ungewöhnlichen Bestell-, Verpackungs- und Transportverfahren, h) aus ungewöhnlichen Zahlungsbedingungen, i) aus gefälschten Urkunden, Stempelabdrücken oder Unterschriften ergeben. Stets ist freilich zu beachten: Die strafrechtlich relevante Zweckbestimmung darf jedenfalls nicht allein aus dem Umstand abgeleitet werden, dass der betreffende Grundstoff für die Herstellung eines bestimmten Betäubungsmittels benötigt wird, solange unter Berücksichtigung der konkreten Tatumstände andere (legale) Verwendungszwecke denkbar sind oder gar nahe liegen.

16   d) Andere Stoffe. Die dem GÜG unterfallenden Grundstoffe sind in den einschlägigen Anhängen der Verordnungen (EG) Nr. 273/2004 und Nr. 111/2005 **abschließend** aufgeführt. Obgleich diverse weitere Stoffe als Grundstoff zur illegalen Betäubungsmittelherstellung Verwendung finden (etwa GBL [Gamma-Butyrolacton] zur Herstellung von GHB [Gamma-Hydroxy-Buttersäure = *„liquid ecstasy"*]; vgl. dazu BGHSt. 54, 243 = NJW 2010, 2528 = PharmR 2010, 30), ist das GÜG daher auf solche Stoffe nicht anwendbar. Allerdings können die Vorschriften des AMG (vgl. zu GBL [Gamma-Butyrolacton] BGHSt. 54, 243 = NJW 2010, 2528 = PharmR 2010, 30), in Einzelfällen gar des BtMG einschlägig sein.

17   2. Tathandlung. Die Strafbestimmung des § 19 Abs. 1 Nr. 1 GÜG knüpft auch im Hinblick auf die einschlägigen Tathandlungen an die Verbotsnorm des § 3 GÜG an. Bleiben bei der Wortlautauslegung des § 3 GÜG Zweifel, darf daher durchaus ergänzend auf § 19 Abs. 1 Nr. 1 GÜG zurückgegriffen werden.

18   a) Handeltreiben. Wichtigste Tathandlung nach § 19 Abs. 1 Nr. 1 GÜG ist das Handeltreiben mit Grundstoffen. Der verwandtschaftliche Bezug zum betäubungsmittelrechtlichen Begriff ist auch in der Neufassung des GÜG erhalten geblieben (BT-Drs. 16/7414 S. 15). Handeltreiben ist danach jede eigennützige, auf Umsatz gerichtete Tätigkeit, auch wenn sich diese nur als gelegentlich, einmalig oder ausschließlich vermittelnd darstellt (BGHSt. 6, 246 = NJW 1954, 1537, 1898 m. Anm. *Topf*; BGHSt. 50, 252 = NStZ 2006, 171 = StV 2006, 19; *Weber* § 29 BtMG Rn. 154 ff.; MK-StGB/*Rahlf* § 29 BtMG Rn. 272 ff.; *Hügel/Junge/Lander/*

Winkler § 29 BtMG Rn. 4.1.1; *Franke/Wienroeder* § 29 BtMG Rn. 22; *Patzak/ Bohnen* Kap. 2 Rn. 50; *Malek* 2. Kap. Rn. 86). Auch der besitzlose Handel mit Grundstoffen ist erfasst. Vgl. auch *LG Kleve* NStZ-RR 1997, 211.

Dieses Verständnis – das auch künftig auf das Grundstoffrecht übertragbar sein **19** soll (BT-Drs. a. a. O.) – führt dazu, dass alle übrigen tatbestandlich erfassten Handlungsmodalitäten entweder begrifflich („ohne Handel zu treiben") oder unter dem Gesichtspunkt der Bewertungseinheit (tatbestandliche Handlungseinheit) zurücktreten. Wegen der Einzelheiten kann an dieser Stelle auf die Kommentierung zu § 29 BtMG verwiesen werden (vgl. dazu § 29 BtMG Teil 4).

b) Besitz. Das Tatbestandsmerkmal des Besitzes ist im Zuge der Neufassung des **20** GÜG als Auffangtatbestand (BT-Drs. 16/7414 S. 15) und in Anlehnung an Art. 3 Abs. 1 Buchst. c, ii des Suchtstoffübereinkommens (1988) in den Kanon der nach § 3 GÜG verbotenen Handlungen aufgenommen worden. Aus strafrechtlicher Sicht gewinnt der Besitz von Grundstoffen vor allem an Bedeutung, sofern dem Täter zwar die Verfügungsmacht über den betreffenden Grundstoff nachgewiesen werden kann, die Ermittlungen indes nicht ergeben, auf welchem Wege er ihn erlangt hat (vgl. BGHSt. 30, 277 = NJW 1982, 708) oder zu welchem Zweck der Besitz ausgeübt wird (zum Besitz als Teilakt des Handeltreibens vgl. nur *Weber* § 29 BtMG Rn. 464 f.).

Besitz ist nicht in einem bürgerlich-rechtlichen Sinne zu verstehen; erforderlich **21** aber auch ausreichend ist vielmehr das Bestehen eines tatsächlichen Herrschaftsverhältnisses (BGHSt. 30, 277 = NJW 1982, 708). Neben der bloßen Verfügungsgewalt (vgl. *Weber* § 29 BtMG Rn. 1173) setzt dies Besitzwillen und Besitzbewusstsein des Täters voraus (*BGH* NStZ-RR 2008, 212 = StV 2008, 417 [überwachtes Rauschmittelgeschäft] m. w. N.). Zu den Einzelheiten vgl. § 29 BtMG Teil 13.

c) Herstellen ist nach § 1 Nr. 8 GÜG das Gewinnen, Synthetisieren, Anferti- **22** gen, Zubereiten, Be- oder Verarbeiten und das Umwandeln von Grundstoffen. Damit entspricht der Begriff des Herstellens der in der alten Gesetzesfassung, die sich weitgehend an der entsprechenden betäubungsmittelstrafrechtlichen Definition orientierte. Obschon der Begriff des Inverkehrbringens nach § 1 Nr. 7 GÜG i. V. m. Art. 2 Buchst. c der VO (EG) Nr. 273/2004 auch den Vorgang der Herstellung von Grundstoffen umfasst, bedurfte es im Einzugsbereich der Verbotsvorschrift des 3 GÜG einer gesonderten Begriffsbestimmung, weil die VO (EG) Nr. 273/2004 sämtliche Einzeltatbestände des Inverkehrbringens (Lagerung, Herstellung, Erzeugung, Weiterverarbeitung, Handel, Vertrieb, Vermittlung) an den „Zweck ihrer Abgabe in der Gemeinschaft" knüpft (BT-Drs. 16/7414 S. 14 f.). Demgegenüber setzt das Herstellen nach § 1 Nr. 8 GÜG keine besondere Zweckbestimmung voraus. Zu den erfassten Einzeltätigkeiten vgl. die Erläuterungen zu § 2 Abs. 1 Nr. 4 BtMG; siehe auch *Weber* § 2 Rn. 27 ff.

d) Einfuhr, Ausfuhr, Durchfuhr. *Einfuhr* ist nach § 1 Nr. 4 GÜG jede Ver- **23** bringung von Grundstoffen in das Zollgebiet der Gemeinschaft im Sinne des Art. 2 Buchst. c der VO (EG) Nr. 111/2005 *oder* in einen nicht zum Zollgebiet der Gemeinschaft gehörenden Teil des Hoheitsgebiets der Bundesrepublik Deutschland. Der erste Teil der Definition wird von Art. 2 Buchst. c der genannten Verordnung ausgefüllt. Hiernach ist „Einfuhr" jede Verbringung von erfassten Stoffen, die den Status von Nichtgemeinschaftswaren haben, in das Zollgebiet der Gemeinschaft, einschließlich der vorübergehenden Lagerung, der Verbringung in eine Freizone oder ein Freilager, der Überführung in ein Nichterhebungsverfahren und der Überführung in den zollrechtlich freien Verkehr im Sinne der Verordnung (EWG) Nr. 2913/92 des Rates vom 12. 10. 1992 zur Festlegung des Zollkodex der Gemeinschaften (ABl. L Nr. 302 S. 1). Der hierüber hinausgehende Teil der Einfuhr-Definition des GÜG betrifft die Erstreckung des Anwendungsbereichs auf solche Teile des deutschen Hoheitsgebietes, die von den gemeinschaftsrechtlichen Begriffsbestimmungen nicht erfasst werden, weil sie nicht zum Zollgebiet der Gemeinschaft gehören (BT-Drs. 16/7414 S. 14: „zum Beispiel die Insel Helgoland und Büsingen").

24 *Ausfuhr* ist nach § 1 Nr. 5 GÜG jede Verbringung von Grundstoffen aus dem Zollgebiet der Gemeinschaft im Sinne des Art. 2 Buchst. d der VO (EG) Nr. 111/2005 *oder* aus einem nicht zum Zollgebiet der Gemeinschaft gehörenden Teil des Hoheitsgebietes der Bundesrepublik Deutschland. Wie im Fall der Einfuhr (dazu Rn. 23) wird auch der erste Teil der Ausfuhr-Definition durch die Regelung des Art. 2 Buchst. d der VO (EG) Nr. 111/2005 konkretisiert. Danach fällt unter den Begriff der Ausfuhr „jede Verbringung von erfassten Stoffen aus dem Zollgebiet der Gemeinschaft, einschließlich der Verbringung von erfassten Stoffen, für die eine Zollanmeldung abzugeben ist, und der Verbringung von erfassten Stoffen nach der Lagerung in einer Freizone des Kontrolltyps I oder einem Freilager im Sinne der Verordnung (EWG) Nr. 2913/92". Wegen des zweiten Teils der Definition gilt das unter Rn. 23 Ausgeführte entsprechend.

25 Sowohl das GÜG als auch die VO (EG) Nr. 111/2005 verzichten – anders als noch die Vorgängervorschriften – auf eine eigene Definition der **Durchfuhr**. Diese ist deshalb entbehrlich, weil die Begriffe der Einfuhr und der Ausfuhr aufgrund der erfolgten Inbezugnahme auf Begriffe des Zollkodex (vgl. Rn. 23 f.) eine Erweiterung erfahren haben, angesichts derer der Begriff der Durchfuhr (die Beförderung zwischen Drittländern durch das Zollgebiet der Gemeinschaft) vollständig hierin aufgegangen ist. Im Lichte der neuen Einfuhr- und Ausfuhr-Definitionen ist eine Durchfuhr damit ein aus Ein- und Ausfuhr zusammengesetzter Vorgang, nämlich das Verbringen in das Zollgebiet der Gemeinschaft sowie das hieran anschließende Verbringen aus dem Gemeinschaftszollgebiet (vgl. BT-Drs. 16/7414 S. 14).

26 **e) Befördern.** Der Begriff der Beförderung von Grundstoffen ist mit der Neufassung des GÜG erstmals in den Katalog strafrechtlich relevanter Handlungen beim Umgang mit Grundstoffen nach § 19 Abs. 1 Nr. 1 GÜG aufgenommen worden. Dies war notwendig geworden, weil mit dem Wegfall der „Durchfuhr" (vgl. Rn. 25) eine ausfüllungsbedürftige Strafbarkeitslücke gerissen wurde, soweit ein auf den räumlichen Geltungsbereich des Gesetzes beschränkter Transport vorliegt (BT-Drs. 16/7414 S. 15). Eine Legaldefinition der Tathandlung des Beförderns sieht das Gesetz indes nicht vor. Freilich dürfte im Lichte der Vorschrift des § 20 Abs. 1 Nr. 15 GÜG (*„Beförderungsweg", „Transportmittel"*) und weil das Gesetz – anders als im Fall der Durchfuhr (vgl. dazu oben Rn. 25) – für die Tathandlung der Beförderung von Grundstoffen auf eine eigenständige Begriffsbestimmung verzichtet, Anlehnung an die VO (EG) Nr. 111/2005 genommen werden dürfen. So zählen zu den Einzelheiten der nach Art. 13 Abs. 1 Buchst. d der VO (EG) Nr. 111/2005 anzugebenden Beförderungsmodalitäten etwa das vorgesehene Versanddatum, die Art des Transportmittels oder der vorgesehene Beförderungsweg. Ausgehend hiervon erfasst die Tathandlung des Beförderns das Fortbewegen, das Verbringen eines Grundstoffs vom Ort der Absendung zum Bestimmungsort. Die Nutzung öffentlicher Wege, üblicher Transportrouten oder die Nutzung bestimmter Transportmittel ist hierzu nicht erforderlich. Erfasst wird auch der Transport auf dem Grundstück des illegalen Grundstoffhändlers oder -produzenten.

27 **f) Abgabe.** Der Begriff der Abgabe ist in der geltenden Fassung des GÜG nicht umschrieben; er ist vielmehr Bestandteil der Legaldefinition des Inverkehrbringens nach § 1 Nr. 7 GÜG, die ihrerseits auf Art. 2 Buchst. c der VO (EG) Nr. 273/2004 verweist. Freilich setzt auch die in Bezug genommene Vorschrift der genannten Verordnung den Begriff der Abgabe voraus, ohne seinen Inhalt näher zu umreißen.

28 Der Gesetzgeber der – insoweit wortgleichen – Vorschrift des § 29 BtMG ist ausdrücklich davon ausgegangen, dass der Begriff der Abgabe auch die Veräußerung umfasst (BT-Drs. 8/3551, S. 43; BT-Drs. -neu- 9/500 S. 2). Ausgehend hiervon versteht die Rechtsprechung unter Abgabe die Übertragung der eigenen tatsächlichen Sachherrschaft „ohne rechtsgeschäftliche Grundlage und ohne Gegenleistung" (*BGHR* NStZ-RR 1999, 89 = StV 1999, 428 m. w. N.) an einen anderen zu dessen freier Verfügung (vgl. *Weber* § 29 BtMG Rn. 969 ff.; BGHR BtMG § 29 Abs. 1 Handeltreiben 15; *BGH* NStZ 1991, 89 = NJW 1991, 306; *BVerfG*

NJW 1991, 2823). Die Formulierung „ohne rechtsgeschäftliche Grundlage und ohne Gegenleistung" ist allerdings unglücklich. Sie dient offenbar dazu, eine Abgrenzung der Abgabe von den Tathandlungsalternativen des Handeltreibens und der Veräußerung zu gewährleisten und dürfte daher eher im Sinne von **„ohne ein auf ein Entgelt gerichtetes Rechtsgeschäft"** zu verstehen sein. Denn regelmäßig wird auch der unentgeltlichen Übertragung der Verfügungsgewalt ein (wenngleich nichtiger) Schenkungsvertrag zugrunde liegen (vgl. MK-StGB/*Rahlf* § 29 BtMG Rn. 685). Tauschgeschäfte über Grundstoffe sind entgeltlich und daher jedenfalls keine Abgabe im Sinne des § 19 Abs. 1 Nr. 1 GÜG.

Erforderlich ist in jedem Fall, dass der Kreis derjenigen Personen, die in Beziehung zu dem betreffenden Grundstoff stehen oder standen, durch den Übertragungsvorgang erweitert wird (BGHSt. 30, 359 = NStZ 1982, 250 = NJW 1982, 1337; *BGH* NJW 1991, 306 m. w. N. = NStZ 1991, 89 [insoweit nicht abgedruckt] m. Anm. *Schoreit-Bartner*). Dies ist dem **Schutzzweck** der Norm zu entnehmen. Denn die Vorschrift zielt ersichtlich darauf ab, eine „Weiterverbreitung" (Inverkehrbringen) potenziell gefährlicher Substanzen und also eine Erhöhung der tatbestandsspezifischen Gefahr zu verhindern (BGHSt. a. a. O.; *Weber* § 29 BtMG Rn. 977 ff.). Vor diesem Hintergrund kann weder die Rückgabe eines Grundstoffs an den Veräußerer als Abgabe eingestuft werden (BGHSt. a. a. O.), noch kommt ein am Erwerbsvorgang beteiligter Mittäter als tauglicher Empfänger eines Abgabevorganges in Betracht. **29**

Die Abgabe ist **vollendet**, sobald der Empfänger frei über den Grundstoff verfügen kann (*Weber* § 29 BtMG Rn. 981); dies setzt eine Änderung der Gewahrsamsverhältnisse voraus. Zeitgleich hiermit tritt Beendigung ein (BGHSt. 33, 66 = NStZ 1985, 319 m. Anm. *Roxin* = NJW 1985, 690; MK-StGB/*Rahlf* § 29 BtMG Rn. 699; *Weber* § 29 BtMG Rn. 982), denn die Tathandlung des Abgebenden reicht nicht über den Zeitpunkt hinaus, zu dem sein Gegenüber die tatsächliche Verfügungsgewalt an dem Grundstoff erlangt (vgl. BGHSt. a. a. O.). **30**

g) Veräußern ist die Abgabe (Rn. 27 ff.) von Grundstoffen gegen Entgelt auf der Grundlage einer rechtsgeschäftlichen Vereinbarung (vgl. *BGH* NStZ 1991, 89 = NJW 1991, 306; *BVerfG* NJW 1991, 2823: Veräußerung als eine durch ein entgeltliches Rechtsgeschäft qualifizierte Form der Abgabe). Auch die Veräußerung setzt daher die Übertragung der tatsächlichen eigenen Verfügungsgewalt voraus (vgl. Rn. 28). Hieran fehlt es etwa beim Boten (vgl. *BGH* NStZ-RR 2007, 24 = BeckRS 2006, 13379). Zum mittelbaren Besitzer vgl. *Weber* § 29 BtMG Rn. 923. **31**

Die Entgeltlichkeit des der Gewahrsamsübertragung zugrunde liegenden Rechtsgeschäfts ist tatbestandliche Voraussetzung der Veräußerung; liegt sie nicht vor, kommt Abgabe in Betracht. Anderseits darf das Entgelt für den Veräußerer nicht mit einer Aussicht auf Gewinn verbunden sein; anderenfalls – wegen Eigennützigkeit des Umsatzgeschäfts – Handeltreiben gegeben wäre (MK-StGB/*Rahlf* § 29 BtMG Rn. 627; *Weber* § 29 BtMG Rn. 929). Das vereinbarte Entgelt muss also so bemessen sein, dass es keinerlei umsatzbezogene (vgl. MK-StGB/*Rahlf* § 29 BtMG Rn. 324) Vorteile enthält. Dies ist nicht nur dann der Fall, wenn die Grundstoffe zum Selbstkostenpreis abgegeben werden. An der Umsatzbezogenheit des Vorteils fehlt es auch, wenn die zur Herstellung von Betäubungsmitteln erforderlichen Grundstoffe in größeren Mengen und deshalb besonders günstig erworben werden, sofern zugleich feststeht, dass die produzierten Rauschmittel zum Eigenbedarf bestimmt sind (vgl. dazu MK-StGB/*Rahlf* § 29 BtMG Rn. 324). **32**

Ebenso wie die Abgabe setzt auch die Veräußerung – weil es sich um einen qualifizierten Fall der Abgabe handelt (Rn. 32) – die Erweiterung des Kreises der Bezugspersonen voraus (dazu Rn. 29). **33**

h) „Verfügbarmachen". Soweit die Regelung des § 19 Abs. 1 Nr. 1 GÜG strafrechtliche Sanktionen dafür in Aussicht stellt, dass der Täter „in sonstiger Weise einem anderen **die Möglichkeit eröffnet, die tatsächliche Verfügung** über [einen Grundstoff] **zu erlangen**", ist die Formulierung der mit der Neufassung in § 1 Nr. 7 GÜG aufgenommenen Definition des Inverkehrbringens und damit dem **34**

Umstand geschuldet, dass der Begriff nunmehr schon anderweitig besetzt ist (BT-Drs. 16/7414 S. 15). Da der Gesetzgeber für das Grundstoffstrafrecht aber am Begriff des Inverkehrbringens alter Provenienz festhalten wollte (ohne freilich diesen Terminus ein weiteres Mal zu verwenden), sah er sich gezwungen, auf die im betäubungsmittelstrafrechtlichen Kontext gängige **Umschreibung des Inverkehrbringens** (vgl. dazu nur MK-StGB/*Rahlf* § 29 BtMG Rn. 740) zurückzugreifen und diese selbst zum Tatbestandsmerkmal aufzuwerten (vgl. BT-Drs. a. a. O.). Ob er damit einen Beitrag zur Stärkung der Rechtsklarheit geleistet hat, mag füglich bezweifelt werden.

35   „Verfügbarmachen" in diesem Sinne liegt vor, wenn der Wechsel der Verfügungsgewalt in einer Weise verursacht wird, dass der Empfänger nach seinem Belieben mit den Grundstoffen verfahren kann (vgl. *Weber* § 29 BtMG Rn. 1008; MK-StGB/*Rahlf* § 29 BtMG Rn. 740 jeweils m. w. N.). Bedeutung erlangt die Tathandlungsalternative der „Verfügbarmachung" – als **Auffangtatbestand** – vor allem in den Fällen, in denen eine einvernehmliche Übertragung der Sachherrschaft nicht nachgewiesen werden kann (vgl. MK-StGB/*Rahlf* a. a. O.).

36   **i) Erwerb.** Der Erwerbstatbestand ist erfüllt, wenn der Täter die eigene tatsächliche Verfügungsgewalt über den Grundstoff auf abgeleitetem Wege (*Weber* § 29 BtMG Rn. 1061), d. h. in einverständlichem Zusammenwirken mit dem Vorbesitzer erlangt und die Verfügungsgewalt ausüben kann (*BGH* NStZ 1993, 191 = StV 1993, 132; BGHSt. 40, 208 = NStZ 1995, 140 = StV 1995, 25).

37   Entscheidend ist, dass der Übergang der tatsächlichen Verfügungsgewalt aufgrund willensmäßiger Übereinstimmung der Beteiligten erfolgt. Anders als das „Sichverschaffen in sonstiger Weise" setzt der Erwerb daher das Vorliegen eines – wenngleich nach § 134 BGB nichtigen – Rechtsgeschäfts voraus (vgl. *Weber* § 29 BtMG Rn. 1047). Dies ist nicht der Fall beim Vorliegen einer Wegnahmehandlung im Sinne der §§ 242, 249 StGB oder bei sonstiger verbotener Eigenmacht (vgl. *Weber* § 29 BtMG Rn. 1061). Auch beim Eintritt der gesetzlichen Erbfolge kann ein abgeleiteter Erwerb in diesem Sinne fraglich sein (vgl. dazu *Weber* § 29 BtMG Rn. 1061; siehe auch oben § 29 BtMG Teil 10 Rn. 4 ff.).

38   Erfolgt der Erwerb mit dem Ziel einer gewinnbringenden Weiterveräußerung, ist Handeltreiben (dazu oben Rn. 18 f.) gegeben. Weil der Erwerb regelmäßig mit einem Veräußerungsvorgang zusammentrifft, muss auch hier der Kreis der Bezugspersonen erweitert werden (dazu oben Rn. 29, 33).

39   **k) Sichverschaffen (in sonstiger Weise).** Der Begriff des „Sichverschaffens" wird in unterschiedlichen Normzusammenhängen in durchaus differierenden Ausprägungen verwendet. So erfordert er im Einzugsbereich der **Geldwäsche** zwar kein kollusives Zusammenwirken von Geldwäscher und Vortäter; gleichwohl wird verlangt, dass der Geldwäscher die Verfügungsgewalt über den inkriminierten Gegenstand im Einvernehmen mit dem Vortäter erlangt (BGHSt. 55, 36 = NStZ 2010, 517 = StV 2010, 359).

40   Demgegenüber ist das Sichverschaffen im betäubungsmittel- und grundstoffstrafrechtlichen Kontext mit Blick auf das Erfordernis eines vom Vorgewahrsamsinhaber abgeleiteten Erwerbs eher **Gegenbegriff** und **Auffangtatbestand zum Erwerb** (dazu oben Rn. 36 ff.).

41   Der Täter verschafft sich einen Grundstoff in sonstiger Weise, wenn er die tatsächliche Verfügungsgewalt hierüber erlangt, ohne dass diesem Vorgang ein einverständliches Zusammenwirken mit dem Vorbesitzer zugrunde liegt; anderenfalls liegt Erwerb vor. Lässt sich das für die Feststellung des Erwerbs erforderliche Einvernehmen nicht nachweisen, kann auf die Tathandlungsalternative des Sichverschaffens zurückgegriffen werden, ohne dass es einer Verurteilung auf alternativer Tatsachengrundlage (gleichartige **Wahlfeststellung**; vgl. dazu Kindhäuser/Neumann/Paeffgen/*Frister* Nachbem. zu § 2 StGB Rn. 1) bedürfte (*Weber* § 29 BtMG Rn. 1115). **Diebstahl** und **Unterschlagung** von Grundstoffen können als Sichverschaffen in sonstiger Weise nur dann verfolgt und bestraft werden, wenn der Täter die beabsichtigte Verwendung zur illegalen Betäubungsmittel-Produktion

Tatbestände **§ 19 GÜG**

kennt (vgl. oben Rn. 15). Anderenfalls kommt eine Verurteilung nur nach den allgemeinen Straftatbeständen des StGB in Betracht.

II. Unerlaubter Besitz und unerlaubtes Inverkehrbringen (§ 19 Abs. 1 Nr. 2 GÜG)

Nach § 19 Abs. 1 Nr. 2 GÜG wird mit Freiheitsstrafe bis zu fünf Jahren oder **42** mit Geldstrafe bestraft, wer entgegen Art. 3 Abs. 2 der VO (EG) Nr. 273/2004 einen in Kategorie 1 des Anhangs I dieser Verordnung bezeichneten Grundstoff ohne Erlaubnis besitzt oder in den Verkehr bringt.

Die in Bezug genommene Vorschrift des Art. 3 Abs. 2 der VO (EG) **43** Nr. 273/2004 des Europäischen Parlaments und des Rates vom 11. 2. 2004 betreffend Drogenausgangsstoffe (ABl. L 47 vom 18. 2. 2004, S. 1) hat den folgenden **Wortlaut**:

„*Wirtschaftsbeteiligte benötigen für den Besitz oder das Inverkehrbringen erfasster Stoffe der Kategorie I des Anhangs I eine vorherige Erlaubnis der zuständigen Behörden. Die Behörden können Apotheken, Ausgabestellen für Tierarzneimittel, bestimmten öffentlichen Stellen oder Streitkräften eine Sondererlaubnis erteilen. Die Sondererlaubnis gilt nur für die Verwendung von Drogenausgangsstoffen im Rahmen des amtlichen Aufgabenbereichs der betreffenden Wirtschaftsbeteiligten.*"

1. Rechtsanwendungsrecht. Die Regelung des § 19 Abs. 5 GÜG bestimmt, **44** dass die VO (EG) Nr. 273/2004 – in grundstoffstrafrechtlichen Zusammenhängen – in ihrer am 18. 8. 2005 geltenden Fassung maßgeblich sein soll (vgl. dazu ausführlich oben Rn. 9 ff.).

2. Tatobjekte sind die im Anhang I zur VO (EG) 273/2004 aufgeführten Stoffe **45** der Kategorie 1. Hierbei handelt es sich um die folgenden Stoffe:

Stoff	KN-Bezeichnung (sofern anders lautend)	KN-Code
Kategorie 1		
1-Phenyl-2-Propanon	Phenylaceton	2914 31 00
N-Acetylanthranilsäure	2-Acetamidobenzoesäure	2924 23 00
Isosafrol (cis + trans)		2932 91 00
3,4-Methylendioxyphenyl-propan-2-on	1-(1,3-Benzodioxol-5-yl)propan-2-on	2932 92 00
Piperonal		2932 93 00
Safrol		2932 94 00
Ephedrin		2939 41 00
Pseudoehedrin		2939 42 00
Norehedrin		ex 2939 49 00
Ergometrin		2939 61 00
Ergotamin		2939 62 00
Lysergsäure		2939 63 00

Die stereoisomerischen Formen der in dieser Kategorie aufgeführten Stoffe außer Cathin [auch (+)-Norpseudoephedrin genannt, KN-Code 29394300, CAS-Nr. 492-39-7], sofern das Vorhandensein solcher Formen möglich ist.

Die Salze der in dieser Kategorie aufgeführten Stoffe, sofern das Vorhandensein solcher Salze möglich ist und es sich nicht um Salze von Cathin handelt.

46   **3. Tathandlung.** Verboten sind nach § 19 Abs. 1 Nr. 2 GÜG der Besitz und das Inverkehrbringen erfasster Stoffe ohne die erforderliche Erlaubnis.

47   **a) Besitz.** Weder das GÜG noch die Verordnung (EG) Nr. 273/2004 enthalten eine nähere Konkretisierung des erlaubnispflichtigen Besitztatbestandes. Vor dem Hintergrund der in Art. 1 der VO (EG) Nr. 273/2004 umschriebenen, weiten Zielsetzung der Verordnung (Kontrolle, Überwachung, Verhinderung der Abzweigung erfasster Stoffe), spricht letztlich nichts dagegen, die unter Rn. 20 f. festgehaltenen Grundsätze entsprechend heranzuziehen.

48   **b) Inverkehrbringen.** Nach der Vorschrift des § 1 Nr. 7 GÜG ist Inverkehrbringen im Sinne des GÜG „jede Abgabe von Grundstoffen im Sinne des Artikels 2 Buchst. c der Verordnung (EG) Nr. 273/2004". Danach wiederum handelt es sich um *„jegliche Abgabe von erfassten Stoffen in der Gemeinschaft, sei es gegen Bezahlung oder unentgeltlich; dazu gehören auch Lagerung, Erzeugung, Weiterverarbeitung, Handel, Vertrieb oder Vermittlung dieser Stoffe zum Zwecke ihrer Abgabe in der Gemeinschaft".* Zur Abgabe vgl. § 95 AMG Rn. 52 f. Erfasst wird nur der innergemeinschaftliche Grundstoffverkehr (BT-Drs. 16/7414).

49   **c) Verstoß gegen die Erlaubnispflicht.** Besitz und Inverkehrbringen müssen erlaubnispflichtwidrig sein. Anders als im Rahmen des § 19 Abs. 1 Nr. 1 GÜG kommt es dabei auf die den erfassten Stoffen zugedachte Zweckbestimmung nicht an.

50   **aa) Erlaubnispflicht.** Die Regelung des Art. 2 Buchst. c VO (EG) Nr. 273/2004 knüpft an den Begriff der Wirtschaftsbeteiligten an. **Wirtschaftsbeteiligter** ist nach Art. 2 Buchst. d jede natürliche oder juristische Person, die erfasste Stoffe in Verkehr bringt.

51   Die **Bundeswehr** ist zwar an sich nicht Wirtschaftsbeteiligte im eigentlichen Wortsinn; nach § 22 Abs. 1 GÜG sind die Regelungen der VO (EG) Nr. 273/2004 aber auf Vorgänge an denen sie beteiligt ist, entsprechend anzuwenden. Nach § 22 Abs. 2 GÜG obliegt die Überwachung des Verkehrs mit Grundstoffen in diesem Zusammenhang den zuständigen Stellen und Sachverständigen der Bundeswehr. Das Bundesministerium der Verteidigung kann für seinen Geschäftsbereich im Einvernehmen mit dem Bundesministerium für Gesundheit in Einzelfällen Ausnahmen von den Vorschriften der VO (EG) Nr. 273/2004 zulassen, soweit zwingende Gründe der Verteidigung dies erfordern und die internationalen Suchtstoffübereinkommen dem nicht entgegenstehen, § 22 Abs. 3 GÜG.

52   Die nach Art. 3 Abs. 2 VO (EG) Nr. 273/2004 erforderliche Erlaubnis der zuständigen Behörde muss **vor der Ausübung des Besitzes oder dem Inverkehrbringen** erfasster Stoffe vorliegen. Die Erlaubnispflicht ist damit wesentlicher Bestandteil des grundstoffüberwachungsrechtlichen Maßnahmenkatalogs.

53   **bb) Sondererlaubnis.** Die Regelung des Art. 3 Abs. 2 S. 2 VO (EG) Nr. 273/2004 sieht neben der Erteilung einer regulären Erlaubnis zudem die Möglichkeit vor, eine Sondererlaubnis auszustellen. Eine solche Sondererlaubnis, die für Apotheken, Ausgabestellen für Tierarzneimittel, bestimmte öffentliche Stellen oder die Streitkräfte erteilt werden kann, gilt freilich nur für die Verwendung von Drogenausgangsstoffen im Rahmen des amtlichen Aufgabenbereichs der betreffenden Wirtschaftsbeteiligten, Art. 3 Abs. 2 S. 3 VO (EG) Nr. 273/2004. Im Einzelnen sind bislang folgende Sondererlaubnisse erteilt worden:

54   **(1) Sondererlaubnis Apotheken.** Vgl. Bekanntmachung über die Erteilung einer Sondererlaubnis für Apotheken gemäß Art. 3 Abs. 2 der Verordnung (EG) Nr. 273/2004 vom 2. 8. 2005 (BAnz. Nr. 151 vom 12. 8. 2005, S. 12297):

„Hiermit wird den Inhabern einer Apothekenbetriebserlaubnis nach § 1 Abs. 2 des Gesetzes über das Apothekenwesen ‚als bestimmter Kategorie von Wirtschaftsbeteiligten‘ eine Sondererlaubnis gemäß Artikel 3 Abs. 2 Satz 2 der Verordnung (EG) Nr. 273/2004 (ABl. EG L 47 S. 7) für den Besitz und das Inverkehrbringen erfasster Stoffe der Kategorie 1 des Anhangs I der Verordnung (EG) Nr. 273/2004 erteilt. Sie gilt gemäß Artikel 3 Abs. 2 Satz 3 der Verordnung (EG) Nr. 273/2004 nur für die Verwendung dieser Stoffe im Rahmen des amtlichen Aufgabenbereichs

der Apotheken. Diese Sondererlaubnis gilt ab dem 18. August 2005, dem Tag des Inkrafttretens der Verordnung (EG) Nr. 273/2004.

Es wird darauf hingewiesen, dass gemäß Artikel 4 der Verordnung (EG) Nr. 273/2004 auch Apotheken bei Bezug von erfassten Stoffen der Kategorie 1 eine Erklärung des Kunden gemäß Anhang III o. g. Verordnung ihrem Lieferanten gegenüber abgeben müssen. Als Lieferant haben sie von ihrem Kunden diese Erklärung abzufordern.

Bonn, den 2. August 2005"

(2) Sondererlaubnis Bundeswehr. Vgl. Bekanntmachung über die Erteilung **55** einer Sondererlaubnis gemäß Art. 3 Abs. 2 der Verordnung (EG) Nr. 273/2004 vom 16. 1. 2006 (BAnz. Nr. 20 vom 28. 1. 2006, S. 591):

„Hiermit wird der Bundeswehr als ‚bestimmte Kategorie von Wirtschaftsbeteiligten' eine Sondererlaubnis gemäß Artikel 3 Abs. 2 Satz 2 der Verordnung (EG) Nr. 273/2004 vom 11. Februar 2004 (ABl. EU Nr. L 47 S. 1) für den Besitz und das Inverkehrbringen erfasster Stoffe der Kategorie 1 des Anhangs I der Verordnung (EG) Nr. 273/2004 erteilt. Sie gilt gemäß Artikel 3 Abs. 2 Satz 3 der Verordnung (EG) Nr. 273/2004 nur für die Verwendung dieser Stoffe im Rahmen des amtlichen Aufgabenbereichs der Bundeswehr. Diese Sondererlaubnis gilt rückwirkend ab dem 18. August 2005, dem Tag des Inkrafttretens der Verordnung (EG) Nr. 273/2004.

Es wird darauf hingewiesen, dass gemäß Artikel 4 der Verordnung (EG) Nr. 273/2004 auch die Bundeswehr bei Bezug von erfassten Stoffen der Kategorie 1 eine Erklärung des Kunden gemäß Anhang III der vorgenannten Verordnung ihrem Lieferanten gegenüber abgeben muss.

Bonn, den 16. Januar 2006"

(3) Sondererlaubnis Polizeibehörden. Vgl. Bekanntmachung über die Ertei- **56** lung einer Sondererlaubnis für Polizeibehörden gemäß Art. 3 Abs. 2 der Verordnung (EG) Nr. 273/2004 in Verbindung mit Art. 12 Abs. 2 der Verordnung (EG) Nr. 1277/2005 vom 16. 1. 2006 (BAnz. Nr. 20 vom 28. 1. 2006, S. 592):

„Hiermit wird den Polizeibehörden als ‚bestimmter Kategorie von Wirtschaftsbeteiligten' eine Sondererlaubnis gemäß Artikel 3 Abs. 2 der Verordnung (EG) Nr. 273/2004 vom 11. Februar 2004 (ABl. EU Nr. L 47 S. 1) in Verbindung mit Artikel 12 Abs. 2 der Verordnung (EG) Nr. 1277/2005 vom 27. Juli 2005 (ABl. EU Nr. L 202 S. 7) für den Besitz und das Inverkehrbringen erfasster Stoffe der Kategorie 1 des Anhangs I der Verordnung (EG) Nr. 273/2004 erteilt. Sie gilt gemäß Artikel 3 Abs. 2 Satz 3 der Verordnung (EG) Nr. 273/2004 nur für die Verwendung dieser Stoffe im Rahmen des amtlichen Aufgabenbereichs der Polizeibehörden. Diese Sondererlaubnis gilt rückwirkend ab dem 18. August 2005, dem Tag des Inkrafttretens der Verordnung (EG) Nr. 273/2004.

Es wird darauf hingewiesen, dass gemäß Artikel 4 der Verordnung (EG) Nr. 273/2004 auch Polizeibehörden bei Bezug von erfassten Stoffen der Kategorie 1 eine Erklärung des Kunden gemäß Anhang III der vorgenannten Verordnung ihrem Lieferanten gegenüber abgeben müssen.

Bonn, den 16. Januar 2006"

(4) Sondererlaubnis Zollbehörden. Vgl. Bekanntmachung über die Ertei- **57** lung einer Sondererlaubnis für Zollbehörden gemäß Art. 3 Abs. 2 der Verordnung (EG) Nr. 273/2004 in Verbindung mit Art. 12 Abs. 2 der Verordnung (EG) Nr. 1277/2005 vom 16. 1. 2006 (BAnz. Nr. 20 vom 28. 1. 2006, S. 592):

„Hiermit wird den Zollbehörden als ‚bestimmter Kategorie von Wirtschaftsbeteiligten' eine Sondererlaubnis gemäß Artikel 3 Abs. 2 Satz 2 der Verordnung (EG) Nr. 273/2004 vom 11. Februar 2004 (ABl. EU Nr. L 47 S. 1) in Verbindung mit Artikel 12 Abs. 2 der Verordnung (EG) Nr. 1277/2005 vom 27. Juli 2005 (ABl. EU Nr. L 202 S. 7) für den Besitz und das Inverkehrbringen erfasster Stoffe der Kategorie 1 des Anhangs I der Verordnung (EG) Nr. 273/2004 erteilt. Sie gilt gemäß Artikel 3 Abs. 2 Satz 3 der Verordnung (EG) Nr. 273/2004 nur für die Verwendung dieser Stoffe im Rahmen des amtlichen Aufgabenbereichs der Zollbehörden. Diese Sondererlaubnis gilt rückwirkend ab dem 18. August 2005, dem Tag des Inkrafttretens der Verordnung (EG) Nr. 273/2004.

Es wird darauf hingewiesen, dass gemäß Artikel 4 der Verordnung (EG) Nr. 273/2004 auch Zollbehörden bei Bezug von erfassten Stoffen der Kategorie 1 eine Erklärung des Kunden gemäß Anhang III der vorgenannten Verordnung ihrem Lieferanten gegenüber abgeben müssen.

Bonn, den 16. Januar 2006"

58   **cc) Verfahren.** Die wesentlichen Vorschriften für das Verfahren zur Erteilung der Erlaubnis ergeben sich aus Art. 3 Abs. 4 und Abs. 5 der VO (EG)
Nr. 273/2004. Danach hat die zuständige Behörde bei der Entscheidung über die
Erteilung der Erlaubnis vor allem die Kompetenz und Integrität des Antragstellers
zu berücksichtigen. Bestehen berechtigte Zweifel an der **Eignung und Verläss-
lichkeit** des Antragstellers oder seines verantwortlichen Beauftragten, ist die Erlaubnis zu verweigern. Aussetzung und Widerruf der Erlaubnis sind möglich, sofern berechtigter Grund zu der Annahme besteht, dass der Inhaber nicht mehr als
geeignet anzusehen ist oder sonstige Voraussetzungen, unter denen die Erlaubnis
erteilt wurde, nicht mehr vorliegen.

59   Die zuständige Behörde kann nach pflichtgemäßem Ermessen die Erlaubnis
entweder **auf höchstens 3 Jahre befristen** oder – in einem entsprechenden Zeitraum – regelmäßige **Belege** für das Vorliegen der Voraussetzungen für die Erteilung der Erlaubnis verlangen. Dagegen werden Sondererlaubnisse grundsätzlich für
einen unbegrenzten Zeitraum erteilt. Eine Befugnis zur Erhebung von **Gebühren**
für den Antrag auf Erteilung einer Genehmigung ist in Art. 3 Abs. 7 VO (EG)
Nr. 273/2004 vorgesehen.

60   Zuständige Behörde für die Erteilung der Erlaubnis nach Art. 3 Abs. 2 VO (EG)
Nr. 273/2004 ist nach § 5 Abs. 1 Nr. 1 GÜG das **Bundesinstitut für Arznei-
mittel und Medizinprodukte** (BfArM; http://www.bfarm.de). Im Bereich der
Bundeswehr obliegt die Überwachung des Verkehrs mit Grundstoffen nach § 22
Abs. 2 GÜG den zuständigen Stellen und Sachverständigen der Bundeswehr.

61   **4. Flankierende Vorschriften.** Will der Wirtschaftsbeteiligte einen erfassten
Stoff an eine andere natürliche oder juristische Person abgeben, hat er sich nach
Art. 3 Abs. 3 VO (EG) Nr. 273/2004 darüber zu vergewissern, dass der Empfänger
des erfassten Stoffes (1) ebenfalls Inhaber einer solchen **Erlaubnis** ist und (2) eine
Kundenerklärung zum vorgesehenen Verwendungszweck nach Maßgabe des
Art. 4 Abs. 1 VO (EG) Nr. 273/2004 unterzeichnet hat. Verstöße hiergegen sind
Ordnungswidrigkeiten nach § 20 Abs. 1 Nr. 2 GÜG.

**III. Unerlaubte Ein- oder Ausfuhr sowie unerlaubter Betrieb eines
Vermittlungsgeschäfts entgegen Art. 6 Abs. 1 VO (EG) Nr. 111/2005
(§ 19 Abs. 1 Nr. 3 GÜG)**

62   Mit Freiheitsstrafe bis zu fünf Jahren oder mit Geldstrafe wird nach § 19 Abs. 1
Nr. 3 GÜG bestraft, wer entgegen Art. 6 Abs. 1 der VO (EG) Nr. 111/2005 einen
in Kategorie 1 des Anhangs dieser Verordnung bezeichneten Grundstoff ohne Erlaubnis einführt, ausführt oder ein Vermittlungsgeschäft mit ihm betreibt.

63   **1. Rechtsanwendungsrecht.** Auch hinsichtlich der in Bezug genommenen
Verordnung (EG) 111/2005 ist – jedenfalls in strafrechtlichen Zusammenhängen –
nach § 19 Abs. 5 GÜG die am 18. 8. 2005 geltende Fassung maßgeblich (ausführlich dazu oben Rn. 9 ff., 44).

64   **2. Tatobjekte** sind die im Anhang der Verordnung (EG) Nr. 111/2005 aufgeführten Grundstoffe der **Kategorie 1**. Weil der Wortlaut der in Bezug genommenen Anhänge der VO (EG) Nr. 273/2004 (vgl. dazu § 19 Abs. 1 Nr. 2 GÜG) und
der VO (EG) Nr. 111/2005 einander entspricht (vgl. dazu oben Rn. 14), kann an
dieser Stelle auf die Stoffliste unter Rn. 45 verwiesen werden.

65   **3. Tathandlung.** Mit Strafe bedroht sind nach § 19 Abs. 1 Nr. 3 GÜG die unerlaubte Einfuhr und Ausfuhr sowie das unerlaubte Betreiben eines Vermittlungsgeschäfts, soweit damit ein Verstoß gegen Art. 6 Abs. 1 der VO (EG) Nr. 111/
2005 verbunden ist.

66   **a) Einfuhr und Ausfuhr.** Die Begriffe der Einfuhr und der Ausfuhr im Sinne
des GÜG sind in § 1 Nrn. 4 und 5 GÜG – freilich zum großen Teil unter Bezugnahme auf die Begriffsbestimmung in Art. 2 der VO (EG) Nr. 111/2005 – definiert (dazu ausführlich oben Rn. 23 ff.).

b) Betreiben eines Vermittlungsgeschäfts. Vermittlungsgeschäft ist nach § 1 **67** Nr. 6 GÜG jede Tätigkeit zur Anbahnung des Ankaufs, des Verkaufs oder der Lieferung von Grundstoffen im Sinne des Art. 2 Buchst. e der VO (EG) Nr. 111/ 2005. Die genannte Vorschrift der VO (EG) Nr. 111/2005 enthält hierzu die folgende Umschreibung: *„‚Vermittlungsgeschäft‘ [ist] jede Tätigkeit zur Anbahnung des Ankaufs, des Verkaufs oder der Lieferung erfasster Stoffe, die von einer natürlichen oder juristischen Person mit dem Ziel betrieben wird, zwischen zwei Parteien oder im Namen mindestens einer dieser beiden Parteien eine Einigung herbeizuführen, ohne dass sie diese Stoffe in ihren Besitz nimmt oder die Durchführung eines derartigen Vorgangs leitet[.]“*

Weil der Anwendungsbereich der VO (EG) Nr. 111/2005 die Überwachung des **68** Handels mit Drogenausgangsstoffen zwischen der Gemeinschaft und Drittländern (so auch der Titel der Verordnung) betrifft, erfasst die Definition des Vermittlungsgeschäfts ebenfalls nur Vorgänge des **Außenhandels mit Drittländern** (vgl. BT-Drs. 16/7414 S. 14). Einbezogen werden ausdrücklich auch die sog. **Streckengeschäfte**, d. h. all jene Tätigkeiten, *„die von einer natürlichen oder juristischen Person mit Wohnsitz bzw. Sitz in der Gemeinschaft ausgeführt [werden], und die den Ankauf, den Verkauf oder die Lieferung erfasster Stoffe [beinhalten], ohne dass diese Stoffe in das Zollgebiet der Gemeinschaft verbracht werden[.]“* (Art. 2 Buchst. e VO (EG) Nr. 111/2005; vgl. dazu auch BT-Drs. 16/7414 S. 14).

c) Verstoß gegen die Erlaubnispflicht. Die Ein- oder Ausfuhr erfasster Stof- **69** fe der Kategorie 1 sowie das Betreiben eines Vermittlungsgeschäfts mit ihnen müssen „entgegen Artikel 6 Abs. 1 der Verordnung (EG) Nr. 111/2005" erfolgen (vgl. § 19 Abs. 1 Nr. 3 GÜG) und also erlaubnispflichtwidrig sein.

aa) Erlaubnispflicht. Nach Art. 6 Abs. 1 UAbs. 1 S. 1 VO (EG) Nr. 111/2005 **70** müssen die in der Gemeinschaft niedergelassenen Wirtschaftsbeteiligten – ausgenommen Zollagenten und Spediteure, wenn sie ausschließlich in dieser Eigenschaft handeln –, die erfasste Stoffe der Kategorie 1 des Anhangs ein- oder ausführen oder diesbezügliche Vermittlungsgeschäfte betreiben, im Besitz einer Erlaubnis sein. **Wirtschaftsbeteiligter** ist nach Art. 2 Buchst. f der VO (EG) Nr. 111/2005 jede natürliche oder juristische Person, die erfasste Stoffe ein- oder ausführt oder entsprechende Vermittlungsgeschäfte betreibt, einschließlich Personen, die als Selbständige in Ausübung eines Haupt- oder Nebengewerbes für Kunden Zollanmeldungen abgeben.

bb) Verfahren. Bei der Entscheidung über die Erteilung der Erlaubnis hat die **71** zuständige Behörde (Rn. 70) die **Kompetenz und Integrität** des Antragstellers zu berücksichtigen, Art. 6 Abs. 1 UAbs. 2 VO (EG) Nr. 111/2005.

Die Erlaubnis kann ausgesetzt oder widerrufen werden, wenn die Vorausset- **72** zungen für ihre Erteilung nicht mehr vorliegen oder der begründete Verdacht besteht, dass erfasste Stoffe (Rn. 64) abgezweigt werden könnten.

Die Erlaubnis wird nach Art. 6 Abs. 1 UAbs. 1 S. 2 VO (EG) Nr. 111/2005 von **73** der zuständigen Behörde des Mitgliedstaats erteilt, in dem der Wirtschaftsbeteiligte niedergelassen ist. Für die im Geltungsbereich des GÜG niedergelassenen Wirtschaftsbeteiligten ist zuständige Behörde für die Erteilung der Erlaubnis nach § 5 Abs. 1 Nr. 2 GÜG das **Bundesinstitut für Arzneimittel und Medizinprodukte** (BfArM; http://www.bfarm.de).

4. Flankierende Vorschriften. Dokumentationspflichten für Ein- und Aus- **74** fuhren von Grundstoffen oder Vermittlungsgeschäfte mit Grundstoffen ergeben sich aus Art. 3 der VO (EG) Nr. 111/2005. Verstöße hiergegen sind Ordnungswidrigkeiten nach § 20 Abs. 1 Nr. 7 GÜG.

Die betreffenden Zoll- und Handelspapiere sind nach Art. 4 der VO (EG) **75** Nr. 111/2005 über einen Zeitraum von drei Jahren nach Ende des Kalenderjahres in dem der Vorgang stattgefunden hat, aufzubewahren. Zuwiderhandlungen sind Ordnungswidrigkeiten nach § 20 Abs. 1 Nr. 9 GÜG.

Zu Kennzeichnungspflichten vgl. Art. 5 VO (EG) Nr. 111/2005 sowie § 20 **76** Abs. 1 Nr. 11 GÜG.

IV. Ausfuhr von Grundstoffen der Kategorien 1, 2 oder 3 ohne Ausfuhrgenehmigung (§ 19 Abs. 1 Nr. 4 GÜG)

77   Mit Freiheitsstrafe bis zu fünf Jahren oder mit Geldstrafe wird bestraft, wer entgegen Art. 12 Abs. 1 der VO (EG) Nr. 111/2005 einen in Kategorie 1, 2 oder 3 des Anhangs der Verordnung bezeichneten Grundstoff ohne Ausfuhrgenehmigung ausführt.

78   **1. Rechtsanwendungsrecht.** In strafrechtlichen Zusammenhängen ist nach § 19 Abs. 5 GÜG auf die VO (EG) Nr. 111/2005 in der am 18. 8. 2005 geltenden Fassung zurückzugreifen (vgl. dazu oben Rn. 9 ff.).

79   **2. Tatobjekte** sind im Kontext des § 19 Abs. 1 Nr. 4 GÜG die Grundstoffe sämtlicher Kategorien (vgl. dazu oben Rn. 13 f.).

80   **3. Tathandlung.** Untersagt ist die Ausfuhr erfasster Grundstoffe (Rn. 79) ohne die erforderliche Ausfuhrgenehmigung. Zum Begriff der **Ausfuhr** vgl. oben Rn. 66, 24.

81   **a) Ausfuhrgenehmigung.** Eine Ausfuhrgenehmigung ist nach Art. 12 Abs. 1 UAbs. 1 der VO (EG) Nr. 111/2005 erforderlich für die Ausfuhr erfasster (Grund-)Stoffe, für die eine **Zollanmeldung** abzugeben ist, einschließlich der Ausfuhr erfasster Stoffe, die nach einer mindestens zehntägigen Lagerung in einer **Freizone des Kontrolltyps I oder einem Freilager** aus dem Zollgebiet der Gemeinschaft verbracht werden.

82   Dagegen ist eine Ausfuhrgenehmigung nach Art. 12 Abs. 1 UAbs. 2 der VO (EG) Nr. 111/2005 **nicht erforderlich**, wenn erfasste Stoffe innerhalb von zehn Tagen ab dem Zeitpunkt ihrer Überführung in ein Nichterhebungsverfahren oder in eine Freizone des Kontrolltyps II wieder ausgeführt werden.

83   Eine **Zollanmeldung** ist die Handlung, durch die eine Person in der vorgeschriebenen Art und Weise die Absicht bekundet, Waren in ein bestimmtes Zollverfahren überzuführen, vgl. Art. 4 Nr. 17 VO (EWG) Nr. 2913/92 (Zollkodex) sowie Art. 4 Nr. 10 VO (EG) Nr. 450/2008 (Modernisierter Zollkodex).

84   **Freizonen** sind besondere Bereiche im Zollgebiet der Gemeinschaft. In Freizonen verbrachte Waren sind von Einfuhrzöllen, Mehrwertsteuer und sonstigen Einfuhrabgaben befreit; bei der Ausfuhr sind die betreffenden Waren ebenfalls mehrwertsteuerfrei. Es werden Freizonen des Kontrolltyps I und solche des Kontrolltyps II unterschieden. **Freizonen des Kontrolltyps I** sind umzäunte Gelände, die von den Zollbehörden überwacht werden, weshalb auf eine vorherige zollrechtliche Behandlung von Waren verzichtet werden kann. Hingegen ist zur Verbringung von Waren in **Freizonen des Kontrolltyps II** grundsätzlich eine Zollanmeldung (Rn. 83) vonnöten.

85   Liste der Freizonen des Kontrolltyps I und II (Bundesrepublik Deutschland):

Freizone Kontrolltyp I	Freizone Kontrolltyp II	Anschrift der Zollbehörde
Freihafen Bremerhaven		HZA Bremen Hans-Böckler-Straße 56 28217 Bremen
Freihafen Cuxhaven		HZA Oldenburg Friedrich-Rüder-Str. 2 26135 Oldenburg
	Freihafen Deggendorf	HZA Landshut Seligenthalerstraße 62 84034 Landshut

Freizone Kontrolltyp I	Freizone Kontrolltyp II	Anschrift der Zollbehörde
	Freihafen Duisburg	HZA Duisburg Köhnenstraße 5–11 47051 Duisburg
Freihafen Hamburg		HZA Hamburg-Hafen Veddele Damm 11 20539 Hamburg

Quelle: Europäische Kommission – (http://ec.europa.eu/taxation_customs/resources/ documents/customs/procedural_aspects/imports/free_zones/list_freezones.pdf) – zuletzt abgerufen am 13. 5. 2011.

Die Ausfuhr von **Grundstoffen der Kategorie 3** unterliegt nur dann der Ge- **86** nehmigung, wenn eine **Vorausfuhrunterrichtung** erforderlich ist oder wenn diese Stoffe in bestimmte, nach dem Ausschussverfahren festzulegende Bestimmungsländer ausgeführt werden, Art. 12 Abs. 1 UAbs. 3 VO (EG) Nr. 111/2005.

Die Liste derjenigen Länder, für die eine Ausfuhrgenehmigung bei Ausfuhr von **87** erfassten Stoffen der Kategorie 3 erforderlich ist, ist mit Verordnung (EG) Nr. 225/2011 der Kommission vom 7. 3. 2011 (ABl. L Nr. 61 S. 2) mit Wirkung vom **28. 3. 2011** erweitert worden. Seither werden die folgenden Länder erfasst:

Stoff	Bestimmungsland
Methylethylketon (MEK) Toluol Aceton Ethylether *(einschließlich der Salze dieser Stoffe, sofern solche Salze möglich sind)*	Afghanistan Australien Antigua und Barbuda Argentinien Benin Bolivien Brasilien Kanada Kaimaninseln Chile Kolumbien Costa Rica Dominikanische Republik Ecuador Ägypten El Salvador Äthiopien Ghana Guatemala Haiti Honduras Indien Jordanien Kasachstan Libanon Madagaskar Malaysia Malediven Mexiko Nigeria Oman Pakistan Paraguay

Stoff	Bestimmungsland
	Peru
	Philippinen
	Republik Moldau
	Republik Korea
	Russische Föderation
	Saudi-Arabien
	Tadschikistan
	Türkei
	Vereinigte Arabische Emirate
	Vereinigte Republik Tansania
	Uruguay
	Venezuela
Salzsäure Schwefelsäure	Bolivien
	Chile
	Kolumbien
	Ecuador
	Peru
	Türkei
	Venezuela

88   **b) Genehmigungsverfahren.** Die Ausfuhrgenehmigung wird nach Art. 12 Abs. 2 der VO (EG) Nr. 111/2005 von den zuständigen Behörden des Mitgliedstaats erteilt, in dem der Ausführer **niedergelassen** ist. Für die Erteilung der Genehmigung zugunsten der im Geltungsbereich des GÜG ansässigen Ausführer ist daher das Bundesinstitut für Arzneimittel und Medizinprodukte zuständig, § 5 Abs. 1 Nr. 2 GÜG. **Ausführer** ist nach Art. 2 Buchst. b der VO (EG) Nr. 111/2005 die natürliche oder juristische Person, die die Hauptverantwortung für die Ausfuhr aufgrund ihrer wirtschaftlichen und rechtlichen Beziehung zu den erfassten Stoffen und dem Empfänger trägt und von dem oder in deren Namen die Zollanmeldung gegebenenfalls abgegeben wird.

89   Zum Inhalt der Antragsunterlagen vgl. Art. 13 VO (EG) Nr. 111/2005. Zur Ergänzung der Unterlagen und zur Nachlieferung von Angaben über Beförderungswege und Transportmittel vgl. Art. 14 VO (EG) Nr. 111/2005.

90   Die Genehmigung wird nach Art. 15 VO (EG) Nr. 111/2005 insbesondere dann **versagt**, wenn (1) die nach Art. 13 Abs. 1 VO (EG) Nr. 111/2005 erteilten Angaben unvollständig sind, (2) der begründete Verdacht besteht, dass die nach Art. 13 Abs. 1 VO (EG) Nr. 111/2005 erteilten Angaben falsch und unzutreffend sind, (3) in den Fällen des Art. 17 VO (EG) Nr. 111/2005 nachgewiesen wird, dass die Einfuhr erfasster Stoffe von den zuständigen Behörden des Bestimmungslandes nicht genehmigt worden ist oder (4) der begründete Verdacht besteht, dass die betreffenden Stoffe zur unerlaubten Herstellung von Suchtstoffen oder psychotropen Stoffen bestimmt sind.

91   Die Ausfuhrgenehmigung kann **ausgesetzt oder widerrufen** werden, wenn der begründete Verdacht besteht, dass die Stoffe zur unerlaubten Herstellung von Suchtstoffen oder psychotropen Stoffen bestimmt sind, Art. 16 VO (EG) Nr. 111/2005.

92   Die Geltungsdauer der Ausfuhrgenehmigung, innerhalb derer die Waren das Zollgebiet der Gemeinschaft verlassen haben müssen, darf höchstens sechs Monate betragen, gerechnet ab dem Zeitpunkt der Erteilung der Ausfuhrgenehmigung. In Ausnahmefällen kann die Frist auf Antrag verlängert werden, Art. 18 VO (EG) Nr. 111/2005.

V. Einfuhr von Grundstoffen der Kategorie 1 ohne Einfuhrgenehmigung (§ 19 Abs. 1 Nr. 5 GÜG)

93   Nach § 19 Abs. 1 Nr. 5 GÜG strafbewehrt ist die Einfuhr von Grundstoffen der Kategorie 1 ohne Einfuhrgenehmigung (Art. 20 VO (EG) Nr. 111/2005).

1. Rechtsanwendungsrecht. Soweit auf die VO (EG) Nr. 111/2005 Bezug **94** genommen wird, ist nach § 19 Abs. 5 GÜG die am 18. 8. 2005 geltende Fassung maßgeblich. Vgl. dazu oben Rn. 9 ff.

2. Tatobjekte sind die Grundstoffe der Kategorie 1 des Anhangs der VO (EG) **95** Nr. 111/2005, vgl. dazu oben Rn. 64, 45.

3. Tathandlung. Strafbewehrt ist die Einfuhr erfasster Stoffe der Kategorie 1 **96** ohne erforderliche Einfuhrgenehmigung.

a) Einfuhr ist nach § 1 Nr. 4 GÜG jede Verbringung von Grundstoffen in das **97** Zollgebiet der Gemeinschaft im Sinne des Art. 2 Buchst. c der Verordnung (EG) Nr. 111/2005 oder in einen nicht zum Zollgebiet der Gemeinschaft gehörenden Teil des Hoheitsgebiets der Bundesrepublik Deutschland. Zum Begriff der Einfuhr im Sinne des GÜG vgl. Rn. 23.

b) Einfuhrgenehmigung. Nach Art. 20 UAbs. 1 S. 1 VO (EG) Nr. 111/2005 **98** ist für die Einfuhr erfasster Stoffe der Kategorie 1 des Anhangs eine Einfuhrgenehmigung **erforderlich**. Diese kann einem Wirtschaftsbeteiligten (Rn. 70) nur erteilt werden, wenn er in der Gemeinschaft niedergelassen ist, Art. 20 UAbs. 1 S. 2 VO (EG) Nr. 111/2005.

Werden die Kategorie 1-Gundstoffe ab- oder umgeladen, vorübergehend ver- **99** wahrt, in einer Freizone des Kontrolltyps I (vgl. dazu oben Rn. 84 f.) oder einem Freilager gelagert oder in das gemeinschaftliche Versandverfahren überführt, ist eine Einfuhrgenehmigung **nicht erforderlich**, Art. 20 UAbs. 2 VO (EG) Nr. 111/ 2005.

c) Genehmigungsverfahren. Zu den inhaltlichen Anforderungen des Antrags **100** auf Erteilung einer Einfuhrgenehmigung nach Art. 20 VO (EG) Nr. 111/2005 vgl. Art. 21 Abs. 1 VO (EG) Nr. 111/2005.

Die Entscheidung über den Antrag ergeht nach Art. 21 Abs. 2 VO (EG) **101** Nr. 111/2005 innerhalb einer Frist von 15 Werktagen, gerechnet ab dem Zeitpunkt, zu dem die zuständige Behörde (Rn. 105) die Akte als vollständig betrachtet.

Die Regelung des Art. 23 VO (EG) Nr. 111/2005 enthält obligatorische **Versa-** **102** **gungsgründe**. Die Erteilung einer Einfuhrgenehmigung ist danach zu versagen, wenn (1) die erforderlichen Angaben unvollständig sind, (2) der begründete Verdacht besteht, dass die im Antrag gemachten Angaben falsch oder unzutreffend sind oder (3) der begründete Verdacht besteht, dass die erfassten Stoffe zur unerlaubten Herstellung von Suchtstoffen oder psychotropen Stoffen bestimmt sind.

Die Genehmigung kann **ausgesetzt oder widerrufen** werden, wenn der be- **103** gründete Verdacht besteht, dass die Stoffe zur unerlaubten Herstellung von Suchtstoffen oder psychotropen Stoffen bestimmt sind, Art. 24 VO (EG) Nr. 111/2005.

Die **Geltungsdauer** der Einfuhrgenehmigung, innerhalb derer die erfassten **104** Stoffe in das Zollgebiet der Gemeinschaft verbracht worden sein müssen, darf nach Art. 25 S. 1 VO (EG) Nr. 111/2005 höchstens 6 Monate betragen. Die Frist beginnt mit dem Zeitpunkt der Erteilung der Genehmigung. Eine Verlängerung ist nach Art. 25 S. 2 VO (EG) Nr. 111/2005 nur in Ausnahmefällen möglich.

Die Einfuhrgenehmigung wird von der **zuständigen Behörde des Mitglied-** **105** **staats** erteilt, in dem der Einführer niedergelassen ist, Art. 20 UAbs. 1 S. 3 VO (EG) Nr. 111/2005. Für Wirtschaftsbeteiligte, die ihre Niederlassung im Geltungsbereich des GÜG haben, ist nach § 5 Abs. 1 Nr. 2 GÜG das **Bundesinstitut für Arzneimittel und Medizinprodukte** (BfArM; http://www.bfarm.de) zuständig.

4. Flankierende Vorschriften. Die Einfuhrgenehmigung hat nach Art. 22 **106** UAbs. 1 VO (EG) Nr. 111/2005 bei der Sendung zu verbleiben. Dies gilt vom Ort der Verbringung in das Zollgebiet der Gemeinschaft bis zu den Räumlichkeiten des Einführers oder Endempfängers. Bei der Anmeldung der erfassten Stoffe zu einem Zollverfahren ist sie der Zollstelle vorzulegen, Art. 22 UAbs. 2 VO (EG) Nr. 111/2005. Wird die Einfuhrgenehmigung einer Zollstelle in einem anderen

Mitgliedstaat als demjenigen, dem die ausstellende Behörde angehört, vorgelegt, muss der Einführer auf Verlangen eine beglaubigte Übersetzung vorlegen, Art. 22 UAbs. 3 VO (EG) Nr. 111/2005. Im Einzelfall kann die Übersetzung eines Teils der Genehmigung ausreichen.

C. Subjektiver Tatbestand

I. Vorsatz und Irrtumskonstellationen

107 Strafbar ist nach § 19 Abs. 1 GÜG zunächst vorsätzliches Handeln. Die fahrlässige Verwirklichung der Tatbestände des Abs. 1 ist nach Abs. 4 mit Strafe bedroht (vgl. dazu Rn. 113).

108 Vorsätzliches Handeln setzt **Wissen und Wollen der Tatbestandsverwirklichung** (*Fischer* § 15 StGB Rn. 3; *Lackner/Kühl* § 15 Rn. 4; MK-StGB/*Joecks* § 16 Rn. 10) voraus. **Bedingter Vorsatz** genügt. Dieser unterscheidet sich vom unbedingten Vorsatz dadurch, dass der tatbestandliche Erfolg nicht als notwendig, sondern nur als möglich vorausgesehen wird. Von der bewussten Fahrlässigkeit ist er insoweit verschieden, als der bewusst fahrlässig handelnde Täter darauf vertraut, der als möglich vorausgesehene Erfolg werde nicht eintreten, während der bedingt vorsätzlich Handelnde ihn in Kauf nimmt (BGHSt. 7, 363 = NJW 1955, 1688).

109 Von Bedeutung sind im vorliegenden Kontext vor allem die folgenden Tatumstände, die der Täter in hinreichender Weise in sein Wissen aufgenommen haben muss:

110 **1. Grundstoffeigenschaft.** Der Täter muss wissen oder mindestens mit der Möglichkeit rechnen, dass sich seine Handlungen auf Grundstoffe der jeweils einschlägigen Kategorie beziehen (vgl. MK-StGB/*Kotz* § 29 GÜG a. F. Rn. 39 ff.). Weiß der Täter nicht, dass der von ihm besessene Stoff ein Grundstoff ist und hält er ihn also etwa für eine völlig andere (unbedenkliche) Substanz, unterliegt er einem *Tatbestandsirrtum* (§ 16 StGB), der vorsätzliches Handeln ausschließt (vgl. MK-StGB/*Kotz* Vor §§ 29 ff. BtMG Rn. 108). Weiß der Täter dagegen nicht, dass es sich bei der von ihm ausgeführten *Salzsäure* (§ 19 Abs. 1 Nr. 4 GÜG) um einen Grundstoff der Kategorie 3 des Anhangs der VO (EG) Nr. 111/2005 handelt, unterliegt er einem *Subsumtionsirrtum* (vgl. *Weber* Vor §§ 29 ff. BtMG Rn. 344; grundlegend *Fischer* § 16 StGB Rn. 13), der den Vorsatz unberührt lässt (vgl. *BGH* NStZ 2007, 644 = wistra 2006, 464 = BeckRS 2006, 10750).

111 **2. Erlaubnispflicht und Zweckbestimmung.** Soweit die Tatbestände des § 19 Abs. 1 GÜG das Nichtvorliegen einer Erlaubnis oder einer Genehmigung erfordern, muss der Täter zudem wissen, dass sein Tun unter die Erlaubnispflicht fällt, ihm die erforderliche Erlaubnis oder Genehmigung indes nicht erteilt wurde (vgl. MK-StGB/*Kotz* § 29 GÜG a. F. Rn. 41). Zum Vorsatz gehört im Rahmen des § 19 Abs. 1 Nr. 1 GÜG daneben das Wissen und Wollen der Grundstoffverwendung zur **illegalen Betäubungsmittel-Herstellung**. *Dolus eventualis* ist insoweit ausreichend. Ein **Chemikalienhändler, der mit der Polizei zusammenarbeitet** und Grundstoffe, die zur illegalen Betäubungsmittel-Herstellung dienen sollen, an den Kunden ausliefert, mag zwar im Einzelfall einen Straftatbestand des GÜG **objektiv** erfüllen. In subjektiver Hinsicht ist dies jedoch nicht der Fall. Denn er übergibt die Grundstoffe an den Käufer nicht zur freien Verfügung und nicht im Sinne von § 3 GÜG zur unerlaubten Herstellung von Betäubungsmitteln. Vielmehr will er dem Schutzzweck des GÜG dienen, es also nicht verletzen. Denn er liefert Täter und Grundstoffe der kontrollierenden Polizei in die Hände und **verhindert** so eine unerlaubte Herstellung von Betäubungsmitteln. Werden an einen türkischen Fernfahrer im Rahmen eines polizeilich kontrollierten Grundstofftransports mehrere Tonnen Essigsäureanhydrid von der Polizei zur Fahrt nach Syrien ausgehändigt, so erfüllt der **verdeckte Ermittler** nicht den Tatbestand des § 19 Abs. 1 Nr. 1 GÜG, da die Grundstoffe nicht zur unerlaubten Herstellung von Betäubungsmitteln, sondern zu Überführungszwecken übergeben werden. Der Gesetzgeber hat bei Schaffung des § 3 GÜG die Möglichkeit kontrollierter Transporte ausdrücklich gutgeheißen. Sofern die üblichen Voraussetzungen **kontrollierter Transporte** vorliegen, ist deshalb eine Strafbarkeit nach § 19 Abs. 1 Nr. 1 GÜG zu verneinen.

Auch in Bezug auf die Frage der Erlaubnispflicht sind verschiedene **Irrtums- 112 konstellationen** denkbar. Die irrtumsbedingte Fehlvorstellung, eine tatsächlich nicht erteilte Erlaubnis oder Genehmigung liege vor, ist *Tatbestandsirrtum* nach § 16 StGB (vgl. nur MK-StGB/*Kotz* § 4 BtMG Rn. 15; zum Verbotsirrtum beim Handeltreiben mit Betäubungsmittel-Grundstoffen vgl. *BGH* NStZ 1996, 236). Dagegen will die Rechtsprechung im Falle eines Irrtums über das Bestehen des Erfordernisses einer Genehmigung oder Erlaubnis danach differenzieren, ob das **Erlaubnis- oder Genehmigungserfordernis** auf einem *präventiven* oder einem *repressiven Verbot* beruht (vgl. dazu *Fischer* § 16 StGB Rn. 16; *Lackner/Kühl* § 17 Rn. 6; Sch/Sch/*Sternberg-Lieben* § 17 StGB Rn. 12a; MK-StGB/*Mosbacher* § 15 AÜG Rn. 14; Kindhäuser/Neumann/Paeffgen/*Neumann* § 17 StGB Rn. 95 jeweils m.w.N.). Die Differenzierung geht ersichtlich auf verwaltungsrechtliche Zusammenhänge zurück, in denen sie freilich lediglich dazu dient, Grundrechtsbetroffenheiten und ggf. mit der Erteilung einer Erlaubnis verbundene Rechtskreiserweiterungen anschaulich zu machen. Um ein **präventives Verbot mit Erlaubnisvorbehalt** soll es sich nach hergebrachter Verwaltungsrechtsdogmatik dann handeln, wenn der Gesetzgeber bestimmte Betätigungen oder Verhaltensweisen verbietet, weil sie im Vorfeld einer behördlichen Kontrolle unterzogen werden sollen. Ein **repressives Verbot mit Befreiungsvorbehalt** soll dagegen dann vorliegen, wenn der Gesetzgeber ein bestimmtes Verhalten als sozial schädlich oder unerwünscht einstuft, aber in besonders gelagerten Einzelfällen die Möglichkeit einer Befreiung vorsehen möchte. In den zuletzt genannten Fällen soll der Irrtum über das Erlaubnis- oder Genehmigungserfordernis Verbotsirrtum sein, weil der Befreiung eine rechtfertigende Funktion zukomme (vgl. *BGH* NJW 1994, 61 = NStZ 1993, 594 m. kritischer Anm. *Puppe*). Die Tragfähigkeit dieser Differenzierung ist zumindest zweifelhaft; ihre Effekte im Einzugsbereich des Grundstoffstrafrechts sind kaum antizipierbar. Denn die Einstufung der Verbotsvorschriften des GÜG am vorstehend beschriebenen Maßstab kann – vor dem Hintergrund der gemeinschaftsrechtlichen Warenverkehrsfreiheit einerseits und der von den erfassten Drogenausgangsstoffen ausgehenden Gefahr andererseits – nur schwerlich mit letzter Sicherheit gelingen. Ob etwa die von § 19 Abs. 1 Nr. 4 GÜG umfasste Ausfuhr von Grundstoffen der Kategorie 3 (Salzsäure, Schwefelsäure, Toluol, Ethylether, Aceton, Methylethylketon) grundsätzlich unerwünscht oder aber prinzipiell wertneutral ist, ist damit letztlich eine Frage der Perspektive und der Formulierung („ohne Genehmigung" vs. „ohne die erforderliche Genehmigung"; „ohne Erlaubnis" vs. „ohne die vorgeschriebene Erlaubnis"; vgl. dazu KK-OWiG/*Rengier* Vorbem. §§ 15, 16 Rn. 16ff.). Ausgehend davon, dass der Handel mit den erfassten Drogenausgangsstoffen „grundsätzlich legal" ist und insbesondere ein erheblicher „Bedarf der chemischen Industrie und anderer Wirtschaftsbeteiligter" gegeben ist (vgl. VO (EG) Nr. 111/2005 – Erwägungsgrund 3), sprechen freilich in jedem Fall gute Gründe dafür, in solchen Konstellationen einen Tatbestandsirrtum anzunehmen.

II. Fahrlässigkeit

Nach § 19 Abs. 4 GÜG wird mit Freiheitsstrafe bis zu einem Jahr oder mit 113 Geldstrafe bestraft, wer in den Fällen des Abs. 1 fahrlässig handelt.

Der Begriff der Fahrlässigkeit ist im StGB nicht definiert; regelmäßig wird aber 114 im Ansatz auf die zivilrechtliche Umschreibung der Fahrlässigkeit in § 276 Abs. 2 BGB zurückgegriffen: *„Fahrlässig handelt, wer die im Verkehr erforderliche Sorgfalt außer Acht lässt."* (vgl. dazu Kindhäuser/Neumann/Paeffgen/*Paeffgen* § 229 StGB Rn. 7). Dies setzt nach der Rechtsprechung und der herrschenden Meinung zweierlei voraus: Der Täter muss den gesetzlichen Tatbestand verwirklichen, indem er diejenige Sorgfalt außer Acht lässt, die zum Schutz des beeinträchtigten Rechtsgutes zu beachten ist. Darüber hinaus muss der **Sorgfaltspflichtverstoß** eine Rechtsgutverletzung zur Folge haben, die der Täter nach seinen eigenen subjektiven Möglichkeiten **vorhersehen** und **hätte vermeiden können** (*Fischer* § 15 StGB Rn. 12a; vgl. auch *Lackner/Kühl* § 15 StGB Rn. 35 ff.; BGHSt. 4, 182 = NJW 1954, 121; zum Verhältnis von Vorsatz und Fahrlässigkeit vgl. MK-StGB/ *Duttge* § 15 Rn. 100 ff.; BeckOK-StGB/*Kudlich* § 15 Rn. 28 ff.).

115   Liegt der Tatbegehung eine **irrtumsbedingte Fehlvorstellung** des Täters zugrunde, kommt eine Bestrafung unter dem Gesichtspunkt fahrlässiger Tatbegehung in Betracht. Unterliegt der Täter einem **Tatbestandsirrtum** (vgl. dazu oben Rn. 107 ff.), kennt er also Umstände nicht, die zum gesetzlichen Tatbestand gehören, ist nach § 16 Abs. 1 S. 1 StGB sein Vorsatz ausgeschlossen. In diesen Fällen bleibt eine Strafbarkeit wegen fahrlässiger Begehung zu prüfen, § 16 Abs. 1 S. 2 StGB. Der Fahrlässigkeitsvorwurf wird sich dann regelmäßig auf die Frage nach der Vermeidbarkeit des Irrtums beziehen (vgl. BeckOK-StGB/*Kudlich* § 16 Rn. 2).

D. Versuch

116   Die versuchte Tatbegehung ist nach § 19 Abs. 2 GÜG strafbar. Erforderlich ist, dass der Täter im Sinne des § 22 StGB zur Verwirklichung des jeweiligen Tatbestandes **unmittelbar ansetzt**. Er hat das Versuchsstadium erreicht, wenn er Handlungen vornimmt, die – auf der Grundlage seines Tatplans – der Verwirklichung des Tatbestandes unmittelbar vorgelagert sind, im Falle eines ungestörten Fortgangs indessen ohne wesentliche Zwischenakte in die Tatbestandsverwirklichung einmünden (*Fischer* § 22 StGB Rn. 10; *Lackner/Kühl* § 22 StGB Rn. 4 jew. m. w. N.; BGHSt. 26, 201 = NJW 1976, 58; *BayObLG* NStZ 2004, 401, 402). Der Täter muss also nach der gebräuchlichen Formel die **Schwelle zum „jetzt geht's los"** **überschreiten** (*BGH* NStZ 2004, 38 f. = BeckRS 2003, 05877; vgl. auch Kindhäuser/Neumann/Paeffgen/*Zaczyk* § 22 StGB Rn. 23; *Ch. Jäger* NStZ 2000, 415 [Anm. zu *BGH* NStZ 1999, 395]; *BGH* NStZ 2010, 209 = NJW 2010, 623 = StV 2010, 354). Für die Abgrenzung im Einzelfall ist dabei „in wertender Betrachtung auf die strukturellen Besonderheiten der jeweiligen Tatbestände Bedacht zu nehmen"(*BGH* NStZ 2010, 209 = NJW 2010, 623 = StV 2010, 354; *BGH* NStZ 2008, 409 f. = StV 2008, 644 = wistra 2008, 105). Der **versuchte Grundstofferwerb** beginnt, wenn zur Übergabe von Geld und Grundstoffen angesetzt wird. Eine bloße **Bestellvoranfrage** genügt hierfür ebenso wenig, wie bloße Kaufverhandlungen. Selbst eine **verbindliche Bestellung** ist lediglich Vorbereitungshandlung zum Erwerb, weil der Erwerbsvorgang erst mit der Übergabe der Grundstoffe beginnt (a. A. *AG Hamburg*, Urteil vom 24. 5. 1996 – 116 – 138/96 jug; 116 Ds–1237 Js 1037/95). Dies mag zwar unbefriedigend erscheinen, weil die dubiosen Grundstoffbesteller auf die Aufforderung eines Chemikalienhändlers, einen Endverbrauchernachweis zu führen, regelmäßig das Weite suchen und die Geschäftsbeziehung abbrechen werden. Sollen die bestellten Grundstoffe jedoch zur unerlaubten Betäubungsmittel-Herstellung weiterveräußert werden, kann unter Umständen schon eine verbindliche Bestellung **vollendetes Handeltreiben mit Grundstoffen** sein. Eingedenk der grundstoffstrafrechtlichen Besonderheiten der einschlägigen Tathandlungsalternativen (vgl. dazu oben Rn. 17 ff., 46 ff., 65 ff., 80 ff., 96 ff.) kann wegen der Einzelheiten im Übrigen auf die Erläuterungen zu § 29 BtMG Bezug genommen werden.

117   Nach § 23 Abs. 2 StGB kann der Versuch milder bestraft werden als die vollendete Tat (§ 49 Abs. 1 StGB). Ausgehend hiervon ist zunächst zu prüfen, ob der mildere **Strafrahmen** zur Anwendung gelangen soll (*Fischer* § 23 StGB Rn. 3; *Lackner/Kühl* § 23 StGB Rn. 2). Dabei ist eine Gesamtbetrachtung aller Tatumstände vorzunehmen; das Tatgericht hat neben der Persönlichkeit des Täters die Tatumstände im weitesten Sinne und allem zu allem die **versuchsbezogenen Gesichtspunkte** (dazu *Fischer* § 23 Rn. 4 ff.), namentlich die Nähe der Tatvollendung, die Gefährlichkeit des Versuchs und die eingesetzte kriminelle Energie, umfassend zu würdigen (*BGH* wistra 2011, 18 = BeckRS 2010, 27038; *BGH* NStZ-

RR 2003, 72 = BeckRS 2002, 09211). Wird von der fakultativen Milderungsmöglichkeit Gebrauch gemacht, ist die eigentliche Strafzumessung nach den allgemeinen Vorschriften vorzunehmen. Der Umstand, dass die Tat lediglich in das
Versuchsstadium gelangt ist, darf nach § 50 StGB (**Verbot der Doppelverwertung**) als solcher beim eigentlichen Zumessungsakt nicht noch einmal berücksichtigt werden (*BGH* NStZ 1990, 30 = NJW 1989, 3230 = StV 1990, 62). Freilich
spricht nichts dagegen, das – hierauf beruhende – konkrete *Maß der Schuldminde-
rung* zu bestimmen, zu wägen und innerhalb des gemilderten Strafrahmens zugrunde zu legen (vgl. Schäfer/*Redeker*/*Busse*, Praxis der Strafzumessung, 4. Auflage
[2008], Teil 4 Rn. 609).

E. Rechtsfolgen

I. Strafrahmen nach Abs. 1

Für Rechtsverstöße nach § 19 Abs. 1 Nrn. 1 bis 5 GÜG sieht das Gesetz Frei- **118**
heitsstrafe bis zu fünf Jahren oder Geldstrafe vor. Im Rahmen der Strafzumessung
werden insbesondere die **Gewichtsmenge** und der **Wirkstoffgehalt** der von der
Tatbegehung betroffenen Grundstoffe zu berücksichtigen sein. Zwar werden diese
Umstände in § 19 GÜG nicht eigens angesprochen. Gleichwohl dürften die
Menge und die Gefährlichkeit der abgezweigten Grundstoffe eine bestimmende
Strafzumessungserwägung sein. Es fehlen aber noch Erfahrungswerte für die Bestimmung einer normalen oder einer nicht geringen Menge. Innerhalb des vorge-
gebenen Strafrahmens sind bei der Bemessung der Strafen die für und gegen die
Angeklagten sprechenden Gesichtspunkte umfassend darzustellen und gegeneinan-
der abzuwägen.

Strafmildernd sind zu werten: a) das Geständnis, b) die Unbestraftheit des Tä- **119**
ters, c) seine Aufklärungshilfe bei der Überführung der Hinterleute, bei der Entdeckung des Labors und der versteckten Grundstoffvorräte, d) die Verführung durch
Mittäter, e) die Tatprovokation und Überwachung durch polizeiliche V-Leute und
verdeckte Ermittler, f) die Unachtsamkeit der Chemikalienlieferanten, g) die wirtschaftliche Notsituation, h) eine schwere Erkrankung oder Haftempfindlichkeit,
i) ein besonders hohes oder jugendliches Alter, j) eine lange Verfahrensdauer oder
eine lang andauernde Untersuchungshaft, k) dass der Grundstofftransport weit vom
illegalen Herstellungsprozess entfernt war und die Herstellung nur vorbereitete,
l) dass der Grundstofftransport polizeilich überwacht war und deshalb keinen Schaden anrichten konnte.

Der *BGH* hat in seinem Beschluss vom 21. 7. 1993 (2 StR 331/93 = **120**
NStZ 1993, 584 = StV 1994, 15) **die Lieferung von** Benzylmethylketon und
Lithiumaluminiumhydrid **durch verdeckte Ermittler an einen Beschuldigten**
mit betriebsbereitem Labor zur Herstellung von Methylendioxymethamphetamin
(MDMA) grundsätzlich nicht beanstandet und die Tatprovokation lediglich als
einen für die Strafzumessung bedeutsamen Umstand angesehen.

Strafschärfend sind zu werten: a) die Zahl der Einzeltaten, b) der erhebliche **121**
Tatumfang, c) die erhebliche Tatdauer, d) die besondere Tatintensität (internationale Geschäfte, Gewalttätigkeit, Waffeneinsatz, Gewerbsmäßigkeit, Bandenmäßigkeit,
Scheinfirmengründung, gefälschte Urkunden, Korruption usw.), e) die Vorstrafen,
f) die Ausnutzung oder Bedrohung Dritter, g) die Gesundheitsgefährdung Dritter,
h) die große Menge der Grundstoffe, i) die Gefährlichkeit der Grundstoffe.

Das GÜG enthält keine Vorschrift, wonach von einer Bestrafung nach § 19 **122**
GÜG abgesehen werden könnte, wenn der Grundstoff lediglich zur unerlaubten
Herstellung geringer Betäubungsmittel-Mengen zum **Eigenverbrauch** verwendet
werden soll. Dies ist in Anbetracht des eigenen Unwertgehalts grundstoffrechtli-
cher Vorschriften plausibel, könnte aber im Einzelfall zu dem Widerspruch führen,
dass StA und Gericht bei versuchtem und vollendetem Herstellen geringer Betäubungsmittel-Mengen zum Eigenkonsum von einer Bestrafung eines Konsumenten
absehen könnten, bei der Herstellungsvorbereitung durch den Erwerb geringer
Grundstoffmengen aber anklagen und verurteilen müssten. Angemessene Ergebnis-

se sind hier nur im Wege einer Verfahrensweise nach §§ 153, 153 a StPO zu erzielen.

II. Besonders schwere Fälle (Abs. 3)

123   Für besonders schwere Fälle des Abs. 1 sieht § 19 Abs. 3 GÜG einen Sonderstrafrahmen vor. Mit der Erfüllung eines **Regelbeispiels** hat der Täter *„in der Regel"* Freiheitsstrafe von nicht unter einem Jahr verwirkt. In diesem Fall spricht eine widerlegbare Vermutung dafür, dass die Tatbegehung als besonders schwer einzustufen ist. Die **Regelwirkung entfällt**, wenn besondere Milderungsgründe vorliegen, die im Rahmen einer Gesamtwürdigung sämtlicher Tatumstände die Anwendung des Sonderstrafrahmens als unangemessen erscheinen lassen. Weil die gesetzlich aufgeführten Konstellationen lediglich Beispielsfälle der besonders schweren Tatbegehung sind, kommt in Einzelfällen auch ein **unbenannter besonders schwerer Fall** in Betracht, sofern eine rechtsethische Vergleichbarkeit der Tat mit den benannten Erschwernisgründen gegeben ist. Neben den genannten besonders schweren Fällen sind daher weitere ungeschriebene besonders schwere Fälle denkbar, etwa der **gewaltsame oder bewaffnete Grundstoffhandel.**

124   **1. Gewerbsmäßigkeit.** Nach § 19 Abs. 3 S. 2 Nr. 1 GÜG liegt ein besonders schwerer Fall in der Regel vor, wenn der Täter gewerbsmäßig handelt. Die Annahme von Gewerbsmäßigkeit setzt voraus, dass der Täter in der Absicht handelt, sich durch wiederholte Tatbegehung eine fortlaufende Einnahmequelle von einiger Dauer und einigem Umfang zu verschaffen; liegt ein solches Gewinnstreben vor, ist schon die erste der ins Auge gefassten Tathandlungen als gewerbsmäßig einzustufen (*BGH*, Beschluss vom 22. 2. 2011 – 4 StR 622/10 = BeckRS 2011, 05300). Nicht erforderlich ist, dass der Täter vorhat, aus seinem Tun ein „kriminelles Gewerbe" zu machen (*BGH* NStZ 1995, 85 = wistra 1995, 60 m. w. N.). Die **Wiederholungsabsicht** muss sich auf das Delikt beziehen, dessen gewerbsmäßige Begehung Gegenstand der Überprüfung ist (vgl. *Fischer* Vor § 52 Rn. 62 m. w. N.).

125   **2. Bandenmitgliedschaft.** Ein besonders schwerer Fall liegt nach § 19 Abs. 3 S. 2 Nr. 2 GÜG in der Regel auch dann vor, wenn der Täter *„als Mitglied einer Bande"* handelt, *„die sich zur fortgesetzten Begehung solcher Taten verbunden hat"*. Eine Bande ist ein auf einer ausdrücklich oder konkludent getroffenen **Bandenabrede** beruhender Zusammenschluss von mindestens **3 Personen** (BGHSt. 46, 321 = NStZ 2001, 421 = StV 2001, 399). Diese müssen sich mit dem Willen zusammengefunden haben, zukünftig gemeinsam Straftaten dieser Art zu begehen. Einen „gefestigten Bandenwillen" oder ein „Tätigwerden in einem übergeordneten Bandeninteresse" verlangt die Rspr. dagegen nicht (BGHSt. a. a. O.). Gleichwohl muss die jeweilige Einzeltat Ausfluss der Bandenabrede sein; nicht ausreichend ist daher wenn der Täter die Tat ausschließlich im eigenen Interesse und losgelöst von dem Umstand seiner Bandenmitgliedschaft begeht (*BGH*, Beschluss vom 1. 3. 2011 – 4 StR 30/11 = BeckRS 2011, 07180). Wegen der weiteren Einzelheiten wird auf die Erläuterungen zu § 30 Abs. 1 Nr. 1 BtMG Bezug genommen.

126   Hat die Polizei Kontakt zu einem Täterkreis, der sich mit dem Schmuggel und dem Verkauf großer Amphetaminmengen befasst, den Aufbau eines eigenen Labors zur Herstellung von Amphetaminen plant und im Labor über 1.000 Liter Benzylmethylketon verfügt, so stellt die Anlieferung von Laborgeräten und Chemikalien (Salzsäure, Schwefelsäure und Methanol) mit einem erheblichen Gesamtwert durch eine V-Person eine so ungewöhnliche Tatprovokation dar, dass trotz immenser Betäubungsmittel-Mengen die **Annahme eines besonders schweren Falles** nach § 29 Abs. 3 BtMG **zu verneinen** und die Strafe wegen Herstellung und Handels nicht geringer Mengen von Betäubungsmitteln dem Grundtatbestand des § 29 Abs. 1 BtMG zu entnehmen ist (*LG Köln*, Urteil vom 9. 11. 1990 – 108 – 74/90). Standen die Geschehnisse von Anfang an **unter ständiger Kontrolle des Monitoring-Systems zwischen Polizei und chemischer Industrie** und bestand daher nie eine ernsthafte Gefahr, dass die Bemühungen des Angeklagten zum

Erfolg führen könnten, so kann es trotz Verwirklichung des Regelbeispiels nach § 19 Abs. 3 Nr. 2 GÜG angezeigt erscheinen, von der Annahme eines besonders schweren Falles Abstand zu nehmen und den Strafrahmen der Regelung des § 19 Abs. 1 GÜG zu entnehmen (*LG Kleve* NStZ-RR 1997, 211).

Der **bandenmäßige Grundstoffhandel** ist im GÜG nur als besonders schwe- **127** rer Fall eines Vergehens, in § 30 BtMG jedoch als Verbrechen ausgestaltet. Für eine unterschiedliche Behandlung der Tatbestände besteht indes kein Anlass. Deshalb sollte bei einer künftigen Gesetzesänderung erwogen werden, den bandenmäßigen Grundstoffhandel zum Verbrechen heraufzustufen. Die erhöhte Strafwürdigkeit von Bandendelikten ergibt sich dabei aus der besonderen Gefährlichkeit der bandenmäßigen Begehungsweise, aus der engen willensmäßigen Verbindung der einbezogenen Personen, in der Zukunft und auf Dauer in einem übergeordneten Interesse wiederholt Straftaten nach dem GÜG zu begehen.

III. Flankierende Rechtsfolgen

1. Einziehung nach § 21 GÜG. Gegenstände, auf die sich eine Straftat nach **128** § 19 GÜG bezieht, können nach § 21 S. 1 GÜG eingezogen werden. Die Regelung des § 74a StGB ist anzuwenden, § 21 S. 2 GÜG. Auf die Erläuterungen zu § 21 GÜG wird an dieser Stelle Bezug genommen.

2. Erweiterter Verfall. In besonders schweren Fällen sind nach § 19 Abs. 3 **129** S. 3 GÜG die Vorschriften des § 73d StGB über den erweiterten Verfall anzuwenden. Danach ordnet das Gericht den Verfall von Gegenständen des Täters oder Teilnehmers auch dann an, wenn die **Umstände die Annahme rechtfertigen**, dass diese Gegenstände für rechtswidrige Taten oder aus ihnen erlangt worden sind. Eine „ganz überwiegende Wahrscheinlichkeit" (so BT-Drs. 11/6623 S. 7) hierfür genügt freilich nicht; nicht zuletzt aus verfassungsrechtlichen Gründen ist vielmehr erforderlich, dass der Tatrichter die **uneingeschränkte Überzeugung** von der deliktischen Herkunft der betreffenden Gegenstände gewinnt (*BGH* NStZ-RR 2002, 366 = StV 2003, 160; BGHSt. 30 = NStZ 1995, 125 = StV 1995, 76). Gründe, die zu vernünftigen Zweifeln an der deliktischen Herkunft von Tätervermögen Anlass geben, stehen der Anordnung des erweiterten Verfalls entgegen (BGHSt. 40, 371 = NStZ 1995, 125 = StV 1995, 76). Eine solche Auslegung des § 73d StGB hält auch einer Überprüfung an verfassungsrechtlichen Maßstäben stand (BVerfGE 110, 1 = NJW 2004, 2073 = wistra 2004, 255).

F. Verjährung

Vgl. *BGH* StV 2005, 666 = BeckRS 2005, 10132. **130**

Bußgeldvorschriften

20 (1) **Ordnungswidrig handelt, wer vorsätzlich oder fahrlässig**
1. **in einem Antrag nach Artikel 5 der Verordnung (EG) Nr. 1277/2005 eine unrichtige Angabe macht oder eine unrichtige Unterlage beifügt,**
2. **entgegen Artikel 3 Abs. 3 der Verordnung (EG) Nr. 273/2004 einen in Kategorie 1 des Anhangs I dieser Verordnung bezeichneten Grundstoff in der Gemeinschaft abgibt,**
3. **entgegen Artikel 3 Abs. 6 der Verordnung (EG) Nr. 273/2004 dem Bundesinstitut für Arzneimittel und Medizinprodukte die Anschrift der Geschäftsräume, in denen ein in Kategorie 2 des Anhangs I dieser Verordnung bezeichneter Grundstoff hergestellt oder von denen aus mit ihm Handel betrieben wird, vor dem Inverkehrbringen nicht, nicht richtig, nicht vollständig oder nicht rechtzeitig anzeigt oder deren Änderung nicht, nicht richtig, nicht vollständig oder nicht rechtzeitig mitteilt,**

4. entgegen Artikel 7 Abs. 1 der Verordnung (EG) Nr. 111/2005 dem Bundesinstitut für Arzneimittel und Medizinprodukte die Anschrift der Geschäftsräume, von denen ein in Kategorie 2 des Anhangs der Verordnung (EG) Nr. 111/2005 bezeichneter Grundstoff eingeführt, ausgeführt oder ein Vermittlungsgeschäft mit ihm betrieben wird, nicht, nicht richtig, nicht vollständig oder nicht rechtzeitig anzeigt oder deren Änderung nicht, nicht richtig, nicht vollständig oder nicht rechtzeitig mitteilt,

5. entgegen Artikel 7 Abs. 1 der Verordnung (EG) Nr. 111/2005, auch in Verbindung mit Artikel 14 Abs. 1 Unterabs. 2 oder Abs. 2 Unterabs. 2 und Anhang II der Verordnung (EG) Nr. 1277/2005, dem Bundesinstitut für Arzneimittel und Medizinprodukte die Anschrift der Geschäftsräume, von denen ein in Kategorie 3 des Anhangs der Verordnung (EG) Nr. 111/2005 bezeichneter Grundstoff ausgeführt wird, nicht, nicht richtig, nicht vollständig oder nicht rechtzeitig anzeigt oder deren Änderung nicht, nicht richtig, nicht vollständig oder nicht rechtzeitig mitteilt,

6. entgegen Artikel 5 Abs. 1 und 2 der Verordnung (EG) Nr. 273/2004 einen Vorgang, der zum Inverkehrbringen eines in Kategorie 1 oder 2 des Anhangs I dieser Verordnung bezeichneten Grundstoffs führt, nicht ordnungsgemäß in Handelspapieren wie Rechnungen, Ladungsverzeichnissen, Verwaltungsunterlagen oder Fracht- und sonstigen Versandpapieren dokumentiert oder entgegen Artikel 5 Abs. 3 dieser Verordnung eine Erklärung des Kunden nicht beifügt,

7. entgegen Artikel 3 der Verordnung (EG) Nr. 111/2005 Einfuhren oder Ausfuhren von Grundstoffen oder Vermittlungsgeschäfte mit Grundstoffen nicht ordnungsgemäß in Zoll- und Handelspapieren wie summarischen Erklärungen, Zollanmeldungen, Rechnungen, Ladungsverzeichnissen oder Fracht- und sonstigen Versandpapieren dokumentiert,

8. entgegen Artikel 5 Abs. 5, auch in Verbindung mit Abs. 6 der Verordnung (EG) Nr. 273/2004, die in Artikel 5 Abs. 2 und 3 dieser Verordnung bezeichneten Handelspapiere nicht oder nicht mindestens drei Jahre nach Ende des Kalenderjahres, in dem der in Artikel 5 Abs. 1 dieser Verordnung bezeichnete Vorgang stattgefunden hat, aufbewahrt,

9. entgegen Artikel 4 der Verordnung (EG) Nr. 111/2005 die in Artikel 3 dieser Verordnung bezeichneten Zoll- und Handelspapiere nicht oder nicht mindestens drei Jahre nach Ende des Kalenderjahres, in dem der in Artikel 3 dieser Verordnung bezeichnete Vorgang stattgefunden hat, aufbewahrt,

10. entgegen Artikel 7 der Verordnung (EG) Nr. 273/2004 einen in Kategorie 1 oder 2 des Anhangs I dieser Verordnung bezeichneten Grundstoff, einschließlich Mischungen und Naturprodukte, die derartige Grundstoffe enthalten, vor deren Abgabe in der Gemeinschaft nicht oder nicht in der vorgeschriebenen Form kennzeichnet,

11. entgegen Artikel 5 der Verordnung (EG) Nr. 111/2005 einen Grundstoff, einschließlich Mischungen und Naturprodukte, die Grundstoffe enthalten, vor der Einfuhr oder Ausfuhr nicht oder nicht in der vorgeschriebenen Form kennzeichnet,

12. entgegen Artikel 17 Unterabs. 1 in Verbindung mit Artikel 19 Unterabs. 1 der Verordnung (EG) Nr. 1277/2005 dem Bundesinstitut für Arzneimittel und Medizinprodukte eine Meldung über die Mengen von in Kategorie 1 oder 2 des Anhangs I der Verordnung (EG) Nr. 273/2004 bezeichneten Grundstoffen, die von ihm im zurückliegenden Kalenderjahr innerhalb der Gemeinschaft geliefert wurden, nicht, nicht richtig, nicht vollständig oder nicht rechtzeitig erstattet,

13. entgegen Artikel 18 in Verbindung mit Artikel 19 Unterabs. 1 der Verordnung (EG) Nr. 1277/2005 dem Bundesinstitut für Arzneimittel und Medizinprodukte eine Meldung über Ausfuhren, Einfuhren oder Vermittlungsgeschäfte, die von ihm im zurückliegenden Kalenderjahr getätigt wurden, nicht, nicht richtig, nicht vollständig oder nicht rechtzeitig erstattet,

14. entgegen Artikel 13 Abs. 1 der Verordnung (EG) Nr. 111/2005 in einem Antrag auf Ausfuhrgenehmigung eine Angabe nicht, nicht richtig oder nicht vollständig macht,

15. einer vollziehbaren Auflage zur Ausfuhrgenehmigung nach Artikel 14 Abs. 1 Unterabs. 1 Satz 1 der Verordnung (EG) Nr. 111/2005 zuwiderhandelt, indem er am Ort der Verbringung aus dem Zollgebiet der Gemeinschaft eine Angabe über den Beförderungsweg oder das Transportmittel nicht, nicht richtig oder nicht vollständig macht,

16. entgegen Artikel 21 Abs. 1 der Verordnung (EG) Nr. 111/2005 in einem Antrag auf Einfuhrgenehmigung eine Angabe nicht, nicht richtig oder nicht vollständig macht oder

17. entgegen § 18 Abs. 1 einer Duldungs- oder Mitwirkungspflicht nicht nachkommt.

(2) Die Ordnungswidrigkeit kann mit einer Geldbuße bis zu fünfundzwanzigtausend Euro geahndet werden.

(3) Verwaltungsbehörde im Sinne des § 36 Abs. 1 Nr. 1 des Gesetzes über Ordnungswidrigkeiten ist das Bundesinstitut für Arzneimittel und Medizinprodukte.

(4) Soweit auf die Verordnung (EG) Nr. 273/2004, die Verordnung (EG) Nr. 111/2005 oder die Verordnung (EG) Nr. 1277/2005 Bezug genommen wird, ist jeweils die am 18. August 2005 geltende Fassung maßgeblich.

Übersicht

A. Grundlagen

1   Die Bußgeldvorschriften des § 20 GÜG dienen dazu, andere als die in § 19
Abs. 1 Nrn. 2 bis 5 GÜG aufgeführten Verfahrensverstöße als Ordnungswidrigkeiten zu ahnden.

2   Sie umfassen insbesondere Verstöße gegen die im EG-Recht geregelten Anzeige-, Dokumentations-, Kennzeichnungs-, Melde-, Mitwirkungs- und Duldungspflichten (vgl. BT-Drs. 16/7414 S. 21 f.). Die Bedeutung der genannten
Verfahrensbestimmungen folgt aus dem Umstand, dass das Grundstoffrecht die
missbräuchliche Abzweigung und anschließende Verwendung von Grundstoffen
zur unerlaubten Herstellung von Betäubungsmitteln verhindern soll und damit
einen wesentlichen Beitrag zur Bekämpfung des illegalen Drogenhandels leistet
(vgl. BT-Drs. 16/7414 S. 12).

3   Weil die erfassten Stoffe in großem Umfang legal gehandelt werden und vor allem die chemische Industrie einen ganz erheblichen Bedarf an diesen Stoffen hat,
kommt der behördlichen Überwachung des Verkehrs mit diesen Stoffen außerordentliches Gewicht zu. Verstöße gegen die aufgeführten Verfahrensvorschriften
erhöhen die Gefahr einer Abzweigung der erfassten Stoffe zugunsten dubioser
Marktteilnehmer und sind deshalb konsequent zu ahnden.

B. Tatbestände

I. Unrichtige Angaben im Antrag nach Art. 5 VO (EG) Nr. 1277/2005 sowie Beifügung unrichtiger Unterlagen (§ 20 Abs. 1 Nr. 1 GÜG)

4   Ordnungswidrig handelt nach § 20 Abs. 1 Nr. 1 GÜG, wer vorsätzlich oder
fahrlässig in einem Antrag nach Art. 5 VO (EG) Nr. 1277/2005 eine unrichtige

Angabe macht oder diesem Antrag eine unrichtige Unterlage beifügt. Die VO (EG) Nr. 1277/2005 knüpft an die Verordnungen (EG) Nr. 273/2004 und Nr. 111/2005 an.

1. Erlaubnis nach Art. 3 Abs. 2 VO (EG) Nr. 273/2004. Nach Art. 3 **5** Abs. 2 S. 1 VO (EG) Nr. 273/2004 benötigen Wirtschaftsbeteiligte (§ 19 GÜG Rn. 50) für den Besitz (§ 19 GÜG Rn. 20) oder das Inverkehrbringen (§ 19 GÜG Rn. 48) erfasster Stoffe der Kategorie 1 des Anhangs 1 (vgl. dazu § 19 GÜG Rn. 13) eine vorherige Erlaubnis der zuständigen Behörde.

Der Antrag muss nach Art. 5 Abs. 1 UAbs. 2 VO (EG) Nr. 1277/2005 die **6** folgenden Angaben enthalten: (a) den vollständigen Namen und die vollständige Anschrift des Antragstellers, (b) den vollständigen Namen des verantwortlichen Beauftragten, (c) eine Beschreibung der Stellung und Aufgaben des verantwortlichen Beauftragten, (d) die vollständige Anschrift der Betriebsstätten, (e) die Beschreibung aller Orte, an denen die erfassten Stoffe gelagert, erzeugt, hergestellt und verarbeitet werden, (f) Informationen darüber, dass angemessene Maßnahmen zur Sicherung gegen die unbefugte Entnahme erfasster Stoffe von den unter Buchstabe e aufgeführten Orten getroffen wurden, (g) Bezeichnung und KN-Code der erfassten Stoffe gemäß Anhang I der VO (EG) Nr. 273/2004, (h) für Mischungen und Naturprodukte die Angabe der Bezeichnung der Mischung oder des Naturprodukts, der Bezeichnung und des KN-Codes aller in der Mischung oder dem Naturprodukt enthaltenen erfassten Stoffe gemäß Anhang I der VO (EG) Nr. 273/2004, des höchstmöglichen Gehalts derartiger erfasster Stoffe in der Mischung oder dem Naturprodukt, (i) eine Beschreibung der geplanten Vorgänge gemäß Art. 3 der VO (EG) Nr. 273/2004, (j) einen beglaubigten Auszug aus dem Handelsregister oder aus dem Tätigkeitsverzeichnis, (k) ein Führungszeugnis über den Antragsteller und den verantwortlichen Beauftragten oder ein Dokument, aus dem sich ergibt, dass die betreffenden Personen die erforderliche Gewähr für die vorschriftsmäßige Abwicklung der Vorgänge bieten, so erforderlich.

2. Erlaubnis nach Art. 6 Abs. 1 VO (EG) Nr. 111/2005. Nach Art. 6 **7** Abs. 1 VO (EG) Nr. 111/2005 bedürfen die in der Gemeinschaft niedergelassenen Wirtschaftsbeteiligten (ausgenommen Zollagenten und Spediteure, wenn sie ausschließlich in dieser Eigenschaft handeln) einer Erlaubnis, wenn sie erfasste Stoffe der Kategorie 1 des Anhangs (vgl. dazu § 19 GÜG Rn. 13) ein- oder ausführen oder diesbezügliche Vermittlungsgeschäfte betreiben wollen.

Die unter Rn. 5 ff. referierten Bestimmungen gelten nach Art. 5 Abs. 2 UAbs. 1 **8** VO (EG) Nr. 1277/2005 für Erlaubnisse nach Art. 6 Abs. 1 VO (EG) Nr. 111/2005 weitgehend entsprechend.

Abweichend zu den unter Rn. 5 aufgeführten Angaben muss der Antrag eine **9** Beschreibung aller Orte enthalten, an denen erfasste Stoffe gelagert, be- oder verarbeitet, üblichen Behandlungen unterzogen oder verwendet werden. Die erfassten Stoffe sind gemäß dem Anhang der VO (EG) Nr. 111/2005 unter Angabe des KN-Codes zu bezeichnen. Ferner ist eine Beschreibung der geplanten Vorgänge nach Maßgabe des Art. 6 Abs. 1 VO (EG) Nr. 111/2005 abzugeben.

II. Abgabe von Kategorie 1-Grundstoffen unter Verstoß gegen Art. 3 Abs. 3 VO (EG) Nr. 273/2004 (§ 20 Abs. 1 Nr. 2 GÜG)

Verstöße gegen Art. 3 Abs. 3 der VO (EG) Nr. 273/2004 im Zusammenhang **10** mit der Abgabe von Kategorie 1-Grundstoffen in der Gemeinschaft sind Gegenstand der Bußgeldnorm des § 20 Abs. 1 Nr. 2 GÜG. Die Regelung steht im Zusammenhang mit dem **Besitz** und dem **Inverkehrbringen** von Grundstoffen der **Kategorie 1** des Anhangs I der VO (EG) Nr. 273/2004 wofür nach Art. 3 Abs. 2 VO (EG) Nr. 273/2004 eine vorherige Genehmigung der zuständigen Behörden erforderlich ist, vgl. dazu § 19 GÜG Rn. 42 ff.

Nach Art. 3 Abs. 3 VO (EG) Nr. 273/2004 darf ein Wirtschaftsbeteiligter (vgl. **11** § 19 GÜG Rn. 50) **Kategorie 1-Grundstoffe** nur an solche natürlichen oder juristischen Personen abgeben, die selbst Inhaber einer entsprechenden Erlaubnis nach Art. 3 Abs. 2 VO (EG) Nr. 273/2004 sind und die eine Kundenerklärung nach Art. 4 Abs. 1 VO (EG) Nr. 273/2004 unterzeichnet haben. Zum Begriff der Abgabe vgl. § 19 GÜG Rn. 27 ff. Zum Genehmigungsverfahren nach Art. 3 Abs. 2 VO (EG) Nr. 273/2004 vgl. § 19 GÜG Rn. 58 ff.

12 Die **Kundenerklärung** nach Art. 4 Abs. 1 S. 1 VO (EG) Nr. 273/2004 hat grundsätzlich jeder Wirtschaftsbeteiligte (vgl. § 19 GÜG Rn. 50) einzuholen, der einen seiner Kunden mit einem erfassten Stoff der Kategorie 1 oder 2 des Anhangs I der VO (EG) Nr. 273/2004 beliefert. Ihr müssen nach Art. 4 Abs. 1 S. 1 VO (EG) Nr. 273/2004 die genauen Verwendungszwecke der erfassten Stoffe entnommen werden können. Dabei ist für jeden einzelnen Stoff eine eigene Erklärung erforderlich, Art. 4 Abs. 1 S. 2 VO (EG) Nr. 273/2004. Die Kundenerklärung ist nach dem *Muster des Anhangs III Nr. 1 der VO (EG) Nr. 273/2004* zu erstellen und von juristischen Personen mit ihrem Kopfbogen zu versehen, Art. 4 Abs. 1 S. 3, 4 VO (EG) Nr. 273/2004.

ERKLÄRUNG DES KUNDEN ÜBER DEN (DIE) GENAUEN VERWENDUNGSZWECK(E) DES ERFASSTEN STOFFES DER KATEGORIE 1 ODER 2 *(einmaliger Vorgang)*

Ich/Wir,

Name:

Anschrift:

Genehmigungs-/Erlaubnis-/Registrierungskennzeichen:
(Nichtzutreffendes streichen)

ausgestellt am .... von .... *(Name und Anschrift der Behörde)*

und unbefristet gültig/gültig bis ....
(Nichtzutreffendes streichen)

habe(n) bei

Name:

Anschrift:

den folgenden Stoff bestellt:

Stoffbezeichnung:

KN-Code: .... Menge: ....

Der Stoff wird ausschließlich verwendet für ....

Ich/Wir bestätige(n), dass der vorstehend genannte Stoff nur unter der Bedingung weiterverkauft oder anderweitig an einen anderen Kunden geliefert wird, daß dieser eine diesem Muster entsprechende Erklärung über den Verwendungszweck oder für Stoffe der Kategorie 2 eine Erklärung über mehrmalige Vorgänge abgibt.

Unterschrift: .... Name: .... *(in Blockschrift)*

Stellung im Unternehmen: .... Datum: ....

13 Eine Kopie der Kundenerklärung hat der die Kategorie 1-Grundstoffe abgebende Wirtschaftsbeteiligte mit Stempel und Datum zu versehen, um ihre Übereinstimmung mit dem Original zu bestätigen; diese Kopie muss die betreffenden

Stoffe bei ihrem Transport innerhalb der Gemeinschaft stets begleiten und während
der Transportvorgänge den für die Überprüfung der Fahrzeugladung zuständigen
Behörden auf Verlangen vorgelegt werden, Art. 4 Abs. 3 VO (EG) Nr. 273/2004.
Weil die genannten Pflichten nicht Ausfluss aus Art. 3 Abs. 3 VO (EG) Nr. 273/
2004 sind, ist ihre Verletzung keine Ordnungswidrigkeit nach § 20 Abs. 1 Nr. 2
GÜG; es kommt freilich eine Ordnungswidrigkeit nach § 20 Abs. 1 Nr. 6 GÜG
(dazu unten Rn. 27 ff.) in Betracht.

**III. Verstoß gegen Anzeige- und Mitteilungspflichten nach Art. 3
Abs. 6 VO (EG) Nr. 273/2004 (§ 20 Abs. 1 Nr. 3 GÜG)**

Nach § 20 Abs. 1 Nr. 3 GÜG handelt ordnungswidrig, wer dem Bundesinstitut **14**
für Arzneimittel und Medizinprodukte (BfArM; http://www.bfarm.de) entgegen
Art. 3 Abs. 6 VO (EG) Nr. 273/2004 die Anschrift der Geschäftsräume, in denen
ein **Kategorie 2-Grundstoff** hergestellt oder von denen aus mit ihm Handel
betrieben wird, vor dem Inverkehrbringen nicht, nicht richtig, nicht vollständig
oder nicht rechtzeitig anzeigt oder deren Änderung nicht, nicht richtig, nicht vollständig oder nicht rechtzeitig mitteilt.

Die in Bezug genommene Regelung des Art. 3 Abs. 6 S. 1 VO (EG) Nr. 273/ **15**
2004 bestimmt, dass Wirtschaftsbeteiligte, die erfasste Stoffe der Kategorie 2 des
Anhangs (vgl. dazu § 19 GÜG Rn. 13) in den Verkehr bringen (zum Begriff des
Inverkehrbringens vgl. § 19 GÜG Rn. 48), die **Anschrift der Geschäftsräume**,
in denen diese Stoffe hergestellt (zum Begriff der Herstellung vgl. § 19 GÜG
Rn. 22) oder von denen aus sie gehandelt werden (zum Handeltreiben vgl. § 19
GÜG Rn. 18 f.), vor dem Inverkehrbringen bei den zuständigen Behörden **regis-
rieren** lassen und ihnen **unverzüglich jede Änderung** der Anschrift bekannt
geben müssen. „Unverzüglich" meint auch in diesem Zusammenhang „ohne
schuldhaftes Zögern".

Apotheken, Ausgabestellen für Tierarzneimittel, bestimmte öffentliche Stellen **16**
oder die Streitkräfte können einer **Sonderregistrierung** unterworfen werden,
Art. 3 Abs. 6 S. 2 VO (EG) Nr. 273/2004.

Zuständige Behörde ist für Wirtschaftsbeteiligte mit Sitz im Geltungsbereich des **17**
GÜG gem. § 5 Abs. 1 Nr. 1 GÜG das **Bundesinstitut für Arzneimittel und
Medizinprodukte** (BfArM; http://www.bfarm.de).

Eine **Ausnahmevorschrift** enthält Art. 6 VO (EG) Nr. 273/2004. Danach gel- **18**
ten die Pflichten aus Art. 3 VO (EG) Nr. 273/2004 nicht für Vorgänge mit erfassten Stoffen der Kategorie 2, wenn die betreffenden Mengen in einem Zeitraum
von einem Jahr die in Anhang II der VO (EG) Nr. 273/2004 angegebenen Mengen nicht überschreiten. Anhang II der VO (EG) Nr. 273/2004 enthält die folgenden Mengenangaben:

Stoff	Schwellenwert
Essigsäureanhydrid	100 l
Kaliumpermanganat	100 kg
Anthranilsäure und ihre Salze	1 kg
Phenylessigsäure und ihre Salze	1 kg
Piperidin und seine Salze	0,5 kg

**IV. Verstoß gegen Anzeige- und Mitteilungspflichten nach Art. 7
Abs. 1 VO (EG) Nr. 111/2005 (§ 20 Abs. 1 Nr. 4 GÜG)**

Nach § 20 Abs. 1 Nr. 4 GÜG handelt ordnungswidrig, wer dem Bundesinstitut **19**
für Arzneimittel und Medizinprodukte (BfArM; http://www.bfarm.de) entgegen
Art. 7 Abs. 1 der VO (EG) Nr. 111/2005 die Anschrift der Geschäftsräume, von

denen aus ein **Kategorie 2-Grundstoff** (vgl. dazu § 19 GÜG Rn. 13) eingeführt, ausgeführt (zu Ein- und Ausfuhr vgl. § 19 GÜG Rn. 23 ff.) oder ein Vermittlungsgeschäft (dazu § 19 GÜG Rn. 67) mit ihm betrieben wird, nicht, nicht richtig, nicht vollständig oder nicht rechtzeitig anzeigt oder deren Änderung nicht, nicht richtig, nicht vollständig oder nicht rechtzeitig mitteilt.

20   Die in Bezug genommene Vorschrift des Art. 7 Abs. 1 S. 1 VO (EG) Nr. 111/2005 bestimmt, dass die in der Gemeinschaft niedergelassenen Wirtschaftsbeteiligten (vgl. § 19 GÜG Rn. 50) – ausgenommen Zollagenten und Spediteure, wenn sie ausschließlich in dieser Eigenschaft handeln –, die Grundstoffe der Kategorie 2 ein- oder ausführen, oder diesbezügliche Vermittlungsgeschäfte betreiben, der Anschrift der Geschäftsräume, in denen sie diesen Tätigkeiten nachgehen, unverzüglich registrieren lassen und ggf. jede Änderung der Anschrift bekannt geben müssen.

21   Nach Art. 7 Abs. 1 S. 2 VO (EG) Nr. 111/2005 sind die genannten Anzeige- und Mitteilungspflichten der zuständigen Behörde in dem Mitgliedsstaat gegenüber zu erfüllen, in dem der Wirtschaftsbeteiligte niedergelassen ist. Zuständige Behörde für die im Geltungsbereich des GÜG niedergelassenen Wirtschaftsbeteiligten ist nach § 5 Abs. 1 Nr. 2 GÜG das **Bundesinstitut für Arzneimittel und Medizinprodukte** (BfArM; http://www.bfarm.de).

22   Eine **Ausnahmevorschrift** enthält Art. 13 UAbs. 1 VO (EG) Nr. 1277/2007. Danach sind Apotheken, Ausgabestellen für Tierarzneimittel, Zollbehörden, Polizeibehörden, amtliche Labors der zuständigen Behörden und die Streitkräfte von der Erlaubnis- und Registrierungspflicht gemäß VO (EG) Nr. 111/2005 ausgenommen.

V. Verstoß gegen Anzeige- und Mitteilungspflichten nach Art. 7 Abs. 1 VO (EG) Nr. 111/2005 – auch i. V. m. Art. 14 Abs. 2 oder Abs. 2 UAbs. 2 VO (EG) Nr. 1277/2005 (§ 20 Abs. 1 Nr. 5 GÜG)

23   Nach § 20 Abs. 1 Nr. 5 GÜG handelt ordnungswidrig, wer dem Bundesinstitut für Arzneimittel und Medizinprodukte (BfArM; http://www.bfarm.de) entgegen Art. 7 Abs. 1 der VO (EG) Nr. 111/2005 (auch in Verbindung mit Art. 14 Abs. 1 UAbs. 2 oder Abs. 2 UAbs. 2 und Anhang II der VO (EG) Nr. 1277/2005) die Anschrift der Geschäftsräume, von denen ein **Kategorie 3-Grundstoff** ausgeführt wird, nicht, nicht richtig, nicht vollständig oder nicht rechtzeitig anzeigt oder deren Änderung nicht, nicht richtig, nicht vollständig oder nicht rechtzeitig mitteilt. Für Wirtschaftsbeteiligte (vgl. § 19 GÜG Rn. 50), die Grundstoffe der Kategorie 3 (vgl. dazu § 19 GÜG Rn. 13) des Anhangs der VO (EG) Nr. 111/2005 ausführen, gelten die Vorschriften über die **Registrierung der Anschrift von Geschäftsräumen** sowie über die Mitteilung etwaiger Änderungen (vgl. Rn. 20 f.) entsprechend.

24   Von der Registrierungspflicht ausgenommen sind nach der **Ausnahmevorschrift** des Art. 13 UAbs. 1 VO (EG) Nr. 1277/2005 zunächst Apotheken, Ausgabestellen für Tierarzneimittel, Zollbehörden, Polizeibehörden, amtliche Labors der zuständigen Behörden und die Streitkräfte – jeweils im Rahmen ihres amtlichen Aufgabenbereichs.

25   Darüber hinaus sind nach Art. 14 Abs. 1 UAbs. 1 VO (EG) Nr. 1277/2005 Wirtschaftsbeteiligte, die Kategorie 3-Grundstoffe ausführen von der Registrierungspflicht ausgenommen, wenn die **Gesamtausfuhrmengen** im vorausgegangenen Kalenderjahr (1. Januar bis 31. Dezember) die Mengen des **Anhangs II der VO (EG) Nr. 1277/2005** nicht überschritten haben. Entsprechendes gilt nach Art. 14 Abs. 2 UAbs. 1 VO (EG) Nr. 1277/2005 für die Ausfuhr von Mischungen, die Grundstoffe der Kategorie 3 enthalten. Anhang II der VO (EG) Nr. 1277/2005 enthält folgende Mengenangaben:

Stoff	Menge
Aceton*	50 kg
Ethylether*	20 kg
Methylethylketon*	50 kg
Toluol*	50 kg
Schwefelsäure	100 kg
Salzsäure	100 kg
* Einschließlich der Salze dieser Stoffe, sofern das Vorhandensein solcher Salze möglich ist.	

Bei einer **Überschreitung der Gesamtausfuhrmengen im laufenden Ka-** **26** **lenderjahr** lebt die Registrierungspflicht gem. Art. 14 Abs. 1 UAbs. 2 und Abs. 2 UAbs. 2 VO (EG) Nr. 1277/2005 wieder auf. Der betreffende Wirtschaftsbeteiligte hat seine Registrierung in einem solchen Fall unverzüglich zu bewirken.

VI. Verstoß gegen Dokumentationspflichten nach Art. 5 Abs. 1 und 2 VO (EG) Nr. 273/2004 (§ 20 Abs. 1 Nr. 6 GÜG)

Nach § 20 Abs. 1 Nr. 6 GÜG handelt ordnungswidrig, wer entgegen Art. 5 **27** Abs. 1 und Abs. 2 VO (EG) Nr. 273/2004 einen Vorgang, der zum Inverkehrbringen (vgl. dazu § 19 GÜG Rn. 48) eines Grundstoffs der **Kategorie 1** oder der **Kategorie 2** (vgl. § 19 GÜG Rn. 13) führt, nicht ordnungsgemäß in Handelspapieren wie Rechnungen, Ladungsverzeichnissen, Verwaltungsunterlagen oder Fracht- und sonstigen Versandpapieren **dokumentiert** oder entgegen Art. 5 Abs. 3 dieser VO eine **Kundenerklärung** (vgl. dazu oben Rn. 12) nicht beifügt.

Die in Bezug genommene Vorschrift des Art. 5 Abs. 1 S. 1 VO (EG) Nr. 273/ **28** 2004 sieht vor, dass Wirtschaftsbeteiligte (vgl. § 19 GÜG Rn. 50) alle Vorgänge, die zum Inverkehrbringen (vgl. dazu § 19 GÜG Rn. 48) der unter Rn. 27 genannten Grundstoffe führen, den Vorschriften des Abs. 2 entsprechend dokumentieren.

Handelspapiere der unter Rn. 27 näher bezeichneten Art müssen nach Art. 5 **29** Abs. 2 VO (EG) Nr. 273/2004 ausreichende Feststellungen folgender Punkte enthalten:

– Bezeichnung des erfassten Stoffs entsprechend den Angaben in den Kategorien 1 und 2 des Anhangs I
– Menge und Gewicht des erfassten Stoffs und, sofern es sich um eine Mischung oder ein Naturprodukt handelt, ggf. Menge und Gewicht der Mischung oder des Naturprodukts sowie Menge und Gewicht bzw. prozentualer Gewichtsanteil jedes in der Mischung enthaltenen Stoffes der Kategorien 1 und 2 des Anhangs I
– Name und Anschrift des Lieferanten, des Händlers, des Empfängers und nach Möglichkeit der anderen Wirtschaftsbeteiligten, die nach Art. 2 Buchst. c und d unmittelbar an dem Vorgang beteiligt sind.

Nach der **Ausnahmevorschrift** des Art. 6 VO (EG) Nr. 273/2004 gelten die **30** genannten Dokumentationspflichten nicht für Vorgänge mit **Kategorie 2-Grundstoffen,** wenn die betreffenden Mengen in einem Zeitraum von einem Jahr die in Anhang II der VO (vgl. dazu oben Rn. 18) angegebenen Mengen nicht überschreiten. Die Pflichten gelten ferner nicht für Wirtschaftsbeteiligte, die gem. Art. 3 Abs. 2 oder Abs. 6 VO (EG) Nr. 273/2004 über eine **Sondererlaubnis** (vgl. § 19 GÜG Rn. 53 ff.) verfügen oder einer **Sonderregistrierung** (vgl. oben Rn. 16) unterliegen.

VII. Verstoß gegen Dokumentationspflichten nach Art. 3 VO (EG) Nr. 111/2005 (§ 20 Abs. 1 Nr. 7 GÜG)

31   Ordnungswidrig nach § 20 Abs. 1 Nr. 7 GÜG handelt, wer entgegen Art. 3 VO (EG) Nr. 111/2005 Einfuhren oder Ausfuhren (vgl. § 19 GÜG Rn. 23 ff.) von Grundstoffen oder Vermittlungsgeschäfte (vgl. § 19 GÜG Rn. 67 f.) mit Grundstoffen nicht ordnungsgemäß in **Zoll- und Handelspapieren** wie summarischen Erklärungen, Zollanmeldungen, Rechnungen, Ladungsverzeichnissen oder Fracht- und sonstigen Versandpapieren dokumentiert.

32   Nach der in Bezug genommenen Regelung des Art. 3 UAbs. 1 VO (EG) Nr. 111/2005 sind alle Ein- und Ausfuhren von erfassten Stoffen und alle Vermittlungsgeschäfte mit diesen Stoffen in Zoll- und Handelspapieren (im Einzelnen vgl. Rn. 31) zu dokumentieren. Die Unterlagen müssen nach Art. 3 UAbs. 2 VO (EG) Nr. 111/2005 folgende Angaben enthalten:

– Bezeichnung des erfassten Stoffs gemäß dem Anhang bzw. im Falle von Mischungen oder Naturprodukten deren Bezeichnung und die Bezeichnung jedes in der Mischung oder dem Naturprodukt enthaltenen erfassten Stoffs gemäß dem Anhang mit dem Zusatz „DRUG PRECURSORS",

– Menge und Gewicht des erfassten Stoffs und, im Falle von Mischungen oder Naturprodukten Menge, Gewicht und, soweit verfügbar, prozentualer Anteil jedes darin enthaltenen erfassten Stoffs,

– Name und Anschrift des Ausführers, des Einführers, des Endempfängers und ggf. der am Vermittlungsgeschäft beteiligten Personen.

33   **Ausgenommen** von der Pflicht zur *Vorlage* der Unterlagen nach Art. 3 VO (EG) Nr. 111/2005 sind gemäß Art. 13 UAbs. 2 Buchst. a VO (EG) Nr. 1277/2004 Apotheken, Ausgabestellen für Tierarzneimittel, Zollbehörden, Polizeibehörden, amtliche Labors der zuständigen Behörden und die Streitkräfte (jeweils im Rahmen ihres amtlichen Aufgabenbereichs).

VIII. Verstoß gegen Aufbewahrungspflichten nach Art. 5 Abs. 5 – auch in Verbindung mit Abs. 6 – VO (EG) Nr. 273/2004 (§ 20 Abs. 1 Nr. 8 GÜG)

34   Ordnungswidrig handelt nach § 20 Abs. 1 Nr. 8 GÜG auch derjenige, der entgegen Art. 5 Abs. 5 – auch in Verbindung mit Abs. 6 – der VO (EG) Nr. 273/2004, die in Art. 5 Abs. 2 und 3 der VO bezeichneten Handelspapiere nicht oder nicht mindestens drei Jahre nach Ende des Kalenderjahres aufbewahrt, in dem der in Art. 5 Abs. 1 der VO bezeichnete Vorgang stattgefunden hat.

35   Die **Aufbewahrungspflicht** knüpft an die in Art. 5 Abs. 2 und Abs. 3 der VO (EG) Nr. 273/2004 bezeichneten **Handelspapiere** (vgl. dazu oben Rn. 27) an. Hierbei handelt es sich um Rechnungen, Ladungsverzeichnisse, Verwaltungsunterlagen, Fracht- und sonstige Versandpapiere (Abs. 2) sowie um die in Art. 4 der VO (EG) Nr. 273/2004 geregelte **Kundenerklärung** (vgl. oben Rn. 12).

36   Die Aufbewahrungsfrist beträgt nach Art. 5 Abs. 5 VO (EG) Nr. 273/2004 mindestens **drei Jahre**. Die Frist beginnt mit dem Ende desjenigen Kalenderjahres, in dem der zum Inverkehrbringen (vgl. dazu § 19 GÜG Rn. 48) erfasster Stoffe der Kategorien 1 und 2 (vgl. dazu § 19 GÜG Rn. 13) führende Vorgang stattgefunden hat.

37   Die Regelung des Art. 5 Abs. 6 der VO (EG) Nr. 273/2004 stellt klar, dass die Aufbewahrungspflicht auch durch Vorhalt eines **Bildträgers** oder eines **anderen Datenspeichers** erfüllt werden kann. Erforderlich ist freilich, dass die gespeicherten Daten, sobald sie lesbar gemacht werden, bildlich und inhaltlich mit den aufzubewahrenden Unterlagen übereinstimmen. Darüber hinaus müssen die Daten, um der Aufbewahrungspflicht zu genügen, innerhalb der Aufbewahrungsfrist jederzeit verfügbar sein, unverzüglich lesbar gemacht und maschinell ausgewertet werden können.

Darüber hinaus wird der Inhalt der Aufbewahrungspflicht durch das Erfordernis **38** des Art. 5 Abs. 5 VO (EG) Nr. 273/2004 konkretisiert, wonach die Aufzeichnungen den zuständigen Behörden auf Verlangen jederzeit zur Prüfung vorzulegen sind. Eine solche Vorlage muss also selbst dann gewährleistet sein, wenn die Aufbewahrung nicht in den eigenen Geschäftsräumen erfolgt, sondern – auf der Grundlage entsprechender Vertragsbeziehungen – **durch Dritte** erledigt wird.

Die **Ausnahmevorschrift** des Art. 6 VO (EG) Nr. 273/2004 (vgl. dazu oben **39** Rn. 30) gilt – weil die Aufbewahrungspflicht der Dokumentationspflicht strukturell nachgeordnet ist – hier in gleicher Weise.

IX. Verstoß gegen Aufbewahrungspflichten nach Art. 4 VO (EG) Nr. 111/2005 (§ 20 Abs. 1 Nr. 9 GÜG)

Nach § 20 Abs. 1 Nr. 9 GÜG handelt ordnungswidrig, wer entgegen Art. 4 der **40** VO (EG) Nr. 111/2005 die in Art. 3 der VO bezeichneten Zoll- und Handelspapiere nicht oder nicht mindestens drei Jahre nach dem Ende des Kalenderjahres aufbewahrt, in dem der in Art. 3 der VO bezeichnete Vorgang stattgefunden hat.

Die der **Aufbewahrungspflicht** unterliegenden Zoll- und Handelspapiere er- **41** geben sich aus Art. 3 der VO (EG) Nr. 111/2005. Hierbei handelt es sich um summarische Erklärungen, Zollanmeldungen, Rechnungen, Ladungsverzeichnisse sowie Fracht- und sonstige Versandpapiere (vgl. Rn. 31).

Die Aufbewahrungsfrist beträgt nach Art. 4 S. 1 VO (EG) Nr. 273/2005 **drei** **42** **Jahre**. Die genannten Unterlagen können sowohl in **Papierform** als auch in **elektronischer Form** aufbewahrt werden. In beiden Fällen muss nach Art. 4 S. 2 VO (EG) Nr. 111/2005 sichergestellt sein, dass sie den zuständigen Behörden jederzeit zur Prüfung vorgelegt werden können. Zur Aufbewahrung durch Dritte vgl. Rn. 38. Die Verwendung von Bild- und sonstigen Datenträgern ist zulässig. Dies setzt allerdings voraus, dass die Daten – soweit sie lesbar gemacht werden sollen – mit den Unterlagen bildlich und inhaltlich übereinstimmen, jederzeit verfügbar sind und unverzüglich lesbar gemacht und maschinell ausgewertet werden können, Art. 4 S. 3 VO (EG) Nr. 111/2005.

Nach Art. 13 UAbs. 2 Buchst. a VO (EG) Nr. 1277/2005 sind Apotheken, Aus- **43** gabestellen für Tierarzneimittel, Zollbehörden, Polizeibehörden, amtliche Labors der zuständigen Behörden und die Streitkräfte – jeweils im Rahmen ihres amtlichen Aufgabenbereichs – von der Pflicht zur Vorlage der Unterlagen nach Art. 3 VO (EG) Nr. 111/2005 ausgenommen.

X. Verstoß gegen Kennzeichnungsbestimmungen nach Art. 7 VO (EG) Nr. 273/2004 (§ 20 Abs. 1 Nr. 10 GÜG)

Ordnungswidrig handelt nach § 20 Abs. 1 Nr. 10 GÜG ferner, wer einen **44** Grundstoff der Kategorie 1 oder einen solchen der Kategorie 2 (vgl. dazu § 19 GÜG Rn. 13), einschließlich Mischungen und Naturprodukte, die derartige Grundstoffe enthalten, entgegen Art. 7 VO (EG) Nr. 273/2004 **vor deren Abgabe** (vgl. dazu § 19 GÜG Rn. 27 ff.) nicht oder nicht in der vorgeschriebenen Form kennzeichnet.

Die **Kennzeichnung** muss nach Art. 7 S. 2 VO (EG) Nr. 273/2004 die Be- **45** zeichnung des Stoffes entsprechend den Angaben in Anhang I der VO tragen. Ihre handelsübliche Kennzeichnung dürfen die Wirtschaftsbeteiligten (vgl. § 19 GÜG Rn. 50) zusätzlich anbringen, Art. 7 S. 3 VO (EG) Nr. 273/2004.

XI. Verstoß gegen Kennzeichnungsbestimmungen nach Art. 5 VO (EG) Nr. 111/2005 (§ 20 Abs. 1 Nr. 11 GÜG)

Verstöße gegen die **Kennzeichnung**sbestimmungen des Art. 5 VO (EG) **46** Nr. 111/2005 sind Gegenstand des § 20 Abs. 1 Nr. 11 GÜG. Die Erfüllung des Tatbestandes setzt voraus, dass ein Grundstoff (einschließlich Mischungen und

Naturprodukte, die Grundstoffe enthalten) **vor der Einfuhr oder der Ausfuhr** (vgl. dazu § 19 GÜG Rn. 23 ff.) nicht oder nicht in der vorgeschriebenen Form gekennzeichnet werden.

47   Auf allen Packungen muss nach Art. 5 S. 1 VO (EG) Nr. 111/2005 eine Kennzeichnung angebracht sein, aus der die Bezeichnung der erfassten Stoffe gemäß dem Anhang der VO ersichtlich ist. Bei Mischungen und Naturprodukten ist neben ihrer Bezeichnung auch die Bezeichnung jedes in der Mischung oder dem Naturprodukt enthaltenen erfassten Stoffs anzugeben. Daneben darf die handelsübliche Kennzeichnung des Wirtschaftsbeteiligten angebracht sein.

XII. Verstöße gegen die Meldepflicht nach Art. 17 UAbs. 1 i. V. m. Art. 19 UAbs. 1 VO (EG) Nr. 1277/2005 (§ 20 Abs. 1 Nr. 12 GÜG)

48   Nach § 20 Abs. 1 Nr. 12 GÜG handelt ordnungswidrig, wer dem Bundesinstitut für Arzneimittel und Medizinprodukte (BfArM; http://www.bfarm.de) entgegen Art. 17 UAbs. 1 i. V. m. Art. 19 UAbs. 1 VO (EG) Nr. 1277/2005 eine **Meldung über die Mengen** der von ihm im vergangenen Kalenderjahr innerhalb der Gemeinschaft gelieferten Grundstoffe der **Kategorien 1 oder 2** (vgl. dazu § 19 GÜG Rn. 13) nicht, nicht richtig, nicht vollständig oder nicht rechtzeitig erstattet.

49   Die Regelung des Art. 8 Abs. 2 VO (EG) Nr. 273/2004 sieht vor, dass die Wirtschaftsbeteiligten (vgl. § 19 GÜG Rn. 50) den zuständigen Behörden **in Form einer Zusammenfassung** Auskunft erteilen über die Vorgänge mit erfassten Stoffen, die von ihnen abgewickelt werden. Ausgehend hiervon sieht Art. 17 UAbs. 1 VO (EG) Nr. 1277/2005 konkretisierend vor, dass die Auskunft über die gelieferten Mengen **aufzuschlüsseln** ist nach den „Mengen je dritte Partei".

50   Die Meldung ist **einmal jährlich vor dem 15. Februar** zu erstatten, Art. 19 UAbs. 1 VO (EG) Nr. 1277/2005. Nach Art. 19 UAbs. 2 VO (EG) Nr. 1277/2005 sollen die zuständigen Behörden auch dann informiert werden, wenn keine die Meldepflicht auslösenden Vorgänge stattgefunden haben; diese Verpflichtung unterfällt freilich nicht der Sanktionsnorm des § 20 Abs. 1 Nr. 12 GÜG. Die Angaben der Wirtschaftsbeteiligten sind nach Art. 19 UAbs. 3 VO (EG) Nr. 1277/2005 als vertrauliche Geschäftsinformationen zu behandeln.

XIII. Verstöße gegen die Meldepflicht nach Art. 18 i. V. m. Art. 19 UAbs. 1 VO (EG) Nr. 1277/2005 (§ 20 Abs. 1 Nr. 13 GÜG)

51   Nach § 20 Abs. 1 Nr. 13 GÜG sind Verstöße gegen die Meldepflicht nach Art. 18 i. V. m. Art. 19 UAbs. 1 VO (EG) Nr. 1277/2005 bußgeldbewehrt. Die Erfüllung des Tatbestandes setzt voraus, dass dem **Bundesinstitut für Arzneimittel und Medizinprodukte** eine Meldung über die im zurückliegenden Kalenderjahr getätigten Ausfuhren (dazu § 19 GÜG Rn. 24), Einfuhren (§ 19 GÜG Rn. 23) und Vermittlungsgeschäfte (§ 19 GÜG Rn. 67 f.) nicht, nicht richtig, nicht vollständig oder nicht rechtzeitig erstattet wird.

52   Grundlage der **Meldepflicht** ist die Regelung des Art. 9 Abs. 2 S. 1 VO (EG) Nr. 111/2005, nach der in der Gemeinschaft niedergelassenen Wirtschaftsbeteiligten den zuständigen Behörden **in Form einer Zusammenfassung** Auskunft über ihre Ausfuhr-, Einfuhr- und Vermittlungtätigkeiten zu erteilen haben. Konkretisierend sieht die Regelung des Art. 18 Abs. 1 VO (EG) Nr. 1277/2005 vor, dass Inhaber einer entsprechenden Erlaubnis oder registrierte Wirtschaftsbeteiligte über folgende Vorgänge Meldung zu erstatten haben:

– alle **Ausfuhren** erfasster Stoffe, die einer Ausfuhrgenehmigung bedürfen (unter Angabe des Bestimmungslandes, der Ausfuhrmengen und im Falle von Ausfuhrgenehmigungen mit der Referenznummer der Ausfuhrgenehmigung, Art. 18 Abs. 2 VO (EG) Nr. 1277/2005),

– alle **Einfuhren** erfasster Stoffe der Kategorie 1, für die eine Einfuhrgenehmigung vorgeschrieben ist, bzw. alle Fälle, in denen erfasste Stoffe der Kategorie 2 in eine

Freizone des Kontrolltyps II (vgl. § 19 GÜG Rn. 84 f.) verbracht, in ein Nichterhebungsverfahren, ausgenommen das Versandverfahren, oder in den zollrechtlich freien Verkehr überführt werden (unter Angabe des Ausfuhrlandes und im
Falle von Einfuhrgenehmigungen mit der Referenznummer der Einfuhrgenehmigung, Art. 18 Abs. 3 VO (EG) Nr. 1277/2005),
– alle **Vermittlungsgeschäfte** mit erfassten Stoffen der Kategorien 1 und 2 (unter
Angabe der an den Vermittlungsgeschäften beteiligten Drittländer bzw. der Aus-
fuhr- oder Einfuhrgenehmigungen; auf Verlangen der zuständigen Behörde sind
ggf. weitere Auskünfte zu erteilen, Art. 18 Abs. 4 VO (EG) Nr. 1277/2005).

Die Informationen sind dem Bundesinstitut für Arzneimittel und Medizinpro- **53**
dukte (§ 5 Abs. 1 Nr. 3 GÜG) **einmal jährlich vor dem 15. Februar** zu übermitteln, Art. 19 UAbs. 1 VO (EG) Nr. 1277/2005. Nach Art. 19 UAbs. 2 VO
(EG) Nr. 1277/2005 soll die zuständige Behörde auch dann informiert werden,
wenn keine die Meldepflicht auslösenden Vorgänge stattgefunden haben; diese
Verpflichtung ist von der Bußgelddrohung nach § 20 Abs. 1 Nr. 13 GÜG freilich
nicht umfasst. Die Angaben sind nach Art. 19 UAbs. 3 VO (EG) Nr. 1277/2005
als vertrauliche Geschäftsinformationen zu behandeln.

XIV. Fehlende, unrichtige oder unvollständige Angaben im Antrag auf Erteilung einer Ausfuhrgenehmigung (§ 20 Abs. 1 Nr. 14 GÜG)

Nach § 20 Abs. 1 Nr. 14 GÜG handelt ordnungswidrig, wer entgegen Art. 13 **54**
Abs. 1 VO (EG) Nr. 111/2005 in einem Antrag auf Erteilung einer Ausfuhrgenehmigung nach Art. 12 VO (EG) Nr. 111/2005 (zum Begriff der Ausfuhr
vgl. § 19 GÜG Rn. 24) eine Angabe nicht, nicht richtig oder nicht vollständig
macht.

Gemäß Art. 13 Abs. 1 VO (EG) Nr. 111/2005 muss der Antrag auf Erteilung **55**
einer Ausfuhrgenehmigung mindestens folgende Angaben enthalten:
– Name und Anschrift des Ausführers, des Einführers im Drittland und sonstiger
Wirtschaftsbeteiligter, an dem Ausfuhrvorgang oder der Versendung beteiligt
sind, sowie Name und Anschrift des Endempfängers,
– die Bezeichnung des erfassten Stoffes gemäß dem Anhang bzw., im Falle von
Mischungen und Naturprodukten, deren Bezeichnung und den 8-stelligen KN-
Code sowie die Bezeichnung jedes in der Mischung oder dem Naturprodukt
enthaltenen erfassten Stoffs gemäß dem Anhang,
– Menge und Gewicht des erfassten Stoffs und im Falle von Mischungen oder
Naturprodukten Menge, Gewicht und, soweit verfügbar, prozentualer Anteil jedes in der Mischung oder dem Naturprodukt enthaltenen erfassten Stoffs,
– Einzelheiten der Beförderungsmodalitäten, wie vorgesehenes Versanddatum, Art
des Transportmittels, Zollstelle, bei der die Zollanmeldung einzureichen ist, und,
soweit zu diesem Zeitpunkt verfügbar, Einzelheiten über das Transportmittel,
den Beförderungsweg, den vorgesehenen Ort der Ausfuhr aus dem Zollgebiet
der Gemeinschaft sowie den Ort der Verbringung in das Einfuhrland,
– in den in Art. 17 genannten Fällen (*„Werden aufgrund eines Abkommens zwischen
der Gemeinschaft und einem Drittland Ausfuhren nur unter der Voraussetzung genehmigt,
dass eine Einfuhrgenehmigung für die betreffenden Stoffe von den zuständigen Behörden
des Drittlandes erteilt worden ist ...“*) eine Ausfertigung der vom Bestimmungsland
ausgestellten Einfuhrgenehmigung,
– die Nummer der in den Artikeln 6 und 7 genannten Erlaubnis bzw. Registrierung.

Zwar bleibt es dem Antragsteller vorbehalten, über die vorgenannten **Pflicht-** **56**
angaben hinaus weitere Informationen in seinen Antrag aufzunehmen. Richtig-
keits- und Vollständigkeitsverstöße im Zusammenhang mit solchen weitergehenden Angaben unterfallen in Anbetracht des Wortlauts der Regelung des § 20
Abs. 1 Nr. 14 GÜG (*„entgegen Artikel 13 Abs. 1 ...“*) nicht der Bußgeldnorm.

XV. Zuwiderhandlungen gegen eine vollziehbare Auflage zur Ausfuhrgenehmigung (§ 20 Abs. 1 Nr. 15 GÜG)

57   Nach § 20 Abs. 1 Nr. 15 GÜG bußgeldbewehrt sind Zuwiderhandlungen gegen eine **vollziehbare Auflage zur Ausfuhrgenehmigung** nach Art. 14 Abs. 1 UAbs. 1 S. 1 VO (EG) Nr. 111/2005. Der Tatbestand setzt voraus, dass der Täter am Ort der Verbringung aus dem Zollgebiet der Gemeinschaft eine Angabe über den Beförderungsweg oder das Transportmittel nicht, nicht richtig oder nicht vollständig macht.

58   Die Regelung knüpft an die inhaltlichen Erfordernisse zum Antrag auf Erteilung einer Ausfuhrgenehmigung nach Art. 13 Abs. 1 VO (EG) Nr. 111/2005 an, wonach der Antrag – soweit zum Zeitpunkt der Antragstellung schon verfügbar – Angaben über **Einzelheiten zum Transportmittel und zum Beförderungsweg** enthalten muss. Fehlen entsprechende Angaben im Antrag, so muss in der Ausfuhrgenehmigung nach Art. 14 Abs. 1 UAbs. 1 S. 1 VO (EG) Nr. 111/2005 vorgeschrieben werden, dass der Wirtschaftsbeteiligte die erforderlichen Informationen der Ausgangszollstelle oder sonstigen Behörde am Ort der Verbringung aus dem Zollgebiet der Gemeinschaft vor der körperlichen Verbringung der Sendung nachliefert.

59   Erforderlich ist also stets, dass die erteilte Ausfuhrgenehmigung eine entsprechende vollziehbare Auflage enthält. Ist sie – entgegen Art. 14 Abs. 1 UAbs. 1 S. 1 VO (EG) Nr. 111/2005 – nicht enthalten, kommt auch eine Ordnungswidrigkeit nach § 20 Abs. 1 Nr. 15 GÜG nicht in Betracht.

XVI. Fehlende, unrichtige oder unvollständige Angaben im Antrag auf Erteilung einer Einfuhrgenehmigung (§ 20 Abs. 1 Nr. 16 GÜG)

60   Unrichtige und unvollständige Angaben entgegen Art. 21 Abs. 1 VO (EG) Nr. 111/2005 im Antrag auf Erteilung einer Einfuhrgenehmigung sind Gegenstand der Bußgeldnorm des § 20 Abs. 1 Nr. 16 GÜG. **Pflichtangaben** eines Antrags auf Erteilung einer Einfuhrgenehmigung sind nach Art. 21 Abs. 1 VO (EG) Nr. 111/2005:

– Name und Anschrift des Einführers, des Ausführers im Drittland und sonstiger Wirtschaftsbeteiligter sowie Name und Anschrift des Endempfängers,
– Bezeichnung des erfassten Stoffs gemäß dem Anhang bzw., im Falle von Mischungen oder Naturprodukten, deren Bezeichnung und den 8-stelligen KN-Code sowie die Bezeichnung jedes in der Mischung oder dem Naturprodukt enthaltenen erfassten Stoffs gemäß dem Anhang,
– Menge und Gewicht des erfassten Stoffs und im Falle von Mischungen oder Naturprodukten Menge, Gewicht und, soweit verfügbar, prozentualer Anteil jedes in der Mischung oder dem Naturprodukt enthaltenen erfassten Stoffs,
– soweit verfügbar, Einzelheiten der Beförderungsmodalitäten, wie Art des Transportmittels, Ort und Zeit der geplanten Einfuhr und
– die Nummer der in den Art. 6 und 7 genannten Erlaubnis bzw. Registrierung.

XVII. Verstoß gegen Duldungs- und Mitwirkungspflichten nach § 18 Abs. 1 GÜG (§ 20 Abs. 1 Nr. 17 GÜG)

61   Ordnungswidrig handelt schließlich, wer entgegen § 18 Abs. 1 GÜG einer Duldungs- oder Mitwirkungspflicht nicht nachkommt. Die Vorschrift des § 18 Abs. 1 GÜG hat den folgenden Wortlaut:

„§ 18 Duldungs- und Mitwirkungspflichten

Jeder Wirtschaftsbeteiligte ist verpflichtet, Maßnahmen nach den §§ 16 und 17 zu dulden und bei der Durchführung der Überwachung mitzuwirken, insbesondere auf Verlangen der mit der Überwachung beauftragten Personen die Stellen zu bezeichnen, an denen der Verkehr mit Grundstoffen stattfindet, umfriedete Grundstücke, Gebäude, Räume, Behälter und Behältnisse zu öff-

*nen, Auskünfte zu erteilen, Unterlagen vorzulegen sowie die Entnahme von Proben zu ermögli-
chen. (…)"*

Die in Bezug genommenen Vorschriften der §§ 16 und 17 GÜG lauten wie **62**
folgt:

„§ 16 Überwachungsmaßnahmen

*(1) Die für die Überwachung des Verkehrs mit Grundstoffen zuständigen Behörden oder die mit
der Überwachung beauftragten Personen sind befugt,*

1. *von Wirtschaftsbeteiligten alle für die Überwachung erforderlichen Auskünfte zu verlangen;*
2. *die in Artikel 5 Abs. 2 und 3 der Verordnung (EG) Nr. 273/2004 und Artikel 3 der Verordnung (EG) Nr. 111/2005 bezeichneten Unterlagen einzusehen und hieraus Abschriften
anzufertigen sowie Einsicht in die nach Artikel 5 Abs. 6 der Verordnung (EG) Nr. 273/
2004 oder Artikel 4 Satz 3 der Verordnung (EG) Nr. 111/2005 angelegten elektronischen
Dokumente zu nehmen und Ausdrucke dieser Dokumente zu verlangen, soweit diese für die
Aufdeckung oder Verhinderung der unerlaubten Abzweigung von Grundstoffen erforderlich
sind;*
3. *die Datenverarbeitungssysteme von Wirtschaftsbeteiligten zur Prüfung der Unterlagen nach
Nummer 2 zu nutzen; sie können auch verlangen, dass die Daten nach ihren Vorgaben automatisiert ausgewertet oder ihnen auf automatisiert verarbeitbaren Datenträgern zur Verfügung
gestellt werden, soweit dies für die Aufdeckung oder Verhinderung der unerlaubten Abzweigung
von Grundstoffen erforderlich ist;*
4. *Grundstücke, Gebäude, Gebäudeteile, Einrichtungen und Transportmittel, die zum Verkehr
mit Grundstoffen genutzt werden, zu betreten und zu besichtigen, um zu prüfen, ob die Vorschriften dieses Gesetzes sowie der Verordnung (EG) Nr. 273/2004, der Verordnung (EG)
Nr. 111/2005 und der Verordnung (EG) Nr. 1277/2005 beachtet werden. Zur Abwehr
dringender Gefahren für die öffentliche Sicherheit, insbesondere zur Verhinderung einer Straftat
nach § 19 oder einer Ordnungswidrigkeit nach § 20, dürfen die bezeichneten Grundstücke,
Gebäude, Gebäudeteile, Einrichtungen und Transportmittel auch außerhalb der Betriebs- und
Geschäftszeit sowie zu Wohnzwecken dienende Räume betreten werden; das Grundrecht auf
Unverletzlichkeit der Wohnung (Artikel 13 des Grundgesetzes) wird insoweit eingeschränkt;*
5. *zur Verhütung dringender Gefahren für die Sicherheit und Kontrolle des Grundstoffverkehrs
vorläufige Anordnung zu treffen, soweit Tatsachen die Annahme rechtfertigen, dass*
   a) *ein Grundstoff zur unerlaubten Herstellung von Betäubungsmitteln abgezweigt werden soll
   oder*
   b) *Vorschriften dieses Gesetzes, der Verordnung (EG) Nr. 273/2004, der Verordnung (EG)
   Nr. 111/2005 oder der Verordnung (EG) Nr. 1277/2005 nicht eingehalten werden.*

*Insbesondere können sie die weitere Teilnahme am Grundstoffverkehr ganz oder teilweise unter-
sagen und die Grundstoffbestände sicherstellen. Die zuständige Behörde hat innerhalb eines Monats nach Erlass einer vorläufigen Anordnung endgültig zu entscheiden. Maßnahmen der mit der
Überwachung beauftragten Personen werden einen Monat nach ihrer Bekanntgabe unwirksam.
Erfolgt eine Bekanntgabe nicht, werden sie einen Monat nach ihrer Vornahme unwirksam. Die
zuständige Behörde kann Maßnahmen jeder mit der Überwachung beauftragten Person bereits
vorher aufheben.*

*(2) Die Zollbehörden prüfen im Rahmen ihrer Zuständigkeit nach § 5 Abs. 2 die Einhaltung
des Gesetzes und der auf diesem Gebiet erlassenen Rechtsakte der Europäischen Gemeinschaften.
Sie können zu diesem Zweck von dem am Warenverkehr mittelbar oder unmittelbar beteiligten
Personen Auskünfte und die Vorlage von Unterlagen verlangen. Bestehen Zweifel an der Einhaltung der zuvor genannten Vorschriften, ordnen die Zollbehörden im Falle der Ein- oder Ausfuhr
die Aussetzung der Überlassung oder die Zurückhaltung der Waren an. Werden die Zweifel nicht
innerhalb einer Frist von sieben Werktagen ausgeräumt, können die Zollbehörden die Einziehung
der Waren anordnen, soweit nicht die Einziehung nach § 21 in Betracht kommt. Die Kosten für
die in dieser Vorschrift genannten Sicherungsmaßnahmen können den Verfügungsberechtigten
auferlegt werden.*

*(3) Die auf Grund von Überwachungsmaßnahmen nach Absatz 1 und 2 erlangten Informatio-
nen dürfen nur zu den in § 4 Abs. 2 Satz 3 genannten Zwecken verwendet werden. Die für die
Überwachung des Verkehrs mit Grundstoffen zuständigen Behörden dürfen die Informationen auch
ohne Ersuchen an die Gemeinsame Grundstoffüberwachungsstelle übermitteln, soweit aus ihrer*

Sicht die Kenntnis der Informationen für die in § 4 Abs. 2 Satz 3 genannten Zwecke erforderlich ist.

§ 17 Probenahmen

(1) Soweit es zur Durchführung dieses Gesetzes, der Verordnung (EG) Nr. 273/2004, der Verordnung (EG) Nr. 111/2005 oder der Verordnung (EG) Nr. 1277/2005 erforderlich ist, sind die mit der Überwachung beauftragten Personen befugt, gegen Empfangsbescheinigung Proben nach ihrer Auswahl zum Zwecke der Untersuchung zu fordern oder zu entnehmen. Soweit nicht ausdrücklich darauf verzichtet wird, ist ein Teil der Probe, oder sofern die Probe nicht oder ohne Gefährdung des Untersuchungszwecks nicht in Teile von gleicher Qualität teilbar ist, ein zweites Stück der gleichen Art wie das als Probe entnommene zurückzulassen.

(2) Zurückzulassende Proben sind amtlich zu verschließen oder zu versiegeln. Sie sind mit dem Datum der Probenahme und dem Datum des Tages zu versehen, nach dessen Ablauf der Verschluss oder die Versiegelung als aufgehoben gelten."

63   Nach § 18 Abs. 2 S. 1 GÜG kann der zur Auskunft Verpflichtete die Auskunft auf solche Fragen verweigern, deren Beantwortung ihn **selbst** oder einen seiner in § 383 Abs. 1 Nr. 1 bis 3 ZPO bezeichneten **Angehörigen** (*der Verlobte des Auskunftspflichtigen oder derjenige, mit dem der Auskunftspflichtige ein Versprechen eingegangen ist, eine Lebenspartnerschaft zu begründen; der Ehegatte des Auskunftspflichtigen, auch wenn die Ehe nicht mehr besteht; der Lebenspartner des Auskunftspflichtigen, auch wenn die Lebenspartnerschaft nicht mehr besteht; diejenigen, die mit dem Auskunftspflichtigen in gerader Linie verwandt oder verschwägert oder in der Seitenlinie bis zum dritten Grad verwandt oder bis zum zweiten Grad verschwägert sind oder waren*) der **Gefahr strafgerichtlicher Verfolgung** oder eines Verfahrens nach dem Gesetz über Ordnungswidrigkeiten aussetzen würde. Der zur Auskunft Verpflichtete ist vor der Auskunft über sein Recht zur **Auskunftsverweigerung** zu belehren.

C. Rechtsfolgen

64   Die Ordnungswidrigkeit kann nach § 20 Abs. 2 GÜG mit einer **Geldbuße bis zu 25.000 EUR** geahndet werden. Weil die Tatbestände des § 20 Abs. 1 GÜG sowohl vorsätzliche als auch fahrlässige Verstöße erfassen, ist die Vorschrift des § 17 Abs. 2 OWiG anzuwenden. Danach kann die fahrlässige Ordnungswidrigkeit – soweit das Gesetz keine Differenzierung im Höchstmaß vorsieht – nur mit der **Hälfte des angedrohten Höchstbetrages** der Geldbuße geahndet werden.

65   Bei der **Zumessung** der Geldbuße sind die Bedeutung der Ordnungswidrigkeit und der den Täter treffende Vorwurf zu berücksichtigen, § 17 Abs. 3 S. 1 OWiG. Daneben sind auch die wirtschaftlichen Verhältnisse des Täters in Betracht zu ziehen, § 17 Abs. 3 S. 2 GÜG. Nach § 17 Abs. 4 S. 1 OWiG soll die Geldbuße zumindest den **wirtschaftlichen Vorteil**, den der Täter aus der Ordnungswidrigkeit gezogen hat, übersteigen. Genügt das gesetzliche Höchstmaß hierfür nicht, kann es nach § 17 Abs. 4 S. 2 OWiG überschritten werden.

D. Verfahren

66   Verwaltungsbehörde im Sinne des § 36 Abs. 1 Nr. 1 OWiG ist das Bundesinstitut für Arzneimittel und Medizinprodukte (**BfArM**; http://www.bfarm.de).

E. Rechtsanwendungsrecht

67   Soweit auf die Verordnung (EG) Nr. 273/2004, die Verordnung (EG) Nr. 111/2005 oder die Verordnung (EG) Nr. 1277/2005 Bezug genommen wird, ist auch im Rahmen des § 20 GÜG jeweils die am **18. August 2005 geltende Fassung** maßgeblich, § 20 Abs. 4 GÜG (zu den Hintergründen der Vorschrift vgl. § 19 GÜG Rn. 10).

Einziehung

21 [1] **Gegenstände, auf die sich eine Straftat nach § 19 oder eine Ordnungswidrigkeit nach § 20 bezieht, können eingezogen werden.** [2] **§ 74 a des Strafgesetzbuchs und § 23 des Gesetzes über Ordnungswidrigkeiten sind anzuwenden.**

Übersicht

A. Grundlagen

Die Vorschrift des § 21 GÜG ist an diejenige des **§ 33 Abs. 2 BtMG** ange- 1 lehnt. Der Gesetzgeber hält die Einziehung sogenannter Beziehungsgegenstände für einen essentiellen Bestandteil wirksamer Kriminalitätsbekämpfung im Einzugsbereich des Grundstoffrechts (BT-Drs. 16/7414); aus der Perspektive der Strafverfolgungspraxis verdient diese Sichtweise uneingeschränkte Zustimmung.

Die Einziehung von **Tatprodukten** und **Tatwerkzeugen** (*„Gegenstände, die* 2 *durch sie hervorgebracht oder zu ihrer Begehung oder Vorbereitung gebraucht worden oder bestimmt gewesen sind …"*) ist Gegenstand der Regelung des § 74 StGB.

Beziehungsgegenstände sind solche Sachen und Rechte, die nicht Tatwerk- 3 zeuge oder Tatprodukte, sondern notwendige Gegenstände der Tat selbst sind (*Fischer* § 74 Rn. 10; Sch/Sch/*Eser* § 74 StGB Rn. 12 a jew. m. w. N.). Die Einziehung von Beziehungsgegenständen kommt daher nur auf der Grundlage entsprechender Sondervorschriften in Betracht. Weil auch Tatwerkzeuge und Tatprodukte in einer Beziehung zur begangenen Straftat stehen, kommt es für die Abgrenzung entscheidend auf die Klärung der Frage an, wann sich ein Gegenstand *„auf (…) eine Straftat nach § 19 oder eine Ordnungswidrigkeit nach § 20 bezieht"*. Vorausgesetzt wird ein **spezifischer Tatbezug**; die Grenzziehung soll nur im Ausschlusswege möglich sein (Sch/Sch/*Eser* § 74 StGB Rn. 12 a). Auch die gesetzlichen Wertungen der Verfallvorschriften dürfen nicht unterlaufen werden (vgl. *BGH* wistra 2010, 264 = BeckRS 2010, 08904). Beziehungsgegenstände werden daher regelmäßig als diejenigen Sachen und Rechte umschrieben, die das **passive Objekt der Tat** darstellen und deren Verwendung sich in dem Gebrauch erschöpft, auf dessen Verhinderung der einschlägige Tatbestand abzielt (Sch/Sch/*Eser* a. a. O.; MK-StGB/*Joecks* § 74 Rn. 16). Wegen weiterer Einzelheiten wird auf die Kommentierung zu § 33 Abs. 2 BtMG Bezug genommen.

B. Einzelfragen

I. Grundstoffe

Wird mit **Grundstoffen** unerlaubt umgegangen, mit ihnen Handel getrieben 4 o. ä. (§ 19 Abs. 1 Nr. 1 GÜG), können diese als Beziehungsgegenstände eingezogen werden. Soweit Grundstoffe sichergestellt wurden, **die nicht Gegenstand der von der Anklage umfassten und vom Gericht festgestellten Tat sind**, kommt ihre Einziehung nach § 21 GÜG dagegen nicht in Betracht (vgl. *BGH* NStZ 2002, 438, 439 = NJW 2002, 1810 = StV 2002, 257; *BGH*, Beschluss vom 3. 11. 2004 – 2 StR 374/04 = BeckRS 2004, 30345817). **Geschäftserlöse** und **Gewinne** aus Grundstoff-Geschäften können ebenfalls nach § 21 GÜG abgeschöpft werden (*BGH*, Beschluss vom 8. 8. 1990 – 2 StR 282/90 = BeckRS 1990, 31096720).

II. Fahrzeuge

5   Die dem Transport von Grundstoffen dienenden **Fahrzeuge** gehören nicht zu den Beziehungsgegenständen im Sinne des § 21 GÜG (anders BT-Drs. 16/7414 S. 25: „*(...) Beziehungsgegenständen, zum Beispiel Transportmittel oder Laborgerät (...)*"). Ihre Einziehung ist nach § 74 Abs. 1 StGB möglich, wenn sie – über einen als bloßes Fortbewegungsmittel hinausgehenden Einsatz – zur Begehung oder Vorbereitung von Grundstoffdelikten **gebraucht** worden oder **bestimmt** gewesen sind.

III. Laborausstattung

6   Im Zusammenhang mit einer Straftat nach § 29 Abs. 1 S. 1 Nr. 1 BtMG (**unerlaubtes Herstellen von Betäubungsmitteln**) können Laborutensilien als Tatwerkzeuge eingezogen werden. Dies gilt im Kontext des § 19 Abs. 1 Nr. 1 GÜG nicht in gleicher Weise, weil die unerlaubte Betäubungsmittelherstellung nicht Gegenstand des grundstoffstrafrechtlichen Vorwurfs, sondern lediglich Grund für die Strafwürdigkeit eines nach § 3 GÜG verbotenen Umgangs mit Grundstoffen ist. Ausgehend hiervon kommt ihre Einziehung nur nach Maßgabe des § 21 GÜG in Betracht.

IV. Eigentumsverhältnisse

7   Die Einziehung ist nach § 74 Abs. 2 Nr. 1 StGB und § 22 Abs. 2 Nr. 1 OWiG nur zulässig, wenn die Gegenstände zur Zeit der Entscheidung dem Täter gehören oder zustehen. Der Täter oder Teilnehmer muss also zur Zeit der letzten tatrichterlichen Entscheidung Eigentümer der Sache oder Inhaber des Rechts gewesen sein (vgl. *BGH*, Beschluss vom 21. 8. 2008 – 4 StR 350/08 = BeckRS 2008, 19379; *BGH* NStZ-RR 2010, 202 = BeckRS 2010, 10836). Gem. § 21 S. 2 GÜG sind indes die Vorschriften des § 74a StGB und des § 23 OWiG anzuwenden. Danach dürfen Gegenstände (abweichend von § 74 Abs. 2 Nr. 1 StGB und § 22 Abs. 2 Nr. 1 OWiG) auch dann eingezogen werden, wenn derjenige, dem sie zur Zeit der Entscheidung gehören oder zustehen a) wenigstens leichtfertig dazu beigetragen hat, dass die Sache oder das Recht Mittel oder Gegenstand der Tat oder ihrer Vorbereitung gewesen ist, oder b) die Gegenstände in Kenntnis der Umstände, welche die Einziehung zugelassen hätten, in verwerflicher Weise erworben hat.

8   Die von § 21 S. 2 GÜG in Bezug genommenen Regelungen ermöglichen mithin eine **Einziehung unabhängig von den Eigentumsverhältnissen** und knüpfen dabei an ein quasi-schuldhaftes Verhalten des Eigentümers (Sch/Sch/*Eser* § 74a StGB Rn. 1) an. Wegen der Einzelheiten wird auf die insoweit einschlägige Kommentierung zu § 33 BtMG Bezug genommen.

Stoffe

Teil 1. Betäubungsmittel

Gliederung

Kap. 1. Vorbemerkungen

Die Betäubungsmittel bestehen aus in der Natur frei wachsenden Rauschpflan- **1** zen wie Cannabis, Schlafmohn, Coca, Khat-Pflanzen, Psilocybin-Pilzen (= **Naturdrogen**), den davon abgeleiteten Betäubungsmitteln und den in Laboratorien chemisch hergestellten Substanzen mit Abhängigkeitspotential (= **synthetische Drogen**), wobei rechtlich nur die Stoffe und Zubereitungen in Deutschland als Betäubungsmittel gelten, die in dem abschließenden Katalog der Anl. I, II u. III zum BtMG in irgendeiner Weise genannt sind (s. dazu § 1 Rn. 3 ff.).

Jahrhundertelang dominierten die Pflanzendrogen als Rauschmittel, Lebens- **2** und Genussmittel und als Heilmittel. In den letzten Jahrhunderten gelang es jedoch immer häufiger, die Wirkstoffe von Pflanzendrogen zu bestimmen, Lebensmittel, Arzneimittel und Betäubungsmittel künstlich und chemisch rein herzustellen. Zwar spielen gewachsene **Pflanzendrogen** wie **Schlafmohn, Cocapflanzen, Cannabis, Khat** unter den Betäubungsmitteln immer noch eine bedeutende Rolle. An Stelle der als **Verliererdrogen und Todesdrogen** in Verruf geratenen Opiate **(Bad Drugs)** traten weltweit immer mehr die „**Fun Drugs**", die vermeintlich Lebensfreude und Spaß bewirken. **Synthetisch hergestellte bunte Pillen** mit lustigen Logos eroberten unter dem Namen **Ecstasy** die Weltdrogenmärkte. Weltweite Pharmakonzerne entwickeln und vertreiben Arzneimittel und Betäubungsmittel nach langjähriger Forschung mit ansprechendem Design in Tabletten- oder Ampullenform für alle Befindlichkeiten und gegen alle Beschwerden von Mensch und Tier. Viele dieser farbigen Tablettendrogen entsprechen dem Zeitgeist, steigern Leistung und Laune, halten wach und fit, verdrängen Hunger oder Schlaf, machen euphorisch und fördern menschliche Kontakte. Für jeden Lebensbereich gibt es die passende Pille (**Vitamintabletten, Partydrogen, Schlaftabletten, Rauschdrogen, Schmerztabletten, Dopingdrogen** usw.). Diese **synthetischen Drogen** unterliegen gewissen Modeerscheinungen, sowohl was die Wirkstoffe als auch was das äußere Design und die werbewirksame Verpackung angeht. Die Entwicklung, Herstellung und der Vertrieb der synthetischen Drogen sind gesetzlich genau geregelt und werden streng überwacht. Je nach Gefährlichkeit unterstehen sie entweder dem AMG oder BtMG. Zu den sog. **Designerdrogen** zählen synthetische Drogen, die durch **chemische Abwandlung des Struktur-designs** von bekannten verbotenen Arzneistoffen oder Betäubungsmitteln entstanden sind und noch nicht in dem Katalog der verbotenen und nicht verkehrsfähigen Betäubungsmittel erfasst sind. Es geht also nicht um die Gewinnung neuartiger Heilmittel oder gesundheitsfördernder Lebens- und Genussmittel, sondern allein um die **Gesetzesumgehung** und um die **Fortführung illegaler Drogenge-schäfte ohne Strafrisiko.** Die Betreiber illegaler Keller-Laboratorien versuchen, die Verbote und Strafvorschriften des BtMG dadurch zu umgehen, dass sie die chemische Struktur einzelner dem BtMG unterstehender Stoffe so abändern, dass die synthetisch hergestellten Stoffe keine Betäubungsmittel mehr i. S. d. Anlagen des BtMG darstellen. Durch die **Abwandlung illegaler Stoffe** werden neue legale synthetische Stoffe gewonnen, deren pharmakologische Wirksamkeit sich kaum von der Muttersubstanz unterscheiden oder gar diese mit ihrer Sucht erregenden Wirkung noch übertreffen.

3   Die meisten legalen **synthetischen Drogen** und illegalen Variationen legaler synthetischer Drogen (Designerdrogen) gehören ihrer chemischen Grundstruktur nach zu einer der folgenden Stoffgruppen: **Amphetamin-Derivate, Phencycli-dine, Tryptamine, Fentanyle, Prodine und Pethidine.**

4   Die meisten der in den letzten Jahren in der Drogenszene aufgetauchten Stoffe leiten sich in ihrer chemischen Grundstruktur von dem Sympathomimeticum Phenylethylamin ab, dessen Wirkung dem Wirkungsmechanismus des Amphetamins sehr ähnelt. Diese illegalen Drogenproduzenten orientieren sich dabei an der Untergrundbibel für Psychedelikfans, dem Buch von *Alexander* und *Ann Shulgin*, **PIHKAL – A CHEMICAL LOVE STORY,** die seit den 60er Jahren mit synthetischen Drogen experimentieren, nahezu 200 Substanzen synthetisiert haben, deren psychotrope Wirkungen angeblich an sich selbst erforscht und diese Substanzen nach eigenen Empfindungen eingestuft haben. In diesem chemischen Kochbuch finden die illegalen Produzenten exakte Produktionsanweisungen, wie man das BtMG umgehen kann. Die Phenethylamine sind nicht nur die beliebtesten Drogen der Eheleute Shulgin, sondern auch ihrer weltweiten Anhänger. Der Titel des Buches von Alexander und Ann Shulgin: **PIHKAL** ist eine Abkürzung für: **P**henylethylamines **I H**ave **K**nown **A**nd **L**oved **(= Phenylethylamine, die ich gekannt und geliebt habe).** Die Eheleute *Shulgin* haben 1997 einen zweiten Band mit Namen **TIHKAL** (= Tryptamines I Have Known And Loved) veröffentlicht, der die Wirkungen der Tryptamine verherrlichte. In jüngster Zeit ist zu beobachten, dass synthetische Substanzen in der Drogenszene Verbreitung finden, die ähnliche Wirkungen wie Cannabis, Amphetamin und Ecstasy haben, nämlich JWH-Alkylindole (s. Rn. 101, 512 ff.), Cathinon-Derivate (s. Rn. 396) und Piperazine (s. Rn. 435 ff.). Diese Substanzen werden als vermeintlich harmlose Kräutermischungen, Badesalze und Lufterfrischer angeboten und als sog. **Legal Highs** angepriesen (vgl. *Patzak/Volkmer* NStZ 2011, 498).

Kap. 2. Cannabisprodukte und Cannabinoide

Übersicht

A. Cannabis (Marihuana)/Cannabisharz (Haschisch)/Cannabisöl

I. Cannabisprodukte

5 Es gibt kein Betäubungsmittel, das auf dem illegalen Drogenmarkt so weit verbreitet ist und das von den Drogenhändlern so gut sortiert angeboten wird wie Cannabis. Anl. I zum BtMG definiert Cannabis als „Marihuana, Pflanzen und Pflanzenteile der zur Gattung Cannabis gehörenden Pflanzen". Diese sind ebenso wie das Cannabisharz (Haschisch) als nicht verkehrsfähiges Betäubungsmittel nach Anl. I eingestuft (zu den Ausnahmen s. § 2 Rn. 11 ff. u. Rn. 25). Seit Inkrafttreten der 25. BtMÄndV v. 18. 5. 2011 ist Cannabis, das zur Herstellung von Zubereitungen zu medizinischen Zwecken bestimmt ist, ein verkehrsfähiges, aber nicht verschreibungsfähiges Betäubungsmittel der Anl. II und Cannabis in Zubereitungen, die als Fertigarzneimittel zugelassen sind, ein verkehrs- und verschreibungsfähiges Betäubungsmittel der Anl. III (zu dem zugelassenen Fertigarzneimittel Sativex® s. Rn. 61).

6 Im Volksmund wird Cannabis als Sammelbegriff für die aus den Cannabispflanzen gewonnenen Produkte verwendet, nämlich **Haschisch, Marihuana** und **Öl (Cannabiskonzentrat)**. Bei den **Cannabisprodukten** sind die **legalen, aus Nutzhanf** hergestellten Lebensmittel, Heilmittel und Industrieprodukte (s. dazu Rn. 38 ff.) und die **illegalen Rauschdrogen** zu unterscheiden. Gewonnen werden Cannabisprodukte aus der ursprünglich aus Zentralasien stammenden, buschartigen Cannabispflanze, die in freier Natur üblicherweise von 1 bis 4 Meter hoch wächst (z. T. sogar bis zu 6 Meter). Es gibt männliche, weibliche, aber auch zweigeschlechtliche Pflanzen. Während die weiblichen Cannabispflanzen primär zu Rauschhanf verarbeitet werden, dienen die zweigeschlechtlichen Pflanzen überwiegend zur Gewinnung von Faserhanf, der höchstens bis zu 0,2 Prozent THC enthält (*Patzak/Goldhausen/ Kleine* Der Kriminalist 2007, 288). Zum Anbau von Cannabis s. Rn. 26 ff.

7 1. Cannabisharz (Haschisch). Haschisch (Szenenamen: „Shit", „Peace", „Dope") besteht aus dem Harz, das die weiblichen Hanfpflanzen zur Blütezeit vor allem in den Drüsenköpfchen der Blütenstände produzieren. Der Hanfbauer geht entweder zur Blütezeit in Lederbekleidung durch die dichten Hanffelder und schabt anschließend mit einem Messer an der Kleidung klebendes Cannabisharz ab. Oder aber der Hanfbauer erntet die Blütenstände, trocknet sie, zerreibt sie auf einem Teppich und klopft den Harz durch das Gewebe. Die Harzklümpchen werden gepresst und zu Platten, Blöcken oder Broten geformt. Es wird aber auch in Stangenform (z. B. „Stangenafghan"), oder als Haschischstäbchen aus Afghanistan, das wie Bleistifte gebündelt wird (sog. Spaghettistäbchen), gehandelt. Andere Haschischprodukte sind der sog. **„Pakistani-Fladen", „Afghani-Fladen", „Nepal-Finger"**, der „gedrehte Inder" oder „Kaschmirrollen". Dies sind gedrehte weiche Haschischklumpen. Afghanbrocken sind steinförmige, gepresste, helle und dunkle Haschischbrocken. Zum Verformen werden die Haschischbrocken auf Glut gelegt. Fingertrauben sind **traubenförmige Haschischklumpen** aus Nepal. Aus diesen Fingerklumpen werden **Platten** gepresst. Nepalesische schwarze Haschischtempelbälle sind Haschischkugeln und Laibe. Bekannt sind der **Schwarze Afghan** oder Schimmelafghan, eine besonders gute Haschischsorte aus Afghanistan und Pakistan. **Grüner Türke, Roter oder Blonder Libanese, Brauner Pakistani, Schwarzer Nepalese, Schwarzer Kongo** sind weitere begehrte Haschischsorten. Je dunkler die Haschischware, desto besser ist meistens die Qualität. Die für die **Türkei** typischen Haschischsorten sind der **Hafju** und der **Esrar.** Unter Hafju wird ein wässriger Auszug aus Hanfblüten verstanden, den man durch Leinwand siebt und über einem mäßigen Feuer langsam eindickt. Esrar wird aus Charas und Traganth hergestellt und in Pastillenform gegessen. **In Ägypten,** wo Haschisch und andere Rauschgifte außerordentlich verbreitet sind, bereitet man ein likörartiges Getränk aus Haschisch, Zucker, Alkohol und einigen Riechstoffen zu und nennt dieses **Chastri.** Dort ist auch eine Mischung von Haschisch und Opium weit verbreitet, die man Haschischkafur nennt, die in Stäbchen von Streichholzgröße in den Handel kommt und in Pfeifen oder Zigaretten geraucht wird. Der feingeschnittene Hanf, der zusammen mit Tabak in **Nordafrika** geraucht wird, trägt dort den Namen „Takruri" bzw. **„Kif" (Khif = Ruhe).** Diese Mischung, die in der Regel $2/3$ Hanf und $1/3$ Tabak enthält, wird als Khif Hache gehandelt. Der Wirkstoffgehalt von Haschisch ist in den letzten Jahren deutlich gestiegen (s. dazu Rn. 17). In Deutschland wird Haschisch als **Platte** oder als kleineres Stück einer Platte, das sog. **Piece** oder **Ecken,** verkauft.

2. Marihuana. Bei Marihuana (Szenenamen: „Gras", „Pott", „Weed") handelt **8** es sich um die getrockneten Teile der Cannabispflanze. Das Wort Marihuana stammt wohl von der phonetischen Aliasbezeichnung für Cannabiskraut „Maria Johanna". Anfang der 90er Jahre war Marihuana in der Regel von schlechterer Qualität als das Haschisch. Das hat sich durch Züchtung von Hochleistungssorten in Indoor-Plantagen mittlerweile geändert (s. dazu Rn. 16 f.).

In der Vergangenheit wurde Marihuana als **Mischung des getrockneten 9 Pflanzenmaterials,** in **Ziegelform, gepressten Ballen** oder als **gedrehte Stäbchen** gehandelt (sog. STICKS). Im Zuge der Züchtung der Hochleistungssorten ist ein Trend weg von den Mischungen der Pflanzenteile hin zu den THC-reichen **Blütenständen** (auch Dolden genannt), die durch ihre dichte, gelblich bis bräunliche Substanz leicht von einfachem Blattmaterial zu unterscheiden sind, zu beobachten. Im Jahr 2004 handelte es sich bereits bei 85% der Sicherstellungen um Blüten oder Blütengemische, während es im Jahr 1998 noch 60% waren und 1992 überhaupt noch keine Cannabisblüten sichergestellt wurden (*Patzak/Goldhausen/ Marcus* Der Kriminalist 2006, 100, 102; vgl. auch *Patzak/Goldhausen* NStZ 2011, 76 und § 29/Teil 2, Rn. 4 ff.). Dies steht auch im Einklang mit der Sicherstellungsstatistik des *BKA*: Bei Haschisch geht die Anzahl der Sicherstellungen immer weiter zurück (von 17.964 Fällen im Jahr 1999 auf 7.427 Fälle im Jahr 2010). Bei Marihuana sind die Sicherstellungsfälle seit 1999 von 11.472 auf 24.710 im Jahr 2010 gestiegen (s. dazu Rn. 36).

**Sicherstellungsfälle von Haschisch und Marihuana in Deutschland
– Zeitreihe –**

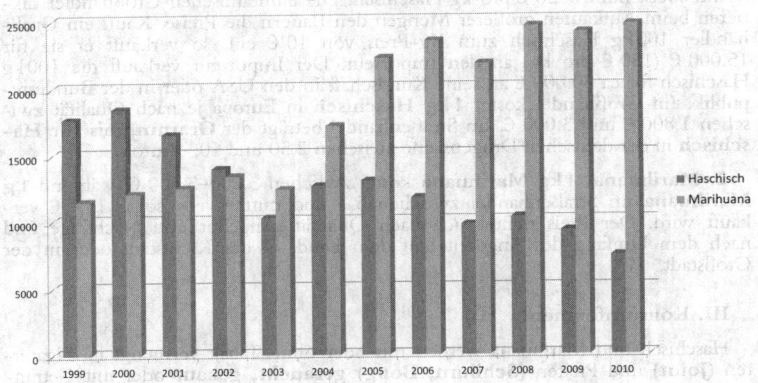

10 Während bei minderwertigem Marihuana die Wirkstoffgehalte überwiegend im Bereich zwischen 0 und 5% THC liegen, zeichnen sich die Blütenstände durch hohe Wirkstoffgehalte aus (s. dazu § 29 a Rn. 209 f.). Es wurden Höchstwerte bei Blütenständen der Hochleistungssorten von über 50% festgestellt (Höchstwert 2005: 51,7% – 2009: 42,9%; vgl. *Patzak/Goldhausen* NStZ 2007, 195). Dies liegt daran, dass die Blütenstände im Gegensatz zu den Pflanzenmischungen, die aus getrockneten und zerkleinerten Sprossspitzen, Blüten, Stängeln oder Blättern bestehen, eine hohe Anzahl an Harzdrüsen aufweisen, in denen das THC ausgebildet wird. Daher sind in den Blütenständen die höchsten THC-Gehalte zu finden, wie eine Untersuchung des hessischen LKA von 5 Marihuanapflanzen deutlich zeigt *(Fritschi/Klein/Szilluweit* Toxichem und Krimtech 2006, 52):

Wurzeln	0,0–0,03% THC
Stängel	0,15–0,25% THC
Blätter	1,3–3,4% THC
Blüten	9,7–13,0% THC

11 Wurzeln, Blätter und Stängel werden wegen der schlechten Qualität immer häufiger vernichtet oder zu Cannabisöl verarbeitet (s. § 29/Teil 3, Rn. 33).

12 **3. Cannabisöl.** Das aus dem Cannabisharz gewonnene zähflüssige **Konzentrat (Haschischöl)** enthält 40–70% THC. Es ist abgefüllt in Konservendosen im illegalen Handel. Bereits 1976 wurde in der Bundesrepublik eine Destillationsanlage sichergestellt, die unter Verwendung des Lösungsmittels Isopropanol Cannabiskonzentrat gewonnen werden konnte. Aus 40 kg Marihuana sind gerade 2,5 Liter Haschischöl mit 35% THC zu gewinnen. Die hochprozentige halluzinogene Droge Haschischöl ist unter dem Namen „The one", „Number one", „Liquid-Haschisch", „Liquid-Marihuana" auf dem illegalen Markt. Im Internet wird ein sog. „Honey Bee Extractor" für ca. 20,– Euro angeboten, mit dem durch das Einfüllen von Butangas Harzkristalle gelöst und daraus wiederum ein zähflüssiges Öl mit zumeist hohen Wirkstoffgehalten gewonnen werden kann (s. dazu § 29/Teil 3, Rn. 33).

II. Cannabispreise

13 **1. Haschisch.** Die Haschischbauern in Nordafrika erhalten auf dem lokalen Markt meist nur 10–20 € pro kg Haschisch. Die einheimischen Großhändler diktieren beim Aufkaufen größerer Mengen den Bauern die Preise. Kauft ein Großhändler 100 kg Haschisch zum Kg-Preis von 10 € ein, so verkauft er sie für 15.000 € (150 € pro kg) an den Importeur. Der Importeur verkauft die 100 kg Haschisch für ca 40.000 € an seine Kundschaft in den USA oder in der Bundesrepublik. Im Großhandel kostet **1 kg Haschisch** in Europa je nach Qualität zwischen 1.800 € und 3.000 €. Im Straßenhandel beträgt der **Grammpreis für Haschisch** in der deutschen Drogenszene zwischen 2,50 und 10,– Euro.

14 **2. Marihuana.** **1 kg Marihuana** kostet zwischen 3.200–3.500 €, während **1 g Marihuana** im Straßenhandel zwischen 5,– und mittlerweile sogar 15,– € verkauft wird. Der Preis richtet sich nach Qualität, Angebot und Nachfrage und nach dem Umfang des Angebots auf dem Land, in der Kleinstadt oder in der Großstadt.

III. Konsumformen

15 Haschisch und Marihuana werden mit oder ohne Tabak vermengt in Zigaretten **(Joint)** und Pfeifen **(Schilum, Bong) geraucht, gekaut** oder mit Getränken und Speisen vermischt **gegessen und getrunken.** Haschischöl wird tropfenweise auf Zigaretten, Zigarren oder Pfeifentabak aufgebracht. In Kolumbien wird abgeblühtes Marihuana unter Zusatz von Aceton getrocknet und in einem Verdampfungsverfahren Marihuanapulver hergestellt, das 5–6 Teelöffeln einer Flasche Wein beigemischt wird. Seit einigen Jahren werden auf dem deutschen Markt **Vaporizer** angeboten. Sie dienen der Verdampfung von Cannabisprodukten, sowohl von natürlichem Cannabis (Cannabiskraut, Cannabisharz) als auch von Dronabinol (THC). Durch Erhitzen auf 160–200° werden die Cannabinoide und die ätherischen Öle aus dem Material herausgelöst und verdampft, so dass sie dann inhaliert werden können. Der Vorteil von Verdampfern ist die Vermeidung der Verbrennung des Pflanzenmaterials, so dass weniger krebserregende Verbrennungsprodukte entstehen und die Schleimhäute der Atemwege geschont werden. Marihuana u Haschisch wird in sog. **Duftkissen (Riechbeutel)** oder als Füllung von Kopf- und Sitzkissen angeboten. Der angegebene gesundheitsschützende Zweck ist regelmäßig nur vorgeschoben. Aufgrund des Preises ist davon auszugehen, dass die Beutel und Kissen aufgeschnitten und der Inhalt geraucht wird.

IV. Wirkungen von Cannabis

Die Wirkung von Cannabis hängt zum einen vom Anteil des Wirkstoffes Δ9- **16** **Tetrahydrocannabinol** (THC) ab, der hauptsächlich für den Cannabisrausch (High) verantwortlich ist, zum anderen aber auch von der Konzentration der übrigen im Cannabis enthaltenen Cannabinoide (*van Treek*, 2000, S. 80). Cannabisprodukte wie Marihuana, Cannabisharz (Haschisch) und Cannabiskonzentrat (Haschischöl) enthalten insgesamt 65 Cannabinoide: Der psychoaktiv wirksamste Inhaltsstoffe ist das **THC**. Wichtig für die Rauschwirkung ist auch das **Cannabidiol** (CBD), das zwar selbst psychotrop unwirksam ist, aber die Wirkung des THC abschwächt und einschläfernd wirkt (*Patzak/Goldhausen/Marcus* Der Kriminalist 2006, 100, 103; *Patzak/Goldhausen* NStZ 2011, 76; *Geschwinde*, 2007, Rn. 124; *van Treek*, 2000, S. 77). Nennenswert ist auch das **Cannabinol (CBN)**, das etwa $1/_{10}$ der Wirksamkeit des THC aufweist (*Geschwinde*, 2007, Rn. 125). Von den Inhaltsstoffen sind aber nur einige Tetrahydrocannabinole (Anl. I) und das Δ9- Tetrahydrocannabinol (Anl. II) dem BtMG unterstellt (s. dazu Rn. 98). Die Anteile der Cannabisinhaltsstoffe können stark variieren je nach Herkunft, Erntezeitpunkt, Zubereitungsart, Alter des Untersuchungsmaterials und Untersuchungszeitpunkt (zu den Züchtungen von Hochleistungssorten s. Rn. 35). Der psychotrope Wirkstoff **THC** wandelt sich im Laufe der Zeit, insbesondere bei erhöhten Temperaturen, nach und nach in **CBN** um. Innerhalb weniger Wochen halbiert sich der THC-Gehalt von Cannabisprodukten bei Lagerung. Cannabismaterial, das einige Jahre bei Raumtemperatur aufbewahrt wird, enthält fast kein THC mehr. Obwohl die THC-Carbonsäure kein Betäubungsmittel darstellt, ist der Anteil der THC-Carbonsäure bei der Ermittlung des Gefährdungspotentials hinzuzurechnen, da er sich beim Konsum des Stoffs auswirkt (BGHSt. 34, 372 = NStZ 1987, 465 = StV 1987, 535).

1. Entwicklung der Wirkstoffgehalte. Die Wirkstoffgehalte von Haschisch **17** und Marihuana sind in den letzten Jahren erheblich gestiegen (s. zu den Wirkstoffgehalten des in den niederländischen Coffeeshops vertriebenen Marihuanas Rn. 35). Dies zeigt die folgende **Zusammenstellung des arithmetischen Mittels der gesamten in Deutschland auf den Wirkstoffgehalt untersuchten Haschisch- und Marihuanamengen der jeweiligen Jahre,** wobei die Cannabisblüten erstmals 2005 gesondert erfasst wurden (Quelle: Statistisches Auswerteprogramm Rauschgift, mitgeteilt vom *LKA Rheinland-Pfalz*):

Jahr	Haschisch	Marihuana (Blätter und Blütengemische)	Cannabisblüten
1993	6,5%	3,6%	
1994	5,3%	3,1%	
1995	5,9%	4,8%	
1996	5,3%	5,8%	
1997	7,1%	5,8%	
1998	8,0%	6,0%	
1999	8,7%	6,2%	
2000	8,3%	6,5%	
2001	7,2%	7,0%	
2002	8,0%	8,2%	
2003	8,8%	8,3%	
2004	9,1%	9,9%	
2005	9,0%	6,0%	12,0%
2006	7,5%	3,5%	10,5%
2007	7,4%	3,5%	10,3%
2008	7,8%	3,2%	10,5%
2009	8,4%	3,4%	11,0%

18   **Das Haschischöl** weist in der Regel einen 5–10fachen höheren THC-Gehalt als die anderen Cannabisprodukte auf. Haschischliquid von unter 15% THC ist von schlechter Qualität, von 15–25% THC von mittlerer Qualität, von 25–40% THC von guter Qualität, von 40–70% THC von sehr guter Qualität.

19   **2. Körperliche Wirkungen.** Je nach Inhaltsstoffen und Höhe der Dosierung sind zwei Wirkungen zu unterscheiden: Entweder überwiegt die sedierende Wirkung mit einem **ausgeprägten Wohlbefinden, starkem Glücksgefühl** und **körperlicher Entspannung,** oder es können alleine oder zusätzlich zur sedierenden Wirkung **Halluzinationen** auftreten, die sich durch **Wahrnehmungsstörungen** mit einem gesteigerten Farbempfinden und teilweise Sinnestäuschungen äußern (*Thomasius* MSchrKrim 2006, 107, 115; *Patzak/Bohnen* Kap. 1, Rn. 1). Zu beobachten sind auch **innere Unruhe, Gedächtnis- und Konzentrationsstörungen, Störung der Feinmotorik und der motorischen Koordination, verlängerte Reaktionszeiten** sowie Veränderung der Zeitwahrnehmung; es kann zudem zu **Angstzuständen** bis hin zu **Verfolgungswahn** kommen (*Täschner*, 1997, S. 15). Sichtbare Anzeichen des Cannabiskonsums sind glasige und gerötete Augen sowie eine Verlangsamung der Psychomotorik mit Gangunsicherheiten (*Geschwinde*, 2007, Rn. 172). Häufig kommt es auch zu einer Steigerung des Hunger- und Durstgefühls, dem sog. Fress-Flash.

20   **3. Folgen des Cannabiskonsums.** Die Haschischdiskussion in der Bundesrepublik kreist seit vielen Jahren um die Frage, ob es sich bei dieser Substanz um eine **gefährliche Rauschdroge** handelt, deren Umgang mit Strafe bedroht sein muss, oder um ein **harmloses Genussmittel,** über dessen Konsum jeder Mensch allein entscheiden können müsse. Beide Auffassungen werden fast missionarisch mit großem Engagement verbreitet. Beide Seiten bedienen sich bei der Diskussion der

Übertreibung und Verharmlosung und verbreiten z. T. Haschischmythen. Eine **Verbotsideologie** steht einer **Legalisierungsideologie** gegenüber. Die Befürworter des Cannabisgebrauchs betonen immer wieder, dass Cannabis im Vergleich zu Heroin eine „**weiche Droge**" sei. Dies beruht im Wesentlichen auf älteren Vorstellungen und Untersuchungen und lässt neue Erkenntnisse außer Betracht. In den letzten 10 bis 15 Jahren mehren sich nämlich Befunde, die auf erhebliche physische und psychische Risiken beim Cannabiskonsum hinweisen und offenbar auch mit dem Anstieg der Wirkstoffgehalte im Zuge der Züchtung von Hochleistungscannabis in Zusammenhang stehen (*Patzak/Marcus/Goldhausen* NStZ 2006, 259, 262; *Thomasius* MSchrKrim 2006, 107 f.; s. dazu Rn. 17). Der Konsum von Cannabis kann im Einzelnen zu folgenden Beeinträchtigungen führen:

a) Amotivationales Syndrom. Vor allem der chronische und exzessive Kon- 21 sum von Cannabis kann zu einem sog. Amotivationalen Syndrom führen, das durch Lethargie, Passivität und Interesselosigkeit gekennzeichnet ist (*Thomasius* MSchrKrim 2006, 107, 117; *Aden/Stolle/Thomasius* Sucht 2011, 215, 220 m. w. N.; *Weber* § 1 Rn. 288; krit. *Krumdiek* NStZ 2008, 437, 441). Die Antriebslosigkeit des Konsumenten kann auch dann noch bestehen bleiben, wenn die Droge bereits ihre akute Wirkung verloren hat (*Geschwinde*, 2007, Rn. 299).

b) Kognitive Störungen, insb. bei Jugendlichen. Regelmäßiger und anhal- 22 tender Konsum von Cannabis führt zu teilweise länger dauernden Beeinträchtigungen der Wahrnehmung, des Arbeitsgedächtnisses, weiterer Gedächtnis- und Aufmerksamkeitsfunktionen und Störungen der Wortflüssigkeit, vor allem bei Jugendlichen (s. *Aden/Stolle/Thomasius* Sucht 2011, 215, 220). Offensichtlich nimmt der Gebrauch von Cannabis und anderen Drogen Einfluss auf die Entwicklung der noch unreifen neuronalen Regelkreise und vermag die Reifungsprozesse des jugendlichen Gehirns nachhaltig negativ zu beeinflussen (*Patzak/Marcus/Goldhausen* NStZ 2006, 259, 262). Eine Untersuchung unter Postarbeitern in den USA ergab, dass diejenigen, welche bei der Einstellungsuntersuchung positiv auf Cannabis getestet worden waren, 55% mehr Arbeitsunfälle hatten, 85% häufiger Verletzungen erlitten und zu 75% häufiger von der Arbeit ferngeblieben waren als Arbeitskollegen, die einen negativen Urinbefund aufgewiesen hatten (*Zwerling/Ryan/Orav* JAMA 1990, 2639 ff.). Nach einer Studie aus dem Jahr 2002 sank der Intelligenzquotient von regelmäßig konsumierenden Jugendlichen und jungen Erwachsenen (>als 5 Joints pro Woche) um durchschnittlich 4 IQ-Punkte (*Fried/Watkinson/ James/Gray* CMAJ 2002, 887). Eine Studie aus dem Jahr 1999 kommt zu dem Ergebnis, dass die Durchschnittsnoten der Zeugnisse bei Cannabis konsumierenden Schülern deutlich schlechter waren als bei anderen Schülern der gleichen Altersstufe (*Brook/Balka/Whiteman* AJPH 1999, 1549). Zudem kann der frühe Konsum von Cannabis zu Beeinträchtigungen der Schullaufbahn führen, insb. zu einem vorzeitigen Verlassen der Schule, wie eine Studie aus dem Jahr 2000 zeigt (*Bray/ Zarkin/Ringwalt/Qi* Health Economics 2000, 9 ff.). Besorgniserregend ist dabei, dass Cannabis nach wie vor häufig von Jugendlichen und jungen Erwachsenen konsumiert wird. Nach dem Drogen- und Suchtbericht der Drogenbeauftragten der Bundesregierung vom Mai 2009 hat im Jahr 2008 mehr als jeder Vierte der 12- bis 25-jährigen schon einmal Cannabis konsumiert (28,3%), 2,3% dieser Altersgruppe konsumiert sogar regelmäßig (Quelle: www.drogenbeauftragte.de). In der Altersgruppe zwischen 12 und 17 liegt der Anteil regelmäßiger Konsumenten bei 1,1%.

c) Assoziationen von Cannabiskonsum und Psychosen sowie psychi- 23 schen Auffälligkeiten. Neben den geschilderten kognitiven Beeinträchtigungen kann der Konsum von Cannabis bei höherer Dosierung zudem zu einer kurzen schizophrenieähnlichen Symptomatik führen, einer sog. toxischen Psychose (*Patzak/Marcus/Goldhausen* NStZ 2006, 259, 263; vgl. auch *Thomasius* MSchrKrim 2006, 107, 119). Epidemiologische Untersuchungen der letzten Jahre an Patienten mit psychischen Auffälligkeiten zeigten ferner, dass der Konsum von Cannabis mit einem deutlich erhöhten Risiko einhergeht, an einer nicht toxischen Schizophrenie, Depression oder Angststörung zu erkranken, insbesondere, wenn der Konsum bereits im Jugendalter begonnen hatte. Jüngeres Alter scheint die Entwicklung psychotischer Symptome nach Cannabiskonsum zu begünstigen, und zwar mit einem um den Faktor 4,5 erhöhten Risiko beim Konsum im Alter von 15 Jahren und einem 1,7fach erhöhten Risiko beim Konsum im Alter von 18 Jahren (*Patzak/Marcus/Goldhausen* NStZ 2006, 259, 263; vgl. auch *Thomasius* MSchrKrim 2006, 107, 117; *Weber* § 1 Rn. 289). Wenngleich zum jetzigen Zeitpunkt nicht belegt ist, dass Cannabiskonsum allein einen ausreichenden, unabhängigen Faktor in der Entstehung schizophrener Störungen darstellt, so zeigen sich zunehmend Übereinstimmungen dahingehend, dass bei bestimmten Personen eine entsprechende Prädisposition in dieser Hinsicht vorliegen muss. Eine bedeutsame Rolle bei der Entstehung kommt dem Überträgerstoff Dopamin zu, welches in einem Gleichgewicht mit anderen Überträgerstoffen steht. Cannabis scheint Einfluss auf dieses Gleichgewicht zu nehmen und bei besonders vulnerablen Menschen eine dauerhafte Störung hervorzurufen (*Patzak/Marcus/Goldhausen* NStZ 2006, 259, 264).

24   **d) Abhängigkeit.** Mittlerweile liegen Erkenntnisse vor, dass chronischer Cannabiskonsum nicht nur zu einer psychischen Abhängigkeit, sondern auch zu einer **körperlichen Abhängigkeit** mit Auftreten von Entzugserscheinungen, die einer Grippe ähneln, führen kann (*Patzak/Marcus/Goldhausen* NStZ 2006, 259, 266; *Thomasius* MSchrKrim 2006, 107, 113; krit. *Krumdiek* NStZ 2008, 438, 442). Sie können von 10 h nach Konsumende auftreten und über einen Zeitraum von 7–21 Tagen andauern (*Aden/Stolle/Thomasius* Sucht 2011, 215, 219 m. w. N.). Nach einer bundesweiten Repräsentationsstudie lag im Jahr 2005 bei 9,7% der weiblichen Cannabiskonsumenten und 18,7% der männlichen Cannabiskonsumenten eine Cannabisabhängigkeit vor (*Thomasius* MSchrKrim 2006, 107, 113; vgl. auch *Geschwinde*, 2007, Rn. 296, der von etwa 4–7% Cannabisabhängigen im Jahr 2004 ausgeht).

25   **e) These vom Umsteigeeffekt.** Die These vom **Umsteigeeffekt** (von der Einstiegsdroge, „gateway"-, „step stone"-, „domino"-, „escalation"-, „progression"-Theorie) hat sich als Mythos erwiesen. Es gibt keinen Kausalmechanismus, wonach jeder Haschischkonsument beim Heroin enden würde. Zwar mögen etwa 70% der Heroinkonsumenten früher auch einmal Cannabis konsumiert haben, ein Großteil der Haschischkonsumenten geht andererseits aber nicht auf Opiate über (vgl. *Geschwinde*, 2007, Rn. 310 ff.). Unbestreitbar ist aber, dass der Cannabiskonsum die Hemmschwelle im Zugang zu Betäubungsmitteln verringert und damit unter den illegalen Drogen eine Schlüsselrolle einnimmt (*Geschwinde*, 2007, Rn. 315 ff.; so auch *BGH* NJW 1992, 2976).

V. Cannabisanbau

26   **1. Sorten der Cannabispflanzen.** Pflanzen der Gattung Cannabis gehören zur Ordnung der brennesselartigen Gewächse und werden nach einer Meinung zur Familie der **Maulbeergewächse (Moraceae),** nach einer anderen Auffassung mit dem **Hopfen (Humulus)** zu einer eigenen Familie, den **Cannabaceae** vereinigt (*Geschwinde*, 2007, Rn. 31). Man unterscheidet drei Sorten des Cannabis, Cannabis sativa L., Cannabis indica und Cannabis ruderalis, wobei umstritten ist, ob es sich um selbständige Arten handelt oder ob Cannabis indica und Cannabis ruderalis durch Kreuzungen als Unterart von Cannabis sativa L. hervorgegangen sind (*van Treek*, 2000, S. 81; *Patzak/Bohnen* Kap. 1, Rn. 2). Eine neuere Untersuchung von *Hillig* kommt jedenfalls für Cannabis sativa L. und Cannabis indica zu dem Ergebnis, dass es sich um zwei verschiedene Sorten handelt (*Hillig* Genetic Resources and Crop Evolution 2005, 161). Um eine bestimmte Wirkung und einen möglichst hohen Ertrag der Cannabispflanzen zu erzielen, werden Cannabis sativa L., Cannabis indica und Cannabis ruderalis mittlerweile von Züchtern gekreuzt (*Patzak/Goldhausen* NStZ 2011, 76).

Cannabisprodukte und Cannabinoide **Stoffe**

a) Cannabis sativa L. ist ein krautartiges Gewächs, das von dem Botaniker 27
Linné (daher auch das L.) im Einzelnen beschrieben wurde. Die Pflanzen können
eine Größe von bis zu 6 m erreichen und bilden große, feingliedrige Blätter aus
(*Geschwinde*, 2007, Rn. 33). Weitere Bezeichnungen für Cannabis sativa L. sind:
Cannabis americana, Cannabis chinensis und Cannabis gigantea (*van Treek*, 2000,
S. 84).

b) Cannabis indica gedeiht als 2–3 m hohes Staudengewächs nur in heißen 28
Gegenden. Bei kühlerem Klima werden nur Höhen von 1–2 m erreicht. Die Pflanze ist reicher verzweigt als Cannabis sativa L. und hat breitere Blätter. Diese Cannabissorte wurde von *Lamarck* bestimmt und ist in Indien, Persien, Marokko verbreitet. Andere Namen sind: Cannabis foetens, Cannabis orientalis und Cannabis
sativa var. indica (*van Treek*, 2000, S. 83).

c) Cannabis ruderalis. Diese vornehmlich in der Sowjetunion und Afghanis- 29
tan verbreitete Cannabisart wird nur 30 bis 60 cm groß und erreicht nur einen
mittleren THC-Gehalt. Cannabis ruderalis wird auch als Cannabis intersita, Cannabis sativa var. ruderalis oder Cannabis spontanea bezeichnet (*van Treek*, 2000,
S. 84).

2. Outdoor-Anbau. Cannabis wird in **Afghanistan, Indien, Libanon,** 30
Marokko, Mexiko, Nepal, Pakistan, Türkei und in den USA angebaut. Wei-
tere bedeutende **Anbauländer** sind **Kolumbien, Jamaika, westafrikanische**
Staaten wie **Nigeria, Senegal, Ghana, Südafrika, Kambodscha, Thailand**
und **zentralasiatische Staaten.** Mittlerweile hat sich der Cannabisanbau auch in
Europa etabliert.

a) Pakistan. In **Pakistan** liegen die Haschischhandelszentralen und die Heroin- 31
labors in dem Grenzbereich beidseits der afghanisch-pakistanischen Grenze im
Stammesgebiet der **Pathanen.** Die Polizei und Armee bewegen sich in diesem
Gebiet nur auf der Straße zum **Khaiberpass.** Links und rechts der Straße herrschen die Stammeshäuptlinge in den **„Tribal Territories",** wo keine Ordnungsbehörden eingreifen. In diesem Gebiet gibt es nicht nur Haschischfarmen, sondern
in den Städten und Ortschaften auch Geschäfte, in denen man die verschiedensten
Haschischsorten und Rauchgeräte nebst einem breiten Angebot an Waffen jederzeit erwerben kann. Zwar ergänzte auf Druck Amerikas General *Zia Ul Haq* am
9. 2. 1979 die Gesetze des Alkoholverbots um Rauschgiftverbote der Herstellung,
des Handels und des Konsums von Opium und Cannabis und begründete dies mit
dem Koran. Dies hat die Verhältnisse im Land jedoch nicht verändert. Trotz immenser polizeilicher Sicherstellungsmengen, 1998 66 t, 1999 81 t, weitet sich der
lukrative Cannabisanbau ständig weiter aus.

b) Indien. In **Indien** kommen die Hanfprodukte in drei Sorten in den Dro- 32
genhandel, als **Bangh, Ganja und Charas.** Der Bangh, der aus den Blättern
gewonnen wird, hat den geringsten Harzgehalt. Ganja, der aus den harzigen weiblichen Blütenständen besteht, hat wegen des hohen Harzgehaltes einen starken berauschenden Duft. Charas hat bis zu 40% Harzanteile. Seit Jahrtausenden
wächst Cannabis sativa in den Hügelregionen des westnepalischen Mittellandes
und wird als **Charres** (Cannabisharz) und **Ganja** (Marihuana) konsumiert. Cannabis spielt in **Nepal** als Rausch- und als Sakraldroge bei Hindu-Festen, als Medizinalpflanze und alltägliches Genussmittel eine große Rolle. Erst 1976 wurde
der Cannabiskonsum verboten. In Zeiten des Vietnamkrieges entstand die Hippie-
und Flower-Power-Bewegung, die zahlreiche Jugendliche zu Reisen nach Indien
und Nepal auf dem sog. **Hippie-Trail** über die Türkei, Iran, Afghanistan veranlasste, um zum Haschischwallfahrtsort Kathmandu zu pilgern. In staatlich lizenzierten Haschischshops gab es bis 1973 Haschischharz und Marihuana der verschiedensten Sorten, Haschischtee, Haschischkaffee und Haschischkuchen zu kaufen, in
Restaurants Haschischspeisen und Haschischgetränke zu bestellen. 1973 erließ der
König den Narcotic Drugs Control Act und schloss die staatlich lizenzierten Betriebe.

33   **c) Marokko. In Marokko** liegen die Cannabisanbaugebiete in den **Bergtä-
lern des Rifgebirges** rund um das Plateau von Ketama. Ca. 14.000 Familien
oder 120.000 Menschen bewirtschaften dort ca. 80.000 Hektar mit Cannabis. Man
schätzt den jährlichen Ertrag auf ca. 2.000–3.000 t Cannabis. Das Haschisch wird
vielfach von berberischen Haschischhändlern in Fahrzeuge eingebaut oder von
unerschlossenen Küstenorten per Fischerboot nachts auf See gebracht und dort an
die Abnehmer übergeben. Beliebt ist hier der Fischerort **El Jebha.** Die Rifbauern
und Haschischhändler aus dem Rifgebirge mit ihren versteckten Haschischfarmen
brauchen in dem unwegsamen Rifgebiet nicht zu fürchten. Sie sind
geduldet. Die Zufuhr von Cannabisharz auf dem Landwege aus Nordafrika erfolgt
vorwiegend von Marokko **über Spanien (Algeciras, Marbella) bzw. Frankreich (Bayonne, Le Perthus).** Im Jahr 2007 wurden weltweit 5.600 t Haschisch
und 1.300 t Marihuana sichergestellt, davon 4% Haschisch und 9% Marihuana in
Marokko (World drug report 2009).

34   **d) Europa.** Auch in Europa ist ein beachtlicher **illegaler Freilandanbau von
Cannabis** festzustellen und zwar in Gärten, auf Feldern und Ackerland. 1999
wurden in den Niederlanden 409.133 Cannabispflanzen, in Deutschland 168.833
Cannabispflanzen sichergestellt. Die unter natürlichen Bedingungen wachsenden
Pflanzen zeichnen sich aufgrund hiesigen Klimas durch einen hohen Blattanteil
und wenig Blütenstände aus und enthalten verhältnismäßig niedrige THC-Werte.
Nach Erkenntnissen des *LKA Rheinland-Pfalz* liegen diese bei durchschnittlich 1,1
Prozent (*Patzak/Goldhausen/Kleine* Der Kriminalist 2007, 228 f.). Trotz dieser eher
ungünstigen Bedingung nahm der **Outdoor-Anbau** in den letzten Jahren auch in
Deutschland immer mehr zu (s. dazu § 29/Teil 2, Rn. 7 f.).

35   **3. Indoor-Anbau.** Neben dem Freilandanbau hat in Europa in den letzten Jahren auch der illegale **Indoor-Anbau von Cannabis** lawinenartig zugenommen,
seit spezialisierte Versandfirmen Cannabissamen, Stecklinge, Spezialdünger, Anbau-
spezialliteratur, Beleuchtungs-, Belüftungs- und Bewässerungsanlagen, kleine Gewächshäuser und Pflanzgefäße per Katalog, per Illustriertenanzeige oder per Internet anbieten und frei Haus anliefern. Zum Anbau werden Lagerräume, Garagen,
Kellerräume, Dachmansarden, Gartenhütten und Wochenendhäuser benutzt. Bei
den Indoor-Anpflanzungen werden in der Regel Pflanzen mit besonders dichten
Blütenständen gezüchtet, indem mistel bestäubte, weibliche Pflanzen Verwendung
finden. Diese können, weil sie nicht bestäubt werden, keine Samen bilden und
verstärken in extremer Weise die weibliche Blütenbildung, um eine ausreichende
Befruchtung zu erreichen (Sinsemilla). Die relativ kleinen Pflanzen (zwischen 60–
80 cm Höhe) mit einem 1–2 cm dicken Haupttrieb weisen dichte Blütenstände mit
wenig Blattmaterial auf und zeichnen sich durch hohe THC-Gehalte aus. Ein
Großteil des in den niederländischen Coffeeshops verkauften Marihuanas stammt
aus Indoor-Plantagen in den Niederlanden (*Patzak/Goldhausen/Kleine* Der Kriminalist 2007, 159). Dort wurden 1999/2000 für die als „nederwiet" bezeichneten
Blütenstände von Hochleistungssorten durchschnittliche THC-Gehalte von zunächst 9 Prozent festgestellt (*Patzak/Goldhausen/Kleine* Der Kriminalist 2007,
228 f.), die in den folgenden Jahren stark angestiegen sind: Der durchschnittliche
Wirkstoffgehalt an THC des in den Coffeeshops vertriebenen Marihuanas lag in
den Jahren 2005 und 2006 bei jeweils 18% und im Jahr 2007 bei 16% (*van der
Gouwe/Ehrlich/van Laar*, 2009, 9 f.). Zum Indoor-Anbau in Deutschland s. im
Einzelnen § 29/Teil 2, Rn. 5 f.

VI. Cannabissicherstellungen

36   Nach dem *BKA* haben sich die Sicherstellungen von Haschisch und Marihuana
wie folgt entwickelt (Quelle: www.bka.de):

Cannabissicherstellungen				
	Haschisch		Marihuana	
Jahr	Fälle	Mengen	Fälle	Menge
1999	17.694	4.885,2 kg	11.472	15.021,8 kg
2000	18.466	8.525,2 kg	12.052	5.870,9 kg
2001	16.541	6.863,1 kg	12.487	2.078,7 kg
2002	13.953	5.003,0 kg	13.380	6.130,2 kg
2003	10.267	8.303,3 kg	12.374	2.582,3 kg
2004	12.648	5.473,1 kg	17.151	5.384,2 kg
2005	13.030	3.637,5 kg	22.257	3.013,7 kg
2006	11.764	5.606,1 kg	23.506	2.954,1 kg
2007	9.762	3.677,5 kg	21.831	3.769,8 kg
2008	10.313	7.632,3 kg	24.594	8.932,2 kg
2009	9.294	2.220,0 kg	24.135	4.298,0 kg
2010	7.427	2.134,7 kg	24.710	4.874,7 kg

Weltweit wurden im Jahr 2008 1.637 t Haschisch und 6.563 t Marihuana sicher- 37
gestellt, hiervon in der EU und Norwegen zusammen 892 t Haschisch in 367.400
Fällen und 60 t Marihuana in 273.800 Fällen (*EMCDDA,* Jahresbericht 2010,
S. 49).

VII. Cannabisgenussmittel und Industrie-Produkte

1. Cannabis-Industrie-Produkte. Es gibt Cannabisprodukte, die wegen ihres 38
hohen THC-Gehaltes als **Rauschmittel** konsumiert und missbraucht werden. Es
gibt aber auch Cannabisprodukte, die geringe THC-Gehalte aufweisen und als
Industrie-Rohstoffe vielfältig genutzt werden. Bei Hanf handelt es sich um einen der ältesten Rohstoffe der Menschheitsgeschichte, aus dem in den früheren
Jahrhunderten Segeltuch, Hemden und Hosen, Säcke und Taschen, Netze und
Seile, Papiere, Fahnen und Decken hergestellt wurden. Die ersten Jeanshosen von
Levis-Strauss waren zu 100% aus Hanf. Viele Texte wurden auf Cannabispapier
geschrieben und gedruckt. Seit der Wiederentdeckung der Cannabispflanze für
die Rohstoffproduktion wird der Verbrauchermarkt mit ständig neuen Cannabis-
Produkten überschwemmt: **Hemden, Hosen und Sakkos, Anzüge, Pullover,
Strümpfe, Handschuhe, Mützen, Schals, Unterwäsche, Stoffe, Matratzen,
Seile, Gürtel, Taschen, Säcke und Rucksäcke, Polster, Sportschuhe, Papiere, Büro- und Dämm-Materialien, Baustoffe und Möbel, Öle, Brenn-
und Treibstoffe** und in großem Umfang **Körperpflegemittel und Reinigungsmittel** werden heute bereits aus THC-armem Nutz- bzw. Industriehanf
produziert. Hanf stellt eine ernst zu nehmende Konkurrenz zur **Baumwolle und
zu synthetischen Fasern** dar. Manche nennen deshalb Hanf den **Biorohstoff
Nr. 1.**

Vielfältige **Hanfkosmetik,** wie z.B. Hanfölseife, Hanf-Haarshampoo, Hanföl- 39
Schaumbad, Hanf-Massage-Öl, Hanf-Balsam, Hanf-Tagescreme, Hanf-Sonnenöl,
Hanf-Körper-Lotion, Hanf-Rasiercreme, Hanf-Lippenstift, Hanf-Eau de toilette,
Hanf-Parfüm, und **Wasch- und Reinigungsmittel,** wie z.B. Hanf-Universal-
waschmittel, Hanf-Allzweck-Reiniger, Hanf-Fleckenspray, Hanf-Möbelpolitur,
Hanf-Farben, werden produziert und vertrieben. Erzeugnisse, die aus Nutzhanf
hergestellt wurden, unterliegen aber grundsätzlich nicht dem BtMG, da deren

Ausgangsprodukte keine Betäubungsmittel sind, **wenn sie ausschließlich gewerblichen Zwecken dienen,** die einen **Missbrauch zu Rauschzwecken ausschließen** bzw. wenn sie nicht zum unerlaubten Anbau bestimmt sind (s. dazu § 2
Rn. 14 ff.).

40 **2. Cannabislebensmittel.** Der Umgang mit Cannabis ist selbst dann strafbar,
wenn der THC-Gehalt der Substanz für einen Rauch-Konsum nicht ausreichen
würde (s. dazu § 1 Rn. 24). Die Menge oder der Wirkstoffgehalt kommen nur für
die Bestimmung des Strafrahmens in §§ 29 Abs. 1, Abs. 3 oder Abs. 5, 29a, 30
BtMG zum Tragen. Das dem menschlichen Genuss dienende Cannabis-Harz ist
eigentlich auch bei niedrigstem Wirkstoffgehalt keine ausgenommene Zubereitung. Auch wenn ein Haschisch-Plätzchen nur die Kleinstmenge von 0,0625 g
Haschisch enthalten hat, wirkungslos ist es jedoch nicht. Nachdem der Gesetzgeber aber in lit. b des auf die Position Cannabis folgenden Spiegelstrichs in Anl. I
zum BtMG den **Nutzhanf mit weniger als 0,2% THC** zu gewerblichen und
wissenschaftlichen Zwecken von den betäubungsmittelrechtlichen Vorschriften
ausgenommen hat, sofern der Missbrauch zu Rauschzwecken ausgeschlossen ist,
stellt sich die Frage, ob **Lebensmittel und Getränke, die aus derartigen THC-
armen Produkten hergestellt wurden,** Betäubungsmittel i. S. d. BtMG darstellen (s. Rn. 45 ff.).

41 Vornehmlich jugendliche Bürger werden in Zeitschriften, Funk und Fernsehen
mit einem ständig wachsenden Angebot von Cannabislebensmitteln angesprochen:
Cannabistee, Cannabiserfrischungsgetränke, Cannabisbier, Cannabiscognac, Can-
nabislikör, Hanfmehl, Hanfnudeln, Hanfsuppen, Hanfspätzle, Hanfsoßen, Hanf-
müsli, Hanfgewürze, Hanfwurst, Hanfsalatöl, Hanftofu, Hanfjoghurt, Hanfgebäck,
Hanfkuchen, Hanfbrötchen, Hanfbrot, Hanfschokolade, Hanfknusperriegel, Hanflutscher, Hanfpastillen. Produzenten bieten im Internet, in Kaufhäusern, in Ge-
tränke-Abholstationen und Supermärkten, Versandfirmen, in Szenezeitschriften,
Musik- und Jugendzeitschriften einem vornehmlich jugendlichen Interessenten-
kreis in Popfarben und mit verlockender Werbung besondere Cannabis-Lebensmittel und -Getränke, **Getränkelieferungen frei Haus, Partyboxen und Überra-
schungspakete** mit unterschiedlichen Sortimenten von Cannabis-Lebensmitteln
und Cannabis-Getränken an. Da werden nicht nur Hanf-Süßigkeiten wie Hanf-
schokolade, Hanflutscher und Hanf-Fruchtgummis, sondern auch **Hanfbier** mit
5–7% Alkohol, **Hanfwodka und Hanflikör** mit bis zu 20% Alkohol angeboten. Werbungssprüche wie „Red Canny, ist rot wie die Sünde, prickelnd wie
Champagner, leicht wie ein Traum von Hanf" verfehlen bei Jugendlichen nicht
ihre Wirkung. Als besonders gesund werden von den Lebensmitteln insbesondere **Hanf-Salatöl, Hanf-Margarine, Hanf-Schokolade, Hanf-Knusper-Riegel
und Hanf-Tee** beworben.

42 Die behördliche Kontrolle von Cannabis-Produkten wird dadurch erschwert,
dass Produzenten und Verkäufer von Cannabis-Produkten sich häufig **nicht an
lebensmittelrechtliche Vorschriften halten** und den Versuch unternehmen, das
gesetzliche **Cannabisverbot zu unterlaufen** durch **falsche oder unzureichende Deklarationen** der Lebensmittelbestandteile und der Wirkstoffe. Denn die
rechtliche Bewertung der Cannabis-Lebensmittel hängt davon ab, ob sie nur die
Bezeichnung Cannabis bzw. Hanf auf der Verpackung und in der Werbung tragen,
nicht aber den Wirkstoff THC enthalten, ob sie aus Rauschhanf, aus Nutzhanf
oder aus Cannabissamen hergestellt wurden.

43 **a) Lebensmittel aus Cannabissamen.** Samen von Cannabis sind nach lit. a
des der Position Cannabis in Anl. I zu § 1 Abs. 1 BtMG folgenden Spiegelstrichs
von den betäubungsmittelrechtlichen Vorschriften **ausgenommen,** wenn sie
nicht zum unerlaubten Anbau bestimmt sind (§ 2 Rn. 24 ff.). Aus Cannabissamen hergestellte Lebensmittel, z. B. Hanfsamen-Salatöl, Hanfsamen-Schokolade,
Hanfsamen-Bier, Hanfsamen-Gebäck, unterfallen mithin nicht dem BtMG. Daher
macht sich auch ein Pizzabetreiber, der in seiner Pizzeria eine mit Cannabissamen
belegte Pizza verkauft, nicht strafbar (*Patzak/Bohnen,* Kap. 2, Rn. 18).

b) Lebensmittel und Getränke, die nur den Namen Cannabis oder 44
Hanf tragen. Der Vertrieb von Lebensmitteln und Getränken, die nur den Namen Cannabis oder Hanf tragen, ohne entsprechende Wirkstoffe zu enthalten, verstößt nicht gegen das BtMG, kann aber lebensmittelrechtliche Vorschriften und andere Gesetze verletzen.

c) THC-haltige Lebensmittel. Es hat **noch keine lebensmittelrechtliche** 45
oder betäubungsmittelrechtliche Entscheidung darüber gegeben, ob und in welchem Umfange im Interesse des Verbraucherschutzes **Hanfprodukte der THC** Lebensmitteln, Heilmitteln, Körperpflegemitteln oder Getränken **als Zusatzstoff beigemischt** werden darf. Die **Zusatzstoffzulassungsverordnung** zählt Hanf nicht als zulässigen Zusatzstoff für Lebensmittel auf. Damit steht also fest, dass es sich in Deutschland bei Cannabis sowohl um einen **nicht zugelassenen Zusatzstoff für Lebensmittel** als auch um ein **verbotenes Betäubungsmittel** handelt.

Cannabis-Lebensmittel stellen eine Zubereitung von Cannabis dar. Nach der in 46
der 15. BtMÄndV in lit. b des auf die Position Cannabis folgenden Spiegelstrichs formulierten Ausnahmeregelung sind Pflanzen und Pflanzenteile von Cannabis von den betäubungsmittelrechtlichen Vorschriften ausgenommen, wenn sie aus dem Anbau in Ländern der Europäischen Union mit zertifiziertem Saatgut stammen oder ihr Gehalt an THC 0,2% nicht übersteigt und der Verkehr mit ihnen (ausgenommen der Anbau) **ausschließlich gewerblichen oder wissenschaftlichen Zwecken** dient, die einen **Missbrauch zu Rauschzwecken ausschließen** (s. 2 Rn. 11 ff.). Im Ergebnis bedeutet dies, dass beim Handel mit hanfhaltigen Lebensmitteln der **THC-Gehalt so minimal** sein muss, dass sie **beim Verzehr keine psychotropen Wirkungen im Körper** hervorrufen können. Cannabispflanzen mit weniger als 0,2% THC sind demnach nicht per se keine Betäubungsmittel, sondern nur unter den gesetzlichen Voraussetzungen (s. auch § 1 Rn. 24). Diese Ausnahmeregelung wird jedoch unterschiedlich interpretiert.

So wird argumentiert, dass Erzeugnisse, die aus Nutzhanf hergestellt wurden, 47
grundsätzlich nicht dem BtMG unterliegen würden, da deren **Ausgangsprodukte** als ausgenommene Zubereitungen **keine Betäubungsmittel** seien, da der Handel mit Cannabis-Lebensmitteln ausschließlich gewerblichen Zwecken diene, bei denen ein Missbrauch zu Rauschzwecken und ein unerlaubter Anbau zu Rauschzwecken ausgeschlossen sei. Der Handel mit diesen hanfhaltigen Erzeugnissen sei unbedenklich, da der THC-Gehalt so niedrig sei, dass diese beim Gebrauch bzw. Verzehr **keine psychotropen Wirkungen auslösen** könnten. Im Sachverständigenausschuss des Bundesministeriums für Gesundheit nach § 1 Abs. 2 BtMG habe man einen Grenzwert diskutiert, der ohne gesundheitliche Beeinträchtigungen konsumiert werden könne. Da Pflanzenteile des Nutzhanfes 0,2% und weniger THC enthielten, könne dieser Wert normalerweise nicht erreicht werden. Die Gefahr eines Missbrauchs durch derartige Cannabislebensmittel oder -getränke sei von den Sachverständigen insgesamt verneint worden (vgl. BR-Drs. 899/95). Nach dieser Auslegung handelt es sich bei **Lebensmitteln aus Nutzhanfanteilen um gesetzmäßige Produkte** im Sinne der Ausnahmeregelung des BtMG, die nicht einer strafrechtlichen, sondern lediglich einer lebensmittelrechtlichen Kontrolle (vgl. § 8 LMBG) unterlägen und für die das Bundesinstitut für gesundheitlichen Verbraucherschutz und Veterinärmedizin einen Grenzwert einer maximal duldbaren THC-Konzentration in Lebensmitteln festlegen könnte (so wohl auch *Weber* § 1 Rn. 236 f.). Diese Auffassung beruft sich auf lebensmittelrechtliche Argumente: Das *Bundesinstitut für gesundheitlichen Verbraucherschutz und Veterinärmedizin (BGVV)* empfahl 1997, dass die tägliche Aufnahmemenge von THC mit hanfhaltigen Lebensmitteln 1–2 µg pro kg Körpergewicht nicht überschreiten sollte. Nach Prüfung mehrerer Studien wurde diese Einschätzung bestätigt, so dass sie den nun vom BGVV erarbeiteten **Vorschlägen für THC-Richtwerte in Lebensmitteln** zugrunde liegt. Unter der Annahme, dass täglich verschiedene hanfhaltige Produkte in durchschnittlichen Verzehrsmen-

gen konsumiert werden, wurden folgende THC-Richtwerte für Lebensmittel abgeleitet:

- **5 µg/kg für nicht alkoholische Getränke**
- **5000 µg/kg für Speiseöle**
- **150 µg/kg für alle anderen Lebensmittel**

48   Die genannten Werte bezogen sich auf die verzehrsfertigen Lebensmittel und galten für Gesamt-THC unter Einbeziehung von Delta-9-Tetrahydrocannabinol-carbonsäure. Bei ihrer Einhaltung würde den Grundsätzen des vorsorgenden Verbraucherschutzes entsprochen und wäre nach gegenwärtigem Stand der Kenntnis nicht mit dem Auftreten bedenklicher Wirkungen zu rechnen. Da die Dosisabhängigkeit einiger Wirkungen von THC aber noch nicht endgültig abgeklärt war, waren die **vorgeschlagenen Richtwerte nur als vorläufig aufzufassen.** Sie waren zur Orientierung von Lebensmittelüberwachung und Herstellern gedacht. In Übereinstimmung mit seiner Kommission für kosmetische Erzeugnisse empfahl das *BGVV* darüber hinaus, dass für kosmetische Mittel nur Hanföl eingesetzt werden soll, das den genannten Richtwert für Speiseöle einhält.

49   Im Rahmen der Produktion legaler Lebensmittel, Getränke und Kosmetika aus Faserhanf formulierte der **schweizer Gesetz- und Verordnungsgeber** 1996 THC-Grenzwerte, die Lebensmittel enthalten dürfen, ohne den strengen betäubungsmittelrechtlichen Vorschriften zu unterliegen. So sind Zusätze zulässig von **50 mg THC pro kg bei Hanfsamenöl, 20 mg THC bei Back- und Teigwaren, 0,2 mg THC bei Tee und anderen trinkfertigen Zubereitungen.**

50   **Die Rspr.** hat von Anfang an diese Ausnahmeregelung zu Recht weitaus enger **interpretiert.** Danach müssen diese Voraussetzungen der Ausnahmeregelung, nämlich **der gewerbliche oder wissenschaftliche Verwertungszweck, nicht nur beim Verkäufer, sondern vor allem bei dem Endnutzer** vorliegen (*Zweibrücken*, Urt. v. 25. 5. 2010, 1 Ss 13/10 = OLGSt. BtMG § 29 Nr. 18). Die Ausnahmebestimmung soll das **Marktpotential des Rohstoffes Hanf** und seine Verwendungsmöglichkeiten zur industriellen und möglicherweise energetischen Verwendung **erschließen und nicht die Bevölkerung mit THC-schwachen Zubereitungen** zu persönlichen Konsumzwecken **versorgen,** auch nicht das grundsätzliche Cannabisverbot aufweichen. Diese Rechtsansicht ergibt sich nicht nur aus dem Wortlaut der Ausnahmeregelung, sondern auch aus den Begründungen zur 7. und 10. BtMÄndV. In der BT-Drs. 13/3052 v. 1. 2. 1996 ist davon die Rede, dass die Wiederzulassung des Anbaues von THC-armen Hanfsorten den Nutzhanf als landwirtschaftliche Nutzpflanze fördern soll, zur Gewinnung von z. B. Papier oder Textilien. In der BR-Drs. 881/1997 zur 10. BtMÄndV werden technologische Entwicklungen zur Verwertung von Nutzhanf beschrieben. Die Begründungen zeigen, dass der Gesetzgeber THC-arme Cannabissorten als Rohstoffe für Textilien, Seile, Kosmetika, Dämmstoffe und zur Energiegewinnung zur Verfügung stellen wollte, **nicht aber Hanf nutzbar machen wollte für Lebensmittel oder Genussmittel.** Werden Cannabisprodukte aus Hanf (Back- und Teigwaren, Süßwaren, Wurstwaren, Milchprodukte, Teemischungen, Limonaden, Bier usw.) zu Konsumzwecken an Endverbraucher verkauft, so kommt nach der bisherigen Rspr. der Ausnahmetatbestand in lit. b des auf die Position Cannabis folgenden Spiegelstrichs mangels gewerblichen Zwecks i. S. d. Gesetzes nicht zur Anwendung. Auf die Frage, ob der Verkehr mit diesem Pflanzenmaterial dem Missbrauch zu Rauschzwecken dient oder ihn ausschließt, kommt es nicht mehr an. Der Vertrieb von Lebensmitteln und Getränken, die aus Hanf hergestellt wurden, ist nach dieser Rspr. nach § 29 Abs. 1 BtMG strafbar (BayObLGSt. 2002, 135 = NStZ 2003, 270 zu Knasterhanf, einem Tabak, der Nutzhanf-Pflanzenteile enthielt und an Verbraucher als nikotinfreier Tabakersatz verkauft worden war). Dieser Rspr. ist zu folgen, da sie dem Willen des Gesetzgebers entspricht.

51   Nicht wenige Cannabisgetränke weisen zudem erhebliche Alkoholgehalte auf. Die Rspr. hat immer wieder betont, dass sich die **Wirkungen von Alkohol und Cannabis potenzieren** können. Enthält eine Hanf-Biersorte an Stelle von Hopfen Hanfblüten, mehr als 5% Alkoholgehalt und mehr als 0,5% THC, so löst sich das THC im Alkohol auf und wirkt erheblich stärker. Obwohl der Hanf ein hopfenähnliches Gewächs darstellt, ist er für die Zubereitung von Bier nicht zugelassen. Zwischen Bierherstellern und Süßigkeiten-Produzenten ist es bereits zu Streitigkeiten gekommen, ob Hanf als Zusatzstoff bei Bier oder Süßigkeiten Verwendung finden darf oder nicht. Hanfblüten sind als Zusatzstoff weder nach geltenden Bestimmungen der Zusatzstoff-Zulassungsverordnung, noch nach dem Verordnungsentwurf zur nationalen Neuordnung lebensmittelrechtlicher Vorschriften über Zusatzstoffe zugelassen. Von einer gesundheitlichen Unbedenklichkeit kann deshalb nicht ausgegangen werden.

Bei **Haschischplätzchen**, die nur geringste THC-Gehalte aufweisen, handelt 52 es sich um Betäubungsmittel im Sinne von § 1 BtMG (vgl. zu **Haschischschokolade:** *AG Heidelberg* StV 1981, 346; zu **Hanftee vom Brienzer See** vgl. BayObLGSt. 2002, 33 = StV 2003, 81).

3. Cannabis-Riechstoffe, Duftkissen und Airfresher. Werden Duftkissen, 53 Ruhekissen, Sitzkissen, Federbetten, Airfresher, Kosmetikflaschen, Plastikbeutel oder Glasgefäße dekorativ mit Marihuana (Rauschhanf) so gefüllt, dass sie mit wenigen Handgriffen für Konsumzwecke bereitliegen, verkauft, so ist unabhängig, ob die Füllung aus wirkstoffarmem oder wirkstoffreichem Pflanzenmaterial besteht, der Missbrauch zu Rauschzwecken nach Aufschneiden der Kissen wahrscheinlich und der unerlaubte Handel damit strafbar. Das Beziehen, Lagern und Abwiegen von qualitativ hochwertigen, psychoaktiven Hanfblüten und Hanfkraut mit einem Wirkstoffgehalt zwischen 3 und 12% THC, das Verpacken, Anbieten und Verkaufen von Hanfbeuteln unter den Namen: **"Schweizer Dufthanf"**, **"Schweizer Duftkissen"**, **"Schweizer Teebeutel"**, **"Schweizer Hanfbadezusatz"**, **"Schweizer Kräuter- und Heublumengemisch"** in einem Headshop kann unerlaubtes Handeltreiben mit Betäubungsmitteln darstellen, wenn der Verkäufer **an dem Produkt die Warnung anbringt:** Diese Hanfprodukte dürfen auch nicht als Betäubungsmittel genutzt und wegen der Gefahr des Missbrauches nicht an Jugendliche abgegeben werden, wenn der Verkäufer sich **vom Käufer eine Bescheinigung** unterschreiben lässt, dass er die Beutel zu Atemtherapie, zu **Entspannungsbädern** oder zum **Mottenschutz** nutzen wird (*AG Tiergarten*, Urt. v. 27. 8. 2001, (267) 3 OpJs 2439/00; BayObLGSt. 2002, 33). Denn dies ist eine leicht behauptbare **Schutzbehauptung.** Bei diesen Hanfblüten handelt es sich regelmäßig um Betäubungsmittel, die sowohl den Grenzwert von 0,2% THC überschreiten, als auch zu Missbrauch zu Rauschzwecken einladen. Auch die Alibihinweise ändern nichts daran, dass die Beutel mit Marihuana ein Betäubungsmittel i. S. v. § 1 BtMG enthalten und ausschließlich zum Rauchen ver- und gekauft werden, da sie als Duftkissen zu teuer und ungeeignet sind (vgl. *Hansjakob* Kriminalistik 1999, 273).

4. Cannabis-Tabak und Cannabis-Zigaretten. Werden aus **Hanf** ohne Er- 54 laubnis Zigaretten oder Zigarren hergestellt und verkauft, so handelt es sich um unerlaubtes Handeltreiben mit Betäubungsmitteln. Werden ohne Erlaubnis aus **Nutzhanf** Zigaretten, Zigarren, Tabake, Inhalationsmittel oder Räucherstäbchen hergestellt und zu Konsumzwecken an den Endverbraucher verkauft, so liegt kein Ausnahmetatbestand gem. lit. b des auf die Position Cannabis folgenden Spiegelstrichs in Anl. I vor, sondern es handelt sich um erlaubnisbedürftige, verbotene Betäubungsmittel und Rauchwaren (BayObLGSt. 2002, 135 = NStZ 2003, 270 beim **Vertrieb von Knasterhanf,** einem Tabak, der Nutzhanf-Pflanzenteile enthielt und an Verbraucher als nikotinfreier Tabakersatz verkauft worden war).

VIII. Geschichte der Cannabispflanze

1. Cannabis als Genussmittel. Seit 6.000 bis 10.000 Jahren nutzen die Men- 55 schen die Cannabispflanzen zur Gewinnung von Fasern, Netzen und Kleidern, zu Speisen- und Lampenöl, als Genussmittel, Heilmittel und Kultpflanze. Als Urheimat der Hanfpflanzen wird meistens Zentralasien angenommen, von wo aus sie sich frühzeitig nach den übrigen Gebieten Asiens, so wie nach Europa und nach Afrika verbreiteten. Die alten **chinesischen** und **indischen** Kulturen nutzen die Cannabispflanze ebenso wie die **Phönizier, Griechen** und **Römer** zu den vielfältigsten Zwecken. Die wichtigste Rolle spielte Haschisch in der **islamischen Welt.** Da Haschisch im Koran nicht wie Bier und Wein bei den rauscherregenden Genussmitteln genannt wurde, zogen viele Mohammedaner den Schluss, der Prophet habe den Haschischkonsum gestattet. Haschisch wurde in den vorchristlichen Jahrhunderten von den Assyrern, Persern, Indern und Griechen als Kultpflanze, Medizin, Aphrodisiakum und als Rauschmittel erwähnt. Der chinesische Arzt Hoa To verwendete Hanfpräparate als Narkosemittel bei Operationen. Die Anhänger einer im zentral persischen Hochland lebenden **politisch-religiösen Geheimgesellschaft** des Fürsten *Hassan Ibn Sabbah,* die im 11.–13. Jahrhundert ihre Gegner nicht durch Kriege, sondern durch sorgfältig vorbereitete Mordanschläge auf die feindlichen Führer besiegten, sollten **Haschischins** (arab./pers. = Haschischleute) genannt, in Europa als „Assassins" (= franz. Meuchelmörder) übersetzt worden sein. Diesen Assassinen wurde nachgesagt, durch Haschischrausch zu fanatischen Mördern verwandelt worden zu sein. Für diese in vielen Abweichungen erzählte Geschichte gibt es keinerlei wissenschaftliche Belege. Es ist nicht einmal bekannt, ob die Assassinen Cannabis konsumierten.

56   Die **Kreuzfahrer** brachten den Hanf auch nach **Mitteleuropa** zur Fasergewinnung, zum Rauchen und als Heilmittel. Die Hl. *Hildegard von Bingen* erwähnt die Hanfsamen im 12. Jahrhundert im „Hortus Sanitatis" als Heilmittel. Im Laufe des Mittelalters breitete sich das Hanfrauchen und Hanfessen immer weiter aus. Ärzte verordneten Hanfpräparate gegen Diarrhöe, Gonorrhöe und Hämorrhoiden. Die Hanfpflanze wurde durch die Spanier nach Chile und Peru eingeführt und fand neben ihrer Nutzung als Faserpflanze auch unter den Negersklaven als Rauschmittel Verwendung. Die Engländer brachten den Hanf in ihre **amerikanischen Kolonien.** Im 19. Jh fanden die Cannabisprodukte nicht nur in der Textil-, Öl- und Seilindustrie weltweite Verbreitung. Vielmehr eroberten Cannabiszigaretten und Cannabisöl und Cannabistinkturen als Heilmittel den Weltmarkt (vgl. Einl. BtMG Rn. 11). Dichter und Musiker entdeckten und besangen das Rauschmittel Cannabis. 1893 kam noch eine indische Hanfdrogen-Kommission zu dem Ergebnis, der Cannabiskonsum sei, von Ausnahmen abgesehen, relativ ungefährlich. Eine britische Kommission kam 1894 zu dem Ergebnis, mäßiger Cannabiskonsum führe zu keinen geistigen oder moralischen Schädigungen, der langjährige Gebrauch ohne Exzess bedeute kein erhöhtes Krankheitsrisiko (zur Geschichte des Cannabisverbots vgl. Rn. 62 ff.).

57   Zahlreiche Literaten und bildende Künstler haben Haschisch und Marihuana konsumiert und den Konsum in ihren Werken beschrieben. Im 19. Jahrhundert setzte in den Kreisen der Pariser Bohème eine Haschischmode ein, der eine große Anzahl von Künstlern huldigte. Die Dichter *Theophile Gautier* (1811–1872) und *Charles Baudelaire* (1821–1867) veröffentlichten ihre mit dem Haschischgenuss gemachten Erfahrungen. Baudelaire schloss sich dem Club der Haschischins (Club der Haschischesser) an, der vom Dichter *Theophile Gautier* gegründet wurde und dem die Dichter *Victor Hugo, Honoré Balzac* und die Maler *Henri Monnier, Eugène Delacroix* und *Honoré Daumier* angehörten.

58   1896 wurde in Dresden die Oper „Haschisch" von *Axel Delmar* uraufgeführt. Auch *Walter Benjamin, Ernst Bloch, Hermann Hesse* und *Ernst Jünger* unternahmen Haschischexperimente, um besondere sinnliche Wahrnehmungen und Erfahrungen zu erlangen. In der **Jazzszene** war und ist Marihuanarauchen weit verbreitet.

59   **2. Cannabis als Medizin.** Cannabis gehört zu den ältesten Arzneimitteln der Menschheitsgeschichte. Die Chinesen, Inder, Perser und Araber wussten die Heilpflanze Cannabis zu schätzen und behandelten damit Gicht, Malaria, Rheumatismus, offene Wunden und Geschwülste. Für nahezu alle Krankheiten war Cannabis

in der Antike gut. Im 12. Jahrhundert beschrieb die Äbtissin *Hildegard von Bingen* Hanf als Naturheilpflanze so: „Hanff vermindert die üblen Säfte und macht die guten Säfte stark." Im 19. Jahrhundert wurden Cannabistinkturen als Wunderheilmittel gegen zahlreiche Krankheiten in der Medizin verwendet z.B. gegen Husten, Migräne, Schlaflosigkeit, Krämpfe, gegen Gicht, Rheuma, Malaria, bei Verdauungs- und Geistesstörungen, gegen Schmerzen aller Art. Die deutsche Firma *Dr. Dralle* brachte ein Schlafmittel „Somnius" mit 15% Tinktura Cannabis (Cannabistinktur) auf den Markt. *Parke & Davis* bot einen Cannabis U.s.P.-Fluid Extract Nr. 598 (American Cannabis) als „Analgesic Sedative" an. Cannabis wurde zu Tinkturen und Salben verarbeitet.

Seit *Dr. med. Lester Grinspoon* Cannabis als wirksames Medikament bei Chemo- **60** therapie bei Krebs, bei grünem Star (Glaukom), bei Epilepsie, bei Multiple Sklerose (MS), bei Paraphlegie, bei AIDS, bei Neurodermitis, bei Migräne, bei chronischen Schmerzzuständen, bei Menstruationskrämpfen wiederentdeckte und seine Forschungsergebnisse mit der Einleitung „Heilen statt strafen" in dem Buch: „Marihuana, die verbotene Medizin", zusammenfasste, in den USA und in Deutschland veröffentlichte, begannen sowohl in den USA, in Europa als auch in Deutschland trotz des BtMG zahlreiche ärztliche Untersuchungen mit Cannabismedizin. In London entdeckte *David Baker*, dass er spastische Krämpfe und Zitterbewegungen von MS-kranken Mäusen mit Cannabis beheben konnte. An der Universität Madrid gelang es einem Forscherteam um *Manuel Guzmann*, bei 30 Ratten mit kaum behandelbaren Hirntumoren durch Injektion von THC acht Tiere völlig zu heilen und bei 13 Tieren das maligne Gliom so zu behandeln, dass sie deutlich länger lebten als unbehandelte Tier mit Hirntumor.

Seit Inkrafttreten der 25. BtMÄndV am 18. 5. 2011 sind Cannabiszubereitun- **61** gen, die als Fertigarzneimittel zugelassen sind, in Anl. III aufgeführt und damit verschreibungsfähig i.S.d. § 13 BtMG. Der Gesetzgeber will mit dieser Gesetzesänderung erreichen, dass in Deutschland cannabishaltige Fertigarzneimittel hergestellt und nach entsprechender klinischer Prüfung und Zulassung als weitere Therapieoption verschrieben werden können (BR-Drs. 130/11). Einen ersten Zulassungsantrag in Deutschland für ein Mundspray mit dem Handelsnamen **Sativex®**, das THC und Cannabidiol enthält, hat die *Firma Almirall* gestellt (PharmZ-online v. 18. 5. 2011; s. dazu im Einzelnen auch § 3 Rn. 79). Sativex® ist ab dem 1. 7. 2011 auf dem Markt. Es ist zugelassen als Zusatzbehandlung zur Verbesserung von Symptomen bei Patienten mit mittelschwerer bis schwerer Spastik aufgrund einer Multiplen Sklerose, die nicht angemessen auf eine andere antispastische Arzneimitteltherapie angesprochen haben; die Zulassung ist ferner daran gebunden, dass die Wirksamkeit des Medikaments in einem Anfangstherapieversuch ermittelt wird (PharmZ 22/2011 v. 2. 6. 2011, S. 28). Kontraindiziert ist Sativex® in der Stillzeit und bei einer bekannten oder vermuteten Anamnese oder Familienanamnese von Schizophrenie (PharmZ-online v. 2. 8. 2011).

IX. Cannabisverbot und die Rechtsprechung

1. Geschichte des Cannabisverbots. Der Begriff „Haschisch" stammt wie **62** das englische und französische Wort „Assassin" von dem arabischen Wort „Haschaschini", das eine Gruppe politisch und religiös motivierter Attentäter bezeichnete, die im 13. Jahrhundert in der Region von Alamut aktiv war. Hierbei handelte es sich um fanatische Anhänger der muslimischen Sekte „Hashishiyun", die unter dem Einfluss von Cannabis Verbrechen gegen die christlichen Kreuzritter und ihr Gefolge verübt haben sollen. In der Geschichte des Haschischs wechselten Zeiten der Verherrlichung und der Verbote. Im 14. Jahrhundert ließ der ägyptische Emir Sudun Scheichuni alle Hanfpflanzen vernichten und den Haschischkonsum verbieten. Im 19. Jahrhundert ließ der General *Menou*, Kommandant der französischen Armee in Ägypten, alle Haschischvorräte vernichten und den Haschischgebrauch verbieten. Im Januar 1925 trat in Genf die internationale Opiumkonferenz zusammen. Am 11. 2. 1925 kam es zu einem internationalen Opiumabkommen. Am

19. 2. 1925 wurde auch Hanf unter die zu kontrollierenden Rauschmittel aufgenommen. Das Deutsche Reich ratifizierte dieses Abkommen erst am 26. 6. 1929, indem es das Reichsopiumgesetz erließ. Im Jahre 1931 begann der Leiter des amerikanischen Narcoticbureaus, *H. Anslinger*, einen weltweiten Propagandafeldzug gegen Cannabis, indem er behauptete, bei Marihuana handele es sich um ein **Mörderkraut (Killer-Weed)**, das Aggressivität und Gewaltverbrechen fördere. Mit zum Teil verfälschten Fallakten wurde die unglaubliche These belegt und in den Medien verbreitet. Im Jahre 1937 wurde in den USA der Cannabisgebrauch kriminalisiert durch den Marihuana-Tax-Act. Obwohl die Thesen von *Anslinger* wissenschaftlich widerlegt wurden, wurde am Cannabisverbot festgehalten. Der 1944 von Ärzten, Psychologen, Pharmakologen und Soziologen verfasste **La Guardia Report** kam erneut zu den Ergebnissen, dass bei mäßigem Cannabiskonsum **keine Todesfälle, kein geistiger oder körperlicher Abbau, keine Sucht im medizinischen Sinne, keine besonderen Entzugserscheinungen**, sondern mehr öffentliches Ärgernis als Gefahren hervorgerufen würden.

63   Auch in Deutschland wurde an dem Cannabisverbot festgehalten und vom Opiumgesetz in das BtMG von 1972 und von 1981 übernommen. Ausnahmen wurden nach § 3 Abs. 2 BtMG zugelassen, wonach das *BfArM* Einzelerlaubnisse erteilen kann. Sonderregelungen wurden ferner für den Samenhandel und Zuckerrübenanbau vorgesehen.

64   **2. Internationale Abkommen.** Mit Inkrafttreten des Einheits-Übereinkommens von 1961 wurden die internationalen Abkommen von 1912 und 1925 aufgehoben und abgelöst. Durch das **Einheitsübereinkommen von 1961 über Suchtstoffe (Single Convention)**, das 1972 ergänzt und geändert und in veränderter Form am 8. 8. 1975 in der Bundesrepublik Deutschland in Kraft gesetzt wurde, haben sich die Unterzeichnerstaaten über die Aufrechterhaltung des Cannabisverbots hinaus zu einer **internationalen Zusammenarbeit bei der Kontrolle und Bekämpfung von Cannabisanbau, Cannabishandel und Cannabisverbrauch** nach einheitlichen Grundsätzen zu gemeinsamen Zielen verpflichtet. Die legale Verwendung der in Art. 1 genannten Cannabisprodukte soll auf Medizin und Wissenschaft beschränkt sein. Jede Vertragspartei verbietet Gewinnung, Herstellung, Ausfuhr, Einfuhr, Besitz und Handel mit Cannabis, wenn sie dies im Hinblick auf die in ihrem Staat herrschenden Verhältnisse für das geeignete Mittel hält, die Volksgesundheit und das öffentliche Wohl zu schützen (vgl. Art. 2, Abs. 5 lit. b). Alle Vertragsparteien treffen Maßnahmen, um nach Maßgabe des Übereinkommens Gewinnung, Herstellung, Ausfuhr, Einfuhr, Verteilung, Verwendung und Besitz von Suchtstoffen auf ausschließlich medizinische und wissenschaftliche Zwecke zu beschränken (vgl. Art. 4). Wenn in einem Staat ein Anbauverbot der Cannabispflanze als geeignetste Maßnahme erscheint, um die Volksgesundheit und das öffentliche Wohl zu schützen, so verbietet er den Anbau von Cannabis (Art. 22 Abs. 1) und trifft geeignete Maßnahmen, alle unerlaubt angebauten Pflanzen zu beschlagnahmen (Art. 22 Abs. 1). Dieser Verpflichtung ist Deutschland durch Schaffung des Anbautatbestandes im BtMG nachgekommen. Die Vertragsstaaten haben sich darüber hinaus zu Sonderregelungen über die Kontrolle von erlaubtem Cannabisanbau (Art. 28), erlaubter Cannabisherstellung (Art. 29), erlaubtem Cannabishandel (Art. 30, Art. 34), erlaubtem Cannabisbesitz (Art. 33), zu Maßnahmen (Art. 35), Strafbestimmungen (Art. 36) und Beschlagnahmevorschriften (Art. 37) gegen den unerlaubten Cannabisverkehr verpflichtet. Der deutsche Gesetzgeber ist wie fast alle Staaten dieser Welt den Pflichten von Art. 2 u. 36 Abs. 1 des Einheits-Übereinkommens 1961 mit den §§ 1, 29 BtMG nachgekommen. Die Vertragsparteien haben alle durchführbaren Maßnahmen zur Verhütung des Missbrauchs von Suchtstoffen, auch von Cannabis, zu ergreifen (vgl. Art. 38 Abs. 1). Von der Möglichkeit, bei der Unterzeichnung der Ratifikation oder dem Beitritt das **Recht vorzubehalten,** gemäß Art. 49 Abs. lit. d und lit. e die Verwendung von Cannabis, Cannabisharz sowie Cannabisauszügen und Cannabistinkturen zu nichtmedizinischen Zwecken und die Gewinnung und Herstel-

lung dieser Cannabisprodukte zu nichtmedizinischen Zwecken zu gestatten, hat die Bundesrepublik Deutschland **keinen Gebrauch gemacht.** Auch bei Erklärung eines Vorbehaltes hätte die Bundesrepublik Deutschland die Verwendung von Cannabis zu anderen als medizinischen und wissenschaftlichen Zwecken binnen 25 Jahren nach dem Inkrafttreten des Übereinkommens einstellen müssen (vgl. Art. 49 Abs. 2 lit. f). In Art. 46 des Einheits-Übereinkommens 1961 ist aber eine **Kündigungsregelung** enthalten. Am Cannabisverbot haben **fast alle Länder der Welt** festgehalten, wenn man einmal von einigen amerikanischen Staaten absieht, **auch die Niederlande** haben das Cannabisverbot aufrechterhalten, andererseits im Rahmen des dortigen Opportunitätsprinzips die Verfolgung von Cannabisdelikten stark eingeschränkt.

3. Rechtsprechung des BGH zu Cannabis. Zur Gefährlichkeit von Canna- **65** bis, zu den psychischen und physischen Auswirkungen des Haschischmissbrauchs hat der *BGH* seit 1983 fortlaufend Stellung genommen. Zunächst hat er die **Wirkstoffmenge von Tetrahydrocannabinol (THC)** bestimmt, die beim Rauchen zur Erzielung eines Rauschzustandes benötigt wird, nämlich 15 mg THC (*BGH* StV 1983, 201; *BGH* StV 1984, 26; *BGH* NStZ 1984, 221 = StV 1984, 155). Mit 500 Konsumeinheiten von 15 mg THC = 7,5 g THC hat er die **nicht geringe Menge von Cannabisprodukten** festgelegt (BGHSt. 33, 8 = NStZ 1984, 556 = StV 1984, 466 mit Anm. *Endriß*). Später hat er entwickelt, dass bei Ermittlung des Wirkstoffgehaltes und der nicht geringen Menge von Haschisch das **bei thermischer Belastung zusätzlich entstehende THC einzubeziehen** ist (BGHSt. 34, 372 = NStZ 1987, 465 = StV 1987, 535 m. Anm. *Logemann/Endriß*).

In dem grundlegenden Urteil vom 18. 7. 1984 (BGHSt. 33, 8 = NStZ 1984, **66** 556 = StV 1984, 466) hat der *BGH* zur Gefährlichkeit von Cannabisdrogen ausgeführt, dass sie zwar nicht zur physischen Abhängigkeit und nur zu mäßiger psychischer Abhängigkeit, aber im Einzelfall zu Denk- und Wahrnehmungsstörungen, Antriebs- und Verhaltensstörungen, Lethargie und Angstgefühlen, Realitätsverlust und Depressionen, bisweilen zu Psychosen führten. Diese Einschätzung kommt auch in der Stellungnahme des *BGA* und in der *BGH*-Entscheidung (Beschl. v. 6. 3. 1992, 3 StR 548/91) zum Ausdruck und wurde vom 1. Strafsenat des *BGH* unter Berufung auf *Täschner* (Das Cannabisproblem, 3. Aufl. 1986, 154) mit dem sog. **Amotivationalen Syndrom** konkretisiert (BGHSt. 38, 339 = NStZ 1993, 85 = StV 1992, 513 mit Anm. *Schneider*). Bei chronischem Cannabiskonsum soll es vielfach zu einem Zustandsbild kommen, das gekennzeichnet ist durch Gleichgültigkeit, Initiativverlust, Antriebsarmut und einem trügerischen Gefühl des Wohlbefindens. In dieser Entscheidung wurde die vom *BGH* mehrfach betonte angebliche **Schrittmacherfunktion von Cannabis,** die Gefahr des Umsteigens des Cannabiskonsumenten auf harte Drogen wie Heroin (BGHSt. 33, 8 = NStZ 1984, 556 = StV 1984, 466; BGHSt. 33, 169 = StV 1985, 281) nicht aufrechterhalten, aber auch nicht aufgegeben, sondern als erhöhte Gefahr für Jugendliche neu definiert. Hiermit sei keine stoffbedingte monokausale Verknüpfung von Haschischkonsum und Heroinkonsum gemeint, sondern die **Gefahr,** dass junge Menschen durch Cannabiskonsum zu **Einstellungsänderungen im Umgang mit illegalen Betäubungsmitteln** gelangen könnten (krit. *Schneider* StV 1992, 515). Der *BGH* hat wiederholt ausgesprochen, dass es sich bei Cannabis um eine **weiche Droge** mit einem geringeren Gefährdungspotential handele und dass ein Erwerb von Cannabis zum Eigenverbrauch gegenüber anderen Tatbestandsvarianten des § 29 BtMG einen geringeren Unrechtsgehalt aufweise. **Die mindere Gefährlichkeit** von Cannabisprodukten könne **in der Strafzumessung berücksichtigt,** bei Erwerb von geringen Mengen Cannabis zum Eigenverbrauch könne **von Strafe gemäß § 29 Abs. 5 BtMG** ganz **abgesehen** werden (*BGH* StV 1987, 203; BGHSt. 38, 339 = NStZ 1993, 85 = StV 1992, 513). Auch das Schweizerische Bundesgericht hat mit seiner Aufsehen erregenden Entscheidung vom 29. 8. 1991 eine Neubewertung der Cannabisdrogen vorgenommen (vgl. *Schweizer Bundesgericht* StV 1992, 18).

67   Als geschütztes **Rechtsgut** hat der *BGH* bei Handel und Einfuhr von Cannabisprodukten die **Volksgesundheit** und den **Jugendschutz** angesehen (BGHSt 34, 372 = NStZ 1987, 465; BGHSt. 38, 339 = NStZ 1993, 85 = StV 1992, 513).

X. Cannabisverbot und die Verfassung

68   **1. Rechtsprechung bis 1991.** Das *BayObLG* wies **bereits 1969** eine Revision, die vortrug, dass die Pönalisierung des Erwerbs von Haschisch dem GG widerspräche, zurück. Allein der Umstand, dass von verschiedenen Stimmen die suchterzeugende Wirkung und die Gefährlichkeit von Cannabis in Zweifel gezogen werde, rechtfertige noch nicht, von einer Ungefährlichkeit von Haschisch auszugehen und seine Aufnahme in den Betäubungsmittelkatalog als willkürlich und verfassungswidrig zu bezeichnen (Beschl. v. 27. 8. 1969, RReg 4a St 81/69. mit Anm. *Kaiser* NJW 1970, 1534 u. *Reichert* NJW 1970, 2005). Vielmehr sei nach wie vor davon auszugehen, dass Cannabis gesundheitliche Probleme in der Gesellschaft verursache und Abhängigkeit hervorrufe. Diese von der Suchtstoffkommission der Vereinten Nationen im Januar 1969 in Genf vertretene Auffassung rechtfertige nach wie vor eine Aufrechterhaltung der Kontrolle und Strafverfolgung des Cannabisumganges und eine Verstärkung der wissenschaftlichen Forschung auf medizinischem und soziologischem Gebiet. Auch das *BVerfG* (Beschl. v. 17. 12. 1969, 1 BvR 639/69, zitiert bei *Messner* ZRP 1970, 80; m. krit. Anm. *Kreuzer* ZRP 1971, 111 f.) führte **1969** aus: „Der Gesetzgeber behandelt nicht wesentlich Gleiches ungleich, wenn er sich darauf beschränkt, das Aufkommen neuer Betäubungsmittel aus fremden Kulturkreisen zu verhindern, so lange nicht feststeht, dass die damit verbundenen gesundheitlichen und sozialen Gefahren nicht größer sind als die des Missbrauchs von Alkohol." **1991** entschied das *BVerfG*, dass es mit Blick auf Art. 103 Abs. 2, 104 Abs. 1 GG keinen verfassungsrechtlichen Bedenken begegnet, dass Cannabisharz (Haschisch) in Anl. I und Amphetamin in Anl. III des BtMG als Betäubungsmittel bezeichnet werden (*BVerfG* NJW 1992, 107).

69   **2. Vorlagebeschluss des LG Lübeck und die Rechtsprechung der Obergerichte.** Das *LG Lübeck* sah im Rahmen einer Strafmaßberufungssache, in der die Schuld einer Frau rechtskräftig festgestellt war, 1–2 g Cannabisharz während einer laufenden Bewährungszeit in die JVA eingeschmuggelt und ihrem inhaftierten Ehemann übergeben zu haben, die Verfassungsmäßigkeit des § 29 Abs. 1 Nr. 1 BtMG nicht gegeben, setzte das Verfahren aus und übersandte die Akten dem *BVerfG* zur **Normenkontrolle.** Wegen der Rechtskraft der Schuldfeststellung und des festgestellten Straftatbestandes der Abgabe war schon die Zulässigkeit des Vorlagebeschlusses zweifelhaft (*LG Lübeck* NJW 1992, 1571 = StV 1992, 168; Anm. von *Kreuzer* Sucht 1992, 201 u. von *Burghard* Kriminalistik 1992, 203). Der Vorlagebeschluss des *LG Lübeck* rief eine **umfangreiche Diskussion in der Lit. und Rspr.** hervor.

70   Bereits vor der Entscheidung des *BVerfG* haben **zahlreiche Obergerichte** die Argumente des *LG Lübeck* geprüft und **zurückgewiesen** (BGHSt. 38, 339 = NStZ 1993, 85 = StV 1992, 513 mit Anm. *Schneider; Hamm* MDR 1993, 170 = StV 1992, 521; *Frankfurt*, Beschl. v. 20. 1. 1993, 3 Ss 307/92).

71   In sieben Strafsachen des *LG Lübeck*, des *LG Hildesheim*, des *LG Lüneburg*, des *LG Frankfurt*, des *AG Stuttgart* und des *AG Düsseldorf* wurden dem **Zweiten Senat des Bundesverfassungsgerichts** die Akten zur Prüfung vorgelegt, weil aus den verschiedensten Gründen verfassungsrechtliche Bedenken bestanden, nach dem BtMG verbotene und mit Strafe bedrohte Umgangsformen mit Cannabis (Besitz, Erwerb, Abgabe und Handeltreiben von und mit Cannabis) zu bestrafen. Das *BVerfG* verband die sieben Vorlagen zu einer einheitlichen Entscheidung miteinander. Da der Beschwerdeführer in der Strafsache des *LG Lüneburg* einen Antrag auf Erlass einer einstweiligen Anordnung gestellt hatte, musste der Zweite Senat des Bundesverfassungsgerichts insoweit bereits am **22. 12. 1993** eine Eilentscheidung treffen und wies den **Antrag auf Erlass einer einstweiligen Anordnung zurück** (BVerfGE 89, 344 = NJW 1994, 1055 = StV 1994, 124).

3. Entscheidung des BVerfG v. 9. 3. 1994. Der 2. Senat des *BVerfG* **72** entschied später durch **Beschluss v. 9. 3. 1994** in der Hauptsache (BVerfGE 90, 145 = NJW 1994, 1577 = StV 1994, 295 m. Anm. *Kreuzer* NJW 1994, 2400 u. m. Anm. *Nelles/Velten* NStZ 1994, 366 = StV 1994, 298 m. Anm. *Schneider* StV 1994, 390 = JZ 1994, 860 m. Anm. *Gusy*). Kaum eine Entscheidung des BVerfG ist so grundlegend missverstanden worden wie diese Cannabisentscheidung, die einzelne Medien als sog. **Haschisch–Urteil** dahin interpretierten, als würde es ein Grundrecht auf Cannabisrausch geben. Davon kann natürlich keine Rede sein.

Das *BVerfG* hat zwar die stark uneinheitliche Einstellung der Länder beanstandet **73** und eine einheitliche Anwendung des § 31a BtMG bei den Cannabisdelikten zum Zwecke des Eigenkonsums gefordert, ohne im Einzelnen auszuführen, wie die Steuerung der Staatsanwaltschaften durch Verwaltungsvorschriften vorgenommen werden soll. Mit der Aufforderung nach Vereinheitlichung sollten aber nicht die regionalen Sanktionsunterschiede aufgrund örtlicher Besonderheiten beseitigt werden, sondern eine Angleichung der Grenzwerte durch einheitliche Richtlinien erreicht werden. Das *BVerfG* hat **alle oben genannten Handlungsalternativen der Strafbestimmungen** der §§ 29 Abs. 1 S. 1 Nr. 1, Nr. 3, Nr. 5 BtMG, 29 Abs. 3 BtMG, 30 BtMG, soweit sie den verbotenen Umgang mit Cannabis bedrohen, uneingeschränkt für verfassungsgemäß erklärt und **Verstöße gegen Art. 2 Abs. 1 i. V. m. Art. 2 Abs. 2 S. 2 GG, Art. 2 Abs. 2 S. 1 GG, Art. 3 Abs. 1 GG verneint.** Auch die **Opportunitätsvorschriften der §§ 29 Abs. 5 und 31 a BtMG** verstoßen nicht gegen die Verfassung.

Der Beschluss v. 9. 3. 1994 setzte somit die Rspr. des *BVerfG* in dieser Frage fort **74** (vgl. *BVerfG* NJW 1992, 107; BVerfGE 89, 344 = NJW 1994, 1055 = StV 1994, 124). Das *BVerfG* wies darauf hin, dass eine Anwendung des § 29 Abs. 5 BtMG vor allem nahe liegt, wenn ein Probierer oder Gelegenheitskonsument **eine geringe Menge Cannabis ausschließlich zum Eigenverbrauch** besitzt, ohne eine Fremdgefährdung zu verursachen. Verursacht die Tat jedoch eine **Fremdgefährdung,** etwa weil sie in **Schulen, Jugendheimen, Kasernen** oder **ähnlichen Einrichtungen** stattfindet oder weil sie von einem **Erzieher,** einem **Lehrer** oder einem **mit dem Vollzug des BtMG beauftragten Amtsträger** begangen wird und **Anlass zur Nachahmung** gibt, so könne eine größere Schuld und ein **öffentliches Interesse an der Strafverfolgung** vorliegen. Im Mittelpunkt der Entscheidung des *BVerfG* v. 9. 3. 1994 stehen die Hinweise auf das **Übermaßverbot und auf dem Verhältnismäßigkeitsgrundsatz.**

4. Entscheidungen des BVerfG v. 16. 6. 1994 und 1. 9. 1994. Aktenvorla- **75** gen, die sich mit dem unerlaubten Besitz von Haschisch und mit dem unerlaubten Anbau und dem Besitz einer geringen Menge Cannabis befassten, nahm das *BVerfG* nach der Grundsatzentscheidung v. 9. 3. 1994 nicht mehr zur Entscheidung an (BVerfG NJW 1994, 2412; *BVerfG* NStZ 1995, 37), da ein Grund für die Annahme der Verfassungsbeschwerde i. S. d. § 93a Abs. 2 BVerfGG nicht vorlag. Die Verfassungsbeschwerden hatten nach der Grundsatzentscheidung v. 9. 3. 1994, die sich mit allen Handlungsalternativen befasste, **keine grundsätzliche verfassungsrechtliche Bedeutung mehr.** Ihre Annahme war auch nicht zur Durchsetzung der in § 90 Abs. 1 BVerfGG bezeichneten Rechte angezeigt und hatten keine hinreichende Aussicht auf Erfolg.

5. Entscheidung des BVerfG v. 10. 6. 1997. Nach der Grundsatzentschei- **76** dung des *BVerfG* war erwartet worden, die Rspr. *BVerfG* würde ihre Rspr. erweitern und den Gesetzgeber zu Neuregelungen drängen. Stattdessen wurden die Folgeentscheidungen immer zurückhaltender. Auch die Verfassungsbeschwerde, die ein Nichtabsehen von Strafe nach § 29 Abs. 5 BtMG durch das Gericht beanstandete, wurde vom *BVerfG* nicht zur Entscheidung angenommen, da die angesprochenen verfassungsrechtlichen Fragen durch die verfassungsgerichtliche Rspr. hinreichend entschieden worden seien. Der Beschwerdeführer, der als Vorstand eines Kreisverbandes der Partei Bündnis 90/Die Grünen politisch für die Legalisierung von

Cannabis und die kontrollierte Vergabe von Heroin bei gleichzeitigem Verbot der Werbung für Drogen, Alkohol, Tabak und Medikamente eintrat, besaß 3,29 g Marihuana aus unbekannter Quelle, um anschließend Selbstanzeige zu erstatten und die Medien von seinem Vorgehen zu unterrichten. Das *AG* verneinte ein Absehen von Strafe nach § 29 Abs. 5 BtMG trotz der geringen Menge, weil der Angeklagte die Tat **nicht zum Eigenverbrauch, sondern zur politischen Demonstration** begangen hatte. Das *BVerfG* gelangte zu dem Ergebnis, dass das Strafgericht von Verfassung wegen nicht gehalten war, gem. § 29 Abs. 5 BtMG von Strafe abzusehen oder gem. § 31 a BtMG das Verfahren einzustellen. Nach den Urteilsfeststellungen habe der Beschwerdeführer bezweckt, **dass andere seine Tat nachahmen und der illegale Drogenerwerb sich ausweitet.** Ein derartiges Verleiten zu strafbarem Umfang mit Cannabis könne im Gegensatz zu § 29 Abs. 5 BtMG stehen und eine größere Schuld ein öffentliches Interesse an der Strafverfolgung begründen (*BVerfG* NStZ 1997, 498).

77   **6. Entscheidung des BVerfG v. 29. 6. 2004.** Die Vorlage des *AG Bernau* (Beschl. v. 11. 3. 2002, 3 Cs 224 Js 36.463/01) stellte im Hinblick auf neue wissenschaftliche Erkenntnisse, die mit Beschluss des *BVerfG* v. 9. 3. 1994 beantwortete Frage, ob die Strafvorschriften des BtMG, soweit sie verschiedene Formen des unerlaubten Umgangs mit Cannabisprodukten verbieten und mit Strafe bedrohen, mit dem GG vereinbar sind.

78   Das *BVerfG* sah die Vorlage als unzulässig an und beanstandete, dass das vorlegende Gericht nicht ausgeführt habe, inwiefern die zur Prüfung gestellten Strafvorschriften des BtMG für die im Ausgangsverfahren zu treffende Entscheidung von Bedeutung seien (BVerfGE 3, 285 = NJW 2004, 3620 = StraFo 2004, 310). Die konkrete **Normenkontrolle sei kein Mittel einer allgemeinen Aufsicht über den Gesetzgeber.** Da gem. § 31 Abs. 1 BVerfGG das vorlegende Gericht **an die bisherige Rspr. des *BVerfG* gebunden** sei und da diese Rspr. gem. § 31 Abs. 2 BVerfGG Gesetzeskraft und Rechtskraftwirkung zukomme (BVerfGE 33, 199), hätte das vorlegende Gericht im Einzelnen die Gründe dafür darlegen müssen, weshalb die Rechtskraft der früheren Entscheidungen eine erneute Sachprüfung nicht hindere. Der Vorlagebeschluss erfülle die besonderen Begründungsanforderungen nicht. Einzelne neuere wissenschaftliche Erkenntnisse über Risikofaktoren und Wirkungen des Cannabiskonsums seien nicht zwingend als entscheidungserhebliche neue Tatsachen anzusehen. Das vorlegende Gericht habe sich nur mit der Frage der **gesundheitlichen Gefährlichkeit des Einzelnen** beschäftigt, nicht aber untersucht, ob der Cannabiskonsum **sozialschädliche Wirkungen auf das gesellschaftliche Zusammenleben** ausübe. Ein Verstoß gegen den Verhältnismäßigkeitsgrundsatz scheide aus, da die Strafverfolgungsorgane einem geringen individuellen Unrechts- und Schuldgehalt der Tat durch ein Absehen von Strafe oder Strafverfolgung angemessen Rechnung tragen könnten.

79   **7. Cannabis und das Recht auf Entfaltung der Persönlichkeit und das angebliche Recht auf Rausch (Art. 2 Abs. 1 GG).** § 29 Abs. 1 S. 1 Nr. 1 BtMG verstößt nicht gegen das Grundrecht der freien Entfaltung der Persönlichkeit (Art. 2 Abs. 1 GG). Das GG verwehrt es dem Bürger nicht, sich kraft freier Willensentscheidung unvernünftig zu verhalten, sofern er sich dabei im Rahmen der allgemeinen Gesetze hält und anderen nicht schadet (*BayVerfGH* NJW 1987, 2921). Dies gilt für riskante, selbstgefährdende Sportarten wie für den Gebrauch von Drogen und das Sichberauschen. Daher ist der bloße Konsum von Betäubungsmitteln nach dem Prinzip der Straflosigkeit von Selbstschädigungen grundsätzlich straffrei. Die erlaubte Selbstverletzung wird jedoch durch das Verbot des Eingriffs in die Freiheit anderer und das Verbot der Fremdverletzung begrenzt. Das Verbot von Drogen setzt daher die Gefährdung von Freiheit, Körperintegrität und Leben potentiell Betroffener voraus (*Köhler* ZStW 1992, 3, 15 ff.). Da es im Lübecker Fall nicht um eine Selbstgefährdung durch Betäubungsmittelerwerb zum eigenen Verbrauch, sondern um eine Fremdgefährdung durch Abgabe ging, konnte eine Strafverfolgung nicht gegen Art. 2 Abs. 1 GG verstoßen. Beim Fall des *LG*

Frankfurt (StV 1993, 77) ging es gar um die Einfuhr und den Handel von nicht geringen Mengen von Cannabis. Das *LG Frankfurt* versuchte deshalb, die Erwägungen des *LG Lübeck* fortzuführen. Da sich aus Art. 2 Abs. 1 i. V. m. Art. 1 Abs. 1 GG ein Recht auf Cannabisgebrauch ergebe, könnten nicht solche Verhaltensweisen Unrecht sein, die den Gebrauch dieser Droge ermöglichten, wie die Einfuhr, Durchfuhr, Besitz und das Handeltreiben. Ob bei einem Erwerb von Betäubungsmitteln über die Belange des Käufers hinaus die Sphäre von Dritten (Verkäufer, Mitkonsumenten) betroffen wird, ist strittig. In dem vom *BGH* entschiedenen Karlsruher Fall (*BGH* NJW 1992, 2975) und dem Fall des *LG Hildesheim* (DVJJ-Journal 1992, 117) ging es aber um Fälle von Cannabiserwerb. Der 1. Strafsenat des *BGH* vertrat die Auffassung, der Gesetzgeber dürfe mit Strafvorschriften auch Schäden verhüten, die durch den Betäubungsmittelmissbrauch beim Konsumenten und der um ihn bemühten Gesellschaft eintreten.

Das *BVerfG* hat sich bei seinem Beschl. v. 9. 3. 1994 im Wesentlichen auf die **80** Ausführungen von *Kreuzer* (Sucht 1992, 201 ff.) gestützt und hat betont, dass nur der Kernbereich privater Lebensgestaltung, wozu der Umgang mit Drogen und das Sichberauschen nicht gehöre, der Einwirkung der öffentlichen Gewalt entzogen sei. Im Übrigen sei die allgemeine Handlungsfreiheit nur in den Schranken des 2. Halbsatzes des Art. 2 Abs. 1 GG gewährleistet und stehe damit insb. unter dem Vorbehalt der verfassungsmäßigen Ordnung (BVerfGE 80, 137, 153). Jedermann muss als gemeinschaftsbezogener und gemeinschaftsgebundener Bürger Beschränkungen seiner Handlungsfreiheit hinnehmen durch Vorschriften, die formell und materiell der Verfassung entsprechen (BVerfGE 34, 369, 378; BVerfGE 55, 144, 148) und im überwiegenden Interesse der Allgemeinheit (z. B. zum Schutze der Volksgesundheit oder zum Jugendschutz) erfolgen (vgl. BVerfGE 54, 143, 146). Da die Cannabisstraftatbestände ordnungsgemäß zustande gekommen sind und der Volksgesundheit dienen sollen, ist eine Verletzung des Art. 2 Abs. 1 GG nicht erkennbar (BVerfGE 90, 145 = NJW 1994, 1577 = StV 1994, 295 m. Anm. *Kreuzer* NJW 1994, 2400 u. m. Anm. *Nelles/Velten* NStZ 1994, 366 = StV 1994, 298 m. Anm. *Schneider* StV 1994, 390 = JZ 1994, 860 m. Anm. *Gusy*).

Die Auffassung des *LG Lübeck*, der Rausch gehöre zu den fundamentalen Be- **81** dürfnissen des Menschen, um den Zwängen der Gesellschaft zu entrinnen, entspricht nicht dem Menschenbild des GG. Darüber hinaus kennt unsere Rechtsordnung **kein durchsetzbares Recht auf Rausch**, sondern duldet es nur. Bei Hinzutreten weiterer Umstände belegt unsere Rechtsordnung gar den Rausch mit strafrechtlichen Sanktionen (vgl. §§ 315 c, 316, 323 a StGB). Die Beschränkungen der allgemeinen Handlungsfreiheit durch die Strafvorschriften des BtMG rechtfertigen **kein Recht auf Rausch** (vgl. BVerfGE 90, 145 = NJW 1994, 1577 = StV 1994, 295 m. Anm. *Kreuzer* NJW 1994, 2400 u. m. Anm. *Nelles/Velten* NStZ 1994, 366 = StV 1994, 298 m. Anm. *Schneider* StV 1994, 390 = JZ 1994, 860 m. Anm. *Gusy*).

8. Cannabis und das Recht auf Meinungsäußerung (Art. 5 Abs. 1 S. 1 **82** **GG).** Die Strafbestimmungen des BtMG richten sich nicht gegen die durch Art. 5 Abs. 1 S. 1 GG geschützte Freiheit der Meinungsäußerung und berühren nicht den Schutzbereich des Grundrechts. Nicht jeder private oder politische Protest gegen eine Strafbestimmung ist strafbar. **Eine gezielte Rechtsverletzung ist jedoch kein zulässiges Mittel des rechtspolitischen Meinungskampfes,** dessen Freiheit den Schranken der allgemeinen Gesetze unterliegt (Art. 5 Abs. 2 GG). Verstöße gegen das BtMG lassen sich nicht unter dem Gesichtspunkt des zivilen Ungehorsams als zulässige Ausübung staatsbürgerlicher Rechte bewerten (BVerfGE 73, 206). Ein **Besitz bzw. ein Verleiten zum Cannabiserwerb und Besitz sind kein zulässiges Mittel des rechtspolitischen Meinungskampfes** (*BVerfG* NStZ 1997, 498).

9. Cannabis und die Religionsfreiheit. Der bayerische Liedermacher *Hans* **83** *Söllner* verlangte eine Erlaubnis für den privaten Cannabisanbau und begründet dies damit, als Anhänger der Rasta-fari-Religion sei Marihuana (Ganja) ein heiliges

Kraut, das er zur Religionsausübung benötige. Seine Klage gegen die Versagung einer Ausnahmegenehmigung nach § 3 Abs. 2 BtMG wies das *VG Berlin* mit der Begründung zurück, der beantragte Cannabisanbau stehe einem öffentlichen Interesse an der Einhaltung des BtMG und dem Schutz der Gesundheit der Bevölkerung entgegen. Das Rechtsmittel des Musikers wies das *OVG Berlin* Ende 1999 zurück. Das *BVerwG* hat seine Revision verworfen (BVerwGE 112, 314 = NJW 2001, 1365).

84   **10. Cannabis und das Recht auf körperliche Unversehrtheit (Art. 2 Abs. 2 S. 1 GG).** § 29 Abs. 1 S. 1 Nr. 1 BtMG verstößt nicht gegen das Recht auf körperliche Unversehrtheit (Art. 2 Abs. 2 S. 1 GG). Entgegen der Vorlagebeschluss des *LG Lübeck* zwingt der Gesetzgeber durch das Cannabisverbot nicht den Rauschwilligen, schädlichere legale Rauschmittel wie Alkohol zu konsumieren. Der Gesetzgeber überlässt es seinen Bürgern selbst, ob sie sich überhaupt berauschen wollen. Die den Staat gem. Art. 2 Abs. 2 S. 1 i. V. m. Art. 1 Abs. 1 S. 2 GG treffende Pflicht, menschliches Leben zu schützen, würde ins Gegenteil verkehrt, wenn man von dem Gesetzgeber fordern würde, den Umgang mit Cannabis nur deshalb nicht unter Strafe zu stellen, weil der übermäßige Alkoholkonsum noch größere gesundheitliche Schäden hervorrufe (BVerfGE 90, 145 = NJW 1994, 1577 = StV 1994, 295 m. Anm. *Kreuzer* NJW 1994, 2400 u. m. Anm. *Nelles/Velten* NStZ 1994, 366 = StV 1994, 298 m. Anm. *Schneider* StV 1994, 390 = JZ 1994, 860 m. Anm. *Gusy*). Der Gesetzgeber ist nicht verpflichtet, strafrechtliche Verbote des Umgangs mit gefährlichen bzw. schädlichen Stoffen nur deswegen aufzuheben, weil er andere gefährliche Stoffe nicht strafbewehrt hat. Seiner Pflicht, Leben und Gesundheit zu schützen, kann der Gesetzgeber unterschiedlich nachkommen, auch durch strafrechtliche Verbote riskanter Drogen. Das *LG Lübeck* konnte sich schon deshalb nicht auf Art. 2 Abs. 2 S. 1 GG berufen, weil es gar nicht um die körperliche Unversehrtheit der Angeklagten, sondern um die Fremdgefährdung Dritter durch Abgabe ging (BVerfGE 90, 145 = NJW 1994, 1577 = StV 1994, 295 m. Anm. *Kreuzer* NJW 1994, 2400 u. m. Anm. *Nelles/Velten* NStZ 1994, 366 = StV 1994, 298 m. Anm. *Schneider* StV 1994, 390 = JZ 1994, 860 m. Anm. *Gusy*).

85   **11. Cannabis und der Gleichheitsgrundsatz (Art. 3 Abs. 1 GG). a) Gleichbehandlung von „weichen" und „harten" Drogen.** Nach dem Vorlagebeschluss des *LG Lübeck* v. 19. 12. 1991 (NJW 1992, 1571) und dem Vorlagebeschluss des *LG Frankfurt* v. 19. 10. 1992 (87 Js 22626.0/92) verstößt die gesetzliche **Gleichbehandlung von weichen und harten Drogen** im BtMG, das Verbot weicher und harter Drogen unter Androhung des gleichen Strafrahmens gegen das Willkürverbot des Art. 3 Abs. 1 GG und ist mit einer am Gerechtigkeitsgedanken orientierten Betrachtungsweise nicht vereinbar. Der Straftatbestand der Abgabe und der Einfuhr von Betäubungsmitteln (§ 29 Abs. 1 S. 1 Nr. 1 BtMG) verstößt jedoch nicht gegen den Gleichheitsgrundsatz des Art. 3 Abs. 1 GG, auch soweit es um Cannabisprodukte geht. Auch im Bereich des Strafrechts muss ein sachbezogener und vertretbarer Grund erkennbar sein, warum der Gesetzgeber ein bestimmtes Verhalten für strafwürdig, ein anderes nicht für strafwürdig hält. Ein Verstoß gegen den Gleichheitsgrundsatz liegt nur vor, wenn die Grenzen der dem Gesetzgeber zustehenden weiten Gestaltungsfreiheit überschritten sind und wenn für die Differenzierung oder Nichtdifferenzierung des Gesetzgebers kein sachlich einleuchtender Grund zu finden ist, vielmehr die Unsachlichkeit evident ist (BVerfGE 4, 352; BVerfGE 47, 109; BVerfGE 52, 277; BVerfGE 71, 39). Es ist unstrittig, dass **übermäßiger Alkoholkonsum** und der **Nikotinmissbrauch** für den einzelnen Menschen in hohem Maße gesundheitsschädlich sind und gesamtgesellschaftlich große soziale Anstrengungen und hohe Unkosten verursachen, dass Straftaten und Verkehrsunfälle unter Alkoholeinfluss eminente Probleme für die Justiz darstellen. Selbst wenn man einer geringeren **Gefährlichkeit von Cannabisprodukten gegenüber Alkohol und Nikotin** ausgeht, bedeutet die unterschiedliche Behandlung nicht zwingend einen Verstoß gegen den Gleichheitsgrundsatz. Der Gleichheitssatz verbietet es, wesentlich Glei-

ches ungleich, und gebietet wesentlich Ungleiches entsprechend seiner Eigenart ungleich zu behandeln. Alkohol und Cannabis sind aber in wesentlichen Punkten ungleich (BVerfGE 90, 145 = NJW 1994, 1577 = StV 1994, 295 m. Anm. *Kreuzer* NJW 1994, 2400 u. m. Anm. *Nelles/Velten* NStZ 1994, 366 = StV 1994, 298 m. Anm. *Schneider* StV 1994, 390 = JZ 1994, 860 m. Anm. *Gusy*).

Bei der Entscheidung des Gesetzgebers, ob er Betäubungsmittel zulässt oder eine **86** Stufe der Drogenkontrolle bis zum Verbot wählt, hat er bei jedem Stoff eine Vielzahl von Gesichtspunkten, so z. B. **kulturelle Tradition, Verbreitung, soziale Akzeptanz der Droge, Gefährdungspotenz, Kontrollierbarkeit, Funktionsvielfalt der Droge** zu berücksichtigen. Er hat mögliche negative Folgen seiner Entscheidung wie **falsche drogenpolitische Signale, Konsumanreize, Auswirkungen auf Arzneimittelrecht und Lebensmittelrecht, Verstöße gegen internationale Abkommen** zu vermeiden (vgl. hierzu *Kreuzer*, Sucht 1992, 201, 205 ff.).

b) Gleichbehandlung von Giften und Betäubungsmitteln. Es gibt einer- **87** seits eine Fülle gefährlicher **Stoffe wie Strychnin, Zyankali** usw., mit denen die Bevölkerung trotz ihrer hohen Giftigkeit relativ vernünftig umzugehen weiß und bei denen deshalb ein strafrechtliches Verbot entbehrlich ist. Es gibt andererseits eine Reihe wenig gefährlicher Stoffe mit einigen Nebenwirkungen, die verboten wurden, weil es ähnliche Stoffe ohne Nebenwirkungen bereits auf dem Markt gab. Es stellt auch keinen Verstoß gegen Art. 3 Abs. 1 GG dar, dass der Gesetzgeber im BtMG den verbotenen Umgang mit **unterschiedlich gefährlichen Betäubungsmittelarten mit einem einheitlichen Strafrahmen** geregelt hat. Denn die Strafrahmen sind so weit und durch Einstellungsvorschriften ergänzt, dass der Richter in jedem Einzelfall der Gefährlichkeit der in Rede stehenden Droge und dem unterschiedlichen Unrechts- und Schuldgehalt der Angeklagten ausreichend Rechnung tragen kann (BVerfGE 90, 145 = NJW 1994, 1577 = StV 1994, 295).

c) Gleichbehandlung von Cannabis und Alkohol. Es mögen einige die **un-** **88** **terschiedliche Behandlung von Alkohol und Cannabis** für ungerechtfertigt halten und aufgrund der gescheiterten Prohibitionspolitik in den USA den freien Umgang mit beiden Drogen fordern. Andere ziehen aus der Gefährlichkeit des Alkohols den entgegengesetzten Schluss und verlangen, den Alkoholmissbrauch ähnlich dem Rauschgiftmissbrauch einer stärkeren Kontrolle zu unterziehen. Der Gesetzgeber hat hierbei die **Grenzen seiner Gestaltungsfreiheit** jedenfalls **nicht überschritten**. Die differenzierende Regelung des Gesetzgebers, anders als beim Alkohol das Cannabisverbot aus Jugendschutzgründen und wegen bekannter und wegen z. T. noch ungeklärter gesundheitlicher Risiken aufrechtzuerhalten, erscheint weder sachfremd noch willkürlich, zumindest vertretbar, sodass ein Verstoß gegen Art. 3 GG ausscheidet (BGHSt. 38, 339 = NStZ 1993, 85 = StV 1992, 513 mit Anm. *Schneider*; *Hamm* StV 1992, 521; BVerfGE 90, 145 = NJW 1994, 1577 = StV 1994, 295). Der Vorlagebeschluss des *LG Lübeck* (NJW 1992, 1571) hat die Diskussion um die unterschiedliche Behandlung von Cannabis und Alkohol im Strafrecht ausgelöst und bewirkt, dass das *BVerfG* in seinem Beschl. v. 9. 3. 1994, 2 BvL 43/92 = NJW 1994, 1577 erste grundsätzliche Gedanken unter C II und III (= NJW 1994, 1584/1585) entwickeln konnte, die jedoch nicht abschließend waren und auch auf Kritik in den alternativen Voten (z. B. Richter *Graßhoff* II 3 b = NJW 1994, 1586) stießen. Die OLG nehmen bei ihren Entscheidungen denn auch regelmäßig auf diese Entscheidung des *BVerfG* Bezug.

12. Beweislast des Gesetzgebers für die Gefährlichkeit der Cannabis- **89** **droge.** Die sozialstaatliche Verantwortung veranlasst den Gesetzgeber häufig noch vor dem Nachweis der Schädlichkeit einer Droge, zum vorläufigen Rechtsgüterschutz der Bevölkerung eine Droge zu verbieten bzw. an dem Verbot festzuhalten. Der Gesetzgeber trägt insoweit keine Beweislast für die Gefährlichkeit einer Droge. Der Grundsatz: „in dubio pro libertate" gilt hier nicht (vgl. *Kreuzer*, Sucht 1992, 201, 207). *Schneider* (StV 1992, 514) ist nun der Frage nachgegangen, ob dem Ge-

setzgeber bei einer fortdauernden Zweifelslage über die Gefährlichkeit eines Betäubungsmittels die **Beweislast für schädigende Wirkungen zuwächst,** ob
eine Strafnorm nach Ablauf einer gewissen Zeitspanne in die Verfassungswidrigkeit
umschlägt, wenn der Gesetzgeber es verabsäumt hat, die Tatsachenbasis zu erforschen. Er gelangt zu dem Ergebnis, dass der Gesetzgeber verpflichtet sei, die Strafnorm aufzuheben, nicht nur wenn feststehe, dass das pönalisierte Verhalten in
Wahrheit nicht sozialschädlich ist, sondern auch, wenn er über lange Zeit hin verabsäumt habe, die Gefahrenlage mit Mitteln der Wissenschaft zu erforschen. In der
Tat kann man den Bürger nicht auf Dauer das Risiko aufgebürdet werden, für ein Verhalten gar inhaftiert zu werden, das möglicherweise nicht sozialschädlich ist. Auch
Richter *Sommer* vertritt in seinem abweichenden Votum zum Beschl. des *BVerfG*
v. 9. 3. 1994 die Auffassung, nach der zwanzigjährigen Diskussion um die Gefährlichkeit und Freigabe von Cannabis hätte der einer Beobachtungs-, Prüfungs- und
Nachbesserungspflicht unterliegende Gesetzgeber bereits gegenwärtig Änderungen
an den Strafbestimmungen des BtMG vornehmen müssen, um einen Verstoß gegen das Übermaßverbot zu beheben.

90   **13. Cannabisverbot und der Grundsatz der Verhältnismäßigkeit.** Bei der
Einschränkung der Handlungsfreiheit durch das Cannabisverbot wurde auch der
Verhältnismäßigkeitsgrundsatz nicht verletzt. Die Sicht des Gesetzgebers, mit der
Strafbarkeit des Cannabisumganges ein notwendiges und geeignetes Mittel zum
Schutze der Volksgesundheit und körperlichen Unversehrtheit der Bevölkerung zu
gewinnen, ist nicht schlechthin ungeeignet, sondern zumindest vertretbar. Die
Eignung und der Fortbestand eines strafrechtlichen Verbotes ist nicht davon abhängig, dass die gesetzgeberischen Ziele in vollem Umfange erreicht wurden, sonst
müssten alle Strafgesetze ständig überprüft werden. Nach den Vorlagebeschlüssen
von Lübeck und Frankfurt am Main sollen die für den Umgang mit Cannabis
angedrohten Strafen überzogen sein und in keinem Verhältnis zu den vorhandenen
Risiken stehen. Ein unverhältnismäßiges Gesetz verstoße deshalb gleichzeitig gegen
das Rechtsstaatprinzip des Art. 20 GG. Die Verfassungswidrigkeit werde nicht
durch internationale Suchtstoffabkommen geheilt. Vielmehr sei in allen Abkommen der Vorbehalt enthalten, dass diese Regelungen der Verfassungsordnung des
Unterzeichnerstaates entsprächen. Trotz der Nichtunterscheidung zwischen harten
und weichen Betäubungsmitteln im BtMG gewährt − entgegen den Vorla-
gebschlüssen von Lübeck und Frankfurt am Main − das BtMG dem Richter **im
Rahmen der Strafrahmenprüfung und bei der Strafzumessung im engeren Sinne ausreichend Spielraum,** den Umgang mit weichen Drogen angemessen und die geringere Gefährlichkeit strafmildernd zu werten. Da in dem § 29
Abs. 5 und § 31a BtMG ein Absehen von Anklageerhebung und von Bestrafung
bei Cannabiseigenkonsumdelikten ermöglicht wurde, kann die Strafbarkeit des
Cannabisumganges nicht als unverhältnismäßig angesehen werden. Da das Canna-
bisverbot nicht gegen den Verhältnismäßigkeitsgrundsatz verstößt, ist auch das
Rechtsstaatprinzip (Art. 20 GG) nicht verletzt (BGHSt. 38, 339 = NStZ 1993, 85
= StV 1992, 513 m. Anm. *Schneider*).

XI. Reformbestrebungen beim Umgang mit Cannabis

91   In den letzten Jahren gab es zahlreiche Bestrebungen, den Umgang mit Cannabis neu zu regeln.

92   Am weitesten ging der **Gesetzesantrag des Landes Hessen** auf eine Teillega-
lisierung von Cannabis, der im Jahr 1992 forderte (BR–Drs 582/92), auf eine Änderung der Suchtstoffabkommen von 1961, 1971 und 1988 hinzuwirken und den
Umgang mit Cannabisprodukten straflos zu stellen und einem Bundesmonopol zu
übertragen. Der Umgang außerhalb der erlaubten Abgabe bzw. des Monopols in
staatlichen Betäubungsmittelausgabestellen sollte weiterhin strafbar bleiben.

93   Eine von der **niedersächsischen Landesregierung beauftragte Exper-
tenkommission** sprach sich für eine kontrollierte staatliche **Abgabe weicher
Drogen durch Apotheken** aus. Der daraufhin eingehend begründete Ausnah-

meantrag eines Modellvorhabens einer kontrollierten Abgabe von Cannabis in Apotheken durch die schleswig-holsteinische Landesregierung wurde vom *BfArM* zurückgewiesen (vgl. dazu § 3 Rn. 67).

Eine von der **Hessischen Landesregierung beauftragte Expertenkommis- 94 sion** schlug vor, Cannabisprodukte aus der in Anl. I zum BtMG enthaltenen Liste der Betäubungsmittel zu streichen und diese im **Arzneimittelgesetz** zu regeln. Eine Zurückstufung der Cannabisstraftatbestände auf **bloße Ordnungswidrigkeiten** wurde von *Albrecht* (in *de Boor/Frisch/Rode*, Entkriminalisierung im Drogenbereich, 1991, 36) für erwägenswert gehalten (vgl. auch den Gesetzentwurf des Landes Rheinland-Pfalz – BR-Drs. 507/92, wonach der Erwerb und Besitz von bis zu 20 Gramm Haschisch und bis zu 100 Gramm Marihuana mit einer Geldbuße von bis zu 5.000,– DM geahndet werden sollte). Von *Winkler* wurde diese Lösung als Schuss nach hinten bzw. verhängnisvoller Dammbruch abgelehnt (*Winkler* SuchtR 1993, 29 ff.). Diese Lösung würde anstelle der Polizei eine neuartige Bußgeldbehörde der Gesundheitsverwaltung erfordern. Man sollte in Anbetracht des schwer erreichbaren Adressatenkreises nicht die besonderen Schwierigkeiten des Bußgeldverfahrens und die langwierigen und zeitaufwändigen Rechtsbeschwerden zum OLG übersehen.

Schneider (StV 1992, 489) schlug eine beschränkte Entkriminalisierung für Besitz 95 und Erwerb weicher Drogen vor durch Schaffung einer den Tatbestand ausschließenden **Fremdgefährdungsklausel** (ähnlich *Allmers* ZRP 1991, 41), durch Schaffung einer **Sozialwidrigkeitsklausel,** die die Rechtswidrigkeit ausschlösse oder durch Schaffung einer **objektiven Strafbarkeitsbedingung,** die die Strafbarkeit nach gesundheitspolitischen Erwägungen beschränken würde.

Zwischen den **zwei unbeweglichen drogenpolitischen Extrempositionen** 96 der unbeschränkten Aufrechterhaltung des Cannabisverbotes und der unbeschränkten Legalisierung von Cannabis sind in den vergangenen Jahren eine Vielzahl neuer und differenzierter drogenpolitischer Konzepte entwickelt worden. Die Einsicht,

– dass **internationale Abkommen** kurzfristig nicht veränderbar sind,
– drogenpolitische Weichenstellungen nicht national, sondern zumindest **auf europäischer Ebene gemeinsam beschlossen** werden müssen,
– dass der nationale Gesetzgeber seine Drogenpolitik **nicht abrupt von Verbot zur Freigabe,** sondern nur allmählich in für die Bevölkerung nachvollziehbarer Weise verändern kann,
– **dass Änderungen der Drogenpolitik mit der übrigen Gesundheitspolitik im Einklang stehen müssen,**

führte zu der Erkenntnis, dass eine Neubewertung der Cannabisdrogen nur in mehreren kleinen Schritten aufgrund eines in die Zukunft weisenden drogenpolitischen Gesamtkonzepts vorgenommen werden kann (vgl. *Körner*, FAZ Sonntagszeitung v. 28. 7. 1991, 4 = StV 1991, 578). Bei dem Inhalt und der Schnelligkeit einer Reform kann auch die **Meinung der Bevölkerung nicht außer Betracht bleiben.** Nach einer Umfrage des Forsa-Institutes waren 64% der Befragten dafür, auch weiterhin alle Drogen zu verbieten, weitere 12% der Befragten waren dafür, zumindest die Rauschmittel zu verbieten, nur 14% der Befragten waren für die Freigabe weicher Drogen, und nur 6% der Befragten sprachen sich für die Freigabe aller Rauschmittel aus (vgl. *Stern* Nr. 25/1992).

Abseits von den politischen Gegensätzen, die Cannabisproblematik zu ba- 97 **gatellisieren** bzw. zu **dramatisieren,** muss festgestellt werden, dass die Cannabisrisiken sich angesichts der auf dem illegalen Markt befindlichen **hochprozentigen Cannabissorten** heute ganz anders darstellen als früher. Da maßgeblich **nicht allein die Art der missbrauchten Substanz,** sondern die **Konsumform** ist, ist in jedem Einzelfall zu prüfen, wie der Konsument mit dem Stoff umgangen ist. Wenn man berücksichtigt, dass **Marihuanarauch 1,5 mal mehr Teer und 1,7 mal mehr Benzopyrene enthält als Tabakrauch,** dann kann angesichts der intensiven gesellschaftlichen Bemühungen, den **Nikotinmissbrauch** zu bekämpfen, **Cannabiskonsum nicht als harmlos bezeichnet werden.** Andererseits kann man nach mehreren Jahrzehnten von Cannabisverbot und Strafandrohung feststellen, dass **Verbote und Strafandrohungen allein das Cannabisproblem nicht zu lösen vermochten,** wie die zunehmende Verbreitung von Cannabis unter Jugendlichen belegt. Dies **spricht nicht gegen** die **Repression,** zeigt aber auf, dass die **Repression durch Prävention, Drogenhilfe** und **Therapie zu ergänzen** ist. Der **Weg über den** § 31 a BtMG wird weiter zu gehen sein, indem die Staatsanwaltschaft bei Konsumdelikten mit geringen Mengen von der Strafverfolgung absieht. Faktisch hat in diesem Bereich schon längst das Opportunitätsprinzip Einzug gehalten.

B. Δ-9-Tetrahydrocannabinol (THC)

98   Δ-9-Tetrahydrocannabinol (THC) ist der Wirkstoff in Cannabisprodukten, der vornehmlich für die psychoaktive Wirkung verantwortlich ist. THC in isolierter Form untersteht aufgrund der 4. BtMÄndV seit dem 23. 1. 1993 der Anl. II zum BtMG. Hiermit sollte die Möglichkeit eröffnet werden, Forschungsvorhaben mit THC durchzuführen (*Geschwinde*, 2007, Rn. 144). Folgende Isomere und stereochemischen Varianten der Tetrahydrocannabinole unterliegen als nicht verkehrsfähige Betäubungsmittel der Anl. I: delta6a(10a)-THC, delta6a-THC, delta7-THC, delta8-THC, delta10-THC und delta9(11)-THC.

C. Dronabinol

99   **Dronabinol** ist die Bezeichnung für das aus der Cannabispflanze isolierte THC. Es wird halbsynthetisch durch Extraktion aus Faserhanf gewonnen. Dronabinol wurde durch die 10. BtMÄndV als verkehrs- und verschreibungsfähiges Betäubungsmittel der Anl. III zum BtMG aufgenommen. Die chemische Stoffbezeichnung lautet: (6aR,10aR)-6,6,9-Trimethyl-3-pentyl-6 a,7,8,10 a-tetrahydro-6 H-benzo(c)chromen-1-ol. Es kann nach § 2 Abs. 1 lit. a BtMVV innerhalb von 30 Tagen bis zu einer Höchstmenge von 500 mg verschrieben werden. Dronabinol wurde 1986 in den USA unter dem Handelsnamen **Marinol** zugelassen (*Geschwinde*, 2007, Rn. 134). Marinol wird als weiche runde Gelatinekapseln in Dosierungen von 2,5 mg, 5 mg und 10 mg verschrieben. Unter den Voraussetzungen des § 73 Abs. 3 AMG ist der Einzelimport von den cannabinoidhaltigen Arzneimitteln Marinol und Nabilon möglich (BT-Drs. 17/3810, S. 3). Dronabinol wird in Deutschland von den Firmen *THC Pharm* in Frankfurt, *Delta-9-Pharma* in Neumarkt und *Fagron* in Barsbüttel aus Faserhanf hergestellt. Dort kann es von Apothekern als Rezeptursubstanz bezogen und je nach Verschreibung zu Tropfen oder Hartgelatinekapseln verarbeitet werden (§ 4 Abs. 1 Nr. 1 lit. a und lit. c BtMG). 100 Kapseln zu je 2,5 mg Dronabinol kosten in der Apotheke 256,45 Euro (Stand: Juli 2011). Dronabinol werden folgende Wirkungen zugeschrieben (*Bastigkeit*, 2003, S. 154):

– Anregung des Appetits,
– Hemmung von Übelkeit und Erbrechen,
– Reduzierung muskulärer Krämpfe und Spastiken,
– Senkung des Augeninnendrucks,
– Stimmungsaufhellung.

D. Nabilon

100   **Nabilon** (chemische Bezeichnung: [6aRS,10aRS]-1-Hydroxy-6,6-dimethyl-3-(2-methyloctan-2-yl)-6,6 a,7,8,10,10 a-hexahydro-9 H-benzo(c)chromen-9-on) ist ein in den USA entwickeltes vollsynthetisches Cannabinoid, das aufgrund der 1. BtMÄndV mit Wirkung v. 1. 9. 1984 in die Anl. III zum BtMG aufgenommen wurde. Unter der Bezeichnung Cesametic, 1 mg, wurde dieses Cannabis-Medikament 1983 auch in Deutschland zugelassen, aber nie auf den Pharmamarkt gebracht. Deshalb wurde im Jahre 1988 die Arzneimittelzulassung wieder gelöscht. **Cesametic** ist auch in den USA nicht mehr auf dem Markt, aber in Großbritan-

nien, von wo es auf Bestellung einer Apotheke nach § 73 Abs. 3 AMG durch eine Importfirma eingeführt werden kann.

E. CP 47, 497

CP 47, 497 ist ein synthetisches Cannabinoid, das als Agonist am Cannabisrezeptor CB1 wirksam ist. Es wurde in Deutschland Ende des Jahres 2008 bekannt, als es Kräutermischungen u. a. mit dem Namen „Spice" zugesetzt wurde, um beim Konsum eine cannabisähnliche Wirkung zu erreichen. Durch die 22. BtMÄndV vom 22. 1. 2009 (BGBl. I, S. 246) wurde CP 47, 497 sowie das –C6-Homolog, – C8-Homolog und –C9-Homolog zunächst per Eilverordnung für ein Jahr befristet und schließlich durch die 24. BtMÄndV vom 18. 12. 2009 (BGBl. I, S. 3944) dauerhaft der Anl. II unterstellt. Die ebenfalls in den Kräutermischungen vorkommenden synthetischen Cannabinoide JWH-018, JWH-073 usw. werden aus systematischen Gründen bei den Alkylindolen erläutert (s. Rn. 512 ff.). **101**

Die Kräutermischungen werden wie auch verschiedene Cathinon- und Piperazin-Derivate zumeist in China hergestellt und als „Legal-High"-Produkte über Headshops oder das Internet vertrieben (vgl. *Patzak/Volkmer* NStZ 2011, 498). Aber auch in Deutschland ist die Herstellung der synthetischen Cannabinoide möglich; so wurde hier im Jahr 2010 erstmals ein entsprechendes Labor entdeckt (*BKA*, Jahreskurzlage Rauschgift 2010). Die Hersteller versuchen den Produkten bewusst neue Substanzen beizumischen, die nicht dem BtMG unterfallen. Hierdurch unterliegen die Konsumenten erheblichen Gesundheitsgefahren, da sie nicht wissen, welchen Wirkstoff sie konsumieren. Wiederholt wurde von schweren Intoxikationen nach der Einnahme von „Legal-High"-Produkten berichtet. Zur rechtlichen Beurteilung des Umgangs mit synthetischen Cannabinoiden s. Rn. 514. **102**

F. Dimethylheptyltetrahydrocannabinol (DMHP)

Bei DMHP handelt es sich um eine synthetische THC-Abwandlung, die der Anl. I unterstellt ist, aber im europäischen Raum als Rauschdroge keine Bedeutung hat (*Geschwinde*, 2007, Rn. 147). **103**

G. Parahexyl

Auch Parahexyl ist ein der Anl. I unterstelltes synthetisches Cannabinoid, das als Rauschdroge in Deutschland keine Bedeutung hat (*Geschwinde*, 2007, Rn. 147). **104**

Kap. 3. Kokain-Produkte und Tropanalkaloide

Übersicht

A. Erythroxylum coca (Cocapflanze)

I. Cocapflanze und ihre Verbreitung

105   Südamerikaner pflegen zu Recht auf die Unterschiede zwischen der Cocapflanze und Kokain hinzuweisen. Sie werfen den Amerikanern und den Europäern vor, die Kulturdroge Coca zu dämonisieren und mit Kokain gleichzusetzen. Der Vorwurf ist begründet.

106   **1. Cocasorten und ihre Namen. a) Cocapflanzen.** Es sind mehr als **100 Cocasorten** bekannt. Der Gattungsname Erythroxylon (griech. erythos = rot, xylon = Holz) weist auf das rötliche Holz der Pflanze hin. Der Strauch mit seinen lanzettförmigen Blättern hat gelbliche Blüten und rote Früchte. In der Anl. II zum BtMG werden unter diesem Gattungsnamen die Sorten **Erythroxylon coca, Erythroxylon bolivianum, Erythroxylon spruceanum, Erythroxylon novogranatense** verstanden. In der Eingeborenensprache Ketschua und Aymara wird Coca „Cuca" genannt. Der französische Naturforscher *de Jussier* brachte verschiedene Cocaarten nach Europa, wo seine Kollegen *Jean Baptiste **La**marck* und *Antonio J. **Cavanilles*** sie bestimmten.

Die baumartigen Cocasträucher (**Coca = Indiosprache Baum**) werden wild 107
bis zu 5 m hoch, in Kulturen 1–2 m hoch, lieben mineralhaltige Humusböden, in
800–2.000 m Höhe, bei feuchtem Klima und gleich bleibenden milden Temperaturen von 15–20°. Coca wird bevorzugt auf Anbauterrassen angebaut (Cocales). Es
gibt ca. 120 Cocasorten. Die bekanntesten Sorten sind die „Huanuco"-Sorte aus
Peru und die „Trujillo"-Sorte aus Bolivien. Die Cocablätter können drei- bis
fünfmal jährlich gepflückt werden. Nachdem die Anlage des BtMG zunächst nur
die Cocablätter nannte, ist nun auch die Cocapflanze ausdrücklich aufgeführt.

b) Cocablätter. Nach Art. 1 Abs. 1 lit f. des Einheits-Übereinkommens 1961 108
bezeichnet der Ausdruck Cocablätter die Blätter des Cocastrauches, denen nicht
das gesamte Ekgonin, Kokain und Ekgoninalkaloide entzogen sind. Die Blätter des
im tropischen Südamerika wachsenden und wegen seiner roten Rinde Erythroxylum coca genannten Cocastrauches werden viermal im Jahr geerntet und von den
Cocakauern (Coqueros) nach Entfernung von Stiel und Rippen unter Beifügung
von Kalkstaub gekaut zur Überwindung von Hunger und Müdigkeitserscheinungen. Als Teile der Cocapflanze unterliegen auch die Blätter dem BtMG.

2. Anbaugebiete. Die günstigsten Lebensbedingungen findet die Cocapflanze 109
in den feuchten Urwaldgebieten Südamerikas. Ein Großteil der Cocaanbaugebiete
befindet sich in **Peru** in dem fruchtbaren **Huallaga-Tal** in den Ostanden. In Peru
wird Coca besonders in den Gebieten von Cusco, Huanuco und Ayacucho angebaut, wo die Ketschua- und Aymara-Stämme auch Cocablätter kauen (= **Coqueros).** Man schätzt, dass in Peru allein auf **100–400.000 ha Coca angebaut** wird,
die **pro ha 1 t Blätter** erbringen können. Die hohen Gewinne des Cocaanbaus in
nahezu unfruchtbaren Bergregionen führen trotz immenser polizeilicher und militärischer Bekämpfungsaktionen, trotz umfangreicher Entwicklungshilfe zum Anbau von Alternativprodukten zu einer ständigen Ausweitung des Cocaanbaus. Kaffee, Kakao oder Früchte gedeihen nicht in gleicher Weise auf diesen Böden,
ermöglichen nicht mehrere Ernten im Jahr oder erzielen keine vergleichsweisen
Preise auf dem Weltmarkt. Als 1988 40.000 ha Anbaufläche auf Veranlassung der
US-amerikanischen und peruanischen Regierung mit dem Herbizid Tebuthorion
(genannt Spike) vernichtet werden sollte, weigerte die Herstellerfirma Eli Lilly die
Lieferung, nachdem sie von der maoistischen Guerillaorganisation „Leuchtender
Pfad" Vergeltungsschläge angedroht bekam.

In **Boliviens Yungas** mit ihren geschützten milden und gleichmäßig feuchten 110
Berglagen und Terrassenkulturen in tief eingeschnittenen, warmen Tälern gedeiht
die Cocapflanze mit wenig Alkaloiden. Berühmt sind die **Dörfer Chulumani,
Coripata, La Asunta, Corvico und Carahavi.** Die Cocablätter aus dieser Region schmecken weniger bitter beim Kauen. Im **Chapare-Gebiet,** einige 100 km
südöstlich der Yungas am Fuß der Anden, im Department **Cochabamba** enthalten die Cocablätter reichlich Alkaloide und schmecken deshalb bitterer. Beim Anbau der Cocapflanze wird die Höhenlage zwischen 650 und 1.700 m bevorzugt.
Die Cocapflanzen können 40–50 Jahre alt werden und ab dem 3. Jahr drei- bis
sechsmal im Jahr geerntet werden. Insgesamt beträgt die **Anbaufläche in Bolivien** nach Schätzungen **100.000 ha.** Der Cocaanbau in **Kolumbien** in den Bezirken **Guaviare, Amazonas, Vichada und Valle** erzielt nicht die Qualität Perus oder Boliviens. Die illegale **Anbaufläche** wird auf **20–50.000 ha** geschätzt. In
Brasilien wird in den Urwaldgebieten des **Amazonas, Rio Negro** und **Solimoes** Coca angebaut. Die **Anbaufläche** umfasst ca. **30.000 ha.**

3. Erntemethoden und Methoden der Trocknung. Die Cocablätter wer- 111
den noch alle mit der Hand gepflückt. Es gibt zwei Methoden der Trocknung von
Cocablättern:

a) Man breitet die geernteten Blätter etwa 30–40 cm hoch auf einem Trockenplatz
aus, lässt sie in der Sonne trocknen und rührt sie alle 10 Minuten mit Holzstäben gründlich durch. Je schneller die Blätter trocknen, desto besser ist die
Ware.

b) Man lässt die Blätter leicht fermentieren, setzt sie dem Regen aus und stampft sie mit den Füßen (Coca Picada). Die Blätter werden bis zum Abtransport in kühlen und trockenen Schuppen gelagert. Die Blätter werden mit massiven Handpressen gepresst, in Körben, Säcken oder Bananenblättern zu Ballen gepresst und verpackt. Aus 500 kg frischen Cocablättern verbleiben 150 kg getrocknete Cocablätter. Während die Frauen die Ernte besorgen, kümmern sich die Männer um die Trocknung.

112   **4. Bekämpfung des Cocaanbaus.** Die amerikanische Regierung setzt Mexiko und alle lateinamerikanischen Länder mit Wirtschaftssanktionen massiv unter Druck und verpflichtete sie, einen Drogenkrieg mit Soldaten und Giftsprühflugzeugen gegen die Cocaanbaugebiete zu führen und den Cocaanbau durch Alternativanbauprojekte wie Kaffee, Bananen, Palmherzen, Kakao und Blumen zu ersetzen. Diese Alternativ-Anbauprojekte scheitern jedoch vielfach, weil wegen eines Überangebots der Produkte auf dem Weltmarkt die Marktpreise so stark sinken, dass die Ersatzprodukte nicht kostendeckend abgesetzt werden können und die Bauern doch wieder zum Cocaanbau zurückkehren oder neben dem legalen Alternativanbau gleichzeitig weiterhin heimlich illegal Coca anbauen.

II. Geschichte der Cocapflanze

113   Bei den altperuanischen Kulturen seit 2000 v. Chr. **(Chavin, Paracas, Monchica, Chimu, Huaris und Inkas)** war die Cocapflanze bereits bekannt. Besonders in der Inka-Dynastie nahm die Bedeutung des Cocastrauches als **Kult- und Kulturpflanze** erheblich zu und übte magische Kraft in allen Lebensbereichen aus. Jahrhundertelang war das Cocablatt ein wichtiger Bestandteil der Kulturen der Aymara, Ketschua- und Guarani-Indianer Boliviens und der Bergarbeiter, die in über 4.000 m Höhe unter harten Bedingungen mit Hunger und niedrigen Temperaturen leben mussten.

114   Die Cocapflanze wurde zur **Bewältigung von Arbeit oder Krankheiten,** zu **rituellen Bräuchen** und **Kriegseinsätzen** genutzt. Cocablätter waren den Göttern geweiht, wurden von den Priestern und Zauberärzten zu Zeremonien, Opfern, Vertreibung böser Geister genutzt und den Toten in den Mund gelegt, um sie im Jenseits zu stärken (*Schmidbauer/vom Scheidt* Handbuch der Rauschdrogen, 2004, S. 187).

115   Nach dem Niedergang des Inkareiches und Begründung der neuen **spanischen Kolonie durch** *Pizarro* wurde von den **Vertretern der katholischen Kirche** auf dem kirchlichen Konzil von Lima das Anbauen und das Kauen von Cocablättern durch die Indios als **Götzendienst verdammt** und die Cocapflanze als **Teufelsdroge** bezeichnet. Nachdem sich zunächst die **Inquisition mit dem Cocakauen** beschäftigt hatte, wandelte sich die Auffassung der Kirche schnell zur Duldung, weil der Cocaanbau als wichtiger landwirtschaftlicher Zweig **Staat und Kirche hohe Steuern einbrachte** und eine Ausbeutung der Minenarbeiter durch Bezahlung mit Cocablättern erlaubte. Auch heute noch versorgen sich mehrere Millionen Indios mit Cocablättern, die sie mit Asche vermischt kauen, um **Kälte, Hunger, Schmerz und Müdigkeit und die gefürchtete Höhenkrankheit** zu besiegen. In Peru werden nur 10% der geernteten Cocablätter für medizinische Forschungszwecke und für die **Coqueros** benötigt, 90% wandern in die **illegale Cocaproduktion.** Die amerikanischen Pharmafirmen **Eli Lilly & Co** und **Merck** produzieren nur in geringem Umfange **pharmazeutisches Kokain.** Das peruanische Staatsunternehmen „**National Coca Enterprise" (ENACO)** soll nach seinen Monopolbestimmungen alle Phasen des legalen Cocaanbaus, des legalen Cocavertriebs und Exports kontrollieren, Steuern einziehen, die auf die lizenzierte Herstellung erhoben werden. Das **Staatsunternehmen** vergibt Lizenzen an Cocaanbauer, Cocablatthändler, Einzel- und Großhändler. Es soll illegal angebaute Cocapflanzen und illegal hergestelltes Kokain beschlagnahmen. Doch trotz Unterstützung durch *DEA* (Drug Enforcement Administration) gelingt dies

in keiner Weise (*Thamm* Andenschnee, 1994, S. 56). In Bolivien ist der Handel mit Cocablättern erlaubt, der nicht lizenzierte Anbau jedoch verboten.

III. Geschichte des Kokainhydrochlorids als Medizin

1. Entdeckung der Alkaloide. Beim Kokainhydrochlorid handelt es sich um **116** ein weißes kristallines Pulver. 1836 veröffentlichte der deutsche Arzt *E. F. Pöpping* umfangreiche Untersuchungen über den Anbau, die Verbreitung und den Konsum von Coca, insbesondere über die Wirkungen des Kokains, und wies auf die seelischen und sozialen Folgen von Dauermissbrauch von Kokain hin. Er wurde aber mit seinen Warnungen nicht ernst genommen. Die Forscher *von Tschudi, Mantegazza* und *von Scherzer* verharmlosten hingegen die Wirkungen des Cocagenusses.

Kokain wurde 1855 erstmals isoliert von *Gaedecke* und als **Erythroxylin** bezeichnet. Dem deutschen Chemiker *Albert Niemann* (1834–1861), der im Laboratorium des *F. Wöhler* in Göttingen arbeitete, gelang es 1859 als erstem Wissenschaftler, das Hauptalkaloid der Cocapflanze darzustellen und nannte diese Substanz „Cocain". Seine Dissertation „Über eine neue organische Base in den Cocablättern" erschien 1860. Um die Jahrhundertwende wurden dann durch den Chemiker *Richard Willstädter* auch die Nebenalkaloide entdeckt. Erst nach den Selbstversuchen des italienischen Arztes und Philosophen *Paolo Mantegazza* wurde 1859 die Aufmerksamkeit der Ärzte auf die therapeutische Bedeutung des Kokains gelenkt. Es folgten Untersuchungen des Wiener Pharmakologen *Karl Damian Ritter von Schroff*, von *Wilhelm Lossen*, *F. Wöhler*, *Samuel Percy*, *B. von Aures*, der Franzosen *Coupard* und *Borderau*.

2. Verbreitung der Kokainmedizin. 1862 begann die deutsche Pharmafirma **117** **E. Merck & Co** mit der kommerziellen Produktion des Arzneimittels „**Cocaine**" und konkurrierte damit mit der amerikanischen **Fa. Park & Davis Company in Detroit.** Von 1870–1900 wurden kokainhaltige Pharmazeutika in Puder, Pillen, Pulver, Tropfen, Sirups, Tinkturen, Sprays und Cremes weltweit als Mittel gegen Schwangerschaftsübelkeit, Geschlechtskrankheiten, Drogen- und Seekrankheiten, Durchfall, Erkältung, Zahnschmerzen und Keuchhusten, Asthma, Nervenschmerzen sowie Müdigkeit propagiert, patentiert und abgesetzt.

Bis 1905/1906 waren ca. 25–50.000 patentierte medizinische Kokainprodukte **118** auf dem Markt (vgl. *Thamm*, Andenschnee, 1994, 94). Kokain wurde als Wunderdroge in der Medizin wegen seiner lokalanästhetischen Wirkung auf Haut und Schleimhaut in der Hals-, Nasen- und Ohrenheilkunde, in der Augen- und Zahnheilkunde eingeführt. Die anästhesierende Wirkung des Kokains war zwar bereits entdeckt, als die Wiener Schule unter dem Psychoanalytiker *Sigmund Freud* nach dessen Arbeit „Über Coca" 1884 die betäubende Eigenschaft des Kokains auf Haut und Schleimhaut weltweit bekannt machte und die beiden Ophtalmologen *L. Königstein* und *Karl Koller* die anästhesierende Wirkung des Kokains bei Augenoperationen entdecken ließ.

Doch es gab auch zahlreiche warnende Stimmen in der medizinischen Wissen- **119** schaft. Der **Psychiater** *Erlenmeyer* warnte vor dem Kokainmissbrauch und der Drogenexperte **L. Lewin** wies auf die Gefahren des Kokainismus hin. *Sigmund Freud* beschäftigte sich intensiv mit Coca in der Morphin- und Alkoholentwöhnung, nachdem er selbst Eigenversuche mit Kokainkonsum unternommen hatte. *Freud* scheiterte mit seinen Versuchen, seinen morphiumsüchtigen Freund, den Arzt von *Fleischl-Marxow*, mit Kokain zu heilen. Stattdessen entwickelte sich dieser zum Morphium-Kokainisten und verstarb 1891 an Kokain. 1880 wurde Kokain in den USA in die Liste pharmazeutischer Drogen eingetragen. 1899 gelang es dem Deutschen *Einhorn*, den synthetischen Stoff Procain (Handelsname Novocain) herzustellen.

Die medizinische Verwendung von Kokain verlor erheblich an Bedeutung, seit **120** synthetische Stoffe auf den Markt kamen, die lokalbetäubende Wirkung des Kokains besitzen, ohne zugleich die suchterzeugenden Nebenwirkungen des Kokains aufzuweisen: Benzocain (Handelsname **Anästhesin**), Lidocain (Handelsname

Xylocain), Mersivacain (Handelsname **Scandicain**), Procain (Handelsname **Novocain**), Tetracain (Handelsname **Pantocain**). Auch heute noch werden **Procain-H 3-Kapseln** zur Vorbeugung gegen vorzeitige Alterserscheinungen, gegen Müdigkeit, Konzentrationsschwäche, Überlastung (Stress) und seelische Niedergeschlagenheit eingesetzt.

121   Kokain hat nur noch einen **beschränkten Anwendungsbereich** in der **Augenheilkunde und Anästhesie.** Kokain darf in Deutschland nur als Praxis- und Stationsbedarf von Ärzten und Tierärzten zur Anwendung am Kopf verschrieben werden (§ 2 Abs. 3 und Abs. 4, § 4 Abs. 3 BtMVV). In der Zahnmedizin darf Kokain nicht eingesetzt werden (§ 3 BtMVV).

IV. Illegaler Konsum

122   Beim Kauen der **Cocablätter** wird nur ein Teil des Alkaloids extrahiert und noch weniger gelangt in die Blutbahn. So kommt es beim erfahrenen Coca-Kauer nur selten zu einer voll entwickelten Sucht im Gegensatz zum Konsumenten des gereinigten **Alkaloids Kokain.** Das Kauen von Cocablättern hat in den Coca-Herkunftsländern Bolivien, Peru und Kolumbien **Jahrtausende alte Tradition.** Ein Großteil der Cocaernte wird auch von den Einheimischen konsumiert. Die Cocablätter werden unter Zusatz von Pflanzenasche gekaut. Die Wirkstoffe werden über die Mundschleimhaut aufgenommen. Zwar verboten die Spanier nach Eroberung des Inkareiches zunächst das Cocakauen. Als sich jedoch herausstellte, dass man mit den Cocablättern soziale Probleme lösen konnte, Bergwerksarbeiter und Sklaven zu größerer Leistungsfähigkeit veranlassen, die armen Bevölkerungsschichten ihre wirtschaftliche Not, Krankheit und Sorgen vergessen lassen konnte, ließ man das Cocakauen wieder zu. Bei oraler Applikation von Cocablättern werden 30–50 g, maximal 500 g Blätter täglich konsumiert. Der Coca-Kauer ist an seiner **dicken Backe** zu erkennen. Überschreitet der Coca-Kauer die **tägliche Menge von 50 g Cocablätter** ganz erheblich (z. B. 100–500 g), so stellen sich bei ihm **körperliche, psychische und soziale Verfallserscheinungen** ein. Es kommt bei ihm dann ähnlich dem exzessiven Cannabismissbrauch zu dem sog. **amotivationalen Syndrom (AMS),** das sich in Passivität, Apathie, Stumpfsinn, Verhaltensstörungen, erhöhter Krankheitsanfälligkeit und reduzierter Körperhygiene äußert (vgl. *Geschwinde*, 2007, Rn. 1877).

B. Kokain (Cocain, Benzoylecgoninmethylester)

I. Kokain und seine Verbreitung

123   Das aus der Cocapflanze gewonnene Kokain wird in der Regel als **Hydrochlorid, als Salz** der Salzsäure in weißer, kristalliner Form, dem sog. Schnee, geschnupft oder injiziert. Es wird von den Schleimhäuten gut, vom Magen-Darm-Trakt weniger gut absorbiert. Beliebt ist auch das **Rauchen** oder **Inhalieren** von **freier Kokainbase (Free base) oder Crack,** das in hastigen Atemzügen mit Wasserpfeifen, aus aufgeheizten Alufolien oder im Joint **geraucht wird** (Chinesen, Chase the dragon; zu Crack s. im Einzelnen Rn. 152 ff.). Kokain ist als verkehrs- und verschreibungsfähiges Betäubungsmittel der Anl. III unterstellt. Es darf in Deutschland nur als Praxis- und Stationsbedarf von Ärzten und Tierärzten zur Anwendung am Kopf verschrieben werden (s. Rn. 121). Die psychoaktiv nicht wirksame Abwandlung in Form des **D-Cocains** ist in Anl. II eingruppiert (*Geschwinde*, 2007, Rn. 1733).

124   Coca und Kokain werden geraucht, inhaliert, als Tee (**Coca-Tee,** Coca-mate oder auch Mate de Coca genannt, s. *Zweibrücken* Blutalkohol 2009, 335 = Stra-Fo 2009, 432) in alkoholischen Getränken (**Cocawein, Coca-Champagner)** aufgelöst, **getrunken,** als wässrige Kokainlösung **subkutan oder intravenös injiziert,** vielfach auch **geschnupft.** Mit einem kleinen Kokainlöffelchen wird auf einem Spiegel eine Linie von Kokain gebildet und geschnupft. Vielfach wird das Kokain auch mit einem Strohhalm oder einem gerollten Geldschein in die

Nase eingezogen. Durch das Schnupfen gelangt die Droge über die Schleimhaut der Nasenwände in den Blut-Kreislauf. **Kokain** gilt als **Champagner unter den Drogen.** Beim Kokainkonsum gibt es zahlreiche Statussymbole. So wie beim Cannabiskonsum vielfach kunstvolle Cannabispfeifen und Gefäße benutzt werden, benutzt der Kokainkonsument häufig kunstvoll gestaltete Kokainspiegel, Kokainmesserchen, Kokainwaagen, goldene Löffelchen, Platinröhrchen und kunstvoll verzierte Behältnisse, in denen er seinen Kokainvorrat aufbewahrt. Es hat sich in Headshops eine **blühende Paraphernalien-Industrie** gebildet. Schönheitschirurgen reparieren angegriffene Nasenscheidewände. Nasensprays, Nasenduschen und Nasenpinsel dienen dem Kokainkonsumenten.

Bisweilen wird Kokain auch durch Einreiben des Zahnfleisches oder von 125 Schleimhäuten aufgenommen. Kokain wird vielfach zu **erotischen Liebesspielen** benutzt. So wird Kokain nicht nur vor dem Geschlechtsverkehr geschnupft, sondern die Sexualpartner reiben sich beim Liebesspiel gegenseitig Penis bzw. Vulva mit Kokain ein. In jüngster Zeit dient die Kokainspritze ebenso wie das Opiumalkaloid Papaverin zur **Erektionssteigerung.** Setzt eine Prostituierte eine Kokaininjektion in den Penis ihres Freiers, so führt dies zwar zu einer starken Erektion. Hierbei kann es aber zu erheblichen Komplikationen kommen, dem **Priapismus,** einer unerwünschten schmerzhaften Dauererektion, die nur vom Arzt zu beheben ist. Das Injizieren von Kokain wird insb. von Heroinfixern gepflegt. Die gefährliche Konsumgewohnheit, Kokain und Heroin zu mischen und dann zu spritzen, findet Liebhaber. Während man die Injektionen eines Kokain-Heroin-Gemisches **„speedball"** nennt, versteht man unter **„stereodruck"** eine getrennte Injektion von Heroin und Kokain. Vereinzelt wird Kokain nicht nur mit Heroin, sondern zusätzlich mit LSD gemischt **(Frisco-Speedball-Cocktail)** oder Kokain mit Ritalin und Dilaudid gemischt **(Stereo-Cocktail).** Im Deutschen Arzneibuch wird die höchste therapeutische Einzeldosis mit 50 mg und die höchste therapeutische Tagesdosis mit der dreifachen Menge, nämlich 150 mg, angegeben. Die übliche Einzeldosis eines Kokainkonsumenten ist beim Schnupfen 20–50 mg, bei der intravenösen Injektion 2–16 mg und beim Essen mindestens 100 mg (*Geschwinde*, 2007, Rn. 1942, 1944). Bei Kokainsüchtigen führt die Dosissteigerung zu Tagesmengen von bis zu 5 g Kokain, bei nasaler Aufnahme sogar bis zu 30 g (*Geschwinde*, 2007, Rn. 1945).

II. Wirkungen des Kokains

Bei den Wirkungen des Kokains müssen wir den Gelegenheitskonsum vom 126 Dauergebrauch bzw. -missbrauch unterscheiden. Außerdem sind die körperlichen und psychischen Wirkungen voneinander zu trennen.

1. Gelegenheitskonsum. Beim Gelegenheitskonsum kommt es im körper- 127 lichen Bereich zu keinen wesentlichen Veränderungen. Die Herz-Kreislauf-Funktion wird beschleunigt, die Pupillen der Augen erweitern sich. Die körperliche Leistungsfähigkeit, besser Leistungsbereitschaft, nimmt erheblich zu, nicht die Muskelkraft. Die psychischen Auswirkungen sind erheblicher. Der Kokainrausch verläuft in drei Stadien. Im anfänglichen euphorischen Stadium kommt es zur Steigerung von Stimmung, Antrieb und Kontaktfähigkeit, zur Beschleunigung von Denkabläufen, Steigerung des Selbstgefühls und zur sexuellen Stimulierung. Die Libido wird gesteigert, der Eintritt des Orgasmus beim sexuellen Vollzug verzögert oder gar intensiviert. Im zweiten Stadium, dem Rauschstadium, werden diese Erscheinungen abgelöst durch optische, akustische oder taktile Halluzinationen. Das 3. Stadium wird als Depression in unterschiedlichem Ausmaß erlebt (sog. „post coke blues"). Neben dem Wunsch, die Kokaineuphorie erneut zu erleben, kommt es zu Ängsten, Verfolgungsideen, Schuld- und Minderwertigkeitsgefühlen (vgl. im Einzelnen hierzu *Geschwinde*, 2007, Rn. 1840 ff.).

2. Dauerkonsum. Dauerhafter Kokainkonsum führt zu **physischen und** 128 **psychischen Veränderungen.** Mit einem allmählichen **körperlichen Verfall**

geht eine Vernachlässigung der Körperhygiene und Ernährung einher. Neben der schmerzstillenden Wirkung führt der Kokainrausch zu kurzfristiger körperlicher Leistungssteigerung, Aktivität, Überwindung von Hunger und Müdigkeit, zu Überwindung von Hemmungen und einer Welle von Euphorie und einer Steigerung des Trieblebens. Die Welle von Glückseligkeit fällt jedoch sehr bald in sich zusammen in Sinnestäuschungen, Angstgefühlen, Verfolgungsideen und Aggressionen. Vielfach begleitet ein erheblicher Alkoholmissbrauch den Kokainmissbrauch. Die akuten körperlichen Veränderungen bestehen in Schwitzen, Schüttelfrost, Blutdruckerhöhung, bei Überdosierung in Herz-Kreislaufversagen, cerebralen Anfällen und Atemlähmung.

129   Auch **körperliche Folgeschäden** sind zu beobachten. Chronisches Kokainschnupfen führt zu Entzündungen, Geschwüren und Perforation der Nasenscheidewand, zu Krampfanfällen, Leberschäden, körperlichem Verfall, aber nicht zu einer körperlichen Abhängigkeit. Der Kokainkonsum führt zu einer Dauererregung ganzer Nervenregionen (Nervengewitter). Wird Kokain oral aufgenommen, so führt es in geringer Dosierung zu Rauschzuständen, in höherer Dosierung zu Vergiftungserscheinungen. Der Kokainismus ist durch **starke psychische Abhängigkeit** und **ausgeprägte Tendenz zur Dosissteigerung** gekennzeichnet. Allein die psychische Abhängigkeit von Kokain ist so stark, dass man Kokain zu den stärksten Betäubungsmitteln zählen muss. Kokainsucht ist das Beispiel einer ausschließlich psychischen Abhängigkeit, die in ihrer zerstörenden Wirkung auf das Individuum mit den Opiaten zu vergleichen ist, obwohl diese nicht nur zur psychischen, sondern auch zur physischen Abhängigkeit führen. Dem Idealbild vom Kokainkonsumenten mit erhöhter Leistungsfähigkeit, Genialität, Spontaneität, Kontaktfreude und sexueller Stimulation folgt das Gegenbild von dem körperlichen und geistig abgebauten Kokainsüchtigen mit Konzentrationsschwäche, Antriebsschwäche, Wahrnehmungsstörungen, Rastlosigkeit, Pseudo-Halluzinationen bis hin zu schizophrenieähnlichen Psychosen.

130   Bei hoher Dosierung kann der Kokainkonsum eine Überstimulation des zentralen Nervensystems herbeiführen und Bewusstlosigkeit und Tod infolge von Herzschwäche oder Atemstörung bewirken. Langjähriger Kokainmissbrauch führt zunächst zu Verhaltensstörungen und Leistungsverlust, später zu **sozialem Niedergang, geistiger Verblödung und körperlichem Verfall.** Wenn **Alkohol und Kokain** im Organismus **zusammentreffen,** bildet sich eine neue Droge **Äthylkokain,** und die Wirkung von Kokain verstärkt sich bis zum 100fachen. Herzkranke gehen bei der Kombination von Kokain und Alkohol ein stark **erhöhtes Risiko** des **plötzlichen Herztodes ein.**

III. Geschichte des Kokains

131   **1. Kokain als Genussmittel.** Cocaprodukte eroberten im 19. Jahrhundert jedoch nicht nur den **Pharmamarkt,** sondern auch den **Markt der Genussmittel.** 1863 erfand der korsische Chemiker und **Kaufmann** *Angelo Mariani* den Cocawein, einen Bordeaux-Wein, dem Cocablätter zugesetzt wurden. Er brachte Mariani-Tee und Mariani-Pastillen auf den Markt und begeisterte mit seinen Produkten Künstler und Entdecker wie *Jules Verne, Auguste Rodin, Thomas Edison, Emile Zola, Henrik Ibsen,* **16 Staatsoberhäupter und 3 Päpste.** Er verdiente mit seinem Mariani-Wein ein Vermögen. Der **Apotheker** *John Pemberton* aus Georgia fertigte 1886 eine Essenz aus Cocablättern und der coffeinhaltigen Colanuss und verkaufte seinen **Coca-Cola-Wein** als Erfrischungsgetränk gegen Kopfschmerzen, Müdigkeit, Alkoholismus und Lebensangst. 1891 erwarb *A. G.* **Candler** die Rechte von *Pemberton* und gründete die **Coca-Cola-Company,** die mit ihren Getränken die Welt eroberte. Bis 1903 enthielt Coca-Cola Kokainbestandteile. Als dann die Anti-Coca-Bewegung einsetzte, beschränkte man sich auf die anregende Wirkung des Coffeins.

132   Die **US-Firma** *Parke-Davis-Company* in Detroit stellte von 1885–1906 **Kokainzigaretten** und Zigarren aus Cocablättern her und warb damit, sie seien

geeignet, Probleme der Atemwege zu beheben. Es gab eine große **Palette von Lebensmitteln, Genussmitteln und Heilmitteln,** die **aus Cocablättern hergestellt** wurden und auf dem Weltmarkt durchaus hätten bestehen können wie Coca-Wein, Coca-Tee, Coca-Hustensaft, Coca-Zahnpasta, Coca-Seife, Coca-Salben, Coca-Verdauungssirup, Coca-Schmerzmittel, Coca-Wachhaltepillen, Coca-Erfrischungsgetränke, die **nicht mehr abzusetzen waren,** nachdem nicht nur das KokainHCl, die Kokainbase, sondern auch die Cocablätter **der UN-Konvention von 1961 unterstellt** worden waren.

Von 1887–1914 reglementierten immer mehr US-Staaten, schließlich 46, den **133** Cocaverbrauch und Cocavertrieb. 1906 wurde Kokain nur noch zur medizinischen Verwendung zugelassen und der Rezeptpflicht unterstellt. Kokain wurde für den Konsumenten illegal und teuer. Der **Harrison-Act** vertrieb Kokain in den USA vom legalen Markt. Und dennoch fand Kokain in Europa weitere Verbreitung in **Künstler- und Prostituiertenkreisen und beim Militär.** Im Heer wurde bei langen Märschen oder bei nächtlichen Flugeinsätzen Kokain missbraucht (vgl. im Einzelnen *Thamm* Andenschee, 1994, S. 94 ff.). In den Nachkriegsjahren wurde die illegale Droge Kokain in den **europäischen Großstädten wie London, Paris, Berlin, München, Prag und Budapest zur Modedroge** und führte in den **Goldenen Zwanziger Jahren** zu einer **Genussepidemie** in der Form des Kokainschnupfens. Künstler des **Expressionismus** rühmten den Kokaingenuss. Nach Angaben des „Opium-Committee of the league of nations" produzierte die Weimarer Republik 1926 noch 2.400 kg Kokain, 20.700 kg Morphium und 1.800 kg Heroin. Da die Quechua- und Aymara-Indianer seit Jahrtausenden Coca zu kultischen Zwecken und als Aufputschmittel gebrauchen, ist der Anbau von Coca in Peru und Bolivien für diese Zwecke zwar kontrolliert, aber erlaubt. Der **legale Anbau zur Produktion von Coca-Limonade, Coca-Wein, Coca-Seife und Coca-Zahnpasta** soll jedoch ausgeweitet werden. Bislang hat der legale Cocaanbau im Vergleich zum illegalen Anbau von Coca nur geringe Bedeutung, da die Preise des staatlichen Aufkäufers erheblich niedriger sind als die Preise der illegalen Aufkäufer.

2. Kokain als illegale Droge. Im deutschen **Opiumgesetz v. 30. 12. 1920 134** und später im **Opiumgesetz von 1929,** der Umsetzung des **internationalen Opiumabkommens von 1912** dienten, wurde der Umgang mit Kokain der **behördlichen Kontrolle** unterstellt und der illegale Umgang mit Kokain **mit Strafe bedroht,** aber **die Substanz nicht generell verboten.** Kokain wurde in besonderen Salons, wie von *Pitigrilli* beschrieben, geschnupft, als Kokainwein und Kokainsekt getrunken und als Kokainzigaretten geraucht. Zu Beginn der 30er Jahre rühmten die **Jazzmusiker** und der **Stummfilm** den Kokaingenuss. Bald eroberte das Kokain aber auch die unteren Schichten. 1924 gab es in Frankreich 100.000 Kokainsüchtige. Auch im Berlin der 20er Jahre trafen sich die Szene in bestimmten Künstlerlokalen und Kokainhöhlen. Im **3. Reich** wurde einerseits eine radikale Rauschgiftbekämpfung vorangetrieben, andererseits an Drogen gearbeitet, die anstelle von Morphium und Kokain der Deutschen Luftwaffe zur Verfügung gestellt werden könnten. *Hermann Göring* hatte Morphium und Kokain konsumiert. Während des **2. Weltkrieges** konsumierten die Kampfflieger **Kokain und Pervitin (Methamphetamin).** Bei den **Hoechstwerken** wurde ein Betäubungsmittel entwickelt, dem man den Namen **Polamidon bzw. Amidon** gab, das nach **dem 2. Weltkrieg in den USA** unter dem Namen **Methadone** und **Dolophine,** in Österreich unter dem Namen **Heptadon** auf den Markt gebracht wurde.

Eine **zweite Kokainwelle** brach zu Beginn der 70er Jahre in den USA aus, **135** breitete sich epidemisch aus und erreichte die Bundesrepublik erst 10 Jahre später. Auch dieses Mal fand das Kokain zunächst in Schickeria- und Künstlerkreisen seine Verbreitung, hat aber heute alle Gesellschaftsschichten erreicht und wird auf der Straße sowie in Rotlichtkneipen angeboten.

In den **70er und 80er Jahren** erschütterten Kokainskandale die Welt. Die Welt **136** wurde von einem Überangebot südamerikanischen Kokains überflutet. Kokain, der

Champagner unter den Drogen, **erreichte Arme und Reiche, Prominente wie Arbeitslose** und entwickelte sich zur **Massendroge.** Am 25. 4. 1984 verstarb der 28-jährige Senatorensohn von *Robert Kennedy,* **David Kennedy,** in einem Luxushotel in Palm Beach/Florida, nach Kokaingenuss.

137   Nicht selten konsumieren Heroinkonsumenten oder Methadonpatienten gleichzeitig Kokain. Auch im derzeitigen BtMG ist Kokain in die Anl. III eingeordnet worden und damit ein **verkehrs- und verschreibungsfähiges Betäubungsmittel geblieben.**

IV. Kokain und Kunst

138   Kokain wurde in Literatur und Musik verherrlicht. Im Jahre 1921 erschien *Dino Segres* Roman „Kokain" unter dem Künstlernamen **„Pitigrilli",** der in die Kokaingesellschaften, die Montmartre-Kneipen und in die Villen des Pariser Kokainviertels führte. 1926 malte der Expressionist **Otto Dix** das berühmte Gemälde der Koksgräfin. 1934 erschien **M. Agejews** „Roman mit Kokain". Zahlreiche Gedichte, Schlager und Songs verherrlichten den Kokaingenuss und die abgeschlossenen Kokainzirkel mit ihrem mondänen Setting; Musiker wie die **Rolling Stones, Keith Richards** und **Ron Wood,** Schauspieler wie **Elizabeth Taylor, Tony Curtis, Faye Dunaway, Linda Blair, Robert Evans** suchten Erfahrungen mit Kokain. Der Regisseur **R. W. Fassbinder** verstarb an Kokain. Expressionistische Maler und Dichter wie **Otto Dix, Conrad Felixmüller, Gottfried Benn** missbrauchten Kokain. Dichter wie **Georg Trakl** und **Walter Rheiner** starben an Kokain. Der Liedermacher **Konstantin Wecker** machte Ende der 90er Jahre Schlagzeilen wegen umfangreicher Kokaindelikte. Der deutsche Künstler **Jörg Immendorff** wurde im Jahr 2004 vom *LG Düsseldorf* wegen Kokainbesitzes zu einer Freiheitsstrafe von 11 Monaten mit Bewährung verurteilt.

V. Mortalität von Kokainabhängigen

139   Die meisten Todesfälle bei Kokain wurden bei intravenöser Injektion festgestellt. Einig sind sich die Experten, dass das Todesfallrisiko beim Schnupfen weitaus seltener ist als bei intravenöser Applikation (vgl. dazu *Geschwinde,* 2007, Rn. 2053). Die **toxische Wirkung** setzt bei 30 mg bei Injektion und bei 100 mg bei oraler Aufnahme ein; die **tödliche Dosis** beginnt bei einem Körpergewicht von 70 kg bei 200–300 mg intravenös oder bei 1 g–2 g oral (*Geschwinde,* 2007, Rn. 2048). Der Tod stellt sich nach Herz-Kreislauf-Versagen nach cerebralen Krampfanfällen bzw. zentraler Atemlähmung ein.

VI. Illegale Kokainherstellung und illegaler Kokainhandel

140   **1. Produktionsverfahren.** Von 1 t frischer Cocablätter bleiben nach Trocknung 200 kg Blattwerk übrig, die ca. 10 kg Cocapaste ergeben. Aus den 10 kg Cocapaste sind 4 kg Cocabase (Rohkokain) und 2 kg reines Kokainhydrochlorid zu gewinnen. Die Cocablätter werden mit Wasser und Schwefelsäure aufgegossen und dann mit den Füßen zusammengestampft von den sog. pisacocas (Cocatreter). In Bolivien gibt es eine besondere Strafe für die in der Verarbeitung tätigen Cocatreter (pisacocas) von 1–2 Jahren, wenn sie nicht bei den Ermittlungen kollaborieren (vgl. *Ambos,* Drogenkrieg in den Anden, 1994, 86). Nach Zugabe von Kalk und Natriumcarbonat in die grün-braune Brühe bildet sich ein gräulicher Brei, die rohe Cocapaste (coca pasta, coca bruta, pasta basica bruta, pasta base sulfato). Diese Cocapaste wird durch mehrfache Reinigungsprozesse unter Beimischung von Äther, Aceton, Ammoniak, Pottasche zu der grauen bis bräunlichen Kokainbase (pasta basica lavada, sulfato basico) veredelt. Durch Filtrieren werden Kokain Rocks mit einer Reinheit von 70–85% gewonnen. Sowohl in der Paste als auch in der Base ist Kokain als Sulfat enthalten. Durch Beimischung von Salzsäure, Äther oder Aceton wird das weiße, feinflockige Kokainhydrochlorid (white stuff, flakes, chlorhidrato de cocaina) mit einer Reinheit von 95–99% gewonnen, das beliebig

mit Traubenzucker oder Milchzucker gestreckt werden kann. Vielfach wird das Kokain aber nicht als Kokain-Salzsäure-Salz, als Kokainhydrochlorid, sondern als Kokainbase gehandelt. Kokainhydrochlorid löst sich gut in Wasser oder Blut und anderen Körperflüssigkeiten auf und kann über die Schleimhäute von Darm und Nase aufgenommen, geschnupft oder injiziert werden. Das Kokainhydrochlorid ist aber schwer rauchbar und verschwenderisch beim Rauchen. Die salzsauren Kokainhydrokristalle können aber in einer wässrigen Lösung mit Ammoniak, Äther oder Chloroform gelöst werden und liegen dann nach Abfilterung als rauchbare freie Kokainbase (free base) vor. Durch Aufkochen von Kokainhydrochlorid mit Backpulver (= Natriumbikarbonat) gewinnt man ein Gemisch aus Kochsalz (NaCl) und Kokainbikarbonat, welches Crack genannt wird und bei 96° mit fein knackendem (to crack) Geräusch als freie Base verdampft.

2. Produktionsländer. Die größten illegalen Kokainproduktionsländer sind die 141 südamerikanischen Länder **Peru, Bolivien, Kolumbien** und **Ecuador.** Während in Peru, Bolivien und Ecuador der Anbau, die Ernte und Verarbeitung von 120.000 t Cocablätter stattfinden, wird in tausenden kleinen und größeren illegalen Laboratorien in Kolumbien das Kokainhydrochlorid hergestellt und vertrieben. In Kolumbien wurden im Jahr 2008 3.200 Kokainlabore aufgedeckt und 42 t Kaliumpermanganat, das zur Herstellung von Kokain verwendet wird, sichergestellt. Die Produktionsstätten liegen vielfach **im Grenzbereich** zu den Nachbarstaaten **Ecuador,** Brasilien, Peru und Venezuela, um bei Razzien im Nachbarland verschwinden zu können **Bolivien** hat sich ebenso wie **Peru** vom bloßen Anbau- zum Verarbeitungs- und Produktionsland fortentwickelt, wo in Grenzgebieten Cocapaste verarbeitet wird. Auch **Brasilien** und **Argentinien** haben sich in den letzten Jahren zum Produktionsland entwickelt. Nach dem Jahresbericht 2010 der *Europäischen Beobachtungsstelle für Drogen und Drogensucht (EMCDDA)* wird die weltweite Herstellung von Kokain im Jahr 2009 auf 842 bis 1.111 t geschätzt; 711 t wurden weltweit sichergestellt, davon 67 t in Europa und Norwegen.

Außerhalb Südamerikas und Mittelamerikas wurden Kokainlaboratorien lediglich in Spanien und im Libanon festgestellt. Kokainexperten unterscheiden exakt 142 zwischen Kokainsorten und Kokainqualitäten. Bekannt sind die Spezialitäten „COLUMBIAN FLAKE", „PERUVIAN SNIFF", „BOLIVIAN ROCK". Seit 1979 sind die Kokainsicherstellungen in Europa stark angestiegen. Die Iberische Halbinsel, insb. Spanien, sowie die Benelux-Länder, insb. die Niederlande, sind Haupteinfuhrländer für Kokain in Europa. Frankreich, Italien und das Vereinigte Königreich sind wichtige Transit- und Zielländer für Kokainlieferungen (*EMCDDA* Jahresbericht 2010, S. 74). Wichtige **Ausgangspunkte** für den Kokainschmuggel sind **in Kolumbien** Medellin, Cali, Bogota, Catagena, Baranquilla, Santa Martha; **in Peru** Lima, Cusco, Ayacucho, **in Bolivien** La Paz, Cochabamba, Santa Cruz. Als Kuriere dienen vorwiegend Kolumbianer, Bolivianer, Spanier und Italiener. Tonnenmengen von Kokain werden **per Kleinflugzeug oder per Schiff auf den amerikanischen Markt,** auf dem **Seeweg nach Europa** geschmuggelt, während die Kofferkuriere der Luftweg bevorzugen. Das südamerikanische Land **Surinam** spielt wegen seiner besonderen Beziehungen zu den Niederlanden im Kokainweltschmuggel eine immer größere Rolle. Wie die Zunahme der Sicherstellungszahlen zeigt, scheint sich der Kokainhandel auch in Richtung Osten auszuweiten (*EMCDDA* Jahresbericht 2010, S. 74).

VII. Kokainpreise

Im Jahr 1981 kostete 1 g Kokain im Straßenhandel zwischen 200,– und 400,– DM 143 (*Geschwinde*, 2007, Rn. 1939). 1 kg Kokain wurde zu dieser Zeit zu einem Preis zwischen 80.000,– und 250.000,– DM gehandelt. Seit Beginn der 90er Jahre fiel der Grammpreis wegen des Überangebots auf 100,– bis 180,– DM. Heute ist 1 Gramm Straßenkokain (stark gestreckte Zubereitung) in Deutschland schon für 30–50,– Euro zu haben. In Europa wird durchschnittlich zwischen 37,– und 107,– Euro für ein Gramm Kokain bezahlt (*EMCDDA* Jahresbericht 2010, S. 73).

Als **Streckmittel** werden sowohl **Lokalanästhetika** wie Xylocain®, Benzocain, Teracain, Lidocain und Procain als auch andere Stoffe wie **Ephedrin, Coffein, Traubenzucker, Milchzucker, Sacharin,** bisweilen auch **Strychnin** verwendet. Wie weit der Kokaineinfluss und der Geldfluss der gewaschenen Gewinne unsere Gesellschaft schon unterwandert haben, haben Untersuchungen von zirkulierenden Geldscheinen ergeben, die bereits zu einem Drittel Spuren von Kokain aufwiesen (vgl. *Briellmann u. a.* Kriminalistik 2001, 113 ff.).

VIII. Kokainsicherstellungen

144   **1976** wurden weltweit 2.419 kg Kokain, **1986** aber 127.901 kg Kokain beschlagnahmt. Im Jahre **1988** gab es in Europa 23 Sicherstellungen von Kokainmengen über 30 kg. Als Haupteinfallstor für den Zustrom von Kokain nach Europa war Spanien anzusehen. Am 6. 6. 1988 beschlagnahmte die US-Zoll eine Boeing 747 der Fluggesellschaft Avianca Airlines, nachdem zwischen einer Ladung roter Rosen 222 kg Kokain gefunden wurden. Dies war die 14. Sicherstellung der US-Behörden in einem Flugzeug dieser Gesellschaft. Im September 1988 entdeckten britische Fahnder in Southampton in einem Containerschiff aus Kolumbien unter einem doppelten Boden 263 Drogenpakete mit 245 kg Kokain, die sie durch Drogenimitate ersetzten. Das Schiff fuhr weiter über Bremen und Rotterdam, wo niederländische Fahnder die fünf Kokainempfänger festnahmen. Im Januar **1989** beschlagnahmte die Kripo in Barcelona 140 kg Kokain. Im Februar 1989 wurden in Südfrankreich 471 kg Kokain aus Kolumbien in einem Segelboot sichergestellt. **1990** wurden in Europa **12.970 kg** Kokain sichergestellt, 4.045 kg in Spanien, 4.022 kg in den Niederlanden, 2.076 kg in Deutschland. 1991 steigerte sich die Sicherstellungsmenge in Europa auf 13.586 kg Kokain, während in der ganzen Welt 232.000 kg Kokainhydrochlorid beschlagnahmt wurde, davon 87 t in den USA, 77 t in Kolumbien, 9,5 t in Bolivien, 7,5 t in Spanien, 2,2 t in den Niederlanden und 1,2 t in Italien.

145   Von Mai bis Juli **1999** wurden allein in der Karibik und auf dem Atlantik bei vier Großsicherstellungen auf Schiffen mit Ziel Spanien **24.000 kg Kokain** beschlagnahmt. Im Juli 1999 wurden von der spanischen Polizei auf einem Schiff in der Nähe der Kanarischen Inseln **10 t Kokain** beschlagnahmt und 50 mutmaßliche Rauschgiftschmuggler festgenommen. Dies war zu dieser Zeit die größte in Europa sichergestellte Kokainmenge. Im gesamten Jahr 1999 wurden **43.000 kg Kokain** in Europa sichergestellt.

146   In den ersten 8 Monaten des Jahres 2000 gelang es der Drogenpolizei von Kolumbien, **22.000 kg Kokain,** 25.000 kg Marihuana sicherzustellen und 280 Kokainlaboratorien und 37.000 Cocapflanzen zu vernichten. Nach Zerschlagung der Kokainkartelle von **Cali** und **Medellin** in Kolumbien machte neben zahlreichen kleineren Kartellen vor allem das **Kartell „Norte del Valle"** mit den Drogenbaronen *Diego Montoya Sanchez* (Don Diego) und *Hernando Gomez* **Bustamente** (Rasguno) von sich reden.

147   Der Großteil des Großhandels und Schmuggels wurde und wird über Flugzeuge und Schiffe abgewickelt. Hauptziele in Europa sind die **Häfen und Flughäfen in Spanien und in den Niederlanden.** Daneben gibt es die endlose Reihe von Körperschmugglern und Kofferträgern, die kiloweise Kokain im Körper oder in Koffern transportieren. Das Kartell „Norte del Valle" unterhält in der Nähe von Pereira eine **„Escuela para Narcomulas"** Schule für Drogenschmuggler. Die größte in Kolumbien jemals sichergestellte Kokainmenge wurde im Mai **2005** im Hafen von Tumaco in der Nähe zur Grenze zu Ecuador entdeckt. Paramilitärs hatten von der Guerilla-Truppe **Farc (Revolutionäre Streitkräfte Kolumbiens)** und von einem Drogenkartell der Region **17 t Kokain,** 5.000 Gallonen flüssiger Chemikalien, 9 russische Gewehre und mehrere Funkgeräte erhalten.

148   Im **Januar 2007** wurde der Drogenbaron *Montoya Sanchez* vom Kokainkartell Norte del Valle verhaftet. Wenig später haben panamesische und US-Fahnder im März **2007** auf einem Schmugglerschiff im Pazifik ca. **20 t Kokain** sichergestellt.

Ende April **2007** haben Fahnder in Kolumbien **25 t** des weißen Pulvers im Straßenverkaufswert von zwei Milliarden Euro sichergestellt. Die Drogen waren schon auf fünf Schnellbooten verstaut, mit denen sie von der Pazifikküste aus zu Schiffen auf hoher See gebracht werden sollten. Die Riesenfracht „Koks" ist die größte jemals in dem südamerikanischen Land gefundene Drogenmenge. Sie gehörte nach ersten Erkenntnissen der marxistischen Rebellengruppe **„Revolutionäre Streitkräfte Kolumbiens" (FARC)** und dem Chef eines Drogenkartells namens *Wilber Verela* alias „*Jabón*" (Seife).

Auch **in Deutschland** steigen die Kokainsicherstellungen stetig an. **1978** stell- **149** ten die Strafverfolgungsbehörden 9,3 kg, **1983** 106 kg Kokain sicher. 80% der Kokainsicherstellungen erfolgt auf dem Flughafen Frankfurt am Main. **1990** wurden in Deutschland 2.474 kg Kokain sichergestellt, **1991** 964 kg Kokain, **1998** 1.133 kg Kokain, davon allein am 28. 5. 1998 im Hamburger Hafen eine Ladung von 380 kg Kokain. **1999** beschlagnahmten Polizei und Zoll in Deutschland 1.979 kg Kokain, davon 653 kg auf dem Flughafen Frankfurt/M. und 308 kg in deutschen Seehäfen. Seit dem **Jahr 2000** haben sich die Sicherstellungsmengen in Deutschland wie folgt entwickelt (Quelle: www.bka.de):

Kokainsicherstellungen in Deutschland		
Jahr	**Fälle**	**Mengen**
2000	4.814	913,4 kg
2001	4.044	1.288,0 kg
2002	4.163	2.135,7 kg
2003	3.822	1.009,1 kg
2004	4.088	969,0 kg
2005	4.109	1.078,9 kg
2006	3.972	1.716,6 kg
2007	4.199	1.877,5 kg
2008	3.956	1.068,6 kg
2009	3.858	1.707,0 kg
2010	3.350	3.030,8 kg

IX. Rechtsprechung zu Kokain

Die nicht geringe Menge von Kokain beginnt bei einer Wirkstoffmenge von **5 g** **150** **Kokainhydrochlorid** (BGHSt. 33, 133 = NStZ 1985, 366 = StV 1985, 189). Wird jedoch **Kokainbase** sichergestellt, so muss die Base in Hydrochlorid umgerechnet werden (vgl. hierzu § 29 a Rn. 78 f.).

X. Verfassungsmäßigkeit der Strafverfolgung von Kokaindelikten

In einer Kokainsache des *LG Frankfurt am Main* (5/25 KLs – 87 Js 11679.6/91) **151** weigerte sich am 2. Hauptverhandlungstag, dem 30. 10. 1991, ein Schöffe, an der weiteren Hauptverhandlung teilzunehmen, weil er mit seinem Gewissen nicht vereinbaren könne, an der Verurteilung von Menschen mitzuwirken, die aus Not Kokainkurier geworden seien, weil Alkohol giftiger und gefährlicher sei als Kokain und es gegen den Gleichheitsgrundsatz verstoße, den Kokainschmuggler und Kokainhändler im Gegensatz zum Alkoholhändler mit hohen Freiheitsstrafen zu belegen. Die Staatsanwaltschaft lehnte daraufhin den Schöffen wegen Befangenheit ab. Die Strafkammer gab dem Befangenheitsgesuch statt, vertagte die Hauptverhandlung, belegte den Schöffen mit einem Ordnungsgeld von 500,– DM und legte ihm die Verfahrenskosten auf. Die gegen diesen Beschluss eingelegte Beschwerde wurde vom *OLG Frankfurt* zurückgewiesen (*Frankfurt* NJW 1992, 3183).

C. Crack

I. Crack und seine Verbreitung

152 Crack ist Kokainbase, eine **Zubereitung von Kokainhydrochlorid,** deren Rocks **zum Rauchen besonders geeignet** sind und deren Wirkstoff beim Rauchen durch die Lunge direkt in das Gehirn gelangt, was zu einer **extrem schnellen Wirkung** führt. Die Entstehung des Namens Crack kommt vermutlich von dem krachenden Ton, den Crack beim Rauchen erzeugt. Crack untersteht als Kokainprodukt der Anl. III. Crack wird auch unter folgenden Namen angeboten: **Rockets, Rocks, Roxanne, Supercoke, free base, Baseball, White Cloud, Cloud 9, Super White.**

153 In den **USA** haben 22 Millionen Amerikaner schon einmal Kokain konsumiert, 2–3 Millionen sind kokainabhängig. Erst in den 80er Jahren fing es mit Crack in den Slums von New York und Los Angeles an. Crack eroberte die Arbeitslosengettos von Detroit und Chicago, später die Villen der Superreichen. Heute ist der Stoff überall in den USA zu haben. Crack macht auch vor Kindern und Jugendlichen nicht halt. Künstler konsumieren Crack auf Partys, Börsenmakler an der Wall Street, Jugendliche auf dem Schulhof. Crack hat sich wie eine Epidemie in allen sozialen Schichten und Altersklassen in den USA ausgebreitet. Crack ist in den USA die Straßendroge der Gegenwart und der Zukunft. Innerhalb des kurzen Zeitraums von September 1985 bis Mai 1986 hat Crack epidemische Proportionen angenommen und ist in den USA zu einem ernsthaften Problem der Durchsetzung der Drogengesetze und der medizinischen Behandlung geworden.

154 Auch in Deutschland zeigt sich durch die steigenden Sicherstellungsmengen, dass Crack immer mehr zum Problem wird (*BKA*, Jahreskurzlage Rauschgift 2009 u. 2010):

Cracksicherstellungen in Deutschland		
Jahr	**Fälle**	**Mengen**
2001	1.372	2,1 kg
2002	1.628	7,2 kg
2003	2.516	5,0 kg
2004	1.970	2,5 kg
2005	1.659	5,6 kg
2006	1.977	3,9 kg
2007	1.817	4,8 kg
2008	1.628	8,2 kg
2009	1.111	4,6 kg
2010	1.013	3,2 kg

II. Herstellung von Crack

155 Zur Herstellung von Crack werden benötigt: neben Wasser alkalische Substanzen wie Backpulver (Ammoniumcarbonat), Natron/Bullrichsalz (Natriumcarbonat), Salmiakgeist (Ammoniaklösung), Hirschhornsalz (Ammoniumcarbonat), Soda (Natriumcarbonat), Pottasche (Kaliumcarbonat). Es bedarf für die Herstellung von

Crack keinerlei chemischer Kenntnisse. Die alkalische Substanz wird mit Wasser gemischt und auf eine Temperatur von ca. 80–90° erhitzt. In diese Flüssigkeit wird nun das Kokainhydrochlorid eingerührt, bis sich auf der Oberfläche ein Öl-Film bildet. Die Flüssigkeit wird abgekühlt. Bei ca. 30–40° beginnt das Öl sich zu verdicken. Nach und nach fallen die verdickten Brocken auf den Boden des Behältnisses. Diese Brocken sind das Crack. Aus reinem Kokainhydrochlorid können ca. 80% Crack gewonnen werden. Bei diesem Prozess werden geringe Mengen Wasser in dem sich bildenden Crack-Material eingeschlossen. Aufgrund des Abbaues der Kokainbase durch Feuchtigkeit wird Crack in der Regel nicht in größeren Mengen, sondern jeweils für den Tagesbedarf produziert.

Nach Informationen der *Drug Enforcement Administration* (*DEA*) gibt es **drei** 156 **populäre Methoden, aus Kokainhydrochlorid Crack herzustellen:**

1. Kokainhydrochlorid wird mit Backpulver im Verhältnis 2 zu 1 gemischt. Die 157 Mischung wird dann in einen Kolben gefüllt und man fügt Wasser hinzu, um eine Paste zu machen. Die Pastenmischung wird dann in dem Kolben erhitzt, bis sie getrocknet ist. Sie wird dann in flockenartige Stücke gebrochen und in eine kleine Plastikphiole gefüllt.

2. Kokain wird mit Ammoniak und/oder pulverigem Amphetamin gemischt und 158 dann gekocht. Danach wird die Mixtur mit Wasser gemischt, durch ein Tuch gefiltert und dann getrocknet. Die kristallförmigen Rückstände werden dann aufgebrochen und in Phiolen zum Verkauf gefüllt. Das mit Ammoniak hergestellte Crack steht im Ruf, einen größeren euphorischen Effekt auszulösen als das mit Backpulver hergestellte Crack.

3. In jüngster Zeit wurde eine neue Entwicklung festgestellt, die dahin geht, Lido- 159 cain bei der Umwandlung von Kokainhydrochlorid in Crack beizumengen. Das Lidocain wird in den üblichen „Headshops" unter der Marke „Base O Cent" verkauft. Der Verkaufspreis beträgt 89 US-Dollar pro Unze Lidocain. Durch die Verwendung des Lidocains lässt sich mehr Crack aus Kokain gewinnen, es hat jedoch schwere nachteilige gesundheitliche Auswirkungen, wenn es in Form der freien Base verwendet wird. Lidocain ist ein synthetisches Produkt, das zur örtlichen Betäubung und als Mittel gegen Herzrhythmusstörungen verwendet wird. Aus 2 kg Kokaingemisch lassen sich 1.500 g Crack herstellen.

III. Handelsformen

1. USA. Crack wird in den USA zumeist in kleinen Phiolen oder Folien ver- 160 packt. Die **Phiolen,** die den normalen Erkältungs- oder Diätkapseln oder Parfumproben ähneln, sind entweder durchsichtig oder mehrfarbig. Das **Rauschgiftmagazin „High Times"** hat Anzeigen, die solche Phiolen, Folien oder Kapseln zum Kauf anbieten. Die Phiolen sind wasserdicht und können verschluckt oder in Körperhöhlen verborgen werden. Das macht sie **besonders geeignet zum Schmuggel in Haftanstalten.** Andere Phiolen werden hergestellt, um als Anhänger an Halskettchen oder Goldketten getragen zu werden. Die leeren Phiolen sind wieder benutzbar und manche Händler verlangen Pfand pro Phiole. Die Preise für Phiolen mit Crack sind extrem niedrig. Die kleinen Phiolen, die im Durchschnitt 100 mg enthalten, kosten wenige Dollars. Man spricht deshalb von der **Taschengelddroge Crack.** 1 g Crack kostet somit weniger als 50,– Euro. Das macht Crack zu einer extrem billigen Missbrauchsdroge im Vergleich zu den Grammpreisen für Kokain. Die Reinheit des Cracks liegt zwischen 60% und mehr als 90%. In den USA gibt es **Crackhäuser,** besonders gesicherte Wohneinheiten, eingerichtet zum Verkauf von Crack. Ein **Crackplatz** ist eine nur zum Erwerb bestimmte Einrichtung, die von einer Wohnung aus betrieben wird, in deren **Tür ein kleines Loch** gebohrt ist, durch das Ware und Geld ausgetauscht werden kann. **Verlassene Gebäude, Geschäftsfassaden und Spielhöhlen** werden als Crackplatz verwendet.

2. Deutschland. Seit Anfang der 90er Jahre verkauften afrikanische Rauschgift- 161 straßenhändler in Frankfurt und in anderen Großstädten an polytoxikomane

Opiatabhängige Crack-Steine in allen Größen, beginnend mit 0,01–0,05 g für 10,– Euro und mehr pro Stein. Die Crack-Steine sind vielfach in Folie verpackt und werden von den Straßendealern beim Herannahen der Polizei heruntergeschluckt. Das Aufkochen von Crack und Portionieren findet in Wohnungen statt. Auch wenn die Kaufverhandlungen häufig am Hauptbahnhof oder in der Innenstadt stattfinden, wird die Ware vielfach in öffentlichen Verkehrsmitteln, in S- und U-Bahn-Stationen oder in Vororten übergeben. Die afrikanischen Straßendealer stehen mit Handys in Kontakt und können jede gewünschte Menge von Crack herbeiholen lassen. Crack-Häuser gibt es in Deutschland nicht. Hotel-Portiers im Bahnhofsgebiet überlassen aber afrikanischen Straßendealern bisweilen gegen Honorar Hotelhinterzimmer, wo die Ware ungefährdet übergeben werden kann. Da Crack immer frisch hergestellt wird, werden auch keine größeren Mengen sichergestellt. In Großstädten wie Frankfurt am Main und Hamburg hat Crack das Kokain in Pulverform verdrängt; in Frankfurt war Crack zwischenzeitlich sogar die meist konsumierte Drogen in der Szene (*Thane/Wickert/Verthein* Sucht 2011, 141 f.). Im Straßenhandel sind preiswerte Kleinmengen von **Crack** leicht zu haben. Nord- und Schwarzafrikaner dominieren im Crack-Straßenhandel und verschlucken ihre Crack-Plomben, sobald die Polizei erscheint.

IV. Konsumformen von Crack

162 **1. USA.** Da der Konsum von Kokainbase umständliches Zubehör verlangt, nämlich eine **Crack-Wasserpfeife,** kleine Glaspfeifen, an denen ein Brenner hängt, hat man „Basehäuser" geschaffen. Diese **Basehäuser** sind vergleichbar mit Opiumhöhlen. Bei diesen Örtlichkeiten handelt es sich üblicherweise um Clubräume, Apartments oder ähnliche private Plätze. Üblicherweise ist ein Eintritt dafür zu bezahlen. Der Gebrauch einer Pfeife und Fackel wird gesondert in Rechnung gestellt. Obwohl die Mehrheit der Straßendealer und Käufer offensichtlich zwischen 20 und 35 Jahre alt ist, ist in den USA ein Ansteigen des Konsums bei Kindern und Teenagern festgestellt worden. Mancher potentielle Drogenkonsument, der normalerweise zögert, Pillen zu schlucken oder eine Nadel zu benutzen, hat keine Hemmungen, einen Zug aus einer mit Kokainbase versetzten Zigarette zu nehmen. Unter Konsumenten ist viel über Leute die Rede, die von Heroin und normalem Kokain zu Crack übergegangen sind. Als Gründe werden hierfür genannt ein besserer Rausch, keine Schmerzen oder Einstichstellen, keine Angst vor Aids und, da Crack reiner ist, keine Angst zu erkranken, weil das Gemisch schlecht ist.

163 **2. Deutschland.** Crack wird in Deutschland vornehmlich in einer Glaspfeife geraucht (vgl. *Thane/Wickert/Verthein* Sucht 2011, 141 f.). Die Rauchgeräte werden im Versandhandel und in Tabakläden der großstädtischen Hauptbahnhöfe verkauft.

V. Wirkungen von Crack

164 Kokainbase ist zur intravenösen Injektion nicht geeignet. Es ist jedoch bei Temperaturen über 90 Grad C flüchtig. Es kann deshalb geraucht werden, und seine Dünste können inhaliert werden. Beim Inhalieren tritt die Wirkung erheblich schneller ein als bei der Injektion. Normalerweise benötigt man zum Inhalieren 8 Sekunden, bis das Hirn erreicht ist, während man bei einer Injektion etwa 16 Sekunden benötigt. Durch die extreme Stimulation der Gehirnzellen ziehen sich die Blutgefäße zusammen und der Pulsschlag schwillt ungewöhnlich an. Die Wirkungen des Stoffes verlaufen in **drei Stadien:**

1. Nach einer Periode des Hochgefühls, Antriebssteigerung, Aktivitätssteigerung, Vermehrung des Selbstwertgefühls, der Libido- und Potenzsteigerung tritt das
2. Rauschstadium ein mit akustischen und optischen Halluzinationen, um sodann in den Absturz, in

3. das depressive Stadium überzugehen mit Angstgefühlen, Niedergeschlagenheit, Erschöpfung, Schuldgefühlen, Selbstvorwürfen, Depressionen und Verfolgungsideen.

Nach dem ersten Trip ist der **Hunger nach dem nächsten Trip** kaum noch 165 zu stillen. Die Zahl der „Crackreisen" steigt bis zu 20, 30 Trips pro Tag an. Herz, Lunge, Gehirn setzen durch die ständige Überstimulation aus. Das Nervensystem droht auseinanderzubrechen. Folgende **Entzugserscheinungen** wurden beobachtet: Schlafstörungen, Verlust an Energie und Appetit, Gewichtsverlust, Verfärbung der Haut, Atemschwierigkeiten, Krämpfe, schwarzer Auswurf, Depressionen, Halluzinationen, Verfolgungswahn und sonstige paranoide Zustände.

VI. Soziale Folgen des Crackmissbrauches

1. USA. Die Crackbenutzer sind nicht mehr in der Lage, einem Beruf nachzu- 166 gehen, sondern jagen nur noch dem nächsten Trip nach. Es treten die üblichen finanziellen Probleme auf. Trotz des niedrigen Preises bringt die hohe Anzahl der benötigten Trips für die Dealer das Geschäft, für die Süchtigen die Geldsorgen. Das Haushaltsgeld und die Ersparnisse aus Lebensversicherungsverträgen werden wegen Crack angegriffen. Crackkonsumenten verkaufen Drogen oder begehen Raubüberfälle, um an Geld für Crack zu kommen. Frauen gehen in den Basenhäusern der Prostitution nach, um Geld für die nächste Phiole Crack zu erlangen. Crack führt **nicht nur zur Verwahrlosung, Gleichgültigkeit und Kriminalität,** sondern auch zur Vernachlässigung von Kindern und Familie, Kindesmisshandlung, Verletzung und Tötung von Angehörigen, sowie zu den sog. Crackbabys (s. auch Rn. 168). Auf der 4. Konferenz Drogenpolitik in europäischen Städten 1993 in Hamburg warnten Drogenfachleute vor einer Dämonisierung von Kokain und Crack und diskutierten die These, **nicht das Kokain, sondern die sozialen Missstände und die Armut machten die Babys krank.** Die extreme These mag nachdenklich stimmen, vereinfacht aber das Problem allzusehr.

2. Deutschland. Da der Crack-Missbrauch in deutschen Großstädten sich noch 167 nicht so stark ausgebreitet hat, sind auch die sozialen Missstände noch nicht so erkennbar. Bereits jetzt zeigt sich aber, dass viele Opiatabhängige, die in Frankfurt Konsumräume aufsuchen, sich zu Crackabhängigen gewandelt haben. Das Drogenreferat in Frankfurt hat in Zusammenarbeit mit dem Jugendamt Streetworker in die Szene geschickt, um das Ausmaß des Crackmissbrauches zu erkunden und um den vielfach jungen Crack-Abhängigen weiterzuhelfen.

VII. Missbildungen und Schädigungen von Babys durch Crack

In den **USA,** schätzt man, gibt es ca. **900.000 Drogenbabys,** darunter zahlrei- 168 che **crackabhängige und syphillitische Babys.** Crackabhängige Mütter rauchen meist auch **während der Schwangerschaft weiter Crack.** Crack geht vom mütterlichen Kreislauf auf das ungeborene Kind über, was **geistige Behinderung, Früh- und Totgeburten** zur Folge haben kann. Die Droge löst während des Rausches bei den Föten Krämpfe der Blutgefäße aus, die Zufuhr von Sauerstoff und Nährsubstanzen wird unterbunden. Der Entzug von Crackbabys ist nicht einfach. Die medizinische Betreuung eines Crackbabys kostet ca. 100.000 Dollar.

VIII. Gewalt und Todesfälle durch Crack

Nach ersten Untersuchungen steht das Anwachsen der Gewaltkriminalität in 169 den USA direkt mit der zunehmenden Ausbreitung von Crack in Verbindung. **Todesfälle nach Crackkonsum sind ebenso zahlreich** wie Mordfälle unter Crackeinfluss.

IX. Therapie von Crackabhängigen

Es bedurfte langer Zeit, bis sich die Träger der Drogenhilfe und Drogentherapie 170 auf die Cracksucht und Cracksüchtigen eingestellt haben. Crackabhängige, die wie

auf Wolken durch die Drogenszene schweben und rastlos der nächsten Crackdosis
nachjagen, Widerstände gewaltsam zu lösen versuchen, sind für Therapien schwer
erreichbar. In Frankfurt am Main hat man kommunale Ruheräume und Konsumräume für Crackabhängige geschaffen, eine spezielle Behandlungsstätte in Eppstein
eingerichtet. Streetworker bemühen sich auf der Drogenszene um dieses besondere
Klientel. In Brasilien erprobt man den therapeutischen Nutzen von Cannabis bei
der Behandlung von Crackabhängigen.

X. Rechtsprechung zu Crack

171   Trotz der besonderen Gefährlichkeit der Droge Crack gelten die üblichen Strafrahmen auch für Crack. Die nicht geringe Menge liegt bei 5 g Wirkstoffgehalt
Kokainhydrochlorid oder bei 6,5 g Kokainbase (s. dazu § 29 a Rn. 78).

D. Coca-Paste (Bazuco, Bazooko)

172   Bazuco, auch als Kokainsulfat, braune Paste oder Base bekannt, bezeichnet ein
Cocazwischenprodukt, das bei einem frühen Stadium des Kokainreinigungspro-
zesses der Umwandlung in Kokainhydrochlorid entsteht. Crack wird hergestellt,
indem man Kokainhydrochlorid von minderer Straßenqualität zurück in Base verwandelt. Da Bazuco starke Verunreinigungen enthält, ist es ein akut die Gesundheit gefährdendes Rauschgift. Es enthält häufig verbleites Petrolium und Sulfatne-
benprodukte. Bazuco ist billig, weil man auf die Chemikalien verzichten kann, die
man zur Herstellung des Kokainhydrochlorids braucht. Das Pulver, das von leicht
brauner Farbe ist, wird in weißem gefalteten Papier verkauft. Es ist die billigste
Form von Kokain. Man bekommt es schon für 1 Dollar pro Konsumeinheit. Bazuco kann in einer Zigarette geraucht werden und ruft dann unverzüglich ein sehr
intensives Rauschgefühl hervor. Bazuco wird auch vermischt mit Marihuana geraucht. Die Wirkung tritt schon nach wenigen Sekunden ein, ist stärker als die des
Kokains, hält aber nicht so lange an. Der Konsum kann zu schweren Hirnschäden,
körperlichem Verfall und zum Tod führen. Bazuco hat bisher nur Verbreitung in
Nord- und Südamerika gefunden. Man schätzt, dass 600.000 Kolumbianer Bazuco
rauchen.

E. Ecgonin

173   Bei dem der Anl. II unterstellten Ecgonin handelt es sich um ein weitgehend
nicht psychoaktives Abbauprodukt bei der Herstellung von Kokain (*Geschwinde*,
2007, Rn. 1834, 1889).

Kap. 4. Opium-Produkte und Opioide

Übersicht

A. Papaver bracteatum

Es gibt Hunderte von Mohnsorten, die weltweit als Zierblumen, Ölpflanzen, **174** Gewürzpflanzen angebaut und genutzt werden. Nur wenige Sorten sind als Betäubungsmittel eingestuft. **Papaver bracteatum**, auch als Ziermohn bekannt, ist eine dieser Mohnsorten. Er enthält vorwiegend **Thebain**.

Nach Anl. II handelt es sich bei Pflanzen und Pflanzenteilen der zur Art Papaver **175** bracteatum gehörenden Pflanzen um Betäubungsmittel. Da die Gefahr der missbräuchlichen Verwendung der Staudenpflanzen zur Gewinnung von Betäubungsmitteln gering ist, ist der Umgang mit den Pflanzen und Pflanzenteilen zu Zierzwecken nach dem auf die entsprechende Position in Anl. II folgenden Spiegelstrich von betäubungsmittelrechtlichen Bestimmung ausgenommen (*Hügel/Junge/Lander/Winkler* Anlage II, Rn. 1). Der Erwerb und Besitz von Samen des Papaver bracteatum ist ebenfalls nicht strafbar (s. dazu § 2 Rn. 31).

Bei dem in Deutschland vielfach angepflanzten **Klatschmohn** handelt es sich **176** um die Mohnsorte **Papaver rhoeas**, die nicht dem BtMG unterstellt ist.

B. Papaver somniferum

Bei **Papaver somniferum**, auch als Schlafmohn bezeichnet, handelt es sich **177** ebenfalls um eine Pflanzenart aus der Familie der Mohngewächse (Papaveraceae). Aus den Mohnkapseln wird das Rohopium gewonnen (s. dazu Rn. 190 ff.). Papaver somniferum tritt in zwei Formen auf: a) ein rot oder violett blühender Schüttmohn mit schwarzen Samen, dessen Kapselsporen aufspringen und die Samen ausschütten, und b) der weiß blühende Schließmohn mit weißen Samen und geschlossenen Mohnkapseln. Der Schlafmohn wird in vielen Ländern auch legal als Ölpflanze kultiviert und Ölmohn genannt. Daneben dient der Schlafmohn neben der Opiumherstellung und Ölherstellung als beliebte Kuchen-, Gebäck- und Brötchenzutat (vgl. § 2 Rn. 34).

Die Pflanzen und Pflanzenteile der zur Art **Papaver somniferum** sowie der **178** Unterart **Papaver setigerum** gehörenden Pflanzen sind in Anl. III aufgenommen worden. Auf die entsprechende Position in Anl. III folgen 3 Spiegelstriche mit folgenden Ausnahmen:

– **Entmorphinisierte Mohnpflanzen.** Dient der Verkehr mit Schlafmohnpflan- **179** zen Zierzwecken und übersteigt der Morphingehalt der getrockneten Pflanzen nicht 0,02%, so finden die betäubungsmittelrechtlichen Vorschriften keine Anwendung; die Vorschriften des BtMG finden aber Anwendung auf die Einfuhr, Ausfuhr, Durchfuhr und den Anbau (1. Spiegelstrich). Entmorphinisierte Schlafmohnkapseln werden heute in großem Umfange von Friedhofsgärtnereien als Kranzgarnituren verwendet und verkauft.

– **Ausgenommene Zubereitungen.** Die betäubungsmittelrechtlichen Vorschrif- **180** ten finden auch keine Anwendung bei ausgenommenen Zubereitungen, die nach einer im homöopathischen Teil des Arzneibuches beschriebenen Verfahrenstechnik hergestellt sind (2. Spiegelstrich), und bei Zubereitungen, die ohne einen weiteren Stoff der Anl. I bis III bis zu 0,015% Morphin, berechnet als Base, enthalten (3. Spiegelstrich).

Der Handel mit **Samen** von Papaver somniferum ist erlaubnisfrei und straflos. **181** Das Aussäen und Anbauen des Schlafmohnes ohne Erlaubnis ist aber strafbar, auch wenn dies zu Zierzwecken erfolgt (s. dazu § 29/Teil 2, Rn. 15). Die Schlafmohnsamen enthalten ca. 0,003% Morphin. Der Hauptbestandteil der Schlafmohnsamen ist fettes Öl.

I. Schlafmohnkolben und Pflanzenteile des Schlafmohns

In Mohnköpfen sind die gleichen Bestandteile wie im Opium, nur in wesentlich **182** geringeren Mengen. Codein und Thebain sind spurenmäßig ebenfalls enthalten. In unreifen Mohnkapseln ist etwa 0,2% Morphin, in reifen Kapseln bis zu 0,5% Morphin. So kann eine einzige Mohnkapsel 10 mg Morphin enthalten. Bereits im 17. Jahrhundert, als immer neue Opiumarzneien entdeckt wurden, kam das Rauchen glimmender getrockneter Schlafmohnstängel und Abkochen von Mohnköpfen, aus denen Mohnsaft gewonnen wurde, in Mode. Besondere Probleme haben der Handel mit getrockneten Mohnkapseln aufgeworfen, nachdem bekannt wurde, dass Drogenabhängige die Mohnkapseln aufkochen und den morphinhaltigen Sud trinken (sog. O-Tee). Dies hatte schon Morphinvergiftungen zur Folge. Die Gefährlichkeit des Opiumtees hängt von der Wirkstoffkonzentration ab. Etwa 4 Kapseln ergeben ein Getränk mit ca. 15 mg Morphin-Base (*Geschwinde*, 2007, Rn. 1440). Der *BGH* hat sich zur Gefährlichkeit eines extrem schwachen Opiumtees bereits geäußert (*BGH*, Urt. v. 15. 9. 1983, 4 StR 454/83).

II. Legaler Schlafmohnanbau

183   In zahlreichen Ländern wird auch heute noch legal Opium angebaut, um aus dem Opium Grundstoffe für die Pharmaindustrie, Öl- oder Lebensmittelproduktion zu gewinnen. Indien ist der größte legale Opium-Produzent und Opium-Exporteur der Welt. Die Pharmaindustrie verarbeitet Opium bei der Codeinherstellung. Zu allen Zeiten floss wegen Überproduktion des legalen Opiums Opium in illegale Kanäle. In Polen wird auf mehr als 20.000 ha Mohn angebaut, dessen Samen als Backwarengewürz dienen und exportiert werden. Fast jeder zweite polnische Bauer besitzt ein Mohnfeld. **Polen** exportiert jährlich 2.000 t gemahlenen Mohn. **Dänemark** hat einen großen Mohnbedarf wegen der dort überaus beliebten Mohnbrötchen. Infolge Importschwierigkeiten wurde an vielen Orten mit eigenem Mohnanbau begonnen.

184   Seit Jahrhunderten wird der Schlafmohn **in der Türkei** angebaut. Für viele anatolische Bauern war und ist die alleinige Einkommensquelle. Aus seinen Samen gewinnen die Landwirte das Öl, welches sie zum Kochen, Backen und zur Stofffärbung benötigen. Die Samen nutzen sie auch bei der Zubereitung von Brot und Backwaren. Die Mohnpflanzen wurden als Viehfutter verwendet, Schlafmohn gedeiht auf schlechtem Boden, wo der Anbau anderer Früchte praktisch unmöglich ist. Der Schlafmohnanbau hatte deshalb bis zum Allgemeinverbot des Schlafmohnanbaus im Jahre 1971 durch die türkische Regierung eine beträchtliche Bedeutung im Alltagsleben der Bauern. 1974 wurde das generelle Verbot des Schlafmohnanbaues zugunsten eines beschränkten und stark kontrollierten Schlafmohnanbaues aufgehoben. Es darf nur in 7 der 67 türkischen Provinzen Schlafmohnstroh und Schlafmohnsamen gewonnen werden. Am bekanntesten ist der Schlafmohnanbau im Gebiet von Afyon (Türkei). Das Anritzen der Mohnkapseln und die Opiumgewinnung wird mit hohen Strafen geahndet. Ein Bauer kann auf Antrag vom türkischen Bodenertragsamt eine Mohnanbaugenehmigung für 1–5 km² erhalten. Der gesamte Schlafmohnstrohertrag wird vom Staat aufgekauft und im Alkaloidwerk Bolvadin/Türkei für medizinische Zwecke zu Schlafmohnextrakt verarbeitet.

III. Illegaler Schlafmohnanbau

185   Schlafmohn wird in Kleinasien, Asien, Australien und Mittelamerika angebaut. Die bekanntesten Opium anbauenden Länder sind: **Afghanistan, Australien, Burma, Indien, Iran, Irak, Laos, Libanon, Mexiko, Pakistan, Thailand und Türkei.** Die bekanntesten und bedeutendsten illegalen Opiumanbaugebiete liegen in den Ländern des südostasiatischen **Goldenen Dreiecks** (Burma, Thailand, Laos) und des südwestasiatischen **Goldenen Halbmondes** (Pakistan, Afghanistan, Iran). Aber auch in den **zentralasiatischen Nachbarstaaten** wird in zunehmendem Maße Schlafmohn angebaut. Ende der 80er Jahre sollen in Burma auf 60.000 ha, im Iran auf 30.000 ha, in Afghanistan auf 20.000 ha illegal Opium angebaut worden sein.

186   **Vor 1990** produzierte **Afghanistan** in der **Sowjetperiode** zwischen 200 und 1.500 t Opium, **in der Warlordperiode von 1990–1994** 1.500–2.000 t Opium,

1994 gar 3.400 t Opium, **in der Talibanperiode von 1995–2001** zwischen 2.200 und 4.000 t Opium. Im Jahr 2001 kam es zu einem Absturz der Zahlen mit einer produzierten Menge von nur 185 t, die in den Folgejahren aber wieder kontinuierlich stieg. Die Gesamtmenge produzierten Opiums lag im Jahr 2009 bei über 7.000 t und im Jahr 2010 bei 3.600 t (*Ivanov* IP 2011, 94, 95). Seit den **neunziger Jahren** ist **Afghanistan der weltweit größte Opiumproduzent.** Heute schätzt man, dass Afghanistan mindestens 75% der Weltproduktion von Opium herstellt. Der Schlafmohnanbau beginnt in Afghanistan im Oktober und endet im Mai/Juni. Die Anbaugebiete liegen in den südlichen und zentralen Provinzen von **Hellmand, Kandahar und Oruzgan,** den östlichen Provinzen **Paktiar und Nangalar** und der nördlichen Provinz **Badakhshan.** Die Provinz mit der größten Anbaufläche von den Provinzen ist Hellmand, wo im Jahr 2010 65% des weltweit gehandelten Opiums produziert wurden (*Ivanov* IP 2011, 94, 98). Insgesamt wurden in Afghanistan im Jahr 2010 auf 123.000 ha Schlafmohn angebaut, im Jahr 2000 waren es noch 82.000 ha (*Ivanov* IP 2011, 94, 96). Auf einem Hektar werden ca. 100.000 Mohnpflanzen mit ca. 500.000 Mohnkapseln angebaut. Da die afghanischen Provinzen nicht von der Hauptstadt und der dortigen Regierung, sondern von sog. **Provinzfürsten (Warlords)** mit eigenen Söldnern beherrscht werden, zahlen die Opiumproduzenten und Schmugglerkarawanen an diese Regionalfürsten Schweigegelder und/oder Gewinnbeteiligungen. Im September 1999 erließen die Taliban nach UN-Sanktionen auf internationalen Druck hin ein Regierungsdekret, das die Verringerung des Anbaugebietes um ein Drittel verlangte. Es blieb aber bei einer Anbaufläche von ca. 80.000 ha im Jahr. Im Jahr 2000 kam es zu mehreren demonstrativen Schlafmohnvernichtungsaktionen, die das Anbauvolumen angeblich um 30% auf 3.300 t herunterdrückte und die Opiumbauern einem Kontrollnetz der Taliban unterwarf. Beschlagnahmtes Opium wurde aber vielfach zu geheimen Drogenlagern gebracht und anschließend verkauft. Außerdem verdiente die Taliban-Regierung im Jahr 2000 durch Sondersteuern 30 Millionen US-$ allein an der Opiumproduktion und dem Opiumschmuggel. Das Opiumanbauverbot der Taliban am 27.7.2000 und die Vernichtungsaktionen verliefen ergebnislos, weil zu viele Drogenlords und Drogenfahnder an dem Rauschgiftgeschäft mitverdienten. Auch der Krieg in Afghanistan und die militärischen Aktionen der internationalen Koalition vermochten an diesen Verhältnissen wegen der weit verbreiteten Korruption nichts zu verändern. Auch die **Bundeswehr,** die als Teil der internationalen **ISAF-Truppe im Norden Afghanistans in Kundus und Feizabad** präsent ist, vermochte nicht wirksam gegen die dortigen Drogenfürsten vorzugehen. In zunehmendem Maße wird das Opium in afghanischen und pakistanischen Laboratorien in Heroin umgearbeitet. Seit die Opiumproduktion in **Myammar** geringer wird, beliefert Afghanistan 87% des Weltopiumbedarfes. Das Opium bzw. das Heroin wird tonnenweise nur zum geringen Teil über die Seidenroute (die zentralasiatische Route Afghanistan – Tatschikistan – Tirgisistan – Turkmenistan – Usbekistan – Kasachstan – Russland – Weißrussland – Polen – Deutschland) und vorwiegend über die sog. **Balkanroute** (Afghanistan – Pakistan – Iran – Irak/Syrien – Türkei – Bulgarien – Serbien – Montenegro – Kroatien – Slowenien – Österreich – Deutschland) nach Europa transportiert. Entlang dieser Routen werden jährlich große Mengen Opium und Heroin sichergestellt.

Iran bekämpft mit Tausenden Soldaten entlang der Grenze die Opium- und Heroin-Schmugglerbanden. Die Schmugglerbanden verfügen über Fahrzeugparks, Kamelherden, modernste Funktechnik und sind bestens mit Schusswaffen aller Art (Maschinengewehre, Panzerfäuste und Flugabwehrwaffen) ausgerüstet. Es ist **Drogenkrieg zwischen Iran und Afghanistan,** der mit unerbittlicher Härte durchgeführt wird und jährlich zahlreiche Tote und Schwerverletzte kostet. Im Jahr 2000 kamen 142 Drogenfahnder Irans bei Kämpfen mit bewaffneten Drogenschmugglern und bewaffneten Schmugglerkarawanen ums Leben. 30.000 iranische Soldaten, Grenzpolizisten und religiöse Kämpfer beschlagnahmten 1999 entlang der langen Grenze 260 Tonnen Opium und Heroin. Dies sind 80% der weltweit be-

187

schlagnahmten Opiate. Dennoch gelangen jährlich 500–600 Tonnen Opiate aus Afghanistan allein auf dem Landweg über die zentralasiatische Route nach Europa. Ein Schmuggler, der mit 5 kg Opium oder mit 30 Gramm Heroin ertappt wird, muss im Iran mit der **Todesstrafe** rechnen. Nach Schätzungen wurden bislang 8.000 Personen im Iran wegen Drogenhandels oder Drogenschmuggels hingerichtet.

188   Auch in der **Bundesrepublik** wurde vereinzelt illegaler Schlafmohnanbau beobachtet. 1982 wurden 30 illegale Opiummohnfelder, 1983 29 illegale Opiummohnfelder von der Kriminalpolizei **im Bundesgebiet** entdeckt, die vornehmlich von älteren Leuten, die aus **Osteuropa** stammten, angelegt worden waren, um Mohn für Backzwecke oder für Zierzwecke zu gewinnen.

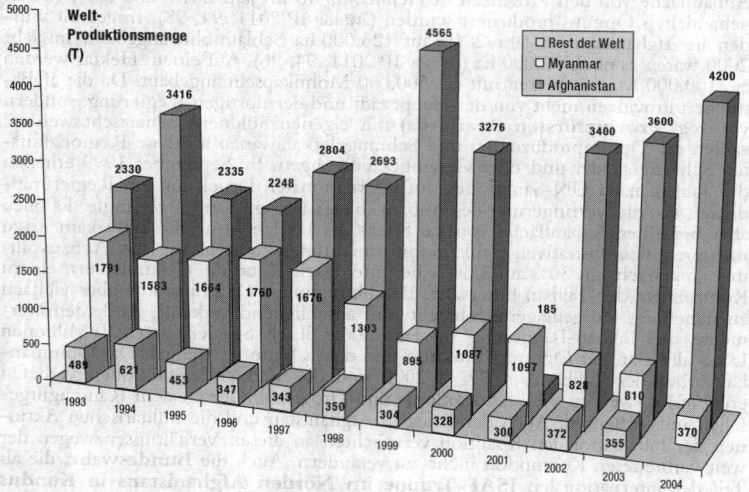

C. Mohnstrohkonzentrat

189   Als Mohnstroh werden alle Teile des Papaver sonmiferum nach dem Mähen mit Ausnahme der Samen bezeichnet (Art. 1 Abs. 1 lit. r Einheits-Übereinkommen 1961). Mohnstrohkonzentrat ist nach der Legaldefinition in Anl. II das bei der Verarbeitung von Pflanzen und Pflanzenteilen der Art Papaver somniferum zur Konzentrierung der Alkaloide anfallende Material. Mohnstroh wird vor allem in Ländern des ehemaligen Ostblocks missbraucht. In Polen sterben viele der etwa 120 Drogentoten pro Jahr an einem Gebräu aus Mohnstroh, das sie als Tee trinken oder als Suppe essen. Dealer kaufen von den Bauern das Mohnstroh und kochen hieraus einen dunklen Sud, den die Süchtigen **Suppe (Makiwara)** nennen. Unter Zusatz diverser Chemikalien wird die Suppe weiter gekocht, bis sie zu einer dunkelbraunen Masse (sog. Kompott) geworden ist, die 60% Heroinwirkstoffe aufweist und injiziert wird. Mohnstrohkonzentrat unterliegt als verkehrs-, aber nicht verschreibungsfähiges Betäubungsmittel der Anl. II.

D. Opium (Rohopium)

190   Rohopium wird aus den Mohnkapseln des Schlafmohns (Papaver somniferum) gewonnen (zum Papaver somiferum s. im Einzelnen Rn. 177 ff.). Es dient als Ausgangsmaterial zur Herstellung der Opium-Alkaloide, wie z.B. Morphin, Codein oder Papaverin. Opium ist ebenso wie Morphin ein **verkehrs- und verschrei-**

bungsfähiges Betäubungsmittel nach Anl. III BtMG. Opium ist als Opium-tinktur (Tinctura Opii) mit ca. 1% Morphin zur Darmberuhigung, als Opiumpul-ver (Pulvis Opii) mit ca. 12% Morphin und als Extractum Opii mit 20% Morphin für ärztliche Verschreibungen zugelassen. Als Fertigarzneimittel wurden bis Ende der 80er Jahre die Präparate Pantopon und Paverysat-Bürger im Pharmahandel vertrieben (*Geschwinde*, 2007, Rn. 1335).

I. Geschichte des Opiums

Ausgrabungen im östlichen Mittelmeer belegen, dass bereits im 16. Jahrhundert **191** v. Chr. in Kleinasien und Ägypten sowohl der Opiumhandel als auch der Opium-konsum florierten und sich in der klassischen Antike weiter ausbreiteten. Die grie-chen nannten den aus dem Schlafmohn gewonnenen, eingetrockneten Milchsaft **„Opos"** (= griech. Saft). Die Römer nannten ihn **„Opium".** Die hebräische Be-zeichnung lautete **„Ophion",** die arabische Bezeichnung **„Afyun"** und **„Afyul".** Die Ägypter sprachen von **„Affion",** ein arabischer Begriff, der heute noch ein Opiumanbaugebiet namens **Afyon** in der Türkei bezeichnet. Mit der Ausbreitung des Islam nach Persien im 7. Jahrhundert gelangte in den folgenden Jahrhunderten das Opium nach Persien und weiter nach Indien und China, wo man den berau-schenden Saft nach dem arabischen Wort „Afyun" auf chinesisch **„Afuyung"** nann-te. Opiumarzneien eroberten im 17. Jahrhundert Europa als Allheilmittel, bekannt auch unter dem von Paracelsus geprägten Namen **„Laudanum".**

Der englische Modearzt *Thomas Sydenham* verschrieb wie viele Zeitgenossen **192** Opium (Laudanum) gegen Krankheiten aller Art: Pocken, Ruhr, Cholera, Gicht, Pest, Masern, Fieber, Durchfall, Katarrh, Asthma, alle Arten von Schmerzen und Schlafbeschwerden. Als der letzte Kaiser der Ming-Dynastie *CHUANG LIE TI* das Tabakrauchen verbot, breitete sich das Opiumrauchen in China im 17. Jahrhundert stark aus und führte zu besonderen Konsumzeremonien in besonderen Räumen mit kunstvollen Rauchbestecken in besonderer Atmosphäre (Opiumdiwans). Der Bedarf an Opium war so groß, dass die Eigenproduktion nicht ausreichte, sondern große Mengen an Opium von Indien eingeführt werden mussten. An diesem Opi-umhandel beteiligten sich auch europäische Handelsunternehmen, insbesondere die britische *East India Company,* die Mitte des 18. Jahrhunderts Indien eroberte und sich das Opiummonopol sicherte. Nachdem der chinesische Kaiser *YUNG CHENG* das erste Opiumrauchverbot erlassen hatte, wurden die benötigten Opi-ummengen illegal durch Handelsgesellschaften eingeschmuggelt, im Jahre 1854 67.000 Kisten mit 4.490 Tonnen Opium. Die Auseinandersetzungen in der Folge-zeit führten zu den für England erfolgreichen Opiumkriegen (1. Opiumkrieg von 1840–1842; 2. Opiumkrieg von 1856–1860). Die Kronkolonie Hongkong wäre nicht gegründet worden, wenn die britische *East India Company* nicht einen Opi-umumschlaghafen gebraucht hätte. Ihr Opiummonopol hatte um 1880 ein Han-delsvolumen von jährlich 5.000 Tonnen. Bereits 1835 soll es in China 2 Millionen, im Jahre 1906 13 Millionen opiumsüchtiger Chinesen gegeben haben. Später bau-te China den Opiumanbau aus, um von den Opiumeinfuhren aus Indien unabhän-gig zu sein. In England entstanden in der Mitte des 19. Jahrhunderts die Antiopi-umgesellschaften. England zog sich immer mehr aus dem Opiumhandel zurück.

In den USA wurde 1875 in San Francisco den chinesischen Einwanderern das **193** Opiumrauchen untersagt. 1887 wurde in den USA die Einfuhr von Opium verbo-ten. Bei dem internationalen Opiumabkommen von 1912 unter Vorsitz von Bi-schof *Brent* in Den Haag wurde Opium geächtet. Die Harrison Narcotic Act un-tersagte 1914 den Handel mit Opiaten.

Erst als Deutschland seinen völkerrechtlichen Verpflichtungen nachkam und **194** durch das Opiumgesetz von 1929 die Ergebnisse der 2. Genfer Opiumkonferenz von 1925 in innerdeutsches Recht umsetzte, war der nicht medizinische, illegale Umgang mit Opiumzubereitungen verboten und strafbar.

Nach dem 2. Weltkrieg gelang es China, der Opiumseuche Herr zu werden. **195** Die Opiumhäuser wurden geschlossen, große Opiummengen verbrannt, opiumsüchtige Chinesen „umerzogen", Opiumhändler hingerichtet. Seitdem lassen kriminelle Syndikate von Auslandschinesen tonnenweise aus Opium hergestelltes Heroin in den Westen schmuggeln und absetzen. Nach dem Sieg der kommunistischen Revolution in China 1949 floh *CHIANG KAI CHEK* mit seinen Soldaten nach Taiwan. Teile der 3. und 5. nationalen chinesischen Armee (KUOMINTANG) ließen sich in Burma nieder, vermischten sich mit den dortigen YAO-, MEO- und SHAN-Stämmen und organisierten den Opiumschmuggel und **Opiumhandel im Goldenen Dreieck.** Obwohl Opium heute im Wesentlichen nur noch von Iranern, Afghanen und Chinesen konsumiert wird, ist der weltweite Opiumhandel noch nicht zum Erliegen gekommen, sondern findet vielmehr unter Iranern, Chinesen und Italienern in abgeschlossenen Zirkeln in Europa und in den USA statt.

II. Gewinnung des Rohopiums

196 Wenn in den subtropischen Gebirgsregionen des Nahen, Mittleren und Fernen Ostens der Schlafmohn (Papaver somniferum) nach der Blütezeit seine weißen, blutroten oder rosafarbenen Blütenblätter abwirft und die Mohnkapseln sich zeigen, ist Erntezeit. In den Wandgefäßen der Mohnkapsel zirkuliert ein weißer Milchsaft, der nach Anritzen der Kapselwände heraustritt, an der Luft trocknet, braun wird und verharzt. Das Beschneiden der Mohnkapsel wird in den Abendstunden vorgenommen, um während der Nacht die Milch heraussickern zu lassen. Am frühen Morgen schabt der Opiumbauer mit einem Schabeisen oder Opiummesser die braune Masse von der Mohnkapsel ab und erntet dabei ein erbsengroßes Stück Opium pro Mohnkapsel (pro Kapsel 0,05 g). Um 1 kg Opium zu gewinnen, müssen die Opiumsammler in circa 200 Arbeitsstunden von circa 20.000 Mohnkapseln den geronnenen Saft abschaben und in Kuchen-, Brot-, Kugel-, Platten oder Stäbchenform pressen (vgl. *Geschwinde*, 2007, Rn. 1189).

197 Das **türkische Opium** weist zumeist einen Morphingehalt von 10–12% auf und wird in Brotform, in Mohnblättern eingepackt, gehandelt. Das **ostindische Opium** versendet man zumeist in Kugelform. Es hat ca. 8,5% Morphingehalt.

198 Opiumstäbchen sehen aus wie braune Knetstangen und fühlen sich weich und ölig an. Sie enthalten zumeist einen Morphingehalt von 8,5% und einen Codeingehalt von 4,5%. Aus 70 kg Rohopium werden 8 kg Morphinbase und ca. 4–5 kg Heroinhydrochlorid gewonnen.

III. Gewinnung des Rauchopiums (Chandoo)

199 Da sich das Rohopium wegen mangelnden Aromas und wegen der geringen Knetbarkeit zum Rauchen in Opiumpfeifen nicht eignet, wird es erhitzt, durchgeknetet und geröstet. Dabei werden die Inhaltsstoffe Codein, Papaverin und Narcein weitgehend zerstört, der Morphin-Gehalt erhöht (*Geschwinde*, 2007, Rn. 1431). Der Röstkuchen wird mit Wasser behandelt und stehengelassen, bis sich der Sirup durch Einfluss von Pilzen fermentiert und das aromatisch riechende Rauchopium entsteht.

IV. Opiumtee/Opiumasche

200 Bei **Opiumtee** handelt es sich um einen Aufguss aus getrockneten Milchkapseln, der als Getränk mit ca. 15 mg Morphin-Base eingenommen wird (*Geschwinde*, 2007, Rn. 1440).

201 Auch die Rückstände von gerauchtem Opium (**Opiumasche**) enthalten noch erhebliche Morphinwerte. Die Opiumasche kann deshalb durch Zubereitung erneut für den Konsum gewonnen werden.

V. Handel mit Opium

202 Auch wenn in der Bundesrepublik der Handel mit Opium nur eine geringe Rolle spielt und jährlich nur wenige kg Opium sichergestellt werden, hat der ille-

gale Opiumhandel weltweit eine erhebliche Bedeutung. So wird das **weltweite Opiumaufkommen** im Jahr 2008 auf 8.000 t geschätzt (World drug report 2009).

In den Jahren 2000 bis 2010 wurden in Deutschland folgende Rohopiummen- **203** gen sichergestellt (*BKA*, Jahreskurzlage Rauschgift 2009 und 2010):

Rohopiumsicherstellungen in Deutschland		
Jahr	**Fälle**	**Mengen**
2000	58	30,9 kg
2001	48	4,1 kg
2002	54	62,7 kg
2003	61	322,4 kg
2004	82	137,7 kg
2005	101	154,6 kg
2006	78	42,2 kg
2007	59	27,5 kg
2008	72	82,5 kg
2009	68	98,8 kg
2010	42	12,4 kg

VI. Konsumformen des Opiums

Das Opium wird entweder nach Kochen oder Gärung gegessen, als Aufguss ge- **204** trunken, in orientalischen Pfeifen geraucht oder nach Erhitzung eines Klümpchens Opium und Auflösung in erhitztem Wasser intravenös injiziert. Der **Opiumraucher** raucht täglich 2,5–10 g Rauchopium, in Ausnahmefällen bis zu 50 g Chandu. Der Opiumraucher fällt in einen Schlaf mit farbenprächtigem und erotisch gefärbtem Rauscherleben. Beim Erwachen stellen sich aber Depressionen ein. Die orale Aufnahme ist selten und für ungewohnte Konsumenten überaus gefährlich. Das **Essen von Opium** hat in der Türkei und im Iran geschichtliche Tradition. Dabei wird bei einer Dosis etwa 0,1–1 g Opium verzehrt. Auch in Europa war das Opiumessen in früheren Jahrhunderten Brauch. Der Konsum von Opium war lange Zeit **mit besonderen Zeremonien** verbunden. Besucht man in Ländern des goldenen Dreiecks (Laos, Burma, Thailand) ein Opiummuseum, so kann man noch heute die **kunstvoll verzierten oder bemalten Opiumrauchgeräte, Opiumwaagen** und **Opiumgewichte** bewundern. Rohopium enthält zu $^1/_{10}$ Morphin. 1 kg Rohopium entspricht 100 g kristalliner Morphinbase. Bei **intravenöser Anwendung** sind 100 mg Rohopium für einen Rauschzustand, 400–500 mg als Tagesbedarf nötig. Opium wird in Deutschland vornehmlich nur von Exiliranern konsumiert in unterschiedlicher Konsumform, geraucht, inhaliert, mit Süßigkeiten verzehrt und als Tee getrunken. Und dennoch nehmen die Schmuggelmengen von Opium in den letzten Jahren spürbar zu.

VII. Wirkungen des Opiums

Opium ist eine stark wirksame Rauschdroge. In kleinen Dosen wirkt Opium er- **205** regend und beruhigend, in größeren Dosen betäubend. Bei missbräuchlicher Anwendung führt Opium zu physischer und psychischer Abhängigkeit (Opiatsucht). Bei Injektionen von Opium ist die Gefahr einer Fixerhepatitis oder Tetanusinfektion besonders groß. Der missbräuchliche Konsum von Opium schädigt nicht nur

Nerven, Gehirn und andere Organe, sondern bewirkt nicht selten einen allmählichen körperlichen Verfall, Verzerrung der Persönlichkeit und frühen Tod.

206   Am 4. 8. 1991 mussten vier Rauschgiftkonsumenten aus Geisenheim nach gemeinsamem Konsum von Opium in lebensbedrohlichem Zustand in Krankenhäuser eingeliefert werden. Sie hatten selbst gewonnenes Opium, welches aus Mohnkapseln aufgekocht, durch Zusatz von Wasser und Essig aufbereitet und auf Spritzen gezogen worden war, konsumiert. Nach der Injektion trat bei allen Personen ein Kreislaufzusammenbruch ein. Das Opium wurde durch das Anritzen einer unbestimmten Anzahl von Schlafmohnkapseln gewonnen. Sie gaben an, dass die Wirkung des selbst hergestellten Mohnsaftes wie bei gutem Heroin gewesen sei.

VIII. Opium als Medizin

207   Es war *Theophrastus Bombastus von Hohenheim*, genannt *Paracelsus*, der die Opiumarzneien unter dem Namen: „Laudanum" im 16. Jahrhundert verbreitete. Im 17. Jahrhundert pries der englische Arzt *Thomas Sydenham* Opium als Wunderarznei. Der deutsche Mediziner und Wissenschaftler *Albrecht von Haller* warnte jedoch erstmals vor den Gefahren einer Suchterkrankung im 18. Jahrhundert, nachdem er bei Selbstversuchen opiumsüchtig geworden war. Dennoch erlangten im 18. und 19. Jahrhundert die Opiumarzneien weltweite Bedeutung. Der deutsche Apotheker *Friedrich* **Sertürner** entdeckte die schlafmachende Wirkung des Opiums und fand den Wirkstoff des Opiums, das Morphin. Im 19. Jahrhundert gab es **Hunderte von Opiumarzneien** auf dem europäischen Markt. Es gab kaum Beschwerden, die mit einer Opiumarznei nicht zu heilen oder zu lindern gewesen wären. Opiumarzneien mit unterschiedlichem Wirkstoffanteil wurden nicht nur **für Erwachsene**, sondern auch **für Kinder** angeboten. Opiumarzneien wie „**Godfreys Cordial**", „**Mutter Baileys Beruhigungssirup**", „**Dr. Zöhrers Kinderglück**", „**Dr. Hoffmanns Tropfen**" wandten sich ausdrücklich an Eltern und Kindermädchen und versprachen Heilung von Kinderkrankheiten. Mit Opiumtinkturen, mit opiumhaltigem Schlafzuckern und mit **Opiumarzneien getränkten Stoffschnullern** versuchte man kranke oder nervöse Kinder ruhig zu stellen und zum Einschlafen zu bringen (**Requies Nicolai,** ein bekannter Schlafzucker, **Aachener Schlafhonig, Mohnschalentee**). Diese vielfach von Ammen angewandte Übung hielt sich bis zum 19. Jahrhundert. Eine hohe Zahl von Vergiftungs- und Todesfällen bei Kindern war die Folge. So sollen im Jahre 1837/1838 allein 543 Kinder, im Jahre 1848 200 Kinder einer Opiumvergiftung zum Opfer gefallen sein.

208   Die Wirkung des Opiums wird geprägt durch das Hauptalkaloid **Morphin.** Daneben enthält das Opium aber 20–50 Nebenalkaloide wie **Codein, Hydrastin, Laudamin, Laudanosin, Narcein, Narcotin, Papaverin und Thebain.** Opium wirkt durch seine Alkaloide insbesondere auf das Schmerzzentrum und Atemzentrum ein.

209   Im Opium wirken **zentral analgetisch** Morphin, Codein, **hypnotisch** Morphin, Codein, **tetanisch** Thebain, **lähmend** auf das Atemzentrum Morphin, Codein, **erregend** auf das Atemzentrum Narkotin, Thebain, **lähmend** auf die glatte Muskulatur, insbesondere des Darmes, Morphin, Codein, Papaverin. Es bedarf einer ganzen Reihe von Verfahren, bis das Opium für den medizinischen Gebrauch geeignet sein kann. Die aus dem Opium gewonnenen Produkte können pulverisiert, granuliert oder mit neutralen Stoffen vermischt sein (**Opiumpulver, Opiumtinktur, Opiumtropfen, Opiumpuder, Opiumöl).**

IX. Opium in der Literatur

210   Zahlreiche englische, französische und deutsche Dichter ergingen sich im Opiumrausch. Berühmt wurden die Bekenntnisse des englischen Dichters *Thomas de* **Quincey,** 1785–1859 (The Confessions of an English Opium Eater), die Beschreibung eines Opiumtraumes von **Samuel Taylor Coleridge,** 1772–1834; die Opiumgedichte von *Georg Crabbe*, 1754–1832. Berühmt wurde auch *Jean Cocteaus*, 1889–1963, illustriertes Opiumtagebuch. Die deutschen Dichter *E. T. A. Hoffmann*, 1776–1822, und *Heinrich Heine*, 1797–1856, nahmen hohe Dosen Opium ein. *Edgar Allan Poe*, 1809–1849, *Charles Dickens*, 1812–1870, und *John Keats* erwähnten ihre Opiumsucht nicht. Auch der Franzose *Charles Baudelaire*, 1821–1867, beschrieb im Zyklus: „Les Fleurs du Mal" (Die Blumen des Bösen) die Auswirkungen des Opiums.

X. Rechtsprechung zu Opium

Das *LG Köln* hat **die nicht geringe Menge von Opium** mit einer Wirk- **211** stoffmenge von **6 g Morphinhydrochlorid** bestimmt (*LG Köln* StV 1993, 529). Die Kammer konnte die vom *BGH* in seinem Urt. v. 22. 12. 1987 vertretene Auffassung, wonach bei Morphinzubereitungen die nicht geringe Menge bei 4,5 g Morphinhydrochlorid beginnt (BGHSt. 35, 179 = NStZ 1988, 462 = StV 1988, 107), nicht auf Opium übertragen. Das *OLG Köln* ist dem gefolgt (*Köln* StV 1995, 306). Siehe dazu auch § 29 a Rn. 92 f.

E. Morphin

I. Geschichte des Morphins

Morphin, umgangssprachlich auch Morphium genannt, ist das Hauptalkaloid **212** des Opiums (zum Opium s. im Einzelnen Rn. 190 ff.). Aus dem Rohopium wurde bereits Anfang des 19. Jahrhunderts der analgetische Wirkstoff des Morphins durch Einweichung und Filtrierung unter Zusetzung von Wasser, Löschkalk und Ammoniumchlorid isoliert. Anfang des 19. Jhd. wurden mit immer mehr verfeinerten Methoden die **Alkaloide des Opiums** entdeckt und isoliert. **1803** entdeckte *Derosne* das **Narkotin. 1805** beschrieb *Sertürner* das **Morphin,** von dem **Séguin** bereits **1804** berichtet hatte. Von **1804–1806** isolierte der **Apotheker** *Friedrich Wilhelm Sertürner (1783–1841)* das Morphin aus dem Opium. Er unternahm Versuche mit Hunden und ließ Freunde Morphin einnehmen. Er unternahm auch Selbstversuche und wurde dabei selbst morphiumsüchtig. **1817** gebrauchte *Sertürner* erstmals den Namen **Morphium. 1817** entdeckte *Robiquet* das **Narkotin** erneut und beschrieb es. **1818** beschäftigte *Sertürner* sich mit **Narkotin,** dessen Name erst seit **1821** existiert. Die Firma E. Merck stellte **1826/1827** in dem chemischen Laboratorium der Engel-Apotheke das Morphium kommerziell her. **1832** entdeckte **Pelletier** das **Narcetin** und beschrieb es. **1833** isolierte *Robiquet* das **Kodein** (Kodeia = Mohnkapsel), das 1870 von *Matthiessen* und *Wright* als **Methyl-Ether des Morphins** erkannten. **1835** isolierte *Pelletier* das **Pseudo-Morphin** und das **Thebain.** Erst **1846** erhielt die Droge nach dem Gott des Schlafes Morpheus den Namen Morphium. Nachdem Anfang des 19. Jahrhunderts Opiumarzneien gegen eine Vielzahl von Krankheiten eingesetzt worden waren und der Suchtcharakter des Opiums immer mehr erkannt wurde, eroberte sich das **Morphin zunächst als orales schmerzlinderndes Mittel** den Arzneimittelmarkt. In der zweiten Hälfte des 19. Jahrhunderts wurde die parenterale Injektion eingeführt. **1848** entdeckte *Merck* das **Papaverin** und damit den zweiten Hauptstamm in der Familie der **Mohn-Alkaloide.**

Der Chefarzt des Berliner Maison de Santé, *Eduard Levinstein* (1831–1882), er- **213** kannte jedoch die Kehrseite dieser stark wirksamen Drogen und beschäftigte sich mit der von ihr ausgelösten **Morphiumsucht** und der besonderen Verbreitung **unter gebildeten und höheren Kreisen wie Medizinalberufen, Offizieren und Künstlern.** Über Jahrzehnte wuchs die Zahl der Morphinisten. Ab 1850 nahm das Spritzen von Morphium erheblich zu. Auf den europäischen Schlachtfeldern im deutsch-französischen Krieg 1870/1871 missbrauchten die Soldaten in großem Umfange Morphium, weshalb der **Morphinismus** zeitweise auch **Soldatenkrankheit** genannt wurde. Einen Therapieerfolg versprach man sich zunehmend durch den Einsatz von Arzneisubstanzen wie etwa **Atropin, Codein, Dio-**

nin, Brucin und des Morphiumserums **Eumorphol.** Man setzte schließlich **Kokain** ein, was zwar eine schnelle Entwöhnung bewirkte, aber eine neue Sucht, die Kokainsucht, hervorrief. In England glaubte man 1875, ein **Antimorphinismusmittel** gefunden zu haben, nachdem man Morphium mit Essigsäure verbunden hatte. Das **Diacetylmorphium** wurde von den *Bayer-Werken Elberfeld* 1898 als Heroin auf den Markt gebracht. Man versuchte **mit Heroin** die Morphinsucht zu bekämpfen, jedoch ohne Erfolg (zum Heroin s. im Einzelnen Rn. 228 ff.). Die Morphinabhängigen wurden in eine noch schwerere Suchtform getrieben. Ende des 19. Jahrhunderts bildeten sich in den europäischen Großstädten **Morphinsalons und Injektionskränzchen,** bei denen Spritzenetuis aus Gold und Diamanten getragen wurden und Morphin missbraucht wurde. 1901 bestimmte der Deutsche Reichstag, Morphium dürfe ausschließlich in Apotheken abgegeben werden. **1912** wurde im Rahmen des internationalen **Opiumabkommens in Den Haag** Morphium ebenso wie Opium geächtet, aber nicht verboten. Dennoch wurde von 1900–1925 in Deutschland noch tonnenweise Morphin für die Medizin hergestellt, so z.B. 1916 ca. 14,3 t, 1925 ca. 16 t Morphin. 1924 sollen 40% der Ärzte morphinsüchtig gewesen sein.

II. Verbreitung von Morphin auf dem illegalen Drogenmarkt

214   Auf dem illegalen Drogenmarkt ist Morphin als **Rohmorphin, Morphinbase** und **Morphinsalz** im Handel und wird zur illegalen Heroinherstellung genutzt. Auch Opiatabhängige konsumieren Morphinpräparate, die vielfach aus Krankenhausbeständen oder Apotheken entwendet wurden. Im Vergleich zu dem reichlich vorhandenen illegalen Heroin ist Morphin auf der illegalen deutschen Drogenszene aber aus der Mode gekommen. 1991 wurden gerade 34 g Morphinbase und 798 g Morphinhydrochlorid beschlagnahmt.

215   **1. Rohmorphin.** Rohmorphin ist eine aus Rohopium gewonnene weiße bzw. bräunliche Substanz, die als Pulver oder gepresste Blöcke im illegalen Handel ist. Rohmorphin wird bisweilen auch als Heroin Nr. 1 bezeichnet.

216   **2. Morphinbase.** Die Morphinbase ist ein aus Opium gewonnenes Alkaloid. Sie sieht wie feiner weißer oder brauner Sand aus.

217   **3. Morphin-Tabletten.** Morphin-Tabletten sind weiße bzw. hellbraune kleine Tabletten, die Morphinsulfat oder Morphinhydrochlorid enthalten. Morphinhydrochlorid-Ampullen enthalten regelmäßig 10–20 mg Wirkstoff. Morphinsulfat-Tabletten enthalten in der Regel 32 mg Wirkstoff.

III. Verbreitung von Morphin auf dem legalen Pharmamarkt

218   Morphin gehört ebenso wie Opium zu den verkehrs- und verschreibungspflichtigen Betäubungsmitteln der Anl. III. Morphin ist in Ampullen mit 10 oder 20 mg u. a. unter den Warenzeichen **Morphin-Hexal, Morphin-ratiopharm, Capros, MST oder Sevredol®** auf dem Pharmamarkt. Nachdem die subkutane Injektion von Morphinlösungen möglich wurde, war Morphium ein weit verbreitetes und bekanntes Schmerzmittel. Bereits Dosen von 50–100 mg Morphin können narkoseartige Zustände hervorrufen. Die Wirkungsdauer tritt nach ca. 20 Min. ein und dauert ca. 2–3 Stunden (*Geschwinde*, 2007, Rn. 1337).

IV. Konsumformen

219   In der Drogenszene wird Morphin entweder intravenös injiziert oder als Tabletten konsumiert. Die therapeutische Dosis des Morphins liegt bei 10 mg, die höchste Einzeldosis bei 30 mg. Die höchste Tagesdosis sollte 100 mg nicht überschreiten. Die toxische Dosis dürfte beim ungewohnten Konsumenten bei 50 mg liegen. Ab 100 mg Wirkstoff ist mit narkoseartigen Zuständen zu rechnen (*Geschwinde*, 2007, Rn. 1337). Die tödliche Dosis beginnt bei 0,3–1,4 g Wirkstoff bei oraler Aufnahme, bei 0,1 g bei parenteraler Aufnahme.

V. Wirkungen

Die Wirkung der suchterzeugenden Rauschdroge Morphin ist zehnmal stärker **220** als bei Rohopium; Morphin führt zu schwerster körperlicher und seelischer Abhängigkeit. Im Gegensatz zu dem friedlichen Opiumraucher jagt der rastlose Morphinist seiner Tagesdosis nach und wird beim Absinken seines Morphinspiegels im Blut von schmerzhaften Entzugserscheinungen geschüttelt. Die Morphinsucht führt zu körperlichem Abbau, schwersten Persönlichkeitsveränderungen, zu Wahnideen und Psychosen. Die Abstinenzerscheinungen reichen von Schwitzen, Frieren, Zittern über Brechreiz, Gliederschmerzen bis zu Krampfanfällen.

VI. Morphinhandel

Pharmafirmen, Broker, Kommissionäre, Handelsvertreter und Handelsmakler **221** benötigen für den legalen Handel mit Morphiumprodukten eine Erlaubnis nach § 3 BtMG. Ist die Erlaubnis abgelaufen, auf andere Betäubungsmittelprodukte beschränkt, widerrufen oder zurückgegeben, so ist eine Lieferung ohne Erlaubnis strafbar.

VII. Rechtsprechung zum Morphin

Der *BGH* nimmt bei Morphinzubereitungen eine nicht geringe Menge bei 45 **222** äußerst gefährlichen Dosen zu je 100 mg Morphinhydrochlorid bzw. bei 150 Konsumeinheiten zu je 30 mg Morphinhydrochlorid = 4,5 g Morphinhydrochlorid als Grenzwert an (BGHSt. 35, 179 = NStZ 1988, 463 = StV 1988, 107; vgl. § 29 a Rn. 91). Das bei der Herstellung von Heroin aus Morphin entstehende **Mono-acetylmorphin** stellt als Ester des Morphins ebenfalls ein Betäubungsmittel i. S. d. BtMG dar (*München* [*Kotz/Rahlf*] NStZ-RR 2011, 132).

F. Codein

I. Entwicklungsgeschichte des Codein

1832 wurde von *Robiquet* der Monomethyläther des Morphins (Codein) aus **223** dem Opium isoliert und ist seit dieser Zeit wesentlicher Bestandteil zahlreicher Hustenmittel. Codein wird legal und illegal hergestellt. Es ist als **Codeinbase, Codeinhydrochlorid und Codeinphosphat,** als Pulver und zu Tabletten gepresst im Handel. Das unter dem Namen Codein im Apothekenhandel weitverbreitete analgetische Methylmorphin ist als Hustenmittel, aber auch als Zusatzstoff in Schmerzmitteln weit verbreitet. Durch das 2. Gesetz zur Änderung des OpiumG v. 9. 1. 1934 wurde das Codein in das Opiumgesetz aufgenommen. Durch die „Verordnung über den Verkehr mit **Codein** und **Äthylmorphin**" v. 24. 1. 1934 wurde die im § 4 Abs. 1 OpiumG vorgesehene Bezugscheinpflicht für den Erwerb von Codein rückgängig gemacht, so dass die Apotheker auf einfache ärztliche Verschreibung hin Codeinpräparate abgeben konnten. Nach dieser VO fand die VerschreibungsVO v. 19. 12. 1930 nicht auf das Verschreiben und die Abgabe codeinhaltiger Arzneimittel Anwendung. Durch die „Polizeiverordnung über Äthylmorphin und Kodein" von 1942 wurde die wiederholte Verschreibung und Abgabe von Äthylmorphin und Codein durch Ärzte und Apotheker eingeschränkt. Diese Einschränkungen wurden jedoch 1960 durch eine VO wieder aufgehoben. Im BtMG vom 1972 gehörte das Codein zwar zu den in § 1 Abs. 1 Nr. 2 BtMG genannten Betäubungsmitteln. Die BtMVV von 1974 galt nur für ärztliche Verordnungen von Codeinzubereitungen, die mehr als 2,5% oder je abgeteilter Form mehr als 100 mg Codein oder **Dihydrocodein** enthielten (zu Dihydrocodein s. Rn. 286). Ansonsten galt nur die einfache Verschreibungspflicht. Nach dem BtMG von 1982 gehörte Codein zunächst zu der Anl. II. Mit der 10. BtMÄndV wurden Codein und Dihydrocodein in Anl. III übernommen. Es sind jedoch Zubereitungen gem. § 2 Abs. 1 Nr. 3 BtMG von den betäubungsmittelrechtlichen

Regelungen des BtMG und der BtMVV ausgenommen, die nur bis zu 2,5% oder je abgeteilter Form bis zu 100 mg Codein oder Dihydrocodein enthalten.

II. Wirkung und Verbreitung von Codein-Präparaten

224   Codein ist ein Nebenalkaloid des Opiums. Die Methylierung des Morphiums ergibt Codein (Methylmorphium). Der antitussive Effekt des Codeins ist weitaus stärker als die analgetische Wirkung. Codein wird deshalb vorwiegend in Antitussiva zur Bekämpfung des akuten und chronischen Reizhustens eingesetzt. Codein ist ein weißes, geruchloses, bitterschmeckendes Pulver. Das Opiumalkaloid Codein findet als Mittel gegen quälenden Hustenreiz medizinische Anwendung. Drogenabhängige täuschen häufig Hustenreiz vor, um an suchterzeugende codeinhaltige Medikamente (Tabletten, Tropfen und Sirup) wie **Codeinum phosphoricum, Codicept, Codyl, Codipertussin** zu gelangen (vgl. *Braunschweig* NJW 1969, 1587).

225   Die meisten im Handel befindlichen Codein-Präparate sind ausgenommene Zubereitungen. Codein-Präparate werden in der Regel von Opiatabhängigen nur zur Überbrückung bei Stoffmangel konsumiert. Bei chronischem Missbrauch kann es zur Toleranzbildung und zur Ausbildung einer psychischen Abhängigkeit kommen; das Abhängigkeitspotential ist aber erheblich geringer im Vergleich zu Morphin und Heroin (*Geschwinde*, 2007, Rn. 2849).

III. Substitution mit Codein-Präparaten

226   Codein ist in Anl. III als verkehrs- und verschreibungsfähiges Betäubungsmittel eingestuft. Als ausgenommene Zubereitungen sind der Umgang hiermit bei Zubereitungen, die ohne einen weiteren Stoff der Anl. I bis III bis zu 2,5 vom Hundert oder je abgeteilte Form bis zu 100 mg Codein enthalten, von betäubungsmittelrechtlichen Vorschriften ausgenommen. Verschreibt ein Arzt Codein- oder Dihydrocodeinpräparate, deren Wirkstoffgehalt über den im Anhang genannten Werten liegt, so gelten die betäubungsmittelrechtlichen Vorschriften in gleicher Weise wie bei der Verschreibung von Betäubungsmitteln. Verschreibt ein Arzt dagegen Codeinpräparate, deren Wirkstoffgehalt innerhalb der in der Anlage genannten Höchstmengenbegrenzung liegt, an nicht Drogenkranke, also z. B. Hustenpatienten, so kann sich der Arzt nur nach den §§ 223 ff. StGB strafbar machen, sofern er dem Patienten eine Gesundheitsschädigung zufügt. Werden diese Substanzen aber als Substitutionsmittel gem. § 5 Abs. 3 BtMVV **an betäubungsmittel- oder alkoholabhängige Personen verschrieben**, so gelten sie als Betäubungsmittel (vgl. auf die Position Codein folgender Spiegelstrich in Anl. III). Zur Substitution mit Codein vgl. auch § 13 Rn. 46 f.

G. Thebain

227   Thebain ist ein kaum noch analgetisch wirksames Opiat, dem kein physisches Abhängigkeitspotential zugeschrieben wird (*Geschwinde*, 2007, Rn. 1322). Es ist der Anl. II zum BtMG unterstellt.

H. Diacetylmorphin/Diamorphin (Heroin)

228   **Diacetylmorphin** (Heroin) wird halbsynthetisch durch Acetylierung aus Morphin gewonnen. Bei **Diamorphin** handelt es sich um dieselbe chemische Substanz, die aber im Gegensatz zum Straßenheroin (Diacetylmorphin) pharmazeutisch hergestellt wird (s. dazu § 29/Teil 16, Rn. 23.). Diacetylmorphin unterliegt als nicht verkehrsfähiges Betäubungsmittel der Anl. I, während das zur Substitutionsbehandlung in staatlich zugelassenen Einrichtungen freigegebene Diamorphin in Anl. II und Anl. III aufgeführt ist. Nach Anl. II ist die Herstellung von Diamorphin-Zubereitungen zu medizinischen Zwecken von betäubungsmittelrechtlichen Vorschriften ausgenommen. Zudem ist nach Anl. III die Verschreibung von Zubereitungen, die zur Substitutionsbehandlung zugelassen sind, erlaubt.

I. Heroinsorten

Heroin wird in unterschiedlicher Qualität in der Rauschgiftszene angeboten, **229**
mit Reinheitsgehalten zwischen 1 und 100%. Wir unterscheiden Heroin Nr. 1,
Nr. 2, Nr. 3 und Nr. 4. Unter **Heroin Nr. 1** versteht man Morphinhydrochlorid.
Bei **Heroin Nr. 2** handelt es sich um Heroinbase, also um reines Diacetyl-
morphin vor der Umwandlung in eine Salzverbindung und ohne Zusätze und
Streckmittel. Heroinbase ist als graue oder braune feste Substanz wasserunlöslich.
Bei **Heroin Nr. 3** handelt es sich um Heroinhydrochlorid mit Zusätzen wie
Strychnin, Scopolamin und Procain, Chinin und Coffein als Streckmittel. Heroin
Nr. 3 ist eine braune oder graue grobkörnige Substanz, die insbesondere unter den
Namen **„Brown sugar"** oder **„Hongkong rocks"** bekannt ist. „Hongkong
rocks" stammen vornehmlich aus den ostasiatischen Ländern des goldenen Dreiecks. Der Heroinbasengehalt liegt regelmäßig bei 40–50%. Bei **Heroin Nr. 4**
handelt es sich um weißes oder cremefarbenes feines Pulver, das aufgrund intensiver Reinigungsprozesse bei der Herstellung nur geringe Verunreinigungen aufweist. Der Heroinbasenanteil erreicht 60–90%. Dieses reine, hochprozentige und
damit besonders wirksame und gefährliche Heroin erreicht die Bundesrepublik
sowohl aus Ländern Südostasiens als auch aus Nah- und Mittelost.

II. Entwicklungsgeschichte des Heroins

1874 experimentierte der englische Chemiker **C. R. Wright** im St. Mary's Hos- **230**
pital in London mit Morphin und Essigsäureanhydrid und stellte so das Diacetylmorphin her, um ein Mittel gegen Morphinsucht zu gewinnen. Er gab jedoch
seine Experimente mit Hunden auf und empfahl den Stoff nicht zur Anwendung
am Menschen. Die Engländer **Dott** und **Stockman** setzten 1890 die Versuche mit
Diacetylmorphin an Hunden und Kaninchen fort, konnten aber ihre Versuchsreihen nicht zufrieden stellend abschließen, so dass sie den Stoff ebenfalls nicht zur
Anwendung am Menschen empfahlen. Seit 1889 stellten die **Farbenfabriken
Elberfeld, vormals Bayer,** auch Arzneimittel her und bemühten sich in Konkurrenz mit den Pharmafirmen *Boehringer, Knoll* und *Merck* um Ersatzmittel für ne-
benwirkungsreiche Medikamente aus der Gruppe der Alkaloide (Morphin und
Chinin) zu gewinnen. Der Bayer-Chemiker **Dr. Hoffmann** hatte ein Verfahren der
Acetylierung entwickelt, mit dem bei den Farbenfabriken *Elberfeld* die Synthese
von Aspirin und Heroin gelang. Während *Hoffmann* sich intensiv um die Synthese
des Aspirins kümmerte, scheint der Bayer-Pharmakologe **Dr. Dreser** die Synthese
von Heroin vorangetrieben und mit dem Werksarzt **Floret** an Kleintieren, aber
auch an Werksangehörigen und im Selbstversuch getestet zu haben. Dabei baute
Dr. Dreser 1897 auf den Versuchsergebnissen von *Wright, Dott* und *Stockman* auf. Er
entwickelte mit *Dr. Hoffmanns* Acetylierungsverfahren die halbsynthetische Substanz Diacetylmorphin und stellte sie als Atmungssedativum zur Heilbehandlung
zur Verfügung. Von den Farbenfabriken *Elberfeld*, vormals *Friedrich Bayer und Co.*,
wurde 1898 unter der Nr. 31650 F 2456 und unter dem Markennamen Heroin
(das heroische Allheilmittel) Diacetylmorphin als Mittel gegen Husten und Bronchitis auf dem Pharmamarkt eingeführt. Die Farbenfabriken produzierten jährlich
ca. 1 t Diacetylmorphin und exportierten Heroin in mehr als 20 Länder als Pulver,
als Tablette, als Lösung, als Zäpfchen oder Saft. Es wurden sogar heroinhaltige
Tampons angeboten. Heroin wurde um 1900 mit einer Werbekampagne in
12 Sprachen in der ganzen Welt als Mittel gegen Erkrankungen der Atemwege von
Kindern bekannt gemacht. In der Folgezeit wurde Diacetylmorphin von zahlreichen Ärzten in aller Welt bei mehr als 40 verschiedenen Indikationen bei der
Behandlung von Erwachsenen und Kindern eingesetzt: bei Herzerkrankungen,
Kreislaufbeschwerden, Asthma, Bronchitis, Magenkrebs, bei gynäkologischen Er-
krankungen, bei Depressionen und Psychosen. Heroin und Aspirin machten damals 80% des Auslandumsatzes der Bayerwerke aus. *Dreser* wies in einer Bayer-
Werbesendung ergänzend auf eine Eigenschaft des Stoffes Heroin hin, dass er „vor

allem als einziger die **Fähigkeit** habe, **Morphinsüchte schnellstens zu heilen**"
(*Behr* Weltmacht Droge, 1980). Diese Wirkung eignete sich jedoch weniger für
die Werbung. Heroin wurde deshalb vor allem als **Antihustenmittel und
Schmerzmittel** gemeinsam mit dem Antischmerzmittel Aspirin weltweit vermarktet und erzielte Rekordumsätze.

231 Folgt man *Behr* (a. a. O.), so gelang es der damaligen Rechtsabteilung der Bayer-
werke zunächst, zahlreiche kritische Stimmen wegen der Suchtwirkung des Heroins zu unterbinden. Von 1903–1910 nahmen die kritischen Stimmen zu. Die
Erwartung, mit Heroin den Morphinismus heilen zu können, wurde fallengelassen.
Berichte über Fälle von Heroinsucht tauchten nun in zahlreichen Ländern auf, vor
allem die USA. Es begann lange vor der Alkoholprohibition ein Krieg gegen die „demon drug". In einzelnen Staaten der USA wurde Heroin gesetzlich
verboten. Weder auf der Ersten, von Bischof *Brent* geleiteten **Opiumkonferenz 1911/1912 im niederländischen Den Haag** noch bei **der 2. und
3. Opiumkonferenz in Den Haag (1913 und 1914)** kam es zu einem internationalen Verbot von Heroin. In Deutschland wurde 1917 Heroin als Betäubungsmittel eingestuft und apothekenpflichtig. Zwar musste Deutschland nach dem
1. Weltkrieg sich im Versailler Vertrag verpflichten, das Haager Opiumabkommen
zu ratifizieren. Weder in dem deutschen **Opiumgesetz v. 30. 12. 1920** noch in
dem **Opiumgesetz von 1929** wurde jedoch Heroin verboten, sondern lediglich
einer staatlichen Kontrolle unterstellt. Die USA verboten Heroin 1924. Während
der **zwei Genfer Opiumkonferenzen 1925 und 1931** gelang es den USA
nicht, die Teilnehmerstaaten für ein Verbot von Heroin zu gewinnen, da Frankreich und England auf Heroin als notwendiges Analgetikum bestanden. Deutschland produzierte zu dieser Zeit noch mindestens 1 t, die Schweiz sogar 2 t Heroin.
Da das Heroinproduktionsverfahren patentrechtlich nicht geschützt war, produzierten mehrere europäische Firmen in verschiedenen Ländern Diacetylmorphin. Seit
den 30er Jahren nahm die legale Heroinproduktion jedoch stark ab. Nach
30 Jahren legalen Heroinhandels stellte 1931 die in den IG-Farben aufgegangene
Firma *Bayer* die Heroinproduktion ein.

232 Auch nach dem 2. Weltkrieg gelang es in den **Einheitsübereinkommen von
1961 (Single Convention)** i. d. F. v. 1972 (BGBl. II 1977, S. 112) nicht, ein allgemeines Heroinverbot zu vereinbaren, sondern nur, die Teilnehmerstaaten zu
Kontrollmaßnahmen bezüglich Heroin zu verpflichten. Heroin konnte aber weiterhin zu medizinischen und wissenschaftlichen Zwecken verwendet werden. So
kann in Großbritannien und einigen wenigen europäischen Ländern auch heute
noch Heroin legal produziert und zu medizinischen Zwecken eingesetzt werden.
Nachdem Heroin seine medizinische Bedeutung verloren hatte und in vielen Ländern verboten worden war, wurde es 1958 auch in Deutschland auf dem Markt
nicht mehr zugelassen. Bis 1971 war Heroin in Deutschland ein verkehrs- und
verschreibungsfähiges Betäubungsmittel. Es stand aber als Medikament nicht mehr
zur Verfügung. Seit den 70er Jahren wurden in immer größeren Mengen **illegal
produziertes und eingeführtes Heroin in Deutschland** in der illegalen Drogenszene abgesetzt. Dieses illegale Heroin unterliegt keiner Qualitäts- und Preis-
kontrolle und führt wegen seiner Nebenwirkungen und gefährlichen Beimengungen zu Krankheiten, Verelendung und Todesfällen. 1984 lehnte das amerikanische
Repräsentantenhaus die Wiederzulassung von Heroin als Arzneimittel ab, weil
andere Schmerzmittel zur Verfügung ständen.

233 Die **Freie und Hansestadt Hamburg** brachte im Mai 1992 einen Gesetzesantrag zur Änderung des BtMG (BR-Drs. 296/92) ein, der die rechtlichen Vorauss-
setzungen zur Durchführung wissenschaftlicher Untersuchungen schaffen sollte,
die unter staatlicher Kontrolle und Aufsicht stehen und in deren Rahmen nach
medizinischer Indikation die in Anl. I und Anl. II des BtMG aufgeführten Betäubungsmittel wie Diamorphin (= pharmazeutisch hergestelltes Heroin) durch Ärzte
verabreicht werden dürften. Die **Hessische Landesregierung** ergriff ebenfalls
eine Bundesratsinitiative zur Änderung und Ergänzung des BtMG, wonach staatliche Betäubungsmittelabgabestellen unter bestimmten Voraussetzungen Opiate an

bestimmte Berechtigte abgeben dürften. Die Initiative fand jedoch keine Mehrheit. Die **Stadt Frankfurt am Main** stellte am 11. 2. 1993 beim damaligen *BGA Berlin* einen Antrag, gemäß § 3 Abs. 2 BtMG die Erlaubnis zu einem wissenschaftlichen Diamorphin-Forschungsprojekt (DIAPRO), einer kontrollierten ärztlichen Vergabe von Heroin an Opiatabhängige, zu erteilen und den Bezug und die Einfuhr des benötigten Heroins aus Großbritannien zu genehmigen. Der Antrag wurde vom *BGA Berlin* jedoch abgelehnt (vgl. § 3 Rn 61). Im **Jahr 2000** beschloss die **Bundesregierung**, ein **multizentrisches, wissenschaftlich begleitetes, ärztlich kontrolliertes Heroinvergabeprojekt** mit einem Heroinprüfarzneimittel in verschiedenen deutschen Großstädten zur Behandlung von Schwerabhängigen zu ermöglichen. Dies führte letztlich zum Gesetz zur diamorphingestützten Substitutionsbehandlung vom 15. 7. 2009 (BGBl. I, S. 1990; s. dazu im Einzelnen § 3 Rn. 62 ff.; § 13 Rn. 47 ff.).

III. Herstellung des Heroins

Zur Herstellung von Heroin werden Morphinbase (Morphinhydrochlorid), Essigsäureanhydrid, Natriumcarbonat und Wasser benötigt. Wichtigster Grundstoff für die Heroinherstellung ist neben der Morphinbase das Essigsäureanhydrid, das die illegalen Heroinhersteller – wie vormals die pharmazeutischen Werke – von deutschen und japanischen pharmazeutischen Werken en gros beziehen. **Essigsäureanhydrid** untersteht nicht dem BtMG, ist aber als verbotener Grundstoff nach dem GÜG reglementiert. Zur Herstellung von 1 t Heroin Nr. 4 werden 1.000 l Essigsäureanhydrid benötigt. Die Morphinbase und das Essigsäureanhydrid werden 2 Stunden in einem Topf gekocht. Anschließend lässt man den Sud erkalten. Es wird sodann Wasser zugegeben und die gesamte Masse so lange umgerührt, bis sich Sud und Wasser verbinden. Die Flüssigkeit wird gefiltert, wobei Rückstände der Morphinbase weggeschüttet werden. In die gefilterte Flüssigkeit wird löffelweise Natriumcarbonat beigegeben, um das Wasser vom Heroin zu trennen. Es entsteht eine Flüssigkeit, die wie geschlagene Dickmilch aussieht. Das Heroin setzt sich am Boden ab. Die Flüssigkeit wird abgeschüttet. Der Bodensatz wird mit heißem Wasser und einem Leinentuch als Sieb durchgesiebt und so das Heroin vom Carbonat getrennt. Das auf dem Leinentuch verbleibende Heroin wird getrocknet.

234

IV. Heroinhandel

1. Gewinnspannen und Handelsformen. Kauft ein **Opiumhändler** 100 kg Rohopium à 50,– Euro für 5.000,– Euro in Thailand auf und lässt die Rohopiummenge in 10 kg Morphinbase verwandeln, so kann er diese 10 kg für 10.000,– Euro weiterverkaufen. Der **Importhändler** übernimmt die 10 kg Morphinbase und lässt diese zu 10 kg Heroin umarbeiten. Er verkauft die 10 kg 96%igen Heroins für den doppelten Preis zum Kilopreis von 2.000,– Euro = 20.000,– Euro. Die **Großhändler**, die diese Ware übernehmen, strecken die 96%ige Ware auf 48% und gewinnen dadurch 20 kg 48%iges Heroingemisches, die sie nun zum Kilopreis von 5.000,– Euro verkaufen (= 100.000,– Euro). Die **Zwischenhändler** strecken die 48%ige Ware auf 20% und erzielen dadurch zusammen 50 kg 20%igen Heroingemischs, die sie zum Kilopreis von 10.000,– Euro verkaufen können (insgesamt 500.000,– Euro). Die **Kleinhändler (Pusher)** strecken erneut auf 10% und gewinnen dadurch 100 kg 10%iges Heroingemisches. Zahlt ein Junkie für 0,1 g Heroin 50,– Euro, so können die 100 kg Rohopium für 5.000,– Euro letztlich einen Umsatz von 1 Million × 50,– Euro = 50 Millionen Euro hervorrufen. In der deutschen Drogenszene wird je nach Menge, Qualität und örtlichen Marktgegebenheiten 1 g Heroin zum Preis von **30,– bis 50,– Euro** (*Patzak/Bohnen* Kap. 1, Rn. 12), 1 kg Heroin zum Preis von **22.000,– bis 52.000,– Euro** angeboten (World drug report 2009, S. 45). In Europa liegt der durchschnittliche Verkaufspreis zwischen 25,– Euro und 133,– Euro (*EMCDDA*, Jahresbericht 2010, S. 85). Der überwiegende Teil des Heroins stammt aus den Herkunftsgebieten Nah- und Mittelost. Das Heroin wird mit folgenden Zusatz-

235

und Verschnittstoffen gestreckt: **Coffein, Traubenzucker, Milchpulver, Ascorbinsäure, Procain, Paracetamol** und **zerstoßene Tabletten** (die Methaqualon, Phenobarbital usw. enthalten). Das Paracetamol/Coffein-Gemisch wird nicht selten durch Mischung mit dem Zuckeraustauschmittel Mannit verbilligt (*BGH* StV 1993, 473). Hochprozentiges Heroin wird in **Leinensäckchen** verpackt, mit **Plomben** versiegelt und mit Herkunftszeichen (**Stempel** oder Handzeichen) als Qualitätsnachweis versehen.

236   **2. Sicherstellungen. a) Welt- und europaweit. 1966** wurden weltweit weniger als 200 kg, **1986** 15.000 kg Heroin sichergestellt. 1987 betrugen die Ernteerträge in den Hauptanbaugebieten Südostasiens des **Goldenen Dreiecks** (Burma/ Laos/Thailand/China) und des **Goldenen Halbmondes** (Iran, Afghanistan, Pakistan) etwa 2.200 Tonnen Rohopium, aus denen 220 Tonnen Heroin hergestellt wurde. **In aller Welt** wurden **1991** 20.275 kg Heroin sichergestellt, davon in Pakistan 6.225 kg, in Thailand 1.389 kg, in den USA 1.111 kg. In Europa konnten 1991 insgesamt 6.634 kg Heroin sichergestellt werden, 11.702 kg in der Türkei, 1.595 kg in Deutschland, 1.540 kg in Italien, 741 kg in Spanien und 606 kg in den Niederlanden. **1998** wurden in den Staaten entlang der Balkanroute insgesamt 8.112 kg Heroin sichergestellt, davon allein 4.111 kg in der Türkei. **1999** wurden in Europa **12.762 kg Heroin** polizeilich sichergestellt, davon 3.862 kg in der Türkei, 2.032 kg in Großbritannien, 1.314 kg in Italien, 1.159 kg in Estland, 1.011 kg in Russland, 762 kg in Deutschland. Im **Jahr 2000** wurden allein an der bulgarisch-türkischen Grenze mehr als 1.000 kg Heroin vom Zoll mit LKW-Ladungen entdeckt, zumeist am Grenzübergang Kapitan-Andreevo. Die Türkei ist auch weiterhin das Haupteinfallstor für den Heroinschmuggel nach Europa. Im Jahr 2000 haben türkische Drogenfahnder 6.052 kg Heroin, 2.485 kg Morphinbase und 23.000 kg Essigsäure-Anhydrid beschlagnahmt. 2008 wurden in Europa bei 56.600 Sicherstellungen 23.000 kg Heroin beschlagnahmt (*EMCDDA*, Jahresbericht 2010, S. 86).

237   **b) Deutschlandweit. 1970** wurden in der Bundesrepublik nur 0,5 kg Heroin sichergestellt, **1980** bereits 267 kg Heroin und **1988** 537 kg Heroin. **1989** wurden in Deutschland 727 kg Heroin und **1990** 847 kg Heroin sichergestellt. **1991** wurden in Deutschland 1595 kg Heroin, allein 970 kg (60,8%) aus der Türkei, 42 kg aus den Niederlanden, 35 kg aus Pakistan beschlagnahmt. Die sog. **Balkanroute** stellt den bedeutendsten Heroinschmuggelweg nach Deutschland dar. Im Jahr **1992** fanden deutsche Rauschgiftfahnder 1.438 kg Heroin, **1993** 1.095 kg Heroin. Seit 1995 nahmen die Sicherstellungen von Jahr zu Jahr ab: 933 kg **(1995)**; 898 kg **(1996)**; 722 kg **(1997)** auf 686 kg im Jahr **1998.** Diese Abnahme kann unterschiedliche Ursachen haben: Einen geringeren Bedarf, geringere Kontrolltätigkeiten in Deutschland oder stärkere Kontrolltätigkeit am Rande der Balkanroute. Gegen ein Absinken der Heroinwelle könnte sprechen, dass in der amerikanischen Schickeria seit 1994 sich eine neue Heroinwelle ausgebreitet hat, von Personen, die Heroin schnupfen (Models, Schauspieler, Anwälte, Banker) oder auf Staniolpapier erhitzen und die Heroindroge: „Diesel", „Downtown", „Tiger" oder „H" nennen. Seit dem Jahr 2000 haben sich die Sicherstellungsmengen wie folgt entwickelt (*BKA*, Jahreskurzlage Rauschgift 2009 u. 2010):

Heroinsicherstellungen in Deutschland		
Jahr	**Fälle**	**Mengen**
2000	8.014	796,0 kg
2001	7.538	835,8 kg
2002	6.658	519,6 kg
2003	6.138	626,2 kg
2004	6.608	774,7 kg

Heroinsicherstellungen in Deutschland		
2005	6.691	786,6 kg
2006	6.763	878,9 kg
2007	6.853	1.073,5 kg
2008	6.638	502,8 kg
2009	6.183	758,4 kg
2010	5.645	474,3 kg

Nicht nur die Heroin-Sicherstellungen, sondern auch die Zahlen der Heroinab- 238
hängigen nehmen in den meisten Ländern Europas allmählich ab. Die Heroinabhängigen werden älter, auch das Durchschnittsalter der Herointoten nimmt
zu. Heroin gilt bei den Jugendlichen als **Bad-Drug, als Verliererdroge, als
Schmuddeldroge,** die verdrängt wird durch **Fun-Drugs** wie Kokain, Cannabis
und MDMA (Ecstasytabletten).

V. Konsumformen

So wie wir zwischen dem individual- und sozialverträglichen Alkoholkonsum 239
und dem Alkoholmissbrauch unterscheiden müssen, haben wir auch den **indivi-
dual-** und **sozialverträglichen Heroinkonsum** und den **Heroinmissbrauch**
zu unterscheiden. Denn es gibt eine große Zahl von Heroinkonsumenten, die
kontrolliert Heroin konsumieren, nie polizeiauffällig werden und einem Beruf
nachgehen. Zahlreiche amerikanische Untersuchungen belegen, dass es Wochen-
endfixer und **Gelegenheitsfixer** gibt, die jahrelang ohne Anzeichen von Abhängigkeit Heroin injizieren (vgl. *von Bülow* KrimJ 1989, 118). Offensichtlich ist das
Konsummuster vielfach ausschlaggebend, insb. **die Menge** und **die Applika-
tionsart, die Frequenz des Heroingebrauches, der Wirkstoffgehalt, die
Verunreinigungen** bzw. die Reinheit und **der Beikonsum** anderer gefährlicher
Stoffe (*de Ridder* 1991). Selbst chronischer Heroingebrauch muss nicht zur Beeinträchtigung kognitiver Funktionen oder zu psychiatrischen Krankheitsbildern führen. Auch ist die These, die 4- bis 5-malige Heroininjektion führe zwingend zur
Heroinsucht und sozialem Ruin, eine **Verallgemeinerung** (*von Bülow* KrimJ
1989, 118). Heroin wird geschnupft, geraucht, inhaliert, subcutan oder intravenös
gespritzt. Beim **Schnupfen von Heroin** wird der Stoff mittels eines zusammen-
gerollten Papiers oder Geldscheines in die Nase gezogen. Bei Dauerkonsum führt
dies zu chronischen Nasenschleimhautentzündungen und zum Austrocknen des
Nasen-Rachenraumes. Bei fortschreitender Sucht geht der Konsument regelmäßig
wegen der intensiveren Wirkung zur intravenösen Injektion über. Das Schnupfen
von Heroin ist eine weniger gefährliche Konsumform als das Injizieren. Beim
Rauchen von Heroin wird der Stoff in die Zigarette eingeführt.

Das **Inhalieren von Heroindämpfen** war zunächst eine in Fernost beliebte 240
Konsumform, die mit „den Drachen jagen" (Chasing the dragon) bezeichnet wurde. Seit 1992 wurde auch in Europa und in den USA eine starke Zunahme des
Folienrauchens festgestellt. Auf einer Aluminiumfolie wird Heroin mit dem
Feuerzeug erhitzt und die aufsteigenden Dämpfe mit einem Röhrchen inhaliert
(sog. „Blechrauchen"). Das rasche Wohlgefühl wird als „geiles" Erlebnis propagiert, ohne die körperlichen Gefahren für Lungen und Bronchien und des Atem-
stillstandes bei Überdosierung zu erkennen. Zum Teil wird Heroin dabei auch mit
Barbituraten gemischt (33% zu 66%).

Beim **Injizieren von Heroin** ist die Wirkung erheblich stärker. Das Injizieren 241
wird bevorzugt, da beim Schnupfen des Heroins kein sog. „flash-Erlebnis" eintritt
(= plötzliche Anflutung der Substanz ins zentrale Nervensystem mit schlagartig
einsetzendem überwältigendem Euphoriegefühl) und beim Schnupfen mehr Sub-

stanz gebraucht wird (*Geschwinde*, 2007, Rn. 1370). Da in der Drogenszene ver-
unreinigte Heroingemische von unbekannter Stärke gehandelt werden und die
Injektionswerkzeuge meist nicht steril sind, ist die Gefahr einer Endokarditis,
Osteomyelitis oder Hepatitis infolge Infektion ebenso groß wie die Gefahr einer
Atemlähmung infolge Überdosierung. In den letzten Jahren hat sich durch **„needle
sharing"** insb. die todbringende **AIDS**-Krankheit unter Fixern ausgebreitet.
Heroin wird meistens injiziert in Mengen von 50–250 mg (*Geschwinde*, 2007,
Rn. 1475). Das Heroingemisch wird auf einem Teelöffel gewässert, erhitzt und mit
Zitronensäure gelöst. Dann wird die Lösung in die Spritze gezogen und injiziert.
Die therapeutische Dosis für Heroin liegt im Bereich von 1–10 mg. Heroin ist
zehnmal so stark wie Morphin. Ein erfahrener Heroinkonsument vermag täglich
0,5–3 g Heroingemisch zu konsumieren.

242   Bei der Wirkung einer Dosis spielen die Qualität und Reinheit der Heroinzubereitung, die körperliche und seelische Verfassung des Konsumenten, die Häufigkeit
des Konsums, das Suchtstadium und schließlich die Umgebung (Setting) eine
wichtige Rolle. Im Einzelfall kann eine Überdosis oder letale Dosis von einem
erfahrenen Fixer mühelos verkraftet werden, eine Normaldosis beim Probierer zum
Tode führen.

243   Dem Heroin wird bisweilen LSD oder Cocain beigemischt. Unter **„Speedball"**
versteht man eine Mischung von Heroin und Cocain, unter **„Frisco Speedball"**
eine Mischung aus Heroin, Cocain und LSD.

VI. Wirkungen des Heroins

244   Heroin löst im Allgemeinen eine **Euphorie** aus, eine ausgeglichene, ruhige, un-
beschwerte bis glückliche Stimmungslage, die **Lebensprobleme als unbedeu-
tend erscheinen lässt.** Die Kurz- und Langzeitwirkungen des Heroins gleichen
denen des Morphins, jedoch ist Heroin fünf- bis zehnmal stärker wirksam. Die
Wirkung hält 1–4 Stunden an. Charakteristisch bei der Kurzzeitwirkung ist der
Flash bzw. Kick, die unmittelbar nach der Injektion einsetzende schlagartige Anflutung des Wirkstoffes über die Blutbahn ins Gehirn, was eine starke Euphoriewelle
auslöst. Für den Heroinabhängigen gibt es nichts Erstrebenswerteres als der nächste
Kick. Die Heroininjektion vermittelt ihm das Hochgefühl, als würde das Heroin
wie **heiße Lava durch seine Venen strömen,** (= kick) und **wie ein Orgasmus** explosionsartig in seinem Hirn auszubreiten (= Kick). Dieses Kick-Erlebnis
ist so ungewöhnlich, dass der gesamte Tagesablauf sich an der Suche nach dem
nächsten Druck und Kick orientiert. Neben der Euphorie verändern sich aber
auch die Pupillen. Es kommt zu einer Hemmung des Atem- und Hustenzentrums
und zu schweren Verstopfungen.

245   Ebenso wie bei dem Morphin kann der Heroinkonsum schon nach wenigen Injektionen zu einer starken Abhängigkeit führen. Heroin kann schwerste psychische
und physische Abhängigkeit bis zum körperlichen und geistigen Verfall bewirken.
Heroin besitzt die **stärkste Suchtpotenz** aller im BtMG genannten Stoffe.

246   Während ein Morphinkonsum eine Wirkungsdauer von 5–6 Stunden aufweist,
ist die Wirkung des Heroins nach ca. 2–3 Stunden abgeklungen. **Die psychische
Abhängigkeit** äußert sich in dem unwiderstehlichen Verlangen nach Einnahme
der Droge zur Erreichung seelischer Zufriedenheit oder zur Vermeidung von
Unbehagen. **Die physische Abhängigkeit** äußert sich in der Gewöhnung des
Körpers an das Rauschgift und in schmerzhaften körperlichen **Entzugserscheinungen** bei Drogenabstinenz Gähnen, Tränen- und Nasenfluss, Schüttelfrost,
Hitzewallungen, Muskelkrämpfe, Schweißausbrüche, Gliederschmerzen). Die Gewöhnung des Körpers an die Tagesdosis bedingt eine fortschreitende **Dosissteigerung,** um das ursprüngliche Drogenerlebnis weiterhin zu erfahren. Heroin
führt zur allmählichen Einengung des Lebens zu dem einzigen Problem, nämlich der Beschaffung des Tagesbedarfes an Drogen. Zwischenmenschliche Beziehungen, Ausbildung im Beruf werden vernachlässigt, schließlich aufgegeben.
Die Finanzierung des täglichen Drogenbedarfes erfolgt im Wege von Straftaten

oder durch Prostitution. Der Drogenabhängige macht sich bei der Beschaffung seines Drogenvorrats in vielfältiger Weise strafbar. Zunächst einmal beschafft er sich die Drogen direkt durch rechtsgeschäftlichen Erwerb, Einfuhr, Herstellung, Handel, Diebstahl oder Rezeptfälschung **(direkte Beschaffungskriminalität)**. Wegen des auf legale Weise unerschwinglichen Preises für illegale Drogen beschaffen sich Drogenabhängige durch Raub, Betrug, Erpressung, Vermittlungs- und Kommissionsgeschäfte das nötige Geld zum Drogenerwerb **(indirekte Beschaffungskriminalität)**.

VII. Schuldfähigkeit von Opiatabhängigen

Siehe dazu Vorbem. §§ 29 ff. Rn. 7 ff.   247

VIII. Vernehmungsfähigkeit von Opiatabhängigen

Die **Abstinenz- oder Entzugserscheinungen** bei Heroinabhängigen sind 248 außerordentlich vielfältig. Zunächst sind physische und psychische Abstinenzsymptome zu unterscheiden. Nach *Glatzel* (StV 1994, 46) hat es sich unter den psychiatrischen Sachverständigen eingebürgert, die Schwere des Entzuges in Abstinenzgraden zu messen. So umfasst der **Abstinenzgrad 1** Gähnen, Schwitzen, Tränenfluss und Schlafstörungen. Beim **Abstinenzgrad 2** kommt es zusätzlich zu Tremor, Glieder- und Muskelschmerzen, Heiß-, Kaltwallungen und Anorexie. Der **Abstinenzgrad 3** ist darüber hinaus charakterisiert durch einen Anstieg von Puls, Blutdruck und Temperatur sowie Agitiertheit. Schließlich ist der **Abstinenzgrad 4** dann erreicht, wenn das Bild bestimmt ist durch fiebriges Aussehen, Gewichtsverlust, spontane Ejakulation oder Orgasmus, Bluteindickung, Leukozytose. Im Gegensatz zu den physischen sind die psychischen Entzugserscheinungen häufig schwer zu erkennen. Neben der Schwierigkeit, die einzelnen Symptome zu erkennen, ist zu beachten, dass Drogenabhängige bisweilen bestrebt sind, ihre **körperlichen Entzugserscheinungen zu dissimulieren,** um das Ausmaß der Abhängigkeit zu verschleiern und Therapiemaßnahmen zu verhindern. Die quälenden psychischen Entzugserscheinungen können einen Opiatabhängigen dahingehend beeinträchtigen, seine Interessen vernünftig wahrzunehmen, und zu einer **Aussagefreudigkeit** führen, um die Vernehmung hinter sich zu bringen und anschließend in Ruhe gelassen zu werden. Bei der Prüfung der Verwertbarkeit und Zuverlässigkeit von Angaben eines festgenommenen drogenabhängigen Zeugen (§§ 136a, 69 Abs. 3, 163a Abs 5 StPO) ist festzustellen, in welcher Verfassung der Zeuge bei der Festnahme war, wann er einem Arzt vorgeführt wurde und welche Wahrnehmungen dieser machte, wann die polizeilichen und richterlichen Vernehmungen stattfanden, wie lange er nach der Festnahme keine Ruhemöglichkeit hatte und ob Beamte wegen Zweifel an der körperlichen Konstitution eine Vernehmung bzw. Befragung ablehnten (*BGH*, Urt. v. 18. 11. 1983, 2 StR 431/83; vgl. auch *LG Mannheim* NJW 1977, 346; *Täschner* NStZ 1993, 322; *Pluisch* NZV 1994, 52; vgl. auch *Glatzel* StV 1981, 191 ff.; *Glatzel* StV 1982, 283 ff.).

IX. Gewalttätigkeit unter Heroineinfluss

Heroin verursacht auch **nicht direkt Gewalttätigkeit,** kriminelle Energie 249 oder moralischen Verfall. Seit 1910 ging von den USA eine Verteufelungskampagne gegen die Wirkungen des Heroins aus. Heroin fördere Kriminalität und Gewalt; jeder Heroingebraucher sei ein potentieller Mörder, hieß es. Diese Kampagne prägte die amerikanische und internationale Drogenpolitik bis heute und führte zu dem **amerikanischen Krieg gegen Drogen** (vgl. *de Ridder*, 1991). **Reine Opiate** wie Heroin und Morphin dürften sogar **aggressionshemmend** sein. Wegen der heute weit verbreiteten **Polytoxikomanie** können sich Wirkungen von **Heroin und Alkohol, Heroin und Arzneimittel addieren** oder **potenzieren** und in bestimmten Situationen bei bestimmten Personen eine Aggressionskriminalität fördern.

X. Schwangerschaft von Opiatabhängigen

250   Schwangerschaften opiatabhängiger Frauen bergen nicht nur zahlreiche gesundheitliche Risiken, soziale und psychische Probleme für die Mutter. Vielmehr besteht wegen der unterschiedlichen Heroinqualität auf dem Schwarzmarkt für das Kind im Mutterleib die Gefahr der akuten Überdosierung bzw. des Entzuges. Dies äußert sich in extrem starken Kindesbewegungen mit erhöhtem Sauerstoffverbrauch. Es besteht die Gefahr des Erstickungstodes des Kindes in der Gebärmutter. Die meisten Neugeborenen opiatabhängiger Mütter entwickeln ein Entzugssyndrom (Schreien, Zittern, Schwitzen, Krämpfe), das in der Kinderklinik zu behandeln ist. Es kommt bisweilen auch zu Missbildungen der Kinder wie etwa Klumpfüße.

XI. Mortalität der Opiatabhängigen

251   *Bschor* und *Wessel* vom Institut für Rechtsmedizin der Freien Universität Berlin (DMW 1983, 1345) untersuchten unter dem Aspekt der Sterblichkeit den Verlauf von 530 ambulant betreuten Drogenabhängigen, vorwiegend des Opiattyps aus dem Zugangsjahren 1967 bis 1977. Bis zum Stichtag 31. 12. 1982 starben insgesamt 81 Klienten (15%). Anhand der Todesfälle wurden für die 3 Gruppen der Mortalitätsraten ermittelt. **Verglichen mit der Sterblichkeit der altersentsprechenden Gesamtbevölkerung** ergibt sich für Heroinabhängige **männlichen** Geschlechts eine **12fache**, des **weiblichen** Geschlechts eine **29fache Übersterblichkeit.** Die Überlebenskurven aller drei Gruppen zeigten einen ziemlich linearen Verlauf, was auf eine überraschend lange Zeitspanne der Gefährdung hinwies.

252   Auch in jüngster Zeit spielen Opiate bei den drogeninduzierten Todesfällen eine große Rolle. Im Jahr 2008 entfielen in Europa 77% dieser Todesfälle auf Opiate, häufig nach Mischkonsum zumeist mit Alkohol, Benzodiazepinen, anderen Opiaten und zum Teil Kokain (*EMCDDA*, Jahresbericht 2010, S. 101). 81% der Opfer mit tödlicher Heroin-Überdosierung waren Männer, das Durchschnittsalter lag bei Mitte 30.

XII. Therapiemöglichkeiten

253   Die Therapie der Heroinsucht ist langwierig, kostspielig und meist wenig erfolgreich. Auch den wenigen „geheilten Heroinpatienten" bleibt **lebenslänglich** eine **besondere Drogensensibilität** erhalten, die nicht wenige nach langen Jahren „cleaner" Lebensweise erneut rückfällig werden lässt. Bislang galten am erfolgreichsten die **Langzeittherapieprogramme** (vgl § 35 Rn. 134 ff.). Jahrelange Erfahrungen mit Opiatabhängigen haben aber gezeigt, dass nur mit einer Therapievielfalt den Opiatabhängigen begegnet werden kann und dass es keinen allgemeingültigen Königsweg der Therapie gibt. Der Gesetzgeber hat im 7. Abschnitt des BtMG vielfältige Möglichkeiten vorgesehen, betäubungsmittelabhängige Straftäter einer Therapie anstelle einer Hauptverhandlung oder Strafvollstreckung zuzuführen. Für die Behandlung von Opiatabhängigen kommen aber nicht nur stationäre, sondern auch **ambulante – teilstationäre** oder auch nur **ambulante Therapieformen** in Betracht (z. B. Methadonsubstitution mit psychosozialer Begleitung). Seit Mitte 2009 ist die Vergabe von Diamorphin in staatlich anerkannten Einrichtungen an Schwerstabhängige zugelassen (s. dazu § 13 Rn. 47 ff.).

XIII. Drogenpolitische Positionen

254   Man unterscheidet bei der Drogenpolitik den **„Legal Approach"** (= juristischen Ansatz) und den **„Medical Approach"** (= medizinischen Ansatz).

255   **1. Kontrollierte Verschreibung und Vergabe von Heroin. Fernziele** der ärztlich indizierten und kontrollierten Verschreibung und Vergabe von reinem Heroin sind ähnlich wie bei der Methadon-Substitution die **Heilung von der**

Sucht und die Drogenabstinenz. Als Zwischenstufen dieser Bemühungen sind erreichbar durch Stillung des Opiathungers und durch Schmerzlinderung

– die **Erhaltung** und die **Verbesserung der gesundheitlichen Situation,**
– die Verbesserung der **sozialen Integration** und
– die **Senkung der Beschaffungskriminalität.**

Da in Deutschland Heroin bis Mitte 2009 ein nicht verkehrs- und nicht ver- **256** schreibungsfähiges Betäubungsmittel der Anl. I darstellte, war eine **Umstufung von Heroin (Diamorphin)** in die **Anl. III zum BtMG** notwendig. Dies wurde in Deutschland in unterschiedlicher Weise angestrebt:

a) Hamburger Initiative. Die Freie und Hansestadt Hamburg legte einen **257** Gesetzentwurf vor, wonach § 3 BtMG durch einen § 3 a BtMG ergänzt werden sollte und die **Heroinvergabe unter der Aufsicht** und Kontrolle der obersten **Landesgesundheitsbehörde** als Forschungsvorhaben in Städten mit mehr als 500.000 Einwohnern ermöglicht werden soll. Der Hamburger Senat beabsichtigte für den Fall der Gesetzesänderung einen fünfjährigen **Modellversuch,** an maximal **200 langjährig drogenabhängigen Hamburger Patienten,** die weder für eine Abstinenzbehandlung noch für eine Substitution mit L-Polamidon in Betracht kommen, zu erforschen, ob durch Behandlung mit Heroin begleitet durch psychosoziale Betreuung der gesundheitliche und soziale Status verbessert werden kann (vgl. BR-Drs. 296/92). Hamburg konnte aber **nur im Bundesrat eine Mehrheit** für seine Heroininitiative gewinnen.

b) Frankfurter Initiative. Die Stadt Frankfurt am Main stellte beim damaligen **258** *BGA* in Berlin am 11. 2. 1993 einen **Antrag auf Erteilung einer Ausnahmeerlaubnis** nach § 3 Abs. 2 BtMG für ein wissenschaftliches Forschungsprojekt des Gesundheitsamtes Frankfurt am Main **(Frankfurter Diamorphinprojekt – DIAPRO)** zur wissenschaftlichen Erforschung der indizierten und kontrollierten Verabreichung von Diamorpin (Heroin) an spezifische Gruppen von Opiatabhängigen. In einem wissenschaftlich begleiteten Pilotprojekt sollte Diamorphin einer englischen pharmazeutischen Firma zum Injizieren, Schlucken und Rauchen durch Ärztinnen und Ärzte des Gesundheitsamtes Frankfurt am Main **für 5 Jahre an 100 Abhängige** mit speziellen Indikationen verabreicht werden. Der Antrag der Stadt Frankfurt wurde aber vom *BGA* abgelehnt, und zwar aus grundsätzlichen Bedenken gegen eine ärztliche Heroinvergabe wegen rechtlicher Hindernisse im BtMG und in den internationalen Suchtstoffübereinkommen. Auf die Verwaltungsrechtsklage der Stadt Frankfurt gegen die Versagung der Erlaubnis für das Frankfurter Heroinprojekt hob das VG Berlin jedoch den Versagungsbescheid und den Widerspruchsbescheid der Verwaltungsbehörde auf (*VG Berlin* NJW 1997, 816 = StV 1996, 621 m. Anm. *Körner*). Wegen Erledigung der Hauptsache wurde vom *OVG Berlin* das Urteil des *VG Berlin* für wirkungslos erklärt und das Verfahren am 5. 5. 2003 eingestellt (OVG IB 86/96; vgl. § 3 Rn. 61 ff.).

c) Unterordnung des Heroins unter das Arzneimittelgesetz. Noch weiter **259** ging die Forderung, Heroin ganz aus dem BtMG zu nehmen und dem AMG zu unterstellen oder eine bestimmte für Therapiezwecke geeignete Heroinzubereitung von den Vorschriften aus BtMG und der BtMVV auszunehmen. **Heroin** sollte nach dieser Auffassung **als rezeptpflichtiges Arzneimittel** der freien Verschreibung niedergelassener Ärzte überlassen werden. Der niedergelassene Arzt solle nicht nur die Möglichkeit haben, durch tägliche Medikamentenzufuhr das körperliche Wohlbefinden des Diabetikers zu stabilisieren, sondern durch regelmäßige Zufuhr von qualitativ einwandfreiem und reinem Heroin (vgl. § 5 AMG) den Opiathunger und die krankhaften Entzugsschmerzen zu vermeiden. Diese Auffassung stellte die **Befriedigung der Sucht, nicht die Überwindung** bzw. **Heilung der Sucht** in den Vordergrund. Die Befürworter sahen in der Möglichkeit, gemäß §§ 10 und 11 AMG durch **Packungsbeilagen den Heroingebraucher über Risiken und Nebenwirkungen** des Heroins zu informieren und für den Fall der Überdosis auf die Opiatantagonisten **Lorfan und Narcanti** hinzuweisen, einen wirksamen Weg der Risikominderung. Diese Auffassung verstieß allerdings nicht nur gegen sämtliche internationalen Suchtstoffabkommen, sondern hätte zur Konsequenz gehabt, dass weitaus weniger gefährliche Stoffe als das Heroin ebenfalls dem BtMG auszugliedern wären oder das BtMG insgesamt aufzuheben wäre.

260   **d) Schweizer Modellversuch der ärztlich kontrollierten Heroinvergabe.** Der schweizer Versuch zur ärztlichen Verschreibung von Betäubungsmitteln PROVE (Projekt zur Verschreibung von Betäubungsmitteln) ist als wissenschaftliches Projekt konzipiert worden. Der Gesamtversuch basierte auf den Bestimmungen der „Verordnung über die Förderung der wissenschaftlichen Begleitforschung zur Drogenprävention und Verbesserung der Lebensbedingungen Drogenabhängiger" vom 21. 10. 1992, die am 15. 11. 1992 in Kraft trat, geändert am 30. 10. 1994. Die Änderungen des Gesamtversuchsplanes wurden am 30. 1. 1995 vom Bundesrat genehmigt. Die Datenerhebung begann am 1. 1. 1994 und dauerte bis zum 31. 12. 1996. Die Rahmenbedingungen für die Durchführung des Versuchs waren im Gesamtversuchsplan des Bundesamtes für Gesundheitswesen, der sich auf die Bundesratsverordnung vom 21. 10. 1992 stützte, enthalten. Die Rahmenbedingungen regelten die Aufnahmekriterien, die Behandlungsmodalitäten und die Sicherheitsvorschriften. Laut Verordnung wurden im Versuch die Betäubungsmittel Morphin, Methadon und Heroin für den intravenösen und oralen Gebrauch erprobt. Außerdem wurde Heroin in rauchbarer Form erprobt und ein Pilotversuch mit rauchbarem Kokain durchgeführt. Die Behandlung sollte nicht nur in der Verschreibung von Betäubungsmitteln bestehen, sondern hatte eine psychosoziale Begleitung zu garantieren. Die Aufnahmekriterien setzten das Mindestalter mit 20 Jahren fest, die Dauer der Heroinabhängigkeit musste mindestens 2 Jahre betragen und andere Behandlungsversuche mussten mehrfach gescheitert sein. Der Drogenkonsum musste zu gesundheitlichen und/oder sozialen Schäden geführt haben. Die Injektionen der verschriebenen Betäubungsmittel mussten unter Aufsicht erfolgen, spritzbare Betäubungsmittel durften nicht nach Hause mitgegeben werden. Es wurden 18 Behandlungsstellen bewilligt, davon 17 in Polikliniken und eine in einer Justizvollzugsanstalt. Sie befanden sich in Basel, Bern, Biel, Fribourg, Genf, Horgen, Luzern, Olden, St. Gallen, Solothurn, Thun, Wetzikon, Winterthur, Zug und Zürich. Nach positiven Reaktionen der schweizer Bevölkerung (am 29. 9. 1997 haben in einer Volksabstimmung 71% der Schweizer für eine Fortführung des Heroinprojektes gestimmt; bei einem nationalen Referendum im Juni 1999 sprach eine Mehrheit von 53% sich für das Heroinvergabeprojekt aus), wurde die heroinunterstützte Behandlung 1999 als fester Bestandteile der Behandlung vom Heroinabhängigen gesetzlich implementiert (*Fischer u. a.* Journal of Urban Health 2007, 552).

261   **e) Niederländischer Heroin–Versuch.** Auch das niederländische Heroinprojekt wurde in verschiedenen Städten der Niederlande mit Zustimmung der UN-Behörde in Wien gestartet für die Zeit von 1999–2001. Die Auswahl der Teilnehmer, der Therapeuten, der wissenschaftlichen Begleiter, der Räumlichkeiten und die Beschaffung des Heroins waren überaus schwierig. Besondere Schwierigkeiten gab es, die geeignete Heroinsubstanz zum Rauchen, Inhalieren oder Injizieren zu beschaffen, um Allergien und andere Nebenwirkungen zu verhindern. Es waren Beimengungen wie Coffein zu testen. Das Heroinprojekt sollte nur dort gestartet werden, wo eine ausreichende Methadonversorgung bereits vorhanden war. Das niederländische Projekt war kein reines Heroinprojekt, sondern eine **kombinierte Verschreibung von Methadon und Heroin.** Methadon wurde nicht durch Heroin ersetzt. Vielmehr wurde auf eine Low–Dosis Methadon eine Heroinration aufgesetzt. Es gab eine Zielgruppe, die Heroin inhalierte und eine Zielgruppe, die Heroin spritzte. Die Zielsetzung war eine erhebliche Verbesserung der gesundheitlichen und sozialen Situation der Probanden. Da die Verbesserung der Allgemeinbefindlichkeit nicht selten mit einem Beikonsum irgendwelcher anderer Drogen erreicht wird, wurde ein Richtwert von 20% geschaffen. Es durfte im Rahmen des

Projekts bei dem Konsum von Ersatzstoffen nicht eine Zunahme von mehr als 20% erfolgen. Schon vor Abschluss des Versuches war eine **ungewöhnlich hohe Haltequote** der Teilnehmer festzustellen. Aufgrund der guten Erfahrungen wurde injizierbares und spitzbares Heroin als Medizin im Jahr 2006 freigegeben (*Fischer u. a.* Journal of Urban Health 2007, 552).

f) Deutsches Heroinvergabe-Projekt als klinische Arzneimittelstudie. Im 262 Jahr 2002 begann dann auch in Deutschland ein vom Bund und von sieben Städten (Bonn, Köln, Frankfurt am Main, Hamburg, Hannover, Karlsruhe und München) mit 35 Millionen € finanziertes Heroinprojekt, das 1.120 Schwerstabhängige zum Teil mit einem Heroinmedikament, zum Teil mit dem synthetischen Opiat Methadon nach strengen Kriterien ärztlich versorgen und psychosozial betreuen und begleiten soll, um im Rahmen einer wissenschaftlichen Auswertung feststellen zu können, ob eine ärztlich und psychosozial kontrollierte Diamorphinvergabe bei bestimmten Patiententypen erfolgreicher verläuft als eine ärztliche Methadon-Substitutions-Therapie und ob Rückfälle und Beschaffungskriminalität bei diesem Klientel stark abnehmen. Nachdem die klinischen Begleitstudien des *Zentrums für Interdisziplinäre Suchtforschung* in Hamburg zu dem Ergebnis gekommen waren, dass beim Modellprojekt eine deutliche gesundheitliche Verbesserung und ein Rückgang des illegalen Drogenkonsums erreicht worden ist (s. dazu BT-Drs. 16/11515, *Haasen* u. a. Sucht 2007, 268; *Kuhn* u. a. Sucht 2007, 278; *Löbmann* Sucht 2007, 288; *Köllisch/Löbmann* MSchrKrim 2008, 38; kritisch zu den Untersuchungsergebnissen: *Täschner* Sucht 2008, 46 und *Hügel/Junge/Lander/Winkler* § 29 Rn. 17.2), wurde der Einsatz von Diamorphin als Substitutionsmittel im **Gesetz zur diamorphingestützten Substitution vom 15. 7. 2009 (BGBl. I, S. 1801)** gesetzlich verankert (vgl. dazu § 13 Rn. 47 ff.).

2. Legalisierungsmodelle. a) Begriffe. Mit **Legalisierung** ist die Aufhebung 263 des Verbots des Drogenverkehrs und die Aufhebung der Strafvorschriften gemeint. Der Umgang mit den Drogen wäre **grundsätzlich legal.** Dennoch könnte der Staat durch Jugendschutzbestimmungen, Qualitätskontrollen, Besteuerung, Lizenzvergabe, Werbungsverbote die Verfügbarkeit der Drogen beschränken. Unter **Freigabe** ist zu verstehen, dass die Betäubungsmittel jedem Bürger **ohne Einschränkung** frei zur Verfügung stehen wie andere Lebensmittel oder Genussmittel auch. Freigabe geht also noch weiter als Legalisierung. Eine **Entpoenalisierung** erhält zwar die Drogenverbote und die Beschlagnahme der Betäubungsmittel aufrecht, lässt aber **Verstöße straflos.** Der Staat reagiert stattdessen mit pädagogischer oder sozialer Hilfe. Eine **Entkriminalisierung** bemüht sich **schrittweise um Beseitigung von Straftatbeständen** und um **Herabstufung von Strafrahmen,** von Vergehen zur Ordnungswidrigkeit, oder durch Anwendung des Opportunitätsprinzips im Betäubungsmittelstrafrecht.

b) Legalisierungspositionen. Der Berliner Internist *Michael De Ridder* (Die 264 Woche v. 8. 3. 2002) weist darauf hin, dass Heroin als Pharmaprodukt kaum toxische oder unerwünschte Nebenwirkungen habe und erst durch das Strecken und Verschmutzen des **Schwarzmarktstoffes** und durch die unhygienischen Konsumformen **in der Illegalität seine Gefährlichkeit** erlange.

Der Hamburger Kriminologe *Sebastian Scheerer* (Die Woche v 8. 3. 2002) vertritt die Auffassung, dass illegale Drogen, auch Heroin, zu gängigen Genussmitteln 265 in der Spassgesellschaft geworden seien und nicht gefährlicher seien als andere Abenteuer- und Risikosportarten in einer Erlebnisgesellschaft. So wie das Recht heute die Legitimität einer homosexuellen Orientierung anerkenne, müsse die Gesellschaft die Legitimität der Nachfrage nach psychoaktiven Substanzen anerkennen. Mit einer Legalisierung von Rauschmitteln müsse eine Drogenpolitik einhergehen, die durch Aufklärung über den Umgang mit Drogen gesundheitliche Schäden vermeiden helfe und Drogenhändler aus einem Klima der Illegalität, Heuchelei, Heimlichkeit, Strafen und Gewalt befreie. **Eine offene Gesellschaft überlasse es dem mündigen Bürger, ob und welche Drogen er konsumieren wolle.** So wie ein Messer sowohl als Kücheninstrument und Schneidewerkzeug, als auch als Mordwaffe genutzt werden könne, könnten **Betäubungsmittel sowohl als Genussmittel und Arzneimittel** gebraucht, als auch als Gifte missbraucht werden.

266   **c) Risiken der Legalisierung.** *Christine Bauer* (Heroinfreigabe – Möglichkeiten und Grenzen einer anderen Drogenpolitik, 1992) hat die verschiedenen Legalisierungskonzepte im Einzelnen beschrieben, die Risiken der Legalisierung diskutiert und die einzelnen Modelle kommentiert. Anstelle sich seriös mit den verschiedenen Legalisierungskonzepten auseinanderzusetzen, wie es *Christine Bauer* getan hat, herrscht noch immer eine überaus **emotionale Diskussion über die Risiken der Legalisierung** vor. Im Wesentlichen geht es um drei Befürchtungen:

– einen **Anstieg der Konsumentenzahlen,**
– eine **Verfestigung und Ausweitung des Schwarzmarktes,**
– einen **Anstieg der Drogenprobleme.**

267   Viele Stimmen in der Literatur gehen davon aus, dass im Falle einer Legalisierung von Heroin die **Zahl der Heroinkonsumenten ansteigen** würde. Dabei ist jedoch zu beachten, dass die leichte Zunahme nach Auffassung der meisten Experten **später aber zurückgehen** würde. Da bei der Verbreitung staatlich kontrollierter Drogen die Reinheit des Stoffes garantiert und die Verbraucherberatung zunehmen würde, würden sich risikoärmere Konsumformen durchsetzen und die Zahlen der Süchtigen und insbesondere die **Zahlen der Herointoten zurückgehen.**

268   Die Meinungen sind geteilt, ob mit der Legalisierung der Drogen der **Schwarzmarkt ausgetrocknet** und die Beschaffungskriminalität verschwinde oder ob nicht die Drogenkartelle jede Einschränkung der freien Verfügbarkeit (Jugendschutz, Gifte, Bezugsvoraussetzungen, gesundheitliche Kontraindikationen) für neue illegale Märkte nutzen. Ferner ist fraglich, ob die Legalisierung nicht **anstelle von Beschaffungskriminalität eine umfassende Folge- und Begleitkriminalität** bescheren würde, so etwa Drogenkonsum auf Straßen-, Bahn- und Luftverkehr, am Arbeitsplatz, in Schulen, bei Freizeit und Sport und kombiniert mit Alkohol eine erhöhte Gewaltkriminalität (*Körner* StV 1991, 578 ff.). Man muss andererseits sehen, dass gerade das Drogenstrafrecht weder den illegalen Drogenhandel noch den Drogenmissbrauch verhindern oder eindämmen konnte. *Bossong* (1991, 90) weist darauf hin, dass das **Drogenstrafrecht das falsche Steuerungsinstrument** darstelle und Drogenerziehung, Arbeitsrechts-, Arbeitsschutzbestimmungen, Haftungsrecht, Straßenverkehrsrecht etc. hier wirkungsvoller greifen würden.

269   Dass im Falle der Legalisierung die Drogenprobleme in der Gesellschaft zunächst einmal zunehmen würden, befürchten die meisten Autoren. Uneinig ist man sich, unter welchen Bedingungen man diese Probleme überwinden kann. Während aber die einen meinen, dass die sozialen Probleme unserer Gesellschaft ständig zunähmen und unsere Gesellschaft durch Drogenerziehung **noch kein psychosoziales Fundament** gefunden habe für eine Drogenfreigabe, verweisen die anderen darauf, dass unter Prohibitionsbedingungen auf jegliche Form der Verbraucheraufklärung und Produktinformation verzichtet werden müsse. Die Legalisierung könne zwar keine psychiatrischen Probleme lösen, aber Drogenprobleme dadurch vermindern, dass **durch Verbraucheraufklärung und akzeptable Kontrollmechanismen kultivierte Konsumgewohnheiten** und ein Umsteigen von härteren auf leichtere Drogen und **weniger riskante Konsummuster** gefördert würden. Die Tendenz von starken zu leichten Zigaretten und von harten zu leichten Alkoholika sei hierfür ein Beispiel (vgl. im Einzelnen *Bauer*, 1992, 188 ff.).

270   **d) Staatlich kontrollierte Abgabe.** Es sind die **Vertreter der ökonomischen Marktanalyse,** die darauf hinweisen, dass staatliche Verbote und Strafen den Rauschgifthandel und den Konsum von Drogen nicht unterbinden können, sondern nur eine Verknappung des Angebotes erreichen und **wie ein Motor den**

Marktmechanismus noch beschleunigen. Denn die durch Verbote und Strafen bewirkte Verknappung des Angebotes führe zu höheren Preisen und höheren Gewinnspannen und ziehe damit magisch immer neue Händler und Süchtige an. Da der illegale Drogenmarkt nach dieser Marktlogik seine finanzielle Basis verliert, wenn staatliche Stellen mit legalen Drogenangeboten die illegalen Anbieter unterbieten, werden unterschiedliche staatliche Abgabemodelle diskutiert.

e) Staatliches Versorgungssystem. So wird ein staatliches Versorgungssystem 271 (staatliche Agentur, später öffentlich-rechtliche Genossenschaft) vorgeschlagen, das an Konsumenten ab einem Mindestalter nach eingehender Beratung Drogen aller Art mit staatlicher Reinheitsgarantie zu kostendeckenden Minimalpreisen verkauft und sie verpflichtet, die Substanz unter Aufsicht einzunehmen. Dabei bleiben noch eine Vielzahl von Fragen offen: Was ist, wenn die **Opiatabhängigen die staatlichen Drogen genauso ablehnen** wie staatlich veranlasste Therapien? Was ist, wenn die staatliche Kontrolle bei der Produktion und Abgabe von Opiaten nicht funktioniert? Ist der staatliche Drogenhandel konkurrenzfähig und unbedingt erfolgreicher als der illegale Drogenhandel? Dieses Modell vermag nicht zur Eliminierung des Schwarzmarktes in der illegalen Szene zu führen, da die einen Konsumenten **wegen des staatlichen Kontrollapparates, wegen der staatlichen Erfassung** und der staatlichen Beratung und Aufsicht bei der Einnahme staatliche Drogen ablehnen und andere Konsumenten wegen Nichterfüllung der Bezugsvoraussetzungen sich ohnehin auf dem illegalen Markt versorgen.

f) Staatlich regulierter Verkauf. Nicht wenige Autoren fordern einen staat- 272 lich regulierten Verkauf von Opiaten. In staatlichen Läden (Drug-stores) sollen **lizensierte Drogenverkäufer** Opiate an **Drogenkonsumenten mit Drogenbezugsschein** verkaufen, die diesen nach einer Aufklärungs- und Beratungsveranstaltung erlangt haben. Der Drogengebrauch (Drogenart, Dosis, Konsumform) soll nicht überwacht, aber mit Steuern und Rationierung reguliert werden. Dieses Konzept würde eine föderale Bürokratie zur Drogenerziehung, zur Beaufsichtigung der Produktion und Verteilung legalisierter Drogen, zur Erteilung und Überwachung von Lizenzen für Produzenten, Verkäufer und Konsumenten erfordern, aber nicht nur für Opiate, sondern müsste konsequenterweise für alle riskanten Lebens- und Arzneimittel, Konsum- und Lebensgewohnheiten gelten. Die **Freiheit der Legalisierung** würde von dem Bürger **mit der Unfreiheit auf Grund eines engmaschigen Kontrollsystems eines Überwachungsstaates teuer erkauft.** Eine staatlich kontrollierte Abgabe von Opiaten wäre erst nach Änderung der Internationalen Suchtstoffabkommen und nach Änderung des § 12 BtMG denkbar. Sie müsse darüber hinaus, um Sogwirkungen zu vermeiden, mit den europäischen Nachbarstaaten abgestimmt sein.

g) Heroin als frei verkäufliches Genussmittel. Schließlich sehen eine Reihe 273 von Stimmen in dem Konsum von Heroin keine Krankheit und keine Kriminalität, sondern den Ausdruck eines normalen menschlichen Verlangens nach Drogengenuss. Sie sehen in der Medizinalisierung des Drogenproblems einen Irrweg. Sie fordern die Gleichstellung von Heroin mit den heute legalen Genussmitteln wie Alkoholika und Tabak und halten eine Reglementierung mit dem Lebensmittel-, Arzneimittel- und Bedarfsgegenständegesetz, mit Werbungsverboten und Jugendschutzbestimmungen für ausreichend, um schließlich nach der Totallegalisierung **mit einer Drogenerziehung** eine reale Chance zur **Entwicklung einer Drogen- bzw. Heroinkultur** zu erlangen. Sie vertreten die Auffassung, dass mit reinen Opiaten, niedrigem Preis, Gewerbeaufsicht und Verbraucherberatung der illegale Schwarzmarkt zum Erliegen gebracht werden könnte. Dieses Konzept verkennt jedoch, dass **nicht nur die Prohibition** einen vernünftigen Umgang mit Drogen zunichte macht, sondern auch die **Marktimperative, die aggressive Werbung und die Sonderangebote der Produzenten zu exzessivem Gebrauch und Missbrauch verführen können.**

Sicherlich ist eine **Dämonisierung** der Drogengefahren kontraproduktiv. Eine 274 **Entmystifizierung** der Drogen ist aber nicht gleichbedeutend mit einer **Ver-**

harmlosung von Drogen. Eine Herabstufung der Opiate von Betäubungsmitteln zu bloßen Genussmitteln kann sich als eine ebenso gefährliche Verharmlosung erweisen wie die frühere Dämonisierung. Bei Nahrungsmitteln ist das Kriterium für ihre Freigabe zum Verzehr **die gesundheitliche Unbedenklichkeit,** bei Arzneimitteln die Unbedenklichkeit bei bestimmungsgemäßen Gebrauch. Heroin als Genussmittel ist auch bei bestimmungsgemäßem Gebrauch nicht unbedenklich, sondern riskant. Eine Normalisierung des Drogenproblems, eine Gleichbehandlung von gefährlichen legalen und illegalen Drogen und ein nüchternes Leben mit Drogen erscheinen notwendig (vgl. zur Diskussion *Neumeyer/Schaich-Walch*, **Zwischen Legalisierung und Normalisierung,** Ausstiegsszenarien aus der repressiven Drogenpolitik, 1992).

275   **h) Langer Weg der kleinen Schritte und der Mut zur Veränderung.** Die emotionsgeladene politische Diskussion der vergangenen Jahre zwischen den **drogenpolitischen Falken,** die allein auf **Repression setzen,** und den **drogenpolitischen Tauben,** die die **Legalisierung möglichst heute** noch erreichen wollen, hat gezeigt, dass extreme Forderungen nur den Widerstand des politischen Gegners und das Unverständnis der Bevölkerung hervorrufen und die **unbefriedigenden Verhältnisse der Vergangenheit zementieren.** Ziel aller Bemühungen quer durch alle Parteien muss ein **vernünftiger Umgang mit Drogen sein,** der nicht mit Strafandrohung, sondern nur mit aufklärender Präventionsarbeit, Drogenhilfemaßnahmen und Überzeugungsarbeit bei der Bevölkerung zu erreichen ist. Es ist Ausdruck der von *Gustav Radbruch* (Rechtsphilosophie, 1932) immer wieder geforderten **Rechtskultur,** wenn der Staat seine Bevölkerung über die Notwendigkeit gewandelter Rechtsauffassungen aufklärt und **nicht heute erlaubt, was er gestern noch bestraft** hat. Eine Reform der Drogenpolitik sollte **mit der Bevölkerung abgestimmt** sein, auf einen vernünftigen Umgang mit Drogen und auch auf eine künftige Harmonisierung des europäischen Drogenrechts hinarbeiten.

276   Der berühmte Wissenschaftler *Theophrastus Bombastus von Hohenheim,* besser bekannt unter dem Namen *Paracelsus* (1493–1541), sagte bereits:

> „alle ding sin gift
> und nichts ohn gift.
> allein die dosis macht,
> dass ein ding kein gift ist."

277   Wir wissen alle aus Erfahrung, dass der mäßige Konsum von Alkohol, Koffein oder Nikotin, dass der bestimmungsgemäße Gebrauch von Arzneimitteln zu keinen wesentlichen Gesundheitsschäden führt, dass erst der unmäßige Gebrauch, der Missbrauch von Drogen Schaden hervorruft. Die Gesellschaft hat es gelernt, mit Kulturdrogen aller Art zu Recht zu kommen. Die deutsche Gesellschaft hat aufgrund der absoluten Verbotsstrategien der vergangenen Jahre aber noch nicht gelernt, mit Opiaten oder auch mit Cannabisprodukten vernünftig umzugehen, sowohl was die Dosis angeht, als auch in welchen Lebensbereichen (Schule, Beruf und Technik, erst ab einem bestimmten Altersgrenze) ein Betäubungsmittelkonsum contraindiziert ist. Es ist deshalb sinnvoll, **den Druck des Drogenstrafrechts nur allmählich durch Drogenerziehung zu ersetzen,** um als Fernziel später unter Umständen teilweise oder ganz auf Strafvorschriften verzichten zu können.

Bei der Entschärfung des Drogenstrafrechts scheiden sich jedoch die Geister. Sieben Wege werden diskutiert. Jeder dieser Lösungswege wirft besondere Probleme auf und hat unterschiedliche weltanschauliche und rechtliche Hürden zu überwinden. Ich habe Ihnen diese sieben drogenpolitischen Wege in einer Grafik zusammengestellt und bei jedem drogenpolitischen Weg auf die zu überwindenden Hindernisse hingewiesen.

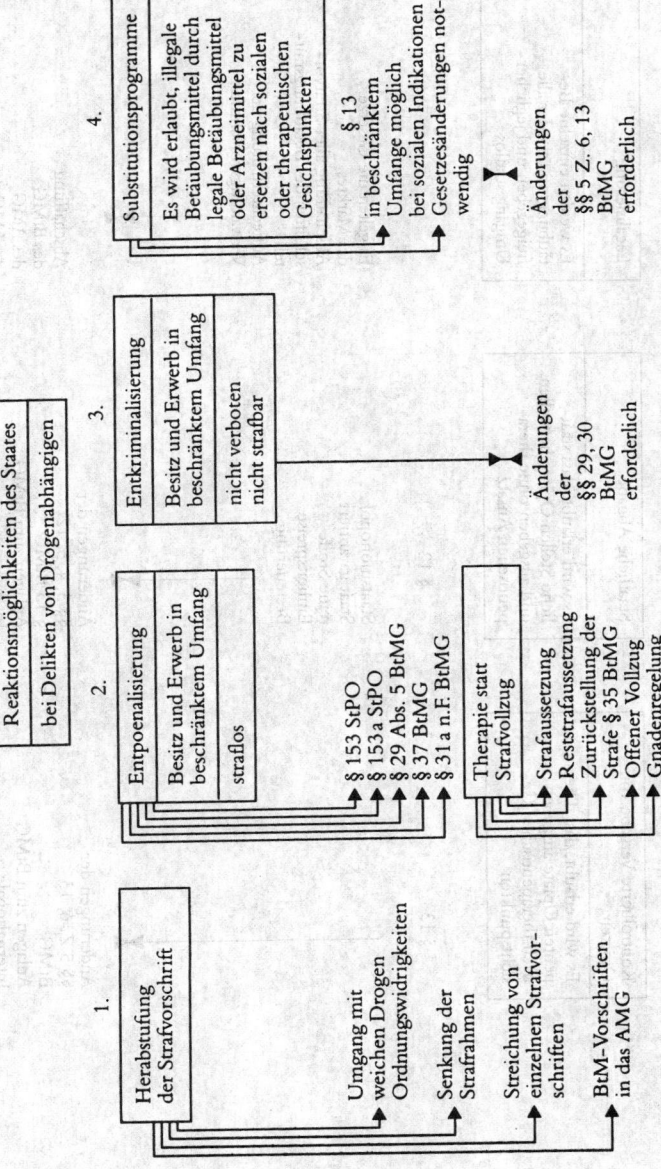

DIE SIEBEN DROGENPOLITISCHEN WEGE

| Reaktionsmöglichkeiten des Staates |
| bei Delikten von Drogenabhängigen |

1. Herabstufung der Strafvorschrift

- Umgang mit weichen Drogen Ordnungswidrigkeiten
- Senkung der Strafrahmen
- Streichung von einzelnen Strafvorschriften
- BtM-Vorschriften in das AMG

2. Entpoenalisierung

Besitz und Erwerb in beschränktem Umfang

straflos

- § 153 StPO
- § 153a StPO
- § 29 Abs. 5 BtMG
- § 37 BtMG
- § 31 a n.F. BtMG

Therapie statt Strafvollzug

- Strafaussetzung
- Reststrafaussetzung
- Zurückstellung der Strafe § 35 BtMG
- Offener Vollzug
- Gnadenregelung

3. Entkriminalisierung

Besitz und Erwerb in beschränktem Umfang

nicht verboten nicht strafbar

Änderungen der §§ 29, 30 BtMG erforderlich

4. Substitutionsprogramme

Es wird erlaubt, illegale Betäubungsmittel durch legale Betäubungsmittel oder Arzneimittel zu ersetzen nach sozialen oder therapeutischen Gesichtspunkten

§ 13 in beschränktem Umfange möglich bei sozialen Indikationen Gesetzesänderungen notwendig

Änderungen der §§ 5 Z. 6, 13 BtMG erforderlich

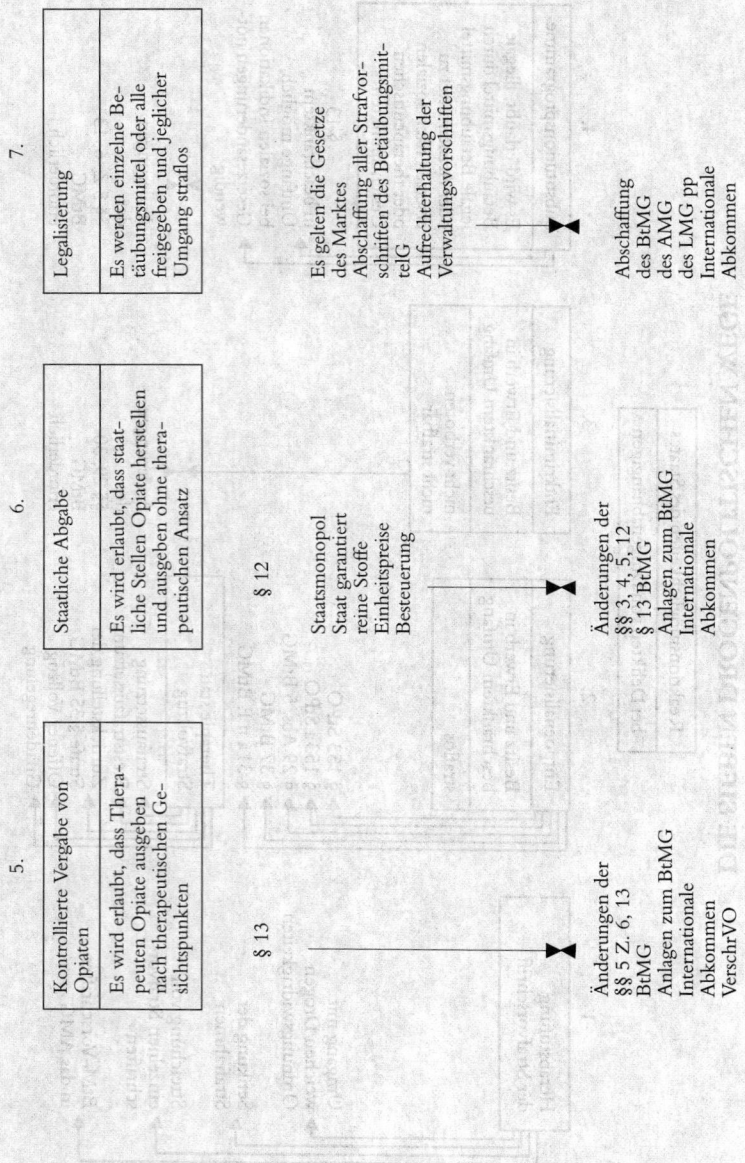

5.	6.	7.
Kontrollierte Vergabe von Opiaten	Staatliche Abgabe	Legalisierung
Es wird erlaubt, dass Therapeuten Opiate ausgeben nach therapeutischen Gesichtspunkten	Es wird erlaubt, dass staatliche Stellen Opiate herstellen und ausgeben ohne therapeutischen Ansatz	Es werden einzelne Betäubungsmittel oder alle freigegeben und jeglicher Umgang straflos

§ 13

§ 12

Staatsmonopol
Staat garantiert reine Stoffe
Einheitspreise
Besteuerung

Es gelten die Gesetze des Marktes
Abschaffung aller Strafvorschriften des BetäubungsmittelG
Aufrechterhaltung der Verwaltungsvorschriften

Änderungen der §§ 5 Z. 6, 13 BtMG
Anlagen zum BtMG
Internationale Abkommen
VerschrVO

Änderungen der §§ 3, 4, 5, 12 § 13 BtMG
Anlagen zum BtMG
Internationale Abkommen

Abschaffung des BtMG
des AMG
des LMG pp
Internationale Abkommen

In der Vergangenheit wurden vielfältige repressive und liberale drogenpolitische **278** Wege beschritten und führten dennoch weder isoliert noch in ihrer Gesamtheit zu einer Lösung, nicht einmal zu einer Eingrenzung des Drogenproblems. Die **Vereinigten Staaten von Amerika** haben weltweit den **WAR ON DRUGS** ausgerufen, jedoch **ohne das weltweite Drogenproblem in den letzten 30 Jahren spürbar einzuschränken oder gar zu lösen.**

Der lange Weg der kleinen Schritte hat den großen Vorteil, dass wir nach **279** jedem Schritt die **Auswirkungen überprüfen und korrigieren können.** Dennoch ist es notwendig, dass alle gesellschaftlichen Kräfte die **Bereitschaft und den Mut** aufbringen, neue drogenpolitische Wege zu gehen und **Misserfolge bei drogenpolitischen Fehltritten auch offen einzugestehen,** um anschließend neue Schritte zu wagen. Die **Angst vor dem drogenpolitischen Versagen lähmt** nur solange die Politiker, wie der drogenpolitische Wettlauf sich nicht an den betroffenen Abhängigen, sondern an den Wählerstimmen orientiert. Mit der **kontrollierten Verabreichung von Diamorphin** (Heroin) an Schwerstabhängige wurde ein erster wichtiger Schritt gemacht. Ob es der Königsweg ist, wird sich zeigen.

XIV. Heroin und die Internationalen Abkommen

Dem Einheits-Übereinkommen von 1961 über Suchtstoffe sind – was die Frage **280** einer **Freigabe oder staatliche Vergabe von Heroin oder Morphin** betrifft – folgende Regelungen und Absichten der Vertragschließenden zu entnehmen:

– Die Verwendung von Suchtstoffen soll **auf Medizin und Wissenschaft beschränkt** sein.
– Jede Vertragspartei **verbietet** ua Gewinnung, Besitz und Verwendung der Suchtstoffe, wenn sie dies im Hinblick auf die in ihrem Staat herrschenden Verhältnisse für das **geeignete Mittel** hält, **die Volksgesundheit und das öffentliche Wohl zu schützen** (vgl. Art. 2, Abs. 5 lit. b).
– Alle Vertragsparteien treffen Maßnahmen, um nach Maßgabe des Übereinkommens ua Gewinnung, Verteilung, Verwendung und Besitz von Suchtstoffen auf **ausschließlich medizinische und wissenschaftliche Zwecke** zu beschränken (vgl. Art. 4).
– Die Vertragsparteien schreiben eine Genehmigungspflicht für den Suchtstoffhandel und die Suchtstoffverteilung vor, soweit diese nicht durch **staatliche Unternehmen** erfolgen (vgl. Art. 30 Abs. 1 lit. a).
– Die Vertragsparteien sind **verpflichtet,** für die Lieferung oder Abgabe von Suchtstoffen an Einzelpersonen **ärztliche Verordnungen** vorzuschreiben, wobei diese Vorschrift nicht auf Suchtstoffe erstreckt zu werden braucht, die von Einzelpersonen im Zusammenhang mit ihrer ordnungsgemäß genehmigten therapeutischen Tätigkeit rechtmäßig beschafft, verwendet, abgegeben oder verabreicht werden (vgl. Art. 30 Abs. 2 lit. b (i)).
– Die Vertragsparteien haben alle durchführbaren **Maßnahmen zur Verhütung des Missbrauchs** von Suchtstoffen zu ergreifen (vgl. Art. 38 Abs. 1).

I. Sonstige Opioide

I. Buprenorphin

Buprenorphin ist ein halbsynthetisches Thebain-Derivat, das als verkehrsfähiges **281** und verschreibungsfähiges Betäubungsmittel der Anl. III zum BtMG untersteht.

1. Entwicklungsgeschichte. Buprenorphin-Hydrochlorid war jahrelang unter **282** dem Handelsnamen **Temgesic®** nicht nur zur Behandlung schwerer akuter und chronischer Schmerzen (postoperative Schmerzen, zur Behandlung von Krebs und Tumoren) in den Kliniken, sondern auch in der Drogenszene als Drogenersatzstoff weitverbreitet. Das Analgetikum ist 30–50 mal so wirksam wie Morphin. Die **Wirkdauer** beträgt bei einer Dosis von 1 bis 3 mg ca. 24 Std., bei 4 bis 6 mg 48 Std. Das **Abhängigkeitspotential** ist **gering,** das **Nebenwirkungsrisiko** ist ebenfalls **sehr gering** (keine Libidostörungen wie bei Methadon). Immer wieder wurde diskutiert, Buprenorphin zur Substitution bei Heroinabhängigen zu erproben. Dieses Vorhaben fand zunächst allgemeine Ablehnung, weil Missbrauchsfälle mit Buprenorphin sich häuften. Durch die 1. BtMÄndV wurde das Buprenorphin als verkehrs- und verschreibungsfähiges Betäubungsmittel der Anl. III unterstellt. Nachdem Buprenorphin sich bei mehreren Versuchsreihen als hervorragendes Substitutionsmittel erwies, wurde Buprenorphin zunächst in Frankreich, später auch in Deutschland als Substitutionsmittel zugelassen; es kann innerhalb von 30 Tagen bis zu einer Höchstmenge von 40 mg verschrieben werden (vgl. § 2 und § 5 Abs. 4 BtMVV). In Deutschland kommt Buprenorphin in den Arzneimitteln Buprenorphin AWD®, Cras, Norspan®, Suboxone®, Subutex®, Temgesic® und Transtec Pro® vor.

283   **2. Substitutionsdroge.** Die Untersuchungen haben gezeigt, dass Buprenorphin in der Behandlung opiatabhängiger Patienten mit Beikonsum wirksam ist. Bei Opiatabhängigen mit einem polytoxikomanen Suchtstoffgebrauch ist die Medikamentenkombination Buprenorphin plus Carbamazepin in der Lage, einen raschen Entzug mit nur geringen bis moderaten Entzugssymptomen durchzuführen. Buprenorphin, ein partieller Opioid-Agonist, vereinigt sowohl opioidagonistische als auch antagonistische Eigenschaften. Obwohl der für volle Agonisten (Morphin, Heroin, Methadon) typische Rauschzustand (Kick) unter Bupronorphin ausbleibt, reichen die euphorisierenden Effekte aus, um die Substanz bei Süchtigen akzeptabel zu machen. Ähnlich wie Opioid-Antagonisten (z. B. Naloxon, Naltrexon) verdängt Bupronorphin andere Opiate aus der Rezeptorbindung und blockiert zusätzlich eingenommene Opiate in deren Wirkung. Im Gegensatz zu vollen Antagonisten ist die dabei auftretende Entzugssymptomatik nur mäßig ausgeprägt (*Groß/Soyka* Suchtmed 1999, 5 ff.). Vgl. auch § 13 Rn. 45.

284   Da Methadon und Levomethadon nur zur Behandlung der Heroinabhängigkeit und nicht zur Behandlung der Kokainabhängigkeit taugen, testet man in den USA das Opioid Buprenorphin als Substitutionsmittel.

285   **3. Missbrauch von Buprenorphin.** Buprenorphin wird inzwischen nicht nur häufig als Substitutionsmittel eingesetzt. Das Mittel wird auch in der Drogenszene als Suchtmittel missbraucht. Chronischer Missbrauch kann zu einer schnellen Gewöhnung mit Dosissteigerung und zu Entzugserscheinungen führen (*Geschwinde*, 2007, Rn. 2929).

II. Dihydrocodein

286   **1. Entwicklungsgeschichte von Dihydrocodein.** Dihydrocodein wurde 1911 erstmals chemisch dargestellt. Dihydrocodein gehört zur Anl. III zum BtMG. Ausgenommene Zubereitungen sind aber zugelassen, wie z. B. die Hustensedativa **Paracodin®, Tiamon®, DHC 60/90/120 mg Mundipharma®** mit dem Wirkstoff Dihydrocodein. Der Missbrauch von Dihydrocodein begann in Deutschland 1983. Diese als Saft und als Kapseln erhältlichen Antitussiva können bei Missbrauch ähnliche Wirkungen hervorrufen wie die Opiate Heroin oder Morphin. Wegen der niedrigeren Potenz im Vergleich zu Heroin und Morphin wird bei diesen Substanzen aber höher dosiert, teilweise die 20–50-fache Menge der maximalen Dosis.

287   **2. Medizinische Bedeutung von Dihydrocodein.** Das Arzneimittel **DHC 60/90/120 mg Mundipharma®,** dessen Anwendungsgebiete akuter und chronischer Reizhusten bzw. starke Schmerzen sind, wird aber auch zur Substitutionsbehandlung von Opiatabhängigen genutzt. Auch Dihydrocodein ist bei bestimmten Zubereitungen von betäubungsmittelrechtlichen Vorschriften ausgenommen, solange Dihydrocodein nicht an betäubungsmittel- oder alkoholabhängige Personen verschrieben wird (insoweit gilt das für Codein unter Rn. 226 Gesagte entsprechend).

III. Hydrocodon

Das synthetische Opiat Hydrocodon gehört zur Anl. III des BtMG und ist ver- 288
kehrs- und verschreibungsfähig. Die euphorisierenden und erotisierenden Effekte
des Opiats werden von den Dicodidabhängigen geschätzt; Nebenwirkungen sind
Bewusstseinsstörungen und Beeinträchtigung des Wahrnehmungsvermögens (*Geschwinde*, 2007, Rn. 2905).

IV. Hydromorphon

Das synthetische Opiat Hydromorphon ist z. B. unter den Namen **Hyrop-** 289
morphon-ratiopharm®, Hydromorphon-STADA®, Jurnista® und Palla-
don® als Betäubungsmittel im Apothekenhandel. Es wird als stark wirksames
Analgetikum benutzt. Die Wirkung ist 5fach so stark wie die des Morphins (*Geschwinde*, 2007, Rn. 2899).

V. Oxycodon

Das synthetische Opiat Oxycodon-Hydrochlorid ist ein Betäubungsmittel der 290
Anl. III zum BtMG, das in Deutschland u. a. unter den Namen **Oxygesic®** oder
Targin® auf Betäubungsmittelrezept zur Linderung starker Schmerzen bei Tumorerkrankungen verschrieben werden kann. Oxycodon kann postoperativ und
postnatal genutzt werden. In Deutschland sind Oxycodon-Präparate in der illegalen Szene nicht weit verbreitet. Die Pharmafirma Endo-Labs verbreitet das Narkotikum Oxycodon-Hydrochlorid unter dem Namen **Oxycontin** in den USA, Kanada und Australien als verschreibungspflichtiges Arzneimittel. Die Tabletten sind
weiß und tragen als Beschriftung das Logo Endo 602. In der Drogenszene ist Oxycontin sehr begehrt und unter den Namen **Oxy's, OC-Killer, Oxycotton** im
illegalen Handel als Heroin-Ersatzdroge, die geschnupft, geschluckt und injiziert
werden kann. Der Missbrauch von Oxycocon kann zu starker Euphorisierung und
verminderter Leistungsfähigkeit mit Denkstörungen führen (*Geschwinde*, 2007,
Rn. 2891).

VI. Thebacon (Acetyldihydrocodeinon)

Das synthetische Opiat Thebacon (= Acetyldihydrocodeinon) war früher unter 291
dem Namen **Acedicon** sowohl als starkes schmerzstillendes als auch als hustenstillendes Betäubungsmittel im Apothekenhandel. Es untersteht der Anl. I. Die
schmerzstillende Wirkung ist fast so stark wie beim Morphin. Die hustenstillende
Wirkung ist einmal so groß wie beim Codein. Thebacon hat ein hohes Suchtpotential, ist leistungsstimulierend und kann bei Überdosierung zur Atemlähmung
führen (*Geschwinde*, 2007, Rn. 2872 f.).

J. Benzomorphan-Gruppe

Eine synthetisch hergestellte Variante des Morphins sind die Benzomorphane. 292
Zu dieser Gruppe gehört das in Anl. III aufgenommene **Pentazocin**, das eine
ähnliche analgetische Wirkung wie das Morphin aufweist, bei höherer Dosis jedoch weniger dämpfend wirkt (*Geschwinde*, 2007, Rn. 2955). Es führt zu erheblichen psychischen und physischen Abhängigkeiten und zu starker Toleranzbildung.
Als einziger Morphinantagonist besitzt Pentazocin ein erhebliches Missbrauchspotential. Pentazocin wurde 1967 unter den Handelsnamen Fortal und Panages IC im
Handel eingeführt. Nachdem die Missbrauchsfälle mit Pentazocin, insbesondere
mit Fortal, ständig zunahmen, hat der Gesetzgeber durch die 1. BtMÄndV das
Pentazocin als verkehrs- und verschreibungsfähiges Betäubungsmittel in Anl. III
zum BtMG aufgenommen. Beide Fertigarzneimittel wurden vom Markt genommen. Pentazocin kann nach § 2 BtMVV innerhalb von 30 Tagen in einer Menge
von bis zu 15.000 mg ärztlich verordnet werden.

Stoffe

293   Ebenfalls zur Gruppe der Benzomorphane zählt das **Phenazocin**, welches in Anl. I als nicht verkehrsfähiges Betäubungsmittel eingestuft ist.

K. Fentanyl-Gruppe

294   Fentanyle sind **synthetisch hergestellte Drogen auf Morphinbasis.** Die Gruppe der Fentanyle wurde in den **60er Jahren** besonders erforscht und fortentwickelt. Die Stammsubstanz der Fentanyle ist das hoch wirksame Phenethyl-Piperidyl-Phenyl-Propanamid (= Fentanyl), das zur Narkoseprämedikation Verwendung findet. Fentanyle sind Verbindungen, die sich aufgrund ihrer hohen Wirkungspotenz besonders als betäubend wirkende Schmerzmittel und als Narkosemittel eignen. Drogenabhängige schätzen in Deutschland die Gruppe der Fentanyle wegen der nur kurzen Wirkungsdauer weniger. Es gibt aber **ca. 1.000 Variationen,** die zum Teil 100- oder 1000-fach so stark sind wie Morphin. Etwa 32 synthetische Abwandlungen von Fentanyl sind auf dem illegalen US-Markt, in Deutschland erheblich weniger. **1960** wurde Fentanyl von der **Fa. Janssen** als synthetisches Narkotikum entwickelt und in den folgenden Jahren in Europa und in den USA als Schmerzmittel eingeführt. **1970** wurden Fentanyle als Dopingmittel für Wettpferde bekannt. Wegen der starken narkotischen Potenz wurde der ärztliche Anwendungsbereich der Fentanyle stark eingeschränkt. **1979** tauchten Fentanyle erstmals auf dem illegalen Drogenmarkt in Kalifornien auf und verbreiteten sich von dort weltweit. Man sprach **Anfang der 80er Jahre** von einem neu gefundenen **synthetischen Heroin.** Bald wurde jedoch vor Überdosisfällen und Todesfällen nach Atemlähmung gewarnt. **1985** kann es in Deutschland zu zwei Todesfällen nach Fentanylkonsum. In den USA gab es zahlreiche Todesfälle.

I. Fentanyl

295   **1. Geschichte des Fentanyls.** 1960 wurde Fentanyl von der *Firma Janssen* als synthetisches Narkotikum entwickelt. Es wird heute bei fast allen chirurgischen Eingriffen verwendet. Seit 1968 ist Fentanyl unter dem Markennamen: **„Sublimaze"** als Schmerzmittel auf dem US-Pharmamarkt. Fentanyl wird in Deutschland von verschiedenen Pharmfirmen vertrieben, u.a. als Abstral®, Actiq®, Durogesic®, Effentora® oder unter dem Namen Fentanyl. Fentanyl ist ein verkehrsfähiges und verschreibungsfähiges Betäubungsmittel der Anl. III und kann seit der 4. BtMÄndV ab dem 23. 1. 1993 nach § 3 BtMVV bis zu einer Höchstmenge von 1.000 mg innerhalb von 30 Tagen ärztlich verschrieben werden.

296   **2. Verbreitung des Fentanyls in der Drogenszene.** Fentanyl ist sowohl aus legaler als auch aus illegaler Produktion auf dem Drogenmarkt. In der Bundesrepublik war Fentanyl insb. nach Diebstählen bzw. Unterschlagungen von Thalamonal in Krankenhausapotheken auf dem illegalen Drogenmarkt. Illegale Drogenchemiker versuchen immer wieder, durch geringfügige Abwandlungen des Molekularaufbaus des Fentanyl das BtMG zu umgehen und Fentanyl-Derivate mit legalem Design zu schaffen. Auch beim Fentanyl sind mehrere Abwandlungen möglich. Die wichtigste stellt die Einführung von Methylgruppen dar: Alpha-methylfentanyl besitzt die 900fache, 3-Methylfentanyl die 1.100fache Morphinwirkung, die wirksame Dosis liegt im Mikrogrammbereich. Aus 200 g 3-Methylfentanyl können 200 Millionen Einzeldosen hergestellt werden. Fentanyl-Derivate sind schwieriger herzustellen als Amphetamin-Derivate. 1.000 Fentanyl-Derivate sind denkbar. Bereits 32 Fentanyl-Derivate wurden auf dem illegalen Drogenmarkt gesichert. Fentanyl-Derivate werden unter den Bezeichnungen „**China white, Persian white, Indian brown, Mexican brown,** oder **World's finest Heroin**" angeboten. Fentanyl ist mit legal zu erwerbende und preiswerten Grundstoffen leicht herzustellen und mit 100- bis 1000-fachem Gewinn des Einsatzes zu vermarkten. Bisweilen werden Fentanyle auch als Heroin verkauft.

297   **3. Wirkungen des Fentanyls.** Fentanyl unterscheidet sich seiner chemischen Struktur nach zwar erheblich von Morphin und Heroin. Die pharmakologischen, toxikologischen Wirkungen ähneln aber denen von Morphin und Heroin. Allerdings weist Fentanyl das Hundertfache der Heroin- bzw. Morphinwirkung auf. Die toxische Potenz der Fentanyl-Derivate ist 100–3.000 mal höher als von Heroin und Morphin. Die Fentanyl-Derivate gehören zu den gefährlichsten Betäubungsmitteln, die wir kennen. Die Wirkungsdauer ist allerdings kürzer als die von Heroin. Während Fentanyl 30–60 Minuten lang wirkt, bleibt beim Heroinfixer die Wirkung immerhin 5–6 Stunden erhalten. Die Fentanyle bewirken einen Zustand friedlicher Euphorie und Berauschtseins. Die Fentanyle wirken aber gleichzeitig auf das zentrale Nervensystem und den Magen-Darm-Trakt. Sie führen zu einer **gefährlichen Verlangsamung der Atmung** und des gesamten Stoffwechsels. Die Wirkung der Fentanyle ist abhängig von der Konsumart und der Dosis. Bei Fentanylmissbrauch oder Fentanylüberdosen tritt aufgrund der hohen toxischen Potenz Tod durch **Herzversagen** ein. **Schwere Atemdepressionen** können aber durch **Opiatantagonisten** wie **Narcanti, Lorfan** oder **Naloxon** aufgehoben werden.

4. Konsumformen. Fentanyle werden **geraucht, inhaliert, geschnupft** und **298** **injiziert.** Die meistverbreitete Konsumform ist das intravenöse Spritzen.

II. 3-Methyl-Fentanyl (Mefentanyl)

Dieses hochgiftige Fentanyl-Derivat ist über 3.000 mal so stark wie Morphin **299** und hat etwa eine gleiche Wirkungsdauer wie Heroin, nämlich 5–6 Stunden. 3-Methyl-Fentanyl untersteht der Anl. I zum BtMG als verbotenes, nicht verkehrsfähiges Betäubungsmittel. Es wird auch **Persian-White** genannt.

III. alpha-Methylfentanyl

Im Jahre 1980 tauchte unter dem Straßennamen **China-White** die Fentanylabweichung alpha-Methylfentanyl in der amerikanischen Drogenszene auf und wurde **300** in den USA in die Liste der verbotenen Betäubungsmittel aufgenommen. **alpha-Methylfentanyl hat eine Potenz, die 200 mal so hoch ist wie die von Morphin. In 18 Fällen führte China-white in den USA zu tödlichen Vergiftungen.** Auch der Fentanyl-Abkömmling 3-Methyl-Fentanyl führte zu zahlreichen Todesfällen. 1985 kam es in der BRD zu 2 Todesfällen mit Fentanyl. alpha-Methylfentanyl wurde durch die 3. BtMÄndV ab dem 15. 4. 1991 der Anl. I des BtMG als verbotenes, nicht verkehrsfähiges Betäubungsmittel unterstellt.

IV. Acetyl-alpha-methylfentanyl

Das Acetyl-alpha-methylfentanyl ist ein Fentanyl-Derivat, das 10mal so stark ist **301** wie Morphin. Es untersteht seit der 3. BtMÄndV mit Wirkung vom 15. 4. 1991 der Anl. I zum BtMG.

V. 3-Methylthiofentanyl

Dieses Fentanyl-Derivat ist 1.000mal so potent wie Morphin und untersteht als **302** verbotenes, nicht verkehrsfähiges Betäubungsmittel der Anl. I zum BtMG seit dem 15. 4. 1991.

VI. Carfentanyl

Das Opioid Carfentanyl ist 32mal wirksamer als Fentanyl und 7.500mal wirksa- **303** mer als Morphin (*Geschwinde*, 2007, Rn. 3092). Es wird genutzt, um Tiere in der Wildnis per Injektion blitzartig zu betäuben. Carfentanyl gibt es auch in einer Gasversion in einem Aerosol. Carfentanyl untersteht seit der 4. BtMÄndV ab dem 23. 1. 1993 als verbotenes, nicht verkehrsfähiges Betäubungsmittel der Anl. I zum BtMG. Als im Oktober 2002 Terroristen aus Tschetschenien ein Moskauer Musicaltheater stürmten, besetzten und zahlreiche Geisel nahmen, leiteten die Einsatzkräfte durch Luftschächte eine Kombination von Carfentanyl und dem Narkosemittel Halothan ein, betäubten und töteten zum Teil mit den schleichenden Gasen Geiselnehmer und Geiseln.

VII. Sufentanyl

304   Auch dieses Fentanyl-Derivat ist durch die 4. BtMÄndV seit dem 23. 1. 1993 als verkehrsfähiges und verschreibungsfähiges Betäubungsmittel der Anl. III zum BtMG unterstellt. Es wird als Analgetikum nach Operationen eingesetzt.

VIII. Thiofentanyl

305   Thiofentanyl ist ca. 175mal so wirksam wie Morphin und untersteht seit dem 15. 4. 1991 der Anl. I zum BtMG als verbotenes, nicht verkehrsfähiges Betäubungsmittel.

L. Methadon-Gruppe

I. Methadon

306   **1. Entwicklungsgeschichte.** *Bockmühl* und *Ehrhart* fanden 1941 das synthetische Opiat Methadon, das es in zwei Formen gibt:
- das **linksdrehende L-Methadon (= Levomethadon),**
- das **rechtsdrehende D-Methadon (= Dextromethadon).**

307   Bei der Synthese entsteht stets das Gemisch der beiden Isomeren, **das Racemat, D, L-Methadon.** Methadon ist das Racemat, das zu je 50% aus der links- bzw. 50% aus der rechtsdrehenden Form besteht. Während das rechtsdrehende Isomer **(Dextromethadon)** weitestgehend **analgetisch unwirksam** ist, ist das linksdrehende Isomer **Levomethadon doppelt so wirksam** wie das **Razemat** und vielfach potenter als Morphin.

308   In den Laboratorien der Pharmafirma *Hoechst* wurde während des 2. Weltkrieges Methadon erstmals hergestellt, unter Nr. 10.820 patentiert und **Amidon** genannt. Nach dem 2. Weltkrieg nutzten und vermarkteten die Vereinigten Staaten die Patente der Deutschen Pharmaindustrie. So kam das Razemat Methadon in den 40er-Jahren in den USA unter dem Namen **Dolophine, Psychophtone** und **Methadon,** in England unter dem Namen **Heptalgin** und **Miadone,** in Dänemark unter dem Namen **Butalgin,** in Belgien als **Betalgin,** in Österreich unter dem Namen **Heptadon** als starkes Schmerzmittel in den Pharmahandel, während in Deutschland das linksdrehende Isomer isoliert und als einziges Methadonprodukt als **L-Polamidon-Hoechst** vertrieben wurde. Durch die **5. BtMÄndV** wurde seit dem 1. 2. 1994 **Methadon zur Verschreibung zugelassen.**

309   **2. Methadon als Schmerzmittel.** Die tägliche Einnahmedosis bei Verwendung als Schmerzmittel und die Tageshöchstverschreibungsmengen liegen bei 60 mg Methadon-Hydrochlorid. Handelsüblich sind Tabletten mit 2,5 mg, 5 mg und 10 mg Methadonhydrochlorid. Methadon kann auch oral verabreicht werden. Die zentral analgetische Wirkung von Methadon ist stärker und länger anhaltend als die von Morphin.

310   **3. Methadon und Polamidon als Substitutionsmittel.** Seit den 60 er-Jahren wird Methadon weltweit als Substitutionsmittel eingesetzt. *Vincent Dole* und *Marie Nyswander* führten eine neue Behandlung der Heroinsucht ein. Methadon befreit nicht von Sucht, sondern erhält die Opiatabhängigkeit aufrecht. Methadon steht zu anderen Opiaten in Kreuztoleranz; es blockiert das Suchtverlangen der Opiate, führt zu einer gesundheitlichen Stabilisierung und vermindert die Entzugserscheinungen. Das Ausbleiben des Turkey (Entzugserscheinungen), der Jagd nach dem nächsten Druck und des Kicks nach Injektion verhilft dem Drogenabhängigen, sich auf die Alltagsbewältigung (Gesundheit, Privatleben, Berufsleben usw.) zu konzentrieren. Dieser Abbau der Entzugserscheinungen wird genutzt zur Verbesserung und Stabilisierung der sozialen Situation. Diese Methadonbehand-

lungsprogramme zielen auf einen Abbau der Beschaffungskriminalität, eine Wiedereingliederung in Gesellschaft und Arbeitsleben und Lösung von dem Drogenmilieu (s. hierzu im Einzelnen § 13 Rn. 34 ff.). In den USA waren 1973 bereits 80.000 Opiatabhängige in einem Methadonprogramm. In der ganzen Welt werden heute vielfältige Methadon-Substitutionsbehandlungen durchgeführt. In den USA, in den Niederlanden und in der Schweiz hat man mit der Methadon-Substitution die umfangreichsten Erfahrungen gemacht.

Bei 247 langjährigen Drogenabhängigen des Modellversuches der **nordrheinwestfälischen Landesregierung** hat nach einem Bericht des Forschungsinstitutes PROGNOS eine **fünfjährige Behandlung** mit der Ersatzdroge POLAMIDON zu einer erheblichen Verbesserung und Stabilisierung ihres körperlichen Allgemeinzustandes geführt, Beziehungen zu Familie und Bekanntenkreis verbessert und Berufstätigkeiten eröffnet. **In den Niederlanden** hat man als Folgen der METHADON-Behandlung festgestellt, dass **30% der Klienten nach 3 Jahren drogenfrei** lebten, 30% anstelle von Heroin auf Dauer von Methadon abhängig waren und weitere 30% rückfällig waren und Opiate missbrauchten. Bei 10% der Klienten waren die Folgen zweifelhaft. Nach 10 Jahren Methadon-Behandlung waren sogar 40% der Probanden drogenfrei. **311**

4. Illegaler Handel mit Methadon. Mit Ausweitung der Polamidon/Methadon-Substitution in Europa tauchte auch in zunehmendem Maße Polamidon auf der illegalen deutschen Drogenszene auf. Die illegalen Polamidon/Methadon-Mengen stammen aus Apothekeneinbrüchen, aus gesammelten Übermengen von Methadon-Ausgabestellen oder aus dem Ausland. Der Polizei gelingt es selten, in die Kreise illegaler Methadon-Händler einzudringen, da die Versorgung von Opiatabhängigen mit Methadon sich in einem respektierten therapeutischen Bereich abspielt. **312**

5. Illegale Methadonherstellung. Die illegale Methadonherstellung und der illegale Methadonhandel haben sich zu einem kriminellen lukrativen Geschäft entwickelt, das zumeist außerhalb von Apothekenräumen geschieht. So kann Methadon **en gros als Pulver oder Lösung illegal kilo- oder literweise in der niederländischen Drogenszene** erworben, nach Deutschland eingeführt, gestreckt und in Einzelrationen verkauft werden. **Unlautere Apotheker** können aber Methadonpulver auch im Pharmahandel beziehen, eine 1%ige Methadolösung herstellen, die erforderliche farbige Warnflüssigkeit beizumengen, **als klare Flüssigkeit in Wasserflaschen und Kanister** abfüllen und auf der Drogenszene verkaufen oder verkaufen lassen. Der offizielle Apothekenbezugspreis für 1 l Methadonlösung kostet zwischen 45 und 80 €. Verkauft ein Arzt 1 ml für 25–40 Cents an Drogenabhängige, so erzielt er 250–400 € und macht einen fünf- bis zehnfachen Gewinn. Die *StA Kassel* ermittelte gegen drei Apotheker und einen substituierenden Arzt, die in den Jahren 2004 und 2005 außerhalb der Apotheke mehr als **1.700 l Methadonlösung** unter Codebezeichnungen abgefüllt in Wasserflaschen und Plastikkanistern an Drogenabhängige, vornehmlich Patienten aus Weißrussland, lieferten. **313**

II. Levomethadon

In der Bundesrepublik wird auch die **linksdrehende Form des Methadons, L-Methadon,** unter dem Handelsnamen **L-Polamidon®** als verschreibungsfähiges Betäubungsmittel vertrieben. Dieses **synthetische Opiat dient zur Behandlung stärkster Schmerzen,** z.B. bei Tumoren, Nervenentzündungen oder Wundstarrkrämpfen. Levomethadon hat die vierfache analgetische Wirkung des Morphins und die doppelte Potenz wie das Razemat-Methadon. Die therapeutische Einzeldosis beträgt 7,5 mg Levomethadon. Methadon ist um vieles preisgünstiger als Polamidon. Die gleichen Polamidon-Tabletten sind jedoch ohne Betäubungsmittelrezept in der Drogenszene für den 3–5fachen Preis zu haben. Polamidon gehört zu den stärksten Opiaten. Der Hersteller von L-Polamidon weist **314**

selbst auf mögliche **Beeinträchtigungen des Reaktionsvermögens** auch bei
bestimmungsgemäßem Gebrauch hin und **warnt vor** der aktiven **Teilnahme am
Straßenverkehr.** Er warnt vor einer unkontrollierten Verschreibung und Abgabe
in der ambulanten Praxis an Süchtige. L-Polamidon unterliegt der Anl. III des
BtMG und der BtMVV.

III. Normethadon

315   Das synthetische Opiat Normethadon ist der Anl. III des BtMG unterstellt. Es
gehört zur Methadonreihe. Es ist ein stark euphorisierendes, hustenstillendes Betäubungsmittel, das bei Missbrauch zu heftigen Entzugserscheinungen führt. Normethadon war in Deutschland bis Anfang der 90er Jahre auf dem Pharmamarkt
erhältlich (*Geschwinde*, 2007, Rn. 3052).

IV. Dextromoramid

316   Auch dieses synthetische Opiat gehört zur Methadonreihe. Es ist ein Betäubungsmittel der Anl. II zum BtMG. Dextromoramid war bis Anfang der 90er Jahre
unter dem Namen **Jetrium** und **Palfium** im Apothekenhandel. Die analgetische
Wirkung dieses Betäubungsmittels ist 30mal so stark wie die des Morphins. Auch
die suchterzeugende Wirkung ist stärker als die des Morphins. Die Rspr. hat sich
wiederholt mit Jetrium-Missbrauch von Drogenabhängigen beschäftigt. So hat der
BGH die Verurteilung eines Nervenarztes wegen fahrlässiger Tötung bestätigt, der
an zwei drogenabhängige Patientinnen je 5 Ampullen Jetrium zur Selbstinjektion
aushändigte, die an einer abredewidrigen intravenösen Jetrium-Injektion verstarben
(*BGH* JR 1979, 429).

V. Dextropropoxyphen

317   Dextropropoxyphen ist seit dem 1. 9. 1984 in Anl. II zum BtMG eingestuft. Es
ist eine methadonähnliche Substanz, die in mehreren verschreibungsfähigen Medikamenten enthalten war. Zubereitungen, die nur geringe Mengen von Dextropropoxyphen und keine weiteren Betäubungsmittel enthielten, blieben verkehrs- und
verschreibungsfähig, so die Fertigarzneimittel **Develin-retard, Dolo-Neurotrat,
Doloprolixan, Rosimon-neu** und **Tropax.** Früher war Dextropropoxyphen in
dem von der *Firma Goedecke* hergestellten Arzneimittel **Develin Retard** enthalten
und wurde häufig missbraucht. Die suchterzeugende Wirkung war jedoch gering.
Bei Überdosierung kam es aber zu Verwirrtheitszuständen, Muskelzittern, Krämpfen und Koma. In den USA soll Dextropropoxyphen von Abhängigen in großem
Ausmaß missbraucht worden sein (*Geschwinde*, 2007, Rn. 3073). In mehreren Ländern soll es nach dem Konsum von dextropropoxyphenhaltigen Medikamenten zu
zahlreichen Todesfällen gekommen sein. Im Jahr 2005 wurde die Ausnahmeregelung gestrichen, die verschreibungsfähige Arzneimittelzubereitungen ermöglicht
hatte. Wegen der negativen Beurteilung des Nutzens/Risikoverhältnisses wurden
auf diese Weise alle Zubereitungen von Dextropropoxyphen in Deutschland nicht
verschreibungsfähig und nicht mehr zulassungsfähig als Betäubungsmittel der
Anl. II.

M. Morphinan-Gruppe

318   Zur Morphinan-Gruppe zählen folgende, dem BtMG unterstellte synthetische
Opiate: Drotebanol (Anl. I), Levomethorphan (Anl. I), Levorphanol (Anl. II),
Levophenacylmorphan (Anl. I), Norlevorphan (Anl. I), Phenomorphan (Anl. I),
Racemethorphan (Anl.) und Racemorphan (Anl. II). Das synthetische linksdrehende Opiat **Levorphanol (Methylmorphanol)** ist seit dem 1. 9. 1984 als **Betäubungsmittel** in der Anl. II des BtMG bezeichnet und unter dem Namen Dro-
moran im Handel. Die Wirkungen ähneln bei Missbrauch den Auswirkungen der
Morphinsucht. Es ist fünfmal analgetisch wirksamer als Morphin. Es kommt zu
schweren psychischen und physischen Entzugserscheinungen. Das Razemat **Ra-**

cemorphan ist ca. viermal so potent wie Morphin. Die rechtsdrehende Form **Dextrorphan** ist weder analgetisch wirksam noch suchterzeugend. Es untersteht deshalb auch **nicht dem BtMG.**

N. Pethidin- und Prodin-Gruppe

Die Pethidine und Prodine leiten sich von dem Wirkstoff Pethidin (Dolantin®) **319** ab (zum Pethidin s. Rn. 325). Die Pethidine haben eine Phenyl-Piperidin-Struktur und stellen überaus stark wirksame Schmerzmittel dar. Die Wiener Suchtstoffkonvention von 1988 hatte beschlossen, zunächst zwei Pethidin-Analoga PEPAP und MPPP in die Liste der Suchtstoffe aufzunehmen. Diese beiden Pethidin-Derivate wurden mit der 3. ÄndVO in die Anl. I des BtMG aufgenommen. In Untergrundlaboratorien wurden zahlreiche Pethidin-Derivate als Designerdrogen entwickelt.

I. Cetobemidon (Ketobemidon)

Das synthetische Opiat Cetobemidon wurde unter dem Handelsnamen **Clira- 320 don** als starkes Betäubungsmittel gegen heftige Schmerzen bekannt. Es untersteht der Anl. II des BtMG. Die Wirkung von Cetobemidon ist etwa 30-mal stärker als bei Pethidin (*Geschwinde*, 2007, Rn. 3004).

II. Methylphenylpropionoxypiperidin (MPPP)

1. Entstehungsgeschichte. Methylphenylpropionoxypiperidin (MPPP) ist ein **321** Derivat des schmerzstillenden Mittels Demerol und wird in illegalen Drogenküchen als Heroinimitat hergestellt und als Heroin verkauft. *Sahihi* (SuchtR 2/1991, 15 ff.) nennt diese Designerdroge eine der übelsten Giftbomben der Drogenszene, da dieser Stoff mit dem toxischen Abfallstoff MPTP durchsetzt ist (zum MPTP s. Rn. 440 ff.).

2. Verbreitung von MPPP. MPPP hat in USA, aber noch wenig in Deutsch- **322** land Verbreitung gefunden. Es wird als weißes Pulver grammweise verkauft, teilweise auch als Rocks, dem Heroin zum Verwechseln ähnlich. MPPP kann geraucht, geschluckt, geschnupft und injiziert werden.

3. Wirkungen. MPPP ist 25-fach so wirksam wie Pethidin. Je mehr MPTP im **323** MPPP enthalten ist, umso giftiger wird die Droge. Solange der Giftstoff MPTP noch nicht die Substantia nigra des Gehirns angreift und zerstört, wird der Rausch des MPPP narkotisch wie von Heroin erlebt. Nach mehrmaligem Konsum stellen sich Lähmungs- und Vergiftungserscheinungen, Muskelkrämpfe, Gleichgewichtsstörungen, Halluzinationen, Taubheit, Verlust an Sprache und Optik, innere Kälte, lähmende Starre (*Sahihi* SuchtR 2/1991, 15 ff.) ein.

4. Rechtliche Einstufung. MPPP untersteht seit der 3. BtMÄndV als verbo- **324** tenes, nicht verkehrsfähiges BtM der Anl. I zum BtMG.

III. Pethidin

Das synthetische Opiat Pethidin ist unter dem Handelsnamen Dolantin® be- **325** kannt. Es besitzt eine stark schmerzstillende, aber auch euphorisierende Wirkung. Die Substanz hat ein starkes Suchtpotential. Sie führt zu erheblicher Toleranzbildung und starken Entzugserscheinungen. Schon nach wenigen Injektionen kann eine Dolantinsucht auftreten. Die Wirkungen sind ähnlich wie die Wirkungen des Morphins und des Heroins. Pethidin stellt ein überaus starkes, aber in der ärztlichen Behandlungspraxis wichtiges, verkehrsfähiges und verschreibungsfähiges Betäubungsmittel der Anl. III zum BtMG dar. Innerhalb eines Monats kann ein Arzt oder ein Tierarzt eine Höchstmenge von 10.000 mg, ein Zahnarzt eine Höchstmenge von 2.500 mg Pethidin verschreiben (§§ 2–4 BtMVV).

Stoffe   Betäubungsmittel

IV. Phenethylphenylacetylpiperidin (PEPAP)

326 Phenethylphenylacetylpiperidin (PEPAP) ist durch die 3. BtMÄndV in die Anl. I zum BtMG aufgenommen worden.

V. Weitere Substanzen der Pethidin- und Prodin-Gruppe

327 Als verbotene, nicht verkehrsfähige Betäubungsmittel dieser Gruppe sind in der Anl. I zum BtMG u. a. erfasst: Allylprodin, Alphameprodin, Alphaprodin, Betaprodin, Betameprodin, Etoxeridin, Furethidin, Hydroxypethidin, Morpheridin, Phenoperidin, Piminodin, Properidin, Trimeperidin.

Kap. 5. Stark wirksame Analgetika mit Nicht-Opioid-Struktur

Übersicht

A. Etonitazen

328 Das **Etonitazen** ist ein synthetisches morphinähnliches Analgetikum mit 1.000facher analgetischer Wirkung des Morphins. Es ist als nicht verkehrsfähiges Betäubungsmittel in Anl. I zum BtMG enthalten. Mit dem Etonitazen verwandt sind die ebenfalls in Anl. I aufgenommenen **Bezitramid** und **Clonitazen.**

B. Tapentadol

329 **Tapentadol** ist ein zentral wirksames Analgetikum. Es wurde durch die 24. BtMÄndV v. 18. 12. 2009 (BGBl. I, S. 3944) mit Wirkung zum 1. 6. 2010 in die Anl. III des BtMG als verkehrsfähiges und verschreibungsfähiges Betäubungsmittel aufgenommen (zur Übergangsregelung s. § 3 Rn. 8). Es soll nach erteilter Zulassung als Arzneimittel in der Schmerztherapie zur Anwendung kommen. Eine Studie kam zu dem Ergebnis, dass Tapentadol chronische Schmerzen ähnlich effektiv senkt wie Oxycodon, allerdings mit deutlich weniger Nebenwirkungen, namentlich Übelkeit, Erbrechen und Juckreiz (*Sauer* PharmaZ–Online, Ausgabe 43/2009). Es kann nach § 2 Abs. 1 lit. a Nr. 23a BtMVV von einem Arzt innerhalb von 30 Tagen in einer Menge von bis zu 18.000 mg oder nach § 3 Abs. 1 lit. a Nr. 9a BtMVV in einer Menge von 4.500 mg durch einen Zahnarzt verschrieben werden.

C. Tilidin

330 Bei **Tilidin** handelt es sich um ein synthetisches Opiat, das als Schmerzmittel gegen stärkste postoperative Schmerzen und Gelenkschmerzen verabreicht wurde. Bis April 1978 war Tilidin unter dem Namen **Valoron** als rezeptpflichtiges Schmerzmittel im Apothekenhandel. Neben der analgetischen Wirkung hatte Tilidin starke suchterzeugende Wirkungen. Es kam zu enormen Dosissteigerungen, zu starker physischer und psychischer Abhängigkeit, die sich von der Morphinabhängigkeit nur wenig unterschied. Tilidin wurde in den 70er Jahren zu einer der beliebtesten Ersatzdrogen auf der Rauschgiftszene, die Opiatabhängige sich von unaufgeklärten oder verantwortungslosen Ärzten verschreiben ließen. Tilidin wurde bevorzugt in Tropfenform geschluckt. Das Tilidin wurde wegen des weitverbreiteten Missbrauchs dann im April 1978 dem BtMG unterstellt. Im Juni 1978 zog der Hersteller das Präparat Valoron aus dem Verkehr und brachte stattdessen das Präparat Valoron® N auf den Markt. Durch Mischung von Valoron mit dem Morphinantagonisten Naloxon sollten bei dem Valoron®-N konsumierenden Opiatabhängigen Entzugserscheinungen hervorgerufen werden. Weitere Tilidin-haltige Arzneimittel sind u.a.: Andolor®, Tilicomp®, Tilidin HEXAL®, Tilidinsaar®. Ebenfalls dem BtMG unterstellt wurde das **cis-Tilidin** (Anl. II).

Kap. 6. Amphetamin und seine Derivate
(Amphetamine Type Stimulants/ATS)

Übersicht

A. Amphetamin (Amfetamin)

I. Substanz

Im Gegensatz zu Ephedrin und Cathin sind das Amphetamin und seine Derivate **331** keine natürliche Wirkstoffkombination, sondern ein voll synthetisches Produkt. Das **Amphetamin** (Methyl-Phenyl-Ethylamin, Phenyl-Propan-Azan) ist chemisch das **1-Phenyl-2Aminopropan,** das chemisch verwandte **Methamphetamin** ist das **1-Phenyl-2 Methyl-Amonpropan** (zu Methamphetamin s. Rn. 339 ff.). Das Amphetamin liegt zumeist als Amphetaminsulfat, als wasserlösliches Salz der Schwefelsäure vor. Es ähnelt seinem Aufbau nach dem körpereigenen Wirkstoff aus der Nebennierenrinde Adrenalin. **Adrenalin** ist der Trägerstoff des sympathischen Nervensystems, das für eine Vielzahl vegetativer Funktionen verantwortlich ist. Szenenamen für das Amphetamin sind z. B. „Speed" oder „Pep". Amphetamin unterliegt als verkehrs- und verschreibungsfähiges Betäubungsmittel der Anl. III des BtMG. Es kann gem. § 2 BtMVV vom Arzt bzw. nach § 4 BtMVV vom Tierarzt innerhalb von 30 Tagen bis zu einer Höchstmenge von 600 mg verschrieben werden.

II. Konsumformen

Da Amphetamin zumeist als Pulver angeboten wird, wird der Stoff in einer **332** Linie (Line) formiert und durch ein gerolltes Papierstück oder Geldschein geschnupft. Amphetamin wird auch als Tabletten geschluckt, bisweilen auch in Wasser aufgelöst und intravenös injiziert. Infolge der Entwicklung einer Toleranz, von der besonders die gesuchten zentralen Wirkungen betroffen sind, kann die Tagesmenge bald ein Vielfaches der Anfangsdosis erreichen. Amphetamin wird bisweilen mit Kokain oder Arzneimitteln kombiniert konsumiert.

III. Wirkungen des Amphetamins

Amphetamin zählt zu den Betäubungsmitteln höherer Gefährlichkeit (*BVerfG* **333** NStZ-RR 1997, 342 = StV 1998, 405; *Weber* Vor §§ 29 ff. Rn. 787; vgl. auch BGHSt. 52, 89 = NJW 2009, 863 = StraFo 2009, 121; a. A. *BGH* NStZ 1993, 287 = StV 1993, 422; *BGH* StV 1997, 75, die eine mittlere Gefährlichkeit annehmen; zur Strafzumessung bei Amphetamindelikten s. im Einzelnen § 29/Teil 4, Rn. 370). Dennoch sind die **Dosis, die Missbrauchshäufigkeit** und die **körperliche Konstitution des Konsumenten** für die Wirkungen von Amphetamin ausschlaggebend. Eine orale Gabe von 5–30 mg Amphetamin kann sich in erhöhter Wachsamkeit und vermindertem Schlafbedürfnis äußern; es kann zu verstärktem Antrieb, Selbstvertrauen und Konzentrationsvermögen, Assoziations-, Sprach- und Bewegungsbeschleunigung, gehobener Stimmung, Selbstüberschätzung und Euphorie kommen (sog. „Run"). Große Dosen können die Empfindungsschwelle für optische, akustische, taktile und Geruchsreize herabsetzen. Es folgen, insbesondere nach wiederholten hohen Dosen, Müdigkeit und psychische Depressionen (sog. „Crash"). In Einzelfällen kann eine Depression der Erregung vorangehen, unter Umständen begleitet von Angst, Verwirrtheit, Agitation, Aggressivität. Eine bei fortlaufender Einnahme größerer Mengen Amphetamins auftretende Toleranz richtet sich hauptsächlich gegen die zentralen Wirkungen, so dass es zu einer Steigerung bis zum Hundertfachen der therapeutischen Dosis und darüber kommen kann. Überdosierungen von Amphetamin können zu Unruhe, Erregung, Benommenheit, Verwirrtheit, Schwindel, Reizbarkeit, Gigantomanie, Zwangslachen, **Angst, Aggressivität, Schlaflosigkeit,** Mundtrockenheit, Anorexie, Erbrechen, Durchfall, Krämpfen, Hyper- und Hypotonie, Kopfschmerzen, Kollaps bis zu Krämpfen und letalem Koma führen. Das Mischen oder Nacheinanderkonsumieren von Amphetamin, Kokain oder Arzneimitteln, das wilde Schlucken diverser Pillen und Spritzen von entgegengesetzt wirkenden Substanzen führen zur schwer heilbaren Polytoxikomanie. Ähnlich wie beim Kokain kommt es bei einer Intoxikationspsychose zu massiven Wahn- und Verfolgungsideen und zu Halluzinationen. Die überaus starke psychische Abhängigkeit führt zu depravatorischen Veränderungen und körperlichen Abbauerscheinungen, insbesondere bei länger andauerndem intravenösem Gebrauch.

IV. Geschichte der Amphetamine

334 Die erste Synthese von Amphetamin gelang dem Chemiker *Edelana* im Jahre **1887. 1898** entdeckte der deutsche Chemiker *Haber* das Methylen-Dioxy-Meth-Amphetamin (MDMA) und synthetisierte diesen Stoff. **1910** wurde dann Methylen-Dioxy-Amphetamin (MDA) synthetisiert. **1912** entdeckte die **Pharma-Firma Merck** MDMA erneut als Abmagerungsmittel und ließ die Substanz sich **1914** patentieren. **1919** synthetisierte ein japanischer Chemiker Methamphetamin. Schon in den **20er und 30er Jahren** wurden in Amphetamin und Methamphetamin **nicht nur** wirkungsvolle **Arzneimittel,** sondern auch **Kampfstoffe zur chemischen Kriegsführung** gesehen und mit ihnen geforscht. **1934** entdeckte der deutsche *Hauschild* in Methamphetamin und in Amphetamin ideale Kampfdrogen für militärische Einsätze. **1938** brachten die *Temmler-Werke* das Methamphetamin unter dem Handelsnamen **Pervitin** auf den Markt und erzielten weltweit Rekordumsätze. Im **Zweiten Weltkrieg** erhielten deutsche, amerikanische und japanische Kampfflieger Pervitin für ihre Kampfeinsätze. Amphetamin wurde zunächst zur medizinischen Behandlung somatischer und neurologischer Erkrankungen eingesetzt, so z.B. zur Behandlung von Depressionen, Neurosen, Epilepsie, Barbituratvergiftung, Drogensucht, Alkoholismus, Fettleibigkeit, Narkolepsie, Erkrankungen des Nasen- und Rachenraums und Verhaltensstörungen. Diese Mittel wurden später durch wirksamere und ungefährlichere Mittel ersetzt. Am 1. 7. 1941 wurde das Pervitin dem Opiumgesetz unterstellt. Von **1940–1960** breitete sich der Amphetamin- und Methamphetamin-Missbrauch weltweit aus. **Im Kalten Krieg** erforschten die Amerikaner Amphetamin-Derivate als **militärische und nachrichtendienstliche Kampfstoffe.** Bei den olympischen Spielen von **1960** starb der dänische Radrennfahrer *Knud Jensen* an einer Überdosis Amphetamin. Bei der Tour de France von **1968** fiel der britische Radrennfahrer *Tom Simpson* aufgrund einer Überdosis Amphetamin tot vom Rad. **1968** brach der mit Amphetamin gedopte deutsche Boxer *Jupp Elze* bei der Mittelgewichtseuropameisterschaft im Ring tot zusammen. In den **60er/70er Jahren** breitete sich Methamphetamin unter dem Namen **Speed** weltweit in der **Hippie-Kultur** aus. Anfang der 70er Jahre wandelten sich die friedlichen **Blumenkinder,** die mit LSD experimentierten, in nervöse z. T. **aggressive Speed-Freaks.** Der große Amphetamin-Prophet war *Alexander Shulgin,* der seine Begeisterung für die Phenetylamine in einem Buch namens **PIHKAL (Phenetylamines I Have Known And Loved), a chemical love story,** veröffentlichte. Auch *Nicholas Saunders* verherrlichte Ecstasy als Tanz- und Wunderdroge.

335 Mit dem Auftauchen der orangefarben gewandeten Jünger der **Bhagwan-Sekte** eroberten die Amphetamin-Derivate in den 80er Jahren die **internationale Musikszene** und breiteten sich **mit Rave- und Techno-Musik als Kultdrogen auf der Party- und Discoszene** aus. Seit Mitte der 90er Jahre **explodierten** förmlich die **Sicherstellungszahlen weltweit.** Die bunten Tablettendrogen verschiedenster Amphetamin-Derivate verdrängten in zunehmendem Maße die schmutzigen Elendsdrogen wie Opium, Heroin und Morphin. Die neuen Drogengenerationen kommen aus nicht auffälligen, sozial etablierten Kreisen und erstreben mit den Amphetamin-Derivaten eine erhöhte Wahrnehmung bei Musik, mehr Ausdauer bei den Wochenendevents und Tanzveranstaltungen, Leistungssteigerung bei Beruf und Sport für relativ wenig Geld. Die **Formel „Disco und Ecstasy am Wochenende als Ausgleich für eine unbefriedigende Woche"** wurde zu einer Lebensphilosophie nicht weniger Jugendlicher.

V. Illegale Amphetaminherstellung

Amphetamin ist relativ preiswert und mit Ephedrin, Pseudo-Ephedrin, Benzyl- **336** Methyl-Keton (= BMK = Phenylaceton), Natriumhydroxyd, Formamid, Allylbenzol einfach herzustellen und mit hohem Gewinn illegal absetzbar (*Geschwinde*, 2007, Rn. 2201). In den Jahren **1989 bis 1992** wurden in Deutschland pro Jahr zwischen 15–30 Amphetaminlaboratorien ausgehoben. Im **Jahr 2005** wurden in Deutschland 6 Labore zur Herstellung von Amphetamin bzw. Methamphetamin entdeckt (*BKA*, Daten zur Rauschgiftkriminalität 2005 in Deutschland, S. 4), im **Jahr 2006** 3 Produktionsstätten von Amphetamin, 2 zur Herstellung von Methamphetamin, 1 zur Synthese von MDMA und 1 Fentanyl-Labor (*BKA*, Jahreskurzlage Rauschgift 2006, S. 5), im **Jahr 2007** 5 Labore für Amphetamin, 3 für Methamphetamin, 1 für GHB und 1 für Fentanyl (*BKA*, Jahreskurzlage Rauschgift 2007, S. 8), im **Jahr 2008** 22 Produktionsstätten für Amphetamin und Methamphetamin sowie 3 GHB-Labore (*BKA*, Jahreskurzlage Rauschgift 2008, S. 8), im **Jahr 2009** 6 Labore für Amphetamin und 22 Labore für Methamphetamin (*BKA*, Jahreskurzlage Rauschgift 2009, S. 11) und im **Jahr 2010** 2 Labore für Amphetamin und 13 Labore für Methamphetamin (*BKA*, Jahreskurzlage Rauschgift 2010, S. 11).

VI. Amphetaminhandel

In der deutschen Drogenszene wird 1 g Amphetamin zum Preis zwischen 5 und **337** 10 € angeboten. Um die Jahrtausendwende lag der Preis noch bei 30,– DM pro Gramm. 1 kg Amphetamin kostet zwischen 1.500–3.500 €. Im Jahr 1988 wurden in Deutschland 91,4 kg, 1989 66,8 kg, 1990 85,5 kg, 1991 88 kg, 1992 105 kg, 1993 117 kg Amphetamin beschlagnahmt. Es wurden in den Jahren 1994–2004 in Deutschland Mengen von zwischen 120 und 560 kg beschlagnahmt. Während Amphetamin jahrelang als das **Kokain des armen Mannes** galt, nahm etwa **ab 2003** Amphetamin wegen des günstigeren Preises gegenüber Kokain **als Party- und Discodroge** einen ungeahnten Aufschwung.

Amphetaminsicherstellungen in Deutschland		
Jahr	**Fälle**	**Mengen**
2000	3.726	271,2 kg
2001	3.459	262,5 kg
2002	4.048	361,7 kg
2003	3.841	484,0 kg
2004	5.442	556,0 kg
2005	6.123	668,8 kg
2006	6.838	723,2 kg
2007	7.662	820,1 kg
2008	8.425	1.283,2 kg
2009	7.635	1.375,5 kg
2010	8.430	1.176,9 kg

VII. Amphetamin und Gewalt

Bei Amphetamin-Missbrauch werden nicht selten extreme Formen der Hyper- **338** aktivität, der kritiklosen emotionalen Abreaktion und Aggressivität beobachtet

(*Geschwinde*, 2007, Rn. 2325). Dem Amphetaminmissbrauch kommt bei der **Aggressionskriminalität** ein ähnlich wichtiger Stellenwert zu wie dem Kokainmissbrauch.

B. Methamphetamin (Metamfetamin)

I. Substanz

339   Während Amphetamin sich chemisch als Phenylaminopropan darstellt, ist Methamphetamin ein **Phenylmethylamonpropan** oder **Dimethylphenylethylamin.** Die chemische Bezeichnung für Methamphetamin nach IUPAC lautet [2S]-N-1-phenylpropan-2-amin. Methamphetamin ist ein am Stickstoffarm der Seitenkette mit einer Methylgruppe versehenes Derivat des Amphetamins. Es ist im Vergleich zu Amphetamin eine starke zentral wirksame Droge in Pulver oder Tablettenform. In der Drogenszene kursieren unterschiedliche Namen für Methamphetamin wie z. B. **Speed, Meth, Crank, Crystal, Crystal speed, ICE, Yaba** und andere Namen. Die Bezeichnung Speed ist mehrdeutig und in Strafverfahren zur Feststellung des Tatbestandsmerkmals „Betäubungsmittel" unzureichend, weil unter dieser Bezeichnung auch Amphetamin und Ecstasy geläufig sind. Während der Begriff Crank für das in **Pulverform** vorliegende Methamphetamin gebraucht wird, bezeichnet sowohl der Name **Crystal bzw. Crystal speed** als auch der Begriff **ICE** das Methamphetaminhydrochlorid in Form großer **Brocken.** Teilweise wird eine Mischung von 46% Kokain und 17% Methamphetamin auch **Croke** oder **Crank** genannt. Der Name ICE stammt von dem besonderen Aussehen dieser Brocken, von den durchsichtigen an Eiskristalle erinnernden Methamphetaminhydrochlorid-Rocks. Während sich in den USA der Name ICE durchgesetzt hat gegenüber Namen wie **Icecream, Crackmeth, Quartz, Glass,** nennt man ICE in Japan **Schabu,** in Thailand **Yaba,** in Korea **Hiropon,** auf den Philippinen **Batu.** Alle Begriffe umschreiben Felsbrocken oder Kristalle. Bei ICE handelt es sich nicht um eine völlig neue Substanz, sondern nur um eine besondere farb- und geruchslose, kristallisierte Erscheinungsform des bereits bekannten D-Methamphetaminhydrochlorids. Die Kristalle erinnern an Kandiszucker, Bergkristalle, kleine Glas- oder Eisbröckchen und unterscheiden sich vom weißen Amphetaminpulver. Bei **Pico** handelt es sich um weißes Methamphetaminpulver, das mit Paracetamol, mit Milchzucker oder Koffein verschnitten ist. Das Methamphetamin untersteht der Anl. II des BtMG und ist damit nicht verkehrs-, aber nicht verschreibungsfähig. Gleiches gilt für die analoge Form **Levmethamphetamin** bzw. **Methamphetaminracemat** ([RS]-Methamphetamin).

II. Wirkungen von Methamphetamin

340   Methamphetamin wirkt sehr stimulierend auf das zentrale Nervensystem und erzeugt euphorische und leistungssteigernde Effekte, die denen des Kokains sehr ähnlich sind. Methamphetamin wirkt ähnlich wie Amphetamin. Es bewirkt **erhöhte Aufmerksamkeit, anhaltende Wachsamkeit, verstärkte Energie und Ausdauer, Selbstbewusstsein und gesteigerte Leistungs- und Einsatzbereitschaft, vermindertes Schmerzempfinden, Verringerung von Hunger und Durst.** Nach dem Abklingen der Wirkung treten Effekte wie Verstimmung und Abgeschlagenheit auf. Aufgrund seiner chemischen Eigenschaften überwindet Methamphetamin die Blut-Hirn-Schranke schneller als Amphetamin und führt zu einer stärkeren Aufputschwirkung, während sein Abbau andererseits verlangsamt ist (BGHSt. 53, 89 = NJW 2009, 863 = StV 2009, 360 m. Anm. *Patzak* Sucht 2009, 30). Folgende negative körperliche Folgen wurden beobachtet: **Steigerung der Atemfrequenz und Körpertemperatur, Herzrasen, Übelkeit, Erbrechen, Schweißausbrüche, Gewichtsabnahme, Schlaflosigkeit, Schädigungen von Lungen, Leber und Nieren, Kollaps bis zum Koma.** Auch von psychischen Symptomen wird berichtet, angefangen von leichten Verwirrungs- und Angstzuständen, Halluzinationen bis hin zu akuten Psychosen und Paranoia. Der Entzug

der Droge ist lang und bewirkt in Einzelfällen schwerste Depressionen und führt zu Selbsttötungstendenzen. Die Wirkung von Methamphetamin kann von 2–14 Stunden und mehr andauern. Der Konsum von Methamphetamin führt zwar nicht zu einer körperlichen, aber zu einer starken seelischen Abhängigkeit, insbesondere bei der Konsumform des Rauchens. Auf den Rausch folgt eine stark depressive Phase mit Schlaflosigkeit. Dies führt dazu, dass Konsumenten nach der Stimulierung durch Metamfetamin zur Befriedigung des Schlafbedarfs auf Cannabis, Benzodiazepine oder andere sedierende Stoffe wie Heroin zurückgreifen (BGHSt. 53, 89 = NJW 2009, 863 = StV 2009, 360 m. Anm. *Patzak* Sucht 2009, 30). Die Spanne des durchschnittlichen Reinheitsgehalts in Methamphetaminzubereitungen liegt zwischen 22 und 80% (*EMCDDA* Jahresbericht 2010, S. 61).

III. Geschichte des Methamphetamins

1919 gelang es einem japanischen Chemiker, Methamphetamin zu synthetisie- **341** ren. Amphetamin wurde anfangs als Heilmittel gegen Erkältungen, Fieber und Erschöpfung eingesetzt. Die ersten Versuche sportlicher Leistungssteigerung mit Amphetamin-Derivaten wurden um **1930** unternommen. **1934** entdeckte der deutsche *Hauschild* Methamphetamin als Kampfdroge für militärische Einsätze. **1938** wurde von den *Temmler-Werken* das Methamphetamin unter dem Handelsnamen **Pervitin** auf den Markt gebracht. In den 30er Jahren ersetzten die Amphetamine das Kokain als Aufputschmittel. Nachdem die Pharmaindustrie durch gesetzliche Verbote dieser Substanzen so gewinnträchtige Produkte wie Heroin und Morphin an die Verbrechersyndikate verloren hatten, versprach die Produktion von Aufputschdrogen in Gestalt von Amphetaminen einen Ersatz. Es folgten große Werbekampagnen für das Methamphetamin **Pervitin** und für Barbiturate wie **Veronal.** Insb. Künstler und Soldaten nahmen **Pervitin,** um zu Höchstleistungen zu gelangen. Bereits **1941** befasste sich *Speer* (Das Pervitinproblem, Dtsch. Ärztebl. 1941, S. 15 ff.) mit den Wirkungen und Nebenwirkungen dieses Mittels und berichtete von ersten Missbrauchsfällen. Am 1. 7. 1941 wurde das **Pervitin** dem Opiumgesetz unterstellt. Im 2. Weltkrieg nahmen deutsche Kampfflieger und japanische Kamikazeflieger Pervitin vor ihren Flügen ein. Im Laufe der Zeit wurde die Pervitin-Sucht zu einem gesellschaftlichen Problem.

In der Nachkriegszeit entwickelte sich Pervitin weltweit zur leistungsstei- **342** gernden Wunderdroge für Künstler, Wissenschaftler, Politiker, Sportler, Nachtarbeiter, Fernfahrer und Prostituierte. Auch die Entwicklung des Methamphetamin-Hydrochlorids in der Form von Kristallen (ICE) geht auf Versuche von asiatischen Chemikern in illegalen Laboratorien zurück. Von **1948 bis 1960** breitete sich in Japan eine **Methamphetamin-Epidemie** aus. Anfangs schmuggelten asiatische Gruppierungen (Chinesen, Koreaner, Japaner, Vietnamesen) ICE in die USA. Später produzierten diese asiatischen Gruppierungen ICE in illegalen Laboratorien in den USA. Ende der **50er Jahre** wurde Pervitin nicht nur in Deutschland, sondern in mehreren asiatischen Ländern, insb. in Thailand, produziert und vertrieben. Nachdem Pervitin verboten wurde, entwickelten sich in Asien große illegale Produktionsstätten. Die Pharmaindustrie produzierte in den 60er und 70er Jahren zahlreiche Appetitzügler, in denen Methamphetamin enthalten war. In den **60er und 70er Jahren** gehörte Methamphetamin unter dem Namen **Speed** zur **Hippiekultur,** um dann in den **80er Jahren** von dem westlichen Drogenmarkt wieder zu verschwinden. Allein in Thailand blieb Methamphetamin unter dem Namen **Yaba** (= verrückte Medizin) eine beliebte Droge, die im Nachtleben eine große Rolle spielte und spielt. In den USA und in Europa kehrte Methamphetamin erst in den **90er Jahren** als **Partydroge** wieder zurück und eroberte in den letzen Jahren den Weltmarkt mit stetig steigenden Absatzzahlen. Bis heute erhalten **Kampfpiloten** (z. B. in **Afghanistan** und im **Irakkrieg**) sog. Go-Pills (Aufputschmittel **Dexedrin = Dex-Amphetamin-Sulfat**), um Müdigkeit und Erschöpfung und damit zusammenhängend Fehleinsätze und Katastrophen wie Todesfälle eigener Soldaten durch **Friendly Fire** (Geschosse befreundeter Einheiten töten sich gegenseitig) und **Kollateralschäden** (tödliche Angriffe auf Zivilisten) zu vermeiden und den **immer wachen, zielgenauen Piloten** einzusetzen.

IV. Herstellung von Methamphetamin

343 Die Herstellung des Methamphetamins erfolgte früher durch Gewinnung von **Ephedrin** aus dem **Ephedra-Kraut** unter Verwendung von **Jod** und **Phosphor.** Später gelang die synthetische Produktion durch Kondensation von **Phenylaceton** und **Methylamin.** Für die Herstellung von **ICE** bzw. **Crystal** werden die Grundstoffe **Ephedrin, Phenyl-Propanon** und **Pseudo-Ephedrin,** die dem **GÜG** unterliegen, und die Chemikalien **Aceton, Jod, Phosphor, Salzsäure** und **Quecksilber** benötigt. In den illegalen Laboratorien lässt man **ICE** in großen Kristallklumpen von bis zu 1 Unze (28,35 g) entstehen. **ICE** ist regelmäßig in großer Reinheit von 90–95% im Handel. Die Produktion von **Crystal** geschieht vorwiegend in Tschechien und auf den Philippinen.

344 Nach Angaben thailändischer Drogenfahnder werden von Mitgliedern der **United Wa State Army (UWSA)** in den Bergen **entlang der Grenze der burmesischen Shan-Region** zum Norden Thailands in kleinen Feldlaboratorien 700 Mio. Pillen produziert, was in zunehmendem Maße an die Stelle der früheren Opiumproduktion tritt. Soldaten und Polizisten schützen das Drogengeschäft. Der Grundstoff **Ephedrin** wird in großen Mengen aus Indien bezogen. Unter dem thailändischen Namen **Yaba** wird weltweit ein Kombinationspräparat aus Methamphetaminhydrochlorid (ca 30%), Koffein (ca 60%) und Ethyl-Vanillin gehandelt, das in rosafarbenen, roten, rotbraunen oder grauvioletten Tabletten zumeist mit dem Logo **WY** hergestellt wird (vgl. *Knecht* Kriminalistik 2002, 402 ff.). Die Pillen sind typischerweise 3 mm dick und haben einen Durchmesser von 6 mm. Sie sind damit kleiner als Ecstasy-Pillen.

V. Handelsformen und Verbreitung von Methamphetamin

345 In Thailand geht man von über 3 Mio. Methamphetamin-Konsumenten aus, das sind 5% der thailändischen Bevölkerung. Insbesondere in den Vergnügungsvierteln der Großstädte werden Yaba-Pillen massenhaft missbraucht. Sie kosten in Bangkok nur 10 Baht, also nicht einmal 25 Cent. In Bangkok macht der Yaba-Handel Umsätze von über 4 Mio. € pro Jahr (*Knecht* Kriminalistik 2002, 402 ff.).

346 In den USA und in Deutschland tauchen seit einigen Jahren in zunehmendem Maße Methamphetamin-Tabletten in Künstlerkreisen, in Discotheken, Bordellen und Nachtlokalen auf, vorwiegend in den östlichen Bundesländern. Der Handel mit Thai-Pillen ist eng mit dem Frauenhandel verknüpft. Diese Tabletten werden in 1.000-Stück-Zahlen für Schmuggler in Kleidungsstücke, Schuhe, Reisekoffer, Konservendosen und Kosmetikflaschen eingearbeitet und liegen transportbereit für getarnte Urlaubsreisende vor. Beliebt ist auch die Schmuggelmethode, Arzneimittelpackungen zu leeren, mit Methamphetamin-Tabletten zu füllen und bei der Einreisekontrolle im Falle der Entdeckung absolute Ahnungslosigkeit zu zeigen. Ungewöhnliche Fertigkeit bewies eine Organisation, die auf Methamphetamin-Tabletten Paracetamolpulver pressen ließ und die Tabletten als Paracetamoltabletten in Arzneimittelpackungen einführte (System Puppe in der Puppe). In Deutschland erzielen die Händler für eine Pille 5–15 €. Der durchschnittliche Verkaufspreis in Europa liegt zwischen 12,– und 126,– € pro Gramm (*EMCDDA,* Jahresbericht 2010, S. 61).

347 Methamphetamin-Rocks (ICE) werden gewöhnlich in Celophantütchen oder in Glasphiolen angeboten, bisweilen zusammen mit einer Glaspfeife. Der Preis für Methamphetamin-Pulver ist sehr unterschiedlich. Während 1 g in Tschechien für 15–20 € zu haben ist, verdreifacht sich der Preis in Sachsen auf 45–60 € pro Gramm. Bei Abnahme von 100 g sinkt der Preis auf 10 € pro Gramm.

VI. Sicherstellungen

348 Die ersten Methamphetamin-Sicherstellungen in den USA gehen auf das Jahr 1985 zurück. Der Methamphetamin-Missbrauch nahm bis 1988 insbesondere auf

Hawaii und in den Westküstenstaaten der USA erheblich zu. Im Jahre 1988 wurden in den USA 629 illegale Methamphetaminlabore beschlagnahmt. Inzwischen produziert man insbesondere in Thailand illegal bunte Yaba-Pillen in rosa, orange und lila und verbreitet diese weltweit.

In der **Bundesrepublik Deutschland** spielte Methamphetamin bis 1990 keine **349** besondere Rolle. Im September **1990** wurden in Frankfurt am Main in einer Postsendung geringe Mengen Methamphetamin sichergestellt und bei der Empfängerin weitere Methamphetamin-Sendungen vorgefunden. Das sichergestellte Methamphetamin wies einen Methamphetaminhydrochlorid-Gehalt von 96% auf. In Frankfurt wurde thailändisches Methamphetamin in Einzelfällen sichergestellt. Allein in Sachsen wurden **1998** 100 Gramm, **1999** 1.200 g, **2000** ca. 200 g Crystal sichergestellt. Man schätzt jedoch, dass nur ein kleiner Bruchteil des eingeschmuggelten Stoffes entdeckt wird. Am 23. 3. 2000 stellte die Gemeinsame Ermittlungsgruppe Rauschgift (GER) des *LKA Sachsen* bei einem bewaffneten Deutschen an der deutsch-tschechischen Grenze im Handgepäck 1 kg Crystal sicher. Am 30. 3. 2000 und am 15. 4. 2000 erfolgten weitere Sicherstellungen, u. a. 529 g im Rahmen eines polizeilichen Scheingeschäftes. Im Freistaat Sachsen hat Crystal eine besondere Bedeutung. Über die tschechisch-sächsische Grenze rollt ein Ameisenschmuggel und Handel von Crystal. Im **Jahr 2009** wurden in Deutschland in insgesamt 446 Fällen 7,2 kg kristallines Methamphetamin (Crystal) sichergestellt, im **Jahr 2010** 26,8 kg in 799 Fällen (*BKA,* Jahreskurzlage Rauschgift 2010).

VII. Methamphetamin und Gewalt

Chronischer Methamphetamin-Missbrauch führt zu Nervosität, Reizbarkeit bis **350** zu Aggressivität und Paranoia (*Geschwinde*, 2007, Rn. 2383). Das extrem reizbare Verhalten der Speedkonsumenten nennt man **Tweaking** (= das sich an Nase und Ohr Zupfen und aufgeregte Kratzen). Ein **„Tweaker"** hat häufig lange nicht geschlafen, kann extrem reizbar und paranoid sein und benötigt keine Provokation, um sich gewalttätig zu verhalten oder gewalttätig zu reagieren. Alkoholkonsum intensiviert diese Auswirkungen und die Gefahren der Brutalität werden größer. In der Lit. wird der Frage nachgegangen, ob und warum gerade Methamphetamin gewaltfördernd wirkt oder vorhandene aggressive Neigungen eskalieren lässt.

VIII. Rechtsprechung zu Methamphetamin

Methamphetamin ist in den USA als Analogon von Amphetamin, als Rauschgift **351** der Liste II unter Kapitel 13 Abschnitt 812 des Controlled Substances Act (CSA) verboten. Am 27. 1. 1988 verurteilte das *LG Köln* einen Angeklagten wegen Einfuhr und Handeltreibens in nicht geringer Menge von Kokain und 4 kg Pervitin (*BGH*, Urt. v. 3. 8. 1988, 2 StR 297/88). Durch Urteil vom 3. 12. 2008 setzte der *BGH* die nicht geringe Menge von Methamphetamin wegen des höheren Suchtpotentials von Methamphetamin gegenüber Amphetamin bei 5 g Methamphetaminbase fest (BGHSt. 53, 89 = NJW 2009, 863 = StV 2009, 360 m. Anm. *Patzak* Sucht 2009, 30; vgl. dazu auch § 29 a Rn. 83).

C. Methylendioxymetamfetamin (MDMA)/ Methylendioxyethylamfetamin (MDE/MDEA)/ Methylendioxyamfetamin (MDA)

I. Substanz

Bei Methylendioxymetamfetamin (MDMA)/Methylendioxyamfetamin (MDA)/ **352** Methylendioxyethylamfetamin (MDE/MDEA) handelt es sich um psychoaktive Drogen mit amphetaminergenen und halluzinogenen Eigenschaften, deren chemische Struktur dem Amphetamin und dem Meskalin ähnlich sind. Sie können von der Muskatnuss deriviert oder vollsynthetisch im Labor hergestellt werden. MDMA/MDA/MDE werden in der Betäubungsmittelszene in Tabletten, Kapseln oder Pulver unter dem Namen **Ecstasy** vertrieben (weitere Szenenamen sind:

XTC, Exocis, Happy Pills, Cadillac, Adam [MDMA], Eve [MDE] oder auch Mickey Mouse). Während in früheren Jahren Ecstasy-Tabletten Monopräparate waren, die als psychotropen Wirkstoff regelmäßig ausschließlich MDMA, MDA oder MDE enthielten, werden heute unter diesem Namen vielfach Kombinationspräparate mit mehreren Wirkstoffen angeboten, die verschiedene Betäubungsmittel, die Betäubungsmittel-/Arzneimittelgemische, die nur Arzneimittelsubstanzen oder die ausschließlich Biodrogen wie Coffein der Ephedra (sog. Herbal-Ecstasy) enthalten. Außerdem enthalten Ecstasy-Tabletten bisweilen gefährliche Streckstoffe und Beimengungen wie Atropin, Ketamin, Parametoxyamphetamin, Procain und Strychnin. Es wird in illegalen Drogenküchen oder in Laboratorien illegal und preiswert hergestellt, als Pulver oder zumeist als Tabletten oder Kapseln verkauft. Die Kapseln enthalten stark abweichende MDMA/MDE/MDA-Mengen. Der Wirkstoffgehalt pro Tablette liegt zwischen 10 und 300 mg durchschnittlich bei 50–70 mg. Der Durchmesser beträgt 8–10 mm, die Dicke 3–4 mm. Während eine Ecstasy-Tablette beim Hersteller für ca. 15 Cent zu erwerben ist, kostet sie auf der Straße in Deutschland 5–15 €. Die Tabletten sind zumeist von weißer, gelber, rosafarbener, grüner oder cremer Farbe und von unterschiedlichem Gewicht. Daneben sind durchsichtige Kapseln oder Kapseln in Popfarben auf dem Markt. Die einzelnen Tabletten werden aber auch unter Slangnamen gehandelt wie: „New Yorkers, California sunrise, Hamburgers, Dennis the menace, Love doves, Wild biscuits, Purple biscuits, Kermits or Turtles, Discobiscuits, Phantasia, Pink Studs, Phase 4, 5, 7, Triple X". Auf den Tabletten sind **Logos** eingestanzt, die ursprünglich als Markenzeichen einer bestimmten Drogenproduktion dienen sollten. Heute sind die Logos bloße Verzierung und bieten keine Gewähr mehr, dass die Tabletten die gleichen Wirkstoffe, die gleiche Gewicht oder die gleiche Zusammensetzung aufweisen. Der Europol-XTC-Catalogue enthält mehr als 500 Logos und mehr als 200 Punchnummern. Die bunten und lustigen eingepressten Logos vermitteln aber dem Konsumenten die Aura von Harmlosigkeit wie Smarties-Schokotabletten. Sie erzeugen den Anschein von Genuss, Jugend, Luxus und Wohlstand, zumindest beim Tanzen oder im Rausch. So sind hier die Namen oder Markenzeichen internationaler Modehäuser wie Armani, Chanel, D&G, Calvin Klein, Lacoste, Versace in die Tabletten eingestanzt. Die führenden Automobilmarken BMW, Lamborghini, Ferrari, Mercedes, MG, Opel, Mitsubishi, Peugeot, Rolls-Royce, Toyota, VW schmücken mit ihrem Firmenzeichen Ecstasy-Tabletten. Wohlstandssymbole wie Dollarzeichen, Euro, Pound, VIP, Bacardi, Rolex, Sony, Friedenssymbole wie Statue of Liberty, Sky, Pax, Friedenstaube, Liebes- und Sexsymbole wie Love, Amor, Sweethart, Heart and Arrow, Playboy, Lips, Save Sex, Venus, Penisflying, Comic-Figuren wie Bugs Bunny, Donald Duck, Goofy, Fred Feuerstein, Poppey, Pink Panther und Snoopy zieren die Ecstasy-Tabletten.

353   Zunächst wurde das MDA durch die 1. BtMÄndV mit Wirkung vom 1. 9. 1984 in die Anl. I des BtMG als verbotenes, nicht verkehrsfähiges Betäubungsmittel aufgenommen. Es folgte das MDMA, dass durch die 2. BtMÄndV ab dem 23. 7. 1986 als verbotene, nicht verkehrs- und nicht verschreibungsfähige Substanz der Anl. I zum BtMG unterstellt wurde. MDEA/MDE wurde mit der 3. BtMÄndV ab dem 15. 4. 1991 als verbotene, nicht verkehrsfähiges Betäubungsmittel der Anl. I zum BtMG unterstellt.

II. Entstehungsgeschichte

354   **1. MDMA.** Das MDMA wurde von der *Firma Merck* 1912 entdeckt und 1914 patentiert, aber nicht als Arzneimittel produziert und vertrieben, da es sich als gesundheitsschädlich und für medizinische Zwecke ungeeignet erwies. Trotz der schlechten Erfahrungen mit LSD wurde MDMA seit den 70 er-Jahren in den Vereinigten Staaten, aber auch in der Schweiz in der Psychiatrie eingesetzt für eine Abschwächung von Schmerz und einen Abbau von Depressionen. Die US Army testete die Substanz, ob sie bei der Spionageaufklärung und Gehirnwäsche helfen könne. Der Chemiker *Alexander Shulgin* entdeckte Ende der 60 er-Jahre MDMA erneut.

Wegen seiner bewusstseinserweiternden Wirkungen fand MDMA als **psyche-** 355
delische Droge seit den 70 er-Jahren insbesondere in der illegalen Drogenszene
seine Verbreitung. Bekannt wurde ein Laboratorium in Kalifornien, das in den
70 er-Jahren monatlich 500.000 Portionen MDMA unter dem Namen **Empathy**
produzierte und in einer Gebrauchsanweisung exakt über Wirkungen und Nebenwirkungen unterrichtete. Anfang der 80 er-Jahre fand MDMA, das vorher
zumeist nur als Therapeutikum eingesetzt worden war, in der Jugend- und Musikszene in den USA und Europa weite Verbreitung. Bis Juni 1985 wurde MDMA
in den USA nicht kontrolliert. An Stelle des Namens **Empathy** wirkte sich der
neue Name **Ecstasy** verkaufsfördernd aus. Mit Wirkung vom 1. 7. 1985 wurde
MDMA erstmals in der Anl. I des **Controlled Substances Act (CSA)** vorläufig
aufgenommen. Ab dem 27. 10. 1986 waren nach besonderen Analogstoffbestim-
mungen alle Analogstoffe zu nicht verkehrsfähigen Substanzen nach Anl. I in
den USA auch selbst verboten. Mit Wirkung v. **13. 11. 1986** wurde MDMA auf
Dauer in die Anl. I des CSA aufgenommen, am 22. 12. 1987 wurde diese Überwachung aber wieder aufgehoben. Es dauerte bis zum **23. 3. 1988,** bis MDMA in
den USA endgültig als verbotener Stoff in die Anl. I des CSA eingestuft wurde.
1988 waren die Niederlande das einzige europäische Land, in dem der Umgang
mit MDMA nicht verboten war. So wie einstmals *Timothy Leary* die mystisch-
metaphysischen Wirkungen des LSD verherrlichte, preist der Londoner Drogen-
prophet *Nicholas Saunders* die Droge Ecstasy in seinem Buch „E for Ecstasy" als
berauschende Tanz- und Wunderdroge. Auch die Eheleute *Alexander* und
Ann Shulgin verherrlichten **1991** in ihrer Untergrundbibel für Phenetylamin-
Liebhaber **PIHKAL** (Phenetylamines, I Have Known And Loved), **A Chemical**
Love Story ihre Begeisterung für die Substanz MDMA. Untergrundchemiker
erhielten durch dieses Werk **Anleitungen, wie man ca. 200 synthetische Dro-**
gen illegal herstellen konnte. 1997 folgte diesem Buch ein zweiter Band
„**TIHKAL**" (Tryptamines I Have Known And Loved), **The Continuation,** ein
weiteres „Kochbuch", wie man zahlreiche synthetische Drogen, insb. Tryptamine,
illegal herstellen kann.

2. MDA. Das MDA wurde von den *Pharmawerken Merck* als Appetitzügler pa- 356
tentiert. Eine weitere Patentierung als Wirkstoff für Hustenmittel folgte. Wegen
der gefährlichen Nebenwirkungen brachte die *Fa. Merck* MDA jedoch niemals auf
den Markt. Die Amerikaner erprobten MDA als psychochemischen Kampfstoff mit
wenig Erfolg. Gleichwohl wurde auch MDA wie das MDMA zur psychotherapeutischen Nutzung in den USA getestet. 1968 eroberte MDA als „The Love Drug"
Kalifornien und beeinflusste Mode, Musik und die Kunst und fand ebenso wie
LSD in der Hippiebewegung Verbreitung. Wegen tödlicher Konsumfälle erreichte
MDA jedoch nicht die Verbreitung von MDMA. 1970 wurde MDA in die Kat. 1
des Controlled Substances Act aufgenommen. MDA wurde vereinzelt mit der
Chemikalie **Methylen-Di-Anilin (MDA)** verwechselt, mit schlimmen gesund-
heitlichen Folgen.

3. MDE. Das MDE ist eine Amphetaminverbindung mit psychedelischen Ei- 357
genschaften, die 1980 zum ersten Mal beschrieben und synthetisiert wurde. MDE
wurde wiederholt als Hilfsmittel für psychiatrische Explorationen getestet.

III. Wirkungen

1. MDMA. Wie bei vielen anderen Drogen auch ist die Wirkstoffdosis und die 358
Konsumhäufigkeit für die Wirkungen ausschlaggebend. Nimmt der Konsument
nur extrem kleine und **individuell verträgliche Dosierungen** (15 mg) gelegentlich ein, so erweist sich MDMA als eine verhältnismäßig milde psychoaktive Droge, die eine freundliche Grundstimmung hervorruft, Ruhe und Ausgeglichenheit
verleiht, Sorgen, Ängste, sexuelle Hemmungen aufhebt, Schmerzen lindert, Entspannung und Kreativität zu verleihen vermag. Bei einer normalen Dosis werden
Musik, Licht und Bewegung intensiver und farbenprächtiger erlebt. Der

ganze Körper wird von einem **Gefühl des Wohlbehagens** durchströmt. Die Pille führt zu Entspannung, Kontaktfreudigkeit und Euphorie. Der MDMA-Genuss fördert **Zärtlichkeit und Berührung.** Manche nennen dieses Ecstasy-Erlebnis auch einen **Kopf-Orgasmus.** Ecstasy führt aber **nicht zur Steigerung des sexuellen Verlangens und der sexuellen Potenz.** Im Gegenteil: es kommt eher zu Erektionsbeschwerden. Konsumenten erleben bei Techno- und Rave-Konzerten **Gefühle der Glückseligkeit und Geborgenheit.** Man nennt Ecstasy deshalb auch die **Partydroge.** Sie fühlen sich auch ohne Worte im Gemeinschaftserleben allseits verstanden und könnten die ganze Welt umarmen. Es ist kein Zufall, dass parallel zu Entwicklungen der Techno-House- und Rave-Szene mit zahlreichen Musikgroßveranstaltungen die Verbreitung von Ecstasy sich so rasant verstärkte. Die Parolen von **Peace, Love und Unity** waren die Botschaft der House-Community und zahlreicher Raver. Der Ecstasy-Konsum, der in der **Techno- und Rave-Szene** seinen Ursprung nahm, hat heute längst auch private Parties, Sport- und Musikveranstaltungen, Schul-, Universitäts- und Künstlerfeste erreicht.

359 Bei **größeren Dosierungen, Überdosen** und MDMA-Missbrauch stellen sich negative Wirkungen ein. Die MDMA-Dosis in der Drogenszene liegt bei 80–150 mg. Die Grundstimmung verkehrt sich ins Gegenteil. Der Appetit und der Sexualtrieb lassen nach. Depressionen und Ängste, Ruhelosigkeit, Apathie und Halluzinationen treten auf. Muskelkrämpfe, Brechreiz, innere Kälte, Schwitzen, erhöhte Herzfrequenz und Blutdruck bis zu schweren Kreislaufstörungen werden beobachtet. Neigungen zum Suizid werden offenbar. Kontraindiziert ist MDMA auch in kleinen Dosen für Menschen mit Herzschwäche, Diabetes, Epilepsie. **Todesfälle** sind zumeist **nach Mischintoxikation** mit Alkohol oder mit anderen Drogen zu beobachten. Beim Dauergebrauch kann es zur **Zerstörung von Nervenzellen und zur irreversiblen Beeinträchtigung von** Konzentrationsfähigkeit und Kurzzeitgedächnis kommen (*Geschwinde*, 2007, Rn. 1048).

360 **2. MDA.** Die Wirkungen von MDA sind den Wirkungen von MDMA ähnlich. Sie sind stark dosisabhängig. Bei niedriger Dosis ist MDA anregend bis stimulierend, bei hoher Dosis halluzinogen. Die MDA-Einzeldosis oral liegt bei 80–160 mg.

361 **3. MDE.** MDE wird von Besuchern der Techno-Szene als Stimulans gebraucht und missbraucht. Die angeblich einzigartigen psychotropen Effekte von MDE weckten die Aufmerksamkeit der Öffentlichkeit. MDE wurde eine Minderung von Angst und Sorgen, eine Hebung der Grundstimmung, kosmisch-mystisches Erleben und Steigerung der Wahrnehmungsfähigkeiten zugesprochen. Man bezeichnete die Substanz MDE ebenso wie MDMA und MDA als **Entaktogene.** Die antriebssteigernde Wirkung ist im Vergleich zum MDMA noch verstärkt (*Geschwinde*, 2007, Rn. 1038). Die Einzeldosis beträgt 100–140 mg.

IV. Erscheinungsformen

362 **1. MDMA.** Im September **1984** erteilten ein Arzt und ein Steuerfachgehilfe einer Pharmafirma in Hamburg den Auftrag, 10 kg MDMA herzustellen und zu liefern. Um die illegalen Exportabsichten zu verschleiern, gaben sie an, sie wollten diese Substanz als Psychopharmakon in der Veterinärmedizin klinisch und pharmakologisch erproben. Besteller wie Hersteller waren ohne Erlaubnis. In der Folgezeit scheiterte jedoch die Herstellung. Nachdem am 1. 8. 1986 MDMA unter das BtMG unterstellt worden war, wurden am 23. 9. 1986 ein Diplomchemiker und seine Freundin im Besitz von 20 kg MDMA festgenommen, die sie für den Vertrieb in die USA und für eine Sekte in einem Labor in Edenkoben, Weinstraße, hergestellt hatte. Das MDMA war mit dem Lösungsmittel Isopropyl-Alkohol versetzt. Im Jahre **1986** bestellten amerikanische Drogenhändler bei einer deutschen Chemiefirma große Mengen von Piperonylmethylketon (PMK), einem Grundstoff für die Herstellung von MDMA, angeblich aber, um einen Appetitzügler namens

Novatrim herzustellen, in Guatemala-Stadt. Die gleichen Drogenhändler bestellten bei ihrem zweiten Auftrag sodann bei der deutschen Firma das Endprodukt, 170 kg MDMA. Die deutsche Chemiefirma ließ aus dem hergestellten Stoff 1,3 Mio. Tabletten pressen, von denen 900.000 Tabletten, luftdicht verpackt, von deutschen und niederländischen Drogenfahndern in einem Kellerraum eines Amsterdamer Blumenladens sichergestellt wurden. Besonderes Aufsehen erlangte die MDMA-Produktion der Chemiefirma *Imhausen (Lahr)*. In der Zeit bis März 1988 lieferte *Imhausen* an amerikanische Kunden 950 kg des Drogengrundstoffes Piperonyl-methylketon (PMK), mit dem die Amerikaner in einem Labor in Guatemala 2 Mio. MDMA-Pillen illegal herstellten und als Appetitzügler unter dem Namen Novatrim verkauften. Später produzierte *Imhausen* selbst mehr als 1 Mio. Methyl-lendioxymethamphetamin-Tabletten für die amerikanischen Dealer. Die Hamburger Zollfahndung entdeckte im Jahr 2000 auf dem Flughafen eine falsch deklarierte Lieferung von Piperonylmethylketon (PMK) von 452 kg in 8 Fässern, die aus China über Deutschland zu einem niederländischen Labor laufen sollte. Die weiteren Überprüfungen führten zur Entdeckung von 5 vorausgegangenen Lieferungen von insgesamt 1,8 t PMK über den Flughafen Frankfurt am Main an dasselbe Labor. Mit diesen Grundstoffen konnten 30 Mio. Ecstasy-Tabletten hergestellt werden.

2. MDA. Das MDA-Verbot führte nicht nur zu einem verstärkten Interesse der 363 Medien, sondern weckte auch die Neugier potentieller Verbraucher. Besonders in **Groß-Britannien** und in den **Niederlanden** fand die **Disco-Droge MDA** weite Verbreitung. Ende 1991 stellten die britischen Drogenfahnder 1.200.000 MDA-Tabletten sicher. Im Februar 1992 gelang es 200 niederländischen und britischen Rauschgiftfahndern, ein Drogenkartell zu zerschlagen, das die Disco-Droge MDA in großen Mengen produzierte und in Groß-Britannien und in den Niederlanden absetzte. In 11 Städten stellten die Fahnder MDA im Verkaufswert von 150 Mio. Gulden sicher und nahmen 13 Tatverdächtige fest. In dem niederländischen Laboratorium wurden 577 kg MDA-Tabletten, 400 kg MDA-Pulver, große Mengen von Chemikalien und Drogengeld sichergestellt. 1988 wurde in Deutschland in 13 Fällen MDA, 1989 in 5 Fällen, 1990 in 9 Fällen, 1991 nur in 1 Fall MDA festgestellt. Bei dem Versuch, die Designerdroge N,N-Dimethyl-MDA in einem illegalen Labor herzustellen, wurde das Labor durch eine Explosion zerstört. Am 9. 12. 1992 wurden auf dem Frankfurter Flughafen 10 Mio. Tabletten Methylendioxyamphetamin (MDA) von *BKA* und *Zollfahndung* im Gesamtgewicht von 3 t in 63 Transportkisten verpackt, beschlagnahmt, die per Luftfracht aus Riga/Lettland gekommen waren und von Spediteuren in die Niederlande und nach Belgien transportiert werden sollten. 5 Personen wurden festgenommen. Die Fracht war getarnt als Anti-Grippe-Mittel „Remantandine" und wurde gesteuert von einer Gruppe von Tschechen und Letten. Bei einer Durchsuchung einer lettischen Pharmafirma wurden 1 Mio. versandfertig verpackte MDA-Tabletten im Gewicht von 300 kg und 500 kg produzierter Chemikalien zur Herstellung von MDA-Tabletten sichergestellt. Der Generaldirektor, sein Stellvertreter und der Leiter des Zentrallabors wurden verhaftet. Bei ihnen entdeckten die lettischen Polizeibehörden Drogengelder in Höhe von 500.000 DM in verschiedenen Währungen. Heute ist MDA eine in Deutschland weit verbreitete Discodroge. Man schätzt, dass es in Deutschland ca. 100.000 Konsumenten von Amphetamin-Derivaten gibt.

3. MDE. MDE wird in der Drogenszene unter dem Namen **EVE** oder **EVA** 364 (sowie **MDMA** als **ADAM**) in Tablettenform als **Disco-Droge** gehandelt. In die weißen, gelben runden Tabletten von unterschiedlichem Durchmesser und unterschiedlicher Dicke sind häufig die Buchstaben **E, CD oder EVA** eingestanzt. Die Tabletten enthalten in der Regel 50–80 mg MDE-Hydrochlorid. In Deutschland wurden wiederholt Kleinlaboratorien ausgehoben, die MDE herstellten oder herstellen wollten. Am 19. 1. 1993 wurden in Köln 8 kg MDE-Tabletten sichergestellt.

V. Illegale Produktion

365   **1. Produktionsländer.** Während bei den traditionellen Rauschgiften wie Opium, Heroin, Kokain, Cannabis die Anbau- und Produktionsstätten in Nordafrika, Südamerika und Asien liegen und die illegalen Drogenmärkte in Europa und USA beliefern, haben sich in den letzten Jahren die europäischen Länder bei den synthetischen Drogen zu Produktionsländern entwickelt, die auf ihren legalen und illegalen Handelsdrehscheiben synthetische Drogen ein- und ausführen und international absetzen. Ecstasy-Tabletten stammen heute zu 80% weltweit aus **Laboratorien aus den Niederlanden und Belgien,** wo sie ähnlich wie illegale Cannabisprodukte in Spitzenqualität hergestellt und vertrieben werden. Zu den zahlreichen Ecstasy-Laboratorien in den Niederlanden sind aber **notleidende Chemiefirmen und Laboratorien in Osteuropa (Polen, Tschechien, Slowakei, Bulgarien, Estland, Lettland, Litauen)** hinzugetreten, die nach Auflösung des Ostblocks lukrative Produktionsaufträge verloren, und heute als Ecstasy-Produktionsstätten am illegalen Geschäft teilnehmen können.

366   Im Jahre 2000 wurden in den Niederlanden 37 Produktionsstätten in Großbritannien und Spanien jeweils 12 Produktionsstätten, in Belgien 10, in Polen 14 Produktionsstätten, in Estland 5 und in Lettland 4 Produktionsstätten entdeckt. Die Pillenproduktion verläuft in **industriellen Formen mit perfekten Laborgerätschaften. Moderne Tablettier-, Etikettier- und Verpackungsmaschinen** verarbeiten und verpacken in einer Stunde bis zu 1 Mio. Tabletten. Die Grundstoffe wie z. B. **Piperonylmethylketon (PMK)** werden zum großen Teil aus **China und Indien** bezogen, weil dort die Preise günstig, die Strafverfolgung und die behördliche Grundstoffüberwachung noch wenig funktionieren.

367   Während 1 kg Heroin oder 1 kg Kokain im Produktionsland ca. 3.000 US-$ kostet, ist 1 kg Ecstasy schon für weniger als 2.000 US-$ zu haben. Dieses Kilogramm erbringt in den USA einen Verkaufspreis von 36.000 US-$. Dies ist eine unglaubliche Gewinnspanne.

368   **2. Bekämpfung des internationalen Ecstasy-Handels und Schmuggels.** Die Niederlande, die in Europa bei der Bekämpfung von Produktion, Handel und Schmuggel von synthetischen Drogen führend sind, und allgemein anerkannte Präventions- und Repressionsprojekte entwickelt haben, haben eine vorbildliche Bekämpfungseinheit geschaffen, die USD (Unit Synthetic Drugs), in Eindhoven, eine von vier niederländischen Ministerien (Justizministerium, Innenministerium, Gesundheitsministerium und Finanzministerium) verantwortete Zentralstelle der niederländischen Justiz zur Bekämpfung der Produktion, des Handels und des Schmuggels von synthetischen Drogen. Diese neuartige Organisationsform der niederländischen Justiz arbeitet behördenübergreifend mit zahlreichen Drogeninstituten (wie z. B. das Jellinek-Institut, das Trimbos-Institut) bei Präventions- und Repressionsprojekten zusammen. So trifft man Vereinbarungen mit Pharmafirmen und Chemikalienherstellern, um illegale Drogenproduzenten zu fassen und arbeitet mit dem Transportgewerbe eng zusammen, um dem organisierten Drogenschmuggel auf die Spur zu kommen. Die Mitarbeit in den Projekten CAPE (= Central Analysis Project Ecstasy), LOGO (= Projekt von Europol), CASE (= Comprehensive Action Synthetic Drugs Europe), PTN (= Police Toll Narcotic), PSD (= Phare Synthetic Drugs) hat dieser Zentralstelle im Bereich synthetischer Drogen eine Fülle von Erkenntnissen gebracht, von denen auch das deutsche *BKA* und *Europol* profitieren, weil sie zu mustergültigen Präventionsmaßnahmen, zur Entdeckung zahlreicher Laboratorien, zur Festnahme zahlreicher Ecstasy-Händler, zur Sicherstellung immenser Ecstasy-Tabletten und zur Beseitigung und Verfolgung illegaler Chemikalienablagerungen geführt haben. Das Auswertungsprojekt **EXIT** von Interpol sammelt alle Namen von Tatverdächtigen und Tätergruppierungen, alle Daten von Ecstasy-Sicherstellungen und Geldflüssen, von Laboratorien synthetischer Drogen, von Grundstofflieferungen, von Tablettenlogos und von Tablettiermaschienen weltweit und wertet sie aus.

Bekannt wurde das Sonderanalyseprogramm MITSUBISHI, im Rahmen dessen **369** allein in Deutschland 500.000 und in Europa mehr als 6.000.000 Tabletten mit Mitsubishi-Logo, zahlreiche Laborgeräte und Grundstoffe, Tablettenstempel und Tablettiermaschinen sichergestellt werden konnten. Graphische Darstellungen von Zusammenhängen und Schwerpunkten von zahlreichen Einzelfällen führten zur Überführung von Produzenten, Lieferanten und Kurieren.

VI. Sicherstellung von Ecstasy-Tabletten

Die Sicherstellungszahlen von Ecstasy-Tabletten in Deutschland von 1987 bis **370** heute dokumentieren trotz gewechselter Erfassungs- und Zählmethoden die explosionsartige Entwicklung der Ecstasy-Welle: **1987** wurden 635 Tabletten sichergestellt, **1988** 234, **1989** 1.037, **1990** 10.331, **1991** 4.061, **1992** 18.245, **1993** 77.922, **1994** 238.262, **1995** 380.858, **1996** 692.397, **1997** 694.281, **1998** 419.329, **1999** 1.470.507, **2000** 1.634.683, **2001** 4.576.504, **2002** 3.207.099, **2003** 1.257.676, **2004** 2.052.158, **2005** 1.588.908, **2006** 1.082.820, **2007** 985.218, **2008** 751.431, **2009** 521.272 Stück, **2010** 230.367 Stück. Es zeigt sich, dass die Sicherstellungszahlen seit 2001 rückläufig sind.

Sicherstellungsmengen Ecstasy in Deutschland
– Zeitreihe –

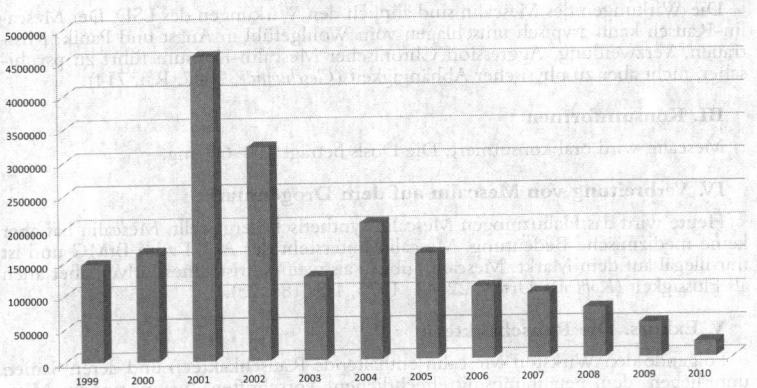

Obwohl die meisten Ecstasy-Tabletten in den Niederlanden hergestellt werden, **371** werden **in den Niederlanden** nur wenig mehr Tabletten als in Deutschland sichergestellt, **1995** 48.418, **1996** 1.498.940, **1997** 847.052, **1998** 1.163.514, **1999** 3.660.496, **2000** 5.500.000, **2001** 3.600.000.

VII. Nicht geringe Menge

Der *BGH* legt den Grenzwert der nicht geringen Menge von Methylen-Dioxy- **372** Amphetamin (MDA) trotz Unterschieden in der Wirkungsintensität wegen der Ähnlichkeit der Wirkungsweisen aus Gründen der praktischen Handhabbarkeit einheitlich für die Amphetamine MDA/MDMA und MDE bei 30 g Base bzw. 35 g Hydrochlorid fest (BGHSt. 42, 255 = NStZ 1997, 132 m. Anm. *Cassardt* = StV 1996, 665 [MDE/MDEA]; *BGH* NStZ 2001, 381 = StV 2000, 407 [MDMA u. MDA]; *BGH* StraFo 2004, 398 [MDA]; s. dazu auch § 29a Rn. 87). Die nicht geringe Menge kann wegen der unterschiedlichen Zusammensetzung der Wirkstoffe nicht mit einer bestimmten Tablettenzahl erreicht sein (s. dazu § 29a Rn. 230 ff.).

D. Mescalin

I. Entwicklungsgeschichte des Mescalins

373   Der in Südamerika verbreitete **Peyotl-Kaktus** (Lophophora Williamsii) enthält den Wirkstoff **Mescalin (3,4,5-Trimethoxyphenethylazan).** Die Indios verehrten diese Kakteen als göttliche Pflanzen und benutzten sie zu zahlreichen Kulthandlungen. In frühen Indiokulturen entwickelte sich ein Peyotl-Kult, der zeitweise von den Eroberern Mexikos bekämpft, teilweise gefördert wurde. Ende des 19. Jahrhunderts verbreitete sich der Peyotl-Kult auch im Süden der USA, wo Peyotl-Sekten christlicher Ausprägung entstanden, die auch heute in Resten noch bestehen. Der Berliner Pharmakologe *Lewin* begann ab 1880 die Inhaltsstoffe des Peyotl-Kaktus, der vornehmlich in Mexiko zu Hause ist, zu erforschen. 1896 isolierte *Heffter* aus dem Peyotl-Kaktus 4 Inhaltsstoffe, deren wichtigster das **Mescalin** war. Seit 1919 ist Mescalin synthetisch herstellbar. In der psychiatrischen Forschung wurde Mescalin in den 20er und 30er Jahren getestet. 1952 verwertete *A. Huxley* seine Mescalinerfahrungen erstmals literarisch. Der Dichter und Forscher beschrieb seine Selbstversuche und Erfahrungen in „Die Pforten der Wahrnehmung" (1954).

II. Wirkungen des Mescalin

374   Die Wirkungen des Mescalin sind ähnlich den Wirkungen des LSD. Der Mescalin-Rausch kann atypisch umschlagen vom Wohlgefühl in Angst und Panik, Misstrauen, Verzweiflung, Aggression. Chronischer Mescalin-Konsum führt zu psychischer, nicht aber zu physischer Abhängigkeit (*Geschwinde*, 2007, Rn. 714).

III. Konsumformen

375   Mescalin wird oral konsumiert. Die Dosis beträgt 400–600 mg.

IV. Verbreitung von Mescalin auf dem Drogenmarkt

376   Heute wird das Halluzinogen Mescalin synthetisch hergestellt. Mescalin hat aber keine medizinische Bedeutung. Mescalin untersteht der Anl. I zum BtMG und ist nur illegal auf dem Markt. Mescalin gibt es als weißes kristallines Pulver, aber auch als Flüssigkeit (*Koblenz*, Urt. v. 22. 11. 1973, 1 Ss 185/73).

V. Exkurs: Die Rauschkakteen

377   Folgende den Wirkstoff Mescalin enthaltende Rauschkakteen und deren Samen unterliegen den betäubungsmittelrechtlichen Vorschriften, wenn sie zu Missbrauchszwecken verwendet werden sollen (5. Spiegelstrich der Anl. I, 1. Alt.), oder wenn sie – ohne solche Wirkstoffe zu enthalten – zu Missbrauchszwecken der Gewinnung bzw. Reproduktion von Stoffen mit in den Anl. I bis III genannten Wirkstoffgehalten dienen (5. Spiegelstrich der Anl. I, 2. Alt.; s. dazu im Einzelnen § 2 Rn. 5 ff.):

378   **1. Peyotl-Kaktus (Lophophora williamsii).** Der bekannteste rauschmittelhaltige Kaktus ist der kleine dornenlose, graugrüne Kugelkaktus Peyotl, der in den USA und in Mexiko weit verbreitet ist. Der Peyotl-Kaktus aus den Wüstengegenden Mexikos ist seit Jahrtausenden als sakrale Droge bekannt. In dem behaarten, stachellosen Kaktus, der den psychotropen Wirkstoff Mescalin enthält, wohnte der Peyotl-Geist Mescalito. Die Tarahumara-Indios entwickelten einen eigenen religiösen Kult für diesen Geist (Peyotl-Religion). Die katholische Kirche versuchte erfolglos, durch Verbote und Strafen den Peyotl-Kult auszurotten. Dieser Kaktus diente nicht nur als Opfergabe, sondern wurde auch als Nahrungsmittel gegen Hunger, Durst und Müdigkeit, als leistungs- und potenzförderndes Mittel und als Heilmittel gegen Rheumatismus, offene Wunden und Brandverletzungen verwendet. Die Wurzeln des Kaktus wurden gegessen. Der Kaktus wurde in Scheiben

geschnitten (mescal buttons) und getrocknet. Aus dem getrockneten Kaktus wurden Getränke zubereitet. 1911 wurde in Oklahoma eine Native American Church bzw. Christian Peyotl Church gegründet und hat sich unter den verschiedenen Indianerstämmen ausgebreitet. Heute zählt die Kirche 250.000 Mitglieder. Die Mitglieder verehren in den drei Rauschpflanzen Teonanacatl, Ololiuqui und Peyotl das Fleisch der Götter.

2. San Pedro-Kaktus (Trichochereus pachanoi oder Echinopsis pacha- 379 **noi).** Dieser in verschiedenen Ländern Südamerikas, vornehmlich in Peru, verbreitete Rauschgiftkaktus enthält neben Mescalin zahlreiche Alkaloide, die eine halluzinogene Wirkung haben. Der San Pedro-Kaktus, ein stacheloser Säulenkaktus, kann mehrere Meter hoch werden. Der San Pedro-Kaktus besitzt einen hohen Mescalingehalt, der selbst in getrocknetem Zustand noch bei 2% liegt. Der San Pedro-Kaktus ist als Sakraldroge der Indianer mehr als 2.000 Jahre alt. Der Kult mit ihm wurde wie der Peyotlgebrauch von der Inquisition verboten und verfolgt. Trotz Verfolgung und Kolonialherrschaft hat sich jedoch das Ritual mit dem San Pedro-Kaktus als Volksmedizin, Wahrsagedroge, Aphrodisiakum und Halluzinogen bis zum heutigen Tag erhalten. Ob der Name des Heiligen Peter den heidnischen Kult rettete, ist unbekannt. Der San Pedro-Kaktus wird in Scheiben geschnitten, aufgekocht und mit anderen Zauberdrogen wie z.B. Engelstrompete kombiniert, gemischt und Getränken beigemischt. Der Kaktus wird aber auch getrocknet, pulverisiert und als Heilmittel benutzt.

3. Cimarron-Kaktus (Ariocarpus fissuratus). Der auch als Peyotlcimarron 380 genannte Kaktus soll neben Mescalin das Alkaloid Hordenin enthalten. Er ist ebenfalls in Mexiko und in den USA verbreitet und wird von verschiedenen Indianerstämmen konsumiert. Indianer essen diesen Kaktus bei Kulthandlungen.

4. Weitere mescalinhaltige Kakteen. Weitere meskalinhaltige Kakteen sind: 381 Gymnocalcium gibbosum, Epithelantha micromeris, Pelecyphora aselliformis.

E. Cathinon-Gruppe

I. Cathinon/Cathin

1. Substanz. Cathinon und Cathin sind 2 von etwa 40 Alkaloiden der 382 Khatpflanze. Cathinon hat sich neueren Erkenntnissen zufolge als Hauptwirkstoff in psychotroper und zentralstimulierender Hinsicht mit einer amphetaminartigen Wirkung, jedoch mit geringerer Wirkungsstärke, herausgestellt. Aus 1 kg Khatpflanzenmaterial lässt sich 1 g Cathinon gewinnen. Der Wirkstoff Cathinon stellt ein nicht verkehrsfähiges Betäubungsmittel der Anl. I zum BtMG dar. Daneben ist das Cathin zu erwähnen, ein Alkaloid, das mit Ephedrin und Amphetamin als Phenylalkylaminderivat verwandt ist und zunächst als Hauptwirkstoff des Khatblattes angesehen worden war. Cathin ist ein Betäubungsmittel der Anl. III, das in dem Appetitzügler-Medikament Antiadipsitum X112 T® enthalten ist. Es unterliegt als ausgenommene Zubereitung (§ 2 BtMG) nicht den betäubungsmittelrechtlichen Vorschriften, sondern nur der einfachen Rezeptpflicht. Cathin ist nur ein Zehntel so wirksam wie Cathinon. Cathin wird heute synthetisch hergestellt.

2. Geschichte der Rauschdroge Khat. Catha edulis ist der botanische Name 383 für eine Pflanze, die von Äthiopien bis Südafrika als Baum oder Strauch wild wachsend vorkommt. Diese Pflanze hat glänzende grüne oder weinrote elyptische, gezackte Blätter. Die Pflanze hat in Afrika viele Namen: **Quat, Chat, Khat, Miraa** oder **Marongi.** Das qualitativ beste Khat wird legal in Kenia und Äthiopien angebaut und von dort aus mit dem Flugzeug in die Hauptabnehmerländer Somalia, Tschibuti, Jemen und Saudi-Arabien sowie nach Europa exportiert. Geerntet werden kann die Pflanze ca. zweimal im Jahr. Schon vor Jahrhunderten wurde Kath als Genussmittel gebraucht. In den Khatblättern finden sich u.a. neben angenehm riechenden und wohlschmeckenden ätherischen Ölen, Gerbsäure und einem relativ hohen Vitamin C-Gehalt mehr als 40 Khatalkaloide, die als **Khateduline**

(Tannine) bezeichnet werden. Durch die Wirkstoffe dieser Blattdroge, die Alkaloide Cathinon und Cathin (D-Norpseudoephedrin), werden Rauschzustände hervorgerufen.

384   **3. Rechtliche Einstufung von Khat.** Bis 1998 unterstanden in der Bundesrepublik Deutschland weder die Pflanzen noch die Blätter des Khat-Strauches den Bestimmungen des BtMG, nachdem ein Anfang der sechziger Jahre durch die UNO-Rauschgiftkommission in Genf vorgeschlagenes Khat-Verbot zur Verhinderung des Übergreifens dieser Rauschdrogenpflanze auf Europa und Amerika nicht verwirklicht worden war. Das Cathinon wurde durch die 2. BtMÄndV mit Wirkung v. 1. 8. 1986 der Anl. I zum BtMG 1982 als nicht verkehrsfähiges Betäubungsmittel unterstellt. Durch die 3. BtMÄndV v. 28. 2. 1991 wurde das Cathin in die Anl. III des BtMG aufgenommen. 1998 wurden alle Rauschpflanzen, die Wirkstoffe enthalten, die in Anlagen zum BtMG genannt werden und als Betäubungsmittel missbräuchlich verwendet werden, dem BtMG unterstellt, damit auch die Khatpflanze mit den Wirkstoffen Cathin und Cathinon (s. dazu § 2 Rn. 15).

385   **4. Verbreitung von Khat in der Drogenszene.** In der deutschen Drogenszene spielt Khat bisher keine Rolle, aber immer häufiger wurden in letzter Zeit Reisende an europäischen Grenzen kontrolliert, die Kath bei sich hatten. **Khatzweige** werden für den **Verkauf zu Bündeln** zusammengebunden und mit Tüchern oder Bananenblättern umwickelt, damit sie sich frischhalten. Auf dem illegalen Markt wird Kath auch unter den Namen **African Salad, African Tee, Arabian Tea, Tschai, Mirra, Quat** gehandelt. Sowohl auf dem Landweg als auch auf dem Luftwege werden immense Kathmengen über Deutschland in ferne Länder transportiert, wo Khat verboten ist, wie z. B. in Schweden.

386   **5. Konsumformen.** Ursprünglich bestand der Genuss des Khat im **Trinken eines aus den Blättern bereiteten Aufgusses.** Heute ist das **Khat-Kauen** die gebräuchlichste Konsumform. Während des Khat-Kauens trinkt man Flüssigkeiten, dadurch wird das in den Blättern enthaltene wasserlösliche Cathin freigesetzt. Ähnlich den Cocakauern erkennt man den Khat-Kauer an seinem dicken Backen. Khat wird nur als Blattdroge konsumiert, indem die frischen Khatblätter und grünen Zweigspitzen gekaut werden, um den Saft zu extrahieren, der anschließend hinuntergeschluckt wird. Die „ausgelutschten" Khatblätter werden ausgespuckt. Dass Khatblätter im Gegensatz zu Cocablättern bei sonst vergleichbarer Resorptionsart ausschließlich im frischen Zustand konsumiert werden, hängt damit zusammen, dass der Hauptwirkstoff des Khatblattes bei Lagerung schnell seine psychotrope Wirksamkeit verliert.

387   **6. Wirkungen von Khat.** Khat übt eine **leicht aufputschende, euphorisierende Wirkung** auf den Menschen aus, ähnlich wie die Amphetamine (vgl. dazu auch BGHSt. 49, 306 = NJW 2005, 163 = StV 2005, 273 m. Anm. *Weber* NStZ 2005, 452). Qualität und Menge des Khat bestimmen seine Wirkung. Diese reicht von Euphorie bis zu einem schweren Rausch. Die sympathomimetische Cathinon- und Cathinwirkung ist in psychischer und physischer Hinsicht derjenigen der Weckamine eng verwandt, jedoch mit schwächerer Ausprägung. Hierbei dürfte die erwähnte geringe Konzentration der wirksamen Alkaloide sowie die begrenzte Resorptionsmöglichkeit eine Rolle spielen. Die körperlichen Khatwirkungen gleichen denen anderer Stimulanzien und bestehen u. a. in einer Steigerung des Blutdrucks.

388   Der Rauschverlauf ist meist durch einen anfänglichen Erregungszustand mit geistiger Wachheit, Verschwinden des Schlafbedürfnisses, Zurückdrängen des Hungergefühls, erhöhter körperlicher Leistungsfähigkeit und Tatkraft bei offenbar nicht sehr ausgeprägter euphorisierender Wirkungskomponente gekennzeichnet. Dieser Zustand geht nach ca. 2 Stunden in eine Phase der abgeklärten, selbstzufriedenen Gelassenheit über. Der Khatrausch endet schließlich mit Depressionen, die gelegentlich mit Alkohol bekämpft werden. **Dauerkonsum** kann zu einer spezifischen, psychischen Abhängigkeit vom Khattyp führen. Toleranzerhöhung und psychotoxische Wirkungen wurden auch bei chronischem Missbrauch nicht beobachtet, gelegentliche Entzugssymptome nur in relativ milder Form. Bei habituellem Khatmissbrauch in hohen Dosen wird offenbar darüber hinaus eine eher abstumpfende, zu Apathie führende Wirkung erzielt. In diesen Fällen sollen auch Schlaflosigkeit, Nervosität, Magenentzündungen, Herzrasen und Potenzminderung die Folge sein.

Die Weltgesundheitsorganisation (WHO) hat neben sieben weiteren Abhängig- **389** keitstypen auch die Drogenabhängigkeit vom Khat-Typ in ihren Katalog aufgenommen und definiert diese wie folgt: a) **Mäßige,** aber oft anhaltende **psychische Abhängigkeit,** solange der Nachschub überhaupt aufrechterhalten werden kann. b) **Fehlen körperlicher Abhängigkeit.** c) **Keine Toleranzentwicklung.**

Zu früheren Zeiten teilweise als Prophylaktikum gegen die Pest verwendet, wird **390** Khat heute zur Steigerung der Leistungsfähigkeit angewandt. Die gewohnheitsmäßige und insbesondere die übermäßige Anwendung von Khat kann auch wegen der Nicht-Amphetaminbestandteile (Tannine) die Gesundheit des einzelnen schädigen. Die sozialen und wirtschaftlichen Folgen der Khat-Abhängigkeit bestehen hauptsächlich in der Erschöpfung der Geldmittel des Missbrauchers und der Zerstörung seiner Arbeitsfähigkeit. Diese Folgen betreffen sowohl den Einzelnen und seine Umgebung als auch die Gesellschaft.

7. Handelsformen von Khat. Die konsumfertige Einheit besteht aus einem **391** ca. 150 g schweren Bündel von Khatblättern. Durchschnittskonsumenten benötigen pro Konsumsitzung 100–400 g Khat, die sie während 3 Stunden kauen. Bei längerer Lagerung verliert Khat seine halluzinogene Wirkung. Durch die chemische Instabilität des Cathinon wandelt es sich beim Welken, Trocknen, Lagern oder unsachgemäßen Verarbeiten innerhalb weniger Tage fast vollständig zu dem schwächeren Cathin bzw. Ephedrin um (vgl. BGHSt. 49, 306 = NJW 2005, 163 = StV 2005, 273 m. Anm. *Weber* NStZ 2005, 452; *Frankfurt* StraFo 2010, 472). Deshalb wird es möglichst frisch konsumiert. Zur Verlängerung der Haltbarkeit werden häufig Bananen- oder Palmblätter bzw. Hanffasern verwendet, in die die Zweige und Blätter eingewickelt werden. Vakuumverpackung und das Einfrieren der Pflanze dienen demselben Zweck.

Die **rasche Verderblichkeit des Khat-Pflanzenmaterials** hat auch für die **392** Strafverfolgungsbehörden Konsequenzen. Werden mehrere Kisten oder Container mit Khat-Pflanzenmaterial sichergestellt, so ist **zunächst das Gewicht festzustellen; es ist aus jeder Kiste eine Probe zu entnehmen und umgehend auf Wirkstoffgehalt zu untersuchen.** Der Rest des schnell faulenden Materials ist zu vernichten. Ist eine schnelle Untersuchung nicht möglich, so sind die Proben **tiefzufrieren.**

8. Sicherstellungen. Im Zeitraum April bis November 1991 wurden allein auf **393** dem Rhein-Main-Flughafen in Frankfurt am Main 195 Frachtgutsendungen mit 3.571 kg Khat an deutsche Bestimmungsorte, 89 Frachtsendungen mit 2.625 kg Khat nach Dänemark/Großbritannien/Italien abgefertigt. Im September 1992 wurden auf dem Flughafen Frankfurt am Main 119 Frachtsendungen mit insgesamt 4.101 kg Khat abgefertigt, davon allein 542 kg für das deutsche Inland. In Kanada wurden von April bis August 1991 1.300 kg Khat abgefertigt. In Norwegen wurden 1990 330 kg, 1991 279 kg Khat beschlagnahmt. In Schweden wurden 1989 1 t Khat, 1990, 338 kg, 1991, 530 kg Khat beschlagnahmt. Nachdem die Khathändler wahrgenommen hatten, dass die Ein- und Durchfuhr, der Erwerb, der Handel und der Besitz von Khatpflanzen in Deutschland strafbar geworden sind, veränderten sie die Schmuggelwege und die Transportmittel. Während bis zum Jahr 1997 bis zu 30 t Khat über Deutschland transportiert wurden, vornehmlich nach Schweden und Dänemark, laufen jetzt zahlreiche Transporte über die Niederlande und Großbritannien, wo die Khatpflanze noch nicht dem BtMG untersteht. Im Jahr 1999 wurden in Deutschland ca. 5.700 kg Khat von Polizei und Zoll beschlagnahmt. Die aktuellen Sicherstellungszahlen sehen wie folgt aus (*BKA,* Jahreskurzlage Rauschgift 2005 bis 2010).

Khatsicherstellungen in Deutschland		
Jahr	Fälle	Mengen
2004	64	5.987,9 kg
2005	129	14.321,6 kg
2006	127	15.985,1 kg
2007	132	13.485,3 kg
2008	126	29.488,6 kg
2009	121	24.004,5 kg
2010	169	30.389,3 kg

394   **9. Nicht geringe Menge.** Am 12. 4. 1999 befasste sich das *AG Würzburg* in einem Urteil zur nicht geringen Menge von Khat (*AG Würzburg*, Urt. v. 12. 4. 1999, 303 Ls 232 Js 23.124/98). Es verurteilte ein in den Niederlanden wohnhaften asylberechtigten Somalier wegen unerlaubter Einfuhr von 29 kg Khat zu einer Freiheitsstrafe von 6 Monaten auf Bewährung und dem Entzug der Fahrerlaubnis für 9 Monate. Ein Sachverständiger des *Instituts für Rechtsmedizin der Universität Würzburg* stellte fest, dass ein Durchschnittskonsument zur Erzielung eines Rauschzustandes etwa 0,03 g (30 mg) Cathinon benötigt, was bei einem durchschnittlichen Wirkstoffgehalt von 0,1 mg pro Gramm Frischgewicht, einer Pflanzenmenge von 300 g Khat-Frischware entspricht. Nach den Ausführungen des Sachverständigen ist die Wirkung der Inhaltsstoffe der Khat-Pflanze am ehesten mit dem Betäubungsmittel Amphetamin zu vergleichen, wobei Cathinon nur ein Drittel der psychotropen Potenz von Amphetamin aufweise. Die rauscherzeugende Wirkung hingegen sei daher eher mit Marihuana und Coffein zu vergleichen. Der *BGH* hat die nicht geringe Menge Amphetamin mit 200 Konsumeinheiten eines Durchschnittkonsumenten definiert. Aus diesem Grund war das *AG Würzburg* der Auffassung, dass angesichts der Wirkungsweise und des Suchtpotentials der Inhaltsstoffe Cathinon und Cathein die nicht geringe Menge i. S. v. der Verbrechenstatbestände des BtMG ab 600 Konsumeinheiten zu jeweils 0,03 g Cathinon, also 18 g Cathinon, angenommen werden müsse. Bei durchschnittlicher Ware entspreche dies unter Berücksichtigung eines Zuschlags von 10% (Bananen- oder Palmblätter bzw. Hanffasern) einer Gesamtmenge von **198 kg Khat**. Das *AG Lörrach* (StV 2000, 625 ff. m. Anm. *Endriss/Logemann*) sah in 30 g Cathinon eine nicht geringe Menge, also in der dreifachen Menge der nicht geringen Amphetaminmenge (= 10 g Base). Der *BGH* bestimmte die nicht geringe Menge von **Cathinon** bei **30 g** (BGHSt. 49, 306 = NStZ 2005, 229 = StV 2005, 273 m. Anm. *Weber* NStZ 2005, 452; s. dazu auch § 29 a Rn. 70). Dies entspricht etwa einer Menge von 30 kg Khat-Pflanzen. Geht man davon aus, dass ein Bündel von ca. 200 g Khatblättern für eine Berauschung ausreicht und ein Verbraucher diese Menge bis zu 5mal täglich verbraucht, so stellen 30 kg eine optimale Bedarfsmenge für einen Monat dar. Die nicht geringe Menge Khat kann nicht allein aufgrund des Gewichts der Pflanzendroge (hier 60 kg Khat), sondern nur aufgrund einer Wirkstoffuntersuchung vorgenommen werden. Ist das Pflanzenmaterial nicht sichergestellt worden oder verloren gegangen, so muss nach dem Grundsatz in dubio pro reo eine Schätzung zugunsten des Angeklagten vorgenommen werden (*AG Aachen* StV 2001, 410).

II. Methcathinon (Ephedron)

395   Bei Methcathinon handelt es sich um ein **Derivat des Cathin (D-Norpseudoephedrin),** ein weißes Pulver, das geschnupft oder oral eingenommen wird und ähnlich wie Amphetamin wirkt. Diese halluzinogene Stimulationsdroge

ist bislang in Deutschland noch nicht weit verbreitet. Zur **Herstellung** von Methcathinon wird **Ephedrin** verwendet. Methcathinon trägt daher auch den Aliasnamen **Ephedron**. Methcathinon verfügt über ähnliche Wirkeigenschaften wie Methamphetamin. Es ist der Anl. I des BtMG unterstellt worden.

III. 4-Methylmethcathinon (Mephedron)

Bei 4-Methymethcathinon (Mephedron), auch 4–MCC genannt, handelt es sich **396** um ein Cathinon-Derivat, das mit seiner stimulierenden und entaktogenen Wirkung ebenfalls mit Amphetamin oder MDMA vergleichbar ist. Es wird in Puderform, Kaspeln oder Tabletten gehandelt. Der Vertrieb erfolgt zumeist über das Internet oder in „Head Shops" als sog. „Legal Highs" in Form von Badesalzen oder Lufterfrischern. In zwei Fällen führte der Konsum von Mephedron zu Todesfällen. Mephedron wurde durch die 24. BtMÄndV v. 18. 12. 2009 mit Wirkung vom 22. 1. 2010 als nicht verkehrsfähiges Betäubungsmittel der Anl. I unterstellt. Der Rat der Europäischen Union hat am 30. 11. 2010 beschlossen, Mephedron in allen Mitgliedstaaten Kontrollmaßnahmen und strafrechtlichen Sanktionen zu unterwerfen (Beschl. v. 30. 10. 2010, Az. 16523/10). Laufend werden den sog. „Legal Highs" neue Cathinon-Derivate zugesetzt, die in dieser chemischen Form nicht dem BtMG unterfallen (zu den „Legal Highs" s. im Einzelnen Rn. 512ff.). So hat der Sachverständigenausschuss für Betäubungsmittel nach § 1 Abs. 2 BtMG am 3. 5. 2010, 6. 12. 2010 und 2. 5. 2011 die Aufnahme folgender Cathinon-Derivate/Phenylethylamine in Anl. II vorgeschlagen (www.bfarm.de): **Butylon, 3,4-Methylendioxypyrovaleron, Ethylcathinon, Naphyron, Methylon, Methedron, Flephedron, 4-MEC, PMEA, 4-Methylamphetamin, 4-FMA, 4-Fluoramphetamin.**

F. Weitere Amphetamin Type Stimulants

I. Amfepramon (Diethylpropion)

Das Amfepramon ist ein verkehrs- und verschreibungsfähiges Betäubungsmittel **397** der Anl. III zum BtMG, das in den Appetitzüglern Regenon® und Tenuate® Retard enthalten ist. Die maximale Tagesdosis liegt bei 75 mg. Das Amfepramon ist eine Weiterentwicklung des Cathinon, das auch abgewandelt als Metamfepramon in mehreren Appetitzüglern enthalten ist.

II. BDB

1986 wurde BDB (IUPAC: 1-(1,3-Benzodioxol-5-yl)butan-2-ylazan) erstmals **398** synthetisiert. Der Wirkstoff findet sich bisweilen in Ecstasy-Tabletten und ist ein typisches Entaktogen. BDB untersteht seit 1997 als verbotenes, nicht verkehrsfähiges Betäubungsmittel der Anl. I zum BtMG. Drogen des Methylendiphenylalkylamin-Typs werden häufig als Psychedelika missbraucht, so auch BDB und MBDB. Sie steigern die Kommunikationsfähigkeit und das Einfühlungsvermögen ohne halluzinogene Effekte.

III. Bromdimethoxyphenetylamin (BDMPEA)

Bromdimethoxyphenetylamin (BDMPEA) ist ein Psychostimulanz mit halluzi- **399** nogener und stark aphrodisierender Wirkung. Es wird auch 2CB genannt. Die Einzeldosis liegt zwischen 10 und 25 mg. In Dosierungen bis zu 20 mg ist BDMPEA ein starkes Aphrodisiakum, das das sexuelle Verlangen und die Potenz steigert. BDMPEA gehört zu der Gruppe der Phenetylamine. Dieses Phenetylaminderivat ist in den USA und in den NL unter den Namen Venus, Bromo, Toonics, Nexus im illegalen Handel. In Deutschland gab es jedoch bislang nur wenige Sicherstellungen. BDMPEA wurde durch die 4. BtMÄndV vom 23. 1. 1993 der Anl. I des BtMG als verbotenes, nicht verkehrsfähiges Betäubungsmittel unterstellt. In den Niederlanden war BDMPEA lange Jahre in SMART-SHOPS frei erhältlich als Sexdroge, die ein warmes Gefühl im Genitalbereich verschafft und die Libido verstärkt. Die von *Alexander Shulgin* entdeckte Partydroge wurde in den Niederlanden 1997 dem Opiumgesetz unterstellt.

IV. 2CI

400   Der Wirkstoff dieser Designerdroge gehört zu den Phenetylaminen. Die Stammsubstanz der Phenetylamine ist das Mescalin. **2CI** (4-Iod-2,5-dimethoxyphenethylazanist) ist chemisch verwandt mit den **2CB (Brom-Di-Methoxy-Phenetylamin)**. Die Dosis liegt bei 10–20 mg. Die Wirkung dieser Tablette dauert 6–10 Stunden. 2CI unterliegt der Anl. I des BtMG und ist ein verbotenes, nicht verkehrsfähiges Betäubungsmittel. An Stelle einer besonderen Namensabkürzung hat man sich hier auf eine Buchstaben- und Zahlenkombination geeinigt: 2CI.

V. 6-Cl-MDMA

401   Das Chlor-Derivat von MDMA, das 6-Cl-MDMA (IUPAC: (1-(6-Chlor-1,3-benzodioxol-5-yl)propan-2-yl)(methyl)azan) ist eine abgewandelte Substanz, die als verbotenes, nicht verkehrsfähiges Betäubungsmittel der Anl. I zum BtMG unterliegt.

VI. Dimethoxyamphetamin (DMA)

402   Das Dimethoxyamphetamin (DMA) ist ein beliebtes Amphetamin-Derivat, das die achtfache Wirksamkeit von Mescalin hat. Es ist ein Halluzinogen. Es ist hoch toxisch und deshalb selten im illegalen Handel. Es wurde durch die 2. BtMÄndV mit Wirkung v. 1. 8. 1986 als verbotenes, nicht verkehrsfähiges Betäubungsmittel in die Anl. I zum BtMG aufgenommen.

VII. Dimethoxybromamphetamin (DOB)

403   **1. Entstehungsgeschichte.** Das Dimethoxybromamphetamin **(DOB)** gehört zu den psychisch stimulierenden Weckaminen mit ähnlich chemischer Struktur wie das Dimethoxymethylamphetamin **(DOM)** und wurde deshalb auch **BROM-DOM** oder **BROM-STP** genannt. DOB ist in seiner Struktur aber auch dem Amphetamin und dem Mescalin vergleichbar. DOB wurde erstmals 1971 von *Barfknecht* und *Nichols* synthetisiert. In den USA ist DOB seit Anfang der 70er Jahre bekannt. 1978 tauchte DOB erstmals in der deutschen Drogenszene auf. Trotz seiner großen Gefährlichkeit wurde dieser Stoff erst durch die 1. BtMÄndV von 1984 dem BtMG unterstellt (Anl. I). Untergrundchemiker haben die dem BtMG unterliegende synthetische Droge DOB abgewandelt zu dem Stoff **4-Methylthioamphetamin (4-MTA),** der seit 1999 auch dem BtMG unterliegt und **Flatliner** genannt wird (zu 4-MTA s. Rn. 422).

404   **2. Wirkungen des DOB.** DOB ist ein überaus starkes Halluzinogen, das unberechenbare, psychische Zustände schafft. Die Wirkung ist ähnlich wie beim DOM und LSD. DOB ist aber vielfach wirksamer als DOM und LSD. Es wird deshalb auch als Super-LSD angeboten. DOB ist eine überaus gefährliche Substanz, die die Konsumenten nach einer Reaktionszeit von ca. 30 Minuten zu euphorischen Tänzen, Wahnvorstellungen, Tobsuchtsanfällen, tätlichen Angriffen und Sachbeschädigungen treiben kann. Das DOB erschien in der Bundesrepublik 1978 erstmals in der Drogenszene und wurde als LSD angeboten. DOB kann schon in kleinsten Mengen den Tod herbeiführen. Die Wirkung ist dosisabhängig und ist ungewöhnlich lang. Die wirksame Dosis dürfte bei 0,5–2 mg, die tödliche Dosis bei 30 mg liegen.

VIII. Dimethoxyethylamphetamin (DOET)

405   Das Dimethoxyethylamphetamin ist ebenfalls ein Amphetamin-Derivat, ein Halluzinogen, das in Deutschland noch nicht sichergestellt wurde. Diese Ethylform hat eine geringe psychotrope Wirkung, wurde in der Psychotherapie getestet, hat aber heute nur noch eine geringe Bedeutung. DOET wurde durch die 2. BtMÄndV mit Wirkung 1986 in die Anl. I des BtMG als verbotenes, nicht verkehrsfähiges Betäubungsmittel aufgenommen.

IX. Dimethoxymethylamphetamin (DOM, STP)

1. Entstehungsgeschichte. DOM ähnelt aufgrund seiner Phenetylaminstruk- **406** tur dem Amphetamin und dem Mescalin. DOM ist jedoch 80-mal stärker als Mescalin. Das Amphetamin-Derivat DOM ist ein vollsynthetisches Halluzinogen. Es wurde durch die Fa. *Dow Chemical Co.* in den USA synthetisiert und zur Behandlung von Geisteskrankheiten erprobt. Es wurde in Tablettenform als Super-LSD unter der Abkürzung **STP (= Serenity, Tranquility, Peace)** in der illegalen Szene verbreitet. Bekannte Abwandlungen des DOM sind das Dimethoxyamphetamin (DMA) und das Paramethoxyamphetamin (PMA). DOM untersteht seit Inkrafttreten des BtMG 1982 der Anl. I zum BtMG und ist ein verbotenes, nicht verkehrsfähiges Betäubungsmittel.

2. Wirkungen des DOM. Für einen dem LSD-Trip ähnlichen Rauschzustand **407** werden 5 mg Wirkstoff benötigt. Bei Überdosierungen kann es zu Wahnvorstellungen, Depressionen, Tobsuchtsanfällen und Selbstmordtendenzen kommen.

X. DOC

Das Amphetamin-Derivat DOC (1-(4-Chlor-2,5-dimethoxyphenyl)propan-2- **408** ylazan) ist ebenfalls ein verbotenes, nicht verkehrsfähiges Betäubungsmittel der Anl. I zum BtMG.

XI. Fenetyllin

Durch die am 1. 8. 1986 in Kraft getretene 2. BtMÄndV (BGBl. I, S. 1009) ist **409** das Amphetamin-Derivat Fenetylllin als verkehrs- und verschreibungspflichtiges Betäubungsmittel der Anl. III unterstellt worden. Fenetyllin war der Wirkstoff des Aufputschmittels **Captagon**. Captagon wurde gegen psychische und körperliche Erschöpfung, Hemmungszustände und Antriebsarmut verschrieben und fand unter Künstlern und Prostituierten sowie in der Drogenszene weite Verbreitung. Es war in Packungen von 20 Tabletten à 50 mg zu 18,– DM im Handel und fand vornehmlich in arabischen Ländern großen Absatz. In Deutschland wird Fenetyllin nicht mehr als Fertigarzneimittel vertrieben (*Geschwinde*, 2007, Rn. 2287). Der Arzt kann aber nach § 2 Abs. 1 lit. a BtMVV innerhalb von 30 Tagen bis zu 2.500 mg Fenetyllin verschreiben.

XII. FLEA

Das Amphetamin-Derivat FLEA (N-(1-(1,3-Benzodioxol-5-yl)propan-2-yl)-N- **410** methyl-hydroxylamin) wurde durch die 9. BtMÄndV v. 28. 1. 1997 als verbotenes, nicht verkehrsmäßiges Betäubungsmittel der Anl. I zum BtMG unterstellt. FLEA hat eine ähnliche Wirkungsweise wie MDMA/MDA/MDE und wird daher in der Dorgenszene auch unter der Bezeichnung „Ecstasy" vertrieben (*Geschwinde*, 2007, Rn. 1067 f.).

XIII. MAL

Das MAL (IUPAC: 3,5-Dimethoxy-4-(2-methyl-allyloxy)phenethylazan) ist eine **411** verbotene, nicht verkehrsfähige Designerdroge der Gruppe der Phenethylamine, die durch die 6. BtMÄndV seit dem 15. 9. 1995 der Anl. I zum BtMG untersteht.

XIV. MBDB

MBDB (IUPAC: 1-(1,3-Benzodioxol-5-yl)butan-2-yl)(methyl)azan) ist wie das **412** BDB ein Entaktogen. MBDB gilt nicht als antriebssteigernde Tanzdroge, sondern eher als gefühlsverstärkende Schlafzimmerdroge. Die MBDB-Einzeldosis beträgt 180–210 mg. Ein Chemiestudent, der 1993/1994, als MBDB noch nicht dem BtMG unterstand, nicht unter das BtMG fallende Designerdrogen durch Abweichungen von Betäubungsmitteln produzierte, u. a. MBDB, wurde vom *LG Kassel* vom Vorwurf der unerlaubten Arzneimittelherstellung freigesprochen, weil das sichergestellte Zwischenprodukt nicht konsumfähig gewesen sei. Der *BGH* hob das Urteil auf, weil der Stoff **den Arzneimittelbegriff erfülle** und eine Herstellung bereits bei Erreichen eines Zwischenproduktes gegeben sei (BGHSt. 43, 336 = NJW 1998, 836 = StV 1998, 136). Auch nach Auffassung des *BVerfG* begegnete es keinen verfassungsrechtlichen Bedenken, die Substanz MBDB unter die Arzneimittel einzuordnen, auch wenn sie heute als Betäubungsmittel erfasst ist (*BVerfG* NJW 2006, 2684). MBDB wurde zunächst durch die 6. BtMÄndV 1995 befristet der Anl. I zum BtMG, sodann 1997 endgültig unterstellt. 1998 beschloss der Council of the European Union den Umgang mit MBDB wegen hoher gesundheitlicher Risiken zu verbieten.

XV. Methoxyamphetamin (PMA)

413   **1. Substanz. PMA** (IUPAC: 1-(4-Methoxyphenyl)propan-2-ylazan) wird auch **4-Methoxy-Amphetamin** genannt. Die in der Untergrundbibel der Eheleute *Shulgin* **PIHKAL** unter Nr. 130 beschriebene synthetische Droge PMA entfaltet psychedelische Wirkungen. Sie ist ein Halluzinogen. PMA hat die fünffache Wirksamkeit von **Mescalin** und ist hoch toxisch. PMA gehört seit der ersten BtMÄndV seit 1984 zu den verbotenen, nicht verkehrsfähigen Betäubungsmitteln der Anl. I.

414   **2. Verbreitung.** Das PMA war lange Zeit eine wenig bekannte und wenig missbrauchte Amphetaminverbindung. PMA hat sich aber zu einer **Discodroge** entwickelt, die in verschiedenen gefährlichen Zubereitungen gehandelt wird. Diese Droge tauchte **ab dem Jahr 2000 häufiger,** bisweilen zusammen mit **PMMA** in Tabletten mit dem **Mitsubishi-Logo** auf dem Drogenmarkt auf. Die Tabletten werden z. B. unter dem Namen „**Chicken Yellow**" oder „**Chicken Powder**" als Drogen mit einem besonderen Kick angeboten. PMA wurde bereits in den 70er Jahren in den USA und in Kanada missbraucht. In den Jahren 1995–1998 wurden in Australien und in den USA 6 sowie in Kanada 9 Drogentodesfälle mit PMA in Verbindung gebracht. Europaweit wurde **Pillenalarm** ausgerufen, als festgestellt wurde, dass Produzenten von Ecstasy-Tabletten mit einem Mitsubishi-Logo den MDMA-Zubereitungen PMA beigemischt hatten, was bei einer Dosis von 50 mg zu **gefährlichen Nebenwirkungen** führte. In Deutschland wurde bei Entdeckung von zwei Küchenlaboratorien auch PMA gefunden. Am **14. 7. 1999** wurde in Branneburg ein PMA-Laboratorium mit kleinen PMA-Mengen entdeckt. Am **25. 11. 1999** wurden in Norddeutschland in einem anderen Labor PMA-Spuren gefunden. Am **17. 4. 2000** verstarb auch ein Deutscher, der drei Tabletten mit Mitsubishi-Logo und Beimengungen von PMA und PMMA konsumiert hatte. Wegen der zahlreichen Todesfälle wird PMA auch **Death-Drug** genannt.

XVI. Methoxymethamphetamin (PMMA)

415   PMMA weist eine vielfache Wirksamkeit von Mescalin auf und ist hoch toxisch. Die in der Untergrundherstellungsanleitung der Eheleute *Shulgin* unter Nr. 97 des Buches PIHKAL beschriebene Designerdroge tauchte 1999 in Amerika, Australien, Kanada, Deutschland und Schweden auf dem illegalen Markt in Tablettenform auf. Mehrere Todesfälle in USA, Australien, Kanada und ein Todesfall in Deutschland wurden mit PMMA in Verbindung gebracht. Bei der Entdeckung zweier illegaler Laboratorien am 14. 7. 1999 in Branneburg und am 29. 11. 1999 in Lilienthal-Frankenberg wurden sowohl PMA als auch PMMA sichergestellt und die Untergrundanleitungen PIHKAL und TIHKAL der Eheleute *Shulgin* vorgefunden. Mit Wirkung v. 10. 10. 2000 wurden gem. § 1 Abs. 3 BtMG mit der 14. BtMÄndV 14 Substanzen durch Rechtsverordnung zunächst für die Dauer eines Jahres der Anl. I

des BtMG unterstellt, nachdem in der Rauschgiftszene neue Designerdrogen aufgetreten und durch das europäische Frühwarnsystem (gemeinsame Maßnahme des
EU-Rates v. 16. 7. 1998) bekanntgemacht worden waren. Zu diesen Designerdrogen gehörte das PMMA. PMMA untersteht der Anl. I des BtMG als verbotenes,
nicht verkehrsfähiges Betäubungsmittel.

XVII. Methoxymethylendioxyamphetamin (MMDA)

Auch das Methoxymethylendioxyamphetamin (MMDA) gehört zu den Methy- 416
lendioxyamphetaminen, die illegal in Tablettenform produziert und konsumiert
werden. MMDA, das auch aus der Muskatnuss hergestellt werden kann, ist eine
Amphetaminvariante, die in den 60er Jahren von *Alexander Shulgin* beschrieben wurde. In den USA tauchte in den 70er Jahren MMDA auf der Drogenszene
auf. MMDA wurde von Psychotherapeuten als Halluzinogen getestet. MMDA hat
eine LSD-ähnliche Wirkung, bewirkt aber keine körperliche Abhängigkeit. Das
MMDA wurde aufgrund der 1. BtMÄndV ab dem 1. 9. 1984 der Anl. I zum
BtMG als verbotenes, nicht verkehrsfähiges Betäubungsmittel unterstellt.

XVIII. Methylphenidat

1. Substanz. Der Wirkstoff **Methylphenidat** wurde als **Appetitzügler** und 417
Antidepressivum entwickelt. Methylphenidat ist chemisch gesehen amphetamin-
und kokainähnlich und wird auch zur Behandlung der Kokainabhängigkeit er-
probt. Es ist u. a. in den Arzneimitteln **Concerta**, **Equasym®**, **Ritalin®** und
Medikinet® enthalten. Auf dem Markt sind verschiedene Darreichungsformen
zur oralen Anwendung verfügbar: sofort verfügbares, kurzwirksames Methylphenidat in Tabletten- oder Kaspelform (Ritalin®, Medikinet®), verzögert wirksam in
Retardtabletten (Ritalin® SR) oder für eine einmalige tägliche Verabreichung in
Tabletten/Kaspeln mit modifizierter Wirkstofffreigabe (Concerta®, Ritalin® LA;
Livio/Rauber-Lüthy/Biollaz u. a. Paediatrica 2009, 45 ff.). Methylphenidat wird
jedoch nicht nur therapeutisch genutzt, sondern auch in der Drogenszene missbraucht. Es unterliegt als verkehrs- und verschreibungsfähiges Betäubungsmittel der
Anl. III. Nach § 2 Abs. 1 lit. a BtMVV kann es innerhalb von 30 Tagen bis zu
einer Höchstmenge von 2.000 mg verschrieben werden. Zu beachten ist jedoch,
dass **RS-SR-Methylphenidat** nur der Anl. II zum BtMG unterliegt. Auch das
Dexmethylphenidat wurde durch die 19. BtMÄndV in Anl. III zum BtMG
aufgenommen.

2. Wirkungen. Methylphenidat ist ein indirekt wirkendes Sympathomimeti- 418
kum mit zentral stimulierender Wirkung. Es wirkt euphorisierend und kann psy-
chisch abhängig machen. Trotz seiner Kokain-ähnlichen Wirkung scheint das
Suchtpotential von Methylphenidat geringer zu sein als bei Kokain (*Livio/Rauber-
Lüthy/Biollaz u. a.* Paediatrica 2009, 45 ff.). Von 1995–1999 verzehnfachte sich der
Ritalin-Umsatz in Deutschland. In Deutschland stieg die Anzahl der **Ritalin-
Rezepte** nach Angaben der Bundesopiumstelle von 1997–2000 um 270%. Von
2006 bis 2009 stieg die Zahl der 6- bis 18-Jährigen, die Methylphenidat-haltige
Präparate auf Rezept erhielten, um 32% (*Bastigkeit*, Kinderkoks – auch ein deut-
sches Problem? auf www.doccheck.com v. 15. 7. 2011). Dies könnte ein Beleg da-
für sein, dass sich Methylphenidat wegen seiner konzentrationssteigernden Wirkung
zu einem „Lifestyle-Medikament" unter Schülern und Studenten entwickelt hat
(*Geschwinde*, 2007, Rn. 2281; zum Missbrauch von Methylphenidat s. Rn. 420).

3. Therapeutische Nutzung. Unter ärztlicher Kontrolle ordnungsgemäß ein- 419
genommen dämpft Ritalin® beim Vorliegen eines **Aufmerksamkeits-Defizit-
und Hyperaktivitäts-Syndroms (ADHS,** auch AGHC = Attention Deficit
Hyperactivity Disorder) exzessive Ruhelosigkeit, Konzentrationsschwierigkeiten
und aggressives Verhalten. In Deutschland sollen mindestens 70.000 Patienten,
vornehmlich Kinder und Jugendliche zwischen dem 6. und 18. Lebensjahr, Methylphenidat-haltige Medikamente einnehmen (*Dr. Gehrke* auf www.medizin.de,

Stand 2/2009). Nach den am 1. 12. 2010 in Kraft getretenen geänderten Verordnungsregeln nach der Arzneimittel-Richtlinie (AR–ML), Anl. III, Nr. 44 (BAnz. Nr. 181 v, 30. 11. 2010), dürfen Methylphenidat-haltige Arzneimittel zur Anwendung bei Kindern ab 6 Jahren und Jugendlichen nur noch von spezialisierten Ärzten (z. B. Fachärzten für Kinder- und Jugendmedizin) verordnet und unter deren Aufsicht angewendet werden. Die Diagnose von ADHS darf sich dabei nicht allein auf das Vorhandensein eines oder mehrerer Symptome stützen, sondern sollte auf einer vollständigen Anamnese und Untersuchung des Patienten basieren und z. B. anhand der DSM-IV Kriterien gestellt werden. Aufgrund neuer Erkenntnisse aus klinischen Studien stimmte das *BfArM* im April 2011 einer Indikationserweiterung auf Erwachsene bei einigen Methylphenidat-haltigen Arzneimitteln zu (www.bfarm.de). Als erstes Methylphenidat-haltiges Präparat für die Behandlung von ADHS bei Erwachsenen wurde im Juli 2011 Medikinet®adult zugelassen.

420 **4. Missbräuchliche Verwendung.** In den USA hat sich Methylphenidat als neue Jugenddroge schon weit verbreitet (*Bastigkeit*, Kinderkoks – auch ein deutsches Problem? auf www.doccheck.com v. 15. 7. 2011). Nach einer Studie, die die Meldungen amerikanischer toxikologischer Zentren ausgewertet hat, nahmen die Missbrauchsfälle von 1998 bis 2005 unter Jugendlichen zwischen 13 und 19 Jahren um 76% zu; eine ähnliche Entwicklung ist in der Schweiz festzustellen (*Livio/Rauber-Lüthy/Biollaz u. a.* Paediatrica 2009, 45 ff.). In der deutschen Drogenszene werden Methylphenidat-Tabletten zum Preis von 3–10 € gehandelt. Kokain- und Speedkonsumenten steigen von Kokain auf Methylphenidat um, zerstoßen die Tabletten, schnupfen das Pulver oder lösen Tabletten auf. Die explosionsartige Wirkung verschafft dem Konsumenten einen ungewöhnlichen Kick.

XIX. Methyl-3-Phenylpropylamin (1M–3PP)

421 Methyl-3-Phenylpropylamin (1 M–3PP) untersteht als verbotenes, nicht verkehrsfähiges Betäubungsmittel seit der 10. BtMÄndV v. 1. 2. 1998 der Anl. I.

XX. 4-Methylthioamphetamin (4-MTA)

422 Untergrundchemiker haben die synthetische Droge DOB zu 4-MTA abgewandelt, um das BtMG zu unterlaufen. Das Derivat wird unter dem Namen **Golden Eagle und Flatliners** illegal gehandelt. 4-MTA wurde 1999 dem BtMG unterstellt durch die 13. BtMÄndV. Durch die 14. BtMÄndV wurde diese Designerdroge erneut befristet der Anl. I zum BtMG unterstellt. Die endgültige Unterstellung erfolgte schließlich durch die 15. BtMÄndV v. 19. 6. 2001. 4-Methylthioamphetamin wird auch Methyl-Sulfanyl-Phenylpropan-2 YL-Azan genannt.

XXI. Pemolin

423 Pemolin erinnert in seiner Zusammensetzung an Amphetamin. Der stimulierend wirkende Stoff ist in dem rezeptpflichtigen Psychopharmakon **Tradon** und in dem Arzneimittel Cephalo-Teknosal als Wirkstoff enthalten. Tradon wird von Drogenabhängigen gerne genutzt. Besondere Bedeutung hat Pemolin in Westafrika erlangt. Britische Hersteller exportieren Millionen Dosen dieses Mittels wöchentlich nach Westafrika, insbesondere nach Nigeria. Pemolin ist in Großbritannien unter den Namen Cylert, Ronyl, Volital und Kethamed, in Frankreich unter dem Namen Deltamin, in Dänemark als Hytron, in der Schweiz als Stimul auf dem legalen Arzneimittelmarkt. In den USA wird Pemolin missbraucht, gemischt mit Coffein und Ephedrin und dann als Amphetamin illegal verkauft. Pemolin unterliegt als verkehrs- und verschreibungsfähiges Betäubungsmittel der Anl. III.

XXII. Phenmetrazin/Phendimetrazin

424 Das Phenmetrazin war als Appetitzügler lange unter dem Namen Preludin und Cafilon im Pharmahandel. Es unterliegt mittlerweile der Anl. II als verkehrs-,

aber nicht verschreibungsfähiges Betäubungsmittel. Das Phendimetrazin untersteht ebenfalls der Anl. II.

XXIII. Phenpromethamin (PPMA)

Zunächst wurde Phenpromethamin oder 1-Methylamino-2-phenyl-propan **425** (PPMA) durch die 13., später durch die 14. BtMÄndV v. 29. 9. 2000 der Anl. I zum BtMG unterstellt.

XXIV. Trimethoxyamphetamin (TMA)

Das Halluzinogen Trimethoxyamphetamin **(TMA),** das strukturell mit dem **426** Mescalin verwandt ist, bewirkt ähnliche Wahrnehmungen wie Amphetamin und Mescalin, ist aber drei- bis fünffach so stark wie Mescalin. Es wird vorwiegend in Tablettenform illegal gehandelt und konsumiert. Es ist ein Halluzinogen. Aufgrund der 1. BtMÄndV wurde mit Wirkung von 1984 TMA als verbotenes, nicht verkehrsfähiges Betäubungsmittel in die Anl. I zum BtMG aufgenommen.

XXV. 2,4,5-Trimethoxyphenylamphetamin (TMA 2)

TMA 2 untersteht ebenfalls als verbotenes, nicht verkehrsfähiges Betäubungs- **427** mittel der Anl. I zum BtMG. Im Jahr 2003 beschloss der Council of European Union den Umgang mit TMA 2 wegen hoher gesundheitlicher Risiken als Designerdroge zu verbieten, ähnlich wie 2CI, 2CT2 und 2C-T-7.

Kap. 7. Methaqualon-Derivate

Übersicht

A. Methaqualon

I. Wirkung von Methaqualon

Methaqualon ist ein stark wirksames Schlafmittel, es wirkt in ähnlicher Weise **428** wie die Barbiturate stark erregend und euphorisierend. Methaqualon weist ein starkes Missbrauchspotential auf mit erheblichen Verwahrlosungserscheinungen, schneller Toleranzentwicklung und körperlicher Abhängigkeit. Methaqualon ist keine Einstiegsdroge, sondern eher eine Zusatzdroge, insbesondere nach Alkoholmissbrauch. Die tödliche Dosis liegt bei 27 Tabletten mit einem Anteil von 300 mg Methaqualonhydrochlorid. Bei chronischem Methaqualonmissbrauch kommt es zu Schwindelgefühlen, Muskelschwäche, gesteigerter Erregbarkeit und Angst. Die Entzugserscheinungen zeigen sich in Unruhe, Reizbarkeit, Depressionen, Angst und Schlaflosigkeit, in Halluzinationen und epileptischen Krämpfen (*Geschwinde*, 2007, Rn. 2567). Bei dem bekanntesten Methaqualonarzneimittel Mandrax handelte es sich um ein Kombinationspräparat mit 250 mg Methaqualon und im Übrigen aus Diphenhydramin. Seit Mitte der 90er Jahre wird in Deutschland kein Fertigarzneimittel mehr angeboten, das Methaqualon enthält (*Geschwinde*, 2007, Rn. 2538).

II. Geschichte der Droge

429 1976 machte das Deutsche Ärzteblatt in Heft 14 auf die Probleme des Metha-
qualonmissbrauchs aufmerksam. Da die Methaqualon-haltigen Schlafmittel **BIO-
SEDON, DIUDORM, DULCIPAN, DILAVERT, EATAN, ESDESAN,
MANDRAX, NEUROCALM, NORMINOX, OMNISEDAN, PRO-
DORM, REBUSO, REVONAL, SOMNIBEL, SOMSOSAN, ST/AURO-
DORM, TOQUIZON** in der Drogenszene häufig missbraucht wurden, hat der
Gesetzgeber Methaqualon und seine Salze 1981 unter das BtMG gestellt. Zunächst
mit der 9. BtM-Gleichstellungsverordnung v. 15. 6. 1981, sodann nach Anl. III des
BtMG von 1982. Seitdem haben Methaqualon-haltige Arzneimittel in der Bundes-
republik ihre Bedeutung verloren

III. Verbreitung in der Drogenszene

430 Von 1981–1986 sanken die Straftaten mit **Mandraxtabletten** von 160 auf 11
(1986). Seit 1986 ist die Bundesrepublik jedoch Produktions- und Transitland für
Methaqualon-Lieferungen in afrikanische Staaten. In Südafrika bildete sich eine
Drogenszene unter arbeitslosen Farbigen, die Methaqualon mit Alkohol, mit
Marihuana und mit Heroin kombinierten und einnahmen. Der Methaqualonmissbrauch nahm in den afrikanischen Ländern ein bedrohliches Ausmaß an. Methaqualon wurde auf dem Land-, See- und Luftweg über die afrikanischen Staaten
Sambia, Zimbabwe, Botswana, Swasiland oder Maurizius vornehmlich von Indien
über die Bundesrepublik, Schweiz oder Luxemburg nach Südafrika durch afrikanische und indische Dealer geschmuggelt. Im Februar 1984 entdeckten Kriminalbeamte in Ludwigshafen ein Labor eines Chemielaboranten, der Methaqualon-
Derivate herzustellen versuchte. Am 13. 12. 1984 wurden in Zürich zwei Griechen
und in Köln ein Deutscher festgenommen im Besitz von 1,2 Millionen Methaqualontabletten, die für Südafrika bestimmt waren. Die Beschuldigten gehörten einer
Drogenhändlerbande an, die 600 kg Methaqualonbase vertrieben hatte. Im September 1985 wurde auf dem Frankfurter Flughafen ein indischer Kurier mit
1.500 g Methaqualon festgenommen, die nach Jugoslawien verbracht werden sollten. In den ersten drei Quartalen 1986 wurden auf dem Frankfurter Flughafen
245.000 g gefälschter Mandraxtabletten mit 60%igen Methaqualongehalt bei verschiedenen Kurieren, die auf der Durchreise nach Südafrika waren, sichergestellt.
Am 7. 12. 1986 stellten die niederländischen Behörden 700 g Heroin und 1800 g
eines Methaqualon-Noscapin-Gemisches sicher. Das Opiumalkaloid **Noscapin
(Narcotin)** war bislang nur als Bestandteil von Heroin bekannt. Das *BKA Wiesbaden* ermittelte 1985 gegen eine internationale Tätergruppierung von 20 Personen,
die Methaqualontabletten in illegalen Labors herstellten und seit 1982 unter dem
Namen **HYPNOGENE** und **M-RELAX** kofferweise durch afrikanische Kuriere
insgesamt ca. 7.500.000 Tabletten über die Schweiz, Sambia und Botswana in
40 Teillieferungen nach Südafrika verbringen ließ. Die *StA Köln* leitete 20 Ermittlungsverfahren ein. Mit Scheinunternehmen in Deutschland, Schweiz, Luxemburg
und Liechtenstein, mit gefälschten Importlizenzen, Titeln und Ausweisen wurden
die Methaqualongeschäfte verschleiert. Das *LG Hamburg* (Urt. v. 4. 10. 1989, 5/89
KLs – 125 Js 162/88) verurteilte drei Angeklagte, die von 1,5 Millionen illegal in
der Schweiz hergestellten und eingelagerten Methaqualon-Tabletten (mit 405 kg
Methaqualonhydrochlorid) 250.000 Tabletten nach langjährigen Verhandlungen
per Paket und Koffer in die USA lieferten. Allein im Monat November 1990 stellten die indischen Behörden auf dem Flughafen Bombay 180 kg, 160 kg, 197 kg
und weitere 100 kg Methaqualon in Container sicher.

IV. Rechtsprechung zu Methaqualon

431 Das *LG Frankfurt* (StV 1988, 110) hat die nicht geringe Menge mit 400 Konsumeinheiten zu je 2,5 g = Menge zwischen 500 und 1.000 g Methaqualonbase
errechnet. Diese Mengenbestimmung dürfte im Vergleich zu den anderen Grenz-

wertbestimmungen des *BGH* zu hoch liegen. Eine andere Strafkammer des *LG Frankfurt* (StV 1988, 344) ging denn auch bei einem Grenzwert von 60 g Methaqualonwirkstoff von einer nicht geringen Menge aus. *Cassardt* (NStZ 1995, 261) schlägt 250 Konsumeinheiten à 2 g Methaqualonhydrochlorid = 500 g Methaqualonwirkstoff vor (vgl. § 29 a Rn. 84).

B. Methylmethaqualon

Ein Hobbychemiker hatte in den Jahren 1993/1994 Methyl-Methaqualon zum **432** Verkauf hergestellt und versucht, ein Methaqualon-Derivat zu produzieren, das weder dem BtMG, noch dem AMG unterliegen würde. Er nannte dies Drug-Design bzw. Pharmaforschung, weil er bemüht sei, unerwünschte Eigenschaften eines dem BtMG unterstehenden Betäubungsmittels (Methaqualon) zu reduzieren bzw. zu modifizieren. Methylmethaqualon war zur Tatzeit noch kein Betäubungsmittel. Der *BGH* kam jedoch zu dem Ergebnis, dass die sichergestellte Designerdroge ein Arzneimittel i. S. v. § 2 Abs. 1 Nr. 5 AMG darstellte (BGHSt. 43, 336 = = NStZ 1998, 258 = StV 1998, 136). Inzwischen wurde die Droge dem BtMG unterstellt (Anl. I).

C. Mebroqualon

Mebroqualon ist eine synthetische Methaqualon-Abwandlung, die zunächst mit **433** der 13. und später mit der 14. BtMÄndV v. 27. 9. 2000 befristet der Anl. I zum BtMG unterstellt wurde. Die unbefristete Unterstellung erfolgte durch die 15. BtMÄndV v. 19. 6. 2001.

D. Mecloqualon

Mecloqualon ist verwandt mit dem Methaqualon. Es handelt sich nach Anl. I **434** um ein nicht verkehrsfähiges Betäubungsmittel.

Kap. 8. Piperazin-Derivate

Übersicht

Aufgrund ihrer chemischen Struktur lassen sich Piperazin-Derivate in zwei **435** Gruppen unterteilen, in die **Benzyl-Piperazine** und die **Phenyl-Piperazine.** Die Gruppe der Piperazine wird von Pharmaherstellern zur Produktion von Antidepressivaarzneimitteln verwendet, z. B. zur Herstellung von **TRAZODON** und **NEFAZODON.** Die Piperazine haben ähnliche euphorisierende und halluzinogene Wirkungen und Suchtpotenziale wie bekannte Designerdrogen aus der Amphetaminreihe und werden zur Gesetzesumgehung des BtMG als Partydroge in illegalen Laboratorien hergestellt. Die Piperazin-Derivate, die in den USA der Überwachung unterliegen, **unterstehen in Deutschland zumeist nicht dem BtMG,** sind als Ausgangs- und Endprodukt im Chemikalienhandel erhältlich. Zum Teil werden die Piperazin-Derivate für die Arzneimittelherstellung genutzt. Sie werden aber auf dem illegalen Drogenschwarzmarkt und im Internet als **Partydroge,** bisweilen auch **unter der Bezeichnung Ecstasy in Tablettenform, in Kapseln, Pillen oder in flüssiger Form zum Verkauf angeboten.** Sie werden als **Lufterfrischer** oder **Badesalze** auf den Markt gebracht, um dadurch eine vermeintliche Legalität zu suggerieren (sog. „Legal Highs"; s. dazu auch Rn. 512 ff.). Bei einer unerlaubten Herstellung und unerlaubtem Handeltreiben kann sich der Produzent aber nach **§§ 95 Abs. 1 Nr. 1, Nr. 4, 96 Nr. 4 AMG** strafbar machen (vgl. § 95 AMG Rn. 18; *Patzak/Volkmer* NStZ 2011, 498). Die Piperazine unterliegen zurzeit in Deutschland nur hinsichtlich Benzylpiperazin (BZP) und meta-Chlorphenylpiperazin (m-CPP) betäubungsmittelrechtlicher Kontrolle. Der Sachverständigenausschuss für Betäubungsmittel nach § 1 Abs. 2 BtMG hat in seiner 36. Sitzung vom 6. 12. 2010 empfohlen, folgende Piperazin-Derivate in Anl. II aufzunehmen: **3-Trifluormethylphenylpiperazin (TFMPP), para-Fluor-phenylpiperazin (p-FPP)** und **Methylbenzylpiperazin (MBZP)**.

A. Meta-Chlorphenylpiperazin (m-CPP)

436   Meta-Chlorphenylpiperazin (m-CPP) hat nur geringe halluzinogene Wirkungen mit Glücksgefühlen und Wahrnehmungsveränderungen, führt aber zu heftigen Nebenwirkungen wie Depressionen, Angst- und Unruhezustände, Übelkeit und Erbrechen. **m-CPP**-Tabletten werden entweder als **„Multi-Colored-Tabletten"**, bunte oder gesprenkelte Tabletten, ohne szenetypisches Logo verkauft. Man nennt diese Pillen auch **„Arlequin"**, **„Regenboogje"**, **Schmetterlinge** oder **„Jenaer Smarties"** (da sie in der Region um Jena hergestellt und sichergestellt wurden). Oder man kopiert ECSTASY-Tabletten mit **m-CPP** und presst mit Tablettiermaschinen die Logos LACOSTE, ROLLS-ROYCE, MITSUBISHI, VERSACE, EURO, HEART, DIAMOND und APPLE ein und täuscht damit MDMA-haltige ECSTASY-Tabletten vor. Der Wirkstoff **m-CPP** unterlag bis 2007 weder betäubungsmittel- noch grundstoffrechtlichen Bestimmungen. Da der Handel mit **m-CPP** keinerlei betäubungsmittelrechtliche Einschränkungen erfuhr, war die Produktion von m-CPP stark begünstigt. Eine strafrechtliche Verfolgung des **m-CPP**-Handels nach den §§ 29, 29 a BtMG war nur möglich, wenn der Stoff als Betäubungsmittel angesehen, angeboten und verkauft wurde. Denn in diesen Fällen lag Betäubungsmittelverkaufswille vor. Verkaufte der Drogenhändler die m-CPP-Tabletten als nicht dem BtMG unterliegende Drogen, so konnte der **Handel** bis Februar 2007 je nach Zusammensetzung, nach **§ 95 Abs. 1 Nr. 1** oder **95 Abs. 1 Nr. 4 AMG** verfolgt und bestraft werden. Wusste der Verkäufer um die fehlende Betäubungsmitteleigenschaft und täuschte darüber den Käufer, so lag ein Fall des § 29 Abs. 6 BtMG vor.

437   Nachdem in verschiedenen Ländern Europas synthetische Drogen in Tablettenform aufgetaucht waren, die den Wirkstoff **m-CPP** enthielten, wurde eine Risikoanalyse durchgeführt und vom *BKA Wiesbaden* eine Unterstellung unter das BtMG gefordert. Nachdem die m-CPP-Tabletten-Sicherstellungen alarmierend zugenommen hatten, unterstellte schließlich der Verordnungsgeber mit der **20. BtMÄndV v. 14. 2. 2007 m-CPP** der Anl. II zum BtMG, sodass diese Designerdroge heute **ein Betäubungsmittel** darstellt. Das *LG Dresden* hat den Grenzwert für m-CPP wegen seiner dem MDMA ähnlichen Struktur bei 30 g m-CPP-Base (= 250 Konsumeinheiten zu je 120 mg) festgelegt (*LG Dresden* BeckRS 2008, 12528; so auch *LG Trier*, Urt. v. 6. 1. 2011, 8031 Js 16179/10.5 Kls; s. dazu auch § 29 a Rn. 86).

B. Benzylpiperazin (BZP)

438   Benzyplpiperazin (BZP) wurde durch die 21. BtMÄndV vom 1. 3. 2008 in Anl. II aufgenommen. Nach kombinierter Einnahme von **MDMA** und Benzylpiperazin **(BZP)** ist es in Deutschland zu einem Todesfall gekommen.

Kap. 9. Piperidin-/Pyrrolidin-Derivate

Übersicht

Zu den Piperidin-Derivaten zählen Substanzen, die aus der Chemikalie Piperi- **439** din gewonnen werden, z. B. das Phencyclidin (PCP), Eticyclodin (PCE), Rolicac- lidin (PCPy) oder Tenocyclidin (TCP). Piperdin selbst unterliegt lediglich dem GÜG. Pyrrolidin-Derivate werden aus Pyrrolidin hergestellt, z. B. das MPTP.

A. Methylphenyltetrahydropyridin (MPTP)

I. Substanz

MPTP ist ein toxischer Abfallstoff, ein Neurotoxin, ein Nervengift, das bei fal- **440** scher Synthese mehrerer synthetischer Drogen anfällt. MPTP kann im Körper nicht abgebaut werden, sondern sammelt sich als Giftdepot an in der substantia nigra (schwarze Masse) im Zentrum des Gehirns.

II. Wirkungen des MPTP

Bereits die erste Dosis MPTP lähmt im Gehirn Zellen, von denen die Bewe- **441** gung und Bewegungskoordination ausgehen und zerstört sodann unheilbar alle der Bewegung dienenden Hirnareale. MPTP führt zu einem Parkinson-Syndrom. Junge Menschen altern künstlich um Jahrzehnte und verfallen in eine innere Kälte und Bewegungsstarre. Je mehr von der substantia nigra im Gehirn zerstört ist, umso mehr verfällt der Mensch dem MPTP-Parkinsonismus. Auch das Medika- ment L-Dopa, das im Gehirn zu Dopamin umgewandelt wird, vermag hier nicht mehr zu helfen (*Sahihi*, SuchtR 2/1991, 15 ff.).

III. Rechtliche Einstufung

Methylphenyltetrahydropyridin (MPTP) untersteht als verbotenes, nicht ver- **442** kehrsfähiges Betäubungsmittel der Anl. I zum BtMG.

B. Phencyclidin (PCP)

I. Geschichte des PCP

Die Stammsubstanz der Phencyclidine ist das **Phencyclidin (PCP),** das erst- **443** mals **1926** synthetisiert wurde. **In den 50er Jahren** wurde das PCP in den USA als **Beruhigungsmittel für Tiere** entwickelt und später als **Narkosemittel und Analgetikum** bei chirurgischen Eingriffen bei Menschen getestet. 1956 wurde PCP als Anästhetikum in der Tiermedizin eingeführt. Später wurde PCP auch in der Humanmedizin erprobt, wegen seiner starken Nebenwirkungen wie Halluzi- nationen und Delirium aber aufgegeben. Die US-Herstellerfirma *Park-Davis & Co.* vertrieb die gut lösbare weiße Substanz seit 1963 unter dem Namen Sernyl, zog das Präparat jedoch bereits 1965 wegen gefährlicher Nebenwirkungen zurück.

Unter dem Namen Sernylan brachte der Hersteller 1967 den Stoff als veterinärme-
dizinisches Präparat erneut auf den Markt. Die Droge wurde verächtlich Hog genannt (High as a Dog). 1967 tauchte PCP erstmals als Straßendroge auf und wird
seitdem missbraucht als Rauschdroge. 1977 fand PCP bei den US-Streitkräften in
Deutschland eine Erprobung und Verbreitung. 1978 erfolgte in den USA ein gene-
relles Herstellungsverbot und der Bezug der für die Produktion notwendigen
Chemikalien **Piperidin** wurde erheblich erschwert. 1979 wurde in den USA die
legale Produktion von Phencyclidin eingestellt. In Deutschland wurde PCP nicht
legal auf den Markt gebracht. Seit 1982 ist Phencyclidin als nicht verkehrsfähiges
Betäubungsmittel in Anl. I dem BtMG unterstellt, obwohl bislang PCP-Sicher-
stellungen in der Bundesrepublik Deutschland selten waren.

II. Herstellung von PCP

444   Die Droge **PCP** ist leicht herzustellen. Mit Chemikalien und Gerät für wenige
hundert Euro kann man mehrere Liter PCP in einem Waschküchenlabor herstellen
und ca. 50.000 € verdienen. Nach dem Verbot von PCP schlossen Untergrundchemiker die Marktlücke und wandelten die Substanz PCP in zahlreiche Varianten um: **Roli-Cyclidin (CPy/PHP) = Phenyl-Cyclohexyl-Pyrrolidin, Teno-
Cyclidin (PCM) = Thenyl-Cyclohexyl-Piperidin (TCP)** und **Eti-Cyclidin =
Phenyl-Cyclohexylamin-Ethyl (PCE)** (s. dazu Rn. 450 ff.). Es wurde mit mehr
als 80 Phencyclidinen experimentiert, die alle eine extrem starke psychische Aktivität haben.

III. Verbreitung von PCP

445   PCP war von Anfang an eine der preiswertesten Drogen und wurde deshalb
auch **slum-drug** genannt. PCP ist von gelblicher oder grüner Farbe und riecht
wie Urin. Seit 1967 wird PCP in den USA und vereinzelt auch in Deutschland in
illegalen Laboratorien hergestellt und unter den verschiedensten Namen **(Peace-
pill = PCP, Engelsstaub, Angel's-dust, Hyper-dust, Star-dust, Magic-
wack, cool, peace-powder, star-tripper, Monkey Tranquilizer, Elefant
Tranquilizer)** als Pulver, Tabletten, Kapseln oder Ampullen in steigenden Mengen in der amerikanischen Drogenszene gehandelt und sichergestellt. Zigaretten,
Pilze und Gemüse werden mit PCP getränkt. Bisweilen wird PCP auch als Gas in
Spraydosen angeboten. 1 g PCP kostet nur 15 €. Eine PCP-Zigarette **(Lovelies)**
kostet 2 €. Angel's-dust gibt es in verschiedenen Drogenmischungen. Als **Space-
base** ist PCP kombiniert mit Crack. Es gibt auch mit PCP getränktes Marihuana.
In Deutschland hat PCP bislang eine sehr geringe Bedeutung.

446   Wegen seiner Nebenwirkungen hat PCP in der deutschen Drogenszene einen
schlechten Ruf, was auch in den Bezeichnungen **(„Unkrautvertilger", „Rake-
tenbrennstoff", „Affentranquilizer", „Engelsstaub", „Peace Pill"** und
„Wahnsinnsdroge") zum Ausdruck kommt.

IV. Konsumformen

447   Als weißes kristallines Pulver wird PCP geraucht, oral eingenommen oder geschnupft. Als reine Base ist es in Ampullen oder Kapseln abgepackt. Das Hydro-
chloridsalz wird aufgelöst und injiziert oder mit Tabak zum Rauchen vermischt. Es
ist gasförmig, flüssig, pulverisiert und tablettiert im illegalen Handel.

V. Wirkungen

448   Das vielfach als „Wahnsinnsdroge" bezeichnete PCP wirkt analgetisch, stimulierend, depressiv oder halluzinogen. Bei PCP kommt es zu einem kalten, unkontrollierten Rausch. Die PCP-Wirkung ähnelt bisweilen der LSD-Wirkung. Die Wirkung tritt bei oraler Einnahme nach 30 Minuten ein, beim Rauchen nach 2–3
Minuten, beim Injizieren sofort. Die Wirkung hält mehrere Stunden, bei Dauer-

konsum tagelang an. Die Wirkung ist wie bei allen synthetischen Drogen stark dosisabhängig, bei 5 mg stellen sich Euphorie, Enthemmung, Schwebe- und Glücksgefühle ein, die jedoch in Reizbarkeit, Apathie, Dysphorie und Depressionen umschlagen können. Bei 10 mg Konsumration lassen die Konzentrations- und Aufnahmefähigkeit erheblich nach. Es kommt zu Lähmungserscheinungen und Ohnmachtsanfällen. Bei 20 mg Konsumration wechseln Erregungs- und Erstarrungsschübe mit Gewalttätigkeiten, Halluzinationen und paranoiden Phasen (*Geschwinde*, 2007, Rn. 1119 ff.). Wird mehr als 20 mg konsumiert, besteht die Gefahr eines Tremors, Komas oder Todesfalles. Als Langzeitwirkungen sind schizophrenähnliche Psychosen, Horrortrips, Depressionen, Angstzustände, Aggressionen, Totschlag und Suizid bekannt.

VI. Rechtliche Einstufung von PCP

PCP stellt seit Anbeginn des BtMG 1982 ein verbotenes, in Deutschland nicht **449** verkehrsfähiges Betäubungsmittel dar. Der zur illegalen Herstellung von PCP erforderliche Grundstoff Piperidin wurde 1995 als Grundstoff dem Grundstoffüberwachungsgesetz (GÜG) unterworfen. 1992 wurde ein 35-Jähriger vom *LG Berlin* zu 6 Jahren Freiheitsstrafe wegen Herstellung, Handel und Abgabe der synthetischen Drogen Methadon und Phencyclidin (PCP) verurteilt. Zwei Freunde des Angeklagten waren nach Einnahme von PCP und Methadon gestorben.

C. Etycyclidin (PCE)

Auch das Phencyclidin-Derivat Phenyl-Cyclohexylamin-Ethyl (PCE) war eine **450** Designerdroge, die der Anl. I zum BtMG als verbotenes, nicht verkehrsfähiges Betäubungsmittel unterstellt wurde.

D. PCPr

Auch diese Cyclopyridin-Variante untersteht der Anl. I zum BtMG und ist ein **451** verbotenes, nicht verkehrsfähiges Betäubungsmittel (IUPAC: (1-Phenylcyclohexyl) (propyl)azan).

E. Rolicyclidin (PHP, PCPy)

Die Phencyclidin-Variante Rolicyclidin (PHP oder PCPy; IUPAC: 1-(1-Phe- **452** nylcyclohexyl)pyrrolidin)), die von Untergrundchemikern als Designerdroge entwickelt wurde, untersteht der Anl. I zum BtMG und ist im verbotenes, nicht verkehrsfähiges Betäubungsmittel. Das PCPy weist bei sonst gleicher Molekülstruktur wie PCP statt eines Piperidin- einen Pyrrol-Rest auf (*Geschwinde*, 2007, Rn. 1105).

F. Tenocyclidin (TCP)

Die Phencyclidin-Designerdroge Tenocyclidin (TCP oder PCM; IUPAC: 1-[1- **453** (2-Thienyl)cyclohexyl]piperidin), untersteht ebenfalls als verbotenes, nicht verkehrsfähiges Betäubungsmittel der Anl. I zum BtMG.

G. PPP

Das **PPP** (IUPAC: 1-Phenyl-2-(pyrrolidin-1-yl)propan-1-on) ist ein Piperidin- **454** Derivat bzw. ein Pyrrolidin-Phenon-Derivat. 1998 planten Untergrundchemiker die Produktion großer Mengen von PPP. Durch die 13. und durch die 14. BtMÄndV wurde PPP befristet dem BtMG unterstellt. Es ist heute als verbotenes und nicht verkehrsfähiges Betäubungsmittel der Anl. I zum BtMG seit dem 29. 9. 2000 unterstellt.

Kap. 10. Alkylindol-Gruppe

Übersicht

A. Dimethyltryptamin (DMT)

I. Substanz

DMT gehört zur Stoffklasse der **Tryptamine**. DMT wird in minimalen Men- **455** gen im menschlichen Nervensystem gebildet und hat eine wichtige Funktion als Neurotransmitter, als Botenstoff. Das DMT ist in zahlreichen südamerikanischen Pflanzen (Anandenanthera-, Mimosa-, Virola- und Banisteria-Pflanzen), im San Pedro-Kaktus, anderen Kakteen und in den Samen des Yopo-Baumes als Wirkstoff enthalten. 1931 wurde DMT erstmals als synthetische Substanz entwickelt. 1955 wurde DMT aus Pflanzenmaterial isoliert. In den 60er Jahren wurde DMT in den USA als kurz wirkendes Halluzinogen bekannt und als Modedroge verbreitet. Der Drogenguru *Alexander Shulgin* experimentierte mit DMT und beschrieb diese psychedelische Droge in seinem Untergrundwerk TIHKAL. DMT gibt es sowohl als Base als auch als Hydrochlorid. DMT ist nah verwandt mit dem Methoxy-Dimethyl-Tryptamin, mit dem Psilocybin und dem Psilocin.

II. Wirkungen des DMT

DMT gehört zu den Psychodelika, die nur kurze Zeit Wirkung entfalten. Das **456** DMT ist eine farblose, kristalline Substanz, die das Wahrnehmungsvermögen stark beeinträchtigt. Trotz seiner kurzen Wirkungsdauer von weniger als einer Stunde gehört DMT zu den stärksten Psychedelika. Der Rausch setzt schlagartig ein. Nach der Einnahme erlebt der Konsument eine Welt mit farbenprächtigen Bildern, ungewöhnliche Zukunftsvisionen, Bewegungen fremdartiger Wesen, insgesamt ein Feuerwerk von Eindrücken. Die Droge wirkt erotisierend. Euphorische Phasen können jedoch in disphorische Phasen umkippen. Das Hochgefühl und die Selbstüberschätzung kann in Aggressivität gegen sich und andere münden, in Kreislaufbeschwerden und Krämpfen enden.

III. Konsumformen

DMT kann durch Einnahme von Pflanzenmaterial in einem Joint geraucht wer- **457** den oder als vollsynthetische Droge geschnupft, aufgelöst, inhaliert oder gespritzt werden. Je nach Konsumform liegt die Dosis zwischen 20 und 100 mg.

IV. DMT-haltige Getränke

Seit Jahrhunderten wurde im brasilianischen Amazonasgebiet von Medizinern **458** und Schamanen zu Heilzwecken und Sakralritualen eine halluzinogene flüssige

Zubereitung von DMT benutzt. **1922** entwickelte sich in Brasilien eine **religiöse Bewegung „Santo Daime"**, die in diesem teeähnlichen **Drogen-Trank** mit Namen **Daime** oder **Ayahuasca** ein Sakrament sieht und sich inzwischen weltweit ausgebreitet hat. Das Wort Ayahuasca heißt Geisterliane und Daime heißt „Gib mir!" Das Getränk wird aus der tropischen Lianenart **Banisteriopsis Caapi** und dem Blattstrauch **Psychotria Viridis** mit den Wirkstoffen **DMT, Hamin** und **Harmalin** hergestellt. Das Getränk wird in Flaschen und Kanistern abgefüllt und weltweit von der Mutterkirche ausgeliefert. Es kommt deshalb immer wieder zu Sicherstellungen und Festnahme, da der Trank auch Kindern und Kranken verabreicht wird mit gesundheitlichen Zwischenfällen. In Deutschland gibt es Stimmen, die diese DMT-haltigen Getränke aus kulturellen-religiösen Gründen zulassen wollen.

V. Verbreitung von DMT

459 Zwar haben 1988 Rauschgiftfahnder in Deutschland ein DMT-Labor entdeckt. Die Verbreitung dieser Droge in Deutschland ist jedoch bislang gering, auch wenn sie in Zeitschriften vielfach dargestellt wird.

VI. Rechtliche Einstufung

460 DMT untersteht seit 1982 der Anl. I zum BtMG und ist damit ein verbotenes, nicht verkehrsfähiges Betäubungsmittel. Die Bedeutung dieser Droge hat aber in den letzten Jahren erheblich abgenommen. Aufgrund des 5. Spiegelstrichs der Anl. I zum BtMG sind DMT enthaltende Pflanzen, z.B. der Yopo-Baum, Betäubungsmittel, wenn diese dem Missbrauch dienen (s. § 2 Rn. 22).

VII. Exkurs: Windengewächse und Lianen (Convolvulaceae)

461 Unter den hunderten Arten von Windengewächsen und Lianen gibt es vorwiegend in Mittel- und Südamerika zahlreiche psychoaktive Gewächse, die z.T. auch Betäubungsmittelwirkstoffe enthalten. Diese stellen Betäubungsmittel i.S.d. BtMG dar, wenn sie in den Anl. I bis III genannte Wirkstoffe enthalten und zu Missbrauchszwecken verwendet werden sollen (5. Spiegelstrich der Anl. I, 1. Alt.), oder wenn sie – ohne solche Wirkstoffe zu enthalten – zu Missbrauchszwecken der Gewinnung bzw. Reproduktion von Stoffen mit in den Anl. I bis III genannten Wirkstoffgehalten dienen (5. Spiegelstrich der Anl. I, 2. Alt.; s. dazu im Einzelnen § 2 Rn. 5 ff.).

462 **1. Mexikanische Trichterwinde (Turbina corymbosa).** Die Mexikaner nutzten seit zwei Jahrtausenden das sog. **Schlangenkraut** (in der Sprache der Azteken grüne Schlange), eine Schlingpflanze mit pfeilförmigen Blättern und dunklen harten Samen **(Olio liuqui)**, als sakrale Droge für religiöse Zeremonien. Die Samen dieser Zauberwinde, die Lysergsäureamid enthalten, wurden aufgekocht und von den Priestern als Rauschtrank genossen. Das Ololiuqui-Getränk wurde aber nicht nur als Zauber-, Wahrheits- und Kultdroge, sondern auch als stimmungshebendes Aphrodisiacum und Heilmittel gegen Erkältungen, Magen- und Darmbeschwerden vielseitig verwendet. Falsche Dosierungen führen zu Bewusstlosigkeit und Verwirrtheitszuständen. Seit dem Mittelalter wird im Gebiet von Oaxaca die Turbina Corymbosa von Indianerstämmen als Haluzinogen benutzt. Die braunen Samen der Winde enthalten Lysergsäure.

463 **2. Südamerikanische Schlingpflanze (Ipomea violaceae).** Auch die schwarzen Samen der südamerikanischen Schlingpflanze Ipomea Violaceae Linné mit weißen oder violetten Blütenranken enthalten ebenfalls Lysergsäure. Diese Ranken werden nicht nur in den USA, sondern auch in Europa als Zierkletterpflanzen kultiviert unter dem Namen „Morning Glory".

464 **3. Lianen Ayahuasca, Banisteriopsis Caapi und Oco-Yage. a) Sortenvielfalt.** In den tropischen Wäldern Südamerikas wachsen zahlreiche Waldlianen

und Schlingpflanzen, die von den Indianern verarbeitet werden zu berauschenden Getränken, zum Wahrsagen, zu Heilzwecken, zum Genuss und zur Inspiration, aber auch zur Kontaktaufnahme mit den Göttern dienen. Die Eingeborenen nennen diesen Pflanzencocktail auch **Caapi, Kalu, Oco-Yage** und **Ayahuasca** oder kurz bezeichnet **Yag.** Dabei spielen folgende Pflanzen eine Rolle:

Es wächst dort zunächst eine bis zu 20 m lange stark verzweigte Waldliane mit 465 dem Namen Ayahuasca, in verschiedenen Stammessprachen auch Yahe, Jurema oder Natema genannt. Die Pflanze diente den Stämmen Südamerikas als Rauschdroge, als Kultgetränk, das während zeremonieller Handlungen konsumiert wurde. Die Blätter, die Wurzeln und der Stamm der indianischen Rauschpflanze enthalten vorwiegend Carbolin-Alkaloide wie das **Harmin, Banisterin** und das **Harmalin.** Die Rinde oder das Lianenholz der Pflanze wird aufgekocht, mit pflanzlichen Zusätzen versehen wie z. B. mit der artverwandten **Waldliane Oco Yage,** die den Wirkstoff **Dimethyltryptamin (DMT)** enthält, oder gemischt mit dem atropinhaltigen Nachtschattengewächs Brugmansia Suaveolens (Engelstrompete). Weitere Waldlianen sind die **Banisteriopsis Caapi** und **Banisteriopsis Inebrians,** die beide die Wirkstoffe **Harmin und Harmalin** enthalten. Es spielen ferner die psychoaktiven Urwaldpflanzen **Diplopterys Cabrerana, Psychotria Viridis, Passiflora, Brugmansia Suaveolens, Brunfelsia Grandiflora, Brunfelsia Chiricaspi** hier eine erhebliche Rolle. In Südamerika finden die verschiedensten Ayahuasca-Gemische und -Getränke nicht nur bei Schamanen, sondern auch bei der Bevölkerung im gesellschaftlichen Leben unter besonderen Ritualien Anwendung.

b) Wirkungen. Die Wirkung dieses berauschenden Getränkes hängt von der 466 Zusammensetzung und den Wirkstoffen des Getränkes, von der Menge, von der Zubereitung und Verfassung des Trinkenden ab. Der Trank führt nicht nur zu Berauschung und Erleben farbenprächtiger Visionen, sondern zu euphorischen und aggressiven Zuständen, vermittelt Gottesglaube, die Vorstellung von Schamanen, Krankheiten und Kriegsgefahren zu erkennen und überwinden zu können, die Vorstellung, wie eine Schlange oder ein Jaguar schwache Gegner überwältigen zu können. Ist ein Rauschpflanzenanteil falsch bemessen, so bewirkt **Ayahuasca** Übelkeit, Schwindel, Erbrechen und Fieber. Neben den **Yag- oder Ayahuasca-Rauschgetränken** wird die Rinde der Schlingpflanzen auch gekaut. Getrocknete Blätter und Stängel werden pulverisiert, geraucht und geschnupft. Andererseits sollen Pharma-Zubereitungen von Ayahuasca ohne DMT wie z. B. Pharmahuasca auch geeignet sein, Alkoholiker wirksam zu behandeln. 1985 sprach die brasilianische Regierung das Verbot des Ayahuasca-Konsumes aus, hob es jedoch zwei Jahre später wieder wegen Protesten in der Bevölkerung auf.

c) Rechtliche Einstufung. Enthält der Ayahuasca-Trank das in Anl. I zum 467 BtMG aufgeführte Dimethyltryptamin (DMT), unterliegen auch die Pflanzen und Pflanzenteile in bearbeitetem oder unbearbeitetem Zustand dem BtMG, wenn ein Missbrauch zu Rauschzwecken vorgesehen ist (Anl. I, 5. Spiegelstrich). Dies bedeutet, dass der Umgang mit DMT-haltigen Pflanzen zu Konsumzwecken ohne eine nach § 3 Abs. 2 BtMG erteilte Ausnahmegenehmigung verboten und strafbar ist. Die Zielsetzung des Umgangs zur medizinischen Behandlung oder drogenhaften Berauschung spielt für die Einstufung als Betäubungsmittel keine Rolle.

B. 5-Methoxy-DMT (5-MeO-DMT)

I. Substanz

Das **5-Methoxy-DMT** gehört wie DMT zur Stoffklasse der Tryptamine und ist 468 wie DMT in mehreren Pflanzen (**Anandenanthera-Bäume, Virola-Gewächse**) und Tieren auch als natürlicher Neurotransmitter im menschlichen Nervensystem enthalten. Es ist in einem milchigweißen Schleim enthalten, den die mexikanische Kröte **Bufo Avarius** und die amerikanischen Kröten **Bufo Marinus** und **Bufo Vulgaris** aus den Drüsen hinter ihren Ohren absondern (20–50 ml Sekret). Das

Krötensekret enthält neben **5-Methoxy-DMT** den psychoaktiven Wirkstoff **5-Hydroxy-NN-Dimethyl-Tryptamin (= Bufotenin)**, der aber nicht dem BtMG unterfällt. Bufotenin, das auch im gelben Knollenblätterpilz enthalten ist, hat eine starke halluzinogene Wirkung und führt zu erheblichen Wahrnehmungsveränderungen. Die psychedelische Wirkung des Krötenschleims ist bisweilen stärker als LSD. Es gibt in den USA eine Religionsgemeinschaft, die das Drüsensekret der Kröte als Sakrament betrachtet **(Church of the toad of light)**. Priester und Schamanen nutzen in Mexiko den Wirkstoff 5-Methoxy-DMT für Weissagungen und für den Kontakt mit den Göttern.

II. Konsumformen

469   Die Konsumenten lecken den Krötenschleim entweder von lebenden Kröten ab (Toad licking) oder rauchen den getrockneten Schleim.

III. Wirkungen der 5-Methoxy-DMT

470   5-Methoxy-DMT ist stärker wirksam als DMT und wird von den Konsumenten zu kultischen und psychedelischen Zwecken genutzt. Der Konsument erlebt beim Rauchen oder Inhalieren blitzartig Erleuchtungszustände und farbenprächtige Traumbilder und fühlt sich den Göttern nah.

IV. Verbreitung

471   Da mit dem Krötenschleim erhebliche Geschäfte gemacht werden können, werden diese Kröten in Massen gefangen, so dass sie manchenorts vom Aussterben bedroht sind. Vor allem in Südkalifornien, Texas, Georgia und Nord Mexiko machen Drogenhändler Jagd auf die Rauschkröten, um mit dem getrockneten Sekret Handel zu treiben.

V. Rechtliche Einstufung

472   5-Methoxy-DMT unterliegt der Anl. I zum BtMG, ist also ein verbotenes, nicht verkehrsfähiges Betäubungsmittel. Sowohl die Krötentiere als auch der Krötenschleim mit 5-Meo-DMT sind nach dem 5. Spiegelstrich der Anl. I Betäubungsmittel, sofern sie als halluzinogene Substanz missbräuchlich genutzt werden (s. dazu § 2 Rn. 43). Das Drüsensekret der in Deutschland lebenden Kröten **Bufo Bufo (Erdkröte)** und **Bufo Calamita (Kreuzkröte)** weist zu wenig Wirkstoff auf, um halluzinogene Wirkungen zu erzielen. Sie dürften deshalb als Betäubungsmittel ausscheiden.

C. alpha-Methyltryptamin (alpha-MT)

473   Bei dem alpha-Methyltryptamin handelt es sich um eine Abwandlung des DMT mit ähnlichen Wirkungen. Aufgrund der 4. BtMÄndV wurde das alpha-MT der Anl. I des BtMG unterstellt und ist ein verbotenes, nicht verkehrsfähiges Betäubungsmittel.

D. Etryptamin (alpha-Ethyltryptamin, ET)
I. Entstehungsgeschichte

474   Nachdem von DMT die 5-Methoxy und 2-Methoxy-Tryptamine entwickelt und synthetisiert worden waren, gelang eine Reihe weiterer Abwandlungen, die Ethyl-Tryptamine. Etryptamin war von 1960 bis 1962 als Wirkstoff in dem Antidepressivum **MONASE** enthalten. Das Präparat musste vom Markt genommen werden, nachdem Fälle von Agranulozytose, eine Bluterkrankung, nach Einnahme von MONASE festgestellt wurden. Nach Zunahme des Missbrauchs von Tryptamin-Derivaten hat das *BKA* die Unterstellung des Etryptamins unter das BtMG angeregt. 1991 veröffentlichten die Eheleute *Ann* und *Alexander Shulgin* ihr Werk

TIHKAL, The Continuation, eine **Untergrundbibel für Tryptamin-Liebhaber.** TIHKAL heißt: **Tryptamines, I Have Known And Loved.**

II. Wirkungen des ET

Während geringe Dosen Etryptamin enthemmend und euphorisierend wirken, **475** führen hohe Dosen zu Ruhelosigkeit und Halluzinationen. Während der Wirkungsdauer ist eine verstärkte Reaktion auf Alkohol und Barbiturate festzustellen. Es besteht die Gefahr der Hyperpyrexie (Überhitzung des Körpers). 1985 starb ein junger Mann, der 4 Kapseln Etryptamin eingenommen hatte, nach starkem Schwitzen und Krampfanfällen. In den folgenden Jahren wurden zwei weitere tödliche Vergiftungen mit Etryptamin bekannt.

III. Verbreitung

In der Drogenszene werden Etryptamin und N-Ethyl-Tryptamin abgefüllt in **476** Gelatinekapseln unter der Bezeichnung **„Love-Pills, Liebespillen, Happy-Pills"** angeboten. Die illegalen Etryptamin-Kapseln enthalten 180–340 mg Etryptaminacetat. Im März 1993 nahm die Kripo in Alzey einen illegalen Händler fest, der 550 Liebespillen und 80 g Etryptamin-Pulver zum Verkauf anbot.

IV. Rechtliche Einstufung

Aufgrund der 4. BtMÄndV wurde Etryptamin (alpha-Ethyltryptamin) der Anl. I **477** zum BtMG unterstellt und ist seit dem 23. 1. 1993 ein verbotenes und nicht verkehrsfähiges Betäubungsmittel.

E. Diethyltryptamin (DET)

Das Halluzinogen Diethyltryptamin **(DET)** wirkt ähnlich wie das DMT. Diethyl- **478** tryptamin untersteht als nicht verkehrsfähiges Betäubungsmittel der Anl. I zum BtMG und ist gleichermaßen gefährlich wie LSD. In geringer Dosis ist die Droge euphorisierend, bei höherer Dosis wirkt sie halluzinogen. Die Wirkungsdauer ist aber erheblich länger als bei DMT. Bei Langzeitkonsum kann es zu Krämpfen und Panikreaktionen kommen.

F. 5-Methoxy-N,N-diisopropyltryptamin (5-MeO-DIPT)

Dieses Tryptamin-Derivat mit ähnlicher Wirkung wie DMT wurde der Anl. I **479** zum BtMG unterstellt und ist seitdem ein verbotenes, nicht verkehrsfähiges Betäubungsmittel.

G. Psilocybin/Psilocin

I. Entwicklungsgeschichte

A. Hofmann stellte 1958 erstmals die in den Rauschpilzen enthaltenen Alkaloide **480** Psilocybin und Psilocin synthetisch her. Die Firma *Sandoz* in Basel brachte Psilocybin unter dem Namen **Indocyn** auf den Pharmamarkt. Bei Psilocybin handelt es sich um ein Di-Ethyl-Amino-Ethyl-Di-Hydrogenphosphat. Vollsynthetische Psilocybin-Homologe sind: **Phosphor-Oxy-Di-Ethyl-Tryptamin** (CEY19), **4-Hydroxy-Di-Ethyl-Tryptamin** (CZ-74), **Phosphor-Oxy-Di-Methyl-Tryptamin** (CY-39). Der Harvard-Professor *Timothy Leary* machte 1960 erste Erfahrungen mit Psilocybin-Pilzen. Er verlor 1963 seinen Lehrstuhl und ging auf Forschungsreisen.

II. Verbreitung des Psilocybins

Die Halluzinogene **Psilocybin und Psilocin** werden **synthetisch** hergestellt **481** und in der Arzneimittelproduktion verwendet. Sie sind als **weißes Pulver,** aber auch als **geruchlose Lösung** im legalen und im illegalen Drogenhandel erhältlich.

III. Wirkungen des Psilocybins

482   Die Wirkungen des Psilocybin ähneln den Wirkungen von LSD, aber sind nicht so intensiv. Psilocybin bewirkt keine körperliche Abhängigkeit.

IV. Rechtliche Einstufung

483   Sowohl das Psilocin als Di-Methyl-Amino-Ethyl-Indol als auch als Di-Ethyl-Amino-Ethyl-Indol als auch das Psilocybin als Di-Methyl-Amino-Ethyl-Indol-Dihydrogenphosphat als auch als Di-Ethyl-Amino-Ethyl-Indol-Dihydrogenphosphat unterliegen als verbotene, nicht verkehrsfähige Betäubungsmittel der Anl. I zum BtMG.

V. Nicht geringe Menge

484   Die nicht geringe Menge von Psilocin liegt bei 120 Konsumeinheiten zu 10 mg = 1,2 g Wirkstoff. Die nicht geringe Menge von Psilocybin liegt bei 1,7 g Wirkstoff (*BayObLG*, B v 21. 2. 2002 – 4 StRR 7/02 = StV 2003, 81; s. dazu auch § 29 a Rn. 95).

VI. Exkurs: Psilocybinpilze

485   **1. Entwicklungsgeschichte.** Halluzinogene Pilze hatten bei vielen Kulturvölkern eine große rituelle Bedeutung. Zahlreiche Völker Südamerikas und Südostasiens maßen den Pilzen mystische und dämonische Kräfte zu. Der südamerikanische Blätterpilz **Teonanacatl** enthält die halluzinogenen Wirkstoffe **Psilocybin** und **Psilocin**. Die Azteken nannten und verehrten diesen Pilz als Gottesfleisch, den nur die hohen Priester genießen durften, um mit den Göttern in Verbindung zu treten, um zu wahrsagen und um Kranke zu heilen. Der Teonanacatl-Pilzkult ist vermutlich mehr als 3.000 Jahre alt. Die mexikanischen Indios pflegen den Pilzkult teilweise auch heute noch, obwohl er von den christlichen Eroberern und Missionaren intensiv bekämpft worden war. Auch das altgermanische Bier (Met) enthielt neben dem Bilsenkraut Zauberpilze. Auch im Mittelalter wurden den Pilzen und Kräutern mystische und dämonische Wirkungen zugeschrieben. Die Isolierung und Identifizierung psychoaktiver Substanzen wie LDS, Mescalin und Psilocybin gelang 1958 *A. Hofmann* bei der Firma Sandoz nach Experimenten mit dem **Getreideschimmelpilz**, mit **Psilocybinpilzen** und **Peyotlkakteen**. *Timothy Leary* und *Aldous Huxley* machten ihre ersten Psilocybin-Erfahrungen. Anfang der 60er Jahre wurden verschiedene psychoaktive Pilze in der Psychoanalyse und Psychotherapie eingesetzt. Auch die Hippiebewegung experimentierte ab 1965 mit Rauschpilzen. In den USA wurde 1966 das Halluzinogen Psilocybin verboten. Psilocybin wurde in die Single Convention aufgenommen und 1971 in das deutsche BtMG.

486   **2. Bekannteste Psilocybe-Pilze.** Weltweit kennen wir ca. 150 Psilocybe-Arten, von denen aber nur die Hälfte halluzinogene Wirkungen haben. Die bekanntesten Psilocybinpilze, die teilweise wild gedeihen, teilweise in Pilzkulturen gezüchtet werden, heißen: Psilocybe mexikana (Teonanacatl-Pilz), Psilocybe semilanceata (der spitzkegelige Kahlkopf). Daneben gibt es folgende weitere Sorten von Psilocybe-Pilzen: Psilocybe azurescens, Psilocybe baeocystis, Psilocybe bohemica, Psilocybe Caerulescens, Psilocybe coprophila, Psilocybe cubensis, Psilocybe cyanescens, Psilocybe montana, Psilocybe serbica, Psilocybe stuntzii.

Für einen Pilzsammler besteht hohe Verwechslungsgefahr. So ist der Psilocybe Stuntzii schwer von dem hochgiftigen Nadelholzhäubling (Gallerina Marginata) mit dem Giftwirkstoff Amanitin zu unterscheiden.

487   **a) Psilocybe mexicana (Teonanacatl-Pilz).** Der Name dieses nur wenige Zentimer hohen südamerikanischen Blätterpilzes stammt aus der Sprache der Azteken (Teo = Gott, nacatl. = Fleisch) und hatte als sakrale Droge eine weite Verbreitung. Er enthält die Wirkstoffe Psilocybin und Psilocyn. Es entwickelte sich ein indianischer Pilzkult, der von der katholischen Kirche als Götzendienst bekämpft wurde. Der Pilz wird gegessen oder nach Trocknung Getränken beigemischt, als Genussmittel, Zaubermittel und Heilmittel vielfältig verwendet.

b) Psilocybe semilanceata (Spitzkegeliger Kahlkopf). Die häufigste Psilo-   488 cybe-Art Europas ist der **Psilocybe semilanceata** mit einem Psilocybingehalt bei 0,8–1% der Trockenmasse. Jugendliche, die mit Drogenpflanzen experimentieren, haben in Europa in den letzten Jahren besonders mit dem auch in Deutschland wachsenden spitzkegeligen Kahlkopf experimentiert.

3. Botanische und mykologische Einordnung der Pilze. So wie Samen   489 sich bei den Samenpflanzen bilden, bilden sich Sporen in den Lamellen des Fruchtkörpers. Pilze vermehren sich durch die Verbreitung von Sporen, die der Wind weiterträgt. Auf geeignetem Nährboden bildet sich ein weißliches Geflecht, das Mycel, das zum eigentlichen Pilzkörper heranwächst. Das Mycel ist ein weißes Fadengeflecht. Es kann unabhängig vom Pilz lange im Nährboden verbleiben und immer wieder neue Pilzkörper produzieren. Das Mycel verdichtet sich und wächst nach oben. Es bildet Fruchtkörper und Pilzhut. Der Pilzkörper der Psilocybinpilze bildet drei Tryptaminderivate, nämlich die Wirkstoffe **Psilocybin, Psilocin** und **Baeocystin.**

Bei den halluzinogenen Rauschpilzen in Form von Lamellen- und Blätterpilzen   490 (Agaricaceae) unterscheiden wir folgende Gattungen:

– Psilocybe (Kahlkopfpilze),
– Stropharia (Täuschling-Pilze),
– Conocybe Pilze (Samthäubchen),
– Panaeolus (Düngerlinge),
– Hypholoma (Schwefelköpfe),
– Gymnopilus (Flämmlinge),
– Pluteus (Dachpilze),

die zum Teil dem BtMG unterstehen und zum Teil nicht. Seit Ende der 90er Jahre erleben die Zauberpilze eine erneute Blüte. In Europa und den USA interessieren sich zahlreiche Freizeitmykologen, aber auch Drogenkonsumenten für halluzinogene Pilze. Von den bislang entdeckten 150 Psilocybe-Arten wirken mehr als die Hälfte halluzinogen. Daneben gibt es die Amanitaceae, die aber nicht dem BtMG unterstehen.

a) Stropharia-Pilze. Nur wenige Stropharia-Pilze (Träuschlinge) enthalten   491 ebenfalls den Wirkstoff Psilocybin. Am bekanntesten ist die Sorte **Stropharia cubensis (Magic Mushrooms),** die auch Psilocybe cubensis genannt wird. Der Versandhandel bietet Pilzaufzuchtboxen und weiteres Zubehör für diese Pilzgattung in großer Auswahl an. Diese Rauschpilze unterstehen dem BtMG, wenn sie Psilocybin enthalten und als Betäubungsmittel missbraucht werden sollen. So enthalten z.B. die Sorten **Stropharia aeroginosa** (der Grünspanträuschling), **Stropharia semiglobata** (der Halbkugelträuschling) und **Stropharia merdaria** (der Dungkahlkopf) kein Psilocybin und stellen deshalb auch kein Betäubungsmittel dar.

b) Conocybe- und Inocybe-Pilze. Die Gattung der Conocybe-Pilze (**Samt-**   492 **häubchen)** enthält ebenfalls mehr oder weniger den Wirkstoff Psilocybin. So z.B. die **Conocybe smithii** und **Conocybe siligineoides.** Die bekannteste Sorte ist der **Conocybe cyanopus** (das blaufüßige Samthäubchen).

Ähnlich den Conocybe-Pilzen sind die Inocybe-Pilze (Risspilze). Die psilocy-   493 binhaltigen Inocybe-Sorten **Inocybe aeruginascens** (der grünlich färbende Risspilz), **Inocybe caelestium** (der himmelbaule Risspilz), **Inocybe corydalina** (der grünscheitelige Risspilz), **Inocybe haemacta** (der grünrote Risspilz), können leicht mit hochgiftigen Sorten, die das Pilzgift Muscarin enthalten, verwechselt werden. Die Inocybe-Rauschpilze unterstehen nur dem BtMG, wenn sie Psilocybin enthalten und als Betäubungsmittel missbraucht werden sollen.

494   **c) Panaeolus-Pilze.** Zahlreiche Panaeolus-Pilze **(Düngerlinge)** enthalten die
Wirkstoffe Psilocyn, Psilocybin und Baeocystin, z. B. **Panaeolus africanus** (der
afrikanische Düngerling), **Panaeolus ater** (der schwarze Düngerling), **Panaeolus
Cyanescens** (der Falterdüngerling), **Panaeolus foenisecii** (der Heudüngerling),
Panaeolus papilionaceus = Panaeolus Campanulatus (der Glockendünger-
ling), **Panaeolus retirugis** (der runzelige Düngerling), **Panaeolus spinctrinus,
Panaeolus subbalteatus** (der dunkelrandige Düngerling).

495   Diese Pilzsorten enthalten nur wenig Psilocybin. Soweit psilocybinhaltige Pilze
als Betäubungsmittel missbräuchlich verwendet werden sollen, untersteht der Umgang mit ihnen dem BtMG.

496   **d) Hypholoma-Pilze.** Eine Sorte der Gruppe der Hypoloma-Pilze (die
Schwefelköpfe) enthält Psilocybin, so der einheimische **Hypholoma Cyanescens,**
der an verfallenden Baumstämmen wächst.

497   **e) Gymnopilus-Pilze.** Auch einige Sorten der Gymnopilus-Pilze (Flämmlinge) enthalten Psilocybin, wie der **Gymnopilus purpuratus** (der Purpur-
Flämmling) und **Gymnopilus aeruginosus** (der grünliche Flämmling).

498   **f) Pluteus-Pilze.** Auch die Pluteus-Pilze (die Dachpilze) besitzen psilocybinhaltige Sorten wie denn **Pluteus salicinus** (der graue Dachpilz).

499   **g) Amanitaceen (die Wulstlinge).** Unter die Familie der Amanitaceen ordnet
man ein:

– den **rotweißen Fliegenpilz** (Amanita muscaria),
– den **Königsfliegenpilz** (Amanita regalis),
– den **gelben Fliegenpilz** (Amanita formosa),
– den **Pantherpilz** (Amanita pantheria),
– der **Knollenblätterpilz** (Amanita phalloides),
– den **spitzkegeligen Knollenblätterpilz** (Amanita virosa),
– den **gelben Knollenblätterpilz** (Amanita citrina),
– der **porphyrfarbige Wulstling** (Amanita porphyria).

500   Die Amanita-Pilze enthalten die psychoaktiven Wirkstoffe Muscazon, Muscari-
din (Pilzatropin), Muscimol und Ibotensäure, die allesamt **nicht dem Betäubungsmittelgesetz unterliegen.**

501   Die **rotweißen Fliegenpilz** und die **Knollenblätterpilze** sind seit Jahrhunderten sakrale Drogen. Der insb. in asiatischen Kulturen und Religionen zum
Kontakt mit den Göttern genutzte Fliegenpilz ist kein Betäubungsmittel. Er wird
getrocknet, gegessen, mit Haschisch vermischt in einer Wasserpfeife geraucht,
aufgekocht und mit Sud getrunken. Der Konsum dieser sakralen Droge ruft Halluzinationen, bei falscher Dosierung schwere gesundheitliche Beschwerden bis zu
narkoseähnlichen Lähmungen, Kreislaufzusammenbruch, bisweilen sogar den Tod
hervor. Der Konsum von 10 Pilzen kann tödlich sein. Im Mittelalter galt der **Fliegenpilz** einerseits als **Glückspilz** und **Götterpilz,** andererseits als **Pilz des Teu-
fels,** Unterweltspilz und Donnerkeilpilz. Der Fliegenpilz wurde in vergangenen
Jahrhunderten als **Heilmittel,** gegen Herz- und Krampfleiden genutzt, aber auch
als **Tötungsgift.**

502   **h) Imprägnierte Speisepilze.** Von den Pilzen, die Betäubungsmittelwirkstoffe
enthalten, sind die Pilze zu unterscheiden, die grundsätzlich absolut unschädlich
sind, aber durch Imprägnierung mit Rauschgiften zum Träger von Betäubungsmit-
telwirkstoffen werden. So werden bisweilen nicht nur der in Asien verbreitete
Speisepilz **SHII TAKE-Pilz** oder der **Wolkenohr-Pilz** (WAN TEE), sondern
auch übliche Speisepilze mit Lysergsäure-Di-Ethylamid (LSD) imprägniert und als
LSD-Träger verkauft. Diese Pilze stellen Betäubungsmittel dar.

503   **i) Rauschgift-Killerpilze.** Es gibt nicht nur Pilze, die Betäubungsmittelwirkstoffe enthalten, sondern auch Pilzgattungen, die Rauschgiftpflanzen zerstören. So
vernichtet die Pilzgattung **Aspergillus** die Blätter und Wurzeln der Cocapflanze.
Der parasitische Pilz **Pleospora papaveracea** vernichtet Schlafmohnkulturen.

4. Anbau von Psilocybe-Pilzen. Die psilocybinhaltigen Pilze werden ge- 504
sammelt oder illegal in Keller- und Zimmerkulturen in Petrischalen mit Agrar-
nährboden gezüchtet. Über Kleinanzeigen, Drogenzeitschriften und Head-Shops
konnten die Pilzbasidiosporen und das gesamte Anbauzubehör überwiegend bis
2008 bei niederländischen Firmen erworben werden. Seit dem 1. 12. 2008 ist aber
auch in den Niederlanden der Umgang mit Psilocybinpilzen verboten Die gezüch-
teten Pilze werden getrocknet und später aufgekocht. Psilocybin und ähnliche
Wirkstoffe machen etwa 0,01–0,1% des Pilzfrischgewichtes oder 0,1–1% des Tro-
ckengewichtes aus.

5. Handelsformen. Die halluzinogenen Pilze, vornehmlich die vier Sorten 505
Psilocybe semilanceata, Psilocybe cyanescens, psilocybe cubensis und
Panaeolus Cyanescens sind frisch und getrocknet im illegalen Handel.

5 g getrocknete **Psilocybinpilze** je nach Qualität und Sorte für etwa 2 Rausch- 506
erlebnisse (= entspricht 50 g frische Pilze) werden auf der Straße oder per Versand
für 30 € verkauft.

In verlockender Weise wird auch für **komplette Pilzanbausortiments** (Pilz- 507
mycel, Anbauzubehör, Anbauanleitung) geworben, wonach jeder Besteller ganz
einfach zu Hause sich Rauschpilze ziehen kann. Die rechtlichen Erläuterungen der
Hersteller sind zunächst zumeist falsch, wonach die Anbausortimente frei gehandelt
werden dürften, weil die Mycelien und Sporen noch keine Betäubungsmittelwirkstoffe enthielten. Tatsächlich unterliegen die Myceline und Sporen auch dem
BtMG (s. dazu § 2 Rn. 38).

Eine weitere ungewöhnliche Vertriebsform ist der Handel mit in **Duftkissen** 508
verpackten Psilocybinpilzen. Die Pilzkissen werden wegen ihres angeblichen
Wohlgeruchs verkauft, aber eindeutig zum Verzehr gekauft. Die Händler weisen
darauf hin, dass es in Deutschland seit dem 1. 2. 1998 verboten sei, Psilocybinpilze
(Stropharia cubensis, Copelandia cyanescens) zum Konsum zu verkaufen und zu
lagern. Solange die Pilzkissen aber zugenäht blieben und nur zur Duftverbreitung
und zur Schlafförderung verkauft und genützt würden, sei dies unbedenklich. Wer
die Säckchen aber öffne zum Pilzkonsum oder Pilzverkauf, könne sich einem
Strafverfahren aussetzen. Diese Art von Warnung wirkt sich dabei als besondere
Werbung für die Produkte aus, weil sie dem illegalen Besteller neben den Betäubungsmitteln auch noch die Schutzbehauptung mitliefert. Pilzhändler, die derartige Erläuterungen geben, sind sich der Strafbarkeit ihres Verhaltens voll bewusst
(s. dazu auch § 2 Rn. 41).

6. Konsum von Psilocybinpilzen und die Wirkungen. Auch in der Bun- 509
desrepublik gedeihen psilocybinhaltige Pilze wie z. B. der **Heudüngerling** und der
Glockendüngerling auf Heu, Wiesen, Wald- und Humusböden. Die psilocybinhaltigen Pilze werden von Drogenkonsumenten gesammelt, getrocknet und auf
verschiedene Art konsumiert, wie z. B. roh gegessen, als Tee aufgekocht und getrunken, mit Tabak oder Betäubungsmittel vermischt geraucht. Die frischen Pilze
müssen schnellstmöglich verzehrt werden. Bei frischen Pilzen besteht die Gefahr,
dass sich das Pilzeiweiß schnell zu gefährlichen Toxinen zersetzt, dort Schimmel-
pilze entstehen, die wiederum krebserzeugende Aflatoxine bilden. Frische Pilzen
werden im Kühlschrank aufbewahrt und wenigen Tagen mehrere Stunden im
Backofen getrocknet, um sie dann an einem trockenen Ort zu lagern. Die halluzinogenen Wirkstoffe der Rauschpilze gelangen über den Magen und den Verdau-
ungstrakt in den Körper. Der Psilocybinkonsum wird rauschartig erlebt. Um einen
Rausch von 4–6 Std. zu erleben, muss man mindesten 10 g frische Pilze oder 2 g
getrocknete Pilze zu sich nehmen. In der Wirkung sind **Psilocin** und **Psilocybin**
dem **LSD** sehr ähnlich. Psilocin gehört wie Mescalin und LSD und MDMA zu
stark wirksamen Halluzinogenen. Psilocybin und Psilocin verursachen schon bei
Konsum von 4–10 mg einen Rauschzustand, erschaffen **Euphorie, Glücksgefühl, Halluzinationen, erotische Gefühle, genussvolles Erleben von Raum,
Zeit und Musik.** Bei Substanzmissbrauch stellen sich aber auch **Gewalttätigkeiten, Hemmungslosigkeit, Angstgefühle, Depressionen, Delirium, Bewusst-**

losigkeit ein. Bei Wirkstoffmengen von erheblich mehr als 10 mg treten Bewusstseinsstörungen und Kreislaufbeschwerden und bisweilen lebensgefährliche Lähmungen auf. Die höchste therapeutische Dosis lag bei 60 mg. Horrortrips von
psychisch labilen Menschen und unkalkulierte Überdosen können zu Verwirrtheitszuständen und Psychosen führen.

510   **7. Rechtliche Einstufung in Deutschland.** Die halluzinogenen Wirkstoffe
von Rauschpilzen und Rauschkakteen LSD, Mescalin und Psilocybin wurden im
Einheits-Übereinkommen von 1961 geächtet und der Umgang mit ihnen in den
nationalen Betäubungsmittelgesetzbüchern mit Strafe bedroht. Da in den Anlagen
zum deutschen BtMG aber nur die Pilzwirkstoffe Psilocybin und Psilocin, nicht
die Pilze betäubungsmittelrechtlichen Regelungen unterstanden, war in Deutschland der Handel mit Rauschpilzen bis 1998 solange straffrei, als die Wirkstoffe
nicht extrahiert wurden. Nachdem 1998 durch die 10. BtMÄndV am Ende der
Anl. I zum BtMG eine Generalklausel eingefügt wurde, wonach Pflanzen und
Pflanzenteile in bearbeitetem oder unbearbeitetem Zustand mit in dieser oder
einer anderen Anlage aufgeführten Stoffen Betäubungsmittel sind, sofern sie als
Betäubungsmittel missbräuchlich verwendet werden sollen, begann eine Diskussion, ob denn Pilze Pflanzen seien und ob mit der verbotenen Verwendung sowohl
Konsum als auch Anbau gemeint seien (s. dazu § 2 Rn. 39). Mit der am 18. 3.
2005 in Kraft getretenen 19. BtMÄndV nahm der Gesetzgeber in den 5. Spiegelstrich den Begriff „Organismen" auf der auch die Pilze umfasste. Mycelien, Sporen
und Zellkulturen **in sog. Zauberpilz-Sortimenten oder Anbauboxen** stellten
erst durch die 15. BtMÄndV v. 19. 6. 2001 **Betäubungsmittel der Anl. I** dar,
weil sie zur Gewinnung von Psilocybinpilzen geeignet und sie zum Missbrauch zu
Rauschzwecken vorgesehen sind. Mit Änderung des § 2 durch Gesetz vom 23. 7.
2009 sind Pilze sowie ihre Teile und Bestandteile (Mycelien, Sporen und Zellkulturen) nun ausdrücklich Stoffe i. S. d. BtMG (s. § 2 Rn. 38).

511   **8. Irrtum über die Rechtslage.** Ein Verbotsirrtum ist vermeidbar, wenn die
Beschuldigten bei Anwendung der gesteigerten Erkundigungspflicht nach ihren
persönlichen Fähigkeiten und Kenntnissen die Einsicht in die Unrechtmäßigkeit
ihres Handels mit psilocybinhaltigen Rauschpilzen hätten gewinnen können. Wer
wie die niederländischen Versandhändler und deren Internetkundschaft nach der
alten Rechtslage vor dem 1. 12. 2008 (s. Rn. 504) eine gesetzliche Regelung spitzfindig unter Ausnutzung vermeintlicher Regelungslücken zu unterlaufen versuchte, durfte dabei bezüglich der Erlaubtheit des Handels nicht auf Mindermeinungen
oder vom allgemeinen Sprachgebrauch abweichende, rein fachwissenschaftliche
Begriffsdefinitionen vertrauen und eindeutige Gesetzesmaterialien und Kommentarerläuterungen außer acht lassen (*Berlin* JR 1977, 379; BayObLGSt. 2002, 135 =
NStZ 2003, 270).

H. JWH-Alkylindole

I. Entstehungsgeschichte

512   Bei den JWH-Produkten handelt es sich um Aminoalkylindole, die von Prof.
Dr. *John W. Hufmann*, auf dessen Namen auch die Bezeichnung JWH zurückgeht,
von der *Clemon University* in den USA seit 1989 zur medizinischen Behandlung
von Schmerz- und Krebspatienten erforscht werden (vgl. *Hufmann* u. a. Bioorganic
& Medicinal Chemistry Letters 2005, 4410). In Deutschland sind die JWH-
Alkylindole seit Ende des Jahres 2008 bekannt, als JWH-018 als Beimischung
in Kräutermischungen mit dem Namen „Spice" festgestellt wurde (s. dazu auch
Stoffe/Teil 1, Rn. 101).

II. Wirkungen

513   Die JWH-Alkylindole reagieren im menschlichen Körper an Cannabisrezepto-
ren, wodurch die Wirkweise dieser Verbindungen der des natürlichen Cannabis-

wirkstoffs THC ähnlich ist. Teilweise ist die Wirkung auch stärker, so z.B. bei
JWH-210, das bis zu 100mal stärker wirken soll als THC. Die psychotropen Effekte sind variabel und stark abhängig von der Dosis, der Erwartungshaltung, der Erfahrung sowie der Konsumsituation. Zu den typischen Wirkungen gehören z.B.
eine gehobene Stimmung bis hin zur Euphorie („High"-Gefühl) mit subjektiv
gesteigerten Sinneswahrnehmungen. Phasen gesteigerten Antriebs können mit
Schläfrigkeit, Apathie und Lethargie abwechseln. Insbesondere bei hohen Dosen
kann es zu unerwünschten Emotionen wie Dysphorie („Bad Trip"), Angst, Halluzinationen und Depersonalisierungserlebnissen, akuten Panikreaktionen bis hin
zum toxischen Delirium mit Desorientierung, Verwirrtheitszuständen und Gedächtnisverlust kommen.

III. Rechtliche Einstufung

Erstmals wurde JWH-018 im Jahr 2008 in der Kräutermischung „Spice" nach- **514**
gewiesen und sodann durch die 22. BtMÄndV vom 22. 1. 2009 (BGBl. I, S. 246)
per Eilverordnung für ein Jahr befristet der Anl. II unterstellt. Es dauerte jedoch
nicht lange, bis in Nachfolgeprodukten mit anderen Namen, z.B. „Bombay-Blue",
weitere synthetische Cannabinoide wie etwa JWH-019 und JWH-073 gefunden
wurden. Durch die 24. BtMÄndV vom 18. 12. 2009 (BGBl. I, S. 3944) erfolgte
daher neben der dauerhaften Unterstellung von JWH-018 auch die Aufnahme von
JWH-019 und JWH-073 in Anl. II. Diese Entwicklung setzt sich fort: Vornehmlich Hersteller aus China bringen weiterhin systematisch neue synthetische Wirkstoffe auf den Markt, z.B. JWH-120, JWH-122, JWH-210, JWH-250, die in
Deutschland in Produkten wie „Lava Red" oder „Monkees go Bananas" vertreiben
werden. Der Sachverständigenausschuss für Betäubungsmittel hat dieser Entwicklung Rechnung getragen und in seinen Sitzungen am 3. 5. 2010, 6. 12. 2010
und 2. 5. 2011 empfohlen, auch folgende Substanzen in Anl. II aufzunehmen (www.bfarm.de): JWH-007, JWH-015, JWH-081, JWH-122, JWH-203,
JWH-200, JWH-210, JWH-250, JWH 251, 1-Adamantyl(1-pentyl-1 H-indo-3yl)-
methanon [das Adamantyl-Derivat von JWH-018], AM 694 und RCS-4.

Sofern einer der Inhaltsstoffe der „Legal High"-Produkte dem BtMG unterstellt **515**
ist, bestimmt sich die Strafbarkeit nach den **§§ 29 ff. BtMG**, also je nach Begehungsform z.B. als unerlaubter Erwerb seitens des Käufers oder unerlaubtes (gewerbsmäßiges) Handeltreiben seitens des Verkäufers. Der Einwand des Käufers,
sich auf die Angaben des Verkäufers verlassen zu haben, das Produkt enthalte keine
illegalen Substanzen, kann nicht durchdringen, da auch der **fahrlässige Erwerb
nach § 29 Abs. 4 BtMG** strafbar ist. Der Käufer muss sich nämlich entgegen
halten lassen, er hätte wegen des hohen Preises (der Grammpreis liegt in der Regel
bei etwa 10,– Euro) und wegen der von ihm gewünschten Rauschwirkung jedenfalls damit rechnen müssen, dass in dem von ihm gekauften Produkt auch Stoffe
enthalten sind, die dem BtMG unterliegen (so auch *AG Prüm,* Urt. v. 18. 8. 2011,
8031 Js 5084/11). Das *LG Ulm* hat die nicht geringe Menge des Aminoalkylindols
JWH-018 bei 1,75 g (= 350 Konsumeinheiten à 5 mg) festgelegt (s. dazu § 29 a
Rn. 77 a). Angesichts der unterschiedlichen Wirkweisen der Aminoalkylindole
dürfte dieser Grenzwert nicht ohne Weiteres auf andere JWH-Alkylindole zu
übertragen sein (s. auch *Patzak/Volkmer* NStZ 2011, 498).

Falls die Produkte keine dem BtMG unterstellten Inhaltsstoffe enthalten, ist der **516**
Erwerber zum Eigenkonsum weder nach dem BtMG noch nach dem AMG Straf-
bar. Beim Verkäufer dagegen kommt einer Strafbarkeit nach **§§ 95, 96 AMG** in
Betracht, da die „Legal Highs" regelmäßig als **bedenkliche Arzneimittel** im
Sinne des § 5 Abs. 2 AMG einzustufen sind (vgl. § 95 AMG Rn. 18; *Patzak/
Volkmer* NStZ 2011, 498). Der häufig anzutreffende Einwand, nicht gewusst zu
haben, dass das Erzeugnis ein Arzneimittel darstellt, zwingt jedenfalls nicht zur
Annahme eines den Vorsatz ausschließenden Tatbestandsirrtums, weil die Importeure und Händler die rauscherzeugenden Wirkungen der betreffenden Erzeug-
nisse und die Gebrauchs- und Anwendungsgewohnheiten ihrer Kunden nur zu gut

kennen. Es liegt allenfalls ein Verbotsirrtum vor, der jedoch gem. § 17 StGB vermeidbar ist.

I. Lyserg–Säure–Diäthylamid (LSD)

I. Entwicklungsgeschichte von LSD

517   LSD ist das stärkste bekannte Halluzinogen. LSD wurde aus einem parasitischen Pilz des Getreidekorns (Claviceps purpurea = Mutterkorn) entwickelt. Der Schlauchpilz (Mutterkornpilz) ist ein Schmarotzerpilz, der Getreide, vor allem Roggen, aber auch Wildgräser befällt. Der Mutterkornpilz enthält verschiedene Alkaloide, u. a. **Ergometrin** und **Ergotamin** und die **Lysergsäure.** Hebammen bevorzugten früher das Mutterkorn als Mittel zur Verstärkung der Wehen. Diese Wirkung gab dem Pilz auch den Namen. Während der Wirkstoff Ergometrin zur Kontraktion der Gebährmutter eingesetzt wurde, wurde Ergotamin als Migränemittel genutzt.

518   In den Laboratorien der pharmazeutischen *Fa. Sandoz* gelang **Stoll** 1918 die Reindarstellung des Ergotamins. *Jacob* und Mitarbeiter erzielten 1934 die Reindarstellung der Lysergsäure. In der Folgezeit wurden weitere Mutterkornalkaloide isoliert. In den Laboratorien der Schweizer Firma Sandoz entdeckte dann 1938 **Dr. Albert Hofmann** die Verbindung von Lysergsäure und Diäthylamid zum Lysergsäurediäthylamid, die die Laborbezeichnung LSD 25 erhielt. Erst am 19. 4. 1943 entdeckte *Dr. Hofmann* durch Zufall in einem Selbstversuch die halluzinogenen Wirkungen des LSD. Die Eintragungen in seinem Laborjournal für diesen Tag lauteten wie folgt (s. dazu *Hofmann*, LSD – mein Sorgenkind, 2007, S. 28 f.):

> „19.IV./16.20:   0,5 cc. von ¹/₂-promilliger wässeriger Tartrat-Lösg. v.
>   Diäthylamid peroral = 0,25 mg Tratrat. Mit ca. 10 cc W.
>   verdünnt geschmacklos einzunehmen.
>   17.00:   Beginnender Schwindel, Angstgefühl, Sehstörungen.
>   Lähmungen, Lachreiz.
>
> Ergänzung
> am 21.IV   Mit Velo nach Hause. Von 18 – ca. 20 Uhr schwerste Krise.“

519   Wegen der Fahrt von *Dr. Hofmann* am 19. 4. 1943 mit dem Fahrrad feiern LSD-Anhänger diesen Tag auch als „Bicycle Day“. Zunächst dachte man daran, die Droge als Kreislaufstimulanz einsetzen zu können. LSD 25 fand jahrelang in der Psychotherapie Anwendung. 1949 kam LSD nach Amerika und wurde dort von der *Fa. Sandoz* bis 1966 unter dem Namen **DELYSID** zur psychotherapeutischen Behandlung vertrieben. 1967 wurde LSD 25 in den USA, außer zu therapeutischen Zwecken, verboten und unter Strafe gestellt. LSD wurde wegen der ungewöhnlichen psychedelischen Erlebnisse und wegen des Farbenrausches seit 1962 zur geheimnisvollen Wunderdroge der psychedelischen Bewegung des Psychologie-Professors und Wanderpredigers **Timothy Leary.** Studenten und Künstler konsumierten die Droge zur Bewusstseinserweiterung. Wegen angeblich LSD-beeinflusster Todesfälle wurde Lysergsäurediäthylamid in den USA 1966 auf die Liste der verbotenen Substanzen gesetzt. Gleichzeitig betrieben *FBI* und *CIA* jedoch LSD-Forschungen mit Soldaten und Nervenkranken. Bereits 1967 wurde LSD auch in Deutschland durch die 4. BtM-GleichstellungsVO dem damaligen OpiumG unterstellt. Die halbsynthetische chemische Verbindung LSD gehört nach Anl. I zu § 1 Abs. 1 BtMG zu den nichtverkehrsfähigen Betäubungsmittel. Auch der Mutterkornpilz stellt ein Betäubungsmittel dar, wenn er zu Rauschzwecken missbraucht werden soll (5. Spiegelstrich der Anl. I, s. dazu § 2 Rn. 22).

II. Verbreitung von LSD

520   Der Konsum von LSD erreichte in der Bundesrepublik nie die Verbreitung wie in anderen Ländern. Dennoch wurden in der Bundesrepublik 1983 immerhin 71.848 LSD-Trips sichergestellt. Die Sicherstellungszahlen in der BRD nahmen in der Folge jedoch – abgesehen von gewissen Schwankungen – von Jahr zu Jahr ab (*BKA*, Jahreskurzlage Rauschgift 2009 und 2010):

LSD-Sicherstellungen in Deutschland		
Jahr	**Fälle**	**Mengen**
2000	510	43.924
2001	289	11.441
2002	158	30.144
2003	149	34.806
2004	191	40.638
2005	228	16.558
2006	205	12.488
2007	236	10.525
2008	243	12.875
2009	237	20.705
2010	216	4.279

Heute wird LSD illegal und synthetisch gewonnen. LSD ist eine farb-, ge- **521** schmack- und geruchlose Substanz, die sowohl als Flüssigkeit als auch als Pulver (Tabletten, Kapseln oder Trips) gehandelt wird. Wichtigster Grundstoff für die illegale LSD-Herstellung ist das frei käufliche **ERGOTAMINTATRAT**. ERGO-TAMINTATRAT wird auf dem grauen Drogenmarkt zu hohen Preisen gehandelt und für die illegalen LSD-Labors aufgekauft. Das überaus starke Halluzinogen Lysergsäurediäthylamid gibt es in Deutschland nur im illegalen Drogenhandel. Da LSD wasserlöslich ist, wird es auch in Form wässriger Lösungen angeboten. In geheimen LSD-Laboratorien werden auf Zucker, Löschpapier und Tabletten (so-genannte Träger) winzige Mengen LSD-Lösung geträufelt und als buntgefärbte Trips verkauft.

Die **Markenzeichen der Trips** sind zumeist bekannte **Comic-Figuren** wie **522** Donald Duck, Bart Simpson, E. T., Batman, Superman, Smiley, Turtles, oder der Rosarote Panther. Es gibt aber auch zahlreiche **politische Motive** wie: Gorba-chev, Saddam Hussein, Chinese Dragon, Euro Star, Red Star, Star Wave, Peace.

III. Wirkungen des LSD

LSD führt zwar nicht zu körperlicher Abhängigkeit, aber zu unterschiedlich **523** starker psychischer Abhängigkeit und Toleranzbildung. Die Halluzinogenwirkun-gen des LSD-Rausches sind explosionsartig und ungleich stärker als beim Ha-schischgenuss. Es stellen sich farbenprächtige Superkinostereoeffekte, euphori-sche Gefühlswallungen ein, die umschlagen können in heftigste Wahnvorstel-lungen, panikartige Ängste, Depressionen bis zu Selbstmordversuchen (vgl. *Hamm* NJW 1975, 2252; *BGH* StV 1981, 180).

Der Konsum einer LSD-Dosis von 20–50 Mikrogramm (= 0,02–0,05 mg) führt **524** zu einem allmählich einsetzenden Rauschzustand, der in mehreren Phasen abläuft (*Täschner*, 1985, S. 35: s. auch *Geschwinde*, 2007, Rn. 390 ff.): **1. Das Initialstadi-um** (15–45 Minuten-Schwindel, Angstgefühle, Temperaturerhöhung), **2. Rausch-phase** (1–8 Stunden – psychedelische Effekte, Pseudohalluzinationen, Desorientie-rung, beglückender Zustand ästhetischen Hochgenusses und intuitiver Kraft, farbenprächtige Wahrnehmungsverzerrungen) **3. Erholungsphase, 4. Nachwir-kungsphase** (Depressionen, Erschöpfung).

525 Der LSD-Konsum kann zu psychischen und physischen Komplikationen führen. Der LSD-Konsum kann nicht nur beglückende Wahrnehmungen hervorrufen, sondern auch aggressives Verhalten (Agitation, Unruhe, paranoides Erleben, Depressionen, Ängste, Sprachstörungen, Schwindel und Schwächegefühle). Der sog. **Horrortrip (Bad Trip)** ist als **atypischer Rauschverlauf** gefürchtet. Der LSD-Konsument erlebt angstbetonte, quälende und bedrohliche Ereignisse wie Krankheit, Tod, Krieg, Vernichtung, Schmerzen, Verfolgung und Verhaftung. Viele LSD-Konsumenten berichten über einen Nachrausch **(Flash Back, Echopsychosen).** Der LSD-Konsum führt zur Halluzinogenabhängigkeit, die durch psychische Abhängigkeit und Toleranzbildung mit mäßig ausgeprägter Dosissteigerung gekennzeichnet ist. Beim Absetzen des Stoffes werden aber keine körperlichen Entzugserscheinungen beobachtet. Der Drang, den LSD-Konsum fortzusetzen, bleibt indes bestehen.

IV. Gewaltdelikte und der LSD-Rausch

526 Die Wirkungen des LSD, die ca. 45 Minuten nach der Einnahme einsetzen und **8–12 Stunden andauern,** können zu Angstmomenten, zu Halluzinationen und **Horrortrips** mit **grotesken Verzerrungen** führen. Bisweilen werden **Angriffe von Hexen, Teufeln und Bestien** erlebt, die man glaubt **vernichten** zu müssen. So kommt es bisweilen unter LSD-Einfluss zu **schrecklichen Gewaltakten und Morden.**

V. Soziokulturelle Einflüsse von LSD

527 Zahlreiche Autoren, Maler und Musiker haben mit LSD experimentiert und ihre Erfahrungen beschrieben, illustriert oder musikalisch umgesetzt. Die Pop- und Rockmusik **(Beatles, Birds),** die bildende Kunst (eines Andy **Warhol**), Filme wie **Easy Rider, Barbarella, Flash Back** und Musicals wie **Hair** und die Rockoper **Tommy** sind von der psychedelischen Bewegung stark beeinflusst worden. Der ehemalige Harvard-Dozent *Timothy Leary,* der in den 60er Jahren mit Psychedelika wie LSD experimentierte und unter den Studenten und Blumenkindern zum LSD-Propheten und visionären Philosophen avancierte, wurde vom amerikanischen Präsidenten *R. Nixon* zum Volksfeind der USA erklärt, der die Gesellschaft vergifte und bedrohe. Wegen zweier Marihuanajoints wurde er zu 30 Jahren Haft und einer Geldstrafe von 5 Millionen US-$ verurteilt. Er floh aus dem Gefängnis nach Europa.

VI. Verfassungsmäßigkeit der Strafbarkeit des LSD-Handels

528 Die Strafbarkeit des Verkaufs von LSD verstößt nicht gegen die Verfassung (*Stuttgart* NJW 1971, 720).

VII. Rechtsprechung zu LSD

529 Die nicht geringe Menge von LSD beginnt bei 6 Milligramm (*BGH* NStZ 1988, 28 = StV 1987, 485; s. dazu auch § 29a Rn. 81). Im Jahre 2003 wurde eine LSD-Designerdroge (31.400 Trips) festgestellt, die wegen ihrer chemischen Veränderung nicht als LSD dem BtMG unterlag.

Kap. 11. Barbiturate

530 Bei den Barbituraten handelt es sich um Derivate der Barbitursäure. Während die erstmals 1864 synthetisierte Barbitursäure selbst keine einschläfernde Wirkung hat, finden die Barbiturare als Schlafmittel Verwendung. Als erstes Barbiturat wurde 1903 das Barbital (Diethylbarbitursäure) synthetisch hergestellt und in der Folge von der *Firma Bayer* unter Namen Veronal vertrieben (*Geschwinde*, 2007, Rn. 2461). Wegen des hohen Missbrauchspotentials wurden im Jahre 1982 die Barbitate Secobarbital, Pentobarbital und Cyclobarbital und damit auch die stark

barbiturathaltigen Arzneimittel Vesparax, Somnupan und Medinox dem Betäubungsmittelgesetz unterstellt. Aktuell befinden sich keine barbiturathaltigen Fertigarzneimittel mehr auf dem Markt (*Geschwinde*, 2007, Rn. 2530).

Besonders bemerkenswert ist das **Pentobarbital**, ein hoch wirksames, schnell anflutendes Barbiturat, das bei Dosierungen bis 100 mg als Schlafmittel, als Brechmittel und Antidepressivum zur Anwendung kommt. In hohen Dosierungen tritt aber eine Ausschaltung des Bewusstseins, eine Atemlähmung und der Tod ein. Die minimale letale Dosis ist 1 g und führt zu einem sanften Tod. Im Regelfall stellen 3 g Pentobarbital die sichere tödliche Dosis dar. Pentobarbital wird häufig als Freitodhilfe genutzt. Sterbehilfe- und Sterbe-Begleitungsorganisationen beschaffen Pentobarital nicht selten in der Schweiz, obwohl es auch dort dem BtMG unterliegt und versorgen damit Schwerstkranke in Deutschland (vgl. dazu BGHSt. 46, 279 = NStZ 2001, 324). **531**

Folgende Barbiturate sind zurzeit dem BtMG unterstellt: **532**

– in Anl. II: **Butalbital, Cyclobarbital, Secbutabarbital (Butabarbital), Vintylbital**,
– in Anl. III ohne Einschränkung: **Allorbarbital, Amobarbital, Pentobarbital, Secobarbital**,
– in Anl. III als ausgenommene Zubereitungen: **Barbital, Methylphenobarbital (Mephobarbital)** und **Phenobarbital**.

Kap. 12. Benzodiazepine

Übersicht

I. Entstehungsgeschichte

Während früher zur Behandlung von Angst und Spannungszuständen Präparate pflanzlicher Herkunft wie Baldrian usw., später Barbiturate und bromhaltige Substanzen verordnet wurden, wird heute die Medikamentengruppe der Benzodiazepine als Tranquilizer eingesetzt. 1960 wurde das **Chlordiazepoxid** (Librium®) entwickelt, wenig später das **Diazepam** (Valium®), von dem eine ganze Reihe von Benzodiazepinen abgeleitet wurde. 1963 trat Diazepam seinen weltweiten Siegeszug an als Tranquilizer und Problemlöser, der bis zum heutigen Tag andauert. **533**

Die Benzodiazepine gehören in der Bundesrepublik zu den bekanntesten, am meisten verschriebenen und am meisten missbrauchten Arzneimitteln. Sie gehören zu den Umsatzrennern der Pharmaindustrie. Rund 1 Milliarde Benzodiazepin- **534** tabletten werden in der Bundesrepublik jährlich verkauft, davon ein erheblicher Anteil für Kinder und Jugendliche. Die weltweite Jahresproduktion lag im Jahr 2008 bei 195 t (BGHSt. 56, 52 = NStZ-RR 2011, 119 = StraFo 2011, 105 m. krit. Anm. *Kotz* NStZ 2011, 461).

II. Medizinische Bedeutung

535   Die Benzodiazepine haben bei der Behandlung zahlreicher psychiatrischer und somatischer Störungen erhebliche Fortschritte gebracht. Wegen ihrer sedativen, hypnotischen und muskelrelaxierenden Eigenschaften fanden sie weltweite Verbreitung und Anwendung. Im medizinischen Bereich werden Benzodiazepine zur Behandlung von Angsterscheinungen, Schlafstörungen, Panikattacken, Epilepsie, Muskelspasmen, Alkoholentzug und zur Prämedikation bei operativen Eingriffen eingesetzt (BGHSt. 56, 52 = NStZ-RR 2011, 119 = StraFo 2011, 105 m. krit. Anm. *Kotz* NStZ 2011, 461). Bei den Benzodiazepinen unterscheidet man Sedativa mit geringem, mäßig starkem und starkem Sedationseffekt. Bei akuter Schlafmittel-, Alkohol- und Psychopharmakaintoxikation, insb. bei Politoxykomanie besteht **Kontraindikation.** Die Hersteller warnen vor gleichzeitiger Einnahme von **Benzodiazepinen zusammen mit Alkohol** oder zusammen mit anderen Psychopharmaka, weil dies die Wirkung deutlich verstärkt.

III. Missbrauch

536   Die regelmäßige Einnahme von Benzodiazepinen über einen längeren Zeitraum hinweg führt zu einer **Sucht.** Beim Absetzen von Benzodiazepinen kommt es häufig zu **Entzugserscheinungen.** Bei Benzodiazepinmissbrauch werden Schlaflosigkeit, Alpträume, Übelkeit, Erbrechen, Muskelzucken, Bewusstseinsstörungen, delirante Zustände und Krampfanfälle beobachtet (vgl. BGHSt. 56, 52 = NStZ-RR 2011 = StraFo 2011, 105 m. krit. Anm. *Kotz* NStZ 2011, 461). Bereits nach 4-monatiger regelmäßiger Einnahme von Diazepin-Derivaten entwickeln 25% der Konsumenten Entzugserscheinungen, nach 12 Monaten 80% der Konsumenten. 1961 wurde erstmals von Entzugserscheinungen beim Absetzen von Chlordiazepoxid (Librium®) berichtet. Inzwischen gibt es zahlreiche Berichte über Benzodiazepinmissbrauch. In den 70er Jahren waren in den USA 1,5 Millionen Bürger valiumabhängig. Bekannte Vertreter der Diazepinsucht waren die Sängerinnen und Schauspielerinnen *Liza Minelli* und *Judy Garland.* Der Sänger *Elvis Presley* bevorzugte neben zahlreichen anderen Tabletten Valium.

537   Die Benzodiazepin–Präparate **Tavor®** (s. dazu Rn. 550) und **Lexotanil** (s. dazu Rn. 540) haben das höchste Abhängigkeitspotential dieser Arzneimittelgruppe. Zwei Benzodiazepin-Derivate haben 1988 besonderes Aufsehen erregt. So hat der Tod des schleswig-holsteinischen Ministerpräsidenten *Uwe Barschel* die suchterzeugende Wirkung des Lorazepammittels **Tavor®** in die öffentliche Diskussion gebracht. Das Midazolam in dem in den USA verbreiteten Beruhigungsmittel **Versed** führte zu 40 Todesfällen.

IV. Dem BtMG unterstellte Benzodiazepine

538   Die Benzodiazepine **Camazepam, Cloxazolam, Delorazepam, Ethylloflazepat, Fludiazepam, Haloxazolam, Nimetazepam** und **Pinazepam** sind ohne Einschränkung als verkehrs- und verschreibungsfähiges Betäubungsmittel der Anl. III eingestuft.

539   Bei den übrigen Benzodiazepinen in Anl. III handelt es sich um sog. ausgenommene Betäubungsmittelzubereitungen i. S. v. § 2 Abs. 1 Nr. 3 BtMG, d. h., obwohl sie als Betäubungsmittel in Anl. III genannt sind, sind die betäubungsmittelrechtlichen Vorschriften nur teilweise anwendbar. Diese Beschränkung soll die Anwendung dieser Zubereitungen zu medizinischen Zwecken erleichtern. Diese Zubereitungen werden in der Regel wie Arzneimittel behandelt und der Umgang mit ihnen nach dem AMG bewertet. Diese Ausnahmen in Anl. III gelten nach

Benzodiazepine **Stoffe**

lit. b des letzten Spiegelstrichs in Anl. III jedoch nicht für die Einfuhr, Ausfuhr und Durchfuhr. Die Schlussbemerkung gilt für alle Zubereitungen in der Anl. III (s. dazu im Einzelnen § 2 Rn. 51). Neben **Alprazolam, Brotizolam, Chlordiazepodix, Clobazam, Clonazepam, Clorazepat, Clotiazepam, Estazolam, Flurazepam, Halazepam, Ketazolam, Loprazolam, Lormetazepam, Medazepam, Nordazolam, Oxazolam, Prazepam, Temazepam** und **Triazolam** handelt es sich bis zu bestimmten Wirkstoffgehalten bei folgenden Benzodiazepine in Anl. III um ausgenommene Zubereitungen:

1. Bromazepam. Bromazepam ist in dem Fertigarzneimittel Lexotanil® enthalten. Es wird bei Angstneurosen, Unruhe und Spannungszuständen verschrieben (*Geschwinde*, 2007, Rn. 2719). Als ausgenommene Zubereitungen unterliegen Arzneimittel mit bis zu 6 mg Bromazepam nicht dem BtMG. **540**

2. Diazepam. Während man in früheren Zeiten zunächst nach pflanzlichen Mitteln griff wie Baldrian, später Barbiturate und bromhaltige Arzneimittel als Problemlöser verschrieb, hält seit 1963 Diazepam (Valium®) von der Medikamentengruppe Benzodiazepinen die unangefochtene Spitzenposition. Diazepam wird bei akuten und chronischen Angst-, Spannungs- und Erregungszuständen verschrieben. Zudem wird es zur Prämedikation bei operativen Eingriffen und bei erhöhtem Muskeltonus eingesetzt (*Geschwinde*, 2007, Rn. 2714). Von den betäubungsmittelrechtlichen Vorschriften (mit Ausnahme der Ein-, Aus- und Durchfuhr) sind Zubereitungen, die ohne einen weiteren Stoff der Anl. I bis III bis zu 1 vom Hundert als Sirup oder Tropflösung, jedoch nicht mehr als 250 mg je Packungseinheit, oder je abgeteilte Form bis zu 10 mg Diazepam enthalten. **541**

3. Flunitrazepam. a) Entwicklungsgeschichte. Flunitrazepam wurde von der Grenzacher Pharmafirma *Hoffmann-La Roche* als Beruhigungs- und Schlafmittel unter dem Namen Rohypnol® hergestellt. Es wird zur Behandlung zahlreicher psychiatrischer und somatischer Störungen medizinisch genutzt. Der Hersteller warnte bereits 1992 die Ärzte vor Rohypnolverschreibungen an Drogenabhängige. Hier sei Rohypnol® kontraindiziert. Flunitrazepam ist dennoch das am häufigsten missbrauchte Drogenersatzmittel. Die ebenfalls Flunitrazepam enthaltenden Präparate Fluninoc® und Flunitrazepam-ratiopharm® spielen als Ausweichdroge nur eine geringe Rolle. Viele der Heroinabhängigen in Deutschland und zahlreiche Methadonsubstituierte pflegen einen Beikonsum mit Rohypnol®. Sie nehmen regelmäßig keine therapeutischen Dosen, sondern lebensgefährliche Überdosen. Seit 1980 wird in der Literatur die Benzodiazepin-Abhängigkeit diskutiert. Von den Benzodiazepinen wurden neben Flunitrazepam (Rohypnol®), Diazepam (Valium®), Bromazepam (Lexotanil®) und Nitrazepam (Mogadan®) als Ausweichdrogen genannt. Informationsschriften mit Verordnungsrichtlinien, Warnungen vor Kontraindikationen, Wechselwirkungen mit anderen Stoffen, vor Überdosis und Intoxikationen des Herstellers hatten keinen Einfluss auf den **zunehmenden Missbrauch von Flunitrazepam in der Drogenszene.** Bei einer Auswertung von gerichtsmedizinischen Obduktionsprotokollen von **Herointoten** in den Jahren 1991/1992 stellte sich heraus, dass neben den Folgen des Heroinmissbrauches vor allem der **Beikonsum von Alkohol und von Benzodiazepinen** die Drogenwirkungen verstärkte (sog. **Mischintoxikation**). Immer mehr Stimmen forderten deshalb ein **Produktionsverbot von Rohypnol®** oder die Unterstellung unter das BtMG. **542**

b) Wirkungen bei bestimmungsgemäßem medizinischem Gebrauch. Rohypnol® ist zehnmal stärker als das ebenfalls von *Hoffmann-La Roche* hergestellte Valium® und doppelt so potent wie Tavor®. Es ist indiziert bei schweren Schlafstörungen, Spannungs- und Angstzuständen und zur Vorbereitung von Narkosen. Die für Kranke empfohlene Tagesdosis beträgt maximal eine Tablette. **543**

c) Verbreitung auf dem illegalen Drogenmarkt. Die in der Drogenszene gehandelten Rohypnoltabletten stammen z. T. aus legalen ärztlichen Verschreibungen (50–60%), aus Einbrüchen in Arzneimittelgroßhandlungen, Speditionen oder **544**

Arztpraxen, zum Teil nach Rezeptdiebstählen oder Rezeptfälschungen aus der Apotheke und zu 30% von illegalen Anbietern. Da Rohypnol® von einzelnen Ärzten missbräuchlich als **Substitutionsmittel** oder im Übermaß als Anstaltspackung an Opiatabhängige verschrieben wird, sind Drogenabhängige in der Lage, neben dem Eigenkonsum Teilmengen als **Ersatzmittel** auf der Drogenszene zu verkaufen. Rohypnol wird auch als **Streckmittel** von Heroindealern benutzt.

545   d) Konsumformen. 70–80% aller Heroinabhängigen konsumieren neben Opiaten Rohypnol, und zwar oral und intravenös. Die intravenöse Einnahme hat sich von 3,6% (1990) verzehnfacht auf 36,4% (1994). Rohypnol® wird aufgekocht und gelöst, vielfach mit gelöstem Heroin als Cocktail gemischt und 5–6 mal pro Tag intravenös gespritzt. Bis zu 15–20 Tabletten werden täglich neben Heroin eingenommen. Rohypnol® wird als Ersatzstoff missbraucht, wenn kein Heroin verfügbar ist oder zusätzlich zu Heroin konsumiert. Häufig wird beobachtet, dass Teilnehmer an einem Methadon-Substitutions-Programm, denen der Kick des Heroins fehlt, Rohypnol® zusätzlich einnehmen. Gerade dieses polytoxikomane Verhalten und die Gefahr der Mischintoxikation sind häufige Ursachen eines Drogentodes (s. dazu unten § 30 Rn. 131 f.).

546   e) Wirkungen bei Missbrauch von Rohypnol. Rohypnol® ist bei Drogenabhängigen so beliebt, weil es **billiger ist als Heroin** und weil die rasche Anflutung des Gehirns **wie ein Heroin-flash** empfunden wird. Es versetzt Drogenabhängige in einen verwirrten Trancezustand, lässt „Rohys" als Tabletten-Zombies herumstammeln, herumstolpern oder setzt sie in einen Tiefschlaf um. Der Entzug von Rohypnol® ist hart. Das hohe Missbrauchspotential von Flunitrazepam wird vielfach unterschätzt, insbesondere wenn es mit den Wirkungen des Heroins kombiniert und verstärkt. Es wird von Abstumpfung, Seh- und Gedächtnisstörungen, torkelndem Gang, Einnässen und Einkoten, verwaschener Sprache, Atemnot bis zu Kreislaufzusammenbrüchen und Atemstillstand berichtet. Flunitrazepam kann auch in ärztlich verordneter Dosierung die Fahrtauglichkeit einschränken oder aufheben, da dieser Stoff zur Verlangsamung der Motorik und Reaktion und zu Müdigkeit führt. Noch nicht geklärt sind die Zusammenhänge, weshalb zahlreiche **Aggressionshandlungen und Gewalttaten unter Rohypnoleinfluss** geschehen. Nach Injektion von Mischungen aus Heroin und Rohypnol ist es wiederholt zu Todesfällen infolge von Vergiftung und Kreislaufstillstand oder infolge von Ersticken an Erbrochenem nach Atemdepression gekommen. Bei 30 von 50 obduzierten Drogentoten in Dortmund wurden Rohypnolspuren gefunden. Im Bundesgebiet schätzt man, dass **mehr als 50% der Drogentoten an einer Mixtur aus Heroin und Rohypnol® oder Alkohol und Rohypnol gestorben sind.** 1992 gaben 10% der Suchtpatienten des Züricher „dropin" an, täglich oder gelegentlich Benzodiazepine zu nehmen. Jeder 3. Teilnehmer an einem Entzugsprogramm nimmt Rohypnol®. In Kombination mit Alkohol oder Heroin führen hohe Dosen Rohypnol® nicht selten zu **Ausbrüchen unkontrollierter Gewalttätigkeit und völligem Gedächtnisausfall (Amnesie).**

547   f) Rechtslage. Flunitrazepam-Tabletten mit einem Wirkstoffgehalt von 0,2 mg Flunitrazepam waren in Anl. III zum BtMG von den betäubungsmittelrechtlichen Vorschriften ausgenommen, unterlagen aber der allgemeinen Verschreibungspflicht. Auf Drängen des Sachverständigenausschusses beim damaligen *BGA* wurde zunächst ab dem 1. 12. 1993 die **Ausnahmeregelung in Anl. III** zum BtMG für Flunitrazepam-Arzneimittel mit 2 mg pro abgeteilter Form **beschränkt auf Arzneimittel mit 1 mg Wirkstoff pro abgeteilter Form.** Wer mit Rohypnol-Tabletten mit 2 mg Wirkstoff Handel treibt, wird seitdem wegen Betäubungsmittelhandels verfolgt und bestraft. Die Änderung bewirkte jedoch wenig. Man diskutierte nun eine **Beimischung von Naloxon zu Flunitrazepam,** ähnlich wie die Naloxonbeimischung zu Tilidin im Präparat Valoron-N. Es wurde die Auffassung vertreten, die Einstufung des Flunitrazepams als Betäubungsmittel würde nur zu einer Verlagerung des Problems führen, andere Benzodiazepine würden missbraucht. Alle Benzodiazepine könnten aber nicht der BtMVV unterstellt werden.

Man diskutierte deshalb, zur besseren Kontrolle besonderer Rezeptformalitäten beim Arzt oder besondere Arzneimittelbücher beim Apotheker für suchtfördernde Arzneimittel einzuführen.

Durch die 10. BtMÄndV wurde ab dem 1. 2. 1998 die Ausnahmeregelung be- **548** treffend Flunitrazepam in der Anl. III weiter eingeschränkt, indem man die ausgenommenen Zubereitungen den betäubungsmittelrechtlichen Vorschriften insoweit unterstellte, als sie für betäubungsmittelabhängige Personen verschrieben werden. Die **Verschreibung, die Abgabe und der Handel mit Rohypnol mit 1 mg Flunitrazepam als Beruhigungsmittel an nicht drogenabhängige Patienten** unterliegt daher nur dem AMG. Bei Verschreibungen von Flunitrazepam **an Betäubungsmittelabhängige** sind am dem 1. 2. 1998 folgende Regelungen zu beachten: Der Arzt muss Flunitrazepam **an drogenabhängige Patienten auf Betäubungsmittelrezept verschreiben** und der Apotheker darf Flunitrazepam-Verschreibungen an drogenabhängige Patienten **auf einfachem Rezept nicht mehr beliefern**. Verschreibt ein Arzt neben einem Substitutionsmittel wie Polamidon oder Methadon Flunitrazepam auf dem gleichen oder auf einem gesonderten Rezept, so muss er dies mit dem Buchstaben **A (= Abweichung)** kennzeichnen.

Durch die **25. BtMÄndV vom 11. 5. 2011** wurde der Zusatz der ausgenom- **549** menen Zubereitungen bei Flunitrazepam mit Wirkung vom 1. 11. 2011 gestrichen, so dass Flunitrazepam ab diesem Zeitpunkt gänzlich den betäubungsmittelrechtlichen Bestimmungen unterliegt. Mit dieser Umstufung soll dem hohen Missbrauchs- und Abhängigkeitspotentials und der Verwendung von Flunitrazepam als sog. K. O.-Tropfen Rechnung getragen und eine bessere Kontrolle des Verkehrs mit Flunitrazepam, die Dokumentationspflicht nach dem BtMG und der erschwerte illegale Zugang erreicht werden (BR-Drs. 130/11).

4. Lorazepam. Lorazepam wird zur Behandlung epileptischer Anfälle, bei pa- **550** thologischen Angst- und Erregungszuständen sowie Depressionen eingesetzt (*Geschwinde*, 2007, Rn. 2718). Es ist in dem rezeptpflichtigen Fertigarzneimittel Tavor® enthalten. Arzneimittel mit bis zu 2,5 mg Lorazepam unterfallen als ausgenommene Zubereitungen nicht dem BtMG.

5. Midazolam. Midazolam ist ein kurz wirkendes Hypnoticum, das als Injek- **551** tionslösung oder in Form des Fertigarzneimittels Dormicum® bei künstlich beatmeten Patienten eingesetzt wird (*Geschwinde*, 2007, Rn. 2722). Von betäubungsmittelrechtlichen Vorschriften – mit Ausnahme der Ein-, Aus- und Durchfuhr – sind Zubereitungen ausgenommen, die ohne einen weiteren Stoff der Anlagen I bis III bis zu 0,2 vom Hundert oder je abgeteilte Form bis zu 15 mg Midazolam enthalten.

6. Nitrazepam. Das Benzodiazepin Nitrazepam ist u. a. in den Arzneimitteln **552** Modagan®, Novanox/-forte und Radedorm® enthalten. Es handelt sich hierbei um ausgenommene Zubereitungen, wenn sie bis zu 0,5 vom Hundert als Tropflösung (maximal 250 mg je Packungseinheit) oder je abgeteilter Form bis zu 10 mg Nitrazepam beinhalten.

7. Oxazepam. Oxazepam ist u. a. Bestandteil der Arzneimittel Adumbran®, **553** Oxazepam HEXAL®, Oxazepam STADA® und Praxiten®, die bei Angstneurosen, innerer Unruhe und Schlafstörungen verordnet werden. Arzneimittel mit bis zu 50 mg Oxazepam gelten als ausgenommene Zubereitungen.

8. Triazolam. Das meist verkaufte Schlafmittel der Welt Halcion mit dem **554** Wirkstoff Triazolam wird von der US-Pharmafirma Upjohn hergestellt und gehört zu den Benzodiazepinen. Es wird von psychischen Nebenwirkungen und Ausfallerscheinungen wie Verfolgungswahn, Selbstmordneigung, Verwirrtheit, Erregungszuständen und Gedächtnisverlust berichtet. Bei Arzneimitteln, die bis zu 0,25 mg Triazolam enthalten, handelt es sich um ausgenommene Zubereitungen nach § 2 Abs. 1 Nr. 3 BtMG.

Kap. 13. Diverse

Übersicht

A. Gamma-Hydroxybuttersäure (GHB/Liquid-Ecstasy)

I. Geschichte des GHB

555   GHB ist eine organische Säure mit der chemischen Bezeichnung 4-Hydroxy-butansäure. Die Abkürzung GHB resultiert aus der früheren Bezeichnung **G**amma-**H**ydroxy-**B**uttersäure. GHB wurde **1960** von *Henri Laborit* in Paris/Frankreich synthetisiert und später auf dem Pharmamarkt, auch in Deutschland, als zugelassenes Arzneimittel, nämlich als intravenöses Basis-Anästhetikum unter dem Namen **Somsanit** vertrieben. Es ist ein Derivat von dem nicht dem BtMG unterstellten Neurotransmitter **Gamma-Amino-Buttersäure (GABA)**. Aus **Gamma-Butyro-Lacton (GBL;** s. dazu Rn. 564) und Natronlauge wird die wasserlösliche Natrium-4-Hydroxy-Buttersäure gewonnen. Der therapeutische Anwendungsbereich ist sehr breit. GHB wurde in Deutschland als Narkosemittel, als Entbindungshilfsmittel und zum Alkoholentzug eingesetzt. Seit den **80er Jahren** war GHB ein Geheimtipp in der Bodybuilder-Szene als Aufbausubstanz und Dopingmittel. GHB war in den USA zunächst als rezeptpflichtiges Arzneimittel eingestuft. **1991** aber wurde GHB zum ersten Mal gesetzlich verboten wegen der unerwünschten Nebenwirkungen, die bei seinem medizinischen Gebrauch als Anästhetikum festgestellt wurden (Atembeschwerden, allgemeines Unwohlsein, Komazustände). **1997** wurde GHB in einzelnen Staaten Amerikas als Betäubungsmittel der Scheduleone unterstellt. **1999** wurde in ganz USA der rezeptfreie Verkauf von GHB verboten. Nach dem Verbot und der Aufnahme in das amerikanische Suchtmittelgesetz im Jahre **2000** breitete sich diese Flüssigdroge illegal umso mehr in der New Yorker Film- und Modeszene und in der Bodybuilder-Szene in Kalifornien aus. Durch die 16. BtMÄndV v. 28.11.2001 gehört GHB seit März 2002 zu den Betäubungsmitteln der Anl. III.

II. Verbreitung

556   Entgegen den alarmierenden Nachrichten von erheblichen Nebenwirkungen und Vergiftungen verstärkte sich die Verbreitung dieser **geheimnisvollen Wunderdroge,** die in vielen Lebensbereichen ungewöhnliche Wirkungen zeitigen sollte. Man nannte sie wegen ihrer angeblichen Ähnlichkeit mit Ecstasy **„Liquid Ecstasy",** da es sich um eine flüssige Droge handelt, die allerdings chemisch den Amphetamin-Derivaten nicht ähnelt. Die Medien berichteten ausführlich über die **Flüssigdroge** als **Party-, Club- und Technodroge,** als Jugenddroge, die den Alterungsprozess verzögere. Liquid Ecstasy wurde als Rauschdroge angepriesen, als

Casanova-Droge verherrlicht, die Bekanntschaften und Liebesabenteuer erleichte-
re, als Dopingmittel empfohlen, als Wundermittel, das Fettgewebe abbaue und das
Muskelwachstum fördere. GHB eroberte deshalb in den **90er Jahren** in den USA,
Großbritannien, Schweden und Italien unter dem Namen **Liquid X, Liquid
Ecstasy, Salty Water, Evian, Soap, Home-Boy, G-Juice, Fantasy** und **Pearl**
die Drogenszene. In der Szene warnte man vor GHB durch die Deutung der Abkürzung (Grievous Harm Bodily = schwere Körperverletzung). Ärzte nannten den
GHB-Konsum **„Russisches Roulett"**, da nur eine exakte Dosisbestimmung den
Rausch von schlimmen Qualen trennt. Da diese Discodroge **wie Wasser aussieht, geschmacksneutral und geruchslos** ist, getarnt in Sprudelflaschen verkauft werden kann, war sie schwer zu entdecken. Wiederholt wurde im Internet
für GHB Werbung gemacht. In Deutschland gab es aber bislang nur wenige GHB-
Sicherstellungen.

GHB wird in **0,3-Liter-Flaschen** und **Literflaschen** für 100–300 € bzw. 500– **557**
700 € in kleinen Ampullen und Phiolen mit 0,5 g für 5–10 € abgefüllt und verkauft. Die Züricher Versandfirma „Smart Stuff GmbH" verkaufte Ampullen mit
3 g farblosem GHB, das aber mit Lebensmittelfarbe in **Sonnengelb, Flaschen-
grün, Himmelblau und Blutrot eingefärbt** war, unter dem Produktnamen
ORIGINAL G mit einer aufklärenden Gebrauchsanweisung. Kunden konnten bis
zu 3.000 Ampullen auf einmal beziehen. Neben Flüssig-GHB wird auch sandbar-
benes **GHB-Pulver** zum Auflösen in Getränken angeboten. Es sind auch **GHB-
Kits** im illegalen Handel, die die chemischen Komponenten für die GHB-
Herstellung enthalten. Diese **Bau- und Herstellungssätze** enthalten zumeist
Gamma-Butyrol-Lacton (GBL), eine Salzlösung wie Natriumhydroxyd und
Alkohol oder Methanol als Lösungsmittel, deren Mischung GHB ergeben. Aus 1 l
GBL kann 1,25 kg Natrium GHB gewonnen werden.

1997 war die erste Sicherstellung von GHB in Deutschland. Seit **1998** mehren **558**
sich die Sicherstellungen von einzelnen Ampullen bis zu Literflaschen, im Jahr
2001 über 1.000 Ampullen, im Jahre **2002** auch Großmengen. Hinweise im Rahmen des freiwilligen Monitoring-Systems zwischen der chemischen Industrie und
der gemeinsamen Grundstoff-Überwachungs-Stelle (GÜS) *des ZKA/BKA* führten in den Jahren **2002/2003** zur Entdeckung eines Labors zur Herstellung
von Gamma-Hydroxybuttersäure (GHB) und **Gamma-Hydroxy-Buttersäure-
Natriumsalz (NaGHB),** dessen Betreiber die Vorläufersubstanz Gamma-Butyro-
Lacton (GBL) bestellt hatte, die der Selbstkontrolle der deutschen chemischen
Industrie unterlag. In dem hochwertigen Untergrundlabor wurden neben Laborgeräten und Gelatinekapseln 124,9 g fertiges NatriumGHB und Chemikalien für
die Produktion von 18 kg NatriumGHB vorgefunden. Seit dem Jahr 2007 werden
in Deutschland immer wieder illegale Labore zur Herstellung von GHB entdeckt
(s. dazu § 29/Teil 3, Rn. 5).

III. Wirkungen

1. GHB als Partydroge. Die Wirkungen von GHB sind stark dosisabhängig **559**
und reichen von angenehmer Entspannung bis zu Krampfanfällen, Atemlähmung
und Tod. Eine niedrige Dosis von 0,5–1,5 g führt zu einem alkoholähnlichen
Rausch, in einer normalen Dosierung von 1–2,5 g wirkt GHB entspannend und
sexuell stimulierend, bei 2,5–5 g GHB erfolgen Wahrnehmungsverschiebungen
und Wahrnehmungsstörungen, High-Gefühle und Euphorie stellen sich ein (=
High-Dosis). Verstärkte Nebenwirkungen und gesundheitliche Beschwerden treten
gleichzeitig auf. Dosierungen von über 5 g sind toxisch und überaus riskant. GHB
kann zur intensiveren Musikwahrnehmung führen. Entgegen dem Aliasnamen
Flüssig-Ecstasy putscht GHB als Discodroge keinesfalls auf, sondern beruhigt und
entspannt eher. GHB baut Hemmungen ab, steigert die Libido und lässt den Disco-
tänzer eher die Ruheräume aufsuchen, und motiviert zu sexuellen Kontakten.
Sobald GHB kombiniert mit Opiaten oder mit Alkohol konsumiert wird, kann es
Benommenheit, Übelkeit, Verwirrtheit, Atembeschwerden bis zu lebensbedrohli-

chem Koma auslösen. Eine ungewollte Überdosis kann zu Krampfanfällen, Atemlähmung und Tod führen. In den vergangenen Jahren führte GHB-Missbrauch in
den USA, in der Schweiz und in Deutschland zu zahlreichen Vergiftungs- und
Todesfällen. Seit 1990 wurden in den USA 3.500 Vergiftungsfälle und fast 40 Todesfälle mit GHB gezählt.

560   **2. GHB als K. O.-Tropfen.** GHB wird auch als K. O.-Tropfen zum Einschlä-
fern von Frauen missbraucht. GHB hat deshalb den Spitznamen **„Easy lay".**
Vorwiegend Männer nähern sich mit GHB ihren weiblichen Opfern. Der GHB-
Konsum führt bei den Opfern zu einem totalen Blackout für mehrere Stunden.
Die Frau ist in dieser Zeit absolut willen- und wehrlos und erleidet einen Gedächtnisverlust. Weibliche Opfer können sich deshalb zumeist nicht mehr an die
Vergewaltigung erinnern. Hinzu kommt die Beweisschwierigkeit, dass GHB nach
ca. 14 Std. nicht mehr im Körper des Opfers nachweisbar ist. Spermaspuren, Un-
terleibsschmerzen, Verletzungen und zerrissene Kleider sollten deshalb gynäkologische Untersuchungen und DNA-Analysen auslösen.

561   **3. GHB als Dopingdroge.** Sowohl die Leistungssportler-Szene als auch die
Bodybuilder-Szene missbrauchen GHB. Der Stoff wird hierzulande, obwohl hierzu
nicht zugelassen, in Kreisen von Bodybuildern als Mittel zur Hemmung von Aggressionen missbraucht, welche als Nebenwirkung von Stereoiden auftreten.

IV. Nachweis

562   Im Blut ist der GHB-Konsum wegen des relativ schnellen Abbaus von GHB im
Körper zu Kohlendioxid und Wasser nur ca. 5 h nachweisbar, im Urin bis zu 20 h
Sichergestelltes GHB ist mit den üblichen Schnelltests nicht nachweisbar. Es bedarf
einer ausführlichen Laboruntersuchung.

V. Rechtliche Einstufung

563   Die nicht geringe Menge von GHB liegt bei 200 Konsumeinheiten, also bei
200 g Natrium-γ-Hydroxy-Buterat (*LG Würzburg*, Urt. v. 13. 1. 2004 – 5 KLs
232 Js 1185/03; *Weber* § 29 a Rn. 101; s. dazu auch § 29 a Rn. 75).

VI. Exkurs: Gamma-Buyro-Lacton (GBL)

564   Seit GHB in das BtMG aufgenommen wurde, werden auch andere Substanzen
missbraucht, die sich im Körper zu GHB umwandeln. Bei **Gamma-Butyro-
Lacton (GBL)** handelt es sich um eine Chemikalie, die in der chemischen Industrie als Zwischenprodukt und Lösungsmittel genutzt wird, insb. bei der Herstellung
von Lösungsmitteln für Klebstoffe. Bei einer oralen Einnahme wandelt es sich
nämlich im menschlichen Körper in weniger als einer Minute in GHB um und hat
deshalb dieselbe berauschende Wirkung wie GHB (BGHSt. 54, 243, 244 =
NJW 2010, 2528, 2529). GBL ist unter zahlreichen Namen wie **Gamma-BL,
BLO, Butyro-Lacton** und **Blue-Nitro** in der Rauschgiftszene und im Internet
erhältlich. GBL untersteht im Gegensatz zu GHB nicht dem BtMG, sondern muss
nach den Vorschriften des AMG beurteilt werden (BGHSt. 54, 243 = NJW 2010,
2528). Gleiches gilt für Di-Hydroxy-Butandiol (DHB), das wie GBL ein Zwischenprodukt und Lösungsmittel der chemischen Industrie ist und als Partydroge
und als Grundstoff für die Herstellung von GHB benutzt wird. Ebenfalls nicht dem
BtMG, sondern nur dem AMG unterliegt das Butan-Diol (BD), das im Körper
auch zu GHB umgewandelt wird.

B. Meprobamat

565   Meprobamat ist ein der Anl. II zum BtMG unterstellter Tranquilizer mit Angst
lösender, beruhigender und Schlaf anstoßender, aber auch euphorisierender Wirkung (*Geschwinde*, 2007, Rn. 2710 f.).

C. Salvia divinorum

Durch die 21. BtMÄndV v. 18. 2. 2008 (BGBl. I, S. 246) wurden die Pflanzen **566** und Pflanzenteile der Pflanze **Salvia divinorum** als nicht verkehrsfähiges Betäubungsmittel in Anl. I aufgenommen. Salvia divinorum wächst hauptsächlich in Zentralmexiko. Da es bereits von den Azteken als Blattdroge konsumiert wurde, wird es auch als Aztekensalbei oder Zaubersalbei bezeichnet. Schon beim Konsum sehr geringer Konzentrationen kann es zu Halluzination kommen; in hoher Dosierung können Bewusstseineintrübungen und Persönlichkeitsveränderungen auftreten (*Geschwinde*, 2007, Rn. 932 ff.). Salvia divinorum enthält den Wirkstoff Salvinorin A, dessen psychoaktive Wirkung erstmals 1993 entdeckt wurde. Salvinorin A selbst ist nicht dem BtMG unterstellt, so dass der Umgang hiermit in extrahierter Form nach dem BtMG nicht strafbewehrt ist.

D. Zolpidem

Zolpidem wurde durch die 16. BtMÄndV mit Wirkung vom 1. 3. 2002 der **567** Anl. III zum BtMG unterstellt. Es handelt sich um ein Hypnoticum und Sedativum, das als Fertigarzneimittel u. a. mit den Namen Bikalm®, Stilnox® oder Zolpinox® vertrieben wird. Zolpidem weist ähnliche Eigenschaften wie die Benzodiazepine auf, wie z.B. Verminderung der Schlaflatenz und Verlängerung von Schlafdauer und Schlaftiefe (BGHSt. 56, 52 = NStZ-RR 2011, 119 = StraFo 2011, 105 m. krit. Anm. *Kotz* NStZ 2011, 461). Von betäubungsmittelrechtlichen Vorschriften ausgenommen sind Zubereitungen zur oralen Anwendung, die ohne einen weiteren Stoff der Anlagen I bis III je abgeteilte Form bis zu 8,5 mg Zolpidem, berechnet als Base, enthalten (auf die Position Zolpidem folgender Spiegelstrich in Anl. III). Der *BGH* hat die nicht geringe Menge bei der Einfuhr von Zolpidem nach § 30 BtMG bei 80 mg festgelegt (*BGH* NStZ-RR 2011, 119 = StraFo 2011, 105).

Teil 2. Arzneimittel[1]

Gliederung

Kap. 1. Vorbemerkungen

Im Folgenden werden zunächst ausgewählte Arzneimittel, Dopingdrogen sowie **1** Lebens- und Nahrungsergänzungsmittel vorgestellt. Es folgt ein Kapitel über verbreitete psychoaktive Pflanzen, Kräuter, Wurzeln und Extrakte. Abschließend wird auf wesentliche Gifte und Chemikalien eingegangen.

Die von der Rote Liste® Service GmbH (http://www.rote-liste.de) herausge- **2** gebene **Rote Liste®** (Arzneimittelverzeichnis für Deutschland), die in 2011 mit einer Auflage von 285.000 bereits zum 51. Mal erschienen ist, enthält Informationen zu fast 8.300 Präparaten, über 10.000 Darreichungsformen (davon knapp 6.300 rezeptpflichtige) und hat sich damit zu einem unverzichtbaren Arbeitsmittel für Ärzte und Apotheker entwickelt.

Daneben hat sich zwischenzeitlich das Arzneimittelverzeichnis **GELBE LISTE** **3** **PHARMAINDEX** der 1970 gegründeten Medizinische Medien Informations GmbH (http://www.gelbe-liste.de) etabliert.

Werden daher im Einzelfall weiterführende, medizinisch fundierte Informatio- **4** nen zu bestimmten Arzneimitteln benötigt, sind vorrangig die genannten Werke zu Rate zu ziehen.

Kap. 2. Arzneimittel (Pharma-Drogen)

Übersicht

---

[1] Wirkstoffe werden im Folgenden nicht gesondert gekennzeichnet; soweit auf einzelne Fertigarzneimittel eingegangen wird, werden sie mit der in der Roten Liste® verwendeten Bezeichnung (und ggf. ihrer Darreichungsform) angegeben und zusätzlich mit den Zeichen (<>)wie folgt gekennzeichnet: <**Name des Arzneimittels, Darreichungsform**>.

A. Arzneimittel und Wirkstoffe mit Missbrauchspotential

5   Zu den Phänomenbereichen des Arzneimittelmissbrauchs und der Arzneimittelabhängigkeit vgl. Vorbem. AMG Rn. 14 ff.

I. Schmerzmittel (Analgetika)

6   Zur Bedeutung der Schmerzmittel am Arzneimittelmarkt vgl. Vorbem. AMG
Rn. 20 ff. Schmerzmittel haben sich zu den wichtigsten Arzneimitteln entwickelt.
Sie beseitigen nicht nur Schmerzen (als wichtiges Alarmanzeichen einer akuten
körperlichen Beeinträchtigung), sondern helfen zugleich, gesundheitliche Störungen des Konsumenten gegenüber seiner Umwelt zu verbergen. Ein wesentlicher

Teil der verkauften Schmerzmittel ist nicht verschreibungspflichtig (vgl. dazu Vorbem. AMG Rn. 21); die Gefahr einer missbräuchlichen Einnahme ist daher gerade hier besonders hoch. Zum Abhängigkeitspotential sog. Mischanalgetika vgl. Vorbem. AMG Rn. 22. Bei längerer missbräuchlicher Anwendung von Analgetika drohen unter anderem Nierenerkrankungen oder Herz- und Kreislaufbeschwerden.

Die Wirkungsgruppe der Analgetika kann in zwei Untergruppen unterteilt werden: a) peripher wirkende, nichtopioide Schmerzmittel und b) zentral wirksame Opioide. Bei nichtopioiden Analgetika stehen die Wirkstoffe: Acetylsalicylsäure (ASS), Paracetamol (PCM) und Ibuprofen im Vordergrund. 7

1. Acetylsalicylsäure. Der Schmerzmittelmarkt wird heute beherrscht von den Stoffen Paracetamol und Acetylsalicylsäure. Das bekannteste Schmerzmittel der Welt sind sicherlich die von den Farbenfabriken Bayer ab 1900 in Pillenform vertriebenen ‹**Aspirin® Tabletten**›, die gegen Kopf- und Zahnschmerzen, Fieber oder Migräne bis zum heutigen Tag eingesetzt werden. Dem Chemiker Felix Hoffmann gelang es 1897, durch Verbindung der bitteren Salicylsäure mit Essigsäure die Acetylsalicylsäure (ASS) zu gewinnen. Der Name Aspirin® setzte sich zusammen aus A für Acetylisierung und Spirin für die aus dem Spiraea-Strauch gewonnene Spirsäure. 8

Im **Jahr 2008** erzielten die Bayer-Werke einen Umsatz von 12,1 Mio. Packungen ‹Aspirin®›. Erfolgreicher waren mit 20,5 Mio. Packungen nur das auf Paracetamol basierende ‹Paracetamol-ratiopharm®› und mit 12,4 Mio. Packungen das Mischpräparat ‹Thomapyrin®›, das auf eine Wirkstoffkombination von Acetylsalicylsäure, Coffein und Paracetamol setzt (*Glaeske*, Medikamente – Psychotrope und andere Arzneimittel mit Missbrauchs- und Abhängigkeitspotenzial, in: Jahrbuch Sucht 2010, S. 69, 76; ergänzend Vorbem. AMG Rn. 22). 9

Acetylsalicylsäure wird heute neben den genannten Indikationen auch zur Vorbeugung gegen Schlaganfälle, gegen Krebs und die Alzheimersche Krankheit eingesetzt. Mit Alkohol genossen oder gemischt mit Cola wird es zur Erzeugung halluzinogener Wirkungen missbraucht. 10

2. Paracetamol. Paracetamol ist ein bekanntes, preiswertes, weißliches Schmerzmittel. Paracetamol ist ein Arzneimittel im Sinne des § 2 AMG und darf unter den Voraussetzungen des § 73 AMG nach Deutschland verbracht werden. Während Paracetamol-Coffein-Gemische lediglich apothekenpflichtig (und in Einzeldosen bis zu 0,5 g und einer Gesamtmenge bis zu 10 g Paracetamol je Packung nicht verschreibungspflichtig – vgl. Anlage 1 zur AMVV) sind, sind Paracetamol-Codein-Gemische (vgl. Anlage III zum BtMG) verschreibungspflichtige Arzneimittel. 11

Die meisten Schmerzmittel und Antigrippemittel enthalten heute Paracetamol. Zahlreiche Paracetamol-Monopräparate sind unter den verschiedensten Handelsnamen und Darreichungsformen (Tabletten, Saft, Tropfen, Zäpfchen oder Suppositorien) als schmerzstillendes und fiebersenkendes Arzneimittel im Apothekenhandel. Bei bestimmungsgemäßer Einnahme von Paracetamol sind kaum besorgniserregende Nebenwirkungen zu erwarten, es kann daher auch Kindern verabreicht werden. Gesundheitsrisiken bestehen a) bei erheblichen Überdosierungen, b) bei Leberfunktionsstörungen und Nierenschäden des Konsumenten infolge chronischen Alkoholmissbrauches, c) bei Wechselwirkungen zwischen Paracetamol und Barbituraten und d) bei Zubereitungen von nicht pharmazeutisch hergestelltem Paracetamol und Heroin. Paracetamol erfreut sich als günstiges Streckmittel für Heroin besonderer Beliebtheit. Der Schwarzmarktpreis beträgt zwischen 400 und 800 EUR pro kg. 12

3. Codein. Codein-haltige Schmerzmittel unterliegen wie Benzodiazepine und Barbitursäure-Derivate wegen ihrer Suchtpotenz der Verschreibungspflicht, so z.B. die Kombinationspräparate aus Paracetamol und Codein ‹Gelonida® Schmerztabletten› oder ‹dolomo® TN›. Vgl. zu Codein auch Stoffe/Teil 1 Rn. 223. 13

14   **4. Coffein.** Coffein-haltige Schmerzmittel (‹Thomapyrin® CLASSIC Schmerztabletten›, ‹Neuralgin® Schmerztabletten› und ‹ratiopyrin® Schmerztabletten› unterliegen in der Regel mit oder ohne Kombination mit Paracetamol nicht der Verschreibungspflicht. Vgl. ergänzend oben Rn. 10.

15   **5. Ketorolac.** Das Schmerzmittel TORATEX mit dem Wirkstoff Ketorolac – einer Molekülvariante des aus dem Handel genommenen Analgetikums Zomepirac® – ist im Hinblick auf erhebliche Nebenwirkungen in die Kritik geraten. Am 10. 6. 1993 teilte das Bundesgesundheitsamt mit, dass es beabsichtige, dem Präparat in allen Darreichungsformen die Marktzulassung zu entziehen; der Hersteller reagierte mit einem freiwilligen Verzicht auf den Vertrieb des Erzeugnisses (Spiegel-Online vom 21. 6. 1993 – „Tod aus der Ampulle").

16   **6. Metamizol.** Metamizol oder Metamizol-Natrium unterliegt nach Anlage 1 AMVV der Verschreibungspflicht. Bekannte Fertigarzneimittel sind ‹Analgin® Tabletten›, ‹Berlosin® Tabletten›, ‹Metamizol HEXAL® 500 mg Filmtabletten› und ‹Novalgin® Filmtabletten›.

17   **7. Morphin.** Zur Verbreitung von Morphin auf dem legalen Pharmamarkt – Stoffe/Teil 1 Rn. 218.

18   **8. Nefopam.** Nefopam ist ein stark wirksames Analgetikum mit noch unklarem Wirkmechanismus. Unerwünschte Nebenwirkungen sind unter anderem Übelkeit, Erbrechen, Kopfschmerzen und Krämpfe (*Hunnius* Pharmazeutisches Wörterbuch).

19   **9. Phenacetin.** Phenacetin-haltige Arzneimittel sind seit 1986 nicht mehr im Handel. Das Bundesgesundheitsamt hatte zum 1. 4. 1986 die Zulassung von insgesamt 209 phenacetin-haltigen Schmerzmitteln und Kombipräparaten wegen unvertretbarer schädlicher Wirkungen widerrufen, darunter vor allem solche Präparate mit den Wirkstoffen Acetylsalicylsäure, Phenacetin und Coffein (sog. APC-Präparate). Die **APC-Präparate** sollten ursächlich sein für die sogenannte Analgetika-Nephropathie, eine irreversible Nierenerkrankung.

20   Phenacetin dient – ebenso wie Paracetamol – als **Streckmittel** zur Herstellung von Heroin- und Morphinmischungen. Das Vorrätighalten (vgl. § 95 AMG Rn. 45) als Streckmittel ist vollendetes **Inverkehrbringen bedenklicher Arzneimittel** (*BGH*, Urteil vom 11. 5. 2011 – 2 StR 590/10) im Sinne des § 95 Abs. 1 Nr. 1 i. V.m. § 5 Abs. 1 AMG (vgl. dazu § 95 AMG Rn. 14 ff.). Beteiligt sich der Streckmittelhändler an der Herstellung von Betäubungsmittelgemischen oder am Betäubungsmittelhandel, so ist das Verhalten unter Umständen nach § 29 BtMG, § 27 StGB strafbar.

21   **10. Tapentadol.** Der neue Wirkstoff **Tapentadol** (‹Palexia® retard›) aus der Gruppe der zentral wirksamen Opioide ist auf der Grundlage der 24. BtMÄndV vom 18. 12. 2009 (BGBl. I, 3944) mit Wirkung zum 1. 6. 2010 in die Anlage III des BtMG (verkehrsfähige und verschreibungspflichtige Betäubungsmittel) aufgenommen worden, um nach erteilter Zulassung als Arzneimittel in der Schmerztherapie zur Anwendung kommen zu können. Der Verordnungsgeber hat in Art. 2 der 24. BtMÄndV eine Übergangsregelung[1] vorgesehen, die es denjenigen Teilnehmern am Betäubungsmittelverkehr, die bisher schon mit Tapentadol umgegangen sind, ermöglichte, bis zum 30. 11. 2010 auch ohne Erlaubnis weiterhin am Verkehr mit Tapentadol teilzunehmen. Zwar musste dem Bundesinstitut für Arzneimittel und Medizinprodukte (BfArM) die Teilnahme am Verkehr mit Tapentadol vor dem 1. 6. 2010 nicht nachgewiesen werden. Gleichwohl ist sie Tatbe-

---

[1] Art. 2 (Übergangsvorschrift) 24. BtMÄndV: Wer am 1. 6. 2010 mit Tapentadol und dessen Zubereitungen am Verkehr im Sinne des § 3 Abs. 1 Nr. 1 des BtMG teilnimmt, bleibt dazu bis zum 30. 11. 2010 berechtigt. Beantragt er vor dem Ablauf dieser Frist eine Erlaubnis nach § 3 Abs. 1 BtMG, so besteht die Berechtigung bis zur unanfechtbaren Ablehnung des Antrags fort. Der nach S. 1 und 2 Berechtigte ist ab 1. 6. 2010 wie der Inhaber einer Erlaubnis an alle Vorschriften des Betäubungsmittelgesetzes und der dazu ergangenen Verordnungen gebunden.

standsvoraussetzung der Übergangsregelung und damit auch der Erlaubnisfreiheit nach dem BtMG.

11. Tilidin. Tilidin-Hydrochlorid oder Tilidin-Phosphat ist ein schmerzstil- 22 lender Wirkstoff aus der Gruppe der Opioide. Zur Vermeidung einer missbräuch- lichen Anwendung als Ersatzdroge wird es in Fertigarzneimitteln mit dem Morphinantagonisten Naloxon-Hydrochlorid versetzt (‹Andolor® Tropfen/-DP Tropfen mit Dosierpumpe›, ‹Tilicomp® beta Retardtabletten›, ‹Valoron® N retard›).

12. Tramadol. Tramadol-Hydrochlorid ist als Wirkstoff in Fertigarzneimitteln 23 unter den Bezeichnungen ‹Amadol® Kapseln Hartkapseln›, ‹Tramadol 50 Kap- seln – 1 A-Pharma®›, ‹Tramadolor® Kapseln Hartkapseln› oder ‹Tramal® Kap- seln Hartkapseln› im Handel.

II. Schlaf- und Beruhigungsmittel

Neben den Schmerzmitteln sind es vor allem die Schlaf- und Beruhigungsmittel, 24 die häufig ohne medizinische Notwendigkeit verschrieben und eingenommen werden, um den Stress des Alltags zu bewältigen. Man nennt sie deshalb auch Do- pingmittel des Alltags, Sonnenbrillen für die Psyche. Sie sind regelmäßig rezept- pflichtig und können nach längerer Einnahme im besten Fall zu Gewöhnungs- effekten, ggf. aber auch zur Abhängigkeit führen.

1. Barbitursäure. Barbiturate sind Derivate der Barbitursäure. Im Jahr 1903 25 wurde das erste barbiturathaltige Schlafmittel Veronal® auf den Markt gebracht und wurde auf dem weltweiten Pharmamarkt zu einem großen Erfolg. Wegen des hohen Missbrauchspotentials wurden im Jahre 1982 die stark barbiturathaltigen Schlafmittel Vesparax®, Somnupan® und Medinox® dem BtMG unterstellt. In der Folgezeit nahmen die meisten Hersteller barbiturathaltiger Arzneimittel ihre Kombinationspräparate entweder ganz vom Markt oder ersetzten den Barbiturat- anteil durch Acetylsalicylsäure (vgl. oben Rn. 8 ff.) oder Propyphenazon (BAnz. Nr. 139/1987). Aktuell sind keine barbiturathaltigen Fertigarzneimittel mehr auf dem Markt. Vgl. ergänzend Stoffe/Teil 1 Rn. 530 ff. Zu den in den Anlagen II und III des BtMG aufgeführten Barbituraten vgl. Stoffe/Teil 1 Rn. 532.

Barbitursäurederivate wirken nach längerem Gebrauch aktivierend und stim- 26 mungshebend (paradoxer Zustand); hohe Dosen verursachen rauschartige Zustän- de. In der Regel wird aber vom Konsumenten nur das wohlige Dahindämmern und eine mit leichter Euphorie verbundene Müdigkeit angestrebt. Gefährlich sind die Kombination mit Alkohol und der intravenöse Missbrauch. Die dauerhafte Einnahme führt zu physischer und psychischer Abhängigkeit; wegen Ausbildung von Toleranzen besteht die Tendenz zu Dosissteigerungen. Das Abstinenzsyndrom ist durch Angstzustände, Unruhe, Muskelzuckungen, Tremor, Kreislaufstörungen, Schlafstörungen und Schwächeanfälle gekennzeichnet. Beim Entzug kommt es zu Übererregbarkeit, Tremor, Schwächegefühl und Angst; Krämpfe und toxisch be- dingte Psychosen können auftreten (*Hunnius* Pharmazeutisches Wörterbuch [2004] S. 193).

2. Benzodiazepine. Vgl. dazu Stoffe/Teil 1 Rn. 533 ff. 27

3. Bromharnstoff, Bromazepam. Bromierte Harnstoff-Derivate (Bromisoval 28 und Carbromal) sind bis zu ihrer Unterstellung unter die Verschreibungspflicht 1978 viel missbraucht worden. Heute spielen sie keine Rolle mehr. Bromisoval und Carbromal unterliegen nach der Anlage I zur AMVV der Verschreibungs- pflicht. Zu Bromazepam (‹Bromazepam-ratiopharm® 6mg Tabletten›, ‹Nor- moc® Tabletten›, ‹Lexotanil® 6mg›) einem verschreibungspflichtigen Benzodia- zepin vgl. Stoffe/Teil 1 Rn. 540.

4. Diphenhydramin (‹Betadorm®-D, 50mg Tabletten›, ‹Dolestan®/-forte›, 29 ‹Marodorm® Tabletten›, ‹Vivinox® Sleep Schlafdragees›) wird zur Kurzzeitbehandlung von Schlafstörungen eingesetzt. Es handelt sich um einen Stoff aus der Klasse der Antihistaminika. Fertigarzneimittel mit Diphenhydramin sind apothekenpflichtig. Diphenhydramin-haltige Arzneimittel zur parenteralen Anwendung unterliegen nach der Anlage 1 zur AMVV der Verschreibungspflicht. Bekannte Nebenwirkungen sind Schwindel, Kopfschmerzen, Ruhelosigkeit, Angstzustände und Schlafstörungen. In höheren Dosierungen sollen halluzinogene Wirkungen zu beobachten sein.

30 **5. Doxepin** (‹Aponal® 100 Filmtabletten›, ‹Doneurin® 10 mg/-25 mg/-50 mg/ -75 mg/-100 mg Hartkapseln›, ‹Doxepin AL 50/-100›, ‹Mareen® 50 mg; -100 mg›) – ein trizyklisches Antidepressivum – wird zur Behandlung depressiver Erkrankungen, leichten Entzugssyndromen bei Alkohol-, Arzneimittel- oder Drogenabhängigkeit, Unruhe, Angst oder Schlafstörungen eingesetzt. Doxepin unterliegt der Verschreibungspflicht nach der AMVV.

31 **6. Hydroxyzin** (‹Atarax® Tabletten›) kommt vor allem zum Einsatz bei der Behandlung von Angst- und Spannungszuständen aber auch bei Ein- und Durchschlafstörungen. Hydroxyzin unterliegt der Verschreibungspflicht nach der AMVV.

32 **7. Promethazin** (‹Atosil® Filmtabletten 25 mg›, ‹Closin® N-25 mg Filmtabletten›, ‹Proneurin® 25 mg›) – ein Neuroleptikum – kann u. a. zur Behandlung von Schlafstörungen eingesetzt werden.

33 **8. Tryptophan** (‹Ardeydorm®›, ‹Ardeytropin®›, ‹L-Tryptophan-ratiopharm® 500 mg Filmtabletten›) – ein Antidepressivum –, das unter anderem in diversen Lebensmitteln (Erbsen, Haferflocken, Sojabohnen) enthalten ist und im menschlichen Körper aus Serotonin umgewandelt wird, wird zur Behandlung von Depressionen und Schlafstörungen eingesetzt. Zur Behandlung von depressiven Erkrankungen unterliegt es der Verschreibungspflicht (vgl. Anlage 1 zur AMVV); im Übrigen kann es als apothekenpflichtiges Arzneimittel in den Verkehr gebracht werden.

34 **9. Zolpidem** (‹Bikalm®›, ‹Stilnox® 10 mg›, ‹Zolpi-Lich® 10 mg Filmtabletten›, ‹Zolpinox® 10 mg›). Vgl. dazu Stoffe/Teil 1 Rn. 567.

III. Codein- und Dihydrocodein-haltige Husten-, Schmerz- und Substitutionsmittel

35 Zur Entwicklungsgeschichte von Codein-Zubereitungen, zu Wirkungen von Codein-Präparaten und zur Substitutionsbehandlung mit Codein vgl. Stoffe/Teil 1 Rn. 223 ff. Der unerlaubte Handel mit Codein und Dihydrocodein ist nach § 29 Abs. 1 Nr. 1 BtMG strafbar. Handelt es sich um ausgenommene Codein-Zubereitungen, so kann ein illegales Inverkehrbringen außerhalb von Apotheken nach § 95 Abs. 1 Nr. 4 AMG strafbar sein. Der Erwerb und Besitz von ausgenommenen Codein-Zubereitungen zum Eigenkonsum sind straflos.

36 **1. Codeinhaltige Husten- und Schmerzmittel.** Aktuell sind unter anderem die folgenden Antitussiva als verschreibungspflichtige Arzneimittel auf dem Markt: ‹Bronchicum® Mono Codein Tropfen›, ‹Codeinsaft-CT 5 mg/5 ml›, ‹Codicaps® Kindersaft Neo 10,6 mg/5 ml Lösung zum Einnehmen›, ‹Codicompren® 50 mg retard›, ‹Tussoret® Tag-/Nacht-Kapseln›.

37 Zur Schmerztherapie werden insbesondere ‹Codeinum phosphoricum Berlin-Chemie Tabletten› und ‹codi OPT® Tabletten› verordnet.

38 **2. Substitutionsbehandlung mit Codein.** Zur Substitutionsbehandlung mit Codein-Präparaten bei Betäubungsmittel- oder Alkoholabhängigkeit vgl. Stoffe/Teil 1 Rn. 226 sowie § 13 BtMG Rn. 46 f. Vgl. auch Anlage III zum BtMG.

39 **3. Dihydrocodein**-haltige Schmerz- oder Hustenmittel sind ‹DHC 60 mg/ -90 mg/-120 mg Mundipharma®›, ‹Paracodin® N-Sirup; -N-Tropfen; Paracodin®› oder ‹Tiamon® Mono retard›.

Opiatabhängige missbrauchen unter anderem DHC 60 als Ersatzdroge mit 10 bis **40** 40 Tabletten pro Tag und erreichen hierdurch die 5 bis 20-fache Wirkung. DHC 60 wird auch auf der illegalen Szene gehandelt.

IV. Erkältungsmittel auf Dextromethorphan-Basis

Dextromethorphan (<Basoplex® Erkältungs-Kapseln>, <Cetebe® antiGrippal **41** Erkältungs-Trunk Forte>, <Hustenstiller-ratiopharm® Dextromethorphan>, <Silomat® DMP/-DMP gegen Reizhusten>, <WICK® DayMed Erkältungs-Kapseln für den Tag>, <WICK MediNait®, Erkältungssirup für die Nacht>) zählt zur Gruppe der Antitussiva, wirkt hustenstillend und ist zur kurzzeitigen, symptomatischen Behandlung von Reizhusten zugelassen. Die Sinnhaftigkeit einer Dextromethorphan-Therapie wird unter Medizinern kontrovers diskutiert, zumal da psychotrope (Neben-)Wirkungen bei höherer Dosierung seit langem bekannt sind. Obschon Dextromethorphan über ein eher geringes Abhängigkeitspotential verfügt und bei bestimmungsgemäßer Anwendung als unbedenklich gilt, häufen sich Berichte über die (vermutlich) missbräuchliche Verwendung (vgl. *BfArM*, Risikoinformation vom 16. 4. 2010, http://www.bfarm.de). Zwischenzeitlich kursieren gar Berichte über ein als „Agent Lemon" bezeichnetes Verfahren zur Extraktion von Dextromethorphan aus frei verkäuflichen Arzneimitteln.

V. Entwöhnungsmittel und Opiatblocker (Anticraving-Substanzen)

Zur Behandlung akuter Entzugssyndrome werden die verschiedensten Arznei- **42** mittel und Wirkstoffe verschrieben. Zur Unterstützung der Aufrechterhaltung der Abstinenz bei alkoholabhängigen Patienten wird seit 1996 das Entwöhnungsmittel <Campral® magensaftresistente Tabletten> mit dem Wirkstoff Acamprosat eingesetzt. Daneben sind die folgenden Entwöhnungsmittel und Mittel zur Behandlung von Suchterkrankungen im Handel:

Bezeichnung*	Wirkstoff	Rp./ BtM
<Adepend® 50 mg Filmtabletten>	Naltrexon-HCl	Rp.
<Antabus® 0,1 Dispergetten®, 100 mg, Tablette/-0,5 Dispergetten®, 500 mg, Tablette>	Disulfiram	Rp.
<Campral® magensaftresistente Tabletten>	Acamprosat-Calcium	Rp.
<Cras 0,4 mg/-2 mg/-8 mg Sublingualtabletten>	Buprenorphin/-HCl	BtM
<Eptadone 5 mg/ml Lösung, Mehrdosenflasche>	Methadon-HCl	BtM
<Methaddict® 5 mg/-10 mg/-40 mg Tabletten>	Methadon-HCl	BtM
<Nemexin® Filmtabletten>	Naltrexon-HCl	Rp.
<Paracefan i. v. 0,15 mg/-0,75 mg Injektionslösung>	Clonidin-HCl	Rp.
<L-Polamidon® Lösung zur Substitution Lösung zum Einnehmen>	Levomethadon-HCl	BtM
<SUBOXONE® 2 mg/0,5 mg/-8 mg/2 mg Sublingualtabletten>	Buprenorphin/- HCl, Naloxon-HCl	BtM
<SUBUTEX® 0,4 mg/-2 mg/-8 mg Sublingualtabletten>	Buprenorphin-HCl	BtM

* *Rote-Liste® – Stand Dezember 2010 (ohne Mittel zur Raucherentwöhnung)*

43   **1. Clonidin.** Clonidin kann physisch das Opiatentzugssyndrom deutlich bis entscheidend beeinflussen und verspricht eine bessere Motivation zur Therapie. Muskelkrämpfe und Schmerzen schwinden und nehmen dem Patienten die Angst vor Entzugserscheinungen. Die psychischen Grenzen seines Einsatzes bei Opiatabhängigen sind noch zu erforschen. Der Opiathunger, die depressiven Zustände, die Schlafstörungen scheinen auch durch Clonidin unbeeinflusst zu bleiben. Während der Entgiftung ist neben Clonidin eine psychische Beeinflussung und Betreuung des Patienten unbedingt erforderlich. Nach den bisherigen Forschungsergebnissen ist Clonidin nicht suchterzeugend, bewirkt aber auch ein Clonidin-Absetzsyndrom. Clonidin zeigt eine Reihe noch unerforschter Nebenerscheinungen wie Sedierung, Mundtrockenheit und Benommenheit. Clonidin hemmt die Entzugssymptome, ohne von Naloxon blockiert zu werden.

44   **2. Naltrexon** (‹Adepend® 50 mg Filmtabletten›, ‹Nemexin® Filmtabletten›) wird zur medikamentösen Unterstützung bei der psychotherapeutisch/psychologisch geführten Entwöhnungsbehandlung vormals Opiat-Abhängiger nach erfolgter Opiat-Entgiftung eingesetzt. Naltrexon-HCl wurde erstmals 1963 in den USA vorgestellt und unter dem Namen Trexon® eingeführt. Seit April 1990 ist Naltrexon unter dem Handelsnamen Nemexin® in der Bundesrepublik Deutschland zugelassen. Eine Tablette enthält 50 mg Naltrexon-HCl.

45   Naltrexon besitzt keinerlei Missbrauchspotential, wirkt vor allem nicht euphorisierend wie andere Opioide. Naltrexon ist kein Opiat-Substitut wie Methadon für Drogenabhängige, sondern ein Langzeit-Opioidantagonist. Der Einsatz von Naltrexon hat nur dann eine Chance, wenn der Proband eine starke Abstinenzmotivation hat und bereit ist, auf jegliche Opiatzufuhr zu verzichten. Versucht der Proband dennoch unter dem Einfluss von Naltrexon Heroin intravenös zu injizieren, so bleibt die Injektion ohne Wirkung, weil Naltrexon die Opiodrezeptoren besetzt. Wird Naltrexon einem akut Opiatabhängigen gegeben, so verdrängt es das zuvor eingenommene Opioid von den Rezeptoren und löst ein schweres Opiat-Entzugssyndrom aus, das aber stationär mit Clonidin oder anderen Arzneimitteln beherrschbar ist. Man zieht es daher vor, Naltrexon erst nach einem vollständigen Opiatentzug zu verabreichen.

46   **3. Naloxon.** Naloxon ist ebenso wie Naltrexon kein Substitut für Heroin, sondern ein Opiatantagonist, der früher als Opiatblocker getestet wurde. Wegen seiner kurzen Halbwertzeit von etwa 70 Minuten wurde die Substanz jedoch insoweit nicht weiter genutzt und findet nur noch in Kombipräparaten zu diesen Zwecken Verwendung (vgl. oben Rn. 42).

47   **4. Clomethiazol.** Das seit 1958 zur Behandlung eines Alkoholdeliriums und zur Behandlung einer Medikamentenabhängigkeit, zur Behandlung von Erregungs- und Unruhezuständen eingesetzte Clomethiazol ist unter dem Namen ‹**Distraneurin®** Kapsel; -Mixtur› im Apothekenhandel. Clomethiazol unterliegt der Verschreibungspflicht nach der AMVV.

48   Bereits 1966 wurde die Gefahr beschrieben, dass sich bei falscher Anwendung eine sekundäre Abhängigkeit von Clomethiazol entwickeln könne. Bei Dauermissbrauch kommt es zu körperlichen und psychischen Entzugserscheinungen, die nur schwer zu überwinden sind; aus diesem Grunde ist eine ambulante Therapie mit Clomethiazol in der Regel nicht angezeigt, weil die Gefahr der Suchttransposition von Alkohol auf Clomethiazol besteht. Wegen möglicher Absetzsymptome sollte immer ausschleichend über mehrere Tage abgesetzt werden.

VI. Schlankheitsmittel, Diätpillen und Appetitzügler

49   Zur Gewichtsreduktion, zur unterstützenden Behandlung ernährungsbedingten Übergewichts und Fettleibigkeit oder zur Erleichterung von diätetischen Maßnahmen sind die folgenden Arzneimittel im Apothekenhandel:

Arzneimittel (Pharma-Drogen)   **Stoffe**

Bezeichnung*	Wirkstoff	Ap./Rp.
‹alli® 60 mg Hartkapseln›	Orlistat	Ap.
‹Antiadipositum RIEMSER Retardkapseln›	Phenylpropanolamin-HCl, Thiaminchlorid-HCl, Pyridoxin-HCl, Ascorbinsäure	Rp.
‹Antiadipositum X 112 T® Lösung›	Cathin-HCl	Rp.
‹Boxogetten® S-vencipon Dragees›	Phenylpropanolamin-HCl	Rp.
‹Cefamadar®›	Madar D4	Ap.
‹Figur-Verlan® Granulat›	Guar	Ap.
‹Fucus-Gastreu® S R59 Tropfen›	Fucus vesiculosus	Ap.
‹Recatol® Algin (Lemon) Kautabletten›	Alginsäure, Carmellose-Natrium	Ap.
‹Recatol® mono›	Phenylpropanolamin-HCl	Rp.
‹Regenon®; -retard 60 mg›	Amfepramon-HCl	Rp.
‹Tenuate® Retard›	Amfepramon-HCl	Rp.
‹Xenical® 120 mg Hartkapseln›	Orlistat	Rp.

* *Rote-Liste® – Stand Dezember 2010*

1. Cathin (D-Norpseudoephedrin). Zwar untersteht D-Norpseudoephedrin 50 (Cathin) der Anlage III zum BtMG. Bei bestimmten ausgenommenen Zubereitungen finden die betäubungsmittelrechtlichen Vorschriften jedoch keine Anwendung. Hierunter fallen die meisten Arzneimittelpräparate, die D-Norpseudoephedrin enthalten. Alle Zubereitungen des D-Norpseudoephedrin unterliegen seit dem 1. 1. 1986 der Verschreibungspflicht. Vor diesem Hintergrund brachten die pharmazeutischen Herstellerfirmen nicht verschreibungspflichtige Appetitzügler mit dem Wirkstoff D-L-Norephedrin (= **Phenylpropanolamin**) auf den Markt. Zwischenzeitlich unterliegt auch dieser Wirkstoff der Verschreibungspflicht, sofern er zur Behandlung ernährungsbedingten Übergewichts oder zur Anwendung bei Tieren bestimmt ist (vgl. Anlage 1 zur AMVV).

2. Amfepramon (Diethylpropion, Diethylaminopropiophenon). Am- 51 fepramon ist verkehrs- und verschreibungsfähiges Betäubungsmittel nach der Anlage III zum BtMG. Ausgenommen sind Zubereitungen ohne verzögerte Wirkstofffreigabe, die ohne einen weiteren Stoff der Anlagen I bis III je abgeteilte Form bis zu 22 mg, und Zubereitungen mit verzögerter Wirkstofffreigabe, die ohne einen weiteren Stoff der Anlagen I bis III je abgeteilte Form bis zu 64 mg Amfepramon, berechnet als Base, enthalten.

3. Fenfluramin. Der verschreibungspflichtige Wirkstoff (vgl. Anlage 1 zur 52 AMVV) Fenfluramin ist ein chemisch mit Amphetamin verwandter Appetitzügler. Fertigarzneimittel auf Fenfluramin-Basis sind wegen beobachteter Herzklappenschäden seit 1997 nicht mehr im Handel (*Hunnius* Pharmazeutisches Wörterbuch, 9. Auflage [2004] S. 569).

4. Metformin ist ein orales Antidiabetikum, d. h. ein Stoff mit blutzuckersen- 53 kender Wirkung. Zur Behandlung von ernährungsbedingtem Übergewicht ist dieser Stoff in Deutschland nicht zugelassen.

5. Bedenkliche Diätpillen-Cocktails. Werden Amfepramon, Fenfluramin, 54 Hydrochlorothiazid, Metformin, Phentermin und Triamteren, die als Monopräpa-

rate durchaus einem sinnvollen Zweck dienen können, zu therapeutisch bedenklichen Rezepturkombinationen und Diätpillen-Cocktails zusammengemischt, können bedenkliche Arzneimittel entstehen (*AG Montabaur*, StB vom 28. 5. 1996 –
2101 Js 28602/95). Das Bundesinstitut für Arzneimittel und Medizinprodukte
(BfArM) hat 1987 vor Rezepturkombinationen aus Fenfluramin, Dexfenfluramin,
Amfepramon, Metformin, Phentermin und Triamteren gewarnt und derartige
Pillen-Cocktails als bedenklich eingestuft (Bundesgesundheitsamt BO Nr. 7/1987).

VII. Lokalanästhetika

55   **1. Lidocain** (‹Acoin®-Lido›, ‹Licain®-Actavis 0,5% M/-1%/-1% M Injektionslösung›, ‹Xylocain® 4%›) ist ein vollsynthetisches Lokalanästhetikum, das
heute vielfach an die Stelle von Kokain getreten ist und bei der intensivmedizini-
schen Erstversorgung eingesetzt wird. Es ist in Apotheken und Chemikalienhandlungen flüssig in Ampullen und als Pulver erhältlich. Zur Verschreibungspflicht vgl.
Anlage 1 zur AMVV unter dem Stichwort „Lokalanästhetika“. Die euphorisierende Wirkung und das Suchtpotential von Lidocain sind im Vergleich zu Kokain
deutlich geringer. Lidocain unterliegt nicht dem GÜG. Es wird als Streckmittel zur
Verlängerung von Kokaingemischen genutzt. Vgl. ergänzend Stoffe/Teil 1 Rn. 120,
143, 159.

56   Lidocainhydrochlorid ist wie Kokainhydrochlorid ein weißes, kristallines, geruchloses Pulver, leicht wasserlöslich und hat einen schwach bitteren Geschmack.
Es weist beim Zungentest dieselbe betäubende Wirkung wie Kokain auf. Der
Konsument kann daher Lidocain zumeist nicht von Kokain unterscheiden. Auch
durch Schnelltests ist eine solche Unterscheidung häufig nicht möglich. Die Gefahr
einer Überdosierung ist bereits bei kleinsten Konsumeinheiten gegeben; es drohen
u. a. Krampfanfälle, Kreislaufversagen, Atemlähmung oder Herzstillstand.

57   **2. Esketamin** (‹Ketanest® S 5 mg/ml/-25 mg/mg/ml›) ist ein Narkosewirk-
stoff, dessen Wirkung bei intramuskulärer bzw. intravenöser Injektion innerhalb
von 10 bis 30 Minuten eintritt. Bei akuter Intoxikation drohen Atemlähmung,
Blutdruckschwankungen, Wachträume, Halluzinationen und Verwirrtheit.

58   **3. Noscapin (Narcotin)** (‹Capval® Dragees 25 mg; -Saft 25 mg/5 g; Tropfen
25 mg/g›) unterliegt der Verschreibungspflicht nach der AMVV; es wird als Anti-
tussivum (Hustenstiller) eingesetzt, dient aber auch als Streckmittel für Heroin und
Methaqualon. Noscapin untersteht nicht dem BtMG.

59   **4. Papaverin** ist ein Opiumalkaloid, das nicht dem BtMG untersteht. Es wird
auf der illegalen Szene als Streckmittel genutzt und verkauft. Papaverin unterliegt
der Verschreibungspflicht nach der Anlage 1 zur AMVV.

60   **5. Tetracain** (‹Gingicain® D Lösung und Treibmittel›, ‹Ophtocain®-N Augentropfen›) wird als verschreibungspflichtiges (Anlage 1 zur AMVV) Lokalanästhetikum vertrieben. Es unterliegt nicht dem BtMG. Der hochtoxische Stoff wird
bisweilen aber als Kokainimitat auf der Drogenszene angeboten.

61   **6. Ketamin** (‹Ketamin-hameln 50 mg/ml Injektionslösung›, ‹Ketamin-ratio-
pharm® 500 mg/10 ml Injektionslösung›) wird sowohl in der Human- als auch in
der Tiermedizin eingesetzt; z. T. wird es als „Schweine-Speed“ bezeichnet, weil es
zur Betäubung der Tiere beim Transport angewendet wird. Ketamin gilt als das
mildeste Anästhetikum, das auch bei Kindern und alten Menschen eingesetzt werden kann. Ketamin wird direkt flüssig in den Muskel injiziert, kann aber auch in
pulverisierter Form geschnupft oder Getränken beigemischt werden. Im Vietnam-
Krieg wurde Ketamin als Betäubungsmittel intramuskulär und intravenös verabreicht. Ketamin ist ein rezeptpflichtiges Arzneimittel, untersteht aber nicht dem
BtMG.

62   Ketamin wird als neue Modedroge unter den Namen K, Mighty K, Special K
oder Kitkat auf Techno- und House-Partys verteilt oder in Diskotheken angeboten. Der Stoff wird von Ärzten oder Apothekern beschafft oder aus Praxen gestoh-

len. Ketamin wird als Lösung geschluckt oder als Pulver geschnupft. Es gilt als Turboglücksbringer für eine Stunde, eine Technodroge, die den Tänzer schweben lässt. Ketamin ist in den USA und in Großbritannien weit, in Deutschland aber noch wenig verbreitet. Die Kombination mit Alkohol oder Barbituraten ist gesundheitsgefährlich. Bei nicht aufeinander abgestimmten Cocktails kommt es zu sogenannten Horrortrips, zu Herzjagen und Blutdruckkrisen. Ketamin macht nicht körperlich abhängig. In niedrigen Dosierungen wirkt Ketamin halluzinogen. Größere Mengen führen zum Verlust an Körpergefühl bis zur Bewusstlosigkeit.

Wird Ketamin als Grundstoff für die Herstellung von Betäubungsmittelimitaten 63 (Pseudo-Ecstasy-Tabletten) angeliefert, ohne dass der Lieferant in die anschließenden Imitatgeschäfte eingebunden ist, so kommt Beihilfe zum Imitathandel in Betracht (*BGH* NJW 2002, 452 = NStZ 2002, 210 = StV 2002, 256 ff.).

7. Suxamethoniumchlorid (Succinylcholinchlorid) ist ein Muskelrelaxans, 64 das zum Herzstillstand und zur Herzlähmung führen kann und nur schwer nachweisbar ist. Vgl. BAnz. Nr. 103/1990.

VIII. Streckmittel

Die Rauschgiftkonsumenten wären heute einerseits nicht in der Lage, hochpro- 65 zentige Stoffe gesundheitlich zu vertragen, noch sie andererseits zu bezahlen. Mit Ausbreitung des Rauschgift-Marktes ging ein verstärkter Handel mit Streckmitteln einher, die es dem Händler ermöglichen, durch Verlängerung der Betäubungsmittel-Zubereitung das Rauschgift-Geschäft besonders lukrativ zu gestalten. Die Streckmittel werden zur rechtlichen Absicherung häufig streng getrennt vom Betäubungsmittel eingeführt, gelagert und gehandelt. Teilweise werden die Streckmittel auch in der Apotheke bezogen. Besonders bevorzugt werden unter anderem Traubenzucker, Ephedrin, Paracetamol, Coffein und Lidocain.

Der Arzneimittel-Begriff des § 2 AMG (dazu ausführlich Vorbem. AMG 66 Rn. 37 ff.) setzt keine arzneiliche Verarbeitungsform voraus. Auch Betäubungsmittel-Grundstoffe, Streckmittel oder noch nicht erforschte oder nicht zugelassene Heilmittel können als Arzneimittel eingestuft werden, wenn sie dazu bestimmt sind, durch Anwendung am oder im menschlichen Körper die Beschaffenheit, den Zustand oder die Funktionen des Körpers oder seelische Zustände zu beeinflussen.

Heroinzubereitungen werden zumeist als Originalware aus der Türkei, Syrien, 67 Pakistan oder Thailand ungestreckt mit einem Wirkstoffgehalt von 40 bis 80% nach Deutschland geliefert und erst mit Zwischenhändler in Straßenheroin mit nur noch 5 bis 10% Wirkstoffgehalt gestreckt. Das Streckmittel (meist Paracetamol oder ein Paracetamol/Coffein-Gemisch) wird eingefärbt und auf dem illegalen Drogen-Markt gehandelt.

1. Paracetamol. Vgl. oben Rn. 11 f. Paracetamol ist selbst dann als Arzneimit- 68 tel im Sinne des § 2 AMG einzustufen, wenn es nicht als Fertigarzneimittel vorliegt. Ein Paracetamol-Coffein-Gemisch, das nicht nach pharmazeutischen Regeln hergestellt wurde, sondern in verunreinigter, nicht steriler Form vorliegt, kann erhebliche Gesundheitsrisiken entfalten. Ob es als **bedenkliches Arzneimittel** im Sinne des § 5 AMG einzustufen ist, ist eine Frage des Einzelfalles. Vgl. dazu § 95 AMG Rn. 8 ff. Zur (straf-)rechtlichen Bewertung von Qualitätsminderungen vgl. § 95 AMG Rn. 36.

Beim Handel mit Paracetamol-Pulver als Heroinimitat kommt § 29 Abs. 6 69 BtMG in Betracht (vgl. *BGH* NStZ 1992, 82 = NJW 1992, 382). Bei Lagerung, bei dem Transport oder dem Verkauf von Paracetamol-Pulver als Streckmittel kommt, sofern damit eine Förderung eines konkreten Heroingeschäftes verbunden ist, eine Beihilfe oder Mittäterschaft zum Handeltreiben mit Betäubungsmitteln in Betracht (*BGH* NStZ 1993, 444 = NJW 1993, 2389; *BGH* StV 1994, 429; *BGH* StV 1995, 524).

Scheidet ein Handeltreiben mit Betäubungsmitteln aus, so kommt zumindest ein 70 Inverkehrbringen bedenklicher Arzneimittel nach § 95 Abs. 1 Nr. 1 AMG dann in

Betracht, wenn das Streckmittelgemisch die Voraussetzungen des § 5 AMG erfüllt. Zur Verschreibungspflicht von Paracetamol und zu von der Verschreibungspflicht ausgenommenen Zubereitungen (ausgenommen Humanarzneimittel zur a) oralen Anwendung zur symptomatischen Behandlung leichter bis mäßig starker Schmerzen und/oder von Fieber in einer Gesamtwirkstoffmenge von bis zu 10 g je Packung und b) zur rektalen Anwendung) vgl. Anlage 1 zur AMVV.

71   **2. Lidocain.** Zu Lidocain vgl. oben Rn. 55 f.

IX. Schnüffelstoffe

72   Zu den Schnüffeldrogen, die vornehmlich von Schülern unter einer Plastiktüte inhaliert werden, gehören z. B. Benzin, Benzol, Toluol (Methylbenzol), Xylol (Dimethylbenzol), Trichlorethylen, Trichlorethan, Methylenchlorid, Aceton, Amylnitrit und Isobutylnitrit. Das Inhalieren von Haarsprays, Deodorants und Intimsprays, das Schnüffeln von Benzingasen, Klebstoff, Nitroverdünnern oder Holzschutzmitteln durch Großstadtkids hat sich seit den 80er Jahren des vergangenen Jahrhunderts immer weiter verbreitet. Die Schnüffelstoffe gelten als preiswerte Rauschdrogen mit freilich unübersehbaren Gesundheitsrisiken.

73   **1. Kohlenwasserstoffgase.** Die Kohlenwasserstoffgase Methan, Äthan, Propan, Butan, Ethylen, Propylen, Acetylen, Isobutylen, Isopren verursachen z. T. in höherer Dosis eine Narkose, andere führen zur Bewusstlosigkeit. Gerade bei Campingurlauben von Jugendlichen wird nicht selten der Wunsch oder die Mutprobe geboren, Propan- oder Butangas aus Campingkartuschen zu inhalieren. Die aus Erdölgasquellen gewonnenen Kohlenwasserstoffe Propan und Butan kommen in Stahlflaschen als Motortreibstoffe oder für den Haushalt in den Handel. Beim Einatmen höherer Konzentrationen kommt es zu Schwindel, Übelkeit und narkotischen Erscheinungen, aber auch zu toxischen Erregungszuständen und Bewusstlosigkeit.

74   **2. Chloroform.** Chloroform ist eine farblose, giftige, süßlich schmeckende und seltsam riechende Flüssigkeit, deren Dämpfe Bewusstlosigkeit und Beseitigung der Schmerzempfindungen hervorrufen. Justus von Liebig entdeckte 1831 das Chloroform. Es fand neben Ether und Lachgas im 19. Jahrhundert in aller Welt als Inhalationsnarkotikum und Rauschmittel weite Verbreitung. Da Chloroform sehr giftig ist und erhebliche Nebenwirkungen aufweist, wird es heute nicht mehr medizinisch, sondern nur noch als Lösungsmittel verwendet. Chloroform wird vielfältig missbraucht. Die Flüssigkeit wird auf ein Tuch gegossen und die entstehenden Dämpfe eingeatmet. Wie beim Etherrausch kommt es beim Chloroformrausch zu euphorischer Stimmung, Halluzinationen und sexuellen Phantasien. Bei Entzug kann es zu Psychosen kommen.

75   **3. Ether.** Das bekannteste Narkotikum ist der Ether (Diethylether). Ethylether wurde aus Alkohol und Schwefel destilliert (Schwefelether) und war schon 1842 als Rauschmittel bekannt (süßes Vitriol). In der 2. Hälfte des 19. Jahrhunderts war der Etherrausch weit verbreitet und diente in Zeiten der Prohibition als Alkoholersatz. Ethylether ist auch Bestandteil der bekannten ‹Hoffmannstropfen Hofmann's®›. Ethylether wird entweder wie Alkohol getrunken oder als Dampf inhaliert (zumeist mit einer über den Kopf gezogenen Plastiktüte). Die Wirkungen sind ähnlich denen des Alkohols: Bewusstseinstrübungen, euphorische Grundstimmung und motorische Erregung. Bei Dauerkonsum kommt es zu Leberschäden, Depravation, epileptischen Anfällen bis zum Tod infolge von Atemlähmungen.

76   **4. Stickoxide.** Schon vor Jahrzehnten wurde in den USA bekannt, dass das als Narkotikum genutzte Distickstoffoxid (Lachgas) als Rauschmittel missbraucht werden kann. Bis zur heutigen Zeit wird Lachgas als Rauschdroge missbraucht. In Luftballons abgefüllte Lachgasportionen werden verkauft als ein Hauch von Glückseligkeit. Das süßlich riechende Lachgas wird wegen seiner psychedelischen Effekte von Technofreaks neben Ecstasy-Pillen bevorzugt und auf Partys inhaliert. Ärzte

sehen im Lachgasmissbrauch erhebliche Gesundheitsgefahren. Zwar ist das von
Medizinern verwendete Lachgas nur auf Rezept erhältlich. Das für technische
Zwecke genutzte Lachgas von gleicher Qualität ist jedoch in diversen Spraydosen
leicht erhältlich. Lachgas kann ein Arzneimittel darstellen, ist indessen kein Betäubungsmittel.

5. Amylnitrit und Isobutylnitrit (Poppers). Zu den Schnüffelstoffen gehört **77**
auch der Salpetrigsäureester des Amylalkohols, die Nitrite, die früher therapeutisch
genutzt wurden zur Schmerzbehandlung, zur Betäubung, zur Raumluftverbes-
serung, zur Blutdrucksenkung und Gefäßerweiterung. Bei den Nitriten handelt
es sich um klare Flüssigkeiten mit süßlichem Geruch, die bei Luft und Helligkeit
mit leisem Knall zerfallen. Diese Nitrite erzeugen bei Inhalation rauschähnliche
Zustände. Wegen ihrer schädlichen Nebenwirkungen wurden aber fast alle Präparate vom Pharmamarkt genommen. Auf der illegalen Drogenszene haben diese
Nitrite aber als sexuelle Stimulationsmittel eine weite Verbreitung. Diese Nitrite
werden in den Mund gesprüht oder inhaliert und bewirken eine intensive Wärmeempfindung in den Sexualzonen. Bei Missbrauch drohen Brechreiz, Bewusstlosigkeit, Atem- und Kreislaufbeschwerden. Langzeitschäden sind jedoch kaum zu befürchten.

In den USA wurde schon vor vielen Jahren Amylnitrit in kleinen Fläschchen in **78**
homosexuellen und alternativen Kreisen als Aphrodisiakum und berauschendes
Inhalationsmittel gehandelt, bevor diese Mode nach Deutschland kam. Homosexu-
elle bevorzugen Amylnitrit als Schließmuskelrelaxanz. Amylnitrit unterliegt nicht
dem BtMG. Die Nitrit-Substanzen sind als **bedenkliche Arzneimittel** im Sinne
des § 5 AMG einzustufen, da sie nicht heilen und nicht lindern, sondern lediglich
der Gesundheit Schaden zufügen. Wer Amylnitrit als Knalldroge, Riechwasser oder
Sexualstimulanz vertreibt, ohne dieses als Fertigarzneimittel zuzulassen, kann sich
nach § 95 Abs. 1 Nr. 1 i. V. m. § 5 AMG und nach § 96 Nr. 5 AMG strafbar machen (*AG Frankfurt*, Urteil vom 25. 10. 2005 – 943 Ds 8910 Js 240082/03). Auf
der Drogenszene werden Ampullen mit Amylnitrit, Butylnitrit, Zyclo-Pentyl-
Nitrat, Isobutylnitrit, Isopentylnitrit oder Propylnitrit zumeist unter dem Szenenamen Poppers angeboten. Poppers-Konsumenten wählen unter zahlreichen
Sorten aus: Blue Boy, Breath, Bronx, Dragon, Fick Water, Hard Liquid, Hard
Ware, Iron Horse, Jungle Juice, Pig Sweet, Poppers, Pure Gold, Reve, Reds, Rock
Hard, Rush, Sex Line, Sextasy, Snappers, Whow.

B. Tierarzneimittel

Die Tierarzneimittel werden als Vorbeugungsmittel (Antibiotika), als Aufputsch- **79**
mittel, als Beruhigungsmittel (Tranquilizer), als Muskelmacher aus Wachstums-
förderer (Hormonpräparate), als Hustenmittel (Antitussiva; wie z. B. Clenbuterol)
verfüttert oder gespritzt, tatsächlich aber als Masthilfen missbraucht. Gespritzt werden Hormonpräparate wie Östradiol Benzoat, Testosteron-Cypionat, Testosteron-
Propionat, Nortestosteron-Laureat, Progestoron, Trenbolon und Zeranol, das Ös-
trogen Diätylbostrol, der Kombinationscocktail aus Chloramphenicol, Tyrosin,
Prednisolon und weiteren Antibiotika und Hormonen. Das Antihustenmittel Ven-
tipulmin® und das Broncholytikum Spiropent® enthalten Clenbuterol.

Schon seit Jahren ist bekannt, dass der Missbrauch von Arzneimitteln entgegen **80**
den einschlägigen Regelungen des Lebensmittelrechts, des Arzneimittelrechts, des
Fleischhygiene- und Futtermittelrechts zu einem illegalen Drogenmarkt geführt
hat. Jedes mit Hormonen gemästete Kalb oder Jungrind bringt dem Tiermäster
einen erheblichen Mehrpreis. Illegale Scheinfirmen, verantwortungslose Apotheker
und Tierärzte oder reisende Dealer verkaufen diese Arzneimittel meist ambulant
und kofferweise. Erst die Verhaftung mehrerer Viehhändler, die sich große Mengen von Östrogenen, Androgenen oder Gestagenen, Hormonpräparate ohne die
erforderliche Verschreibung beschafft hatten und ihren Tieren in ihren Mastgroß-
betrieben spritzen ließen, um das Wachstum der Tiere zu beschleunigen und die
Verkaufschancen der schlachtreifen Tiere zu verbessern, brachte im Jahre 1988 eine

öffentliche Diskussion in Gang (vgl. Der Spiegel, Nr. 33/88 – Die Schweinerei mit dem Fleisch – Medikamentenmissbrauch im Stall).

81   Bei der missbräuchlichen Anwendung von Clenbuterol in Überdosierung kommt es zu einer Abnahme des Fettgehaltes des Körpers und zu einer Vermehrung des Muskeleiweißes und der Muskelmasse. Bei der illegalen Anwendung von Clenbuterol bei Masttieren oder bei ehrgeizigen Spitzensportlern wird gezielt dieser Effekt angestrebt. Beim Missbrauch von Clenbuterol in hohen Dosen drohen erhebliche Gesundheitsschäden, wie Muskelzittern, Herzklopfen und Steigerung der Herzfrequenz; in Einzelfällen kann die Einnahme zum Tod führen.

C. Abführ- und Brechmittel

82   Zum Einsatz von Abführ- und Brechmitteln vgl. § 29 BtMG/Teil 5 Rn. 56 ff.

Kap. 3. Doping-Mittel

Übersicht

A. Anabol-androgene Steroide (Anabolika)

Zur dieser Gruppe von Wirkstoffen zählen auch Chemikalien, die in ihrer **83** Struktur und Wirkung mit dem männlichen **Hormon Testosteron** verwandt sind. Sie sind im Bereich des Sports nicht nur dazu missbraucht worden, die Muskelmasse und Muskelkraft in Verbindung mit einer gesteigerten Nahrungsaufnahme zu erhöhen, sondern auch in niedrigeren Dosierungen und bei normaler Nahrungsaufnahme in dem Bestreben, die Wettkampfbereitschaft zu erhöhen. 1935 wurde das Hormon Testosteron synthetisiert und als Testoviron® (Testosteronenantat) zur Therapie von Hormonmangel zugelassen.

Die Verabreichung derartiger Wirkstoffe kann zu psychischen Veränderungen, **84** Leberschäden und nachteiligen Auswirkungen auf das Herz-Kreislauf-System führen. **Bei männlichen Jugendlichen** kann eine Verkleinerung der Hoden und eine Verringerung der Samenproduktion, ein Anschwellen der Brüste, aber auch Leber- und Herzschäden, erhöhter Blutdruck hervorgerufen werden. **Bei weiblichen Jugendlichen** kann es zu einer Maskulinisierung, zu Akne, schrumpfendem Busen, männlichem Bartwuchs, Unterdrückung von Eierstockfunktionen und der Menstruation kommen. Die Anabolika zerstören bei Dauerkonsum die weibliche Identität. Es findet ein starker Haarwuchs statt. Die Klitoris wächst zu einem Minipenis; die Monatsblutung bleibt aus. Die Stimme und der Körperwuchs werden männlich.

Bekannt wurden in Deutschland vor allem die Wirkstoffe Drostanolon, Hetan- **85** dienon, Mesterolon, Metandienon, Methandrostenelon, Methenolon, Methyltestosteron, Nandrolon, Nandrolon-Decanoat, Nandrolon-Phenyl-Propolonat, Oxandrolon, Oxymetholon, Stanozolol, Testosteron, Testosteron-Decanoat, Testosterononanat, Testosteron-Propionat, Trenbolon.

Fast alle Dopingarzneimittel werden imitiert, mit abweichender Zusammenset- **86** zung, gefälschten Verpackungen und gefälschten Gebrauchsanweisungen verbreitet. Die meisten in Deutschland gehandelten Anabolika sind **die thailändischen Anabol-Tabletten** mit dem Wirkstoff **Metandienon**.

I. Metandienon (Anabol-Tabletten)

Zur Verschreibungspflicht vgl. Anlage 1 zur AMVV (Metandienon und seine **87** Ester). Die rosafarbenen fünfeckigen Anabol-Tabletten enthalten pro Tablette 5 mg des oralen Steroidanabolikums Metandienon (= Methandrostenolon), ein Derivat des Androgens Testosteron. Die Anabol-Tabletten werden von der Firma L. P. Standard Laboratories & Co in Thailand und in russischen Laboratorien hergestellt und in 1.000-Stück-Packungen verkauft. Für Metandienon besteht in Deutschland ein schwarzer Markt in der Bodybuilder-Szene, auf dem der Stoff den zehnfachen Preis des Apothekenverkaufspreises erzielt.

In Deutschland waren in der Vergangenheit die Metandienon-haltigen Arznei- **88** mittel Dianabol® und Methanabol® im Arzneimittelhandel, wurden aber wegen der Nebenwirkungen und wegen des Missbrauchs in der Bodybuilder-Szene vom Markt genommen. Die therapeutische Dosis von Metandienon liegt bei 10–20 mg täglich. Bodybuilder nehmen gesundheitlich bedenkliche Mengen von bis zu 120 mg täglich. Nach § 5 Abs. 2 AMG handelt es sich um bedenkliche Arzneimittel, weil nach dem derzeitigen Stand der wissenschaftlichen Erkenntnisse der begründete Verdacht besteht, dass das Arzneimittel bei bestimmungsgemäßem Gebrauch unvertretbare Risiken und schädliche Wirkungen hat, die über ein vertretbares Maß hinausgehen.

II. Methyl-Testosteron

89   Die Firma Acdkon in Bangkok/Thailand stellt Metesto-Tabletten mit 25 mg Wirkstoff Methyltestosteron her, die in Deutschland nicht zugelassen sind. Es handelt sich um ein verschreibungspflichtiges und zulassungspflichtiges Fertigarzneimittel und gehört zur Stoffgruppe der Androgene. Methyl-Testosteron wird von Bodybuildern missbraucht. Die Dosierung liegt gewöhnlich bei 25–50 mg pro Tag = 1–2 Tabletten Metesto. Die Metesto-Tabletten führen zu erheblichen Nebenwirkungen wie Leberschädigungen und Gynäkomastie. Da das Präparat in Deutschland nicht zugelassen ist, unterliegt es auch dem Verbringungsverbot gem. § 73 Abs. 1 AMG.

III. Testosterone

90   Bei Testosterone handelt es sich um anabole Steroide aus Russland. Die angegebenen Wirkstoffe, verschiedene Varianten des männlichen Sexualhormons Testosteron, führen zu erheblichen gesundheitsschädlichen Nebenwirkungen.

IV. Anapolon®

91   Die Firma Syntex stellte bis 1990 die Originale der Tabletten her mit dem Wirkstoff Oxymetholon. Es gibt jedoch perfekte Plagiate. Statt der angegebenen Substanz Oxymetholon enthielten die Tabletten je 13 mg des stärker wirksamen Steroids Metandienon. Die Pillen waren in einem Glasröhrchen plus Faltschachtel und Haltbarkeitsaufkleber scheinbar original verpackt.

V. Oxandrolon

92   Die weit verbreiteten Arzneimittelfälschungen enthalten statt des Wirkstoffs Oxandrolon das anabole Steroid Stanozolol. Stanozolol galt lange Zeit als schwer nachzuweisen und gehörte zu den Medikamenten, die zu mehreren Todesfällen führten.

VI. Stanozolol

93   Zur Verschreibungspflicht vgl. Anlage 1 zur AMVV (Stanozolol und seine Ester). In Thailand wird das in Deutschland nicht zugelassene verschreibungspflichtige Anabolikum **Stanolol®** mit dem Wirkstoff **Stanozolol** produziert. In Deutschland enthielten die Arzneimittel **Stromba®** und **Winstrol®** Stanozolol.

VII. Trenbolon, Methenolon, Fluoximesteron, Nandrolon, Androstendion, Dehydro-Epi-Androstendion, Desoxy-Methyl-Testosteron, Tetra-Hydro-Gestrinon

94   Weitere in Deutschland nicht zugelassene Doping-Mittel basieren auf den Wirkstoffen Trenbolon, Methenolon, Fluoximesteron und Nandrolon. Fälschungen von früher oder in anderen Ländern zugelassenen Fertigarzneimitteln sind weit verbreitet.

95   In den USA werden von Versandfirmen Testosteron-Vorläufersubstanzen wie **Androstendion** als Kapsel, Tablette, Pulver oder Pflaster intensiv als Mittel für Muskelwachstum, Leistungssteigerung und Verbesserung des Sexuallebens sowie des allgemeinen Wohlbefindens in Zeitschriften und im Internet beworben. Nach Einnahme des Mittels verwandelt sich der Stoff zum muskelaufbauenden Hormon Testosteron. Die Produkte sind in den USA offenbar als Nahrungsergänzungsmittel für Kraft-, Ausdauer- und Fitnesssportler im Verkehr. Androstendion wird aber therapeutisch nicht eingesetzt. Testosteron-Vorläufersubstanzen wie Androstendion

sind als Arzneimittel einzustufen. Androstendion-haltige Arzneimittel sind in Deutschland nicht zugelassen und damit nicht verkehrsfähig.

Auch das als Nahrungsergänzungsmittel im Internet angebotene Muskelaufbau- **96** präparat **Dehydro-Epi-Androstendion** (DHEA) stellt nach deutschem Recht ein verbotenes Dopingmittel und Arzneimittel im Sinne des AMG dar. Am 9. 5. 2000 musste sich ein Wissenschaftler des Olympischen Trainingszentrums von Sydney wegen einer Bestellung der Muskelaufbaupräparate: a) Androstendion und b) Dehydro-Epi-Androstendion (DHEA) vor Gericht verantworten, die er auf ein **Internet-Angebot** hin bei einer Firma in den USA bestellt hatte, nachdem der australische Zoll die Lieferung der Dopingmittel per Päckchen kontrolliert hatte.

Als neues Steroid wurde 2005 **Desoxy-Methyl-Testosteron** bekannt, das Ähn- **97** lichkeiten mit Tetra-Hydro-Gestrinon (THG) aufweist.

Durch eine geschickte Kombination des auf der Dopingliste stehenden **Gestri-** **98** **non** (mit 4 Wasserstoffatomen) mit dem artverwandten **Trenbolon** wurde die Designerdroge **Tetra-Hydro-Gestrinon (THG)** geschaffen und damit zahlreiche Spitzensportler versorgt. Im Gegensatz zu erprobten Arzneimitteln, die erst nach jahrelangen klinischen Studien und Tierversuchen auf den Pharmamarkt gelangen, handelt es sich hierbei um eine illegale Designerdroge mit dem Ziel der Gesetzesumgehung (**Designer-Doping**).

VIII. Gamma-Butyrolacton (GBL)

Vgl. ergänzend Stoffe/Teil 1 Rn. 564. Bei GBL handelt es sich nicht um eine **99** bloße Chemikalie oder einen Grundstoff, wenn die Substanz zu Konsumzwecken in Verkehr gebracht wird. Ähnlich Androstendion handelt es sich bei Gamma-Butyrolacton (GBL) nicht um ein Nahrungsergänzungsmittel, sondern um eine Partydroge und um einen Grundstoff für die Herstellung von **Gamma-Hydroxy-Butyrat (GHB)**, ein verbotenes Muskelaufbaupräparat und Dopingmittel. Das Bundesministerium für Gesundheit gab im März 1999 eine Warnung „Gesundheitsgefährdung durch Lebensmittel mit Gamma-Butyrolacton" heraus, die zum Muskelaufbau und zur Stressverminderung eingenommen wurden. Die Weltgesundheitsorganisation WHO warnte 1999 ebenfalls vor dieser Substanz wegen **unerwünschter Nebenwirkungen** und stufte sie als **Technodroge** ein, die zur Euphorisierung, Leistungssteigerung und Erhöhung der sexuellen Aktivität eingenommen wurde.

IX. Verunreinigte Nahrungsergänzungsmittel

Im Zeitraum von Oktober 2000 bis November 2001 untersuchte das Institut für **100** Biochemie der **Deutschen Sporthochschule Köln** insgesamt **634 nicht-hormonelle Nahrungsergänzungsmittel** wie **Kreatin, Canitin** und **Tribulus Terrestris** auf **Verunreinigungen** durch anabole Steroide. In etwa 15% der Produkte (94 von 634) konnten Verunreinigungen mit verbotenen anabol-androgenen Steroiden festgestellt werden, die nicht auf der Packung deklariert waren. Positive Konzentrationen lagen dabei zwischen 0,01 μg/g und 190 μg/g. Es fiel auf, dass der Anteil verunreinigter Produkte solcher Anbieter deutlich höher war, die auch Prohormone verkaufen. Von den in Deutschland erworbenen Produkten (129) mussten insgesamt 15 als positiv eingestuft werden; Deutschland belegte damit – hinter den Niederlanden, Österreich, Großbritannien, den USA, Italien und Spanien einen mittleren Platz (vgl. *Geyer/Parr/Mareck/Reinhart/Schrader/Schänzer*, Analysis of Non-Hormonal Nutritional Supplements for Anabolic-Androgenic Steroids – Results of an International Study, Int. J. Sports Med. 2004, 124 ff.). Der Umstand, dass mehrere amerikanische Nahrungsergänzungsmittel (**Kraftdrinks** und Kraftpulver) mit Nandrolon-Spuren verunreinigt waren, begründete so manche Sportlerrechtfertigung, ließ aber auch den Verdacht aufkommen, dass die **Produktionsfirmen für eine derartige Einlassung verunreinigte Nahrungsmittel produzierten**, die bewusst und unbewusst konsumiert wurden (vgl. auch Der Spiegel vom 2. 8. 2007, Nahrungsergänzungsmittel – Gedopt – und trotzdem unschuldig [*Rohlfing*]). Es wird empfohlen, den Konsum von Nahrungsergänzungsmitteln von regelmäßigen Qualitätskontrollen der Hersteller und entsprechenden Garantieerklärungen abhängig zu machen. Eine Datenbank getesteter Produkte ist die vom Olympiastützpunkt Rheinland (OSP) herausgegebene **„Kölner Liste"** (www.koelnerliste.com); sie beruht auf Analysen des am 1. 9. 2002 gegründeten Zentrums für präventive Dopingforschung (ZePräDo) der Deutschen Sporthochschule Köln und (nicht verifizierten) Auskünften der Hersteller. Weil sich Laboranalysen naturgemäß nur auf die jeweils untersuchte Charge beziehen, bietet die Veröffentlichung eines Produkts auf der „Kölner Liste" zwar keine absolute Sicherheit, gewährt aber gleichwohl ein minimiertes Dopingrisiko.

B. Hormone und verwandte Stoffe

I. Erythropoetin (EPO/EPREX®)

101   **1. Wirkung und Anwendung.** Sehr bedeutsam für die Ausdauerleistung eines Menschen ist der Blutfarbstoff Hämoglobin. Je mehr rote Blutkörperchen vorhanden sind, umso mehr Sauerstoff kann im Körper transportiert werden. EPO ist ein in der Niere produziertes körpereigenes Hormon, das die Bildung roter Blutzellen (Erythrozyten) anregt. Das seit 1983 künstlich hergestellte Erythropoetin vermehrt die Zahl der roten Blutkörperchen, ohne dass zwischen den körpereigenen und zugeführten Hormonen unterschieden werden kann. Wissenschaftliche Untersuchungen haben durch EPO-Einnahmen eine Leistungssteigerung um bis zu 23% festgestellt. Der EPO-Missbrauch kann zu Thrombosen, Kollaps, Herzinfarkt oder zum Tode führen. Man schätzt von 1980–2000 allein 20 Tote durch EPO-Missbrauch. Es kommt zu einer Verdickung des Blutes und damit zu einer erhöhten Gefahr von Thrombosen, Kollaps und Infarkt. Mit dem gentechnologisch hergestellten EPO lassen sich Entzündungs- und Tumoranämien wirksam behandeln (*Eckardt*, Erythropoethin, Karriere eines Hormons, DÄBl. 1989, 245). Die EPO-Produkte: NeoRecormon® und ERYPO® finden bei der Behandlung von Dialysepatienten Anwendung. Für eine zweiwöchige Kur der Ausdauerwunderdroge EPO werden auf dem Schwarzmarkt zwischen 1.000 und 4.000 EUR bezahlt.

102   Der Missbrauch von EPO wird häufig mit dem Missbrauch von Steroiden wie Nandrolon oder Wachstumshormonen kombiniert, um Stärke durch Steroide und Energie durch EPO zu erreichen. Zunächst werden Steroide zum Muskelaufbau, dann EPO zur Steigerung der Anzahl roter Blutkörperchen eingenommen, so dass eine größere Menge Sauerstoff die Muskeln erreicht. Die Leistungssteigerung beruht zumeist zu 60% auf den Steroiden und zu 50% auf EPO. Auch eine Kombination von Eigenbluttransfusion und EPO-Einsatz ist beobachtet worden.

103   **2. Nachweis.** Die extrem teuren Hormonpräparate: IGF-1, HGH und EPO haben für den dolosen Sportler den Vorteil, dass sie in Körperflüssigkeiten nicht (weder im Blut noch im Urin) verlässlich nachgewiesen werden können. Man arbeitet zwar an einer Analysemethode, um körpereigenes (endogenes) EPO von in Genlaboren hergestelltem (exogenem) EPO unterscheiden zu können. Bislang versucht man, den EPO-Missbrauch mit Bestimmung des sog. Hämatokritwertes, der das Volumenverhältnis von roten Blutkörperchen zum Gesamtblut angibt, nachzuweisen. Normalwerte liegen zwischen 30 und 45%. Liegt der Hämatokritwert erheblich über 50%, geht man in der Regel von Doping mit EPO aus. Um dem EPO-Nachweis zu entgehen, wird EPO häufig in kleinen Dosen eingenommen.

104   Ein Sportler kann nur des Dopings überführt werden, wenn sowohl die A-Probe als auch die B-Probe positiv sind. Hört der Sportler aber eine Woche vor dem Wettkampf auf, EPO zu nehmen, so ist bei einer Wettkampfkontrolle nur im Blut noch möglich, Veränderungen auf Grund von EPO festzustellen. Im Urin finden sich dann keine EPO-Spuren mehr. Ist aber die B-Probe negativ, so kann der Sportler nicht des Dopings überführt werden. Es erscheint zweifelhaft, ob man eine derartige Kontrolle noch eine wirksame Dopingkontrolle nennen kann und ob man tatsächlich an einer Überführung von mit EPO dopenden Sportlern interessiert ist (vgl. Der Spiegel, Nr. 33/2000, S. 157 f.).

3. Verbreitung. Wegen der Nachweisschwierigkeiten wurden EPO-Miss- 105 brauchsfälle erst seit dem Jahre 2000 bekannt, als bei den olympischen Spielen in Sydney erstmals EPO-Kontrollen durchgeführt wurden. Der EPO-Missbrauch ist **besonders in Ausdauersport-Disziplinen** verbreitet: Radrennsport, Langstreckenlauf (Marathon, Triathlon), Skilanglauf, Skiabfahrtslauf, Eisschnelllauf aber auch beim Schwimmen. Eine neue Designerdroge, die im Radsport missbraucht wird, ist **Epoietin-Delta** (DYN-EPO).

Darbepoietin (α) ist ein EPO-artverwandtes Mittel zur Behandlung von Blut- 106 armut, das zur Umgehung des EPO-Verbots von Ausdauersportlern missbraucht wird. NESP ist angeblich aus genetisch veränderten Eierstöcken von chinesischen Hamstern entwickelt worden. Es ist eine Designerdroge, die wirksamer ist als EPO und mit 25 Stunden nach intravenöser Injektion eine 3fache Halbwertzeit und Nachprüfbarkeit hat im Vergleich zu EPO. Die US-Biotechnikfirma Amgen hat dieses Super-EPO unter dem Namen Aranesp® im Jahre 2001 mit dem Wirkstoff Darbepoietin (α) auf den Pharmamarkt gebracht.

II. Wachstumshormone

Während einzelne Stimmen die Wachstumshormone als Wunderdopingmittel 107 preisen, behaupten andere, ihre direkte Dopingwirkung werde vielfach überschätzt. So wird behauptet, Wachstumshormone entfalteten ihre leistungsfördernde Wirkung nur in Kombination mit anderen Dopingsubstanzen wie z. B. zusammen mit anabolen Steroiden, deren muskelaufbauenden Effekt man nach Absetzen gut verlängern könne. Wachstumshormone wie HGH können mit einer Kontrollmethode des Humangenetikers Ch. Strasburger aus München zuverlässig nachgewiesen werden.

1. Hormon-Chorion-Gonadotropin (HCG). Bei Hormon-Chorion- 108 Gonadotropin (HCG) handelt es sich um ein menschliches Keimdrüsenhormon, ein Schwangerschaftshormon, um ein anaboles Steroid, das zu einer erhöhten körpereigenen Produktion von androgenen Steroiden führt. Es bewirkt ähnlich wie die Zufuhr des menschlichen Sexualhormons Testosteron schnellere und bessere Regeneration nach hoher Belastung. Im DDR-Sport wurde HCG in Form des Arzneimittels Oral-Turinabol® (kleine blaue Pillen) als trainingsunterstützende Maßnahme eingesetzt. Das Hormon HCG ist nur verboten für Männer und wirkt ähnlich wie Anabolika. Das Schwangerschaftshormon HCG führt beim Mann zu einer erhöhten Produktion androgener Steroide. Es regt den Hoden an, mehr Testosteron zu bilden. HCG ist in Bodybuilder-Kreisen als Überbrückungsdopingdroge beliebt.

2. Insulin-like Growth-Factor 1 (IGF-1). Wachstumshormone wie z. B. 109 HYQ oder Long R3 sind nur für die Behandlung von Zwergwüchsigen zugelassen, werden aber vorwiegend zu Dopingzwecken missbraucht. Dieses Wachstumshormon fördert die Nährstoffzufuhr und regt das Muskelzellwachstum so beträchtlich an, dass das Gefühl entsteht, als würde der Körper des Sportlers vor Kraft explodieren. Dieses Peptid wird auf dem illegalen Markt als Zweiwochen-Kur für 1.000 bis 3.000 EUR angeboten. Es bestehen jedoch erhebliche gesundheitliche Risiken wie Krebsgefahr, Herzschäden, Knochenanomalien, Wassereinlagerungen, Zuckerschock ähnlich wie bei der Insulin-Überdosierung. IGF ist weder im Blut noch im Urin nachweisbar.

3. Somatropin. Somatropin (‹Gentropin®›, ‹Humatrope®›, ‹Zomacton®›) 110 ist ein Hormon, das für den Wachstumsprozess verantwortlich ist. Es wird bei Zwergenwuchs oder bei Erwachsenen, deren Hirnhangdrüse nicht mehr ausreichend funktioniert, erfolgreich zur Therapie eingesetzt. Die Wirkung bei gesunden Menschen, etwa zur Verbesserung der Leistung im Sport, ist umstritten. Sicher ist dagegen, dass gesunde Menschen mit den notgedrungen hohen Dosen ihre Gesundheit riskieren. Neben Vergrößerungen von Kiefer, Nase oder Fingern kann der Missbrauch von Somatropin u. a. zum Herztod führen.

111   **4. Gonadotropin, Human-Growth-Hormon (HGH/STH).** Dieses Wachstumshormon beschleunigt die Eiweißsynthese und fördert ähnlich wie IGF (vgl. Rn. 109) das Muskelwachstum. Der Schwarzmarktpreis für eine Zweiwochen-Kur beträgt rund 2.000 EUR. Auch die gesundheitlichen Risiken wie Krebsgefahr, Wassereinlagerungen, Knochenverdichtung sind ähnlich wie bei IGF. HGH ist in Körperflüssigkeiten bislang nicht nachweisbar und gilt auf der Dopingszene deshalb als Geheimtipp. Mögliche **Risiken eines exzessiven Gebrauchs** sind Hirntumore, Dickdarmgeschwüre, Herzschäden und Knochenanomalie.

112   **5. Insulin.**

113   **6. Corticotropin** (z.B. Tetracosactid) entfaltet spezifische Wirkungen auf die Nebennierenrinde, die zu vermehrter Produktion und Sekretion von Glucocorticoiden angeregt wird (*Hunnius* Pharmazeutisches Wörterbuch, 9. Auflage [2004] S. 396).

114   **7. Clenbuterol.** Vgl. oben Rn. 79 ff.

C. Beta-2-Agonisten

115   Radsportler bevorzugen Antiasthmamittel wie Formoterol, Salbutamol oder Terbutalin und beantragen deshalb hierfür Ausnahmegenehmigungen. Bei internationalen Radrennen entsteht bisweilen der Eindruck, als seien nur schwer Asthmakranke in der Lage, kraftzehrende Bergrennen durchzustehen.

D. Diuretika und andere Maskierungsmittel

116   **Diuretika** werden in der Medizin bei Wasseransammlung im Gewebe und bei Bluthochdruck angewendet. Als Nebenwirkungen entstehen bisweilen Blutdruckabfall und Elektrolytstörungen durch schnellen Wasserverlust. Am bekanntesten ist das Medikament **Lasix®**. Die Diuretika unterstützen einen schnellen Gewichtsverlust, verringern die Urinkonzentration und können so die **Einnahme von Dopingmitteln verschleiern**. Diuretika fördern den Harntrieb und bewirken eine schnellere Ausscheidung von Dopingstoffen.

117   Im **Internet** und in einschlägigen Zeitschriften werden zahlreiche Arzneimittel und Chemikalien angeboten, die angeblich verräterische Dopingwirkstoffe aus den Körperflüssigkeiten auswaschen und dadurch zu negativen Untersuchungsergebnissen führen.

E. Stimulantien

118   Unter der Wirkstoffgruppe der Stimulantien finden sich verschiedene pharmakologische Substanzen, die die Aufmerksamkeit erhöhen, Müdigkeit unterdrücken und die in der Lage sind, die Leistungsbereitschaft, aber auch die Aggressivität zu steigern. Die Anwendung dieser Substanzen kann auch zu einer Verringerung der Urteilsfähigkeit führen, wodurch in einigen Sportarten eine Gefährdung anderer Wettkampfteilnehmer eintreten kann.

119   **Amphetamine** und die verwandten Verbindungen sind bekannt dafür, dass sie Probleme im Sport hervorrufen. Einige Todesfälle sind unter den Bedingungen der maximalen körperlichen Anstrengung vorgekommen, auch wenn nur normale pharmakologische Dosen verabreicht wurden. Es gibt keine medizinische Rechtfertigung für die Anwendung von Amphetaminen im Sport.

120   In der WADA-Liste werden unter den Stimulantien Koffein und einige andere Wirkstoffe wie **Bupropion, Phenylephrin, Phenylpropanolamin, Pipradol, Pseudoephedrin und Synephrin** nicht mehr aufgeführt. Diese dürfen eingesetzt werden. Damit unterliegen zahlreiche Medikamente gegen Erkältungskrankheiten nicht mehr dem früheren Verbot.

Ein großer Teil der Stimulantien untersteht nicht nur dem AMG, sondern **121** auch dem BtMG (**Amphetamin, Cathin, Cocain, Fencamfamin, Fenetyllin, Mesocarb, Methamphetamin, Methylphenidat, Phenmetrazin, Phentermin**).

I. Modafinil

Bei der Inventur der Doping-Verbotsliste des internationalen Sports sind **Cof- 122 fein** und **Pseudoephedrin** gestrichen worden. Gleichzeitig entschied das Exekutivkomitee der Weltantidopingagentur (WADA) in Montreal, dass das Stimulanzmittel **Modafinil** auf die am **1. Januar 2004** in Kraft getretene Liste der verbotenen Substanzen aufgenommen wurde.

In der Medizin wird das Psychopharmakon Modafinil insbesondere gegen ex- **123** treme Müdigkeit, Schlafanfälle, Konzentrationsschwäche und Narkolepsie (ein krankhafter unwiderstehlicher Zwang, sich auszuruhen oder zu schlafen) eingesetzt. In Deutschland wurde das Medikament 1998 eingeführt und der Anlage III zum BtMG unterstellt; zwischenzeitlich untersteht es nicht mehr dem Regelungsregime des BtMG und ist vielmehr nach der AMVV als **verschreibungspflichtiges Arzneimittel** eingestuft.

II. Phentermin

Phentermin ist ein Amphetamin-Derivat und zentral wirksames **Sympatho- 124 mimeticum**. Es führt zu einer psychischen Stimulation, Aufhebung von Müdigkeit und einer appetitzügelnden Wirkung. Der Stoff ist jedoch riskant. Bisweilen kommt es zu Herzrhythmusstörungen, Blutdruckkrisen, Angina-Pectoris-Anfällen und beim Absetzen zu erheblichen Persönlichkeitsveränderungen.

Phentermin ist heute **in Deutschland nicht mehr als Arzneimittel zuge- 125 lassen**. Im Ausland ist Phentermin dagegen noch erhältlich. **Phentermin** ist als **Betäubungsmittel der Anlage III** erfasst.

F. Narkotika

Die Substanzen dieser Wirkstoffklasse, bestehend aus **Opium, Morphin, He- 126 roin, Cocain** und ihren chemischen und pharmakologischen Verwandten wirken in erster Linie als schmerzstillende Mittel. Besondere Nebenwirkungen der Narkotika sind a) die dosisabhängige Depression der Atmung und b) die Gefahr der physischen und psychischen Abhängigkeit. Zahlreiche Narkotika unterstehen nicht nur dem AMG, sondern auch dem BtMG (**Buprenorphin, Cocain, Dextromoramid, Diamorphin, Fentanyl, Hydromorphon, Methadon, Morphin, Oxycodon, Oxymorphon, Pentazocin** und **Pethidin**). Andererseits sind nicht alle als Dopingdrogen verboten, sondern nur die, die in der WADA-Liste aufgeführt sind. Damit können starke Schmerzmittel, wie z. B. ‹Tramadol®› und ‹Tilidin®› eingesetzt werden. Lokalanästhetika – auch in Verbindung mit Adrenalin – unterliegen keiner Beschränkung.

G. Cannabinoide

Haschisch und Marihuana unterstehen dem BtMG. Obwohl der Konsum von **127** Cannabinoiden normalerweise bei einem Leistungssportler eher leistungshemmend als leistungssteigernd wirkt, gehört Cannabis zu den am häufigsten missbrauchten Substanzen. Cannabis mag bei „richtiger" Dosierung bei der Bewältigung eines anstrengenden Trainings- oder Wettkampftages helfen, die Risikofreudigkeit und Aggressivität in Kampf- und Mannschaftssportarten begünstigen. So trifft man immer wieder positive Cannabisergebnisse im Fußball und bei Wintersportarten. Zahlreiche Cannabisfälle von Fußballern und Eishockeyspielern beschäftigten schon die Sportgerichte.

128   Strittig ist die Frage, ab welchem Grenzwert von einem positiven Befund auszugehen ist. Die Sportverbände haben sich auf einen Grenzwert von 15 Nanogramm
THC-Abbauprodukte pro Milliliter Urin geeinigt.

129   Probleme bereiten bisweilen das Passivrauchen und der Genuss von THC-
haltigem Salatöl. Zwar ist ein THC-Nachweis in messbarer Größe im Urin auch
nach Passivrauchen möglich. Die THC-Werte sind bei Passivrauchern aber überaus
gering, da der Passivraucher vorwiegend den exhalierten, drogenarmen Rauch zu
sich nimmt. Liegen die Cannabinoide über der Grenze von 10 Nanogramm pro
Milliliter, so kann von Cannabiskonsum ausgegangen werden.

H. Glucocorticoide

130   Bei Radrennfahrern sind auch Glucocorticosteroide und Glucocorticoide verbreitet. Die systemische Gabe von Glucocorticoiden im Zusammenhang mit einem Wettkampf ist verboten – d. h., wenn die Therapie oral, rektal, durch venöse
oder intramuskuläre Injektion erfolgt. Der nichtsystemische Einsatz von Glucocorticoiden durch Inhalation oder Injektion in Gelenke, an Muskel- und Sehnenansät-
zen, ist erlaubt, muss jedoch angezeigt werden. Die übrigen Zubereitungen unterliegen keiner Beschränkung.

I. Beta-Blocker

131   Die therapeutischen Indikationen der Beta-Blocker-Anwendung wurden überprüft. Es ist festzustellen, dass für die Kontrolle des Bluthochdrucks, der Störungen
des Herz-Rhythmus, der Verhinderung an Angina Pectoris und von Migräneanfällen eine breite Palette an wirksamen Medikamenten vorhanden ist. Beta-
Blocker reduzieren bei Wettkampfbelastungen die übermäßige Herz-Kreislauf-
Reaktion, verringern den Tremor und beeinflussen die Angstsymptomatik günstig.
Sie sind nur in einigen Sportarten verboten.

J. Blutdoping

132   Nach § 4 Abs. 2 AMG sind **Blutzubereitungen als Arzneimittel zu behandeln**, die aus Blut gewonnene Blut-, Plasma- oder Serumkonserven, Blutbestandteile oder Zubereitungen aus Blutbestandteilen sind oder arzneilich wirksame
Bestandteile enthalten. Der Austausch von Eigenblut ist mit Dopingtests **nicht
nachweisbar**. Ein negativer Bluttest ist deshalb auch kein Beweis dafür, dass nicht
gedopt wurde. Die Entdeckung von Blutkonserven begründet einen Dopingver-
dacht, aber keinen Verdacht im strafrechtlichen Sinne. Denn bislang stellt Blutdoping weder einen Verstoß gegen das Verbot des § 6 a AMG, noch gegen die Strafvorschrift des § 95 Abs. 1 Nr. 2a AMG dar, da diese Vorschriften nur auf **die im
Dopingübereinkommen genannten verbotenen Stoffe, nicht aber auf die
dort genannten verbotenen Methoden** Bezug nehmen.

133   Unter **Blutdoping** versteht man die Verabreichung von Vollblut oder von Zubereitungen, die rote Blutkörperchen enthalten, wenn keine medizinische Indikation für eine solche Behandlung vorliegt. Dieser Prozedur kann die Abnahme einer
bestimmten Blutmenge vorausgehen, sodass der Athlet in einem Zustand relativer
Blutarmut trainiert. Blutdoping setzt den Athleten nicht nur erheblichen gesundheitlichen Risiken aus. Diese Maßnahmen stehen auch nicht im Einklang mit der
medizinischen Ethik und der Ethik des Sports.

134   Athleten spritzen Eigenblut oder Fremdblut oder Bestandteile von Rinderblut
und gehen damit ein hohes gesundheitliches Risiko ein.

I. Fremdblut-Doping

135   Zunächst bedarf es der Suche nach einem Partner des Radrennfahrers mit gleicher Blutgruppe. Dessen Blut wird vor dem Wettkampf entnommen und zur
berechneten Zeit in die Blutbahn des Sportlers injiziert (System: Blutsbrüder).
Wegen der Verbesserung der Nachweismöglichkeiten von EPO haben Doping-

Sünder in jüngster Vergangenheit wieder verstärkt auf Bluttransfusionen zurückgegriffen.

II. Eigenblut-Doping

Der Athlet lässt sich selbst Blut abzapfen, das er sich, wenn der Wettkampf an- **136** steht, wieder injizieren lässt (System: Eigenblutkonserve).

III. Blutplasma-Ersatzstoff HES

HES ist ein Blutplasma-Ersatzstoff, ein Arzneimittel, das die Thrombosegefahr **137** vermindern und einen Schock verhindern soll. HES ist ein Blutverdünner, der die Mikrozirkulation des Blutes verbessert und die Versorgung der Gefäße mit Sauerstoff fördert. HES stand lange im Ruf, den Missbrauch von EPO zu kaschieren. HES steht jetzt auch auf der Liste der für Leistungssportler verbotenen Substanzen.

IV. Perfluorcarbon (PFC)

Perfluorcarbon ist ein nicht zugelassener Blutersatzstoff für Nierentransplantatio- **138** nen. PFC verbessert die Sauerstoffaufnahme im Blut und führt in hohen Mengen konsumiert zu Leistungssteigerungen. Nebenwirkungen von PFC sind noch nicht erforscht. Lebensbedrohliches Leber- und Nierenversagen wird derzeit noch nicht ausgeschlossen. PFC ist bislang in den Körperflüssigkeiten noch nicht nachweisbar.

V. Blutersatzstoff HemAssist

Ende der 80er Jahre des vergangenen Jahrhunderts testete die amerikanische **139** Pharmafirma **Baxter** in sechs Ländern das Blutersatzpräparat **HemAssist,** nahm es nach der Erprobung vom Markt und vernichtete alle Chargen. Dennoch tauchten gestohlene Chargen auf dem illegalen Markt auf.

VI. Blutersatzstoff RSR13

Auch der Sauerstoffmultiplikator RSR13 war bereits in der Testphase zwar nicht **140** in Apotheken, aber auf dem Schwarzmarkt erhältlich. Das zur Behandlung von Gehirntumoren entwickelte Präparat wurde vor allem im Radsport missbraucht.

VII. Oxyglobin®

Das seit 1999 in der Europäischen Union zugelassene Tierarzneimittel Oxyglo- **141** bin®, das bislang nur in der Veterinärmedizin zur Behandlung von Anämie (Mangel an roten Blutkörperchen) eingesetzt wurde, ist eine Salzlösung aus Rinder-Hämoglobin. Eine Infusion erhöht (wie Erythropoietin) die Anzahl der roten Blutkörperchen und die Sauerstoffaufnahmekapazität des Blutes. Die Substanz wurde entwickelt zur Behandlung von Tieren nach starken Blutverlusten, zur Operation von Hunden, die z.B. bei einem Verkehrsunfall viel Blut verloren haben. Dieses Blutdopingmittel (Codename Hundefutter) wird im Radrennsport zu Dopingzwecken missbraucht. Neu sind neben diesen künstlich hergestellten Blutersatzmitteln gentechnisch hergestellte Varianten eines Blutdopingmittels wie Repoxygen®.

VIII. Hemopure®

Hemopure® ist ein Medikament für Dialysepatienten, das die Transfusion von **142** roten Blutkörperchen überflüssig machen soll. Hemopure® ist eine aus Rinder-Hämoglobin bestehende Lösung, die Sauerstoff binden und im Blut transportieren kann. **Hemopure® bildet keine roten Blutkörperchen, sondern ersetzt sie.** Hemopure® steigert den Sauerstoffgehalt im Blut und die Leistungsfähigkeit des Sportlers. Während **bei EPO der Dopingeffekt erst nach Wochen** eintritt, geschieht dies **bei Hemopure® wenige Minuten nach der Verabreichung.** Wie bei einer Organtransplantation besteht das Risiko schwerer Immunreaktionen bis hin zum Schock (vgl. Der Spiegel Nr. 33/2000, S. 157 f.).

K. Gendoping

143   Gendoping ist nach der Definition der World-Anti-Doping Agency (WADA) der nicht therapeutische Gebrauch von Zellen, Genen, genetischen Elementen oder die Beeinflussung der Genexpression, der dazu dient, die körperliche Leistungsfähigkeit positiv zu beeinflussen. Nicht unter den Begriff des Gendoping fällt daher der Einsatz von Wirkstoffen (etwa Insulin oder Wachstumshormone), die mit gentechnischen Mitteln und Verfahren hergestellt wurden. Zwei ganz verschiedene Verfahren des Gendoping sind zu unterscheiden:

144   Einerseits (Gendoping A) geht es um **gentherapeutische Verfahren**, bei denen bestimmte Erbinformationen (bspw. ein EPO-Gen) in die Zellkerne von Haut- oder Muskelzellen eingeschleust und diese hierdurch dazu angeregt werden, (vermehrt) körpereigene, leistungssteigernd wirkende Substanzen zu produzieren. In Tierversuchen ist die Wirksamkeit derartiger Doping-Methoden zwischenzeitlich nachgewiesen worden. Eine Anwendung beim Menschen ist freilich bislang noch nicht bekannt geworden. Gleichwohl ist es einem Forscherteam aus Tübingen und Mainz (*Beiter, T. et al.*, Direct and long-term detection of gene doping in conventional blood samples, Gene Therapy 2010, 1 ff.) zwischenzeitlich gelungen, einen Bluttest zu entwickeln, der dieser Methode des Gendoping noch vor seinem Durchbruch im Wettkampfsport einen Riegel vorschieben könnte. Herkömmliche Nachweismethoden, bei denen der Fokus auf die leistungssteigernde Substanz selbst gelegt wird, sind in diesem Kontext zumindest problematisch, weil die fragliche Manipulation körpereigene Stoffe betrifft. Das neue Testverfahren setzt daher am eigentlichen Eingriff in das Erbgut an. Weil der transgenen DNA (tDNA) die sog. „Introns" (nichtkodierte Abschnitte) fehlen, die die natürliche DNA aber aufweist, ist selbst Monate nach dem Einsatz des gentherapeutischen Verfahrens noch eine klare „Ja-Nein-Aussage" auf der Grundlage eines bloßen Bluttests möglich.

145   Andererseits (Gendoping B) umfasst der Begriff des Gendoping auch die **Beeinflussung der Genexpression**, also den Vorgangs der Bildung eines von einem Gen kodierten Syntheseprodukts (Proteine, RNA). Die wissenschaftliche Diskussion dreht sich in diesem Zusammenhang um hochkomplexe Arzneimittel, die an spezifischen Rezeptoren der Zelle andocken, die Aktivität von Genen steuern und hierdurch auf Abläufe in der Zelle Einfluss nehmen. Bekannt sind vor allem die Genmodulatoren GW 1516 und AICAR, die in den Fettstoffwechsel und den Muskelaufbau eingreifen, und daher auch von der Verbotsliste 2010 der Welt-Doping-Agentur (http://goo.gl/RCFda; zuletzt geprüft am 11. 8. 2011) erfasst werden:

146   *„Die folgenden Methoden zur möglichen Steigerung der sportlichen Leistung sind verboten: (1) Die Übertragung von Zellen oder Genelementen (zum Beispiel DNA, RNA); (2) die Anwendung pharmakologischer oder biologischer Stoffe, welche die Genexpression verändern. PPARδ (Peroxisome Proliferator Activated Receptor Delta)-Agonisten (zum Beispiel GW 1516) und AMPK (PPARδ-AMP-activated protein kinase)-Axis-Agonisten (zum Beispiel AICAR – aminoimidazole carboxamide riboside) sind verboten."*

Kap. 4. Lebensmittel und Nahrungsergänzungsmittel

Übersicht

A. Arzneimittel vs. Lebensmittel

Vgl. zum Arzneimittelbegriff ausführlich Vorbem. AMG Rn. 37 ff. Zur Abgren- **147** zung von Arzneimitteln und Lebensmitteln vgl. Vorbem. AMG Rn. 99 ff. Zu Arzneipflanzen in Lebensmitteln vgl. Vorbem. AMG Rn. 127 sowie unten Rn. 265.

B. Arzneimittel vs. Nahrungsergänzungsmittel

Zur Abgrenzung von Arzneimitteln und Nahrungsergänzungsmitteln vgl. Vor- **148** bem. AMG Rn. 104 ff.

I. Vitamine und Mineralstoffe

Zu Vitaminen und Mineralstoffen in Nahrungsergänzungsmitteln vgl. Vorbem. **149** AMG Rn. 105 ff.

II. Zubereitungen im Einzelnen

Die Abgrenzung zwischen Arzneimitteln und Lebensmitteln hat im Einzelfall **150** anhand der unter Vorbem. AMG Rn. 37 ff., 99 ff. aufgeführten Kriterien und

Maßstäbe zu erfolgen. Ungeachtet der nachfolgend aufgeführten Rechtsprechungs-
nachweise ist stets anhand der Umstände des konkreten Einzelfalles zu prüfen, ob
die jeweilige Zubereitung nach Maßgabe der Erläuterungen zum Arzneimittelbegriff (Vorbem. AMG Rn. 37 ff.) als Lebensmittel und/oder Nahrungsergänzungsmittel eingestuft werden kann.

151 Zahlreiche Pflanzenprodukte, die im Ausland als Nahrungsmittel oder Nahrungsergänzungsmittel eingestuft werden, stellen auf Grund ihrer Wirkstoffe und
pharmakologischen Wirkungen in Deutschland Fertigarzneimittel dar, die der Zulassung bedürfen. Ein unzulässiger Handel mit diesen Arzneimitteln verstößt daher
gegen das AMG, selbst wenn die Erzeugnisse als Nahrungsergänzungsmittel in den
Verkehr gebracht wurden.

152 **1. Aminopur 2500.** Vgl. *BGH*, Urteil vom 11. 7. 2002 – 1 ZR 273/99 =
LMRR 2002, 70.

153 **2. Amino Perfect.** Vgl. *BGH*, Urteil vom 11. 7. 2002 – 1 ZR 273/99 =
LMRR 2002, 70.

154 **3. Aminosäure-Verbindungen.** Vgl. *LG Hamburg*, Urteil vom 17. 4. 2001 –
312 O 381/00.

155 **4. Anabol-BCAA-Tabletten.** Vgl. *LG Hamburg*, Urteil vom 17. 4. 2001 –
312 O 381/00.

156 **5. Beta-BCAA.** Vgl. *BGH*, Urteil vom 11. 7. 2002 – I ZR 273/99 =
LMRR 2002, 70.

157 **6. BCAA 2250.** Vgl. *BGH*, Urteil vom 6. 5. 2004 – I ZR 275/01 =
GRUR 2004, 793; *Stuttgart*, Urteil vom 28. 7. 2002 – 2 U 35/00 = MD 2004,
1009.

158 **7. Beta-Hydroxy-Methyl-Butyrat (BHMB).** Vgl. *Berlin*, Urteil vom 4. 9.
1998 – 25 U 266/98 = MD 1998, 1237; *BGH*, Urteil vom 11. 7. 2002 – I
ZR 34/01 = NJW 2002, 3469.

159 **8. Butan-Diol (BD).** Diese Chemikalie wird als Rauschmittel und Grundstoff
für die Herstellung von GHB genutzt. Vgl. auch Stoffe/Teil 1 Rn. 564.

160 **9. Butyrolacton.** Diese Chemikalie wird als Rauschmittel und Grundstoff für
die Herstellung von GHB genutzt. Vgl. auch Stoffe/Teil 1 Rn. 564.

161 **10. Chromium Picolinate/Super Chrom II.** Vgl. *BGH*, Urteil vom 6. 5.
2004 – I ZR 275/01 = GRUR 2004, 793 = NJW 2004, 3122.

162 **11. Coffein.** Der anregende Wirkstoff Coffein ist in Kaffeebohnen, Teeblättern,
Guarana-Samen, Kokosnüssen und in Kakaobohnen enthalten. Er wurde 1820
erstmals isoliert. Der Wirkstoff Coffein wird wie Alkohol als **Lebensmittel, Genussmittel und Arzneimittel** genutzt. Coffein wirkt sich auf den menschlichen
Organismus erregend, anregend und stimulierend aus. Zwar steigert Coffein nach
ca. 20–30 Minuten die Leistungsfähigkeit und hebt die Stimmung. Doch spätestens
3 Stunden später kehrt sich die Wirkung um. Der Körper, dessen natürliche Ermüdung längere Zeit hinausgezögert und auf Höchstleistung gesteigert wurde,
rächt sich später durch starke Müdigkeit, Leistungs- und Stimmungsabfall. Eine
Überdosis Coffein schlägt auf den Magen, führt zu Ruhelosigkeit und Muskelzittern. Coffein macht nicht süchtig. Zwar ist ein Gewöhnungseffekt feststellbar, aber
keine körperliche Abhängigkeit. Die coffeinhaltige **Limonade Red Bull** hat sich
zu einer Kultdroge im Freizeitsport, in Discotheken und auf Privatpartys entwickelt, die es angeblich ermöglicht, hartes Training und Disconächte zu überstehen.
Die Kultbrause Red Bull ist in Discotheken, Drogerien und Supermärkten im
Angebot.

163 Auf der **illegalen Drogenszene** sind die vielfältigsten **Coffeinpräparate** im
Angebot. **Heroin-, Morphin- und Kokaingemische** sind häufig **mit** einem

hohen Anteil **Coffein gestreckt.** Coffein-Rauschzustände werden aber auch durch bloßes Verspeisen von ca. 50 g Kaffeepulver angestrebt. Auf der Drogenszene wurden schon wiederholt gefälschte Ecstasy-Tabletten verkauft, die nur aus Coffein bestanden. So wurden 1997 tausende herzförmige, rosafarbene Tabletten sichergestellt, die neben Stärke und Lactose vorwiegend Coffein enthielten. Diese Herzpillen wurden als Ecstasy, als Betäubungsmittel verkauft. Wegen des hohen Coffeingehaltes waren sie nicht als Lebensmittel, sondern als Arzneimittel im Sinne des § 2 AMG anzusehen (Vgl. dazu ausführlich Vorbem. AMG Rn. 37 ff.). Bei der Arzneimittelherstellung spielt Coffein eine erhebliche Rolle; es findet sich insbesondere in diversen Kombipräparaten zur Schmerzstillung, zur Behandlung von Entzündungen oder zur Regulierung des Blutdrucks.

Coffein unterliegt der **Verschreibungspflicht nach Anlage 1 AMVV,** wenn **164** es in Zubereitungen mit einem oder mehreren der analgetisch wirksamen Stoffe Paracetamol, Pyrazolonderivate oder Salicylsäurederivate verwendet wird; ausgenommen sind Einzeldosen bis zu 0,5 g und einer Gesamtmenge bis zu 10 g je Packung für die analgetischen Wirkstoffe.

12. Kola-Nuss (Gotu Kola). Gotu Kola ist eine Bezeichnung für die Kola- **165** Nuss. Die Kola-Nuss ist der von den Samenschalen befreite Samenkern von Cola Nitida von Cola Acuminata. Inhaltsstoffe der Droge sind Purin-Alkaloide mit dem Hauptalkaloid Coffein, daneben Theobromin, Theophyllin, Calechin, Epicatechin und Stärke. Die Droge wird bei Erschöpfungszuständen, geistiger und körperlicher Ermüdung angewandt. In Westafrika sieht die Volksmedizin die Droge vor bei Müdigkeit und zur Dämpfung des Hunger- und Durstgefühls. Kola-Nüsse werden von Frauen gegen Migräne und Schwangerschaftserbrechen gekaut. Kola-Nüsse werden als Pulver gegen Durchfälle und äußerlich als Umschläge bei Wunden und Entzündungen verwendet.

13. Commiphora Mukul. Die Pflanze Commiphora Mukul (indische Myrrhe) **166** enthält Steroide, die auch Guggulsterone genannt werden. Den Guggulsteronen werden cholesterin- und gewichtsreduzierende Wirkungen zugeschrieben.

14. Creatine Monohydrate. Ob ein Fleischextraktmittel wie Kreatin oder **167** Creatine-Powder als Lebensmittel oder als Doping-Arzneimittel zu betrachten ist, hängt von den Umständen des Einzelfalles ab. Die Frage bedarf sorgfältiger Prüfung nach Maßgabe der unter Vorbem. AMG Rn. 37 ff. referierten Grundsätze. Vgl. ergänzend *Berlin,* Urteil vom 4. 9. 1998 – 25 U 266/98 = MD 1999, 1237; *Stuttgart,* Urteil vom 18. 6. 1999 – 2 U 32/99; *Stuttgart,* Urteil vom 28. 7. 2000 – 2 U 25/00 = WD 2004, 1009; *LG Hamburg,* Urteil vom 17. 4. 2001 – 312 O 381/00; *BGH,* Urteil vom 6. 5. 2004 – I ZR 275/01 = GRUR 2004, 793.

15. Damiana. Damiana-Blätter sind die getrockneten Blätter von *turnera diffusa* **168** (bzw. *turnera aphrodisiaca*). Die Pflanze aus der Familie der Turneraceen ist von Südkalifornien bis Argentinien heimisch. Damiana-Blätter enthalten ätherisches Öl mit Pinen, Cineol, Cymol, Harz, Bitterstoffe wie Damianin und Gerbstoffe. Die Droge wird in der indianischen Volksheilkunde gegen Asthma, als Diuretikum, bei Muskelschwäche, Nervosität, zur Regulation der Menstruation sowie als Aphrodisiakum eingesetzt. Geraucht induziert die Droge eine leichte Euphorie und Entspannung, bei Tee getrunken sind diese Effekte nur abgeschwächt wahrnehmbar. In der Volksheilkunde wird die Droge bei Erkrankungen der weiblichen und männlichen Geschlechtsorgane wie Inkontinenz, Nieren- und Blasenkatarrh, Frigidität sowie als Aphrodisiakum angewandt. Seit Ende der 1960er Jahre gilt die Pflanze als legaler Marihuana- oder Tabakersatz.

16. Diätetische Lebensmittel, bilanzierte Diäten. Vgl. Vorbem. AMG **169** Rn. 117 ff.

17. Eiweiß-Vitamin-Präparate. Ob Eiweiß-Vitamin-Präparate für Bodybuil- **170** dingcenter oder für Sportstudios als Sportlernahrung, diätetische Lebensmittel oder Doping-Arzneimittel sind, hängt von der Zusammensetzung ab.

171 **18. Ephedra Sinica.** Zahlreiche Produkte werden unter dem Namen Ephedra-Kraut zusammengefasst. Die Droge und die Zubereitungen wirken auf Grund des Gehaltes an Alkaloiden mit dem Hauptalkaloid Ephedrin indirekt sympathomimetisch und zentral erregend. Teezubereitungen aus dem Ephedra-Kraut können zur Anwendung bei Atemwegserkrankungen mit leichtem Bronchospasmus bei Erwachsenen und Schulkindern dienen. Die Arzneimittel-Kommission beschreibt bei Ephedra-Kraut eine Reihe von Nebenwirkungen, so Schlaflosigkeit, motorische Unruhe, Reizbarkeit, Kopfschmerzen, Erbrechen, Tachikardie, in höherer Dosierung Blutdrucksenkung, Herzrhytmusstörungen und die Entwicklung einer Abhängigkeit. Die Anwendung der Droge und der Zubereitungen daraus sollten daher nur kurzzeitig erfolgen. Zur Einstufung als verschreibungspflichtiges Arzneimittel vgl. Anlage 1 zur AMVV.

172 **19. Fencheltee.** Vgl. Vorbem. AMG Rn. 93 ff.

173 **20. Formula A-P-L.** Vgl. *BGH*, Urteil vom 11. 7. 2002 – I ZR 273/99 = LMRR 2002, 70.

174 **21. Garcinia Cambogia Extract.** Vgl. *BGH*, Urteil vom 6. 5. 2004 – I ZR 275/01 = GRUR 2004, 793.

175 **22. Gamma-Butyrolacton (GBL).** Hier handelt es sich um ein Muskelaufbaupräparat, um ein Dopingmittel und um einen Grundstoff für die Herstellung von GHB, ein Betäubungsmittel mit Namen Gamma-Hydroxy-Butyrat. Vgl. Stoffe/Teil 1 Rn. 564 sowie Vorbem. AMG Rn. 64, 68 f., 168.

176 **23. Flüssig-Ecstasy.** Gamma-Hydroxy-Butyrat (GHB) wird auch als Flüssig-Ecstasy bezeichnet, obwohl es keinen Ecstasy-Wirkstoff wie MDMA enthält. Vgl. dazu Stoffe/Teil 1 Rn. 564 sowie Vorbem. AMG Rn. 68 ff.

177 **24. Gelee Royale.** Der Bienenköniginnenfuttersaft Gelee Royale wird vielfach in Kleinanzeigen angeboten. Vgl. *OVG Lüneburg*, Beschluss vom 5. 3. 2001 – 11 L 1592/00 = NJW 2002, 913.

178 **25. Gelenknahrung.** Vgl. hierzu *BGH*, Urteil vom 4. 12. 1997 – I ZR 125/95 = GRUR 1998, 493 = MDR 1998, 981 = PharmR 1998, 208.

179 **26. Ginseng.** Die Ginsengwurzel besteht aus den getrockneten Haupt-, Neben- und Haarwurzeln von *panax ginseng*. Hauptinhaltsstoffe der Ginsengwurzel sind Triterpensaponine, insbesondere Ginsenoside sowie wasserlösliche Polysaccharide und Polyine. Für die Droge konnte eine Antistresswirkung durch unspezifische Erhöhung der körpereigenen Abwehr gegen exogene Noxen und Stressoren physikalischer, chemischer und biologischer Art nachgewiesen werden. Innere Anwendung finden Zubereitungen aus der Droge bei Müdigkeit- und Schwächegefühl, bei Nachlassen der Leistungs- und Konzentrationsfähigkeit. Daneben zeigte sich eine deutliche Verbesserung der maximalen körperlichen Leistung, des Koordinations- und Vorstellungsvermögens sowie der Gedächtnisleistung. Der Ginsengwurzel wird in der Volksmedizin eine allgemeine tonisierende Wirkung zugeschrieben. Arzneiliche Verwendung findet üblicherweise nur die Wurzel der Pflanze.

180 In Deutschland handelt es sich nach übereinstimmender Verkehrsauffassung bei Ginsengwurzeln um Arzneimittel. Diverse Ginseng-Präparate (‹Ginsana®›, ‹Manuia®›, ‹Orgaplasma®›) sind apothekenpflichtig.

181 **27. Guarana-Extrakt.** Guarana-Extrakt wird aus den Samen von *paullinia cupana* gewonnen. Als Inhaltsstoffe der Samen von *paullinia cupana* sind beschrieben die Purin-Alkaloide mit den Wirkstoffen Coffein, Theobromin und Theophyllin, Gerbstoffe, Cyanolipide, Saponine, Stärke und Eiweißstoffe. Guarana findet Anwendung in der Volksmedizin als Anregungsmittel bei Müdigkeit und zur Dämpfung des Durst- und Hungergefühls, auch bei Kopf- und Menstruationsschmerzen, Durchfall, Verdauungsstörungen, Fieber und als Diuretikum. Die Wirksamkeit bei den Indikationen zur Anregung von Herz und Kreislauf sind wegen des Coffein-

gehaltes erklärbar. In der Homöopathie wird Guarana bei Kopfschmerzen einge-setzt. Diese Zweckbestimmung ist als arzneiliche Zweckbestimmung im Sinne des § 2 AMG einzustufen.

28. Guggulsterone. Nach Informationen aus dem Internet handelt es sich bei **182** Guggulsteronen um Steroide aus der Pflanze *commiphora mukul* (indische Myrrhe). Den Guggulsteronen wird nach diesen Informationen cholesterin- und gewichts-reduzierende Wirkungen beigelegt. Der Inhaltsstoff Guggulsterone dient demnach einer Beeinflussung von Körperfunktionen und der Körperform und somit arznei-lichen Zwecken.

29. HCA F2-Forte. Vgl. *BGH*, Urteil vom 11. 7. 2002 – I ZR 273/99 = **183** LMRR 2002, 70; *BGH*, Urteil vom 6. 5. 2004 – I ZR 275/01 = GRUR 2004, 793.

30. Herbal Ecstasy und Ecstasy light. Unter dem Namen Ecstasy light wer- **184** den Ecstasy-Imitate angeboten, die ungefährliche Tabletten signalisieren sollen, auf Grund ihrer unbekannten Zusammensetzung aber auch gesundheitliche Probleme schaffen. Szenenamen für derartige Produkte, die regelmäßig keine Betäubungs-mittel enthalten, sind Herbal Ecstasy, Pulse und Trance. Die Tabletten enthalten vorwiegend Coffein, Vitamine, Ephedrin, Guarana und Taurin. Ob Herbal Ecstasy dem AMG unterliegt oder als Nahrungsergänzungsmittel einzustufen ist, ist eine Frage der Zusammensetzung.

31. Hydroxy-Beta-Methyl-Butyrat-Kapseln (HMB). Vgl. *LG Hamburg*, **185** Urteil vom 17. 4. 2001 – 312 O 381/00; *Stuttgart*, Urteil vom 18. 6. 1999 – 2 U 32/99; *BGH* NJW-RR 2008, 1255 = PharmR 2008, 430 = GRUR 2008, 834 [HMB-Kapseln].

32. Kava-Kava. Als Kava-Kava wird die Droge Piperis Methystici Rhizoma **186** (Kava-Kava-Wurzelstock) bezeichnet. Die Droge enthält als wirksame Bestandteile verschiedene Kava-Pyrone. Kava-Kava und deren Zubereitungen sind auf Grund des Gehaltes an Kava-Pyronen bei nervösen Angst-, Spannungs- und Unruhezu-ständen wirksam. In der Literatur befinden sich daneben noch weitere Indikatio-nen wie z.B. Harnwegsbeschwerden, Magenbeschwerden und Erschöpfung. In Deutschland sind verschiedene Kava-Kava-Präparate als Arzneimittel zugelassen (‹Kava Hevert Entspannungstropfen›, ‹metakaveron® N›).

33. Knoblauchkapseln. Vgl. ausführlich Vorbem. AMG Rn. 37 ff., 75, 82. **187**

34. Kreatin. Fleisch und Fisch enthalten Kreatin = Methylguanidinessigsäure. **188** Kreatin wird in synthetischer Form auch als schneeweißes Pulver (Kreatin-phosphat) angeboten. Kreatin ist als Nahrungsergänzungsmittel, als chemischer Fleischersatz im Handel. In natürlicher Menge konsumiert stellt Kreatin ein Nahrungsergänzungsmittel dar. Der tägliche Bedarf an Kreatin beträgt ca. 2 g. In großen Mengen missbraucht ist Kreatin ein Dopingmittel mit der Gefahr der Mus-kelverspannung und der Gewichtszunahme. Der Stoff erhöht nämlich die Sauer-stoffaufnahmekapazität. Mysteriöse Todesfälle sind bereits bekanntgeworden. Da dieses Mittel im Sport zumeist nicht der Ernährung, sondern dem Muskelzuwachs dient, dürfte es als Arzneimittel einzustufen sein. Sportler schlucken bisweilen mehr als 60 Kapseln (= 30 g). Kreatin wird als Wunderwaffe für Skirennläufer, Leichtathleten, Gewichtheber und Fußballspieler angesehen. Es fördert das Mus-kelwachstum, verbessert die Schnellkraft und Leistungsfähigkeit und hilft gegen Er-schöpfung. Kreatin gilt als Energiespender.

35. L-Carnitin. L-Carnitin findet sowohl als Lebensmittel als auch als Arznei- **189** mittel Verwendung. Vgl. Vorbem. AMG Rn. 64, 66, 74 f., 78 ff. sowie *BGH* NJW-RR 2000, 1284 = PharmR 2000, 184 = GRUR 2000, 528 [L-Carnitin] und *BGH* NVwZ 2008, 1266 = PharmR 2008, 425 = GRUR 2008, 830 [L-Carnitin II].

190   **36. L-Glutamin.** Auch L-Glutamin hat wiederholt die Rechtsprechung beschäftigt: *Stuttgart*, Urteil vom 28. 7. 2000 – 2 U 25/00 = WD 2004, 1009; *BGH*, Urteil vom 3. 4. 2003 – I ZR 203/00 = NJW-RR 2003, 1123 = PharmR 2003, 297.

191   **37. Liquibol 9100.** Vgl. *BGH*, Urteil vom 11. 7. 2002 – I ZR 273/99 = LMRR 2002, 70.

192   **38. Ma-Huang-Extract.** Ma-Huang ist in Ostasien gebräuchliche Bezeichnung für Ephedra-Kraut (*ephedra herba*).

193   **39. Melatonin.** Bei **Melatonin = N-Acetyl-Methoxyl-Tryptamin** handelt es sich um eine Mode- und Wunderdroge, die nach euphorischen Berichten der Regenbogenpresse nahezu für und gegen alles gut ist. Der Wirkstoff Melatonin ist ein dem Serotonin verwandtes biogenes Amin, das im Großhirn produziert wird. Melatonin steuert nach neueren Erkenntnissen wahrscheinlich den Schlaf und andere Lebensprozesse wie Wachstum, Pubertät und Menopause. Bei depressiven und psychotischen Patienten wurden niedrige Melatonin-Konzentrationen festgestellt. Zugelassen ist in Deutschland etwa das verschreibungspflichtige Präparat ‹Circadin® 2 mg Retardtabletten›, das zur kurzzeitigen Behandlung der primären, durch schlechte Schlafqualität gekennzeichneten Insomnie bei Patienten ab 55 Jahren eingesetzt wird.

194   **40. Passion Flower.** Passion Flower bezeichnet die Pflanze *passiflora incarnata* (Passifloracea). Arzneilich verwendet wird das Kraut. Als Inhaltsstoffe werden verschiedene Flavonoide beschrieben. Passiflora findet medizinische Anwendung z. B. bei krampfhaften Beschwerden, Ein- und Durchschlafstörungen, Nervosität und Depressionen. In Deutschland gibt es verschiedene Präparate, die als Arzneimittel zugelassen sind und Passiflora enthalten, z. B. ‹Passidon® Hartkapseln› oder ‹Passiflora Curarina® Fluidextrakt›.

195   **41. Sida Cordifolia.** Bei der Pflanze *sida cordifolia* (Sandmalve) handelt es sich um ein mehrjähriges holziges Kraut von bis zu 1,6 m Höhe. Verbreitet ist die Pflanze in Westindien, Brasilien sowie im subtropischen und tropischen Afrika. Arzneiliche Verwendung finden üblicherweise die Blätter und die Wurzeln. Als Inhaltsstoffe sind verschiedene Biogene, Amine und Alkaloide beschrieben. Hauptalkaloide der oberirdischen Anteile sind Ephedrin und Pseudoephedrin. Zubereitungen aus der Pflanze finden in der afrikanischen Volksmedizin Anwendung zur Geburtseinleitung als wehenauslösendes Mittel, ferner bei Fieber, Keuchhusten, bei Durchfällen sowie als Herztonikum. Zubereitungen sind regelmäßig als Arzneimittel einzustufen.

196   **42. Sportlernahrung.** Höchst umstritten ist, was als Sportlernahrung anzusehen ist: *BGH*, Urteil vom 11. 7. 2002 – I ZR 34/01 = NJW 2002, 3469 = PharmR 2002, 400; *BGH*, Urteil vom 3. 4. 2003 – I ZR 203/00 = NJW-RR 2003, 1123 = PharmR 2003, 297; *BGH*, Urteil vom 6. 5. 2004 – I ZR 275/01 = NJW 2004, 3122 = GRUR 2004, 793.

197   **43. Super Fat Burners.** Vgl. *BGH*, Urteil vom 6. 5. 2004 – I ZR 275/01 = GRUR 2004, 793.

198   **44. Synephrin.** Synephrin ist eine Synonymbezeichnung für Oxedrin. Oxedrin ist ein sympathomimetischer Wirkstoff, der u. a. in kreislaufanregenden Arzneimitteln zur Behandlung von hypotonen Blutdruckstörungen Anwendung findet.

199   **45. Vanadyl-Sulfate.** Vgl. *Berlin*, Urteil vom 4. 9. 1998 – 25 U 266/98 = MD 1998, 1237; *BGH*, Urteil vom 6. 5. 2004 – I ZR 275/01 = GRUR 2004, 793.

200   **46. Vitaminpräparate und Mineralstoffe.** Vgl. dazu Vorbem. AMG Rn. 105 ff.

47. White Willow Bark. White Willow Bark ist die englischsprachige Be- **201** zeichnung für Weidenrinde (*salix cortox*). Weidenrinde besteht aus der im Frühjahr gesammelten, ganzen, geschnittenen oder gepulverten, getrockneten Rinde junger Zweige von *salix purpurea* oder anderen Salix-Arten sowie deren Zubereitungen. Nach der Volksmedizin ist der **Weidenrindenextrakt** hilfreich bei Entzündungen, grippalen Zuständen, Zahnschmerzen, Gicht, Magen–Darm–Beschwerden, Durchfällen, Neuralgien, bei Fußschweiß und schlecht heilenden Wunden. Der Weidenrindenextrakt soll auch bei fieberhaften Erkrankungen, Kopfschmerzen und rheumatischen Erkrankungen hilfreich sein. Bedingt durch die pharmakologischen Wirkungen und die beschriebene medizinische Verwendung ist Weidenrindenextrakt regelmäßig als Arzneimittel nach § 2 AMG einzustufen.

Kap. 5. Psychoaktive Pflanzen, Kräuter, Wurzeln, Pflanzen- und Kräuterextrakte

Übersicht

A. Arzneimittelrechtliche Einordnung von Pflanzen und Pflanzenteilen

202   Vgl. dazu Vorbem. AMG Rn. 345 ff. sowie § 95 AMG Rn. 188. Pflanzliche Arzneimittel sind nach § 4 Abs. 29 AMG Arzneimittel, die als Wirkstoff ausschließlich einen oder mehrere pflanzliche Stoffe oder eine oder mehrere pflanzliche Zubereitungen oder eine oder mehrere solcher pflanzlichen Stoffe in Kombination mit einer oder mehreren solcher pflanzlichen Zubereitungen enthalten.

203   **Pflanzen, Pflanzenteile, Pflanzenbestandteile, Algen, Pilze** und **Flechten** sind als solche grundsätzlich keine Arzneimittel, sondern unterfallen dem Stoffbegriff des § 3 Nr. 2 AMG. Dabei ist es unerheblich, ob sie in bearbeitetem oder in unbearbeitetem Zustand vorliegen.

B. Rauschpflanzen, Kulturpflanzen und Gewürze

I. Erscheinungsformen, Wirkstoffe und Anwendungsgebiete

204   **1. Nachtschattengewächse im Allgemeinen.** In früheren Jahrhunderten bemerkten die Menschen, dass Blätter, Stängel, Blüten, Samen, Früchte und Rinden einzelner Pflanzen nicht nur als Lebens- und Genussmittel, Kräuter, Gewürze, Zierpflanzen, Brennstoff und Baumaterial verwendbar waren, sondern auch als Opfergabe, Zaubermittel, Heilmittel, Rauschdroge, Pfeilgift, Jagdgift und Mordgift. Diese Naturdrogen stellen heute z. T. Lebensmittel, Arzneimittel oder Betäubungsmittel dar.

205   Zu der Familie der Nachtschattengewächse (*Solanaceen*) gehören mehr als 2.000 Sorten aus aller Welt; Genuss- und Lebensmittel wie Kartoffel, Tomate, Tabak, Paprika; Blumen wie Petunia-Arten, aber auch hochgiftige Pflanzendrogen wie

a) **die Alraune** (*mandragora officinarum*),
b) **das schwarze Bilsenkraut** (*hyoscyamus*),
c) **die Engelstrompete** (*datura suaveolens*),
d) **der schwarze Nachtschatten** (*solanum nigrum*),
e) **der weiße Stechapfel** (*datura stramonium*),
f) **die Tollkirsche** (*atropa belladonna*),
g) **das Tollkraut** (*scopolia*),
h) **der Tabak** (*nicotiana tabacum*).

206   Die Nachtschattengewächse wurden seit der Antike in früheren Jahrhunderten und Kulturen als Opfer- und Kultgaben für die Götter, als Zauber- und Hexendrogen, als Aphrodisiakum und Heilmittel, als Pfeilgift und Gifttrank vielfältig genutzt. Die hochtoxischen Alkaloide der Nachtschattengewächse **Atropin, Hyoscyamin, Mandragonin, Scopolamin** unterstehen nicht dem BtMG. Atropin wirkt aber als gefährliche Beimengung von Heroin, Kokain und Ecstasy-Tabletten. Atropin und Scopolamin werden vielfältig therapeutisch genutzt und sind in einer Reihe von Arzneimitteln enthalten. Atropin hat eine teils anregende, teils lokalanästhetische Wirkung, während Scopolamin eher dämpfend auf das zentrale Nervensystem wirkt. Die genannten Gifte werden über die Schleimhäute schnell aufgenommen und können überaus gefährlich sein. Pflanzenteile der Nachtschattengewächse werden von Jugendlichen bisweilen als Drogen-Ersatz konsumiert und wegen akustischer, visueller und sensorischer Halluzinationen missbraucht. Nicht selten führt der Missbrauch dieser biogenen Substanzen zunächst zu Illusionen und

Halluzinationen, später zu Lähmung und Bewusstlosigkeit. Dies bedingt ärztlich ambulant behandelte Notfallsituationen oder Aufnahmen in Krankenhäuser.

a) Atropin. Das Estheralkaloid Atropin entsteht bei Aufbereitung von **Tollkir-** 207 **schenextrakten** (*atropa belladonna*). Das Atropin (Racemat aus l- und d-Hyoscyamin) wirkt auf das zentrale Nervensystem erregend. Es führt bei Menschen zu Ideenflucht, Bewegungsdrang, Halluzinationen und Krämpfen. Der Tod tritt durch Atemlähmung ein. Atropin ist Bestandteil von Betäubungsmittelzubereitungen, selbst aber kein Betäubungsmittel. Atropin unterliegt der Verschreibungspflicht nach Anlage 1 zur AMVV.

b) Scopolamin. In dem stark giftigen schwarzen **Bilsenkraut** (*hyoscyamus ni-* 208 *ger*), in der **Alraune** (*mandragora*), im **schwarzen Nachtschatten** (*solanum nigrum*) und in dem weißen **Stechapfel** (*datura stramonium*) ist als Hauptalkaloid das Scopolamin enthalten. Das Scopolamin wirkt auf das Zentral-Nervensystem stärker lähmend als das Atropin. Es wirkt schon in kleinen Dosen rasch und stark hypnotisch. Es fehlt ihm jedoch die erregende Wirkung des Atropins. Das Scopolamin ist kein Betäubungsmittel, unterliegt aber nach Anlage 1 zur AMVV der Verschreibungspflicht.

c) Hyoscyamin. Das Alkaloid Hyoscyamin ist als natürlicher Pflanzengiftstoff 209 des **Stechapfels** (*datura stramonium*) bekannt. Nach Genuss von Stechapfelblättern als Salat treten Verwirrung und Halluzinationen auf. Die tödliche Dosis beginnt bereits bei 4–5 g rohen Blättern. Der *BGH* (Urteil vom 7. 8. 1984 – 1 StR 200/84 = NStZ 1985, 25) hatte einen Fall zu entscheiden, in dem Drogenabhängige Blätter des Stechapfels sammelten, Stechapfeltee kochten, an einem Lagerfeuer tranken, durch die Wirkstoffe Hyoscyamin und Scopolamin Rauschzustände mit Halluzinationen erlitten. Einer von ihnen ertrank nachts im nahen Bodensee, die anderen waren durch die Wirkung des Giftes zur Hilfeleistung nicht in der Lage. Das Hyoscyamin ist ein Gift, aber kein Betäubungsmittel. Der Wirkstoff Hyoscyamin unterliegt nach Anlage 1 zur AMVV der Verschreibungspflicht.

2. Schwarzer Nachtschatten (*solanum nigrum*) ist ein giftiges Nachtschatten- 210 gewächs, unterfällt aber nicht dem BtMG.

3. Schwarzes Bilsenkraut (*hyoscyamus niger*). Die penetrant riechende, klebrig 211 behaarte Pflanze mit gelben Blüten wächst wie Unkraut und enthält vorwiegend die Alkaloide Hyoscyamin und Scopolamin. Wegen seiner anästhesierenden Wirkung wurde das Bilsenkraut seit dem Altertum als Medizinalpflanze stark genutzt. Bilsenkrautsaft wurde in der Antike jedoch auch als Pfeil- und Speerspitzengift genutzt. Im alten Rom wurde das Kraut als Mord- und Selbstmordgift verwendet. Im alten Griechenland befragten die Wahrsager und Priester unter Bilsenkrautdämpfen das Orakel. Im Mittelalter wurden aus Bilsenkraut Heilmittel, Kräutermischungen, Tees und Salben hergestellt. Bilsenkraut wurde als schmerzstillendes und krampflösendes Arzneimittel, als Narkotikum bei Operationen und als Augenheilmittel von Ärzten verwendet. Die Praxis der Bierbrauer, dem Bier einen Zusatz von Bilsenkraut beizumischen, führte zum Namen Bilsenbier (Pilsener Bier) und zu der Stadt Pilsen. Später wurde der Bilsenkrautzusatz jedoch verboten. Gleichzeitig galten Frauen als Hexen oder Zauberinnen, die aus Bilsenkraut und Schweineschmalz grünes Öl, grüne Salbe oder grüne Säfte herstellten, weil sie angeblich mit den bösen Mächten im Bunde standen. So wurden im Mittelalter Frauen als Hexen und Giftmischerinnen verfolgt, weil sie mit einer Mixtur von Bilsenkraut, Stechapfel und Spanischer Fliege Abtreibungen vornahmen. Das Bilsenkraut und der in ihm enthaltene Wirkstoff Scopolamin hat aber auch eine Jahrhunderte alte Geschichte als Wahrheitsdroge bei Verhören. Im Mittelalter mussten Männer und Frauen, die der Hexerei oder Zauberei bezichtigt wurden, ein bitteres Getränk aus Bilsenkraut, Tollkirsche und Stechapfel trinken, um im Dämmerschlaf den Vorwurf einzuräumen. Selbst im 19. und zu Beginn des 20. Jahrhundert wurde in einigen Staaten der Welt Inhaftierten Scopolamin gespritzt, um festzustellen, ob sie auch im Zustand der Widerstandslosigkeit ihre Unschuld beteuerten. Bilsenkraut betäubt und führt zur Bewusstlosigkeit. Konsumenten wirken ähnlich wie Betrunkene. Das Bilsenkraut ist kein Betäubungsmittel. Seine Wirkstoffe sind jedoch in mehreren Arzneimitteln enthalten. Zum Handel mit **Bilsenkraut** vgl. *AG Tiergarten*, StB v 18. 4. 2000 – 334 Cs 76/00.

212   **4. Weißer Stechapfel** (*datura stramonium*). Diese Datura-Pflanze besitzt mit reichen Stacheln versehene Kapselfrüchte und betäubend duftende weiße Blüten, die sich erst in der Dämmerung öffnen. Neben den **Alkaloiden Hyoscyamin und Atropin** enthält der Stechapfel vor allem den **Wirkstoff Scopolamin.** Der Stechapfel ist wohl die älteste bekannte Rauschpflanze. Er war sowohl in der neuen als auch in der alten Welt, in Nord-, Mittel- und Südamerika, in Afrika, China und Indien und in Europa verbreitet. In Indien wurde er als Gift, um Menschenopfer für die Fruchtbarkeits- und Todesgöttin zu betäuben, aber auch um bei den Zeremonien in Ekstase zu geraten, genutzt. In der Karibik spielt der Stechapfel bis zum heutigen Tag eine wichtige Rolle in der Voodoo-Kultur. In der Antike kannten die Griechen, Babylonier und Römer die Giftigkeit dieser Pflanze und setzten sie sowohl in der Medizin als auch als Gift ein. Die Datura-Samen wurden geröstet und die Dämpfe gegen Asthma, Krampfhusten, Hals- und Zahnschmerzen eingeatmet. Die Datura-Blätter wurden in zahlreichen Kulturen auch geraucht und gekaut. Die Blätter wurden aufgekocht, um daraus rauscherzeugende Getränke herzustellen. Im Mittelalter galt der Stechapfel als Hexen- und Teufelsdroge. Die aus dem Stechapfel gewonnenen Salben und Tinkturen wurden als Aphrodisiakum, als Zauber- und Wahrsagerdroge genutzt. Die Inquisition setzte sie sowohl als Wahrheitsdroge als auch als Gift ein. Seit Jahrhunderten nutzten Straßenräuber Stechapfelgetränke, um Reisende zu betäuben und sie anschließend auszurauben. Heute sind an die Stelle derartiger Getränke Flunitrazepam-haltige KO-Tropfen getreten.

213   Von Drogen-Konsumenten werden auch Asthmazigaretten, die Blätter des Stechapfelgewächses enthalten, missbraucht. Die Zigaretten sind verschreibungsfrei im Handel. Diese Zigaretten werden geraucht, aber auch gegessen und aufgekocht getrunken, um Rauschzustände zu erreichen. In den Drogenzeitschriften der heutigen Zeit werden in Kleinanzeigen Stechapfelteezubereitungen angeboten. Seit 1996 wurden wiederholt Fälle bekannt, in denen Jugendliche sich durch Konsum von Stechapfeltee lebensgefährlich vergifteten, in Krankenhäusern intensivmedizinisch behandelt werden mussten und z. T. verstarben. Bereits Mengen von einem halben Gramm Stechapfel-Pflanzenmaterial können Vergiftungserscheinungen auslösen. Bei 20 Stechapfelsamen sind tödliche Komplikationen zu erwarten. 50 mg Scopolamin im Stechapfeltee sind tödlich (Atemlähmung und Ersticken). Stechapfel und Stechapfelzubereitungen sind keine Betäubungsmittel. Die Wirkstoffe der Pflanze sind jedoch in Arzneimitteln enthalten.

214   **5. Tollkirsche** (*atropa belladonna*). Der Name stammt von der griechischen Göttin Atropos, die den Lebensfaden abschnitt. Die bis zu 1,5 m hohe Staude mit großen Blättern, braunroten glockigen hängenden Blüten und glänzenden schwarzen kirschgroßen Beeren gehört zu den Nachtschattengewächsen. Dieses Nachtschattengewächs wurde bereits in der Antike als Rauschmittel bei Wein- und Fruchtbarkeitsriten verzehrt. Im Mittelalter war diese Droge Bestandteil von Hexensalben aber auch von Heilmitteln. In Ägypten und in Italien nutzten die Frauen den Pflanzensaft der Tollkirsche als Kosmetikum, um ihre Pupillen zu erweitern und um sich zu verschönern (*belladonna* = schöne Frau). Die Tollkirsche enthält die giftigen **Wirkstoffe Hyoscyamin, Atropin, Scopolamin.** Die Früchte sind so giftig, dass wenige Beeren, nicht nur bei Kindern, sondern auch bei Erwachsenen zu Bewusstlosigkeit und zum Tod führen können. Diese Pflanzendroge hat deshalb als Morddroge eine lange Geschichte. Der berühmte griechische Arzt und Pharmakologe Dioskurides im 1. Jahrhundert nach Christi beschrieb in seinem pharmazeutischen Lehrbuch „Materia medica" die Dosis des Beerensaftes, die ausreichte, um den Tod herbeizuführen. Die Beere wurde immer wieder mit Tod und Teufel in Verbindung gebracht und deshalb auch Teufelskirsche oder Mörderbeere ge-

nannt. Die Tollkirsche hat allerdings auch als Heilmittel eine lange Geschichte. Sie wurde bei Krankheiten des Magen-Darm-Traktes, bei Augenkrankheiten und Asthma therapeutisch genutzt.

Heute stellen Jugendliche aus den Blättern und Wurzeln der Tollkirsche einen **215** Teesud her und trinken ihn in nicht unerheblichen Mengen, um Illusionen und Halluzinationen zu erzielen. Der Genuss des Tees bewirkt eine halluzinogene Wirkung. In zahlreichen Fällen mussten die Konsumenten mit erheblichen Vergiftungserscheinungen, teilweise mit akuter Lebensgefahr, in Krankenhäuser zur stationären Behandlung verbracht werden. Bei Überdosierung kann der Tod durch Atemlähmung eintreten. Die Pflanzendroge ist kein Betäubungsmittel. Die Wirkstoffe sind allerdings in mehreren Arzneimitteln enthalten.

6. Alraune (*mandragora officinarum*). Die Alraune gehört zur Familie der Nacht- **216** schattengewächse. Sie war bereits zwei Jahrtausende vor Christi als Pflanzendroge bekannt. Die Alraune galt als Symbol der Liebe und Fruchtbarkeit. Sie wird bereits im Alten Testament erwähnt. In der Antike wurden die Alraunenwirkstoffe zur Behandlung zahlreicher Krankheiten als Narkosemittel genutzt. In der Kriegsführung galt es auf Aufputschmittel. In der Liebe galt die Pflanze als Talisman und erotisierend. Im Mittelalter wurde die Pflanze als Liebesgetränk, Zauberdroge und Heilmittel genutzt. Kaum eine Pflanze ist mit so vielen Mythen und Märchen verbunden wie die Alraune. In Hexenprozessen wurde der Vorwurf erhoben, Frauen hätten Kontakt mit dem Teufel, weil sie Alraune konsumierten. Angeblich wuchsen Alraune besonders am Fuße eines Galgen, wo Blut, Harn oder Sperma des Gehängten in die Erde getropft waren.

Die stängellose Pflanze verfügt über Blätter und Blüten und wird von einer ge- **217** wöhnlich weitverzweigten Wurzel getragen, die neben den **Alkaloiden Hyoscyamin, Atropin, Mandragonin** vor allem **Scopolamin** enthält. Die Alraunenwurzeln werden aufgekocht und als berauschender Tee getrunken. Dabei treten Halluzinationen, Verwirrtheitszustände auf. Wiederholt wurden schon Jugendliche total verwirrt nach Missbrauch von Alraunensud angetroffen und ins Krankenhaus eingeliefert. Die Alraune untersteht nicht dem BtMG. Ihre Wirkstoffe sind jedoch in mehreren Arzneimitteln enthalten (zu den Nachtschattengewächsen und Hexendrogen vgl. *Kamm*, Hexendrogen im Mittelalter, SuchtR 2/1990, 18). Zum illegalen Handel mit **Alraune** vgl. *AG Tiergarten*, StB v 18. 4. 2000 – 334 Cs 76/00.

7. Engelstrompete (*brugmansia, datura suaveolus*). Die bis zu 5 m hohe aus Süd- **218** amerika stammende Zierpflanze und Ritualpflanze Engelstrompete gehört zu den baumartigen Nachtschattengewächsen (*brugmansia arborea*) und enthält die hochgiftigen **Alkaloide Atropin, Hyoscyamin und Scopolamin**. Diese Giftstoffe wirken auf das zentrale Nervensystem erregend, später lähmend. Die trompetenförmigen weißen, gelben oder rosafarbenen Blüten dieser beliebten Zierpflanze werden auch in Deutschland von Jugendlichen zur Erzeugung von Rauschzuständen missbraucht und wegen der Blütenformen Engelstrompetenpflanzen genannt. Blütenstaub, Blütenblätter, aber auch Pflanzenblätter und Stängel werden aufgekocht und als Tee zubereitet.

Nach dem Verzehr der Blütenblätter oder dem Trank von Tee stellen sich Sin- **219** nestäuschungen und Rauschwirkungen ein. Eine Engelstrompetenblüte enthält 0,65 mg Scopolamin und 0,2 mg Atropin. Bereits Bruchteile von 1 g Pflanzenmaterial kann zu Vergiftungen führen. Mehrere Gramm frischer oder getrockneter Blüten Engelstrompete können tödlich sein. In mehreren Fällen stellten sich bei längerdauerndem Missbrauch oder großen Konsummengen erhebliche gesundheitsschädigende bis lebensbedrohliche Wirkungen ein. Die Hauptgefahren für den Konsumenten sind lebensgefährliche Herzrhythmusstörungen und Kammerflimmern. Dies kann zu einem Anticholinergen-Syndrom führen. Verwirrte Jugendliche irrten in einigen Fällen unbekleidet durch Wälder, fielen in einen Bach oder Fluss oder stürzten als Fußgänger im Straßenverkehr. Nicht wenige Jugendliche bedurften einer psychiatrischen Behandlung (vgl. *Signist/Germann/Sutter*, Intoxikation mit Stechapfelgift Scopolamin, KR 1998, 219).

220   Die Pflanzendroge stellt kein Betäubungsmittel dar. Die Wirkstoffe der Pflanze sind jedoch in mehreren Arzneimitteln enthalten.

221   **8. Eisenhut** (*aconitum napellus*). Die bis zu 1,5 m hohen Gebirgs- und Gartenblumen Eisenhut mit Rispen von dunkelblauen, helmförmigen Blüten enthalten in Samen, Blättern und Wurzeln den giftigen **Wirkstoff Aconitin**. Der Eisenhut gehört zur botanischen Familie der Hahnenfußgewächse und wird im Volksmund auch Eisenkappe, Narrenkappe, Nonnenhaube, Venuswagen, Ziegentod, Wolfskraut, Hexenkraut, Teufelskappe, Giftkraut und Blautod genannt. In der Antike war der Eisenhut als rasch wirkendes Mord- und Jagdgift, aber auch als Hilfsmittel des Henkers berüchtigt. Der römische Kaiser Claudius soll im Jahre 54 nach Christus an einer Aconitin-Vergiftung verstorben sein. Aconitin soll aphrodisierende Wirkung haben und sexuell impotente Männer gestärkt haben. Im Mittelalter waren aber schwächere Eisenhutzubereitungen auch als Liebestrank, Zauberdroge und Hexensalbe bekannt. Die Germanen nutzten den Eisenhut als magische Ritualpflanze und den Wirkstoff als Pfeilgift. Schließlich wurden Aconitin-Zubereitungen auch als Betäubungsmittel und als Heilmittel gegen Erkältungen, Gelenkschmerzen und gegen Herzbeschwerden verwendet. Das getrocknete Kraut wird geraucht. Extrem geringe Dosen lösen stimulierende, berauschende und halluzinogene Wirkungen aus. Bei falschen Dosierungen können Herzkrämpfe, Übelkeit, Kopf- und Rückenschmerzen, quälende Magen-Darm-Koliken, Atemlähmung und gar der Tod eintreten. 1 mg Aconitin kann schon eine starke Vergiftung auslösen. 3 mg Aconitin können tödlich sein.

222   **9. Roter Fingerhut** (*digitalis purpurea*). Die Drogenpflanze Digitalis mit rosa oder purpurfarbenen fingerhutförmigen Blüten enthält in Samen, Blüten und Blättern den stark giftigen Wirkstoff **Digitonin**. Nachdem die Pflanze zunächst nur als Giftkraut und Pfeilgift Verwendung fand, wurde der rote Fingerhut im Mittelalter zu einer bekannten Heilpflanze, die der Begründer der neuzeitlichen Medizin Paracelsus vielfältig einsetzte. Je nach Dosis war das Digitonin ein Gift, ein Betäubungsmittel oder Heilmittel gegen Wassersucht, Herzschwäche und zur Wundbehandlung. Bei falscher Dosierung tritt eine Herzlähmung ein. Digitonin ist kein Betäubungsmittel sondern lediglich in mehreren Arzneimitteln enthalten.

223   **10. Schierling** (*conium maculatum*). Die bis zu 3 m hohe Schierlingpflanze, die in Wurzeln und Blättern den giftigen Wirkstoff Coniin enthält, war wegen ihrer giftigen Wirkstoffe bereits in der Antike als Zauberdroge, Opfergabe und Gift bekannt und wurde auch in späteren Jahrhunderten als Betäubungsmittel und Heilmittel genutzt. 1826 isolierte Giesecke das **Coniin** aus dem Schierling. Das Coniin ähnelt dem amerikanischen Pfeilgift Curare. Bei falscher Dosierung treten Lähmungs- und Schwindelerscheinungen auf bis zu Todesfällen durch Herz- oder Atemlähmung. Coniin ist kein Betäubungsmittel.

224   **11. Wahrsagersalbei** (*salvia divinorum*). Die mehr als 500 Salbeiarten in aller Welt dienen als Ziersträucher, Kräuter, Gewürz- und Arzneipflanzen. Die zumeist gezahnten Blätter schmecken bittersüßlich und enthalten einen **ölähnlichen Stoff (Salviol)**. Die Pflanze riecht stark betäubend. Sie wird als Küchengewürz, Körperpflegemittel und Therapeutikum gegen Entzündungen im Mund und Rachenraum genutzt. Albert Hofmann fand in Mexiko die halluzinogene Salbeisorte *salvia divinorum*, die bei den Eingeborenen **neben dem Teonanacatl-Pilz und neben der Ololiuqui-Winde als dritte göttliche Zauberdroge** zu religiösen und medizinischen Zwecken verwendet wurde. Die psychedelisch wirkende Pflanze *salvia divinorum* mit einer blauen Blütenrispe wurde später **Hojas de Maria Pastora** (Blätter der Hirtin Maria) genannt. Die Blätter von *salvia divinorum* werden gekaut oder geraucht. Der gepresste Saft der Pflanze wird im Mund hin- und hergespült. Es werden Packungen von Salbeimischungen zur Verbesserung der Raumluft, zum Rauchen und zum Berauschen angeboten. Pflanzen und Pflanzenteile der *salvia divinorum* sind Betäubungsmittel nach Anlage I (nicht verkehrsfähige Betäubungsmittel).

12. Herbstzeitlose (*colchicum autumnale*). In den Samen, Blüten und Wurzeln 225 der lila blühenden Herbstzeitlose ist der hochgiftige **Wirkstoff Colchicin** enthalten. Bereits in der Antike war das Colchis-Kraut als Zauberdroge, Opfergabe, Liebestrank, Betäubungsmittel und Gift bekannt. Schon früh erkannte man neben der giftigen Wirkung auch die Heilwirkungen. Im Mittelalter wurde die Herbstzeitlose zu einer Volksmedizin gegen Gicht, Pest, Ruhr, Rheuma, Wassersucht aber auch gegen jegliche Schmerzen verwendet. Bei falscher Dosierung treten Magen- und Darmentzündungen, Lähmungen, Krämpfe bis zu Todesfällen durch Herz- und Atemlähmung ein. Bereits 20 mg Colchicin können tödlich wirken. Eine Therapie ist schwierig, da es kein Gegengift gibt. Heroinabhängige, die sich Herbstzeitlose aufkochten und den Sud als Tee tranken, erlitten schwere Vergiftungen. Colchicin wurde vereinzelt Heroinzubereitungen beigemischt und rief in wenigen Fällen Colchicinvergiftungen mit Todesfolge hervor.

13. Johanniskraut (*hypericum perforatum*). Das gelbblühende Johanniskraut ist 226 ein altes pflanzliches Arzneimittel. Es ist unter zahlreichen Namen als Blutkraut, Teufelsflucht, Christi Wunderkraut im Volksmund bekannt. Da es um den 24. Juni blüht, wurde es Johannes dem Täufer geweiht und als Kraut zur Teufels- und Dämonenaustreibung in der Johannisnacht geerntet. Der rote Pflanzensaft enthält die **Wirkstoffe Hypericin, Hyperosid und Hyperforin**, die zur Behandlung von Kreislaufbeschwerden und von depressiven Verstimmungen geeignet sind und nach Auffassung nicht weniger Therapeuten wirksamer sind als zahlreiche chemische Psychopharmaka. Gerade in jüngster Zeit wird mit den nicht rezeptpflichtigen Pflanzenextrakten des Johanniskrautes viel experimentiert. Es gibt inzwischen zahlreiche Johanniskrauttees, Johanniskrautöle, Kapseln und Dragees, deren Wirkungen umstritten sind. Einzelne schwören auf Johanniskraut als Aphrodisiakum, andere rühmen die entzündungshemmende und wundheilende Wirkung von Hypericin und Hyperforin.

14. Weißer Nieswurz (*veratrum album*). Diese zur Familie der Liliengewächse 227 zählende Staude enthält insbesondere in den Wurzeln das giftige **Alkaloid Veratrin**, das zu Taubheitsgefühlen, Erbrechen, Übelkeit und Durchfall führen kann. Bei falscher Dosierung treten heftige Vergiftungserscheinungen auf bis hin zu Atemlähmung und Tod.

15. Lupine (*lupinus augusti folius*). Es gibt mehr als 100 Lupine-Arten, eine 228 Wiesenblume und Viehfutterpflanze in vielen Farben, die nach Entbitterung in der Kosmetika- und Arzneimittel-Herstellung Verwendung findet. Die Lupinen enthalten vielfältige Wirkstoffe; **Lupanin**, **Lupinin**, **Lupinidin** und **Lupinotoxin**. Die Alkaloide des Lupinensamens wirken als Nervengift und führen bei Weidentieren auf Grund des giftigen Lupinotoxin zu Massenerkrankungen, eine Art von Gelbsucht, die Lupinose genannt wird. Das Lupanin ist nicht identisch mit dem Lupulin, das in den Zapfenfrüchten des Hopfens enthalten ist.

16. Besenginster (*cytisus scoparium*). Es gibt etwa 50 Ginsterarten, die in Europa 229 beheimatet sind. Sie gehören zur Familie der Leguminosen. Hauptalkaloid der Ginsterarten ist das **Cytisin**. Der Besenginster enthält das Alkaloid **Spartein**. Die Pflanze wurde schon in der Antike rituell genutzt. Vergil beschrieb in der Antike schon den Ginster. Hildegard von Bingen (1098–1174) sah schon im Ginster eine Heilpflanze. Ginster wurde als Aphrodisiakum, Heilmittel und Bierzutat genutzt.

17. Muskatnussbaum (*myristiacea*). Die Muskatnuss ist zwar in Deutschland nur 230 als Gewürzmittel bekannt. Die Ägypter, Inder, Jemeniter und Araber nutzten aber seit der Antike die Muskatnuss als Heilmittel, Aphrodisiakum, Ritualdroge, Gewürz und Rauschmittel. Sie wurde geraucht, gekaut und als Öl genutzt. Die Früchte des bis zu 20 m hohen Muskatnussbaumes (Myristicaceae) enthalten die Wirkstoffe **Myristicin** und **Elemicin**. Trotz der erheblichen halluzinogenen Wirkungen stellen weder die Muskatnuss noch deren Wirkstoffe Betäubungsmittel dar.

231   **18. Ingwer** (*zingiber officinarum*). Die aus Südostasien stammende Ingwerwurzel wird als Heilmittel, Aphrodisiakum und Gewürz genutzt. Er wird als Tee getrunken und in Speisen gemischt. Ingwer ist kein Betäubungsmittel. Zubereitungen, die Ingwer enthalten, sind z. T. apothekenpflichtig.

232   **19. Kreuzkümmel** (*cuminum cyminum*). Kreuzkümmel ist insbesondere in Afrika und in Asien verbreitet. Er findet als Heilmittel, Aphrodisiakum und Gewürz vielseitig Verwendung.

233   **20. Rauschpfefferbaum – Kava-Kava** (*piper methysticum*). Der polynesische Rauschpfefferbaum (Kava-Kava) gehört zu der großen Familie der Pfeffergewächse (*piperaceae*). Bereits im 18. Jahrhundert entdeckte James Cook auf den Hawaii-Inseln Kava-Kava, der in ganz Polynesien verbreitet war, wo die Eingeborenen die Kava-Wurzeln zerrieben, aufkochten und tranken. Sie nutzten Kava-Kava als Genussmittel, Rauschmittel und als Arzneimittel. Louis Lewin untersuchte Ende des 19. Jahrhunderts die Wirkstoffe von Kava-Kava. Die bekanntesten Wirkstoffe des Rauschpfeffers sind **Kavain, Yangonin, Dihydrokavain.** Kavain hat narkotisierende, sedierende, stimulierende und psychedelische Effekte. Kavain ist in einer Reihe von Medikamenten enthalten und wird auch als Aphrodisiakum vermarktet.

234   **21. Kakaobaum** (*paullinia cupana kunth*). Im mesoamerikanischen Reich der Tolteken wurde ein Priesterkönig und Schlangenmensch namens QUETZALCOATL wie ein Gott verehrt. Als er sich von seinen Anhängern verabschiedete und über das Meer im Jenseits entschwand, hinterließ er den Menschen bis zu seiner prophezeiten Wiederkehr eine Göttergabe, den Baum CACAHUACUAHUITL mit rugbyballgroßen gelben und roten Früchten, aus deren Samen sich ein aromatisches Getränk herstellen ließ. Die Azteken, die das Toltekenreich eroberten, nannten den **Kakaobaum Xocoatl** und verwendeten die kostbaren Kakaofrüchte als Zahlungsmittel und Handelsware. Die spanischen Eroberer konnten zunächst mit dem Göttertrank XOCOATL wenig anfangen. Im 17. Jahrhundert eroberte der Kakao neben den anderen Exotika wie Tee, Kaffee und Tabak Europa. Im Gegensatz zu den anderen Produkten blieb Kakao jedoch teuer. Nach Trennung von Kakaobutter und Kakaopulver wurde 1850 die Schokolade entdeckt. Die aus den Kakaofrüchten gewonnenen Samen werden zum Fermentieren gebracht, getrocknet und verlesen. Die Kakaobohnen werden geröstet, gemahlen, entölt, mit Milch und Zucker gemischt, gewalzt und weiterverarbeitet.

235   Der brasilianische **Kakaobaum** (*paullinia cupana kunth*) gehört zur Familie der Seifenbaumgewächse und wächst vorwiegend im Amazonasbereich. Der nussähnliche Samen enthält die Wirkstoffe Coffein, **Theophyllin, Theobromin** und **Saponin**. Die Verwendung des Kakao als Aphrodisiakum misslang. Die im Kakao enthaltenen Mineralien, Vitamine und Aminosäuren, Proteine und Fettstoffe werden seit Jahrhunderten für Nahrungsmittel und Getränke zur Energiesteigerung oder zum Genuss genutzt. Die Nutzung der Kakaobohne mit dem coffeinverwandten Alkaloid Theobromin als Heilmittel oder Aufputschdroge brachte im Vergleich zum **Coffein** keinen Erfolg. Die pharmazeutische und kosmetische Industrie nutzt aber Kakaobutter als Basismaterial. Kakao ist weder ein Arzneimittel noch ein Betäubungsmittel, sondern ein Lebensmittel.

236   **22. Nelkenzimtbaum** (*sassafras albidum*). Für die Indianervölker stellt der Nelkenzimtbaum seit Jahrhunderten eine **Medizinpflanze und eine Liebesdroge (Aphrodisiakum)** dar. Vor allem die Wurzelrinde und das Holz des Baumes enthalten ein ätherisches Öl, das hauptsächlich aus **Safrol** besteht. Safrol ist **Grundstoff** der Kategorie 1 im Sinne der **Verordnung (EG) Nr. 273/2004** – vgl. dazu die Kommentierung zu § 19 GÜG.

237   **23. Guarana-Pflanze** (*paullinia sorbilis*). Der brasilianische Kakaobaum (*paullinia cupana kunth*) gehört zur Familie der Seifenbaumgewächse und wächst vorwiegend im Amazonasbereich. Der nussähnliche Samen enthält die Wirkstoffe **Coffein, Theophyllin, Theobromin** und **Saponin**. Die **Guaranapflanze** (*paullinia sorbi-*

lis) gehört zur gleichen Familie wie der Kakaobaum. Die Samen werden getrocknet, geröstet und gemahlen. Guaranasamenextrakte werden in der **Lebensmittelindustrie** bei der Herstellung von Limonaden und Süßwaren, aber auch bei der Arzneimittelherstellung verwendet. Guarana wird als Pulver, in Kapseln, als Lösung, als Gebäck, als Riegel und als Fruchtsaft angeboten.

Guarana wird aber auch als **Rauschmittel** missbraucht. Guarana enthält regel- 238
mäßig doppelt bis dreifach soviel Coffein wie Pulverkaffee. Beim Konsum von 20–25 g Guaranapulver stellt sich ein Rauscherlebnis ein. Guarana wird in der Partyszene als Muntermacher und Energiespender, im sportlichen Wettkampf als Dopingmittel missbraucht. Guaranaprodukte werden in Supermärkten, Drogerien und Discotheken als Biospeed verkauft. So werden unter dem Namen **Herbal-Ecstasy** bereits Millionen Packungen von **Pillen** verkauft **aus Guarana, Ephedra und Colanussextrakten,** die erotisieren und aufputschen sollen.

Guarana wird aber auch als **Heroinimitat** und als **Heroinstreckmittel** miss- 239
braucht. Optisch sind Gassenheroin und Guarana schwer zu unterscheiden (*Rabl/Sigrist,* Kein Gassenheroin, nur Guarana, KR 1993, 271).

24. Iboga (*tabernanthe iboga*). Das in schwarzafrikanischen Baumrinden enthalte- 240
ne Ibogain ist ein Aphrodisiakum und Aufputschmittel, aber kein Betäubungsmittel. Beim Missbrauch dieser Droge drohen epileptische Krämpfe, Koma und Tod durch Atemstillstand. (*Geschwinde,* 2. Auflage, [1990], Rn. 541 ff.). In den Vereinigten Staaten ist **Ibogain** Gegenstand intensiver Forschung und wird in vielfältiger Hinsicht bei der Suchtbehandlung eingesetzt.

25. Steppenraute (*peganum harmala*). Die Samen und das Kraut der Pflanze 241
enthalten die Wirkstoffe **Harmalin** und **Harmin**, die Pulsverlangsamung und eine Atemdepression hervorrufen können. Synthetisches Harmalin wird in der **Medizin** dazu genutzt, eine Muskelstarre abzubauen. Ebenso wird Harmin zur Behandlung von Parkinson eingesetzt. Auch im Rahmen psychotherapeutischer Behandlungen wird Harmalin genutzt. Harmin-Hydrochlorid wird auch als **Rauschdroge** missbraucht. Bei einer Kombination mit Alkohol können tödliche Vergiftungserscheinungen auftreten.

26. Gewöhnliche Brechnuss (*strychnos nux-vomica*). Die wirksamen Alkaloide 242
der Pflanzen (auch Krähenaugenbaum oder Brechnuss) sind das **Strychnin** und das **Brucin**. Auch in dem tödlichen Pfeilgift Curare bzw. Urari südamerikanischer Indios waren diese Pflanzengifte enthalten. Der französische Pharmazeut und Chemiker Pierre Joseph Pelletier entdeckte 1817 das Chlorophyll und 1818 das Strychnin. Strychnin gilt als ein ausgesprochenes Krampfgift, aber auch als Brechmittel (Emeticum). Es erregt die sensorischen Zentren des Großhirns. Das Gesichtsfeld wird erweitert, das Sehvermögen, der Geruchs-, der Geschmacks- und der Tastsinn geschärft. Der Blutdruck steigt infolge Reizung bei gleichzeitiger Verlangsamung des Pulses. Die Atmung ist wegen der Erregung des Atemzentrums beschleunigt.

27. Chinarindenbaum (*cinchona pubescens*). Im Jahre 1820 wurde das Pflanzen- 243
gift **Chinin** entdeckt. Dieses Alkaloid wurde ursprünglich aus der Chinarinde gewonnen und später synthetisch hergestellt und als Antimalaria- und Antischmerzmittel benutzt. Chinin ist kein Betäubungsmittel. Zur Anwendung bei Malaria unterliegt es der Verschreibungspflicht nach Anlage 1 zur AMVV.

28. Colabaum (*cola nitida, cola acuminata*). Der Colabaum wächst im feuchten 244
Urwald Westafrikas. In den Samen des Colabaumes, den Colanüssen, sind die Wirkstoffe **Coffein, Theobromin, Catechin** und **Epicatechin** enthalten, die Gehirn und Kreislauf stimulieren, Hunger, Durst und Müdigkeitsempfindungen vorübergehend vertreiben. Colanüsse werden gekaut und aufgekocht getrunken, als Opfergabe, Heilmittel und Grabbeigabe genutzt. Das Erfrischungsgetränk Coca Cola machte nicht nur Cocain, sondern auch die Colanuss weltberühmt. Seit 1905 enthielt das Getränk kein Cocain mehr.

245   **29. Yohimbe–Baum** (*pausinystalia yohimbe*). In der Rinde des Corynanthe-
oder Yohimbe-Baumes ist der Wirkstoff **Yohimbin** enthalten, der als Aphrodisiakum dient. Yohimbin ist kein Betäubungsmittel. Yohimbinsäure und ihre Ester
unterliegen der Verschreibungspflicht nach der Anlage 1 zur AMVV. Präparate auf
Yohimbin-Hydrochlorid-Basis sind ‹YOCON-GLENWOOD® Tabletten 5 mg›
und ‹Yohimbin „Spiegel"® Tabletten›.

246   **30. Upas–Baum** (*antiaris toxicaria*). Der milchigweiße Saft des in Indonesien be-
heimateten Upas-Baumes enthält den giftigen Wirkstoff **Antiarin,** das die Eingeborenen als Pfeilgift, aber auch als Kultdroge nutzten. Antiarin ist kein Betäubungsmittel.

247   **31. Betelnusspalme** (*areca catechu*). Die Betelnuss ist der Same der Areca-Palme.
Die Palme ist eine Fächerpalme ähnlich wie die Königspalme, die über 20 m hoch
wachsen kann mit 1–2 m breiten Blattwedeln. Die Betelnusspalme bringt mehrere
Fruchtstände mit hunderten Betelfrüchten hervor. Sie ist in Süd- und Südostasien
verbreitet. Die Betelnuss (Arecanuss) wurde als Heilmittel gegen zahlreiche Krankheiten wie gegen Skorbut, Fieber, Magen- und Darmstörungen als blut- und
wundstillendes Heilmittel genutzt. Sie wurde aber auch rituell genutzt. Die Betel-
palme ist in Indien der Baum der Gottheit Ganesha. Die Betelnuss dient als Opfergabe, als Zauberersubstanz und Liebesdroge. Die Betelnuss enthält den Wirkstoff
Arecolin, der sich durch die Kalkzusätze beim Kauen in Arecaidin verwandelt.
Der Betelkonsum entspannt und berauscht. Die Areca-Samen werden zerstoßen
mit Kalk und Gewürzen gemischt und in ein Betelblatt eingewickelt und diese
Mischung sodann gekaut. Ein Betelbissen sollte nicht mehr als 5 g Arecapulver
enthalten. 10 g können bereits tödliche Auswirkungen haben. Arzneimittel auf
Arecolin-Basis unterliegen der Verschreibungspflicht nach Anlage 1 zur AMVV.

248   **32. Betelpfeffer** (*piper betle*). Von der Betelnuss (*areca catechu*) ist der Betelpfeffer
(*piper betle*) zu unterscheiden, der in ganz Asien angebaut wird. Die Betelblätter
enthalten ein besonderes **Betelöl.** Die Blätter des Betelpfeffers werden mit Beimengungen von ungelöschtem Kalk in Form eines Priems gekaut. Die Blätter
werden aber auch für Gewürzmischungen und als Aphrodisiakum genutzt. Die
frischen Zweige des Betelpfeffers werden bündelweise auch heute noch auf den
Märkten angeboten. Der Betelkonsument fällt auch heute noch in orientalischen
Großstädten auf, weil er aufgequollene Lippen und einen dunkelrot gefärbten
Mund hat. Durch Kauen des Betelbissens färbt sich der Speichel rot. Da der Betelkonsument diesen Speichel regelmäßig ausspuckt, entstehen auf den Straßen und
Wegen rote Flecken.

249   **33. Ginseng** (*panax ginseng*). Ginseng wird vornehmlich in China und Korea
angebaut. Im 17. und 18. Jahrhundert erlebte Ginseng in Deutschland einen regel-
rechten Boom. Ginseng wurde als **Wunderdroge** gepriesen. Das von der heutigen
Schulmedizin stiefmütterlich behandelte ostasiatische Allheilmittel soll angeblich
das Immunsystem stärken, den Blutdruck senken, Gedächtnisleistungen fördern,
die Herzleistung steigern und hemmend auf das Krebszellenwachstum wirken. Die
Erfolge des Ginseng sind jedoch umstritten und schwierig nachzuweisen, weil die
Pflanze nur eine Langzeitwirkung haben soll. Erst 1986 wurde die Ginsengwurzel
wieder in das deutsche Arzneibuch aufgenommen. Seitdem hat die Heilpflanze
einen zunehmenden Marktanteil in Deutschland.

250   **34. Maca–Pflanze** (*lepidium peruvianum chacón*). In den Hochlagen der Anden
zwischen 3.000 und 5.000 m gedeiht die Maca-Pflanze, deren knollenartige Wurzel
seit Jahrhunderten von den Andenbewohnern als Nahrungsmittel, Heilmittel und
Kultdroge genutzt wird. Die Maca-Pflanze, die wegen ihrer vielseitigen und wertvollen Wirkungen als Wunderpflanze und „Gold der Anden" bezeichnet wird,
wird frisch und getrocknet verzehrt oder mit anderen Nahrungsmitteln und Heilmitteln vermischt. In Peru sagt man, die Wurzel mache stark für das Leben und die
Liebe und verabreicht Maca als Energiespender an Sportler und als Aphrodisiakum

für Mann und Frau. Maca war das Viagra der alten Inkas. Leichtathleten nutzen Maca als Nahrungsergänzungsmittel und Anabolikaersatz noch heute. Medikamentenkapseln mit Maca-Pulver, abgepackt in Glasflaschen, sind insbesondere in Südamerika in Umlauf. Bei Maca-Kapseln handelt es sich um Arzneimittel.

35. Echte Aloe (*aloe vera*). Eine der ältesten Heilpflanzen ist die *aloe vera barbadensis*, die mit ihren 300 Sorten zu der großen Familie der Liliengewächse gehört. Schon vor 6.000 Jahren gab es Berichte über diese Pflanze in Ägypten. Nofretete und Cleopatra nutzten die Säfte der Pflanze mit dem Wirkstoff **Acemannan** zur Haut- und Schönheitspflege. Griechen, Römer und Ägypter nutzten die Pflanze als Heilmittel, als Öl, Rohstoff für Fasern. Die Pflanze ist über den ganzen Erdball verbreitet und wird auch heute noch zur Herstellung von Antitumor- und Anti-Aids-Medikamenten genutzt. Sie entgiftet, hemmt Entzündungen, ist blutreinigend und hilft bei Herzbeschwerden und Diabetes. **251**

36. Meerträubel (*ephedra*). Ephedra ist eine der ältesten Kulturpflanzengattungen der Menschheit. Schon die Neandertaler nutzten die Pflanzen für rituelle und medizinische Zwecke. Die Ephedraceen (= **Meerträubelgewächse**) sind in Amerika und Eurasien weit verbreitet. Die Strauchpflanzen *ephedra sinica* und *ephedra vulgaris* wachsen besonders in den Mittelmeerländern und in China. Seit über 5.000 Jahren haben die Chinesen diese schachtelhalmähnliche Pflanze unter dem Namen Ma-Huang als Lebensmittel, als Heilmittel und als Aphrodisiakum verwendet, insbesondere gegen Asthma und Bronchialbeschwerden. Die Ephedra-Arten enthalten den amphetaminähnlichen Wirkstoff **Ephedrin,** die **Alkaloide Pseudoephedrin, Norephedrin,** daneben Gerbstoffe, **Saponine und Savonoide.** 1887 isolierte der Japaner Nagayoshi Nagai Ephedrin aus der Pflanze *ephedra sinica*. Der österreichische Botaniker Otto Stapf beschrieb als erster *ephedra sinica* wissenschaftlich. Ephedrin ist ein amphetaminähnlicher Stoff, der in zahlreichen Lebensmitteln aber insbesondere in Arzneimitteln enthalten ist und gegen Bronchialasthma, Bronchitis, Kreislaufbeschwerden und diverse Allergien verschrieben wird. Ephedrin ist ein Arzneimittel im Sinne des AMG. Opiatsüchtige missbrauchen Ephedrin zur Überbrückung bei Mangel an Stoff. Bei Dauerkonsum von Ephedrin kann sich eine **Ephedrinsucht** ausbilden. Es treten psychische Abhängigkeit und Dosissteigerung, aber keine körperlichen Entzugserscheinungen auf. **252**

Im Sport ist Ephedrin ein **verbotenes Dopingmittel**, das auch per Kleinanzeigen und im Internet angeboten wird. Ephedrin gehört zu den vom Internationalen Olympischen Komitee verbotenen Substanzen. Die Ephedrineinnahme kann Wochen später noch bei Urinuntersuchungen im Labor nachgewiesen werden. **253**

Von Großsicherstellungen ist nur wenig bekannt. Allerdings wurde im September 1994 eine falsch deklarierte Sendung von 900 kg Ephedrin kontrolliert vom Flughafen Frankfurt am Main nach Mexiko weitergeleitet. Hier dürfte Ephedrin die Rolle des Streckmittels für Kokain haben. Auch in späteren Jahren wurden Ephedrin-Großtransporte nach Süd- und Mittelamerika, aber auch nach Asien bekannt, wobei Ephedrin als **Grundstoff für die Herstellung von Methamphetamin** dienen sollte. Mit 100 kg Ephedrin können bis zu 75 kg Methamphetamin hergestellt werden. Diese Ephedrin-Transporte werden mit der These verschleiert, die Chemikalien würden zur Herstellung von Arzneimitteln oder Insektiziden benötigt. **254**

37. Tabak (*nicotiana, nicotiana tabacum*). Auch der Tabak ist ein Nachtschattengewächs mit dem Alkaloid **Nicotin.** Die zwei bekanntesten Arten der Tabakpflanze sind die rot blühende *nicotiana tabacum* und die gelb blühende *nicotiana rusti*. Beide Arten stammen aus Südamerika. Für zahlreiche Kulturvölker wie die Azteken, Tolteken und Maya war der Tabak ein heiliges Kraut, das nicht nur geraucht, sondern nach dem Aufkochen auch getrunken wurde. Medizinmänner verehrten mit Tabak die Gottheiten und riefen die Dämonen herbei. Die Spanier und Portugiesen brachten den Tabak erst im 16. Jahrhundert nach Europa. Für viele Fürsten **255**

war das Rauchen von Tabak eine Sache von Teufeln und Dämonen. Noch im 16./17. Jahrhundert wurde Rauchern in deutschen Landen und in der Türkei mit der Hinrichtung gedroht. Das änderte sich jedoch schnell. Zunächst wurde der Tabak nicht nur als **Genussmittel**, sondern auch als **Heilmittel** gegen Husten und Verkrampfungen verwendet. Für Europa war das Rauchen eine völlig neue Konsumform. Während im 17. und 18. Jahrhundert die Pfeife das vorherrschende Rauchgerät war, eroberte im 19. Jahrhundert die Zigaretten die Szene. 1928 wurde der Wirkstoff Nicotin aus der Tabakpflanze isoliert. Das Rauchen beförderte eine besondere Raucherkultur. Es entstanden Rauch- und Herrenzimmer zum Rauchen, kunstvoll gestaltete Rauchgeräte, Tabakbeutel, Tabakdosen usw.

256   Nicotin macht euphorisch und wirkt entspannend. Schmerz, Stress, Angst, Reizbarkeit und Hunger werden gedämpft. Nicotin steigert die Konzentrationsfähigkeit, das Wohlbefinden und die Stimmung. Fehlt dem Raucher das Nicotin, so lässt die Konzentrationsfähigkeit nach und die Stimmung sinkt. Reizbarkeit und Stress stellen sich ein. Der chronische Raucher braucht mindestens 15–20 Zigaretten oder 20–40 mg Nicotin, damit er Entzugssymptome vermeiden kann. Die **Nicotinabhängigkeit** weist viele Ähnlichkeiten zur Alkohol- oder Heroinabhängigkeit auf, nämlich rasche Entwicklung körperlicher Abhängigkeit mit Toleranz, Dosissteigerung, Entzugssyndrom und hoher Rückfallsrate nach dem Aufhören.

257   2007 starben etwa **110.000 Menschen an den Folgen des Tabakkonsums**; 3.300 Todesfälle sollen auf das Passivrauchen zurückzuführen sein (vgl. Drogenbeauftragte der Bundesregierung). Erfreulich ist, dass der Anteil der Raucher im Alter von 12 bis 17 Jahren seit 2001 mehr als halbiert werden konnte. Dies dürfte freilich nicht zuletzt auf die drastischen **Preisanhebungen** für Tabakerzeugnisse zurückzuführen sein; regelmäßiger Tabakkonsum ist für die genannte Konsumentengruppe schlichtweg kaum noch finanzierbar. Es verwundert daher nicht, dass als **strategische Maßnahme zur Tabakpolitik** in erster Linie weitere Preiserhöhungen genannt werden.

258   Infolge der **Nichtraucherschutzgesetze** werden Raucher zunehmend als störende Randgruppe angesehen und in sog. Raucherzonen verbannt. Zwischenzeitlich ist das Rauchen in Spanien z.T. sogar unter freiem Himmel untersagt (vgl. http://www.tagesschau.de/ausland/rauchverbotspanien100.html, Strenges Rauchverbot in Spanien – „Man hat das Gefühl, der Tabak ist an allem schuld" vom 2. 1. 2011). Mit zunehmender Ausgrenzung der Tabakkonsumenten sinkt zudem die Gifttoleranz der Nichtraucher. Der Problemlösung eher abträglich wäre es allerdings, wenn die Auseinandersetzung zwischen Rauchern und Nichtrauchern nicht mehr um die erheblichen Risiken des Passivrauchens geführt, sondern sich in eine Art Glaubenskrieg verwandeln würde, bei dem es letztlich nicht mehr um Nichtraucherschutz, sondern um **Enthaltsamkeitsmissionierung** ginge.

259   Die eher ambivalente Haltung des Staates zeigt sich vornehmlich darin, dass der deutsche Fiskus jährlich rund **14 Milliarden EUR an Tabaksteuern** einnimmt. Demgegenüber schlagen Branntweinsteuer (2 Mrd. EUR), Biersteuer (rd. 1 Mrd. EUR), Schaumwein- und Zwischenerzeugnissteuer (rd. 500 Mio. EUR) sowie Alkopopsteuer (rd. 2 Mio. EUR) zusammen nicht einmal annähernd gleichwertig zu Buche. Es scheint, dass die Gesellschaftsfähigkeit der Zigarette mit der des „Bierchens am Abend" und der des „guten Weins in geselliger Runde" schon lange nicht mehr mithalten kann. Warnhinweise auf Bier- und Schnapsflaschen (etwa „Trinken kann tödlich sein", „Trinken in der Schwangerschaft schadet Ihrem Kind" oder „Trinken macht sehr schnell abhängig: Fangen sie gar nicht erst an!") wird man daher auch in Zukunft vergeblich suchen. Und dies obwohl Berechnungen zufolge jährlich rund **73.000 Menschen an den Folgen des Alkoholmissbrauchs** (vs. 110.000 Tote infolge Tabakkonsums, vgl. oben Rn. 257) zugrunde gehen (vgl. http://drogenbeauftragte.de/drogen-und-sucht/alkohol/alkohol-situation-in-deutschland.html).

260   **Tabakerzeugnisse** im Sinne des § 3 des Vorläufigen Tabakgesetzes sind nach § 2 Abs. 3 Nr. 3 AMG keine Arzneimittel (vgl. Vorbem. AMG Rn. 133 ff.). Isoliertes oder chemisch hergestelltes **Nicotin** ist dagegen ein Arzneimittel und unter-

liegt nach Maßgabe der Anlage 1 zur AMVV der Verschreibungspflicht (vgl. dort auch zu ausgenommenen Zubereitungen).

38. Teepflanze (*thea sinensis, camellia sinensis*). Holländische Ostindienfahrer 261 brachten 1610 den Teestrauch nach Europa. Man streitet darüber, ob die Teekultur aus Indien, China, aus Japan oder dem afrikanischen Kenia stammt. In Asien ist das anregende Getränk seit 2.200 Jahren bekannt. Die meisten Teesorten gehen auf zwei Urpflanzen zurück: der *thea sinensis* und der *thea assamica*. Die großen Teeproduzenten sind China und Indien. Die Teeblätter enthalten die Substanzen **Theobromin** und **Theophyllin**, vor allem aber **Coffein**. Daneben finden sich Gerbstoffe, Mineralstoffe und Vitamine. Das Coffein im Tee steigert die Gehirndurchblutung und regt das Nervensystem an. Teebaumöl findet auch als Heilmittel und Massageöl bei verschiedenen Hautbeschwerden Verwendung. Schwarzer Tee enthält 1–4% Coffein. Das Coffein im Tee wirkt langsamer als im Kaffee, hält dafür etwas länger an. Tee ist grundsätzlich ein **Lebensmittel**, nur in Ausnahmefällen liegt ein Arzneimittel vor.

39. Kaffeepflanze (*coffea arabica*). Die Heimat des Kaffeestrauches ist die äthio- 262 pische Provinz Kaffa. Das Fleisch der grünen Kaffeekirschen diente zusammen mit Tierfett zunächst als **Nahrungsmittel**. Mit der Kultivierung des Kaffeestrauches im Jemen ab dem 14. Jahrhundert entwickelte sich der Kaffee zum Volksgetränk der islamischen Welt und begann seinen Siegeszug in der arabischen Welt. In Europa war der Kaffee zunächst mit vielen Mythen behaftet. Er dörre das Gehirn aus, führe zu Lähmungen und Impotenz und beeinträchtige die Gebärfähigkeit der Frauen. König Karl der II von England wollte 1675 noch die **Kaffeehäuser verbieten** lassen. Doch bald eroberte der Kaffee auch die westliche Welt. Das erste Kaffeehaus entstand 1647 in Venedig. Seitdem hat sich der Kaffee zum beliebtesten Getränk der Welt entwickelt. Täglich werden weltweit mehr als 1 Milliarde Tassen Kaffee getrunken. Für das Brennen der Bohnen, die Zubereitung der zahlreichen Kaffeesorten gibt es endlos viele Rezepte. In einem Jahr werden weltweit 87 Millionen Säcke Kaffee à 60 kg produziert. Die wichtigsten Kaffeeproduktionsländer sind Brasilien und Kolumbien. Der wichtigste Inhaltsstoff des Kaffees ist das anregende **Coffein**. Eine Tasse Kaffee enthält in der Regel zwischen 80 und 120 mg Coffein.

40. Hopfen (*humulus*). Die Hopfenpflanze wächst in bis zu 8 m hohen Stauden, 263 vornehmlich in Süddeutschland. Die Triebe der Schlingpflanze winden sich an Metalldrähten in die Höhe und bilden an der Spitze zapfenförmige, hellgrüne Früchte, die mit klebrigen Drüsen versehen sind. Nur die weiblichen, unbefruchteten Blütendolden werden zum Bierbrauen verwendet. Das sog **Lupulin**, ein harzartiger Stoff, ist der Träger der Aroma- und Bitterstoffe. Hopfen verleiht dem Bier seine Haltbarkeit und sorgt für den typisch herben Geschmack. Es gibt zwei Arten von Hopfen: a) der säurehaltige Bitterhopfen und b) der Aromahopfen, der wenig Säure enthält. Während der Bitterhopfen für die Herbheit verantwortlich ist, sorgt der Aromahopfen für einen besonderen Geschmack beim Bier. Der Hopfen ist eine Kulturpflanze, die nicht dem AMG unterliegt.

41. Nutzhanf (*Cannabis sativa*). Zu Cannabis vgl. Stoffe/Teil 1 Rn. 5 ff. Der 264 Nutzhanf ist ein hopfenähnliches Gewächs, das sich auch zum Brauen von **Hanfbier** eignet. Hanföl und Hanfölsalben werden seit Jahrtausenden zur Behandlung von Wunden, Hautproblemen, Herpes und Verbrennungen verwendet. **Hanföl** (als Salatöl) ist ein Lebensmittel; es handelt sich um ein Pflanzenöl, das aus den Samen der Hanfpflanze gewonnen wird.

II. Verschreibungs- und apothekenpflichtige Inhaltsstoffe

Unter Federführung des Bundesamtes für Verbraucherschutz und Lebensmittel- 265 sicherheit erarbeiten die Vertreter des Bundes und der Bundesländer derzeit eine **Stoffliste des Bundes und der Bundesländer**, aus der unter anderem diejenigen Pflanzen und Pflanzenteile ersichtlich sind, die der Verschreibungs- und/oder Apothekenpflicht unterliegende Stoffe oder Betäubungsmittel enthalten (vgl. aber zur Verschreibungspflicht von Pflanzen und Pflanzenteilen § 95 Rn. 188). Die Stoffliste soll eine **Bewertung** von Produkten erleichtern, kann sie freilich **nicht ersetzen**. Ein **Entwurf** der Liste für die Kategorie „Pflanzen und Pflanzenteile" kann auf der Internetseite des Bundesamtes für Verbraucherschutz und Lebensmittelsicherheit (http://www.bvl.bund.de) abgerufen werden. Aktuell sind in Bezug auf die Apothekenpflicht, die Verschreibungspflicht und im Hinblick auf enthaltene Betäubungsmittel die folgenden Pflanzen und Pflanzenteile erfasst:

Droge/Stoff	apotheken-pflichtig	verschreibungs-pflichtig	BtM
Adonisröschen, Kraut	×	×	
Aloe vera, Saft	×		
Alraune, Wurzel	×	×	
Aristolochia-Arten	×		
Aztekensalbei			×
Bärlapp, Kraut	×		
Beinwell, Kraut/Wurzel	×		
Besenginster	×		
Bilsenkraut spp.	×	×	
Brechnuss, Samen		×	
Brechwurzel, Wurzel	×	×	
Calabarbohne, Samen	×	×	
Cascararinde, Rinde	×		
Chondodendron tomentosum		×	
Cocastrauch, Blätter			×
Eisenhut	×	×	
Ephedra	×	×	
Faulbaum, Rinde	×		
Fingerhut	×	×	
Gelbwurz, kanadischer, Rhizom	×		
Gelsemium, Wurzelstock	×	×	
Giftlattich	×		
Giftsumach	×		
Goldregen, gemeiner	×		
Herbstzeitlose	×	×	
Huflattich, Blätter/Blüten/Wurzel	×		
Ignatiusbohne, Samen	×	×	
Immergrün, kleines, Kraut	×	×	

Stoffe

Droge/Stoff	apotheken-pflichtig	verschreibungs-pflichtig	BtM
Jaborandi, Blätter	×	×	
Jalape, echte	×	×	
Johanniskraut, Kraut/Blüten	×		
Kap-Aloe, Blattsaft	×		
Kath		×	×
Kava-Kava, Wurzelstock		×	
Koloquinte	×	×	
Kreuzdorn, echter, Beeren	×		
Kroton spp.	×	×	
Küchenschelle, gemeine	×	×	
Küchenschelle, nickende	×	×	
Lobelie spp.	×	×	
Maiapfel, Wurzel/Harz		×	
Maiglöckchen, Kraut	×	×	
Meerzwiebel, Zwiebel	×	×	
Nieswurz spp.	×		
Oleander, Blätter	×	×	
Pestwurz spp.	×		
Rainfarn, Blüten/Kraut	×		
Rhabarber, handlappiger, Wurzel	×		
Rhabarber, südchinesischer, Wurzel	×		
Sabadill, Samen		×	
Sadebaum	×	×	
Schierling	×	×	
Schlafmohn, getrockneter Milchsaft		×	×
Schlangenwurzel, Wurzel	×	×	
Schöllkraut	×		
Sennes, Blätter/Früchte	×		
Skammonium	×		
Stechapfel	×	×	
Stephanskraut	×		
Strophantus spp.	×	×	
Strychnos spp.	×	×	
Thuja spp.	×		
Tollkirsche	×	×	

Droge/Stoff	apotheken-pflichtig	verschreibungs-pflichtig	BtM
Tollkraut spp.	×	×	
Wasserschierling	×		
Weinraute, Blätter/Kraut	×		
Wurmfarn	×		
Yohimbe	×	×	

Quelle: Bundesamt für Verbraucherschutz und Lebensmittelsicherheit, Entwurf einer Liste für die Kategorie „Pflanzen und Pflanzenteile"; http://www.bvl.bund.de.

Kap. 6. Gifte, Umweltgifte, Chemikalien

Übersicht

Kurzhinweise

266 Als Maß zur Bestimmung der akuten Toxizität (Giftigkeit bei einmaliger Verabreichung) von Substanzen dient die sog. **Letaldosis (LD)**. Sie gibt an, welche Dosierung für bestimmte Versuchstiere voraussichtlich zum Tode führt und wird in mg pro kg Körpergewicht angegeben. Häufig wird die mittlere tödliche Dosis (sog. *dosis letalis media*; LD_{50}) angegeben, die freilich von artspezifischen Faktoren und zudem von der Verabreichungsform (intravenös, subkutan, oral usw.) abhängig ist. Die Daten basieren auf Tierversuchen (regelmäßig werden die betreffenden Substanzen Mäusen oder Ratten per Magensonde verabreicht), Erkenntnisse sind nur bedingt auf den Menschen übertragbar, geben aber auch insoweit einen ersten groben Anhalt. Soweit nachfolgend Letaldosen verzeichnet sind, sind Verabreichungsform (IVN = intravenös; ORL = oral) und Tierart (CAT = Katze, MUS = Maus; RAT = Ratte) aufgeführt. Vgl. zum Umgang mit Giften Vorbem. AMG Rn. 349 ff.; zum Nachweis von Giften vgl. Vorbem. AMG Rn. 391.

1. Anilin (Aminobenzol; Phenylamin). (ORL-RAT LD_{50} 250 mg/kg) Ani- **267** lin, ein Blutgift, das zur Herstellung von Tinte, Reinigungsmitteln, Kunstharzen und Arzneimitteln eingesetzt wird, ist eine klare, farblose bis schwach gelbliche, ölige Flüssigkeit, die über die Haut aufgenommen werden kann und deren Dämpfe ebenfalls hochgiftig sind. Typische Vergiftungserscheinung ist eine Blaufärbung der Haut

2. Arsenik. (ORL-RAT LD_{50} 14 mg/kg) Bei dem sehr giftigen Arsen(III)-oxid **268** handelt es sich um ein Konservierungsmittel in der Technik. Die Medizin nutzt es zur Anregung des Stoffwechsels. Zweifelhafte Berühmtheit hat Arsenik, das etwa bei der Verbrennung von ungiftigem elementarem Arsen entsteht, als Schädlingsbekämpfungsmittel (Rattengift) und Mordgift („Erbschaftspulver") erlangt. Arsenik ist ein Gift, aber kein Betäubungsmittel.

3. Atropin. (ORL-RAT LD_{50} 500 mg/kg) Wirkstoff in den Rauschpflanzen **269** Tollkirsche, Stechapfel und Bilsenkraut. Wegen seiner krampflösenden Wirkungen wird Atropin bei Magen- und Darmkrämpfen, Asthma oder Koliken eingesetzt.

4. Blausäure (Cyanwasserstoff). (ORL-MUS LD_{50} 3,7 mg/kg) Die Blausäure **270** ist ein sehr starkes natürliches Nahrungsgift. Bittermandeln, Steinobstkerne, Bohnen, Mais, Hirse, Zuckerrohr und Leinsamen enthalten Blausäure bildende Stoffe. Auch im Tabakrauch lässt sich Blausäure nachweisen. Der Umgang mit Blausäure als Begasungsmittel – etwa zum Holzschutz – ist Gegenstand der Regelungen in Anhang III Nr. 5 GefStoffV. Die farblose, brennbare Flüssigkeit verdunstet bei Zimmertemperatur; Dämpfe können leicht inhaliert oder über die Haut aufgenommen werden. Blausäure blockiert die Zellatmung; Vergiftungserscheinungen treten bereits binnen weniger Sekunden ein. Typisch sind Atemnot/verstärkte Atmung, Bittermandelgeruch der Ausatemluft und eine Rotfärbung der Haut, die durch mangelnde Verarbeitung von Sauerstoff und seine Anreicherung im venösen System hervorgerufen wird. Die Salze der Blausäure werden Cyanide genannt, vgl. unten **Zyankali** (Rn. 280).

5. Brucin (2,3–Dimethoxystrychnin). (ORL-RAT LD_{50} 1 mg/kg; ORL- **271** MUS LD_{50} 150 mg/kg) Das Brucin, ein weißes/farbloses, kristallines Pulver und Nervengift, steht dem Strychnin chemisch sehr nahe. Es verhält sich auch pharmakologisch sehr ähnlich, wenngleich seine Wirkung wesentlich schwächer ist. Es kann durch Verschlucken, Einatmen oder Hautkontakt aufgenommen werden. Krämpfe der Atemmuskulatur können zum Herzstillstand oder zum Tod durch Ersticken oder Erschöpfung führen. Brucin wurde 1819 entdeckt; im gleichen Jahr wurden auch das Brechmittel **Veratrin** und das Antigichtmittel **Kolchizin** aus Pflanzensamen gewonnen. Brucin ist ein Gift, ein Arzneimittel, jedoch kein Betäubungsmittel.

6. Cumarin-Derivate. (Cumarin ORL-RAT LD_{50} 680 mg/kg) Es handelt sich **272** um Gifte, die in zahlreichen Ratten- und Mäusebekämpfungsmitteln enthalten sind; der Tod der Tiere tritt hier wegen der die Blutgerinnung hemmenden Wirkung aufgrund von inneren Blutungen ein. Cumarin selbst hat keine gerinnungshemmenden Eigenschaften. Wegen seines intensiven Geruchs nach Heu und Waldmeister fand Cumarin vor allem als Aromastoff Verwendung. Cumarin ist auch in Zimt und zimthaltigen Lebensmitteln (Lebkuchen, Spekulatius, Zimtsterne) in höchst unterschiedlichen Dosierungen enthalten. Insbesondere der häufig verwendete Cassia-Zimt (*cinnamomum aromaticum*) enthält erhebliche Mengen an Cumarin (3.000 bis 8.800 mg/kg) und soll daher nicht in großen Mengen verzehrt werden (Bundesinstitut für Risikobewertung, Fragen und Antworten zu Cumarin in Zimt und anderen Lebensmitteln, 30. Oktober 2006). Kleinkinder sollten nicht mehr als 2 Zimtsterne pro Tag zu sich nehmen. Vgl. auch BfR, Zimt und Cumarin: eine Klarstellung aus wissenschaftlich-behördlicher Sicht, Deutsche Lebensmittel-Rundschau 2007, 480 ff.

273   **7. Dichlorethan (Ethylenchlorid, Chlorethylen).** (ORL-RAT LD$_{50}$ 680 mg/kg) Dieses ölige, farblose, nach Chloroform riechende Gift ist in zahlreichen Lösungsmitteln enthalten, findet zur Synthese von Vinylchlorid Verwendung und ist Bestandteil von Antiklopfmitteln. Früher kam es als Anästhetikum und Antispasmodikum (Krampflöser) zum Einsatz; die Verwendung in Arzneimitteln ist heute untersagt. Dichlorethan kann oral, durch Inhalation oder über die Haut aufgenommen werden. Es führt unter anderem zu Schleimhautreizungen, Übelkeit, Erbrechen, Kopfschmerzen, Schwindel und Bewusstseinsstörungen; Nieren- und Leberschäden sind möglich.

274   **8. Diethyltoluamid (DEET).** (ORL-RAT LD$_{50}$ 2.200 bis 3.700 mg/kg) Dieses Insektizid wurde im Vietnamkrieg erprobt und wird seither als Wirkstoff in vielen Mückenvertreibungsmitteln eingesetzt.

275   **9. Digoxin** (ORL-RAT LD$_{50}$ 30 mg/kg), **Digitoxin** (ORL-CAT LD$_{50}$ 0,18 mg/kg) und **Digitoxigenin** (ORL-MUS LD$_{50}$ 25 mg/kg) sind herzwirksame Glykoside, die vor allem in Fingerhüten (*digitalis*-Arten) und diversen Beerensträuchern enthalten sind. Die genannten Substanzen werden zur Behandlung von Herzinsuffizienz angewandt. Ihre therapeutische Breite (Verhältnis der therapeutischen zur toxischen Dosis von Arzneimitteln) ist gering; eine gewissenhafte Dosierung ist daher von besonderer Bedeutung. Überdosierungen führen leicht zu lebensbedrohlichen Herzrhythmusstörungen.

276   **10. Dioxine.** Unter den Begriff Dioxine fallen eine Vielzahl chemischer Substanzen; im allgemeinen Sprachgebrauch umfasst er polychlorierte Dibenzo-para-Dioxine (PCCD) und Dibenzofurane (PCDF), die sich lediglich hinsichtlich ihrer toxischen Wirkstärke unterscheiden. Zur Bewertung der Toxizität wird der sog. Toxizitätsäquivalenzfaktor (TEF) herangezogen, der aus dem Vergleich mit 2,3,7,8-Tetrachlor-Dibenzodioxin („Seveso-Gift"; ORL-RAT LD$_{50}$ 20 µg/kg) ermittelt wird. Dioxine entstehen etwa bei der Verbrennung von Haus- und Sondermüll in Anwesenheit von Chlorverbindungen. Sie wirken sich bereits in äußerst geringen Mengen hemmend auf den Zellteilungsmechanismus aus.

277   **11. Dichlor-Diphenyl-Trichlorethan (DDT).** (ORL-RAT LD$_{50}$ 113 mg/kg) DDT, ein schwer abbaubarer chlorierter Kohlenwasserstoff, ist ein stark wirksames Insektizid, das sich wegen seiner guten Fettlöslichkeit zunächst in insektenfressenden Vögeln und Fischen und über deren Verzehr schließlich auch im menschlichen Fettgewebe anreichert. Von Insekten wird es als Kontakt- und Fraßgift aufgenommen und wirkt sodann im Zentralnervensystem. Auf der Grundlage des **Stockholmer Übereinkommens** über persistente organische Schadstoffe (2001; http://chm.pops.int; vgl. Verordnung (EG) Nr. 850/2004, ABl. L 229 vom 29. 6. 2004, S. 5) ist der Einsatz nur noch in Ausnahmefällen zulässig, etwa zur Bekämpfung von Krankheitsübertragern.

278   **12. E 605 (Parathion, Nitrostigmin).** (ORL-RAT LD$_{50}$ 6,4 mg/kg) E 605 ist ein stark toxisches, leicht flüchtiges Insektizid und Akarizid (gegen Milben und Zecken wirksames Schädlingsbekämpfungsmittel). Akute Vergiftungen können bereits bei bloßem Hautkontakt auftreten. Bei der Aufnahme kann es durch eine Blockade des Enzyms Acetylcholinesterase zur Unterbrechung der Nervenfunktionen und zu einer Störung des Atemsystems kommen. Anwendung und Vertrieb parathionhaltiger Insektenvernichter sind untersagt, vgl. Entscheidung der Kommission vom 9. Juli 2001 über die Nichtaufnahme von Parathion in Anhang I der Richtlinie 91/414/EWG des Rates und die Aufhebung der Zulassungen für Pflanzenschutzmittel mit diesem Wirkstoff (2001/520/EG; ABl. L 187 vom 10. 7. 2001, S. 47 f.). Zur Behandlung akuter Vergiftungen kann Atropin (vgl. oben Rn. 269) eingesetzt werden.

279   **13. Fenitrothion** (ORL-RAT LD$_{50}$ 330 mg/kg), eine organische Phosphorverbindung und sog. *Cholinesteraseinhibitor* wird als Schädlingsbekämpfungsmittel eingesetzt, wirkt als Kontaktgift und ist als stark wassergefährdend eingestuft. Die Zahl

akuter Vergiftungen – insbesondere beim Einsatz in suizidaler Absicht – ist relativ hoch (vgl. *Hunnius*, Pharmazeutisches Wörterbuch). Zum untauglichen Versuch beim Einsatz von Fenitrothion vgl. Vorbem. AMG Rn. 360.

14. Kaliumcyanid (Zyankali). (ORL-RAT LD$_{50}$ 5 mg/kg) Kaliumcyanid ist **280** das Kaliumsalz der Cyanwasserstoffsäure (Blausäure), eine weiße, großkörnige Substanz mit Bittermandelgeruch und gut wasserlöslich. Bei oraler Verabreichung wird durch die Salzsäure im Magen Blausäure (dazu oben Rn. 270) freigesetzt. Zyankali ist ein Gift, ein Arzneimittel, aber kein Betäubungsmittel. Zu Überlassung, Verabreichung und Verkauf von Zyankali an Lebensmüde vgl. Vorbem. AMG Rn. 363.

15. Kohlenmonoxid (Kohlenstoffmonoxid; Kohlenstoffmonooxid). **281** (LC$_{50}$/1 h 3800 ppm) Kohlenmonoxid ist ein hämolytisches Gift, d. h. es bindet sich wie Sauerstoff an das Hämoglobin der roten Blutzellen und verhindert so den Sauerstofftransport im Blut. Irreparable Organschäden infolge mangelnder Sauerstoffzufuhr sind möglich. Das unsichtbare und geruchlose Gas, das in geringer Konzentration auch in der natürlichen Atemluft enthalten ist, entsteht insbesondere bei der unvollständigen Verbrennung fossiler Brennstoffe. Als Gegenmaßnahmen bei akuten Vergiftungen sind einerseits die Beatmung mit reinem Sauerstoff, bei höheren Sättigungsgraden andererseits ggf. Bluttransfusionen in Betracht zu ziehen.

16. Lindan (Gamma-Hexachlorcyclohexan; Gamma-HCH). (ORL-RAT **282** LD$_{50}$ 90 mg/kg) Das Antimykotikum, Desinfektionsmittel und Insektizid Lindan war Bestandteil von Holzschutzmitteln und wurde u. a. auch gegen Krätzmilben eingesetzt. Lindan ist ein Atem-, Fraß- und Kontaktgift. Akute Vergiftungserscheinungen sind vor allem Kopfschmerzen, Unruhe, Schwindel, Erbrechen und sensorische/motorische Ausfälle.

17. Natrium-Pento-Barbital (NPB). (ORL-RAT LD$_{50}$ 125 mg/kg) Dieses **283** Barbiturat mit erheblichem Abhängigkeitspotential lähmt bei Überdosierung das Atemzentrum und führt zum Tod durch Herz- und Atemstillstand. Weil der Tod schnell und schmerzlos eintritt, wird es vor allem in der Veterinärmedizin zur Euthanasierung (sog. „Einschläfern") eingesetzt. NPB findet zudem – insbesondere in der Schweiz (zur dortigen Rechtslage vgl. *Petermann*, in: Sterbehilfe im Fokus der Gesetzgebung [2010], 133 ff.) – als Freitodhilfe Verwendung. Zur aktiven Sterbehilfe vgl. auch Vorbem. AMG Rn. 362 ff.

18. Natronlauge. (ORL-RAT LD$_{50}$ 325 mg/kg – Natriumhydroxid) Natron- **284** lauge, eine stark ätzende Lösung von Natriumhydroxid in Wasser, ist in zahlreichen Reinigungsmitteln enthalten. Darüber hinaus findet Natronlauge als Zusatzstoff in der Lebensmittelindustrie (E 524) Anwendung und ist dort etwa für die typische braune Färbung der Oberfläche von Laugengebäck verantwortlich.

19. Pyrazolon, ein Derivat des Pyrazolins ist Ausgangsstoff für diverse Nicht- **285** opioid-Analgetika (bspw. Phenazon – ORL-RAT LD$_{50}$ 1.800 mg/kg; Metamizol – ORL-RAT LD$_{50}$ 3.100 mg/kg), d. h. Schmerzmittel, die nicht an den Opioid-Rezeptoren des Nervengewebes ansetzen. Akute Vergiftungen äußern sich durch Übelkeit, Erbrechen und Krämpfe.

20. Quecksilber. (ORL-RAT LD$_{50}$ 1 mg/kg – Quecksilber(II)-chlorid; ORL- **286** RAT LD$_{50}$ 18 mg/kg – Quecksilber(II)-oxid) Quecksilber ist ein bei Zimmertemperatur flüssiges, silbern glänzendes, geruchloses und elektrisch leitfähiges Metall, in dem sich viele andere Metalle zu sog. Amalgamen lösen. Es fand und findet in Flüssigkeitsthermometern und -barometern, in sog. Quecksilberdampflampen und wegen seiner Leitfähigkeit früher in Quecksilberschaltern (vgl. aber die Richtlinie 2002/95/EG des Europäischen Parlaments und des Rates vom 27. Januar 2003 zur Beschränkung der Verwendung bestimmter gefährlicher Stoffe in Elektro- und Elektronikgeräten, ABl. L 37 vom 13. Februar 2003, S. 19 ff.) Anwendung; noch im 19. Jahrhundert wurde es zur Syphilis-Therapie eingesetzt. Quecksilberverbindungen wirken als Zellgifte und führen bei oraler Aufnahme zur Schädigung der Schleimhäute im Magen- und Darmtrakt. Übelkeit, Erbrechen und blutige Durchfälle können die Folge sein. Weitaus giftiger als das flüssige Quecksilber sind seine Dämpfe, die sich bereits bei Raumtemperatur bilden; das Metall überwindet die Blut-Hirn-Schranke und kann sich im Gehirn anreichern.

287 **21. Ricin.** (ORL-RAT LD$_{50}$ 20–30 mg/kg) Der Samen der Christuspalme (*ricinus communis*; auch Wunderbaum) enthält das hochtoxische Glykoprotein; bereits die Einnahme weniger Samen dieser Pflanze kann zu blutigen Durchfällen und Erbrechen, Kreislauf- und Nierenversagen und schließlich binnen Stunden oder weniger Tage zum Tode führen. Ricin hat das Potential, als biologischer Kampfstoff eingesetzt zu werden und ist wegen seiner relativ einfachen Aufbereitungsmöglichkeiten insbesondere in den Focus terroristischer Gewalttäter gelangt. Ricin unterfällt der Liste 1 des Anhangs 1 der Ausführungsverordnung zum Chemiewaffenübereinkommen vom 20. November 1996 (CWÜV, BGBl. I S. 1794; vgl. auch Übereinkommen über das Verbot der Entwicklung, Herstellung, Lagerung und des Einsatzes chemischer Waffen und über die Vernichtung solcher Waffen vom 13. Januar 1993, BGBl. II 1994, S. 806). Zu den einschlägigen Strafbestimmungen des CWÜAG/der CWÜV vgl. *Wabnitz/Janovsky*, Handbuch des Wirtschafts- und Steuerstrafrechts, 3. Aufl. 2007, Kap. 21 Rn. 71 ff.

288 **22. Saxitoxin** (ORL-MUS LD$_{50}$ 9 µg/kg), ein Nervengift, das von Dinoflagellaten (marine Einzeller; Teil des Phytoplanktons) gebildet wird, sich in Muscheln und Austern anreichern kann und also als Auslöser von Muschelvergiftungen in Betracht kommt, ist ein chemischer Kampfstoff, der auf der Kriegswaffenliste nach dem Kriegswaffenkontrollgesetz (KrWaffKontrG; vgl. dazu Vorbem. AMG Rn. 390) verzeichnet ist. Auch Saxitoxin ist Gegenstand des Chemiewaffenübereinkommens (vgl. dazu Rn. 287 a. E.).

289 **23. Senfgas** (ORL-RAT LD$_{50}$ 2,4 mg/kg) ist ein chemischer Kampfstoff, der bereits im ersten und zweiten Weltkrieg eingesetzt wurde. Die Aufnahme erfolgt regelmäßig über die Haut. Charakteristisch ist, dass eine Vergiftung meist nicht bemerkt wird. Senfgas unterfällt als chemischer Kampfstoff dem Kriegswaffenkontrollgesetz (KrWaffKontrG; vgl. dazu Vorbem. AMG Rn. 390).

290 **24. Strychnin** (ORL-RAT LD$_{50}$ 2,5 mg/kg), eine farblose, kristalline, äußerst bitter schmeckende Substanz, die in den Samen der Brechnuss (*strychnos nux vomica*) enthalten ist, ist ein Rückenmarkskrampfgift, das bisweilen in Schädlingsbekämpfungsmitteln enthalten ist. Wegen seiner anregenden Wirkung wurde Strychnin sogar im Rahmen von Dopingkontrollen nachgewiesen ist daher auf der Dopingliste der Welt-Anti-Doping-Agentur (www.wada-ama.org) verzeichnet.

291 **25. Tetrachlorkohlenstoff (Tetrachlormethan; Perchlormethan)** (ORL-RAT LD$_{50}$ 1.770 mg/kg), eine farblose, nicht brennbare und nur schwer wasserlösliche Flüssigkeit, ist in zahlreichen Flecken- und Reinigungsmitteln enthalten. Eine innerliche Anwendung als Wurmmittel kommt heute ebenso wenig in Betracht, wie die Verwendung als Feuerlöschmittel. Bei Vergiftung sind Leber- und Nierenschäden möglich.

292 **26. Zyankali.** (vgl. oben Rn. 270, 280).

Teil 3. Grundstoffe

Übersicht

A. Grundstoffe der Kategorie 1

I. 1-Phenyl-2-Propanon (Phenylaceton, Benzylmethylketon)

Vgl. *VG Frankfurt* NVwZ 1990, 1100 [polizeirechtliche Sicherstellung]; *BGH* **1** NStZ 1993, 584 [Lieferung von Betäubungsmittel-Grundstoffen durch Verdeckten Ermittler]; *BGH* NStZ 1994, 91 [Nebentäterschaft bei Drogen-Herstellung]; *BGH* NStZ 1996, 236 [Verbotsirrtum beim Handeltreiben mit Betäubungsmittelgrundstoffen].

II. N-Acetylanthranilsäure (2-Acetamidobenzoesäure)

Vgl. *LG Köln*, Urteil vom 22. 11. 1990 – 108 – 84/90; *LG Köln*, Urteil vom **2** 11. 9. 1991 – 113 – 23/91.

III. Isosafrol (cis + trans)

Isosafrol bildet u. a. die Grundlage für die Darstellung von Piperonal (Kate- **3** gorie 1-Grundstoff, vgl. Rn. 5). Es handelt sich um ein Isomer des Naturstoffs Safrol.

IV. 3,4-Methylendioxyphenylpropan-2-on (Piperonylmethylketon)

Piperonylmethylketon (PMK), unter der Bezeichnung Methylendioxyphe- **4** nylpropan ein gelisteter Stoff der Kategorie 1, wird in Deutschland nicht hergestellt und muss somit für legale Zwecke, z. B. als Reagenz in organischen Synthesen aus anderen Ländern bezogen (eingeführt) werden. PMK wird aber auch in großen Mengen bei der Synthese von MDA, MDMA (Ecstasy) und MDE benötigt. International operierende Tätergruppierungen decken den Bedarf an diesem Grundstoff durch verschleierte Chemikalientransporte. Vgl. *LG Offenburg*, Beschluss vom 29. 5. 1989 – Qs 73/89; *LG Offenburg*, Urteil vom 18. 12. 1990 – 7 KLs 3/90; *LG Kleve* NStZ-RR 1997, 211 [Unerlaubtes Handeltreiben mit Betäubungsmittelgrundstoffen]; vgl. auch *Kotz/Rahlf*, NStZ-RR 1998, 33, 36)

5   Seit 1999 werden weltweit vermehrt illegale Großtransporte von Piperonylmethylketon (PMK) aus China beobachtet, die der illegalen Produktion von Ecstasy dienen sollen. Allein über den Flughafen Frankfurt am Main liefen 1999 fünf PMK-Großtransporte, getarnt als Aceton-Fässer im Gesamtvolumen von ca. 1,8 t zur Ecstasy-Herstellung in die Niederlande. Erst der sechste Transport von 452 kg PMK in Acetonfässern wurde entdeckt und beschlagnahmt. Im Februar 2000 wurden im Rotterdamer Hafen von den Zollbehörden in einem aus China kommenden Container, der nach den Frachtpapieren 2.450 Kisten mit Blumenvasen enthielten, mithilfe einer Containerprüfanlage in 645 Kisten 2.000 l PMK in Kanistern entdeckt. Im Hafen von Antwerpen fanden wenig später belgische Zollbeamte in einem in China verladenen Container, in dem sich 600 Fässer mit Reinigungsmittel befinden sollten, neben 490 Fässern mit Reinigungsmittel auch 110 Fässer mit 2.000 l PMK. Mit der sichergestellten Menge von insgesamt 4.000 l PMK wäre die Herstellung und damit letztlich auch der Konsum von ca. 24 Millionen Ecstasy-Tabletten möglich gewesen.

V. Piperonal

6   Piperonal (Piperonylaldehyd = Heliotropin = Methylendioxybenzaldehyd = Benzodioxolcarboxaldehyd) wird hauptsächlich in der Parfümerie und zur Herstellung von Aromastoffen eingesetzt, des Weiteren wird es als Glanzzutat beim Verzinken benötigt. Neben diesen legalen Verwendungsmöglichkeiten ist Piperonal ein wichtiger Ausgangsstoff bei der illegalen Synthese sog. Designer-Drogen wie MDA, MDMA und MDE sowie von PMK (Piperonylmethylketon, vgl. Rn. 4 f.; unter der Bezeichnung Methylendioxyphenylpropan im Anh. zur Verordnung Nr. 273/2004 erfasster Grundstoffe der Kategorie 1). Aufgrund der bisherigen Sicherstellungen in Europa wird geschätzt, dass in China jährlich 200 bis zu 500 t PMK illegal hergestellt und in die EU geschmuggelt werden.

VI. Safrol

7   Safrol kommt hauptsächlich in tropischen Pflanzen vor, es hat einen eher anisartigen, würzigen Geruch und wurde aus diesem Grund insbesondere zur Parfümherstellung eingesetzt. Safrol dient als Grundstoff zur illegalen Herstellung von MDMA, MDA und MDEA. Vgl. *Schreiber*, Das Urteil des BGH zu Ecstasy, NJW 1997, 777, 779.

VII. Ephedrin

8   Ephedrin ist zwar ein von den Verordnungen (EG) Nr. 273/2004 und Nr. 111/2005 erfasster Grundstoff der Kategorie 1, der sowohl zur Herstellung von Arzneimitteln und Insektiziden, aber auch zur illegalen Herstellung von Betäubungsmitteln wie Methamphetamin benötigt wird. Ephedrin kann aber selbst auch ein Arzneimittel im Sinne von § 2 Abs. 1 AMG sein. Bringt jemand für illegale Laboratorien Ephedrin in Form von pharmazeutischen Zubereitungen (Millionen von Tabletten) in den Verkehr, so handelt es sich um ein Arzneimittel und nicht etwa um einen Grundstoff, selbst wenn der Stoff als Grundstoff zur illegalen Betäubungsmittelherstellung benutzt werden soll (vgl. Vorbem. GÜG Rn. 26).

9   Der Umgang mit Ephedrin-Tabletten zu Dopingzwecken im Sport ist nach dem AMG verboten und strafbar. Zum unerlaubten Großhandel eines Apothekers mit **Ephedrinhydrochlorid** nach § 95 Abs. 1 Nr. 5 i. V. m. § 47 Abs. 1 AMG sowie zur Strafbarkeit nach § 29 Abs. 1 Nr. 2 GÜG a. F. (jetzt § 19 Abs. 1 Nr. 2 GÜG) vgl. *BGH*, Beschluss vom 12. 4. 2011 – 5 StR 463/10.

VIII. Pseudoephedrin

Pseudoephedrin ist neben Ephedrin einer der bei der illegalen Amphetamin- **10**
Herstellung am häufigsten missbrauchten Grundstoffe und gehört zur Kategorie 1.
Pseudoephedrin in Form von pharmazeutischen Zubereitungen (Tabletten) unterliegt nicht dem GÜG sondern dem AMG (vgl. Vorbem. GÜG Rn. 26). Zu Pseudoephedrin vgl. auch *LG Verden*, Urteil vom 18. 3. 2010 – 1 KLs 17/09 [unerlaub-
ter Besitz von Betäubungsmitteln]; *VG Neustadt a. d. Weinstraße*, Urteil vom 10. 8.
2010 – 6 K 1332/09.NW = NVwZ-RR 2011, 151 [Aspirin-Einnahme und positiver Amphetamin-Test].

IX. Norephedrin (Phenylpropanolamin, Naldecon)

Die intensive Überwachung des Handels mit Ephedrin und Pseudoephedrin **11**
führte dazu, dass die Beschaffung dieser Grundstoffe für die illegale Amphetaminherstellung zunehmend schwieriger wurde. Die illegalen Amphetaminhersteller
suchten deshalb nach Ersatzprodukten. Zu dem am häufigsten verwendeten Ersatzstoff entwickelte sich Norephedrin, das auch unter der Bezeichnung Phenylpropanolamin (PPA) zur Herstellung von Arzneimitteln in den legalen Handel gelangt.
Um wirksame Maßnahmen zur Verhinderung der Abzweigung von Norephedrin
schaffen zu können, wurde dieser Stoff deshalb in die Tabelle I des Wiener
Übereinkommens von 1988 aufgenommen. Auf EU-Ebene wurde Norephedrin
als Stoff der Kategorie 1 unter Überwachung gestellt. Zu Norephedrin vgl.
VG Stuttgart, Beschluss vom 17. 9. 2003 – 3 K 3079/03 = BeckRS 2003, 24282
[Entziehung der Fahrerlaubnis]; *VGH München*, Beschluss vom 23. 2. 2006 – 11 Cs
05.1968 = BeckRS 2009, 33877 [Entziehung der Fahrerlaubnis].

X. Ergometrin

Ergometrin (auch Ergonovin oder Ergobasin) ist eine chemische Substanz aus **12**
der Gruppe der Mutterkornalkaloide.

XI. Ergotamin

Neben Ergometrin und Lysergsäure ist Ergotamin Bestandteil des schwarzviolet- **13**
ten Schlauchpilzes (Mutterkornpilz). Ergotamin wurde insbesondere als Migränemittel eingesetzt. Vgl. zur Einziehung von Ergotamintatrat *BGH* NStZ 1983, 277
[Herstellung von Betäubungsmitteln].

XII. Lysergsäure

Sowohl der schwarzviolette Schlauchpilz (Mutterkornpilz) als auch die in **14**
Südamerika heimische Schlingpflanze *Ipomea Violaceae Linné* enthalten Lysergs-
säure. Lysergsäure wurde ursprünglich zur Auslösung von Geburtswehen eingesetzt; sie wird als Grundstoff zur Herstellung von Lysergsäurediethylamid (LSD)
benötigt.

B. Grundstoffe der Kategorie 2

I. Essigsäureanhydrid

Vgl. *Hoffmann*, Neuordnung des Betäubungsmittelrechts – hier: Kontrolle der **15**
Grundstoffe, z. B. Essigsäureanhydrid, MDR 1983, 444; *Körner*, Neuordnung des
Betäubungsmittelrechts, NJW 1982, 673; *BGH* NStZ 1988, 462 = NJW 1988,
2962 [Zubereitung von Morphin]; *Frankfurt* NJW 1996, 3090 = MDR 1996, 957
= StV 1996, 488 [Inverkehrbringen von Designer-Drogen]; *BGH* StV 2005, 666 =
BeckRS 2005, 10132 [Handeltreiben mit Betäubungsmitteln]; *BGH*, Beschluss
vom 17. 3. 2011 – 5 StR 543/10 = BeckRS 2011, 07396 [Handeltreiben mit
Grundstoffen].

II. Phenylessigsäure

16   Phenylessigsäure kann zur Herstellung von Benzylmethylketon (BMK; 1-Phenyl-2-Pronanon, vgl. oben Rn. 1) eingesetzt werden und kommt daher als Grundstoff für die illegale Amphetamin-Herstellung in Betracht. Phenylessigsäure findet vorrangig bei der Herstellung von Riechstoffen und als Tabak-Zusatzstoff Verwendung.

III. Anthranilsäure

17   Anthranilsäure ist eine farblose bis blassgelbe Substanz. Sie wird primär zur Herstellung von Farbstoffen, Arzneimitteln und Kosmetika verwendet. Anthranilsäure wird zur illegalen Herstellung von Methaqualon benötigt.

IV. Piperidin

18   Piperidin findet als Lösungsmittel, zur Arzneimittelherstellung und als Härter für Epoxydharze Verwendung. Piperidin wird zur Herstellung von Phencyclidin (Phenylcyclohexylpiperidin) benötigt.

V. Kaliumpermanganat

19   Kaliumpermanganat wird seit Beginn des Jahres 1999 in Deutschland nicht mehr hergestellt. Es wird bei der illegalen Kokainproduktion im Verhältnis 1 : 5 eingesetzt. Kaliumpermanganat, das in Deutschland angeboten wird, stammt aus ausländischer Produktion und dient vielfach illegalen Zwecken. Im März 2001 wurde von der Suchtstoffkommission der Vereinten Nationen der Beschluss gefasst, a) Kaliumpermanganat (KPM) als Grundstoff zur Kokain-Herstellung und b) Essigsäureanhydrid (EA) als Grundstoff zur Heroin-Herstellung in die Tabelle I des Anhangs zum Wiener Übereinkommen vom 20. 12. 1988 aufzunehmen.

C. Grundstoffe der Kategorie 3

20   Die Grundstoffe der Kategorie 3 (**Salzsäure**, **Schwefelsäure**, **Toluol**, **Ethylether** = Diethylether, **Aceton** = Propanon = Dimethylketon und **Methylethylketon** = Butanon) können zur illegalen Herstellung von Kokain und Heroin verwendet werden.

Anhang

Übersicht

Teil A. Internationale Gesetzestexte zum Betäubungsmittelrecht

A 1. Einheits-Übereinkommen von 1961 über Suchtstoffe

idF der Bek vom 4. 2. 1977 (BGBl. II S. 111)

Vorbemerkung

(1) Nach Artikel 22 des am 25. März 1972 in Genf beschlossenen Protokolls zur Änderung des Einheits-Übereinkommens von 1961 über Suchtstoffe wurde der Wortlaut des Einheits-Übereinkommens von 1961 über Suchtstoffe (im folgenden als Einheits-Übereinkommen bezeichnet) in der durch das genannte Protokoll geänderten Fassung vom Generalsekretär ausgearbeitet.

(2) Das vorliegende Schriftstück enthält den Wortlaut des Einheits-Übereinkommens in der Fassung des Protokolls, das von der vom 6. bis 24. März 1974 in Genf abgehaltenen Konferenz der Vereinten Nationen zur Beratung von Änderungen des Einheits-Übereinkommens von 1961 über Suchtstoffe angenommen wurde.

(3) Das Protokoll zur Änderung des Einheits-Übereinkommens von 1961 über Suchtstoffe (im folgenden als Protokoll von 1972 bezeichnet) trat nach seinem Artikel 18 Absatz 1 am 8. August 1975 in Kraft. Für jeden Staat, der bereits Vertragspartei des Einheits-Übereinkommens ist und beim Generalsekretär nach Hinterlegung der vierzigsten Ratifikations- oder Beitrittsurkunde eine Ratifikations- oder Beitrittsurkunde zum Protokoll von 1972 hinterlegt, tritt dieses am dreißigsten Tag nach Hinterlegung seiner eigenen Urkunde in Kraft (s. Artikel 17 und 18 des Protokolls von 1972).

(4) Jeder Staat, der nach Inkrafttreten des Protokolls von 1972 Vertragspartei des Einheits-Übereinkommens wird, gilt, sofern er nicht eine gegenteilige Absicht bekundet,

a) als Vertragspartei des geänderten Einheits-Übereinkommens und
b) als Vertragspartei des nicht geänderten Einheits-Übereinkommens gegenüber jeder Vertragspartei des Übereinkommens, die nicht durch das Protokoll von 1972 gebunden ist (s. Artikel 19 des Protokolls von 1972).

(5) Zum besseren Verständnis wurden Fußnoten eingefügt. Bei den Artikeln 45 und 50 des Einheits-Übereinkommens mit der Überschrift „Übergangsbestimmungen" und „Sonstige Vorbehalte" wurde der gesamte Wortlaut der entsprechenden Artikel des Protokolls von 1972 als Fußnoten eingefügt.

Präambel

DIE VERTRAGSPARTEIEN –
BESORGT um die Gesundheit und das Wohl der Menschheit,
IN DER ERKENNTNIS, daß die medizinische Verwendung von Suchtstoffen zur Linderung von Schmerzen und Leiden weiterhin unerläßlich ist und daß hinreichend Vorsorge getroffen werden muß, damit Suchtstoffe für diesen Zweck zur Verfügung stehen,
IN DER ERKENNTNIS, daß die Rauschgiftsucht für den einzelnen voller Übel und für die Menschheit sozial und wirtschaftlich gefährlich ist,
EINGEDENK ihrer Pflicht, dieses Übel zu verhüten und zu bekämpfen,
IN DER ERWÄGUNG, daß Maßnahmen gegen den Mißbrauch von Suchtstoffen nur wirksam sein können, wenn sie koordiniert werden und weltweit sind,
ÜBERZEUGT, daß für weltweite Maßnahmen eine internationale Zusammenarbeit erforderlich ist, die auf gleichen Grundsätzen beruht und gemeinsame Ziele anstrebt,

1905

A 1 Übk 1961

IN ANERKENNUNG der Zuständigkeit der Vereinten Nationen auf dem Gebiet der Suchtstoffkontrolle und von dem Wunsch geleitet, die in Betracht kommenden internationalen Organe in diese Organisation einzugliedern,

GEWILLT, ein allgemein annehmbares internationales Übereinkommen zu schließen, das bestehende Suchtstoffverträge ablöst, die Suchtstoffe auf die Verwendung in der Medizin und Wissenschaft beschränkt sowie eine dauernde internationale Zusammenarbeit und Kontrolle zur Verwirklichung dieser Grundsätze und Ziele sicherstellt –

KOMMEN hiermit wie folgt ÜBEREIN:

Art. 1. Begriffsbestimmungen. (1) Soweit nicht etwas anders ausdrücklich angegeben oder auf Grund des Zusammenhangs erforderlich ist, gelten für das gesamte Übereinkommen folgende Begriffsbestimmungen:

a) Der Ausdruck „Suchtstoffamt" bezeichnet das Internationale Suchtstoff-Kontrollamt.

b) Der Ausdruck „Cannabis" bezeichnet die Blüten- oder Fruchtstände der Cannabispflanze, denen das Harz nicht entzogen worden ist, und zwar ohne Rücksicht auf ihre Benennung; ausgenommen sind die nicht mit solchen Ständen vermengten Samen und Blätter.

c) Der Ausdruck „Cannabispflanze" bezeichnet jede Pflanze der Gattung Cannabis.

d) Der Ausdruck „Cannabisharz" bezeichnet das abgesonderte Harz der Cannabispflanze, gleichviel ob roh oder gereinigt.

e) Der Ausdruck „Kokastrauch" bezeichnet jede Pflanzenart der Gattung Erythroxylon.

f) Der Ausdruck „Kokablatt" bezeichnet das Blatt des Kokastrauchs, sofern nicht dem Blatt alles Ekgonin, Kokain und alle anderen Ekgonin-Alkaloide entzogen sind.

g) Der Ausdruck „Kommission" bezeichnet die Suchtstoffkommission des Rates.

h) Der Ausdruck „Rat" bezeichnet den Wirtschafts- und Sozialrat der Vereinten Nationen.

i) Der Ausdruck „Anbau" bezeichnet den Anbau des Opiummohns, des Kokastrauchs oder der Cannabispflanze.

j) Der Ausdruck „Suchtstoff" bezeichnet jeden in den Anhängen I und II aufgeführten natürlichen oder synthetischen Stoff.

k) Der Ausdruck „Generalversammlung" bezeichnet die Generalversammlung der Vereinten Nationen.

l) Der Ausdruck „unerlaubter Verkehr" bezeichnet jedes gegen dieses Übereinkommen verstoßende Anbauen oder jeden Verkehr mit Suchtstoffen.

m) Die Ausdrücke „Einfuhr" und „Ausfuhr" bezeichnen je nach dem Zusammenhang die körperliche Verbringung von Suchtstoffen aus einem Staat in einen anderen oder aus einem Hoheitsgebiet in ein anderes Hoheitsgebiet desselben Staates.

n) Der Ausdruck „Herstellung" bezeichnet alle zur Erzeugung von Suchtstoffen geeigneten Verfahren mit Ausnahme der Gewinnung; er umfaßt sowohl das Reinigen von Suchtstoffen als auch deren Umwandlung in andere Suchtstoffe.

o) Der Ausdruck „medizinisches Opium" bezeichnet Opium, das die erforderlichen Verfahren durchlaufen hat, die es für den medizinischen Gebrauch geeignet machen.

p) Der Ausdruck „Opium" bezeichnet den geronnenen Saft des Opiummohns.

q) Der Ausdruck „Opiummohn" bezeichnet die Pflanzenart Papaver somniferum L.

r) Der Ausdruck „Mohnstroh" bezeichnet alle Teile (außer den Samen) des Opiummohns nach dem Mähen.

s) Der Ausdruck „Zubereitung" bezeichnet ein festes oder flüssiges Gemisch, das einen Suchtstoff enthält.

t) Der Ausdruck „Gewinnung" bezeichnet die Trennung des Opiums, der Kokablätter, des Cannabis und des Cannabisharzes von den Pflanzen, aus denen sie gewonnen werden.

u) Die Ausdrücke „Anhang I", „Anhang II", „Anhang III" und „Anhang IV" bezeichnen die entsprechend numerierten, diesem Übereinkommen beigefügten Listen von Suchtstoffen und Zubereitungen in der auf Grund von Änderungen nach Artikel 3 jeweils gültigen Fassung.

v) Der Ausdruck „Generalsekretär" bezeichnet den Generalsekretär der Vereinten Nationen.

w) Der Ausdruck „Sonderbestände" bezeichnet die Suchtstoffmengen, die in einem Staat oder Hoheitsgebiet von dessen Regierung für staatliche Sonderzwecke und im Hinblick auf außergewöhnliche Umstände verwahrt werden; der Ausdruck „Sonderzwecke" ist entsprechend auszulegen.

x) Der Ausdruck „Bestände" bezeichnet die in einem Staat oder Hoheitsgebiet verwahrten, für folgende Zwecke bestimmten Suchtstoffmengen:

i) Verbrauch in dem Staat oder Hoheitsgebiet für medizinische und wissenschaftliche Zwecke;

ii) Verwendung in dem Staat oder Hoheitsgebiet für die Herstellung von Suchtstoffen und anderen Stoffen;

iii) Ausfuhr; unter Ausschluß jedoch der in dem Staat oder Hoheitsgebiet vorhandenen Suchtstoffmengen,

iv) die sich zwecks genehmigter Ausübung therapeutischer oder wissenschaftlicher Tätigkeiten im Gewahrsam von Apothekern, sonstigen zugelassenen Einzelverteilern und gehörig befugten Anstalten oder Personen befinden, oder

v) die als Sonderbestände verwahrt werden.

y) Der Ausdruck „Hoheitsgebiet" bezeichnet jeden Teil eines Staatswesens, der bei der Anwendung des in Artikel 31 vorgesehenen Systems von Einfuhrbescheinigungen und Ausfuhrbescheinigungen als gesonderte Einheit behandelt wird. Diese Begriffsbestimmung gilt nicht für den Ausdruck „Hoheitsgebiet" in den Artikeln 42 und 46.

(2) Im Sinne dieses Übereinkommens gilt ein Suchtstoff als „verbraucht", wenn er zur Einzelverteilung, medizinischen Verwendung oder wissenschaftlichen Forschung an eine Person oder ein Unternehmen geliefert worden ist; der Ausdruck „Verbrauch" ist entsprechend auszulegen.

Art. 2. Unter Kontrolle stehende Stoffe. (1) Abgesehen von Kontrollmaßnahmen, die auf bestimmte Suchtstoffe beschränkt sind, gelten für die in Anhang I aufgeführten Suchtstoffe alle Kontrollmaßnahmen, welche auf die unter dieses Übereinkommen fallenden Suchtstoffe anwendbar sind, insbesondere die in den Artikeln 4 Buchstabe c, 19, 20, 21, 29, 30, 31, 32, 33, 34 und 37 vorgeschriebenen Maßnahmen.

(2) Für die in Anhang II aufgeführten Suchtstoffe gelten dieselben Kontrollmaßnahmen wie für die Suchtstoffe des Anhangs I mit Ausnahme der in Artikel 30 Absätze 2 und 5 in bezug auf den Einzelhandel vorgeschriebenen Maßnahmen.

(3) Für die nicht in Anhang II aufgeführten Zubereitungen gelten dieselben Kontrollmaßnahmen wie für die in ihnen enthaltenen Suchtstoffe; hinsichtlich dieser Zubereitungen brauchen jedoch Schätzungen (Artikel 19) und Statistiken (Artikel 20) nicht gesondert von den auf die betreffenden Suchtstoffe bezüglichen eingereicht und Artikel 29 Absatz 2 Buchstabe c sowie Artikel 30 Absatz 1 Buchstabe b Ziffer ii nicht angewandt zu werden.

(4) Für die in Anhang III aufgeführten Zubereitungen gelten dieselben Kontrollmaßnahmen wie für Zubereitungen, die Suchtstoffe des Anhangs II enthalten, jedoch braucht Artikel 31 Absatz 1 Buchstabe b und Absätze 3 bis 15 und – bezüglich ihres Erwerbs und ihrer Abgabe im Einzelhandel – Artikel 34 Buchstabe b nicht angewandt zu werden, und die für Schätzungen (Artikel 19) und Statistiken (Artikel 20) erforderlichen Angaben sind auf die Suchtstoffmengen zu beschränken, die bei der Herstellung dieser Zubereitungen verwendet werden.

(5) Die in Anhang IV aufgeführten Suchtstoffe werden auch in Anhang I aufgenommen; für sie gelten alle auf Suchtstoffe des Anhangs I anzuwendenden Kontrollmaßnahmen und zusätzlich folgende:

a) Jede Vertragspartei trifft alle besonderen Kontrollmaßnahmen, die sie im Hinblick auf die besonders gefährlichen Eigenschaften dieser Suchtstoffe für erforderlich hält;

b) jede Vertragspartei verbietet die Gewinnung, Herstellung, Ausfuhr, Einfuhr, den Besitz und die Verwendung dieser Suchtstoffe sowie den Handel damit, wenn sie dies im Hinblick auf die in ihrem Staat herrschenden Verhältnisse für das geeignetste Mittel hält, die Volksgesundheit und das öffentliche Wohl zu schützen; ausgenommen sind die Mengen, welche lediglich für die medizinische und wissenschaftliche Forschung einschließlich klinischer Versuche benötigt werden; derartige Versuche sind unter unmittelbarer Aufsicht und Kontrolle der betreffenden Vertragspartei durchzuführen.

(6) Zusätzlich zu den auf alle Suchtstoffe des Anhangs I anzuwendenden Kontrollmaßnahmen gelten für Opium Artikel 19 Absatz 1 Buchstabe f und die Artikel 21 bis 23 und 24, für Kokablätter die Artikel 26 und 27 und für Cannabis Artikel 28.

(7) Für Opiummohn, den Kokastrauch, die Cannabispflanze, Mohnstroh und Cannabisblätter gelten die Kontrollmaßnahmen des Artikels 19 Absatz 1 Buchstabe e, des Artikels 20 Absatz 1 Buchstabe g, des Artikels 21bis und der Artikel 22 bis 24; 22, 26 und 27; 22 und 28; 25; 28, soweit diese sich jeweils auf die in Betracht kommenden Rohstoffe beziehen.

(8) Die Vertragsparteien werden sich nach besten Kräften bemühen, auf Stoffe, die nicht unter dieses Übereinkommen fallen, aber zur unerlaubten Herstellung von Suchtstoffen verwendet werden können, alle durchführbaren Überwachungsmaßnahmen anzuwenden.

(9) Die Vertragsparteien sind nicht verpflichtet, dieses Übereinkommen auf Suchtstoffe anzuwenden, die in der gewerblichen Wirtschaft üblicherweise für andere als medizinische oder wissenschaftliche Zwecke verwendet werden,

a) sofern sie durch geeignete Vergällungsverfahren oder auf andere Weise sicherstellen, daß die so verwendeten Suchtstoffe weder mißbraucht werden noch schädliche Wirkungen hervorrufen können (Artikel 3 Absatz 3) und daß die schädlichen Stoffe in der Praxis nicht zurückgewonnen werden können, und
b) sofern sie in den von ihnen eingereichten statistischen Angaben (Artikel 20) die Menge jedes derart verwendeten Suchtstoffs anführen.

Art. 3. Änderungen im Umfang der Kontrolle. (1) Liegen einer Vertragspartei oder der Weltgesundheitsorganisation Angaben vor, die nach ihrer Auffassung die Änderung eines Anhangs erforderlich machen, so notifiziert sie dies dem Generalsekretär und leitet ihm alle diese Notifikation erhärtenden Angaben zu.

(2) Der Generalsekretär übermittelt die Notifikation und alle ihm erheblich erscheinenden Angaben den Vertragsparteien, der Kommission und, wenn die Notifikation von einer Vertragspartei ausging, der Weltgesundheitsorganisation.

(3) Betrifft die Notifikation einen nicht im Anhang I oder II aufgeführten Stoff,

i) so prüfen die Vertragsparteien im Lichte der verfügbaren Angaben, ob es möglich ist, alle für die Suchtstoffe des Anhangs geltenden Kontrollmaßnahmen auf diesen Stoff vorläufig anzuwenden;
ii) so kann die Kommission beschließen, und zwar noch ehe sie den unter Ziffer iii vorgesehenen Beschluß faßt, daß die Vertragsparteien alle für die Suchtstoffe des Anhangs I geltenden Kontrollmaßnahmen vorläufig für diesen Stoff anwenden, und die Vertragsparteien haben entsprechend zu verfahren;
iii) so teilt die Weltgesundheitsorganisation, falls sie feststellt, daß dieser Stoff ähnlich mißbraucht werden und ähnliche schädliche Wirkungen hervorrufen kann wie die in Anhang I oder II aufgeführten Suchtstoffe oder daß er in einen Suchtstoff verwandelt werden kann, diese Feststellung der Kommission mit; diese kann im Einklang mit der Empfehlung der Weltgesundheitsorganisation beschließen, den Stoff in Anhang I oder II aufzunehmen.

(4) Stellt die Weltgesundheitsorganisation fest, daß eine Zubereitung im Hinblick auf die darin enthaltenen Stoffe weder mißbraucht werden noch schädliche Wirkungen hervorrufen kann (Absatz 3) und daß es nur schwer möglich ist, den darin enthaltenen Suchtstoff zurückzugewinnen, so kann die Kommission im Einklang mit der Empfehlung der Weltgesundheitsorganisation diese Zubereitung in Anhang III aufnehmen.

(5) Stellt die Weltgesundheitsorganisation fest, daß ein in Anhang I aufgeführter Suchtstoff besonders geeignet ist, mißbraucht zu werden und schädliche Wirkungen hervorzurufen (Absatz 3) und daß diese Eigenschaft nicht durch erhebliche therapeutische Vorzüge aufgewogen wird, die anderen, in Anhang IV nicht aufgeführten Stoffen fehlen, so kann die Kommission im Einklang mit der Empfehlung der Weltgesundheitsorganisation diesen Suchtstoff in Anhang IV aufnehmen.

(6) Betrifft eine Notifikation einen in Anhang I oder II aufgeführten Suchtstoff oder eine in Anhang III aufgeführte Zubereitung, so kann die Kommission außer der in Absatz 5 vorgesehenen Maßnahme im Einklang mit der Empfehlung der Weltgesundheitsorganisation einen jeden Anhang ändern,

a) indem sie einen Suchtstoff aus Anhang I in Anhang II oder aus Anhang II in Anhang I überträgt, oder

b) indem sie einen Suchtstoff oder eine Zubereitung aus einem Anhang streicht.

(7) Jeden Beschluß der Kommission auf Grund dieses Artikels teilt der Generalsekretär allen Mitgliedstaaten der Vereinten Nationen, allen Nichtmitgliedstaaten, die Vertragsparteien dieses Übereinkommens sind, der Weltgesundheitsorganisation und dem Suchtstoffamt mit. Der Beschluß tritt für jede Vertragspartei mit Eingang dieser Mitteilung in Kraft, und die Vertragsparteien treffen sodann die nach diesem Übereinkommen erforderlichen Maßnahmen.

(8) a) Die Beschlüsse der Kommission zur Änderung eines Anhangs unterliegen der Nachprüfung durch den Rat, wenn eine Vertragspartei dies binnen neunzig Tagen beantragt, nachdem die Notifikation des Beschlusses bei ihr eingegangen ist. Der Antrag auf Nachprüfung ist zusammen mit allen ihn begründenden erheblichen Angaben beim Generalsekretär zu stellen;

b) der Generalsekretär leitet der Kommission, der Weltgesundheitsorganisation und allen Vertragsparteien Abschriften des Nachprüfungsantrags und der diesbezüglichen Angaben mit der Aufforderung zu, binnen neunzig Tagen hierzu Stellung zu nehmen. Alle eingehenden Stellungnahmen werden dem Rat zur Erwägung vorgelegt;

c) der Rat kann den Beschluß der Kommission bestätigen, ändern oder aufheben; der diesbezügliche Beschluß des Rates ist endgültig. Er wird allen Mitgliedstaaten der Vereinten Nationen, den Nichtmitgliedstaaten, die Vertragsparteien dieses Übereinkommens sind, der Kommission, der Weltgesundheitsorganisation und dem Suchtstoffamt notifiziert;

d) solange die Nachprüfung dauert, bleibt der ursprüngliche Beschluß der Kommission in Kraft.

(9) Beschlüsse der Kommission nach diesem Artikel unterliegen nicht dem in Artikel 7 vorgesehenen Nachprüfungsverfahren.

Art. 4. Allgemeine Verpflichtungen. Die Vertragsparteien treffen alle erforderlichen Gesetzgebungs- und Verwaltungsmaßnahmen,

a) um dieses Übereinkommen in ihren eigenen Hoheitsgebieten durchzuführen,

b) um bei der Durchführung dieses Übereinkommens mit anderen Staaten zusammenzuarbeiten und

c) um nach Maßgabe dieses Übereinkommens die Gewinnung, Herstellung, Ausfuhr, Einfuhr, Verteilung, Verwendung und den Besitz von Suchtstoffen sowie den Handel damit auf ausschließlich medizinische und wissenschaftliche Zwecke zu beschränken.

Art. 5. Die internationalen Kontrollorgane. In Anerkennung der Zuständigkeit der Vereinten Nationen für die internationale Suchtstoffkontrolle vereinbaren die Vertragsparteien, die Suchtstoffkommission des Wirtschafts- und Sozialrats und das Internationale Suchtstoff-Kontrollamt mit den diesen Organen in diesem Übereinkommen zugewiesenen Aufgaben zu betrauen.

Art. 6. Ausgaben der internationalen Kontrollorgane. Die Ausgaben der Kommission und des Suchtstoffamts gehen zu Lasten der Vereinten Nationen; das Nähere regelt die Generalversammlung. Vertragsparteien, die nicht Mitglied der Vereinten Nationen sind, leisten zu diesen Ausgaben Beiträge in der von der Generalversammlung für angemessen erachteten und nach Konsultation mit den Regierungen dieser Vertragsparteien jeweils festgesetzten Höhe.

Art. 7. Nachprüfung von Beschlüssen und Empfehlungen der Kommission. Mit Ausnahme der in Artikel 3 vorgesehenen Beschlüsse unterliegen alle auf Grund dieses Übereinkommens von der Kommission angenommenen Beschlüsse und Empfehlungen in gleicher Weise wie ihre sonstigen Beschlüsse und Empfehlungen der Genehmigung oder Änderung durch den Rat oder die Generalversammlung.

Art. 8. Aufgaben der Kommission. Die Kommission ist ermächtigt, sämtliche die Ziele dieses Übereinkommens betreffenden Angelegenheiten zu behandeln und insbesondere

a) die Anhänge nach Maßgabe des Artikels 3 zu ändern,

b) das Suchtstoffamt auf jede mit dessen Aufgaben zusammenhängende Angelegenheit aufmerksam zu machen,

c) zur Verwirklichung der Ziele und Bestimmungen dieses Übereinkommens Empfehlungen abzugeben, einschließlich solcher über wissenschaftliche Forschungsprogramme und den Austausch wissenschaftlicher oder fachlicher Informationen, sowie

d) Nichtvertragsparteien auf die von ihr nach diesem Übereinkommen angenommenen Beschlüsse und Empfehlungen aufmerksam zu machen, damit sie entsprechende Maßnahmen in Erwägung ziehen können.

Art. 9. Zusammensetzung und Aufgaben des Suchtstoffamts. (1) Das Suchtstoffamt besteht aus dreizehn vom Rat wie folgt zu wählenden Mitgliedern:

a) drei Mitgliedern mit medizinischer, pharmakologischer oder pharmazeutischer Erfahrung aus einer Liste von mindestens fünf Personen, die von der Weltgesundheitsorganisation benannt werden, sowie

b) zehn Mitgliedern aus einer Liste von Personen, die von den Mitgliedern der Vereinten Nationen und von den Vertragsparteien benannt werden, die nicht Mitglied der Vereinten Nationen sind.

(2) Als Mitglieder des Suchtstoffamts sind Personen zu berufen, die wegen ihrer fachlichen Befähigung, Unparteilichkeit und Uneigennützigkeit allgemeines Vertrauen genießen. Sie dürfen während ihrer Amtszeit keine Stellung bekleiden und keine Tätigkeit ausüben, die geeignet wäre, ihre Unparteilichkeit bei der Wahrnehmung ihrer Aufgaben zu beeinträchtigen. Der Rat trifft in Konsultation mit dem Suchtstoffamt alle erforderlichen Vorkehrungen, um ihre volle fachliche Unabhängigkeit des Suchtstoffamts bei der Erfüllung seiner Aufgaben sicherzustellen.

(3) Der Rat berücksichtigt unter Beachtung des Grundsatzes einer angemessenen geographischen Vertretung, daß es wichtig ist, in das Suchtstoffamt in einem angemessenen Verhältnis Personen aufzunehmen, die Kenntnisse der Suchtstoffprobleme in den Gewinnungs-, Herstellungs- und Verbrauchsländern besitzen und Verbindungen zu solchen Ländern haben.

(4) Das Suchtstoffamt bemüht sich in Zusammenarbeit mit den Regierungen unter Beachtung dieses Übereinkommens, Anbau, Gewinnung, Herstellung und Verwendung von Suchtstoffen auf eine angemessene, für medizinische und wissenschaftliche Zwecke erforderliche Menge zu beschränken, deren Verfügbarkeit für solche Zwecke zu gewährleisten und den unerlaubten Anbau, die unerlaubte Verwendung von Suchtstoffen zu verhindern.

(5) Alle vom Suchtstoffamt nach diesem Übereinkommen getroffenen Maßnahmen müssen weitestgehend darauf gerichtet sein, die Zusammenarbeit der Regierungen mit dem Suchtstoffamt zu fördern und einen ständigen Dialog zwischen ihnen zu ermöglichen, um dadurch wirksame nationale Aktionen zur Erreichung der Ziele des Übereinkommens zu unterstützen und zu erleichtern.

Art. 10. Amtszeit und Vergütung der Mitglieder des Suchtstoffamts. (1) Die Amtszeit der Mitglieder des Suchtstoffamtes beträgt fünf Jahre; sie können wiedergewählt werden.

(2) Die Amtszeit eines Mitglieds des Suchtstoffamts endet am Vortag derjenigen Sitzung des Amtes, an der sein Nachfolger erstmals teilzunehmen berechtigt ist.

(3) Ein Mitglied des Suchtstoffamts, das drei aufeinanderfolgenden Tagungen ferngeblieben ist, gilt als zurückgetreten.

(4) Der Rat kann auf Empfehlung des Suchtstoffamts ein Mitglied dieses Amtes entlassen, wenn es die in Artikel 9 Absatz 2 festgelegten Voraussetzungen nicht mehr erfüllt. Die Empfehlung bedarf der Zustimmung von neun Mitgliedern des Amtes.

(5) Wird die Stelle eines Mitglieds des Suchtstoffamts vor Ablauf seiner Amtszeit frei, so besetzt der Rat diese Stelle sobald wie möglich im Einklang mit den einschlägigen Bestimmungen des Artikels 9, indem er für die restliche Amtszeit ein anderes Mitglied wählt.

(6) Die Mitglieder des Suchtstoffamts erhalten eine angemessene Vergütung; sie wird von der Generalversammlung festgelegt.

Art. 11. Geschäftsordnung des Suchtstoffamts. (1) Das Suchtstoffamt wählt seinen Präsidenten und die sonstigen Amtsträger, die es für erforderlich hält; es gibt sich eine Geschäftsordnung.

(2) Das Suchtstoffamt tritt so oft zusammen, wie dies nach seiner Auffassung zur ordnungsgemäßen Wahrnehmung seiner Aufgaben erforderlich ist; es hält jedoch in jedem Kalenderjahr mindestens zwei Tagungen ab.

(3) Das Suchtstoffamt ist verhandlungsfähig, wenn mindestens acht seiner Mitglieder anwesend sind.

Art. 12. Handhabung des Schätzungsverfahrens. (1) Das Suchtstoffamt bestimmt, wann und in welcher Weise die in Artikel 19 vorgesehenen Schätzungen einzureichen sind; es schreibt die hierfür erforderlichen Formblätter vor.

(2) Das Suchtstoffamt ersucht die Regierungen der Staaten und Hoheitsgebiete, für welche dieses Übereinkommen nicht gilt, ihm Schätzungen nach Maßgabe des Übereinkommens einzureichen.

(3) Reicht ein Staat für eines seiner Hoheitsgebiete zu dem festgesetzten Zeitpunkt keine Schätzungen ein, so stellt das Suchtstoffamt nach Möglichkeit selbst die Schätzungen auf. Hierbei arbeitet es mit der betreffenden Regierung soweit tunlich zusammen.

(4) Das Suchtstoffamt prüft die Schätzungen einschließlich der Nachtragsschätzungen; es kann, soweit es sich nicht um Bedarf für Sonderzwecke handelt, zusätzliche Angaben anfordern, soweit es solche in bezug auf einen Staat oder ein Hoheitsgebiet, für die eine Schätzung eingereicht worden ist, für erforderlich hält, um die Schätzung zu ergänzen oder eine darin enthaltene Angabe zu erläutern.

(5) Zur Beschränkung der Verwendung und Verteilung von Suchtstoffen auf eine angemessene, für medizinische und wissenschaftliche Zwecke erforderliche Menge und zur Gewährleistung ihrer Verfügbarkeit für solche Zwecke bestätigt das Suchtstoffamt sobald wie möglich die Schätzungen einschließlich der Nachtragsschätzungen; es kann sie mit Zustimmung der betreffenden Regierung ändern. Bei Meinungsverschiedenheiten zwischen der Regierung und dem Suchtstoffamt hat letzteres das Recht, seine eigenen Schätzungen einschließlich der Nachtragsschätzungen aufzustellen, mitzuteilen und zu veröffentlichen.

(6) Zusätzlich zu den in Artikel 15 erwähnten Berichten veröffentlicht das Suchtstoffamt zu Zeitpunkten, die es bestimmt, jedoch mindestens einmal jährlich, Angaben über die Schätzungen, soweit dies nach seiner Auffassung die Durchführung dieses Übereinkommens erleichtert.

Art. 13. Handhabung des Statistikverfahrens. (1) Das Suchtstoffamt bestimmt, in welcher Weise und Form die in Artikel 20 vorgesehenen statistischen Aufstellungen einzureichen sind; es schreibt die hierfür erforderlichen Formblätter vor.

(2) Das Suchtstoffamt prüft die statistischen Aufstellungen, um zu ermitteln, ob die einzelnen Vertragsparteien oder sonstige Staaten dieses Übereinkommen eingehalten haben.

(3) Das Suchtstoffamt kann zusätzliche Angaben anfordern, soweit es solche für erforderlich hält, um die in den statistischen Aufstellungen enthaltenen Angaben zu ergänzen oder zu erläutern.

(4) Das Suchtstoffamt ist nicht befugt, zu statistischen Angaben über Suchtstoffe, die für Sonderzwecke benötigt werden, Fragen zu stellen oder eine Auffassung zu äußern.

Art. 14. Maßnahmen des Suchtstoffamts, um die Durchführung dieses Übereinkommens sicherzustellen. (1) a) Hat das Suchtstoffamt die Angaben geprüft, die ihm von den Regierungen nach diesem Übereinkommen eingereicht werden oder die ihm von Organen der Vereinten Nationen, von Sonderorganisationen oder – sofern sie auf Empfehlung des Suchtstoffamts von der Kommission zugelassen sind – von anderen zwischenstaatlichen Organisationen oder internationalen nichtstaatlichen Organisationen übermittelt werden, die für diese Fragen unmittelbar zuständig sind und nach Artikel 71 der Charta der Vereinten Nationen beratenden Status beim Wirtschafts- und Sozialrat innehaben oder auf Grund besonderer Vereinbarung mit dem Rat einen ähnlichen Status genießen, und hat das Suchtstoffamt konkrete Gründe zu der Annahme, daß die Ziele des Übereinkommens ernstlich gefährdet sind, weil eine Vertragspartei, ein Staat oder ein Hoheitsgebiet das Übereinkommen nicht durchführt, so ist es berechtigt, der betreffenden Regierung die Aufnahme von Konsultationen vorzuschlagen oder sie um Erläuterungen zu ersuchen. Ist eine Vertragspartei oder ein Staat oder Hoheitsgebiet trotz einwandfreier Durchführung des Übereinkommens zu einem bedeutenden Zentrum des unerlaubten Anbaus, der unerlaubten Gewinnung oder Herstellung oder des unerlaubten Verkehrs oder Verbrauchs von Suchtstoffen geworden oder besteht nachweislich die ernstliche Gefahr, daß sie zu einem solchen Zentrum werden, so ist das Suchtstoffamt berechtigt, der betreffenden Regierung die Aufnahme von Konsultationen vorzuschlagen. Vorbehaltlich des Rechts des Suchtstoffamts, die Vertragsparteien, den Rat und die Kommission auf die Bestimmung des Buchstabens d hinzuweisen, behandelt das Suchtstoffamt ein Ersuchen um Auskunft und die Erläuterung einer Regierung oder einen Vorschlag für Konsultationen und die mit einer Regierung aufgenommenen Konsultationen auf Grund des vorliegenden Buchstabens als vertraulich.

b) Ist das Suchtstoffamt auf Grund des Buchstabens a tätig geworden, so kann es in der Folge die betreffende Regierung auffordern, wenn es dies für erforderlich erachtet, die unter den gegebenen Umständen zur Durchführung dieses Übereinkommens erforderlichen Abhilfemaßnahmen zu treffen.

c) Hält das Suchtstoffamt dies zur Klärung einer unter Buchstabe a erwähnten Angelegenheit für erforderlich, so kann es der betreffenden Regierung vorschlagen, in ihrem Hoheitsgebiet in der von ihr für geeignet gehaltenen Weise eine Untersuchung über diese Angelegenheit durchzuführen. Beschließt die betreffende Regierung, die Untersuchung durchzuführen, so kann sie das Suchtstoffamt ersuchen, Gutachten und Dienste einer oder mehrerer Personen mit der erforderlichen Sachkunde zur Verfügung zu stellen, um die Bediensteten der Regierung bei der Untersuchung zu unterstützen. Die Person oder Personen, die das Suchtstoffamt zur Verfügung zu stellen beabsichtigt, bedürfen der Zustimmung der Regierung. Die Einzelheiten der Untersuchung und die Frist, innerhalb deren sie abzuschließen ist, werden durch Konsultation zwischen der Regierung und dem Suchtstoffamt festgelegt. Die Regierung übermittelt dem Suchtstoffamt die Ergebnisse der Untersuchung und teilt ihm die von ihr für erforderlich gehaltenen Abhilfemaßnahmen mit.

d) Stellt das Suchtstoffamt fest, daß die betreffende Regierung nach einem Ersuchen auf Grund des Buchstabens a keine zufriedenstellende Erläuterung gegeben oder nach Aufforderung auf Grund des Buchstabens b keine Abhilfemaßnahmen getroffen hat, oder daß eine ernste Lage besteht, für deren Bereinigung Maßnahmen der Zusammenarbeit auf internationaler Ebene erforderlich sind, so kann es die Vertragsparteien, den Rat und die Kommission auf die Angelegenheit aufmerksam machen. Das Suchtstoffamt handelt so, wenn die Ziele dieses Übereinkommens ernstlich gefährdet sind und es nicht möglich war, die Angelegenheit in anderer Weise zufriedenstellend zu regeln. Es handelt ferner so, wenn es feststellt, daß eine ernste Lage besteht, für deren Bereinigung Maßnahmen der Zusammenarbeit auf internationaler Ebene erforderlich sind, und daß eine solche Zusammenarbeit am besten dadurch erleichtert wird, daß die Vertragsparteien, der Rat und die Kommission auf die Angelegenheit aufmerksam gemacht werden; nach Prüfung der Berichte des Suchtstoffamts und gegebenenfalls der Kommission kann der Rat die Generalversammlung auf die Angelegenheit aufmerksam machen.

(2) Macht das Suchtstoffamt die Vertragsparteien, den Rat und die Kommission auf Grund des Absatzes 1 Buchstabe d auf die Angelegenheit aufmerksam, so kann es gleichzeitig den Vertragsparteien empfehlen, wenn es dies für notwendig erachtet, gegenüber dem betreffenden Staat oder Hoheitsgebiet die Ein- oder die Ausfuhr von Suchtstoffen – oder beides – einzustellen, und zwar entweder für eine bestimmte Zeit oder bis zu dem Zeitpunkt, in dem das Suchtstoffamt die Lage in diesem Staat oder Hoheitsgebiet als zufriedenstellend betrachtet. Der betreffende Staat kann den Rat mit der Angelegenheit befassen.

(3) Das Suchtstoffamt ist berechtigt, über jede auf Grund dieses Artikels behandelte Angelegenheit einen Bericht zu veröffentlichen und dem Rat zu übermitteln; dieser leitet ihn allen Vertragsparteien zu. Veröffentlicht das Suchtstoffamt in diesem Bericht einen auf Grund dieses Artikels gefaßten Beschluß oder eine auf den Beschluß bezügliche Angabe, so hat es in demselben Bericht auf Ersuchen der betreffenden Regierung auch deren Auffassung zu veröffentlichen.

(4) Wurde ein auf Grund dieses Artikels veröffentlichter Beschluß des Suchtstoffamts nicht einstimmig gefaßt, so ist auch die Auffassung der Minderheit darzulegen.

(5) Prüft das Suchtstoffamt eine Frage auf Grund dieses Artikels, so wird jeder Staat, für den sie von unmittelbarem Interesse ist, eingeladen, sich auf der diesbezüglichen Sitzung vertreten zu lassen.

(6) Beschlüsse des Suchtstoffamts auf Grund dieses Artikels bedürfen der Zweidrittelmehrheit der Gesamtzahl seiner Mitglieder.

Art. 14bis. Technische und finanzielle Hilfe. Hält es das Suchtstoffamt für zweckmäßig, so kann es zusätzlich oder an Stelle der in Artikel 14 Absätze 1 und 2 bezeichneten Maßnahmen mit Zustimmung der betreffenden Regierung den zuständigen Organen der Vereinten Nationen und den Sonderorganisationen empfehlen, der Regierung technische oder finanzielle Hilfe oder beides zu gewähren, um sie bei der Erfüllung der ihr aus diesem Übereinkommen erwachsenden Pflichten, insbesondere der in den Artikeln 2, 35, 38 und 38bis niedergelegten oder erwähnten, zu unterstützen.

Art. 15. Berichte des Suchtstoffamts. (1) Das Suchtstoffamt erstellt einen Jahresbericht über seine Arbeit sowie über von ihm erforderlich gehaltenen Zusatzberichte; sie enthalten unter anderem eine Auswertung der ihm zur Verfügung stehenden Schätzungen und statistischen Angaben sowie geeignetenfalls eine Darlegung über etwaige Erläuterungen, um welche Regierungen ersucht wurden oder die sie eingereicht haben, und ferner alle Bemerkungen und Empfehlungen, die das Suchtstoffamt zu machen wünscht. Diese Berichte werden dem Rat über die Kommission vorgelegt; dieser steht es frei, dazu Stellung zu nehmen.

(2) Die Berichte werden den Vertragsparteien übermittelt und sodann vom Generalsekretär veröffentlicht. Die Vertragsparteien gestatten ihre unbeschränkte Verbreitung.

Art. 16. Sekretariat. Das Sekretariat der Kommission und des Suchtstoffamts wird vom Generalsekretär gestellt. Der Sekretär des Suchtstoffamts wird nach Konsultation mit dem Amt vom Generalsekretär ernannt.

Art. 17. Besondere Verwaltungsdienststelle. Jede Vertragspartei unterhält eine besondere Verwaltungsdienststelle für die Anwendung dieses Übereinkommens.

Art. 18. Dem Generalsekretär von den Vertragsparteien einzureichende Angaben. (1) Die Vertragsparteien reichen dem Generalsekretär alle Angaben ein, welche die Kommission als zur Wahrnehmung ihrer Aufgaben notwendig anfordert, und zwar insbesondere

a) einen Jahresbericht über die Wirkung dieses Übereinkommens in jedem ihrer Hoheitsgebiete,

b) den Wortlaut aller Gesetze und sonstigen Vorschriften, die zur Durchführung dieses Übereinkommens erlassen werden,

c) alle von der Kommission zu bestimmenden Auskünfte mit Einzelheiten über Fälle unerlaubten Verkehrs, insbesondere über jeden von ihnen aufgedeckten derartigen Fall, der möglicherweise für die Ermittlung einer Bezugsquelle des unerlaubten Verkehrs oder wegen der in Betracht kommenden Mengen oder wegen der Methode von Bedeutung ist, deren sich die den unerlaubten Verkehr Betreibenden bedient haben,

d) die Bezeichnungen und Anschriften der staatlichen Behörden, die zur Ausstellung von Ausfuhr- und Einfuhrgenehmigungen oder -bescheinigungen ermächtigt sind.

(2) Die Kommission bestimmt, in welcher Weise und wann die Vertragsparteien die in Absatz 1 bezeichneten Angaben einzureichen und welche Formblätter sie dafür zu verwenden haben.

Art. 19. Schätzungen des Suchtstoffbedarfs. (1) Für jedes ihrer Hoheitsgebiete reichen die Vertragsparteien alljährlich dem Suchtstoffamt in der Weise und Form, die es vorschreibt, auf Formblättern, die es zur Verfügung stellt, Schätzungen über folgende Punkte ein:

a) die Mengen von Suchtstoffen, die für medizinische und wissenschaftliche Zwecke verbraucht werden sollen;

b) die Mengen von Suchtstoffen, die zur Herstellung von anderen Suchtstoffen, von Zubereitungen des Anhangs III und von Stoffen verwendet werden sollen, die nicht unter dieses Übereinkommen fallen;

c) die Bestände an Suchtstoffen, die am 31. Dezember des Schätzungsjahres unterhalten werden sollen;

d) die Mengen von Suchtstoffen, die zur Ergänzung der Sonderbestände benötigt werden;

e) das Gebiet (in Hektar) und die geographische Lage des Landes, das dem Anbau des Opiummohns dienen soll;

f) die ungefähre Menge des zu gewinnenden Opiums;

g) die Zahl der Industriebetriebe, die synthetische Suchtstoffe herstellen werden;

h) die Mengen der synthetischen Suchtstoffe, die von jedem der unter Buchstabe g erwähnten Betriebe hergestellt werden soll.

(2) a) Vorbehaltlich der in Artikel 21 Absatz 3 vorgesehenen Abzüge besteht die Gesamtschätzung für jedes Hoheitsgebiet und für jeden Suchtstoff, ausgenommen Opium und synthetische Suchtstoffe, aus der Summe der in Absatz 1 Buchstaben a, b und d bezeichneten Mengen zuzüglich zu der Menge, die gegebenenfalls benötigt wird, um die am 31. Dezember des vorangegangenen Jahres tatsächlich vorhandenen Bestände auf den Stand der Schätzung nach Absatz 1 Buchstabe c zu bringen.

b) Vorbehaltlich der in Artikel 21 Absatz 3 hinsichtlich der Einfuhr und in Artikel 21bis Absatz 2 vorgesehenen Abzüge besteht die Gesamtschätzung für Opium für jedes Hoheitsgebiet entweder aus der Summe der in Absatz 1 Buchstaben a, b und d bezeichneten Menge zuzüglich der Menge, die gegebenenfalls benötigt wird, um die am 31. Dezember des vorangegangenen Jahres tatsächlich vorhandenen Bestände auf den Stand der Schätzung nach Absatz 1 Buchstabe c zu bringen, oder aus der in Absatz 1 Buchstabe f bezeichneten Menge, je nachdem welche Menge größer ist.

c) Vorbehaltlich der in Artikel 21 Absatz 3 vorgesehenen Abzüge besteht die Gesamt-schätzung für jedes Hoheitsgebiet für jeden synthetischen Suchtstoff entweder aus der Summe der in Absatz 1 Buchstaben a, b und d bezeichneten Mengen zuzüglich der Menge, die gegebenenfalls benötigt wird, um die am 31. Dezember des vorangegangenen Jahres tatsächlich vorhandenen Bestände auf den Stand der Schätzung nach Absatz 1 Buchstabe c zu bringen, oder aus der Summe der in Absatz 1 Buchstabe b bezeichneten Mengen, je nachdem welche Menge größer ist.

d) Die auf Grund der Buchstaben a bis c eingereichten Schätzungen werden in ange-messener Weise geändert, um jede beschlagnahmte und danach für eine erlaubte Ver-wendung freigegebene Menge sowie jede Menge zu berücksichtigen, die zur Deckung des Bedarfs der Zivilbevölkerung aus Sonderbeständen entnommen wurde.

(3) Jeder Staat kann im Laufe des Jahres Nachtragsschätzungen mit einer Erläuterung der sie erforderlich machenden Umstände einreichen.

(4) Die Vertragsparteien unterrichten das Suchtstoffamt über die zur Bestimmung der geschätzten Mengen verwendete Methode und über alle Änderungen dieser Methode.

(5) Vorbehaltlich der in Artikel 21 Absatz 3 vorgesehenen Abzüge und gegebenenfalls unter Berücksichtigung des Artikels 21bis dürfen die Schätzungen nicht überschritten werden.

Art. 20. Dem Suchtstoffamt einzureichende statistische Aufstellungen. (1) Für jedes ihrer Hoheitsgebiete reichen die Vertragsparteien dem Suchtstoffamt in der Weise und Form, die es vorschreibt, auf Formblättern, die es zur Verfügung stellt, statistische Aufstellungen über folgende Punkte ein:

a) die Gewinnung oder Herstellung von Suchtstoffen;
b) die Verwendung von Suchtstoffen zur Herstellung von anderen Suchtstoffen, von Zubereitungen des Anhangs III und von Stoffen, die nicht unter dieses Überein-kommen fallen, sowie die Verwendung von Mohnstroh zur Herstellung von Sucht-stoffen;
c) den Verbrauch von Suchtstoffen;
d) die Ein- und Ausfuhren von Suchtstoffen und Mohnstroh;
e) Beschlagnahmen von Suchtstoffen und die Verfügung darüber;
f) die Bestände an Suchtstoffen am 31. Dezember des Berichtsjahres; und
g) nachweisbares Anbaugebiet von Opiummohn.

(2) a) Die statistischen Aufstellungen über die in Absatz 1 bezeichneten Punkte mit Ausnahme des Buchstabens d werden jährlich erstellt und dem Suchtstoffamt bis zu dem auf das Berichtsjahr folgenden 30. Juni eingereicht.

b) Die statistischen Aufstellungen über die in Absatz 1 Buchstabe d bezeichneten Punkte werden vierteljährlich erstellt und dem Suchtstoffamt binnen eines Monats nach Ablauf des Berichtsvierteljahres eingereicht.

(3) Die Vertragsparteien brauchen keine statistischen Aufstellungen über Sonderbe-stände einzureichen; sie haben jedoch gesonderte Aufstellungen über Suchtstoffe einzu-reichen, die für Sonderzwecke in den Staat oder das Hoheitsgebiet eingeführt oder in diesem beschafft wurden, sowie über die Suchtstoffmengen, die zur Deckung des Be-darfs der Zivilbevölkerung aus Sonderbeständen entnommen wurden.

Art. 21. Beschränkung der Herstellung und Einfuhr. (1) Die von einem Staat oder Hoheitsgebiet während eines Jahres hergestellte und eingeführte Gesamtmenge jedes Suchtstoffs darf die Summe folgender Mengen nicht überschreiten:

a) die Menge, die im Rahmen der diesbezüglichen Schätzung für medizinische und wissenschaftliche Zwecke verbraucht wird;
b) die Menge, die im Rahmen der diesbezüglichen Schätzung zur Herstellung von anderen Suchtstoffen, von Zubereitungen des Anhangs III und von Stoffen verwen-det wird, die nicht unter dieses Übereinkommen fallen;
c) die Menge, die ausgeführt wird;
d) die Menge, um welche die Bestände erhöht werden, um sie auf den in der diesbezüg-lichen Schätzung vorgesehenen Stand zu bringen, und

e) die Menge, die im Rahmen der diesbezüglichen Schätzung für Sonderzwecke erworben wird.

(2) Von der Summe der in Absatz 1 bezeichneten Mengen werden die beschlagnahmten und zu erlaubter Verwendung freigegebenen Mengen sowie die für den Bedarf der Zivilbevölkerung aus Sonderbeständen entnommenen Mengen abgezogen.

(3) Stellt das Suchtstoffamt fest, daß die während eines Jahres hergestellte und eingeführte Menge die Summe der in Absatz 1 bezeichneten Mengen abzüglich der in Absatz 2 bezeichneten Mengen übersteigt, so wird der so ermittelte, am Jahresende verbleibende Überschuß von den im darauffolgenden Jahr herzustellenden oder einzuführenden Mengen und von der in Artikel 19 Absatz 2 bezeichneten Gesamtschätzung abgezogen.

(4) a) Ergibt sich aus den statistischen Aufstellungen über Ein- und Ausfuhren (Artikel 20), daß die nach einem Staat oder Hoheitsgebiet ausgeführte Menge die in Artikel 19 Absatz 2 bezeichnete Gesamtschätzung für diesen Staat oder dieses Hoheitsgebiet zuzüglich der als ausgeführt nachgewiesenen Mengen und abzüglich eines Überschusses nach Absatz 3 übersteigt, so kann das Suchtstoffamt dies den Staaten notifizieren, die nach seiner Auffassung davon unterrichtet werden sollten.

b) Nach Eingang dieser Notifikation dürfen die Vertragsparteien während des in Betracht kommenden Jahres keine weiteren Ausfuhren des betreffenden Suchtstoffs nach diesem Staat oder Hoheitsgebiet genehmigen; dies gilt nicht

i) in Fällen, in denen bezüglich dieses Staates oder Hoheitsgebiets eine Nachtragsschätzung für die zuviel eingeführte und die benötigte Menge eingereicht wird, oder
ii) in Ausnahmefällen, in denen die Ausfuhr nach Ansicht der Regierung des Ausfuhrstaats für die Krankenbehandlung unerläßlich ist.

Art. 21bis. Beschränkung der Opiumgewinnung. (1) Die Gewinnung von Opium durch ein Land oder Hoheitsgebiet ist so zu organisieren und zu kontrollieren, daß die in einem bestimmten Jahr gewonnene Menge die nach Artikel 19 Absatz 1 Buchstabe f vorgenommene Schätzung des zu gewinnenden Opiums nach Möglichkeit nicht überschreitet.

(2) Stellt das Suchtstoffamt auf Grund der ihm nach diesem Übereinkommen zur Verfügung gestellten Angaben fest, daß eine Vertragspartei, die eine Schätzung nach Artikel 19 Absatz 1 Buchstabe f eingereicht hat, das innerhalb ihrer Grenzen gewonnene Opium nicht auf erlaubte Zwecke entsprechend den einschlägigen Schätzungen beschränkt hat und daß eine bedeutende Menge des dort erlaubt oder unerlaubt gewonnenen Opiums in den unerlaubten Verkehr gebracht worden ist, so kann es nach Prüfung der Erläuterungen der betreffenden Vertragspartei, die ihm binnen eines Monats nach Notifikation des in Betracht kommenden Tatbestands zugehen müssen, beschließen, die gesamte oder einen Teil dieser Menge von der zu gewinnenden Menge und von der Summe der Schätzungen nach Artikel 19 Absatz 2 Buchstabe b für das kommende Jahr abzuziehen, in dem eine solcher Abzug technisch durchführbar ist und die Jahreszeit und die vertraglichen Verpflichtungen zur Ausfuhr von Opium zu berücksichtigen sind. Dieser Beschluß wird neunzig Tage nach dem Zeitpunkt wirksam, zu dem er der betreffenden Vertragspartei notifiziert worden ist.

(3) Nachdem das Suchtstoffamt der betreffenden Vertragspartei den von ihm nach Absatz 2 gefaßten Beschluß über einen Abzug notifiziert hat, konsultiert es die Vertragspartei, um die Lage in zufriedenstellender Weise zu bereinigen.

(4) Wird die Lage nicht in zufriedenstellender Weise bereinigt, so kann das Suchtstoffamt gegebenenfalls Artikel 14 anwenden.

(5) Bei seinem Beschluß über einen Abzug nach Absatz 2 berücksichtigt das Suchtstoffamt nicht nur alle erheblichen Umstände einschließlich derjenigen, die zu dem in Absatz 2 erwähnten unerlaubten Verkehr geführt haben, sondern auch alle einschlägigen neuen Kontrollmaßnahmen, die gegebenenfalls von der Vertragspartei getroffen worden sind.

Art. 22. Sonderbestimmung gegen den Anbau. (1) Herrschen in dem Staat oder einem Hoheitsgebiet einer Vertragspartei Verhältnisse, die ihr ein Anbauverbot für Opiummohn, den Kokastrauch oder die Cannabispflanze als die geeignetste Maßnahme erscheinen lassen, um die Volksgesundheit und das öffentliche Wohl zu schützen sowie die Abzweigung von Suchtstoffen in den unerlaubten Verkehr zu verhindern, so verbietet die betreffende Vertragspartei den Anbau.

(2) Eine Vertragspartei, die den Anbau von Opiummohn oder der Cannabispflanze verbietet, trifft geeignete Maßnahmen, um alle unerlaubt angebauten Pflanzen zu beschlagnahmen und sie mit Ausnahme von geringen, von der Vertragspartei zu wissenschaftlichen oder Forschungszwecken benötigten Mengen zu vernichten.

Art. 23. Staatliche Opiumstellen. (1) Gestattet eine Vertragspartei den Anbau von Opiummohn zur Gewinnung von Opium, so errichtet sie, wenn dies nicht bereits geschehen ist, und unterhält eine oder mehrere staatliche Stellen (in diesem Artikel als „Stelle" bezeichnet) zur Wahrnehmung der in diesem Artikel vorgesehenen Aufgaben.

(2) Jede solche Vertragspartei wendet auf den Anbau von Opiummohn zur Gewinnung von Opium und auf Opium folgende Bestimmungen an:

a) Die Stelle bezeichnet die Gebiete und Landparzellen, auf denen der Anbau von Opiummohn zur Gewinnung von Opium gestattet wird;

b) nur Anbauer, die einen Genehmigungsschein der Stelle besitzen, dürfen den Anbau betreiben;

c) in jedem Genehmigungsschein ist die Größe der Fläche anzugeben, auf welcher der Anbau zulässig ist;

d) alle Anbauer von Opiummohn haben die gesamte Opiumernte an die Stelle abzuliefern. So bald wie möglich, spätestens jedoch vier Monate nach Beendigung der Ernte, kauft die Stelle die geernteten Mengen und nimmt sie körperlich in Besitz;

e) die Stelle hat in bezug auf Opium das ausschließliche Recht der Ein- und Ausfuhr, des Großhandels und der Unterhaltung von Beständen mit Ausnahme derjenigen, die von Personen unterhalten werden, welche Opiumalkaloide, medizinisches Opium oder Opiumzubereitungen herstellen. Die Vertragsparteien brauchen dieses ausschließliche Recht nicht auf medizinisches Opium und Opiumzubereitungen zu erstrecken.

(3) Die in Absatz 2 bezeichneten staatlichen Aufgaben werden von einer einzigen staatlichen Stelle wahrgenommen, sofern die Verfassung der betreffenden Vertragspartei dies zuläßt.

Art. 24. Beschränkung der Gewinnung von Opium für den internationalen Handel. (1) a) Beabsichtigt eine Vertragspartei, die Gewinnung von Opium aufzunehmen oder eine schon vorhandene Gewinnung zu vermehren, so berücksichtigt sie den Weltbedarf an Opium im Sinne der vom Suchtstoffamt veröffentlichten Schätzungen, damit ihre Opiumgewinnung nicht zu einer übermäßigen Gewinnung von Opium in der Welt führt.

b) Eine Vertragspartei gestattet weder die Gewinnung noch die Mehrgewinnung von Opium in ihrem Hoheitsgebiet, wenn dies nach ihrer Ansicht zu unerlaubtem Verkehr mit Opium Anlaß geben kann.

(2) a) Wünscht eine Vertragspartei, in deren Hoheitsgebiet am 1. Januar 1961 kein Opium für die Ausfuhr gewonnen wurde, vorbehaltlich des Absatzes 1 jährlich bis zu fünf Tonnen Opium auszuführen, das in ihrem Hoheitsgebiet gewonnen wird, so notifiziert sie dies dem Suchtstoffamt und reicht ihm gleichzeitig Angaben ein, aus denen folgendes ersichtlich ist:

i) die für das zu gewinnende und auszuführende Opium nach Maßgabe dieses Übereinkommens in Kraft befindlichen Kontrollen sowie

ii) der Name jenes Staates, in den dieses Opium auszuführen gedenkt.

Das Suchtstoffamt kann entweder diese Notifikation genehmigen oder der Vertragspartei empfehlen, kein Opium für die Ausfuhr zu gewinnen.

b) Wünscht eine nicht in Absatz 3 bezeichnete Vertragspartei, Opium für die Ausfuhr von jährlich über fünf Tonnen zu gewinnen, so notifiziert sie dies dem Rat und reicht ihm gleichzeitig einschlägige Angaben ein, aus denen unter anderem folgendes ersichtlich ist:

i) die für die Ausfuhr schätzungsweise zu gewinnenden Mengen,
ii) die für das zu gewinnende Opium vorhandenen oder vorgeschlagenen Kontrollen,
iii) der Name jenes Staates, in den sie dieses Opium auszuführen gedenkt. Der Rat kann entweder diese Notifikation genehmigen oder der Vertragspartei empfehlen, kein Opium für die Ausfuhr zu gewinnen.

(3) Hat eine Vertragspartei während der dem 1. Januar 1961 unmittelbar voraufgegangenen zehn Jahre Opium ausgeführt, das in ihrem Staat gewonnen wurde, so kann sie ungeachtet des Absatzes 2 Buchstaben a und b in ihrem Staat gewonnenes Opium weiterhin ausführen.

(4) a) Eine Vertragspartei führt aus einem Staat oder Hoheitsgebiet Opium nur dann ein, wenn es im Hoheitsgebiet einer Vertragspartei gewonnen wurde,

i) welche die Voraussetzungen des Absatzes 3 erfüllt, oder
ii) welche dem Suchtstoffamt eine Notifikation nach Absatz 2 Buchstabe a übermittelt hat, oder
iii) welche eine Genehmigung des Rates nach Absatz 2 Buchstabe b erhalten hat.

b) Ungeachtet des Buchstabens a kann eine Vertragspartei Opium einführen, das in einem beliebigen Staat gewonnen wurde, wenn dieser während der dem 1. Januar 1961 voraufgegangenen zehn Jahre Opium gewonnen und ausgeführt hat, ein staatliches Kontrollorgan oder eine Stelle im Sinne des Artikels 23 errichtet hat und unterhält sowie durch wirksame Mittel sicherstellen kann, daß das in seinem Hoheitsgebiet gewonnene Opium nicht in den unerlaubten Verkehr abgezweigt wird.

(5) Dieser Artikel hindert eine Vertragspartei nicht,

a) so viel Opium zu gewinnen, wie zur Deckung ihres Eigenbedarfs erforderlich ist, oder
b) Opium, das in unerlaubtem Verkehr beschlagnahmt wird, nach Maßgabe dieses Übereinkommens in das Hoheitsgebiet einer anderen Vertragspartei auszuführen.

Art. 25. Kontrolle des Mohnstrohs.
(1) Gestattet eine Vertragspartei den Anbau von Opiummohn für andere Zwecke als die Gewinnung von Opium, so trifft sie alle erforderlichen Maßnahmen, um sicherzustellen,

a) daß aus diesem Opiummohn kein Opium gewonnen wird und
b) daß die Herstellung von Suchtstoffen aus Mohnstroh hinreichend kontrolliert wird.

(2) Die Vertragsparteien wenden das in Artikel 31 Absätze 4 bis 15 vorgesehene System der Einfuhrbescheinigungen und Ausfuhrgenehmigungen auf Mohnstroh an.

(3) Die Vertragsparteien reichen die in Artikel 20 Absatz 1 Buchstabe d und Absatz 2 Buchstabe b für Suchtstoffe vorgesehenen statistischen Angaben auch für die Ein- und Ausfuhr von Mohnstroh ein.

Art. 26. Kokastrauch und Kokablätter.
(1) Gestattet eine Vertragspartei den Anbau des Kokastrauchs, so wendet sie auf diesen und dessen Blätter das in Artikel 23 für den Opiummohn vorgesehene Kontrollsystem mit der Einschränkung an, daß die in Absatz 2 Buchstabe d jenes Artikels der dort erwähnten Stelle vorgeschriebene Pflicht lediglich darin besteht, die geernteten Mengen so bald wie möglich nach Beendigung der Ernte körperlich in Besitz zu nehmen.

(2) Die Vertragsparteien setzen nach Möglichkeit das Ausjäten aller wild wachsenden Kokasträucher durch. Sie vernichten rechtswidrig angebaute Kokasträucher.

Art. 27. Zusätzliche Bestimmungen für Kokablätter.
(1) Die Vertragsparteien können die Verwendung von Kokablättern für die Zubereitung eines Würzstoffs, der keine Alkaloide enthalten darf, sowie in dem hierfür erforderlichen Umfang die Gewinnung, die Ein- und Ausfuhr und den Besitz von Kokablättern sowie den Handel damit gestatten.

(2) Die Vertragsparteien reichen über die für die Zubereitung des Würzstoffs bestimmten Kokablätter gesonderte Schätzungen (Artikel 19) und statistische Angaben (Artikel 20) ein; dies gilt nicht, soweit dieselben Kokablätter zum Ausziehen sowohl von Alkaloiden als auch des Würzstoffs Verwendung finden und dies in den Schätzungen und statistischen Angaben erläutert wird.

Art. 28. Kontrolle des Cannabis. (1) Gestattet eine Vertragspartei den Anbau der Cannabispflanze zur Gewinnung von Cannabis oder Cannabisharz, so wendet sie auf diese Pflanze das in Artikel 23 für den Opiummohn vorgesehene Kontrollsystem an.

(2) Dieses Übereinkommen findet auf den Anbau der Cannabispflanze zu ausschließlich gärtnerischen und gewerblichen Zwecken (Fasern und Samen) keine Anwendung.

(3) Die Vertragsparteien treffen die erforderlichen Maßnahmen, um den Mißbrauch der Blätter der Cannabispflanze und den unerlaubten Verkehr damit zu verhindern.

Art. 29. Herstellung. (1) Die Vertragsparteien schreiben eine Genehmigungspflicht für die Suchtstoffherstellung vor, soweit diese nicht durch staatliche Unternehmen erfolgt.

(2) Die Vertragsparteien sind verpflichtet,

a) alle Personen und Unternehmen zu kontrollieren, die mit der Herstellung von Suchtstoffen befaßt oder beschäftigt sind,

b) im Wege der Genehmigungspflicht die Betriebe und Räumlichkeiten zu kontrollieren, in denen die Herstellung erfolgen kann, und

c) vorzuschreiben, daß Personen, welche die Genehmigung zur Herstellung von Suchtstoffen besitzen, sich in regelmäßigen Abständen Erlaubnisscheine beschaffen, auf denen die Arten und Mengen der Suchtstoffe angegeben sind, die sie herstellen dürfen. Die Erlaubnisscheinpflicht braucht nicht auf Zubereitungen erstreckt zu werden.

(3) Die Vertragsparteien verhindern, daß sich im Besitz von Suchtstoffherstellern Mengen von Suchtstoffen und Mohnstroh ansammeln, welche die für den normalen Geschäftsgang bei Berücksichtigung der herrschenden Marktverhältnisse benötigten Mengen übersteigen.

Art. 30. Handel und Verteilung. (1) a) Die Vertragsparteien schreiben eine Genehmigungspflicht für den Suchtstoffhandel und die Suchtstoffverteilung vor, soweit diese nicht durch staatliche Unternehmen erfolgen.

b) Die Vertragsparteien sind verpflichtet,

i) alle Personen und Unternehmen zu kontrollieren, die mit dem Handel mit Suchtstoffen oder deren Verteilung befaßt oder beschäftigt sind und

ii) im Wege der Genehmigungspflicht die Betriebe und Räumlichkeiten zu kontrollieren, in denen der Handel oder die Verteilung erfolgen kann. Die Genehmigungspflicht braucht nicht auf Zubereitungen erstreckt zu werden.

c) Die Bestimmungen der Buchstaben a und b über die Genehmigungspflicht brauchen nicht auf Personen erstreckt zu werden, die zur Wahrnehmung therapeutischer oder wissenschaftlicher Aufgaben ordnungsgemäß befugt und dementsprechend tätig sind.

(2) Die Vertragsparteien sind verpflichtet,

a) zu verhindern, daß sich im Besitz von Händlern, Verteilern, staatlichen Unternehmen oder den oben erwähnten ordnungsgemäß befugten Personen Mengen von Suchtstoffen oder Mohnstrauch ansammeln, welche die für den normalen Geschäftsgang bei Berücksichtigung der herrschenden Marktverhältnisse benötigten Mengen übersteigen,

b) i) die Lieferung oder Abgabe von Suchtstoffen an Einzelpersonen ärztliche Verordnungen vorzuschreiben. Die Vorschrift braucht nicht auf Suchtstoffe erstreckt zu werden, die von Einzelpersonen im Zusammenhang mit ihrer ordnungsgemäß genehmigten therapeutischen Tätigkeit rechtmäßig beschafft, verwendet, abgegeben oder verabreicht werden,

ii) vorzuschreiben, falls die Vertragsparteien dies für notwendig oder wünschenswert halten, daß ärztliche Verordnungen für Suchtstoffe des Anhangs I auf amtlichen Vordrucken ausgestellt werden, welche die zuständigen staatlichen Behörden oder hierzu befugten Berufsvereinigungen in Form von Heften mit Kontrollabschnitten ausgeben.

(3) Es sind Vorschriften der Vertragsparteien darüber erwünscht, daß schriftliche oder gedruckte Suchtstoffangebote, Werbeanzeigen jeder Art oder beschreibende Literatur kommerzieller Art in bezug auf Suchtstoffe, innere Umhüllungen in Suchtstoffpackungen sowie Aufschriften, unter denen Suchtstoffe zum Verkauf angeboten werden, die internationale gesetzlich nicht geschützte Bezeichnung zu enthalten haben, welche die Weltgesundheitsorganisation bekanntgibt.

(4) Falls eine Vertragspartei dies für erforderlich oder wünschenswert hält, schreibt sie vor, daß auf der inneren Suchtstoffpackung oder -umhüllung ein deutlich sichtbarer roter Doppelstreifen anzubringen ist. Auf der äußeren Umhüllung der Suchtstoffpackung ist dies zu unterlassen.

(5) Jede Vertragspartei schreibt vor, daß die Aufschriften, unter denen Suchtstoffe zum Verkauf angeboten werden, den genauen Suchtstoffgehalt nach Gewicht oder Hundertsatz angeben. Die Vorschrift braucht nicht auf einen Suchtstoff erstreckt zu werden, der auf Grund ärztlicher Verordnung an eine Einzelperson abgegeben wird.

(6) Die Absätze 2 und 5 gelten nicht für den Einzelhandel mit den in Anhang II aufgeführten Suchtstoffen oder für deren Verteilung.

Art. 31. Sonderbestimmungen über den internationalen Handel. (1) Die Vertragsparteien gestatten wissentlich die Ausfuhr von Suchtstoffen nach einem Staat oder Hoheitsgebiet nur

a) im Einklang mit dessen Gesetzen und sonstigen Vorschriften sowie

b) im Rahmen der in Artikel 19 Absatz 2 bezeichneten Gesamtschätzung für diesen Staat oder dieses Hoheitsgebiet, zuzüglich der für die Wiederausfuhr bestimmten Mengen.

(2) Die Vertragsparteien üben in Freihäfen und Freizonen die gleiche Überwachung und Kontrolle aus wie in anderen Teilen ihrer Hoheitsgebiete; sie können jedoch strengere Maßnahmen anwenden.

(3) Die Vertragsparteien

a) kontrollieren im Wege einer Genehmigungspflicht die Suchtstoffeinfuhr und -ausfuhr, soweit diese nicht durch staatliche Unternehmen erfolgen;

b) sie kontrollieren alle Personen und Unternehmen, die mit dieser Ein- oder Ausfuhr befaßt oder beschäftigt sind.

(4) a) Gestattet eine Vertragspartei das Ein- oder Ausführen von Suchtstoffen, so schreibt sie für jede Ein- oder Ausfuhr, gleichviel ob eines oder mehrerer Suchtstoffe, eine besondere Ein- oder Ausfuhrgenehmigung vor.

b) In dieser Genehmigung sind der Name, gegebenenfalls die international nicht geschützte Bezeichnung und die ein- oder auszuführende Menge des Suchtstoffs, Name und Anschrift des Ein- oder Ausführenden und die Frist anzugeben, innerhalb derer die Ein- oder Ausfuhr erfolgen muß.

c) In der Ausfuhrgenehmigung sind ferner Nummer und Datum der Einfuhrbescheinigung (Absatz 5) und die Behörde anzugeben, welche letztere ausgestellt hat.

d) In der Einfuhrgenehmigung kann die Einfuhr in mehr als einer Sendung gestattet werden.

(5) Beantragt eine Person oder ein Betrieb eine Ausfuhrgenehmigung, so verlangt vor deren Ausstellung die betreffende Vertragspartei von dem Antragsteller die Vorlage einer von den zuständigen Behörden des Einfuhrstaats oder -hoheitsgebiets ausgestellten Einfuhrbescheinigung, in der bescheinigt wird, daß die Einfuhr des darin genannten Sucht-

stoffs genehmigt ist. Die Vertragsparteien halten sich so eng wie möglich an das von der Kommission genehmigte Muster der Einfuhrbescheinigung.

(6) Jeder Sendung ist eine Abschrift der Ausfuhrgenehmigung beizufügen; eine weitere Abschrift übersendet die Regierung, welche die Ausfuhrgenehmigung ausgestellt hat, der Regierung des Einfuhrstaats oder -hoheitsgebiets.

(7) a) Ist die Einfuhr erfolgt oder die hierfür festgesetzte Frist abgelaufen, so leitet die Regierung des Einfuhrstaats oder -hoheitsgebiets die Ausfuhrgenehmigung mit einem entsprechenden Vermerk an die Regierung des Ausfuhrstaats oder -hoheitsgebiets zurück.

b) In dem Vermerk wird die tatsächlich eingeführte Menge angegeben.

c) Ist die tatsächlich ausgeführte Menge geringer als die in der Ausfuhrgenehmigung angegebene, so geben die zuständigen Behörden auf der Ausfuhrgenehmigung und auf allen amtlichen Abschriften derselben die tatsächlich ausgeführte Menge an.

(8) Ausfuhren in Form von Sendungen an ein Postfach oder an eine Bank auf das Konto einer anderen als der in der Ausfuhrgenehmigung angegebenen Person sind verboten.

(9) Ausfuhren in Form von Sendungen an ein Zollager sind verboten, es sei denn, daß die Regierung des Einfuhrstaats auf der Einfuhrbescheinigung, welche die eine Ausfuhrgenehmigung beantragenden Personen oder Betriebe vorzulegen haben, bescheinigt, daß sie die Einfuhr zur Hinterlegung in einem Zollager genehmigt hat. In diesem Fall wird in der Ausfuhrgenehmigung angegeben, daß die Sendung zu diesem Zweck ausgeführt wird. Jede Entnahme aus dem Zollager erfordert einen Erlaubnisschein der Behörden, denen das Lagerhaus untersteht; ist die entnommene Menge für das Ausland bestimmt, so wird sie einer neuen Ausfuhr im Sinne dieses Übereinkommens gleichgestellt.

(10) Suchtstoffsendungen, welche die Grenze des Hoheitsgebiets einer Vertragspartei überschreiten, ohne von einer Ausfuhrgenehmigung begleitet zu sein, werden von den zuständigen Behörden zurückgehalten.

(11) Eine Vertragspartei gestattet die Durchfuhr einer Suchtstoffsendung in einen anderen Staat nur dann, wenn ihren zuständigen Behörden eine Abschrift der Ausfuhrgenehmigung für die Sendung vorgelegt wird; dies gilt unabhängig davon, ob die Sendung aus dem sie befördernden Fahrzeug ausgeladen wird oder nicht.

(12) Ist die Durchfuhr einer Suchtstoffsendung durch einen Staat oder ein Hoheitsgebiet gestattet, so treffen dessen zuständige Behörden alle erforderlichen Maßnahmen, um zu verhindern, daß die Sendung an eine andere als die in der sie begleitenden Abschrift der Ausfuhrgenehmigung genannte Bestimmung gelangt, es sei denn, daß die Regierung des Durchfuhrstaats oder -hoheitsgebiets die Bestimmungsänderung genehmigt. Eine solche Regierung behandelt jede beantragte Bestimmungsänderung als Ausfuhr aus dem Durchfuhrstaat oder -hoheitsgebiet nach dem neuen Bestimmungsstaat oder -hoheitsgebiet. Wird die Bestimmungsänderung genehmigt, so gilt Absatz 7 Buchstaben a und b auch im Verhältnis zwischen dem Durchfuhrstaat oder -hoheitsgebiet und dem Staat oder Hoheitsgebiet, aus dem die Sendung ursprünglich ausgeführt wurde.

(13) Befindet sich eine Suchtstoffsendung auf der Durchfuhr oder in einem Zollager, so darf sie keiner Behandlung unterzogen werden, die geeignet ist, die Beschaffenheit der betreffenden Suchtstoffe zu verändern. Die Verpackung darf ohne Genehmigung der zuständigen Behörden nicht geändert werden.

(14) Die Bestimmungen der Absätze 11 bis 13 über die Durchfuhr von Suchtstoffen durch das Hoheitsgebiet einer Vertragspartei finden keine Anwendung, wenn die betreffende Sendung auf dem Luftweg befördert wird und das Luftfahrzeug in dem Durchfuhrstaat oder -hoheitsgebiet keine Landung vornimmt. Landet es dagegen im Durchfuhrstaat oder -hoheitsgebiet, so finden die Absätze 11 bis 13 Anwendung, soweit es die Umstände erfordern.

(15) Internationale Übereinkünfte zur Beschränkung der Kontrolle, die eine Vertragspartei in bezug auf Suchtstoffe im Durchfuhrverkehr ausüben darf, bleiben von diesem Artikel unberührt.

(16) Auf Zubereitungen des Anhangs III brauchen nur Absatz 1 Buchstabe a und Absatz 2 dieses Artikels angewandt zu werden.

Art. 32. Sonderbestimmungen über Suchtstoffe in Ausrüstungen für Erste Hilfe, die auf Schiffen oder Luftfahrzeugen im internationalen Verkehr mitgeführt werden. (1) Das Mitführen beschränkter Suchtstoffmengen, die während der Reise für Erste Hilfe oder sonstige dringende Fälle benötigt werden, auf Schiffen oder Luftfahrzeugen im internationalen Verkehr gilt nicht als Ein-, Aus- oder Durchfuhr im Sinne dieses Übereinkommens.

(2) Der Registerstaat trifft geeignete Sicherheitsvorkehrungen, um zu verhindern, daß die in Absatz 1 bezeichneten Suchtstoffe unstatthaft verwendet oder unerlaubten Zwecken zugeführt werden. Die Kommission empfiehlt solche Sicherheitsvorkehrungen in Konsultation mit den zuständigen internationalen Organisationen.

(3) Für die nach Absatz 1 auf Schiffen oder Luftfahrzeugen mitgeführten Suchtstoffe gelten die Gesetze, Verordnungen, Genehmigungen und Erlaubnisse des Registerstaats; unberührt bleibt das Recht der zuständigen örtlichen Behörden, an Bord des Schiffes oder Luftfahrzeugs Nachprüfungen, Inspektionen und sonstige Kontrollen durchzuführen. Die Verabreichung dieser Suchtstoffe in dringenden Fällen gilt nicht als Verstoß gegen den Artikel 30 Absatz 2 Buchstabe b.

Art. 33. Besitz von Suchtstoffen. Die Vertragsparteien gestatten keinen Besitz von Suchtstoffen ohne gesetzliche Ermächtigung.

Art. 34. Überwachungs- und Inspektionsmaßnahmen. Die Vertragsparteien schreiben vor,

a) daß alle Personen, die nach Maßgabe dieses Übereinkommens Erlaubnisscheine erhalten oder die leitende oder beaufsichtigende Stellungen in einem im Einklang mit diesem Übereinkommen errichteten staatlichen Unternehmen innehaben, die erforderliche Befähigung zur wirksamen und gewissenhaften Anwendung der zur Durchführung dieses Übereinkommens erlassenen Gesetze und sonstigen Vorschriften besitzen müssen,

b) daß staatliche Behörden sowie Hersteller, Händler, Wissenschaftler, wissenschaftliche Einrichtungen und Krankenanstalten Verzeichnisse zu führen haben, in welche die Mengen jedes hergestellten Suchtstoffs und alle Erwerbe oder Veräußerungen von Suchtstoffen im einzelnen einzutragen sind. Diese Verzeichnisse sind mindestens zwei Jahre lang aufzubewahren. Soweit für ärztliche Verordnungen amtliche Hefte mit Kontrollabschnitten verwendet werden (Artikel 30 Absatz 2 Buchstabe b), sind diese Hefte einschließlich der Kontrollabschnitte ebenfalls mindestens zwei Jahre lang aufzubewahren.

Art. 35. Maßnahmen gegen den unerlaubten Verkehr. Die Vertragsparteien sind verpflichtet, unter gebührender Beachtung ihrer Verfassungs-, Rechts- und Verwaltungsordnungen

a) Vorkehrungen zu treffen, um ihre Maßnahmen zur Verhütung und Unterdrückung des unerlaubten Verkehrs innerstaatlich zu koordinieren; sie können zweckdienlicherweise eine hierfür zuständige Stelle bestimmen,

b) einander beim Kampf gegen den unerlaubten Verkehr zu unterstützen,

c) miteinander und mit den zuständigen internationalen Organisationen, denen sie als Mitglieder angehören, eng zusammenzuarbeiten, um den Kampf gegen den unerlaubten Verkehr fortlaufend zu koordinieren,

d) zu gewährleisten, daß die internationale Zusammenarbeit zwischen den zuständigen Stellen rasch vonstatten geht,

e) zu gewährleisten, daß rechtserhebliche Schriftstücke, die zum Zweck einer Strafverfolgung in einen anderen Staat zu übermitteln sind, den von den Vertragsparteien bezeichneten Organen rasch zugeleitet werden; dies berührt nicht das Recht einer Vertragspartei zu verlangen, daß ihr rechtserhebliche Schriftstücke auf diplomatischem Weg übersandt werden,

f) in Fällen, in denen sie es für erforderlich halten, dem Suchtstoffamt und der Kommission zusätzlich zu den nach Artikel 18 benötigten Angaben über den Generalsekretär Angaben über unerlaubte Suchtstoff-Tätigkeiten innerhalb ihrer Grenzen zu übermitteln, insbesondere Angaben über unerlaubten Anbau, unerlaubte Gewinnung, Herstellung und Verwendung von Suchtstoffen sowie den unerlaubten Verkehr mit diesen, und

g) die Angaben nach Buchstabe f nach Möglichkeit in der Weise und zu den Terminen zu übermitteln, die das Suchtstoffamt festsetzt; auf Ersuchen einer Vertragspartei kann das Suchtstoffamt sie bei der Beschaffung dieser Angaben und bei ihren Bemühungen zur Einschränkung der unerlaubten Suchtstoff-Tätigkeiten innerhalb ihrer Grenzen beraten.

Art. 36. Strafbestimmungen. (1) a) Jede Vertragspartei trifft vorbehaltlich ihrer Verfassungsordnung die erforderlichen Maßnahmen, um jedes gegen dieses Übereinkommen verstoßende Anbauen, Gewinnen, Herstellen, Ausziehen, Zubereiten, Besitzen, Anbieten, Feilhalten, Verteilen, Kaufen, Verkaufen, Liefern – gleichviel zu welchen Bedingungen –, Vermitteln, Versenden – auch im Durchfuhrverkehr –, Befördern, Einführen und Ausführen von Suchtstoffen sowie jede nach Ansicht der betreffenden Vertragspartei gegen dieses Übereinkommen verstoßende sonstige Handlung, wenn vorsätzlich begangen, mit Strafe zu bedrohen sowie schwere Verstöße angemessen zu ahnden, insbesondere mit Gefängnis oder sonstigen Arten des Freiheitsentzuges.

b) Ungeachtet des Buchstabens a können die Vertragsparteien, wenn Personen, die Suchtstoffe mißbrauchen, derartige Verstöße begangen haben, entweder an Stelle der Verurteilung oder Bestrafung oder zusätzlich zu einer solchen vorsehen, daß diese Personen sich Maßnahmen der Behandlung, Aufklärung, Nachbehandlung, Rehabilitation und sozialen Wiedereingliederung nach Artikel 38 Absatz 1 unterziehen.

(2) Jede Vertragspartei gewährleistet vorbehaltlich ihrer Verfassungsordnung, ihres Rechtssystems und ihrer innerstaatlichen Rechtsvorschriften,

a) i) daß jeder der in Absatz 1 aufgeführten Verstöße, wenn in verschiedenen Staaten begangen, als selbständiger Verstoß gilt,

ii) daß in bezug auf diese Verstöße die vorsätzliche Teilnahme, die Verabredung und der Versuch mit Strafe im Sinne des Absatzes 1 bedroht werden; dies gilt auch für Vorbereitungs- und Finanzhandlungen im Zusammenhang mit den in diesem Artikel bezeichneten Verstößen,

iii) daß im Ausland erfolgte Verurteilungen wegen solcher Verstöße rückfallbegründend wirken,

iv) daß die vorstehend bezeichneten schweren Verstöße, gleichviel, ob von Staatsangehörigen oder Ausländern begangen, von der Vertragspartei verfolgt werden, in deren Hoheitsgebiet der Verstoß begangen wurde, oder von der Vertragspartei, in deren Hoheitsgebiet der Täter betroffen wird, wenn diese auf Grund ihres Rechts das Auslieferungsersuchen ablehnt und der Täter noch nicht verfolgt und verurteilt worden ist.

b) i) Jeder der in Absatz 1 und in Absatz 2 Buchstabe a Ziffer ii aufgeführten Verstöße gilt als ein in jeden zwischen den Vertragsparteien bestehenden Auslieferungsvertrag einbezogener auslieferungsfähiger Verstoß. Die Vertragsparteien verpflichten sich, derartige Verstöße als auslieferungsfähige Verstöße in jeden zwischen ihnen geschlossenen Auslieferungsvertrag aufzunehmen.

ii) Erhält eine Vertragspartei, welche die Auslieferung vom Bestehen eines Vertrags abhängig macht, ein Auslieferungsersuchen einer anderen Vertragspartei, mit der sie keinen Auslieferungsvertrag geschlossen hat, so steht es ihr frei, dieses Übereinkommen als Rechtsgrundlage für eine Auslieferung wegen der in Absatz 1 und Absatz 2 Buchstabe a Ziffer ii aufgeführten Verstöße anzusehen. Die Auslieferung unterliegt den anderen im Recht der ersuchten Vertragspartei vorgesehenen Bedingungen.

iii) Vertragsparteien, welche die Auslieferung nicht vom Bestehen eines Auslieferungsvertrages abhängig machen, erkennen vorbehaltlich der im Recht der ersuchten Vertragspartei vorgesehenen Bedingungen die in Absatz 1 und Absatz 2 Buchstabe a Ziffer ii aufgeführten Verstöße als auslieferungsfähige Verstöße untereinander an.

iv) Die Auslieferung wird im Einklang mit den Rechtsvorschriften der ersuchten Vertragspartei bewilligt; ungeachtet des Buchstabens b Ziffern i, ii und iii ist diese Vertragspartei berechtigt, die Auslieferung in Fällen zu verweigern, in denen die zuständigen Behörden den Verstoß nicht als schwerwiegend genug ansehen.

(3) Dieser Artikel beeinträchtigt nicht die im Strafrecht der betreffenden Vertragspartei enthaltene Bestimmung über die Gerichtsbarkeit.

(4) Unberührt von diesem Artikel bleibt der Grundsatz, daß hinsichtlich der darin bezeichneten Verstöße die Bestimmung der Tatbestandsmerkmale, die Strafverfolgung und die Ahndung im Einklang mit dem innerstaatlichen Recht einer Vertragspartei zu erfolgen hat.

Art. 37. Beschlagnahme und Einziehung. Alle Suchtstoffe, Stoffe und sonstigen Gegenstände, die zu einem Verstoß im Sinne des Artikels 36 verwendet wurden oder dafür bestimmt waren, können beschlagnahmt und eingezogen werden.

Art. 38. Maßnahmen gegen den Mißbrauch von Suchtstoffen. (1) Die Vertragsparteien werden alle durchführbaren Maßnahmen zur Verhütung des Mißbrauchs von Suchtstoffen und zur Früherkennung, Behandlung, Aufklärung, Nachbehandlung und sozialen Wiedereingliederung der betroffenen Personen ergreifen und diesen Fragen besondere Aufmerksamkeit widmen; sie werden ihre diesbezüglichen Bemühungen koordinieren.

(2) Die Vertragsparteien werden die Ausbildung von Personal auf dem Gebiet der Behandlung, Nachbehandlung, Rehabilitation und sozialen Wiedereingliederung von Personen, die Suchtstoffe mißbrauchen, nach Möglichkeiten fördern.

(3) Die Vertragsparteien werden alle durchführbaren Maßnahmen treffen, um Personen, deren Arbeit dies erfordert, beim Verständnis der Probleme zu helfen, die mit dem Mißbrauch von Suchtstoffen und seiner Verhütung zusammenhängen; sie werden ein solches Verständnis auch in der breiten Öffentlichkeit fördern, wenn die Gefahr besteht, daß sich der Mißbrauch von Suchtstoffen erheblich ausweitet.

Art. 38bis. Übereinkünfte über regionale Zentren. Hält eine Vertragspartei es als Teil ihrer Maßnahmen gegen den unerlaubten Verkehr mit Suchtstoffen unter gebührender Beachtung ihrer Verfassungs-, Rechts- und Verwaltungsordnung für zweckmäßig, so wird sie – auf ihren Wunsch mit fachlicher Beratung durch das Suchtstoffamt oder die Sonderorganisationen – in Konsultation mit anderen interessierten Vertragsparteien der Region die Erarbeitung von Übereinkünften fördern, welche die Schaffung regionaler Zentren für wissenschaftliche Forschung und Aufklärung vorsehen, um die sich aus der unerlaubten Verwendung von und dem Verkehr mit Suchtstoffen ergebenden Probleme zu lösen.

Art. 39. Anwendung strengerer staatlicher Kontrollmaßnahmen als in diesem Übereinkommen vorgeschrieben. Es wird unterstellt, daß es einer Vertragspartei ungeachtet dieses Übereinkommens weder verwehrt ist noch als verwehrt gilt, strengere oder schärfere Kontrollmaßnahmen zu treffen, als in diesem Übereinkommen vorgesehen sind, und insbesondere vorzuschreiben, daß für Zubereitungen des Anhangs III oder für Suchtstoffe des Anhangs II einzelne oder alle Kontrollmaßnahmen gelten, die auf Suchtstoffe des Anhangs I anzuwenden sind, soweit dies nach ihrer Ansicht zum Schutz der Volksgesundheit oder des öffentlichen Wohls notwendig oder wünschenswert ist.

Art. 40[1]. Sprachen des Übereinkommens; Verfahren für die Unterzeichnung, die Ratifikation und den Beitritt. (1) Dieses Übereinkommen, dessen chinesischer, englischer, französischer, russischer und spanischer Wortlaut gleichermaßen verbindlich ist, liegt für jedes Mitglied der Vereinten Nationen, für jeden Nichtmitgliedstaat, der Vertragspartei des Statuts des Internationalen Gerichtshofs oder Mitglieder einer Sonderorganisation der Vereinten Nationen ist, sowie für jeden anderen Staat, den der Rat einlädt, Vertragspartei zu werden, bis zum 1. August 1961 zur Unterzeichnung auf.

(2) Dieses Übereinkommen bedarf der Ratifikation. Die Ratifikationsurkunden werden beim Generalsekretär hinterlegt.

(3) Nach dem 1. August 1961 liegt dieses Übereinkommen für die in Absatz 1 bezeichneten Staaten zum Beitritt auf. Die Beitrittsurkunden sind beim Generalsekretär zu hinterlegen.

Art. 41[2]. Inkrafttreten. (1) Dieses Übereinkommen tritt am dreißigsten Tag nach dem Tag in Kraft, an dem die vierzigste Ratifikations- oder Beitrittsurkunde gemäß Artikel 40 hinterlegt worden ist.

(2) Für jeden anderen Staat, der nach Hinterlegung der vierzigsten Urkunde eine Ratifikations- oder Beitrittsurkunde hinterlegt, tritt dieses Übereinkommen am dreißigsten Tag nach der Hinterlegung seiner eigenen Ratifikations- oder Beitrittsurkunde in Kraft.

Art. 42. Räumlicher Geltungsbereich. Dieses Übereinkommen findet auf alle Hoheitsgebiete außerhalb des Mutterlands Anwendung, für deren internationale Beziehungen eine Vertragspartei verantwortlich ist, soweit nicht nach der Verfassung dieser Vertragspartei oder des betreffenden Hoheitsgebiets oder kraft Gewohnheitsrechts die vorherige Zustimmung eines Hoheitsgebiets erforderlich ist. In diesem Fall wird sich die Vertragspartei bemühen, die erforderliche Zustimmung des Hoheitsgebiets so bald wie möglich zu erwirken, und wird sie sodann dem Generalsekretär notifizieren. Dieses Übereinkommen findet auf jedes in einer solchen Notifikation bezeichnete Hoheitsgebiet mit dem Tag ihres Eingangs beim Generalsekretär Anwendung. In Fällen, in denen die vorherige Zustimmung eines Hoheitsgebiets außerhalb des Mutterlands nicht erforderlich ist, erklärt die betreffende Vertragspartei im Zeitpunkt der Unterzeichnung, Ratifikation oder des Beitritts, auf welche Hoheitsgebiete außerhalb des Mutterlands dieses Übereinkommen Anwendung findet.

Art. 43. Hoheitsgebiete im Sinne der Art. 19, 20, 21 und 31. (1) Eine Vertragspartei kann dem Generalsekretär notifizieren, daß eines ihrer Hoheitsgebiete in zwei oder mehr Hoheitsgebiete im Sinne der Artikel 19, 20, 21 und 31 aufgeteilt ist oder daß zwei oder mehr ihrer Hoheitsgebiete ein einziges Hoheitsgebiet im Sinne jener Artikel bilden.

(2) Zwei oder mehr Vertragsparteien können dem Generalsekretär notifizieren, daß sie infolge der Errichtung einer sie umfassenden Zollunion ein einziges Hoheitsgebiet im Sinne der Artikel 19, 20, 21 und 31 bilden.

(3) Eine Notifikation nach Absatz 1 oder 2 wird am 1. Januar des auf das Jahr der Notifikation folgenden Jahres wirksam.

Art. 44. Außerkrafttreten früherer völkerrechtlicher Übereinkünfte. (1) Mit Inkrafttreten dieses Übereinkommens werden folgende Übereinkünfte aufgehoben und durch dieses Übereinkommen abgelöst:

a) das am 23. Januar 1912 im Haag unterzeichnete Internationale Opiumabkommen,
b) die am 11. Februar 1925 in Genf unterzeichnete Vereinbarung über die Herstellung von, den Binnenhandel mit und die Verwendung von zubereitetem Opium,

---

[1] S. Absätze 3 und 4 der Vorbemerkung
[2] A. a. O.

c) das am 19. Februar 1925 in Genf unterzeichnete Internationale Opiumabkommen,

d) das am 13. Juli 1931 in Genf unterzeichnete Internationale Abkommen zur Beschränkung der Herstellung und zur Regelung der Verteilung der Betäubungsmittel,

e) das am 27. November 1931 in Bangkok unterzeichnete Abkommen über die Kontrolle des Opiumrauchens im Fernen Osten,

f) das am 11. Dezember 1946 in Lake Success unterzeichnete Protokoll zur Änderung der die Betäubungsmittel betreffenden Vereinbarungen, Abkommen und Protokolle, die am 23. Januar 1912 im Haag, am 11. Februar 1925, 19. Februar 1925 und 13. Juli 1931 in Genf, am 27. November 1931 in Bangkok und am 26. Juni 1936 in Genf abgeschlossen wurden, außer soweit sich dieses Protokoll auf das letztgenannte Abkommen bezieht,

g) die unter den Buchstaben a bis e bezeichneten Abkommen und Vereinbarungen in den Fassungen des unter dem Buchstaben f bezeichneten Protokolls von 1946,

h) das am 19. November 1948 in Paris unterzeichnete Protokoll zur internationalen Überwachung von Stoffen, die von dem Abkommen vom 13. Juli 1931 zur Beschränkung der Herstellung und zur Regelung der Verteilung der Betäubungsmittel, geändert durch das am 11. Dezember 1946 in Lake Success unterzeichnete Protokoll, nicht erfaßt werden,

i) das am 23. Juni 1953 in New York unterzeichnete Protokoll über die Beschränkung und Regelung des Anbaues der Mohnpflanze, der Erzeugung von Opium, des internationalen Handels und Großhandels mit Opium und seiner Verwendung, falls dieses Protokoll inzwischen in Kraft getreten ist.

(2) Mit Inkrafttreten dieses Übereinkommens tritt Artikel 9 des am 26. Juni 1936 in Genf unterzeichneten Abkommens zur Unterdrückung des unerlaubten Handels mit Betäubungsmitteln zwischen denjenigen seiner Vertragsparteien außer Kraft, die auch Vertragsparteien dieses Übereinkommens sind, und wird durch Artikel 36 Absatz 2 Buchstabe b dieses Übereinkommens abgelöst; eine Vertragspartei kann jedoch dem Generalsekretär notifizieren, daß für sie der genannte Artikel 9 weiterhin in Kraft bleibt.

Art. 45[1]. Übergangsbestimmungen.

(1) Die Aufgaben des in Artikel 9 vorgesehenen Suchtstoffamts werden mit Inkrafttreten dieses Übereinkommens (Artikel 41 Absatz 1) je nach ihrer Art vorläufig von dem Ständigen Zentralausschuß, der nach Kapitel VI des in Artikel 44 Buchstabe c bezeichneten Abkommens in seiner geänderten Fassung geschaffen wurde, und von dem Überwachungsausschuß wahrgenommen, der nach Kapitel II des in Artikel 44 Buchstabe d bezeichneten Abkommens in seiner geänderten Fassung geschaffen wurde.

(2) Der Rat bestimmt den Zeitpunkt, zu dem das in Artikel 9 bezeichnete Suchstoffamt seine Tätigkeit aufnimmt. Von jenem Zeitpunkt an erfüllt dieses Amt in bezug auf

---

[1] Es folgt der Wortlaut des Artikels 20 des Protokolls von 1972 (s. auch Absatz 5 der Vorbemerkung):

Art. 20. Übergangsbestimmungen. (1) Die Aufgaben des Internationalen Suchtstoff-Kontrollamts, das in den in diesem Protokoll enthaltenen Änderungen vorgesehen ist, werden mit Inkrafttreten des Protokolls nach Artikel 18 Absatz 1 von dem Suchtstoffamt wahrgenommen, das nach Maßgabe des nicht geänderten Einheitsübereinkommens geschaffen wurde.

(2) Der Wirtschafts- und Sozialrat bestimmt den Zeitpunkt, zu dem das auf Grund der in diesem Protokoll enthaltenen Änderungen geschaffene Suchtstoffamt seine Tätigkeit aufnimmt. Von diesem Zeitpunkt an erfüllt das so geschaffene Amt in bezug auf diejenigen Vertragsparteien des nicht geänderten Einheits-Übereinkommens und auf diejenigen Vertragsparteien der in seinem Artikel 44 aufgeführten Verträge, die nicht Vertragsparteien dieses Protokolls sind, die Aufgaben des auf Grund des nicht geänderten Einheits-Übereinkommens geschaffenen Suchtstoffamts.

(3) Die Amtszeit der sechs der bei der ersten Wahl nach Erweiterung der Mitgliederzahl des Suchtstoffamts von elf auf dreizehn Mitglieder gewählten Mitglieder endet mit Ablauf von drei Jahren, die Amtszeit der übrigen sieben Mitglieder mit Ablauf von fünf Jahren.

(4) Die Mitglieder des Suchtstoffamts, deren Amtszeit mit Ablauf der erstgenannten Dreijahresfrist endet, werden durch das Los bestimmt, das der Generalsekretär unmittelbar nach Beendigung der ersten Wahl zieht.

diejenigen Vertragsstaaten der in Artikel 44 bezeichneten Übereinkünfte, die nicht Vertragsparteien dieses Übereinkommens sind, die Aufgaben der beiden in Absatz 1 bezeichneten Ausschüsse.

Art. 46. Kündigung. (1) Nach Ablauf von zwei Jahren seit Inkrafttreten dieses Übereinkommens (Artikel 41 Absatz 1) kann jede Vertragspartei im eigenen Namen oder im Namen eines Hoheitsgebiets, für dessen internationale Beziehungen sie verantwortlich ist und das seine nach Artikel 42 erteilte Zustimmung zurückgenommen hat, dieses Übereinkommen durch Hinterlegung einer entsprechenden Urkunde beim Generalsekretär kündigen.

(2) Geht die Kündigung bis zum 1. Juli des betreffenden Jahres beim Generalsekretär ein, so wird sie am 1. Januar des folgenden Jahres wirksam; geht sie nach dem 1. Juli ein, so wird sie als eine bis zum 1. Juli des folgenden Jahres eingegangene Kündigung wirksam.

(3) Dieses Übereinkommen tritt außer Kraft, wenn infolge von Kündigungen nach Absatz 1 dieses Artikels die in Artikel 41 Absatz 1 bezeichneten Voraussetzungen für sein Inkrafttreten entfallen.

Art. 47. Änderungen. (1) Jede Vertragspartei kann zu diesem Übereinkommen Änderungen vorschlagen. Der Wortlaut und die Begründung jedes Änderungsvorschlags sind dem Generalsekretär zu übermitteln; dieser leitet sie den Vertragsparteien und dem Rat zu. Der Rat kann beschließen,

a) entweder nach Maßgabe des Artikels 62 Absatz 4 der Charta der Vereinten Nationen eine Konferenz zur Beratung des Änderungsvorschlags einzuberufen, oder
b) die Vertragsparteien zu fragen, ob sie den Änderungsvorschlag annehmen, und sie aufzufordern, dem Rat ihre Stellungnahme zu dem Vorschlag einzureichen.

(2) Ist ein nach Absatz 1 Buchstabe b verteilter Änderungsvorschlag binnen achtzehn Monaten nach seiner Verteilung von keiner Vertragspartei abgelehnt worden, so tritt er in Kraft. Hat eine Vertragspartei ihn abgelehnt, so kann der Rat im Lichte der von Vertragsparteien eingereichten Stellungnahmen beschließen, ob eine Konferenz zur Beratung des Änderungsvorschlags einzuberufen ist.

Art. 48. Streitigkeiten. (1) Entsteht zwischen zwei oder mehr Vertragsparteien über die Auslegung oder Anwendung dieses Übereinkommens eine Streitigkeit, so konsultieren sie einander mit dem Ziel, die Streitigkeit durch Verhandlung, Untersuchung, Vermittlung, Vergleich, Schiedsspruch, Inanspruchnahme regionaler Einrichtungen, gerichtliche Entscheidung oder durch andere friedliche Mittel eigener Wahl beizulegen.

(2) Kann durch die in Absatz 1 vorgesehenen Verfahren die Streitigkeit nicht beigelegt werden, so ist sie dem Internationalen Gerichtshof zur Entscheidung zu unterbreiten.

Art. 49. Zeitlich begrenzte Vorbehalte. (1) Eine Vertragspartei kann sich bei der Unterzeichnung, der Ratifikation oder dem Beitritt das Recht vorbehalten, in jedem ihrer Hoheitsgebiete vorübergehend folgendes zu gestatten:

a) die Verwendung von Opium zu quasimedizinischen Zwecken,
b) das Opiumrauchen,
c) das Kauen von Kokablättern,
d) die Verwendung von Cannabis, Cannabisharz sowie Cannabisauszügen und -tinkturen zu nichtmedizinischen Zwecken,
e) die Gewinnung und Herstellung der unter den Buchstaben a bis d bezeichneten Suchtstoffe und den Handel damit zu den dort erwähnten Zwecken.

(2) Für Vorbehalte nach Absatz 1 gelten folgende Einschränkungen:

a) Die in Absatz 1 erwähnten Tätigkeiten dürfen nur insoweit gestattet werden, als sie in den Hoheitsgebieten, für die der Vorbehalt gemacht wird, herkömmlich sind und am 1. Januar 1961 erlaubt waren;

b) eine Ausfuhr der in Absatz 1 bezeichneten Suchtstoffe zu den dort bezeichneten Zwecken in eine Nichtvertragspartei oder in ein Hoheitsgebiet, auf das dieses Übereinkommen keine Anwendung nach Artikel 42 findet, darf nicht gestattet werden;

c) das Opiumrauchen darf nur Personen gestattet werden, die bis zum 1. Januar 1964 zu diesem Zweck von den zuständigen Behörden registriert sind;

d) die quasimedizinische Verwendung von Opium ist binnen fünfzehn Jahren nach dem in Artikel 41 Absatz 1 vorgesehenen Inkrafttreten dieses Übereinkommens abzuschaffen;

e) das Kauen von Kokablättern ist binnen fünfundzwanzig Jahren nach dem in Artikel 41 Absatz 1 vorgesehenen Inkrafttreten dieses Übereinkommens abzuschaffen;

f) die Verwendung von Cannabis zu anderen als medizinischen und wissenschaftlichen Zwecken ist möglichst bald, auf jeden Fall aber binnen fünfundzwanzig Jahren nach dem in Artikel 41 Absatz 1 vorgesehenen Inkrafttreten dieses Übereinkommens einzustellen;

g) die Gewinnung und die Herstellung der in Absatz 1 bezeichneten Suchtstoffe und der Handel damit für jeden der dort erwähnten Verwendungszwecke sind gleichzeitig mit der Verringerung und Abschaffung dieser Verwendungszwecke zu verringern und schließlich einzustellen.

(3) Hat eine Vertragspartei einen Vorbehalt nach Absatz 1 gemacht,

a) so nimmt sie in den Jahresbericht, der nach Artikel 18 Absatz 1 Buchstabe a dem Generalsekretär einzureichen ist, eine Darstellung der Fortschritte auf, die im Vorjahr zur Einstellung der in Absatz 1 erwähnten Verwendung, Gewinnung, Herstellung und des dort erwähnten Handels erzielt wurden,

b) so reicht sie dem Suchtstoffamt in der von diesem vorgeschriebenen Art und Form gesonderte Schätzungen (Artikel 19) und statistische Aufstellungen (Artikel 20) für jede der vorbehaltenen Tätigkeiten ein.

(4) a) Unterläßt es eine Vertragspartei, die einen Vorbehalt nach Absatz 1 gemacht hat,

i) den in Absatz 3 Buchstabe a bezeichneten Bericht binnen sechs Monaten nach Ablauf des Berichtsjahres einzureichen,

ii) die in Absatz 3 Buchstabe b bezeichneten Schätzungen binnen drei Monaten nach dem hierfür vom Suchtstoffamt gemäß Artikel 12 Absatz 1 festgesetzten Zeitpunkt einzureichen,

iii) die in Absatz 3 Buchstabe b bezeichneten Statistiken binnen drei Monaten nach dem in Artikel 20 Absatz 2 vorgesehenen Fälligkeitsdatum einzureichen,

so notifiziert je nach Sachlage das Suchtstoffamt oder der Generalsekretär der betreffenden Vertragspartei ihren Verzug und ersucht sie, diese Angaben binnen drei Monaten nach Eingang der Notifikation einzureichen.

b) Kommt die Vertragspartei innerhalb dieser Frist dem Ersuchen des Suchtstoffamts oder des Generalsekretärs nicht nach, so wird der nach Absatz 1 gemachte diesbezügliche Vorbehalt unwirksam.

(5) Ein Staat, der Vorbehalte gemacht hat, kann jederzeit alle oder einzelne durch schriftliche Notifikation zurücknehmen.

Art. 50[1]. Sonstige Vorbehalte. (1) Andere als die in Artikel 49 und in den Absätzen 2 und 3 dieses Artikels bezeichneten Vorbehalte sind nicht zulässig.

---

[1] Es folgt der Wortlaut des Artikels 21 des Protokolls von 1972 (s. auch Absatz 5 der Vorbemerkung):

Art. 21. Vorbehalte. (1) Jeder Staat kann bei der Unterzeichnung oder Ratifikation dieses Protokolls oder beim Beitritt dazu einen Vorbehalt zu jeder darin enthaltenen Änderung machen; ausgenommen sind Änderungen zu Artikel 2 Absätze 6 und 7 (Artikel 1 dieses Protokolls), Artikel 9 Absätze 1, 4 und 5 (Artikel 2 dieses Protokolls), Artikel 10 Absätze 1 und 4 (Artikel 3 dieses Protokolls), Artikel 11 (Artikel 4 dieses Protokolls), Artikel 14 bis (Artikel 7 dieses Protokolls), Artikel 16 (Artikel 8 dieses Protokolls), Artikel 22 (Artikel 12 dieses Protokolls), Artikel 35 (Artikel 13 dieses

(2) Ein Staat kann bei der Unterzeichnung, der Ratifikation oder dem Beitritt Vorbehalte zu folgenden Bestimmungen dieses Übereinkommens machen: Artikel 12 Absätze 2 und 3, Artikel 13 Absatz 3, Artikel 14 Absätze 1 und 2, Artikel 31 Absatz 1 Buchstabe b, Artikel 48.

(3) Wünscht ein Staat Vertragspartei zu werden, aber die Ermächtigung zu anderen als den in Absatz 2 dieses Artikels und in Artikel 49 bezeichneten Vorbehalten zu erlangen, so kann er seine Absicht dem Generalsekretär mitteilen. Ein solcher Vorbehalt gilt als zugelassen, falls nicht binnen zwölf Monaten, nachdem der Generalsekretär den betreffenden Vorbehalt weitergeleitet hat, ein Drittel der Staaten, die dieses Übereinkommen vor Ablauf dieser Frist ratifiziert haben oder ihm beigetreten sind, gegen diesen Vorbehalt Einspruch erhebt; jedoch brauchen Staaten, die gegen den Vorbehalt Einspruch erhoben haben, Verpflichtungen rechtlicher Art aus diesem Übereinkommen, die von dem Vorbehalt berührt werden, nicht zu übernehmen.

(4) Ein Staat, der Vorbehalte gemacht hat, kann jederzeit alle oder einzelne durch schriftliche Notifikation zurücknehmen.

Art. 51. Notifikationen. Der Generalsekretär notifiziert allen in Artikel 40 Absatz 1 bezeichneten Staaten

a) die Unterschriften, Ratifikationen und Beitritte nach Artikel 40,
b) den Tag, an dem dieses Übereinkommen nach Artikel 41 in Kraft tritt,
c) die Kündigungen nach Artikel 46 und
d) die Erklärungen und Notifikationen nach den Artikeln 42, 43, 47, 49 und 50.

Anhänge*

A 2. Übereinkommen von 1971 über psychotrope Stoffe

vom 21. 2. 1971 (BGBl. 1976 II S. 1477)

Präambel

DIE VERTRAGSPARTEIEN –

VON DER SORGE um die Gesundheit und das Wohl der Menschheit GELEITET;
mit Besorgnis von den volksgesundheitlichen und sozialen Problemen KENNTNIS NEHMEND, die sich aus dem Mißbrauch bestimmter psychotroper Stoffe ergeben;
ENTSCHLOSSEN, den Mißbrauch derartiger Stoffe und den dadurch veranlaßten unerlaubten Verkehr zu verhüten und zu bekämpfen;
IN DER ERWÄGUNG, daß strenge Maßnahmen notwendig sind, um die Verwendung derartiger Stoffe auf rechtlich zulässige Zwecke zu beschränken;

Protokolls), Artikel 36 Absatz 1 Buchstabe b (Artikel 14 dieses Protokolls), Artikel 38 (Artikel 15 dieses Protokolls) und Artikel 38 bis (Artikel 16 dieses Protokolls).*
(2) Ein Staat, der Vorbehalte gemacht hat, kann jederzeit alle oder einzelne durch schriftliche Notifikation zurücknehmen.

* Es wird darauf hingewiesen, daß Staaten, die nach Artikel 21 des Protokolls von 1972 einen Vorbehalt zu einer oder mehreren Änderungen zu machen wünschen, zunächst Vertragsparteien des nicht geänderten Einheits-Übereinkommens (wenn sie dies nicht bereits sind) werden und danach das Protokoll von 1972 mit dem gewünschten Vorbehalt ratifizieren oder ihm mit dem gewünschten Vorbehalt beitreten sollten.
* Vom Abdruck der dem Übereinkommen beigefügten Listen wurde abgesehen, weil sie inzwischen völlig überholt sind. Die jeweiligen Änderungen sind seit 1985 nicht mehr bekanntgemacht worden (Hügel/Junge/Winkler 2.1 Fußnote 11). Der aktuelle Stand ergibt sich aus der von dem INCB herausgegebenen LIST OF NARCOTIC DRUGS UNDER INTERNATIONAL CONTROL.

IN DER ERKENNTNIS, daß die Verwendung psychotroper Stoffe für medizinische und wissenschaftliche Zwecke unerläßlich ist und daß ihre Verfügbarkeit für derartige Zwecke nicht über Gebühr eingeschränkt werden sollte;

ÜBERZEUGT, daß wirksame Maßnahmen gegen den Mißbrauch derartiger Stoffe Koordinierung und ein weltweites Vorgehen erfordern;

IN DER ANERKENNUNG der Zuständigkeit der Vereinten Nationen auf dem Gebiet der Kontrolle psychotroper Stoffe und von dem Wunsch geleitet, die in Betracht kommenden internationalen Organe in diese Organisation einzugliedern;

IN DER ERKENNTNIS, daß zur Verwirklichung dieser Ziele ein internationales Übereinkommen erforderlich ist –

KOMMEN wie folgt ÜBEREIN:

Art. 1. Begriffsbestimmung. Sofern nicht etwas anderes ausdrücklich angegeben oder aufgrund des Zusammenhangs erforderlich ist, haben die nachfolgenden Ausdrücke in diesem Übereinkommen die unten angegebene Bedeutung:

a) Der Ausdruck „Rat" bezeichnet den Wirtschafts- und Sozialrat der Vereinten Nationen;

b) der Ausdruck „Kommission" bezeichnet die Suchtstoffkommission des Rates;

c) der Ausdruck „Suchtstoffamt" bezeichnet das in dem Einheitsübereinkommen von 1961 über Suchtstoffe vorgesehene Internationale Suchtstoff-Kontrollamt;

d) der Ausdruck „Generalsekretär" bezeichnet den Generalsekretär der Vereinten Nationen;

e) der Ausdruck „psychotroper Stoff" bezeichnet jeden in Anhang I, II, III oder IV aufgeführten natürlichen oder synthetischen Stoff oder natürlichen Ausgangsstoff;

f) der Ausdruck „Zubereitung" bezeichnet
  i) jede Lösung oder Mischung – ohne Rücksicht auf den Aggregatzustand –, die einen oder mehrere psychotrope Stoffe enthält, oder
  ii) einen oder mehrere psychotrope Stoffe in Dosisform;

g) die Ausdrücke „Anhang I", „Anhang II", „Anhang III" und „Anhang IV" bezeichnen die entsprechend numerierten, diesem Übereinkommen beigefügten Listen psychotroper Stoffe in der aufgrund von Änderungen nach Artikel 2 jeweils gültigen Fassung;

h) die Ausdrücke „Einfuhr" und „Ausfuhr" bezeichnen je nach dem Zusammenhang das körperliche Verbringen psychotroper Stoffe von einem Staat in einen anderen Staat;

i) der Ausdruck „Herstellung" bezeichnet alle zur Erzeugung psychotroper Stoffe geeigneten Verfahren; er umfaßt sowohl das Reinigen psychotroper Stoffe als auch deren Umwandlung in andere psychotrope Stoffe. Der Ausdruck umfaßt ferner die Anfertigung aller nicht aufgrund ärztlicher Verordnung in Apotheken angefertigten Zubereitungen;

j) der Ausdruck „unerlaubter Verkehr" bezeichnet jede gegen dieses Übereinkommen verstoßende Herstellung und jeden dagegen verstoßenden Verkehr mit psychotropen Stoffen;

k) der Ausdruck „Gebiet" bezeichnet jeden Teil eines Staatswesens, der nach Artikel 28 als gesonderte Einheit im Sinne dieses Übereinkommens behandelt wird;

l) der Ausdruck „Räumlichkeiten" bezeichnet Gebäude und Gebäudeteile einschließlich des dazugehörigen Grundstücks.

Art. 2. Umfang der Kontrolle der Stoffe. (1) Liegen einer Vertragspartei oder der Weltgesundheitsorganisation Angaben über einen noch nicht unter internationaler Kontrolle stehenden Stoff vor, die nach ihrer Auffassung die Aufnahme des Stoffes in einen Anhang dieses Übereinkommens erforderlich machen, so notifiziert sie dies dem Generalsekretär und leitet ihm alle diese Notifikation erhärtenden Angaben zu. Dieses Verfahren findet auch Anwendung, wenn einer Vertragspartei oder der Weltgesundheitsorganisation Angaben vorliegen, welche die Übertragung eines Stoffes von einem Anhang in einen anderen oder die Streichung eines Stoffes aus einem Anhang rechtfertigen.

(2) Der Generalsekretär übermittelt die Notifikation und die ihm erheblich erscheinenden Angaben den Vertragsparteien, der Kommission und, wenn die Notifikation von einer Vertragspartei ausging, der Weltgesundheitsorganisation.

(3) Geht aus den mit der Notifikation übermittelten Angaben hervor, daß der Stoff nach Absatz 4 zur Aufnahme in Anhang I oder II geeignet ist, so prüfen die Vertragsparteien im Lichte aller ihnen zur Verfügung stehenden Angaben, ob es möglich ist, alle die für die in Anhang I bzw. II aufgeführten Stoffe geltenden Kontrollmaßnahmen auf diesen Stoff vorläufig anzuwenden.

(4) Stellt die Weltgesundheitsorganisation fest,

a) daß der Stoff die Fähigkeit besitzt,
  i) 1. einen Zustand der Abhängigkeit und
     2. eine Anregung oder Dämpfung des Zentralnervensystems, die zu Halluzinationen oder Störungen der motorischen Funktionen, des Denkens, des Verhaltens, der Wahrnehmung oder der Stimmung führt, oder
  ii) einen ähnlichen Mißbrauch und ähnliche schädliche Wirkungen wie die in Anhang I, II, III oder IV aufgeführten Stoffe hervorzurufen, und
b) daß ausreichende Beweise dafür vorliegen, daß der betreffende Stoff derart mißbraucht wird oder mißbraucht werden könnte, daß er zu einem volksgesundheitlichen und sozialen Problem wird, welches eine Unterstellung des Stoffes unter internationale Kontrolle rechtfertigt,

so übermittelt die Weltgesundheitsorganisation der Kommission eine Bewertung des Stoffes mit Einzelangaben über Ausmaß oder Wahrscheinlichkeit des Mißbrauchs, die Schwere des volksgesundheitlichen und sozialen Problems sowie den Nutzen des Stoffes in der medizinischen Therapie, gegebenenfalls verbunden mit Empfehlungen über Kontrollmaßnahmen, die auf Grund der Bewertung des Stoffes angezeigt wären.

(5) Die Kommission kann unter Berücksichtigung der Mitteilung der Weltgesundheitsorganisation, deren Bewertung in medizinischer und wissenschaftlicher Hinsicht maßgebend sind, sowie unter Beachtung der von ihr als erheblich erachteten wirtschaftlichen, sozialen, rechtlichen, verwaltungstechnischen und sonstigen Faktoren den Stoff in Anhang I, II, III oder IV aufnehmen. Die Kommission kann weitere Angaben von der Weltgesundheitsorganisation oder von sonstigen geeigneten Stellen erbitten.

(6) Bezieht sich eine Notifikation nach Absatz 1 auf einen bereits in einem der Anhänge aufgeführten Stoff, so übermittelt die Weltgesundheitsorganisation der Kommission ihre neuen Feststellungen, eine etwa nach Absatz 4 vorgenommene neue Bewertung des Stoffes und ihre etwaigen neuen Empfehlungen über Kontrollmaßnahmen, die sie auf Grund dieser Bewertung für angezeigt hält. Die Kommission kann unter Berücksichtigung der Mitteilung der Weltgesundheitsorganisation entsprechend Absatz 5 und unter Beachtung der dort genannten Faktoren beschließen, den Stoff von einem Anhang in einen anderen zu übertragen oder ihn aus den Anhängen zu streichen.

(7) Jeder Beschluß der Kommission auf Grund dieses Artikels teilt der Generalsekretär allen Mitgliedstaaten der Vereinten Nationen, den Nichtmitgliedstaaten, die Vertragsparteien dieses Übereinkommens sind, der Weltgesundheitsorganisation und dem Suchtstoffamt mit. Der Beschluß tritt für jede Vertragspartei 180 Tage nach dem Datum dieser Mitteilung uneingeschränkt in Kraft, ausgenommen die Vertragsparteien, die innerhalb dieser Frist hinsichtlich eines Beschlusses, auf Grund dessen ein Stoff in einem Anhang aufgenommen wurde, dem Generalsekretär eine schriftliche Mitteilung übermitteln, daß sie angesichts außergewöhnlicher Umstände nicht in der Lage sind, alle auf die in dem betreffenden Anhang aufgeführten Stoffe anwendbaren Bestimmungen des Übereinkommens hinsichtlich des betreffenden Stoffes durchzuführen. Diese Mitteilung hat die Gründe für ein derartiges außergewöhnliches Vorgehen zu enthalten. Ungeachtet dieser Mitteilung wendet jede Vertragspartei zumindest folgende Kontrollmaßnahmen an:

a) Eine Vertragspartei, die eine derartige Mitteilung hinsichtlich eines in Anhang I aufgenommenen Stoffes gemacht hat, der zuvor nicht der Kontrolle unterstand, berücksichtigt nach Möglichkeit, die in Artikel 7 aufgeführten besonderen Kontrollmaßnahmen; sie wird hinsichtlich des betreffenden Stoffes

   i) Genehmigungen für Herstellung, Handel und Verteilung vorschreiben, wie sie in
      Artikel 8 für die in Anhang II aufgeführten Stoffe vorgesehen sind;
  ii) die Verschreibungspflicht für Auslieferung oder Abgabe vorschreiben, wie sie in
      Artikel 9 für die in Anhang II aufgeführten Stoffe vorgesehen ist;
 iii) die in Artikel 12 vorgesehenen Verpflichtungen hinsichtlich der Ein- und Ausfuhr
      erfüllen, außer gegenüber einer anderen Vertragspartei, die gleichfalls eine derar-
      tige Mitteilung in bezug auf den betreffenden Stoff gemacht hat;
  iv) die in Artikel 13 für die in Anhang II aufgeführten Stoffe vorgesehenen Ver-
      pflichtungen hinsichtlich des Verbots sowie der Beschränkungen von Ein- und
      Ausfuhr erfüllen;
   v) dem Suchtstoffamt statistische Berichte nach Artikel 16 Absatz 4 Buchstabe a
      vorlegen sowie
  vi) nach Artikel 22 Maßnahmen zur Unterdrückung von Zuwiderhandlungen gegen
      die in Erfüllung der vorstehenden Verpflichtungen erlassenen Gesetze oder sonsti-
      gen Vorschriften treffen.
b) Eine Vertragspartei, die eine derartige Mitteilung hinsichtlich eines in Anhang II
   aufgenommenen Stoffes gemacht hat, der zuvor nicht der Kontrolle unterstand, wird
   hinsichtlich des betreffenden Stoffes
    i) nach Artikel 8 Genehmigungen für Herstellung, Handel und Verteilung vor-
       schreiben;
   ii) nach Artikel 9 die Verschreibungspflicht für Auslieferung oder Abgabe vorschreiben;
  iii) die in Artikel 12 vorgesehenen Verpflichtungen hinsichtlich der Ein- und Ausfuhr
       erfüllen, außer gegenüber einer anderen Vertragspartei, die gleichfalls eine derar-
       tige Mitteilung in bezug auf den betreffenden Stoff gemacht hat;
   iv) die Verpflichtungen des Artikels 13 hinsichtlich des Verbots sowie der Beschrän-
       kungen von Ein- und Ausfuhr erfüllen;
    v) dem Suchtstoffamt statistische Berichte nach Artikel 16 Absatz 4 Buchstaben a, c
       und d vorlegen sowie
   vi) nach Artikel 22 Maßnahmen zur Unterdrückung von Zuwiderhandlungen gegen
       die in Erfüllung der vorstehenden Verpflichtungen erlassenen Gesetze oder sonsti-
       gen Vorschriften treffen.
c) Eine Vertragspartei, die eine derartige Mitteilung hinsichtlich eines in Anhang III
   aufgenommenen Stoffes gemacht hat, der zuvor nicht der Kontrolle unterstand, wird
   hinsichtlich des betreffenden Stoffes
    i) nach Artikel 8 Genehmigungen für Herstellung, Handel und Verteilung vor-
       schreiben;
   ii) nach Artikel 9 die Verschreibungspflicht für Auslieferung oder Abgabe vorschrei-
       ben;
  iii) die in Artikel 12 vorgesehenen Verpflichtungen hinsichtlich der Ausfuhr erfüllen,
       außer gegenüber einer anderen Vertragspartei, die gleichfalls eine derartige Mit-
       teilung in bezug auf den betreffenden Stoff gemacht hat;
   iv) die Verpflichtungen des Artikels 13 hinsichtlich des Verbots sowie der Beschrän-
       kungen von Ein- und Ausfuhr erfüllen sowie
    v) nach Artikel 22 Maßnahmen zur Unterdrückung von Zuwiderhandlungen gegen
       die in Erfüllung der vorstehenden Verpflichtungen erlassenen Gesetze oder sonsti-
       gen Vorschriften treffen.
d) Eine Vertragspartei, die eine derartige Mitteilung hinsichtlich eines in Anhang IV
   aufgenommenen Stoffes gemacht hat, der zuvor nicht der Kontrolle unterstand, wird
   hinsichtlich des betreffenden Stoffes
    i) nach Artikel 8 Genehmigungen für Herstellung, Handel und Verteilung vor-
       schreiben;
   ii) die Verpflichtung des Artikels 13 hinsichtlich des Verbots sowie der Beschränkun-
       gen von Ein- und Ausfuhr erfüllen sowie
  iii) nach Artikel 22 Maßnahmen zur Unterdrückung von Zuwiderhandlungen gegen
       die in Erfüllung der vorstehenden Verpflichtungen erlassenen Gesetze oder sonsti-
       gen Vorschriften treffen.
e) Eine Vertragspartei, die eine derartige Mitteilung hinsichtlich eines Stoffes gemacht
   hat, der in einen strengere Kontrollen und Verpflichtungen vorsehenden Anhang

übertragen wurde, wendet zumindest alle für den Anhang, aus dem der betreffende Stoff übertragen wurde, geltenden Bestimmungen dieses Übereinkommens an.

(8) a) Die Beschlüsse der Kommission auf Grund dieses Artikels unterliegen der Nachprüfung durch den Rat, wenn eine Vertragspartei dies binnen 180 Tagen beantragt, nachdem die Notifikation des Beschlusses bei ihr eingegangen ist. Der Antrag auf Nachprüfung ist zusammen mit allen ihn begründenden erheblichen Angaben beim Generalsekretär zu stellen.

b) Der Generalsekretär leitet der Kommission, der Weltgesundheitsorganisation und allen Vertragsparteien Abschriften des Nachprüfungsantrags und der diesbezüglichen Angaben mit der Aufforderung zu, binnen neunzig Tagen hierzu Stellung zu nehmen. Alle eingehenden Stellungnahmen werden dem Rat zur Erwägung vorgelegt.

c) Der Rat kann den Beschluß der Kommission bestätigen, ändern oder aufheben. Der Beschluß des Rates wird allen Mitgliedstaaten der Vereinten Nationen, den Nichtmitgliedstaaten, die Vertragsparteien dieses Übereinkommens sind, der Kommission, der Weltgesundheitsorganisation und dem Suchtstoffamt notifiziert.

d) Solange die Nachprüfung dauert, bleibt der ursprüngliche Beschluß der Kommission vorbehaltlich des Absatzes 7 in Kraft.

(9) Die Vertragsparteien werden sich nach besten Kräften bemühen, auf Stoffe, die nicht unter dieses Übereinkommen fallen, aber zur unerlaubten Herstellung psychotroper Stoffe verwendet werden können, alle durchführbaren Überwachungsmaßnahmen anzuwenden.

Art. 3. Sonderbestimmungen über die Kontrolle von Zubereitungen. (1) Sofern nicht in den Absätzen 2 bis 4 etwas anderes bestimmt ist, unterliegt eine Zubereitung denselben Kontrollmaßnahmen wie der psychotrope Stoff, den sie enthält; enthält die Zubereitung mehr als einen derartigen Stoff, so unterliegt sie denjenigen Maßnahmen, die auf den der strengsten Kontrolle unterstehenden Stoff anwendbar sind.

(2) Ist eine Zubereitung, die einen nicht in Anhang I aufgeführten psychotropen Stoff enthält, so zusammengesetzt, daß keine oder nur eine geringfügige Gefahr des Mißbrauchs besteht, und kann der Stoff nicht durch unschwer anwendbare Mittel in einer zum Mißbrauch geeigneten Menge zurückgewonnen werden, so daß die Zubereitung nicht zu einem volksgesundheitlichen und sozialen Problem Anlaß gibt, so kann die Zubereitung nach Absatz 3 von bestimmten in diesem Übereinkommen vorgesehenen Kontrollmaßnahmen ausgenommen werden.

(3) Trifft eine Vertragspartei hinsichtlich einer Zubereitung eine Feststellung im Sinne des Absatzes 2, so kann sie beschließen, die Zubereitung in ihrem Staat oder in einem ihrer Gebiete von einzelnen oder allen in diesem Übereinkommen vorgesehenen Kontrollmaßnahmen mit Ausnahme der folgenden Erfordernisse auszunehmen:

a) Artikel 8 (Genehmigungen), soweit er auf die Herstellung Anwendung findet;

b) Artikel 11 (Verzeichnisse), soweit er auf ausgenommene Zubereitungen Anwendung findet;

c) Artikel 13 (Verbot und Beschränkung von Ein- und Ausfuhr);

d) Artikel 15 (Inspektion), soweit er auf die Herstellung Anwendung findet;

e) Artikel 16 (von den Vertragsparteien vorzulegende Berichte), soweit er auf ausgenommene Zubereitungen Anwendung findet;

f) Artikel 22 (Strafbestimmungen) in dem zur Unterdrückung von Zuwiderhandlungen gegen die in Erfüllung der vorstehenden Verpflichtungen erlassenen Gesetze oder sonstigen Vorschriften erforderlichen Ausmaß.

Die Vertragsparteien notifizieren dem Generalsekretär jeden derartigen Beschluß, Namen und Zusammensetzung der ausgenommenen Zubereitung und die Kontrollmaßnahmen, von denen sie ausgenommen wird. Der Generalsekretär übermittelt die Notifikation den anderen Vertragsparteien, der Weltgesundheitsorganisation und dem Suchtstoffamt.

(4) Liegen einer Vertragspartei oder der Weltgesundheitsorganisation Angaben über eine nach Absatz 3 ausgenommene Zubereitung vor, die nach ihrer Auffassung die völlige oder teilweise Aufhebung der Ausnahme erforderlich machen, so notifiziert sie dies dem Generalsekretär und leitet ihm alle diese Notifikation erhärtenden Angaben zu.

Der Generalsekretär übermittelt die Notifikation und die ihm erheblich erscheinenden Angaben den Vertragsparteien, der Kommission und, wenn die Notifikation von einer Vertragspartei ausging, der Weltgesundheitsorganisation. Die Weltgesundheitsorganisation übermittelt der Kommission eine Bewertung der Zubereitung in bezug auf die in Absatz 2 genannten Faktoren, gegebenenfalls verbunden mit einer Empfehlung über die Kontrollmaßnahmen, von denen die Zubereitung länger ausgenommen werden soll. Die Kommission kann unter Berücksichtigung der Mitteilung der Weltgesundheitsorganisation, deren Bewertung in medizinischer und wissenschaftlicher Hinsicht maßgebend ist, sowie unter Beachtung der von ihr als erheblich erachteten wirtschaftlichen, sozialen, rechtlichen, verwaltungstechnischen und sonstigen Faktoren beschließen, die Ausnahme der betreffenden Zubereitung von einzelnen oder allen Kontrollmaßnahmen aufzuheben. Jeden Beschluß der Kommission auf Grund dieses Absatzes teilt der Generalsekretär allen Mitgliedstaaten der Vereinten Nationen, den Nichtmitgliedstaaten, die Vertragsparteien dieses Übereinkommens sind, der Weltgesundheitsorganisation und dem Suchtstoffamt mit. Alle Vertragsparteien treffen binnen 180 Tagen nach dem Datum der Mitteilung des Generalsekretärs Maßnahmen zur Aufhebung der Ausnahme von der oder den betreffenden Kontrollmaßnahmen.

Art. 4. Sonstige Sonderbestimmungen über den Umfang der Kontrolle. Hinsichtlich der nicht in Anhang I aufgeführten psychotropen Stoffe können die Vertragsparteien folgendes zulassen:

a) das Mitführen geringer Mengen von Zubereitungen zum persönlichen Gebrauch durch internationale Reisende; jede Vertragspartei ist jedoch berechtigt, den Nachweis zu fordern, daß diese Zubereitungen auf rechtmäßigem Wege erlangt wurden;

b) die Verwendung derartiger Stoffe in der Industrie zur Herstellung nichtpsychotroper Stoffe oder Erzeugnisse, wobei jedoch die durch dieses Übereinkommen vorgeschriebenen Kontrollmaßnahmen so lange anzuwenden sind, bis die psychotropen Stoffe in einen solchen Zustand übergeführt sind, daß sie in der Praxis nicht mißbraucht oder zurückgewonnen werden;

c) die Verwendung derartiger Stoffe zum Tierfang durch Personen, denen eine solche Verwendung von den zuständigen Behörden ausdrücklich gestattet wurde; hierbei sind die durch dieses Übereinkommen vorgeschriebenen Kontrollmaßnahmen anzuwenden.

Art. 5. Beschränkung der Verwendung auf medizinische und wissenschaftliche Zwecke. (1) Jede Vertragspartei beschränkt die Verwendung der in Anhang I aufgeführten Stoffe nach Maßgabe des Artikels 7.

(2) Jede Vertragspartei beschränkt, soweit Artikel 4 nicht etwas anderes bestimmt, durch die ihr angebracht erscheinenden Maßnahmen Herstellung, Einfuhr, Ausfuhr, Verteilung, Vorratshaltung, Verwendung und Besitz der in den Anhängen II, III und IV aufgeführten Stoffe sowie den Handel damit auf medizinische und wissenschaftliche Zwecke.

(3) Es ist wünschenswert, daß die Vertragsparteien keinen Besitz der in den Anhängen II, III und IV aufgeführten Stoffe ohne gesetzliche Ermächtigung gestatten.

Art. 6. Besondere Verwaltungsdienststelle. Es ist wünschenswert, daß jede Vertragspartei zur Anwendung der Bestimmungen dieses Übereinkommens eine besondere Verwaltungsdienststelle einrichtet und unterhält, die zweckmäßigerweise mit der nach den Übereinkünften zur Kontrolle von Suchtstoffen geschaffenen besonderen Verwaltungsdienststelle identisch sein oder eng zusammenarbeiten sollte.

Art. 7. Sonderbestimmungen hinsichtlich der in Anhang I aufgeführten Stoffe. In bezug auf die in Anhang I aufgeführten Stoffe werden die Vertragsparteien

a) jede Verwendung verbieten, außer für wissenschaftliche und – in sehr beschränktem Umfang – für medizinische Zwecke durch ordnungsgemäß ermächtigte Personen in medizinischen oder wissenschaftlichen Einrichtungen, die unmittelbar der Aufsicht der jeweiligen Regierung unterstehen oder von dieser ausdrücklich zugelassen sind;

b) für Herstellung, Handel, Verteilung und Besitz eine besondere Genehmigung oder
vorherige Ermächtigung vorschreiben;
c) für eine genaue Überwachung der unter den Buchstaben a und b genannten Betätigungen und Handlungen Sorge tragen;
d) die an eine ordnungsgemäß ermächtigte Person auslieferbare Menge auf die für den
jeweils zugelassenen Zweck benötigte Quantität beschränken;
e) vorschreiben, daß Personen, die medizinische oder wissenschaftliche Aufgaben wahrnehmen, über den Erwerb der Stoffe und die Einzelheiten ihrer Verwendung Verzeichnisse führen, die mindestens zwei Jahre nach der letzten darin eingetragenen
Verwendung aufzubewahren sind;
f) die Ein- und Ausfuhr außer in den Fällen verbieten, in denen sie von den zuständigen Behörden oder Dienststellen des ein- bzw. ausführenden Staates oder Gebiets
oder von sonstigen Personen oder Unternehmen vorgenommen wird, denen die zuständigen Behörden ihres Staates oder Gebiets für diesen Zweck eine ausdrückliche
Genehmigung erteilt haben. Die Vorschriften des Artikels 12 Absatz 1 über Ein- und
Ausfuhrgenehmigungen für die in Anhang II aufgeführten Stoffe gelten auch für die
in Anhang I aufgeführten Stoffe.

Art. 8. Genehmigungen. (1) Die Vertragsparteien schreiben vor, daß die Herstellung
von, der Handel (einschließlich des Ein- und Ausfuhrhandels) mit und die Verteilung
von in den Anhängen II, III und IV aufgeführten Stoffen der Genehmigung bedürfen
oder einer anderen ähnlichen Kontrollmaßnahme unterliegen.

(2) Die Vertragsparteien

a) kontrollieren alle ordnungsgemäß ermächtigten Personen und Unternehmen, welche
die Herstellung von, den Handel (einschließlich des Ein- und Ausfuhrhandels) mit
oder die Verteilung von Stoffen im Sinne des Absatzes 1 betreiben oder daran beteiligt sind;
b) kontrollieren im Wege der Genehmigungspflicht oder durch eine andere ähnliche
Kontrollmaßnahme die Betriebe und Räumlichkeiten, in denen die Herstellung, der
Handel oder die Verteilung erfolgen kann;
c) tragen dafür Sorge, daß hinsichtlich derartiger Betriebe und Räumlichkeiten Sicherheitsmaßnahmen getroffen werden, um eine Entwendung oder sonstige Zweckent-
fremdung von Vorräten zu verhüten.

(3) Die Bestimmungen der Absätze 1 und 2, die sich auf Genehmigungen oder andere ähnliche Kontrollmaßnahme beziehen, brauchen nicht auf Personen erstreckt zu
werden, die zur Wahrnehmung therapeutischer oder wissenschaftlicher Aufgaben ordnungsgemäß befugt und dementsprechend tätig sind.

(4) Die Vertragsparteien schreiben vor, daß alle Personen, die nach Maßgabe dieses
Übereinkommens Genehmigungen erhalten oder die nach Absatz 1 des vorliegenden
Artikels oder nach Artikel 7 Buchstabe b in sonstiger Weise ermächtigt sind, die erforderliche Befähigung zur wirksamen und gewissenhaften Anwendung der zur Durchführung dieses Übereinkommens erlassenen Gesetze und sonstigen Vorschriften besitzen
müssen.

Art. 9. Ärztliche Verordnungen. (1) Die Vertragsparteien schreiben vor, daß die in
den Anhängen II, III und IV aufgeführten Stoffe zum Gebrauch durch Privatpersonen
nur gegen ärztliche Verschreibung ausgeliefert oder abgegeben werden dürfen, es sei
denn, daß Einzelpersonen diese Stoffe zur ordnungsgemäß genehmigten Wahrnehmung
therapeutischer oder wissenschaftlicher Aufgaben rechtmäßig beschaffen, verwenden,
abgeben oder verabreichen dürfen.

(2) Die Vertragsparteien treffen Maßnahmen, um sicherzustellen, daß ärztliche Verschreibungen für die in den Anhängen II, III und IV aufgeführten Stoffe im Einklang
mit bewährten ärztlichen Gepflogenheiten und auf Grund solcher Vorschriften ausgestellt werden, wie sie zum Schutz der Volksgesundheit und des öffentlichen Wohls erforderlich sind; dazu gehören insbesondere Vorschriften über die Häufigkeit der Wiederholung der Abgabe und die Gültigkeitsdauer der Verschreibungen.

(3) Ungeachtet des Absatzes 1 kann eine Vertragspartei, falls die örtlichen Gegebenheiten dies nach ihrer Auffassung erfordern, unter den von ihr vorgeschriebenen Bedingungen einschließlich der Pflicht zur Führung von Verzeichnissen approbierte Apotheker oder sonstige zugelassene Einzelhändler, die von den für die Volksgesundheit in ihrem Staat oder einem Teil desselben zuständigen Behörden benannt wurden, ermächtigen, nach ihrem Ermessen ohne ärztliche Verschreibung in dem von den Vertragsparteien zu bestimmenden Rahmen geringe Mengen der in den Anhängen III und IV aufgeführten Stoffe zur Verwendung für medizinische Zwecke durch Einzelpersonen in Ausnahmefällen auszuliefern.

Art. 10. Hinweise auf Packungen und Werbung. (1) Jede Vertragspartei schreibt unter Berücksichtigung aller einschlägigen Vorschriften oder Empfehlungen der Weltgesundheitsorganisation die ihr für die Sicherheit des Verbrauchers notwendig erscheinenden Gebrauchsanweisungen einschließlich aufklärender oder warnender Hinweise vor; diese sind, soweit durchführbar, auf den Aufschriften, in jedem Fall aber auf den Packungsbeilagen der Fertigarzneimittel anzubringen, die psychotrope Stoffe enthalten.

(2) Jede Vertragspartei verbietet unter gebührender Berücksichtigung ihrer verfassungsrechtlichen Bestimmungen die Werbung für derartige Stoffe in der Öffentlichkeit.

Art. 11. Verzeichnisse. (1) Die Vertragsparteien schreiben vor, daß hinsichtlich der in Anhang I aufgeführten Stoffe die Hersteller und alle anderen nach Artikel 7 zum Handel mit und zum Verteilen von derartigen Stoffen ermächtigten Personen in der von jeder Vertragspartei zu bestimmenden Weise Verzeichnisse führen, aus denen Einzelheiten über die hergestellten Mengen, die vorrätig gehaltenen Mengen sowie bei jedem Erwerb und jeder Veräußerung Einzelheiten über Menge, Datum, Lieferant und Empfänger zu ersehen sind.

(2) Die Vertragsparteien schreiben vor, daß hinsichtlich der in den Anhängen II und III aufgeführten Stoffe die Hersteller, Großhändler, Importeure und Exporteure in der von jeder Vertragspartei zu bestimmenden Weise Verzeichnisse führen, aus denen Einzelheiten über die hergestellten Mengen sowie bei jedem Erwerb und jeder Veräußerung Einzelheiten über Menge, Datum, Lieferant und Empfänger zu ersehen sind.

(3) Die Vertragsparteien schreiben vor, daß hinsichtlich der in Anhang II aufgeführten Stoffe die Einzelhändler, Kranken- und Pflegeanstalten sowie die wissenschaftlichen Einrichtungen in der von jeder Vertragspartei zu bestimmenden Weise Verzeichnisse führen, aus denen bei jedem Erwerb und jeder Veräußerung Einzelheiten über Menge, Datum, Lieferant und Empfänger zu ersehen sind.

(4) Die Vertragsparteien stellen durch geeignete Verfahren sowie unter Berücksichtigung der Berufs- und Handelsgepflogenheiten in ihren Staaten sicher, daß Angaben über Erwerb und Veräußerung der in Anhang III aufgeführten Stoffe durch Einzelhändler, Kranken- und Pflegeanstalten sowie wissenschaftliche Einrichtungen ohne Schwierigkeiten verfügbar sind.

(5) Die Vertragsparteien schreiben vor, daß hinsichtlich der in Anhang IV aufgeführten Stoffe die Hersteller, Importeure und Exporteure in der von jeder Vertragspartei zu bestimmenden Weise Verzeichnisse führen, aus denen die hergestellten, eingeführten und ausgeführten Mengen zu ersehen sind.

(6) Die Vertragsparteien schreiben vor, daß die Hersteller der nach Artikel 3 Absatz 3 ausgenommenen Zubereitungen Verzeichnisse über die Menge jedes zur Herstellung einer ausgenommenen Zubereitung verwendeten psychotropen Stoffes sowie über Art, Gesamtmenge und erstmalige Veräußerung der daraus hergestellten ausgenommenen Zubereitung führen.

(7) Die Vertragsparteien stellen sicher, daß die Verzeichnisse und Angaben im Sinne dieses Artikels, soweit sie für Berichte nach Artikel 16 benötigt werden, mindestens zwei Jahre lang aufbewahrt werden.

Art. 12. Bestimmungen über den internationalen Handel. (1) a) Jede Vertragspartei, welche die Ein- oder Ausfuhr der in Anhang I oder II aufgeführten Stoffe zuläßt, schreibt eine besondere Ein- oder Ausfuhrgenehmigung vor, die auf einem von der Kommission auszuarbeitenden Formblatt ausgestellt wird und für jede derartige Ein- oder Ausfuhr zu erwirken ist ohne Rücksicht auf die Anzahl der Stoffe.

b) In dieser Genehmigung sind die internationale Kurzbezeichnung oder, in Ermangelung einer solchen, die im Anhang verwendete Bezeichnung des Stoffes, die ein- oder auszuführende Menge, die galenische Form, Name und Anschrift des Importeurs und des Exporteurs sowie die Frist anzugeben, innerhalb deren die Ein- oder Ausfuhr erfolgen muß. Wird der Stoff in Form einer Zubereitung ein- oder ausgeführt, so ist deren Bezeichnung gegebenenfalls zusätzlich anzugeben. In der Ausfuhrgenehmigung sind ferner Nummer und Datum der Einfuhrgenehmigung und die Behörde anzugeben, welche letztere ausgestellt hat.

c) Beantragt eine Person oder ein Betrieb eine Ausfuhrgenehmigung, so verlangt vor deren Ausstellung die betreffende Vertragspartei von dem Antragsteller die Vorlage einer von der zuständigen Behörde des Einfuhrstaats oder -gebiets ausgestellten Einfuhrgenehmigung, in der bescheinigt wird, daß die Einfuhr des oder der darin genannten Stoffe genehmigt ist.

d) Jeder Sendung ist eine Abschrift der Ausfuhrgenehmigung beizufügen; eine weitere Abschrift übersendet die Regierung, welche die Ausfuhrgenehmigung ausgestellt hat, der Regierung des Einfuhrstaats oder -gebiets.

e) Ist die Einfuhr erfolgt, so leitet die Regierung des Einfuhrstaats oder -gebiets die Ausfuhrgenehmigung mit einem Vermerk, der die tatsächlich eingeführte Menge bescheinigt, an die Regierung des Ausfuhrstaats oder -gebiets zurück.

(2) a) Die Vertragsparteien schreiben vor, daß Exporteure für jede Ausfuhr von in Anhang III aufgeführten Stoffen auf einem von der Kommission auszuarbeitenden Formblatt in dreifacher Ausfertigung eine Erklärung abzugeben haben, die folgende Angaben enthält:

i) Namen und Anschrift des Importeurs und des Exporteurs;

ii) die internationale Kurzbezeichnung oder, in Ermangelung einer solchen, die im Anhang verwendete Bezeichnung des Stoffes;

iii) die Menge und pharmazeutische Form, in welcher der Stoff ausgeführt wird, und, falls es sich um eine Zubereitung handelt, gegebenenfalls deren Bezeichnung;

iv) das Versanddatum.

b) Die Exporteure reichen zwei Ausfertigungen der Erklärung bei den zuständigen Behörden ihres Staates oder Gebiets ein. Die dritte Ausfertigung ist der Sendung beizufügen.

c) Eine Vertragspartei, aus deren Hoheitsgebiet ein in Anhang III aufgeführter Stoff ausgeführt wurde, sendet so bald wie möglich, spätestens jedoch neunzig Tage nach dem Versanddatum, eine Ausfertigung der vom Exporteur eingereichten Erklärung als Einschreiben mit Rückschein an die zuständigen Behörden des Einfuhrstaats oder -gebiets.

d) Die Vertragsparteien können vorschreiben, daß der Importeur nach Empfang der Sendung die dieser beigefügte Ausfertigung ordnungsgemäß mit einem Vermerk über die empfangenen Mengen und das Empfangsdatum versieht und den zuständigen Behörden seines Staates oder Gebiets übersendet.

(3) Hinsichtlich der in den Anhängen I und II aufgeführten Stoffe finden folgende Zusatzbestimmungen Anwendung:

a) Die Vertragsparteien üben in Freihäfen und Freizonen die gleiche Überwachung und Kontrolle aus wie in anderen Teilen ihres Hoheitsgebiets; sie können jedoch strengere Maßnahmen anwenden.

b) Ausfuhren in Form von Sendungen an ein Postfach oder an eine Bank auf das Konto einer anderen als der in der Ausfuhrgenehmigung genannten Person sind verboten.

c) Ausfuhren in Form von Sendungen von in Anhang I aufgeführten Stoffen an ein Zollager sind verboten. Ausfuhren in Form von Sendungen von in Anhang II aufgeführten Stoffen an ein Zollager sind verboten, es sei denn, daß die folgende Bedingung erfüllt ist: Die Regierung des Einfuhrstaats auf der Einfuhrgenehmigung, welche die eine Ausfuhrgenehmigung beantragenden Personen oder Betriebe vorzulegen haben, bescheinigt, daß sie die Einfuhr zur Hinterlegung in einem Zollager genehmigt hat. In diesem Fall wird in der Ausfuhrgenehmigung bescheinigt, daß die Sendung zu diesem Zweck ausgeführt wird. Jede Entnahme aus dem Zollager erfordert einen Erlaubnisschein der Behörden, denen das Lager untersteht; ist die entnommene Menge für das Ausland bestimmt, so wird sie einer neuen Ausfuhr im Sinne dieses Übereinkommens gleichgestellt.

d) Sendungen, welche die Grenze des Hoheitsgebiets einer Vertragspartei überschreiten, ohne von einer Ausfuhrgenehmigung begleitet zu sein, werden von den zuständigen Behörden zurückgehalten.

e) Eine Vertragspartei gestattet die Durchfuhr einer Sendung von Stoffen in einen anderen Staat nur dann, wenn ihren zuständigen Behörden eine Abschrift der Ausfuhrgenehmigung für die Sendung vorgelegt wird; dies gilt unabhängig davon, ob die Sendung aus dem für sie befördernden Fahrzeug ausgeladen wird oder nicht.

f) Ist die Durchfuhr einer Sendung von Stoffen durch einen Staat oder ein Gebiet gestattet, so treffen dessen zuständige Behörden alle erforderlichen Maßnahmen, um zu verhindern, daß die Sendung an eine andere als die in der sie begleitenden Abschrift der Ausfuhrgenehmigung genannte Bestimmung gelangt, es sei denn, daß die Regierung des Durchfuhrstaats oder -gebiets die Bestimmungsänderung genehmigt. Eine solche Regierung behandelt jede beantragte Bestimmungsänderung als Ausfuhr aus dem Durchfuhrstaat oder -gebiet nach dem neuen Bestimmungsstaat oder -gebiet. Wird die Bestimmungsänderung genehmigt, so gilt Absatz 1 Buchstabe e auch im Verhältnis zwischen dem Durchfuhrstaat oder -gebiet und dem Staat oder Gebiet, aus dem die Sendung ursprünglich ausgeführt wurde.

g) Befindet sich eine Sendung von Stoffen auf der Durchfuhr oder in einem Zollager, so darf sie keiner Behandlung unterzogen werden, die geeignet ist, die Beschaffenheit des betreffenden Stoffes zu ändern. Die Verpackung darf ohne Genehmigung der zuständigen Behörden nicht geändert werden.

h) Die Bestimmungen der Buchstaben e bis g über die Durchfuhr von Stoffen durch das Hoheitsgebiet einer Vertragspartei finden keine Anwendung, wenn die betreffende Sendung auf dem Luftweg befördert wird und das Luftfahrzeug in dem Durchfuhrstaat oder -gebiet keine Landung vornimmt. Landet es dagegen im Durchfuhrstaat oder -gebiet, so finden die genannten Bestimmungen Anwendung, soweit es die Umstände erfordern.

i) Internationale Übereinkünfte zur Beschränkung der Kontrolle, die eine Vertragspartei in bezug auf derartige Stoffe im Durchfuhrverkehr ausüben darf, bleiben von diesem Absatz unberührt.

Art. 13. Verbot und Beschränkungen von Ein- und Ausfuhr. (1) Eine Vertragspartei kann allen anderen Vertragsparteien über den Generalsekretär notifizieren, daß sie die Einfuhr eines oder mehrerer in Anhang II, III oder IV aufgeführter und in der Notifikation angegebener Stoffe in ihrem Staat oder in eines ihrer Gebiete verbietet. Jede derartige Notifikation hat die Bezeichnung des Stoffes nach Anhang II, III oder IV anzugeben.

(2) Ist einer Vertragspartei ein Verbot nach Absatz 1 notifiziert worden, so trifft sie die erforderlichen Maßnahmen, damit keiner der in der Notifikation angegebenen Stoffe nach dem Staat oder einem der Gebiete der Vertragspartei ausgeführt wird, welche die Notifikation vorgenommen hat.

(3) Ungeachtet der Absätze 1 und 2 kann eine Vertragspartei, die eine Notifikation nach Absatz 1 vorgenommen hat, von Fall zu Fall durch eine Sondereinfuhrgenehmigung die Einfuhr bestimmter Mengen der betreffenden Stoffe oder von Zubereitungen, die derartige Stoffe enthalten, genehmigen. Die die Genehmigung ausstellende Behörde des Einfuhrstaats sendet zwei Abschriften der Sondereinfuhrgenehmigung unter Angabe von Namen und Anschrift des Importeurs und des Exporteurs an die zuständige Behörde des Ausfuhrstaats oder -gebiets, die daraufhin den Exporteur ermächtigen kann, den Versand vorzunehmen. Eine ordnungsgemäß mit dem Vermerk der zuständigen Behörde des Ausfuhrstaats oder -gebiets versehene Abschrift der Sondereinfuhrgenehmigung ist der Sendung beizufügen.

Art. 14. Sonderbestimmungen über psychotrope Stoffe in Ausrüstungen der Ersten Hilfe, die auf Schiffen, in Luftfahrzeugen oder in sonstigen öffentlichen Verkehrsmitteln im internationalen Verkehr mitgeführt werden. (1) Das Mitführen beschränkter Mengen der in Anhang II, III oder IV aufgeführten Stoffe, die während der Reise für Erste Hilfe oder sonstige dringende Fälle benötigt werden, auf Schiffen, in Luftfahrzeugen oder in sonstigen internationalen öffentlichen Verkehrsmitteln wie internationalen Eisenbahnzügen und Autobussen im internationalen Verkehr gilt nicht als Ein-, Aus- oder Durchfuhr im Sinne dieses Übereinkommens.

(2) Der Registerstaat trifft geeignete Sicherheitsvorkehrungen, um zu verhindern, daß die in Absatz 1 bezeichneten Stoffe unstatthaft verwendet oder unerlaubten Zwecken zugeführt werden. Die Kommission empfiehlt solche Sicherheitsvorkehrungen in Konsultation mit den zuständigen internationalen Organisationen.

(3) Für die nach Absatz 1 auf Schiffen, in Luftfahrzeugen oder in sonstigen internationalen öffentlichen Verkehrsmitteln wie internationalen Eisenbahnzügen und Omnibussen mitgeführten Stoffe gelten die Gesetze, Verordnungen, Genehmigungen und Erlaubnisse des Registerstaats; unberührt bleibt das Recht der zuständigen örtlichen Behörden, in diesen Verkehrsmitteln Nachprüfungen, Inspektionen und sonstige Kontrollen durchzuführen. Die Verabreichung dieser Stoffe in dringenden Fällen gilt nicht als Verstoß gegen Artikel 9 Absatz 1.

Art. 15. Inspektion. Die Vertragsparteien unterhalten ein Inspektionssystem für Hersteller, Importeure, Exporteure sowie Groß- und Einzelhändler psychotroper Stoffe und für medizinische und wissenschaftliche Einrichtungen, die derartige Stoffe verwenden. Die Vertragsparteien sehen Inspektionen der Räumlichkeiten sowie der Vorräte und Verzeichnisse vor, die so häufig durchgeführt werden, wie sie es für erforderlich halten.

Art. 16. Von den Vertragsparteien vorzulegende Berichte. (1) Die Vertragsparteien reichen dem Generalsekretär alle Angaben ein, welche die Kommission als zur Wahrnehmung ihrer Aufgaben notwendig anfordert, und zwar insbesondere einen Jahresbericht über die Auswirkungen dieses Übereinkommens in ihren Hoheitsgebieten, der Angaben enthält über

a) wichtige Änderungen in ihren Gesetzen und sonstigen Vorschriften über psychotrope Stoffe,

b) bedeutende Entwicklungen im Mißbrauch von und im unerlaubten Verkehr mit psychotropen Stoffen in ihren Hoheitsgebieten.

(2) Die Vertragsparteien notifizieren dem Generalsekretär ferner die Bezeichnungen und Anschriften der in Artikel 7 Buchstabe f, Artikel 12 und Artikel 13 Absatz 3 genannten staatlichen Behörden. Der Generalsekretär stellt diese Angaben allen Vertragsparteien zur Verfügung.

(3) Die Vertragsparteien legen dem Generalsekretär für jeden Fall von unerlaubtem Verkehr mit psychotropen Stoffen oder von Beschlagnahme auf Grund eines derartigen Verkehrs, den sie wegen

a) der Aufdeckung neuer Entwicklungen,

b) der in Betracht kommenden Mengen,

c) der Ermittlung der Bezugsquellen der Stoffe oder

d) der Methoden, deren sich die den unerlaubten Verkehr Betreibenden bedienen,

für wichtig halten, so bald wie möglich nach Eintreten des Falles einen Bericht vor. Abschriften des Berichts werden nach Artikel 21 Buchstabe b übermittelt.

(4) Die Vertragsparteien legen dem Suchtstoffamt nach Maßgabe der von ihm ausgearbeiteten Formblätter jährlich statistische Berichte vor

a) hinsichtlich jedes in den Anhängen I und II aufgeführten Stoffes über die hergestellten, nach jedem Staat oder Gebiet ausgeführten und von dort eingeführten Mengen sowie die Vorräte der Hersteller;

b) hinsichtlich jedes in den Anhängen III und IV aufgeführten Stoffes über die hergestellten Mengen sowie über die ein- und ausgeführten Gesamtmengen;

c) hinsichtlich jedes in den Anhängen II und III aufgeführten Stoffes über die zur Herstellung ausgenommener Zubereitungen verwendeten Mengen und

d) hinsichtlich jedes nicht in Anhang I aufgeführten Stoffes über die nach Artikel 4 Buchstabe b für industrielle Zwecke verwendeten Mengen.

Die unter den Buchstaben a und b bezeichneten hergestellten Mengen umfassen nicht die Mengen der hergestellten Zubereitungen.

(5) Jede Vertragspartei legt dem Suchtstoffamt auf Anforderung zusätzliche statistische Angaben für künftige Zeiträume über die Mengen jedes einzelnen in den Anhängen III und IV aufgeführten Stoffes vor, die nach jedem Staat oder Gebiet ausgeführt und von dort eingeführt werden. Die betreffende Vertragspartei kann verlangen, daß das Suchtstoffamt sowohl sein Ersuchen um Angaben als auch die nach diesem Absatz vorgelegten Angaben vertraulich behandelt.

(6) Die Vertragsparteien stellen die in den Absätzen 1 und 4 genannten Angaben in einer Weise und innerhalb einer Frist zur Verfügung, die von der Kommission oder dem Suchtstoffamt bestimmt werden.

Art. 17. Aufgaben der Kommission. (1) Die Kommission kann sämtliche Angelegenheiten behandeln, welche die Ziele dieses Übereinkommens und die Durchführung seiner Bestimmungen betreffen, und kann diesbezügliche Empfehlungen abgeben.

(2) Beschlüsse der Kommission auf Grund der Artikel 2 und 3 bedürfen der Zweidrittelmehrheit ihrer Mitglieder.

Art. 18. Berichte des Suchtstoffamts. (1) Das Suchtstoffamt erstellt jährliche Berichte über seine Arbeit, die eine Auswertung der ihm zur Verfügung stehenden statistischen Angaben und geeignetenfalls eine Darlegung über etwaige Erläuterungen enthalten, um welche Regierungen ersucht wurden oder die sie eingereicht haben, sowie alle Bemerkungen und Empfehlungen, die das Suchtstoffamt zu machen wünscht. Das Suchtstoffamt kann alle zusätzlichen Berichte erstellen, die es für erforderlich hält. Die Berichte werden dem Rat über die Kommission vorgelegt; dieser steht es frei, dazu Stellung zu nehmen.

(2) Die Berichte des Suchtstoffamts werden den Vertragsparteien übermittelt und sodann vom Generalsekretär veröffentlicht. Die Vertragsparteien gestatten ihre unbeschränkte Verbreitung.

Art. 19. Maßnahmen des Suchtstoffamts, um die Durchführung dieses Übereinkommens sicherzustellen. (1) a) Hat das Suchtstoffamt die Angaben geprüft, die ihm von den Regierungen eingereicht oder von den Organen der Vereinten Nationen zugeleitet werden, und hat es daraufhin Grund zu der Annahme, daß die Ziele dieses Übereinkommens ernstlich gefährdet sind, weil ein Staat oder ein Gebiet das Übereinkommen nicht durchführt, so ist es berechtigt, die Regierung des betreffenden Staates oder Gebiets um Erläuterungen zu ersuchen. Vorbehaltlich des Rechts des Suchtstoffamts, die Vertragsparteien, den Rat und die Kommission auf die unter Buchstabe c erwähnte Angelegenheit aufmerksam zu machen, behandelt es sein Ersuchen um Auskunft oder die Erläuterung einer Regierung auf Grund dieses Buchstabens als vertraulich.

b) Ist das Suchtstoffamt auf Grund des Buchstabens a tätig geworden, so kann es in der Folge die betreffende Regierung auffordern, wenn es dies für notwendig erachtet, die unter den gegebenen Umständen zur Durchführung dieses Übereinkommens erforderlichen Abhilfemaßnahmen zu treffen.

c) Stellt das Suchtstoffamt fest, daß die betreffende Regierung nach einem Ersuchen auf Grund des Buchstabens a keine zufriedenstellende Erläuterung gegeben oder nach Aufforderung auf Grund des Buchstabens b keine Abhilfemaßnahmen getroffen hat, so kann es die Vertragsparteien, den Rat und die Kommission auf diese Angelegenheit aufmerksam machen.

(2) Macht das Suchtstoffamt die Vertragsparteien, den Rat und die Kommission auf Grund des Absatzes 1 Buchstabe c auf eine Angelegenheit aufmerksam, so kann es gleichzeitig den Vertragsparteien empfehlen, wenn es dies für notwendig erachtet, ge-

genüber dem betreffenden Staat oder Gebiet die Ein- oder die Ausfuhr bestimmter psychotroper Stoffe – oder beides – einzustellen, und zwar entweder für eine bestimmte Zeit oder bis zu dem Zeitpunkt, in dem das Suchtstoffamt die Lage in diesem Staat oder Gebiet als zufriedenstellend betrachtet. Der betreffende Staat kann den Rat mit der Angelegenheit befassen.

(3) Das Suchtstoffamt ist berechtigt, über jede auf Grund dieses Artikels behandelte Angelegenheit einen Bericht zu veröffentlichen und dem Rat zu übermitteln; dieser leitet ihn allen Vertragsparteien zu. Veröffentlicht das Suchtstoffamt in diesem Bericht einen auf Grund dieses Artikels gefaßten Beschluß oder eine auf den Beschluß bezügliche Angabe, so hat es in demselben Bericht auf Ersuchen der betreffenden Regierung auch deren Auffassung zu veröffentlichen.

(4) Wurde ein auf Grund dieses Artikels veröffentlichter Beschluß des Suchtstoffamts nicht einstimmig gefaßt, so ist auch die Auffassung der Minderheit darzulegen.

(5) Prüft das Suchtstoffamt eine Frage auf Grund dieses Artikels, so wird jeder Staat, für den sie von unmittelbarem Interesse ist, eingeladen, sich auf der diesbezüglichen Sitzung vertreten zu lassen.

(6) Beschlüsse des Suchtstoffamts auf Grund dieses Artikels bedürfen der Zweidrittelmehrheit der Gesamtzahl seiner Mitglieder.

(7) Die vorstehenden Absätze finden auch Anwendung, wenn das Suchtstoffamt Grund zu der Annahme hat, daß die Ziele dieses Übereinkommens infolge eines von einer Vertragspartei nach Artikel 2 Absatz 7 gefaßten Beschlusses ernstlich gefährdet sind.

Art. 20. Maßnahmen gegen den Mißbrauch psychotroper Stoffe. (1) Die Vertragsparteien treffen alle geeigneten Maßnahmen zur Verhütung des Mißbrauchs psychotroper Stoffe und zur frühzeitigen Erkennung, Behandlung, Aufklärung, Nachbehandlung, Rehabilitation und sozialen Wiedereingliederung der betroffenen Personen und koordinieren ihre diesbezüglichen Bemühungen.

(2) Die Vertragsparteien fördern nach Möglichkeit die Ausbildung von Personal für die Behandlung, Nachbehandlung, Rehabilitation und sozialen Wiedereingliederung von Personen, die psychotrope Stoffe mißbrauchen.

(3) Die Vertragsparteien helfen Personen, deren Arbeit dies erfordert, Verständnis für die Probleme des Mißbrauchs psychotroper Stoffe und seiner Verhütung zu gewinnen, und fördern dieses Verständnis auch in der Öffentlichkeit, wenn die Gefahr besteht, daß sich der Mißbrauch dieser Stoffe ausbreitet.

Art. 21. Maßnahmen gegen den unerlaubten Verkehr. Die Vertragsparteien sind verpflichtet, unter gebührender Beachtung ihrer Verfassungs-, Rechts- und Verwaltungsordnungen

a) Vorkehrungen zu treffen, um ihre Maßnahmen zur Verhütung und Unterdrückung des unerlaubten Verkehrs innerstaatlich zu koordinieren; sie können zweckdienlicherweise eine hierfür zuständige Stelle bestimmen;

b) einander beim Kampf gegen den unerlaubten Verkehr mit psychotropen Stoffen zu unterstützen und insbesondere den anderen unmittelbar betroffenen Vertragsparteien umgehend auf diplomatischem Wege oder über die von den Vertragsparteien dafür bestimmten zuständigen Behörden eine Abschrift jedes nach Artikel 16 an den Generalsekretär gerichteten Berichts im Zusammenhang mit der Aufdeckung eines Falles von unerlaubtem Verkehr oder einer Beschlagnahme zu übermitteln;

c) miteinander und mit den zuständigen internationalen Organisationen, denen sie als Mitglieder angehören, eng zusammenzuarbeiten, um den Kampf gegen den unerlaubten Verkehr fortlaufend zu koordinieren;

d) zu gewährleisten, daß die internationale Zusammenarbeit zwischen den zuständigen Stellen rasch vonstatten geht und

e) zu gewährleisten, daß rechtserhebliche Schriftstücke, die zum Zweck von Gerichtsverfahren in einen anderen Staat zu übermitteln sind, den von den Vertragsparteien bezeichneten Organen rasch zugeleitet werden; dies berührt nicht das Recht einer

Vertragspartei, zu verlangen, daß ihr rechtserhebliche Schriftstücke auf diplomatischem Wege übersandt werden.

Art. 22. Strafbestimmungen. (1) a) Jede Vertragspartei wird vorbehaltlich ihrer Verfassungsordnung jede gegen Gesetze oder sonstige Vorschriften, die aufgrund ihrer Verpflichtungen nach diesem Übereinkommen erlassen wurden, verstoßende Handlung, wenn vorsätzlich begangen, als strafbaren Verstoß behandeln und sicherstellen, daß schwere Verstöße angemessen geahndet werden, insbesondere mit Gefängnis oder einer sonstigen Art des Freiheitsentzuges.

b) Ungeachtet des Buchstabens a können die Vertragsparteien, wenn Personen, die psychotrope Stoffe mißbrauchen, derartige Verstöße begangen haben, entweder an Stelle der Verurteilung oder Bestrafung oder zusätzlich zur Bestrafung vorsehen, daß diese Personen sich Maßnahmen der Behandlung, Aufklärung, Nachbehandlung, Rehabilitation und sozialen Wiedereingliederung nach Artikel 20 Absatz 1 unterziehen.

(2) Jede Vertragspartei gewährleistet vorbehaltlich ihrer Verfassungsordnung, ihres Rechtssystems und ihrer innerstaatlichen Rechtsvorschriften,

a) i) daß jede einzelne einer Reihe zusammenhängender Handlungen, die Verstöße nach Absatz 1 darstellen und in verschiedenen Staaten begangen worden sind, als selbständiger Verstoß gilt,

ii) daß in bezug auf diese Verstöße die vorsätzliche Teilnahme, die Verabredung und der Versuch mit Strafe im Sinne des Absatzes 1 bedroht werden; dies gilt auch für Vorbereitungs- und Finanzhandlungen im Zusammenhang mit den in diesem Artikel bezeichneten Verstößen.

iii) daß im Ausland erfolgte Verurteilungen wegen solcher Verstöße rückfallbegründend wirken;

iv) daß die vorstehend bezeichneten schweren Verstöße, gleichviel ob von Staatsangehörigen oder Ausländern begangen, von der Vertragspartei verfolgt werden, in deren Hoheitsgebiet der Verstoß begangen wurde, oder von der Vertragspartei, in deren Hoheitsgebiet der Täter betroffen wird, wenn diese aufgrund ihres Rechts das Auslieferungsersuchen ablehnt und der Täter noch nicht verfolgt und verurteilt worden ist.

b) Es ist wünschenswert, daß die in Absatz 1 und in Absatz 2 Buchstabe a Ziffer ii bezeichneten Verstöße in jeden bestehenden oder künftigen Auslieferungsvertrag zwischen Vertragsparteien als auslieferungsfähige Straftaten aufgenommen werden und daß sie zwischen Vertragsparteien, welche die Auslieferung nicht vom Bestehen eines Vertrags oder von der Gegenseitigkeit abhängig machen, als auslieferungsfähige Straftaten anerkannt werden; Voraussetzung ist, daß die Auslieferung im Einklang mit den Rechtsvorschriften der ersuchten Vertragspartei bewilligt wird und daß diese berechtigt ist, die Festnahme oder die Auslieferung in Fällen zu verweigern, in denen die zuständigen Behörden den Verstoß als nicht schwerwiegend genug ansehen.

(3) Alle psychotropen oder sonstigen Stoffe sowie alle Gegenstände, die zu einem Verstoß im Sinne der Absätze 1 und 2 verwendet wurden oder bestimmt waren, können beschlagnahmt und eingezogen werden.

(4) Dieser Artikel beeinträchtigt nicht die innerstaatlichen Rechtsvorschriften der betreffenden Vertragspartei über die Gerichtsbarkeit.

(5) Unberührt von diesem Artikel bleibt der Grundsatz, daß hinsichtlich der darin bezeichneten Verstöße die Bestimmung der Tatbestandsmerkmale, die Strafverfolgung und die Ahndung im Einklang mit dem innerstaatlichen Recht einer Vertragspartei zu erfolgen haben.

Art. 23. Anwendung strengerer Kontrollmaßnahmen, als in diesem Übereinkommen vorgeschrieben. Jede Vertragspartei kann strengere oder schärfere Kontrollmaßnahmen treffen, als in diesem Übereinkommen vorgesehen, soweit dies nach ihrer Ansicht zum Schutz der Volksgesundheit oder des öffentlichen Wohls wünschenswert oder notwendig ist.

Art. 24. Kosten, die den internationalen Organen bei der Durchführung dieses Übereinkommens entstehen. Die Ausgaben, die der Kommission und dem Suchtstoffamt bei der Wahrnehmung ihrer Aufgaben aufgrund dieses Übereinkommens entstehen, gehen zu Lasten der Vereinten Nationen; das Nähere regelt die Generalversammlung. Vertragsparteien, die nicht Mitglied der Vereinten Nationen sind, leisten zu diesen Ausgaben Beiträge in der von der Generalversammlung für angemessen erachteten und nach Konsultation mit den Regierungen dieser Vertragsparteien jeweils festgesetzten Höhe.

Art. 25. Verfahren für die Zulassung, die Unterzeichnung, die Ratifikation und den Beitritt. (1) Mitglieder der Vereinten Nationen, Nichtmitgliedstaaten der Vereinten Nationen, die Mitglieder einer Sonderorganisation der Vereinten Nationen oder der Internationalen Atomenergie-Organisation oder Vertragsparteien der Satzung des Internationalen Gerichtshofs sind, sowie alle anderen vom Rat eingeladenen Staaten können Vertragsparteien dieses Übereinkommens werden,

a) indem sie es unterzeichnen oder

b) indem sie es ratifizieren, nachdem sie es vorbehaltlich der Ratifizierung unterzeichnet haben, oder

c) indem sie ihm beitreten.

(2) Dieses Übereinkommen liegt bis zum 1. Januar 1972 zur Unterzeichnung auf. Danach liegt es zum Beitritt auf.

(3) Die Ratifikations- oder Beitrittsurkunden sind dem Generalsekretär zu hinterlegen.

Art. 26. Inkrafttreten. (1) Dieses Übereinkommen tritt am neunzigsten Tag nach dem Tag in Kraft, an dem vierzig der in Artikel 25 Absatz 1 genannten Staaten es ohne Vorbehalt der Ratifikation unterzeichnet oder ihre Ratifikations- oder Beitrittsurkunden hinterlegt haben.

(2) Für jeden anderen Staat, der dieses Übereinkommen nach der letzten Unterzeichnung oder Hinterlegung gemäß Absatz 1 ohne Vorbehalt der Ratifikation unterzeichnet oder eine Ratifikations- oder Beitrittsurkunde hinterlegt, tritt es am neunzigsten Tag nach der Unterzeichnung oder der Hinterlegung der Ratifikations- oder Beitrittsurkunde durch den betreffenden Staat in Kraft.

Art. 27. Räumlicher Geltungsbereich. Dieses Übereinkommen findet auf alle Hoheitsgebiete außerhalb des Mutterlands Anwendung, für deren internationale Beziehungen eine Vertragspartei verantwortlich ist, soweit nicht nach der Verfassung dieser Vertragspartei oder des betreffenden Hoheitsgebiets oder kraft Gewohnheitsrechts die vorherige Zustimmung eines Hoheitsgebiets erforderlich ist. In diesem Fall wird sich die Vertragspartei bemühen, die erforderliche Zustimmung des Hoheitsgebiets so bald wie möglich zu erwirken, und wird sie sodann dem Generalsekretär notifizieren. Das Übereinkommen findet auf jedes in einer solchen Notifikation bezeichnete Hoheitsgebiet mit dem Tag ihres Eingangs beim Generalsekretär Anwendung. In den Fällen, in denen die vorherige Zustimmung eines Hoheitsgebiets außerhalb des Mutterlands nicht erforderlich ist, erklärt die betreffende Vertragspartei im Zeitpunkt der Unterzeichnung, der Ratifizierung oder des Beitritts, auf welche Hoheitsgebiete außerhalb des Mutterlands dieses Übereinkommen Anwendung findet.

Art. 28. Gebiete im Sinne dieses Übereinkommens. (1) Eine Vertragspartei kann dem Generalsekretär notifizieren, daß ihr Hoheitsgebiet in zwei oder mehr Gebiete im Sinne dieses Übereinkommens aufgeteilt ist oder daß zwei oder mehr ihrer Gebiete ein einziges Gebiet im Sinne des Übereinkommens bilden.

(2) Zwei oder mehr Vertragsparteien können dem Generalsekretär notifizieren, daß sie infolge der Errichtung einer sie umfassenden Zollunion ein einziges Gebiet im Sinne dieses Übereinkommens bilden.

(3) Eine Notifikation nach Absatz 1 oder 2 wird am 1. Januar des auf das Jahr der Notifikation folgenden Jahres wirksam.

Art. 29. Kündigung. (1) Nach Ablauf von zwei Jahren seit Inkrafttreten dieses Übereinkommens kann jede Vertragspartei im eigenen Namen oder im Namen eines Hoheitsgebiets, für dessen internationale Beziehungen sie verantwortlich ist und das seine nach Artikel 27 erteilte Zustimmung zurückgenommen hat, dieses Übereinkommen durch Hinterlegung einer entsprechenden Urkunde beim Generalsekretär kündigen.

(2) Geht die Kündigung bis zum 1. Juli des betreffenden Jahres beim Generalsekretär ein, so wird sie am 1. Januar des folgenden Jahres wirksam; geht sie nach dem 1. Juli ein, so wird sie als eine bis zum 1. Juli des folgenden Jahres eingegangene Kündigung wirksam.

(3) Das Übereinkommen tritt außer Kraft, wenn infolge von Kündigungen nach den Absätzen 1 und 2 dieses Artikels die in Artikel 26 Absatz 1 bezeichneten Voraussetzungen für sein Inkrafttreten entfallen.

Art. 30. Änderungen. (1) Jede Vertragspartei kann zu diesem Übereinkommen Änderungen vorschlagen. Der Wortlaut und die Begründung jedes Änderungsvorschlags sind dem Generalsekretär zu übermitteln; dieser leitet sie den Vertragsparteien und dem Rat zu. Der Rat kann beschließen,

a) entweder nach Maßgabe des Artikels 62 Absatz 4 der Charta der Vereinten Nationen eine Konferenz zur Beratung des Änderungsvorschlags einzuberufen oder

b) die Vertragsparteien zu fragen, ob sie den Änderungsvorschlag annehmen, und sie aufzufordern, dem Rat gegebenenfalls ihre Stellungnahme zu dem Vorschlag einzureichen.

(2) Ist ein nach Absatz 1 Buchstabe b verteilter Änderungsvorschlag binnen achtzehn Monaten nach seiner Verteilung von keiner Vertragspartei abgelehnt worden, so tritt er in Kraft. Hat eine Vertragspartei ihn abgelehnt, so kann der Rat im Lichte der von Vertragsparteien eingereichten Stellungnahmen beschließen, ob eine Konferenz zur Beratung des Änderungsvorschlags einzuberufen ist.

Art. 31. Streitigkeiten. (1) Entsteht zwischen zwei oder mehr Vertragsparteien über die Auslegung oder Anwendung dieses Übereinkommens eine Streitigkeit, so konsultieren sie einander mit dem Ziel, die Streitigkeit durch Verhandlung, Untersuchung, Vermittlung, Vergleich, Schiedsspruch, Inanspruchnahme regionaler Einrichtungen, gerichtliche Entscheidung oder durch andere friedliche Mittel eigener Wahl beizulegen.

(2) Kann durch die in Absatz 1 vorgesehenen Verfahren die Streitigkeit nicht beigelegt werden, so ist sie auf Ersuchen einer der Streitparteien dem Internationalen Gerichtshof zur Entscheidung zu unterbreiten.

Art. 32. Vorbehalte. (1) Andere als die in den Absätzen 2, 3 und 4 bezeichneten Vorbehalte sind nicht zulässig.

(2) Ein Staat kann bei der Unterzeichnung, der Ratifizierung oder dem Beitritt Vorbehalte zu folgenden Bestimmungen dieses Übereinkommens machen:

a) Artikel 19 Absätze 1 und 2;
b) Artikel 27;
c) Artikel 31.

(3) Wünscht ein Staat Vertragspartei zu werden, aber die Ermächtigung zu anderen als den in den Absätzen 2 und 4 bezeichneten Vorbehalten zu erlangen, so kann er seine Absicht dem Generalsekretär mitteilen. Ein solcher Vorbehalt gilt als zugelassen, falls nicht binnen zwölf Monaten, nachdem der Generalsekretär den betreffenden Vorbehalt weitergeleitet hat, ein Drittel der Staaten, die dieses Übereinkommen vor Ablauf dieser Frist ohne Vorbehalt der Ratifizierung unterzeichnet oder es ratifiziert haben oder ihm beigetreten sind, gegen diesen Vorbehalt Einspruch erhebt; jedoch brauchen Staaten, die gegen den Vorbehalt Einspruch erhoben haben, Verpflichtungen rechtlicher Art aus

diesem Übereinkommen, die von dem Vorbehalt berührt werden, nicht zu übernehmen.

(4) Ein Staat, in dessen Hoheitsgebiet Pflanzen wild wachsen, die psychotrope Stoffe der in Anhang I aufgeführten Arten enthalten und von kleinen, klar abgegrenzten Gruppen herkömmlicherweise für magische oder religiöse Bräuche verwendet werden, kann bei der Unterzeichnung, der Ratifizierung oder dem Beitritt hinsichtlich dieser Pflanzen Vorbehalte zu den Bestimmungen des Artikels 7 mit Ausnahme der Bestimmungen über den internationalen Handel machen.

(5) Ein Staat, der Vorbehalte gemacht hat, kann jederzeit alle oder einzelne Vorbehalte durch eine an den Generalsekretär gerichtete schriftliche Notifikation zurücknehmen.

Art. 33. Notifikationen. Der Generalsekretär notifiziert allen in Artikel 25 Absatz 1 bezeichneten Staaten

a) die Unterschriften, Ratifikationen und Beitritte nach Artikel 25;
b) den Tag, an dem dieses Übereinkommen nach Artikel 26 in Kraft tritt;
c) die Kündigungen nach Artikel 29 und
d) die Erklärungen und Notifikationen nach den Artikeln 27, 28, 30 und 32.

ZU URKUND DESSEN haben die hierzu gehörig befugten Unterzeichneten dieses Übereinkommen im Namen ihrer Regierungen unterschrieben.

GESCHEHEN zu Wien am 21. Februar 1971 in einer Urschrift in chinesischer, englischer, französischer, russischer und spanischer Sprache, wobei jeder Wortlaut gleichermaßen verbindlich ist. Das Übereinkommen wird beim Generalsekretär der Vereinten Nationen hinterlegt; dieser übermittelt allen Mitgliedern der Vereinten Nationen und den anderen in Artikel 25 Absatz 1 bezeichneten Staaten beglaubigte Abschriften.

Listen der in den Anhängen aufgeführten Stoffe*

A 3. Übereinkommen der Vereinten Nationen gegen den unerlaubten Verkehr mit Suchtstoffen und psychotropen Stoffen – Suchtstoffübereinkommen 1988 –

vom 20. 12. 1988 (BGBl. 1993 II S. 1136)

DIE VERTRAGSPARTEIEN DIESES ÜBEREINKOMMENS –

TIEF BESORGT über Ausmaß und Zunahme der unerlaubten Gewinnung von Suchtstoffen und psychotropen Stoffen, der unerlaubten Nachfrage nach solchen Stoffen und des unerlaubten Verkehrs mit solchen Stoffen, die Gesundheit und Wohl der Menschen ernstlich gefährden und die wirtschaftlichen, kulturellen und politischen Grundlagen der Gesellschaft beeinträchtigen,

SOWIE TIEF BESORGT über das stetig zunehmende Übergreifen des unerlaubten Verkehrs mit Suchtstoffen und psychotropen Stoffen auf unterschiedliche gesellschaftliche Schichten und insbesondere über die Tatsache, daß Kinder in vielen Teilen der Welt als Verbraucher auf dem unerlaubten Betäubungsmittelmarkt ausgebeutet und für Zwecke der unerlaubten Gewinnung und Verteilung von Suchtstoffen und psychotropen Stoffen sowie des unerlaubten Handels mit solchen Stoffen benutzt werden, was eine Gefahr von unübersehbarer Tragweite darstellt,

IN ERKENNTNIS der Verbindungen zwischen dem unerlaubten Verkehr und anderer damit zusammenhängenden organisierter Kriminalität, welche die rechtmäßige Wirtschaft untergräbt und die Stabilität, Sicherheit und Souveränität der Staaten gefährdet,

---

* Vom Abdruck der dem Übereinkommen beigefügten Listen wurde abgesehen, weil sie inzwischen völlig überholt sind. Der aktuelle Stand ergibt sich aus der vom INCB herausgegebenen LIST OF PSYCHOTROPIC SUBSTANCES UNDER INTERNATIONAL CONTROL.

IN DER WEITEREN ERKENNTNIS, daß der unerlaubte Verkehr eine internationale kriminelle Tätigkeit ist, deren Bekämpfung dringende Aufmerksamkeit und höchsten Vorrang erfordert,

IN DEM BEWUSSTSEIN, daß der unerlaubte Verkehr zu hohen finanziellen Gewinnen und Reichtümern führt, die es transnationalen kriminellen Vereinigungen ermöglichen, die Strukturen des Staates, die rechtmäßigen Handels- und Finanzgeschäfte und die Gesellschaft auf allen Ebenen zu durchdringen, zu vergiften und zu korrumpieren,

ENTSCHLOSSEN, diejenigen, die sich mit unerlaubtem Verkehr befassen, um den Ertrag ihrer kriminellen Tätigkeit zu bringen und ihnen dadurch den Hauptanreiz für ihr Tun zu nehmen,

IN DEM WUNSCH, die Grundursachen des Problems des Mißbrauchs von Suchtstoffen und psychotropen Stoffen zu beseitigen, darunter die unerlaubte Nachfrage nach solchen Stoffen und die aus dem unerlaubten Verkehr stammenden ungeheuren Gewinne,

IN DER ERWÄGUNG, daß Maßnahmen notwendig sind, um bestimmte Stoffe, einschließlich der bei der Herstellung von Suchtstoffen und psychotropen Stoffen verwendeten Vorläuferstoffe, Chemikalien und Lösungsmittel, deren leichte Verfügbarkeit zu einem Anstieg der im geheimen vorgenommenen Herstellung solcher Stoffe geführt hat, zu überwachen,

ENTSCHLOSSEN, die internationale Zusammenarbeit bei der Bekämpfung des unerlaubten Verkehrs auf See zu verbessern,

IN DER ERKENNTNIS, daß die Ausmerzung des unerlaubten Verkehrs in die kollektive Verantwortung aller Staaten fällt und daß zu diesem Zweck ein koordiniertes Vorgehen im Rahmen der internationalen Zusammenarbeit notwendig ist,

IN ANERKENNUNG der Zuständigkeit der Vereinten Nationen auf dem Gebiet der Kontrolle der Suchtstoffe und psychotropen Stoffe und in dem Wunsch, daß die für diese Kontrolle zuständigen internationalen Organe ihre Tätigkeit im Rahmen dieser Organisation ausüben,

IN BEKRÄFTIGUNG der Leitsätze der Verträge im Bereich der Suchtstoffe und psychotropen Stoffe und des durch sie festgelegten Kontrollsystems,

IN ERKENNTNIS der Notwendigkeit, die Maßnahmen zu verstärken und zu ergänzen, die im Einheits-Übereinkommen von 1961 über Suchtstoffe, in jenem Übereinkommen in der durch das Protokoll von 1972 zur Änderung des Einheits-Übereinkommens von 1961 geänderten Fassung sowie im Übereinkommen von 1971 über psychotrope Stoffe vorgesehen sind, um dem Ausmaß und Umfang des unerlaubten Verkehrs sowie seinen schwerwiegenden Folgen entgegenzuwirken,

SOWIE IN ERKENNTNIS der Bedeutung, die einer Verstärkung und einem Ausbau wirksamer rechtlicher Mittel für die internationale Zusammenarbeit in Strafsachen zukommt, um die internationalen kriminellen Tätigkeiten des unerlaubten Verkehrs zu bekämpfen,

IN DEM WUNSCH, ein umfassendes, wirksames und anwendbares internationales Übereinkommen zu schließen, das besonders gegen den unerlaubten Verkehr gerichtet ist und den verschiedenen Erscheinungsformen des Gesamtproblems Rechnung trägt, insbesondere solchen, die in den im Bereich der Suchtstoffe und psychotropen Stoffe bestehenden Verträgen nicht behandelt sind –

KOMMEN hiermit wie folgt ÜBEREIN:

Art. 1. Begriffsbestimmungen. Soweit nicht ausdrücklich etwas anderes angegeben oder aufgrund des Zusammenhangs erforderlich ist, gelten für dieses gesamte Übereinkommen folgende Begriffsbestimmungen:

a) Der Ausdruck „Suchtstoffamt" bezeichnet das Internationale Suchtstoff-Kontrollamt, das durch das Übereinkommen von 1961 und durch das Übereinkommen von 1961 in seiner durch das Protokoll von 1972 geänderten Fassung gebildet wurde;

b) der Ausdruck „Cannabispflanze" bezeichnet jede Pflanze der Gattung Cannabis;

c) der Ausdruck „Cocastrauch" bezeichnet jede Pflanzenart der Gattung Erythroxylon;

d) der Ausdruck „gewerblicher Beförderungsunternehmer" bezeichnet eine Person oder einen öffentlichen, privaten oder sonstigen Rechtsträger, der Personen, Güter oder Postsendungen gegen Entgelt oder sonstige Gegenleistung befördert;

e) der Ausdruck „Kommission" bezeichnet die Suchtstoffkommission des Wirtschafts- und Sozialrats der Vereinten Nationen;

f) der Ausdruck „Einziehung", der gegebenenfalls den Verfall umfaßt, bezeichnet die dauernde Entziehung von Vermögensgegenständen aufgrund einer von einem Gericht oder einer anderen zuständigen Behörde getroffenen Entscheidung;

g) der Ausdruck „kontrollierte Lieferung" bezeichnet die Methode, aufgrund derer unerlaubte oder verdächtige Sendungen von Suchtstoffen, psychotropen Stoffen, in Tabelle I und Tabelle II zu diesem Übereinkommen aufgeführten Stoffen oder Austauschstoffen mit Wissen und unter Aufsicht der zuständigen Behörden aus dem Hoheitsgebiet eines oder mehrerer Staaten verbracht, durch dasselbe durchgeführt oder in dasselbe verbracht werden dürfen mit dem Ziel, Personen zu ermitteln, die an der Begehung von in Übereinstimmung mit Artikel 3 Absatz 1 umschriebenen Straftaten beteiligt sind;

h) der Ausdruck „Übereinkommen von 1961" bezeichnet das Einheits-Übereinkommen von 1961 über Suchtstoffe;

i) der Ausdruck „Übereinkommen von 1961 in seiner geänderten Fassung" bezeichnet das Einheits-Übereinkommen von 1961 über Suchtstoffe in der durch das Protokoll von 1972 zur Änderung des Einheits-Übereinkommens von 1961 geänderten Fassung;

j) der Ausdruck „Übereinkommen von 1971" bezeichnet das Übereinkommen von 1971 über psychotrope Stoffe;

k) der Ausdruck „Rat" bezeichnet den Wirtschafts- und Sozialrat der Vereinten Nationen;

l) der Ausdruck „Einfrieren" oder „Beschlagnahme" bezeichnet das vorübergehende Verbot der Übertragung, Umwandlung oder Bewegung von Vermögensgegenständen oder der Verfügung darüber oder die vorübergehende Verwahrung oder Kontrolle von Vermögensgegenständen aufgrund einer von einem Gericht oder einer anderen zuständigen Behörde getroffenen Entscheidung;

m) der Ausdruck „unerlaubter Verkehr" bezeichnet die in Artikel 3 Absätze 1 und 2 genannten Straftaten;

n) der Ausdruck „Suchtstoff" bezeichnet jeden in den Anhängen I und II des Übereinkommens von 1961 und des Übereinkommens von 1961 in seiner geänderten Fassung aufgeführten natürlichen oder synthetischen Stoff;

o) der Ausdruck „Opiummohn" bezeichnet die Pflanzenart Papaver somniferum L;

p) der Ausdruck „Ertrag" bezeichnet jeden Vermögensgegenstand, der unmittelbar oder mittelbar aus der Begehung einer in Übereinstimmung mit Artikel 3 Absatz 1 umschriebenen Straftat stammt oder dadurch erzielt wurde;

q) der Ausdruck „Vermögensgegenstände" bezeichnet Gegenstände jeder Art, körperliche oder nichtkörperliche, bewegliche oder unbewegliche, materielle oder immaterielle, sowie rechtserhebliche Schriftstücke oder Urkunden, die das Recht auf solche Gegenstände oder Rechte daran belegen;

r) der Ausdruck „psychotroper Stoff" bezeichnet jeden in Anhang I, II, III oder IV des Übereinkommens von 1971 über psychotrope Stoffe aufgeführten natürlichen oder synthetischen Stoff oder natürlichen Ausgangsstoff;

s) der Ausdruck „Generalsekretär" bezeichnet den Generalsekretär der Vereinten Nationen;

t) die Ausdrücke „Tabelle I" und „Tabelle II" bezeichnen die diesem Übereinkommen beigefügten entsprechend numerierten Listen von Stoffen in der aufgrund von Änderungen nach Artikel 12 jeweils gültigen Fassung;

u) der Ausdruck „Transitstaat" bezeichnet einen Staat, durch dessen Hoheitsgebiet unerlaubte Suchtstoffe, psychotrope Stoffe und in Tabelle I und Tabelle II aufgeführte Stoffe befördert werden und der weder Ursprungsort noch endgültiger Bestimmungsort dieser Stoffe ist.

Art. 2. Geltungsbereich des Übereinkommens. (1) Zweck dieses Übereinkommens ist es, die Zusammenarbeit zwischen den Vertragsparteien so zu fördern, daß sie gegen die verschiedenen Erscheinungsformen des unerlaubten Verkehrs mit Suchtstoffen und psychotropen Stoffen, die internationales Ausmaß haben, wirksamer vorgehen können. Bei der Erfüllung ihrer Verpflichtungen nach dem Übereinkommen treffen die Vertragsparteien die erforderlichen Maßnahmen, einschließlich der Gesetzgebungs- und Verwaltungsmaßnahmen, im Einklang mit den grundlegenden Bestimmungen ihrer jeweiligen innerstaatlichen Gesetzgebung.

(2) Die Vertragsparteien erfüllen ihre Verpflichtungen nach diesem Übereinkommen in einer Weise, die mit den Grundsätzen der souveränen Gleichheit und territorialen Unversehrtheit der Staaten sowie der Nichteinmischung in die inneren Angelegenheiten anderer Staaten vereinbar ist.

(3) Eine Vertragspartei unterläßt im Hoheitsgebiet einer anderen Vertragspartei die Ausübung der Gerichtsbarkeit und die Wahrnehmung von Aufgaben, die nach innerstaatlichem Recht ausschließlich den Behörden dieser anderen Vertragspartei vorbehalten sind.

Art. 3. Straftaten und Sanktionen. (1) Jede Vertragspartei trifft die erforderlichen Maßnahmen, um folgende Handlungen, wenn vorsätzlich begangen, als Straftaten zu umschreiben:

a) i) das Gewinnen, Herstellen, Ausziehen, Zubereiten, Anbieten, Feilhalten, Verteilen, Verkaufen, Liefern – gleichviel zu welchen Bedingungen –, Vermitteln, Versenden – auch im Transit –, Befördern, Einführen oder Ausführen eines Suchtstoffs oder psychotropen Stoffes entgegen dem Übereinkommen von 1961, dem Übereinkommen von 1961 in seiner geänderten Fassung oder dem Übereinkommen von 1971;

ii) das Anbauen des Opiummohns, des Cocastrauchs oder der Cannabispflanze zum Zweck der Gewinnung von Suchtstoffen entgegen dem Übereinkommen von 1961 und dem Übereinkommen von 1961 in seiner geänderten Fassung;

iii) das Besitzen oder Kaufen eines Suchtstoffs oder psychotropen Stoffes zum Zweck einer der unter Ziffer i aufgeführten Tätigkeiten;

iv) das Herstellen, Befördern oder Verteilen von Gerät, Material oder in Tabelle I und Tabelle II aufgeführten Stoffen in der Kenntnis, daß dieses Gerät, dieses Material oder diese Stoffe bei dem unerlaubten Anbau oder der unerlaubten Gewinnung oder Herstellung von Suchtstoffen oder psychotropen Stoffen oder für diese Zwecke verwendet werden sollen;

v) das Organisieren, Leiten oder Finanzieren einer der unter den Ziffern i, ii, iii oder iv aufgeführten Straftaten;

b) i) das Umwandeln oder Übertragen von Vermögensgegenständen in der Kenntnis, daß diese Vermögensgegenstände aus einer oder mehreren in Übereinstimmung mit Buchstabe a umschriebenen Straftaten oder aus der Teilnahme an einer oder mehreren dieser Straftaten stammen, zu dem Zweck, den unerlaubten Ursprung der Vermögensgegenstände zu verbergen oder zu verschleiern oder einer an der Begehung einer oder mehrerer solcher Straftaten beteiligten Person behilflich zu sein, sich den rechtlichen Folgen ihres Handelns zu entziehen;

ii) das Verbergen oder Verschleiern der wahren Beschaffenheit, des Ursprungs, des Ortes oder der Bewegung der Vermögensgegenstände, der Verfügung darüber oder der Rechte oder des Eigentums daran in der Kenntnis, daß diese Vermögensgegenstände aus einer oder mehreren in Übereinstimmung mit Buchstabe a umschriebenen Straftaten oder aus der Teilnahme an einer oder mehreren dieser Straftaten stammen;

c) vorbehaltlich ihrer Verfassungsgrundsätze und der Grundzüge ihrer Rechtsordnung

i) den Erwerb, den Besitz oder die Verwendung von Vermögensgegenständen, wenn der Betreffende bei Erhalt weiß, daß diese Vermögensgegenstände aus einer oder mehreren in Übereinstimmung mit Buchstabe a umschriebenen Straftaten oder aus der Teilnahme an einer oder mehreren dieser Straftaten stammen;

ii) den Besitz von Gerät, Material oder in Tabelle I und Tabelle II aufgeführten Stoffen in der Kenntnis, daß dieses Gerät, dieses Material oder diese Stoffe bei dem unerlaubten Anbau oder der unerlaubten Gewinnung oder Herstellung von

Suchtstoffen oder psychotropen Stoffen oder für diese Zwecke verwendet werden oder verwendet werden sollen;

iii) das öffentliche Aufstacheln oder Verleiten anderer – gleichviel durch welche Mittel –, eine in Übereinstimmung mit diesem Artikel umschriebene Straftat zu begehen oder Suchtstoffe oder psychotrope Stoffe unerlaubt zu gebrauchen;

iv) die Teilnahme an einer in Übereinstimmung mit diesem Artikel umschriebenen Straftat sowie die Vereinigung, die Verabredung, den Versuch, die Beihilfe, die Anstiftung, die Erleichterung und die Beratung in bezug auf die Begehung einer solchen Straftat.

(2) Jede Vertragspartei trifft vorbehaltlich ihrer Verfassungsgrundsätze und der Grundzüge ihrer Rechtsordnung die notwendigen Maßnahmen, um nach ihrem innerstaatlichen Recht den Besitz, den Kauf oder den Anbau von Suchtstoffen oder psychotropen Stoffen für den persönlichen Verbrauch entgegen dem Übereinkommen von 1961, dem Übereinkommen von 1961 in seiner geänderten Fassung oder dem Übereinkommen von 1971, wenn vorsätzlich begangen, als Straftat zu umschreiben.

(3) Auf Kenntnis, Vorsatz oder Zweck als Merkmal für eine in Absatz 1 genannte Straftat kann aus den objektiven tatsächlichen Umständen geschlossen werden.

(4) a) Jede Vertragspartei bedroht die Begehung der in Übereinstimmung mit Absatz 1 umschriebenen Straftaten mit Sanktionen, die der Schwere dieser Straftaten Rechnung tragen, wie etwa Freiheitsstrafe oder andere Formen des Freiheitsentzugs, Geldsanktionen und Einziehung.

b) Die Vertragsparteien können vorsehen, daß sich der Täter neben der Verurteilung oder Bestrafung wegen einer in Übereinstimmung mit Absatz 1 umschriebenen Straftat Maßnahmen wie zur Behandlung, Aufklärung und Erziehung, Nachsorge, Rehabilitation oder sozialen Wiedereingliederung unterziehen muß.

c) Ungeachtet der Buchstaben a und b können die Vertragsparteien im Fall weniger schwerer Straftaten anstelle der Verurteilung oder Bestrafung Maßnahmen wie zur Aufklärung und Erziehung, Rehabilitation oder sozialen Wiedereingliederung sowie in Fällen des Betäubungsmittelmißbrauchs zur Behandlung und Nachsorge vorsehen.

d) Die Vertragsparteien können anstelle oder zusätzlich zu der Verurteilung oder Bestrafung wegen einer in Übereinstimmung mit Absatz 2 umschriebenen Straftat Maßnahmen zur Behandlung, Aufklärung und Erziehung, Nachsorge, Rehabilitation oder sozialen Wiedereingliederung des Täters vorsehen.

(5) Die Vertragsparteien sorgen dafür, daß ihre Gerichte und anderen entsprechend zuständigen Behörden tatsächliche Umstände in Betracht ziehen können, welche die Begehung der in Übereinstimmung mit Absatz 1 umschriebenen Straftaten besonders schwerwiegend machen, wie etwa

a) die Mitwirkung einer organisierten kriminellen Gruppe, welcher der Täter angehört, an der Straftat;

b) die Mitwirkung des Täters an anderen internationalen organisierten kriminellen Tätigkeiten;

c) die Mitwirkung des Täters an anderen rechtswidrigen Tätigkeiten, die durch die Begehung der Straftat erleichtert werden;

d) die Anwendung von Gewalt oder der Gebrauch von Waffen durch den Täter;

e) den Umstand, daß der Täter ein öffentliches Amt bekleidet und die Straftat mit diesem Amt im Zusammenhang steht;

f) den Umstand, daß Minderjährige in Mitleidenschaft gezogen oder benutzt werden;

g) den Umstand, daß die Straftat in einer Strafvollzugsanstalt, einer Einrichtung des Bildungs- oder Sozialwesens oder in deren unmittelbarer Nähe oder an anderen Orten begangen wird, wo sich Schüler oder Studenten zum Zweck der Bildung, des Sports oder zu gesellschaftlichen Tätigkeiten aufhalten;

h) frühere Verurteilungen im In- oder Ausland, insbesondere wegen gleichartiger Straftaten, soweit dies nach innerstaatlichem Recht einer Vertragspartei zulässig ist.

(6) Die Vertragsparteien sind bestrebt sicherzustellen, daß eine nach ihrem innerstaatlichen Recht bestehende Ermessensfreiheit hinsichtlich der Strafverfolgung von Personen wegen in Übereinstimmung mit diesem Artikel umschriebener Straftaten so ausge-

übt wird, daß die Maßnahmen der Strafrechtspflege in bezug auf diese Straftaten größtmögliche Wirksamkeit erlangen, wobei der Notwendigkeit der Abschreckung von diesen Straftaten gebührend Rechnung zu tragen ist.

(7) Die Vertragsparteien stellen sicher, daß ihre Gerichte oder anderen entsprechend zuständigen Behörden die Schwere der in Absatz 1 aufgeführten Straftaten sowie die in Absatz 5 aufgeführten Umstände berücksichtigen, wenn sie die Möglichkeit der vorzeitigen oder bedingten Entlassung von Personen, die wegen solcher Straftaten verurteilt sind, in Erwägung ziehen.

(8) Jede Vertragspartei bestimmt, wenn sie dies für angemessen hält, in ihrem innerstaatlichen Recht eine lange Verjährungsfrist für die Einleitung von Verfahren wegen einer in Übereinstimmung mit Absatz 1 umschriebenen Straftat und eine noch längere Frist für den Fall, daß der Verdächtige sich der Rechtspflege entzogen hat.

(9) Jede Vertragspartei trifft im Einklang mit ihrer Rechtsordnung geeignete Maßnahmen, um sicherzustellen, daß eine Person, die einer in Übereinstimmung mit Absatz 1 umschriebenen Straftat beschuldigt wird oder wegen einer solchen Straftat verurteilt worden ist und die in ihrem Hoheitsgebiet ermittelt wird, bei dem durchzuführenden Strafverfahren anwesend ist.

(10) Für die Zwecke der Zusammenarbeit zwischen den Vertragsparteien aufgrund dieses Übereinkommens, insbesondere der Zusammenarbeit aufgrund der Artikel 5, 6, 7 und 9, sind die in Übereinstimmung mit diesem Artikel umschriebenen Straftaten, vorbehaltlich der Verfassungsordnung und der grundlegenden innerstaatlichen Rechtsvorschriften der Vertragsparteien, nicht als fiskalische oder politische Straftaten oder auf politischen Beweggründen beruhende Straftaten anzusehen.

(11) Dieser Artikel berührt nicht den Grundsatz, daß die Beschreibung der Straftaten, auf die er sich bezieht, und der diesbezüglichen Gründe, die eine Bestrafung ausschließen, dem innerstaatlichen Recht einer Vertragspartei vorbehalten ist und daß solche Straftaten nach ihrem Recht verfolgt und bestraft werden.

Art. 4. Gerichtsbarkeit. (1) Jede Vertragspartei

a) trifft die notwendigen Maßnahmen, um ihre Gerichtsbarkeit über die in Übereinstimmung mit Artikel 3 Absatz 1 umschriebenen Straftaten zu begründen,
   i) wenn die Straftat in ihrem Hoheitsgebiet begangen worden ist;
   ii) wenn die Straftat an Bord eines Schiffes, das zur Tatzeit ihre Flagge führt, oder eines Luftfahrzeugs, das zur Tatzeit nach ihrem Recht eingetragen ist, begangen worden ist;
b) kann die notwendigen Maßnahmen treffen, um ihre Gerichtsbarkeit über die in Übereinstimmung mit Artikel 3 Absatz 1 umschriebenen Straftaten zu begründen,
   i) wenn die Straftat von einem ihrer Staatsangehörigen oder von einer Person, die ihren gewöhnlichen Aufenthalt in ihrem Hoheitsgebiet hat, begangen worden ist;
   ii) wenn die Straftat an Bord eines Schiffes begangen worden ist, bezüglich dessen diese Vertragspartei nach Artikel 17 ermächtigt worden ist, geeignete Maßnahmen zu treffen; diese Gerichtsbarkeit wird jedoch nur aufgrund der nach Artikel 17 Absätze 4 und 9 genannten Abkommen oder sonstigen Vereinbarungen ausgeübt;
   iii) wenn die Straftat zu den in Übereinstimmung mit Artikel 3 Absatz 1 Buchstabe c Ziffer iv umschriebenen Straftaten gehört und außerhalb ihres Hoheitsgebiets in der Absicht begangen wird, eine in Übereinstimmung mit Artikel 3 Absatz 1 umschriebene Straftat innerhalb ihres Hoheitsgebiets zu begehen.

(2) Jede Vertragspartei

a) trifft ferner die notwendigen Maßnahmen, um ihre Gerichtsbarkeit über die in Übereinstimmung mit Artikel 3 Absatz 1 umschriebenen Straftaten zu begründen, wenn der Verdächtige sich in ihrem Hoheitsgebiet befindet und sie ihn nicht an eine andere Vertragspartei ausliefert, weil
   i) die Straftat in ihrem Hoheitsgebiet oder an Bord eines Schiffes, das zur Tatzeit ihre Flagge führt, oder eines Luftfahrzeugs, das zur Tatzeit nach ihrem Recht eingetragen ist, begangen worden ist oder
   ii) die Straftat von einem ihrer Staatsangehörigen begangen worden ist;

b) kann ferner die notwendigen Maßnahmen treffen, um ihre Gerichtsbarkeit über die in Übereinstimmung mit Artikel 3 Absatz 1 umschriebenen Straftaten zu begründen, wenn der Verdächtige sich in ihrem Hoheitsgebiet befindet und sie ihn nicht an eine andere Vertragspartei ausliefert.

(3) Dieses Übereinkommen schließt die Ausübung einer Strafgerichtsbarkeit, die von einer Vertragspartei nach innerstaatlichem Recht begründet ist, nicht aus.

Art. 5. Einziehung. (1) Jede Vertragspartei trifft die gegebenenfalls notwendigen Maßnahmen, um die Einziehung

a) der aus den in Übereinstimmung mit Artikel 3 Absatz 1 umschriebenen Straftaten stammenden Erträge oder von Vermögensgegenständen, deren Wert demjenigen solcher Erträge entspricht,
b) von Suchtstoffen und psychotropen Stoffen, Material und Gerät oder anderen Tatwerkzeugen, die zur Begehung der in Übereinstimmung mit Artikel 3 Absatz 1 umschriebenen Straftaten verwendet wurden oder bestimmt waren,

zu ermöglichen.

(2) Jede Vertragspartei trifft auch die gegebenenfalls notwendigen Maßnahmen, um es ihren zuständigen Behörden zu ermöglichen, die in Absatz 1 genannten Erträge, Vermögensgegenstände, Tatwerkzeuge oder anderen Sachen zu ermitteln, einzufrieren oder zu beschlagnahmen, damit sie gegebenenfalls eingezogen werden können.

(3) Um die in diesem Artikel genannten Maßnahmen durchzuführen, erteilt jede Vertragspartei ihren zuständigen Gerichten oder anderen zuständigen Behörden die Befugnis anzuordnen, daß Bank-, Finanz- oder Geschäftsunterlagen zur Verfügung gestellt oder beschlagnahmt werden. Eine Vertragspartei darf es nicht unter Berufung auf das Bankgeheimnis ablehnen, diesen Bestimmungen Geltung zu verschaffen.

(4) a) Aufgrund eines Ersuchens, das nach diesem Artikel von einer anderen Vertragspartei gestellt wird, die über eine in Übereinstimmung mit Artikel 3 Absatz 1 umschriebene Straftat Gerichtsbarkeit hat, wird die Vertragspartei, in deren Hoheitsgebiet sich die in Absatz 1 genannten Erträge, Vermögensgegenstände, Tatwerkzeuge oder anderen Sachen befinden,

i) das Ersuchen an ihre zuständigen Behörden weiterleiten, um eine Einziehungsentscheidung zu erwirken und diese Entscheidung, falls sie erlassen wird, auszuführen oder
ii) eine von der ersuchenden Vertragspartei nach Absatz 1 erlassene Einziehungsentscheidung an ihre zuständigen Behörden weiterleiten, damit diese Entscheidung im Rahmen des Ersuchens ausgeführt wird, soweit sie sich auf die in Absatz 1 genannten Erträge, Vermögensgegenstände, Tatwerkzeuge oder anderen Sachen bezieht, die sich im Hoheitsgebiet der ersuchten Vertragspartei befinden.

b) Aufgrund eines Ersuchens, das nach diesem Artikel von einer anderen Vertragspartei gestellt wird, die über eine in Übereinstimmung mit Artikel 3 Absatz 1 umschriebene Straftat Gerichtsbarkeit hat, trifft die ersuchte Vertragspartei Maßnahmen, um die in Absatz 1 genannten Erträge, Vermögensgegenstände, Tatwerkzeuge oder anderen Sachen zu ermitteln, einzufrieren oder zu beschlagnahmen, damit sie entweder aufgrund einer Entscheidung der ersuchenden Vertragspartei oder – im Fall eines nach Buchstabe a gestellten Ersuchens – aufgrund einer Entscheidung der ersuchten Vertragspartei gegebenenfalls eingezogen werden können.

c) Die unter den Buchstaben a und b vorgesehenen Entscheidungen oder Maßnahmen werden von der ersuchten Vertragspartei nach Maßgabe und vorbehaltlich ihres innerstaatlichen Rechts und ihrer Verfahrensregeln oder der zwei- oder mehrseitigen Verträge, Abkommen oder sonstigen Vereinbarungen getroffen, an die sie gegebenenfalls in bezug auf die ersuchende Vertragspartei gebunden ist.

d) Artikel 7 Absätze 6 bis 19 wird sinngemäß angewendet. Neben den in Artikel 7 Absatz 10 aufgeführten Angaben enthalten die nach diesem Artikel gestellten Ersuchen folgendes:

i) im Fall eines Ersuchens nach Buchstabe a Ziffer i eine Beschreibung der einzuziehenden Vermögensgegenstände und eine Sachverhaltsdarstellung der ersuchenden
Vertragspartei, die ausreicht, um es der ersuchten Vertragspartei zu ermöglichen,
nach ihrem innerstaatlichen Recht um eine Entscheidung nachzusuchen;

ii) im Fall eines Ersuchens nach Buchstabe a Ziffer ii eine rechtlich verwertbare
Abschrift einer von der ersuchenden Vertragspartei erlassenen Einziehungsentscheidung, auf die sich das Ersuchen stützt, eine Sachverhaltsdarstellung und Angaben über den Umfang, in dem um die Vollstreckung der Entscheidung ersucht
wird;

iii) im Fall eines Ersuchens nach Buchstabe b eine Sachverhaltsdarstellung der ersuchenden Vertragspartei und eine Beschreibung der Maßnahmen, um die ersucht wird.

e) Jede Vertragspartei übermittelt dem Generalsekretär den Wortlaut ihrer Gesetze
und sonstigen Vorschriften zur Durchführung dieser Bestimmung sowie den Wortlaut
jeder späteren Änderung dieser Gesetze und sonstigen Vorschriften.

f) Macht eine Vertragspartei die unter den Buchstaben a und b genannten Maßnahmen vom Bestehen eines einschlägigen Vertrags abhängig, so sieht sie dieses Übereinkommen als notwendige und ausreichende Vertragsgrundlage an.

g) Die Vertragsparteien bemühen sich, zwei- oder mehrseitige Verträge, Abkommen
oder sonstige Vereinbarungen zu schließen, um die Wirksamkeit der internationalen
Zusammenarbeit aufgrund dieses Artikels zu erhöhen.

(5) a) Über die von einer Vertragspartei nach Absatz 1 oder 4 eingezogenen Erträge
oder Vermögensgegenstände verfügt diese Vertragspartei nach ihrem innerstaatlichen
Recht und Verfahren.

b) Wird eine Vertragspartei auf Ersuchen einer anderen Vertragspartei nach diesem
Artikel tätig, so kann sie insbesondere in Erwägung ziehen, Übereinkünfte über folgendes zu schließen:

i) die Übertragung des Wertes solcher Erträge oder Vermögensgegenstände oder der aus
dem Verkauf solcher Erträge oder Vermögensgegenstände stammenden Geldmittel
oder eines wesentlichen Teiles davon auf zwischenstaatliche Organe, die sich besonders mit dem Kampf gegen den unerlaubten Verkehr mit Suchtstoffen und psychotropen Stoffen und gegen den Mißbrauch solcher Stoffe befassen;

ii) die regelmäßige oder von Fall zu Fall beschlossene Aufteilung solcher Erträge oder
Vermögensgegenstände oder der aus dem Verkauf solcher Erträge oder Vermögensgegenstände stammenden Geldmittel mit anderen Vertragsparteien in Übereinstimmung mit ihrem innerstaatlichen Recht und Verfahren oder den zu diesem Zweck
geschlossenen zwei- oder mehrseitigen Übereinkünften.

(6) a) Sind die Erträge in andere Vermögensgegenstände umgeformt oder umgewandelt worden, so unterliegen anstelle der Erträge diese Vermögensgegenstände den in
diesem Artikel genannten Maßnahmen.

b) Sind Erträge mit aus rechtmäßigen Quellen erworbenen Vermögensgegenständen
vermischt worden, so können diese Vermögensgegenstände unbeschadet der Befugnisse
in bezug auf Beschlagnahme und Einfrieren bis zur Höhe des Schätzwerts der Erträge,
die vermischt worden sind, eingezogen werden.

c) Einkommen oder andere Gewinne, die aus

i) Erträgen,

ii) Vermögensgegenständen, in welche Erträge umgeformt oder umgewandelt worden
sind, oder

iii) Vermögensgegenständen, mit denen Erträge vermischt worden sind,

stammen, können den in diesem Artikel genannten Maßnahmen in der gleichen Weise
und im gleichen Umfang wie die Erträge unterworfen werden.

(7) Jede Vertragspartei kann in Erwägung ziehen, die Umkehr der Beweislast im Hinblick auf den rechtmäßigen Ursprung mutmaßlicher Erträge oder anderer einziehbarer
Vermögensgegenstände vorzuschreiben, soweit eine solche Maßnahme mit den Grundsätzen ihres innerstaatlichen Rechts und der Art der Gerichts- und anderen Verfahren
vereinbar ist.

(8) Dieser Artikel darf nicht so ausgelegt werden, als stehe er den Rechten gutgläubiger Dritter entgegen.

(9) Dieser Artikel läßt den Grundsatz unberührt, daß die darin bezeichneten Maßnahmen in Übereinstimmung mit dem innerstaatlichen Recht einer Vertragspartei und vorbehaltlich dieses Rechts festgelegt und durchgeführt werden.

Art. 6. Auslieferung. (1) Dieser Artikel findet auf die von den Vertragsparteien in Übereinstimmung mit Artikel 3 Absatz 1 umschriebenen Straftaten Anwendung.

(2) Jede Straftat, auf die dieser Artikel Anwendung findet, gilt als in jeden zwischen Vertragsparteien bestehenden Auslieferungsvertrag einbezogene, der Auslieferung unterliegende Straftat. Die Vertragsparteien verpflichten sich, diese Straftaten als der Auslieferung unterliegende Straftaten in jeden zwischen ihnen zu schließenden Auslieferungsvertrag aufzunehmen.

(3) Erhält eine Vertragspartei, welche die Auslieferung vom Bestehen eines Vertrags abhängig macht, ein Auslieferungsersuchen von einer anderen Vertragspartei, mit der sie keinen Auslieferungsvertrag hat, so kann sie dieses Übereinkommen als Rechtsgrundlage für die Auslieferung in bezug auf die Straftaten ansehen, auf die dieser Artikel Anwendung findet. Vertragsparteien, die spezielle gesetzgeberische Maßnahmen benötigen, um dieses Übereinkommen als Rechtsgrundlage für die Auslieferung zu benutzen, erwägen gegebenenfalls den Erlaß entsprechender Rechtsvorschriften.

(4) Vertragsparteien, welche die Auslieferung nicht vom Bestehen eines Vertrags abhängig machen, erkennen unter sich die Straftaten, auf die dieser Artikel Anwendung findet, als der Auslieferung unterliegende Straftaten an.

(5) Die Auslieferung unterliegt den im Recht der ersuchten Vertragspartei oder in den geltenden Auslieferungsverträgen vorgesehenen Bedingungen, einschließlich der Gründe, aus denen die ersuchte Vertragspartei die Auslieferung ablehnen kann.

(6) Bei der Prüfung von Ersuchen, die nach diesem Artikel eingehen, kann die ersuchte Vertragspartei es ablehnen, einem derartigen Ersuchen stattzugeben, wenn ihre Gerichte oder anderen zuständigen Behörden ernstliche Gründe für die Annahme haben, daß die Bewilligung des Ersuchens die Verfolgung oder Bestrafung einer Person wegen ihrer Rasse, ihrer Religion, ihrer Staatsangehörigkeit oder ihrer politischen Anschauungen erleichtern würde oder daß die Lage einer von dem Ersuchen betroffenen Person aus einem dieser Gründe erschwert werden könnte.

(7) Die Vertragsparteien bemühen sich, Auslieferungsverfahren zu beschleunigen und die diesbezüglichen Beweiserfordernisse für Straftaten zu vereinfachen, auf die dieser Artikel Anwendung findet.

(8) Vorbehaltlich ihres innerstaatlichen Rechts und ihrer Auslieferungsverträge kann die ersuchte Vertragspartei, wenn sie festgestellt hat, daß die Umstände dies rechtfertigen und Eile geboten ist, auf Verlangen der ersuchenden Vertragspartei eine Person, um deren Auslieferung ersucht wird und die sich in ihrem Hoheitsgebiet befindet, in Haft nehmen oder andere geeignete Maßnahmen treffen, um deren Anwesenheit bei dem Auslieferungsverfahren sicherzustellen.

(9) Unbeschadet der Ausübung einer nach ihrem innerstaatlichen Recht begründeten Gerichtsbarkeit muß die Vertragspartei, in deren Hoheitsgebiet ein Verdächtiger angetroffen wird, folgende Maßnahmen treffen:

a) wenn sie ihn wegen einer in Übereinstimmung mit Artikel 3 Absatz 1 umschriebenen Straftat aus den in Artikel 4 Absatz 2 Buchstabe a dargelegten Gründen nicht ausliefert, unterbreitet sie den Fall ihren zuständigen Behörden zum Zweck der Strafverfolgung, sofern mit der ersuchenden Vertragspartei nichts anderes vereinbart ist;

b) wenn sie ihn wegen einer solchen Straftat nicht ausliefert und ihre Gerichtsbarkeit über diese Straftat nach Artikel 4 Absatz 2 Buchstabe b begründet hat, unterbreitet sie den Fall ihren zuständigen Behörden zum Zweck der Strafverfolgung, sofern nicht die ersuchende Vertragspartei zur Wahrung ihrer rechtmäßigen Gerichtsbarkeit ein gegenteiliges Ersuchen stellt.

(10) Wird die Auslieferung, um die zur Vollstreckung einer Strafe ersucht wird, mit der Begründung abgelehnt, daß der Verfolgte Staatsangehöriger der ersuchten Vertragspartei ist, so erwägt diese, sofern ihr Recht dies zuläßt, und im Einklang mit diesem auf Verlangen der ersuchenden Vertragspartei die nach deren Rechtsvorschriften verhängte Strafe oder Reststrafe selbst zu vollstrecken.

(11) Die Vertragsparteien sind bestrebt, zwei- und mehrseitige Übereinkünfte zu schließen, um die Auslieferung zu ermöglichen oder ihre Wirksamkeit zu erhöhen.

(12) Die Vertragsparteien können erwägen, von Fall zu Fall oder allgemein zwei- oder mehrseitige Übereinkünfte zu schließen, aufgrund deren Personen, die wegen Straftaten, auf die dieser Artikel Anwendung findet, zu einer Freiheitsstrafe oder sonstigen Formen des Freiheitsentzugs verurteilt sind, an ihr Land überstellt werden, um dort ihre Reststrafe verbüßen zu können.

Art. 7. Rechtshilfe. (1) Die Vertragsparteien leisten einander in Übereinstimmung mit diesem Artikel soweit wie möglich Rechtshilfe bei Ermittlungen, Strafverfolgungen und Gerichtsverfahren im Zusammenhang mit den in Übereinstimmung mit Artikel 3 Absatz 1 umschriebenen Straftaten.

(2) Um die nach diesem Artikel zu leistende Rechtshilfe kann zu folgenden Zwecken ersucht werden:

a) Abnahme von Zeugenaussagen oder anderen Erklärungen;
b) Zustellung gerichtlicher Schriftstücke;
c) Durchsuchung und Beschlagnahme;
d) Untersuchung von Gegenständen und Inaugenscheinnahme von Örtlichkeiten;
e) Überlassung von Informationen und Beweismitteln;
f) Überlassung von Originalen oder beglaubigten Abschriften einschlägiger Schriftstücke und Akten, einschließlich Bank-, Finanz-, Firmen- und Geschäftsunterlagen;
g) Ermittlung oder Weiterverfolgung von Erträgen, Vermögensgegenständen, Tatwerkzeugen oder anderen Sachen zu Beweiszwecken.

(3) Die Vertragsparteien können einander jede andere nach dem innerstaatlichen Recht der ersuchten Vertragspartei zulässige Form der Rechtshilfe gewähren.

(4) Auf Ersuchen erleichtern oder fördern die Vertragsparteien, soweit mit ihrem innerstaatlichen Recht und ihrer Praxis vereinbar ist, die Anwesenheit oder Verfügbarkeit von Personen, einschließlich Häftlingen, die bereit sind, bei Ermittlungen mitzuwirken oder an Verfahren teilzunehmen.

(5) Eine Vertragspartei darf die Rechtshilfe nach diesem Artikel nicht unter Berufung auf das Bankgeheimnis verweigern.

(6) Dieser Artikel berührt nicht die Verpflichtungen aus einem anderen zwei- oder mehrseitigen Vertrag, der die Rechtshilfe in Strafsachen ganz oder teilweise regelt oder regeln wird.

(7) Die Absätze 8 bis 19 gelten für Ersuchen, die aufgrund dieses Artikels gestellt werden, wenn die betreffenden Vertragsparteien nicht durch einen Vertrag über Rechtshilfe gebunden sind. Sind diese Vertragsparteien durch einen solchen Vertrag gebunden, so gelten die entsprechenden Bestimmungen des Vertrags, sofern die Vertragsparteien nicht vereinbaren, statt dessen die Absätze 8 bis 19 anzuwenden.

(8) Die Vertragsparteien bestimmen eine oder gegebenenfalls mehrere Behörden, die verantwortlich und befugt sind, Rechtshilfeersuchen zu erledigen oder den zuständigen Behörden zur Erledigung zu übermitteln. Die zu diesem Zweck bestimmten Behörden werden dem Generalsekretär notifiziert. Die Übermittlung von Rechtshilfeersuchen und diesbezüglichen Mitteilungen erfolgt zwischen den von den Vertragsparteien bestimmten Behörden; diese Vorschrift läßt das Recht einer Vertragspartei unberührt, zu verlangen, daß solche Ersuchen und Mitteilungen auf diplomatischem Weg und in dringenden Fällen, wenn die Vertragsparteien dies vereinbaren, soweit es möglich ist, über die Internationale Kriminalpolizeiliche Organisation (Interpol) an sie gerichtet werden.

(9) Ersuchen werden schriftlich in einer für die ersuchte Vertragspartei annehmbaren Sprache gefertigt. Die für jede Vertragspartei annehmbare Sprache oder annehmbaren Sprachen werden dem Generalsekretär notifiziert. In dringenden Fällen und wenn die Vertragsparteien dies vereinbaren, können Ersuchen mündlich gestellt werden; sie müssen jedoch umgehend schriftlich bestätigt werden.

(10) Ein Rechtshilfeersuchen enthält folgende Angaben:

a) die Bezeichnung der Behörde, von der das Ersuchen ausgeht;

b) Gegenstand und Art der Ermittlung, der Strafverfolgung oder des Gerichtsverfahrens, auf die sich das Ersuchen bezieht, sowie Namen und Aufgaben der Behörde, welche die Ermittlung, die Strafverfolgung oder das Verfahren durchführt;

c) eine zusammenfassende Sachverhaltsdarstellung, außer bei Ersuchen um Zustellung gerichtlicher Schriftstücke;

d) eine Beschreibung der erbetenen Rechtshilfe und Einzelheiten über bestimmte Verfahren, die auf Wunsch der ersuchenden Vertragspartei angewendet werden sollen;

e) soweit möglich, Identität, Aufenthaltsort und Staatsangehörigkeit jeder betroffenen Person;

f) den Zweck, zu dem die Beweismittel, Informationen oder Maßnahmen erbeten werden.

(11) Die ersuchte Vertragspartei kann ergänzende Angaben anfordern, wenn dies für die Erledigung des Ersuchens nach ihrem innerstaatlichen Recht notwendig erscheint oder die Erledigung erleichtern kann.

(12) Ein Ersuchen wird nach dem innerstaatlichen Recht der ersuchten Vertragspartei und, soweit dieses Recht dem nicht entgegensteht, nach Möglichkeit entsprechend den im Ersuchen bezeichneten Verfahren erledigt.

(13) Die ersuchende Vertragspartei übermittelt oder verwendet von der ersuchten Vertragspartei erhaltene Informationen oder Beweismittel nicht ohne vorherige Zustimmung der ersuchten Vertragspartei für andere als in dem Ersuchen bezeichnete Ermittlungen, Strafverfolgungen oder Gerichtsverfahren.

(14) Die ersuchende Vertragspartei kann verlangen, daß die ersuchte Vertragspartei das Ersuchen und seinen Inhalt vertraulich behandelt, soweit die Erledigung des Ersuchens nichts anderes gebietet. Kann die ersuchte Vertragspartei der verlangten Vertraulichkeit nicht entsprechen, so setzt sie die ersuchende Vertragspartei umgehend davon in Kenntnis.

(15) Die Rechtshilfe kann verweigert werden,

a) wenn das Ersuchen nicht in Übereinstimmung mit diesem Artikel gestellt wird;

b) wenn die ersuchte Vertragspartei der Ansicht ist, daß die Erledigung des Ersuchens geeignet ist, ihre Souveränität, ihre Sicherheit, die öffentliche Ordnung (ordre public) oder andere wesentliche Interessen zu beeinträchtigen;

c) wenn es den Behörden der ersuchten Vertragspartei nach ihrem innerstaatlichen Recht untersagt wäre, die Maßnahme, um die ersucht wurde, in bezug auf eine vergleichbare Straftat zu ergreifen, die Gegenstand von Ermittlungen, Strafverfolgungen oder Gerichtsverfahren unter ihrer eigenen Gerichtsbarkeit wäre;

d) wenn das Rechtshilferecht der ersuchten Vertragspartei es nicht zuließe, dem Ersuchen stattzugeben.

(16) Die Verweigerung der Rechtshilfe ist zu begründen.

(17) Die Rechtshilfe kann von der ersuchten Vertragspartei mit der Begründung aufgeschoben werden, daß sie laufende Ermittlungen, Strafverfolgungen oder Gerichtsverfahren beeinträchtigt. In diesem Fall konsultiert die ersuchte Vertragspartei die ersuchende Vertragspartei, um festzustellen, ob die Rechtshilfe unter den von der ersuchten Vertragspartei als notwendig erachteten Bedingungen noch geleistet werden kann.

(18) Ein Zeuge, ein Sachverständiger oder ein anderer, der bereit ist, im Hoheitsgebiet der ersuchenden Vertragspartei in einem Verfahren auszusagen oder bei Ermittlungen, Strafverfolgungsmaßnahmen oder Gerichtsverfahren mitzuwirken, darf wegen Handlungen, Unterlassungen oder Verurteilungen aus der Zeit vor seiner Abreise aus dem Hoheitsgebiet der ersuchten Vertragspartei weder verfolgt noch in Haft gehalten,

bestraft oder einer sonstigen Beschränkung seiner persönlichen Freiheit unterworfen werden. Dieses freie Geleit endet, wenn der Zeuge, der Sachverständige oder der andere während fünfzehn aufeinanderfolgender Tage oder während einer anderen von den Vertragsparteien vereinbarten Zeitspanne, nachdem ihm amtlich mitgeteilt wurde, daß seine Anwesenheit von den Justizbehörden nicht länger verlangt wird, die Möglichkeit gehabt hat, das Hoheitsgebiet der ersuchenden Vertragspartei zu verlassen, und trotzdem freiwillig dort bleibt oder wenn er nach Verlassen dieses Gebiets freiwillig dorthin zurückgekehrt ist.

(19) Die ersuchte Vertragspartei trägt die gewöhnlichen Kosten der Erledigung eines Ersuchens, sofern die Vertragsparteien nichts anderes vereinbaren. Sind oder werden bei der Erledigung eines Ersuchens erhebliche oder außergewöhnliche Aufwendungen erforderlich, so konsultieren die Vertragsparteien einander, um festzustellen, unter welchen Bedingungen das Ersuchen erledigt werden kann und auf welche Weise die Kosten getragen werden.

(20) Die Vertragsparteien prüfen gegebenenfalls die Möglichkeit des Abschlusses zwei- oder mehrseitiger Abkommen oder sonstiger Vereinbarungen, die den Zwecken dieses Artikels dienen, ihn praktisch wirksam machen oder seine Bestimmungen verstärken.

Art. 8. Übertragung von Verfahren zur Strafverfolgung. Die Vertragsparteien prüfen die Möglichkeit, einander Verfahren zur Strafverfolgung wegen der in Übereinstimmung mit Artikel 3 Absatz 1 umschriebenen Straftaten in den Fällen zu übertragen, in denen die Übertragung dem Interesse einer geordneten Rechtspflege dienlich erscheint.

Art. 9. Andere Formen der Zusammenarbeit und Ausbildung. (1) Die Vertragsparteien arbeiten im Einklang mit ihrer jeweiligen innerstaatlichen Rechts- und Verwaltungsordnung eng zusammen mit dem Ziel, die Wirksamkeit der Maßnahmen der Strafrechtspflege zur Bekämpfung der in Übereinstimmung mit Artikel 3 Absatz 1 umschriebenen Straftaten zu verstärken. Auf der Grundlage zwei- oder mehrseitiger Abkommen oder sonstiger Vereinbarungen werden sie insbesondere

a) Nachrichtenverbindungen zwischen ihren zuständigen Stellen und Ämtern einrichten und unterhalten, um den sicheren und raschen Informationsaustausch über alle Erscheinungsformen der in Übereinstimmung mit Artikel 3 Absatz 1 umschriebenen Straftaten einschließlich – wenn die betreffenden Vertragsparteien dies für zweckmäßig erachten – der Verbindung zu anderen Straftaten zu erleichtern;
b) bei folgenden Ermittlungen in bezug auf die in Übereinstimmung mit Artikel 3 Absatz 1 umschriebenen Straftaten internationaler Art zusammenarbeiten:
   i) Identität, Aufenthaltsort und Tätigkeit von Personen, die der Mitwirkung an den in Übereinstimmung mit Artikel 3 Absatz 1 umschriebenen Straftaten verdächtig sind;
   ii) Bewegung der aus der Begehung solcher Straftaten stammenden Erträge oder Vermögensgegenstände;
   iii) Bewegung von Suchtstoffen, psychotropen Stoffen, Stoffen der Tabelle I und Tabelle II dieses Übereinkommens und der bei der Begehung dieser Straftaten verwendeten oder dazu bestimmten Tatwerkzeuge;
c) in geeigneten Fällen und sofern innerstaatliches Recht dem nicht entgegensteht, gemeinsame Arbeitsgruppen zur Durchführung der Bestimmungen dieses Absatzes bilden, wobei sie die Notwendigkeit berücksichtigen, die Sicherheit von Personen und Unternehmungen zu schützen. Amtlich beauftragte Personen einer Vertragspartei, die an solchen Arbeitsgruppen teilnehmen, handeln mit Ermächtigung der zuständigen Behörden der Vertragspartei, in deren Hoheitsgebiet die Unternehmung stattfinden soll; in all diesen Fällen achten die beteiligten Vertragsparteien darauf, daß die Souveränität der Vertragspartei, in deren Hoheitsgebiet die Unternehmung stattfinden soll, vollständig gewahrt bleibt;
d) gegebenenfalls die erforderlichen Mengen an Stoffen zu Analyse- oder Ermittlungszwecken zur Verfügung stellen;

e) die wirksame Koordinierung zwischen ihren zuständigen Stellen und Ämtern erleichtern und den Austausch von Personal und Sachverständigen, einschließlich des Einsatzes von Verbindungsbeamten, fördern.

(2) Jede Vertragspartei entwickelt oder verbessert, soweit erforderlich, besondere Ausbildungsprogramme für ihr Rechtspflege- und sonstiges Personal, das mit der Bekämpfung der in Übereinstimmung mit Artikel 3 Absatz 1 umschriebenen Straftaten betraut ist, einschließlich des Zollpersonals. Diese Programme befassen sich insbesondere mit folgendem:

a) Methoden zur Aufdeckung und Bekämpfung der in Übereinstimmung mit Artikel 3 Absatz 1 umschriebenen Straftaten;
b) benutzte Wege und Techniken der Personen, die der Mitwirkung an den in Übereinstimmung mit Artikel 3 Absatz 1 umschriebenen Straftaten verdächtig sind, insbesondere in Transitstaaten, sowie geeignete Gegenmaßnahmen;
c) Überwachung der Einfuhr und Ausfuhr von Suchtstoffen, psychotropen Stoffen und in Tabelle I und Tabelle II aufgeführten Stoffen;
d) Aufdeckung und Überwachung der Bewegung von Erträgen und Vermögensgegenständen, die aus der Begehung der in Übereinstimmung mit Artikel 3 Absatz 1 umschriebenen Straftaten stammen, sowie der Suchtstoffe, der psychotropen Stoffe und der in Tabelle I und Tabelle II aufgeführten Stoffe sowie der bei der Begehung dieser Straftaten verwendeten oder dazu bestimmten Tatwerkzeuge;
e) Methoden zur Übertragung, Verheimlichung oder Verschleierung dieser Erträge, Vermögensgegenstände und Tatwerkzeuge;
f) Sammlung von Beweismitteln;
g) Methoden und Verfahren der Kontrolle in Freihandelszonen und Freihäfen;
h) moderne Methoden und Verfahren der Ermittlung und Verfolgung.

(3) Die Vertragsparteien unterstützen einander bei der Planung und Durchführung von Forschungs- und Ausbildungsprogrammen zur Vermittlung von Sachkenntnis auf den in Absatz 2 genannten Gebieten und veranstalten gegebenenfalls zu diesem Zweck regionale und internationale Konferenzen und Seminare, um die Zusammenarbeit zu fördern und die Erörterung der Probleme von gemeinsamem Interesse anzuregen, einschließlich der besonderen Probleme und Bedürfnisse der Transitstaaten.

Art. 10. Internationale Zusammenarbeit und Hilfe für Transitstaaten. (1) Die Vertragsparteien arbeiten unmittelbar oder über zuständige internationale oder regionale Organisationen zusammen, um Transitstaaten und insbesondere Entwicklungsländern, die der Hilfe und Unterstützung bedürfen, durch Programme fachlicher Zusammenarbeit zur Verhinderung der unerlaubten Ein- und Durchfuhr sowie bei damit zusammenhängenden Tätigkeiten, soweit möglich, Hilfe und Unterstützung zu gewähren.

(2) Die Vertragsparteien können unmittelbar oder über zuständige internationale oder regionale Organisationen solchen Transitstaaten finanzielle Hilfe leisten, um die für die wirksame Kontrolle und Verhinderung des unerlaubten Verkehrs notwendige Infrastruktur auszubauen und zu verstärken.

(3) Die Vertragsparteien können zwei- oder mehrseitige Abkommen oder sonstige Vereinbarungen schließen, um die Wirksamkeit der internationalen Zusammenarbeit nach diesem Artikel zu verstärken, und in dieser Hinsicht finanzielle Vereinbarungen in Betracht ziehen.

Art. 11. Kontrollierte Lieferung. (1) Die Vertragsparteien treffen, sofern die Grundsätze ihrer jeweiligen innerstaatlichen Rechtsordnung es zulassen, im Rahmen ihrer Möglichkeiten die notwendigen Maßnahmen, um die angemessene Anwendung der kontrollierten Lieferung auf internationaler Ebene auf der Grundlage der von ihnen geschlossenen Abkommen oder sonstigen Vereinbarungen zu ermöglichen mit dem Ziel, Personen zu ermitteln, die an den in Übereinstimmung mit Artikel 3 Absatz 1 umschriebenen Straftaten beteiligt sind, und gerichtlich gegen sie vorzugehen.

(2) Entscheidungen über die Anwendung der kontrollierten Lieferung werden von Fall zu Fall getroffen und können, falls erforderlich, finanzielle Vereinbarungen und Absprachen im Hinblick auf die Ausübung der Gerichtsbarkeit durch die betreffenden Vertragsparteien in Betracht ziehen.

(3) Unerlaubte Sendungen, deren kontrollierte Lieferung vereinbart wird, können mit Zustimmung der betreffenden Vertragsparteien abgefangen und derart zur Weiterbeförderung freigegeben werden, daß die Suchtstoffe oder psychotropen Stoffe unangetastet bleiben, entfernt oder ganz oder teilweise ersetzt werden.

Art. 12. Für die unerlaubte Herstellung von Suchtstoffen oder psychotropen Stoffen häufig verwendete Stoffe. (1) Die Vertragsparteien treffen die von ihnen für zweckmäßig erachteten Maßnahmen, um zu verhindern, daß in Tabelle I und Tabelle II aufgeführte Stoffe zur unerlaubten Herstellung von Suchtstoffen oder psychotropen Stoffen abgezweigt werden, und arbeiten zu diesem Zweck zusammen.

(2) Liegen einer Vertragspartei oder dem Suchtstoffamt Angaben vor, die nach ihrer Auffassung die Aufnahme eines Stoffes in Tabelle I oder Tabelle II erforderlich machen, so notifizieren sie dies dem Generalsekretär und leiten ihm alle die Notifikation erhärtenden Angaben zu. Das in den Absätzen 2 bis 7 beschriebene Verfahren findet auch Anwendung, wenn einer Vertragspartei oder dem Suchtstoffamt Angaben vorliegen, welche die Streichung eines Stoffes aus Tabelle I oder Tabelle II oder die Übertragung eines Stoffes von der einen Tabelle in die andere rechtfertigen.

(3) Der Generalsekretär übermittelt die Notifikation und alle ihm erheblich erscheinenden Angaben den Vertragsparteien, der Kommission und, wenn die Notifikation von einer Vertragspartei ausging, dem Suchtstoffamt. Die Vertragsparteien leiten dem Generalsekretär ihre Stellungnahme zu der Notifikation sowie alle ergänzenden Angaben zu, die dem Suchtstoffamt für eine Bewertung und der Kommission für die Beschlußfassung dienlich sein können.

(4) Stellt das Suchtstoffamt bei der Prüfung des Umfangs, der Bedeutung und der Vielfalt der erlaubten Verwendung eines Stoffes sowie der Möglichkeit der leichten Verwendung anderer Stoffe sowohl für erlaubte Zwecke als auch für die unerlaubte Herstellung von Suchtstoffen oder psychotropen Stoffen fest,

a) daß der Stoff häufig bei der unerlaubten Herstellung eines Suchtstoffs oder eines psychotropen Stoffes verwendet wird,

b) daß Ausmaß und Umfang der unerlaubten Herstellung eines Suchtstoffs oder eines psychotropen Stoffes ernste volksgesundheitliche oder soziale Probleme aufwirft, die ein internationales Vorgehen rechtfertigen,

so leitet es der Kommission eine Bewertung des Stoffes zu, wobei es auf die zu erwartenden Auswirkungen der Aufnahme des Stoffes in Tabelle I oder Tabelle II sowohl für die erlaubte Verwendung als auch für die unerlaubte Herstellung hinweist, und gibt gegebenenfalls Empfehlungen zu Überwachungsmaßnahmen ab, die angesichts seiner Bewertung angebracht wären.

(5) Die Kommission kann unter Berücksichtigung der von den Vertragsparteien vorgelegten Stellungnahmen und der Empfehlungen des Suchtstoffamts, dessen Bewertung in wissenschaftlicher Hinsicht entscheidend ist, sowie unter gebührender Berücksichtigung aller anderen einschlägigen Umstände mit Zweidrittelmehrheit ihrer Mitglieder beschließen, einen Stoff in Tabelle I oder Tabelle II aufzunehmen.

(6) Jeden Beschluß der Kommission aufgrund dieses Artikels teilt der Generalsekretär allen Staaten und sonstigen Rechtsträgern, die Vertragsparteien dieses Übereinkommens sind oder zu werden berechtigt sind, und dem Suchtstoffamt mit. Der Beschluß tritt für jede Vertragspartei 180 Tage nach dem Datum dieser Mitteilung uneingeschränkt in Kraft.

(7) a) Die von der Kommission aufgrund dieses Artikels gefaßten Beschlüsse unterliegen der Nachprüfung durch den Rat, wenn eine Vertragspartei dies innerhalb von 180 Tagen nach dem Datum der Notifikation des Beschlusses beantragt. Der Antrag auf Nachprüfung ist zusammen mit allen ihn begründenden erheblichen Angaben beim Generalsekretär zu stellen.

b) Der Generalsekretär leitet der Kommission, dem Suchstoffamt und allen Vertragsparteien Abschriften des Nachprüfungsantrags und die diesbezüglichen Angaben mit der Aufforderung zu, binnen 90 Tagen hierzu Stellung zu nehmen. Alle eingehenden Stellungnahmen werden dem Rat zur Prüfung vorgelegt.

c) Der Rat kann den Beschluß der Kommission bestätigen oder aufheben. Der Beschluß des Rates wird allen Staaten und sonstigen Rechtsträgern, die Vertragsparteien dieses Übereinkommens sind oder zu werden berechtigt sind, der Kommission und dem Suchstoffamt notifiziert.

(8) a) Unbeschadet der Allgemeingültigkeit der Bestimmungen des Absatzes 1, des Übereinkommens von 1961, des Übereinkommens von 1961 in seiner geänderten Fassung und des Übereinkommens von 1971 treffen die Vertragsparteien die von ihnen als angemessen erachteten Maßnahmen, um in ihrem Hoheitsgebiet die Herstellung und Verteilung der Stoffe in Tabelle I und Tabelle II zu überwachen.

b) Zu diesem Zweck können die Vertragsparteien

i) alle Personen und Unternehmen kontrollieren, die mit der Herstellung oder Verteilung dieser Stoffe befaßt sind;

ii) im Weg der Genehmigungspflicht die Betriebe und Räumlichkeiten kontrollieren, in denen die Herstellung oder Verteilung erfolgen kann;

iii) vorschreiben, daß die Inhaber einer Genehmigung eine Erlaubnis für die Durchführung der genannten Tätigkeiten erwirken;

iv) verhindern, daß sich im Besitz von Herstellern und Verteilern Mengen dieser Stoffe ansammeln, welche für den normalen Geschäftsgang und die unter Berücksichtigung der herrschenden Marktlage benötigten Mengen übersteigen.

(9) Jede Vertragspartei trifft in bezug auf die in Tabelle I und Tabelle II aufgeführten Stoffe folgende Maßnahmen:

a) Sie errichtet und unterhält ein System zur Überwachung des internationalen Handels mit den in Tabelle I und Tabelle II aufgeführten Stoffen, um die Aufdeckung verdächtiger Geschäfte zu erleichtern. Diese Überwachungssysteme werden in enger Zusammenarbeit mit Herstellern, Importeuren, Exporteuren, Großhändlern und Einzelhändlern angewandt, welche die zuständigen Behörden über verdächtige Aufträge und Geschäfte unterrichten;

b) sie sorgt für die Beschlagnahme jedes in Tabelle I oder Tabelle II aufgeführten Stoffes, wenn ausreichende Beweise vorliegen, daß der Stoff für die Verwendung bei der unerlaubten Herstellung eines Suchstoffs oder eines psychotropen Stoffes bestimmt ist;

c) sie unterrichtet so schnell wie möglich die zuständigen Behörden und Ämter der betroffenen Vertragsparteien, wenn Grund zu der Annahme besteht, daß die Einfuhr, Ausfuhr oder Durchfuhr eines in Tabelle I oder Tabelle II aufgeführten Stoffes für die unerlaubte Herstellung von Suchstoffen oder psychotropen Stoffen bestimmt ist, insbesondere indem sie Angaben über die Zahlungsweise und andere wesentliche Umstände macht, die zu dieser Annahme geführt haben;

d) sie schreibt vor, daß die Einfuhren und Ausfuhren ordnungsgemäß mit Aufschriften und Unterlagen versehen sind. In den Geschäftsunterlagen wie Rechnungen, Ladeverzeichnissen, Zollunterlagen, Frachtbriefen und sonstigen Versandpapieren müssen die in Tabelle I oder Tabelle II verwendeten Bezeichnungen der eingeführten oder ausgeführten Stoffe, die eingeführte oder ausgeführte Menge sowie der Name und die Anschrift des Exporteurs, des Importeurs und, soweit bekannt, des Empfängers enthalten sein;

e) sie stellt sicher, daß die unter Buchstabe d genannten Unterlagen mindestens zwei Jahre lang aufbewahrt werden und den zuständigen Behörden zur Einsichtnahme zur Verfügung gestellt werden können.

(10) a) Zusätzlich zu den Bestimmungen des Absatzes 9 und auf ein an den Generalsekretär gerichtetes Ersuchen der interessierten Vertragspartei stellt jede Vertragspartei, aus deren Hoheitsgebiet ein in Tabelle I aufgeführter Stoff ausgeführt werden soll, sicher, daß vor der Ausfuhr von ihren zuständigen Behörden folgende Angaben an die zuständigen Behörden des Einfuhrlandes weitergegeben werden:

  i) der Name und die Anschrift des Exporteurs und Importeurs und, soweit bekannt, des Empfängers;

  ii) die Bezeichnung des in Tabelle I aufgeführten Stoffes;

 iii) die Menge des auszuführenden Stoffes;

 iv) der vermutliche Ort der Einfuhr und das voraussichtliche Versanddatum;

  v) alle sonstigen Angaben, die von den Vertragsparteien untereinander vereinbart worden sind.

b) Eine Vertragspartei kann strengere oder schärfere als in diesem Absatz vorgesehene Kontrollmaßnahmen treffen, soweit dies nach ihrer Ansicht wünschenswert oder notwendig ist.

(11) Übermittelt eine Vertragspartei einer anderen Vertragspartei Angaben nach den Absätzen 9 und 10, so kann die Vertragspartei, welche die Angaben macht, von der Vertragspartei, die sie erhält, verlangen, daß sie alle Handels-, Geschäfts-, Wirtschafts- oder Berufsgeheimnisse oder Vertriebsverfahren vertraulich behandelt.

(12) Jede Vertragspartei reicht dem Suchtstoffamt jährlich in der von ihm vorgesehenen Form und Weise und auf den von ihm zur Verfügung gestellten Formblättern folgende Angaben ein:

a) die beschlagnahmte Menge der in Tabelle I und Tabelle II aufgeführten Stoffe und, soweit bekannt, ihren Ursprung;

b) jeden nicht in Tabelle I oder Tabelle II aufgeführten Stoff, von dem festgestellt wurde, daß er bei der unerlaubten Herstellung von Suchtstoffen oder psychotropen Stoffen verwendet worden ist, und den die Vertragspartei für wichtig genug hält, um ihn dem Suchtstoffamt zur Kenntnis zu bringen;

c) Methoden der Abzweigungen und der unerlaubten Herstellung.

(13) Das Suchtstoffamt berichtet der Kommission jährlich über die Durchführung dieses Artikels, und die Kommission überprüft regelmäßig, ob Tabelle I und Tabelle II ausreichend und angemessen sind.

(14) Dieser Artikel findet weder auf pharmazeutische noch auf andere Zubereitungen Anwendung, die in Tabelle I oder Tabelle II aufgeführte Stoffe enthalten und so zusammengesetzt sind, daß diese Stoffe nicht ohne weiteres verwendet oder durch leicht anwendbare Mittel zurückgewonnen werden können.

Art. 13. Material und Gerät. Die Vertragsparteien treffen die von ihnen als angemessen erachteten Maßnahmen, um den Handel mit Material und Gerät und deren Abzweigung für die unerlaubte Gewinnung oder Herstellung von Suchtstoffen oder psychotropen Stoffen zu verhindern, und arbeiten zu diesem Zweck zusammen.

Art. 14. Maßnahmen zur Ausmerzung des unerlaubten Anbaus von Betäubungsmittelpflanzen und zur Beseitigung der unerlaubten Nachfrage nach Suchtstoffen und psychotropen Stoffen. (1) Die von den Vertragsparteien aufgrund dieses Übereinkommens getroffenen Maßnahmen dürfen nicht weniger streng sein als die für die Ausmerzung des unerlaubten Anbaus von Pflanzen, welche Suchtstoffe und psychotrope Stoffe enthalten, und für die Beseitigung der unerlaubten Nachfrage nach Suchtstoffen und psychotropen Stoffen geltenden Bestimmungen des Übereinkommens von 1961, des Übereinkommens von 1961 in seiner geänderten Fassung und des Übereinkommens von 1971.

(2) Jede Vertragspartei trifft geeignete Maßnahmen, um in ihrem Hoheitsgebiet den unerlaubten Anbau von Pflanzen zu verhindern, die Suchtstoffe oder psychotrope Stoffe enthalten, wie etwa Opiummohn, Cocastrauch und Cannabispflanze, und um solche in ihrem Hoheitsgebiet unerlaubt angebauten Pflanzen zu vernichten. Bei diesen Maßnahmen sind die grundlegenden Menschenrechte zu achten und die traditionellen, erlaubten Verwendungen, sofern diese historisch belegt sind, sowie der Umweltschutz gebührend zu berücksichtigen.

(3) a) Die Vertragsparteien können zusammenarbeiten, um die Wirksamkeit der Maßnahmen zur Ausmerzung des unerlaubten Anbaus zu verstärken. Diese Zusammenarbeit kann unter anderem gegebenenfalls aus der Unterstützung einer integrierten

ländlichen Erschließung bestehen, die zu einem wirtschaftlich rentablen Ersatz für den unerlaubten Anbau führt. Vor Durchführung solcher ländlichen Erschließungsprogramme sollen Faktoren wie Marktzugang, Verfügbarkeit von Ressourcen und die herrschenden sozio-ökonomischen Verhältnisse berücksichtigt werden. Die Vertragsparteien können andere geeignete Maßnahmen der Zusammenarbeit vereinbaren.

b) Die Vertragsparteien erleichtern auch den Austausch wissenschaftlicher und technischer Informationen sowie die Durchführung von Forschungsarbeiten über die Ausmerzung des unerlaubten Anbaus.

c) Haben Vertragsparteien gemeinsame Grenzen, so bemühen sie sich, bei Programmen zur Ausmerzung des unerlaubten Anbaus in ihren jeweiligen Grenzgebieten zusammenzuarbeiten.

(4) Die Vertragsparteien treffen geeignete Maßnahmen, die darauf gerichtet sind, die unerlaubte Nachfrage nach Suchtstoffen und psychotropen Stoffen zu beseitigen oder zu verringern mit dem Ziel, menschliches Leid zu lindern und den finanziellen Anreiz für den unerlaubten Verkehr zu beseitigen. Diese Maßnahmen können unter anderem auf Empfehlungen der Vereinten Nationen, von Sonderorganisationen der Vereinten Nationen, beispielsweise der Weltgesundheitsorganisation, und anderer zuständiger internationaler Organisationen sowie auf das von der 1987 abgehaltenen Internationalen Konferenz über Drogenmißbrauch und unerlaubten Verkehr (Weltdrogenkonferenz/ICDAIT) angenommene Umfassende Multidisziplinäre Aktionsprogramm gestützt werden, soweit dieses sich auf staatliche und nichtstaatliche Stellen und private Anstrengungen auf dem Gebiet der Verhütung, Behandlung und Rehabilitation bezieht. Die Vertragsparteien können zwei- oder mehrseitige Abkommen oder sonstige Vereinbarungen schließen, welche die Beseitigung oder Verringerung der unerlaubten Nachfrage nach Suchtstoffen und psychotropen Stoffen zum Ziel haben.

(5) Die Vertragsparteien können auch die notwendigen Maßnahmen treffen, um die beschlagnahmten oder eingezogenen Suchtstoffe, psychotropen Stoffe und in Tabelle I und Tabelle II aufgeführten Stoffe umgehend zu vernichten oder rechtmäßig zu verwerten und um ordnungsgemäß bestätigte notwendige Mengen solcher Stoffe als Beweismittel zuzulassen.

Art. 15. Gewerbliche Beförderungsunternehmer. (1) Die Vertragsparteien treffen geeignete Maßnahmen, um sicherzustellen, daß von gewerblichen Beförderungsunternehmern betriebene Beförderungsmittel nicht dazu benutzt werden, die in Übereinstimmung mit Artikel 3 Absatz 1 umschriebenen Straftaten zu begehen; diese Maßnahmen können besondere Vereinbarungen mit gewerblichen Beförderungsunternehmern umfassen.

(2) Jede Vertragspartei fordert die gewerblichen Beförderungsunternehmer auf, zweckdienliche Vorsichtsmaßnahmen zu treffen, um zu verhindern, daß ihre Beförderungsmittel für die Begehung von in Übereinstimmung mit Artikel 3 Absatz 1 umschriebenen Straftaten benutzt werden. Diese Vorsichtsmaßnahmen können folgendes umfassen:

a) wenn sich der Hauptgeschäftssitz des gewerblichen Beförderungsunternehmens im Hoheitsgebiet der Vertragspartei befindet,

   i) Schulung des Personals, damit es verdächtige Sendungen oder Personen erkennt,

   ii) Förderung der Integrität des Personals;

b) wenn der Beförderungsunternehmer im Hoheitsgebiet der Vertragspartei tätig ist,

   i) soweit möglich die vorherige Vorlage der Ladeverzeichnisse,

   ii) Verwendung fälschungssicherer, einzeln überprüfbarer Siegel auf den Behältnissen,

   iii) schnellstmögliche Meldung aller verdächtigen Vorfälle, die mit der Begehung von in Übereinstimmung mit Artikel 3 Absatz 1 umschriebenen Straftaten in Zusammenhang gebracht werden können, an die entsprechenden Behörden.

(3) Jede Vertragspartei bemüht sich sicherzustellen, daß die gewerblichen Beförderungsunternehmer und die entsprechenden Behörden an den Orten der Ein- und Ausfuhr und in den sonstigen Zollkontrollbereichen zusammenarbeiten, um den unbefugten

Zugang zu Beförderungsmitteln und Ladungen zu verhindern und geeignete Sicherheitsmaßnahmen anzuwenden.

Art. 16. Geschäftsunterlagen und Kennzeichnung der Ausfuhren. (1) Jede Vertragspartei verlangt, daß rechtmäßige Ausfuhren von Suchtstoffen und psychotropen Stoffen mit ordnungsgemäßen Unterlagen ausgestattet sind. Zusätzlich zu den Unterlagen nach Artikel 31 des Übereinkommens von 1961, nach Artikel 31 des Übereinkommens von 1961 in seiner geänderten Fassung und nach Artikel 12 des Übereinkommens von 1971 müssen die Geschäftsunterlagen wie Rechnungen, Ladeverzeichnisse, Zollunterlagen, Frachtbriefe und sonstige Versandpapiere die in den jeweiligen Anhängen des Übereinkommens von 1961, des Übereinkommens von 1961 in seiner geänderten Fassung und des Übereinkommens von 1971 aufgeführten Bezeichnungen der ausgeführten Suchtstoffe und psychotropen Stoffe, die ausgeführte Menge und den Namen und die Anschrift des Exporteurs, des Importeurs und, soweit bekannt, des Empfängers enthalten.

(2) Jede Vertragspartei verlangt, daß zur Ausfuhr bestimmte Sendungen von Suchtstoffen und psychotropen Stoffen nicht falsch gekennzeichnet sind.

Art. 17. Unerlaubter Verkehr auf See. (1) Die Vertragsparteien arbeiten so weitgehend wie möglich zusammen, um den unerlaubten Verkehr auf See nach Maßgabe des Seevölkerrechts zu bekämpfen.

(2) Eine Vertragspartei, die den begründeten Verdacht hat, ein Schiff, das ihre Flagge führt oder keine Flagge oder Registrierungszeichen zeigt, für unerlaubten Verkehr benutzt wird, kann andere Vertragsparteien um Hilfe bei der Bekämpfung seiner Verwendung zu diesem Zweck ersuchen. Die ersuchten Vertragsparteien leisten diese Hilfe im Rahmen der ihnen zur Verfügung stehenden Mittel.

(3) Eine Vertragspartei, die den begründeten Verdacht hat, daß ein Schiff, daß die Freiheit der Schiffahrt in Übereinstimmung mit dem Völkerrecht ausübt und die Flagge einer anderen Vertragspartei führt oder deren Registrierungszeichen zeigt, für unerlaubten Verkehr benutzt wird, kann dies dem Flaggenstaat anzeigen, eine Bestätigung der Registrierung anfordern und bei Bestätigung den Flaggenstaat um die Genehmigung ersuchen, geeignete Maßnahmen im Hinblick auf dieses Schiff zu ergreifen.

(4) Nach Absatz 3 oder in Übereinstimmung mit den zwischen ihnen geltenden Verträgen oder anderweitig zwischen diesen Vertragsparteien geschlossenen Abkommen oder sonstigen Vereinbarungen kann der Flaggenstaat den ersuchenden Staat unter anderem ermächtigen,

a) das Schiff anzuhalten;

b) das Schiff zu durchsuchen;

c) falls Beweise für unerlaubten Verkehr gefunden werden, geeignete Maßnahmen im Hinblick auf das Schiff, die Personen und die Ladung an Bord zu treffen.

(5) Werden Maßnahmen aufgrund dieses Artikels getroffen, so tragen die betreffenden Vertragsparteien in gebührender Weise der Notwendigkeit Rechnung, den Schutz des menschlichen Lebens auf See sowie die Sicherheit des Schiffes und der Ladung nicht zu gefährden und die wirtschaftlichen und rechtlichen Interessen des Flaggenstaats oder einer anderen beteiligten Vertragspartei nicht zu beeinträchtigen.

(6) Der Flaggenstaat kann in Übereinstimmung mit seinen Verpflichtungen nach Absatz 1 seine Genehmigung von Bedingungen abhängig machen, die zwischen ihm und der ersuchenden Vertragspartei zu vereinbaren sind, darunter Bedingungen in bezug auf die Haftung.

(7) Für die Zwecke der Absätze 3 und 4 beantwortet eine Vertragspartei ein Ersuchen einer anderen Vertragspartei um Feststellung, ob ein Schiff, das ihre Flagge führt, hierzu berechtigt ist, sowie Ersuchen um Genehmigung nach Absatz 3 zügig. Jede Vertragspartei des Übereinkommens bestimmt zu dem Zeitpunkt, in dem sie Vertragspartei wird, eine oder gegebenenfalls mehrere Behörden zur Entgegennahme und Beantwortung dieser Ersuchen. Die Bestimmung wird allen anderen Vertragsparteien innerhalb eines Monats über den Generalsekretär notifiziert.

(8) Eine Vertragspartei, die eine Maßnahme in Übereinstimmung mit diesem Artikel getroffen hat, unterrichtet den betroffenen Flaggenstaat sofort von den Ergebnissen dieser Maßnahme.

(9) Die Vertragsparteien erwägen den Abschluß zweiseitiger oder regionaler Abkommen oder sonstiger Vereinbarungen zur Durchführung oder zur Verstärkung der Wirksamkeit der Bestimmungen dieses Artikels.

(10) Maßnahmen nach Absatz 4 werden nur von Kriegsschiffen oder Militärluftfahrzeugen oder von anderen Schiffen oder Luftfahrzeugen durchgeführt, die deutlich als im Staatsdienst stehend gekennzeichnet und als solche erkennbar sind und die hierzu befugt sind.

(11) Jede nach diesem Artikel getroffene Maßnahme trägt der Notwendigkeit gebührend Rechnung, die Rechte und Pflichten sowie die Ausübung der Hoheitsbefugnisse der Küstenstaaten in Übereinstimmung mit dem Seevölkerrecht nicht zu behindern oder zu beeinträchtigen.

Art. 18. Zollfreizonen und Freihäfen. (1) Die Vertragsparteien wenden zur Bekämpfung des unerlaubten Verkehrs mit Suchtstoffen, psychotropen Stoffen und in Tabelle I und Tabelle II aufgeführten Stoffen in Zollfreizonen und Freihäfen Maßnahmen an, die nicht weniger streng sind als die, welche sie in anderen Teilen ihres Hoheitsgebiets anwenden.

(2) Die Vertragsparteien bemühen sich,

a) den Güter- und Personenverkehr in Zollfreizonen und Freihäfen zu überwachen; zu diesem Zweck ermächtigen sie die zuständigen Behörden, Ladungen sowie ein- und auslaufende Schiffe, einschließlich Vergnügungs- und Fischereifahrzeuge, sowie Luftfahrzeuge und sonstige Fahrzeuge und gegebenenfalls Besatzungsmitglieder, Fahrgäste und deren Gepäck zu durchsuchen;

b) ein System zum Aufspüren von in Zollfreizonen und Freihäfen ein- und ausgehenden Sendungen, die zu dem Verdacht Anlaß geben, Suchtstoffe, psychotrope Stoffe und in Tabelle I und Tabelle II aufgeführte Stoffe zu enthalten, zu errichten und zu unterhalten;

c) Überwachungssysteme in den Hafen- und Anlegebereichen, auf Flughäfen und an den Grenzkontrollstellen in Zollfreizonen und Freihäfen zu errichten und zu unterhalten.

Art. 19. Benutzung des Postwegs. (1) Die Vertragsparteien treffen nach Maßgabe ihrer Verpflichtungen aus den Übereinkünften des Weltpostvereins und in Übereinstimmung mit den Grundsätzen ihrer jeweiligen innerstaatlichen Rechtsordnung Maßnahmen, um die Benutzung des Postwegs für den unerlaubten Verkehr zu unterbinden, und arbeiten zu diesem Zweck untereinander zusammen.

(2) Die in Absatz 1 genannten Maßnahmen umfassen insbesondere

a) koordinierte Maßnahmen zur Verhütung und Eindämmung der Benutzung des Postwegs für den unerlaubten Verkehr;

b) Einführung und Unterhaltung von Untersuchungs- und Kontrolltechniken durch in der Ermittlung und Verfolgung tätiges entsprechend ermächtigtes Personal, um unerlaubte Sendungen von Suchtstoffen, psychotropen Stoffen und in Tabelle I und Tabelle II aufgeführten Stoffen in Postsendungen aufzuspüren;

c) Gesetzgebungsmaßnahmen, die den Einsatz geeigneter Mittel zur Beschaffung des für Gerichtsverfahren benötigten Beweismaterials ermöglichen.

Art. 20. Von den Vertragsparteien einzureichende Angaben. (1) Die Vertragsparteien reichen der Kommission über den Generalsekretär Angaben über die Wirkung dieses Übereinkommens in ihren Hoheitsgebieten ein, insbesondere

a) den Wortlaut der Gesetze und sonstigen Vorschriften, die zur Durchführung des Übereinkommens erlassen werden;

b) Auskünfte mit Einzelheiten über Fälle unerlaubten Verkehrs in ihrem Hoheitsbereich, die sie wegen der Aufdeckung neuer Entwicklungen, der in Betracht kommenden Mengen, der Bezugsquellen der Stoffe oder der Methoden, deren sich die darin verwickelten Personen bedient haben, für wichtig halten.

(2) Die Kommission bestimmt, in welcher Weise und wann die Vertragsparteien die Angaben einzureichen haben.

Art. 21. Aufgaben der Kommission. Die Kommission ist ermächtigt, sämtliche die Ziele dieses Übereinkommens betreffenden Angelegenheiten zu behandeln; insbesondere

a) überprüft die Kommission auf der Grundlage der von den Vertragsparteien nach Artikel 20 eingereichten Angaben die Wirkungsweise dieses Übereinkommens;

b) kann die Kommission Anregungen und allgemeine Empfehlungen abgeben, die sich auf die Prüfung der von den Vertragsparteien eingereichten Angaben stützen;

c) kann die Kommission das Suchtstoffamt auf jede mit dessen Aufgaben zusammenhängende Angelegenheit aufmerksam machen;

d) trifft die Kommission in jeder ihr vom Suchtstoffamt nach Artikel 22 Absatz 1 Buchstabe b zugewiesenen Angelegenheit die von ihr für zweckmäßig erachteten Maßnahmen;

e) kann die Kommission im Einklang mit den nach Artikel 12 definierten Verfahren Tabelle I und Tabelle II ändern;

f) kann die Kommission Nichtvertragsparteien auf die von ihr nach diesem Übereinkommen angenommenen Beschlüsse und Empfehlungen aufmerksam machen, damit sie entsprechende Maßnahmen in Erwägung ziehen können.

Art. 22. Aufgaben des Suchtstoffamts. (1) Unbeschadet der Aufgaben der Kommission nach Artikel 21 und unbeschadet der Aufgaben des Suchtstoffamts und der Kommission nach dem Übereinkommen von 1961, dem Übereinkommen von 1961 in seiner geänderten Fassung und dem Übereinkommen von 1971 gilt folgendes:

a) Das Suchtstoffamt kann, wenn es aufgrund seiner Prüfung der ihm, dem Generalsekretär oder der Kommission vorliegenden oder von Organen der Vereinten Nationen übermittelten Angaben Grund zu der Annahme hat, daß die Ziele dieses Übereinkommens in Angelegenheiten im Zusammenhang mit seiner Zuständigkeit nicht verwirklicht werden, eine oder mehrere Vertragsparteien auffordern, einschlägige Angaben einzureichen;

b) hinsichtlich der Artikel 12, 13 und 16

   i) kann das Suchtstoffamt, nachdem es aufgrund des Buchstabens a tätig geworden ist, die betreffende Vertragspartei auffordern, wenn es dies für erforderlich erachtet, die unter den gegebenen Umständen zur Durchführung der Artikel 12, 13 und 16 erforderlichen Abhilfemaßnahmen zu treffen;

   ii) behandelt das Suchtstoffamt, bevor es nach Ziffer iii tätig wird, seinen nach Buchstabe a und Ziffer i mit der betreffenden Vertragspartei geführten Schriftverkehr als vertraulich;

   iii) kann das Suchtstoffamt, wenn es feststellt, daß die betreffende Vertragspartei die Abhilfemaßnahmen nicht getroffen hat, zu denen sie nach diesem Buchstaben aufgefordert worden ist, die Vertragsparteien, den Rat und die Kommission auf die Angelegenheit aufmerksam machen. Ein vom Suchtstoffamt nach diesem Buchstaben veröffentlichter Bericht hat auf Ersuchen der betreffenden Vertragspartei auch deren Auffassung zu enthalten.

(2) Prüft das Suchtstoffamt eine Frage aufgrund dieses Artikels, so wird jede Vertragspartei, für die sie von unmittelbarem Interesse ist, eingeladen, sich auf der diesbezüglichen Sitzung vertreten zu lassen.

(3) Wurde ein aufgrund dieses Artikels angenommener Beschluß des Suchtstoffamts nicht einstimmig gefaßt, so ist auch die Auffassung der Minderheit darzulegen.

(4) Beschlüsse des Suchtstoffamts aufgrund dieses Artikels bedürfen der Zweidrittelmehrheit der Gesamtzahl seiner Mitglieder.

(5) Bei der Erfüllung seiner Aufgaben nach Absatz 1 Buchstabe a gewährleistet das Suchtstoffamt die Vertraulichkeit aller in seinen Besitz gelangenden Angaben.

(6) Die Verantwortlichkeit des Suchtstoffamts aufgrund dieses Artikels gilt nicht für die Durchführung von Verträgen oder sonstigen Übereinkünften, die in Übereinstimmung mit diesem Übereinkommen zwischen Vertragsparteien geschlossen werden.

(7) Dieser Artikel findet keine Anwendung auf die unter Artikel 32 fallenden Streitigkeiten zwischen Vertragsparteien.

Art. 23. Berichte des Suchtstoffamts. (1) Das Suchtstoffamt erstellt einen Jahresbericht über seine Arbeit; dieser enthält eine Auswertung der ihm zur Verfügung stehenden Angaben und geeignetenfalls eine Darlegung etwaiger Erläuterungen, um welche Vertragsparteien ersucht wurden oder die sie eingereicht haben, sowie alle Bemerkungen und Empfehlungen, die das Suchtstoffamt zu machen wünscht. Das Suchtstoffamt erstellt die von ihm für erforderlich gehaltenen Zusatzberichte. Die Berichte werden dem Rat über die Kommission vorgelegt; dieser steht es frei, dazu Stellung zu nehmen.

(2) Die Berichte des Suchtstoffamts werden den Vertragsparteien übermittelt und sodann vom Generalsekretär veröffentlicht. Die Vertragsparteien gestatten ihre unbeschränkte Verbreitung.

Art. 24. Anwendung strengerer Maßnahmen als in diesem Übereinkommen vorgeschrieben. Eine Vertragspartei kann strengere oder schärfere Maßnahmen treffen als in diesem Übereinkommen vorgesehen, wenn diese Maßnahmen nach ihrer Ansicht zur Verhütung oder Bekämpfung des unerlaubten Verkehrs wünschenswert oder notwendig sind.

Art. 25. Nichtaufhebung von Rechten und Pflichten aufgrund früherer Verträge. Dieses Übereinkommen hebt die Rechte oder Pflichten der Vertragsparteien dieses Übereinkommens aufgrund des Übereinkommens von 1961, des Übereinkommens von 1961 in seiner geänderten Fassung und des Übereinkommens von 1971 nicht auf.

Art. 26. Unterzeichnung. Dieses Übereinkommen liegt vom 20. Dezember 1988 bis zum 28. Februar 1989 im Büro der Vereinten Nationen in Wien und danach bis zum 20. Dezember 1989 am Sitz der Vereinten Nationen in New York zur Unterzeichnung auf

a) für alle Staaten;
b) für Namibia, vertreten durch den Rat der Vereinten Nationen für Namibia;
c) für Organisationen der regionalen Wirtschaftsintegration, die für die Aushandlung, den Abschluß und die Anwendung internationaler Übereinkünfte über Angelegenheiten zuständig sind, die in den Geltungsbereich dieses Übereinkommens fallen; Bezugnahmen in dem Übereinkommen auf Vertragsparteien, Staaten oder innerstaatliche Dienste gelten auch für diese Organisationen innerhalb der Grenzen ihrer Zuständigkeit.

Art. 27. Ratifikation, Annahme, Genehmigung oder Akt der förmlichen Bestätigung. (1) Dieses Übereinkommen bedarf der Ratifikation, Annahme oder Genehmigung durch Staaten und durch Namibia, vertreten durch den Rat der Vereinten Nationen für Namibia, sowie Akten der förmlichen Bestätigung durch die nach Artikel 26 Buchstabe c bezeichneten Organisationen der regionalen Wirtschaftsintegration. Die Ratifikations-, Annahme- und Genehmigungsurkunden sowie die Urkunden betreffend Akte der förmlichen Bestätigung werden beim Generalsekretär hinterlegt.

(2) In ihren Urkunden der förmlichen Bestätigung legen die Organisationen der regionalen Wirtschaftsintegration den Umfang ihrer Zuständigkeit hinsichtlich der Angelegenheiten dar, die in den Geltungsbereich dieses Übereinkommens fallen. Diese Organisationen teilen dem Generalsekretär auch jede Änderung des Umfangs ihrer Zuständigkeit hinsichtlich der Angelegenheiten mit, die in den Geltungsbereich des Übereinkommens fallen.

Art. 28. Beitritt. (1) Dieses Übereinkommen steht jedem Staat, Namibia, vertreten durch den Rat der Vereinten Nationen für Namibia, und den nach Artikel 26 Buchstabe c bezeichneten Organisationen der regionalen Wirtschaftsintegration zum Beitritt offen. Der Beitritt erfolgt durch Hinterlegung einer Beitrittsurkunde beim Generalsekretär.

(2) In ihren Beitrittsurkunden legen die Organisationen der regionalen Wirtschaftsintegration den Umfang ihrer Zuständigkeit hinsichtlich der Angelegenheiten dar, die in den Geltungsbereich dieses Übereinkommens fallen. Diese Organisationen teilen dem Generalsekretär auch jede Änderung des Umfangs ihrer Zuständigkeit hinsichtlich der Angelegenheiten mit, die in den Geltungsbereich des Übereinkommens fallen.

Art. 29. Inkrafttreten. (1) Dieses Übereinkommen tritt am neunzigsten Tag nach Hinterlegung der zwanzigsten Ratifikations-, Annahme-, Genehmigungs- oder Beitrittsurkunde durch Staaten oder durch Namibia, vertreten durch den Rat der Vereinten Nationen für Namibia, beim Generalsekretär in Kraft.

(2) Für jeden Staat oder für Namibia, vertreten durch den Rat der Vereinten Nationen für Namibia, die dieses Übereinkommen nach Hinterlegung der zwanzigsten Ratifikations-, Annahme-, Genehmigungs- oder Beitrittsurkunde ratifizieren, annehmen, genehmigen oder ihm beitreten, tritt das Übereinkommen am neunzigsten Tag nach Hinterlegung ihrer Ratifikations-, Annahme-, Genehmigungs- oder Beitrittsurkunde in Kraft.

(3) Für jede nach Artikel 26 Buchstabe c bezeichnete Organisation der regionalen Wirtschaftsintegration, die eine Urkunde betreffend einen Akt der förmlichen Bestätigung oder eine Beitrittsurkunde hinterlegt, tritt dieses Übereinkommen am neunzigsten Tag nach dieser Hinterlegung oder zum Zeitpunkt des Inkrafttretens des Übereinkommens nach Absatz 1, wenn dies der spätere ist, in Kraft.

Art. 30. Kündigung. (1) Eine Vertragspartei kann dieses Übereinkommen jederzeit durch eine an den Generalsekretär gerichtete schriftliche Notifikation kündigen.

(2) Die Kündigung wird ein Jahr nach Eingang der Notifikation beim Generalsekretär für die betreffende Vertragspartei wirksam.

Art. 31. Änderungen. (1) Jede Vertragspartei kann zu diesem Übereinkommen Änderungen vorschlagen. Der Wortlaut und die Begründung jedes Änderungsvorschlags werden von der betreffenden Vertragspartei dem Generalsekretär übermittelt; dieser leitet sie den anderen Vertragsparteien zu mit der Frage, ob sie den Änderungsvorschlag annehmen. Ist ein derart verteilter Änderungsvorschlag binnen vierundzwanzig Monaten nach seiner Verteilung von keiner Vertragspartei abgelehnt worden, so gilt er als angenommen; die Änderung tritt für jede Vertragspartei neunzig Tage nach dem Zeitpunkt in Kraft, in dem sie beim Generalsekretär eine Urkunde hinterlegt hat, in der sie ihre Zustimmung ausdrückt, durch die Änderung gebunden zu sein.

(2) Ist ein Änderungsvorschlag von einer Vertragspartei abgelehnt worden, so konsultiert der Generalsekretär die Vertragsparteien; auf Antrag der Mehrheit legt er die Angelegenheit zusammen mit etwaigen Stellungnahmen der Vertragsparteien dem Rat vor, der die Einberufung einer Konferenz in Übereinstimmung mit Artikel 62 Absatz 4 der Charta der Vereinten Nationen beschließen kann. Eine Änderung, die das Ergebnis einer solchen Konferenz ist, wird in einem Änderungsprotokoll niedergelegt. Die Zustimmung, durch ein solches Protokoll gebunden zu sein, muß ausdrücklich gegenüber dem Generalsekretär zum Ausdruck gebracht werden.

Art. 32. Beilegung von Streitigkeiten. (1) Entsteht zwischen zwei oder mehr Vertragsparteien über die Auslegung oder Anwendung dieses Übereinkommens eine Streitigkeit, so konsultieren die Vertragsparteien einander mit dem Ziel, die Streitigkeit durch Verhandlung, Untersuchung, Vermittlung, Vergleich, Schiedsspruch, Inanspruchnahme regionaler Einrichtungen, gerichtliche Entscheidung oder durch andere friedliche Mittel eigener Wahl beizulegen.

(2) Kann durch die in Absatz 1 vorgesehenen Verfahren die Streitigkeit nicht beigelegt werden, so ist sie auf Antrag eines der an der Streitigkeit beteiligten Staaten dem Internationalen Gerichtshof zur Entscheidung zu unterbreiten.

(3) Ist eine nach Artikel 26 Buchstabe c bezeichnete Organisation der regionalen Wirtschaftsintegration an einer Streitigkeit beteiligt, die nicht durch die in Absatz 1 vorgesehenen Verfahren beigelegt werden kann, so kann die Organisation durch einen Mitgliedstaat der Vereinten Nationen den Rat ersuchen, vom Internationalen Gerichtshof nach Artikel 65 seines Statuts ein Gutachten einzuholen, das als entscheidend betrachtet wird.

(4) Jeder Staat kann bei der Unterzeichnung oder bei der Ratifikation, Annahme oder Genehmigung dieses Übereinkommens oder beim Beitritt dazu und jede Organisation der regionalen Wirtschaftsintegration kann bei der Unterzeichnung oder bei der Hinterlegung einer Urkunde der förmlichen Bestätigung oder einer Beitrittsurkunde erklären, daß sie sich durch die Absätze 2 und 3 nicht als gebunden betrachten. Die anderen Vertragsparteien sind durch die Absätze 2 und 3 gegenüber einer Vertragspartei, die eine solche Erklärung abgegeben hat, nicht gebunden.

(5) Eine Vertragspartei, die eine Erklärung nach Absatz 4 abgegeben hat, kann diese jederzeit durch eine Notifikation an den Generalsekretär zurücknehmen.

Art. 33. Verbindliche Wortlaute. Der arabische, chinesische, englische, französische, russische und spanische Wortlaut dieses Übereinkommens ist gleichermaßen verbindlich.

Art. 34. Verwahrer. Der Generalsekretär ist Verwahrer dieses Übereinkommens.
Zu Urkund dessen haben die hierzu gehörig befugten Unterzeichneten dieses Übereinkommen unterschrieben.
Geschehen zu Wien am 20. Dezember 1988 in einer Urschrift.

A 4. Rahmenbeschluss 2004/757/JI des Rates zur Festlegung von Mindestvorschriften über die Tatbestandsmerkmale strafbarer Handlungen und die Strafen im Bereich des illegalen Drogenhandels

Vom 25. 10. 2004 (ABl. L 335 v 11. 11. 2004)

(Auszug)

DER RAT DER EUROPÄISCHEN UNION –

gestützt auf … .
auf Vorschlag der Kommission
nach Stellungnahme des Europäischen Parlaments
in Erwägung nachstehender Gründe

(1), (2) *nicht abgedruckt*

(3) Es ist erforderlich, Mindestvorschriften über die Tatbestandsmerkmale strafbarer Handlungen im Bereich des illegalen Handels mit Drogen und Grundstoffen festzulegen, die einen gemeinsamen Ansatz auf der Ebene der Europäischen Union bei der Bekämpfung dieses illegalen Handels ermöglichen.

(4) Auf Grund des Subsidiaritätsprinzips sollten sich die Maßnahmen der Europäischen Union auf die schwersten Arten von Drogendelikten konzentrieren. Dass bestimmte Verhaltensweisen in Bezug auf den persönlichen Konsum aus dem Anwendungsbereich dieses Rahmenbeschlusses ausgenommen sind, stellt keine Leitlinie des Rates dafür dar, wie die Mitgliedstaaten diese anderen Fälle im Rahmen der nationalen Rechtsvorschriften regeln sollten.

(5) Die von den Mitgliedstaaten vorgesehenen Strafen sollten wirksam, verhältnismäßig und abschreckend sein und Freiheitsstrafen einschließen. Bei der Bestimmung des Strafmaßes sollten Sachverhalte, wie Menge und Art der gehandelten Drogen, und die Frage, ob die Straftat im Rahmen einer kriminellen Vereinigung begangen wurde, berücksichtigt werden.

(6) Den Mitgliedstaaten sollte es ermöglicht werden, mildere Strafen für den Fall vorzusehen, dass der Straftäter den zuständigen Behörden sachdienliche Hinweise erteilt.

(7) Es sind Maßnahmen zu treffen, die es ermöglichen, Erträge aus Straftaten im Sinne dieses Rahmenbeschlusses einzuziehen.

(8), (9) *nicht abgedruckt*

HAT FOLGENDEN RAHMENBESCHLUSS ANGENOMMEN:

Art. 1. Definitionen. Im Sinne dieses Rahmenbeschlusses bezeichnet der Begriff

1. *„Drogen"* sämtliche Stoffe, die in folgenden Übereinkommen der Vereinten Nationen erfasst sind:
   a) Einheits-Übereinkommen von 1961 über Suchtstoffe (in der durch das Protokoll von 1972 geänderten Fassung);
   b) Wiener Übereinkommen von 1971 über psychotrope Stoffe. Erfasst werden auch die Stoffe, die im Rahmen der vom Rat angenommenen Gemeinsamen Maßnahme 97/396/JI vom 16. Juni 1997 betreffend den Informationsaustausch, die Risikobewertung und die Kontrolle bei neuen synthetischen Drogen der Kontrolle unterworfen wurden;
2. *„Grundstoffe"* die in den Rechtsvorschriften der Gemeinschaft erfassten Stoffe, für die den Verpflichtungen nach Artikel 12 des Übereinkommens der Vereinten Nationen gegen den unerlaubten Verkehr mit Suchtstoffen und psychotropen Stoffen vom 20. Dezember 1988 nachzukommen ist;
3. *„juristische Person"* jedes Rechtssubjekt, das diesen Status nach dem jeweils geltenden innerstaatlichen Recht besitzt, mit Ausnahme von Staaten oder sonstigen Körperschaften des öffentlichen Rechts in Ausübung ihrer hoheitlichen Befugnisse und von öffentlich-rechtlichen internationalen Organisationen.

Art. 2 Straftaten in Verbindung mit illegalen Handel mit Drogen und Grundstoffen. (1) Jeder Mitgliedstaat trifft die erforderlichen Maßnahmen, um sicherzustellen, dass folgende vorsätzliche Handlungen unter Strafe gestellt werden, wenn sie ohne entsprechende Berechtigung vorgenommen wurden:

a) das Gewinnen, Herstellen, Ausziehen, Zubereiten, Anbieten, Feilhalten, Verteilen, Verkaufen, Liefern – gleichviel zu welchen Bedingungen – Vermitteln, Versenden – auch im Transit –, Befördern, Einführen oder Ausführen von Drogen;
b) das Anbauen des Opiummohns, des Kokastrauchs oder der Cannabispflanze;
c) das Besitzen oder Kaufen von Drogen mit dem Ziel, eine der unter Buchstabe a) aufgeführten Handlungen vorzunehmen;
d) das Herstellen, Befördern oder Verteilen von Grundstoffen in der Kenntnis, dass sie der illegalen Erzeugung oder der illegalen Herstellung von Drogen dienen.

(2) Die Handlungen nach Absatz 1 fallen nicht in den Anwendungsbereich dieses Rahmenbeschlusses, wenn die Täter sie ausschließlich für ihren persönlichen Konsum im Sinne des nationalen Rechts begangen haben.

Art. 3 Anstiftung, Beihilfe und Versuch. (1) Jeder Mitgliedstaat ergreift die erforderlichen Maßnahmen, um die Anstiftung und die Beihilfe zu einer der in Artikel 2 genannten Straftaten und den Versuch ihrer Begehung als Straftat einzustufen.

(2) Jeder Mitgliedstaat kann vorsehen, dass der Versuch des Anbietens oder der Zubereitung von Drogen nach Artikel 2 Absatz 1 Buchstabe a) sowie der Versuch des Erwerbs von Drogen nach Artikel 2 Absatz 1 Buchstabe c) keinen Straftatbestand darstellt.

Art. 4 Strafen. *nicht abgedruckt*

Art. 5 Besondere Umstände. Ungeachtet des Artikels 4 kann jeder Mitgliedstaat die erforderlichen Maßnahmen ergreifen, um sicherzustellen, dass die in Artikel 4 vorgesehenen Strafen gemildert werden können, wenn der Straftäter

a) sich von seinen kriminellen Aktivitäten im Bereich des illegalen Handels mit Drogen und Grundstoffen lossagt und

b) den Verwaltungs- oder Justizbehörden Informationen liefert, die sie nicht auf andere Weise erhalten könnten, und ihnen auf diese Weise hilft,

   i) die Auswirkungen der Straftat zu verhindern oder abzumildern,

   ii) andere Straftäter zu ermitteln oder vor Gericht zu bringen,

   iii) Beweise zu sammeln oder

   iv) weitere Straftaten im Sinne der Artikel 2 und 3 zu verhindern.

Art. 6 Verantwortlichkeit juristischer Personen. *nicht abgedruckt*

Art. 7 Sanktionen gegen juristische Personen. *nicht abgedruckt*

Art. 8 Gerichtsbarkeit und Strafverfolgung. *nicht abgedruckt*

Art. 9 Durchführung und Berichte. (1) Die Mitgliedstaaten treffen die erforderlichen Maßnahmen, um dem Rahmenbeschluss bis zum 12. Mai 2006 nachzukommen.

(2) Die Mitgliedstaaten teilen dem Generalsekretariat des Rates und der Kommission innerhalb der in Absatz 1 genannten Frist den Wortlaut der Vorschriften mit, mit denen ihre Verpflichtungen aus diesem Rahmenbeschluss in innerstaatliches Recht umgesetzt werden. Die Kommission legt dem Europäischen Parlament und dem Rat bis spätestens 12 Mai 2009 einen Bericht über die Umsetzung des Rahmenbeschlusses vor, einschließlich seiner Auswirkungen auf die justizielle Zusammenarbeit im Bereich des illegalen Drogenhandels. Anhand dieses Berichts prüft der Rat bis spätestens innerhalb von sechs Monaten nach Vorlage des Berichts, ob die Mitgliedstaaten die erforderlichen Maßnahmen getroffen haben, um diesem Rahmenbeschluss nachzukommen.

Art. 10 Räumlicher Anwendungsbereich. Dieser Rahmenbeschluss findet auch auf Gibraltar Anwendung.

Art. 11 Inkrafttreten. Dieser Rahmenbeschluss tritt am Tag nach seiner Veröffentlichung im *Amtsblatt der Europäischen Union* in Kraft.

Teil B. Deutsche Gesetze

B 1. Das Gesetz über den Verkehr mit Betäubungsmitteln (Opiumgesetz)

Vom 10. Dezember 1929 (RGBl. I S. 215)

Der Reichstag hat das folgende Gesetz beschlossen, das mit Zustimmung des Reichsrats hiermit verkündet wird:

§ 1. (1) Stoffe im Sinne dieses Gesetzes sind Rohopium, Opium für medizinische Zwecke, Morphin, Diazetylmorphin (Heroin), Kokablätter, Rohkokain, Kokain, Ekgonin, Indischer Hanf sowie alle Salze des Morphins, Diazetylmorphins (Heroins), Kokains und Ekgonins.

(2) Stoffe, die nach wissenschaftlicher Feststellung die gleichen schädigenden Wirkungen wie die in Abs. 1 genannten auszuüben vermögen, können diesen durch eine mit Zustimmung des Reichsrats ergehende Verordnung der Reichsregierung gleichgestellt werden.

(3) Zubereitungen im Sinne dieses Gesetzes sind alle Zubereitungen, die Morphin oder Kokain oder deren Salze enthalten, sofern der Gehalt der Zubereitung, berechnet auf Morphin, mehr als 0,2 vom Hundert, berechnet auf Kokain, mehr als 0,1 vom Hundert beträgt, ferner alle Zubereitungen, die Diazetylmorphin (Heroin) oder Ekgonin oder deren Salze enthalten, ferner Indisch-Hanfextrakt und Indisch-Hanftinktur, ferner alle Zubereitungen der Stoffe, die nach Abs. 2 den im Abs. 1 genannten Stoffen gleichgestellt werden.

(4) Durch eine mit Zustimmung des Reichsrats ergehende Verordnung der Reichsregierung kann bestimmt werden, daß gewisse Zubereitungen diesem Gesetz oder einzelnen Vorschriften des Gesetzes oder der aufgrund desselben erlassenen Bestimmungen nicht unterstehen.

§ 2. (1) Die Einfuhr, Durchfuhr und Ausfuhr, die Gewinnung, Herstellung und Verarbeitung der Stoffe und Zubereitungen sowie der Verkehr mit ihnen unterliegen der Aufsicht des Reichsgesundheitsamts.

(2) Das Reichsgesundheitsamt ist berechtigt, die Örtlichkeiten, in denen die Stoffe und Zubereitungen gewonnen, hergestellt, verarbeitet, aufbewahrt, feilgehalten oder abgegeben werden, zu besichtigen. Auf Verlangen ist ihm über Ort, Zeit und Menge der Ein- und Ausfuhr, über Lieferer und Empfänger sowie über alle die Gewinnung, die Herstellung, die Verarbeitung und den Verkehr mit den Stoffen und Zubereitungen betreffenden Fragen Auskunft zu erteilen und Einsicht in die geschäftlichen Aufzeichnungen und Bücher zu gewähren.

(3) Bei der Beaufsichtigung der Einfuhr und Ausfuhr können die Zollabfertigungspapiere sowie die statistischen Anmeldescheine benutzt werden.

(4) Die den Landesregierungen zustehenden gesundheitspolizeilichen Befugnisse bleiben unberührt.

§ 3. (1) Die Einfuhr und Ausfuhr der Stoffe und Zubereitungen, ihre Gewinnung, ihre gewerbsmäßige Herstellung und Verarbeitung, der Handel mit ihnen, ihr Erwerb, ihre Abgabe und Veräußerung sowie jeder sonstige gleichartige Verkehr mit ihnen ist nur Personen gestattet, denen hierzu die Erlaubnis erteilt worden ist. Über den Antrag auf Erteilung der Erlaubnis entscheidet die Landeszentralbehörde im Einvernehmen mit dem Reichsminister des Innern. In der Erlaubnis sind die Örtlichkeiten, für die sie erteilt wird, zu bezeichnen.

(2) Die Erlaubnis kann beschränkt werden.

(3) Die Erlaubnis ist zu versagen, wenn ein Bedürfnis für ihre Erteilung nicht besteht oder wenn Bedenken des Gesundheitsschutzes oder persönliche Gründe ihrer Erteilung entgegenstehen. Die erteilte Erlaubnis kann aus den gleichen Gründen widerrufen werden.

(4) Keiner Erlaubnis nach Abs. 1 bedürfen die Apotheken für den Erwerb der Stoffe und Zubereitungen, für ihre Verarbeitung sowie für ihre Abgabe aufgrund ärztlicher, zahnärztlicher oder tierärztlicher Verschreibung, die behördlich genehmigten ärztlichen Hausapotheken für die Verarbeitung und Abgabe der Stoffe und Zubereitungen, die behördlich genehmigten tierärztlichen Hausapotheken für den Erwerb, die Verarbeitung und Abgabe der Stoffe und Zubereitungen. Einer Erlaubnis bedarf ferner nicht, wer die Stoffe und Zubereitungen aus den Apotheken aufgrund ärztlicher, zahnärztlicher oder tierärztlicher Verschreibung oder aus behördlich genehmigten ärztlichen oder tierärztlichen Hausapotheken oder von Tierärzten, die eine Erlaubnis zur Abgabe nach Abs. 1 erhalten haben, erwirbt.

§ 4. (1) Der Erwerb sowie die Veräußerung und Abgabe der Stoffe und Zubereitungen ist nur aufgrund eines auf den Namen des Erwerbers lautenden, für jeden einzelnen Fall des Erwerbes sowie der Veräußerung und Abgabe ausgestellten Bezugscheins zulässig. Der Bezugschein ist bei der der Aufsicht des Reichsgesundheitsamts unterstehenden Opiumstelle zu beantragen. Ein Bezugschein ist nicht erforderlich für die Abgabe aufgrund ärztlicher, zahnärztlicher oder tierärztlicher Verschreibung in den Apotheken sowie für die Abgabe in den behördlich genehmigten ärztlichen oder tierärztlichen Hausapotheken oder durch Tierärzte, die eine Erlaubnis zur Abgabe nach § 3 erhalten haben. Ein Bezugschein ist ferner nicht erforderlich für den Erwerb der Stoffe und Zubereitungen aus den Apotheken aufgrund ärztlicher, zahnärztlicher oder tierärztlicher Verschreibung oder aus den behördlich genehmigten ärztlichen oder tierärztlichen Hausapotheken oder von Tierärzten, die eine Erlaubnis zur Abgabe nach § 3 erhalten haben.

(2) Die näheren Bestimmungen über das Verfahren bei der Beantragung und Ausstellung der Bezugscheine sowie über deren Form und Wortlaut erläßt der Reichsminister des Innern.

(3) Die Opiumstelle ist berechtigt, die Ausstellung des Bezugscheins zu versagen, wenn Art und Menge der beantragten Stoffe oder Zubereitungen den Verdacht rechtfertigen, daß die Stoffe oder Zubereitungen in einer Weise verwendet werden sollen, die mit diesem Gesetz oder den aufgrund desselben erlassenen Ausführungsbestimmungen nicht in Einklang steht. Die Opiumstelle kann die beantragten Mengen auch kürzen.

(4) Durch eine mit Zustimmung des Reichsrats ergehende Verordnung der Reichsregierung kann bestimmt werden, daß der Verkehr mit gewissen Zubereitungen auf andere Weise als durch den Bezugschein überwacht wird.

§ 5. (1) Wer eine Erlaubnis gemäß § 3 erhalten hat, ist verpflichtet, ein Lagerbuch zu führen, in dem der Eingang und Ausgang sowie die Verarbeitung für jeden der Stoffe und Zubereitungen einzeln und nach Tag und Menge gesondert zu vermerken ist. Aus den Eintragungen über Eingang und Ausgang müssen auch Namen und Wohnort der Lieferer und Empfänger ersichtlich sein.

(2) Die Reichsregierung kann mit Zustimmung des Reichsrats bestimmen, ob und inwieweit Ausnahmen von den Vorschriften des Abs. 1 zugelassen werden können und inwieweit die Vorschriften des Abs. 1 auch auf Apotheken sowie behördlich genehmigte ärztliche und tierärztliche Hausapotheken Anwendung finden sollen.

§ 6. (1) Durch eine mit Zustimmung des Reichsrats ergehende Verordnung der Reichsregierung werden die Bedingungen festgesetzt, unter denen die Einfuhr, Durchfuhr und Ausfuhr der Stoffe und Zubereitungen erfolgen darf.

(2) Die Genehmigung zur Einfuhr und Ausfuhr der Stoffe und Zubereitungen ist in jedem Falle beim Reichsgesundheitsamt durch den Antrag auf Erteilung eines Einfuhr- oder Ausfuhrscheins nachzusuchen. Das Reichsgesundheitsamt kann die Erteilung des Ausfuhrscheins versagen, wenn die Annahme berechtigt erscheint, daß die Stoffe und

Zubereitungen, deren Ausfuhr beantragt wird, nicht zu medizinischen oder wissenschaftlichen Zwecken bestimmt sind.

(3) Der Reichsminister des Innern kann bestimmen, daß die Einfuhr, Durchfuhr und Ausfuhr nur über bestimmte Orte zulässig ist.

(4) Die Einfuhr und Ausfuhr ist dem Reichsgesundheitsamt nachzuweisen.

§ 7. Durch eine mit Zustimmung des Reichsrats ergehende Verordnung der Reichsregierung können Vorschriften über die Ankündigung und Beschriftung von Zubereitungen der im § 1 Abs. 3 bezeichneten Art erlassen werden. Diese Vorschriften können sich auch auf Zubereitungen erstrecken, die nach § 1 Abs. 3 diesem Gesetz nicht unterstehen.

§ 8. Durch eine mit Zustimmung des Reichsrats ergehende Verordnung der Reichsregierung können über das Verschreiben der Stoffe und Zubereitungen durch Ärzte, Zahnärzte oder Tierärzte und über die Abgabe in den Apotheken, den behördlich genehmigten ärztlichen und tierärztlichen Hausapotheken sowie durch Tierärzte, die eine Erlaubnis hierzu nach § 3 erhalten haben, einschränkende Bestimmungen erlassen werden. Diese Bestimmungen können sich auch auf Zubereitungen erstrecken, die nach § 1 Abs. 3 diesem Gesetze nicht unterstehen.

§ 9. Die Einfuhr, Durchfuhr, Ausfuhr und Herstellung von zubereitetem Opium, von sogenanntem Droß und allen anderen Rückständen des Rauchopiums, von dem aus Indischem Hanfe gewonnenen Harz und den gebräuchlichen Zubereitungen dieses Harzes, insbesondere Haschisch, sowie der Verkehr mit diesen Stoffen und Zubereitungen ist verboten.

§ 10. (1) Mit Gefängnis bis zu drei Jahren und mit Geldstrafe oder mit einer dieser Strafen wird, sofern nicht nach anderen Strafgesetzen eine schwerere Strafe verwirkt ist, bestraft,

1. wer die Stoffe und Zubereitungen ohne die im § 3 vorgeschriebene Erlaubnis einführt, ausführt, gewinnt, herstellt, verarbeitet, Handel mit ihnen treibt, sie erwirbt, abgibt, veräußert oder sonst in den Verkehr bringt oder sie in nicht genehmigten Örtlichkeiten gewinnt, herstellt, verarbeitet, aufbewahrt, feilhält oder abgibt;
2. wer die Stoffe und Zubereitungen ohne den im § 4 vorgeschriebenen Bezugschein erwirbt, abgibt oder veräußert;
3. wer, um einen Bezugschein zu erlangen, zur Täuschung der Opiumstelle in einem Antrag unrichtige Angaben tatsächlicher Art macht oder von einem Antrag, der unrichtige Angaben tatsächlicher Art enthält, Gebrauch macht;
4. wer dem im § 9 ausgesprochenen Verbote zuwiderhandelt;
5. wer den aufgrund des § 5 Abs. 2, § 6 Abs. 1 oder 3 oder § 12 erlassenen Bestimmungen zuwiderhandelt;
6. wer den aufgrund des § 4 Abs. 2 oder Abs. 4, § 7 oder § 8 erlassenen Bestimmungen zuwiderhandelt;
7. wer die Stoffe oder Zubereitungen entgegen den Bestimmungen der Weltpostvereinsverträge mit der Post versendet;
8. wer die ihm obliegende Führung des Lagerbuchs unterläßt oder unrichtige oder unvollständige Eintragungen vornimmt oder der ihm obliegenden Pflicht zur Auskunfterteilung oder zur Gewährung der Einsicht in die geschäftlichen Aufzeichnungen und Bücher nicht nachkommt.

(2) In den Fällen des Abs. 1 Nr. 1 bis 7 ist der Versuch strafbar.

(3) Wer die Tat (Abs. 1) fahrlässig begeht, wird im Falle der Nr. 1 bis 5, 7 und 8 mit Gefängnis bis zu einem Jahre oder mit Geldstrafe, im Falle der Nr. 6 mit Geldstrafe bis zu 150 RM oder mit Haft bestraft.

(4) Die Vorschriften der Abs. 1 bis 3 gelten auch dann, wenn Stoffe oder Zubereitungen als solche der im § 1 bezeichneten Art in den Verkehr gebracht werden, ohne es zu sein.

(5) Neben der Strafe kann auf Einziehung der Stoffe und Zubereitungen, auf die sich die strafbare Handlung bezieht, erkannt werden, ohne Unterschied, ob sie dem Täter gehören oder nicht. Kann keine bestimmte Person verfolgt oder verurteilt werden, so kann auf Einziehung selbständig erkannt werden, wenn im übrigen die Voraussetzungen hierfür vorliegen.

(6) Ist der Verurteilte ein Ausländer, so ist die Landespolizeibehörde befugt, ihn aus dem Reichsgebiete zu verweisen.

§ 11. (1) Zur Deckung der Kosten, die sich aus der Durchführung dieses Gesetzes ergeben, können nach näherer Bestimmung des Reichsministers des Innern eine Umlage auf die Stoffe und Zubereitungen sowie eine Gebühr für die Ausstellung der Bezugscheine erhoben werden.

(2) Die Umlage gilt nicht als Steuer im Sinne der Reichsabgabenordnung.

§ 12. Die zur Ausführung dieses Gesetzes erforderlichen Bestimmungen erläßt die Reichsregierung mit Zustimmung des Reichsrats; soweit es sich um den Verkehr in den Zollausschlüssen und Freibezirken handelt, bedarf sie der Zustimmung der zuständigen Landesregierung.

§ 13. (1) Das Gesetz tritt am 1. Januar 1930 in Kraft. Gleichzeitig tritt das Gesetz zur Ausführung des internationalen Opiumabkommens vom 23. Januar 1912 vom 30. Dezember 1920 (RGBl. 1921, S. 2) in der Fassung des Gesetzes zur Abänderung des Opiumgesetzes vom 21. März 1924 (RGBl. I S. 290) außer Kraft. Die aufgrund dieses Gesetzes erlassenen Verordnungen gelten weiterhin als Verordnungen aufgrund des neuen Gesetzes.

(2) Eine vor Inkrafttreten dieses Gesetzes erteilte Erlaubnis zur Verarbeitung ist spätestens bis zum 1. April 1930 von neuem zu beantragen, widrigenfalls sie erlischt. Wird der Antrag rechtzeitig gestellt, so bleibt die Erlaubnis in ihrem bisherigen Umfang bis zur Entscheidung in Kraft.

(3) Soweit für den Verkehr mit dem Indischen Hanfe und dem Extrakt und der Tinktur des Indischen Hanfes sowie mit Ekgonin und dessen Salzen und Zubereitungen eine Erlaubnis gemäß § 3 Abs. 1 erforderlich ist, darf ein bei Inkrafttreten dieses Gesetzes bereits bestehender Betrieb nach dem 1. April 1930 nur fortgesetzt werden, wenn inzwischen die durch dieses Gesetz vorgeschriebene Erlaubnis erteilt worden ist.

B 2. Das Gesetz über den Verkehr mit Betäubungsmitteln (Betäubungsmittelgesetz 1972)

In der Fassung der Bekanntmachung vom 10. 1. 1972 (BGBl. I S. 1)
Geändert durch Art. 48 EGStGB vom 2. 3. 1974 (BGBl. I S. 469, 549)

§ 1. [Begriffsbestimmung der Stoffe und Zubereitungen] (1) Stoffe im Sinne dieses Gesetzes sind:

1. a) Rohopium,
      Opium für medizinische Zwecke,
      Kokablätter,
      Rohkokain;
   b) Morphin,
      Diazetylmorphin (Heroin) und andere Ester des Morphins;
      Dihydrokodeinon (Dicodid),
      Dihydromorphinon (Dilaudid),
      Dihydrooxykodeinon (Eukodal),
      Dihydromorphin (Paramorfan),
      Acetyldihydrokodeinon (Acetyldemethylodihydrothebain, Acedicon)
      und ihre Ester;

Morphin-Aminoxyd (Morphin-N-oxyd, Genomorphin),
die Abkömmlinge des Morphin-Aminoxyds und
andere Morphinabkömmlinge mit fünfwertigem Stickstoff;
Thebain;
Benzylmorphin (Peronin) und
andere Äther des Morphins,
soweit sie nicht unter Nummer 2 aufgeführt sind;
Kokain,
Ekgonin und
andere Ester des Ekgonins;

  c) die Salze der unter Buchstabe b aufgeführten Stoffe;

  d) Blüten oder Fruchtstände der zur Gattung Cannabis gehörenden Pflanzen, denen das Harz nicht entzogen worden ist, ausgenommen die nicht mit solchen Ständen vermengten Samen sowie die Blätter, die kein Harz enthalten;

2. Kodein,
Äthylmorphin (Dionin) und
ihre Salze.

(2) Die Bundesregierung wird ermächtigt, durch Rechtsverordnung weitere Stoffe den Stoffen nach Absatz 1 Nr. 1 gleichzustellen, wenn sie nach wissenschaftlicher Erkenntnis die gleichen Wirkungen hervorrufen können und wenn es zur Sicherheit oder zur Kontrolle des Verkehrs mit Betäubungsmitteln erforderlich ist.

(3) Die Bundesregierung wird ermächtigt, durch Rechtsverordnung Stoffe, aus denen sich die in Absatz 1 genannten oder die diesen durch Rechtsverordnung nach Absatz 2 gleichgestellten Stoffe herstellen lassen, den Stoffen nach Absatz 1 gleichzustellen.

(4) Zubereitungen im Sinne dieses Gesetzes sind

1. Zubereitungen, die die in Absatz 1 Nr. 1 Buchstaben a bis c aufgeführten Stoffe enthalten;
Zubereitungen, die Morphin oder Kokain oder deren Salze enthalten, jedoch nur, sofern der Gehalt der Zubereitung, berechnet auf Morphin, mehr als 0,2 vom Hundert, berechnet auf Kokain, mehr als 0,1 vom Hundert beträgt,
2. Extrakte und Tinkturen der Stoffe im Sinne des Absatzes 1 Nr. 1 Buchstabe d,
3. Rückstände des Rauchopiums, Cannabisharz und seine Zubereitungen,
4. Zubereitungen der Stoffe, die nach Absatz 2 den in Absatz 1 Nr. 1 genannten Stoffen gleichgestellt werden.

(5) Die Bundesregierung wird ermächtigt, durch Rechtsverordnung Zubereitungen mit einem geringeren als dem in Absatz 3 Nr. 1 genannten Gehalt an Morphin oder Kokain sowie Zubereitungen, die die in Absatz 1 Nr. 1 Buchstabe d oder Nr. 2 genannten Stoffe oder deren Salze enthalten, diesem Gesetz oder einzelnen Vorschriften des Gesetzes oder einzelnen auf Grund des Gesetzes erlassenen Vorschriften zu unterstellen, soweit sie nach wissenschaftlicher Erkenntnis die gleichen Wirkungen wie die in den Absätzen 1 und 3 genannten Stoffe und Zubereitungen hervorrufen können oder wenn es zur Sicherheit oder zur Kontrolle des Verkehrs mit Betäubungsmitteln erforderliche ist.

(6) Die Bundesregierung wird ermächtigt, durch Rechtsverordnung Stoffe oder Zubereitungen von einzelnen Vorschriften dieses Gesetzes oder der auf Grund dieses Gesetzes erlassenen Rechtsverordnungen freizustellen, soweit die Sicherheit und die Kontrolle des Verkehrs mit Betäubungsmitteln gewährleistet bleiben.

(7) Betäubungsmittel im Sinne dieses Gesetzes sind

1. die in Absatz 1 genannten oder nach Absatz 2 oder 3 gleichgestellten Stoffe,
2. die in Absatz 4 genannten oder nach Absatz 5 diesem Gesetz oder einzelnen Vorschriften des Gesetzes oder einzelnen auf Grund des Gesetzes erlassenen Vorschriften unterstellten Zubereitungen.

§ 2. [Aufsicht, Rechte der Aufsichtsbehörden] (1) Die Einfuhr, Durchfuhr und Ausfuhr, die Gewinnung, Herstellung, Verarbeitung und Vernichtung der Betäubungsmittel sowie der Verkehr mit ihnen unterliegen der Aufsicht des Bundesgesundheitsamtes, soweit nicht in den auf Grund dieses Gesetzes erlassenen Rechtsverordnungen mit Zustimmung des Bundesrates etwas anderes bestimmt wird; der Einfuhr oder Ausfuhr im Sinne dieses Gesetzes steht jedes sonstige Verbringen in den oder aus dem Geltungsbereich dieses Gesetzes gleich.

(2) Das Bundesgesundheitsamt oder die sonst zuständige Stelle ist berechtigt, die Örtlichkeiten, in denen die Betäubungsmittel gewonnen, hergestellt, verarbeitet, aufbewahrt, feilgehalten oder abgegeben werden, sowie Beförderungsmittel zu besichtigen. Soweit es sich um industrielle Herstellungsbetriebe und Großhandelsbetriebe handelt, sind die Besichtigungen in der Regel alle zwei Jahre durchzuführen und die Ergebnisse der Besichtigung in einer Niederschrift festzuhalten. Auf Verlangen ist über Ort, Zeit und Menge der Ein- und Ausfuhr, über Lieferer und Empfänger sowie über alle die Gewinnung, die Herstellung, die Verarbeitung der Betäubungsmittel, den Verkehr mit ihnen und den Bestand betreffenden Fragen Auskunft zu erteilen. Auch ist auf Verlangen Einsicht in die geschäftlichen Aufzeichnungen und Bücher zu gewähren. Die Verpflichtung, Auskunft über Verarbeitung und Bestand zu erteilen, erstreckt sich auch auf solche aus den Betäubungsmitteln hergestellten Erzeugnisse, die diesem Gesetz nicht unterstehen. Die beauftragten Personen sind berechtigt, gegen Empfangsbescheinigung Proben nach ihrer Auswahl zum Zwecke der Untersuchung zu fordern oder zu entnehmen. Soweit nicht ausdrücklich darauf verzichtet wird, ist ein Teil der Probe amtlich verschlossen oder versiegelt zurückzulassen und § 383 der entnommene Probe eine angemessene Entschädigung in Geld zu leisten. Das Grundrecht der Unverletzlichkeit der Wohnung gemäß Artikel 13 des Grundgesetzes wird insoweit eingeschränkt.

(3) Der zur Auskunft Verpflichtete kann die Auskunft auf solche Fragen verweigern, deren Beantwortung ihn selbst oder einen der in § 383 Abs. 1 Nr. 1 bis 3 der Zivilprozeßordnung bezeichneten Angehörigen der Gefahr strafrechtlicher Verfolgung oder eines Verfahrens nach dem Gesetz über Ordnungswidrigkeiten aussetzen würde.

(4) Bei der Beaufsichtigung der Einfuhr und Ausfuhr können die Zollabfertigungspapiere sowie die statistischen Anmeldescheine benutzt werden.

(5) Das Bundesgesundheitsamt ist berechtigt, die Einfuhr, Ausfuhr und Herstellung der Betäubungsmittel sowie die Bestände an ihnen von Fall zu Fall zu beschränken oder von Bedingungen abhängig zu machen, wenn dies zur Durchführung der internationalen Abkommen über Betäubungsmittel notwendig ist. Das Bundesgesundheitsamt oder die sonst zuständige Stelle kann ferner Auflagen zur Sicherung der Betäubungsmittelvorräte gegen die Entnahme durch unbefugte Personen sowie über die Vernichtung von Betäubungsmitteln erteilen.

(6) Die den Landesregierungen zustehenden gesundheitspolizeilichen Befugnisse bleiben unberührt.

§ 3. [Erlaubniszwang] (1) Die Einfuhr und Ausfuhr der Betäubungsmittel, ihr Anbau, ihre Gewinnung, ihre gewerbsmäßige Herstellung und Verarbeitung, der Handel mit ihnen, ihr Erwerb, ihre Abgabe und Veräußerung sowie jeder sonstige gleichartige Verkehr mit ihnen ist nur Personen gestattet, denen hierzu die Erlaubnis erteilt worden ist. Über den Antrag auf Erteilung der Erlaubnis entscheidet das Bundesgesundheitsamt im Benehmen mit der zuständigen Landesregierung. In der Erlaubnis sind die Örtlichkeiten, für die sie erteilt wird, zu bezeichnen.

(2) Die Erlaubnis kann beschränkt, befristet und mit Auflagen versehen werden.

(3) Die Erlaubnis ist zu versagen, wenn ein Bedürfnis für ihre Erteilung nicht besteht oder wenn Bedenken des Gesundheitsschutzes oder persönliche Gründe ihrer Erteilung entgegenstehen. Die erteilte Erlaubnis kann aus den gleichen Gründen widerrufen werden.

(4) Keiner Erlaubnis nach Absatz 1 bedürfen die Apotheken für den Erwerb der Betäubungsmittel, für ihre Verarbeitung sowie für ihre Abgabe auf Grund ärztlicher, zahnärztlicher oder tierärztlicher Verschreibung, die ärztlichen Hausapotheken für die Verarbeitung und Abgabe der Betäubungsmittel, die tierärztlichen Hausapotheken für den Erwerb, die Verarbeitung und Abgabe der Betäubungsmittel; die Apotheken und Hausapotheken bedürfen keiner Erlaubnis für die Rückgabe an den Inhaber einer Erlaubnis

zum Erwerb im Sinne des Absatzes 1. Einer Erlaubnis bedarf es nicht für den Erwerb und die Abgabe der für die Ausrüstung der Kauffahrteischiffe vorgeschriebenen Betäubungsmittel. Einer Erlaubnis bedarf ferner nicht, wer die Betäubungsmittel aus den Apotheken auf Grund ärztlicher, zahnärztlicher oder tierärztlicher Verschreibung oder aus ärztlichen oder tierärztlichen Hausapotheken erwirbt.

§ 4. [Bezugsscheinpflicht] (1) Der Erwerb sowie die Veräußerung und Abgabe der Betäubungsmittel ist nur auf Grund eines auf den Namen des Erwerbers lautenden, für jeden einzelnen Fall des Erwerbes sowie der Veräußerung und Abgabe ausgestellten Bezugsscheines zulässig. Der Bezugschein ist beim Bundesgesundheitsamt zu beantragen. Ein Bezugschein ist nicht erforderlich für die Abgabe auf Grund ärztlicher, zahnärztlicher oder tierärztlicher Verschreibung in den Apotheken sowie für die Abgabe in den ärztlichen oder tierärztlichen Hausapotheken. Ein Bezugschein ist ferner nicht erforderlich für den Erwerb der Betäubungsmittel aus den Apotheken auf Grund ärztlicher, zahnärztlicher oder tierärztlicher Verschreibung oder aus den ärztlichen oder tierärztlichen Hausapotheken.

(2) Der Bundesminister für Jugend, Familie und Gesundheit wird ermächtigt, durch Rechtsverordnung das Verfahren über die Erteilung der Bezugscheine sowie über deren Gestaltung, Anfertigung und Ausgabe zu regeln. Die Ermächtigung kann ganz oder teilweise auf das Bundesgesundheitsamt übertragen werden.

(3) Das Bundesgesundheitsamt hat die Erteilung eines Bezugscheines zu versagen, wenn der Verdacht begründet ist, daß die Betäubungsmittel entgegen den gesetzlichen Vorschriften verwendet werden sollen.

(4) Die Bundesregierung wird ermächtigt, durch Rechtsverordnung den Verkehr mit Betäubungsmitteln auf andere Weise als durch Bezugscheine zu regeln, soweit die Sicherheit und die Kontrolle des Verkehrs mit Betäubungsmitteln gewährleistet bleiben.

§ 5. [Lagerbuchpflicht] (1) Wer eine Erlaubnis gemäß § 3 erhalten hat, ist verpflichtet, ein Lagerbuch zu führen, in dem der Eingang und Ausgang sowie die Verarbeitung für jedes der Betäubungsmittel einzeln und nach Tag und Menge gesondert zu vermerken ist. Aus den Eintragungen über Eingang und Ausgang müssen auch Namen und Wohnort der Lieferer und Empfänger ersichtlich sein. Wer die Erlaubnis zur Herstellung von Morphin und Kokain oder zur Verarbeitung von Rohopium, Rohmorphin einschließlich Mohnstrohkonzentrat oder Kokablättern besitzt, ist außerdem verpflichtet, den Gehalt an Betäubungsmitteln in das Lagerbuch einzutragen. Das Bundesgesundheitsamt kann bestimmen, wie der Gehalt festzustellen ist.

(2) Die Bundesregierung wird ermächtigt, soweit es zur Sicherheit und zur Kontrolle des Verkehrs mit Betäubungsmitteln erforderlich ist, durch Rechtsverordnung zu bestimmen, daß

1. weitere Eintragungen im Lagerbuch, insbesondere über die Gewinnung, die Herstellung und über den Verbleib der Betäubungsmittel vorgenommen werden,
2. dem Bundesgesundheitsamt Auskünfte über den Eingang, den Ausgang, die Gewinnung, die Herstellung, die Verarbeitung und den Verbleib zu geben sind und
3. die Vorschriften über die Führung des Lagerbuches ganz oder teilweise auch auf Apotheken, ärztliche und tierärztliche Hausapotheken sowie auf Krankenanstalten und Tierkliniken Anwendung finden.

Ferner wird die Bundesregierung ermächtigt, Ausnahmen von den Vorschriften des Absatzes 1 zuzulassen, soweit die Sicherheit und die Kontrolle des Verkehrs mit Betäubungsmitteln gewährleistet bleiben.

§ 6. [Bestimmung über Ein-, Aus- und Durchfuhr] (1) Die Einfuhr und Ausfuhr von Betäubungsmitteln bedarf der Genehmigung des Bundesgesundheitsamtes. Ihr Vollzug ist dem Bundesgesundheitsamt mitzuteilen.

(2) Die Bundesregierung wird ermächtigt, durch Rechtsverordnung Vorschriften über die Kontrolle der Einfuhr, Ausfuhr und Durchfuhr zu erlassen, soweit es zur Sicherheit und zur Kontrolle des Verkehrs mit Betäubungsmitteln erforderlich ist.

§ 7. [Ankündigung und Beschriftung] Die Bundesregierung wird ermächtigt, durch Rechtsverordnung Vorschriften über die Kennzeichnung von Betäubungsmitteln zu erlassen, soweit es zur Sicherheit und zur Kontrolle des Verkehrs mit Betäubungsmitteln erforderlich ist.

§ 8. [Verschreibungspflicht] (1) Arzneimittel, die Betäubungsmittel sind oder solche enthalten, dürfen nur auf ärztliche, zahnärztliche oder tierärztliche Verschreibung abgegeben werden.

(2) Die Bundesregierung wird ermächtigt, durch Rechtsverordnung das Verschreiben von Betäubungsmitteln durch Ärzte, Zahnärzte oder Tierärzte und ihre Abgabe durch Apotheken, ärztliche oder tierärztliche Hausapotheken zu regeln, soweit es zur Sicherheit und zur Kontrolle des Verkehrs mit Betäubungsmitteln erforderlich ist. In der Rechtsverordnung können insbesondere

1. einzelne Betäubungsmittel von einer Verschreibung ausgeschlossen,
2. Höchstmengen für den Einzel- und Tagesbedarf vorgeschrieben,
3. die Verschreibung und Abgabe auf bestimmte Darreichungsformen und Anwendungsgebiete beschränkt,
4. Form und Inhalt der Verschreibung festgelegt,
5. die Wiederholbarkeit der Abgabe auf eine Verschreibung geregelt und
6. Nachweise über den Verbleib vorgeschrieben werden.

§ 9. [Weitere Verbote] Es ist unzulässig, Rückstände des Rauchopiums, Canabis-Harz und seine Zubereitungen einzuführen, auszuführen, durchzuführen, zu gewinnen, herzustellen, zu verarbeiten, Handel mit ihnen zu treiben, sie zu erwerben, abzugeben, zu veräußern oder sonst in den Verkehr zu bringen. Das Bundesgesundheitsamt kann Ausnahmen zu wissenschaftlichen oder anderen im öffentlichen Interesse liegenden Zwecken zulassen.

§ 10. [Kostenvorschriften] (1) Der Bundesminister für Jugend, Familie und Gesundheit wird ermächtigt, zur Deckung der durch Amtshandlungen des Bundesgesundheitsamtes entstehenden Kosten, soweit nicht durch Gesetz Bestimmungen darüber getroffen sind, durch Rechtsverordnungen die Erhebung von Verwaltungsgebühren und Umlagen sowie die Erstattung von Auslagen anzuordnen, insbesondere zu bestimmen, daß Gebühren für Erlaubnisse, Genehmigungen, Prüfungen, Untersuchungen, Bescheinigungen, Beglaubigungen, Akteneinsicht sowie Auskünfte erhoben werden, und dabei feste Sätze oder Rahmensätze vorzusehen.

(2) Die Höhe der Gebühren bestimmt sich nach dem auf die Amtshandlungen entfallenden durchschnittlichen Personal- und Sachaufwand. Die Gebühren dürfen jedoch folgende Höchstsätze nicht übersteigen:

für Erlaubnisse	2500 Deutsche Mark
für Prüfungen und Untersuchungen	3000 Deutsche Mark
für Umlagen auf die Einfuhr oder	
das Inverkehrbringen von Betäubungsmitteln je kg	500 Deutsche Mark
in allen anderen Fällen	100 Deutsche Mark.

Erfordert die Prüfung oder Untersuchung im Einzelfall einen außergewöhnlich hohen Aufwand, kann die Gebühr bis auf das Doppelte erhöht werden. Der Kostenschuldner ist zu hören, wenn mit einer Erhöhung der Gebühr zu rechnen ist.

§ 11. [Strafvorschriften] (1) Mit Freiheitsstrafe bis zu drei Jahren oder mit Geldstrafe wird bestraft, wer

1. Betäubungsmittel ohne die nach § 3 erforderliche Erlaubnis einführt, ausführt, gewinnt, herstellt, verarbeitet, mit ihnen Handel treibt, sie erwirbt, abgibt, veräußert oder sonst in den Verkehr bringt,
2. Betäubungsmittel durch das Deutsche Zollgebiet ohne zollamtliche Überwachung durchführt,
3. Betäubungsmittel ohne den nach § 4 erforderlichen Bezugschein erwirbt, abgibt oder veräußert,
4. Betäubungsmittel besitzt, ohne sie auf Grund einer nach § 3 erforderlichen Erlaubnis oder ohne einen nach § 4 erforderlichen Bezugschein erlangt zu haben,
5. unrichtige oder unvollständige Angaben macht oder benutzt, um für sich oder einen anderen
   a) einen nach § 4 erforderlichen Bezugschein oder
   b) die Verschreibung eines Betäubungsmittels zu erlangen,
6. Betäubungsmittel, die in § 9 genannt sind,
   a) einführt, ausführt, durchführt, gewinnt, herstellt, verarbeitet, mit ihnen Handel treibt, sie erwirbt, abgibt, veräußert oder sonst in den Verkehr bringt oder
   b) besitzt,
   ohne daß das Bundesgesundheitsamt eine Ausnahme zugelassen hat,
7. Betäubungsmittel einem anderen verabreicht oder zum Genuß überläßt, ohne daß dies im Rahmen einer ärztlichen oder zahnärztlichen Behandlung oder zu einem vom Bundesgesundheitsamt genehmigten wissenschaftlichen oder sonst im öffentlichen Interesse liegenden Zweck geschieht,
8. eine Gelegenheit zum Genuß, zum Erwerb oder zur Abgabe von Betäubungsmitteln öffentlich oder eigennützig mitteilt oder eine solche Gelegenheit einem anderen verschafft oder gewährt, ohne daß für den Erwerb oder die Abgabe eine Erlaubnis vom Bundesgesundheitsamt erteilt oder ohne daß die Gelegenheit zum Genuß zu einem wissenschaftlichen oder sonst im öffentlichen Interesse liegenden Zweck vom Bundesgesundheitsamt genehmigt ist,
9. als Arzt, Zahnarzt oder Tierarzt
   a) ein Betäubungsmittel verschreibt oder abgibt, wenn die Anwendung nicht ärztlich, zahnärztlich oder tierärztlich begründet ist, oder
   b) einer Rechtsverordnung nach § 8 Abs. 2, ausgenommen die Vorschriften über die Form oder den Inhalt der Verschreibung, zuwiderhandelt, soweit die Verordnung für einen bestimmten Tatbestand auf diese Strafvorschrift verweist; die Verweisung ist nicht erforderlich, soweit die Rechtsverordnung vor dem Inkrafttreten dieses Gesetzes erlassen worden ist,
10. in Apotheken
    a) Betäubungsmittel ohne Vorlage einer Verschreibung eines Arztes, Zahnarztes oder Tierarztes abgibt oder
    b) einer Rechtsverordnung nach § 8 Abs. 2, ausgenommen die Vorschriften über die in den Verschreibungen anzubringenden Vermerke der Apotheke, zuwiderhandelt, soweit die Verordnung für einen bestimmten Tatbestand auf diese Strafvorschrift verweist; die Verweisung ist nicht erforderlich, soweit die Rechtsverordnung vor dem Inkrafttreten dieses Gesetzes erlassen worden ist.

(2) In den Fällen des Absatzes 1 Nr. 1 bis 3, 5, 6 Buchstabe a und Nr. 8 ist der Versuch strafbar.

(3) Handelt der Täter in den Fällen des Absatzes 1 Nr. 1 bis 3, 6 Buchstabe a, Nr. 7 oder 8 fahrlässig, so ist die Strafe Freiheitsstrafe bis zu einem Jahr oder Geldstrafe.

(4) In besonders schweren Fällen ist die Strafe Freiheitsstrafe von einem Jahr bis zu zehn Jahren. Ein besonders schwerer Fall liegt in der Regel vor, wenn der Täter

1. durch eine der in Absatz 1 Nr. 1 oder 6 Buchstabe a bezeichneten Handlungen die Gesundheit mehrerer Menschen gefährdet,
2. durch eine der in Absatz 1 Nr. 1, 3, 6 Buchstabe a oder Nr. 7 bis 10 bezeichneten Handlungen einen anderen in die Gefahr des Todes bringt,
3. als Erwachsener wiederholt Betäubungsmittel an Personen unter 18 Jahren abgibt oder ihnen verabreicht,

4. in den Fällen des Absatzes 1 Nr. 1, 2, 6 Buchstabe a, Nr. 7 oder 8 gewerbsmäßig oder als Mitglied einer Bande handelt, die sich zur fortgesetzten Begehung solcher Straftaten verbunden hat,
5. Betäubungsmittel in nicht geringen Mengen besitzt oder abgibt,
6. Betäubungsmittel
   a) in nicht geringen Mengen einführt, um sie in den Verkehr zu bringen,
   b) bei der Einfuhr durch besonders angebrachte Vorrichtungen verheimlicht oder an schwer zugänglichen Stellen versteckt hält.

(5) Das Gericht kann von einer Bestrafung nach den Absätzen 1 bis 3 absehen, wenn der Täter die Betäubungsmittel lediglich zum Eigenverbrauch in geringen Mengen besitzt oder erwirbt.

(6) Gegenstände, auf die sich die Straftat bezieht, können eingezogen werden. § 74a des Strafgesetzbuches ist anzuwenden.

§ 12. Die Vorschriften des § 11 Abs. 1 Nr. 1, 6 Buchstabe a, Nr. 7, 8 und Abs. 5 sind auch dann anzuwenden, wenn die Handlung sich auf Gegenstände bezieht, die keine Betäubungsmittel sind, aber als solche ausgegeben werden.

§ 13. [Ordnungswidrigkeiten] (1) Ordnungswidrig handelt, wer vorsätzlich oder fahrlässig
1. Betäubungsmittel in einer Örtlichkeit, auf die sich die nach § 3 erteilte Erlaubnis nicht bezieht, gewinnt, herstellt, verarbeitet, aufbewahrt, feilhält, abgibt, veräußert oder sonst in den Verkehr bringt,
2. entgegen § 2 Abs. 2 die Besichtigung einer Örtlichkeit nicht gestattet, eine Auskunft nicht, nicht richtig oder unvollständig erteilt oder eine Einsichtnahme in die geschäftlichen Aufzeichnungen oder Bücher nicht gewährt,
3. entgegen § 5 die Führung des Lagerbuches unterläßt oder unrichtige oder unvollständige Eintragungen vornimmt,
4. einer vom Bundesgesundheitsamt ausgesprochenen Beschränkung, Bedingung oder Auflage nach § 2 Abs. 5 zuwiderhandelt,
5. einer Rechtsverordnung nach § 4 Abs. 2 oder 4, § 5 Abs. 2, § 6 Abs. 2, § 7 oder § 8 Abs. 2 zuwiderhandelt, soweit nicht § 11 Abs. 1 Nr. 2, 9 oder 10 anzuwenden ist und soweit die Rechtsverordnung für einen bestimmten Tatbestand auf diese Bußgeldvorschrift verweist; die Verweisung ist nicht erforderlich, soweit die Rechtsverordnung vor dem Inkrafttreten dieses Gesetzes erlassen worden ist,
6. Betäubungsmittel in eine Postsendung einlegt, obwohl diese Versendung durch den Weltpostvertrag oder ein Abkommen des Weltpostvereins verboten ist; das Postgeheimnis (Artikel 10 Abs. 1 des Grundgesetzes) wird insoweit für die Verfolgung und Ahndung der Ordnungswidrigkeit eingeschränkt.

(2) Die Ordnungswidrigkeit kann mit einer Geldbuße bis zu fünfzigtausend Deutsche Mark geahndet werden.

(3) Gegenstände, auf die sich die Ordnungswidrigkeiten beziehen, können eingezogen werden. § 23 des Gesetzes über Ordnungswidrigkeiten ist anzuwenden.

(4) Verwaltungsbehörde im Sinne des § 36 Abs. 1 Nr. 1 des Gesetzes über Ordnungswidrigkeiten ist das Bundesgesundheitsamt, soweit das Gesetz von ihm ausgeführt wird

B 3. Das Gesetz über den Verkehr mit Betäubungsmitteln (BtMG 1982)

Vom 28. Juli 1981 (BGBl. I S. 681, ber. S. 1187)
Zuletzt geändert durch das Strafverfahrensänderungsgesetz 1987 vom 27. Januar 1987
(BGBl. I S. 475)

Erster Abschnitt. Begriffsbestimmungen

§ 1. Betäubungsmittel. (1) Betäubungsmittel im Sinne dieses Gesetzes sind die in den Anlagen I bis III aufgeführten Stoffe und Zubereitungen.

(2) Die Bundesregierung wird ermächtigt, nach Anhörung von Sachverständigen durch Rechtsverordnung mit Zustimmung des Bundesrates die Anlagen I bis III zu ändern oder zu ergänzen, wenn dies

1. nach wissenschaftlicher Erkenntnis wegen der Wirkungsweise eines Stoffes, vor allem im Hinblick auf das Hervorrufen einer Abhängigkeit,
2. wegen der Möglichkeit, aus einem Stoff oder unter Verwendung eines Stoffes Betäubungsmittel herstellen zu können, oder
3. zur Sicherheit oder zur Kontrolle des Verkehrs mit Betäubungsmitteln oder anderen Stoffen oder Zubereitungen wegen des Ausmaßes der mißbräuchlichen Verwendung und wegen der unmittelbaren oder mittelbaren Gefährdung der Gesundheit

erforderlich ist. In der Rechtsverordnung nach Satz 1 können einzelne Stoffe oder Zubereitungen ganz oder teilweise von der Anwendung dieses Gesetzes oder einer auf Grund dieses Gesetzes erlassenen Rechtsverordnung ausgenommen werden, soweit die Sicherheit und die Kontrolle des Betäubungsmittelverkehrs gewährleistet bleiben.

(3) Der Bundesminister für Jugend, Familie und Gesundheit (Bundesminister) wird ermächtigt, durch Rechtsverordnung ohne Zustimmung des Bundesrates die Anlagen I bis III oder die auf Grund dieses Gesetzes erlassenen Rechtsverordnungen zu ändern, soweit das auf Grund von Änderungen der Anhänge zu dem Einheits-Übereinkommen von 1961 über Suchtstoffe in der Fassung der Bekanntmachung vom 4. Februar 1977 (BGBl. II S. 111) und dem Übereinkommen von 1971 über psychotrope Stoffe (BGBl. 1976 II S. 1477) (Internationale Suchtstoffübereinkommen) in ihrer jeweils für die Bundesrepublik Deutschland verbindlichen Fassung erforderlich ist.

§ 2. Sonstige Begriffe. (1) Im Sinne dieses Gesetzes ist

1. Stoff:
eine Pflanze, ein Pflanzenteil oder ein Pflanzenbestandteil in bearbeitetem oder unbearbeitetem Zustand sowie eine chemische Verbindung und deren Ester, Ether, Isomere, Molekülverbindungen und Sätze – roh oder gereinigt – sowie deren natürlich vorkommende Gemische und Lösungen;
2. Zubereitung:
ohne Rücksicht auf ihren Aggregatzustand ein Stoffgemisch oder die Lösung eines oder mehrerer Stoffe außer den natürlich vorkommenden Gemischen und Lösungen;
3. ausgenommene Zubereitung:
eine in den Anlagen I bis III bezeichnete Zubereitung, die von den betäubungsmittelrechtlichen Vorschriften ganz oder teilweise ausgenommen ist;
4. Herstellen:
das Gewinnen, Anfertigen, Zubereiten, Be- oder Verarbeiten, Reinigen und Umwandeln.

(2) Der Einfuhr oder Ausfuhr eines Betäubungsmittels steht jedes sonstige Verbringen in den oder aus dem Geltungsbereich dieses Gesetzes gleich.

Zweiter Abschnitt. Erlaubnis und Erlaubnisverfahren

§ 3. Erlaubnis zum Verkehr mit Betäubungsmitteln. (1) Einer Erlaubnis des Bundesgesundheitsamtes bedarf, wer

1. Betäubungsmittel anbauen, herstellen, mit ihnen Handel treiben, sie, ohne mit ihnen Handel zu treiben, einführen, ausführen, abgeben, veräußern, sonst in den Verkehr bringen, erwerben oder
2. ausgenommene Zubereitungen (§ 2 Abs. 1 Nr. 3) herstellen

will.

(2) Eine Erlaubnis für die in Anlage I bezeichneten Betäubungsmittel kann das Bundesgesundheitsamt nur ausnahmsweise zu wissenschaftlichen oder anderen im öffentlichen Interesse liegenden Zwecken erteilen.

§ 4. Ausnahmen von der Erlaubnispflicht. (1) Einer Erlaubnis nach § 3 Abs. 1 bedarf nicht, wer

1. im Rahmen des Betriebs einer öffentlichen Apotheke oder einer Krankenhausapotheke (Apotheke)
   a) in Anlage II oder III bezeichnete Betäubungsmittel oder dort ausgenommene Zubereitungen herstellt,
   b) in Anlage II oder III bezeichnete Betäubungsmittel erwirbt,
   c) in Anlage III bezeichnete Betäubungsmittel auf Grund ärztlicher, zahnärztlicher oder tierärztlicher Verschreibung abgibt oder
   d) in Anlage II oder III bezeichnete Betäubungsmittel an Inhaber einer Erlaubnis zum Erwerb dieser Betäubungsmittel zurückgibt oder an den Nachfolger im Betrieb der Apotheke abgibt,
2. im Rahmen des Betriebs einer tierärztlichen Hausapotheke
   a) in Anlage II oder III bezeichnete Betäubungsmittel oder dort ausgenommene Zubereitungen herstellt,
   b) in Anlage II oder III bezeichnete Betäubungsmittel erwirbt,
   c) in Anlage III bezeichnete Betäubungsmittel für ein von ihm behandeltes Tier abgibt oder
   d) in Anlage II oder III bezeichnete Betäubungsmittel an Inhaber einer Erlaubnis zum Erwerb dieser Betäubungsmittel zurückgibt oder an den Nachfolger im Betrieb der tierärztlichen Hausapotheke abgibt,
3. in Anlage III bezeichnete Betäubungsmittel
   a) auf Grund ärztlicher, zahnärztlicher oder tierärztlicher Verschreibung oder
   b) zur Anwendung an einem Tier von einer Person, die dieses Tier behandelt oder eine tierärztliche Hausapotheke betreibt,
   erwirbt,
4. in Anlage III bezeichnete Betäubungsmittel
   a) als Arzt, Zahnarzt oder Tierarzt im Rahmen des grenzüberschreitenden Dienstleistungsverkehrs oder
   b) auf Grund ärztlicher, zahnärztlicher oder tierärztlicher Verschreibung erworben hat und sie als Reisebedarf
   ausführt oder einführt oder
5. gewerbsmäßig
   a) an der Beförderung von Betäubungsmitteln zwischen befugten Teilnehmern am Betäubungsmittelverkehr beteiligt ist oder die Lagerung und Aufbewahrung von Betäubungsmitteln im Zusammenhang mit einer solchen Beförderung oder für einen befugten Teilnehmer am Betäubungsmittelverkehr übernimmt oder
   b) die Versendung von Betäubungsmitteln zwischen befugten Teilnehmern am Betäubungsmittelverkehr durch andere besorgt oder vermittelt.

(2) Einer Erlaubnis nach § 3 bedürfen nicht Bundes- und Landesbehörden für den Bereich ihrer dienstlichen Tätigkeit sowie die von ihnen mit der Untersuchung von Betäubungsmitteln beauftragten Behörden.

(3) Wer nach Absatz 1 Nr. 1 und 2 keiner Erlaubnis bedarf und am Betäubungsmittelverkehr teilnehmen will, hat dies dem Bundesgesundheitsamt zuvor anzuzeigen. Die Anzeige muß enthalten:

1. den Namen und die Anschriften des Anzeigenden sowie der Apotheke oder der tierärztlichen Hausapotheke,

2. das Ausstellungsdatum sind die ausstellende Behörde der apothekenrechtlichen Erlaubnis oder der Approbation als Tierarzt und

3. das Datum des Beginns der Teilnahme am Betäubungsmittelverkehr.

Das Bundesgesundheitsamt unterrichtet die zuständige oberste Landesbehörde unverzüglich über den Inhalt der Anzeigen, soweit sie tierärztliche Hausapotheken betreffen.

§ 5. Versagung der Erlaubnis. (1) Die Erlaubnis nach § 3 ist zu versagen, wenn

1. nicht gewährleistet ist, daß in der Betriebstätte und, sofern weitere Betriebstätten in nicht benachbarten Gemeinden bestehen, in jeder dieser Betriebstätten eine Person bestellt wird, die verantwortlich ist für die Einhaltung der betäubungsmittelrechtlichen Vorschriften und der Anordnungen der Überwachungsbehörden (Verantwortlicher); der Antragsteller kann selbst die Stelle eines Verantwortlichen einnehmen,

2. der vorgesehene Verantwortliche nicht die erforderliche Sachkenntnis hat oder die ihm obliegenden Verpflichtungen nicht ständig erfüllen kann,

3. Tatsachen vorliegen, aus denen sich Bedenken gegen die Zuverlässigkeit des Verantwortlichen, des Antragstellers, seines gesetzlichen Vertreters oder bei juristischen Personen oder nicht rechtsfähigen Personenvereinigungen der nach Gesetz, Satzung oder Gesellschaftsvertrag zur Vertretung oder Geschäftsführung Berechtigten ergeben,

4. geeignete Räume, Einrichtungen und Sicherungen für die Teilnahme am Betäubungsmittelverkehr oder die Herstellung ausgenommener Zubereitungen nicht vorhanden sind,

5. die Sicherheit oder Kontrolle des Betäubungsmittelverkehrs oder der Herstellung ausgenommener Zubereitungen aus anderen als den in den Nummern 1 bis 4 genannten Gründen nicht gewährleistet ist,

6. die Art und der Zweck des beantragten Verkehrs nicht mit dem Zweck dieses Gesetzes, die notwendige medizinische Versorgung der Bevölkerung sicherzustellen, daneben aber den Mißbrauch von Betäubungsmitteln oder die mißbräuchliche Herstellung ausgenommener Zubereitungen sowie das Entstehen oder Erhalten einer Betäubungsmittelabhängigkeit soweit wie möglich auszuschließen, vereinbar ist, oder

7. bei Beanstandung der vorgelegten Antragsunterlagen einem Mangel nicht innerhalb der gesetzten Frist (§ 8 Abs. 2) abgeholfen wird.

(2) Die Erlaubnis kann versagt werden, wenn sie der Durchführung der internationalen Suchtstoffübereinkommen oder Beschlüssen, Anordnungen oder Empfehlungen zwischenstaatlicher Einrichtungen der Suchtstoffkontrolle entgegensteht oder dies wegen Rechtsakten der Organe der Europäischen Gemeinschaften geboten ist.

§ 6. Sachkenntnis. (1) Der Nachweis der erforderlichen Sachkenntnis (§ 3 Abs. 1 Nr. 2 wird erbracht

1. im Falle des Herstellens von Betäubungsmitteln oder ausgenommenen Zubereitungen, die Arzneimittel sind, durch den Nachweis der Sachkenntnis als Herstellungsleiter oder Kontrolleiter nach den Vorschriften des Arzneimittelgesetzes,

2. im Falle des Herstellens von Betäubungsmitteln, die keine Arzneimittel sind, durch das Zeugnis über eine nach abgeschlossenem wissenschaftlichem Hochschulstudium der Biologie, der Chemie, der Pharmazie, der Human- oder der Veterinärmedizin abgelegte Prüfung und durch die Bestätigung einer mindestens einjährigen praktischen Tätigkeit in der Herstellung oder Prüfung von Betäubungsmitteln,

3. im Falle des Verwendens für wissenschaftliche Zwecke durch das Zeugnis über eine nach abgeschlossenem wissenschaftlichem Hochschulstudium der Biologie, der Chemie, der Pharmazie, der Human- oder der Veterinärmedizin abgelegte Prüfung und

4. in allen Fällen durch das Zeugnis über eine abgeschlossene Berufsausbildung als Kaufmann im Groß- und Außenhandel in den Fachbereichen Chemie oder Pharma und durch die Bestätigung einer mindestens einjährigen praktischen Tätigkeit im Betäubungsmittelverkehr.

(2) Das Bundesgesundheitsamt kann im Einzelfall von den im Absatz genannten Anforderungen an die Sachkenntnis abweichen, wenn die Sicherheit und Kontrolle des

Betäubungsmittelverkehrs oder der Herstellung ausgenommener Zubereitungen gewährleistet sind.

§ 7. Antrag. Der Antrag auf Erteilung einer Erlaubnis nach § 3 ist in doppelter Ausfertigung beim Bundesgesundheitsamt zu stellen, das eine Ausfertigung der zuständigen
obersten Landesbehörde übersendet. Dem Antrag müssen folgende Angaben und Unterlagen beigefügt werden:

1. die Namen, Vornamen oder die Firma und die Anschriften des Antragstellers und der
   Verantwortlichen,
2. für die Verantwortlichen die Nachweise über die erforderliche Sachkenntnis und
   Erklärungen darüber, ob und auf Grund welcher Umstände sie die ihnen obliegenden
   Verpflichtungen ständig erfüllen können,
3. eine Beschreibung der Lage der Betriebstätten nach Ort (gegebenenfalls Flurbezeichnung), Straße, Hausnummer, Gebäude und Gebäudeteil sowie der Bauweise des Gebäudes,
4. eine Beschreibung der vorhandenen Sicherungen gegen die Entnahme von Betäubungsmitteln durch unbefugte Personen,
5. die Art des Betäubungsmittelverkehrs (§ 3 Abs. 1),
6. die Art und die voraussichtliche Jahresmenge der herzustellenden oder benötigten
   Betäubungsmittel,
7. im Falle des Herstellens (§ 2 Abs. 1 Nr. 4) von Betäubungsmitteln oder ausgenommenen Zubereitungen eine kurzgefaßte Beschreibung des Herstellungsganges unter
   Angabe von Art und Menge der Ausgangsstoffe oder -zubereitungen, der Zwischen-
   und Endprodukte, auch wenn Ausgangsstoffe oder -zubereitungen, Zwischen- oder
   Endprodukte keine Betäubungsmittel sind; bei nicht abgeteilten Zubereitungen zusätzlich die Gewichtsvomhundertsätze, bei abgeteilten Zubereitungen die Gewichtsmengen der je abgeteilte Form enthaltenen Betäubungsmittel und
8. im Falle des Verwendens zu wissenschaftlichen oder anderen im öffentlichen Interesse
   liegenden Zwecken eine Erläuterung des verfolgten Zwecks unter Bezugnahme auf
   einschlägige wissenschaftliche Literatur.

§ 8. Entscheidung. (1) Das Bundesgesundheitsamt soll innerhalb von drei Monaten
nach Eingang des Antrages über die Erteilung der Erlaubnis entscheiden. Es unterrichtet
die zuständige oberste Landesbehörde unverzüglich über die Entscheidung.

(2) Gibt das Bundesgesundheitsamt dem Antragsteller Gelegenheit, Mängeln des Antrages abzuhelfen, so wird die in Absatz 1 bezeichnete Frist bis zur Behebung der Mängel oder bis zum Ablauf der zur Behebung der Mängel gesetzten Frist gehemmt. Die
Hemmung beginnt mit dem Tage, an dem dem Antragsteller die Aufforderung zur
Behebung der Mängel zugestellt wird.

(3) Der Inhaber der Erlaubnis hat jede Änderung der in § 7 bezeichneten Angaben
dem Bundesgesundheitsamt unverzüglich mitzuteilen. Bei einer Erweiterung hinsichtlich der Art der Betäubungsmittel oder des Betäubungsmittelverkehrs sowie bei Änderungen in der Person des Erlaubnisinhabers oder der Lage der Betriebstätten, ausgenommen innerhalb eines Gebäudes, ist eine neue Erlaubnis zu beantragen. In den
anderen Fällen wird die Erlaubnis geändert. Die zuständige oberste Landesbehörde wird
über die Änderung der Erlaubnis unverzüglich unterrichtet.

§ 9. Beschränkungen, Befristung, Bedingungen und Auflagen. (1) Die Erlaubnis
ist zur Sicherheit und Kontrolle des Betäubungsmittelverkehrs oder der Herstellung
ausgenommener Zubereitungen auf den jeweils notwendigen Umfang zu beschränken.
Sie muß insbesondere regeln:

1. die Art der Betäubungsmittel und des Betäubungsmittelverkehrs,
2. die voraussichtliche Jahresmenge und den Bestand an Betäubungsmitteln,
3. die Lage der Betriebstätten und
4. den Herstellungsgang und die dabei anfallenden Ausgangs-, Zwischen- und Endprodukte, auch wenn sie keine Betäubungsmittel sind.

(2) Die Erlaubnis kann

1. befristet, mit Bedingungen erlassen oder mit Auflagen verbunden werden oder
2. nach ihrer Erteilung hinsichtlich des Absatzes 1 Satz 2 geändert oder mit sonstigen Beschränkungen oder Auflagen versehen werden,

wenn dies zur Sicherheit oder Kontrolle des Betäubungsmittelverkehrs oder der Herstellung ausgenommener Zubereitungen erforderlich ist oder die Erlaubnis der Durchführung der internationalen Suchtstoffübereinkommen oder von Beschlüssen, Anordnungen oder Empfehlungen zwischenstaatlicher Einrichtungen der Suchtstoffkontrolle entgegensteht oder dies wegen Rechtsakten der Organe der Europäischen Gemeinschaften geboten ist.

§ 10. Rücknahme und Widerruf. (1) Die Erlaubnis kann auch widerrufen werden, wenn von ihr innerhalb eines Zeitraumes von zwei Kalenderjahren kein Gebrauch gemacht worden ist. Die Frist kann verlängert werden, wenn ein berechtigtes Interesse glaubhaft gemacht wird.

(2) Die zuständige oberste Landesbehörde wird über die Rücknahme oder den Widerruf der Erlaubnis unverzüglich unterrichtet.

Dritter Abschnitt. Pflichten im Betäubungsmittelverkehr

§ 11. Einfuhr, Ausfuhr und Durchfuhr. (1) Wer Betäubungsmittel im Einzelfall einführen oder ausführen will, bedarf dazu neben der erforderlichen Erlaubnis nach § 3 einer Genehmigung des Bundesgesundheitsamtes. Dies gilt nicht für das Verbringen aus der oder in die Deutsche Demokratische Republik oder Berlin (Ost). Betäubungsmittel dürfen durch den Geltungsbereich dieses Gesetzes nur unter zollamtlicher Überwachung ohne weiteren als den durch die Beförderung oder den Umschlag bedingten Aufenthalt und ohne daß das Betäubungsmittel zu irgendeinem Zeitpunkt während des Verbringens dem Durchführenden oder einer dritten Person tatsächlich zur Verfügung steht, durchgeführt werden. Ausgenommene Zubereitungen dürfen nicht in Länder ausgeführt werden, die die Einfuhr verboten haben.

(2) Die Bundesregierung wird ermächtigt, durch Rechtsverordnung ohne Zustimmung des Bundesrates das Verfahren über die Erteilung der Genehmigung zu regeln und Vorschriften über die Einfuhr, Ausfuhr und Durchfuhr zu erlassen, soweit es zur Sicherheit oder Kontrolle des Betäubungsmittelverkehrs, zur Durchführung der internationalen Suchtstoffübereinkommen oder von Rechtsakten der Organe der Europäischen Gemeinschaften erforderlich ist. Insbesondere können

1. die Einfuhr, Ausfuhr oder Durchfuhr auf bestimmte Betäubungsmittel und Mengen beschränkt sowie in oder durch bestimmte Länder oder aus bestimmten Ländern verboten,
2. Ausnahmen von Absatz 1 für den Reiseverkehr und die Versendung von Proben im Rahmen der internationalen Zusammenarbeit zugelassen,
3. Regelungen über das Mitführen von Betäubungsmitteln durch Ärzte, Zahnärzte und Tierärzte im Rahmen des grenzüberschreitenden Dienstleistungsverkehrs getroffen und
4. Form, Inhalt, Anfertigung, Ausgabe und Aufbewahrung der zu verwendenden amtlichen Formblätter festgelegt

werden.

§ 12. Abgabe und Erwerb. (1) Betäubungsmittel dürfen nur abgegeben werden an

1. Personen oder Personenvereinigungen, die im Besitz einer Erlaubnis nach § 3 zum Erwerb sind oder eine Apotheke oder tierärztliche Hausapotheke betreiben,
2. die in § 4 Abs. 2 oder § 26 genannten Behörden oder Einrichtungen,
3. Personen oder Personenvereinigungen in der Deutschen Demokratischen Republik oder in Berlin (Ost), soweit die dort zuständigen Behörden den Erwerb genehmigt haben.

(2) Der Abgebende hat dem Bundesgesundheitsamt unverzüglich jede einzelne Abgabe unter Angabe des Erwerbers und der Art und Menge des Betäubungsmittels zu melden. Der Erwerber hat dem Abgebenden den Empfang der Betäubungsmittel zu bestätigen. Im Falle des Erwerbs von Betäubungsmitteln aus der Deutschen Demokratischen Republik oder aus Berlin (Ost) hat der Erwerber dem Bundesgesundheitsamt unverzüglich den Erwerb unter Angabe des Abgebenden und der Art und Menge der Betäubungsmittel zu melden.

(3) Die Absätze 1 und 2 gelten nicht bei

1. Abgabe von in Anlage III bezeichneten Betäubungsmitteln
   a) auf Grund ärztlicher, zahnärztlicher oder tierärztlicher Verschreibung im Rahmen des Betriebes einer Apotheke,
   b) im Rahmen des Betriebes einer tierärztlichen Hausapotheke für ein vom Betreiber dieser Hausapotheke behandeltes Tier,
2. der Ausfuhr von Betäubungsmitteln und
3. Abgabe und Erwerb von Betäubungsmitteln zwischen den in § 4 Abs. 2 oder § 26 genannten Behörden oder Einrichtungen.

(4) Der Bundesminister wird ermächtigt, durch Rechtsverordnung ohne Zustimmung des Bundesrates das Verfahren hinsichtlich der Meldung und der Empfangsbestätigung, insbesondere Form, Inhalt, Ausgabe und Aufbewahrung der hierbei zu verwendenden amtlichen Formblätter zu regeln, soweit es für die Sicherheit oder Kontrolle des Betäubungsmittelverkehrs erforderlich ist.

§ 13. Verschreibung und Abgabe auf Verschreibung. (1) Die in Anlage III bezeichneten Betäubungsmittel dürfen nur von Ärzten, Zahnärzten und Tierärzten und nur dann verschrieben oder im Rahmen einer ärztlichen, zahnärztlichen oder tierärztlichen Behandlung verabreicht oder einem anderen zum unmittelbaren Verbrauch überlassen werden, wenn ihre Anwendung am oder im menschlichen oder tierischen Körper begründet ist. Die Anwendung ist insbesondere dann nicht begründet, wenn der beabsichtigte Zweck auf andere Weise erreicht werden kann. Die in Anlagen I und II bezeichneten Betäubungsmittel dürfen nicht verschrieben, verabreicht oder einem anderen zum unmittelbaren Verbrauch überlassen werden.

(2) Die nach Absatz 1 verschriebenen Betäubungsmittel dürfen nur im Rahmen des Betriebs einer Apotheke und gegen Vorlage der Verschreibung abgegeben werden. Im Rahmen des Betriebs einer tierärztlichen Hausapotheke dürfen nur die in Anlage III bezeichneten Betäubungsmittel und nur zur Anwendung bei einem vom Betreiber der Hausapotheke behandelten Tier abgegeben werden.

(3) Die Bundesregierung wird ermächtigt, durch Rechtsverordnung mit Zustimmung des Bundesrates das Verschreiben von den in Anlage III bezeichneten Betäubungsmitteln, ihre Abgabe auf Grund einer Verschreibung und das Aufzeichnen ihres Verbleibs und des Bestandes bei Ärzten, Zahnärzten, Tierärzten, in Apotheken, tierärztlichen Hausapotheken, Krankenhäusern und Tierkliniken zu regeln, soweit es zur Sicherheit oder Kontrolle des Betäubungsmittelverkehrs erforderlich ist. Insbesondere können

1. das Verschreiben auf bestimmte Zubereitungen, Bestimmungszwecke oder Mengen beschränkt,
2. Form, Inhalt, Anfertigung, Ausgabe, Aufbewahrung und Rückgabe des zu verwendenden amtlichen Formblattes für die Verschreibung sowie der Aufzeichnungen über den Verbleib und den Bestand festgelegt und
3. Ausnahmen von den Vorschriften des § 4 Abs. 1 Nr. 1 Buchstabe c für die Ausrüstung von Kauffahrteischiffen erlassen

werden.

§ 14. Kennzeichnung und Werbung. (1) Im Betäubungsmittelverkehr sind die Betäubungsmittel unter Verwendung der in den Anlagen aufgeführten Kurzbezeichnungen zu kennzeichnen. Die Kennzeichnung hat in deutlich lesbarer Schrift, in deutscher Sprache und auf dauerhafte Weise zu erfolgen.

(2) Die Kennzeichnung muß außerdem enthalten

1. bei rohen, ungereinigten und nicht abgeteilten Betäubungsmitteln den Gewichtsvomhundertsatz und bei abgeteilten Betäubungsmitteln das Gewicht des enthaltenen reinen Stoffes,
2. auf Betäubungsmittelbehältnissen und – soweit verwendet – auf den äußeren Umhüllungen bei Stoffen und nicht abgeteilten Zubereitungen die enthaltene Gewichtsmenge, bei abgeteilten Zubereitungen die enthaltene Stückzahl; dies gilt nicht für Vorratsbehältnisse in wissenschaftlichen Laboratorien sowie für zur Abgabe bestimmte kleine Behältnisse und Ampullen.

(3) Die Absätze 1 und 2 gelten nicht für Vorratsbehältnisse in Apotheken und tierärztlichen Hausapotheken.

(4) Die Absätze 1 und 2 gelten sinngemäß auch für die Bezeichnung von Betäubungsmitteln in Katalogen, Preislisten, Werbeanzeigen oder ähnlichen Druckerzeugnissen, die für die am Betäubungsmittelverkehr beteiligten Fachkreise bestimmt sind.

(5) Für in Anlage I bezeichnete Betäubungsmittel darf nicht geworben werden. Für in den Anlagen II und III bezeichnete Betäubungsmittel darf nur in Fachkreisen der Industrie und des Handels sowie bei Personen und Personenvereinigungen, die eine Apotheke oder eine tierärztliche Hausapotheke betreiben, geworben werden, für in Anlage III bezeichnete Betäubungsmittel auch bei Ärzten, Zahnärzten und Tierärzten.

§ 15. Sicherungsmaßnahmen. Wer am Betäubungsmittelverkehr teilnimmt, hat die Betäubungsmittel, die sich in seinem Besitz befinden, gesondert aufzubewahren und gegen unbefugte Entnahme zu sichern. Das Bundesgesundheitsamt kann Sicherungsmaßnahmen anordnen, soweit es nach Art oder Umfang des Betäubungsmittelverkehrs, dem Gefährdungsgrad oder der Menge der Betäubungsmittel erforderlich ist.

§ 16. Vernichtung. (1) Der Eigentümer von nicht mehr verkehrsfähigen Betäubungsmitteln hat diese auf seine Kosten in Gegenwart von zwei Zeugen in einer Weise zu vernichten, die eine auch nur teilweise Wiedergewinnung der Betäubungsmittel ausschließt sowie den Schutz von Mensch und Umwelt vor schädlichen Einwirkungen sicherstellt. Über die Vernichtung ist eine Niederschrift zu fertigen und diese drei Jahre aufzubewahren.

(2) Das Bundesgesundheitsamt, in den Fällen des § 19 Abs. 1 Satz 3 die zuständige Behörde des Landes, kann den Eigentümer auffordern, die Betäubungsmittel auf seine Kosten an diese Behörden zur Vernichtung einzusenden. Ist ein Eigentümer der Betäubungsmittel nicht vorhanden oder nicht zu ermitteln oder kommt der Eigentümer seiner Verpflichtung zur Vernichtung oder der Aufforderung zur Einsendung der Betäubungsmittel gemäß Satz 1 nicht innerhalb einer zuvor gesetzten Frist von drei Monaten nach, so treffen die in Satz 1 genannten Behörden die zur Vernichtung erforderlichen Maßnahmen. Der Eigentümer oder Besitzer der Betäubungsmittel ist verpflichtet, die Betäubungsmittel den mit der Vernichtung beauftragten Personen herauszugeben oder die Wegnahme zu dulden.

(3) Absatz 1 und Absatz 2 Satz 1 und 3 gelten entsprechend, wenn der Eigentümer nicht mehr benötigte Betäubungsmittel beseitigen will.

§ 17. Aufzeichnungen. (1) Der Inhaber einer Erlaubnis nach § 3 ist verpflichtet, getrennt für jede Betriebstätte und jedes Betäubungsmittel fortlaufend folgende Aufzeichnungen über jeden Zugang und jeden Abgang zu führen:

1. das Datum,
2. den Namen oder die Firma und die Anschrift des Lieferers oder des Empfängers oder die sonstige Herkunft oder den sonstigen Verbleib,
3. die zugegangene oder abgegangene Menge und den sich daraus ergebenden Bestand,
4. im Falle des Anbaues zusätzlich die Anbaufläche nach Lage und Größe sowie das Datum der Aussaat,

5. im Falle des Herstellens zusätzlich die Angabe der eingesetzten oder hergestellten Betäubungsmittel, der nicht dem Gesetz unterliegenden Stoffe oder der ausgenommenen Zubereitungen nach Art und Menge und
6. im Falle der Abgabe ausgenommener Zubereitungen durch deren Hersteller zusätzlich den Namen oder die Firma und die Anschrift des Empfängers.

Anstelle der in Nummer 6 bezeichneten Aufzeichnungen können die Durchschriften der Ausgangsrechnungen, in denen die ausgenommenen Zubereitungen kenntlich gemacht sind, fortlaufend nach dem Rechnungsdatum abgeheftet werden.

(2) Die in den Aufzeichnungen oder Rechnungen anzugebenden Mengen sind

1. bei Stoffen und nicht abgeteilten Zubereitungen die Gewichtsmenge und
2. bei abgeteilten Zubereitungen die Stückzahl.

(3) Die Aufzeichnungen oder Rechnungsdurchschriften sind drei Jahre, von der letzten Aufzeichnung oder vom letzten Rechnungsdatum an gerechnet, gesondert aufzubewahren.

§ 18. Meldungen. (1) Der Inhaber einer Erlaubnis nach § 3 ist verpflichtet. dem Bundesgesundheitsamt getrennt für jede Betriebstätte und für jedes Betäubungsmittel die jeweilige Menge zu melden, die

1. beim Anbau gewonnen wurde, unter Angabe der Anbaufläche nach Lage und Größe,
2. hergestellt wurde, aufgeschlüsselt nach Ausgangsstoffen,
3. zur Herstellung anderer Betäubungsmittel verwendet wurde, aufgeschlüsselt nach diesen Betäubungsmitteln,
4. zur Herstellung von nicht unter dieses Gesetz fallenden Stoffen verwendet wurde, aufgeschlüsselt nach diesen Stoffen,
5. zur Herstellung ausgenommener Zubereitungen verwendet wurde, aufgeschlüsselt nach diesen Zubereitungen,
6. eingeführt wurde, aufgeschlüsselt nach Ausfuhrländern,
7. ausgeführt wurde, aufgeschlüsselt nach Einfuhrländern,
8. erworben wurde,
9. abgegeben wurde,
10. vernichtet wurde,
11. zu anderen als den nach den Nummern 1 bis 10 angegebenen Zwecken verwendet wurde, aufgeschlüsselt nach den jeweiligen Verwendungszwecken und
12. am Ende des jeweiligen Kalenderhalbjahres als Bestand vorhanden war.

(2) Die in den Meldungen anzugebenden Mengen sind

1. bei Stoffen und nicht abgeteilten Zubereitungen die Gewichtsmenge und
2. bei abgeteilten Zubereitungen die Stückzahl.

(3) Die Meldungen nach Absatz 1 Nr. 2 bis 12 sind dem Bundesgesundheitsamt jeweils bis zum 31. Januar und 31. Juli für das vergangene Kalenderhalbjahr und die Meldung nach Absatz 1 Nr. 1 bis zum 31. Januar für das vergangene Kalenderjahr einzusenden.

(4) Für die in Absatz 1 bezeichneten Meldungen sind die vom Bundesgesundheitsamt herausgegebenen amtlichen Formblätter zu verwenden.

Vierter Abschnitt. Überwachung

§ 19. Durchführende Behörde. (1) Der Betäubungsmittelverkehr sowie die Herstellung ausgenommener Zubereitungen unterliegt der Überwachung durch das Bundesgesundheitsamt. Diese Stelle ist auch zuständig für die Anfertigung, Ausgabe und Auswertung der zur Verschreibung von Betäubungsmitteln vorgeschriebenen amtlichen Formblätter. Der Betäubungsmittelverkehr bei Ärzten, Zahnärzten und Tierärzten und in Apotheken, tierärztlichen Hausapotheken, Krankenhäusern und Tierkliniken unterliegt der Überwachung durch die zuständigen Behörden der Länder.

(2) Das Bundesgesundheitsamt ist zugleich die besondere Verwaltungsdienststelle im Sinne der internationalen Suchtstoffübereinkommen.

§ 20. Besondere Ermächtigung für den Spannungs- oder Verteidigungsfall.

(1) Die Bundesregierung wird ermächtigt, durch Rechtsverordnung ohne Zustimmung des Bundesrates dieses Gesetzes oder die auf Grund dieses Gesetzes erlassenen Rechtsverordnungen für Verteidigungszwecke zu ändern, um die medizinische Versorgung der Bevölkerung mit Betäubungsmitteln sicherzustellen, wenn die Sicherheit und Kontrolle des Betäubungsmittelverkehrs oder der Herstellung ausgenommener Zubereitungen gewährleistet bleiben. Insbesondere können

1. Aufgaben des Bundesgesundheitsamtes nach diesem Gesetz und auf Grund dieses Gesetzes erlassene Rechtsverordnungen auf den Bundesminister übertragen,
2. der Betäubungsmittelverkehr und die Herstellung ausgenommener Zubereitungen an die in Satz 1 bezeichneten besonderen Anforderungen angepaßt und
3. Meldungen über Bestände an
   a) Betäubungsmitteln,
   b) ausgenommenen Zubereitungen und
   c) zur Herstellung von Betäubungsmitteln erforderlichen Ausgangsstoffen oder Zubereitungen, auch wenn diese keine Betäubungsmittel sind,

angeordnet werden. In der Rechtsverordnung kann ferner der über die in Satz 2 Nr. 3 bezeichneten Bestände Verfügungsberechtigte zu deren Abgabe an bestimmte Personen oder Stellen verpflichtet werden.

(2) Die Rechtsverordnung nach Absatz 1 darf nur nach Maßgabe des Artikels 80 a Abs. 1 des Grundgesetzes angewandt werden.

(3) Die Absätze 1 und 2 gelten nicht im Land Berlin.

§ 21. Mitwirkung anderer Behörden. (1) Der Bundesminister der Finanzen und die von ihm bestimmten Zolldienststellen wirken bei der Überwachung der Einfuhr, Ausfuhr und Durchfuhr von Betäubungsmitteln mit. Für das Gebiet des Freihafens Hamburg kann der Bundesminister der Finanzen diese Aufgabe durch Vereinbarung mit dem Senat der Freien und Hansestadt Hamburg dem Freihafenamt übertragen. § 14 Abs. 2 des Finanzverwaltungsgesetzes vom 30. August 1971 (BGBl. I S. 1426, 1427) gilt entsprechend.

(2) Der Bundesminister der Finanzen kann im Einvernehmen mit dem Bundesminister des Innern die der Grenzschutzdirektion unterstellten Beamten des Bundesgrenzschutzes und im Einvernehmen mit dem Bayerischen Staatsminister des Innern die Beamten der Bayerischen Grenzpolizei mit der Wahrnehmung von Aufgaben betrauen, die den Zolldienststellen nach Absatz 1 obliegen. Nehmen die im Satz 1 bezeichneten Beamten diese Aufgaben wahr, gilt § 67 Abs. 2 des Bundesgrenzschutzgesetzes vom 18. August 1972 (BGBl. I S. 1834) entsprechend. Die Sätze 1 und 2 gelten hinsichtlich der Beauftragung von Beamten des Bundesgrenzschutzes nicht im Land Berlin.

(3) Bei Verdacht von Verstößen gegen Verbote und Beschränkungen dieses Gesetzes, die sich bei der Abfertigung ergeben, unterrichten die mitwirkenden Behörden das Bundesgesundheitsamt unverzüglich.

§ 22. Überwachungsmaßnahmen. (1) Die mit der Überwachung beauftragten Personen sind befugt,

1. Unterlagen über den Betäubungsmittelverkehr oder die Herstellung oder das der Herstellung folgende Inverkehrbringen ausgenommener Zubereitungen einzusehen und hieraus Abschriften oder Ablichtungen anzufertigen, soweit sie für die Sicherheit oder Kontrolle des Betäubungsmittelverkehrs oder der Herstellung ausgenommener Zubereitungen von Bedeutung sein können,
2. von natürlichen und juristischen Personen und nicht rechtsfähigen Personenvereinigungen alle erforderlichen Auskünfte zu verlangen,
3. Grundstücke, Gebäude, Gebäudeteile, Einrichtungen und Beförderungsmittel, in denen der Betäubungsmittelverkehr oder die Herstellung ausgenommener Zubereitungen durchgeführt wird, zu betreten und zu besichtigen, wobei sich die beauftrag-

ten Personen davon zu überzeugen haben, daß die Vorschriften über den Betäubungsmittelverkehr oder die Herstellung ausgenommener Zubereitungen beachtet werden. Zur Verhütung dringender Gefahren für die öffentliche Sicherheit und Ordnung, insbesondere wenn eine Vereitelung der Kontrolle des Betäubungsmittelverkehrs oder der Herstellung ausgenommener Zubereitungen zu besorgen ist, dürfen diese Räumlichkeiten auch außerhalb der Betriebs- und Geschäftszeit sowie Wohnzwecken dienende Räume betreten werden; insoweit wird das Grundrecht auf Unverletzlichkeit der Wohnung (Artikel 13 des Grundgesetzes) eingeschränkt. Soweit es sich um industrielle Herstellungsbetriebe und Großhandelsbetriebe handelt, sind die Besichtigungen in der Regel alle zwei Jahre durchzuführen,

4. vorläufige Anordnungen zu treffen, soweit es zur Verhütung dringender Gefahren für die Sicherheit oder Kontrolle des Betäubungsmittelverkehrs oder der Herstellung ausgenommener Zubereitungen geboten ist. Zum gleichen Zweck dürfen sie auch die weitere Teilnahme am Betäubungsmittelverkehr oder die weitere Herstellung ausgenommener Zubereitungen ganz oder teilweise untersagen und die Betäubungsmittelbestände oder die Bestände ausgenommener Zubereitungen unter amtlichen Verschluß nehmen. Die zuständige Behörde (§ 19 Abs. 1) hat innerhalb von einem Monat nach Erlass der vorläufigen Anordnungen über diese endgültig zu entscheiden.

(2) Die zuständige Behörde kann Maßnahmen gemäß Absatz 1 Nr. 1 und 2 auch auf schriftlichem Wege anordnen.

§ 23. Probenahme. (1) Soweit es zur Durchführung der Vorschriften über den Betäubungsmittelverkehr oder die Herstellung ausgenommener Zubereitungen erforderlich ist, sind die mit der Überwachung beauftragten Personen befugt, gegen Empfangsbescheinigung Proben nach ihrer Auswahl zum Zwecke der Untersuchung zu fordern oder zu entnehmen. Soweit nicht ausdrücklich darauf verzichtet wird, ist ein Teil der Probe oder, sofern die Probe nicht oder ohne Gefährdung des Untersuchungszwecks nicht in Teile von gleicher Qualität teilbar ist, ein zweites Stück der gleichen Art wie das als Probe entnommene zurückzulassen.

(2) Zurückzulassende Proben sind amtlich zu verschließen oder zu versiegeln. Sie sind mit dem Datum der Probenahme und dem Datum des Tages zu versehen, nach dessen Ablauf der Verschluß oder die Versiegelung als aufgehoben gelten.

(3) Für entnommene Proben ist eine angemessene Entschädigung zu leisten, soweit nicht ausdrücklich darauf verzichtet wird.

§ 24. Duldungs- und Mitwirkungspflicht. (1) Jeder Teilnehmer am Betäubungsmittelverkehr oder jeder Hersteller ausgenommener Zubereitungen ist verpflichtet, die Maßnahmen nach den §§ 22 und 23 zu dulden und die mit der Überwachung beauftragten Personen bei der Erfüllung ihrer Aufgaben zu unterstützen, insbesondere ihnen auf Verlangen die Stellen zu bezeichnen, in denen der Betäubungsmittelverkehr oder die Herstellung ausgenommener Zubereitungen stattfindet, umfriedete Grundstücke, Gebäude, Räume, Behälter und Behältnisse zu öffnen, Auskünfte zu erteilen sowie Einsicht in Unterlagen und die Entnahme der Proben zu ermöglichen.

(2) Der zur Auskunft Verpflichtete kann die Auskunft auf solche Fragen verweigern, deren Beantwortung ihn selbst oder einen seiner in § 383 Abs. 1 Nr. 1 bis 3 der Zivilprozeßordnung bezeichneten Angehörigen der Gefahr strafgerichtlicher Verfolgung oder eines Verfahrens nach dem Gesetz über Ordnungswidrigkeiten aussetzen würde.

§ 25. Kosten. (1) Das Bundesgesundheitsamt erhebt für seine Amtshandlungen, Prüfungen und Untersuchungen nach diesem Gesetz und den auf Grund dieses Gesetzes erlassenen Rechtsverordnungen Kosten (Gebühren und Auslagen).

(2) Der Bundesminister wird ermächtigt, durch Rechtsverordnung ohne Zustimmung des Bundesrats die gebührenpflichtigen Tatbestände näher zu bestimmen und dabei feste Sätze oder Rahmensätze vorzusehen.

Fünfter Abschnitt. Vorschriften für Behörden

§ 26. Bundeswehr, Bundesgrenzschutz, Bereitschaftspolizei und Zivilschutz.

(1) Dieses Gesetz findet mit Ausnahme der Vorschriften über die Erlaubnis nach § 3 auf Einrichtungen, die der Betäubungsmittelversorgung der Bundeswehr und des Bundesgrenzschutzes dienen, sowie auf die Bevorratung mit in Anlage II oder III bezeichneten Betäubungsmitteln für den Zivilschutz entsprechende Anwendung.

(2) In den Bereichen der Bundeswehr und des Bundesgrenzschutzes obliegt der Vollzug dieses Gesetzes und die Überwachung des Betäubungsmittelverkehrs den jeweils zuständigen Stellen und Sachverständigen der Bundeswehr und des Bundesgrenzschutzes. Im Bereich des Zivilschutzes obliegt der Vollzug dieses Gesetzes den für die Sanitätsmaterialbevorratung zuständigen Bundes- und Landesbehörden.

(3) Der Bundesminister der Verteidigung kann für seinen Geschäftsbereich im Einvernehmen mit dem Bundesminister in Einzelfällen Ausnahmen von diesem Gesetz und den auf Grund dieses Gesetzes erlassenen Rechtsverordnungen zulassen, soweit die internationalen Suchtstoffübereinkommen dem nicht entgegenstehen und dies zwingende Gründe der Verteidigung erfordern.

(4) Dieses Gesetz findet mit Ausnahme der Vorschriften über die Erlaubnis nach § 3 auf Einrichtungen, die der Betäubungsmittelversorgung der Bereitschaftspolizeien der Länder dienen, entsprechende Anwendung.

(5) Die Absätze 1 bis 3 gelten nicht im Land Berlin.

§ 27. Meldungen und Auskünfte.

(1) Das Bundeskriminalamt meldet dem Bundesgesundheitsamt jährlich bis zum 31. März für das vergangene Kalenderjahr die ihm bekanntgewordenen Sicherstellungen von Betäubungsmitteln nach Art und Menge sowie gegebenenfalls die weitere Verwendung der Betäubungsmittel. Im Falle der Verwertung sind der Name oder die Firma und die Anschrift des Erwerbers anzugeben.

(2) Die in § 26 bezeichneten Behörden haben dem Bundesgesundheitsamt auf Verlangen über den Verkehr mit Betäubungsmitteln in ihren Bereichen Auskunft zu geben, soweit es zur Durchführung der internationalen Suchtstoffübereinkommen erforderlich ist.

§ 28. Jahresbericht an die Vereinten Nationen.

(1) Die Bundesregierung erstattet jährlich bis zum 30. Juni für das vergangene Kalenderjahr dem Generalsekretär der Vereinten Nationen einen Jahresbericht über die Durchführung der internationalen Suchtstoffübereinkommen nach von der Suchtstoffkommißion der Vereinten Nationen beschlossenen Formblatt. Die zuständigen Behörden der Länder wirken bei der Erstellung des Berichtes mit und reichen ihre Beiträge bis zum 31. März für das vergangene Kalenderjahr dem Bundesgesundheitsamt ein. Soweit die im Formblatt geforderten Angaben nicht ermittelt werden können, sind sie zu schätzen.

(2) Die Bundesregierung wird ermächtigt, durch Rechtsverordnung mit Zustimmung des Bundesrates zu bestimmen, welche Personen und welche Stellen Meldungen, nämlich statistische Aufstellungen, sonstige Angaben und Auskünfte, zu erstatten haben, die zur Durchführung der internationalen Suchtstoffübereinkommen erforderlich sind. In der Verordnung können Bestimmungen über die Art und Weise, die Form, den Zeitpunkt und den Empfänger der Meldungen getroffen werden.

Sechster Abschnitt. Straftaten und Ordnungswidrigkeiten

§ 29. Straftaten.

(1) Mit Freiheitsstrafe bis zu vier Jahren oder mit Geldstrafe wird bestraft, wer

1. Betäubungsmittel ohne Erlaubnis nach § 3 Abs. 1 Nr. 1 anbaut, herstellt, mit ihnen Handel treibt, sie ohne Handel zu treiben, einführt, ausführt, veräußert, abgibt, sonst in den Verkehr bringt, erwirbt oder sich in sonstiger Weise verschafft,
2. eine ausgenommene Zubereitung (§ 2 Abs. 1 Nr. 3) ohne Erlaubnis nach § 3 Abs. 1 Nr. 2 herstellt,

3. Betäubungsmittel besitzt, ohne sie auf Grund einer Erlaubnis nach § 3 Abs. 1 erlangt zu haben,
4. Geldmittel oder andere Vermögenswerte für einen anderen zum unerlaubten Handeltreiben mit Betäubungsmitteln oder zu deren unerlaubter Herstellung bereitstellt,
5. entgegen § 11 Abs. 1 Satz 3 Betäubungsmittel durchführt,
6. entgegen § 13 Abs. 1 Betäubungsmittel
   a) verschreibt,
   b) verabreicht oder zum unmittelbaren Verbrauch überläßt,
7. entgegen § 13 Abs. 2 Betäubungsmittel in einer Apotheke oder tierärztlichen Hausapotheke abgibt,
8. entgegen § 14 Abs. 5 für Betäubungsmittel wirbt,
9. unrichtige oder unvollständige Angaben macht, um für sich oder einen anderen oder für ein Tier die Verschreibung eines Betäubungsmittels zu erlangen,
10. eine Gelegenheit zum unbefugten Verbrauch, Erwerb oder zur unbefugten Abgabe von Betäubungsmitteln öffentlich oder eigennützig mitteilt, eine solche Gelegenheit einem anderen verschafft oder gewährt oder ihn zum unbefugten Verbrauch von Betäubungsmitteln verleitet oder
11. einer Rechtsverordnung nach § 11 Abs. 2 Satz 2 Nr. 1 oder § 13 Abs. 3 Satz 2 Nr. 1 oder 3 zuwiderhandelt, soweit sie für einen bestimmten Tatbestand auf diese Strafvorschrift verweist.

(2) In den Fällen des Absatzes 1 Nr. 1, 2, 5 und 6 Buchstabe b ist der Versuch strafbar.

(3) In besonders schweren Fällen ist die Strafe Freiheitsstrafe nicht unter einem Jahr. Ein besonders schwerer Fall liegt in der Regel vor, wenn der Täter

1. in den Fällen des Absatzes 1 Nr. 1, 4, 5, 6 oder 10 gewerbsmäßig handelt,
2. durch eine der in Absatz 1 Nr. 1, 6 oder 7 bezeichneten Handlungen die Gesundheit mehrerer Menschen gefährdet,
3. als Person über 21 Jahre Betäubungsmittel an eine Person unter 18 Jahre abgibt, verabreicht oder zum unmittelbaren Verbrauch überläßt oder
4. mit Betäubungsmitteln in nicht geringer Menge Handel treibt, sie in nicht geringer Menge besitzt oder abgibt.

(4) Handelt der Täter in den Fällen des Absatzes 1 Nr. 1, 2, 5, 6 Buchstabe b oder Nr. 10 fahrlässig, so ist die Strafe Freiheitsstrafe bis zu einem Jahr oder Geldstrafe.

(5) Das Gericht kann von einer Bestrafung nach den Absätzen 1, 2 und 4 absehen, wenn der Täter die Betäubungsmittel lediglich zum Eigenverbrauch in geringer Menge anbaut, herstellt, einführt, ausführt, durchführt, erwirbt, sich in sonstiger Weise verschafft oder besitzt.

(6) Die Vorschriften des Absatzes 1 Nr. 1 sind, soweit sie das Handeltreiben, Abgeben oder Veräußern betreffen, auch anzuwenden, wenn sich die Handlung auf Stoffe oder Zubereitungen bezieht, die nicht Betäubungsmittel sind, aber als solche ausgegeben werden.

§ 30. Straftaten. (1) Mit Freiheitsstrafe nicht unter zwei Jahren wird bestraft, wer

1. Betäubungsmittel ohne Erlaubnis nach § 3 Abs. 1 Nr. 1 anbaut, herstellt oder mit ihnen Handel treibt (§ 29 Abs. 1 Nr. 1) und dabei als Mitglied einer Bande handelt, die sich zur fortgesetzten Begehung solcher Taten verbunden hat,
2. im Falle des § 29 Abs. 3 Nr. 3 gewerbsmäßig handelt,
3. Betäubungsmittel abgibt, einem anderen verabreicht oder zum unmittelbaren Verbrauch überläßt und dadurch leichtfertig dessen Tod verursacht oder
4. Betäubungsmittel in nicht geringer Menge ohne Erlaubnis nach § 3 Abs. 1 Nr. 1 einführt.

(2) In minder schweren Fällen ist die Strafe Freiheitsstrafe von drei Monaten bis zu fünf Jahren.

§ 31. Strafmilderung oder Absehen von Strafe. Das Gericht kann die Strafe nach seinem Ermessen mildern (§ 49 Abs. 2 des Strafgesetzbuches) oder von einer Bestrafung nach § 29 Abs. 1, 2, 4 oder 6 absehen, wenn der Täter

1. durch freiwillige Offenbarung seines Wissens wesentlich dazu beigetragen hat, daß die Tat über seinen eigenen Tatbeitrag hinaus aufgedeckt werden konnte, oder
2. freiwillig sein Wissen so rechtzeitig einer Dienststelle offenbart, daß Straftaten nach § 29 Abs. 3, § 30 Abs. 1, von deren Planung er weiß, noch verhindert werden können.

§ **32. Ordnungswidrigkeiten.** (1) Ordnungswidrig handelt, wer vorsätzlich oder fahrlässig

1. entgegen § 4 Abs. 3 Satz 1 die Teilnahme am Betäubungsmittelverkehr nicht anzeigt,
2. in einem Antrag nach § 7 unrichtige Angaben macht oder unrichtige Unterlagen beifügt,
3. entgegen § 8 Abs. 3 Satz 1 eine Änderung nicht richtig, nicht vollständig oder nicht unverzüglich mitteilt,
4. einer vollziehbaren Auflage nach § 9 Abs. 2 zuwiderhandelt,
5. entgegen § 11 Abs. 1 Satz 1 Betäubungsmittel ohne Genehmigung ein- oder ausführt,
6. einer Rechtsverordnung nach § 11 Abs. 2 Satz 2 Nr. 2 bis 4, § 12 Abs. 4, § 13 Abs. 3 Satz 2 Nr. 2, § 20 Abs. 1 oder § 28 Abs. 2 zuwiderhandelt, soweit sie für einen bestimmten Tatbestand auf diese Bußgeldvorschrift verweist,
7. entgegen § 12 Abs. 1 Betäubungsmittel abgibt oder entgegen § 12 Abs. 2 die Abgabe oder den Erwerb nicht richtig, nicht vollständig oder nicht unverzüglich meldet oder den Empfang nicht bestätigt,
8. entgegen § 14 Abs. 1 bis 4 Betäubungsmittel nicht vorschriftsmäßig kennzeichnet,
9. einer vollziehbaren Anordnung nach § 15 Satz 2 zuwiderhandelt,
10. entgegen § 16 Abs. 1 Betäubungsmittel nicht vorschriftsmäßig vernichtet, eine Niederschrift nicht fertigt oder sie nicht aufbewahrt oder entgegen § 16 Abs. 2 Satz 1 Betäubungsmittel nicht zur Vernichtung einsendet, jeweils auch in Verbindung mit § 16 Abs. 3,
11. entgegen § 17 Abs. 1 oder 2 Aufzeichnungen nicht, nicht richtig oder nicht vollständig führt oder entgegen § 17 Abs. 3 Aufzeichnungen oder Rechnungsdurchschriften nicht aufbewahrt,
12. entgegen § 18 Abs. 1 bis 3 Meldungen nicht richtig, nicht vollständig oder nicht rechtzeitig erstattet,
13. entgegen § 24 Abs. 1 einer Duldungs- oder Mitwirkungspflicht nicht nachkommt oder
14. Betäubungsmittel in eine Postsendung einlegt, obwohl diese Versendung durch den Weltpostvertrag oder ein Abkommen des Weltpostvereins verboten ist; das Postgeheimnis gemäß Artikel 10 Abs. 1 des Grundgesetzes wird insoweit für die Verfolgung und Ahndung der Ordnungswidrigkeit eingeschränkt.

(2) Die Ordnungswidrigkeit kann mit einer Geldbuße bis zu fünfzigtausend Deutsche Mark geahndet werden.

(3) Verwaltungsbehörde im Sinne des § 36 Abs. 1 Nr. 1 des Gesetzes über Ordnungswidrigkeiten ist das Bundesgesundheitsamt, soweit das Gesetz von ihm ausgeführt wird.

§ **33. Einziehung.** Gegenstände, auf die sich eine Straftat nach den §§ 29 oder 30 oder eine Ordnungswidrigkeit nach § 32 bezieht, können eingezogen werden. § 74 a des Strafgesetzbuches und § 23 des Gesetzes über Ordnungswidrigkeiten sind anzuwenden.

§ **34. Führungsaufsicht.** In den Fällen des § 29 Abs. 3 und § 30 kann das Gericht Führungsaufsicht anordnen (§ 68 Abs. 1 des Strafgesetzbuches).

Siebenter Abschnitt. Betäubungsmittelabhängige Straftäter

§ **35. Zurückstellung der Strafvollstreckung.** (1) Ist jemand wegen einer Straftat zu einer Freiheitsstrafe von nicht mehr als zwei Jahren verurteilt worden und ergibt sich aus den Urteilsgründen oder steht sonst fest, daß er die Tat auf Grund einer Betäubungsmittelabhängigkeit begangen hat, so kann die Vollstreckungsbehörde mit Zustimmung des Gerichts des ersten Rechtszuges die Vollstreckung der Strafe, eines Strafrestes oder der Maßregel der Unterbringung in einer Entziehungsanstalt für längstens zwei Jahre zurückstellen, wenn der Verurteilte sich wegen seiner Abhängigkeit in einer seiner Rehabilitation dienenden Behandlung befindet oder zusagt, sich einer solchen zu unterziehen, und deren Beginn gewährleistet ist. Als Behandlung gilt auch der Aufenthalt in einer staatlich anerkannten Einrichtung, die dazu dient, die Abhängigkeit zu beheben oder einer erneuten Abhängigkeit entgegenzuwirken.

(2) Absatz 1 gilt entsprechend, wenn

1. auf eine Gesamtfreiheitsstrafe von nicht mehr als zwei Jahren erkannt worden ist oder
2. auf eine Freiheitsstrafe oder Gesamtfreiheitsstrafe von mehr als zwei Jahren erkannt worden ist und ein zu vollstreckender Rest der Freiheitsstrafe oder der Gesamtfreiheitsstrafe zwei Jahre nicht übersteigt

und im übrigen die Voraussetzungen des Absatzes 1 für den ihrer Bedeutung nach überwiegenden Teil der abgeurteilten Straftaten erfüllt sind.

(3) Der Verurteilte ist verpflichtet, zu Zeitpunkten, die die Vollstreckungsbehörde festsetzt, den Nachweis über die Aufnahme und über die Fortführung der Behandlung zu erbringen; die behandelnden Personen oder Einrichtungen teilen der Vollstreckungsbehörde einen Abbruch der Behandlung mit.

(4) Die Vollstreckungsbehörde widerruft die Zurückstellung der Vollstreckung, wenn die Behandlung nicht begonnen oder nicht fortgeführt wird oder wenn der Verurteilte den nach Absatz 3 geforderten Nachweis nicht erbringt. Von dem Widerruf kann abgesehen werden, wenn der Verurteilte nachträglich nachweist, daß er sich in Behandlung befindet. Ein Widerruf nach Satz 1 steht einer erneuten Zurückstellung der Vollstreckung nicht entgegen.

(5) Die Zurückstellung der Vollstreckung wird auch widerrufen, wenn

1. bei nachträglicher Bildung einer Gesamtstrafe nicht auch deren Vollstreckung nach Absatz 1 in Verbindung mit Absatz 2 zurückgestellt wird oder
2. eine weitere gegen den Verurteilten erkannte Freiheitsstrafe oder freiheitsentziehende Maßregel der Besserung und Sicherung zu vollstrecken ist.

(6) Hat die Vollstreckungsbehörde die Zurückstellung widerrufen, so ist sie befugt, zur Vollstreckung der Freiheitsstrafe oder der Unterbringung in einer Entziehungsanstalt einen Haftbefehl zu erlassen. Gegen den Widerruf kann die Entscheidung des Gerichts des ersten Rechtszuges herbeigeführt werden. Der Fortgang der Vollstreckung wird durch die Anrufung des Gerichts nicht gehemmt. § 462 der Strafprozeßordnung gilt entsprechend.

§ 36. Anrechnung und Strafaussetzung zur Bewährung. (1) Ist die Vollstreckung zurückgestellt worden und hat sich der Verurteilte in einer staatlich anerkannten Einrichtung behandeln lassen, in der die freie Gestaltung seiner Lebensführung erheblichen Beschränkungen unterliegt, so wird die vom Verurteilten nachgewiesene Zeit seines Aufenthalts in dieser Einrichtung auf die Strafe angerechnet, bis infolge der Anrechnung zwei Drittel der Strafe erledigt sind. Die Entscheidung über die Anrechnungsfähigkeit trifft das Gericht zugleich mit der Zustimmung nach § 35 Abs. 1. Sind durch die Anrechnung zwei Drittel der Strafe erledigt oder ist eine Behandlung in der Einrichtung zu einem früheren Zeitpunkt nicht mehr erforderlich, so setzt das Gericht die Vollstreckung des Restes der Strafe zur Bewährung aus, sobald verantwortet werden kann zu erproben, ob der Verurteilte keine Straftaten mehr begehen wird.

(2) Ist die Vollstreckung zurückgestellt worden und hat sich der Verurteilte einer anderen als der in Absatz 1 bezeichneten Behandlung seiner Abhängigkeit unterzogen, so setzt das Gericht die Vollstreckung der Freiheitsstrafe oder des Strafrestes zur Bewährung aus, sobald verantwortet werden kann zu erproben, ob er keine Straftaten mehr begehen wird.

(3) Hat sich der Verurteilte nach der Tat einer Behandlung seiner Abhängigkeit unterzogen, so kann das Gericht, wenn die Voraussetzungen des Absatzes 1 Satz 1 nicht vorliegen, anordnen, daß die Zeit der Behandlung ganz oder zum Teil auf die Strafe angerechnet wird, wenn dies unter Berücksichtigung der Anforderungen, welche die Behandlung an den Verurteilten gestellt hat, angezeigt hat.

(4) Die §§ 56 a bis 56 g des Strafgesetzbuches gelten entsprechend.

(5) Die Entscheidungen nach den Absätzen 1 bis 3 trifft das Gericht des ersten Rechtszuges ohne mündliche Verhandlung durch Beschluß. Die Vollstreckungsbehörde, der Verurteilte und die behandelnden Personen oder Einrichtungen sind zu hören. Gegen die Entscheidung ist sofortige Beschwerde möglich. Für die Entscheidung nach Absatz 1 Satz 3 und nach Absatz 2 gilt § 454 Abs. 3 der Strafprozeßordnung entsprechend; die Belehrung über die Aussetzung des Strafrestes erteilt das Gericht.

§ 37. Absehen von der Verfolgung. (1) Steht ein Beschuldigter in Verdacht, eine Straftat auf Grund einer Betäubungsmittelabhängigkeit begangen zu haben, und ist keine höhere Strafe als eine Freiheitsstrafe bis zu zwei Jahren zu erwarten, so kann die Staatsanwaltschaft mit Zustimmung des für die Eröffnung des Hauptverfahrens zuständigen Gerichts vorläufig von der Erhebung der öffentlichen Klage absehen, wenn der Beschuldigte nachweist, daß er sich wegen seiner Abhängigkeit seit mindestens drei Monaten der in § 35 Abs. 1 bezeichneten Behandlung unterzieht, und seine Resozialisierung zu erwarten ist. Die Staatsanwaltschaft setzt Zeitpunkte fest, zu denen der Beschuldigte die Fortdauer der Behandlung nachzuweisen hat. Das Verfahren wird fortgesetzt, wenn

1. die Behandlung nicht bis zu ihrem vorgesehenen Abschluß fortgeführt wird,
2. der Beschuldigte den nach Satz 2 geforderten Nachweis nicht führt,
3. der Beschuldigte eine Straftat begeht und dadurch zeigt, daß die Erwartung, die dem Absehen von der Erhebung der öffentlichen Klage zugrunde lag, sich nicht erfüllt hat, oder
4. auf Grund neuer Tatsachen oder Beweismittel eine Freiheitsstrafe von mehr als zwei Jahren zu erwarten ist.

In den Fällen des Satzes 3 Nr. 1, 2 kann von der Fortsetzung des Verfahrens abgesehen werden, wenn der Beschuldigte nachträglich nachweist, daß er sich weiter in Behandlung befindet. Die Tat kann nicht mehr verfolgt werden, wenn das Verfahren nicht innerhalb von vier Jahren fortgesetzt wird.

(2) Ist die Klage bereits erhoben, so kann das Gericht mit Zustimmung der Staatsanwaltschaft das Verfahren bis zum Ende der Hauptverhandlung, in der die tatsächlichen Feststellungen letztmals geprüft werden können, vorläufig einstellen. Die Entscheidung ergibt durch unanfechtbaren Beschluß. Absatz 1 Satz 2 bis 5 gilt entsprechend. Unanfechtbar ist auch eine Feststellung, daß das Verfahren nicht fortgesetzt wird (Absatz 1 Satz 5).

(3) Die in § 172 Abs. 2 Satz 3, § 396 Abs. 3 und § 467 Abs. 5 der Strafprozeßordnung zu § 153 a der Strafprozeßordnung getroffenen Regelungen gelten entsprechend.

§ 38. Jugendliche und Heranwachsende. (1) Bei Verurteilung zu Jugendstrafe gelten die §§ 35 und 36 sinngemäß. Bei Verurteilung zu Jugendstrafe von unbestimmter Dauer richtet sich die Anwendung der §§ 35 und 36 nach dem erkannten Höchstmaß der Strafe. Neben der Zusage des Jugendlichen nach § 35 Abs. 1 Satz 1 bedarf es auch der Einwilligung des Erziehungsberechtigten und des gesetzlichen Vertreters. Im Falle des § 35 Abs. 6 Satz 2 findet § 83 Abs. 2 Nr. 1, Abs. 3 Satz 2 des Jugendgerichtsgesetztes sinngemäß Anwendung. Abweichend von § 36 Abs. 4 gelten die §§ 22 bis 26 a des Jugendgerichtsgesetzes entsprechend. Für die Entscheidungen nach § 36 Abs. 1 Satz 3 und Abs. 2 sind neben § 454 Abs. 3 der Strafprozeßordnung die §§ 58, 59 Abs. 2 bis 4 und § 60 des Jugendgerichtsgesetzes ergänzend anzuwenden.

(2) § 37 gilt sinngemäß auch für Jugendliche und Heranwachsende.

Achter Abschnitt. Übergangs- und Schlussvorschriften

§ 39. Weitergeltende Erlaubnisse. (1) Eine Erlaubnis, die nach § 3 Abs. 1 und 2 in der bis zum 31. Dezember 1981 geltenden Fassung erteilt worden ist und zu diesem Zeitpunkt wirksam besteht, gilt im bisherigen Umfang als Erlaubnis im Sinne des § 3 Abs. 1 Nr. 1 bis zu dem in ihr angegebenen Zeitpunkt, längstens jedoch bis zum 31. Dezember 1984 fort. Eine Ausnahme, die nach § 9 Satz 2 in der bis zum 31. Dezember 1981 geltenden Fassung zugelassen worden ist, gilt im bisherigen Umfang als ausnahmsweise erteilte Erlaubnis im Sinne des § 3 Abs. 2 bis zu dem in ihr angegebenen Zeitpunkt, längstens jedoch bis zum 31. Dezember 1983 fort.

(2) § 10 gilt entsprechend. Eine weitergeltende Erlaubnis ist zu widerrufen, wenn am 1. Januar 1985 die in § 5 Abs. 1 Nr. 1 und 2 in Verbindung mit § 6 genannten Anforderungen noch nicht erfüllt sind.

§ 40. Verkehr mit neuen Betäubungsmitteln und ausgenommenen Zubereitungen. (1) Wer vom 1. Januar 1982 an, ohne zu dem in § 4 genannten Personenkreis zu gehören, am Verkehr mit Betäubungsmitteln (§ 3 Abs. 1 Nr. 1), die bis zu diesem Zeitpunkt keine solchen waren, oder am Verkehr mit ausgenommenen Zubereitungen (§ 3 Abs. 1 Nr. 2) teilnimmt, bleibt dazu bis zum 31. März 1982 berechtigt. Beantragt er vor dem 1. April 1982 eine Erlaubnis nach § 3 Abs. 1, so dauert die Berechtigung fort bis zur unanfechtbaren oder rechtskräftigen Ablehnung des Antrages.

(2) Wer als Inhaber einer Berechtigung nach Absatz 1 dort bezeichnete Betäubungsmittel am 1. Januar 1982 in Gewahrsam hat, ist verpflichtet, diese Betäubungsmittel bis zum 31. März 1982

1. dem Bundesgesundheitsamt unter Angabe der Art und Menge zu melden und
2. an den Inhaber einer Erlaubnis nach § 3 Abs. 1, an den Betreiber einer Apotheke oder tierärztlichen Hausapotheke oder an den Inhaber einer Berechtigung nach Absatz 1 abzugeben oder zu veräußern, wenn er eine Erlaubnis nach § 3 Abs. 1 nicht beantragen will.

Wer nach Satz 1 Nr. 2 Betäubungsmittel erwirbt, hat dem Bundesgesundheitsamt bis zum 30. Juni 1982 den Abgebenden und die Art und Menge der erworbenen Betäubungsmittel zu melden.

(3) Sind die in Absatz 1 bezeichneten Betäubungsmittel zur Abgabe an den Verbraucher verpackt, ohne daß die Packungen den Anforderungen des § 14 entsprechend, so dürfen sie noch bis zum 31. Dezember 1983 in diesen Packungen abgegeben werden.

(4) Sind die in Absatz 1 bezeichneten Betäubungsmittel nicht in der nach § 15 erforderlichen Weise aufbewahrt und gesichert, so dürfen sie noch bis zum 31. Dezember 1983 in der bisher zulässigen Weise aufbewahrt werden. Satz 1 gilt nicht für die Aufbewahrung in Apotheken, tierärztlichen Hausapotheken und auf Kauffahrtei-schiffen.

(5) Für in Anlage III Teil B bezeichnete nicht ausgenommene Zubereitungen, die vor dem 1. Januar 1982 keine Betäubungsmittel waren, gelten bis zum 31. Dezember 1983 die Vorschriften für ausgenommene Zubereitungen der Anlage III Teil B.

§ 40 a. Verkehr mit weiteren neuen Betäubungsmitteln und ausgenommenen Zubereitungen. (1) Wer am 31. Juli 1986, ohne zu dem in § 4 genannten Personenkreis zu gehören, mit den nachgenannten Stoffen, deren Isomeren, Estern, Ethern, Molekülverbindungen und Salzen:

1. Alprazolam	8. Clotiazepam	15. Fludiazepam
2. Bromazepam	9. Cloxazolam	16. Flunitrazepam
3. Camazepam	10. Delorazepam	17. Flurazepam
4. Chlordiazepoxid	11. Diazepam	18. Halazepam
5. Clobazam	12. Estazolam	19. Haloxazolam
6. Clonazepam	13. Ethylloflazepat	20. Ketazolam
7. Clorazepat	14. Fenetyllin	21. Loprazolam

22. Lorazepam	27. Nordazepam	31. Prazepam
23. Lormetazepam	28. Oxazepam	32. Temazepam
24. Medazepam	29. Oxazolam	33. Tetrazepam
25. Nimetazepam	30. Pinazepam	34. Triazolam
26. Nitrazepam		

am Verkehr mit Betäubungsmitteln (§ 3 Abs. 1 Nr. 1) teilnimmt oder ausgenommene Zubereitungen herstellt (§ 3 Abs. 1 Nr. 2), bleibt dazu bis zum 31. Oktober 1986 berechtigt. Beantragt er vor dem 1. November 1986 eine Erlaubnis nach § 3 Abs. 1, so dauert die Berechtigung fort bis zur unanfechtbaren oder rechtskräftigen Ablehnung des Antrages. Der nach Satz 1 oder 2 Berechtigte ist ab Inkrafttreten dieser Verordnung wie der Inhaber einer Erlaubnis an alle Vorschriften dieses Gesetzes und der dazu ergangenen Verordnungen gebunden.

(2) Sind die Absatz 1 bezeichneten Betäubungsmittel zur Abgabe an den Verbraucher verpackt, ohne daß die Packungen den Anforderungen des § 14 entsprechend, dürfen sie noch bis zum 30. Juni 1987 in diesen Packungen abgegeben werden.

(3) Sind die in Absatz 1 bezeichneten Betäubungsmittel nicht in der nach § 15 erforderlichen Weise aufbewahrt und gesichert, so dürfen sie noch bis zum 30. Juni 1987 in der bisher zulässigen Weise aufbewahrt werden. Satz 1 gilt nicht für die Aufbewahrung in Apotheken, tierärztlichen Hausapotheken und auf Kauffahrteischiffen.

§ 41. Berlin-Klausel

B 4. Gesetz zu dem Internationalen Übereinkommen vom 19. Oktober 2005 gegen Doping im Sport

Vom 26. März 2007 (BGBl. II S. 354)

Der Bundestag hat das folgende Gesetz beschlossen:

Art. 1. Dem in Paris am 19. Oktober 2005 von der Generalkonferenz der UNESCO angenommenen Internationalen Übereinkommen gegen Doping im Sport wird zugestimmt. Das Übereinkommen wird nachstehend mit einer amtlichen deutschen Übersetzung veröffentlicht.

Art. 2. (1) Dieses Gesetz tritt am Tage nach seiner Verkündung in Kraft.

(2) Der Tag, an dem das Übereinkommen nach seinem Artikel 37 für die Bundesrepublik Deutschland in Kraft tritt, ist im Bundesgesetzblatt bekannt zu geben.

Internationales Übereinkommen gegen Doping im Sport

(Übersetzung)

Die Generalkonferenz der Organisation der Vereinten Nationen für Erziehung, Wissenschaft und Kultur, im Folgenden als „UNESCO" bezeichnet, die vom 3. bis zum 21. Oktober 2005 in Paris zu ihrer 33. Tagung zusammengetreten ist –

in der Erwägung, dass es das Ziel der UNESCO ist, mittels der Zusammenarbeit der Staaten durch Bildung, Wissenschaft und Kultur zum Frieden und zur Sicherheit beizutragen,

unter Bezugnahme auf bestehende völkerrechtliche Übereinkünfte mit Menschenrechtsbezug,

in Kenntnis der am 3. November 2003 von der Generalversammlung der Vereinten Nationen verabschiedeten Resolution 58/5 über Sport als Mittel zur Förderung der Bildung, der Gesundheit, der Entwicklung und des Friedens, insbesondere in Kenntnis des Absatzes 7 dieser Resolution, in dem Bewusstsein, dass Sport für die Erhaltung der Gesundheit, die geistige, kulturelle und körperliche Erziehung und die Förderung der Völkerverständigung und des Weltfriedens eine wichtige Rolle spielen soll,

angesichts der Notwendigkeit, die internationale Zusammenarbeit mit dem Ziel der Ausmerzung des Dopings im Sport zu fördern und zu koordinieren,

besorgt über die Anwendung des Dopings durch Athleten im Sport und die sich daraus ergebenden Folgen für deren Gesundheit, für den Grundsatz des Fairplay, für die Unterbindung der Täuschung und für die Zukunft des Sports,

im Hinblick darauf, dass Doping die ethischen Grundsätze und die erzieherischen Werte gefährdet, die in der Internationalen Charta für Leibeserziehung und Sport der UNESCO und in der Olympischen Charta enthalten sind,

eingedenk der Tatsache, dass es sich bei dem im Rahmen des Europarats angenommenen Übereinkommen gegen Doping und seinem ebenso dort angenommenen Zusatzprotokoll um die völkerrechtlichen Instrumente handelt, die den nationalen Leitlinien gegen Doping und der zwischenstaatlichen Zusammenarbeit zu Grunde liegen,

eingedenk der Empfehlungen zum Doping, die auf der zweiten, dritten und vierten Tagung der Internationalen Konferenz der für Leibeserziehung und Sport verantwortlichen Minister und Hohen Beamten, welche die UNESCO in Moskau (1988), Punta del Este (1999) und Athen (2004) ausrichtete, verabschiedet wurden; und eingedenk der Resolution 32 C/9, welche die Generalkonferenz der UNESCO auf ihrer 32. Tagung (2003) verabschiedete,

eingedenk des Welt-Anti-Doping-Codes, den die Welt-Anti-Doping-Agentur am 5. März 2003 auf der in Kopenhagen abgehaltenen Weltkonferenz über Doping im Sport verabschiedete, und eingedenk der Kopenhagener Erklärung über die Dopingbekämpfung im Sport,

im Hinblick auf den Einfluss, den Spitzenathleten auf Jugendliche ausüben,

im Bewusstsein der weiterhin bestehenden Notwendigkeit, zum besseren Nachweis von Doping und zum besseren Verständnis der Faktoren, welche die Anwendung des Dopings bestimmen, Forschung zu betreiben und zu fördern, damit die Strategien zur Verhütung des Dopings so wirkungsvoll wie möglich gestaltet werden können,

auch in dem Bewusstsein, wie wichtig es für die Verhütung des Dopings ist, Athleten, Athletenbetreuer und die Gesellschaft im Allgemeinen ständig aufzuklären,

im Hinblick auf die Notwendigkeit, die Kapazitäten der Vertragsstaaten für die Durchführung von Dopingbekämpfungsprogrammen aufzubauen,

in Anbetracht der Tatsache, dass staatliche Behörden und für Sport zuständige Organisationen eine einander ergänzende Verantwortung bei der Verhütung und Bekämpfung des Dopings im Sport tragen, insbesondere für die Gewähr, dass Sportveranstaltungen ordnungsgemäß und entsprechend dem Grundsatz des Fairplay durchgeführt werden, sowie für den Schutz der Gesundheit derjenigen, die an diesen Sportveranstaltungen teilnehmen,

in der Erkenntnis, dass diese Behörden und Organisationen zu diesen Zwecken zusammenarbeiten müssen und dabei auf allen geeigneten Ebenen ein Höchstmaß an Unabhängigkeit und Transparenz sicherstellen müssen,

entschlossen, eine weitere und engere Zusammenarbeit zu verfolgen, die darauf gerichtet ist, Doping im Sport endgültig auszumerzen,

in der Erkenntnis, dass die Ausmerzung des Dopings im Sport zum Teil von der stufenweisen Harmonisierung der Dopingbekämpfungsstandards und -praktiken im Sport und von der Zusammenarbeit auf nationaler und weltweiter Ebene abhängt –

nimmt dieses Übereinkommen am 19. Oktober 2005 an.

Art. 1. Zweck des Übereinkommens. Zweck dieses Übereinkommens ist es, im Rahmen der Strategie und des Tätigkeitsprogramms der UNESCO im Bereich der Leibeserziehung und des Sports die Verhütung und Bekämpfung des Dopings im Sport zu fördern mit dem Ziel der vollständigen Ausmerzung des Dopings.

Art. 2. Begriffsbestimmungen. Diese Begriffsbestimmungen sind im Zusammenhang des Welt-Anti-Doping-Codes zu sehen. Bei Widersprüchen sind jedoch die Bestimmungen des Übereinkommens maßgebend.

Im Sinne dieses Übereinkommens

1. bedeutet „akkreditierte Dopingkontrolllabors" Labors, die von der Welt-Anti-Doping-Agentur akkreditiert sind;
2. bedeutet „Anti-Doping-Organisation" eine Stelle, die dafür zuständig ist, Vorschriften für die Einleitung, Durchführung und Durchsetzung aller Teile des Dopingkontrollprozesses zu verabschieden. Dazu gehören zum Beispiel das Internationale Olympische Komitee, das Internationale Paralympische Komitee, andere Sportgroßveranstalter, die bei ihren Veranstaltungen Kontrollen durchführen, die Welt-Anti-Doping-Agentur, internationale Sportfachverbände und nationale Anti-Doping-Organisationen;
3. bedeutet „Verstoß gegen die Anti-Doping-Regeln" im Sport das Vorliegen eines oder mehrerer der nachstehenden Sachverhalte:
   a) das Vorhandensein eines verbotenen Wirkstoffs oder seiner Metaboliten oder Marker in einer Körperprobe eines Athleten;
   b) die tatsächliche oder versuchte Anwendung eines verbotenen Wirkstoffs oder einer verbotenen Methode;
   c) die Weigerung, sich einer Probennahme zu unterziehen, oder die Nichtabgabe einer Probe ohne zwingenden Grund, beides im Anschluss an eine den geltenden Anti-Doping-Regeln entsprechenden Ankündigung, oder ein anderweitiges Umgehen der Probennahme;
   d) die Nichterfüllung des Erfordernisses der Verfügbarkeit des Athleten für Kontrollen außerhalb des Wettkampfs, einschließlich der nicht erfolgten Angabe der erforderlichen Informationen über den Aufenthaltsort des Athleten und des Versäumnisses, sich einer Kontrolle zu unterziehen, die als zumutbaren Regeln entsprechend gilt;
   e) die tatsächliche oder versuchte unzulässige Einflussnahme auf jeden Teil der Dopingkontrolle;
   f) der Besitz verbotener Wirkstoffe oder Methoden;
   g) das Inverkehrbringen eines verbotenen Wirkstoffs oder einer verbotenen Methode;
   h) die tatsächliche oder versuchte Verabreichung von verbotenen Wirkstoffen oder verbotenen Methoden an einen Athleten oder die Unterstützung, Anstiftung, Beihilfe, Verschleierung oder sonstige Tatbeteiligung bei einem tatsächlichen oder versuchten Verstoß gegen die Anti-Doping-Regeln;
4. bedeutet „Athlet" für die Zwecke der Dopingkontrolle jede Person, die auf internationaler oder nationaler Ebene, wie von jeder nationalen Anti-Doping-Organisation näher bestimmt und von den Vertragsstaaten anerkannt, am Sport teilnimmt, sowie jede sonstige Person, die auf einer niedrigeren Ebene, wie von den Vertragsstaaten anerkannt, am Sport oder einer Veranstaltung teilnimmt. Für die Zwecke von Erziehungs- und Schulungsprogrammen bedeutet „Athlet" jede Person, die im Auftrag einer Sportorganisation am Sport teilnimmt;
5. bedeutet „Athletenbetreuer" Trainer, sportliche Betreuer, Manager, Vertreter, Teammitglieder, Funktionäre sowie Ärzte und medizinische Betreuer, die mit Athleten arbeiten oder sie behandeln, welche an Wettkämpfen teilnehmen oder sich auf sie vorbereiten;
6. bedeutet „Code" den Welt-Anti-Doping-Code, der von der Welt-Anti-Doping-Agentur am 5. März 2003 in Kopenhagen verabschiedet wurde und als Anhang 1 diesem Übereinkommen beigefügt ist;
7. bedeutet „Wettkampf" ein einzelnes Rennen, einen einzelnen Kampf, ein einzelnes Spiel oder einen bestimmten athletischen Wettbewerb;
8. bedeutet „Dopingkontrolle" das Verfahren, welches die Planung der Verteilung der Kontrollen, die Probennahme, die Bearbeitung der Proben, die Laboranalyse, die Bearbeitung der Ergebnisse, die Anhörung und Rechtsbehelfe umfasst;
9. bedeutet „Doping im Sport" das Vorliegen eines Verstoßes gegen die Anti-Doping-Regeln;
10. bedeutet „ordnungsgemäß befugte Dopingkontrollteams" Dopingkontrollteams, die im Auftrag internationaler oder nationaler Anti-Doping-Organisationen tätig sind;

11. bedeutet Kontrolle „während des Wettkampfs" – zur Unterscheidung zwischen Kontrollen während und Kontrollen außerhalb des Wettkampfs – eine Kontrolle, für die ein Athlet im Rahmen eines bestimmten Wettkampfs ausgewählt wird; dies gilt, sofern nicht in den Regeln eines internationalen Sportfachverbands oder einer anderen zuständigen Anti-Doping-Organisation etwas anderes vorgesehen ist;

12. bedeutet „Internationaler Standard für Labors" den Standard, der als Anhang 2 diesem Übereinkommen beigefügt ist;

13. bedeutet „Internationaler Standard für Kontrollen" den Standard, der als Anhang 3 diesem Übereinkommen beigefügt ist;

14. bedeutet „unangekündigte Kontrolle" eine Dopingkontrolle, die ohne Vorankündigung des Athleten durchgeführt wird und bei welcher der Athlet vom Zeitpunkt der Benachrichtigung bis zur Abgabe der Probe ununterbrochen beaufsichtigt wird;

15. bedeutet „Olympische Bewegung" alle diejenigen, die sich damit einverstanden erklären, sich von der Olympischen Charta leiten zu lassen und welche die Autorität des Internationalen Olympischen Komitees anerkennen, das heißt die internationalen Verbände der Sportarten, die zum Programm der Olympischen Spiele gehören, die Nationalen Olympischen Komitees, die Organisationskomitees der Olympischen Spiele, die Athleten, Kampfrichter und Schiedsrichter, die Verbände und Vereine wie auch die durch das Internationale Olympische Komitee anerkannten Organisationen und Institutionen;

16. bedeutet Dopingkontrollen „außerhalb des Wettkampfs" Dopingkontrollen, die nicht im Zusammenhang mit einem Wettkampf durchgeführt werden;

17. bedeutet „Verbotsliste" die in Anlage I enthaltene Liste, in der die verbotenen Wirkstoffe und verbotenen Methoden aufgeführt sind;

18. bedeutet „verbotene Methode" jede Methode, die in der in Anlage I enthaltenen Verbotsliste als solche beschrieben ist;

19. bedeutet „verbotener Wirkstoff" jeden Wirkstoff, der in der in Anlage I enthaltenen Verbotsliste als solcher beschrieben ist;

20. bedeutet „Sportorganisation" jede Organisation, die als Veranstalter eines Wettkampfs mit einer oder mehreren Sportarten tätig ist;

21. bedeutet „Standards für die Erteilung von Ausnahmegenehmigungen zur therapeutischen Anwendung" die in Anlage II enthaltenen Standards;

22. bedeutet „Kontrolle" diejenigen Bestandteile des Dopingkontrollverfahrens, welche die Planung der Verteilung der Kontrollen, die Probennahme, die Bearbeitung der Proben sowie die Beförderung der Proben zum Labor umfassen;

23. bedeutet „Ausnahmegenehmigung zur therapeutischen Anwendung" eine Ausnahmegenehmigung, die in Übereinstimmung mit den Standards für die Erteilung von Ausnahmegenehmigungen zur therapeutischen Anwendung erteilt worden ist;

24. bedeutet „Anwendung" das Auftragen, die Einnahme, die Injektion oder den Gebrauch eines verbotenen Wirkstoffs oder einer verbotenen Methode auf jedwede Art und Weise;

25. bedeutet „Welt-Anti-Doping-Agentur (WADA)" die so bezeichnete Stiftung, die am 10. November 1999 nach Schweizer Recht gegründet wurde.

Art. 3. Mittel zur Erreichung des Zweckes des Übereinkommens. Um den Zweck des Übereinkommens zu erreichen, verpflichten sich die Vertragsstaaten,

a) auf nationaler und internationaler Ebene angemessene Maßnahmen zu ergreifen, die mit den Grundsätzen des Codes vereinbar sind;

b) zu allen Formen der internationalen Zusammenarbeit zu ermutigen, die darauf abzielen, die Athleten und die Ethik im Sport zu schützen und Forschungsergebnisse weiterzugeben;

c) die internationale Zusammenarbeit zwischen den Vertragsstaaten und den führenden Organisationen im Bereich der Bekämpfung des Dopings im Sport, insbesondere der Welt-Anti-Doping-Agentur, zu fördern.

Art. 4. Verhältnis des Übereinkommens zum Code. (1) Um die Durchführung der Bekämpfung des Dopings im Sport auf der nationalen und internationalen Ebene zu koordinieren, verpflichten sich die Vertragsstaaten den Grundsätzen des Codes als Grundlage für die in Artikel 5 dieses Übereinkommens vorgesehenen Maßnahmen. Dieses Übereinkommen hindert die Vertragsstaaten nicht daran, zusätzliche Maßnahmen in Ergänzung des Codes zu ergreifen.

(2) Der Code und die jeweils geltenden Fassungen der Anhänge 2 und 3 sind zu Informationszwecken aufgeführt und sind nicht Bestandteil dieses Übereinkommens. Aus den Anhängen als solchen erwachsen für die Vertragsstaaten keine völkerrechtlich verbindlichen Verpflichtungen.

(3) Die Anlagen sind Bestandteil dieses Übereinkommens.

Art. 5. Maßnahmen zur Erreichung der Ziele des Übereinkommens. Zur Erfüllung der in diesem Übereinkommen enthaltenen Verpflichtungen verpflichtet sich jeder Vertragsstaat, geeignete Maßnahmen zu ergreifen. Die Maßnahmen können Gesetze, sonstige Vorschriften, politische Maßnahmen oder Verwaltungspraktiken beinhalten.

Art. 6. Verhältnis zu anderen völkerrechtlichen Übereinkünften. Dieses Übereinkommen verändert nicht die Rechte und Pflichten der Vertragsstaaten, die aus vorher geschlossenen Übereinkünften erwachsen und mit Ziel und Zweck des Übereinkommens in Einklang stehen. Dies berührt nicht die Wahrnehmung der Rechte oder die Erfüllung der Verpflichtungen aus diesem Übereinkommen durch andere Vertragsstaaten.

II. Tätigkeiten zur Dopingbekämpfung auf nationaler Ebene

Art. 7. Innerstaatliche Koordinierung. Die Vertragsstaaten stellen die Anwendung dieses Übereinkommens insbesondere durch innerstaatliche Koordinierung sicher. Um ihren Verpflichtungen aus dem Übereinkommen nachzukommen, können sich die Vertragsstaaten auf Anti-Doping-Organisationen wie auch auf für den Sport zuständige Stellen und Sportorganisationen stützen.

Art. 8. Maßnahmen zur Einschränkung der Verfügbarkeit und Anwendung verbotener Wirkstoffe und Methoden im Sport. (1) Die Vertragsstaaten ergreifen in geeigneten Fällen Maßnahmen, um die Verfügbarkeit verbotener Wirkstoffe und Methoden und damit die Anwendung durch Athleten im Sport einzuschränken, es sei denn, die Anwendung erfolgt auf Grund einer Ausnahmegenehmigung zur therapeutischen Anwendung. Dazu gehören Maßnahmen, die sich gegen das Inverkehrbringen verbotener Wirkstoffe in Bezug auf Athleten richten und damit auch Maßnahmen, die auf die Eindämmung der Produktion, der Verbringung, der Einfuhr, des Vertriebs und des Verkaufs abzielen.

(2) Die Vertragsstaaten ergreifen Maßnahmen beziehungsweise ermutigen die einschlägigen Stellen innerhalb ihres jeweiligen Hoheitsbereichs zur Ergreifung entsprechender Maßnahmen, um die Anwendung und den Besitz verbotener Wirkstoffe und Methoden durch Athleten im Sport zu verhüten und einzuschränken, es sei denn, die Anwendung erfolgt auf Grund einer Ausnahmegenehmigung zur therapeutischen Anwendung.

(3) Die nach diesem Übereinkommen getroffenen Maßnahmen behindern nicht die Verfügbarkeit für rechtmäßige Zwecke von Wirkstoffen und Methoden, die ansonsten im Sport verboten oder eingeschränkt anwendbar sind.

Art. 9. Maßnahmen gegen Athletenbetreuer. Die Vertragsstaaten ergreifen selbst beziehungsweise ermutigen die Sportorganisationen und Anti-Doping-Organisationen zur Ergreifung von Maßnahmen, die sich gegen Athletenbetreuer richten, die einen Verstoß gegen die Anti-Doping-Regeln oder eine andere Zuwiderhandlung im Zusammenhang mit Doping im Sport begehen; zu diesen Maßnahmen gehören auch Sanktionen und Strafen.

Art. 10. Nahrungsergänzungsmittel. Die Vertragsstaaten ermutigen in geeigneten Fällen die Hersteller und Vertreiber von Nahrungsergänzungsmitteln, vorbildliche Vorgehensweisen bei der Vermarktung und dem Vertrieb von Nahrungsergänzungsmitteln einzuführen, einschließlich der Angaben über deren analytische Zusammensetzung und die Qualitätssicherung.

Art. 11. Finanzielle Maßnahmen. In geeigneten Fällen werden die Vertragsstaaten

a) Mittel in ihren jeweiligen Haushalten vorsehen, um ein nationales und alle Sportarten abdeckendes Kontrollprogramm zu unterstützen beziehungsweise den Sportorganisationen und Anti-Doping-Organisationen entweder durch direkte Subventionen oder Zuweisungen bei der Finanzierung von Dopingkontrollen behilflich zu sein oder die Kosten derartiger Kontrollen bei der Festlegung der den entsprechenden Organisationen zu gewährenden Gesamtsubventionen oder -zuweisungen zu berücksichtigen;

b) Schritte unternehmen, um einzelnen Athleten oder Athletenbetreuern, die nach einem Verstoß gegen die Anti-Doping-Regeln gesperrt wurden, während der Dauer der Sperre eine etwaige sportbezogene finanzielle Unterstützung zu verweigern;

c) Sportorganisationen oder Anti-Doping-Organisationen, die gegen den Code oder gegen in Übereinstimmung mit dem Code beschlossene anwendbare Anti-Doping-Regeln verstoßen, die finanzielle oder anderweitige sportbezogene Unterstützung teilweise oder ganz verweigern.

Art. 12. Maßnahmen zur Erleichterung von Dopingkontrollen. In geeigneten Fällen werden die Vertragsstaaten

a) es fördern und erleichtern, dass Sportorganisationen und Anti-Doping-Organisationen in ihrem jeweiligen Hoheitsbereich Dopingkontrollen entsprechend den Vorgaben des Codes durchführen; hierzu gehören unangekündigte Kontrollen, Kontrollen außerhalb des Wettkampfs und während des Wettkampfs;

b) es fördern und erleichtern, dass Sportorganisationen und Anti-Doping-Organisationen Vereinbarungen treffen, durch die eine Kontrolle ihrer Mitglieder durch ordnungsgemäß befugte Dopingkontrollteams aus anderen Ländern ermöglicht wird;

c) sich verpflichten, die Sportorganisationen und Anti-Doping-Organisationen in ihrem jeweiligen Hoheitsbereich dabei zu unterstützen, zum Zweck der Dopingkontrollanalyse Zugang zu einem akkreditierten Dopingkontrolllabor zu erhalten.

III. Internationale Zusammenarbeit

Art. 13. Zusammenarbeit zwischen Anti-Doping-Organisationen und Sportorganisationen. Die Vertragsstaaten fördern die Zusammenarbeit zwischen den Anti-Doping-Organisationen, staatlichen Behörden und Sportorganisationen in ihrem Hoheitsbereich und denjenigen im Hoheitsbereich anderer Vertragsstaaten, um auf internationaler Ebene den Zweck dieses Übereinkommens zu erreichen.

Art. 14. Unterstützung. des Auftrags der Welt-Anti-Doping-Agentur. Die Vertragsstaaten verpflichten sich, den wichtigen Auftrag der Welt-Anti-Doping-Agentur bei der internationalen Bekämpfung des Dopings zu unterstützen.

Art. 15. Finanzierung der Welt-Anti-Doping-Agentur zu gleichen Anteilen. Die Vertragsstaaten unterstützen den Grundsatz, wonach die staatlichen Behörden und die Olympische Bewegung den gebilligten jährlichen Kernhaushalt der Welt-Anti-Doping-Agentur zu gleichen Teilen übernehmen.

Art. 16. Internationale Zusammenarbeit bei der Dopingkontrolle. In Anerkennung der Tatsache, dass die Bekämpfung des Dopings im Sport nur wirksam sein kann, wenn die Athleten unangekündigt kontrolliert und die Proben für die Analyse rechtzeitig in Labors gebracht werden können, werden die Vertragsstaaten in geeigneten Fällen und im Einklang mit den innerstaatlichen Rechtsvorschriften und Verfahren

a) die Aufgabe der Welt-Anti-Doping-Agentur und der im Einklang mit dem Code tätigen Anti-Doping-Organisationen, die darin besteht, bei den Athleten der Vertragsstaaten Dopingkontrollen während des Wettkampfs oder außerhalb des Wettkampfs in ihrem Hoheitsgebiet oder andernorts durchzuführen, nach Maßgabe der einschlägigen Vorschriften der Gastgeberländer erleichtern;

b) den rechtzeitigen grenzüberschreitenden Transport ordnungsgemäß befugter Dopingkontrollteams bei Dopingkontrolltätigkeiten erleichtern;

c) zusammenarbeiten, um den rechtzeitigen Versand oder die rechtzeitige grenzüberschreitende Verbringung von Proben so zu beschleunigen, dass deren Sicherheit und Unversehrtheit gewahrt bleiben;

d) bei der internationalen Koordinierung von Dopingkontrollen durch verschiedene Anti-Doping-Organisationen mitwirken und zu diesem Zweck mit der Welt-Anti-Doping-Agentur zusammenarbeiten;

e) die Zusammenarbeit zwischen den Dopingkontrolllaboren in ihrem Hoheitsbereich mit denen im Hoheitsbereich anderer Vertragsstaaten fördern. Insbesondere sollen die Vertragsstaaten mit akkreditierten Dopingkontrolllabors die Labors in ihrem Hoheitsbereich ermutigen, andere Vertragsstaaten dabei zu unterstützen, die Erfahrungen, Fertigkeiten und Techniken zu erwerben, die erforderlich sind, um ihre eigenen Labors einzurichten, wenn sie dies wünschen;

f) gegenseitige Vereinbarungen über die Durchführung von Kontrollen zwischen den benannten Anti-Doping-Organisationen in Übereinstimmung mit dem Code anregen und unterstützen;

g) gegenseitig die mit dem Code vereinbaren Dopingkontrollverfahren und Methoden zur Bearbeitung der Ergebnisse einschließlich der entsprechenden Sportsanktionen aller Anti-Doping-Organisationen anerkennen.

Art. 17. Freiwilliger Fonds. (1) Hiermit wird ein „Fonds zur Ausmerzung des Dopings im Sport" errichtet, der im Folgenden als „Freiwilliger Fonds" bezeichnet wird. Der Freiwillige Fonds setzt sich aus Treuhandvermögen zusammen, das in Übereinstimmung mit der Finanzordnung der UNESCO eingerichtet wird. Alle Beiträge der Vertragsstaaten und anderer Akteure sind freiwillig.

(2) Die Mittel des Freiwilligen Fonds bestehen aus

a) Beiträgen der Vertragsstaaten;

b) Beiträgen, Schenkungen oder Vermächtnissen

    i) anderer Staaten;

    ii) von Organisationen und Programmen des Systems der Vereinten Nationen, insbesondere des Entwicklungsprogramms der Vereinten Nationen, wie auch von anderen internationalen Organisationen;

    iii) von Einrichtungen des öffentlichen oder privaten Rechts oder von Einzelpersonen;

c) den für die Mittel des Freiwilligen Fonds anfallenden Zinsen;

d) Mitteln, die durch Sammlungen und Einnahmen aus Veranstaltungen zugunsten des Freiwilligen Fonds aufgebracht werden, und

e) allen sonstigen Mitteln, die durch die von der Konferenz der Vertragsparteien für den Freiwilligen Fonds aufzustellenden Vorschriften genehmigt sind.

(3) Beiträge der Vertragsstaaten zum Freiwilligen Fonds gelten nicht als Ersatzleistung für die Verpflichtung der Vertragsstaaten, ihren Beitrag zum jährlichen Haushalt der Welt-Anti-Doping-Agentur zu entrichten.

Art. 18. Verwendung und Verwaltung des Freiwilligen Fonds. Die Mittel im Freiwilligen Fonds werden von der Konferenz der Vertragsparteien für die Finanzierung der von ihr gebilligten Tätigkeiten zugewiesen, insbesondere um die Vertragsstaaten dabei zu unterstützen, in Übereinstimmung mit diesem Übereinkommen und unter Berücksichtigung der Zielsetzungen der Welt-Anti-Doping-Agentur Anti-Doping-Programme zu entwickeln und durchzuführen; sie dürfen auch verwendet werden, um die Kosten der Durchführung dieses Übereinkommens zu decken. An die dem Freiwilligen Fonds gezahlten Beiträge dürfen keine politischen, wirtschaftlichen oder andere Bedingungen geknüpft werden.

IV. Erziehung und Schulung

Art. 19. Allgemeine Erziehungs- und Schulungsgrundsätze. (1) Die Vertragsstaaten verpflichten sich, im Rahmen ihrer Möglichkeiten Erziehungs- und Schulungsprogramme zur Bekämpfung des Dopings zu unterstützen, zu entwickeln oder durchzuführen. Für die Sportwelt im Allgemeinen sollen diese Programme darauf abzielen, aktuelle und genaue Informationen zu folgenden Bereihen bereitzustellen:

a) zu dem Schaden, den das Doping den ethischen Werten des Sports zufügt;

b) zu den gesundheitlichen Auswirkungen des Dopings.

(2) Für die Athleten und Athletenbetreuer sollen die Erziehungs- und Schulungsprogramme darüber hinaus, insbesondere bei ihrer ersten Schulung, darauf abzielen, aktuelle und genaue Informationen zu folgenden Bereichen bereitzustellen:

a) zu den Dopingkontrollverfahren;

b) zu den Rechten und Pflichten der Athleten im Hinblick auf die Dopingbekämpfung, einschließlich Informationen über den Code und die Anti-Doping-Maßnahmen der einschlägigen Sport- und Anti-Doping-Organisationen. Diese Informationen müssen die Folgen eines Verstoßes gegen die Anti-Doping-Regeln beinhalten;

c) zu der Liste der verbotenen Wirkstoffe und Methoden und zu den Ausnahmegenehmigungen zur therapeutischen Anwendung;

d) zu Nahrungsergänzungsmitteln.

Art. 20. Verhaltensrichtlinien für den Berufssport. Die Vertragsstaaten ermutigen die einschlägigen zuständigen Verbände und Einrichtungen des Berufssports, geeignete und mit dem Code vereinbare Verhaltensrichtlinien, vorbildliche Praktiken und ethische Regeln in Bezug auf die Bekämpfung des Dopings im Sport zu entwickeln und umzusetzen.

Art. 21. Einbeziehung von Athleten und Athletenbetreuern. Die Vertragsstaaten fördern und – im Rahmen ihrer Möglichkeiten – unterstützen die aktive Beteiligung von Athleten und Athletenbetreuern an allen Arten der Dopingbekämpfung durch die Sportorganisationen und die anderen einschlägigen Organisationen und ermutigen die Sportorganisationen in ihrem Hoheitsbereich, Gleiches zu tun.

Art. 22. Sportorganisationen und die fortlaufende Erziehung und Schulung im Bereich der Dopingbekämpfung. Die Vertragsstaaten ermutigen die Sportorganisationen und die Anti-Doping-Organisationen, für alle Athleten und Athletenbetreuer fortlaufende Erziehungs- und Schulungsprogramme zu den in Artikel 19 aufgeführten Themen durchzuführen.

Art. 23. Zusammenarbeit bei der Erziehung und Schulung. Die Vertragsstaaten arbeiten untereinander und mit den einschlägigen Organisationen zusammen, um in geeigneten Fällen Informationen, Fachwissen und Erfahrungen zu wirksamen Dopingbekämpfungsprogrammen auszutauschen.

V. Forschung

Art. 24. Förderung der Forschung im Bereich der Dopingbekämpfung. Die Vertragsstaaten verpflichten sich, im Rahmen ihrer Möglichkeiten und in Zusammenarbeit mit den Sportorganisationen und anderen einschlägigen Organisationen die Forschung im Bereich der Dopingbekämpfung zu folgenden Fragen zu unterstützen und zu fördern:

a) Verhütung des Dopings, Nachweismethoden, Verhaltens- und gesellschaftliche Aspekte und gesundheitliche Auswirkungen des Dopings;

b) Mittel und Wege zur Entwicklung wissenschaftlich fundierter physiologischer und psychologischer Schulungsprogramme, die der Integrität der Person Rechnung tragen;

c) Anwendung aller neuen Wirkstoffe und Methoden, die aus wissenschaftlichen Entwicklungen entstehen.

Art. 25. Wesen der Forschung im Bereich der Dopingbekämpfung. Bei der in Artikel 24 beschriebenen Förderung der Forschung im Bereich der Dopingbekämpfung stellen die Vertragsstaaten sicher, dass die betreffende Forschung

a) international anerkannten ethischen Praktiken entspricht;

b) die Verabreichung verbotener Wirkstoffe und Methoden an Athleten vermeidet;

c) nur mit geeigneten Sicherheitsvorkehrungen erfolgt, um zu verhindern, dass die Forschungsergebnisse im Bereich der Dopingbekämpfung für Dopingzwecke missbraucht und angewendet werden.

Art. 26. Weitergabe von Forschungsergebnissen im Bereich der Dopingbekämpfung. Vorbehaltlich der Einhaltung des anzuwendenden nationalen und internationalen Rechts geben die Vertragsstaaten in geeigneten Fällen die Forschungsergebnisse im Bereich der Dopingbekämpfung an andere Vertragsstaaten und an die Welt-Anti-Doping-Agentur weiter.

Art. 27. Sportwissenschaftliche Forschung. Die Vertragsstaaten ermutigen

a) die Mitglieder der wissenschaftlichen und medizinischen Gemeinschaft, in Einklang mit den Grundsätzen des Codes sportwissenschaftliche Forschung zu betreiben;

b) die Sportorganisationen und die Athletenbetreuer in ihrem Hoheitsbereich, mit den Grundsätzen des Codes vereinbare sportwissenschaftliche Forschung durchzuführen.

VI. Überwachung der Anwendung des Übereinkommens

Art. 28. Konferenz der Vertragsparteien. (1) Hiermit wird eine Konferenz der Vertragsparteien eingesetzt. Die Konferenz der Vertragsparteien ist das Lenkungsorgan dieses Übereinkommens.

(2) Die Konferenz der Vertragsparteien tritt in der Regel alle zwei Jahre zu einer ordentlichen Tagung zusammen. Sie kann zu außerordentlichen Tagungen zusammentreten, wenn sie dies beschließt oder wenn mindestens ein Drittel der Vertragsstaaten darum ersuchen.

(3) Jeder Vertragsstaat hat bei der Konferenz der Vertragsparteien eine Stimme.

(4) Die Konferenz der Vertragsparteien gibt sich eine Geschäftsordnung.

Art. 29. Beratende Organisation und Beobachter bei der Konferenz der Vertragsparteien. Die Welt-Anti-Doping-Agentur wird als beratende Organisation zur Konferenz der Vertragsparteien eingeladen. Das Internationale Olympische Komitee, das Internationale Paralympische Komitee, der Europarat und der Zwischenstaatliche Ausschuss für Körpererziehung und Sport (CIGEPS) werden als Beobachter eingeladen. Die Konferenz der Vertragsparteien kann beschließen, weitere einschlägige Organisationen als Beobachter einzuladen.

Art. 30. Aufgaben der Konferenz der Vertragsparteien. (1) Neben den in anderen Bestimmunen dieses Übereinkommens aufgeführten Aufgaben bestehen die Aufgaben der Konferenz der Vertragsparteien darin,

a) den Zweck dieses Übereinkommens zu fördern;

b) das Verhältnis zur Welt-Anti-Doping-Agentur zu erörtern und die Finanzierungsmechanismen des jährlichen Kernhaushalts der Agentur zu beobachten. Nichtvertragsstaaten können zu diesen Erörterungen eingeladen werden;

c) einen Plan für die Verwendung der Mittel des Freiwilligen Fonds nach Artikel 18 zu beschließen;

d) die von den Vertragsstaaten nach Artikel 31 vorgelegten Berichte zu prüfen;

e) die Überwachung der Einhaltung dieses Übereinkommens unter Berücksichtigung der Entwicklung von Dopingbekämpfungssystemen nach Artikel 31 fortlaufend zu überprüfen. Alle Überwachungsmechanismen oder -maßnahmen, die über Artikel 31 hinausgehen, werden durch den nach Artikel 17 errichteten Freiwilligen Fonds finanziert;

f) Änderungsentwürfe zu diesem Übereinkommen im Hinblick auf deren Beschlussfassung zu prüfen;

g) nach Artikel 34 des Übereinkommens die von der Welt-Anti-Doping-Agentur beschlossenen Änderungen der Verbotsliste und der Standards für die Erteilung von Ausnahmegenehmigungen zur therapeutischen Anwendung im Hinblick auf deren Genehmigung zu prüfen;

h) die Zusammenarbeit zwischen den Vertragsstaaten und der Welt-Anti-Doping-Agentur im Rahmen dieses Übereinkommens näher zu bestimmen und durchzuführen;

i) von der Welt-Anti-Doping-Agentur bei jeder ihrer Tagungen einen Bericht über die Durchführung des Codes zur Prüfung zu erbitten.

(2) Bei der Wahrnehmung ihrer Aufgaben kann die Konferenz der Vertragsparteien mit anderen zwischenstaatlichen Gremien zusammenarbeiten.

Art. 31. Nationale Berichte an die Konferenz der Vertragsparteien. Die Vertragsstaaten legen der Konferenz der Vertragsparteien über das Sekretariat alle zwei Jahre und in einer der offiziellen Sprachen der UNESCO alle einschlägigen Informationen über die Maßnahmen vor, die sie zur Einhaltung dieses Übereinkommens ergriffen haben.

Art. 32. Sekretariat der Konferenz der Vertragsparteien. (1) Das Sekretariat der Konferenz der Vertragsparteien wird vom Generaldirektor der UNESCO gestellt.

(2) Auf Ersuchen der Konferenz der Vertragsparteien nutzt der Generaldirektor der UNESCO zu den von der Konferenz der Vertragsparteien gebilligten Bedingungen die Dienste der Welt-Anti-Doping-Agentur im größtmöglichen Umfang.

(3) Die mit dem Übereinkommen in Zusammenhang stehenden Durchführungskosten werden im Rahmen vorhandener Mittel und in angemessener Höhe aus dem ordentlichen Haushalt der UNESCO, aus dem nach Artikel 17 errichteten Freiwilligen Fonds oder entsprechend einer alle zwei Jahre zu treffenden Festlegung aus einer angemessenen Kombination beider Quellen finanziert. Die Finanzierung des Sekretariats aus dem ordentlichen Haushalt erfolgt auf einer strikt minimalen Grundlage, wobei davon ausgegangen wird, dass auch eine freiwillige Finanzierung zur Unterstützung des Übereinkommens zur Verfügung gestellt werden soll.

(4) Das Sekretariat bereitet die Dokumentation der Konferenz der Vertragsparteien und die Entwürfe der Tagesordnung ihrer Sitzungen vor und stellt die Durchführung ihrer Beschlüsse sicher.

Art. 33. Änderungen. (1) Jeder Vertragsstaat kann durch schriftliche Mitteilung an den Generaldirektor der UNESCO Änderungen dieses Übereinkommens vorschlagen. Der Generaldirektor leitet diese Mitteilung an alle Vertragsstaaten weiter. Gibt innerhalb von sechs Monaten nach dem Datum der Weiterleitung der Mitteilung mindestens die Hälfte der Vertragsstaaten ihre Zustimmung, so legt der Generaldirektor diese Vorschläge der nachfolgenden Tagung der Konferenz der Vertragsparteien vor.

(2) Änderungen werden von der Konferenz der Vertragsparteien mit Zweidrittelmehrheit der auf der Tagung anwesenden und abstimmenden Vertragsstaaten beschlossen.

(3) Nach der Beschlussfassung werden Änderungen dieses Übereinkommens den Vertragsstaaten zur Ratifikation, Annahme, Genehmigung oder zum Beitritt vorgelegt.

(4) Änderungen dieses Übereinkommens treten für die Vertragsstaaten, die sie ratifiziert, angenommen oder genehmigt haben oder ihnen beigetreten sind, drei Monate nach Hinterlegung der in Absatz 3 genannten Urkunden durch zwei Drittel der Vertragsstaaten in Kraft. Für jeden Vertragsstaat, der eine Änderung zu einem späteren Zeitpunkt ratifiziert, annimmt, genehmigt oder ihr beitritt, tritt sie drei Monate nach

Hinterlegung der Ratifikations-, Annahme-, Genehmigungs- oder Beitrittsurkunde durch diesen Vertragsstaat in Kraft.

(5) Ein Staat, der nach Inkrafttreten von Änderungen nach Absatz 4 Vertragspartei dieses Übereinkommens wird, gilt, wenn er keine anderweitige Absicht zum Ausdruck gebracht hat,

a) als Vertragspartei des geänderten Übereinkommens;
b) als Vertragspartei des nicht geänderten Übereinkommens im Verhältnis zu jedem Vertragsstaat, der nicht durch die Änderungen gebunden ist.

Art. 34. Besonderes Änderungsverfahren für die Anlagen des Übereinkommens. (1) Ändert die Welt-Anti-Doping-Agentur die Verbotsliste oder die Standards für die Erteilung von Ausnahmegenehmigungen zur therapeutischen Anwendung, so kann sie den Generaldirektor der UNESCO durch eine an ihn gerichtete schriftliche Mitteilung von den Änderungen in Kenntnis setzen. Der Generaldirektor notifiziert diese Änderungen umgehend allen Vertragsstaaten als vorgeschlagene Änderungen der betreffenden Anlagen zu diesem Übereinkommen. Die Änderungen der Anlagen werden von der Konferenz der Vertragsparteien entweder auf einer ihrer Tagungen oder durch schriftliche Konsultation genehmigt.

(2) Innerhalb von 45 Tagen nach der Notifikation des Generaldirektors können die Vertragsstaaten ihren Einspruch gegen die vorgeschlagene Änderung entweder – im Fall einer schriftlichen Konsultation – schriftlich gegenüber dem Generaldirektor oder auf einer Tagung der Konferenz der Vertragsparteien einlegen. Die vorgeschlagene Änderung gilt als von der Konferenz der Vertragsparteien genehmigt, wenn nicht zwei Drittel der Vertragsstaaten Einspruch gegen sie einlegen.

(3) Die von der Konferenz der Vertragsparteien genehmigten Änderungen werden den Vertragsstaaten vom Generaldirektor notifiziert. Sie treten 45 Tage nach dieser Notifikation in Kraft; hiervon ausgenommen sind Vertragsstaaten, die dem Generaldirektor vorab notifiziert haben, dass sie diese Änderungen nicht annehmen.

(4) Ein Vertragsstaat, der dem Generaldirektor notifiziert hat, dass er eine nach den Absätzen 1 bis 3 genehmigte Änderung nicht annimmt, bleibt durch die nicht geänderten Fassungen der Anlagen gebunden.

VII. Schlussbestimmungen

Art. 35. Bundesstaatliche oder nicht einheitsstaatliche Verfassungssysteme. Folgende Bestimmungen gelten für Vertragsstaaten, die ein bundesstaatliches oder nicht einheitsstaatliches Verfassungssystem haben:

a) Hinsichtlich derjenigen Bestimmungen dieses Übereinkommens, deren Durchführung in die Zuständigkeit des Bundes- oder Zentralgesetzgebungsorgans fällt, sind die Verpflichtungen der Bundes- oder Zentralregierung dieselben wie für diejenigen Vertragsstaaten, die nicht Bundesstaaten sind;
b) hinsichtlich derjenigen Bestimmungen dieses Übereinkommens, deren Durchführung in die Zuständigkeit eines einzelnen Gliedstaats, eines Kreises, eines Provinz oder eines Kantons fällt, die nicht durch das Verfassungssystem des Bundes verpflichtet sind, gesetzgeberische Maßnahmen zu treffen, unterrichtet die Bundesregierung die zuständigen Stellen dieser Staaten, Kreise, Provinzen oder Kantone von den genannten Bestimmungen und empfiehlt ihnen ihre Annahme.

Art. 36. Ratifikation, Annahme, Genehmigung oder Beitritt. Dieses Übereinkommen bedarf der Ratifikation, Annahme, Genehmigung oder des Beitritts durch die Mitgliedstaaten der UNESCO nach Maßgabe ihrer verfassungsrechtlichen Verfahren. Die Ratifikations-, Annahme-, Genehmigungs- oder Beitrittsurkunden werden beim Generaldirektor der UNESCO hinterlegt.

Art. 37. Inkrafttreten. (1) Dieses Übereinkommen tritt am ersten Tag des Monats in Kraft, der auf einen Zeitabschnitt von einem Monat nach Hinterlegung der dreißigsten Ratifikations-, Annahme-, Genehmigungs- oder Beitrittsurkunde folgt.

(2) Für jeden Staat, der danach seine Zustimmung erklärt, durch dieses Übereinkommen gebunden zu sein, tritt es am ersten Tag des Monats in Kraft, der auf einen Zeitabschnitt von einem Monat nach Hinterlegung seiner Ratifikations-, Annahme-, Genehmigungs- oder Beitrittsurkunde folgt.

Art. 38. Räumliche Erstreckung des Übereinkommens. (1) Jeder Staat kann bei der Hinterlegung seiner Ratifikations-, Annahme-, Genehmigungs- oder Beitrittsurkunde einzelne oder mehrere Hoheitsgebiete bezeichnen, deren internationale Beziehungen er wahrnimmt und auf die dieses Übereinkommen Anwendung findet.

(2) Jeder Vertragsstaat kann jederzeit danach durch eine an die UNESCO gerichtete Erklärung die Anwendung dieses Übereinkommens auf jedes weitere in der Erklärung bezeichnete Hoheitsgebiet erstrecken. Das Übereinkommen tritt für dieses Hoheitsgebiet am ersten Tag des Monats in Kraft, der auf einen Zeitabschnitt von einem Monat nach Eingang der Erklärung beim Verwahrer folgt.

(3) Jede nach den Absätzen 1 und 2 abgegebene Erklärung kann in Bezug auf jedes darin bezeichnete Hoheitsgebiet durch eine an die UNESCO gerichtete Notifikation zurückgenommen werden. Die Rücknahme wird am ersten Tag des Monats wirksam, der auf einen Zeitabschnitt von einem Monat nach Eingang der Notifikation beim Verwahrer folgt.

Art. 39. Kündigung. Jeder Vertragsstaat kann dieses Übereinkommen kündigen. Die Kündigung wird durch eine Urkunde notifiziert, die beim Generaldirektor der UNESCO hinterlegt wird. Die Kündigung wird am ersten Tag des Monats wirksam, der auf einen Zeitabschnitt von sechs Monaten nach Eingang der Kündigungsurkunde folgt. Sie lässt die finanziellen Verpflichtungen des betreffenden Vertragsstaats bis zu dem Tag unberührt, an dem der Rücktritt wirksam wird.

Art. 40. Verwahrer. Der Generaldirektor der UNESCO ist der Verwahrer dieses Übereinkommens und der Änderungen dieses Übereinkommens. Als Verwahrer informiert der Generaldirektor der UNESCO die Vertragsstaaten dieses Übereinkommens wie auch die anderen Mitgliedstaaten der Organisation über

a) jede Hinterlegung einer Ratifikations-, Annahme-, Genehmigungs- oder Beitrittsurkunde;

b) den Zeitpunkt des Inkrafttretens dieses Übereinkommens nach Artikel 37;

c) jeden nach Artikel 31 erstellten Bericht;

d) jede Änderung des Übereinkommens oder seiner Anlagen, die nach den Artikeln 33 und 34 beschlossen wurde, und über den Zeitpunkt des Inkrafttretens der Änderungen;

e) jede Erklärung oder Notifikation nach Artikel 38;

f) jede Notifikation nach Artikel 39 und über den Zeitpunkt des Wirksamwerdens der Kündigung und

g) jede andere Handlung, Notifikation oder Mitteilung im Zusammenhang mit diesem Übereinkommen.

Art. 41. Registrierung. Auf Ersuchen des Generaldirektors der UNESCO wird dieses Übereinkommen nach Artikel 102 der Charta der Vereinten Nationen beim Sekretariat der Vereinten Nationen registriert.

Art. 42. Verbindliche Wortlaute. (1) Dieses Übereinkommen einschließlich seiner Anlagen ist in arabischer, chinesischer, englischer, französischer, russischer und spanischer Sprache abgefasst. wobei jeder Wortlaut gleichermaßen verbindlich ist.

(2) Die Anhänge zu diesem Übereinkommen stehen in arabischer, chinesischer, englischer, französischer, russischer und spanischer Sprache zur Verfügung.

Art. 43. Vorbehalte. Vorbehalte, die mit Ziel und Zweck dieses Übereinkommens unvermeidbar sind, sind unzulässig.

Anlage I – Die Verbotsliste – Internationaler Stand
Anlage II – Standards für die Erteilung von Ausnahmegenehmigungen zur therapeutischen Anwendung
Anhang 1 – Welt-Anti-Doping-Code
Anhang 2 – Internationaler Standard für Labors
Anhang 3 – Internationaler Standard für Kontrollen
   Geschehen zu Paris am 18. November 2005 in zwei Urschriften, die mit den Unterschriften des Präsidenten der 33. Tagung der Generalkonferenz der UNESCO und des Generaldirektors der UNESCO versehen sind und im Archiv der UNESCO hinterlegt werden.
   Bei dem vorstehenden Text handelt es sich um den verbindlichen Wortlaut des Übereinkommens, das hiermit ordnungsgemäß von der Generalkonferenz der UNESCO auf ihrer 33. Tagung, die in Paris abgehalten und am 21. Oktober 2005 für geschlossen erklärt wurde, angenommen wurde.
   Zu Urkund dessen haben die Unterzeichneten dieses Übereinkommen am 18. November 2005 unterschrieben.

Anlage I
Der Welt-Anti-Doping-Code
Die Verbotsliste 2005
Internationaler Standard

   Der offizielle Wortlaut der Verbotsliste wird von der Welt-Anti-Doping-Agentur (WADA) weitergeführt und in englischer und französischer Sprache veröffentlicht. Bei Unstimmigkeiten zwischen der englischen und französischen Fassung ist die englische Fassung maßgebend.
Diese Liste tritt am 1. Januar 2005 in Kraft.

Die Verbotsliste 2005
Welt-Anti-Doping-Code
Inkrafttreten: 1. Januar 2005

   Die Anwendung jedes Arzneimittels soll auf medizinisch begründete Indikationen beschränkt werden.

(Übersetzung)

Wirkstoffe und Methoden, die zu allen Zeiten
(in und außerhalb von Wettkämpfen) verboten sind

Verbotene Wirkstoffe

S1. Anabole Wirkstoffe
   Anabole Wirkstoffe sind verboten.

1. Anabol-androgene Steroide (AAS)
   a) Exogene[*)] AAS, einschließlich
      18-Alpha-homo-17-beta-hydroxyestr-4-en-3-on; Bolasteron; Boldenon; Boldion; Calusteron; Clostebol; Danazol; Dehydrochlormethyltestosteron; Delta-1-androsten-3,17-dion; Delta-1-Androstendiol; Delta-1-dihydrotes-tosteron; Drostanolon; Ethylestrenol; Fluoxymesteron; Formebolon; Furazabol; Gestrinon; 4-Hydroxytestoste-ron; 4-Hydroxy-19-nortestosteron; Mestanolon; Mesterolon; Metenolon; Methandienon; Methandriol; Methyldienolon; Methyltrienolon; Methyltestosteron; Miboleron; Nandrolon; 19-Norandrostendiol; 19-Norandrostendion; Norbolethon; Norclostebol; Norethandrolon; Oxabolon; Oxandrolon; Oxymesteron; Oxymetholon; Quinbolon; Stanozolol; Stenbolon; Tetrahydrogestrinon; Trenbolon und andere Wirkstoffe mit ähnlicher chemischer Struktur oder ähnlicher/n biologischer/n Wirkung(en).

[*)] Für die Zwecke dieses Abschnitts bezieht sich der Begriff „exogen" auf einen Wirkstoff, der vom Körper nicht auf natürlichem Wege produziert werden kann.

b) Endogene*) AAS:

Androstendiol (Androst-5-en-3-beta,17-beta-diol); Androstendion (Androst-4-en-3,17-dion); Dehydroepiandrosteron (DHEA); Dihydrotestosteron; Testosteron und die folgenden Metaboliten und Isomere: 5-Alpha-an-drostan-3-alpha,17-alpha-diol; 5-Alpha-androstan-3-alpha,17-beta-diol; 5-Alpha-androstan-3-beta,17-alpha-diol); 5-Alpha-androstan-3-beta,17-beta-diol; Androst-4-en-3-alpha,17-alpha-diol; Androst-4-en-3-alpha, 17-beta-diol; Androst-4-en-3-beta,17-alpha-diol; Androst-5-en-3-alpha,17-alpha-diol; Androst-5-en-3-alpha,17-beta-diol; Androst-5-en-3-beta,17-alpha-diol; 4-Androstendiol (Androst-4-en-3-beta,17-beta-diol); 5-Androsten-dion (Androst-5-en-3,17-dion); Epi-dihydrotestosteron; 3-Alpha-hydroxy-5-alpha-androstan-17-on; 3-Beta-hydroxy-5-alpha-androstan-17-on; 19-Norandrosteron; 19-Noretiocholanolon.

Kann ein verbotener Wirkstoff (wie oben aufgeführt) vom Körper auf natürlichem Wege produziert werden, so nimmt man von einer Probe an, dass sie diesen verbotenen Wirkstoff enthält, wenn die Konzentration des verbotenen Wirkstoffs oder seiner Metaboliten oder Marker und/oder jegliches sonstige relevante Verhältnis in der Probe des Athleten derart vom beim Menschen anzutreffenden Normbereich abweicht, dass es unwahrscheinlich ist, dass die Konzentration beziehungsweise das Verhältnis mit einer normalen endogenen Produktion vereinbar ist. Von einer Probe wird in einem derartigen Fall nicht angenommen, dass sie einen verbotenen Wirkstoff enthält, wenn der Athlet nachweist, dass die Konzentration des verbotenen Wirkstoffs oder seiner Metaboliten oder Marker und/oder das relevante Verhältnis in der Probe des Athleten einem physiologischen oder pathologischen Zustand zuzuschreiben ist. In allen Fällen und bei jeder Konzentration wird das Labor ein von der Norm abweichendes Ergebnis melden, wenn es auf der Grundlage einer zuverlässigen Analysemethode zeigen kann, dass der verbotene Wirkstoff exogenen Ursprungs ist.

Ist das Laborergebnis nicht schlüssig und wird keine im vorherigen Absatz beschriebene Konzentration gefunden, so führt die zuständige Anti-Doping-Organisation eine weitere Untersuchung durch, wenn es, etwa durch einen Vergleich mit Referenzsteroidprofilen, ernst zu nehmende Anzeichen für eine mögliche Anwendung eines verbotenen Wirkstoffs gibt.

Hat das Labor ein größeres T/E-Verhältnis (Verhältnis der Konzentration von Testosteron zu Epitestosteron) im Urin als vier (4) zu eins (1) gemeldet, so ist eine weitere Untersuchung zwingend, um festzustellen, ob das Verhältnis auf einen physiologischen oder pathologischen Zustand zurückzuführen ist, es sei denn, das Labor meldet ein von der Norm abweichendes Ergebnis, das auf einer zuverlässigen analytischen Methode beruht und das zeigt, dass der verbotene Wirkstoff exogenen Ursprungs ist.

Im Fall einer Untersuchung bezieht diese eine Bewertung früherer und/oder nachfolgender Kontrollen ein. Sind frühere Kontrollen nicht verfügbar, so ist der Athlet über einen Zeitraum von drei Monaten mindestens dreimal unangekündigt zu kontrollieren.

Arbeitet ein Athlet bei den Untersuchungen nicht mit, so wird angenommen, dass die Probe des Athleten einen verbotenen Wirkstoff enthält.

2. Zu den anderen anabolen Wirkstoffen gehören unter anderem
Clenbuterol, Zeranol, Zilpaterol.

S2. Hormone und verwandte Wirkstoffe

Die folgenden Wirkstoffe einschließlich anderer Wirkstoffe mit ähnlicher chemischer Struktur oder ähnlicher/n biologischer/n Wirkung(en) und ihre Releasingfaktoren sind verboten:

1. Erythropoietin (EPO);
2. Wachstumshormon (hGH), Somatomedin C (IGF-1), mechanisch induzierte Wachstumsfaktoren (MGFs);
3. Gonadotropine (LH, hCG);
4. Insulin;
5. Kortikotropine.

Kann der Athlet nicht nachweisen, dass die Konzentration auf einen physiologischen oder pathologischen Zustand zurückzuführen war, so nimmt man von einer Probe an, dass sie einen verbotenen Wirkstoff (wie oben aufgeführt) enthält, wenn die Konzentration des verbotenen Wirkstoffs oder seiner Metaboliten und/oder die relevanten Verhältnisse oder Marker in der Probe des Athleten derart über den beim Menschen anzutreffenden Normbereich hinaus-

---

*) Für die Zwecke dieses Abschnitts bezieht sich der Begriff „endogen" auf einen Wirkstoff, der vom Körper auf natürlichem Wege produziert werden kann.

geht/hinausgehen, so dass es unwahrscheinlich ist, dass sie mit einer normalen endogenen Produktion vereinbar ist/sind.

Das Vorhandensein anderer Wirkstoffe mit ähnlicher chemischer Struktur oder ähnlicher/n biologischer/n Wirkung(en), diagnostischer Marker oder Releasingfaktoren eines oben aufgeführten Hormons oder jedes andere Ergebnis, das darauf hinweist, dass der festgestellte Wirkstoff exogenen Ursprungs ist, wird als von der Norm abweichendes Analyseergebnis gemeldet.

S3. Beta-2-Agonisten

Alle Beta-2-Agonisten einschließlich ihrer D- und L-Isomere sind verboten. Für ihre Anwendung ist eine Ausnahmegenehmigung zur therapeutischen Anwendung (Therapeutic Use Exemption) erforderlich.

Abweichend hiervon ist bei Formoterol, Salbutamol, Salmeterol und Terbutalin, soweit sie durch Inhalation nur zur Vorbeugung und/oder Behandlung von Asthma und anstrengungsbedingtem Asthma/anstrengungsbedingter Bronchialverengung verabreicht werden, eine Ausnahmegenehmigung zur therapeutischen Anwendung nach dem verkürzten Verfahren (abbreviated Therapeutic Use Exemption) erforderlich.

Trotz der Erteilung einer Ausnahmegenehmigung zur therapeutischen Anwendung wird ein von der Norm abweichendes Analyseergebnis angenommen, wenn das Labor eine Konzentration von Salbutamol (frei und als Glukuronid) von mehr als 1.000 Nanogramm/ml gemeldet hat, es sei denn, der Athlet weist nach, dass dieses abnorme Ergebnis die Folge der therapeutischen Anwendung von inhaliertem Salbutamol war.

S4. Wirkstoffe mit antiöstrogener Wirkung

Die folgenden Klassen antiöstrogener Wirkstoffe sind verboten:

1. Aromatasehemmer; dazu gehören unter anderem Anastrozol, Letrozol, Aminogluthetimid, Exemestan, Formestan, Testolacton.
2. Selektive Östrogen-Rezeptor-Modulatoren (SERMs); dazu gehören unter anderem Raloxifen, Tamoxifen, Toremifen.
3. Andere antiöstrogene Wirkstoffe; dazu gehören unter anderem Clomiphen, Cyclofenil, Fulvestrant.

S5. Diuretika und andere Maskierungsmittel

Diuretika und andere Maskierungsmittel sind verboten.

Zu den Maskierungsmitteln gehören unter anderem
Diuretika*), Epitestosteron, Probenecid, Alpha-Reduktase-Hemmer (zum Beispiel Finasterid, Dutasterid), Plasmaexpander (zum Beispiel Albumin, Dextran, Hydroxyethylstärke).

Zu den Diuretika gehören
Acetazolamid, Amilorid, Bumetanid, Canrenon, Chlortalidon, Etacrynsäure, Furosemid, Indapamid, Metolazon, Spironolacton, Thiazide (zum Beispiel Bendroflumethiazid, Chlorothiazid, Hydrochlorothiazid), Triamteren und andere Wirkstoffe mit ähnlicher chemischer Struktur oder ähnlicher/n biologischer/n Wirkung(en).

Verbotene Methoden

M1. Erhöhung des Sauerstofftransfers

Folgende Methoden sind verboten:

a) Blutdoping einschließlich der Anwendung von eigenem, homologem oder heterologem Blut oder Produkten aus roten Blutkörperchen jeglicher Herkunft, soweit nicht für die medizinische Behandlung vorgesehen.
b) Die künstliche Erhöhung der Aufnahme, des Transports oder der Abgabe von Sauerstoff, unter anderem durch Perfluorchemikalien, Efaproxiral (RSR 13) und veränderte Hämoglobinprodukte (zum Beispiel Blutersatzstoffe auf Hämoglobinbasis, Mikrokapseln mit Hämoglobinprodukten).

M2. Chemische und physikalische Manipulation

Folgendes ist verboten:
Die tatsächliche oder versuchte unzulässige Einflussnahme, um die Integrität und Validität der Proben, die bei Dopingkontrollen genommen werden, zu verändern.

---

*) Eine Ausnahmegenehmigung zur therapeutischen Anwendung ist nicht gültig, wenn der Urin eines Athleten ein Diuretikum zusammen mit Mengen verbotener Wirkstoffe enthält, die dem Grenzwert entsprechen oder unter ihm liegen.

Hierunter fallen unter anderem die intravenöse Infusion*), die Katheterisierung und der Austausch von Urin.

M3. Gendoping

Die nicht therapeutische Anwendung von Zellen, Genen, Genelementen oder der Regulierung der Genexpression, welche die sportliche Leistungsfähigkeit erhöhen kann, ist verboten.

Im Wettkampf verbotene Wirkstoffe und Methoden

Zusätzlich zu den oben beschriebenen Kategorien S1 bis S5 und M1 bis M3 sind im Wettkampf folgende Kategorien verboten:

Verbotene Wirkstoffe

S6. Stimulanzien

Die folgenden Stimulanzien, zu denen gegebenenfalls auch deren optische (D- und L-) Isomere gehören, sind verboten:
Adrafinil, Amfepramon, Amiphenazol, Amphetamin, Amphetaminil, Benzphetamin, Bromantan, Carphedon, Cathin**), Clobenzorex, Cocain, Dimethylamphetamin, Ephedrin***), Etilamphetamin, Etilefrin, Famprofazon, Fencamfamin, Fencamin, Fenetyllin, Fenfluramin, Fenproporex, Furfenorex, Mefenorex, Mephentermin, Mesocarb, Methamphetamin, Methylamphetamin, Methylendioxyamphetamin, Methylendioxymethampheta-min, Methylephedrin***), Methylphenidat, Modafinil, Nicethamid, Norfenfluramin, Parahydroxyamphetamin, Pemolin, Phendimetrazin, Phenmetrazin, Phentermin, Prolintan, Selegilin, Strychnin und andere Wirkstoffe mit ähnlicher chemischer Struktur oder ähnlicher/n biologischer/n Wirkung(en)****).
Hinweis: Die Anwendung von Adrenalin in Verbindung mit einem Lokalanästhetikum oder die lokale Verabreichung (zum Beispiel an der Nase, am Auge) ist nicht verboten.

S7. Narkotika

Die folgenden Narkotika sind verboten:
Buprenorphin, Dextromoramid, Diamorphin (Heroin), Fentanyl und seine Derivate, Hydromorphon, Methadon, Morphin, Oxy-codon, Oxymorphon, Pentazocin, Pethidin.

S8. Cannabinoide

Cannabinoide (zum Beispiel Haschisch, Marihuana) sind verboten.

S9. Glukokortikosteroide

Alle Glukokortikosteroide sind verboten, wenn sie oral, rektal, intravenös oder intramuskulär verabreicht werden. Für ihre Anwendung ist eine Ausnahmegenehmigung zur therapeutischen Anwendung erforderlich.
Für alle anderen Verabreichungswege ist eine Ausnahmegenehmigung zur therapeutischen Anwendung nach dem verkürzten Verfahren erforderlich.
Präparate zur Anwendung auf der Haut sind nicht verboten.

Bei bestimmten Sportarten verbotene Wirkstoffe

P.1 Alkohol

Alkohol (Ethanol) ist in den nachfolgenden Sportarten nur im Wettkampf verboten. Die Feststellung erfolgt durch Atem- oder Blutanalyse. Der Grenzwert, ab dem ein Dopingverstoß vorliegt, ist für jeden Verband in Klammern angegeben.

---

*) Intravenöse Infusionen sind verboten, es sei denn, sie dienen der gerechtfertigten akuten medizinischen Behandlung.
**) Cathin ist verboten, wenn seine Konzentration im Urin 5 Mikrogramm/ml übersteigt.
***) Sowohl Ephedrin als auch Methylephedrin sind verboten, wenn ihre Konzentration im Urin jeweils 10 Mikrogramm/ml übersteigt.
****) Die in das Überwachungsprogramm für 2005 aufgenommenen Wirkstoffe (Bupropion, Koffein, Phenylephrin, Phenylpropanolamin, Pipradol, Pseudoephedrin, Synephrin) gelten nicht als verbotene Wirkstoffe.

- Luftsport (FAI) (0,20 g/L)
- Bogenschießen (FITA) (0,10 g/L)
- Motorsport (FIA) (0,10 g/L)
- Billard (WCBS) (0,20 g/L)
- Boule (CMSB) (0,10 g/L)
- Karate (WKF) (0,10 g/L)
- Moderner Fünfkampf (UIPM) (0,10 g/L) für Disziplinen, bei denen Schießen eingeschlossen ist
- Motorradsport (FIM) (0,00 g/L)
- Skifahren (FIS) (0,10 g/L)

P.2 Beta-Blocker

Wenn nichts anderes bestimmt ist, sind Betablocker in den folgenden Sportarten nur im Wettkampf verboten:
- Luftsport (FAI)
- Bogenschießen (FITA) (auch außerhalb von Wettkämpfen verboten)
- Motorsport (FIA)
- Billard (WCBS)
- Bob (FIBT)
- Boule (CMSB)
- Bridge (FMB)
- Schach (FIDE)
- Curling (WCF)
- Turnen (FIG)
- Motorradsport (FIM)
- Moderner Fünfkampf (IUPM) für Disziplinen, bei denen Schießen eingeschlossen ist
- Kegeln (FIQ)
- Segeln (ISAF) nur für Steuermänner beim Match Race (Boot gegen Boot)
- Schießen (ISSF) (auch außerhalb von Wettkämpfen verboten)
- Skifahren (FIS) Skispringen und Freistil-snowboard
- Schwimmen (FINA) Springen und Synchronschwimmen
- Ringen (FILA)
  Zu den Betablockern gehören unter anderem
  Acebutolol, Alprenolol, Atenolol, Betaxolol, Bisoprolol, Bunolol, Carteolol, Carvedilol, Celiprolol, Esmolol, Labetalol, Levobunolol, Metipranolol, Metoprolol, Nadolol, Oxprenolol, Pindolol, Propranolol, Sotalol, Timolol.

Spezielle Wirkstoffe

Die „speziellen Wirkstoffe"[*] sind nachfolgend aufgeführt:
Ephedrin, L-Methylamphetamin, Methylephedrin;
Cannabinoide;
alle inhalierten Beta-2 Agonisten, ausgenommen Clenbuterol;
Probenecid;
alle Glukokortikosteroide;
alle Beta-Blocker;
Alkohol.

---

[*] „In der Verbotsliste können spezielle Wirkstoffe bezeichnet werden, durch die aufgrund ihrer allgemeinen Verfügbarkeit in Arzneimitteln unbeabsichtigte Verstöße gegen die Anti-Doping-Regeln besonders leicht möglich sind oder deren erfolgreicher Missbrauch als Dopingmittel weniger wahrscheinlich ist." Ein Dopingverstoß mit solchen Wirkstoffen kann zu einer verminderten Sanktion führen, vorausgesetzt, dass der „… Athlet nachweisen [kann], dass mit der Anwendung eines solchen speziellen Wirkstoffs nicht beabsichtigt war, die sportliche Leistung zu steigern …"

Anlage II

Standards für die Erteilung von Ausnahmegenehmigungen zur therapeutischen Anwendung

Auszug aus den
„Internationalen Standards für die Erteilung von Ausnahmegenehmigungen
zur therapeutischen Anwendung" der Welt-Anti-Doping-Agentur (WADA);
Datum des Inkrafttretens: 1. Januar 2005

4.0 Kriterien für die Erteilung einer Ausnahmegenehmigung zur therapeutischen Anwendung

Einem Athleten kann eine Ausnahmegenehmigung zur therapeutischen Anwendung (TUE) erteilt werden, die es ihm gestattet, einen in der Verbotsliste enthaltenen verbotenen Wirkstoff oder eine in der Verbotsliste enthaltene verbotene Methode anzuwenden. Ein Antrag auf Erteilung einer TUE wird von einem Ausschuss für Ausnahmegenehmigungen zur therapeutischen Anwendung (TUEC) geprüft. Der TUEC wird von einer Anti-Doping-Organisation ernannt. Eine Ausnahmegenehmigung wird nur erteilt, wenn folgende Kriterien strikt eingehalten werden:

[Anmerkung: Dieser Standard findet auf alle Athleten im Sinne und nach Maßgabe des Codes Anwendung, das heißt auf Athleten ohne und mit Behinderungen. Dieser Standard wird unter Berücksichtigung der Umstände des Einzelfalls angewandt. Beispielsweise kann eine Ausnahmegenehmigung, die für einen Athleten mit Behinderung angemessen ist, für einen anderen Athleten unangemessen sein.]

4.1 Der Athlet soll einen Antrag auf TUE spätestens 21 Tage vor seiner Teilnahme an einer Veranstaltung stellen.

4.2 Der Athlet würde eine wesentliche gesundheitliche Beeinträchtigung erfahren, wenn ihm der verbotene Wirkstoff oder die verbotene Methode bei der Behandlung einer akuten oder chronischen Krankheit vorenthalten würde.

4.3 Die therapeutische Anwendung des verbotenen Wirkstoffs oder der verbotenen Methode würde keine zusätzliche Leistungssteigerung bewirken außer derjenigen, die durch Wiedererlangen eines Zustands normaler Gesundheit nach Behandlung einer bestätigten Krankheit zu erwarten wäre. Die Anwendung eines verbotenen Wirkstoffs oder einer verbotenen Methode zur Steigerung „niedrig-normaler" Spiegel jedes endogenen Hormons gilt nicht als akzeptabler therapeutischer Eingriff.

4.4 Es gibt keine angemessene therapeutische Alternative zur Anwendung der ansonsten verbotenen Wirkstoffe oder ansonsten verbotenen Methoden.

4.5 Die Notwendigkeit der Anwendung ansonsten verbotener Wirkstoffe oder ansonsten verbotener Methoden darf weder gänzlich noch teilweise die Folge einer vorausgegangenen nicht therapeutischen Anwendung eines Wirkstoffs aus der Verbotsliste sein.

4.6 Die TUE wird von der erteilenden Stelle widerrufen, wenn

a) der Athlet nicht umgehend alle Anforderungen oder Bedingungen der die Ausnahmegenehmigung erteilenden Anti-Doping-Organisation erfüllt;

b) die Laufzeit der TUE abgelaufen ist;

c) der Athlet darauf hingewiesen wurde, dass die TUE von der Anti-Doping-Organisation zurückgenommen wurde.

[Anmerkung: Jede TUE hat eine bestimmte vom TUEC festgelegte Laufzeit. Es kann vorkommen, dass eine TUE abgelaufen ist oder zurückgenommen wurde und der verbotene Wirkstoff, für welchen die TUE galt, noch im Organismus des Athleten vorhanden ist. In einem solchen Fall muss die Anti-Doping-Organisation, die eine erste Überprüfung des von der Norm abweichenden Ergebnisses durchführt, feststellen, ob das Ergebnis mit dem Ablauf oder der Rücknahme der TUE vereinbar ist.]

4.7 Ein Antrag auf Erteilung einer TUE wird nicht im Hinblick auf eine rückwirkende Genehmigung berücksichtigt, außer in Fällen, in denen

a) eine Notfallbehandlung oder die Behandlung einer akuten Krankheit erforderlich war oder

b) es auf Grund außergewöhnlicher Umstände für einen Antragsteller beziehungsweise einen TUEC an Zeit oder Gelegenheit fehlte, vor einer Dopingkontrolle einen Antrag zu stellen beziehungsweise zu prüfen.

[Anmerkung: Medizinische Notfälle oder akute Krankheiten, welche die Anwendung ansonsten verbotener Wirkstoffe oder ansonsten verbotener Methoden erforderlich machen, bevor ein Antrag auf TUE gestellt werden kann, sind ungewöhnlich. Ebenso sind Umstände, die wegen bevorstehenden Wettkampfs eine beschleunigte Prüfung eines Antrags auf TUE erforderlich machen, selten. Anti-Doping-Organisationen, die TUEs erteilen, sollen über interne Verfahren verfügen, die es erlauben, mit solchen Situationen umzugehen.]

5.0 Vertrauliche Behandlung von Informationen

5.1 Der Antragsteller muss sein schriftliches Einverständnis für die Weiterleitung aller den Antrag betreffenden Informationen an die Mitglieder des TUEC und, sofern erforderlich, an andere unabhängige medizinische oder wissenschaftliche Sachverständige oder an alle an der Bearbeitung, der Überprüfung oder an Rechtsbehelfen in Bezug auf TUEs beteiligten erforderlichen Mitarbeiter geben.

Ist Unterstützung durch externe unabhängige Sachverständige erforderlich, so werden alle Einzelheiten des Antrags weitergeleitet, ohne die Identität des mit der Betreuung des Athleten befassten Arztes zu nennen. Der Antragsteller muss außerdem sein schriftliches Einverständnis dafür geben, dass Entscheidungen des TUEC in Übereinstimmung mit dem Code an andere zuständige Anti-DopingOrganisationen weitergeleitet werden dürfen.

5.2 Die Mitglieder der TUECs und die Verwaltung der beteiligten Anti-Doping-Organisation führen ihre Tätigkeiten unter Einhaltung strenger Vertraulichkeit durch. Alle Mitglieder eines TUEC und alle beteiligten Mitarbeiter unterzeichnen Vertraulichkeitsvereinbarungen. Insbesondere die folgenden Informationen werden vertraulich behandelt:

a) alle vom Athleten und von den mit seiner Betreuung befassten Ärzten bereitgestellten medizinischen Informationen und Daten;

b) alle Einzelheiten des Antrags, einschließlich des Namens des/der an dem Verfahren beteiligten Arztes/Ärzte.

Will der Athlet dem TUEC oder dem TUEC der WADA die Berechtigung entziehen, in seinem Namen Informationen über seinen Gesundheitszustand einzuholen, so muss er dies seinem behandelnden Arzt schriftlich mitteilen. Als Folge einer solchen Entscheidung wird dem Athleten keine TUE erteilt beziehungsweise keine bestehende TUE verlängert.

6.0 Ausschuss für Ausnahmegenehmigungen zur therapeutischen Anwendung (TUEC)

Die Einsetzung und die Tätigkeit der TUECs richten sich nach den folgenden Leitlinien:

6.1 Den TUECs sollen mindestens drei Ärzte mit Erfahrung in der Betreuung und Behandlung von Athleten und mit fundierten Kenntnissen in den Bereichen klinische Medizin sowie Sport- und Bewegungsmedizin angehören. Um ein bestimmtes Maß an Entscheidungsunabhängigkeit zu garantieren, soll die Mehrheit der TUEC-Mitglieder keine offizielle Verpflichtung in der Anti-Doping-Organisation haben. Alle Mitglieder eines TUEC müssen eine Erklärung unterzeichnen, der zufolge kein Interessenkonflikt besteht. Bei Anträgen von Athleten mit Behinderungen muss mindestens ein TUEC-Mitglied über besondere Erfahrungen in der Betreuung und Behandlung von Athleten mit Behinderungen verfügen.

6.2 Die TUECs können bei der Prüfung der Umstände eines Antrags auf TUE jeden von ihnen für geeignet erachteten medizinischen oder wissenschaftlichen Sachverständigen heranziehen.

6.3 Der TUEC der WADA setzt sich nach den in Absatz 6.1 genannten Kriterien zusammen. Der TUEC der WADA wird eingesetzt, um auf eigene Initiative die von Anti-Doping-Organisationen getroffenen Entscheidungen über die Erteilung von TUEs zu überprüfen. Wie in Artikel 4.4 des Codes ausgeführt, hat der TUEC der WADA auf Ersuchen von Athleten, denen TUEs von einer Anti-Doping-Organisation verweigert wurden, solche Entscheidungen zu überprüfen und ist dabei befugt, diese aufzuheben.

7.0 Antragsverfahren für Ausnahmegenehmigungen zur therapeutischen Anwendung (TUE)

7.1 Eine TUE wird erst nach Eingang eines vollständig ausgefüllten Antragsformulars, dem alle einschlägigen Unterlagen beigefügt sein müssen (siehe Anhang 1 – TUE-Formular), geprüft. Das Antragsverfahren muss in Übereinstimmung mit den Grundsätzen der strikten Wahrung der ärztlichen Schweigepflicht durchgeführt werden.

7.2 Die in Anhang 1 dargestellten TUE-Antragsformulare können von Anti-Doping-Organisationen dahingehend geändert werden, dass zusätzliche Informationen abgefragt werden; es darf jedoch kein Abschnitt oder Unterpunkt gestrichen werden.

7.3 Das/die TUE-Antragsformular/e kann/können von AntiDoping-Organisationen in andere Sprachen übersetzt werden; Englisch oder Französisch muss jedoch auf dem Antragsformular/den Antragsformularen verbleiben.

7.4 Ein Athlet darf eine TUE nur bei einer einzigen Anti-Doping-Organisation beantragen. Der Antrag muss Angaben zur Sportart des Athleten sowie gegebenenfalls zur Disziplin und zur spezifischen Position oder Funktion enthalten.

7.5 Im Antrag müssen frühere und/oder gegenwärtig anhängige Anträge auf Erteilung einer Erlaubnis, ansonsten verbotene Wirkstoffe oder ansonsten verbotene Methoden anzuwenden, vermerkt sein; außerdem müssen darin Angaben über die Stelle, bei welcher der Antrag eingereicht wurde, sowie über deren Entscheidung gemacht werden.

7.6 Dem Antrag müssen eine umfassende Krankengeschichte sowie die Ergebnisse aller für den Antrag einschlägigen Untersuchungen, Laboranalysen und Bildgebungsstudien beigefügt sein.

7.7 Zusätzliche vom TUEC der Anti-Doping-Organisation verlangte einschlägige Analysen, Untersuchungen oder Bildgebungsstudien werden auf Kosten des Antragstellers oder seines nationalen Sportfachverbands durchgeführt.

7.8 Dem Antrag muss ein Attest eines einschlägig qualifizierten Arztes beigefügt sein, in dem die Notwendigkeit der ansonsten verbotenen Wirkstoffe oder ansonsten verbotenen Methoden bei der Behandlung des Athleten bestätigt wird und die Gründe dafür angegeben werden, dass eine alternative, erlaubte Medikation bei der Behandlung dieses Krankheitszustands nicht angewandt werden kann oder könnte.

7.9 Dosis, Einnahmehäufigkeit, Verabreichungsweg und Dauer der Verabreichung der betreffenden ansonsten verbotenen Wirkstoffe oder ansonsten verbotenen Methoden müssen angegeben werden.

7.10 Entscheidungen des TUEC sollen binnen 30 Tagen nach Eingang aller einschlägigen Unterlagen getroffen werden und sind dem Athleten schriftlich durch die zuständige AntiDoping-Organisation zu übermitteln. Ist einem Athleten, welcher der registrierten Kontrollgruppe (Registered Testing Pool) der Anti-Doping-Organisation angehört, eine TUE erteilt worden, so erhalten der Athlet und die WADA umgehend eine Genehmigung mit Angaben zur Laufzeit der Ausnahmegenehmigung und allen an die TUE geknüpften Bedingungen.

7.11 a) Erhält der TUEC der WADA, wie in Artikel 4.4 des Codes ausgeführt, von einem Athleten ein Ersuchen um Überprüfung, so kann er, wie in Artikel 4.4 des Codes beschrieben, eine Entscheidung über eine von einer Anti-Doping-Organisation erteilte TUE aufheben. Der Athlet stellt dem TUEC der WADA alle zu einer TUE gehörenden Informationen, die ursprünglich bei der Anti-Doping-Organisation eingereicht worden waren, zur Verfügung und entrichtet eine Antragsgebühr. Bis zum Abschluss des Überprüfungsverfahrens bleibt die ursprüngliche Entscheidung wirksam. Das Verfahren soll nicht länger als 30 Tage nach Eingang der Informationen bei der WADA dauern.

b) Eine Überprüfung durch die WADA kann jederzeit erfolgen. Der TUEC der WADA bringt seine Überprüfung innerhalb von 30 Tagen zum Abschluss.

7.12 Wird die Entscheidung über die Erteilung einer TUE infolge der Überprüfung aufgehoben, so gilt die Aufhebung nicht rückwirkend und führt nicht zur Ungültigkeit der Ergebnisse des Athleten, die er während des Zeitraums, für welche die TUE erteilt wurde, erzielt hat; die Aufhebung wird spätestens 14 Tage nach Benachrichtigung des Athleten von der Entscheidung wirksam.

8.0 Antrag auf Ausnahmegenehmigung zur therapeutischen Anwendung nach dem verkürzten Verfahren (ATUE)

8.1 Einige in der Liste verbotener Wirkstoffe aufgeführte Wirkstoffe werden anerkanntermaßen zur Behandlung von in Athletenkreisen verbreiteten Krankheiten angewendet. In diesen Fällen ist ein vollständiger Antrag nach den Artikeln 4 und 7 nicht notwendig. Folglich wurde ein vereinfachtes Verfahren für TUEs eingeführt.

8.2 Ausschließlich die folgenden verbotenen Wirkstoffe beziehungsweise die folgenden verbotenen Methoden dürfen im Wege dieses verkürzten Verfahrens genehmigt werden:
Beta-2-Agonisten (Formoterol, Salbutamol, Salmeterol und Terbutalin) durch Inhalation sowie Glukokortikosteroide über nicht systemische Verabreichungswege.

8.3 Um einen der genannten Wirkstoffe anwenden zu können, muss der Athlet der Anti-Doping-Organisation ein ärztliches Attest vorlegen, in dem Gründe für die therapeutische Notwendigkeit angegeben sind. In einem solchen ärztlichen Attest, wie es in Anhang 2 enthalten ist, sind die Diagnose, der Name des Medikaments, die Dosierung, der Verabreichungsweg und die Dauer der Behandlung anzugeben. Gegebenenfalls sollen zur Feststellung der Diagnose durchgeführte Tests (nicht aber die eigentlichen Ergebnisse oder Einzelheiten) beigefügt werden.

8.4 Das vereinfachte Antragsverfahren umfasst Folgendes:

a) Die Genehmigung zur Anwendung verbotener Wirkstoffe im Rahmen des vereinfachten Verfahrens wird bei Eingang einer vollständigen Mitteilung bei der Anti-Doping-Organisation wirksam. Unvollständige Mitteilungen müssen an den Antragsteller zurückgeschickt werden;

b) die Anti-Doping-Organisation hat den Athleten unverzüglich nach Eingang der vollständigen Mitteilung zu informieren. Gegebenenfalls sind auch der internationale Sportfachverband, der nationale Sportfachverband und die nationale Anti-Doping-Organisation des Athleten entsprechend zu informieren. Die Anti-Doping-Organisation informiert die WADA nur bei Eingang einer Mitteilung eines internationalen Spitzenathleten;

c) eine Mitteilung in Bezug auf eine ATUE wird nicht im Hinblick auf eine rückwirkende Genehmigung berücksichtigt, außer in Fällen, in denen
– eine Notfallbehandlung oder die Behandlung einer akuten Krankheit erforderlich war oder
– es auf Grund außergewöhnlicher Umstände für einen Antragsteller beziehungsweise einen TUEC an Zeit oder Gelegenheit fehlte, vor einer Dopingkontrolle einen Antrag zu stellen beziehungsweise zu erhalten.

8.5 a) Eine Überprüfung durch den TUEC oder den TUEC der WADA kann jederzeit während der Laufzeit einer ATUE eingeleitet werden.

b) Verlangt ein Athlet die Überprüfung einer später verweigerten ATUE, so kann der TUEC der WADA zusätzliche von ihm für notwendig erachtete medizinische Informationen vom Athleten verlangen, deren Kosten zu Lasten des Athleten gehen sollen.

8.6 Eine ATUE kann jederzeit vom TUEC oder vom TUEC der WADA widerrufen werden. Der Athlet, sein internationaler Sportfachverband sowie alle zuständigen Anti-Doping-Organisationen sind darüber umgehend zu benachrichtigen.

8.7 Der Widerruf wird umgehend nach Benachrichtigung des Athleten von dieser Entscheidung wirksam. Der Athlet kann ungeachtet dessen nach Artikel 7 eine TUE beantragen.

9.0 Clearingstelle

9.1 Die Anti-Doping-Organisationen sind verpflichtet, der WADA alle nach Artikel 7 ausgestellten TUEs mit allen sie unterstützenden Unterlagen zur Verfügung zu stellen.

9.2 In Bezug auf ATUEs stellen die Anti-Doping-Organisationen der WADA die von internationalen Spitzenathleten eingereichten und nach Artikel 8.4 ausgestellten medizinischen Anträge zur Verfügung.

9.3 Die Clearingstelle gewährleistet die Einhaltung strenger Vertraulichkeit in Bezug auf alle medizinischen Informationen.

B 5. Waffengesetz (WaffG)

vom 11. Oktober 2002 (BGBl. I S. 3970; ber. S. 4592, BGBl. S. 2003 I S. 1957); zuletzt geänd. durch Art. 3 Abs. 5 ÄndG v. 17. 7. 2009 (BGBl. I S. 2062)

(Auszug)

Abschnitt 1. Allgemeine Bestimmungen

§ 1 Gegenstand und Zweck des Gesetzes, Begriffsbestimmungen. (1) Dieses Gesetz regelt den Umgang mit Waffen oder Munition unter Berücksichtigung der Belange der öffentlichen Sicherheit und Ordnung.

(2) Waffen sind

1. Schusswaffen oder ihnen gleichgestellte Gegenstände und
2. tragbare Gegenstände,
    a) die ihrem Wesen nach dazu bestimmt sind, die Angriffs- oder Abwehrfähigkeit von Menschen zu beseitigen oder herabzusetzen, insbesondere Hieb- und Stoßwaffen;
    b) die, ohne dazu bestimmt zu sein, insbesondere wegen ihrer Beschaffenheit, Handhabung oder Wirkungsweise geeignet sind, die Angriffs- oder Abwehrfähigkeit von Menschen zu beseitigen oder herabzusetzen, und die in diesem Gesetz genannt sind.

(3) Umgang mit einer Waffe oder Munition hat, wer diese erwirbt, besitzt, überlässt, führt, verbringt, mitnimmt, damit schießt, herstellt, bearbeitet, instand setzt oder damit Handel treibt.

(4) Die Begriffe der Waffen und Munition sowie die Einstufung von Gegenständen nach Absatz 2 Nr. 2 Buchstabe b als Waffen, die Begriffe der Arten des Umgangs und sonstige waffenrechtliche Begriffe sind in der Anlage 1 (Begriffsbestimmungen) zu diesem Gesetz näher geregelt.

§ 2 Grundsätze des Umgangs mit Waffen oder Munition, Waffenliste. (1) Der Umgang mit Waffen oder Munition ist nur Personen gestattet, die das 18. Lebensjahr vollendet haben.

(2) Der Umgang mit Waffen oder Munition, die in der Anlage 2 (Waffenliste) Abschnitt 2 zu diesem Gesetz genannt sind, bedarf der Erlaubnis.

(3) Der Umgang mit Waffen oder Munition, die in der Anlage 2 Abschnitt 1 zu diesem Gesetz genannt sind, ist verboten.

(4) Waffen oder Munition, mit denen der Umgang ganz oder teilweise von der Erlaubnispflicht oder von einem Verbot ausgenommen ist, sind in der Anlage 2 Abschnitt 1 und 2 genannt. Ferner sind in der Anlage 2 Abschnitt 3 die Waffen und Munition genannt, auf die dieses Gesetz ganz oder teilweise nicht anzuwenden ist.

(5) Bestehen Zweifel darüber, ob ein Gegenstand von diesem Gesetz erfasst wird oder wie er nach Maßgabe der Begriffsbestimmungen in Anlage 1 Abschnitt 1 und 3 und der Anlage 2 einzustufen ist, so entscheidet auf Antrag die zuständige Behörde. Antragsberechtigt sind

1. Hersteller, Importeure, Erwerber oder Besitzer des Gegenstandes, soweit sie ein berechtigtes Interesse an der Entscheidung nach Satz 1 glaubhaft machen können,
2. die zuständigen Behörden des Bundes und der Länder.

Die nach Landesrecht zuständigen Behörden sind vor der Entscheidung zu hören. Die Entscheidung ist für den Geltungsbereich dieses Gesetzes allgemein verbindlich. Sie ist im Bundesanzeiger bekannt zu machen.

§ 3 Umgang mit Waffen oder Munition durch Kinder und Jugendliche. (1) Jugendliche dürfen im Rahmen eines Ausbildungs- oder Arbeitsverhältnisses abweichend von § 2 Abs. 1 unter Aufsicht eines weisungsbefugten Waffenberechtigten mit Waffen oder Munition umgehen.

(2) Jugendliche dürfen abweichend von § 2 Abs. 1 Umgang mit geprüften Reizstoffsprühgeräten haben.

(3) Die zuständige Behörde kann für Kinder und Jugendliche allgemein oder für den Einzelfall Ausnahmen von Alterserfordernissen zulassen, wenn besondere Gründe vorliegen und öffentliche Interessen nicht entgegenstehen.

Abschnitt 2. Umgang mit Waffen oder Munition

Unterabschnitt 2. Erlaubnisse für einzelne Arten des Umgangs mit Waffen oder Munition, Ausnahmen

§ 10 Erteilung von Erlaubnissen zum Erwerb, Besitz, Führen und Schießen.
(1) Die Erlaubnis zum Erwerb und Besitz von Waffen wird durch eine Waffenbesitzkarte oder durch Eintragung in eine bereits vorhandene Waffenbesitzkarte erteilt. Für die Erteilung einer Erlaubnis für Schusswaffen sind Art, Anzahl und Kaliber der Schusswaffen anzugeben. Die Erlaubnis zum Erwerb einer Waffe gilt für die Dauer eines Jahres, die Erlaubnis zum Besitz wird in der Regel unbefristet erteilt.

(1 a) Wer eine Waffe auf Grund einer Erlaubnis nach Absatz 1 Satz 1 erwirbt, hat binnen zwei Wochen der zuständigen Behörde unter Benennung von Name und Anschrift des Überlassenden den Erwerb schriftlich anzuzeigen und seine Waffenbesitzkarte zur Eintragung des Erwerbs vorzulegen.

(2) Eine Waffenbesitzkarte über Schusswaffen, die mehrere Personen besitzen, kann auf diese Personen ausgestellt werden. Eine Waffenbesitzkarte kann auch einem schießsportlichen Verein oder einer jagdlichen Vereinigung als juristischer Person erteilt werden. Sie ist mit der Auflage zu verbinden, dass der Verein der Behörde vor Inbesitznahme von Vereinswaffen unbeschadet des Vorliegens der Voraussetzung des § 4 Abs. 1 Nr. 5 eine verantwortliche Person zu benennen hat, für die die Voraussetzungen nach § 4 Abs. 1 Nr. 1 bis 3 nachgewiesen sind; diese benannte Person muss nicht vertretungsberechtigtes Organ des Vereins sein. Scheidet die benannte verantwortliche Person aus dem Verein aus oder liegen in ihrer Person nicht mehr alle Voraussetzungen nach § 4 Abs. 1 Nr. 1 bis 3 vor, so ist der Verein verpflichtet, dies unverzüglich der zuständigen Behörde mitzuteilen. Benennt der Verein nicht innerhalb von zwei Wochen eine neue verantwortliche Person, für die die Voraussetzungen nach § 4 Abs. 1 Nr. 1 bis 3 nachgewiesen werden, so ist die dem Verein erteilte Waffenbesitzerlaubnis zu widerrufen und die Waffenbesitzkarte zurückzugeben.

(3) Die Erlaubnis zum Erwerb und Besitz von Munition wird durch Eintragung in eine Waffenbesitzkarte für die darin eingetragenen Schusswaffen erteilt. In den übrigen Fällen wird die Erlaubnis durch einen Munitionserwerbsschein für eine bestimmte Munitionsart erteilt; sie ist für den Erwerb der Munition auf die Dauer von sechs Jahren zu befristen und gilt für den Besitz der Munition unbefristet. Die Erlaubnis zum nicht gewerblichen Laden von Munition im Sinne des Sprengstoffgesetzes gilt auch als Erlaubnis zum Erwerb und Besitz dieser Munition. Nach Ablauf der Gültigkeit des Erlaubnisdokuments gilt die Erlaubnis für den Besitz dieser Munition für die Dauer von sechs Monaten fort.

(4) Die Erlaubnis zum Führen einer Waffe wird durch einen Waffenschein erteilt. Eine Erlaubnis nach Satz 1 zum Führen von Schusswaffen wird für bestimmte Schusswaffen auf höchstens drei Jahre erteilt; die Geltungsdauer kann zweimal um höchstens je drei Jahre verlängert werden, sie ist kürzer zu bemessen, wenn nur ein vorübergehendes Bedürfnis nachgewiesen wird. Der Geltungsbereich des Waffenscheins ist auf bestimmte Anlässe oder Gebiete zu beschränken, wenn ein darüber hinausgehendes Bedürfnis nicht nachgewiesen wird. Die Voraussetzungen für die Erteilung einer Erlaubnis zum Führen von Schreckschuss-, Reizstoff- und Signalwaffen sind in der Anlage 2 Abschnitt 2 Unterabschnitt 3 Nr. 2 und 2.1 genannt (Kleiner Waffenschein).

(5) Die Erlaubnis zum Schießen mit einer Schusswaffe wird durch einen Erlaubnisschein erteilt. (…)

§ 12 Ausnahmen von den Erlaubnispflichten. (1) Einer Erlaubnis zum Erwerb und Besitz einer Waffe bedarf nicht, wer diese

1. als Inhaber einer Waffenbesitzkarte von einem Berechtigten
   a) lediglich vorübergehend, höchstens aber für einen Monat für einen von seinem Bedürfnis umfassten Zweck oder im Zusammenhang damit, oder
   b) vorübergehend zum Zweck der sicheren Verwahrung oder der Beförderung erwirbt;

2. vorübergehend von einem Berechtigten zur gewerbsmäßigen Beförderung, zur gewerbsmäßigen Lagerung oder zur gewerbsmäßigen Ausführung von Verschönerungen oder ähnlicher Arbeiten an der Waffe erwirbt;
3. von einem oder für einen Berechtigten erwirbt, wenn und solange er
    a) auf Grund eines Arbeits- oder Ausbildungsverhältnisses,
    b) als Beauftragter oder Mitglied einer jagdlichen oder schießsportlichen Vereinigung, einer anderen sportlichen Vereinigung zur Abgabe von Startschüssen oder einer zur Brauchtumspflege Waffen tragenden Vereinigung,
    c) als Beauftragter einer in § 55 Abs. 1 Satz 1 bezeichneten Stelle,
    d) als Charterer von seegehenden Schiffen zur Abgabe von Seenotsignalen
    den Besitz über die Waffe nur nach den Weisungen des Berechtigten ausüben darf;
4. von einem anderen,
    a) dem er die Waffe vorübergehend überlassen hat, ohne dass es hierfür der Eintragung in die Erlaubnisurkunde bedurfte, oder
    b) nach dem Abhandenkommen
    wieder erwirbt;
5. auf einer Schießstätte (§ 27) lediglich vorübergehend zum Schießen auf dieser Schießstätte erwirbt;
6. auf einer Reise in den oder durch den Geltungsbereich des Gesetzes nach § 32 berechtigt mitnimmt.

(2) Einer Erlaubnis zum Erwerb und Besitz von Munition bedarf nicht, wer diese

1. unter den Voraussetzungen des Absatzes 1 Nr. 1 bis 4 erwirbt;
2. unter den Voraussetzungen des Absatzes 1 Nr. 5 zum sofortigen Verbrauch lediglich auf dieser Schießstätte (§ 27) erwirbt;
3. auf einer Reise in den oder durch den Geltungsbereich des Gesetzes nach § 32 berechtigt mitnimmt.

(3) Einer Erlaubnis zum Führen von Waffen bedarf nicht, wer

1. diese mit Zustimmung eines anderen in dessen Wohnung, Geschäftsräumen oder befriedetem Besitztum oder dessen Schießstätte zu einem von seinem Bedürfnis umfassten Zweck oder im Zusammenhang damit führt;
2. diese nicht schussbereit und nicht zugriffsbereit von einem Ort zu einem anderen Ort befördert, sofern der Transport der Waffe zu einem von seinem Bedürfnis umfassten Zweck oder im Zusammenhang damit erfolgt;
3. eine Langwaffe nicht schussbereit den Regeln entsprechend als Teilnehmer an genehmigten Sportwettkämpfen auf festgelegten Wegstrecken führt;
4. eine Signalwaffe beim Bergsteigen, als verantwortlicher Führer eines Wasserfahrzeugs auf diesem Fahrzeug oder bei Not- und Rettungsübungen führt;
5. eine Schreckschuss- oder eine Signalwaffe zur Abgabe von Start- oder Beendigungszeichen bei Sportveranstaltungen führt, wenn optische oder akustische Signalgebung erforderlich ist.

(4) Einer Erlaubnis zum Schießen mit einer Schusswaffe bedarf nicht, wer auf einer Schießstätte (§ 27) schießt. Das Schießen außerhalb von Schießstätten ist darüber hinaus ohne Schießerlaubnis nur zulässig

1. durch den Inhaber des Hausrechts oder mit dessen Zustimmung im befriedeten Besitztum
    a) mit Schusswaffen, deren Geschossen eine Bewegungsenergie von nicht mehr als 7,5 Joule (J) erteilt wird oder deren Bauart nach § 7 des Beschussgesetzes zugelassen ist, sofern die Geschosse das Besitztum nicht verlassen können,
    b) mit Schusswaffen, aus denen nur Kartuschenmunition verschossen werden kann,
2. durch Personen, die den Regeln entsprechend als Teilnehmer an genehmigten Sportwettkämpfen nach Absatz 3 Nr. 3 mit einer Langwaffe an Schießständen schießen,
3. mit Schusswaffen, aus denen nur Kartuschenmunition verschossen werden kann,
    a) durch Mitwirkende an Theateraufführungen und diesen gleich zu achtenden Vorführungen,
    b) zum Vertreiben von Vögeln in landwirtschaftlichen Betrieben,
4. mit Signalwaffen bei Not- und Rettungsübungen,

5. mit Schreckschuss- oder mit Signalwaffen zur Abgabe von Start- oder Beendigungs-zeichen im Auftrag der Veranstalter bei Sportveranstaltungen, wenn optische oder akustische Signalgebung erforderlich ist.

(5) Die zuständige Behörde kann im Einzelfall weitere Ausnahmen von den Erlaub-nispflichten zulassen, wenn besondere Gründe vorliegen und Belange der öffentlichen Sicherheit und Ordnung nicht entgegenstehen.

Unterabschnitt 3. Besondere Erlaubnistatbestände für bestimmte Personengruppen

§ 34 Überlassen von Waffen oder Munition, Prüfung der Erwerbsberechti-gung, Anzeigepflicht. (1) Waffen oder Munition dürfen nur berechtigten Personen überlassen werden. Die Berechtigung muss offensichtlich sein oder nachgewiesen wer-den. Werden sie zur gewerbsmäßigen Beförderung überlassen, müssen die ordnungsge-mäße Beförderung sichergestellt und Vorkehrungen gegen ein Abhandenkommen ge-troffen sein. Munition darf gewerbsmäßig nur in verschlossenen Packungen überlassen werden; dies gilt nicht im Fall des Überlassens auf Schießstätten gemäß § 12 Abs. 2 Nr. 2 oder soweit einzelne Stücke von Munitionssammlern erworben werden. Wer Waffen oder Munition einem anderen lediglich zur gewerbsmäßigen Beförderung (§ 12 Abs. 1 Nr. 2, Abs. 2 Nr. 1) an einen Dritten übergibt, überlässt sie dem Dritten.

(2) bis (6) *(nicht abgedruckt)*

Unterabschnitt 7. Verbote

§ 40 Verbotene Waffen. (1) Das Verbot des Umgangs umfasst auch das Verbot, zur Herstellung der in Anlage 2 Abschnitt 1 Nr. 1.3.4 bezeichneten Gegenstände anzuleiten oder aufzufordern.

(2) Das Verbot des Umgangs mit Waffen oder Munition ist nicht anzuwenden, soweit jemand auf Grund eines gerichtlichen oder behördlichen Auftrags tätig wird.

(3) Inhaber einer jagdrechtlichen Erlaubnis und Angehörige von Leder oder Pelz ver-arbeitenden Berufen dürfen abweichend von § 2 Abs. 3 Umgang mit Faustmessern nach Anlage 2 Abschnitt 1 Nr. 1.4.2 haben, sofern sie diese Messer zur Ausübung ihrer Tä-tigkeit benötigen. Inhaber sprengstoffrechtlicher Erlaubnisse (§§ 7 und 27 des Spreng-stoffgesetzes) und Befähigungsscheine (§ 20 des Sprengstoffgesetzes) sowie Teilnehmer staatlicher oder staatlich anerkannter Lehrgänge dürfen abweichend von § 2 Absatz 3 Umgang mit explosionsgefährlichen Stoffen oder Gegenständen nach Anlage 2 Ab-schnitt 1 Nummer 1.3.4 haben, soweit die durch die Erlaubnis oder den Befähigungs-schein gestattete Tätigkeit oder die Ausbildung hierfür dies erfordern. Dies gilt insbe-sondere für Sprengarbeiten sowie Tätigkeiten im Katastrophenschutz oder im Rahmen von Theatern, vergleichbaren Einrichtungen, Film- und Fernsehproduktionsstätten so-wie die Ausbildung für derartige Tätigkeiten.

(4) Das Bundeskriminalamt kann auf Antrag von den Verboten der Anlage 2 Ab-schnitt 1 allgemein oder für den Einzelfall Ausnahmen zulassen, wenn die Interessen des Antragstellers auf Grund besonderer Umstände das öffentliche Interesse an der Durch-setzung des Verbots überwiegen. Dies kann insbesondere angenommen werden, wenn die in der Anlage 2 Abschnitt 1 bezeichneten Waffen oder Munition zum Verbringen aus dem Geltungsbereich dieses Gesetzes, für wissenschaftliche oder Forschungszwecke oder zur Erweiterung einer kulturhistorisch bedeutsamen Sammlung bestimmt sind und eine erhebliche Gefahr für die öffentliche Sicherheit nicht zu befürchten ist.

(5) Wer eine in Anlage 2 Abschnitt 1 bezeichnete Waffe als Erbe, Finder oder in ähn-licher Weise in Besitz nimmt, hat dies der zuständigen Behörde unverzüglich anzuzei-gen. Die zuständige Behörde kann die Waffen oder Munition sicherstellen oder anord-nen, dass innerhalb einer angemessenen Frist die Waffen oder Munition unbrauchbar gemacht, von Verbotsmerkmalen befreit oder einem nach diesem Gesetz Berechtigten überlassen werden, oder dass der Erwerber einen Antrag nach Absatz 4 stellt. Das Verbot des Umgangs mit Waffen oder Munition wird nicht wirksam, solange die Frist läuft oder

eine ablehnende Entscheidung nach Absatz 4 dem Antragsteller noch nicht bekannt gegeben worden ist.

§ 41 Waffenverbote für den Einzelfall. (1) Die zuständige Behörde kann jemandem den Besitz von Waffen oder Munition, deren Erwerb nicht der Erlaubnis bedarf, und den Erwerb solcher Waffen oder Munition untersagen,

1. soweit es zur Verhütung von Gefahren für die Sicherheit oder zur Kontrolle des Umgangs mit diesen Gegenständen geboten ist oder
2. wenn Tatsachen bekannt werden, die die Annahme rechtfertigen, dass der rechtmäßige Besitzer oder Erwerbswillige abhängig von Alkohol oder anderen berauschenden Mitteln, psychisch krank oder debil ist oder sonst die erforderliche persönliche Eignung nicht besitzt oder ihm die für den Erwerb oder Besitz solcher Waffen oder Munition erforderliche Zuverlässigkeit fehlt.

Im Fall des Satzes 1 Nr. 2 ist der Betroffene darauf hinzuweisen, dass er die Annahme mangelnder persönlicher Eignung im Wege der Beibringung eines amts- oder fachärztlichen oder fachpsychologischen Zeugnisses über die geistige oder körperliche Eignung ausräumen kann; § 6 Abs. 2 findet entsprechende Anwendung.

(2) Die zuständige Behörde kann jemandem den Besitz von Waffen oder Munition, deren Erwerb der Erlaubnis bedarf, untersagen, soweit es zur Verhütung von Gefahren für die Sicherheit oder Kontrolle des Umgangs mit diesen Gegenständen geboten ist.

(3) *(nicht abgedruckt)*

§ 42 Verbot des Führens von Waffen bei öffentlichen Veranstaltungen. (1) Wer an öffentlichen Vergnügungen, Volksfesten, Sportveranstaltungen, Messen, Ausstellungen, Märkten oder ähnlichen öffentlichen Veranstaltungen teilnimmt, darf keine Waffen im Sinne des § 1 Abs. 2 führen.

(2) Die zuständige Behörde kann allgemein oder für den Einzelfall Ausnahmen von Absatz 1 zulassen, wenn

1. der Antragsteller die erforderliche Zuverlässigkeit (§ 5) und persönliche Eignung (§ 6) besitzt,
2. der Antragsteller nachgewiesen hat, dass er auf Waffen bei der öffentlichen Veranstaltung nicht verzichten kann, und
3. eine Gefahr für die öffentliche Sicherheit oder Ordnung nicht zu besorgen ist.

(3) Unbeschadet des § 38 muss der nach Absatz 2 Berechtigte auch den Ausnahmebescheid mit sich führen und auf Verlangen zur Prüfung aushändigen.

(4) Die Absätze 1 bis 3 sind nicht anzuwenden

1. auf die Mitwirkenden an Theateraufführungen und diesen gleich zu achtenden Vorführungen, wenn zu diesem Zweck ungeladene oder mit Kartuschenmunition geladene Schusswaffen oder Waffen im Sinne des § 1 Abs. 2 Nr. 2 geführt werden,
2. auf das Schießen in Schießstätten (§ 27),
3. soweit eine Schießerlaubnis nach § 10 Abs. 5 vorliegt,
4. auf das gewerbliche Ausstellen der in Absatz 1 genannten Waffen auf Messen und Ausstellungen.

(5) Die Landesregierungen werden ermächtigt, durch Rechtsverordnung vorzusehen, dass das Führen von Waffen im Sinne des § 1 Abs. 2 auf bestimmten öffentlichen Straßen, Wegen oder Plätzen allgemein oder im Einzelfall verboten oder beschränkt werden kann, soweit an dem jeweiligen Ort wiederholt

1. Straftaten unter Einsatz von Waffen oder
2. Raubdelikte, Körperverletzungsdelikte, Bedrohungen, Nötigungen, Sexualdelikte, Freiheitsberaubungen oder Straftaten gegen das Leben

begangen worden sind und Tatsachen die Annahme rechtfertigen, dass auch künftig mit der Begehung solcher Straftaten zu rechnen ist. In der Rechtsverordnung nach Satz 1 soll bestimmt werden, dass die zuständige Behörde allgemein oder für den Einzelfall Ausnahmen insbesondere für Inhaber waffenrechtlicher Erlaubnisse, Anwohner und Gewerbetreibende zulassen kann, soweit eine Gefährdung der öffentlichen Sicherheit nicht zu besorgen ist. Im Falle des Satzes 2 gilt Absatz 3 entsprechend. Die Landesregierungen können ihre Befugnis nach Satz 1 in Verbindung mit Satz 2 durch Rechtsverordnung auf die zuständige oberste Landesbehörde übertragen; diese kann die Befugnis durch Rechtsverordnung weiter übertragen.

§ 42 a Verbot des Führens von Anscheinswaffen und bestimmten tragbaren Gegenständen. (1) Es ist verboten

1. Anscheinswaffen,
2. Hieb- und Stoßwaffen nach Anlage 1 Abschnitt 1 Unterabschnitt 2 Nr. 1.1 oder
3. Messer mit einhändig feststellbarer Klinge (Einhandmesser) oder feststehende Messer mit einer Klingenlänge über 12 cm

zu führen.

(2) Absatz 1 gilt nicht

1. für die Verwendung bei Foto-, Film oder Fernsehaufnahmen oder Theateraufführungen,
2. für den Transport in einem verschlossenen Behältnis,
3. für das Führen der Gegenstände nach Absatz 1 Nr. 2 und 3, sofern ein berechtigtes Interesse vorliegt.

Weitergehende Regelungen bleiben unberührt.

(3) Ein berechtigtes Interesse nach Absatz 2 Nr. 3 liegt insbesondere vor, wenn das Führen der Gegenstände im Zusammenhang mit der Berufsausübung erfolgt, der Brauchtumspflege, dem Sport oder einem allgemein anerkannten Zweck dient.

Abschnitt 4. Straf- und Bußgeldvorschriften

§ 51 Strafvorschriften. (1) Mit Freiheitsstrafe von einem Jahr bis zu fünf Jahren wird bestraft, wer entgegen § 2 Abs. 1 oder 3, jeweils in Verbindung mit Anlage 2 Abschnitt 1 Nr. 1.2.1, eine dort genannte Schusswaffe zum Verschießen von Patronenmunition nach Anlage 1 Abschnitt 1 Unterabschnitt 3 Nr. 1.1 erwirbt, besitzt, überlässt, führt, verbringt, mitnimmt, herstellt, bearbeitet, instand setzt oder damit Handel treibt.

(2) In besonders schweren Fällen ist die Strafe Freiheitsstrafe von einem Jahr bis zu zehn Jahren. Ein besonders schwerer Fall liegt in der Regel vor, wenn der Täter gewerbsmäßig oder als Mitglied einer Bande, die sich zur fortgesetzten Begehung solcher Straftaten verbunden hat, unter Mitwirkung eines anderen Bandenmitgliedes handelt.

(3) In minder schweren Fällen ist die Strafe Freiheitsstrafe bis zu drei Jahren oder Geldstrafe.

(4) Handelt der Täter fahrlässig, so ist die Strafe Freiheitsstrafe bis zu zwei Jahren oder Geldstrafe.

§ 52 Strafvorschriften. (1) Mit Freiheitsstrafe von sechs Monaten bis zu fünf Jahren wird bestraft, wer

1. entgegen § 2 Abs. 1 oder 3, jeweils in Verbindung mit Anlage 2 Abschnitt 1 Nr. 1.1 oder 1.3.4, eine dort genannte Schusswaffe oder einen dort genannten Gegenstand erwirbt, besitzt, überlässt, führt, verbringt, mitnimmt, herstellt, bearbeitet, instand setzt oder damit Handel treibt,
2. ohne Erlaubnis nach
   a) § 2 Abs. 2 in Verbindung mit Anlage 2 Abschnitt 2 Unterabschnitt 1 Satz 1, eine Schusswaffe oder Munition erwirbt, um sie entgegen § 34 Abs. 1 Satz 1 einem Nichtberechtigten zu überlassen,
   b) § 2 Abs. 2 in Verbindung mit Anlage 2 Abschnitt 2 Unterabschnitt 1 Satz 1, eine halbautomatische Kurzwaffe zum Verschießen von Patronenmunition nach Anlage 1 Abschnitt 1 Unterabschnitt 3 Nr. 1.1 erwirbt, besitzt oder führt,
   c) § 2 Abs. 2 in Verbindung mit Anlage 2 Abschnitt 2 Unterabschnitt 1 Satz 1 in Verbindung mit § 21 Abs. 1 Satz 1 oder § 21 a eine Schusswaffe oder Munition herstellt, bearbeitet, instand setzt oder damit Handel treibt,

d) § 2 Abs. 2 in Verbindung mit Anlage 2 Abschnitt 2 Unterabschnitt 1 Satz 1 in Verbindung mit § 29 Abs. 1, § 30 Abs. 1 Satz 1 oder § 32 Abs. 1 Satz 1 eine Schusswaffe oder Munition in den oder durch den Geltungsbereich dieses Gesetzes verbringt oder mitnimmt,

3. entgegen § 35 Abs. 3 Satz 1 eine Schusswaffe, Munition oder eine Hieb- oder Stoßwaffe im Reisegewerbe oder auf einer dort genannten Veranstaltung vertreibt oder anderen überlässt oder

4. entgegen § 40 Abs. 1 zur Herstellung eines dort genannten Gegenstandes anleitet oder auffordert.

(2) Der Versuch ist strafbar.

(3) Mit Freiheitsstrafe bis zu drei Jahren oder mit Geldstrafe wird bestraft, wer

1. entgegen § 2 Abs. 1 oder 3, jeweils in Verbindung mit Anlage 2 Abschnitt 1 Nr. 1.2.2 bis 1.2.5, 1.3.1 bis 1.3.3, 1.3.5, 1.3.7, 1.3.8, 1.4.1 Satz 1, Nr. 1.4.2 bis 1.4.4 oder 1.5.3 bis 1.5.7, einen dort genannten Gegenstand erwirbt, besitzt, überlässt, führt, verbringt, mitnimmt, herstellt, bearbeitet, instand setzt oder damit Handel treibt,

2. ohne Erlaubnis nach § 2 Abs. 2 in Verbindung mit Anlage 2 Abschnitt 2 Unterabschnitt 1 Satz 1
   a) eine Schusswaffe erwirbt, besitzt, führt oder
   b) Munition erwirbt oder besitzt,
   wenn die Tat nicht in Absatz 1 Nr. 2 Buchstabe a oder b mit Strafe bedroht ist,

3. ohne Erlaubnis nach § 2 Abs. 2 in Verbindung mit Anlage 2 Abschnitt 2 Unterabschnitt 1 Satz 1 in Verbindung mit § 26 Abs. 1 Satz 1 eine Schusswaffe herstellt, bearbeitet oder instand setzt,

4. ohne Erlaubnis nach § 2 Abs. 2 in Verbindung mit Anlage 2 Abschnitt 2 Unterabschnitt 1 Satz 1 in Verbindung mit § 31 Abs. 1 eine dort genannte Schusswaffe oder Munition in einen anderen Mitgliedstaat verbringt,

5. entgegen § 28 Abs. 2 Satz 1 eine Schusswaffe führt,

6. entgegen § 28 Abs. 3 Satz 2 eine Schusswaffe oder Munition überlässt,

7. entgegen § 34 Abs. 1 Satz 1 eine erlaubnispflichtige Schusswaffe oder erlaubnispflichtige Munition einem Nichtberechtigten überlässt,

8. einer vollziehbaren Anordnung nach § 41 Abs. 1 Satz 1 oder Abs. 2 zuwiderhandelt,

9. entgegen § 42 Abs. 1 eine Waffe führt oder

10. entgegen § 57 Abs. 5 Satz 1 den Besitz über eine Schusswaffe oder Munition ausübt.

(4) Handelt der Täter in den Fällen des Absatzes 1 Nr. 1, 2 Buchstabe b, c oder d oder Nr. 3 oder des Absatzes 3 fahrlässig, so ist die Strafe bei den bezeichneten Taten nach Absatz 1 Freiheitsstrafe bis zu zwei Jahren oder Geldstrafe, bei Taten nach Absatz 3 Freiheitsstrafe bis zu einem Jahr oder Geldstrafe.

(5) In besonders schweren Fällen des Absatzes 1 Nr. 1 ist die Strafe Freiheitsstrafe von einem Jahr bis zu zehn Jahren. Ein besonders schwerer Fall liegt in der Regel vor, wenn der Täter gewerbsmäßig oder als Mitglied einer Bande, die sich zur fortgesetzten Begehung solcher Straftaten verbunden hat, unter Mitwirkung eines anderen Bandenmitgliedes handelt.

(6) In minder schweren Fällen des Absatzes 1 ist die Strafe Freiheitsstrafe bis zu drei Jahren oder Geldstrafe.

(...)

Abschnitt 5. Ausnahmen von der Anwendung des Gesetzes

§ 55 Ausnahmen für oberste Bundes- und Landesbehörden, Bundeswehr, Polizei und Zollverwaltung, erheblich gefährdete Hoheitsträger sowie Bedienstete anderer Staaten. (1) Dieses Gesetz ist, wenn es nicht ausdrücklich etwas anderes bestimmt, nicht anzuwenden auf

1. die obersten Bundes- und Landesbehörden und die Deutsche Bundesbank,

2. die Bundeswehr und die in der Bundesrepublik Deutschland stationierten ausländischen Streitkräfte,

3. die Polizeien des Bundes und der Länder,
4. die Zollverwaltung

und deren Bedienstete, soweit sie dienstlich tätig werden. Bei Polizeibediensteten und bei Bediensteten der Zollverwaltung mit Vollzugsaufgaben gilt dies, soweit sie durch Dienstvorschriften hierzu ermächtigt sind, auch für den Besitz über dienstlich zugelassene Waffen oder Munition und für das Führen dieser Waffen außerhalb des Dienstes.

(2) bis (6) *(nicht abgedruckt)*

§ 57 Kriegswaffen. (1) Dieses Gesetz gilt nicht für Kriegswaffen im Sinne des Gesetzes über die Kontrolle von Kriegswaffen. Auf tragbare Schusswaffen, für die eine Waffenbesitzkarte nach § 59 Abs. 4 Satz 2 des Waffengesetzes in der vor dem 1. Juli 1976 geltenden Fassung erteilt worden ist, sind unbeschadet der Vorschriften des Gesetzes über die Kontrolle von Kriegswaffen § 4 Abs. 3, § 45 Abs. 1 und 2 sowie die §§ 36 und 53 Abs. 1 Nr. 19 anzuwenden. Auf Verstöße gegen § 59 Abs. 2 des Waffengesetzes in der vor dem 1. Juli 1976 geltenden Fassung und gegen § 58 Abs. 1 des Waffengesetzes in der vor dem 1. April 2003 geltenden Fassung ist § 52 Abs. 3 Nr. 1 anzuwenden. Zuständige Behörde für Maßnahmen nach Satz 2 ist das Bundesamt für Wirtschaft und Ausfuhrkontrolle.

(2) bis (5) *nicht abgedruckt*

Anlage 1 (zu § 1 Abs. 4) Begriffsbestimmungen

Abschnitt 1. Waffen- und munitionstechnische Begriffe, Einstufung von Gegenständen
Unterabschnitt 1. Schusswaffen

1. Schusswaffen im Sinne des § 1 Abs. 2 Nr. 1
   1.1 Schusswaffen
   Schusswaffen sind Gegenstände, die zum Angriff oder zur Verteidigung, zur Signalgebung, zur Jagd, zur Distanzinjektion, zur Markierung, zum Sport oder zum Spiel bestimmt sind und bei denen Geschosse durch einen Lauf getrieben werden.
   1.2 Gleichgestellte Gegenstände
   Den Schusswaffen stehen gleich tragbare Gegenstände,
      1.2.1 die zum Abschießen von Munition für die in Nummer 1.1 genannten Zwecke bestimmt sind,
      1.2.2 bei denen bestimmungsgemäß feste Körper gezielt verschossen werden, deren Antriebsenergie durch Muskelkraft eingebracht und durch eine Sperrvorrichtung gespeichert werden kann (z. B. Armbrüste). Dies gilt nicht für feste Körper, die mit elastischen Geschossspitzen (z. B. Saugnapf aus Gummi) versehen sind, bei denen eine maximale Bewegungsenergie der Geschossspitzen je Flächeneinheit von 0,16 J/cm² nicht überschritten wird;
   1.3 Wesentliche Teile von Schusswaffen, Schalldämpfer
   Wesentliche Teile von Schusswaffen und Schalldämpfer stehen, soweit in diesem Gesetz nichts anderes bestimmt ist, den Schusswaffen gleich, für die sie bestimmt sind. Dies gilt auch dann, wenn sie mit anderen Gegenständen verbunden sind und die Gebrauchsfähigkeit als Waffenteil nicht beeinträchtigt ist oder mit allgemein gebräuchlichen Werkzeugen wiederhergestellt werden kann. Teile von Kriegswaffen im Sinne des Gesetzes über die Kontrolle von Kriegswaffen in der Fassung der Bekanntmachung vom 22. November 1990 (BGBl. I S. 2506), zuletzt geändert durch Artikel 24 der Verordnung vom 31. Oktober 2006 (BGBl. I S. 2407), die nicht vom Gesetz über die Kontrolle von Kriegswaffen erfasst und nachstehend als wesentliche Teile aufgeführt sind, sowie Schalldämpfer zu derartigen Waffen werden von diesem Gesetz erfasst;
   Wesentliche Teile sind
      1.3.1 der Lauf oder Gaslauf, der Verschluss sowie das Patronen- oder Kartuschenlager, wenn diese nicht bereits Bestandteil des Laufes sind; der Lauf ist ein

aus einem ausreichend festen Werkstoff bestehender rohrförmiger Gegenstand, der Geschossen, die hindurch getrieben werden, ein gewisses Maß an Führung gibt, wobei dies in der Regel als gegeben anzusehen ist, wenn die Länge des Laufteils, der die Führung des Geschosses bestimmt, mindestens das Zweifache des Kalibers beträgt; der Gaslauf ist ein Lauf, der ausschließlich der Ableitung der Verbrennungsgase dient; der Verschluss ist das unmittelbar das Patronen- oder Kartuschenlager oder den Lauf abschließende Teil;

1.3.2 bei Schusswaffen, bei denen zum Antrieb ein entzündbares flüssiges oder gasförmiges Gemisch verwendet wird, auch die Verbrennungskammer und die Einrichtung zur Erzeugung des Gemisches;

1.3.3 bei Schusswaffen mit anderem Antrieb auch die Antriebsvorrichtung, sofern sie fest mit der Schusswaffe verbunden ist;

1.3.4 bei Kurzwaffen auch das Griffstück oder sonstige Waffenteile, soweit sie für die Aufnahme des Auslösemechanismus bestimmt sind.

Als wesentliche Teile gelten auch vorgearbeitete wesentliche Teile von Schusswaffen sowie Teile/Reststücke von Läufen und Laufrohlingen, wenn sie mit allgemein gebräuchlichen Werkzeugen fertiggestellt werden können.

Schalldämpfer sind Vorrichtungen, die der wesentlichen Dämpfung des Mündungsknalls dienen und für Schusswaffen bestimmt sind.

1.4 Unbrauchbar gemachte Schusswaffen (Dekorationswaffen)

Schusswaffen sind dann unbrauchbar, wenn

1.4.1 das Patronenlager dauerhaft so verändert ist, dass weder Munition noch Treibladungen geladen werden können,

1.4.2 der Verschluss dauerhaft funktionsunfähig gemacht worden ist,

1.4.3 in Griffstücken oder anderen wesentlichen Waffenteilen für Handfeuer-Kurzwaffen der Auslösemechanismus dauerhaft funktionsunfähig gemacht worden ist,

1.4.4 bei Kurzwaffen der Lauf auf seiner ganzen Länge, im Patronenlager beginnend,
  – bis zur Laufmündung einen durchgehenden Längsschlitz von mindestens 4 mm Breite oder
  – im Abstand von jeweils 3 cm, mindestens jedoch 3 kalibergroße Bohrungen oder
  – andere gleichwertige Laufveränderungen
  aufweist,

1.4.5 bei Langwaffen der Lauf in dem dem Patronenlager zugekehrten Drittel
  – mindestens 6 kalibergroße Bohrungen oder
  – andere gleichwertige Laufveränderungen
  aufweist und vor diesen in Richtung der Laufmündung mit einem kalibergroßen gehärteten Stahlstift dauerhaft verschlossen ist,

1.4.6 dauerhaft unbrauchbar gemacht oder geworden ist eine Schusswaffe dann, wenn mit allgemein gebräuchlichen Werkzeugen die Schussfähigkeit der Waffe oder die Funktionsfähigkeit der wesentlichen Teile nicht wiederhergestellt werden kann.

1.5 Salutwaffen

Salutwaffen sind veränderte Langwaffen, die u. a. für Theateraufführungen, Foto-, Film- oder Fernsehaufnahmen bestimmt sind, wenn sie die nachstehenden Anforderungen erfüllen:
  – das Patronenlager muss dauerhaft so verändert sein, dass keine Patronen- oder pyrotechnische Munition geladen werden kann,
  – der Lauf muss in dem dem Patronenlager zugekehrten Drittel mindestens sechs kalibergroße, offene Bohrungen oder andere gleichwertige Laufveränderungen aufweisen und vor diesen in Richtung der Laufmündung mit einem kalibergroßen gehärteten Stahlstift dauerhaft verschlossen ist,
  – der Lauf muss mit dem Gehäuse fest verbunden sein, sofern es sich um Waffen handelt, bei denen der Lauf ohne Anwendung von Werkzeugen ausgetauscht werden kann,

– die Änderungen müssen so vorgenommen sein, dass sie nicht mit allgemein gebäuchlichen Werkzeugen rückgängig gemacht und die Gegenstände nicht so geändert werden können, dass aus ihnen Geschosse, Patronen- oder pyrotechnische Munition verschossen werden können, und

– der Verschluss muss ein Kennzeichen nach Abbildung 11 der Anlage II zur Beschussverordnung tragen.

1.6 Anscheinswaffen

Anscheinswaffen sind

1.6.1 Schusswaffen, die ihrer äußeren Form nach im Gesamterscheinungsbild den Anschein von Feuerwaffen (Anlage 1 Abschnitt 1 Unterabschnitt 1 Nr. 2.1) hervorrufen und bei denen zum Antrieb der Geschosse keine heißen Gase verwendet werden,

1.6.2 Nachbildungen von Schusswaffen mit dem Aussehen von Schusswaffen nach Nummer 1.6.1 oder

1.6.3 unbrauchbar gemachte Schusswaffen mit dem Aussehen von Schusswaffen nach Nummer 1.6.1.

Ausgenommen sind solche Gegenstände, die erkennbar nach ihrem Gesamterscheinungsbild zum Spiel oder für Brauchtumsveranstaltungen bestimmt sind oder die Teil einer kulturhistorisch bedeutsamen Sammlung im Sinne des § 17 sind oder werden sollen oder Schusswaffen, für die gemäß § 10 Absatz 4 eine Erlaubnis zum Führen erforderlich ist. Erkennbar nach ihrem Gesamterscheinungsbild zum Spiel bestimmt sind insbesondere Gegenstände, deren Größe die einer entsprechenden Feuerwaffe um 50 Prozent über- oder unterschreitet, neonfarbene Materialien enthalten oder keine Kennzeichnungen von Feuerwaffen aufweisen.

2. Arten von Schusswaffen

2.1 Feuerwaffen; dies sind Schusswaffen nach Nummer 1.1, bei denen ein Geschoss mittels heißer Gase durch einen oder aus einem Lauf getrieben wird.

2.2 Automatische Schusswaffen; dies sind Schusswaffen, die nach Abgabe eines Schusses selbsttätig erneut schussbereit werden und bei denen aus demselben Lauf durch einmalige Betätigung des Abzuges oder einer anderen Schussauslösevorrichtung mehrere Schüsse abgegeben werden können (Vollautomaten) oder durch einmalige Betätigung des Abzuges oder einer anderen Schussauslösevorrichtung jeweils nur ein Schuss abgegeben werden kann (Halbautomaten). Als automatische Schusswaffen gelten auch Schusswaffen, die mit allgemein gebräuchlichen Werkzeugen in automatische Schusswaffen geändert werden können. Als Vollautomaten gelten auch in Halbautomaten geänderte Vollautomaten, die mit den in Satz 2 genannten Hilfsmitteln wieder in Vollautomaten zurückgeändert werden können. Double-Action-Revolver sind keine halbautomatischen Schusswaffen. Beim Double-Action-Revolver wird bei Betätigung des Abzuges durch den Schützen die Trommel weitergedreht, so dass das nächste Lager mit einer neuen Patrone vor den Lauf und den Schlagbolzen zu liegen kommt, und gleichzeitig die Feder gespannt. Beim weiteren Durchziehen des Abzuges schnellt der Hahn nach vorn und löst den Schuss aus.

2.3 Repetierwaffen; dies sind Schusswaffen, bei denen nach Abgabe eines Schusses über einen von Hand zu betätigenden Mechanismus Munition aus einem Magazin in das Patronenlager nachgeladen wird.

2.4 Einzelladerwaffen; dies sind Schusswaffen ohne Magazin mit einem oder mehreren Läufen, die vor jedem Schuss aus demselben Lauf von Hand geladen werden.

2.5 Langwaffen; dies sind Schusswaffen, deren Lauf und Verschluss in geschlossener Stellung insgesamt länger als 30 cm sind und deren kürzeste bestimmungsgemäß verwendbare Gesamtlänge 60 cm überschreitet; Kurzwaffen sind alle anderen Schusswaffen.

2.6 Schreckschusswaffen; dies sind Schusswaffen mit einem Kartuschenlager, die zum Abschießen von Kartuschenmunition bestimmt sind.

2.7 Reizstoffwaffen; dies sind Schusswaffen mit einem Patronen- oder Kartuschenlager, die zum Verschießen von Reiz- oder anderen Wirkstoffen bestimmt sind.

2.8 Signalwaffen; dies sind Schusswaffen mit einem Patronen- oder Kartuschenlager oder tragbare Gegenstände nach Nummer 1.2.1, die zum Verschießen pyrotechnischer Munition bestimmt sind.

2.9 Druckluft- und Federdruckwaffen sind Waffen, bei denen zum Antrieb der Geschosse kalte Treibgase verwendet werden; Federdruckwaffen sind Schusswaffen, bei denen entweder Federkraft direkt ein Geschoss antreibt (auch als Federkraftwaffen bezeichnet) oder ein federbelasteter Kolben in einem Zylinder bewegt wird und ein vom Kolben erzeugtes Luftpolster das Geschoss antreibt. Druckluftwaffen sind Schusswaffen, bei denen Luft in einen Druckbehälter vorkomprimiert und gespeichert sowie über ein Ventilsystem zum Geschossantrieb freigegeben wird. Waffen, bei denen zum Antrieb der Geschosse kalte Treibgase Verwendung finden, sind z.B. Druckgaswaffen.

3. Weitere Begriffe zu den wesentlichen Teilen

   3.1 Austauschläufe sind Läufe für ein bestimmtes Waffenmodell oder -system, die ohne Nacharbeit ausgetauscht werden können.

   3.2 Wechselläufe sind Läufe, die für eine bestimmte Waffe zum Austausch des vorhandenen Laufes vorgefertigt sind und die noch eingepasst werden müssen.

   3.3 Einsteckläufe sind Läufe ohne eigenen Verschluss, die in die Läufe von Waffen größeren Kalibers eingesteckt werden können.

   3.4 Wechseltrommeln sind Trommeln für ein bestimmtes Revolvermodell, die ohne Nacharbeit gewechselt werden können.

   3.5 Wechselsysteme sind Wechselläufe einschließlich des für sie bestimmten Verschlusses.

   3.6 Einstecksysteme sind Einsteckläufe einschließlich des für sie bestimmten Verschlusses.

   3.7 Einsätze sind Teile, die den Innenmaßen des Patronenlagers der Schusswaffe angepasst und zum Verschießen von Munition kleinerer Abmessungen bestimmt sind.

4. Sonstige Vorrichtungen für Schusswaffen

   4.1 Zielscheinwerfer sind für Schusswaffen bestimmte Vorrichtungen, die das Ziel beleuchten. Ein Ziel wird dann beleuchtet, wenn es mittels Lichtstrahlen bei ungünstigen Lichtverhältnissen oder Dunkelheit für den Schützen erkennbar dargestellt wird. Dabei ist es unerheblich, ob das Licht sichtbar oder unsichtbar (z.B. infrarot) ist und ob der Schütze weitere Hilfsmittel für die Zielerkennung benötigt.

   4.2 Laser- oder Zielpunktprojektoren sind für Schusswaffen bestimmte Vorrichtungen, die das Ziel markieren. Ein Ziel wird markiert, wenn auf diesem für den Schützen erkennbar ein Zielpunkt projiziert wird.

   4.3 Nachtsichtgeräte oder Nachtzielgeräte sind für Schusswaffen bestimmte Vorrichtungen, die eine elektronische Verstärkung oder einen Bildwandler und eine Montageeinrichtung für Schusswaffen besitzen. Zu Nachtzielgeräten zählen auch Nachtsichtvorsätze und Nachtsichtaufsätze für Zielhilfsmittel (Zielfernrohre).

5. Reizstoffe sind Stoffe, die bei ihrer bestimmungsgemäßen Anwendung auf den Menschen eine belästigende Wirkung durch Haut- und Schleimhautreizung, insbesondere durch einen Augenreiz ausüben und resorptiv nicht giftig wirken.

6. Nachbildungen von Schusswaffen sind Gegenstände,
   – die nicht als Schusswaffen hergestellt wurden,
   – die die äußere Form einer Schusswaffe haben,
   – aus denen nicht geschossen werden kann und
   – die nicht mit allgemein gebräuchlichen Werkzeugen so umgebaut oder verändert werden können, dass aus ihnen Munition, Ladungen oder Geschosse verschossen werden können.

Unterabschnitt 2. Tragbare Gegenstände

1. Tragbare Gegenstände nach § 1 Abs. 2 Nr. 2 Buchstabe a sind insbesondere
   1.1 Hieb- und Stoßwaffen (Gegenstände, die ihrem Wesen nach dazu bestimmt sind, unter unmittelbarer Ausnutzung der Muskelkraft durch Hieb, Stoß, Stich, Schlag oder Wurf Verletzungen beizubringen),

1.2 Gegenstände,
   1.2.1 die unter Ausnutzung einer anderen als mechanischen Energie Verletzungen beibringen (z. B. Elektroimpulsgeräte),
   1.2.2 aus denen Reizstoffe versprüht oder ausgestoßen werden, die eine Reichweite bis zu 2 m haben (Reizstoffsprühgeräte),
   1.2.3 bei denen in einer Entfernung von mehr als 2 m bei Menschen
      a) eine angriffsunfähig machende Wirkung durch ein gezieltes Versprühen oder Ausstoßen von Reiz- oder anderen Wirkstoffen oder
      b) eine gesundheitsschädliche Wirkung durch eine andere als kinetische Energie, insbesondere durch ein gezieltes Ausstrahlen einer elektromagnetischen Strahlung
      hervorgerufen werden kann,
   1.2.4 bei denen gasförmige, flüssige oder feste Stoffe den Gegenstand gezielt und brennend mit einer Flamme von mehr als 20 cm Länge verlassen,
   1.2.5 bei denen leicht entflammbare Stoffe so verteilt und entzündet werden, dass schlagartig ein Brand entstehen kann, oder in denen unter Verwendung explosionsgefährlicher oder explosionsfähiger Stoffe eine Explosion ausgelöst werden kann,
   1.2.6 die nach ihrer Beschaffenheit und Handhabung dazu bestimmt sind, durch Drosseln die Gesundheit zu schädigen,
1.3 Schleudern, die zur Erreichung einer höchstmöglichen Bewegungsenergie eine Armstütze oder eine vergleichbare Vorrichtung besitzen oder für eine solche Vorrichtung eingerichtet sind (Präzisionsschleudern) sowie Armstützen und vergleichbare Vorrichtungen für die vorbezeichneten Gegenstände.
2. Tragbare Gegenstände im Sinne des § 1 Abs. 2 Nr. 2 Buchstabe b sind
2.1 Messer,
   2.1.1 deren Klingen auf Knopf- oder Hebeldruck hervorschnellen und hierdurch oder beim Loslassen der Sperrvorrichtung festgestellt werden können (Springmesser),
   2.1.2 deren Klingen beim Lösen einer Sperrvorrichtung durch ihre Schwerkraft oder durch eine Schleuderbewegung aus dem Griff hervorschnellen und selbsttätig oder beim Loslassen der Sperrvorrichtung festgestellt werden (Fallmesser),
   2.1.3 mit einem quer zur feststehenden oder feststellbaren Klinge verlaufenden Griff, die bestimmungsgemäß in der geschlossenen Faust geführt oder eingesetzt werden (Faustmesser),
   2.1.4 Faltmesser mit zweigeteilten, schwenkbaren Griffen (Butterflymesser),
2.2 Gegenstände, die bestimmungsgemäß unter Ausnutzung einer anderen als mechanischen Energie Tieren Schmerzen beibringen (z. B. Elektroimpulsgeräte), mit Ausnahme der ihrer Bestimmung entsprechend im Bereich der Tierhaltung oder bei der sachgerechten Hundeausbildung Verwendung findenden Gegenstände (z. B. Viehtreiber).

Unterabschnitt 3. Munition und Geschosse

1. Munition ist zum Verschießen aus Schusswaffen bestimmte
  1.1 Patronenmunition (Hülsen mit Ladungen, die ein Geschoss enthalten, und Geschosse mit Eigenantrieb),
  1.2 Kartuschenmunition (Hülsen mit Ladungen, die ein Geschoss nicht enthalten),
    1.3 hülsenlose Munition (Ladung mit oder ohne Geschoss, wobei die Treibladung eine den Innenabmessungen einer Schusswaffe oder eines Gegenstandes nach Unterabschnitt 1 Nr. 1.2 angepasste Form hat),
  1.4 pyrotechnische Munition (dies sind Gegenstände, die Geschosse mit explosionsgefährlichen Stoffen oder Stoffgemischen [pyrotechnische Sätze] enthalten, die Licht-, Schall-, Rauch-, Nebel-, Heiz-, Druck- oder Bewegungswirkungen erzeugen und keine zweckbestimmte Durchschlagskraft im Ziel entfalten); hierzu gehört

1.4.1 pyrotechnische Patronenmunition (Patronenmunition, bei der das Geschoss einen pyrotechnischen Satz enthält),

1.4.2 unpatronierte pyrotechnische Munition (Geschosse, die einen pyrotechnischen Satz enthalten),

1.4.3 mit der Antriebsvorrichtung fest verbundene pyrotechnische Munition.

2. Ladungen sind die Hauptenergieträger, die in loser Schüttung in Munition oder als vorgefertigte Ladung oder in loser Form in Waffen nach Unterabschnitt 1 Nr. 1.1 oder Gegenstände nach Unterabschnitt 1 Nr. 1.2.1 eingegeben werden und
   – zum Antrieb von Geschossen oder Wirkstoffen oder
   – zur Erzeugung von Schall- oder Lichtimpulsen
   bestimmt sind, sowie Anzündsätze, die direkt zum Antrieb von Geschossen dienen.

3. Geschosse im Sinne dieses Gesetzes sind als Waffen oder für Schusswaffen bestimmte
   3.1 feste Körper,
   3.2 gasförmige, flüssige oder feste Stoffe in Umhüllungen.

Abschnitt 2. Waffenrechtliche Begriffe

Im Sinne dieses Gesetzes

1. erwirbt eine Waffe oder Munition, wer die tatsächliche Gewalt darüber erlangt,
2. besitzt eine Waffe oder Munition, wer die tatsächliche Gewalt darüber ausübt,
3. überlässt eine Waffe oder Munition, wer die tatsächliche Gewalt darüber einem anderen einräumt,
4. führt eine Waffe, wer die tatsächliche Gewalt darüber außerhalb der eigenen Wohnung, Geschäftsräume, des eigenen befriedeten Besitztums oder einer Schießstätte ausübt,
5. verbringt eine Waffe oder Munition, wer diese Waffe oder Munition über die Grenze zum dortigen Verbleib oder mit dem Ziel des Besitzwechsels in den, durch den oder aus dem Geltungsbereich des Gesetzes zu einer anderen Person oder zu sich selbst transportiert lässt oder selbst transportiert,
6. nimmt eine Waffe oder Munition mit, wer diese Waffe oder Munition vorübergehend auf einer Reise ohne Aufgabe des Besitzes zur Verwendung über die Grenze in den, durch den oder aus dem Geltungsbereich des Gesetzes bringt,
7. schießt, wer mit einer Schusswaffe Geschosse durch einen Lauf verschießt, Kartuschenmunition abschießt, mit Patronen- oder Kartuschenmunition Reiz- oder andere Wirkstoffe verschießt oder pyrotechnische Munition verschießt,
8.
   8.1 werden Waffen oder Munition hergestellt, wenn aus Rohteilen oder Materialien ein Endprodukt oder wesentliche Teile eines Endproduktes erzeugt werden; als Herstellen von Munition gilt auch das Wiederladen von Hülsen,
   8.2 wird eine Schusswaffe insbesondere bearbeitet oder instand gesetzt, wenn sie verkürzt, in der Schussfolge verändert oder so geändert wird, dass andere Munition oder Geschosse anderer Kaliber aus ihr verschossen werden können, oder wenn wesentliche Teile, zu deren Einpassung eine Nacharbeit erforderlich ist, ausgetauscht werden; eine Schusswaffe wird weder bearbeitet noch instand gesetzt, wenn lediglich geringfügige Änderungen, insbesondere am Schaft oder an der Zieleinrichtung, vorgenommen werden,
9. treibt Waffenhandel, wer gewerbsmäßig oder selbstständig im Rahmen einer wirtschaftlichen Unternehmung Schusswaffen oder Munition ankauft, feilhält, Bestellungen entgegennimmt oder aufsucht, anderen überlässt oder den Erwerb, den Vertrieb oder das Überlassen vermittelt;
10. sind Kinder Personen, die noch nicht 14 Jahre alt sind;
11. sind Jugendliche Personen, die mindestens 14, aber noch nicht 18 Jahre alt sind;
12. ist eine Waffe schussbereit, wenn sie geladen ist, das heißt, dass Munition oder Geschosse in der Trommel im in die Waffe eingefügten Magazin oder im Patronen- oder Geschosslager sind, auch wenn sie nicht gespannt ist;
13. ist eine Schusswaffe zugriffsbereit, wenn sie unmittelbar in Anschlag gebracht werden kann; sie ist nicht zugriffsbereit, wenn sie in einem verschlossenen Behältnis mitgeführt wird.

...

Anlage 2 (zu § 2 Abs. 2 bis 4) Waffenliste

Abschnitt 1. Verbotene Waffen

Der Umgang mit folgenden Waffen und Munition ist verboten:

1.1 Waffen (§ 1 Abs. 2), mit Ausnahme halbautomatischer tragbarer Schusswaffen, die in der Anlage zum Gesetz über die Kontrolle von Kriegswaffen (Kriegswaffenliste) in der Fassung der Bekanntmachung vom 22. November 1990 (BGBl. I S. 2506) oder deren Änderungen aufgeführt sind, nach Verlust der Kriegswaffeneigenschaft;

1.2 Schusswaffen im Sinne des § 1 Abs. 2 Nr. 1 nach den Nummern 1.2.1 bis 1.2.3 und deren Zubehör nach Nummer 1.2.4, die

1.2.1

    1.2.1.1 Vollautomaten im Sinne der Anlage 1 Abschnitt 1 Unterabschnitt 1 Nr. 2.2 oder

    1.2.1.2 Vorderschaftrepetierflinten, bei denen anstelle des Hinterschaftes ein Kurzwaffengriff vorhanden ist oder die Waffengesamtlänge in der kürzest möglichen Verwendungsform weniger als 95 cm oder die Lauflänge weniger als 45 cm beträgt, sind;

1.2.2 ihrer Form nach geeignet sind, einen anderen Gegenstand vorzutäuschen oder die mit Gegenständen des täglichen Gebrauchs verkleidet sind (z. B. Koppelschlosspistolen, Schießkugelschreiber, Stockgewehre, Taschenlampenpistolen);

1.2.3 über den für Jagd- und Sportzwecke allgemein üblichen Umfang hinaus zusammengeklappt, zusammengeschoben, verkürzt oder schnell zerlegt werden können;

1.2.4 für Schusswaffen bestimmte

    1.2.4.1 Vorrichtungen sind, die das Ziel beleuchten (z. B. Zielscheinwerfer) oder markieren (z. B. Laser oder Zielpunktprojektoren);

    1.2.4.2 Nachtsichtgeräte und Nachtzielgeräte mit Montagevorrichtung für Schusswaffen sowie Nachtsichtvorsätze und Nachtsichtaufsätze für Zielhilfsmittel (z. B. Zielfernrohre) sind, sofern die Gegenstände einen Bildwandler oder eine elektronische Verstärkung besitzen;

1.2.5 mehrschüssige Kurzwaffen, deren Baujahr nach dem 1. Januar 1970 liegt, für Zentralfeuermunition in Kalibern unter 6,3 mm, wenn der Antrieb der Geschosse nicht ausschließlich durch den Zündsatz erfolgt;

1.3 Tragbare Gegenstände im Sinne des § 1 Abs. 2 Nr. 2 Buchstabe a nach den Nummern 1.3.1 bis 1.3.8

1.3.1 Hieb- oder Stoßwaffen, die ihrer Form nach geeignet sind, einen anderen Gegenstand vorzutäuschen, oder die mit Gegenständen des täglichen Gebrauchs verkleidet sind;

1.3.2 Stahlruten, Totschläger oder Schlagringe;

1.3.3 sternförmige Scheiben, die nach ihrer Beschaffenheit und Handhabung zum Wurf auf ein Ziel bestimmt und geeignet sind, die Gesundheit zu beschädigen (Wurfsterne);

1.3.4 Gegenstände, bei denen leicht entflammbare Stoffe so verteilt und entzündet werden, dass schlagartig ein Brand entstehen kann oder in denen unter verwendung explosionsgefährlicher oder explosionsfähiger Stoffe eine Explosion ausgelöst werden kann;

1.3.5 Gegenstände mit Reiz- oder anderen Wirkstoffen, es sei denn, dass die Stoffe als gesundheitlich unbedenklich amtlich zugelassen sind und die Gegenstände

    – in der Reichweite und Sprühdauer begrenzt sind und

    – zum Nachweis der gesundheitlichen Unbedenklichkeit, der Reichweiten- und der Sprühdauerbegrenzung ein amtliches Prüfzeichen tragen;

1.3.6 Gegenstände, die unter Ausnutzung einer anderen als mechanischen Energie Verletzungen beibringen (z. B. Elektroimpulsgeräte), sofern sie nicht als gesundheitlich unbedenklich amtlich zugelassen sind und ein amtliches Prüfzeichen tragen zum Nachweis der gesundheitlichen Unbedenklichkeit sowie Distanz-Elektroimpulsgeräte, die mit dem Abschuss- oder Auslösegerät durch einen leitungsfähigen Flüssigkeitsstrahl einen Elektroimpuls übertragen oder durch Leitung verbundene Elektroden zur Übertragung eines Elektroimpulses am Körper aufbringen;

1.3.7 Präzisionsschleudern nach Anlage 1 Abschnitt 1 Unterabschnitt 2 Nr. 1.3 sowie Armstützen und vergleichbare Vorrichtungen für die vorbezeichneten Gegenstände;

1.3.8 Gegenstände, die nach ihrer Beschaffenheit und Handhabung dazu bestimmt sind, durch Drosseln die Gesundheit zu schädigen (z. B. Nun-Chakus);

1.4 Tragbare Gegenstände im Sinne des § 1 Abs. 2 Nr. 2 Buchstabe b nach den Nummern 1.4.1 bis 1.4.4

1.4.1 Spring- und Fallmesser nach Anlage 1 Abschnitt 1 Unterabschnitt 2 Nr. 2.1.1 und 2.1.2. Hiervon ausgenommen sind Springmesser, wenn die Klinge seitlich aus dem Griff herausspringt und der aus dem Griff herausragende Teil der Klinge
– höchstens 8,5 cm lang ist und
– nicht zweiseitig geschliffen ist;

1.4.2 Faustmesser nach Anlage 1 Abschnitt 1 Unterabschnitt 2 Nr. 2.1.3;

1.4.3 Butterflymesser nach Anlage 1 Abschnitt 1 Unterabschnitt 2 Nr. 2.1.4;

1.4.4 Gegenstände, die unter Ausnutzung einer anderen als mechanischen Energie Tieren Verletzungen beibringen (z. B. Elektroimpulsgeräte), sofern sie nicht als gesundheitlich unbedenklich amtlich zugelassen sind und ein amtliches Prüfzeichen tragen zum Nachweis der gesundheitlichen Unbedenklichkeit oder bestimmungsgemäß in der Tierhaltung Verwendung finden;

1.5 Munition und Geschosse nach den Nummern 1.5.1 bis 1.5.7

1.5.1 Geschosse mit Betäubungsstoffen, die zu Angriffs- oder Verteidigungszwecken bestimmt sind;

1.5.2 Geschosse oder Kartuschenmunition mit Reizstoffen, die zu Angriffs- oder Verteidigungszwecken bestimmt sind ohne ein amtliches Prüfzeichen zum Nachweis der gesundheitlichen Unbedenklichkeit;

1.5.3 Patronenmunition für Schusswaffen mit gezogenen Läufen, deren Geschosse im Durchmesser kleiner sind als die Felddurchmesser der dazugehörigen Schusswaffen und die mit einer Treib- und Führungshülse umgeben sind, die sich nach Verlassen des Laufes vom Geschoss trennt;

1.5.4 Patronenmunition mit Geschossen, die einen Leuchtspur-, Brand- oder Sprengsatz oder einen Hartkern (mindestens 400 HB 25 – Brinellhärte – bzw. 421 HV – Vickershärte –) enthalten, ausgenommen pyrotechnische Munition, die bestimmungsgemäß zur Signalgebung bei der Gefahrenabwehr dient;

1.5.5 Knallkartuschen, Reiz- und sonstige Wirkstoffmunition nach Tabelle 5 der Maßtafeln nach § 1 Abs. 3 Satz 3 der Dritten Verordnung zum Waffengesetz in der Fassung der Bekanntmachung vom 2. September 1991 (BGBl. I S. 1872), die zuletzt durch die Zweite Verordnung zur Änderung von waffenrechtlichen Verordnungen vom 24. Januar 2000 (BGBl. I S. 38) geändert wurde, in der jeweils geltenden Fassung (Maßtafeln), bei deren Verschießen in Entfernungen von mehr als 1,5 m vor der Mündung Verletzungen durch feste Bestandteile hervorgerufen werden können, ausgenommen Kartuschenmunition der Kaliber 16 und 12 mit einer Hülsenlänge von nicht mehr als 47 oder 49 mm;

1.5.6 Kleinschrotmunition, die in Lagern nach Tabelle 5 der Maßtafeln mit einem Durchmesser (P_1) bis 12,5 mm geladen werden kann;

1.5.7 Munition, die zur ausschließlichen Verwendung in Kriegswaffen oder durch die in § 55 Abs. 1 Satz 1 bezeichneten Stellen bestimmt ist, soweit die Munition nicht unter die Vorschriften des Gesetzes über die Kontrolle von Kriegswaffen oder des Sprengstoffgesetzes fällt.

Abschnitt 2. Erlaubnispflichtige Waffen

Unterabschnitt 1. Erlaubnispflicht

Der Umgang, ausgenommen das Überlassen, mit Waffen im Sinne des § 1 Abs. 2 Nr. 1 (Anlage 1 Abschnitt 1 Unterabschnitt 1 Nr. 1 bis 4) und der dafür bestimmten

Munition bedarf der Erlaubnis, soweit solche Waffen oder Munition nicht nach Unterabschnitt 2 für die dort bezeichneten Arten des Umgangs von der Erlaubnispflicht freigestellt sind. In Unterabschnitt 3 sind die Schusswaffen oder Munition aufgeführt, bei denen die Erlaubnis unter erleichterten Voraussetzungen erteilt wird. Ist eine erlaubnispflichtige Feuerwaffe in eine Waffe umgearbeitet worden, deren Erwerb und Besitz unter erleichterten und wegfallenden Erlaubnisvoraussetzungen möglich wäre, so richtet sich die Erlaubnispflicht nach derjenigen für die ursprüngliche Waffe. Dies gilt nicht für veränderte Langwaffen nach Anlage 1 Abschnitt 1 Unterabschnitt 1 Nr. 1,5 (Salutwaffen).

Unterabschnitt 2. Erlaubnisfreie Arten des Umgangs

1. Erlaubnisfreier Erwerb und Besitz
   1.1 Druckluft-, Federdruckwaffen und Waffen, bei denen zum Antrieb der Geschosse kalte Treibgase Verwendung finden, wenn den Geschossen eine Bewegungsenergie von nicht mehr als 7,5 Joule erteilt wird und die das Kennzeichen nach Anlage 1 Abbildung 1 zur Ersten Verordnung zum Waffengesetz vom 24. Mai 1976 (BGBl. I S. 1285) in der zum Zeitpunkt des Inkrafttretens dieses Gesetzes geltenden Fassung oder ein durch Rechtsverordnung nach § 25 Abs. 1 Nr. 1 Buchstabe c bestimmtes Zeichen tragen;
   1.2 Druckluft-, Federdruckwaffen und Waffen, bei denen zum Antrieb der Geschosse kalte Treibgase Verwendung finden, die vor dem 1. Januar 1970 oder in dem in Artikel 3 des Einigungsvertrages genannten Gebiet vor dem 2. April 1991 hergestellt und entsprechend den zu diesem Zeitpunkt geltenden Bestimmungen in den Handel gebracht worden sind;
   1.3 Schreckschuss-, Reizstoff- und Signalwaffen, die der zugelassenen Bauart nach § 8 des Beschussgesetzes entsprechen und das Zulassungszeichen nach Anlage 1 Abbildung 2 zur Ersten Verordnung zum Waffengesetz vom 24. Mai 1976 (BGBl. I S. 1285) in der zum Zeitpunkt des Inkrafttretens dieses Gesetzes geltenden Fassung oder ein durch Rechtsverordnung nach § 25 Abs. 1 Nr. 1 Buchstabe c bestimmtes Zeichen tragen;
   1.4 Kartuschenmunition für die in Nummer 1.3 bezeichneten Schusswaffen;
   1.5 veränderte Langwaffen, die zu Theateraufführungen, Foto-, Film- oder Fernsehaufnahmen bestimmt sind (Salutwaffen), wenn sie entsprechend den Anforderungen der Anlage 1 Abschnitt 1 Unterabschnitt 1 Nr. 1.5 abgeändert worden sind;
   1.6 Schusswaffen, die vor dem 1. April 1976 entsprechend den Anforderungen des § 3 der Ersten Verordnung zum Waffengesetz vom 19. Dezember 1972 (BGBl. I S. 2522) verändert worden sind;
   1.7 einläufige Einzelladerwaffen mit Zündhütchenzündung (Perkussionswaffen), deren Modell vor dem 1. Januar 1871 entwickelt worden ist;
   1.8 Schusswaffen mit Lunten- oder Funkenzündung, deren Modell vor dem 1. Januar 1871 entwickelt worden ist;
   1.9 Schusswaffen mit Zündnadelzündung, deren Modell vor dem 1. Januar 1871 entwickelt worden ist;
   1.10 Armbrüste;
   1.11 Kartuschenmunition für die nach Nummer 1.5 abgeänderten Schusswaffen sowie für Schussapparate nach § 7 des Beschussgesetzes;
   1.12 pyrotechnische Munition, die das Zulassungszeichen nach Anlage II Abbildung 5 zur Dritten Verordnung zum Waffengesetz in der Fassung der Bekanntmachung vom 2. September 1991 (BGBl. I S. 1872) mit der Klassenbezeichnung PM I trägt.
2. Erlaubnisfreier Erwerb durch Inhaber einer Waffenbesitzkarte (unbeschadet der Eintragungspflicht nach § 10 Abs. 1 a)
   2.1 Wechsel- und Austauschläufe gleichen oder geringeren Kalibers einschließlich der für diese Läufe erforderlichen auswechselbaren Verschlüsse (Wechselsysteme);

2.2 Wechseltrommeln, aus denen nur Munition verschossen werden kann, bei der gegenüber der für die Waffe bestimmten Munition Geschossdurchmesser und höchstzulässiger Gebrauchsgasdruck gleich oder geringer sind;

für Schusswaffen, die bereits in der Waffenbesitzkarte des Inhabers einer Erlaubnis eingetragen sind.

2 a. Erlaubnisfreier Erwerb und Besitz durch Inhaber einer Waffenbesitzkarte

Einstecklaufe und dazugehörige Verschlüsse (Einstecksysteme) sowie Einsätze, die dazu bestimmt sind, Munition mit kleinerer Abmessung zu verschießen, und die keine Einstecklaufe sind;

für Schusswaffen, die bereits in der Waffenbesitzkarte des Inhabers einer Erlaubnis eingetragen sind.

3. Erlaubnisfreies Führen

3.1 Schusswaffen mit Lunten- oder Funkenzündung, deren Modell vor dem 1. Januar 1871 entwickelt worden ist;

3.2 Armbrüste.

4. Erlaubnisfreier Handel und erlaubnisfreie Herstellung

4.1 Schusswaffen mit Lunten- oder Funkenzündung, deren Modell vor dem 1. Januar 1871 entwickelt worden ist;

4.2 Armbrüste.

5. Erlaubnisfreier Handel

5.1 Einläufige Einzelladerwaffen mit Zündhütchenzündung (Perkussionswaffen), deren Modell vor dem 1. Januar 1871 entwickelt worden ist;

5.2 Schusswaffen mit Zündnadelzündung, deren Modell vor dem 1. Januar 1871 entwickelt worden ist.

6. Erlaubnisfreie nichtgewerbsmäßige Herstellung

6.1 Munition.

7. Erlaubnisfreies Verbringen und erlaubnisfreie Mitnahme in den, durch den oder aus dem Geltungsbereich des Gesetzes

7.1 Druckluft-, Federdruckwaffen und Waffen, bei denen zum Antrieb der Geschosse kalte Treibgase Verwendung finden, sofern sie den Voraussetzungen der Nummer 1.1 oder 1.2 entsprechen;

7.2 Schreckschuss-, Reizstoff- und Signalwaffen, die der zugelassenen Bauart nach § 8 des Beschussgesetzes entsprechen und das Zulassungszeichen nach Anlage 1 Abbildung 2 zur Ersten Verordnung zum Waffengesetz vom 24. Mai 1976 (BGBl. I S. 1285) in der zum Zeitpunkt des Inkrafttretens dieses Gesetzes geltenden Fassung oder ein durch Rechtsverordnung nach § 25 Abs. 1 Nr. 1 Buchstabe c bestimmtes Zeichen tragen;

7.3 veränderte Langwaffen, die zu Theateraufführungen, Foto-, Film- oder Fernsehaufnahmen bestimmt sind (Salutwaffen), wenn sie entsprechend den Anforderungen der Anlage 1 Abschnitt 1 Unterabschnitt 1 Nr. 1.5 abgeändert worden sind;

7.4 Schusswaffen, die vor dem 1. April 1976 entsprechend den Anforderungen des § 3 der Ersten Verordnung zum Waffengesetz vom 19. Dezember 1972 (BGBl. I S. 2522) verändert worden sind;

7.5 Munition für die in Nummer 7.2 bezeichneten Waffen;

7.6 einläufige Einzelladerwaffen mit Zündhütchenzündung (Perkussionswaffen), deren Modell vor dem 1. Januar 1871 entwickelt worden ist;

7.7 Schusswaffen mit Lunten- oder Funkenzündung oder mit Zündnadelzündung, deren Modell vor dem 1. Januar 1871 entwickelt worden ist;

7.8 Armbrüste;

7.9 pyrotechnische Munition, die das Zulassungszeichen nach Anlage II Abbildung 5 zur Dritten Verordnung zum Waffengesetz in der Fassung der Bekanntmachung vom 2. September 1991 (BGBl. I S. 1872) mit der Klassenbezeichnung PM I trägt.

8. Erlaubnisfreies Verbringen und erlaubnisfreie Mitnahme aus dem Geltungsbereich des Gesetzes in einen Staat, der nicht Mitgliedstaat der Europäischen Union ist.

Sämtliche Waffen im Sinne des § 1 Abs. 2.

Unterabschnitt 3. Entbehrlichkeit einzelner Erlaubnisvoraussetzungen

1. Erwerb und Besitz ohne Bedürfnisnachweis (§ 4 Abs. 1 Nr. 4)
   1.1 Feuerwaffen, deren Geschossen eine Bewegungsenergie von nicht mehr als 7,5 Joule erteilt wird und die das Kennzeichen nach Anlage 1 Abbildung 1 der Ersten Verordnung zum Waffengesetz vom 24. Mai 1976 (BGBl. I S. 1285) in der zum Zeitpunkt des Inkrafttretens dieses Gesetzes geltenden Fassung oder ein durch Rechtsverordnung nach § 25 Abs. 1 Nr. 1 Buchstabe c bestimmtes Zeichen tragen;
   1.2 für Waffen nach Nummer 1.1 bestimmte Munition.
2. Führen ohne Sachkunde-, Bedürfnis- und Haftpflichtversicherungsnachweis (§ 4 Abs. 1 Nr. 3 bis 5) – Kleiner Waffenschein
   2.1 Schreckschuss-, Reizstoff- und Signalwaffen nach Unterabschnitt 2 Nr. 1.3.

Abschnitt 3. Vom Gesetz ganz oder teilweise ausgenommene Waffen
Unterabschnitt 1. Vom Gesetz mit Ausnahme von § 2 Abs. 1 und § 41 ausgenommene Waffen

Unterwassersportgeräte, bei denen zum Antrieb der Geschosse keine Munition verwendet wird (Harpunengeräte).

Unterabschnitt 2. Vom Gesetz mit Ausnahme des § 42 a ausgenommene Waffen

1. Schusswaffen (Anlage 1 Abschnitt 1 Unterabschnitt 1 Nr. 1.1, ausgenommen Blasrohre), die zum Spiel bestimmt sind, wenn aus ihnen nur Geschosse verschossen werden können, denen eine Bewegungsenergie von nicht mehr als 0,5 Joule (J) erteilt wird, es sei denn, sie können mit allgemein gebräuchlichen Werkzeugen so geändert werden, dass die Bewegungsenergie der Geschosse über 0,5 Joule (J) steigt.
2. Schusswaffen (Anlage 1 Abschnitt 1 Unterabschnitt 1 Nr. 1.1), bei denen feste Körper durch Muskelkraft ohne Möglichkeit der Speicherung der so eingebrachten Antriebsenergie durch eine Sperrvorrichtung angetrieben werden (z. B. Blasrohre).
3. Gegenstände, die zum Spiel bestimmt sind, wenn mit ihnen nur Zündblättchen, -bänder, -ringe (Amorces) oder Knallkorken abgeschossen werden können, es sei denn, sie können mit allgemein gebräuchlichen Werkzeugen in eine Schusswaffe oder einen anderen, einer Schusswaffe gleichstehenden Gegenstand umgearbeitet werden.
4. Unbrauchbar gemachte Schusswaffen (Dekorationswaffen); dies sind
   4.1 unbrauchbar gemachte Schusswaffen, die vor dem 1. April 2003 entsprechend den Anforderungen des § 7 der Ersten Verordnung zum Waffengesetz vom 24. Mai 1976 (BGBl. I S. 1285) in der bis zu diesem Zeitpunkt geltenden Fassung unbrauchbar gemacht worden sind;
   4.2. unbrauchbar gemachte Schusswaffen, Zier- oder Sammlerwaffen, die in der Zeit vom 1. April 2003 an entsprechend den Anforderungen der Anlage 1 Abschnitt 1 Unterabschnitt 1 Nr. 1.4 unbrauchbar gemacht worden sind und die ein Zulassungszeichen nach Anlage II Abbildung 11 zur Beschussverordnung vom 13. Juli 2006 (BGBl. I S. 1474) aufweisen.
5. Nachbildungen von Schusswaffen nach Anlage 1 Abschnitt 1 Unterabschnitt 1 Nr. 6.

B 6. Gesetz über das Zentralregister und das Erziehungsregister (Bundeszentralregistergesetz – BZRG)

Vom 21. 9. 1984 (BGBl. I S. 1229, ber. 1985 S. 195), letztes ÄndG vom 23. 5. 2011 (BGBl. I S. 898)

– Auszug –

...

Zweiter Teil. Das Zentralregister

Erster Abschnitt. Inhalt und Führung des Registers

§ 3 Inhalt des Registers. In das Register werden eingetragen

1. strafgerichtliche Verurteilungen (§§ 4 bis 8),
2. *(aufgehoben)*
3. Entscheidungen von Verwaltungsbehörden und Gerichten (§ 10),
4. Vermerke über Schuldunfähigkeit (§ 11),
5. gerichtliche Feststellungen nach § 17 Abs. 2, § 18,
6. nachträgliche Entscheidungen und Tatsachen, die sich auf eine der in den Nummern 1 bis 4 genannten Eintragungen beziehen (§§ 12 bis 16, § 17 Abs. 1).

§ 4 Verurteilungen. In das Register sind die rechtskräftigen Entscheidungen einzutragen, durch die ein deutsches Gericht im Geltungsbereich dieses Gesetzes wegen einer rechtswidrigen Tat

1. auf Strafe erkannt,
2. eine Maßregel der Besserung und Sicherung angeordnet,
3. jemanden nach § 59 des Strafgesetzbuchs mit Strafvorbehalt verwarnt oder
4. nach § 27 des Jugendgerichtsgesetzes die Schuld eines Jugendlichen oder Heranwachsenden festgestellt

hat.

§ 5 Inhalt der Eintragung. (1) Einzutragen sind

1. die Personendaten des Betroffenen; dazu gehören der Geburtsname, ein hiervon abweichender Familienname, die Vornamen, das Geschlecht, das Geburtsdatum, der Geburtsort, die Staatsangehörigkeit und die Anschrift sowie abweichende Personendaten,
2. die entscheidende Stelle samt Geschäftsnummer,
3. der Tag der (letzten) Tat,
4. der Tag des ersten Urteils; bei Strafbefehlen gilt als Tag des ersten Urteils der Tag der Unterzeichnung durch die Richter; ist gegen den Strafbefehl Einspruch eingelegt worden, so ist der Tag der auf den Einspruch ergehenden Entscheidung Tag des ersten Urteils, außer wenn der Einspruch verworfen wurde,
5. der Tag der Rechtskraft,
6. die rechtliche Bezeichnung der Tat, deren der Verurteilte schuldig gesprochen worden ist, unter Angabe der angewendeten Strafvorschriften,
7. die verhängten Strafen, die nach § 59 des Strafgesetzbuchs vorbehaltene Strafe sowie alle kraft Gesetzes eintretenden oder in der Entscheidung neben einer Strafe oder neben Freisprechung oder selbstständig angeordneten oder vorbehaltenen Maßnahmen (§ 11 Abs. 1 Nr. 8 des Strafgesetzbuchs) und Nebenfolgen.

(2) Die Anordnung von Erziehungsmaßregeln und Zuchtmitteln sowie von Nebenstrafen und Nebenfolgen, auf die bei Anwendung von Jugendstrafrecht erkannt worden ist, wird in das Register eingetragen, wenn sie mit einem Schuldspruch nach § 27 des

Jugendgerichtsgesetzes, einer Verurteilung zu Jugendstrafe oder der Anordnung einer Maßregel der Besserung und Sicherung verbunden ist.

(3) [1] Ist auf Geldstrafe erkannt, so sind die Zahl der Tagessätze und die Höhe eines Tagessatzes einzutragen. [2] Ist auf Vermögensstrafe erkannt, so sind deren Höhe und die Dauer der Ersatzfreiheitsstrafe einzutragen.

...

Dritter Abschnitt. Auskunft aus dem Zentralregister

1. Führungszeugnis

§ 30 Antrag. (1) [1] Jeder Person, die das 14. Lebensjahr vollendet hat, wird auf Antrag ein Zeugnis über den sie betreffenden Inhalt des Zentralregisters erteilt (Führungszeugnis). [2] Hat der Betroffene einen gesetzlichen Vertreter, so ist auch dieser antragsberechtigt. [3] Ist der Betroffene geschäftsunfähig, so ist nur sein gesetzlicher Vertreter antragsberechtigt.

(2) [1] Der Antrag ist bei der Meldebehörde zu stellen. [2] Der Antragsteller hat seine Identität und, wenn er als gesetzlicher Vertreter handelt, seine Vertretungsmacht nachzuweisen. [3] Der Betroffene und sein gesetzlicher Vertreter können sich bei der Antragstellung nicht durch einen Bevollmächtigten vertreten lassen. [4] Die Meldebehörde nimmt die Gebühr für das Führungszeugnis entgegen, behält davon zwei Fünftel ein und führt den Restbetrag an die Bundeskasse ab.

(3) [1] Wohnt der Antragsteller außerhalb des Geltungsbereichs dieses Gesetzes, so kann er den Antrag unmittelbar bei der Registerbehörde stellen. [2] Absatz 2 Satz 2 und 3 gilt entsprechend.

(4) Die Übersendung des Führungszeugnisses an eine andere Person als den Antragsteller ist nicht zulässig.

(5) [1] Wird das Führungszeugnis zur Vorlage bei einer Behörde beantragt, so ist es der Behörde unmittelbar zu übersenden. [2] Die Behörde hat dem Antragsteller auf Verlangen Einsicht in das Führungszeugnis zu gewähren. [3] Der Antragsteller kann verlangen, dass das Führungszeugnis, wenn es Eintragungen enthält, zunächst an ein von ihm benanntes Amtsgericht zur Einsichtnahme durch ihn übersandt wird. [4] Die Meldebehörde hat den Antragsteller in den Fällen, in denen der Antrag bei ihr gestellt wird, auf diese Möglichkeit hinzuweisen. [5] Das Amtsgericht darf die Einsicht nur dem Antragsteller persönlich gewähren. [6] Nach Einsichtnahme ist das Führungszeugnis an die Behörde weiterzuleiten oder, falls der Antragsteller dem widerspricht, vom Amtsgericht zu vernichten.

(6) [1] Wohnt der Antragsteller außerhalb des Geltungsbereichs dieses Gesetzes, so kann er verlangen, dass das Führungszeugnis, wenn es Eintragungen enthält, zunächst an eine von ihm benannte amtliche Vertretung der Bundesrepublik Deutschland zur Einsichtnahme durch ihn übersandt wird. [2] Absatz 5 Satz 5 und 6 gilt für die amtliche Vertretung der Bundesrepublik Deutschland entsprechend.

§ 30 a Antrag auf ein erweitertes Führungszeugnis. (1) Einer Person wird auf Antrag ein erweitertes Führungszeugnis erteilt,

1. wenn die Erteilung in gesetzlichen Bestimmungen unter Bezugnahme auf diese Vorschrift vorgesehen ist oder
2. wenn dieses Führungszeugnis benötigt wird für
   a) die Prüfung der persönlichen Eignung nach § 72 a des Achten Buches Sozialgesetzbuch – Kinder- und Jugendhilfe –,
   b) eine sonstige berufliche oder ehrenamtliche Beaufsichtigung, Betreuung, Erziehung oder Ausbildung Minderjähriger oder
   c) eine Tätigkeit, die in einer dem Buchstabe b vergleichbaren Weise geeignet ist, Kontakt zu Minderjährigen aufzunehmen.

(2) [1] Wer einen Antrag auf Erteilung eines erweiterten Führungszeugnisses stellt, hat eine schriftliche Aufforderung vorzulegen, in der die Person, die das erweiterte Füh-

rungszeugnis vom Antragsteller verlangt, bestätigt, dass die Voraussetzungen nach Absatz 1 vorliegen. [2] Im Übrigen gilt § 30 entsprechend.

§ 31 Erteilung des Führungszeugnisses und des erweiterten Führungszeugnisses an Behörden. (1) [1] Behörden erhalten über eine bestimmte Person ein Führungszeugnis, soweit sie es zur Erledigung ihrer hoheitlichen Aufgaben benötigen und eine Aufforderung an den Betroffenen, ein Führungszeugnis vorzulegen, nicht sachgemäß ist oder erfolglos bleibt. [2] Die Behörde hat dem Betroffenen auf Verlangen Einsicht in das Führungszeugnis zu gewähren.

(2) [1] Behörden erhalten zum Zweck des Schutzes Minderjähriger ein erweitertes Führungszeugnis unter den Voraussetzungen des Absatzes 1. [2] Absatz 1 Satz 2 gilt entsprechend.

§ 32 Inhalt des Führungszeugnisses. (1) [1] In das Führungszeugnis werden die in den §§ 4 bis 16 bezeichneten Eintragungen aufgenommen. [2] Soweit in Absatz 2 Nr. 3 bis 9 hiervon Ausnahmen zugelassen werden, gelten diese nicht bei Verurteilungen wegen einer Straftat nach den §§ 174 bis 180 oder 182 des Strafgesetzbuches.

(2) Nicht aufgenommen werden

1. die Verwarnung mit Strafvorbehalt nach § 59 des Strafgesetzbuchs,
2. der Schuldspruch nach § 27 des Jugendgerichtsgesetzes,
3. Verurteilungen, durch die auf Jugendstrafe von nicht mehr als zwei Jahren erkannt worden ist, wenn die Vollstreckung der Strafe oder eines Strafrestes gerichtlich oder im Gnadenwege zur Bewährung ausgesetzt oder nach § 35 des Betäubungsmittelgesetzes zurückgestellt und diese Entscheidung nicht widerrufen worden ist,
4. Verurteilungen, durch die auf Jugendstrafe erkannt worden ist, wenn der Strafmakel gerichtlich oder im Gnadenwege als beseitigt erklärt und die Beseitigung nicht widerrufen worden ist,
5. Verurteilungen, durch die auf
   a) Geldstrafe von nicht mehr als neunzig Tagessätzen,
   b) Freiheitsstrafe oder Strafarrest von nicht mehr als drei Monaten
   erkannt worden ist, wenn im Register keine weitere Strafe eingetragen ist,
6. Verurteilungen, durch die auf Freiheitsstrafe von nicht mehr als zwei Jahren erkannt worden ist, wenn die Vollstreckung der Strafe oder eines Strafrestes
   a) nach § 35 oder § 36 des Betäubungsmittelgesetzes zurückgestellt oder zur Bewährung ausgesetzt oder
   b) nach § 56 oder § 57 des Strafgesetzbuchs zur Bewährung ausgesetzt worden ist und sich aus dem Register ergibt, dass der Verurteilte die Tat oder bei Gesamtstrafen alle oder den ihrer Bedeutung nach überwiegenden Teil der Taten auf Grund einer Betäubungsmittelabhängigkeit begangen hat,
   diese Entscheidungen nicht widerrufen worden sind und im Register keine weitere Strafe eingetragen ist,
7. Verurteilungen, durch die neben Jugendstrafe oder Freiheitsstrafe von nicht mehr als zwei Jahren die Unterbringung in einer Entziehungsanstalt angeordnet worden ist, wenn die Vollstreckung der Strafe, des Strafrestes oder der Maßregel nach § 35 des Betäubungsmittelgesetzes zurückgestellt worden ist und im Übrigen die Voraussetzungen der Nummer 3 oder 6 erfüllt sind,
8. Verurteilungen, durch die Maßregeln der Besserung und Sicherung, Nebenstrafen oder Nebenfolgen allein oder in Verbindung miteinander oder in Verbindung mit Erziehungsmaßregeln oder Zuchtmitteln angeordnet worden sind,
9. Verurteilungen, bei denen die Wiederaufnahme des gesamten Verfahrens vermerkt ist; ist die Wiederaufnahme nur eines Teils des Verfahrens angeordnet, so ist im Führungszeugnis darauf hinzuweisen,
10. abweichende Personendaten gemäß § 5 Abs. 1 Nr. 1,
11. Eintragungen nach den §§ 10 und 11,
12. die vorbehaltene Sicherungsverwahrung, falls von der Anordnung der Sicherungsverwahrung rechtskräftig abgesehen worden ist.

(3) In ein Führungszeugnis für Behörden (§ 30 Abs. 5, § 31) sind entgegen Absatz 2 auch aufzunehmen

1. Verurteilungen, durch die eine freiheitsentziehende Maßregel der Besserung und Sicherung angeordnet worden ist,
2. Eintragungen nach § 10, wenn die Entscheidung nicht länger als zehn Jahre zurückliegt,
3. Eintragungen nach § 11, wenn die Entscheidung oder Verfügung nicht länger als fünf Jahre zurückliegt,
4. abweichende Personendaten gemäß § 5 Abs. 1 Nr. 1, sofern unter diesen Daten Eintragungen erfolgt sind, die in ein Führungszeugnis für Behörden aufzunehmen sind.

(4) In ein Führungszeugnis für Behörden (§ 30 Abs. 5, § 31) sind ferner die in Absatz 2 Nr. 5 bis 9 bezeichneten Verurteilungen wegen Straftaten aufzunehmen, die

1. bei oder in Zusammenhang mit der Ausübung eines Gewerbes oder dem Betrieb einer sonstigen wirtschaftlichen Unternehmung oder
2. bei der Tätigkeit in einem Gewerbe oder einer sonstigen wirtschaftlichen Unternehmung
   a) von einem Vertreter oder Beauftragten im Sinne des § 14 des Strafgesetzbuchs oder
   b) von einer Person, die in einer Rechtsvorschrift ausdrücklich als Verantwortlicher bezeichnet ist,

begangen worden sind, wenn das Führungszeugnis für die in § 149 Abs. 2 Nr. 1 der Gewerbeordnung bezeichneten Entscheidungen bestimmt ist.

(5) Soweit in Absatz 2 Nummer 3 bis 9 Ausnahmen für die Aufnahme von Eintragungen zugelassen werden, gelten diese nicht bei einer Verurteilung wegen einer Straftat nach den §§ 171, 180a, 181a, 183 bis 184f, 225, 232 bis 233a, 234, 235 oder § 236 des Strafgesetzbuchs, wenn ein erweitertes Führungszeugnis nach § 30a oder § 31 Absatz 2 erteilt wird.

...

2. Unbeschränkte Auskunft aus dem Zentralregister

§ 41 Umfang der Auskunft. (1) Von Eintragungen, die in ein Führungszeugnis nicht aufgenommen werden, sowie von Suchvermerken darf – unbeschadet der §§ 42 und 57 – nur Kenntnis gegeben werden

1. den Gerichten, Gerichtsvorständen, Staatsanwaltschaften und Aufsichtsstellen (§ 68 a des Strafgesetzbuchs) für Zwecke der Rechtspflege sowie den Justizvollzugsbehörden für Zwecke des Strafvollzugs einschließlich der Überprüfung aller im Strafvollzug tätigen Personen,
2. den obersten Bundes- und Landesbehörden,
3. den Verfassungsschutzbehörden des Bundes und der Länder, dem Bundesnachrichtendienst und dem Militärischen Abschirmdienst für die diesen Behörden übertragenen Sicherheitsaufgaben,
4. den Finanzbehörden für die Verfolgung von Straftaten, die zu ihrer Zuständigkeit gehört,
5. den Kriminaldienst verrichtenden Dienststellen der Polizei für Zwecke der Verhütung und Verfolgung von Straftaten,
6. den Einbürgerungsbehörden für Einbürgerungsverfahren,
7. den Ausländerbehörden und dem Bundesamt für Migration und Flüchtlinge, wenn sich die Auskunft auf einen Ausländer bezieht,
8. den Gnadenbehörden für Gnadensachen,
9. den für waffenrechtliche oder sprengstoffrechtliche Erlaubnisse, für die Erteilung von Jagdscheinen, für Erlaubnisse zum Halten eines gefährlichen Hundes oder für Erlaubnisse für das Bewachungsgewerbe und die Überprüfung des Bewachungspersonals zuständigen Behörden,

10. dem Bundesinstitut für Arzneimittel und Medizinprodukte im Rahmen des Erlaubnisverfahrens nach dem Betäubungsmittelgesetz,
11. den Rechtsanwaltskammern oder der Patentanwaltskammer für die Entscheidung in Zulassungsverfahren nach der Bundesrechtsanwaltsordnung oder der Patentanwaltsordnung,
12. dem Bundesamt für Strahlenschutz im Rahmen der atomrechtlichen Zuverlässigkeitsprüfung nach dem Atomgesetz,
13. den Luftsicherheitsbehörden für Zwecke der Zuverlässigkeitsüberprüfung nach § 7 des Luftsicherheitsgesetzes.

(2) *(aufgehoben)*

(3) [1]Eintragungen nach § 17 und Verurteilungen zu Jugendstrafe, bei denen der Strafmakel als beseitigt erklärt ist, dürfen nicht nach Absatz 1 mitgeteilt werden; über sie wird nur noch den Strafgerichten und Staatsanwaltschaften für ein Strafverfahren gegen den Betroffenen Auskunft erteilt. [2]Dies gilt nicht für Verurteilungen wegen einer Straftat nach den §§ 171, 174 bis 180a, 181a, 182 bis 184f, 225, 232 bis 233a, 234, 235 oder § 236 des Strafgesetzbuchs.

(4) [1]Die Auskunft nach den Absätzen 1 bis 3 wird nur auf ausdrückliches Ersuchen erteilt. [2]Die in Absatz 1 genannten Stellen haben den Zweck anzugeben, für den die Auskunft benötigt wird; sie darf nur für diesen Zweck verwertet werden.

(5) Enthält eine Auskunft Verurteilungen, die in ein Führungszeugnis nicht oder die nur in ein Führungszeugnis nach § 32 Abs. 3 bis 5 aufzunehmen sind, so ist hierauf besonders hinzuweisen.

§ 42 Auskunft an den Betroffenen. [1]Einer Person, die das 14. Lebensjahr vollendet hat, wird auf Antrag mitgeteilt, welche Eintragungen über sie im Register enthalten sind. [2]§ 30 Abs. 1 Satz 2, 3 gilt entsprechend. [3]Erfolgt die Mitteilung nicht durch Einsichtnahme bei der Registerbehörde, so ist sie, wenn der Antragsteller im Geltungsbereich dieses Gesetzes wohnt, an ein von ihm benanntes Amtsgericht zu senden, bei dem er die Mitteilung persönlich einsehen kann. [4]Befindet sich der Betroffene in amtlichem Gewahrsam einer Justizbehörde, so tritt die Anstaltsleitung an die Stelle des Amtsgerichts. [5]Wohnt der Antragsteller außerhalb des Geltungsbereichs dieses Gesetzes, so ist die Mitteilung an eine von ihm benannte amtliche Vertretung der Bundesrepublik Deutschland zu senden, bei der er die Mitteilung persönlich einsehen kann. [6]Nach Einsichtnahme ist die Mitteilung vom Amtsgericht, der Anstaltsleitung oder der amtlichen Vertretung der Bundesrepublik Deutschland zu vernichten.

...

Vierter Abschnitt. Tilgung

§ 45 Tilgung nach Fristablauf. (1) Eintragungen über Verurteilungen (§ 4) werden nach Ablauf einer bestimmten Frist getilgt.

(2) [1]Eine zu tilgende Eintragung wird ein Jahr nach Eintritt der Tilgungsreife aus dem Register entfernt. [2]Während dieser Zeit darf über die Eintragung keine Auskunft erteilt werden.

(3) Absatz 1 gilt nicht

1. bei Verurteilungen zu lebenslanger Freiheitsstrafe,
2. bei Anordnung der Unterbringung in der Sicherungsverwahrung oder in einem psychiatrischen Krankenhaus.

§ 46 Länge der Tilgungsfrist. (1) Die Tilgungsfrist beträgt

1. fünf Jahre
   bei Verurteilungen
   a) zu Geldstrafe von nicht mehr als neunzig Tagessätzen, wenn keine Freiheitsstrafe, kein Strafarrest und keine Jugendstrafe im Register eingetragen ist,

b) zu Freiheitsstrafe oder Strafarrest von nicht mehr als drei Monaten, wenn im Register keine weitere Strafe eingetragen ist,

c) zu Jugendstrafe von nicht mehr als einem Jahr,

d) zu Jugendstrafe von nicht mehr als zwei Jahren, wenn die Vollstreckung der Strafe oder eines Strafrestes gerichtlich oder im Gnadenwege zur Bewährung ausgesetzt worden ist,

e) zu Jugendstrafe von mehr als zwei Jahren, wenn ein Strafrest nach Ablauf der Bewährungszeit gerichtlich oder im Gnadenwege erlassen worden ist,

f) zu Jugendstrafe, wenn der Strafmakel gerichtlich oder im Gnadenwege als beseitigt erklärt worden ist,

g) durch welche eine Maßnahme (§ 11 Abs. 1 Nr. 8 des Strafgesetzbuchs) mit Ausnahme der Sperre für die Erteilung einer Fahrerlaubnis für immer und des Berufsverbots für immer, eine Nebenstrafe oder eine Nebenfolge allein oder in Verbindung miteinander oder in Verbindung mit Erziehungsmaßregeln oder Zuchtmitteln angeordnet worden ist,

2. zehn Jahre
bei Verurteilungen zu

a) Geldstrafe und Freiheitsstrafe oder Strafarrest von nicht mehr als drei Monaten, wenn die Voraussetzungen der Nummer 1 Buchstaben a und b nicht vorliegen,

b) Freiheitsstrafe oder Strafarrest von mehr als drei Monaten, aber nicht mehr als einem Jahr, wenn die Vollstreckung der Strafe oder eines Strafrestes gerichtlich oder im Gnadenwege zur Bewährung ausgesetzt worden und im Register nicht außerdem Freiheitsstrafe, Strafarrest oder Jugendstrafe eingetragen ist,

c) Jugendstrafe von mehr als einem Jahr, außer in den Fällen der Nummer 1 Buchstaben d bis f,

d) Jugendstrafe bei Verurteilungen wegen einer Straftat nach den §§ 171, 180 a, 181 a, 183 bis 184 f, 225, 232 bis 233 a, 234, 235 oder § 236 des Strafgesetzbuchs von mehr als einem Jahr in Fällen der Nummer 1 Buchstabe d bis f,

3. zwanzig Jahre bei Verurteilungen wegen einer Straftat nach den §§ 174 bis 180 oder 182 des Strafgesetzbuches zu einer Freiheitsstrafe oder Jugendstrafe von mehr als einem Jahr,

4. fünfzehn Jahre
in allen übrigen Fällen.

(2) Die Aussetzung der Strafe oder eines Strafrestes zur Bewährung oder die Beseitigung des Strafmakels bleiben bei der Berechnung der Frist unberücksichtigt, wenn diese Entscheidungen widerrufen worden sind.

(3) In den Fällen des Absatzes 1 Nr. 1 Buchstabe e, Nr. 2 Buchstabe c, Nr. 3, Nr. 4 verlängert sich die Frist um die Dauer der Freiheitsstrafe, des Strafarrestes oder der Jugendstrafe.

...

Fünfter Abschnitt. Rechtswirkungen der Tilgung

§ 51 Verwertungsverbot. (1) Ist die Eintragung über eine Verurteilung im Register getilgt worden oder ist sie zu tilgen, so dürfen die Tat und die Verurteilung dem Betroffenen im Rechtsverkehr nicht mehr vorgehalten und nicht zu seinem Nachteil verwertet werden.

(2) Aus der Tat oder der Verurteilung entstandene Rechte Dritter, gesetzliche Rechtsfolgen der Tat oder der Verurteilung und Entscheidungen von Gerichten oder Verwaltungsbehörden, die im Zusammenhang mit der Tat oder der Verurteilung ergangen sind, bleiben unberührt.

§ 52 Ausnahmen. (1) Die frühere Tat darf abweichend von § 51 Abs. 1 nur berücksichtigt werden, wenn

1. die Sicherheit der Bundesrepublik Deutschland oder eines ihrer Länder eine Ausnahme zwingend gebietet,

2. in einem erneuten Strafverfahren ein Gutachten über den Geisteszustand des Betroffenen zu erstatten ist, falls die Umstände der früheren Tat für die Beurteilung seines Geisteszustandes von Bedeutung sind,
3. die Wiederaufnahme des früheren Verfahrens beantragt wird oder
4. der Betroffene die Zulassung zu einem Beruf oder einem Gewerbe, die Einstellung in den öffentlichen Dienst oder die Erteilung einer Waffenbesitzkarte, eines Munitionserwerbscheins, Waffenscheins, Jagdscheins oder einer Erlaubnis nach § 27 des Sprengstoffgesetzes beantragt, falls die Zulassung, Einstellung oder Erteilung der Erlaubnis sonst zu einer erheblichen Gefährdung der Allgemeinheit führen würde; das Gleiche gilt, wenn der Betroffene die Aufhebung einer die Ausübung eines Berufes oder Gewerbes untersagenden Entscheidung beantragt.

(2) [1] Abweichend von § 51 Abs. 1 darf eine frühere Tat ferner in einem Verfahren berücksichtigt werden, das die Erteilung oder Entziehung einer Fahrerlaubnis zum Gegenstand hat, solange die Verurteilung nach den Vorschriften der §§ 28 bis 30 b des Straßenverkehrsgesetzes verwertet werden darf. [2] Außerdem dürfen für die Prüfung der Berechtigung zum Führen von Kraftfahrzeugen Entscheidungen der Gerichte nach den §§ 69 bis 69 b des Strafgesetzbuches verwertet werden.

...

Dritter Teil. Das Erziehungsregister

§ 59 Führung des Erziehungsregisters. [1] Das Erziehungsregister wird von dem Bundeszentralregister geführt. [2] Für das Erziehungsregister gelten die Vorschriften des Zweiten Teils, soweit die §§ 60 bis 64 nicht etwas anderes bestimmen.

§ 60 Eintragungen in das Erziehungsregister. (1) In das Erziehungsregister werden die folgenden Entscheidungen und Anordnungen eingetragen, soweit sie nicht nach § 5 Abs. 2 in das Zentralregister einzutragen sind:

1. die Anordnung von Maßnahmen nach § 3 Satz 2 des Jugendgerichtsgesetzes,
2. die Anordnung von Erziehungsmaßregeln oder Zuchtmitteln (§§ 9 bis 16 des Jugendgerichtsgesetzes), Nebenstrafen oder Nebenfolgen (§ 8 Abs. 3, § 76 des Jugendgerichtsgesetzes) allein oder in Verbindung miteinander,
3. der Schuldspruch, der nach § 13 Abs. 2 Satz 2 Nr. 2 aus dem Zentralregister entfernt worden ist,
4. Entscheidungen, in denen der Richter die Auswahl und Anordnung von Erziehungsmaßregeln dem Familiengericht überlässt (§§ 53, 104 Abs. 4 des Jugendgerichtsgesetzes),
5. Anordnungen des Familiengerichts, die auf Grund einer Entscheidung nach Nummer 4 ergehen,
6. der Freispruch wegen mangelnder Reife und die Einstellung des Verfahrens aus diesem Grunde (§ 3 Satz 1 des Jugendgerichtsgesetzes),
7. das Absehen von der Verfolgung nach § 45 des Jugendgerichtsgesetzes und die Einstellung des Verfahrens nach § 47 des Jugendgerichtsgesetzes,
8. *(aufgehoben)*
9. vorläufige und endgültige Entscheidungen des Familiengerichts nach § 1666 Abs. 1 und § 1666 a des Bürgerlichen Gesetzbuchs sowie Entscheidungen des Familienrichts nach § 1837 Abs. 4 in Verbindung mit § 1666 Abs. 1 und § 1666 a des Bürgerlichen Gesetzbuchs, welche die Sorge für die Person des Minderjährigen betreffen; ferner die Entscheidungen, durch welche die vorgenannten Entscheidungen aufgehoben oder geändert werden.

(2) In den Fällen des Absatzes 1 Nr. 7 ist zugleich die vom Richter nach § 45 Abs. 3 oder § 47 Abs. 1 Satz 1 Nr. 3 des Jugendgerichtsgesetzes getroffene Maßnahme einzutragen.

(3), (4) *(aufgehoben)*

§ 61 Auskunft aus dem Erziehungsregister. (1) Eintragungen im Erziehungsregister dürfen – unbeschadet der §§ 42 a, 42 c – nur mitgeteilt werden

1. den Strafgerichten und Staatsanwaltschaften für Zwecke der Rechtspflege sowie den Justizvollzugsbehörden für Zwecke des Strafvollzugs einschließlich der Überprüfung aller im Strafvollzug tätigen Personen,
2. den Familiengerichten für Verfahren, welche die Sorge für die Person des im Register Geführten betreffen,
3. den Jugendämtern und den Landesjugendämtern für die Wahrnehmung von Erziehungsaufgaben der Jugendhilfe,
4. den Gnadenbehörden für Gnadensachen,
5. den für waffen- und sprengstoffrechtliche Erlaubnisse zuständigen Behörden mit der Maßgabe, dass nur Entscheidungen und Anordnungen nach § 60 Abs. 1 Nr. 1 bis 7 mitgeteilt werden dürfen.

(2) Soweit Behörden sowohl aus dem Zentralregister als auch aus dem Erziehungsregister Auskunft zu erteilen ist, werden auf ein Ersuchen um Auskunft aus dem Zentralregister (§ 41 Abs. 4) auch die in das Erziehungsregister aufgenommenen Eintragungen mitgeteilt.

(3) Auskünfte aus dem Erziehungsregister dürfen nicht an andere als die in Absatz 1 genannten Behörden weitergeleitet werden.

...

B 7. Gesetz über die Bundespolizei (Bundespolizeigesetz – BPolG)

vom 19. 10. 1994 (BGBl. I S. 2978), zuletzt geändert durch Gesetz vom 31. 7. 2009 (BGBl. I S. 2507)

(Auszug)

§ 64 Amtshandlungen von Polizeivollzugsbeamten der Länder sowie von Vollzugsbeamten anderer Bundesbehörden oder anderer Staaten im Zuständigkeitsbereich der Bundespolizei. (1) Polizeivollzugsbeamte eines Landes können Amtshandlungen zur Wahrnehmung von Aufgaben der Bundespolizei vornehmen

1. auf Anforderung oder mit Zustimmung der zuständigen Bundespolizeibehörde,
2. zur Abwehr einer gegenwärtigen Gefahr, zur Verfolgung von Straftaten im Sinne des § 12 Abs. 1 auf frischer Tat sowie zur Verfolgung und Wiederergreifung von aus dem Gewahrsam der Bundespolizei Entwichenen, wenn die zuständige Bundespolizeibehörde die erforderlichen Maßnahmen nicht rechtzeitig treffen kann.

In den Fällen der Nummer 2 ist die zuständige Bundespolizeibehörde unverzüglich zu unterrichten.

(2) Werden Polizeivollzugsbeamte eines Landes nach Absatz 1 tätig, so richten sich ihre Befugnisse nach dem für die Polizei des Landes geltenden Recht.

(3) Absatz 1 gilt für Vollzugsbeamte anderer Bundesbehörden entsprechend. Die Vollzugsbeamten haben insoweit dieselben Befugnisse wie die Bundespolizei. Ihre Maßnahmen gelten als Maßnahmen der Bundespolizei. Sie unterliegen insoweit den Weisungen der zuständigen Bundespolizeibehörde.

(4) Vollzugsbeamte anderer Staaten mit polizeilichen Aufgaben können im Zuständigkeitsbereich der Bundespolizei Amtshandlungen vornehmen, soweit völkerrechtliche Vereinbarungen oder der Beschluss des Rates 2008/615/JI vom 23. Juni 2008 zur Vertiefung der grenzüberschreitenden Kriminalität (ABl. L 210 vom 6. 8. 2008, S. 1) dies vorsehen. Die Ausübung hoheitlicher Befugnisse durch Vollzugsbeamte anderer Staaten nach Satz 1 ist nur auf Grund eines völkerrechtlichen Vertrages, der der Mitwirkung der gesetzgebenden Körperschaften gemäß Artikel 59 Abs. 2 des Grundgesetzes bedarf oder auf Grund des Beschlusses des Rates 2008/615/JI vom 23. Juni 2008 (ABl. L 210 vom 6. 8. 2008, S. 1), zulässig. Vollzugsbeamte anderer Staaten der Europäischen Union

können im Einvernehmen mit den zuständigen Stellen des anderen Staates nach Maßgabe der für die Bestellung von Hilfspolizeibeamten geltenden Vorschriften des § 63 Abs. 2 bis 4 mit Aufgaben des Vollzugsdienstes in der Bundespolizei betraut werden.

§ 65 Amtshandlungen von Beamten der Bundespolizei im Zuständigkeitsbereich eines Landes oder Tätigkeiten in anderen Staaten. (1) Polizeivollzugsbeamte der Bundespolizei dürfen im Zuständigkeitsbereich eines Landes tätig werden, wenn das jeweilige Landesrecht es vorsieht.

(2) Polizeivollzugsbeamte der Bundespolizei dürfen außerhalb der Bundesrepublik Deutschland tätig werden, soweit völkerrechtliche Vereinbarungen oder der Beschluss des Rates 2008/615/JI vom 23. Juni 2008 (ABl. L 210 vom 6. 8. 2008, S. 1) dies vorsehen oder das Bundesministerium des Innern im Einvernehmen mit den zuständigen Stellen des anderen Staates einer Tätigkeit von Beamten der Bundespolizei im Ausland allgemein oder im Einzelfall zustimmt.

§ 66 Amtshandlungen von Beamten der Zollverwaltung im Zuständigkeitsbereich der Bundespolizei. (1) Das Bundesministerium des Innern kann im Einvernehmen mit dem Bundesministerium der Finanzen Beamte der Zollverwaltung mit der Wahrnehmung von Aufgaben der polizeilichen Kontrolle des grenzüberschreitenden Verkehrs (§ 2 Abs. 2 Nr. 2) an einzelnen Grenzübergangsstellen betrauen, soweit dadurch die Abfertigung des grenzüberschreitenden Reiseverkehrs vereinfacht wird.

(2) Nehmen Beamte der Zollverwaltung Aufgaben nach Absatz 1 wahr, so haben sie dieselben Befugnisse wie Beamte der Bundespolizei. Ihre Maßnahmen gelten als Maßnahmen der Bundespolizei. Das Bundesministerium des Innern und die nachgeordneten Bundespolizeibehörden üben ihnen gegenüber insoweit die Fachaufsicht aus.

§ 67 Amtshandlungen von Beamten der Bundespolizei im Zuständigkeitsbereich der Zollverwaltung. (1) Das Bundesministerium der Finanzen kann im Einvernehmen mit dem Bundesministerium des Innern Beamte der Bundespolizei mit der Wahrnehmung von Aufgaben der Zollverwaltung an einzelnen Grenzzollstellen betrauen, soweit dadurch die Abfertigung des grenzüberschreitenden Reiseverkehrs vereinfacht wird.

(2) Nehmen Beamte der Bundespolizei Aufgaben nach Absatz 1 wahr, so haben sie dieselben Befugnisse wie Beamte der Zollverwaltung. Ihre Maßnahmen gelten als Maßnahmen der Zollverwaltung. Das Bundesministerium der Finanzen und die nachgeordneten Zolldienststellen üben ihnen gegenüber insoweit die Fachaufsicht aus.

§ 68 Wahrnehmung von Aufgaben durch die Zollverwaltung. Das Bundesministerium des Innern kann im Einvernehmen mit dem Bundesministerium der Finanzen durch Rechtsverordnung auf die Zollverwaltung zur Ausübung übertragen

1. die polizeiliche Kontrolle des grenzüberschreitenden Verkehrs (§ 2 Abs. 2 Nr. 2) an einzelnen Grenzübergangsstellen,
2. sonstige Aufgaben nach § 2.

Nimmt die Zollverwaltung Aufgaben nach Satz 1 wahr, gilt § 66 Abs. 2 entsprechend.

B 8. Zollverwaltungsgesetz – ZollVG

Vom 21. 12. 1992 (BGBl. I S. 2125), zuletzt geändert durch Art. 4 Abs. 7 Gesetz
vom 30. 7. 2009 (BGBl. I S. 2437)

(Auszug)

Teil I. Erfassung des Warenverkehrs

§ 1 Aufgaben der Zollverwaltung. (1) Der Verkehr mit Waren über die Grenze des Zollgebiets der Europäischen Gemeinschaften (Zollgebiet der Gemeinschaft) sowie über die Grenzen von Freizonen im Sinne des Artikels 167 Abs. 3 des Zollkodex in Verbindung mit Artikel 799 Buchstabe a der Zollkodex-Durchführungsverordnung (Freizonen des Kontrolltyps I) wird im Geltungsbereich dieses Gesetzes zollamtlich überwacht. Die zollamtliche Überwachung sichert insbesondere die Erhebung der Einfuhr- und Ausfuhrabgaben sowie die Einhaltung des Zollrechts. Einfuhr- und Ausfuhrabgaben im Sinne dieses Gesetzes sind die im Zollkodex geregelten Abgaben sowie die Einfuhrumsatzsteuer und die anderen für eingeführte Waren zu erhebenden Verbrauchsteuern. Zollkodex im Sinne dieses Gesetzes ist die in Verordnung (EWG) Nr. 2913/92 des Rates vom 12. Oktober 1992 zur Festlegung des Zollkodex der Gemeinschaften (ABl. EG Nr. L 302 S. 1, 1993 Nr. L 79 S. 84, 1996 Nr. L 97 S. 38), zuletzt geändert durch die Verordnung (EG) Nr. 2700/2000 des Europäischen Parlaments und des Rates vom 16. November 2000 (ABl. EG Nr. L 311 S. 17), in der jeweils geltenden Fassung. Zollkodex-Durchführungsverordnung im Sinne dieses Gesetzes ist die Verordnung (EWG) Nr. 2454/93 der Kommission vom 2. Juli 1993 mit Durchführungsvorschriften zu der Verordnung (EWG) Nr. 2913/92 des Rates vom 12. Oktober 1992 zur Festlegung des Zollkodex der Gemeinschaften (ABl. EG Nr. L 253 S. 1, 1994 Nr. L 268 S. 32, 1996 Nr. L 180 S. 34, 1997 Nr. L 156 S. 59, 1999 Nr. L 111 S. 88), zuletzt geändert durch die Verordnung (EG) Nr. 881/2003 der Kommission vom 21. Mai 2003 (ABl. EU Nr. L 134 S. 1), in der jeweils geltenden Fassung.

(2) Der Verkehr mit verbrauchsteuerpflichtigen Waren über die Grenze des deutschen Verbrauchsteuererhebungsgebietes wird zollamtlich überwacht

(3) Die zollamtliche Überwachung sichert darüber hinaus die Einhaltung der gemeinschaftlichen oder nationalen Vorschriften, die das Verbringen von Waren in den, durch den und aus dem Geltungsbereich dieses Gesetzes verbieten oder beschränken (Verbote und Beschränkungen).

(3 a) Der Verkehr mit Barmitteln, die in die oder aus der Gemeinschaft verbracht werden, wird gemäß der Verordnung (EG) Nr. 1889/2005 des Europäischen Parlaments und des Rates vom 26. Oktober 2005 über die Überwachung von Barmitteln, die in die oder aus der Gemeinschaft verbracht werden (ABl. EU Nr. L 309 S. 9), im Geltungsbereich dieses Gesetzes zollamtlich überwacht. Soweit die Verordnung (EG) Nr. 1889/2005 auf nationales Recht verweist, gelten die Bestimmungen zur Überwachung des innergemeinschaftlichen Bargeldverkehrs entsprechend, soweit in diesem Gesetz keine abweichende Regelung getroffen wird. Zur Verhinderung und Verfolgung der Geldwäsche nach § 261 des Strafgesetzbuches, der Vorbereitung einer schweren staatsgefährdenden Gewalttat nach § 89 a Abs. 1, 2 Nr. 4 des Strafgesetzbuchs oder der Finanzierung einer terroristischen Vereinigung nach § 129 a, auch in Verbindung mit § 129 b des Strafgesetzbuchs, der Steuerhinterziehung nach § 370 der Abgabenordnung und Steuerordnungswidrigkeiten nach den §§ 377 bis 380 der Abgabenordnung sowie des Betruges zu Lasten der Sozialleistungsträger nach § 263 des Strafgesetzbuches beziehungsweise der missbräuchlichen Inanspruchnahme von Sozialleistungen nach § 404 Absatz 2 Nummer 26 des Dritten Buches Sozialgesetzbuch oder § 63 Absatz 1 Nummer 6 des Zweiten Buches Sozialgesetzbuch, wird unbeschadet der Absätze 1 bis 3 und 4, der §§ 10 bis 12 und der §§ 209 bis 211 der Abgabenordnung das Verbringen von Bargeld oder gleichgestellten Zahlungsmitteln in den, aus dem und durch den Geltungsbereich dieses Gesetzes zollamtlich überwacht. Dem Bargeld gleichgestellte Zahlungsmittel im Sinne des Satzes 3 sind Wertpapiere im Sinne des § 1 Abs. 1 des Depotgesetzes und § 808 des Bürgerlichen Gesetzbuchs, Schecks, Wechsel, Edelmetalle und Edelsteine sowie elektronisches Geld im Sinne von § 1 Abs. 14 des Kreditwesengesetzes.

(3 b) Das Bundesministerium der Finanzen kann im Einvernehmen mit dem Bundesministerium des Innern Beamte der Bundespolizei damit betrauen, Aufgaben der Zollverwaltung nach Absatz 3 a Satz 3 bei Erfüllung von Aufgaben des Bundespolizei wahrzunehmen. Das Bundesministerium der Finanzen kann im Einvernehmen mit der zuständigen obersten Landesbehörde Beamte der Polizeien der Länder Bayern, Bremen und Hamburg damit betrauen, Aufgaben der Zollverwaltung nach Absatz 3 a Satz 3 wahrzunehmen, soweit das Land im Einvernehmen mit dem Bund Aufgaben des grenzpolizeilichen Einzeldienstes im Sinne von § 2 Abs. 1 des Bundespolizeigesetzes mit eigenen Kräften wahrnimmt.

(3 c) Die Zollfahndungsämter haben unabhängig von ihrer Zuständigkeit nach § 208 Abs. 1 der Abgabenordnung die Aufgaben, die international organisierte Geldwäsche sowie damit im Zusammenhang stehende Straftaten, soweit diese in Verbindung mit dem Wirtschaftsverkehr mit Wirtschaftsgebieten außerhalb des Geltungsbereichs dieses Gesetzes stehen, zu erforschen und zu verfolgen.

(4) Die Zollverwaltung erfüllt im Übrigen die Aufgaben, die ihr durch andere Rechtsvorschriften zugewiesen werden.

§ 2 Verkehrswege. (1) Waren dürfen im Geltungsbereich dieses Gesetzes nur auf Zollstraßen (Absatz 4) in das oder aus dem Zollgebiet der Gemeinschaft sowie in die oder aus den Freizonen des Kontrolltyps I verbracht werden. Dies gilt nicht für den öffentlichen Schienenverkehr und den Luftverkehr.

(2) Einfliegende Luftfahrzeuge dürfen nur auf einem Zollflugplatz landen, ausfliegende nur von einem solchen abfliegen.

(3) Einfahrende Wasserfahrzeuge dürfen nur an Zollanlandungsplätzen anlegen, ausfahrende nur von solchen ablegen. Wasserfahrzeuge dürfen ohne zollamtliche Genehmigung auf der Zollstraße nicht mit anderen Fahrzeugen oder mit dem Land in Verbindung treten.

(4) Zollstraßen sind Landstraßen, Wasserstraßen, Rohrleitungen und sonstige Beförderungswege, auf denen Waren in das oder aus dem Zollgebiet der Gemeinschaft sowie in die oder aus den Freizonen des Kontrolltyps I zu verbringen sind. Zollstraßen sowie die Zollflugplätze und Zollandungsplätze werden öffentlich bekanntgegeben.

(5) Das Bundesministerium der Finanzen kann durch Rechtsverordnung, soweit Verbote und Beschränkungen nicht entgegenstehen, zur Erleichterung des Verkehrs Ausnahmen von den Absätzen 1, 2 und 3 zulassen und dabei bestimmen, dass in Einzelfällen Ausnahmen auch im Verwaltungswege zugelassen werden können.

(6) Das Bundesministerium der Finanzen kann durch Rechtsverordnung unter den Voraussetzungen des Artikels 38 Abs. 4 des Zollkodex Ausnahmen von der in Artikel 38 Abs. 1 Buchstabe a des Zollkodex genannten Verpflichtung, in das Zollgebiet der Gemeinschaft verbrachte Waren zu der von den Zollbehörden bezeichneten Zollstelle oder einem anderen von diesen Behörden bezeichneten oder zugelassenen Ort zu befördern, vorsehen.

§ 3 Zeitliche Beschränkung der Ein- und Ausfuhr. (1) Waren, die auf Zollstraßen zu befördern sind, dürfen nur während der Öffnungszeiten der zuständigen Zollstellen in das oder aus dem Zollgebiet der Gemeinschaft sowie in die oder aus den Freizonen des Kontrolltyps I verbracht werden.

(2) Von der Beschränkung des Absatzes 1 befreit sind der Seeverkehr, der Postverkehr, der Reiseverkehr, der fahrplanmäßige Personenschiffsverkehr auf Binnengewässern und der öffentliche fahrplanmäßige Kraftfahrzeugverkehr. Außerdem kann das zuständige Hauptzollamt weitere Ausnahmen und Erleichterungen zulassen, soweit es die Umstände erfordern und die Möglichkeit der zollamtlichen Überwachung dadurch nicht beeinträchtigt wird.

§ 4 Gestellung. (1) Die Gestellung ist innerhalb der dafür bekanntgegebenen Öffnungszeiten (§ 18) am Amtsplatz der zuständigen Zollstelle oder an dem von ihr zugelassenen Ort zu bewirken.

(2) Das Bundesministerium der Finanzen kann zur Erleichterung des Verkehrs durch Rechtsverordnung in den im Zollkodex und in sonstigen gemeinschaftsrechtlichen Vorschriften genannten Fällen Ausnahmen von der Pflicht zur Gestellung oder Erleichterungen bei der Gestellung vorsehen. Es kann dabei bestimmen, dass in einzelnen Fällen Ausnahmen auch im Verwaltungsweg zugelassen werden können, soweit Verbote und Beschränkungen nicht entgegenstehen.

§ 5 Sondervorschriften für Postsendungen. (1) Soweit Postsendungen nicht bereits nach Maßgabe des Zollkodex und sonstiger gemeinschaftsrechtlicher Vorschriften zu gestellen sind, legt die Deutsche Post AG Sendungen der zuständigen Zollstelle zur Nachprüfung vor, bei denen zureichende tatsächliche Anhaltspunkte dafür bestehen, dass Waren unter Verstoß gegen ein Einfuhr-, Durchfuhr- oder Ausfuhrverbot in den oder aus dem Geltungsbereich dieses Gesetzes verbracht werden. Das Brief- und Postgeheimnis nach Artikel 10 des Grundgesetzes wird für die Gestellung sowie für die Vorlegung sonstiger Sendungen eingeschränkt.

(2) Die Deutsche Post AG ist befugt, für von ihr beförderte Waren, die nach Maßgabe des Zollkodex zu gestellen sind, Zollanmeldungen in Vertretung des Empfängers abzugeben.

(3) § 46 Abs. 3 Satz 1 des Gesetzes über Ordnungswidrigkeiten wird durch diese Vorschrift nicht berührt.

Teil III. Befugnisse der Zollverwaltung

§ 10 Zollamtliche Überwachung. (1) Unbeschadet der §§ 209 bis 211 der Abgabenordnung können die Bediensteten der Zollverwaltung zur Durchführung der in § 1 genannten Aufgaben im grenznahen Raum (§ 14 Abs. 1) Personen und Beförderungsmittel anhalten. Die zum Anhalten aufgeforderte Person hat auf Verlangen den Zollbediensteten stehenzubleiben und sich auszuweisen. Führer von Beförderungsmitteln haben auf Verlangen zu halten und die Beförderungspapiere vorzulegen. Sie haben den Zollbediensteten auf Verlangen auch zu ermöglichen, an Bord und von Bord zu gelangen. Gepäck, Beförderungsmittel und ihre Ladung können zur Feststellung der Einhaltung der Zollvorschriften an Ort und Stelle oder einem anderen geeigneten Ort geprüft werden. Die von der Prüfung Betroffenen haben auf Verlangen die Herkunft der Waren anzugeben, die Entnahme von unentgeltlichen Proben zu dulden und die nach den Umständen erforderliche Hilfe zu leisten.

(2) Für örtlich und zeitlich begrenzte Kontrollen außerhalb des grenznahen Raums gilt Absatz 1, wenn Grund zu der Annahme besteht, dass Waren, die der zollamtlichen Überwachung nach dem gemeinschaftlichen Zollrecht oder diesem Gesetz unterliegen, von Personen oder in Beförderungsmitteln mitgeführt werden.

(3) Personen können bei Vorliegen zureichender Anhaltspunkte dafür, dass sie vorschriftswidrig Waren mitführen, die der zollamtlichen Überwachung nach dem gemeinschaftlichen Zollrecht oder diesem Gesetz unterliegen, angehalten und an einem hierfür geeigneten Ort körperlich durchsucht werden. Kann die körperliche Durchsuchung das Schamgefühl verletzen, so wird sie einer oder einem Zollbediensteten gleichen Geschlechts übertragen. Bestehen zureichende tatsächliche Anhaltspunkte dafür, dass die angehaltenen Personen Waffen in oder unter ihrer Kleidung verborgen haben, können sie an Ort und Stelle durchsucht werden.

(3 a) Im Rahmen der Erfassung des Warenverkehrs kann durch Überholung an Ort der Gestellung geprüft werden, ob Nichtgemeinschaftswaren eingeführt worden sind oder ob der Gestellungspflicht vollständig genügt worden ist. Stehen dafür erforderliche Einrichtungen am Amtsplatz oder einem anderen für die Gestellung zugelassenen Ort nicht zur Verfügung, so kann für die Überholung der nächste geeignete Ort bestimmt werden. Der Gestellungspflichtige hat die Überholung zu ermöglichen. Er hat dabei selbst oder durch andere auf seine Kosten und Gefahr die erforderliche Hilfe nach zollamtlicher Anweisung zu leisten. Er hat auf Verlangen schwer feststellbare, zur Aufnahme von Waren geeignete Stellen anzugeben sowie Beschreibungen des Beförderungsmittels, Verzeichnisse der Ausrüstungsstücke und Ersatzteile und andere Unterlagen über das Beförderungsmittel vorzulegen. Diese Pflichten treffen für das Beförderungsmittel den Fahrzeugführer.

(4) Die Zollbediensteten dürfen nach § 5 Abs. 1 vorgelegte Sendungen öffnen und prüfen.

(5) Das Grundrecht auf Freiheit der Person, das Brief- und Postgeheimnis sowie das Grundrecht auf Unverletzlichkeit der Wohnung (Artikel 2 Abs. 2, Artikel 10 und Artikel 13 Abs. 1 des Grundgesetzes) werden nach Maßgabe der Absätze 1 bis 4 eingeschränkt.

§ 12 Weiterleitungsbefugnis. Ergeben sich bei der zollamtlichen Überwachung zureichende tatsächliche Anhaltspunkte dafür, dass Waren unter Verstoß gegen ein Einfuhr-, Durchfuhr- oder Ausfuhrverbot in den oder aus dem Geltungsbereich dieses Gesetzes verbracht werden, und werden diese Anhaltspunkte durch Nachprüfung nicht entkräftet, so werden die Waren und die dazugehörigen Verwaltungsvorgänge vorbehaltlich anderweitiger gesetzlicher Regelungen der Staatsanwaltschaft oder, wenn nur die Ahndung als Ordnungswidrigkeit in Betracht kommt, der für die Verfolgung und Ahndung zuständigen Verwaltungsbehörde vorgelegt. Für Postsendungen gilt dies nur, wenn zureichende tatsächliche Anhaltspunkte für eine Straftat vorliegen. Das Brief- und Postgeheimnis nach Artikel 10 des Grundgesetzes wird nach Maßgabe der Sätze 1 und 2 eingeschränkt.

§ 12 a Überwachung des grenzüberschreitenden Bargeldverkehrs. (1) Die nach Artikel 3 der Verordnung (EG) Nr. 1889/2005 des Europäischen Parlaments und des Rates vom 26. Oktober 2005 über die Überwachung von Barmitteln, die in die oder aus der Gemeinschaft verbracht werden (ABl. EU Nr. L 309 S. 9), erforderliche Anmeldung muss schriftlich im Zeitpunkt der Ein- oder Ausreise erfolgen. Die §§ 2 und 4 gelten entsprechend.

(2) Auf Verlangen der Zollbediensteten haben Personen Bargeld oder gleichgestellte Zahlungsmittel im Wert von 10 000 Euro oder mehr, die sie in den, aus dem oder durch den Geltungsbereich dieses Gesetzes verbringen oder befördern, nach Art, Zahl und Wert anzuzeigen sowie die Herkunft, den wirtschaftlich Berechtigten und den Verwendungszweck darzulegen. Institute im Sinne des § 2 Abs. 1 Nr. 1 bis 6 des Geldwäschegesetzes vom 13. August 2008 (BGBl. I S. 1690) in der jeweils geltenden Fassung und ihre Beauftragten sind von den Verpflichtungen nach Satz 1 ausgenommen.

(3) Zur Ermittlung des Sachverhaltes nach den Absätzen 1 und 2 haben die Zollbediensteten die Befugnisse nach § 10. Im Bereich der Grenzen zu anderen Mitgliedstaaten der Europäischen Union findet § 10 Abs. 1 entsprechende Anwendung. Ist es zur Ermittlung des Sachverhalts erforderlich, dürfen die Zollbehörden personenbezogene Daten bei nicht öffentlichen Stellen erheben, soweit die Sachverhaltsaufklärung durch den Betroffenen nicht zum Ziel führt oder aussichtslos wäre.

(4) Die Zollbediensteten können, wenn Grund zu der Annahme besteht, dass Bargeld oder gleichgestellte Zahlungsmittel zum Zwecke der Geldwäsche verbracht werden, das Bargeld oder die gleichgestellten Zahlungsmittel bis zum Ablauf des dritten Werktages nach dem Auffinden sicherstellen und in zollamtliche Verwahrung nehmen, um die Herkunft oder den Verwendungszweck aufzudecken. Fällt der dritte Werktag auf einen Samstag, so endet die Frist mit Ablauf des nächsten Werktages. Diese Frist kann durch Entscheidung eines Richters einmalig bis zu einem Monat verlängert werden. Zur Bekanntmachung der Entscheidung genügt eine formlose Mitteilung. Zuständig ist der Richter bei dem Amtsgericht, in dessen Bezirk die Sicherstellung erfolgt ist. Die zuständigen Strafverfolgungsbehörden sind von der Sicherstellung unverzüglich zu unterrichten.

(4 a) Absatz 4 gilt entsprechend, wenn Grund zu der Annahme besteht, dass Bargeld oder gleichgestellte Zahlungsmittel zum Zwecke der Vorbereitung einer schweren staatsgefährdenden Gewalttat nach § 89 a Abs. 1, 2 Nr. 4 des Strafgesetzbuchs oder der Finanzierung einer terroristischen Vereinigung nach § 129 a, auch in Verbindung mit § 129 b des Strafgesetzbuchs, verbracht werden. Dies ist in der Regel insbesondere dann der Fall, wenn sich Bargeld oder gleichgestellte Zahlungsmittel im Besitz oder Eigentum von natürlichen oder juristischen Personen oder nicht rechtsfähigen Personenvereinigungen befinden, deren Name auf einer Liste nach

a) Artikel 1 Abs. 4 des Gemeinsamen Standpunktes des Rates 2001/931/GASP vom 27. Dezember 2001 über die Anwendung besonderer Maßnahmen zur Bekämpfung des Terrorismus (ABl. EG Nr. L 344 S. 93) oder

b) Artikel 2 Abs. 1 der Verordnung (EG) Nr. 881/2002 des Rates vom 27. Mai 2002 über die Anwendung bestimmter spezifischer restriktiver Maßnahmen gegen bestimmte Personen und Organisationen, die mit Osama bin Laden, dem Al-Qaida-Netzwerk und den Taliban in Verbindung stehen, und zur Aufhebung der Verordnung (EG) Nr. 467/2001 des Rates über das Verbot der Ausfuhr bestimmter Waren und Dienstleistungen nach Afghanistan, über die Ausweitung des Flugverbots und des Einfrierens von Geldern und anderen Finanzmitteln betreffend die Taliban von Afghanistan (ABl. EG Nr. L 139 S. 9)

in der jeweils geltenden Fassung aufgenommen wurde, es sei denn, von den zuständigen nationalen Behörden wurde eine Ausnahmegenehmigung nach Artikel 5 Abs. 2 Nr. 1 der Verordnung (EG) Nr. 2580/2001 des Rates vom 27. Dezember 2001 über spezifische, gegen bestimmte Personen und Organisationen gerichtete restriktive Maßnahmen zur Bekämpfung des Terrorismus (ABl. EG Nr. L 344 S. 70) in der jeweils geltenden Fassung oder nach Artikel 2a der Verordnung (EG) Nr. 881/2002 erteilt.

(5) Die zuständigen Zollbehörden dürfen, soweit dies zur Erfüllung ihrer Aufgaben nach § 1 Abs. 3a und nach den Absätzen 1 bis 4a erforderlich ist, personenbezogene Daten erheben, verarbeiten und nutzen. Die Erhebung, Verarbeitung und Nutzung weiterer Daten, die nicht unmittelbar im Zusammenhang mit dem grenzüberschreitenden Verkehr von Bargeld oder gleichgestellten Zahlungsmitteln stehen, ist nur zulässig, soweit Tatsachen auf einen in § 1 Absatz 3a Satz 3 oder Absatz 4a bezeichneten Verstoß schließen lassen. Die Zollbehörden können diese Daten an die zuständigen Strafverfolgungsbehörden und die Verwaltungsbehörde nach § 31a Abs. 4 und § 31b Abs. 3 die nach § 31a Absatz 1 Nummer 1 Buchstabe b Doppelbuchstabe bb der Abgabenordnung zuständigen Sozialleistungsträger sowie die Bundsanstalt für Finanzdienstleistungsaufsicht übermitteln, soweit dies zur Erfüllung ihrer Aufgaben oder der des Empfängers erforderlich ist. Die Übermittlung personenbezogener Daten an andere Finanzbehörden ist zulässig, soweit ihre Kenntnis von Bedeutung sein kann zur Durchführung

1. eines Verwaltungsverfahrens in Steuersachen,
2. eines Strafverfahrens wegen einer Steuerstraftat,
3. eines Bußgeldverfahrens wegen einer Steuerordnungswidrigkeit oder
4. eines Verwaltungsverfahrens wegen unerlaubter Finanztransferdienstleistungen.

(6) Für Streitigkeiten wegen Maßnahmen nach Absätze 2, 3, 4 Satz 1, Absatz 4a Satz 1 und Absatz 5 ist der Finanzrechtsweg gegeben.

§ 12b Befugnisse der Zollfahndungsämter bei der Verfolgung der internationalen organisierten Geldwäsche. Die Zollfahndungsämter und ihre Beamten haben bei der Erfüllung ihrer Aufgaben nach § 1 Abs. 3c dieselben Rechte und Pflichten wie die Behörden und Beamten des Polizeidienstes nach den Vorschriften der Strafprozessordnung; ihre Beamten sind Ermittlungspersonen der Staatsanwaltschaft.

§ 12c Amtshandlungen von Beamten der Bundespolizei im Zuständigkeitsbereich der Zollverwaltung. Nehmen Beamte der Bundespolizei und der Polizeien der Länder Aufgaben nach § 1 Abs. 3b wahr, so haben sie dieselben Befugnisse wie die Beamten der Zollverwaltung. Ihre Maßnahmen gelten als Maßnahmen der Zollverwaltung. Das Bundesministerium der Finanzen und die nachgeordneten Zolldienststellen üben ihnen gegenüber insoweit Fachaufsicht aus.

Teil IV Vorschriften für Grundstücke und Bauten im grenznahen Raum

§ 14 Grenznaher Raum. (1) Der grenznahe Raum erstreckt sich am deutschen Teil der Zollgrenze der Gemeinschaft bis zu einer Tiefe von 30 Kilometern, von der seewärtigen Begrenzung des Zollgebiets der Gemeinschaft an bis zu einer Tiefe von 50 Kilometern. Das Bundesministerium der Finanzen wird ermächtigt, zur Sicherung der Zollbelange durch Rechtsverordnung den grenznahen Raum auszudehnen, soweit die zollamtliche Überwachung dies erfordert.

(2) Zollbedienstete dürfen im grenznahen Raum Grundstücke mit Ausnahme von Gebäuden betreten und befahren. Das Hauptzollamt kann verlangen, dass Grundstückseigentümer und -besitzer einen Grenzpfad freilassen, an Einfriedungen Durchlässe oder Übergänge einrichten oder Wassergräben überbrücken. Das Hauptzollamt kann darüber hinaus auf eigene Kosten Grenzpfade, Durchlässe, Übergänge oder Brücken einrichten oder verbessern.

(3) Das Bundesministerium der Finanzen kann für den grenznahen Raum durch Rechtsverordnung zur Sicherung der Zollbelange

1. das Feilbieten und Ankaufen von Waren im Reisegewerbe verbieten oder beschränken,
2. anordnen, dass Weidevieh gekennzeichnet und über seinen Bestand Buch geführt wird.

Das Bundesministerium der Finanzen kann die Ermächtigungen durch Rechtsverordnung auf die Hauptzollämter übertragen.

(4) Das Bundesministerium der Finanzen kann zur Sicherung der Zollbelange durch Rechtsverordnung Binnengewässer, die von außerhalb des Zollgebiets der Gemeinschaft her zu Wasser zugänglich sind, ihre Inseln und ihr Ufergelände, Zollflugplätze, verkehrsrechtlich zugelassene Flugplätze sowie den um die Freizonen des Kontrolltyps I gelegenen Bereich in einer für die wirksame Überwachung erforderlichen Ausdehnung der Grenzaufsicht unterwerfen. Für ein solches Gebiet gelten die Absätze 2 und 3 sowie § 10 Abs. 1 und § 15 Abs. 5 entsprechend.

Teil V. Zollverwaltung; Beistandspflichten

§ 17 Zollbehörden und Zollstellen; Grenzaufsichtsdienst. (1) Der organisatorische Aufbau der Zollverwaltung bestimmt sich nach dem Finanzverwaltungsgesetz vom 30. August 1971 (BGBl. I S. 1426, 1427) in der jeweils geltenden Fassung.

(2) Dienststellen der Zollverwaltung sind Zollbehörden im Sinne des Artikels 4 Nr. 3 des Zollkodex. Die Hauptzollämter und ihre Dienststellen sind Zollstellen im Sinne des Artikels 4 Nr. 4 des Zollkodex.

(3) Das Bundesministerium der Finanzen kann durch Rechtsverordnung die Zuständigkeiten der Hauptzollämter und ihrer Dienststellen festlegen.

(4) Der Grenzaufsichtsdienst der Zollverwaltung sichert unbeschadet anderer gesetzlicher Regelungen insbesondere den deutschen Teil der Grenze des Zollgebiets der Gemeinschaft und überwacht den grenznahen Raum (§ 14 Abs. 1) sowie die anderen der Grenzaufsicht unterworfenen Gebiete (§ 14 Abs. 4). Zum Grenzaufsichtsdienst der Zollverwaltung gehören alle Zollbediensteten – einschließlich der Bediensteten des Wasserzolldienstes –, die in der Grenzaufsicht tätig sind.

§ 17a Zentralstelle für Risikoanalyse. Die Dienststellen der Zollverwaltung, insbesondere der Zollabfertigungs- und Prüfungsdienst, werden bei ihrer Aufgabenwahrnehmung von einer Zentralstelle durch ein automationsgestütztes System der Risikoanalyse unterstützt. Die konkreten Aufgaben der Zentralstelle im Rahmen des § 1, ihren Sitz sowie ihre Organisation und Ausstattung bestimmt das Bundesministerium der Finanzen.

Teil IX. Steuerordnungswidrigkeiten; Steuerstraftaten und Steuerordnungswidrigkeiten im Reiseverkehr

§ 31a Bußgeldvorschriften. (1) Ordnungswidrig handelt, wer vorsätzlich oder fahrlässig entgegen § 12a Abs. 2 Satz 1 das mitgeführte Bargeld oder die gleichgestellten Zahlungsmittel nicht oder nicht vollständig anzeigt.

(2) Die Ordnungswidrigkeit kann mit einer Geldbuße bis zu einer Million Euro geahndet werden.

(3) *(aufgehoben)*

(4) Verwaltungsbehörde im Sinne des § 36 Abs. 1 Nr. 1 des Gesetzes über Ordnungswidrigkeiten ist das örtlich zuständige Hauptzollamt.

(5) Die Hauptzollämter und ihre Beamten haben bei Ordnungswidrigkeiten nach Absatz 1 dieselben Rechte und Pflichten wie die Behörden und Beamten des Polizeidienstes nach der Strafprozessordnung; die Beamten sind insoweit Ermittlungspersonen der Staatsanwaltschaft.

§ 31 b Bußgeldvorschriften. (1) Ordnungswidrig handelt, wer vorsätzlich oder fahrlässig entgegen Artikel 3 Abs. 1 Satz 1 oder Abs. 2 der Verordnung (EG) Nr. 1889/2005 in Verbindung mit § 12 a Abs. 1 Satz 1 einen dort genannten Betrag an Barmitteln nicht, nicht richtig, nicht vollständig oder nicht rechtzeitig anmeldet.

(2) Die Ordnungswidrigkeit kann mit einer Geldbuße bis zu einer Million Euro geahndet werden.

(3) Verwaltungsbehörde im Sinne des § 36 Abs. 1 Nr. 1 des Gesetzes über Ordnungswidrigkeiten ist das örtlich zuständige Hauptzollamt.

(4) Die Hauptzollämter und ihre Beamten haben bei Ordnungswidrigkeiten nach Absatz 1 dieselben Rechte und Pflichten wie Behörden und Beamte des Polizeidienstes nach dem Gesetz über Ordnungswidrigkeiten; die Beamten sind insoweit Ermittlungspersonen der Staatsanwaltschaft.

B 9. Zollfahndungsdienstgesetz – ZFdG

Vom 16. 8. 2002 (BGBl. I S. 3202), zuletzt geändert durch Gesetz vom 12. 4. 2011 (BGBl. I S. 617)

(Auszug)

Kapitel 1. Organisation

§ 1 Behörden des Zollfahndungsdienstes. (1) Behörden des Zollfahndungsdienstes sind das Zollkriminalamt als Mittelbehörde und die ihm unterstehenden Zollfahndungsämter als örtliche Behörden im Geschäftsbereich des Bundesministeriums der Finanzen.

(2) Aufgaben des Zollkriminalamtes aus den Bereichen Organisation, Personal und Haushalt kann das Bundesministerium der Finanzen auf die Bundesfinanzdirektionen übertragen.

§ 2 Zentralstelle. Das Zollkriminalamt ist die Zentralstelle für den Zollfahndungsdienst und ist darüber hinaus eine der Zentralstellen für das Auskunfts- und Nachrichtenwesen der Zollverwaltung.

Kapitel 2. Zollkriminalamt

Abschnitt 1. Aufgaben des Zollkriminalamtes

§ 3 Aufgaben als Zentralstelle. (1) Das Zollkriminalamt unterstützt die anderen Behörden der Zollverwaltung
1. bei der Sicherung des Steueraufkommens und bei der Überwachung der Ausgaben nach Gemeinschaftsrecht sowie
2. bei der Aufdeckung unbekannter Steuerfälle und bei der Verhütung und Verfolgung von Straftaten und Ordnungswidrigkeiten, die diese zu erforschen und zu verfolgen haben.

Es trifft unaufschiebbare Maßnahmen zur Erfüllung der Aufgaben der Behörden der Zollverwaltung.

(2) Das Zollkriminalamt nimmt für den Zollfahndungsdienst die Aufgabe der einzelfallunabhängigen Marktbeobachtung wahr und hat hierbei den innerstaatlichen, innergemeinschaftlichen, grenzüberschreitenden und internationalen Waren-, Kapital- und Dienstleistungsverkehr zu beobachten sowie geeignete Maßnahmen zur Verhütung und Aufdeckung von Zuwiderhandlungen im Zuständigkeitsbereich der Zollverwaltung zu ergreifen.

(3) Das Zollkriminalamt unterhält für den Zollfahndungsdienst und die anderen ermittlungsführenden Dienststellen der Zollverwaltung ein Zollfahndungsinformationssystem nach Maßgabe dieses Gesetzes.

(4) Das Zollkriminalamt nimmt die Aufgabe einer Erfassungs- und Übermittlungsstelle für Daten in nationalen und internationalen Informationssystemen wahr, an die Behörden der Zollverwaltung angeschlossen sind, soweit das Bundesministerium der Finanzen nicht eine andere Zolldienststelle zur Erfassungs- und Übermittlungsstelle bestimmt.

(5) Das Zollkriminalamt koordiniert und lenkt die Ermittlungen der Zollfahndungsämter. Gleiches gilt bei Ermittlungen anderer Dienststellen der Zollverwaltung, soweit diese die Ermittlungen nicht selbständig im Sinne des § 386 Abs. 2 der Abgabenordnung führen, nicht jedoch bei Ermittlungen im Bereich der Bekämpfung der illegalen Beschäftigung. Das Zollkriminalamt unterstützt die Zollfahndungsämter nach Maßgabe des Absatzes 8. Es unterstützt auch andere Dienststellen der Zollverwaltung bei Ermittlungen, soweit sie die Ermittlungen nicht selbständig im Sinne des § 386 Abs. 2 der Abgabenordnung führen. Das Zollkriminalamt nimmt bei Ermittlungen als nationaler Ansprechpartner die erforderlichen Koordinierungsaufgaben gegenüber den zuständigen öffentlichen Stellen anderer Staaten wahr.

(6) Das Zollkriminalamt verkehrt als Zentralstelle der Zollverwaltung

1. auf dem Gebiet der Amts- und Rechtshilfe sowie des sonstigen Dienstverkehrs im Rahmen der Zuständigkeit der Zollverwaltung nach Maßgabe
   a) völkerrechtlicher Vereinbarungen oder anderer Rechtsvorschriften mit öffentlichen Stellen anderer Staaten und zwischenstaatlichen Stellen,
   b) des europäischen Gemeinschaftsrechts oder sonstigen Rechts der Europäischen Union mit Stellen der Europäischen Gemeinschaft und der Europäischen Union sowie
2. mit Verbänden und Institutionen,

soweit das Bundesministerium der Finanzen diese Aufgaben nicht selbst wahrnimmt oder sie einer anderen Zollbehörde überträgt. Hierfür unterhält das Zollkriminalamt Informationssysteme nach Maßgabe internationaler Vereinbarungen und anderer Rechtsvorschriften.

(7) Das Zollkriminalamt wirkt bei der fachlichen Fortbildung der Zollbeamten zu Zollfahndungsbeamten sowie bei deren Weiterbildung mit. Es ist insoweit Bildungsstätte der Bundesfinanzverwaltung.

(8) Das Zollkriminalamt hat als Zentralstelle zur Unterstützung der Zollfahndungsämter und anderer ermittlungsführender Behörden der Zollverwaltung

1. erkennungsdienstliche Einrichtungen und Sammlungen zu unterhalten,
2. Einrichtungen für kriminalwissenschaftliche und -technische Untersuchungen und für die kriminalwissenschaftliche Forschung im Bereich der Zollverwaltung zu unterhalten,
3. die erforderliche Einsatzunterstützung zu gewähren, insbesondere durch den Einsatz von Verdeckten Ermittlern zur Strafverfolgung und die Bereitstellung von Spezialeinheiten und bestimmten Sachmitteln, und
4. zollfahndungsspezifische Analysen, Statistiken und Lagebilder zu erstellen und hierfür die Entwicklung der Kriminalität im Zuständigkeitsbereich der Zollverwaltung zu beobachten.

(9) Das Zollkriminalamt hat zur Wahrnehmung der Aufgaben nach den Absätzen 1 bis 6 und 8 sowie nach den §§ 4 und 5

1. alle hierfür erforderlichen Informationen zu sammeln und auszuwerten sowie
2. die Zollfahndungsämter und andere Zolldienststellen über die Erkenntnisse zu unterrichten, die sie betreffen.

(10) Die Zollfahndungsämter übermitteln dem Zollkriminalamt die Informationen, die zur Erfüllung seiner Aufgaben nach den Absätzen 1 bis 6 und 8 bis 9 sowie den §§ 4 und 5 erforderlich sind. § 116 der Abgabenordnung und § 6 des Subventionsgesetzes vom 29. Juli 1976 (BGBl. I S. 2034, 2037) in der jeweils geltenden Fassung bleiben unberührt.

(11) Das Zollkriminalamt erstellt kriminalwissenschaftliche Gutachten auf Anforderung von Finanzbehörden, Staatsanwaltschaften und Gerichten. Darüber hinaus erstellt es Leitfäden und Gutachten zur Verschlusssicherheit von Fahrzeugen und Behältern.

§ 4 Eigene Aufgaben. (1) Das Zollkriminalamt kann in Fällen von besonderer Bedeutung die Aufgaben der Zollfahndungsämter auf dem Gebiet der Strafverfolgung wahrnehmen und die Ermittlungen selbst durchführen. Dem Zollkriminalamt obliegt in diesen Fällen die Durchführung von erkennungsdienstlichen Maßnahmen nach § 81 b der Strafprozessordnung auch zur Vorsorge für künftige Strafverfahren.

(2) Das Zollkriminalamt wirkt bei der Überwachung des Außenwirtschaftsverkehrs insbesondere durch Maßnahmen zur Verhütung von Straftaten oder Ordnungswidrigkeiten, zur Aufdeckung unbekannter Straftaten sowie zur Vorsorge für künftige Strafverfahren im Zuständigkeitsbereich der Zollverwaltung mit.

(3) Das Zollkriminalamt wirkt bei der Überwachung des grenzüberschreitenden Warenverkehrs durch Maßnahmen zur Verhütung von Straftaten oder Ordnungswidrigkeiten, zur Aufdeckung unbekannter Straftaten sowie zur Vorsorge für künftige Strafverfahren im Zuständigkeitsbereich der Zollverwaltung mit.

(4) Das Zollkriminalamt wirkt bei der Bekämpfung der international organisierten Geldwäsche nach den §§ 1, 12 a bis 12 c und 31 a des Zollverwaltungsgesetzes mit.

§ 5 Sicherungs- und Schutzmaßnahmen. (1) In den Fällen des § 3 Abs. 1 und 5 Satz 1 bis 4 sowie des § 4 obliegt dem Zollkriminalamt die Sicherung der eingesetzten Beamten sowie der Schutz Dritter und wesentlicher Vermögenswerte, soweit

1. andernfalls die Erfüllung seiner Aufgaben nach den genannten Vorschriften gefährdet wäre oder
2. Sicherungs- und Schutzmaßnahmen zur Abwehr einer im Einzelfall bestehenden Gefahr für Leib, Leben, Gesundheit, Freiheit der Willensentschließung und -betätigung der genannten Personen oder für wesentliche Vermögenswerte erforderlich sind.

(2) Dem Zollkriminalamt obliegt in Fällen, in denen es nach § 4 Abs. 1 selbst oder ein Zollfahndungsamt Ermittlungen durchführt, der Schutz von Personen, deren Aussage zur Erforschung der Wahrheit von Bedeutung ist oder war. Gleiches gilt für deren Angehörige und sonstige ihnen nahe stehenden Personen. In Einzelfällen können Zeugenschutzmaßnahmen im Einvernehmen zwischen dem Zollkriminalamt und Polizeibehörden durch Polizeibeamte dieser Behörden durchgeführt werden. Die Zuständigkeit der Polizeibehörden, die zur Abwehr von Gefahren für die in den Sätzen 1 und 2 genannten Personen erforderlichen unaufschiebbaren Maßnahmen zu treffen, bleibt unberührt.

Abschnitt 2. Befugnisse des Zollkriminalamtes

§ 6 Weisungsrecht. Das Zollkriminalamt kann den Zollfahndungsämtern zur Erfüllung ihrer Aufgaben und zur Erfüllung seiner eigenen Aufgaben fachliche Weisungen erteilen. Im Übrigen gilt § 8 Abs. 2 und 3 des Finanzverwaltungsgesetzes entsprechend.

§ 14 Koordination und Lenkung von Ermittlungen. Das Zollkriminalamt kann zur Erfüllung seiner Aufgaben nach § 3 Abs. 5 ermittlungsführenden Dienststellen der Zollverwaltung außerhalb des Zollfahndungsdienstes, soweit diese die Ermittlungen nicht selbständig im Sinne des § 386 Abs. 2 der Abgabenordnung führen, fachliche Weisungen erteilen.

§ 16 Weitere Befugnisse. Dem Zollkriminalamt und seinen Beamten stehen die Befugnisse der Zollfahndungsämter zu; seine Beamten sind Ermittlungspersonen der Staatsanwaltschaft.

§ 17 Verwendung von Daten aus Strafverfahren. Das Zollkriminalamt darf nach Maßgabe dieses Gesetzes personenbezogene Daten auf Strafverfahren zur Verhütung von

Straftaten oder Ordnungswidrigkeiten im Zuständigkeitsbereich der Zollverwaltung sowie für Zwecke der Eigensicherung und des Zeugenschutzes verwenden. Die Verwendung ist unzulässig, soweit besondere bundesgesetzliche Verwendungsregelungen entgegenstehen.

§ 18 Datenerhebung durch längerfristige Observationen. (1) Das Zollkriminalamt darf personenbezogene Daten durch planmäßig angelegte Beobachtung, die durchgehend länger als 24 Stunden dauern oder an mehr als zwei Tagen stattfinden soll oder tatsächlich durchgeführt wird (längerfristige Observationen), erheben über

1. Personen, bei denen Tatsachen die Annahme rechtfertigen, dass sie Straftaten von erheblicher Bedeutung im Zuständigkeitsbereich der Zollverwaltung gewerbs-, gewohnheits- oder bandenmäßig begehen werden, oder
2. Personen, bei denen Tatsachen die Annahme rechtfertigen, dass sie mit einer Person nach Nummer 1 nicht nur flüchtig oder in zufälligem Kontakt in Verbindung stehen und
   a) von der Vorbereitung von Straftaten im Sinne der Nummer 1 Kenntnis haben,
   b) aus der Verwertung der Taten Vorteile ziehen könnten oder
   c) die Person nach Nummer 1 sich ihrer zur Begehung der Straftaten bedienen könnte (Kontakt- und Begleitperson)

und die Verhütung der Straftat auf andere Weise aussichtslos oder wesentlich erschwert wäre. Die Erhebung darf auch durchgeführt werden, wenn Dritte unvermeidbar betroffen werden.

(2) Maßnahmen nach Absatz 1 sind im Rahmen der Außenwirtschaftsüberwachung auch zur Vorbereitung der Durchführung von Maßnahmen nach § 23 a zulässig. Sie können zugleich neben derartigen Maßnahmen angeordnet werden.

(3) bis (5) *nicht abgedruckt*

(6) Bei einer Observation ist der Einsatz technischer Hilfsmittel zulässig.

§ 19 Datenerhebung durch den verdeckten Einsatz technischer Mittel zur Anfertigung von Bildaufnahmen und Bildaufzeichnungen. (1) Das Zollkriminalamt darf außerhalb von Wohnungen personenbezogene Daten durch den verdeckten Einsatz technischer Mittel zur Anfertigung von Bildaufnahmen und Bildaufzeichnungen erheben über

1. Personen, bei denen Tatsachen die Annahme rechtfertigen, dass sie Straftaten von erheblicher Bedeutung im Zuständigkeitsbereich der Zollverwaltung gewerbs-, gewohnheits- oder bandenmäßig begehen werden, oder
2. Kontakt- und Begleitpersonen,

und die Verhütung der Straftat auf andere Weise aussichtslos oder wesentlich erschwert wäre. Die Erhebung darf auch durchgeführt werden, wenn Dritte unvermeidbar betroffen werden.

(2) Maßnahmen nach Absatz 1 sind im Rahmen der Außenwirtschaftsüberwachung auch zur Vorbereitung der Durchführung von Maßnahmen nach § 23 a zulässig. Sie können zugleich neben derartigen Maßnahmen angeordnet werden.

(3), (4) *nicht abgedruckt*

§ 20 Datenerhebung durch den verdeckten Einsatz technischer Mittel zum Abhören und Aufzeichnen des nicht öffentlich gesprochenen Wortes. (1) Das Zollkriminalamt darf außerhalb von Wohnungen personenbezogene Daten durch den verdeckten Einsatz technischer Mittel zum Abhören und Aufzeichnen des nicht öffentlich gesprochenen Wortes erheben über

1. Personen, bei denen Tatsachen die Annahme rechtfertigen, dass sie Straftaten von erheblicher Bedeutung im Zuständigkeitsbereich des Zollverwaltung gewerbs-, gewohnheits- oder bandenmäßig begehen werden, oder
2. Kontakt- und Begleitpersonen,

und die Verhütung der Straftat auf andere Weise aussichtslos oder wesentlich erschwert wäre. Die Erhebung darf auch durchgeführt werden, wenn Dritte unvermeidbar betroffen werden.

(2) Maßnahmen nach Absatz 1 sind im Rahmen der Außenwirtschaftsüberwachung auch zur Vorbereitung der Durchführung von Maßnahmen nach § 23 a zulässig. Sie können zugleich neben derartigen Maßnahmen angeordnet werden.

(3) bis (5) *nicht abgedruckt*

§ 21 Datenerhebung durch den Einsatz von Privatpersonen, deren Zusammenarbeit mit dem Zollkriminalamt Dritten nicht bekannt ist. (1) Das Zollkriminalamt darf personenbezogene Daten durch den Einsatz von Privatpersonen, deren Zusammenarbeit mit dem Zollkriminalamt Dritten nicht bekannt ist, erheben über

1. Personen, bei denen Tatsachen die Annahme rechtfertigen, dass sie Straftaten von erheblicher Bedeutung im Zuständigkeitsbereich der Zollverwaltung gewerbs-, gewohnheits- oder bandenmäßig begehen werden, oder
2. Kontakt- und Begleitpersonen,

und die Verhütung der Straftat auf andere Weise aussichtslos oder wesentlich erschwert wäre. Die Erhebung darf auch durchgeführt werden, wenn Dritte unvermeidbar betroffen werden.

(2) Maßnahmen nach Absatz 1 sind im Rahmen der Außenwirtschaftsüberwachung auch zur Vorbereitung der Durchführung von Maßnahmen nach § 23 a zulässig. Sie können zugleich neben derartigen Maßnahmen angeordnet werden.

(3) bis (5) *nicht abgedruckt*

§ 23 Befugnisse bei Sicherungs- und Schutzmaßnahmen. (1) Zur Erfüllung seiner Aufgaben nach § 5 darf das Zollkriminalamt, soweit nicht zum Schutz gefährdeter Zeugen durch Gesetz die Befugnisse besonders geregelt werden, die notwendigen Maßnahmen treffen, um eine im Einzelfall bestehende Gefahr für Leib, Leben, Gesundheit, Freiheit der Willensentschließung und –betätigung der in § 5 genannten Personen oder für wesentliche Vermögenswerte abzuwehren. In diesen Fällen darf das Zollkriminalamt

1. die Identität einer Person feststellen, wenn die Person sich in unmittelbarer Nähe der zu schützenden Person oder des zu schützenden Vermögenswertes aufhält und die Feststellung der Identität auf Grund der Gefährdungslage oder auf die Person bezogener Anhaltspunkte erforderlich ist; § 23 Abs. 3 Satz 1, 2, 4 und 5 des Bundespolizeigesetzes gilt entsprechend,
2. verlangen, dass Berechtigungsscheine, Bescheinigungen, Nachweise oder sonstige Urkunden zur Prüfung ausgehändigt werden, soweit es zur Erfüllung seiner Aufgabe erforderlich ist und der Betroffene auf Grund einer Rechtsvorschrift verpflichtet ist, diese Urkunden mitzuführen,
3. eine Person oder eine Sache durchsuchen, wenn sie sich in unmittelbarer Nähe der zu schützenden Person oder des zu schützenden Vermögenswertes aufhält oder befindet und die Durchsuchung auf Grund der Gefährdungslage oder auf die Person oder Sache bezogener Anhaltspunkte erforderlich ist; § 43 Abs. 3 bis 5 und § 44 Abs. 4 des Bundespolizeigesetzes gelten entsprechend,
4. die in § 24 Abs. 3 des Bundespolizeigesetzes bezeichneten erkennungsdienstlichen Maßnahmen vornehmen, wenn eine nach Nummer 1 zulässige Identitätsfeststellung auf andere Weise nicht oder nur unter erheblichen Schwierigkeiten möglich ist,
5. zur Abwehr einer Gefahr für die zu schützende Person oder den zu schützenden Vermögenswert eine Person vorübergehend von einem Ort verweisen oder ihr vorübergehend das Betreten eines Ortes verbieten,
6. zur Abwehr einer gegenwärtigen Gefahr für die zu schützende Person oder den zu schützenden Vermögenswert eine Sache sicherstellen; die §§ 48 bis 50 des Bundespolizeigesetzes gelten entsprechend,
7. eine Wohnung ohne Einwilligung des Inhabers betreten und durchsuchen, wenn dies zur Abwehr einer gegenwärtigen Gefahr für Leib, Leben oder Freiheit einer zu schützenden Person unerlässlich ist; § 46 des Bundespolizeigesetzes gilt entsprechend,

8. eine Person in Gewahrsam nehmen, wenn dies unerlässlich ist, um die unmittelbar bevorstehende Begehung einer Straftat gegen die zu schützende Person oder den zu schützenden Vermögenswert zu verhindern; § 40 Abs. 1 und 2 sowie die §§ 41 und 42 Abs. 1 Satz 1 und Abs. 2 des Bundespolizeigesetzes gelten entsprechend,
9. Maßnahmen nach den §§ 18 und 20 treffen.
Die §§ 15 bis 20 des Bundespolizeigesetzes gelten entsprechend.

(2) Ist die Identität nach Absatz 1 Nr. 4 festgestellt, sind die im Zusammenhang mit der Feststellung angefallenen Unterlagen zu vernichten. Dies gilt nicht, wenn ihre weitere Aufbewahrung zur Verhütung von Straftaten gegen die zu schützende Person oder den zu schützenden Vermögenswert erforderlich ist, weil der Betroffene verdächtig ist, eine solche Straftat begangen zu haben und wegen der Art oder Ausführung der Tat die Gefahr einer Wiederholung besteht oder wenn die weitere Aufbewahrung nach anderen Rechtsvorschriften zulässig ist. Sind die Unterlagen an andere Stellen übermittelt worden, sind diese über die erfolgte Vernichtung zu unterrichten.

(3) Zeugenschutzmaßnahmen können auch nach rechtskräftigem Abschluss des Strafverfahrens, in dem die Aussage erfolgt ist, fortgeführt werden. Für den Fall, dass noch die Strafvollstreckung betrieben wird, sind diese im Einvernehmen mit der Strafvollstreckungsbehörde und im Falle fortdauernder Inhaftierung auch im Einvernehmen mit der Justizvollzugsbehörde durchzuführen und zu beenden.

(4) Behörden und sonstige öffentliche Stelle dürfen von sich aus an das Zollkriminalamt personenbezogene Daten übermitteln, wenn tatsächliche Anhaltspunkte bestehen, dass die Übermittlung für die Erfüllung der Zeugenschutzaufgaben des Zollkriminalamtes erforderlich ist. Eine Übermittlungspflicht besteht, wenn die Daten zur Abwehr einer Gefahr für Leib, Leben oder Freiheit erforderlich sind. Die Verantwortung für die Zulässigkeit der Übermittlung trägt die übermittelnde Stelle. Erfolgt die Übermittlung auf Ersuchen des Zollkriminalamtes, trägt dieses die Verantwortung.

Abschnitt 3. Präventive Telekommunikations- und Postüberwachung

§ 23 d Übermittlungen durch das Zollkriminalamt. (1) Die vom Zollkriminalamt erlangten personenbezogenen Daten dürfen zur Verhütung von Straftaten an die mit polizeilichen Aufgaben betrauten Behörden übermittelt werden, wenn
1. *nicht abgedruckt*
2. bestimmte Tatsachen den Verdacht begründen, dass jemand
    a) *nicht abgedruckt*
    b) *nicht abgedruckt*
    c) Straftaten nach § 29 a Abs. 1 Nr. 2, § 30 Abs. 1 Nr. 1, 4 oder § 30 a des Betäubungsmittelgesetzes
begehen will oder begeht.

(2) Die Daten dürfen zur Verfolgung von Straftaten an die zuständigen Behörden übermittelt werden, wenn bestimmte Tatsachen den Verdacht begründen, dass jemand eine der in § 100 a der Strafprozessordnung genannten Straftaten begangen oder in Fällen, in denen der Versuch strafbar ist, zu begehen versucht hat oder durch eine Straftat vorbereitet hat.

(3) bis (9) *nicht abgedruckt*

Kapitel 3. Zollfahndungsämter

Abschnitt 1. Aufgaben der Zollfahndungsämter

§ 24 Allgemeine Aufgaben. (1) Die Zollfahndungsämter wirken bei der Überwachung des Außenwirtschaftsverkehrs und des grenzüberschreitenden Warenverkehrs mit.

(2) Die Zollfahndungsämter haben zur Verhütung und Verfolgung von Straftaten und Ordnungswidrigkeiten, zur Aufdeckung unbekannter Straftaten sowie zur Vorsorge für künftige Strafverfahren im Zuständigkeitsbereich der Zollverwaltung insbesondere er-

forderliche Informationen zu beschaffen, auszuwerten sowie das Zollkriminalamt und andere Zolldienststellen über die sie betreffenden Erkenntnisse zu unterrichten.

(3) Die Zollfahndungsämter haben zur Verhütung und Verfolgung von Straftaten sowie zur Aufdeckung unbekannter Straftaten

1. erforderliche Spezialeinheiten vorzuhalten, soweit dies nicht durch das Zollkriminalamt geschieht, und
2. regionale zollfahndungsspezifische Analysen, Statistiken und Lagebilder zu erstellen und hierfür die Entwicklung der Kriminalität im jeweiligen Zuständigkeitsbereich zu beobachten.

§ 25 Besondere Aufgaben. (1) Den Zollfahndungsämtern obliegt die Durchführung von erkennungsdienstlichen Maßnahmen nach § 81 b der Strafprozessordnung auch zur Vorsorge für künftige Strafverfahren im Zuständigkeitsbereich der Zollverwaltung.

(2) In den Fällen des § 24 Abs. 1 und 2 obliegt den Zollfahndungsämtern die Sicherung der eingesetzten Beamten sowie der Schutz Dritter und wesentlicher Vermögenswerte, soweit

1. andernfalls die Erfüllung ihrer Aufgaben nach den genannten Vorschriften gefährdet wäre oder
2. Sicherungs- und Schutzmaßnahmen zur Abwehr einer im Einzelfall bestehenden Gefahr für Leib, Leben, Gesundheit oder Freiheit der Willensentschließung und -betätigung der genannten Personen oder für wesentliche Vermögenswerte erforderlich sind.

Abschnitt 2. Befugnisse der Zollfahndungsämter

§ 26 Allgemeine Befugnisse. (1) Soweit die Zollfahndungsämter Ermittlungen durchführen, haben die Zollfahndungsämter und ihre Beamten dieselben Rechte und Pflichten wie die Behörden und Beamten des Polizeidienstes nach den Vorschriften der Strafprozessordnung. Die Zollfahndungsbeamten sind Ermittlungspersonen der Staatsanwaltschaft.

(2) Die Zollfahndungsämter treffen alle geeigneten, erforderlichen und angemessenen Maßnahmen zur Verhütung von Straftaten und Ordnungswidrigkeiten, zur Aufdeckung unbekannter Straftaten sowie zur Vorsorge für künftige Strafverfahren im Zuständigkeitsbereich der Zollverwaltung. Die §§ 17 bis 20 Abs. 1 des Bundespolizeigesetzes gelten entsprechend.

(3) Zur Erfüllung ihrer Aufgaben nach § 25 Abs. 2 können die Zollfahndungsämter die notwendigen Maßnahmen treffen, um eine im Einzelfall bestehende Gefahr für Leib, Leben, Gesund, Freiheit der Willensentschließung und -betätigung der in § 25 Abs. 2 genannten Personen oder für wesentliche Vermögenswerte abzuwehren. § 23 Abs. 1 Satz 2 und 3 und § 23 Abs. 2 bis 4 gelten entsprechend.

§ 28 Datenerhebung durch längerfristige Observationen. (1) Die Zollfahndungsämter dürfen personenbezogene Daten durch längerfristige Observationen in entsprechender Anwendung des § 18 erheben.

(2), (3) *nicht abgedruckt*

§ 29 Datenerhebung durch den verdeckten Einsatz technischer Mittel zur Anfertigung von Bildaufnahmen und Bildaufzeichnungen. (1) Die Zollfahndungsämter dürfen außerhalb von Wohnungen personenbezogene Daten durch den verdeckten Einsatz technischer Mittel zur Anfertigung von Bildaufnahmen und Bildaufzeichnungen in entsprechender Anwendung des § 19 erheben.

(2), (3) *nicht abgedruckt*

§ 30 Datenerhebung durch den verdeckten Einsatz technischer Mittel zum Abhören und Aufzeichnen des nicht öffentlich gesprochenen Wortes. (1) Die Zollfahndungsämter dürfen außerhalb von Wohnungen personenbezogene Daten durch den verdeckten Einsatz technischer Mittel zum Abhören und Aufzeichnen des nicht öffentlich gesprochenen Wortes entsprechender Anwendung des § 20 erheben

(2), (3) *nicht abgedruckt*

§ 31 Datenerhebung durch den Einsatz von Privatpersonen, deren Zusammenarbeit mit den Zollfahndungsämtern Dritten nicht bekannt ist. (1) Die Zollfahndungsämter dürfen personenbezogene Daten durch den Einsatz von Privatpersonen, deren Zusammenarbeit mit den Zollfahndungsämtern Dritten nicht bekannt ist, in entsprechender Anwendung des § 21 erheben.

(2), (3) *nicht abgedruckt*

Teil C. Deutsche Verordnungen und sonstige Texte

C 1. Verordnung über das Verschreiben, die Abgabe und den Nachweis des Verbleibs von Betäubungsmitteln
Betäubungsmittel-Verschreibungsverordnung
BtMVV

Vom 20. Januar 1998 (BGBl. I S. 74)
FNA 2121-6-24-4
zuletzt geänd. durch Art. 2 der Verordnung vom 11. 5. 2011 (BGBl. I S. 821)

§ 1 Grundsätze. (1) [1]Die in Anlage III des Betäubungsmittelgesetzes bezeichneten Betäubungsmittel dürfen nur als Zubereitungen verschrieben werden. [2]Die Vorschriften dieser Verordnung gelten auch für Salze und Molekülverbindungen der Betäubungsmittel, die nach den Erkenntnissen der medizinischen Wissenschaft ärztlich, zahnärztlich oder tierärztlich angewendet werden. [3]Sofern im Einzelfall nichts anderes bestimmt ist, gilt die für ein Betäubungsmittel festgesetzte Höchstmenge auch für dessen Salze und Molekülverbindungen.

(2) Betäubungsmittel für einen Patienten oder ein Tier und für den Praxisbedarf eines Arztes, Zahnarztes oder Tierarztes dürfen nur nach Vorlage eines ausgefertigten Betäubungsmittelrezeptes (Verschreibung), für den Stationsbedarf, den Notfallbedarf nach § 5 c und den Rettungsdienstbedarf nach § 6 Absatz 1 nur nach Vorlage eines ausgefertigten Betäubungsmittelanforderungsscheines (Verschreibung für den Stationsbedarf, den Notfallbedarf und den Rettungsdienstbedarf), abgegeben werden.

(3) Der Verbleib und der Bestand der Betäubungsmittel sind lückenlos nachzuweisen:
1. in Apotheken und tierärztlichen Hausapotheken,
2. in Praxen der Ärzte, Zahnärzte und Tierärzte,
3. auf Stationen der Krankenhäuser und der Tierkliniken,
4. in Alten- und Pflegeheimen, in Hospizen und Einrichtungen der spezialisierten ambulanten Palliativversorgung,
5. in Einrichtungen der Rettungsdienste,
6. in Einrichtungen nach § 5 Absatz 9 b sowie
7. auf Kauffahrteischiffen, die die Bundeslagge führen.

§ 2 Verschreiben durch einen Arzt. (1) Für einen Patienten darf der Arzt innerhalb von 30 Tagen verschreiben:
a) bis zu zwei der folgenden Betäubungsmittel unter Einhaltung der nachstehend festgesetzten Höchstmengen:

1.	Amfetamin	600 mg,
2.	Buprenotphin	800 mg,
2a.	*(aufgehoben)*	
3.	Codein als Substitutionsmittel	40.000 mg,
3a.	Diamorphin	30.000 mg,
4.	Dihydrocodein als Substitutionsmittel	40.000 mg,
5.	Dronabinol	500 mg,
6.	Fenatyllin	2.500 mg,
7.	Fentanyl	500 mg,
8.	Hydrocodon	1.200 mg,
9.	Hydromorphon	5.000 mg,
10.	Levacetylmethadol	2.000 mg.
11.	Levomethadon	1.500 mg,
12.	Mehadon	3.000 mg,
13.	Methylphenidat	2.000 mg,

14. *(aufghoben)*
15. Morphin — 20.000 mg,
16. Opium, eingestelltes — 4.000 mg,
17. Opiumextrakt — 2.000 mg,
18. Opiumtinktur — 40.000 mg,
19. Oxycodon — 15.000 mg,
20. Pentazocin — 15.000 mg,
21. Pethidin — 10.000 mg,
22. *(aufgehoben)*
23. Piritramid — 6.000 mg,
23 a. Tapentadol — 18.000 mg,
24. Tilidin — 18.000 mg
oder

b) eines der weiteren in Anlage III des Betäubungsmittelgesetzes bezeichneten Betäubungsmittel außer Alfentanil, Cocain, Etorphin, Remifentanil und Sufentanil.

(2) ¹In begründeten Einzelfällen und unter Wahrung der erforderlichen Sicherheit des Betäubungsmittelverkehrs darf der Arzt für einen Patienten, der in seiner Dauerbehandlung steht, von den Vorschriften des Absatzes 1 hinsichtlich

1. der Zahl der verschriebenen Betäubungsmittel und
2. der festgesetzten Höchstmengen

abweichen. ²Eine solche Verschreibung ist mit dem Buchstaben „A" zu kennzeichnen.

(3) ¹Für seinen Praxisbedarf darf der Arzt die in Absatz 1 aufgeführten Betäubungsmittel sowie Alfentanil, Cocain bei Eingriffen am Kopf als Lösung bis zu einem Gehalt von 20 vom Hundert oder als Salbe bis zu einem Gehalt von 2 vom Hundert, Remifentanil und Sufentanil bis zur Menge seines durchschnittlichen Zweiwochenbedarfs, mindestens jedoch die kleinste Packungseinheit, verschreiben. ²Die Vorratshaltung soll für jedes Betäubungsmittel den Monatsbedarf des Arztes nicht überschreiten. ³Diamorphin darf der Arzt bis zur Menge seines durchschnittlichen Monatsbedarfs verschreiben. ⁴Die Vorratshaltung soll für Diamorphin den durchschnittlichen Zweimonatsbedarf des Arztes nicht überschreiten.

(4) ¹Für den Stationsbedarf darf nur der Arzt verschreiben, der ein Krankenhaus oder eine Teileinheit eines Krankenhauses leitet oder in Abwesenheit des Leiters beaufsichtigt. ²Er darf die in Absatz 3 bezeichneten Betäubungsmittel unter Beachtung der dort festgelegten Beschränkungen über Bestimmungszweck, Gehalt und Darreichungsform verschreiben. ³Dies gilt auch für einen Belegarzt, wenn die ihm zugeteilten Betten räumlich und organisatorisch von anderen Teileinheiten abgegrenzt sind.

§ 3 Verschreiben durch einen Zahnarzt. (1) Für einen Patienten darf der Zahnarzt innerhalb von 30 Tagen verschreiben:

a) eines der folgenden Betäubungsmittel unter Einhaltung der nachstehend festgesetzten Höchstmengen:

1. Buprenorphin — 40 mg,
2. Hydrocodon — 300 mg,
3. Hydromorphon — 1.200 mg,
4. Levomethadon — 200 mg,
5. Morphin — 5.000 mg,
6. Oxycodon — 4.000 mg,
7. Pentazocin — 4.000 mg,
8. Pethidin — 2.500 mg,
9. Piritramid — 1.500 mg,
9 a. Tapentadol — 4.500 mg,
10. Tilidin — 4.500 mg
oder

b) eines der weiteren in Anlage III des Betäubungsmittelgesetzes bezeichneten Betäubungsmittel außer Alfentanil, Amfetamin, Cocain, Diamorphin, Dronabinol, Etorphin, Fenetyllin, Fentanyl, Levacetylmethadol, Methadon, Methylphenidat, Nabilon, Normethadon, Opium, Papaver somniferum, Pentobarbital, Remifentanil, Secobarbital und Sufentanil.

(2) [1] Für seinen Praxisbedarf darf der Zahnarzt die in Absatz 1 aufgeführten Betäubungsmittel sowie Alfentanil, Fentanyl, Remifentanil und Sufentanil bis zur Menge seines durchschnittlichen Zweiwochenbedarfs, mindestens jedoch die kleinste Packungseinheit, verschreiben. [2] Die Vorratshaltung soll für jedes Betäubungsmittel den Monatsbedarf des Zahnarztes nicht übersteigen.

(3) [1] Für den Stationsbedarf darf nur der Zahnarzt verschreiben, der ein Krankenhaus oder eine Teileinheit eines Krankenhauses leitet oder in Abwesenheit des Leiters beaufsichtigt. [2] Er darf die in Absatz 2 bezeichneten Betäubungsmittel unter Beachtung der dort festgelegten Beschränkungen über Bestimmungszweck, Gehalt und Darreichungsform verschreiben. [3] Dies gilt auch für einen Belegzahnarzt, wenn die ihm zugeteilten Betten räumlich und organisatorisch von anderen Teileinheiten abgegrenzt sind.

§ 4 Verschreiben durch einen Tierarzt. (1) Für ein Tier darf der Tierarzt innerhalb von 30 Tagen verschreiben:

a) eines der folgenden Betäubungsmittel unter Einhaltung der nachstehend festgesetzten Höchstmengen:

1.	Amfetamin	600 mg,
2.	Buprenorphin	150 mg,
3.	Hydrocodon	1.200 mg,
4.	Hydromorphon	5.000 mg,
5.	Levomethadon	750 mg,
6.	Morphin	20.000 mg,
7.	Opium, eingestelltes	12.000 mg,
8.	Opiumextrakt	6.000 mg,
9.	Opiumtinktur	120.000 mg,
10.	Pentazocin	15.000 mg,
11.	Pethidin	10.000 mg,
12.	Piritramid	6.000 mg,
13.	Tilidin	18.000 mg

oder

b) eines der weiteren in Anlage III des Betäubungsmittelgesetzes bezeichneten Betäubungsmittel außer Alfentanil, Cocain, Diamorphin, Dronabinol, Etorphin, Fenetyllin, Fentanyl, Levacetylmethadol, Methadon, Methaqualon, Methylphenidat, Nabilon, Oxycodon, Papaver somniferum, Pentobarbital, Remifentanil, Secobarbital und Sufentanil.

(2) [1] In begründeten Einzelfällen und unter Wahrung der erforderlichen Sicherheit des Betäubungsmittelverkehrs darf der Tierarzt in einem besonders schweren Krankheitsfall von den Vorschriften des Absatzes 1 hinsichtlich

1. der Zahl der verschriebenen Betäubungsmittel und
2. der festgesetzten Höchstmengen

abweichen. [2] Eine solche Verschreibung ist mit dem Buchstaben „A" zu kennzeichnen.

(3) [1] Für seinen Praxisbedarf darf der Tierarzt die in Absatz 1 aufgeführten Betäubungsmittel sowie Alfentanil, Cocain zur Lokalanästhesie bei Eingriffen am Kopf als Lösung bis zu einem Gehalt von 20 vom Hundert oder als Salbe bis zu einem Gehalt von 2 vom Hundert, Etorphin nur zur Immobilisierung von Tieren, die im Zoo, im Zirkus oder in Wildgehegen gehalten werden, durch eigenhändige oder in Gegenwart des Verschreibenden erfolgende Verabreichung, Fentanyl, Pentobarbital, Remifentanil und Sufentanil bis zur Menge seines durchschnittlichen Zweiwochenbedarfs, mindestens jedoch die kleinste Packungseinheit, verschreiben. [2] Die Vorratshaltung soll für jedes Betäubungsmittel den Monatsbedarf des Tierarztes nicht übersteigen.

(4) [1] Für den Stationsbedarf darf nur der Tierarzt verschreiben, der eine Tierklinik oder eine Teileinheit einer Tierklinik leitet oder in Abwesenheit des Leiters beaufsichtigt. [2] Er darf die in Absatz 3 bezeichneten Betäubungsmittel, ausgenommen Etorphin,

unter Beachtung der dort festgelegten Beschränkungen über Bestimmungszweck, Gehalt und Darreichungsform verschreiben.

§ 5 Verschreiben zur Substitution. (1) Substitution im Sinne dieser Verordnung ist die Anwendung eines ärztlich verschriebenen Betäubungsmittels bei einem opiatabhängigen Patienten (Substitutionsmittel) zur

1. Behandlung der Opiatabhängigkeit mit dem Ziel der schrittweisen Wiederherstellung der Betäubungsmittelabstinenz einschließlich der Besserung und Stabilisierung des Gesundheitszustandes,
2. Unterstützung der Behandlung einer neben der Opiatabhängigkeit bestehenden schweren Erkrankung oder
3. Verringerung der Risiken einer Opiatabhängigkeit während einer Schwangerschaft und nach der Geburt.

(2) [1]Für einen Patienten darf der Arzt ein Substitutionsmittel unter den Voraussetzungen des § 13 Abs. 1 des Betäubungsmittelgesetzes verschreiben, wenn und solange

1. der Substitution keine medizinisch allgemein anerkannten Ausschlussgründe entgegenstehen,
2. die Behandlung erforderliche psychiatrische, psychotherapeutische oder psychosoziale Behandlungs- und Betreuungsmaßnahmen einbezieht,
3. der Arzt die Meldeverpflichtungen nach § 5 a Abs. 2 erfüllt hat,
4. die Untersuchungen und Erhebungen des Arztes keine Erkenntnisse ergeben haben, dass der Patient
   a) von einem anderen Arzt verschriebene Substitutionsmittel erhält,
   b) nach Nummer 2 erforderliche Behandlungs- und Betreuungsmaßnahmen dauerhaft nicht in Anspruch nimmt,
   c) Stoffe gebraucht, deren Konsum nach Art und Menge den Zweck der Substitution gefährdet oder
   d) das ihm verschriebene Substitutionsmittel nicht bestimmungsgemäß verwendet,
5. der Patient im erforderlichen Umfang, in der Regel wöchentlich, den behandelnden Arzt konsultiert und
6. der Arzt Mindestanforderungen an eine suchttherapeutische Qualifikation erfüllt, die von den Ärztekammern nach dem allgemein anerkannten Stand der medizinischen Wissenschaft festgelegt werden.

[2]Für die Erfüllung der Zulässigkeitsvoraussetzungen nach den Nummern 1, 2 und 4 Buchstabe c ist der allgemein anerkannte Stand der medizinischen Wissenschaft maßgebend.

(3) [1]Ein Arzt, der die Voraussetzungen nach Absatz 2 Satz 1 Nr. 6 nicht erfüllt, darf für höchstens drei Patienten gleichzeitig ein Substitutionsmittel verschreiben, wenn

1. die Voraussetzungen nach Absatz 2 Satz 1 Nr. 1 bis 5 für die Dauer der Behandlung erfüllt sind,
2. dieser zu Beginn der Behandlung diese mit einem Arzt, der die Mindestanforderungen nach Absatz 2 Satz 1 Nummer 6 erfüllt (Konsiliarius), abstimmt und
3. sichergestellt hat, dass sein Patient zu Beginn der Behandlung und mindestens einmal im Quartal dem Konsiliarius vorgestellt wird.

[2]Wird der Arzt nach Satz 1 durch einen Arzt vertreten, der die Voraussetzungen nach Absatz 2 Satz 1 Nummer 6 ebenfalls nicht erfüllt, so gelten Satz 1 Nummer 1 und 2 für den Vertreter entsprechend. [3]Ein substituierender Arzt gemäß Absatz 2 soll grundsätzlich von einem anderen Arzt, der die Voraussetzungen nach Absatz 2 Satz 1 Nummer 6 erfüllt, vertreten werden. [4]Gelingt es dem substituierenden Arzt nicht, einen Vertreter nach Satz 3 zu bestellen, so kann er von einem Arzt, der die Voraussetzungen nach Absatz 2 Satz 1 Nummer 6 nicht erfüllt, für einen Zeitraum von bis zu vier Wochen und längstens insgesamt 12 Wochen im Jahr vertreten werden. [5]Der vertretende Arzt gemäß Satz 4 stimmt die Substitutionsbehandlung vor Vertretungsbeginn mit dem vertretenen Arzt ab. [6]Wird während der Vertretung eine unvorhergesehene Änderung der Substitutionstherapie erforderlich, stimmt sich der Vertreter gemäß Satz 4 erneut mit dem vertretenen Arzt ab. [7]Ist einerechtzeitige Abstimmung nicht möglich, bezieht der vertretende Arzt gemäß Satz 4 einen anderen Arzt, der die Voraussetzungen gemäß

Absatz 2 Satz 1 Nummer 6 erfüllt, konsiliarisch ein. [8] Notfallentscheidungen bleiben in allen Vertretungsfällen unberührt. [9] Über die vorstehend genannte Zusammenarbeit zwischen dem behandelnden Arzt und dem Konsiliarius sowie dem vertretenen und dem vertretenden Arzt gemäß den Sätzen 2 und 4 ist der Dokumentation nach Absatz 10 der diesbezügliche Schriftwechsel beizufügen. [10] Die Sätze 1 bis 9 gelten nicht für die Behandlung nach den Absätzen 9 a bis 9 d.

(4) [1] Die Verschreibung über ein Substitutionsmittel ist mit dem Buchstaben „S" zu kennzeichnen. [2] Als Substitutionsmittel darf der Arzt nur

1. Zubereitungen von Levomethadon, Methadon und Buprenorphin,
2. in begründeten Ausnahmefällen Codein oder Dihydrocodein,
3. Diamorphin als zur Substitution zugelassenes Arzneimittel oder
4. ein anderes zur Substitution zugelassenes Arzneimittel

verschreiben. [3] Die in Satz 2 Nummer 1, 2 und 4 genannten Substitutionsmittel dürfen nicht zur parenteralen Anwendung bestimmt sein. [4] Für die Auswahl des Substitutionsmittels ist neben den Vorschriften dieser Verordnung der allgemein anerkannte Stand der medizinischen Wissenschaft maßgebend. [5] Für die Verschreibung von Diamorphin nach Satz 2 Nummer 3 gelten die Absätze 6 bis 8 nicht.

(5) [1] Der Arzt, der ein Substitutionsmittel für einen Patienten verschreibt, darf die Verschreibung außer in den in Absatz 8 genannten Fällen nicht dem Patienten aushändigen. [2] Die Verschreibung darf nur von ihm selbst, seinem ärztlichen Vertreter oder durch das in Absatz 6 Satz 1 bezeichnete Personal der Apotheke vorgelegt werden. [3] Der Arzt, der Diamorphin verschreibt, darf die Verschreibung nur einem pharmazeutischen Unternehmer vorlegen.

(6) [1] Das Substitutionsmittel ist dem Patienten vom behandelnden Arzt, seinem ärztlichen Vertreter in der Praxis oder von dem von ihm angewiesenen oder beauftragten und kontrollierten medizinischen, pharmazeutischen oder in staatlich anerkannten Einrichtungen der Suchtkrankenhilfe tätigen und dafür ausgebildeten Personal zum unmittelbaren Verbrauch zu überlassen. [2] Der behandelnde Arzt hat sicherzustellen, dass das Personal nach Satz 1 fachgerecht in das Überlassen eines Substitutionsmittels zum unmittelbaren Verbrauch eingewiesen wird. [3] Im Falle des Verschreibens von Codein oder Dihydrocodein kann dem Patienten nach der Überlassung jeweils einer Dosis zum unmittelbaren Verbrauch die für einen Tag zusätzlich benötigte Menge des Substitutionsmittels in abgeteilten Einzeldosen ausgehändigt und ihm dessen eigenverantwortliche Einnahme gestattet werden, wenn dem Arzt keine Anhaltspunkte für eine nicht bestimmungsgemäße Verwendung des Substitutionsmittels durch den Patienten vorliegen.

(7) [1] Das Substitutionsmittel ist dem Patienten in der Praxis eines Arztes, in einem Krankenhaus oder in einer Apotheke oder in einer hierfür von der zuständigen Landesbehörde anerkannten anderen geeigneten Einrichtung oder, im Falle einer ärztlich bescheinigten Pflegebedürftigkeit, bei einem Hausbesuch zum unmittelbaren Verbrauch zu überlassen. [2] Der Arzt darf die benötigten Substitutionsmittel in einer der in Satz 1 genannten Einrichtungen unter seiner Verantwortung lagern; die Einwilligung des über die jeweiligen Räumlichkeiten Verfügungsberechtigten bleibt unberührt. [3] Für den Nachweis über den Verbleib und Bestand gelten die §§ 13 und 14 entsprechend.

(8) [1] Der Arzt oder sein ärztlicher Vertreter in der Praxis darf abweichend von den Absätzen 5 bis 7 dem Patienten, dem ein Substitutionsmittel nach Absatz 6 zum unmittelbaren Verbrauch überlassen wird, in Fällen, in denen die Kontinuität der Substitutionsbehandlung nicht anderweitig gewährleistet werden kann, ein Substitutionsmittel in der bis zu zwei Tagen benötigten Menge verschreiben und ihm dessen eigenverantwortliche Einnahme gestatten, sobald der Verlauf der Behandlung dies zulässt, Risiken der Selbst- oder Fremdgefährdung soweit wie möglich ausgeschlossen sind sowie die Sicherheit und Kontrolle des Betäubungsmittelverkehrs nicht beeinträchtigt werden. [2] Innerhalb einer Woche darf der Arzt dem Patienten nicht mehr als eine Verschreibung nach Satz 1 aushändigen. [3] Diese Verschreibung ist, unbeschadet des Absatzes 4 Satz 1, von dem Arzt zusätzlich mit dem Buchstaben „Z" zu kennzeichnen. [4] Sobald und solange sich der Zustand des Patienten stabilisiert hat und eine Überlassung des Substitu-

tionsmittels zum unmittelbaren Verbrauch nicht mehr erforderlich ist, darf der Arzt dem Patienten eine Verschreibung über die für bis zu sieben Tage benötigte Menge des Substitutionsmittels aushändigen und ihm dessen eigenverantwortliche Einnahme erlauben. [5] Die Aushändigung einer Verschreibung nach Satz 4 ist insbesondere dann nicht zulässig, wenn die Untersuchungen und Erhebungen des Arztes Erkenntnisse ergeben haben, dass der Patient

1. Stoffe konsumiert, die ihn zusammen mit der Einnahme des Substitutionsmittels gefährden,
2. unter Berücksichtigung der Toleranzentwicklung noch nicht auf eine stabile Dosis eingestellt worden ist oder
3. Stoffe missbräuchlich konsumiert.

[6] Für die Bewertung des Verlaufes der Behandlung durch den substituierenden Arzt ist im Übrigen der allgemein anerkannte Stand der medizinischen Wissenschaft maßgebend. [7] Im Falle eines Auslandsaufenthaltes des Patienten, dem bereits Substitutionsmittel nach Satz 4 verschrieben werden, kann der Arzt unter Berücksichtigung aller in diesem Absatz genannten Voraussetzungen zur Sicherstellung der Versorgung diesem Verschreibungen über eine Menge des Substitutionsmittels für einen längeren als in Satz 4 genannten Zeitraum aushändigen und ihm dessen eigenverantwortliche Einnahme erlauben. [8] Diese Verschreibungen dürfen in einem Jahr insgesamt die für bis zu 30 Tage benötigte Menge des Substitutionsmittels nicht überschreiten. [9] Sie sind der zuständigen Landesbehörde unverzüglich anzuzeigen. [10] Jede Verschreibung nach den Sätzen 1, 4 oder 8 ist dem Patienten im Rahmen einer persönlichen ärztlichen Konsultation auszuhändigen.

(9) [1] Patienten, die die Praxis des behandelnden Arztes zeitweilig oder auf Dauer wechseln, hat der behandelnde Arzt vor der Fortsetzung der Substitution auf einem Betäubungsmittelrezept eine Substitutionsbescheinigung auszustellen. [2] Auf der Substitutionsbescheinigung sind anzugeben:

1. Name, Vorname und Anschrift des Patienten, für den die Substitutionsbescheinigung bestimmt ist,
2. Ausstellungsdatum,
3. das verschriebene Substitutionsmittel und die Tagesdosis,
4. Beginn des Verschreibens und der Abgabe nach den Absätzen 1 bis 7 und gegebenenfalls Beginn des Verschreibens nach Absatz 8,
5. Gültigkeit: von/bis,
6. Name des ausstellenden Arztes, seine Berufsbezeichnung und Anschrift einschließlich Telefonnummer,
7. Unterschrift des ausstellenden Arztes.

[3] Die Substitutionsbescheinigung ist mit dem Vermerk „Nur zur Vorlage beim Arzt" zu kennzeichnen. [4] Teil I der Substitutionsbescheinigung erhält der Patient, Teil II und III verbleibt bei dem ausstellenden Arzt. [5] Nach Vorlage des Teils I der Substitutionsbescheinigung durch den Patienten und Überprüfung der Angaben zur Person durch Vergleich mit dem Personalausweis oder Reisepass des Patienten kann ein anderer Arzt das Verschreiben des Substitutionsmittels fortsetzen; erfolgt dies nur zeitweilig, hat der andere Arzt den behandelnden Arzt unverzüglich nach Abschluss seines Verschreibens schriftlich über die durchgeführten Maßnahmen zu unterrichten.

(9 a) [1] Zur Behandlung einer schweren Opiatabhängigkeit kann das Substitutionsmittel Diamorphin zur parenteralen Anwendung verschrieben werden. [2] Der Arzt darf Diamorphin nur verschreiben, wenn

1. er selbst eine suchttherapeutische Qualifikation im Sinne des Absatz 2 Satz 1 Nummer 6 erworben hat, die sich auf die Behandlung mit Diamorphin erstreckt, oder er im Rahmen des Modellprojektes „Heroingestützte Behandlung Opiatabhängiger" mindestens sechs Monate ärztlich tätig war,
2. bei dem Patienten eine seit mindestens fünf Jahren bestehende Opiatabhängigkeit, verbunden mit schwerwiegenden somatischen und psychischen Störungen bei derzeit überwiegend intravenösem Konsum vorliegt,

3. ein Nachweis über zwei erfolglos beendete Behandlungen der Opiatabhängigkeit, davon eine mindestens sechsmonatige Behandlung gemäß den Absätzen 2, 6 und 7 einschließlich psychosozialer Betreuungsmaßnahmen, vorliegt und
4. der Patient das 23. Lebensjahr vollendet hat.

(9 b) [1] Die Behandlung mit Diamorphin darf nur in Einrichtungen durchgeführt werden, denen eine Erlaubnis durch die zuständige Landesbehörde erteilt wurde. [2] Die Erlaubnis wird erteilt, wenn

1. nachgewiesen wird, dass die Einrichtung in das örtliche Suchthilfesystem eingebunden ist,
2. gewährleistet ist, dass die Einrichtung über eine zweckdienliche personelle und sachliche Ausstattung verfügt,
3. eine sachkundige Person, die für die Einhaltung der in Nummer 2 genannten Anforderungen, der Auflagen der Erlaubnisbehörde sowie der Anordnungen der Überwachungsbehörde verantwortlich ist (Verantwortlicher), benannt worden ist.

(9 c) [1] Diamorphin darf nur innerhalb der Einrichtung nach Absatz 9 b verschrieben, verabreicht und zum unmittelbaren Verbrauch überlassen werden. [2] Diamorphin darf nur unter Aufsicht des Arztes oder des sachkundigen Personals innerhalb dieser Einrichtung verbraucht werden. [3] In den ersten sechs Monaten der Behandlung müssen Maßnahmen der psychosozialen Betreuung stattfinden.

(9 d) [1] Die Behandlung mit Diamorphin ist nach jeweils spätestens zwei Jahren Behandlungsdauer daraufhin zu überprüfen, ob die Voraussetzungen für die Behandlung noch gegeben sind und ob die Behandlung fortzusetzen ist. [2] Die Überprüfung erfolgt durch Einholung einer Zweitmeinung durch einen Arzt, der die Qualifikation gemäß Absatz 2 Satz 1 Nummer 6 besitzt und der nicht der Einrichtung angehört. [3] Ergibt diese Überprüfung, dass die Voraussetzungen für die Behandlung nicht mehr gegeben sind, ist die diamorphingestützte Behandlung zu beenden.

(10) [1] Der Arzt hat die Erfüllung seiner Verpflichtungen nach den vorstehenden Absätzen sowie nach § 5 a Abs. 2 und 4 im erforderlichen Umfang und nach dem allgemein anerkannten Stand der medizinischen Wissenschaft zu dokumentieren. [2] Die Dokumentation ist auf Verlangen der zuständigen Landesbehörde zur Einsicht und Auswertung vorzulegen oder einzusenden.

(11) [1] Die Bundesärztekammer kann in Richtlinien den allgemein anerkannten Stand der medizinischen Wissenschaft für

1. die Erfüllung der Zulässigkeitsvoraussetzungen nach Absatz 2 Satz 1 Nr. 1, 2 und 4 Buchstabe c,
2. die Auswahl des Substitutionsmittels nach Absatz 4 Satz 4 und
3. die Bewertung des bisherigen Erfolges der Behandlung nach Absatz 8 Satz 1 und 4

feststellen sowie Richtlinien zur Dokumentation nach Absatz 10 erlassen. [2] Die Einhaltung des allgemein anerkannten Standes der medizinischen Wissenschaft wird vermutet, wenn und soweit die Richtlinien der Bundesärztekammer nach den Nummern 1 bis 3 beachtet worden sind.

(12) Die Absätze 2 bis 10 sind entsprechend anzuwenden, wenn das Substitutionsmittel aus dem Bestand des Praxisbedarfs oder Stationsbedarfs zum unmittelbaren Verbrauch überlassen oder nach Absatz 6 Satz 3 ausgehändigt wird.

§ 5 a Substitutionsregister. (1) [1] Das Bundesinstitut für Arzneimittel und Medizinprodukte (Bundesinstitut) führt für die Länder als vom Bund entliehenes Organ ein Register mit Daten über das Verschreiben von Substitutionsmitteln (Substitutionsregister). [2] Die Daten des Substitutionsregisters dürfen nur verwendet werden, um

1. das Verschreiben eines Substitutionsmittels durch mehrere Ärzte für denselben Patienten und denselben Zeitraum frühestmöglich zu verhindern,
2. die Erfüllung der Mindestanforderungen nach § 5 Abs. 2 Satz 1 Nr. 6 und der Anforderungen nach § 5 Abs. 3 Satz 1 Nr. 2 und 3 zu überprüfen sowie

3. das Verschreiben von Substitutionsmitteln entsprechend den Vorgaben nach § 13 Abs. 3 Nr. 3 Buchstabe e des Betäubungsmittelgesetzes[1] statistisch auszuwerten.

[3]Das Bundesinstitut trifft organisatorische Festlegungenzur Führung des Substitutionsregisters.

(2) [1]Jeder Arzt, der ein Substitutionsmittel für einen Patienten verschreibt, hat dem Bundesinstitut unverzüglich schriftlich oder kryptiert auf elektronischem Wege folgende Angaben zu melden:
1. den Patientencode,
2. das Datum der ersten Verschreibung,
3. das verschriebene Substitutionsmittel,
4. das Datum der letzten Verschreibung,
5. Name und Adresse des verschreibenden Arztes sowie
6. im Falle des Verschreibens nach § 5 Abs. 3 Name und Anschrift des Konsiliarius.

[2]Der Patientencode setzt sich wie folgt zusammen:

a) erste und zweite Stelle: erster und zweiter Buchstabe des ersten Vornamens,
b) dritte und vierte Stelle: erster und zweiter Buchstabe des Familiennamens,
c) fünfte Stelle: Geschlecht („F" für weiblich, „M" für männlich),
d) sechste bis achte Stelle: jeweils letzte Ziffer von Geburtstag, -monat und -jahr.

[3]Es ist unzulässig, dem Bundesinstitut Patientendaten uncodiert zu melden. [4]Der Arzt hat die Angaben zur Person durch Vergleich mit dem Personalausweis oder Reisepass des Patienten zu überprüfen.

(3) [1]Das Bundesinstitut verschlüsselt unverzüglich den Patientencode nach Absatz 2 Satz 1 Nr. 1 nach einem vom Bundesamt für Sicherheit in der Informationstechnik vorgegebenen Verfahren in ein Kryptogramm in der Weise, dass er daraus nicht oder nur mit einem unverhältnismäßig großen Aufwand zurückgewonnen werden kann. [2]Das Kryptogramm ist zusammen mit den Angaben nach Absatz 2 Satz 1 Nr. 2 bis 6 zu speichern und spätestens sechs Monate nach Bekanntwerden der Beendigung des Verschreibens zu löschen. [3]Die gespeicherten Daten und das Verschlüsselungsverfahren nach Satz 1 sind durch geeignete Sicherheitsmaßnahmen gegen unbefugte Kenntnisnahme und Verwendung zu schützen.

(4) [1]Das Bundesinstitut vergleicht jedes neu gespeicherte Kryptogramm mit den bereits vorhandenen. [2]Ergibt sich keine Übereinstimmung, ist der Patientencode unverzüglich zu löschen. [3]Liegen Übereinstimmungen vor, teilt dies das Bundesinstitut jedem beteiligten Arzt unter Angabe des Patientencodes, des Datums der ersten Verschreibung und der Adressen der anderen beteiligten Ärzte unverzüglich mit. [4]Die Ärzte haben zu klären, ob der Patientencode demselben Patienten zuzuordnen ist. [5]Wenn dies zutrifft, haben sie sich darüber abzustimmen, wer künftig für den Patienten Substitutionsmittel verschreibt, und über das Ergebnis das Bundesinstitut unter Angabe des Patientencodes zu unterrichten. [6]Wenn dies nicht zutrifft, haben die Ärzte darüber ebenfalls das Bundesinstitut unter Angabe des Patientencodes zu unterrichten. [7]Das Substitutionsregister ist unverzüglich entsprechend zu bereinigen. [8]Erforderlichenfalls unterrichtet das Bundesinstitut die zuständigen Überwachungsbehörden der beteiligten Ärzte, um das Verschreiben von Substitutionsmitteln von mehreren Ärzten für einen Patienten zu unterbinden.

(5) [1]Die Ärztekammern haben dem Bundesinstitut zum 31. März und 30. September die Namen und Adressen der Ärzte zu melden, die die Mindestanforderungen nach § 5 Abs. 2 Satz 1 Nr. 6 erfüllen. [2]Das Bundesinstitut unterrichtet unverzüglich die zuständigen Überwachungsbehörden der Länder über Name und Adresse

1. der Ärzte, die ein Substitutionsmittel nach § 5 Abs. 2 verschrieben haben und
2. der nach Absatz 2 Nr. 6 gemeldeten Konsiliarien,

wenn diese die Mindestanforderungen nach § 5 Abs. 2 Satz 1 Nr. 6 nicht erfüllen.

(6) [1]Das Bundesinstitut teilt den zuständigen Überwachungsbehörden zum 30. Juni und 31. Dezember folgende Angaben mit:

---

[1] Nr. **8.**

1. Namen und Adressen der Ärzte, die nach § 5 Abs. 2 Substitutionsmittel verschrieben haben,
2. Namen und Adressen der Ärzte, die nach § 5 Abs. 3 Substitutionsmittel verschrieben haben,
3. Namen und Adressen der Ärzte, die die Mindestanforderungen nach § 5 Abs. 2 Satz 1 Nr. 6 erfüllen,
4. Namen und Adressen der Ärzte, die nach Absatz 2 Nr. 6 als Konsiliarius gemeldet worden sind, sowie
5. Anzahl der Patienten, für die ein unter Nummer 1 oder 2 genannter Arzt ein Substitutionsmittel verschrieben hat.

[2] Die zuständigen Überwachungsbehörden können auch jederzeit im Einzelfall vom Bundesinstitut entsprechende Auskunft verlangen.

(7) [1] Das Bundesinstitut teilt den obersten Landesgesundheitsbehörden für das jeweilige Land zum 31. Dezember folgende Angaben mit:

1. die Anzahl der Patienten, denen ein Substitutionsmittel verschrieben wurde,
2. die Anzahl der Ärzte, die nach § 5 Abs. 2 Substitutionsmittel verschrieben haben,
3. die Anzahl der Ärzte, die nach § 5 Abs. 3 Substitutionsmittel verschrieben haben,
4. die Anzahl der Ärzte, die die Mindestanforderungen nach § 5 Abs. 2 Satz 1 Nr. 6 erfüllen,
5. die Anzahl der Ärzte, die nach Absatz 2 Nr. 6 als Konsiliarius gemeldet worden sind, sowie
6. Art und Anteil der verschriebenen Substitutionsmittel.

[2] Auf Verlangen erhalten die obersten Landesgesundheitsbehörden die unter Nummer 1 bis 6 aufgeführten Angaben auch aufgeschlüsselt nach Überwachungsbereichen.

§ 5 b Verschreiben für Patienten in Alten- und Pflegeheimen, Hospizen und in der spezialisierte ambulanten Palliativversorgung.

(1) [1] Der Arzt, der ein Betäubungsmittel für einen Patienten in einem Alten- und Pflegeheim, einem Hospiz oder in der spezialisierten ambulanten Palliativversorgung verschreibt, kann bestimmen, dass die Verschreibung nicht dem Patienten ausgehändigt wird. [2] In diesem Falle darf die Verschreibung nur von ihm selbst oder durch von ihm angewiesenes oder beauftragtes Personal seiner Praxis, des Alten- und Pflegeheimes, des Hospizes oder der Einrichtung der spezialisierten ambulanten Palliativversorgung in der Apotheke vorgelegt werden.

(2) Das Betäubungsmittel ist im Falle des Absatzes 1 Satz 1 dem Patienten vom behandelnden Arzt oder dem von ihm beauftragten, eingewiesenen und kontrollierten Personal des Alten- und Pflegeheimes, des Hospizes oder der einrichtung der spezialisierten ambulanten Palliaativversorgung zu verabreichen oder zum unmittelbaren Verbrauch zu überlassen.

(3) [1] Der Arzt darf im Falle des Absatzes 1 Satz 1 die Betäubungsmittel des Patienten in dem Alten- und Pflegeheim, dem Hospiz oder der Einrichtung der spezialisierten ambulanten Palliativversorgung seiner Verantwortung lagern; die Einwilligung des über die jeweiligen Räumlichkeiten Verfügungsberechtigten bleibt unberührt. [2] Für den Nachweis über den Verbleib und Bestand gelten die §§ 13 und 14 entsprechend.

(4) Betäubungsmittel, die nach Absatz 3 gelagert wurden und nicht mehr benötigt werden, können von dem Arzt

1. einem anderen Patienten dieses Alten- und Pflegeheimes, dieses Hospizes oder dieser Einrichtung der ambulanten spezialisierten Palliativversorgung verschrieben werden,
2. an eine versorgende Apotheke zur Weiterverwendung in einem Alten- und Pflegeheim, einem Hospiz oder einer Einrichtung der spezialisierten ambulanten Palliativversorgung zurückgegeben werden oder
3. in den Notfallvorrat nach § 5 c Absatz 1 Satz 1 überführt werden.

§ 5 c Verschreiben für den Notfallbedarf in Hospizen und in der spezialisierten ambulanten Palliativversorgung.

(1) [1] Hospize und Einrichtungen der spezialisierten ambulanten Palliativversorgung dürfen in ihren Räumlichkeiten einen Vorrat an Betäubungsmitteln für den unvorhersehbaren, dringenden und kurzfristigen Bedarf ihrer

Patienten (Notfallvorrat) bereithalten. [2]Berechtigte, die von der Möglichkeit nach Satz 1 Gebrauch machen, sind verpflichtet,

1. einen oder mehrere Ärzte damit zu beauftragen, die Betäubungsmittel, die für den Notfallvorrat benötigt werden, nach § 2 Absatz 4 Satz 2 zu verschreiben,
2. die lückenlose Nachweisführung über die Aufnahme in den Notfallvorrat und die Entnahme aus dem Notfallvorrat durch interne Regelungen mit den Ärzten und Pflegekräften, die an der Versorgung von Patienten mit Betäubungsmitteln beteiligt sind, sicherzustellen und
3. mit einer Apotheke die Belieferung für den Notfallvorrat schriftlich zu vereinbaren und diese Apotheke zu verpflichten, den Notfallvorrat mindestens halbjährlich zu überprüfen, insbesondere auf einwandfreie Beschaffenheit sowie ordnungsgemäße und sichere Aufbewahrung; § 6 Absatz 3 Satz 2 bis 5 gilt entsprechend.

(2) [1]Der oder die Ärzte nach Absatz 1 Satz 2 Nummer 1 dürfen die für den Notfallvorrat benötigten Betäubungsmittel bis zur Menge des durchschnittlichen Zweiwochenbedarfs, mindestens jedoch die kleinste Packungseinheit, verschreiben. [2]Die Vorratshaltung darf für jedes Betäubungsmittel den durchschnittlichen Monatsbedarf für Notfälle nicht überschreiten.

§ 6 Verschreiben für Einrichtungen des Rettungsdienstes.
(1) Für das Verschreiben des Bedarfs an Betäubungsmitteln für Einrichtungen und Teileinheiten von Einrichtungen des Rettungsdienstes (Rettungsdienstbedarf) finden die Vorschriften über das Verschreiben für den Stationsbedarf nach § 2 Abs. 4 entsprechende Anwendung.

(2) [1]Der Träger oder der Durchführende des Rettungsdienstes hat einen Arzt damit zu beauftragen, die benötigten Betäubungsmittel nach § 2 Abs. 4 zu verschreiben. [2]Die Aufzeichnung des Verbleibs und Bestandes der Betäubungsmittel ist nach den §§ 13 und 14 in den Einrichtungen und Teileinheiten der Einrichtungen des Rettungsdienstes durch den jeweils behandelnden Arzt zu führen.

(3) [1]Der Träger oder der Durchführende des Rettungsdienstes hat mit einer Apotheke die Belieferung der Verschreibungen für den Rettungsdienstbedarf sowie eine mindestens halbjährliche Überprüfung der Betäubungsmittelvorräte in den Einrichtungen oder Teileinheiten der Einrichtungen des Rettungsdienstes insbesondere auf deren einwandfreie Beschaffenheit sowie ordnungsgemäße und sichere Aufbewahrung schriftlich zu vereinbaren. [2]Der unterzeichnende Apotheker zeigt dies der zuständigen Landesbehörde an. [3]Mit der Überprüfung der Betäubungsmittelvorräte ist ein Apotheker der jeweiligen Apotheke zu beauftragen. [4]Es ist ein Protokoll anzufertigen. [5]Zur Beseitigung festgestellter Mängel hat der mit der Überprüfung beauftragte Apotheker dem Träger oder Durchführenden des Rettungsdienstes eine angemessene Frist zu setzen und im Falle der Nichteinhaltung die zuständige Landesbehörde zu unterrichten.

(4) [1]Bei einem Großschadensfall sind die benötigten Betäubungsmittel von dem zuständigen leitenden Notarzt nach § 2 Abs. 4 zu verschreiben. [2]Die verbrauchten Betäubungsmittel sind durch den leitenden Notarzt unverzüglich für den Großschadensfall zusammengefasst nachzuweisen und der zuständigen Landesbehörde unter Angabe der nicht verbrauchten Betäubungsmittel anzuzeigen. [3]Die zuständige Landesbehörde trifft Festlegungen zum Verbleib der nicht verbrauchten Betäubungsmittel.

§ 7 Verschreiben für Kauffahrteischiffe.
(1) [1]Für das Verschreiben und die Abgabe von Betäubungsmitteln für die Ausrüstung von Kauffahrteischiffen gelten die §§ 8 und 9. [2]Auf den Betäubungsmittelrezepten sind die in Absatz 4 Nr. 4 bis 6 genannten Angaben anstelle der in § 9 Abs. 1 Nr. 1 und 5 vorgeschriebenen anzubringen.

(2) [1]Für die Ausrüstung von Kauffahrteischiffen darf nur ein von der zuständigen Behörde beauftragter Arzt Betäubungsmittel verschreiben; er darf für diesen Zweck bei Schiffsbesetzung ohne Schiffsarzt das Betäubungsmittel Morphin verschreiben. [2]Für die Ausrüstung von Kauffahrteischiffen bei Schiffsbesetzung mit Schiffsarzt und solchen, die nicht die Bundesflagge führen, können auch andere der in der Anlage III des Betäubungsmittelgesetzes bezeichneten Betäubungsmittel verschrieben werden.

(3) Ausnahmsweise dürfen Betäubungsmittel für die Ausrüstung von Kauffahrteischiffen von einer Apotheke zunächst ohne Verschreibung abgegeben werden, wenn

1. der in Absatz 2 bezeichnete Arzt nicht rechtzeitig vor dem Auslaufen des Schiffes erreichbar ist,
2. die Abgabe nach Art und Menge nur zum Ersatz
   a) verbrauchter,
   b) unbrauchbar gewordener oder
   c) außerhalb des Geltungsbereichs des Betäubungsmittelgesetzes[1]) von Schiffen, die die Bundesflagge führen, beschaffter und entsprechend der Verordnung über die Krankenfürsorge auf Kauffahrteischiffen auszutauschender
   Betäubungsmitteln erfolgt,
3. der Abgebende sich vorher überzeugt hat, daß die noch vorhandenen Betäubungsmittel nach Art und Menge mit den Eintragungen im Betäubungsmittelbuch des Schiffes übereinstimmen, und
4. der Abgebende sich den Empfang von dem für die ordnungsgemäße Durchführung der Krankenfürsorge Verantwortlichen bescheinigen läßt.

(4) Die Bescheinigung nach Absatz 3 Nr. 4 muß folgende Angaben enthalten:

1. Bezeichnung der verschriebenen Arzneimittel nach § 9 Abs. 1 Nr. 3,
2. Menge der abgegebenen Arzneimittel nach § 9 Abs. 1 Nr. 4,
3. Abgabedatum,
4. Name des Schiffes,
5. Name des Reeders,
6. Heimathafen des Schiffes und
7. Unterschrift des für die Krankenfürsorge Verantwortlichen.

(5) [1]Der Abgebende hat die Bescheinigung nach Absatz 3 Nr. 4 unverzüglich dem von der zuständigen Behörde beauftragten Arzt zum nachträglichen Verschreiben vorzulegen. [2]Dieser ist verpflichtet, unverzüglich die Verschreibung auf einem Betäubungsmittelrezept der Apotheke nachzureichen, die das Betäubungsmittel nach § 7 Abs. 3 beliefert hat. [3]Die Verschreibung ist mit dem Buchstaben „K" zu kennzeichnen. [4]Die Bescheinigung nach § 7 Abs. 3 Nr. 4 ist dauerhaft mit dem in der Apotheke verbleibenden Teil der Verschreibung zu verbinden. [5]Wenn die Voraussetzungen des Absatzes 3 Nr. 1 und 2 nicht vorgelegen haben, ist die zuständige Behörde unverzüglich zu unterrichten.

(6) Für das Verschreiben und die Abgabe von Betäubungsmitteln für die Ausrüstung von Schiffen, die keine Kauffahrteischiffe sind, sind die Absätze 1 bis 5 entsprechend anzuwenden.

§ 8 Betäubungsmittelrezept. (1) [1]Betäubungsmittel für Patienten, den Praxisbedarf und Tiere dürfen nur auf einem dreiteiligen amtlichen Formblatt (Betäubungsmittelrezept) verschrieben werden. [2]Das Betäubungsmittelrezept darf für das Verschreiben anderer Arzneimittel nur verwendet werden, wenn dies neben der einen Betäubungsmittels erfolgt. [3]Die Teile I und II der Verschreibung sind zur Vorlage in einer Apotheke, im Falle des Verschreibens von Diamorphin nach § 5 Absatz 9a zur Vorlage bei einem pharmazeutischen Unternehmer, bestimmt, Teil III verbleibt bei dem Arzt, Zahnarzt oder Tierarzt, an den das Betäubungsmittelrezept ausgegeben wurde.

(2) [1]Betäubungsmittelrezepte werden vom Bundesinstitut für Arzneimittel und Medizinprodukte auf Anforderung an den einzelnen Arzt, Zahnarzt oder Tierarzt ausgegeben. [2]Das Bundesinstitut für Arzneimittel und Medizinprodukte kann die Ausgabe versagen, wenn der begründete Verdacht besteht, daß die Betäubungsmittelrezepte nicht den betäubungsmittelrechtlichen Vorschriften gemäß verwendet werden.

(3) [1]Die nummerierten Betäubungsmittelrezepte sind nur zur Verwendung des anfordernden Arztes, Zahnarztes oder Tierarztes bestimmt und dürfen nur im Vertretungsfall übertragen werden. [2]Die nicht verwendeten Betäubungsmittelrezepte sind bei Aufgabe

---

[1]) Nr. 8.

der ärztlichen, zahnärztlichen oder tierärztlichen Tätigkeit dem Bundesinstitut für Arzneimittel und Medizinprodukte zurückzugeben.

(4) [1]Der Arzt, Zahnarzt oder Tierarzt hat die Betäubungsmittelrezepte gegen Entwendung zu sichern. [2]Ein Verlust ist unter Angabe der Rezeptnummern dem Bundesinstitut für Arzneimittel und Medizinprodukte unverzüglich anzuzeigen, das die zuständige oberste Landesbehörde unterrichtet.

(5) Der Arzt, Zahnarzt oder Tierarzt hat Teil III der Verschreibung und die Teile I bis III der fehlerhaft ausgefertigten Betäubungsmittelrezepte nach Ausstellungsdaten oder nach Vorgabe der zuständigen Landesbehörde geordnet drei Jahre aufzubewahren und auf Verlangen der nach § 19 Abs. 1 Satz 3 des Betäubungsmittelgesetzes[1]) zuständigen Landesbehörde einzusenden oder Beauftragten dieser Behörde vorzulegen.

(6) [1]Außer in den Fällen des § 5 dürfen Betäubungsmittel für Patienten, den Praxisbedarf und Tiere in Notfällen unter Beschränkung auf die zur Behebung des Notfalls erforderliche Menge abweichend von Absatz 1 Satz 1 verschrieben werden. [2]Verschreibungen nach Satz 1 sind mit den Angaben nach § 9 Abs. 1 zu versehen und mit dem Wort „Notfall-Verschreibung" zu kennzeichnen. [3]Die Apotheke hat den verschreibenden Arzt, Zahnarzt oder Tierarzt unverzüglich nach Vorlage der Notfall-Verschreibung und möglichst vor der Abgabe des Betäubungsmittels über die Belieferung zu informieren. [4]Dieser ist verpflichtet, unverzüglich die Verschreibung auf einem Betäubungsmittelrezept der Apotheke nachzureichen, die die Notfall-Verschreibung beliefert hat. [5]Die Verschreibung ist mit dem Buchstaben „N" zu kennzeichnen. [6]Die Notfall-Verschreibung ist dauerhaft mit dem in der Apotheke verbleibenden Teil der nachgereichten Verschreibung zu verbinden.

§ 9 Angaben auf dem Betäubungsmittelrezept. (1) Auf dem Betäubungsmittelrezept sind anzugeben:

1. Name, Vorname und Anschrift des Patienten, für den das Betäubungsmittel bestimmt ist; bei tierärztlichen Verschreibungen die Art des Tieres sowie Name, Vorname und Anschrift des Tierhalters,
2. Ausstellungsdatum,
3. Arzneimittelbezeichnung, soweit dadurch eine der nachstehenden Angaben nicht eindeutig bestimmt ist, jeweils zusätzlich Bezeichnung und Gewichtsmenge des enthaltenen Betäubungsmittels je Packungseinheit, bei abgeteilten Zubereitungen je abgeteilter Form, Darreichungsform,
4. Menge des verschriebenen Arzneimittels in Gramm oder Milliliter, Stückzahl der abgeteilten Form,
5. Gebrauchsanweisung mit Einzel- und Tagesgabe oder im Falle, daß dem Patienten eine schriftliche Gebrauchsanweisung übergeben wurde, der Vermerk „Gemäß schriftlicher Anweisung"; im Falle des § 5 Abs. 8 zusätzlich die Reichdauer des Substitutionsmittels in Tagen,
6. in den Fällen des § 2 Abs. 2 Satz 2 und des § 4 Abs. 2 Satz 2 der Buchstabe „A", in den Fällen des § 5 Abs. 4 Satz 1 der Buchstabe „S", in den Fällen des § 5 Absatz 8 Satz 1 zusätzlich der Buchstabe „Z", in den Fällen des § 7 Abs. 5 Satz 3 der Buchstabe „K", in den Fällen des § 8 Abs. 6 Satz 5 der Buchstabe „N",
7. Name des verschreibenden Arztes, Zahnarztes oder Tierarztes, seine Berufsbezeichnung und Anschrift einschließlich Telefonnummer,
8. in den Fällen des § 2 Abs. 3, § 3 Abs. 2 und § 4 Abs. 3 der Vermerk „Praxisbedarf" anstelle der Angaben in den Nummern 1 und 5,
9. Unterschrift des verschreibenden Arztes, Zahnarztes oder Tierarztes, im Vertretungsfall darüber hinaus der Vermerk „i.V.".

(2) [1]Die Angaben nach Absatz 1 sind dauerhaft zu vermerken und müssen auf allen Teilen der Verschreibung übereinstimmend enthalten sein. [2]Die Angaben nach den Nummern 1 bis 8 können durch eine andere Person als den Verschreibenden erfolgen. [3]Im Falle einer Änderung der Verschreibung hat der verschreibende Arzt die Änderung

---

[1]) Nr. **8**.

auf allen Teilen des Betäubungsmittelrezeptes zu vermerken und durch seine Unterschrift zu bestätigen.

§ 10 Betäubungsmittelanforderungsschein. (1) [1]Betäubungsmittel für den Stationsbedarf nach § 2 Abs. 4, § 3 Abs. 3 und § 4 Abs. 4, den Notfallbedarf nach § 5 c und den Rettungsbedarf nach § 6 Absatz 1 dürfen nur auf einem dreiteiligen amtlichen Formblatt (Betäubungsmittelanforderungsschein) verschrieben werden. [2]Die Teile I und II der Verschreibung für den Stationsbedarf, den Notfallbedarf und den Rettungsdienstbedarf sind zur Vorlage in der Apotheke bestimmt, Teil III verbleibt bei dem verschreibungsberechtigten Arzt, Zahnarzt oder Tierarzt.

(2) Betäubungsmittelanforderungsscheine werden vom Bundesinstitut für Arzneimittel und Medizinprodukte auf Anforderung ausgegeben an:
1. den Arzt oder Zahnarzt, der ein Krankenhaus oder eine Krankenhausabteilung leitet,
2. den Tierarzt, der eine Tierklinik leitet,
3. einen beauftragten Arzt nach § 5 c Absatz 1 Satz 2 Nummer 1,
4. den nach § 6 Absatz 2 beauftragten Arzt des Rettungsdienstes oder
5. den zuständigen leitenden Notarzt nach § 6 Absatz 4.

(3) [1]Die nummerierten Betäubungsmittelanforderungsscheine sind nur zur Verwendung in der Einrichtung bestimmt, für die sie angefordert wurden. [2]Sie dürfen vom anfordernden Arzt, Zahnarzt oder Tierarzt an Leiter von Teileinheiten oder an einen weiteren beauftragten Arzt nach § 5 c Absatz 1 Satz 2 Nummer 1 weitergegeben werden. [3]Über die Weitergabe ist ein Nachweis zu führen.

(4) Teil III der Verschreibung für den Stationsbedarf, den Notfallbedarf und den Rettungsdienstbedarf und die Teile I bis III von fehlerhaft ausgefertigten Betäubungsmittelanforderungsscheinen sowie die Nachweisunterlagen gemäß Absatz 3 sind vom anfordernden Arzt, Zahnarzt oder Tierarzt drei Jahre, von der letzten Eintragung an gerechnet, aufzubewahren und auf Verlangen der nach § 19 Abs. 1 Satz 3 des Betäubungsmittelgesetzes[1]) zuständigen Landesbehörde einzusenden oder Beauftragten dieser Behörden vorzulegen.

§ 11 Angaben auf dem Betäubungsmittelanforderungsschein. (1) Auf dem Betäubungsmittelanforderungsschein sind anzugeben:
1. Name oder die Bezeichnung und die Anschrift der Einrichtung, für die die Betäubungsmittel bestimmt sind,
2. Ausstellungsdatum,
3. Bezeichnung der verschriebenen Arzneimittel nach § 9 Abs. 1 Nr. 3,
4. Menge der verschriebenen Arzneimittel nach § 9 Abs. 1 Nr. 4,
5. Name des verschreibenden Arztes, Zahnarztes oder Tierarztes einschließlich Telefonnummer,
6. Unterschrift des verschreibenden Arztes, Zahnarztes oder Tierarztes, im Vertretungsfall darüber hinaus der Vermerk „i. V.".

(2) [1]Die Angaben nach Absatz 1 sind dauerhaft zu vermerken und müssen auf allen Teilen der Verschreibung für den Stationsbedarf, den Notfallbedarf und den Rettungsdienstbedarf übereinstimmend enthalten sein. [2]Die Angaben nach den Nummern 1 bis 5 können durch eine andere Person als den Verschreibenden erfolgen. [3]Im Falle einer Änderung der Verschreibung für den Stationsbedarf, den Notfallbedarf und den Rettungsdienstbedarf hat der verschreibende Arzt die Änderung auf allen Teilen des Betäubungsmittelanforderungsscheines zu vermerken und durch seine Unterschrift zu bestätigen.

§ 12 Abgabe. (1) Betäubungsmittel dürfen vorbehaltlich des Absatzes 2 nicht abgegeben werden:
1. auf eine Verschreibung,
   a) die nach den §§ 1 bis 4 oder § 7 Abs. 2 für den Abgebenden erkennbar nicht ausgefertigt werden durfte,

---

[1]) Nr. 8.

b) bei deren Ausfertigung eine Vorschrift des § 7 Abs. 1 Satz 2, des § 8 Abs. 1 Satz 1 und 2 oder des § 9 nicht beachtet wurde,

c) die vor mehr als sieben Tagen ausgefertigt wurde, ausgenommen bei Einfuhr eines Arzneimittels nach § 73 Abs. 3 Arzneimittelgesetz, oder

d) die mit dem Buchstaben „K" oder „N" gekennzeichnet ist;

2. auf eine Verschreibung für den Stationsbedarf, den Notfallbedarf und den Rettungsdienstbedarf,

   a) die nach den §§ 1 bis 4, § 7 Abs. 1 oder § 10 Abs. 3 für den Abgebenden erkennbar nicht ausgefertigt werden durfte oder

   b) bei deren Ausfertigung eine Vorschrift des § 10 Abs. 1 oder des § 11 nicht beachtet wurde;

3. auf eine Verschreibung nach § 8 Abs. 6, die

   a) nicht nach Satz 2 gekennzeichnet ist oder

   b) vor mehr als einem Tag ausgefertigt wurde;

4. auf eine Verschreibung nach § 5 Abs. 8, wenn sie nicht in Einzeldosen und in kindergesicherter Verpackung konfektioniert sind.

(2) [1]Bei Verschreibungen und Verschreibungen für den Stationsbedarf, den Notfallbedarf und den Rettungsdienstbedarf, die einen für den Abgebenden erkennbaren Irrtum enthalten, unleserlich sind oder den Vorschriften nach § 9 Abs. 1 oder § 11 Abs. 1 nicht vollständig entsprechen, ist der Abgebende berechtigt, nach Rücksprache mit dem verschreibenden Arzt, Zahnarzt oder Tierarzt Änderungen vorzunehmen. [2]Angaben nach § 9 Abs. 1 Nr. 1 oder § 11 Abs. 1 Nr. 1 können durch den Abgebenden geändert oder ergänzt werden, wenn der Überbringer der Verschreibung oder der Verschreibung für den Stationsbedarf, den Notfallbedarf und den Rettungsdienstbedarf diese Angaben nachweist oder glaubhaft versichert oder die Angaben anderweitig ersichtlich sind. [3]Auf Verschreibungen oder Verschreibungen für den Stationsbedarf, den Notfallbedarf und den Rettungsdienstbedarf, bei denen eine Änderung nach Satz 1 nicht möglich ist, dürfen die verschriebenen Betäubungsmittel oder Teilmengen davon abgegeben werden, wenn der Überbringer glaubhaft versichert oder anderweitig ersichtlich ist, daß ein dringender Fall vorliegt, der die unverzügliche Anwendung des Betäubungsmittels erforderlich macht. [4]In diesen Fällen hat der Apothekenleiter den Verschreibenden unverzüglich über die erfolgte Abgabe zu benachrichtigen; die erforderlichen Korrekturen auf der Verschreibung oder der Verschreibung für den Stationsbedarf, den Notfallbedarf und den Rettungsdienstbedarf sind unverzüglich vorzunehmen. [5]Änderungen und Ergänzungen nach den Sätzen 1 und 2, Rücksprachen nach den Sätzen 1 und 4 sowie Abgaben nach Satz 3 sind durch den Abgebenden auf den Teilen I und II, durch den Verschreibenden, außer im Falle des Satzes 2, auf Teil III der Verschreibung oder der Verschreibung für den Stationsbedarf, den Notfallbedarf und den Rettungsdienstbedarf zu vermerken. [6]Für die Verschreibung von Diamorphin gelten die Sätze 2 bis 4 nicht.

(3) Der Abgebende hat auf Teil I der Verschreibung oder der Verschreibung für den Stationsbedarf, den Notfallbedarf und den Rettungsdienstbedarf folgende Angaben dauerhaft zu vermerken:

1. Name und Anschrift der Apotheke,
2. Abgabedatum und
3. Namenszeichen des Abgebenden.

(4) [1]Der Apothekenleiter hat Teil I der Verschreibungen und Verschreibungen für den Stationsbedarf, den Notfallbedarf und den Rettungsdienstbedarf nach Abgabedaten oder nach Vorgabe der zuständigen Landesbehörde geordnet drei Jahre aufzubewahren und auf Verlangen dem Bundesinstitut für Arzneimittel und Medizinprodukte oder der nach § 19 Abs. 1 Satz 3 des Betäubungsmittelgesetzes[1]) zuständigen Landesbehörde einzusenden oder Beauftragten dieser Behörden vorzulegen. [2]Teil II ist zur Verrechnung bestimmt. [3]Die Sätze 1 und 2 gelten im Falle der Abgabe von Diamorphin für den Verantwortlichen für Betäubungsmittel des pharmazeutischen Unternehmers entsprechend.

---

[1]) Nr. **8**.

(5) Der Tierarzt darf aus seiner Hausapotheke Betäubungsmittel nur zur Anwendung bei einem von ihm behandelten Tier und nur unter Einhaltung der für das Verschreiben geltenden Vorschriften der §§ 1 und 4 Abs. 1 und 2 abgeben.

§ 13 Nachweisführung. (1) [1]Der Nachweis von Verbleib und Bestand der Betäubungsmittel in den in § 1 Abs. 3 genannten Einrichtungen ist unverzüglich nach Bestandsänderung nach amtlichem Formblatt zu führen. [2]Es können Karteikarten oder Betäubungsmittelbücher mit fortlaufend numerierten Seiten verwendet werden. [3]Die Aufzeichnung kann auch mittels elektronischer Datenverarbeitung erfolgen, sofern jederzeit der Ausdruck der gespeicherten Angaben in der Reihenfolge des amtlichen Formblattes gewährleistet ist. [4]Im Falle des Überlassens eines Substitutionsmittels zum unmittelbaren Verbrauch nach § 5 Abs. 6 Satz 1 oder eines Betäubungsmittels nach § 5 b Abs. 2 ist der Verbleib patientenbezogen nachzuweisen.

(2) [1]Die Eintragungen über Zugänge, Abgänge und Bestände der Betäubungsmittel sowie die Übereinstimmung der Bestände mit den geführten Nachweisen sind

1. von dem Apotheker für die von ihm geleitete Apotheke,
2. von dem Tierarzt für die von ihm geleitete tierärztliche Hausapotheke und
3. von dem in den §§ 2 bis 4 bezeichneten, verschreibungsberechtigten Arzt, Zahnarzt oder Tierarzt für den Praxis- oder Stationsbedarf,
4. von einem nach § 5 c Absatz 1 Satz 2 Nummer 1 beauftragten Arzt für Hospize und Einrichtungen der spezialisierten ambulanten Palliativversorgung sowie von dem nach § 6 Absatz 2 beauftragten Arzt für Einrichtungen des Rettungsdienstes,
5. vom für die Durchführung der Krankenfürsorge Verantwortlichen für das jeweilige Kauffahrteischiff, das die Bundesflagge führt,
6. vom behandelnden Arzt im Falle des Nachweises nach Absatz 1 Satz 4,
7. vom Verantwortlichen im Sinne des § 5 Absatz 9 b Nummer 3

am Ende eines jeden Kalendermonats zu prüfen und, sofern sich der Bestand geändert hat, durch Namenszeichen und Prüfdatum zu bestätigen. [2]Für den Fall, daß die Nachweisführung mittels elektronischer Datenverarbeitung erfolgt, ist die Prüfung auf der Grundlage zum Monatsende angefertigter Ausdrucke durchzuführen.

(3) [1]Die Karteikarten, Betäubungsmittelbücher oder EDV-Ausdrucke nach Absatz 2 Satz 2 sind in den in § 1 Abs. 3 genannten Einrichtungen drei Jahre, von der letzten Eintragung an gerechnet, aufzubewahren. [2]Bei einem Wechsel in der Leitung einer Krankenhausapotheke, einer Einrichtung, eines Krankenhauses, einer Tierklinik oder einem Wechsel des beauftragten Arztes nach § 5 c Absatz 1 Satz 2 Nummer 1 oder § 6 Absatz 2 Satz 1 sind durch die in Absatz 2 genannten Personen das Datum der Übergabe sowie der übergebene Bestand zu vermerken und durch Unterschrift zu bestätigen. [3]Die Karteikarten, die Betäubungsmittelbücher und die EDV-Ausdrucke sind auf Verlangen der nach § 19 Abs. 1 Satz 3 des Betäubungsmittelgesetzes[1)] zuständigen Landesbehörde einzusenden oder Beauftragten dieser Behörde vorzulegen. [4]In der Zwischenzeit sind vorläufige Aufzeichnungen vorzunehmen, die nach Rückgabe der Karteikarten und Betäubungsmittelbücher nachzutragen sind.

§ 14 Angaben zur Nachweisführung. (1) [1]Beim Nachweis von Verbleib und Bestand der Betäubungsmittel sind für jedes Betäubungsmittel dauerhaft anzugeben:

1. Bezeichnung, bei Arzneimitteln entsprechend § 9 Abs. 1 Nr. 3,
2. Datum des Zugangs oder des Abgangs,
3. zugegangene oder abgegangene Menge und der sich daraus ergebende Bestand; bei Stoffen und nicht abgeteilten Zubereitungen die Gewichtsmenge in Gramm oder Milligramm, bei abgeteilten Zubereitungen die Stückzahl; bei flüssigen Zubereitungen, die im Rahmen einer Behandlung angewendet werden, die Menge auch in Milliliter,
4. Name oder Firma und Anschrift des Lieferers oder des Empfängers oder die sonstige Herkunft oder der sonstige Verbleib,
5. in Apotheken im Falle der Abgabe auf Verschreibung für Patienten sowie für den Praxisbedarf der Name und die Anschrift des verschreibenden Arztes, Zahnarztes oder Tierarztes und die Nummer des Betäubungsmittelrezeptes, im Falle der Ver-

schreibung für den Stationsbedarf, den Notfallbedarf sowie den Rettungsdienstbedarf der Name des verschreibenden Arztes, Zahnarztes oder Tierarztes und die Nummer des Betäubungsmittelanforderungsscheines,

5 a. in Krankenhäusern, Tierkliniken, Hospizen sowie in Einrichtungen der spezialisierten ambulanten Palliativversorgung und des Rettungsdienstes im Falle des Erwerbs auf Verschreibung für den Stationsbedarf, den Notfallbedarf sowie den Rettungsdienstbedarf der Name des verschreibenden Arztes, Zahnarztes oder Tierarztes und die Nummer des Betäubungsmittelanforderungsscheines,

6. beim pharmazeutischen Unternehmen im Falle der Abgabe auf Verschreibung von Diamorphin Name und Anschrift des verschreibenden Arztes und die Nummer des Betäubungsmittelrezeptes.

²Bestehen bei den in § 1 Abs. 3 genannten Einrichtungen Teileinheiten, sind die Aufzeichnungen in diesen zu führen.

(2) ¹Bei der Nachweisführung ist bei flüssigen Zubereitungen die Gewichtsmenge des Betäubungsmittels, die in der aus technischen Gründen erforderlichen Überfüllung des Abgabebehältnisses enthalten ist, nur zu berücksichtigen, wenn dadurch der Abgang höher ist als der Zugang. ²Die Differenz ist als Zugang mit „Überfüllung" auszuweisen.

§ 15 Formblätter. Das Bundesinstitut für Arzneimittel und Medizinprodukte gibt die amtlichen Formblätter für das Verschreiben (Betäubungsmittelrezepte und Betäubungsmittelanforderungsscheine) und für den Nachweis von Verbleib und Bestand (Karteikarten und Betäubungsmittelbücher) heraus und macht sie im Bundesanzeiger bekannt.

§ 16 Straftaten. Nach § 29 Abs. 1 Satz 1 Nr. 14 des Betäubungsmittelgesetzes[1]) wird bestraft, wer

1. entgegen § 1 Abs. 1 Satz 1, auch in Verbindung mit Satz 2, ein Betäubungsmittel nicht als Zubereitung verschreibt,

2. a) entgegen § 2 Abs. 1 oder 2 Satz 1, § 3 Abs. 1 oder § 5 Abs. 1 oder Abs. 4 Satz 2 für einen Patienten,

   b) entgegen § 2 Abs. 3 Satz 1, § 3 Abs. 2 Satz 1 oder § 4 Abs. 3 Satz 1 für seinen Praxisbedarf oder

   c) entgegen § 4 Abs. 1 für ein Tier

   andere als die dort bezeichneten Betäubungsmittel oder innerhalb von 30 Tagen mehr als ein Betäubungsmittel, im Falle des § 2 Abs. 1 Buchstabe a mehr als zwei Betäubungsmittel, über die festgesetzte Höchstmenge hinaus oder unter Nichteinhaltung der vorgegebenen Bestimmungszwecke oder sonstiger Beschränkungen verschreibt,

3. entgegen § 2 Abs. 4, § 3 Abs. 3 oder § 4 Abs. 4

   a) Betäubungsmittel für andere als die dort bezeichneten Einrichtungen,

   b) andere als die dort bezeichneten Betäubungsmittel oder

   c) dort bezeichnete Betäubungsmittel unter Nichteinhaltung der dort genannten Beschränkungen verschreibt oder

4. entgegen § 7 Abs. 2 Betäubungsmittel für die Ausrüstung von Kauffahrteischiffen verschreibt,

5. entgegen § 5 Absatz 9 c Satz 1 Diamorphin verschreibt, verabreicht oder überlässt.

§ 17 Ordnungswidrigkeiten. Ordnungswidrig im Sinne des § 32 Abs. 1 Nr. 6 des Betäubungsmittelgesetzes[2]) handelt, wer vorsätzlich oder leichtfertig

1. entgegen § 5 Abs. 9 Satz 2 und 3, auch in Verbindung mit § 5 Abs. 12, § 5 a Abs. 2 Satz 1 bis 4, § 7 Abs. 1 Satz 2 oder Abs. 4, § 8 Abs. 6 Satz 2, § 9 Abs. 1, auch in Verbindung mit § 2 Abs. 2 Satz 2, § 4 Abs. 2 Satz 2, § 5 Abs. 4 Satz 1, § 7 Abs. 5 Satz 3 oder § 8 Abs. 6 Satz 5, § 11 Abs. 1 oder § 12 Abs. 3, eine Angabe nicht, nicht richtig, nicht vollständig oder nicht in der vorgeschriebenen Form macht,

---

[1]) Nr. **8**.
[2]) Nr. **8**.

2. entgegen § 5 Abs. 10 die erforderlichen Maßnahmen nicht oder nicht vollständig dokumentiert oder der zuständigen Landesbehörde die Dokumentation nicht zur Einsicht und Auswertung vorlegt oder einsendet,
3. entgegen § 8 Abs. 1 Satz 1, auch in Verbindung mit § 7 Abs. 1, Betäubungsmittel nicht auf einem gültigen Betäubungsmittelrezept oder entgegen § 10 Abs. 1 Satz 1 Betäubungsmittel nicht auf einem gültigen Betäubungsmittelanforderungsschein verschreibt,
4. entgegen § 8 Abs. 3 für seine Verwendung bestimmte Betäubungsmittelrezepte überträgt oder bei Aufgabe der Tätigkeit dem Bundesinstitut für Arzneimittel und Medizinprodukte nicht zurückgibt,
5. entgegen § 8 Abs. 4 Betäubungsmittelrezepte nicht gegen Entwendung sichert oder einen Verlust nicht unverzüglich anzeigt,
6. entgegen § 8 Abs. 5, § 10 Abs. 4 oder § 12 Abs. 4 Satz 1 die dort bezeichneten Teile der Verschreibung oder der Verschreibung für den Stationsbedarf, den Notfallbedarf und den Rettungsdienstbedarf nicht oder nicht vorschriftsmäßig aufbewahrt,
7. entgegen § 8 Abs. 6 Satz 4 die Verschreibung nicht unverzüglich der Apotheke nachreicht,
8. entgegen § 10 Abs. 3 Satz 3 keinen Nachweis über die Weitergabe von Betäubungsmittelanforderungsscheinen führt,
9. einer Vorschrift des § 13 Abs. 1 Satz 1, Abs. 2 oder 3 oder des § 14 über die Führung von Aufzeichnungen, deren Prüfung oder Aufbewahrung zuwiderhandelt oder
10. entgegen § 5 Absatz 2 Satz 1 Nummer 6 oder Absatz 3 Satz 1 Nummer 2 und 3, Satz 2 und 7 oder Satz 5 und 6 oder Absatz 9 a Satz 2 Nummer 1 ein Substitutionsmittel verschreibt, ohne die Mindestanforderungen an die Qualifikation zu erfüllen oder ohne einen Konsiliarius in die Behandlung einzubeziehen oder ohne sich als Vertreter, der die Mindestanforderungen an die Qualifikation nicht erfüllt, abzustimmen oder ohne die diamorphinspezifischen Anforderungen an die Qualifikation nach Absatz 9 a Satz 2 Nummer 1 zu erfüllen.

§ 18 Übergangsvorschriften. (1) § 5 Abs. 3 Satz 2 findet auf das Verschreiben eines Substitutionsmittels für Betäubungsmittelabhängige, denen vor Inkrafttreten dieser Verordnung Codein oder Dihydrocodein zur Substitution verschrieben wurde, ab dem 1. Januar 2000 Anwendung.

(2) § 5 Abs. 7 Nr. 1 gilt auch als erfüllt, wenn zum Zeitpunkt des Inkrafttretens dieser Verordnung in derselben Praxis mindestens sechs Monate Codein oder Dihydrocodein zum Zweck der Substitution für einen Patienten verschrieben wurde.

C 2. Betäubungsmittel-Binnenhandelsverordnung (BtMBinHV)

vom 16. 12. 1981 (BGBl. I S. 1425), geändert durch G v. 17. 8. 2011 (BGBl. I S. 1754)

§ 1. Wer Betäubungsmittel nach § 12 Abs. 1 des Betäubungsmittelgesetzes abgibt, hat für jede einzelne Abgabe einen Abgabebeleg schriftlich unter Verwendung des amtlichen Formblatts gemäß § 6 Absatz 1 Satz 1 oder elektronisch gemäß § 6 Absatz 1 Satz 2 zu erstellen.

§ 2. (1) Der Abgebende hat auf allen Teilen des Abgabebeleges (Abgabemeldung, Empfangsbestätigung, Lieferschein und Lieferscheindoppel) übereinstimmend folgende Angaben zu machen:
1. BtM-Nummer, Name oder Firma und Anschrift des Abgebenden; bei Abgebenden mit mehreren Betriebsstätten BtM-Nummer und Anschrift der abgebenden Betriebsstätte.
2. BtM-Nummer, Name oder Firma und Anschrift des Erwerbers; bei Erwerbern mit mehreren Betriebsstätten BtM-Nummer der erwerbenden Betriebsstätte,
3. für jedes abgegebene Betäubungsmittel:
   a) Pharmazentralnummer,
   b) Anzahl der Packungseinheiten,

c) Packungsinhalt gemäß verwendeter Pharmazentralnummer (bei Stoffen und nicht abgeteilten Zubereitungen die Gewichtsmenge, bei abgeteilten Zubereitungen die Stückzahl),

d) Bezeichnung des Betäubungsmittels; zusätzlich:
   – bei abgeteilten Zubereichungen die Darreichungsform und das Gewicht des enthaltenen reinen Stoffes in Milligramm je abgeteilte Form,
   – bei nicht abgeteilten Zubereitungen die Darreichungsform und das Gewicht des enthaltenen reinen Stoffes je Packungseinheit,
   – bei rohen, ungereinigten und nicht abgeteilten Betäubungsmitteln den Gewichtsvomhundertsatz des enthaltenen reinen Stoffes,

4. Abgabedatum.

Der Abgebende hat die Abgabemeldung eigenhändig mit Kugelschreiber zu unterschreiben oder mit seiner elektronischen Signatur zu versehen.

(2) Ist der Abgebende oder Erwerber eine in § 4 Abs. 2 oder § 26 des Betäubungsmittelgesetzes genannte Behörde oder Einrichtung, so entfällt die Angabe der BtM-Nummer nach Absatz 1 Satz 1 Nr. 1 oder 2. Die Angabe der Pharmazentralnummer des Betäubungsmittels nach Absatz 1 Satz 1 Nr. 3 Buchstabe a entfällt, wenn eine solche vom Bundesinstitut für Arzneimittel und Medizinprodukte nicht bekannt gemacht wurde.

§ 3. (1) Die Empfangsbestätigung und der Lieferschein sind dem Erwerber zusammen mit den Betäubungsmitteln als Schriftstücke oder elektronische Dokumente zu übersenden.

(2) Zur Meldung der Abgabe nach § 12 Abs. 2 des Betäubungsmittelgesetzes ist dem Bundesinstitut für Arzneimittel und Medizinprodukte die Abgabemeldung binnen einer Woche nach der Abgabe zu übersenden.

(3) Das Lieferscheindoppel ist vorbehaltlich der Vorschrift des § 4 Abs. 2 bis zum Eingang der Empfangsbestätigung aufzubewahren.

§ 4. (1) Der Erwerber hat
1. die Angaben auf den ihm zugegangenen Teilen des Abgabebelegs (Empfangsbestätigung und Lieferschein) zu prüfen,
2. gegebenenfalls von ihm festgestellte Abweichungen auf diesen schriftlich oder elektronisch in erkennbarer Weise und so zu vermerken, daß die Angaben des Abgebenden als solche nicht verändert werden,
3. diese Teile schriftlich oder elektronisch mit dem Empfangsdatum zu versehen und eigenhändig mit Kugelschreiber zu unterschreiben oder mit seiner elektronischen Signatur zu versehen und
4. die Empfangsbestätigung spätestens an dem auf den Empfang der Betäubungsmittel folgenden Werktag dem Abgebenden zurückzusenden.

(2) Der Abgebende hat im Falle des Absatzes 1 Nr. 2
1. auf dem Lieferscheindoppel schriftlich oder elektronisch
   a) das Empfangsdatum der Empfangsbestätigung und
   b) die von dem Erwerber nach Absatz 1 Nr. 2 vermerkten Abweichungen als solche erkennbar einzutragen und sich zu ihrer Richtigkeit zu erklären und sodann
2. das Lieferscheindoppel dem Bundesinstitut für Arzneimittel und Medizinprodukte binnen einer Woche nach dem Empfang der Empfangsbestätigung zu übersenden.

§ 5. Die Empfangsbestätigungen oder bis zu deren Eingang die Lieferscheindoppel sind vom Abgebenden nach Abgabedaten, die Lieferscheine vom Erwerber nach Erwerbsdaten geordnet drei Jahre gesondert aufzubewahren und auf Verlangen der nach § 19 Abs. 1 des Betäubungsmittelgesetzes zuständigen Behörde einzusenden, Beauftragten dieser Behörde vorzulegen oder ihnen im Falle einer elektronischen Aufbewahrung zugänglich zu machen. Die Frist beginnt für den Abgebenden mit dem Abgabedatum, für den Erwerber mit dem Datum des Empfangs der Betäubungsmittel.

§ 6. (1) Das Bundesinstitut für Arzneimittel und Medizinprodukte gibt das amtliche Formblatt nach § 1 heraus und macht es im Bundesanzeiger bekannt. Für das elektronische Verfahren legt das Bundesinstitut für Arzneimittel und Medizinprodukte die Bearbeitungsvoraussetzungen fest und gibt auf seiner Internetseite www.bfarm.de insbesondere Folgendes bekannt:

1. das zu verwendende elektronische Muster und das Format, in dem die elektronischen Dokumente einzureichen sind,
2. die Einzelheiten des Verfahrens, das bei einer elektronischen Übermittlung einzuhalten ist, einschließlich des Standards für die Verschlüsselung.

(2) Das Bundesinstitut für Arzneimittel und Medizinprodukte weist die BtM-Nummer (§ 2 Abs. 1 Satz 1 Nr. 1 und 2) den berechtigten Personen und Personenvereinigungen zu und macht die vom Bundesinstitut für Arzneimittel und Medizinprodukte zugewiesenen Pharmazentralnummern für Betäubungsmittel (§ 2 Abs. 1 Satz 1 Nr. 3 Buchstabe a) auf seiner Internetseite www.bfarm.de bekannt.

§ 7. Ordnungswidrig im Sinne des § 32 Abs. 1 Nr. 6 des Betäubungsmittelgesetzes handelt, wer vorsätzlich oder fahrlässig

1. entgegen § 1 einen Abgabebeleg nicht erstellt,
2. entgegen § 2 Abs. 1 auf einem Abgabebeleg eine Angabe nicht, nicht richtig, nicht vollständig, nicht übereinstimmend oder nicht in der vorgeschriebenen Weise macht,
3. entgegen § 2 Abs. 1 Satz 2 die Abgabemeldung nicht oder nicht vorschriftsmäßig unterschreibt oder nicht mit seiner elektronischen Signatur versieht,
4. entgegen § 3 Abs. 3 das Lieferscheindoppel nicht aufbewahrt,
5. entgegen § 4 Abs. 1 die Empfangsbestätigung oder den Lieferschein nicht mit dem Empfangsdatum versieht, nicht oder nicht vorschriftsmäßig unterschreibt oder festgestellte Abweichungen in ihnen nicht oder nicht vorschriftsmäßig vermerkt oder die Empfangsbestätigung nicht rechtzeitig zurücksendet,
6. entgegen § 4 Abs. 2 das Lieferscheindoppel nicht mit dem Empfangsdatum der Empfangsbestätigung versieht, vermerkte Abweichungen nicht oder nicht vorschriftsmäßig auf dem Lieferscheindoppel einträgt oder dieses nicht rechtzeitig dem Bundesinstitut für Arzneimittel und Medizinprodukte übersendet oder
7. entgegen § 5 die dort bezeichneten Teile des Abgabebelegs nicht oder nicht vorschriftsmäßig aufbewahrt.

§ 8. *(aufgehoben)*

§ 9. (Berlin-Klausel, Inkrafttreten)

Bekanntmachung zur Betäubungsmittel-Binnenhandelsverordnung

Vom 22. Dezember 1981 (BAnz. 1982 Nr. 9 S. 5), geändert durch Bekanntmachung vom 20. Dezember 1988 (BAnz. 1989 Nr. 13 S. 341)

Auf Grund des § 6 Abs. 1 der Betäubungsmittel-Binnenhandelsverordnung vom 16. Dezember 1981 (BGBl. I S. 1425) wird folgendes bestimmt:

1 Form und Inhalt des amtlichen Formblattes
1.1 Das Formblatt nach § 1 (Betäubungsmittel-Abgabebeleg) besteht aus einem vierteiligen aus weißem Papier gefertigten, mit schwarzem Druck versehenen Belegsatz im Format 148×210 mm mit den Teilen Abgabemeldung, Empfangsbestätigung, Lieferschein und Lieferscheindoppel entsprechend den Mustern der Anlagen 1 bis 4. Die Abgabemeldung ist durch einen hellgrünen, die Empfangsbestätigung durch einen gelben, der Lieferschein durch einen hellroten und das Lieferscheindoppel durch einen hellblauen Unterdruck (Radierschutz) zusätzlich gekennzeichnet. Jeder Belegsatz ist mit einer fortlaufenden siebenstelligen Nummer versehen.
2 Anfertigung und Ausgabe des amtlichen Formblattes
2.1 Der Formblattsatz wird durch die Bundesdruckerei angefertigt und[1] durch die Bundesanzeiger Verlagsgesellschaft mbH, Postfach 108006, 5000 Köln 1, vertrieben. An dem Vertrieb können auch andere Verlage beteiligt werden.

[1] Jetzt: Amsterdamer Strafe 192, 50735 Köln.

3 Kennzeichnung und Datenerfassung

3.1 Als BGA–Nummer des Abgebenden und als BGA–Nummer des Erwerbers sind die den jeweiligen Teilnehmern am Betäubungsmittelverkehr vom Bundesgesundheitsamt zugewiesenen siebenstelligen Nummern zu verwenden.

3.2 Als Pharmazentralnummer sind die vom Arzneibüro der Arbeitsgemeinschaft der Berufsvertretungen Deutscher Apotheker vergebenen Pharmazentralnummern zu verwenden.

3.3 Als Pharmazentralnummern für die nachstehend genannten Betäubungsmittel, soweit sie in abgabefertiger Packung in den Verkehr gebracht werden, sind für die jeweils angegebenen Packungseinheiten (Gewichtsmengen) zu verwenden:

Amphetaminsulfat		
Packungseinheiten zu	1 g	1560014
	10 g	1986954
Cocainhydrochlorid		
Packungseinheiten zu	1 g	1560020
	5 g	1601517
	25 g	1601546
Codein-Monohydrat		
Packungseinheiten zu	5 g	1701880
	10 g	1701897
	25 g	1641008
Codeinphosphat-Semihydrat		
Packungseinheiten zu	5 g	1701905
	10 g	1641014
	25 g	1701911
	50 g	1641020
Dihydrocodeinhydrogentartrat		
Packungseinheiten zu	5 g	1641043
	10 g (2 × 5 g)	1641066
Ethylmorphinhydrochlorid-Dihydrat		
Packungseinheiten zu	5 g	1700780
	25 g	1640948
Hydromorphonhydrochlorid		
Packungseinheiten zu	1 g	1560132
	5 g	1601569
Morphinhydrochlorid-Trihydrat		
Packungseinheiten zu	1 g	1560215
	5 g	1601575
	25 g	1601598
Opium		
Packungseinheiten zu	25 g	1601606
	100 g	1601612
Opium, eingestelltes		
Packungseinheiten zu	25 g	1601635
	100 g	1601641
Opiumextrakt		
Packungseinheiten zu	5 g	1601658
	25 g	1601664
Opiumtinktur		
Packungseinheit zu	50 g	1601693
	100 g	1601701
	250 g	1601718
Oxycodonhydrochlorid-Trihydrat		
Packungseinheit zu	1 g	1560304

4 Die Bekanntmachung tritt mit Wirkung vom 1. Januar 1982 in Kraft. Gleichzeitig tritt die Bekanntmachung zur Verordnung über den Bezug von Betäubungsmitteln vom 18. November 1977 (BAnz. Nr. 226) mit Ausnahme der Anlagen 4 bis 6, die

noch bis zum 31. 12. 1982 aufgebraucht werden können, außer Kraft. Die Bekanntmachung der Anlagen 4 bis 6 tritt mit Ablauf des 31. Dezember 1982 außer Kraft.

Anlage 1

1	
2	O
3	

Betäubungsmittel-Abgabebeleg

Abgabemeldung   **Nr. 1000001**

BGA-Nr. des Abgebenden

Name oder Firma und Anschrift des Abgebenden

Die Abgabemeldung ist dem Bundesgesundheitsamt vom Abgebenden spätestens am nächsten auf die Abgabe folgenden Werktag zu übersenden.

Abgabedatum

Tag | Monat | Jahr

Unterschrift des für die Abgabe Verantwortlichen

Pharmazentralnummer

Anzahl

Packungseinheit

× × × × ×

Maßeinheit kg/g/mg/St.

Bezeichnung des Betäubungsmittels

BGA-Nr. des Erwerbers

Name oder Firma und Anschrift des Erwerbers

Nur für Vermerke des Bundesgesundheitsamtes

© Bundesdruckerei Bln

Anlage 2

1
2
3

Betäubungsmittel-Abgabebeleg

Empfangsbestätigung

Nr. 1000001

BGA-Nr. des Abgebenden

Name oder Firma und Anschrift des Abgebenden

Die Empfangsbestätigung ist dem Erwerber vom Abgebenden zusammen mit den Betäubungsmitteln und dem Teil Lieferschein zu übersenden.
Der Erwerber hat auf ihr den Empfang nach Prüfung mit Datum und Unterschrift zu bestätigen und sie an den Abgebenden spätestens am nächsten Werktag zurückzusenden.
Der Abgebende hat die Empfangsbestätigung drei Jahre aufzubewahren.

Abgabedatum

Tag | Monat | Jahr

Pharmazentralnummer	Anzahl		Packungseinheit	Maßeinheit kg/g/mg/St.	Bezeichnung des Betäubungsmittels
	×				
	×				
	×				
	×				
	×				

BGA-Nr. des Erwerbers

Name oder Firma und Anschrift des Erwerbers

Nur für Berichtigungsvermerke des Erwerbers

Empfangsdatum

Tag | Monat | Jahr

Unterschrift des für den Erwerb Verantwortlichen

© Bundesdruckerei Bln

Anlage 3

1	
2	○
3	

Betäubungsmittel-Abgabebeleg

Lieferschein

Nr. 1000001

Name oder Firma und Anschrift des Abgebenden

Der Lieferschein ist dem Erwerber vom Abgebenden zusammen mit den Betäubungsmitteln und dem Teil Empfangsbestätigung zu übersenden.
Der Erwerber hat auf ihm den Empfang nach Prüfung mit Datum und Unterschrift zu vermerken und ihn drei Jahre aufzubewahren.

BGA-Nr. des Abgebenden

Abgabedatum

Tag | Monat | Jahr

Pharmazentralnummer | Anzahl | Packungs-einheit | Maß-einheit kg/g/mg/St. | Bezeichnung des Betäubungsmittels

×

×

×

×

×

Name oder Firma und Anschrift des Erwerbers

Nur für Berichtigungsvermerke des Erwerbers

BGA-Nr. des Erwerbers

Empfangsdatum

Tag | Monat | Jahr

Unterschrift des für den Erwerb Verantwortlichen

© Bundesdruckerei Bln

Anlage 4

1
2 ○
3

Betäubungsmittel-Abgabebeleg

Lieferscheindoppel

Nr. 1000001

BGA-Nr. des Abgebenden

Name oder Firma und Anschrift des Abgebenden

Das Lieferscheindoppel ist vom Abgebenden bis zum Eingang des Teils Empfangsbestätigung aufzubewahren.

Abgabedatum

Tag | Monat | Jahr

Pharmazentralnummer	Anzahl	Packungs-einheit	Maß-einheit kg/g/mg/St.	Bezeichnung des Betäubungsmittels
	×			
	×			
	×			
	×			
	×			

BGA-Nr. des Erwerbers

Name oder Firma und Anschrift des Erwerbers

Nur für Berichtigungsvermerke des Abgebenden

○ Bundesdruckerei Bln

C 3. Betäubungsmittel-Außenhandelsverordnung (BtMAHV)

vom 16. 12. 1981 (BGBl. I S. 1420), zuletzt geändert durch Verordnung vom 19. 6. 2001 (BGBl. I S. 1180)

I. Einfuhr

§ 1. Einfuhrantrag. (1) Wer Betäubungsmittel einführen will, hat für jede Einfuhrsendung unter Verwendung eines amtlichen Formblatts eine Einfuhrgenehmigung beim Bundesamt für Arzneimittel und Medizinprodukte zu beantragen.

(2) Der Antragsteller hat auf dem Einfuhrantrag folgende Angaben zu machen:

1. BtM-Nummer, Name oder Firma und Anschrift des Einführers; bei einem Einführer mit mehreren Betriebsstätten BtM-Nummer und Anschrift der einführenden Betriebsstätte,
2. Name oder Firma und Anschrift des gebietsfremden Ausführers sowie BtM-Nummer und Name des Ausfuhrlandes,
3. für jedes einzuführende Betäubungsmittel:
   a) Pharmazentralnummer, soweit bekanntgemacht,
   b) Anzahl der Packungseinheiten,
   c) Packungseinheit (bei Stoffen und nicht abgeteilten Zubereitungen die Gewichtsmenge, bei abgeteilten Zubereitungen die Stückzahl),
   d) Bezeichnung des Betäubungsmittels; zusätzlich:
      – bei abgeteilten Zubereitungen die Darreichungsform und das Gewicht des enthaltenen reinen Stoffes in Milligramm je abgeteilte Form,
      – bei nicht abgeteilten Zubereitungen die Darreichungsform und das Gewicht des enthaltenen reinen Stoffes je Packungseinheit,
      – bei rohen, ungereinigten oder nicht abgeteilten Betäubungsmitteln den Gewichtsvomhundertsatz des enthaltenen reinen Stoffes,
4. den vorgesehenen Beförderungsweg sowie Namen und Anschriften der Beförderer,
5. a) bei der Einfuhr aus einem Staat, der nicht Mitglied der Europäischen Union ist, Bezeichnung und Anschrift derjenigen Zollstelle, über die gemäß § 4 Satz 1 eingeführt werden soll,
   b) bei der Einfuhr aus einem Mitgliedstaat der Europäischen Union der Vermerk „EU-Warenverkehr",
6. sofern die Betäubungsmittel unter zollamtlicher Überwachung gelagert werden sollen, Bezeichnung und Anschrift des Lagers sowie Name und Anschrift des Lagerhalters oder Lagerinhabers.

(3) Sollen zur Durchfuhr bestimmte und abgefertigte Betäubungsmittel eingeführt werden, so ist dem Einfuhrantrag die Ausfuhrgenehmigung oder Ausfuhrerklärung des Ausfuhrlandes, die die Betäubungsmittel begleitet hat, beizufügen. Das Bundesinstitut für Arzneimittel und Medizinprodukte gibt diese der für die Betäubungsmittelkontrolle zuständigen Behörde des Ausfuhrlandes zurück.

§ 2. Versagungsgründe. (1) Das Bundesinstitut für Arzneimittel und Medizinprodukte hat die Einfuhrgenehmigung zu versagen, wenn die Einfuhr des Betäubungsmittels an ein Geldinstitut zur Verfügung einer anderen Person als der des Einführers oder an ein Postfach erfolgen soll oder es sich um Betäubungsmittel der Anlage I des Betäubungsmittelgesetzes handelt und diese unter zollamtlicher Überwachung gelagert werden.

(2) Das Bundesinstitut für Arzneimittel und Medizinprodukte hat die Einfuhrgenehmigung ferner zu versagen oder die einzuführende Menge des Betäubungsmittels zu beschränken, wenn die Einfuhr nicht im Rahmen der vom Internationalen Suchtstoffkontrollamt bekanntgegebenen Schätzung der Bundesrepublik Deutschland für dieses Betäubungsmittel abgewickelt werden kann, sofern nicht vom Einführer der Nachweis erbracht wird, daß dieses Betäubungsmittel entweder zur Wiederausfuhr bestimmt oder für eine Krankenbehandlung unerlässlich ist.

(3) Das Bundesinstitut für Arzneimittel und Medizinprodukte kann die Einfuhrgenehmigung versagen, wenn die Sicherheit oder Kontrolle des Betäubungsmittelverkehrs nicht gewährleistet sind.

§ 3. Einfuhrgenehmigung. (1) Das Bundesinstitut für Arzneimittel und Medizinprodukte erteilt die Einfuhrgenehmigung unter Verwendung amtlicher Formblätter in dreifacher Ausfertigung. Es übersendet zwei Ausfertigungen dem Einführer und eine Ausfertigung der für die Betäubungsmittelkontrolle zuständigen Behörde des Ausfuhrlandes.

(2) Die Einfuhrgenehmigung ist nicht übertragbar. Sie ist auf höchstens drei Monate und bei Einfuhren, die auf dem Seewege erfolgen sollen, auf höchstens sechs Monate zu befristen. Die Fristen können auf Antrag verlängert werden, wenn der Einführer nachweist, daß sich die Betäubungsmittel bereits auf dem Transport befinden.

§ 4. Einfuhrabfertigung. Betäubungsmittel dürfen nur über eine vom Bundesminister der Finanzen bestimmte Zollstelle eingeführt werden. Sie sind dieser Zollstelle unter Vorlage einer Ausfertigung der Einfuhrgenehmigung anzumelden und auf Verlangen vorzuführen. Diese Vorschrift gilt nicht bei der Einfuhr aus einem Mitgliedstaat der Europäischen Union.

§ 5. Lagerung unter zollamtlicher Überwachung. Ist in der Einfuhrgenehmigung nur die Lagerung unter zollamtlicher Überwachung genehmigt, so dürfen die Betäubungsmittel nur in einer Zollniederlage, einem Zollverschlußlager oder einem Freihafen gelagert werden. Die gelagerten Betäubungsmittel dürfen keiner Behandlung unterzogen werden, die geeignet ist, die Beschaffenheit, die Verpackung oder die Markierung zu verändern. Sie dürfen nur nach den Vorschriften der § 7 bis 12 ausgeführt werden. Sollen die Betäubungsmittel im Geltungsbereich des Betäubungsmittelgesetzes verbleiben, ist für die Entnahme aus der Zollniederlage, dem Zollverschlußlager oder dem Freihafen die schriftliche Zustimmung des Bundesinstitutes für Arzneimittel und Medizinprodukte erforderlich.

§ 6. Einfuhranzeige. (1) Der Einführer hat die erfolgte Einfuhr dem Bundesinstitut für Arzneimittel und Medizinprodukte unverzüglich anzuzeigen und die Anzeige mit den der tatsächlichen Einfuhr entsprechenden Angaben nach § 1 Abs. 2, der Nummer und dem Ausstellungsdatum der Einfuhrgenehmigung und dem Einfuhrdatum zu versehen. Der Einfuhranzeige ist die mit einem zollamtlichen Abfertigungsvermerk versehene Einfuhrgenehmigung beizufügen. Für die Anzeige ist ein amtliches Formblatt zu verwenden.

(2) Absatz 1 Satz 2 gilt nicht bei der Einfuhr aus einem Mitgliedstaat der Europäischen Union. In diesem Falle hat der Einführer auf der Rückseite der beizufügenden Einfuhrgenehmigung in dem für den zollamtlichen Abfertigungsvermerk vorgesehenen Feld folgende Angaben zu machen:

a) Nummer und Ausstellungsdatum der Handelsrechnung oder Packliste und
b) Nummer und Ausstellungsdatum des Frachtdokumentes mit Angabe des Frachtführers

und die Handelsrechnung oder Packliste der Einfuhrgenehmigung in Kopie beizufügen.

(3) Werden Betäubungsmittel nicht innerhalb der in der Einfuhrgenehmigung angegebenen Frist eingeführt, ist dies dem Bundesinstitut für Arzneimittel und Medizinprodukte unverzüglich anzuzeigen. Der Anzeige ist die Einfuhrgenehmigung beizufügen.

II. Ausfuhr

§ 7. Ausfuhrantrag. (1) Wer Betäubungsmittel ausführen will, hat für jede Ausfuhrsendung unter Verwendung eines amtlichen Formblattes eine Ausfuhrgenehmigung beim Bundesinstitut für Arzneimittel und Medizinprodukte zu beantragen.

(2) Der Antragsteller hat auf dem Ausfuhrantrag folgende Angaben zu machen:
1. BtM-Nummer, Name oder Firma und Anschrift des Ausführers; bei einem Ausführer mit mehreren Betriebsstätten BtM-Nummer und Anschrift der ausführenden Betriebsstätte,

2. Name oder Firma und Anschrift des gebietsfremden Einführers, die Versandanschrift sowie BtM-Nummer und Name des Einfuhrlandes,

3. Nummer und Ausstellungsdatum der Einfuhrgenehmigung sowie Bezeichnung und Anschrift der ausstellenden Behörde des Einfuhrlandes,

4. für jedes auszuführende Betäubungsmittel:
   a) Pharmazentralnummer, soweit bekanntgemacht,
   b) Anzahl der Packungseinheiten,
   c) Packungseinheit (bei Stoffen und nicht abgeteilten Zubereitungen die Gewichtsmenge, bei abgeteilten Zubereitungen die Stückzahl),
   d) Bezeichnung des Betäubungsmittels; zusätzlich:
      – bei abgeteilten Zubereitungen die Darreichungsform und das Gewicht des enthaltenen reinen Stoffes in Milligramm je abgeteilte Form,
      – bei nicht abgeteilten Zubereitungen die Darreichungsform und das Gewicht des enthaltenen reinen Stoffes je Packungseinheit,
      – bei rohen, ungereinigten und nicht abgeteilten Betäubungsmitteln den Gewichtsvomhundertsatz des enthaltenen reinen Stoffes,

5. Anzahl und Art der Packstücke, in denen die Betäubungsmittel ausgeführt werden sollen und die auf diesen angebrachten Markierungen,

6. Beförderungsweg sowie Namen und Anschriften der Beförderer,

7. a) bei der Ausfuhr in einen Staat, der nicht Mitglied der Europäischen Union ist, Bezeichnung und Anschrift derjenigen Zollstelle, über die gemäß § 11 Abs. 1 Satz 1 ausgeführt werden soll,
   b) bei der Ausfuhr in einen Mitgliedstaat der Europäischen Union der Vermerk „EU-Warenverkehr",

8. sofern die Betäubungsmittel unter zollamtlicher Überwachung lagern, Bezeichnung und Anschrift des Lagers sowie Name und Anschrift des Lagerhalters oder Lagerinhabers.

(3) Dem Ausfuhrantrag ist die Einfuhrgenehmigung der für die Betäubungsmittelkontrolle zuständigen Behörde des Einfuhrlandes beizufügen. Diese muß den Formvorschriften der internationalen Suchtstoffübereinkommen auch dann entsprechen, wenn das Einfuhrland diesen Übereinkommen nicht beigetreten ist.

(4) Sollen zur Durchfuhr bestimmte und abgefertigte Betäubungsmittel in ein anderes als in der sie begleitenden Ausfuhrgenehmigung oder Ausfuhrerklärung angegebenes Bestimmungsland umgeleitet oder in das Ausfuhrland zurückgeleitet werden, so ist dem Ausfuhrantrag diese Ausfuhrgenehmigung oder Ausfuhrerklärung beizufügen. Das Bundesinstitut für Arzneimittel und Medizinprodukte gibt diese der für die Betäubungsmittelkontrolle zuständigen Behörde des Ausfuhrlandes zurück.

§ 8. Versagungsgründe. (1) Das Bundesinstitut für Arzneimittel und Medizinprodukte hat die Ausfuhrgenehmigung zu versagen, wenn

1. die Ausfuhr der Betäubungsmittel an ein Geldinstitut zur Verfügung einer anderen Person als der des gebietsfremden Empfängers oder in ein Postfach erfolgen soll,

2. es sich um Betäubungsmittel der Anlage I des Betäubungsmittelgesetzes handelt, die zur Lagerung in einem Zollager des Einfuhrlandes ausgeführt werden sollen,

3. die Betäubungsmittel zur Lagerung in einem Zollager des Einfuhrlandes ausgeführt werden sollen und in der Einfuhrgenehmigung die Lagerung der Sendung in einem Zollager nicht genehmigt ist,

4. dem Ausfuhrantrag keine oder keine den Formvorschriften der internationalen Suchtstoffübereinkommen entsprechende ausländische Einfuhrgenehmigung beigefügt ist,

5. das Einfuhrland der Bundesrepublik Deutschland über den Generalsekretär der Vereinten Nationen mitgeteilt hat, daß es die Einfuhr der Betäubungsmittel verbietet.

(2) Das Bundesinstitut für Arzneimittel und Medizinprodukte hat die Ausfuhrgenehmigung ferner auf die auszuführende Menge des Betäubungsmittels zu beschränken, wenn die Ausfuhr nicht im Rahmen der vom Internationalen Suchtstoffkontrollamt bekanntgegebenen Schätzung des Einfuhrlandes für dieses Betäubungsmittel abgewickelt werden kann, sofern nicht in der Einfuhrgenehmigung angegeben ist, daß

das Betäubungsmittel zur Wiederausfuhr vorgesehen ist, oder der Ausführende den Nachweis erbringt, daß das Betäubungsmittel für eine Krankenbehandlung unerlässlich ist.

(3) Das Bundesinstitut für Arzneimittel und Medizinprodukte kann die Ausfuhrgenehmigung versagen, wenn der begründete Verdacht besteht, daß das Betäubungsmittel im Einfuhrland nicht zu medizinischen, wissenschaftlichen oder anderen erlaubten Zwecken verwendet werden soll, oder wenn Sicherheit oder Kontrolle des Betäubungsmittelverkehrs nicht gewährleistet sind.

§ 9. Ausfuhrgenehmigung. (1) Das Bundesinstitut für Arzneimittel und Medizinprodukte erteilt die Ausfuhrgenehmigung unter Verwendung amtlicher Formblätter in dreifacher Ausfertigung. Es übersendet zwei Ausfertigungen dem Ausführer und eine Ausfertigung der für die Betäubungsmittelkontrolle zuständigen Behörde des Einfuhrlandes.

(2) Die Ausfuhrgenehmigung ist nicht übertragbar. Sie ist bis zum Ablauf der Einfuhrgenehmigung des Einfuhrlandes, höchstens jedoch auf drei Monate zu befristen.

§ 10. Kennzeichnung. Zur Ausfuhr bestimmte Betäubungsmittel sind in den Handelsrechnungen, Lieferscheinen, Ladelisten, Versand- und Zollpapieren nach § 14 Abs. 1 Satz 1 des Betäubungsmittelgesetzes zu bezeichnen. In der Handelsrechnung und im Lieferschein sind zusätzlich die auf den Packstücken angebrachten Markierungen und die Nummern und Ausstellungsdaten der Ausfuhrgenehmigung sowie der zugehörigen Einfuhrgenehmigung anzugeben. Das Bundesinstitut für Arzneimittel und Medizinprodukte kann im Einzelfall Ausnahmen zulassen, wenn dies nach den Vorschriften des Einfuhrlandes erforderlich ist.

§ 11. Ausfuhrabfertigung. (1) Betäubungsmittel dürfen nur über eine vom Bundesminister der Finanzen bestimmte Zollstelle ausgeführt werden. Sie sind dieser Zollstelle unter Vorlage einer Ausfertigung der Ausfuhrgenehmigung anzumelden und auf Verlangen vorzuführen. Diese Vorschrift gilt nicht bei der Ausfuhr in einen Mitgliedstaat der Europäischen Union.

(2) Eine weitere Ausfertigung der Ausfuhrgenehmigung ist den Versandpapieren beizufügen. Sie begleitet die Betäubungsmittel in das Einfuhrland. Betäubungsmittelsendungen ohne beigefügte Ausfuhrgenehmigung dürfen nicht abgefertigt oder versandt werden.

§ 12. Ausfuhranzeige. (1) Der Ausführer hat die erfolgte Ausfuhr dem Bundesinstitut für Arzneimittel und Medizinprodukte unverzüglich anzuzeigen und die Anzeige mit den der tatsächlichen Ausfuhr entsprechenden Angaben nach § 7 Abs. 2 Nr. 1 bis 7, der Nummer und dem Ausstellungsdatum der Ausfuhrgenehmigung und dem Ausfuhrdatum zu versehen. Der Ausfuhranzeige ist die mit einem zollamtlichen Abfertigungsvermerk versehene Ausfuhrgenehmigung beizufügen. Für die Anzeige ist ein amtliches Formblatt zu verwenden.

(2) Absatz 1 Satz 2 gilt nicht bei der Ausfuhr in einen Mitgliedstaat der Europäischen Union. In diesem Falle hat der Ausführer auf der Rückseite der beizufügenden Ausfuhrgenehmigung in dem für den zollamtlichen Abfertigungsvermerk vorgesehenen Feld folgende Angaben zu machen:

a) Nummer und Ausstellungsdatum der Handelsrechnung oder Packliste und
b) Nummer und Ausstellungsdatum des Frachtdokumentes mit Angabe des Frachtführers
und die Handelsrechnung oder Packliste der Ausfuhrgenehmigung in Kopie beizufügen.

(3) Werden die Betäubungsmittel nicht innerhalb der in der Ausfuhrgenehmigung angegebenen Frist ausgeführt, ist dies dem Bundesinstitut für Arzneimittel und Medizinprodukte unverzüglich anzuzeigen. Der Anzeige sind beide Ausfertigungen der Ausfuhrgenehmigung beizufügen.

III. Durchfuhr

§ 13. (1) Betäubungsmittel dürfen durch den Geltungsbereich des Betäubungsmittelgesetzes nur unter zollamtlicher Überwachung ohne weiteren als den durch die Beförderung oder den Umschlag bedingten Aufenthalt und ohne daß das Betäubungsmittel zu irgendeinem Zeitpunkt des Verbringens dem Durchführenden oder einer dritten Person tatsächlich zur Verfügung steht, durchgeführt werden. Sie dürfen während der Durchfuhr keiner Behandlung unterzogen werden, die geeignet ist, die Beschaffenheit, die Kennzeichnung, die Verpackung oder die Markierung zu verändern. Beim Betäubungsmittelverkehr mit einem Mitgliedstaat der Europäischen Union entfällt die zollamtliche Überwachung.

(2) Sofern Betäubungsmittel bei der Durchfuhr nicht von der nach den internationalen Suchtstoffübereinkommen vorgeschrieben Ausfuhrgenehmigung oder Ausfuhrerklärung des Ausfuhrlandes begleitet werden, dürfen sie nur mit Genehmigung des Bundesinstituts für Arzneimittel und Medizinprodukte zur Durchfuhr abgefertigt werden.

(3) Zur Durchfuhr bestimmte Betäubungsmittel dürfen jeweils nur über eine vom Bundesminister der Finanzen bestimmte Zollstelle in den und aus dem Geltungsbereich des Betäubungsmittelgesetzes verbracht werden. Sie sind diesen Zollstellen unter Vorlage der sie begleitenden Ausfuhrgenehmigung oder Ausfuhrerklärung des Ausfuhrlandes oder der in Absatz 2 genannten Genehmigung des Bundesinstitutes für Arzneimittel und Medizinprodukte anzumelden und auf Verlangen vorzuführen. Dies gilt nicht beim Betäubungsmittelverkehr mit einem Mitgliedstaat der Europäischen Union.

(4) Zur Durchfuhr abgefertigte Betäubungsmittel dürfen in Abänderung dieser Zweckbestimmung nur

1. nach den Vorschriften der §§ 1 bis 6 eingeführt oder
2. nach den Vorschriften der §§ 7 bis 12 in ein anderes als das in der Ausfuhrgenehmigung oder Ausfuhrerklärung genannte Bestimmungsland umgeleitet oder in das Ausfuhrland zurückgeleitet werden.

(5) Die Absätze 2 bis 4 finden keine Anwendung auf die Durchfuhr von Betäubungsmitteln bei Zwischenlandung im Luftverkehr oder bei Anlandung im Seeschiffsverkehr, wenn die Betäubungsmittel nicht aus dem Flugzeug oder dem Seeschiff entladen werden.

IV. Ausnahmeregelungen

§ 14. Einfuhr und Ausfuhr im Rahmen internationaler Zusammenarbeit.

(1) Bundes- und Landesbehörden dürfen Betäubungsmittel für den Bereich ihrer dienstlichen Tätigkeit und die von ihnen mit der Untersuchung von Betäubungsmitteln beauftragten Behörden auch nach dem in den Absätzen 2 bis 4 geregelten vereinfachten Verfahren einführen oder ausführen. Die Vorschriften der §§ 1 bis 12 finden insoweit keine Anwendung.

(2) Bei der Einfuhr hat der Einführer die ausländische Ausfuhrgenehmigung oder die entsprechende ausländische Ausfuhrerklärung mit einer Bestätigung über Art und Menge der empfangenen Betäubungsmittel, dem Empfangsdatum, seiner Unterschrift und seinem Dienstsiegel zu versehen und dem Bundesinstitut für Arzneimittel und Medizinprodukte unverzüglich zu übersenden.

(3) Zur Ausfuhr der Betäubungsmittel hat der Ausführer eine Ausfuhrerklärung unter Verwendung eines amtlichen Formblattes in fünffacher Ausfertigung abzugeben. In der Ausfuhrerklärung sind folgende Angaben zu machen:

1. Name und Anschrift des Ausführers,
2. Name und Anschrift des gebietsfremden Einführers sowie Name des Einfuhrlandes,
3. Menge und Bezeichnung der Betäubungsmittel,
4. Zweckbestimmung der Ausfuhr,
5. Beförderungsweg und Beförderer,
6. Name und Anschrift der für die Betäubungsmittelkontrolle zuständigen Behörde des Einfuhrlandes.

(4) Von den in Absatz 3 genannten Ausfertigungen begleitet die erste Ausfertigung die Betäubungsmittel in das Einfuhrland. Die zweite und dritte Ausfertigung sind mit dem Absendedatum zu versehen und unverzüglich dem Bundesinstitut für Arzneimittel und Medizinprodukte zu übersenden, das eine Ausfertigung der in Absatz 3 Nr. 6 bezeichneten Behörde zuleitet. Die vierte Ausfertigung übersendet der Ausführer dem gebietsfremden Einführer. Die fünfte Ausfertigung hat der Ausführer mit dem Absendedatum zu versehen und drei Jahre, vom Ausstellungsdatum an gerechnet, aufzubewahren.

§ 15. Vereinfachter grenzüberschreitender Verkehr. (1) Die Vorschriften der §§ 1 bis 12 finden keine Anwendung auf nicht ausgenommene Zubereitungen der in Anlage III des Betäubungsmittelgesetzes aufgeführten Stoffe, die entweder

1. durch Ärzte, Zahnärzte oder Tierärzte zur zulässigen ärztlichen, zahnärztlichen oder tierärztlichen Berufsausübung oder zur ersten Hilfeleistung in angemessenen Mengen oder
2. durch andere Personen in der Dauer der Reise angemessenen Mengen auf Grund ärztlicher Verschreibung oder Bescheinigung für den eigenen Bedarf

im grenzüberschreitenden Verkehr mitgeführt werden.

(2) Die Vorschriften der §§ 1 bis 12 finden ferner keine Anwendung auf Betäubungsmittel, wenn diese in angemessenen Mengen als Ausrüstungen für die erste Hilfeleistung oder für sonstige dringende Fälle in Autobussen, Eisenbahnzügen, Luftfahrzeugen oder Schiffen im internationalen Verkehr mitgeführt werden.

(3) Die Vorschriften der §§ 7 bis 12 finden keine Anwendung auf Betäubungsmittel, die in Katastrophenfällen durch Hilfsorganisationen, Hersteller oder andere Lieferanten, die eine entsprechende Erlaubnis gemäß § 3 Abs. 1 des Betäubungsmittelgesetzes besitzen, auf der Grundlage der Model Guidelines for the International Provision of Controlled Medicines for Emergency Medical Care der Weltgesundheitsorganisation (Dokument WHO/PSA/96.17; Weltgesundheitsorganisation, 1211 Genf 27, Schweiz) ausgeführt werden.

V. Ordnungswidrigkeiten

§ 16. Ordnungswidrig im Sinne des § 32 Abs. 1 Nr. 6 des Betäubungsmittelgesetzes handelt, wer vorsätzlich oder fahrlässig

1. entgegen §1 Abs. 2 oder § 7 Abs. 2 im Einfuhr- oder Ausfuhrantrag unrichtige oder unvollständige Angaben macht oder
2. entgegen § 6 Abs. 1 Satz 1 oder Abs. 2 Satz 2 oder § 12 Abs. 1 Satz 1 oder Abs. 2 Satz 2 die Ein- oder Ausfuhranzeige oder die Ein- oder Ausfuhrgenehmigung nicht, nicht richtig oder nicht vollständig mit den dort bezeichneten Angaben versieht.

VI. Schlußvorschriften

§ 17. Zuständige Zollstellen. Der Bundesminister der Finanzen gibt im Bundesanzeiger die Zollstellen bekannt, bei denen Betäubungsmittel zur Einfuhr, Ausfuhr und Durchfuhr abgefertigt werden.

§ 18. Sonstige Vorschriften. Das Bundesinstitut für Arzneimittel und Medizinprodukte gibt die amtlichen Formblätter nach § 1 Abs. 1, § 3 Abs. 1 Satz 1, § 6 Abs. 1 Satz 3, § 7 Abs. 1, § 9 Abs. 1 Satz 1, § 12 Abs. 1 Satz 3 und § 14 Abs. 3 Satz 1 heraus und macht sie im Bundesanzeiger bekannt. Es weist die BtM-Nummern nach § 1 Abs. 2 Nr. 1 und § 7 Abs. 2 Nr. 1 den Einführern oder Ausführern zu, macht die BtM-Nummern der Einfuhr- und Ausfuhrländer nach § 1 Abs. 2 Nr. 2 und § 7 Abs. 2 Nr. 2 und die Pharmazentralnummern nach § 1 Abs. 2 Nr. 3 Buchstabe a und § 7 Abs. 2 Nr. 4 Buchstabe a der Betäubungsmittel im Bundesanzeiger bekannt.

§§ 19, 20 (Berlin-Klausel, Inkrafttreten).

Bekanntmachung zur Betäubungsmittel-Außenhandelsverordnung (BtMAHV)

Vom 22. Dezember 1981 (BAnz. 1982 Nr. 9)
berichtigt durch Bekanntmachung vom 11. 3. 1983 (BAnz. Nr. 59)
geändert durch Bekanntmachung vom 27. 7. 1992 (BAnz. Nr. 142), vom
24. 1. 1994 (BAnz. Nr. 22), vom 25. 7. 1995 (BAnz. Nr. 152) und vom 30. 1. 2001
(BAnz. Nr. 29)

Auf Grund des § 18 der Betäubungsmittel-Außenhandelsverordnung vom 16. Dezember 1981 (BGBl. I S. 1420) wird folgendes bestimmt:

1   Form und Inhalt der amtlichen Formblätter

1.1 Das Formblatt nach § 1 Abs. 2 (Einfuhrantrag) besteht aus einem aus weißem Papier gefertigten und mit schwarzem Druck versehenen Blatt im Format 210 × 297 mm entsprechend dem Muster der Anlage 1.

1.2 Die Formblätter nach § 3 Abs. 1 (Einfuhrgenehmigung) bestehen aus einem dreiteiligen aus weißem Papier gefertigten, mit verschiedenfarbigem Unterdruck mit Bundesadlern (Radierschutz) und schwarzem Druck versehenen Belegsatz im Format 210 × 297 mm entsprechend den Mustern der Anlagen 2 bis 4. Die der abfertigenden Zollstelle vorzulegende Ausfertigung ist durch einen gelben, die anderen Ausfertigungen sind durch einen roten Unterdruck gekennzeichnet.

1.3 Das Formblatt nach § 6 Abs. 1 (Einfuhranzeige) besteht aus einem aus weißem Papier gefertigten und mit schwarzem Druck versehenen Blatt im Format 210 × 297 mm entsprechend dem Muster der Anlage 5. Die mit dem Formblatt nach 1.1 deckungsgleichen Teile dieses Formblattes können im Durchschreibeverfahren ausgefüllt werden.

1.4 Das Formblatt nach § 7 Abs. 2 (Ausfuhrantrag) besteht aus einem aus weißem Papier gefertigten und mit schwarzem Druck versehenen Blatt im Format 210 × 297 mm entsprechend dem Muster der Anlage 6.

1.5 Die Formblätter nach § 9 Abs. 1 (Ausfuhrgenehmigung) bestehen aus einem dreiteiligen aus weißem Papier gefertigten, mit verschiedenfarbigem Unterdruck mit Bundesadlern (Radierschutz) und schwarzem Druck versehenen Belegsatz im Format 210 × 297 mm entsprechend den Mustern der Anlagen 7 bis 9. Die der abfertigenden Zollstelle vorzulegende Ausfertigung ist durch einen hellblauen, die anderen Ausfertigungen sind durch einen gelben Unterdruck gekennzeichnet.

1.6 Das Formblatt nach § 12 Abs. 1 (Ausfuhranzeige) besteht aus einem aus weißem Papier gefertigten und mit schwarzem Druck versehenen Blatt im Format 210 × 297 mm entsprechend dem Muster der Anlage 10. Die mit dem Formblatt nach 1.4 deckungsgleichen Teile dieses Formblattes können im Durchschreibeverfahren ausgefüllt werden.

2   Anfertigung und Ausgabe der amtlichen Formblätter

2.1 Die Formblätter werden durch die Bundesdruckerei angefertigt.

2.2 Die Formblätter nach den Nummern 1.2 und 1.5 werden weder ausgegeben noch vertrieben.

2.3 Die Formblätter nach den Nummern 1.1, 1.3, 1.4 und 1.6 werden durch die Bundesanzeiger Verlagsges. m. b. H., Postfach 108006, 5000 Köln 1,[1] vertrieben. Am Vertrieb können auch andere Verlage beteiligt werden.

3   Kennzeichnung und Datenerfassung

3.1 Als B+M-Nummer des Einführers oder Ausführers ist zur Kennzeichnung die dem jeweiligen Teilnehmer am Betäubungsmittelverkehr vom Bundesgesundheitsamt zugewiesene siebenstellige Nummer zu verwenden.

3.2 Als Pharmazentralnummer sind zur Kennzeichnung die vom Arzneibüro der Arbeitsgemeinschaft der Berufsvertretungen Deutscher Apotheker[2] herausgegebenen sowie die in der Bekanntmachung zur Betäubungsmittel-Binnenhandelsverordnung

---

[1] Aktuell: Postfach 100534, 50445 Köln
[2] Aktuell: Bundesvereinigung Deutscher Apothekerverbände

unter Nr. 3.3 des Bundesgesundheitsamtes vom 22. Dezember 1981 (BAnz. Nr. 9 vom 14. Januar 1982) aufgeführten weiteren Pharmazentralnummern zu verwenden.

3.3 Als B+MA-Nummern der Ein- oder Ausfuhrländer zur Kennzeichnung dieser Länder die nachstehend genannten siebenstelligen Nummern zu verwenden:

Land (Kurzform)	B+M-Nummer
Ägypten	3017395
Äquatorialguinea	3017426
Äthiopien	3017432
Afghanistan	3017001
Albanien	3017018
Algerien	3017024
Andorra	3017030
Angola	3017047
Antigua und Barbuda	3312183
Argentinien	3017076
Armenien	3345490
Aserbaidschan	3345509
Australien	3017082
Bahamas	3017107
Bahrein	3018408
Bangladesch	3017113
Barbados	3018503
Belgien	3017136
Belize	3017604
Benin	3312220
Bermuda	3017142
Bhutan	3312237
Bolivien	3017159
Bosnien-Herzegowina	3345515
Botsuana	3017165
Brasilien	3017171
Brunei Darussalam	3312243
Bulgarien	3017188
Burkina Faso	3312740
Burundi	3017202
Chile	3017254
China, Volksrepublik	3017366
China, Taiwan	3017260
Cookinseln	3312303
Costa Rica	3017308
Côte d'Ivoire (Elfenbeinküste)	3312415
Dänemark	3017343
Demokratische Republik Kongo	3018466
Dominica	3312361
Dominikanische Republik	3017372
Dschibuti	3312355
Ecuador	3017389
El Salvador	3017403
Eritrea	4274248
Estland	3345521
Fidschi	3018495
Finnland	3017455
Frankreich	3017461
Gabun	3312390
Gambia	3017478
Georgien	3345538

Land (Kurzform)	B+M–Nummer
Ghana	3017509
Gibraltar	3017490
Grenada	3017521
Griechenland	3017515
Guatemala	3017538
Guernsey	3018532
Giunea	3017544
Giunea-Bissau	3017550
Guyana	3017567
Haiti	3017573
Honduras, Republik	3017596
Hongkong	3017610
Indien	3017656
Indonesien	3017662
Irak	3017685
Iran	3017679
Irland	3017691
Island	3017633
Israel	3017716
Italien	3017722
Jamaika	3017739
Japan	3017745
Jemen	3018420
Jordanien	3017751
Jugoslawien	3018443
Kambodscha	3312421
Kamerun	3017219
Kanada	3017225
Kap Verde	3312349
Kasachstan	3345544
Katar	3018584
Kenia	3017768
Kirgistan	3345550
Kiribati	3312438
Kolumbien	3017277
Komoren	3312332
Kongo	3017283
Korea, Demokratische Volksrepublik	3017774
Korea, Republik	3017780
Kroatien	3345567
Kuba	3017314
Kuwait	3017797
Laotische Demokratische Volksrepublik	3017805
Lesotho	3312444
Lettland	3345573
Libanon	3017811
Liberia	3017828
Libysch-Arabische Dschamahirija	3017834
Litauen	3345596
Luxemburg	3017840
Macao	3017857
Madagaskar	3017863
Malawi	3017886
Malaysia	3017892
Malediven	3312473
Mali	3017900

Land (Kurzform)	B+M-Nummer
Malta	3017917
Marokko	3017969
Mauretanien	3312467
Mauritius	3017923
Mazedonien	3018704
Mexiko	3017946
Mikronesien, Föderierte Staaten von	4440807
Moldau	3345604
Mongolei	3017952
Mosambik	3017975
Myanmar	3017194
Namibia	4440799
Nauru	3312510
Nepal	3017981
Neuseeland	3018006
Nicaragua	3018012
Niederländische Antillen	3017053
Niederlande	3017998
Niger	3018029
Nigeria	3018035
Norwegen	3018041
Oman	3018561
Österreich	3017099
Pakistan	3018058
Panama	3018064
Papua-Neuguinea	3312562
Paraguay	3018070
Peru	3018087
Philippinen	3018093
Polen	3018101
Portugal	3018118
Ruanda	3018532
Rumänien	3018124
Russische Föderation	3345610
Salomonen	3312616
Sambia	3018472
Samoa	3018414
Sao Tomé und Prîncipe	3018130
Saudi-Arabien	3018147
Schweden	3018236
Schweiz	3018242
Senegal	3018153
Seychellen	3018673
Sierra Leone	3312585
Simbabwe	3018199
Singapur	3018489
Slowakische Republik	3360851
Slowenien	3345627
Somalia	3018176
Spanien	3018207
Sri Lanka	3018549
St. Lucia	3312651
St. Vincent und die Grenadinen	3312668
Sudan	3018213
Südafrika	3018182
Suriname	3018555

Land (Kurzform)	B+M-Nummer
Swasiland	3312674
Syrien	3018259
Tadschikistan	3345633
Tansania	3018265
Thailand	3018271
Togo	3018288
Tonga	3312697
Trinidad und Tobago	3018294
Tschad	3017248
Tschechische Republik	3017337
Tunesien	3018302
Turkmenistan	3345656
Türkei	3018319
Tuvalu	3312728
Uganda	3018325
Ukraine	3312734
Ungarn	3017627
Uruguay	3018360
Usebekistan	3345679
Venezuela	3018377
Vereinigte Arabische Emirate	3018526
Vereinigtes Königreich	3018348
Vereinigte Staaten	3018354
Vietnam	3018383
Weißrußland	3312272
Zentralafrikanische Republik	3017231
Zypern	3017320

4   Die Bekanntmachung tritt mit Wirkung vom 1. Januar 1982 in Kraft.

Der Präsident

C 3 BtMAHV

Bundesgesundheitsamt *
(Bundesopiumstelle)

Postfach 33 00 13

1000 Berlin 33

Einfuhrantrag
nach § 1 Betäubungsmittel-Außenhandelsverordnung – BtMAHV –

⌐   Eingangsstempel   ⌐

∟   ∟

1 Name oder Firma und Anschrift des Einführers: (§ 1 Abs. 2 Nr. 1 BtMAHV)
(Die Angabe von Postfächern ist nicht zulässig!)

BGA-Nummer

2 Name oder Firma und Anschrift des ausländischen Ausführers: (§ 1 Abs. 2 Nr. 2 BtMAHV)
(Die Angabe von Postfächern ist nicht zulässig!)

3

BGA-Nummer des Ausfuhrlandes

Ausfuhrland

4

Pharmazentralnummer	Anzahl	Packungsgröße	Maß-einheit kg/g/mg/St	Bezeichnung der Betäubungsmittel (§ 1 Abs. 2 Nr. 3 BtMAHV)
		×		
		×		
		×		
		×		
		×		

5 Vorgesehener Beförderungsweg sowie Namen und Anschriften der Beförderer: (§ 1 Abs. 2 Nr. 4 BtMAHV)

6 Bezeichnung und Anschrift der abfertigenden Zollstelle: (§ 1 Abs. 2 Nr. 5 BtMAHV)

7 Sofern die Betäubungsmittel unter zollamtlicher Überwachung gelagert werden sollen, Bezeichnung und Anschrift des Lagers sowie Name und Anschrift des Lagerhalters oder Lagerinhabers: (§ 1 Abs. 2 Nr. 6 BtMAHV)

Ort, Datum

Unterschrift des Antragstellers

8 Bemerkungen: (z. B. Name des zuständigen Sachbearbeiters und Rufnummer)

---

[1] Anlage 1 ist bislang nicht aktualisiert worden.

Copy for foreign exporter

BUNDESREPUBLIK
DEUTSCHLAND
Federal Republic of Germany

Einfuhrgenehmigung Nr. ....

Import Authorization No.

Berlin, ...

Im Namen der Regierung der Bundesrepublik Deutschland genehmigt das Bundesinstitut für Arzneimittel und Medizinprodukte aufgrund des Betäubungsmittelgesetzes und der internationalen Übereinkommen über Suchtstoffe und psychotrope Stoffe hiermit die folgende Einfuhr:

On behalf of the Government of the Federal Republic of Germany, the Federal Institute for Drugs and Medical Devices, in the meaning of the national legislation on narcotic drugs and the International Conventions on Narcotic Drugs and Psychotropic Substances, hereby authorizes the following import:

Einführer:
Importer:

Ausführer:
Exporter:

Menge und Bezeichnung der Stoffe oder Zubereitungen:
Quantity and designation of the substances or preparations:

Menge und Bezeichnung des enthaltenen Suchtstoffes oder psychotropen Stoffes:
Quantity and designation of the narcotic drug or psychotropic substance contained:

Die Hinterlegung der Einfuhrsendung in dem nachgenannten Zollager wird hiermit genehmigt:
The placing of the importation in the following bonded warehous is approved:

Sonderbedingungen:
Special conditions:

Verfallsdatum: ....
Expiration date:

L. S.

Bundesinstitut für Arzneimittel und Medizinprodukte
— Bundesopiumstelle —
Federal Institute for Drugs and Medical Devices
— Federal Opium Agency —

Im Auftrag
By order

....
(Unterschrift und Amtsbezeichnung)
(Signature and title)

Ausfertigung für den
gebietsfremden Ausführer

BUNDESREPUBLIK
DEUTSCHLAND
Federal Republic of Germany

Einfuhrgenehmigung Nr. ....
Import Authorization No.

Berlin, ...

Im Namen der Regierung der Bundesrepublik Deutschland genehmigt das Bundesinstitut für Arzneimittel und Medizinprodukte aufgrund des Betäubungsmittelgesetzes und der internationalen Übereinkommen über Suchtstoffe und psychotrope Stoffe hiermit die folgende Einfuhr:

On behalf of the Government of the Federal Republic of Germany, the Federal Institute for Drugs and Medical Devices, in the meaning of the national legislation on narcotic drugs and the International Conventions on Narcotic Drugs and Psychotropic Substances, hereby authorizes the following import:

Einführer:
Importer:

Ausführer:
Exporter:

Menge und Bezeichnung der Stoffe oder Zubereitungen:
Quantity and designation of the substances or preparations:

Menge und Bezeichnung des enthaltenen Suchtstoffes oder psychotropen Stoffes:
Quantity and designation of the narcotic drug or psychotropic substance contained:

Die Hinterlegung der Einfuhrsendung in dem nachgenannten Zollager wird hiermit genehmigt:
The placing of the importation in the following bonded warehous is approved:

Sonderbedingungen:
Special conditions:

Verfallsdatum: ....
Expiration date:

Bundesinstitut für Arzneimittel und Medizinprodukte
— Bundesopiumstelle —
Federal Institute for Drugs and Medical Devices
— Federal Opium Agency —
Im Auftrag
By order

L. S.

....
(Unterschrift und Amtsbezeichnung)
(Signature and title)

Zollabfertigungsvermerk:
Customs clearance:

Copy for customs clearance, to be returned to importer

Ausfertigung zur Zollabfertigung danach dem Einführer zurückzugeben

Copy for competent authority of exporting country

BUNDESREPUBLIK
DEUTSCHLAND

Federal Republic of Germany

Einfuhrgenehmigung Nr. ....
Import Authorization No.

Berlin, ...

Im Namen der Regierung der Bundesrepublik Deutschland genehmigt das Bundesinstitut für Arzneimittel und Medizinprodukte aufgrund des Betäubungsmittelgesetzes und der internationalen Übereinkommen über Suchtstoffe und psychotrope Stoffe hiermit die folgende Einfuhr:

On behalf of the Government of the Federal Republic of Germany, the Federal Institute for Drugs and Medical Devices, in the meaning of the national legislation on narcotic drugs and the International Conventions on Narcotic Drugs and Psychotropic Substances, hereby authorizes the following import:

Einführer:
Importer:

Ausführer:
Exporter:

Menge und Bezeichnung der Stoffe oder Zubereitungen:
Quantity and designation of the substances or preparations:

Menge und Bezeichnung des enthaltenen Suchtstoffes oder psychotropen Stoffes:
Quantity and designation of the narcotic drug or psychotropic substance contained:

Die Hinterlegung der Einfuhrsendung in dem nachgenannten Zollager wird hiermit genehmigt:
The placing of the importation in the following bonded warehous is approved:

Sonderbedingungen:
Special conditions:

Verfallsdatum: ....
Expiration date:

L. S.

Bundesinstitut für Arzneimittel und Medizinprodukte
— Bundesopiumstelle —
Federal Institute for Drugs and Medical Devices
— Federal Opium Agency —

Im Auftrag
By order

....
(Unterschrift und Amtsbezeichnung)
(Signature and title)

Ausfertigung für Behörde des Ausfuhrlandes

Anlage 5

Bundesgesundheitsamt *
(Bundesopiumstelle)

Postfach: 33 00 13

1000 Berlin 33

Einfuhranzeige
nach § 6 Betäubungsmittel-Außenhandelsverordnung – BtMAHV –

⌐ Eingangsstempel ¬

∟ ⌟

---

1 Name oder Firma und Anschrift des Einführers: (§ 1 Abs. 2 Nr. 1 BtMAHV)
(Die Angabe von Postfächern ist nicht zulässig¹)

⊞⊞⊞⊞⊞⊞⊞
BGA Nummer

---

2 Name oder Firma und Anschrift des ausländischen Ausführers: (§ 1 Abs. 2 Nr. 2 BtMAHV)
(Die Angabe von Postfächern ist nicht zulässig¹)

3
⊞⊞⊞⊞⊞⊞⊞
BGA Nummer des Ausfuhrlandes

Ausfuhrland

---

4 Pharmazentralnummer	Anzahl	Packungsgröße	Maß-einheit kg/g/mg/St	Bezeichnung der Betäubungsmittel (§ 1 Abs. 2 Nr. 3 BtMAHV)
⊞⊞⊞⊞⊞⊞⊞	⊞⊞⊞⊞⊞ ×	⊞⊞⊞	_____	_____
⊞⊞⊞⊞⊞⊞⊞	⊞⊞⊞⊞⊞ ×	⊞⊞⊞	_____	_____
⊞⊞⊞⊞⊞⊞⊞	⊞⊞⊞⊞⊞ ×	⊞⊞⊞	_____	_____
⊞⊞⊞⊞⊞⊞⊞	⊞⊞⊞⊞⊞ ×	⊞⊞⊞	_____	_____
⊞⊞⊞⊞⊞⊞⊞	⊞⊞⊞⊞⊞ ×	⊞⊞⊞	_____	_____

---

5 Vorgesehener Beförderungsweg sowie Namen und Anschriften der Beförderer: (§ 1 Abs. 2 Nr. 4 BtMAHV)

---

6 Bezeichnung und Anschrift der abfertigenden Zollstelle: (§ 1 Abs. 2 Nr. 5 BtMAHV)

---

7 Sofern die Betäubungsmittel unter zollamtlicher Überwachung gelagert werden sollen, Bezeichnung und Anschrift des Lagers sowie Name und Anschrift des Lagerhalters oder Lagerinhabers: (§ 1 Abs. 2 Nr. 6 BtMAHV)

_____
Ort, Datum

_____
Unterschrift des Antragstellers

---

8 Bemerkungen: (z. B. Name des zuständigen Sachbearbeiters und Rufnummer)

---

¹⁾ Anlage 5 ist bislang nicht aktualisiert worden.

9 Abweichungen der tatsächlichen Einfuhr gegenüber dem Einfuhrantrag:

10 Nummer und Datum der Einfuhrgenehmigung:

11 Einfuhrdatum:

_____   _____
Ort: Datum   Unterschrift

12 Bemerkungen: (z. B. Name des zuständigen Sachbearbeiters und Rufnummer)

Anlage 6

Bundesgesundheitsamt *
(Bundesopiumstelle)

Postfach 33 00 13

1000 Berlin 33

Ausfuhrantrag
nach § 7 Betäubungsmittel-Außenhandelsverordnung – BtMAHV –

⌐ Eingangsstempel ⌐

L J

---

1 Name oder Firma und Anschrift des Ausführers: (§ 7 Abs. 2 Nr. 1 BtMAHV)
(Die Angabe von Postfachern ist nicht zulässig)

☐☐☐☐☐☐
BGA-Nummer

---

2 Name oder Firma und Anschrift des ausländischen Einführers: (§ 7 Abs. 2 Nr. 2 BtMAHV)
(Die Angabe von Postfachern ist nicht zulässig)

3
☐☐☐☐☐☐☐
BGA-Nummer des Einfuhrlandes

_____
Einfuhrland

---

4 Vollständige Versandanschrift: (§ 7 Abs. 2 Nr. 2 BtMAHV)
(Die Angabe von Postfachern ist nicht zulässig)

---

5 Nummer und Ausstellungsdatum der Einfuhrgenehmigung sowie Bezeichnung und Anschrift der ausstellenden Behörde:
(§ 7 Abs. 2 Nr. 3 BtMAHV)

---

6 Pharmazentralnummer	Anzahl	Packungsgröße	Maß-einheit kg/g/mg/St	Bezeichnung der Betäubungsmittel (§ 7 Abs. 2 Nr. 4 BtMAHV)
☐☐☐☐☐☐☐	☐☐☐☐☐	× ☐☐☐☐	___	_____
☐☐☐☐☐☐☐	☐☐☐☐☐	× ☐☐☐☐	___	_____
☐☐☐☐☐☐☐	☐☐☐☐☐	× ☐☐☐☐	___	_____
☐☐☐☐☐☐☐	☐☐☐☐☐	× ☐☐☐☐	___	_____
		×		

---

7 Anzahl und Art der Packstücke sowie deren Markierungen: (§ 7 Abs. 2 Nr. 5 BtMAHV)

---

8 Beförderungsweg sowie Namen und Anschriften der Beförderer: (§ 7 Abs. 2 Nr. 6 BtMAHV)

---

[1] Anlage 6 ist bislang nicht aktualisiert worden.

9 Bezeichnung und Anschrift der abfertigenden Zollstelle: (§ 7 Abs. 2 Nr. 7 BtMAHV)

10 Sofern die Betäubungsmittel unter zollamtlicher Aufsicht lagern, Bezeichnung und Anschrift des Lagers sowie Name und Anschrift des Lagerhalters oder Lagerinhabers: (§ 7 Abs. 2 Nr. 8 BtMAHV)

Ort, Datum

Unterschrift des Antragstellers

11 Bemerkungen: (z. B. Name des zuständigen Sachbearbeiters und Rufnummer)

Copy must accompany shipment

BUNDESREPUBLIK
DEUTSCHLAND
Federal Republic of Germany

Ausfuhrgenehmigung Nr. ....
Export Authorization No.
Berlin, ...

Im Namen der Regierung der Bundesrepublik Deutschland genehmigt das Bundesinstitut für Arzneimittel und Medizinprodukte aufgrund des Betäubungsmittelgesetzes und der internationalen Übereinkommen über Suchtstoffe und psychotrope Stoffe hiermit die folgende Ausfuhr:

On behalf of the Government of the Federal Republic of Germany, the Federal Institute for Drugs and Medical Devices, in the meaning of the national legislation on narcotic drugs and the International Conventions on Narcotic Drugs and Psychotropic Substances, hereby authorizes the following export:-

Einfuhrgenehmigung:
Import Authorization:

Ausführer:
Exporter:

Einführer:
Importer:

Menge und Bezeichnung der Stoffe oder Zubereitungen:
Quantity and designation of the substances or preparations:

Menge und Bezeichnung des enthaltenen Suchtstoffes oder psychotropen Stoffes:
Quantity and designation of the narcotic drug or psychotropic substance contained:

Hiermit wird bescheinigt, daß die Ausfuhrsendung in dem folgenden Zollager hinterlegt werden darf:
It is hereby certified that the consignments to be exported shall be placed in the following bonded warehouse:

Sonderbedingungen:
Special conditions:

Ausfertigung muß Sendung begleiten

Verfallsdatum: ....
Expiration date:

Bundesinstitut für Arzneimittel und Medizinprodukte
— Bundesopiumstelle —
Federal Institute for Drugs and Medical Devices
— Federal Opium Agency —
Im Auftrag
By order

....
(Unterschrift und Amtsbezeichnung)
(Signature and title)

Zollabfertigungsvermerk:
Customs clearance:

BUNDESREPUBLIK
DEUTSCHLAND
Federal Republic of Germany

Ausfuhrgenehmigung Nr. ....
Export Authorization No.
Berlin, ...

Im Namen der Regierung der Bundesrepublik Deutschland genehmigt das Bundesinstitut für Arzneimittel und Medizinprodukte aufgrund des Betäubungsmittelgesetzes und der internationalen Übereinkommen über Suchtstoffe und psychotrope Stoffe unter Bezugnahme auf die nachgenannte Einfuhrgenehmigung die folgende Ausfuhr:
On behalf of the Government of the Federal Republic of Germany, the Federal Institute for Drugs and Medical Devices, in the meaning of the national legislation on narcotic drugs and the International Conventions on Narcotic Drugs and Psychotropic Substances, hereby authorizes, with reference to the Import Authorization mentioned below, the following export:

Einfuhrgenehmigung:
Import Authorization:

Ausführer:
Exporter:

Einführer:
Importer:

Menge und Bezeichnung der Stoffe oder Zubereitungen:
Quantity and designation of the substances or preparations:

Menge und Bezeichnung des enthaltenen Suchtstoffes oder psychotropen Stoffes:
Quantity and designation of the narcotic drug or psychotropic substance contained:

Hiermit wird bescheinigt, daß die Ausfuhrsendung in dem folgenden Zollager hinterlegt werden darf:
It is hereby certified that the consignments to be exported shall be placed in the followgin bondes warehouse:

Sonderbedingungen:
Special conditions:

Verfallsdatum: ....
Expiration date:

Bundesinstitut für Arzneimittel und Medizinprodukte
— Bundesopiumstelle —
Federal Institute for Drugs and Medical Devices
— Federal Opium Agency —
Im Auftrag
By order

....
(Unterschrift und Amtsbezeichnung)
(Signature and title)

Anlage 8
(Rückseite)

Zollabfertigungsvermerk:
Customs clearance:

2103

BUNDESREPUBLIK
DEUTSCHLAND
Federal Republic of Germany

Ausfuhrgenehmigung Nr. ....
Export Authorization No.
Berlin, ...

Im Namen der Regierung der Bundesrepublik Deutschland genehmigt das Bundesinstitut für Arzneimittel und Medizinprodukte aufgrund des Betäubungsmittelgesetzes und der internationalen Übereinkommen über Suchtstoffe und psychotrope Stoffe unter Bezugnahme auf die nachgenannte Einfuhrgenehmigung die folgende Ausfuhr:
On behalf of the Government of the Federal Republic of Germany, the Federal Institute for Drugs and Medical Devices, in the Meaning of the national legislation on narcotic drugs and the International Conventions on Narcotic Drugs and Psychotropic Substances, hereby authorizes, with refence to the Import Authorization mentioned below, the following export:

Einfuhrbescheinigung:
Import Authorization:

Ausführer:
Exporter:

Einführer:
Importer:

Menge und Bezeichnung der Stoffe oder Zubereitungen:
Quantity and designation of the substances or preparations:

Menge und Bezeichnung des enthaltenen Suchtstoffes oder psychotropen Stoffes:
Quantity and designation of the narcotic drug or psychotropic substance contained:

Hiermit wird bescheinigt, daß die Ausfuhrsendung in dem folgenden Zollager hinterlegt werden darf:
It is hereby certified that the consignment to be exported shall be placed in the following bonded warehouse:

Sonderbedingungen:
Special conditions:

Verfallsdatum: ....
Expiration date:

Bundesinstitut für Arzneimittel und Medizinprodukte
— Bundesopiumstelle —
Federal Institute for Drugs and Medical Devices
— Federal Opium Agency —
Im Auftrag
By order

....
(Unterschrift und Amtsbezeichnung)
(Signature and title)

Anlage 9
(Rückseite)

Bestätigung:
Endorsement:

Bundesgesundheitsamt *
(Bundesopiumstelle)

Postfach 33 00 13

1000 Berlin 33

Ausfuhranzeige
nach § 12 Betäubungsmittel-Außenhandelsverordnung – BtMAHV –

⌐   Eingangsstempel   ¬

└   ┘

---

1 Name oder Firma und Anschrift des Ausführers: (§ 7 Abs. 2 Nr. 1 BtMAHV)
(Die Angabe von Postfächern ist nicht zulässig)

☐☐☐☐☐☐☐
BGA-Nummer

---

2 Name oder Firma und Anschrift des ausländischen Einführers: (§ 7 Abs. 2 Nr. 2 BtMAHV)
(Die Angabe von Postfächern ist nicht zulässig)

3

☐☐☐☐☐☐☐☐
BGA-Nummer des Einfuhrlandes

_____
Einfuhrland

---

4 Vollständige Versandanschrift: (§ 7 Abs. 2 Nr. 2 BtMAHV)
(Die Angabe von Postfächern ist nicht zulässig)

---

5 Nummer und Ausstellungsdatum der Einfuhrgenehmigung sowie Bezeichnung und Anschrift der ausstellenden Behörde:
(§ 7 Abs. 2 Nr. 3 BtMAHV)

6

Pharmazentralnummer	Anzahl	Packungsgröße	Maß-einheit kg/g/mg/St	Bezeichnung der Betäubungsmittel (§ 7 Abs. 2 Nr. 4 BtMAHV)
☐☐☐☐☐☐☐	☐☐☐☐☐	× ☐☐☐☐		_____
☐☐☐☐☐☐☐	☐☐☐☐☐	× ☐☐☐☐		_____
☐☐☐☐☐☐☐	☐☐☐☐☐	× ☐☐☐☐		_____
☐☐☐☐☐☐☐	☐☐☐☐☐	× ☐☐☐☐		_____
☐☐☐☐☐☐☐	☐☐☐☐☐	× ☐☐☐☐		_____

---

7 Anzahl und Art der Packstücke sowie deren Markierungen: (§ 7 Abs. 2 Nr. 5 BtMAHV)

---

8 Beförderungsweg sowie Namen und Anschriften der Beförderer: (§ 7 Abs. 2 Nr. 6 BtMAHV)

---

[1] Anlage 10 ist bislang nicht aktualisiert worden.

---

9 Bezeichnung und Anschrift der abfertigenden Zollstelle: (§ 7 Abs. 2 Nr. 7 BtMAHV)

10 Sofern die Betäubungsmittel unter zollamtlicher Aufsicht lagern, Bezeichnung und Anschrift des Lagers sowie Name und Anschrift des Lagerhalters oder Lagerinhabers: (§ 7 Abs. 2 Nr. 8 BtMAHV)

Ort, Datum   Unterschrift des Antragstellers

11 Bemerkungen: (z. B. Name des zuständigen Sachbearbeiters und Rufnummer)

12 Abweichungen der tatsächlichen Ausfuhr gegenüber dem Ausfuhrantrag:

13 Nummer und Datum der Ausfuhrgenehmigung:

14 Ausfuhrdatum:

Ort, Datum   Unterschrift

15 Bemerkungen: (z. B. Name des zuständigen Sachbearbeiters und Rufnummer)

C 4. Betäubungsmittel-Kostenverordnung
(BtMKostV)

Vom 30. Juni 2009 (BGBl. I S. 1675)

§ 1 Anwendungsbereich. Das Bundesinstitut für Arzneimittel und Medizinprodukte erhebt für Prüfungen und Untersuchungen, für die Bearbeitung von Anträgen sowie für andere Amtshandlungen auf dem Gebiet des Betäubungsmittelverkehrs Gebühren und Auslagen nach den folgenden Vorschriften und dem Gebührenverzeichnis der Anlage.

§ 2 Gebühren in besonderen Fällen. [1] Für den Widerruf oder die Rücknahme einer Erlaubnis, für die Versagung einer Erlaubnis oder Genehmigung sowie für die Rück-

C 4 BtMKostV Anhang

nahme eines Antrags durch den Antragsteller nach Beginn der sachlichen Bearbeitung wird eine Gebühr in Höhe von 75 Prozent der für die Vornahme der Amtshandlung festzusetzenden Gebühr erhoben. [2] Die vorgesehene Gebühr kann bis zu 25 Prozent der für die Vornahme festzusetzenden Gebühr ermäßigt oder von ihrer Erhebung kann ganz abgesehen werden, wenn dies der Billigkeit entspricht.

§ 3 Gebühren in Widerspruchsverfahren. (1) [1] Für die teilweise oder vollständige Zurückweisung eines Widerspruchs gegen eine Sachentscheidung beträgt die Gebühr mindestens 100 Euro, höchstens jedoch die für die angefochtene Amtshandlung festgesetzte Gebühr. [2] Dies gilt nicht, wenn der Widerspruch nur deshalb keinen Erfolg hat, weil die Verletzung einer Verfahrens- oder Formvorschrift nach § 45 des Verwaltungsverfahrensgesetzes unbeachtlich ist.

(2) Wird ein Widerspruch nach Beginn der sachlichen Bearbeitung, jedoch vor deren Beendigung zurückgenommen, beträgt die Gebühr mindestens 50 Euro, höchstens jedoch 75 Prozent der Gebühr nach Absatz 1.

(3) [1] Für die teilweise oder vollständige Zurückweisung und bei Rücknahme eines ausschließlich gegen den Gebühren- oder Auslagenbescheid gerichteten Widerspruchs beträgt die Gebühr mindestens 50 Euro, höchstens jedoch 10 Prozent des streitigen Betrages. [2] Ist der streitige Betrag geringer als 50 Euro, wird eine Gebühr in Höhe des streitigen Betrages erhoben.

(4) Wird ein Widerspruch vollständig als unzulässig zurückgewiesen, so beträgt die Gebühr nach den Absätzen 1 und 3 mindestens 50 Euro, höchstens 100 Euro.

(5) Wird ein Widerspruch teilweise zurückgewiesen, ist die Gebühr nach den Absätzen 1 und 3 entsprechend dem Anteil der Stattgabe zu ermäßigen; die Mindestgebühr nach den Absätzen 1 und 3 darf nicht unterschritten werden.

§ 4 Ermäßigungen. Von der Erhebung einer Gebühr oder Auslage kann in den Fällen der Gebührennummern 1, 3 bis 9 und 11 teilweise oder ganz abgesehen werden, wenn die Amtshandlung wissenschaftlichen, analytischen oder anderen im öffentlichen Interesse liegenden Zwecken von besonderer Bedeutung dient oder wenn die Erhebung in einem offensichtlichen Missverhältnis zum wirtschaftlichen Nutzen für den Kostenschuldner steht.

§ 5 Übergangsvorschrift. Die Betäubungsmittel-Kostenverordnung vom 16. Dezember 1981 (BGBl. I S. 1433), die zuletzt durch Artikel 3 § 5 des Gesetzes vom 24. Juni 1994 (BGBl. I S. 1416) geändert worden ist, ist weiterhin anzuwenden, wenn die zugrunde liegende Amtshandlung vor dem 4. Juli 2009 beantragt oder, wenn kein Antrag erforderlich ist, beendet worden ist.

§ 6 Inkrafttreten, Außerkrafttreten. Diese Verordnung tritt am Tag nach der Verkündung in Kraft. Gleichzeitig tritt die Betäubungsmittel-Kostenverordnung vom 16. Dezember 1981 (BGBl. I S. 1433), die zuletzt durch Artikel 3 § 5 des Gesetzes vom 24. Juni 1994 (BGBl. I S. 1416) geändert worden ist, außer Kraft.

Anlage 1
(zu § 1)

Gebührenverzeichnis

Gebühren-nummer	Gebührenpflichtige Amtshandlung	Gebühr in Euro
1	Erteilung einer Erlaubnis nach § 3 des Betäubungs-mittelgesetzes	
1.1	Für jede der nachfolgenden Verkehrsarten wird je Betäubungsmittel und Betriebsstätte folgende Gebühr erhoben:	
1.1.1	Anbau einschließlich Gewinnung	190
1.1.2	Herstellung (mit Ausnahme von Zwischenprodukten, die bei der 380 Herstellung anfallen und unmittelbar weiterverarbeitet werden)	
1.1.3	Binnenhandel	470
1.1.4	– jedoch insgesamt je Betriebsstätte nicht mehr als	7.050
1.1.5	Außenhandel einschließlich Binnenhandel	830
1.1.6	– jedoch insgesamt je Betriebsstätte nicht mehr als	12.450
1.2	Soweit der Verkehr nur wissenschaftlichen oder analytischen Zwecken dient oder ohne wirtschaftliche Zwecksetzung erfolgt, wird für jede der nachfolgen-den Verkehrsarten je Betäubungsmittel und Betriebs-stätte folgende Gebühr erhoben:	
1.2.1	Anbau einschließlich Gewinnung	150
1.2.2	Herstellung (mit Ausnahme von Zwischenprodukten, die bei der Herstellung anfallen und unmittelbar weiterverarbeitet werden und von Zubereitungen zu betriebseigenen wissenschaftlichen Zwecken)	150
1.2.3	Erwerb	150
1.2.4	Abgabe	150
1.2.5	Einfuhr	150
1.2.6	Ausfuhr	150
1.3	Für jede der nachfolgenden Verkehrsarten wird je aus-genommene Zubereitung und Betriebsstätte folgende Gebühr erhoben:	
1.3.1	Herstellung (mit Ausnahme von Zwischenprodukten, die bei der Herstellung anfallen und unmittelbar weiterverarbeitet werden)	380
1.3.2	Einfuhr	400
1.3.3	Ausfuhr	400
2	Bearbeitung einer Anzeige nach § 4 Absatz 3 des Betäubungsmittelgesetzes	
2.1	Anzeige einer Neugründung, eines Betreiberwechsels oder einer Rechtsformänderung einer Apotheke oder eines Apothekenverbundes	70
2.2	Anzeige einer Änderung des Namens oder der Anschrift der Apotheke oder des Apothekenbetreibers	35
3	In den Fällen des § 8 Absatz 3 Satz 2 des Betäubungs-mittelgesetzes werden folgende Gebühren erhoben:	
3.1	Erteilung einer neuen Erlaubnis auf Grund neu aufgenommener Verkehrsarten, Betäubungsmittel oder ausgenommener Zubereitungen	Entsprechend Gebührennum-mer 1
3.2	Erteilung einer neuen Erlaubnis auf Grund einer Änderung in der Person des Erlaubnisinhabers	50 Prozent der Gebühr nach Gebühren-nummer 1

Gebühren-nummer	Gebührenpflichtige Amtshandlung	Gebühr in Euro
3.3	Erteilung einer neuen Erlaubnis auf Grund einer Änderung der Lage der Betriebsstätte, ausgenommen innerhalb eines Gebäudes,	50 Prozent der Gebühr nach Gebühren-nummer 1
4	In den Fällen des § 8 Absatz 3 Satz 3 des Betäubungs-mittelgesetzes werden je Betriebsstätte folgende Gebühren erhoben:	
4.1	Änderung einer Erlaubnis, soweit der Verkehr nur wissenschaftlichen oder analytischen Zwecken dient oder ohne wirtschaftliche Zwecksetzung erfolgt, je Änderung	75
4.2	Änderung einer Erlaubnis in allen anderen Fällen, je Änderung	150
5	Verlängerung einer nach § 9 Absatz 2 Nummer 1 des Betäubungs- mittelgesetzes befristeten Erlaubnis	25 Prozent der Gebühr nach Gebühren-nummer 1
6	Änderung einer Erlaubnis von Amts wegen im Sinne des § 9 Absatz 2 Nummer 2 des Betäubungsmittelge-setzes	150
7	Anordnung einer Sicherungsmaßnahme nach § 15 des Betäubungsmittelgesetzes	150
8	Besichtigungen nach § 22 Absatz 1 Nummer 3 des Betäubungsmittelgesetzes	200 bis 4.000
9	Erteilung einer Einfuhrgenehmigung nach § 3 Absatz 1, Ausfuhrgenehmigung nach § 9 Absatz 1, sowie einer Durchfuhrgenehmigung nach § 13 Absatz 2 der Betäubungsmittel-Außenhandelsverordnung, je Betäubungsmittel oder je ausgenommene Zubereitung	60
10	Vernichtung von Betäubungsmitteln durch das Bundesinstitut für Arzneimittel und Medizinprodukte nach § 16 Absatz 2 des Betäubungsmittelgesetzes, bei Stoffen und nicht abgeteilten Zubereitungen je angefangenes Kilogramm, bei abgeteilten Zubereitungen je angefangene 500 Stück	30
11	Sonstige auf Antrag vorgenommene Amtshandlungen	
11.1	Nicht einfache schriftliche Fachauskünfte	50 bis 500
11.2	Beantragte fachliche Bescheinigungen und Beglaubigungen	50 bis 250
11.3	Fachliche Beratung des Antragstellers	150 bis 1.500

C 5. Verordnung über die Verschreibungspflicht von Arzneimitteln
(Arzneimittelverschreibungsverordnung – AMVV)

Vom 21. Dezember 2005 (BGBl. I S. 3632)
FNA 2121-51-44
Zuletzt geändert durch Art. 1 Elfte ÄndVO vom 20. 7. 2011 (BGBl. I S. 1410)

§ 1 [Verschreibungspflichtige Arzneimittel] Arzneimittel,

1. die in der Anlage 1 zu dieser Verordnung bestimmte Stoffe oder Zubereitungen aus Stoffen sind oder
2. die Zubereitungen aus den in der Anlage 1 bestimmten Stoffen oder Zubereitungen aus Stoffen sind oder

3. denen die unter Nummer 1 oder 2 genannten Stoffe und Zubereitungen aus Stoffen zugesetzt sind oder
4. die in den Anwendungsbereich des § 48 Abs. 1 Satz 1 Nr. 2 des Arzneimittelgesetzes fallen,

dürfen nur bei Vorliegen einer ärztlichen, zahnärztlichen oder tierärztlichen Verschreibung abgegeben werden (verschreibungspflichtige Arzneimittel), soweit in den nachfolgenden Vorschriften nichts anderes bestimmt ist.

§ 2 [Notwendiger Inhalt der Verschreibung] (1) Die Verschreibung muss enthalten:

1. Name, Berufsbezeichnung und Anschrift der verschreibenden ärztlichen, tierärztlichen oder zahnärztlichen Person (verschreibende Person),
2. Datum der Ausfertigung,
3. Name und Geburtsdatum der Person, für die das Arzneimittel bestimmt ist,
4. Bezeichnung des Fertigarzneimittels oder des Wirkstoffes einschließlich der Stärke,
4 a. bei einem Arzneimittel, das in der Apotheke hergestellt werden soll, die Zusammensetzung nach Art und Menge oder die Bezeichnung des Fertigarzneimittels, von dem Teilmengen abgegeben werden sollen,
5. Darreichungsform, sofern dazu die Bezeichnung nach Nummer 4 oder Nummer 4 a nicht eindeutig ist,
6. abzugebende Menge des verschriebenen Arzneimittels,
7. Gebrauchsanweisung bei Arzneimitteln, die in der Apotheke hergestellt werden sollen,
8. Gültigkeitsdauer der Verschreibung,
9. bei tierärztlichen Verschreibungen zusätzlich
   a) die Dosierung pro Tier und Tag,
   b) die Dauer der Anwendung und
   c) sofern das Arzneimittel zur Anwendung bei Tieren verschrieben wird, die der Gewinnung von Lebensmitteln dienen, die Indikation und die Wartezeit,
   sowie anstelle der Angaben nach Nummer 3 der Name des Tierhalters und Zahl und Art der Tiere, bei denen das Arzneimittel angewendet werden soll, sowie bei Verschreibungen für Tiere, die der Gewinnung von Lebensmitteln dienen, die Identität der Tiere,
10. die eigenhändige Unterschrift der verschreibenden Person oder, bei Verschreibungen in elektronischer Form, deren qualifizierte elektronische Signatur nach dem Signaturgesetz.

(2) Ist die Verschreibung für den Praxisbedarf einer verschreibenden Person, für ein Krankenhaus, für Einrichtungen oder Teileinheiten von Einrichtungen des Rettungsdienstes, für Bordapotheken von Luftfahrzeugen gemäß § 1 Abs. 2 Nr. 1 und 2 der Betriebsordnung für Luftfahrtgerät vom 4. März 1970 (BGBl. I S. 262), die zuletzt durch Artikel 449 der Verordnung vom 29. Oktober 2001 (BGBl. I S. 2785) geändert worden ist, für eine Tierklinik oder einen Zoo bestimmt, so genügt an Stelle der Angaben nach Absatz 1 Nr. 3, 7 und 9 ein entsprechender Vermerk.

(3) In die Verschreibung eines Arzneimittels, das zur Vornahme eines Schwangerschaftsabbruchs zugelassen ist und das nur in einer Einrichtung im Sinne des § 13 des Schwangerschaftskonfliktgesetzes vom 27. Juli 1992 (BGBl. I S. 1398), das durch Artikel 1 des Gesetzes vom 21. August 1995 (BGBl. I S. 1050) geändert worden ist, angewendet werden darf, ist an Stelle der Angaben nach Absatz 1 Nr. 3 ein entsprechender Vermerk zu setzen.

(4) Fehlt bei Arzneimitteln in abgabefertigen Packungen die Angabe der Menge des verschriebenen Arzneimittels, so gilt die kleinste Packung als verschrieben.

(5) Fehlt die Angabe der Gültigkeitsdauer, so gilt die Verschreibung drei Monate.

(6) Fehlt das Geburtsdatum der Person, für die das Arzneimittel bestimmt ist, oder fehlen Angaben nach Absatz 1 Nr. 2, 5 oder 7 oder sind sie unvollständig, so kann der Apotheker, wenn ein dringender Fall vorliegt und eine Rücksprache mit der verschreibenden Person nicht möglich ist, die Verschreibung insoweit ergänzen.

(7) Ist die Verschreibung eines Arzneimittels für ein Krankenhaus bestimmt, in dem zur Übermittlung derselben ein System zur Datenübertragung vorhanden ist, das die Verschreibung durch eine befugte verschreibende Person sicherstellt, so genügt an Stelle der eigenhändigen Unterschrift nach Absatz 1 Nr. 10 die Namenswiedergabe der verschreibenden Person oder, bei Verschreibungen in elektronischer Form, ein geeignetes elektronisches Identifikationsverfahren.

(8) Ist die Verschreibung für ein Krankenhaus bestimmt, kann sie auch ausschließlich mit Hilfe eines Telefaxgerätes übermittelt werden.

§ 3 [Zweifache Ausfertigung der Verschreibung] [1]Die Verschreibung eines Arzneimittels im Sinne des § 2 Abs. 3 ist in zwei Ausfertigungen (Original und Durchschrift) zu erstellen. [2]Das Original und die Durchschrift ist dem pharmazeutischen Unternehmer zu übermitteln. [3]Dieser hat auf Original und Durchschrift die fortlaufenden Nummern der abgegebenen Packungen nach § 47 a Abs. 2 Satz 1 des Arzneimittelgesetzes und das Datum der Abgabe einzutragen und die Durchschrift mit dem Arzneimittel der Einrichtung im Sinne des § 13 des Schwangerschaftskonfliktgesetzes zuzustellen. [4]Die Originale verbleiben bei dem pharmazeutischen Unternehmer. [5]Dieser hat die Originale zeitlich geordnet fünf Jahre aufzubewahren und der zuständigen Behörde auf Verlangen vorzulegen. [6]Die verschreibende Person hat auf der Durchschrift der Verschreibung das Datum des Erhalts und der Anwendung des Arzneimittels sowie die Zuordnung zu den konkreten Patientenakten in anonymisierter Form zu vermerken. [7]Sie hat die Durchschriften zeitlich geordnet fünf Jahre aufzubewahren und der zuständigen Behörde auf Verlangen zur Einsichtnahme vorzulegen. [8]Für Verschreibungen in elektronischer Form gelten die Sätze 1 bis 7 entsprechend.

§ 3 a. (1) [1]Eine Verschreibung von Arzneimitteln, welche die Wirkstoffe Thalidomid oder Lenalidomid enthalten, darf nur auf einem nummerierten zweiteiligen amtlichen Vordruck (Original und Durchschrift) des Bundesinstituts für Arzneimittel und Medizinprodukte erfolgen. [2]Die Vordrucke nach Satz 1 sind ausschließlich zur Verschreibung der in Satz 1 genannten Arzneimittel bestimmt.

(2) [1]Verschreibungen nach Absatz 1 Satz 1 müssen die Bestätigung der ärztlichen Person enthalten, dass die Sicherheitsmaßnahmen gemäß der aktuellen Fachinformation des entsprechenden Fertigarzneimittels eingehalten werden, insbesondere, dass erforderlichenfalls ein Schwangerschafts-Präventionsprogramm durchgeführt wird und dass der Patientin oder dem Patienten vor Beginn der medikamentösen Behandlung geeignete medizinische Informationsmaterialien und die aktuelle Gebrauchsinformation des entsprechenden Fertigarzneimittels ausgehändigt wurden. [2]Ferner muss auf der Verschreibung vermerkt sein, ob eine Behandlung innerhalb oder außerhalb der jeweils zugelassenen Anwendungsgebiete erfolgt.

(3) Die Höchstmenge der auf Verschreibungen nach Absatz 1 Satz 1 verordneten Arzneimittel darf je Verschreibung für Frauen im gebärfähigen Alter den Bedarf für vier Wochen, ansonsten den für zwölf Wochen nicht übersteigen.

(4) Abweichend von § 2 Abs. 5 ist eine Verschreibung nach Absatz 1 Satz 1 bis zu sechs Tagen nach dem Tag ihrer Ausstellung gültig.

(5) [1]Vordrucke nach Absatz 1 Satz 1 werden vom Bundesinstitut für Arzneimittel und Medizinprodukte auf Anforderung an die einzelne ärztliche Person gegen Nachweis der ärztlichen Approbation ausgegeben. [2]Der Anforderung muss eine Erklärung der ärztlichen Person beigefügt sein, dass

1. ihr die medizinischen Informationsmaterialien zu Thalidomid oder Lenalidomid gemäß der aktuellen Fachinformationen entsprechender Fertigarzneimittel vorliegen,
2. sie bei der Verschreibung von Arzneimitteln nach Absatz 1 Satz 1 alle Sicherheitsmaßnahmen gemäß der aktuellen Fachinformationen entsprechender Fertigarzneimittel einhalten wird und
3. sie über ausreichende Sachkenntnisse zur Verschreibung von Arzneimitteln nach Absatz 1 Satz 1 verfügt.

(6) Das Bundesinstitut für Arzneimittel und Medizinprodukte macht ein Muster des Vordrucks nach Absatz 1 Satz 1 öffentlich bekannt.

(7) Apotheken übermitteln dem Bundesinstitut für Arzneimittel und Medizinprodukte vierteljährlich die Durchschriften der Vordrucke nach Absatz 1 Satz 1.

§ 4 [Verbot der wiederholten Abgabe eines verschreibungspflichtigen Arzneimittels auf dieselbe Verschreibung] (1) [1] Erlaubt die Anwendung eines verschreibungspflichtigen Arzneimittels keinen Aufschub, kann die verschreibende Person den Apotheker in geeigneter Weise, insbesondere fernmündlich, über die Verschreibung und deren Inhalt unterrichten. [2] Der Apotheker hat sich über die Identität der verschreibenden Person Gewissheit zu verschaffen. [3] Die verschreibende Person hat dem Apotheker die Verschreibung in schriftlicher oder elektronischer Form unverzüglich nachzureichen.

(2) [1] Für den Eigenbedarf einer verschreibenden Person bedarf die Verschreibung nicht der schriftlichen oder elektronischen Form. [2] Absatz 1 Satz 2 gilt entsprechend.

(3) Die wiederholte Abgabe eines verschreibungspflichtigen Arzneimittels auf dieselbe Verschreibung über die verschriebene Menge hinaus ist unzulässig.

§ 5 [Von der Verschreibungspflicht ausgenommene Arzneimittel – Anlage 1] [1] Von der Verschreibungspflicht sind Arzneimittel ausgenommen, die aus den in der Anlage 1 zu dieser Verordnung genannten Stoffen und Zubereitungen aus Stoffen nach einer homöopathischen Verfahrenstechnik, insbesondere nach den Regeln des Homöopathischen Arzneibuches hergestellt sind oder die aus Mischungen solcher Stoffe oder Zubereitungen aus Stoffen bestehen, wenn die Endkonzentration dieser Arzneimittel im Fertigprodukt die vierte Dezimalpotenz nicht übersteigt. [2] Diese Arzneimittel dürfen auch mit nicht verschreibungspflichtigen Stoffen und Zubereitungen aus Stoffen gemischt werden.

§ 6 [Von der Verschreibungspflicht ausgenommene Arzneimittel – Anlage 2] Von der Verschreibungspflicht nach § 48 Abs. 1 Satz 1 Nr. 2 des Arzneimittelgesetzes sind Arzneimittel ausgenommen, die weder ein in Anlage 2 aufgeführter Stoff, dessen Zubereitung oder Salz sind, noch einen solchen Stoff, eine solche Zubereitung oder ein solches Salz enthalten.

§ 7 [aufgehoben]

§ 8 [aufgehoben]

§ 9 [Abgabe von Tierarzneimitteln ohne Verschreibung] Abweichend von § 1 in Verbindung mit Anlage 1 darf, soweit der Stoff Na-Nifurstyrenat oder der Stoff Sarafloxacin betroffen ist, ein Tierarzneimittel, das ausschließlich zur Anwendung bei den in § 60 Absatz 1 des Arzneimittelgesetzes genannten Tierarten bestimmt und vor dem 1. Januar 2010 in Verkehr gebracht worden ist, noch bis zum 1. Januar 2012 ohne Verschreibung abgegeben werden.

Anlage 1
(zu § 1 Nr. 1 und § 5)
Stoffe und Zubereitungen nach § 1 Nr. 1 und § 5

Die Anlage enthält unter grundsätzlicher Verwendung der INN-Nomenklatur eine alphabetisch geordnete Auflistung der Stoffe und Zubereitungen.

Verschreibungspflichtig sind, sofern im Einzelfall nicht anders geregelt, auch Arzneimittel, die die jeweiligen Salze der nachfolgend aufgeführten Stoffe enthalten oder denen diese zugesetzt sind.

Unter äußerem Gebrauch im Sinne dieser Übersicht ist die Anwendung auf Haut, Haaren oder Nägeln zu verstehen.

Abacavir
Abamectin
Abarelix
Abatacept
Acamprosat

Acarbose
Acebutolol
Acecarbromal
Aceclidin
Aceclofenac
Acemetacin
Acenocoumarol
Acetanilid
Acetazolamid
Acetylcholin
– zur parenteralen Anwendung –
Acetylcystein
– ausgenommen zur oralen Anwendung bei akuten Erkältungskrankheiten bei Menschen –
N-Acetylgalactosamin-4-sulfatase vom Menschen, rekombinant, modifiziert (Galsulfase)
Acetylsalicylsäure
– zur parenteralen Anwendung –
Aciclovir
– ausgenommen in Zubereitungen als Creme zur Anwendung bei Herpes labialis in Packungsgrößen bis zu 2 g und einem Wirkstoffgehalt bis zu 100 mg je abgeteilter Arzneiform –
Acipimox
Acitretin
Aclarubicin
Aconitum: Arten der Gattung Aconitum, deren Pflanzenteile und Zubereitungen daraus sowie Aconitum-Alkaloide und deren Derivate
– ausgenommen zum äußeren Gebrauch in Salben –
– ausgenommen in homöopathischen Zubereitungen zur oralen Anwendung, die nach den Herstellungsvorschriften 25 und 26 des Homöopathischen Arzneibuches hergestellt sind –
Adapalen
Adefovir
Ademetionin
Adenosin
Agalsidase alfa und beta
Agaricinsäure
Aglepriston
– zur Anwendung bei Tieren –
Agomelatin
Ajmalin und seine Ester
N²-L-Alanyl-L-glutamin
– zur parenteralen Anwendung –
Alatrofloxacin
Albendazol
Alclofenac
Alclometason und seine Ester
Aldesleukin
Aldosteron und sein Halbacetal
Alendronsäure
Alfacalcidol
Alfadolon und seine Ester
Alfaxalon
Alfuzosin
Alglucosidase alfa
Aliskiren
Alitretinoin
Alizaprid
Alkuronium-Salze
N-Alkyl-atropinium-Salze
Allopurinol
Allylestrenol
Almotriptan
– ausgenommen zur akuten Behandlung der Kopfschmerzphase bei Migräneanfällen mit und ohne Aura bei Erwachsenen zwischen 18 und 65 Jahren, nach der Erstdiagnose ei-

ner Migräne durch einen Arzt, in festen Zubereitungen zur oralen Anwendung in Konzentrationen von 12,5 mg je abgeteilter Form und in einer Gesamtmenge von 25 mg je Packung –
Alprenolol
Alprostadil
Alteplase
Altrenogest
– zur Anwendung bei Tieren –
Altretamin
Amantadin
Ambenonium-Salze
Ambrisentan
Ambroxol
– zur parenteralen Anwendung –
Ambutoniumbromid
Amcinonid
Ameziniummetilsulfat
Amifampridin
Amifostin
Amikacin
Amilomer
Amilorid
4-Aminobenzoesäure
– sofern nicht auf Behältnissen und äußeren Umhüllungen eine Tagesdosis bis zu 1,5 g angegeben ist –
Aminocapronsäure
Aminoglutethimid
4-Amino-2-hydroxybenzoesäure und ihre Derivate
4-(Aminomethyl)benzoesäure
– zur oralen und parenteralen Anwendung –
5-Amino-4-oxopentansäure
Aminopterin
Amiodaron
Amiphenazol
Amisulprid
Amitraz
– zur Anwendung bei Schweinen –
Amitriptylin
Amitriptylinoxid
Amlexanox
Amlodipin
Amodiaquin
Amoxicillin
Amperozid
– zur Anwendung bei Tieren –
Amphotericin B
Ampicillin
Amprenavir
Amrinon
Amsacrin
Amygdalarum amararum aethereum, Oleum (blausäurehaltiges)
Amylenhydrat
Anageston
Anagrelid
Anakinra
Anastrozol
Ancrod
Androstanolon und seine Ester
Androstenon
– zur Anwendung bei Tieren –
Anetholtrithion
Angiotensinamid

Anidulafungin
Anistreplase
Antimonverbindungen
– ausgenommen Antimon(III)-sulfid und Antimon(V)-sulfid –
Antithrombin-III
Aortenklappe vom Schwein, denaturiert
Apalcillin
Apiol
Apomorphin
Apraclonidin
Apramycin
– zur Anwendung bei Tieren –
Aprepitant
Aprindin
Apronalid
Aprotinin
Arecolin
Argatroban
Argininoxoglurat
Aripiprazol
Arsen und seine Verbindungen
Artemether
Articain
Ascaridol
Asenapin
L-Asparaginase
Aspidinolfilizin
Astemizol
Atazanavir
Atenolol
Atipamezol
– zur Anwendung bei Tieren –
Atomoxetin
Atorvastatin
Atosiban
Atovaquon
Atracurium-Salze
Atropin
Auranofin
Aurothioglucose
Azacitidin
Azacosterol
Azamethonium-Salze
Azaperon
Azapropazon
Azatadin
Azathioprin
Azelainsäure
Azelastin
– ausgenommen zur intranasalen Anwendung zur Behandlung der saisonalen allergischen Rhinitis bei Erwachsenen und Kindern ab dem vollendeten 6. Lebensjahr –
– ausgenommen zur Anwendung am Auge –
Azidamfenicol, seine Ester und Verbindungen
Azidocillin
Azithromycin
Azlocillin
Azosemid
Aztreonam

Bacampicillin
Bacillus Calmette-Guérin
– zur Immunstimulation –

Bacitracin
– ausgenommen Zubereitungen zur örtlichen Anwendung bei Menschen auf Haut oder Schleimhaut, sofern sie je Stück abgeteilter Arzneiform oder bei sonstigen Zubereitungen je Gramm oder Milliliter nicht mehr als 500 I. E. (9,1 mg) Bacitracin enthalten –
Baclofen
Bambuterol
Bamifyllin
Bazedoxifen und seine Ester
Becaplermin
Beclamid
Beclometason und seine Ester
– ausgenommen Beclometasondipropionat zur intranasalen Anwendung bei Kurzzeitbehandlung der saisonalen allergischen Rhinitis in Packungsgrößen bis zu 5,5 mg Beclometasondipropionat, sofern auf Behältnissen und äußeren Umhüllungen angegeben ist, dass die Anwendung auf Erwachsene und Kinder ab dem vollendeten 12. Lebensjahr beschränkt ist –
Befunolol
Belladonnae folium und ihre Zubereitungen
– ausgenommen zum äußeren Gebrauch –
– ausgenommen in homöopathischen Zubereitungen zur oralen Anwendung, die nach den Herstellungsvorschriften 25 und 26 des Homöopathischen Arzneibuches hergestellt sind –
Bemegrid
Bemetizid
Benactyzin
Benazepril
Bencyclan
Bendamustin
Bendroflumethiazid
Benfurodil und seine Ester
Benmoxin
Benperidol
Benserazid
Bentiromid
Benzaldehydcyanhydrin
Benzaldehyd-thiosemicarbazon und seine Derivate
Benzatropin
Benzbromaron
Benzetimid
– zur Anwendung bei Tieren –
Benziloniumbromid
Benzocain
– ausgenommen Arzneimittel zum Aufbringen auf die Haut oder Schleimhaut, außer zur Anwendung am Auge –
Benzoctamin
Benzthiazid
Benzydamin
Benzylhydrochlorothiazid
Benzylpenicillin und seine Ester
Betäubungsmittel, soweit sie Zubereitungen nach § 2 Abs. 1 Nr. 3 des Betäubungsmittelgesetzes sind
Betahistin
Betain
Betamethason und seine Ester
Betanidin
Betaxolol
Betiatid
– als Trägersubstanz für (^{99m} Tc) Technetium –
Bevonium-Salze
Bexaroten
Bezafibrat
Bicalutamid
Bicisat
– als Kit zur Herstellung eines Radiodiagnostikums mit (^{99m} Tc) Technetium –

Bilastin und seine Ester
Bimatoprost
Biperiden
2,5-Bis(aziridin-1-yl)-3,6-bis(2-methoxyethoxy)-1,4-benzochinon
Bismut und seine Verbindungen
– zur oralen Anwendung –
– zur intramammären Anwendung beim Rind –
– ausgenommen in Tagesdosen bis zu 1,5 g Bismut und in Packungsgrößen bis zu 50 g Bismut; diese Ausnahme gilt nicht für Bismut (III)-citrat-hydroxid-Komplex –
Bisoprolol
Bithionoloxid
Bitoscanat
Bittermandelwasser
Bivalirudin
Bleiacetat
– ausgenommen Bleiessig –
Blei(II)-Iodid
Bleomycin
Blutgerinnungsfaktoren und Gerinnungsinhibitoren, jeweils rekombinant
Blutzubereitungen humanen Ursprungs
– zur arzneilichen Anwendung am oder im menschlichen oder tierischen Körper –
Boldenon und seine Ester
Bone morphogenetic protein-2, recombinant human
Bopindolol
Bornaprin
Bortezomib
Bosentan
Bretylium-Salze
Brimonidin
Brinzolamid
Brivudin
Bromethan
Bromisoval
Bromociclen
Bromocriptin
Bromofenofos und seine Ester
Bromoform
Bromoprid
Bromperidol
Brotianid
– zur Anwendung bei Tieren –
Brucin
Buclizin
Budesonid
Budipin
Bufeniod
Buflomedil
Bumadizon
Bumetanid
Bunamidin
– zur Anwendung bei Tieren –
Bunazosin
Bunitrolol
Bupivacain
Bupranolol
Bupropion
Buserelin
Buspiron
Busulfan
Butalamin
Butamirat
Butenafin

Butizid
Butorphanol und seine Ester
Butylchloralhydrat
Butylscopolamin
– zur parenteralen Anwendung –

C1-Inhibitor vom Menschen
Cabergolin
Cactinomycin
Calabar semen und seine Zubereitungen
Calcifediol
Calcipotriol
Calcitonin sowie Calcitonin enthaltende Organzubereitungen
Calcitriol
Calciumdobesilat
Cambendazol
– zur Anwendung bei Tieren –
Candesartan und seine Ester
Canrenoinsäure und ihre Ester
Cantharides und ihre Zubereitungen
– ausgenommen zum äußeren Gebrauch in Pflastern, Salben oder ähnlichen Zubereitungen –
Cantharidin
Capecitabin
Capreomycin
Capsaicin und seine Ester
– zur Behandlung von peripheren neuropathischen Schmerzen –
Captodiam
Captopril
Caramiphen
Carazolol
Carbachol
Carbamazepin
N-[2-(Carbamoyloxy)propyl]-*N,N,N*-trimethylammoniumhydroxid
Carbenicillin
Carbenoxolon
Carbetocin
– zur Anwendung bei Tieren –
Carbidopa
Carbimazol
Carbocistein
Carboplatin
Carbromal
Carbuterol
Carfecillin
Carglumsäure
Carindacillin
Carisoprodol
Carmustin
L-Carnitin
– zur parenteralen Anwendung –
Carprofen
Carteolol
Carvedilol
Carzinophillin
Caspofungin
Catalase
Cefacetril
Cefaclor
Cefadroxil
Cefalexin
Cefaloridin
Cefalotin

Cefamandol und seine Ester
Cefapirin
Cefapirin-Benzathin (2:1)
– zur Anwendung beim Rind –
Cefazedon
Cefazolin
Cefepim
Cefetamet und seine Ester
Cefixim
Cefmenoxim
Cefodizim
Cefoperazon
Cefotaxim
Cefotetan
Cefotiam
Cefovecin
– zur Anwendung bei Tieren –
Cefoxitin
Cefpodoxim und seine Ester
Cefquinom
Cefradin
Cefsulodin
Ceftazidim
Ceftibuten
Ceftiofur
Ceftizoxim
Ceftriaxon
Cefuroxim und seine Ester
Celecoxib
Celiprolol
Certoparin
– zur Behandlung tiefer Venenthrombosen –
Ceruletid
Cetrorelix
Chenodesoxycholsäure
Chenopodii anthelminthici, Oleum
Chinidin
Chinin
– zur Anwendung bei Malaria –
Chloralformamid
Chloralhydrat
Chloralose
Chlorambucil
Chloramphenicol und seine Ester sowie deren Verbindungen
Chlorcyclizin
Chlorisondamin
Chlormadinon und seine Ester
Chlormethaqualon
Chlormethin
Chlormethin-N-oxid
Chlormezanon
Chlornaphazin
Chloroform
– ausgenommen Zubereitungen zum äußeren Gebrauch in einer Konzentration bis zu 50 Gewichtsprozenten –
Chloroquin
Chlorothiazid
Chlorotrianisen
Chlorpropamid
Chlorprothixen
Chlortalidon
Chlortetracyclin

Chlorzoxazon
Chondroitinpolysulfat
– zur parenteralen Anwendung –
Choriongonadotropin (human alpha-subunit protein moiety reduced)
Choriongonadotropin (human beta-subunit protein moiety reduced)
Choriogonadotropin
Choriogonadotropin alfa
Chrysoidin
Chymopapain
– zur parenteralen Anwendung –
Ciclacillin
Ciclesonid
Cicletanin
Ciclonium-Salze
Ciclopirox
– ausgenommen zum äußeren Gebrauch bei Erwachsenen und Schulkindern –
Ciclosporin
Cidofovir
Cilazapril
Cilostazol
Cimetidin
Cinacalcet
Cinchocain
Cinchophen und seine Ester
Cinnarizin
Cinoxacin
Ciprofloxacin
Cisaprid
Cisatracurium-Salze
Cisplatin
Cisplatin
Citalopram
Cladribin
Clanobutin
– zur Anwendung bei Tieren –
Clarithromycin
Clavulansäure
Clenbuterol
Clidiniumbromid
Clindamycin und seine Ester
Clioxanid
Clobetasol-17-propionat
Clobetasonbutyrat
Clocortolon und seine Ester
Clodronsäure
Clofarabin
Clofazimin
Clofenamid
Clofezon
Clofibrinsäure und ihre Ester
Clomethiazol
Clomifen
Clomipramin
Clonidin
Clopamid
Clopenthixol und seine Ester
Clopidogrel
Clopidol
Cloprednol
Cloprostenol
– zur Anwendung bei Tieren –
Clorexolon

Clorindion
Closantel
– zur Anwendung bei Tieren –
Clostebol und seine Ester
Clostridium botulinum Neurotoxin Typ A (frei von Komplexproteinen)
Clostridium botulinum Toxin Typ A und B
Clotrimazol
– ausgenommen zum äußeren Gebrauch –
– ausgenommen zur vaginalen Anwendung in Packungsgrößen mit einer Gesamtmenge von bis zu 600 mg Clotrimazol, verteilt auf bis zu 3 Einzeldosen, und für eine Anwendungsdauer bis zu 3 Tagen –
Cloxacillin
Clozapin
Coffein in Zubereitungen mit einem oder mehreren der folgenden analgetisch wirksamen Stoffe
a) **Paracetamol**
b) **Pyrazolonderivate**
c) **Salicylsäurederivate**
– ausgenommen in Einzeldosen bis zu 0,5 g und einer Gesamtmenge bis zu 10 g je Packung für die analgetischen Wirkstoffe –
Colchici flos, semen et tuber und ihre Zubereitungen
Colchicumalkaloide, auch hydrierte
Colecalciferol
– ausgenommen in Zubereitungen
a) zur Anwendung bei Menschen, sofern auf Behältnissen und äußeren Umhüllungen eine Tagesdosis bis zu 1000 I. E. (entspricht 0,025 mg) Colecalciferol angegeben ist,
b) zur Anwendung bei Tieren, sofern auf Behältnissen und äußeren Umhüllungen eine Tagesdosis bis zu 10 000 I. E. (entspricht 0,25 mg) Colecalciferol angegeben ist –
Colesevelam
Colestipol
Colestyramin
Colistin
Colocynthidis fructus und ihre Zubereitungen
Conii herba und seine Zubereitungen
– ausgenommen zum äußeren Gebrauch in Pflastern, Salben und ähnlichen Zubereitungen und als Zusatz zu erweichenden Kräutern –
Coniin
Convallaria-Glykoside
Corifollitropin alfa
Corticorelin vom Menschen
Corticotropin, auch funktionelle Teilstücke
Cortison und seine Ester
Coumafos
– ausgenommen zum äußeren Gebrauch –
Coumessigsäure und ihre Ester
Cropropamid
– ausgenommen Zubereitungen
a) zur Anwendung bei Menschen, sofern sie je Stück abgeteilter Arzneiform nicht mehr als 25 mg oder als Injektionslösung nicht mehr als 75 mg je Milliliter enthalten,
b) zur Anwendung bei Tieren, sofern sie in Zubereitungen zur oralen oder nasalen Anwendung nicht mehr als 75 mg je Milliliter enthalten –
Crotonis oleum
Crotonis semen und seine Zubereitungen
Crufomat
Curare und seine Zubereitungen
Cyacetacid
Cyanwasserstoff
– ausgenommen als Stabilisator in Zubereitungen zur oralen und parenteralen Anwendung in Tagesdosen bis zu 100 µg, bezogen auf den Cyanid-Gehalt –
Cyclodrin
Cyclofenil
Cyclopenthiazid

Cyclopentolat
Cyclophosphamid
Cycloserin
Cyclothiazid
Cyproheptadin
Cyproteron und seine Ester
Cytarabin
Cytisin

Dabigatran und seine Ester
Dacarbazin
Dactinomycin
Dalfopristin
Danaparoid
Danazol
Danofloxacin
Dapiprazol
Dapoxetin
Dapson
Daptomycin
Darbepoetin alfa
Darifenacin
Darunavir
Dasatinib
Daturae folium et semen und ihre Zubereitungen
Daunorubicin
Deanol
– ausgenommen Zubereitungen, sofern auf Behältnissen und äußeren Umhüllungen eine
  Tagesdosis bis zu 50 mg, berechnet als Deanol, angegeben ist –
Deferasirox
Deferipron
Deferoxamin
Deflazacort
Defosfamid
Degarelix
Delapril
Delmadinon und seine Ester
Dembrexin
– zur parenteralen Anwendung bei Tieren –
Demecariumbromid
Demeclocyclin
Demecolcin
Demegeston
Demelverin
Denaverin
Depreotid
Desfluran
Desipramin
Desirudin
Desloratadin
Deslorelin
– zur Anwendung bei Tieren –
Desmeninol
Desmopressin
Desogestrel
Desonid
Desoximetason
Desoxycorton, seine Ester und Glukosidverbindungen
Destomycin A
– zur Anwendung bei Tieren –
Detajmiumbitartrat
Detomidin

Dexamethason und seine Ester
– ausgenommen Dexamethasondihydrogenphosphat zur einmaligen parenteralen Anwendung
  in wässriger Lösung in Ampullen/Fertigspritzen mit 40 mg Wirkstoff und bis zu maximal
  3 Packungseinheiten (entsprechend 120 mg Wirkstoff) für die Notfallbehandlung schwerer
  anaphylaktischer Reaktionen beim Menschen nach Neuraltherapie bis zum Eintreffen des
  Rettungsdienstes –
Dexibuprofen
Dexketoprofen
Dexmedetomidin
Dexrazoxan
Dextrane
– zur intravenösen Anwendung –
Dextrofemin
Dextrothyroxin
Diacetylnalorphin
Diacetylsplenopentin
4,4'-Diamino-2,3',5',6-tetraiod-diphenylsulfon
Diazoxid
Dibekacin
Dibenzepin
N,N-Dibenzyl-N-(2-chlor-ethyl)-amin
1,2-Dibromethan
1,1-Dichlorethan
1,2-Dichlorethan
Dichlorvos
Diclazuril
Diclofenac
– ausgenommen zur cutanen Anwendung in Konzentrationen bis zu 5% mit Ausnahme der
  Anwendung bei Thrombophlebitis superficialis und aktinischer Keratose –
– ausgenommen bei oraler Anwendung zur Behandlung leichter bis mäßig starker Schmerzen
  und Fieber in einer Dosierung bis 25 mg je abgeteilter Form und einer Tagesdosis von 25
  bis maximal 75 mg für eine maximale Anwendungsdauer von drei (Antipyrese) oder vier
  Tagen (Analgesie) –
Diclofenamid
Dicloxacillin
Dicoumarol
Dicyclanil
– zur Anwendung beim Schaf –
Didanosin
Dienestrol
Dienogest
Diethylcarbamazin
1-{2-[2-(Diethylmethylazaniumyl)ethoxy]ethyl}-1-methylpyrrolidiniumdiiodid
Diethyl-p-nitrophenylphosphat
Diethylstilbestrol
Diflorason-17,21-diacetat
Difloxacin
Diflucortolon und seine Ester
Diflunisal
Digitalis folium, glykosidhaltiges und seine Zubereitungen
Digitalis-Wirkstoffe, genuine und teilabgebaute Glykoside
– ausgenommen Digitoxin zum äußeren Gebrauch, sofern auf Behältnissen und äußeren Um-
  hüllungen eine Tagesdosis bis zu 0,0015 g angegeben ist –
N-(2,3-Dihydro-1,4-benzodioxin-2-ylmethyl)-3-methoxypropan-1-amin
Dihydralazin
Dihydrocuprein und seine Derivate
Dihydroergocornin
Dihydroergocristin
Dihydroergocryptin
Dihydroergotamin
**1,1-Dioxo-3-(2-phenylethyl)-6-trifluormethyl-3,4-dihydro-2 H-1λ⁶,2,4-
  benzothiadiazin-7-sulfonamid**

Dihydrostreptomycin
Dihydrotachysterol
Dilazep
Diltiazem
Dimepranol(4-acetamidobenzoat)
Dimenhydrinat
– zur parenteralen Anwendung –
2,3-Dimercapto-1-propansulfonsäure
Dimetacrin
Dimetamfetamin
Dimethisteron
Dimethocain
(3-Dimethylamino-2-hydroxypropyl)-(4-propylamino-benzoat)
4-Dimethylaminophenol
O-(4-Dimethylsulfamoylphenyl)-O′,O″-dimethylthiophosphat
0,0′-Dimethyl-0″-(4-sulfamoyl-phenyl)thiophosphat
Dimethylfumarat
– zur oralen Anwendung –
Dimethylsulfoxid
– ausgenommen zur cutanen Anwendung bei Menschen in einer Konzentration bis zu 15% –
Dimethyltubocurarin
Dimetinden
– zur parenteralen Anwendung –
Dimetridazol
– zur Anwendung bei Tieren –
Dinoprost
Dinoproston
Diphenhydramin
– zur parenteralen Anwendung –
Di(L-(+)-ornithin)-(2-oxo-glutarat)-hydrat-diphosphonsäure
– als Trägersubstanz für (^{99m} Tc) Technetium –
3,3-Diphosphono-1,2-propandicarbonsäure
– als Trägersubstanz für (^{99m} Tc) Technetium –
Dipiproverin
Dipivefrin
Dipyridamol
Dirlotapid
– zur Anwendung bei Tieren –
Disopyramid
Distigmin
Disulfiram
Dithranol
Dobutamin
Docetaxel
Dofetilid
Dolasetron
Domperidon
Donepezil
Dopamin
Dopexamin
Doramectin
Doripenem
Dornase alfa
Dorzolamid
Dosulepin
Doxapram
Doxazosin
Doxepin
Doxorubicin
Doxycyclin
Droloxifen

Dronedaron
Dropempin
Droperidol
Drospirenon
Drostanolon und seine Ester
Duloxetin
Dutasterid
Dydrogesteron

Ebastin
Econazol
– ausgenommen zum äußeren Gebrauch –
Ecothiopat
Edoxudin
Efavirenz
Eflornithin
Eisen(III)-hexacyanoferrat(II)
Eisen-Verbindungen
– zur parentalen Anwendung, ausgenommen zur Prophylaxe der Eisenmangelanämie bei Saugferkeln, sofern dies als alleiniger Anwendungsbereich auf Behältnissen und äußeren Umhüllungen angegeben ist –
Eletriptan
Eltrombopag
Emedastin
Emepronium-Salze
Emetin
Emtricitabin
Emylcamat
Enalapril
Enalaprilat
Endomid
Enfluran
Enfuvirtid
Enoxacin
Enoximon
Enrofloxacin
– zur Anwendung bei Tieren –
Entacapon
Entecavir
Enzyme, proteolytisch, tierischen oder pflanzlichen Ursprungs
– zur parenteralen Anwendung –
Ephedra-Arten und Zubereitungen aus Ephedra-Arten
– zur oralen Anwendung, ausgenommen homöopathische Zubereitungen aus Ephedra in höheren Verdünnungen als D1 sowie ausgenommen in homöopathischen Zubereitungen, die nach den Herstellungsvorschriften 25 und 26 des Homöopathischen Arzneibuches hergestellt sind –
Ephedrin
– zur oralen Anwendung
a) in Zubereitungen, denen als wirksamer Bestandteil nur dieser Stoff oder dieser Stoff zusammen mit Coffein zugesetzt ist,
b) in anderen Zubereitungen, sofern auf Behältnissen und äußeren Umhüllungen eine Einzeldosis von mehr als 10 mg oder bei Retardzubereitungen eine Tagesdosis von mehr als 40 mg, berechnet als Ephedrinbase, angegeben ist oder diese Zubereitungen Coffein enthalten –
Epicillin
Epimestrol
Epinastin
Epinephrin
– ausgenommen Autoinjektoren in Packungsgrößen von einer Einheit zur einmaligen parenteralen Anwendung für die Notfallbehandlung schwerer anaphylaktischer Reaktionen beim Menschen nach Neuraltherapie bis zum Eintreffen des Rettungsdienstes –
Epirubicin

Eplerenon
Epoetin alfa, beta, delta, theta und zeta
Epoprostenol und seine Derivate
Eprazinon
Eprinomectin
Eprosartan
Eptifibatid
Eptotermin alfa
Erdostein
Ergocalciferol,
– ausgenommen Zubereitungen
  a) zur Anwendung bei Menschen, sofern auf Behältnissen und äußeren Umhüllungen eine Tagesdosis bis zu 1000 I. E. Ergocalciferol angegeben ist,
  b) zur Anwendung bei Tieren, sofern auf Behältnissen und äußeren Umhüllungen eine Tagesdosis bis zu 10 000 I. E. Ergocalciferol angegeben ist –
Eritrityltetranitrat und andere Nitrat-Derivate des Erythritols
Erlotinib
Ernährungslösungen unter Verwendung von Kohlenhydraten, kalorienhaltigen Zuckeraustauschstoffen, Fettemulsionen oder glucogenen oder ketogenen Aminosäuren
– zur parenteralen Anwendung –
Ertapenem
Erythromycin und seine Ester
Escherichia coli, lebend
– zur Anwendung bei Tieren –
Esketamin
Eslicarbazepin und seine Ester
Esmolol
Esomeprazol
Estradiol und seine Ester
Estramustin–17–dihydrogenphosphat
Estriol
Estrogene, konjugierte
Etacrynsäure
Etafenon
Etamsylat
– zur Anwendung bei Tieren –
Etanercept
Etaqualon
Ethadion
Ethambutol
Ethiazid
Ethinylestradiol und seine Ester
Ethionamid
Ethisteron
Ethosuximid
6-Ethoxy-2-benzothiazolsulfonamid
Ethylbenzhydramin
Ethylestrenol und seine Ester
2-Ethylhex-2-enal
– zur Anwendung bei Tieren –
Ethylhydrogenfumarat
– zur oralen Anwendung –
Ethylnitrat
Etynodiol und seine Ester
Etidocain
Etidronsäure
Etiproston
– zur Anwendung bei Rindern –
Etiroxat
Etodolac
Etodroxizin

Etofenamat
– ausgenommen zum äußeren Gebrauch –
Etofibrat
Etofyllinclofibrat
Etoloxamin
Etomidat
Etonogestrel
Etoposid
Etoricoxib
Etozolin
Etravirin
Etretinat
Everolimus
Exametazim
Exemestan
Exenatide
Ezetimib

Famciclovir
Famotidin
– ausgenommen in festen Zubereitungen zur oralen Anwendung in einer Konzentration von
bis zu 10 mg je abgeteilter Form und in Packungsgrößen bis zu 140 mg, sofern die Anwen-
dung für Erwachsene und Kinder ab dem vollendeten 16. Lebensjahr auf die Anwendungs-
gebiete „zur Kurzzeitanwendung bei Sodbrennen und/oder saurem Aufstoßen" und auf
eine maximale Therapiedauer von 14 Tagen beschränkt ist –
Febantel
– zur Anwendung bei Tieren –
Febuprol
Febuxostat
Felbamat
Felodipin
Fenbendazol
– zur Anwendung bei Tieren –
Fenbufen
Fenbutrazat
Fenclofos
Fendilin
Fenfluramin
Fenofibrat
Fenofibrat
Fenoprofen
Fenoterol
– ausgenommen zur Notfalltokolyse in Zubereitungen von 25 µg zur Auflösung in 4 ml In-
fusionslösung zur langsamen (über 2–3 Minuten) Bolusinjektion in einer Packungsgröße
von bis zu 5 Ampullen zur Abgabe an Hebammen und Entbindungspfleger für den Praxis-
bedarf –
Fenprostalen
– zur Anwendung bei Tieren –
Fenthion
Fentoniumbromid
Fenyramidol
Fertirelin
– zur Anwendung bei Tieren –
Ferucarbotran
– zur Darstellung herdförmiger Leberschäden in der Magnet-Resonanz-Tomographie
(MRT) –
Fesoterodin
Fexofenadin
Fibrinolysin (human)
Filgrastrim
Filicis rhizoma und seine Zubereitungen
Finasterid

Firocoxib
– zur Anwendung bei Tieren –
Flecainid
Fleroxacin
Flomoxef
Flopropion
Florfenicol
Fluanison
Flubendazol
– zur Anwendung bei Tieren –
Flucloxacillin
Fluconazol
Flucytosin
Fludarabin-5′-dihydrogenphosphat
Fludeoxyglucose (^{18}F)
Fludrocortison und seine Ester
Fludroxycortid
Flufenaminsäure
– ausgenommen zur cutanen Anwendung –
Flumazenil
Flumetason und seine Ester
Flumethrin
– zur Anwendung beim Rind –
Flunarizin
Flunisolid
Flunixin
– zur parenteralen Anwendung bei Tieren –
– zur Anwendung bei Hunden –
Fluocinolonacetonid
Fluocinonid
Fluocortin-Butyl
Fluocortolon und seine Ester
Fluorescein
– zur parenteralen Anwendung –
Fluoride, lösliche,
– sofern nicht auf Behältnissen und äußeren Umhüllungen eine Tagesdosis angegeben ist, die einem Fluorgehalt bis zu 2 mg entspricht –
– ausgenommen in Zubereitungen als Gel zur lokalen Anwendung an den Zähnen in Packungsgrößen bis zu 25 g, sofern auf Behältnissen und äußeren Umhüllungen angegeben ist, dass die Anwendung auf Erwachsene und Kinder ab dem vollendeten 6. Lebensjahr sowie auf eine einmalige Dosis pro Woche, die einem Fluorgehalt bis zu 7 mg entspricht, beschränkt ist –
Fluorometholon und seine Ester
Fluorouracil
Fluorphenylalanin
Fluostigmin
Fluoxetin
Fluoxymesteron und seine Ester
Flupentixol
Flupirtin
Fluprednide und seine Ester
Fluprostenol
– zur Anwendung bei Tieren –
Flurbiprofen
– ausgenommen als Lutschtablette zur kurzzeitigen symptomatischen Behandlung bei schmerzhaften Entzündungen der Rachenschleimhaut und in einer Tageshöchstdosis von 50 mg –
Fluspirilen
Flutamid
Fluticason und seine Ester
Fluvastatin
Fluvoxamin

Folinsäure
– zur parenteralen Anwendung in der Behandlung von Krebs- oder Rheumaerkrankungen –
Follitropin
Follitropin alfa und beta
Fomepizol
Fominoben
Fomivirsen
Fomocain
– ausgenommen Arzneimittel zum Aufbringen auf die Haut oder Schleimhaut, außer zur Anwendung am Auge –
Fondaparinux
Formestan
Formocortal
Formoterol
Fosamprenavir
Fosaprepitant
Foscarnet
– zur cutanen und parenteralen Anwendung –
Fosfestrol
Fosfomycin
Fosinopril
Framycetin
Frovatriptan
Fulvestrant
Furaltadon
Furazolidon
Furosemid
Fusidinsäure und ihre Ester

Gabapentin
Galantamin
Gallamin
Gallopamil
Gamithromycin
– zur Anwendung bei Tieren –
Ganciclovir
Ganirelix
Gatifloxacin
Gefitinib
Gelsemii rhizoma und seine Zubereitungen
– ausgenommen in homöopathischen Zubereitungen zur oralen Anwendung, die nach den Herstellungsvorschriften 25 und 26 des Homöopathischen Arzneibuches hergestellt sind –
Gemcitabin
Gemeprost
Gemfibrozil
Gentamycin
Gentransfer-Arzneimittel
Gepefrin
Gestoden
Gestonoron
Gewebetransplantate, humane allogene und Produkte aus Gewebezüchtungen
Gitoformat
Glafenin
Glatiramer
Glibenclamid
Glibornurid
Gliclazid
Glimepirid
Glipizid
Gliquidon
Glisoxepid

Glucagon
Glucametacin
Glucosamin
– ausgenommen zur oralen Anwendung –
Glyceroltrinitrat
Glycopyrroniumbromid
Glymidin
Gold-Keratin-Komplex
Gonadorelin
Gonadorelin[6-D-Phe]acetat
– zur Anwendung bei Tieren –
Gonadotropin (humanes und Pferdeserum)
Goserelin
Granisetron
Grepafloxacin
Griseofulvin
Guanabenz
Guanaclin
Guanethidin
Guanfacin
Guanidin, auch an Eiweiß gebunden
Guanoxan
Gutti und seine Zubereitungen

Halcinonid
Halofantrin
Halofuginon
– zur Anwendung bei Tieren –
Halometason
Haloperidol und seine Ester
Halothan
Haloxon
(^{13}C) Harnstoff
(^{14}C) Harnstoff
Hemoglobinglutamer
– zur Anwendung bei Tieren –
Heparine, unfraktioniert
– zur parenteralen Anwendung –
Heparinfragmente
– zur parenteralen Anwendung –
Heparinfraktion
Hetacillin
Hexachlorethan
– zur Anwendung bei Tieren –
Hexachlorophen
– ausgenommen zum äußeren Gebrauch in einer Konzentration bis zu 1 Gewichtsprozent –
Hexacyclonsäure
Hexamethonium-Salze
Hexcarbacholinbromid
Hexobendin
Hexoprenalin
Hexyl(5-amino-4-oxopentanoat)
Histamin
– ausgenommen
  a) Zubereitungen zum oralen Gebrauch, sofern sie je Gramm oder Milliliter nicht mehr als 0,4 mg Histamin-Salz enthalten und tropfenweise eingenommen werden sollen,
  b) Zubereitungen zum äußeren Gebrauch –
Histrelin
Homatropin
Human-Plasmaproteine mit Faktor VIII-Inhibitor Bypass-Aktivität
Human-Plasmaproteine mit Faktor VIII korrigierender Aktivität

Hyaluronsäure
– zur intraartikulären Anwendung –
– zur intravenösen Anwendung bei Pferden –
Hydantoin und seine Derivate
– ausgenommen Allantoin –
Hydralazin
Hydrastinin
Hydrastiswurzelstock und seine Zubereitungen
– ausgenommen Zubereitungen, die je Milliliter nicht mehr als 1,21 mg Hydrastisalkaloide, berechnet als Hydrastin, enthalten, zum Auftragen auf die Mundschleimhaut –
– ausgenommen in homöopathischen Zubereitungen zur oralen Anwendung, die nach den Herstellungsvorschriften 25 und 26 des Homöopathischen Arzneibuches hergestellt sind –
Hydrochlorothiazid
Hydrocortison und seine Ester
– ausgenommen in Zubereitungen zum äußeren Gebrauch
  a) in einer Konzentration bis zu 0,25% Hydrocortison oder Hydrocortisonacetat, berechnet als Base und in Packungsgrößen bis zu 50 g, sowie
  b) in einer Konzentration von über 0,25 bis zu 0,5% Hydrocortison oder Hydrocortisonacetat, berechnet als Base und in Packungsgrößen bis zu 30 g zur kurzzeitigen (maximal zwei Wochen andauernden) äußerlichen Anwendung zur Behandlung von mäßig ausgeprägten entzündlichen, allergischen oder juckenden Hauterkrankungen,
und sofern auf Behältnissen und äußeren Umhüllungen eine Beschränkung der Anwendung auf Erwachsene und Kinder ab dem vollendeten 6. Lebensjahr angegeben ist –
Hydroflumethiazid
Hydroxocobalamin
– zur Behandlung einer bekannten oder vermuteten Zyanidvergiftung –
Hydroxycarbamid
17 ß–Hydroxy–17–methylestr–4–en–3–on (Methylestrenolon)
8–Hydroxychinaldine, halogenierte und ihre Ester
– ausgenommen zur Anwendung in der Mundhöhle, sofern auf Behältnissen und äußeren Umhüllungen eine Tagesdosis bis zu 20 mg angegeben ist, und zum äußeren Gebrauch –
8–Hydroxychinoline, halogenierte und ihre Ester
– ausgenommen zum äußeren Gebrauch –
Hydroxychloroquin
Hydroxydion und seine Ester
Hydroxyprogesteron
Hydroxystilbamidin
Hydroxyzin
Hygromycin A
Hyoscyami folium et herba und ihre Zubereitungen
– ausgenommen zum äußeren Gebrauch –
Hyoscyamin
Hypophysenhinterlappen und seine Zubereitungen
Hypromellose
– zur Anwendung am eröffneten Auge –

Ibafloxacin
Ibandronsäure
Ibuprofen
– ausgenommen zum äußeren Gebrauch in einer Konzentration bis zu 5 Gewichtsprozenten –
– ausgenommen zur oralen Anwendung ohne Zusatz weiterer arzneilich wirksamer Bestandteile in einer Konzentration bis zu 400 mg je abgeteilter Form und in einer Tagesdosis bis zu 1200 mg bei leichten bis mäßig starken Schmerzen und Fieber –
– ausgenommen in festen Zubereitungen zur rektalen Anwendung als Monopräparate in Einzeldosen bis 10 mg/kg Körpergewicht (bis zu einer maximalen Einzeldosis von 600 mg je abgeteilter Form) und in einer Tagesdosis bis zu 30 mg/kg Körpergewicht (bis zu einer maximalen Tagesdosis von 1800 mg) bei leichten bis mäßig starken Schmerzen und Fieber –
– ausgenommen zur oralen Anwendung in flüssigen Zubereitungen ohne Zusatz weiterer arzneilich wirksamer Bestandteile für Erwachsene und Kinder ab 6 Monaten in Einzeldosen bis zu 10 mg/kg Körpergewicht (bis zu einer maximalen Tagesdosis von 1200 mg) bei leichten bis mäßig starken Schmerzen und Fieber –

– ausgenommen zur oralen Anwendung in Dosen bis maximal 400 mg je abgeteilter Form und in einer maximalen Tagesdosis von 1200 mg, zur rektalen Anwendung in festen Zubereitungen als Monopräparate in Einzeldosen bis 10 mg/kg Körpergewicht bis zur maximalen Einzeldosis von 600 mg je abgeteilter Form und bis zur maximalen Tagesdosis von 30 mg/kg Körpergewicht bzw. 1800 mg, zur Behandlung der akuten Kopfschmerzphase bei Migräne mit oder ohne Aura –

Icatibant
Idarubicin
Idoxuridin
Idursulfase
Ifosfamid
Iloprost
Imatinib
Imiclopazin
Imidapril
Imiglucerase
Imipenem
Imipramin
Imiquimod
Imolamin
Impfstoffe
– zur Anwendung am oder im menschlichen Körper; die Vorschriften der Tierimpfstoff-Verordnung zur Verschreibungspflicht bleiben unberührt –

Indacaterol
Indapamid
Indinavir
Indocyaningrün
Indometacin
– ausgenommen zur cutanen Anwendung in 1%iger Lösung –

Indoramin
myo-**Inositolhexanitrat**
Inproquon
Insulin, ferner Erzeugnisse, die aus der Bauchspeicheldrüse hergestellt und zu Einspritzungen bei Diabetes mellitus bestimmt sind
Insulinaspart
Insulindefalan (vom Rind)
Insulindetemir
Insulinglargin
Insulinglulisin
Insulinlispro
Insulin (vom Schwein)–Zink-Injektionssuspension, kristallin
– zur Anwendung bei Tieren –

Interferone
Intrauterinpessare
– zur Schwangerschaftsverhütung –

Iodethan
Iodlösungen und Zubereitungen aus Iod zur Herstellung von Iodlösungen
– ausgenommen zum äußeren Gebrauch –
– ausgenommen in Zubereitungen zum inneren Gebrauch bei Tieren, wenn die gebrauchsfertige Lösung einen Gehalt von 5% Iod nicht übersteigt –

Iodschwefel
– ausgenommen zum äußeren Gebrauch –

Iosarcol
Iotrolan
– zur intravasalen Anwendung –

Ipecacuanhae radix und ihre Zubereitungen
Ipratropiumbromid und seine Ester
Iprazochrom
Iproclozid
Ipronidazol
– zur Anwendung bei Tieren –

Irbesartan

Irinotecan
Isoaminil
Isocarboxazid
Isoconazol
– ausgenommen zum äußeren Gebrauch –
Isoetarin
Isofluran
Isonicotinaldehyd und seine Derivate
Isonicotinsäure-hydrazid und seine Derivate
Isopentylnitrit
Isoprenalin
– ausgenommen Zubereitungen zum äußeren Gebrauch in einer Konzentration bis zu 0,5 Gewichtsprozenten –
Isopropamidiodid
Isosorbiddinitrat
Isosorbidmononitrat
Isotretinoin
Isradipin
Itraconazol
Ivabradin
Ivermectin
– zur Anwendung bei Tieren –

Jalapae resina et tuber und ihre Zubereitungen
Johanniskraut
– zur Behandlung mittelschwerer Depressionen –
Josamycin und seine Ester

Kalium
– zur parenteralen Anwendung in Konzentrationen von mehr als 6 mmol/l –
Kaliumbromid
– zur systemischen Anwendung –
Kaliumdichromat
Kanamycin
Kava-Kava-Wurzelstock und seine Zubereitungen
– ausgenommen in homöopathischen Zubereitungen zur oralen Anwendung, die nach der Herstellungsvorschrift 26 des Homöopathischen Arzneibuches hergestellt sind –
Kavain
Kebuzon
Ketamin
Ketoconazol
– ausgenommen zum äußeren Gebrauch –
Ketoprofen
– ausgenommen zur cutanen Anwendung in Konzentrationen bis zu 2,5% –
Ketorolac
– zur Anwendung am Auge –
Ketotifen
Kitasamycin
Kollagen
– zur Injektion –
Kontrastmittel
– zur Anwendung in der Röntgen-, Magnetresonanz- oder Ultraschalldiagnostik –
Kreosot
– ausgenommen Zubereitungen zum äußeren Gebrauch in einer Konzentration bis zu 50 Gewichtsprozenten –

Labetalol
Lacidipin
Lacosamid
Lactobacillus salivarius

Lactuca-virosa-Zubereitungen
Lamivudin
Lamotrigin
Lanreotid
Lansoprazol
Lanthan(III)carbonat
Lapatinib
Laronidase
Lasofoxifen und seine Ester
Latamoxef
Latanoprost
Lecirelin
– zur Anwendung bei Tieren –
Leflunomid
Lenalidomid
Lenograstim
Lepirudin
Lercanidipin
Lespedeza capitata und ihre Zubereitungen
Letrozol
Leuprorelin
Levallorphan
Levamisol
Levetiracetam
Levobunolol
– zur lokalen Anwendung am Auge –
Levobupivacain
Levocetirizin
Levodopa
Levodropropizin
Levofloxacin
Levofolinsäure
Levonorgestrel
Lidocain
– ausgenommen Arzneimittel zur parenteralen Anwendung ohne Zusatz weiterer arzneilich wirksamer Bestandteile in einer Konzentration bis zu 2% zur intrakutanen Anwendung an der gesunden Haut im Rahmen der Neuraltherapie –
– ausgenommen Arzneimittel zur subkutanen und intramuskulären Infiltrationsanästhesie zur Durchführung von Dammschnitten und zum Nähen von Dammschnitten und Dammrissen im Rahmen der Geburt in einer Konzentration von bis zu 1%, einer Einzeldosis von bis zu 10 ml und einer Menge von bis zu 10 ml je Ampulle zur Abgabe an Hebammen und Entbindungspfleger im Rahmen ihrer Berufsausübung –
– ausgenommen Arzneimittel zum Aufbringen auf die Haut oder Schleimhaut, außer
a) zur Anwendung am Auge und am äußeren Gehörgang,
b) zur Linderung von neuropathischen Schmerzen nach einer Herpes-Zoster-Infektion (Post-Zoster-Neuralgie) –
Lidoflazin
Lincomycin
Lindan
Linezolid
Liraglutid
Lisinopril
Lisurid
Lithium
– zur Behandlung von Geisteskrankheiten und Psychosen –
Lobeliae herba und seine Zubereitungen
– ausgenommen zum Rauchen und Räuchern –
Lobelin
Lofepramin
Lomefloxacin
Lomustin
Lonazolac

Loperamid
– ausgenommen in festen Zubereitungen zur oralen Anwendung bei akuter Diarrhö in Tagesdosen bis zu 12 mg und in Packungsgrößen bis zu 24 mg, sofern auf Behältnissen und äußeren Umhüllungen angegeben ist, dass die Anwendung auf Erwachsene und Kinder ab dem vollendeten 12. Lebensjahr beschränkt ist –
Loperamidoxid
Loracarbef
Lorcainid
Lornoxicam
Losartan
Loteprednol
Lovastatin
Lufenuron
– zur parenteralen Anwendung bei Hunden und Katzen –
Lumefantrin
Lumiracoxib
Luprostiol
– zur Anwendung bei Tieren –
Lutropin
Lutropin alfa
Lynestrenol

Macrogol
– zur Behandlung der Koprostase bei Kindern und Erwachsenen –
Macrogollaurylether (Polidocanol)
– zur Sklerosierung von Varizen und Besenreisern –
Mafenid und seine Verbindungen
Magnesiumbis(hydrogenaspartat)-Dihydrat
– zur intrakoronaren Anwendung –
Mandragora officinarum L. und Mandragora autumnalis Bertol, Wurzeln von und ihre Zubereitungen
– ausgenommen zum äußeren Gebrauch –
– ausgenommen homöopathische Zubereitungen zur oralen Anwendung, die nach den Vorschriften 25 und 26 des Homöopathischen Arzneibuches hergestellt sind
Mangafodipir
Manidipin
Mannitolhexanitrat
Mannomustin
Maprotilin
Maraviroc
Marbofloxacin
Maropitant
– zur Anwendung bei Tieren –
Mazipredon
Mebendazol
Mebeverin
Mebhydrolin
Mecamylamin
Mecasermin
Meclocyclin
Meclofenaminsäure
– zur Anwendung bei Tieren –
– ausgenommen zur Anwendung bei Pferden –
Meclozin
Medetomidin
Medrogeston
Medroxyprogesteron und seine Ester
Medryson und seine Ester
Mefenaminsäure
Mefloquin
Mefrusid
Megestrol

Melagatran
Melatonin
Melitracen
Meloxicam
Melperon
Melphalan
Memantin
Mepacrin
Mephenesin
Mephentermin
Mepindolol
Mepivacain
Meproscillarin
Meptazinol
Mequinol
Mercaptamin
Mercaptopurin
Meropenem
Mertiatid
– als Trägersubstanz für (^{99m} Tc) Technetium –
Mesalazin
Mesna und andere Salze der 2-Sulfanylethansulfonsäure
Mesterolon und seine Ester
Mestranol
Mesuximid
Metaclazepam
Metacyclin
Metamfepramon
Metamizol
Metandienon und seine Ester
Metaraminol
Metaxalon
Metenolon und seine Ester
Metergolin
Metformin
Methacholin
Methallenestril
Methandriol und seine Ester
Methantheliniumbromid
Methazolamid
Methocarbamol
Methotrexat
Methoxamin
Methoxsalen
Methoxyfluran
Methyclothiazid
Methyl(5-amino-4-oxopentanoat)-hydrochlorid
(RS)-3-Methyl-2-oxopentansäure
3-Methyl-2-oxobutansäure
4-Methyl-2-oxopentansäure
Methyldopa
DL-Methyldopa
Methylergometrin
– ausgenommen zur Anwendung bei Nachgeburtsblutungen in einer Konzentration bis zu 0,3 mg/ml und einer Einzeldosis bis zu 1 ml zur Abgabe an Hebammen und Entbindungspfleger für den Praxisbedarf –
Methylnaltrexoniumsalze
Methylpentynol und seine Ester
2-Methyl-1-phenylbut-3-in-1,2-diol
Methylprednisolon und seine Ester
N-Methylscopolaminium-Salze
Methylsulfonal

Methyltestosteron und seine Ester
Methysergid und seine Ester
Meticillin
Metildigoxin
Metipranolol
Metoclopramid
Metolazon
Metomidat
Metoprolol
Metrifonat
Metronidazol und seine Ester
Metyrapon
Metyridin
Mexiletin
Mezlocillin
Mianserin
Micafungin
Miconazol
– ausgenommen zum äußeren Gebrauch und zur Anwendung in der Mundhöhle –
– ausgenommen zur vaginalen Anwendung in Packungsgrößen mit einer Gesamtmenge von bis zu 1043 mg Miconazol und für eine Anwendungsdauer bis zu 3 Tagen –
Microbial-Collagenase
Midodrin
Mifamurtid und seine Ester
Mifepriston
Miglitol
Miglustat
Milrinon
Miltefosin
Minocyclin
Minoxidil
– ausgenommen zur topischen Anwendung bei androgenetischer Alopezie in einer Konzentration von bis zu 5% –
Mirtazapin
Misoprostol
Mitomycin
Mitotan
Mitoxantron
Mitratapid
Mivacurium-Salze
Mizolastin
Moclobemid
Modafinil
Moexipril
Mofebutazon
Molgramostim
Molsidomin
Mometason und seine Ester
Monepantel
– zur Anwendung bei Tieren –
Monobenzon
Montelukast
Moperon
Morantel
– zur Anwendung bei Tieren –
Morazon
Moroxydin
Moxestrol
Moxidectin
Moxifloxacin
Moxonidin
Mupirocin

Mycophenolsäure
Myrtecain
– ausgenommen Arzneimittel zum Aufbringen auf die Haut oder Schleimhaut, außer zur Anwendung am Auge –

Nabumeton
Nadifloxacin
Nadolol
Nafarelin
Nafcillin
– zur Anwendung bei Tieren –
Naftalofos
Naftidrofuryl
Nalbuphin
Nalidixinsäure und ihre Ester
Nalorphin
Naloxon
Naltrexon
Naproxen
– ausgenommen in festen Zubereitungen zur oralen Anwendung ohne Zusatz weiterer arzneilich wirksamer Bestandteile in einer Konzentration bis zu 250 mg je abgeteilter Form und in einer Tagesdosis bis zu 750 mg und in einer Packungsgröße bis zu 7500 mg zur Anwendung bei Erwachsenen und Kindern ab 12 Jahren bei leichten bis mäßig starken Schmerzen und Fieber –
Naratriptan
– ausgenommen zur Behandlung des Migränekopfschmerzes bei Erwachsenen zwischen 18 und 65 Jahren, nach der Erstdiagnose einer Migräne durch einen Arzt, in festen Zubereitungen zur oralen Anwendung in Konzentrationen bis 2,5 mg je abgeteilter Form und in einer Gesamtmenge von 5 mg je Packung –
Natamycin
– ausgenommen zum äußeren Gebrauch –
Nateglinid
Natriumaurothiomalat
Natrium-Goldchlorid
Natriumnitrit
Nebivolol
Nedocromil
– ausgenommen zur Anwendung bei saisonaler allergischer Rhinitis –
– ausgenommen zur Anwendung am Auge –
Nefazodon
Nefopam
Nelarabin
Nelfinavir
Neodym-3-sulfoisonicotinat
Neomycin
Neostigmin-Salze
Nepafenac
Netilmicin
Nevirapin
Nicarbazin
– zur Anwendung bei Tieren –
Nicardipin
Nicergolin
Niclofolan
Nicotin
– ausgenommen zur oralen (einschließlich der oral-inhalativen) Anwendung ohne Zusatz weiterer arzneilich wirksamer Bestandteile in einer Menge bis zu 10 mg Nicotin je abgeteilter Arzneiform und in einer Tagesdosis bis zu 64 mg –
– ausgenommen zur transdermalen Anwendung als Pflaster ohne Zusatz weiterer arzneilich wirksamer Bestandteile in einer Konzentration bis zu 52,5 mg Nicotin je abgeteilter Arzneiform bzw. auch in höheren Konzentrationen, sofern die Wirkstofffreigabe von im Mittel 35 mg Nicotin pro 24 Stunden nicht überschritten wird –

Nifedipin
Nifenalol
Nifluminsäure
Nifuratel
Nifurpirinol
Nifurprazin
Nifurstyrensäure
– zur Anwendung bei Tieren –
Nilotinib
Nilutamid
Nilvadipin
Nimesulid
– zur Anwendung bei Tieren –
Nimodipin
Nimorazol
Nimustin
Niridazol
Nisoldipin
Nitisinon
Nitrendipin
Nitrofural
Nitrofurantoin
Nitrofurathiazid
– zur Anwendung bei Tieren –
Nitroprussidnatrium
– zur intravenösen Anwendung –
Nitroscanat
– zur Anwendung bei Tieren –
Nitroxinil
Nitroxolin
Nizatidin
Nomegestrol und seine Ester
Nomifensin
Norelgestromin
Norepinephrin
– ausgenommen in Salben zum äußeren Gebrauch –
Norethisteron
Noretynodrel
Norfloxacin
Norgestimat
Norgestrel
Norgestrienon
Nortestosteron und seine Ester
Nortriptylin
Noscapin
Novobiocin
Noxiptilin

Obidoxim
Octreotid
Öl von Hochseefischen (mit spezifizierter Zusammensetzung)
– zur parenteralen Ernährung –
Ofloxacin
Olanzapin
Oleander-Glykoside
Oleandomycin
Olmesartan und seine Ester
Olopatadin
Olsalazin
Omega-3-Säureethylester
– zur adjuvanten Behandlung zur Sekundärprophylaxe nach Herzinfarkt, zusätzlich zur Standard-
  Behandlung (z. B. Statine, Thrombozytenaggregationshemmer, Betablocker, ACE-Hemmer) –

Omeprazol
– ausgenommen zur Behandlung von Sodbrennen und saurem Aufstoßen in einer Einzeldosis von 20 mg und in einer Tageshöchstdosis von 20 mg für eine maximale Anwendungsdauer von 14 Tagen und in einer maximalen Packungsgröße von 280 mg Wirkstoff –
Ondansetron
Opipramol
Opiumalkaloide
– soweit die Verschreibung und Abgabe nicht durch die Anlagen des Betäubungsmittelgesetzes in der jeweils geltenden Fassung geregelt ist –
Orazamid
Orbifloxacin
Orciprenalin
Orphenadrin
Orgotein
Orlistat
– ausgenommen von der Europäischen Kommission zugelassene, nicht verschreibungspflichtige Arzneimittel zur oralen Anwendung mit einer Höchstdosis von 60 mg je abgeteilter Form sowie Arzneimittel zur oralen Anwendung mit einer Höchstdosis von 60 mg je abgeteilter Form und einer maximalen Tagesdosis von 180 mg –
Ornidazol
Osateron und seine Ester
Oseltamivir
Osmiumsäure
Osteogenes Protein 1
Oxabolon und seine Ester
Oxaceprol
Oxacillin
Oxaliplatin
Oxaprozin
Oxatomid
Oxcarbazepin
Oxetacain
Oxfendazol
– zur Anwendung bei Tieren –
Oxiconazol
– zur vaginalen Anwendung –
Oxidronsäure
– als Trägersubstanz für (^{99m} Tc) Technetium –
Oxitriptan
Oxitropiumbromid
Oxolin
Oxolinsäure
2-Oxo-3-phenylpropansäure
Oxprenolol
Oxybuprocain
Oxybutynin
Oxyclozanid
Oxymesteron und seine Ester
Oxymetholon
Oxypertin
Oxyphenbutazon
Oxyphencyclimin
Oxyphenisatin und seine Ester
Oxytetracyclin und seine Verbindungen
Oxytocin
– ausgenommen zur Anwendung bei Nachgeburtsblutungen in einer Konzentration bis zu 10 I. E./ml und einer Einzeldosis bis zu 1 ml zur Abgabe an Hebammen und Entbindungspfleger für den Praxisbedarf –

4-Phenylbutansäure
Paclitaxel
Palifermin

Paliperidon
Palonosetron
Pamidronsäure
Pancuroniumbromid
Pantoprazol
– ausgenommen Arzneimittel in Packungsgrößen von nicht mehr als 14 abgeteilten Einheiten in einer Einzeldosis von 20 mg und in einer Tageshöchstdosis von 20 mg für eine kurzzeitige, ohne ärztliche Beratung auf maximal 4 Wochen und bei täglicher Einnahme auf maximal 2 Wochen begrenzte Behandlung von Reflux-Symptomen (z.B. Sodbrennen und saures Aufstoßen) bei Erwachsenen –
Papaverin
Paracetamol
– ausgenommen Humanarzneimittel zur
    a) oralen Anwendung zur symptomatischen Behandlung leichter bis mäßig starker Schmerzen und/oder von Fieber in einer Gesamtwirkstoffmenge von bis zu 10 g je Packung und
    b) rektalen Anwendung –
Paraflutizid
Paraldehyd
Paramethadion
Paramethason und seine Ester
Paraoxon
Parathyroidhormon vom Menschen
Parbendazol
Parecoxib
Pargylin
Paricalcitol
Paromomycin
Paroxetin
Pazopanib
Pefloxacin
Peforelin
– zur Anwendung bei Tieren –
Pegaptanib
Pegaspargase
PEG-Epoetin beta
Pegfilgrastim
Peginterferon alfa-2 a
Peginterferon alfa-2 b
Pegvisomant
Pemetrexed
Penbutolol
Penciclovir
– ausgenommen zur äußeren Anwendung bei Herpes labialis in Packungsgrößen bis zu 2 g und einem Wirkstoffgehalt bis zu 20 mg je abgeteilter Arzneiform –
Penfluridol
Penflutizid
Pengitoxin
Penicillamin
Penoctoniumbromid
– ausgenommen in Lösungen, Salben und Pudern zum äußeren Gebrauch in einer Konzentration bis zu 0,1 Gewichtsprozent –
Pentaerithrityltetranitrat
Pentagastrin
Pentamethonium-Salze
Pentamidin
Pentetreotid
Pentolonium-Salze
Pentorex
Pentosanpolysulfat
– zur oralen und parenteralen Anwendung –
Pentostatin
Pentoxifyllin

Perchlorsäure
Pergolid
Perhexilin
Perindopril
Permethrin
– zur Behandlung der Scabies beim Menschen –
– zur Anwendung bei Tieren, ausgenommen
  a) als Ohrclip
  b) zur Anwendung beim Pferd –
Peruvosid
Phenacemid
Phenamacid
Phenelzin
Pheneticillin
Phenglutarimid
Phenindion
Pheniprazin
Phenothiazin
Phenothiazin, am Stickstoff substituiertes
Phenoxybenzamin
Phenoxymethylpenicillin
Phenprobamat
Phenprocoumon
Phensuximid
Phentolamin
Phenylbutazon
Phenylephrin
– zur Anwendung am Auge, ausgenommen in flüssigen Zubereitungen bis zu 2,5% –
[(Phenyl)(piperidin-2-yl)methyl]acetat
Phenylpropanolamin
– zur Behandlung des ernährungsbedingten Übergewichts –
– zur Anwendung bei Tieren –
Phospholipide
– zur parenteralen Anwendung ohne Zusatz weiterer arzneilich wirksamer Bestandteilen –
Phospholipide aus Rinderlunge
– zur Prophylaxe und Therapie des Atemnotsyndroms bei Frühgeborenen –
Phospholipide aus Schweinelunge
Phosphor
Phoxim
– zur Anwendung bei Tieren –
Physostigmin
Picrotoxin
Pilocarpin
Pimecrolimus
Pimobendan
– zur Anwendung bei Tieren –
Pimozid
Pinaveriumbromid
Pindolol
Pioglitazon
Pipamperon
Pipecuroniumbromid
Pipemidsäure
Pipenzolatbromid
Piperacillin
Piperazin, auch als Hydrat
– als Wurmmittel –
Piperidolat
Piperoxan
Piperylon
Pipofezin
Pipoxolan

Piracetam
Pirbuterol
Pirenzepin
Piretanid
Piribedil
Piridoxilat
Pirlimycin
– zur Anwendung bei Tieren –
Piromidsäure
Piroxicam
– ausgenommen zum äußeren Gebrauch –
Pirprofen
Pivampicillin
Pivmecillinam
Pizotifen
Plerixafor
Plicamycin
Podophyllum-emodi radix et rhizoma und deren Zubereitungen
Podophyllum-peltatum radix et rhizoma und deren Zubereitungen
– ausgenommen in homöopathischen Zubereitungen zur oralen Anwendung, die nach den
  Herstellungsvorschriften 25 und 26 des Homöopathischen Arzneibuches hergestellt sind –
Podophyllin
Podophyllinsäure und ihre Derivate
Podophyllotoxin
Podophyllum-emodi- und Podophyllum-peltatum-Glykoside und ihre Derivate
Polyestradiol
Polymyxin B und M
Poly(O-2-hydroxyethyl)stärke
– zur parenteralen Anwendung –
Poly(styrol-co-divinylbenzol)sulfonsäure (x:y) als Aluminium-, Calcium-, Kalium- und
  Natriumsalz
– ausgenommen zur Verwendung als Hilfsstoff für galenische Zwecke in einer Tagesdosis bis
  zu 300 mg –
Polythiazid
Posaconazol
Porfimer
Practolol
Prajmalium
Pramipexol
Pramiverin
Pranoprofen
Prasteron und seine Ester
Prasugrel
Pravastatin
Praziquantel
– ausgenommen zur Anwendung
  a) bei Hunden und Katzen und
  b) bei Zierfischen der Ordnungen Karpfenartige, Barschartige, Welsartige und Zahnkärpf-
     linge mit einem Wirkstoffgehalt bis zu 20 g je Packung –
Prazosin
Prednicarbat
Prednimustin
Prednisolon und seine Ester
Prednison und seine Ester
Prednyliden und seine Ester
Pregabalin
Prenoxdiazin
Prenylamin
Pridinol
Prifiniumhydroxid
– zur Anwendung bei Tieren –
Prilocain

– ausgenommen Arzneimittel zum Aufbringen auf die Haut oder Schleimhaut, außer zur
Anwendung am Auge –

Primaquin
Primidon
Primycin
Pristinamycin
Probucol
Procain
– ausgenommen Arzneimittel zur parenteralen Anwendung ohne Zusatz weiterer arzneilich
wirksamer Bestandteile in Konzentrationen bis zu 2% zur intrakutanen Anwendung an der
gesunden Haut im Rahmen der Neuraltherapie –
– ausgenommen Arzneimittel zum Aufbringen auf die Haut oder Schleimhaut, außer zur
Anwendung am Auge –

Procainamid
Procarbazin
Procaterol
Procyclidin
Progesteron
Proglumetacin
Proglumid
Proguanil
Proligeston
Prolintan
Promegeston
Promestrien
Propafenon
Propamidin
Propanidid
Propantetraphosphonsäure
– als Trägersubstanz für (^{99m} Tc) Technetium –
Propanthelinbromid
Propicillin
Propiverin
Propofol
Propoxyphen
Propranolol
Propyl[3β-(benzoyloxy)tropan-2α-carboxylat]
– zur Anwendung am Auge –
Propylhexedrin
Proquazon
Prostalen
– zur Anwendung bei Tieren –
($α_1$)-Proteinaseninhibitor vom Menschen
Protamin
Prothipendyl
Protionamid
Protirelin
Protokylol
– ausgenommen zum inneren Gebrauch, soweit der Gehalt in der Einzelgabe 1 mg nicht
übersteigt –
Protriptylin
Proxymetacain
Prucaloprid
Pseudoephedrin
– ausgenommen Arzneimittel zur Anwendung beim Menschen mit einer Wirkstoffmenge von
insgesamt bis zu 720 mg Pseudoephedrin pro Packung –
Pteropterin
Pulsatillae herba und seine Zubereitungen
– ausgenommen in homöopathischen Zubereitungen zur oralen Anwendung, die nach den
Herstellungsvorschriften 25 und 26 des Homöopathischen Arzneibuches hergestellt sind –
Pyrantel
Pyrazinamid

Pyridostigminbromid
Pyrimethamin
Pyriprol
– zur Anwendung bei Tieren –
Pyrithion-Zink
– ausgenommen zum äußeren Gebrauch
  a) in einer Konzentration bis zu 0,2%
  b) in einer Konzentration bis zu 1% in Zubereitungen, die wieder abgespült werden –
Pyrithyldion

Quecksilber und seine Verbindungen
– ausgenommen
  1. **2-(Ethylmercurithio)benzoesäure, Natrium-Salz** (Thiomersal)
    a) in Tabletten bis zu 30 mg zur Bekämpfung der Nosema-Seuche,
    b) bis zu 0,004 Gewichtsprozenten in Aufbewahrungs- und Benetzungslösungen für Kontaktlinsen,
  2. **2-(Ethylmercurithio)benzoesäure** und ihre Salze, **Phenylmercuriacetat, Phenylmercuriborat, Phenylmercurinitrat**
    als Konservierungsmittel in einer Konzentration bis zu 0,002 Gewichtsprozenten in flüssigen Zubereitungen, Emulsionen und Salben,
  3. **Chininmercuribisulfat** in einer Konzentration bis zu 2,75 Gewichtsprozenten in Zubereitungen in Kleinpackungen zur Anwendung beim Mann zur Verhütung von Geschlechtskrankheiten,
  4. **Phenylmercuriborat** in einer Konzentration bis zu 0,1 Gewichtsprozent zum äußeren Gebrauch in Zubereitungen bis zu 50 ml bzw. 50 g –
Quetiapin
Quinagolid
Quinapril
Quinaprilat
Quinestrol
Quinethazon
Quingestanol
Quinisocain
– ausgenommen Arzneimittel zum Aufbringen auf die Haut oder Schleimhaut, außer zur Anwendung am Auge –
Quintiofos
Quinupristin

Rabeprazol
Racecadotril
Racefemin
Radionuklide enthaltende Stoffe und Zubereitungen zu diagnostischen oder therapeutischen Zwecken
Raloxifen
Raltegravir
Ramifenazon
– zur parenteralen Anwendung –
– ausgenommen zur Anwendung bei Tieren –
Ramipril
Ranelinsäure
Ranitidin
– ausgenommen in Zubereitungen zur oralen Anwendung in einer Konzentration von bis zu 75 mg je abgeteilter Form und in Packungsgrößen bis zu 1050 mg, sofern die Anwendung für Erwachsene und Kinder ab dem vollendeten 16. Lebensjahr auf die Anwendungsgebiete „Bei Sodbrennen und/oder saurem Aufstoßen" und auf eine maximale Therapiedauer von 14 Tagen beschränkt ist –
Ranolazin
Rasagilin
Rasburicase
Rauwolfia-Arten, ihre Zubereitungen und Alkaloide
– ausgenommen in homöopathischen Zubereitungen zur oralen Anwendung, die nach den Herstellungsvorschriften 25 und 26 des Homöopathischen Arzneibuches hergestellt sind –

Reboxetin
Regadenoson
Repaglinid
Reproterol
Reserpin
Resocortol und seine Ester
– zur Anwendung bei Tieren –
Resorantel
Retapamulin
Reteplase
Retinol und seine Ester
– zur Anwendung bei Menschen –
– ausgenommen zum inneren Gebrauch in Zubereitungen mit einer Tagesdosis bis zu
  10 000 I. E. –
– ausgenommen zum äußeren Gebrauch in Zubereitungen mit einer Tagesdosis bis zu
  50 000 I. E. –
Ribavirin
Ribostamycin
Rifabutin
Rifampicin
Rifamycin
Rifaximin
Rilonacept
Riluzol
Rimazoliummetilsulfat
Rimexolon
Rimonabant
Risedronsäure
Risperidon
Ritodrin
Ritonavir
Rivaroxaban
Rivastigmin
Rizatriptan
Rocuroniumbromid
Roflumilast
Rolitetracyclin
Romifidin
Romiplostim
Ronidazol
– zur Anwendung bei Tieren –
Ropinirol
Ropivacain
Rosiglitazon
Rosoxacin
Rosuvastatin
Rotigotin
Roxatidin und seine Ester
Roxithromycin
Rufinamid
Rupatadin

Sabinae oleum
Sabinae summitates und ihre Zubereitungen
– ausgenommen zum äußeren Gebrauch in Salben –
Salbutamol
Salmeterol
Salpetersäure
– in Zubereitungen, die Essigsäure und Oxalsäure enthalten –
Salverin
Samarium(^{153}Sm)lexidronam

Santonin
Sapropterin (einschließlich seiner Stereoisomerengemische)
Saquinavir
Sarafloxacin
– zur Anwendung bei Tieren –
Saralasin
Saxagliptin und seine Ester
Scammoniae resina und seine Zubereitungen
Schilddrüsenwirkstoffe
Schwefelhexafluorid
Scilla-Glykoside
Scopolamin
Scopoliawurzelstock und seine Zubereitungen
Secale-Alkaloide
Secale cornutum und seine Zubereitungen
Secnidazol
Secretin
– zur Anwendung als Diagnostikum –
Selamectin
Selegilin
Selenverbindungen
– ausgenommen Selendisulfid zum äußeren Gebrauch in einer Konzentration bis zu 2,5 Gewichtsprozenten –
– ausgenommen in Zubereitungen zum inneren Gebrauch mit einer Tagesdosis bis zu 50 μg Selen –
Sera und monoklonale Antikörper
– zur Anwendung am oder im menschlichen oder tierischen Körper –
Sermorelin
Serrapeptase
Sertindol
Sertralin
Sevelamer
Sevofluran
Sibutramin
Silbernitrat
– ausgenommen zum äußeren Gebrauch und in Augentropfen zur Blenorrhoeprophylaxe –
Silberverbindungen
– zur Anwendung bei Erkrankungen des Magen-Darm-Kanals –
Sildenafil
Silibinin-C-2′,3-bis(hydrogensuccinat)
– zur parenteralen Anwendung –
Silodosin
Simvastatin
Sincalid
Sirolimus
Sisomicin
Sitaxentan
Sitagliptin
Solifenacin
Somatorelin
Somatropin
Somatostatin
Sorafenib
Sotalol
Spagluminsäure
– zur Behandlung der saisonalen Rhinitis –
Sparfloxacin
Spartein
– ausgenommen zum äußeren Gebrauch –
Spectinomycin
Spiramycin und seine Ester
Spirapril

Spironolacton und seine Ester
Stanozolol und seine Ester
Stavudin
Steinkohlenteer und seine Zubereitungen
Stickstoffmonoxid
Stilbamidin
(E)-Stiripentol
Stoffe und Zubereitungen aus Stoffen, die zur Behebung der Amenorrhoe bestimmt sind, auch wenn sie als Mittel gegen Regel-, Perioden- oder Menstruationsstörungen angekündigt werden, zur Anwendung bei Menschen
Strandkiefernrinde und ihre Zubereitungen
– mit einem Gehalt von mindestens 50% Gesamtprocyanidine, berechnet als Cyanidinchlorid –
Streptokinase
– ausgenommen zur buccalen oder oralen Anwendung –
Streptomycin
Strophanthi semen und seine Zubereitungen
Strophanthine
Strychni semen und seine Zubereitungen
– ausgenommen in homöopathischen Zubereitungen zur oralen Anwendung, die nach den Herstellungsvorschriften 25 und 26 des Homöopathischen Arzneibuches hergestellt sind –
Strychnin
Strychnin-N-oxid
Strychninsäure
Sucralfat
Sugammadex
Sulbactam
Sulfacarbamid und seine Derivate
Sulfaguanidin und seine Derivate
Sulfanilamid und seine Derivate
Sulfasalazin
Sulfinpyrazon
Sulfonal
Sulindac
Suloctidil
Sulpirid
Sulproston
Sultamicillin
Sultiam
Sumatriptan
Sunitinib
Suramin-Natrium
Suxamethonium-Salze
Suxibuzon
Syrosingopin

Tacalcitol
Tacrin
Tacrolimus
Tadalafil
Tafluprost
Talastin
Talinolol
Tamoxifen
Tamsulosin
Tasonermin
Taurolidin
Tazaroten
Tazobactam
Tegafur
Teicoplanin

Telbivudin
Telithromycin
Telmisartan
Temocapril
Temoporfin
Temozolomid
Temsirolimus
Tenecteplase
Teniposid
Tenofovir und seine Ester
Tenonitrozol
Tenoxicam
Tepoxalin
– zur Anwendung bei Tieren –
Terazosin
Terbinafin
– ausgenommen zum äußeren Gebrauch –
Terbutalin
Terfenadin
Teriparatid
Terizidon
Tertatolol
Testolacton
Testosteron und seine Ester
Tetrabenazin
– zur Behandlung von dyskinetischen Bewegungsstörungen –
Tetracain
Tetrachlorethylen
– ausgenommen zum äußeren Gebrauch –
Tetrachlorkohlenstoff
Tetracyclin und seine Verbindungen
4-epi-Tetracyclin
Tetraisopropylpyrophosphat
Tetrakis(2-methoxy-2-methylpropylisocyanid)kupfer(1+)-tetrafluoroborat
– als Trägersubstanz für (^{99m} Tc) Technetium –
Tetramisol
Tetrofosmin
Tetroxoprim
Tetrylammonium-Salze
Thalidomid
Thallium
Thenalidin
Theodrenalin
– zur parenteralen Anwendung –
Theophyllin
Theophyllin-Ethylendiamin
Theophyllin-Magnesiumacetat
Theophyllin – (2-Amino-2-methylpropan-1-ol) (1:1)
Therapieallergene
Thevetin
Thiamazol
Thiambutosin
Thiamphenicol und seine Ester
Thibenzazolin
Thiobarbitursäure-Derivate
Thiostrepton
Thiotepa
Thiouracil und seine Derivate
Thyroideae glandulae siccatae und ihre Zubereitungen
Thyrotropin alfa
Tiabendazol
Tiagabin

Tiamulin
– zur Anwendung bei Tieren –
Tiaprid
Tiaprofensäure
Tiaprost
– zur Anwendung bei Tieren –
Tibolon
Ticagrelor und seine Ester
Ticarcillin
Ticlopidin
Tigecyclin
Tiletamin
– zur Anwendung bei Tieren –
Tilmicosin
Tiludronsäure
Timolol
Tinidazol
Tinzaparin
Tiocarlid
Tioconazol
– ausgenommen zum äußeren Gebrauch –
Tioguanin
Tiomesteron
Tiopronin
Tiotixen
Tiotropiumbromid und sein Hydrat
Tipranavir
Tiracizin
Tirofiban
Tiropramid
Tixocortol und seine Ester
Tizanidin
Tobramycin
Tocainid
Toceranib
– zur Anwendung bei Tieren –
Tocofersolan und seine Ester
– bei Vitamin-E-Mangel auf Grund digestiver Malabsorption bei pädiatrischen Patienten –
Tolazamid
Tolbutamid
Tolcapon
Tolciclat
Tolfenaminsäure
– zur Anwendung bei Tieren –
Toliprolol
Tolmetin
Toloniumchlorid (Toluidinblau)
– zur parenteralen Anwendung –
Tolperison
Tolterodin
Toltrazuril
Tolvaptan
Topiramat
Topotecan
Torasemid
Toremifen
Trabectedin
Tramadol
Trandolapril
Tranexamsäure
Transcalcifediol
Tranylcypromin

Trapidil
Travoprost
Trazodon
Treosulfan
Treprostinil
Tretamin
Tretinoin
Triacetyldiphenolisatin
Triamcinolon sowie seine Ester und Ether (einschließlich der Acetale)
Triamcinolonacetonid und seine Ester
– ausgenommen zur Anwendung als Hafttabletten bei rezidivierenden Aphthen –
Triamteren
Triaziquon
Tribenosid
2,2,2-Tribromethanol
Trichlormethiazid
Trichlormethin
Trichloroethylen
– ausgenommen zum äußeren Gebrauch –
Triclabendazol
Trifluperidol
Trifluridin
Trihexyphenidyl
Trilostan
Trimegeston
Trimetaphan-Salze
Trimethadion
Trimethidiniummethosulfat
Trimethoprim
Trimethylolmelamin
{[2-Oxo-2-(2,4,5-trimethylanilino)ethyl]azandiyl}diessigsäure
– als Trägersubstanz für (^{99m} Tc) Technetium –
Trimetozin
Trimipramin
Triparanol
Triperiden
Triptorelin
Trofosfamid
Troleandomycin
Trolnitrat
Tromantadin
Trometamol
– zur parenteralen Anwendung bei Störungen des Säure-Basen-Haushaltes oder zur Harnalkalisierung bei Intoxikationen oder bei einem Gehalt von über 1 g Trometamol je abgeteilter Arzneiform –
Tropalpin
– ausgenommen Zubereitungen zum inneren Gebrauch, soweit der Gehalt in der Einzelgabe 1 mg nicht übersteigt –
Tropenzilin
Tropicamid
Tropinbenzilat
Tropisetron
– zur Anwendung bei Chemotherapie-induziertem und postoperativem Erbrechen –
Trospium-Salze
Trovafloxacin
Tryptophan
– zur Behandlung von depressiven Erkrankungen –
Tuberkuline, flüssige oder trockene, sowie alle sonstigen aus oder unter Verwendung von Tuberkelbazillen hergestellten Zubereitungen
Tubocurarin
Tulathromycin
– zur Anwendung bei Tieren –

Tulobuterol
Tylosin
Tylvalosin (Acetylisovaleryltylosin) und seine Ester

Ulipristal und seine Ester
Unoproston-Isopropyl
Urapidil
Urethan
Urofollitropin
Urokinase
Ursodeoxycholsäure

Valaciclovir
Valdecoxib
Valdetamid
Valganciclovir
Valnemulin
Valproinsäure
Valsartan
Vancomycin
Vardenafil
Vareniclin
Vasopressin und seine Analoga
Vecuroniumbromid
Vedaprofen
– zur Anwendung bei Tieren –
Velaglucerase alfa
Venlafaxin
Verapamil
Veratri rhizoma und seine Zubereitungen
– ausgenommen zum äußeren Gebrauch bei Tieren und als Schneeberger Schnupftabak mit einem Gehalt von höchstens 3 Gewichtsprozenten Nieswurzel –
Veratrum-Alkaloide
Vernakalant
Verteporfin
Vidarabin
Vigabatrin
Vildagliptin
Viloxazin
Vinblastin
Vincamin
Vincristin
Vindesin
Vinflunin
Vinorelbin
Vinpocetin
Viomycin
Viquidil
Virginiamycin
Voriconazol

Warfarin
Follikelhormon, Corpus luteum-Hormon, Pflanzenstoffe sowie synthetische und halbsynthetische Stoffe mit den Wirkungen der weiblichen Geschlechtshormone, z. B. Abkömmlinge des Östrans und des Stilbens, ferner Bis(4-hydroxy-phenyl)-hexen, sowie Zubereitungen, die die genannten Stoffe enthalten

Xantocillin
Xenon
Ximelagatran
Xipamid

Xylazin
Zubereitung aus
Xylometazolin
und
Ipratropiumbromid und seinen Estern

Yohimbinsäure und ihre Ester

Zalcitabin
Zaleplon
Zanamivir
Zellen menschlicher oder tierischer Herkunft in frischem, gefrorenem oder getrocknetem Zustand, soweit sie zur Injektion oder Infusion bei Menschen bestimmt sind
Zeranol
Ziconotid
Zidovudin
Zinkoxid zur oralen Anwendung bei Menschen
– ausgenommen in Tagesdosen bis zu 25 mg Zink –
Zink
– ausgenommen
  1. zum äußeren Gebrauch
  2. in Augentropfen
  3. zur oralen Anwendung
     a) bei Menschen, sofern auf Behältnissen und äußeren Umhüllungen eine Tagesdosis angegeben ist, die einem Zinkgehalt bis zu 25 mg entspricht,
     b) bei Tieren –
Ziprasidon
Zofenopril
Zolazepam
– zur Anwendung bei Tieren –
Zoledronsäure
Zolmitriptan
Zonisamid
Zopiclon
Zorubicin
Zotepin
Zubereitung aus
Colfosceril,
1-Hexadecanol
und
Tyloxapol
Zubereitung aus
Emodepsid
und
Praziquantel
– zur Anwendung bei Tieren –
Zubereitung aus
Florfenicol
und
Flunixin
– zur Anwendung bei Tieren –
Zubereitung aus
Imidacloprid
und
Permethrin
– zur Anwendung bei Hunden –
Zubereitung aus
Ivermectin
und
Praziquantel
– zur Anwendung beim Pferd –

Zubereitung aus
Lufenuron
und
Milbemycinoxim
– zur Anwendung beim Hund –
Zubereitung aus
Marbofloxacin,
Clotrimazol
und
Dexamethasonacetat
– zur Anwendung beim Hund –
Zubereitung aus
Metaflumizon
und
Amitraz
Zubereitung aus
Methopren
und
Fipronil
– zur Anwendung bei Hunden und Katzen –
Zubereitung aus
Milbemycinoxim,
Lufenuron
und
Praziquantel
– zur Anwendung bei Tieren –
Zubereitung aus
Milbemycinoxim
und
Praziquantel
– zur Anwendung bei Hunden und Katzen –
Zubereitung aus
Nicotinsäure
und
Laropiprant
Zubereitung aus
Permethrin
und
Pyriproxifen
– zur Anwendung beim Hund –
Zubereitungen aus Stoffen in pasten-, salben-, gelartiger oder ähnlicher Beschaffenheit sowie Emulsionen und Lösungen zur Einführung in die Gebärmutter und im Rahmen der Veterinärmedizin zusätzlich in Scheide und Euter der Tiere
Zuclopenthixol und seine Ester

Anlage 2
(zu § 6)

Stoffe nach § 6

Die Anlage enthält unter grundsätzlicher Verwendung der INN-Nomenklatur eine alphabetisch geordnete Auflistung der Stoffe.

1. **Enilconazol**
   Flunixin
   Meclofenaminsäure
2. Folgende Stoffe, soweit sie in Arzneimitteln enthalten sind, die auch oder ausschließlich zur Infusion oder Injektion, ausgenommen zur subcutanen Injektion, bestimmt sind
   (2-Aminoethyl)dihydrogenphosphat
   Arginin
   Betacaroten
   Borsäure

Bromhexin
Butafosfan
Calcium
Casein-Hydrolysat
Cocarboxylase
Colecalciferol
Cyanocobalamin
Dexpanthenol
Dimethicon
Ethanol
Fructose
Glucose
Histidin
4,5-O-Hydroxyborandiyl-D-gluconsäure
Isoleucin
Kalium
Leucin
Lysinhydrochlorid
Magnesium
Menadion
Methionin
Natrium
Natriumriboflavin-5'-hydrogenphosphat
Nicotinamid
Phenylalanin
Procain
Pyridoxin
Retinolpalmitat
Sorbitol
Stoffe, die in Anhang II Nr. 4 der Verordnung (EWG) Nr. 2377/90 des Rates
vom 26. Juni 1990 zur Schaffung eines Gemeinschaftsverfahrens für die Festset-
zung von Höchstmengen für Tierarzneimittelrückstände in Nahrungsmitteln tie-
rischen Ursprungs (ABl. EG Nr. L 224 S. 1), zuletzt geändert durch die Verord-
nung (EG) Nr. 287/2007 der Kommission vom 16. März 2007 (ABl. EU Nr. L 78
S. 13), aufgeführt sind
Thiaminchloridhydrochlorid
Threonin
Tocopherolacetat
Toldimfos-Natrium
Tryptophan
Valin
Vetrabutin

C 6. Verordnung über apothekenpflichtige
und freiverkäufliche Arzneimittel

In der Fassung der Bekanntmachung vom 24. November 1988
(BGBl. I S. 2150, ber. 1989 I S. 254)
FNA 2121-51-24-2
Zuletzt geändert durch Art. 1 Dritte ÄndVO vom 21. 2. 2011 (BGBl. I S. 314)

Erster Abschnitt Freigabe aus der Apothekenpflicht

§ 1 [Freigegebene Arzneimittel] (1) Folgende Arzneimittel im Sinne des § 2 Abs. 1
oder Abs. 2 Nr. 1 des Arzneimittelgesetzes, die dazu bestimmt sind, zur Beseitigung
oder Linderung von Krankheiten, Leiden, Körperschäden oder krankhaften Beschwerden zu dienen, werden für den Verkehr außerhalb der Apotheken freigegeben:

1. Stoffe und Zubereitungen aus Stoffen sowie Arzneimittel im Sinne des § 2 Abs. 2
Nr. 1 des Arzneimittelgesetzes, die in der Anlage 1 a zu dieser Verordnung bezeichnet
sind, nach näherer Bestimmung dieser Anlage; die Stoffe und Zubereitungen aus

Stoffen dürfen miteinander oder mit anderen Stoffen oder Zubereitungen aus Stoffen nur gemischt werden, soweit dies in der Anlage ausdrücklich gestattet ist.

2. Destillate, ausgenommen Trockendestillate, aus Mischungen von Pflanzen, Pflanzenteilen, ätherischen Ölen, Campher, Menthol, Balsamen oder Harzen als Fertigarzneimittel, es sei denn, daß sie aus verschreibungspflichtigen oder den in der Anlage 1 b zu dieser Verordnung bezeichneten Pflanzen, deren Teilen oder Bestandteilen gewonnen sind und

3. Pflanzen und Pflanzenteile in Form von Dragees, Kapseln oder Tabletten als Fertigarzneimittel unter Zusatz arzneilich nicht wirksamer Stoffe oder Zubereitungen aus Stoffen, wenn sie aus höchstens vier der in der Anlage 1 c zu dieser Verordnung bezeichneten Pflanzen und Pflanzenteilen hergestellt sind und der Durchmesser des Drageekerns oder der Tablette mindestens 3 Millimeter beträgt.

(2) [1] Ferner werden für den Verkehr außerhalb der Apotheken lösliche Teeaufgußpulver als wäßrige Gesamtauszüge in Form von Fertigarzneimitteln freigegeben, die aus

1. einer der in der Anlage 1 d zu dieser Verordnung bezeichneten Pflanzen oder deren Teilen hergestellt sind oder

2. Mischungen von höchstens sieben der in den Anlagen 1 d und 1 e zu dieser Verordnung bezeichneten Pflanzen oder deren Teilen hergestellt sind und ausschließlich zur Anwendung als „Hustentee", „Brusttee", „Husten- und Brusttee", „Magentee", „Darmtee", „Magen- und Darmtee", „Beruhigungstee" oder „Harntreibender Tee" in den Verkehr gebracht werden.

[2] Der Zusatz von arzneilich nicht wirksamen Stoffen oder Zubereitungen aus Stoffen ist zulässig. [3] Die bei der Herstellung verlorengegangenen ätherischen Öle der Ausgangsdrogen dürfen nach Art und Menge ersetzt werden.

§ 2 [Freigabe von Arzneimittelspezialitäten] (1) Arzneimittel im Sinne des § 2 Abs. 1 oder Abs. 2 Nr. 1 des Arzneimittelgesetzes sind als Fertigarzneimittel für den Verkehr außerhalb der Apotheken auch freigegeben, wenn sie ausschließlich dazu bestimmt sind:

1. bei Husten oder Heiserkeit angewendet zu werden, sofern sie an arzneilich wirksamen Bestandteilen keine anderen als die in der Anlage 2 a zu dieser Verordnung genannten Stoffe oder Zubereitungen enthalten und sofern sie in Darreichungsformen zum Lutschen in den Verkehr gebracht werden,

2. als Abführmittel angewendet zu werden, sofern sie an arzneilich wirksamen Bestandteilen keine anderen als die in der Anlage 2 b zu dieser Verordnung genannten Stoffe oder Zubereitungen enthalten.

3. bei Hühneraugen oder Hornhaut angewendet zu werden, sofern sie an arzneilich wirksamen Bestandteilen keine anderen als die in der Anlage 2 c zu dieser Verordnung genannten Stoffe oder Zubereitungen enthalten.

(2) Den in Absatz 1 genannten Arzneimitteln dürfen auch arzneilich nicht wirksame Stoffe oder Zubereitungen aus Stoffen zugesetzt sein.

§ 3 [Ausnahmen] Die §§ 1 und 2 gelten nicht für Arzneimittel, die zur Injektion oder Infusion, zur rektalen, vaginalen oder intrauterinen Anwendung, zur intramammären Anwendung bei Tieren, als Wundstäbchen, als Implantate sowie als Aerosole bis zu einer mittleren Teilchengröße von nicht mehr als 5 µm zur unmittelbaren Anwendung am oder im Körper in den Verkehr gebracht werden.

§ 4 [Freigabe nicht verschreibungspflichtiger Arzneimittel] Für den Verkehr außerhalb der Apotheken freigegeben sind Arzneimittel im Sinne des § 2 Absatz 1 oder Absatz 2 Nummer 1 des Arzneimittelgesetzes, die

1. ausschließlich zur Anwendung bei Zierfischen, Zier- oder Singvögeln, Brieftauben, Terrarientieren, Kleinnagern, Frettchen oder nicht der Gewinnung von Lebensmitteln dienenden Kaninchen bestimmt sind und

2. für die jeweilige Anwendung bei der betreffenden Tierart nach Nummer 1 nicht der Verschreibungspflicht nach § 48 Absatz 1 des Arzneimittelgesetzes unterliegen.

§ 5 [Freigabe bei Bestimmung auch zu anderen als Heil- und Linderungszwecken] Die Freigabe der in den §§ 1, 2 und 4 genannten Arzneimittel für den Verkehr außerhalb der Apotheken wird nicht dadurch ausgeschlossen, daß sie dazu bestimmt sind, teilweise auch zu anderen Zwecken als zur Beseitigung oder Linderung von Krankheiten, Leiden, Körperschäden oder krankhaften Beschwerden zu dienen.

§ 6 [Ausschluss der Freigabe von Arzneimitteln nach §§ 1, 2 und 4] Die Freigabe der in den §§ 1, 2 und 4 genannten Arzneimittel für den Verkehr außerhalb der Apotheken ist, soweit in dieser Verordnung nichts anderes bestimmt ist, ausgeschlossen, wenn sie teilweise oder ausschließlich zur Beseitigung oder Linderung oder wenn sie teilweise zur Verhütung der in der Anlage 3 genannten Krankheiten oder Leiden bestimmt sind.

Zweiter Abschnitt Einbeziehung in die Apothekenpflicht

§ 7 [Keine Freigabe von Arzneimitteln im Sinne von § 44 Abs. 2 des Arzneimittelgesetzes] (1) Die in § 44 Abs. 2 des Arzneimittelgesetzes genannten Arzneimittel sind vom Verkehr außerhalb der Apotheken ausgeschlossen, wenn

1. sie in der Anlage 4 zu dieser Verordnung genannten Stoffe oder Zubereitungen aus Stoffen sind,
2. sie die in der Anlage 1 b zu dieser Verordnung genannten Pflanzen, deren Teile, Zubereitungen daraus oder Preßsäfte sind,
3. ihnen die in den Nummern 1 oder 2 genannten Stoffe oder Zubereitungen aus Stoffen zugesetzt sind,
4. sie teilweise oder ausschließlich zur Beseitigung, Linderung oder Verhütung der in der Anlage 3 genannten Krankheiten oder Leiden bestimmt sind.

(2) Von den in § 44 Abs. 2 des Arzneimittelgesetzes genannten Arzneimitteln, die teilweise oder ausschließlich zur Beseitigung, Linderung oder Verhütung der in der Anlage 3 genannten Krankheiten oder Leiden bestimmt sind (Absatz 1 Nr. 4), sind jedoch für den Verkehr außerhalb der Apotheken freigegeben:

1. Heilwässer gegen die in der Anlage 3 unter Abschnitt A Nr. 3 und 5 Buchstaben d und e aufgeführten Krankheiten und Leiden,
2. Heilerden, Bademoore, andere Peloide und Zubereitungen zur Herstellung von Bädern, soweit sie nicht in Kleinpackungen im Einzelhandel in den Verkehr gebracht werden,
3. die in § 44 Abs. 2 Nr. 5 des Arzneimittelgesetzes bezeichneten Arzneimittel.

§ 8 [Keine Freigabe von Arzneimitteln im Sinne von § 44 Abs. 1 des Arzneimittelgesetzes] (1) Die in § 44 Abs. 1 des Arzneimittelgesetzes genannten Arzneimittel sind vom Verkehr außerhalb der Apotheken ausgeschlossen, wenn

1. sie in der Anlage 4 zu dieser Verordnung genannten Stoffe oder Zubereitungen aus Stoffen sind,
2. sie die in der Anlage 1 b zu dieser Verordnung genannten Pflanzen, deren Teile, Zubereitungen daraus oder Preßsäfte sind,
3. ihnen die in den Nummern 1 oder 2 genannten Stoffe oder Zubereitungen aus Stoffen zugesetzt sind,
4. sie teilweise oder ausschließlich zur Verhütung der in der Anlage 3 genannten Krankheiten oder Leiden bestimmt sind.

(2) Absatz 1 Nr. 4 gilt nicht für Arzneimittel, die zur Verhütung von Krankheiten der Zierfische, Zier- oder Singvögel, Brieftauben, Terrarientiere, Kleinnager, Frettchen oder nicht der Gewinnung von Lebensmitteln dienenden Kaninchen bestimmt sind.

§ 9 [Keine Freigabe bestimmter chemischer Verbindungen] [1] Die in § 44 des Arzneimittelgesetzes genannten Arzneimittel sind ferner vom Verkehr außerhalb der Apotheken ausgeschlossen, wenn sie chemische Verbindungen sind, denen nach den Erkenntnissen der medizinischen Wissenschaft eine

antibiotische,
blutgerinnungsverzögernde,
histaminwidrige,
hormonartige,
parasympathikomimetische (cholinergische) oder
parasympathikolytische,
sympatikomimetische (adrenergische) oder
sympathikolytische

Wirkung auf den menschlichen oder tierischen Körper zukommt. [2]Das gleiche gilt, wenn ihnen solche chemischen Verbindungen zugesetzt sind.

§ 10 [Keine Freigabe von Injektions- und Infusionslösungen] Die in § 44 des Arzneimittelgesetzes genannten Arzneimittel sind ferner vom Verkehr außerhalb der Apotheken ausgeschlossen, wenn sie zur Injektion oder Infusion, zur rektalen oder intrauterinen Anwendung, zur intramammären oder vaginalen Anwendung bei Tieren, als Implantate oder als Aerosole bis zu einer mittleren Teilchengröße von nicht mehr als 5 μm in den Verkehr gebracht werden.

Dritter Abschnitt Übergangs- und Schlußvorschriften

§ 11 [Übergangsvorschrift] Arzneimittel, die sich am 31. Januar 2007 in Verkehr befinden und durch die Zweite Verordnung zur Änderung der Verordnung über apothekenpflichtige und freiverkäufliche Arzneimittel apothekenpflichtig werden, dürfen noch bis zum 1. Mai 2007 von pharmazeutischen Unternehmern und danach von Groß- und Einzelhändlern weiter in Verkehr gebracht werden.

Anlage 1 a
(zu § 1 Abs. 1 Nr. 1)

Äthanol
Äthanol-Äther-Gemisch im Verhältnis 3 : 1 (Hoffmannstropfen)
Äthanol-Wasser-Gemische
Aloeextrakt
a) zum äußeren Gebrauch als Zusatz in Fertigarzneimitteln
b) zum inneren Gebrauch in einer Tagesdosis bis zu 20 mg als Bittermittel in wäßrig alkoholischen Pflanzenauszügen als Fertigarzneimittel
Aluminiumacetat-tartrat-Lösung
Aluminiumacetat-tartrat,
    als Tabletten auch mit Zusatz arzneilich nicht wirksamer Stoffe oder Zubereitungen als Fertigarzneimittel
Aluminiumhydroxid,
    auch in Mischungen mit arzneilich nicht wirksamen Stoffen oder Zubereitungen als Fertigarzneimittel
Aluminiumkaliumsulfat (Alaun),
    als blutstillende Stifte oder Steine auch mit Zusatz arzneilich nicht wirksamer Stoffe oder Zubereitungen
Aluminium-magnesium-silicat-Komplexe,
    als Tabletten auch mit Zusatz arzneilich nicht wirksamer Stoffe oder Zubereitungen als Fertigarzneimittel
Aluminiumsilicate,
    als Tabletten auch mit Zusatz arzneilich nicht wirksamer Stoffe oder Zubereitungen als Fertigarzneimittel
Ameisensäure bis 65% ad us. vet.
    – zur Behandlung der Varroatose der Bienen –
Ameisensäure-Äthanol-Wasser-Gemisch (Ameisenspiritus)
    mit einem Gehalt an Gesamtameisensäure bis zu 1,25% mit mindestens 70%igem Äthanol
Ammoniaklösung bis 10%ig
Ammoniak-Lavendel-Riechessenz

Ammoniumchlorid

Anisöl, ätherisches,

    auch als Kapsel, auch mit Zusatz arzneilich nicht wirksamer Stoffe oder Zubereitungen, als Fertigarzneimittel, jeweils bis zu einer maximalen Einzeldosis von 0,1 g pro Kapsel bzw. einer maximalen Tagesdosis von 0,3 g

Aniswasser

Arnika

    und ihre Zubereitungen zum äußeren Gebrauch, auch mit Zusatz arzneilich nicht wirksamer Stoffe oder Zubereitungen

Artischockenblätter

    und ihre Zubereitungen, auch mit Zusatz arzneilich nicht wirksamer Stoffe oder Zubereitungen, als Fertigarzneimittel

Ascorbinsäure (Vitamin C),

    auch als Tabletten, auch mit Zusatz arzneilich nicht wirksamer Stoffe oder Zubereitungen, als Fertigarzneimittel

Baldrianextrakt,

    auch in Mischungen mit Hopfenextrakt, Melissenblätterextrakt oder Passionsblumenkrautextrakt und mit arzneilich nicht wirksamen Stoffen oder Zubereitungen, als Fertigarzneimittel

Baldriantinktur,

    auch ätherische, mit Äthanol-Äther-Gemischen im Verhältnis 1 : 5

Baldrianwein als Fertigarzneimittel

Benediktiner Essenz als Fertigarzneimittel

Benzoetinktur, mit Äthanol 90% im Verhältnis 1 : 5

Birkenteer zum äußeren Gebrauch bei Tieren

Borsäure

    und ihre Salze zur Pufferung und/oder Isotonisierung in Benetzungslösungen oder Desinfektionslösungen für Kontaktlinsen

Brausemagnesia

Calciumcarbonat,

    als Tabletten auch mit Zusatz arzneilich nicht wirksamer Stoffe oder Zubereitungen als Fertigarzneimittel

Calciumcitrat, Calciumlactat, Calciumphosphate,

    auch gemischt, als Tabletten und Mischungen auch mit Zusatz von Ascorbinsäure und arzneilich nicht wirksamen Stoffen oder Zubereitungen als Fertigarzneimittel

Calciumhydroxid ad us. vet.

Calciumoxid ad us. vet.

Campherliniment, flüchtiges

Campheröl zum äußeren Gebrauch

Camphersalbe,

    auch mit Zusatz von ätherischen Ölen, Menthol und Menglytat (Äthylglykolsäurementhylester)

Campherspiritus

Chinawein,

    auch mit Eisen, als Fertigarzneimittel

Citronenöl, ätherisches

Colloidale Silberchloridlösung, eiweißfrei, bis zu 0,5%

    auch mit Zusatz arzneilich nicht wirksamer Stoffe oder Zubereitungen, als Nasendesinfektionsmittel, als Fertigarzneimittel

Eibischsirup als Fertigarzneimittel

Enziantinktur, aus Enzianwurzel mit Äthanol 70% im Verhältnis 1 : 5

2-(Ethylmercurithio)benzoesäure, Natriumsalz (Thiomersal)

    bis zu 30 mg mit Zusatz arzneilich nicht wirksamer Stoffe oder Zubereitungen als Tabletten zur Bekämpfung der Nosemaseuche der Bienen als Fertigarzneimittel

Eucalyptusöl, ätherisches,

a) auch als Kapsel, auch mit Zusatz arzneilich nicht wirksamer Stoffe oder Zubereitungen, als Fertigarzneimittel, jeweils bis zu einer maximalen Einzeldosis von 0,2 g pro Kapsel und einer maximalen Tagesdosis von 0,6 g

b) zum äußeren Gebrauch, auch mit Zusatz arzneilich nicht wirksamer Stoffe oder Zubereitungen

Eucalyptuswasser im Verhältnis 1 : 1000

Fangokompressen und Schlickpackungen

Feigensirup,
  auch mit Manna, als Fertigarzneimittel
Fenchelhonig
  unter Verwendung von mindestens 50% Honig, auch mit konzentrierten Lösungen von
  süßschmeckenden Mono-, Disacchariden und Glukosesirup, als Fertigarzneimittel, auch
  mit Zusatz des arzneilich nicht wirksamen Bestandteils Phospholipide aus Sojabohnen (Lecithin)
Fenchelöl, ätherisches
Fichtennadelöle, ätherische
Fichtennadelspiritus mit mindestens 70%igem Äthanol
Franzbranntwein,
  auch mit Kochsalz, Menthol, Campher, Fichtennadel- und Kiefernnadelöl bis zu 0,5%,
  Geruchsstoffen oder Farbstoffen, mit mindestens 45%igem Äthanol
Frauenmantelkraut und Zubereitungen
Fumagillin-1,1'-bicyclohexyl-4-ylamin-Salz
  (Bicyclohexylammoniumfumagillin) mit Zusatz arzneilich nicht wirksamer Stoffe oder Zubereitungen zur Bekämpfung der Nosemaseuche der Bienen als Fertigarzneimittel
Galgantwurzelstock und Zubereitungen
Germerwurzelstock (Nieswurzel)
  in Zubereitungen mit einem Gehalt bis zu 3% als Schneeberger Schnupftabak
Glycerol 85% (Glycerin),
  auch mit Zusatz von Wasser
Haftmittel für Zahnersatz
Hartparaffin,
  auch mit Zusatz von Heilerde, Bademooren oder anderen Peloiden im Sinne des § 44
  Abs. 2 Nr. 2 des Arzneimittelgesetzes oder von arzneilich nicht wirksamen Stoffen oder
  Zubereitungen, zum äußeren Gebrauch
Hefe,
  als Tabletten auch mit Zusatz arzneilich nicht wirksamer Stoffe oder Zubereitungen als
  Fertigarzneimittel
Heidelbeersirup als Fertigarzneimittel
Heilerde zur inneren Anwendung, auch in Kapseln
Heublumenkompressen
Holundersirup als Fertigarzneimittel
Holzteer zum äußeren Gebrauch bei Tieren
Johanniskraut oder Johanniskrautblüten,
  Auszüge mit Öl als Fertigarzneimittel
Kaliumcarbonat
Kaliumcitrat
Kaliumdihydrogenphosphat
Kalium-(RR)-hydrogentartrat (Weinstein)
Kalium-natrium-(RR)-tartrat
Kaliumsulfat
Kalmusöl, ätherisches
Kamillenauszüge, flüssige,
  auch mit Zusatz arzneilich nicht wirksamer Stoffe oder Zubereitungen als Fertigarzneimittel
Kamillenextrakt,
  auch mit Salbengrundlage, als Fertigarzneimittel
Kamillenöl
Kamillenwasser
Karmelitergeist als Fertigarzneimittel
Kiefernnadelöle, ätherische
Knoblauch
  und seine Zubereitungen, auch mit Zusatz arzneilich nicht wirksamer Stoffe oder Zubereitungen
Kohle, medizinische,
  als Tabletten oder Granulat auch mit Zusatz arzneilich nicht wirksamer Stoffe oder Zubereitungen als Fertigarzneimittel
Kondurangowein als Fertigarzneimittel
Korianderöl, ätherisches
Krauseminzöl, ätherisches

C 6 AMVerkV

Kühlsalbe als Fertigarzneimittel
Kümmelöl, ätherisches,
    auch in Mischungen mit anderen ätherischen Ölen – ausgenommen Terpentinöl –, mit
    Glycerol, Leinöl, flüssigem Paraffin, feinverteiltem Schwefel oder Äthanol, für Tiere, als
    Fertigarzneimittel
Lactose (Milchzucker)
Lanolin
Lärchenterpentin zum äußeren Gebrauch bei Tieren
Lavendelöl, ätherisches
Lavendelspiritus
Lavendelwasser
Lebertran in Kapseln als Fertigarzneimittel
Lebertranemulsion,
    auch aromatisiert, als Fertigarzneimittel
Lecithin,
    auch mit Zusatz arzneilich nicht wirksamer Stoffe oder Zubereitungen als Fertigarzneimittel
Leinkuchen
Leinöl
Leinöl, geschwefeltes, zum äußeren Gebrauch
Liniment, flüchtiges
Lorbeeröl
Magnesiumcarbonat, basisches, leichtes und schweres,
    als Tabletten auch mit Zusatz arzneilich nicht wirksamer Stoffe oder Zubereitungen als
    Fertigarzneimittel
Magnesiumhydrogenphosphat
Magnesiumoxid, leichtes (Magnesia, gebrannte)
Magnesiumperoxid, bis 15%ig,
    als Tabletten auch mit Zusatz arzneilich nicht wirksamer Stoffe oder Zubereitungen als
    Fertigarzneimittel
Magnesiumsulfat 7 H_2O (Bittersalz)
Magnesiumtrisilicat,
    als Tabletten auch mit Zusatz arzneilich nicht wirksamer Stoffe oder Zubereitungen als
    Fertigarzneimittel
Mandelöl
Mannasirup als Fertigarzneimittel
Melissengeist als Fertigarzneimittel
Melissenspiritus
Melissenwasser
Mentholstifte
Methenamin-Silbernitrat (Hexamethylentetraminsilbernitrat)
    als Streupulver 2%ig mit Zusatz arzneilich nicht wirksamer Stoffe oder Zubereitungen in
    Wochenbettpackungen als Fertigarzneimittel
Milchsäure bis 15% ad us. vet.
    – zur Behandlung der Varroatose der Bienen –
Minzöl, ätherisches,
auch mit Zusatz von bis zu 5% Ethanol 96% Ph. Eur., als Fertigarzneimittel
Mischungen
    aus Dichlodifluormethan und Trichlorfluormethan in Desinfektionssprays zur Anwendung
    an der menschlichen Haut als Treib- und Lösungsmittel und in Mitteln zur äußeren Kälte-
    anwendung bei Muskelschmerzen und Stauchungen, auch mit Zusatz von Latschenkiefern-
    öl, Campher, Menthol und Arnikaauszügen oder Propan und Butan, als Fertigarzneimittel
Mischungen
    von Äthanol-Äther, Campherspiritus, Seifenspiritus und wäßriger Ammoniaklösung oder
    von einzelnen dieser Flüssigkeiten für Tiere
Molkekonzentrat
    mit Zusatz arzneilich nicht wirksamer Stoffe oder Zubereitungen
Myrrhentinktur
Natriumchlorid ad us. vet.
Natriumhydrogencarbonat,
    als Tabletten, Granulat oder in Kapseln auch mit Zusatz arzneilich nicht wirksamer Stoffe
    oder Zubereitungen als Fertigarzneimittel
Natriummonohydrogenphosphat

Natriumsulfat-Dekahydrat (Glaubersalz)
Nelkenöl, ätherisches
Nelkentinktur mit Äthanol 70% im Verhältnis 1 : 5
Opodeldok, flüssiger
Pappelsalbe
Pepsinwein als Fertigarzneimittel
Pfefferminzöl, ätherisches,
    in einer mittleren Tagesdosis bis zu 12 Tropfen, oder als Kapsel, auch mit Zusatz arzneilich
    nicht wirksamer Stoffe oder Zubereitungen, als Fertigarzneimittel, jeweils bis zu einer Ein-
    zeldosis von 0,2 ml pro Kapsel bzw. einer maximalen Tagesdosis von 0,6 ml
Pfefferminzsirup als Fertigarzneimittel
Pfefferminzspiritus, aus Pfefferminzöl mit Äthanol 90% im Verhältnis 1 : 10
Pfefferminzwasser
Pomeranzenblütenöl, ätherisches
Pomeranzenschalenöl, ätherisches
Pomeranzensirup als Fertigarzneimittel
Pyrethrum-Extrakt
    zur Anwendung bei Tieren mit Zusatz arzneilich nicht wirksamer Stoffe oder Zubereitun-
    gen als Fertigarzneimittel
Ratanhiatinktur
Riechsalz
Rizinusöl,
    auch raffiniertes, auch in Kapseln
Rosenhonig
Rosmarinblätter
    und ihre Zubereitungen, auch mit Zusatz arzneilich nicht wirksamer Stoffe oder Zubere-
    tungen als Fertigarzneimittel
Rosmarinöl, ätherisches
Rosmarinspiritus
Rutosid-Trihydrat in Fertigarzneimitteln bis zu einer maximalen Tagesdosis von 100 mg
Salbeiöl, ätherisches
Salbeiwasser
Salicyltalg
Sauerstoff für medizinische Zwecke
    – auch zur Anwendung bei den in Anlage 3 genannten Krankheiten und Leiden –
Schwefel
Schwefel, feinverteilter (Schwefelblüte), zum äußeren Gebrauch
Seifenspiritus
Silbernitratlösung, wäßrige 1%ig, in Ampullen in Wochenbettpackungen
Siliciumdioxid (Kieselsäure),
    als Streupulver auch mit Zusatz arzneilich nicht wirksamer Stoffe oder Zubereitungen als
    Fertigarzneimittel
Spitzwegerichauszug als Fertigarzneimittel
Spitzwegerichsirup als Fertigarzneimittel
Talkum
Tamponadestreifen, imprägniert mit weißem Vaselin
Tannin-Eiweiß-Tabletten als Fertigarzneimittel
Thymianöl, ätherisches
Ton, weißer
Troxerutin bis zu einer maximalen Tagesdosis von 300 mg
Vaselin, weißes oder gelbes
Vaselinöl, weißes oder gelbes,
    zum äußeren Gebrauch, als Fertigarzneimittel
Wacholderextrakt
Wacholdermus als Fertigarzneimittel
Wacholdersirup als Fertigarzneimittel
Wacholderspiritus
Watte, imprägniert mit Capsicumextrakt
Watte, imprägniert mit Eisen(III)-chlorid
Weinsäure
Weißdornblüten und Zubereitungen,
    Weißdornblätter und Zubereitungen, Weißdornfrüchte und Zubereitungen

Weizenkeimöl in Kapseln als Fertigarzneimittel,
  als Perlen auch mit Zusatz arzneilich nicht wirksamer Stoffe oder Zubereitungen als Fertigarzneimittel
Zimtöl, ätherisches
Zimtsirup als Fertigarzneimittel
Zinkoxid
  mit Zusatz arzneilich nicht wirksamer Stoffe oder Zubereitungen als Puder, auch mit Zusatz von Lebertran, als Fertigarzneimittel
Zinksalbe,
  auch mit Zusatz von Lebertran, als Fertigarzneimittel
Zitronellöl, ätherisches

Anlage 1 b
(zu § 1 Abs. 1 Nr. 2, § 7 Abs. 1 Nr. 2 und § 8 Abs. 1 Nr. 2)

Adonisröschen	Adonis vernalis
Aloe-Arten	
Alraune	Mandragora officinarum
Aristolochia-Arten	
Bärlappkraut	
Beinwell	

– ausgenommen Zubereitungen zum äußeren Gebrauch, die in der Tagesdosis nicht mehr
  als 100 µg Pyrrolizidin-Alkaloide mit 1,2-ungesättigtem Necingerüst einschließlich ihrer
  N-Oxide enthalten –

Besenginster	Cytisus scoparius
Blasentang	Fucus vesiculosus
Cascararinde (Sagradarinde)	Rhamnus purshiana
Digitalis-Arten	
Eisenhut	Aconitum napellus
Ephedra	Ephedra distachya
Ephedra-Arten	
Farnkraut-Arten	
Faulbaumrinde	Rhamnus frangula
Fleckenschierling	Conium maculatum
Fußblatt-Arten	Podophyllum peltatum
	Podophyllum hexandrum
Gartenrautenblätter	Ruta graveolens
Gelsemium (Gelber Jasmin)	Gelsemium sempervirens
Giftlattich	Lactuca virosa
Giftsumach	Toxicodendron quercifolium
Goldregen	Laburnum anagyroides
Herbstzeitlose	Colchicum autumnale
Huflattich	

– ausgenommen Zubereitungen aus Huflattichblättern zum inneren Gebrauch, die in der Tagesdosis als Frischpflanzenpreßsaft oder Extrakt nicht mehr als 1 µg und als Teeaufguß nicht
  mehr als 10 µg Pyrrolizidin-Alkaloide mit 1,2-ungesättigtem Necingerüst einschließlich
  ihrer N-Oxide enthalten –

Hydrastis (Canadische Gelbwurz)	Hydrastis canadensis
Hyoscyamus-Arten	
Ignatiusbohne	Strychnos ignatii
Immergrün-Arten (Vinca)	
Ipecacuanha (Brechwurzel)	Cephaelis ipecacuanha
	Cephaelis acuminata
Jakobskraut	Senecio jacobaea
Jalape	Ipomoea purga
Johanniskraut und seine Zubereitungen	

– ausgenommen in einer Tagesdosis bis zu 1 g Drogenäquivalent und bis zu 1 mg Hyperforin
  sowie als Tee, Frischpflanzensaft oder ölige Zubereitungen zur äußerlichen Anwendung –

Kaskarillabaum (Granatill)	Croton cascarilla
	Croton eluteria
Koloquinte	Citrullus colocynthis

Kreuzdornbeeren und seine Zubereitungen
Krotonölbaum (Granatill)   Croton tiglium
Küchenschelle   Pulsatilla pratensis
    Pulsatilla vulgaris
Lebensbaum   Thuja occidentalis
Lobelien-Arten
Maiglöckchen   Convallaria majalis
Meerzwiebel, weiße und rote   Urginea maritima
Mutterkorn   Secale cornutum
Nachtschatten, bittersüßer   Solanum dulcamara
Nieswurz, grüne   Helleborus viridis
Nieswurz, schwarze (Christrose)   Helleborus niger
Oleander   Nerium oleander
Pestwurz
– ausgenommen Zubereitungen aus Pestwurzwurzelstock zum inneren Gebrauch, die in der Tagesdosis nicht mehr als 1 µg Pyrrolizidin-Alkaloide mit 1,2-ungesättigtem Necingerüst einschließlich ihrer N-Oxide enthalten –
Physostigma-Arten
Pilocarpus-Arten
Rainfarn   Chrysanthemum vulgare
Rauwolfia   Rauwolfia serpentina
    Rauwolfia tetraphylla
    Rauwolfia vomitoria
Rharbarber   Rheum palmatum
    Rheum officinale
Sadebaum   Juniperus sabina
Scammonia   Convolvulus scammonia
Schlafmohn   Papaver somniferum
Schöllkraut   Chelidonium majus
Senna   Cassia angustifolia
    Cassia senna
Stechapfel-Arten (Datura)
Stephansrittersporn   Delphinium staphisagria
Stropanthus-Arten   Strychnos-Arten
Tollkirsche   Atropa bella-donna
Tollkraut-Arten (Scopolia)
Wasserschierling   Cicuta virosa
Yohimbebaum   Pausinystalia yohimba

Anlage 1 c
(zu § 1 Abs. 1 Nr. 3)

Alantwurzelstock   Helenii rhizoma
Anis   Anisi fructus
Arnikablüten und -wurzel   Arnicae flos et radix
Bärentraubenblätter   Uvae ursi folium
Baldrianwurzel   Valerianae radix
Bibernellwurzel   Pimpinellae radix
Birkenblätter   Betulae folium
Bitterkleeblätter   Trifolii fibrini folium
Bohnenhülsen   Phaseoli pericarpium
Brennesselkraut   Urticae herba
Bruchkraut   Herniariae herba
Condurangorinde   Condurango cortex
Eibischwurzel   Althaeae radix
Enzianwurzel   Gentianae radix
Färberginsterkraut   Genistae tinctoriae herba
Fenchel   Foeniculi fructus
Gänsefingerkraut   Anserinae herba
Goldrutenkraut   Solidaginis herba
Hagebutten   Cynosbati fructus cum semine

Hamamelisblätter	Hamamelidis folium
Hauhechelwurzel	Ononidis radix
Hirtentäschelkraut	Bursae pastoris herba
Holunderblüten	Sambuci flos
Hopfendrüsen und -zapfen	Lupuli glandulat et strobulus
Huflattichblätter	Farfarae folium

in Zubereitungen zum inneren Gebrauch, die in der Tagesdosis nicht mehr als 1 µg Pyrrolizidin-Alkaloide mit 1,2-ungesättigtem Necingerüst einschließlich ihrer N-Oxide enthalten

Ingwerwurzelstock	Zingiberis rhizoma
Isländisches Moos	Lichen islandicus
Johanniskraut	Hyperici herba
Kalmuswurzelstock	Calami rhizoma
Kamillenblüten	Matricariae flos
Knoblauchzwiebel	Allii sativi bulbus
Korianderfrüchte	Coriandri fructus
Kreuzdornbeeren	Rhamni cathartici fructus
Kümmel	Carvi fructus
Liebstöckelwurzel	Levistici radix
Löwenzahn-Ganzpflanze	Taraxaci radix cum herba
Lungenkraut	Pulmonarieae herba
Majorankraut	Majoranae herba
Mariendistelkraut	Cardui mariae herba
Meisterwurzwurzelstock	Imperatoriae rhizoma
Melissenblätter	Melissae folium
Mistelkraut	Visci herba
Orthosiphonblätter	Orthosiphonis folium
Passionsblumenkraut	Passiflorae herba
Petersilienfrüchte	Petroselini fructus
Petersilienkraut	Petroselini herba
Petersilienwurzel	Petroselini radix
Pfefferminzblätter	Menthae piperitae folium
Pomeranzenblätter	Aurantii folium
Pomeranzenblüten	Aurantii flos
Pomeranzenschalen	Aurantii pericarpium
Queckenwurzelstock	Graminis rhizoma
Rettich	Raphani radix
Rosmarinblätter	Rosmarinus officinalis
Salbeiblätter	Salviae folium
Schachtelhalmkraut	Equiseti herba
Schafgarbenkraut	Millefolii herba
Schlehdornblüten	Pruni spinosae flos
Seifenwurzel, rote	Saponariae radix rubra
Sonnenhutwurzel	Echinaceae angustifoliae radix
Sonnentaukraut	Droserae herba
Spitzwegerichkraut	Plantaginis lanceolatae herba
Steinkleekraut	Meliloti herba
Süßholzwurzel	Liguiritiae radix
Tausendgüldenkraut	Centaurii herba
Thymian	Thymi herba
Vogelknöterichkraut	Polygoni avicularis herba
Wacholderbeeren	Juniperi fructus
Wacholderholz	Juniperi lignum
Walnußblätter	Juglandis folium
Wegwartenwurzel (Zichorienwurzel)	Cichorii radix
Weidenrinde	Salicis cortex
Weißdornblätter	Crataegi folium
Weißdornblüten	Crataegi flores
Weißdornfrüchte	Crataegi fructus
Wermutkraut	Absinthii herba
Ysopkraut	Hyssopi herba
Zitwerwurzelstock	Zedoariae rhizoma

Anlage 1 d
(zu § 1 Abs. 2 Nr. 1 und 2)

Birkenblätter	Betulae folium
Baldrianwurzel	Valerianae radix
Eibischwurzel	Althaeae radix
Fenchel	Foeniculi fructus
Hagebutten	Cynosbati fructus cum semine
Holunderblüten	Sambuci flos
Hopfenzapfen	Lupuli strobulus
Huflattichblätter	Farfarae folium

in Zubereitungen zum inneren Gebrauch, die in der Tagesdosis nicht mehr als 10 μg Pyrrolizidin-Alkaloide mit 1,2-ungesättigtem Necingerüst einschließlich ihrer N-Oxide enthalten

Isländisches Moos	Lichen islandicus
Kamillenblüten	Matricariae flos
Lindenblüten	Tiliae flos
Mateblätter	Mate folium
Melissenblätter	Melissae folium
Orthosiphonblätter	Orthosiphonis folium
Pfefferminzblätter	Menthae piperitae folium
Salbeiblätter	Salviae folium
Schachtelhalmkraut	Equiseti herba
Schafgarbenkraut	Millefolii herba
Spitzwegerichkraut	Plantaginis lanceolatae herba
Tausendgüldenkraut	Centaurii herba
Weißdornblätter	Crataegi folium
Weißdornblüten	Crataegi flores
Weißdornfrüchte	Crataegi fructus

Anlage 1 e
(zu § 1 Abs. 2 Nr. 2)

Angelikawurzel	Angelicae radix
Anis	Anisi fructus
Bibernellwurzel	Pimpinellae radix
Brennesselkraut	Urticae herba
Bruchkraut	Herniariae herba
Brunnenkressenkraut	Nasturtii herba
Condurangorinde	Condurango cortex
Curcumawurzelstock	Curcumae longae rhizoma
(Gelbwurzwurzelstock)	
Enzianwurzel	Gentianae radix
Eucalyptusblätter	Eucalypti folium
Gänsefingerkraut	Anserinae herba
Goldrutenkraut	Solidaginis herba
Hamamelisrinde	Hamamelidis cortex
Hauhechelwurzel	Ononidis radix
Heidekraut	Callunae herba
Herzgespannkraut	Leonuri cardiacae herba
Javanische Gelbwurz	Curcumae xanthorizae rhizoma
Kalmuswurzelstock	Calami rhizoma
Korianderfrüchte	Coriandri fructus
Kümmel	Carvi fructus
Liebstöckelwurzel	Levistici radix
Löwenzahn-Ganzpflanze	Taraxaci radix cum herba
Malvenblätter	Malvae folium
Mariendistelkraut	Cardui mariae herba
Paprika	Capsici fructus
(Spanisch Pfefferfrüchte)	
Primelwurzel	Primulae radix

Queckenwurzelstock	Graminis rhizoma
Quendelkraut	Serpylli herba
Sonnenhutwurzel	Echinaceae angustifoliae radix
Süßholzwurzel	Liquiritiae radix
Thymian	Thymi herba
Tormentillwurzelstock	Tormentillae rhizoma
Wacholderbeeren	Juniperi fructus
Weidenrinde	Salicis cortex
Wermutkraut	Absinthii herba

Anlage 2 a
(zu § 2 Abs. 1 Nr. 1)

Ätherische Öle, soweit sie in der Anlage 1 a genannt sind
Ammoniumchlorid
Anethol
Ascorbinsäure
   bis zu einer Einzeldosis von 20 mg und deren Calcium-, Kalium- und Natriumsalze
Benzylalkohol
Campher
Cetylpyridiniumchlorid
Cineol (Eucalyptol)
Citronensäure
α-Dodecyl-ω-hydroxypoly(oxyethylen) (Oxypolyäthoxydodecan)
   bis zu einer Einzeldosis von 5 mg
Extrakte von Pflanzen und Pflanzenteilen,
   auch deren Mischungen, soweit sie nicht aus den in der Anlage 1 b bezeichneten Pflanzen
   oder deren Teilen gewonnen sind
Fenchelhonig
Menglytat (Äthylglykolsäurementhylester)
Menthol
Rosenhonig
Salze natürlicher Mineral-, Heil- und Meerwässer
   und die ihnen entsprechenden künstlichen Salze
Süßholzsaft
Thymol
Tolubalsam
Weinsäure

Anlage 2 b
(zu § 2 Abs. 1 Nr. 2)

Agar
Feigen und deren Zubereitungen
Fenchel
Kümmel
Lactose
Leinsamen und deren Zubereitungen
Manna
Paraffin, dick- und dünnflüssiges,
   bis zu einem Gehalt von 10% in nichtflüssigen Zubereitungen
Pflaumen und deren Zubereitungen
Rizinusöl, auch raffiniertes
Tamarindenfrüchte und deren Zubereitungen
Tragant
Weizenkleie

Anlage 2 c
(zu § 2 Abs. 1 Nr. 3)

2-Aminoethanol
Benzalkoniumchlorid
Benzocain
Benzylbenzoat
2,4-Dihydroxybenzoesäure
2,6-Dihydroxybenzoesäure
3,5-Dihydroxybenzoesäure
α-Dodecyl-ω-hydroxypoly(oxyethylen)
Essigsäure
Lärchenterpentin
Menthol
Milchsäure bis 10%ig
Salicylsäure bis 40%ig

Anlage 3
(zu §§ 6, 7 Abs. 1 Nr. 4, Abs. 2 Nr. 1 und § 8 Abs. 1 Nr. 4)

A. Krankheiten und Leiden beim Menschen
  1. Im Infektionsschutzgesetz vom 20. Juli 2000 (BGBl. I S. 1045) aufgeführte, durch Krankheitserreger verursachte Krankheiten
  2. Geschwulstkrankheiten
  3. Krankheiten des Stoffwechsels und der inneren Sekretion, ausgenommen Vitamin- und Mineralstoffmangel und alimentäre Fettsucht
  4. Krankheiten des Blutes und der blutbildenden Organe, ausgenommen Eisenmangelanämie
  5. organische Krankheiten
    a) des Nervensystems
    b) der Augen und Ohren, ausgenommen Blennorrhoe-Prophylaxe
    c) des Herzens und der Gefäße, ausgenommen allgemeine Arteriosklerose und Frostbeulen
    d) der Leber und des Pankreas
    e) der Harn- und Geschlechtsorgane
  6. Geschwüre des Magens und des Darms
  7. Epilepsie
  8. Geisteskrankheiten, Psychosen, Neurosen
  9. Trunksucht
 10. Komplikationen der Schwangerschaft, der Entbindung und des Wochenbetts
 11. Krankheiten des Lungenparenchyms
 12. Wurmkrankheiten
 13. Krankhafte Veränderungen des Blutdrucks
 14. Ernährungskrankheiten des Säuglings
 15. Ekzeme, Schuppenflechten, infektiöse Hautkrankheiten

B. Krankheiten und Leiden beim Tier
  1. Übertragbare Krankheiten der Tiere, ausgenommen nach tierseuchenrechtlichen Vorschriften nicht anzeigepflichtige ektoparasitäre und dermatomykotische Krankheiten
  2. Euterkrankheiten bei Kühen, Ziegen und Schafen, ausgenommen die Verhütung der Übertragung von Euterkrankheiten durch Arzneimittel, die zum äußeren Gebrauch bestimmt sind und deren Wirkung nicht auf der Resorption der wirksamen Bestandteile beruht
  3. Kolik bei Pferden und Rindern
  4. Stoffwechselkrankheiten und Krankheiten der inneren Sekretionsorgane, ausgenommen Vitamin- und Mineralstoffmangel
  5. Krankheiten des Blutes und der blutbildenden Organe
  6. Geschwulstkrankheiten
  7. Fruchtbarkeitsstörungen bei Pferden, Rindern, Schweinen, Schafen und Ziegen

Anlage 4
(zu § 7 Abs. 1 Nr. 1 und § 8 Abs. 1 Nr. 1)

α-(Aminomethyl)benzylalkohol (Phenylaminoäthan),
    dessen Abkömmlinge und Salze
p-Aminophenol, dessen Abkömmlinge und deren Salze
2-Amino-1-phenylpropanol (Phenylaminopropanol),
    dessen Abkömmlinge und Salze
Anthrachinon, dessen Abkömmlinge und deren Salze
Antimonverbindungen
Bisacodyl
Bleiverbindungen
Borsäure und ihre Salze,
    ausgenommen zur Pufferung und/oder Isotonisierung in Benetzungslösungen oder Desin-
    fektionslösungen für Kontaktlinsen
Bromverbindungen,
    ausgenommen Invertseifen, ferner in Arzneimitteln, die dazu bestimmt sind, die Beschaf-
    fenheit, den Zustand oder die Funktionen des Körpers oder seelische Zustände erkennen zu
    lassen sowie in ausschließlich zum äußeren Gebrauch bestimmten Desinfektionsmitteln,
    Mund- und Rachendesinfektionsmitteln
Carbamidsäure-Abkömmlinge
Carbamidsäure-Ester und -Amide mit insektizider, akarizider oder fungizider Wirkung,
    ausgenommen in Fertigarzneimitteln zur äußeren Anwendung bei Hunden und Kat-
    zen
Chinin und dessen Salze,
    ausgenommen Chinin-Triquecksilber(II)-dioxid-sulfat in Zubereitungen bis zu 2,75% zur
    Verhütung von Geschlechtskrankheiten, als Fertigarzneimittel
Chinolinabkömmlinge,
    ausgenommen in Zubereitungen zum äußeren Gebrauch, zur Mund- und Rachendesinfek-
    tion sowie in Zubereitungen bis zu 3% zur Empfängnisverhütung als Fertigarzneimittel; die
    Ausnahme gilt nicht für halogenierte Hydroxychinoline
Chlorierte Kohlenwasserstoffe
6-Chlorthymol, ausgenommen zum äußeren Gebrauch
Dantron
2-Dimethylaminoethyl-benzilat (Benzilsäure-2-dimethylamino-äthylester)
Fluoride, lösliche,
    ausgenommen in Zubereitungen, sofern auf Behältnissen und äußeren Umhüllungen eine
    Tagesdosis angegeben ist, die einem Fluorgehalt bis zu 2 mg entspricht
Formaldehyd
Goldverbindungen
Heilbuttleberöl,
    ausgenommen zur Anwendung bei Menschen in Zubereitungen mit einer Tagesdosis von
    nicht mehr als 6000 I. E. Vitamin A und 400 I. E. Vitamin D sowie ausgenommen zur An-
    wendung bei Tieren in Zubereitungen mit einer Tagesdosis von nicht mehr als 4000 I. E.
    Vitamin A und 250 I. E. Vitamin D
Heilwässer, in Flaschen abgefüllte, die je Liter
    a) 0,04 mg Arsen entsprechend 0,075 mg Hydrogenarsenat oder mehr enthalten oder
    b) mehr als 3,7 Becquerel ^{226}Radium oder mehr als 100 Becquerel ^{222}Radon enthalten
Herzwirksame Glykoside
Jod,
    ausgenommen in Zubereitungen mit einem Gehalt von nicht mehr als 5% Jod und in Arz-
    neimitteln nach § 44 Abs. 2 Nr. 1 a und b des Arzneimittelgesetzes
Jodverbindungen,
    ausgenommen in Arzneimitteln, die dazu bestimmt sind, die Beschaffenheit, den Zustand
    oder die Funktionen des Körpers oder seelische Zustände erkennen zu lassen, ferner in aus-
    schließlich zum äußeren Gebrauch bestimmten Desinfektionsmitteln und in Arzneimitteln
    nach § 44 Abs. 2 Nr. 1 a und b des Arzneimittelgesetzes, ferner in Zubereitungen zur Her-
    stellung von Bädern und von Seifen, auch unter Verwendung von Jod, zum äußeren Ge-
    brauch, als Fertigarzneimittel
Natriumpicosulfat
Oxazin und seine Hydrierungsprodukte,
    ihre Salze, ihre Abkömmlinge sowie deren Salze

Paraffin, dick- und dünnflüssiges,
  ausgenommen zum äußeren Gebrauch oder bis zu einem Gehalt von 10% in nichtflüssigen
  Zubereitungen
Paraformaldehyd
Pentetrazol
Phenethylamin, dessen Abkömmlinge und Salze
Phenolphthalein
Phosphorsäure-, Polyphosphorsäure-, substituierte Phosphorsäure-
  (z. B. Thiophosphorsäure-) Ester und -Amide, einschließlich der Ester mit Nitrophenol und
  Methylhydroxycumarin mit insektizider, akarizider oder fungizider Wirkung, ausgenommen
  in Fertigarzneimitteln zur äußeren Anwendung bei Hunden oder Katzen
Procain und seine Salze zur oralen Anwendung
Pyrazol und seine Hydrierungsprodukte,
  ihre Salze, ihre Abkömmlinge sowie deren Salze
Resorcin
Salicylsäure,
  ihre Abkömmlinge und deren Salze, ausgenommen Zubereitungen zum äußeren Gebrauch,
  ferner Salicylsäureester in ausschließlich oder überwiegend zum äußeren Gebrauch bestimmten Desinfektionsmitteln, Mund- und Rachendesinfektionsmitteln
Senföle
Vitamin A,
  ausgenommen Zubereitungen mit einer Tagesdosis von nicht mehr als 5000 I. E. und einer
  Einzeldosis von nicht mehr als 3000 I. E., auch unter Zusatz von Vitamin D mit einer Tagesdosis von nicht mehr als 400 I. E., als Fertigarzneimittel für Menschen, sowie ausgenommen Zubereitungen mit einer Tagesdosis von nicht mehr als 4000 I. E., auch unter Zusatz von Vitamin D mit einer Tagesdosis von nicht mehr als 250 I. E., als Arzneimittel für
  Tiere
Vitamin D,
  ausgenommen Zubereitungen mit einer Tagesdosis von nicht mehr als 400 I. E. als Fertigarzneimittel für Menschen, sowie ausgenommen Zubereitungen mit einer Tagesdosis von
  nicht mehr als 250 I. E. als Arzneimittel für Tiere

C 7. Verordnung der Länder über Drogenkonsumräume

C 7.1 Berlin – Verordnung über die Erteilung einer Erlaubnis für den Betrieb von Drogenkonsumräumen

Vom 10. 12. 2002 (GVBl. S. 366)

Auf Grund des § 10a Abs. 2 des Betäubungsmittelgesetzes in der Fassung vom
1. März 1994 (BGBl. I S. 358), zuletzt geändert durch Artikel 2 des Gesetzes vom
26. Juni 2002 (BGBl. I S. 2261), wird verordnet:

§ 1 Erlaubnis. Die für das Gesundheitswesen zuständige Senatsverwaltung (Erlaubnisbehörde) kann eine Erlaubnis zum Betrieb eines Drogenkonsumraums nach § 10a
Abs. 1 des Betäubungsmittelgesetzes erteilen, wenn

1. der Antragsteller einen Bedarf nachgewiesen und die Erlaubnisbehörde diesen festgestellt hat,
2. der Drogenkonsumraum als Teil einer mit öffentlichen Mitteln finanzierten ambulanten Drogenhilfeeinrichtung in das Gesamtkonzept des Berliner Drogenhilfesystems
   eingebunden ist,
3. der Betriebszweck des § 2 verfolgt wird und
4. die Mindeststandards nach den §§ 3 bis 13 dieser Verordnung eingehalten werden.

Die Erlaubnis kann befristet und unter Bedingungen erteilt sowie mit Auflagen verbunden werden. Für Rücknahme und Widerruf der Erlaubnis gilt § 10 BtMG entsprechend.

§ 2 Betriebszweck. (1) Der Drogenkonsumraum muss der Gesundheits-, Überlebens- und Ausstiegshilfe für Drogenabhängige dienen.

(2) Der Betrieb des Drogenkonsumraums muss darauf gerichtet sein,

1. die durch Drogenkonsum bedingten Gesundheitsgefahren zu senken, um damit insbesondere das Überleben des Abhängigen/der Abhängigen zu sichern,
2. die Behandlungsbereitschaft des Abhängigen/der Abhängigen zu wecken und dadurch den Ausstieg aus der Sucht einzuleiten,
3. die Inanspruchnahme weiterführender, insbesondere suchttherapeutischer ausstiegsorientierter Hilfen einschließlich der ärztlichen Versorgung zu fördern und
4. die Belastungen der Öffentlichkeit durch konsumbezogene Verhaltensweisen zu reduzieren.

(3) Der Betrieb muss darauf gerichtet sein, einen beratenden und helfenden Kontakt insbesondere mit solchen Personen aufzunehmen, die für Drogenhilfemaßnahmen nur schwer erreichbar sind, um sie in weiterführende und ausstiegsorientierte Angebote der Beratung und Therapie zu vermitteln.

(4) Träger und Personal dürfen im Rahmen der Aufklärungsarbeit auf die Drogenkonsumräume hinweisen, jedoch für den Besuch des Drogenkonsumraums nicht werben.

§ 3 Ausstattung. (1) Der Drogenkonsumraum muss in einer anerkannten Drogenhilfeeinrichtung betrieben werden und von dieser räumlich abgegrenzt sein. Er muss zweckdienlich ausgestattet sein.

(2) Insbesondere müssen die hygienischen Voraussetzungen zur Drogenapplikation für einen ständig wechselnden Personenkreis erfüllt sein. Sämtliche Flächen müssen aus glatten, abwaschbaren und desinfizierbaren Materialien bestehen.

(3) Im Drogenkonsumraum müssen in ausreichender Zahl sterile Einmalspritzen und -kanülen, das sonstige erforderliche Injektionszubehör, Haut- und Flächendesinfektionsmittel sowie durchstichsichere Entsorgungsbehälter bereitgestellt werden. Eine sachgerechte Entsorgung des infektiösen Materials ist sicherzustellen.

(4) Insbesondere muss der Drogenkonsumraum ständig hinreichend belüftet und beleuchtet sein, sowie täglich gereinigt werden. Mit Blut verunreinigte Flächen sind sofort und Arbeits- und Ablageflächen sind täglich zu desinfizieren. Den Benutzerinnen und Benutzern sind geeignete sanitäre Anlagen zur Verfügung zu stellen.

(5) Der Drogenkonsumraum muss für die Sichtkontrolle der Konsumvorgänge durch das Fachpersonal stets vollständig einsehbar sein.

(6) Rettungsdiensten muss jederzeit ein ungehinderter Zugang möglich sein.

§ 4 Medizinische Notfallversorgung. (1) Während des Betriebs des Drogenkonsumraums ist eine ständige Sichtkontrolle der Applikationsvorgänge durch in der Notfallversorgung geschultes Personal so sicherzustellen, dass im Notfall sofortige Beatmungs- und Reanimationsmaßnahmen und eine akute Wundversorgung möglich sind. Es sind ständig technische Notfall-Vorrichtungen bereitzuhalten.

(2) Die Einzelheiten der Notfallversorgung sind in einem Notfallplan festzuhalten, der jederzeit umgesetzt werden kann, ständig zu aktualisieren ist und dem Personal zur Verfügung stehen muss. Der Notfallplan beinhaltet auch die Unfallschutzprävention und Maßnahmen bei Verletzungen des Personals.

(3) Der Notfallplan ist der Erlaubnisbehörde auf Verlangen jederzeit vorzulegen.

§ 5 Medizinische Beratung und Hilfe. (1) Den Benutzerinnen und Benutzern des Drogenkonsumraums ist in allen Fragen zum Konsum medizinische Beratung und Hilfe zu gewähren. Diese beziehen sich insbesondere auf Infektionsrisiken und Gefährlichkeit der verwendeten Betäubungsmittel und die Konsumart. Medizinische Beratung und Hilfe müssen unverzüglich erfolgen können. Hingegen darf das Personal der Drogenkonsumräume beim unmittelbaren Verbrauch der Betäubungsmittel keine aktive Hilfe leisten.

(2) Im Drogenkonsumraum muss mindestens eine Krankenpflegekraft tätig sein. Diese ist auch für die Kontrolle des Notfallplanes und die Schulung des Aufsichtspersonals zuständig.

§ 6 Vermittlung von weiterführenden Angeboten und ausstiegsorientierten Hilfen. (1) Es muss sichergestellt sein, dass durch qualifiziertes Personal (Diplom-, Sozialpädagogen, Sozialarbeiter oder gleichwertige Qualifikation) über eine suchtspezifische Erstberatung hinaus weiterführende und ausstiegsorientierte Beratungs- und Behandlungsmaßnahmen aufgezeigt und auf Wunsch Kontakte zu geeigneten Einrichtungen vermittelt werden.

(2) Personen, die einen Entgiftungswunsch äußern, ist Hilfestellung zum Kontakt mit geeigneten Einrichtungen zu leisten.

(3) Minderjährigen Drogenabhängigen sind in jedem Einzelfall Beratungsgespräche und Ausstiegshilfen anzubieten und auf jugendspezifische weitergehende Hilfen hinzuweisen.

§ 7 Hausordnung. (1) Der Träger des Drogenkonsumraums hat eine Hausordnung zu erlassen. Diese ist mit der Erlaubnisbehörde abzustimmen.

(2) Die Hausordnung ist in der Einrichtung gut sichtbar auszuhängen. Ihre Einhaltung wird vom Personal ständig überwacht.

(3) In der Hausordnung ist insbesondere zu regeln,
1. dass die Benutzerinnen und Benutzer daraufhin zu überprüfen sind, ob sie zum berechtigten Personenkreis gehören,
2. welche Betäubungsmittel konsumiert werden dürfen, wobei andere Mittel als Opiate, Kokain, Amphetamin und deren Derivate nicht zugelassen werden,
3. dass alle Benutzerinnen und Benutzer die mitgeführten Betäubungsmittel einer Sichtkontrolle durch das Fachpersonal zuzuführen haben,
4. welche Konsummuster (intravenös, oral, nasal oder inhalativ) geduldet werden.

(4) Personen, die gegen die Hausordnung verstoßen, können von der Benutzung ausgeschlossen werden. Die Dauer des Ausschlusses ist dabei festzulegen.

§ 8 Verhinderung von Straftaten nach dem Betäubungsmittelgesetz innerhalb der Einrichtung. (1) Straftaten nach dem Betäubungsmittelgesetz, abgesehen vom Besitz von Betäubungsmitteln nach § 29 Abs. 1 Satz 1 Nr. 3 des Betäubungsmittelgesetzes zum Eigenverbrauch in geringer Menge, dürfen innerhalb der Einrichtung nicht geduldet werden. Darauf ist durch einen Aushang hinzuweisen.

(2) Es muss gegenüber dem Personal die Anweisung bestehen,
1. den Hinweis nach Absatz 1 erforderlichenfalls persönlich gegenüber den Benutzerinnen und Benutzern des Drogenkonsumraums zu wiederholen und
2. die in Absatz 1 genannten und nicht zu duldenden Straftaten unverzüglich zu unterbinden; bleibt dies erfolglos, sind das Personal oder die Leitung des Drogenkonsumraums verpflichtet, die Polizei zu benachrichtigen.

(3) Näheres regelt die Hausordnung.

§ 9 Verhinderung von Straftaten im Umfeld der Einrichtung. (1) Der Träger des Drogenkonsumraums hat mit dem zuständigen Bezirksamt, Abteilung Gesundheit, der Polizei und der Staatsanwaltschaft eng und kontinuierlich zusammenzuarbeiten. Die Grundzüge der Zusammenarbeit sind verbindlich und schriftlich in einer Vereinbarung festzulegen. Die Vereinbarung ist der Erlaubnisbehörde vorzulegen.

(2) Zu den Grundzügen der Zusammenarbeit nach Absatz 1 gehört es insbesondere, dass die Leitung des Drogenkonsumraums
1. zur Polizei ständig Kontakt hält und mit dieser ihre Maßnahmen abstimmt, damit frühzeitig Störungen der öffentlichen Sicherheit im unmittelbaren Umfeld des Drogenkonsumraums verhindert werden und

2. bei Beeinträchtigung Dritter, bei Störungen der öffentlichen Sicherheit und Ordnung oder bei zu erwartenden Straftaten im unmittelbaren Umfeld des Drogenkonsumraums versucht, auf die Benutzerinnen und Benutzer sowie Anwesende bei einer sich abzeichnenden Szenebildung mit dem Ziel einzuwirken, eine Verhaltensänderung zu erreichen: bleibt dies erfolglos, ist die Leitung des Drogenkonsumraums verpflichtet, unverzüglich die Polizei zu benachrichtigen.

§ 10 Benutzerinnen und Benutzer. (1) Die Benutzung des Drogenkonsumraums darf nur solchen Personen gestattet werden, die aufgrund bestehender Betäubungsmittelabhängigkeit einen Konsumentschluss gefasst haben.

(2) Jugendlichen darf der Zugang nur dann gestattet werden, wenn die Einwilligung der Erziehungsberechtigten vorliegt oder aufgrund besonderer Umstände nicht vorgelegt werden kann und sich das Personal im Einzelfall nach besonderer Prüfung anderer Hilfemöglichkeiten vom gefestigten Konsumentschluss überzeugt hat. In den Fällen, in denen keine Einwilligung der Erziehungsberechtigten vorgelegt werden kann, ist die Leitung zur Zusammenarbeit mit dem zuständigen Jugendamt verpflichtet. Jugendlichen unter 16 Jahren darf der Zugang nicht gestattet werden.

(3) Von der Benutzung des Drogenkonsumraums sind auszuschließen:

1. offenkundige Erst- oder Gelegenheitskonsumenten- und konsumentinnen.
2. alkoholisierte oder durch andere Suchtmittel in ihrem Verhalten beeinträchtigte Personen,
3. Opiatabhängige, die sich erkennbar in einer substitutionsgestützten Behandlung befinden,
4. Personen, denen erkennbar die Einsichtsfähigkeit in die durch den Konsum erfolgenden Gesundheitsschädigungen fehlt,
5. Personen, die sich nicht ausweisen können.

§ 11. Dokumentation, Evaluation. (1) Es muss eine Dokumentation über den Betrieb des Drogenkonsumraums erfolgen, über deren Form und Inhalt die Erlaubnisbehörde im Rahmen der Erlaubniserteilung zu befinden hat. Hierbei sind unter Beachtung der datenschutzrechtlichen Bestimmungen folgende Aspekte zu berücksichtigen: Altersangaben, Geschlechtszugehörigkeit, Nationalität, Konsumverhalten, Drogenpräferenz, Nutzungszahl und Nutzungsfrequenz, Gesundheitsschäden, AIDS und Hepatitis, Notfallsituationen, Wundversorgungen, Ausstiegsvermittlungen und die Sicherheitsproblematik.

(2) In Form von Tagesprotokollen ist insbesondere über Ablauf und Umfang der Kontakte mit den Benutzerinnen und Benutzern sowie über die bei Minderjährigen unterbreiteten Beratungsangebote, Zahl und Tätigkeit des Personals, einrichtungsbedingte Auswirkungen auf das unmittelbare räumliche Umfeld sowie besondere Vorkommnisse Auskunft zu geben.

(3) Die Tagesprotokolle sind zu Monatsberichten zusammenzufassen und auszuwerten. Über die Ergebnisse der Auswertung sind die Erlaubnisbehörde, die Polizei und das zuständige Bezirksamt, Abteilung Gesundheit, auf Verlangen zu unterrichten.

(4) Die Dokumentation des Deutschen Kerndatensatzes der Suchtkrankenhilfe (Klient) und die regelmäßige Übermittlung der Daten zur Auswertung nach dem abgestimmten Berliner Verfahren sind vom Träger sicherzustellen.

§ 12 Anwesenheitspflicht von Personal. Während der Öffnungszeiten des Drogenkonsumraums muss persönlich zuverlässiges und fachlich ausgebildetes Personal für die Erfüllung der in den §§ 3 bis 11 genannten Anforderungen in ausreichender Zahl anwesend sein.

§ 13 Verantwortliche Person. Der Träger des Drogenkonsumraums hat eine sachkundige Person und ihre Vertretung zu benennen, die für die Einhaltung der in den §§ 3 bis 12 genannten Anforderungen und der Auflagen nach § 10a des Betäubungsmittelgesetzes sowie der Anordnung der für das Gesundheitswesen zuständigen Senatsverwaltung verantwortlich sind und die ihnen obliegenden Verpflichtungen ständig erfüllen können.

§ 14 Inkrafttreten. Diese Verordnung tritt am Tage nach der Verkündung im Gesetz- und Verordnungsblatt für Berlin in Kraft.

C 7.2 Verordnung über die Erteilung einer Erlaubnis für den Betrieb von Drogenkonsumräumen

Vom 25. April 2000
(Hamburgisches GVBl. Nr. 15, S. 83)

§ 1. Anwendungsbereich. Diese Verordnung regelt die Voraussetzungen für die Erteilung einer Erlaubnis zum Betrieb eines Drogenkonsumraums im Sinne von § 10a Absatz 1 Satz 1 BtMG. Die zuständige Behörde (Erlaubnisbehörde) erteilt die Erlaubnis auf Antrag beim Vorliegen der in den §§ 2 bis 12 genannten Voraussetzungen nach pflichtgemäßem Ermessen. Die Erlaubnis nach Satz 2 ersetzt nicht etwaig erforderliche bauordnungsrechtliche, sanierungsrechtliche oder sonstige öffentlich-rechtliche Genehmigungen.

§ 2. Zweckbestimmung. Der Drogenkonsumraum muß innerhalb einer mit öffentlichen Mitteln geförderten ambulanten Drogenhilfeeinrichtung betrieben werden. Der Betrieb muß darauf gerichtet sein, einen helfenden und beratenden Kontakt insbesondere mit solchen Personen aufzunehmen, die für Drogenhilfemaßnahmen nur schwer erreichbar sind und dementsprechend ohne verbindliche therapeutische oder sozialpädagogische Eingangsbedingungen erreicht werden sollen, um die Möglichkeit zu schaffen, sie in weiterführende und ausstiegsorientierte Angebote der Beratung und Therapie zu vermitteln.

§ 3. Benennung der verantwortlichen Person. Die Betreiberin oder der Betreiber des Drogenkonsumraums hat spätestens mit dem Antrag eine sachkundige Person zu benennen, die für die Einhaltung der in den §§ 4 bis 12 genannten Anforderungen, der Auflagen der Erlaubnisbehörde sowie der Anordnungen der Überwachungsbehörde (§ 19 Absatz 1 Satz 4 BtMG) verantwortlich ist (Verantwortliche oder Verantwortlicher) und die ihr obliegenden Verpflichtungen ständig erfüllen kann.

§ 4. Ausstattung. Der Drogenkonsumraum muß räumlich von der übrigen Einrichtung abgegrenzt sein. Er muß die hygienischen Voraussetzungen zur Drogenapplikation für einen ständig wechselnden Personenkreis bieten, insbesondere müssen sämtliche Flächen aus glatten, abwaschbaren und desinfizierbaren Materialien bestehen. Es muß gewährleistet sein, daß

1. ausreichend sterile Einmalspritzen, Tupfer, Ascorbinsäure, Injektionszubehör, Desinfektionsmittel sowie durchstichsichere Entsorgungsbehälter bereitgestellt werden,
2. der Raum ständig hinreichend belüftet und beleuchtet wird und
3. der Raum ständig in sauberem Zustand gehalten sowie regelmäßig desinfiziert wird.

§ 5. Notfallversorgung. Während des Betriebs des Drogenkonsumraums ist eine ständige Sichtkontrolle der Applikationsvorgänge durch in der Notfallversorgung geschultes Personal so sicherzustellen, daß im Notfall sofortige Beatmungs- und Reanimationsmaßnahmen und eine akute Wundversorgung möglich sind. Es sind ständig technische Notfall-Vorrichtungen im Drogenkonsumraum bereitzuhalten. Darüber hinaus muß sichergestellt sein, daß der Zugang zu diesem Raum für externe Rettungsdienste schnell und problemlos zu erreichen ist. Die Einzelheiten der Notfallversorgung sind in einem Notfallplan festzuhalten, der dem Personal zur Verfügung stehen muß, ständig zu aktualisieren ist und der jederzeit umgesetzt werden kann. Der Plan ist auf Verlangen der Überwachungsbehörde vorzulegen. Die oder der Verantwortliche unterliegt bei der Sicherstellung der Notfallversorgung einer gesteigerten Sorgfaltspflicht.

§ 6. Medizinische Beratung und Hilfe. Den Benutzerinnen und Benutzern des Drogenkonsumraums ist in allen applikationsrelevanten Fragen medizinische Beratung und Hilfe zu gewähren. Hierzu zählen insbesondere infektiologische Aspekte sowie der Risikozusammenhang zwischen der körperlichen Konstitution der Konsumentin oder des Konsumenten und der Toxizität der von ihr oder ihm vorbereiteten Betäubungsmitteldosis. Medizinische Beratung und Hilfe erfordern kein ärztliches Handeln, bedürfen aber eines nachweislich medizinisch geschulten Personals.

§ 7. Vermittlung von weiterführenden und ausstiegsorientierten Angeboten. Es muß sichergestellt sein, daß über eine suchtspezifische Erstberatung hinaus auch weiterführende und ausstiegsorientierte Beratungs- und Behandlungsmaßnahmen aufgezeigt, initiiert und bei Bedarf veranlasst werden. Personen, die einen Entgiftungswunsch äußern, ist Hilfestellung beim Kontakt zu geeigneten Einrichtungen zu leisten. Beratungs- oder Hilfeangebote, die nicht einrichtungsintern realisiert werden können, sind den Benutzerinnen und Benutzern des Drogenkonsumraums zugänglich zu machen. Die Wahrnehmung solcher Angebote ist durch Zusammenarbeit mit geeigneten anderen Einrichtungen zu fördern.

§ 8. Maßnahmen zur Verhinderung von Straftaten nach dem Betäubungsmittelgesetz. Straftaten nach dem Betäubungsmittelgesetz, abgesehen vom Besitz von Betäubungsmitteln nach § 29 Absatz 1 Satz 1 Nummer 3 BtMG zum Eigenverbrauch in geringer Menge, dürfen innerhalb der Einrichtung nicht geduldet werden. Darauf ist durch einen Aushang hinzuweisen. Sofern erforderlich, hat das Personal die Benutzerinnen und Benutzer des Drogenkonsumraums auf die Verpflichtung nach Satz 1 anzusprechen und sie durchzusetzen. Durch Anweisung und Schulung des Personals ist dafür Vorsorge zu treffen, daß bei einer vom Personal erkannten Vorbereitung oder Begehung von Straftaten im Sinne von Satz 1 die betreffende Handlung unverzüglich unterbunden wird.

§ 9. Verhinderung von Straftaten im Umfeld der Einrichtung. Die oder der Verantwortliche hat wöchentlich in einem Kurzprotokoll die durch den Drogenkonsumraum bedingten Auswirkungen auf das unmittelbare Umfeld der Einrichtung und aktuelle Vorkommnisse zu dokumentieren. Eine Zusammenarbeit mit den zuständigen Polizeidienststellen ist insbesondere erforderlich, wenn vorangegangene Beeinträchtigungen Dritter oder Störungen der öffentlichen Sicherheit und Ordnung im unmittelbaren Umfeld des Drogenkonsumraums die Begehung von Straftaten erwarten lassen und Maßnahmen der Einrichtung geeignet wären, bei deren Benutzerinnen oder Benutzern oder bei auftretenden Szenebildungen im unmittelbaren Umfeld des Drogenkonsumraums eine Verhaltensänderung zu bewirken. Über die Erforderlichkeit, Geeignetheit und Zumutbarkeit solcher Maßnahmen hat sich die oder der Verantwortliche mit den zuständigen Polizeidienststellen ins Benehmen zu setzen, zu denen sie oder er unabhängig davon regelmäßigen Kontakt zu halten hat.

§ 10. Kreis der berechtigten Benutzerinnen und Benutzer. (1) Die Benutzung des Drogenkonsumraums darf grundsätzlich nur volljährigen Personen angeboten werden. Die Benutzerinnen oder Benutzer müssen aufgrund bestehender Betäubungsmittelabhängigkeit einen Konsumentschluß gefasst haben und über Konsumerfahrungen verfügen. Bei reife- oder krankheitsbedingten Zweifeln an der Einsichtsfähigkeit einer Person in die durch die Applikation erfolgende Gesundheitsschädigung ist die Person von der Benutzung des Drogenkonsumraums auszuschließen. Bei Minderjährigen, die Einlass in den Drogenkonsumraum begehren, hat das Personal vorab durch direkte Ansprache zu klären, ob eine individuell gefestigte Konsumentschluß und eine Einsichtsfähigkeit im Sinne von Satz 3 vorliegen. Alkoholisierten oder intoxikierten Personen, bei denen die Nutzung des Drogenkonsumraums ein erhöhtes Gesundheitsrisiko verursachen könnte, ist der Zugang zu verweigern. Die Einrichtung hat sich allgemeiner Werbung für ihren Drogenkonsumraum zu enthalten und darf ausschließlich zielgruppenspezifische Informationen erteilen. Das Personal ist anzuhalten, daß offenkundige Erst- und Gelegenheitskonsumenten am Zugang zum Drogenkonsumraum gehindert und durch direkte Ansprache an ein anderweitiges Beratungs- oder Hilfeangebot herangeführt werden.

(2) Der Konsum von Betäubungsmitteln im Drogenkonsumraum kann Opiate, Kokain, Amphetamin oder deren Derivate betreffen und intravenös, oral, nasal oder inhalativ erfolgen. Das Konzept der Betreiberin oder des Betreibers muß festlegen, für welche der in Satz 1 genannten Betäubungsmittel und Konsumformen der Drogenkonsumraum vorgesehen ist. Daraus muß sich zudem ergeben, ob Substanzanalysen im Sinne von § 10 a Absatz 4 BtMG in einer hierzu betäubungsmittelrechtlich befugten Stelle veranlasst werden sollen.

§ 11. Dokumentation und Evaluation. Neben den im Rahmen der Gewährung öffentlicher Mittel verbindlich durchgeführten Dokumentations- und Evaluationsverfahren muß eine ständige Dokumentation des Einrichtungsbetriebs erfolgen. Hierzu sind Tagesprotokolle zu fertigen, aus denen sich Ablauf und Umfang der Kontakte von Benutzerinnen und Benutzern, das eingesetzte Personal und besondere Vorkommnisse ersehen lassen. Diese Protokolle sind monatlich intern auszuwerten.

§ 12. Anwesenheitspflicht von persönlich zuverlässigen und fachlich ausgebildetem Personal. Während der Öffnungszeiten des Drogenkonsumraums muß persönlich zuverlässiges und für die Erfüllung der in den §§ 4 bis 10 genannten Anforderungen fachlich ausgebildetes Personal in ausreichender Zahl anwesend sein.

§ 13. Erlaubnisverfahren. Für das Erlaubnisverfahren gelten gemäß § 10 a Absatz 3 BtMG § 7 Satz 1 und Satz 2 Nummern 1 bis 4 und 8, § 8, § 9 Absatz 2 und § 10 BtMG entsprechend. Danach sind bei der Antragstellung (§ 7 Satz 1 und Satz 2 Nummern 1 bis 4 und 8 BtMG) insbesondere Angaben und Unterlagen beizufügen, aus denen sich die Einhaltung der in den §§ 2 bis 12 genannten Anforderungen ergibt. Näheres kann die Erlaubnisbehörde durch Verwaltungsvorschriften regeln.

C 7.3 Hessen – Verordnung über die Erlaubnis für den Betrieb von Drogenkonsumräumen

vom 10. 9. 2001 (GVBl. S. 387), geändert durch VO vom 7. 11. 2006 (GVBl. S. 561)

§ 1. Voraussetzung für die Erteilung der Erlaubnis. Das für das Gesundheitswesen zuständige Ministerium kann auf Antrag eine Erlaubnis zum Betrieb eines Drogenkonsumraum nach § 10 a Abs. 1 Satz 1 des Betäubungsmittelgesetzes erteilen. Die Erlaubnis darf nur erteilt werden, wenn die in § 2 dieser Verordnung aufgeführten Betriebszwecke verfolgt und die Mindeststandards nach §§ 3 bis 12 dieser Verordnung erfüllt werden.

§ 2. Betriebszweck. (1) Drogenkonsumräume müssen der Gesundheits-, Überlebens- und Ausstiegshilfe für Drogenabhängige dienen und in das Gesamtkonzept des regionalen Drogenhilfesystems eingebunden sein. Der weiterführende und ausstiegsorientierte Charakter von Drogenkonsumräumen muß in der Konzeption und der Außendarstellung erkennbar sein.

(2) Der Betrieb von Drogenkonsumräumen muß dazu beitragen,

1. die durch Drogenkonsum bedingten Gesundheitsgefahren zu senken,
2. die Behandlungsbereitschaft der Nutzerinnen und Nutzer zu wecken und dadurch den Einstieg in den Ausstieg aus der Sucht einzuleiten,
3. die Inanspruchnahme weiterführender Hilfen einschließlich der ärztlichen Versorgung zu fördern,
4. die Belastung der Öffentlichkeit durch konsumbezogene Verhaltensweisen zu reduzieren.

§ 3. Ausstattung. (1) Der Drogenkonsumraum muß von anderen Beratungseinrichtungen räumlich getrennt, ausreichend beleuchtet und stets vollständig einsehbar sein.

Nur hier darf ein Konsum stattfinden. Die Räumlichkeiten müssen die für den Drogengebrauch wechselnder Personen notwendigen hygienischen Voraussetzungen erfüllen. Insbesondere müssen Wände, Böden und Einrichtungsgegenstände abwaschbar und desinfizierbar sein. Ausreichende sanitäre Anlagen müssen vorhanden sein.

(2) Sterile Einmalspritzen und Kanülen, Tupfer, Ascorbinsäure und Injektionszubehör sind in ausreichendem Umfang vorzuhalten. Die sachgerechte Entsorgung gebrauchter Spritzbestecke ist sicherzustellen.

§ 4. Notfallversorgung. (1) Eine sofort einsatzfähige medizinische Notfallversorgung muß gewährleistet sein. Hierfür ist eine ständige Sichtkontrolle der Verabreichungsvorgänge durch in der Notfallversorgung geschultes Personal erforderlich, um im Bedarfsfalle sofortige Wiederbelebungsmaßnahmen oder eine akute Wundversorgung zu ermöglichen.

(2) Es muß sichergestellt sein, daß der Zugang zum Drogenkonsumraum für externe Rettungsdienste schnell und problemlos zu erreichen ist.

(3) Die Einzelheiten der Notfallversorgung sind in einem medizinischen Notfallplan festzuhalten, der ständig zu aktualisieren ist und dem Personal zur Verfügung stehen muß. Der Notfallplan beinhaltet auch die Unfallschutzprävention und Maßnahmen bei Verletzungen des Personals. Der Notfallplan ist der Überwachungsbehörde auf Verlangen vorzulegen.

§ 5. Medizinische Beratung und Hilfe. (1) Den Nutzerinnen und Nutzern des Drogenkonsumraums ist in allen verabreichungsrelevanten Fragen medizinische Beratung und Hilfe zu gewähren. Hierzu zählen auch Infektions- und Gesundheitsrisiken bei bestimmten Betäubungsmitteln, soweit deren Zusammensetzung bekannt ist, und bei bestimmten Konsumformen. Auf zusätzliche Risiken durch unbekannte Beimischungen ist gesondert hinzuweisen.

(2) Medizinische Beratung und Hilfe dürfen nur durch nachweislich geschultes Personal erfolgen.

§ 6. Vermittlung von weiterführenden und ausstiegsorientierten Angeboten. (1) Das Personal hat über eine suchtspezifische Erstberatung hinaus über weitergehende und ausstiegsorientierte Beratungs- und Behandlungsangebote zu informieren und diese bei Bedarf zu vermitteln.

(2) Personen, die einen Entgiftungswunsch äußern, sind die notwendigen Hilfestellungen bei der Kontaktaufnahme zu geeigneten Einrichtungen zu gewähren.

§ 7. Verhinderung von Straftaten nach dem Betäubungsmittelgesetz. (1) Es ist eine Hausordnung zu erlassen und sichtbar auszuhängen. Die Nutzerinnen und Nutzer sind darin darauf hinzuweisen, daß Straftaten nach dem Betäubungsmittelgesetz, abgesehen vom Besitz von Betäubungsmitteln zum Eigengebrauch in geringer Menge nach § 29 Abs. 1 Satz 1 Nr. 3 des Betäubungsmittelgesetzes, innerhalb des Drogenkonsumraums nicht geduldet werden.

(2) Die Einhaltung der Hausordnung ist durch das Personal zu überwachen.

(3) Bei erheblichen Verstößen gegen die Hausordnung sind die betreffenden Personen von der weiteren Nutzung auszuschließen. Über die Dauer des Ausschlußes entscheidet die Leitung der Einrichtung.

§ 8. Verhinderung von Straftaten im Umfeld der Einrichtung. Die Träger von Drogenkonsumräumen haben mit den zuständigen Gesundheits-, Ordnungs- und Strafverfolgungsbehörden Grundzüge ihrer Zusammenarbeit verbindlich festzulegen. Einrichtungsbedingte Auswirkungen auf das unmittelbare räumliche Umfeld sind zu dokumentieren. Die Träger haben – insbesondere mit den zuständigen Polizeidienststellen – regelmäßig Kontakt zu halten mit dem Ziel, frühzeitig Störungen der öffentlichen Sicherheit oder Ordnung im unmittelbaren Umfeld des Drogenkonsums zu verhindern.

§ 9. Nutzerkreis, Konsumstoffe und Konsumarten. (1) Nutzerinnen und Nutzer des Drogenkonsumraums dürfen grundsätzlich nur volljährige Personen mit Betäubungsmittelabhängigkeit und Konsumerfahrung sein. Minderjährigen kann die Nutzung gestattet werden, wenn die Zustimmung der Erziehungsberechtigten vorliegt oder die Leitung der Einrichtung dies nach sorgfältiger Prüfung im Einzelfall für begründet hält. Das zuständige Jugendamt ist in diesem Falle einzubeziehen.

(2) Von der Benutzung des Konsumraumes sind auszuschließen:

1. offenkundige Erstkonsumenten,
2. erkennbar alkoholisierte oder durch andere Suchtmittel vergiftete Personen,
3. Opiatabhängige, die sich erkennbar in einer substitutionsgestützten Behandlung befinden,
4. Personen, denen erkennbar die Einsichtsfähigkeit in die durch die Verabreichung erfolgende Gesundheitsschädigung fehlt.

(3) Die zum sofortigen Konsum mitgeführten Betäubungsmittel sind vor der Verabreichung einer Sichtkontrolle zu unterziehen. Eine Substanzanalyse durch das Personal ist nicht zulässig.

(4) Der Konsum von Betäubungsmitteln im Drogenkonsumraum kann u. a. Opiate, Kokain, Amphetamin oder deren Derivate betreffen und intravenös, inhalativ, nasal oder oral erfolgen.

§ 10. Dokumentation und Evaluation. Es ist eine fortlaufende Dokumentation über den Betrieb der Einrichtung unter Beachtung datenschutzrechtlicher Bestimmungen zu führen. Hierzu sind Tagesprotokolle zu fertigen, die insbesondere über Umfang und Ablauf der Nutzerkontakte, Zahl und Tätigkeit des Personals sowie besondere Vorkommnisse Auskunft geben. Diese Protokolle sind zu Monatsberichten zusammenzufassen und im Hinblick auf die Zweckbestimmung auszuwerten. Auf Verlangen sind die Monatsberichte der Überwachungsbehörde vorzulegen.

§ 11. Anwesenheitspflicht. Während der Öffnungszeiten ist die ständige Anwesenheit von Personal in ausreichender Zahl zu gewährleisten. Alle zum Personal gehörenden Mitarbeiterinnen und Mitarbeiter müssen für die Erfüllung der in den §§ 3 bis 9 dieser Verordnung genannten Anforderungen fachlich ausgebildet und zuverlässig sein.

§ 12. Verantwortlichkeit. (1) Die Leitung des Drogenkonsumraumes muß fachlich ausgebildet und zuverlässig sein. Sie ist verantwortlich für die Einhaltung der in dieser Verordnung festgelegten Anforderungen, der Auflagen der Erlaubnisbehörde sowie der Anordnungen der Überwachungsbehörde (Verantwortlicher im Sinne des § 10a Abs. 2 Nr. 10 des Betäubungsmittelgesetzes).

(2) Der Träger der Einrichtung hat für die Einhaltung der in Abs. 1 aufgeführten Anforderungen, Auflagen und Anordnungen ebenfalls Sorge zu tragen. Er hat weiterhin dafür Sorge zu tragen, daß die Leitung und das Personal keine aktive Hilfe beim unmittelbaren Verbrauch der Betäubungsmittel leisten.

§ 13. Erlaubnisverfahren. (1) Der Antrag ist über den zuständigen Oberbürgermeister oder Landrat und das Regierungspräsidium an das für das Gesundheitswesen zuständige Ministerium zu richten.

(2) Der Antrag muß enthalten:

1. Name und Anschrift des Trägers der Einrichtung.
2. Name und Anschrift der im Sinne des § 12 verantwortlichen Einrichtungsleitung und deren Vertretung.
3. Nachweise über die erforderliche Sachkenntnis der Einrichtungsleitung und deren Vertretung sowie Erklärungen darüber, ob und aufgrund welcher Umstände sie die ihnen obliegenden Verpflichtungen ständig erfüllen können.
4. Führungszeugnisse nach dem Bundeszentralregistergesetz von Einrichtungsleitung und Personals sowie eine Versicherung des Trägers über die persönliche Zuverlässigkeit der Einrichtungsleitung und des Personals.

5. Beschreibung der Lage des Drogenkonsumraums nach Ort (gegebenenfalls Flurbezeichnung), Straße, Hausnummer, Gebäude und Gebäudeteil sowie der Bauweise des Gebäudes.
6. Darstellung der räumlichen und baulichen Ausstattung.
7. Darstellung des Beratungskonzepts einschließlich eines Nachweises der Erfüllung der Voraussetzungen § 2.
8. Benennung der in der Einrichtung zum Konsum zugelassenen Betäubungsmittel und Konsumarten.
9. Plan für die medizinische Notfallversorgung nach § 4.
10. Hausordnung nach § 7 Abs. 1.
11. Entwurf einer Vereinbarung über die Zusammenarbeit mit den zuständigen Gesundheits-, Ordnungs- und Strafverfolgungsbehörden nach § 8.

§ 14. Überwachung. Die Drogenkonsumräume unterliegen der Überwachung durch das Gesundheitsamt (Überwachungsbehörde).

§ 15. In-Kraft-Treten, Außer-Kraft-Treten. Diese Verordnung tritt am Tage nach der Verkündung in Kraft. Sie tritt mit Ablauf des 31. Dezember 2011 außer Kraft.

C 7.4 Niedersachsen – Verordnung über die Erlaubnisvoraussetzungen für den Betrieb von Drogenkonsumräumen (DrgKVO)

vom 6. 3. 2002 (Nds. GVBl. S. 82)

Aufgrund des § 10 a Abs. 2 des Betäubungsmittelgesetzes (BtMG) in der Fassung vom 1. März 1994 (BGBl. I S. 358), zuletzt geändert durch Verordnung vom 28. November 2001 (BGBl. I S. 3338), wird verordnet:

§ 1. Erteilung der Erlaubnis. Das für das Gesundheitswesen zuständige Ministerium (Erlaubnisbehörde) kann eine Erlaubnis zum Betrieb eines Drogenkonsumraumes nach § 10 a Abs. 1 BtMG erteilen, wenn

1. der Drogenkonsumraum als Teil einer mit öffentlichen Mitteln finanzierten ambulanten Drogenhilfeeinrichtung in das Gesamtkonzept des örtlichen Drogenhilfesystems eingebunden ist,
2. die in § 2 aufgeführten Betriebszwecke verfolgt werden und
3. die Anforderungen nach den §§ 3 bis 12 erfüllt sind.

§ 2. Betriebszwecke. (1) Der Drogenkonsumraum muss der Gesundheits-, Überlebens- und Ausstiegshilfe für Drogenabhängige dienen. Er muss ausstiegsorientiert und auf die Inanspruchnahme weiterführender Hilfen hin angelegt sein; dies muss bereits in der Konzeption und der Außendarstellung erkennbar sein.

(2) Der Betrieb des Drogenkonsumraumes muss dazu beitragen,

1. die durch den Drogenkonsum bedingten Gefahren zu senken,
2. die Behandlungsbereitschaft der Benutzerinnen und Benutzer zu wecken und dadurch den Einstieg in den Ausstieg aus der Sucht einzuleiten,
3. die Inanspruchnahme weiterführender Hilfen einschließlich der ärztlichen Versorgung zu fördern und
4. die Belastung der Öffentlichkeit durch konsumbezogene Verhaltensweisen zu verringern.

§ 3. Ausstattung. (1) Der Drogenkonsumraum muss von den Räumlichkeiten der Drogenhilfeeinrichtung im Übrigen getrennt sein. Er muss die hygienischen Voraussetzungen zum Drogenkonsum für einen ständig wechselnden Personenkreis bieten, insbesondere müssen sämtliche Flächen aus glatten, abwaschbaren, leicht zu reinigenden und leicht desinfizierbaren Materialien bestehen. Es muss gewährleistet sein, dass

1. ausreichend sterile Einmalspritzen und -kanülen, das sonstige erforderliche Injektionszubehör sowie Haut- und Flächendesinfektionsmittel und durchsichtsichere Entsorgungsbehälter zur Verfügung stehen,
2. gebrauchte Spritzen und Kanülen sowie andere verunreinigte Gegenstände sachgerecht entsorgt werden,
3. der Raum ständig hinreichend belüftet und beleuchtet sowie täglich gereinigt wird und
4. mit Blut verunreinigte Flächen sofort und die Arbeits- und Ablageflächen täglich desinfiziert werden.

(2) Der Raum muss für die Sichtkontrolle der Konsumvorgänge durch das Fachpersonal stets vollständig überschaubar sein. Verstellbare Trennwände sind sichtbar bereit zu halten; sie dürfen die erforderliche Überschaubarkeit nicht beeinträchtigen. Es müssen nach Geschlechtern getrennte sanitäre Anlagen in ausreichender Zahl vorhanden sein.

§ 4. Notfallversorgung. (1) Es müssen eine sofort einsatzfähige medizinische Notfallversorgung und eine ständige Sichtkontrolle der Konsumvorgänge durch Fachpersonal gewährleistet sein.

(2) Der Drogenkonsumraum muss für Rettungsdienste leicht zugänglich sein.

(3) Die Einzelheiten der Notfallversorgung sind in einem medizinischen Notfallplan festzuhalten. Die Erlaubnisbehörde bestimmt in Auflagen, dass der Notfallplan ständig zu aktualisieren ist, dem Personal zur Verfügung stehen muss und der Überwachungsbehörde auf Verlangen vorzulegen ist.

§ 5. Hausordnung, Benutzung. (1) Es muss eine Hausordnung vorliegen, die die Benutzung des Drogenkonsumraumes regelt und mit der unteren Gesundheitsbehörde, der Polizei, der Staatsanwaltschaft und der Gemeinde abgestimmt ist.

(2) In der Hausordnung wird der Benutzerkreis bestimmt. Die Benutzung des Drogenkonsumraumes darf grundsätzlich nur volljährigen Personen gestattet werden, die aufgrund bestehender Drogenabhängigkeit über Konsumerfahrung verfügen. Von der Benutzung des Konsumraumes sind auszuschließen:

1. Minderjährige unter 16 Jahren,
2. Erst- und Gelegenheitskonsumentinnen und -konsumenten,
3. alkoholisierte oder durch andere Suchtstoffe in ihrem Verhalten beeinträchtigte Personen,
4. Opiatabhängige, die sich in einer substitutionsgestützten Behandlung aufgrund einer Genehmigung nach § 3 Abs. 2 BtMG befinden,
5. Personen, denen die Einsichtsfähigkeit in die durch den Konsum erfolgte Gesundheitsschädigung fehlt, und
6. Personen, die sich nicht ausweisen können.

(3) In der Hausordnung ist außerdem zu regeln,

1. dass die Benutzerinnen und Benutzer daraufhin zu überprüfen sind, ob sie zum zugelassenen Benutzerkreis gehören,
2. dass alle Benutzerinnen und Benutzer die mitgeführten Betäubungsmittel einer Sichtkontrolle durch das Fachpersonal zuzuführen haben,
3. welche Betäubungsmittel konsumiert werden dürfen, wobei andere Mittel als Opiate, Kokain, Amphetamin und deren Derivate nicht zugelassen werden dürfen, und
4. welche Konsummuster geduldet werden, wobei ein anderer als intravenöser, oraler, nasaler oder inhalativer Konsum nicht zugelassen werden darf.

(4) Es muss sicher gestellt sein, dass

1. die Hausordnung deutlich sichtbar aushängt,
2. das Personal die Einhaltung der Hausordnung überwacht,
3. Personen, die gegen die Hausordnung verstoßen, erforderlichenfalls von der Benutzung ausgeschlossen werden und
4. die Leitung des Drogenkonsumraumes über die Dauer des Ausschlusses entscheidet.

§ 6. Medizinische Beratung und Hilfe. (1) Es muss sichergestellt sein, dass den Benutzerinnen und Benutzern des Drogenkonsumraumes in allen konsumrelevanten Fragen medizinische Beratung und Hilfe zum Zweck der Risikominderung gewährt wird, insbesondere in Bezug auf Infektionsrisiken, die Gefährlichkeit der mitgeführten Betäubungsmittel und die Konsumart.

(2) Die Erlaubnisbehörde bestimmt in einer Auflage, dass der Träger und das Personal des Drogenkonsumraumes nicht für den Besuch des Drogenkonsumraumes werben, sondern im Rahmen ihrer Aufklärungsarbeit nur Hinweise auf den Drogenkonsumraum geben dürfen.

§ 7. Vermittlung von weiterführenden und ausstiegsorientierten Angeboten. Es muss sichergestellt sein, dass das Fachpersonal

1. über eine suchtspezifische Erstberatung hinaus über weitergehende und ausstiegsorientierte Angebote der Beratung und Therapie informiert und auf Wunsch Kontakte zu geeigneten Einrichtungen vermittelt,
2. minderjährigen Drogenabhängigen in jedem Einzelfall Beratungsgespräche und Ausstiegshilfen anbietet und auf jugendspezifische weitergehende Hilfemöglichkeiten hinweist.

§ 8. Verhinderung von Straftaten nach dem Betäubungsmittelgesetz innerhalb der Einrichtung. (1) Es muss sichergestellt sein, dass Straftaten nach dem Betäubungsmittelgesetz, abgesehen vom Besitz von Betäubungsmitteln nach § 29 Abs. 1 Satz 1 Nr. 3 BtMG zum Eigengebrauch in geringer Menge, innerhalb des Drogenkonsumraumes nicht geduldet werden und dass die Benutzerinnen und Benutzer darauf hingewiesen werden.

(2) Es muss die Anweisung an das Fachpersonal bestehen

1. den Hinweis nach Absatz 1 erforderlichenfalls persönlich gegenüber den Benutzerinnen und Benutzern des Drogenkonsumraumes zu wiederholen,
2. die in Absatz 1 genannten und nicht zu duldenden Straftaten unverzüglich zu unterbinden.

§ 9. Verhinderung von Straftaten im Umfeld der Einrichtung. (1) Es muss eine schriftliche Vereinbarung des Trägers des Drogenkonsumraumes mit der unteren Gesundheitsbehörde, der Polizei, der Staatsanwaltschaft und der Gemeinde über die Grundzüge ihrer Zusammenarbeit vorliegen.

(2) Zu den Grundzügen der Zusammenarbeit nach Absatz 1 gehört es insbesondere, dass die Leitung des Drogenkonsumraumes

1. zur Polizei ständigen Kontakt hält und mit dieser ihre Maßnahmen abstimmt, damit frühzeitig Störungen der öffentlichen Sicherheit im unmittelbaren Umfeld des Drogenkonsumraumes verhindert werden, und
2. bei Beeinträchtigung Dritter, bei Störungen der öffentlichen Sicherheit oder bei zu erwartenden Straftaten im unmittelbaren Umfeld des Drogenkonsumraumes versucht, auf Benutzerinnen und Benutzer sowie Anwesende einer sich abzeichnenden Szenenbildung mit dem Ziel einzuwirken, eine Verhaltensänderung zu erreichen.

§ 10. Dokumentation und Evaluation. In Auflagen bestimmt die Erlaubnisbehörden, dass

1. die Arbeit in dem Drogenkonsumraum unter Beachtung datenschutzrechtlicher Bestimmungen ständig zu dokumentieren und zu evaluieren ist,
2. für die Aufgabe nach Nummer 1 Tagesprotokolle zu fertigen sind, die geschlechtsspezifisch und altersbezogen über Ablauf und Umfang der Kontakte mit den Benutzerinnen und Benutzern, insbesondere über die bei Minderjährigen unterbreiteten Beratungsangebote, Zahl und Tätigkeit des Personals, einrichtungsbedingte Auswirkungen auf das unmittelbare räumliche Umfeld sowie besondere Vorkommnisse Auskunft geben,
3. die Protokolle nach Nummer 2 zu Monatsberichten zusammenzufassen und im Hinblick auf die Betriebszwecke auszuwerten sind,

4. über die Ergebnisse der Auswertung nach Nummer 3 die untere Gesundheitsbehörde, die Polizei und die Gemeinde zu unterrichten sind und
5. die Monatsberichte auf Verlangen der Überwachungsbehörde vorzulegen sind.

§ 11. Personal, Anwesenheitspflicht. Es muss sichergestellt sein, dass
1. während der Öffnungszeiten des Drogenkonsumraumes zuverlässiges und für die Erfüllung der Aufgaben fachlich ausgebildetes Personal (Fachpersonal) in ausreichender Zahl anwesend ist,
2. das sonstige Personal entsprechend seiner Aufgaben eingewiesen ist.

§ 12. Leitung, Verantwortlichkeit. Die Leiterin oder der Leiter des Drogenkonsumraumes muss sachkundig und in der Lage sein, die der Leitung obliegenden Aufgaben zu erfüllen. Sie oder er ist als verantwortlich im Sinne von § 10a Abs. 2 Nr. 10 BtMG zu benennen.

§ 13. Überwachung. Der Drogenkonsumraum unterliegt der Überwachung durch die zuständige Behörde.

§ 14. In-Kraft-Treten. Diese Verordnung tritt nach ihrer Verkündung in Kraft.

C 7.5. Nordrhein-Westfalen – Verordnung über den Betrieb von Drogenkonsumräumen

vom 26. 9. 2000 (Gesetz- und Verordnungsblatt 2000 S. 646), geänd. durch Art. 1 der VO v. 5. 7. 2010 (GV NRW S. 405)

§ 1. Voraussetzungen für die Erteilung der Erlaubnis. Eine Erlaubnis zum Betrieb von Drogenkonsumräumen kann auf Antrag von der obersten Landesgesundheitsbehörde nur erteilt werden, wenn die in § 2 aufgeführten Betriebszwecke verfolgt und die Mindeststandards nach den §§ 3 bis 11 eingehalten werden.

§ 2. Betriebszweck. (1) Drogenkonsumräume im Sinne des § 10a BtMG müssen der Gesundheits-, Überlebens- und Ausstiegshilfe für Drogenabhängige dienen und in das Gesamtkonzept des örtlichen Drogenhilfesystems eingebunden werden.

(2) Der Betrieb von Drogenkonsumräumen soll dazu beitragen,
1. die durch Drogenkonsum bedingten Gesundheitsgefahren zu senken, um damit insbesondere das Überleben von Abhängigen zu sichern,
2. die Behandlungsbereitschaft der Abhängigen zu wecken und dadurch den Einstieg in den Ausstieg aus der Sucht einzuleiten,
3. die Inanspruchnahme weiterführender insbesondere suchttherapeutischer Hilfen einschließlich der vertragsärztlichen Versorgung zu fördern und
4. die Belastungen der Öffentlichkeit durch konsumbezogene Verhaltensweisen zu reduzieren.

(3) Träger und Personal dürfen für den Besuch der Drogenkonsumräume nicht werben, jedoch im Rahmen ihrer Aufklärungsarbeit Hinweise geben.

§ 3. Zweckdienliche Ausstattung. (1) Drogenkonsumräume müssen mit Tischen und Stühlen ausgestattet, von den übrigen Beratungseinrichtungen räumlich getrennt, ausreichend beleuchtet und stets vollständig einsehbar sein. Es sind gesonderte Wartebereiche einzurichten. Die Räume müssen die für den Drogenverbrauch wechselnder Personen notwendigen hygienischen Voraussetzungen erfüllen. Insbesondere müssen Wände und Böden sowie die Einrichtungsgegenstände abwaschbar und desinfizierbar sein. Die Räume müssen stets gut ent- und belüftet, in sauberem Zustand sein und regelmäßig desinfiziert werden. Sterile Einmalspritzen und Kanülen, Tupfer, Ascorbinsäure und Injektionszubehör sind in ausreichendem Umfang vorzuhalten. Eine sachgerechte Entsorgung gebrauchter Spritzbestecke ist sicherzustellen. Den Nutzerinnen und

C 7.5 VO-Nordrhein-Westfalen

Anhang

Nutzern der Drogenkonsumräume sind geeignete sanitäre Anlagen zur Verfügung zu stellen.

(2) Es ist sicherzustellen, daß Rettungsdiensten jederzeit ein ungehinderter Zugang möglich ist.

§ 4. Gewährleistung der Notfallversorgung. Für den Betrieb von Drogenkonsumräumen sind medizinische Notfallpläne zu erstellen und ständig zu aktualisieren. Sie sind der Überwachungsbehörde auf Verlangen vorzulegen. Während des Betriebs von Drogenkonsumräumen sind die Nutzerinnen und Nutzer durch regelmäßig in der Notfallversorgung geschultes Personal ständig zu beobachten, um jederzeit eingreifen und im Bedarfsfall sofortige Reanimationsmaßnahmen sowie eine akute Wundversorgung durchführen zu können. Für die Notfallversorgung ist für jeden Drogenkonsumraum mindestens ein medizinischer Notfallkoffer bereitzuhalten.

§ 5. Medizinische Beratung und Hilfe, Vermittlung von weiterführenden und ausstiegsorientierten Angeboten der Beratung und Therapie. (1) Der Drogenkonsumraum muß personell so ausgestattet sein, daß den Abhängigen insbesondere bei akuten oder chronischen Krankheiten über Wundversorgung und über risikoärmeres Konsumverhalten einschließlich Infektionsrisiken und Toxizität der verwendeten Betäubungsmittel beraten werden können sowie eine erforderliche Krisenintervention geleistet werden kann. Es muß sichergestellt sein, daß ärztliche Hilfe und Beratung unverzüglich erfolgen können.

(2) Das Personal hat über eine suchtspezifische Erstberatung hinaus jeweils in der im konkreten Einzelfall angemessenen Weise über weitergehende und ausstiegsorientierte Beratungs- und Behandlungsangebote zu informieren und diese bei Bedarf zu vermitteln. Personen, die einen Entgiftungswunsch äußern, sind die notwendigen Hilfestellungen bei der Kontaktaufnahme zu geeigneten Einrichtungen zu gewähren.

§ 6. Maßnahmen zur Verhinderung von Straftaten. (1) Es ist eine mit den zuständigen Gesundheits-, Ordnungs- und Strafverfolgungsbehörden abgestimmte Hausordnung zu erlassen und gut sichtbar auszuhändigen. Die Nutzerinnen und Nutzer sind ausdrücklich darauf hinzuweisen, daß Verstöße gegen das Betäubungsmittelgesetz, mit Ausnahme des Besitzes von Betäubungsmitteln in geringer Menge zum Eigenverbrauch gemäß § 8 Abs. 3 Satz 3, innerhalb der Einrichtung verboten sind und unverzüglich unterbunden werden.

(2) Die Einhaltung der Hausordnung ist durch das Personal zu überwachen.

(3) Bei einem Verstoß gegen die Hausordnung sind die Drogenabhängigen von der weiteren Nutzung auszuschließen. Über die Dauer des Nutzungsausschlußes entscheidet der Leiter der Einrichtung.

§ 7. Kooperationsformen zur Prävention von Straftaten im unmittelbaren Umfeld der Einrichtung. Die Träger von Drogenkonsumräumen haben mit den zuständigen Gesundheits-, Ordnungs- und Strafverfolgungsbehörden Formen ihrer Zusammenarbeit schriftlich festzulegen und mit ihnen regelmäßig Kontakt zu halten, um frühzeitig Störungen der öffentlichen Sicherheit und Ordnung im unmittelbaren Umfeld der Drogenkonsumräume zu verhindern. Die Leitung der Einrichtung hat die einrichtungsbedingten Auswirkungen auf das unmittelbare räumliche Umfeld zu beobachten und besondere Vorkommnisse zu dokumentieren.

§ 8. Nutzerkreis, Konsumstoffe und Konsumarten. (1) Nutzerinnen und Nutzer von Drogenkonsumräumen dürfen grundsätzlich nur volljährige Personen mit Betäubungsmittelabhängigkeit und Konsumerfahrung sein. Jugendlichen mit Betäubungsmittelabhängigkeit und Konsumerfahrung darf der Zugang nach direkter Ansprache nur dann gestattet werden, wenn die Zustimmung der Erziehungsberechtigten vorliegt oder sich das Personal nach sorgfältiger Prüfung anderer Hilfemöglichkeiten vom gefestigten Konsumentschluß überzeugt hat.

C2184

(2) Von der Benutzung des Drogenkonsumraums sind auszuschließen:
– offenkundige Erst- und Gelegenheitskonsumenten,
– erkennbar durch Alkohol oder andere Suchtmittel intoxizierte Personen,
– Opiatabhängige, die sich erkennbar in einer substitutionsgestützten Behandlung befinden, und
– Personen, denen erkennbar, insbesondere wegen mangelnder Reife, die Einsichtsfähigkeit in die durch die Applikation erfolgende Gesundheitsbeschädigung fehlt.

(3) Die von den Nutzerinnen und Nutzern mitgeführten Betäubungsmittel sind einer Sichtkontrolle zu unterziehen. Von einer näheren Substanzanalyse zur Menge, Art und Zusammensetzung des Stoffes ist abzusehen. Der Konsum von Betäubungsmitteln im Drogenkonsumraum kann Opiate, Kokain, Amphetamine oder deren Derivate betreffen und intravenös, inhalativ oder oral erfolgen.

(4) Zu den vorstehenden Bestimmungen sind in der Hausordnung ergänzende Regelungen zu treffen.

§ 9. Dokumentation und Evaluation. Die Leitungen haben eine fortlaufende Dokumentation über den Betrieb der Drogenkonsumräume in anonymisierter Form und unter Beachtung datenschutzrechtlicher Bestimmungen sicherzustellen. Hierzu sind Tagesprotokolle zu fertigen, die insbesondere über Umfang und Ablauf der Nutzerkontakte, Zahl und Tätigkeit des eingesetzten Personals sowie alle besonderen Vorkommnisse Auskunft geben. Diese Protokolle sind in einem monatlichen Bericht zusammenzufassen und im Hinblick auf die Zielerreichung regelmäßig auszuwerten. Über die Ergebnisse sind die zuständigen Gesundheits-, Ordnungs- und Strafverfolgungsbehörden zu unterrichten. Die Berichte sind der Überwachungsbehörde regelmäßig vorzulegen.

§ 10. Anwesenheitspflicht. Während der Öffnungszeiten ist die ständige Anwesenheit von ausreichendem Fachpersonal zu gewährleisten. Die in der Erlaubnis festgelegte Zahl und Qualifikation der für die Betreuung der Drogenkonsumentinnen und -konsumenten erforderlichen Mitarbeiterinnen und Mitarbeiter darf nicht unterschritten werden.

§ 11. Verantwortlichkeit. (1) Die Leitungen der Drogenkonsumräume sind verantwortlich für die Einhaltung der in dieser Verordnung festgelegten Pflichten.

(2) Die Träger von Drogenkonsumräumen haben sicherzustellen, daß die Leitungen und deren Personal weder selbst am Betäubungsmittelverkehr teilnehmen noch aktive Hilfe beim unmittelbaren Verbrauch der Betäubungsmittel leisten.

(3) Die Träger von Drogenkonsumräumen wirken an allgemeinen Maßnahmen zur Prävention vor Drogenkonsum mit.

§ 12. Erlaubnisverfahren. (1) Der Antrag ist in doppelter Ausfertigung über den Oberbürgermeister oder den Landrat und die Bezirksregierung an die oberste Landesgesundheitsbehörde zu richten.

(2) Er muß die folgenden Angaben und Unterlagen enthalten:
– Name und Anschrift des Trägers der Einrichtung
– Name und Anschrift der vor Ort im Sinne des § 10a Abs. 2 Nr. 10 BtMG verantwortlichen Einrichtungsleitung und deren Vertretung
– Darstellung der räumlichen und baulichen Ausstattung der Einrichtung, insbesondere Adresse, Grundriss/Lageplan, Bauweise und der Sicherungen gegen mißbräuchlichen Umgang mit Betäubungsmitteln
– Darstellung des Beratungskonzepts nach § 5 Abs. 2
– Darstellung der Einbeziehung in das Drogenhilfegesamtkonzept der Kommune
– Benennung der in der Einrichtung zum Konsum zugelassenen Betäubungsmittel und Konsumarten
– Nachweise über die Qualifikation der Leitung und des übrigen Personals sowie Erklärungen darüber, daß sie die ihnen obliegenden Verpflichtungen ständig erfüllen können

– Nachweise der persönlichen Zuverlässigkeit (z. B. Vorlage amtlicher Führungszeugnisse)
– den Plan für die medizinische Notfallversorgung gemäß § 3 Abs. 2
– eine Hausordnung nach § 6 Abs. 1
– Zahl der voraussichtlichen Nutzerinnen und Nutzer
– Vereinbarung über die Zusammenarbeit mit den zuständigen Gesundheits-, Ordnungs- und Strafverfolgungsbehörden nach § 7.

(3) Die Erlaubnis kann befristet und unter Bedingungen erteilt sowie mit Auflagen verbunden werden. Für Rücknahme und Widerruf der Erlaubnis gilt § 10 BtMG entsprechend.

§ 13. Überwachung. Die Drogenkonsumräume unterliegen der Überwachung durch die Bezirksregierung (Überwachungsbehörde).

§ 14. In-Kraft-Treten. Diese Verordnung tritt am Tage nach der Verkündung in Kraft. Sie tritt mit Ablauf des 31. Dezember 2015 außer Kraft.

C 7.6 Saarland – Verordnung über die Erteilung einer Erlaubnis für den Betrieb von Drogenkonsumräumen

vom 4. 5. 2001 (ABl. S. 1034), geändert durch VO v. 24. 1. 2006 (ABl. S. 174)

Auf Grund des § 10 a Abs. 2 des Betäubungsmittelgesetzes in der Fassung der Bekanntmachung vom 1. März 1994 (BGBl. I S. 358), zuletzt geändert durch die Verordnung vom 27. September 2000 (BGBl. S. 1414), verordnet die Landesregierung:

§ 1. Erlaubnis. Das Ministerium für Justiz, Gesundheit und Soziales kann eine Erlaubnis zum Betrieb eines Drogenkonsumraumes erteilen, wenn ein Bedarf besteht, der Betriebszweck des § 2 verfolgt wird und die Mindeststandards nach §§ 3 bis 14 eingehalten werden.

§ 2. Betriebszweck. (1) Der Drogenkonsumraum muss der Gesundheits-, Überlebens- und Ausstiegshilfe für Drogenabhängige dienen und in das Gesamtkonzept des Drogenhilfesystems eingebunden sein.

(2) Der Betrieb des Drogenkonsumraums muss darauf eingerichtet sein,

1. die durch Drogenkonsum bedingten Gesundheitsgefahren zu senken, um damit insbesondere das Überleben des Abhängigen/der Abhängigen zu sichern,
2. die Behandlungsbereitschaft des Abhängigen/der Abhängigen zu wecken und durch den Einstieg in den Ausstieg aus der Sucht einzuleiten,
3. die Inanspruchnahme weiterführender, insbesondere suchttherapeutischer Hilfen einschließlich der vertragsärztlichen Versorgung zu fördern und
4. die Belastungen der Öffentlichkeit durch konsumbezogene Verhaltensweisen zu reduzieren.

(3) Der Betrieb muss darauf gerichtet sein, einen beratenden und helfenden Kontakt insbesondere mit solchen Personen aufzunehmen, die für Drogenhilfemaßnahmen nur schwer erreichbar sind, um sie in weiterführende ausstiegsorientierte Angebote der Beratung und Therapie zu vermitteln.

(4) Träger und Personal dürfen für den Besuch des Drogenkonsumraums nicht werben.

§ 3. Ausstattung. (1) Der Drogenkonsumraum muß in einer anerkannten Drogenhilfeeinrichtung betrieben werden und von dieser abgegrenzt sein.

(2) Er muss die hygienischen Voraussetzungen zur Drogenapplikation für einen ständig wechselnden Personenkreis erfüllen. Sämtliche Flächen müssen aus glatten, abwaschbaren und desinfizierbaren Materialien bestehen.

(3) Im Drogenkonsumraum müssen ausreichend sterile Einmalspritzen, Tupfer, Ascorbinsäure, Injektionszubehör, Desinfektionsmittel sowie durchstichsichere Entsorgungsbehälter bereitgestellt werden.

(4) Rettungsdiensten muss jederzeit ein ungehinderter Zugang möglich sein.

§ 4. Notfallversorgung. (1) Während des Betriebs des Drogenkonsumraums ist eine ständige Sichtkontrolle der Applikationsvorgänge durch in der Notfallversorgung geschultes Personal so sicherzustellen, dass im Notfall sofortige Beatmungs- und Reanimationsmaßnahmen und eine akute Wundversorgung möglich sind. Es sind ständig technische Notfall-Vorrichtungen bereitzuhalten.

(2) Einzelheiten der Notfallversorgung sind in einem Notfallplan festzuhalten, der jederzeit umgesetzt werden kann, dem Personal zur Verfügung stehen muss und ständig zu aktualisieren ist. Der Notfallplan beinhaltet auch die Unfallschutzprävention und Maßnahmen bei Verletzungen des Personals.

(3) Der Notfallplan ist dem Ministerium für Justiz, Gesundheit und Soziales vorzulegen.

§ 5. Medizinische Beratung und Hilfe. (1) Den Benutzerinnen und Benutzern des Drogenkonsumraums ist medizinische Beratung und Hilfe zu gewähren. Diese beziehen sich insbesondere auf Infektionsrisiken und Toxizität der verwendeten Betäubungsmittel. Medizinische Beratung und Hilfe müssen unverzüglich erfolgen können.

(2) Im Drogenkonsumraum muss mindestens eine Krankenpflegekraft beschäftigt sein. Diese ist auch für die Kontrolle des Notfallplans und die Schulung des Aufsichtspersonals zuständig.

§ 6. Vermittlung von Angeboten. (1) Es muss sichergestellt sein, dass über eine suchtspezifische Erstberatung hinaus weitergehende und ausstiegsorientierte Beratungs- und Behandlungsmaßnahmen aufgezeigt und vermittelt werden.

(2) Personen, die einen Entgiftungswunsch äußern, ist Hilfestellung zum Kontakt mit geeigneten Einrichtungen zu leisten.

§ 7. Hausordnung. (1) Der Träger des Drogenkonsumraums hat eine Hausordnung zu erlassen. Diese ist mit dem Ministerium für Justiz, Gesundheit und Soziales abzustimmen.

(2) Die Hausordnung ist in der Einrichtung gut sichtbar auszuhängen. Ihre Einhaltung wird vom Personal überwacht.

§ 8. Verhinderung von Straftaten in der Einrichtung. (1) Straftaten nach dem Betäubungsmittelgesetz, abgesehen vom Besitz von Betäubungsmitteln nach § 29 Abs. 1 Satz 1 Nr. 3 des Betäubungsmittelgesetzes zum Eigenverbrauch in geringer Menge, dürfen innerhalb der Einrichtung nicht geduldet werden. Darauf ist durch einen Aushang hinzuweisen.

(2) Das Personal hat dafür zu sorgen, dass bei der Vorbereitung oder Begehung einer Straftat im Sinne von Absatz 1 die betreffende Handlung unverzüglich unterbunden wird.

(3) Näheres regelt die Hausordnung.

§ 9. Straftaten im Umfeld der Einrichtung. (1) Der Träger des Drogenkonsumraums hat mit den zuständigen Gesundheits-, Ordnungs- und Strafverfolgungsbehörden eng und kontinuierlich zusammenzuarbeiten. Die Grundzüge der Zusammenarbeit sind verbindlich und schriftlich festzulegen. Der Träger hat insbesondere mit den zuständigen Polizeidienststellen regelmäßig Kontakt zu halten, um frühzeitig Störungen der öffentlichen Sicherheit und Ordnung im Umfeld der Drogenkonsumräume zu verhindern. Die Leitung der Einrichtung hat einrichtungsbedingte Auswirkungen auf das Umfeld zu beobachten und besondere Vorkommnisse zu dokumentieren.

§ 10. Benutzerinnen und Benutzer. (1) [1]Die Benutzung des Drogenkonsumraums darf grundsätzlich nur volljährigen Personen angeboten werden. [2]Die Benutzerinnen oder Benutzer müssen aufgrund bestehender Betäubungsmittelabhängigkeit einen Konsumentschluss gefasst haben. [3]Jugendlichen darf der Zugang nur dann gestattet werden, wenn die Einwilligung der Erziehungsberechtigten vorliegt oder aufgrund besonderer Umstände nicht vorgelegt werden kann und sich das Personal im Einzelfall nach besonderer Prüfung anderer Hilfemöglichkeiten vom gefestigten Konsumentschluss überzeugt hat.

(2) Von der Benutzung des Drogenkonsumraums sind auszuschließen:
1. offenkundige Erst- oder Gelegenheitskonsumenten und -konsumentinnen,
2. alkoholisierte oder durch andere Suchtmittel intoxikierte Personen,
3. Opiatabhängige, die sich in einer substitutionsgestützten Behandlung befinden,
4. Personen, denen die Einsichtsfähigkeit in die durch die Applikation erfolgende Gesundheitsschädigung fehlt.

§ 11. Konsum. (1) Die von den Benutzerinnen und Benutzern mitgeführten Betäubungsmittel sind einer Sichtkontrolle zu unterziehen. Von einer näheren Substanzanalyse zu Menge, Art und Zusammensetzung des Stoffes ist abzusehen.

(2) Der Konsum von Betäubungsmitteln im Drogenkonsumraum kann Opiate, Kokain, Amphetamin oder deren Derivate betreffen und intravenös, oral, nasal oder inhalativ erfolgen.

(3) Näheres bestimmt die Hausordnung.

§ 12. Dokumentation, Evaluation. (1) Es muss eine Dokumentation über den Betrieb des Drogenkonsumraums erfolgen. Hierbei sind unter Beachtung der datenschutzrechtlichen Bestimmungen folgende Aspekte zu berücksichtigen: Altersangaben, Geschlechtszugehörigkeit, Nationalität, Konsumverhalten, Drogenpräferenz, Nutzungszahl und Nutzungsfrequenz, Gesundheitsschäden, AIDS und Hepatitis, Notfallsituationen, Wundversorgung, Ausstiegsvermittlung und die Sicherheitsproblematik.

(2) Das Ministerium für Justiz, Gesundheit und Soziales erhält hierzu einmal jährlich einen Bericht.

§ 13. Anwesenheitspflicht von Personal. Während der Öffnungszeiten des Drogenkonsumraums muss persönlich zuverlässiges und fachlich ausgebildetes Personal für die Erfüllung der in den §§ 3 bis 11 genannten Anforderungen in ausreichender Zahl anwesend sein.

§ 14. Verantwortliche Person. Der Träger des Drogenkonsumraumes hat eine sachkundige Person und ihre Vertretung zu benennen, die für die Einhaltung der in den §§ 4 bis 13 genannten Anforderungen und der Auflagen sowie Anordnungen des Ministeriums für Justiz, Gesundheit und Soziales verantwortlich sind und die ihr obliegenden Verpflichtungen ständig erfüllen können.

§ 15. Erlaubnisverfahren. Für das Erlaubnisverfahren gelten gemäß § 10a Abs. 3, § 7 Satz 1 und Satz 2 Nr. 1 bis 4 und 8, § 8, § 9 Abs. 2 und § 10 des Betäubungsmittelgesetzes entsprechend. Danach sind bei der Antragstellung (§ 7 Satz 1 und 2 Nr. 1 bis 4 und 8 des Betäubungsmittelgesetzes) die Angaben und Unterlagen beizufügen, aus denen sich die Einhaltung der in den §§ 2 bis 14 genannten Anforderungen ergibt.

§ 16. In-Kraft-Treten. Diese Verordnung tritt am Tage ihrer Verkündung in Kraft.

C 8. Richtlinien der Bundesärztekammer zur Durchführung der substitutionsgestützten Behandlung Opiatabhängiger

– vom Vorstand der Bundesärztekammer in seiner Sitzung
am 19. Februar 2010 verabschiedet –

Inhaltsverzeichnis

Mit den in diesen Richtlinien verwendeten Personen- und Tätigkeitsbezeichnungen sind gleichwertig beide Geschlechter gemeint. Zum Zwecke der besseren Lesbarkeit wird jeweils nur die männliche Form verwendet.

Präambel

Die Bundesärztekammer legt hiermit gemäß § 5 Abs. 11 Betäubungsmittel-Verschreibungsverordnung (BtMVV) auf Grundlage des allgemein anerkannten Standes der Wissenschaft Richtlinien zur Durchführung der substitutionsgestützten Behandlung Opiatabhängiger vor. Die substitutionsgestützte Behandlung stellt eine wissenschaftlich evaluierte Therapieform der manifesten Opiatabhängigkeit dar.

Opiatabhängigkeit ist eine behandlungsbedürftige, schwere chronische Krankheit. Die Substitution dient

1. ihrer Behandlung mit dem Ziel der schrittweisen Wiederherstellung der Betäubungsmittelabstinenz einschließlich der Besserung und Stabilisierung des Gesundheitszustandes,
2. der Unterstützung der Behandlung einer neben der Opiatabhängigkeit bestehenden schweren Erkrankung oder
3. der Verringerung der Risiken einer Opiatabhängigkeit während einer Schwangerschaft und nach der Geburt.

Ihre Umsetzung bedarf eines umfassenden Therapiekonzeptes. Ziele und Ebenen der Behandlung sind:

– Sicherung des Überlebens,
– Reduktion des Gebrauchs anderer Suchtmittel,
– Gesundheitliche Stabilisierung und Behandlung von Begleiterkrankungen,
– Teilhabe am Leben in der Gesellschaft und am Arbeitsleben,
– Opiatfreiheit.

Das Erreichen dieser Ziele hängt wesentlich von der individuellen Situation des Opiatabhängigen ab.

1. Geltungsbereich der Richtlinien

Bei der substitutionsgestützten Behandlung der Opiatabhängigkeit sind die Regelungen des Betäubungsmittelgesetzes (BtMG), der Betäubungsmittel-Verschreibungsverordnung (BtMVV) und des Arzneimittelgesetzes (AMG) zu beachten. Die Richtlinien gelten unter Beachtung des ärztlichen Berufsrechtes für alle Ärzte, die diese Behandlung durchführen.

Soweit die substitutionsgestützte Behandlung als Leistung der Gesetzlichen Krankenversicherung gewährt wird, sind die Vorschriften des SGB V und die entsprechenden Richtlinien des Gemeinsamen Bundesausschusses zu beachten.

2. Indikation

Indikation für eine substitutionsgestützte Behandlung ist die manifeste Opiatabhängigkeit. Diese liegt gemäß der International Classification of Diseases (ICD) F11.2 in der jeweils geltenden Fassung dann vor, wenn drei oder mehr der folgenden Kriterien über einen Zeitraum von zwölf Monaten gleichzeitig vorhanden sind:

1. starker bis übermäßiger Wunsch, Opiate zu konsumieren,
2. verminderte Kontrollfähigkeit bezüglich des Beginns, der Beendigung und der Menge des Konsums,
3. Nachweis einer Toleranzentwicklung,
4. ein körperliches Entzugssyndrom,
5. fortschreitende Vernachlässigung anderer Vergnügen oder Interessen zu Gunsten des Substanzkonsums; erhöhter Zeitaufwand, um die Substanz zu beschaffen,
6. anhaltender Substanzkonsum trotz des Nachweises eindeutig schädlicher Folgen.

Für die Einleitung einer Substitutionsbehandlung müssen insbesondere die aufgeführten Anzeichen einer körperlichen Abhängigkeit erfüllt sein.

Bei Vorliegen einer manifesten Opiatabhängigkeit ist eine substitutionsgestützte Behandlung indiziert, wenn diese in Abwägung aller entscheidungsrelevanten Gesichtspunkte gegenüber primär abstinenzorientierten Therapieformen die erfolgversprechendere Behandlung darstellt.

In begründeten Einzelfällen kann eine Substitutionsbehandlung auch nach ICD F11.21 (Opiatabhängigkeit, gegenwärtig abstinent, aber in beschützender Umgebung – wie z. B. Krankenhaus, therapeutische Gemeinschaft, Gefängnis) eingeleitet werden.

Besondere Sorgfalt bei der Indikationsstellung ist bei jüngeren und erst kürzer abhängigen Patienten geboten. Erweist sich eine substitutionsgestützte Behandlung bei diesen Patientengruppen als indiziert, sollte diese in der Regel nur als Übergangsmaßnahme in Erwägung gezogen werden.

Bei bestehender Schwangerschaft ist die Substitutionstherapie die Behandlung der Wahl, um Risiken für Mutter und Kind zeitnah zu vermindern und adäquate medizinische und soziale Hilfemaßnahmen einzuleiten.

Ein die Substitution gefährdender Gebrauch weiterer psychotroper Stoffe muss bei Einleitung der Substitution berücksichtigt und je nach Ausmaß behandelt werden. Bei komorbiden substanzbezogenen Störungen ist darauf zu achten, dass die Substitution keine Erhöhung der Gefährdung darstellt.

Gemäß § 5 Abs. 9 a 2.-4. BtMVV muss für eine diamorphingestützte Substitutionsbehandlung der Patient das 23. Lebensjahr vollendet haben, seine Opiatabhängigkeit seit mindestens fünf Jahren bestehen und von schwerwiegenden somatischen und psychischen Störungen begleitet sein. Der derzeitige Konsum muss überwiegend intravenös erfolgen. Darüber hinaus muss ein Nachweis über zwei erfolglos beendete Behandlungen der Opiatabhängigkeit vorliegen, von denen eine mindestens über sechs Monate mit einem anderen Substitut gemäß § 5 Abs. 2, 6 und 7 BtMVV einschließlich begleitender psychosozialer Betreuungsmaßnahmen erfolgt sein muss.

3. Therapiekonzept

Eine Opiatabhängigkeit wird in der Regel von psychischen und somatischen Erkrankungen sowie psychosozialen Problemlagen begleitet. Sie erfordert daher für ihre Behandlung die Vorhaltung sowie Einbeziehung entsprechender Maßnahmen.

Die substitutionsgestützte Behandlung dient der Therapie einer Opiatabhängigkeit und schafft Voraussetzungen für die Behandlung von Begleit- und Folgeerkrankungen.

Sie erfordert ein umfassendes individuelles Konzept, das sich an den jeweiligen Ebenen und Zielen orientiert und darauf abgestimmt ist.

Das umfassende Therapiekonzept beinhaltet

– die Abklärung somatischer Erkrankungen und ggf. Einleitung entsprechender Behandlungen,
– die Abklärung weiterer psychischer Störungen und Einleitung entsprechender Behandlungen,
– die Vermittlung in psychosoziale Maßnahmen.

Gegenstand der psychosozialen Maßnahmen ist es, die Erreichung der identifizierten Therapieziele durch geeignete Hilfen zu befördern. Dies erfordert die Einbeziehung von Einrichtungen und Professionen des Suchthilfesystems. Eine psychosoziale Betreuung (PSB) erfolgt nach den von der Drogenhilfe erarbeiteten Standards. Art und Umfang richten sich nach der individuellen Situation und dem Krankheitsverlauf des Patienten. Ihre Verfügbarkeit ist von den zuständigen Kostenträgern sicherzustellen.

Der Arzt hat darauf hinzuwirken, dass der opiatabhängige Patient mit der entsprechenden Einrichtung Kontakt aufnimmt, in der der Bedarf an psychosozialer Betreuung in Absprache mit dem behandelnden Arzt abgeklärt wird. Kommen Arzt und Drogenberatungsstelle zu dem Ergebnis, dass derzeit keine psychosoziale Betreuung erforderlich ist, ist dies schriftlich zu dokumentieren. Bei einer Substitution mit Diamorphin ist gemäß § 5 Abs. 9 c BtMVV eine begleitende psychosoziale Betreuung während der ersten sechs Monate der Behandlung verpflichtend.

Psychosoziale Betreuung und ärztliche Behandlung sollen laufend koordiniert werden. Der substituierende Arzt wirkt darauf hin, dass die aktuell erforderlichen begleitenden Maßnahmen in Anspruch genommen werden.

Zur Abwehr akuter gesundheitlicher Gefahren kann die Substitution ausnahmsweise auch dann erfolgen, wenn und solange eine psychosoziale Betreuung nicht möglich ist. Eine eventuell erforderliche psychiatrische oder psychotherapeutische Behandlung kann eine erforderliche PSB nicht ersetzen.

Zur Überprüfung des Therapieverlaufs ist in der Regel ein Arzt-Patienten-Kontakt wöchentlich sinnvoll.

Das umfassende Therapiekonzept mit den darin festgelegten Ebenen und Zielen sowie psychosozialen Betreuungsmaßnahmen sind zu dokumentieren.

4. Einleitung der substitutionsgestützten Behandlung

Folgende ärztliche Maßnahmen sind vor Einleitung einer Substitutionsbehandlung erforderlich:

– gründliche Erhebung der Vorgeschichte des Patienten,
– eingehende Untersuchung des Patienten,
– ggf. Austausch mit Vorbehandlern,
– Ausschluss einer Mehrfachsubstitution,
– Durchführung eines Drogenscreenings zur Feststellung des Opiatgebrauchs und des Gebrauchs weiterer Substanzen,
– Feststellung der Opiatabhängigkeit und Indikationsstellung,
– Formulierung des umfassenden Therapiekonzeptes sowie Festlegung der Therapieebenen und -ziele,
– Aufklärung des Patienten, dass bei einer Substitutionstherapie die Opiatabhängigkeit erhalten bleibt,
– Wahl des geeigneten Substitutionsmittels,
– Aufklärung über die Gefahren einer nicht bestimmungsgemäßen Applikationsform,
– ausführliche Aufklärung des Patienten über das Substitutionsmittel und dessen Wirkungen, Nebenwirkungen und Wechselwirkungen mit psychoaktiven Substanzen wie z. B. Alkohol und Benzodiazepinen,
– Aufklärung über eine eventuelle Einschränkung des Reaktionsvermögens bzw. Fahruntüchtigkeit (gemäß Richtlinie der Bundesanstalt für Straßenwesen – BASt),
– Abklärung einer evtl. bestehenden Schwangerschaft,

- Aufklärung über eine in der Regel verbesserte Fertilität unter Substitution und geeignete Verhütungsmaßnahmen,
- Abschluss einer Vereinbarung mit dem Patienten,
- Meldung in codierter Form an das Substitutionsregister bei der Bundesopiumstelle gemäß § 5 a BtMVV.

Bei der Substitution mit Diamorphin sind die erhöhten gesetzlichen Anforderungen zu beachten. Zum Beispiel sind Informationen über erfolgte Vorbehandlungen der Opiatabhängigkeit zwingend einzuholen. Der Patient ist hierüber aufzuklären.

Der Patient ist über die besondere Pharmakokinetik des Diamorphins, mögliche Nebenwirkungen, Wechselwirkungen mit anderen Substanzen sowie die Besonderheiten der Applikation aufzuklären.

Bei einer Substitutionsbehandlung auf der Grundlage von ICD F11.21 ist wegen des unklaren Toleranzstatus nach Abstinenz unter geschützten Bedingungen besondere Vorsicht geboten.

5. Wahl und Einstellung des Substitutionsmittels

Zur Substitution dürfen nur die in der BtMVV zugelassenen Substitutionsmittel eingesetzt werden. Diese haben unterschiedliche Wirkungs- und Nebenwirkungsprofile, die zu beachten und in ein umfassendes Therapiekonzept einzupassen sind. Der Arzt ist verpflichtet, sich fortlaufend und umfassend über Wirkungen und Nebenwirkungen sowie Interaktionen der zugelassenen Substitutionsmittel zu informieren.

Die Einstellung auf die erforderliche Dosis des jeweiligen Substituts muss mit besonderer Sorgfalt und ggf. fraktioniert erfolgen. Einstiegsdosis und Dosisfindung sind so zu wählen, dass auch bei nichtbestehender Opiattoleranz eine Überdosierung ausgeschlossen ist. In besonders schwierigen Einzelfällen sollte die Dosisfindung stationär erfolgen.

Bei einer Substitution mit Diamorphin kann ergänzend auch mit einem anderen Substitut behandelt werden.

6. Vereinbarungen mit dem Patienten

Für die Durchführung der geplanten Therapiemaßnahmen ist die ausdrückliche Einwilligung des Patienten einzuholen. Dazu ist er über folgende Modalitäten der geplanten Behandlung aufzuklären:

- anzuwendende Substitutionsmittel und mögliche Neben- und Wechselwirkungen,
- Organisation der täglichen Vergabe sowie an Wochenenden, Feiertagen und in Urlaubszeiten,
- Take-home-Regelungen,
- Einnahme unter Sicht,
- Verzicht auf Konsum anderer Stoffe, die den Zweck der Substitution sowie die Gesundheit gefährden,
- Kontrollen auf den Konsum weiterer Substanzen einschließlich Alkohol, z. B. mit Urinscreening, Atemalkoholtest,
- Vereinbarung von Therapiezielen,
- Abbruchkriterien,
- erforderliche psychosoziale Betreuung,
- Aufklärung über eine eventuelle Einschränkung des Reaktionsvermögens und Fahruntüchtigkeit,
- Erforderlichkeit einer Schweigepflichtsentbindung gegenüber den beteiligten Institutionen (z. B. Ärztekammer, Kassenärztliche Vereinigung, psychosoziale Betreuungsstelle, Apotheke, vorbehandelnde Stellen),
- zentrale Meldeverpflichtung in codierter Form zur Verhinderung von Doppelvergaben.

Über die wichtigsten Regularien der Behandlung soll eine schriftliche Vereinbarung (Behandlungsvertrag) abgeschlossen werden.

Die Besonderheiten einer Substitution mit Diamorphin sind in der Vereinbarung mit dem Patienten zu berücksichtigen.

7. Zusammenarbeit mit der Apotheke

Um einen reibungslosen Ablauf der substitutionsgestützten Behandlung zu garantieren, sollen rechtzeitig mit den Apotheken die Lieferungs- und Vergabemodalitäten besprochen werden.

Für die Substitution mit Diamorphin gilt der Sondervertriebsweg nach § 47 b Abs. 1 AMG.

8. Verabreichung unter kontrollierten Bedingungen

Die Verabreichung der oralen Substitutionsmittel darf nach den Bestimmungen der BtMVV nur in den jeweils pro Tag erforderlichen Dosen erfolgen.

Das Substitutionsmittel ist dem Patienten durch den Arzt, dessen Vertreter oder – wo rechtlich zulässig – durch den Apotheker oder von dem Arzt beauftragtes, entsprechend qualifiziertes Fachpersonal zum unmittelbaren Verbrauch zu überlassen.

Hinsichtlich der Dosisfindung sind bei einer Substitution mit Diamorphin aufgrund der schnelleren Anflutung und kürzeren Halbwertszeit besondere Vorkehrungen zu treffen. Nach jeder Applikation des Diamorphins ist vom behandelnden Arzt eine Bewertung des klinischen Zustandes des Patienten vorzunehmen.

Vergabe, Injektion und Rückgabe der Injektionsutensilien müssen durch den Arzt, dessen Vertreter oder von ihm beauftragtes medizinisches Personal überwacht werden.

Der Arzt oder die verabreichende Person muss sich von der ordnungsgemäßen Einnahme überzeugen.

Für Vertretungen (Urlaub, Krankheit) soll ein anderer Arzt mit der erforderlichen Qualifikation gemäß § 5 Abs. 2 Satz 1 Nr. 6 BtMVV mit der Durchführung der Substitutionsbehandlung beauftragt werden. Steht als Vertreter kein Arzt mit dieser Qualifikation zur Verfügung, so kann für einen Zeitraum von bis zu vier Wochen und längstens insgesamt zwölf Wochen im Jahr auch ein Arzt ohne diese Qualifikation die Substitution gemäß § 5 Abs. 3 Sätze 4 bis 9 BtMVV durchführen.

Der Vertreter ist durch den behandelnden Arzt oder durch eine beauftragte Person mit der entsprechenden Qualifikation über relevante Inhalte der BtMVV sowie anderer Bestimmungen zur Substitution bei Opiatabhängigkeit aufzuklären.

Wird die Behandlung durch einen Vertreter ohne die erforderliche Qualifikation weitergeführt, muss sie mit dem behandelnden oder mit einem konsiliarisch hinzugezogenen Arzt, der die erforderliche Qualifikation besitzt, abgestimmt werden. Die Voraussetzungen zur Substitution gemäß § 5 Abs. 2 Satz 1 Nr. 1 bis 5 BtMVV gelten gleichermaßen.

Bei einem Wechsel in eine Krankenhausbehandlung, Rehabilitationsmaßnahme, Inhaftierung oder andere Form einer stationären Unterbringung ist die Kontinuität der Behandlung durch die übernehmende Institution sicherzustellen.

Die Vergabe von Diamorphin erfolgt nur in solchen Einrichtungen, für die die zuständige Landesbehörde eine Erlaubnis erteilt hat. Eine qualifizierte ärztliche Versorgung ist in diesen Einrichtungen durchgängig sicherzustellen.

9. Verschreibung zur eigenverantwortlichen Einnahme des Substitutionsmittels („Take-home-Verordnung")

Eine „Take-home-Verordnung" ist eine Verschreibung des Substitutionsmittels zur eigenverantwortlichen Einnahme. Sie ist mit einer Ausgabe des Rezeptes an den Patienten verbunden. Eine Mitgabe von Substitutionsmedikamenten aus dem Praxisbestand ist hingegen strafbar. Eine Ausnahme sieht die BtMVV lediglich für die in § 5 Abs. 6 Satz 3 genannten Voraussetzungen vor (Substitution mit Codein oder Dihydrocodein).

Eine „Take-home-Verordnung" setzt voraus, dass

- die Einstellung auf das Substitutionsmittel abgeschlossen ist,
- der bisherige Verlauf der Behandlung zu einer klinischen Stabilisierung des Patienten geführt hat,
- Risiken der Selbstgefährdung soweit wie möglich ausgeschlossen sind,

– der Patient stabil keine weiteren Substanzen konsumiert, die zusammen mit der Einnahme des Substitutionsmittels zu einer gesundheitlichen Gefährdung führen können,
– der Patient die erforderlichen Kontakte zum Arzt und zur PSB wahrgenommen hat,
– die psychosoziale Reintegration fortgeschritten ist und
– für eine Fremdgefährdung durch Weitergabe des Substitutionsmittels keine Hinweise bestehen.

Wegen des Missbrauchsrisikos von „Take-home-Verordnungen" obliegt dem behandelnden Arzt eine besondere Verantwortung. In der Regel sollte eine „Take-home-Verordnung" zunächst für kurze Zeiträume erfolgen. Der durch die BtMVV gesetzte Rahmen für eine „Take-home-Verordnung" liegt bei bis zu sieben Tagen. Die Verordnung unterliegt der Entscheidung und Verantwortung des behandelnden Arztes.
In Fällen, in denen die Kontinuität der Substitutionsbehandlung nicht anderweitig gewährleistet werden kann, kann eine Verschreibung des Substitutionsmittels für einen Zeitraum von bis zu zwei Tagen pro Woche erfolgen, sobald der Verlauf der Behandlung dies zulässt und Risiken der Selbst- oder Fremdgefährdung soweit wie möglich ausgeschlossen sind.
Die gemäß § 5 Abs. 8 BtMVV in begründeten Ausnahmefällen (zur Sicherstellung der Versorgung bei Auslandsaufenthalten) mögliche Verschreibung des Substitutionsmittels beträgt maximal 30 Tage im Jahr. Diese Verschreibung ist gemäß § 5 Abs. 8 Satz 9 umgehend der zuständigen Landesbehörde anzuzeigen.
Im Rahmen der „Take-home-Verordnung" soll der Arzt mindestens einmal pro Woche persönlichen Kontakt mit dem Patienten haben und bei Bedarf eine klinische Untersuchung sowie eine Urinkontrolle durchführen, um den Behandlungsverlauf angemessen beurteilen und ggf. darauf reagieren zu können. In diesem Zusammenhang soll auch die kontrollierte Einnahme des Substitutionsmittels für diesen Tag stattfinden.
Insbesondere im Hinblick auf eine „Take-home-Verordnung" muss der behandelnde Arzt den Patienten umfassend aufklären über:

– den bestimmungsgemäßen Gebrauch des Substitutionsmittels,
– die Risiken einer eigenmächtigen Dosisänderung,
– das Verbot der Überlassung des Substitutionsmittels an Dritte,
– die Gefahren, die von dem Substitutionsmittel für andere Personen ausgehen können, besonders die Gefahr für Kinder und opiatnaive Personen,
– die (kinder-)sichere Lagerung des Substitutionsmittels.

Die Entscheidungsgründe und Voraussetzungen für eine „Take-home-Verordnung" sowie die Aufklärung des Patienten darüber sind zu dokumentieren. Eine „Take-home-Verordnung" von Diamorphin ist strafbar.

10. Behandlungsausweis

Der behandelnde Arzt stellt dem Patienten einen Behandlungsausweis aus, in dem das entsprechende Substitutionsmittel und die aktuelle Tagesdosis in Milligramm (mg) aufgeführt sind. Die letzte Eintragung sollte nicht älter als drei Monate sein.

11. Therapiekontrolle

Der substituierende Arzt muss sich im gesamten Behandlungsverlauf anhand klinischer und laborchemischer Parameter ein genaues Bild davon machen, ob der Patient das Substitut in der verordneten Weise einnimmt und ob bzw. in welchem Umfang ein Konsum anderer psychotroper Substanzen besteht.
Die Kontrollintervalle sind dem Behandlungsverlauf anzupassen. Sie sollten während der Eindosierungsphase enger gesetzt werden. Bei stabilem Verlauf können größere Intervalle gewählt werden, die in schwierigen Behandlungssituationen ggf. wieder zu verkürzen sind.
Je nach Lage des Einzelfalles ist der Konsum von Opiaten, Benzodiazepinen, Kokain, Amphetaminen und Alkohol sowie ggf. weiterer Stoffe zu prüfen. Die Untersuchungs-

ergebnisse bilden die Entscheidungsgrundlage für die Einleitung der „Take-home-Verordnung" sowie die Festlegung der Verordnungsintervalle.

Hat der Patient akut andere psychotrope Stoffe konsumiert, die in Kombination mit dem Substitut zu einer gesundheitlichen Gefährdung führen können, ist das Substitut in angepasster Dosierung zu verabreichen oder ggf. von einer Verabreichung vollständig abzusehen. Insbesondere ist der Patient darauf hinzuweisen, dass eine Einnahme des Substituts in Kombination mit Alkohol und/oder Sedativa zu Atemdepressionen mit tödlichem Ausgang führen kann.

Der behandelnde Arzt ist zu einer sorgfältigen Dokumentation der Untersuchungsergebnisse sowie der daraus folgenden Überlegungen und Konsequenzen verpflichtet.

Bei vorliegendem Konsum weiterer psychotroper Substanzen sollte zunächst die Ursache eruiert und nach Möglichkeiten ihrer Beseitigung gesucht werden. Dabei ist insbesondere an folgende Gründe zu denken:

– eine erfolgte Destabilisierung der individuellen Lebenssituation,
– eine inadäquate Dosierung oder Wahl des Substitutionsmittels,
– eine komorbide psychische oder somatische Erkrankung.

Die Ergebnisse der sich daraus ergebenden Überlegungen sind in das Therapiekonzept einzubeziehen. Hierbei ist die Zusammenarbeit mit der psychosozialen Betreuungsstelle angeraten.

Liegt ein die Substitution gefährdender Konsum weiterer psychotroper Substanzen vor, ist deren Entzug (ggf. unter stationären Bedingungen) einzuleiten.

12. Beendigung und Abbruch der substitutionsgestützten Behandlung

Eine reguläre Beendigung der Substitution kann in Abstimmung zwischen Arzt und Patient erfolgen, wenn sie nicht mehr erforderlich oder seitens des Patienten nicht mehr gewünscht ist.

Eine Substitutionstherapie ist zu beenden, wenn

– sie sich als nicht geeignet erweist,
– sie mit einem fortgesetzten, problematischen Konsum anderer gefährdender Substanzen einhergeht.

Ein Abbruch der Behandlung durch den Arzt ist dann begründet, wenn der Patient sich wiederholt und anhaltend nicht an getroffene Vereinbarungen hält oder gegen die Regeln der Einrichtung verstößt. Insbesondere ist dies der Fall, wenn er

– gegenüber anderen Patienten oder Einrichtungsmitarbeitern Gewalt ausübt oder androht,
– Suchtstoffe weitergibt oder Handel mit ihnen betreibt,
– vereinbarte Termine nicht wahrnimmt,
– erforderliche Therapiekontrollen verweigert,
– an vereinbarten psychosozialen Begleitmaßnahmen nicht teilnimmt.

Aufgrund des hohen Gefährdungspotenzials, das mit einem Behandlungsabbruch verbunden ist, ist anzustreben, den Patienten auch bei Verstößen möglichst weiter in der Behandlung zu halten. Vor einem Abbruch ist daher immer zunächst zu prüfen, ob die Non Compliance Resultat der zu behandelnden Suchterkrankung oder komorbider Störungen ist.

Bevor eine Behandlung beendet wird, sollten alle anderen Interventionsmöglichkeiten ausgeschöpft worden sein. Hierzu gehören insbesondere Optimierungen des Therapiekonzeptes, z.B. durch Dosisanpassungen, sowie Versuche eines Wechsels des Patienten in ein anderes ambulantes oder stationäres Therapieangebot.

Ein Therapieabbruch sollte nicht allein aus einer akuten Situation heraus erfolgen, sondern in einem wiederholten Fehlverhalten begründet sein. Zuvor müssen möglicher Nutzen und Schaden eines Therapieabbruchs gegeneinander abgewogen worden sein.

Bei vorliegender Schwangerschaft sind Behandlungsabbrüche nach Möglichkeit zu vermeiden, da in diesen Fällen eine besondere Gefährdung für das ungeborene Leben besteht.

Kommt es zu einem Abbruch der Behandlung, soll der Patient über die körperlichen, psychischen und sozialen Folgewirkungen aufgeklärt und ihm die Möglichkeit zu einem geordneten Entzug vom Substitutionsmittel gegeben werden. Dazu gehört, dass das Absetzen des Substitutionsmittels ausschleichend in vereinbarten Schritten erfolgt. Gegebenenfalls sollte die Überweisung an einen weiterbehandelnden Arzt oder in eine stationäre Entzugsbehandlung erfolgen.

Die Gründe für eine Beendigung oder einen Abbruch der Therapie sind zu dokumentieren.

13. Arztwechsel

Vor einer geplanten Übernahme eines bereits in substitutionsgestützter Behandlung befindlichen Patienten muss sich der weiterbehandelnde Arzt mit dem vorbehandelnden Kollegen in Verbindung setzen. Eine Schweigepflichtsentbindung ist einzuholen.

14. Dokumentationspflicht

Die Dokumentationspflicht ergibt sich aus dem bestehenden Berufsrecht, der BtMVV sowie besonderen Anforderungen an die substitutionsgestützte Behandlung Opiatabhängiger.

Hierbei sind folgende Aspekte zu dokumentieren:

- die Anamnese und die Untersuchungsergebnisse,
- die Indikation, die Diagnose, die Therapieziele,
- erforderliche Begleitmaßnahmen entsprechend des Therapiekonzeptes,
- die Meldung des Patienten in codierter Form an das zentrale Substitutionsregister,
- durchgeführte Drogenscreenings und Ergebnisse der Beigebrauchskontrollen,
- jeweils erforderliche Entbindung der Schweigepflicht durch den Patienten,
- Behandlungsvereinbarung mit dem Patienten,
- der Vermerk über die erfolgte Aufklärung des Patienten über Gefahren und Nebenwirkungen zusätzlich gebrauchter psychotroper Substanzen,
- die Aufklärung über eine mögliche Fahruntauglichkeit und über eine mögliche Einschränkung beim Bedienen von Maschinen und schwerem Gerät,
- Art, Dosis und Vergabemodalitäten des Substitutionsmittels,
- im Fall der „Take-home-Verordnung": Begründung für die „Take-home-Verordnung" und der Stand der erreichten Behandlung, der eine „Take-home-Verordnung" zulässt, sowie Dokumentation des Aufklärungsgesprächs mit dem Patienten,
- die Ausstellung des Behandlungsausweises,
- im Fall des Abbruchs der Behandlung die Begründung (möglichst in Zusammenarbeit mit der für die psychosoziale Betreuung zuständigen Stelle) und Dokumentation des Aufklärungsgesprächs – sofern dies möglich ist – mit dem Patienten,
- Gesundheitszustand des Patienten bei Beendigung der Behandlung sowie ggf. eingeleitete weitere Maßnahmen,
- Bei einer Substitution mit Diamorphin ist ergänzend auch die Erfüllung der vom Gesetzgeber vorgegebenen Indikationskriterien zu dokumentieren.

Befunde und Maßnahmen, die im Rahmen der substitutionsgestützten Behandlung dokumentiert wurden, sind zum Zweck der Auswertung der Qualitätssicherungsmaßnahmen auf Verlangen der zuständigen Landesärztekammer und/oder der zuständigen Kassenärztlichen Vereinigung in anonymisierter Form zur Verfügung zu stellen.

15. Qualitätssicherung

Der Arzt soll ein kontinuierliches Qualitätsmanagement durchführen, welches ihn in die Lage versetzt, fortwährend die Qualität der substitutionsgestützten Behandlung selbstständig zu verbessern.

Maßnahmen zur Qualitätssicherung der Durchführung der substitutionsgestützten Behandlung umfassen insbesondere

- die Sicherung der Diagnose „manifeste Opiatabhängigkeit" und der Substitutionsindikation,
- die Erstellung eines individuellen Therapieplanes für jeden Substituierten mit Festlegung der Therapieziele und -ebenen, der Verlaufs- und Ergebniskontrollen,
- Festlegung der psychosozialen Betreuung,
- die Festlegung von Kontrollen zum Gebrauch psychotroper Substanzen,
- die Festlegung von Abbruchkriterien.

Zur internen Qualitätssicherung empfiehlt sich die Nutzung eines Qualitätsmanagement-Handbuches, in dem Qualitätsziele, Qualitätsindikatoren und Vorgehensweisen zur Erreichung der Qualitätsziele konkretisiert werden (interne Qualitätssicherung z. B. durch das ASTO-Handbuch). Darüber hinaus wird die Teilnahme an einem Qualitätszirkel oder einer Supervision empfohlen.

Für die externe Qualitätssicherung treffen die Landesärztekammern und die Kassenärztlichen Vereinigungen besondere Regelungen.

Die Anzahl der substituierten Patienten sollte sich nach den Gegebenheiten und Möglichkeiten der Praxis richten, um eine qualifizierte Behandlung zu gewährleisten. Praxen oder spezielle Einrichtungen, die mehr als 50 Opiatabhängige substituieren, sollen im Rahmen einer geregelten Kooperation die psychosozialen Betreuungsmaßnahmen integrieren. In Einrichtungen zur Substitution mit Diamorphin soll die PSB in der Einrichtung selber vorgehalten werden – unabhängig von der Zahl der zu substituierenden Patienten.

Zum Zwecke der Qualitätssicherung gemäß § 5 M-BO und zur konsiliarischen Beratung substituierender Ärzte werden bei den zuständigen Landesärztekammern Beratungskommissionen eingerichtet. Diesen gehören in der Sucht- und Substitutionsbehandlung erfahrene Ärzte an. Bei entsprechenden Fragestellungen werden Vertreter des Drogenhilfesystems oder andere Experten zu den Beratungen hinzugezogen. Eine enge Zusammenarbeit mit der zuständigen Qualitätssicherungskommission der Kassenärztlichen Vereinigung ist anzustreben.

Die Beratungskommission erfüllt insbesondere folgende Aufgaben:

- Beratung von substituierenden Ärzten zu allen Aspekten und Problemen der substitutionsgestützten Behandlung (z. B. Indikationsstellung, notwendige Begleitmaßnahmen, Einleitung der Substitution, Probleme bei der Auswahl und Einstellung des Substitutionsmittels, Indikation zum Abbruch und Durchführung des Entzuges),
- Beratung von substituierenden Ärzten, die im Rahmen einer Konsiliar- oder Vertretungsregelung tätig sind und denen eine Kontaktaufnahme mit dem originär substituierenden Arzt aktuell nicht möglich ist,
- Festlegung von Kriterien zur Qualitätssicherung der substitutionsgestützten Behandlung und deren Überprüfung,
- Sicherstellung einer Zweitbegutachtung von Patienten, die mit Diamorphin substituiert werden, nach zwei Jahren durch einen entsprechend qualifizierten Arzt.

16. Qualifikation des behandelnden Arztes

Die Durchführung der substitutionsgestützten Behandlung Opiatabhängiger darf nur von solchen Ärzten übernommen werden, die die Mindestanforderungen an eine suchttherapeutische Qualifikation erfüllen, die von den Ärztekammern festgelegt wurde.

Im Rahmen der Konsiliar- und Vertretungsregelung gemäß § 5 Abs. 3 BtMVV kann im Ausnahmefall eine Substitution auch ohne eine entsprechende suchttherapeutische Qualifikation durchgeführt werden. Für diesen Fall gelten die in Kapitel 8 aufgeführten Bedingungen.

C 9 MvV-Richtlinien

C 9. Richtlinie des Gemeinsamen Bundesausschusses zu Untersuchungs- und Behandlungsmethoden der vertragsärztlichen Versorgung (Richtlinie Methoden vertragsärztliche Versorgung)

in der Fassung vom 17. Januar 2006, veröffentlicht im Bundesanzeiger 2006;
Nr. 48 (S. 1523) in Kraft getreten am 1. April 2006
zuletzt geändert am 20. Januar 2011,
veröffentlicht im Bundesanzeiger 2011;
Nr. 56 (S. 1342)
in Kraft getreten am 9. April 2011

Anlage 1 Nr. 2 dieser Richtlinie lautet:

2. Substitutionsgestützte Behandlung Opiatabhängiger

Präambel

Krankenbehandlung im Sinne des § 27 SGB V umfasst auch die Behandlung von Suchterkrankungen. Das alleinige Auswechseln des Opiats durch ein Substitutionsmittel stellt jedoch keine geeignete Behandlungsmethode dar und ist von der Leistungspflicht der Gesetzlichen Krankenversicherung (GKV) nicht umfasst.

Oberstes Ziel der Behandlung ist die Suchtmittelfreiheit. Ist dieses Ziel nicht unmittelbar und zeitnah erreichbar, so ist im Rahmen eines umfassenden Therapiekonzeptes, das auch, soweit erforderlich, begleitende psychiatrische und/oder psychotherapeutische Behandlungs- oder psychosoziale Betreuungs-Maßnahmen mit einbezieht, eine Substitution zulässig. Eine Leistungspflicht der Krankenkassen für die begleitende psychiatrische und/oder psychotherapeutische Betreuung besteht nur insoweit, als diese zur Krankenbehandlung erforderlich ist. Die nach der Betäubungsmittel-Verschreibungsverordnung (BtMVV) vorgesehene psychosoziale Betreuung fällt nicht unter die Leistungspflicht der GKV.

§ 1 Inhalt. Die Richtlinie regelt die Voraussetzungen zur Durchführung der substitutionsgestützten Behandlung (im Folgenden „Substitution") bei manifest Opiatabhängigen in der vertragsärztlichen Versorgung. Die Richtlinie gilt für alle Substitutionen, unabhängig davon, mit welchen nach der BtMVV zugelassenen Substitutionsmitteln sie durchgeführt werden. Als manifest opiatabhängig im Sinne dieser Richtlinie gelten auch solche Abhängige, die bereits mit einem Drogenersatzstoff substituiert werden. Neben den Vorgaben dieser Richtlinie sind die einschlägigen gesetzlichen Bestimmungen, insbesondere des Betäubungsmittelgesetzes (BtMG) und der Betäubungsmittel-Verschreibungsverordnung (BtMVV) zu beachten.

§ 2 Genehmigungspflicht für Ärzte und Einrichtungen. (1) In der vertragsärztlichen Versorgung dürfen Substitutionen nur von solchen Ärzten durchgeführt werden, die gegenüber der Kassenärztlichen Vereinigung (KV) ihre fachliche Befähigung gemäß § 5 Abs. 2 Satz 1 Nr. 6 BtMVV oder die Erfüllung der Voraussetzungen gemäß § 5 Abs. 3 BtMVV nachgewiesen haben und denen die KV eine Genehmigung zur Substitution erteilt hat. Für die Substitution mit Diamorphin gilt Satz 1 mit der Maßgabe, dass sich die Befähigung nach § 5 Abs. 2 Nr. 6 BtMVV auf die Behandlung mit Diamorphin erstrecken muss und diese nur durch eine mindestens sechsmonatige Tätigkeit im Rahmen des Modellprojekts „Heroingestützte Behandlung Opiatabhängiger" ersetzt werden kann.

(2) Substitutionen mit Diamorphin dürfen nur in Einrichtungen durchgeführt werden, in denen eine Behandlung nach den Anforderungen dieser Richtlinie gewährleistet ist, denen die zuständige KV nach diesen Kriterien eine Genehmigung erteilt hat und die von der zuständigen Landesbehörde eine Erlaubnis gemäß § 5 Abs. 9 b BtMVV erhalten haben.

§ 3 Indikation. (1) Die Substitution kann nur als Bestandteil eines umfassenden Therapiekonzeptes durchgeführt werden zur

1. Behandlung einer manifesten Opiatabhängigkeit mit dem Ziel der schrittweisen Wiederherstellung der Betäubungsmittelabstinenz einschließlich der Besserung und Stabilisierung des Gesundheitszustandes,
2. Unterstützung der Behandlung einer neben der Opiatabhängigkeit bestehenden schweren Erkrankung oder
3. Verringerung der Risiken einer Opiatabhängigkeit während einer Schwangerschaft und nach der Geburt.

(2) Bei Vorliegen einer manifesten Opiatabhängigkeit ist eine Substitution dann indiziert, wenn die Abhängigkeit seit längerer Zeit besteht und

1. wenn Abstinenzversuche unter ärztlicher Kontrolle keinen Erfolg erbracht haben oder
2. wenn eine drogenfreie Therapie derzeit nicht durchgeführt werden kann oder
3. wenn die substitutionsgestützte Behandlung im Vergleich mit anderen Therapiemöglichkeiten die größte Chance zur Heilung oder Besserung bietet.

Für die Substitution mit Diamorphin gelten zusätzlich die Voraussetzungen nach Absatz 3 a.

(3) Bei einer erst kürzer als zwei Jahre bestehenden Opiatabhängigkeit sowie bei Opiatabhängigen, die das 18. Lebensjahr noch nicht vollendet haben, erfolgt eine Überprüfung nach § 9 Abs. 4. In diesen Fällen ist die Substitution in der Regel nur als zeitlich begrenzte Maßnahme zum Übergang in eine drogenfreie Therapie zulässig.

(3 a) Für die Substitution mit Diamorphin gelten folgende Voraussetzungen (§ 5 Abs. 9 a Satz 2 Nr. 2 bis 4 BtMVV):

1. Bei dem Patienten liegt eine seit mindestens fünf Jahren bestehende Opiatabhängigkeit, verbunden mit schwerwiegenden somatischen und psychischen Störungen bei derzeit überwiegend intravenösem Konsum vor.
2. Es liegt ein Nachweis über zwei erfolglos beendete Behandlungen der Opiatabhängigkeit vor, davon eine mindestens sechsmonatige Behandlung gemäß § 5 Abs. 2, 6 und 7 BtMVV einschließlich psychosozialer Betreuungsmaßnahmen.
3. Der Patient hat das 23. Lebensjahr vollendet.

(4) Das umfassende Therapiekonzept beinhaltet:

1. eine ausführliche Anamnese (insbesondere Suchtanamnese) mit Erhebung relevanter Vorbefunde, insbesondere über bereits erfolgte Suchttherapien, sowie über parallel laufende Mitbehandlungen bei anderen Therapeuten,
2. eine körperliche Untersuchung (einschließlich Urinanalyse) zur Sicherung der Diagnose der manifesten Opiatabhängigkeit und zur Diagnostik des Beigebrauchs,
3. die einleitende und begleitende Abklärung ggf. vorliegender Suchtbegleit- und Suchtfolgeerkrankungen,
4. eine sorgfältige Abwägung, ob für den individuellen Patienten eine drogenfreie oder eine substitutionsgestützte Behandlung angezeigt ist,
5. die Ermittlung des Hilfebedarfs im Rahmen der psychosozialen Betreuung durch eine psychosoziale Drogenberatungsstelle,
6. bei einer Substitution mit Diamorphin während der ersten 6 Monate der Substitution zwingend Maßnahmen der psychosozialen Betreuung. Nach Ablauf der ersten 6 Monate ist die psychosoziale Betreuung am individuellen Krankheitsverlauf des Patienten auszurichten. Ist nach den ersten 6 Monaten in begründeten Fällen keine psychosoziale Betreuung mehr erforderlich, ist dies durch den Arzt in Zusammenarbeit mit der psychosozialen Beratungsstelle schriftlich zu bestätigen,
7. die Erstellung eines individuellen Therapieplans, der enthält
   a) die zeitliche und qualitative Festlegung der Therapieziele,
   b) die Auswahl und die Dosierung des Substitutionsmittels,
   c) ein Dosierungsschema, das ggf. auch die Art der Reduktion und den Zeitraum des allmählichen Absetzens des Substitutionsmittels festlegt,
   d) sowie die im Einzelfall erforderlichen psychosozialen Betreuungsmaßnahmen und/ oder ggf. psychiatrische und psychotherapeutische Behandlungsmaßnahmen,

8. Verlaufs- und Ergebniskontrollen einschließlich unangekündigter Beigebrauchskontrollen,
9. den Abschluss einer Behandlungsvereinbarung mit dem Patienten.

(5) Der substituierende Arzt überprüft und dokumentiert regelmäßig die Fortschritte des Patienten hinsichtlich der Ziele der Substitutionsbehandlung sowie der weiteren medizinischen Maßnahmen des vorgesehenen Therapiekonzeptes und nimmt ggf. erforderliche Anpassungen vor. Insbesondere ist kritisch zwischen den Vor- und Nachteilen einer Fortführung der Substitution gegenüber dem Übergang in eine drogenfreie Behandlung abzuwägen. Bei Beigebrauch ist wegen der damit möglicherweise verbundenen lebensbedrohlichen Gefährdung eine sorgfältige individuelle Risikoabwägung zwischen Fortführung und Beendigung der Substitution vorzunehmen.

(6) Die Substitution mit Diamorphin ist nach jeweils spätestens zwei Jahren Behandlungsdauer daraufhin zu überprüfen, ob die Voraussetzungen für die Behandlung noch gegeben sind und ob die Behandlung fortzusetzen ist. Die Überprüfung erfolgt durch Einholung einer Zweitmeinung durch einen Arzt, der die Qualifikation gemäß § 5 Abs. 2 Satz 1 Nr. 6 BtMVV besitzt und der nicht der Einrichtung angehört. Ergibt diese Überprüfung, dass die Voraussetzungen für die Behandlung nicht mehr gegeben sind, ist die diamorphingestützte Behandlung zu beenden.

§ 4 Ausschlussgründe. Eine Substitution darf nicht durchgeführt werden, wenn und solange

1. der Substitution medizinisch allgemein anerkannte Ausschlussgründe entgegenstehen, wie z.B. eine primäre/hauptsächliche Abhängigkeit von anderen psychotropen Substanzen (Alkohol, Kokain, Benzodiazepine etc.) oder
2. der Patient Stoffe gebraucht, deren Konsum nach Art und Menge den Zweck der Substitution gefährdet.

§ 5 Meldeverfahren zur Vermeidung von Mehrfachsubstitutionen. Der substituierende Arzt hat gemäß § 5 a BtMVV zur Vermeidung von Mehrfachsubstitutionen dem Bundesinstitut für Arzneimittel und Medizinprodukte nach einem dazu von diesem festgelegten Verfahren unverzüglich Meldung über Substitutionen zu erstatten.

§ 6 Zugelassene Substitutionsmittel. Zur Substitution in der vertragsärztlichen Versorgung darf der Arzt nur solche Substitutionsmittel verwenden, die gemäß BtMVV für diesen Bestimmungszweck zugelassen sind. Zur Wahrung des Wirtschaftlichkeitsgebotes hat der Arzt gemäß den Arzneimittel-Richtlinien grundsätzlich das kostengünstigste Substitutionsmittel in der preisgünstigsten Darreichungsform zu verwenden. In den von der BtMVV vorgesehenen anders nicht behandelbaren Ausnahmefällen kann von diesem Grundsatz abgewichen werden.

§ 7 Dokumentation, Anzeigeverfahren. (1) Bei Einleitung einer Substitution dokumentiert und begründet der Arzt die festgestellte medizinische Indikation und die im Rahmen des umfassenden Therapiekonzepts vorgesehenen weiteren medizinischen Behandlungsmaßnahmen gemäß § 3. Darüber hinaus ist in der Dokumentation anzugeben, durch welche Stelle die begleitende psychosoziale Betreuung durchgeführt wird. Eine aktuelle schriftliche Bestätigung der psychosozialen Beratungsstelle über die Aufnahme oder die Fortführung einer psychosozialen Betreuung ist der Dokumentation beizufügen. Ist ausnahmsweise keine psychosoziale Betreuung erforderlich, ist dies durch die psychosoziale Beratungsstelle schriftlich zu bestätigen. Bei der Substitution mit Diamorphin ist eine Ausnahme nach Satz 4 während der ersten 6 Monate unzulässig.

(2) Beginn und Beendigung einer Substitution hat der Arzt unverzüglich der zuständigen KV und der leistungspflichtigen Krankenkasse anzuzeigen. Hierzu hat der Arzt zu Beginn der Behandlung eine schriftliche Einverständniserklärung des Patienten einzuholen.

(3) Liegen einer Krankenkasse oder einer KV Informationen vor, dass ein Patient durch mehrere Ärzte substituiert wird, so benachrichtigen sie alle beteiligten Ärzte sowie die Qualitätssicherungskommission, um eine Mehrfachsubstitution zu verhindern.

Die Ärzte legen unter Beteiligung des Patienten schriftlich fest, welcher Arzt die Substitution durchführt. Die leistungspflichtige Krankenkasse und die Beratungskommission der KV sind entsprechend zu benachrichtigen.

§ 8 Abbruchkriterien zur Substitution. Bei Vorliegen folgender Voraussetzungen ist die Substitution zu beenden:

1. gleichzeitige Substitution durch einen anderen Arzt, sofern die Mehrfachsubstitution nicht nach § 7 Abs. 3 einvernehmlich eingestellt wird,
2. nicht bestimmungsgemäße Verwendung des Substitutionsmittels,
3. Ausweitung oder Verfestigung des Gebrauchs von Suchtstoffen neben der Substitution,
4. dauerhafte Nicht-Teilnahme des Substituierten an erforderlichen psychosozialen Betreuungsmaßnahmen,
5. Feststellung der Kommission nach § 9, dass die Voraussetzungen des § 3 nicht oder nicht mehr vorliegen.

§ 9 Qualitätssicherung. (1) Die KVen richten fachkundige Kommissionen zur Beratung bei der Erteilung von Genehmigungen für Substitutionsbehandlungen nach § 2 sowie für die Qualitätssicherung und die Überprüfung der Indikation nach § 3 durch Stichproben im Einzelfall (Qualitätssicherungskommissionen) ein. Die Kommissionen bestehen aus sechs Mitgliedern. Drei in Fragen der Opiatabhängigkeit fachkundige Mitglieder werden von der KV benannt, darunter sollen zwei Ärzte mit besonderer Erfahrung in der Behandlung von Suchtkranken sein. Zwei in Drogenproblemen fachkundige Mitglieder werden von den Landesverbänden der Krankenkassen und ein in Drogenproblemen fachkundiges Mitglied von den Verbänden der Ersatzkassen benannt. Die Krankenkassen können sich in den Kommissionen auch durch Ärzte des Medizinischen Dienstes der Krankenkassen vertreten lassen.

(2) Die Qualitätssicherungskommission kann von Vertragsärzten zu allen Problemen der qualifizierten substitutionsgestützten Behandlung (z. B. Indikationsstellung, notwendige Begleitmaßnahmen, Beigebrauchsprobleme, Indikation zum Abbruch) mit der Bitte um Beratung angerufen werden.

(3) Die Kommissionen nach Abs. 1 haben die Qualität der vertragsärztlichen Substitution und das Vorliegen der Voraussetzungen des § 3 durch Stichproben im Einzelfall zu überprüfen. Pro Quartal sind mindestens 2% der abgerechneten Behandlungsfälle im Rahmen einer Zufallsauswahl zu prüfen. Auf Beschluss der Kommission können zusätzlich einzelne Ärzte für eine umfangreichere Prüfung ausgewählt werden. Zum Zweck der Prüfung der Qualität der substitutionsgestützten Behandlung haben die substituierenden Ärzte auf Verlangen der KV die patientenbezogenen Dokumentationen gem. § 7 mit den jeweiligen umfassenden Therapiekonzepten und den Behandlungsdokumentationen mit Zwischenergebnissen der Qualitätssicherungskommission vorzulegen.

(4) Bei allen Substitutionsbehandlungen gemäß § 3 Abs. 3 sowie bei allen Substitutionsbehandlungen mit Diamorphin, Codein oder Dihydrocodein hat der Arzt unverzüglich mit der Aufnahme der Substitutionsbehandlung die patientenbezogenen Dokumentationen gem. § 7 mit den jeweiligen umfassenden Therapiekonzepten sowie den Behandlungsdokumentationen an die Qualitätssicherungskommission zur Prüfung zu übermitteln.

(5) Bei allen Substitutionsbehandlungen gemäß diesen Richtlinien hat der Arzt mit Ablauf von jeweils 5 Behandlungsjahren die patientenbezogenen Dokumentationen gem. § 7 mit den jeweiligen umfassenden Therapiekonzepten und den Behandlungsdokumentationen an die Qualitätssicherungskommission zur Prüfung zu übermitteln.

(6) Die Qualitätsprüfungen nach Abs. 3 bis 5 umfassen die Einhaltung aller Bestimmungen dieser Richtlinien.

(7) Das Ergebnis der Überprüfung ist dem substituierenden Arzt schriftlich mitzuteilen, er ist ggf. auf Qualitätsmängel in der Substitution hinzuweisen. In gemeinsamer Beratung ist darauf hinzuwirken, dass diese Mängel behoben werden. Gelingt es trotz wiederholter Anhörung und Beratung des Arztes nicht, eine richtliniengemäße Substi-

tutionsbehandlung zu erreichen, kann dem Arzt die Genehmigung zur Durchführung und Abrechnung der Substitution durch die KV entzogen werden.

(8) Die Qualitätssicherungskommission erstattet alle zwei Jahre der KV und den Landesverbänden der Krankenkassen einen zusammenfassenden Bericht über die Ergebnisse ihrer Arbeit und die bisherigen Erfahrungen mit der Substitutionsbehandlung in ihrem Zuständigkeitsbereich.

§ 10 Anforderungen an Einrichtungen zur Substitution mit Diamorphin. Einrichtungen, in denen Substitutionen mit Diamorphin durchgeführt werden, haben folgende Voraussetzungen zu erfüllen:

1. Die Substitution mit Diamorphin erfolgt in der Einrichtung durch ein multidisziplinäres Team, das von einem ärztlichen Teammitglied verantwortlich geleitet wird. In der Einrichtung ist die ärztliche substitutionsgestützte Behandlung über einen täglichen Zeitraum von 12 Stunden sicherzustellen. Hierfür sind Arztstellen in Voll- oder Teilzeit im Umfang von grundsätzlich 3 Vollzeitstellen und eine angemessene Anzahl qualifizierter nichtärztlicher Vollzeitstellen vorzuhalten. Die Möglichkeit einer kurzfristigen konsiliarischen Hinzuziehung fachärztlich-psychiatrischer Kompetenz ist sicherzustellen.
2. In der Regel soll die außerhalb der Leistungspflicht der GKV liegende psychosoziale Betreuung der Patienten in der substituierenden Einrichtung stattfinden. In Ausnahmefällen kann die psychosoziale Betreuung der Patienten unter Koordination durch die substituierende Einrichtung auch im Rahmen einer engen Kooperation mit entsprechenden externen Institutionen erfolgen.
3. Zur Gewährleistung des Behandlungsauftrages verfügt die Einrichtung zur Betreuung der Patienten wenigstens über drei separate Räume (insbesondere zur Trennung von Wartebereich, Ausgabebereich und Überwachungsbereich nach erfolgter Substitution). Des Weiteren stehen in der Einrichtung für Notfälle die notwendige Ausstattung zur Durchführung einer kardiopulmonalen Reanimation sowie Pulsoxymetrie und Sauerstoffversorgung zur Verfügung.
4. Soweit in der Einrichtung auch Substitutionen stattfinden, die ausschließlich nicht diamorphingestützt sind, ist die Substitution dieser Patienten organisatorisch von der diamorphingestützten Substitution zu trennen.
5. Die Einrichtung hat die Substitution dreimal täglich, auch an Wochenenden und Feiertagen, sicherzustellen.
6. Auf Verlangen der KV hat die Einrichtung nachzuweisen, dass alle ärztlichen Mitglieder des multidisziplinären Teams regelmäßig, wenigstens zweimal jährlich, an suchtmedizinischen Fortbildungsveranstaltungen teilnehmen, die durch eine Ärztekammer anerkannt sind. An diesen Fortbildungen sollen nach Möglichkeit auch die nichtärztlichen Mitarbeiter teilnehmen. Alle Mitarbeiter sind außerdem wenigstens einmal jährlich zu drogenspezifischen Notfallmaßnahmen (insbesondere kardiopulmonale Reanimation) und zur Notfallbehandlung von zerebralen Krampfanfällen zu schulen.

§ 11 Genehmigung der Leistungserbringung, Genehmigungsumfang. (1) Die Durchführung und Abrechnung der Substitution im Rahmen der vertragsärztlichen Versorgung setzt eine Genehmigung der KV nach § 2 für den substituierenden Arzt und, soweit danach erforderlich, für die Einrichtung voraus.

(2) Der Antrag des Arztes oder der Einrichtung auf Genehmigung zur Durchführung und Abrechnung der Substitution ist an die zuständige KV zu stellen. Die erforderlichen Nachweise (z. B. Zeugnisse und Bescheinigungen) über die fachliche Befähigung gemäß § 2 sind dem Antrag beizufügen. Dem Antrag einer Einrichtung zur Substitution mit Diamorphin sind außerdem die Erlaubnis der Landesbehörde gemäß § 5 BtMVV sowie eine Erklärung beizufügen, dass sie die Anforderungen gemäß § 10 dieser Richtlinie vollständig erfüllt. Über den Antrag entscheidet die KV.

(3) Die Genehmigung zur Durchführung und Abrechnung der Substitution ist einem Arzt zu erteilen, wenn aus den vorgelegten Zeugnissen und Bescheinigungen hervorgeht, dass die in § 2 genannten Voraussetzungen an die fachliche Befähigung erfüllt sind. Die Genehmigung ist einer Einrichtung zur Substitution mit Diamorphin zu erteilen, wenn die in § 2 genannten Voraussetzungen an die fachliche Befähigung den gemäß

§ 10 Nr. 1 an der Substitution beteiligten Ärzten, sowie die Anforderungen gemäß § 10 erfüllt werden und die Erlaubnis der Landesbehörde gemäß § 5 BtMVV vorliegt.

(4) Die Anzahl der vertragsärztlich durchzuführenden Substitutionsbehandlungen sind je Arzt begrenzt. Ein Arzt soll in der Regel nicht mehr als fünfzig Opiatabhängige gleichzeitig substituieren. Die KV kann in geeigneten Fällen zur Sicherstellung der Versorgung den Genehmigungsumfang erweitern.

(5) Die Kassenärztlichen Vereinigungen können die zuständigen Kommissionen gemäß § 9 dieser Richtlinie beauftragen, die apparativen, räumlichen und organisatorischen Gegebenheiten in der substituierenden Praxis bzw. Einrichtung daraufhin zu überprüfen, ob sie den Bestimmungen dieser Richtlinie entsprechen. Die Genehmigung zur Substitution in der vertragsärztlichen Versorgung wird nur erteilt, wenn der Arzt bzw. die Einrichtung im Antrag sein Einverständnis zur Durchführung einer solchen Überprüfung erteilt.

§ 12 Übergangsregelung. Einrichtungen, die am bundesdeutschen Modellprojekt zur heroingestützten Behandlung Opiatabhängiger teilgenommen und fortgesetzt bis zum Zeitpunkt des Inkrafttretens dieser Richtlinie die Substitutionsbehandlung mit Diamorphin durchgeführt haben, erhalten im Rahmen dieser Übergangsregelung auf Antrag von den regionalen Kassenärztlichen Vereinigungen für 36 Monate ab Inkrafttreten die Genehmigung gemäß § 11 Absatz 3 dieser Richtlinie zur Erbringung der Substitutionsbehandlung im Rahmen der vertragsärztlichen Versorgung, auch wenn die Anforderungen des § 10 nicht vollständig erfüllt werden. Für Genehmigungen über 36 Monate hinaus gelten – wie für neu hinzukommende Einrichtungen – uneingeschränkt alle Bestimmungen dieser Richtlinie.

und Zubereitungen (Betäubungsmittel, Arzneimittel, Grundstoffe, Gifte und sonstige), soweit sie in diesem Kommentar behandelt oder aufgeführt sind. Fettgedruckte Zahlen verweisen auf die Paragraphen des BtMG, des AMG oder des GÜG, magere Zahlen auf die Randnummern der Erläuterungen. Zahlen nach „Stoffe" verweisen auf die Randnummern des Stoffteils.

Verzeichnis der Stoffe

Verzeichnis der Stoffe

Verzeichnis der Stoffe

Verzeichnis der Stoffe

Verzeichnis der Stoffe

Verzeichnis der Stoffe

Verzeichnis der Stoffe

Verzeichnis der Stoffe

Verzeichnis der Stoffe

Verzeichnis der Stoffe

Verzeichnis der Stoffe

Verzeichnis der Stoffe

Verzeichnis der Stoffe

Verzeichnis der Stoffe

Sachverzeichnis

Fettgedruckte Zahlen verweisen auf die Paragraphen des BtMG, des AMG oder des GÜG, magere auf die Randnummern der Erläuterungen. Magere Zahlen nach „Stoffe" verweisen auf die Randnummern des Stoffteils.
Wegen der in der Kommentierung aufgeführten Stoffe und Zubereitungen (Betäubungsmittel, Arzneimittel, Grundstoffe, Gifte und sonstige) wird auf das gesonderte **Verzeichnis der Stoffe** verwiesen.

Sachverzeichnis

Sachverzeichnis

Sachverzeichnis

Sachverzeichnis

Sachverzeichnis

Sachverzeichnis

Sachverzeichnis

Sachverzeichnis

Sachverzeichnis

Sachverzeichnis

Sachverzeichnis

Sachverzeichnis

Sachverzeichnis

Sachverzeichnis

Sachverzeichnis

Sachverzeichnis

Sachverzeichnis

Sachverzeichnis

Sachverzeichnis

Sachverzeichnis

Sachverzeichnis

Sachverzeichnis

Sachverzeichnis

Sachverzeichnis

Sachverzeichnis

Sachverzeichnis

Sachverzeichnis

Sachverzeichnis

Sachverzeichnis

Sachverzeichnis

Sachverzeichnis

Sachverzeichnis

Sachverzeichnis

Sachverzeichnis

Sachverzeichnis

Sachverzeichnis

Sachverzeichnis

Sachverzeichnis

Sachverzeichnis

Sachverzeichnis

Sachverzeichnis

Sachverzeichnis

Sachverzeichnis

Sachverzeichnis